中藝典

中華大典

農業典

河南大學出版社
西南師範大學出版社

中華人民共和國國務院批準的重大文化出版工程

國家文化發展規劃綱要的重點出版工程項目

新聞出版總署列爲『十一五』國家重大工程出版規劃之首

國家出版基金重點支持項目

《中華大典》工作委員會

《中華大典》編纂委員會

總主編：任繼愈

副主編：席澤宗　程千帆　戴　逸　吴文俊　柯　俊　傅熹年

編　委：卞孝萱　任繼愈　李明富　余瀛鰲　林仲湘
郁賢皓　馬繼興　袁世碩　席澤宗　陳美東
黄永年　章培恒　張永言　張晋藩　葛劍雄
董治安　程千帆　傅世垣　曾棗莊　龐　樸
趙振鐸　劉家和　潘吉星　錢伯城　戴　逸
楊寄林　穆祥桐　吴文俊　金正耀　戴念祖
柯　俊　金維諾　白化文　汪子春　周少川
孫培青　朱祖延　傅熹年　李　申　郭書春
熊月之　柴劍虹　吴子勇　寧　可　江曉原
鄭國光　吴征鎰　尹偉倫　魏明孔

《中華大典》前言

《中華大典》是運用我國歷代漢文古籍編纂的一部大型工具書。其目的是爲學術界及願意瞭解中國古代珍貴文化典籍的人士提供準確詳實、便於檢索的漢文古籍分類資料。

中國是世界文明古國之一，幾千年來纂寫和聚集的文化典籍浩如烟海。我國歷代都有編纂類書的優良傳統，具有代表性的《永樂大典》等大多已佚失，現存《古今圖書集成》編就距今也已數百年。爲了適應今天和以後研究和檢索的需要，一九八八年海内外三百多位專家學者和各古籍出版社同仁倡議，在已有類書的基礎上，用現代科學方法編纂一部新的類書《中華大典》。

國務院在關於編纂《中華大典》問題的批復中指出，編纂《中華大典》『是我國建國以來最大的一項文化出版工程』。本書所收漢文古籍上起先秦，下迄清末，約三萬種，達七億多字，分爲二十四個典，近百個分典，内容廣博，規模宏大，前所未有。

《中華大典》的編纂工作堅持科學態度和百花齊放、百家争鳴方針。儘量采用古精校精刻本，優先采用我國建國後文獻學和考古學的優秀成果。對傳統文化中重要的不同學派的資料，兼收并蓄。運用現代圖書分類的方法，對收集到的資料，精選、精編，力求便於檢索、準確可信。

這項工作從開始起就受到中共中央、國務院和有關部門的重視和支持。國家主席江澤民、國務院總理李鵬分別爲《中華大典》題詞。江澤民的題詞是：『同心同德群策群力認真編好中華大典爲建設有中國特色的社會主義服務』。李鵬的題詞是：『繼承和弘揚民族優秀傳統文化』。全國政協主席李瑞環、國務委員李鐵映也作了重要指示，要求抓緊辦理。一九九零年五月，國務院批准《中華大典》爲國家重點古籍整理項目。一九九二年九月，正式成立了《中華大典》工作委員會和《中華大典》編纂委員會，召開了《中華大典》工作、編纂會議。自此，《中華大典》的編纂工作由試點轉入正式啓動，逐步鋪開。

編纂《中華大典》，學術性很强，工作量很大，工程十分艱巨，全賴廣大專家學者和全國各有關高等院校、科研院所、圖書館、出版單位的鼎力支持與積極參與。大家本着弘揚中華民族優秀文化的心願，發揚奉獻精神，克服各種困難，團結協作，給這部巨大類書的出版提供了根本保證。在此謹表示誠摯的謝意。對本書的批評與建議，我們將十分歡迎。

《中華大典》編纂委員會

一九九七年四月

二〇〇六年十一月修訂

《中華大典》編纂通則

一、性質：《中華大典》（以下簡稱《大典》）是對漢文古籍（含已翻譯成漢文的少數民族古籍）進行全面的、系統的、科學的分類整理和彙編總結的新型類書，是在繼承歷代類書優良傳統、考慮漢文古籍固有特點的基礎上，借鑒和參照近代編纂百科全書的經驗和方法編纂而成。編纂《大典》的目的，是爲學術界及願意瞭解中國古代珍貴文化典籍的人士提供各種分門别類的、準確詳細的古代漢文專題資料。

二、規模和體例：《大典》所收古籍的時限，上自先秦，下迄辛亥革命。全書共收各類漢文古籍三萬餘種，七億多字。全書體例，着重汲取清代《古今圖書集成》所采用的經目和緯目相交織這一統一框架結構的模式，同時參照現代科學的學科、目録分類方法，并根據各類學科內容的實際情況，一般將每一大類學科輯爲一典，也有將幾個相關學科共輯爲一典的。對各典名稱，均以現代學科命名，對於所收入的各種古籍資料，亦儘可能納入現代科學分類體系之中。

三、經目：大典共分二十四個典，即哲學典、宗教典、政治典、軍事典、經濟典、法律典、教育典、語言文字典、文學典、藝術典、歷史典、歷史地理典、民俗典、數學典、物理化學典、天文典、地學典、生物學典、醫藥衛生典、農業典、林業典、工業典、交通運輸典、文獻目録典。典以下以分典、總部、部、分部分級，分部之下的標目根據各學科特點由各典自行擬定。

四、緯目：共設置九項緯目，用以包容各級經目的具體內容：

①題解：對有關學科的名稱、概念、涵義、特點等作總體介紹的資料。

②論説：有關理論部分的資料。

③綜述：有關學科或事物的系統性資料，凡有關學科或事物的性狀、制度、範疇、特點及學科地位、發展情況等具體內容均編入此緯目中。

④傳記：有關人物的傳記資料。

⑤紀事：有關學科或事物的具體活動或事例的資料。

⑥著録：重要人物或文獻的有關著作資料，如專集介紹、序跋、藏書題記，以及有關著作的成書經過、版本源流等。

⑦藝文：有關屬於文學欣賞性的散文或韻文。

⑧雜録：凡未收入以上各緯目，而又有較高參考價值的資料，均入雜録。

⑨圖表：根據有關經目的内容需要，圖與表附於相關專題之下，或集中彙總於某級經目之後。

《大典》以内容分類安排各級緯目，各級緯目的正文，一般以原書爲單位，按時代順序排列。每一條資料前標明出處，包括書名或作者名、篇名或卷次，以利讀者核對原書。

五、書目：每分典後附有該分典所收書之書目，書目包括書名、作者、時（年）代、版本等内容。時代以成書時代爲準，成書時代不詳者，以作者主要活動時代爲準，并遵從歷史習慣。

六、版本：《大典》在選用版本時儘量采用古人的精校精刻本，亦采用學術界通用的近、現代整理圈點本及現代學者校點整理本。

七、校點：爲儘可能保存古籍原貌，《大典》祇對底本中明顯的脱、訛、衍、倒進行勘正。古本中的避諱字一般不作改動，祇對缺筆字補足筆劃。後人刻書時避當朝人諱而改動的字，據古本改回。《大典》采用新式標點法。

一九九六年八月

二〇〇六年十一月修訂

《中華大典·農業典》編纂出版領導小組

組　長：張寶明　靳玉樂　王增恂

副組長：馬小泉　周安平　張雲鵬　鄭家福　楊國安
　　　　米加德

成　員（按姓氏筆畫排序）：

于　傑　王本朝　王學春　吕剛武　李　森

李偉昉　周志欽　苗書梅　秦紅雨　郭　亮

袁凱强　展　龍　陳廣勝　陳隆予　孫　曉

黄　璜　葛鄭偉　湯興華　鄒芙都　靳宁峰

鄧章應　聶昌紅　龍玉明

《中華大典・農業典》編纂委員會

主　編：穆祥桐　曹幸穗

副主編：張雲鵬　周安平　袁喜生　張顯成　唐志强

鄭家福　劉坤太　董小玉

委　員（按姓氏筆畫排序）：

王化平　毛　春　仝相卿　吕　進　杜　鋒

杜顔璞　李曉亮　李世持　李遠毅　何　新

汪劉峰　李棟輝　虎維鐸　胡　波　胡　琳

馬　劍　袁　政　展　龍　高國金　卿　磊

秦紅雨　孫運君　郭麗華　陳安民　陳廣勝

竟　霞　惠　冬　祁琛雲　張敏傑　張　健

張　松　張新超　敬　德　靳宇峰　路　煒

寧智鋒　趙　梅　趙軍慧　趙佩霞　鄭　鵬

劉小敏　錢振宇　羅鐵家　蘇文英　鍾維克

《中華大典·農業典》序

農業是中國古代的重要生産部門，它關係到人的生存、社會的安定和政權的穩定。因此，它被社會上的全體人員所關注。在中國最早的文字——甲骨文中，就有關於農業生産内容的記載。

中國農業歷史學界按照古籍所載内容的具體情况，將涉農古籍分爲兩類：一類是專門記載中國古代傳統農業科學技術、生産知識和經營管理的著作，即中國古代農書；一類是書中存有涉及農業内容的一般古籍。

據考古資料顯示，中國農業産生於舊石器時代晚期與新石器時代早期交替的階段，距今已有一萬多年的歷史。到了青銅時代，即歷史上的夏、商、周時期（公元前二一—前八世紀），中國的傳統農業已經形成，并且發展爲社會的主要産業。到了春秋戰國時期（公元前七七〇—前二二一年），不僅在諸子百家中出現了農家學派，而且還出現了專門的農書。在《漢書·藝文志》中著録有成書於『六國時』的《神農》《野老》兩種和『不知何世』的《宰氏》《尹都尉》《趙氏》《王氏》等四種。上述書籍今已失傳。

由秦漢時期至清代，據《中國農業百科全書·農業歷史卷》統計，就有六百九十七種之多，按其數量多少排列依次爲：園藝類農書一百六十六種，蠶桑類農書一百五十二種，綜合類農書一百一種，竹木、茶類農書五十五種，耕作、農田水利類農書五十二種，農作物類農書四十七種，畜牧獸醫類農書三十八種，植物、氣象、占候類農書三十一種，荒政、治蟲類農書二十七種，水産類農書二十二種，農具類農書六種。如果按時代進行劃分，元代及以前農書的種類及數量依次爲：園藝類農書三十二種，綜合類農書二十種，畜牧獸醫類農書十一種，植物、氣象、占候類農書十一種，竹木、茶類農書十種，耕作、農田水利類農書三種，蠶桑類農書三種，水産類農書三種，荒政、治蟲類農書二種，農作物類農書一種，農具類農書一種。明清時期農書的種類及數量依次爲：蠶桑類農書一百四十九種，園藝類農書一百三十四種，綜合類農書八十一種，耕作、農田水利類農書四十九種，農作物類農書四十六種，竹木、茶類農書四十五種，畜牧獸醫類農書二十七種，荒政、治蟲類農書二十五種，植物、氣象、占候類農書二十種，水産類農書十九種，農具類農書五種。從上述農書的種類及變化，我們可以看到中國傳統農業的結構、地位及變化。

由於農業對於經濟、政治的影響巨大，因此中國古代社會中上至帝王將相，下至布衣百姓，無不對其給予重大關注，在他們的著作中或多或少地涉及了中國古代農業的内容。這些内容涵蓋了中國傳統農業的方方面面。

在春秋戰國時期，由於傳統農業的性質發生了明顯的變化，因此此時的農業生産有了明顯的進步，人們對於自然界的干預增强了。在先秦諸子的著作中，有不少對人與自然界關係的論述，是中國古代農業生態思想的萌芽。在一貫相承的紀傳體史書二十四史中，詳細準確地記載了中國古代歷年的風、水、雹、旱、蟲等各種農業自然灾害的發生及影響。沈括《長興集》卷九《萬春圩圖記》和胡仔《苕溪漁隱叢話前集》卷二七中詳細地講述了圩田、葑田等中國古代的土地利用。在《莊子・天運》、周去非《嶺外代答》卷四、《蘇東坡全集・後集》卷四中分别介紹了中國古代農具桔橰、踏犁和秧馬。范成大《石湖居士詩集》卷一六《勞畲耕并序》中詳細記載了三峽地區八個水稻品種；陸九淵《象山先生全集》卷三四記載了自家水稻深耕易耨的豐産經驗；高斯得《恥堂存稿》卷五最早記載了水稻生産中的烤田技術；莊綽《鷄肋編》卷上《説蕨》中有關於利用雜草作肥料的經驗。陳舜俞《都官集》卷一四《山中咏橘長咏》中記述了宋代柑橘栽培、貯藏和銷售的一整套經驗；張世南《游宦紀聞》卷五介紹了柑嫁接的經驗；莊綽《鷄肋編》卷下《韓岊論茶》記載了宋代建溪茶場的生産情况，趙希鵠《調燮類編》卷三《清飲》介紹了花茶的製作方法；周密《齊東野語》卷一六介紹了當時著名花卉産地馬塍藝花法。莊綽《鷄肋編》卷下《養柑蟻》介紹了古代的生物防治經驗。周密《癸辛雜識别集上・魚苗》記載了宋代對魚苗的生活特點已經有較深的認識，因此總結出了一套魚苗長途運輸技術，劉恂《嶺表録異》卷上介紹了唐代稻田養魚經驗，龐元英《文昌雜録・養珠法》介紹了人工養殖珍珠的經驗。王禹偁《小畜集》卷一四《記蜂》一文，詳細地描述了蜜蜂的習性、組織、蜂王、分窠、蜜蠟等方面的知識。張舜民的《使遼録》記載了遼國人用麻醉法施行馬肝部病灶切除手術。這些資料，涉及了古代農業的各個專業。

對於古籍中農業資料的整理古已有之，在晚清『富國强兵』的努力中，一些學者也整理出版農業古籍。現代著名的農業農史學家萬國鼎先生于一九二四年開始，從事祖國農學遺産的搜集整理工作，共搜集整理出三千萬字，彙編爲《先農集成》，分成若干專輯，裝訂成四百二十册，現存于南京農業大學中國農業遺産研究室。一九五五年四月，農業部農業科學院籌備小組在北京召開整理祖國農業遺産座談會。一九五八年，在周恩來同志的關懷下，國務院古籍整理出版規劃小組成立，并制定了第一個十年規劃。同年，農業出版社（今中國農業出版社）在北京成立，依靠各農業院校農史研究專業隊伍，開始系統整理出版農業古籍。截至二〇一四年，已出版農業古籍近二百種，涵蓋了十一類古代農書，整理方式有標點校勘、注釋、今譯、影印、輯佚與資料彙編等。

《中華大典》是在黨中央、國務院領導下的新中國成立以來最大的古籍整理出版工程，農史研究者有幸參與其中，在前人的基礎上，對祖國的農業遺産以新編類書的形式進行整理出版，無疑對於廣大農業工作者瞭解中國國情、促進農史研究的發展均有不可估量的作用。

《中華大典·農業典》設糧食作物、蠶桑、茶業、藥用作物、救荒植物、園藝作物、漁業水産、農田水利、農業灾害、畜牧獸醫、農具倉儲和農書十二個分典，基本涵蓋了農業各要素。如前所述，中國古代農業文獻既有一定數量的專書，又或多或少地存在於浩如烟海的經史子集當中。如果繼續使用傳統的手段和出版工作流程，在短時間内利用有限的力量是難以完成編纂工作的。所以《農業典》在編纂之初，就采取了利用數字化編纂的方式。二〇〇六年七月開始由中國社會科學院李根蟠研究員任主編，依靠各高等農業院校農史研究專業人員，編定了編纂大綱，我和蘇金花研究員編定了《農業典》專用書目，各分典在此基礎上又補充了本專業的書目，依托社會上反響較好的古籍數字平臺開始了試編工作。在隨後的實際工作中，我們發現《農業典》編纂所需資料屢屢受制於商業化的數字平臺，尤其在《茶葉總部》的試編寫中遇到了引文難以核對的問題，遂於二〇〇九年底决定自主研發工作平臺，并由我和曹幸穗研究員出任主編，按照新的思路開展編纂出版工作。二〇一一年，按照國家新聞出版總署和國家出版基金規劃管理辦公室的統一部署，與未完成的各典一起納入國家出版基金管理。

《農業典》是《中華大典》確定的數字化編纂出版工作試點，任繼愈先生説：『農業典的試點工作如能成功，其意義將遠遠超越中華大典本身，它對於今後我國整個古籍整理工作，都會産生深遠的影響。』因此出版項目承擔者河南大學出版社組織了由編委會、出版社和數字編纂平臺共同參加的編纂隊伍，打破傳統編者、編輯、出版分離的做法，首先選擇《農業典·蠶桑分典》作爲試點，組織編纂者從一開始就介入平臺建設，平臺也按實際工作需求隨時調整功能，各項工作交叉進行，全面推進編纂工作。二〇一六年十月，經基金辦同意，增加西南師範大學出版社爲《農業典》出版單位，承擔《糧食作物分典》《藥用作物分典》《救荒植物分典》《園藝作物分典》《漁業水産分典》

《農具倉儲分典》的編纂任務。組織形式和工作機制的改進既是本書得以順利面世的原因，又是大型出版物出版工作方式的創新。

雖然全體編纂人員竭盡全力開展工作，但因此工作爲首創之舉，加之本人水準有限，疏漏之處在所難免，懇請讀者不吝指正。

穆祥桐

二〇一七年六月

《中華大典·農業典》凡例

一、收録範圍。《中華大典·農業典》以《中華大典》的編纂宗旨爲依據，彙編中國從先秦到清末有關農業的文獻，包括古代外國人用漢語所寫的涉及中國農業的作品和少量近代翻譯以資中國農業借鑒的國外著述，以供農業、歷史工作者和一般讀者參考和檢索。

二、結構。《農業典》分爲十二個分典，分典之下設總部、部、分部、專題四級經目。在專題之下，根據内容不同，設置題解、論説、綜述、傳記、紀事、著録、藝文、雜録、圖表等緯目。由於各分典的内容差異很大，因此各分典經、緯目的設置存在一定的不同。

三、用字。經目、緯目、標目等屬今人編寫的文字一概使用規範漢字，對所引用原文中的通用字、假借字、古今字、俗體字和舊字形等，爲最大程度保留文獻原貌，基本不作修改。

四、標目。資料標明出處，依次爲：作者生活朝代、作者及編著方式、書名、卷次、篇名。并列的資料選自同書而卷次不同，則不再另標作者及書名，僅用『又』字表示。書名與篇名加書名號《》。如果此書不分卷，將書名與篇名放在一個書名號内，中間用分隔號『·』隔開。此外，先秦典籍、二十四史、十通等大型官修書不標朝代與作者。志書前標加圓括號的年號，不加朝代與作者。對類書、志書或總集類文獻，收録其中單篇文獻時，以文章朝代與作者、文章名（加書名號）作主標目，以類書、志書或總集類文獻的書名與卷次作次標目，用小號字跟在主標目下面，省去編者、篇名。

五、校勘。脱字，在方括號内寫出補入的字。訛字，將錯字寫在圓括號中，後面在方括號中寫出改正的字。衍字，將衍字寫在圓括號中。倒字，在該字的正確位置按脱字的辦法用方括號補上，具錯誤的位置用圓括號作爲衍字處理。在使用前人校勘本時，直接使用校勘後的文字，均不再出校記。

六、節選。對古籍的省略處，用『【略】』標出。中間省略文字用『【略】』。有整段省略者，『【略】』放在上段末尾，不單獨占行。同一標目内，節選内容首尾不加『【略】』。古籍中的原注，用小號字排。

七、古籍中漫漶不可識處，以□代替。

八、數字。對古籍的卷次，用一、二、三、四、五、六、七、八、九、〇標出，不用十、百、千、萬。書名與篇名中照原版保留十、百、千、萬等。

九、以上諸項是《農業典》的通例。各分典因所涉文獻不同，各依據實際情況加以補充説明。

中華大典·農業典

畜牧獸醫分典

主編：祁琛雲

《中華大典·農業典·畜牧獸醫分典》編纂委員會

主　編：祁琛雲

副主編：惠　冬　杜顔璞

編　者：晁根池　衡芳珍　祁紅偉　過　軒　閆國防

劉本棟　王鵬飛　閆夢燦　周偲偲　張　穎

鄭吉偉　張松婷

學術指導：張法瑞

《中華大典·農業典·畜牧獸醫分典》説明

《畜牧獸醫分典》是《中華大典·農業典》的重要組成部分，由河南大學歷史文化學院、黄河文明傳承與現代文明建設協同創新中心承擔編纂工作。

畜牧業是我國古代最重要的産業之一，是社會生産與民衆生活賴以維持的重要經濟體。唯其重要，而多爲古人所留意，流傳至今的相關文獻資料也相當豐富，歷代正、别、雜史，農、牧專書及文集、方志、筆記、小説等文獻中有大量關于畜牧獸醫的記載，這些文獻是本典重要的資料來源。《畜牧獸醫分典》由畜牧綜合總部、家畜總部、家禽總部、中獸醫總部四個部分構成，下設二十三個部，共輯録相關資料萬餘條，近六百萬字。内容包括歷代的牧政管理、野生獸禽的獵獲及馴化，家畜家禽的品種與繁育，相畜與牧養的技術，禽畜産品的加工與運用，六畜崇拜與畜神信仰，中獸醫技術及獸藥方劑等。本典的編撰體例遵循《中華大典》通用的經緯目交相使用的框架結構，部下設經目，經目下設題解、論説、綜述、傳記、紀事、著録、藝文、雜録、圖表等緯目。經緯相依，環環相扣，所輯資料，統爲一體，比較全面系統地展示了浩瀚豐富的古代畜牧與獸醫文獻資料。以下是各總部編撰的基本情况：

畜牧綜合總部由牧政管理機構部、馬政部與狩獵部構成，重在收録以養馬業爲主幹的國營畜牧業經營管理方式以及技術經驗方面的資料。依照時代順序和牧政管理的階段性發展特徵，分不同時期加以輯録。其中牧政管理機構部分爲先秦牧政機構、秦漢魏晋隋唐牧政機構、宋遼金元牧政機構和明清牧政機構等分部；馬政部分爲先秦馬政、秦漢魏晋馬政、隋唐五代馬政、宋遼金元馬政、明代馬政和清代馬政等分部；狩獵部下設獵、狩獵、射獵、行獵、田獵、出獵、圍獵、游獵、觀獵、弋獵、漁獵、校獵、弓、箭、陷阱、網十六個專題。集中輯録了中國古代較爲盛行的打獵模式。該總部以具體的打獵方式以及打獵時使用的工具爲主體，較爲全面地向讀者呈現中國古代狩獵的發展演進史，可爲現代人全面了解古代狩獵方式提供重要參考。这三个部共輯録相關材料四千八百餘條，約二百萬字。牧政管理機構部通過對不同時期牧政管理機構的組織結構、人員設置、管理職能及歷代馬政資料的彙編，系統地展示我國古代牧政發展演變的過程及其對國計民生的重要影響。狩獵内容以狩獵爲主，兼及狩獵物件、方法及相應工具設施等。家畜總部以傳統六畜爲基本框架，分爲馬部、牛部、羊部、猪部、犬部、驢騾部和駝部，各部之下再根據史料的詳略程度設若干經目。該總部輯録各種資料數千條，約一百五十萬字。將散見于經、史、子、集，農牧專書及方志、小説等文獻中的家畜資料按經緯目分門别類地彙編在一起，旨在系統輯録古代六畜文獻，全面展示古人馴養、繁衍、相畜及家畜産品加工的技術，充分體現家畜在古代社會經濟、家庭生活中的作用與影響。家禽總部下設鷄、鴨、鵝、鴿、雜禽等五部，約十五萬字。輯録了中國古代較爲常見，且與勞動人民生活息息相關的家禽。該總部以家禽種類爲主體，兼論各類家禽的品種、繁育、相畜、飼養技術以及相應的工具，較爲全面地向讀者呈現中國家禽發展演變的歷史，可爲今人全面了解古代家禽的繁育飼養技術和工具提供重要參考。中獸醫總部依照醫科分類，分爲基礎理論部、診斷學部、方藥部、針灸部、内科部、外科部、産科部、其他科部，各部之下再依不同畜種分目，共輯録相關材料三千七百餘條，約九十萬字。系統輯録了關于古代中獸醫的理論思想、醫療技術、診治實踐等文獻資料，尤其是對珍貴的中獸藥方劑文獻的整理，對現代中獸醫的發展有重要的借鑒價值。

《畜牧獸醫分典》編撰難度極大，一是因爲除了少數農牧及獸醫專書外，絶大部分文獻非常分散，使資料的搜集整理費時費力；二是由于部分文獻專業性强，艱澀難懂，給後期的編校工作造成很大阻礙。鑒于參與編校工作的多爲中青年學者，文獻整理經驗不足，學術視野有限，加之時間緊促，任務繁重，難免存在體例結構欠合理，文獻搜羅不完整，資料分類欠妥當，編校標點不够精當等問題。所有這些不足之處，有待方家學者審評斧正。

總目

上册
畜牧綜合總部
中册
家畜總部
下册
家禽總部
中獸醫總部

目録

畜牧綜合總部……九
牧政管理機構部……九
先秦牧政機構分部……九
校人……九
題解……九
論説……一〇
綜述……一八
紀事……四八
雜録……四九
牧師……四九
題解……四九
論説……四九
綜述……五〇
紀事……五三
雜録……五三
牧人……五四
題解……五四
論説……五四
綜述……五六
廋人……六六
題解……六六
論説……六六
綜述……六七
圉師……七三
論説……七三
綜述……七三
圉人……七七
題解……七七
論説……七八
綜述……八〇
紀事……八三
藝文……八五
獸醫……八六
題解……八六
論説……八六
綜述……九一
傳記……九五
藝文……九五
趣馬……九五
題解……九五
論説……九六
綜述……九七
雜録……一〇五
巫馬……一〇五
題解……一〇五
論説……一〇五
綜述……一〇七
傳記……一〇九
馬質……一〇九
論説……一〇九
綜述……一一三
藝文……一二一
充人……一二一
論説……一二一
綜述……一二二

雜録……一二七
牛人……一二七
論説……一二七
綜述……一二八
羊人……一三七
論説……一三七
綜述……一三七
鷄人……一四一
論説……一四一
綜述……一四二
紀事……一四六
藝文……一四六
犬人……一四六
論説……一四六
綜述……一四六
掌畜……一五〇
論説……一五〇
綜述……一五一
服不氏……一五三
題解……一五三
論説……一五四
綜述……一五四
蠻隷……一五七
論説……一五七
綜述……一五八
閩隷……一六〇
題解……一六〇
論説……一六〇
綜述……一六一
夷隷……一六二
題解……一六二
論説……一六三
綜述……一六五
藝文……一六六
貉隷……一六六
題解……一六六
綜述……一六六
雜録……一七〇
秦漢魏晉隋唐牧政機構分部……一七〇
太僕……一七〇
綜述……一七〇
紀事……一八四
藝文……一八五
雜録……一八六
太子僕寺……一八六
綜述……一八六
紀事……一八九
牧師苑……一八九
綜述……一八九
紀事……一九〇
藝文……一九〇
圖表……一九〇
駕部……一九一
綜述……一九一
紀事……一九五
牧監……一九五
綜述……一九五
紀事……一九六
藝文……一九九
尚乘局……二〇一

綜述……二〇一
紀事……二〇五
閑廄使……二〇五
綜述……二〇五
紀事……二〇五
藝文……二〇七
互市監　交市監……二〇七
綜述……二〇七
紀事……二〇七
宋遼金元牧政機構分部……二〇八
太僕……二〇八
綜述……二〇八
紀事……二一二
藝文……二一二
群牧司　群牧所……二一三
論説……二一三
綜述……二一三
傳記……二一六
紀事……二一六
藝文……二二三
駕部……二二四
論説……二二四
綜述……二二四
紀事……二二五
藝文……二二六
牧監……二二六
論説……二二六
綜述……二二八
紀事……二二八
尚乘寺……二三五
綜述……二三五
紀事……二三六
茶馬司……二三六
論説……二三六
綜述……二三七
紀事……二三八
藝文……二三九
明清牧政機構分部……二四〇
太僕……二四〇
論説……二四〇
綜述……二四五
傳記……二六〇
紀事……二八一
藝文……二八三
車駕清吏司　車駕司……二九二
綜述……二九二
紀事……二九二
上駟院　御馬監……二九五
論説……二九五
綜述……二九五
傳記……三〇四
紀事……三〇四
苑馬寺……三〇五
論説……三〇五
綜述……三〇六
紀事……三〇七
茶馬司……三一一
論説……三一一
綜述……三一一
紀事……三一二

馬政部 …… 三一五

先秦馬政分部 …… 三一五

總論 …… 三一五

論説 …… 三一五

綜述 …… 三一八

紀事 …… 三二一

養馬 …… 三二一

論説 …… 三二一

綜述 …… 三二三

傳記 …… 三二五

紀事 …… 三二六

管理 …… 三二六

論説 …… 三二六

綜述 …… 三二七

紀事 …… 三三二

馬祭 …… 三三二

論説 …… 三三二

綜述 …… 三三三

秦漢魏晉馬政分部 …… 三三三

總論 …… 三三三

論説 …… 三三三

綜述 …… 三三四

紀事 …… 三三四

養馬 …… 三三五

論説 …… 三三五

綜述 …… 三三六

傳記 …… 三三八

紀事 …… 三三八

管理 …… 三三九

論説 …… 三三九

綜述 …… 三三九

紀事 …… 三四四

隋唐五代馬政分部 …… 三四五

總論 …… 三四五

論説 …… 三四五

綜述 …… 三四六

紀事 …… 三四八

藝文 …… 三五〇

養馬 …… 三五〇

論説 …… 三五〇

綜述 …… 三五一

紀事 …… 三五二

市馬 …… 三五四

論説 …… 三五四

綜述 …… 三五五

紀事 …… 三五五

管理 …… 三五六

論説 …… 三五六

綜述 …… 三五六

紀事 …… 三六〇

藝文 …… 三六〇

馬祭 …… 三六一

綜述 …… 三六一

藝文 …… 三六二

宋遼金元馬政分部 …… 三六二

總論 …… 三六二

論説 …… 三六二

綜述 …… 三六六

紀事 …… 三六八

養馬……三七七
論説……三七七
綜述……三八五
傳記……四〇二
紀事……四〇二
藝文……四一九
市馬……四二〇
論説……四二〇
綜述……四二九
傳記……四三七
紀事……四三七
藝文……四五九
管理……四六〇
論説……四六〇
綜述……四六二
紀事……四七七
藝文……四八七
其他……四八八
綜述……四八八
藝文……五二〇
明代馬政分部……五二一
總論……五二一
論説……五二一
綜述……五四一
紀事……五四八
養馬……五五四
論説……五五四
綜述……六〇七
傳記……六四一
紀事……六四三
藝文……六六二
市馬……六六三
論説……六六三
綜述……六七九
傳記……六九九
紀事……六九九
藝文……七〇四
管理……七〇四
論説……七〇四
綜述……七六五
傳記……八〇五
紀事……八〇九
藝文……八一四
馬祭……八一四
論説……八一四
紀事……八一六
其他……八一八
論説……八一八
綜述……八二〇
清代馬政分部……八二三
總論……八二三
論説……八二三
綜述……八二五
藝文……八二六
養馬……八二七
論説……八二七
綜述……八二八
紀事……八五四
藝文……八六七
市馬……八六七

論説……八六七
綜述……八六八
紀事……八七〇
藝文……八七一
管理……八七一
論説……八七一
綜述……八七四
紀事……八八二
藝文……八九三
其他……八九三
綜述……八九三
紀事……八九四
藝文……八九四

狩獵部……八九七

獵……八九七
題解……八九七
論説……八九七
綜述……九〇三
傳記……九二四
紀事……九二六
藝文……九三七
雜録……九八七
狩獵……九九三
紀事……九九三
藝文……九九九
綜述……一〇〇一
射獵……一〇〇一
論説……一〇〇一
綜述……一〇〇二
紀事……一〇〇七
藝文……一〇〇七
雜録……一〇二九
圖表……一〇二九
行獵……一〇四〇
藝文……一〇四〇
田獵……一〇四〇
題解……一〇四〇
論説……一〇四〇
綜述……一〇四一
紀事……一一一五
藝文……一一二五
雜録……一一二八
出獵……一一二九
藝文……一一二九
著録……一一三四
圍獵……一一三四
論説……一一三四
綜述……一一三五
藝文……一一三七
雜録……一一四〇
遊獵……一一四〇
論説……一一四〇
藝文……一一四四
著録……一一四七
觀獵……一一四七
紀事……一一四七
藝文……一一四七
弋獵……一一五五
論説……一一五五
紀事……一一五五

藝文……一一五六
雜録……一一五六
漁獵……一一五六
論説……一一五六
綜述……一一五七
藝文……一一六一
雜録……一一六一
校獵……一一六一
題解……一一六一
論説……一一六二
傳記……一一六二
紀事……一一六二
藝文……一一六三
雜録……一一六七
弓……一一六七
傳記……一一六七
紀事……一一六七
藝文……一一六八
綜述……一一七〇
雜録……一一七三
箭……一一八〇
題解……一一八〇
傳記……一一八〇
藝文……一一八〇
雜録……一一八一
陷阱……一一八一
題解……一一八一
藝文……一一八二
雜録……一一八二
網……一一八五
題解……一一八五
論説……一一八六
綜述……一一八七
紀事……一一八八
藝文……一一八八
雜録……一一八八

家畜總部……一一九七

馬部……一一九七

馬……一一九七
題解……一一九七
論説……一二〇〇
綜述……一二〇六
紀事……一二二一
藝文……一二二六
雜録……一二五〇
相馬(伯樂)……一二五六
論説……一二五六
綜述……一二六〇
藝文……一二六四
雜録……一二七〇
牧養……一二七二
題解……一二七二
論説……一二七二
綜述……一二八一
藝文……一三三三
雜録……一三四六
馬苑 馬廄 馬厩……一三五二
論説……一三五二
綜述……一三五六

紀事……一三七一
藝文……一三七二
雜録……一三七五
草場　牧場……一三八〇
論説……一三八〇
綜述……一三八二
紀事……一四一六
藝文……一四二七
雜録……一四二七
種馬　附俵馬……一四三〇
題解……一四三〇
論説……一四三〇
綜述……一四四一
紀事……一四五五
雜録……一四六三
天馬　駿馬　名馬　千里馬　大宛馬　汗血馬……一四六四
論説……一四六四
綜述……一四七〇
紀事……一四七七
藝文……一四七八
雜録……一五〇六
祭馬　馬神　馬神廟　馬王廟　馬祖廟……一五一〇
論説……一五一〇
綜述……一五一四
紀事……一五二六
藝文……一五三二
雜録……一五三三
舞馬……一五四〇
論説……一五四〇
綜述……一五四〇

牛部

紀事……一五四一
藝文……一五四一
……一五四五
牛……一五四五
題解……一五四五
論説……一五四六
綜述……一五四九
傳記……一五六六
紀事……一五六六
藝文……一五七二
雜録……一五八〇
牧養(牛)……一五九〇
題解……一五九〇
論説……一五九一
綜述……一五九四
紀事……一六〇三
藝文……一六〇四
雜録……一六三一
相牛……一六三三
論説……一六三三
綜述……一六三三
藝文……一六三六
牛欄　牛屋　牛舍　牛室　牛棚　牛庵　牛宫……一六三六
題解……一六三六
論説……一六三六
綜述……一六三六
紀事……一六三八
藝文……一六三九
雜録……一六四〇
耕牛……一六四一

論説……一六四一
綜述……一六四四
紀事……一六五〇
藝文……一六五一
雜録……一六五二
牛禁 禁屠 禁販 戒殺……一六五三
論説……一六五三
綜述……一六五五
紀事……一六六三
藝文……一六六六
雜録……一六六六
牛神 牛王 土牛 春牛 祭牛 牛祭……一六六八
論説……一六六八
綜述……一六六九
紀事……一六七三
藝文……一六七三
雜録……一六七五
水牛 水牯……一六七七
綜述……一六七七
藝文……一六七八
雜録……一六七九
牦牛……一六七九
綜述……一六七九
牛衣 耕索 呼鞭 鍘料桶 草籃……一六八一
題解……一六八一
綜述……一六八二
牛皮 牛角 牛筋 牛黄 牛胆……一六八三
題解……一六八三
論説……一六八三
綜述……一六八四
傳記……一六九〇
記事……一六九〇
藝文……一六九〇
雜録……一六九一
牛乳……一六九二
論説……一六九二
綜述……一六九二
紀事……一六九三
藝文……一六九三
鬭牛……一六九三
綜述……一六九三
藝文……一六九四

羊部

羊部……一六九五
羊……一六九五
題解……一六九五
論説……一六九七
綜述……一七〇八
紀事……一七二八
藝文……一七三五
雜録……一七三八
養牧 牧羊 養羊 棧羊……一七四三
論説……一七四三
綜述……一七四四
傳記……一七六二
紀事……一七六二
藝文……一七六三
雜録……一七七一
羊欄 羊棧 羊圈 羊棲……一七七二
題解……一七七二
綜述……一七七二

山羊 羖羊 羱羊 埜羊……一七七四
題解……一七七四
論説……一七七四
綜述……一七七五
藝文……一七七八
羚羊 麢羊 麙羊……一七七八
題解……一七七八
論説……一七七八
綜述……一七七八
藝文……一七八一
黄羊……一七八一
題解……一七八一
論説……一七八一
綜述……一七八一
藝文……一七八二
羊皮 羊毛 羊絨 羊毫 羊裘 羔裘……一七八三
論説……一七八三
綜述……一七八七
紀事……一七九七
藝文……一七九八
雜録……一八〇〇
食羊 羊肉 羊肝 羊頭 羊肚 羊血 羊膽……一八〇二
綜述……一八〇二
紀事……一八一二
藝文……一八一四
雜録……一八一六
羊角 羊骨……一八一八
綜述……一八一八
紀事……一八二〇
羊乳……一八二〇
綜述……一八二〇
藝文……一八二一
羊哀 羊卵……一八二一
綜述……一八二一
羊糞……一八二三
綜述……一八二三
賜羊……一八二三
論説……一八二三
綜述……一八二四
藝文……一八三〇
羊異（神羊 靈羊 奇羊 羊神 種羊 夷羊）……一八三一
論説……一八三一
綜述……一八三二
紀事……一八三六
藝文……一八三八
雜録……一八三九

猪部

猪部……一八四三
猪……一八四三
題解……一八四三
論説……一八四四
綜述……一八四六
紀事……一八五七
藝文……一八五八
雜録……一八五九
養猪 牧猪……一八六三
綜述……一八六三
紀事……一八六七
藝文……一八六七
猪欄 猪椆……一八六九
綜述……一八六九

豪猪……一八六九
題解……一八六九
論説……一八六九
綜述……一八七〇
紀事……一八七一
藝文……一八七二
猪肉　猪血……一八七三
論説……一八七三
綜述……一八七四
紀事……一八八七
藝文……一八八八
猪異……一八八九
綜述……一八八九
紀事……一八九五
藝文……一九〇一

犬部……一九〇三

犬　狗……一九〇三
題解……一九〇三
論説……一九〇四
綜述……一九〇七
傳記……一九三〇
紀事……一九三〇
藝文……一九三五
獒……一九五〇
論説……一九五〇
綜述……一九五一
藝文……一九五一
豻……一九五二
題解……一九五二
綜述……一九五二
畜犬　養狗　馴犬……一九五三
論説……一九五三
綜述……一九五三
紀事……一九六五
雜録……一九六六
藝文……一九七一
雜録……一九七七
義犬　孝犬……一九八〇
論説……一九八〇
綜述……一九八〇
藝文……一九八八
瘈狗　狂犬　猘犬　犬傷……一九八九
題解……一九八九
綜述……一九八九
紀事……二〇〇一
藝文……二〇〇二
屠狗　食狗　狗肉……二〇〇三
綜述……二〇〇三
紀事……二〇〇四
藝文……二〇〇五
狗皮　狗毛　狗筋……二〇〇六
綜述……二〇〇六
傳記……二〇〇六
藝文……二〇〇六
狗寶　狗蠅……二〇〇七
綜述……二〇〇七
藝文……二〇〇七
犬異　化犬……二〇〇七
綜述……二〇〇七
紀事……二〇一四

藝文……二〇二三

驢騾部……二〇二五

驢騾……二〇二五
題解……二〇二五
綜述……二〇二五
雜録……二〇三四
養驢騾……二〇三四
記事……二〇三四
雜録……二〇三五

駝部……二〇三七

駝……二〇三七
題解……二〇三七
論説……二〇三七
綜述……二〇三八
紀事……二〇四六
藝文……二〇四七
雜録……二〇五一

家禽總部……二〇六三

鷄部……二〇六三

鷄……二〇六三
題解……二〇六三
綜述……二〇六三
傳記……二〇七二
紀事……二〇七二
藝文……二〇七三
雜録……二〇七三
鷄種……二〇七四
題解……二〇七四
紀事……二〇八一
藝文……二〇八一
雜録……二〇八一
育鷄（養鷄）……二〇八二
綜述……二〇八二
紀事……二〇八三
雜録……二〇八四
孵鷄……二〇八四
紀事……二〇八四
藝文……二〇八五
雜録……二〇八五
《雞譜》……二〇八五

鴨部……二〇九五

鴨……二〇九五
題解……二〇九五
綜述……二〇九五
藝文……二〇九九
雜録……二〇九九
鴨種……二一〇〇
題解……二一〇〇
雜録……二一〇三
育鴨（養鴨）……二一〇三
綜述……二一〇三
紀事……二一〇四
雜録……二一〇五
孵鴨……二一〇五
綜述……二一〇五
紀事……二一〇六
雜録……二一〇六
畜鴨治蝗……二一〇六

紀事……二一〇六
藝文……二一〇七
雜録……二一〇七

鵝部……二一〇九

鵝……二一〇九
題解……二一〇九
綜述……二一〇九
紀事……二一一二
雜録……二一一二

鵝種……二一一三
題解……二一一三
藝文……二一一三

育鵝（養鵝）……二一一三
紀事……二一一三

鴿部……二一一五

鴿……二一一五
題解……二一一五
綜述……二一一五
雜録……二一一六

鴿種……二一一六
題解……二一一六

育鴿（養鴿）……二一一八
紀事……二一一八

《鴿經》……二一一八

雜禽部……二一二五

鶴分部……二一二五

鶴……二一二五
題解……二一二五
綜述……二一二六
雜録……二一三〇

鶴種……二一三〇
題解……二一三〇

育鶴（養鶴）……二一三一
紀事……二一三一

相鶴……二一三一
綜述……二一三一

鵪鶉分部……二一三一

鵪鶉……二一三一
題解……二一三一
綜述……二一三二

鵪鶉種……二一三九
題解……二一三九

育鵪鶉（養鵪鶉）……二一四一
記事……二一四一

《鵪鶉譜》……二一四三

鸕鷀分部……二一四七

鸕鷀……二一四七
題解……二一四七
綜述……二一四八
雜録……二一四九

養鸕鷀（育鸕鷀）……二一四九
紀事……二一四九

鷹分部……二一四九

鷹……二一四九
題解……二一四九
綜述……二一四九
雜録……二一五三

鷹種……二一五三
題解……二一五三

育鷹（養鷹）……二一五四
紀事……二一五四
斑鳩分部……二一五五
斑鳩……二一五五
題解……二一五五
綜述……二一五五
雜録……二一五六
斑鳩種……二一五六
題解……二一五六

中獸醫總部……二一六五

基礎理論部……二一六五

馬……二一六五
論説……二一六五
綜述……二一八九
紀事……二一九一
藝文……二一九七
牛……二二〇八
論説……二二〇八
綜述……二二一八
紀事……二二二二
藝文……二二二三
羊……二二二四
論説……二二二四
猪……二二二五
論説……二二二五
駝……二二二六
論説……二二二六
綜述……二二二六
其他……二二二六
論説……二二二六

診斷學部……二二二九

馬……二二二九
論説……二二二九
綜述……二二二九
傳記……二二三〇
紀事……二二三六
藝文……二二三七
牛……二二三九
論説……二二三九
綜述……二二四二
紀事……二二四五
藝文……二二四五
禽……二二四六
綜述……二二四六

方藥部……二二四七

馬……二二四七
論説……二二四七
綜述……二二五六
藝文……二三二七
圖表……二三二九
牛……二三二九
論説……二三二九
綜述……二四一八
紀事……二四四七
藝文……二四四八
駝……二四六七
綜述……二四六七
羊……二四六八

綜述……二四六八
猪……二四六九
綜述……二四六九
禽……二四七二
綜述……二四七二
其他……二四七三
綜述……二四七三

針灸部……二四七五

馬……二四七五
論説……二四七五
綜述……二四八二
紀事……二四八七
藝文……二四九一
圖表……二四九六
牛……二四九九
論説……二四九九
綜述……二五〇二
藝文……二五〇七
圖表……二五一一
其他……二五一一
論説……二五一一

内科部……二五一三

馬……二五一三
論説……二五一三
綜述……二六二六
紀事……二六四四
藝文……二六四七
牛……二六七三
論説……二六七三
綜述……二七〇三
紀事……二七〇六
藝文……二七〇七
駝……二七〇八
論説……二七〇八
其他……二七二八
論説……二七二八
藝文……二七二八

外科部……二七三一

馬……二七三一
論説……二七三一
綜述……二七五三
紀事……二七五三
藝文……二七五九
牛……二七六一
論説……二七六一
綜述……二七六六
紀事……二七六七
藝文……二七六九
駝……二七六九
論説……二七六九
羊……二七八二
綜述……二七八二
其他……二七八二
論説……二七八二
綜述……二七八三

産科部……二七八五

馬……二七八五
論説……二七八五

藝文……二七八九
牛……二七八九
論説……二七八九
綜述……二七九二
藝文……二七九五
駝……二七九五
論説……二七九五
綜述……二七九五
其他科部……二七九七
瘟病分部……二七九七
馬……二七九七
綜述……二七九七
牛……二七九七
論説……二七九七
綜述……二八〇二
藝文……二八〇七
其他……二八〇八
論説……二八〇八
綜述……二八〇八
其他分部……二八〇八
論説……二八〇八
綜述……二八一三
藝文……二八一四

畜牧獸醫分典　引用書目

上

畜牧综合總部

畜牧綜合總部説明

畜牧綜合總部分爲牧政管理機構部、馬政部和狩獵部。牧政管理機構部主要關注以養馬業爲主幹的國營畜牧業經營管理方式及技術經驗。依照時代順序和牧政管理的階段性發展特徵，牧政管理機構部分爲先秦牧政機構分部、秦漢魏晋隋唐牧政機構分部、宋遼金元牧政機構分部和明清牧政機構分部；馬政部分爲先秦馬政分部、秦漢魏晋馬政分部、隋唐五代馬政分部、宋遼金元馬政分部、明代馬政分部和清代馬政分部；狩獵内容以狩獵爲主，兼及狩獵物件、方法及相應工具設施等。这三个部共輯録相關材料四千八百餘條，約二百萬字。

中國自古以農立國，畜牧業作爲農業的主要支柱，一直受到歷代政府的重視，很早就設置了相應的官職加以管理，如夏王少康就曾『爲有仍氏牧正』。西周時期，牧政管理體系已經相當發達，《周禮》中記載的牧政職官已有二十餘種，其中包括總管馬政事務的校人、掌管放馬牧場事務的牧師、掌管養馬技術管理的圉師、掌管馬匹行政事務和調理訓練的廋人、掌管馬匹疾病治療的巫馬、掌管祭祀用牲供應的牧人、評定馬匹品質和價格的馬質、掌管馴養猛獸的服不氏以及來自周邊少數民族負責馴養獸類禽鳥的蠻隸、夷隸、貉隸、閩隸等等，分工相當明確，職官體系亦較爲全面和系統。西周後期推行的『司馬法』爲管理民衆養馬的法制，『六尺爲步，步百爲畝，畝百爲夫，夫三爲屋，屋三爲井，井十爲通，通爲匹馬三十，家士一人，徒二人。通十爲成，成百井，三百家革車一乘，士十人，徒二十人。十成爲終，終千井，三百家革車十乘，士百人，徒二百人。十終爲同，同方百里，萬井，三萬家革車百乘，士千人，徒二千人』，通過層層推進，促成了春秋戰國時期『百乘之家』『千乘之國』的湧現。與此相應，春秋戰國時期出現了我國最早的畜牧法規『厩苑律』和馬匹飼料標準『舍律』，有效促進了養馬業的繁榮。

秦漢時期在沿襲西周牧政管理機構的基礎上有所革新，設太僕爲牧政主管官，管理皇室車馬和國家畜牧事宜。太僕下設六厩，是馬匹管理的行政單位。同時，在邊郡設立牧師苑，分布在今甘肅、陝西和山西等地。魏晋南北朝時期，魏設太僕卿、少卿以掌牧政，晋設太僕寺統管馬政牧政。東晋南朝地處南方，不適于養馬，太僕寺、卿不常置；北朝疆域適于養馬，畜牧官制比較全面，如北齊太僕寺下設驊騮、左右龍、左右牡、駝牛、司羊、乘黄、車府等署，各署下再設局、都尉等。隋唐時期對南北朝時期變動不一的牧政管理體系進行了系統整理，建立了較爲完備的牧政體制。唐代太僕寺設卿一人、少卿二人，掌管全國廐牧車馬之政，統乘黄、典廐、典牧、車府四署及全國各牧監。其中，乘黄署掌車輅及臺馭之法，典廐署掌飼養馬牛雜畜，典牧署掌牧監雜畜給納，車府署掌王公以下車輅及馴馭之法，各署下設令、丞、府、史等屬官。此外，設尚乘局、駕部、閑廐使、互市監和太子僕寺等，掌邦國輿輦、車乘、傳驛、狩獵、交易、太子車騎儀仗等牧畜事務。隋唐在地方設有牧監，由太僕寺管轄，依據牧畜多寡分爲上、中、下三等，設牧監、副監、主簿等官，於年終按照牧畜孳生數目和飼養優劣進行考課，獎優罰過。大體而言，隋唐時期牧政組織健全，重視畜牧業生産，有利於畜牧業的發展。

宋代太僕寺職權幾經變革，一度歸入兵部，所屬有車輅院，左右騏驥院、鞍轡庫、養象所、駝坊以及藥蜜庫、估馬司、皮剥所等。咸平三年（公元一〇〇〇年）增設群牧司，置群牧使，以樞密副使等重臣擔任，『掌内外廐牧之事，周知國馬之政而察其登耗』，爲宋代牧政做出了重要貢獻，也受到了朝野的時議。每州設有牧監，由知州、通判兼任，然有宋一代多有反復，存廢不定。宋代政府曾采用多重手段試圖振興馬政，如户馬之法，『三等以上十户爲保，四等以下十户爲社。保户馬死，馬户獨償之，社户馬斃，社户半償之，歲閲其肥瘠』，實爲官馬民養，造成百姓負擔加重，馬政反衰，後改爲保馬之法，『每一都保養馬二十匹，置提舉保馬官，限京東十年、京西十五年而數足，於是户馬變爲保馬矣』。保馬法仍難以滿足需求，故又有市馬、刮馬等措施，依然無法挽救馬政衰弊的局面。遼、金重視養馬，馬政組織多係游牧形式，分屬南北兩樞密院掌管，南院給漢人租賦車馬，北院設有尚乘局、太僕寺等。元代太僕寺名目屢經變更，又有群牧所、尚乘寺、典牧監、群牧監等機構。元代畜牧政令主要有馬籍管理的烙印制、官方平價收買民馬的私買馬制、强迫搜刮民馬的刮馬制等，主要爲供應軍需和滿足統治者的享樂需求。

明代馬政機構相當完備，由兵部、吏部、御史組成一個完整的馬政管理系統，既有供皇室享樂的御馬監，也有供軍需的太僕寺、苑馬寺及其所屬的軍衛草場。太僕寺爲馬政最高行政機構，在滁州、北京分設南京太僕寺和行太僕寺，分管南北牧場，統管全國馬政。明代畜牧政策主要有編户養馬、計丁養馬、折色征銀、京府寄牧、茶馬貿易等，一度促成了明前期的養馬盛況。然中後期隨着政治腐敗，豪强侵占，馬政寖衰。清代馬政機構分御用、軍用兩部分，上駟院主管皇室馬、駝等，并掌御馬之政令；太僕寺『總國之馬政，籍畿甸牧地畜馬之數，考其蕃息損耗，別以印烙而時閲之』，由滿、漢官員共同管理。清代爲防止漢人反抗，嚴禁漢人養馬，中原牧馬廢弛，養馬地基本局限於滿蒙甘青疆等西北少數民族地區，導致了清代中後期馬政的迅速衰落。

狩獵部下設獵、狩獵、射獵、行獵、田獵、出獵、圍獵、游獵、觀獵、弋獵、漁獵、校獵、弓、箭、陷阱、網十六個專題，輯録了中國古代較为盛行的打獵模式。本部内容以狩獵爲主，兼及狩獵物件、方法及相應工具設施等，較爲全面地向讀者呈現中國古代狩獵的發展演進史。

各專題中，獵輯録材料二十餘萬字，對古代打獵的基本概念進行全景式的展現。狩獵輯録了有關中國古代皇家大狩的相關材料，約一點五萬字。射獵輯録了古代射獵的具體圖景及射獵禮儀的相關材料，約五萬字。行獵輯録了古代行獵的相關詩文，材料相對較少。田獵作爲中國古代一項與祭祀有關，且具有軍事意義的活動，在歷代史料中皆占有一定的地位，約十七萬字。出獵主要以詩文的形式展示出上自帝王，下至尋常百姓出獵的圖景，約一萬字。圍獵輯録了帝王圍獵的場景和臣子對帝王圍獵的奏疏及詩文材料，約一萬字。游獵輯録了出游打獵、馳逐打獵的相關材料及群臣對游獵的論説，約二萬字。觀獵輯録了觀獵者對於目睹狩獵的相關感受，約一萬字。弋獵輯録了帝王發佈的有關狩獵詔令的相關材料，數量相對較少。漁獵輯録了佛教對漁獵的相關闡釋以及漁獵過程中具體操作的相關材料，約一萬字。校獵輯録了校獵實操的相關材料，約一萬字。弓、箭、陷阱和網輯録了狩獵過程中不同工具的使用方法及它們所發揮的不同功效，約五萬字。

畜牧綜合總部

牧政管理機構部

先秦牧政機構分部

校人

題解

《漢書》卷五七上《司馬相如傳》 於是乎背秋涉冬，天子校獵。李奇曰：以五校兵出獵也。師古曰：李説非也。校獵者，以木相貫穿，總為闌校，遮止禽獸而獵取之。説者或以為《周官》校人掌田獵之馬，因云校獵，亦失其義。養馬稱校人者，謂以為闌校以養馬耳，故呼為闌也，事具《周禮》，非以獵馬，故稱校人。

《後漢書》卷二《顯宗孝明帝本紀》 《周禮》：校人掌王田獵之馬，故曰校獵。謂以木相貫穿，為欄校，以遮禽獸。

《册府元龜》卷六二一《監牧》 《周官》校人掌王馬之政，其屬有牧師、圉師、趣馬、巫馬及庾人之職。所以授地教養，簡節攻疾，然後十有二閑之政成矣。

宋 楊侃《兩漢博聞》卷一《校獵》 《相如傳》云：冬，天子校獵。李奇曰：以五校兵出獵也。師古曰：李説非也。校獵者，以木相貫穿，總為闌校，遮止禽獸而獵取之。説者或以為《周官》校人掌田獵之馬，因云校獵，亦失其義。養馬稱校人者，謂以為闌校以養馬耳，故呼為閑也。事具《周禮》，非以獵馬，故稱校人。

宋 高承《事物紀原》卷五《駕部》 《周官》輿司馬、校人、牧師、巾車之職，皆駕部之事也。魏晉之代尚書，始置駕部郎。

宋 程公説《春秋分記》卷四二《書二十四》 校正。《成十八年傳》：弁糾御戎，校正屬焉，使訓諸御知義。又《襄九年傳》：命校正出馬。按《周禮》，校人掌王馬之政，是知校正為主馬之官。然《周禮》校人不屬大御，今校正屬御戎，則諸侯兼官，或悼公新法耳。既主養馬，又知御事者，蓋令校正助御戎訓御也。諸御謂諸是御車之人，設令國有千乘，乘有一御，皆命教之，戎士尚節義，故訓之使知義，如羊斟之徒，是不知義也。

又 卷四三《書二十五》 校正。《襄九年傳》：宋災，命校正出馬，工正出車。杜預注：校正主馬，按《周禮》校人，司馬之屬。

又 卷四四《書二十六》 王馬之屬。《昭二十七年傳》：左司馬沈尹戌帥都君子與王馬之屬以濟師。杜預注：王之養馬官，屬校人也。《周禮》校人掌養馬，知王馬之屬，是王養馬之官屬也。《校人職》：凡頒良馬而養乘之，馬一師四圉，三乘為皁，皁一趣馬，三皁為繫，繫一馭夫，六繫為廄，廄一僕夫，六廄成校，校有左右。駑馬三良馬之數。麗馬一圉，八麗一師，八師一趣馬，八趣馬一馭夫，諸侯六閑養馬之人多矣，此唯養馬不給餘役，今亦事急而徵使之。

宋 王與之《周禮訂義》卷六 夏官校人、羊人，地官牛人，春官雞人，秋官犬人，冬官豕人，總送六畜，與庖人六獸、六禽，即獸人送之庖人，得此共與膳夫内外饔，故云掌共辨其名物者，謂禽獸等皆有名號物色，故辨之。

清 毛奇齡《四書改錯》卷三《校人》 校人，主池沼小吏也。校人，並非主池沼小吏。《周官》司馬職以校人爲掌馬之官，每六廐而成一校，蓋校是連木作欄柢，以閑馬隊，故軍校、校獵皆以校名，未聞畜魚須校者。天官有魚人，《月令》爾魚師，此主池沼官，不得錯也。向作《周禮問》，謂周官多兼攝鬱人、築鬱、鬯人、釀鬯，而《國語》使鬱人授鬯，此以鬱人兼鬯人，是兼官，魚人掌魚，校人掌馬，而子産使校人畜魚，此以校人代魚人，是攝官，斯爲通論。

清 方苞《周官集注》卷七《夏官司馬第四》 挍人，中大夫二人，上士四人，下士十有六人，府四人，史八人，胥八人，徒八十人。主馬者必挍視之，故以名官。

清 陳立《公羊義疏》七三 《周禮》夏官，主養馬者，稱校人也。

清 梁玉繩《瞥記》卷二 校人乃掌馬者，猶圉人云爾。《周禮》夏官有校人，《左傳》哀三年『校人乘馬』，命校人駕乘車可證也。乃《孟子注》以校人爲主池沼小吏，不知何據，豈因有畜魚之事而誤歟？校人職曰：家四閑，馬二種。子産位上卿，執國政，固宜有掌馬之人矣。

清 孫應科《四書説苑》卷一〇 《周禮》：校人掌王馬之政。哀三年傳：校人乘馬。杜註：校人掌馬，《春秋分記》云：春秋校人與《周禮》義同，而馬數不可考，是皆以掌馬爲職。集註云：主池沼小吏，未詳。

清 秦蕙田《五禮通考》卷二〇五《嘉禮八十八》 蕙田案：校人以中大夫為之，即後世太僕卿之職，趣馬以下則其屬也。周官太僕主正王服位，出入王之大命。漢之尚書，唐之門下是其職，與後世之太僕不同。

清 潘相《周禮撮要》卷二《夏官司馬篇》 兵之所掌，莫急於馬，故官名司馬，養馬之官有馬質、校人、趣馬、巫馬、牧師、廋人、圉師、圉人八職。

清 吴昌宗《四書經注集證・孟子卷五》 校人，主池沼小吏也。按：《周禮》夏官有校人，掌王馬之政。註：交木制馬出入曰校。校人，馬官之長，無主池沼之説，他書亦不載是職，豈掌馬而兼主池沼與？

清 戚學標《四書偶談》外編《校人》 主池沼小吏，此古注，不見所本，或意只是養馬胥役，偶在左右者。校人牧養，見《周禮》。

清 梁履繩《左通補釋》卷三一 校人乘馬，巾車脂轄。校人掌馬，巾車掌車。《周禮・夏官》：校人掌王馬之政，故魯亦設是官，晉宋並有校正。《正義》曰：校正，當《周禮》校人是也。

清 梁章鉅《稱謂録》卷一八《太僕寺》 校人。《周禮・夏官・校人》鄭注云：校者，校也，主馬者，必仍校視之。校人，馬官之長。

又 卷二九《馬》 校人。《周禮》：校人，掌王馬之政。

清 梁紹壬《兩般秋雨盦隨筆》卷三《校人》 校人，掌馬之官。校人職曰：家四閑，馬二種。子産位上卿，宜有掌馬之人，生魚畜池，亦不過見校人，付校人耳。朱子《孟子注》又另撰一主池沼小吏之名，恐無所據。

清 厲荃《事物異名録》卷九《品術部》 馬夫。校人、圉人，《周禮》校人掌王六馬之屬，又圉人掌養馬芻牧之事。

論説

漢 鄭玄《儀禮疏》卷一九《儀禮卷第八》 《夏官・校人》云：『凡國之使者，皆供其幣馬。』鄭注：『使者所用私覿。』若然，彼使者謂天子使卿大夫存覜省問諸侯之事，使者得之行私覿。私覿之馬，校人供之，與諸侯禮異也。

宋 陳祥道《禮書》卷七六《飾牲》 《周禮》封人飾其牛牲，小子凡沈辜侯禳，飾其牲。羊人凡祭祀，飾羔。挍人飾幣馬，執扑而從之。凡將事于四海、山川，飾黄駒。《曲禮》曰：飾羔、鴈者以繢。莊周，曰犧牛，衣以文繡。漢儀：夕牲被以絳。然則羊人餙羔，《曲禮》所謂飾以繢也。挍人餙黄駒，猶傳所謂文馬也。羊人掌羊，挍人掌馬，其飾羔馬宜矣。封人非掌牛而飾牛者，牛，土畜也，封人掌設王之社壝封樹而疆之，則飾土事也。使飾土事者飾土畜，因其類也。小子凡沈辜侯禳，飾其牲，則凡牲無不飾矣。鄭氏以飾為刷治潔清之，然則刷治潔清之非所謂飾。

宋 易祓《周官總義》卷一九 校人，掌王馬之政。辨六馬之屬，種馬一物，戎馬一物，齊馬一物，道馬一物，田馬一物，駑馬一物。凡頒良馬而養乘之。乘馬一師四圉，三乘為皁，皁一趣馬；三皁為繫，繫一馭夫；六繫為廄，廄一僕夫；六廄成校，校有左右。駑馬三良馬之数。麗馬一圉，八麗一師，八師一趣馬，八趣馬一僕夫。鄭以僕夫為上士，非也。玉路之僕曰大馭，金路之僕曰齊僕，象路之僕曰道僕，木路田僕也，革路戎僕也，總而名之曰僕夫。五僕中，惟道僕、田僕為上士，大馭、戎馭為中大夫，齊僕為下大夫，豈皆上士乎？不然，則良馬五種既以駕五路，所謂僕夫者，非五路之僕而何？六廄成校，則一千二百九十六匹也。校有左右，則二校為十二廄，凡馬之数當計二千五百九十二匹。鄭氏謂校變言為成者，明六馬各一廄，而王馬少備也。由此觀之，則良馬五種分為十廄，駑馬一種分為二廄，一廄之馬凡二百一十六匹，則二廄之馬為四百三十二匹矣。以良馬一種而在二廄者四百三十二匹，則五種十廄，合二千一百六十匹，外二廄為駑馬，一種當四百三十二匹，正合十二廄二千五百九十二匹之数。天子十有二閑，馬六種；邦國六閑，馬四種；家四閑，馬二種。凡馬，特居四之一。春祭馬祖，執駒。夏祭先牧，頒馬，攻特。秋祭馬社，臧僕。冬祭馬步，獻馬，講馭夫。凡大祭祀、朝覲、會同，毛馬而頒之。飾幣馬，執扑而從之。凡賔客，受其幣馬。大喪，飾遣車之馬，及葬，埋之。田獵，則帥驅逆之車。凡將事于四海、山川，則飾黄駒。凡國之使者，共其幣馬。凡軍事，物馬而頒之。等馭夫之禄，宫中之稍食。天子有十二閑，謂六廄成校，而校有左右，故十二也。邦國六閑，家四閑，直謂一廂，不分左右耳。邦國六閑，馬四種者，謂良馬三閑，為齊馬、道馬、田馬，而駑馬三良馬之数亦三閑，是三閑良馬為六百四十八疋，三閑駑馬亦六百四十八匹，總六閑為一千二百九十六匹也。家四閑，馬二種者，謂良馬一閑，而駑馬三良馬之数，亦三閑，是一閑良馬為二百一十六匹，三閑駑馬為六百四十八匹，總四閑為八百六十四匹。

宋 程公説《春秋分記》卷四一《書二十三》 校人。《哀三年傳》：校人乘馬。杜預注：校人掌馬，乘馬謂使四馬相從，為駕之易。按《周禮》，校人掌王馬之政，辨六馬之屬，凡頒良馬而養乘之，乘馬一師四圉，自乘至廄，其數二百一十六匹，六廄成校，校有左右，此王制也。魯之校人義倣此，而馬數不可考，蓋不當與王制同。

宋 魏了翁《毛詩要義》卷一〇《毛馬齊色物馬齊力兵車尚力亦同色》 《夏官·校人》云：凡大事，祭祀、朝覲、會同，毛馬而頒之。凡軍事，物馬頒之。注云：毛馬，齊其色；物馬，齊其力，是毛物之文也。傳以直言物，則難解，故連言毛物以曉人也。然則比物者，比同力之物，戎車齊力尚強，不取同色而言。四驪者，雖以齊力爲王，亦不厭其同色也。故曰『駟騵彭彭』，又曰『乘其四騏』。田獵齊足，而曰『四黄既駕』，是皆同色也。無同色者，乃取異毛耳，『騏駵是中，騧驪是驂』是也。

宋 魏了翁《春秋左傳要義》卷一六《六畜不相爲用若祭馬不用馬》 《周禮》校人：祭馬祖。鄭玄云：馬祖，天駟也。《孝經説》曰：房為龍馬。六畜之言先祖者，唯此一文而已。以外牛羊之等，其祖不知為何神也。謂若祭馬，先不用馬，畧舉一隅，據有文者言之耳。沈氏云：《春秋説》天苑主牛，又有天鷄、天狗、天豕，以馬祖類之，此等各有其祖。

又 卷二九《周校人不屬大御此傳諸侯法或新法》 校正：當《周禮》校人。校人，掌王馬之政。襄九年《傳》曰：命校正出馬，知是主馬之官也。《周禮》校人不屬大御，此蓋諸侯兼官，或是悼公新法。此傳所言諸官，皆不得與《周禮》同也。

又《校人主養馬此校正乃助訓御》 此訓諸御，謂諸是御車之人。設令國有十乘，乘有一御，皆令此官教之，戎士尚節義，故訓之，使知義，如羊斟之徒，是不知義也。《周禮》：校人，主養馬耳，不知御事，此言校正屬焉。乃云訓御，蓋令校正助御戎訓御。

宋 魏了翁《古今考》卷三一《牧人通掌六牲》 校人：天子十有二閑，馬六種；邦國六閑，馬四種；家四閑，馬二種。注：每廄為一閑，諸侯有齊馬、道馬、田馬，大夫有田馬，各一閑，其駑馬則皆分為三焉。回於此疑之，不知此諸侯、大夫者，天下之諸侯大夫乎？抑畿内之諸侯大夫乎？畿外諸侯，每國六閑，良馬三閑，駑馬三閑，計一千八十匹，不為多；畿内三公，食采地如諸侯，不容養馬一千八十匹也。近世賈似道為宰相，漢唐以來凡為宰相者，皆無此馬數，惟古外諸侯有之。齊景公有馬千駟，則四千匹，衛文公『騋牝三千』，則三千匹，六國六王騎動萬匹是也。畿内諸侯恐無之。家四閑，畿内卿大夫及外卿大夫皆恐難養此馬。四閑，乃天子六馬三之一，養馬七百二十疋，卿大夫家魯三桓、晉六卿有之，畿内六卿、上大夫、次卿、中大夫與下大夫無慮百數十人，一家養馬七百二十八匹，不亦富乎？秀嵒謂天子萬乘，諸侯千乘，大夫百乘，今天子十二閑，可駕八百六十四乘，邦國六閑，可駕三百二十四乘，家四閑，可駕二百六乘，天子諸侯少而大大已多，與古不合，回尤疑之《周禮》不足信也。秀嵒則謂卒乘之馬寓於丘甸，不在此數中。如此，則非出軍征伐之馬。天子六軍一萬五千人，為萬乘，又有六遂，六軍亦萬乘，諸侯千乘，則齊景公之千駟是也。然大國三軍之數，其曰可出車五千乘之國，二等次之。惟大夫之家，凡卿皆大夫，豈容備車二百餘乘乎？秀嵒謂春秋卿大夫可謂倍矣。子駟之死，子産成列而後出車十七乘，則為馬才六十八耳，然則劉歆《周禮》不足信也。凡馬，特居四之一。注：欲其乘之性相似也，物同氣則心一。師仲云四之一者，三牝一牡。後鄭之説不可曉，先鄭之説以今較之古人。馬無割勢、豁鼻之事，始于大蒙古國，契丹、女直皆未也。不割勢、不豁鼻，稱為生馬。牝馬善牡馬，當通淫之時，難駕馭，晝夜好嘶，無故輙蹄齧。今蒙古人行軍，不用牡馬，用攻馬者。攻馬者，治之之謂，此攻馬不嘶夜，下寨萬馬寂然，勢已割，氣力完，鼻已豁，善走氣，出不喘，以此取天下，古之聖人慮不及此，世變豈有極哉！春祭馬祖，執駒。天駟也。《孝經説》曰：房為龍馬。師仲云：執駒，無令近母，猶攻駒也。二歲曰駒，三歲曰駣。玄謂：執，猶拘也。春通淫之時，駒弱，血氣未定。夏祭先牧，頒馬，攻特。先牧，始養馬者，未聞。夏通淫之後，攻其特，為其蹄齧。秋祭馬社，臧僕。馬社，始乘馬者。《世本》相士作乘馬。臧僕，簡練御者，令皆善也。冬祭馬步，獻馬，講馭夫。馬步，神為灾害者。講，簡習也。介甫云：簡，厥臧亦簡，其或不臧。回謂臧僕二字奇，以吾齊人家用僕而不能臧者多矣。大祭祀，毛馬同色也，齊具毫也。如冒頓單于東方南西北也。大青飾造車之馬。及葬，埋之。非真馬也，塗車芻靈。四海山川，飾黄駒。王巡守殺駒以沈。漢武祭河，沈四百馬。趣馬，下士，皁一人，前已計之，計用一百八十人，皁一人，則亦一百八十人，共三百六十人，掌贊正良馬。贊，佐也，佐校人也。簡具六節，即五良一駑也。幽王之世，蹶惟趣馬與冢宰、司徒、内史、師氏之流協于褒姒，小臣下士亂常者也。

元 吴澄《月令纂言》 馬政，謂養馬之政教也。廋人職曰：掌十有二閑之政教，以阜馬佚特，教跳攻駒。孔氏曰：天子十有二閑，諸侯六閑，大夫四閑，每閑馬有二百一十六疋。方氏曰：馬政者，若周官趣馬之簡其節，巫馬之治其疾，校人之辨其屬，廋人之掌其閑，以至圉師之所教，圉人之所養，莫不有政焉，故班之也。班則制而分之云謂歟？

《文獻通考》卷八八《郊社考二十一》　鄭康成云：校人職有冬祭馬步，則未知此酺者，蝝螟之酺歟？人鬼之步歟？蓋亦為壇位如雩禜云。然則校人職有冬步，是與馬為害者，此酺蓋人物之害也。

明　丘濬《大學衍義補》卷一二三　校人，馬官之長。掌王馬之政。謂差擇乘養之數。辨六馬之屬，種馬一物，戎馬一物，齊馬一物，道馬一物，田馬一物，駑馬一物。凡頒良馬而養乘之。乘馬四匹曰乘。一師四圉養馬曰圉。三乘為皁，馬十二匹。皁一趣馬，下士一人主之。三皁為繫，馬三十六匹。繫一馭夫，中士一人主之。六繫為廄，馬二百十六匹，廄一僕夫，上士一人主之。六廄成校，校有左右。一校分左右。駑馬，三良馬之數。六馬其五皆良，惟駑馬物獨三倍良馬之數也。鄭玄曰：校人者，馬官之長。校之為言校也，主馬者必仍校視之。吳澂曰：良馬，謂五路之馬皆良善者也。六廄成校，六馬各一廄，共成一校，校有左右，則良馬一種者四百三十二匹，五種合二千一百六十匹，然後王馬大備也。臣按：校人之職，鄭氏解校為比校之校，或者又謂用木相交為圈檻，以制禽獸之出入，謂之校。因謂主馬者為校人，觀校人所掌者，始於乘積而為皁、為繫、為廄而成於校，或者之解未必非也。六馬之屬，註謂玉路駕種馬，戎路駕戎馬，金路駕齊馬，象路駕道馬，田路駕田馬，駑馬給宮中之役。臣竊以為不然。謹考馬質量馬三物，一曰戎馬，即此戎馬也；二曰田馬，即此田馬也；三曰駑馬，即此駑馬也。其所謂齊馬者，以駕齊車者也。齊車云者，先儒以為王自整齊之車。所謂道馬者，以駕道車者也。道車云者，先儒以為王行道德之車，意者馬之足力齊者，則擇以為一類，而謂之齊馬之範。驅馳者則擇以為一類，而謂之道歟？且校人掌王馬之政，辨六馬之屬，六者之馬，皆謂之物。先儒謂其毛、其足、其力皆所謂物也。辨其物使之，皆以類而相從，可為育種者為一類，可供戎事者為一類，毛足齊一者為一類，善於馳走者為一類，可供田獵者為一類，材下而供雜役者為一類。校人用其材質高下、毛色純駁辨之，各為一類，而共有六焉。況所掌者王馬之政，謂之政，則非但分類以駕車一事可知也。六馬之用，以種馬為先，後世乘輿，惟牡是用。漢人乘牝者，為世所擯，況以駕天子之輅乎？鄭氏解種馬謂馬之上善似母者，賈公彥謂馬亦有似父者，主母而言也。臣竊以謂古人質樸，所謂種馬者，安知非謂牝哉？吳澂謂馬之至良可為種者，丘葵亦謂馬之善育者所謂為種，善育非牝而何？夫用以乘，惟取其質之良、色之純而力足以任者爾，又何牝牡之拘哉？蓋馬之性，牡者多有不馴，而牝則多馴焉，故用之以駕天子之輅，慮其或有奔踶而致傾軼耳。後世馬惟用牡，所以駕乘，而征戰者未嘗用牝，而其所謂牡者，又往往去其勢而絕其生道，馬之所以不蕃碩者，坐此故也。盍觀衛詩所謂『騋牝三千』，言牝不言牡，可見矣。臣請今日除戰馬外，凡公私所乘之馬，皆許以牝，有牡者，官以價售之，以為內廄及官府營伍邊方之用。如此，則習以成風，人皆倣傚，非惟官得其用而私亦得其利，而國家馬政修舉，生息日多，武備日盛，而中原之民不受保馬之害矣。天子十有二閑，馬六種；邦國六閑，馬四種；家四閑，馬二種。凡馬，特牡馬。居四之一。鄭玄曰：此降殺之差也。凡馬，每廄一閑，諸侯有齊馬、道馬、田馬，大夫有田馬，各一閑，其駑馬則皆分為三焉。賈公彥曰：天子十二閑，分為左右，每馬各分為兩廄，諸侯與大夫每馬直一廄，不分左右。吳澂曰：閑，猶闌也，以木距門，防馬者也。六廄成校，校有左右，故十二閑也。特居四之一，特，牡馬也，三牝一牡，欲其生之衆也。臣按：成周之世，其馬之牧於官者，牝牡皆具，而牡居四之一，則是馬百匹而有七十五匹之牝矣。後世在官之馬，惟有牡而無牝，而民間所畜者，雖有牝，然亦牡多而牝少，孳牧所以不蕃，而馬政所以不舉，武備所以不修者，坐此故也。譬則人焉，惟育男而不育女，而欲戶口蕃息，難矣。臣願朝廷復古昔王馬之政，特敕有司修舉廢典，凡馬之在官、在民者，皆必牝多於牡，則芻豆不徒費，而國馬日以蕃息矣。春祭馬祖，執拘也。駒。馬二歲曰駒。夏祭先牧，始養馬者。頒馬，攻特。秋祭馬社，臧善也。僕。冬祭馬步，神為馬災害者。獻馬，見成馬於王。講簡習。馭夫。馭車者。鄭玄曰：馬祖，天駟也，房為龍馬。執駒無令近母，春通淫之時，駒弱，血氣未定，為其乘匹，恐傷之也。先牧，謂始養馬者。夏通淫之後，攻其特，為其踶齧，不可乘用，故騬之。馬社，始乘馬者。臧僕，謂簡練馭者，令皆善也。臣按：周人於馬，不惟養於人，而又禱之於神，蓋國之大事在戎，而戎之大政在馬。然馬之為物，所以遂其性者，雖係乎人之養，而有人力之所不及者，非神以相之，安能得其孳育多而臕息壯哉？此成周所以有四時之祭。而其祭也，又各因其祭而有所攻執簡習焉，不徒責之人，而又求之神，不專恃乎神，而又任乎人。古之帝王合天人而一之，非但以之治人，雖畜類之賤，亦無不然。此治古之政，後世所以不能及也。今國家每歲春秋太僕寺有馬神之祭，而各州縣皆立馬神廟，亦周人意也。但所謂執駒、攻特、臧僕、講馭夫之政尚缺焉，誠隨其時舉其祭，因其祭而行其政，則馬得其養，國賴其用矣。或曰春之執駒，秋之臧僕，冬之講馭夫，無非馬政也，而獨於夏之攻特謂之頒，何也？蓋特之為言牡也，攻之為言治也，鄭司農所謂騬之是也。《韻書》：騬，犗也，俗謂之騸。馬之駒者，春則拘執之，使其體全而不傷其血氣，馬之特者，夏則攻治之，使其性馴而不至於踶齧，是以所牧之馬神全而力健，性馴而質良，然後簡擇其飼養之人，練習其駕馭之卒，此所以獨謂之頒也。意者六馬之中，惟種與駑有牝，曰戎、曰田、曰道，皆所攻之特歟？不然，所謂特居四之一者，牝多而牡少，其牝之多如此，將置之何所也？

明 王志長《周禮注疏删翼》卷一七 挍人，中大夫二人，上士四人，下士十有六人，府四人，史八人，胥八人，徒八十人。註：挍之為言挍也，主馬者，必仍挍視之。挍人，馬官之長。王先生曰：自戎右至馭夫，凡九職，所以掌五路之車也；自挍人至圉人，凡七職，所以掌五路之馬也。陳氏曰：先王之時，國馬足以行軍，公馬足以稱賦。《周禮》鄉師以時辨其馬牛之物，均人均馬牛之力，縣師、遂人、遂大夫等皆辨其六畜，或登之，或稽之，而牛馬與焉。及其用之，則《司馬法》甸出長轂一乘，牛三頭，馬四匹，此國馬也。挍人已下所掌，此公馬也。漢之養馬有五監、六廏，而武帝之時，馬至四十萬匹。唐置八使、五十六監，麟德間馬至七十萬，開元間至四十五萬匹。而與周公馬數相去遠甚者，蓋周制六軍之馬出於民，而挍人所養者特給公家之用而已。漢唐出軍之馬盡出於公，所以多寡不同。《訓雋》云：牧養之法，有養之於官，有藏之於民。所謂藏之於民，如丘甸歲取馬一匹之類，不仰國家芻秣，如有事田獵征伐，臨時徵召。然而在天子之都、諸侯之國、大夫之家，未嘗不自蓄馬，此是養之於官者。漢家所謂三十六苑，亦是官司所養之馬。如衛青、霍去病之徒伐匈奴，有所謂官馬，有所謂私馬，則其制尚存。隋唐之間治兵之制，天子閑廏監牧，馬非不盛，然府兵未嘗給馬，初不過給之以錢，使府兵自買，若是不足，衆人共出錢買馬，以此知尚有古人遺法。後來兵法漸壞，府兵貧不能買馬，然後以監牧之馬給之，乃是制度之壞如此。何氏曰：馬政之用，古今一也。而古之牧者在民，而今之牧者在官。以其在民也，故牧養之法不可得而詳；以其在官也，故牧養之法不可以不講。成周之制，官有馬質，下士為之，而賈二人以平馬大小之價值，則是當時公私皆有馬也。然攷之於周挍人之職，掌王馬之政，自乘至廏，為匹二百六十有奇，五分其良，而駑居其一焉。凡五良而一駑，則總為馬二千六百，此其大數也，王馬之政不過於是。及以井田之法計之，甸六十四井也，其賦兵車一乘，戎馬四匹。又以六鄉六遂之民而實計之，十有九萬家，則王之馬不能加其二分之一。至於徒役之興，戰陳之事，則王命挍人掌物其馬而次之，則馬不專賦於民矣。又以大司馬之法而計之，則天子提封萬井，兵車萬乘，戎馬四萬匹，則是所賦之馬多於王數十倍，而當時不有牧養之法，為其在民者多也。及漢有牧師諸苑三十六所，蓄之馬三十萬匹，用官奴婢三萬人，散在北邊，則牧之以民而已，有牧之之地。唐初得隋馬三千匹，八坊四十八監，而張萬歲掌之，其後萬歲失職，馬亦減少。至王毛仲領牧，而有四十三萬。唐之諸監，或在隴右，或在河西，馬之蓄耗皆係乎監牧之人，而又有牧之之地，則其在官者多矣。

清 毛奇齡《周禮問》卷二 又謂：古一官而異名者，固不可盡聞，但官名雖異而職並同者，則當去其一，如圻父是司馬，則立司馬官外，未聞又立一圻父官也。今地官有牧人，則不當又有牛人；夏官有校人，則不當又有圉人；春官有鬱人，則不當復有鬯人；天官有獸醫，則夏官不當復有巫馬；如此者，不可更僕。且周官三百六十屬，比之日月星辰之度有成數矣。今通計每不止此數，大約據宋人所辨，天官六十三，地官七十九，春官七十一，夏官七十，秋官六十六，即五官之屬已有三百四十有九，則加以冬官，勢必又增六十，將至四百餘，而謂三百六十，可乎？

官名同異，固不可拘。然官職同異，亦不可定。據云牧人、牛人不應兩設，以為統言牧，則牛已在內，可兼官耳，殊不知牧不止牛，令掌祭祀之六畜，而牛人則又不止祭祀之牛，有膳牛，燕牛，犒牛，喪牛，軍事任載，牛原不能兼，即有謂六畜，雖繁而芻養則一，後世並不設公牛一官，尚不患不給，況已設其一，何必自兩則，在《周官》中原設兩名。《詩》『爾牧來思』，註牧，牧人也。而《國語》有牧恊職，又有犧人薦體，則設牧仍設牛人，此非作《周禮》者可私去也。校人亦然。在《周禮》所記，職掌原自不同，吾姑以《孟子》觀之。昔有饋生魚于鄭子產，子產使校人畜之池，則校人又可兼澤魚之畜，不止《檀弓》圉人浴馬，專職馬也。至於鬱人、築鬱、鬯人、釀鬯顯屬兩事，雖《國語》有鬱人薦鬯語，此指祭時兼攝者耳。若巫馬一官，專療馬疾，他不可考，嘗念《論語》有巫馬期一人，則古以官為氏，此必周時有是官而用為氏者，官固不可造，然又敢私去耶？

清 姜宸英《湛園札記》卷二 校人，頒良馬而養乘之。周寓兵於農，故養馬民間，令其調習，其勢然也。又有井田之法，故甸出長轂牛馬，民不知病。今兵民既分，井田不復，近世馬户之制專為害矣。《司馬法》甸出長轂一乘，牛三頭，馬四匹，此國馬也。校人以下所掌，此公馬也。國馬行軍，公馬給公家田獵、祭祀、朝覲、會同之所用。國馬養之在民，公馬養之在官。

清 方苞《周官析疑》卷三〇 校人。凡頒良馬而養乘之。乘馬一師四圉，三乘爲皁，皁一趣馬；三皁爲繫，繫一馭夫；六繫為廏，廏一僕夫；六廏成校，校有左右。駑馬三良馬之數。麗馬一圉，八麗一師，八師一趣馬，八趣馬一馭夫。養之事，如良馬師圉校多芻秣異等之類；乘之事，如齊道戎田德力毛足各有所宜之類。注：謂趣馬下士，馭夫中士，則僕夫上士，疏以序官有馭夫、趣馬、圉師，而無僕夫，因疑校人所屬別有僕夫，而文闕。後儒又謂卽五路之僕，似俱未安。大馭、戎僕各二人，皆中大夫，與小宰、小司馬爵同，即齊僕下大夫二人，亦不宜下兼廄馬。以事理推之，道僕、田僕上士皆十有二人，更番代御，無事之日多，故左右二校各以六人兼攝，與《天官》内司服縫人職之女御，即取諸御叙於王之燕寢者畧同。經不特文以見其爲道僕、田僕何也？序官馭夫與二僕相次而列於校人之前，則僕夫即道僕，田僕亦可見矣。蓋有事則道僕，田僕御王車，馭夫御貳車，無事則分掌廄、繫，其職同也。若趣馬則專掌芻養之節，故列校人之後，而爲官中之屬。注：謂校有左右，則良馬每種四百三十六匹，不知此計兩廄所容馬數耳，非謂每種數必齊同也。蓋物雖有五，而用之則止四事，若齊、道、戎、田各有定數，而分二廄，則種馬一類安所用之哉？以事理推之，王之齊路、道路及副車、從車出入宮庭，更番駕脫，數不過百，至玉路惟共郊祀，則其用尤稀。三者必以種馬之德優者充之，其餘皆以供戎田之用耳。田以習戎，自軍帥及親者、貴者之車皆宜用種馬，使更番調習。至於軍旅、會同、巡狩，則四路皆從，加以戎、路，廣車、闕車、苹車、輕車之萃，其數當十倍於齊馬、道馬。《春秋傳》楚之游闕從在師中者四十乘，由是觀之，齊馬、道馬並駕玉路者，合之尚不足以充二廄，其餘種馬各分散於戎馬、田馬諸廄之中以領之。而六校十二廄，皆良馬也。注：謂六馬各一廄，則駑三倍，非二廄所能容，而於經文別言駑馬，而無僕夫，亦不可通矣。注：以一種之數三之，爲千二百九十六匹，本無可疑，而群儒多謂駑馬宜三倍於五種之數，非也。古者軍旅之馬皆邱甸自具，卿大夫兵車各有定賦，良馬五物惟以駕王乘車、貳車、從車耳。其任載則有牛車，有人輦，駑馬所共不過畿内小吏單騎及役車之用耳，取於千二百九十六匹之中，綽有餘裕矣。三倍於五種，何所用之哉？古今事實不同，不可不究也。天子十有二閑，馬六種；國六閑，馬四種；家四閑，馬二種。舊說諸侯有齊馬、道馬、田馬，大夫有田馬，各一閑，其駑馬皆分爲三，但諸侯不應竟無種馬、戎馬，特所畜不多，故合種馬、齊馬爲一種，戎馬、田馬為一種，家則良、駑各一種耳。初試爲大夫者，畜馬止一乘，等而上之，雖十倍止四十匹耳。百乘之家據其采地所出言之，私家安得有馬至八百六十四匹之多也？况大夫出聘私覿之馬，公家具之，經特言天子邦國與家等殺之大槩耳。凡馬，特居四之一。陳氏謂牝牡雜則不可以駕，此謂養馬時，不知牝牡共槽棧，亦蹄齧不可養。惟注三牝一牡，欲其乘之一性相似爲近。然果爾，則經文當曰凡馬乘匹牡居四之一，其義乃著。以近代之法證之，民間所畜多牝馬，其牡駒則扇，九而存一，以爲特以非扇，雖單騎亦難控制也。况欲服之、驂之而齊其任乎？先王愛物之政，則扇三而存一，對扇而言，故不曰牡，而曰特也。所存之特既少，則通淫時，以一特將三牝，義亦可以該矣。見於《詩》者，戎車、田車、使車皆用四牡，則玉路、齊路、道路可知。漢時閭閻聚會，不乘字牝，則國馬雖駑，亦無取牝之義，疑十二閑皆牡馬也。其牧地所畜之馬，則宜數倍於此，取爲犧牲，則地官之牧人掌之。犧牲亦不用牝。以禮賓客及國使之幣馬，則旋以廋人所教之駣補之。若公馬止於十二閑，所畜則每歲幣馬必耗其半，或三之一矣，且遊牝時三倍於特之牝將於何取之哉？夏祭先牧，頒馬，攻特。攻特之說，先鄭得之。若縶維使不得乘匹，則春執駒是也。扇馬必於爲駒時，謂氣血易長而不傷，既乘匹而後扇，則有不能全活者，而性不若駒之良，竟不扇則終不可乘用，故廋人攻其爲駒者，而校人於通淫後并攻其特。秋祭馬社，臧僕。冬祭馬步，獻馬，講馭夫。臧僕，謂卽於馭夫内書其善者以補道僕、田僕之闕。至齊僕，必上士。淸直久著乃升爲下大夫。大馭、戎右則才德出衆，然後任焉。飾幣馬。諸侯來朝，王賜車服，必以馬從。又或加賜有馬，而以幣將，皆校人飾之也。疏：據《覲禮》，王勞侯氏以璧謂王家遺人無庭實，非也。覲禮最畧，未至王郊以前禮皆闕，必已見於春朝夏宗也。賜車服之後，繼之曰重賜無數，安知重賜中無馬與幣？以前見於春朝夏宗，而無庸覆舉乎？經云幣馬，乃據覲禮所未詳，而斷為有幣而無馬固矣。凡將事于四海、山川，則飾黃駒。《大宗伯》職玉及牲幣，各倣其方之色，疑止據四望五嶽、四鎮四瀆之正祭而言。若行過山川及崩竭而有祈禱，其地或在偏隅，間於二方，故並用黃駒，以地之色統之與。凡軍事，物馬而頒之。文不承毛馬之後者，自飾幣馬至共幣馬，皆齊色也。《詩》曰『路車乘黃』，《書》曰『布乘黃朱』，是幣馬必齊色也。《詩》曰『駟鐵孔阜』，又曰『四黃既駕』，是田馬亦齊色也。遣車之馬以芻靈，則同色不待言矣。六月之詩曰『比物四驪』，謂物既比而色又齊，見馬之盛也。牧野之師用四騵，蓋君所乘，其餘則皆齊力。等馭夫之祿，宮中之稍食。宮，當作官字誤也。他職有府史，此更有師圉之屬，故以官中該之，與《秋官》士師掌官中之政令同，義不得爲宮。若《春官》小胥序宮中之事，則義不得爲官，詳見本職。

清 惠士奇《禮說》卷一一《夏官二》

校人。廄有十二，馬有六種，一廄二百一十六匹，倍之爲四百三十二匹，乃二廄良馬一種之數也。以其數三之，得一千二百九十六匹，乃二廄駑馬三良馬之數也。以其數五之，得二千一百六十匹，乃十廄良馬五種之數也。與二廄駑馬三良馬之數相并，得三千四百五十六匹，乃五良一駑十二閑之全數也。五良十廄一駑二廄共十有二閑，郊國六閑四種，良馬三種，爲三閑，六百四十八匹，駑馬三之，分爲三閑，亦如之，共一千二百九十六匹，乃邦國六閑三良一駑之數也。家四閑二種，良馬一種，爲一閑二百一十六匹，駑馬三之，分爲三閑，六百四十八匹，相并爲八百六十四匹，乃家四閑一良一駑之數也。此依鄭注而計之。如此，王馬失之少，家馬失之多。唐馬六閑，閑有左右，爲十二閑，猶周馬六廄，廄有左右，爲十二廄。唐合十二閑爲二廄，猶周合十二廄爲二校。唐有祥驎、鳳苑之名，自貞觀至麟德，馬七十萬六千。而後魏河西牧馬至二百餘萬匹，恒置戎馬十萬以擬京師軍警之備。兩漢牧師諸苑三十六所，分在河西六郡，養馬二十萬頭。而周之王馬僅三千餘匹，何足以給軍國之用乎？『騋牝三千』，邦國則然耳，而謂王馬大數，亦然陋矣。周馬之數無聞，然宣王、師干之試其車三千，魯大蒐於紅革車千乘，晉治兵於邾南甲車四千，則王馬與國馬一時之盛可知也。漢有御馬，謂之秣馬食粟，苦肥，氣盛怒，至日步作之。孝文節儉，惟百餘匹。而王馬三千，以給軍國則太少，以奉乘輿則又太多矣。古者卿有軍事，循車馬，比卒乘，以備戎，而家無私廄。晉國之法，上大夫二輿二乘，中大夫二輿一乘，下大夫專乘。王度記卿駕四，大夫駕三，士駕二，以爲等差，無取乎多馬也，足以給朝事而已。是以楚相孫叔敖棧車牝馬，中行穆子爲晉卿，有車十乘，不憂其薄也。魏亦有五乘將軍秦鏚以車多懼選，非失之侈乎？觀起多馬，楚車裂之其法嚴矣。子産之家，兵車不過十七乘也。漢袁盎用事於景帝之朝，秣馬一駟，公孫弘爲三公，有馬十乘，而周之家馬八百有餘，似失之大。夫守百乘之地，以故家有四閑，乃國之軍馬，非家之私廄也。家不藏兵革，而春秋之世私家授甲相攻，則其馬之多，曷足怪焉？馬毛物之種九十有二，叱撥之別十，青之別二，烏之別五，白之別一，赤之別五，紫之別六，駿之別十一，赭白之別六，騮之別八，騧之別六，駱之別五，騅之別五，騟之別八，駮胯之別六，駮之別三，驃之別七，其略在《魯頌・駉篇》。所謂物馬、毛馬者，蓋如此。毛齊其色，物齊其力，馬飽爲駜，馬肥爲駫，馬盛爲騯，馬和爲䮗，馬遲爲篤，馬疾爲颿，馬驟爲駸，馬馳爲騁，馬突爲駻，馬奔爲䮝，馬驚爲駭，馬立爲駐，馬順爲馴，馬犗爲騬，馬衆爲驫，馬多爲駪，馬駿爲驁，馬逸爲駣，馬力爲駴，馬駁爲隲，馬駒爲褭，則所謂戎事齊力者，觀其文可以知其義矣。

清 劉青芝《周禮質疑》卷五《夏官秋官冬官》 校人，掌王馬之政。成周馬政有牧於民者，八軍之馬也，邱甸歲取馬四匹之類。平時官給芻秣，有警，則供其召發。有牧於官者，校人所掌也。牧之有地，教之有法，養之有人，出入有時，特以給公家之用。興師遣騎，公家私乘皆有所備焉。後世皆養於官，漢馬缺，將相或乘牛車；唐馬盛，一縑輒易一馬，而馬政不可問矣。貳師將軍李廣利率卒十八萬，期至貳師取善馬，僅得善馬數十匹；大僕張萬歲領群牧八坊之馬，爲四十八監，馬之蕃至七十萬六千；岐、豳、涇、寧西河數千里之地悉爲牧場，四海騷動，閭里蕭然。髦矣！夫然後嘆周家馬政之盡善也。

清 秦蕙田《五禮通考》卷二四四《軍禮十二》 《周禮・夏官》：校人，掌王馬之政。注：政謂差擇養乘之數也。《月令》曰：頒馬政。疏：辨六馬，是差擇也。頒良馬而養乘，是養乘也。馬政，謂齊其色，度其力。吕氏忱曰：自黄帝、堯、舜觀象立制，服牛乘馬，自此馬始為用。考三代之制，天子萬乘，諸侯千乘，大夫百乘，立國制賦之法，莫不以馬為本，所以乘馬之法在古今最為精密。然大而天子，次而諸侯，下而大夫，乘馬之數多寡不同，細考當時之數，所謂牧養之馬，有養之于官，有蔵之于民。如丘甸歲取一匹之類，皆是蔵之于民，不仰國家芻秣，如有事田獵、征伐，臨時徵召。在天子之都、諸侯之國、大夫之家未嘗不自蓄馬，此是養之于官者。蔡氏德晉曰：兵政莫急于馬，故校人為政官重職，而以中大夫為之。校人所養，皆公家之馬，萬有餘匹，自路馬而外，凡郎衛、兵衛從王師田巡狩者，皆當以此給之也。蕙田案：馬政之利病多矣，然其要必在民馬與官馬分，而其法始經久而無弊。何則兵之所資者，民馬也，兵衆則馬亦衆，非賦于民，其何以給？故三代之時，俾人自養其馬，則馬得所養而國無養馬之費，此民馬之不可以官與焉者也。國之所用者，王馬也。王馬之所任者國事，非養于官，何以為政？故校人以下，俾官共養吾馬，則馬得蕃息而民無養馬之累。若官馬而以民與之，則為户馬，為保馬，為括馬，而其害不可勝言矣，此校人職特著明曰『王馬之政』，可知民馬之無與于官，官馬之不資于民，而馬政之大綱舉矣。

清 龔元玠《周禮客難》卷六《挍人馬數》 客曰：挍人良馬、駑馬之數及左右投之馬數，果如鄭氏所約之數乎？八麗、八師、八趣馬，鄭氏俱以八爲六字之誤，信乎？曰：據鄭註，挍言成者，明六馬各一廄，而王馬小備。校有左右，則良馬一種四百三十二匹，五種合二千一百六十匹，駑馬三之，則爲千二百九十六匹。五良一駑，凡三千四百五十六匹，然後王馬大備。其説混駑馬於良馬之內，殊與經文不合。又渠以駑馬三良馬之一種，因以經文自圉至馭夫凡馬千二十四匹，與三良馬之數不相應，因改八爲六，尤爲誕妄。予細玩經文，良馬、駑馬劃然二段，良馬由乘、皁、繋、廄遞積而成挍，挍有左右，俱以良馬言。每挍千二百九十六匹，中大夫二人，各主一挍，合二千五百九十二匹，每良馬一種四百三十二匹，爲二廄五種，計二千一百六十匹，爲十廄，餘四百三十二匹，各以其種，其爲二廄，此良馬之數也。駑馬三良馬，五種之數合七千七百七十六匹，凡七馭夫，每馭夫千二十四匹，爲馬七千一百六十八匹，餘六百八匹，疑亦分散於各馭夫，以備病死，此駑馬之數也。駑馬雖不以廄言，亦别爲若干廄，分隸二挍、十二閑可知。如此，則八麗、八師、八趣馬之義既通，而左右二挍良馬、駑馬之數亦較整齊矣。且以成周全盛之時，天子之馬不應如鄭説之數之少。今如予説良馬、駑馬乃得合一萬三百六十八匹，又以其次降殺之邦國半之，家三之一，而衛文『騋牝三千』、齊景千駟亦可無僭侈踰禮之嫌，蓋曰騋牝，則非騋非牝者，尚在外，曰千駟，則不成駟者，亦在外，若如舊説，舉官民通數言之，又何足以見衛文、齊景之富耶？曰：如公説，則駑馬似太多，而良馬五種，反居駑馬三分之一，種馬、齊馬、道馬雖可無缺於用，戎馬、田馬不太少乎？曰：駑馬給役事，安得不多？良馬五種，較鄭説已增四百三十二匹矣。戎馬、田馬不病其少者緣此，止共王路及貳車、從車等。其餘所出，則舊説所謂藏之於民，每邱歲取馬一匹，田獵征伐臨時徵召之説得之。

清　盛百二《柚堂筆談》卷一　校人夏祭先牧，頒馬，攻特。頒馬，即《月令》之别群也。頒與班同，《春秋傳》有班馬之聲是也。攻特，司農云謂騬之。按：騬，騸也。《通鑑》郭崇韜謂魏王繼岌曰：大王他日得天下，即騬馬不可乘，況任宦官乎？騬，《五代史》作騸。

清　汪梧鳳《詩學女爲》卷二五《魯頌·駉四則》　《周禮》校人註：自乘而廄，良馬之數二百一十六匹，一廄爲一閑，諸侯六閑，爲數一千二百九十六，良馬凡三種，駑馬如其數，合之爲二千五百九十二匹，皆養之於官，謂之國馬。《毛傳》别四種言之，有良馬、戎馬、田馬、駑馬之異，蓋分良馬爲三，而合駑馬爲一，適如《詩》所稱之數也。張氏曰：思馬斯臧，良馬也。臧者，言其德。思馬斯才，戎馬也。才者，言其用。陳於禮者尚德，用於戰者尚才。思馬斯作，田馬也，謂習其動作之節。思馬斯徂，駑馬也，言足以行而已。是謂四種之馬。

清　莊有可《周官指掌》卷四《王馬數第八十》　良馬，左右校十二閑，共二千五百九十二匹，駑馬三其數，共七千七百七十六匹，凡王馬良駑共萬三百六十八匹，大約十二閑，六種馬，繁息大數。以萬匹爲率，八麗一師，十六匹也，八師百二十八匹也，八趣馬千二十四匹也。僕夫即道僕、田僕也，二僕分番掌閑，每閑一僕，馭夫人數不足，蓋與校人下士通掌之，或馬數未易充，每閑五人，亦已足耳。駑馬之馭夫，則良馬之馭夫統之矣。校人王馬亦曰公馬，止共王及后之五路及戎馬及幣馬公費，其丘乘之馬謂之國馬，乃軍司馬、輿司馬所掌，不屬校人。馬質所量三物，亦丘乘之馬也。

清　孔廣林《周官臆測》卷四《周官》　校人，秋祭馬社。注引《世本·作》曰『相土作乘馬』。廣林謂《易》下繫云『黄帝、堯、舜氏作服牛乘馬』，引重致遠則乘馬，不始相土矣。《世本·作篇》誤也。

清　孔廣林《北海經學七録》卷四《周禮志》　《夏官》校人，天子十有二閑，馬六種；邦國六閑，馬四種；家四閑，馬二種。趙商問曰：校人職天子十有二閑，馬六種，爲三千四百五十六匹；邦國六閑，馬四種，爲二千五百九十二匹；家四閑，馬二種，爲千七百二十八匹。商案：天子之卿采地食小都，《詩正義》無以上九字。大夫食縣，不審所田，當能共此馬數。《詩正義》作『何由能供此馬』。故《禮記》家富不過百乘，謂其多也。以《詩正義》無此十四字。《司馬法》論之，一甸之田方八里，本疏作『甸方八里』。有戎馬四匹，長轂一乘。今大夫采地四甸，一甸稅又給王《詩正義》作『一甸之稅以給王』。其餘三甸裁有馬十二匹。今又就校人之職相校甚異，何？《詩正義》作『令就校人職相覺甚矣』，疑有誤字。荅曰：邦國六閑，馬四種，其數適當千二百九十六匹；家四閑，馬二種，本疏作『家有四閑二種』。又當八百六十四匹。今子以何術計之乎？此馬皆君之所制，爲非謂民賦。《詩正義》作『國君之制，非民之賦』。畿内百里之國者居四都，五十里之國居四縣，二十五里之國居四甸，而引天子卿食小都、大夫食縣，欲何以難？又《詩正義》無以上四十四字。《司馬法》甸有戎馬四匹，長轂一乘，此謂民出軍賦，無與於天子國馬之數，事條未理而多紛紜。《詩正義》無此八字，見疏及《詩》定之方中正義。

清　王引之《經義述聞》卷九《幣馬》　校人飾幣馬。先鄭司農云：幣馬，以馬遺人，當幣處者也。《聘禮》曰：馬則北面奠幣于其前引之，謹案：幣馬，謂以馬為幣，非謂馬之當幣處者也。小行人合六幣圭，以馬璋，以皮璧，以帛琮，以錦琥，以繡璜，以黼，則馬在六幣之數，故曰幣馬。《齊語》云：天下諸侯罷馬以為幣，是也。下文凡賓客受其幣馬，凡國之使者共其幣馬，義並與此同。

清　沈濤《銅熨斗齋隨筆》卷二《校》　《周禮·夏官·序官》校人注曰：校之爲言，校也。主馬者，必仍校視之。校人，馬官之長。《釋文》云：

校人，户教反，字從木，若從手旁，作是比挍之字耳。今人多亂之。注：校之校人，同元朗之意，蓋以注校之校人，字從木，校也，仍校字從手。案：《說文》無从手之挍。六朝木旁、手旁字多通作。《文選·長楊賦》注引《國語》賈注曰：校，考也。考校，猶言比校，是比校之校，字亦從木。大司馬之職云：比軍眾，注曰：比校次之也。又云以待考而賞誅，注曰：考謂考校其功，字皆作校。《篇韻》亦無從手之字。元朗强生分別，誤也。錢少詹曰：象也者，像此者也。象也者，像也。兩像字，《唐石經初刻》皆作象，後人添人旁，當以初本爲善。古人以義訓名，不嫌同文，如《孟子》『徹者，徹也』，上下兩徹字無異形，亦無異讀也。以上皆錢說。此校之爲言校也，正是其例。

清 黃以周《禮書通故》卷一四《群祀禮通故一》 《周官》：族師春秋祭酺，故書酺或為步。杜子春云：當為酺。鄭元云：酺者，為人物裁害之神也。校人職又有冬祭馬步，則未知此世所云蝝螟之酺與人鬼之步與？段玉裁云：杜從酺，鄭引校人馬步之文以見，步亦可從而蝝螟之酺，人鬼之步分別異字，未聞其詳。以周案：《說文》：酺王德，布大飲酒，此酺之本義。族師因祭步，而與其民以長幼相獻酬，故替酺字為之。其神所謂步是也，故引校人馬步以證之。蝝螟謂之酺，人鬼謂之步，此蓋杜子春說也。子春以二字有別，故云當為酺。鄭以其說未可知，故以人物裁害之神兼言之。

又 卷三四《職官禮通故四》 鄭元云：校人，馬官之長。以周案：校人掌王馬之政，楚人僭之，謂之王馬之屬，昭二十七秊。晉謂之校正，成十八秊。魯仍謂之校人。哀三秊。然《周官》校人不屬大御，晉之校正屬御戎，非古。【略】校人職：皁一趣馬，繫一馭夫，廄一僕夫。鄭元云：趣馬下士，馭夫中士，則僕夫上士也。易祓云：玉路之僕曰大馭，金路之僕曰齊僕，象路之僕曰道僕，木路田僕也，革路戎僕也，總而名之為僕夫。五僕中惟道僕、田僕為上士，大馭、戎馭為中大夫，齊僕為下大夫，豈皆上士乎？以周案：序官馭夫中士二十人，下士四十人，據校人職，良馬六繫為廄，一廄六馭夫，十二廄當用七十二馭夫，則校人之馭夫非即序官之馭夫，而校人之僕夫亦非即上大馭、戎僕、齊僕、道僕、田僕可知，當從鄭。

又 卷四〇《軍禮通故二》 鄭志云：趙商問：天子十二閑三千四百五十六匹，邦國六閑二千五百九十二匹，家四閑千七百二十八匹，以《司馬灋》論之，甸方八里，有戎馬四匹，長轂一乘，大夫采地四甸，一甸之稅以給王，其餘三甸纔有馬十二匹，與校人之職甚異。荅曰：邦國六閑，當千二百九十六匹，家四閑，當八百六十四匹，此馬皆君之所制，非民之賦。《司馬灋》為民出軍賦，無與于天子國馬之數。鄭鍔云：以其說攷之，古者天子有國馬，有民賦之馬，民馬出于井田之賦，如所謂提封萬乘，馬四萬匹是也；國馬則國所自養牧以待用者，即校人所云是也。蓋養于國者為車路之備，出于民者為用兵之防也。以周案：《國語》云國馬足以行軍，公馬足以稱賦，國馬謂出諸民者也，公馬謂養于公家。鄭志之國馬即公馬，枚文通偁也。井田之浤有民自養其馬以備出軍者，亦有民不養馬而出賦者。公馬足以稱賦，謂公家之馬足以給軍賦之用也。《周官》馭夫掌馭貳車、從車、使車，分公馬而駕治之。從車謂戎田之車，公馬謂六種之馬，見鄭注。漢代有苑馬，有郡國馬，猶存古制。衛青、霍去病伐匈奴，有所謂官馬、私馬之別矣。校人掌王馬之政，凡良馬乘馬，一師四圉，三乘為皁，皁一趣馬；三皁為繫，繫一馭夫；六繫為廄，廄一僕夫；六廄成校，校有左右。駑馬三良馬之數。麗馬一圉，八麗一師，八師一趣馬，八趣馬一馭夫。鄭元云：良馬自乘至廄，其數二百一十六匹，《易》乾為馬，此應乾之筴也。校有左右，則良馬一種者四百三十二匹，五種合二千一百六十匹，駑馬三之，則為千二百九十六匹，五良一駑凡三千四百五十六匹。《詩》曰『騋牝三千』，此謂王馬之大數與？麗，耦也。駑馬自圉至馭夫，凡馬十二十四匹，與三良馬之數不相因，八皆宜為六字之誤也。師十二匹，趣馬七十二匹，則馭夫四百三十二匹矣。然後而三之，既三之，無僕夫者，不駕于五路，卑之也。黃度云：僕夫，蓋自田僕而上至大馭，是也。大馭、戎僕、齊僕各二人，道僕、田僕各十二人，通三十人。六繫馬二百十六匹，三十僕夫，則六千四百八十匹，合左右兩校為一萬二千九百六十匹。駑馬自八麗積而為一馭夫，為馬一千二十四匹，三十八馭夫，則三萬八千九百十二匹，三良馬之數多三十二匹耳。此皆據經文，不改字。以周案：六廄成校，獨變為言成，經文上下皆據一校立文也。校分左右，不過帶說，以明校人、中大夫二人各主一校云爾。鄭注誤以駑馬三良馬之數，諸文為承左右校言，改諸八字為六。如其說，天子十二閑，僅同衛文騋牝之數尚不及，齊景之千駟恐不其然。黃文叔意欲不改經字，而與廄一僕夫六廄成校之文又相觸戾，且校人之僕夫非即上大馭、戎僕、齊僕、道僕、田僕之僕，說詳《職官門》。駑馬三十八馭夫，亦未知所據。以經文攷之，良馬自乘至廄二百一十六匹，良馬六廄以成校，則為千二百九十六匹，駑馬三良馬之數，以充校則為三千八百八十八匹，不言廄者，蓋駑馬不盡充廄，下文所云自圉至馭夫凡馬千二十四匹，其充廄者也。統左右兩校言之，良馬二千五百九十二匹，駑馬三良馬之數，其充廄者二千四十八匹，未充廄者又有五千七百二十八匹，合而以大數言之，曰天子之馬萬匹。

清 成本璞《九經今義》卷一一《周禮》 馬質掌質馬，校人掌馬政，牧師、圉師隸焉。馬政之行久矣。漢唐復馬之令既不可行，趙宋保馬之法徒以厲民，畜產凋耗，軍威不振，亦國之憂也。今宜弛一切馬禁，以復監牧之良法，設專官掌之，課其孳生，分配諸軍。西人於馬政視爲要圖，滋育蕃息，善遊牧，逐水草，歲有賽馬之戲、養馬之會，非以爲玩好也，不敢忘武備也。

綜述

漢 鄭玄《周禮疏》卷二八 校人，中大夫二人，上士四人，下士十有六人，府四人，史八人，胥八人，徒八十人。校之爲言校也，主馬者必仍校視之。校人，馬官之長。校，戶教反，字從木，若從手旁作，是比挍之字耳，今人多亂之。注校之校人同。［疏］『校人』至『十人』。釋曰：在此者以馬共軍所用，故其職云：凡軍事物馬而頒之，故在此官特尊而多者，以王馬多故也。注『校之』至『之長』：釋曰：云『校之爲言校也』者，讀從《曲禮》與《少儀》效馬、效羊取效見義，以其養官畜者必效見之，故鄭云：『主馬者，必仍校視之。』仍者，相仍有時數數程見之也。云校人馬官之長者，與下趣馬至圉人爲長，有事皆取長官瀳度。

又 卷三三 校人掌王馬之政。政，謂差擇養乘之數也。《月令》曰『班馬政』。［疏］：注『政謂』至『馬政』，釋曰：此經與下為目，下亦有邦國及家，而云『王馬』者，以尊為主。鄭云『政謂差擇養乘之數也』者，經辨六馬，是差擇也。下云『凡頒良而養乘』，是養乘也。引《月令》者，謂季秋之令。彼注云：『馬政謂齊其色，度其力，使同乘。』引此職『凡軍事，物馬而班之』，皆是馬政，故引為證也。辨六馬之屬：種馬一物，戎馬一物，齊馬一物，道馬一物，田馬一物，駑馬一物。種謂上善似母者。以次差之，玉路駕種馬，戎路駕戎馬，金路駕齊馬，象路駕道馬，田路駕田馬，駑馬給宮中之役。［疏］：注『種謂』至『之役』，釋曰：六者皆有毛物不同，故皆以物言之也。此六者，先善后惡，次第而言也。種馬『上善似母』者，以其言種，故知似母。但種類亦有似父，而言似母者，以母為主也。知種馬駕玉路已下，差次如此者，以其言戎、道、田，以事為名，則知戎馬駕戎路，道馬駕道車，田馬駕田路。以此五者，種馬最在上，駕玉路可知。駑馬最在下，五路之外，給役可知。凡頒良馬而養乘之。乘馬一師四圉。三乘為皁，皁一趣馬。三皁為繫，繫一馭夫。六繫為廄，廄一仆夫。六廄成校，校有左右。駑馬三良馬之數，麗馬一圉，八麗一師，八師一趣馬，八趣馬一馭夫。良，善也。善馬，五路之馬。鄭司農云：『四疋為乘。養馬為圉，故《春秋傳》曰「馬有圉，牛有牧」。』玄謂二耦為乘。師、趣馬、馭夫、仆夫，帥之名也。趣馬下士，馭夫中士，則仆夫上士也。自乘至廄，其數三百一十六匹。《易》『《乾》為馬』，此應《乾》之筴也。至校變為言成者，明六馬為一廄，而王馬小備也。校有左右，則良馬一種者，四百三十二匹，五種合二千一百六十匹。駑馬三之，則為千二百九十六匹。五良一駑，凡三千四百五十六匹，然后王馬大備。《詩》云『騋牝三千』，此謂王馬之大數與？麗，耦也。駑馬自圉至馭夫，凡馬千二十四匹，與三良馬之數不相應，『八』皆宜為『六』字之誤也。師十二匹，趣馬七十二匹，則馭夫四百三十二匹矣，然后而三之。既三之，無仆夫者，不駕於五路，卑之也。乘，繩證反，注及下注『乘匹』同。圉，魚呂反。皁，才早反。趣，倉走反，劉、沈清須反，下同。繫，音計，本亦作毄。廄，九又反。應，應對之應。筴，初革反。騋，音來。牝，頻忍反，劉又扶忍反。數與，音餘，下禮與皆同。［疏］疏：『凡頒』至『馭夫』，釋曰：言『頒良馬』，對下別言駑馬，養馬有多少不同，故別言良馬也。言養乘之者已下，皆四四為耦，是因養馬乘習之。注『良善』至『之也』，釋曰：云『善馬，五路之馬』者，據上文而言之也。『《春秋傳》曰』者，昭七年，楚芋尹無宇執人於王宮，言『馬有圉，牛有牧』，引之，證養馬為圉也。玄謂『師、趣馬、馭夫、仆夫，帥之名也』者，皆以寡領眾，故知主帥之名也。云『趣馬下士，馭夫中士，則仆夫上士也』，《序官》有趣馬下士，皁一人，徒四人，馭夫中士，二十人無，仆夫士數之文。以此文官尊者管卑者，馭夫既中士，明仆夫上士可知。云『自乘至廄，其數三百一十六匹。《易》「《乾》為馬」，此應《乾》之筴也』者，按《易》，天一生水北方，地二生火南方，天三生木東方，地四生金西方，天五生土中央，是謂陽無匹，陰無耦。又地六成水北方，天七成火南方，地八成木東方，天九成金西方，地十成土中央，是謂陽有匹，陰有耦。龜取生數一、二、三、四、五，蓍取成數六、七、八、九、十。若然，東方、南方，生長之方，故七為少陽，八為少陰。西方、北方，成熟之方，故九為老陽，六為老陰。不取十者，中央配四方故也。是以《易》之六爻，卦畫七八，爻稱九六。七八九六既配四方，故九六皆以四乘之。《乾》之六爻，以四乘九，四九三十六，六爻故二百一十六，是為《乾》之筴也。云『校有左右，則良馬一種者，四百三十二匹』者，經云『六廄成校』，據一廂言之，王馬小備。下云校有左右，則十二廄為十二閑，若據一廂，一廄為二百一十六匹。據兩廂，倍之，故四百三十二匹。種別四百三十二匹，五種計之，自然總合二千一百六十匹。又蓋駑馬三良馬之數，三個四百三十二，則得千二百九十六匹。五良一駑，總計自然凡三千四百五十六匹。對前小備，故云然後王馬大備也。《詩》云『騋牝三千』，此衛文公滅而復興，徒而能盛，計諸侯止合六閑馬，其三千是王馬之數。雖非禮制，國人美之，故鄭云王馬之大數。言大數者，不言四百五十六故也。言『與』者，約同王馬之數，故言與以疑之也。云『駑馬自圉至馭夫，凡馬千二十四匹，與三良之數不相應』者，依經『八』計之，得此千二十四匹。其三良馬有千二百九十六匹，故言不相當。若作六計，得千二百九十六匹，與三良馬數合，故破從六也。按此經，乘馬一師四圉，三乘為皂，皂一趣馬，三皂為繫，繫一馭夫。按《序官》云：『趣馬下士，皂一人，徒四十人』，即此。以云皂一趣馬，合自師至馭夫，中士二十人，下士四十人，并之六十，正充此良馬之馭夫。又不見駑之馭夫者，或脫也。天子十有二閑，馬六種。邦國六閑，馬四種。家四閑，馬二種。降殺之差，每廄為一閑。諸侯有齊馬、道馬、田馬，大夫有田馬，各一閑，其駑馬則皆分為三焉。殺，所界反。［疏］注『降殺』至『三焉』，釋曰：天子十二閑六種，義已在上。云『諸侯有齊馬、道馬、田馬，大夫有田馬，各一閑，其駑馬皆分為三焉』者，以駑馬三良之數上下同，故為此解。趙商問：『《校人職》，天子有十二閑，六種，為三千四百五十六匹。邦國六閑，馬四種，為二千五百九十二匹。家四閑，馬二種，千七百二十八匹。商按：天子之卿，采地食小都，大夫食縣，不審所由當能共此馬數。故《禮記》家富不過百乘，謂其多也。《司馬法》論之，甸方八里，有戎馬四匹，長轂一乘。今大夫采地四甸，一甸稅又給王，其餘三甸，才有馬十二匹，今又就《校人》之職相校，甚異。何？』答曰：『邦國六閑四種，其數適當千二百九十六匹。家有四閑二種，又當八百六十四匹。今子以何術計之乎？此馬皆君之所制為，非謂民賦。畿內百里之國者居四都，五十里之國居四縣，二十五里之國居四甸，而引天子卿食小都，大夫食縣，欲何以難？又《司馬法》：「甸有戎馬四匹，長轂一乘。」此為民出軍賦，無與於天子國馬之故。事條未理，而多紛紜。』趙商云『邦國二千五百九十二匹』者，謂三良，一良四百三十二匹，三良千二百九十六匹。駑三，其一種亦千二百九十六匹，故合為二千五百九十二匹。家四閑，馬二種，為千七百二十八匹，謂良馬一種四百三十二匹，駑馬一種三良馬，一種亦千二百九十六匹，并之千七百二十八匹，王合於數。鄭不從者，天子十二閑，分為左右，一種馬分為兩廄，故一種馬有四百三十二匹。諸侯及大夫直一廂，不分為左右，則良馬惟有三廄，三良居三廄，其數六百四十八匹。駑馬亦三，其一種其數亦六百四十八匹，并之千二百九十六匹。家有二種，一良一駑，良居一廄，二百一十六匹，駑馬三之，為六百四十八匹，并之為八百六十四匹。故鄭氏云子以何術計之。凡馬，特居四之一。欲其乘之性相似也。物同氣則心一。鄭司農云：『四之一者，三牝一牡。』［疏］注『欲其』至『一牡』，釋曰：云『欲其乘之性相似也』者，是使三牝各產其一，通牡為四，共駕一車，取同氣一心之義。春祭馬祖，執駒。馬祖，天駟也。《孝經》說曰：『房為龍馬。』鄭司農云：『執駒無令近母，猶攻駒也。二歲曰駒，三歲曰駣。』玄謂執猶拘也。春通淫之時，駒弱，血氣未定，為其乘匹傷之。令，力呈反，下『令』皆同。近，附近之近。駣，徐音肇，劉音道，李湯堯反，沈徒刀反。為，于偽反，下『為蹄齧』同。［疏］注『馬祖』至『傷之』，釋曰：馬與人異，無先祖可尋，而言祭祖者，則天駟也，故取《孝經說》『房為龍馬』，是馬之祖。春時通淫，求馬蕃息，故祭馬祖。先鄭云『二歲曰駒，三歲曰駣』，《爾雅》文。云『玄謂春通淫之時，駒弱，血氣未定，為其乘匹傷之』者，《論語》孔子云『血氣未定，戒之在色』。馬亦如此，故引之而言也。按《月令》，仲夏『縶騰駒』，注云：『為其牝氣有餘，相蹄齧。』彼壯氣有餘，相蹄齧，縶之。不為駒弱者，縶有二種，此謂二歲者，彼據馬之大者，故不同也。夏祭先牧，頒馬，攻特。先牧，始養馬者，其人未聞。夏通淫之後，攻其特，為其蹄齧，不可乘用。鄭司農云：『攻特謂騬之。』蹄，大計反，又音啼，後同。騬，音繒，又音繩。［疏］注『先牧』至『騬之』，釋曰：知『先牧』是養馬者，以其言先牧，是放牧者之先，知是始養馬者。祭之者，夏草茂，求肥充。云『攻特』者，夏通淫後，攻其特，為其相蹄齧，不可乘用故也。秋祭馬社，臧仆。馬社，始乘馬者。《世本・作》曰：『相土作乘馬。』鄭司農云：『臧仆，謂簡練馭者，令皆善也。』玄謂仆，馭五路之仆。臧，子郎反。相，息亮反。［疏］注『馬社』至『之仆』，釋曰：『秋祭馬社』者，秋時馬肥盛，可乘用，故祭始乘馬者。秋而臧仆者，亦秋時萬物成，教之使善。冬祭馬步，獻馬，講馭夫。馬步，神為災害馬者。獻馬，見成馬於王也。馭夫，馭貳車、從車、使車者。講猶簡習。見，賢遍反，下同。從，才用反。［疏］注『馬步』至『簡習』，釋曰：馬神稱步，謂若玄賓之步、人鬼之步之類。『步』與『酺』字異，音義同。云『獻馬，見成馬於王也』者，以秋時萬物成，亦獻成馬於王也。云『馭夫，馭貳車、從車、使車』者，《馭夫》文也。云『講猶簡習』者，亦謂秋時物成，講之使成也。凡大祭祀、朝覲、會同，毛馬而頒之。毛馬，齊其色也。頒，授當乘之。毛，如字，劉莫報反。［疏］注『毛馬』至『乘之』，釋曰：此三者，皆須馬從王。故知毛馬而頒之為齊其色者。按《毛詩傳》云：『宗廟齊豪，尚純也。戎事齊力，尚強也。田獵齊足，尚疾也。』《爾雅》亦云：雖據宗廟，至於田獵、軍旅，既尚疾尚力，亦尚色也。故下云『凡軍事，物馬而頒之』，是尚力也。《詩》云『四驪彭彭，武王所乘』，又云『四鐵孔阜』，秦襄公以田，是齊色不專據宗廟。飾幣馬，執撲而從之。鄭司農云：『校人主飾之也。幣馬，以馬遺人，當幣處者也。《聘禮》曰：「馬則北面，奠幣于其前。」』《士喪禮下篇》曰：「薦馬，纓三就，入門北面，六轡，圉人夾牽之，馭者執策立于馬後。」』撲，普卜反，劉方溝反。遺，惟季反。［疏］注『鄭司』至『馬後』，釋曰：先鄭云以馬當幣處者，見經云『飾幣馬』，馬可飾，幣非可飾之物。又見下文『凡國之使者，共其幣馬』，注云『使者所用私覿』，則知此直以馬遺人，無幣。且王家遺人無廷實，故《覲禮》勞侯氏用璧，無庭實也。引《聘禮》者，按《聘禮》，此謂賓入境展幣時，布幕訖，皮則陳於幕上，馬則於幕南，北面，奠幣於其前，引之者，證彼則有幣有馬。引《士喪禮下篇》者，據將葬朝廟時陳設之事，馬為擬乘車所駕，故薦之。『纓三就』者，謂馬駛三成舒之。『入門北面』者，陳之於廟庭也。言『交轡』者，士兩馬，二人牽之。引之者，證馬有飾之事也。凡賓客，受其幣馬。賓客之幣馬，來朝聘而享王者。［疏］注『賓客』至『王者』，釋曰：言賓客來朝享王者，《大行人》云『廟中將幣三享』者是也。使客來聘享王者，《玉人職》瑑、圭、璋、璧、琮以覜聘者也。大喪，飾遣車之馬。及葬，埋之。言埋之，則是馬塗車之芻靈。埋，亡皆反，本又作貍。［疏］注『言埋』至『芻靈』，釋曰：言『遣車』，則《雜記》注『天子九乘苞，大遣奠，牲體乘別，大牢，苞九個，入壙，藏之於槨內問外』者。云『塗車之芻靈』者，按《檀弓》，孔子云『塗車芻靈，自古有之』，謂『為俑者不仁』，俑，謂偶人所作，孔子善古而非周，則古者以泥塗為車，芻靈謂以芻草為人馬神靈，至周塗車仍存，但刻木為人馬，替古者芻靈。今鄭云塗車之芻靈，則是仍用芻靈，與《檀弓》違者，至周實用俑者，但鄭舉古之芻靈況周耳，非謂周家仍用芻靈也。田獵，則帥驅逆之車。帥，猶將也。［疏］『田獵』至『之車』，釋曰：驅逆之車，田仆設之，但校人主車馬，帥領田仆而已。凡將事於四海、山川，則飾黃駒。四海，猶四方也。王巡守，過大山川，則有殺駒以祈沈禮與？《玉人職》有宗祝以黃金勺前馬之禮。沈，直金反，劉直蔭反。［疏］『凡將』至『黃駒』，釋曰：謂王行所過山川，設祭禮之然后去，則殺黃駒以祭之，山川地神，土色黃，故用黃駒也。注『四海』至『之禮』，釋曰：云『四海，猶四方也』者，王巡狩，惟至方岳，不至四海夷狄，故以四海為四方。云『有殺駒以祈沈禮與』者，《爾雅》云：『祭山曰庪縣，祭川曰浮沈。』今鄭云『以祈沈』者，總解過山川二事。言『與』者，《爾雅》據正祭，此則行過之，約與彼同，故云與以疑之也。引《玉人職》者，按彼有大璋、中璋、邊璋，過大山川用大璋，過中山川用中璋，過小山川用邊璋。下云黃金勺，青金外朱中，此三璋之勺也。云『黃金勺』者，即彼三璋之勺也。云『前馬之禮』者，以黃金勺酌酒禮山川，在馬牲前之禮，引之者，證過山川設禮用馬牲之事也。凡國之使者，共其幣馬。使者所用私覿。使，所吏反，注同。［疏］注『使者所用私覿』，釋曰：言『國之』，謂王使之。下聘問諸侯王行禮後，乃更以此幣馬私與主君相見，謂之私覿。諸侯之臣與君同行，不得私覿。若特聘則有之，則聘禮私覿是也。若然，上文飾幣馬，是以馬遺人法，非聘，故無私覿。前賓客來朝聘不言私覿者，諸侯之臣於天子不敢行私覿故也。凡軍事，物馬而頒之。物馬，齊其力。［疏］注『物馬齊其力』，釋曰：上朝會言『毛馬』，鄭云『齊其色』。此軍事言『物馬』，鄭云『齊其力』。物即是色，而云齊力，當與上文互以見義，欲見皆有力有色也。等馭夫之祿，馭夫，於趣馬、仆夫為中舉，中見上下。［疏］『等馭夫之祿』，釋曰：掌養馬者，有趣馬、馭夫、仆夫三者，皆須等其祿，獨云馭夫，故鄭云舉中見上下。宮中之稍食。師圉府史以下也。鄭司農云：『稍食曰廩。』［疏］注『師圉府史以下』，釋曰：上云馭夫之等，言士已上訖，故知此是師圉府史以下，中仍有胥徒之等也。

《周禮》卷七

校人，中大夫二人，上士四人，下士十有六人，府四人，史八人，胥八人，徒八十人。校之爲言校也，主馬者必仍校視之。校人，馬官之長。

又 卷八

校人，掌王馬之政，政，謂差擇養乘之數也。《月令》曰：『班馬政。』辨六馬之屬，種馬一物，戎馬一物，齊馬一物，道馬一物，田馬一物，駑馬一物。種，謂上善似母者。以次差之，玉路駕種馬，戎路駕戎馬，金路駕齊馬，象路駕道馬，田路駕田馬，駑馬給宮中之役。凡頒良馬而養乘之，乘馬一師四圉，三乘爲皁，皁一趣馬；三皁爲繫，繫一馭夫；六繫爲廄，廄一僕夫；六廄成校，校有左右；駑馬三良馬之數，麗馬一圉，八麗一師，八師一趣馬，八趣馬一馭夫。良，善也。善馬，五路之馬。鄭司農云：四匹爲乘，養馬爲圉。故《春秋傳》曰：『馬有圉，牛有牧。』玄謂二耦爲乘。師、趣馬、馭夫、僕夫，帥之名也。趣馬下士，御夫中士，則僕夫上士也。自乘至廄，其數二百一十六匹。《易》乾爲馬，此應乾之筴也。至校變爲言成者，明六馬各一廄，而王馬小備也。校有左右，則良馬一種者四百三十二匹，五種合二千一百六十匹。駑馬三之，則爲千二百九十六匹。五良一駑，凡三千四百五十六匹。然後王馬大備。《詩》云：『騋牝三千』，此謂王馬之大數，與麗耦也。駑馬自圉至馭夫，凡馬千二十四匹，與三良馬之數不相應，八皆宜爲六字之誤也。師十二匹，趣馬七十二匹，則馭夫四百三十二匹矣。然後而三之，既三之，無僕夫者，不駕於五路，卑之也。八皆音六。筴，初革反。與，音餘。天子十有二閑，馬六種；邦國六閑，馬四種；家四閑，馬二種。降殺之差，每廄爲一閑。諸侯有齊馬、道馬、田馬，大夫有田馬，各一閑，其駑馬則皆分爲三焉。殺，所界反。凡馬特居四之一。欲其乘之性相似也，物同氣則心一。鄭司農云：四之一者，三牝一牡。春祭馬祖，執駒。馬祖，天駟也。《孝經》曰：『房爲龍馬。』鄭司農云：執駒，無令近母，猶攻駒也。二歲曰駒，三歲曰駣。玄謂執猶拘也。春通淫之時，駒弱，血氣未定，爲其乘匹傷之。駣，音肇，又音道。夏祭先牧，頒馬，攻特。先牧，始養馬者，其人未聞。夏通淫之後，攻其特，爲其蹄齧不可乘用。鄭司農云：攻特，謂騬之。蹄，大計反，又音啼，後同。騬，音繒，又音繩。秋祭馬社，臧僕。馬社，始乘馬者，《世本・作》曰：『相土作乘馬』。鄭司農云：臧僕謂練馭者令皆善也。玄謂：僕，馭五路之僕。臧，子郎反。相，息亮反。冬祭馬步，獻馬，講馭夫。馬步，神爲災害馬者。獻馬，見成馬於王也。馭夫，馭貳車、從車、使車者。講，猶簡習。見，賢遍反。凡大祭祀、朝覲、會同，毛馬而頒之。毛馬，齊其色也。頒，授當乘之。毛如字，又莫報反。飾幣馬，執扑而從之。鄭司農云：校人主飾之也。幣馬以馬遺人，當幣處者也。《聘禮》曰：馬則北面，奠幣于其前。《士喪禮下篇》曰：薦馬纓三就入門北面交轡，圉人夾牽之，馭者執策，立於馬後。凡賓客，受其幣馬。賓客之幣馬，來朝聘而享王者。大喪，飾遣車之馬，及葬，埋之。言埋之，則是馬塗車之芻靈。田獵，則帥驅逆之車。帥，猶將也。凡將事於四海、山川，則飾黃駒。四海，猶四方也。王巡守過大山川，則有殺駒以祈沈禮與？《玉人職》有宗祝以黄金勺前馬之禮。沈，直金反，又直蔭反。凡國之使者，共其幣馬。使者所用私覿。使，所吏反。凡軍事，物馬而頒之。物馬，齊其力。等馭夫之禄。馭夫於趣馬僕夫爲中，舉中見上下。宮中之稍食。師圉府史以下也。鄭司農云：稍食曰稟。

《宋書》卷三九《百官志上》　太僕掌輿馬，周穆王所置，秦因之。周官則校人掌馬，巾車掌車，及置太僕兼其任也。晉江左或置或省，宋以來不置，郊祀則權置太僕執轡，事畢卽省。

唐　王涇《大唐郊祀録》卷七《祀禮四》　臣涇案：《周禮》校人掌六馬之屬，春祭馬祖，縶駒。注云：祖，天駟也。《孝經》説云『房爲龍馬』，又曰『夏享先牧』。先牧，養馬者，其人未聞。又云『秋祭馬社』，注云始乘馬者，《世本》曰相土作乘馬』。又曰『冬祭馬步』，注云：馬步，謂除其災害之神者。隋制依《周官》，常以四時仲月上戊日祭於天澤。皇朝因之也。

唐　張説《張燕公集》卷七《大唐開元十三年隴右監牧頌德碑》　《周禮》：校人掌王馬之政。天子十二閑，馬六種。閑爲一廄，馬二百一十六，應乾之策也。六廄成校，五良一駑，是之謂小備。校有左右閑，成十二，合月之道也。駑馬三良馬之數，凡三千四百五十六，是之謂大備。

《通典》卷二三《職官五》　《周禮》夏官之屬，有輿司馬，又有校人主馬之官，又有牧師掌牧放，又有巾車掌公車之政及王之五輅，此皆駕部之本也。

《太平御覽》卷八九三《獸部五》　《周禮・夏官下》曰：校人，掌王馬之政。政，謂差擇養乘之數也。《月令》曰：『班馬政。』辨六馬之屬，種馬一物，戎馬一物，齊馬一物，道馬一物，田馬一物，駑馬一物。種，謂上善似母者。以次差之，玉路駕種馬，戎路駕戎馬，金路駕齊馬，象路駕道馬，田路駕田馬，駑馬給宮中之役。天子十有二閑，馬六種；邦國六閑，馬四種；家四閑，馬二種。降殺之差，每廄爲一閑，諸侯有齊馬、道馬、田馬，大夫有田馬，各一閑，其駑馬則皆分爲三焉。凡馬特居四之一。欲其乘之性相似也，物同氣則心一。鄭司農云：四之一者，三牝一牡。春祭馬祖，執駒。馬祖，天駟也。《孝經説》云：『房爲龍馬。』鄭司農云：執駒無令近母，猶攻駒也。二歲曰駒，三歲曰駣。玄謂：執猶拘也，春通淫之時，駒弱，血氣未定，爲其乘，正傷也。夏祭先牧，頒馬，攻特。先牧，始養馬者，其人未聞。夏通淫之後，攻其特，爲其踶不可乘用。鄭司農云：攻特，謂騬之。秋祭馬社，臧僕。馬社，始乘馬者。《世本・作》曰：『相土作乘馬』。鄭司農云：臧僕，謂簡練馭者，令皆善也。玄謂：僕，馭五路之僕。冬祭馬步，獻馬，講馭夫。馬步，神爲災害馬者。獻馬，見成馬於王也。馭夫，馭貳車、從車、使車者也。講，猶簡習。凡大祭祀、朝覲、會同，毛馬而頒之。毛馬，齊其色也。頒，授當乘之。飾幣馬，執朴而從之。鄭司農云：校人主飾之也。幣馬以馬遺人，當幣處者也。《聘禮》曰：馬則北面奠幣于其前。《士喪礼下篇》曰：薦馬纓三就入門，北面交轡，圉人夾牽之，馭者執筴，立于馬後。凡賓客，受其幣馬。賓客之幣馬來朝聘而享王者。大喪，飾遣車之馬，及葬，埋之。言埋之，則是馬塗車之芻靈。田獵，則師驅逆之。師，猶將也。凡將事于四海、山川，則飾黄駒。四海，猶四方也。王巡守過大山川，則有殺駒以祈沈，禮與王人職有宗祀以黄金勺前馬之禮。凡國之使者，共其幣馬，使者所用私覿。凡軍事，物馬而頒之。物色，齊其力。

宋　王安石《周官新義》卷一三《夏官二》　校人，掌王馬之政。辨六馬之屬，種馬一物，戎馬一物，齊馬一物，道馬一物，田馬一物，駑馬一物。凡頒良馬而養乘之。乘馬一帥四圉，三乘爲皁，皁一趣馬；三皁爲繫，繫一馭夫；六繫爲廄，廄一僕夫；六廄成校，校有左右。駑馬三良馬之數。麗馬一圉，八麗一師，八師一趣馬，八趣馬一馭夫。天子十有二閑，馬六種；邦國六閑，馬四種；家四閑，馬二種。凡馬特居四之一。趣馬，下士，皁一人。繫一馭夫，則夫下士一人。春祭馬祖，執駒。夏祭先牧，頒馬，攻特。秋祭馬社，臧僕。冬祭馬步，獻馬，講馭夫。凡大祭祀、朝覲、會同，毛馬而頒之。飾幣馬，執扑而從之。凡賓客，受其幣馬。大喪，飾遣車之馬，及葬，埋之。田獵，則帥驅逆之車。凡將事於四海、山川，則飾黄駒。凡國之使者，共其幣馬。凡軍事，物馬而頒之。等馭夫之禄，宮中之稍食。攻特者，駒之不可習者，廋人攻之矣。及成馬而不可習，則校人攻之。臧僕，則簡馭者，簡其臧，亦簡其或不臧。

宋　陳祥道《禮書》卷一四七《馬》　校人，掌王馬之政。辨六馬之屬，種馬一物，戎馬一物，齊馬一物，道馬一物，田馬一物，駑馬一物。種，謂上善似母者。以次差之，玉路駕種馬，戎路駕戎馬，金路駕齊馬，象路駕道馬，田路駕田馬，駑馬給宮中之役。凡頒良馬而養乘之。乘馬一師四圉，三乘為皁，皁一趣馬；三皁為繫，繫一馭夫；六繫為廄，廄一僕夫；六廄成校，校有左右。駑馬三良馬之數，麗馬一圉，八麗一師，八師一趣馬，八趣馬一馭夫。良，善也。善馬，五路之馬。鄭司農云：四匹為乘，養馬為圉，故《春秋傳》曰『馬有圉，牛有牧』。玄謂二耦為乘，師、趣馬、馭夫、僕夫，帥之名也。趣馬下士，御夫中士，則僕夫上士也。自乘至廄，其數二百一十六匹。《易》乾為馬，此應乾之筴也。至校變為言成者，明六馬各一廄，而王馬小備也。校有左右，則良馬一種者，四百三十二匹，五種合二千一百六十匹，駑馬三之，則為千二百九十六匹。五良一駑，凡三千四百五十六匹，然後王馬大備。詩曰『騋牝三千』，此謂王馬之大數，與麗耦也。駑馬自圉至馭夫，凡馬千二十四匹，與三良馬之數不相應。八皆宜為六字之誤也。師十二匹，趣馬七十二匹，則馭夫四百三十二匹矣。然後而三之，既三之，無僕夫者，不駕於五路，卑之也。天子十有二閑，馬六種；邦國六閑，馬四種；家四閑，馬二種。降殺之差，每廄為一閑，諸侯有齊馬、道馬、田馬，大夫有馬，各一閑，其駑馬則皆分為三焉。凡馬，特居四之一。欲其乘之性相似也，物同氣則心一。鄭司農云：四之一者，三牝一牡。春祭馬祖，執駒。夏祭先牧，頒馬，攻特。秋祭馬社，臧僕。冬祭馬步，獻馬，講馭夫。趣馬，掌贊正良馬，而齊其飲食，簡其六節。巫馬掌養疾馬而乘治之，相醫而藥，攻馬疾，受財于校人。牧師掌牧地，皆有厲禁而頒之。孟春焚牧，中春通淫，掌其政令，凡田事贊焚萊。庾人掌十有二閑之政教，以阜馬佚特，教駣攻駒，及祭馬祖，祭閑之先牧，及執駒散馬耳。圉馬，正校人員選。

宋 王昭禹《周禮詳解》卷二八　校人，掌王馬之政。辨六馬之屬，種馬一物，戎馬一物，齊馬一物，道馬一物，田馬一物，駑馬一物。校之字，從木，從交，交木為之，所以校禽獸，校而教之，故有校焉。此養王馬之官，所以謂之校人也。掌王馬之政令者，曰馬政，蓋政所以正之，凡差次養乘之數，足上毛下，六馬之屬，則天子十有二閑，馬六種故也。馬之屬既分而不同，而所以駕亦異，不可以不辨也，故隨其類而差次之。種馬，則小馬之至良而可以為種者也，故玉路駕種馬。戎馬、齊馬、道馬、田馬雖皆良馬，而又不及種馬之為尤良也，故戎路駕戎馬，金路駕齊馬，象路道馬，田路駕田馬。若駑，則馬之不良而人所賤者也，故以駕役車。其毛、其足、其力，皆所謂物也。辨其物，使之各以類而相從，故皆曰一物也。對毛馬、物馬而言之，則毛所謂齊毫也，物所謂齊足、齊力也。《司馬法》曰：宗廟齊毫尚純，田事齊足尚疾，戎事齊力尚强，此其物豈可以不辨歟？凡頒良馬而養乘之，乘馬一師四圉，三乘為皁，皁一趣馬；三皁為繫，繫一馭夫；六繫為廏，廏一僕夫；六廏成校，校有左右。駑馬三良馬之數。麗馬一圉，八麗一師，八師一趣馬，八趣馬一馭夫。乘馬之乘，去聲。趣，倉走反。頒良馬，則頒之於圉師、圉人、趣馬、馭夫、僕夫也。養之、乘之，然後教也。圉師乘馬，則一人乘馬，四馬也，故乘馬則一師，圉人良馬匹一人，一師則四圉也。圉馬而養之者，圉也，圉師所以教圉人養馬者也。三乘為皁，皁一趣馬，馬十二匹為皁，皁所以係馬而養之者也。趣馬，則趣走以養馬者也。《詩》曰：『蹶惟趣馬』，故趣馬下士。皁一人，三皁為繫，則凡三十六匹。繫一馭夫，則中士一人，馬至三十六匹，則數指多矣，必聯繫而養之，故謂之繫。繫與九兩繫民之繫同，其養馬者又能制馬之徐疾進退，使惟我之聽，故其官謂之馭夫。六繫為廏，則凡二百一十六匹，所以應乾之筴也。以馬入而已有役者，以共其事，故謂之廏。廏一僕夫，以其僕屬於人，而智足以帥其屬，則謂之僕夫。馭夫以中士為之，則僕夫其上士歟？六廏成校，校有左右，則馬六種分為六廏，凡千二百九十六匹矣。六廏，則王馬之數少備焉，故曰成校焉。一種者，四百三十二匹，良馬五種則合二千一百六十匹，駑馬三良馬之數，自二馬為麗，麗馬一圉，推而上之，則八麗十有六匹，八師一百二十八匹，八趣馬一千二十四匹，以良馬一種有四百三十二匹，倍三分而言之，舉其成數，故謂之三良馬之數也。駑馬一物而必三良馬之數者，以馬材之不良者充役，事為多故也。因其數之多寡，設官以掌之，亦有大小之序，故良馬自圉師至於校人則以中大夫為之，其官則為稍尊；駑馬則自圉師至馭夫而止者，以其材下於良馬，故掌養乘之者兼其數而掌其事，則官止於中士之馭夫而已。以其良駑之不同，設官凡以稱其物而已。然趣馬則一馭夫掌之，蓋亦兼總于校人矣。五良一駑，三千四百五十六匹，而王馬大備焉。天子十有二閑，馬六種；邦國六閑，馬四種；家四閑，馬二種。凡馬，特居四之一。春祭馬祖，執駒。夏祭先牧，頒馬，攻特。秋祭馬社，臧僕。冬祭馬步，獻馬，講馭夫。凡大祭祀、朝覲、會同，毛馬而頒之。飾幣馬，執扑而從之。凡賓客，受其幣馬。大喪，飾遺車之馬，及葬，埋之。田獵，則帥驅逆之車。凡將事於四海、山川，則飾黄駒。凡國之使者，共其幣馬。凡軍事，物馬而頒之。等馭夫之祿，宮中之稍食。臧，子郎反。扑，普卜反。使，所吏反。稍，去聲。食，音嗣。以木為之而有出入者，閑也，故畜馬之閑與防閑皆謂之閑。防以防外，閑以閑內，謂之閑，與防異矣。天子十有二閑，備天數也。馬六種者，以六馬分而充十二閑也。邦國六閑，馬四種，則諸侯有齊馬、道馬、田馬，并駑馬為四種也。卿大夫有田馬，并駑馬為二種。諸侯六閑，則半於天子也；卿大夫四閑，則殺於諸侯也，此尊卑小大而為之差也。詩人以『騋牝三千』美衛文公，以『駉駉牡馬』頌魯僖公，則先王之設官，天子、諸侯、卿大夫之馬，其數至於如此者，亦以政事修故也。凡馬特居四之一者，特謂牝特，故《詩》共姜謂共伯亦曰『實維我特』。特居四之一，則三牝也，欲其生之衆也。馬祖，天駟也，房星為天駟，馬資之以生。春者，生之時也，故祭馬祖。馬二歲為駒，駒弱，血氣未定，其為乘匹傷之也，故執之。先牧，始養馬者。頒馬，謂夏始房馬，頒之於房也。攻特，為其相蹄齧，不可乘用也。馬社，謂始乘馬者也。凡馬日中而出，日中而入，秋馬入廏之時也，故祭馬社。臧僕，則簡馭者，簡其臧，亦簡其或不臧也。秋物成之時，故可臧僕。馬步，為馬禱行也。冬則大閱之時也，故祭馬步。講馭夫者，五馭有法，講其藝也。凡大祭祀、朝覲、會同，毛馬而頒之，謂齊毫也，如《詩》之六月所謂『比物四驪，頒之有騤』，所謂『駜彼乘黄』，凡此皆齊毫也。《爾雅》言祭宗廟齊毫，而此於朝覲、會同，亦毛馬者，承賓如祭神故也。飾幣馬，執扑而從之者，謂以馬賜遺，而校人則飾之，馭者執策而從之也。凡賓客，受其幣馬，謂諸侯享王庭實之馬也。驅逆之車，田僕設之，而校人師之也。將事於四海山川，則飾黄駒，以中國將事於四海故也。黄者，中之色，駒之為物，可以致遠，且使人將事，貴誠焉，故校人飾之也。凡國之使者共其幣馬，則或以賜諸侯，非特私覿也。凡軍事，物馬而頒之，則所謂齊足、齊力也。然《爾雅》言戎事齊力，田獵齊足，蓋戎事非不齊足，以齊力為主；獵非不齊力，以齊足為主也。等馭夫之禄者，校人之屬，自趣馬至圉師皆有禄，舉馭夫以見之也。宮中之稍食，則王馬有養乘於田者故也。

宋 黄度《周禮説》卷四 校人，凡頒良馬而養乘之。乘馬一師四圉；三乘爲皁，皁一趣馬；三皁爲繫，繫一馭夫；六繫爲廄，廄一僕夫；六廄成校，校有左右。駑馬三良馬之數。麗馬一圉，八麗一師，八師一趣馬，八趣馬一馭夫。康成謂六馬各一廄，校有左右，則良馬一種者四百三十二匹，駑馬三之，則爲千二百九十六匹，蓋欲牽就詩之『騋牝三千』，非也。馬官列職，圉師、趣馬、馭夫、僕夫，僕夫蓋自田僕而上，至大馭是也。良馬六繫爲廄，廄一僕夫，大馭、戎僕、齊僕各二人，道僕、田僕各十二人，通三十人。六繫馬二百十六匹，三十僕夫則六千四百八十匹也。種、戎、齊品貴難得，通六廄耳。然六廄成校，校有左右，則一僕兼二廄也。良馬，合左右校爲一萬二千九百六十匹，左右各五校也。戎僕二人，則戎馬四廄矣。戎馬不止四廄，此蓋選馬材力絶品以駕王路者。良馬之數，因僕之列官而可計也。馬三皁爲繫，繫一馭夫，良馬三百六十馭夫，而列官六十人，蓋以選取貳車、從車、使車合六十乘，故以六十人列職，其餘則與趣馬、圉師，因馬而計其數，爲可見也。駑馬八麗、八師、八趣馬，鄭皆改爲六，未必然。自八麗積而爲一馭夫，爲馬一千二十四匹，三十八馭夫則三萬八千九百十二匹，三良馬之數，多三十二匹耳。良馬共王，駑馬給乘國馬者，與輦輓駑馬無僕。僕，御王也。廄養馬之㡬閑置廄處，若今監牧也。良駑分居十二閑，其或多或寡不可知，而良駑必異處，良馬占地狹，是爲可知者，此皆據經文，不改字，於義爲安。邦國六閑，馬四種。四種，鄭謂齊、道、田、駑，亦謂同姓之國。異姓象路，何用齊馬？四衛革路，何用道馬？講馭夫。馭夫，員多於是，講習而選之。田獵，則帥驅逆之車。田，習戰，於是知其可用不可用。等馭夫之祿。馭夫中士，趣馬下士，良馬三百八十，馭夫列員者六十，其餘蓋選趣馬攝之。馬有良有駑，於良駑之中又有等焉，故其祿不同。使校人等之，亦足見古人陞選之法，未嘗不各因其事。廋人佚特。佚特，使乘匹也。特曰佚，牝曰游，一也。攻駒。攻駒，止乳，不使其母羸也。祭閑之先牧，及執駒。閑各有先牧。執駒，爲血氣未定，使勿佚也。正校人員選。校人，馬官之長。廋人得正校人員選者，廋人掌十二閑之政教，以阜馬。所謂執駒、攻特，祭馬祖、先牧，皆與校人通職。是則廋人專習馬，蓋馬師也。校人非其人，則牧養乘治將不得其道理矣，故使廋人正校人員選。

宋 魏了翁《春秋左傳要義》卷一三上《四馬曰乘衣禪複具曰稱》

《周禮》校人云：乘馬一師四圉，圉養一馬，故云四馬曰乘，以乘車並師五人必駕四馬故也。《喪大記》曰：袍必有表，不禪衣必有裳，謂之一稱，是衣禪複具曰稱。

宋 朱申《周禮句解》卷八 校人，中大夫二人，上士四人，下士十有六人，府四人，史八人，胥八人，徒八十人。馬官之長。校，效。掌王馬之政。政，謂差擇養乘之數。辨六馬之屬。馬之屬不同，而所駕亦異，故辨之。種馬一物。種謂馬之至良而可以為種者。王路用之。一物者，謂以一類相從也。種，上聲。戎馬一物。戎路駕戎馬。齊馬一物。金路駕齊馬。道馬一物。象路駕道馬。田馬一物。田路駕田馬。駑馬一物。以給宮中之役。凡頒良馬而養乘之。頒良馬，謂頒之于圉師、圉人、趣馬、馭夫、僕夫也。養之，乘之，然後教也。乘馬一師四圉。四匹曰乘，養馬曰圉。乘馬分為四圉，圉師一人主之。三乘為皁。馬十二匹為皁。皁，才早反。皁一趣馬。下士一人主之。三皁為繫。馬三十六匹為繫。繫，音計。繫一馭夫。中士一人主之。六繫為廐。馬二百一十六匹為廐。廐一僕夫。上士一人主之。廐，九又反。六廐成校，六馬各一廐，共成一校，凡千二百九十六匹，而王馬少備。校有左右。二校分為左右。駑馬，三良馬之數。五馬皆為良馬，惟駑馬一物獨三倍良馬之數。麗馬一圉。二馬為麗，是二駑馬共為一圉。八麗一師。馬十六匹共一圉師。八師一趣馬。馬百二十八匹共一趣馬。八趣馬一馭夫。馬一千二十四匹共一馭夫也。駑馬三良馬之數，五良一駑，凡三千四百五十六匹，而王馬大備矣。天子十有二閑，閑，必木為之，以防馬也。六廐成校，校有左右，故十二閑也。馬六種。種馬、戎馬、齊馬、道馬、田馬、駑馬。邦國六閑，諸侯良馬三閑，駑馬三閑。馬四種。無種馬、戎馬也。家四閑，卿大夫良馬一閑，駑馬三閑。馬二種。止有田馬、駑馬。凡馬，特居四之一。特，牡馬也。三牝一牡，欲其生之衆也。春祭馬祖，祭天駟星。執駒，馬二歲為駒，性未定，執之無令近母。夏祭先牧，祭始養馬者。頒馬攻特。牡馬蹄齧不可乘用，故因夏頒馬而攻鑿其蹄也。秋祭馬社，祭始乘馬者。臧僕。簡為馭者，令皆善也。冬祭馬步，祭神為災害馬者。獻馬，獻成馬於王。講馭夫。馭夫，馭貳車、從車、使車者。講，簡習也。凡大祭祀、朝覲、會同，皆有合用之。毛馬而頒之。齊其毛色而頒授之。飾幣馬，以馬賜遺，則校人飾之。執扑而從之。馭者執鞭策而從之。扑，普卜反。凡賓客，諸侯朝王。受其幣馬，受其庭實之馬。大喪，飾遺車之馬，及葬，埋之。田臘，則帥驅逆之車。凡將事于四海、山川，行祭事於四海、山川之神。則飾黄駒。黄，中之色也，謂殺駒以祈沈也。凡國之使者，天子使人於侯國。使，去聲。共其幣馬。幣馬，或以賜諸侯，或以私覿。凡軍事，用兵之事。物馬而頒之。齊其足力而頒授之。等馭夫之祿。自馭馬以下皆有祿，舉馭夫以見之也。宮中之稍食。稍食者，餼廩也，謂馬皆有養乘於宮中者。

宋 王與之《周禮訂義》卷五五 校人，中大夫二人，上士四人，下士十有六人，府四人，史八人，胥八人，徒八十人。鄭鍔曰：用木相交為圈檻，以制禽獸之出入者，謂之校。校人，掌馬官之長。制馬必以校。字從木，不從才。從才則音教，或謂校比其數，非也。薛平仲曰：自戎右至馭夫，凡九職掌，五路之車，自校人至圉人，凡七職掌。五路之馬，先王時國馬足以共軍，公馬足以稱賦，周制六軍所謂馬牛車輦者，皆因歲時以數之。若校人而下，所謂頒馬者，非分頒於民，頒之卿大夫之從軍旅也。是以王馬之政，校人必以中大夫而較視之。趣馬則趣走以養乘之，巫馬則相醫而攻治之，皁蓄於牧師，計數於廋人，圉師既教，圉人以養馬矣。圉人則役，圉師以教事焉。馬有駑良之不齊，人有多寡之不一，官有崇卑之不同，事有詳密之不類，其養之也，至其教之也，悉此馬政之在周為不可及也。掌王馬之政。孫氏曰：車曰公車，馬曰王馬，以別其在民者。先王寓兵於農，隐武於國，凡征行調發，車馬器械所至，必具縣師，受法於司馬，作而赴之，不待仰給於官，然散於閭里，未易猝集，畜之官府，當為豫防，蓋不特祭祀、賔客之須，使命出入、君恩賜予之用。校人等馭夫之禄，且曰宮中之稍食，則十二閑在宮中矣。鄭鍔曰：校人所掌自天子而下，有邦國之閑，有大夫之閑，特以掌王馬之政為言，是乃尊王之義。鄭鍔曰：王馬之多，必有政以治之。辨其物色，使之勿雜，而養之必有其所，乘之必有其人，是之謂政。鄭康成曰：政謂差擇養乘之數。《月令》曰：班馬政。辨六馬之屬，種馬一物，戎馬一物，齊馬一物，道馬一物，田馬一物，駑馬一物。鄭康成曰：種，謂上善似母者。鄭鍔曰：種馬者，馬之最善，育其種類，使生生不窮。以次差之，玉路駕種馬。鄭鍔曰：于戎、齊、道、田，則以車名馬，獨玉路之馬不名，則種馬者，駕玉路之馬，特以種言之，見其最尊，非可以常馬駕也。戎路駕戎馬，金路駕齊馬，象路駕道馬，田路駕田馬，駑馬給宮中之役。鄭鍔曰：馬有良有駑，駑者，馬之卑下、奴在人下者也，以供凡乘載之任，不可與良馬比。王昭禹曰：其毛、其足、其力，皆所謂物也。《司馬法》曰：宗廟齊毫，尚純也；田事齊足，尚疾也；戎事齊力，尚强也。此其物，不可不辨。鄭鍔曰：六馬之屬，用各不同，或欲其毫之齊，或欲其足之齊，宜以類相從可也，故名一物而使不雜。凡頒良馬而養乘绳證反之。乘馬一師四圉，三乘為皁，才早反。皁一趣倉走反。馬；三皁為繫，音係。繫一馭夫。六繫為廄，廄一僕夫。六廄成校，校有左右。駑馬三良馬之數。麗馬一圉，八麗一師，八師一趣馬，八趣馬一馭夫。鄭康成曰：良，善也。善馬，五路之馬。王昭禹曰：頒良馬，則頒之于圉師、圉人、趣馬、馭夫、僕夫也。鄭鍔曰：養之眞其繁盛，乘之眞其調良。乘馬一師而四圉之，則牧馬之僕也，師則教圉以養乘之法也。四馬為一圉，則養之必專四圉為一師，則教之必審。合三乘為十二匹，則同一皁。傳曰牛驥同皁，皁言皁隸之所掌也。王氏曰：趣馬，下士，皁一人。鄭鍔曰：合三皁而三十六匹，則同一繫，繫則繫屬於此而不散之義。王氏曰：繫一馭夫，則中士一人。賈氏曰：案馭夫中士二十人，下士四十人，正充此良馬之馭夫。鄭鍔曰：合六繫而二百一十六匹，則同一廄，廄則數至於此而已終既也。先儒謂乾之策二百一十有六，於《易》，乾為馬。天子之馬應爻之策，其數盡於此，故以廄名之。易氏曰：鄭以僕夫為上士，非也。玉路之僕曰大馭，金路之僕曰齊僕，象路之僕曰道僕，木路田僕也，革路戎僕也，總而名之為僕。夫五僕中，惟道僕、田僕為上士，大馭、戎馭為中大夫，齊僕為下大夫，豈皆上士乎？不然，則良馬五種既以駕五路，所謂僕夫者，非五路之僕而何？鄭鍔曰：合六廄而成一校，而六廄又分為左右，則十二閑矣。劉氏曰：以中大夫二人為校人，是謂馬六種十二閑。易氏曰：六廄成校，則一千二百九十六匹也。校有左右，則二校為十二廄，凡馬之數當計二千五百九十二匹。鄭氏謂：校變言為成者，明六馬各一廄，而王馬少備也。由此觀之，則良馬五種分為十廄，駑馬一種分為二廄，一廄之馬凡二百一十六匹，則二廄之馬，為四百三十二匹矣。以良馬一種而在二廄者四百三十二匹，則五種十廄，合二千一百六十匹。外二廄為駑馬一種，當四百三十二匹，正合十二廄二千五百九十二匹之數。鄭鍔曰：自圉師而上，則有趣馬，有馭夫，有僕夫，有校人，各掌其養馬之事。黄氏曰：康成謂六馬各一廄，校有左右，則良馬一種者四百三十二匹，駑馬三之，則為千二百九十六匹，蓋欲牽就詩之『騋牝三千』，非也。馬官列職，圉師、趣馬、馭夫、僕夫，僕夫蓋自田僕而上至大馭是也。良馬六繫為廄，廄一僕夫，大馭、戎僕、齊僕各二人，道僕、田僕各十二人，通三十人，六繫馬二百十六匹，三十僕夫，則六千四百八十四匹也。種、戎、齊品貴難得，通六廄耳。然六廄成校，校有左右，則一僕兼二廄也。良馬合左右校為一萬二千九百六十匹，左右各五校也。戎僕二人，則戎馬四廄矣。戎馬不止四廄，此蓋選馬材力絶品以駕王路者。薛氏曰：駑馬三良馬之數，則二校之馬獨有一千二百九十六匹，故六種十二閑，而其數三千四百五十六匹，此駑馬之在廄者，亦三倍於良馬之在廄者也何者？良馬駕五路之馬，養之不可不專，故二廄之數雖止乎四百三十二，而不為寡，駑馬其用甚微，故二廄之數，雖極於一千二百九十六，而不為多。黄氏曰：良馬之數，因僕之列官而可計也。馬三皁為繫，繫一馭夫，良馬當三百六十馭夫。而列官六十人，蓋以選取貳車、從車、使車，合六十乘，故以六十人列職。其餘則與趣馬、圉師因馬而計，其數為可見也。鄭鍔曰：必三其數者，蓋駑力之所駕服者，其事不一，惟多，然後於事不乏。黄氏曰：駑馬八麗、八師、八趣馬，鄭皆改為六，未必然。自八麗積而為一馭夫，為馬一千二十四匹，三十八馭夫則三萬八千九百十二匹，三良馬之數，多三十二匹耳。良馬共王，駑馬給乘，國馬者與輦輓，駑馬無僕僕，御王也。廄，養馬之庌閑置廄處，若今監牧也。良駑分居十二閑，其或多或寡不可知，而良駑必異處，良馬占地狹，是為可知者，此皆據經文，不改字，於義為安。王昭禹曰：良馬自圉師至於校人，則以中大夫為之，其官為稍尊。駑馬自圉師至馭夫而止者，以其材下於良馬，故掌養乘之者兼其數而掌其事，則官至於中士之馭夫而已。然八趣馬則一馭夫掌之，亦兼總於校人矣。天子十有二閑，馬六

種；邦國六閑，馬四種；家四閑，馬二種。鄭鍔曰：閑，防也。不曰防，防以防其外入，閑以閑其内出。防馬者，使之無自内而逸出耳。鄭康成曰：凡馬，每廄為一閑。易氏曰：天子有十二閑，謂六廄成校，而校有左右，故十二也。邦國六閑，家四閑，直謂一廂，不分左右耳。邦國六閑，馬四種者，謂良馬三閑，為齊馬、道馬、田馬。黄氏曰：四種，鄭謂齊、道、田、駑，亦謂同姓之國，異姓象路何用齊馬？四衛革路何用道馬？而駑馬三良馬之數，亦三閑，是三閑良馬，為六百四十八匹，三閑駑馬，亦六百四十八匹，總六閑，為一千二百九十六匹也。家四閑，馬二種者，謂良馬一閑，而駑馬三良馬之數，亦三閑，是一閑良馬為二百一十六匹，三閑駑馬為六百四十八匹，總四閑為八百六十四匹。鄭鍔曰：周制，自上而下，禮之隆殺各以兩，獨諸侯之於天子不止於兩而已。天子六軍，諸侯則三軍。天子之馬十二閑，諸侯則六閑而已。其降殺不止於兩者，為其地近而嫌也，故曰成。國半天子之軍，則馬之閑半乎天子，豈不宜哉？天子法天之大數，故馬六種分為十二閑，每一種而分兩閑故也。諸侯有齊馬、道馬、田馬、駑馬四種，分為六閑，半天子之制也。大夫有田馬、駑馬二種，分為四閑，又半諸侯也。趙商以為十二閑三千四百五十六匹，六閑二千五百九十二匹，四閑千七百二十八匹，以《司馬法》論之，甸方八里，有戎馬四匹，長轂一乘，大夫采地四甸，一甸供王，其餘三甸纔有馬，十二匹謂與校人之職甚異。康成以為《司馬法》為民出軍賦，無與於天子國馬之數。余以其説攷之，古者天子有國馬，有民賦之馬，民馬出於井田之賦，如所謂提封萬乘，馬四萬匹，提封千乘，馬四千匹者是也。若乃國馬，則國所自養牧以待用者，即此校人以下所云是也。蓋養於國者，為車路之備；出於民者，為用兵之防，此所以各足其事而不相傷也。陳氏曰：周制，天子十二閑，閑馬不過三千四百五十六匹而已。春秋時，晉悼公使程鄭為乘馬御六騶屬焉。彼衛之騋牝三千，齊之有馬千駟，三千近於十二閑之數，千駟又過之，是皆僭侈而踰禮也。**凡馬，特居四之一。**鄭鍔曰：説者謂特為牡馬也。《詩》曰：『實維我特』，又曰：『百夫之特』，則特者，雄而特立之義。四馬而特居其一，蓋三牝則育，必多一特，則氣必同，如是而育馬，其性必相似矣。陳蘊之曰：此言養之時，若蹠言駕之時，牝牡雜則不可御矣。**春祭馬祖，執駒。**鄭鍔曰：馬未嘗有祖，此言馬祖者，賈氏謂天駟也。以天文考之，天駟，房星也。房為龍馬。馬之生者，其氣實本諸此，則馬祖為天駟可知。於春則祭。春者，萬物始生之時。駒，始生之馬，血氣未定，不可通淫。順春祭祖之時，則執而維縶之，以馴其始生之氣。鄭司農曰：執駒，無令近母，猶攻駒也。二歲曰駒，三歲曰駣。**夏祭先牧，頒馬，攻特。**鄭鍔曰：先牧，教人以放牧者也。鄭康成曰：先牧，始養馬者，其人未聞。夏草方茂，馬皆出而就牧，思其始教以養牧之法，故祭於夏。夏者，放牧之時，可以就牧，故頒而牧養之。夏火方盛，馬者火畜，又况馬之特乎？至夏而氣益盛，不可制畜，故祭先牧之時，則攻而治之，使皆調伏。王氏曰：攻特者，駒之不可習者，廋人攻之矣。及成焉而不可習，則校人攻之。鄭康成曰：夏通淫之後，攻其特，為其蹄齧不可乘用。**秋祭馬社，臧僕。**王昭禹曰：馬社，廄中之土。凡馬，日中而出，日中而入，秋馬入廄之時，故祭馬社。鄭鍔曰：皁廄所在，必有神焉。賴乎土神，以安其所處，故祭馬社。王昭禹曰：僕，御五路之僕。王氏曰：臧僕則簡馭者，簡其臧，亦簡其或不臧。鄭司農曰：謂簡練馭者，令皆善也。鄭鍔曰：簡僕夫，以待他日之用。**冬祭馬步，獻馬，講馭夫。**鄭康成曰：馬步，神為災害馬者。鄭鍔曰：寒氣總至，馬方在廄，必存其神，使不為災。唐人之頌曰：冬祭馬步存神也。王昭禹曰：馬步為馬禱行，冬則大閲之時，故祭馬步。賈氏曰：馬神稱步，若玄冥之步，人鬼之步之類，與酺字異音同義。鄭鍔曰：及冬之時，自春所養乘者至是皆見其良矣，乃擇其良者以獻于王，如物至冬成而可獻也。於是之時，則講馭夫，謂講論其知馭車之法能與不能也。與臧僕之意同講，必以冬，馭夫則主馭者，將使之馭使車、貳車、佐車之人，五馭必有法，安可不講其藝乎？於冬講之，一年之事也。黄氏曰：馭夫員多，於是講習而選之。劉執中曰：講馭夫一歲之功過而上下之焉。鄭鍔曰：馬之難育也，必祈諸神以為之助，故春祭馬祖，夏祭先牧，秋祭馬社，冬祭馬步。四時各有所祭之神，順其時各有蕃馬之法。**凡大祭祀、朝覲、會同，毛馬而頒之。**鄭康成曰：毛馬，齊其色也。頒，授當乘之。王昭禹曰：如《詩》之《六月》所謂『比物四驪』，《有駜》所謂『駜彼乘黄』，凡此皆齊毫也。《爾雅》言：宗廟齊毫，此于朝覲、會同亦毛馬者，承賓如承神故也。鄭鍔曰：王者非特資馬以為乘駕，及其用，各稱事而頒之。祭祀、朝覲、會同，以文為主，馬欲其色之純而可觀，故毛馬所以為文，軍旅以力為主，馬欲其足之齊而並進，故物馬所以為力，或謂宗廟齊毫尚純，而朝觀、會同亦毛馬而後頒，何也？賓客之來，尤以華國為先。李嘉會曰：以其毛色物馬而頒之，使各從其類。**飾幣馬，執扑而從之。**鄭鍔曰：天子之於諸侯，亦有以馬為禮而賜之者，謂之幣馬，加文飾，以致其華美。鄭司農曰：校人主飾之也。幣馬，以馬遺人，當幣處者也。《聘禮》曰：馬則北面，奠幣于其前。《士喪禮下篇》曰：薦馬纓三就入門，北面交轡，圉人夾牽之，馭者執策，立于馬後，執箠扑以馭其奔逸。**凡賓客，受其幣馬。**鄭鍔曰：賓客行朝享之禮，有庭實之馬以為幣，亦謂之幣馬，則受而養乘，以待用。**大喪，飾遣車之馬，及葬，埋之。**鄭康成曰：言埋之，則是馬塗車之芻靈。賈氏曰：古以泥塗為車，以芻草為人馬神靈。**田獵，則帥驅逆之車。**鄭康成曰：帥，猶將也。鄭鍔曰：統御長以進退。黄氏曰：田習戰，于是知其可用不可用。賈氏曰：驅逆之車，田僕設之，校人帥領田僕而已。**凡將事于四海、山川，則飾黄駒。**鄭鍔曰：若有祭祀於四海、山川，則必擇黄色之駒，加文飾，以將事焉。此皆校人之職。或謂《大宗伯》以沈貍祭川澤，而祭祀之牲各放其色。四海、山川乃均用黄駒，何耶？以玉人之職攷之，王巡守過大山川，所用之璋不同，然皆以黄金勺，前馬則知均用黄駒者。海與山川均為地道，黄者，地之中色。若夫用駒，則以巡守而行四方，駒有千里之足而行地，莫如馬駒。雖馬之小者，禮以小為貴，飾黄駒，乃郊用犢之意。項氏曰：一曰土神，尚黄，校人飾貴誠也。**凡國之使者，**

共其幣馬。賈氏曰：王使之下聘諸侯，王行禮後，更以此幣馬私與主君相見，謂之私覿。《聘禮》私覿是也。王昭禹曰：或以賜諸侯，非特私覿也。凡軍事，物馬而頒之。鄭康成曰：物馬，齊其力。王昭禹曰：《爾雅》言戎事齊力，田獵齊足。戎事非不齊足，以齊力為主；田獵非不齊力，以齊足為主也。陳及之曰：周制，甸出革車一乘，馬四匹，則是馬亦民自備也。校人云凡軍事，物馬而頒之者，亦頒於官府共軍事者耳。不然，校人六廄，凡三千四百匹，安能及庶民乎？自井田既壞，凡征戰，則國家賦馬與民。漢時大僕、牧師、諸苑三十六所分布西北邊，養馬三十萬頭。武帝時，天下亭亭有馬，自是以來，未嘗俾民自養馬也。雖唐府兵之制有井田遺意，而當給馬者予其直市之，每匹予錢二十五千，刺史、折衝、果毅歲閱，不任戰事者鬻之，以其錢更市。不足，則一府共之。熙寧間，介甫罷祖宗馬監，令民自養馬。每一都限馬十五匹，十五年而足，謂之保馬。郡縣苟阿上意，不二三年而足，於是天下騷然病矣。等馭夫之禄。黄氏曰：馭夫中士，趣馬下士，良馬三百八十，馭夫列員者六十，其餘盖選趣馬攝之。馬有良有駑，於良駑之中又有等馬，故其禄不同。使校人等之，亦足見古人升選之法，未嘗不各因其事。鄭康成曰：馭夫于趣馬、僕夫為中，舉中見上下。宫中之稍食。鄭鍔曰：養天子馬於宫苑之中者，亦當為之。等其稍食，嫌其特厚於宫中牧圉，故特言等其稍食於馭夫之下。鄭康成曰：師圉府史以下。項氏曰：廄庫皆近王宫，一云馬有養于內，非也。

《玉海》卷一四八《兵制》

《夏官》校人，中大夫二人，上士四人，下士十有六人。注：校人，馬官之長。掌王馬之政。注：政，謂差擇養乘之數也。《月令》曰：班馬政。《左傳》昭公二十七年，楚都君子及王馬之屬。注：王之養馬官，屬校人也。辨六馬之屬，種馬一物，戎馬一物，齊馬一物，道馬一物，田馬一物，駑馬一物。玉路駕種馬，戎路駕戎馬，金路駕齊馬，象路駕道馬，田路駕田馬，駑馬給官中之役。《詩》『車攻我馬』既同注。宗廟齊豪，尚純也；戎事齊力，尚强也；田獵齊足，尚疾也。《魯頌正義》：天子戎路無飾，故車於象路，戎馬尚强，故先於齊馬。《詩·六月》『比物四驪』，注：毛物也。《正義》戎車雖以齊力爲主，亦不厭其同色，故曰『駟騵彭彭』，又曰『乘其四騏，田獵齊足』，而曰『四黄既駕』，皆同色也。無同色者，乃敢異毛，『騏騮是中，騧驪是驂』是也。輈人，國馬之輈，注：國馬謂種、戎、齊、道，馬高八尺。凡頒良馬而養乘之。乘馬一師四圉，三乘爲皁，皁一趣馬；三皁爲繫，繫一馭夫；六繫爲廄，廄一僕夫；六廄成校，校有左右。駑馬三良馬之數。麗馬一圉，八八宜爲六字之誤也。麗一師，八師一趣馬，八趣馬一馭夫。良，善馬，五路之馬。鄭司農云：四匹爲乘，養馬爲圉。康成謂：二耦爲乘，自乘至廄，其數二百一十六匹。《易》乾爲馬，此應乾之筴也。至校變言成者，明六馬各一廄。此云六馬者，蓋合天下駑馬三分之一言之，自此而王馬小備也。校有左右，則良馬一種者四百三十二匹，五種合二千一百六十匹。駑馬三之，則爲千二百九十六匹。五良一駑，凡三千四百五十六匹，然後王馬大備。《詩》云『騋牝三千』，此謂王馬之大數與？麗，偶也。自圉至馭夫，凡馬千二十四匹，與三良馬之數不相應，八皆爲六字之誤也。師十二匹，趣馬七十二匹，則馭夫四百三十二匹，然後而三之。無僕夫者，不駕於五路，皁之也。天子有十二閑，每廄爲一閑。馬六種；邦國六閑，晉六騶。馬四種；家四閑，馬二種。諸侯無種、戎而有齊、道、田、駑；大夫有田馬，其駑馬皆分爲三焉。魯頌傳有良、戎而無齊、道。凡馬，特居四之一。春祭馬祖，執駒，馬祖，天駟也。夏祭先牧，頒馬，攻特，先牧，始養馬者。秋祭馬社，臧僕，馬社，始乘馬者。臧僕，謂簡練馭者。《世本》『相士作乘馬』。冬祭馬步，獻馬，講馭夫。馬步，神爲災害馬者。凡大祭祀、朝覲、會同，毛而頒之。毛馬，齊其色。物馬，齊其力。趣馬下士，皁一人。掌贊正良馬，而齊其飲食，簡其六節。注：差王馬以爲六等：書，立政，趣馬，小尹，庶，常吉士。巫馬下士二人，醫四人。掌養疾馬而乘治之。牧師下士四人。掌牧地，皆有厲禁而頒之。孟春焚牧，中春通淫，掌其政令。凡田事，贊焚萊。庾人下士，閑二人。掌十有二閑之政教，以阜馬佚特教駣，音肇。攻駒，及祭馬祖，祭閑之先牧，及執駒，散馬耳，圉馬。九者皆有政教。正校人員選。校人，謂師圉也。馬八尺以上爲龍，《月令》：駕蒼龍。七尺以上爲騋，《詩》『騋牝三千』。六尺以上爲馬。圉師乘一人，四馬爲乘。掌教圉人養馬。春除蓐、釁廄、始牧，夏庌馬，冬獻馬。蓐，馬兹也，馬既出而除之。新釁焉，神之也。庌，音雅，庌廡所以庇馬涼也。圉人良馬匹一人，駑馬麗一人，掌養馬芻牧之事，以役圉師。凡賓客喪紀，牽馬而入。陳獻馬亦如之。周秩官曰：司馬陳芻。注：司馬掌師圉人養馬，故陳芻。周制曰：國有郊牧。注：放牧之地，載師有牧田。馬質，中士二人。掌質馬，馬量三物，曰戎、田、駑，皆有物貢。綱惡馬，禁原蠶。注：天文，辰爲馬。《蠶書》：蠶爲龍精。馭夫分公馬而駕治之，注：乘調六種之馬。秋官蠻隸掌役校人養馬。《月令》：仲夏班馬政。養馬之政教。瘦人職曰：掌十有二閑之政教。季秋班馬政，命僕及七騶咸駕。馬政，謂齊其色，度其力，使同乘也。

《文獻通考》卷一五九《兵考十一》

《周官》：校人掌王馬之政。政，謂差擇養乘之數也。《月令》曰：頒馬政。辨六馬之屬。種馬一物，戎馬一物，齊馬一物，道馬一物，田馬一物，駑馬一物。種，為上善似母者，以次差之。玉路駕種馬，戎路駕戎馬，金路駕齊馬，象路駕道馬，田路駕田馬，駑馬給宫中之役。凡頒良馬而養乘之。乘馬一師四圉，三乘為皂，皂一趣馬；三皂為繫，繫一馭夫；六繫為廄，廄一僕夫；六廄成校，校有左右。駑馬三良馬之數，麗馬一圉，八麗一師，八師一趣馬，八趣馬一馭夫。良，善也。善馬，五路之馬。鄭司農云：四匹為乘，養馬為圉，故《春秋傳》曰：馬有圉，牛有牧，元謂二耦為乘。師趣馬，馭夫、僕夫，師之名也。趣馬下士，馭夫中士，則僕夫上士也。自乘至廄，其數二百一十六匹。《易》乾為馬，此應乾之策也。至校變為言成者，明六馬各一廄，而王馬小備也。校有左右，則良馬一種者四百三十二匹。五種合二千一百六十匹。駑馬三之，則為千二百九十六匹。五良一駑，凡三千四百五十六匹。然後王馬大備。《詩》云：『騋牝三千』，此王馬之大數，與麗耦也。駑馬自圉至馭夫，凡馬千二十四匹，與三良馬之數不相應，八皆宜為六字之誤也。師十二匹，趣馬七十二匹，則馭夫四百三十二匹矣。然後而三之，既三之無僕夫者，不駕於五路，卑之也。天子十有二閑，馬六種；邦國六閑，馬四種；家四閑，馬二種。降殺之差，每廄為一閑，諸侯有齊馬、道馬、田馬，大夫有田馬，各一閑，其駑馬則皆分為三焉。凡馬，特居四之一。欲其乘之性相似也，物同氣則心一。鄭司農云：四之一者，三牝一牡。《疏》：使三牝各產其一，通牡為四，共駕一車，取同氣一心之義。春祭馬祖，執駒；馬祖，天駟也。《孝經》說曰：房為龍馬。鄭司農云：執駒毋令近母，猶攻駒也。二歲曰駒，三歲曰駣。元謂執猶拘也。春通淫之時，駒弱血氣未定，為其乘匹傷之。夏祭先牧，頒馬攻特；先牧，始養馬者。其人未聞。夏通淫之後，攻其特，為其蹄齧，不可乘用。鄭司農云：攻特，謂騬之。秋祭馬社，臧僕；馬社，始乘馬者。《世本·作》曰『相士作乘馬』。鄭司農云：臧僕，謂簡練馭者，令皆善也。元謂僕馭，五路之僕。冬祭馬步，獻馬，講馭夫。馬步，神為災害馬者。獻馬，見成馬於王也。馭夫，馭貳車、從車、使車者。講，猶簡習。疏云：春時通淫，求馬蕃息，故祭馬祖。夏草茂求肥充，故祭先牧。是放牧之先。秋時馬肥盛可乘，故祭始乘馬者。冬時萬物成，故教僕使善也。凡軍事，物馬而頒之。物馬齊其力。

元 陳友仁《周禮集說》卷七 校人，户教反。中大夫二人，上士四人，下士十有六人，府四人，史八人，胥八人，徒八十人。鄭氏曰：校人，馬官之長。校之為言校也，主馬者必仍校視之。王先生曰：自戎右至馭夫，凡九職，所以掌五路之車也。自校人至圉人，凡七職，所以掌五路之馬也。陳氏曰：先王之時，國馬足以行車，公馬足以稱賦。《周禮》鄉師以時辨其馬牛之物，均人均馬牛之力，政縣師、遂人、遂大夫等皆辨其六畜，或登之，或稽之，而牛馬與人及其用之，則《司馬法》甸出長轂一乘，牛三頭，馬四匹，此國馬也。校人以下所掌，此公馬也。漢之養馬，有五監、六廄，而武帝之時，馬至四十萬匹。唐置八使、五十六監，麟德間馬至七十萬，開元間至四十五萬匹。而與周公馬數相去遠甚者，蓋周制六軍之馬出於民，而校人所養者，特給公家之用而已。漢唐出軍之馬，盡出於公，所以多寡不同。東萊曰：自黃帝、堯、舜觀象立制，服牛乘馬，自此馬始為用。考三代之制，自天子萬乘，諸侯千乘，大夫百乘，立國制賦之法莫不本於馬，所以乘馬之法古今最為精密。然而大而天子，次而諸侯，下而士大夫，固是乘馬之數多寡不同，細考當時之數，所謂牧養之馬，有養之於官，有藏之於民。所謂藏之於民，如丘甸歲取馬一匹之類，是藏之於民。只仰國家芻秣，如有事田獵征伐，臨時徵召，然而在天子之都，諸侯之國，大夫之家，未嘗不自蓄馬，此是養之於官者。舉此一件事論之，便可見且如《周禮》說天子十有二閑，先儒說數不過三千餘匹，衛文公承夷狄所滅之後，新造之國，末年亦至騋牝三千。若以制度論之，衛以諸侯之國，當殘亂之餘，其他固未及論，如何便及成周全盛乘馬之數？所謂天子十有二閑，是養之於官者，衛文公所謂『騋牝三千』，舉通國言之。又以當時春秋戰國論之，且如鄭西宮之亂，子國為盜所殺，子産以車七十乘出討賊。子産當時謂之百乘之家，若是徵求馬於郊野之間，盜賊卒至，如何便得集所謂七十乘之馬？乃是育之於家者。以此數事論之，三代馬政時固有在官者，亦有在民者，數之多者在民，平時無芻秣之費；數之少者在官，征伐無不至之憂。當時法度，最為詳備。到漢家所謂三十苑之馬，亦是官司所養之馬。若是其他郡國民間養馬雖多，亦是養之於民。如衛青、霍去病之徒伐匈奴，有所謂官馬，有所謂私馬，則其制所尚，到後周、隋、唐之間，治兵之制，天子閑廄監牧，馬非不盛，然府兵未嘗給馬，初不過給之以錢，使府兵自買，若是不足，衆人共出錢買馬，以此知尚有古之遺法。在後來府兵之法漸壞，府兵貧不足以買，然後方以監牧之馬給之，這是制度壞如此。何氏曰：馬政之用，古今一也。而古之牧者在民，而今之牧者在官。以其在民也，故牧養之法不可得而詳；以其在官也，故牧養之法不可以不講。成周之制，官有馬質，下士為之，而賈二人以平馬大小之價直，則是當時公私皆有馬也。然考之於周校人之職，掌王馬之政，自乘至廄，為匹二百六十有奇，五分其良，而駑居其一焉。凡五良而一駑，則總為馬二千六百，此其大數也，王馬之政不過於是。及以井田之法計之，甸六十四井也，其賦兵車一乘，戎馬四匹。又以六鄉六遂之民而實計之，十有九萬家，則王之馬不能加其二分之一。至於徒役之興，戰陳之事，則王命校人掌物其馬而次之，則馬不專賦於民矣。又以大司馬之法而計之，則天子提封萬井，兵車萬乘，戎馬四萬匹，則是所賦之馬多於王數十倍，而當時不有牧養之法，為其在民者多也。及漢有牧師諸苑三十六所，蓄之馬三十萬匹，用官奴婢三萬人，散在北邊，則牧之以民而已，有牧之之地。唐初得隋馬三千匹，八坊四十八監，而張萬歲掌之。其後萬歲失職，馬亦減少。至王毛仲領牧，而有四十三萬。唐之諸監或在隴右，或在河西，馬之蕃耗皆係乎監牧之人，而又有牧之之地，則其在官也多矣。掌王馬之政，辨六馬之屬，種馬一物，戎馬一物，齊馬一物，道馬一物，田馬一物，駑馬一物。鄭氏曰：王馬之政，謂差擇養馬之政也。《月令》曰：班馬政。王氏曰：辨六馬之屬，天子十有二閑，馬六種故也。鄭氏曰：種馬，謂上善似母者。以次差之，玉路駕種馬，戎路駕戎馬，金路駕齊馬，象路駕道馬，田路駕田馬，駑馬給宮中之役。王氏曰：物者，謂其毛、其足、其力，皆所謂物也。辨其物，使之各以類而相從，故皆曰一物也。凡頒良馬而養乘之。乘馬一師四圉，三乘為皁，皁一趣馬；三皁為繫，繫一駁夫；六繫為廄，廄一僕夫；六廄成校，校有左右。駑馬三良馬之數。麗馬一圉，八麗一師，八師一趣馬，八趣馬一馭夫。乘，繩證反。圉，魚吕反。皁，才早反。趣，倉走反。繫，音計。廄，九又反。鄭氏曰：八皆疑為六字之誤也。鄭氏曰：良馬，善馬也，五路之馬也。鄭司農云：四匹為乘，養馬為圉，故《春秋傳》曰：馬有圉，牛有牧。王氏曰：圉人良馬匹一人，故乘馬四圉。圉師教圉人養馬，乘馬則一人，故乘馬一師也。三乘為皁，則馬十二匹。趣馬皁下士一人，故皁一趣馬也。三皁為繫，繫凡三十六匹，繫一馭夫也。疏曰：按馭夫中士二十人，下士四十人，正充此良馬之馭夫。鄭氏曰：自乘至廄，其數二百一十六匹。《易》：乾為馬，此應乾之筴也。王先生曰：玉路之僕曰大馭，金路之僕曰齊僕，象路之僕曰道僕，木路田僕，革路戎僕，揔而言之，皆僕夫也。薛氏曰：六廄成校，變為言成者，明六馬各一廄，而王馬之數少備焉，故曰成校。校有左右，則十二廄為十二閑，良馬一種者四百三十二匹，三種合二千一百六十匹，駑馬三之，則為千二百九十六匹，五良一駑，凡三千四百五十六匹，然後王馬大備矣。劉氏曰：六廄成校，校有左右，為馬二千五百九十二匹，又以中大夫二人為校人，是謂王馬六種，十有二閑也。若駑三於良，又增八百六十四匹，是為三千四百五十六匹，而王馬大備矣。薛氏曰：駑馬三良馬之數，二馬為麗。麗，耦也。麗馬一圉六麗，則十二匹，六師為兩廄，故一種馬有四百三十二匹。諸侯與大夫直一廂，不分為左右，則良馬惟有三廄，其數六百四十八匹。駑馬亦三，其一種，其數亦六百四十八匹，并為千二百九十六匹。家有四閑二種，其數適當八百六十四匹，蓋家有二種一良一駑，良居一廄，二百一十六匹，駑馬三之，為六百四十八匹，并之為八百六十四匹。王氏曰：凡馬，特居四之一者，特，牡特也。《詩》共姜謂共伯亦曰『實維我特』。特居四之一，則三牝也，欲其生之衆也。鄭氏曰：馬祖，天駟也。《孝經説》曰：房為龍馬。王氏曰：房星為天駟，馬資之以生。春者，生之時，故祭馬祖。鄭氏曰：執，猶拘也。春通淫之時，駒弱，血氣未定，為其乘匹傷之也。先牧，始養馬者。疏曰祭之者，夏草茂，求肥充也。鄭氏曰：夏通淫之後，攻其特，為其蹄齧，不可乘用。王氏曰：馬社，廄中之土示也。凡馬日中而出，日中而入，秋馬入廄之時也，故祭馬社。臧僕，則簡練馭者，令皆善也。馬步，為馬禱行也。冬大閱之時，故祭馬步。鄭氏曰：獻馬，獻成馬於王也。王介甫曰：講馭夫者，五馭之法，講其藝也。凡大祭祀、朝覲、會同，毛馬而頒之。飾幣馬，執扑而從之。凡賓客，受其幣馬。大喪，飾遺車之馬。及葬，埋之。田獵，則帥驅逆之車。凡將事於四海、山川，則飾黄駒。凡國之使者，共其幣馬。凡軍事，物馬而頒之。等馭夫之禄，宫中之稍食。扑，普卜反。使，所吏反。鄭氏曰：毛馬，齊其色也。頒，授當乘者。王氏曰：如《詩》所謂『比物四驪有駜』，所謂『駜彼乘黄』，凡此皆齊毫也。《爾雅》言『宗廟齊毫』，而此於宗廟、會同亦毛馬者，承賓如敬神故也。鄭氏曰：幣馬，以馬遺人，當幣處者也。校人主飾之，《士喪禮》曰：駁者執策立於馬後，所謂執扑而從之也。賓客之幣馬來朝聘而享王者，校人受之也。大喪，飾遺車之馬，及葬，埋之。言埋之，則是馬塗車之芻靈也。王氏曰：驅逆之車，田僕設之，校人帥之。鄭氏曰：帥，猶將也。四海，猶四方也。王廵守，過大山川，則有殺駒以祈沈禮，與玉人職有宗祝以黄金勺前馬之禮。劉氏曰：飾黄駒者，黄，地之色；駒，地之類也。以其行地無疆，故廵守四方，則飾之以為牲。王氏曰：使者之幣馬，以賜諸侯及私覿也。鄭氏曰：軍事物馬，齊其力也。王氏曰：《爾雅》言戎事齊力，尚强也；田事齊足，尚疾也。雜説云：甸出革車一乘，馬四匹，則馬亦民自備也。而校人凡軍事，物馬而頒之，頒官府卿大夫共軍事者，不然，校人六廄凡三千四百匹，安得及庶民乎？王氏曰：等馭夫之禄者，校人之屬自趣馬至圉師皆有禄，舉馭夫以見之也。宫中之稍食，則王馬有養乘於内者故也。

元 梁益《詩傳旁通》卷七《小雅》　《周禮・夏官》：校人，掌王馬之政。凡大祭祀、朝覲、會同，毛馬而頒之。凡軍事，物馬而頒之。鄭氏註：毛馬，齊其色也。物馬，齊其力也。頒，授當乘之。

元 汪克寬《經禮補逸》卷七《軍禮》　祭馬祖禮：校人春祭馬祖，執駒。庾人掌皁馬及祭馬祖。《詩・吉日》：『吉日維戊，既伯既禱。』案：伯，馬祖也，謂天駟房星之神也，禱祀而祈之也。祭先牧禮：校人夏祭先牧，頒馬，攻特。庾人祭閑之先牧。祭馬社禮：校人秋祭馬社，臧僕。祭馬步禮：校人冬祭馬步，獻馬，講馭夫。甸祝，禂牲，禂馬，皆掌其祝號。

明 潘游龍《康濟譜》卷二五下　周制：校人掌王馬之政，辨六馬之屬。六馬：種也，戎也，齊也，道也，田也，駑也。按：六者之馬皆謂之物，先儒謂其托其足、其力，皆所謂物也。辨其物使之，皆以類而相從。可為育種者為一類，可供戎事者為一類，毛足齊一者為一類，善于馳走者為一類。校人因其材質高下、毛色純駁辨之，各為一類，而共有六焉。況所掌者王馬之政，謂之政，則非但分類以駕車一事可知也。六馬之用，以種馬為先。夫用以乘，惟取其質之良、色之純而力足以任者耳，又何牝牡之拘哉？然馬之性，牡者多有不馴，而牝則多馴焉。故用之以駕天子之輅，慮其或有奔踶而致傾軼耳。天子十有二閑，馬六種；邦國六閑，馬四種；家四閑，馬二種。凡馬，特牡馬也。居四之一。春祭馬祖，執駒。夏祭先牧，頒馬，攻特。秋祭馬社，臧僕。冬祭馬步，獻馬，講馭夫。註曰：馬祖，天駟也，房為龍馬。執駒，無令近母。春通淫之時，駒弱，血氣未定，為其乘疋，恐傷之也。先牧，謂始養馬者。夏通淫之後，攻其特，為其踶齧不可乘用，故騬之。馬社，始乘馬者。臧僕，謂簡練馭者，令皆善也。

明 湛若水《格物通》卷八四《馬政》　校人，掌王馬之政，辨六馬之屬，種馬一物，戎馬一物，齊馬一物，道馬一物，田馬一物，駑馬一物。凡頒良馬而養乘之。乘馬一師四圉，三乘為皁，皁一趣馬；三皁為繫，繫一馭夫；六繫為廄，廄一僕夫；六廄成校，校有左右。駑馬三良馬之數。麗馬一圉，八麗一師，八師一趣馬，八趣馬一馭夫。天子十有二閑，馬六種；邦國六閑，馬四種；家四閑，馬二種；凡馬，特居四之一。春祭馬祖，執駒。夏祭先牧，頒馬，攻特。秋祭馬社，臧僕。冬祭馬步，獻馬，講馭夫。臣若水通曰：此亦《周禮·夏官》之馬政也。校人，掌蓄育之官也。種馬者，上善似母者也。物猶色也，毛色之不同也。六馬者，玉路駕種馬，戎路駕戎馬，金路駕齊馬，象路駕道馬，田路駕田馬，駑馬給宮中之役也。師、圉、趣馬、馭夫、僕夫，皆掌馬之官吏也。良馬者，即五路之馬也。乘馬，四馬也，四馬故四圉而一師也。由師而上，以至左右校，則良馬一種為匹四百三十二，五種凡二千一百六十七匹也。駑馬三之，則為匹千二百九十六。五良一駑，凡三千四百五十六匹，而王馬大備矣。麗也者，耦也。八皆當作六。駑馬，師十二匹，則馭夫四百三十二匹矣。夫然後三之，其無僕夫者，不駕於五路，皁之也。閑，猶闌也。十二閑者，六廄成校，校有左右也。六閑者，齊馬、道馬、田馬為三閑，而駑馬三之也。四閑者，良馬一，駑馬三也。四種、二種何也？四種無種與戎，二種田與駑也。特居四之一者，為牝三也，欲其生之衆也。馬祖，天駟也。執駒者，春通淫之時，駒弱，恐乘匹傷之也。先牧，始養馬者也。攻特者，為其蹄齧，不可乘用也。馬社，始乘馬者也。馬步，神之為馬灾害者也。講馭夫者，簡練習熟馭馬之人也。

明 盧翰《掌中宇宙》卷九《耀武篇》 校人六馬。趣馬齊其節，巫馬治其疾，馬質平其價，牧師掌其地，圉師立其教，圉人供其役。

明 王應電《周禮傳》卷四下《夏官上》 校人，中大夫二人，上士四人，下士十有六人，府四人，史八人，胥八人，徒八十人。校人掌王馬之政。差擇養乘之灋，用馬任官之道，如下文所云也。辨六馬之屬，種馬一物，戎馬一物，齊馬一物，道馬一物，田馬一物，駑馬一物。齊齋同。辨其德、力、足、毛，使各以類相從。種馬者，馬之最良，可以為種，即所謂馬特，而用以通淫者，駕玉路以祀也。戎馬者，知金鼓之節，勇健能馳敵致師者，駕革路以為兵車之會也。齊馬、道馬者，其性調良，其色中度，齊馬駕金路以賔，道馬駕象路以朝夕燕出入者也。田馬者，亦知金鼓之節，其足蹻捷，能與犬馳逐，駕木路以田者也。五者皆所謂良馬。駑馬者，德與能俱無取，但可以駕役車，其尤劣者，則用以供食，其色之純者，用以祭祀，此自為一類。夫能有以辨其所屬，由是分異而養，庶不枉其才而用之矣。已上叙馬之名。蹻，音橋。凡頒良馬而養乘之。乘，去聲。乘馬一師四圉，三乘為皁，皁一趣馬；皁者，橡栗之實，古文作皁，象有斗承實，形取包圍意也。三皁為繫，繫一馭夫；繫音計。六繫為廐，廐一僕夫；廐，音究。六廐成校，校有左右。良馬者，種、戎、齊、道、田之五物，須于養馬之官。必言養乘者，馬不乘習則驕惰而無用，不節養則罷敗而易耗，此牧馬之道也。馬四匹曰乘，一車四馬，故以乘名。良馬一匹一圉人牧之，圉者，制禦之義，以馬常居閑中，不得放曠也。乘馬圉師一人帥之。師者，教訓之名，以其善于畜字，教圉人以養馬也。三乘為馬十二匹，馬有駕脱，一駕則一食一息，故以三乘為節，與士卒之前拒二角一戰一食一息相符。趣，疾走而合之也。官以趣馬名，欲其馬之超騰相合，無退縮也。三皁為馬三十六匹，車九乘，為小偏，此即小偏之馬。繫者，維繫之意，馭夫一人長之，即掌馭、貳車所謂分公馬而駕治之也。六繫為馬二百一十六匹，車五十乘為卒，此大約一卒之馬。廐者，畜養之坊也。廐，亦謂之閑。閑者，闌也，僕夫一人主之，即大馭而下戎僕等掌馭王五路者也。每閑則有廋人，二廋之為言廋，求簡別之義也。六廐為馬一千二百九十六匹，謂之成者，為車三百二十乘有奇。武王伐殷，革車之數亦不過此。名之曰校者，交木為之所以閑，馬亦取比較義也。二校共馬二千五百九十二匹，皆良馬之數，所以共王及親臣之駕乘。有中大夫二人，各主其校之事，蓋其所掌者乃事之至重，其所統領者皆臣之親近，于王不特以其獸之貴而已，所以其爵之尊獨隆於掌器物之諸司也歟？駑馬三良馬之數。麗馬一圉，八麗一師，八師一趣馬，八趣馬一馭夫。駑馬以充役，車與夫賔祭馬牲，其用為多，故三倍于良馬之數，當為七千七百七十六匹。舊説謂一千二百九十六匹，是駑馬為良馬三之一，非三良馬之數矣。麗，二匹也，一圉人牧之。駑馬視良馬為輕，故職掌減其人。八麗，十六匹也，一圉師教之。八師，一百二十八匹也，一趣馬篤之。八趣馬，一千二十四匹也，一馭夫領之。止于馭夫，而不屬于僕夫者，以駑馬止充雜用，而不當王之五路也。凡七馭夫，為馬七千一百六十八匹，則與三良馬之數略相當矣。已上叙馬之職。天子十有二閑，馬六種；邦國六閑，馬四種；家四閑，馬二種。十有二閑，即左右校十二廐也。六種者，五路五種合駑馬而六。邦國諸侯之國馬六閑者，可以等三軍之乘。車四種者，乘車、兵車、田車之馬合駑馬而四。家謂天子之都，家馬四閑者，可以等二軍之乘。車二種者，兵車、田車之馬，駑馬不在其數。然此大約言天子良馬之多，諸侯而下則不能備耳，豈拘拘然必如其數乎？凡馬，特居四之一。馬特，牡馬也。居牝馬四分之一，牝多則馬蕃息也。已上叙馬之數。春祭馬祖，執駒。駒音居。夏祭先牧，頒馬，攻特。秋祭馬社，臧僕。冬祭馬步，獻馬，講馭夫。馬祖者，天文閣道下王良前四星名曰天駟是也。馬稟其氣，資之以生，春氣發生，故祭之，以祈蕃息。舊説以房星為天駟，非也。蓋房宿主天子之後寢，於五月初昏正當午位，而乾為馬，得午位盛陽之氣，適當房之次，因有是訓耳。春時鳥獸孳尾，馬牛其風，駒弱，血氣未定，恐乘匹而傷之，故拘執之，使不得近牝。先牧，始牧馬者。夏草茂盛，大為放牧，故祭先牧，以祈充肥。遂頒于廋人、趣馬、圉師等，委任而責其成，鳥獸于是希革。通淫之後，攻治其特，俾無踶齧。馬社，謂廄中土示也。凡馬，日中而出，日中而入，秋馬入廄，故祭社以祈安。臧僕者，擇五路之僕夫也。馬步，即行也，冬時大閱，馬皆出田，故為馬禱行以祈康吉。前歲所生之馬，至是三歲，則當用以充馭。冬時萬物告成，故從而獻馬。講馭夫，簡習其馭之法，因而辨論其人之賢否。先臧僕而後講馭夫，蓋先擇其大僚，而後可使與屬官之選也。祀馬祖，頒馬，獻馬，慎簡乃僚，皆馬政之大者。孳，音字。凡大祭祀、朝覲、會同，毛馬而頒之。大祭祀、朝覲、會同，當如其方之色。毛馬者，齊其色也。左青、右白、前赤、後黑、中黃，頒于當乘者。飾幣馬，執朴而從之。凡賓客，受其幣馬。朴，丕卜反。幣馬，王所以遺臣下者。《詩》云『何以與之，路車乘馬』。執朴而從者，《士喪禮》馭者執朴立于馬後是也。賓客幣馬，即六幣之主以馬也。下文國之使者共其幣馬，王遣使于諸侯所遺之馬也。校人職受之，共之。大喪，飾遺車之馬，及葬，埋之。遺，去聲。遺車之馬者，《記》曰塗車芻靈，自古有之，謂以泥為車，芻草為人，馬既葬埋之，孝子不忍其親，無所不至也。田獵，則帥驅逆之車。田僕掌設驅逆之車，使百姓田獵，校人主帥，田僕設之。凡將事于四海、山川，則飾黃駒。王巡守祭四海之神及所過名山大川。馬行地無疆，而駒尤健。黃，地之色，故飾之以祭。《攷工記》所謂大璋、中璋，天子以巡守宗祝以前馬也。凡國之使者，共其幣馬。凡軍事，物馬而頒之。軍事，師田也。物馬者，戎事齊力，尚强也；田事齊足，尚疾也。等馭夫之禄，宮中之稍食。王氏曰：自趣馬至圉師皆有禄，舉馭夫以見之。宮中稍食，則王馬有養乘于內，故等其人之稍食也。已上祭祀、賓客、喪紀、軍旅、田役、遺臣下與遺使之幣馬、馭夫禄食，皆所謂馬政也。

明 柯尚遷《周禮全經釋原》卷九 校人，中大夫二人，上士四人，下士十有六人，府四人，史八人，胥八人，徒八十人。校，户教反。

釋曰：校人，馬官之長。校之為言校也，主馬者必仍校視之。王氏曰：戎右至馭夫，凡九職，所以掌五路之車也；自校人至圉人，凡七職，所以掌五路之馬也。

又 卷一〇 校人，掌王馬之政，辨六馬之屬，種馬一物，戎馬一物，齊馬一物，道馬一物，田馬一物，駑馬一物。凡頒良馬而養乘之。乘馬一師四圉，三乘爲皁，皁一趣馬；三皁爲繫，繫一馭夫；六繫爲廄，廄一僕夫；六廄成校，校有左右。駑馬三良馬之數。麗馬一圉，八麗一師，八師一趣馬，八趣馬一馭夫。繫，音計。廄，九又反。鄭氏曰：『八』宜皆爲『六』字之誤也。

釋曰：王馬，共王五路之馬。政，謂差擇養乘之瀍也。辨六馬之屬者，馬之屬不同，而所駕亦異。天子有十二閑，馬六種故也。種馬，謂上善似母者，玉路用之。物者，謂其毛、其足、其力，皆所謂物也。辨其物，使之各以類而相從。種馬而下，以次差之，戎路駕戎馬，金路駕齊馬，象路駕道馬，田路駕田馬，駑馬給宮中之役。天子之馬，五良而一駑也。良馬，善馬也，五路之馬也。頒之，謂頒之于圉師、圉人、趣馬、馭夫、僕夫也。養之乘之，然後教也。四匹曰乘，養馬曰圉。圉人良馬匹一人，故乘馬四圉，圉師教圉人養馬，乘馬則一人，故乘馬一師也。三乘爲皁，則馬十二匹，趣馬皁下士一人，故皁一趣馬也。三皁爲繫，繫凡三十六，繫一馭夫也，馭夫中士也。六繫爲廄，馬二百一十六匹，廄一僕夫，則上士也。六廄成校，變爲言『成』者，明六馬各一廄，而王馬之數少備焉。故曰『成校』。校有左右，則十二廄，爲十二閑。良馬一種者四百三十二匹，五種合二千五百六十匹，駑馬三之，則爲一千二百九十六匹。先儒謂乾之策二百一十有六，在《易》乾爲馬，故六繫而二百一十六匹爲廄。六廄成校，合五良一駑，凡三千四百五十六匹，然後王馬大備矣，故校人以中大夫二人爲之也。駑馬三良馬之數者，二馬爲麗。麗，耦也。麗馬一圉六麗則十二匹，六師則七十二匹，六趣馬則四百三十二匹，以三計之，則千二百九十六匹，與三良馬之數等也。王氏曰：夫駑馬一物而必三良馬之數者，以馬材之不良者充役事爲多故也。因其數之多寡，設官以掌之，亦有小大之序。故良馬自圉師至校人，則以中大夫爲之，其官則爲稍尊；駑馬自圉師至馭夫而止者，以其材下於良馬，故掌養乘之者兼其數而掌其事，官至于中士之馭夫而已。

天子有十二閑，馬六種；邦國六閑，馬四種；家四閑，馬二種。凡馬，特居四之一。春祭馬祖，執駒。夏祭先牧，頒馬，攻特。秋祭馬社，臧僕。冬祭馬步，獻馬，講馭夫。

釋曰：閑必以木爲之，以防馬也。六廄成校，校有左右，故十二閑也。馬六種，則種、戎、齊、道、田、駑也。邦國六閑，良馬三閑，駑馬三閑，馬四種，則無種馬、戎馬也。卿大夫良馬一閑，駑馬三閑，馬二種，止有田馬、駑馬而已。特，牡特也。《詩》曰『實維我特』。特居四之一，是三牝一牡，欲其生之衆也。馬祖，天駟星也。房星爲天駟，馬資之以生，故祭馬祖。

執，猶拘也。春通淫之時，駒馬之未壯者血氣未定，不可通淫，故執之。先牧，始養馬者。馬，火畜，火夏盛，駒之蹄齧不可乘用，故因夏頒馬而攻鑿其蹄也。馬社，廐中土神，凡馬日中而出，日中而入，秋馬入廐之時也，故祭馬社。臧僕，則簡練馭者，令皆善也。馬步，神之能爲灾害馬者，故祭之以禳災。獻馬，獻成馬於王也。講馭夫，五馭之灋，講習其藝也。

凡大祭祀、朝覲、會同，毛馬而頒之。飾幣馬，執扑而從之。凡賓客，受其幣馬。大喪，飾遣車之馬，及葬，埋之。田獵，則帥驅逆之車。凡將事于四海、山川，則飾黄駒。凡國之使者，共其幣馬。凡軍事，物馬而頒之。等馭夫之祿，宮中之稍食。扑，普卜反。

釋曰：毛馬，齊其色也。頒，授當乘者。《爾雅》言宗廟齊毫，尚純也，而此於宗廟、會同亦毛馬者，承賓如敬神也。天子之於諸侯，有馬爲禮而賜之者，謂之幣馬，校人主飾之。《士喪禮》曰：馭者執策立于馬後。所謂執扑而從之，所以防其奔逸也。賓客之聘馬，諸侯來朝聘而享王者，校人受其庭實之馬。古者以塗爲車，以芻爲人，馬亦校人飾之，以類也。及葬，埋之，則明器也。驅逆之車，田僕設之，校人帥之也。王廵狩過大山川，則用黄駒爲牲以祈沉。校人飾之，黄者，地之中色；駒者，行地無疆，地之類也，猶郊用犢之意。天子使人於侯國或以幣馬賜諸侯，或以私覿，皆共之也。軍事，物馬齊其力也。《爾雅》曰：戎事齊力，尚強也；田事齊足，尚疾也。頒之，頒官府卿大夫共軍者。等馭夫之祿者，校人之屬自趣馬至圉師，皆有祿食，舉馭夫以見之也。稍食，餼廩也，謂養馬於宮苑之中者，亦校人等其祿廩也。吕氏曰：三代之制，天子萬乘，諸侯千乘，大夫百乘。立國制賦之灋，莫不以馬爲本，所以乘馬之灋在古最爲精密。然天子、諸侯、大夫乘馬之數，多寡不同，細攷當時之馬，有養之於官者，有藏之於民者。如邱甸歲取馬一匹皆藏之於民，不仰公家芻秼。如有事田獵，臨時徵召。然而在天子之都，諸侯之國，大夫之家，未嘗不自畜馬，此是養之於官者。天子十二閑，數不過三千，衛文公承新造之國，末年亦至騋牝三千。當殘亂之餘，如何便及成周全盛乘馬之數？蓋十二閑亦養之於官者。所謂三千，亦舉通數言之。又如鄭子國之難，子産以車十七乘出討賊。子産百乘之家耳，如徵馬於郊野之間，盜賊卒至，何以得集？是十七乘乃養之於家者，則三代之馬固有在官者，亦有在民者，數之多者在民，平時無芻秼之費；數之少者在官，征伐無不至之，虞古之制度精密如此。

明 彭大翼《山堂肆考》卷二二〇《毛蟲》 六屬。《周禮》校人掌王馬之政，辨六馬之屬，種馬一物，戎馬一物，齊馬一物，道馬一物，田馬一物，駑馬一物。注云：種馬，馬之善育者。玉路駕種馬，戎路駕戎馬，金路駕齊馬，象路駕道馬，田路駕田馬，駑馬給宮中之役。

明 郝敬《周禮完解》卷八 校人，中大夫二人，上士四人，下士十有六人，府四人，史八人，胥八人，徒八十人。馬官之長，考驗曰校。校人掌王馬之政，辨六馬之屬，種馬一物，戎馬一物，齊馬一物，道馬一物，田馬一物，駑馬一物。凡頒良馬而養乘之。乘馬一師四圉，三乘爲皁，皁一趣馬；三皁為繫，繫一駁夫；六繫爲廏，廏一僕夫；六廏成校，校有左右。駑馬三良馬之數。麗馬一圉，八麗一師，八師一趣馬，八趣馬一馭夫。天子十有二閑，馬六種；邦國六閑，馬四種；家四閑，馬二種。凡馬，特居四之一。馬有六物，以路車有五，而外多駑馬也。種馬，良馬可爲種者，以駕玉路。一物，猶一類，戎馬駕戎車，革路也；齊馬駕齊車，金路也；道馬駕道車，象路也；田馬駕田車，木路也；駑馬不任五路，以給雜役。頒，謂分任各役。良馬，謂五路馬，皆良善者。養乘，畜養。差配成乘，四馬曰乘，則一人為師，四人爲廝，養三乘為皁，皁十二匹，一趣馬，下士也。三皁爲繫，繫三十六匹，一馭夫，中士也。六繫爲廏，廏二百一十有六匹，一僕夫，上士也。六廏成一校，共馬一千二百九十六匹，左右二校，共馬二千五百九十二匹，此良馬之成數也。下駟曰駑，駑馬三良馬之數，則當爲七千七百七十六匹。兩馬曰麗，一圉牧之；八麗十六馬，一師牧之；八師一百二十八馬，一趣馬掌之；八趣馬一千二十四匹，一馭夫領之。大畧七馭夫所領，得馬七千一百六十八匹。視良馬數，乃可三倍。天子十有二閑，藏馬處曰閑，馬六種，分十二閑，每種二閑，即所謂左右二校，六廏成校者也。以良馬十二廏，合駑馬三倍之數，大約馬萬匹。邦國六閑，半天子馬。四種，無種與戎也。家四閑，降于諸侯，馬二種，無齊與道，止田、駑二種耳。牡馬曰特，三牝一特，欲其生之衆也。每乘亦然，欲其以類相從也。按：鄭以十二閑六種合十二廏，爲左右校，則良馬當爲二千一百六十匹，五種分左右爲十廏，每一廏良馬二百十六匹，十廏共良馬二千一百六十匹也。駑馬一種，三倍良馬，當爲一千二百九十六匹。如是則駑有三廏，當爲十三閑。一不合也。且本文所謂三良馬之數者，謂天子賞賜牲幣之類，取給多，故三倍六廏。承上文，校有左右之全數，非謂三倍一廏也。今獨以一廏之數三之，則通計駑馬一種，不過一千二百九十六匹，而良馬五種十廏，共二千一百六十匹，是駑馬反少良馬二之一。二不合也。義既不通，乃改八麗、八師、八趣馬二『八』字爲三『六』字，求伸前說，三不合也。凡鄭說牽强類此。今据本文，大約駑馬七千七百七十六匹，每二匹一圉夫，共圉夫三千八百八十八人。每十六匹一師，共師四百八十六人。每百二十八匹一趣馬，共趣馬六十人有奇。每千二十四匹一馭夫，共馭夫七人有奇。其良馬二千五百九十二匹，每一匹一圉夫，共圉夫二千五百九十二人；四匹一師，共師六百四十八人；每十二匹一趣馬，共趣馬二百一十六人；每三十六匹一馭夫，共馭夫七十二人；每二百一十六匹一僕夫，共僕夫十二人。据本文解當然，實不足信也。因馬設官，官反多于馬，馬之芻牧取給于甸賦，官之廩禄十倍于馬，何所取給？自天子至諸侯皆有馬，今云家馬四閑，一良三駑，則馬八百六十四匹，掌牧者當六百八十三人，大國卿禄四大夫田不過三千二百畝，上農夫僅可食二百八十一人耳。祭祀、賓客之需，取給外畜。馬八百六十四匹，牧者六百八十三人，何以廩餼之？而諸侯天子可推矣。是書成于周衰，六國嬴秦之際，諸侯强大，比于王者，制侈費汰，官宂事繁，考《儀禮》諸侯一聘，賞賜庭實之馬且數十匹，安得不養馬之多乎？非先王之舊，必矣。

春祭馬祖，執駒。夏祭先牧，頒馬，攻特。秋祭馬社，臧僕。冬祭馬步，獻馬，講馭夫。凡大祭祀、朝覲、會同，毛馬而頒之。飾幣馬，執扑而從之。凡賓客，受其幣馬。大喪，飾遣車之馬，及葬，埋之。田獵，則帥驅逆之車。凡將事于四海、山川，則飾黄駒。凡國之使者，共其幣馬。凡軍事，物馬而頒之。等馭夫之禄，宫中之稍食。馬祖，天駟房星之神，東方蒼龍之宿。馬，龍精也。執駒，方春牝牡通淫，繫維其駒，使離母也。夏草方茂，可牧，故祭先代始牧馬者。攻特，牝馬方孕，攻去其特，勿使近牝。馬社，牧地之神，秋報成，故祭之。臧僕，簡練僕夫也。馬神爲祟者曰步。獻馬，獻成馬于王。講馭夫，簡習馭夫也。毛馬，齊馬毛色，如《詩》『四黄四鐵』之類。頒，謂給當乘者。幣馬，聘享之馬。飾，整刷也。扑馬，策受幣馬，受諸侯之獻馬。遣車之馬，送葬者也。及葬，埋，埋馬牲也。王遣奠用馬牲，大司馬職喪祭奉詔馬牲黄駒。天子過名山大川，殺黄駒以祭。黄，中色。凡國之使者，謂王命勞賜。諸侯有幣馬則供之，物馬辨别馬材力。宫中，猶官府，如廄一僕夫，繫一馭夫，皁一趣馬，乘一師，匹一圉夫之類稍廩食。

明 王志長《周禮注疏删翼》卷二一

校人掌王馬之政。註：政謂差擇養乘之數也。《月令》曰：班馬政。辨六馬之屬，種馬一物，戎馬一物，齊馬一物，道馬一物，田馬一物，駑馬一物。註：種馬謂上善似母者。以次差之，玉路駕種馬，戎路駕戎馬，金路駕齊馬，象路駕道馬，田路駕田馬，駑馬給宫中之役。王氏曰：物者謂其毛、其足、其力，皆所謂物也。辨其物，使之各以類相從，故皆曰一物也。或曰種馬謂良馬可為種者。凡頒良馬而養乘之，乘馬一師四圉，三乘為皁，皁一趣馬；三皁為繫，繫一馭夫；六繫為廄，廄一僕夫；六廄成校，校有左右。駑馬三良馬之數。麗馬一圉，八麗一師，八師一趣馬，八趣馬一馭夫。註：良，善也。善馬，五路之馬。鄭司農云：四匹為乘，養馬為圉，故《春秋傳》曰『馬有圉，牛有牧』。麗，謂二耦為乘，師、趣馬、馭夫、僕夫，帥之名也。趣馬下士，馭夫中士，則僕夫上士也。疏：按馭夫中士二十人，下士四十人，正充此良馬之馭夫。王氏曰：圉人良馬匹一人，故乘馬四圉，圉師教圉人養馬，乘馬則一人，故乘馬一師也。三乘為皁，則馬十二匹，趣馬皁下士一人，故皁一趣馬也。三皁為繫，繫凡三十六匹，繫一馭夫也。王先生曰：玉路之僕曰大馭，金路之僕曰齊僕，象路之僕曰道僕，木路田僕，革路戎僕，總而言之，皆僕夫也。自乘至廄，其數二百一十六匹。《易》乾為馬，此應乾之策也。至校言成者，明六馬各一廄，而主馬小備也。校有左右，則良馬一種四百三十二匹，五種合二千一百六十匹。駑馬三之，則為千二百九十六匹。五良一駑，凡三千四百五十六匹，然後王馬大備。麗，耦也。駑馬自圉至馭夫，凡馬千二十四匹，與三良馬之數不相應，八皆宜為六字之誤也。師十二匹，趣馬七十二匹，則馭夫四百三十二匹矣。然後從而三之，既三之，無僕夫者，不駕於五路，卑之也。王氏曰：駑一物而必三良馬之數者，以馬材之不良者充役事為多故也。明齋王氏曰：舊説謂駑馬一千二百九十六匹，是駑馬為良馬三之一，非三良馬之數矣。八麗，十六匹，一圉師教之，八師一百二十八匹也，一趣馬篤之，八趣馬一千二十四匹也，一馭夫領之。止於馭夫，而不屬於僕夫者，以駑馬止充雜用，而不當王之五路也。凡七馭夫，為馬七千一百六十八匹，則與三良馬之數略相當矣。

天子十有二閑，馬六種；邦國六閑，馬四種；家四閑，馬二種。註：降殺之差，每廄為一閑，諸侯有齊馬、道馬、田馬，大夫有田馬，各一閑，其駑馬則皆分為三焉。疏：天子十二閑，分為左右，一種馬分為兩廄，故一種有四百三十二匹。諸侯與大夫直一廄，不分為左右，則良馬惟有三廄，其數六百四十八匹，駑馬亦三，其一種其數亦六百四十八匹，並為千二百九十六匹。家有二種，一良一駑，良居一廄，二百一十六匹，駑馬三之，為六百四十八匹，并之為八百六十四匹。林氏曰：成周以民牧者，如丘甸歲取馬四匹之類，平時則官給芻秣，有警則民供召發。然而在天子之都、諸侯之國、士大夫之家，未嘗不自畜焉，蓋此在官養之爾。何以知之？如《周禮》以天子十有二閑，先儒論數不過三千餘匹，衛文公承夷狄殘滅之後，新造之國，末年亦至『騋牝三千』，若以制度論之，衛以諸侯之國，又當殘亂之餘，安得遽如成周全盛乘馬之數？蓋所謂天子十有二閑，是養之於官者，衛文公之『騋牝三千』，舉官民通數而言之，此成周官民通牧之制也。阡陌開，井田廢，兵車不取之田賦，戎馬各從官給，於是馬政日廢，而外患生矣。愚按：陳祥道以衛文『騋牝三千』與齊景千駟同稱，以為皆僭侈踰禮之事。夫衛文播遷之後，能富其國，詩人美之，讀《定之方中》之篇，至推其富彊之故，本之秉心塞淵，絕無有譏其僭踰之意，則林氏之説為當，而陳氏蓋未之深攷也。因攷漢之養馬，有五監六廄，而武帝之時，馬至四十萬。唐置八使、五十六監，麟德間馬至七十萬，開元間至四十五萬。周天子之馬不過三千四百五十六匹而已，蓋漢唐行軍之馬一出於公，周制八軍之馬出於民，而校人所養者特給公家之用爾，此多寡之所以異也。今觀鄉遂之官以時辨其馬牛之物，登其六畜，車輦則周家之馬政可知，而亦可無疑於衛文之『騋牝三千』矣。

凡馬，特居四之一。註：欲其乘之性相似也，物同氣則心一。鄭司農云：四之一者，三牝一牡。

疏：如三牝各産其一，通牡為四，共駕一車，取同氣一心之義。王氏曰：三牝一特，欲其生之衆也。春祭馬祖，執駒。註：馬祖，天駟也。《孝經説》曰：房為龍馬。王氏曰：房星為天駟，馬資之以生。春，生之時，故祭馬祖。鄭司農云：執駒，無令近母，猶攻駒也。三歲曰駒，三歲曰駣。謂執，猶拘也。春通淫之時，駒弱，血氣未定，為其乘匹傷之。夏祭先牧，頒馬，攻特。註：先牧，始養馬者。疏：祭之者，夏草茂，求肥充也。夏通淫之後，攻其特，為其蹄齧，不可乘用。鄭司農云：攻特，謂騬之。郝氏曰：攻特，牝馬方孕，攻去其特，勿使近牝。秋祭馬社，臧僕。註：馬社，始乘馬者。《世本・作》曰『相土作乘馬』。鄭司農云：臧僕，謂簡練馭者，令皆善也。謂僕，馭五路之僕。王氏曰：馬社，廄中之土示也。凡馬日中而出，日中而入，秋，馬入廄之時也，故祭馬社。郝氏曰：社，牧地之神，秋報成，故祭之。冬祭馬步，獻馬，講馭夫。註：馬步，神為災害馬者。獻馬，見成馬於王也。馭夫，馭貳車、從車、使車者。講，猶簡習。王氏曰：馬步，行神。冬大閱，故祭馬步。王介甫氏曰：講馭夫者，五馭之灋，講其藝也。愚按：三代用人，未有不先之以教者也。馭夫之賤，每歲冬必以馭灋進而教之，其進於馭夫者可知矣。古人所以能盡其才，而國家亦得士之用，蓋自食其教人之報也。凡大祭祀、朝覲、會同，毛馬而頒之。註：毛馬，齊其色也。頒，授當乘者。疏：按《毛詩傳》云：宗廟齊毫，尚純也；戎事齊力，尚彊也；田獵齊足，尚疾也。又《詩》云『駟騵彭彭，武王所乘』，又云『四鐵孔阜』，齊襄公以田是齊色，不專據宗廟。王氏曰：《詩》云『比物四驪』有駜，所謂『駜彼乘黄』，皆齊毫也。宗廟毫而此於朝覲、會同亦毛物者，承賓如敬神故也。飾幣馬，執扑而從之。註：鄭司農云：校人主飾之也。幣馬，以馬遺人當幣處者也。校人主飾之，《聘禮》曰：馬則北面奠幣於其前。《士喪禮下篇》曰：薦馬纓三就入門，北面交轡，圉人夾牽之，馭者執策立於馬後。凡賓客，受其幣馬。註：賓客之幣馬來朝覲而享王者。大喪，飾遺車之馬，及葬，埋之。註：言埋之，則是馬塗車之芻靈。田獵，則帥驅逆之車。註：帥，猶將也。王氏曰：田僕設之，校人帥之。凡將事於四海、山川，則飾黄駒。註：四海猶四方也。王巡守過大山川，則有殺駒以祈沈禮，與玉人職有宗祝以黄金勺前馬之禮。王氏曰：馬行地無疆，而駒尤健。黄，地之色，故飾之以祭。凡國之使者，共其幣馬。註：使者所用私覿。凡軍事，物馬而頒之。註：軍事物馬，齊其力也。疏：上朝會言毛馬，鄭云：齊其色，此軍事言物馬。鄭云齊其力，物即是色，而云齊力，當與上文互以見義，欲見皆有力有色也。《雜説》云：甸出革車一乘，馬四匹，則馬亦民自備也。而校人凡軍事，物馬而頒之，頒官府卿大夫共軍家者。不然，校人六廄，凡三千四百匹，安得及庶民乎？等馭夫之祿。註：馭夫於趣馬、僕夫為中，舉中見上下。宮中之稍食。註：師圉府史以下也。鄭司農云：稍食曰稟。王氏曰：宮中之稍食，則王馬有養成於内者故也。

清 徐乾學《讀禮通考》卷六七 《夏官》。校人，大喪，飾遺車之馬，及葬，埋之。注：言埋之，則是馬塗車之芻靈。疏：《檀弓》曰塗車芻靈，自古有之。古者以泥塗為車，以芻草為人馬神靈，至周塗車仍存，但刻木為人馬，替古者芻靈。今鄭云塗車之芻靈，則是仍用芻靈，與《檀弓》違者。鄭但舉古之芻靈，況周爾，非謂周仍用芻靈也。乾學案：柩行條内有冢人鸞車象人，此條通用，當互考。

清 萬斯大《周官辨非》 校人，掌王馬之政，辨六馬之屬，種馬一物，戎馬一物，齊馬一物，道馬一物，田馬一物，駑馬一物。凡頒良馬而養乘之。乘馬一師四圉，三乘為皁，皁一趣馬；三皁為繫，繫一馭夫；六繫為廄，廄一僕夫；六廄成校，校有左右。駑馬三良馬之數。麗馬一圉，八麗一師，八師一趣馬，八趣馬一馭夫。天子十有二閑，馬六種；邦國六閑，馬四種；家四閑，馬二種。鄭注：八皆當作六。按：天子十二閑，凡良馬二千一百六十匹，駑馬一千二百九十六匹，合之為三千四百五十六匹。其主馬之官，有校人，有僕夫，有馭夫，有趣馬，有巫馬，有牧師，有廋人。養馬之役，有圉師，有圉人。計主馬之官，中大夫二，上士十六，中士二十，下士二百七十五。養馬之役，圉師六百四十八，圉人二千八百八，府五，史十二，胥十二，徒二千一百六十二，醫四，賈二，通計大夫士為三百一十三人，府、史、胥、徒、醫、賈、圉師、圉人為五千六百五十三人，是人之數幾倍於馬之數。嗚呼！此即孟子所謂庖有肥肉，廄有肥馬，民有飢色，野有餓莩之世，恐不至是。又邦國六閑，馬四種，為二千五百九十二匹，家四閑，馬二種，為一千七百二十八匹，天子畿内大都、小都、采邑凡為方百里者八十四，分之公卿、大夫、王子弟者且數十百家，使盡如其數以備之，其馬不知幾何，其官役更不知幾何矣。又巫馬職掌養疾馬，馬死，則使其賈粥之，君子以為傷國體。

清 李光坡《周禮述注》卷一七《夏官司馬第四》 校人，中大夫二人，上士四人，下士十有六人，府四人，史八人，胥八人，徒八十人。註曰：校之為言校也，主馬者，必仍校視之。校人，馬官之長。薛平仲曰：自戎右至馭夫，凡九職，掌五路之車；自校人至圉人，凡七職，掌五路之馬。先王時國馬足以共軍，公馬足以稱賦。周制：六軍所謂馬牛車輦者，皆因歲時以數之。若校人而下所謂頒馬者，非分頒於民，頒之卿大夫之從軍旅也。校人，掌王馬之政。註曰：政，謂差擇養乘之數也。《月令》曰：班馬政。辨六馬之屬，種馬一物，戎馬一物，齊馬一物，道馬一物，田馬一物，駑馬一物。註曰：種謂上善似母者。以次差之，玉路駕種馬，戎路駕戎馬，金路駕齊馬，象路駕道馬，田路駕田馬，駑馬給宮中之役。

王光遠曰：其毛、其足、其力皆所謂物也。《司馬灋》曰：宗廟齊毫，尚純也；田事齊足，尚疾也；戎事齊力，尚强也。此其物不可不辨。校，戶校反。齊馬，側皆反。凡頒良馬而養乘之，乘馬一師四圉，三乘為皁，皁一趣馬；三皁為繫，繫一馭夫；六繫為廄，廄一僕夫；六廄成校，校有左右。駑馬三良馬之數。麗馬一圉，八麗一師，八師一趣馬，八趣馬一馭夫。註曰：良，善也。善馬，五路之馬。鄭司農云：四匹為乘，養馬為圉。故《春秋傳》曰：馬有圉，牛有牧。麗，謂二耦為乘。師、趣馬、馭夫、僕夫，帥之名也。趣馬下士，馭夫中士，則僕夫上士也。自乘至廄，其數二百一十六匹，《易》乾為馬，此應乾之策也。至校變為言成者，明六馬各一廄，而王馬小備也。校有左右，則良馬一種者四百三十二匹，五種合二千一百六十匹，駑馬三之，則為千二百九十六匹，五良一駑，凡三千四百五十六匹，然後王馬大備。《詩》云『騋牝三千』，此謂王馬之大數與？麗，耦也。駑馬自圉至馭夫，凡馬千二十四匹，與三良馬之數不相應，八皆宜為六字之誤也。師十二匹，趣馬七十二匹，則馭夫四百三十二匹矣。然後而三之，既三之，無僕夫者，不駕於五路，卑之也。疏曰：言養乘之者，已下皆四，四為耦，是因養馬而乘習之。乘，繩證反。皁，才早反。趣，倉走反。繫，音計。廄，音救。騋，音來。天子十有二閑，馬六種；邦國六閑，馬四種；家四閑，馬二種。註曰：降殺之差，每廄為一閑，諸侯有齊馬、道馬、田馬，大夫有田馬，各一閑，其駑馬則皆分為三焉。趙商問：大夫采地四甸，一甸稅又給王，其餘三甸才有馬十二匹，與校人職相校甚異。曰：此馬皆君所制，為非謂民賦。《司馬灋》：甸有戎馬四匹，長轂一乘，此為民出軍賦，無與於天子國馬之數，事條未理而多紛紜。凡馬，特居四之一。註曰：欲其乘之性相似也，物同氣則心一。鄭司農云：四之一者，三牝一牡。春祭馬祖，執駒。註曰：馬祖，天駟也。《孝經說》曰：房為龍馬。鄭司農云：執駒無令近母，猶攻駒也。二歲曰駒，三歲曰駣。謂執，猶拘也。春通淫之時，駒弱，血氣未定，為其乘匹傷之。疏曰：春時通淫，求馬蕃息，故祭馬祖。夏祭先牧，頒馬，攻特。註曰：先牧，始養馬者，其人未聞。夏通淫之後，攻其特，為其蹄齧，不可乘用。鄭司農云：攻特，謂騬之。疏曰：祭先牧者，夏草茂，求肥充。秋祭馬社，臧僕。註曰：馬社，始乘馬者。《世本・作》曰『相土作乘馬』。鄭司農云：臧僕，謂簡練馭者，令皆善也。謂僕，馭五路之僕。疏曰：秋時馬肥盛，可乘用，故祭始乘馬者。冬祭馬步，獻馬，講馭夫。註曰：馬步，神為災害馬者。獻馬，見成馬於王也。馭夫，馭貳車、從車、使車者。講，猶簡習。駣，音肇。騬，音繩。相，息亮反。凡大祭祀、朝覲、會同，毛馬而頒之。註曰：毛馬，齊其色也。頒，授當乘之。疏曰：此三者，皆須馬從王。毛馬者，案《毛詩傳》云：宗廟齊毫，尚純也；戎事齊力，尚强也；田獵齊足，尚疾也。《爾雅》亦云：雖據宗廟，至於田獵、軍旅，既尚疾、尚力，亦尚色也。《詩》云『四騵彭彭』，武王所乘，又云『四鐵孔阜』，秦襄公以田，是齊色不專據宗廟。飾幣馬，執扑而從之。註曰：鄭司農云：校人主飾之也。幣馬，以馬遺人，當幣處者也。《聘禮》曰：馬則北面奠幣于其前。《士喪禮下篇》曰：薦馬纓三就入門，北面交轡，圉人夾牽之，馭者執策，立于馬後。扑，普卜反。遺，惟季反。凡賓客，受其幣馬。註曰：賓客之幣馬來朝覲而享王者。大喪，飾遺車之馬，及葬，埋之。註曰：言埋之，則是馬塗車之芻靈。田獵，則帥驅逆之車。註曰：帥，猶將也。凡將事於四海、山川，則飾黃駒。註曰：四海，猶四方也。王巡守過大山川，則有殺駒以祈沈禮，與玉人職有宗祝以黃金勺前馬之禮。疏曰：山川，地神；土色黃，故用黃駒。凡國之使者，共其幣馬。註曰：使者所用私覿。疏曰：使者，王使之下聘問諸侯者。上文飾幣馬，是以馬遺人，灋非聘，故無私覿。前賓客來朝聘不言私覿者，諸侯之臣於天子，不敢行私覿故也。凡軍事，物馬而頒之。註曰：物馬，齊其力。陳及之曰：亦頒於官府共軍事者耳。不然，校人六廄安能及庶民乎？等馭夫之祿。註曰：馭夫於趣馬、僕夫為中，舉中見上下。宮中之稍食。註曰：師、圉、府、史以下也。鄭司農云：稍食曰廩。項平甫曰：廄、庫，皆近王宮。一云馬有養于內，非也。

清　李鍾倫《周禮纂訓》卷一八　校人，掌王馬之政。注：政謂差擇養乘之數也。辨六馬之屬，種馬一物，戎馬一物，齊馬一物，道馬一物，田馬一物，駑馬一物。注：種謂上善似母者。以次差之，玉路駕種馬，戎路駕戎馬，金路駕齊馬，象路駕道馬，田路駕田馬，駑馬給宮中之役。凡頒良馬而養乘之。乘馬一師四圉，三乘為皁，皁一趣馬；三皁為繫，繫一馭夫；六繫為廄，廄一僕夫；六廄成校，校有左右。駑馬三良馬之數。麗馬一圉，八麗一師，八師一趣馬，八趣焉一馭夫。乘，繩證反。圉，魚呂反。皁，才早反。趣，倉走反。劉沈，清須反。下同。廄，音救，居又切。注：良馬，五路之馬。四匹為乘，師、趣馬、馭夫、僕夫，帥之名也。趣馬下士，馭夫中士，則僕夫上士也。自乘至廄，其數二百一十六匹，《易》乾為馬，此應乾之筴也。至校變為言成者，明六馬各一廄，而王馬小備也。校有左右，則良馬一種者四百三十二匹，五種合二千一百六十匹，駑馬三之，則為千二百九十六匹，五良一駑，凡三千四百五十六匹，然後王馬大備。麗，耦也。駑馬自圉至馭夫，凡馬千二十四匹，與三良馬之數不相應，八皆宜為六字之誤也。師十二匹，趣馬七十二匹，則馭夫四百三十二匹矣。然後而三之，既三之，無僕夫者，不駕於五路，卑之也。疏：按序官，無僕夫，故鄭以趣馬、馭夫尊卑次之，知僕夫上士也。又按序官，自師至馭夫中士二十人，下士四十人，并之六十，正充此良馬之馭夫，又不見駑之馭夫者，或脫也。訓：按僕夫，即五路之僕，良馬五廄，重左右為十，故序官三路僕皆二人，道、田二路並十二人者，二路常乘事多，或使之更代與？天子十有二閑，馬六種；邦國六閑，馬四種；家四閑，馬二種。注：降殺之差，每廄為一閑。諸侯有齊馬、道馬、田馬，大夫有田馬，各一閑，其駑馬則皆分為三焉。

疏：趙商問：天子十二閑，馬六種，為三千四百五十六匹，邦國六閑，馬四種，為二千五百九十二匹，家四閑，馬二種，千七百二十八匹。天子之卿食小都，大夫食縣，《司馬法》論之：甸方八里出戎馬四匹，長轂一乘，今大夫采地四甸，一甸給王，餘三甸纔有馬十二匹，與校人職相校甚遠，何？答曰：邦國六閑馬，四種，其數適當千二百九十六匹，家四閑，二種，又當八百六十四匹，今子以何術計之乎？此馬皆君之所制，非謂民賦。《司馬法》長轂一乘，戎馬四匹，此謂民出軍賦，無與於天子國馬之數也。按：趙商云邦國二千五百九十二匹者，謂三良，一良四百三十二匹，三良千二百九十六匹，駑三其一種，亦千二百九十六匹，故合為二千五百九十二匹，家亦然。鄭不從者，天子十二閑分為左右，一種馬有兩廄，故有四百三十二匹，諸侯無左右良馬，三種三廄，六百四十八匹，駑馬一種三廄，數亦如之，并之為千二百九十六匹，大夫亦是此法，故云子以何術計之也。**凡馬，特居四之一。**注：欲其乘之性相似也。疏：欲其乘之性相似者，使三牝通牡為四，共駕一車也。**春祭馬祖，執駒。**注：馬祖，天駟也。《孝經說》曰：房為龍馬。執，猶拘也。二歲曰駒。三歲曰駣。春，通淫之時，駒弱，血氣未定，為其乘匹傷之。疏：春時通滛，求馬蕃息，故祭馬祖。**夏祭先牧，頒馬，攻特。**注：先牧，始養馬者，其人未聞。夏通滛之後，攻其特，謂騬之，為其蹄齧，不可乘用。疏：夏祭先牧者，夏草茂，求肥充。訓按：頒馬者，通淫之後，即分牝牡，使異處而養之，且騬其特焉。**秋祭馬社，臧僕。**臧，子郎反。注：馬社，始乘馬者。《世本·作》曰『相土作乘馬』。臧僕，謂簡練馭者，令皆善也。僕，馭五路之僕。疏：秋馬肥盛可乘，故祭始乘馬者。臧僕者，秋時萬物成，教之使善。**冬祭馬步，獻馬，講馭夫。**注：馬步，神為災害馬者。獻馬，見成馬於王也。馭夫，馭貳車、從車、使車者。講，猶簡習。疏：步與酺字異音義同。獻馬，講馭夫，亦謂物成可用也。訓：愚謂冬而祭馬步者，亦猶索饗必於歲終之意也。**凡大祭祀、朝覲、會同，毛馬而頒之。**注：毛馬，齊其色也。頒，授當乘之。疏：此三者皆須馬從王，故毛馬而頒之。按《毛詩》云：宗廟齊毫，尚純也；戎事齊力，尚强也；田獵齊足，尚疾也。然田獵、軍事，亦俱尚色，《詩》曰『四騵彭彭』，又曰『四鐵孔阜』是也。**飾幣馬，執扑而從之。**扑，音撲，普卜反。注：校人主飾之。幣馬，以馬遺人當幣處者也。《聘禮》曰：馬則北面，奠幣于其前。《士喪禮下篇》曰：薦馬纓三就入門，北面交轡，圉人夾牽之，馭者執策，立于馬後。疏：云以馬當幣處者，王家遺人無庭實，故《覲禮》勞侯氏用璧無庭實，則知此直以馬遺人，無幣也。引《聘禮》者，證彼則有幣、有馬，引《士喪禮》證飾馬之事也。訓按：此承朝覲、會同，時有遺馬之法，但遺之不知或於饗於燕，及其匹數，皆未聞焉，抑匹如命數與？**凡賓客，受其幣馬。**注：賓客之幣馬來朝聘而享王者。疏：朝而享王者。大行人云：廟中將幣三享是也。使客來聘享王者，玉人職瑑圭璋璧琮以頫聘是也。**大喪，飾遺車之馬，及葬，埋之。**注：言埋之，則是馬車之芻靈。**田獵，則帥驅逆之車。**注：帥，猶將也。疏：驅逆之車，田僕設之，校人主車馬，帥領田僕而已。**凡將事于四海、山川，則飾黄駒。**注：四海，猶四方也。王巡狩過大山川，則有殺駒以祈沈禮，與玉人職有宗祝以黄金勺前馬之禮。**凡國之使者，共其幣馬。**注：使者所用私覿。疏：此謂王使下聘諸侯王行禮後，乃更以此幣馬私與主君相見。上文飾幣馬非聘，故無私覿。於賓客來朝聘不言私覿者，諸侯之臣於天子，不敢行私覿故也。諸侯臣與君同行，亦不得私覿，聘則有之。**凡軍事，物馬而頒之。**注：物馬，齊其力。**等馭夫之祿。**注：馭夫於趣馬、僕夫為中，舉中見上下。**宮中之稍食。**注：師、圉、府、史以下也。訓：校人所掌王馬專待王用者三種，齊道也，兼給國用者三戎，田駑也。其給國用者，蓋亦官府胥役為公用之。及王出行，則諸衛從王，如虎士及國子之屬，蓋皆給馬，故諸子職云『授之車甲』是也。鄉遂出軍，車甲之制，未有聞焉，不在此科也。

清　方苞《周官集注》卷八《夏官司馬第四》

校人，掌王馬之政，辨六馬之屬，種馬一物，戎馬一物，齊馬一物，道馬一物，田馬一物，駑馬一物。種，謂上善似母者，當以駕玉路。駑馬，則共雜役也。**凡頒良馬而養乘之。乘馬一師四圉，三乘為皁，皁一趣馬；三皁為繫，繫一馭夫；六繫為廄，廄一僕夫；六廄成挍，挍有左右。駑馬三良馬之數。麗馬一圉，八麗一師，八師一趣馬，八趣馬一馭夫。**馬者，止于馭夫而不屬于僕夫，以不當王之五路也。**天子十有二閑，馬六種；邦國六閑，馬四種；家四閑，馬二種。**每廄為一閑。舊說諸侯有齊馬、道馬、田馬，大夫有田馬，各一閑，其駑馬皆分為三。但諸侯不應竟無種馬、戎馬，特所畜不多，故合種馬、齊馬為一種，戎馬、田馬為一種，家則良、駑各一種耳。**凡馬，特居四之一。**特，牡馬也。物同氣則一心。三牝一牡，欲其乘之性相似也。**春祭馬祖，執駒。**馬祖，天駟也。執，猶拘也。馬二歲為駒。春通淫之時，駒弱，血氣未定，慮其乘匹傷之。**夏祭先牧，頒馬，攻特。**先牧，始養馬者，其人未聞。攻特，謂騬之使無蹄齧也，疑即後世所謂扇馬。然必通淫之後始攻之，亦所以盡物之性。**秋祭馬社，臧僕。**馬社，始乘馬者。《世夲》曰『相土作乘馬』。或曰牧地所立之社也。僕，馭五路者。臧僕，謂簡馭者，令皆善。**冬祭馬步，獻馬，講馭夫。**馬步，神為災害者。獻馬，見成馬于王也。馭夫，馭貳車、從車、使車者。秋臧僕，擇其善者而用之也。冬講馭夫，教以閑習之瀀。**凡大祭祀、朝覲、會同，毛馬而頒之。**毛馬，齊其色也。頒，授乘以從王者。《毛詩傳》：宗廟齊毫，尚純也；戎事齊力，尚强也；田獵齊足，尚疾也。**飾幣馬，執扑而從之。**幣馬，與幣並將者。《聘禮》曰：馬則北面奠幣于其前。**凡賓客，受其幣馬。大喪，飾遺車之馬，及葬，埋之。**言埋之，則馬乃塗車之芻靈。**田獵，則帥驅逆之車。凡將事于四海、山川，則飾黄駒。**四海、山川，四海内之山川也。王巡守過大山川，有殺駒以祈沈之禮，玉人職宗祝以黄金勺邊璋前馬是也。**凡國之使者，共其幣馬。**使者所用私覿，王于畿內亦遣使，故以國別之。凡軍事，物馬而頒之。物馬，齊其力。文不承毛馬之後者，自飾幣馬至共幣馬，皆齊色也。《詩》曰『路車乘黃』，《書》曰『布乘黃朱』，是幣馬必齊色也。《詩》曰『駟鐵孔阜』，又曰『四黃既駕』，是田馬亦齊色也。遣車之馬以芻靈，則齊色不必言矣。《六月》之詩曰：『比物四驪』，謂物既比而色又齊，見馬之盛也。牧野之師用四騵，蓋君所乘，其餘則皆齊力。等馭夫之祿，宮中之稍食。馭夫于趣馬、僕夫為中，舉中以見上下也。宮，官字之誤也。他職但有府史，此更有師圉之屬，故以官中包之。

清 汪紱《理學逢源》卷一〇《外篇》　《周禮》：校人掌王馬之政，辨六馬之屬，種馬一物，良馬以為種者。物，猶類也。戎馬一物，駕戎路者，以力為主。齊馬一物，駕金路者。道馬一物，駕象路者。田馬一物，駕田車者，以疾走爲主。駑馬一物。給役用者。凡頒良馬而養乘之，以四相配也。乘馬一師四圉，三乘爲皁，皁一趣馬；三皁爲繫，繫一馭夫；六繫爲廄，廄一僕夫；六廄成校，校有左右。駑馬三良馬之數。麗馬一圉，八麗一師，八師一趣馬，八趣馬一馭夫。天子十有二閑，馬六種；邦國六閑，馬四種；無種馬、戎馬。家四閑，馬二種。無齊馬、道馬。凡馬，特牡馬。居四之一。一牡三牝，欲其蕃息。春祭馬祖，執駒。夏祭先牧，頒馬，攻特。秋祭馬社，臧僕。簡僕馭之人，使臧善也。冬祭馬步，能爲馬害之神。獻馬，講僕夫。講，簡習也。凡大祭祀、朝覲、會同，毛馬而頒之。凡軍事，物馬而頒之。此馬之在官者，公家所置官而牧之者也。

（雍正）《陝西通志》卷四二《歷代茶馬附考》　周夏官校人掌王馬之政，辨六馬之屬，種馬一物，齊馬一物，道馬一物，田馬一物，駑馬一物。凡頒良馬而養乘之。乘馬一師四圉，三乘為皁，皁一趣馬；三皁為繫，繫一馭夫；六繫為廐，廐一僕夫；六廐成校，校有左右。駑馬三良馬之數。麗馬一圉，八麗一師，八皆為六字之誤也。八師一趣馬，八趣馬一馭夫。良，善馬，五路之馬也。鄭康成謂二耦為乘，自乘至廐，其數二百一十六匹，《易》乾為馬，此應乾之莢也。至校變言成者，明六馬各一廐，而王馬小備也。校有左右，則良馬一種者四百三十二匹，五種合二千一百六十匹，駑馬三之，則為千二百九十六匹，五良一駑，凡三千四百五十六匹，然後王馬大備。師十二匹，趣馬七十二匹，則馭夫四百三十二匹矣。麗，耦也。

清 秦蕙田《五禮通考》卷三五《吉禮三十五》　《周禮・夏官》：校人春祭馬祖。注：馬祖，天駟也。《孝經説》曰：房為龍馬，疏：馬與人異，無先祖可尋，而言祭祖者，則天駟也。故取《孝經説》房為龍馬，是馬之祖。春時通淫，求馬蕃息，故祭馬祖。

又 卷四六《吉禮四十六》　《周禮・夏官》：校人，凡將事於四海、山川，則飾黃駒。注：四海，猶四方也。王巡守過大山川，則有殺駒以祈沈禮與？玉人職有宗祝以黃金勺前馬之禮。疏云：四海，猶四方也者，王巡守唯至方岳，不至四海夷狄，故以四海為四方。云有殺駒以祈沈禮與者，《爾雅》云：祭山曰庪縣，祭川曰浮沈，今鄭云以祈沈者，總解過山川二事。言與者，《爾雅》據正祭，此則行過之，約與彼同，故云與以疑之也。引玉人職者，證過山川設禮用馬牲之事也。鄭氏鍔曰：若有祭祀于四海、山川，則必擇黃色之駒，加文飾以將事焉，此皆校人之職。或謂《大宗伯》以沈貍祭川澤，而祭祀之牲各放其色，四海山川乃均用黃駒，何耶？以玉人之職考之，王巡守過大山川，所用之璋不同，然皆以黃金勺，前馬則知均用黃駒者，海與山川均為地道，黃者，地之中色，若夫用駒，則以巡守而行四方，駒有千里之足，而行地莫如馬駒，雖馬之小者，禮以小為貴，飾黃駒，乃郊用犢之意。

又 卷八六《吉禮八十六》　《夏官》：校人，凡大祭祀，毛馬而頒之。飾幣馬，執扑而從之。蔡氏德晉曰：幣馬取以獻神。蕙田案：此條具幣馬。

又 卷二〇五《嘉禮八十八》　校人，中大夫二人，上士四人，下士十有六人，府四人，史八人，胥八人，徒八十人。注：校之為言校也，主馬者必仍校視之。校人，馬官之長。

又 卷二二一《賓禮二》　校人，受其幣馬。注：賓客之幣馬來朝聘而享王者。

又 卷二二四《賓禮五》　校人，朝覲、會同，毛馬而頒之。注：毛馬，齊其色也。頒，授當陳之。

又 卷二二七《賓禮八》　夏官校人，凡國之使者，共其幣馬。注：使者所用私覿。

又 卷二四四《軍禮十二》　《周禮・夏官・校人》：辨六馬之屬，種馬一物，戎馬一物，齊馬一物，道馬一物，田馬一物，駑馬一物。注：種謂上善似母者。以次差之，玉路駕種馬，戎路駕戎馬，金路駕齊馬，象路駕道馬，田路駕田馬，駑馬給宮中之役。鄭氏鍔曰：種馬者，馬之最善育其種類，使生生不窮。

又　《周禮・夏官》：校人，凡頒良馬而養乘之。乘馬一師四圉，三乘為皂，皂一趣馬；三皂為繫，繫一馭夫。六繫為廄，廄一僕夫；六廄成校，校有左右。駑馬三良馬之數。麗馬一圉，八麗一師，八師一趣馬，八趣馬一馭夫。注：良，善也。善馬，五路之馬。鄭司農云：四疋為乘，養馬為圉，故《春秋傳》曰『馬有圉，牛有牧』。玄謂二耦為乘，師、趣馬、馭夫、僕夫，帥之名也。趣馬下士，馭夫中士，則僕夫上士也。自乘至廄，其數二百一十六匹，《易》乾為馬，此應乾之筴也。至校變言成者，明六馬各一廄，而王馬小備也。校有左右，則良馬一種者四百三十二匹，五種合二千一百六十匹，駑馬三之，則為千二百九十六匹，五良一駑，凡三千四百五十六匹，然後王馬大備。麗，耦也。駑馬，自圉至馭夫，凡馬千二十四匹，與三良馬之數不相應，八皆宜為六字之誤也。師十二匹，趣馬七十二匹，則馭夫四百三十二匹矣。然後從而三之，既三之，無僕夫者，不駕於五路，卑之也。鄭氏鍔曰：養之冀其繁盛，乘之冀其調良。乘馬一師而四圉之，則牧馬之僕也。師則教圉以養乘之法也。四馬為一圉，則養之必專。四圉為一師，則教之必審。合三乘為十二匹，則同一皁。《傳》曰：牛驥同皁，皁言皁隸之所掌也。合三皁而三十六匹，則同一繫。繫則繫屬而不散之義，合六繫而二百一十六匹，則同一廄。廄則數至于此而已，終既也。先儒謂乾之策二百一十有六，于《易》乾為馬，天子之馬應爻之策，其數盡于此，故以廄名之。合六廄而成一校，而六廄又分為左右，則十二閑矣。王氏應電曰：舊説謂駑馬一千二百九十六匹，是駑馬為良馬三之一，非三良馬之數矣。八麗十六匹，一圉師教之，八師一百二十八匹也，一趣馬督之，八趣馬一千二十四匹也，一馭夫領之。止于馭夫，而不屬于僕夫者，以駑馬止充雜用，而不當王之五路也。凡七馭夫，為馬七千一百六十八匹，則與三良馬之數畧相當矣。蔡氏德晉曰：一千二百四十匹而一馭夫，自師至馭夫皆以八登之，則有八馭夫可知矣。然則合天子良馬、駑馬之數計之，共得馬一萬七百八十四匹，而民間之馬不與也。舊解誤。王氏昭禹曰：良馬自圉師至于校人，則以中大夫為之，其官為稍尊。駑馬自圉師至馭夫而止者，以其材下工良馬，故掌養乘之者，兼其數而掌其事，則官至于中士之馭夫而已。蓋八趣馬則一馭夫掌之，亦兼總于校人矣。等馭夫之祿，宮中之稍食。注：馭夫于趣馬、僕夫為中，舉中見上下。稍食師、圉夫、史以下。【略】校人，天子十有二閑，馬六種；邦國六閑，馬四種；家四閑，馬二種。注：降殺之差，每廄為一閑，諸侯有齊馬、道馬、田馬，大夫有田馬，各一閑，其駑馬則皆分為三焉。蔡氏德晉曰：十二閑，良馬四閑，三廄為一閑，駑馬八閑，每馭夫為一閑也。邦國，諸侯之國六閑，良馬二閑，駑馬四閑也。四種，無種馬、戎馬也。家，天子公卿之家四閑、二種，田馬一閑，駑馬三閑也。又曰：邦國六閑，良馬二閑，為一千二百九十六匹。駑馬四閑，為四千九十六匹。合計之，當得五千三百九十二匹。衛文公『騋牝三千』，齊景公『有馬千駟』，未嘗過制也。而陳用之譏其僭侈踰禮，亦考之不詳矣。鄭氏鍔曰：周制自上而下，禮之降殺，各以兩，獨諸侯之於天子不止於兩而已。天子六軍，諸侯則三軍，天子之馬十二閑，諸侯則六閑，其降殺不止於兩者，為其地近而嫌也。故曰成國半天子之軍，則馬之閑半乎天子豈不宜哉？天子法天之大數，故馬六種，分為十二閑，諸侯馬四種，分為六閑，半天子之制也。大夫有田馬、駑馬二種，分為四閑，又半諸侯也。以《司馬法》論之，甸方八里，有戎馬四匹，長轂一乘，大夫采地四甸，一甸供王，其餘三甸纔有馬十二匹，謂與校人之職甚異。康成以為《司馬法》為民出軍賦，無與於天子國馬之數。余以其説考之，古者天子有國馬，有民賦之馬，民馬出於井田之賦，如所謂『提封萬乘，馬四萬匹，提封千乘，馬四千匹』者是也。若乃國馬，則國所自養牧以待用者，即此校人以下所云是也。蓋養於國者為車路之備，出於民者為用兵之防，此所以各足其事而不相傷也。凡馬，特居四之一。注：欲其乘之性相似也，物同氣則心一。鄭司農云：四之一者，三牝一牡。鄭氏鍔曰：特謂牡馬也。《詩》云『實惟我特』，又曰『百夫之特』，則特者，雄而特立之義。蕙田案：特與牡有異，牡對牝而言，特又別于牡而言。牡所以駕服，特所以蕃孳也。閑中之馬，特馬居牡馬四之一，所以仲月通淫，《月令》季春合累牛騰馬遊牝于牧者也。故廋人佚特用之，不使甚勞，所以安其氣血。校人夏攻特，以牝馬方孕，攻去其特，勿使近牝，以為蕃馬之本，皆先王順時育物、能盡物性之義。又案：以上養馬之數。【略】校人春執駒。注：鄭司農云：執駒無令近母，猶攻駒也。二歲曰駒，三歲曰駣。玄謂執猶拘也，春通淫之時，駒弱，血氣未定，為其乘匹傷之。夏頒馬，攻特。注：夏通淫之後，攻其特，為其蹄齧，不可乘用。鄭司農云：謂騬之。蕙田案：先鄭云騬之，騬，去勢也，馬必騬而後可用。春執駒已騬之矣，及夏而通淫之特亦并騬之，使供用也。《禮記·月令》：『仲夏之月，游牝別羣，則縶騰駒。』【略】《夏官》校人，秋臧僕，冬獻馬，講圉夫。注：臧僕，謂簡練馭者，今皆善也。僕，謂馭五路之僕。獻馬者，見成馬于王也。馭夫，馭貳車、從車、使車者。講，猶簡習。疏云：講，猶簡習者，亦謂秋時物成，講之使成也。【略】

《周禮·夏官·校人》：凡軍事，物馬而頒之。注：物馬，齊其力。【略】校人，春祭馬祖。注：馬祖，天駟也。《孝經説》曰：房為龍馬。鄭氏鍔曰：馬未嘗有祖，此言馬祖者，賈氏謂天駟也。以天文考之，天駟，房星也。房為龍馬，馬生者其氣實本諸此，則馬祖為天駟可知。於春則祭，春者，萬物始生之時。夏祭先牧。注：先牧，始養馬者，其人未聞。鄭氏鍔曰：先牧，始教人以放牧者也。夏草方茂，馬皆出而就牧，思其始教以養牧之法，故祭於夏。秋祭馬社。注：馬社，始乘馬者。《世本》曰『相土作乘馬』。王氏昭禹曰：馬社，廄中之土示。凡馬日中而出，日中而入。秋馬，入廄之時，故祭馬社。鄭氏鍔曰：皁廄所在，必有神焉，賴乎土神，以安其所處，故祭馬社。蕙田案：王氏、鄭氏説與注不同，似更優。冬祭馬步。注：馬步，神為災害馬者。鄭氏鍔曰寒氣總至馬方在廄，必存其神使不為災。唐人之頌曰：冬祭馬步存神也。馬之難育也，必祈諸神以為之助，四時祭之，順其時各有蕃馬之法。

清 官獻瑤《石溪讀周官》卷四　校人，掌王馬之政，辨六馬之屬，種馬一物，戎馬一物，齊馬一物，道馬一物，田馬一物，駑馬一物。先戎馬於齊馬、道馬，亦重戎政。凡頒良馬而養乘之。乘馬一師四圉，三乘為皁，皁一趣馬；三皁為繫，繫一馭夫；六繫為廄，廄一僕夫。僕夫，即掌五路之官，或疑大馭、戎僕其官尊，不宜與養馬之事，以理推之，乘馬一師四圉，積而上之至於馭夫，其於馬政綦密且詳矣。大馭、戎僕等官不過掌其要凡而已，無慮其繁。馭夫所掌者，駕治之事，則僕夫更無繁冗可知。且與校人聯事，知其馬性，然後用之。祭祀、會同、軍旅、田獵，朝夕出入，無不如意，故以馭夫次之，而繼以校人，相為左右，不及僕夫者，以既言馭夫，則僕夫即五馭之僕夫，可推而知，非闕也。六廄成校，校有左右。駑馬三良馬之數。麗馬一圉，八麗一師，八師一趣馬，八趣馬一馭夫。天子十有二閑，馬六種；邦國六閑，馬四種；家四閑，馬二種。凡馬，特居四之一。馬以牡為貴，然必及時扇之。留以為特者，所以為孳息，計扇其三存其一可也。下文執駒即為扇之地也。馬特如過多，通淫之後，并特亦攻之矣。春祭馬祖，執駒。夏祭先牧，頒馬，攻特。秋祭馬社，臧僕。如道僕、田僕十有二人，等而上之，戎僕、齊僕亦在其中。以時選其性行淑均、才技嫻習者，備不時任使更換。臧，如射則臧兮之臧，在王之側，不可不慎簡于早，而以屬之校人，則與五馭相左右，又可知矣。冬祭馬步，獻馬，講馭夫。馭夫，亦僕也。講之，欲其臧也，互見法。凡大祭祀、朝覲、會同，毛馬而頒之。飾幣馬，執扑而從之。凡賓客，受其幣馬。大喪，飾遣車之馬，及葬，埋之。田獵，則師驅逆之車。凡將事于四海、山川，則飾黄駒。凡國之使者，共其幣馬。凡軍事，物馬而頒之。等馭夫之禄，宫中之稍食。等其禄食，所以勸之也。然則僕馭與三右雖員數有定，亦隨時更番任使，不必備其人，非臆說也。

清 武億《三禮義證》卷四

校人。注：校之爲言校也。疏：讀從《曲禮》與少儀效馬、效羊，取效見義。案：校，本音教，鄭依音爲義，宜讀作效。《元命包・命》云：天象人，行其事謂之教，教之爲言傚也。鄭所注下校字，亦當作效。故疏云讀從效見義。今檢諸本，皆仍云校，疑刊誤也。《鄉飲酒禮》『詨』釋文云『詨，户孝反』，本又作傚，《大射》云詨，戶教反，亦作傚，是詨、傚通用之證。然則此校人釋文，亦戶教反，故鄭讀從效。執駒。注：鄭司農云：二歲曰駒。案：《呂氏春秋》高氏注引《周禮》五尺曰駒，今無此文。《詩・漢廣》毛傳：五尺以上曰駒。《株林》鄭箋：馬，六尺以下曰駒。蓋皆因廋人職『馬八尺以上爲龍，七尺以上爲騋，六尺以上爲馬』約計，以次差之，故以五尺爲駒，然並未作《周禮》正文，不解高氏何據云。然《淮南子》『夫馬之爲草駒之時』，注高誘曰：五尺以下爲駒，放在草中，故曰草駒。《公羊傳》隱元年，卿大夫士曰：駒高五尺以上。秋祭馬社，臧僕。注：馬社，始乘馬者。《世本》曰『相土作乘馬』。疏：云秋祭馬社者，秋時馬肥盛，可乘用，故祭始乘馬者。案：《荀子》『杜作乘馬』，汲郡古文『商侯相土作乘馬』，並與《世本》符。然考乘馬之起，實亦不自相土。《易・繫辭》『服牛乘馬，引重致遠，以利天下』，蓋取諸隨此，謂黄帝、堯、舜已因象立制，或上世簡略控御未備，楊倞注《荀子》云：乘馬四馬，駕車起于相土，故曰作乘馬，以其作乘馬之法，故謂之乘，是相土之神，祀于馬社爲宜。故鄭引《世本》實之。【略】飾幣馬，執樸而從之。注：鄭司農云：校人主飾之也。疏：飾幣馬，馬可飾，幣非可飾之物。案：《書》康王之誥『皆布乘黄朱』，注諸侯皆陳四黄馬、朱鬣，以爲庭實。宣二年傳『文馬百駟』，《說文解字》引《春秋傳》曰：馬百駟，畫馬也。是畫亦飾。《正義》文馬謂文飾彫畫之，若朱其尾鬣之類。定十年傳：宋公子地有白馬四，公嬖向魋魋欲之，公取而朱其尾鬣以與之。然則朱非馬色，皆人從而飾之，是校人飾幣馬，亦當用朱，蓋周制服色所尚如此。大喪，飾遣車之馬，及葬，埋之。注：言埋之，則是馬塗車之芻靈。疏云：今鄭云塗車之芻靈，則是仍用芻靈，與《檀弓》違者，至周實用俑者，但鄭舉古之芻靈況周耳，非謂周家仍用芻靈也。案：《檀弓》夏后氏用明器，殷人用祭器，周人兼用之，則明器所謂塗車芻靈者，周蓋未嘗不用，疏誤會也。

清 蔣載康《周官心解》卷一七

校人，中大夫二人，上士四人，下士十有六人，府四人，史八人，胥八人，徒八十人。校，户教反。政典重馬，凡兵車出於民者，皆民自具，此校人所掌，則王駕五路，及給公卿、大夫、士、庶子從行、從戰與給役者也。此下脫『僕夫上士十有二人』八字，徒則未詳。又上『田僕』、下『馭夫，中士七十有五人』九字當在此下，徒亦未詳。僕夫、馭夫、趣馬、圉師、圉人與巫馬、牧師、廋人，皆其屬，故八職列於其後。

又 卷二〇

校人，掌王馬之政。校，户教反。註：政，差擇養乘之。辨六馬之屬，種馬一物，戎馬一物，齊馬一物，道馬一物，田馬一物，駑馬一物。齊，側皆反。註：種，上善似母者。以次差之，玉路駕種馬，戎路駕戎馬，金路駕齊馬，象路駕道馬，田路駕田馬，駑馬給役。按物即馬質、馬量三物之物，就得、力、形色而分其等也。《司馬灋》：宗廟齊毫，尚純也；田事齊足，尚疾也；戎事齊力，尚强也，亦見物之不同。凡頒良馬而養乘之。乘馬一師四圉，三乘爲皁，皁一趣馬；三皁爲繫，繫一馭夫；六繫爲廄，廄一僕夫；六廄成校，校有左右。駑馬三良馬之數。麗馬一圉，八麗一師，八師一趣馬，八趣馬一馭夫。乘，繩證反。皁，才早反。趣，倉走反。繫，音計。廄，音救。八，皆作六。註：良，善也。善馬，五路之馬。鄭司農云：四匹爲乘，養馬爲圉。註：二耦爲乘，師、趣馬、馭夫、僕夫，帥之名也。趣馬下士，馭夫中士，則僕夫上士也。自乘至廄，其數二百一十六匹。《易》乾爲馬，此應乾之策也。麗，耦也。駑馬自圉至馭夫，凡馬千二十四匹，與三良馬之數不相應，八皆宜爲六字之誤也。師十二匹，趣馬七十二匹，則馭夫四百三十二匹矣。然後三之，既三之，無僕夫者，不駕五路，卑之也。按三分良馬、駑馬之數，良馬居二，駑馬居一也。每廄良馬二百十六匹，又分駑馬一百八匹，入之所謂一閑也。竊謂種馬雖駕玉路，名曰種，則馬之生息盡資種馬矣。戎、齊、道、田四項當各二廄，而種馬獨四廄，下『凡馬，特居四之一』，正指種馬言者。六廄則一千二百九十六匹，左右校則二千五百九十二匹，三良馬之數，則駑馬一千二百九十六匹矣。校人以下，僕夫上士十二人，馭夫中士七十五人，趣馬下士二百三十四人，圉師七百五十六人，圉人三千二百四十人。良馬僕夫以下，馭夫七十二人，趣馬二百十六人，圉師六百四十八人，圉人二千五百九十二人。駑馬，馭夫三人，趣馬十八人，圉師一百八人，圉人六百四十八人。天子十有二閑，馬六種；邦國六閑，馬四種；家四閑，馬二種。閑三百二十四匹，良馬廏二百一十六匹，加駑一百八匹爲閑，總十二閑，凡三千八百八十八匹。邦國六閑，一千九百四十四匹，家四閑，一千二百九十六匹，此大都采地之家也。若小都，家稍當殺於此。六閑亦就大國言，次國、小國亦殺於大國。諸侯四種，或齊，或道，戎馬、田馬、駑馬；大夫二種，戎馬、駑馬，駑三良數，同。凡馬，特居四之一。欲馬生息故。特，牡馬不騬者。凡天子邦國及家特四之一者，牝及牡之騬者居三也。春祭馬祖，執駒。註：馬祖，天駟也。《孝經說》：房爲龍馬。鄭司農云：執駒無令近母，二歲曰駒，三歲曰駣。註：執，拘也。春通淫，駒血氣未定，爲乘匹傷之。疏：春時通淫，求馬蕃息，故祭馬祖。夏祭先牧，頒馬，攻特。先牧，始牧馬者。夏煗熱，熱時就房，早及日昃後放牧，頒馬令分牧之。註：通淫後攻特，爲蹄齧不可乘用。鄭司農云：攻特，騬之。疏：祭先牧者，夏草茂，求肥充。秋祭馬社，臧僕。秋祭社，報物成也。馬亦秋成，故祭馬社，似與始乘者無與。鄭司農云：臧僕，簡練馭者，令善也。註：僕，馭五路之僕。按：僕，僕夫也。王五路皆有，空者不親乘此路，卽使僕夫馭之。僕夫上士，與道僕、田僕爵列等，故亦馭路也。習馭路，故云臧。冬祭馬步，獻馬，講馭夫。註：馬步，神害馬者。獻馬，見成馬於王也。馭夫，馭貳車、從車、使車者。講，猶簡習。凡大祭祀、朝覲、會同，毛馬而頒之。註：毛馬，齊色也。頒，授當乘者。疏：毛馬，《毛詩傳》：宗廟齊毫，尚純也；戎事齊力，尚強也；田獵齊足，尚疾也。《爾雅》亦云：雖據宗廟，至於田獵、軍旅，旣尚疾、尚力，亦尚色也。《詩》：『四騵彭彭，武王所乘』『四鐵孔阜，齊襄以田』，是齊色不專據宗廟。飾幣馬，執扑而從之。賓客在館，以幣馬遺之校人，主飾其馬。執扑者，其下士。鄭司農云：校人主飾之。《聘禮》：馬則北面奠幣於其前。《士喪禮下篇》：薦馬纓三就入門，北面交轡，圉人夾牽之，馭者執策，立於馬後。凡賓客，受其幣馬。賓客之幣馬，朝聘享王者。大喪，飾遣車之馬，及葬，埋之。註：馬塗車之芻靈。田獵，則帥驅逆之車。註：帥，猶將也。凡將事于四海、山川，則飾黃駒。王巡守所經，有祈沈之禮。四海，海也，如東方則東海，南方則南海，王不親至宗祝用事，大祝、大會同、過大山川則用事焉。又玉人宗祝以黃金勺前馬，因巡守故。言四海，疏山川。地神，土色黃，故用黃駒。凡國之使者，共其幣馬。此則聘問諸侯者，而私覿之幣馬，亦槩之。凡軍事，物馬而頒之。註：物馬，齊其力。等馭夫之祿。註：馭夫於趣馬、僕夫爲中，舉中見上下。宮中之稍食。鄭司農曰：稍食曰稟。註：師、圉、府、史以下也。按師、圉、府、史等稍食固有差，然大內之用馬正多，馬用於宮中，師、圉等自應就養於內，故亦等宮中之稍食。

清 劉沅《周官恒解》卷四

校人，中大夫二人，上士四人，下士十有六人，府四人，史八人，胥八人，徒八十人。趣馬，下士，阜一人，徒四人。巫馬，下士二人，醫四人，府一人，史二人，賈二人，徒二十人。牧師，下士四人，胥四人，徒四十人。廋人，下士，閑二人，史二人，徒二十人。圉師，乘一人，徒二人。圉人，良馬匹一人，駑馬麗一人。校，户教反。趣，七口反。阜，才早反。賈，音價。廋，所求反。圉，疑吕反。乘，繩證反。駑，音奴。麗，卽計反。周制：田賦出車以備戰陣，馬政最重，故多官以司之。校，校其數。趣，養馬者。巫，知馬。醫，知馬病。牧，放馬而養之。廋，爲隱藏之義。收馬於廄，必使無風霜寒熱失宜等弊。圉師掌教養馬之事，蓋賞罰之。良，善也。麗，耦也。

又 校人，掌王馬之政，辨六馬之屬，種馬一物，戎馬一物，齊馬一物，道馬一物，田馬一物，駑馬一物。校，户教反。齊，側皆反。鄭康成曰：政，差擇養乘之數。賈氏公彥曰：下文辨六馬，差擇也。凡頒良而養乘，養乘也。愚按：種馬，良馬可以為種者，戎馬以下四者不必無種馬，但隨其材之所宜而辨之，惟駑馬用斯下耳。凡頒良馬而養乘之。乘馬一師四圉，三乘爲阜，阜一趣馬；三阜爲繫，繫一馭夫；六繫爲廄，廄一僕夫；六廄成校，校有左右。駑馬三良馬之數。麗馬一圉，八麗一師，八師一趣馬，八趣馬一馭夫。乘，繩證反。趣，倉走反。繫，音計。良，善也。養馬者，趣馬以下之職乘分配之也。凡用馬各有所官，齊、道、戎、田之類亦各有主者。校人特頒良馬而使養乘耳。乘馬一師以下，言分司馬政之人。麗馬一圉以下，言乘馬之事。校人所頒，頒此等也。師也，圉也，趣馬也，馭夫、僕夫也，皆分司養乘之人。校，卽校人也。阜、繫、廄等，因馬之多寡而爲之名。良馬以供天子五路之用，駑馬則給役，役多，故三良馬之數。麗馬，將用馬時選擇而配合之。麗，兩物相耦之名也。如麗馬而爲一乘，則一圉人掌之，以次愈多，則其掌之者愈尊。註：疏以馬數多寡計，而麗馬以下與上一師四圉等相背，且忘周制田賦出車之義，似天子必多馬，卽下文天子十有二閑節，亦相乖不可從也。天子十有二閑，馬六種；邦國六閑，馬四種；家四閑，馬二種。閑，卽廄也，以其防閑之，亦名閑。馬六種，卽上文六等之馬。諸侯以下殺於天子，不必皆備，此但明畜馬之大概，而非區區計其數也，前人誤。凡馬，特居四之一。春祭馬祖，執駒。夏祭先牧，頒馬，攻特。秋祭馬社，臧僕。冬祭馬步，獻馬，講馭夫。特，牡馬也。牡馬必扇而後馴調，牡馬四則扇其三，而存其一。對扇而言，故曰特。一特將三牝，以爲孕字。馬祖，天駟房星也。春孕字之時祭之，以祈馬。馬二歲曰駒。執，猶拘也，拘之毋令近母。先牧，始養馬者。夏草茂，祭之以求肥充。攻特，去其勢也。馬去勢曰騬，牛曰犗，羊曰羯。攻特必於其駒時，氣血乃易長而不傷。馬社，始乘馬者。《世本》曰『相士作乘馬』。秋時馬肥盛，可乘用，故祭始乘馬者。臧僕，簡練僕馭，使皆善也。馬步，神爲害於馬者。步與酺字異而音義同，言飲酒作樂以祭之。獻馬，以冬時萬物成，獻馬於王也。講，簡習之。凡大祭祀、朝覲、會同，毛馬而頒之。飾幣馬，執扑而從之。凡賓客，受其幣馬。大喪，飾遣車之馬，及葬，埋之。田獵，則帥驅逆之車。凡將事于四海、山川，則飾黃駒。凡國之使者，共其幣馬。凡軍事，物馬而頒之。等馭夫之祿，宮中之稍食。宮當作官。鄭康成曰：毛馬，齊其色也。頒，授當乘者。飾幣馬，王賜諸侯車服，必以幣從，或加賜有馬，而以幣將皆校人飾之也。執扑而從，使人執之，非校人自執也。賓客來朝聘，而享王者。遣車之馬，芻靈也。驅逆之車，田僕設之，校人帥之。王巡狩過大山川，有殺駒以祈沈之祭，飾黃駒，地神，象其色也。使者，王使于諸侯之國者。使臣行聘後有私覿，其幣馬亦校人共之。物馬，齊其力，等比次之宮中，謂圉師以下。

清 呂飛鵬《周禮補注》卷四 校人，乘馬一師四圉。異義：天子駕數，《易》孟京、《春秋》公羊說天子駕六，《毛詩》說天子至大夫同駕四，士駕二。《詩》云『四騵彭彭，武王所乘』；『龍旂承祀，六轡耳耳』，魯僖所乘；『四牡騑騑，周道倭遲』，大夫所乘。謹案：《禮·王度記》曰：天子駕六，諸侯與卿同駕四，大夫駕三，士駕二，庶人駕一，說與《易》《春秋》同，元之聞也。《周禮》：校人掌王馬之政，凡頒良馬而養乘之，乘馬一師四圉，四馬爲乘，此一圉者養一馬，而一師監之也。《尚書·顧命》諸侯入應門，皆布乘黃朱，言獻四黃馬朱鬣也，既實周天子駕六，校人則何不以馬與圉以六爲數，《顧命》諸侯何以不獻六馬？天子十有二閑，馬六種；邦國六閑，馬四種；家四閑，馬二種。趙商問：校人職天子有十二閑，六種爲三千四百五十六匹，邦國六閑，馬四種，爲二千五百九十二匹，家四閑，馬二種，千七百二十八匹，商按天子之鄉采地食小都，大夫食縣，不審何由當能共此馬數？故《禮記》家富不過百乘，謂其多也。《司馬法》論之，甸方八里有戎馬四匹，長轂一乘，今大夫采地四甸，一甸稅又給王，其餘三甸纔有馬十二匹，今又就校人之職相校甚異，何？荅曰：邦國六閑，四種，其數適當千二百九十六匹，家有四閑，二種，又當八百六十四匹，今子以何術計之乎？此馬皆君之所制，爲非謂民賦。畿內百里之國者居四都，五十里之國居四縣，二十五里之國居四甸，而引天子鄉食小都、大夫食縣，欲何以難？又《司馬法》甸有戎馬四匹，長轂一乘，此爲民出軍賦，無與於天子國馬之數。邦國六閑，馬四種。《毛詩·駉傳》：諸侯六閑，馬四種，有良馬，有戎馬，有田馬，有駑馬。冬祭馬步。注：馬步，神爲災害馬者。疏：馬神稱步，謂若元賓之步，人鬼之步之類。《校勘記》云：賓，監、毛本作冥。飛鵬案：鄭注族師，云校人職又有冬祭馬步，則未知此世所云蝝螟之酺與人鬼之步與？近世郝氏懿行據此以元冥爲蝝螟之訛，愚謂元，胡涓切，蝝象，聲元冥，與蝝螟爲同聲字，得相通借，不必定爲訛也。

清 閻鎮珩《六典通考》卷一三《設官考》 校人，凡大祭祀，毛馬而頒之。毛馬，齊其色也。頒，授當乘之。【略】校人，凡賓客，受其幣馬。賓客之幣馬來朝聘而享王者。【略】校人，大喪，飾遣車之馬，及葬，埋之。言埋之，則馬乃塗車之芻靈。【略】校人，飾遣車之馬及葬埋也。詳陳明器章。【略】校人，凡軍事，物馬而頒之。物馬齊其力。

又卷一六五《王政考》 校人，掌王馬之政。謂差擇養乘之數。辨六馬之屬，種馬一物，戎馬一物，齊馬一物，道馬一物，田馬一物，駑馬一物。種，謂上善似母者。以次差之，玉路駕種馬，戎路駕戎馬，金路駕齊馬，象路駕道馬，田路駕田馬，駑馬給宮中之役。凡頒良馬而養乘之。乘馬一師四圉，三乘為皁，皁一趣馬；三皁為繫，繫一馭夫；六繫為廄，廄一僕夫；六廄成校，校有左右。駑馬三良馬之數。麗馬一圉，八麗一師，八師一趣馬，八趣馬一馭夫。二耦為乘。趣馬下士，馭夫中士，則僕夫上士也。自乘至廄，其數二百一十六匹。至校變為言成者，明六馬各一廄，而王馬小備也。校有左右，則良馬一種者四百三十二匹，五種合二千一百六十匹，然後王馬大備。駑馬自圉至馭夫，凡馬千二十四匹，與三良馬之數不相應，八皆宜為六。師十二匹，趣馬七十二匹，則馭夫四百三十二匹矣。然後而三之，既三之，無僕夫者，不駕於五路，卑之也。天子十有二閑，馬六種；邦國六閑，馬四種；家四閑，馬二種。降殺之差，每廄為一閑，諸侯有齊馬、道馬、田馬，大夫有田馬，各一閑，其駑馬則皆分為三。凡馬，特居四之一。四之一者，三牝一牡。春執駒，二歲曰駒，三歲曰駣。執，猶拘也。春，通淫之時，駒弱，血氣未定，為其乘匹傷之。夏頒馬，攻特，夏通淫之後，攻其特，為其蹄齧，不可乘用。秋臧僕，臧，謂簡練馭者，令皆善也。冬獻馬，講馭夫。獻馬，見成馬於王也。馭馬，馭貳車、從車、使車者。凡大祭祀、朝覲、會同，毛馬而頒之。毛馬，齊其色也。頒，授當乘也。飾幣馬，執扑而從之。校人主飾之也。幣馬，以遺人，圉人夾牽之，馭者執策，立於馬後。田獵，則帥驅逆之車。帥，猶將也。凡將事於四海、山川，則飾黃駒。王巡守過大山川，則有殺駒以祈沈禮，與玉人職有宗祝以黃金勺前馬之禮。凡國之使者，共其幣馬。使者所用私覿。凡軍事，物馬而頒之。物馬，齊其力。等馭夫之祿，宮中之稍食。馭夫于趣馬、僕夫為中，舉中見上下。稍食，師、圉、府、史以下。《鄭志》趙商問：校人職天子十二閑，馬六種，為三千四百五十六匹，邦國六閑，馬四種，為二千五百九十二匹，家四閑，馬二種，千七百二十八匹。商按：天子之卿采地食小都，大夫食縣，不審所由當能共此馬數？故《禮記》家富不過百乘，謂其多也。以《司馬法》論之，甸方八里有戎馬四匹，長轂一乘。今大夫采地四甸，一甸稅又給王，其餘三甸纔有馬十二匹。今又就校人之職，相校甚異，何？答曰：邦國六閑四種，其數適當千二百九十六匹，家有四閑二種，又當八百六十四匹，今子以何術計之乎？此馬皆君之所制，為非謂民賦。畿内百里之國者居四都，五十里之國居四縣，二十五里之國居四甸，而引天子卿食小都，大夫食縣，欲何以難？又《司馬法》甸有戎馬四匹，長轂一乘，此為民出軍賦，無與於天子國馬之數，事條未理而多紛紜。

清 孫詒讓《周禮正義》卷五四《夏官司馬第四》

大馭，中大夫二人。馭之最尊。［疏］『大馭，中大夫二人』者，此官與戎僕、齊僕、道僕、田僕爲五路之馭，與右同掌車馬之事，故冡諸右次之。此大馭，卽玉路駕種馬之僕夫也。《校人》云『六繫爲廄，廄一僕夫』，是五馭爲王路之馭，而兼為廄長。種馬二廄，故有中大夫二人，彼注謂別有僕夫上士之官，非也。詳《校人》疏。又案：依校人良駑六馬，皆以師領圉，以趣馬領圉師，以馭夫領趣馬，以僕夫領馭夫，以校人領僕夫，則此五路之馭及馭夫並校人之屬，而列於其前者，蓋以馭右類次於此，與全經長屬尊卑相次者不同，亦變例也。注云『馭之最尊』者，賈疏云：以其御玉路以祀，以是特尊，不與下同名僕，而謂之大馭也。若然，戎右在前尚威武，此戎僕在後者以其僕，雖駕馭為難，仍非武事，故退戎僕於後，進大馭於前也。仍尊戎僕在齊僕之上，而使中大夫為之，與戎右尊卑同也。

又 校人，中大夫二人，上士四人，下士十有六人，府四人，史八人，胥八人，徒八十人。校之為言校也，主馬者必仍校視之。校人，馬官之長。［疏］『校人中大夫二人』者，此官主馬為左右校之長，而兼領五馭馭夫，故列僕馭及養馬諸官之閒。左哀三年傳云：『校人乘馬』，則魯亦有此官。校人之長，亦稱校正。《周書・大武篇》云：『校正厲御』，左成十八年傳云：『弁糾御戎，校正屬焉』，又襄九年傳云：『命校正出馬』，杜注云：『校正，主馬官。』孔疏謂當此校人。案：依本職則僕夫屬校人，而《左傳》以校正屬戎御，疑晉制與周異也。注云『府四人』者，《韓非子・亡徵篇》云：『私門之官，用馬府之世』，馬府蓋卽校人之府也。注云『校之為言校也，主馬者必仍校視之』者，宋余仁仲本『言校』『校視』兩校字並作挍。釋文云：『校人字從木，若從手旁作，是比挍之字耳，今人多亂之』。注『校之』『校人』同。段玉裁云：案此釋文，則『校人』『校之』從木，『言校』『仍校』從手，後人因《說文》無從手之字，遂槩從木。錢大昕云：《說文》手部無挍字，漢碑木旁字多作手旁，此隷體之變，非別有挍字。六朝俗師妄生分別，而陸亦從而和之，傎到甚矣！《孟子》『徹者徹也』，《禮記》『齊之言齊也』，皆以義釋名，非有異文。案：錢斥陸本之誤，是也。盧文弨說同。凡秦漢古書，以義訓名，不嫌同字，此例甚多。據《釋文》，蓋六朝時寫本經注五校字，或皆作從手之挍。陸氏於經從校，注則正其二而仍其二，不悟其皆譌體，亦其疏也。然陸意注『言校』『校視』並爲比挍之義，則不誤。《國語・晉語》韋注云：『仍，數也。』『仍校視之』，言數考校閱視之，以審馬之皁蕃肥健與否。賈疏謂鄭讀從《曲禮》《少儀》『效馬』『效羊』之效，取效見之義，則誤。又案《漢書・司馬相如傳》顏注云：養馬稱校人者，謂以木爲闌校以養馬耳，故呼爲閑也。焦循云：師古解校人是也。《廣雅・釋木》云：校，柴也。京四年《公羊傳》：『亡國之社蓋掩之，掩其上而柴其下。』媒氏注云：亡國之社，奄其上而棧其下，是。柴卽棧，亦校卽棧也。《管子・内業篇》傅馬棧者最難，先傅曲木，曲木又求曲木，曲木已傅，直木無所施矣。先傅直木，直木又求直木，直木已傅，曲木亦無所施矣。蓋編木圍其四面，用以畜馬，則為馬棧，亦卽為校、為閑。案：顏、焦說是也。本職云『六廄成校，校有左右』，是校為馬廄之總名，與閑義略同。此官掌左右校之馬，卽以名官，本職自明。此注校視之義，與經不甚合。至《孟子・萬章篇》，說鄭子產使校人畜生魚於池，趙注云：『校人主池沼小吏。』彼侯國下吏，與此官名偶同，固迴不相涉也。云『校人，馬官之長』者，賈疏云：與下趣馬至圉人為長，有事皆取長官決度。

又 卷六二 校人，掌王馬之政。政謂差擇養乘之數也。《月令》曰：『班馬政』。［疏］『掌王馬之政』者，官所畜之馬以給王事者，別於民馬。謂之王馬，亦卽馭夫所謂公馬也。《國語・楚語》，鬬且曰：『古者聚馬，不害民之財用，國馬足以行軍，公馬足以稱賦，不是過也。』韋注云：『國馬，民馬也。十六井為丘，有戎馬一匹，牛三頭，足以行軍。公馬，公之戎馬也。稱，舉也。賦，兵賦也。』案：韋說非也。『丘出戎馬一匹』，文出《司馬法》，此乃計井出車之制，其馬出於民閒，有兵事，鄉遂軍不足用，乃調發及之，此非常聚於王閑也。鬬且所謂國馬者，乃鄉遂之軍馬，馬質所給者，故曰『足以行軍』。所謂公馬者，乃邦國六閑之馬官所養以給事者，卽此經之公馬，故曰『足以充賦』，賦當訓為頒，謂充頒給官府之用，韋並失其義。《韓非子・解老篇》云：『戎馬乏，則將馬出。』彼戎馬蓋卽指國馬，將馬卽指王馬、公馬也。此職六物雖有戎馬，然止備王戎路倅車及從行公卿大夫宿衛士庶子之用。丘甸軍賦，無與於國馬之數，鄭荅、趙商已論之矣，詳後疏。注云『政謂差擇養乘之數也』者，數，《石經攷異》引《蜀石經》作政，亦通。賈疏云：經辨六馬，是差擇也。下云凡頒良而養乘，是養乘也。引《月令》曰班馬政者，仲夏、季秋二令並有此文。《仲夏》注云：『馬政，謂養馬之政教也。』《季秋令》冡教田獵為文，注云：『馬政，謂齊其色，度其力，使同乘也。』此注似引《仲夏令》文。賈疏謂專據《季秋令》，未塙。**辨六馬之屬，種馬一物，戎馬一物，齊馬一物，道馬一物，田馬一物，駑馬一物。**種謂上善似母者。以次差之，玉路駕種馬，戎路駕戎馬，金路駕齊馬，象路駕道馬，田路駕田馬，駑馬給宮中之役。［疏］『種馬一物，戎馬一物，齊馬一物，道馬一物，田馬一物，駑馬一物』者，《毛詩・小雅・六月》傳云：『物，毛物也。』此物當亦兼齊足齊力言之。《輈人》有國馬、田馬、駑馬三等之輈，注云：『國馬謂種馬、戎馬、齊馬、道馬，高八尺，田馬七尺，駑馬六尺。』然則此道馬以上四者，並謂之國馬。國馬與田馬、駑馬等雖種類毛物不同，蓋亦以馬之高卑相別異。此六馬六物，馬質，馬量三物，止有戎馬、田馬、駑馬者，彼據買之民閒以共官者，故無種馬、齊馬、道馬等。《周書・羅匡篇》有三牧，疑卽指馬質三物之牧言之。此總辨國廄之馬，故備六物也。注云『種謂上善似母者』者，《廣雅·釋詁》云：『種，類也。』謂類其母也。種、戎、齊、道、田五馬並為良馬，此馬尤善，故獨稱種馬。云『以次差之，玉路駕種馬，戎路駕戎馬，金路駕齊馬，象路駕道馬，田路駕田馬，駑馬給宮中之役』者，賈疏云知差次如此者，以其言戎、道、田，以事為名，則知戎馬駕戎路，道馬駕道車，田馬駕田路；以此五者，種馬最在上，駕玉路可知；駑馬最在下，五路之外，給役可知。沈夢蘭云：『駕駑馬者，馭夫之貳車、從車、使車，凡驅役之車皆是。』詒讓案：《爾雅·釋畜》云：『宗廟齊豪，戎事齊力，田獵齊足。』《荀子·禮論篇》云『大路之馬，必倍至教順，然後乘之，所以養安也。』蓋即言玉路之種馬也。《襍記》云：『凶年則乘駑馬』，明非凶年不乘駑馬，故知供役而已。但駑馬二閑，不止給王宮中之役，『宮中』當作『官中』，謂給百官府之役也。《穀梁》莊二十九年，楊疏引正作『官』，不誤。此與下經『官中之稍食』，『官』誤作『宮』同。官中，亦見士師職。

凡頒良馬而養乘之。乘馬一師四圉；三乘為皁，皁一趣馬；三皁為繫，繫一馭夫；六繫為廄，廄一僕夫；六廄成校，校有左右。駑馬三良馬之數，麗馬一圉，八麗一師，八師一趣馬，八趣馬一馭夫。

良，善也。善馬，五路之馬。鄭司農云：『四匹為乘。養馬為圉，故《春秋傳》曰：馬有圉，牛有牧。』玄謂二耦為乘。師、趣馬、馭夫、僕夫，帥之名也。趣馬下士，馭夫中士，則僕夫上士也。自乘至廄，其數二百一十六匹。《易》：『乾為馬』，此應乾之筴也。至校變為言成者，明六馬各一廄，而王馬小備也。校有左右，則良馬一種者，四百三十二匹，五種合二千一百六十匹，駑馬三之，則為千二百九十六匹。五良一駑，凡三千四百五十六匹，然後王馬大備。《詩》云：『騋牝三千』，此謂王馬之大數與？麗，耦也。駑馬自圉至馭夫，凡馬千二十四匹，與三良馬之數不相應，『八』皆宜為『六』字之誤也。師十二匹，趣馬七十二匹，則馭夫四百三十二匹矣，然後而三之。既三之，無僕夫者，不駕於五路，卑之也。

〔疏〕『凡頒良馬而養乘之』者，謂此官辨良馬五物，頒與廄繫諸官養而乘之，巫馬注云『乘謂驅步』是也。曾釗云：《漢書貢禹傳》：『廄馬食粟，苦其大肥，氣盛怒至，乃日步作之。』乘之所謂步作之也。云『乘馬一師四圉』者，以下記十二閑馬及牧馭之數，亦此官之官法也。云『三乘為皁，皁一趣馬』者，趣馬，葉鈔《釋文》作趨馬，與敘官不合，疑誤。皁，即閑之小者，詳敘官疏。云『三皁為繫，繫一馭夫』者，繫釋文作擊，云本又作繫。案：陸本是也。經例用古字作擊，注例用今字作繫，詳司門疏。繫者，牧羣之名。《國語·齊語》：『桓公與衛繫馬三百』，《孟子·萬章篇》云：『繫馬千駟』，並即此。云『六繫為廄，廄一僕夫』者，《釋名·釋宮室》云：廄，勼也。勼，聚也，牛馬之所聚也。《說文·广部》云：廄，馬舍也。《周禮》曰：『馬有二百十六匹為廄，廄有僕夫。』案：僕夫，即五馭之僕也。此乘四匹，皁十二匹，繫三十六匹，良駑二馬所同，惟設官則異。至廄則駑馬當增三倍，並詳後疏。又案：此廄即養王馬之舍。凡廄，有內外不同。《公羊》僖二年傳，荀息云『馬出之內廄，繫之外廄爾』是也。此十二廄，蓋王馬之內廄，對養國馬者為外廄也。《郊特牲》『庫門』注云庫或為廄，則內廄或即在庫門內，故庫門亦稱廄門與？云『六廄成校』者，校者，六閑之總名，即馬棧也，詳敘官疏。注云『良善也』者，《玉府》注同。云『善馬五路之馬』者，謂種馬至田馬五者通為良馬，對駑馬不駕路而言也。鄭司農云『四匹為乘，養馬為圉』者，敘官注義並同。云『故《春秋傳》曰，馬有圉，牛有牧』者，昭七年《左傳》楚芋尹無宇語。引之者，證養馬為圉。杜注亦云『養馬曰圉，養牛曰牧』，與先鄭說同。云『玄謂二耦為乘』者，《易·屯》釋文引鄭《易注》云：『馬牡牝曰乘。』是二耦四馬並得為乘，皆取兩兩相耦之言也。《詩·鄘風·干旄》孔疏引《五經異義》云：『天子駕數，《易》孟京、《春秋》公羊說，天子駕六；《毛詩》說天子至大夫同駕四，士駕二。《詩》云：『四騵彭彭』，武王所乘；『龍旂承祀，六轡耳耳』，魯僖所乘；『四牡騑騑，周道倭遲』，大夫所乘。謹案：《禮·王度記》曰：天子駕六，諸侯與卿同駕四，大夫駕三，士駕二，庶人駕一，說與《易》《春秋》同。玄之聞也，《周禮·校人》『掌王馬之政，凡頒良馬而養乘之，乘馬一師四圉』，四馬為乘，此一圉者養一馬，而一師監之也。《尚書·顧命》諸侯入應門，皆布乘黃朱，言獻四黃馬朱鬣也。既實周天子駕六，校人則何不以馬與圉以六為數？顧命諸侯何以不獻六馬？《王度記》曰『大夫駕三』，經傳無所言，是自古無駕三之制也。案：據《駁異義說》，則王五路亦止駕四馬。此經以四馬為一乘，而設一師四圉者，亦以同駕一車，故以四為數也。云『師、趣馬、馭夫、僕夫，帥之名也』者，師即敘官之圉師也。圉師帥圉，趣馬帥圉師，馭夫帥趣馬，僕夫帥馭夫，皆轉相帥領。云『趣馬下士，馭夫中士，則僕夫上士也』者，賈疏云：序官有趣馬下士，皁一人，徒四人；馭夫中士二十人，無僕夫士數之文，以此文官尊者管卑者，馭夫既中士，明僕夫上士可知。易祓云：鄭以僕夫為上士，非也。玉路之僕曰大馭，金路之僕曰齊僕，象路之僕曰道僕。木路，田僕也。革路，戎僕也。總而名之為僕夫。五僕中惟道僕、田僕為上士，大馭、戎僕為中大夫，齊僕為下大夫。黃度、李鍾倫、姜兆錫說並同。吳廷華亦云：『以經義言，則大馭當掌種馬之廄。種馬，駕玉路也。戎僕當掌戎馬之廄，戎馬駕革路也。齊僕當掌齊馬之廄，道僕、田僕當掌田馬、道馬之廄，蓋各於其所掌之路辨之。』案：易、吳諸家謂僕夫即大馭、戎僕、齊僕、道僕、田僕，其說致塙。蓋析言則五僕分馭五路，故官名互異，總言之，則一廄有一僕，故此通稱僕夫也。僕夫省文亦稱僕，後經云『臧僕』是也。鄭於臧僕釋為馭五路之僕，說自精塙；而於此僕夫乃以為諸僕之外別有是官，復肊定其爵為上士，以增敘官之所無，沈彤依鄭說，謂當補僕夫上士十人，皆非也。又《詩·小雅·出車》云：『召彼僕夫，謂之載矣。』毛傳云：『僕夫，御夫也。』彼將率所乘不必戎僕御，故毛以御夫釋之。御夫即馭夫，蓋散文得通。此以僕夫帥領馭夫，則二官迴異，與《詩》義亦不同也。云『自乘至廄，其數二百一十六匹』者，謂一廄良馬一種之數也。以一乘四匹，三乘為皁，則十二匹；三皁為繫，則九乘、三十六匹；六繫為廄，則十八皁、五十四乘、二百一十六匹。云『《易》乾為馬，此應乾之筴也』者，『乾為馬』，《說卦》傳文。又《繫辭上》云『乾之策二百一十有六』，韓康伯注云：『陽爻六，一爻三十六策，六爻二百一十六策。』賈疏云：按《易》，天一生水北方，地二生水南方，天三生木東方，地四生金西方，天五生土中央，是謂陽無匹，陰無耦。又地六成水北方，天七成火南方，地八成木東方，天九成金西方，地十成土中央，是謂陽有匹，陰有耦。龜取生數一、二、三、四、五，蓍取成數六、七、八、九、十。若然，東方、南方，生長之方，故七為少陽，八為少陰；西方、北方，成熟之方，故九為老陽，六為老陰。不取十者，中央配四方故也。是以易之六爻，卦畫七八，爻稱九六，七八九六既配四方，故九六皆以四乘之。乾之六爻，以四乘九，四九三十六，六爻故二百一十六，是為乾之筴也。云『至校變為言成者，明六馬各一廄，而王馬小備也』者，以皁、繫、廄三者皆言『為』，至校獨云『六廄成校』，明取馬數小備，故特異其辭。鄭《喪大記》注云：『成，猶備也。』鄭知六馬各一廄者，以一校六廄，與六物之數適相當，故謂『六廄成校』。經語雖似上家良馬，而實關下駑馬為文，是良馬每廄二百一十六匹，駑馬三之，則六百四十八匹，合計六廄，五良一駑，共一千七百二十八匹也。叚令此六廄全為良馬，則當減四百三十二匹。《文選・吴都賦》劉逵注云：『校人，中大夫，掌王田獵之馬，一校千二百九十六匹。』劉說正以良馬六廄計之，蓋漢魏《周禮》經師有此義。但良馬止五物，而廄有六，勢無由合，故鄭不如此計數也。云『校有左右，則良馬一種者，四百三十二匹，五種合二千一百六十匹』者，惠士奇云：『一廄二百一十六匹，倍之為四百三十二匹，乃二廄良馬一種之數也。以其數五之，得二千一百六十匹，乃十廄良馬五種之數也。』賈疏云：『經云：六廄成校，據一廂言之，王馬小備。下云：校有左右，則十二廄為十二閑，若據一廂，一廄為二百一十六匹。據兩廂，倍之，故四百三十二匹。種別四百三十二匹，五種計之，自然總合二千一百六十匹。』詒讓案：經云六廄成校，則合左右校為十二廄，而鄭必先通計良馬十廄之數者，以駑馬二廄與良馬數遠不相當，故先就良馬五物計之也。云『駑馬三之，則為千二百九十六匹，五良一駑，凡三千四百五十六匹，然後王馬大備』者，惠士奇云：二廄良馬一種四百三十二匹，以其數三之，得一千二百九十六匹，乃二廄駑馬三良馬之數也。以十廄良馬五種之數，與二廄駑馬三良馬之數相并，得三千四百五十六匹，乃五良一駑十二閑之全數也。引《詩》云『騋牝三千』者，《鄘風・定之方中》文。鄭箋云：『國馬之制，天子十有二閑，馬六種，三千四百五十六匹；邦國六閑，馬四種，千二百九十六匹。衛之先君，兼邶鄘而有之，而馬數過禮制。今文公滅而復興，徙而能富，馬有三千，雖非禮制，國人美之。』亦並據此經為說。騋牝，詳廋人疏。云『此謂王馬之大數與』者，謂《詩》文不合邦國禮，而與王馬之大數正同。云『麗耦也』者，敍官注同。云『駑馬自圉至馭夫，凡馬千二十四

匹』者，駑馬一麗二匹，則一圉八麗，凡十六匹；則一師；八師凡六十四麗，一百二十八匹，則一趣馬；八趣馬凡五百十二麗，千二十四匹，則一馭夫。是自圉至馭夫，總馬千二十四匹也。云『與三良馬之數不相應』者，賈疏云：『依經八計之，得此千二十四匹，其三良馬有千二百九十六匹，故言不相當。』云『八皆宜為六字之誤也』者，賈疏云：若作六，計得千二百九十六匹，與三良馬數合，故破從六也。云『師十二匹，趣馬七十二匹，則馭夫四百三十二匹矣，然後而三之』者，鄭意破八為六，則六麗二六凡十二匹，而一師；以六乘十二，凡七十二匹，為六師；三十六麗，而一趣馬。更以六乘七十二，凡四百三十二匹，為六趣馬，二百十六麗，而一馭夫。良馬左右二廄，合計亦四百三十二匹，兩數正同。再以三乘之，得千二百九十六匹，與經『三良馬』之數相應也。又案：鄭必破八為六者，亦以依經圉師以上皆積八成數，則不能成皁，惟改八為六，則每皁一圉師，六皁一趣馬，三十六皁一馭夫，百八皁一僕夫，於皁繫之，數亦正合也。云『既三之，無僕夫者，不駕於五路，卑之也』者，以良馬一繫三十六匹，則有一馭夫，一廄二百十六匹，則有一僕夫。今駑馬，依鄭說，則四百三十二匹，始有一馭夫，其數已不相當。而駑馬之師至馭夫而止，雖三之，至千二百九十六匹之多，亦不更設僕夫，明以不駕五路卑之，故不設貴官也。賈疏云：案此經，乘馬一師四圉，三乘為皁，皁一趣馬，三皁為繫，繫一馭夫，按序官云：趣馬下士皁一人，徒四十人，即此以云。皁一趣馬，合自師至馭夫，中士二十人，下士四十人，并之六十，正充此良馬之馭夫，又不見駑之馭夫者，或脫也。**天子十有二閑，馬六種；邦國六閑，馬四種；家四閑，馬二種。**降殺之差，每廄爲一閑。諸侯有齊馬、道馬、田馬，大夫有田馬，各一閑，其駑馬則皆分為三焉。［疏］『天子十有二閑，馬六種；邦國六閑，馬四種；家四閑，馬二種』者，王十二閑，半之以為邦國之閑數，三分邦國之閑去一，以為家之閑數。左成十八年傳云：『程鄭為乘馬御，六騶屬焉。』杜注云：『六騶，六閑之騶。《周禮》諸侯有六閑馬。』晉制與此經合。注云『降殺之差，每廄為一閑』者，《說文・門部》云：『閑，闌也。』《漢書・百官公卿表》顔注云：『閑，闌，養馬之所也。』《詩・魯頌・駉》孔疏云：『閑謂馬之所在，有限衞之處是閑，廄義同，故又謂一廄為一閑。』鄭意上文『六廄成校，校有左右』，是一校六廄，左右合為十二廄，卽是十二閑。但天子備十二閑，六種，邦國以下，以次遞降殺之，其每廄為一閑，則同也。《穀梁》莊二十九年，新延廄傳云：延廄者，法廄也。范注引此經釋之，亦云每廄一閑。云『諸侯有齊馬、道馬、田馬，大夫有田馬，各一閑，其駑馬則皆分為三焉』者，此無正文，鄭意邦國之與天子降殺以兩，故於六種之中去上二種，取下四種，以充邦國之用。又天子良馬五種，種各二閑，其駑馬三良馬，則以三倍之數並處二閑。今邦國六閑，馬四種，若亦如天子之制，良馬三種，駑馬一種，種各二閑，則有八閑，非六閑所能容，故謂邦國及家皆良駑。每種止一閑。駑馬三良馬，則又分處三閑，與天子制不同也。吴廷華據《巾車》『金路同姓以封，象路異姓以封，革路以卽戎，以

封四衛，木路以封蕃國』，注『金路以封同姓及公』，以難此注；謂此邦國不分五等，則同姓及公之金路固當用齊馬，而侯伯以下乘象、革、木三路者，不宜概用齊馬。又《夏官·敍官》邦國有軍制，亦應有兵車，鄭注四種亦不宜獨去戎馬。案：鄭依上文六物之文，種、戎在齊、道、田之上，故謂邦國無種、戎二馬。但戎馬革路所駕，《巾車》『革路以封四衛』，在邦國為子男之車，則五等諸侯通得乘之，況邦國無大小，各立軍制，而謂不得備戎馬，於理實難通。吳氏疑之，是也。且五路之中，革路卑於金、象，則六馬之中，戎馬不得尊於齊、道，故馬質三物，有戎馬而無齊、道、明齊、道，之物貴於戎也。然則上經六物，戎在齊上，乃偶順文便，不為尊卑之定次，而鄭卽據之以為邦國無戎馬，非至論也。攷《毛詩·魯頌·駉》傳云：『諸侯六閑，馬四種，有良馬，有戎馬，有田馬，有駑馬』，其說與鄭此注異。諦審毛意，蓋卽以馬質三物戎、田、駑三馬，皆買之民閒，非國廄所生，故以充諸侯之馬，但其所謂良馬一種，不知正指何馬。依此經注義，則種、戎、齊、道、田五馬並為良馬，毛既別數戎、田，而種馬又玉路所駕，諸侯所不得乘，則良馬內無種、戎、田三馬可知。竊疑毛所謂良馬者，殆兼指道、齊二馬也。蓋據《巾車》『金路同姓以封，象路異姓以封』之文，諸侯同姓乘金路者，當有齊馬，無道馬；異姓乘象路者，當有道馬，無齊馬，以其齊、道不定，故統晐之曰良馬，此毛君依此經為傳之微恉也。今謹依毛義，定邦國四種之馬曰：凡諸侯乘金路以下者，其馬為齊、戎、田、駑，其金路、象路蓋共駕齊馬，以其事略同也。戎路以下，所駕馬與王同。凡乘象路以下者，其馬為道、戎、田、駑，以駕象路以下，亦與王同。至於四衛乘革路者，雖不得乘象路，而亦得具道馬，以賓祭行禮之馬不可與戎事同也。依此差之，則與此職及《巾車》《馬質》諸文，無不符合，似較鄭說為優。而《魯頌》疏反據鄭以通毛，謂毛以齊馬為良馬，道馬為戎馬，名實貿亂，不可通也。又案：依鄭說，每閑馬二百一十六匹，邦國六閑，凡一千二百九十六匹；家四閑，凡八百六十四匹。賈疏云：『問校人職，天子十有二閑，馬六種，為三千四百五十六匹；邦國六閑，馬四種，為二千五百九十二匹；家四閑，馬二種，為千七百二十八匹。商按：天子之卿，采地食小都，大夫食縣，不審何由當能共此馬數。故《禮記》家富不過百乘，謂其多也。《司馬法》論之甸方八里，有戎馬四匹，長轂一乘。今大夫采地四甸，一甸稅又給王，其餘三甸，纔有馬十二匹，今又就校人之職相校，甚異，何？荅曰：邦國六閑四種，其數適當千二百九十六匹；家有四閑二種，又當八百六十四匹。今子以何術計之乎？此馬皆君之所制，為非謂民賦。畿內百里之國者居四都，五十里之國居四縣，二十五里之國居四甸，而引天子卿食小都，大夫食縣，欲何以難？又《司馬法》：甸有戎馬四匹，長轂一乘，此謂民出軍賦，無與於天子國馬之數。事條未理，而多紛紜。趙商云：邦國二千五百九十二匹者，謂三良，一良四百三十二匹，三良千二百九十六匹，駑三，其一種亦千二百九十六匹，故合為二千五百九十二匹。家四閑，馬二種，為千七百二十八匹，謂良馬一種四百三十二匹，駑馬一種三良馬，一種亦千二百九十六匹，并之千七百二十八匹，正合於數。鄭不從者，天子十二閑，分為左右，一種馬分為二廄，故一種馬有四百三十二匹。諸侯及大夫直一廂，不分為左右，則良馬惟有三廄，三良居三廄，其數六百四十八匹；駑馬亦三，其一種其數亦六百四十八匹，并之千二百九十六匹；家有二種，一良一駑，良居一廄，二百一十六匹，駑馬三之，為六百四十八匹，并之為八百六十四匹。故鄭氏云：子以何術計之。』案：據賈引《鄭志》荅趙商，謂丘甸出車馬為軍賦，無與於國馬之數，則此國馬卽公馬，與《國語》不同，其說甚析。依此職經注，則王之戎馬亦止四百三十二匹，才足共駕兵車百有八乘，而天子畿內軍賦號稱萬乘，其不合一也。卽以六軍三千乘計之，當用馬萬二千匹，與此職戎馬數亦復縣絶，其不合二也。蓋此職十二閑之戎馬，專以共王之戎路、倅車及從行公卿大夫、宿衛士庶子等所乘，非以給軍。左昭二十七年傳：『楚沈尹戌帥都君子與王馬之屬以濟師』，明常時王馬不以給軍。又襄九年傳：『宋災，使皇鄖命校正出馬，庀武守』，彼校正卽此校人，明國內守備之事，乃使校人出馬也。蓋六軍之馬，當由馬質頒與六鄉之家，使共養之，而鄉吏司其稽簡徵發之事。六遂副六鄉，其頒養之法當亦如之。至都鄙丘甸出戎馬，則又民閒自備，都鄙之吏縣師與稍人掌其事。二者之馬皆不畜於王閑，為校人所不掌。然則此職王及邦國之馬，自據官廄所畜言之，其不足以盡王國及侯國之馬亦明矣。至此經之家馬四閑，依《鄭志》說，為天子三公食大都者之制，此本畿內大國，與邦國男國相等，故軍賦不過百乘，而家廄畜馬有八百餘匹之多。其卿食小都、大夫食縣者，卽不得備此數，故荅趙商云『欲何以難』。至諸侯之卿大夫，尤不能具四閑之制，故《論語·公冶長篇》以陳文子有馬十乘爲多，則邦國卿大夫畜馬之數可知矣。

凡馬，特居四之一。欲其乘之性相似也。物同氣則心一。鄭司農云：『四之一者，三牝一牡。』

［疏］注云『欲其乘之性相似也物，同氣則心一』者，賈疏云：『是使三牝各產其一，通牡為四，共駕一車，取同氣一心之義。』吳廷華云：『鄭本以牝牡為同氣一心，賈以所產為同氣一心舛矣。』案：吳說是也。賈意蓋謂古駕車必用牡，故使三牝各產一牡，與馬父為四牡。然紬繹鄭意，自以三牝一牡為一乘而同氣一心，不如賈所說也。《顏氏家訓·書證篇》據《詩》『駉駉牡馬』，謂此經圉人所養良馬皆牡馬，云：『良馬，天子以駕玉路，諸侯以充朝聘郊祀，必無騲也。』案：《魯頌》本作『駉駉牧馬』，顏據誤本，殊不足信。其謂良馬為皆牡馬者，疑六朝禮家因上經駑馬三良馬之數，與此經居四之一分率偶合，遂并為一義，其說尤謬。段玉裁云：凡馬兼指六種五路之馬。又，康成計王馬之大數，而引《詩》『騋牝三千』，何嘗謂五路之馬無騲歟？良馬通謂五路之馬，倘皆無騲，則通淫游牝，豈專為駑馬？良馬豈皆駑母所生？康成何以云『種馬上善似母』者也？案：段糾顏誤是也。《列女傳·辯通篇》云：『昔者湯伐夏，左驂牝驪，右驂牝靡，而遂放桀。武王伐紂，左驂牝騏，右驂牝驥，而遂克紂。』是卽戎路不必皆駕牡馬之證。但《詩》屢言四牡，《列女傳》所云則又兩牝，皆無三牝一牡之明文，鄭義亦未知何據。陳、汪謂此經指養馬言之，其說

較通。蓋廄牧之馬，大數牝多特少，若駕乘則不拘此數。大抵特貴於牝，則五路之馬，或純牡，或閒以牝，亦無不可。但純牝則為賤，非駕路所宜。《韓非子·外儲說左》云：『孫叔敖相楚，棧車牝馬。』明卿大夫以上乘車不用純牝矣。鄭司農云『四之一者，三牝一牡』者，《廣雅·釋獸》云：『牡，特，雄也。』《說文·牛部》云：『朴特，牛父也』。是特本為牡牛，引申之牡馬亦得稱特也。**春祭馬祖，執駒。**馬祖，天駟也。《孝經》說曰：『房為龍馬。』鄭司農云：『執駒無令近母，猶攻駒也。二歲曰駒，三歲曰駣。』玄謂執猶拘也。春通淫之時，駒弱血氣未定，為其乘匹傷之。［疏］『春祭馬祖』者，此職四時之祭，經不云何月，以秋祭馬社推之，疑皆在四仲之月。六畜惟馬祖有祭者，以馬給戎事，其用尤重也。左僖十七年傳云：『古者六畜不相為用。』杜注云：『謂若祭馬先，不用馬。』孔疏引沈氏據《春秋說》天苑主牛，又有天雞、天狗、天豕，謂六畜各有祖，肊說不足據。注云『馬祖，天駟也』者，《爾雅·釋天》云：『天駟，房也。』《詩·小雅·吉日》孔疏引孫炎云：『龍為天馬，故房四星謂之天駟。』案：師田亦有馬祖之祭，所謂伯也，亦即禂祝之禂馬，與此春祭禮異。《詩·吉日》云：『既伯既禱』，孔疏云：『馬祖，祭之者，春其常也，而將用馬，則又用彼禮以祭之』，是也。又《漢書·敍傳》『類禡厥宗』，應劭注云：『禡，馬祖也。馬者，兵之首，故祭其先神也。』案：禡者師祭，與伯不同，非祭馬祖，應說失之。互詳肆師、甸祝疏。引《孝經》說曰『房為龍馬』者，證天駟為馬祖之義。《續漢書·輿服志》劉注引《孝經·援神契》云：『斗曲杓橈象成車，房為龍馬，華蓋覆鉤。』宋均注云：『房星既體蒼龍，又象駕四馬，故兼言之也。』此即據《援神契》文。馬質注亦云：『天文辰為馬』。賈疏云：『春時通淫，求馬蕃息，故祭馬祖。』鄭司農云：『執駒無令近母，猶攻駒也』者，《大戴禮記·夏小正》云：『四月執陟攻駒』，傳云：『執也者，始執駒也。執駒也者，離之去母也，執而升之君也。攻駒也者，教之服車數舍之也。』案：先鄭云『無令近母』，即《夏小正》傳所云『離之去母』也。庾人攻駒與執駒為二事，與《夏小正》合。此以執駒猶攻駒者，以皆是禁其乘匹之事，非謂執駒亦騬其蹄齧者也。云『二歲曰駒，三歲曰駣』者，庾人注及《說文·馬部》並同。賈疏謂《爾雅》文，今攷《爾雅·釋畜》無此文，賈疑誤記也。云『玄謂執猶拘也』者，《釋名·釋言語》云：『執，攝也，使畏攝也。』《說文·幸部》云：『執捕辠人也。』《句部》云：『拘，止也。』案：執捕引申之與拘止義同。《書·酒誥》云：『盡執拘以歸于周。』《月令·仲夏》：『游牝別羣則繫騰駒』，《釋文》『繫』作『執』。《淮南子·時則訓》同。《玉燭寶典》引《月令章句》云『繫絆』。《說文·馬部》云『馽，絆馬也，或作縶。』《莊子·馬蹄篇》云：『連之以羈馽』。案：執縶聲義亦同。云『春通淫之時』者，據牧師文。云『駒弱，血氣未定，為其乘匹傷之』者，賈疏云：『《論語》孔子云：血氣未定，戒之在色。馬亦如此，故引之而言也。』按《月令·仲夏》『繫騰駒』，注云：『為其壯氣有餘，相蹄齧。』彼壯氣有餘，相蹄齧，繫之。不為駒弱者，繫有二種，此謂二歲者，彼據馬之大者，故不同也。**夏祭先牧，頒馬，攻特。**先牧，始養馬者，其人未聞。夏通淫之後，攻其特，為其蹄齧，不可乘用。鄭司農云：『攻特謂騬之。』［疏］『夏祭先牧，頒馬，攻特』者，《夏小正》『五月頒馬』，傳云：『分大夫卿之駒也。將閒諸則，或取離駒納之則法也。』案：此夏祭先牧而頒馬，與小正五月頒馬文合，亦祭先牧在仲夏之證。頒馬，即頒駒也。彼傳云分大夫卿之駒者，謂以駒分與卿大夫之當乘馬者。宋本《大戴禮記》作『分夫婦之駒』，誤。注云『先牧，始養馬者，其人未聞』者，《說文·牛部》云：『牧，養牛人也。』通言之，養馬亦曰牧。賈疏云：以其言先牧，是放牧者之先，知是始養馬者。祭之者，夏草茂，求肥充。云『夏通淫之後，攻其特，為其蹄齧不可乘用』者，亦謂騬其蹄齧者也。《說文·足部》云：『踶，躛也。』蹄，即踶之借字。謂牡馬性悍，怒喜相踶齧，必騬之使馴，而後可乘用也。鄭司農云：『攻特謂騬之』者，鄭庾人注說攻駒義同。《說文·馬部》云：『騬，犗馬也。』《廣雅·釋獸》云：『騬，犗，攻犗也。』謂割去馬勢，猶今之扇馬。**秋祭馬社，臧僕。**馬社，始乘馬者。《世本·作》曰：『相土作乘馬。』鄭司農云：『臧僕，謂簡練馭者，令皆善也。』玄謂僕，馭五路之僕。［疏］『秋祭馬社』者，蓋亦在仲秋，與國報社同月也。注云『馬社，始乘馬者』者，牧地及十二閑之中，蓋皆為置社，以祭后土，而以始制乘馬之人配食焉，謂之馬社也。引《世本·作》曰『相土作乘馬』者。土，舊本誤士，今據宋婺州本、岳本、互注本、明監本正。《作》，《世本》篇名，詳龜人疏。《荀子·解蔽篇》云：『乘杜作乘馬』，楊注亦引《世本》云：『杜與土同。乘馬，四馬也。四馬駕車起於相土，故曰作乘馬。相土，契孫也。』高承《事物紀原》引《世本》『相土作乘馬，騶作駕』。宋衷注云：『皆黃帝臣。』案：據宋仲子說，則相土為黃帝臣。《易·繫辭》說黃帝、堯、舜制九事，已有服牛乘馬，宋說與《易》合。楊倞謂即契孫，殆非也。鄭司農云：『臧僕謂簡練馭者，令皆善也』者，《爾雅·釋詁》云：『臧，善也。』謂簡擇練習其人，使善其事也。云『玄謂僕，馭五路之僕』者，謂大馭、戎僕、齊僕、道僕、田僕，即上文之僕夫也。先鄭釋僕為馭者，嫌與下講馭夫無別，故後鄭補釋之。凡五馭通稱僕，互詳大馭、條狼氏疏。**冬祭馬步，獻馬，講馭夫。**馬步，神為災害馬者。獻馬，見成馬於王也。馭夫，馭貳車、從車、使車者。講，猶簡習。［疏］『講馭夫』者，馭夫不馭五路，視僕為輕，故後臧僕也。注云『馬步，神為災害馬者』者，讀『步』與『酺』同。族師『春秋祭酺』注云：『酺者，為人物烖害之神也。故書酺或為步。』亦引此經為釋。又云：『蓋亦為壇位，如雩禜云。』此注與彼注義正同，蓋謂亦為壇位以祭之也。今攷馬步之祭，它經無文，鄭以漢制說之，亦無塙證。竊疑『步』當讀如字。《曲禮》云『步路馬必中道』，孔疏云：『步，猶行也。』左襄二十六年傳云『左師見夫人之步馬』者，杜注云：『步馬，習馬。』馬步蓋謂習馬之道。《月令》五祀，冬祭行。此冬祭馬步，猶人之有祭行。《史記·封禪書》有祠馬行，或其遺法。《月令》注，祭行在廟門外之西，然則祭馬步其在廄門外之西與？云『獻馬，見成馬於王也』者，成馬，謂已調習任乘駕之馬也。賈疏云：『以冬時萬物成，亦獻成馬於王也。』云『馭夫，馭貳車、從車、使車者』者，據本職文。云『講猶簡習』者，《國語・周語》韋注云：『講，習也。』又後注云：『簡，差也。』此講馭夫，亦謂差擇而肄習之，故兼簡習為訓。凡大祭祀、朝覲、會同，毛馬而頒之。毛馬，齊其色也。頒，授當乘之。［疏］『凡大祭祀、朝覲、會同，毛馬而頒之』者，大祭祀，謂外祭祀、圜丘、方丘、南北郊、明堂之等。朝覲、會同，亦冡大為文，大宰注云『大會同或於春朝，或於秋覲』是也。三者皆於國外行之，故有頒馬之事。注云『毛馬，齊其色也』者，小宗伯『毛六牲』注云：『毛，擇毛也。』此義與彼同。謂一乘四馬，必取同色，若乘黃之類。賈疏云：『此三者皆頒馬從王。知齊其色者，按《毛詩傳》云：宗廟齊豪，尚純也；戎事齊力，尚强也；田獵齊足，尚疾也。《爾雅》亦云。雖據宗廟，至於田獵、軍旅，既尚疾尚力，亦尚色也。故下云凡軍事，物馬而頒之，是尚力也。《詩》云『駟騵彭彭』，武王所乘，又云『駟鐵孔阜』，秦襄公以田，是齊色不專據宗廟。』案：賈所引《小雅・車攻》毛傳文，彼詩云『我馬既同』，傳云：『同，齊也。』是齊其色卽謂馬同色，故孔疏引李巡云：『祭於宗廟，當加謹敬，取其同色也。』大朝覲、會同，馬亦當齊色，齊色卽《史記・平準書》所謂『鈞駟』是也。云『頒，授當乘之』者，《祭義注》云：『頒之言分也。』謂分授與當乘馬之人也。飾幣馬，執扑而從之。鄭司農云：『校人主飾之也。幣馬，以馬遺人，當幣處者也。』《聘禮》曰：『馬則北面，奠幣于其前。』《士喪禮下篇》曰：『薦馬，纓三就，入門北面，交轡，圉人夾牽之，馭者執策立于馬後。』［疏］『飾幣馬』者，此冡上大朝覲會同為文也。云『執扑而從之』者，扑，《唐石經》初刻作『朴』，磨改作『扑』。案：朴卽扑之誤，詳司市、射人疏。注鄭司農云『校人，主飾之也』者，飾與封人『飾牛牲』義同，彼注云：『飾謂刷治絜清之也。』云『幣馬，以馬遺人，當幣處者也』者，卽圉人注『王賜賓客之馬』是也。先鄭意校人掌馬不掌幣，而經云幣馬者，以幣馬兩有，二者同陳，馬當幣之處，故通謂之幣馬也。吳廷華云：『校人，馬官，而言幣者，謂以馬為幣。蓋馬為小行人六幣之一，故亦稱幣，非幣帛之幣也。』王引之云：『馬在六幣之數，故曰幣馬，《齊語》云：天下諸侯罷馬以為幣是也。下文幣馬義並同。』案：吳、王說是也。先鄭忘檢小行人，故誤以幣馬為馬當幣處。賈又曲為之說，謂此直以馬遺人，無幣；又謂王家遺人無庭實。然則下文賓客及國使之幣馬皆有馬兼有幣，注何以別無說乎？殆又未達鄭恉矣。引《聘禮》曰『馬則北面，奠幣于其前』者，《聘禮》賓在國夕幣，及入境展幣，並有此文。引之者，證幣馬同設，卽所謂當幣處也。賈疏謂彼有幣有馬，此無幣，亦非鄭恉。引《士喪禮下篇》曰『薦馬纓三就，入門北面，交轡，圉人夾牽之，馭者執策立于馬後』者，卽《既夕》文。馭，彼作御，字同。注云：『諸侯之臣，飾纓以三色而三成，此三色者，蓋條絲也，其著之如罽然。天子之臣如其命數。王之革路條纓。』引之者，證此飾馬兼有馬纓等，又彼馭者執策立馬後，與此校人執扑從馬事亦同也。凡賓客，受其幣馬。賓客之幣馬，來朝聘而享王者。［疏］注云『賓客之幣馬，來朝聘而享王者』者，賈疏云：『大行人云廟中將幣三享者是也。』詒讓案：幣馬者，朝聘享王庭實之馬也。《覲禮》云：『三享皆束帛加璧，奉束帛，匹馬卓上，九馬隨之。』此朝覲享王之幣馬也。《聘禮記》云：『凡庭實，皮馬相間可也。』此聘問享主國君之幣馬也。侯國之臣聘於王亦然。又《聘禮》使者私覿以馬為庭實，亦當校人受之。大喪，飾遺車之馬；及葬，埋之。言埋之，則是馬塗車之芻靈。［疏］『大喪』者，謂王及后、世子喪。云『飾遺車之馬』者，此與巾車、司常為官聯也。《巾車》云：『大喪飾遺車，遂廞之行之。』此官則飾其馬，而圉人廞之。《檀弓》注云：『遣車之差，大夫五，諸侯七，則天子九。』其馬當亦每車為四馬，如王生時；乘車之制，亦有纓就之飾也。《荀子・禮論篇》說明器云：『趨輿而藏之，金革轡靷而不入，明不用也。』蓋卽指埋遣車馬而言。金革轡靷，卽車馬之飾。彼云不入者，蓋入壙時解說車馬及飾，不駕繫之，非謂不入壙，猶《典庸器》廞筍虡而不縣，《檀弓》卽云『有鍾磬而無筍虡』也。又凡葬窆時，藏器於椁中，有見內見外之異。《士喪禮》有苞筲，無遣車。《既夕》及《襍記》注謂藏於見外，王禮以遣車載苞藏之，當與彼同，故賈疏謂入壙藏之於椁內覵外，卽據《襍記》注義也。互詳巾車、冡人疏。云『及葬埋之』者，埋，《釋文》作貍，云『本亦作埋』。阮元云：『經當作貍，注當作埋，此類皆援注所改。』案：阮說是也。貍卽薶之借字，注或從俗作埋，詳鼈人疏。注云『言埋之，則是馬塗車之芻靈』者，鄭意生馬不當埋，言埋明非真馬也。凡送葬車有多種，祥車駕馬，蜃車人引之，皆卒窆而反，不埋之。故《既夕記》云：『車至道左，北面立，東上，柩至于壙，斂服載之，卒窆而反。』注云『柩車至壙，祝說載除飾，乃斂乘車、道車、稾車之服，載之以歸』是也。若輴車載柩入壙，其在道駕馬與否，經注無文。《荀子・禮論篇》云：『輿藏而馬反，告不用也。』楊注以輿為輁軸與輴，藏謂埋之，馬卽駕輁軸之馬。據彼說，則輴車至壙亦駕馬，窆時車雖埋，而馬仍反，是真馬送葬，無埋法也。塗車芻靈者，《釋名・釋喪制》云：『塗車，以泥塗為車也。芻靈，束草為人馬，以神靈名之也。』《檀弓》云：『塗車芻靈，自古有之。』謂為芻靈者善，謂為俑者不仁。鄭彼注云：『芻靈，束茅為人馬。謂之靈者，神之類。俑，偶人也。孔子善古而非周。』孔疏謂：『鄭意則周初卽用偶人，故冡人職言鸞車象人，注引謂為俑者不仁。其餘車馬器物猶為塗車芻靈，故校人注云塗車之芻靈。是偶人之外，猶有塗車芻靈之制。』案：孔說是也。依鄭《檀弓》注說，蓋古止有芻靈，至周而有俑，然仍不廢芻靈，故此注亦以為釋。賈疏誤會鄭意，謂周實用俑，注舉古之芻靈況周，非謂周仍用芻靈，失之。又案：此遣車卽鸞車，蓋亦以木為之，而塗以黝堊等，故通謂之塗車。至冡人注以象人為俑，知此遣車之馬不以木為之者，以《檀弓》止言俑為木人，更無木馬之文。《史記・封禪書》載秦郊祀用木禺車馬，《鹽鐵論・

散不足篇》說明器有桐馬偶人，此秦漢制，周時或未有也。田獵，則帥驅逆之車。帥，猶將也。［疏］『田獵，則帥驅逆之車』者，賈疏云：『驅逆之車，田僕設之，但校人主車馬，帥領田僕而已。』注云『帥，猶將也』者，此叚借之義也。《說文・巾部》云：『帥，佩巾也。』《行部》云：『衛，將衛也。』經典將衛字多叚帥為之，故此將車亦謂之帥矣。凡將事于四海、山川，則飾黃駒。四海，猶四方也。王巡守，過大山川，則有殺駒以祈沈禮與？玉人職有宗祝以黃金勺前馬之禮。［疏］『將事于四海、山川』者，與小宗伯、大祝將事于四望禮略同。云『則飾黃駒』者，亦謂刷治絜清之也。賈疏云：『謂王行所過山川，設祭禮之然後去，則殺黃駒以祭之，山川地神，土色黃，故用黃駒也。』案：依賈說，黃駒取象土色，則所至山川，不論在何方，悉用黃色，與牧人望祀以方色牲異。彼又云：『凡外祭，毀事用尨可也。』注云：『外祭，謂王行所過山川用事者。』賈彼疏援此經，謂據尨中有黃色者用之，義亦通也。又大司馬云『喪祭奉詔馬牲』，當亦此官所共。經不見共馬牲者，亦文不具也。注云『四海，猶四方也』者，明此四海為王巡守所至，在六服之內，與布憲四海為四夷異也。『王巡守，過大山川，則有殺駒以祈沈禮與』者，依玉人文，則王巡守所過大中小三等山川，並有祭禮，此唯云大山川者，據大祝云『大會同，過大山川則用事焉』，文不具也。賈疏云：『《爾雅》云：祭山曰庪縣，祭川曰浮沈。今鄭云以祈沈者，總解過山川二事，言與者，《爾雅》據正祭，此則行過之，約與彼同，故云與以疑之也。』案：此注『祈沈』，釋文無音。而玉人注云『其祈沈以馬』，彼《釋文》引《小爾雅》曰『祭山川曰祈沈』，祈音九委反。然今本《小爾雅》無此文。依《玉人釋文》，則祈讀與庪同。此疏及《大宗伯》疏並謂祈卽庪，《詩・大雅・鳧鷖》孔疏引此及玉人注，亦並作庪沈，是祈沈卽《釋天》之庪縣、浮沈也。《大宗伯》山川正祭之禮以貍沈。據《鳧鷖》疏引《鄭志》荅張逸說，則庪縣與貍異。而此及玉人注並據以為說者，蓋鄭意《大宗伯》山林用貍，是正祭之禮，庪而復貍；其巡守所過，用告祭之禮，山則庪而不貍，川則亦用沈，但禮有隆殺。《漢書・溝洫志》載武帝自臨決河，湛白馬玉璧，卽用古沈馬之禮也。《覲禮》云：『祭山丘陵升，祭川沈。』鄭注云：『升、沈，必就祭者也。』就祭則是謂王巡守及諸侯之盟祭也。彼云升沈，升卽庪縣，沈卽浮沈。鄭以為王巡守就祭之禮，與此注正同。據此經祭山川有馬牲。《左傳》襄九年『宋災，祝宗用馬于四墉』，亦地示也。祈沈，互詳《大宗伯》及犬人疏。云『玉人職有宗祝，以黃金勺前馬之禮』者，據玉人文。所過山川以璋瓚先灌，而後用牲，黃金勺卽璋瓚之勺也。引之者，證彼云馬卽此黃駒。對文駒為小馬，散文駒馬亦通稱，並詳彼疏。凡國之使者，共其幣馬。使者所用私覿。［疏］『共其幣馬』者，亦謂以馬為幣也。注云『使者所用私覿』者，《聘禮》云『賓覿，奉束錦，總乘馬』，是私覿有幣馬也。又問卿之後云『賓面如覿幣』，彼私面亦有幣馬。鄭唯云私覿者，覿面散文亦通，故文不具，詳司儀疏。賈疏云：『言國之，謂王使之。下聘問諸侯王行禮後，乃更以此幣馬私與主君相見，謂之私覿。諸侯之臣與君同行，不得私覿；若特聘則有之，則聘禮私覿是也。若然，上文飾幣馬，是以馬遺人法，非聘，故無私覿。前賓客來朝聘不言私覿者，諸侯之臣於天子不敢行私覿故也。』吳廷華云：『享亦有幣馬，私覿特其一耳。』案：吳說足補鄭義。賈大行人疏謂諸侯大夫見天子有私覿，此疏又謂諸侯之臣於天子不敢行私覿，非也。郊特牲云：『朝覲大夫之私覿，非禮也。』鄭注云：『其君親來，其臣不敢私見於主國君也。以君命聘，則有私見。』據《禮經》，《覲禮》無私覿，《聘禮》有私覿，則諸侯之臣聘於王，亦宜有私覿，以申其敬，故《郊特牲》止庈朝覲私覿之非禮，而不及聘也。凡軍事，物馬而頒之。物馬，齊其力。［疏］『凡軍事，物馬而頒之』者，此以十二閑之馬頒授貳車及鄉大夫、士庶子所乘從車、使車者也。其六軍兵車之馬萬二千四，當馬質買而頒之。鄉里既非十二閑所養，則亦非此官所頒，詳前及馬質疏。注云『物馬，齊其力』者，《爾雅・釋畜》云『戎事齊力』是也。《詩・小雅・車攻》孔疏引某氏《爾雅》注云：『戎事謂兵革戰伐之事，當齊其力，以載干戈之屬。』賈疏云：『上朝會言毛馬，鄭云齊其色，此軍事言物馬，鄭云齊其力。物卽是色，而云齊力，當與上文互以見義，欲見皆有力有色也。』案：賈說是也。《月令・季秋》：『天子乃教於田獵，以習五戎，班馬政。』注釋馬政為齊其色，度其力，使同乘，卽引此經為證。是鄭意軍事亦兼貴齊色也。《詩・小雅・六月篇》『比物四驪』，毛傳詁物為『毛物』。孔疏謂：『比物者，比同力之物。戎事雖以齊力為主，亦不厭其同色。無同色者，乃取異毛耳，「騏駵是中，騧驪是驂」是也。』案：據孔說，則戎事以齊力為主，色則或齊或不齊，蓋無定法。又《檀弓》云：『夏后氏尚黑，戎事乘驪；殷人尚白，戎事乘翰；周人尚赤，戎事乘騵。』《詩・大雅・大明篇》『駟騵彭彭』，毛傳亦云『騂馬白腹曰騵，言上周下殷也。』是戎事馬亦各從正色，但《詩》《禮》並謂主帥所乘，其他戎車固不嫌有襍色矣。等馭夫之祿，馭夫，於趣馬、僕夫為中，舉中見上下。［疏］『等馭夫之祿』者，此與司祿為官聯也。司勳注云：『等猶差也。』注云『馭夫於趣馬、僕夫為中，舉中見上下』者，以經云等，明有上中下也。僕夫為上，趣馬為下。賈疏云：『掌養馬者，有趣馬、馭夫、僕夫三者，皆須等其祿，獨云馭夫，故鄭云舉中見上下。』宮中之稍食。師圉府史以下也。鄭司農云：『稍食曰稟。』［疏］『宮中之稍食』者，此冡上爲文，謂亦等之也。吳廷華云：『宮當為官字之誤。』方苞亦引士師云『掌官中之政令』，證此宮當作官。案：吳、方說是也。注疏並不釋『宮中』之義，疑鄭、賈本亦本作『官中』。王及諸侯宮中固當有內廄，左昭六年傳，楚有『宮廄尹』是也。然十二閑馬數千匹，斷非宮內所能容，若云等內廄師圉等之稍食，豈十二閑師圉之稍食非校人所掌乎？今本作『宮中』，不可通也。注云『師圉府史以下也』者，賈疏云：『上云馭夫之等，言士已上訖，故知此是師圉府史以下，中仍有胥徒之等也。』鄭司農云『稍食曰稟』者，《說文・禾部》云：『稟，賜穀也。』《廣雅・釋詁》云：『稟，祿也。』段玉裁校改作『稍食祿稟』，以『曰』為『祿』

之譌。案：段蓋據宮正、內宰、廩人、掌固諸職後鄭注義，不為無徵。然先鄭此注疑當作『稍食日稟』，稟食以日計，猶月奉以月計也。日曰形近而譌。凡經言稍食，與禄不同。此經等馭夫之禄，與宮中之稍食別文，則稍食不可言禄明矣。蓋馭夫中下士，故有禄；師圉府史胥徒之屬，皆庶人在官者，則無禄，但稟食而已，故謂之稍食。先鄭但以稟釋稍食，而不兼言禄，其說最精審。後鄭訓為禄稟，似亦謂非正禄，然未別白言之，賈疏遂滋誤釋矣。

紀事

三國魏　鄭小同《鄭志》卷中　趙商問曰：『《校人職》天子十有二閑，馬六種，為三千四百五十六匹；邦國六閑，馬四種，為二千五百九十二匹；家四閑，馬二種，為千七百二十八匹。商按天子之卿采地食小都，大夫食縣，不審所由當能共此馬數？故《禮記》家富不過百乘，謂其多也。以《司馬法》論之，一甸之田方八里，有戎馬四匹，長轂一乘。今大夫采地四甸，一甸之稅以給王，其餘三甸裁有馬十二匹。今又就校人之職，相校甚異，何？』答曰：『邦國六閑，馬四種，其數適當千二百九十六匹；家有四閑，二種，又當八百六十四匹。今子以何術計之乎？此馬皆君之所制，非民之賦。畿內百里之國居四都，五十里之國居四縣，二十五里之國居四甸，而引天子卿食小都大夫食縣，欲何以難？又《司馬法》甸有戎馬四匹，長轂一乘，此謂民出軍賦，無預于天子國馬之數。事條未理而多紛紜。』案：《詩・定之方中》《正義・周禮校人正義》竝載此問答，各有節省字句。

宋　孫奭《孟子注疏》卷九上　『昔者有饋生魚於鄭子產，子產使校人畜之池。校人烹之，反命曰：始舍之，圉圉焉，少則洋洋焉，攸然而逝。子產曰：得其所哉！得其所哉！孟子言否，云舜不詐喜也。因為說子產以喻之。子產，鄭國之子公孫僑，大賢人也。校人，主池沼小吏也。圉圉，魚在水羸劣之貌。洋洋，舒緩搖尾之貌。攸然，迅走水趣深處也。故曰得其所哉。重言之者，嘉得魚之志也。校人出，曰：「孰謂子產智？予既烹而食之，曰：得其所哉！得其所哉！得其所哉！」故君子可欺以其方，難罔以非其道。彼以愛兄之道來，故誠信而喜之，奚偽焉？』〔疏〕『萬章問曰』至『奚偽焉』。正義曰：此章指言仁聖所存者大，舍小從大，達權之義也，不告而娶，守正道也。『萬章問曰』至『何也』者，萬章問孟子，言《齊風・南山》之詩有云『娶妻如之何，必告父母』，如信此詩之言，宜莫如舜信之，今舜乃不告父母而娶，是如之何也？『孟子曰』至『是以不告也』，孟子答之，曰：舜如告父母，則不得娶之也，男女居室，是人之大倫者也，如告之，則舜必不得娶也，不得娶，是廢人之大倫，以致怨懟於父母也。是以舜為此所以不告父母而娶也。『萬章曰』至『何也』者，萬章又問孟子，言舜之不告而娶，則我既已得聞教命矣，然堯帝而以二女妻於舜，而不告舜父母，是如之何也？故以此問之。妻者，以女嫁人謂之妻也。『曰：帝亦知告焉則不得妻也』，孟子又答之曰：帝堯亦知告舜父母，則舜父母止之，則不得以妻之也。『萬章曰』至『不知象之將殺己與』，萬章又問孟子，言舜之父母使舜完治倉廩，舜既登倉廩，即捐梯而下，瞽瞍不知己下，乃焚廩，欲因此以燒殺其舜；又使舜深浚其井，舜既浚井，即反出之，瞽瞍不知已出，又欲從而掩之，以溺殺其舜。其舜有弟名象，乃曰：謀揜蓋而殺都君者，皆我之功也。都君，即象稱舜也。然謂之都君者，蓋以舜在側微之時，漁雷澤，一年所居成聚，二年成邑，三年成都，故以此遂因為之都君矣。注曰：『都，於也』，其說亦通。又曰：牛羊與父母，倉廩與父母，干戈留我，琴亦留我，弤亦留我，二嫂使治我之床以為我妻。欲與父母分此，故先設言為謨蓋都君者，咸我績耳。於是象遂往入舜之宮，遇舜又在床而鼓五弦之琴，愕然反其辭曰：我氣閉積思意君，故來此。遂忸怩其顏，而乃慚恥形於面容也，以其恐舜知已謀其二嫂故也。『舜曰：惟茲臣庶，汝其於予治』，是舜見象素不來至其宮，遂見至宮，乃曰：『念此臣之眾，汝其來助我治耳。』如此，故萬章乃問孟子，言舜帝不知其弟象之將欲殺其己與？故以此好言而答其象也。『曰：奚而不知也，象憂亦憂，象喜亦喜』，孟子又言舜何為而不知象謀殺己也？以其仁人愛其弟，故象憂亦憂，象喜亦喜，故以好言答之也。曰：然則舜偽為喜以悅人者與？『曰否』至『奚偽焉』，孟子又答之曰：舜非偽喜以悅人者矣，又引以子產有饋生魚事而證之。言往者有人饋賜生魚於鄭之子產，子產受之，乃使主池沼之吏曰校人者畜養於池。校人烹煮而食之，遂反歸命告於子產曰：我始初放之於池，則魚尚羸乏圉圉然於水而未遊，少頃則洋洋然舒緩搖尾，而走趣於深處。子產信之以為然，乃曰此魚是得其所養哉。故重言之，乃歎魚之得志於水甚快然也。其校人乃出而與人曰：誰謂子產為智者，有知於人？予既烹煮而食其魚，子產乃曰得其所哉，得其所哉。如此，孟子故於此言，故君子者可欺偽以其方類，難誣罔全以非其道也。彼象謂以鬱陶思君，是以愛兄之道來至於宮，是以但欺以其方類也，故舜遂必以誠深信之而喜其來，故以好辭答之矣，何為以舜為偽喜者焉。言舜不偽也，亦若校人欺子產之謂，故子產亦必曰得其所哉，得其所哉耳。所謂方類者，以其在疑似之間故也。

宋　司馬光《家範》卷七《兄》　昔者有饋生魚於鄭子產，子產使校人畜之池。校人烹之，反命曰：始舍之，圉圉焉，少則洋洋焉，攸然而逝。子產曰：得其所哉！得其所哉！孟子言否，云舜不詐喜也，因為說子產以喻之。子產，鄭國公子公孫僑，大賢人也。校人，主池沼小吏也。圉圉，魚在水羸劣之貌，洋洋舒緩搖尾之貌。攸然，迅走水趣深處也。故曰：得其所哉。重言之，嘉得魚之志也。校人出曰：孰謂子產智？予既烹而食之，曰得其所哉，得其所哉，故君子可欺，以其方難，罔以非其道。彼以愛兄之道來，故誠信而喜之，奚偽焉？方，類也。君子可以事類欺，故子産不知校人之食其魚，象以其愛兄之言來向舜，是亦其類也。故誠信之而喜，何偽喜也。

宋 張九成《横浦集》卷一五　昔者有饋生魚於鄭子産，使校人畜之。校人烹之，反命曰：『始舍之，圉圉焉，少則洋洋焉，攸然而逝。』子産曰：『得其所哉！得其所哉！』校人形容放魚之狀，此亦僕夫中錚錚佼佼者也。始舍之圉圉，言雖得水，尚困弱，未能游泳也。少則洋洋，言精神稍復舒肆之皃也。悠然而逝，言精神還復舊觀，喜而超脱之皃也。其形容妙入魚之情性，亦可喜矣。乃為口腹之快為欺罔，亦可惜也。子産聞之，乃曰：『得其所哉！得其所哉！』其仁惠慈愛之心，可於此而見矣。余於得其所哉兩語，想見子産之為人。如此賢人而校人欺之，乃復不耻，出而自逞其竊盗之能，盡言語之妙而不自好者，大率皆校人類也。

宋 祝穆《事文類聚》卷三四《鱗蟲部》　校人畜魚。昔者有饋生魚於鄭子産，子産使校人畜之池。校人烹之，反命曰：『始舍之，圉圉焉，少則洋洋焉，悠然而逝。』子産曰：『得其所哉！得其所哉！』

明 董説《七國考》卷一一《都君子》　昭二十七年，楚左司馬戌帥都君子與王馬之屬以濟師。杜預曰：在都邑之士有復除者。賈逵曰：平常免其行役，事急乃使之耳。吳楚多有此事，急則從，如越有君子六千人是也。王馬之屬，王養馬官屬，校人之類。凡此，皆以急調役，非常法。

清 程廷祚《春秋識小録》卷一《魯校人》　哀三年，桓僖宮災，命校人乘馬。

雜録

唐 林寶《元和姓纂》卷九《校》　出自周官校人之後，以官為姓，天寶河南士曹校傑。

宋 高承《事物紀原》卷八《厩》　馬舍也。《周禮》校人掌頒良馬而養乘之，乘馬三乘為皁，三皁為繫，六繫為廄，六廄成校，此蓋名廄之始也。幽王失德，故詩人刺之曰：『乘馬在廄』。《穀梁》書新延廄法廄，注謂六閑之舊制。按：校人，天子十二閑，邦國六閑，然則閑廄之制，則是周為之也。

《通志》卷二八《氏族略第四》　校氏：《周官》校人之後，唐天寶有校傑，河南士曹。

牧師

題解

清 孫詒讓《周禮正義》卷五四　牧師，下士四人，胥四人，徒四十人。主牧放馬而養之。疏：牧師者，此官爲牧馬官之長，故稱師也。注云『主牧放馬而養之』者，謂放馬於牧地而養之。牧人掌養六牲，此牧師專主養馬，亦稱牧者，六牲得通稱也。

論説

宋 章如愚《山堂考索・後集》卷八《官制門》　周夏官之屬有輿司馬，有校人主馬之官，有牧師掌牧放，有巾車掌公車之政，及王之五輅，皆駕部之本也。魏晉尚書有駕部郎，宋駕部屬左民尚書，齊有之，後魏與北齊並曰駕部郎中，隋曰侍郎，屬兵部，煬帝除侍字。

宋 魏了翁《古今考》卷三一　牧師掌牧馬之地，皆有厲禁，界限也。孟春焚牧，除陳生新草也。中春通淫，合牝牡也。凡田事，贊焚萊。則仲春教振旅以蒐而火弊之事也。秀嵓謂：此職管皁徒，以武王歸馬牧牛之後，未有牧政，戎馬皆馬質所市耳。回謂此臆説。文王天下三分有其二，馬不少矣。武王歸馬華山，不以槽厩餵之耳，非棄之也，謂之未有牧政則可，周官未作也，作周官而後有馬質之官，武王何嘗買馬？其謂孝王使非子主馬汧渭之間蕃息，而《車鄰》《駟鐵》《小戎》之盛見于歌詩，列國往往效之。於是《定中》《駉頌》之篇作，而中國蓋多馬矣。此説亦不然，《車鄰》美秦仲『有馬白顛』一句而已，《駟鐵》《小戎馬》，秦襄公此三詩，秦之多馬亦未見其盛也。犬戎殺幽王，戎狄之患方熾，秦襄公攘之，而周平王東遷矣，於秦則利，而何益於周？《定之方中》，衛文公之詩；《駉》，魯僖公之詩，齊桓霸而王室卑，衛魯多馬，洛邑衰微，馬亦不能强魯衛，而晉後復興，可歎也。秀嵓李氏又曰：若夫『秉心塞淵』『騋牝三千』『思無疆』『思馬斯臧』，則其本又在此，不然，雖有王毛仲之徒數十，亦何救於漁陽之禍哉？紫陽方氏曰：此乃秀才廣文説話。國家兵財刑政，周官三百六十職，無一事一物不歸於先，治人主之心，豈不是好説話？然官有大小，事有本末，論道經邦，燮理陰陽，此三公之事，朝廷大臣能格君心之非，而天下中外執事之臣無不盡心竭力，各精其業，漢宣之世，百工技藝咸精，其能在下之人無不任職而已，便説道人主心上，此乃禹、稷、皋、夔、伊周之當為，道揆法守，故不同也。

明 潘游龍《康濟譜》卷二五下 牧師掌牧地，皆有厲禁而頒之。孟春焚牧，仲春通淫。掌其政令。凡田事，贊焚萊。

潘鱗長氏曰：按古人養馬，處處皆有牧田，即今之草場也。可耕則授之於農，不可耕者則留以養馬。蓋耕墾之地，草萊不生，留其地所以蓄草，蓄草所以養馬，養馬所以備武事，備武事所以安邊方、壯王室，非小故也。昔謂農事弗擾則馬政自修，故詩人稱馬政必歸之農，《魯頌》美僖公亦曰務農種穀，養牧于坰野，豈不以農政既修則馬政自舉乎？故我國初於畿甸之間，民耕之外，輒有水草處以為草場，近日盡為權貴所有，民間之馬無地可牧，請一切復之，立為厲禁政令，異日欲行周人牧師之政，舉而措之耳。

明 丘濬《大學衍義補》卷一二三 牧師掌牧地，皆有厲禁而頒之。孟春焚牧，中春通淫，掌其政令。凡田事，贊焚萊。鄭玄曰：頒之者，授圉者以牧地。孟春焚牧地，以除陳生新草也。中春通淫，以陰陽交合之時，合馬之牝牡也。賈公彦曰：言厲禁者，謂可牧馬之處，亦使其地之民遮護禁止，不得使人輒牧牛馬。臣按：古人養馬，處處皆有牧田，即今之草場也。可耕則授之於農，不可耕者則留以養馬。蓋耕墾之地，草萊不生，留其地所以蓄草，蓄草所以養馬，養馬所以備武事，備武事所以安邊方、壯王室，非小故也。昔人謂農事弗擾則馬政自修，故詩人稱馬政必歸之農，《魯頌》美僖公亦曰『務農重穀，牧于坰野』，豈不以農政既修則馬政自舉乎？我祖宗於畿甸之間，民耕之外，輒擇有水草處以為草場。近日盡為權貴所有，民間之馬無地可牧。請一切復之，立為厲禁政令，異日欲行周人牧師之政，舉而措之云耳。

明 王鳴鶴《登壇必究》卷一八 牧師掌牧地，皆有屬禁而頒之。孟春焚牧，中春通滛，掌其政令。凡田事，贊焚萊。鄭玄曰：頒之者，授圉人以牧地。孟春焚牧地，以除陳生新草也。中春通滛，以陰陽交合之時，合馬之牝牡也。賈公彦曰：言厲禁者，謂可牧馬之處，亦使其地之民遮護禁止，不得使人輒牧牛馬。邱文莊曰：古人養馬，處處皆有牧田，即今之草場也。可耕則授之於農，不可耕者則畱以養馬，蓋耕墾之地，草萊不生，畱其地所以蓄草，蓄草所以養馬，養馬所以備武事，備武事所以安邊方、壯王室，非小故也。昔人謂農事弗擾則馬政自修，故詩人稱馬政必歸之農，《魯頌》美僖公亦曰『務農種穀，牧于坰野』，豈不以農政既修則馬政自舉乎？我祖宗於畿甸之間，民耕之外，輒擇有水草處以爲草場。近日盡爲權貴所有，民間之馬無他可牧。請一切復之，立爲厲禁政令，異日欲行周人牧師之政，舉而措之云耳。

明 王志長《周禮注疏删翼》卷一七 牧師，下士四人，胥四人，徒四十人。註：主牧放馬而養之。《雜説》：古人養馬，處處有牧，所謂牧田是也。可井則井之，不可井者則為牧地，如『華山之陽』『牧於坰野』皆是牧馬。馬既在民，雖小國亦自有官掌之，少康所謂仍牧正，大抵皆寓兵於農之意。但令農事弗擾則馬政自修，故詩之稱馬政必歸之農，《魯頌》美僖公亦曰『務農重穀，牧於坰野』爾，故修農政則馬政自修焉，既在民時設官以掌之耳。自井牧之制廢，而馬皆在官。

清 李光坡《周禮述注》卷一七 牧師，下士四人，胥四人，徒四十人。註曰：主牧放馬而養之。鄭剛中曰：地官有牧人，掌牧六牲，則馬亦在牧。又有牧師者，蓋牧人所牧以共祭祀之牲牷，非以備駕車之用，此牧師正掌牧馬之地，不與牧人之官相通。

清 孔廣林《周官臆測》卷四《周官》 牧師孟春焚牧。疏云：謂夏之孟春建寅之月，廣林謂此周孟春也。維時百草皆枯，故焚而除之。建寅月則生意萌矣，豈可復焚？《周官》一經，凡正言孟春、仲春、季春，皆周正也，夏、秋、冬亦然，其云正歲，云上春，乃夏時矣。

綜述

漢 鄭玄《周禮疏》卷二八 牧師，下士四人，胥四人，徒四十人。主牧放馬而養之。牧，舊音目，劉音茂，沈音木。疏：注『主牧放馬而養之』，釋曰：在此者，按其職云『掌牧地』，是放馬，故與校人連類在此也。

又 卷三三 牧師掌牧地，皆有厲禁而頒之。頒馬授圉者所牧處。疏：注『頒馬』至『牧處』。釋曰：圉人，掌養馬者，故《圉人職》云『掌養馬芻牧之事』。言『厲禁』者，謂可牧馬之處，亦使其地之民遮護禁止，不得使人輒牧牛馬也。孟春焚牧，焚牧地以除陳，生新草也。疏：注『焚牧』至『草也』，釋曰：孟春，謂夏之孟春，建寅之月，草物將出之時，牧燒焚地，除陳草生新草也。中春通淫，中春，陰陽交、萬物生之時，可以合馬之牝牡也。《月令》季春『乃合累牛騰馬，游牝于牧』，秦時書也。秦地寒涼，萬物后動。中，音仲，注同。累，力追反，劉音類。疏：注『中春』至『后動』，釋曰：按《月令》，季春『乃合累牛騰馬，游牝於牧』，彼注云：『此月可以合牛馬，系在廄者。其牝欲游，則就牧而合之。』若然，彼不系在廄，亦二月通淫，則與此經合矣。今此注以為『《月令》秦時書，秦地寒涼，萬物后動』，與彼注不同者，鄭君兩解，故彼此不同也。掌其政令。凡田事，贊焚萊。焚萊者，山澤之虞。疏：『凡田事贊焚萊』，釋曰：焚萊自是山澤之虞，當二月焚萊除陳生新之時，則此官贊山澤之虞也。

唐 白居易《白氏六帖事類集》卷二九《馬第四十九》 牧師，《周禮》：牧師掌牧地也。

宋 王安石《周官新義》卷一三《夏官二》 牧師掌牧地，皆有厲禁而頒之。孟春焚牧，中春通淫。掌其政令。凡田事，贊焚萊。頒其地于牧人。

宋 王昭禹《周禮詳解》卷二九 牧師掌牧地，皆有厲禁而頒之。孟春焚牧，中春通淫，掌其政令。凡田事，贊焚萊。中，音仲。牧人牧六牲而阜蕃其物，牧師掌牧地，則牧人掌其物而牧師掌其地也。皆有厲禁而頒之者，有厲以防其妄入，有禁以止其非法，則頒其地於牧人也。中春則陰陽交，萬物發生之時，故通淫以合馬之牝牡。《月令》所謂『乃合累牛騰馬，遊牝於牧』是也。孟春焚牧，則以除陳草而生新，所以備馬食也。凡田事，贊焚萊，則贊山澤之虞也。

宋 王與之《周禮訂義》卷五五 牧師，下士四人，胥四人，徒四十人。鄭康成曰：主牧放馬而養之。鄭鍔曰：地官有牧人，掌牧六牲，則馬亦在牧。又有牧師者，蓋牧人所牧以共祭祀之牲牷，非以備駕車之用。此牧師正掌牧馬之地，不與牧人之官相通。掌牧地，皆有厲禁而頒之。鄭鍔曰：水草繁多之地，可以放牧。馬之就牧者甚衆，而官之所掌各有數之多寡，故頒之以地。鄭康成曰：頒馬授圉者。王氏曰：頒其地于牧人，必為厲禁，然後計地以較焉，可以責其繁息也。賈氏曰：厲禁，謂可牧馬之處，亦使其地之民遮護禁止，不得使民輒放牛馬。陳君舉曰：古人養馬，處處皆有牧地，所謂牧馬是也。可井則井之，不可井則為牧地，如『華山之陽，牧于坰野』皆是。牧馬既在民，雖小國亦有官以掌之，少康所謂牧正者，大抵皆寓兵於農之意。但農事勿擾，則馬政日修，故詩人稱馬政者，必歸之農，《定之方中》言『命彼倌人，星言夙駕，說于桑田』，魯頌美僖公亦曰『務農重穀，牧于坰野』，故脩農政則馬政自脩。馬既在民，特設官以掌之。孟春焚牧。鄭鍔曰：孟春草將生，焚去地之陳根，使發生新芽，則馬食而充肥。中春通淫。鄭康成曰：中春陰陽交，萬物生之時，可以合馬之牝牡也。《月令・季春》乃合累牛騰馬，遊牝于牧，秦時書也，秦地寒涼，萬物後動。掌其政令。凡田事，贊焚萊。鄭康成曰：焚萊者，山澤之虞。劉執中曰：虞人焚萊，而牧師贊之，所以護牧地，弗盡萊之也。

《玉海》卷一二二《官制》 牧師，下士四人，掌牧地，有厲禁而頒之。殷有牧師。

《文獻通考》卷一五九《兵考十一》 牧師掌牧地，皆有厲禁而頒之。頒馬授圉者所牧處。孟春焚牧。焚牧地以除陳生新草。中春通淫。中春陰陽交、萬物生之時，可以會馬之牝牡也。《月令・季春》『乃合累牛騰馬，遊牝於牧』，秦時書也。秦地寒涼，萬物後動也。掌其政令。凡田事，贊焚萊。焚萊者，山澤之虞。

元 陳友仁《周禮集説》卷七 牧師，牧，音日。下士四人，胥四人，徒四十人。鄭氏曰：牧師，主牧放馬而頒之。《雜説》：古人養馬處處有牧，所謂牧田是也。可井則井之，不可井者則為牧地，如『華山之陽，牧於坰野』，皆是牧馬。馬既在民，雖小國亦自有官掌之，少康所謂仍牧正，大抵皆寓兵於農之意。但令農事弗擾，則馬政自修，故詩之稱馬政必歸之農，《魯頌》美僖公亦曰『務農重穀，牧於坰野』爾，故修農政則馬政自修，馬既在民，特設官以掌之耳。自井牧之制廢，而馬皆在官。掌牧地，皆有厲禁而頒之。孟春焚牧，中春通淫，掌其政令。凡田事，贊焚萊。中，音仲。劉氏曰：牧地非一處，度其年歲水草之宜，與其馬之衆寡而頒之。鄭氏曰：頒之者，授圉者所牧之處。疏曰：言厲禁者，謂可牧馬之處，亦使其地之民遮護，禁止不得使人輒牧牛馬。鄭氏曰：孟春焚牧，焚牧地以除陳生新草也。中春通淫，中春陰陽交，萬物生之時，可以合馬之牝牡也。田事焚萊者，山澤之虞也。劉氏曰：牧師贊之，所以護牧地，弗盡焚之也。

明 雷禮《南京太僕寺志》卷五《儲買》 《周禮》牧師掌牧地，皆有厲禁而頒之。孟春焚牧，可耕則授之於農，不可耕者則留以養馬。

明 柯尚遷《周禮全經釋原》卷九《夏官司馬第四》 牧師，下士四人，胥四人，徒四十人。釋曰：牧師土牧馬而頒之養之也。

又 卷一〇《夏官下》 牧師掌牧地，皆有厲禁而頒之。孟春焚牧，中春通淫。掌其政令。凡田事，贊焚萊。釋曰：牧地非一處，度其年歲水草之宜，與其馬之衆寡而頒之。授圉者，所牧之處也。厲禁者，謂可牧馬之處，亦使其地之民遮護禁止，不使人輒牧牛馬也。孟春焚牧地，以陳生新草也。中春通淫，陰陽交、萬物生之時，可以合馬之牝牡也。田事焚萊者，山澤之虞，牧師贊之，所以護牧地，弗盡之焚也。

明 王應電《周禮傳》卷四下 牧師掌牧地，皆有厲禁而頒之。牧地有大小，度其馬之衆寡，頒于圉師等。孟春焚牧，中春通淫，掌其政令。凡田事，贊焚萊。萊，虞衡事，牧師贊之。牧地，必善水草之處，然亦貴有以愛養之。有厲禁者，遮護禁止，不得樵採也。頒之者，各有分地，無敢爭奪廢棄也。孟春焚牧者，黃落之餘，焚之使新草暢茂。至仲春，陰陽和，可以合馬之牝牡也。田事，贊焚萊者，酌量焚之，不得燬其應牧之處也。唯牧地充足，而馬得蕃息矣。

明 彭大翼《山堂肆考》卷一四四《民業》 焚萊。《周禮》夏官牧師『凡田事，贊焚萊』，又冬官山虞『若大田獵，則萊山田之野』，注云：萊，謂除其草萊也。

明 郝敬《周禮完解》卷八《夏官司馬下》 牧師，下士四人，胥四人，徒四十人。掌牧馬之地。牧師掌牧地，皆有厲禁而頒之。孟春焚牧，中春通淫。掌其政令。凡田事，贊焚萊。牧，節萊也。地不可井則以爲牧畜牛馬。厲列通，遮列禁樵採也。牧非一處，故頒禁。焚牧，焚陳草使生新。通淫，合牝牡也。田事，田獵之事，春田用火。

明 王志長《周禮注疏删翼》卷二一 牧師掌牧地，皆有厲禁而頒之。註：頒馬授圉者所牧處。疏：厲禁者，不得使人輒牧牛馬也。劉氏曰：牧地非一處，度其年歲水草之宜，與其馬之衆寡而頒之。孟春焚牧。註：焚牧地以除陳生新草也。中春通淫。註：中春陰陽交、萬物生之時，可以合馬之牝牡也。《月令·季春》『乃合累牛騰馬，遊牝於牧』，秦時書也。秦地寒涼，萬物後動。掌其政令。凡田事，贊焚萊。註：焚萊者，山澤之虞。王氏曰：贊之，令不得燬其應牧之處也。

清 李光坡《周禮述注》卷一九 牧師掌牧地，皆有厲禁而頒之。註曰：頒馬授圉者所牧處。疏曰：厲禁，謂可牧馬之處，亦使其地之民遮護禁止，不得使民輒放牛馬。孟春焚牧。註曰：焚牧地以除陳生新草也。中春通淫。註曰：中春陰陽交、萬物生之時，可以合馬之牝牡也。《月令·季春》『乃合累牛騰馬，遊牝于牧』，秦時書也。秦地寒涼，萬物後動。掌其政令。凡田事，贊焚萊。註曰：焚萊者，山澤之虞。中，音仲。

清 李鍾倫《周禮纂訓》卷一八 牧師掌牧地，皆有厲禁而頒之。注：頒馬授圉者所牧處。孟春焚牧。注：焚牧地以除陳生新草也。疏：孟春建寅之月。中春通淫。注：《月令·季春》『乃合累牛騰馬，遊牝于牧』，秦時書也。秦地寒涼，萬物後動。掌其政令。凡田事，贊焚萊。注：焚萊者，山澤之虞。

清 方苞《周官集注》卷七 牧師，下士四人，胥四人，徒四十人。地官牧人掌牧六牲，惟馬之為牲者則牧焉，餘皆牧師所掌。

又 卷八 牧師掌牧地，皆有厲禁而頒之。孟春焚牧，中春通淫，掌其政令。凡田事，贊焚萊。牧地非一處，度其年歲水草之宜，與其馬之衆寡而頒之。焚牧地，以除陳草也。中春陰陽交、萬物生，可以合馬之牝牡。《月令·季春》『乃遊牝于牧』者，秦地寒涼，萬物後動也。焚萊者，山澤之虞。贊之，令不得燬其應牧之處。

清 方苞《周官析疑》卷三〇 牧師凡田事，贊焚萊。山虞、澤虞，職無焚萊之文，而蒐田有火弊，則焚萊者虞人可知矣。曰：凡田事者，五時田而外，甸稍縣都，宜蒐獸之地，應不禁其焚萊。牧師通掌畿內之牧地，具知其宜焚之處，故凡田者，皆受令於山澤之虞，而又使牧師贊焉。野人若無所稟而焚萊，則司爟有罰矣。

清 秦蕙田《五禮通考》卷二一五《嘉禮八十八》 牧師，下士四人，胥四人，徒四十人。注：主牧放馬而養之。

又 卷二四三《軍禮十一》 牧師，凡田事，贊焚萊。注：焚萊者，山澤之虞。疏：山虞二月焚萊，除陳生新。

清 沈廷芳《十三經注疏正字》卷三〇《牧師》 中春節疏：此月可以合牛馬繫在廄者。案：彼注作是月，所合牛馬謂繫在廄者。則就牧之牡而合之。脫『之牡』二字。

清 蔣載康《周官心解》卷二〇《夏官司馬第四之四》 牧師掌牧地，皆有厲禁而頒之。牧師，下士，然在外牧，此官爲總職，在內則廋人總之，亦下士也。註：頒授圉者所牧處。疏：厲禁，牧馬處遮護禁止，不得使民放牛馬。孟春焚牧。註：焚牧地除陳生新草。中春通淫。中，音仲。註：中春陰陽交、萬物生，時合馬之牝牡也。《月令·季春》『合累牛騰馬，遊牝於牧』，秦地寒涼，萬物後動。掌其政令。凡田事，贊焚萊。政令，即前厲禁、頒牧、通淫之政令。註：焚萊者，山澤之虞。

清 劉沅《周官恒解》卷四《夏官司馬》 牧師掌牧地，皆有厲禁而頒之。孟春焚牧，中春通淫，掌其政令。凡田事，贊焚萊。中，音仲。牧地非一處，度其水草之所宜，興馬之眾寡而頒之。厲禁，禁民不得輒牧馬。焚牧地，以除陳生新草也。中春陰陽交時，通淫合牝牡也。田事宜焚萊，而司爟有火禁，牧師通掌畿內之牧地，故凡田者皆受令於山澤之虞，而又使牧師贊之。

清 閻鎮珩《六典通考》卷三《設官考》 牧師，下士，秦漢邊郡置六牧師令，魏晉以下因之。隋有典牧牛羊等署，各置令、丞。唐置乘黃等四署，令、丞各四人，掌外牧及造酥酪脯腊之事。宋群牧司制置使一人，副使一人，都監二人，判官二人，掌们外廄牧之事。遼而面有諸牧監，金明昌四年置諸群牧所，又立提舉圉牧所。泰和三年隸各路統軍司。元典牧監置卿、監等官，掌孳畜之事，屬詹事院。明太僕寺統群牧監，後廢監，令民養馬，太僕專領之，而苑馬寺卿、少卿所領有六監二十四苑，每苑設圉長一人。又漢太僕屬官有牧師諸苑三十六所，在北邊、西邊，以郎為苑監官，奴婢三萬人，分養馬三十萬頭。中興，省漢陽，有牧馬苑，令羽林郎監領。魏置牧官都尉，晉因之，自後無聞。北齊有左右牝牡駝牛羊等署令。後周曰典牝、典牡，上士，中士，又有典駝、典羊、典牛中士。隋曰典牧署，牛羊署，令、丞。唐初因之，分為上、中、下牧監，置監副、監丞、主簿。宋太僕屬官有駝坊、車營、致遠務，掌分養雜畜，以供負載般運。元祐初，置左右天廄坊，聽民間承佃牧地。紹聖初，置孳生監，中興後改屬兵部。元至大三年，立群牧，置卿、少卿，掌宮中位下孳畜，隸徽政院。明有南京太僕寺、行太僕寺、苑馬寺，各以地方分屬，各屬皆有管馬，官府以通判，州以判官，縣以丞簿，衛以指揮所，以千百戶。弘治十八年，令各州縣馬不及五百匹者罷管馬官，以掌印官帶管。

清 孫詒讓《周禮正義》卷六二 牧師掌牧地，皆有厲禁而頒之。頒馬授圉者所牧處。疏：掌牧地者，此與牧人及六鄉四郊之吏為官聯也。牧地，即載師以牧田任遠郊之地。《詩・小雅・出車》云：『我出我車，于彼牧矣。』《毛傳》云：出車就馬於牧地。箋云：牧地在遠郊是也。互詳載師疏。云皆有厲禁而頒之者，牧田為總牧六畜之田，蓋就中別為蕃界，以為十二閑牧馬之地，故有厲禁。若山虞云掌山林之政令，物為之厲而為之守禁。先鄭注云：厲，謂遮列守之是也。賈疏云：言厲禁者，謂可牧馬之處，亦使其地之民遮護禁止，不得使人輒牧牛馬也。注云：頒馬，授圉者所牧處者，亦謂分而授之也。賈疏云：圉人掌養馬者，故圉人職云掌養馬芻牧之事。詒讓案：此謂牧王馬也。其卿大夫以下有馬者當亦有游牧之地，蓋並牧師頒之矣。孟春焚牧。焚牧地以除陳生新草。疏：注云：焚牧地以除陳生新草者，賈疏云：孟春謂夏之孟春建寅之月，草物將出之時，燒焚牧地，除陳草以生新草也。中春通淫。中春，陰陽交、萬物生之時，可以合馬之牝牡也。《月令・季春》『乃合累牛騰馬，游牝于牧』，秦時書也。秦地寒涼，萬物後動。疏：注云『中春陰陽交、萬物生之時，可以合馬之牝牡也』者，《白虎通義・嫁娶篇》云：春者，天地交通，萬物始生，陰陽交接之時也。蓋中春為春之中，氣尤盛，故游牝以順時氣。云《月令・季春》『乃合累牛騰馬，遊牝于牧，秦時書也。秦地寒涼，萬物後動』者，《月令・季春》令文注云：累騰，皆乘匹之名，是月所合牛馬謂繫在廄者，其牝欲遊，則就牧之牡而合之。案：依圉師春始牧，注引《左傳》『日中而出』，則春分已出在牧，《月令・不宜季春方》云：遊牧，故鄭特釋之。《月令》注則謂彼據牝馬有尚留在廄者，則遲至季春乃遊之於牧，其說頗牽強，當以此注為允。賈疏云：若然，彼不繫在廄，亦二月通淫，則與此經合矣。今此注與彼注不同者，鄭君兩解，故彼此不同也。案：《月令》『秦書』，詳龜人疏。掌其政令。凡田事，贊焚萊。焚萊者，山澤之虞。疏：贊焚萊者，焚萊，即大司馬中春蒐田火弊是其事也。以焚萊與焚牧事相類，是牧師所習，故使贊之。注云『焚萊者，山澤之虞』者，以經云贊，則此牧師特贊助其事，明自有專掌之者，此官與彼為官聯也。山虞云『若大田獵，則萊山田之野』，又澤虞云『若大田獵，則萊澤野』，以山虞、澤虞既主萊事，則焚萊亦其所掌可知。

清 文廷式《純常子枝語》卷二 《周官》：牧師中春通淫。注：《月令・季春》『乃合累牛騰馬，遊牝于牧』，秦時書也。秦地寒涼，萬物後動。疏云：彼注不同，鄭君兩解也。

紀事

《玉海》卷一二五《官制》 殷牧師。《後漢書・西羌傳序》：季歷克余無之戎，太丁命爲牧師。注：《竹書紀年》曰：王季爲殷牧師，詩出車于彼牧矣。注：出車就馬於牧地。《周禮》夏官，牧師下士四人，掌牧地，皆有厲禁，孟春焚牧，田事，贊焚萊。

又卷一四八《兵制》 殷牧師。《後漢・西羌傳》：殷太丁之時，周季歷復伐燕京之戎，後二年，周人克余無之戎，於是太丁命季歷爲牧師。季歷，文王之父也。注：《竹書紀年》曰：『太丁四年，周人伐余無之戎，克之。周王季命爲殷牧師。』《秦紀》：『費昌爲湯御，太戊使中衍爲御』。《呂氏春秋》伊尹説揚曰：『青龍之匹，遺風之乘注馬名。』《詩・出車》：『我出我車，于彼牧矣』。注：出車，就馬於牧地，我殷王也。《禹貢》：『萊夷作牧。』注：西以放牧，記夏戎事。乘驪，殷戎事。乘翰，周乘騵，夏駱馬，黑鬣；殷曰馬黑首，周黄馬，蕃鬣。疏：魯有三代之馬。

雜録

唐 林寶《元和姓纂》卷一〇《牧師》 漢禮依《周禮》，令主養馬，後世因以為氏。

牧人

題解

漢 揚雄《方言箋疏》卷一三 充人、牧人皆養牲之官。

《周禮》卷三 牧人，下士六人，府一人，史二人，徒六十人。牧人，養牲於野田者。詩云『爾牧來思，何蓑何笠，或負其餱，三十維物，爾牲則具』。何，胡可反。

又卷二五 《詩》云『牧人乃夢』，是《無羊》美宣王詩也。牧人乃夢『衆維魚矣，旐維旟矣』者，牧人，謂牧牛羊之人。故注『衆維魚矣』，豐年之祥，旐旟所以聚衆。引之者，證獻吉慶之事。

明 馮復京《六家詩名物疏》卷三八《小雅節南山之什一》 牧人。《周禮》牧人，下士六人，府一人，史二人，徒二十人。注：牧人，養牲於野田者。

清 蔣載康《周官心解》卷六 牧人，下士六人，府一人，史二人，徒六十人。註：牧人，養牲於田野者。按：牧人牧六牲，當分屬五官，然牲以牛爲大，又士畜司徒所奉，故列職地官。

論説

宋 陳祥道《禮書》卷七六《用牲之别》 《周官》：牧人掌牧六牲，以共祭祀之牲牷。凡陽祀用騂牲毛之，陰祀用黝牲毛之，望祀各以其方之色牲毛之。凡時祀之牲，必用牷物。凡外祭毀事，用尨可也。凡祭祀，共其犧牲，以授充人繫之。蓋純謂之牷，完謂之犧，故《禮記》言『毛以告全』，《左傳》言『雄鷄自斷其尾，憚其為犧』，則牷之純在色，犧之完在體也。然牷者亦必完，犧者亦必純，禮凡言牷物，其為犧可知也。凡言犧牲，其為純可知也。先儒謂陽祀祀天於南郊及宗廟也，陰祀祭地於北郊及社稷也，望祀四嶽四瀆也。然《大宗伯》牲幣各放其器之色，則天牲以蒼而不以騂，地牲以黄而不以黝者，蓋騂者陽之盛色，陽祀以騂為主，而不必皆騂；黝者陰之盛色，陰祀以黝為主，而不必皆黝，則牧人所言亦其大率而已。郊特牲之騂犢，閟宮之騂犧，此祀天之用騂者也。旱麓信南山之騂牲，閟宮之騂剛，洛誥之騂牛，此宗廟之用騂者也。《爾雅》曰：『黄牛黑脣曰犉』，《詩》曰『殺時犉牡』，此社稷之用黝者也。《詩》曰『來方禋祀，以其騂黑』，則四方有用騂黑者矣。湯之告天以玄牲，用夏禮也。揚子雲曰：『玄牛騂白，其升於廟乎』，兼三代之禮言之也。《曲禮》曰：『天子以犧牛，諸侯以肥牛，大夫以索牛，士以羊豕。』曾子曰：『諸侯祭牲曰大牢，大夫祭牲曰少牢，士之祭牲曰特。』豕，無禄者，稷食。楚屈建曰：『國君有牛享，大夫有羊饋，士有豚豕之奠，庶人有魚炙之薦。』射觀父曰：『天子祀以會，諸侯祀以大牢，卿祀以特牛，大夫祀以少牢，士祀以特牲，庶人祀以魚。』《儀禮》：『大夫饋食以少牢，士虞與饋食皆特牲。』《雜記》：『上大夫之虞也，少牢。卒哭成事，附，皆大牢。下大夫之虞也，犆牲，卒哭成事，附，皆少牢。』然則大夫用牛，士用羊豕，蓋天子大夫士之禮歟？凡此特宗廟用牲之别而已。若夫王之喪祭用馬牲，伏瘞用犬牲，凡面禳釁用鷄牲，以至王之社稷大牢，諸侯社稷少牢，與夫五祀、盟詛、雩禜、招捚、侯禳之類，其用牲之别蓋又有等矣。先王之於牲，以牡為貴而賤其牝，以小為貴而賤其大，以純為貴而賤其尨，以充美為貴而去其疾，故《書》曰『敢用牡』，《詩》曰『白牡騂剛』，從以騂牲，又曰『殺時犉牡』，此以牡為貴也。郊特牲曰：牲孕弗食，祭帝不用。《月令》：『仲春祀犧牲，無用牝』，則祭亦有用牝而非所貴也。《楚語》曰：『郊禘不過角繭，栗烝嘗不過把握』，《記》曰：『天地之牛角繭栗，宗廟之牛角握，賓客之牛角尺，校人將事于四海山川，飾黄駒』，此以小為貴者也。牧人凡外祭毀事，用尨可也。犬人凡幾珥沈辜，用尨可也。以用尨為可，則不若齊毫之為貴者也。牛夜鳴則庮，羊泠毛而毳，羶犬赤股而躁臊，鳥皫色而沙鳴鬱，馬黑脊而般臂螻，豕盲視而交睫腥。盲視，亢鼻也。莊周以為不可適河，則牛馬犬鳥之疾者，其可以祭祀哉？此以充美為貴者也。《書》曰：『文王騂牛一，武王騂牛一。』《公羊》曰：『周公白牡，魯公騂剛，羣公不毛。』由此觀之，廟各一牢矣。《逸禮》：『毁廟之主，昭一牢，穆一牢。』

宋 吕祖謙《吕氏家塾讀詩記》卷二〇 孔氏曰：《周禮》牧人掌牧六牲而阜蕃其物。六牲，謂牛、馬、羊、豕、犬、雞。此詩唯言牛羊者，馬祭之所用者少，豕犬雞則比牛羊爲卑，故特舉牛羊以爲美也。

宋 章如愚《山堂考索・前集》卷三六《禮門》 《禮書》曰：牧人六牲，

以共祭祀之牲牷。凡陽祀用騂牲，陰祀用大牲，望祀各以其方之色。時祀之牲用牷，外祭毁事用尨。陽祀，祀天及宗廟也。陰祀，祀地及社稷也。望祀，則四岳四瀆也。以郊特牲之『騂犢』，洛誥之『騂牛』，則祀天及宗廟用騂固也。然《大宗伯》牲幣各放其器之色，則天之牲以蒼而不以騂，地之牲以黄而不以黝者，蓋騂者，陽之盛色，陽祀以騂爲主，而不必皆騂；黝者，陰之盛色，陰祀以黝爲主，而不必皆黝，則牧人所言亦其大率而已。不然，則《詩》曰『來方禋祀，以其騂黑』，則四方有用騂者矣。孔子曰：『犂牛之子騂，且角山川，其舍諸』，則山川有用騂者矣。卜牲者，《禮記》曰：『君召牛納而視之，擇其毛而卜之，吉，然後養之。』僖三十一年，四卜郊，不從，乃免牲。成七年，鼷鼠食郊牛角，改卜，又食，乃免牛，不郊。

宋 魏了翁《毛詩要義》卷一一《六畜各有人牧人主之》 《周禮》有牧人下士六人，府一人，史二人，徒六十人，又有牛人、羊人、犬人、鷄人，唯無豕人。鄭以爲豕屬司空，冬官亡，故不見夏官。又有牧師主養馬，此宜王所考，則應六畜皆備，此獨言牧人者，牧人注云『牧人，養牲於野田者』，其職曰『掌牧六牲而阜蕃其物』，則六畜皆牧人主養，其餘牛人、羊人之徒，各掌其事，以供官之所須，則取於牧人非放牧者也。《羊人職》曰：『若牧人無牲，則受布於司馬，買牲而供之』，是取於牧人之事也。唯馬是國之大用，特立牧師、圉人使别掌之，則蓋擬駕用者屬牧師，令生息者屬牧人，此《詩》唯言牛羊者，《經》稱『爾牲則具』，主以祭祀爲重，馬則祭之所用者少，豕、犬、鷄則比牛、羊爲卑。

宋 魏了翁《古今考》卷三一《牧人通掌六牲》 地官牧人掌牧六牲而阜蕃其物，以供祭祀之牲牷云云，以受充人繫之。注云：牲，馬、牛、羊、豕、犬、雞。秀喦李氏曰：牧人，通掌六牲祭祀之官，牛人、雞人、羊人、犬人，各掌一牲，豕人當在冬官而亡之矣，馬牲則牧師之所養，不别立官，大抵牧人蕃息以授王官所掌之人，而後及于充人也。紫陽方氏曰：不言王膳羞，何也？豈付之六物之官而後有所付乎？

宋 王與之《周禮訂義》卷四九 若牧人無牲，則受布于司馬，使其賈買牲而共之。鄭康成曰：布，泉也。王昭禹曰：羊於禮之用為多，故牧人或至於無牲，則受其買牲之布于司馬，使其賈買而共之。以羊人之屬有賈二人，能知物價者也。鄭鍔曰：或謂牲皆繫于牢芻之三月，繫于國門，然後可用，使賈買之，何以致其誠邪？不思牧于牧人者，共大祭祀，固有國之常典，買牲而共者，特沈辜侯禳釁積之事，他則不可也。王氏《詳説》曰：地官牛人，夏官羊人，牛羊之用廣矣。牛人之職，祭祀有享牛、求牛，賓客有牢禮積膳之牛，饗食、賓射有膳羞之牛，軍事有犒牛，喪事有奠牛，會同、軍旅、行役有兵車之牛，而羊人所謂羊牲者，祭祀不過飾羔，祈珥、沈辜之事不過羊牲，賓客不過法羊而已，此牛為大牢，而羊為少牢也。

宋 黄震《黄氏日鈔》卷三〇《讀周禮》 牧人掌牧祭祀之牲，牛人掌養公牛，充人掌繫祭祀之牲。竊意充人之職，牧人可兼，亦可免四十八人之廩禄。

清 萬斯大《周官辨非》 牧人掌牧六牲，凡陽祀用騂牲毛之，陰祀用黝牲毛之，望祀各以其方之色毛之。凡時祀之牲，必用牷物。凡外祭毁事，用尨可也。按《檀弓》曰：『夏后氏尚黑，牲用玄；殷人尚白，牲用白；周人尚赤，牲用騂。』此言三代所尚，其色不同也。槩言牲而不言其所用，則凡祭牲皆然，故不别異也。就周而言，《郊特牲》云：郊祭牲用騂，是祭天用騂也。《祭法》言：『燔柴太壇，瘞埋太折，用騂犢』，是祭地同用騂也。《周書》：『成王在新邑，烝祭歲，文王騂牛一，武王騂牛一』，是祭先用騂也。孔子曰：『騂且角，山川其舍諸』，是祭山川用騂也。由是推之，周天子之凡祭無不用騂可知矣。蓋牲之所異者，如『天地之牛角繭栗，宗廟之牛角握』，如『帝牛不吉，以為稷牛』，如『帝牛必在滌三月，稷牛惟具』，乃其差耳。若用騂，必無或異也。此牧人之文因祭有陰陽之目，于牲即有騂黝之别，既為不經，而望祀各以其方之色，大類《月令》四時所乘、所駕、所衣、所服各隨方色而不同。周公之制，豈若是乎？又《曲禮》曰『天子以犧牛』，《祭義》曰『天子必有養獸之官，犧牷祭牲，于是取之』，註家謂毛色純而不雜曰犧，則天子雖外祭，亦用牷不用尨也。

清 嚴虞惇《讀詩質疑》卷一九 厲王之時，牧人職廢。宣王始興，而復之。至此而成謂復先王牛羊之數。孔疏《周禮》『牧人掌牧六牲而阜蕃其物』：『六牲，牛、馬、羊、豕、犬、雞也。獨言牛羊者，以祭祀為重，馬則祭之所用者少。豕、犬、雞比牛、羊為卑，故舉牛羊以為美也。』

清 秦蕙田《五禮通考》卷三七《吉禮三十七》 《周禮・地官》牧人陰祀用黝牲毛之。注：陰祀，北郊及社稷也。鄭司農云：黝，讀為幽，黑也。疏：

天神與宗廟為陽，地與社稷為陰。案《大宗伯》云：『蒼璧禮天，黃琮禮地』，謂圜丘方澤，下云牲幣各放其器之色，則昊天與崑崙牲用蒼、用黃四，時迎五方天帝，又各依其方色牲，則非此騂牲黝牲。惟有郊天及宗廟、社稷一等，不見牲色在此陽祀、陰祀之中可知。案：《郊特牲》云：『郊之祭也，大報天而主日，兆于南郊，就陽位也。』牲用騂，是南郊用騂也。《檀弓》云：『殷尚白，周尚赤』，是祭宗廟時赤也。據此而言，則祭天于南郊及宗廟用騂也。《郊特牲》云：『社祭土而主陰氣也』，是社稱陰。《孝經緯·鈎命訣》云：祭地于北郊就陰位，彼對郊天就陽位，則是神州之神在北郊而稱陰，以是知陰祀中有祭地于北郊及社稷也。不從先鄭。陽祀春夏者周祭宗廟，四時同用騂。夏至祭地方澤，牲用黃。春夏迎氣，各隨方之色，明不得同用騂，故不從也。云『黝，讀為幽，幽黑也』者，以其幽是北方，故從幽為黑也。易氏祓曰：黝者，黑色之微。陳氏《禮書·大宗伯》：『牲幣各放其器之色，則天以蒼不以騂，地以黃不以黝，牧人所言亦大率而已。』詩云『來方禋祀』，以其騂黑，則四方有用騂黑者。孔子曰『犁牛之子騂且角，山川其舍諸』，則山川亦有用騂者。

清 范家相《詩瀋》卷一二《無羊》 《周禮》牧人之職有牛、羊、犬、雞四官，《詩》但言牛羊者，舉大以概小也。不言馬者，牧師、圉人之所掌國之大用，別有其官也。言牧人者，所以重畜牧。鄭氏曰：厲王之時，牧人廢職，至此而復，所以美之。

清 顧廣譽《學詩詳說》卷一八《無羊》 箋『以首章兩爾字斥宣王』，歐陽氏謂呼牧人而告之，戴氏亦以『爾』指牧人，顧氏《學詩》以爲篇中所『爾』者皆是牧人，箋義爲非。案：國君氣象小，牧馬事又重，故衛文、魯僖皆歸重其君。王者氣象大，牧牛羊事較輕，故篇中只言牧人。牧人克舉其職，而宣王之興復可知矣。然則何以不言牧馬也？曰：觀《六月采薇》之詩，則宣王初年之馬固未嘗秏乏也。詩兩曰『爾牧來思』，一言暑雨飲食俱用心於牧，一言薪蒸雌雄各得其宜，而牧人之稱職盡是矣。上下之言，牛羊無非以言牧人也。羊不可以色別，故以羣言之。『三十維物』，雖不明云牛，實專指牛言也。篇中或牛羊對言，或牛羊合言，或牛羊散言，變動不拘。箋『牧人有餘力，則取薪蒸搏禽獸以來歸』。王氏謂及其將歸，而又辨其雌雄者，視其多寡之數，其解以雌句未善。蘇氏謂取其薪蒸，合其牝牡，近是，蓋以薪以蒸，飼食之以時也，以雌以雄，合之以時也，此正牧人之本務。若朱氏《鬱儀》謂『以薪以蒸，別牧也，以雌以雄，別羣也，皆牧法也。』范氏詩瀋述之，不如蘇義之允。

綜述

漢 鄭玄《周禮疏》卷九 牧人，下士六人。府一人，史二人，徒六十人。牧人，養牲於野田者。《詩》云：『爾牧來思，何蓑何笠，或負其餱，三十維物，爾牲則具。』牧，牧養之牧，徐音目。何，胡可反，又音河，下同。蓑，素禾反。笠，音立。餱，音侯，乾食。疏：『牧人』至『十人』釋曰：牧人在此者，以其掌牧六牲以供祭祀，亦是地事故也。注『牧人』至『則具』，釋曰：鄭云『養牲於野田』者，對充人養牲於國中。又云『《詩》曰』者，謂《無羊》詩，美宣王之事也。爾宣王牧人來之時，荷揭蓑之與笠，蓑所以御雨，笠所以御暑。或負其餱糧也。三十唯物，物，色也。異毛色者三十，爾宣王牲則備矣。引之者，以證牧人牧六牲之事也。

又卷一三 牧人，掌牧六牲而阜蕃其物，以共祭祀之牲牷。六牲謂牛、馬、羊、豕、犬、雞。鄭司農云：『牷，純也。』玄謂牷，體完具。蕃，音煩。牷，音全。疏：『牧人』至『牲牷』，釋曰：云『掌牧六牲而阜蕃其物』者，阜，盛也。蕃，息也。物謂毛物。言使肥盛蕃息，各有毛物。謂五官各有牛人、羊人、犬人、豕人之等，擇取純毛物者以供牧人，牧人又供與充人，芻之三月以祭祀，故云『以共祭祀之牲牷』也。注『六牲』至『完具』，釋曰：案《爾雅》所釋六畜，有馬、牛、羊、豕、犬、雞，故鄭依而釋之。案：膳夫供六牲，鄭注云：『始養之曰畜，將用之曰牲。』則此云牲，亦據將用為言也。司農云『牷，純也』，后鄭不從者，《尚書》云犧牷，對犧不得為純色，其純，下文毛之者是也。故玄易之云『牷，體完具』也。凡陽祀，用騂牲毛之；陰祀，用黝牲毛之；望祀，各以其方之色牲毛之。騂牲，赤色。毛之，取純毛也。陰祀，祭地北郊及社稷也。望祀，五岳、四鎮、四瀆也。鄭司農云：『陽祀，春夏也。黝讀為幽。幽，黑也。』玄謂陽祀，祭天於南郊及宗廟。黝，於糾反，司農音幽。疏：『凡陽』至『毛之』，釋曰：言『凡』，與下陽祀、陰祀、望祀等為目，故云凡以廣之也。注『騂牲』至『宗廟』，釋曰：騂牲知是赤色者，見《明堂位》『周人騂剛』，《檀弓》云『周人牲用騂』，周尚赤而云用騂，故知騂是赤也。云『毛之，取純毛也』者，對下文云『尨是雜色』，則此經云毛之者，皆是取純毛也。云『陰祀，祭地北郊及社稷也』，并『陽祀祭天於南郊及宗廟』者，但天神與宗廟為陽，地與社稷為陰。案《《大宗伯》》云『蒼璧禮天，黃琮禮地』，謂圜丘方澤。下云『牲幣各放其器之色』，則昊天與昆侖牲用蒼用黃，四時迎五方天帝，又各依其方色，牲則非此騂牲、黝牲。惟有郊天及宗廟、社稷一等，不見牲色，在此陽祀、陰祀之中可知。案《郊特牲》云『郊之祭也，大報天而主日，兆于南郊，就陽位也。牲用騂』是南郊用騂也。《檀弓》云『殷尚白，周尚赤』，是祭宗廟時赤也。據此而言，則祭天於南郊及宗廟用騂也。《郊特牲》云『社祭土而主陰氣也』，是社稱陰。《孝經緯・鉤命決》云：『祭地于北郊，就陰位。』彼對郊天就陽位，則是神州之神在北郊而稱陰，以是知陰祀中有祭地于北郊及社稷也。不從先鄭『陽祀春夏』者，周祭宗廟，四時同用騂，夏至祭地方澤，牲用黃。春夏迎氣，牲各隨方之色，明不得同用騂，故不從也。又知望祀是四望者，以其言望與四望義同，故知是四望五岳等也。云『黝讀為幽，幽，黑也』者，以其幽是北方，故從幽為黑也。后鄭先解陰祀，后釋陽祀者，陽祀待先鄭釋訖，隨后破之故也。**凡時祀之牲，必用牷物。**時祀，四時所常祀，謂山川以下至四方百物。疏：『凡時』至『牷物』釋曰：時祀言凡者，山川已下非一，故亦言凡以廣之也。必用牷物者，對上方色是隨其方色，下用尨，尨是雜色，則此牷物者，非方非雜。雖不得隨方之色，要於一身之上其物色須純，其體須完，不得雜也。假令東方或純黃、純黑，南方或純白、純青，皆得也。注『時祀』至『百物』，釋曰：如時祀是『山川以下至四方百物』者，案《司服》，山川群小祀，林澤四方百物在四望下。此上文云『天地四望』，此時祀又在四望下，又四方山川之等亦依四時而祀，故知時祀是山川至百物，鄭唯據地之時祀。若天之時祀，日月已下亦在此時祀中也。**凡外祭毀事，用尨可也。**外祭謂表貉及王行所過山川用事者。故書毀為甈，尨作龍。杜子春云：『甈當為毀，龍當為尨。尨謂雜色不純，毀謂副辜侯禳毀除殃咎之屬。』尨，亡江反。貉，莫霸反。甈，丘例反。副，普逼反。辜，音孤。禳，如羊反。疏：『凡外』至『可也』，釋曰：外祭毀事，其神非一，故云『凡』以廣之也。注『外祭』至『之屬』，釋曰：知外祭中有表貉者，據上文外神之中，已云天地至四方百物，依時而祭者已盡，此別言外祭則外祭中唯有表貉之等。案《大司馬》，田獵之時，立表而貉祭。《司幾筵》亦云『貉用熊席』。又知外祭中有王行所過山川用事者，案《校人》云：『凡將事于四海山川，則飾黃駒。』《大祝》云：『大會同，過大山川則用事焉。』亦是非常外祭之事。若然，此云尨，校人用黃駒者，從地色黃，亦據尨中有黃色者用之，不必純。注云『毀謂副辜侯禳毀除殃咎之屬』者，此文承子春之下，不言『玄謂』，當是子春所解也。案《宗伯》云『疈辜祭四方百物』，而引九門磔禳。又案《小祝職》云『將事侯禳』。皆是禱祈除殃咎非常之祭用尨之類，故引以為證也。**凡祭祀，共其犧牲，以授充人系之。**犧牲，毛羽完具也。授充人者，當殊養之。周景王時，賓起見雄雞自斷其尾，曰：『雞憚其為犧。』憚，特旦反。疏：『凡祭』至『系之』，釋曰：牧人養牲，臨祭前三月，授與充人系養之，故云『凡祭祀，共其犧牲，以授充人系之』。注『犧牲』至『為犧』，釋曰：云『犧牲毛羽完具也』者，云犧牲不云牷，則惟據純毛者，而鄭云完具者，祭祀之牲若直牷，未必純犧，若犧則兼牷可知，故鄭以完具釋犧。云『授充人者，當殊養之』者，牧人之牲，未用祭者，總在一處不殊，今將以祭者，則殊別系養之。云『周景王時』者，此《春秋左氏傳》昭二十二年，『王子朝、賓起有寵於景王，王與賓孟說之，欲立之』。又云：『賓孟適郊，見雄雞自斷其尾，問之，侍者曰：自憚其犧也。遽歸告王，且曰：「雞其憚為人用乎？人異於是。」』注：『犧者，以喻人之有純德，實宜為君。』彼直云『自憚其犧』，不云『雞』，鄭以義增之耳。引之者，證犧是純色之意也。**凡牲不系者，共奉之。**謂非時而祭祀者。疏：注『謂非』至『祀者』，釋曰：云『不系』者，謂若上文凡外祭毀事用尨可也，是非時而祭祀者也。

《周禮》卷三　**牧人掌牧六牲而阜蕃其物，以共祭祀之牲。**牷，六牲，謂牛、馬、羊、豕、犬、雞。鄭司農云：『牷，純也。』玄謂牷體完具。蕃，音煩。拴，音全。**凡陽祀用騂牲毛之，陰祀用黝牲毛之，望祀各以其方之色牲毛之。**騂牲，赤色毛之，取純毛也。陰祀祭地北郊及社稷也，望祀五嶽四鎮四瀆也。鄭司農云：陽祀，春夏也。黝，讀爲幽，幽黑也。玄謂陽祀祭天於南郊及宗廟。黝，於糾反，又音幽。**凡時祀之牲，必用牷物。**時祀，四時所常祀，謂山川以下至四方百物。**凡外祭毀事，用尨可也。外祭，謂表貉及王行所過山川用事者，故書。毀爲甈，尨作龍。杜子春云：甈當爲毀，龍當爲尨。尨謂雜色不純，毀謂副辜侯禳，毀除殃咎之屬。尨，亡江反。貉，莫霸反。甈，丘例反。副，普逼反。辜，音孤。禳，如羊反。凡祭祀共其犧牲，以授充人繫之。**犧牲，毛羽完具也。授充人者，當殊養之。周景王時，賔起見雄雞自斷其尾，曰：『雞憚其爲犧。』凡牲不繫者共奉之，謂非時而祭祀者。

宋　王安石《周官新義》卷六　牧人掌牧六牲而阜蕃其物，以共祭祀之牲牷。凡陽祀用騂牲毛之，隂祀用黝牲毛之，望祀各以其方之色牲毛之。凡時杞之牲，必用牷物。凡外祭毀事，用尨可也。凡祭祀，共其犧牲，以授充人繫之。凡牲不繫者，共奉之。共奉之則非特，共其牲又奉其事。

宋　陳祥道《禮書》卷七五《牧牲官》　牧人掌牧六牲，凡祭祀共其犧牲，以授充人。繫之牛人，掌養國之公牛。凡祭祀，共其享牛。求牛以授職人而芻之。鄭司農云：享牛，前祭一日之牛也。求牛，禱於鬼神所求福之牛也。共，謂享獻也。獻神之牛，謂所以祭者也，求終也。終事之牛，謂所以繹之也。槁人掌豢祭祀之犬，《祭義》曰：『古者天子諸侯必有養獸之官，及歲時齋戒沐浴而躬朝之，犧牲祭牲必於是取之，敬之至也。』羊人，若牧人無牲，則受布于司馬，使其賈買牲而共之。

宋　王昭禹《周禮詳解》卷一二　牧人掌牧六牲而阜蕃其物，以共祭祀之牲牷。牧之字，從牛，從支，順之勿失其性，支之使達其情，此牧之道也。《爾雅》曰：

『邑外曰郊，郊外曰牧。』此牧之地也。《詩》曰：『爾牧来思，何蓑何笠，或負其餱，三十維物，爾牲則具』，則牧六牲者，乃牧人之職也。謂之牲，則生之而後殺，故不畜者。所以祭無牲，六牲不能自阜蕃，待牧而後能阜蕃。阜，言物之大，猶《詩》所謂『四牡孔阜』也。蕃，言物之衆，猶《經》所謂『養蕃鳥獸』也。以共祭祀之牲牷者，牷色之純也，《國語》曰：『毛以告全』，蓋純則全故也。下文言『凡時祭之牲，必用牷物。凡外祭毀事，用尨可也』，以尨對牷，則牷為色之純可知矣。凡陽祀用騂牲毛之，陰祀用牲毛之，望祀各以其方之色牲毛之。先王因天以事天，因地以事地，為高下必因丘澤，為朝夕必放日月，故祭祀之物各以其類求之也。所謂人道之宗廟，與夫南方之祀皆陽也，所謂地道之社稷，與夫北方之祀皆陰也。騂之為色，赤之盛，故其字從馬，從辛，以其類推之，則於方為南，於時為夏，於物為火，而午美著於此，故陽祀則用騂牲毛之。黝之為色，黑之微，故其字從幼，從黑，以其類推之，則於方為北，於時為冬，於物為水，而子美著於此，故陰祀則用黝牲毛之。望祀各以其方之色，牲毛之者，東為陽中，其色青；西為陰中，其色白；南為陽之正，其色赤；北為陰之正，其色黑，亦各以其類也。毛之，則所謂『毛以告全』是也。凡時祀之牲，必用牷物。凡外祭毀事，用尨可也。凡時祀，謂四時之常祀，若山川以下至四方百物皆是也。其祀既以時則共之，亦有常職，故不可不用牷，所以貴純也。外祭，則若師之表貉及王行所過山川是也，毀事則祈禳，以毀除殃咎之屬是也。外祭毀事，則不以時、非其常也。不以時，則不責以物所無，亦不以物所無而廢禮，故用尨可也。雖用尨，亦出於不得已，不若純之為善，故曰『可』而已。可者，僅辭，非所善也。凡祭祀，共其犧牲，以授充人繫之。凡牲不繫者，共奉之。色之純謂之牷，牲之完謂之犧。周景王時，賓起見雄雞自斷其尾，曰：『雞憚其為犧』，則犧為體之完可知矣。犧，義之而後制，故其字從義，蓋完而牲之義所以始，物殘而殺之，和所以制物也。祭祀之牲當養之，使充實，故共其犧牲。使充人繫之，繫之者，或繫於牢，或繫於國門也。凡牲不繫，共奉之者，夫牲之繫者在充人，則牧人之所牧非以授充人者，皆牲之不繫者也。共奉之，則非特共其牲，又奉其事也。《詩序》於夫人言『奉祭祀』，於大夫妻言『共祭祀』，蓋『共言』共其物，『奉言』奉其事而已矣。

宋 黃度《周禮說》卷二 牧人掌牧六牲。牛人主牛，則牧人惟牧馬、羊、豕、犬、雞五牲而已。其曰六牲，備言之耳。凡時祀之牲，必用牷物。時祀之牲，總結上陽祀、陰祀、望祀皆四時所常祀，山川、四方、百物包於其中矣，此特見。或騂或黝，或各以其方之色，皆用純，對下文『外祭毀事用尨』耳。

宋 易祓《周官總義》卷八 牧人掌牧六牲而阜蕃其物，以供祭祀之牲牷。凡陽祀用騂牲毛之，陰祀用黝牲毛之，望祀各以其方之色牲毛之。騂者，赤色之盛。黝者，黑色之微。凡時祀之牲，必用牷物。養牲為有素，故必用牷物。凡外祭毀事，用尨可也。按：校人云：『凡將事于四海、山川，則飾黃駒。』何用尨之有？攷之肆師與祝侯『禳于畺及郊』，是畺郊外祭也，侯禳毀事也，豈與所過山川者例言之歟？凡祭祀，共其犧牲，以授充人繫之。繫之，充人潔之也，所以致敬於神也。凡牲不繫者，共奉之。

宋 王與之《周禮訂義》卷二 牧人下士六人，府一人，史二人，徒六十人。鄭康成曰：牧人，養牲於野田者。《詩》曰：『爾牧來思，何蓑何笠，或負其餱，三十維物，爾牲則具。』賈氏曰：牧人掌牧六牲，以共祭祀，亦是地事故在此。掌牧六牲而阜蕃其物，以共祭祀之牲牷。鄭康成曰：六牲謂牛、馬、羊、豕、犬、雞。黃氏曰：牛人主牛，則牧人惟牧馬、羊、豕、犬、雞五牲而已。其曰六牲，備言之耳。史氏曰：祭祀之牲，貴於牧養，阜蕃者不以瘠薄待神祇、祖考，聖人之孝心也。鄭鍔曰：非徒責以阜蕃，又欲阜蕃其物，蓋物者，毛色之稱。《校人職》曰：『種馬一物，戎馬一物』，無羊。《詩》曰：『三十惟物，爾牲則具』，皆指毛色為物。鄭司農曰：牷，純也。愚按：康成以牷為體完具，若以下文用尨對牷，司農之說是。凡陽祀用騂牲毛之，陰祀用黝牲毛之。史氏曰：凡祀分陰陽者，以天地則天陽而地陰，以日月則日陽而月陰，以宗廟則昭陽而穆陰。易氏曰：騂者，赤色之盛。劉氏曰：周人尚赤，故以騂為尊。黝者，黑色之微。鄭鍔曰：用騂，豈徒色之赤哉？必欲其毛純乎赤。用黝豈徒色之黑哉？必欲其毛純乎黑。牧人毛之，然後五官奉之，是禮官之事，亦牧人之事。陳氏曰：《大宗伯》牲幣各放其器之色，則天以蒼不以騂，地以黃不以黝，蓋陽祀以騂為主，陰祀以黝為主，不必皆騂，不必皆黝，牧人所言亦大率而已。《詩》曰：『來方禋祀，以其騂黑』，則四方有用騂黑者。孔子曰：『犂牛之子騂，且角，山川其舍諸』，則山川有用騂者。鄭鍔曰：祭祀用物，必有其由。其一以禮神，其一以祀神。祀神之物從其類，故陽騂而陰黝；禮神之物象其功，故天蒼而地黃。《大宗伯》言其禮神者，故以禮言；牧人言其祀神者，故以祀言。禮經之文本無牴牾也，說者疑《禮記·祭法》言『燔柴於泰壇祭天，瘞埋於泰折祭地』，其文則俱用騂犢，又與此用騂、用黝之文不合。余以為此乃為禮學者之過。經之文曰『燔柴於泰壇，祭天也，瘞埋於泰折，祭地也』，其下乃云『用騂犢，埋少牢於泰昭，祭時也』。康成失其句讀，以用騂犢之文連上讀之『其說曰，地陰祀用黝牲』，與天俱用犢連言耳，安有天地異位，騂黝異色，而於經文只連言耶？注疏之學此類多矣。方氏曰：『赤為陽之盛，而蒼與青乃其類，黑為陰之盛，而黃與白乃其類。』若是，則祀天之牲不必蒼，亦從其類。望祀各以其方之色牲毛之。鄭康成曰：望祀，五嶽、四鎮、四瀆。鄭鍔曰：各倣其方之色，豈徒東青、西白、南赤、北黑哉？必欲其毛之純乎青、白、赤、黑也。凡時祀之牲，必用牷物。黃氏曰：時祀之牲，總結上陽祀、陰祀、望祀皆四時所常祀，山川、四方、百物包於其中矣，此特見。或騂或黝，或各以其方之色，皆用純，對下文『外祭毀事，用尨』耳。易氏曰：養牲為有素，故必用牷物。凡外祭毀事，用尨可也。鄭康成曰：外祭，謂表貉及王行所過山川用事者。易氏曰：按校人云『凡將事於四海、山川，則飾黃駒』，何用尨之有？攷之肆師與祝侯『禳於畺及郊』，是畺郊外祭也，侯禳毀事也，豈與所過山川者，例言毀，謂疈辜侯禳毀除殃咎之屬。杜氏曰：尨謂雜色不純。鄭鍔曰：四時常祀，牲必用牷。祀既有常，則物可預備。外祭毀事，牲或用尨，事出非常，則物或難得，然牲以牷為貴，用尨出於不得已，故亦僅可而已。凡祭祀，共其犧牲，以授充人繫之。鄭鍔曰：上既謂之牷物，此又謂之犧牲，蓋牷，全也；犧，亦全也。牷之為全者，謂色之純；犧之謂全者，謂體之具。鄭氏曰：犧，毛羽完具也。周景王時賓起，見雄雞自斷其尾，曰『雞憚其為犧。』犧，體具矣，色或不純，牷則體全而色亦全也。四時常祀，用牷則不止於色之必純，其體亦必全也。凡祭祀之犧，則體具而毛或不純，亦無害。此其語所以不同。鄭康成曰：授充人者，當殊養之。易氏曰：繫之，充人潔之也，所以致敬於神也。凡牲不繫者，共奉之。鄭康成曰：謂非時而祭祀者。賈氏曰：若上文『凡外祭毀事，用尨可也』。王氏曰：共奉之，則非特共其牲，又奉其事。史氏曰：非時之祀，共奉之，而已不暇繫於充人也。

明 徐一夔《明集禮》卷八《吉禮八・幣》 周官牧人『陰祀用黝牲毛之』，黝，黑也。祭社稷，幣同牲色也。

又 卷一四《吉禮十四・牲》 周官牧人『望祀，牲用少牢，各隨方色』，秦祀嶽瀆，用牛犢各一牢具。漢興，因之。光武中元初祀五嶽，共牛一頭，海與四瀆共一頭。宋孝武祭霍山，牲用太牢，羞用酒脯。唐制，五嶽、四瀆、四鎮、四海，牲皆用太牢，謂牛、羊、豕也。宋用羊、豕各一口。元遣使致祭，嶽瀆鎮海皆用少牢。國朝合祭嶽鎮海瀆山川，各用犢一、羊一、豕一，遣使代祀各廟並同。州縣祭本境山川城隍，用羊一、豕一。

宋 朱申《周禮句解》卷三 牧人，下士六人，府一人，史二人，徒六十人。掌牧牲者，掌牧六牲而阜蕃其物。牛、馬、羊、豕、犬、雞為六牲。阜，盛也。蕃，息也。物謂色。以共祭祀之牲牷。牷，純色也。凡陽祀用騂牷毛之，陰祀用黝牲毛之，望祀各以其方之色牲毛之。凡時祀之牲，必用牷物。凡外祭毀事，用尨可也。凡祭祀，共其犧牲。犧牲，毛羽完具也。以授充人繫之。祭前三月，授之充人繫養之。凡牲不繫者，共奉之。謂非時而祭祀也。

明 王應電《周禮傳》卷二上 牧人，下士六人，府一人，史二人，徒六十人。六牲，每牲一士，徒十人。牧人掌牧六牲而阜蕃其物，以共祭祀之牲牷。牷，音全。六牲掌于五官，然事不可以無統，故又特設牧人一官，凡祭祀之牲皆掌牧之。蓋選擇其可為牲者入于牧人，其大祀者則授充人，其次者則留于牧人而養之，故曰『阜蕃其物』也。凡畜，始養曰『畜』，選擇而將用之者曰『牲』，純色曰『犧』，體完具無傷敗曰『牷』，充人所謂展牲則告牷也，亦為毛純無雜之稱，下文云『必用牷物』是也。凡陽祀用騂牲毛之，陰祀用黝牲毛之，望祀各以其方之色牲毛之。凡時事之牲，必用牷物。凡外祭毀事，用尨可也。騂，恤雲反。黝，英九反。尨，明光反。尨字从犬，从彡，毛不純之象，借凡雜色不純之稱。牧人主擇牲，故統述用牲之瀍。陽祀，祭天神及宗廟也。騂，赤色，屬陽。陰祀，祭社稷也。黝，黑色，屬陰。望祀，四海五岳四瀆也，各以其方之色，東青、南赤、西白、北黑、中央黃。已上三者俱毛之，謂毛之，純色者也。時事若祀五帝之各以其時，四時迎氣，及五祀之祭也，其牲春青、夏赤、秋白、冬黑，必用牷物，純色無雜者也。外祭，表貉及王巡守所過之山川也。毀祭，謂招梗禬禳毀除殃咎也。外祭，其事遽；毀祭，其事畧。若有牷則用之，無則用尨亦無害。凡祭祀，共其犧牲，以授充人繫之。凡牲不繫者，共奉之。牛牲曰犧，《左傳》『是生三犧，皆用之矣』。授于充人而繫之者，大祭祀也；不繫者，小祀或非時而祭者。

明 柯尚遷《周禮全經釋原》卷四《地官上》 牧人，下士六人，府一人，史二人，徒六十人。釋曰：主牧六牲以祭祀。

又 卷五《地官下》 牧人掌牧六牲而阜蕃其物，以共祭祀之牲牷。凡陽祀用騂牲毛之，陰祀用黝牲毛之，望祀各以其方之色牲毛之。凡時祀之牲，必用牷物。凡外祭毀事，用尨可也。凡祭祀，共其犧牲，以授充人繫之。凡牲不繫者，共奉之。黝，於糾反。釋曰：六牲，謂牛、馬、羊、犬、豕、雞也。阜，盛也，蕃息也。物，謂色也。牲，生牲也，牷，純全也，盖牲牷則牲之全體者，犧牲則牲之純色者，皆互言之耳。祀分陰陽，天陽而地陰，日陽而月陰，宗廟則昭陽而穆陰。陽祀，禋祀實柴槱燎之祀也；陰祀，血祭之祀也；望祀，貍沈之祀也，時祀，六享宗廟之祀也。外祭，謂表貉及王行所過山川用祀者。毀事，候禳毀除殃咎之屬。騂者，赤色之盛；黝者，黑色之微，以南北方之色而分陰陽之祀也。方色，則東青、西白、南赤、北黑、中黃也。尨，雜色皆可也。繫牲者，時祀以上也。不繫，外祭、小祭之牲也，繫則授充人以養之，不繫則自共奉之，而已不授充人也。

明 彭大翼《山堂肆考》卷一四四《民業》 牧人。《周禮・冬官》：牧人掌牧六牲而阜蕃其物，以供祭祀之牲牷。

又 卷一五七《典禮》 騂牲、黝牲。冬官牧人掌牧六牲而阜蕃其物，以供祭之牲牷。凡陽祀用騂牲毛之，陰祀用黝牲毛之。注云：祀分陰陽，天陽而地陰，日陽而月陰，宗廟則昭陽而穆陰。

明 郝敬《周禮完解》卷三 牧人，下士六人，府一人，史二人，徒六十人。牧人掌養祭牲，故繫封人，鼓舞之後，郊外爲牧，亦地事。此以下至充人三職，或謂宜入春官，然祭雖屬春官，而犧牲粢盛則地産也，作者意在鄭重地官，猶五氣于土耳。牧人掌牧六牲而阜蕃其物，以共祭祀之牲牷。凡陽祀用騂牲毛之，陰祀用黝牲毛之，望祀各以其方之色牲毛之。凡時祀之牲，必用牷物。凡外祭毀事，用尨可也。凡祭祀，共其犧牲，以授充人繫之。凡牲不繫者，共奉之。六牲，謂馬、牛、羊、豕、犬、雞。物，各色也。牲，體全曰牷。陽謂冬至祀天，陰謂夏至祀地。騂，赤色，純赤象陽。黝，黑色，純黑象陰。望祀，望四方嶽瀆致祀。毛之，取毛告色純也。時祀，郊廟等四時常祀。外祭，祭外神。裂牲體曰毀，如宗伯『副辜』，《月令》『九門磔禳』之類。雜毛曰尨，色純曰犧。充人職見下。大祀則牧人供犧牲，以與充人繫而養之，至期取用；小祭祀非時者，牧人供牲，不授充人也。

明 王志長《周禮注疏删翼》卷六 牧人，下士六人，府一人，史二人，徒六十人。註：牧人，養牲於野田者。《詩》云：『爾牧來思，何蓑何笠，或負其餱，三十維物，爾牲則具。』疏：掌牧六牲，以供祭祀，亦地事故也。養牲于野田者，對充人養牲于國中。

又 卷八 牧人掌牧六牲而阜蕃其物，以共祭祀之牲牷。註：六牲，謂牛、馬、羊、豕、犬、鷄。鄭司農云：『牷，純也。』玄謂：牷，體完具。疏：按膳夫『供六牲』，鄭注『始養曰畜，將用之曰牲』，《尚書》云『犧牷對犧，不得為純色』，故後鄭不從司農也。愚按：純色曰犧，牷亦為毛純無雜之稱。下文云『必用牷物』是也。牷，從全，體無傷，毛無雜，均有全義皆得稱也。凡陽祀用騂牲毛之，陰祀用黝牲毛之，望祀各以其方之色牲毛之。註：騂牲色赤。毛之，取純毛也。陰祀，祭地、北郊及社稷也。望祀，五嶽、四鎮、四瀆也。鄭司農云：陽祀，春夏也。黝，讀為幽，黑也。玄謂陽祀祭天於南郊及宗廟。疏：按《郊特牲》云：『郊之祭也，大報天而主日，兆於南郊，就陽位也，牲用騂。』檀弓云：『殷尚白，周當赤，是祭宗廟時赤也。據此而言，則祭天于南郊及宗廟用騂也。』《郊特牲》云：『社祭土而主陰氣也。』《孝經鉤命決》云：『祭地於北郊，就陰位，是知祭地於北郊及社稷為陰祀也。』後鄭先解陰祀，後釋陽祀者，陽祀待先鄭釋訖，隨後破之故也。凡時祀之牲，必用牷物。註：時祀，四時所常祀，謂山川以下至四方百物。疏：必用牷物，對上文而言。雖不必隨方之色要於一牲，須色純體完而後用之也。王氏曰：時祀，若祀五帝之各以其時，四時迎氣及五祀之祭也。其牲春青、夏赤、秋白、冬黑。凡外祭毀事，用尨可也。註：外祭，謂表貉及王行所過山川用事者。杜子春云：尨謂雜色不純，毀謂副辜候禳毀除殃咎之屬。疏：按大司馬『田獵之時，立表而貉祭』，按校人云『凡將事於四海山川，則飾黃駒』，大祝云『大會同，過大山川則用事焉』，然則校人用黃駒者，從地色黃，亦據尨中有黃色者用之，不必純爾。潛溪鄧氏曰：外祭，其事遽毀，祭其事畧也。凡祭祀，共其犧牲，以授充人繫之。註：犧牲，羽毛完具也。授充人者，當殊養之。周景王時賓起見雄鷄自斷其尾，曰：『鷄憚其為犧』。鄧氏曰：犧牲，牲之中犧者，殊養之，若帝牛在滌三月是也。凡牲不繫者，共奉之。註：謂非時而祭祀者。

又 卷一〇 牧人云『掌牧六牲，以待祭祀』，故知此野牲亦入牧人以待事也。

清 李光坡《周禮述注》卷八 牧人掌牧六牲而阜蕃其物，以共祭祀之牲牷。註曰：六牲，謂牛、馬、羊、豕、犬、雞。鄭司農云：牷，純也。玄謂牷體完具。疏曰：物謂毛物，五官各有牛人、羊人、犬人、豕人之等擇取純毛物者以共牧人，牧人又共與充人，芻之三月以祭祀。牷，音全。凡陽祀用騂牲毛之，陰祀用黝牲毛之，望祀各以其方色牲毛之。坡謂：陽祀，祈穀於南郊及宗廟。騂牲，赤色。毛之，取純毛也。陰祀，大社也。黝，讀為幽，幽黑也。望祀，兆五帝於四郊也。《大宗伯》云『蒼璧禮天，黃琮禮地』下云牲放其色，則圜丘、方丘無用騂牲、黝牲者。用騂牲，惟祈穀於南郊；用黝牲，惟大社與宗伯。又云『青圭禮東方，赤璋禮南方，白琥禮西方，玄璜禮北方』，牲放其色，望祀各以其方之色牲，毛之者，正謂此也。郊社詳見宗伯。黝，讀幽。放，音倣。凡時祀之牲，必用牷物。時祀，四時所常祀。天之時祀，日月以下；地之時祀，五祀五嶽以下皆是也。疏曰：必用牷物者，對上方色是隨其方色不用尨。尨是雜色，則此牷物者，非方非雜，雖不得隨方之色，要於其身之中，其物色須純，其體須完，不得雜也。尨，音龐。凡外祭毀事，用尨可也。註曰：外祭，謂表貉及王行所過山川用事者。尨謂雜色不純，毀謂副辜候禳毀除殃咎之屬。貉，莫霸反。副，普逼反。凡祭祀，共其犧牲，以授充人繫之。註曰：犧牲，毛羽完具也。授充人者，當殊養之。坡謂：凡祭祀，總上陽祀、陰祀、望祀、時祀之等也。凡牲不繫者，共奉之。註曰：謂非時而祭祀者。疏曰：不繫者，謂若上文『凡外祭毀事，用尨可也』，是非時而祭祀者也。問：『陰祀註謂祭地北郊及社稷，子不從，何？』曰：『鄭以方丘祭崑崙，北郊祭神州，社稷為地之次祀，然崑崙、神州不見經傳，而社稷經中多有以當地祇言者，坡於宗伯辨之詳矣。』曰：『望祀註謂嶽鎮四瀆，不亦可乎？』曰：『嶽瀆各以其方之色牲，不見於經，而五方之帝牲如方色，則宗伯載之，安得棄經而任意？』曰：『子以四望為日月至雨師與地之四嶽四瀆，胡不以解此望祀？』曰：『亦以經無因，方用牲之文。』曰：『五帝何以言望祀？』曰：『或者方與望聲相近而誤讀，望祀乃方祀之誤與？然疑而未敢質矣。』

清 李鍾倫《周禮纂訓》卷六 牧人掌牧六牲而阜蕃其物，以共祭祀之牲牷。蕃，音煩。牷，音全。注：牷，體完具。疏：五官各有牛人、羊人、犬人、豕人之等，擇取純毛者以供牧人，牧人又供與充人，芻之三月以祭祀。養之曰畜，將用曰牲。凡陽祀用騂牲毛之，陰祀用黝牲毛之，望祀各以其方之色牲毛之。黝，於糾反，司農音幽。注：騂，牲赤色。毛之，取純毛也。陽祀祭天於南郊及宗廟，陰祀祭地北郊及社稷望祀五嶽四鎮四瀆也。鄭司農云：黝讀為幽，幽黑也。疏：案《大宗伯》『蒼璧禮天，黃琮禮地』，牲幣各放其器之色，謂圜丘方澤四時迎五方帝，各依方色，此騂牲、黝牲，唯有祭天南郊及宗廟、祭地北郊及社稷也。訓：祭天南郊、祭地北郊，説見《宗伯職》首。凡時祀之牲，必用牷物。注：時祀，四時所常祀，謂山川至四方百物。疏：鄭惟據地之時祀，實則天神日月以下亦在時祀中也。訓：不言色者，蓋凡天神人鬼之屬皆用騂，凡地祇之屬皆用黝也。上見毛色之純，此見牲體之全，互言之耳。凡外祭毁事，用尨可也。尨，亡江反。注：外祭謂表貉及王行所過山川用事者。杜子春云：尨雜色不純，毁謂副辜候禳毁除殃咎之屬。疏：案《校人職》『將事于四海山川，則飾黃駒』，亦是外祭，蓋據尨中有黃色者用之，不必純黃。鄭注《宗伯》『副辜』引『九門磔禳』，《小祝職》『有將事候禳，皆毁除殃咎』，非是常祭。訓：此節對上時祀，則此是不以時而有事者。注引『副辜』之文，宗伯以副辜祭四方百物，則是時祀也。蓋此惟據九門磔禳，亦用副辜為毁除之祭，其四方百物用副辜則在時祀中也。既用尨，則亦或不盡牷物而用之矣。凡祭祀，共其犧牲，以授充人繫之。注：犧牲，毛羽完具者。授充人者，當殊養之。疏：犧，純色。凡牲不繫者，共奉之。注：謂非時而祭祀者。疏：外祭毁事，是非時祭祀。訓：天地宗廟之牲則繫於牢，芻之三月，餘散祭祀則繫于門，不必三月。非時祭祀，則并不繫。

清 方苞《周官集注》卷三 牧人，下士六人，府一人，史二人，徒六十人。掌牧六牲，以共祭祀，亦地事也。

又 牧人掌牧六牲而阜蕃其物，以共祭祀之牲牷。六牲，牛、馬、羊、豕、犬、雞。牷，體完具也。凡陽祀用騂牲毛之，陰祀用黝牲毛之，望祀各以其方之色牲毛之。陽祀，南郊及宗廟也。陰祀，方澤及社稷也。望祀，五嶽、四鎮、四瀆也。騂，赤也。黝，黑也。色以毛別，既列其色，而又曰毛之者，色雖純毛之美善，又各有差等，必次敘以待大小祀之所用也。凡時祀之牲，必用牷物。時祀，四時常祀也，總結上陽祀、陰祀、望祀并四方山川百物。牷物，謂體完而色純也。凡對犧，則牷為體完，獨言牷，則該色純。李耜卿曰：天之時祀，日月以下；地之時祀，五祀五嶽以下。凡外祭毁事，用尨可也。外祭，謂表貉及王行過用事山川。毁，謂副辜候禳毁除殃咎之屬。尨，雜色也。凡祭祀，共其犧牲，以授充人繫之。凡牲不繫者，共奉之。授充人者，殊養之。非時而祭祀，則牲不繫。

又 卷七 若牧人無牲，則受布于司馬，使其賈買牲而共之。牧人無牲，時或耗敗也。

清 方苞《周官析疑》卷一一 牧人掌牧六牲而阜蕃其物，以共祭祀之牲牷。凡陽祀用騂牲毛之，陰祀用黝牲毛之，望祀各以其方之色牲毛之。曰阜蕃其物者，物衆多，然後牲可擇也，如曰牧六牲而阜蕃之，則似量所共之牲數以牧，而無以見其廣牧以待擇矣。色以毛別，既列其色，而復曰毛之者，色雖純毛之美善，又各有差等也。

又 卷二七 若牧人無牲，則受布于司馬，使其賈買牲而共之。司馬無布而云受布于司馬，以是知五官應用泉布貨賄有司，不得私授受，必諸官之正，以達於冢宰，頒於大府，致於官中，而後有司分受焉，所以杜侵漁、防抵冒也。巫馬以馬疾受財於校人，或以巫馬入其布於校人，疑凡長官皆有存貯之布，非也。巫馬以馬疾受財於校人，故馬死之粥布入焉，以備馬疾之費也。

《授時通考》卷七〇《農餘》 牧人掌牧六牲而阜蕃其物。疏：阜，盛也。蕃，息也。物，謂毛物。言使肥盛蕃息，各有毛物。

清 顧棟高《毛詩類釋》卷七《釋官職》 《周禮・地官》：『牧人，下士二人。』鄒肇敏曰：牧人掌牧六牲而阜蕃其物，以供祭祀之牲牷。凡陽祀用騂牲，陰祀用黝牲，望祀各以其方之色。凡時祀之牲，必用牷物。外祭毁事，用尨。蓋至爾牲則具，而牧人之職克舉矣。

清 秦蕙田《五禮通考》卷三《吉禮三》 牧人凡祭祀共其犧牲，以授充人繫之。疏：牧人養牲，臨祭前三月授與充人繫養之。

又 卷八六《吉禮八十六》 《周禮・地官》：牧人掌牧六牲而阜蕃其物，以共祭祀之牲牷。遂人，凡國祭祀，供野牲。注：共野牲，入於牧人以待事也。疏：謂牛、羊、豕在六遂者，故曰野牲。牧人云掌牧六牲，以待祭祀，故知此野牲亦入牧以待事也。【略】牧人，凡祭祀，共其犧牲，以授充人繫之。注：授充人者，當殊養之。疏：牧人養牲，臨祭前三月授與充人繫養之。

又 卷二一四《嘉禮八十七》 牧人，下士六人，府一人，史二人，徒六十人。注：牧人，養牲于野田者。《詩》云：『爾牧來思，何蓑何笠，或負其餱，三十維物，爾牲則具。』

清 官獻瑶《石溪讀周官》卷二 牧人，下士六人，府一人，史二人，徒六十人。載師任遠郊之地，有牧田牛田，即牧人、牛人畜牧之地，故牛人、牧人、充人同屬地官。司徒之屬，三農生穀，虞衡作材，綦詳焉。園圃僅見圉人、場人，藪牧僅見牧人、牛人，猶嬪婦化治，絲枲天官僅見典婦，功典絲枲，舉其倡于上者，而下者可推而知也。自封人至充人，皆以祭祀相聯屬。封人掌設社壝，凡祭祀、喪紀、賓客、軍旅，飾其牛牲。鼓人以靈鼓鼓社，祭凡祭祀百物之神，鼓兵舞、帗舞者。舞師教帗舞，帥而舞社稷之祭祀，故二官次封人，而以牧人已下三職掌共祭祀牲牷之官叙于其後，後儒師心，更易之誤矣。

又　牧人掌牧六牲而阜蕃其物，以共祭祀之牲牷。凡陽祀用騂牲毛之，陰祀用黝牲毛之，望祀各以其方之色牲毛之。用騂、用黝及各以方色，言其所當用者如是也。毛之者，先時選擇其毛色以俟臨時用之也。凡時祀之牲，必用牷物。凡外祭毀事，用尨可也。用牷物，則非尨，但不必取定于騂。若黝耳。凡祭祀共其犧牲，以授充人繫之。凡牲不繫者，共奉之。

清　蔣載康《周官心解》卷八　牧人掌牧六牲而阜蕃其物，以共祭祀之牲牷。牷，音全。註：六牲，牛、馬、羊、豕、犬、雞。鄭司農云：牷，純也。按謂色純祭祀神，尊者必當其色，次者但取色純，下者用尨。云共牷，舉中以包上下，卑不必色純，體必完具也。五官各有牛人、雞人、羊人、犬人、豕人等差，擇毛體以共牧人。至大祭祀，卜牲牧人，又擇體完色純者共之。應卜，則與充人養之。大祭祀之牲，則充人養之三月。凡陽祀用騂牲毛之，陰祀用黝牲毛之，望祀各以其方之色牲毛之。黝，音幽。天神陽祀，惟南郊用元，日月星辰等陽祀則騂牲。地神陰祀，惟北郊用黃，社稷五祀等陰祀則黝牲。望祀各以其方之色牲，天神則五帝之臣句芒，五神配以五人臣者，各順春夏秋冬，四方以祭也。地神則五嶽、四鎮、四瀆及東南西北四方之神，皆隨方以祭也。不言南北郊，五帝以下槩上。毛之，羽毛純色，或謂祈穀亦騂牲，宗廟亦騂牲。予曰：祈穀用騂，魯用周之所尚，宗廟之用騂亦然。執此以駁神示之祀，豈神示亦可束以本朝之制與？凡時祀之牲，必用牷物。疏：上方色是隨其方色，此牷物雖不隨方色，其色須純，不得雜也。凡外祭毀事，用尨可也。尨，模江反。註：外祭，表貉及王行所過山川用事者。杜子春曰：尨，雜色不純。毀，副辜候禳毀除殃咎之屬。按：若四方百物，此即用不繫之牲者。凡祭祀共其犧牲，以授充人繫之。註：授充人殊養之。按：言犧牲體完毛純之牲，其神尊，故用此祭之。所以必授充人殊養之，凡祭祀總陽祀、陰祀、望祀、時祀等。凡牲不繫者，共奉之，直共奉之不授充人也，并不授監門，故云不繫。

清　劉沅《周官恒解》卷二《地官司徒》　牧人，下士六人，府一人，史二人，徒六十人。養牲於野田者，其職止芻牧之事，故官下士。【略】牧人掌牧六牲而阜蕃其物，以共祭祀之牲牷。凡陽祀用騂牲毛之，陰祀用黝牲毛之，望祀各以其方之色牲毛之。凡時祀之牲，必用牷物。凡外祭毀事，用尨可也。黝，音幽。尨，模江反。六牲，牛、馬、羊、豕、雞、犬。牷，體完具也。阜，盛也。蕃，息也。多畜之以待擇。牛人、羊人、豕人、犬人各以純毛之物供牧人，牧人又共與充人，芻之三月，以祭祀。騂，赤色。黝，黑色。陽祀祀天神，陰祀祀地示人鬼。毛之，取純毛也。周尚赤，則騂可概用之，但不多得，則陽祀、陰祀、望祀大概分如此，故下文又言凡時祀之牲，即毛色難純，亦必用牷物；至外祭如表貉及王行所過山川毀事或禳除殃咎之事，則用雜色之牷亦可矣。凡祭祀，共其犧牲，以授充人繫之。凡牲不繫者，共奉之。分言之，則牛亦牲。犧牲並言，則犧牛而牲犬、豕也。充人繫而殊養之以致敬，不繫者非時而祭祀，則共奉之。

清　閻鎮珩《六典通考》卷二《設官考》　牧人，秦漢內史左馮翊有廩犧令丞，並掌犧。令丞並掌犧牲，屬司農。後漢河南尹屬官有廩犧丞，魏、晉、宋因之。齊職儀令品第七，秩四百石。梁太常卿統廩犧令丞，為三品，勳位。陳、後魏、北齊、隋皆有之。唐置令、丞各一人，掌犧牲粢盛之事。宋廩犧屬九禄寺有牛羊司，供應所掌大中小祀之牲牷，及大官宴享膳羞之用。監官三人，監棧圈三人。金皇統八年，以太廟令丞兼廩犧署令丞。元因之。明洪武三年，置神牲所，設廩牲令，尋罷。洪熙元年，置犧牲所吏目。

清　孫詒讓《周禮正義》卷一七　牧人，下士六人，府一人，史二人，徒六十人。牧人，養牲於野田者。《詩》云：『爾牧來思，何蓑何笠，或負其餱，三十維物，爾牲則具』。疏：『牧人』者，掌牧田，亦有地守，故屬地官。云『下士六人』者，莊存與云：『牧六牲，分職也。』注云『牧人，養牲於野田者』，《說文·攴部》云：『牧，養牛人也。』《左》昭十七年傳云：『馬有圉，牛有牧』，引申之，凡養六牲者通謂之牧。載師以牧田任遠郊之地，先鄭注云：『牧田，牧六畜之田』，即此牧人所牧也。賈疏云：對充人養牲於國中。引『《詩》云：爾牧來思，何蓑何笠，或負其餱，三十維物，爾牲則具』者，《小雅·無羊》文。餱，《釋文》作糇。案：餱正字，糇別體。《毛詩·作餱傳》云：『何，揭也。蓑所以備雨，笠所以禦暑。三十維物，異毛色者三十也。』鄭箋云：『言此者，美牧人寒暑飲食有備，牛羊之色異者三十，則女之祭祀索則有之。』引之者證牧人養牲野田之事。

又　卷二三　牧人掌牧六牲而阜蕃其物，以共祭祀之牲牷。六牲，謂牛、馬、羊、豕、犬、雞。鄭司農云：牷，純也。玄謂牷，體完具。疏：『掌牧六牲而阜蕃其物』者，物猶言種類也。雞人注云：『物，謂毛色也。』案：凡牲畜區別毛色，各爲種類，通謂之物。質人三馬、校人六馬，馬各爲一物。《詩·小雅·無羊》云：『三十維物，爾牲則具』，《毛傳》云：『異毛色者三十也』。阜蕃，詳大司徒疏。云『以共祭祀之牲牷』者，《詩·小雅·無羊》孔疏云：『牧人注云：掌養牲於野田者，其職曰：掌牧六牲而阜蕃其物，則六畜皆牧人主養。其餘牛人、羊人之徒，各掌其事，以供官之所須，則取於牧人，非放牧者也。羊人職曰：若牧人無牲，則受布於司馬，買牲而供之，是取於牧人之事也。』江永云：遠郊有牧田，以授九職中之藪牧，使收六牲，卽以牲物爲貢，牧人掌之，國有祭祀，牧人共之。於王朝，牛入地官牛人、充人及司門，羊入夏官羊人，豕入冬官豕人，犬入秋官犬人而豢於地官之槁人，雞入春官雞人，馬入夏官圉人。馬牲唯有事於四海山川及喪祭遣奠用之。將祭祀則各官供之，小宗伯毛而辨之，頒之司徒、宗伯、司馬、司寇、司空，使共奉之。牛爲大牲，所用者多，則遠郊又有牛田，牛人掌之，養國之公牛，而祭事用牛者，與牧人並共也。十二閑之馬，别有校人諸官掌之，非牧人之職也。《羊人》云：『若牧人無牲，則受布于司馬，使其賈買牲而共之』，此謂牧人有時偶乏羊牲，則於長官受布買牲，以共王朝之用，非謂共之於牧人也。案：孔、江說是也。此牧人是養牲之官，牛人等是共牧之官，共牲當由牧人共入牛人等。賈疏謂牛人、羊人、犬人、豕人之等，擇取純毛物者以供牧人，牧人又供與充人芻之三月，失之。注云『六牲謂牛馬羊豕犬雞』者，《膳夫》注義同。此六牲，卽庖人之六畜也。六牲去馬，亦謂之五牲，《左》昭十一年傳云：『五牲不相爲用。』《大戴禮記・曾子天圓篇》云：『序五牲之先後貴賤。』杜、盧注並云：『五牲，牛羊豕犬雞。』與《月令》五時牲合，是也。《詩・無羊》孔疏云：『馬是國之大用，特立牧師、圉人使别掌之。則蓋擬駕用者屬牧師，令生息者屬牧人。』鄭司農云『牷，純也』者，《犬人》先鄭注同。《說文・牛部》云：『牷，牛純色。禮，祭祀牷牲。』曾釗云：『下經云：凡時祀之牲，必用牷物，凡外祭毀事，用尨可也。《犬人》：凡祭祀共犬牲用牷物，凡幾珥沈辜，用尨可也。《玉人》：天子用全，上公用龍。皆以全與尨對言，尨爲雜，則牷是純可知。』案：曾說是也。牷爲牛純色，引申之，凡牲純色並謂之牷。先鄭及許說得之。此後鄭注别爲『體完具』，不從先鄭；然《犬人》注引先鄭說，仍不破之。又《表記》『牲牷』，後鄭注亦云『牷猶純』也，則亦兼取純色之訓矣。云『玄謂牷體完具』者，不從先鄭說也。《犬人》賈疏云：『案《尚書・微子》云：犧牷牲用，注云：犧，純毛。牷，體完具。彼牷與犧相對，是犧爲純毛，牷爲體完具。』詒讓案：後鄭意，牷从全得聲，聲亦兼義。《說文・人部》云：『全，完也。』牛部云：『牲，牛完全也。』完具與完全義同。《書・微子》僞孔傳、《山海經・西山經》郭注、《大戴禮記・曾子天圓篇》盧注，說並與後鄭同。又《左》桓六年傳云：『吾牲牷肥腯』，杜注云：『牷，純色完全也。』則兼用二鄭之義。曾釗云：『《說文》牲訓體完具，牷訓純色。此經牲牷對言，牷安有又訓完具之理。牷，色之純；牲，體之具也。』案：曾釋牷牲二字義，得之。今以諸經及《說文》通校之，凡言牲牷犧牲者，牲謂角體完具，牷謂毛羽純色，犧則祭牲角體完具而又兼毛羽純色也。蓋單言牲，則純尨兼有，而角體則無不完具者。《穀梁》哀元年傳云：『全曰牲，傷曰牛』，明不完具則不可以爲牲也。言牲又言牷，則以牷見其牲之爲純色，明不徒取完具而已。至祭祀之牲，擇之尤精，則特取體全色純之美名謂之犧牲，明其無不備也。二者之義，各有所取，而說者不憭，遂滋乖互，故略辨之。

凡陽祀用騂牲毛之，陰祀用黝牲毛之，望祀各以其方之色牲毛之。

騂牲，赤色。毛之，取純毛也。陰祀，祭地北郊及社稷也。望祀，五嶽四鎮四瀆也。鄭司農云：陽祀，春夏也。黝，讀爲幽，幽黑也。玄謂陽祀，祭天於南郊及宗廟。疏：『凡陽祀用騂牲毛之，陰祀用黝牲毛之』者，黝，當從段玉裁校改『幽』，詳後。以下並辨祭祀用牲毛物之異也。注云『騂牲，赤色』者，《說文・馬部》無騂字，新附有騂字，云『馬赤色也』。騂與騂同。案：凡經典騂字，正字並當爲垟。垟爲赤土，引申爲凡赤牲之稱，詳《草人疏》。賈疏云：『見周人騂剛，檀弓云周人牲用騂，周尚赤而云用騂，故知騂是赤也。』詒讓案：依鄭義，周郊祭受命帝卽蒼帝，則周以木德王而尚赤者。《五行大義》引《春秋感精符》云：『周以天統服色尚赤者，陽道尚左，故天左旋；周以木德王，火是其子，左行用其赤色也。』《家語・五帝篇》說五德之色云：『所尚各從其所王之德次，周人以木德王，尚赤，牲用騂。』王肅汻亦謂：『木家尚赤者，脩其母，致其子。』鄭意或與彼同。又《後漢書・章帝紀》李注引《禮緯》說，周爲天正，色尚赤。《春秋繁露・三代改制質文篇》、《公羊》隱元年何注、《白虎通義・三正篇》引《尚書大傳》，說並同。此别從三正所尚，與論德運者異，而以周爲尚赤則一也。又古說或云周火德，詳大司樂疏。云『毛之，取純毛也』者，卽下云『牷物』是也。《小宗伯》『毛六牲』，注云：『毛，擇毛也。』《國語・楚語》云：『毛以示物』。《山海經・南山經》『凡䧿山之首，其祠之禮毛』。郭注云：『毛言擇牲取其毛色也。』《祭義》云：『古者天子諸侯必有養獸之官，及歲時，齊戒沐浴而躬朝之，犧牷祭牲必於是取之，君召牛納而視之，擇其毛而卜之吉，然後養之。』此毛之卽所謂擇其毛也。擇牲取其純色謂之毛，故《公羊》文十二年傳，以不純色爲不毛矣。云『陰祀，祭地北郊及社稷也』者，《漢書・郊祀志》：王商、師丹、翟方進等議云：『祭地於太折在北郊，就陰位也。』《神仕》注云：『地物，陰也。』此但舉地示不及物彪者，以百物入後時祭用牷物內，不定用黝牲也。北郊祭地，祭九州之總示，詳典瑞疏。賈疏云：『但天神與宗廟爲陽，地與社稷爲陰。案：《大宗伯》云：蒼璧禮天，黃琮禮地，謂圜丘方澤。下云牲幣各放其器之色，則昊天與崐崘牲用蒼，用黃四時迎五方天帝，又各依其方色，牲則非此騂牲黝牲。惟有郊天地及宗廟、社稷一等，不見牲色，在此陽祀陰祀之中可知。案：《郊特牲》云社祭土而主陰氣也，是社稷稱陰。《孝經緯・鉤命決》云：祭地於北郊，就陰位，彼對郊天就陽位，則是神州之神在北郊而稱陰，以是知陰祀中有祭地於北郊及社稷也。』《南齊書・禮志》云：『何佟之奏：牧人云凡陽祀用騂牲，陰祀用黝牲，《祭法》云：燔柴於泰壇，祭天也；瘞埋於泰折，祭地也。用騂犢。』鄭云：『地陰祀用黝牲，與天俱用犢，故連言之耳。』知此祭天地卽南北郊矣。詒讓案：此陽祀當兼圜丘及五帝、陰祀當兼方丘及五示言之。大宗伯禮天地四方，牲各依玉色，乃告禮方明，非正祭也。鄭彼注以爲圜丘方丘祭天地，與南北郊異牲，失之。詳彼疏。

又案：賈疏謂社稷亦用黝牲，是也。《詩·周頌·良耜敍》云：『秋報社稷也。』其詩云『殺時犉牡』，《毛傳》云『黃牛黑脣曰犉』，孔疏云：『社稷用黝牛，色以黑而用黃者，蓋正禮用黝，至於報功，以社是土神，故用黃色，仍用黑脣也。』案：秋報卽祭社稷之正禮，孔説非也。《爾雅·釋畜》云：『黑脣犉。』郭注云：『此宜通謂黑脣牛。』然則詩言犉牡，不妨爲黝牛黑脣毛。云黃牛，以牛黃者多耳，此與社稷用黝牲之義，固不相硋矣。云『望祀五嶽、四鎮、四瀆也』者，卽《大宗伯》之四望也。詳彼疏。四望牲用方色者，若祀岱嶽、沂山、泲瀆，則牲用青色，餘並放此。又案《男巫》亦云『望祀』，彼注疏謂祭類造襘禜之神，則不專屬四望，與此祭祀義微異，亦詳彼疏。鄭司農云『陽祀，春夏也』者，《春秋繁露·官制象天篇》云：『四時天之四選：春者少陽之選也，夏者太陽之選也，秋者少陰之選也，冬者太陰之選也。』是春夏爲陽也。又《史記·封禪書》載秦祠雍四時、上帝、陳寶，牲並春夏用騂，秋冬用駵。漢時蓋猶沿其制，故先鄭以此陽祀用騂爲春夏，則陰祀用黝爲秋冬也。其説於經無徵，故後鄭不從。云『黝讀爲幽，幽，黑也』者，《守祧》注同。段玉裁改經『黝牲』爲『幽牲』，注爲『幽讀爲黝，黝，黑也。』云：經文注文當如是。今本經作黝，注幽黝互譌，由或以注改經，復或以已改之經改注之故也。《守祧職》曰『幽堊之』，注：『鄭司農幽讀爲黝，黝，黑也。』引《爾雅》地謂之黝。今本譌舛，與此正同。《釋文》兩云『黝，司農音幽』，然則其誤在陸氏已前矣。《說文》：『幽，隱也。』幽有黑意，不得徑訓黑也。玉藻『命縕紱幽衡，再命赤韍幽衡。』鄭君云：幽讀爲黝，黑謂之黝。以《禮記》證《周禮》，事甚顯白。鷄人注：『陽祀用騂，陰事用黝』，不作幽，又其證也。又案：《小雅》『其葉有幽』，《毛傳》：『幽，黑色也。』然則幽黝古今字，先後鄭皆以今字讀古字。案：段説是也。《南齊書·禮志》何佟之議引此注，直云『黝，黑也』，疑所見本尚不誤。黝訓黑者，《爾雅·釋器》云：『黑謂之黝』。郭注云：『黝黑貌』。《說文·黑部》云：『黝，微青黑色。』云『玄謂陽祀祭天於南郊及宗廟』者，《神仕》注云：『天、人，陽也。』南郊祭天，祭受命帝也。詳典瑞疏。《春秋繁露·三代改制質文篇》説周正赤統，郊牲騂，祭牲騂牡。又《郊事對》云：『魯郊用純騂犅。』並與鄭説同。賈疏云：『案《郊特牲》云：郊之祭也，大報天而主日，兆于南郊，就陽位也，牲用騂。是南郊用騂也。《檀弓》云：殷尚白，周尚赤，是祭宗廟用赤也。據此而言，則祭天於南郊及宗廟用騂也。後鄭先解陰祀，後釋陽祀者，陽祀待先鄭釋訖隨後破之故也。』詒讓案：《詩·魯頌·閟宮》云『皇皇后帝，皇祖后稷，享以騂犧』，箋云：『皇皇后帝，謂天也。成王以周公功大，命魯郊祭天亦配之以君祖后稷，其牲用赤牛純色，與天子同也。』此郊祀用騂之證。《書洛誥》云：『承祭歲，文王騂牛一，武王騂牛一。』《詩·周頌·烈文》孔疏引鄭書注，以爲特祫祭文武。《白虎通義·三正篇》云：『《詩》曰清酒既載，騂牡既備，言文王之牲用騂，周尚赤也。』案：班所引者，《大雅·旱麓篇》文。《大雅·信南山》亦有『清酒騂牡』之文。《毛傳》義與班同。據詩書所言，則周祭宗廟、后稷、文武並用騂。而《公羊》文十三年說魯牲云：『周公用白牡，魯公用騂犅，羣公不毛。』何注云：『白牡，殷牲也。騂犅，赤脊，周牲也。不毛，不純色。』《詩·閟宮》亦云『白牡騂剛』，《毛傳》同《公羊》。是魯廟牲有三等，周公用殷牲。《楊子法言·君子篇》云：『牛玄騂白睟而角，其升諸廟乎？』蓋通三統言之。周廟牲則先王先公同用騂，當無異也。又周制，凡郊丘配食之人皆用騂牲。四月大雩，九月大饗，亦陽祀，其牲並同。《郊特牲》孔疏謂各依方色，非也。互詳《大宗伯疏》。又案：《史記·封禪書》云：『秦襄公既侯，居西垂，自以爲主少皞之神，作四時，祠白帝，其牲用駵駒、黃牛、羝羊各一云。』此祀白帝亦不用方色牲，駵黃與騂色相近，或亦陽祀用騂之意與？

凡時祀之牲，必用牷物。時祀，四時所常祀，謂山川以下至四方百物。疏：『凡時祀之牲必用牷物』者，亦謂純色也。賈疏云：『對上方色是隨其方色，下用龙，龙是雜色，則此牷物者非方非雜，雖不得隨方之色，要於一身之上其物色須純，其體須完，不得雜也。假令東方或純黃、純黑，南方或純白、純青，皆得也。』注云『時祀，四時所常祀，謂山川以下至四方百物』者，謂祀有定時，箸在常典者也。賈疏云：『案《司服》山川羣小祀，林澤四方百物在四望下。此上文云天地四望，此時祀又在四望下，又四方山川之等亦依四時而祀，故知時祀是山川至百物，鄭唯據地之時祀。若天之時祀，日月已下亦在此時祀中也。』案：依鄭、賈説，則山川林澤以下牲無定色，但不用龙而已。王氏《訂義》引崔靈恩説，謂祭山川牲玉各放其方之色，則凡山川牲亦以方色，與四望等。《論語·雍也》皇疏義同。《大戴禮記·曾子天圓篇》云：『山川曰犧牷。』盧注云：『色純曰犧，體完曰牷。山川謂岳瀆。以方色，角尺。其餘用庬索之。』此謂餘山川皆用庬，並與鄭義不合。又《南齊書·禮志》云：『劉繪議：《語》云犂牛之子騂且角，雖欲勿用，山川其舍諸？未詳山川合爲陰祀否？若在陰祀，則與黝乖矣。議：周禮以天地爲大祀，四望爲次祀，山川爲小祀。周人尚赤，自四望以上牲色各依其方者，以其祀大，宜從本也。山川以下牲色不見者，以其祀小，從所尚也。則《論》《禮》二説豈不合符。』案：依何議，則山川降於四望，牲既不依方色，而當從周所尚之色用騂牲。此説亦與鄭不合。惠士奇云：『犂牛之犢，體純騂而角繭栗，此天牲也。未有歆於上帝而吐於山川者，故曰山川其舍諸。説者據此以爲山川用騂牲，誤矣。』案：惠説是也。

凡外祭毀事，用龙可也。外祭，謂表貉及王行所過山川用事者。故書毀爲甈，龙作龍。杜子春云：『甈當爲毀，龍當爲龙。龙謂雜色不純，毀謂副辜侯禳毀除殃咎之屬。』疏：注云『外祭謂表貉及王行所過山川用事者』者，賈疏云：知外祭中有表貉者，據上文外神之中，已云天地至四方百物，依時而祭者已盡，此別言外祭，則外祭中唯有表貉之等。案《大司馬》，田獵之時，立表而貉祭。《司几筵》亦云『貉用熊席』。又知外祭中有王行所過山川用事者，案《校人》云：『凡將事于四海山川，則飾黃駒』，《大祝》云：『大會同過大山川則用事焉』，亦是非常外祭之事。若然，此云尨，校人用黃駒者，從地色黃，亦據尨中有黃色者用之，不必純。案：表貉，詳肆師疏。云「故書毁爲甈，尨作龍，杜子春云甈當爲毁，龍當爲尨」者，段玉裁云：「此皆字之誤也。甈毁相似，龍尨相似。巾車龍勒，龍，駹也。駹車，故書駹作龍。《玉人》上公用龍，龍當爲尨，然則經文尨雜字多作龍。」徐養原云：「《說文𠂤部》：隉，危也，从𠂤，从毁省。班固說：不安也。《周書》曰邦之阢隉。又《出部》：𡴫，槷𡴫，不安也。《易》曰：槷𡴫。又《瓦部》：甈，康瓠破罌，从瓦臬聲，或从執作𤭛。易之槷𡴫卽《書》之阢隉，阢與𡴫同，隉與槷同。隉字既从毁，而槷字古文假借以爲臬字。甈从臬，或又从執，是从毁从臬从執之字，互相爲用。又甈爲破罌，《廣雅》云：裂也。破裂，亦卽毁缺之義。《說文・土部》：毁，缺也。又《缶部》：缺，器破也。故毁字可轉爲甈。」又云「巾車與犬人俱作駹，玉人與此經俱作尨，駹尨古亦通用。」云「尨謂雜色不純」者，《玉人》注義同。《犬人》字作駹。先鄭注亦云「謂不純色也。」《說文・犬部》云：「尨，犬之多毛者。」又《馬部》云：「駹，馬面顙皆白也。」牛部云：「牻，白黑雜毛牛。」尨駹牻聲同，義並相近。凡毛物一色者謂之純，雜二色以上謂之尨。《論語・雍也》謂之犁，卽《公羊》文十三年傳所謂不毛也。《國語・晉語》云「以尨衣純」，韋注亦云「雜色曰尨」。云「毁謂副辜侯禳毁除殃咎之屬」者，賈疏云：「案《宗伯》云疈辜祭四方百物，而引九門磔禳。又案《小祝職》云將事侯禳，皆是禱祈除殃咎非常之祭用尨之類，故引以爲證也。」詒讓案：杜謂此毁事卽《鬯人》所云疈事也。《犬人》云「凡幾珥沈辜用駹可也」，此云「副辜」，與彼辜同。毁者，毁折牲體之言。幾珥沈辜及此注之侯禳，皆有披磔牲體，卽《大戴禮・曾子天圓篇》所云「割列禳瘞」，故並謂之毁事。《國語・周語》隨會問殽烝，云「吾聞王室之禮無毁折」，與此事異而義同。杜以毁除殃咎爲釋，殊未當。「副辜」，《大宗伯》作「疈辜」，副篆文，疈籀文，詳《大宗伯》疏。又案：犬人沈辜，沈謂祭川，辜謂祭四方百物。依上注義，山川四方百物用牷物者，謂四時常祀不得用尨。此毁事及犬人沈辜，內山川四方百物有用尨者，謂非時而祭，則得用尨。二文不相妨也。凡祭祀，共其犧牲，以授充人繫之。犧牲，毛羽完具也。授充人者，當殊養之。周景王時，賓起見雄雞自斷其尾，曰：「雞憚其爲犧。」疏：「以授充人繫之」者，繫疑當作毄，下同，詳司門疏。賈疏云：「牧人養牲，臨祭前三月，授與充人繫養之。」案：此當牧人共牲與牛人、羊人等，又與牛人、羊人等同授充人也。賈說未析。注云「犧牲，毛羽完具也」者，《說文・牛部》云：「犧，宗廟之牲也。」《詩・魯頌》「享以騂犧」，《毛傳》云：「犧，純也」。《曲禮》「天子以犧牛」，注云「犧，純毛也」。賈《犬人疏》引鄭書注，義同。《御覽・職官部》引韋昭《辯釋名》云：「充六牲，取其毛純者別養之，以奉祭祀。純色者少，故名犧。犧，希也。」案：韋訓犧爲純色，《書・微子》僞孔傳、《月令》孔疏引王肅、《大戴禮記・曾子天圓篇》盧注，說並同。此與鄭純毛義亦不異。此注兼言完具，則當含角體言之，校《曲禮》注義尤備也。賈疏云：「犧牲不云牷，則惟據純毛者，而鄭云完具者，祭祀之牲若直牷，未必純犧，若犧則兼牷可知，故鄭以完具釋犧。」詒讓案：祭牲必毛純體完，諸說多偏舉一隅，實則禮經凡賓客膳羞之牲，得稱牲牷，而不得稱犧，明犧爲祭牲之專名。許解與此經脗合，足通晐諸義。《左》昭二十五年傳云：「爲六畜五牲三犧以奉五味。」彼三犧蓋指牛羊豕。杜注云「祭天地宗廟三者謂之犧」，義未允。孔疏引服虔以爲雁鶩雉，則尤謬說也。云「授充人者，當殊養之」者，若《充人》云繫于牢，繫於國門，是殊別於牧羣也。云「周景王時，賓起見雄雞自斷其尾，曰雞憚其爲犧」者，賈疏云：「此《春秋左氏傳》昭二十二年，王子朝、賓起有寵于京王，王與賓孟說之，欲立之。又云：賓孟適郊，見雄雞自斷其尾，問之，侍者曰：自憚其犧也。遽歸告王，且曰：雞其憚爲人用乎人異於是。注犧者以喻人之有純德，實宜爲君，彼直云自憚其犧，不云雞，鄭以義增之耳。引之者，證犧是純色之意也。」案：賈所引《左傳注》，與杜注異，蓋賈、服舊注。此引《左傳》者，證犧牲必毛羽完具之意。賈謂證純色，非。又案：凡牲皆貴牡，故《傳》云「雄雞」。經典凡說祭牲，云玄牡、白牡、騂牡皆是也。《月令》：「孟春乃修祭典，命祀山林川澤，犧牲毋用牝。」注云：「爲傷妊生之類。」孔疏云：「以山林川澤其祀既卑，餘月牲皆用牝，唯此月不用。若天地宗廟大祭之時，雖非正月，皆不用牝。」依孔說，則凡大祀牲皆用牡，中小祀以下則閒有用牝者。《詩・小雅・伐木》說燕牲，云「肥牡」，則賓客饗食燕牲亦貴牡與？凡牲不繫者，共奉之。謂非時而祭祀者。疏：「凡牲不繫者，共奉之」者，直送祭有司，不授充人也。注云「謂非時而祭祀者」者，據《充人職》，散祭祀之牲亦有繫，則常祀不辨大小皆繫牲。明不繫者非歲時常祀，蓋因事告祭及祈禱之屬。賈疏云：「謂若上文凡外祭毁事用尨可也。」

又卷二九　遂人【略】凡國祭祀，共野牲，令野職。共野牲，入於牧人以待事也。野職，薪炭之屬。疏：「凡國祭祀，共野牲，令野職」者，此官掌令遂師，共野牲，令委人共野職也。若然，野牲言共，亦令之。野職言：「令，亦共之，皆互文見義」。注云「共野牲，入於牧人以待事也」者，野牲，卽九職中藪牧所養之鳥獸，其在遂地者，則遂師共之，遂師云「凡國祭祀，共其野牲」是也。賈疏云：「謂牛、羊、豕在六遂者，故曰野牲。」牧人云：「掌牧六牲以共祭祀」，故知此野牲亦入牧人以待事也。云「野職，薪炭之屬」者，此野職唯據祭祀所用，故知薪炭之屬與遂師云「入野職于玉府者為貨賄」異也。賈疏云：此官令之委人斂之，故下委人。云「掌斂野之賦，又云斂薪芻凡疏材木材、凡畜聚之物」，言之屬者，兼此諸物也。

又卷五七　若牧人無牲，則受布于司馬，使其賈買牲而共之。布，泉。疏：「若牧人無牲」者，謂無毛物純色、角體完具、中法式之牲也。云「使其賈買牲而共之」者，牧人掌六牲，凡共羊牲，並此官取之於牧人，故牧人無牲，則此官使其賈別買而共之。賈，卽敍官云「賈二人」是也。注云「布，泉」者，外府注同。

廋人

題解

元 梁益《詩傳旁通》卷二《國風》 騋。《周禮・廋人》：六尺以上為馬，七尺以上為騋，八尺以上為龍。凡馬之用，宗廟用龍，田事用騋。田事，田獵之事也。謂之龍者，馬高八尺以上，擬於龍。

明 柯尚遷《周禮全經釋原》卷九《夏官司馬第四》 廋人，下士，閑二人，史二人，徒二十人。釋曰：廋，隱也。閑者，馬之所隱也。

清 李光坡《周禮述注》卷二〇 校人、趣馬、巫馬、牧師、廋人、圉師、圉人，皆掌馬官也。

清 梁章鉅《稱謂録》卷一九《馬厩官役》 趣馬，廋人，圉師，圉人。《周禮》夏官：趣馬，下士，皁一人；廋人，下士，閑二人；圉師，乘一人；圉人良馬匹一人，駑馬麗一人。案：趣馬、廋人，如今之廄長、廄副，而圉師、圉人則如今之廄丁耳。

論説

宋 魏了翁《儀禮要義》卷二四《朌肉及廋車謂婦胙在下》 朌肉廋車。釋曰：此謂祭訖婦胙在下云。廋，廋人也；車，巾車也者。案：《周禮》天子夏官有廋人，職掌養馬，春官有巾車，職諸侯，雖兼官，亦當有廋人、巾車。

宋 魏了翁《古今考》卷三一《牧人通掌六牲》 廋人所求反。掌十有二閑之政教，以阜馬、佚特、教駣、攻駒及祭馬祖、先牧、執駒、散馬耳、圉馬。九事。阜，乃『四牡孔阜』之阜。佚，逸也。先牧，制閑者。散馬耳三字，初難通，讀為中散大夫之散，以竹括押馬之耳，頭動摇則觸竹後，乃串習不驚。馬八尺以上為龍，周八尺當今省尺四尺四寸。七尺以上為騋，六尺以上為馬。紫陽方氏曰：近世準尺十大寸，官絹四丈，幅二尺，中納省尺，杭人用之，有准尺之八寸。秀嵓所計如此，則周之一尺得近世尺五寸半，不亦短乎？恐未然。

明 雷禮《南京太僕寺志》卷二《孳牧》 《周禮》：廋人掌十有二閑之政教，正校人員選。趣馬簡其節，巫馬治其疾，圉師掌教，圉人掌養馬，鄉師以時辨其馬牛之物，均人均牛馬之力，政縣師辨其六畜，遂人、遂師以時登其六畜，遂大夫以時稽其六畜，而牛馬興焉。秦之先曰非子，周孝王使主馬於汧渭之間，馬大蕃息。

清 方苞《周官析疑》卷二五《廋人》 廋，疑當作庾。庾，露積也。菽粟宜有蓋藏，芻禾恒多露，積馬之阜，惟芻秣是視。廋人掌十有二閑之政教以阜馬，每閑二人，所掌必芻秣也。《左傳》有庾皮，後周庾信自述受姓之始曰『掌庾承周』，而五官中別無掌庾，廋人則庾譌而爲廋明矣。【略】廋人，廋，疑當作庾。庾，露積也。菽粟宜有蓋，藏芻禾，恒多露積。馬之阜，惟芻秣是視。廋人掌十有二閑之政教，以阜馬，每閑二人，所掌必芻秣也。《左傳》有庾皮，後周庾信自述受姓之始，曰：掌庾承周，而五官中別無掌庾。廋人則庾譌而爲廋明矣。

又 卷三〇 廋人掌十有二閑之政教，以阜馬、佚特、教駣、攻駒。先王制禮，馬將乘匹則佚之而不任，人將娶妻則止於外而不使，皆所以盡人物之性。正校人員選。廋人，下士，而使正校人員選者，每閑二人，則趣馬、馭夫、僕夫才智可以相長，性質各有所宜，知之審矣，與趣馬之得贊正良馬同義。或疑廋人所正，惟師圉、趣馬以上之員選，不宜轉使廋人正之。且謂漢以刺史察郡守，明以御史糾督撫，乃後世防姦之術，非先王禮意。然詳考五官，如司士詔爵、詔禄、內史以八枋詔王治，司會掌典法則以逆邦國都鄙官府之治，宰夫掌百官府之徵令，上及正與師，小司徒頒教法，鄉大夫以六卿承而受之，當官行法，不問尊卑，政教之所以無壅，黜陟之所以不枉，實由於此，何獨於廋人之正員選而疑之？

清 王棠《燕在閣知新録》卷三一《竹披》 杜詩：『竹披雙耳峻』，初不解竹披之義。及讀《周禮》，廋人掌十有二閑之政教以阜馬，內有『散馬耳』句，鄭玄曰：『散馬耳，以竹掊押其馬之耳項，使其慣習不驚。』按：掊，音剖，擊也。杜詩用竹字，雖形容峻字之意，而暗藏竹掊押耳之義。

清 孔廣林《周官臆測》卷四《周官》 廋人掌十有二閑之政教，以阜馬、佚特、教駣、攻駒及祭馬祖、祭閑之先牧及執駒、散馬耳、圉馬。鄭康成云：九者皆有政教焉。廣林謂祭馬祖、執駒乃校人主，非廋人職也。鄭剛中謂于校人祭馬祖，則祭閑之先牧。此祭始作閑者，與校人祭先牧異。于校人執駒，則散馬耳、圉馬，以此爲七事，似勝注説。

清 俞樾《群經平議》卷一三《周官二》 正校人員選。廋人。注曰：正員選者，擇可備員者平之。樾謹按：員選，皆數也。《説文員部》：『員，物數也。」選，通作算。《説文・竹部》：「算，數也。」正校人員選者，正校人之數也。古選、算通用，《詩・柏舟篇》「不可選也」。《後漢書》朱穆絶交論作「不可算也。」《論語・子路篇》「何足算也。」《漢書》公孫劉田王楊蔡陳鄭傳贊作「何足選也。」竝其證也。鄭以本字讀之，而訓為選擇，失之矣。

清 陳偉《愚慮録》卷二《丁亥》 《周禮》：廋人正校人員選。鄭注：校人，謂師圉也。正員選者，選擇可葡員者平之。王氏應電曰：馭夫以下葡員於校人，而中其選者，廋人差而正之。偉按：賈疏云：凡言正者，以尊正卑，自趣馬已上並上官，非廋人所正。按：馭夫中士，廋人下士，王説之非固不待辨，然竊謂鄭説亦似未得。鄭所謂圉師、圉人，雖賤於廋人，然《孟子》謂下士與庶人在官者同禄，則尊卑相去亦甚無幾。以《周禮》通例核之，當正其選於校人，不當正其選於廋人，蓋無可疑。且校人爲掌馬總職，尊官，圉師、圉人乃其所屬，末吏不當同偁校人。竊謂此句與下三句爲綱，謂選馬也。按：《説文》：「員，物數也。」段注：本爲物數，引申爲人數，然則此當爲馬數矣。蓋校人所屬諸職掌馬，唯廋人爲尤詳，故校人十二閑之馬數，皆令廋人正其選。下云馬八尺以上爲龍，七尺以上爲騋，六尺以上爲馬，其選法也，選時以此正之。

綜述

漢 鄭玄《周禮疏》卷二八 廋人，下士，閑二人，史二人，徒二十人。廋之言數。廋，所求反。數，色主反。數之同。疏：注「廋之言數」，釋曰：在此者，按其職云：掌十有二閑之政，皁馬、佚特之等，故與馬官連類在此也。

又 卷三三 廋人掌十有二閑之政教，以皁馬、佚特、教駣、攻駒及祭馬祖、祭閑之先牧及執駒、散馬耳、圉馬。九者皆有政教焉。皁，盛壯也。《詩》云「四牡孔阜」。杜子春云：「佚當為逸。」鄭司農云：「馬三歲曰駣，二歲曰駒。散讀為中散大夫之散，謂聒馬耳，毋令善驚也。」玄謂逸者，用之不使甚勞，安其血氣也。教駣，始乘習之也。攻駒，制其蹄齧者。閑之先牧，先牧制閑者。散馬耳，以竹括押其耳，頭動搖則括中物，后遂串習，不復驚。佚，音逸。散，素但反，注同。聒，古活反。毋，音無。令，力呈反，下「使令」同。押，音甲。中物，丁仲反。復，扶又反。疏：注「九者」至「復驚」，釋曰：云「掌十有二閑之政」者，此文與下九者為目，故鄭云「九者皆有政教焉」。引《詩》者，證皁為盛義也。子春以「佚」為「逸」，后鄭從之，增成其義。先鄭「散」讀為「中散大夫」之散，取音同也。謂「聒馬無令善驚」，后鄭亦增成其義，后鄭云「閑之先牧，先牧制閑者」，以其通閑言之也。若然，上云夏祭先牧者，直是先養馬者，非制閑之人。正校人員選。校人謂師圉也。正員選者，選擇可備員者平之。疏：注「校人」至「平之」，釋曰：知校人是師圉者，凡言「正」者，以尊正卑。自趣馬已上并上官，非廋人所正，故知所正者師圉。馬八尺以上為龍，七尺以上為騋，六尺以上為馬。大小異名。《爾雅》曰：「騋，牡驪牡玄，駒褭驂。」鄭司農説以《月令》曰「駕蒼龍」。上，時掌反，下同。牡，茂后反。驪，力知反。牡驪，絕句。牝，頻忍反，絕句。褭，奴了反，劉音繞，郭璞音同，劉義異鄭。疏：注「大小」至「蒼龍」，釋曰：引《爾雅》所釋，作《詩》「騋牝三千」，但詩直音牝不言牡，《爾雅》之意，以詩人美衛文公直牝有三千，其實兼有牡，故云騋中所有牝則驪色，牡則玄色，兼有駒褭驂。引之者，證騋是馬色。先鄭引《月令》者，謂春之三月，天子聽朔及祀帝，皆駕蒼龍，順時色。引之，以證龍是馬也。

《周禮》卷八 廋人掌十有二閑之政教，以皁馬、佚特、教駣、攻駒及祭馬祖、祭閑之先牧及執駒、散馬耳、圉馬。九者皆有政教焉。皁，盛壯也，《詩》云「四牡孔阜」。杜子春云：「佚，當爲逸。」鄭司農云：「馬三歲曰駣，二歲曰駒。」散讀爲中散大夫之散。謂聒馬耳，母令菩驚也。玄謂逸者，用之不使甚勞，安其血氣也。教駣，始乘習之也。攻駒，騬其蹄齧者。閑之先牧，先牧制閑者。散馬耳，以竹括押其耳，頭動摇則括中物，後遂串習不復驚。佚，音逸。散，素但反。聒，古活反。押，音甲。中物，丁仲反。正校人負選。校人，謂師圉也。正負選者，選擇可備負者平之。馬八尺以上爲龍，七尺以上爲騋，六尺以上爲馬。大小異名。《爾雅》曰「騋牝驪牡，玄駒褭驂」，鄭司農云：以《月令》曰「駕蒼龍」。牝，頻忍反。驪，力知反。褭，奴了反，又音繞。

宋 王安石《周官新義》卷一三 廋人掌十有二閑之政教，以皁馬、佚特、教駣、攻駒及祭馬祖、祭閑之先牧及執駒、散馬耳、圉馬。正校人員選。馬八尺以上爲龍，七尺以上爲騋，六尺以上爲馬。政以正之，教以導之。皁馬者，養馬而皁之。既皁矣，又佚特以蕃之。既蕃矣，又教駣以成之。攻駒則不可教者，及其未駣，攻之也。圉馬則成馬而圉之，圉馬以校人執駒爲節也。正其員，使員稱馬數；正其選，使選帷其能。小大異名，使各從其類，以待乘頒及以爲種。

宋 王昭禹《周禮詳解》卷二九 廋人掌十有二閑之政教，以皁馬、佚特、教駣、攻駒及祭馬祖、祭閑之先牧及執駒、散馬耳、圉馬。正校人員選。馬八尺以上為龍，七尺以上為騋，六尺以上為馬。佚，音逸。駣，音兆。上，時掌反。

下士，閑二人，掌十有二閑之政教，而名官曰廋人者，廋，隱也，以閑者，馬之所隱故也。掌十有二閑之政教，則政以正之，教以導之也。皁馬者，養而皁之也。佚特者，佚而蕃之也。教駣者，教而成之也。攻駒者，攻而治之也。及祭馬祖至圉馬，見《新經》，謂之閑之先牧，則始為閑以養馬者也，與校人所謂夏祭先牧異矣。正校人員選，見《新經》。馬，地類也，龍，天類也。馬出其類，疑其龍也，故八尺以上則稱龍，《月令》言『駕蒼龍』之類。以此駕人所賤，則人所貴者必高其賈以來之，故馬七尺以上則稱騋。若夫六尺以上，則非龍非騋也，適當其類而已，故正名其為馬。小大異同，則使各從其類，以待乘頒及以為種也。

宋 黃度《周禮説》卷四《夏官司馬上》 廋人。佚特。佚特，使乘匹也。特曰佚，牝曰游，一也。攻駒。攻駒止乳，不使其母羸也。祭閑之先牧及執駒。閑各有先牧，執駒爲血氣未定，使勿佚也。正校人員選。校人馬官之長，廋人得正校人員選者，廋人掌十二閑之政教以皁馬，所謂執駒、攻特、祭馬祖、先牧皆與校人通職，是則廋人專習馬，葢馬師也，校人非其人，則牧養乘治將不得其道理矣，故使廋人正校人員選。

宋 易祓《周官總義》卷一九 廋人掌十有二閑之政教，以皁馬、佚特、教駣、攻駒及祭馬祖、祭閑之先牧及執駒、散馬耳、圉馬。正校人員選。凡馬八尺以上為龍，七尺以上為騋，六尺以上為馬。以象天駟為蒼龍之星，是其品之尤異者，唯天子可備乘路之駕。《月令》言『駕蒼龍』是也。以騋之牝驪牡玄，是其色之尤異者，天子諸侯得以兼用，《詩》于衛文公言『騋牝三千』是也。

宋 王與之《周禮訂義》卷五五 廋人，下士，閑二人，史二人，徒二十人。鄭鍔曰：觀孔子言『人焉廋哉』，廋為隱藏之義。天子十二閑，皆馬之所在，掌事於閑中，其名曰廋，取其隱藏也。先儒以廋為數，不可攷。李嘉會曰：一閑下士二人，廋其隱者而治之，乘養攻治如其職之所言，非一端而止也。掌十有二閑之政教，以皁馬、佚特、教駣、攻駒及祭馬祖、祭閑之先牧及執駒、散馬耳、圉馬。王氏曰：政以正之，教以□之。鄭康成曰：九者皆有政教。鄭鍔曰：攷此文二及字之義，當為七事耳。廋人職卑，安得主馬祖之祭？於校人祭馬祖之時，已則祭閑之先牧；於校人命執駒之時，已則散馬耳、圉馬。原二及之文當為七事可也。馬欲其蕃盛，其皁之固有法。鄭康成曰：皁，盛壯也。《詩》曰『四牡孔皁特』者，馬之雄其佚之必以時，一特三牝，所以皁之也，安其血氣，以時通淫，所以佚之也。佚者，使之安佚不勞也。鄭康成曰：用之使不甚勞。黃氏曰：佚特，使乘匹也。特曰佚，牝曰游，一也。三歲曰駣，可以任載乘，則教以進退之節。黃氏曰：攻駒止乳，不使其母，羸也。二歲曰駒，氣盛而未調也，則攻以治其蹄齧之性。王氏曰：皁馬者，養馬而皁之，既皁矣，又佚特以蕃之，既蕃矣，又教駣以成之。攻駒則不可教者，及其未駣攻之也。祭，校人夏祭先牧，廼祭夫始教牧馬之人，此祭閑之先牧，則祭始作閑以牧馬之神。黃氏曰：閑各有先牧，執駒為血氣未定，使勿佚也。先儒謂散馬耳者，以竹括押其耳，頭動摇則括中物，後遂串習不復驚也。然謂之散者，豈非以其踈散而不知畏，故聒其耳歟？圉，猶禁圉之圉，盖禁而制之，使不得以近母。王氏曰：圉馬則成馬而圉之，圉馬以校人執駒為節也。正校人員選。鄭康成曰：校人，謂師圉也。賈氏曰：凡言正者，以尊正卑，自趣馬以上，非廋人所正，故知所正者師圉。黃氏曰：校人馬官之長，廋人得正校人員選者，廋人掌十二閑之政教以皁馬，所謂執駒、攻特、祭馬祖、先牧皆與校人通職，是則廋人專習馬，盖馬師也，校人非其人，則牧養乘治將不得其道理矣，故使廋人正校人員選。王氏曰：正其員，使員稱馬數；正其選，使選惟其能。李嘉會曰：因馬而定其員數，因人而別其藝能。馬八尺以上為龍七尺以上為騋六尺以上為馬。王氏曰：小大異名，使各從其類，以待乘頒及以為種。鄭鍔曰：八尺絶高矣，出乎其類，追奔電，逐遺風，一去千里，故以龍名之。易氏曰：以象天駟為蒼龍之星，是其品之尤異者，唯天子可備乘路之駕，《月令》言『駕蒼龍』是也。七尺以上亦異乎其類矣，不謂之馬而謂之騋，意其由種而生，既高且大，有所自來矣，豈種馬之子孫乎？易氏曰：以騋之牝驪牡玄，是其色之尤異者，天子諸侯得以兼用，《詩》于衛文公言『騋牝三千』是也。六尺以上則正名曰馬，盖馬之高者，正以六尺為常也。或謂校人掌王馬，辨六馬之屬，則馬之名龍、名騋者，當辨也。廋人之職，其卑如是，乃於此言龍、騋之尺寸，何耶？盖十二閑之廣，二千五百餘匹之多，馬有超然卓異，藏乎其中，人所不見，自非主者表而出之，則神駿之才，逐電之足，誰其知之？故特於廋人言之。

《文獻通考》卷一五九《兵考十一》 廋人掌十有二閑之政教，以皁馬、佚特、教駣、攻駒及祭馬祖、祭閑之先牧及執駒、散馬耳、圉馬。九者皆有政教焉。皁，盛壯也。杜子春云：佚，當為逸。鄭司農云：馬三歲曰駣，二歲曰駒。散讀如中散之散。謂聒馬耳，毋令善驚也。元謂逸者用之不使甚勞，安其血氣也。教駣，始乘習之也。攻駒，騬其蹏齧者。閑之先牧，制閑者。散馬耳，以竹括押其耳，頭動搖則括中物，後遂串習不復驚。正校人員選。校人，謂師圉也。正員選者，選擇可備員者平之。駒八尺以上為龍，七尺以上爲騋，六尺以上為馬。大小異名。《爾雅》曰『騋牝驪牡，元駒褭驂』，鄭司農云以《月令》曰『駕蒼龍』。

元 陳友仁《周禮集説》卷七 廋人，下士，閑二人，史二人，徒二十人。鄭氏曰：廋之言數也。掌十有二閑之政教，以皁馬、佚特、教駣、攻駒及祭馬祖、祭閑之先牧及執駒、散馬耳、圉馬。正校人員選。馬八尺以上為龍，七尺以上為騋，六尺以上為馬。佚，音逸。散，素旦反。上，時掌反。王氏曰：掌十有二閑之馬政，政以正之，教以導之也。鄭氏曰：皁馬者，皁，盛壯也。《詩》曰『四牡孔皁』。逸者，用之不使甚勞，安其血氣也。教駣者，三歲曰駣，始乘習之也。攻駒者，二歲曰駒，騬其蹄齧者也。閑之先牧，先牧制閑者。散馬耳，以竹括押其耳，頭動搖則括中物，後遂串習不復驚。劉氏曰：圉馬教圉其馬。鄭氏曰：校人謂師圉也。正員選者，選擇可備員者平之。劉氏曰：其員不應其選者，正之也。凡馬八尺以上則備天子五路之所駕，故曰龍。註疏：《月令》曰『駕蒼龍』，《詩》曰『騋牝三千』，小大異名也。

明 丘濬《大學衍義補》卷一二四　廋人掌十有二閑之政教，以阜馬、佚特、教駣、攻駒及祭馬祖、祭閑之先牧及執駒、散馬耳、圉馬。正挍人員。馬八尺以上為龍，七尺以上為騋，六尺以上為馬。鄭玄曰：阜，盛壯也。佚特者，用之不使甚勞，安其血氣也。三歲曰駣，始教乘習之也。二歲曰駒，攻騬之也。散馬耳，以竹栝押馬耳，其頭動搖則括中物，後遂串習不復驚也。正員選者，擇可備員者平之也。臣按：此九者，馬之政教也。

宋 朱申《周禮句解》卷八《夏官司馬下》　廋人，上士，閑三人，史二人，徒二十人。庾，隱也，以閑者，馬之所隱也。庾，音搜。掌十有二閑之政教。天子十有二閑，政以正之，教以導之。以阜馬。使馬壯盛。佚特、教駣、攻駒及祭馬祖、祭閑之先牧及執駒、散馬耳、圉馬。正校人員選。圉師、圉人之員，不應其選者正之。馬八尺以上為龍。此天子所駕五路之馬，故稱龍。上，時掌反。七尺以上為騋。此諸侯之上物，故稱騋。六尺以上為馬。此特常馬，故但稱馬。

明 柯尚遷《周禮全經釋原》卷一〇《夏官下》　廋人掌十有二閑之政教，以阜馬、佚特、教駣、攻駒及祭馬祖、祭閑之先牧及執駒、散馬耳、圉馬。正校人員選。馬八尺以上爲龍，七尺以上爲騋，六尺以上爲馬。釋曰：天子之馬十有二閑，政以正之，教以道之也。阜，盛壯也。佚特者，乘用有節，不使甚勞，安其血氣也。三歲曰駣。教駣者，始乘習之也。二歲曰駒。攻駒者，治其蹄齧也。閑之先牧，始制閑者，非前養馬之先牧。散馬耳，以竹括押其耳頭，毋令善驚也。圉馬，教圉其馬也。校人，謂師圉也。正員選者，選擇可備校人之員者平之。其員不應選者正之也。馬八尺極高大者，可備天子五路之駕，故曰龍。《月令》曰『駕蒼龍』。七尺以上，諸侯之上駟，故稱『騋』。六尺特常馬耳，故但稱馬也。

明 王鳴鶴《登壇必究》卷一八《輯馬政説》　廋人掌十有二閑之政教，以阜馬、佚特、教駣、攻駒及祭馬祖、祭閑之先牧及執駒、散馬耳、圉馬。正校人員選。馬八尺以上爲龍，七尺以上爲騋，六尺以上爲馬。鄭玄曰：阜，盛壯也。佚特者，用之不使甚勞，安其血氣也。三歲曰駝，始教乘習之也。三歲曰駒，攻騬之也。散馬耳，以竹括押馬耳，其頭動摇則栝中耳，後遂串習不復驚也。正員選者，選擇可備員者充之也。此九者，馬之政教也。

明 王應電《周禮傳》卷四下《夏官下》　廋人，下士，閑二，史二人，徒二十人。廋，音義同搜。【略】廋人掌十有二閑之政教，以阜馬、佚特、教駣、攻駒駣音兆。及祭馬祖、祭閑之先牧及執駒、散馬耳。散馬耳者，鄭氏云：以竹括押其耳，馬頭摇動則括中物，動後遂串習不復驚。盖馬善驚也。未知是否。圉馬。每閑二廋人，一廋人所統三馭夫，乙趣馬二十七圉，師一百八圉人，政以治之，教以導之，自阜馬以至圉馬皆是也。阜者，秣飼以時，使之壯盛。佚者，駕乘有節，使不過勞。三歲曰駣。始教，以乘習二歲曰駒，攻治其踶齧，祭祀以祈其安。執駒以熟其性，圉馬以就牢籠，然後馬之惡者可使馴，柔者可使良，而無踶駕驚奔之患。正校人員選，則位稱其德，職稱其能，而憸邪庸戾者無所容，此所以為搜擇之道也。正校人員選。選，去聲。馭夫而下，可以備員于校人，而中其選者，廋人差而正之也。馬八尺以上為龍，七尺以上為騋，六尺以上為馬。騋，音來。八尺以上天子以備五路者，《月令》所謂『駕蒼龍』也；七尺以上諸侯之上駟，詩所謂『騋牝三千』也六尺；以上常馬也。

明 郝敬《周禮完解》卷八　廋人，下士，閑二人，史二人，徒二十人。廋，藏也。閑以藏馬，天子馬十二閑，閑二人，共下士二十四人。廋人掌十有二閑之政教，以阜馬、佚特、教駣、攻駒及祭馬祖、祭閑之先牧及執駒、散馬耳、圉馬。正校人負選。馬八尺以上爲龍，七尺以上爲騋，六尺以上爲馬。自阜馬至圉馬，九事皆政教也。阜，蕃盛也。牡馬曰特，佚之不使勞困，資生息也。馬三歲曰駣，二歲曰駒。教駣，習乘也。攻駒，治蹄齧也。先牧始爲閑者，執駒仲春合牝則執其駒。散馬耳，以物繫馬耳，使習聽不驚。圉納之。閑，内也；正，待也；員，數也。完美之稱選擇也。校人總馬政，擇馬全善者備五路之用也。鄭謂校人爲圉師，恐非。八尺以上，卽負選，《月令》天子駕五路之馬皆稱龍；七尺以上諸侯之馬，詩云『騋牝三千』；六尺以上，常馬耳。

明 王志長《周禮注疏刪翼》卷二一　廋人掌十有二閑之政教，以阜馬、佚特、教駣、攻駒、及祭馬祖、祭閑之先牧及執駒、散馬耳、圉馬。註：九者皆有政教焉。阜，盛壯也。《詩》云『四牡孔阜』，鄭司農云：『馬三歲曰駣，二歲曰駒。』杜子春云：『佚，當為逸。』玄謂逸者用之不使過勞，安其血氣也。教駣，始乘習之也。攻駒，制其蹄齧者。閑之先牧，先牧，制閑者。散馬耳，以竹括押其耳，頭動搖則括中物，後遂串習不復驚。王氏曰：圉馬以就牢籠也。祭馬祖、執駒見《校人職》。正校人員選。註：校人，謂師圉也。正員選者，選擇可俻員者平之。浚儀王氏曰：汧渭之間未嘗無牧，而非子獨能蕃息於周汧隴之間，未嘗無牧。而張萬歲獨能蕃息於唐，此得人之效也。郝氏曰：校人總馬政，擇馬全善者，備五路之用也。鄭謂校人為師圉，恐非。王氏曰：馭夫而下，可以備員於校人而中其選者，廋人差而正之也。按：員選下即云八尺、七尺等，郝氏之説似長，但員字無著落，今並王氏説俱采以備參。馬八尺以上為龍，七尺以上為騋，六尺以上為馬。王氏曰：八尺以上，天子以備五路者，《月令》所謂『駕蒼龍』也。七尺以上，諸侯之上駟，《詩》所謂『騋牝三千』也，六尺以上常馬耳。

清 李光坡《周禮述注》卷一九 廋人掌十有二閑之政教，以阜馬、佚特、教駣、攻駒及祭馬祖、祭閑之先牧及執駒、散馬耳、圉馬。註曰：九者皆有政教焉。阜，盛壯也。《詩》云『四牡孔阜』，杜子春云『佚當為逸』，鄭司農云：馬三歲曰駣，二歲曰駒。散讀為中散大夫之散。謂聒馬耳，毋令善驚也。玄謂逸者用之，不使甚勞，安其血氣也。教駣，始乘習之也。攻駒，騬其蹄齧者。閑之先牧，先牧，制閑者。散馬耳，以竹括押其耳，頭動搖則括中物，後遂串習，不復驚。鄭剛中曰：攷此文二及字之義，當為七事耳。廋人職卑，安得主馬祖之祭，於校人祭馬祖之時，已則祭閑之先牧，於校人命執駒之時，已則散馬耳。圉馬，王介甫曰：圉馬則成馬而圉之，圉馬以校人執駒為節也。佚，音逸。聒，古活反。正校人員選。註曰：校人，謂師圉也。王介甫曰：正其員，使員稱馬數。正其選，使選惟其能。馬八尺以上為龍，七尺以上為騋，六尺以上為馬。註曰：大小異名。《爾雅》曰『騋牝驪牡，玄駒褭驂』，鄭司農云：以《月令》曰『駕蒼龍』。王介甫曰：小大異名，使各從其類，以待乘頒及以為種。鄭剛中曰：校人不辨六馬之屬，廋人職卑，乃於此言龍、騋之尺寸，何耶？蓋十二閑之廣，二千五百餘匹之多，馬有超然卓異，藏乎其中，人所不見，自非主者表而出之，則神駿之才、逐電之足誰其知之？故特於廋人言之。褭，奴了反。

清 李鍾倫《周禮纂訓》卷一八 廋人掌十有二閑之政教，以阜馬、佚特、教駣、攻駒及祭馬祖、祭閑之先牧及執駒、散馬耳、圉馬。廋，所求反。佚，音逸。散，素但反。注：九者皆有政教焉。阜，盛壯也。佚，當為逸，逸者用之，不使甚勞，安其血氣也。教駣，始乘習之也。攻駒，騬其蹄齧者。閑之先牧，先牧，制閑者。散馬耳，謂聒馬耳，以竹括押其耳，頭動搖則括中物，後遂串習，不復驚。疏云『先牧制閑者』，以上云夏祭先牧，直是先養馬者，非制閑之人也。訓：愚謂圉馬當連下文正校人員選為句，蓋廋人掌當祭馬祖之時，則祭閑之先牧焉。當執駒之時，則就取而散其耳焉，自幼而習之也。若夫圉馬之事，則為校人正其員選焉，別其能否，以告校人也。正校人員選。注：校人，謂師圉也。正員選者，選擇可備員者平之。疏：知校人是師圉者，凡言正者以尊正卑，趣馬以上並上官非廋人所正也。馬八尺以上為龍，七尺以上為騋，六尺以上為馬。注：大小異名。《月令》曰『駕蒼龍』，《爾雅》曰『騋牝驪牡玄』。疏：《爾雅》之意，以衛詩騋牝中兼有牡，引之者，證騋是馬色。

清 方苞《周官集注》卷八 廋人掌十有二閑之政教，以阜馬、佚特、教駣、攻駒及祭馬祖、祭閑之先牧及執駒、散馬耳、圉馬。佚，當為逸，逸特者，不使甚勞，以安其血氣也。馬三歲曰駣，二歲曰駒。教駣，始乘習之也。攻駒，騬其蹄齧者。前經攻特，俟其乘匹而後騬之也。其為駒而已難馴者，則早騬之。閑之先牧，謂先牧始制閑者。散馬耳，謂以竹括押其兩耳，頭動摇則括中物，後遂串習不復驚。圉馬，馬既成則圉之也。鄭剛中曰：『考及字之義，當為七事。廋人職卑，安得主馬祖之祭？蓋于校人祭馬祖之時，則祭閑之先牧；于校人命執駒之時，則散馬耳、圉馬爾。』正校人員選。王氏曰：『馭夫以下備員于校人而中其選者，廋人差而正之。』馬八尺以上為龍，七尺以上為騋，六尺以上為馬。《月令》曰『駕蒼龍』，詩曰『騋牝三千』。王介甫曰：『大小異名，使各從其類，以待乘頒及以為種。』

清 惠士奇《禮説》卷一一《夏官二》 廋人職：馬八尺以上爲龍。鄭司農引《月令》曰『駕蒼龍』。案：尒疋馬屬絶有力，駥，又曰馬八尺爲駥，郭注引《廋人職》『龍作駥』，而高誘注《月令》引《廋人職》作龍，然則龍與駥古音同也，龍亦作驡。《潛夫論》曰：求驡問驡，或云驡野馬，非也。學者好怪，乃謂龍者仁馬，河水之精高八尺五寸，長頭，有翼，鳴聲九音，遇明主則見，於是有龍馬負圖之瑞應，皆妄言也。《大戴禮》曰：春夏乘龍，秋冬乘馬，《月令》春驡、夏騂、秋駱、冬驪，而駥驡並不見。《説文》則知古通作龍矣。驡，一作𩦺，良馬。也，音采朗切，蓋士音也，以形聲求之，實不可解。《易》震爲龍，虞翻本作駹，注云駹蒼色，震東方，舊讀作龍，非也。案：《説文》：駹馬，面顙皆白，亦非純蒼，蓋蒼龍而兼的顙，與龍轉爲駹，猶龍轉爲𩦺，采朗切，古音皆通，或以爲誤，豈其然？説者謂漢得大宛名馬，象龍。象龍，天馬名也。龍爲天駟，故馬以龍名。何休曰：天子馬曰龍，諸侯曰馬，卿大夫士曰駒。詩云『駕我乘馬，乘我乘駒』，《毛傳》云：大夫乘駒。鄭箋云：馬六尺以下爲駒。

清 江永《禮書綱目》卷四九 廋人掌十有二閑之政教，以阜馬、佚特、教駣、攻駒及祭馬祖、祭閑之先牧及執駒、散馬耳。九者皆有政教焉。阜，盛壯也。《詩》云『四牡孔阜』，杜子春云：佚當為逸。鄭司農云：馬三歲曰駣，二歲曰駒。散讀為中散大夫之散，謂聒馬耳，毋令善驚也。玄謂逸者用之，不使甚勞，安其血氣也。教駣，始乘習之也。攻駒，騬其蹄齧者。閑之先牧，先牧制閑者。散馬耳，以竹括押其耳，頭動摇則括中物，後遂串習不復驚。正校人員選。校人，謂師圍也。正員選者，選擇可備員者平之。馬八尺以上為龍，七尺以上為騋，六尺以上為馬。大小異名。《爾雅》曰：『騋牝驪牡，玄駒牡驂。』鄭司農云：

以《月令》曰『駕蒼龍』。同上。

清 秦蕙田《五禮通考》卷二四四《軍禮十二》 廋人，正校人員選。注：校人，謂師圉也。正員選者，選擇可備員者平之。王氏應電曰：馭夫而下，可以備員于校人，而中其選者，廋人差而正之也。

又 《周禮》夏官廋人掌十有二閑之政教，以阜馬、佚特、教駣、攻駒及執拘、散馬耳、圉馬。注：阜，盛壯也。鄭司農云：散謂括馬耳，毋令善驚也。玄謂佚者用之，不使甚勞，安其血氣也。教駣，始乘習之也。攻駒，制其蹄齧者。散馬耳，以竹括押其耳，頭動摇則括中物，後遂串習，不復驚。王氏應電曰：每圉二廋人，一廋人所統三馭，夫九趣馬，二十七圉師，一百八圉人，政以治之，教以導之，自阜馬以至圉馬皆是也。阜者，秣飼以時，使之壯盛。佚者，駕乘有節，使不過勞。三歲曰駣，始教以乘習。二歲曰駒，攻治其蹄齧。執駒以熟其性，圉馬以就牢籠，然後馬之惡者可使馴，柔者可使良，而無覂駕驚奔之患。

又 廋人掌祭馬祖、祭閑之先牧。注：閑之先牧，先牧制閑者。鄭氏鍔曰：廋人職：皁安得主馬祖之祭於校人，祭馬祖之時已則祭閑之先牧，校人祭先牧，迺祭，始教牧之人，此祭閑之先牧，則祭始作閑以牧馬之神。

清 官獻瑶《石溪讀周官》卷四《夏官司馬第四》 廋人掌十有二閑之政教，以阜馬、佚特、教駣、攻駒及祭馬祖、祭閑之先牧及執駒、散馬耳、圉馬。正校人員選。注：謂員選為師圉之屬，然則校人所臧，指道、田之僕，信矣。以中大夫而選擇居官，以下士而選擇師圉，其事稱也。馬八尺以上為龍，七尺以上為騋，六尺以上為馬。廋人相馬之高下尺寸，以形言也；校人毛馬，以色言也；物馬而頒之，以力言也；辨六馬而首種馬，取其調良，以性言也，相馬之式備矣。

清 蔣載康《周官心解》卷二〇《夏官司馬第四之四》 廋人掌十有二閑之政教，以阜馬、佚特、敎駣、攻駒及祭馬祖、祭閑之先牧及執駒、散馬耳，圉馬。駣，徒刀反。鄭司農曰：馬三歲曰駣，二歲曰駒。杜子春曰：佚當爲逸，註逸者用之，不使甚勞，安其血氣也。教駣，始乘習之也。攻駒，騬其蹄齧者。閑之先牧，先牧，制閑者。散馬耳，以竹括押其耳，頭動搖則括中物，後遂串習不驚。鄭剛中曰：考二及字之義，當爲七事。廋人職皁，安得主馬祖之祭？於校人祭馬祖時，已祭閑之先牧；於校人命執駒時，已散馬耳。圉馬，按廋人以皁馬爲總綱，佚特則血氣強而所生壯大。教駣則習之有漸，而安於駕馭；攻駒則無蹄齧之患，而羣安於廄，皆所以皁馬也。祭閑先牧，祈馬皁，散耳，亦以安其血氣情性。圉馬，良馬一馬一圉，四馬一師，駑馬二馬一圉，十二馬一師，各令分養，俾不知芻秣有欠也。正校人員選，擇善其事者養之，皆以皁馬，故馬八尺節正，見馬之皁也。閑之先牧，與校人之先牧別，彼祭於夏，在牧地，此卽春祭馬祖時祭之，祭之於閑也。蓋始制爲閑者。校人祭馬祖、執駒同在春時。正校人員選。校人員選，校人之員當選者，謂師圉也。王介甫曰：正其員，使員稱馬數，正其選，使選惟其能。馬八尺以上爲龍，七尺以上爲騋，六尺以上爲馬。騋，音來。八尺以上者，玉、金、象、革四路可駕，亦可爲。凡戎馬七尺以上可駕田路，及驅逆等田車。六尺以上則駑馬而已，趣馬六節之簡，多主於此。

清 劉沅《周官恒解》卷四《夏官司馬》 廋人掌十有二閑之政教，以阜馬、佚特、敎駣、攻駒及祭馬祖、祭閑之先牧及執駒、散馬耳、圉馬。正校人員選。馬八尺以上爲龍，七尺以上爲騋，六尺以上爲馬。駣，徒刀反。鄭康成曰：皁，盛壯也。《詩》云：『四牡孔皁』，佚用之不過勞。三歲曰駣，敎乘習之也。攻，騬其蹄齧者。校人祭馬祖時則祭閑之先牧，校人命執駒時則散馬耳、圉馬。散馬耳者，聒其耳使不驚，圉者禁制之使不得近母。校人將選員，正選擇可備員者，俟校人選之，謂圉師以下也。龍、騋、馬，因其大小而異名耳。《月令》『駕蒼龍』，《詩》曰『騋牝三千』。

清 閻鎮珩《六典通考》卷三《設官考》 廋人，下士，閑二人。北齊驊騮署有奉乘十人，管十一閑馬。後周左右廄，各有奉乘二十人。隋煬帝置尚乘局，奉乘十人。唐增至二十二人，每閑二人。金尚廄局有掌廄都轄、副轄，不拘員數。

又 卷一六五《王政考》 廋人掌十有二閑之政教，以阜馬、佚特、教駣、攻駒及執駒、散馬耳、圉馬。阜，盛壯也。散，謂括馬耳，無令善驚也。佚者，用之不使甚勞，安其血氣也。教駣，始乘習之也。攻駒，制其蹄齧者。散馬耳，以竹括押其耳，頭動搖則括中物，後遂串習，不復驚。正校人員選。校人，謂師圉也。選，擇可備員者平之。馬八尺以上為龍，七尺以上為騋，六尺以上為馬。大小異名。

清 孫詒讓《周禮正義》卷五四 廋人，下士，閑二人，史二人，徒二十人。廋之言數。疏：『廋人』者，亦省稱廋，《聘禮記》云：『眫肉及廋車』，注云『廋，廋人』是也。云『下士，閑二人，史二人，徒二十人』者，沈彤云：『下士及史每閑二人，天子十二閑，則二十四人，徒每閑二十人，則二百四十人。』注云『廋之言數』者，《釋文》出『數也』二字，是陸本數下有『也』字。明監本亦有。《廣雅·釋詁》云：『廋，藪，取也。』廋、藪、數，聲義並相近。此廋人掌十二閑之馬政，亦取校數之義也。《郊特牲》『帝牛必在滌三月』，鄭注云：『滌，牢中所搜除處也。』彼《釋文》載一本『搜』作『廋』。孔疏云：『搜謂搜掃清除，故《周禮》掌養馬者謂之廋人。』案：孔說與鄭此注異，而義亦通。

又卷六二　廋人掌十有二閑之政教，以阜馬、佚特、教駣、攻駒及祭馬祖、祭閑之先牧及執駒、散馬耳、圉馬。九者皆有政教焉。阜，盛壯也。《詩》云『四牡孔阜』，杜子春云『佚當為逸』。鄭司農云：『馬三歲曰駣，二歲曰駒。散讀為中散大夫之散，謂聒馬耳，毋令善驚也。』玄謂逸者，用之不使甚勞，安其血氣也。教駣，始乘習之也。攻駒，騬其蹄齧者。閑之先牧，先牧制閑者。散馬耳，以竹括押其耳，頭動摇則括中物，後遂串習，不復驚。疏：『及祭馬祖、祭閑之先牧及執駒』者，見校人職。云『圉馬』者，圉師云：『掌教圉人養馬』，即圉馬之政教也。注云『九者皆有政教焉』者，阜馬，二佚特，三教駣，四攻駒，五祭馬祖，六祭先牧，七執駒，八散馬耳，九圉馬，是九事皆有政教，廋人並掌之也。《月令·仲夏》『班馬政』，注云『馬政，謂養馬之政教也。』亦引此經爲説。云『阜，盛壯也』者，大宰注云：『阜，盛也。』引《詩》云『四牡孔阜』者，《小雅·車攻篇》文。引之者，證馬盛壯爲阜之義。《秦風》亦云『駟鐵孔阜』，毛傳云『阜，大也。』與盛壯義同。杜子春云『佚當爲逸』者，段玉裁云：『當爲當作讀爲。佚逸古多通用，如尚書無逸亦作毋佚是也。而杜必改佚爲逸者，蓋杜时佚訓散佚，逸訓安逸，從俗分別，而鄭君申明杜義。』鄭司農云：『馬三歲曰駣，二歲曰駒』者，校人注同。云『散讀爲中散大夫之散』者，段玉裁云：『漢有中大夫，有大中大夫，有中散大夫。《後漢志》曰：大夫皆掌顧問應對，無常事，惟詔命所使。而中散大夫，蓋對大中大夫言之，中大夫之閒散者，次於中大夫之大者也。』云『謂聒馬耳，毋令善驚也』者，《淮南子·原道訓》高注云：『散，亂也。』《一切經音義》引《蒼頡篇》云：『聒，擾亂耳孔也。』聒馬耳，謂不駕时常以聲擾亂之，久而習之，則聞聲不復驚駭。《吴子·治兵篇》説治馬云：『戢其耳目，無令驚駭。』聒之所以戢其耳也。阮元云：『聒之所以習之，令其不驚。凡豢禽獸，自有此法。』云『玄謂逸者，用之不使甚勞，安其血氣也』者，從子春説以佚爲逸也。《吴子·治兵篇》云：『日暮道遠，必數上下，寧勞於人，慎無勞馬。』不勞所謂逸之也。《左傳》十五年傳，晉慶鄭説小駟云：『亂氣狡憤，陰血周作。』此即血氣不安之病。云『教駣，始乘習之也』者，《國策·秦策》高注云：『教，習也。』襄二十六年《左傳》杜注云：『步馬，習馬。』《學記》云：『始駕馬者，反之，車在馬前。』駣，三歲馬，始可駕乘，故必先教習之而後任用也。云『攻駒，騬其蹄齧者』者，與校人攻特義同。騬，亦詳校人疏。《大戴禮記·夏小正》『四月執陟攻駒』，傳云：『攻駒也者，教之服車數舍之也。』彼攻駒與此經攻駒事異，而與教駣事正相類，故鄭不依彼傳爲釋也。阮元云：『古制不盡用騸馬，惟善蹄齧者騬之耳。不盡用騸馬者，凡馬特居四之一也。』云『閑之先牧，先牧制閑者』者，賈疏云：『以其通閑言之也。若然，上云夏祭先牧者，直是先養馬者，非制閑之人。』案：此先牧，當與校人夏祭先牧者同爲始養馬者。經云『閑之先牧』者，謂於十二閑中自爲先牧之祭，此乃立文詳略小異，實一神也。鄭、賈説未安。云『散馬耳，以竹括押其耳，頭動摇則括中物，後遂串習，不復驚』者，段玉裁云：『括押皆當從木。柙同夾。以竹爲檃栝，夾其兩耳，頭動摇則栝中物，後遂串習不復驚。串同貫，習也。』案：段説是也。《説文·木部》云：『梜，檢柙也。桰，檃也。』柙栝二字古或借押括爲之。《法言·君子篇》『蠢迪檢押』，李軌注云：『檢押猶隱括也。』何休《公羊傳序》亦云『故遂隱括』，隱括即檃栝也。竹括中物，即所以散其耳，二鄭訓散雖皆爲擾亂之義，而説微不同。**正校人員選。**校人，謂師圉也。正員選者，選擇可備員者平之。疏：注云『校人謂師圉也』者，師圉即圉師、圉人，以其皆校人屬官，故亦冢校人之名，猶候人之徒屬亦稱候人也，詳彼疏。賈疏云：『凡言正者，以尊正卑。自趣馬已上並上官，非瘦人所正，故知所正者師圉。』云『正員選者，選擇可備員者平之』者，《説文·員部》云：『員，物數也。』《小爾雅·廣言》云：『選，擇也。』謂選擇其有才智、可備員數者平定之。**馬八尺以上爲龍，七尺以上爲騋，六尺以上爲馬。**大小異名。《爾雅》曰：『騋，牝驪牡玄，駒褭驂。』鄭司農説以《月令》曰：『駕蒼龍』。疏：『馬八尺以上爲龍』者，此別馬良駑高卑之異。八尺以上，輈人所謂國馬也。《説文·馬部》云：『馬八尺為龍』，即本此經。龍字又作『駥』。惠士奇云：『《爾雅》馬屬絶有力駥，又曰馬八尺為駥。郭注引廋人職龍作駥。龍與駥古音同。龍為天駟，故馬以龍名。』云『七尺以上為騋』者，輈人所謂田馬也。《説文》亦云『馬七尺為騋』。《毛詩·鄘風·定之方中》傳説，騋亦與此經同。《詩·釋文》及孔疏引定本『七尺』作『六尺』，誤。云『六尺以上為馬』者，輈人所謂駑馬也。《公羊》隱元年，何注云：『天子馬曰龍，高七尺以上；諸侯曰馬，高六尺以上；卿大夫士曰駒，高五尺以上。』案：何説天子乘龍，合於覲禮，而以龍為高七尺以上，則與此經舛異，蓋別有所據。《吕氏春秋·本味篇》高注引《周禮》『馬七尺以上為龍』，又《仲夏紀》注引《周禮》『五尺曰駒』，此並與何説正同，高氏似誤記。但賈《覲禮》疏引此經亦有『五尺以上為駒』六字，疑漢晉時所傳《周禮》別本，實多此一句，賈或襲六朝舊疏語也。《毛詩·周南·漢廣》傳亦云『六尺以上曰馬，五尺以上曰駒』，而《淮南子·時則訓》《脩務訓》高注並云『馬五尺以下為駒』，與毛、賈所述復不同。攷《説文·馬部》又云『馬高六尺為驕』，則與此經馬高度同。段玉裁、臧庸、陳奂並謂毛、何諸家所云駒者，當為『驕』之誤。若然，《説文》驕字説解當云『高六尺以下』，六尺以下即五尺以上也。《詩·陳風·株林》箋云：『六尺以下曰驕』，亦其證矣。注云『大小異名』者，此無與職事，通釋馬大小異名而已。引《爾雅》曰『騋牝驪牡，玄駒褭驂』者，《釋畜》文。引之者，證馬名騋之事。《釋文》作『騋牡驪牝玄』，宋余仁仲本及閩本、監本同。賈疏云：『《爾雅》所釋，作詩騋牝三千，但直言牝不言牡，《爾雅》之意，以詩人美衛文公直牝有三千，其實兼有牡，故云騋中所有牝則驪色，牡則玄色，兼有駒褭驂。引之者，證騋是馬色。』案：賈本作『騋牝驪牡玄』，與今《爾雅》郭本同。郭注云：『詩云：騋牝三千，馬七尺以上為騋，見《周禮》。玄駒，小馬，別名褭驂耳。』攷《爾雅·釋文》云：『騋牝，頻忍反，下同。』則陸所見郭注本作『騋牝驪牝』。《説文·馬部》

亦同。臧琳、段玉裁謂《爾雅》蓋以驪牝釋《詩》之騋牝，其說甚塙。今郭本《爾雅》乃傳寫之誤。《爾雅・釋文》又云：『孫注改上至郭讀騋牝驪牝為句，以玄下屬駒褭驂為句，亦與鄭讀不同。』然則鄭所據《爾雅》與孫本正同，叔然蓋亦從鄭讀玄字句絶也。賈據誤本作疏，而宋本仍之。當從《釋文》及余本校正。『戎事乘驪』注引《爾雅》，亦作『騋牝驪牡玄』者，臧琳、盧文弨謂後人依郭本竄改是也。《檀弓》孔疏所據本，亦與賈同誤。孔廣森云：『驪是馬色，騋牝為牡，讀與郭異。』合與玄對。且《詩》云騋牝三千，若騋卽是牝，何勞兩言？《禮》駕四牡不用牝，而《詩》言比物四驪、四驪濟濟，則驪必騋之牡者。玄乃騋之牝者矣。』案：鄭釋《爾雅》或當如孔說。《檀弓》注云：『馬黑色曰驪。』若然，鄭意驪玄色同，以牝牡異稱，騋則其大名與？云『鄭司農說以《月令》曰，駕蒼龍』者，春三月令文並同。鄭彼注亦據此經為說。先鄭引之者，證馬名龍之事。案：《覲禮》云：『天子乘龍。』《大戴禮記・五帝德篇》云：『帝嚳春夏乘龍，秋冬乘馬。』亦卽此。

圉師

論說

宋 黄度《周禮説》卷四《夏官司馬下》 圉人良馬匹一人，駑馬麗一人。趣馬皁一人，圉師乘一人，良馬設員，不可兼取，駑馬亦有趣馬，有圉師，而設員不著趣馬，兼取於圉師『八師一趣馬』也。圉師兼取於圉人『八麗一師』也。至圉人則不可兼取矣，故良駑各著其員。

宋 易祓《周官總義》卷一九 圉師掌教圉人養馬，春除蓐、釁廄、始牧，夏庌馬，冬獻馬，射則充椹質，茨牆則剪闔。充澤宫習武之居，剪闔以茨牆也，二者皆圉人所習，故圉師因而使之。

宋 魏了翁《古今考》卷三一《牧人通掌六牲》 圉師無官，教圉人養馬，即是一師管四人，養四匹馬者。春除蓐，釁廄，春分出馬牧於郊。康成謂蓐，馬兹，似乎今之草薦。武王伐紂，有負兹之文。釁，以血釁之，而神之也。夏庌馬，音雅，廡，涼馬也。射則充椹質，椹質所射者習射處，不可曉。茨墻則剪闔。闔，苫也，蓋墻則剪苫，當止是秋分後牧養馬院之墻。凡茨墻責之，蓋責之採茅乎？然圉師、圉人共計二千七百人，無乃王城之宫、之屋、之墻、之茅茨責之乎？此茅今人曰茅屋，以今解古，非。『包茅縮酒』之茅，非藉用白茅之茅，今人苫屋，稻穰可也，山有草如蒲茭亦茅也。

明 丘濬《大學衍義補》卷一二四《嚴武備》 圉師掌教圉人養馬，春除蓐、釁廄、始牧，夏庌廡也馬，冬獻馬。臣按：古人之養馬，必順其四時，冬之寒也，則藉之以蓐，春之煖也，則除去之。然又恐其所居之廄積糞穢之久，而或足以致馬疾，故殺牲以血塗之，而後以居焉。冬之寒也，則燠之以廄，夏之炎也，則涼之以廡，其養也殆無異于人，則其馬安得而不壯盛哉！

清 方苞《周官析疑》卷二五 圉師。《校人職》自圉人以上，圉師、趣馬、馭夫並分良駑之數，而序官不載，何也？經文已明，特於圉人所分揭其數，而其上可放而準矣。

又 卷三〇 圉師：射則允椹質，茨牆則翦闔。以其習於莝草，故使充椹質。習於爲庌，故使翦闔。椹質宜以木爲之，而空其中，以知草實焉。蓋古者射有襄尺，井儀必以草充質，然後矢之貫質者，始能如樹。羣儒謂盤草爲質，非也。甲革椹質，取貫堅也，而以草盤，則義不可通。

綜述

漢 鄭玄《周禮疏》卷二八 圉師，乘一人，徒二人，圉人良馬匹一人，駑馬麗一人。養馬曰圉，四馬爲乘。良，善也。麗，耦也。圉，魚呂反。乘，繩證反。注同麗如字。疏：『圉師』至『二人』，釋曰：在此者以其掌養馬也。注：養馬至耦也。釋曰：在此者，按其職云掌養馬芻牧之事，以役圉師，亦是爲馬，故亦連類在此也。

又 卷三三 圉師掌教圉人養馬，春除蓐、釁廄、始牧，夏庌馬，冬獻馬。射則充椹質，茨墻則翦闔。蓐，馬兹也。馬既出而除之。新釁焉，神之也。《春秋傳》曰：『凡馬，日中而出，日中而入。』故字『庌』為『訝』，鄭司農云：『當為庌。』玄謂庌，廡也。廡所以庇馬者也。充猶居也。茨，蓋也。闔，苫也。椹質、剪闔，圉人所習也。杜子春讀椹為齊人言鈇椹之椹。椹質，所射者習射處。蓐，音辱。茨，在私反。闔，戶臘反。訝，五嫁反。廡，亡甫反。庇，必二反又音祕。苫，傷占反。鈇，方符反。射，食亦反。疏：注『蓐馬』至『射處』，釋曰：圉師，即《校人》云『良馬乘一師四圉』者也。云『夏庌馬』者，即《趣馬》『辨四時之居』是也。云『冬獻馬』者，即《校人》冬獻馬，尊卑連事相成者也。《春秋傳》者，左氏莊二十九年『新延廄，書不時』。延廄當於馬時，故云『凡馬，日中而出，日中而入』，謂春分秋分時。今之孟春新延廄，故云不時也。云『圉人所習也』者，莝，取椹斬莝，則苫蓋之類也，皆圉人所習之事。子春云『椹質所射者習射處』者，按《司弓矢》云：『澤則共椹質之弓矢。』此云射則充椹質，皆謂釋宫中試弓習武時所充也。

宋 王安石《周官新義》卷一三《夏官二》 圉師掌教圉人養馬，春除蓐、釁廏、始牧，夏庌馬，冬獻馬。射則充椹質，茨牆則翦闔。次草謂之茨，詩曰『牆有茨苦』，謂之闔，以剉草爲苦。

宋 王昭禹《周禮詳解》卷二九 圉師掌教圉人養馬，春除蓐、釁廄、始牧，夏庌馬，冬獻馬，射則充椹質，茨牆則剪闔。蓐，音辱。庌，音訝。茨，在私反。闔，户臘反。圉師乘馬一人，圉人良馬匹一人，以教圉人養馬，故以圉師名官。春除蓐釁廐者，蓐所以藉馬，馬既出而除之，釁廐以厭不祥，所以神之也。《傳》曰：凡馬日中而出，日中而入。日中而出，謂春分也；日中而入，謂秋分也。故春始牧，夏庌馬也。序謂之廡，以庇之也。冬則馬成矣，故獻之。射則充椹質者，謂選士射澤宫也。司弓矢共其弓矢，圉師則充椹質也。茨牆則翦闔者，次草謂之茨，《詩》曰：牆有茨，以蒺藜之生亦可以茨牆也。苫，謂之闔，以剉草為苦，則用以作蓋也。椹質、翦闔，皆圉人所習也，故因而使之。

元 陳友仁《周禮集説》卷七 圉師，圉，魚呂反。乘一人，徒二人。鄭氏曰：養馬曰圉，四馬為乘。掌教圉人養馬，春除蓐、釁廐、始牧。夏庌馬，冬獻馬，射則充椹質，茨墻則翦闔。蓐，音辱。茨，在私反。庌，五嫁反。闔，户臘反。王氏曰：掌教圉人養馬，故以師名官。劉氏曰：冬寒，藉馬以蓐，春則除之。釁廐，辟去邪氣也。王氏曰：《春秋傳》曰：凡馬日中而出，日中而入。日中而出，謂春分也；日中而入，謂秋分也。故春始牧。鄭氏曰：庌，廡也，廡所以庇馬凉也。劉氏曰：椹質，盤草以代侯也。鄭氏曰：茨，蓋也。闔，苫也。王氏曰：次草謂之茨。《詩》曰『墻有茨苦』，謂之闔以剉草為苦，則蓋而用之也。椹質、翦闔，皆圉師所習也，故因而使之。

宋 王與之《周禮訂義》卷五五 圉師，乘一人，徒二人。鄭康成曰：養馬曰圉，四馬為乘。王昭禹曰：以教圉人養馬，故圉師名官。賈氏曰：圉師即校人，一師四圉者也。掌教圉人養馬，春除蓐、釁廄、始牧，夏庌馬，冬獻馬。鄭鍔曰：春馬出而就牧，廄中虚矣。蓐者，所寢之藉也。久則穢惡而不潔，故因其出而除之。馬處於廄神實主之，釁之以血，所以除不祥，故因其出而釁之。王昭禹曰：日中而出，謂春分也；日中而入，謂秋分也。故春始牧，夏庌馬也。鄭康成曰：庌，廡也，廡所以庇馬凉也。鄭鍔曰：夏暑酷，而馬尤畏熱，必為廡以凉之。項氏曰：冬則所産之馬成矣，故獻之。射則充椹質，茨牆則翦闔。鄭康成曰：充猶居也。易氏曰：充澤宫習武之居。鄭鍔曰：充如充籠箙之充，盖習弓試武之時，取足其數也。劉執中曰：共椹質，盤草以代侯也。王昭禹曰：司弓矢，共其弓矢。圉師則充椹質也。李嘉會曰：椹質，謂以木為之，非乃束草縛為圍，如今射墮。鄭康成曰：茨，盖也。闔，苫也。王氏曰：次草謂之茨，《詩》曰牆有茨苦，謂之闔以剉草為苦。易氏曰：剪之以茨牆也。鄭鍔曰：盖牆必用闔，闔與《左傳》戎子駒支所謂苫盖之盖同。茨牆之時，必使圉師以翦其闔，皆以其莝斬馬草，熟於其事也。易氏曰：二者皆圉人所習，故圉師因而使之。

《文獻通考》卷一五九《兵考十一》 圉師掌教圉人養馬。春除蓐、釁廐、始牧，夏庌馬，冬獻馬。射則充椹質，茨墻則翦闔。蓐，馬兹也，馬既出而除之。新釁焉，神之也。《春秋傳》曰：『凡馬，日中而出，日中而入』，故字庌爲訝。鄭司農云：『當為庌。』元謂：庌，廡也。廡，所以芘馬涼也。充猶居也。茨，蓋也。闔，苫也。椹質、翦闔，圉人所習也。杜子春讀椹為齊，人言鐵椹之椹，椹質所射者，習射處。

明 潘游龍《康濟譜》卷二五下 圉師掌教圉人養馬，春除蓐、釁廐、始牧，夏庌馬，冬獻馬。按：古人養馬必順其四時，冬寒則藉以蓐，春煖則除以去，又恐其所居之廐積糞穢之久，或致疾，故殺牲以血塗之，而後以居焉。又冬寒則煥之以廐，夏炎則凉之以廡，其養馬也殆無異於人，其馬安得而不壯盛哉！又洪武年例：凡馬宜如法牧放，春草發生時，月馬或十疋、二十疋、三十疋，隨趁水草便利去處晝夜牧放。如遇炎暑、蚊虫、水發時月，務趁高阜無蚊虫承滰去處收放。辰時飲水一次，午時飲水一次，至晚飲水一次，每月二十日或半月一次將鹽餧啖，亦不許與牢拴一處。至餧料豆熱務要晾涼，多用料，水與草拌匀，方可餧馬，不許熱料餧養，飲水畢，緩緩牽行，回轉約五七里，然後拴在空閒沙地上，隨意睡卧，不許槽邊拴繫。

明 柯尚遷《周禮全經釋原》卷一〇《夏官下》 圉師掌教圉人養馬，春除蓐、釁廐、始牧，夏庌馬，冬獻馬。射則充椹質，茨牆則翦闔。蓐，音辱。庌，五嫁反。茨，在私反。闔，户臘反。釋曰：以師名官者，掌教圉人養馬也。冬寒，藉馬以蓐，春則除之。釁廐，殺牲釁之，辟去邪氣也。始牧者，《春秋傳》曰：馬日中而出，日中而入，日中謂春分、秋分也，故春始牧。庌，廡也，廡所庇馬涼也，夏熱故也。椹質，以木爲之，縛草以代侯也。茨，蓋也。闔，苫也。翦草以苫蓋也。椹質，翦闔，皆圉師所習也，故因而使之。

明 王應電《周禮傳》卷四下《夏官下》 圉師，乘一人，徒二人，圉人良馬匹一人，駑馬麗一人。圉，音語。養馬為圉，良馬匹一人，駑馬麗一人。馬貴則飼養勞，馬賤則飼養逸也。教養馬者為圉師，乘一人者，掌一車之馬也。三乘為皂，馬有駕脱，故以三為節，有趣馬以合之。三皂為繫，繫一馭夫，六繫為廐，廐一僕夫，此不著其職者，見于大馭也。廐，亦謂之閑，每閑則有廋人二掌其政教，以差擇之。六廐成校，校有左右，各主其校之事，故有中大夫二人。謂其有疾也而有毉，謂其有祟也而有巫馬，獸之大死則有鬼巫，知馬祖、先牧、馬社、馬步之神者，馬疾若有犯焉，則使治之。毉，即毉師之獸毉也。職專治馬，而攷課在毉師，故兩屬焉。又買儥，則賈知其價，故有賈與馬質，謂其有牧地也，而有牧師，盖古人隨地皆有牧，如『歸馬于華山之陽』，『牧于坰野』之類，唯牧馬有地，則馬得蕃息，而又不妨稼穡，所以為兩得其所也。儥，音育，賣也。【略】圉師掌教圉人養馬，春除蓐、釁廐、始牧，夏庌馬，冬獻馬。冬寒，藉馬以蓐，春而除之，去其歲也。殺牲以釁之，新其閑也。馬日中而出，日中而入，謂春秋分也，故春始牧。庌，廡也，所以庇馬使涼。教養馬之事非一，而温凉出入之失時尤其大患，故特舉之。蓐，音辱。庌，又駕反。射則充椹質，茨墻則翦闔。椹，日寢反。茨，音慈。椹質、翦闔未詳，或曰：椹，學射者盤草以代闑也。茨，次苐茅草以盖墻也。闔，亦盖也。盖墻則翦草以為苫。圉師庌馬習于苫盖之事，故因而使之。

明 郝敬《周禮完解》卷八 圉師，乘一人，徒二人，圉人良馬匹一人，駑馬麗一人。養馬曰圉，四馬曰乘，乘一師十二閑，共圉師六百四十八人，乘徒二人，共徒一千二百九十六人，十二閑共良馬二千五百九十二匹，圉人亦二千五百九十二人，駑馬三良馬，共七千七百七十六匹，每二馬一圉人，共三千八百八十八人。圉師掌教圉人養馬，春除蓐、釁廏、始牧，夏庌馬，冬獻馬。射則充椹質，茨牆則翦闔。圉師教圉人養馬，故以師名。冬寒，以草爲蓐藉馬，春除之。滌廏，殺牲釁廏神。始牧，春草生，馬始可牧也。庌，廡下，夏休馬廡下，避暑也。冬獻馬，從校人獻也。充，供也。質，射正也。椹，剉草木。《司弓矢職》云：射甲革椹質角力，則以木椹爲質射。而圉師供之茨蔷，以草蓋牆。闔，蓋也。翦闔，翦其亂草。椹與翦茨，皆圉師所習。

明 王志長《周禮注疏删翼》卷二一 圉師掌教圉人養馬，春除蓐、釁廏、始牧，夏庌馬，冬獻馬。射則充椹質，茨牆則剪闔。註：蓐，馬兹也。馬既出而除之。新釁焉，神之也。劉氏曰：冬寒以草藉馬曰蓐，春則除之去其薉也。釁廏，辟去邪氣也。或曰始牧，春草生，始出牧也。《春秋傳》曰：凡馬日中而出，日中而入，謂庌，廡也，廡所以庇馬涼也。疏：《左氏傳》莊二十九年：春，新延廏，書不時也。延廏當於秋分時，故云：凡馬日中而出，日中而入，謂春、秋分也。今之孟春新延廏，故云不時。明齋王氏曰：教養馬之事非一，而温凉出入之失時，尤其大患，故特舉之。或曰：獻馬，從校人獻也。充猶居也。茨，蓋也。闔，苫也。椹質、翦闔，圉人所習也。劉氏曰：椹質，盤草以代侯也。《司弓矢》云：射甲革椹質。王氏曰：次草謂之茨，《詩》云『牆有茨苦』。謂之闔，以剉草為苫，則蓋而用之也。某氏曰：充，供也。闔，亦蓋也。翦闔，翦其亂草。土氏曰：圉師庌馬，習於苫蓋之事，故因而役之。

清 李光坡《周禮述注》卷一七 圉師，乘一人，徒二人，圉人良馬匹一人，駑馬麗一人。註曰：養馬曰圉，四馬為乘。良，善也。麗，耦也。校，户教反。趣，清須反。皁，才早反。廋，所求反。

又 卷一九 圉師掌教圉人養馬，春除蓐、釁廏、始牧，夏庌馬，冬獻馬。射則充椹質，茨牆則剪闔。註曰：蓐，馬兹也。馬既出而除之。新釁焉，神之也。《春秋傳》曰：凡馬日中而出，日中而入。庌，廡也，廡所以庇馬涼也。充猶居也。茨，盖也。闔，苫也。椹質、剪闔，圉人所習也。徐氏曰：椹質，以木為之，縛草以代侯者。剉草為苫，苫之以盖牆也。蓐，音辱。庌，五稼反。茨，在私反。闔，戶獵反。廡，亡甫反。房，入聲。剉，千臥反。苫，傷占反。

清 李鍾倫《周禮纂訓》卷一八 圉師掌教圉人養馬，春除蓐、釁廏、始牧，夏庌馬，冬獻馬。射則充椹質，茨牆則翦闔。蓐，音辱。茨，在私反。闔，戶臘反。庌，五嫁反。注：蓐，馬兹也。馬既出而除之。新釁焉，神之也。《春秋傳》曰：凡馬日中而出，日中而入。庌，廡也，所以庇馬涼也。充猶居也。茨，蓋也。闔，苫也。椹質、翦闔，圉人所習也。

清 方苞《周官集注》卷七 圉師，乘一人，徒二人，圉人良馬匹一人，駑馬麗一人。養馬者曰圉，四馬為乘。麗，耦也。

又 卷八 圉師，掌教圉人養馬。春除蓐、釁廏、始牧，夏庌馬，冬獻馬。射則充椹質，茨牆則翦闔。蓐，馬兹也。冬以草藉馬，春則除之，以去其薉也。釁廏，辟去邪氣也。始牧，春草生，始出牧也。庌，廡也，所以庇馬使涼。椹質，以木為之，縛草以代侯。充，居也，或曰供也。茨，蓋也。闔，苫也。圉師庌馬習于苫蓋之事，故因而役之。

清 秦蕙田《五禮通考》卷二二五《嘉禮八十八》 圉師乘一人，徒二人，圉人良馬匹一人，駑馬麗一人。注：養馬曰圉，四馬為乘。良，善也。麗，耦也。薛氏衡曰：自戎右至馭夫，凡九職，掌五路之車；自校人至圉人，凡七職，掌五路之馬。

又 卷二四四《軍禮十二》 圉師掌教圉人養馬，春除蓐、釁廏、始牧，夏庌馬，冬獻馬。疏：莊公二十九年《左傳》：『春，新延廏，不時也。』凡馬日中而出，日中而入，謂春分、秋分治廏當于是時。劉氏彝曰：冬寒，以草藉馬曰蓐，春則除之，去其穢也。釁廏，辟去其惡也。蔡氏德晉曰：始牧，始出牧放也。庌，廡也。夏酷暑而馬尤畏熱，故為廡以涼之。養馬之事莫要于温凉，出入之以時，故特舉之。

清 桂馥《札樸》卷一《温經》 剪闔，夏官圉師茨牆則剪闔。注云：茨，蓋也。闔，苫也。馥謂闔借字，正作蒚，《說文》：蒚蓋也。

清 蔣載康《周官心解》卷一七《夏官司馬第四之一》 圉師，乘一人，徒二人，圉人良馬匹一人，駑馬麗一人。圉，疑吕反。乘，繩證反。駑，音奴。麗，郎計反。圉師下當補良馬二字，徒二人下當補駑馬六麗一人其徒未詳。麗，耦也。圉師、圉人亦當在趣馬之後，巫馬之前，又錯也。

又 卷二〇《夏官司馬第四之四》 圉師掌教圉人養馬，春除蓐、釁廄、始牧，夏庌馬，冬獻馬。射則充椹質，茨牆則剪闔。蓐，音辱。庌，五稼反。茨，在私反。註：蓐，馬兹也。馬既出而除之。釁，神之也。《春秋傳》：凡馬日中而出，日中而入。庌，廡也，廡以庇馬涼。茨，蓋也。闔，苫也。按：闔同蓋，《左傳》『被苫蓋』是也。註：椹質、剪闔，圉人所習。徐氏曰：椹質，以木爲之，縛草以代侯者，剉草爲苫以蓋牆。按圉師以芻養馬，故令兼此二事。皆按此及下圉人二職，皆當移置趣馬後。

清 劉沅《周官恒解》卷四《夏官司馬》 圉師掌教圉人養馬，春除蓐、釁廄、始牧，夏庌馬，冬獻馬。射則充椹質，茨牆則翦闔。蓐，音辱。庌，音迓。養馬之所曰圉，師其長也。冬寒以草藉馬，曰蓐。春則除之，去穢汙也。釁廄，辟邪氣也。始牧，乘新草也。庌，廡也，所以庇馬使涼。獻馬，獻校人也。椹質，習射之的充共也。茨，蓋也。闔，苫也。蓋牆之時則翦其苫，以其莝斬馬草習其事也。

清 徐灝《通介堂經説》卷一七《周禮二》 蓐，馬兹也。圉師掌教圉人養馬，春除蓐。鄭注：蓐，馬兹也。灝案：《釋器》：蓐，謂之兹。房注《管子・小匡篇》云：槈，鎡錤也。茲、鎡古今字。

清 孫詒讓《周禮正義》卷五四 圉師，乘一人，徒二人。圉人，良馬匹一人，駑馬麗一人。養馬曰圉。四馬為乘。良，善也。麗，耦也。疏：『圉師乘一人徒二人』者，依《校人職》，良馬五種十廄，共馬二千一百六十匹，爲五百四十乘。凡圉師五百四十人，徒一千八十人，駑馬二廄，依經文，馬三千七十二匹，一千五百三十六麗，七百六十八乘，八麗一圉師，凡一百九十二人，徒三百八十四人，合良駑十二廄，凡圉師七百三十二人，徒一千四百六十四人。依鄭讀，駑馬一千二百九十六匹，六百四十八人，麗三百二十四乘，六麗一師，則圉師一百八人，每乘徒二人，則六百四十八人，合良駑共圉師六百四十八人，徒一千七百二十八人。云『圉人良馬匹一人，駑馬麗一人』者，《九章算術音義》引《字林》云：『駑，駘也。』依《校人職》，良馬五種十廄，圉人匹一人，凡二千一百六十人。駑馬二廄，圉人麗一人，依經文，凡一千五百三十六人，合良駑十二廄，凡圉人三千六百九十六人。依鄭讀，駑馬圉人凡六百四十八人，合良駑十二廄，凡二千八百八人也。《左莊》三十二年傳：魯有圉人犖，《史記・魯世家》作『鄧扈樂』。《公羊》宣七年何注云：『養馬者曰扈。』扈，卽圉人也。注云『養馬曰圉』者，本職先鄭注義同。《說文・㚔部》云：『圉，一曰圉人，掌馬者。』《左》昭七年傳云：『馬有圉，牛有牧』。杜注云：『養馬曰圉，養牛曰牧。』此經養馬有圉師，又有牧師，掌牧地者。牧圉對文則異，散文亦通。云『四馬為乘』者，本職先鄭注云：『四匹爲乘。』《管子・乘馬篇》云：『一乘者四馬也。』乘四馬，故校人云『乘馬一師四圉』。云『良，善也』者，《玉府》注同。云『麗，耦也』者，《說文・鹿部》云：『麗，旅行也。』引申為兩偶之稱。《小爾雅・廣言》云：『麗，兩也。』《詩・鄘風・干旄》孔疏引王肅云：『夏后氏駕兩謂之麗。』《廣雅・釋詁》云：『儷，耦也。』《方言》云：『麗，數也。』郭注云：『偶物爲麗。』麗、儷字並通，校人注亦同。

又 卷六二 圉師掌教圉人養馬，春除蓐、釁廄、始牧，夏庌馬，冬獻馬。射則充椹質，茨牆則翦闔。蓐，馬兹也。馬既出而除之。新釁焉，神之也。《春秋傳》曰：凡馬日中而出，日中而入，故字庌為訝，鄭司農云：『當為庌。』玄謂庌，廡也。廡所以庇馬涼也。充猶居也。茨，蓋也。闔，苫也。椹質、翦闔，圉人所習也。杜子春讀椹為齊人言鈇椹之椹。疏：『圉師掌教圉人養馬』者，賈疏云：『圉師，卽校人云良馬乘一師四圉者也，云始牧者，謂春出馬於牧田也。』杜氏《春秋釋例》云『凡馬，春分百草始繁，則牧於坰野；秋分農功始藏，水寒草枯，則皆還廄』是也。云『夏庌馬』者，謂繫馬於庌，不露牧也。賈疏云：『卽趣馬辨四時之居是也。』云『冬獻馬』者，賈疏云：『卽校人冬獻馬，尊卑連事相成者也。』云『茨牆則翦闔』者，《爾雅・釋言》云：『翦，齊也。』正字當作葥。《說文・刀部》云：『□，齊斷也。』經典通叚翦為之，謂齊斷所苫蓋之艸也。注云『蓐，馬兹也』者，謂以草薦馬也。《爾雅・釋器》云：『蓐謂之兹。』郭注云：『公羊傳曰：屬負茲茲者，蓐席也。』郝懿行云：『茲者，席薦之名。』《一切經音義》引《三蒼》及《華嚴經音義》引《聲類》並云『蓐，薦也。』《左》文七年傳『秣馬蓐食』，宣十二年傳『軍行右轅左追蓐』，皆以蓐為草薦也。兹者，草也。《素問・五藏生成篇》云：『色見青如草兹者，死。』蓋以兹為草席也。郭引《公羊》桓十六年傳云：『屬負兹。』《史記・周本紀》云：『衛康叔封布兹。』《集解》徐廣曰：『兹者藉席之名，諸侯病曰負兹。』《荀子・正論篇》注龍兹，卽今之龍鬚席。云『馬既出而除之』者，出謂出牧時也。馬在廄時，以蓐薦之，使可避溼；及出牧時，圉師乃除其舊者。至馬入時，更以新蓐易之。云『新釁焉，神之也』者，謂新作廄，則以牲血釁之，以神明之也。其禮蓋與釁廟略同。其牲經無文，疑當降於廟，與門夾室同用鷄也。《襍記》云：『釁屋者，交於神明之道也。』故云神之。引《春秋傳》者，《左》莊二十九年傳：『春，新作延廄，書不時也。凡馬日中而出，日中而入。』杜注云：

『日中，春秋分也，治廄當以秋分，因馬向入而脩之。今以春作，故曰不時。』案：此云春釁廄，則脩廄亦當以春，於周正當為三月、四月、五月，是不必以秋分，杜說與此經迕。鄭引《左傳》，似謂春分馬出卽可以脩廄，然與《左氏》義究不甚合。賈疏謂《左傳》為孟春新延廄，故云不時。蓋欲參合兩經之義，亦未知塙否。云『故字庌爲訝，鄭司農云當為庌』者，段玉裁云：『字當作書。』《說文・广部》引『夏庌馬』，許君從司農易字也。云『玄謂庌廡也，廡所以庇馬涼也』者，段玉裁云：『《說文》：庌，廡也。廡堂下周屋，故可以庇馬使涼。』詒讓案：《釋名・釋宮室》云：『大屋曰廡。廡，幠也。幠，覆也。并冀人謂之庌。庌，正也，屋之正大者也。』《檀弓》注云：『夏屋，今之門廡也，其形旁廣而卑。』又《漢書・董仲舒傳》晉灼注云：『廊，堂邊廡也。』則庌廡之形蓋長廣而卑，與廊同。夏時暑熱，故為長廣之屋，以庇馬使涼。《吴子・治兵篇》說治馬云：『夏則涼廡。』涼廡，卽庌馬也。云『充猶居也』者，《小爾雅・廣言》云：『充，備也。』《漢書・張湯傳》顏注云：『居，謂儲也。』此充椹質亦儲備置設之意。云『茨，蓋也』者，《說文・艸部》云：『茨，以茅葦蓋屋。』《釋名・釋宮室》云：『屋以草蓋曰茨。茨，次也，次比草為之也。』云『闔，苫也』者，闔卽蓋之借字，《爾雅・釋宮》云：『白蓋謂之苫。』郭注云：『白茅苫也。今江東呼為蓋。』《說文・艸部》云：『蓋，苫也。』云『椹質翦闔，圉人所習也』者，賈疏云：『莝，取椹斬莝，則苫蓋之類也，皆圉人所習之事。』惠士奇云：『言圉人養馬，以鈇斬芻，乃其職也。漢掌畜官斫莝，卽此。蓋斫莝以椹為藉耳。』云『杜子春讀椹為齊人言鈇椹之椹』者，《文選》陳琳《策魏公九錫文》李注引《蒼頡篇》云：『鈇椹質也。』《說文・金部》云：『鈇，莝斫刀也。』凡以鈇斫艸木，必以椹承之。杜引齊人方言定椹字之音，兼取其義也。云『椹質，所射者習射處』者，明唯在習射處射，乃以椹為質的也。與《司弓矢》二鄭注義同。賈疏云：『按《司弓矢》云：澤則共椹質之弓矢。此云射則充椹質，皆謂澤宮中試弓習武時所充也。』

圉人

題解

漢 鄭玄《儀禮疏》卷三八 云『圉人，養馬者』，案《周禮・校人職》云：『乘馬一師四圉。』是圉人以養馬，以其養馬，故使之薦也。

宋 程公說《春秋分記》卷四一《書二十三》 圉人。莊三十二年傳：圉人犖。杜預注：圉人，掌養馬者，《周禮》圉人掌養馬芻牧之事，以役圉師。

明 陳士元《諸史夷語解義》卷下 阿塔赤，華言牧馬圉人也。

明 王志長《周禮注疏刪翼》卷一七 圉師，乘一人，徒二人，圉人良馬匹一人，駑馬麗一人。註：養馬曰圉，四馬為乘。良，善也。麗，耦也。王氏曰：馬貴則飼養勞，馬賤則飼養逸。某氏曰：圉人，從於圉師者。

清 曹元弼《禮經學》明例卷一《職官例》 圉人、御者，士得乘兩馬車，故有圉人與御者，亦私臣也。

清 程廷祚《春秋識小録》卷二《圉人》 《周禮・夏官》有圉師、圉人，掌養馬者。莊三十二年，圉人犖。

清 桂馥《說文解字義證》卷三一 隱十一年《左傳》：『亦聊以固吾圉也。』杜云：圉，邊垂也。一曰『圉人，養馬者』者，《既夕禮》『圉人夾牽之』。注云：圉人，養馬者。《周禮敘官》圉師注云：養馬曰圉，又圉人掌養馬芻牧之事，又校人乘馬一師四圉，鄭司農云：養馬為圉。《檀弓》『圉人浴馬』，注云：圉人掌養馬者。莊三十二年《左傳》『圉人犖』，注云：圉人，掌養馬者。僖十七年《傳》『故名男曰圉』，注云：圉，養馬者。二十八年《傳》『誰扞牧圉』，注云：馬曰圉。襄二十六年《傳》『左師見夫人之步馬者，問之，圉人歸，以告夫人。』二十七年《傳》『使圉人駕』，注云：圉人，養馬者。昭七年《傳》『馬有圉』，注云：養馬曰圉。二十九年《傳》『御龍氏服虔曰御，』養也，養馬曰圉。哀十四年《傳》『將圉馬於成』，注云：圉，畜養也。《管子・小問篇》：『桓公觀於廄，問廄吏曰：廄何事最難？廄吏未對。管仲對曰：夷吾嘗為圉人矣，傅馬棧最難。』《晏子》：『景公使圉人養所愛馬』，《尉繚子》賞及牛童馬圉，《淮南・覽冥訓》『厮徒馬圉』，高云：『牛曰牧，馬曰圉。』《說苑》：『景公有馬，其圉人殺之。』《齊職儀》：『諸廄有圉師、牧人養馬之官。』《通鑑》：『柳公綽所乘馬踶殺圉人』，注云：圉人，掌養馬者。

清 厲荃《事物異名録》卷九《品術部》 馬夫。校人、圉人，《周禮》校人掌王六馬之屬，又圉人，掌養馬芻牧之事。

清 梁章鉅《稱謂録》卷二九 圉師、圉人，《周禮》圉師掌教圉人養馬，又圉人掌養馬芻牧之事。《禮記・檀弓》：圉人浴馬。

清 秦蕙田《五禮通考》卷二一六《嘉禮八十九》 二十七年，《左氏傳》崔子使圉人駕寺人御而出。注：圉人，養馬者。寺人，奄士。蕙田案：圉人、寺人，皆大夫家臣。二十八午，陳氏、鮑氏之圉人為優，亦同。

論説

漢 鄭玄《儀禮注疏》卷三八《既夕禮第十三》 薦馬，纓三就，入門，北面，交轡，圉人夾牽之。駕車之馬，每車二匹。纓，今馬鞅也。就，成也。諸侯之臣，飾纓以三色而三成。此三色者，蓋條絲也。其著之如罽然。天子之臣，如其命數，王之革路條纓。圉人，養馬者。在左右曰夾。既奠乃薦馬者，為其踐汙廟中也。凡入門，參分庭一在南。疏：『薦馬』至『牽之』。注『駕車』至『在南』。釋曰：薦馬並薦纓者，纓為馬設，故與馬同時薦之。案下記云『薦乘車』，又云『纓轡貝勒，縣於衡』，又云『道車載朝服，槀車載蓑笠』，注云：『道車、槀車之纓轡及勒亦縣於衡也。』若然，薦車之時，纓縣於衡，此薦馬得有纓者，以薦車時縣於衡，至此薦馬時又取而用之，故兩見之也。云『駕車之馬』者，即上文薦車之馬也。云『每車二匹』者，下經云『公贈兩馬』，注云：『兩馬，士制也。』故知此車有三乘，馬則六匹矣。云『纓，今馬鞅也』者，古者謂之纓，漢時謂之鞅，故舉漢法為況也。云『諸侯之臣，飾纓以三色而三成』者，以此下士薦馬纓三就，則不依命數，則大夫亦同三色，知者，案《巾車》上公纓九就，侯伯纓七就，子男纓五就，諸侯之臣不得與子男同五就，故知與士同三就。此三色，則如《聘禮》記三色，朱、白、蒼也。云『此三色者蓋條絲也』者，謂以絲為條，無正文，故云『蓋』以疑之。云『其著之如罽然』者，鄭注《巾車》云：『玉路之樊及纓皆以五采罽飾之，十二就。』其下金路九就，象路七就，注皆云『五色罽飾之』。此則三采絲為條飾之，但著之則同，故云其著之如罽然也。云『天子之臣如其命數』者，案《典命》云：三公八命，其卿六命，大夫四命，出封皆加一等。命數雖卑於諸侯，以王人雖微，猶序諸侯之上，故得與同依命數。就依命數，其色則無過五采罽，以其金路以下與諸侯，其飾與王同。諸侯之臣既同三色，明天子大夫以上，亦五采罽，與諸侯同。但天子之士，三命以下不得依命，少於諸侯之臣當同色，與諸侯之臣同矣。若然，公之孤四命，以降於天子，大夫宜與三卿同三色也。云『王之革路條纓』者，至革路、木路不用罽而用條絲為纓，與此纓三色者同，故引為證也。云『圉人，養馬者』，案《周禮・校人職》云：『乘馬一師四圉。』是圉人以養馬，以其養馬，故使之薦也。云『在左右曰夾』者，以車三乘馬則六匹，每馬二人交轡牽之，故云在左右曰夾。云『既奠乃薦者，為其踐汙廟中』者，車馬相將之物，前薦車在奠上，今此薦馬在奠後者，欲其既薦即出，恐踐汙廟中，故後薦之也。云『凡入門，參分庭一在南』者，大斂陳事在庭，分為三分，一分在北，則繼堂而言；一分在南，則繼門而言。此既繼門，故云三分庭一在南。又不言門左門右，則當門之北矣。

宋 黄度《周禮説》卷四《夏官司馬下》 圉人良馬匹一人，駑馬麗一人。趣馬阜一人，圉師乘一人，良馬設員不可兼取，駑馬亦有趣馬，有圉師，而設員不著趣馬，兼取於圉師『八師一趣馬』也，圉師兼取於圉人『八麗一師』也，至圉人則不可兼取矣，故良駑各著其員。

宋 衛湜《禮記集説》卷一六 魯莊公及宋人戰于乘丘，縣賁父御，卜國為右，馬驚，敗績，公隊，佐車授綏。公曰：『末之卜也。』縣賁父曰：『他日不敗績，而今敗績，是無勇也。』遂死之。圉人浴馬，有流矢在白肉。公曰：『非其罪也。』遂誄之。士之有誄自此始也。鄭氏曰：縣、卜皆氏也，右謂車右，勇力者為之。馬驚，奔失。列佐車授綏，乘公戎車之貳，曰：『佐，末之，猶微哉。』公言卜國無勇也。縣賁父言公他日戰其御馬，未嘗驚奔，二人遂赴敵而死。圉人，掌養馬者，白肉，股裏肉也。公言流矢中馬，非御與右之罪，遂誄其赴敵之功，以為謚，士有誄自此始，記禮失所由來也。

宋 魏了翁《古今考》卷三一 圉師無官，教圉人養馬，即是一師管四人，養四匹馬者。春除蓐、釁廄，春分出馬牧於郊。康成謂：蓐，馬兹，似乎今之草薦。武王伐紂，有負兹之文。釁，以血釁之而神之也。夏庌馬，音雅，廡涼馬也。射則充椹質，椹質，所射者習射處，不可曉。茨墻則剪闔。闔，苫也，蓋墻則剪苫，當止是秋分後。牧養馬院之墻，凡茨墻責之，蓋責之採茅乎。然圉師、圉人共計二千七百人，無乃王城之宫、之屋、之墻、之茅茨責之乎？此茅今人曰茅屋，以今解古，非包茅縮酒之茅，非藉用白茅之茅，今人苫屋稻穰可也。山有草如蒲茭，亦茅也。

宋 易祓《周官總義》卷一九 圉人掌養馬芻牧之事，以役圉師。凡賓客、喪紀，牽馬而入陳。廞馬亦如之。賓客之時，陳馬於館。喪紀而葬，陳馬於廟。遣車明器之時，則陳之於壙。以圉人養馬，故使之牽而陳之。

宋 祝穆《事文類聚・後集》卷三八《馬害圉人》 柳公綽廄馬害圉人，公綽殺之。或言良馬可愛，曰：安有良馬而害人乎？

明 柯尚遷《周禮全經釋原》卷一〇 圉人掌養馬芻牧之事，以役圉師。凡賓客、喪紀，牽馬而入陳。廞馬亦如之。釋曰：芻以飼馬，牧以放馬，皆所以養之也。役圉師，受教於圉師，聽使令也。賓客之馬，詩曰『雖無子之，路車乘馬』，王所以賜之也。《大司馬》『喪祭奉詔馬牲』，則喪紀之馬，遣車所用也。牽馬入陳者，賓客則陳之於館，喪紀則陳之於廟也。廞馬，遣車之馬也。圉人，賤役者也。何氏曰：馬政之用，古今一也。而古之牧者在民，今之牧者在官。以其在民也，故牧養之瀍不可得而詳，以其在官也，故牧養之瀍不可不講。成周之制，官有馬質，下士爲之，而賈二人，以平馬價，則是當時公私皆有馬矣。然校人之職，掌王馬之政，自乘至廐，爲匹二百六十有奇，五分其良，而駑居其一焉。凡五良而一駑，則總爲馬二千六百，此其大數也。王馬之政，牧養之瀍，莫詳於此。又以井田之瀍計之，甸六十四井也，其賦兵車一乘，戎馬四匹，又以六鄉六遂之民，而實計之十有九萬家，則王之馬不能加其二分之一。至於徒役之興，戰陳之事，則王命校人掌物其馬而次之，則馬不專賦於民矣。又以大司馬之瀍而計之，則天子提封萬井，兵車萬，乘戎馬四萬匹，則是所賦之馬多於王數十倍，而當時不有牧養之瀍，爲其在民者多也。漢有牧師諸苑三十六所，畜馬三十萬匹，用官奴三萬人，散在北邊，則牧之以民，又有牧之之地。唐初得隋馬三千匹，八坊四十八監，而張萬歲掌之，其後萬歲失職，馬亦減少。至王毛仲領羣牧，而有四十三萬。唐之諸監，或在隴右，或在河西，馬之蕃耗皆係乎監牧之人，而又有牧之之地，則其在官也多矣。

明 丘濬《大學衍義補》卷一二四 圉人掌養馬芻牧之事，以役圉師。臣按：芻以食馬，牧以放馬，皆所以養之也。周官設官以掌王馬之政，不惟有政，而又有教有養焉。政以正之，教以導之，而養以安之也。養之則生息多而壯健，教之則性習馴而調和，是故馬質、校人掌其政者也，趣馬、巫馬、牧師、圉師、圉人則以養之，而庾人則又所以教之者焉。

明 王應電《周禮傳》卷二上 按：《周禮》于六牲有所以養之者，初時畜之也，有所以共之者，將用而以其牲入陳也。有所以奉之者，既殺而薦之也。乾為馬，天官總贊王牲，故馬畜于夏官之圉人，共于校人，而大司馬奉之。坤為牛，故牛畜于地官之牛人，共之者亦牛人，而大司徒奉之。鷄，春畜，《大宗伯》總掌禮事，故春官雞人共之，而養于夏官之掌畜者，以其所養擾畜之類也。羊，火畜，養于夏官之羊人，大司馬主奉馬牲，故特設小子共而羞之。犬為金畜，共于秋官之犬人，而大司冦奉之，養于地官之稾人者，以其穀食之宜也。豕，水畜，其養而共奉之者則在于冬官矣。蓋養之者善于知物性，而得其飲啄居處孕字之宜者也。共之者，稍知禮儀者也。奉之者，則大人、君子而以交于神明大賓客者也。小不可以侵大，大不可以司小，初時生養于各官而使有蕃息之孅、至將為牲，合之于牧人、充人，以盡孝誠之至。及祭，則共奉之于五官，而各伸其忠敬之心，畜牧一事，曲盡其道如此。

明 王應電《周禮傳》卷四下 圉人掌養馬芻牧之事，以役圉師。凡賓客、喪紀，牽馬而入陳。廞馬亦如之。芻，草料飼之于閑。牧，善水草之地放之于野。圉師教圉人，故聽圉師之役。賓客之馬，王所賜也，牽而陳于館。喪紀之馬，《大司馬》『喪祭奉詔馬牲』也，牽而陳于廟。廞馬，遣車芻靈之馬也，陳于廟及墓。觀此，則凡乘車之馬必圉人牽之可知矣。

清 方苞《周官析疑》卷二五 圉師。《校人職》自圉人以上，圉師、趣馬、馭夫並分良駑之數，而序官不載，何也？經文已明，特於圉人所分揭其數，而其上可放而準矣。

清 宮夢仁《讀書紀數略》卷二三《人部》 晏子數圉人三罪。景公將殺圉人，因其言而釋之。公使養馬而殺之，罪一，又殺公所最善馬，罪二。使公以一馬之故而殺人，百姓必怨吾君，諸侯必輕吾國，罪三。數燭鄒亡鳥，三罪同。

清 胡培翬《儀禮正義》卷二九 薦馬，纓三就，入門，北面，交轡，圉人夾牽之。駕車之馬，每車二匹。纓，今馬鞅也。就，成也。諸侯之臣飾纓以三色而三成，此三色者，蓋絛絲也。其著之如罽然。天子之臣，如其命數，王之革路絛纓。圉人，養馬者，在左右曰夾，既奠乃薦，馬者為其踐污廟中也。凡入門，參分庭一在南。疏：《正義》曰：馬北面，猶車之北輈也。交轡，鄭無注，敖氏云：每馬兩轡，交轡而夾牽之，謂左人牽右轡，右人牽左轡也。郝氏敬云：以兩內轡交結，兩圉人左右各持外轡夾牽之。今案：《周禮序官》圉人良馬匹一人，駑馬麗一人，若如敖說，則一馬需二圉矣，恐未然。《校勘記》云：注『就成』二字，監本誤『倒著』，《通典》作飾絛纓，毛本作絲絛嚴徐，《通典集釋》通解楊敖作絛纓，與疏合。今案：陳本亦作絛纓疋，《集釋》作匹云駕車之馬，每車二疋者，士駕二馬也。乘車、道車、稾車，每車二匹則六匹也。云『纓，今馬鞅也』者，姜氏兆錫云：馬頸革曰鞅，以其當膺樊飾，故又謂之樊纓，注訓纓為馬鞅此也。但案《春秋傳》拔劍斷鞅，又晉有士鞅，鞅名非起於漢，蓋漢亦謂之鞅耳。今案《周禮》巾車注：鄭司農云：纓謂當胸，《士喪禮下篇》曰：馬纓三就，禮家說曰纓當胸以削，革為之三，就三重三帀也。玄謂『纓，今馬鞅』，是後鄭不從先鄭及禮家說也。樊與纓是二物，《周禮》疏云樊為馬大帶，纓是夾馬頸，樊亦作繁，敖氏云馬有纓而無樊，蓋臣禮也。《春秋傳》仲叔于奚請繁纓以朝孔子，非之。云『就，成也』，《爾雅・釋詁》文云『諸侯之臣飾纓以三色而三成，此三色蓋條絲也，其著之如罽然』者，鄭注巾車謂玉路、金路、象路之樊及纓皆以五采罽飾之，革路之樊及纓以條絲飾之，此纓三就，亦以條絲飾之，但其著之亦如罽然，故下即引王之革路條纓為證也。三色者，賈謂朱、白、蒼也。云天子之臣如其命數，則似諸侯之大夫士皆同不依命數矣。然士之三就，與大夫同殆攝盛耳。云『圉人養馬』者，以圉人是養馬之官，故使牽之。《周禮・圉人職》曰：凡喪紀，牽馬而入陳。云『在左右曰夾，必左右夾牽』者，防奔軼也。云『既奠乃薦馬者，為其踐污廟中也』者，以既奠乃薦，便其出使不久，停廟中恐致踐污也。云『凡入門，參分庭一在南』者，《集釋》作二，在南恐非。經唯言入門，而不言門左、門右，則敖氏以為但設霤耳是矣，不必至中庭也。況置重即在參分庭，一在南之處，詎可於是薦馬邪。

清 姜兆錫《儀禮經傳・內編》卷一四《士喪禮下》 圉人浴馬，有流矢在白肉。公曰：『非其罪也。』遂誅之。注曰：圉人，掌馬之官。白肉，股裏肉也。疏曰：股裏白，故謂之白肉。士之有誄自此始也。疏曰：士之有誄自此始，故知周士無謚也。愚按：記此以見士不應誄謚，而有誄自此始也。然士不誄無謚，亦謂不命之士耳。古者生無爵，死無謚，如天子之上中下士，公侯伯之上士，皆有爵命，卽皆當有溢，或乃謂命士，亦無誄謚者，非也。縣卜二人蓋亦不命之士，故言自此始，以志之。

清 蔣載康《周官心解》卷一七 圉師，乘一人，徒二人，圉人良馬匹一人，駑馬麗一人。圉，疑吕反。乘，繩證反。駑，音奴。麗，郎計反。圉師下當補良馬二字，徒二人下當補駑馬六麗一人，其徒未詳。麗，耦也。圉師、圉人亦當在趣馬之後，巫馬之前，又錯也。

清 萬斯大《周官辨非》 校人，掌王馬之政，辨六馬之屬，種馬一物，戎馬一物，齊馬一物，道馬一物，田馬一物，駑馬一物。凡頒良馬而養乘之。乘馬一師四圉，三乘為皁，皁一趣馬；三皁為繫，繫一馭夫；六繫為廄，廄一僕夫；六廄成校，校有左右。駑馬三良馬之數。麗馬一圉，八麗一師，八師一趣馬，八趣馬一馭夫。天子十有二閑，馬六種；邦國六閑，馬四種；家四閑，馬二種。鄭注：八皆當作六。按：天子十二閑，凡良馬二千一百六十匹，駑馬一千二百九十六匹，合之為三千四百五十六匹。其主馬之官，有校人，有僕夫，有馭夫，有趣馬，有巫馬，有牧師，有廋人。養馬之役，有圉師，有圉人。計主馬之官，中大夫二，上士十六，中士二十，下士二百七十五。養馬之役，圉師六百四十八，圉人二千八百八，府五，史十二，胥十二，徒二千一百六十二，醫四，賈二，通計大夫士為三百一十三人，府、史、胥、徒、醫、賈、圉師、圉人為五千六百五十三人，是人之數幾倍於馬之數。嗚呼！此即孟子所謂庖有肥肉，廄有肥馬，民有飢色，野有餓莩之世，恐不至是。又邦國六閑，馬四種，為二千五百九十二匹，家四閑，馬二種，為一千七百二十八匹，天子畿內大都、、小都采邑凡為方百里者八十四，分之公卿、大夫、王子弟者且數十百家，使盡如其數以備之，其馬不知幾何，其官役更不知幾何矣。又巫馬職掌養疾馬，馬死，則使其賈粥之，君子以為傷國體。

清 王念孫《讀書雜志・晏子春秋》卷一《景公使圉人養所愛馬暴死》 念孫：案此本作『景公使人養所愛馬』，無『圉』字，今本有之者，後人依《説苑・正諫篇》加之也。案：《説苑》曰：『景公有馬，其圉人殺之。』下文曰：『使吾君以馬之故，殺圉人。』二圉人上下相應，此文但言使人養馬，而無圉人之文，故下文亦但言殺養馬者，而不言殺圉人。若此文作圉人，則與下文不相應矣。又此章標題本作『景公所愛馬死欲誅養馬者』，今本養馬者作圉人，亦後人所改。《羣書治要》及《藝文類聚・獸部上》《太平御覽人事部九十七》《獸部八》引此，皆無圉字。又案：暴死二字，文義不明。《藝文類聚人部八》作『暴死』，亦後人以俗本《晏子》改之。《羣書治要》及《太平御覽・人事部》皆作『暴病死』，《藝文類聚・獸部》《太平御覽・獸部》皆作『馬病死』，文雖不同而皆有病字，於義爲長。

綜述

漢 鄭玄《周禮疏》卷三三 圉人掌養馬芻牧之事，以役圉師。役者，圉師使令焉。疏：注『役者』至『令焉』，釋曰：乘馬一師四圉，四圉人受圉師之所使令焉。凡賓客、喪紀，牽馬而入陳。賓客之馬，王所以賜之者。《詩》云：『雖無予之，路車乘馬。』喪紀之馬，啟后所薦馬。疏：注『賓客』至『薦馬』，釋曰：雖同牽馬入陳，賓客與喪紀所陳有異。何者？若據賓客，則在館，天子使人就館而陳之。若喪紀，則謂將葬朝廟時，《既夕禮》薦馬纓三就者是也。天子朝廟，亦當在祖廟中，陳設明器之時，亦遣人薦馬及纓，入廟陳之。此馬謂擬駕乘車，吉器最先者也。廞馬亦如之。廞馬，遣車之馬。人捧之，亦牽而入陳。捧，眾家并扶恭反。疏：注『廞馬』至『入陳』，釋曰：此遣車則天子九乘戰所苞遣奠以入壙，皆人捧之。云『亦牽而入陳』者，亦於祖廟陳此明器也。但遣車及馬，各使人別捧，故上注云『行則解脫之』是也。

《周禮》卷八 圉人掌養馬芻牧之事，以役圉師。役者，圉師使令焉。凡賓客、喪紀，牽馬而入陳。賓客之馬，王所以賜之者。《詩》云『雖無予之，路車乘馬』。喪紀之馬，啓後所薦馬。廞馬亦如之。廞馬，遣車之馬。人捧之，亦牽而入陳。捧，扶恭反。

宋 王與之《周禮訂義》卷五五 圉人良馬匹一人，駑馬麗一人。鄭康成曰：良，善也。麗，耦也。黃氏曰：趣馬皁一人，圉師乘一人，良馬設員不可兼取，駑馬亦有趣馬，有圉師，而設員不著趣馬，兼取於圉師『八師一趣馬』也，圉師兼取於圉人『八麗一師』也，至圉人則不可兼取矣，故良駑各著其員。掌養馬芻牧之事，以役圉師。王昭禹曰：芻以食馬，牧以放馬，皆所以養之。鄭康成曰：役者，圉師使令焉。凡賓客、喪紀，牽馬而入陳，廞馬亦如之。鄭康成曰：賓客之馬，王所賜之者。詩云『雖無予之，路車乘馬』，《喪紀》之『馬啓後所薦馬』。賈氏曰：喪紀謂將葬朝廟時，在祖廟中陳設明器之時，亦遣人薦馬，及纓入廟陳之。廞馬，遣車之馬。賈氏曰：『亦于祖廟陳此明器。』易氏曰：賓客之時，陳馬於館。喪紀而葬陳馬於廟，遣車明器之時，則陳之於壙。以圉人養馬，故使之牽而陳之。

宋 王昭禹《周禮詳解》卷二九 圉人掌養馬芻牧之事，以役圉師。凡賓客、喪紀，牽馬而入陳。廞馬亦如之。芻以食馬，牧以放馬，皆所以養之也，故掌養馬芻牧之事。圉人良馬匹一人，受教於圉師者也，以役圉師。凡賓客、喪紀，牽馬入陳者，詩曰『雖無予之，路車乘馬』，則賓客之馬，王所以賜之也。大司馬喪祭奉詔馬牲，則喪紀之馬遣車所用也，圉人牽馬而入陳焉。廞馬亦如之，則亦牽入陳之。

元 陳友仁《周禮集説》卷七 圉人，良馬匹一人，駑馬麗一人。鄭氏曰：良，善也。麗，耦也。掌養馬芻牧之事，以役圉師。凡賓客、喪紀，牽馬而入陳。廞馬亦如之。鄭氏曰：役圉師者，圉師使令也。劉氏曰：牽馬而入陳，賓客則陳之於館，喪紀則陳之於廟。鄭氏曰：廞馬，遣車之馬。王氏曰：芻以食馬，牧以放馬，皆所以養之也。圉人受教於國師，故以役圉師也。凡賓客、喪紀牽馬入陳者，詩曰『雖無予之，路車乘馬』，則賓客之馬，王所以賜之也。大司馬喪祭奉詔馬牲，則喪紀之馬，遣車所用也。

《文獻通考》卷一五九《兵考十一》 圉人掌養馬芻牧之事，以役圉師。役者，圉師使令焉。

明 郝敬《周禮完解》卷八 圉人掌養馬芻牧之事，以役圉師。凡賓客、喪紀，牽馬而入陳。廞馬亦如之。《圉人職》見上。芻以草飼馬，牧水草地。役圉師，爲圉師役也。賓客之馬，王所賜。喪紀之馬，啓殯後所薦送葬之馬。入陳，謂賓客陳馬于館。喪紀，陳馬于廟，大喪，廞先王之路馬而藏之，亦圉人牽以入也。

明 柯尚遷《周禮全經釋原》卷九 圉人良馬匹一人，駑馬麗一人。釋曰：養馬曰圉，四馬為乘。良，善也。駑，劣也。麗，耦也。良馬匹一人，駑馬二匹一人，養之也。

明 潘游龍《康濟譜》卷二五下 圉人掌養馬芻收之事，以役圉師。按：芻以食馬，牧以放馬，皆所以養之也。周官設官以掌玉馬之政，不惟有政，又有教有養，政以正之，教以導之，而養以安之也。養之則生息多而壯健，教之則性習馴而調和，是故馬質、校人掌其政者也。趣馬、巫馬、牧師、圉師、圉人則以養之，而庾人則又所以教之者焉。

明 王志長《周禮注疏删翼》卷二一 圉人掌養馬芻牧之事，以役圉師。註：役者，圉師使令焉。凡賓客、喪紀，牽馬而入陳。註：賓客之馬，王所以賜之者，詩云『雖無予之，路車乘馬』。喪紀之馬，啟後所薦馬。或曰：啟謂啟殯。劉氏曰：賓客陳之於館，喪紀陳之於廟。廞馬亦如之。註：廞馬，遣車之馬，人捧之，亦牽而入陳。

清 方苞《周官集注》卷八 圉人掌養馬芻牧之事，以役圉師。凡賓客、喪紀，牽馬而入陳。廞馬亦如之。賓客之馬，王所賜予。喪紀之馬，啓殯後所薦。廞馬，遣車之禺馬。人奉之，亦牽而入陳。

清 胡培翬《儀禮正義》卷一八 《周禮》廋人下有圉人，掌養馬。廋、圉亦通稱。《左傳》『崔子使圉人駕』，又『孟氏選圉人之壯者』，是大夫亦有圉人掌馬也。

清 姜兆錫《儀禮經傳・内編》卷一六《正位禮》 圉人凡喪紀，牽馬而入陳。廞馬亦如之。注曰：此啟後所薦馬也。琉曰：謂朝廟之時，陳設明器，遣人薦馬入陳之。其馬，擬駕乘車者也。若陳遣奠時廞，陳遣車之馬入陳之，其馬則載所包遣奠以入壙者也。

清 蔣載康《周官心解》卷二一《夏官司馬第四之四》 圉人掌養馬芻牧之事，以役圉師。芻養之閑，牧牧之野。凡賓客、喪紀牽馬而入陳。註：喪紀之馬，啓後所薦馬。疏：賓客在館，天子使人就館陳之。天子將葬朝廟，在廟陳設明器時，薦馬及纓入廟陳之。按：小喪陳馬亦然。凡賓客該廣小事賜幣者兼舉之，凡喪紀不專指大喪，凡內而夫人以下，外則三公以下，及諸侯皆是陳馬以助喪事。廞馬亦如之。廞馬，馬亦芻靈之屬。入陳時，儀若牽之。此專指大喪。

清 李光坡《周禮述注》卷一九 圉人掌養馬芻牧之事，以役圉師。註曰：役者，圉師使令焉。凡賓客、喪紀，牽馬而入陳。註曰：賓客之馬，王所以賜之者。詩云『雖無予之，路車乘馬』。喪紀之馬，啟後所薦馬。疏曰：雖同牽馬入陳，賓客與喪紀所陳有異。賓客則在館，天子使人就館而陳之。若喪紀，則天子將葬朝廟，時在祖廟中陳設明器之時，遣人薦馬及纓入廟陳之。廞馬亦如之。註曰：廞馬，遣車之馬，人捧之，亦牽而入陳。

清 李鍾倫《周禮纂訓》卷一八 圉人掌養馬芻牧之事，以役圉師。凡賔客喪紀，牽馬而入陳。注：賔客之馬，王所以賜之者。《詩》云：『雖無予之，路車乘馬。』喪紀之馬，啓後所薦馬。疏：賔客之馬，則王使人就館陳之。喪紀之馬，則謂將葬朝廟時。《既夕禮》『薦馬纓三就』是也。天子亦當在祖廟中。陳設明器時，遣人薦馬，及纓入廟陳之，此馬謂擬駕乘車，吉器最先者也。廞馬亦如之。注：廞馬，遣車之馬。人捧之，亦牽而入陳。

清 劉沅《周官恒解》卷四《夏官司馬》 圉人掌養馬芻牧之事，以役圉師。凡賓客喪紀，牽馬而八陳，廞馬亦如之。役，聽圉師使令也。王所賜賓客之馬，則就其館陳之。喪紀之馬，將葬朝廟。《既夕禮》所謂薦馬纓三就者，則八廟陳之。廞馬，明器之馬，人捧之，亦牽而入陳。

清 秦蕙田《五禮通考》卷二四四《禮十二》 《周禮·夏官》：圉人掌養馬芻牧之事，以役圉師。王氏昭禹曰：芻以食馬牧以放馬，皆所以養之。蕙田案：芻牧，以芻牧之所謂牧養也。王氏說與牧師復。又案此條馬之芻牧，序官圉夫良馬匹一人，駑馬麗一人。

清 孫詒讓《周禮正義》卷五四 圉師，乘一人，徒二人。圉人，良馬匹一人，駑馬麗一人。養馬曰圉。四馬為乘。良，善也。麗，耦也。疏：『圉師乘一人徒二人』者，依《校人職》，良馬五種十廄，共馬二千一百六十匹，爲五百四十乘。凡圉師五百四十人，徒一千八十人，駑馬二廄，依經文，馬三千七十二匹，一千五百三十六麗，七百六十八乘，八麗一圉師，凡一百九十二人，徒三百八十四人，合良駑十二廄，凡圉師七百三十二人，徒一千四百六十四人。依鄭讀，駑馬一千二百九十六匹，六百四十八人，麗三百二十四乘，六麗一師，則圉師一百八人，每乘徒二人，則六百四十八人，合良駑共圉師六百四十八人，徒一千七百二十八人。云『圉人良馬匹一人，駑馬麗一人』者，《九章算術音義》引《字林》云：『駑，駘也。』依《校人職》，良馬五種十廄，圉人匹一人，凡二千一百六十人。駑馬二廄，圉人麗一人，依經文，凡一千五百三十六人，合良駑十二廄，凡圉人三千六百九十六人。依鄭讀，駑馬圉人凡六百四十八人，合良駑十二廄，凡二千八百八人也。《左莊》三十二年傳：魯有圉人犖，《史記·魯世家》作『鄧扈樂』。《公羊》宣七年何注云：『養馬者曰扈。』扈，即圉人也。注云『養馬曰圉』者，本職先鄭注義同。《說文·㚔部》云：『圉，一曰圉人，掌馬者。』《左》昭七年傳云：『馬有圉，牛有牧』。杜注云：『養馬曰圉，養牛曰牧。』此經養馬有圉師，又有牧師，掌牧地者。牧圉對文則異，散文亦通。云『四馬為乘』者，本職先鄭注云：『四匹爲乘。』《管子·乘馬篇》云：『一乘者四馬也。』乘四馬，故校人云『乘馬一師四圉』。云『良，善也』者，《玉府》注同。云『麗，耦也』者，《說文·鹿部》云：『麗，旅行也。』引申為兩偶之稱。《小爾雅·廣言》云：『麗，兩也。』《詩·鄘風·干旄》孔疏引王肅云：『夏后氏駕兩謂之麗。』《廣雅·釋詁》云：『儷，耦也。』《方言》云：『麗，數也。』郭注云：『偶物爲麗。』麗、儷字並通，校人注亦同。

又卷六二 圉人掌養馬芻牧之事，以役圉師。役者，圉師使令焉。疏：『掌養馬芻牧之事』者，謂芻秣牧養之事。注云『役者圉師使令焉』者，《瞽矇》注云：『役，為之使。』圉師為圉人之長，其職云『掌教圉人養馬』，故圉人受其使令也。凡賓客、喪紀，牽馬而入陳。賓客之馬，王所以賜之者。詩云『雖無予之，路車乘馬』。喪紀之馬，啓後所薦馬。疏：『凡賓客、喪紀，牽馬而入陳』者，賈疏云：『雖同牽馬入陳，賓客與喪紀所陳有異，何者？若據賓客，則在館，天子使人就館而陳之。若喪紀，則謂將葬朝廟時，『薦馬纓三就者』是也。天子朝廟，亦當在祖廟中，陳設明器之時，亦遣人薦馬及纓，入廟陳之。此馬謂擬駕乘車，吉器最先者也。』注云『賓客之馬，王所以賜之者』者，《覲禮》云：『天子賜侯氏以車服，迎于外門外，再拜。路先設，西上，路下四亞之。』注云『路下四，謂乘馬也』，是諸侯朝覲，王賜車馬之事，其時亦此官牽而入陳之也。又案：《國語·周語》云：『敵國賓至，膳宰致饔，廩人獻餼，司馬陳芻。』韋注云：『司馬掌帥圉人養馬，故陳芻，圉人職屬司馬。』若然，此官於致饔餼時兼主陳芻，不徒牽馬矣。引《詩》云『雖無予之，路車乘馬』者，《小雅·采菽篇》文，亦諸侯來朝賜車馬之事，故引以為證。云『喪紀之馬，啟後所薦馬』者，啟後謂啟殯後，《既夕禮》啓後朝祖時云：『薦車直東榮北輈，薦馬纓，三就入門，北面交轡，圉人夾牽之。』又祖奠時云『祖還車，薦馬如初』，又大遣奠後之『薦馬，馬出自道，車各從其馬，駕于門外，西面而俟，南上。』案：彼《士禮》亦圉人牽馬入陳，與天子同。

《襍記》孔疏云：『按《士喪禮下篇》，薦馬之節凡有三時：一者柩初出至祖廟，設奠，為遷祖之奠，訖，乃薦馬，是其一也。至日側祖奠之時，又薦馬，是其二也。明日將行，設遣奠之時，又薦馬，是其三也。』詒讓案：薦馬雖有三節，要在啓殯後，故鄭云啓後以晐之，明皆此官牽而入陳矣。又案《既夕記》注說上士二廟者，第一日朝禰廟，不薦車馬，然則王葬徧朝七廟，前六廟皆未薦，至末日朝大祖廟，始牽馬入陳矣。廞馬亦如之。廞馬，遣車之馬，人捧之，亦牽而入陳。疏：『廞馬亦如之』者，此冢上喪紀為文也。注云『廞馬，遣車之馬』者，校人云『飾遣車之馬』是也。廞者，謂陳之。云『人捧之』者，謂入廟及行就壙時，皆須人捧之。《校人》注以遣車之馬為塗車芻靈，明不可駕引以行也。《巾車》云：『大喪飾，車遂廞之行之。』注云『謂陳駕之行之，使人以次舉之以如墓也。』若然，遣車人舉之，故馬亦人捧之矣。云『亦牽而入陳』者，賈疏云：『亦於祖廟陳此明器也。但遣車及馬各使人別捧，故上注云行則解脫之是也。』案：賈據《司常》注也。依《巾車》注說，遣車亦陳駕，則入廟陳明器時，當以馬就車駕而陳之。至葬將行時，乃解說而別捧之以如墓。至壙陳於墓道，亦當駕之。窆時，復解説，藏之椁内見外，互詳《巾車》《校人》疏。

清 閻鎮珩《六典通考》卷五《設官考》 圉人，莊三十二年。圉人，《周禮》有圉人掌養馬，又定八年，孟氏選圉人之壯者，是家臣之圉人也。

又 卷一三《設官考》 圉人，凡賓客牽馬而入陳。賓客之馬，王所以賜之者。

紀事

《管子》卷一六 桓公觀於厩，問厩吏曰：『厩何事最難？』厩吏未對，管仲對曰：『夷吾嘗爲圉人矣，圉，養馬者。傅馬棧最難。謂編次之棧馬所立木也。先傅曲木，曲木又求曲木，編棧者，先附曲木，其次還須曲木求其類。曲木已傅，直木毋所施矣。既用曲木，又施直木，則失其類，而棧敗矣。喻小人用即君子退也。先傅直木，直木又求直木，直木已傅，曲木亦無所施矣。喻君子用則小人退。』

《晏子春秋・内篇諫下》卷二《景公所愛馬死欲誅圉人晏子諫第二十五》 景公使圉人養所愛馬暴死，公怒，令人操刀解養馬者。是時晏子侍前，左右執刀而進，晏子止而問于公曰：『堯、舜支解人，從何軀始？』公矍然曰：『從寡人始。』遂不支解。公曰：『以屬獄。』晏子曰：『此不知其罪而死，臣爲君數之，使知其罪，然後致之獄。』公曰：『可。』晏子數之曰：『爾罪有三，公使汝養馬而殺之，當死罪一也；又殺公之所最善馬，當死罪二也；使公以一馬之故而殺人，百姓聞之，必怨吾君，諸侯聞之，必輕吾國，汝殺公馬，使怨積于百姓，兵弱于隣國，汝當死罪三也。今以屬獄。』公喟然嘆曰：『夫子釋之，夫子釋之，勿傷吾仁也。』

《吕氏春秋》卷一八《審應覽第六》 平原君【略】問馬齒，圉人曰：『齒十二，與牙三十。馬上下齒十二，牙上下十八，合為三十。謂若公孫龍滅去其三牙，多而偏，不可均，故難也。藏去其二，少而均，故易。』

漢 劉向《説苑》卷九《正諫》 景公有馬，其圉人殺之，公怒，援戈將自擊之。晏子曰：『此不知其罪而死，臣請為君數之，令知其罪而殺之。』公曰：『諾。』晏子舉戈而臨之曰：『汝為吾君養馬而殺之，而罪當死；汝使吾君以馬之故殺圉人，而罪又當死；汝使吾君以馬故殺人，聞於四隣諸侯，汝罪又當死。』公曰：『夫子釋之，夫子釋之，勿傷吾仁也。』

漢 鄭玄《禮記疏》卷六 圉人浴馬，有流矢在白肉。圉人，掌養馬者。白肉，股裏肉。圉，魚呂反。股，裏上音，古下音里。公曰：『非其罪也。』流矢中馬，非御與右之罪。中，丁仲反。遂誄之。誄其赴敵之功，以爲謚。誄，力軌反，謚也。士之有誄自此始也。記禮失所由來也。周雖以士爲爵，猶無謚也。殷大夫以上爲爵。上，時掌反。【略】注『爵人』至『裏肉』，正義曰：圉人，掌養馬者。案：昭七年《左傳》云：牛有牧，馬有圉，是圉人掌馬也。

晉 杜預《左傳杜林合注》卷七《莊公三》 雩，講于梁氏，女公子觀之，圉人犖自牆外，與之戲。圉人，掌養馬者，以慢言戲之。犖，音洛，又力角反。【略】冬十月己未，共仲使圉人犖賊子般于黨氏。杜共仲慶父。共，音恭。成季奔陳。杜出奔，不書國亂，史失之。立閔公。杜閔公莊公庶子，於是年八歲。閔，亡謹反。

又 卷三一《襄公七》 九月庚辰，崔成、崔彊殺東郭偃、棠無咎於崔氏之朝，崔子怒而出，其衆皆逃，求人使駕不得，使圉人駕寺人御而出。圉人，養馬者寺人奄士。

晉 杜預《春秋左傳正義》卷一〇 雩，講于梁氏，女公子觀之，圉人犖自牆外，與之戲。圉人，掌養馬者，以慢言戲之。犖，音洛，又力角反。疏：注『圉人掌養馬者』，正義曰：《周禮》圉人掌養馬芻牧之事。昭七年《傳》曰：『馬有圉，牛有牧』。

宋 黄仲炎《春秋通説》卷三 冬十月己未，子般卒。案：《左氏》公薨，子般即位，共仲使圉人犖賊子般，是子般既為君矣，其不稱公、不書葬者，未踰年之君也。

《太平廣記》卷三〇六《魏耽》 貞元中，吉州刺史魏耽，罷任居洛。有女子，年甫十六，顏色甚美麗。夏中，俱納涼於庭。急仰視天裂，有長人於裂處下，直至耽前。衣紫佩金，黑而髯，曰：我姓朱，天遣與君為女婿。耽不敢阻，請俟排比，再三乃許。約期後月，乃騰空而去。耽與其妻，雖甚憂迫，亦具酒食而俟之。有圉人突入拜耽，耽曰：何不秣馬而突入，太無禮也。圉人曰：竊見使君有憂色，故請言其事。耽曰：爾何要知之？圉人固請，耽因告之。圉人曰：使君不足，小事耳。言訖而出。佩金者及期而至，圉人復突入，佩金者見之，趨下再拜。圉人作色而叱之曰：天恕爾，罰汝在人間，奈何又復擾人如是？對曰：死罪。復拜。圉人輒升堂而坐，召佩金者坐，命灑。圉人於大沙鑼，取飲數器，器可三斗餘。飲訖，又取一鐵杵，折而嚼之。乃以沙鑼飲佩金者，佩金者甚有懼色，乃飲之。唯言死罪。更無他詞。圉人曰：送天獄禁百日。乃騰空而去。圉人曰：吾乃使君此門本命星也，魏使君晝夜焚修，今乃報之。適無禮者，既賊星也，今已禁之，請去他慮。言訖而去。出《聞奇錄》。

又 卷四三五《韓晞》 唐韓晞常知永豐倉。有一馬，乘來日久，遇過客有一蜀馬，齧頗甚。晞令取來，系於庭樹。晞謂客曰：『此小馬，豈能如此？但亦痛治耳。』晞市圉人善騎調惡馬，即令召之，遣取鞭轡。此馬怒目，斜睨於晞。忽然掣韁走上階，跑晞落床，屈膝於地，將齧之。時晞所乘馬，系在別柱。見此，亦掣斷韁，來齧此馬。遂齧數口，方得免。眾買此馬，殺而食之。晞自後彌愛其馬焉。出《原化記》。

又 卷四三六《陳璋》 淮南統軍陳璋加平章事，拜命於朝。李升時執政，謂璋曰：『吾將詣公賀，且求一女婿於公家。公其先歸，吾將至。』璋馳一赤馬而去。中路，馬蹶而墜。頃之，升至，璋扶疾而出。升坐少選即去。璋召馬數之曰：『吾以今日拜官，又議親事，爾乃以是而墜我。畜生！』不忍即殺，使牽去，勿與芻秣，餓殺之。是夕，圉人竊具芻粟，馬視之而已，達旦不食。如是累日，圉人以告，璋復召語之曰：『爾既知罪，吾赦爾。』馬跳躍而去。是夕，乃飲飼如故。璋後出鎮宣城，罷歸而薨。旬月，馬亦悲鳴而死。出《稽神錄》。

又 卷四三八《韓生》 唐貞元中，有大理評事韓生者，僑居西河郡南。有一馬甚豪駿。常一日清晨，忽委首於櫪，汗而且喘，若涉遠而殆者。圉人怪之，具白於韓生。韓生怒：『若盜馬夜出，使吾馬力殆，誰之罪？』乃令撲焉。圉人無以辭，遂受撲。至明日，其馬又汗而喘。圉人竊異之，莫可測。是夕，圉人臥於廄舍，闔扉，乃於隙中窺之。忽見韓生所畜黑犬至廄中，且嗥且躍，俄化為一丈夫，衣冠盡黑，既挾鞍致馬上，駕而去。行至門，門垣甚高，其黑衣人以鞭擊馬，躍而過。黑衣者乘馬而去，過來既，下馬解鞍，其黑衣人又嗥躍，還化為犬。圉人驚異，不敢泄於人。後一夕，黑犬又駕馬而去，逮曉方歸。圉人因尋馬蹤，以天雨新霽，歷歷可辨，直至南十餘裏一古墓前，馬跡方絕。圉人乃結茅齋於墓側。來夕，先止於齋中以伺之。夜將分，黑衣人果駕馬而來，下馬，系於野樹。其人入墓，與數輩笑言極歡。圉人在茅齋中，俯而聽之，不敢動。近數食頃，黑衣人告去，數輩送出墓穴。於野，有一褐衣者顧謂黑衣人曰：『韓氏名籍今安在？』黑衣人曰：『吾已收在擣練石下。吾子無以為憂。』褐衣者曰：『慎毋泄，泄則吾屬不全矣。』黑衣人曰：『謹受教。』褐衣者曰：『韓氏稚兒有字乎？』曰：『未也，吾伺有字，即編於名籍，不敢忘。』褐衣者曰：『明夕再來，當得以笑語。』黑衣唯而去。及曉，圉者歸，遂以其事密告於韓生。生即命肉誘其犬。犬既至，因以繩系，乃次所聞，遂窮擣練石下，果得一軸書，具載韓氏兄弟妻子家僮名氏。紀莫不具，蓋所謂韓氏名籍也。有子生一月矣，獨此子不書，所謂稚兒未字也。韓生大異，命致犬於庭，鞭而殺之。熟其肉，以食家僮。已而率鄰居士子千餘輩，執弧矢兵仗，至郡南古墓前。發其墓，墓中有數犬，毛狀皆異，盡殺之以歸。出《宣室志》。

宋 呂祖謙《春秋左氏傳續說》卷三《莊公》 雩講于梁氏，女公子觀之。圉人犖自墻外，與之戲。子般怒，使鞭之。公曰：『不如殺之。是不可鞭犖有力焉，能投蓋于稷門』。莊公既知犖之罪可殺，而終于不殺，何故？蓋當時只不合說過了便休，天下事當做便做，切不可如此說了便休，極是害事。然莊公當時家法不正，習以成風，雖圉人犖與之戲，亦不深以為怪。蓋魯自文姜以來，禍亂既作。初間其夫，桓公見弒，其後二子叔牙、慶父見殺，及其二孫子般、閔公見弒，又及其子婦哀姜，以宗族言之，則閨門之內禍亂如此，以名義論之，既弒三君，又殺二卿，此皆緣文姜淫亂所以生出許多事。以此觀之，《曲禮》內則所以纖悉閨中事者，非是繁碎。

宋 司馬光《溫國文正公文集》卷六七《圉人傳》 汧侯有馬，悍戾不可乘服，以爲無用，將弃之野，愛其疾足，募有能馴之者，禄以百金。有圉人叩門而告曰：『臣能馴之。』汧侯使養馬數月，馬益調服，步驟緩速，折還左右，唯人所志。汧侯喜，賞以百金之禄，拜爲圉師。衆騶疾之，謁於侯曰：『侯馬今馴矣，彼何功而徒費侯金，臣請代之。』侯逐圉人，居數月，馬復悍戾如故。侯乃召圉人而謝曰：『子能使悍馬馴，子去而馬復悍，敢問何術也？』對曰：『臣賤夫也，不知異術，而唯養馬之知。夫馬太肥則陸梁，太瘠則不能任重，策之急則駭而難馴，緩則不肯盡力。善爲圉者，渴之、飢之、飲之、秣之，視其肥瘠而豐殺其菽粟，緩之以盡其材，急之以禁其逸，鞭策以警其怠，恩渥以馴其心，使之得其宜適而不勞，亦不使有遺力焉。其術甚微，得於心應於手，已不能傳之於人，人亦不能從己傳也。如此，故馬之材在馬，馬之性在我，雖悍戾，何傷哉？』汧侯曰：『善。』圉人曰：『是術也，豈特養馬而已，抑治國亦猶是也。夫材智之士，治國者之悍馬也，捨之則不能以興功業，御之不以道，則不獲其利，而桀黠不可制，故明君者能用材智之士，而以爵禄賞罰御之，是以爵太高則驕，禄太豐則憧，驕憧之臣，雖有智力，君不得而使也。制之急則不得盡其能，制之緩則不肯宣其用，不任恩渥，一驅之以威則愁怨而離心，故明君者節其爵禄，裁其緩急，恩澤足以結其心，威嚴足以服其志，則生死貴賤之命在於君矣，雖僄悍何憂哉？』汧侯悦，位爲上卿，任以國政，用其術推而行之，汧國大治。

明 郝敬《禮記通解》卷三 魯莊公及宋人戰于乘丘，縣玄賁奔父御，卜國爲右，馬驚，敗績，公隊墜，佐車授綏，公曰：『末之卜也。』縣賁父曰：『他日不敗績而今敗績，是無勇也。』遂死之。圉人浴馬，有流矢在白肉。公曰：『非其罪也。』遂誄累之。士之有誄自此始也。縣賁父，魯士，名卜，龜卜也。國人名右，勇士爲車右者。佐車，副車也。馬驚，車敗，公墜地，而副車授綏，以載公也。末莫通，言但卜車右，未卜御士，所以致敗，蓋怨賁父之辭。故賁父自言已御君久矣，君未嘗卜人，今日臨敵敗績，是已無勇也，遂赴敵死。圉人，養馬者也。戰退，浴馬，見流矢在白肉。公乃知馬驚車敗，非縣賁父之罪，遂爲辭誄之。誄者，類也，類其行事以哀之。

明 焦竑《焦氏類林》卷一 景公有馬，其圉人殺之。公怒，援戈將自擊之。晏子曰：『此不知其罪而死，臣請為君數之。』公曰：『諾。』晏子舉戈臨之，曰：『汝為吾君養馬而殺之，而罪當死。汝使吾君以馬之故殺圉人，而罪又當死。汝使吾君以馬故殺人，聞於四鄰諸侯，而罪又當死。』公曰：『夫子釋之，勿傷吾仁也。』

明 李贄《初潭集》卷二四《諍臣》 景公有馬，其圉人殺之。公怒，援戈將自擊之。晏子曰：『此不知其罪而死，臣請為君數之。』公曰：『諾。』晏子舉戈臨之，曰：『汝為吾君養馬而殺之，而罪當死。汝使吾君以馬故殺圉人，而罪又當死。汝使吾君以馬故殺人，聞於四鄰諸侯，而罪又當死。』公曰：『夫子釋之，勿傷吾仁也。』

明 許自昌《捧腹編》卷六《數圉人罪》 景公使圉人養所愛馬死，公怒，令人操刀解養馬者。是時晏子侍前，左右執刀而進，晏子止而問于公曰：『堯、舜支解人，從何軀始？』公矍然曰：『從寡人始。』遂不支解。公曰：『以屬獄。』晏子曰：『此不知其罪而死，臣爲君數之，使知其罪，然後致之獄。』公曰：『可。』晏子數之曰：『爾罪有三，公使汝養馬而食之，當死罪一也。又殺之所最善馬者，當死罪二也。使公以一馬之故而殺人，百姓聞之必怨吾君，諸侯聞之必輕吾國，汝殺公馬，使怨積于百姓，兵弱于隣國，汝當死罪三也。今以屬獄。』公喟然嘆曰：『夫子釋之，勿傷吾仁也。』

藝文

宋 蔡正孫《詩林廣記・後集》卷六《猴馬》 沐猴自戲馬自驚，圉人未解猴馬情。猴其天資馬何罪，意欲防患猶傷生。異類相宜亦相失，同類相傷非所及。志行萬里困一誤，吐豆齕茭甘伏櫪。本序云：楚州紫極宮有畫沐猴振索以戲，馬頓索而驚，圉人不測從鞭之人，言沐猴宜馬，而今反為累，作詩以道馬意云。

宋 陳深《寧極齋稿・題唐圉人調馬圖》 飛龍天廄隘雲稠，一匹驕馳掣電流。櫪下髯奴真厮養，眼中元不識驊騮。

宋 洪邁《容齋隨筆》卷三《丹青引》 杜子美《丹青引贈曹將軍霸》云：『先帝天馬玉花驄，畫工如山貌不同。是日牽來赤墀下，迥立閶闔生長風。詔謂將軍拂絹素，意匠慘澹經營中。斯須九重真龍出，一洗萬古凡馬空。玉花卻在御榻上，榻上廷前屹相向。至尊含笑催賜金，圉人、太僕皆惆悵。』讀者或不曉其旨，以為畫馬奪真，圉人、太僕所為不樂，是不然。圉人、太僕蓋牧養官曹及馭者，而黄金之賜，乃畫史得之，是以惆悵，杜公之意深矣。

又《觀曹將軍畫馬圖》云：『曾貌先帝照夜白，龍池十日飛霹靂。內府殷紅瑪瑙盤，婕妤傳召才人索。』亦此意也。

元 成廷珪《居竹軒詩集》卷四《畫馬》 圉人爭喜得驊騮，撥入天閑早見收。今日有誰憐駿骨，西風沙苑蕨藜秋。

元 王惲《秋澗集》卷三三《題錢選臨曹將軍燕脂騘圖》 良驥初非以力聞，丹青傳寫畫圖新。超超說是千金駿，踶齧何曾到圉人。

明 藍仁《藍山集》卷六《題獨駿圖》 圉人牽出柳風涼，十二天閑白晝長。老眼漸看兵草息，相逢期在華山陽。

明 徐渭《徐文長文集》卷五《九馬圉人圖二圉醉瀕墮》 穆王八駿西馳去，造父把轡為之御。此時八駿誰傳形，太倉老王太僕卿。刻石嵌在卿之處，馬瘦尾尖了無肉。頸長筋綻抽蘭莖，儼如蝘蜓緣壁騰。謂之為龍特無鱗，此圖之馬乃九匹。卻比八駿多其一，骨聳肉勻亦奇物。老眼寧知畫者誰，摩挲卻是孟頫筆。牧夫九人二人醉，醒者扶之醉不墜。河南山東牧馬兒，汗酒胡葱醉似泥。此時儻墮無扶持，馬且失矣太僕笞。

清 張問陶《船山詩草》卷四《望都息馬作轅駒嘆嘲馭者温奇》 圉人通馬語，不能通其志。欲過黃金臺，苦談昭王事。心雄不僨轅，才大自循軌。長鳴意何悲，嗚呼孫陽死。天下豈無馬，眞知能幾人。驊騮在轅下，自詡九方歅。弭耳結塵纓，偏鬃響征鐸。同皁有疲駑，珠鞍百寶絡。食馬貴多肉，服馬貴通神。如何皮相香，以瘦失騏驎。瘦骨銅聲出，方瞳電影馳。車中有奇士，轅下爾何辭。

獸醫

題解

元 陶宗儀《南村輟耕録》卷九 世以療馬者曰獸醫，療牛者曰牛醫。《周禮·天官冢宰篇》『獸醫，下士八人』注『獸，牛馬之屬』，按此，則療牛者亦當曰獸醫矣。

明 田藝蘅《留青日札》卷三《牛醫》 《周禮·天官》：獸醫，下士八人。注：獸，牛馬之屬。牛醫見《漢·黃叔度傳》，今馬醫尚名曰獸醫。

清 朱奇齡《續文獻通考補》卷四八《武備補十一》 按《周禮》大司馬掌邦政，而井田以戎馬定賦，故馬政特詳。馬質、校人，掌其選者也。趣馬、巫馬，掌其養者也。圉師、庾人，掌其教者也。以至牧師主牧地，獸醫療獸病，凡所以愛惜而調護之者，無所不至，馬是以生息多而馴習久。馬政之備，莫過于此。

清 蔣載康《周官心解》卷一《天官冢宰第一之一》 獸醫，下士四人。註：獸，牛馬類。按此，尤外官以醫，故次列之。

清 郝懿行《爾雅義疏》卷下《釋畜弟十九》 《祭義》云：古者天子、諸侯必有養獸之官。《周禮》獸醫：獸，即牛馬，則畜亦稱獸，蓋對文則別，散則通矣。

清 梁章鉅《稱謂録》卷一九《獸醫巫馬》 《周禮》天官獸醫下士四人，掌療獸病；夏官巫馬，下士二人，醫四人，掌養牧馬。

論說

宋 王安石《周官新義》卷四《天官四》 獸醫，掌療獸病，療獸瘍。凡療獸病，灌而行之，以節之，以動其氣，觀其所發而養之。凡療獸瘍，灌而劀之，以發其惡，然後藥之、養之、食之。凡獸之有病者、有瘍者，使療之；死，則計其數以進退之。獸言病而不言疾者，孟子曰：舜明於庶物，察於人倫，以爲物之難知，不若人之可察也。唯其不可察也，故病而後可知也。病與瘍以一醫治之，賤畜故也。醫師言稽其醫事以制其食，獸醫言死則計其數以進退之，制其食則有進退，進退之則因亦制其食矣。人言死終，獸言死，則以物之所以死有不可察故也。不稽其全失爲上下，而計其生死爲進退，則亦以是故也。

宋 陳祥道《論語全解》卷四 疾與病合則一，別則異。《周官》疾醫言疾病，獸醫則言病，以人易知，雖疾可見，獸不易察，病而後知，是疾輕於病。

宋 陳師道《後山談叢》卷四 馬、騾、驢陽類起則先前治用陽藥，羊、牛、駞陰類起則先後治用陰藥，故獸醫有二種。

宋 陳旉《農書》卷下《醫治之宜篇第二》 《周禮》：獸醫掌療獸病。凡療獸病，灌而行之以發其惡，然後藥之、養之，其來尚矣。然牛之病不一，或病草脹，或食雜蟲以致其毒，或爲結脹以閉其便溺。冷熱之異，須識其端。其用藥與人相似也，但大爲之劑以灌之，卽無不愈者。其便溺有血，是傷于熱也，以便血、溺血之藥大其劑灌之。冷結卽鼻乾而不喘，以發散藥投之，熱結卽鼻汗而喘，以解利藥投之。脹卽疏通，毒卽解利。若每能審理以節適，何病之足患哉？今農家不知此說，謂之疫癘，方其病也，薰蒸相染，盡而後已。俗謂之天行，唯以巫祝禱祈爲先，至其無驗，則置之于無可奈何。又已死之肉，經過村里，其氣尚能相染也。欲病之不相染，勿令與不病者相近，能適時養治如前所說，則無病矣。今人有病風、病勞、病脚，皆能相傳染，豈獨疫癘之氣薰蒸也哉？傳曰：養病動時，則天不能使之病，然已病而治，猶愈于不治也。

宋 鄭伯謙《太平經國之書》卷九《醫官論醫師以下五官》 或問醫有醫師足矣，而食醫、疾醫、瘍醫、獸醫無乃太冗乎？曰：古者史官、樂官與夫醫卜之官，皆世掌之業，不兼官，不二事，懼其不精也。況夫醫不三世，不服其藥，執技以事上者，惟醫為難精，惟疾病為不可不謹，先王豈敢以一人而兼二三人之能哉？是故食醫之下有疾醫調飲食者，不兼於治病也；疾醫之下有瘍醫察內證者，不兼於外證也；瘍醫之下有獸醫治禽獸者，不兼於治人也。必求其精，而不敢計其冗，甚矣夫先王之仁也！曰：先王之於醫事嚴矣，然自萬民及鳥獸無不治療，而王后世子之尊、公卿大夫之貴反不及焉，何也？曰：萬民之疾，治其疾於已然；自王而下，則去其疾於未然。子不於食醫而講求之乎？凡人之疾，未有不生於飲食之不謹。今也飲食膳羞珍醬之齊，既以時而眡之，鹹酸世苦辛之助，無不以時而和之，牛羊犬豕魚鴈之宜，又以其物而會之。凡所以調和王之飲食，而助養王之血氣，未嘗不及於愜適，疾病何自而生乎？是故治之於未然之前也。不獨食醫為然，膳夫以下如烹人則掌水火，凡美惡新舊之不同則必辨之，如庖人、內饔則掌禽獸，凡腥臊羶香之不可食則必辨之。苟有一物之傷生害氣者，無所不致其察也。又不獨烹人、庖人、內饔為然，凡五齊、七菹之用，醢者則有醢人以掌之，凡百事之用鹽者則有鹽人以掌之，醢酸鹽鹹，然後足以成五味之甘，而致四時之和，補五臟之不足。故雖瑣瑣末節，而必立之官。以至膳羞酒醴之物，淩人於夏則鑑冰以進，以禦暑惡之氣；六宮六寢之脩，宮人於春冬則掌爐炭之共，以辟寒濕之氣；井匽以流其清泚而泄其汙穢，沐浴以澡雪其精神而悅懌其膚體，苟有以助王之養而全其內外之和者，無所不致其備也。又不獨醢人、鹽人、淩人、宮人為然。內宰之職以陰禮教六宮，以陰禮教九嬪。九嬪則以時御叙於王所，女御則御叙於王之燕寢，苟可以防微而杜漸，戕其真而蠱惑其心志者，無所不致其嚴也。王之所以護養如此，而何疾之可致邪？大抵味以養精者也，穀以養形者也，藥石以治疾者也。養精為本，養形次之，治疾為下。莫貴於王，而至於設官以待其疾，不惟非臣子之心，而亦非所以為奉養之至者也。醫不及王，又何疑乎？若夫萬民則不然，夫自王而下至於公卿大臣，凡有爵而貴者，不幸有風雨霜露、寒暑燥濕之感，則其權力足以致醫，其財賂足以使醫，則亦不待於設官以掌之，惟編戶齊民未有特富者，生生之具雖粗給，而祭祀醫藥必有所不足，力既不足以致醫，而良醫又不屑於治，則夫疾醫以下苟不設焉，民之死於非命者必多也，蓋嘗講衛生之經矣。天有五星，故有五行，以為寒暑，以為陰陽，風雨晦明分為四時，序為五節，淫則為裁，以生寒熱末腹惑心之疾。人有四肢五臟，化為五氣，一覺一寐，吐納往來，流為榮衛，章為氣色，發為聲音，以生喜怒哀樂愛惡欲之情，過則有傷。夫天之寒暑陰陽、風雨晦明既足以傷形，而人之喜怒陰陽運於榮衛之間交通則和，有餘不足則病，今也喜怒之不節，與寒暑之過度者適相值焉，是以其生不固，疾疢交作，寒極為熱，熱極為寒，為癘瘧，為痒疥結，為瘤贅陷，為癰疽，以至不能自有其生於天地之間。當是時也，而不有聖人同萬物之憂，同民吉凶之患，不有良醫探性命之情而順陰陽之理，辨內外之證而明死生之訣，則將誰與哀救之哉？是故疾病疕瘍總之於醫師，而分治之於疾醫、瘍醫。疾醫，掌民之疾病，而以五味、五穀、五藥養其病，以五氣、五聲、五色眡其死生，兩之以九竅之變，參之以九藏之動。瘍醫則掌腫潰金折之瘍，而攻之以五毒，養之以五氣，療之以五藥，節之以五味，以至獸病、獸瘍亦有官以掌之，亦推其有餘以及其分治其事，而各精其業。歲終，則稽其醫而制其食，考其全失而定其上下。國家仁民愛物之意，至是極矣。若曰養王於未疾之前，而治民於已病之後，此非先己而後民也，尊卑之分，貴賤之理，臣子愛君之深意也。雖然周家，亦豈一切治民於已病哉？淩人之官，日在北陸而藏冰，昭公四年夏之十二月也。西陸朝覿而出之，夏之三月也。司爟之官，季春出火，民咸從之，季秋內火，民亦如之。夫出火而藏冰，皆所以助陽而抑陰，納火而求冰，皆所以助陰而抑陽，以是達陰陽之氣而均寒暑之節，是以冬無愆陽，夏無伏陰，春無淒風，秋無苦雨，癘疾不降，民不夭札，而時疾皆可以禦，是亦不必皆待其已然而後治之也。學者講求周家待民之意，則知王之所以不言醫，益無可疑者矣。氣體均和，膚革充盈，無傷生害氣之食，無沉酣燕泆之飲，無滛荒迷惑之好，無風雨露霜、寒暑燥濕之感，百病之源固已醫之於平時暇日也。昔者春秋之世，晉平公有疾，求醫於秦。昭公元年，秦伯使醫和視之，曰：『疾不可為也。』是謂近女室，其疾如蠱，非鬼非食，惑以喪志，良臣將死，天命不佑。夫平公惑女寵以致疾，而醫和歸咎於良臣，何也？不救君之過，不能節王之聲色，彼蓋有所傷而思古也。且不獨此也。知悼子卒未葬，而平公鼓鐘以飲酒，小大之臣為一飲一食，而忘君之疾，太師不詔，褻臣不規，而杜蕢以區區之宰夫，反越刀匕之職而進救益之，戒酣酒嗜音，而内作色荒，是安能無疾邪？西漢以太醫、太官、湯官、導官及庖人皆隸於少府，而統於丞相、御史，是猶有周家之遺意。至東漢，則尚藥、太官、御者雖如舊，而悉用閹人以主之，其意已不謹矣。晉以太官屬光禄，以太醫屬宗正。渡江以後，則太官、太醫悉隸於侍中。而唐則悉隸於侍内者，而大臣無所統率於其間矣。夫大臣無所統，則小臣無所忌。飲食醫藥不相聯，則彼此不得以相察。每思天官冢宰之分職，以膳夫等官列於前，而以食醫一官列於後，此最防微之深意。割烹煎和，一有失宜，則食醫皆得以糾察之。雖曰王不言醫，其醫豈不預邪？蓋至於大臣之政令不行，則飲食酒漿之小官各求以自媚於上，雖宰相無如之何矣，而何太醫、尚藥之足忌也。嗚呼！此周公之思慮所以求深長，而醫師以下五官始有可得而論者。

宋 葉時《禮經會元》卷二《醫官》 天官自宰夫而下第一項是宮官，所以防肘腋之變，而弭之於無形之始。第二項是食官，所以保身體之安，而養之於無事之日。第三項是醫官，所以全性命之正，而藥之於無病之時。三者體統雖殊，而脉絡則一，皆關國本民命之大者。醫師為醫官長，下四官各有所掌，食醫和食，疾醫養疾，瘍醫療瘍，獸醫療獸者，尚疑其冗長，不亦過乎？夫醫不三世，不服其藥，懼不精也；人而無恒，不可為醫，懼不專也。疾醫不使之療瘍，内外之證異也。民醫不使之療獸，民物之職殊也。先王之謹疾重醫如此，惟求其精而專爾，豈暇計其冗且長乎？今觀疾醫之養民疾也，必先辨其為春夏秋冬之疾，然後以五味、五穀、五藥養其病，以五氣、五聲、五色視其死生，兩之以九竅之變，參之以九藏之動，此非精專於内證者能之乎？瘍醫之療民瘍也，必別其有腫潰金折之瘍，然後以五毒攻之，以五氣養之，以五藥療之，以五味節之。又辨其辛、酸、鹹、苦、甘之藥，而為骨筋、脉氣、内竅之養，此非精專於外論者能之乎？至於獸醫則兼疾瘍之療，其病也為難知，則必灌而行之，以節之，以動其氣，然後觀其病之所發而養之。其瘍也為難攻，則必灌而劀之，以發其惡，然後藥之、養之、食之，此非精專於治獸者能之乎？為醫師者，則聚畜毒藥，以共醫官，分疾者而使疾藥治之，分瘍者而使瘍醫治之，歲終則稽其事而制其食，以失全之多寡而分上下，民死則書其所以而入於醫師，獸死則亦計其數而進退之，此又所以稽醫官之能否也，為醫官者有不究心於醫者乎？觀民之疾瘍有醫，有以見先王仁民之心；觀獸之病瘍有醫，有以見先王愛物之仁。然而民物安矣，而王后世子之尊、公卿大夫之貴，而不使醫官共其事，何邪？曰：此當以食醫求之乎？在民與物，治其疾於已然，在君與臣，治其疾於未然。凡人之疾，未有不生於飲食之不謹，故食醫者，安當和王之六食、六飲、膳羞、醬珍之齊，濕熱寒涼之齊，既以時眂之酸苦辛鹹滑甘之和，又以時調之牛羊犬豕鴈魚之食，秫黍稷粱麥瓜之宜，又必取其味之相成而會之，此不特為王和之也。故曰：凡君子之食恒放焉。食醫雖不及藥石之具，而以醫名官，是皆保其安於無事之日，養其正於無病之時，而不待療其病於既形之後也。不然，則醫官何職而必繼之於食官之後，食醫何職而廼居於疾醫之先，豈無意歟？夫既以食官養之於其前，又以食醫和之於其後，疾病何由生也？不惟此爾，醫官而下，酒漿有官，醯醢有官，凌人共冰，籩人共籩，鹽人共鹽，可以佐膳羞而成五味之旨，調飲食而治四時之和者，無所不致其謹，列醫官於其中，而前後皆謹飲食之義，又況宮人、舍人掌次之職，在在有之，不惟致謹於飲食之間，又且致謹於起居之際，尚何有疾之可治邪？觀此不惟養生之法，亦可以知治國之喻。雖然尊且貴者固養之於無疾之前，卑且賤者乃治之於已病之後，先王亦豈一切聽其民至是哉？凌人之藏冰出冰，司爟之出火納火，皆為民也。冬藏冰而春出火，所以助陽而抑陰；秋納火而夏出冰，所以助陰而抑陽。陰陽既均，疾癘不作，是亦養之於未然，而不特療之於已然也。不幸而有風雨霜露之感，民之財勢不足以致良醫，官不使人治之，則將誰治之邪？觀其治疾之術，民之瘍者則養與攻療並施，獸之病瘍則養與療藥並用，如民之疾則内證也，不施攻療，而一意於養，蓋其元氣之眞必待於保全性命之正，必加之存養，此又醫官之良術歟？然周之膳官、醫官皆統於太宰者，蓋太宰與王論道經邦，而燮理陰陽者也。其所以養之於無事而圖之於未然者，功居多矣。昔晉平公惑女寵而致疾，而醫和以為良臣將死，知悼子未葬，平公鼓鍾飲酒，而杜蒯歸咎於太師之不聰，蓋不能救君之過，而忘君之疾，非臣子之責而誰責？人君一起居一飲食之頃，不知致謹皆足以生疾，大臣無所統，則小臣何所忌邪？西漢以太醫、太官、湯官、導官及庖人皆隸於少府，而統於丞相、御史，猶有周官之遺意。至東漢則尚藥太官御者雖如舊，而悉用奄人主之，彼徒知周官酒官籩醢之屬以奄，奚為之不知膳官、醫官則皆上士、中士、下士也。晉以太官屬光祿，以太醫屬宗丞，渡江而後，則皆隸於侍中。至唐則隸之內侍省，不統於大臣，而委之近侍奄豎，其所以防微而杜漸，葆和而毓粹者，尚何望邪？共王醫者，鹵莽如是，況能慮及民乎？吁後之人，有尊君體而重民命，盍亦相與講求周公之意云。

又 卷四《鳥獸》 觀天官獸醫一職，凡獸有病瘍者，為之療養，有以見先王養物之仁。蓋仁者以天地萬物為一體，牛羊犬馬之類，一有不遂其生，皆吾痒疴疾痛也，其可坐視而不恤也哉？不特此爾，地官之辨物生，必求其鱗介羽毛嬴物之得宜，春官之作樂舞，必求其鱗介羽毛嬴物之有所致，籔牧必求其鳥獸之阜，土地必求其鳥獸之蕃，至於奉養有不可闕者，則獸人以時田獸，魚人以時田魚，鼈人以時籍鼈。推是心也，以往則為舜之恩被動植，湯之德及禽獸，禹之鳥獸魚鼈，咸若文王之德及鳥獸昆蟲，皆此心也。然而夏官之屬，掌養猛獸而教擾之，則有服不氏；掌養鳥而阜蕃教養之，則有掌畜；射鳥敺烏鳶，則有射鳥氏；作羅羅烏鳥，則有羅氏；不特養而擾之，又必射而羅之，何邪？秋官之屬，冥氏攻猛獸，庶氏除毒蟲，穴氏攻蟄獸，翨氏攻猛鳥，哲蔟氏以方書去夭鳥，翦氏以榮莽草除蠹物，赤犮氏以灰炭除貍物，蟈氏以牡鞠去鼃黽，壺涿氏以牡橭象齒殺淵神，庭氏以救日月之弓矢射夭鳥，不曰除而去之，則曰攻而殺之，何邪？蓋奉養有節，而不忍暴殄天物者。先王愛物之仁，患害必除，而不使紛擾民居者，先王制物之義。苟有猛摯而不馴，大惡而不利者，此先王刑政之所不容也。是故夏官掌政，而以服不氏等官隸之，以見鳥獸之微，雖非政令之所及，而有惡必去焉，不獨侵負固正賊殺之民而已。秋官掌刑，而以冥氏數官隸之，以見昆蟲之微，雖非刑罰之所加，而有害必除焉，不獨詰姦慝刑暴之民而已。說者則曰：夏為養育之時，故養育者，屬夏官；秋為刑殺之時，故刑殺者，屬秋官。然而射鳥、羅鳥豈皆養育之事乎？秋官、閩隸則掌役養畜鳥而阜蕃教擾之，貉隸則役服不氏養獸而教擾之，是秋官未嘗不養育也，觀此則刑政之說明矣。嘗觀孟子言禹抑洪水而及於驅龍蛇，言周公兼夷狄而及於驅猛獸，且與孔子之作春秋而亂臣賊子懼者並言之，乃知鳥獸之為民害，與洪水、夷狄、亂臣賊子同。周公於百姓既寧之後，明政刑於閒暇之日，安得不為天下無窮之慮哉？周衰而政刑失，先王興利除害之意已不復存，服不氏廢則冬多麋矣，壺涿氏廢則秋有蜚矣，哲蔟氏廢則鸜鵒來巢矣，射鳥氏廢則爰居有祀矣，蓋其刑政不明，是不足以弭民人之害，而況能消鳥獸昆蟲之患邪？漢有一宋均，能去九江之虎，唐有一韓愈，能馴潮陽之鱷魚，則當時以為創見駭聞之事，獨不見禹之驅龍蛇、周公之治猛獸，與周官之攻治鳥獸昆蟲者哉？

宋 魏了翁《古今考》卷三六《王膳飲凡二十四官》 獸醫掌療獸病。

【略】紫陽方氏曰：自膳夫至冪人二十四官，皆王后世子膳飲之事，而醫師、食醫、疾醫、瘍醫、獸醫五官與其間，何也？食醫掌和王之六食、六飲、六膳、百羞、百醬、八珍之齊，凡食齊眡，春時飯宜溫，羹齊眡，夏時羹宜熱，醬齊眡，秋時醬宜涼，飲齊眡，冬時飲宜寒。凡和，春多酸，夏多苦，秋多辛，冬多鹹，調以滑甘。凡會膳食之宜，牛宜稌，羊宜黍，豕宜稷，犬宜粱，鴈宜麥，魚宜苽。凡君子之食當放焉。回謂此醫似非察脈視病用藥之醫，醫師為五醫之長，而食醫屬焉，其和齊必古法有所傳，疾醫、瘍醫亦王左右之所不可少，獸醫則相視王庖所烹宰之禽獸，其有病者去之，如今死馬食者必病也。貴人之家早起日以醫視脈，則王之起居不可一息無醫，望色聽聲，知其病之所在，起居飲食相為用，此五醫所以在。

宋 黃震《黃氏日鈔》卷三〇《讀周禮》 醫師、食醫、疾醫、瘍醫、獸醫，此通古今決不可廢者，古人世其官則精矣。

明 柯尚遷《周禮全經釋原》卷一《天官冢宰第一》 獸醫，下士四人。釋曰：獸，馬牛也。先王愛人及物，獸亦置醫官以治之，何其仁之至也。原曰：醫職固不可廢，而食醫、獸醫皆屬醫師，何也？政必出于一術，必世其守也。食醫調王之飲食，不當兼治萬民之疾病，瘍醫察外證，不當兼內證，獸醫既已治病瘍之獸，又不可以治人，此職之所以不能相兼也。天子調和天地，大臣調和陰陽，醫師調和身體，故凡調和燮理之事，醫師皆掌之。

又卷三《天官下》 獸醫掌療獸病，療獸瘍。凡療獸病，灌而行之，以節之，以動其氣，觀其所發而養之。凡療獸瘍，灌而劀之，以發其惡，然後藥之、養之、食之。凡獸之有病者，有瘍者，使療之，死則計其數以進退之。食，音嗣。釋曰：療獸病者，醫獸內病之症也。療獸瘍者，醫獸外症也。醫人則內外各自為術，醫獸則合為一術，貴人賤物也。獸病，疾之不可見者，獸不能言，則病狀難知，必灌之以藥，使行焉，行之不止，則其病劇，又從而節止之。先動其氣脉，因以觀其病之發而養之，則獸病可療矣，此醫其內者也。瘍結於外而易見，必先灌以藥而攻之，以刮去其膿血，而發其惡，然後藥以療之，養以息之，食以肥之，此療獸瘍之序也，是之謂外症。死則計其多少之數以進退其食，如此則醫者有所憚，而獸之有病者可愈。此聖人及物之仁也。

明 王應電《周禮傳》卷一上 獸醫掌療獸病，療獸瘍。家畜之獸五，羊、犬、豕其疾既少，治之甚易，雖不治，亦無大害。唯牛、馬畜之貴其疾，當有以治之，故有獸毉也。視人為輕，故病、瘍同一毉。凡療獸病，灌而行之，以節之，以動其氣，觀其所發而養之。獸病狀難知者，灌以發散之劑，行之節之，以動其脉氣，然後觀其所發而調養之。凡療獸瘍，灌而劀之，以發其惡，然後藥之、養之、食之。獸瘍已成，形症可辨，灌以攻毒之劑，劀潰其瘍，以發其惡，然後補養之。凡獸之有病者，有瘍者，使療之，死則計其數以進退之。獸毉之療治進退，亦皆毉師掌其政令。毉，仁術也。生民不幸而有疾病，古之神人立為治瀀，專于濟人而已。其酬之者，出于病者之情也。世之毉者非以活人為事，而專以牟利為心，不識其病而妄為營謀，以試藥術。能救之而故為聲價以要利，于同類則排擠之，而唯恐其有功，于勝己者則妬嫉之，而惟幸其瑕釁。如此，則亦奚以毉為？故術日下而心日非，宜夫病者亦不以誠待之也。是故先王立之師以掌之，使衆毉分治民疾，計其功而制其食，使毉者無求于病，則心清而業精，病者不必酬乎毉，則藥之所及廣而活者衆。能者舉之于上，不能者黜之不得行毉，于是毉者務以活人為心，而民無夭札之患。故毉師者總執體要器，使衆毉不自用而使人各盡所長，通乎道者也。食毉者，飲食過則成疾，得瀀亦能治病，特設此職，調和飲食之齊，一則不使其過，治于未病，一則或有不安，節則以食治之，不藥之藥，故在疾毉之先也。疾毉者，大方毉也，經文所載四時之疾，即今傷寒科也。瘍毉者，曰腫瘍潰瘍，外科也，曰刃瘍金鏃科也，曰折瘍接骨科也，曰祝祝由科也。獸毉者，兼于育物也。或疑毉有十三科，而《周禮》所載止此，何也？治古之時，氣化和平，民患疾者少，且古人欲寡，六氣受病為多，今人多欲，七情受病為多。又古者婦人小兒不若今之豢養恣肆，如彼村童野婦，自然無疾，故不設婦人、小兒等科也。況古之毉者，毉道通明，能兼衆瀀，其鍼灸按摩之術，眼目口齒之科，則皆統于大方，故亦不別設。然毉家自有全書，此固不得而詳矣。

清 孫承澤《春明夢餘録》卷五七 古者史官、樂官與夫醫卜之官，皆世掌之，業不兼官，官不二事，懼其不精也。況夫醫不三世，不服其藥，執技以事上者，惟醫為難精，惟疾病為不可不謹。是故食醫之下有疾醫，調飲食者不兼於治病也；疾醫之下有瘍醫，察內證者不兼於外證也；瘍醫之下有獸醫，治禽獸者不兼於治人也。

明 王志長《周禮注疏刪翼》卷一《天官冢宰第一》 獸醫，下士四人。註：獸，牛馬之類。王氏曰：先王愛民以及物，雖物之微，無不治焉，所以為仁之至也。國裳舒氏曰：吳氏謂食醫之文無一字，及醫療事當去其名與職，而取其文合於內饗。俞氏以獸醫屬司空，愚謂《素問》言不治已病，治未病，食醫者正治未病之事。獸醫與醫師以類相從，亦無可疑者。況所謂人無夭札，物無疵癘，尤君相之責，非五官所能盡也。

清 毛奇齡《周禮問》卷二 又謂：古一官而異名者，固不可盡聞，但官名雖異而職並同者，則當去其一，如坍父是司馬，則立司馬官外，未聞又立一圻父官也。今地官有牧人，則不當又有牛人；夏官有校人，則不當又有圉人；春官有鬱人，則不當復有鬯人；天官有獸醫，則夏官不當復有巫馬；如此者，不可更僕。且周官三百六十屬，比之日月星辰之度有成數矣。今通計每不止此數，大約據宋人所辨，天官六十三，地官七十九，春官七十一，夏官七十，秋官六十六，即五官之屬已有三百四十有九，則加以冬官，勢必又增六十，將至四百餘，而謂三百六十，可乎？官名同異，固不可拘。然官職同異，亦不可定。據云牧人、牛人不應兩設，以為統言牧，則牛已在內，可兼官耳，殊不知牧不止牛，令掌祭記之六畜，而牛人則又不止祭祀之牛，有膳牛，燕牛，犒牛，喪牛，軍事任載，牛原不能兼，即有謂六畜，雖繁而芻豢則一，後世並不設公牛一官，尚不患不給，況已設其一，何必自兩則，在周官中原設兩名。《詩》『爾牧來思』，註牧，牧人也。而《國語》有牧協職，又有犧人薦體，則設牧仍設牛人，此非作《周禮》者可私去也。校人亦然。在《周禮》所記，職掌原自不同，吾姑以《孟子》觀之。昔有饋生魚于鄭子產，子產使校人畜之池，則校人又可兼澤魚之畜，不止《檀弓》圉人浴馬，專職馬也。至于鬱人、築鬱、鬯人、釀鬯顯屬兩事，雖《國語》有鬱人薦鬯語，此指祭時兼攝者耳。若巫馬一官，專療馬疾，他不可考，嘗念《論語》有巫馬期一人，則古以官為氏，此必周時有是官而用為氏者，官固不可造，然又敢私去耶？

《授時通考》卷四一《功作》　《周禮》獸醫掌療獸病。凡療獸病，灌而行之，以發其惡，然後藥之、養之。其來尚矣！然牛之病不一，或病草脹，或食雜蟲以致其毒，或爲結脹以閉其便溺，冷熱之異，須識其端，其用藥與人相似也。但大爲之劑以灌之，卽無不愈者，其便溺有血，是傷於熱也，以便血溺血之藥，大其劑灌之，冷結卽鼻乾而不喘，以發散藥投之，熱結卽鼻汗而喘，以解利藥投之。脹卽疏通，毒卽解利，若每能審理以節，適何病之足患哉？今農家不知此說，謂之疫癘，方其病也，薰蒸相染，盡而後已。俗謂之天行，唯以巫祝禱祈爲先，至其無驗，則置之於無可奈何，又已死之肉經過村里，其氣尚能相染也。欲病不相染，勿令與不病者相近，能適時養治，如蘙所說，則無病矣。

清 徐大椿《醫學源流論》卷下《獸醫論》　禽獸之病由於七情者少，由於風寒飲食者多，故治法較之人為猶易。夫禽獸之臟腑經絡雖與人殊，其受天地之血氣不甚相遠，故其用藥亦與人大略相同。但其氣粗血濁，其所飲食非人之飲食，則藥亦當別有主治，不得盡以治人者治之矣，如牛馬之食則當用消草之藥，犬豕之食則當用消糠豆之藥是也。又有專屬之品，如猫宜烏藥，馬宜黄藥之類，而其病亦一。獸有一獸獨患之病，此則另有專方主治，餘則與人大段相同，但必劑大而力厚之方，取效為易，其中又有天運時氣之不同，變化多端，亦必隨症加減，此理亦廣博深奥，與治人之術不相上下，今則醫人之醫尚絶傳，況獸醫乎？

綜述

漢 鄭玄《周禮疏》卷一《天官冢宰第一》　宮正：上士二人，中士四人，下士八人，府二人，史四人，胥四人，徒四十人。正，長也。宮正，主宮中官之長。**【略】**自醫師已下至獸醫，主療疾之事。有生則有疾，故醫次食饌也。**【略】**獸醫下士四人。獸牛馬之類。［疏］注獸牛馬之屬。釋曰：案《爾雅》：在野曰獸，在家曰畜。畜獸異矣。而言獸牛馬者，但此職。云主治牛馬，未必治其野獸，而以牛馬爲獸者，對文則畜獸異，散文通。故《爾雅》又云：兩足而羽謂之禽，四足而毛謂之獸。既不別釋畜，則獸中可以兼牛馬，是其牛馬亦有畜稱，故云獸牛馬也。

又 卷五《天官冢宰下》　醫師，掌醫之政令，聚毒藥以共醫事。**【略】**凡邦之有疾病者，疕瘍者造焉，則使醫分而治之。疕頭瘍，亦謂禿也。身傷曰瘍。分之者，醫各有能。［疏］『凡邦』至『治之』：釋曰：國中有疾病者，謂若疾醫所云者是也。疕瘍者，謂若瘍醫所云者是也。云造焉者，此二者皆來造醫師也。云醫師則使醫分而治之者，疾病者付疾醫，疕瘍者付瘍醫，故云分而治之。下有食醫、獸醫，亦屬醫師，不來造醫師者。食醫主齊和飲食，不須造醫師。獸醫，畜獸之賤，便造獸醫，故亦不須造醫師。**【略】**獸醫，掌療獸病，療獸瘍。畜獸之疾病及瘍瘡同醫。［疏］注『畜獸』至『同醫』：釋曰：此醫唯療家畜，不療野獸。但畜獸義通，今以畜解獸，故當獸連言之也。云畜獸之疾病及瘍療同醫者，以上之人疾與瘍別醫，今此畜病之與瘍同在一醫者，重人賤畜，故略同在一醫也。凡療獸病，灌而行之，以節之，以動其氣，觀其所發，而養之。療畜獸必灌行之者，爲其病狀難知。灌以緩之，且強其氣也。節，趨聚之節也。氣，謂脉氣。既行之，乃以脉視之，以知所病。［疏］『凡療』至『養之』：釋曰：獸必先灌之者，鄭云：爲其病狀難知，故先灌而知。緩之，以其瘦弱，且強其氣力也。凡療獸瘍，灌而劀之，以發其惡，然後藥之、養之、食之。亦先攻之，而後養之。釋曰：亦上瘍醫以五穀養之。養，彼注先刮殺盡乃養之，此亦然，故云亦先攻而後養之也。凡獸之有病者、有瘍者，使療之。死，則計其數以進退之。［疏］『凡獸』至『退之』：釋曰：上醫師云十全爲上者，唯據疾醫與瘍醫，不據獸醫，故此云計其數而進退之。進退，亦謂據功過進退其祿也。

唐 李林甫《唐六典》卷一一《殿中省》　獸醫七十人。《周禮》有獸醫下士，掌療畜獸之疾病。又有巫馬下士二人，醫四人，掌知馬祖、先牧、馬社、馬步之神。養疾馬，以藥攻馬疾也。北齊内廐局有馬醫二人，皇朝置獸醫，掌療左右六閑之馬。**【略】**獸醫掌療馬病。凡馬病，灌而行之，觀其病之所發。療馬病有五勞：一曰筋勞，二曰骨勞，三曰皮勞，四曰氣勞，五曰血勞。久步則生筋勞，久立則生骨勞，久汗不乾則生皮勞，汗未差燥而飼飲之則生氣勞，驅馳無節則生血勞。有傷寒者，有傷熱者，有瘍者，咸據經方以療焉。

唐 白居易《白氏六帖事類集》卷九《獸醫第三十三》　獸醫掌療病及瘍。《周禮》。凡療獸病，灌而行之，以節以動其氣。療獸瘍，灌而刮之，以發其惡，然後養、食之。張里，以馬醫擊鍾。《漢書》。牛醫之子。黄憲。巫馬掌養疾馬而乘治之，相醫而藥，攻馬疾，受財于校人。乘，謂驅步。以發其疾，知病所處，乃治之相助也。

宋 王昭禹《周禮詳解》卷六　獸醫，掌療獸病，療獸。愛人而已，非仁之至也。物之微無不愛焉，然後可以為仁之至。治人而已，非政至也，物之微無不治焉，然後可以為政之至。先王於獸雖有所不仁，而常致其愛，雖苦之為多，而亦有所治，此獸醫之職所以立也。且人之與獸，其賦形稟性雖不同，而其資氣於陰陽則一，故其血氣不和，亦不能無病與瘍。然獸之可醫者，若牛馬之屬，係乎人之所畜養者也。與瘍同醫，賤物故也。凡療獸病，灌而行之，以節之，以動其氣，觀其所發而養之。凡療獸，灌而劀之，以發其惡，然後藥之、養之、食之。食，音似。惟人之能言，則可以知其病之所在，獸不能言，則病狀難知，故必灌之以藥，使行焉，又從而節止之，以是而動作其氣，氣既動作，則脉候可視，因以觀其病之所發而養之，則其病可療矣。瘍則血之所結聚，或腫或潰，猶或為易知，故先灌而攻之，以刮去其膿血，而發其惡，然後可療焉。故發之以藥，養之以佚其體，食之以充其體，此療獸瘍之序也。凡獸之有病者，有瘍者，使療之。死則計其數以進退之。先王雖貴人而賤物，然而療獸瘍者有能否，亦不可以無勸沮之術，故計其生死多寡之數以為之進退焉。醫師言主其醫事以制其食，獸言死則計其數以進退之者，制其食則有進退，進退之，則因制其食矣。人死言終，獸言死，則亦以物之所以死不可察故也。不稽其全失為上下，而計其生死為進退，則以是故也。

宋 易祓《周官總義》卷三 獸醫掌療獸病，療獸瘍。凡療獸病灌而行之，以節之，以動其氣，觀其所發而養之。凡療獸瘍，灌而劀之，以發其惡，然後藥之、養之、食之。凡獸之有病者，有瘍者，使療之，死則計其數以進退之。經言六畜，又言六獸，此所謂獸，則六畜之獸也。六畜所養，或供犧牲，或供膳羞，或以任重致遠，其為用廣矣。此獸醫所以列於疾醫、瘍醫之後。然先王仁民愛物，未嘗無等差存焉。以獸之病為難知，則必灌其藥而使行焉，不過節之、養之而已。以獸之瘍為易見，則必灌以藥，而刮去其惡肉，亦不過藥之、養之、食之而已。其先後詳畧，固見於此，以至人之疾者、瘍者，其醫為一，在人則以十全為上，死終則為次，為下而有懲勸之法，在獸則進退之而已，又所以貴人而賤畜也，其與恩及鳥獸而功不至於百姓者異矣。

宋 魏了翁《鶴山全集》卷一〇六 獸醫掌療獸病，療獸瘍。鄭：畜獸之疾病及瘍療同醫，賈：此醫惟療家畜，不療野獸，但畜獸義通，重人賤畜，故獸病、獸瘍同醫。凡療獸病，灌而行之，以節之，以動其氣，觀其所發而養之。凡療獸瘍，灌而劀之，以發其惡，然後藥之、養之、食之。凡獸之有病者、有瘍者，使療之，死則計其數以進退之。鄭：療畜獸必灌行之者，爲其病狀難知，灌以緩之，且強其氣也。節，趨聚之節。氣，謂脉氣。既行之，乃以脉視之，以知所病，先攻而後養之。荆公言：醫師稽其醫事以制其食，獸醫言死，則計其數而進退之。人言死終，獸言死，則亦以物之所以死不可不察也。《三禮辨》以爲此醫似專爲牛犬之屬有勞於人者設，馬別有醫，見馬丞職『牲用其全無所事乎此。』

宋 王與之《周禮訂義》卷八 獸醫，下士四人。鄭鍔曰：古者服牛乘馬，引重致遠，有賴其力，用其力而不治其疾，則種浸潰以死，何以供用。自漢以來，如張里以馬醫而擊鍾，黄憲乃牛醫之子，則獸醫者豈非為牛馬而設。愚案：人為萬物之靈，君仁民而後愛物，故人之為醫二，獸之為醫一。掌療獸病，療獸。史氏曰：疾與病一也，分言之，則疾淺而病深，俱治之者，貴人也。至於獸醫，則療獸病而已，不問其疾，彼其口不能言，不食水草而鳴之哀，亦先王之所不忍，醫固不可無也。凡療獸病，灌而行之，以節之，以動其氣，觀其所發而養之。凡療獸瘍，灌而劀之，以發其惡，然後藥之、養之、食之。鄭鍔曰：獸與人異類，不可求於言語，痛癢之際，故其病為難知療之之法，則先灌藥劑以行之，行則知其病之所在，然行之不已，則其病浸劇，又當節以止之，蓋先動其脉氣，脉氣不發，無從用藥，因其氣所發動之處，從而養之，則其病可除。若療其瘍，亦灌以藥，既灌則括其惡肉，以發其惡，然後外附以藥，内養其氣，而用芻秣以食之，此療獸瘍之法。凡獸之有病者，有瘍者使療之，死則計其數以進退之。史氏曰：疾醫於人，死則書其所以，而獸醫於獸死則計其數而已，其詳畧不同，皆先人後物之意。所謂計其數而後進退之者，隨其勳效之有無而予奪其食，醫師稽其醫事，以制其食是也。

元 毛應龍《周官集傳》卷三 獸醫掌療獸病，療獸瘍。凡療獸病，灌而行之，以節之，以動其氣，觀其所發而養之。凡療獸瘍，灌而劀之，以發其惡，然後藥之、養之、食之。灌之以藥劑，節之以馳驟，灌以求其病，行以致其遠，動其氣，而視其脉，觀其所發，而養其所偏負慶。鄭曰：陰血周作，張脉僨興，是所發也。凡獸之有病者，有瘍者，使療之，死則計其數以進退之。鄭氏曰：獸之類不一，其當醫者必有用之獸。漢張里以馬醫而學鍾，黄憲乃牛醫子，則獸醫其為牛馬設歟？民之病與瘍則列為二，獸之疾與瘍則一醫而兼療，君子之行仁，固有等差。應龍曰：古者聖人仁民而愛物，又立之獸醫，以弭物之癘，懼其及人也。其政令視人為有等，然欲其生而惡其死一也。

元 陳友仁《周禮集説》卷二 醫師，上士二人，下士四人，府二人，史二人，徒二十人，無胥。食醫，中士二人，已下並無府史胥徒。疾醫，中士八人。瘍醫，下士八人。獸醫，下士四人。醫師，止獸醫士二十八人，府二人，史二人，徒二十人。

又 卷三 醫師，上士二人，下士四人，府二人，史二人，徒二十人。注疏：醫師，衆醫之長，諸醫皆在此者。如食醫和飲食膳羞，故設在飲食之間也。《雜説》或曰：醫師職固不可廢，又有獸醫等五官，皆醫事也，豈不冗官哉？殊不知執技以事上，皆世守也。《記》曰：

醫不三世，不服其藥。古人謹疾如此，而欲以一人兼二三之職，其能精乎？曰：食醫調王之飲食，不當兼治萬民之疾病，瘍醫察外證，不當兼內證，獸醫既已兼治病瘍，不當又治人。《官制》曰：醫師，漢少府，本朝御藥院。獸醫，下士四人。鄭氏曰：獸，牛馬屬。王氏曰：先王愛民以及物，雖物之微，無不治焉，可以為仁之至也。掌療獸病，療獸瘍。凡療獸病，灌而行之，以節之，以動其氣，觀其所發以養之。凡療獸瘍，灌而劀之，以發其惡，然後藥之、養之、食之。凡獸之有病者，有瘍者，使療之，死則計其數以進退之。王氏曰：疾與瘍同醫，賤物也。夫獸不能言，則病狀難知，必灌之以藥，使行焉。又從而節止之，以是而動作其氣，因以觀其病之所發而養之，則其病可療矣。瘍結於外，其狀為易知，故先灌而攻之，以刮去其膿血，而發其惡，然後藥以療之，養以息之，食以肥之。此療獸瘍之序也。劉氏曰：死則計其多少之數以進退其食，故醫者憚乎其退，而獸之病者、瘍者可愈而無不愈矣。

元 何異孫《十一經問對》卷五《周禮》 問：官皆有府史胥徒而有無府史胥徒者何？對曰：食醫、疾醫、瘍醫、獸醫皆無府史胥徒。

宋 朱申《周禮句解》卷二《天官冢宰下》 獸醫，下士四人，掌療獸病，療獸瘍。凡療獸病，灌而行之，以節之，以動其氣，觀其所發而養之。凡療獸瘍，灌而劀之，以發其惡，然後藥之、養之、食之。凡獸之有病者，有瘍者，使療之，死則計其數以進退之。進退，據功過進退其祿也。

明 郝敬《周禮完解》卷二《天官冢宰下》 獸醫，下士四人，掌治牛馬疾瘍。按：食醫以下，四職有官無徒，疑闕。獸醫掌療獸病，療獸瘍。凡療獸病，灌而行之，以節之，以動其氣，觀其所發而養之。凡療獸瘍，灌而劀之，以發其惡，然後藥之、養之、食之。凡獸之有病者，有瘍者，使療之，死則計其數以進退之。灌，灌藥。行，牽使行，節調也。獸病難知，使行動以察其氣脉也。所發，謂病所在養調護也。發其惡，使瘍毒達外，乃以毒藥攻之，而後養之、食之，以保其元氣。療之無功，死則計其多寡之數，以爲獸醫之進退也。

明 王志長《周禮注疏删翼》卷四 獸醫掌療獸病，療獸瘍。註：畜獸之疾病及瘍療同醫。疏：重人賤畜，故獸病、獸瘍同一醫也。凡療獸病，灌而行之，以節之，以動其氣，觀其所發而養之。註：獸之病狀難知，灌以緩之，且强其氣也，節趨聚之節也，氣謂脈氣既行之，乃以脈視之，以知所病。按《集說》王氏云：獸不能言，病狀難知，必灌之以藥，使行焉。又從而節止之，以是而動作其氣，因以觀其病之所發而養之，但未審其病，則所灌者何等藥也？鄭氏註：灌以緩之，義亦未明。凡療獸瘍，灌而劀之，以發其惡，然後藥之、養之、食之。註：亦先攻之，而後養之。凡獸之有病者，有瘍者，使療之，死則計其數以進退之。莊渠魏氏曰：獸瘍未成，則人不知，故無治法，粗工療，人同獸危哉。攷課法嚴，不以治獸而畧。明齋王氏曰：醫，仁術也。是故先王立之師以掌之，使衆醫分治民疾，計其功而制其食，使醫者無求於病，則心清而業精，病者不必酬乎醫，則藥之所及廣而活者衆。能者舉之於上，不能者黜之，不得行醫，於是醫者務以活人為心，而民無夭札之患矣。

清 李光坡《周禮述注》卷一 獸醫，下士四人。註曰：獸，牛馬之類。瘍，音羊，後同。創，音瘡。

又 卷三 獸醫掌療獸病，療獸瘍。疏曰：上之人病與瘍別醫，此獸之疾病及瘍療同醫者，重人賤畜，故畧同在一醫也。凡療獸病，灌而行之，以節之，以動其氣，觀其所發而養之。註曰：療獸必灌行之者，為其病狀難知，灌以緩之，且强其氣也。節，趨驟之節也，氣，謂脈氣既行之，乃以脈視之，以知所病。凡療獸瘍，灌而劀之，以發其惡，然後藥之、養之、食之。註曰：亦先攻之而後養之。食，音嗣。凡獸之有病者，有瘍者，使療之，死則計其數以進退之。

清 李鍾倫《周禮纂訓》卷二 醫師掌醫之政令，聚毒藥以共醫事，凡邦之有疾病者、疕瘍者造焉，則使醫分而治之。注：疕頭，亦謂禿也。身傷曰瘍。分之者，醫各有能。疏：下有食醫、獸醫，亦屬醫師。不來造醫師者，食醫主齊和飲食，不須造醫師。獸醫，掌畜獸之賤，其畜獸便造獸醫，故亦不須造。醫師言疕頭瘍者，案：下瘍醫，不言疕腫，瘍等可以兼之醫，各有能者，疾醫不知瘍，瘍醫不知疾，故分而治之也。

又 獸醫掌療獸病，療獸瘍。注：畜獸之疾病及瘍療同醫。疏：此醫惟療家畜，不療野獸，但畜獸通耳。凡療獸病，灌而行之，以節之，以動其氣，觀其所發而養之。注：療畜獸，必灌行之者，為其病狀難知，灌以緩之，且强其氣也。節，趨聚之節也。氣謂脈氣，既行之，乃以脈眡之，以知所病。訓：灌，謂灌之以藥也。觀其所發，大略亦不外於五氣、五聲、五色、九竅之類。凡療獸瘍，灌而劀之，以發其惡，然後藥之、養之、食之。食，音嗣。注：亦先攻之，而後養之。凡獸之有病者，有瘍者，使療之，死則計其數以進退之。疏：上醫師云十全為上，惟據疾醫、瘍醫，不據獸醫，故此云計其數以進退之。所謂進退其禄也。

清 方苞《周官集注》卷一 獸醫掌療獸病，療獸瘍。畜賤于人，故病與瘍同醫。凡療獸病，灌而行之，以節之，以動其氣，觀其所發而養之。節之，視其驟趨之節也。其氣動于內，則病之形發見于外，然後可以得養之之宜。凡療獸瘍，灌而劀之，以發其惡，然後藥之、養之、食之。既曰灌之，而又曰藥之，以藥傅其外也。獸病則苐以藥灌，瘍而遂養之。凡獸之有病者，有瘍者，使療之，死則計其數以進退之。

清 秦蕙田《五禮通考》卷二一四《嘉禮八十七》 醫師，上士二人，下士四人，府二人，史二人，徒二十人。注：醫師，衆醫之長。食醫，中士二人。注：食有和齊藥之類。疾醫，中士八人。瘍醫，下士八人。注：瘍，創癰也。獸醫，下士四人。注：獸，牛馬之類。黄氏度曰：周冢宰必兼三公，使其燥濕寒暑之不戒，飲食起居之不節，而疾生焉。何以為師保？故食醫之調適飲食為詳，而醫師奉王之事，屬于冢宰。蔡氏德晉曰：醫師，職在調護王躬，其屬以食醫為上，治之于未病也；疾瘍二醫，則治之于己病矣；食醫之法，下及君子，先王之體羣臣也。疾瘍之療，徧及萬民，先王之子庶民也。至獸如牛馬之屬，人所任用者，亦不忍其疾瘍，而設醫治之，先王愛物之仁至矣。疾醫不使療瘍，内外之證異也；民醫不使療獸，人物之類殊也。人則疾瘍分為二職，獸則統于一職，詳于貴而畧于賤也。先王經制之善如此，宜其上下恬熙，民無夭札，物無疵癘，以成大和之治也。

清 蔣載康《周官心解》卷三《天官冢宰第一之三》 獸醫，掌療獸病，療獸瘍。獸醫，治牛馬驢騾諸病者。疏：人病與瘍別醫，獸病及瘍同醫者，重人賤畜。凡療獸病，灌而行之，以節之，以動其氣，觀其所發而養之。凡治病，必審病之發於何藏，以下藥，病乃可愈。而獸之發病則難知矣，故必灌之以發病之藥，而牽之使行，緩行氣不動，則驟行之，驟行或疲乏，則又緩行之，俟脈氣既動，病發何藏，乃一一可審觀而得也。養，隨所發而治，兼表下消補及食養。凡療獸瘍，灌而劀之，以發其惡，然後藥之、養之、食之。灌，灌之，以發藥劑削去外肌肉惡毒也。發其惡，刮去肌肉，令其毒發於外也。藥之，施攻伐之劑。養之，加和補之劑。食之，豐其芻秣。凡獸之有病者，有瘍者，使療之，死則計其數以進退之。死不書，所以異於治人也。進退，增減其祿，醫師之政令也。

清 劉沅《周官恒解》卷一《天官冢宰序官》 獸醫，下士四人。牛、羊、犬、豕之屬，或供上用，馬以載輦，故亦有醫。

又 獸醫掌療獸病，療獸瘍，凡療獸病，灌而行之，以節之，以動其氣，觀其所發而養之。凡療獸瘍，灌而劀之，以發其惡，然後藥之、養之、食之。凡獸之有病者，有瘍者，使療之，死則計其數以進退之。食，音嗣。鄭康成曰：節，趨驟之節。氣，脉氣。灌藥而行之，以疏動其氣，然多行又恐病劇，又當節以止之。其當割者，則劀之以去其毒，然後外附藥，内服藥，以養其氣。又用芻秣以食之。進退，據功過以予奪其祿也。

清 閻鎮珩《六典通考》卷一《設官考》 獸醫，後周有獸醫上士，隋太僕寺屬有獸醫博士，唐獸醫六百人，博士一人。太僕丞判寺事，凡補獸醫生，皆以庶人之子考試其業，成者補為獸醫，業優長者進為博士。遼設醫獸局，官曰都林牙。金有尚廏獸醫六貫石。

又 卷一六三《王政考》 獸醫掌療獸病，療獸瘍，凡療獸病，灌而行之，以節之，以動其氣，觀其所發而養之。療畜獸必灌行之者，為其病狀難知，灌以緩之，且强其氣也。節，趨驟之節也。氣，謂脈氣，既行之，乃以脉視之，以知所病也。凡療獸瘍，灌而劀之，以發其惡，然後藥之、養之、食之。凡獸之有病者，有瘍者，使療之，死則計其數以進退之。

清 孫詒讓《周禮正義》卷一《天官冢宰第一》 獸醫，下士四人。獸，牛馬之屬。疏：「獸醫」者，此官專主醫獸，故以事類附諸醫之後。注云「獸牛馬之屬」者，明此獸爲牲畜之通稱，與獸人及庖人六獸爲野獸，對六畜爲家獸者異。賈疏云：「」案《爾雅》，在野曰獸，在家曰畜，畜獸異矣。而言獸，牛馬者，但此職云「主治牛馬」，未必治其野獸。對文則畜獸異，散文通。故《爾雅》又云：「兩足而羽謂之禽，四足而毛謂之獸。既不別釋畜，則獸中可以兼牛馬，是其牛馬亦有獸稱。」詒讓案：此官亦掌醫馬。《夏官·敘官》：巫馬下士二人，下別有醫四人者，彼馬醫，蓋散醫，故無爵。此獸醫通掌畜獸，故有屬，與彼異也。

又 卷九《天官冢宰下》 凡邦之有疾病者、有疕瘍者造焉，則使醫分而治之。疕，頭瘍，亦謂秃也。身傷曰瘍。分之者，醫各有能。疏：「凡邦之有疾病者有疕瘍者造焉」者，宋本經「疕瘍」上無「有」字，今從《唐石經》及宋小字本。彭元瑞云：「下獸醫凡獸之有病者有瘍者，亦疊有字。」王念孫云：「《太平御覽·疾病部》一引此，亦疊有字。」案：彭、王校是也。司門注云：「造猶至也。」造謂來至醫師所治之官府也。云「則使醫分而治之」者，賈疏云：「疾病者付疾醫，疕瘍者付瘍醫，故云分而治之。下有食醫、獸醫，亦屬醫師，不來造醫師者，食醫主齊和飲食，不須造醫師。獸醫畜獸之賤，便造獸醫，故亦不須造醫師。」注云「疕，頭瘍」者，《說文疒部》云：「疕，頭瘍也。」《左》襄十九年傳云：「荀偃癉疽，生瘍於頭。」蓋疕爲頭創專名，它瘍不得稱疕，而疕得通稱瘍，故鄭、許並云頭瘍。賈疏云：「案下瘍醫腫瘍等不言疕，此特言疕者，腫瘍等可以兼之，故云疕頭瘍，謂頭上有瘡含膿血者。」云「亦謂秃也」者，《一切經音義》引《倉頡篇》云：「疕，瓜秃也。」云「身傷曰瘍」者，若瘍醫四種之瘍是也。《說文疒部》云：「瘍，頭創也。」《廣雅·釋詁》云：「瘍，傷創也。」《内則》云：「頭有創則沐，身有瘍則浴。」《爾雅·釋訓》云：「骭瘍爲微」，則創凡在頭身及四肢者，並謂之瘍。鄭以經瘍疕並言，疕為頭瘍，則瘍直爲身瘍，故據《内則》爲訓，實則疕亦得通稱瘍也。云「分之者醫，各有能」者，賈疏云：「疾醫知疾不知瘍，瘍醫知瘍不知疾，故云醫各有能。」

又 獸醫掌療獸病，療獸瘍。畜獸之疾病及瘍，療同醫。疏：注云「畜獸之疾病及瘍，療同醫』者，賈疏云：『以上之人疾與瘍別醫，今此畜病之與瘍同在一醫者，重人賤畜，故略同在一醫也。此醫唯療家畜，不療野獸。但畜獸義通，今以畜解獸，故畜獸連言之也。』凡療獸病，灌而行之，以節之，以動其氣，觀其所發而養之。療畜獸，必灌行之者，為其病狀難知，灌以緩之，且強其氣也。節，趨聚之節也。氣謂脉氣，既行之，乃以脉視之，以知所病。疏：注云『療畜獸，必灌行之者，為其病狀難知，灌以緩之，且強其氣也』者，《投壺注》云：『灌，猶飲也。』謂先灌藥以緩其病，使不至增劇，可以徐察其狀也。賈疏云：『為其病狀難知，故先灌而和緩之，以其瘦弱，且強其氣力也。』吴廷華云：『灌藥必須行之，卽所謂行藥也。又恐其弱，故又緩以強之。蓋行則氣動，病之所發，惟動乃見，故得觀而養之。』云『節，趨聚之節也』者，《釋文》云：『聚，本亦作驟。』案：聚，卽驟之省。《大司馬》云：『車驟徒趨。』《說文・馬部》云：『驟，馬疾步也。』趨驟之節，謂或緩或急，依節更迭行之，以動其氣也。云『氣謂脉氣者，謂血脉之氣發於外』者，《左》僖十五年傳，慶鄭說小駟云：『亂氣狡憤，陰血周作，張脉憤興，外彊中乾。』所謂脉氣也。云『既行之，乃以脉視之，以知所病』者，謂既適其趨聚之節，而脉氣外發，參諭之，乃知其病之所在也。凡療獸瘍，灌而劀之，以發其惡，然後藥之、養之、食之。亦先攻之，而後養之。疏：『然後藥之、養之、食之』者，藥之卽以瘍醫之祝藥附著之也。注云『亦先攻之，而後養之』者，賈疏云：『亦上瘍醫以五穀養之養。彼注先刮殺盡乃養之，此亦然。』凡獸之有病者、有瘍者，使療之，死則計其數以進退之。疏：凡『獸之有病者、有瘍者，使療之』者，謂醫師使獸醫療之也。云『死則計其數以進退之』者，獸醫之官計也。賈疏云：『上醫師云十全為上者，唯據疾醫與瘍醫，不據獸醫，故此云計其數而進退之。進退亦謂據功過進退其禄也。』詒讓案：此進退卽據醫師進退獸醫下士四人而言，猶司士、稽士任而進退其爵禄也。獸醫之下，亦當有散醫，無員數，則亦當稽其事，而以醫師五等制食之法，進退其食。此經止言進退醫官而不及制散醫之食，醫師則唯言制散醫之食而不及進退醫官之事，皆互文以見義。

傳記

宋 高承《事物紀原》卷七《醫獸》 《續事始》曰：黄帝時，有馬師皇者，善醫馬，通神明。故《周禮》天官有獸醫，夏官有巫馬之職也。

宋 張杲《醫説》卷一《馬師皇》 馬師皇者，黄帝時獸醫也。善知馬形氣生死之診，治之輒愈。後有龍下向之，垂耳，張口，師皇曰：『此龍有病，我能已之也。』乃鍼其脣，及口中以甘草湯飲之而愈。又數數有龍出其陂，造而治之。一旦龍負之而去，不知所之也。

明 王三聘《事物考》卷二《藝術》 醫獸。《續事始》曰：黄帝時有馬師皇者，善醫馬，通神明。故《周禮》天官有獸醫，夏官有巫馬之職。

清 王宏翰《古今醫史》卷一《馬師皇》 馬師皇，黄帝時醫也，善識馬形馬病，生死治之即愈，乃獸醫之祖也。《正誤》按《列仙傳》所載，一龍有病，來求馬師皇之針，得針而愈。後一旦為龍負而去之。説此更誕妄，而龍之辨論已於《黄帝傳》下辨悉明白矣。但《列仙傳》係後人好事者造作，將一二實事為據，演述成部，故其所載之事，世人觀之再喜，其寔虚繆無根，即今世之小説傳技也。後人不核其理，一任信之，致生妄念妄為，若明達真儒同格物理原，無為其所惑也。

藝文

宋 陳起《江湖小集》卷五〇《騮馬行》 憶昔初見騮馬歸，主人愛馬過愛兒。丁寧圉人謹相視，一夜十起芻秣之。長年煮料雜以豆，按時飼馬欲馬肥。爬梳剔抉去疥痒，裂鼻灌藥煩獸醫。膘成十箇料花出，如以膏沐膏其皮。青絲絡頭鞍韉好，鋈金作鐙光陸離。主人愛馬馬戀豆，牽來顧主時驕嘶。口才三齒力方壯，未老保生常乘騎。淮南忽然有馬至，骨骼比此尤雄奇。騧黄鐵脊豹其脚，雲鬃霧鬣風披披。刺頭嚙郄過若電，脱兔犇鹿何由追。主人意却在新馬，衆口共譽無一違。停燈在廄潔水草，恰似騮馬初來時。騮馬在傍意慘淡，雖未見斥頭已垂。嗚呼騮馬勿用悲，自古世事皆如斯。幽王昔日娶申后，既得褒姒后寵衰。楚王宫中棄前魚，紅袖嗚咽流涕洟。人心改變在頃刻，嗚呼騮馬勿用悲。嗚呼騮馬勿用悲，淮南無日無馬來。

趣馬

題解

漢 孔安國《尚書注疏》卷一七 正義曰：《周禮》趣馬爲校人屬官，馬一十二匹立趣馬一人，掌贊正良馬，而齊其飲食，是掌馬之小官也。綴衣是大僕也，虎賁、大僕皆下大夫也。比三公六卿，亦爲小尹之官。雖文止三官，亦包通在下之屬官，三官之下小官多矣。趣馬卽下士，其馬一匹，有圉師一人，是趣馬之下猶有小官也。

宋 施子美《施氏七書講義》卷一五《吴子》 趣馬，以齊其飲食，則所謂適其水草，節其飢飽者。

宋 蘇軾《東坡書傳》卷一六《周書》 虎賁綴衣，趣馬小尹，自此以下皆小臣，或其遠外者。趣馬。掌馬也，小尹，小官之長也。

宋 輔廣《詩童子問》卷一八 趣馬，掌馬之官。

清 方苞《周官集注》卷七《夏官司馬第四》 趣馬，下士，皁一人，徒四人。趣養馬者，《詩》『蹶維趣馬』。

清 段玉裁《説文解字注》卷一〇上 騶，厩禦也。按騶之假借作趣，《周禮》《詩》《周書》之趣馬，《月令》《左傳》謂之騶，一用假借，一用本字也。《周禮》乘馬一師四圉，三乘爲皁，皁一趣馬；三皁爲繫，繫一馭夫；六繫爲厩，厩一仆夫。趣馬掌贊正良馬，而齊其飲食，掌駕說之頒。鄭曰：趣馬，趣養馬者也。按：趣者，疾也。掌疾養馬，故曰騶，其字从芻。馬正，謂養馬也。《左傳》程鄭爲乘馬，禦六騶屬焉，使訓群騶。知禮杜注云：六騶六閑之騶，《月令・季秋》命仆及七騶咸駕，鄭云七騶，謂趣馬主爲諸官駕說者也。《周禮》趣馬統于馭夫，馭夫統于厩之仆夫，故約言之曰厩馭。《漢書》：材官騶發，蘇林讀爲驟，如淳讀爲菆。

清 梁章鉅《稱謂録》卷一九《馬厩官役》 趣馬、廋人、圉師、圉人，《周禮》：夏官趣馬，下士，皁一人；廋人，下士，閑二人；圉師乘一人，圉人良馬匹一人，驚馬麗一人。案：趣馬、廋人，如今之廄長、廄副，而圉師、圉人，則如今之廄丁耳。

又 卷二九《馬》 趣馬。《周禮》夏官趣馬，下士，皁一人，徒一人。注：趣馬，趣養馬者也。

清 陳奐《詩毛氏傳疏》卷一九 《周禮》：趣馬，下士，皁一人，徒四人。鄭司農說以《詩》曰『蹶維趣馬。』《雲漢傳》云『趣馬不秣』，是趣馬主養馬之官也。《書・立政篇》有趣馬。

清 方玉潤《詩經原始》卷一五《大雅》 趣馬，掌馬之官。

清 吴汝綸《尚書故》 趣馬。舊傳趣馬掌馬之官，孔疏趣馬爲校人屬官，馬一十二匹立趣馬一人。

論説

宋 呂祖謙《呂氏家塾讀詩記》卷二〇 趣馬，中士也，掌王馬之政。

孔氏曰：序官趣馬，下士一人，此言中士者，誤也。

宋 黄度《周禮説》卷四 趣馬，皁一人，圉師，乘一人，良馬設員不可兼取，駑馬亦有趣馬，有圉師，而設員不著趣馬，兼取於圉師，八師一趣馬也。圉師兼取於圉人，八麗一師也。至圉人則不可兼取矣，故良駑各著其員。

宋 葉時《禮經會元》卷四 考之校人，天子十二閑，分為左右，三千四百五十六匹，邦國半天子之閑，馬四種，則三良馬居二廄，六百四十八匹，駑馬三之，一種亦六百四十八匹，并千二百九十六匹爾。卿大夫二閑，良馬一百一十六匹，駑馬三之，為六百四十八匹，并為八百六十四匹。故家以實數言，不啻百乘，而侯國千乘，天子萬乘，是合言之。凡此皆言馬乘之數爾。然嘗疑之。成周設官，民馬之政特設馬質一職，王馬之政乃有校人、僕夫、趣馬、巫馬、牧師、廋人、圉師、圉人，何其略於民牧而詳於王牧也？蓋民馬，民自備而自畜之，其畜也，則有司授之，其用也，則有司帥之。王馬則自為牧廄，不有數官分任其責，則孰為之畜牧乎？是故校人總馬政，趣馬正良馬，巫馬養疾馬，牧師、廋人則掌牧閑，圉師、圉人則掌芻養，然後校人春祭馬祖，夏祭先牧，秋祭馬社，冬祭馬步，豈特為王馬祭而不及民馬乎？巫馬與醫合為一官，雖特為王馬設，亦豈聽民馬之自為豐耗而不設巫醫乎？馬質之禁原蠶，廋人之祭馬祖，亦互言之，未必重此而遺彼也。抑嘗因是而觀周人牧馬之職，牧人以中大夫二人為之，趣馬而下，皆上士、中士、下士，先王以士大夫而任牧廄之寄，不幾於太褻乎？吁！不如是，不足以見馬政之重也！天下事須還士大夫為之。趣馬得人，周政以立，『蹶惟趣馬』，詩人刺之，一趣馬之職而必為吉士之是用，豈若後世一付之輿隸皁牧之手乎？大抵馬政非得人則畜牧不蕃，士大夫之心術不良則畜牧不蕃，成周之士大夫皆德行道藝之選，以德行道藝之人而隸師、趣、馭僕之職，吾知其蕃牧之必善矣。不然，衛人美文公騋牝之富，何以曰『秉心塞淵』，魯人頌僖公駉牧之盛，何以歸之曰『思無邪』？信矣！馬政之蕃不可無士大夫心術之良也！

宋 魏了翁《古今考》卷三一 紫陽方氏曰：《周禮》九命之說，上中下士命數無聞。鄭玄注謂王之上士三命，中士二命，下士一命。王三命之上士在外為列國之卿，王二命之中士在外為列國之大夫，再命子男六卿，此一句已可疑。王一命之下士，在外為子男之大夫，至此則尤可疑。六遂里宰每里下士一人，猶掌二十五家，六卿比長掌五家而已。下士一人，則此之下士也，一萬五千人矣。視在外子男之大夫，而所掌以一户管四户，何至受王之一命，此《周禮》所以不可信也。馬官趣馬，下士，皁一人，計趣馬之官一百八十人，所管馬十二匹而已，其禄秩視子男之大夫，而儕於九命之列，謂之一命，受職猶之比長所管共五户，而亦視子男之大夫乎？此《周禮》所以不可信也。李秀嵓論王養良馬、駑馬三千四百五十六匹，其官中大夫二人，上士四人，中士二十有二人，下士二百八十四人，共三百十二人，及總計用六千餘人，以為不可曉者，是也。然謂此下士與庶人在官者同禄，禮秩亦如之，葢其在鄉則其所管止於五家，在軍則所掌止於五人，在廐則所掌止於四騎也。回謂此說似是，而下一句微若趣馬下士，掌馬一十二匹，圉師無官，掌圉人四人，養馬四匹，圉師、圉人、僕三千人，乃庶人之在官者，《周禮》雖不足信，而又難細攷也。

又 三乘為皁，皁一趣馬。趣，七口反。十二疋為一皁，計用趣馬之官一百八十人。三皁為繫，音計。繫一馭夫。三十六疋為一繫，馭夫之官，秀嵓謂為六十人是也。趣馬，下士，皁一人。如此則又當有皁人之職，亦計一百八十人也。馭夫，中士二十人，下士四十人。趣馬之士一百八十人，此已計二百四十人，併皁人為四百二十人。八師一趣馬。八師駑馬一百二十八匹，則設趣馬之官一人也，非也。八趣馬一馭夫。八趣馬計駑馬當為一千二十四匹，設馭夫之官，非也。以筭不合也。不合駑馬三良馬之數也。善夫康成之說曰：駑馬自圉至馭夫，凡馬一千二十四匹，與三良馬之數不相應，八皆疑為六字之誤也。師十二匹，趣馬七十二匹，則馭夫四百三十二匹矣。然後而三之，既三之，回謂此謂三之三字下有脱文，合曰既三之，則為駑馬千二百九十六匹矣。如此，文勢方相接。此下康成云無僕夫者，不駕於五路，皁之也。賈氏謂駑馬又有一馭夫，序官合有六十三馭夫。秀嵓謂序官止計五十二閑，則馭夫六十人耳。

明 王志長《周禮注疏刪翼》卷一七《夏官司馬第四》 趣馬，下士，皁一人，徒四人。註：趣馬，趣養馬者也。《詩》云『蹶維趣馬』。《雜說》：趣馬、膳夫、虎賁、綴衣，皆賤有司也。而《詩》《書》乃與師氏並言，何也？人主之治，非其廟庭聽决之為難，而深居燕坐之為患，非其公卿大夫夾輔之為難，其侍御僕從順適其意之為易惰也。人主之心唯平時為易縱，人臣之言唯卑者為易入，於其所易縱之時，而擇易入之臣，朝夕於其間，則可以養成君德矣。

清 萬斯大《周官辨非》 校人，掌王馬之政，辨六馬之屬，種馬一物，戎馬一物，齊馬一物，道馬一物，田馬一物，駑馬一物。凡頒良馬而養乘之。乘馬一師四圉，三乘為皁，皁一趣馬；三皁為繫，繫一馭夫；六繫為廐，廐一僕夫；六廐成校，校有左右。駑馬三良馬之數。麗馬一圉，八麗一師，八師一趣馬，八趣馬一馭夫。天子十有二閑，馬六種；邦國六閑，馬四種；家四閑，馬二種。鄭注：八皆當作六。按：天子十二閑，凡良馬二千一百六十匹，駑馬一千二百九十六匹，合之為三千四百五十六匹。其主馬之官，有校人，有僕夫，有馭夫，有趣馬，有巫馬，有牧師，有廋人。養馬之役，有圉師，有圉人。計主馬之官，中大夫二，上士十六，中士二十，下士二百七十五。養馬之役，圉師六百四十八，圉人二千八百八，府五，史十二，胥十二，徒二千一百六十二，醫四，賈二，通計大夫士為三百一十三人，府、史、胥、徒、醫、賈、圉師、圉人為五千六百五十三人，是人之數幾倍於馬之數。嗚呼！此即孟子所謂庖有肥肉，廐有肥馬，民有飢色，野有餓莩之世，恐不至是。又邦國六閑，馬四種，為二千五百九十二匹，家四閑，馬二種，為一千七百二十八匹，天子畿内大都、、小都采邑凡為方百里者八十四，分之公卿、大夫、王子弟者且數十百家，使盡如其數以備之，其馬不知幾何，其官役更不知幾何矣。又巫馬職掌養疾馬，馬死，則使其賈粥之，君子以為傷國體。

清 吕飛鵬《周禮補注》卷四《夏官司馬》 趣馬，下士，注鄭司農說以《詩》曰『蹶維趣馬』。案：《詩箋》云：趣馬，中士也，掌王馬之政。此云下士，疑鄭箋有誤。

綜述

漢 鄭玄《周禮疏》卷三三 趣馬掌贊正良馬，而齊其飲食，簡其六節。贊，佐也。佐正者，謂校人臧仆講馭大之時。簡，差也。節猶量也。差擇王馬以為六等。疏：注『贊佐」至「六等」，釋曰：鄭云「佐正者，校人臧仆講馭夫之時」者，以其校人是養馬官之長，校人既有此諸事，而云佐正，明佐此二者可知。云差擇王馬六等，即上種、戎、齊、道、田、駑是也。掌駕說之頒，用馬之第次。說，始銳反。疏：注「用馬之第次」，釋曰：凡用馬當均勞逸，故駕說須依次第，即頒是第次之序，故知是用馬之第次也。辨四時之居治，以聽馭夫。居謂牧庌所處。治謂執駒攻特之屬。治，直吏反，注同。庌，音雅，后同。疏：注「居謂」至「之屬」，釋曰：云「辨四時之居治」者，謂二月已前，八月已后在廄，二月已后，八月已前在牧，故云四時也。云「牧庌」者，放牧之處皆有庌廡以蔭馬也。以趣馬下士，屬馭夫中士，故云聽馭夫。知治是「執駒攻特」者，以是校人之事，趣馬當佐之，明是此二事也。

又卷二八　趣馬，下士，皂一人，徒四人。趣馬，趣養馬者也。鄭司農說以《詩》曰「蹶維趣馬」。趣，七口反，劉清須反，注同。皂，才早反。趣養，清須反，又七口反，一音七句反。蹶，居衛反。：疏：注「趣馬」至「趣馬」，釋曰：在此者，按其職云「掌正良馬而齊其飲食」，是以鄭云「趣馬趣養馬者」，故在此也。先鄭說以《詩》云「蹶惟趣馬」者，彼《詩》是刺幽王之詩，其詩臣名蹶，惟作趣馬之官，權寵之例，引以證趣馬是官名也。

又卷三三　校人，掌王馬之政【略】凡頒良馬而養乘之。乘馬一師四圉。三乘為皂，皂一趣馬。三皂為系，系一馭夫。六系為廄，廄一仆夫。六廄成校，校有左右。駑馬三良馬之數，麗馬一圉，八麗一師，八師一趣馬，八趣馬一馭夫。良，善也。善馬，五路之馬。鄭司農云：『四疋為乘。養馬為圉，故《春秋傳》曰「馬有圉，牛有牧」。』玄謂二耦為乘。師、趣馬、馭夫、仆夫，帥之名也。趣馬下士，馭夫中士，則仆夫上士也。自乘至廄，其數三百一十六匹。《易》「《乾》為馬」，此應《乾》之筴也。至校變為言成者，明六馬為一廄，而王馬小備也。校有左右，則良馬一種者，四百三十二匹，五種合二千一百六十匹。駑馬三之，則為千二百九十六匹。五良一駑，凡三千四百五十六匹，然后王馬大備。《詩》云「騋牝三千」，此謂王馬之大數與？麗，耦也。駑馬自圉至馭夫，凡馬千二十四匹，與三良馬之數不相應，「八」皆宜為「六」，字之誤也。師十二匹，趣馬七十二匹，則馭夫四百三十二匹矣，然后而三之。既三之，無仆夫者，不駕於五路，卑之也。乘，繩證反，注及下注「乘匹」同。圉，魚呂反。皂，才早反。趣，倉走反，劉、沈清須反，下同。系，音計，本亦作轂。廄，九又反。應，應對之應。筴，初革反。騋，音來。牝，頻忍反，劉又扶忍反。數與，音餘，下禮與皆同。疏：「凡頒」至「馭夫」，釋曰：言「頒良馬」，對下別言駑馬，養馬有多少不同，故別言良馬也。言養乘之者已下，皆四四為耦，是因養馬乘習之。注「良善」至「之也」，釋曰：云「善馬，五路之馬」者，據上文而言之也。「《春秋傳》曰」者，昭七年，楚芋尹無宇執人於王宮，言「馬有圉，牛有牧」，引之，證養馬為圉也。玄謂「師、趣馬、馭夫、仆夫，帥之名也」者，皆以寡領眾，故知主帥之名也。云「趣馬下士，馭夫中士，則仆夫上士也」，《序官》有趣馬下士，皂一人，徒四人，馭夫中士，二十人無，仆夫士數之文。以此文官尊者管卑者，馭夫既中士，明仆夫上士可知。云「自乘至廄，其數三百一十六匹。《易》「《乾》為馬」，此應《乾》之筴也」者，按《易》，天一生水北方，地二生火南方，天三生木東方，地四生金西方，天五生土中央，是謂陽無匹，陰無耦。又地六成水北方，天七成火南方，地八成木東方，天九成金西方，地十成土中央，是謂陽有匹，陰有耦。龜取生數一、二、三、四、五，蓍取成數六、七、八、九、十。若然，東方、南方，生長之方，故七為少陽，八為少陰。西方、北方，成熟之方，故九為老陽，六為老陰。不取十者，中央配四方故也。是以《易》之六爻，卦畫七八，爻稱九六。七八九六既配四方，故九六皆以四乘之。《乾》之六爻，以四乘九，四九三十六，六爻故二百二十六，是為《乾》之筴也。云「校有左右，則良馬一種者，四百三十二匹」者，經云「六廄成校」，據一廂言之，王馬小備。下云校有左右，則十二廄為十二閑，若據一廂，一廄為二百一十六匹。據兩廂，倍之，故四百三十二匹。種別四百三十二匹，五種計之，自然總合二千一百六十匹。又蓋駑馬三良馬之數，三個四百三十二，則得千二百九十六匹。五良一駑，總計自然凡三千四百五十六匹。對前小備，故云然后王馬大備也。《詩》云「騋牝三千」，此衛文公滅而復興，徙而能盛，計諸侯止合六閑馬，其三千是王馬之數。雖非禮制，國人美之，故鄭云王馬之大數。言大數者，不言四百五十六故也。言「與」者，約同王馬之數，故言與以疑之也。云「駑馬自圉至馭夫，凡馬千二十四匹，與三良馬之數不相應」者，依經「八」計之，得此千二十四匹。其三良馬有千二百九十六匹，故言不相當。若作六計，得千二百九十六匹，與三良馬數合，故破從六也。按此經，乘馬一師四圉，三乘為皂，皂一趣馬，三皂為系，系一馭夫。按《序官》云：「趣馬下士，皂一人，徒四十人」，即此。以云皂一趣馬，合自師至馭夫，中士二十人，下士四十人，并之六十，正充此良馬之馭夫。又不見駑之馭夫者，或脫也。

《周禮》卷八　校人，掌王馬之政。【略】凡頒良馬而養乘之。乘馬一師四圉，三乘爲皁，皁一趣馬；三皁爲繫，繫一馭夫；六繫爲廄，廄一僕夫；六廄成校，校有左右。駑馬三良馬之數。麗馬一圉，八麗一師，八師一趣馬，八趣馬一馭夫。良，善也。善馬，五路之馬。鄭司農云：四匹爲乘，養馬爲圉。故《春秋傳》曰：馬有圉，牛有牧。玄謂二耦爲乘，師、趣馬、馭夫、僕夫，帥之名也。趣馬下士，御夫中士，則僕夫上士也。自乘至廄，其數二百一十六匹，《易》乾爲馬，此應乾之筴也。至校變爲言成者，明六馬各一廄，而王馬小備也。校有左右，則良馬一種者四百三十二匹，五種合二千一百六十匹，駑馬三之，則爲千二百九十六匹，五良一駑凡三千四百五十六匹，然後王馬大備。《詩》云「騋牝三千」，此謂王馬之大數與？麗，耦也。駑馬自圉至馭夫，凡馬千二十四匹，與三良馬之數不相應，八皆宜爲六字之誤也。師十二匹，趣馬七十二匹，則馭夫四百三十二匹矣。然後而三之，既三之，無僕夫者不駕於五路，卑之也。八，皆音六。筴，初革反。與，音餘。【略】趣馬，掌贊正良馬，而齊其飲食，簡其六節。贊，佐也。佐正者，謂校人臧僕講馭夫之時。簡，差也。節，猶量也。差擇王馬以爲六等。掌駕之頒，用馬之第次。始銳反。辨四時之居治，以聽馭夫。居謂牧庌所處，治謂執駒攻特之屬。庌，音雅，後同。

《通典》卷七八《軍三》　周制，夏官校人掌王馬之政。【略】凡頒良馬而養乘之。乘馬一師四圉，三乘為皁，皁一趣馬；三皁為繫，繫一馭夫；六繫為廄，廄一僕夫；六廄成校，校有左右。駑馬三良馬之數。麗馬一圉，八麗一師，八師一趣馬，八趣馬一馭夫。良，善也。善馬，五輅之馬。趣馬、馭夫、僕夫，帥之名也。趣馬下士，馭夫中士，則僕夫上士也。自乘至廄，其數二百一十六匹。易乾為馬，此應乾之策也。至校變為言成者，明六馬各一廄而王馬小備也。校有左右，則良馬一種者，四百三十二匹，五種合二千一百六十匹。駑馬三之，則為千二百九十六匹。五良一駑，凡三千四百五十六匹，然後王馬大備。詩云「騋牝三千」，此謂王馬之大數歟？麗，耦也。駑馬自圉至馭夫，凡馬千二十四匹，與三良馬之數不相應，「八」皆宜為「六」，字之誤也。師十二匹，趣馬七十二匹，則馭夫四百三十二匹矣。趣音倉走反。趣馬掌贊正良馬，而齊其飲食，簡其六節。贊，佐也。簡，差也。節，量也。差擇王馬以為六等。

《太平御覽》卷八九三《獸部五》　夏官下曰：趣馬，掌贊正良馬，而齊其飲食，簡其六節。贊，佐也。佐正者，謂校人臧僕講馭夫之時。簡，差也。節，猶量也。差擇王馬以爲六等。掌駕説之頒，用馬之第次。辨四時之居治，之聽馭夫。居謂牧庌所處，治謂執駒攻轉之屬。

宋　王昭禹《周禮詳解》卷二九　趣馬，掌贊正良馬，而齊其飲食，簡其六節。掌駕説之頒。辨四時之居治，以聽馭夫。説，始銳反。治，直吏反。掌贊正良馬者，贊校人。校人，掌王馬之政，頒良馬而養乘之，則有所正矣。趣馬則贊之而已。齊其飲食，所以養之使無饑渴害之也。簡其六節，所以閑之分二十六種之等也。《詩》曰『比物四驪，閑之維則』，『四牡脩廣，其大有顒』，以其養而閑之如此。掌駕説之頒者，駕以行説以止，有勞使之節，故以叙而頒之也。辨四時之居治者，居謂牧庌所處之宜也，治謂執駒攻特之屬也。以聽馭夫，維馭夫之所役也。

宋　王與之《周禮訂義》卷五五　趣馬，下士，皁一人，徒四人。鄭鍔曰：趣馬以下士為之。馬十二匹為皁，每皁一趣馬，而爵之卑則下士，其職之微則養馬而已。周公作立政以戒成王，與任人、準人、牧夫偕言之。大夫之刺幽王，與司徒、卿士、師氏、內史連言之，其微如此，而所係反重，以其近王故也。李嘉會曰：自趣馬而下至圉人，不曰下士，止曰人數，皆官長所除，然必特置官名，何也？盖不可以胥徒為之，懼其太卑，亦不以命士為之，懼其太褻，特立官名，使其上自辟除之職有所統矣。掌贊正良馬，而齊其飲食，簡其六節。鄭康成曰：贊，佐也。佐正者，謂校人臧僕講馭夫之時。鄭鍔曰：良馬所以駕玉路，然駕玉路之種馬不可以駕田戎之車，駕田戎者不可以為齊道之用，校人雖辨之，猶恐其不正，趣馬又贊而正之。項氏曰：贊正者，贊校人之政。駕路雖不同，而飲食不可不齊，或摧之，或秣之，摧之所以養之也。劉執中曰：養之使無飢渴害之也。鄭康成曰：簡，差也。節，猶量也。差擇王馬以為六等。王昭禹曰：所以閑之分十二閑，六種之等也。《詩》曰『比物四驪，閑之維』，『四牡脩廣，其大有顒』，以養而閑之如此。劉執中曰：『目以知其瞻之不驚，口以知其性之不悖，耳以知其力之不殫，鬣以知其血之有餘，毛以知其氣之不暴，蹄以知其行之不跲。六者，簡馬之大節也。節同，然後信為良馬。』掌駕説之頒。王昭禹曰：駕以行説以止，有勞佚之節。鄭鍔曰：使久勞者必佚，久息者必行，故以敘而頒之。劉執中曰：馬雖良而駕御，御不得其方，或奔踶者，非其性然也，故頒其説于三圉師、十二圉人焉，所以養成其材也。辨四時之居治，以聽馭夫。鄭康成曰：居謂牧庌所處。賈氏曰：牧庌者，放牧之處皆有庌廄以蔭馬。二月以前、八月以後在廄，二月以後、八月以前在牧，故云四時。鄭鍔曰：四時所居，自日中而入之後所居者，閑廄，日中而出之後所居者，牧庌。執駒攻特之事，則春夏治之；臧僕獻馬之事，則秋冬治之，皆不可以不辨。王昭禹曰：以聽馭夫，惟馭夫之所役也。

《文獻通考》卷一五九《兵考十一》　趣馬，掌贊正良馬，而齊其飲食，簡其六節。贊，佐也。佐正者，謂校人臧僕講馭夫之時。簡，差也。節，猶量也。差擇王馬以爲六等。掌駕説之頒，用馬之次第。辨四時之居治，以聽馭夫。居謂牧庌所處，治謂執駒攻特之屬。

元　梁益《詩傳旁通》卷八《小雅》　趣馬。夏官屬，掌贊正良馬，而齊其飲食，簡其六節。注云：簡，差也，差擇其馬以為六等。

明　潘游龍《康濟譜》卷二五下《馬政》　趣馬掌贊正良馬，而齊其飲食，簡其六節。謂差擇良馬以為六等也。掌駕説之頒。駕之行説以止，有勞逸之節，故叙而頒之也。辨四時之居治，以聽馭夫。居謂牧庌所處之宜，治謂執駒攻特之屬。

宋　朱申《周禮句解》卷八　趣馬下士皁一人徒四人。趣養馬者趣蒼走反。掌贊正良馬贊助校人而止良馬之弗良者。而齊其飲食，所以養之使無飢渴之害。簡其六節，所以閑之以辨六馬之等。掌駕説之頒。駕以行説以止有勞逸之節故叙而頒之説稅。辨四時之居，治居謂牧廐所處之宜治謂執駒攻特之屬治直吏反。以聽馭夫。惟馭夫之所役。

明 王應電《周禮傳》卷四下 趣馬，掌贊正良馬。良馬，以駕五路者。校人主頒而養乘之。趣馬所治，止于三乘，知之為詳，故掌贊而正其等，不使間雜不齊。而齊其飲食，簡其六節。掌駕說之頒。說，脱、稅二音。馬之才雖同，然使其飲食起居勞逸之不一，教導之無瀍，則同者變而異矣。齊其飲食者，使其飢飽之均也。簡其六節者，凡馬驅之而晉，旋之而反，此進退之節；提之而走，控之而止，此行止之節；驟之而趨，馳之而奔，此馳驟之節；簡者篤策之使合節，此教導之瀍也。舊說以為即前種、戎、齊、道、田、駑六者，此乃六物，豈得為六節？且此專指贊正良馬，安得以駑馬雜之乎？駕說之頒者，一駕則一脱，使其勞逸之均如此，然後能使馬之疾走而相合，故以趣馬名也。辨四時之居治以聽馭夫。二月後陽在外，則在牧而有庌；八月後陽在中，則在廐而有閑。所謂居也，春執駒，夏攻特，冬獻馬，及夫阜馬、佚特、教駣；所謂治也，使馬常閑習安康以待。唯馭夫所役使。

明 柯尚遷《周禮全經釋原》卷一〇《夏官下》 趣馬掌贊正良馬，而齊其飲食，簡其六節，掌駕說之頒。辨四時之居治，以聽馭夫。說，始鋭反。治，直吏反。釋曰：馬三乘爲皁，而下士一人爲之。趣馬、校人既物而乘之，以爲良矣。又從而贊正，其有弗良也。將駕五路，謹擇之至矣。齊其飲食，欲其力之均也。簡，差也。節，猶量也。差擇王馬以爲六等，駕以行說以止，有勞逸之節，故以叙而頒之也。居謂牧廐所處之宜，治謂執駒攻特之屬。以聽馭夫，則惟馭夫之所役使也。

明 王鳴鶴《登壇必究》卷一八 趣馬趣養馬者。掌贊正良馬，而齊其飲食，簡其六節。掌駕說音稅。之頒，辨四時之居治，以聽馭夫。吳澂曰：簡其六節，謂差擇良馬以爲六等也。駕以行，說以止，有勞逸之節，故叙而頒之也。居謂牧庌所處之宜，治謂執駒攻特之屬。邱文莊曰：此可見古人養馬適飢渴之宜，順勞逸之節，辨寒温之時。先儒謂辨四時之居者，二月之後盛陽處外，則在牧而有庌；八月之後陽在地中，則在廐而有閑也。

明 郝敬《周禮完解》卷八 趣馬，下士，皁一人，徒四人。趣促通，督促。養馬者，馬十二匹爲一皁，十二閑共良馬二千五百九十二匹，爲趣馬二百一十六人，徒八百六十六人，而駑馬三良馬之數，不與焉。趣馬掌贊正良馬，而齊其飲食，簡其六節。掌駕說稅之頒。辨四時之居治，以聽馭夫。良馬駕五路，校人既物而乘之皆良矣。趣馬從而正其等，不使閒雜，調養適宜也。簡六等之馬，節其飢渴勞逸，或駕以行，或稅以止，均其敘而頒之。暑則出居于庌，寒則入居于廄。《春秋傳》云：日中而出，日中而入。治，治其居也。以聽于馭夫，趣馬，馭夫之屬。

明 王志長《周禮注疏刪翼》卷二一 凡頒良馬而養乘之，乘馬一師四圉，三乘為皁，皁一趣馬；三皁為繫，繫一馭夫；六繫為廐，廐一僕夫；六廐成校，校有左右。駑馬三良馬之數。麗馬一圉，八麗一師，八師一趣馬，八趣馬一駁夫。註：良，善也。善馬，五路之馬。鄭司農云：四匹為乘，養馬為圉，故《春秋傳》曰『馬有圉，牛有牧』。麗，謂二耦為乘，師、趣馬、馭夫、僕夫，帥之名也。趣馬下士，馭夫中士，則僕夫上士也。疏：按馭夫中士二十人，下士四十人，正充此良馬之馭夫。王氏曰：圉人良馬匹一人，故乘馬四圉，圉師教圉人養馬，乘馬則一人，故乘馬一師也。三乘為皁，則馬十二匹，趣馬皁下士一人，故皁一趣馬也。三皁為繫，繫凡三十六匹，繫一馭夫也。王先生曰：玉路之僕曰大馭，金路之僕曰齊僕，象路之僕曰道僕，木路田僕，革路戎僕，總而言之，皆僕夫也。

又 趣馬掌贊正良馬，而齊其飲食，簡其六節。註：贊，佐也。佐正者，謂校人臧僕講馭夫之時。簡，差也。節，猶量也。差擇王馬以為六等。疏：六等即上種、戎、齊、道、田、駑六種是也。劉氏曰：三乘為皁，而下士一人為之，趣馬、校人既物而乘之，以為良矣。又從而贊正，其有弗良也，將戒五路謹擇之至矣。齊其飲食，欲其力之均也。掌駕說之頒。註：用馬之次第。疏：用馬當均勞逸，故駕說須依次第。明齋王氏曰：良馬以駕五路者，趣馬所治止於三乘，知之為詳，故掌贊而正其等，不使間雜不齊。六節，謂行止進退馳驟之節。舊說以為種、戎、齊、道、田、駑，此乃六物，豈得為六節？且此專指贊正良馬，安得以駑馬雜之。辨四時之居治，以聽馭夫。註：居謂牧庌所處，治謂執駒攻特之屬。劉氏曰：辨四時之居治者，二月之後，盛陽處外，則在牧而有庌；八月之後，陽在地中，則廄而有閑也。王氏曰：以聽馭夫，則惟馭夫之所役使也。

清 李光坡《周禮述注》卷一七 趣馬，下士，皁一人，徒四人。註曰：趣馬，趣養者也。鄭司農說以《詩》曰『蹶維趣馬』。

又卷一九 趣馬，掌贊正良馬，而齊其飲食，簡其六節。註曰：贊，佐也。佐正者，謂校人臧僕講馭夫之時。簡，差也。節，猶量也。差擇王馬以為六等。掌駕說之頒。註曰：用馬之次第。疏曰：凡用馬當均勞逸，故駕說須依次第。說，音稅。辨四時之居治，以聽馭夫。註曰：居謂收庌所處，治謂執駒攻特之屬。疏曰：馬二月已前、八月已後在廄，二月已後、八月已前在牧，故云四時也。趣馬下士，屬馭夫中士，故云聽馭夫。庌，音雅，後同。

清 李鍾倫《周禮纂訓》卷一八 校人，掌王馬之政。【略】凡頒良馬而養乘之。乘馬一師四圉，三乘為皁，皁一趣馬；三皁為繫，繫一馭夫；六繫為廄，廄一僕夫；六廄成校，校有左右。駑馬三良馬之數。麗馬一圉，八麗一師，八師一趣馬，八趣焉一馭夫。乘，繩證反。圉，魚吕反。皁，才早反。趣，倉走反。劉沇，清須反。下同。廄，音救，居又切。注：良馬，五路之馬。四匹為乘，師、趣馬、馭夫、僕夫，帥之名也。趣馬下士，馭夫中士，則僕夫上士也。自乘至廄，其數二百一十六匹，《易》乾為馬，此應乾之筴也。至校變為言成者，明六馬各一廄，而王馬小備也。校有左右，則良馬一種者四百三十二匹，五種合二千一百六十四匹，駑馬三之，則為千二百九十六匹，五良一駑，凡三千四百五十六匹，然後王馬大備。麗，耦也。駑馬自圉至馭夫，凡馬千二十四匹，與三良馬之數不相應，八皆宜為六字之誤也。師十二匹，趣馬七十二匹，則馭夫四百三十二匹矣。然後而三之，既三之，無僕夫者，不駕於五路，卑之也。疏：按序官，無僕夫，故鄭以趣馬、馭夫尊卑次之，知僕夫上士也。又按序官，自師至馭夫中士二十人，下士四十人，并之六十，正充此良馬之馭夫，又不見駑之馭夫者，或脱也。訓：按僕夫，即五路之僕，良馬五廄，重左右為十，故序官三路僕皆二人，道、田二路並十二人者，二路常乘事多，或使之更代與？

又 趣馬掌贊正良馬，而齊其飲食，簡其六節。注：贊，佐也。佐正者，謂校人臧僕講馭夫之時。簡，差也。節，猶量也。差擇王馬以為六等。掌駕説之頒。説，音税。注：用馬之第次。疏：用馬當均勞逸，故駕説須依次第。辨四時之居治，以聽馭夫。治，直吏反。注：居謂牧庌所處，治謂執駒攻特之屬。疏：辨四時之居治者，謂二月已前、八月以後在廄，二月已後、八月已前在牧。云牧庌者，放牧之處皆有庌廡，以蔭馬也。庌，音雅，五下切。

清 方苞《周官集注》卷八 趣馬掌贊正良馬，而齊其飲食，簡其六節。正，質而定之也。校人辨六馬之屬，而趣馬則佐而質定之。簡，差也。節，猶量也。差擇王馬以為六等。劉執中曰：目以知其瞻之不驚，口以知其性之不悖，耳以知其力之不殫，鬣以知其血之有餘，毛以知其氣之不暴，蹄以知其行之不跲。六者，簡馬之大節也。王明齋曰：六節，謂行止進退馳驟之節。鄭剛中曰：趣馬，下士，而周公作立政與任人、準夫牧並舉，《詩》刺幽王與司徒卿士連言之，其職微而所係則重，近王故也。掌駕説之頒，辨四時之居治，以聽馭夫。頒其駕説之次第，所以均勞逸也。馬八月以後在廄，二月以後在牧。其治，則執駒、攻特、獻馬各有時。以聽馭夫，惟馭夫之所役也。

清 方苞《周官析疑》卷三〇 校人。凡頒良馬而養乘之。乘馬一師四圉，三乘爲皁，皁一趣馬；三皁爲繫，繫一馭夫；六繫為廄，廄一僕夫；六廄成校，校有左右。駑馬三良馬之數。麗馬一圉，八麗一師，八帥一趣馬，八趣馬一馭夫。養之事，如良馬師圉校多芻秣異等之類；乘之事，如齊道戎田德力毛足各有所宜之類。注：謂趣馬下士，馭夫中士，則僕夫上士，疏以序官有馭夫、趣馬、圉師，而無僕夫，因疑校人所屬別有僕夫，而文闕。後儒又謂卽五路之僕，似俱未安。大馭、戎僕各二人，皆中大夫，與小宰、小司馬爵同，即齊僕下大夫二人，亦不宜下兼廄馬。以事理推之，道僕、田僕上士皆十有二人，更番代御，無事之日多，故左右二校各以六人兼攝，與天官内司服縫人職之女御即取諸御叙於王之燕寢者畧同。經不特文以見其爲道僕、田僕何也？序官馭夫與二僕相次而列於校人之前，則僕夫即道僕，田僕亦可見矣。蓋有事則道僕，田僕御王車，馭夫御貳車，無事則分掌廄、繫，其職同也。若趣馬則專掌芻養之節，故列校人之後，而爲官中之屬。【略】趣馬，掌贊正良馬。同曰良馬，而其性質血氣於五路各有所宜，用非其宜，則當正之。趣馬朝夕拊馴，知之審矣。故校人辨六馬，必使贊正焉，所以下無匿情，事無遺便也。

清 顧棟高《毛詩類釋》卷七《釋官職》 趣馬。箋：趣馬，掌王馬之政。《周禮》：夏官趣馬，下士一人。

清 秦蕙田《五禮通考》卷二〇五《嘉禮八十八》 趣馬，下士，皁一人，徒四人。注：趣馬，趣養馬者也。鄭司農説：以《詩》曰『蹶維趣馬』。鄭氏鍔曰：趣馬以下士為之，其職則養馬而已。周公立政，以戒成王，與任人、準人、牧夫偕言之。大夫之刺幽王，與司徒、卿士、師氏、内史連言之，其微如此，而所係反重，以其近王故也。【略】蕙田案：校人以中大夫為之，即後世太僕卿之職，趣馬以下則其屬也。《周官》太僕主正王服位，出入王之大命，漢之尚書、唐之門下是其職，與後世之太僕不同。

又 卷二四四《軍禮十二》 《周禮・夏官》：校人，凡頒良馬而養乘之。乘馬一師四圉，三乘為皂，皂一趣馬；三皂為繫，繫一馭夫。六繫為廄，廄一僕夫；六廄成校，校有左右。駑馬三良馬之數。麗馬一圉，八麗一師，八師一趣馬，八趣馬一馭夫。注：良，善也。善馬，五路之馬。鄭司農云：四疋為乘，養馬為圉，故《春秋傳》曰『馬有圉，牛有牧』。玄謂二耦為乘，師、趣馬、馭夫、僕夫，帥之名也。趣馬下士，馭夫中士，則僕夫上士也。自乘至廄，其數二百一十六匹，《易》乾為馬，此應乾之筴也。至校變言成者，明六馬各一廄，而王馬小備也。校有左右，則良馬一種者四百三十二匹，五種合二千一百六十匹，駑馬三之，則為千二百九十六匹五，良一駑，凡三千四百五十六匹，然後王馬大備。麗，耦也。駑馬，自圉至馭夫，凡馬千二十四匹，與三良馬之數不相應，八皆宜為六字之誤也。師十二匹，趣馬七十二匹，則馭夫四百三十二匹矣。然後從而三之，既三之，無僕夫者，不駕於五路，卑之也。鄭氏鍔曰：養之冀其繁盛，乘之冀其調良。乘馬一師而四圉之，則牧馬之僕也。師則教圉以養乘之法也。四馬為一圉，則養之必專。四圉為一師，則教之必審。合三乘為十二匹，則同一皂。《傳》曰：牛驥同皂，皂言皂隸之所掌也。合三皂而三十六匹，則同一繫。繫則繫屬而不散之義，合六繫而二百一十六匹，則同一廄。廄則數至于此而已，終既也。先儒謂乾之策二百一十有六，于《易》乾為馬，天子之馬應爻之策，其數盡于此，故以廄名之。合六廄而成一校，而六廄又分為左右，則十二閑矣。王氏應電曰：舊説謂駑馬一千二百九十六匹，是駑馬為良馬三之一，非三良馬之數矣。八麗十六匹，一圉師教之，八師一百二十八匹也，一趣馬督之，八趣馬一千二十四匹也，一馭夫領之。止于馭夫，而不屬于僕夫者，以駑馬止充雜用，而不當王之五路也。凡七馭夫，為馬七千一百六十八匹，則與三良馬之數畧相當矣。蔡氏德晉曰：一千二百四十匹而一馭夫，自師至馭夫皆以八登之，則有八馭夫可知矣。然則合天子良馬、駑馬之數計之，共得馬一萬七百八十四匹，而民間之馬不與也。舊解誤。王氏昭禹曰：良馬自圉師至于校人，則以中大夫為之，其官為稍尊。駑馬自圉師至馭夫而止者，以其材下工良馬，故掌養乘之者，兼其數而掌其事，則官至于中士之馭夫而已。蓋八趣馬則一馭夫掌之，亦兼總于校人矣。

又 趣馬，辨四時之居治，以聽馭夫。注：居謂牧庌所處。治，謂執駒攻駒之屬。疏：云辨四時之居治者，謂二月以前、八月以後在廄，二月以後、八月以前在牧，故云四時也。云牧庌者，放牧之處皆有庌廄，以廕馬也。蕙田案：此條因時廄牧之政。

又 趣馬，賞贊正良馬，而齊其飲食，簡其六節。注：贊，佐也。佐正者，謂校人臧僕，講馭夫之時。簡，差也。節，猶量也。差擇王馬以為六等。劉氏彝曰：目以知其膽之不驚，口以知其性之不悖，耳以知其力之不殫，鬣以知其血之有餘，毛以知其氣之不暴，蹄以知其行之不給。六者，簡馬之大節也。王氏應電曰：簡其六節者，凡馬驅之而晉，旋之而反，此進退之節；提之而走，控之而止，此行止之節；驟之而趨，馳之而奔，此馳驟之節。簡者督策之使合節，此教導之法也。蕙田案：此養馬、調馬之佐校人者。六節，王氏與注及劉執中說不同。王氏為優，蓋此言贊正良馬，則駑馬應不在內，且與節字親切。簡馬之道，六者不可廢也。掌說駕之頒。疏：凡用馬，當均勞逸，故脫駕須依次第。【略】蕙田案：齊飲食，簡六節，掌說駕等，皆所以臧僕而講馭夫之事，歸於善養、善教、善用之馬政之實際也。

清 蔣載康《周官心解》卷二〇 凡頒良馬而養乘之。乘馬一師四圉，三乘爲皁，皁一趣馬；三皁爲繫，繫一馭夫；六繫爲廄，廄一僕夫；六廄成校，校有左右。駑馬三良馬之數。麗馬一圉，八麗一師，八師一趣馬，八趣馬一馭夫。乘，繩證反。皁，才早反。趣，倉走反。繫，音計。廄，音救。八，皆作六。註：良，善也。善馬，五路之馬。鄭司農云：四匹爲乘，養馬爲圉。註：二耦爲乘，師、趣馬、馭夫、僕夫，帥之名也。趣馬下士，馭夫中士，則僕夫上士也。自乘至廄，其數二百一十六匹，《易》乾爲馬，此應乾之策也。師麗，耦也。駑馬自圉至馭夫，凡馬千二十四匹，與三良馬之數不相應，八皆宜爲六字之誤也。師十二匹，趣馬七十二匹，則馭夫四百三十二匹矣。然後三之，既三之，無僕夫者，不駕五路，卑之也。按三分良馬、駑馬之數，良馬居二，駑馬居一也。每廄良馬二百十六匹，又分駑馬一百八匹，入之所謂一閑也。竊謂種馬雖駕玉路，名曰種，則馬之生息盡資種馬矣。戎、齊、道、田四項當各二廄，而種馬獨四廄，下『凡馬，特居四之一』，正指種馬言者。六廄則一千二百九十六匹，左右校則二千五百九十二匹，三良馬之數，則駑馬一千二百九十六匹矣。校人以下，僕夫上士十二人，馭夫中士七十五人，趣馬下士二百三十四人，圉師七百五十六人，圉人三千二百四十人。良馬僕夫以下，馭夫七十二人，趣馬二百十六人，圉師六百四十八人，圉人二千五百九十二人。駑馬，馭夫三人，趣馬十八人，圉師一百八人，圉人六百四十八人。

又 趣馬，掌贊正良馬，而齊其飲食，簡其六節。參註：簡差別，分王馬爲六等。掌駕說之頒。說，音稅，一音脫。頒，讀班。頒當作班。疏：用馬當均勞逸，故駕說依次第。辨四時之居治，以聽馭夫。註：居牧庌所處，治執駒攻特之屬。疏：馬二月已前、八月已後在廄，二月已後、八月已前在牧，故云四時也。趣馬下士，屬馭夫中士，故云聽馭夫。按：下圉師、圉人當移置此職下。

清 劉沅《周官恒解》卷四 凡頒良馬而養乘之。乘馬一師四圉，三乘爲皁，皁一趣馬；三皁爲繫，繫一馭夫；六繫爲廐，廄一僕夫；六廐成校，校有左右。駑馬三良馬之數。麗馬一圉，八麗一師，八師一趣馬，八趣馬一馭夫。乘，繩證反。趣，倉走反。繫，音計。良，善也。養馬者，趣馬以下之職乘分配之也。凡用馬各有所宜，齊、道、戎、田之類亦各有主者。校人特頒良馬而使養乘耳。乘馬一師以下，言分司馬政之人。麗馬一圉以下，言乘馬之事。校人所頒，頒此等也。師也，圉也，趣馬也，馭夫、僕夫也，皆分司養乘之人。校，即校人也。皁、繫、廐等，因馬之多寡而爲之名。良馬以供天子五路之用，駑馬則給役，役多，故三良馬之數。麗馬，將用馬時選擇而配合之。麗，兩物相耦之名也。如麗馬而爲一乘，則一圉人掌之，以次愈多，則其掌之者愈尊。註：疏以馬數多寡計，而麗馬以下與上一師四圉等相背，且忘周制田賦出卑之義，似天子必多馬，即下文天子十有二閑節，亦相乖不可從也。

又 趣馬，掌贊正良馬，而齊其飲食，簡其六節。掌駕說之頒，辨四時之居治，以聽馭夫。說，音脱。又，始鋭反。良馬頒於校人，而趣馬實朝夕拊馴之。其牲質血氣知之尤詳，故贊校人正其等而宜用之。六節，行止進退馳驟之節也。簡，習之用馬，當均其勞逸，故或駕或說，頒時審之。居，馬所居，四時之居，如二月已前、八月已後在廐，二月已後、八月已前在牧。治，謂執驅攻特之屬。趣馬下士，馭夫中士，故聽之。

清 閻鎮珩《六典通考》卷一六五《王政考》 趣馬，掌贊正良馬，而齊其飲食，簡其六節。簡，差也。節，猶量也。差擇王馬以為六等。掌駕說之頒，辨四時之居治，以聽馭夫。用馬之第次。居，謂牧庌所處。治，謂執駒、攻特之屬。

清 孫詒讓《周禮正義》卷五四 趣馬，下士，皁一人，徒四人。趣馬，趣養馬者也。鄭司農說以《詩》曰『蹶惟趣馬』〔疏〕『趣馬，下士，皁一人』者，自此至圉人六官，並掌養馬，屬於校人，故次其後。校人云：『三乘為皁。』沈彤云：『十二匹爲皁，駑馬與良馬同。』詒讓案：皁，早之譌別，詳大司徒疏。此皁為廄櫪之名。《方言》云：『櫪，梁、宋、齊、楚、北燕之閒或謂之樎，或謂之皁。』郭注云：『養馬器也。』《周書・糴匡篇》云：『皁畜約制』，孔注云：『皁，廄別名。』《莊子·馬蹄篇》云：『編之以皁棧』，《釋文》引崔譔云：『皁，馬閑也。』《呂氏春秋·權勳篇》云：『猶取之內皁而著之外皁也』，高注云：『皁，櫪也。』《史記·鄒陽傳集解》引《漢書音義》云：『皁，食牛馬器，以木作如槽也。』案：皁，蓋閑廄之小者。此趣馬每皁一人，據良馬言之。若駑馬則與此異。依校人職良馬、駑馬之數計之，良馬每種二廄，凡三十六皁，趣馬三十六人；五種十廄，凡一百八十皁，趣馬百八十人。駑馬，依經文『八麗一師，八師一趣馬，八趣馬一馭夫』，三之為趣馬二十四人。更以三乘為皁計之，二十四趣馬凡馬三千七十二匹，為七百六十八乘，二百五十六皁。是一趣馬掌十皁，尚餘十六皁無所隸，合良駑十二廄，凡趣馬二百四人也。依鄭注義，良馬數如經不改，駑馬並破八爲六，則駑馬每皁圉師一人，六圉師一趣馬，六趣馬一馭夫。三之為趣馬十八人，每一趣馬有六皁，合良駑十二廄，凡趣馬一百九十八人也。又案：《月令·季秋》說天子教田獵，云『命七騶咸駕』，注以七騶爲卽趣馬。《呂氏春秋·季秋紀》高注說同。《蔡中郎集·月令問荅》云：『問者曰：令曰七騶咸駕，今曰六騶，何也？』曰：『本官職者，莫正於《周官》。《周官》天子馬六種，種別有騶，故知六騶。《左氏傳》晉程鄭為乘馬御，六騶屬焉。無言七者，知當為六也。』《月令》孔疏引皇氏則云：『天子馬有六種，又有總主之人，并六騶爲七。』案：此經趣馬各掌其皁，無總主之人。至蔡引《左成》十八年傳六騶，則非天子之制。彼杜注云：『六騶，六閑之騶。《周禮》諸侯有六閑馬。』蔡、杜皆據此經，而義互異，恐皆不塙。云『徒四人』者，亦據良馬每皁之數也。徒掌在皁養馬，故古書亦通謂之皁。《左昭》七年傳云：『士臣皁』，此徒亦爲下士之屬，與彼正相應。《史記索隱》引韋昭云：『皁，養馬之官，下士也。』司馬貞云：『養馬之官，其衣皁也。』二說並不足據。依校人職，良馬十廄，徒七百二十人，駑馬二廄，一千二十四人，通一千七百四十四人也。依鄭義，駑馬十八，趣馬爲百八，皁徒四百三十二人，良駑通一千一百五十二人也。注云『趣馬，趣養馬者也』者，《說文·走部》云：趣，疾也。又《馬部》云：『騶，廄御也。』依許說，此趣卽騶之叚字。《後漢書·張讓傳》李注云：『騶，養馬人。』《國語·楚語》說齊有騶馬繻，卽趣馬官也。鄭則就趣字本義釋之，謂養馬事繁，此官董督令促疾也。說與許蓋小異。《書·立政》亦作趣馬。云『鄭司農說以《詩》曰蹶惟趣馬』者，《小雅·十月之交篇》文，引以證彼趣馬卽此官也。惟，今《詩》作『維』。鄭彼箋云：『蹶氏趣馬，中士也，掌王馬之政。』孔疏謂言中士者字誤。阮元云：『《毛詩》作維，《三家詩》作惟，《釋文》出蹶惟二字。賈疏引注作惟是也，諸本作維，非。』

又 卷六二 凡頒良馬而養乘之。乘馬一師四圉；三乘為皁，皁一趣馬；三皁為繫，繫一馭夫；六繫為廄，廄一僕夫；六廄成校，校有左右。駑馬三良馬之數，麗馬一圉，八麗一師，八師一趣馬，八趣馬一馭夫。良，善也。善馬，五路之馬。鄭司農云：『四匹為乘。養馬為圉，故《春秋傳》曰：馬有圉，牛有牧。』玄謂二耦為乘。師、趣馬、馭夫、僕夫，帥之名也。趣馬下士，馭夫中士，則僕夫上士也。自乘至廄，其數二百一十六匹。《易》：『乾為馬』，此應乾之策也。至校變為言成者，明六馬各一廄，而王馬小備也。校有左右，則良馬一種者，四百三十二匹五，種合二千一百六十匹，駑馬三之，則為千二百九十六匹。五良一駑，凡三千四百五十六匹，然後王馬大備。《詩》云：『騋牝三千』，此謂王馬之大數與？麗，耦也。駑馬自圉至馭夫，凡馬千二十四匹，與三良馬之數不相應，『八』皆宜為『六』字之誤也。師十二匹，趣馬七十二匹，則馭夫四百三十二匹矣，然後而三之。既三之，無僕夫者，不駕於五路，卑之也。疏：『凡頒良馬而養乘之』者，謂此官辨良馬五物，頒與廄繫諸官養而乘之，巫馬注云『乘謂驅步』是也。曾釗云：《漢書貢禹傳》：『廄馬食粟，苦其大肥，氣盛怒至，乃日步作之。乘之所謂步作之也。』云『乘馬一師四圉』者，以下記十二閑馬及牧馭之數，亦此官之官法也。云『三乘為皁，皁一趣馬』者，趣馬，葉鈔《釋文》作趨馬，與敍官不合，疑誤。皁，卽閑之小者，詳敍官疏。云『三皁為繫，繫一馭夫』者，繫釋文作擊，云本又作繫。案：陸本是也。經例用古字作擊，注例用今字作繫，詳司門疏。繫者，牧羣之名。《國語齊語》：『桓公與衛繫馬三百』，《孟子萬章篇》云：『繫馬千駟』，並卽此。云『六繫為廄，廄一僕夫』者，《釋名釋宮室》云：廄，勼也。勼，聚也，牛馬之所聚也。《說文广部》云：廄，馬舍也。《周禮》曰：『馬有二百十六匹為廄，廄有僕夫。』案：僕夫，卽五馭之僕也。此乘四匹，皁十二匹，繫三十六匹，良駑二馬所同，惟設官則異。至廄則駑馬當增三倍，並詳後疏。又案：此廄卽養王馬之舍。凡廄，有內外不同。《公羊》僖二年傳荀息云『馬出之內廄，繫之外廄爾』是也。此十二廄，蓋王馬之內廄，對養國馬者為外廄也。《郊特牲》『庫門』注云：庫或為廄，則內廄或卽在庫門內，故庫門亦稱廄門與？云『六廄成校』者，校者，六閑之總名，卽馬棧也，詳敍官疏。注云『良善也』者，《玉府》注同。云『善馬五路之馬』者，謂種馬至田馬五者通為良馬，對駑馬不駕路而言也。鄭司農云『四匹為乘，養馬為圉』者，敍官注義並同。云『故《春秋傳》曰，馬有圉，牛有牧』者，昭七年《左傳》楚芋尹無宇語。引之者，證養馬為圉。杜注亦云『養馬曰圉，養牛曰牧』，與先鄭說同。云『玄謂二耦為乘』者，《易屯釋文》引鄭《易注》云：『馬牡牝曰乘。』是二耦四馬並得為乘，皆取兩兩相耦之言也。《詩鄘風干旄》孔疏引《五經異義》云：『[]天子駕數，易《孟京》《春秋》公羊說，天子駕六；毛詩說，天子至大夫同駕四，士駕二。《詩》云：『四騵彭彭』，武王所乘；『龍旂承祀，六轡耳耳』，魯僖所乘；『四牡騑騑，周道倭遲』，大夫所乘。謹案：《禮》王度記曰：大子駕六，諸侯與卿同駕四，大夫駕三，士駕二，庶人駕一，說與《易》《春秋》同。玄之聞也，《周禮校人》『掌王馬之政，凡頒良馬而養乘之，乘馬一師四圉』，四馬為乘，此一圉者養一馬，而一師監之也。《尚書顧命》諸侯入應門，皆布乘黃朱，言獻四黃馬朱鬣也。既實周天子駕六，校人則何不以馬與圉以六為數？顧命諸侯，何以不獻六馬？《王度記》曰『大夫駕三』，經傳無所言，是自古無駕三之制也。案：據《駁異義說》，則王五路亦止駕四馬。

此經以四馬為一乘，而設一師四圉者，亦以同駕一車，故以四為數也。云『師、趣馬、馭夫、僕夫，帥之名也』者，師卽敍官之圉師也。圉師帥圉，趣馬帥圉師，馭夫帥趣馬，僕夫帥馭夫，皆轉相帥領。云『趣馬下士，馭夫中士，則僕夫上士也』者，賈疏云：序官有趣馬下士，皁一人，徒四人；馭夫中士二十人，無僕夫士數之文，以此文官尊者管卑者，馭夫既中士，明僕夫上士可知。易祓云：鄭以僕夫為上士，非也。玉路之僕曰大馭，金路之僕曰齊僕，象路之僕曰道僕。木路，田僕也。革路，戎僕也。總而名之為僕夫。五僕中惟道僕、田僕為上士，大馭、戎僕為中大夫，齊僕為下大夫。黃度、李鍾倫、姜兆錫說並同。吴廷華亦云：『以經義言，則大馭當掌種馬之廄。種馬，駕玉路也。戎僕當掌戎馬之廄，戎馬駕革路也。齊僕當掌齊馬之廄，道僕、田僕當掌田馬、道馬之廄，蓋各於其所掌之路辨之。』案：易、吴諸家謂僕夫卽大馭、戎僕、齊僕、道僕、田僕，其說致塙。蓋析言則五僕分馭五路，故官名互異，總言之，則一廄有一僕，故此通稱僕夫也。僕夫省文亦稱僕，後經云『臧僕』是也。鄭於臧僕釋為馭五路之僕，說自精塙；而於此僕夫乃以為諸僕之外別有是官，復肊定其爵為上士，以增敍官之所無，沈彤依鄭說，謂當補僕夫上士十人，皆非也。又《詩小雅出車》云：『召彼僕夫，謂之載矣。』毛傳云：『僕夫，御夫也。』彼將率所乘不必戎僕御，故毛以御夫釋之。御夫卽馭夫，蓋散文得通。此以僕夫帥領馭夫，則二官迥異，與《詩》義亦不同也。云『自乘至廄，其數二百一十六匹』者，謂一廄良馬一種之數也。以一乘四匹，三乘為皁，則十二匹；三皁為繫，則九乘、三十六匹；六繫為廄，則十八皁、五十四乘、二百一十六匹。云『易乾為馬，此應乾之筴也』者，『乾為馬』，《說卦傳》文。又《繫辭上》云『乾之策二百一十有六』，韓康伯注云：『陽爻六，一爻三十六策，六爻二百一十六策。』賈疏云：按《易》，天一生水北方，地二生水南方，天三生木東方，地四生金西方，天五生土中央，是謂陽無匹，陰無耦。又地六成水北方，天七成火南方，地八成木東方，天九成金西方，地十成土中央，是謂陽有匹，陰有耦。龜取生數一、二、三、四、五，蓍取成數六、七、八、九、十。若然，東方、南方，生長之方，故七為少陽，八為少陰；西方、北方，成熟之方，故九為老陽，六為老陰。不取十者，中央配四方故也。是以易之六爻，卦畫七八，爻稱九六，七八九六既配四方，故九六皆以四乘之。乾之六爻，以四乘九，四九三十六，六爻故二百一十六，是為乾之筴也。云『至校變為言成者，明六馬各一廄，而王馬小備也』者，以皁、繫、廄三者皆言『為』，至校獨云『六廄成校』，明取馬數小備，故特異其辭。鄭《喪大記》注云：『成，猶備也。』鄭知六馬各一廄者，以一校六廄，與六物之數適相當，故謂『六廄成校』。經語雖似上冡良馬，而實關下駑馬為文，是良馬每廄二百一十六匹，駑馬三之，則六百四十八匹，合計六廄，五良一駑，共一千七百二十八匹也。叚令此六廄全為良馬，則當減四百三十二匹。《文選吴都賦》劉逵注云：『校人，中大夫，掌王田獵之馬，一校千二百九十六匹。』劉說正以良馬六廄計之，蓋漢魏周禮經師有此義。但良馬止五物，而廄有六，勢無由合，故鄭不如此計數也。云『校有左右，則良馬一種者，四百三十二匹，五種合二千一百六十匹』者，惠士奇云：『一廄二百一十六匹，倍之為四百三十二匹，乃二廄良馬一種之數也。以其數五之，得二千一百六十匹，乃十廄良馬五種之數也。』賈疏云：『經云：六廄成校，據一廂言之，王馬小備。下云：校有左右，則十二廄為十二閑，若據一廂，一廄為二百一十六匹。據兩廂，倍之，故四百三十二匹。種別四百三十二匹，五種計之，自然總合二千一百六十匹。』詒讓案：經云六廄成校，則合左右校為十二廄，而鄭必先通計良馬十廄之數者，以駑馬二廄與良馬數遠不相當，故先就良馬五物計之也。云『駑馬三之，則為千二百九十六匹，五良一駑，凡三千四百五十六匹，然後王馬大備』者，惠士奇云：二廄良馬一種四百三十二匹，以其數三之，得一千二百九十六匹，乃二廄駑馬三良馬之數也。以十廄良馬五種之數，與二廄駑馬三良馬之數相并，得三千四百五十六匹，乃五良一駑十二閑之全數也。引《詩》云『騋牝三千』者，《鄘風定之方中》文。鄭箋云：『國馬之制，天子十有二閑，馬六種，三千四百五十六匹；邦國六閑，馬四種，千二百九十六匹。衞之先君，兼邶鄘而有之，而馬數過禮制。今文公滅而復興，徙而能富，馬有三千，雖非禮制，國人美之。』亦並據此經為說。騋牝，詳廋人疏。云『此謂王馬之大數與』者，謂詩文不合邦國禮，而與王馬之大數正同。云『麗耦也』者，敍官注同。云『駑馬自圉至馭夫，凡馬千二十四匹』者，駑馬一麗二匹，則一圉八麗，凡十六匹；則一師；八師凡六十四麗，一百二十八匹，則一趣馬；八趣馬凡五百十二麗，千二十四匹，則一馭夫。是自圉至馭夫，總馬千二十四匹也。云『與三良馬之數不相應』者，賈疏云：『依經八計之，得此千二十四匹，其三良馬有千二百九十六匹，故言不相當。』云『八皆宜為六字之誤也』者，賈疏云：若作六，計得千二百九十六匹，與三良馬數合，故破從六也。云『師十二匹，趣馬七十二匹，則馭夫四百三十二匹矣，然後而三之』者，鄭意破八為六，則六麗二六凡十二匹，而一師；以六乘十二，凡七十二匹，為六師；三十六麗，而一趣馬。更以六乘七十二，凡四百三十二匹，為六趣馬，二百十六麗，而一馭夫。良馬左右二廄，合計亦四百三十二匹，兩數正同。再以三乘之，得千二百九十六匹，與經『三良馬』之數相應也。又案：鄭必破八為六者，亦以依經圉師以上皆積八成數，則不能成皁，惟改八為六，則每皁一圉師，六皁一趣馬，三十六皁一馭夫，百八皁一僕夫，於皁繫之，數亦正合也。云『既三之，無僕夫者，不駕於五路，卑之也』者，以良馬一繫三十六匹，則有一馭夫，一廄二百十六匹，則有一僕夫。今駑馬，依鄭說，則四百三十二匹，始有一馭夫，其數已不相當。而駑馬之師至馭夫而止，雖三之，至千二百九十六匹之多，亦不更設僕夫，明以不駕五路卑之，故不設貴官也。賈疏云：案此經，乘馬一師四圉，三乘為皁，皁一趣馬，三皁為繫，繫一馭夫，按序官云：趣馬下士皁一人，徒四十人，卽此以云。皁一趣馬，合自師至馭夫，中士二十人，下士四十人，并之六十，正充此良馬之馭夫，又不見駑之馭夫者，或脫也。

又　趣馬掌贊正良馬，而齊其飲食，簡其六節。 贊，佐也。佐正者，謂校人臧僕講馭夫之時。簡，差也，節猶量也。差釋王馬以爲六等。［疏］『掌贊正良馬，而齊其飲食』者，趣馬兼掌芻秣之事，故《毛詩・大雅・雲漢》傳云：『歲凶，年穀不登，則趣馬不秣。』齊之者，《吴子・治兵篇》說治馬云：『適其水草，節其饑飽是也。』注云：『贊，佐也』者，《外宗》注義同。云『佐正者，謂校人臧僕講馭夫之時』者，賈疏云：『以其校人是養馬官之長，校人既有此諸事，而云佐正，明佐此二者可知。』吴廷華云：『經言贊正良馬，是正其養馬之法。下齊之、簡之，皆正之之事。蓋馬掌於校人，而趣馬贊之。』案：吴以贊正為正養馬之法，深得經義。但僕與馭夫爵秩並尊於趣馬，為其帥長，趣馬不得與其臧講之事，鄭不宜尊卑不辨。竊疑鄭意亦以正良馬為正養馬之法。但以經既云贊，則是佐其長官，校人臧僕講馭夫之時，亦兼正馬政，故趣馬得贊之，非謂所正即校人臧講之事也。賈申鄭蓋未達其恉趣矣。云『簡，差也』者，王制注云：『簡，差擇也。』《詩・小雅・吉日》云：『既差我馬』，《毛傳》云：『差，擇也。』云『節猶量也』者，謂與馬質馬量三物義同。《楚辭・離騷》王注云：『節，度也。』《夏官敍官》注云：『量猶度也。』是節量義相近。云『差擇王馬以為六等』者，賈疏云：『即上種、戎、齊、道、田、駑是也。』王應電云：『六節，謂行止進退馳驟之節。疏以為種、戎、齊、道、田、駑，此乃六物，豈得為六節？且此專指贊正良馬，安得以駑馬襍之？』案：王說近是。姜兆錫、莊存與、莊有可說同。《吴子・治兵篇》說治馬云：『習其馳逐，閑其進止，人馬相親，然後可使。』即簡六節之事。掌駕說之頒，用馬之第次。［疏］『掌駕說之頒』者，與大馭、戎僕、齊僕、道僕、田僕、典路為官聯也。典路先鄭注云：『說謂舍車也。』注云『用馬之第次』者，此讀頒為班也。《小爾雅・廣詁》云：『班，次也。』駕說有第次者，欲均其勞逸，謂若《左宣》十二年傳云『楚子為乘廣三十乘，分為左右，右廣鷄鳴而駕，日中而說，左則受之，日入而說』是也。辨四時之居治，以聽馭夫。居謂牧庌所處，治謂執駒攻特之屬。［疏］『辨四時之居治』者，賈疏云：『謂二月已前、八月已後在廄，二月已後、八月已前在牧，故云四時也。』云『以聽馭夫』者，《都司馬》注云：『聽者，受行其所徵為也。』此趣馬聽於馭夫，亦謂受馭夫之政令而行之。賈疏云：『以趣馬下士，屬馭夫中士，故云聽馭夫。』注云『居謂牧庌所處』者，《大史》注云：『居猶處也。』據圉師云：『春始牧，夏庌馬』，是所居不同。莊存與云：『庌，蓋今之涼棚，亦在廄中，不在牧地。冬則納馬於閑，夏則繫馬於庌也。』云『治謂執駒攻特之屬』者，賈疏云：『以是校人之事，趣馬當佐之，明是此二事也。』

雜録

唐 林寶《元和姓纂》卷八《趣馬》　《英賢傳》楚趣馬厥之後，後漢有南陽郡功曹趣馬思。

宋 王觀國《學林》卷九《趣趨》　趣字一音七俱切，一音蒼狗切，一音七喻切，一音親足切。其音七俱切者，趣走也，視去就而趣走者也。其音蒼狗切者，《周禮》夏官有趣馬，以下士為之。鄭氏注曰：『趣養馬者也。』又校人曰：『八師一趣馬，八掫馬一馭夫。』《詩》曰：『蹶惟趣馬。』《書》：虎賁、綴衣、趣馬，凡此言趣馬勸駕之意也。若夫養馬，則有牧師、圉師焉。其音七喻切者，趣向也。

巫馬

題解

漢 鄭玄《周禮疏》卷二八　巫馬，下士二人，醫四人，府一人，史二人，賈二人，徒二十人。巫馬，知馬祖，先牧、馬社、馬步之神者。馬疾若有犯焉則知之，是以使與醫同職。疏：『巫馬』至『十人』，釋曰：巫知馬崇，醫知馬病，故連類在此也。有賈者，治馬死生，須知馬價，故有賈人也。注『巫馬』至『同職』，釋曰：『馬祖』之等，并在下文。有人犯者與為崇，巫則知之，為之謝過。必與醫同職者，巫言無崇，則是時氣，及損傷付醫治之，故二官同職也。

明 柯尚遷《周禮全經釋原》卷九《夏官上》　巫馬下士二人，醫四人，府一人，史二人，賈二人，徒二十人。釋曰：巫馬知馬祖、先牧、馬社、馬步之神者。馬疾若有犯焉，則知之而祭之也。祭而不愈，則用藥以攻之，是以有醫有賈也。

明 王志長《周禮注疏删翼》卷一七《夏官司馬第四》　巫馬，下士二人，醫四人，府一人，史二人，賈二人，徒二十人。註：巫馬知馬祖、先牧、馬社、馬步之神者。馬疾若有犯焉，則知之，是以使與醫同職。

清 方苞《周官集注》卷七　巫馬下士二人，醫四人，府一人，史二人，賈二人，徒二十人。巫馬，知馬祖、先牧、馬社、馬步之神者。馬疾若有犯焉，則知之。

論說

宋 章如愚《山堂考索・後集》卷四四《兵門》　按：周制，掌政之官謂之司馬，以馬者牧之有政也。兵甸之法謂之乘馬，以馬者牧之有法也。有校人以掌其政，有牧師以掌其牧，有巫馬以養其疾，有趣馬以簡其節。日中而出，日中而入，此先王牧馬之術也。

宋 魏了翁《古今考》卷三一《牧人通掌六牲》 巫馬掌養疾馬，【略】巫馬下士二人，醫四人。馬醫也，今人呼為醫獸。然《周官》醫師之屬自有獸醫四人，巫馬期乃此官之後。【略】秀嵒李氏曰：每二百一十六匹設官十九人，史、徒、圉四百十八人，而挍人、巫馬、牧師、馬質之官與其屬尤不在焉。通十二閑之馬三千四百五十六匹，良駑共之，其官中大夫二人，上士四人，中士二十有二人，下士二百八十有四人，府、史、胥、徒、醫、賈、圉合六千有十人，率一官而畜十一馬，亦不可曉。紫陽方氏曰：此《周禮》所以不可信也。古百乘之家以指大夫，言其食邑之所出也，則馬在井田之命。今此四閑之馬三分，天子之數七百二十匹，依《周禮》張官置吏，合用一千四百餘人，日初而出，日中而入，春出秋入，家有養七百二十疋。馬之屋野有牧七百二十疋，馬之地安所辦乎？魯三卿果常有之乎？諸侯六閑猶云可也，卿大夫亦敢自置校人、廋人、牧師、趣馬、巫馬之官乎？一馬一圉人，七百二十人何以膳之乎？回故曰：《周禮》不足信也。細孜此節，事似乎玩物喪志。

元 陳友仁《周禮集說》卷七 疏曰：巫知馬祟，醫知馬病，故連類在此。掌養疾馬而乘治之，相醫而藥攻馬疾，受財於校人。馬死，則使其賈粥之，入其布於校人。王氏曰：掌養疾馬而乘治之者，馬疾則不可以乘用，故養之。然其疾之所在為難知，必驅步之以發其疾，而後可驗而療，故乘治之。乘，謂驗步以知其疾而治之也。若獸醫觀其所發而養之是已。相醫而藥者，蓋其屬有醫四人，其治疾則亦以藥攻焉。然醫馬疾大抵以獸醫為主，巫馬之用藥亦以相醫而已。攻馬疾，攻謂繫而治之也。蓋其疾有藥不足以療之者，乃用攻焉，猶瘍醫所謂以毒藥攻之也。受財於校人者，以資醫馬之費也。馬死，則以其賈粥之，以其屬有賈二人，以知其直也。入其布於校人，則備馬費也。鄭氏曰：粥，賣也。布，泉也。

明 丘濬《大學衍義補》卷一一三 巫馬下士二人，醫四人，府一人，史二人，賈主買賣者。二人，徒二十人，掌養疾馬，而乘治之相助也。醫而藥攻馬疾，受財以資醫馬之費。于挍人。馬死，則使其賈粥賣也。之，入其布泉也。泉即錢也。于挍人。賈公彥曰：巫知馬祟，醫知馬病，故連類在此。吳澂曰：巫馬，知馬祖、先牧、馬社、馬步之神者。馬疾，若有犯焉，則知之，是以使與醫同職。乘治之者，謂驅馬以知其疾之所在而治之也。臣按：先儒謂巫所以通鬼神，醫所以寄生死，非但於人為然，而於畜類亦莫不然也。周官設巫馬之官，專掌疾馬而乘治之。乘治云者，蓋以馬之疾難知，必驅步之以發其疾，而後驗而療之也。其職雖主於乘治，然以其藥而攻馬之疾者，則有醫四人焉，巫馬不過禱之神以相助之而已，非專主於巫禱也。本朝設馬神廟，太僕寺及州縣皆設獸醫，蓋得周人意也。近世有《安驥集》等書，專主馬病，乞下大醫院挍正刻板，頒布有司，俾專其業者講而用之，則馬無有不得其死者矣。

明 柯尚遷《周禮全經釋原》卷一〇《夏官下》 巫馬掌養疾馬而乘治之，相醫而藥攻馬疾，受財于校人。馬死，則使其賈粥之，入其布於校人。釋曰：乘治謂驅步以發其疾，知其所疾之處而後可驗而療之。若獸醫所謂觀其所發而養之是已。相醫而藥者，蓋其屬有醫四人，其治疾則亦以藥攻焉。然醫馬疾，大抵以獸醫爲主，巫馬之用藥亦以相醫而已。攻馬疾，攻謂繫而治之也，蓋其疾有藥不足以療之者，乃用攻焉，猶瘍醫所謂以毒藥攻之也。受財于校人者，以資醫馬之費也。馬死，則以其賈粥之，以其屬有賈二人，以知其直也入。其布于校人，所粥死馬之布泉也。

明 王鳴鶴《登壇必究》卷一八 巫馬下士二人，醫四人，史二人，賈主買賣者。二人，徒十人，掌養疾馬而乘治之，相助也。醫而藥攻馬疾，受財以資醫馬之費。於校人。馬死，則使其賈粥賣也。之，入其布泉也。泉即錢也。於校人。賈公彥曰：巫知馬祟，醫知馬病，故連類在此。吳澂曰：巫馬，知馬祖、先牧、馬社、馬步之神者。馬疾若有犯焉，則知之，是以使與醫同職。乘治之者，謂驅馬以知其疾之所在而治之也。邱文莊曰：先儒謂巫所以通鬼神，醫所以寄死生，非但於人爲然，而於畜亦莫不然也。周官設巫馬之官，專掌疾馬而乘治之。乘治云者，蓋以馬之疾難知，必驅步之以發其疾，而後驗而療之也。其職雖主於乘治，然其以藥而攻馬之疾者，則有醫四人焉，巫馬不過禱之神以相助之而已，非專主於巫禱也。本朝設馬神廟，太僕寺及州縣皆設獸醫，蓋得周人意也。近世有《安驥集》等書可考。

清 毛奇齡《周禮問》卷二 又謂：古一官而異名者，固不可盡聞，但官名雖異而職並同者，則當去其一，如坍父是司馬，則立司馬官外，未聞又立一圻父官也。今地官有牧人，則不當又有牛人；夏官有校人，則不當又有圉人；春官有鬱人，則不當復有鬯人；天官有獸醫，則夏官不當復有巫馬；如此者，不可更僕。且周官三百六十屬，比之日月星辰之度有成數矣。今通計每不止此數，大約據宋人所辨，天官六十三，地官七十九，春官七十一，夏官七十，秋官六十六，即五官之屬已有三百四十有九，則加以冬官，勢必又增六十，將至四百餘，而謂三百六十，可乎？官名同異，固不可拘。然官職同異，亦不可定。據云牧人、牛人不應兩設，以為統言牧，則牛已在內，可兼官耳，殊不知牧不止牛，令掌祭記之六畜，而牛人則又不止祭祀之牛，有膳牛，燕牛，犒牛，喪牛，軍事任載，牛原不能兼，即有謂六畜，雖繁而芻豢則一，後世並不設公牛一官，尚不患不給，況已設其一，何必自兩則，在周官中原設兩名。《詩》『爾牧來思』，註牧，牧人也。而《國語》有牧協職，又有犧人薦體，則設牧仍設牛人，此非作《周禮》者可私去也。校人亦然。在《周禮》所記，職掌原自不同，吾姑以《孟子》觀之。昔有饋生魚于鄭子產，子產使校人畜之池，則校人又可兼澤魚之畜，不止《檀弓》圉人浴馬，專職馬也。至于鬱人、築鬱、鬯人、釀鬯顯屬兩事，雖《國語》有鬱人薦鬯語，此指祭時兼攝者耳。若巫馬一官，專療馬疾，他不可考，嘗念《論語》有巫馬期一人，則古以官為氏，此必周時有是官而用為氏者，官固不可造，然又敢私去耶？

清 方苞《周官析疑》卷二八　司馬無布，而云受布于司馬，以是知五官應用泉布貨賄有司，不得私授，受必諸官之正，以達於冢宰，頒於大府，致於官中而後有司分受焉，所以杜侵漁、防抵冒也。或以巫馬入其布於挍人，疑凡長官皆有存貯之布，非也。巫馬，以馬疾受財於挍人，故馬死之粥布入焉，以備馬疾之費也。

清 官獻瑶《石溪讀周官》卷四《夏官司馬第四》　巫馬，下士二人，醫四人，府一人，史二人，賈二人，徒二十人。天官有獸醫，此巫馬之醫專為馬而設者，重馬也。

清 俞樾《群經平議》卷一三《周官二》　巫馬，下士二人，醫四人。注曰：巫馬知馬祖、先牧、馬社、馬步之神者。馬疾若有犯焉，則知之，是以使與醫同職。樾謹按：春祭馬祖，夏祭先牧，秋祭馬社，冬祭馬步，皆校人之事。至巫馬之職，但云掌養馬疾而乘治之，相醫而藥攻馬疾，無一字及祭。然則巫馬非巫也。巫，猶醫也。《楚辭·天間篇》『化為黃熊，巫何活焉』，王逸注曰：『言鮌死後化爲黃熊，八於羽淵，豈巫醫所能復生活？』是巫醫古得通稱，蓋醫之先亦巫也，《說文·酉部》曰『古者巫彭初作醫』是也。故《廣雅·釋詁》曰：『醫，巫也。』其字亦或從巫。《爾雅·釋地》『醫無閭』，《釋文》曰『李本作毉』是也。巫馬卽馬醫，因其所屬有醫四人，故於其長尊之曰巫耳。其職曰相醫而藥攻馬疾，蓋巫醫不自醫，使醫四人治之，而自相助之，猶天官醫師掌醫之政令，聚毒藥以共醫事，凡邦之有疾病者，疕瘍者造焉，則使醫分而治之，是亦不自醫也。醫師尊，故言使；巫馬卑，故言相也。

综述

漢 鄭玄《周禮疏》卷三三　巫馬掌養疾馬而乘治之，相醫而藥攻馬疾，受財于校人。乘謂驅步以發其疾，知所疾處乃治之。相，助也。〇相，息亮反，注同。疏：『巫馬』至『校人』，釋曰：巫知馬祟，醫知馬疾，疾則以藥治之，祟則辨而祈之，二者相須，故巫助醫也。云『受財』者，謂共祈具及藥直。馬死，則使其賈粥之，入其布于校人。布泉也。鄭司農云：『賈謂其眾官小吏賈二人。粥，賣也。』賈，音嫁，注同，又音古。粥，音育。

《通典》卷七八《禮三十八》　巫馬掌養疾馬而乘治之，相醫而藥攻馬疾，受財於校人。乘謂驅步以發其疾，知所疾處乃治之。牧師掌牧地，皆有厲禁而頒之。孟春焚牧，焚牧地，以除陳生新草。仲春通淫。仲春，陰陽交萬物生之時，可以合馬之牝牡。按月令：「季春乃合累牛騰馬，遊牝於牧。」

宋 王安石《周官新義》卷一二《夏官一》　巫馬，下士二人，醫四人，府一人，史二人，賈二人，徒二十人。

又 卷一三《夏官二》　巫馬掌養疾馬而乘治之，相醫而藥攻馬疾，受財于校人。馬死，則使其賈粥之，入其布于校人。

宋 王昭禹《周禮詳解》卷二九　巫馬掌養疾馬而乘治之，相醫而藥攻馬疾，受財於校人。馬死，則使其賈粥之，入其布於校人。巫，通上下為人交神者也。巫馬以下士二人為之，蓋以知馬之祟，故以巫馬名官。掌養疾馬而乘治之者，馬疾則不可以乘用，故養之。然其疾之所在為難知，必驅步之以發其疾，而後可驗而療，故乘治之。乘，謂驗步以知其疾而治之也。若獸醫，觀其所發而養之是已。相醫而藥者，蓋其屬有醫四人，其治疾則亦以藥攻焉。然醫馬疾大抵以獸醫為主，巫馬之用藥亦以相醫而已。攻馬疾者，攻謂繫而治之也。蓋其疾有藥不足以療之者，乃用攻焉，猶瘍醫所謂以五毒攻之也。受財於校人，以資醫馬之費也。馬死，則以其賈粥之，以其屬有賈一人，以知其直也。入其布於校人，則以備馬費也。

宋 呂祖謙《歷代制度詳説》卷一二《馬政》 周校人掌王馬之政，辨六馬之屬。趣馬掌贊正良馬，而齊其飲食，簡其六節，掌駕說之頒，辨四時之居治，以聽馭夫。巫馬掌養疾馬而乘治之。牧師掌牧地，皆有厲禁而頒之。

宋 王與之《周禮訂義》卷五五 巫馬，下士二人，醫四人，府一人，史二人，賈二人，徒二十人。鄭康成曰：巫馬，知馬祖先牧、馬社、馬步之神者。馬疾若有犯焉則知之，是以使與醫同職。李嘉會曰：馬有醫可也，而曰巫，何故？巫則知馬祟也。相醫攻疾，則兼醫也，醫、巫必兼言之。先王愛物之心，與愛人同。賈氏曰：有賈者治馬死生，須知馬價，故有賈人。掌養疾馬而乘治之。相，息亮反。醫而藥攻馬疾，受財于校人。馬死，則使其賈音嫁。粥音育。之，入其布于校人。王昭禹曰：馬疾不可以乘用，故養之。然疾之所在為難知，必驅步之以發其疾，可驗而療，故乘治之。若獸醫，觀其所發而養之是已。鄭鍔曰：馬有疾，必養之。乃乘之、治之，養以足其氣，乘以發其病。養而不乘，無以知疾之所在，不可治也。馬醫四人，賈二人，與巫同官，雖禱馬，要之正用藥為治疾之本。為巫者，特相助之而已。攻，謂擊而治之，藥不足，療者乃用攻焉，猶瘍醫所謂五毒攻之。鄭鍔曰：醫馬之財宜有所自，使藥物之資常足用而無窮，故馬死，使賈人粥之，其財入于校人，則所以醫馬者。其財蓋本諸此。李嘉會曰：受財于校人，使取財近而易以及物。鄭司農曰：賈謂其屬官小吏，賈二人。粥，賣也。鄭康成曰：布，泉也。

明 盧翰《掌中宇宙》卷九《耀武篇》 校人六馬。趣馬齊其節，巫馬治其疾，馬質平其價，牧師掌其地，圉師立其教，圉人供其役。

明 王應電《周禮傳》卷四下《夏官下》 巫馬，下士二人，毉四人，府一人，史二人，賈二人，徒二十人。【略】其有疾也而有毉，謂其有祟也而有巫馬，獸之大死則有鬼巫，知馬祖、先牧、馬社、馬步之神者。馬疾若有犯焉，則使治之。毉，即毉師之獸毉也，職專治馬，而攷課在毉師，故兩屬焉。

又 巫馬掌養疾馬而乘治之，相毉而藥攻馬疾。曰養、曰乘治者，馬疾不可駕乘，當養之，以息其力。然不知其疾之所在，必驅步之以發其疾，然後可驗而療之。獸毉觀其所發而養之是也。藥攻馬疾者，謂或以藥而療之，或以方而攻之。如攻特之攻，皆相助獸毉而為之也。巫毉得人，則馬疾無失所之虞矣。受財于校人，馬死，則使其賈粥之，入其布于校人。毉馬之費受于校人，馬死所粥之布錢亦入于校人。

明 郝敬《周禮完解》卷八 巫馬，下士二人，醫四人，府一人，史二人，賈二人，徒二十人。馬有疾者皆使治之，若神巫然。巫馬掌養疾馬而乘治之，相醫而藥攻馬疾，受財于校人。馬死，則使其賈粥之，入其布于校人。疾馬，羸疾之馬。乘治，謂乘之以試其所疾而治之。相醫，使其屬醫四人相視用藥。受財于校人，資醫藥之費也。馬死，賈人計直賣之，以其泉布入于校人。

明 王志長《周禮注疏刪翼》卷二一《夏官司馬第四》 巫馬掌養疾馬而乘治之，相醫而藥攻馬疾，受財於校人。註：乘，謂驅步以發其疾，知所疾處乃治之相助也。疏：巫知馬祟，醫知馬疾，疾則以藥治之，祟則辨而祈之，二者相須，故巫助醫也。云受財，昔謂共祈具及藥直。王氏曰：乘治者，猶獸醫觀其所發而養之是也。相醫而藥者，蓋其屬有醫四人，其治疾則亦以藥攻焉。然醫馬疾，大抵以獸醫為主，巫馬之用藥，亦以相醫而已。攻馬疾，謂繫而治之。蓋其疾有藥不足以療之者，乃用攻焉，猶瘍醫所謂以毒藥攻之也。馬死，則使其賈粥之，入其布於校人。註：布，泉也。鄭司農云：賈，謂其屬官小吏，賈二人。粥，賣也。

清 李光坡《周禮述注》卷一七 巫馬，下士二人，醫四人，府一人，史二人，賈二人，徒二十人。註曰：巫馬知馬祖、先牧、馬社、馬步之神者。馬疾若有犯焉，則知之，是以使與醫同職。疏曰：有賈者治馬死生，須知馬價，故有賈人。

又卷一九 巫馬掌養疾馬而乘治之，相醫而藥攻馬疾，受財于校人。註曰：乘，謂驅步以發其疾，知所疾處乃治之相助也。疏曰：巫知馬祟，醫知馬疾，疾則以藥治之，祟則辨而祈之，二者相須，故巫助醫也。受財者，謂共祈具及藥直。馬死，則使其賈粥之，入其布于校人。註曰：布，泉也。鄭司農云：賈，謂其屬官小吏，賈二人。粥，賣也。相，息亮反。註：同。疏：如字。賈，音古。粥，音育。祟，音歲。

清 李鍾倫《周禮纂訓》卷一八 巫馬掌養疾馬而乘治之，相醫而藥攻馬疾，受財于校人。相，息亮反。注：乘，謂驅步以發其疾，知所疾處乃治之相助也。疏：巫知馬祟，醫知馬疾，二者相須。受財，謂祈祟之具及藥直。訓按：序有醫四人，即此是也。馬死，則使其賈粥之，入其布于校人。賈，音嫁，又音古。

清 方苞《周官集注》卷八 巫馬掌養疾馬而乘治之，相醫而藥攻馬疾，受財于挍人。乘，謂步驅以發其疾也，知所疾乃治之。受財，謂共祈具及藥直。馬死，則使其賈粥之，入其布于挍人。布，泉也。

清 秦蕙田《五禮通考》卷二二五《嘉禮八十八》 巫馬，下士二人，醫四人，府一人，史二人，賈二人，徒二十人。注：巫馬知馬祖、先牧、馬社、馬步之神者。馬疾若有犯焉，則知之，是以使與醫同職。

又 卷二四四《軍禮十二》 巫馬掌養疾馬而乘治之，相醫而藥攻馬疾，受財于校人。注：乘，謂驅步以發其疾，知所疾處乃治之，相助也。疏：財謂共祈具及藥直。

清 蔣載康《周官心解》卷二〇 巫馬掌養疾馬而乘治之，相醫而藥攻馬疾，受財于校人。相，息亮反。因祟得疾者。乘治之，乘以疾馬駕車而行，巫能禳鬼，欲知於何方得祟也。治，治以符祝，因疾得祟者，醫藥之相亦以符祝治之也。醫卽獸醫，醫畜者，列職天官，不統於校人。疏：巫知馬祟，醫知馬疾，二者相須，故巫助醫也。受財者，共祈具、藥直。馬死，則使其賈粥之，入其布于校人。賈，音古。粥，音育。註：布，泉也。鄭司農云：賈，其屬，賈二人。粥，賣也。

清 劉沅《周官恒解》卷四《夏官司馬》 巫馬掌養疾馬而乘治之，相醫而藥攻馬疾，受財于校人。馬死，則使其賈粥之，入其布于校人。賈，音古。粥，音育。巫知馬祟，醫知馬疾，故巫馬獸醫祟則祈之，疾則治之。乘驅，步之以知其疾之所在也。財，祈具及藥直。賈，其屬，賈二人。粥，賣也。布，泉也。

清 梁章鉅《稱謂録》卷一九《獸醫巫馬》 《周禮》天官獸醫，下士四人，掌療獸病；夏官巫馬，下士二人，醫四人，掌養牧馬。

清 孫詒讓《周禮正義》卷五四 巫馬，下士二人，醫四人，府一人，史二人，賈二人，徒二十人。巫馬，知馬祖、先牧、馬社、馬步之神者。馬疾若有犯焉，則知之，是以使與醫同職。疏：『巫馬，下士二人，醫四人』者，此卽醫治疾馬之官。天子馬六種十二閑，其數特多，故別設醫官，不并入獸醫。賈疏云：『巫知馬祟，醫知馬疾，故連類在此也。』云『賈二人』者，賈疏云：『治馬死生，須知馬價，故有賈人也。』注云：『巫馬，知馬祖、先牧、馬社、馬步之神者，馬疾若有犯焉，則知之，是以使與醫同職』者，馬祖、先牧、馬社、馬步，並見校人職。鄭意此官掌治馬疾而名，巫者以馬疾或由犯神，當使巫禳治之，故巫醫兩有也。俞樾云：『巫馬職但云掌養馬疾而乘治之，相醫而藥攻馬疾，無一字及祭，然則巫馬非巫也。巫，猶醫也。』《楚辭・天問篇》：『化為黃熊，巫何活焉』，王逸注曰：『言鮌死後化爲黃熊，入於羽淵，豈巫醫所能復生活，是巫醫古得通稱，蓋醫之先亦巫也。』《說文・酉部》曰『古者巫彭初作醫』是也。故《廣雅・釋詁》曰：『醫，巫也。』其字亦或從巫。《爾雅・釋地》：『醫無閭』。《釋文》曰『李本作毉』是也。巫馬卽馬醫，因其所屬有醫四人，故於其長尊之曰巫耳。案：俞說是也。

又 卷六二 巫馬掌養疾馬而乘治之，相醫而藥攻馬疾，受財于校人。乘，謂驅步以發其疾，知所疾處，乃治之相助也。疏：『相醫而藥攻馬疾』者，醫卽敘官醫四人是也，《申鑒・俗嫌篇》云：『藥者，療也。』以藥療馬疾，卽謂之藥，猶擊鼓卽謂之鼓動靜，義通也。賈疏云：『巫知馬祟，醫知馬疾，疾則以藥治之，祟則辨而祈之，二者相須，故巫助醫也。』俞樾云：『蓋巫馬不自醫，使醫四人治之，而自相助之，猶天官醫師掌醫之政令，凡邦之有疾病者、疕瘍者造焉，則使醫分而治之，是亦不自醫也。醫師尊，故言使；巫馬卑，故言相也。』云『受財于校人』者，賈疏云：『謂共祈具及藥直』。注云『乘謂驅步以發其疾，知所疾處乃治之』者，亦如獸醫『凡療獸病，灌而行之，以節之，以動其氣，觀其所發而養之』是也。《齊民要術》療馬病之術云：『終日馳驅，舍而視之，不輾者，筋勞也；輾而不時起，者骨勞也；起而不振者，皮勞也；振而不噴者，氣勞也；噴而不溺者，血勞也』。卽驅步發疾之法。養乘及步馬，詳校人疏。云『相助也』者，《爾雅・釋詁》云：相助勴也。馬死，則使其賈粥之，入其布于校人。布，泉也。鄭司農云：賈，謂其屬官小吏，賈二人。粥，賣也。疏：『馬死，則使其賈粥之』者，粥其皮骨等也。云『入其布于校人』者，所以償失馬之費也。注云『布泉也』者，外府注同。鄭司農云：賈，謂其屬官小吏。『賈二人』者，據敘官文。云『粥，賣也』者，《說文・貝部》云□□也，讀若育，經典多叚粥為之。《國語・齊語》：『市賤鬻貴』，韋注云：鬻，賣也。粥、鬻，聲類同。

傳記

宋 高承《事物紀原》卷七《醫獸》 《續事始》曰：黃帝時有馬師皇者，善醫馬，通神明，故《周禮》天官有獸醫，夏官有巫馬之職也。

馬質

論說

宋 王昭禹《周禮詳解》卷二六 馬質掌質馬。馬量三物，一曰戎馬，二曰田馬，三曰駑，馬皆有物賈。綱惡馬。凡受馬於有司者，書其齒毛，與其賈。馬死，則旬之內更，旬之外，入馬耳，以其物更，其外否。馬及行，則以任齊其行。若有馬訟，則聽之。禁原蠶者。賈，音嫁。更，音庚。馬質掌政官市馬之事，如市之有質人也，故謂之馬質。質者，辨其實而平之也。戎馬謂共戎事之馬，田馬謂共田事之馬，駑馬者，馬之賤而共冗事者也。是三者其材各有等，其力各有宜，故謂之三物也。三者皆有物量之，然後知其賈。故先曰馬量三物，而後曰皆有物賈也。然則馬之名亦多矣，而質人所掌獨曰馬量三物，則其所量者三馬而已。蓋馬之等雖多，而公家之所用，唯此三者為衆故也，故其職所掌如此。綱惡馬，謂以縻索維之，所以制其奔踶也。凡受馬於有司，書其齒毛，與其賈者，書其齒者，書其齒之數；書其毛者，書其毛之色；書其賈者，書其賈之直，將以防其養視之不謹，而使以其物償之也。餘見傳《司馬法》曰：戎事齊力，尚强也；田事齊足，尚疾也。所謂以任齊其行者，則齊力、齊足也。馬訟則買賣之有争者，馬質掌其事，故聽之。禁原蠶者，蓋物有異而同乎一氣，相為消長，相為盈虛，則其勢不能兩盛也。以天文攷之，午馬為絲蠶，則馬於蠶其氣同屬於午也。辰為龍馬，為龍之類，蠶為龍之精，則馬蠶又同資氣于辰也。一歲之中，苟再蠶焉，則蠶盛而馬衰，故原蠶者有禁。原之為言再也。自非深通乎性命之理者烏能及此哉？然蠶者衣之具，而原蠶者有禁，天下或不足于衣，其可乎？蓋先王於五畝之宅，使樹之以桑，則匹婦固使蠶之矣。中春之月，王后親帥内外命婦蠶於北郊，則又有以道之使蠶矣。不蠶者不帛，則又有以阨之使蠶矣。如是，則天下之為嬪婦者無不從事于蠶，則一歲之中不再蠶，斯可矣。

元 王惲《秋澗集》卷九八 蠶為龍之精。按《馬質》云：『禁原蠶』。注：天文辰為馬，《蚕書》曰：『蚕為龍精，月值大火則浴其種』，是蚕與馬同氣。李林甫《月令釋》曰：先蚕，天駟也。先蚕之神或以為苑窳婦人、寓氏公主，或以為黄帝，或以為西陵氏，或以為天駟，歷論不一。然蚕其首馬，首其性喜温惡濕，其浴火月，而再養則傷馬，此固與馬同出於天駟矣。然天駟可為蚕祖，而非先蚕者也。蚕，婦人之事。《史記》黄帝娶西陵氏始蚕，漢祝苑窳婦人、寓氏公主比或有所傳，然其祭設壇，或少牢，或太牢，或一獻，或三獻，禮必皇后親享。北齊使公卿祝之，非也。其曰龍精，閑府儀同三司謂置府辟吏，儀同三公也。

（嘉靖）《寧夏新志》卷一《寧夏衛》 按：周官有馬質，則當時已買馬於民間，故立官以平其質。其大要有三，上焉者以供戎事之用，次焉者以供田獵之用，下焉者以供冗雜之用。又以毛齒備書於簡冊，有定色使不敢以駑易良，有定齒使不敢以老易壯。在周且然，況後世乎？

明 丘濬《大學衍義補》卷一二三 周禮馬質質，平也。主買馬，平其價直。掌質馬。馬量三物，量其材質之高下而知其價。一曰戎馬，供武事馬。二曰田馬，供田獵馬。三曰駑馬，下材而供冗事者。皆有物賈材。有美惡價有高下。綱惡馬。駑不馴者以索維之禁其奔踶。凡受馬於有司者，謂校人之屬，受馬謂國事當用馬者。書其齒毛與其賈。書其年齒毛色及價直。馬死則旬之内更，受馬在十日之内死者償之。更，償也。旬之外，入馬耳，以其物更。十日之外馬死者，割其馬耳入官，見其實死。就以其皮肉筋骨來償，不計價。其外否。十日之外，則不償，雖皮肉不取。馬及行，則以任齊其行。若馬之行，則以所任載之輕重、道里之遠近别識之，以齊其勞逸而後行。若有馬訟，則聽之。有争馬之訟，則聽其曲直。禁原蠶者。原，再也。一年不許兩次養蠶。鄭玄曰：天文辰為馬，《蠶書》：『蠶為龍精，月值大火，則浴其種』，是蠶與馬同氣，物莫能兩大，禁再蠶者，為傷馬歟？臣按：周人之馬買於民間，故立官以為馬質。質之為言，平也，專以質平馬之價直。蓋馬之材質有高下，氣力有彊弱，年齒有老壯，毛色有純駁，故其價直不無多少之異焉。而其用之大要有三，上焉者以供戎事之用，次焉者以供田獵之用，下焉者以供冗雜之用。馬生於民間而用之於公，上不可以空取之也，不可以槩取之也。空取之則民不復私畜矣，槩取之則民不加芻秣矣。是以三代盛時，其於馬也，於民常賦之外有餘畜者，則官以價直易之焉。養之閑廄之中，以備不時之用。卒有國事，民之無馬者，則於是領給焉。其給之也，必書其馬之年齒毛色，與原所買之價，使民受之者有定色則不敢以駑易良，有常齒則不敢以老易壯，有原價則不敢以賤易貴。所受馬在十日内死者，則責其陪償，受之未久。在十日外死者，惟取其皮耳，恐其詐偽也。在十日之外死者，則予之民，而官不取矣。後世兵民既分，馬養之民而收之於官，然後散之於軍，官府無復有質買之政。而馬之死者，一切責軍之償。在官者未必實得馬之用，而軍民俱受其弊矣。近時馬政亦有科錢買馬之令，然所得者未必良，而給之於軍。遇有倒死陪償如故。而西北之邊，苦之尤甚，至有鬻子女而不能償者，吁可歎也已！臣請自今以後，朝廷酌為中制，定為馬價，馬之價，公私交易皆不許過二十緡。違者，馬與價俱入官，牙行之人坐以違制罪。說者若謂物之不齊，物之情大屨小屨同價，孰肯為其大者？臣竊謂天生之物，與人為之物不同。馬之良乃天所生，人力不與焉。官府既為定價，則民間有馬者不過求多直，而皆市之官矣。惟其市之官，所得有限，他市則可多得，以此官之所易者，未必得良也。若夫馬之倒死，不責之償，則彼蔑視，其馬而死者愈多。若責之償，則士卒貧窘，何由得錢？臣愚以為待其死而責其償，不若先其生而為之備。凡有受馬者，請如周制，書其年齒毛色及其原價，而又量其材質之高下肥瘠，併書之冊。其馬有死者，誠瘠且老，則不責其償，若其馬實壯肥而齒未老，馴致瘦損而死者，則責其同伍者合力償之。同伍有先首及其督責之實狀則免其人，而惟責償所受者，與夫其馬因公事而死。及其人本善調息，而馬忽然不意暴死者，皆不在償數。此外又立為馬病，及瘦損，豫告醫治之法，其馬實病而死，非由人致，醫證明白，亦不償。

明 湛若水《格物通》卷八四《任將下》 《周禮·夏官》：『馬質掌質馬。量三物，一曰戎馬，二曰田馬，三曰駑馬，皆有物賈。綱惡馬。』臣若水通曰：此《周禮·夏官》之政也。馬質，官名。質，平也。主買馬而平其價者也。謂之量三物者，別三馬之材，有高下之等，必有以量之，然後可以知其賈也。其材力可以供兵戎之事者曰戎馬，可以供田獵之事者曰田馬，以至駑馬則駑下之材，所以供冗事也。三者皆有物賈焉。曰綱惡馬者，以索綱而縶之，使不得奔逐蹄齧也。此先王養馬之政，布在方冊，後之人主果能行之，則馬生日蕃，而軍國之用無窮矣。

明 柯尚遷《周禮全經釋原》卷九 馬質，中士二人，府一人，史二人，賈四人，徒八人。釋曰：質，平也。主買馬，平其大小之價值，如市之有質人。司馬之職，馬政其首務也，故馬質在此。葉氏曰：成周設教民養馬之政，特設馬質一官，繼於司馬之後，使之為民平馬價之高下，而使民自畜焉。王馬之政，乃有校人、僕夫、趣馬等官，何其畧於民牧而詳於王牧也？蓋民馬，民自備而自畜之，其畜也，則有司授之，其用也，則有司帥之。王馬則自為牧廄，所以必有數官分任其責也。

明 王鳴鶴《登壇必究》卷一八 《周禮》馬質，質，平也，主買馬，平其價值。掌質馬。馬量三物，量其才質之高下，而知其價。一曰戎馬，供武事馬；二曰田馬，供田獵馬；三曰駑馬，下材而供冗事者，皆有物賈。材有美惡，價有高下。綱惡馬，馬不馴者，以縶維之集其奔踶。凡受馬於有司者，謂校人之屬。受馬，謂國事當用馬者。書其齒毛，與其價。書其齒年毛色及價直。馬死，則旬之內更。受馬在十日之內死者，償之。更，償也。旬之外入馬耳，以其物更。十日之外馬死者，割其馬耳入官，見其實死。就以其皮肉筋骨來償，不計價。其外否，十日之外則不償，雖皮肉不取。馬及行，則以任齊其行。若馬之行，則以所任載之輕重、道里之遠近別識之，以齊其勞逸而後行。若有馬訟，則聽之。有爭馬之訟，則聽其曲直。禁原蠶者，原，再也，一年不許兩次養蠶。鄭玄曰：天文辰爲馬，《蠶書》：『蠶爲龍精，月值大火，則浴其種』，是蚕與馬同氣，物莫能兩大，禁再蚕者，爲傷馬歟？邱文莊曰：周人之馬買於民間，故立官以爲馬質。質之爲言，平也，專以質平馬之價直。蓋馬之材質有高下，氣力有強弱，年齒有老壯，毛色有純駁，故其價直不無多少之異焉。而其用之大要有三，上焉者以供戎事之用，次焉者以供田獵之用，下焉者以供冗雜之用。馬生於民間而用之於公，上不可以空取之也，不可以槩取之也。空取之則民不復私畜矣，槩取之則民不加芻秣矣。是以三代盛時，其於馬也，於民常賦之外有餘畜者，則官以價直易之焉。養之閑廄之中，以備不時之用。卒有國事民之無馬者，則於是領給焉。其給之也，必書其馬之年齒毛色，與原所買之價，使民受之者有定色，則不敢以駑易良，有常齒則不敢以老易壯，有原價則不敢以賤易貴。所受馬在十日內死者，則責其倍賞。受之未久，在十日外死者，惟取其皮耳，恐其詐僞也。在十日之外死者，則予之民，而官不取矣。後世兵民既分，馬養之于民而收之於官，然後散之于軍，官府無復有質買之政，而馬之死者一切責軍之償，在官者未必實得馬之用，而軍民俱受其弊矣。近時馬政亦有科錢買馬之令，然所得者未必良，而給之於軍，遇有倒死倍償如故，而西北之邊，苦之尤甚，至有鬻子女而不能償者，吁可嘆也已。

明 顧大韶《炳燭齋隨筆》 《周禮·馬質》：『馬死則旬之內更，旬之外，以其物更，其外否。』說者以旬爲十日，謂乘官馬者十日之內馬死，則必責其賠償，色力務期同於原馬。若死於十日之外，則僅責其物色相似而已。若死於二十日之外，則不責其賠償也。愚以爲此說非也。古者采薇遣戍，往返二年，其餘朝聘、會同必動經數月，若馬死於二十日之外便不責其賠償，則一經行役，將遂無隻蹄之反矣，其何以爲國哉？蓋旬者，十歲之稱，謂馬之齒也。十歲以內，穉馬也，故責其更。十歲以外，長馬也，故責其物更。二十歲以外則馬老矣，其死非乘者之罪，故不責其更也。曰：子之說於理則安矣。然以十歲解旬字，亦有據乎？曰：旬之爲言偏也，固未可定爲十歲之稱，亦未可定爲十日之稱也。卽《周禮》中用『旬』字亦有三說，有偏十日而謂之旬者，朝士之旬而舉之鄉士，旬而職聽於朝，遂士二旬，縣士三旬，郊二旬，野三旬是也；有偏一歲而謂之旬者，均人之旬用三日焉，小荒則旬用二日焉，大荒則旬用一日焉是也；有偏十歲而謂之旬者，則馬質所云是也。若執十日之解，非但不可通於馬質，亦不可通於均人矣。十日之中用民力三日，雖桀紂之暴虐，亦必無是事，而謂周公爲之乎？

明　王志長《周禮注疏删翼》卷一七　馬質，中士二人，府一人，史二人，賈四人，徒八人。註：質，平也。主買馬，平其大小之賈直。疏：買馬供軍用，故在此。《雜説》：周之馬政養之井牧，賦之丘乘，夏官邦政之所掌者一，而馬官校、圉之所屬者八，如馬質一官，中士二人，量之以三物，平之以二價，任之而後受，受之而後書，旬賞其直，任過其用，是其所質無非良馬也。至於房為天駟，祭之以敬其祖，辰為龍蠶，禁之以時。其浴潔泉豐草，凉庌除蓐，交頸相劘，及衢而騁，則又有以宣其性；攻駒教駣，臧僕講馭，刻之烙之，羈之縻之，則又有以就其才；至於相醫而藥，發疾而步，善於連治，禁其終死，則又有以擇其巫。凡為馬政，詳細委曲至於如是，則四牡業業，宜其一日而三捷也；四騏翼翼，宜其車攻而復古也。

清　惠士奇《禮説》卷一〇　馬質，禁原蠶。注云：原，再也。天文辰爲馬，《蠶書》：『蠶爲龍精，月直大火則浴其種。』是蠶與馬同氣，物莫能兩大。禁原蠶者，爲傷馬也。宋雍熙中嘗欲禁之，值史館樂史以爲國賦再熟之稻，鄉貢八蠶之緜，蠶之有原，其來久矣。編民之内，貧窶者多，春蠶所成，止充賦調之用，晚蠶薄利，方及卒歲之資。今若禁之，竊恐病民，未見其利。上覽之遂寢其禁。司業孔維以爲晚蠶之繭，出絲甚少，再采之葉，來歲不茂，豈徒傷馬，桑亦殘焉。《淮南子》曰：『禁原蠶，爲殘桑也。』今垧野之地，官馬多死，苟無明據，豈敢妄陳。案：《本草注》以僵蠶塗馬齒則不能食草，物類相感如此。仲春祭馬祖，季春享先蠶，皆天駟房星也。爲馬祈福謂之馬祖，爲蠶祈福謂之先蠶，請依《周禮》禁原蠶爲允。上雖不用而嘉之，以其言付史館。而有司檢討先蠶故事，以爲先蠶者，始蠶之人與，先農、先牧、先炊一也。開元享禮，瘞炊於壇之壬地。又《郊祀録》載先蠶祀文，有『肇興蠶織』之語，而爲壇北郊不設燔燎，則先蠶非天駟房星矣。《中山經》：『宣山有桑，其枝四衢，葉大尺餘，名曰帝女之桑。』《詩》所謂『猗彼女桑』也。《海外北經》：有歐絲之野，在大踵東，一女子跪，據樹歐絲，即荀子所謂『身女好而頭馬首』者，是爲蠶神與馬同形，故與馬同氣，實爲龍精。而《晉志》祭先蠶以少牢，其神曰西陵氏，則肇興蠶織者也。《隋志》祭先蠶以太牢，其神曰菀窳婦人、寓氏公主。校人秋祭馬社，注云：『始乘馬者，《世本作》曰相土作乘馬』，似非。《易》服牛乘馬，蓋取之隨神化宜民，始於黄帝，然則作乘馬者，軒轅氏矣。《路史》謂：軒轅氏，古帝皇，非黄帝也。其言不雅馴。禡之言馬也，禡禮祀軒轅以此。北齊以馬蠶同祖，故先蠶亦祀軒轅，失之。校人夏祭先牧注云：『始養馬者，其人未聞。』《吕氏春秋》曰：『乘雅作駕，寒哀作御』，寒哀者，韓哀侯也。古寒韓通。《世本》云『韓哀侯作御』，説者謂古雖有御，至是加精巧焉。《詩》曰：『自古在昔，先民有作，菀窳寓氏，乘雅寒哀』，似皆起於近世，非古昔先民，安可謂之作乎？軒轅娶於西陵氏之子，謂之嫘祖氏，淳化鳥獸蟲蛾，故後周以先蠶爲西陵氏，然則先蠶猶先牧始養蠶者，而馬蠶之祖則龍精也。

清　倪思寬《二初齋讀書記》卷六　夏官馬質禁原蠶者，鄭註云：天文辰爲馬，《蠶書》蠶爲龍精，月直大火則浴其種，是蠶與馬同氣，物莫能兩大，禁再蠶者，爲傷馬與？愚案：《吴都賦》註引劉欣期《交州記》曰『一歲八蠶繭出日南』也，蓋地氣溫暖，蠶事之盛如此。聞馬性宜於西北，而不宜於西南，倘亦鄭康成所謂物莫能兩大者邪？

清　全祖望《鮚埼亭集・外編》卷四八《禁原蠶説》　《周禮》夏官馬質禁原蠶。鄭康成謂：天駟主蠶，蠶與馬同氣，物莫能兩大，禁原蠶者，懼其傷馬。臨川李詹事嘗語予曰：『此最漢儒不經之談。吾嘗試之矣。一院之中，飼蠶於東，秣馬於西，曾不見其傷也。』予曰：是。固然天下之以兩大而傷者，必其力足以相抗。原蠶雖多，不過女紅之餘，分閏位耳，而謂其足以爲馬政之累乎？然所以必禁之者，則專爲蠶事計也。今天下蠶利，莫盛於浙東，西吾故熟知其不可也。凡桑柘之生，三月而茂，既翦之以供蠶食，則其木之津液爲之流者數日，歷兼旬而漸有生意，以復其初。原蠶多則必復取新生之葉，斬艾無遺，而桑柘之氣大剝，況其成絲於夏者，爲質亦薄，不足當春時之十五，是欲博其利而卒并蠶之氣而耗之。行之數年，蠶且漸減，桑亦盡枯，非贊化育之道也。四時之序成功者，退是以桑柘用之於春而休之於夏，不竭蠶之力，非於馬政有所預也。若夫天南極壤，固有收八蠶之繭者，斯則物產之奇，不可以爲常。故聖人於中國必禁之，或曰掌之於馬質，何也？

曰：《周禮》蠶無專官，而天駟實以馬祖兼蠶神，則禁原蠶者，馬質掌之，夫豈以兩大之故哉？

清 弘晝《稽古齋全集》卷一《禁原蠶論》 天下之物有異類殊形之不齊，則其盈虛消長之數亦互異焉。又有異類殊形而同乎一氣者，則其相為盈虛消長，必有不能兩大之勢。其互異者，固彼此無害而生息日繁；其不能兩大者，要在調劑得宜，使無過盈過耗之憾，而物理乃以得其平。如《周禮》馬質掌禁原蠶，非所謂調劑得宜者乎？請申論之。天有二十八宿，而各有所屬，房為天駟，稱馬祖焉。宣王《吉日》之詩曰『既伯既禱』是也。至蠶與馬同屬氣於午，又馬為龍類，蠶為龍精，故『月直大火，則浴其種』，是蠶與馬非異類而同氣者歟？夫異類固不妨於並育，而同氣亦不可以偏傷，使蠶盛則馬衰，而地用無資，戎車不給，將何恃以禦侮？然使馬盛則蠶又衰，而絲枲不供，衣服不備，又將何恃以禦寒乎？是以馬質之禁，特為原蠶而設，蓋養蠶桑以足民，則家有挾纊之溫，而老者不缺於衣帛；禁原蠶以養馬，則軍有騰驤之用，而士卒不患於徒行。二者相濟不相妨，既無偏勝之虞，又得遂生之樂，自非通乎性命之正者，烏能及此？自周以後，歷世久遠，馬質之官已廢，雖原蠶之禁近無明文，然南方多蠶而少馬，北方多馬而少蠶，亦可見天地盈虛消長之理，固有不期然而然者。聖王因之，豈非順其自然之一道也哉？

清 成本璞《九經今義》卷一一《周禮》 馬質掌質馬，校人掌馬政，牧師、圉師隸焉。馬政之行久矣，漢唐復馬之令既不可行，趙宋保馬之法徒以厲民，畜產凋耗，軍威不振，亦國之憂也。今宜弛一切馬禁，以復監牧之良法，設專官掌之，課其孳生，分配諸軍。西人於馬政視爲要圖，滋育蕃息，善遊牧，逐水草，歲有賽馬之戲、養馬之會，非以爲玩好也，不敢忘武備也。

綜述

漢 鄭玄《周禮疏》卷二八 馬質，中士二人，府一人，史二人，賈四人，徒八人。質，平也。主買馬，平其大小之賈直。賈，音嫁，注及下同。疏：注『質平』至『賈直』，釋曰：司馬者，主以供軍之用，馬質主平馬賈買之，故亦列職居前也。然不使與校人相近而在此者，平馬大小賈直，故使與量人相近故也。以其主司馬，故屬夏官。

又 卷三〇 馬質掌質馬。馬量三物，一曰戎馬，二曰田馬，三曰駑馬，皆有物賈。此三馬，買以給官府之使，無種也。鄭司農曰：『皆有物賈，皆有物色及賈直。』賈，音嫁，注及下同。種，章勇反，下同。疏：『馬質』至『物賈』，釋曰：云『馬質』者，質，平也，主平馬力及毛色與賈直之等。注『此三』至『賈直』，釋曰：云『此三馬，買以給官府之使，無種』者，馬有六種，此三者無種。買以給官府，悇三者仍有種馬、齊馬、道馬。其齊馬、道馬，亦無種，不買之者，其種馬上善似母者，其齊馬、道馬，雖非上善似母者，亦容國家所蕃育，不買之也。綱惡馬。鄭司農云：『綱讀為「以亢其讎」之亢，書亦或為亢。亢，御也，禁也，禁去惡馬不畜也。』玄謂綱，以縻索維綱狎習之。亢，苦浪反，又音剛，下同。御，魚呂反，本亦作御，下同。去，起呂反，《小子》注『去之』同。縻，亡皮反。疏：汼『鄭司』至『習之』，釋曰：先鄭讀為『以亢其讎』之亢者，按僖二十八年，晉子犯曰『背惠食言，以亢其讎』是也，謂禁去惡馬不畜。后鄭不從者，此馬質所掌，皆買之無種，何有惡馬禁去之類，故不從也。凡受馬於有司者，書其齒毛與其賈，馬死，則旬之內更，旬之外入馬耳，以其物更，其外否。鄭司農云：『更謂償也。』玄謂旬之內死者，償以齒毛與賈，受之日淺，養之惡也。旬之外死，入馬耳，償以毛色，不以齒賈，任之過其任也。其外否者，旬之外逾二十日而死，不任用，非用者罪。內更，音庚，下及注同。任用，音壬，又而鴆反。疏：注『鄭司』至『者罪』，釋曰：后鄭云『旬內死者，償以齒毛與賈，受之日淺，養之惡也』者，所受之馬，謂給公家之使，旬之內，雖任之過其任，若養之善，未能致死，以其日少故也。若養之惡，雖不重任，亦能致死。云『旬之外死，入馬耳，償以毛色，不以齒賈，任之過其任也』者，以其筋力既竭，雖善養之，任載過多，可以致死，故云過其任也。云『其外否者，旬之外逾二十日死，不任用，非用者罪』者，以其行使二十日以外，馬力既竭，雖齊其任養之善，容得致死，故不償。鄭見有三等之法，下復云『以任齊其行』，以意量之，以為此解。馬及行，則以任齊其行。識其所載輕重及道里，齊其勞逸，乃復用之。復，扶又反。疏：注『識其』至『用之』，釋曰：鄭知『識其所載輕重及道里』者，以其經云馬及行，明授行者所載輕重及道里，須齊勞逸，乃復用之，不得并其勞逸也。若有馬訟，則聽之。訟，謂賣買之言相負。疏：注『訟謂』至『相負』，釋曰：知『賣買之言』者，以馬質主買馬，故知之也。禁原蠶者。原，再也。天文，辰為馬。《蠶書》，蠶為龍精。月直大火，則浴其種，是蠶與馬同氣。物莫能兩大，禁再蠶者，為傷馬與？直，音值。為傷，于偽反。疏：注『原再』至『馬與』，釋曰：云『天文，辰為馬』者，辰則大火，房為天駟，故云辰為馬。云『《蠶書》，蠶為龍精。月值大火，則浴其種』者，月值大火，謂二月則浴其種，則《內宰》云『仲春，詔后帥外內命婦始蠶於北郊』是也。若然，《祭義》云『大昕之朝，奉種浴於川』，注云『大昕，季春朔日之朝』，是建辰之月又浴之者，蓋蠶將生重浴之，故彼下文即云『桑於公桑之事』是也。云『是蠶與馬同氣』者，以其俱取大火，是同氣也。

云『物莫能兩大』者，此莊二十二年《左傳》文。按彼陳敬仲奔齊，齊侯使敬仲為卿。敬仲，其少也，周史有以《周易》見陳侯者，陳侯使筮之，遇《觀》之《否》，曰：『是謂觀國之光，利用賓于王，此其代陳有國乎？不在此，其在異國乎？』下云：『若在異國，必姜姓也。姜，大岳之后也。山岳則配天，物莫能兩大，陳衰，此其昌乎？』引此者，是無并大之義也。云『禁再蠶者，為傷馬與』者，二者既同氣，不可兩大，而禁再蠶，明恐傷馬，無正文，故云『與』以疑之也。

北魏　賈思勰《齊民要術》卷五《種桑柘第四十五》　《周禮》曰：馬質。禁原蠶者。注曰：質，平也；主買馬平其大小之價值者。原，再也。天文，辰為馬。《蠶書》，蠶為龍精，月直大火，則浴其蠶種，是蠶與馬同氣。物莫能兩大，故禁再蠶者，為傷馬與？

宋　王安石《周官新義》卷一二《夏官一》　馬質掌質馬。馬量三物，一曰戎馬，二曰田馬，三曰駑馬，皆有物賈。綱惡馬。凡受馬於有司者，書其齒毛，與其賈。馬死，則旬之內更，旬之外，入馬耳，以其物更，其外否。馬反行則以仕齊其行。若有馬訟，則聽之。禁原蠶者。綱，謂以縻索維之，所以制其奔踶也。

宋　黄度《周禮説》卷四《夏官司馬下》　馬質，掌質馬。馬量三物，一曰戎馬，二曰田馬，三曰駑馬，皆有物賈。種、道、齊，非所給受也。受馬者，書其賈。馬死則更。然則馬三物者，非爲買馬也。疏家謂列職於此，爲平馬賈，非也。駑馬駕，後車輜車。綱惡馬。不使擾羣，且令受馬者知其性。凡受馬於有司者，書其齒毛，與其賈，馬死則旬之內更，旬之外入馬耳，以其物更，其外否。齒則老壯，毛則貴賤，齒毛各有賈，貴賤賈定，老壯有進退。旬之內死，全償其賈，旬之外以其物償物，皮筋骨也。不及賈，則附益之。馬肥瘠容有不同也。入馬耳，防抵僞也。鄭康成曰：不償齒賈，其外否，還其死馬而已。馬及行，則以任齊其行。此亦頒馬之行。若有馬訟，則聽之。訟，鄭謂賣買之言相負，非也。買賣質劑自有主者，馬質主頒馬之政令，有訟則聽之。

宋　易祓《周官總義》卷十八　馬質掌質馬。馬量三物，一曰戎馬，二曰田馬，三曰駑馬，皆有物賈。此言市馬之政物云者，國馬之輈深四尺有七寸，田馬之輈深四尺，駑馬之輈深三尺有三寸，其用各有等，其材各有宜，故皆以三物量之。有物則有價，故謂之質。綱惡馬。此言養馬之政。凡受馬于有司者，書其齒毛，與其賈。馬死，則旬之內更，旬之外，入馬耳，以其物更，其外否。馬及行，則以任齊其行。若有馬訟，則聽之。禁原蠶者。聽馬訟，則養馬、市馬之政皆得其平。

宋　魏了翁《古今考》卷三一《牧人通掌六牲》　馬質掌質馬。馬量三物，一曰戎馬，二曰田馬，三曰駑馬，皆有物賈。此買馬之官也。買此戎馬、田馬、駑馬三物，皆有時價也。賈，音嫁。賈四人。亦音嫁，謂主買馬，平其大小之賈直。綱惡馬。先鄭讀作亢，禁也，御也，不畜惡馬也。後鄭綱謂以縻索維，綱狎習之。禁原蠶者，原，再也。天文辰為馬，《蠶書》蠶為龍精，月直大火則浴其蠶種，是蠶與馬同氣，物莫能兩大，為傷馬，禁原蠶。

宋　王與之《周禮訂義》卷四九　馬質，中士二人，府一人，史二人，賈四人，徒八人。鄭康成曰：質，平也。主買馬，平其大小之賈直。鄭鍔曰：或謂地官質人亦掌成馬賈，又有馬質，何耶？質人言掌市之牛馬則人民所貿易者也。馬質主官府所用者，質定其賈，而買之於民。薛平仲曰：賞典所以振士氣，故司勳之官不可緩；馬材所以謹戎備，故馬質之官亦不敢後。先王於歲時稽鄉遂之牛馬，以辨其可任之物。馬之在民，固無不足之慮，而公馬之備闕不以責乎民，而取材於公以給之，是以有馬質，以視其材之高下、任之能否，賈之多寡由之以別，用之緩急由之以定，而馬固各適於用矣。然馬質宜校人之屬，今以中士之卑，特先於校人中大夫之尊者，蓋掌主馬之政而詳及於六馬者。校人之官固在所當重，量三馬之材，惟急於戎馬者，馬質之官實在所當先。先儒謂司馬主軍法，序官前後不以尊卑為據，直取其事急者居前，事緩者居後，其有見於此。掌質馬。馬量三物，一曰戎馬，二曰田馬，三曰駑，馬皆有物賈。音嫁。易氏曰：此言市馬之政。王昭禹曰：戎馬謂共戎事之馬，田馬謂共田事之馬，駑馬者，馬之賤而共冗事者也。黄氏曰：駑馬駕後車、輜車。易氏曰：物云者，國馬之輈深四尺有七寸，田馬之輈深四尺，駑馬之輈深三尺有三寸，其用各有等，其材各有宜，故皆以三物量之。有物則有價，故謂之質。鄭鍔曰：校人所掌者六馬，質人以質馬為職，只量三物，何邪？蓋種馬、道馬欲其上善，則育其種於國。戎也、田也、駑也三馬所用為甚衆，買於民以供用。馬質所質者，買於民也，故既視其三等之物，又從而量其尺寸，以知其所宜用，或可任以戎者，或止為駑，以供雜用者，量其高下，又因以知其價。黄氏曰：種、道、齊，非所給受也。受馬者，書其賈。馬死則更。然則馬量三物者，非為買馬也。疏家謂列職于此，為平馬價，非也。綱惡馬。易氏曰：此言養馬之政。王氏曰：綱謂以縻索維之，所以制其奔踶也。黄氏曰：不使擾羣，且令受馬者知其性。凡受馬於有司者，書其齒毛，與其賈，馬死，則旬之內更，旬之外，入馬耳，以其物更，其外否。賈氏曰：所受之馬謂給公家之使。王昭禹曰：書其齒者，書其齒之數；書其毛者，書其毛之色；書其賈者，書其賈之直。將以防其養視之不謹，使以其物償之也。黄氏曰：齒則老壯，毛則貴賤，齒毛各有賈，貴賤賈定，老壯有進退。鄭司農曰：更，謂償也。李嘉會曰：受馬於官，未及旬而死，安知非前之所養者失其職，必欲後之所受者備償其色様，得無難乎？蓋前者失其養，則後者不當受。既受而馬死，必後者失職也。責其備更，則授受之時，致養之際，必不苟矣。若夫旬之外死，止以物色相類者入焉。至於二旬之外，惟入馬而不拘以物色矣。馬質云者，如今之馬博士，善曉馬病，善療馬疾，醫治已久，知非所養者罪也。鄭康成曰：旬之內死者償以齒毛，與賈受之日淺，養之惡也。旬之外死，入馬耳，償以毛色，不以齒，賈任之過，其任也。其外否者，旬之外踰二十日而死，不任用，非用者罪。黄氏曰：旬之內死，全償其賈。旬之外，以其物償物，皮筋骨也。不及賈，則附益之，馬肥齊容有不同也。入馬耳，防抵偽也。鄭康成曰：不償齒賈，其外否，還其死馬而已。馬及行，則以任齊其行。黄氏曰：此亦頒馬之政。鄭鍔曰：馬之駕車欲其如一，戎事欲其齊力，國事欲其齊足，於能行之初則用物以齊之，因其所任之輕重，以別識其強弱，蓋不先以任而齊其行，則駕車之際強弱不等矣。若有馬訟，則聽之。易氏曰：聽馬訟，則養馬、市馬之政皆得其平。黄氏曰：訟，鄭謂賣買之言相負，非也。買賣質劑，自有主者，馬質主頒馬之政令，有訟則聽之。禁原蠶者。鄭康成曰：原，再也。王昭禹曰：物有異類而同乎一氣，相為消長，相為盈虚，其勢不能兩盛也。以天文攷之，午馬為絲蠶，則馬與蠶其氣同屬於午也。辰為龍，馬為龍之類，蠶為龍之精，則馬蠶又同資氣於辰也。一歲之中苟再蠶焉，則蠶盛而馬衰，故原蠶者有禁，自非深通乎性命之理者烏能及此？鄭鍔曰：蠶者，衣之原，可勸之勤，不可禁其再。因其再而禁之，抑亦先王之世不專用絲故歟？嬪婦所化者有麻，梟獵所得者有狐貉，則雖禁原而衣不患不足。李嘉會曰：今東南如兖、揚衣被天下，蠶盛而無馬，西北苦寒之地，有馬而無蠶，蓋可知矣。

宋 黄震《黄氏日鈔》卷三〇《讀周禮》 馬質。質，平也。主買馬，平其賈直。

《文獻通考》卷一五九《兵考十一》 馬質掌質馬。馬量三物，一曰戎馬，二曰田馬，三曰駑馬，皆有物賈。此三馬買以給官府之使，無種也。鄭司農曰：皆有物色及賈直。疏：馬有六種，此三馬無種，買以入官府者，種謂馬，上善似母者。綱惡馬。鄭司農云：綱讀為以亢，其讐之亢，書亦或為亢。亢，御也，禁也，禁去惡馬不畜也。綱，謂綱以縻索維綱狎習之也。凡受馬於有司者，書其齒毛，與其賈。馬死，則旬之內更，旬之外，入馬耳，以其物更，其外否。鄭司農云：更，謂償也。元謂旬之內死者，償以齒毛與賈，受之日淺，養之惡也。旬之外死，入馬耳，償以毛色，不以齒，賈任之過其任也。其外否者，旬之外踰二十日而死，不任用非用者罪。疏：旬之内日少，若養之善，未能致死也。故更旬之外日多，任之過，馬力既竭，雖養之善，容得致死，故不償。馬及行，則以任齊其行。職其所載輕重及道里，齊其勞逸，乃復用之。若有馬訟，則聽之。訟謂買賣之言相負。禁原蠶者。原，再也。天文辰爲馬，《蠶書》：『蠶為龍精，月直大火則浴其種。』是蠶與馬同氣，物莫能兩大。禁原蠶，為其傷馬歟？

元 陳友仁《周禮集説》卷六 馬質，中士二人，府一人，史二人，賈四人，徒八人。鄭氏曰：質，平也。主買馬，平其大小之賈直。王介甫曰：馬質掌成官中市馬之事，如市之有質人。疏曰：買馬供軍用，故在此。《雜說》：周之馬政，養之井牧，賦之丘乘。夏官邦政之所掌者一，而馬官校、圉之所屬者八，如馬質一官，中士二人，量之以三物平之，以二價任之而後受，受之而後書。旬償其直，任過其用，是其所質無非良馬也。至於房為天駟，祭之以敬其祖。辰為龍蠶，禁之以時，其浴潔泉豐草、涼庌淺濕，交頸相劘，及衢而騁，則又有以宣其性；攻駒教駣，臧僕講馭，刻之雒之，羈之縻之，則又有以就其才。至於相蹬而藥，發疾而步，善於乘治，禁其終死，則又有以擇其巫。凡為馬政，詳細委曲至於如是，則四牡業業，宜其一月而三捷也；四騏翼翼，宜其車攻而復古也。掌質馬。馬量三物，一曰戎馬，二曰田馬，三曰駑馬，皆有物賈。綱惡馬。凡受馬於有司者，書其齒毛，與其賈。馬死，則旬之內更，旬之外，入馬耳，以其物更，其外否。馬及行，則以任齊其行。若有馬訟，則聽之。禁原蠶者。賈，音嫁。更，音庚。王介甫曰：每馬則以三物量之，以知其所宜。王氏曰：戎馬，共戎事之馬；田馬，共田事之馬；駑馬，馬之賤而共冗事者也。蓋馬之類雖多，而給公家之用，唯此三馬為衆也。綱惡馬，謂以索綱維之，所以制其奔踶也。疏曰：凡受馬於有司者，所受之馬謂給公家之使。王氏曰：書其齒之數，毛之色，與其價之直，將以防其養視之不謹，而使以其物償之也。鄭氏曰：更，謂償也。旬之內死者，償以齒毛與價，受之日淺，養之惡也。旬之外死，入馬耳，償以毛色，不以齒價，任之過其任也。《雜說》：必入馬耳，見得是實死。鄭氏曰：其外否者，旬之外踰二十日而死，不任用非用者罪。馬及行，則任齊其行，識其所載輕重及道里，齊其勞逸，乃復用之。劉氏曰：馬及行，則始當駕者。量其勝任，入其等，以齊其行也。王氏曰：《司馬法》曰：戎事齊力，尚強也；田事齊足，尚疾也。所謂以任齊其行者，齊力、齊足者也。王氏曰：馬訟，賣買有争者，馬質掌其事，故聽也。鄭氏曰：原，再也。天文辰為馬，《蠶書》：『蠶為龍精，月值大火則浴其種』，是蠶與馬同氣，物莫能兩大，禁再蠶者，為傷馬歟？

宋 朱申《周禮句解》卷七《夏官司馬上》 馬質，中士二人，府一人，史二人，賈四人，徒八人。主平馬價。掌質馬。質，正也。買馬則平其價直。馬量三物。三馬之材必量其高下，然後可知其價也。一曰戎馬，共戎事之馬。二曰田馬，共田事之馬。三曰駑馬，下材而共冗事之馬。皆有物賈。以其材之美惡，定其價之高下。賈，價。綱惡馬。馬之惡者，則綱維之，所以禁其奔踶也。凡受馬於有司者，有司謂校人之屬受馬，謂國事當用馬者。書其齒毛，與其賈。馬質則書其年齒毛色及其價直。馬死，則旬之內更，旬之外入馬耳，以其物更，其外否。馬及行，則以任齊其行。若有馬訟，則聽之。有争馬之訟則聽其曲直。禁原蠶者。原，再也。蠶為龍精，與馬同祖。一歲再蠶，則蠶勝而馬衰，故禁之。

明 盧翰《掌中宇宙》卷九《耀武篇》 校人六馬。趣馬齊其節，巫馬治其疾，馬質平其價，牧師掌其地，圉師立其教，圉人供其役。

明 王應電《周禮傳》卷四上 馬質，中士二人，府一人，史二人，賈四人，徒八人。馬質掌質馬。質者，平成之義，謂平其馬價而成其交易也。馬量三物，一曰戎馬，二曰田馬，三曰駑馬，皆有物賈。駑，音奴。賈價通。馬之等，一為戎馬，二為田獵，三供冗役。馬類雖多，而唯此三者可以通于上下之用，其貿易為最多，故以此量之，使皆有物色價直也。綱惡馬。馬有覂駕破車而其才可用者，則以索綱維而馴習之，制其奔踶之性。覂，音俸，逸也。踶，題第二音。凡受馬于有司者，書其齒毛，與其賈。馬死，則旬之內更，旬之外入馬耳，以其物更，其外否。受馬於有司者，丘甸之民及凡民買圉人之馬也。未及旬而馬死，病有未賣之前也，故依原價而償與之。過旬而死，先不甚病，任之過其任也，故使之入馬耳，依其色而償之。不足于原價，兩分其災也。二旬之外則先無所病買者之過，故無所償。聖人大公之心，雖小事亦無不得其平也。馬及行，則以任齊其行。行，音杭。及行，謂始當駕者。任之以物，使之致遠，因而知其所載之輕重，所行之遠近，然後可以齊其行等，隨所任使而不偏矣。若有馬訟，則聽之。買賣馬有爭者，馬質掌其事，故聽之。禁原蠶者。《易·大傳》曰：乾為馬，《蠶書》：『蠶為龍精，月值大火，則浴其種』，至四月純乾卦氣而蠶功告成，是蠶與馬同氣，物莫能兩大。原，再也。禁再蠶者，恐傷馬也。校人所掌皆公馬也，其名物教治、委任責成之濃詳矣。然鄉遂公邑民間之馬甚多也，故復設此官以統之。馬量三物，以定其價，綱惡馬，齊其行以教導之，禁原蠶以蕃育之，此皆所謂馬政也至。【中闕】有豐耗。王馬不足則買于民，有餘則賣之。及夫民間之賣粥者，故有受馬有司之例，與夫馬訟之聽，而以馬質命官也。

明 郝敬《周禮完解》卷七 馬質，中士二人，府一人，史二人，賈四人，徒八人。戰用莫如馬。質，正也。掌平馬價，與用馬之法。馬，房星之精，與火同宮盛于夏，故馬質先夏。馬質掌質馬。馬量三物，一曰戎馬，二曰田馬，三曰駑馬，皆有物賈。綱惡馬。凡受馬於有司者，書其齒毛，與其賈。馬死，則旬之內更，旬之外，入馬耳，以其物更，其外否。馬及行，則以任齊其行。若有馬訟，則聽之。禁原蠶者。量，度也。物，材力也。上材爲戎馬，次用田獵，駑馬下供冗用。物賈，謂毛色與價值。綱惡馬，馬蹄齧者，綱維之使馴服也。受馬于有司，謂有公事乘官馬者。記其所受馬老少與價值，遇馬死，十日內告。更，更代也。道里近，旬日內可省驗也。十日外不及省驗，割其死馬之耳來驗，毛色實，與更。凡更馬，不過二旬，過二旬外，告亦不與更。及行，謂馬始行，試其力之强弱，爲任之輕重，均齊其行，勿使中道疲乏也。歲再蠶曰原蠶。原，再也。猶《易》原筮之原。蠶爲龍星之精，故《周頌》靈星尸絲衣，馬亦龍精，與蠶同氣。再蠶則夏矣，夏午火爲馬，蠶盛傷馬，故夏官之屬司其禁。

明 王志長《周禮注疏刪翼》卷一九 馬質掌質馬。馬量三物，一曰戎馬，二曰田馬，三曰駑馬，皆有物賈。註：此三馬買以給官府之使，無種也。鄭司農云：皆有物賈，皆有物色及賈直。王介甫曰：每馬則以三物量之，以知其所宜。綱惡馬。註：鄭司農云：綱讀為以亢，其讎之亢，書亦或為亢。亢，御也，禁也，禁去惡馬不畜也。玄謂綱以縻索維綱狎習之。王氏曰：馬有覂駕破車而其才可用者，則以索綱維之，使馴服也。凡受馬於有司者，書其齒毛，與其賈。馬死，則旬之內更，旬之外入馬耳，以其物更，其外否。註：鄭司農云：更，謂償也。謂旬之內死者，償以齒毛，與賈，受之日淺，養之惡也。旬之外死，入馬耳，償以毛色，不以齒，賈任之過其任也。旬之外踰二十日而死，不任用非用者罪。疏：凡受馬於有司者，所受之馬謂給公家之使。王氏曰：書其齒之數，毛之色，與其價之直，將以防其養視之不謹，而使以其物償之也。《雜說》：必入馬耳，見得是實死。馬及行，則以任齊其行。註：識其所載輕重及道里，齊其勞逸，乃復用之。劉氏曰：馬及行，則始當駕者，量其勝任，入其等，以齊其行也。王氏曰：《司馬法》曰：戎事齊力，尚彊也；田事齊足，尚疾也；所謂以任齊其行者，齊力、齊足者也。若有馬訟，則聽之。註：訟謂賣買之言相負。禁原蠶者。註：原，再也。天文辰為馬，《蠶書》：『蠶為龍精，月直大火，則浴其種』，是蠶與馬同氣，物莫能兩大，禁原蠶者，為傷馬歟？

清 李光坡《周禮述注》卷一七 馬質，中士二人，府一人，史二人，賈四人，徒八人。註曰：質，平也，主買馬，平其大小之賈直。疏曰：司馬者，主以供軍之用；馬質，主平馬賈買之，故亦列職居前也。薛平仲曰：賞典所以振士氣，故司勳之官不可緩馬材，所以謹戎備，故馬質之官亦不敢後。先王於歲時稽鄉遂之牛馬，以辨其可任之物。馬之在民，固無不足之慮，而公馬之備闕不以責乎民而取材於公以給之，是以有馬質。然馬質宜校人之屬，今在此者，蓋掌主馬之政。而詳及於六馬者，校人之官固在所當重。量三馬之材，惟急於戎馬者，馬質之官實在所當先。賈，音古。註：賈，直音嫁，下同。

又卷一八 馬質掌質馬。馬量三物，一曰戎馬，二曰田馬，三曰駑馬，皆有物賈。註曰：此三馬買以給官府之使，無種也。鄭司農云：皆有物賈，皆有物色及賈直。易彥祥曰：物云者，國馬之輈深四尺有七寸，田馬之輈深四尺，駑馬之輈深三尺有三寸，其用各有等，其材各有宜，故皆以三物量之。有物則有價，故謂之質。綱惡馬。註曰：綱以縻索維綱狎習之。賈，音稼。凡受馬於有司者，書其齒毛，與其賈。馬死，則旬之內更，旬之外入馬耳，以其物更，其外否。註曰：鄭司農云：更，謂償也。玄謂旬之內死者，償以齒毛，與賈。受之日淺，養之惡也。旬之外死，入馬耳，償以毛色，不以齒，賈任之過其任也。其外否者，旬之外踰二十日而死，不任用，非用者罪。疏曰：所受之馬，謂給公家之使。更，音庚。**馬及行，則以任齊其行。**註曰：識其所載輕重及道里，齊其勞逸，乃復用之。坡謂：及行，始駕也，此二句或在『綱惡馬』之下，蓋同為教馬事也。**若有馬訟，則聽之。**註曰：訟謂賣買之言相負。**禁原蠶者。**註曰：原，再也。天文辰為馬，《蠶書》蠶為龍精，月值大火則浴其種，是蠶與馬同氣，物莫能兩大，禁再蠶者，為傷馬與？坡謂：禁原蠶者，言牧馬之處與牧馬之人皆不得再養蠶也。

清　李鍾倫《周禮纂訓》卷一五　**馬質掌質馬。馬量三物：一曰戎馬，二曰田馬，三曰駑馬，皆有物賈。**賈音嫁。注：此三馬買以給官府之使，無種也。皆有物賈，皆有物色及賈直。疏：質，平也。主平馬力及毛色與賈直。訓：此三者之馬以共國用。若王所用，則當有種馬、齊馬、道馬三物也。戎馬、田馬以共軍事、田獵，駑馬以共官府百事之用。各有物賈，謂如下文有用官馬而死，須以物更也。物，馬材也。注謂無種，謂不如校人養馬法，孳其生育，但國家官府所用馬當亦有常數，如校人所云，而今不可考矣。至其養之，或亦牧人牧六牲中容有馬與？**綱惡馬。**注：綱謂以縻索維綱狎習之。**凡受馬於有司者，書其齒毛，與其賈。馬死，則旬之內更，旬之外入馬耳，以其物更，其外否。**賈，音嫁，更音庚。注：更謂償也。旬之內死者，償以齒毛與賈，受之日淺，養之惡也。旬之外死入馬耳，償以毛色，不以齒，賈任之過其任也。其外否者，旬之外踰二十日而死，不任用，非用者罪。疏：所受之馬謂給公家之使。旬內死者，償以齒毛與賈，以其日少，雖過其任，若養之善，未能致死也。旬外死，入馬耳，償以毛色，不以齒，賈者以其任過其任，雖善養之可以致死云。旬之外踰二十日死，不任用，非用者罪者，以其行使二十日外，馬力既竭，雖齊其任，養之善，容得致死，故不償。訓：此蓋以事之勞逸用之久近為等，事逸則用近，事勞則用久，用近而死，是濫用也，則償之。用久而死，是為官事，非得已也，則不償。旬之內不但償如其毛色，兼如其齒，賈從重也。旬之外償如其毛色耳，齒賈雖有老幼貴賤之不同，不責也，是從輕也。二旬以外則并不責之矣。**馬及行，則以任齊其行。**注：識其所載輕重及道里齊其勞逸，乃復用之。訓案：及行，謂有事用之。注云『齊其勞逸乃復用之』者，謂所有之馬更番用遍，然後初用者乃可以次用之，不可使有常用或常不用，則勞逸不均也。注『識』字讀如『誌』，記之也。輕重道里，通釋『任』字。**若有馬訟，則聽之。**注：訟謂賣買之言相負。**禁原蠶者。**注：原，再也。天文辰為馬，蠶為龍精，月直大火則浴其種，是蠶與馬同氣，物莫能兩大，禁再蠶者，謂傷馬與？疏：天文辰為大火，房為天駟，故曰辰為馬。月直大火，謂二月，按内宰『仲春始蠶』，謂『浴其種』，《祭義》云『大昕之朝，奉種浴于川』。注云『大昕季春朔日又浴』者，將生時又重浴之也。

清　方苞《周官集注》卷七　**馬質，中士二人，府一人，史二人，賈四人，徒八人。**質，平也。主買馬，以供軍用，而平其賈直。地官歲時稽鄉遂都鄙之牛馬，辨其可任之物，馬之在民者無不足之慮矣。而公馬之缺，則官買之。馬質宜屬校人，今列此者，校人兼掌六馬，而戎馬之用尤多，其事尤急，故先之。【略】**馬質掌質馬。馬量三物，一曰戎馬，二曰田馬，三曰駑馬，皆有物賈。**此三馬，皆買以給官府之用者。其用各有等，其材各有宜，故以三物量之。物異則賈從之，故謂之質。**綱惡馬。**綱謂以縻索縶維而調習之。**凡受馬于有司者，書其齒毛，與其賈。馬死，則旬之內更，旬之外入馬耳，以其物更，其外否。**更，償也。旬之內死，如其齒毛及賈而償其馬。旬之外則以其物償物，皮筋骨也，不及價則附益之。過此則歸死馬于官而已。入馬耳，防抵偽也。**馬及行，則以任齊其行。若有馬訟，則聽之。**及行，始駕也。量其力所能任及行道遠近，以類相從而閑習之，所謂齊其行也。馬訟，謂買賣之言相負者。**禁原蠶者。**原，再也。天文辰為馬，《蠶書》：『蠶為龍精，月值大火，則浴其種』，是蠶與馬同氣，物莫能兩大，故禁再蠶，為傷馬與？李耜卿曰：惟牧馬之地及牧者之家不得再蠶也。

清　方苞《周官析疑》卷二七　**馬質掌質馬。馬量三物，一曰戎馬，二曰田馬，三曰駑，馬皆有物賈。**校人辨馬之六物，而馬質所量惟三者，惟師田雜役，官吏受馬於有司，故量其賈。有死而更，或止更其物之法。種馬、齊馬、道馬非羣下所得用，無所庸其量也。**凡受馬于有司者，書具齒毛，與其賈。馬死，則旬之內更，旬之外入馬耳，以其物更，其外否。**賈以齒毛而定。旬之內更者，量齒毛而責以生時之賈也。以其物更者，以既死之皮筋肉物爲之直也。入馬耳，乃旬內、旬外之所同。以物更者，且入耳以防抵僞，則以全賈更者，不待言矣。嚴其罰於受馬之始，俾謹視其馬之性質而養之，得其宜則調馴而不至暴疾矣。**馬及行，則以任齊其行。**古者任載皆牛車，或人輦，馬所駕，惟乘車、戎車、田車。所謂以任齊其行者，先以長短高卜度其相稱之車，以齊兩服之任，強力相方，然後引以兩驂，視其疾徐之相應，又時其勞逸而調習之，然後前却左右，登迤下坂，無不如志，不專以力之強弱也。羣儒皆謂以力之強弱爲任之輕重，乃後世單騎任載之事，而以言古法，誤矣。**若有馬訟，則聽之。**民間牛馬之賣價，質人掌之。此訟則師田行役卒隸有爭，及官買不得其平，或稽其賈與同受馬於有司，馬死傷當償而以過失相推者。注謂賣買相負，誤。

清　劉青芝《周禮質疑》卷五《夏官秋官冬官》　馬質。馬死則旬之內更，旬之外入馬耳，以其物更，其外否。旬之內更者，謂前之所養失其職，非受馬者之罪，故更之。更，以其物如其齒毛賈以償之也。其外否，不須償後者夫養耳。則以任齊其行。於其行，任物以齊之，或輕或重，各如其力，而其行之足則齊。

清　江永《禮書綱目》卷四九《武備軍禮二》　馬質掌質馬。馬量三物，一曰戎馬，二曰田馬，三曰駑馬，皆有物賈。此三馬，買以給官府之使，無種也。鄭司農云：皆有物賈，皆有物色及賈直。綱惡馬，鄭司農云：綱讀為『以亢其讎』之亢，書亦或為亢。亢，御也，禁也，禁去惡馬不畜也。玄謂綱以縻索維綱狎習之。凡受馬於有司者，書其齒毛，與其賈。馬死，則旬之內更，旬之外入馬耳，以其物更，其外否。鄭司農云：更，謂償也。玄謂旬之內死者，償以齒毛，與賈，受之日淺，養之惡也。旬之外死，入馬耳，償以毛色，不以齒，賈任之過其任也。其外否者，旬之外踰二十日而死，不任用非用者罪。馬及行，則以任齊其行。識其所載輕重及道里，齊其勞逸，乃復用之。若有馬訟，則聽之。訟謂賣買之言相負。禁原蠶者。原，再也。天文辰為馬，《蠶書》：『蠶為龍精，月直大火則浴其種』，是蠶與馬同氣，物莫能兩大。禁再蠶者，為傷馬與？同上。

清　汪紱《理學逢源》卷一〇《外篇》　馬質掌質馬。買馬而平其價也。馬量三物，戎馬、田馬、駑馬皆有物賈。綱惡馬。縶之，禁其踶齧。凡受馬于有司者，書其齒毛與其賈。聽馬訟。禁原蠶者。此平馬價之官，以通公私之馬者也。吕氏曰：三代馬政有在官者，有在民者，民馬數多，官馬數少。漢時三官苑之馬，亦官所養也，郡馬民間亦各有馬，如衛青、霍去病之伐匈奴，有所謂官馬，所謂私馬，則古制尚存。至隋唐之間監馬非不盛，而府兵未嘗給馬，惟給錢使自買，其後府兵貧不能買馬，然後以監牧之馬給之，制度壞矣。國馬爲車路之備，民賦之馬爲用兵之防。

清　秦蕙田《五禮通考》卷一二六《吉禮一百二十六》　《周禮》夏官馬質，禁原蠶者。注：原，再也。天文辰為馬，《蠶書》：『蠶為龍精，月直大火則浴其種』，是蠶與馬同氣，物莫能兩大，禁再蠶者，為傷馬與？疏：辰則大火，房為天駟，故云辰為馬。月值大火，謂二月則浴其種，則內宰云『仲春詔后帥外、內命婦治蠶於北郊』是也。若然，《祭義》云大昕之朝，奉種浴於川，注云：大昕，季春朔日之朝，是建辰之月，又浴之者，蓋蠶將生重浴之故。彼下文即云『桑於公桑之事』是也。云是蠶與馬同氣者，以其俱取大火，是同氣也。云禁再蠶者，為傷馬與者，二者既同氣，不可兩大，而禁再蠶，明恐傷馬，無正文，故云與以疑之也。李氏嘉會曰：今東南如兖、揚衣被天下，蠶盛而無馬，西北苦寒之地，有馬而無蠶，蓋可知矣。

又　卷二一五《嘉禮八十八》　馬質，中士二人，府一人，史二人，賈四人，徒八人。注：質，平也，主買馬，平其大小之賈直。薛氏衡曰：馬質宜為校人之屬，今列此者，校人兼掌六馬，而戎馬之用尤多，其事尤急，先儒謂序官先後不以尊卑，直取事急者居前，事緩者居後是也。

又　卷二四四《軍禮十二》　馬質，馬量三物，一曰戎馬，二曰田馬，三曰駑馬。蔡氏德晉曰：戎馬以即戎，田馬以出獵，駑馬以供冗役之用。高氏愈曰：校人職馬有六種，而此止言三物者，蓋種馬不常有，齊馬、道馬皆王所乘，以給臣民之用者，唯三物而已。

又　馬質，綱惡馬。注：謂以縻索綱維狎習之也。蕙田案：先王所以盡馬之性者，亦唯養之教之而已。校人總其綱，廋人、馬質兼掌之。

又　馬質，馬及行，則以任齊其行。注：謂其所載輕重及道里，齊其勞逸，乃復用之。

又　馬質掌質馬。馬量三物，一曰戎馬，二曰田馬，三曰駑馬，皆有物賈。注：此三馬買以給官府之使。無種也。鄭司農云：皆有物賈，皆有物色及賈直。蔡氏德晉曰：質，平也。馬之價直不等，故立馬質平之。謂買馬則騐其駑良，平其價直也。易氏祓曰：此言市馬之政。凡受馬于有司者，書其齒毛，與其賈。馬死，則旬之內更，旬之外入馬耳，以其物更，其外否。注：鄭司農云：更，謂償也。玄謂旬之內死者，償以齒毛與，賈受之日淺，養之惡也。旬之外死，入馬耳，償以毛色，不以齒，賈任之，過其任也。其外否者，旬之外踰二十日而死，不任用非用者罪。疏：旬之內日少，若養之善，未能致死也。故更旬之外日多，任之過。馬力既竭，雖養之善，容得致死，故不償。若有馬訟，則聽之。注：訟謂買賣之言相負。

又　馬質，禁原蠶者。注：原，再也。天文辰為馬，《蠶書》：『蠶為龍精，月直大火則浴其種』，是蠶與馬同氣，物莫能兩大，禁原蠶，為其傷馬歟。蕙田案：此養馬之禁。

清　官獻瑶《石溪讀周官》卷四　馬質掌質馬。馬量三物，一曰戎馬，二曰田馬，三曰駑馬，皆有物賈。綱惡馬。凡受馬於有司者，書其齒毛，與其賈。馬死，則旬之內更，旬之外入馬耳，以其物更，其外否。慄也程氏曰：以其物更，謂以他物量償之，或半賈，或參之一。不責其如馬以償也。馬及行，則以任齊其行。視馬力以任輕重，及其行也，道里遠近不同，則以輕重之任合道里遠近而均配四馬之力，使御者得施其技，十六蹄如一匹，所謂齊也。一乘如此，推之各乘皆然，不惟無輪載之患，且亦無羸敝之憂矣。若有馬訟，則聽之。禁原蠶者。

清　孔廣林《周官臆測》卷四《周官》　馬質，若有馬訟則聽之。鄭康成云：謂賣買之言相負。廣林謂：賣買相負，司市職聽之，馬質不與焉。此職主官府所用之馬，市馬、養馬各有其政，上經詳之矣。或有訟事，則聽而平之。

清 蔣載康《周官心解》卷一七《夏官司馬第四之一》 馬質，中士二人，府一人，史二人，賈四人，徒八人。質，如字。賈，音古。為下有受馬於公以任使令者，故設此官。有賈，知馬善惡，且兼市買。

又 卷一八《夏官司馬第四之二》 馬質掌質馬。馬量三物，一曰戎馬，二曰田馬，三曰駑馬，皆有物賈。質，如字量，力陽反。賈，音稼。質，正也，平也。公家之馬授人乘償，須酌其賈。馬闕亦買之。六種止及三者，上駟不可多得也，而受馬於有司，亦止此三者，蓋種、齊、道非在下所得乘。註：三馬，買以給官府之使。按：戎馬八尺以上，田馬七尺以上，駑馬六尺以上，而材力又別所謂物也。賈三馬之賈，戎馬賈重，田馬次之，駑馬賈輕也，皆有物賈，則同物中又有老少及毛色善惡也。量，猶以度量物之量。國馬輈深四尺七寸，戎馬在國馬中，田馬輈深四尺，駑馬輈深三尺三寸，必量三物以此。綱惡馬。大索爲綱。惡馬，强力不馴，施鞭箠輒敗物，束以大索，乃可馴養。此三字與『馬及行』九字當移『有馬訟則聽之』之下。凡受馬于有司者，書其齒毛，與其賈。馬死，則旬之內更，旬之外入馬耳，以其物更，其外否。更，音庚。鄭司農曰：更，償也。註：旬之内死者，償以齒毛與？賈受之日淺，養之惡也。按：當兼任之過不言，物可知也。旬之外死，亦養乘未善之故，故亦須償。入馬耳，呈驗也，互見文。包旬之內，言物即上三物，以其物更，戎馬更以戎，田馬更以田，駑馬更以駑也。不更齒毛，賈則更之易矣。註：其外否者，旬之外踰二十日而死，不任用非用者罪。疏：所受之馬給公家之役。馬及行，則以任齊其行。此九字當移『綱惡馬』之下，而此與『綱惡馬』三字又當移『有馬訟』節之下。惡馬，力强難馴，與他馬同駕，亦慮覆車，加重物於其身，庶力同而不能爲患。明洪武時，貴州蠻進養龍坑龍駒囊沙四百斤壓之，乃可乘，得古制馭灋矣。若有馬訟則聽之。註：訟謂賣買之言相負。按：此七字當移置『以其物更其外否』之下。禁原蠶者。註：原，再也。天文辰爲馬，《蠶書》蠶爲龍精，月值大火則俗其種，蠶與馬同氣，物莫能兩大，禁再蠶，為傷馬。按：二蠶其矢害馬，馬臭其氣則病，故養馬之家不得畜二蠶。

清 徐養原《周官故書考》卷三 馬質綱惡馬。鄭司農云：綱讀爲以亢其讎之亢，書亦或爲亢。亢，御也，禁也，禁去惡馬不畜也。元謂綱以縻索，維綱狎習之。疏：先鄭讀爲僖二十八年，晉子犯曰：背惠食言，以亢其讎。後鄭不從者，此馬質所掌，皆買之無種，何有惡馬禁去之類，故不從也。《釋文》：亢，苦浪反，又音剛。養原按：剛亢同音，古或借亢爲綱。

清 劉沅《周官恒解》卷四 馬質，中士二人，府一人，史二人，賈四人，徒八人。鄭氏康成曰：質，平也。主買馬，平其大小之價。馬於戎馬之事爲多，故掌於司馬。

【略】馬質掌質馬。馬量三物，一曰戎馬，二曰田馬，三曰駑，馬皆有物賈。綱惡馬。凡受馬于有司者，書其齒毛，與其賈。馬死，則旬之內更，旬之外入馬耳，以其物更，其外否。馬及行，則以任齊其行。若有馬訟，則聽之。禁原蠶者。質，如字。量，平聲。賈，音嫁，更音庚。質，平其價也。戎馬供戎事，田馬供田獵，駑馬供宂事，皆量其材之美惡，定其價之高下。惡馬不調良者，以索綱維之，使馴服，受馬以給官之役。旬之內死，或前所養者失職，即不當受。受之而死，則必用之不善。更，謂償其馬價也。旬之外死，非用之不管。物謂以皮肉爲價。入馬耳，防欺僞也。其外，三十曰以外，非用者之罪也。任，載也。均其輕重勞逸，是齊其行也。訟，買賣乃師田行役卒隸等相争，或官買不得其平，或死傷當償，而以過失相推者。原，再也。既養馬，又養蠶也。蠶爲龍精，蠶與馬同類，物莫能兩大，禁原蠶者，恐傷馬也。

清 俞正燮《癸巳存稿》卷二《蠶馬》 《周官》馬質禁原蠶。注云：蠶與馬同氣，再蠶傷馬。《呂氏春秋》《淮南子》則皆以爲殘桑。宋戴埴《鼠璞》云：俗以蠶神爲馬，明菩薩是同氣之驗。《搜神記》言女足蹴馬，皮被卷化蠶，疑亦古說。《荀子・賦篇》云：身女好頭烏首，女好馬頭故生馬皮之說，然亦可知其同氣矣。

清 沈家本《歷代刑法考》上 馬質，《周禮》馬質掌質馬，若有馬訟，則聽之。注：訟謂賣買之言相負。按：此關於軍事者。

清 閻鎮珩《六典通考》卷三三《宮政考》 馬質禁原蠶者，原，再也。天文，辰為馬。《蠶書》：蠶為龍精。月直大火則浴其種，是蠶與馬同氣，物莫能兩大。禁再蠶者，為傷馬與？王昭禹曰：物有異類而同氣相為消長盈虛，其勢不能兩盛，以天文考之，午馬為絲蠶，則馬與蠶其氣，同屬於午。辰為龍，馬為龍之類，蠶為龍之精，則馬蠶又同資氣於辰也。一歲中再蠶，則蠶盛而馬衰，故原蠶者。有禁，自非深通性命之理者烏能及此。李嘉會曰：今東南如兗、揚衣被天下，蠶盛而無馬，西北苦寒之地有馬而無蠶，蓋可知矣。

清 孫詒讓《周禮正義》卷五四 馬質，中士二人，府一人，史二人，賈四人，徒八人。質，平也。主買馬，平其大小之賈直。疏：『馬質』者，賈疏云：『馬者，主以供軍之用，馬質主平馬賈買之，故亦列職居前也。然不使與校人相近而在此者，平馬大小賈直，故使與量人相近故也。以其主馬，故屬夏官。』詒讓案：馬質兼掌給六軍之馬，與校人專掌王馬異，故與司勳掌六鄉賞地之官相次，而不屬校人。注云『質，平也』者，《地官・敍官》質人注同。云『主買馬，平其大小之賈直』者，質人主平定物賈，此馬質亦主平定馬大小之賈直，故皆以質名官。

又 卷五七　**馬質掌質馬。馬量三物，一曰戎馬，二曰田馬，三曰駑馬，皆有物賈。**此三馬，買以給官府之使，無種也。鄭司農云：『皆有物賈，皆有物色及賈直。』疏：『掌質馬』者，《敍官》注云：『質，平也。主買馬，平其大小之賈直。』案：此官主公家買馬之事，與質人掌成市之牛馬為民閒買馬，職異而事略同。《少儀》云：『君將適他，臣如致金玉貨貝於君，則曰致馬資於有司。』馬資，即買馬之資財也。注云『此三馬買以給官府之使，無種也』者，於十二閑王馬之外，別為官買馬以共用，與校人諸官為官聯，職掌亦互相備也。無種，謂非王馬所生，臨用時向民閒買之，故與校人六物不同。《周書·糴匡篇》有三牧，蓋亦謂此。賈疏云：『馬有六種，此三者無種，買以給官府，餘三者仍有種馬、齊馬、道馬。其種馬，上善似母者；其齊馬、道馬，雖非上善似母者，亦容國家所蓄育，不買之也。』鄭司農云『皆有物賈，皆有物色及賈直』者，雞人注云：『物，毛色也。』謂三物之中，復各辨其毛色，若驪黃翰騵之類，又差定其賈直之貴賤也。**綱惡馬。**鄭司農云：『綱讀為以亢其讎之亢，書亦或為亢。亢，御也，禁也，禁去惡馬不畜也。』玄謂綱，以縻索維綱狎習之。疏：『綱惡馬』者，以下養治頒授之事，並通王閑所畜及此官所買民馬言之，亦與校人相贊也。注鄭司農云『綱讀為以亢其讎之亢』者，此易其字也。『以亢其讎』，《左》僖二十八年傳，晉子犯語。杜注云：『亢猶當也。』與先鄭訓略同。云『書亦或為亢』者，徐養原云：『綱亢同音，古或借亢為綱。』云『亢，御也，禁也』者，《釋文》云：『御，本亦作禦。』《小爾雅·廣言》云：『抗，禦也。』司寤氏注云：『禦，亦禁也。謂遏止之。』亢、抗、御、禦，字並通。亢御卽禁制之義。云『禁去惡馬不畜也』者，為惡馬敗羣，則禁御去之，不畜於廄。《莊子·徐無鬼篇》牧馬童子告黃帝曰：『牧馬者，去其害馬者』，卽此意。云『玄謂綱以縻索維綱狎習之』者，不從先鄭破字也。《說文·糸部》云：『綱，維紘繩也。』又云：『縻，牛轡也。』《廣雅·釋詁》云：『縻，索也。』《左傳》僖四年，孔疏云：『綱是維之大繩。』後鄭意，惡馬不必去，但以大索維婁，制其悍劣之性，久則串習而馴擾也。**凡受馬於有司者，書其齒毛與其賈，馬死，則旬之內更，旬之外入馬耳，以其物更，其外否。**鄭司農云：『更，謂償也。』玄謂旬之內死者，償以齒毛與賈，受之日淺養之惡也。旬之外死，入馬耳，償以毛色，不以齒賈，任之過其任也。其外否者，旬之外踰二十日而死，不任用，非用者罪。疏：『凡受馬於有司者』者，於經例當作『于』，《石經》及各本並誤。謂給百官府之役載及六軍之戎馬。有司卽謂馬質也。《坊記》孔疏引此文，謂鄉遂出軍之馬，亦國家所給，其說甚是。蓋鄉遂家賦一人，出兵而不出車馬，與都鄙丘甸出車馬異，其馬蓋由官買以給鄉遂之家，使於牧田共養之。《詩·小雅·出車》云：『我出我車，于彼牧矣』。《毛傳》云：『出車就馬於牧地』。明戰車之馬，非十二閑所畜也，其頒養之法，以乘法計之，蓋一閭二十五家，而給戎馬四匹；一族百家，則給戎馬十六匹；一黨五百家，則給戎馬八十匹；一州二千五百家，則給戎馬四百匹；一鄉一萬二千五百家，則給戎馬二千匹。六鄉，凡戎車三千乘，戎馬一萬二千匹，其大數也。校人王馬戎馬唯有四百三十二匹，不以給軍，則六軍之馬皆馬質所給可知矣。又案：《管子·山國軌篇》云：『梁渭陽瑣之牛馬滿衍，請毆之顛齒，量其高壯，曰國為師旅，戰車毆就，斂子之牛馬，上無幣，請以穀視市櫎而庚子牛馬。』此侯國出軍，官量買牛馬之證也。注鄭司農云『更謂償也』者，《司弓矢注》義同。《廣雅·釋言》云：『㪅，償也。』㪅卽更之正字。《穀梁》襄三十年傳云：『更宋之所喪財也。』與此義同。云『玄謂旬之內死者，償以齒毛與賈，受之日淺，養之惡也』者，謂責其依所書齒毛賈直，買馬以償官，以其受之日淺而輒死，或是養惡致然，故所償重也。云『旬之外死，入馬耳，償以毛色，不以齒賈，任之過其任也』者，此亦以毛色釋物也。此謂雖亦責償，但依所書毛色，買以償官，不更責其齒與賈直之相當，以其受之日稍久，因乘載過任致死，不關養惡，故所償稍輕也。江永云：『如謂但償馬之毛色，則太輕；或買他馬以償，不以齒賈，則又何必其同色。此泥物字之義也。以其物更者，以馬之皮骨肉所值之物價償，不責其全償也。』案：江說似較鄭為長。若然，入馬耳者，蓋欲案驗死馬與所書毛色合否，非責其依毛色以償也。巫馬云：『馬死，則使其賈粥之，入其布于校人。』是官馬死亦粥其皮骨等，故受官馬者亦責其入皮骨等物之直，蓋卽以布償也。云『其外否者，旬之外踰二十日而死，不任用，非用者罪』者，此則不償馬亦不償布也。賈疏云：『以其行使二十日以外，馬力既竭，雖齊其任養之善容得致死，故不償。鄭見有三等之法，下復云以任齊其行，以意量之，以為此解。』**馬及行，則以任齊其行。**識其所載輕重及道里，齊其勞逸，乃復用之。疏：『則以任齊其行』者，江永云：『謂以他重物載於車而調習之，猶《左傳》云駕而乘材也。此謂將遠行之馬，亦謂受馬於有司者，故因上文及之。其軍事物馬而頒，自有校人掌之。』注云『識其所載輕重及道里，齊其勞逸，乃復用之』者，賈疏云：『以其經云馬及行，明授行者所載輕重及道里，須齊勞逸乃復用之，不得并其勞逸也。』**若有馬訟，則聽之。**訟，謂賣買之言相負。疏：注云『訟謂賣買之言相負』者，賈疏云：『以馬質主買馬，故知之也。』詒讓案：大司徒注云：『爭財曰訟。』鄭意蓋以馬賣買相負而訟，亦爭財之事，故云馬訟。此官既習辨馬之物色，又知馬之賈直故使聽之。此亦通公私賣買之訟言之。民閒牛馬之賣價，雖質人所掌，而質人通掌市事不專主馬，凡馬訟皆此官專聽，其附於刑者，則歸於士也。**禁原蠶者。**原，再也。天文，辰為馬。《蠶書》，蠶為龍精，月直大火，則浴其種，是蠶與馬同氣，物莫能兩大，禁再蠶者，為傷馬與。疏：注云『原，再也』者，《爾雅·釋詁》文。《淮南子·泰族訓》云：『原蠶歲再收，非不利也，然而王法禁之者，為其殘桑也。』許注亦云：『原，再也。』案：此卽今之二蠶，《齊民要術》有夏秋蠶，亦是也。云『天文，辰為馬』者，《說文·晶部》云：『曟，房星，為民田時者。』又《辰部》云：『辰，房星，天時也。』《國語·周語》云：『辰馬，農祥也。』韋注云：『辰馬，謂房、心星也。心之所在大辰之次，為天駟，駟，馬也，故曰辰馬。』《爾雅·釋天》云：『天駟，房也。」郭注云：『房為天馬，故房四星謂之天駟。』《史記・天官書索隱》引《詩氾厤樞》云：『房為天馬，主車駕。』案：辰卽房星，為馬祖，詳校人疏。引『《蠶書》蠶為龍精』者，《蠶書》，《漢書・藝文志》不著錄，今無可攷。云『月直大火，則浴其種』者，《爾雅・釋天》云：『大辰，房、心、尾也。大火謂之大辰。』案：大火卽房、心、尾，於辰屬卯，詳保章氏疏。仲春卯月，正直其次，因以浴蠶種，與辰馬相應也。賈疏云：『月值大火，謂二月，則浴其種，則內宰云仲春，詔后帥外內命婦始蠶於北郊是也。若然，《祭義》云大昕之朝，奉種浴於川，注云：大昕，季春朔日之朝，是建辰之月，又浴之者，蓋蠶將生重浴之，故彼下文卽云桑於公桑之事是也。』案：賈謂蠶種有中春季春兩浴，說本態安生，詳內宰疏。云『是蠶與馬同氣』者，賈疏云：『以其俱取大火，是同氣也。』惠士奇云：『《海外・北經》有歐絲之野，在大踵東，一女子跪據樹歐絲。卽《荀子・賦篇》蠶賦所謂身女好而頭馬首者，是為蠶神，與馬同形，故與馬同氣。』云『物莫能兩大』者，《左》莊二十二年傳文。云『禁再蠶者，為傷馬與』者，以二者同氣，兩大必有一傷，故禁再蠶以蕃馬也。《淮南王書》以禁原蠶為殘桑，義亦通，而與此官職掌無會，非此經義也。

清 方旭《蟲薈》卷三《昆蟲》 《周禮》馬質禁原蠶，註：蠶與馬同氣，蠶勝則馬衰，故禁之。

藝文

清 王鳴盛《西莊始存稿》卷一五《教駣行》 生駒三歲駣以名，庚人教駣傳遺經。馬質職在綱惡馬，以索狎習令不驚。牧師相沿古意失，藩部控御能專精。高秋喜迓翠華莅，雲漿獻罷名王庭。龍媒上駟競駢集，一一瑞應天房星。拳毛玉花照夜種，批竹削玉皆黃形。追風躡電滿山谷，何人赤手施長纓。諸藩子弟並健者，力搏雕虎飛猱輕。尺箠持作胥馬索，舉鞭擊地霹靂鳴。耳邊生風鼻出火，疾馳徑縛何崢嶸。麟鬐鳳臆倚倔强，煙鬃霧鬣驕猙獰。逸足不肯受羈靮，張脉狡憤氣滿盈。奇哉一躍遽就勒，蹀躞不止行驕騂。圉人相顧齊動色，從容回策真如縈。大畜童牛利用牿，此馬亦惟教乃成。牽來磊落連錢動，高蹄促腕兼方睛。野心頓忘任驅策，始知物貴因其情。剪馬曾聞賀六渾，眼中部曲多豪英。壯夫快馬一心力，驍騰萬里揚皇靈。

清 彭蘊章《松風閣詩鈔》卷九《瘦馬》 日暮宿荒驛，瘦馬嚙殘芻。峻嶒支病骨，力弱不勝車。比年海波清，官程無羽書。驛卒縱侵尅，棧豆幾無餘。哀鳴羈櫪下，俯首行長塗。躑躅郵亭路，馬質何嘗駑。

充人

論說

宋 王與之《周禮訂義》卷二四 司門【略】祭祀之牛牲繫焉。監，古銜反。門，養之。賈氏曰：祭祀之牛牲，卽充人云散祭祀之牲。易氏曰：此則受之於充人者也，故充人則責之司門，而司門則責之監門。王昭禹曰：有司門，又有監門者，蓋司門以下大夫二人為之，其屬則有二十八士，凡以總管王城十二門而已。至於十二門，又各有士二人，乃所謂監門也。王氏曰：必使監門養牲，則為其於郊於國各有所近，便於共取，夙夜啓閉，未嘗乏使，便於養視，且衆所出入，其養視不謹，易以幾察故也。然而祀五帝，享先王不係之門，則其致嚴，又異於此矣。

宋 黃震《黃氏日鈔》卷三〇《讀周禮》 牧人掌牧祭祀之牲，牛人掌養公牛，充人掌繫祭祀之牲。竊意充人之職牧人可兼，亦可免四十八人之廩禄。

明 王應電《周禮傳》卷二上 《周禮》于六牲有所以養之者，初時畜之也，有所以共之者，將用而以其牲入陳也。有所以奉之者，既殺而薦之也。乾為馬，天官總贊王牲，故馬畜于夏官之圉人，共于校人，而大司馬奉之；坤為牛，故牛畜于地官之牛人，共之者亦牛人，而大司徒奉之。鷄，春畜，《大宗伯》總掌禮事，故春官雞人共之，而養于夏官之掌畜者，以其所養擾畜之類也。羊，火畜，養于夏官之羊人，大司馬主奉馬牲，故特設小子共而羞之。犬為金畜，共于秋官之犬人，而大司冦奉之，養于地官之稾人者，以其穀食之宜也。豕，水畜，其養而共奉之者則在于冬官矣，蓋養之者善于知物性而得其飲啄居處孕字之宜者也。共之者稍知禮儀者也，奉之者則大人君子而以交于神明大賔客者也。小不可以侵大，大不可以司小，初時生養于各官而使有蕃息之嬂，至將為牲，合之于牧人、充人，以盡孝誠之至，及祭，則共奉之于五官，而各伸其忠敬之心。畜牧一事，曲盡其道如此。

明 柯尚遷《周禮全經釋原》卷四 充人，下士二人，史二人，胥四人，徒四十人。釋曰：充，肥也，養繫牲肥之。原曰：封人為社稷而設也，牧人、牛人、充人為祭禮而設也，鼓人、舞師為祭樂而設也。民為貴，社稷次之，然則司徒蓋為民而立，社稷、禮樂、祭祀皆為民而設，故此六職次於司徒之下，可以見民事之所重，司徒之所先矣。故曰：為國者先盡禮於神，而後致力於民，故幽明各得其所也。

又 卷五 充人掌繫祭祀之牲牷，祀五帝則繫于牢，芻之三月。享先王亦如之。凡散祭祀之牲，繫于國門，使養之。展牲則告牷，碩牲則贊。釋曰：充，猶肥也。牢，闌也。繫于牢者，充人所躬親也。養牛羊曰芻，盖授之牧人而養之也。散祭祀，謂司中、司命及凡小祭祀也。繫于國門，使守門者養之。展牲，謂察視也。告牷，告其體色之純全也。碩，大也。君牽牲，宗人告碩，而充人則贊之。原曰：自封人至充人，職至微也，而列載師之前，何哉？盖五官皆司徒屬外所用禮樂之微職，猶春官鬱人至司几筵五官是也。官雖微而職則要，事雖小而關乎禮樂則大，故次於此也。

清 李光坡《周禮述注》卷六 充人，下士二人，史二人，胥四人，徒四十人。註曰：充，猶肥也，養繫牲而肥之。堳，音眉。埒，音劣。繇，音遙。鏄，音博。犉，而純反，音眴。或問：移鼓人、舞師二官何也？曰：太師所掌之樂，鐘磬笙鏄，莫不有師。若鼓者五聲，不得不和，安無專職？今以次之鏄師職下，則金奏鼓鼜之掌，適與相類，而且其官皆中士也，韎樂、散樂、夷樂猶設韎師、旄人以教，豈山川等祀之舞，舞之正者，而獨缺此，今以首之韎師職上則教舞之掌，適與相類，而且其官皆下士也。況乎上封人之職有掌祭祀諸禮牛牲，與牧人、牛人、充人諸官為類。間此二職，實為錯綜，舉而歸之，各得其從，庶或可敷。鼜，音戚。

清 孫希旦《禮記集解》卷四六《祭義》 古者天子諸侯必有養獸之官，及歲時齊戒沐浴而躬朝之，犧牷祭牲必於是取之，敬之至也。君召牛納而視之，擇其毛而卜之，吉，然後養之。君皮弁素積，朔月，月半，君巡牲，所以致力孝之至也。《釋文》：朝，直遥反。牷，音全。養獸之官謂充人也。《周禮》：『充人掌繫祭祀之牲牷，祀五帝則繫于牢，芻之三月。享先王亦如之。』歲時謂每歲依時也。色純曰犧，體具曰牷。君召牛以下覆，明上文之事也。納而視之，謂納於牧人而視之也。擇其毛，謂擇其完具而不雜者也。卜，謂祭前三月卜牲也。牲之未卜者，養於牧人，既卜而後，養之於充人也。朔月，月半，即上文所謂歲時也。巡牲，卽上文所謂齊戒沐浴而躬朝之，蓋以察其芻豢之肥瘠也。皮弁素積，天子視朝之服也。以視朝之服巡牲，敬其事也。天子以皮弁，則諸侯以朝服也。君不可自養牲，每月巡視之，亦所以自致其力也。於耕藉言敬之至，於養牲言孝之至，互相明也。

清 武億《三禮義證》卷二《周禮地官》 充人，凡散祭祀之牲，繫於國門，使養之。疏：案楚昭王問於觀射父曰：芻豢牲則不必三月，其諸侯祭祀養牲幾何？對曰：遠不過三月，近不過浹日。孔注遠牛羊豕，近鷄犬之屬。案疏所引，見《外傳》《楚語》。惟王曰『芻豢幾何』一句，餘皆不見，或是《國語》逸文。又孔注卽韋氏解，或孔晁亦本此疏，即謂之孔氏，蓋失詳檢。

綜述

漢 鄭玄《周禮疏》卷九 充人，下士二人，史二人，胥四人，徒四十人。充猶肥也，養系牲而肥之。疏：『充人』至『十人』，釋曰：祭祀之牲，本以諸官堪入祭祀者，送付牧人，至祭前三月，選入充人芻之，使之肥充。故其職云『祀五帝則系于牢，芻之三月』，故與牧人連類在此也。

又 卷一三 充人，掌系祭祀之牲牷。祀五帝，則系于牢，芻之三月。牢，閑也。必有閑者，防禽獸觸齧。養牛羊曰芻。三月，一時，節氣成。疏：『充人』至『三月』，釋曰：云『充人掌系祭祀之牲牷』者，但祭祀之牲，皆體牷具，故以牷言之也。云『祀五帝』者，上云掌系祭祀之牲牷，則總養天地宗廟之牲。下別言『祀五帝』，則略舉五帝而已。其實昊天及地祇與四望、社稷之等外神，皆系之也。注『牢閑』至『氣成』，釋曰：云『牢，閑也』者，校人養馬謂之閑，此養牛羊謂之為牢。言閑，見其閑衛。言牢，是其牢固。所從言之異，其實一物也。云『必有閑者，防禽獸觸齧』者，案《春秋》有郊牛之口傷，鼷鼠食其角，自外恐更有禽獸觸齧，故鄭總云焉。云『養牛羊曰芻』者，此經云系于牢芻之，惟據牛羊。若大豕則曰豢，又不系之矣。云『三月，一時，節氣成』者，釋必以三月之意。案宣三年《公羊》云『帝牲在于滌三月』。何休云：『滌，宮名，養帝牲三牢之處也。三牢者，各主一月，取三月一時，足以充天牲。』是其三月之義也。享先王，亦如之。疏：『享先王亦如之』，釋曰：上經天地外神已別于上，故今以先王亦如之，亦系于牢，芻之三月也。凡散祭祀之牲，系于國門，使養之。散祭祀，謂司中、司命、山川之屬。國門，謂城門司門之官。鄭司農云：『使養之，使守門者養之。』散，素但反，注同。疏：『凡散』至『養之，釋曰：云『散祭祀之牲』，直言『系于國門使養之』，不言三月，則或一旬之內而已，不必三月也。案楚昭王問于觀射父曰：『芻豢牲則不必三月，其諸侯祭祀養牲幾何？』對曰：

『遠不過三月，近不過浹日。』孔注云：『遠，牛羊豕。近，犬雞之屬。』則諸侯祭祀養牲亦得三月及旬，則天子亦有浹日之義。若然，此散祭祀亦可浹日而已。注『散祭』至『養之』，釋曰：鄭知『散祭祀謂司中司命山川之屬』者，見上文陽祀、陰祀、望祀皆云『毛之』，社稷、四望已入毛之科內。下別云凡時祀用牷物，其中無社稷、四望，唯有天神司中、司命以上，地神山川以下。此散祭祀，則上時祀之神也。故知散祭祀是司中以下。言『之屬』者，其中兼有林澤百物之等也。云『國門謂城門司門之官』者，司門總主王城十二門，皆別有下士及府史胥徒。今養牲者是十二門，而云司門之官者，總官首而言之，其實非司門自養，則先鄭云使守門者養之是也。展牲，則告牷；鄭司農云：『展，具也。具牲，若今時選牲也。充人主以牲牷告展牲者也。』玄謂展牲，若今夕牲也。《特牲・饋食之禮》曰：『宗人視牲告充，舉獸尾告備。』近之。近，附近之近。疏：注『鄭司』至『近之』，釋曰：先鄭以為選牲時，后鄭不從者，若是選牲時，應在牧人，牧人選訖，始付充人。今既在系養之下，乃言『展牲則告牷』，明非初選牲，故不從。『玄謂展牲若今夕牲也』者，此舉漢法以況之。又引《特牲禮》者，以其天子禮亡，故舉以言焉。案彼宗人視牲告充，亦謂祭前之夕夕牲時。云『舉獸尾』者，士用兔臘，言獸尾止謂兔也。言『近之』者，彼謂士禮，引證天子法，故云近之。碩牲，則贊。贊，助也。君牽牲入，將致之，助持之也。《春秋傳》曰：『故奉牲以告曰：博碩肥腯。』疏：『碩牲則贊』，釋曰：上經夕牲時，此經據正祭時。言『碩牲』者，謂君牽牲入廟，卿大夫贊幣而從，皆云『博碩肥腯』。此充人既是養牲之官，當助持牛紖而牽之。注『贊助』至『肥腯』，釋曰：鄭知有君牽牲者，見《祭義》云：『君牽牲，穆答君，卿大夫序從。』天子亦當然。又引《春秋傳》者，此《春秋左氏傳》，楚武王侵隨，隨少師請追楚師，季梁止之，曰：『天方授楚，楚之羸，其誘我也。臣聞小之能敵大也，小道大淫。』又云：『今民餒而君逞欲，祝史矯舉以祭，臣不知其可也。』公曰：『吾牲牷肥腯，粢盛豐備，何則不信？』對曰：『夫民，神之主也，是以圣王先成民而后致力於神。故奉牲以告曰「博碩肥腯」，謂民力之普存也。』是其事也。

《周禮》卷三　充人，下士二人，史二人，胥四人，徒四十人。充，猶肥也。養繫牲而肥之。【略】充人掌繫祭祀之牲牷，祀五帝則繫于牢，芻之三月。牢，閑也。必有閑者，防禽獸觸齧。養牛羊曰芻，三月一時節氣成。享先王亦如之。凡散祭祀之牲，繫于國門，使養之。散祭祀，謂司中、司命、山川之屬。國門，謂城門，司門之官。鄭司農云：使養之，使守門者養之。散，素但反。展牲則告牲，鄭司農云：展，具也。具牲，若今時選牲也。充人主以牲牷告展牲者也。玄謂展牲若今夕牲也。特牲饋食之禮曰：『宗人視牲告充，舉獸尾告備』，近之。碩牲則贊。贊，助也。君牽牲入，將致之，助持之也。《春秋傳》曰：『故奉牲以告曰博碩肥腯。』

宋　王昭禹《周禮詳解》卷一二　充人掌繫祭祀之牲牷，祀五帝則繫於牢，芻之三月。享先王亦如之。凡散祭祀之牲，繫於國門，使養之。展牲則告牷，碩牲則贊。夫始而生之者天也，育而充之者人也。牲不充實則不足以為美，故祭祀之牲必告充之，而先王設官以養之，此充人之職所以立也。《記》曰：『三月繫』，又曰『祭牛必在滌三月』，《傳》曰：『芻豢遠不過三月，近不過旬浹，在三月繫於牢之時也。』繫於牢芻之三月，則繫於國門者蓋不過旬浹矣。散祭祀，先儒以謂司中、司命、山川之類也。蓋五帝之祀、先王之享、宗廟人鬼之大者謂之正，祭祀則非，五帝先王謂之散祭祀宜矣，猶舞非正舞則謂之散舞，車非正車則謂之散車也。展牲則告牷者，展，察視之也。告牷，告其色之純也。肆師言祭祀展犧牲者，肆師也，充人則告牷而已。碩牷則贊者，碩，大也，所以告其體之充也。若《左傳》季梁曰：『奉牲以告曰博碩肥腯』是已。蓋君牽牲，宗人告碩，而充人則贊之也。饋食之禮，宗人視牲告充，則碩牲為贊宗人明矣。夫祭祀之禮，內則盡志，外則盡物，內外盡而不以儉其親，故掌祭祀之牲牷，特以充人名官，而碩牲則贊禮之所貴也，然而道有升降，時有豐殺，則禮之損益厚薄亦有時乎不同，故坎之時樽酒簋貳，足以用享，至萃之時，非大牲則不足以備禮，夫豈特人事然哉，亦天命而已。故曰『用大牲吉，利有攸往』，順天命也。先王之禮，損益盈虛，與時偕行，而充人之贊碩牲乃其常矣。

宋　易祓《周官總義》卷八　充人掌繫祭祀之牲牷。充人，受牛人、牧人所授者而繫之也。祀五帝則繫于牢，芻之三月。享先王亦如之。凡散祭祀之牲，繫于國門，使養之。展牲則告牷，碩牲則贊。

宋　王與之《周禮訂義》卷二〇　充人，下士二人，史二人，胥四人，徒四十人。鄭康成曰：充，猶肥也。養繫牲而肥之。劉執中曰：牧人雖掌六牲，猶牧之草野以適其性，乃克阜蕃。然未之芻也，迨將用以為牲，而繫之於充人。掌繫祭祀之牲牷，祀五帝則繫於牢，芻之三月。享先王亦如之。鄭康成曰：牢，閑也。必有閑者，防禽獸觸齧。史氏曰：繫於牢者，充人所躬親也。易氏曰：充人受牛人、牧人所授者而繫之也。鄭康成曰：養牛羊曰芻，三月一時節氣成。王昭禹曰：《記》曰『三月繫』，又曰『帝牲必在滌三月』。《傳》曰：芻豢遠不過三月，近不過旬浹。在三耳，繫於牢之時也。凡散祭祀之牲，繫於國門，使養之。鄭康成曰：散祭祀，謂司中、司命、山川之屬。王昭禹曰：五帝之祀，先王之享，宗廟人鬼之大者謂之正，祭祀則非，是謂之散祭祀宜矣，猶舞非正舞則謂之散舞，車非正車則謂之散車。鄭康成曰：國門，謂城門司門之官。鄭司農曰：使守門者養之。王氏《詳說》曰：《詩曰》：『爾牧來思，以薪以蒸』，是以牧人兼薪芻之事也。此繫於國門使養之，且使守門之人而兼牧人之事，此所以見隆古盛時之無閒事也。且莫閒於牧人，尤莫閒於守門之人，以其閒而復役以他事，而不以侵官離局為嫌者，意有在矣。展牲則告牷。王昭禹曰：展，察視之也。告牷，告其色之純也。肆師言祭祀展犧牲，則展牲者肆師也，充人則告牷而已。碩牲則贊。王昭禹曰：碩，大也，所以告其體之充。若《左傳》『奉牲以告曰博碩肥腯』是已。蓋君牽牲，封人告碩，而充人則贊之。饋食之禮：『宗人視牲告充』，則碩牲為贊封人明矣。王氏《詳說》曰：《祭義》云古者天子諸侯必有養獸之官，及歲時齋戒沐浴而躬朝之，祭祀犧牲於是乎取之，欽之至也。君召牛納而視之，則有視牲之禮矣；擇其毛而卜之，則有卜牲之禮矣；吉然後養之，則有養牲之禮矣；皮弁素積朔月月半君巡牲，則有巡牲之禮矣；至於夕牲、展牲、牽牲、射牲、割牲，無非禮之所寓。贊牲者太宰，毛牲者宗伯，奉牲者五官之長，贊射牲者射人，歌舞牲者封人，何特於充人而疑之，知此則知祭禮之重矣。

《文獻通考》卷七八《郊社考十一》 充人掌繫祭祀之牲牷，祀五帝則繫於牢，芻之三月。牢，閑也。必有閑者，防禽獸觸齧。養牛羊曰芻。三月，一時節氣成。疏曰：祭祀之牲皆體全具，故以牷言之。上云掌繫祭祀之牲牷，則總養天地宗廟之牲，下有言祀五帝則略舉五帝而已，其實昊天及地祇、四望、社稷之等皆繫之也。云『牢，閑也』者，校人養馬謂之閑，此養牛羊謂之為牢。言閑見其閑衛，言牢見其牢固，所從言之異，其實一物也。按：宣三年《公羊》云『帝牲在於滌三月』，何休云：滌宮，名養帝牲三牢之處也。三牢者，各主一月地官。

宋 朱申《周禮句解》卷三《地官司徒上》 充人，下士二人，史二人，胥四人，徒四十人。掌繫牲者。掌繫祭祀之牲牷。牧人共之，充人繫之。牷，音全。祀五帝見《大宰注》。則繫于牢。牢，闌也，所以繫牲。芻之三月，草食曰芻，養之三月而後用之。享先王亦如之。亦如祀五帝也。展牲則告牷，隔日視牲，充人則告純全。碩牲則贊。宗人告牲之充碩則贊之。

明 王應電《周禮傳》卷二上 充人，下士二人，史二人，胥四人，徒四十人。牧人既掌祭祀之牲矣，又特設充人一官，專繫享帝祀先之犧牲者，《覲禮》稱『享帝用犢，國君下齊牛』，皆指牛言，蓋牛為大物，祭品之至重，故特致其誠敬之至也。充人掌繫祭祀之牲牷，祀五帝則繫于牢，芻之三月。享先王亦如之。牢，養獸之闌也。牛羊曰芻，大豕則豢。三月，一時節氣成也。凡散祭祀之牲，繫于國門，使養之。散祭祀，司中、司命、山川五祀之屬。其牲繫于國門，遠則三月，近則浹旬。司門所謂祭祀之牛牲繫焉，監門養之也。展牲則告牷，碩牲則贊。展牲夕而省牲也。大夫祭禮：宗人告充，舉獸尾，告備。此云牷者，亦充備之意。碩牲者，《春秋傳》曰：『奉牲以告博碩肥腯』。充人為之贊助以歆神，與封人歌舞牲同意，蓋封人主守土，充人養犧牲，故交神之始，用以告神也。

明 郝敬《周禮完解》卷三《地官司徒上》 充人，下士二人，史二人，胥四人，徒四十人。充人掌繫養犧牲。充，肥也。凡犧牲養之牧人前祭三月，牧人擇可用者付充人，養使肥也。充人掌繫祭祀之牲牷，祀五帝則繫于牢，芻之三月。享先王亦如之。凡散祭祀之牲，繫于國門，使養之。展牲則告牷，碩牲則贊。養牲之處曰牢。散，猶小也。散祭祀，謂山川社稷及百神小祀。國門，城門，王城十二門，使守門者養牲，以城門有隙地可爲牢也。展，謂祭之先夕省視也。碩牲，謂祭之晨迎牲入廟告博碩，則充人助之。

清 李光坡《周禮述注》卷八 充人掌繫祭祀之牷牲，祀五帝則繫于牢，芻之三月。註曰：牢，閑也。必有閑者，防禽獸觸齧。養牛羊曰芻。三月，一時節氣成。疏曰：上云掌繫祭祀之牲牷，則總養天地宗廟之牲，下別言祀五帝，則畧舉五帝而已。其實昊天及地祇與四望、社稷之等外神皆繫之也。享先王亦如之。凡散祭祀之牲，繫于國門，使養之。註曰：散祭祀，謂司中、司命、山川之屬。國門，謂城門、司門之官。鄭司農云：使養之，使守門者養之。疏曰：散祭之牲，直言繫于國門，使養之，不言三月，則或一旬之內而已，不必三月也。案：楚昭王問于觀射父曰：『芻豢幾何？』對曰：『遠不過三月，近不過浹日。』註曰：遠牛豕羊，近犬雞之屬，則諸侯祭祀養牲，亦得三月及旬，則天子亦有浹日之義。若然，此散祭祀亦可浹日而已。展牲則告牷。王光遠曰：肆師言祭祀。展犧牲，則展牲者肆師也，充人告牷而已。坡謂：展牲亦兼《祭義》所云『朔月，月半，君巡牲』是也。穀梁子：『郊牛日展斛角而知傷』，可見矣。告牷，告以完具無傷也。碩牲則贊。王光遠曰：碩，大也。所以告其體之充，若《左傳》『奉牲以告曰博碩肥腯』是已。蓋君牽牲，宗人告碩，而充人則贊之。饋食之禮，宗人視牲告充，則碩牲為贊宗人明矣。斛，音虯。

清 方苞《周官集注》卷三 充人，下士二人，史二人，胥四人，徒四十人。充，博碩肥腯也。牧人養牲于田野，充人養牲于國中。【略】充人掌繫祭祀之牲牷，祀五帝則繫于牢，芻之三月。牢，閑也。必有閑者，防禽獸觸齧。凡大祭祀之牲牷，皆繫養之，特不至三月耳。周官言祭祀多首五帝，蓋舉四時迎氣之祭，則圜丘、方澤、明堂，等而上者不必言也。享先王亦如之。凡散祭祀之牲，繫于國門，使養之。散祭祀，謂司中、司命、山川之屬。不言牷者，兼用尨也。展牲則告牷。展牲當在祭之前夕特牲饋食。《禮》曰：『宗人視牲，告充，舉獸尾，告備。』李耜卿曰：展牲亦兼《祭義》所云『朔月月半，君巡牲』。穀梁子曰：『郊牛日展斛角而知傷，展道盡矣。』告牷，告完具無傷也。碩牲則贊。贊，助也。碩牲，謂《司馬職》『喪祭奉詔馬牲』，《挍人職》『凡將事于四海、山川，則飾黃駒』，充人亦當助牽經于六牲，皆各指其物，而此曰碩牲，正以兼馬牛二物耳。不曰贊王，以喪祭並贊司馬也。

清 方苞《周官析疑》卷一一 充人。凡散祭祀之牲，繫于國門，使養之。別言凡散祭祀之牲，則四望、四類、社稷，與祀帝享先王同，可知矣。展牲則告牷，碩牲則贊。《祭義》『君皮弁素積，朔月，月半，親巡牲。』展牲疑謂此。《春秋傳》『郊牛日展斛角而知陽，展道盡矣。』告牷，以體完而無傷告也。碩牲，謂牛馬，防其奔駭，故助牽之。按《司馬職》『喪祭奉詔馬牲』，《校人職》『凡將事於四海山川，則飾黃駒』，充人亦當助牽。經於六牲皆各指其物，而此曰碩牲，正以兼牛馬二物耳。不曰贊王，以喪祭並贊司馬也。

清 秦蕙田《五禮通考》卷三《吉禮三》 地官充人掌繫祭祀之牷牲，繫于宰，芻之三月。注：牢，閑也。必有閑者，防禽獸觸齧。養牛羊曰芻。三月，一時節氣成。疏：總養天地宗廟之牲。王氏昭禹曰：《記》曰『三月繫』，又曰『帝牲必在滌三月』。《傳》曰『芻豢遠不過三月，近不過浹旬，在滌三月』，繫于牢之時也。

又 卷三一《吉禮三十一》 地官充人掌繫祭祀之牲牷，祀五帝則繫於牢，芻之三月。疏云：祀五帝者，上云掌繫祭祀之牲牷，則總養天地宗廟之牲，下別言祀五帝，則畧舉五帝而已，其實昊天及地示與四望、社稷之等外神皆繫之也。

又 卷八六《吉禮八十六》 地官充人掌繫祭祀之牲牷，祀五帝則繫于牢，芻之三月。享先王亦如之。疏：上經天地外神已別于上，故今以先王亦如之，亦繫于牢，芻之三月也。

又 卷八七《吉禮八十七》 《周禮地官》：充人碩牲則贊。注：贊，助也。君牽牲，入將殺之。助，持之也。《春秋傳》曰：『故奉牲以告曰博碩肥腯』。疏：言碩牲者，謂君牽牲入廟，卿大夫贊幣而從，皆云博碩肥腯，此充人既是養牲之官，當助持牛紖而牽之。王昭禹曰：碩，大也，所以告其體之充，若《左傳》『奉牲以告曰博碩肥腯』是已。蓋君牽牲，宗人告碩，而充人則贊之。饋食之禮，宗人視牲告充，則碩牲爲贊宗人明矣。

又 卷二一四《嘉禮八十七》 充人，下士二人，史二人，胥四人，徒四十人。注：充，猶肥也，養繫牲而肥之。方氏苞曰：鼓舞乃民間通用之樂，必屬地官，于教民乃便。牧人掌牧六牲，以共祭祀，亦地事也。牧人養牲于田野，充人養牲于國中。

清 官獻瑤《石溪讀周官》卷二 充人掌繫祭祀之牲牷。受之牧人。或云受之牛人，非也。牛人受牛于牧人，牧人辨其物色之中犧秩者，使充人繫之。祀五帝則繫于牢，芻之三月。享先王亦如之。凡散祭祀之牲，繫于國門，使養之。展牲則告牷。碩牲則贊。碩牲，猶云奉牲以其告神博碩肥腯，故因而名之，禮之節也。康成解贊為助，王持牛紖義長，或謂如封人之歌舞牲，亦非也。

清 蔣載康《周官心解》卷八《地官司徒第二之三》 校人【略】凡祭祀共其犧牲，以授充人繫之。註：授充人殊養之。按：言犧牲，體完毛純之牲，其神尊，故用此祭之。所以必授充人殊養之。凡祭祀，總陽祀、陰祀、望祀、時祀等。凡牲不繫者，共奉之。直共奉之，不授充人也，并不授監門，故云不繫。

【略】充人掌繫祭祀之牲牷，祀五帝則繫于牢，芻之三月。註：養牛羊曰芻。三月，一時節氣成。按：牷體完色純，繫于牢，知設楅衡。言祀五帝，包昊天及地祇。享先王亦如之。凡散祭祀之牲，繫于國門，使養之。散祭祀，王不親祭者，四望、社稷或不必三月，亦繫于牢而芻之，可知散祭祀之牲，繫國門，使養見，非充人所養也。國門，城門。鄭司農云：使守門者養之。疏：散祭祀之牲，繫于國門，使養之，一旬之内而已。案：楚昭王問于觀射父曰：『芻豢幾何？』對曰：『遠不過三月，近不過浹日。』則祭祀養牲得三月及旬，此散祭祀亦浹日而已。展牲則告牷。肆師祭祀展犧牲。《祭義》『朔月，月半，親巡牲』，知大祀之牲，王亦展視矣。告牷，告體完具，不言毛色。體完具，手自無損也。碩牲則贊。王光遠曰：碩大告體之充。《左傳》『奉牲以告曰博碩肥腯』，蓋君牽牲，宗人告碩，充人贊之饋食。《禮》『宗人視牲告充』。按：『封人錯簡，凡祭祀飾其牛牲』以下一十六字似當在此節之下。

清 劉沅《周官恒解》卷二 充人，下士二人，史二人，胥四人，徒四十人。充，猶肥也。諸官以堪入祭祀者，送付牧人，至祭前三月選入充人，芻之使肥。

又 充人掌繫祭祀之牲牷，祀五帝則繫於牢，芻之三月。享先王亦如之。凡散祭祀之牲，繫於國門，使養之。展牲則告牷，碩牲則贊。受牛人、牧人之牲而繫之。牢，閑也，防其觸齧之故。養牛羊曰芻。散祭祀，司中、司命、山川之屬。國門，城門司門之官。使守門者養之，蓋爲時不久即當用之者。展牲，祭前夕視牲之時，告以體全無傷。碩牲，牲肥大者，力猛防觸齧，則助持其紖。

清 孫詒讓《周禮正義》卷一七 充人，下士二人，史二人，胥四人，徒四十人。充，猶肥也。養繫牲而肥之。疏：充人者，賈疏云：祭祀之牲，本以諸官堪入祭祀者送付牧人，至祭前三月選入，充人芻之，使之肥充，故其職云『祀五帝則繫于牢，芻之三月』，故與牧人連類在此也。案：凡祭牲當由牧人共入，牛人、羊人諸官乃選入，充人芻之。賈謂諸官選入牧人，非也，詳牧人職疏。注云『充猶肥也，養繫牲而肥之』者，《說文・儿部》云：『』充，長也，高也，引申爲牲畜肥腯之稱。特牲饋食禮『宗人視牲告充』，鄭彼注亦同此。充人官主祭祀之牲，故卽取告充之義爲名。

又 卷二二三 牧人【略】凡祭祀，共其犧牲，以授充人繫之。犧牲，毛羽完具也。授充人者，當殊養之。周景王時，賓起見雄雞自斷其尾，曰：「雞憚其爲犧。」疏：「以授充人繫之」者，繫疑當作□，下同，詳司門疏。賈疏云：「牧人養牲，臨祭前三月，授與充人繫養之。」案：此當牧人共牲與牛人、羊人等，又與牛人、羊人等同授充人也。賈説未析。注云「犧牲，毛羽完具也」者，《説文・牛部》云：「犧，宗廟之牲也。」《詩・魯頌》「享以騂犧」，《毛傳》云：「犧，純也」。《曲禮》「天子以犧牛」，注云「犧，純毛也」。賈《犬人疏》引鄭書注，義同。《御覽・職官部》引韋昭《辯釋名》云：「充六牲，取其毛純者别養之，以奉祭祀。純色者少，故名犧。犧，希也。」案：韋訓犧爲純色，《書・微子》僞孔傳、《月令》孔疏引王肅、《大戴禮記・曾子天圓篇》盧注，説並同。此與鄭純毛義亦不異。此注兼言完具，則當含角體言之，校《曲禮》注義尤備也。賈疏云：「犧牲不云牷，則惟據純毛者，而鄭云完具者，祭祀之牲若直牷，未必純犧，若犧則兼牷可知，故鄭以完具釋犧。」詒讓案：祭牲必毛純體完，諸説多偏舉一隅，實則禮經凡賓客膳羞之牲，得稱牲牷，而不得稱犧，明犧爲祭牲之專名。許解與此經脗合，足通晐諸義。《左》昭二十五年傳云：「爲六畜五牲三犧以奉五味。」彼三犧蓋指牛羊豕。杜注云「祭天地宗廟三者謂之犧」，義未允。孔疏引服虔以爲雁鶩雉，則尤謬説也。云「授充人者，當殊養之」者，若《充人》云繫于牢，繫於國門，是殊别於牧羣也。云「周景王時，賓起見雄雞自斷其尾，曰雞憚其爲犧」者，賈疏云：「此《春秋左氏傳》昭二十二年，王子朝、賓起有寵于京王，王與賓孟説之，欲立之。又云：賓孟適郊，見雄雞自斷其尾，問之，侍者曰：自憚其犧也。遽歸告王，且曰：雞其憚爲人用乎人異於是。注犧者以喻人之有純德，實宜爲君，彼直云自憚其犧，不云雞，鄭以義增之耳。引之者，證犧是純色之意也。」案：賈所引《左傳注》，與杜注異，蓋賈、服舊注。此引《左傳》者，證犧牲必毛羽完具之意。賈謂證純色，非。又案：凡牲皆貴牡，故《傳》云「雄雞」。經典凡説祭牲，云玄牡、白牡、騂牡皆是也。《月令》：「孟春乃修祭典，命祀山林川澤，犧牲毋用牝。」注云：「爲傷妊生之類。」孔疏云：「以山林川澤其祀既卑，餘月牲皆用牝，唯此月不用。若天地宗廟大祭之時，雖非正月，皆不用牝。」依孔説，則凡大祀牲皆用牡，中小祀以下則閒有用牝者。《詩・小雅・伐木》説燕牲，云「肥牡」，則賓客饗食燕牲亦貴牡與？

又 充人掌繫祭祀之牲牷，祀五帝則繫于牢，芻之三月。牢，閑也。必有閑者，防禽獸觸齧。養牛羊曰芻。三月，一時節氣成。疏：「掌繫祭祀之牲牷」者，擊疑當作□，下同，詳司門疏。繫牲，卽牧人注所謂「殊養之」，《墨子・明鬼篇》云「犧牲不與昔聚羣」是也。牷亦謂純色也。云「祀五帝繫于牢」者，賈疏云：「上云掌繫祭祀之牲牷，則摠養天地宗廟之牲，下别言祀五帝，則略舉五帝而已，其實昊天及地祇與四望、社稷之等外神皆繫之也。」注云「牢，閑也」者，《説文・牛部》云：「牢，閑，養馬牛圈也。」《晏子春秋・諫上篇》云：「牛馬老于欄牢。」案：此牢以養牲，與校人十有二閑以養馬，二者義同。繫帝牲之牢，《郊特牲》及《公羊》宣三年傳並謂之滌，鄭《禮記注》云：「滌，牢中所搜除處也。」又《公羊》何注云：「謂之滌者，取其滌蕩絜清」，此經言牢不言滌者，統言之滌，亦是牢也。云「必有閑者，防禽獸觸齧」者，防所繫之禽獸自相觸齧也。《祭義》云：「三月繫，七日戒，三日宿」，慎之至也。云「養牛羊曰芻」者，以芻養牲，因謂之芻。正字當作犓，《説文・牛部》云：「犓，以芻莖養牛也。」《墨子・天志上篇》云：「犓牛羊，豢犬彘。」賈疏云：「此經云繫于牢芻之，惟據牛羊。若犬豕則曰豢，又不繫之矣。」案：賈説非也。祭祀之犬豢於槀人，非此官所掌豢豕。經雖無文，據《少牢饋食禮》注云：「禮將祭祀，必先擇牲繫於牢而芻之。」羊豕曰少牢，是鄭意豕亦先繫。後疏引《國語》孔晁注説「豕亦繫之三月」，韋昭説同。《莊子・達生篇》云：「祝宗人玄端以臨牢筴。」《説彘》曰：「吾將三月犧汝，十日戒，三日齊，藉白茅，加汝肩尻乎彫俎之上」，是豕非不繫之塙證也。云「三月，一時節氣成」者，《大戴禮記・本命篇》盧注云：「三月萬物一成。」賈疏云：「釋必以三月之意。」案：宣三年《公羊》云：帝牲在于滌三月。何休云：滌，宫名，養帝牲三牢之處也。三牢者，各主一月，取三月，一時足以充其天牲，是其三月之義也。」詒讓案：《獨斷》云：「帝牲牢三月，在外牢一月，在中牢一月，在明牢一月」，謂近明堂也。三月一時已足肥矣，徙之三月亦其潔也。《鹽鐵論・毁學篇》云：「郊祭之牛，養食朞年」，則與禮不合，不足據。享先王亦如之。疏：「享先王亦如之」者，此繫内祭祀宗廟六享之牲也。《郊特牲》云：「帝牛不吉，以爲稷牛」，帝牛必在滌三月，稷牛唯具所以别事天神與人鬼也。彼指郊天以后稷爲配，稷雖人鬼，牛亦繫於滌三月，但有不吉，可以未繫者易之，故孔疏云：「凡帝牲稷牲，尋常初時皆卜，取其牲繫於牢芻之三月。若臨時有故，乃變之也。」《公羊》宣三年何注説：「稷牛云視其身體具無災害而已，不特養於滌宫，所以降稷尊帝。」《家語・郊問篇》王注又云：「别祀稷時牲亦芻之三月，配天之時，唯具之也。」此並謂配帝之稷牛不特繫，其説非也。此享先王，亦人鬼，牲亦繫之。三月有故則易之，與郊之稷牛同。《詩・魯頌・閟宫》云：「秋而載嘗，夏而楅衡。」箋云：「秋將嘗祭，於夏則養牲，是廟享先時養牲之事也。」凡散祭祀之牲，繫于國門，使養之。散祭祀，謂司中、司命、山川之屬。國門，謂城門司門之官。鄭司農云：「使養之，使守門者養之。」疏：「凡散祭祀之牲，繫于國門，使養之」者，賈疏云：「不言三月，則或一旬之内而已，不必三月也。其諸侯祭祀養牲，案楚昭王問于觀射父曰：芻豢幾何？對曰：遠不過三月，近不過浹日。孔注云：遠牛羊豕，近犬雞之屬，則諸侯祭祀養牲亦得三月及旬，則天子亦有浹日之義。若然，此散祭祀亦可浹日而已。」案：賈引《國語・楚語》文韋注義與孔晁同。《檀弓》孔疏述《國語》義，則謂牛羊必在滌三月，犬豕不過十日，二義小異。竊謂繫牲之遠近，當視其祭之大小，不以牲别。王涇《唐郊祀録》云：「凡祭祀之牲，大祀在滌九十日，中祀二十日，小祀十日。」唐制最與古合。賈謂散祭祀浹日，則不辨大小牲，亦不盡從韋、孔説也。注云『散祭祀，謂司中、司命、山川之屬』者，鄭意散祭祀卽小祭祀，散者，亞次於上之言也。《肆師》云：『立小祀用牲』，彼注以爲司中、司命、風師、雨師、山川百物，此注與彼義同。散義，詳鹽人疏。賈疏云：『見上文陽祀、陰祀、望祀皆云毛之，社稷四望已入毛之科内，下別云：凡時祀用牷物，其中無社稷、四望，唯有天神，司中、司命以上，地神、山川以下，此散祭祀則上時祀之神也，故知散祭祀是司中以下。言之屬者，其中兼有林澤、百物之等也。』案：賈謂此散祭祀卽牧人時祀之神，彼時祀内有日月，故賈云天神、司中、司命以上。然鄭《肆師》注以日月入次祀，則不得爲散祭祀，可知蓋鄭本不以此散祭祀與牧人時祀爲一，賈強合之，非鄭意也。但鄭注《酒正》小祭，與肆師小祀義亦自相差互，詳肆師疏。云『國門，謂城門司門之官』者，《司門》云『祭祀之牛牲繫焉』是也。官卽官府，謂每門下士所治之處。鄭司農云『使養之，使守門者養之』者，明非司門大夫士等自養之，《司門》云：『監門養之。』注云：『監門，門徒是也。』展牲則告牷。鄭司農云：『』展，具也。具牲，若今時選牲也，充人主以牲牷告展牲者也。玄謂展牲，若今夕牲也。《特牲饋食之禮》曰：『宗人視牲告充，舉獸尾告備。』近之。疏：『展牲則告牷』者，牷謂純色，則亦告牲體完具可知。注『鄭司農云：展具也』者，《鄉師》後鄭注云：『展，猶整具』。肆師展犧牲，後鄭注云：『展，省閱也。』與先鄭此注義亦相成，詳彼疏。云『具牲，若今時選牲也』者，先鄭以漢法凡祭祀之前有選牲之事，卽此展牲，故舉以爲況。《肆師》：『大祭祀展犧牲，繫于牢，頒于職人』，彼亦繫頒之前展牲之事也。《祭義》説祭牲云：『君召牛納而視之，擇其毛而卜之，吉，然後養之。君皮弁素積，朔月，月半，君巡牲，所以致力，孝之至也。』《穀梁》哀元年傳云：『郊牛日展』，又云『我以六月上甲始庀牲，十月上甲始繫牲』，范注云：『庀，具也。』先鄭此注蓋兼《祭義》視牲、擇毛、巡牲及《穀梁》庀牲、展牲諸事言之。賈疏云：『先鄭以爲選牲時，後鄭不從者。』若是，選牲時應在牧人，牧人選訖，始付充人，今既在繫養之下乃言展牲，則告牷明非初選牲，故不從。云『充人主以牲牷告展牲者也』者，謂展牲之有司，若肆師之屬，方展時，充人則以牲牷告之。云『玄謂展牲若今夕牲也』者，王應麟云：『丙吉傳：子顯從祠高廟，至少牲日，乃使出取齋衣。顔師古注：未祭一日，其夕展視牲具，謂之夕牲。』詒讓案：後鄭意經言展牲者有二，肆師之展犧牲，在繫牲之前，卽先鄭所謂選牲也。蓋直視而擇之，無告牷之事，此展牲有告牷，乃禮經之視牲。《大宗伯》《小宗伯》又謂之省牲，展省視，義並同也。蓋將繫則選牲，將用則視牲，二者皆得謂之展。《穀梁》云『郊牛日展』，則凡祭前巡視之事，通謂之展，展固非一次矣。此展牲行於將祭前一日之夕，故《漢禮》謂之夕牲。《續漢書・禮儀志》『正月天郊，夕牲。』劉注云：『《周禮》展牲，干寶曰：若今夕牲。』又《郊儀》：『先郊日未晡五刻夕牲，太祝吏牽牲入，到榜，廩犧令跪曰：請省牲。舉手曰：腯。太祝令繞牲舉手曰：充。』是漢禮亦以夕牲爲省牲，又有告牷之事，與此同。故鄭及干氏並舉以爲況也。又案：此展牲卽夕牲，告牷是告於人，與下碩牲告於神異。《公羊》成十七年何注説：『郊禮云夕牲告牷后稷，徐疏謂古禮郊之前日午后陳其牲物，告牲之牷於后稷。』案：郊祀雖亦當有夕牲告牷之禮，然不當告於后稷，何、徐説並不足據。云『《特牲饋食之禮》曰：宗人視牲告充，舉獸尾，告備，近之』者，彼注云：『充，猶肥也。備，具。』賈疏云：『以其天子禮亡，故舉以言焉。』案彼宗人視牲告充，亦謂祭前之夕夕牲時。云『舉獸尾』者，士用兔腊，言獸尾，止謂兔也。彼謂《士禮》引證天子法，故云近之。《禮運》孔疏云：『案特牲禮，陳鼎于門外北面，獸在鼎南，東首牲在獸西，西上北首，其天子諸侯夕省之牲，亦陳于廟門外横行西上。』碩牲則贊。

雜録

宋 鄧名世《古今姓氏書辯證》卷一 充，出自《周官》充人之後，以官命氏。戰國有充虞，爲孟子弟子。《洞仙傳》有仙人充尚。《急就章》有充申。《漢百官表》有左馮翊充郎，初平二年遷大司農。

宋 魏了翁《古今考》卷三二《充人》 充人掌繫祭祀之牲牷，祀五帝則繫于牢，芻之三月。享先王亦如之。紫陽方氏曰：充人之官微，而贊祀五帝。周以前無之，別當庸辯。

牛人

論説

宋 魏了翁《古今考》卷三二《牛人》 牛人，中士二人，下士四人，徒二百人。掌養國之公牛，以待國之政令。凡祭祀，共其享牛、求牛，以授職人而芻之。凡賓客之事，共其牢禮積膳之牛。饗食賓射，共其膳羞之牛。軍事共其犒牛，喪事共其奠牛。凡會同、軍旅、行役共其兵車之牛，與其牽徬，以載公任器。凡祭祀，共其牛牲之互與其盆簝，以待事。紫陽方氏曰：此官牧人在前，充人在後，牧人掌牧六牲，徒止四十人，此專養牛，却徒二百人。牧人中既言『陽祀用騂牲，陰祀用黝牲，望祀各以其方之色』，皆曰毛之，凡祭祀犧牲以授充人，則牛人一官又理會祭祀享牛、求牛，似乎重疊。彼陽祀用騂牲之純色，則南郊祭天及宗廟，康成之言是矣。此言享牛，康成謂之獻，所以祭求牛，明日繹祭之牛，凡國之牛無不求，則公牛二字贅。賔客，謂諸侯也。牢禮以為飧饔積，注以為主國五積之積。饗食賔射，膳羞之牛，與上文牛何異？康成注王之膳羞亦由此，王日一舉之太牢也，或詳書，或不書，犒牛、奠牛、兵車之牛固不一，小有司之事，嘵嘵聒聒。職人當作樴，謂之棧，可以擊牛。牽徬在轅外，牽在前，徬在徬，互謂楅衡之屬，盆、簝，皆器名，簝音老，盆所盛血，簝受肉籠也。此殺牲之後也。然則其所設官重三疊兩，小小有司之事一一煩記之纖悉，非周公之書也。以授職人而芻之，非古文也。牧馬，春分而野之，秋分而廡之，家牧牛晝放夜闌，匈奴不然，一切放之山谷，曰『谷量牛馬』，此之牧人六官、牛人六官、充人二官。六官者，分六處牧養乎？充人掌繫牲，而芻人亦二官，牲固不勝其多，然予謂《周官》一書不如《漢書·公卿百官表》先叙三公次序，六卿小有司具其下，至簡不煩，如《唐六典》、宋官制皆贅也。

明　王志長《周禮注疏刪翼》卷六　牛人，中士二人，下士四人，府二人，史四人，胥二十人，徒二百人。註：主牧公家之牛者。《詩》云：『誰謂爾無牛，九十其犉。』犉者，九十其餘多矣。黄牛黑脣曰犉。明齋王氏曰：牧人兼六牲而官為下士，以其職止芻牧之事，故與鷄人、羊人、犬人等同爵。牛人雖主一牲，然其用非止於牲事，其掌財賦為大，故官為中士，若馬則尤重於牛，故校人為下大夫也。

清　方苞《周官析疑》卷一一　牛人。掌養國之公牛，以待國之政令。曰：掌養公牛以待國之政令，則似民共其牛而官養之，故曰國之公牛，以別白之。

清　惠士奇《禮説》卷三《地官一》　牛人共祭祀之享牛、求牛。先鄭云：享牛，前祭一日之牛；求牛，禱祈求福之牛。後鄭謂享，獻也，獻神之牛。求，終也，終事繹祭之牛。愚謂天神曰祀，地示曰祭，人鬼曰享，享牛者，享先王之牛也。凡祭祀前三日，擇牲，君召牛納而視之，擇其毛而卜之，是爲求牛，求猶擇也。卜吉而後養之，是爲享牛。享牛與帝牛皆在滌三月。求牛者惟具，是視具者，庀也，謂簡擇先庀牲，後繫牲。凡牲必有副，唐禮省牲而犢鳴則免之，而用副，求牛者乃其副也。《曲禮》：天也以犧牛，諸侯以肥牛，大夫以索牛。康成云：犧純毛肥養於滌，索求而得之。孔疏謂下不得僭上，上得兼下，奉牲以告博碩肥腯，是天子兼有肥牛，稷牛惟具。如有災故，臨時得別求之，是天子兼有索牛。然則求牛即索牛歟？《説苑》引《禮記》曰：上牲損則用下牲，下牲損則祭不備物。有下有上，一求一享，或索或肥，同名爲犧。《左傳》萊人賂齊，『以索馬牛，皆百匹』，則索牛亦不獨用之於祭也。或云享牛者，祀神之牛，求牛者，降神之牛，一以祭，一以燎，惟郊用之鑿矣。《大宗伯》祀天實柴，故書作賔柴，實之言積也，賔之言升也。先儒謂實者，實牲體，則賔柴又何説乎？

清　俞樾《茶香室經説》卷五《求牛》　牛人，凡祭祀，共其享牛、求牛，以授職人而芻之。鄭司農云：『求牛禱於鬼神，祈求福之牛也。』元謂：『求，終也，終事之牛，謂所以繹者也。』愚按：求福是非時之祭。《牧人》云『凡牲不繫者，共奉之』，鄭注云：『謂非時而祭祀者。』則禱求用牛在牲不繫者之例，不當授職人而芻之也。賈疏以此破先鄭説，當矣。後鄭訓求爲終，謂是繹祭義，頗迂迴，殆亦未是。按《禮記·曲禮篇》『天子以犧牛，諸侯以肥牛，大夫以索牛』，鄭注曰：『索，求得而用之』，疑求牛即索牛也，索牛爲大夫所用。然《曲禮正義》曰：『上得兼下，下不得僭上。』《公羊》云：『帝牲必在滌三月，稷牛惟具。稷有災，故臨時得別求之。』是天子諸侯得有索牛，然則天子之祭亦容有臨時別求之牛，故牛人供之。《曲禮正義》又云：『《楚語》觀射父云：大者牛羊，必在滌三月，小者犬豕，不過十日然者。』大夫索牛，士羊豕，既不在滌三月，當十日以上，但不知日數耳。據此，則索牛雖臨時擇取，亦當求之十日以前，故必使職人芻之也。

綜述

漢　鄭玄《周禮疏》卷九　牛人，中士二人，下士四人，府二人，史四人，胥二十人，徒二百人。主牧公家之牛者。《詩》云：『誰謂爾無牛，九十其犉。』犉者九十，其馀多矣。犉，而純反，一音而專反，黄牛黑脣曰犉。疏：注『主牧』至『多矣』，釋曰：主牧公家之牛者亦是地事，又鄭下注云『牛能任載地』之類，故在此也。『《詩》云』者，亦《無羊》詩。言誰謂爾宣王無牛，九十其犉。黄牛黑脣曰犉。云『犉者九十，其馀多矣』者，證經牛多，故徒有二百人牧之也。

又卷一三　牛人，掌養國之公牛，以待國之政令。公猶官也。疏：『牛人』至『政令』，釋曰：云『掌養國之公牛，以待國之政令』者，政令，則諸侯所須牛及牧人之事，則供送之也。注『公猶官也』，釋曰：訓公為官者，恐有公君之嫌，但王家之牛，若公廨之牛故須訓公為官，是官牛也。**凡祭祀，共其享牛、求牛，以授職人而芻之。**鄭司農云：『享牛，前祭一日之牛也。求牛，禱於鬼神，祈求福之牛也。』玄謂享，獻也。獻神之牛，謂所以祭者也。求，終也。終事之牛，謂所以繹者也。宗廟有繹者，孝子求神非一處。職讀為樴，樴謂之杙，可以系牛。樴人者，謂牧人、充人與？芻，牲之芻。牛人擇於公牛之中而以授養之。職，戚音特，或馀式反，劉之式反，注樴同。繹，音亦，徐音夕。杙，馀式反，劉馀則反。疏：『凡祭』至『芻之』，釋曰：云『凡祭祀』者，祭祀非一，故亦言凡以廣之。云『享牛』者，謂正祭之牛。云『求牛』者，謂繹祭之牛。云『以授職人而芻之』者，謂授充人系養者也。注『鄭司』至『養之』，釋曰：先鄭云『享牛，前祭一日之牛也』者，若以此為祭前一日夕牲時而言，仍是正祭牛，則不應以正祭而云前祭一日。若不據祭祀，以為齊時所食，齊則十日，不應惟止一日而已。其言無據，故后鄭不從也。云『求牛，禱於鬼神、祈求福之牛也』者，案上文『凡牲不系者共奉之』，謂非時而祭則不系之，此經授職人系之，明非禱祈、非時祭者，故后鄭亦不從也。『玄謂享，獻也。獻神之牛謂所以祭者也』者，以其宗伯祭宗廟六者皆云享，則享是正祭可知。破先鄭為前祭一日之牛也。云『求，終也。終事之牛謂所以繹者也』者，今日正祭于廟，明日繹祭在門外之西室，故鄭云『孝子求神非一處』，以解求中為繹祭之牛也。故《郊特牲》云『祭于祊，尚曰求諸遠者與。』是名繹祭為求也。云『職讀為樴』者，凡官皆有職，直云職人，無所指斥，但職樴聲相近，誤為職，故讀從樴。充人置樴，入地之時，樴樴然作聲，故以聲名其官也。云『樴謂之杙』者，《爾雅·釋宮》文，郭注云：『槷也。』云『樴人者，謂牧人充人與』者，與，疑辭。疑之者，凡牲堪祭祀者，則牛人選入牧人。臨祭之前，牧人乃授充人，充人乃系養之。今若即以樴人為充人，則隔牧人，故連牧人而言之。明先至牧人，乃至充人，經據后而言之耳。云『牛人擇於公牛之中而以授養之』者，鄭直言養之者，則養者之中，還兼有牧人、充人也。**凡賓客之事，共其牢禮積膳之牛。**牢禮，飧饔也。積，所以給賓客之用，若《司儀職》曰『主國五積』者也。膳，所以間禮賓客，若《掌客》云『殷膳太牢』。積，子賜反，注同。飧，音孫。疏：『凡賓』至『之牛』，釋曰：言『凡賓客』者，謂五等諸侯來朝，兼有臣來聘，皆共牢禮積膳之牛也。注『牢禮』至『太牢』，釋曰：鄭知牢禮飧饔者，此一經皆謂致與賓客者。下云饗食，是速賓之禮也。案《大行人》、《掌客》皆云：『上公飧五牢，饔餼九牢，五積。侯伯飧四牢，饔餼七牢，四積。子男飧三牢，饔餼五牢，三積。』積之多少，各視飧牢，其膳則五等諸侯皆大牢，故云牢禮飧饔也。云『積所以給賓客之用』者，謂行道之用，《遺人》所云者是也。又引《司徒職》曰『王國五積』者，據上公而言也。云『膳所以間禮賓客』者，謂賓客未去之間致禮也。又引《掌客》云『殷膳大牢』，彼注云：『殷，中也，中間未去。』即是間禮賓客也。**饗食、賓射，共其膳羞之牛。**羞，進也。所進賓之膳。《燕禮》，小臣請執冪者與羞膳者，至獻賓而膳宰設折俎。王之膳羞亦猶此。食，音嗣，下文同。冪，民狄反。折，之設反。疏：『饗食』至『之牛』，釋曰：饗者，亨大牢以飲賓，獻依命數。食者，亦亨大牢以食，食禮九舉、七舉、五舉，亦依命數，無酒獻酬耳。皆在於廟以速賓。射者，謂大射及與賓客射于朝。天子諸侯射，先行燕禮，皆有殽俎，故有牛也。云『共其膳羞之牛』者，謂獻賓時宰夫所進俎是也。注『羞進』至『猶此』，釋曰：引《燕禮》『小臣請執冪者與羞膳者，至獻賓而膳宰設折俎』者，案《燕禮》，立賓后，公卿大夫升就席，小臣阼階下北面請執冪者，與羞膳者。注云：『執冪者，執瓦大之冪也。方圜壺無冪。羞膳者，羞於公，謂庶羞』云云。至主人獻賓，『賓西階上拜，筵前受爵，反位，主人賓右拜送爵。膳宰薦脯醢。賓升筵，膳宰設折俎』。此王與賓饗及賓射，設俎時節及設人無文，故云王之膳羞亦猶此也。若然，饗食有牛俎。至於射禮，天子諸侯皆先行燕禮，其牲猶得有牛者。但天子諸侯雖用燕禮，直取一獻之禮，未旅而行射節。其用牲，則《左傳》云『公當饗』。雖然，燕禮亦用牛，與饗同。若然，云膳羞則庶羞也。不言正俎之牛者，據庶羞而言，其實兼正俎矣。**軍事，共其槁牛。**鄭司農云：『槁師之牛。』槁，苦報反，注同。疏：『軍事共其槁牛』，釋曰：謂將帥在軍枯槁之賜牛，謂之槁牛也。注『鄭司』至『之牛』，釋曰：案《左氏傳》僖公三十三年，秦師襲鄭，鄭商人弦高將市於周，遇之，以乘韋先牛，十二犒師。雖非己之軍師，亦是犒師之牛，故引以為證也。**喪事，共其奠牛。**謂殷奠、遣奠也。喪所薦饋曰奠。遣，棄戰反。疏：注『謂殷奠遣奠也』，釋曰：喪中自未葬已前無尸，飲食直奠停置于神前，故謂之為奠。朝夕之奠，無尊卑，皆脯醢酒而已，無牲體。殷，大也。唯有小斂、大斂、朔月、月半、薦新、祖奠及遣奠時有牲體。大遣奠非直牛，亦有馬牲耳，故鄭云『謂殷奠遣奠也』。鄭云『喪所薦饋曰奠』，以無尸故也。**凡會同、軍旅、行役，共其兵軍之牛與其牽徬，以載公任器。**牽徬，在轅外輓牛也。人御之，居其前曰牽，居其旁曰徬。任猶用也。徬，薄浪反，注同。疏：『凡會』至『任器』，釋曰：會同軍旅兼言行役，謂王行巡守皆六軍從也。云『共其兵車之牛』者，但兵車駕四馬之外，別有兩轅駕牛以載任器者，亦謂之為兵車，故云兵車之牛也。注『牽徬』至『用也』，釋曰：云『牽徬，在轅外輓牛也』者，上云兵車之牛，據在轅內者；別言『與其牽徬』，故云在轅外輓牛也。若然，轅外在前者曰牽，在旁者曰徬，故鄭覆云『人御之，居其前曰牽，居其旁曰徬』。言人御之者，以其在轅外，將御為難，故特言人御之也。云『任猶用也』者，謂在軍所須之器物皆是也。**凡祭祀，共其牛牲之互與其盆簝，以待事。**鄭司農云：『互謂楅衡之屬。盆簝皆器名。盆所以盛血，簝受肉籠也。』玄謂互，若今屠家縣肉格。互，劉音護，徐音牙。簝，音寮，劉魯討反。盛，音成。縣，音玄。疏：注『鄭司』至『肉格』，釋曰：先鄭上文楅衡共為一物，后鄭已不從。合以互與楅衡共一，彌不可。玄謂『互若今屠家縣肉格』，其義可知。但祭祀殺訖，即有薦爓薦，孰何得更以肉縣于互乎？然當是始殺解體未薦之時且縣于互，待解訖乃薦之，故得有互以縣肉也。故《詩》云『或剝或亨，或肆或將』。注云：『肆，陳也。』謂陳於互者也。

漢 鄭玄《周禮疏》卷三 牛人掌養國之公牛，以待國之政令。公，猶官也。凡祭祀，共其享牛、求牛，以授職人而芻之。鄭司農云：享牛，前祭一日之牛也。求牛，禱於鬼神祈求福之牛也。玄謂享，獻也，獻神之牛謂所以祭者也。求，終也，終事之牛謂所以繹者也。宗廟有繹者，孝子求神非一處。職，讀爲樴，樴謂之杙，可以繫牛。樴人者，謂牧人、充人與？芻，牲之芻。牛人擇於公牛之中而以授養之。職，音特，或餘式反，又之式反。注樴同。繹，音亦。杙，餘式反。凡賓客之事，共其牢禮積膳之牛。牢禮，飧饔也。積所以給賓客之用，若《司儀職》曰『主國五積者也』。膳，所以間禮賓客，若《掌客》云『殷膳大牢』。積，去聲。飧，音孫。饗食賓射，共其膳羞之牛。羞，進也，所進賓之膳。《燕禮》小臣『請執冪者，與羞膳者』。至獻賓，而膳宰設折俎，王之膳羞亦猶此。軍事共其犒牛。鄭司農云：犒師之牛。犒，苦報反。喪事共其奠牛。謂殷奠、遣奠也。喪所薦饋曰奠。遣，棄戰反。凡會同、軍旅、行役，共其兵車之牛，與其牽徬，以載公任器。牽徬，在轅外輓牛也人。御之居其前曰牽，居其旁曰徬。任，猶用也。徬，薄浪反。凡祭祀，共其牛牲之互與其盆簝，以待事。鄭司農云：互謂福衡之屬，盆簝皆器名，盆所以盛血，簝受肉籠也。玄謂互，若今屠家縣肉格。互，音護。簝，音老。盛，音成。

宋 劉敞《七經小傳》卷中 牛人，凡祭祀，共其享牛、求牛，以授職人而芻之。享牛，享神之牛也。求，讀如逑，逑配也，配神者之牛。以《郊禮》言之，享牛所謂帝牛，求牛所謂稷牛，《周書・召誥》用牲于郊牛二。

宋 王安石《周官新義》卷六 牛人掌養國之公牛，以待國之政令。凡祭祀，共其享牛、求牛，以授職人而芻之。凡賓客之事，共其牢禮積膳之牛。饗食、賓射共其膳羞之牛。軍事共其犒牛，喪事共其奠牛。凡會同、軍旅、行役，共其兵車之牛。與其牽徬，以載公任器。凡祭杞，共其牛牲之互與其盆簝，以待事。

宋 王昭禹《周禮詳解》卷一二 牛人掌養國之公牛，以待國之政令。凡祭祀，共其享牛、求牛，以授職人而芻之。凡賓客之事，共其牢禮積膳之牛。饗食賓射，共其膳羞之牛。軍事共其犒牛，喪事共其奠牛。凡會同、軍旅、行役共其兵車之牛，與其牽徬，以載公任器。凡祭祀，共其牛牲之互與其盆簝，以待事。六牲之奉屬於五官，而羊人、犬人、雞人止言共，而牛人兼言養者，羊人、犬人、雞人則共之而不必養，以有牧人養之也。牛人則養之，而又共之矣。未成牲謂之牛，而牛之所養不特以為牲，故自享牛、求牛、牢禮積膳膳羞之牛皆以牛言之。享牛則所以祭也，求牛則所以索也，盖直祭祝於主，索祭祝於祊，不知神之所在，於彼乎，於此乎，則既祭而索其神，非一方而已，故有享牛矣，而不可以無求牛。以授職人而芻之，謂授充人也。其賓客、牢禮之牛則饔飧之屬也。積牛，則給賓客之用者，若司儀謂主國五積之類也。膳牛，用禮賓客者，若掌客殷膳太牢之類也。饗禮賓客，與夫賓射，皆有膳羞，亦牛人共其牛也。犒牛，犒師之牛，以其犒也，故犒之，猶勞賓之謂勞，罷師之謂罷也。喪事共其奠牛者，喪所以薦饋曰奠，奠牛若殷奠、遣奠之類也。兵車所以載公任器，牽徬在轅外輓牛也。人御之在前曰牽，在旁曰徬。先王之時，軍旅之賦取具於民矣。此凡會同、軍旅、行役共其兵車之牛，則公牛也。馬牛車輦取具於民者，乃私牛也。凡祭祀，共其牛牲之互與其盆簝，以待事者，互，肉格也。盆以盛血，簝以受肉，凡此皆牛人所共也。以待事，則或剝、或烹、或肆、或將，各隨其事而待之也。

宋 黄度《周禮説》卷二《地官司徒下》 牛人掌養國之公牛。此與九職之牧分授牧田，以養國，牛故言公牛以別於民。凡祭祀，共其享牛、求牛，以授職人而芻之。求牛，亦芻之備非時之須，即牧人所謂凡牲不繫者。職如字，不必改。充人、司門各共其職，牧人備言之矣。此省文耳。案：鄭注職爲樴。共其兵車之牛。兵，車輦也。

宋 易祓《周官總義》卷八 牛人掌養國之公牛，以待國之政令。凡祭祀，共其享牛、求牛，以授職人而芻之。凡賓客之事，共其牢禮積膳之牛。饗食賓射，共其膳羞之牛。軍事共其犒牛，喪事共其奠牛。凡會同、軍旅、行役，共其兵車之牛。與其牽徬，以載公任器。凡祭祀，共其牛牲之互與其盆簝，以待事。以待事，則或剝、或亨、或肆、或將皆待之為有素。

宋 王與之《周禮訂義》卷二〇 牛人，中士二人，下士四人，府二人，史四人，胥二十人，徒二百人。鄭康成曰：主牧公家之牛者，《詩》云：『誰謂爾無牛，九十其犉』。犉者九十，其餘多矣。賈氏曰：鄭引《詩》者，證經牛多，故徒有二百人牧之也。掌養國之公牛，以待國之政令。鄭鍔曰：周制，有公家之牛，有私家之牛。祭祀以為犧牲者，公牛也；車輦出於鄉遂之民者，私牛也。黄氏曰：此與九職之牧分授牧田，以養國牛，故言公牛，以別於民。史氏曰：祭祀之物，牛曰一元大武，以六牲之中牛最大。天地之牛角繭栗，宗廟之牛角握，賓客之牛角尺，則牛者無所不用。王昭禹曰：六牲之奉屬於五官，羊人、犬人、雞人止言共，以有牧人養之也。牛人養之而又共之，未成牲謂之牛，而牛人之所養不特以為牲，故自享牛、求牛，牢禮積膳膳羞之牛，皆以牛言之。賈氏曰：政令則諸侯所須牛及牧人之事則供送之。史氏曰：政令凡祭祀所用，無所不掌也。凡祭祀，共其享牛、求牛，以授職人而芻之。鄭康成曰：享，獻也。獻神之牛，謂所以祭者也。史氏曰：享牛，謂所合供者，若牧人時祀之牲。求，終也。

終事之牛，謂所以繹者也。宗廟有繹者，孝子求神非一處。鄭鍔曰：求，索也。《記》曰：『直祭祝於主，索祭祝於祊』，不知神之所在於彼乎，於此乎，或諸遠人乎，是故祭之明日則索祭之，亦謂之繹祭，祭亦用牲，則求牛為索祭之牛明矣。劉氏《小傳》曰：享牛者，享神之牛，凡求，讀如逑，逑配也。配神者之牛，以《郊禮》言之，享牛所謂帝牛，求牛所謂稷牛，《周書·召誥》『用牲于郊牛二』。史氏曰：求牛謂非時而須，若牧人外祭毀事之尨是矣。黃氏曰：求牛亦芻之備，非時之須耶？牧人所謂凡牲不繫者。鄭節卿曰：牛有卜而後用者，有用而不必卜者，享牛卜而後用，求牛用而不卜。黃氏曰：職如字，不必改。充人、司門各共其職，牧人備言之矣，此省文耳。鄭康成曰：職讀為樴，樴謂之杙，可以繫牛。樴人，謂牧人、充人。賈氏曰：充人置樴入地之時樴樴然作聲，故以聲名其官。凡牲堪祭者，則牛人選入牧人，臨祭之前，牧人乃授充人，乃繫養之。今若即以樴人為充人，則隔牧人，故連牧人言之。鄭康成曰：芻，牲之芻，牛人擇於公牛之中而以授養之。**凡賓客之事，共其牢禮積膳之牛。**鄭康成曰：牢禮，飧饔也。積，所以給賓客之用。若《司儀職》曰：主國五積膳，所以間禮賓客，若『掌客云殷膳大牢』。史氏曰：既以生饋之，又以熟進之。**饗食賓射，共其膳羞之牛。**史氏曰：饗食賓射，講禮之時用也。賈氏曰：饗者，亨大牢以飲賓，獻依命數。食者，亦亨大牢以食。食禮九舉、七舉、五舉，亦依命數，無酒獻酬耳，皆在於廟以速賓。射者，謂大射及與賓客射於朝，天子諸侯射，先行燕禮，皆有殽俎，故有牛也。膳羞之牛謂獻，賓時宰夫所進俎是也。王氏《詳說》曰：既曰積膳之牛，又曰膳羞之牛，積膳謂共賓也，膳羞謂獻賓也。鄭康成曰：羞，進也，所進賓之膳。《燕禮》：小臣請執冪者與膳羞者，至獻賓而膳宰設折俎，王之膳羞亦猶此。**軍事共其犒牛。**鄭司農曰：犒師之牛。項氏曰：若鄭商以牛十二犒秦師。**喪事共其奠牛。**鄭康成曰：謂殷奠、遣奠也。喪所薦饋曰奠。賈氏曰：喪中自未葬已前無尸，飲食直奠停置於神前，故謂之奠。朝夕之奠，無尊卑，皆脯醢酒而已，無牲體。殷，大也。唯小斂、大斂、朔月、月半、薦新、祖奠及遣奠時有牲體，大遣奠亦有馬牲。**凡會同、軍旅、行役共其兵車之牛，與其牽徬，以載公任器。**黃氏曰：兵，車輦也。王昭禹曰：先王之時，軍旅之賦取具於民矣。此凡會同、軍旅、行役共其兵車之牛，則公牛也。馬牛車輦取具於民者，乃私牛也。鄭康成曰：牽徬，在轅外輓牛也。人御之，居其前曰牽，居其傍曰徬。任，猶用也。史氏曰：牽徬載任，引重致遠之時用也。黃氏曰：載公任器，則私任器出於民。**凡祭祀，共其牛牲之互與其盆簝，以待事。**鄭司農曰：互，謂楅衡之屬。鄭氏曰：互，若今屠家縣肉格。賈氏曰：始殺解體，未薦之時，縣於互盆簝，皆器名。盆所以盛血，簝受肉籠也。易氏曰：以待事，則或剥、或亨、或肆、或將，皆待之為有素。史氏曰：觀《周官》牛人所共，非祭祀則賓客、燕享、軍旅，初非為食用。《禮》曰：『天子無故不殺牛，大夫無故不殺羊，士無故不殺犬豕』，所謂故其祭祀之時歟。

明 王應電《周禮傳》卷二上 **牛人，中士二人，下士四人，府二人，史四人，胥二十人，徒二百人。**牧人兼六牲，而官為下士，以其職止芻牧之事，故與鷄人、羊人、犬人等同爵。牛人雖主牛之一牲，然其用非止于牲事，其掌財賦為大，故官為中士。若馬則尤重于牛，故校人為下大夫也。**牛人掌養國之公牛，以待國之政令。**養于官者曰公牛。政令者，凡國之用牛，或牢為牲，或駕于車，各有所需，如下文所云也。**凡祭祀，共其享牛、求牛，以授職人而芻之。**享牛，饗神之牛。求牛，繹祭求神之牛。職人猶言有司，指牧人、充人、監門者而言。春官肆師亦云『徝于職人』，皆謂是也。**凡賓客之事，共其牢禮積膳之牛。**饗食賓射，共其膳羞之牛。積，去聲。《牢禮》饔飧也，積生饋之所以給賓之用，若司儀主國五積也。膳熟而進之，所以問禮賓客，若掌客『殷膳大牢』也。《饗禮》『烹大牢以飲賓，獻依命數，食烹大牢以食，賓有九舉、七舉、五舉，亦依命數，皆速賓行于廟中，大射于澤，及與賓客射于朝，必先行燕禮，而有殽俎，故云膳羞之牛。**軍事共其犒牛。**犒，坤告反，所以勞軍。**喪事共其奠牛。**朔望，殷奠及祖奠，遣奠也。已上皆牛之用于牲者。**凡會同、軍旅、行役，共其兵車之牛，與其牽徬，以載公任器。**徬，旁，去聲。行役，天子巡守，則六師從也。兵車行兵任載之重，車非牛不能輓，人御之者，居其前曰牽，居其旁曰徬也。公任器，公家輜重，其士卒輜重，則出于《司馬瀍》之大車。已上牛之用于駕者。**凡祭祀，共其牛牲之互與其盆簝，以待事。**簝，音老。互，殺牛具。牛多力，殺之有瀍，交互制之。盆，瓦器，以盛血；簝，竹器，以受肉，乃牛人之所有事故，凡祭祀殺牲時共之以待事也。

明 柯尚遷《周禮全經釋原》卷四《地官上》 **牛人，中士二人，下士四人，府二人，史四人，胥二十人，徒二百人。**釋曰：此官主牧祭牛。凡牛堪祭祀者，則牛人選入牧人，牧之臨祭之前乃授充人而繫養之。

明 郝敬《周禮完解》卷三 **牛人，中士二人，下士四人，府二人，史四人，胥二十人，徒二百人。**掌牧牛。按：有牧人、充人，則牛人可省也。**牛人掌養國之公牛，以待國之政令。凡祭祀，共其享牛、求牛以授職人而芻之。凡賓客之事，共其牢禮積膳之牛。饗食賓射，共其膳羞之牛。軍事共其犒牛，喪事共其奠牛。凡會同、軍旅、行役，共其兵車之牛。與其牽徬，以載公任器。凡祭祀，共其牛牲之互與其盆簝，以待事。**公牛，猶言官牛。待政令，待取用也。享牛，享神之牛。求，擇也，擇可爲犧牛者。鄭謂『明日繹祭于廟門外求神之牛鑿』也。職，作樴，杙也，以繫牛。芻之，猶養之。《牢禮》謂飧饔、積委、積膳、賓館之餽膳。饗，大饗，飲賓也。食，飯也。《食禮》有酒無獻酬，皆于廟各視其命數，如上公饗九獻，食九舉九牢之類，皆用牛。賓射，天子與諸侯射于朝，先燕，故有膳羞之牛。犒牛，賞勞三軍。喪，未葬前飲食，奠于柩朝夕惟脯醢無牲，小大斂、朔望、薦新、祖奠、遣奠有牲，則供奠牛。兵車、駕馬、載器用之車駕牛御者，在牛前曰牽，在牛旁曰徬。任，用也。器，版杵斧斤之類。交木懸肉曰互，如今屠人以鐵爲連鉤，懸牲體解之亦名互。盆以盛血，簝竹器，以盛腸胃，待事待殺也。

明 王志長《周禮注疏刪翼》卷八 牛人掌養國之公牛，以待國之政令。註：公猶官也。疏：政令，則諸侯所須牛及牧人之事則供送之也。凡祭祀，共其享牛、求牛，以授職人而芻之。註：鄭司農云：享牛，前祭一日之牛也。求牛，禱于鬼神祈求福之牛也。玄謂享，獻也，獻神之牛謂所以祭者也。求，終也，終事之牛謂所以繹者也。宗廟有繹者，孝子求神非一處。職，讀為樴，樴謂之杙，可以繫牛。樴人者，謂牧人、充人與？芻，牲之芻，牛人擇於公牛之中而以授養之。疏：今日正祭於廟，明日繹祭在門外之西室，郊特牲云：『祭於祊尚曰：求諸遠者歟』，是名繹祭為求也。按牧人『凡牲不繫者，共奉之』，謂非時而祭，則不繫，此經云授職人芻之，明非禱祈、非時祭者，及前祭一日之牛，亦無據，故後鄭俱不從也。或曰職人猶言有司，指牧人、充人、監門者而言。凡賓客之事，共其牢禮積膳之牛。註：牢禮，飱饔也。積，所以給賓客之用。若《司儀職》曰『主國五積』者也。膳所以問禮賓客，若掌客云『殷膳大牢』。疏：上公飱五牢，饔餼九牢，五積侯伯飱四牢，饔餼七牢，四積子男飱三牢，饔餼五牢。三積，謂賓客未去之間致禮也。或曰積生饋之膳熟而進之。饗食賓射，共其膳羞之牛。註：羞，進也，所進賓之膳。疏：饗者烹大牢，以飲賓獻，依命數食者，亦烹大牢以食，食禮九舉、七舉、五舉，亦依命數，但無獻酬，皆於廟速賓。天子諸侯射，先行燕禮，皆有殽俎，故有牛也。軍事共其犒牛。註：鄭司農云：犒師之牛。喪事共其奠牛。註：謂殷奠、遣奠也。喪所薦饋曰奠。疏：喪中自未葬已前無尸，飲食直奠停置於神前，故謂之奠。朝夕之奠無尊卑，皆脯醢酒而已，無牲體。殷，大也，惟小斂、大斂、朔月、月半、薦新、祖奠及遣奠時有牲體，大遣奠非直牛亦有馬牲。凡會同、軍旅、行役，共其兵車之牛，與其牽徬，以載公任器。註：牽徬，在轅外輓牛也。人御之居其前曰牽，居其旁曰徬。任，猶用也。疏：兵車駕四馬之外，別有兩轅駕牛以載任器，亦謂之兵車，故云兵車之牛公任器，謂在軍所須之器物皆是也。凡祭祀，共其牛牲之互與其盆簝，以待事。註：鄭司農云：互謂楅衡之屬。盆、簝，皆器名，盆所以盛血，簝受肉籠也。玄謂互，若今屠家縣肉格。疏：《詩》云『或剥或亨，或肆或將』，肆，陳也，謂陳於互者也。

清 李光坡《周禮述注》卷六 牛人，中士二人，下士四人，府二人，史四人，胥二十人，徒二百人。註曰：主牧公家之牛者，《詩》云『誰謂爾無牛，九十其犉』，犉者九十，其餘多矣。

又 卷八 牛人掌養國之公牛，以待國之政令。註曰：公猶官也。凡祭祀，共其享牛、求牛，以授職人而芻之。註曰：享，獻也，獻神之牛，謂所以祭者也。求，終也，終事之牛，謂所以繹者也。宗廟有繹者，孝子求神非一處。職，讀為樴，樴謂之杙，可以繫牛。樴人者，謂牧人、充人與？芻，牲之芻，牛人擇於公牛之中而以授養之。職，之式反。註：樴，同杙，餘式反。凡賓客之事，共其牢禮積膳之牛。註曰：牢禮，飱饔也。積，所以給賓客之用，若《司儀職》曰『主國五積』者也。膳，所以間禮賓客，若《掌客》云『殷膳大牢』。積，于賜反。饗食賓射，共其膳羞之牛。註曰：羞，進也，所進賓之膳。《燕禮》，小臣請執幕者與膳羞者，至獻賓而膳宰設折俎，王之膳羞亦猶此。疏曰：饗食有牛俎，至於射禮，天子、諸侯皆先行燕禮，其牲猶得有牛者，但天子諸侯雖用燕禮，直取一獻之禮，未旅而行射，節其用牲，則《左傳》云『公當饗』，雖然，燕禮亦用牛，與饗同。若然，云膳羞則庶羞也，不言正俎之牛者，據庶羞而言其實兼正俎矣。食，音嗣。軍事共其犒牛。註曰：鄭司農云：犒師之牛。喪事共其奠牛。註曰：謂殷奠、遣奠也。喪所薦饋曰奠。疏曰：喪中自未葬以前無尸，飲食直奠停置于神前，故謂之為奠。朝夕之奠無尊卑，皆脯醢而已，無牲體，唯有小斂、大斂、朔月、月半、薦新，祖奠及遣奠時有牲體，遣奠非直牛，亦有馬牲。凡會同、軍旅、行役，共其兵車之牛，與其牽徬，以載公任器。註曰：牽徬，在轅外輓牛也。人御之居其前曰牽，居其旁曰徬。任猶用也。疏曰：會同、軍旅兼言行役，謂王行巡守皆六軍從也。共其兵車之牛者，但兵車駕四馬之外，別有兩轅駕牛。以載任器者，亦謂之為兵車，故云兵車之牛也。徬，旁去聲。凡祭祀，共其牛牲之互與其盆簝，以待事。註曰：鄭司農云：互謂楅衡之屬，盆簝皆器名，盆所以盛血，簝受肉籠也。玄謂互，若今屠家縣肉格。史直翁曰：觀《周官》牛人所共非祭祀，則賓客、燕享、軍旅初非為食用。《禮》曰『天子無故不殺牛』，所謂故，其祭祀之時與？簝，音寮。盛，音成。縣，音懸。

清 李鍾倫《周禮纂訓》卷六 牛人掌養國之公牛，以待國之政令。注：公猶官也。凡祭祀，共其享牛、求牛，以授職人而芻之。注：享牛，謂所以祭者也；求牛，謂所以繹者也。宗廟有繹者，孝子求神非一處。職讀為樴，樴謂之杙，可以繫牛。樴人者，謂牧人、充人與？芻，牲之芻，牛人擇於公牛之中而以授養之。凡賓客之事，共其牢禮積膳之牛。積，子賜反。注：牢禮，飱饔也。積，所以給賓客之用，若《司儀職》曰『主國五積』者也。膳，所以間禮賓客，若《掌客》云『殷膳太牢』。饗食賓射，共其膳羞之牛。食，音嗣，下文同。注：《燕禮》，小臣請執冪者與羞膳者，至獻賓而膳宰設折俎，王之膳羞亦猶此。疏：饗食皆烹太牢，天子、諸侯射則先行燕禮，皆有殽俎，故有牛也。膳羞則庶羞，不言正俎之牛者，可以相兼矣。軍事共其犒牛，喪事共其奠牛。注：謂殷奠、遣奠也。疏：喪自未葬已前無尸，故謂之奠。朝夕奠無尊卑，皆脯醢酒而已，無牲體。殷奠謂小斂、大斂、朔月、月半、薦新、祖奠及遣奠時則有牲體，遣奠非直牛，亦有馬牲。凡會同、軍旅、行役，共其兵車之牛，與其牽徬，以載公任器。徬，音傍，薄浪反。注：牽徬，在轅外挽牛也。人御之居前曰牽，居旁曰徬。疏：會同、軍旅兼言行役，謂王巡狩六軍從也。兵車之牛者，兵車駕四馬之外，別有兩轅駕牛以載任器者，亦謂之兵車。兵車之牛，據在轅內牽徬，在轅外在前曰牽，在旁曰徬。凡祭祀，共其牛牲之互與其盆簝，以待事。互，音護。徐，音牙。簝，音寮。注：鄭司農云：盆所以盛血，簝受肉籠也。玄謂互，若今屠家縣肉格。疏：互當是始殺解體未薦之時，且縣于互，解訖乃薦之。

清 方苞《周官集注》卷三 牛人掌養國之公牛，以待國之政令。公，猶官也。凡祭祀，共其享牛、求牛，以授職人而芻之。享牛，正祭之牛；求牛，繹祭之牛。《繹》曰：索祭，故其牲謂之求牛也。職人謂牧人、充人職當繫牛而養之者。凡賓客之事，共其牢禮積膳之牛。積，所以給賓客之用，在途則遺人職，候館有積是也；在館則掌客職，上公飧五牢，饔餼九牢、五積侯伯飧四牢，饔餼七牢，四積子男飧三牢，饔餼五牢。三積膳，所以間禮賓客、公侯、伯殷，膳皆太牢。饗食賓射，共其膳羞之牛。軍事共其犒牛，喪事共其奠牛。喪所薦饋曰奠。以未葬無尸，直薦舍于神前也。凡會同、軍旅、行役，共其兵車之牛，與其牽徬，以載公任器。牽徬，在轅外輓牛也。居前曰牽，居旁曰徬。任，猶用也。四丘出甲，凡卒乘之，牛民自共之，此兵車以載官用器，故官共其牛。凡祭祀，共其牛牲之互與其盆簝，以待事。互，懸肉格。盆以盛血，簝受肉籠。

清 秦蕙田《五禮通考》卷六六《吉禮六十六》 《周禮・地官》：牛人，凡祭祀，共其牛牲之互與其盆簝，以待事。注：鄭司農云：互謂楅衡之屬，盆簝皆器名，盆所以盛血，簝受肉籠也。玄謂互，若今屠家縣肉格。疏：先鄭上文楅衡共為一物，後鄭已不從。今以互與楅衡為一，彌不可。玄謂互，若今屠家縣肉格，其義可知。但祭祀殺訖即有薦爓、薦熟，何得更以肉縣於互乎？然當是始殺解體未薦之時，且縣於互，待解訖，乃薦之，故得有互以縣肉也。故《詩》云『或剥或亨，或肆或將』。注云：肆，陳也，謂陳於互者也。陳氏《禮書》：牛人，凡祭祀，共牛牲之互與其盆簝，以待事。鄭司農謂互，楅衡之屬，盆以盛血，簝受肉籠也。鄭康成謂互，若今縣肉格。《楚茨》詩曰：『或剥或亨，或肆或將。』毛氏曰：『』或陳於牙，或齊於肉，蓋互牙古字通用，祭之日君牽牲入廟門，麗於碑，卿大夫袒而毛，鸞刀以封，盛血以盆，受肉以簝，然後陳肉於互，以授亨人亨之。掌舍設梐枑，脩閭氏掌比國中宿。互者，互行馬也。肉格謂之互，蓋其制類此。鄭司農以為楅衡之屬，非是。

又 卷八六《吉禮八十六》 牛人，凡祭祀，供其享牛、求牛，以授職人而芻之。注：享，獻也，獻神之牛，謂所以祭者也。求，終也，終事之牛，謂所以繹者也。宗廟有繹者，孝子求神非一處。

又 牛人，凡祭祀，共其牛牲之互與其盆簝，以待事。疏：《詩》云『或肆或將』，肆，陳也，謂陳於互者也。

清 桂馥《札樸》卷一《求牛》 牛人，凡祭祀共其享牛、求牛。鄭注：求，終也，終事之牛，謂所以繹者也。馥謂求，當爲絿，《說文》終下云：絿，絲也。

清 官獻瑤《石溪讀周官》卷二《地官司徒第二》 牛人掌養國之公牛，以待國之政令。國之政令，如賓客、軍旅、喪紀皆是，不但祭祀也。牛與馬同為大牲，所需用者孔多，特設中士之官掌養之，與牧人、充人專養祭祀之牲牢者不同。次于牧人之下者，以牧人兼掌六牲，以共祭祀，不當以牛人越于其前耳。凡祭祀，共其享牛、求牛，以授職人而芻之。凡賓客之事，共其牢禮積膳之牛。饗食賓射，共其膳羞之牛。饗食賓射，亦賓客之事。積膳，在未入館以前之牢禮，膳羞，則在入館以後之牢禮，見賓客之需牛多也。軍事共其犒牛，喪事共其奠牛。凡會同、軍旅、行役，共其兵車之牛，與其牽徬，以載公任器。牽、徬，皆繩也。繩在前者謂之牽，繩在旁者謂之徬。如《凶禮》喪車之引，與彼皆因其用而名之耳。凡祭祀，共其牛牲之互與其盆簝，以待事。

清 蔣載康《周官心解》卷六 牛人，中士二人，下士四人，府二人，史四人，胥二十人，徒二百人。此職養公牛，亦共祭祀之牛，故次牧人。註：主牧公家之牛者。

又 卷八 牛人掌養國之公牛，以待國之政令。待祭祀、賓客、軍旅、喪紀等政令也。此爲下總綱。註：公猶官。凡祭祀共其享牛、求牛，以授職人而芻之。職如字。註：享，獻也，獻神之牛以祭者也。按：求，索也，求牛索祭之牛，《郊特牲》索祭祝于祊，蓋于廟門內設饌以求神，即《詩》『祝祭于祊』所用牛也。《職人職》：『養牲者，即牧人、充人之屬。』芻，養牲芻，牛人擇公牛以授充人等芻養之。凡賓客之事，共其牢禮積膳之牛。積，子賜反。牢禮，飧饔也。積，給賓客道路之食者。司儀上公出入五積，侯伯四積，子男三積，膳，掌客上公侯伯殷膳大牢，子男特牛。饗食賓射，共其膳羞之牛。食，音嗣。諸侯射行、燕禮無牛俎。天子禮異，故得有牛。舉賓射見大射，或謂膳羞，庶羞也，非正俎，然經兼饗食，饗食有牛俎，賓射亦有牛俎，不特庶羞矣。況庶羞不踰牲腳，及牛胾、牛炙、牛膾皆因牛俎而始有乎？軍事共其犒牛。犒，苦報反。鄭司農曰：犒師之牛。喪事共其奠牛。註：喪所薦饋曰奠。按：喪云奠者，未葬不立尸，膳食但奠，置而停之，故曰奠也。凡會同、軍旅、行役，共其兵車之牛，與其牽徬，以載任公器。徬，薄浪反。牽徬，轅前及左右輓牛也。註：人御之居前曰牽，居旁曰徬。按：任貨，物可擔負者，器斧鑿等器。疏：會同、軍旅兼言行役，王行巡狩六軍從也。兵車駕馬，別有兩轅，駕牛以載任器，亦謂之兵車，故云兵車之牛也。凡祭祀，共其牛牲之互與其盆簝，以待事。簝，音老。鄭司農曰：盆盛血，簝受肉籠。註：互，縣肉格。按：封人錯簡凡喪紀賓客十四字，似當在此節之下。

清 劉沅《周官恒解》卷二《地官司徒》 牛人，中士二人，下士四人，府二人，史四人，胥二十人，徒二百人。養公家之牛，雖主一牲，而牢禮膳犒，會同、軍旅、行役任載皆用之，故官爲中士。

又 牛人掌養國之公牛，以待國之政令。凡祭祀，共其享牛、求牛，以授職人而芻之。凡賓客之事，共其牢禮積膳之牛。饗食賓射，共其膳羞之牛。軍事共其犒牛，喪事共其奠牛。職如字。積，子賜反。食，音嗣。犒，苦報反。公猶官也，待政令如下文所云。享，獻也，獻神之牛。求，索也，求牛，備牛或損傷，則索之於此牛。中以用職人，猶言有司牛禮殆饗也。積，所以給賓客之用饗者，享大牢以飲賓，食者亦享大牢以食，皆於廟以速賓射，謂大射及與賓客射於朝。天子諸侯射，先行燕禮，皆有殽俎，故用牛犒。牛犒，師之牛奠，牛喪。未葬以前奠，無牲體，唯祖奠、遣奠時有牲體。凡會同、軍旅、行役，共其兵車之牛，與其牽徬，以載公任器。凡祭祀，共其牛牲之互與其盆簝，以待事。徬，薄浪反。互，音護。簝，音老。會同、軍旅兼言行役，王行巡守皆六軍從也。兵車駕四馬之外，別有兩轅駕牛，以載公家輜重，亦謂之兵車。牽徬有車重者駕轅而外，又有居其前、居其旁者。互，若今屠家懸肉格。始解體，未薦時，懸於互，待解訖，乃薦之。盆以盛血，簝受肉之籠。

清 閻鎮珩《六典通考》卷二一《設官考》 牛人，漢六廐，牛羊無數以給犧牲。北齊太僕寺統左右牧、駝牛署。後周有典牛中士，隋有牛羊署令丞，唐分為牧監，宋有牛羊司。金尚廐局直長，司馬牛群。元尚牧所提舉，屬光祿寺。明初置司牲司，後為司牧局，有署正，有丞。

清 孫詒讓《周禮正義》卷一七 牛人，中士二人，下士四人，府二人，史四人，胥二十人，徒二百人。主牧公家之牛者，《詩》云：『誰謂爾無牛，九十其犉。』犉者九十，其餘多矣。疏：『牛人』者，掌牧公牛，以大司徒掌奉牛牲。又《庖人注》云：『牛屬司徒，土也，故屬地官，而次牧人之後。』注云『主牧公家之牛者』者，本職云『掌養國之公牛，以待國之政令』。注云『公猶官也』，明彼公牛卽謂公家之牛也。載師以牛田任遠郊之地，先鄭注亦云：『牛田者，以養公家之牛。』引《詩》云『誰謂爾無牛，九十其犉』者，《毛傳》云：『黃牛黑脣曰犉』。鄭箋云：『誰謂女無牛，今乃犉者九十頭，言其多矣。引以證牛人牧牛之事。』云『犉者九十，其餘多矣』者，與《詩》箋說同。賈疏云：『證經牛多，故徒有二百人牧之也。』

又 卷二三 牛人掌養國之公牛，以待國之政令。公猶官也。疏：『以待國之政令』者，謂共牲及役，有司以法令此官共之也。注云『公猶官也』者，《巾車注》同。公牛，謂在官之牛，別於私家畜牧也。凡祭祀，共其享牛、求牛，以授職人而芻之。鄭司農云：享牛，前祭一日之牛也。求牛，禱於鬼神祈求福之牛也。玄謂享，獻也，獻神之牛，謂所以祭者也；求，終也，終事之牛，謂所以繹者也。宗廟有繹者，孝子求神非一處。職，讀爲樴，樴謂之杙，可以繫牛。樴人者，謂牧人、充人與？芻，牲之芻，牛人擇於公牛之中而以授養之。疏：『凡祭祀共其享牛、求牛』者，共內外大祭祀之牛牲也。《王制》云：『祭天地之牛，角繭栗，宗廟之牛，角握。』《公羊》僖三十一年何注云：『禮，祭天牲角繭栗，社稷宗廟角握，六宗、五嶽、四瀆角尺。』《禮器》孔疏引《禮緯稽命徵》說同。《穀梁》哀元年傳說郊牲云：『我以六月上甲始庀牲，十月上甲始繫牲』，然則凡祭祀，皆先庀牲而後授繫，此牛人共祭祀之牛，蓋受牲於牧人，亦先庀之而後授繫之也。注鄭司農云『享牛，前祭一日之牛也』者，謂將祭之夕，夕牲之牛也。賈疏云：『若以此爲祭前一日夕牲時而言，仍是正祭牛，則不應以正祭而云前祭一日。若不據祭祀，以爲齊時所食，齊則十日，不應惟止一日而已。其言無據，故後鄭不從也。』云『求牛，禱於鬼神祈求福之牛也』者，《說文・示部》云：『祈，求福也。』謂若《大祝》之六折，後鄭彼注云：『造類禬禜，皆有牲』是也。賈疏云：『』案上文凡牲不繫者，共奉之，謂非時而祭則不繫之，此經授職人繫之，明非禱祈非時祭者，故後鄭亦不從也。云『玄謂享，獻也』者，《爾雅釋詁》文，《大祝》《玉人》注並同，詳《大宗伯》疏。云『獻神之牛，謂所以祭者也』者，卽正祭之牛牲也。獻神，關天神、地祇、人鬼言之。賈疏引《宗伯》六享爲釋，則似專屬享先王之牛，非也。云『求，終也』者，《爾雅・釋詁》文。云『終事之牛，謂所以繹者也』者，《爾雅・釋天》云：『繹，又祭也。周曰繹，商曰肜，夏曰復胙。』《春秋》宣八年經：『夏六月辛巳，有事于大廟。仲遂卒于垂。壬午猶繹。』《穀梁傳》云：『繹者，祭之旦日之享賓也。』《公羊》何注云：『禮，繹繼昨日事，但不灌地降神爾。天子諸侯曰繹，大夫曰賓尸，士曰宴尸。』又《毛詩・周頌・絲衣序》云：『繹，賓尸也。』鄭彼箋云：『繹，又祭也。天子諸侯曰繹，以祭之明日。卿大夫曰賓尸，與祭同日。』後鄭意，繹爲正祭之明日，尋繹而復祭，因以賓尸，祭事至此而終，故云終事也。《有司徹》載大夫之禮，同日賓尸而無又祭，故惟云『餕尸俎』，明不特殺。此天子禮，異日又祭而後賓尸，當別用牲，則牛人特共之。故《絲衣》云『自羊徂牛』，鄭箋釋爲視牲從羊之牛反告充。是天子諸侯禮與大夫以下異也。繹禮亦詳司几筵疏。陳祥道云：『』《郊特牲》曰帝牛不吉，以爲稷牛，稷牛唯具。享牛卜而後用，求牛具而不必卜。求牛猶《曲禮》所謂索牛，《左傳》所謂索馬牛也。劉敞說同。惠士奇云：『凡祭祀前三日擇牲，君召牛納而視之，擇其毛而卜之，是爲求牛。求猶擇也。卜吉而後養之，是爲享牛。《曲禮》：天子以犧牛，諸侯以肥牛，大夫以索牛。康成云：犧，純毛也；肥，養於滌也；索，求得而用之。孔疏謂此皆上得兼下，下不得僭上。《公羊》云：帝牲必在滌三月，稷牛唯具。稷有災故臨時得別求之，是天子諸侯得有索牛。然則求牛卽索牛歟？』案：陳、惠説校二鄭爲長。蓋凡大祭祀，牛必卜繫，其別擇以備臨時有故更易者，則不卜繫，此卽享牛求牛之義，但天子求牛雖不卜繫，然亦必用犧牷。《曲禮》及《左傳》索牛之義，與求牛義雖互通，然天子祭牲與大夫索牛，種物實不同也。云『宗廟有繹者，孝子求神非一處』者，《司几筵》注云：『王祭宗廟，祼於室，饋食於堂，繹於祊』，是三者各異處，故云求神非一處。《禮器》云：『設祭于堂，爲祊于外。』鄭彼注云：『祊祭，明日之繹祭也。謂之祊者，於廟門之傍，因名焉。其祭之禮，既設祭於室，而事尸於堂，孝子求神非一處也。』彼注義與此同。然禮器乃正祭之祊，實與繹異，鄭合爲一，未安，亦詳司几筵疏。又案：此注云孝子求神非一處者，泛釋宗廟之祭必有繹之義，非以求神釋經之求牛也。蓋鄭既據《爾雅》訓求爲終，又申之曰終事之牛，則不謂求牛取求神之義可知。賈疏謂《郊特牲》云『祭於祊尚曰求諸遠者與』，是名繹祭爲也，亦非鄭恉。云『職讀爲樴』者，肆師注同。段玉裁云：『以職爲樴，同音假借字也。』孔廣森云：『牛人、肆師兩見職人之文，注並讀職爲樴。蓋古文字少，則無樴杙之樴字也。《國語・周語》曰牧協職，可證此職人之義。』云『樴謂之杙，可以繫牛』者，樴謂之杙，《爾雅・釋宮》文。郭注云『橜也』。《説文・木部》云：『樴，弋也。杙，劉杙。』又《厂部》云：『弋，橜也，象折木衺鋭著形。厂，象物挂之也。』案：劉杙，木名，見《爾雅・釋木》。叚借爲橜弋字，正字當作弋。《儀禮經傳解通續》引《尚書大傳》云：『爨竈者有容，椓杙者有數，大廟之中繽乎其猶模繡也。』鄭彼注云：『杙者，繫牲者也。』蓋樴弋者，折木衺鋭，可椓於地。廟中凡牲皆繫於弋，不徒牛也。《莊子・人閒世篇》云：『拱把而上，求狙猴之杙者斬之。』則繫獸亦用杙矣。云『樴人者，謂牧人充人與』者，賈疏云：『與，疑辭。疑之者，凡牲堪祭祀者，則牛人選人牧人。臨祭之前，牧人乃授充人，充人乃繫養之。今若卽以樴人爲充人，則隔牧人，故連牧人而言之。明先至牧人，乃至充人，經據後而言之耳。』段玉裁云：『牧人授充人繫之，充人繫祭祀之牲牷，繫必有杙，故謂牧人充人爲樴人也。』詒讓案：肆師『大祭祀展犧牲，繫于牢，頒于職人。』注云『職人謂充人及監門人』。彼注職人有監門人無牧人者，以經無正文，故兩解小異，亦以凡掌養繫牲者，並得爲職人與？凡牲未殺之前，皆繫於職，充人唯特繫祭牲耳，非在牧人便不繫於職也。《周语》『牧協職』，韋注亦謂卽此經牧人。又《孟子・萬章篇》云：『孔子嘗爲乘田矣，曰牛羊茁壯長而已矣。』趙注云：『乘田，苑囿之吏也。主六畜之芻牧者也。』《史記・孔子世家》則云『嘗爲司職吏，而畜蕃息』。司職吏蓋卽職人，亦卽牧人也。《孟子》云『乘田』者，『乘甸』之叚字，凡野田通稱甸。載師以牛田牧田任近郊之地，牧人於彼芻牧謂之乘田，猶掌近郊藉田之官謂之甸師矣。但牧人雖可稱職人，而此經職人則似不兼牧人，當以肆師注爲正。凡牲牛，皆牧人以共牛人，牛人以授充人等，不得牛人復授牧人也。賈説失之，詳牧人疏。云『芻，牲之芻』者，《説文・草部》云：『芻，刈艸也。』《小爾雅・廣物》云：『稾謂之稈，稈謂之芻，生曰生芻。』是凡以草及禾稾飤牲，並謂之芻。正字當作犓，詳充人疏。云『牛人擇於公牛之中，而以授養之』者，謂於公牛之中，擇其中祭祀之用者以授職人，使芻而養之。

凡賓客之事，共其牢禮積膳之牛。牢禮，飧饔也。積，所以給賓客之用，若司儀職曰『主國五積』者也。膳，所以閒禮賓客，若掌客云『殷膳大牢』。疏：『凡賓客之事，共其牢禮積膳之牛』者，以下二經並共賓客之牛也。《曲禮》云：『賓客之牛角尺。』賈疏云：『謂五等諸侯來朝，兼有臣來聘，皆共牢禮積膳之牛也。』注云『牢禮，飧饔也』者，謂賓客始至則致飧，既朝聘則致饔，皆有牲牢，故云牢禮。《郊特牲》云：『諸侯適天子，天子賜之禮大牢』，亦謂是也。飧饔，詳宰夫、外饔疏。賈疏云：『此一經皆謂致與賓客者。下云饗食，是速賓之禮也。案：大行人、掌客皆云上公飧五牢，饔餼九牢，五積；侯伯飧四牢，饔餼七牢，四積；子男飧三牢，饔餼五牢，三積。積之多少，各視飧劳，皆云上公飧五牢皆大牢，故云牢禮飧發也。』云『積，所以給賓客之用』者，積卽委積也。《宰夫》注云：『委積，牢米薪芻，給賓客道用也。』又掌客上公五積等云『皆既飧牽』，注云：『牽牲以往，不殺也。』是賓客之積有牲牢，其牛亦牛人共之。云『若司儀職曰主國五積者也』者，證賓客有致積。彼説諸公相朝之禮，天子待朝聘賓客禮亦略同。云『膳，所以閒禮賓客』者，賈疏云：『謂賓客未去之閒致禮也。』云『掌客云殷膳大牢』者，賈疏云：『彼注云：殷，中也，中閒未去。卽是閒禮賓客也。』

饗食賓射，共其膳着之牛。羞，進也，所進賓之膳。《燕禮》，小臣請執冪者，與羞膳者至獻賓而膳宰設折俎，王之膳羞亦猶此。疏：『饗食賓射』者，小臣注云：『賓射，與諸侯來朝者射。』凡賓射於朝，詳大宗伯疏。經舉饗食而不及燕，舉賓射而不及燕射者，天子諸侯燕有不射，而射無不燕，放舉射可以見燕也。賈疏云：『饗者，亨大牢以飲賓，獻依命數。食者，亦亨大牢以食，食禮九舉、七舉、五舉，亦依命數，無酒獻酬耳。皆在於廟以速賓。射者，謂大射及與賓客射于朝。天子諸侯射先行燕禮，皆有殽俎故有牛也。』案：據賈説，則經又兼見大射膳羞之牛，亦足補注義也。云『共其膳羞之牛』者，賈疏云『謂獻賓時宰夫所進俎』是也。注云『羞，進也』者，膳夫先鄭注同。云『所進賓之膳』者，明經膳羞同物也。云『燕禮小臣請執冪者與羞膳者，至獻賓而膳宰設折俎，王之膳羞亦猶此』者，賈疏云：『案《燕禮》立賓後，公卿大夫升就席，小臣阼階下北面請執冪者與着膳者。注云「執冪者，執瓦大之冪也。方圜壺無冪。羞膳者，羞於公，謂庶羞」云云。至主人獻賓，賓西階上拜，筵前受爵，反位，主人賓右拜送爵。膳宰薦脯醢。賓升筵，膳宰設折俎。此王與賓饗及賓射，設俎時節及設人無文，故云王之膳羞亦猶此也。若然，饗食有牛俎。至於射禮，天子諸侯皆先行燕禮，其牲猶得有牛者，但天子諸侯雖用燕禮，直取一獻之禮，未旅而行射節，其用牲，則《左傳》云公當饗，雖然，燕禮亦用牛，與饗同。若然，云膳羞則庶羞也。不言正俎之牛者，據庶羞而言，其實兼正俎矣。』案：《燕禮記》云：『其牲狗也。』《鄭目錄》以彼爲諸侯燕羣臣之禮。此經天子射前之燕有牛，故賈謂天子禮異。《詩·小雅·伐木敍》云：『燕朋友故舊也。』其詩云『既有肥羜』，孔疏謂天子燕禮異於諸侯。以《詩》及此經相參證，天子燕牲其用大牢與？又案：鄭説膳羞同物，故賈謂卽庶羞也。今攷膳，當卽膳夫所云『膳用六牲』，謂正俎也。羞當卽膳夫之『羞用百二十品』，乃專指庶羞言之。饗食燕並以正俎爲重，經不當以庶羞晐正俎，鄭、賈説非經恉。**軍事共其槁牛。**鄭司農云：『槁師之牛。疏：『軍事共其槁牛』者，共軍旅勞賜之牛也。槁，舊本誤『犒』，《唐石經》及宋余仁仲本、小字本、宋注疏本、葉鈔釋文並不誤。賈疏云：『謂將帥在軍枯槁之賜牛，謂之槁牛也。』阮云云：『經注皆本作槁，賈疏未誤。《序官》稾人疏亦云枯槁須槁勞之，故名其官爲槁人。』案：阮説是也。注鄭司農云『槁師之牛』者，槁，舊本亦誤『犒』，今依余本正。賈疏云：『案《左氏傳》僖公三十三年，秦師襲鄭，鄭商人弦高將市於周，遇之，以乘韋先牛十二犒。師雖非己之軍師，亦是槁師之牛，故引以爲證也。』

喪事共其奠牛。謂殷奠、遣奠也。喪所薦饋曰奠。疏：『喪事共其奠牛』者，此共喪奠之牛牲，以屬凶禮，故不與前祭祀共牛爲類。注云『謂殷奠、遣奠也』者，賈疏云：『喪中自未葬以前無尸，飲食直奠停置于神前，故謂之爲奠。朝夕之奠，無尊卑，皆脯醢酒而已，無牲體。殷，大也。唯有小斂、大斂、朔月、月半、薦新、祖奠及遣奠時有牲體。大遣奠非直牛，亦有馬牲耳。』詒讓案：喪奠有十，其始死及朝夕奠無牲體；小斂奠以下禮盛，有牲體，故謂之殷奠。大遣奠禮尤盛，故於殷奠之外別言之。殷奠，詳籩人疏。遣奠，詳大史疏。云『喪所薦饋曰奠』者，《説文丌部》云：『奠，置祭也。从酋，酋，酒也。下其丌也。禮有奠祭者。』《釋名·釋喪制》云：『喪祭曰奠。奠，停也，言停久也。亦言樸奠，合體用之也。』

凡會同、軍旅、行役，共其兵車之牛，與其牽徬，以載公任器。牽徬，在轅外輓牛也。人御之居其前曰牽，居其旁曰徬。任猶用也。疏：『凡會同、軍旅、行役』者，賈疏云：『［］會同、軍旅兼言行役，謂王行巡守皆六軍從也。』云『共其兵車之牛』者，此共任載之牛也。賈疏云：『但兵車駕四馬之外，別有兩轅駕牛以載任器者，亦謂之爲兵車。』案：賈説是也。此兵車卽車人之大車，直轅駕牛，與輪人兵車曲輈駕馬者異，《司馬法》又謂之重車。天子六軍重車之數，無文。吉天保《孫子集注》引曹操、杜牧説及《李靖問對》引《曹公新書》，並謂兵車一乘，重車亦一乘，是六軍之重車凡三千乘也。《韓非子·外儲説篇》説一車之任不過三十石。兵車一乘凡二十五人，此其衣裝、任器、糗糧、芻茭爲數甚多，固宜專車以載之矣。況以丘乘出車之法校之，《詩·小雅·信南山》孔疏引《司馬法》説，甸出長轂一乘，馬四匹，牛十二頭，彼牛多於馬至二倍，雖不必盡以駕車，然可證重車之數必不減於兵車也。鄉遂車牛出於公家，與丘甸不同，六軍之牛，大數當有萬餘。蓋皆此官共以授鄉遂七萬五千家養之，臨用又掌其簡比之事。互詳《夏官》敍官疏。注云『牽徬，在轅外輓牛也』者，《説文·車部》云：『輓，引車也。』謂在轅外引車之牛。賈疏云：『上云兵車之牛，據在轅內者，別言與其牽徬，故云在轅外輓牛也。』云『人御之居其前曰牽，居其旁曰徬』者，釋牽徬之名義也。《罪隸》注云：『在前曰牽，在旁曰徬。』《説文·牛部》云：『牽，引而前也。』又《彳部》云：『徬，附行也。』《廣雅·釋言》云：『牽，挽也。』案大車駕牛之數，經注並無文。竊謂任載輜重不當減於駟馬車，疑亦駕四牛。但車人大車止一鬲，與馬車二軶不同，則轅內止容一牛，與馬車輈下二服亦異。其三牛蓋分列轅外之前及兩旁，在旁者猶馬車之驂，其在前者亦不必正直轅前，當亦稍偏，或左或右，但較兩驂略前耳。大車之御，亦當居車上以御轅內之牛。其轅外三牛，別以二人於車下御之，或牽引於前，或附徬於旁，因謂其牛爲牽徬。然則牽徬者卽輓車之牛，而實據人御之而爲名。《罪隸》云：『牛助爲牽徬。』注云：『罪隸牽徬之』。《詩·小雅·黍苗篇》『我任我輦，我車我牛』，箋云：『營謝轉餫之役，有負任者，有輓輦者，有將車者，有牽徬牛者。』將車卽將轅內之牛者，牽徬卽牽轅外之牛者。彼並據人而言。此經云『共其牽徬』，則據牛而言。牽徬之人，取諸罪隸，非牛人所共也。賈疏謂『以其在轅外，將御爲難，故特言人御之』，殊非鄭恉。云『任猶用也』者，司隸注同。《既夕禮》云：『用器：弓矢、耒耜、兩敦、槃匜。』此任器，猶彼言用器也。但彼用器不盡軍旅行役所用；若軍旅用器，則《六韜·車用篇》所説是也。凡祭祀，共其牛牲之互與其盆簝，以待事。鄭司農云：『互謂楅衡之屬。盆簝皆器名。盆所以盛血，簝受肉籠也。』玄謂互，若今屠家縣肉格。疏：注鄭司農云『互謂楅衡之屬』者，《説文·竹部》云：『笪，可以收繩也。重文互，笪或省。』先鄭蓋讀互如枷互之互，故以楅衡釋之。衡枷楅互，並詳封人疏。云『盆簝皆器名』者，《説文·木部》云『有所盛爲器，無所盛爲械。』盆簝是器，別于互爲械也。云『盆所以盛血』者，《陶人》云：『盆實二鬴，厚半寸，脣寸。』《説文·皿部》云：『盆，盎也。』《方言》云：『瓶，謂之盎，自關而西或謂之盆，或謂之盎。』《急就篇》『甀缶盆盎甕罃壺』，顔注云：『缶盆盎，一類耳。缶卽盎也，大腹而斂口。盆則斂底而寬上。』案：盆，瓦器，故可以盛血。云『簝，受肉籠也』者，《説文·竹部》云：『簝，宗廟盛肉竹器也。《周禮》：供盆簝以待事。』又，『籠曰笭也』。《廣雅·釋器》云：『簝、笭，籠也。』云『玄謂互若今屠家縣肉格』者，《文選》張衡《西京》云：『置互擺牲』，薛綜注云『互所以挂肉』。《一切經音義》引《蒼頡篇》云：『格，椸架也。』《詩·小雅·楚茨》孔疏引此注，格作『架』，蓋以義改之。又《爾雅·釋宮》云：『樴謂之杙，長者謂之閣。』格與閣聲同字通。縣肉格卽挂肉長杙也。《吕氏春秋·過理篇》云：『肉圃爲格』，卽此。賈疏云：『但祭祀殺訖卽有薦爓薦孰，何得更以肉縣于互乎？然當是始殺解體未薦之時，且縣于互，待解訖乃薦之，故得有互以縣肉也。故《詩》云或剥或亨，或肆或將，注云：肆，陳也。謂陳于互者也。』案：賈引《詩》注，約《小雅·楚茨》毛傳文。今本《詩傳》作牙者，卽互之別體。《易·大畜》六五爻辭云『豶豕之牙』，彼《釋文》引鄭注云『牙讀爲互』，蓋縣肉格六牲同名互矣。

羊人

論說

宋 王昭禹《周禮詳解》卷二六　羊人掌羊牲。凡祭祀，飾羔。祭祀，割羊牲，登其首。凡祈珥，共其羊牲。賓客，共其灋羊。凡沈辜、侯禳、釁，積，共其羊牲。若牧人無牲，則受布於司馬，使其賈買牲而共之。積與漬同。賈，音古。《小宗伯》『毛六牲，頒之于五官，使共奉之』，而夏官掌共馬與羊，羊之用於禮為多，此掌羊牲，所以立羊人之官也。飾羔，若《記》所謂『飾羔雁』者以繢也。羊人於凡祭祀，飾羔，亦若封人『凡祭祀，飾其羊牲』而已。羊，火畜也，首陽氣之所聚，祭祀割羊牲，登其首，則所以報陽也。陽以火為正體，以夏為正時，故羊人登其首也。祈珥謂釁事也，法羊謂祭禮之法所用也，凡沈辜、侯禳及釁，小子掌其事，羊人則共其牲而已。積，則若宗伯實柴用羊牲，則羊人共之也。若牧人無牲，則受布於司馬，使其賈買牲而共之者，羊於禮之所用為多，故牧人或至於無牲，則受其買牲之布於司馬，使其賈買而共之，以羊人之屬有賈，賈人能知物價故也。

宋 魏了翁《古今考》卷三二《羊人掌羊牲》　羊人掌羊牲。凡祭祀，飾羔。祭祀，割羊牲，登其首。凡祈珥，共其羊牲。賓客，共其法羊。凡沈辜、侯禳、釁，積，共其羊牲。若牧人無牲，則受布于司馬，使其賈買牲而共之。紫陽方氏曰：王介甫謂飾羔鴈以繢，乃贄見之禮，非祭祀之事。李心傳『衣文繡』之說，事出莊子，恐先王不然。匈奴谷量牛馬，不言羊，可知也。王者有天下十二閑之馬，僅三千餘匹，官吏牧圉養之者六十餘人，《周禮》不可信也。牧人無牲，則受布于司馬，使其賈買牲而共之，天子以天下之大，共犧牲祭祀，而牧人以無牲告，無牧地乎？無牧之之民乎？請布旋買，此不足信。近世餘杭南渡，藉越羊以給內外之用，則有買矣，然亦置牛羊司。劉歆《周禮》待王者若窮乞兒之家，悲夫。

清 丁晏《周禮釋注》卷二《夏官》　羊人，凡沈辜、侯禳、釁，積。注：積，故書爲眦，鄭司農云：眦，讀爲漬。案：積、眦聲相近。《小雅毛傳》：『柴，積也。』《說文》作『胔，積也。』《集韻五寘骴》：亦作殨，是其例也。

綜述

漢 鄭玄《周禮疏》卷二八　羊人，下士二人，史一人，賈二人，徒八人。疏：『羊人』，釋曰：羊人在此者，以其職有掌羊牲又祭祀割牲等之事，羊屬南方火，司馬火官，故在此。按《說卦》云『《兌》為羊』，注云：『其畜好剛鹵。』又《易說》云：『大山失金雞，西岳亡玉羊。』玉羊者，西岳之精，而羊不在西方者，羊有二義。按《五行傳》云：『視之不明，則有羊禍。』注云：『羊，畜之遠視者，屬視。』故列在夏官，兌為羊，又屬西方也。

又 卷三〇　羊人掌羊牲。凡祭祀，飾羔。羔，小羊也。《詩》曰：『四之日其蚤，獻羔祭韭。』疏：『羊人』至『飾羔』，釋曰：凡正祭皆用成牲，今言『祭祀飾羔』，則非正祭用羔，是以鄭引《詩》為證。云『四之日』者，謂用建子為正，至建卯四月，夏之二月之日，公始用冰，欲開冰之時，先獻羔祭韭而啟冰室，乃出冰也。祭祀，割羊牲，登其首。登，升也。升首，報陽也。升首于室。疏：注『登升』至『于室』，釋曰：知『升首于室』者，見《郊特牲》云：『用牲於庭，升首於室。』注云：『制祭之后，升牲首於北墉下。』云『報陽』者，首為陽，對足為陰。祭祀之時，三牲之首俱升，此特言羊者，以其羊人所升，不升餘牲，故言羊也。凡祈珥，共其羊牲。共猶給也。疏：『凡祈』至『羊牲』，釋曰：犬人共犬，此云共羊，或羊或犬，俱得為釁，故兩職各共之也。賓客，共其法羊。法羊，飧饔積膳之羊。食饗，音嗣，本又作『飧饔』。疏：注『法羊』至『之羊』，釋曰：鄭知法羊是為此等者，以其言法，即是依法度多少，送於賓館及道路，是以掌客致於賓館有上公飧五牢、饔餼九牢及殷膳大牢。致於道路，有五積之等。其饗食及燕速賓自饌陳者，不言之也。凡沈辜、侯禳、釁、積，共其羊牲。積，故書為眥。鄭司農云：『眥讀為漬，謂釁國寶、漬軍器也。』玄謂積，積柴，禋祀、槱燎、實柴。眥，徐賜反，與漬同。槱，羊久反。燎，良召反，下同。疏：注『積故』至『實柴』，釋曰：先鄭不從故書『眥』，故讀從『水漬』。后鄭不從漬軍器者，以此羊人所共，共《小子職》，彼云『釁邦器及軍器』，以此知不得為漬軍器也。后鄭云『積，積柴，禋祀、槱燎、實柴』，歷言此三者，以互而相通，皆須積柴、實牲幣，煙氣上聞故也。但祭天用犢，其日月已下有用羊者，故《我將》詩云『惟牛惟羊，惟天其祐之』，彼亦據日月以下及配食者也。若牧人無牲，則受布于司馬，使其賈買牲而共之。布，泉。賈，音古。

《周禮》卷七　羊人掌羊牲。凡祭祀，飾羔。羔，小羊也。《詩》曰：『四之日其蚤，獻羔祭韭。』祭祀，割羊牲，登其首。登，升也。升首，報陽也。升首于室。凡祈珥，共其羊牲。共猶給也。賓客，共其灋羊。灋羊，飱饔積膳之羊。凡沈辜、侯禳、釁，積，共其羊牲。積，故書爲眦。鄭司農云：『眦讀爲漬，謂釁國寶、漬軍器也。』玄謂積，積柴，禋祀、槱燎、實柴。眦，音漬。槱，羊久反，下同，又音由。若牧人無牲，則受布于司馬，使其賈買牲而共之。布，泉。賈，音古。

宋 王安石《周官新義》卷一二 羊人掌羊牲。凡祭祀，飾羔。祭祀，割羊牲，登其首。凡祈珥，共其羊牲。賓客，共其灋羊。凡沈辜、侯禳、釁，積，共其羊牲。若牧人無牲，則受布于司馬，使其賈賈牲而共之。飾羔，若《禮》所謂飾羔鴈者以繢也。灋羊，謂牢禮之灋所用也。

宋 易祓《周官總義》卷一八 羊人掌羊牲。凡祭祀，飾羔。祭祀，割羊牲，登其首。凡祈珥，共其羊牲。賓客，共其灋羊。凡沈辜、侯禳、釁，積，共其羊牲。若牧人無牲，則受布于司馬，使其賈買牲而共之。羊人之共羊牲，如牛人共牛牲、雞人共雞牲、犬人共犬牲類也。未為牲也，數官擇其純者而取之於牧人，然後命牧人卜其為牲者，共之於充人，至充人，然後謂之牲。此言共羊牲，以其共而為牲。

宋 王與之《周禮訂義》卷四九 羊人，下士二人，史一人，賈二人，徒八人。王昭禹曰：《小宗伯》『毛六牲頒之于五官，使共奉之』，而夏官掌共馬與羊羊之用，於禮為多此。掌羊牲，所以立羊人之官也。掌羊牲。凡祭祀，飾羔。易氏曰：羊人之共羊牲，如牛人共牛牲、雞人共雞牲、犬人共犬牲類也。未為牲也，數官擇其純者而取之於牧人，然後命牧人卜其為牲者，共之於充人，至充人然後謂之牲。此言共羊牲，以其共而為牲。鄭康成曰：羔，小羊也。《詩》曰『四之日其蚤，獻羔祭韭。』賈氏曰：凡正祭，皆用成牲。今言飾羔，則非正祭。是以鄭引《詩》為證。夏二月開冰之時。王氏曰：飾羔，若《禮》所謂飾羔鴈者以繢也。王昭禹曰：羊人，於凡祭祀飾其羊牲而已。祭祀，割羊牲，登其首。鄭康成曰：登，升也。升首，報陽也。升首於室。賈氏曰：《郊特牲》云『用牲於庭，升首於室。』注云：制祭之後，升牲首於北墉下。報陽者，首為陽也。三牲之首俱升，此羊人所升，故止言羊。凡祈珥，共其羊牲。鄭康成曰：共猶給也。賓客共其灋羊。王氏曰：法羊，謂牢禮之法所用也。賈氏曰：言法，即是依法度多少送於賓館及道路，如掌客所出是也。鄭鍔曰：賓客之來，王國饔餼之禮皆以爵等為之數，其供也合於禮法，故以法羊言之。凡沈辜、侯禳、釁，積，共其羊牲。劉迎曰：先儒釋侯禳禱祠之祝號，則以侯為候嘉慶，如祈福祥之屬；禳為却凶咎，如寧風旱之屬，則侯與禳蓋二祭矣。至釋此沈辜、侯禳、釁，積，謂候四時惡氣而禳去之，是以侯禳為一祭也。攷之羊人『沈則沈貍，以祭山川，辜則疈辜，以祭四方。』釁則釁邦器、軍器，積則積燔、禋燎。鄭司農曰：積，故書為眦。眦讀為漬，謂釁國寶、漬軍器也。以是而推，則侯禳用牲而侯，禳去凶者也，非一祭乎？王昭禹曰：沈辜、侯禳及釁，小子掌其事，羊人共其牲而已。若牧人無牲，則受布于司馬，使其賈買牲而共之。鄭康成曰：布，泉也。王昭禹曰：羊於禮之用為多，故牧人或至於無牲，則受其買牲之布于司馬，使其賈買而共之以羊人之屬，有賈二人，能知物價者也。鄭鍔曰：或謂牲皆繫于牢，芻之三月，繫于國門，然後可用。使賈買之，何以致其誠邪？不思牧于牧人者，共大祭祀，固有國之常典，買牲而共者，特沈辜、侯禳、釁，積之事，他則不可也。王氏《詳説》曰：地官牛人、夏官羊人，牛羊之用廣矣。牛人之職，祭祀有享牛、求牛、賓客，有牢禮、積膳之牛，饗食、賓射有膳羞之牛，軍事有犒牛，喪事有奠牛，會同、軍旅、行役有兵車之牛，而羊人所謂羊牲者，祭祀不過飾羔、祈珥、沈辜之事，不過羊牲賓客，不過法羊而已，此牛為大牢而羊為少牢也。

元 陳友仁《周禮集説》卷六 羊人，下士二人，史一人，賈二人，徒八人。王氏曰：夏官主馬牲與羊牲，故羊人在此。掌羊牲。凢祭祀，飾羔。祭祀，割羊牲，登其首。凢祈珥，共其羊牲。賓客，共其灋羊。凢沈辜、侯禳、釁，積，共其羊牲。若牧人無牲，則受布于司馬，使其賈買牲而共之。賈，音古。鄭氏曰：羔，小羊也。《詩》曰『獻羔祭韭。』王氏曰：飾羔，若《記》所謂飾羔雁者以繢，羊人於祭祀飾羔，亦若封人之飾牛牲。鄭氏曰：登，升也。升首，報陽也。升首於室。王介甫曰：灋羊，賓客牢禮之法所用。鄭氏曰：積，積柴也，禋祀、槱燎、實柴也。布，泉也。王氏曰：賈買牲，以羊人之屬有賈二人，能知物價故也。

宋 朱申《周禮句解》卷七《夏官司馬第四》 羊人下士二人，史一人，賈二人，徒八人。火畜，屬夏。掌羊牲。用羊為牲則掌之。凡祭祀，飾羔。羔，小羊也。飾，謂飾以繢也。祭祀，割羊牲。祭祀。用羊則主割殺之事。登其首。首者，陽氣所聚。升首以報陽也。凡祈珥，共其羊牲。賓客，共其灋羊。凡沈辜、侯禳、釁，積，共其羊牲。若牧人無牲，牧人偶乏羊牲。則受布于司馬。則受其買牲泉布于司馬。使其賈買牲而共之。羊人之屬有賈二人，能知物價，故使買而共之。賈，古。共，恭。

明 王應電《周禮傳》卷四上 羊人，下士二人，史一人，賈二人，徒八人。主共羊牲。【略】羊人掌羊牲。凡祭祀，飾羔。祭祀，割羊牲，登其首。凡祈珥，共其羊牲。賓客，共其灋羊。凡沈辜、候禳、釁，積，共其羊牲。積，音漬。羊所共莫重于祭祀、賓客。飾羔，小祀也，割羊牲，大祀也。曰飾，曰割，亦互文。灋羊，饔飱牢禮有灋者。祈珥、沈辜、候禳、釁，皆常事。玆羊人共之。積，義未詳，舊説實柴焚燎也。若牧人無牲，則受布于司馬，使其賈買牲而共之。賈，音古。牧人無牲者，或朝會之年用羊之多，或羊遭疾疫而衰耗也。羊人之屬有賈二人，使買于民間而充之。羊，火畜，故屬于夏官。羊人，掌羊牲者，但主畜養及宰殺耳。其肆解割烹豆，實皆小子掌之，蓋知禮儀者也。及夫用羊以為幾衈釁徇陣，皆非羊人所與，故設官在羊人之上，且兼贊司馬之羞、有司之徹，皆小事也，故以小子名官。

明 柯尚遷《周禮全經釋原》卷九《夏官上》 羊人，下士二人，史一人，賈二人，徒八人。釋曰：夏官主馬、羊二牲，故在比。原曰：此二官與司爟猶司徒之有充人、牧人、牛人之官，在司徒之首，以祭祀為重故也。羊人掌羊牲。凡祭祀，飾羔。祭祀，割羊牲，登其首。凡祈珥，共其羊牲。賓客，共其灋羊。凡沈辜、侯禳、釁，積，共其羊牲。若牧人無牲，則受布于司馬，使其賈買牲而共之。釋曰：羔，小羊也。飾羔，若《記》所謂飾羔鴈者以繢，示敬也。登，升也。升首以報陽也。灋羊，賔客牢禮所用灋式之羊。積，積柴也，禋祀、槱燎、實柴也。布，泉也。

明 郝敬《周禮完解》卷七 羊人，下士二人，史一人，賈二人，徒八人。主祭祀割羊，屬司馬者。軍行則帥之，以為小子之屬。羊屬未爲火，《五行傳》視之不明，則有羊禍。視為火，故屬夏官。賈二人，買羊者。羊人掌羊牲。凡祭祀，飾羔。祭祀，割羊牲，登其首。凡祈珥，共其羊牲。賔客，共其灋羊。凡沈辜、侯禳、釁，積，共其羊牲。若牧人無牲，則受布于司馬，使其賈買牲而共之。登其首，謂尸入室，薦牲首。《郊特牲》云：用牲于庭，升首于室。灋羊，飱饔牢禮之羊，多少有常法，如上公飱五牢、饔餼九牢之類。積，積于柴上焚燎之羊。受布，受泉也。【略】按：羊人、爟人之類，無甚切務，特以其爲夏令，湊入備軍伍之用。說者謂天之水旱災祥，人之疾病壽夭，皆生于火，然則雖司爟用何道以救之，皆未窺作者之意而過爲從臾也。夏、秋二官，此類甚多。

明 王志長《周禮注疏刪翼》卷一七 羊人，下士二人，史一人，賈二人，徒八人。疏：主祭祀，割羊。《五行傳》云：視之不明，則有羊禍。注云：羊畜之遠視者，屬視，視為火，故屬夏官。

又卷一九 羊人掌羊牲。凡祭祀，飾羔。註：羔，小羊也。《詩》云『獻羔祭韭』。王氏曰：飾羔，若《記》所謂飾羔鴈者以繢，羊人於祭祀飾羔，亦若封人之飾牛牲。祭祀，割羊牲，登其首。註：登，升也。升首，報陽也。升首於室。疏：《郊特牲》云：用牲於庭，升首於室。王氏曰：飾羔，小祀也；割羊牲，大祀也。曰飾、曰割，亦互文也。凡祈珥，共其羊牲。賓客，共其灋羊。註：灋羊，飱饔積膳之羊。介甫王氏曰：法羊，賓客牢禮之法所用。或曰：如上公飱五牢、饔餼九牢，多少有常法也。凡沈辜、侯禳、釁，積，共其羊牲。註：鄭司農云：積，讀為漬，謂釁國寶、漬軍器也。玄謂積，積柴，禋祀、楢燎、實柴。疏：祭天用犢，其日月已下有用羊者，故《我將》詩云『維羊維牛，維天其祐之』，彼亦據日月已下及配食者也。或曰：謂積於柴上焚燎之羊。若牧人無牲，則受布於司馬，使其賈買牲而共之。註：布，泉也。王氏曰：賈買牲，以羊人之屬有賈二人，能知物價故也。

清 李光坡《周禮述注》卷一八 羊人掌羊牲。凡祭祀，飾羔。註曰：羔，小羊也。《詩》曰：『四之日其蚤，獻羔祭韭。』王介甫曰：『飾羔，若禮所謂飾羔雁者以繢也。』祭祀，割羊牲，登其首。註曰：登，升也。升首，報陽也。升首于室。凡祈珥，共其羊牲。賓客，共其灋羊。註曰：灋羊，飱饔積膳之羊。凡沈辜、侯禳、釁，積，共其羊牲。註曰：積，故書為眦，鄭司農云：眦讀為漬，謂釁國器、漬軍器也。玄謂積，積柴，禋祀、槱燎、實柴。眦，徐賜反。若牧人無牲，則受布于司馬，使其賈買牲而共之。

清 姜兆錫《儀禮經傳·内編》卷二二 羊人，凡祈珥、釁，積，共其羊牲。積，先鄭讀為漬，謂取血塗器而漬之也。後鄭讀爲槱積之積，謂積柴實牲而燎之也。二說未詳孰是，疑先鄭讀爲漬者近之。若後鄭槱積之義，則掌牲諸職何皆不言，而獨羊人職言之乎？或曰上文『賓客，共其法羊』，謂饗食之羊，此謂積問之羊，牛人職『共其牢禮積膳之牛』是也。

清 李鍾倫《周禮纂訓》卷一六 羊人掌羊牲。凡祭祀，飾羔。注：羔，小羊也。《詩》曰：『四之日其蚤，獻羔祭韭。』疏：凡正祭皆用成牲，今言祭祀飾羔，則非正祭，故鄭引《詩》為證。四之日謂夏四月，公始用氷，先獻羔祭韭而啟氷室。祭祀，割羊牲，登其首。注：升首，報陽也。升首於室。疏：祭祀之時，三牲之首俱升，此羊人職，故特言羊。凡祈珥，共其羊牲。疏：犬人共犬，羊人共羊，或羊或犬，俱得為釁。賔客，共其法羊。注：法羊，飱饔積膳之羊。疏：鄭知法羊是為此等者，以其言法，即是依法度多少，是以掌客有上公飱五牢、饔餼九牢及殷膳太牢及五積之等。其饔食及燕速賔，自饌陳者不言之也。訓：愚謂諸如此等者皆錯置成文，其實掌犬者凡犬皆共之，掌羊者凡羊皆共之。凡沈辜、侯禳、釁，積，共其羊牲。注：積，積柴，禋祀、楢燎、實柴。疏：禋祀、楢燎、實柴三者皆須積柴，但祭天用犢，日月以下乃有用羊，故《我將》詩云『惟羊惟牛，惟天其祐之』，亦據日月以下及配食者也。訓：按釁當依小子為釁邦器及軍器，祈珥亦釁事，而有儀節為重耳。羊人、小子二職，相將有事，則羊人取牲于牧人而共之，小子則殺牲而薦之。其釁事，犬、豕、羊俱可用之，故數職備言焉。若牧人無牲，則受布于司馬，使其賈買牲而共之。賈，音古。

清 方苞《周官集注》卷七 羊人掌羊牲。凡祭祀，飾羔。祭祀，割羊牲，登其首。羔，稚羊，飾之以繢。登，升也。升首于室，報陽也。未祭之前則飾之，祭之時則割之。于羔曰飾，于羊牲曰割，互見也。凡祈珥，共其羊牲。賔客，共其灋羊。灋羊，飱饔積膳，灋當共者。凡沈辜、侯禳、釁，積，共其羊牲。積，故書為眦，讀為漬，謂釁國器、漬軍器也。或曰積，謂積柴之祀。若牧人無牲，則受布于司馬，使其賈買牲而共之。

牧人無牲時，或耗敗也。

清 方苞《周官析疑》卷二七 羊人。祭祀，割羊牲，登其首。既曰：凡祭祀，又覆舉祭祀，何也？正祭不用羔，如開冰小祭則無升首之禮，故再言祭祀，明升首之爲正祭也。三牲皆升首，獨於羊人言之，何也？牛人共牛牲之互與其盆簝，則割而升其首，自屬牛人之職，故獨舉共互與盆簝以相備焉。於牛言升首，或疑羊之不必然，於羊言之，則豕可知矣。牛人、羊人等既主割牲，而內外饔又掌祭祀之割亨，何也？掌牲者升首，饔人則體解以納亨也。大祭祀、司士又率其屬而割牲，何也？其文上承賜爵而呼昭穆，繼以羞俎豆，則所割乃屬衆賓、衆兄弟之脅俎耳。詳見本職。凡祈珥，共其羊牲。群儒爭以祈珥爲祭祀，破鄭注，不過以下文別言釁耳，不知刉衈乃社稷宮廟始成之釁，不害下文爲釁器物也。小子職珥於社稷，祈於五祀之後，亦別釁邦器及軍器，義與此同。此職於祭祀外別舉祈珥，正明供羊牲以釁，而無事於升首耳。賓客，共其灋羊。牛人備舉牢禮、積膳、饗食、賓射之牛，其法具列於掌客，故言法羊以該之。而軍事、喪事之列於牛人職者，此職亦以法共可知矣。凡沈辜、侯禳、釁，積，共其羊牲。牛人但言享牛、求牛，而此職特舉沈辜、侯禳，則知非典祀重禮不用大牢矣。蓋享牛者，四時之典祀也，求牛者，如大師類於上帝，宜於冢土，天地大烖，類社稷宗廟也。典祀自五嶽、四瀆而外，山川沈埋止用少牢。《管子》曰：『山高而不崩，則祈羊至矣；淵深而不涸，則沈玉極矣』，亦不用大牢之證。此聖人所以紀百神、愛天物也。釁鍾以牛，戰國之慝禮耳。小子掌釁、社稷、五祀，邦器、軍器皆以羊，則釁無用牛之禮明矣。釁之外別有積，疑卽小子職所謂『師田斬牲徇陳，使血漬於地』也。若積柴之祀，則不宜列諸毀事之後，注似誤。若牧人無牲，則受布于司馬，使其賈買牲而共之。司馬無布而云受布于司馬，以是知五官應用泉布貨賄有司，不得私授受，必諸官之正，以達於冢宰，頒於大府，致於官中，而後有司分受焉，所以杜侵漁防抵冒也。或以巫馬入其布於挍人，疑凡長官皆有存貯之布，非也。巫馬以馬疾受財於挍人，故馬死之，粥布入焉，以備馬疾之費也。職金受入征入於爲兵器之府，受罰金入於司兵，以事相首尾，故使用金者，各會於大府，考於司會，以省賫送出納之煩耳。其餘財物之入未有不歸於大府者，財用之出未有不須於大府者，故其職曰『凡官府都鄙之吏及執事受財用焉。』又曰『凡邦之賦用取具焉』，故知司馬乃臨事取布於大府，以給牧人。若六官之長皆有貯布，則政無本統，抵冒百出而難稽矣。掌牲之官惟馬質、羊人有賈，蓋小祭祀、小賓客所用羊牲為多，而馬質有賈，則以馬死，或宜更其價，或以其物更耳。

清 秦蕙田《五禮通考》卷五七《吉禮五十七》 夏官羊人：凡祈珥，共其羊牲。注：共猶給也。疏：犬人共犬，此云共羊，或羊或犬，俱得為釁，故兩職各共之也。

清 官獻瑤《石溪讀周官》卷四《夏官司馬第四》 羊人掌羊牲。凡祭祀，飾羔。祭祀，割羊牲，登其首。凡祈珥，共其羊牲。賓客，共其灋羊。凡沈辜、侯禳、釁，積，共其羊牲。若牧人無牲，則受布于司馬，使其賈買牲而共之。羊易蕃息，尚有耗敗，況馬為犬牲乎？觀於羊人、馬質二官之有賈，而嘆聖人慮事之豫也。

清 蔣載康《周官心解》卷一八《夏官司馬第四之二》 羊人掌羊牲。凡祭祀，飾羔。註：羔，小羊也。按：此當是入庶羞者。王介甫曰：飾羔，若飾羔雁以繢也。祭祀，割羊牲，登其首。註：登，升也。升首，報陽也。升首於室。按：夏官有羊人，與地官牛人及冬官豕人等，此割牲登首，知牛人、豕人亦然。凡祈珥，共其羊牲。賓客，共其灋羊。珥，音弭。註：灋羊，飧饔積膳之羊。凡沈辜、侯禳、釁，積，共其羊牲。註：積，積柴，禋祀、槱燎、實柴。若牧人無牲，則受布于司馬，使其賈買牲而共之。賈，音古。此職序官有賈二人。

清 劉沅《周官恒解》卷四《夏官司馬》 羊人掌羊牲。凡祭祀，飾羔。祭祀，割羊牲，登其首。凡祈珥，共其羊牲。賓客，共其灋羊。凡沈辜、侯禳、釁，積，共其羊牲。若牧人無牲，則受布于司馬，使其賈買牲而共之。積，音漬，從智反，又精智反。賈，音價。正祭無用羔者，《詩》曰：『獻羔祭韭』，或薦新有之歟？登，升也，升首於室。三牲之首俱升，此特就羊人所掌言之耳。共，猶給也。灋羊，饔飧積膳之羊。羊不一種，共其如法者。沈辜、侯禳見上。釁，釁國器。釁積，釁而漬血。布，泉布。

清 孫詒讓《周禮正義》卷五四 羊人，下士二人，史一人，賈二人，徒八人。疏：羊人者，此亦以五行象類，屬夏官也。庖人注云：羊屬司馬，火也。《月令》注云：『羊，火畜也。』又《少牢饋食禮》『司馬刲羊』注引《尚書傳》云：羊屬火，賈疏云：羊人在此者，以其職有掌羊牲及祭祀割牲等之事。羊屬南方，火，司馬火官，故在此。按：《說卦》云：『兌為羊。』注云『其畜好剛鹵。』又《易說》云：『大山失金雞，西嶽亡玉羊。』玉羊者，西嶽之精，而羊不在西方者，羊有二義，按《五行傳》云：『視之不明，則有羊禍』，注云『羊畜之遠視者屬視』，故列在夏官。兑爲羊，又屬西方也。

又 卷五七 羊人掌羊牲。凡祭祀，飾羔。羔，小羊也。《詩》曰：『四之日其蚤，獻羔祭韭。』疏：『掌羊牲』者，與牛人、雞人、犬人為官聯也。云『凡祭祀，飾羔』者，飾義與封人同。《大戴禮記・諸侯釁廟篇》『雍人拭羊』，盧注云：『拭，捝。』《襍記》鄭注云：『拭，靜也。』案：飾卽拭也。《曲禮》云『飾羔鴈者以繢』，與此義異。封人『祭祀飾牛牲』，不云『飾犢』，此祭祀『飾羔』，不云『飾羊牲』，並互文以見義，明牲羔兼飾之也。注云『羔，小羊也』者，《大宗伯》注同。《大戴禮記・夏小正傳》云：『羔，羊腹時也。』羔小未成羊，故不得謂之牲。

凡牲之未成者，羊曰羔，牛曰犢，豕曰豚。引《詩》曰：『四之日其蚤，獻羔祭韭』者，《豳風・七月》文。此謂中春開冰獻羔，祭司寒。凡祭寒暑皆有用羔，詳凌人、籥章疏。賈疏云：『凡正祭，皆用成牲。今言祭祀飾羔，則非正祭用羔，是以鄭引《詩》為證。』詒讓案：《王制》說薦云：『大夫以上用羔』，孔疏謂包天子，則此祭祀當亦含宗廟薦新言之。祭祀，割羊牲，登其首。登，升也。升首，報陽也。升首于室。疏：『割羊牲』者，司士注云：『割牲，制體也。』注云『登，升也』者，《小爾雅・廣言》文。云『升首，報陽也，升首于室』者，于，注例當作『於』，各本並誤。《郊特牲》云：『用牲於庭，升首於室。』又云：『升首，報陽也。』鄭彼注云：『制祭之後，升牲首於北墉下，尊首尚氣也。』案：此割羊牲，即用牲於庭時也。朝踐之時，君親制祭，次乃升首於室中。賈疏云：『報陽者，首為陽，對足為陰。祭祀之時，三牲之首俱升，此特言羊者，以其羊人不升餘牲。』凡祈珥，共其羊牲。共猶給也。疏：『凡祈珥，共其羊牲』者，『祈珥』亦當讀為『刉衈』，詳小子注。共羊牲，即《襍記》釁廟用羊之等是也。注云『共猶給也』者，《說文・人部》云：『供，設也。一曰供給。』共即供之借字。《爾雅・釋詁》云：『共，具也。』賓客，共其灋羊。法羊，飧饔積膳之羊。疏：注云『法羊，飧饔積膳之羊』者，法，舊本作『灋』，非，今依注疏本正。凡注例用今字作『法』，詳大宰疏。飧饔，《釋文》作『食饔』，云『本又作飧饔』。案：此猶《牛人》云：『共其牢禮積膳之牛』。注云：『牢禮，飧饔也。』陸本作『食饔』，非。《宰夫》云：『凡賓客，以牢禮之灋，掌其牢禮委積、膳獻、飲食、賓賜之飧牽。』此法羊，即謂共賓客之羊著於牢禮之法者也。賈疏云：『鄭知法羊是為此等者，以其言法，即是依法度多少送於賓館及道路，是以掌客致於賓館有上公飧五牢、饔餼九牢及殷膳大牢，致於道路有五積之等。其饗食及燕速賓自饌陳者，不言之也。』凡沈辜、侯禳、釁、積，共其羊牲。積，故書為『眥』。鄭司農云：『眥讀為漬，謂釁國寶、漬軍器也。』玄謂積，積柴，禋祀、楢燎、實柴。疏：『共其羊牲』者，共與充人，別繫養之。注云『積故書為眥，鄭司農云眥讀為漬』者，段玉裁云：『司農從故書而易為漬，鄭君從今書作積也。古此聲責聲同在支佳部，故蜡氏除骴，骴即漬字。』丁晏云：『積眥聲相近』，《小雅》毛傳『柴，積也。』《說文》作『祡積也。』云『謂釁國寶、漬軍器也』者，釁國寶，即《天府》云『釁寶鎮及寶器之屬』。又《襍記》云：『成廟則釁之以羊』，則是上文祈珥之事，故先鄭專據釁寶為釋。漬軍器，即《小子》云『釁軍器』是也。先鄭意漬即是釁，鍾氏注云『漬猶染也』，謂以牲血塗染之也。然依先鄭讀，則釁清義復，且以釁爲漬，於經無徵，故後鄭不從。云『玄謂積，積柴，禋祀、楢燎、實柴』者，大宗伯祀天神有禋祀、實柴、槱燎三法，注云『槱，積也』。三祀皆積柴實牲體焉，或有玉帛，燔燎而升煙，故後鄭以積晐彼三祀也。楢燎，楢即槱之譌，詳大宗伯疏。賈疏云：『但祭天用犢，其日月已下有用羊者，故《我將》詩云『惟羊惟牛，惟天其祐之』，彼亦據日月以下及配食者也。』案：《郊特牲》孔疏引熊安生說，亦謂祭日月以下，故燔燎用羊，即賈所本。依熊、賈說，則此積內雖兼有禋祀，而昊天上帝之牲則無羊。又此官共積羊，蓋大牢之一，與牛人共牛、冬官豕人共豕為聯事，非謂少牢及特羊也。其侯禳釁三者，或用特羊耳。《郊特牲》疏引熊說，而又據《小司徒》『凡小祭祀奉牛牲』之文，謂日月以下常祀則用羊，王親祭則用牛，是謂有羊即不復有牛。王氏《訂義》引崔靈恩釋《大宗伯》『實柴』，謂止二牢，殊不足據，孔似即承用彼說，非鄭、熊義也。若牧人無牲，則受布于司馬，使其賈買牲而共之。布，泉。疏：『若牧人無牲』者，謂無毛物純色、角體完具中法式之牲也。云『使其賈買牲而共之』者，牧人掌六牲，凡共羊牲，並此官取之於牧人，故牧人無牲，則此官使其賈別買而共之。賈，即敍官云『賈二人』是也。注云『布，泉』者，外府注同。

鷄人

論説

宋 王昭禹《周禮詳解》卷一八　雞人掌共雞牲，辨其物。大祭祀，夜嘑旦以嘂百官。凡國之大賓客、會同、軍旅、喪紀，亦如之。凡國事為期，則告之時。凡祭祀，面禳釁，共其雞牲。嘑，火吳反。嘂，古弔反。雞於十二辰則屬酉，於二十八宿則屬昴，而反列於春官者，蓋雞之為物，向陽而鳴，向陰而伏，主於司農日之晨，猶歲之春，則雞正東方之畜也，此所以列於春官。故庖人『用禽獻秋，行犢麛，膳膏腥』。腥，雞膏也。以秋金旺而木衰，故膳以雞膏，所以助養肝也，則雞為木畜可知矣。五官各有所共，而雞人共雞，謂之雞牲，則以生之而後殺也。物以色之，雞之色既不同，則所用亦異，故不可以不辨。若牧人所謂陽祀用騂牲、陰祀用黝牲是也。大祭祀，夜嘑旦，以嘂百官，以雞之為物，能知時而其鳴也，則知將旦，所以儆使夙興也。然於旦言嘑者，氣分而不背，戾陰而有虞其事焉。於百官言嘂者，則以雞鳴致警，其聲四達而非一也。其嘑旦、嘂百官，以祭祀尤當致嚴，而不可緩，故於大賓客、會同、軍旅，以雞能知時，故使雞人告之時焉。若庭燎，宣王曰：『夜如何其？夜未央。』東方未明，刺朝廷興居無節，皆失是矣。凡祭祀，面禳釁，共其雞牲者，禳以却災禍，釁以厭妖怪，面禳則以所禳非一方也。蓋古者侯禳于畺，郊于四方，皆有禳焉，故曰面禳，與釁用雞牲，則雞人共之也。

宋 易祓《周官總義》卷一二　雞人掌共雞牲，辨其物。大祭祀，夜嘑旦，以嘂百官。凡國之大賓客、會同、軍旅、喪紀，亦如之。凡國事為期，則告之時。凡祭祀，面禳釁，共其雞牲。國之六牲，毛物居其五，而羽物居其一，雞是已。庖人曰：『秋行犢麛，膳膏腥』，腥為雞。雞，木畜，而木廢於秋，以之養肝，此雞人所以列於春官也。所謂『共其雞牲，辨其物』者，辨其陽祀、陰祀之騂牲、黝牲而已。然雞之為物，有用之以為牲者，有用之以呼旦者，而雞人實兼掌焉。祭祀、賓客、喪紀以至軍旅、會同，皆以夙興為期，呼旦以嘂百官，警之以夙興從事也。『凡國事為期告之時』，則不拘於夙興從事，蓋使之無時而不告釋。《庭燎》之詩者，謂不正雞人之官，而問夜早晚，所以為當時之戒，是知雞人之告時呼旦，夫豈小補？『凡祭祀，面禳釁』者，禳非一方也。畺郊之四面皆禳焉。釁以厭妖怪者亦然。共其雞牲，則雖小祀不廢。

宋　魏了翁《古今考》卷三二《鷄人掌鷄牲》　春官鷄人掌共鷄牲，辨其物。大祭祀，夜嘑旦，以嘂百官，云云。凡祭祀，面禳釁，共其鷄牲。鄭司農讀釁為徽，未詳面禳，四面禳。注：釁廟以羔，門、夾室用鷄。《正義・庭燎》詩註：王有鷄人之官，諸侯無之，故齊詩有挈壺氏之制。紫陽方氏曰：因王膳，用六牲，推至賓客、祭祀無窮焉。

宋　黄震《黄氏日鈔》卷三〇《讀周禮》　雞人掌共雞牲，亦豈不可併之牧人之末耶？

清　方苞《周官析疑》卷一六　雞人，凡禮事，舉之必以時，其間動作止息又各有時。雞知時，故掌以禮官之屬，而凡告時嘑旦之事皆掌焉。其職事首祭祀，故與鬱人、鬯人相次。

綜述

漢　鄭玄《周禮疏》卷一七　雞人，下士一人，史一人，徒四人。疏：『雞人』，釋曰：雞人在此者，案《雞人職》云：『共雞牲，大祭祀，夜呼旦。』雞又屬木，在春，故列職於此也。

又　卷二〇　雞人掌共雞牲，辨其物。物謂毛色也。辨之者，陽祀用騂，陰祀用黝。黝，於糾反。疏：注『物謂』至『用黝』，釋曰：『陽祀用騂，陰祀用黝』者，《牧人》文。彼注云：『陽祀，祭天於南郊及宗廟；陰祀，祭地北郊及社稷也。』鄭舉此二者，其望祀各以其方色牲，及四時迎氣，皆隨其方色，亦辨其毛物可知也。大祭祀，夜嘑旦以嘂百官。夜，夜漏未盡，雞鳴時也。呼旦，以警起百官，使夙興。嘑，火吴反，本又作呼。嘂，古吊反。警，音景。疏：注『夜夜』至『夙興』，釋曰：漏未盡者，謂漏未盡三刻已前，仍為夜，則呼旦也。漏刻之義，具《挈壺氏》。凡國之大賓客、會同、軍旅、喪紀，亦如之。凡國事為期，則告之時。象雞知時也。告其有司主事者。《少牢》曰：『宗人朝服北面曰：「請祭期。」主人曰：「比於子。」宗人曰：「旦明行事。」』告時者，至此旦明而告之。朝，直遙反。比，毗志反。疏：注『象雞』至『告之』，釋曰：引『《少牢》曰』者，謂祭前之夕，宗人主禮官請主人祭期。主人曰『比於子』者，謂次比其日數時節由子。子則宗人也。宗人即告期曰『旦明行事』。其實，祭期由宗人，宗人請主人者，敬主人，若不敢自由然，故讓之也。案《庭燎》詩注：『王有雞人之官，凡國事為期，則告之以時，王不正其官，而問夜早晚。』非也。案《齊詩・東方未明》序云：『《東方未明》，刺無節也。朝庭興居無節，號令不時，挈壺氏不能掌其職焉。』注云：『挈壺氏，掌漏。』彼不云雞人者，案：挈壺氏云『凡軍事懸壺』，無告期之事，則天子備官挈壺，直掌漏刻之節，雞人告期。彼《齊詩》是諸侯兼官，故挈壺氏兼告期也。凡祭祀，面禳釁，共其雞牲。釁，釁廟之屬。釁廟以羊，門、夾室皆用雞。鄭司農云：『面禳，四面禳也。釁讀為徽。』禳，如羊反。疏：『凡祭』至『雞牲』，釋曰：云『凡祭祀面禳』者，祭祀，謂宗廟之屬。面禳，謂祈禱之屬。注『釁釁』至『為徽』，釋曰：鄭云『釁，釁廟之屬』者，言『之屬』，則釁鼓、釁甲兵皆在其中。『釁廟以羊』已下，《雜記》文。司農云『面禳，四面禳』，則侯禳，禳謂禳去惡祥也。云『釁讀為徽』者，亦謂以徽為飾治之義也。

宋　王安石《周官新義》卷九《春官二》　雞人掌共雞牲，辨其物。大祭祀，夜嘑旦以嘂百官。凡國之大賓客、會同、軍旅、喪紀，亦如之。凡國事爲期，則告之時。凡祭祀，面復釁，共其雞牲。辨其物，鄭氏謂陽祀用騂，陰祀用黝。夜嘑旦以嘂百官，鄭氏謂警使夙興。

宋　謝采伯《密齋筆記》卷四　周禮，鷄人主旦呼，漢宮中不畜雞，衞士專傳雞鳴。應劭曰：楚歌，今雞鳴歌也。東坡云：今士人謂之山歌。

宋　王與之《周禮訂義》卷三三　雞人，下士一人，史一人，徒四人。鄭鍔曰：王安石謂雞於十二辰屬酉，於二十八宿屬昴，而反列於春官，蓋雞之為物，向陰伏，向陽鳴，主於司晨日之晨，猶歲之春，則雞東方之畜。余以《易》之八卦觀之，巽為雞，巽，東南也，五行東方之木為皃，皃不恭，是謂不肅，厥咎狂時，則有雞禍。蓋雞有冠，距文武之皃，故不為威儀容，皃毀則木不曲直，雞禍應之，此雞為東方之畜列於春官。劉氏曰：宗伯主雞牲。雞牲為物至微，而設官者尊祭祀，必預畜養之。薛平仲曰：古之事親者，每日雞初鳴，咸盥漱，盖人於此時旦晝之所為，未交夜氣之所存，未動精明純一，洞洞屬屬而無間者也。況夫一人行灌事於先，而百官嚴祀事於下，雞人警之於呼旦之時者，人心當何如哉？是以雞人次乎此。掌共雞牲，辨其物。鄭康成曰：物謂毛色。辨之者，陽祀用騂，陰祀用黝。大祭祀，夜嘑旦以嘂百官。鄭康成曰：夜夜漏未盡，雞鳴時呼旦，以警起百官，使夙興。凡國之大賔客、會同、軍旅、喪紀，亦如之。凡國事為期，則告之時。鄭鍔曰：賔客、會同、軍旅、喪紀皆不可後期，而晏起既呼旦以嘂之，又先期而告之時。告之如是，雖惰慢廢弛之人，詎可安枕哉？鄭康成曰：象雞知時也。告其有司主事者。少牢曰：『宗人朝服北面曰請祭期。』主人曰：『比於子。』宗人曰：『旦明行事。』告時者至此旦明而告之。賈氏曰：案《齊詩東方未明序》云：朝廷興居無節，號令不時，挈壺氏不能掌其職焉。盖天子備官挈壺，直掌漏刻之節，雞人告期，彼《齊詩》是諸侯兼官，故挈壺氏兼告期。凡祭祀，面禳釁，共其雞牲。王昭禹曰：禳以卻災禍，面禳所禳非一方，古者諸侯禳於畺及郊，於四方皆有禳焉。釁，以厭妖怪。鄭康成曰：釁，釁廟之屬。釁廟，以羊門夾室用雞。鄭鍔曰：釁以除去不祥。鄭鍔曰：二者之祭用雞為牲，掌共雞牲。又言於此者，以面禳釁之，用出於非常也。

元 毛應龍《周官集傳》卷六 雞人掌共雞牲，辨其物。大祭祀，夜呼旦，以嘂百官。凡國之大賔客、會同、軍旅、丧紀，亦如之。凡國事為期，則告之時。嘑旦警起，以祭祀尤當致嚴，故首言之。歐陽謙之曰：凡國事為期，則百官請時期於上也，則告之時，以雞人掌警旦之事，因使以時期告百官焉。凡祭祀，面禳釁，共其雞牲。鄭鍔曰：釁禮之事，謂物新成則必釁，以除去不祥也。

元 陳友仁《周禮集説》卷四 雞人，下士一人，史一人，徒四人。疏曰：宗伯主雞牲也。掌共雞牲，辨其物。大祭祀，夜嘑旦，以嘂百官。凡國之大賔客、會同、軍旅、喪紀，亦如之。凡國事為期，則告之時。凡祭祀，面禳釁，共其雞牲。嘑，火呉反。嘂，七弔反。禳，如羊反。劉氏曰：雞牲為物至微而設官者尊，祭祀必預畜養之也。鄭氏曰：物謂毛色也。辨之者，陽祀用騂、陰祀用黝也。夜呼旦，夜漏未盡，雞鳴時也。呼旦，以警起百官，使夙興。王氏曰：凡國事，使雞人告之時。若《庭燎箴》：宣王曰：『夜如何其？夜未央。』東方未明，刺朝廷興居無節，皆失是矣。劉氏曰：呼旦、告時，以其養雞知時也。鄭氏曰：鄭司農云，面禳，四面禳也。王氏曰：古者候禳于畺，郊於四方，皆有禳焉。鄭氏曰：釁，釁廟之屬。廟以羊門、夾室，皆用雞。

宋 朱申《周禮句解》卷五《春官宗伯第三》 雞人，下士一人，史一人，徒四人。雞屬木，故列職于春官。掌共雞牲。用雞為牲則共之。辨其物。辨其毛色。大祭祀，夜嘑旦以嘂百官。夜漏未盡之時，呼旦以警起百官，使夙興也。嘑，火呉反，嘂叫。凡國之大賓客、會同、軍旅、喪紀，亦如之。四者皆夜呼旦以叫百官。凡國事為期，所作謂之事期，謂作事之時。則告之時。以雞能知時，故使之告其時。凡祭祀，面禳釁。面，四面也。禳以却禍灾，釁以厭妖怪。釁，讀作徽。共其雞牲。二者用雞牲則共之。

明 王應電《周禮傳》卷三上《春官上》 鷄人，下士一人，史一人，徒四人。鷄人掌共鷄牲，辨其物。物謂毛色。辨之者，陽祀用騂、陰祀用黝，及各以其方、各以其時也。大祭祀，夜嘑旦，以嘂百官。凡國之大賔客、會同、軍旅、喪紀，亦如之。嘑、嘂、呼、叫通。旦者，夜漏未盡，鷄鳴時也。大事嘑旦，警百官，使夙興。凡國事為期，則告之時。有司請行事之期，則鷄人告之時。凡祭祀，面禳釁，共其鷄牲。面禳者，古者禳于郊及畺，四面禳之，以却災變也。釁者，始作宫室、器物，殺牲取血以塗其釁隙，或壞而新之也。釁廟以羊，釁門、夾室以鷄。凡祭祀，及面禳釁，共其鷄牲。此鷄人專職嘑旦告時，以其養鷄知時，故兼之。

明 柯尚遷《周禮全經釋原》卷六《春官宗伯第三》 雞人，下士一人，史一人，徒四人。釋曰：雞，木畜也，為物至微，而設官者以其能嘑旦以嘂百官，祭祀賔客之禮，為牲莫要焉，必預養之，而屬於禮官。雞人掌共雞牲，辨其物。大祭祀，夜嘑旦，以嘂百官。凡國之大賔客、會同、軍旅、喪紀，亦如之。凡國事為期，則告之時。凡祭祀，面禳釁，共其雞牲。嘑，火吳反。嘂，音呌。禳，如羊反。釋曰：鷄為物至微而設官者尊，祭祀必預養之也。宗伯主鷄，故次於此。物，謂毛色也。辨之者，陽祀用騂，陰祀用黝。夜嘑旦，夜漏未盡，鷄鳴時也。呼旦以警起百官，使興也。夫鷄，其色有文，其鳴知時，文以事神，時以覺人，鷄之德亦大矣，用之重也宜矣。四者禮之大也，皆以鷄鳴為度，故曰亦如之。凡國事不止五事也，為期、為行事之時候也。告時、告主事者，行事之時也。必鷄人告之，以鷄知時故也。凡祭祀宗廟之屬也。面禳，四面禳，祭去惡祥也。釁，釁門與夾室也。此二者，皆以鷄牲共之也。

明 郝敬《周禮完解》卷五《春官宗伯第三》 雞人，下士一人，史一人，徒四人。司晨之官，雞鳴以旦，震旦為春，故屬春官。雞人掌共雞牲，辨其物。大祭祀，夜嘑旦，以嘂叫百官。凡國之大賔客、會同、軍旅、喪紀，亦如之。凡國事爲期，則告之時。凡祭祀，面禳釁，共其雞牲。辨其物，陽祀用騂，陰祀用黝。嘑，將旦而呼。嘂，叫同警使起也。凡國有事，請期，告以旦明行事。面禳，四面禳。除釁，如廟寢、鐘鼓、甲兵之類新成，殺牲取血，祭而塗之，用雞則雞人供之。

明 王志長《周禮注疏删翼》卷一一 雞人，下士一人，史一人，徒四人。疏：雞屬木，在春，故列職於此。國裳舒氏曰：王次點氏以雞人屬司空，愚謂呼旦告時，禳釁之禮，則無妨於禮典也。

又 卷一二 雞人掌共雞牲，辨其物。註：物謂毛色也。辨之者，陽祀用騂、陰祀用黝。疏：陽祀祭天於南郊及宗廟，陰祀祭地於北郊及社稷。其望祀及四時迎氣，各以其方色，亦辨其毛物可知也。劉氏曰：雞牲為物至微，而設官者尊，祭祀必預畜養之也。大祭祀，夜嘑旦，以嘂百官。註：夜夜漏未盡，雞鳴時也。呼旦以警起百官，使夙興。凡國之大賓客、會同、軍旅、喪紀，亦如之。凡國事為期，則告之時。註：象雞知時也，告其有司主事者。少牢曰：『宗人朝服北面，曰請祭期。』主人曰：『比於子。』宗人曰：『明旦行事。』告時者至此旦明而告之。疏：祭期由宗人，宗人請主人者，敬主人，若不敢自由然，故讓之也。按《庭燎》詩注，王有雞人之官，國事為期，則告之以時，王不正其官，而問夜早晚，非也。按《齊詩東方未明序》云：東方未明，刺無節也。朝廷興居無節，號令不時，挈壺氏不能掌其職焉。凡祭祀，面禳釁，共其雞牲。註：釁，釁廟之屬。釁廟以羊，門、夾室皆用雞。鄭司農云：面禳，四面禳也。疏：言釁廟之屬，鐘鼓、甲兵皆在其中。王氏曰：古者候禳於郊及畺於四方，皆有禳焉。潛谿鄧氏曰：鬱人、鬯人之後次雞人，何也？鬱、鬯作陽德，雞人作陰德也。禮道然也。

清 李光坡《周禮述注》卷一三 雞人掌共雞牲，辨其物。註曰：物謂毛色也。辨之者，陽祀用騂，陰祀用黝。大祭祀，夜嘑旦，以嘂百官。註曰：夜，夜漏未盡，雞鳴時也。呼旦，以警起百官，使夙興。凡國之大賓客、會同、軍旅、喪祀，亦如之。凡國事為期，則告之時。註曰：象雞知時也。告其有司主事者。少牢曰：『宗人朝服北面，曰請祭期。』主人曰：『比於子。』宗人曰：『旦明行事。』告時者至此旦明而告之。坡謂凡國事通上文祭祀、賓客五者，皆是引少牢者，其一隅。嘑，音呼。叫，古弔反。比，毗志反。凡祭祀，面禳釁，共其雞牲。註曰：釁，釁廟之屬。釁廟以羊，門、夾室皆用雞。鄭司農云：面禳，四面禳也。釁讀為徽。疏曰：祭祀謂宗廟之屬，面禳謂祈禱之屬。

清 李鍾倫《周禮纂訓》卷一〇 雞人掌共雞牲，辨其物。注：物謂毛色也。辨之者，陽祀用騂、陰祀用黝。疏：鄭舉此二者，其望祀各以其方色牲，及四時迎氣，皆隨其方色，亦辨其毛物可知也。大祭祀，夜嘑旦，以嘂百官。凡國之大賓客、會同、軍旅、喪紀，亦如之。凡國事為期，則告之時。嘑，火吴反。本，又作呼。《廣韻》：『音呼，嘂音叫，古弔反。』注：象雞知時也，告其有司主事者。凡祭祀，面禳釁，共其雞牲。禳，如羊反。注：釁，釁廟之屬。釁廟以羊，門、夾室皆用雞。鄭司農云：面禳，四面禳也。釁，讀徽。疏：祭祀謂宗廟之屬，面禳謂祈禱之屬。鄭云：釁，釁廟之屬，則釁鼓及甲兵皆在其中。訓：祭祀，面禳釁，凡三事，謂祭祀及面禳與釁，皆共雞牲。

清 方苞《周官集注》卷五 雞人掌共雞牲，辨其物。大祭祀，夜嘑旦，以叫百官。凡國之大賓客、會同、軍旅、喪紀，亦如之。凡國事為期，則告之時。告其有司主事者，不曰告之日，而曰告之時者，用事有早暮，如春朝朝日、秋暮夕月之類。凡祭祀，面禳釁，共其雞牲。面禳者，侯禳于畺及郊四方皆用事焉。釁，釁廟之屬。

清 方苞《周官析疑》卷一九 雞人，大祭祀，夜呼旦，以叫百官。凡國之大賓客、會同、軍旅、喪紀，亦如之。祭祀致齋三日，凡與執事者，皆宿於齋宮，故夜呼旦以叫之。喪紀則百官同次於王宮，不待言矣。豈大賓客、會同及軍旅將發之前夕，百官從行及待事者亦不敢宿於家與？非然，則雞人下士一人，非百官羣聚，不能徧叫也。抑雞人唱之，仍有遞相傳者與？凡國事為期，則告之時。不曰告之日，而曰告之時者，用事有早暮，如春朝朝日、秋暮夕月之類。

清 秦蕙田《五禮通考》卷五七《吉禮五十七》 春官雞人，凡釁，共其雞牲。注：釁，釁廟之屬。釁廟以羊，門、夾室皆用雞。鄭司農云：釁讀為徽。疏：鄭云『釁，釁廟之屬』者，言之屬，則釁鼓、釁甲兵皆在其中，釁廟以羊，以下雜記文。司農云『釁，讀為徽』者，亦謂以徽為飾治之義也。

又 卷一五六《嘉禮二十九》 雞人，大祭祀，夜呼旦，以嘂百官。凡國之大賓客，亦如之。天官閽人設門燎，蹕宮門廟門。凡賓客亦如之。疏：燭在地曰燎，謂若天子百、公五十、侯伯子男皆三十。所作之狀，蓋百根葦皆以布纏之，以蜜塗其上，若今蠟燭矣。對人手爇者為手燭，故云地燭也。賓客在宮中、廟中，謂若饗食在廟，燕在寢，皆為設門燎及蹕止行人。

清 蔣載康《周官心解》卷一一《春官宗伯第三之一》 雞人，下士一人，史一人，徒四人。雞，木畜，春物也。且亦祭祀之牲，宗伯所奉，故列職於此。

又 卷一三《春官宗伯第三之三》 雞人掌共雞牲，辨其物。註：物毛色辨之，如陽祀用騂、陰祀用黝之屬。大祭祀，夜嘑旦，以叫百官。嘑，同呼。叫，古弔反。註：夜，夜漏未盡，雞鳴時也。呼旦，警百官，使夙興。凡國之大賓客、會同、軍旅、喪紀，亦如之。凡國事爲期，則告之時。註：象雞知時也。告其有司主事者。少牢曰：『宗人朝服北面，曰請祭期。』主人曰：『比於子。』宗人曰：『旦明行事。』告時者至此旦明而告之。凡祭祀，面禳釁，共其雞牲。禳，如羊反。鄭司農曰：面禳，四面禳也。註：釁，釁廟之屬。釁廟以羊，門、夾室皆用雞。按：雞爲六牲之一，廟祭準王膳擧雞，亦登俎。惟外神、天地、五帝不及雞牲，他用三牲者，無不以雞爲羹也。或曰庶羞不踰牲，曰此惟據臐膮及胾炙膾言耳，羹不在限也。内則雞、犬、雉、兔、鶉、鴽，何一非庶羞中羹物邪？

清 劉沅《周官恒解》卷三《春官宗伯》 雞人，下士一人，史一人，徒四人。賈氏公彦曰：雞屬木，在春，其職共雞牲，又主呼旦，故列職於此。

又 雞人掌其雞牲，辨其物。大祭祀，夜嘑旦，以叫百官。凡國之大賓客、會同、軍旅、喪紀，亦如之。凡國事爲期，則告之時。凡祭祀，面禳釁，共其雞牲。嘑，一作呼，火吳反。叫，古弔反。禳，如羊反。物，毛色也。辨之，若陽祀用騂、陰祀用黝之類。夜雞鳴時，嘑旦以警起百官，告之時，如春朝朝日、秋暮夕月之類。面禳，四面禳也。釁，釁廟、釁鼓、釁甲兵之屬。

清 閻鎮珩《六典通考》卷一三《設官考》 雞人，大祭祀，夜嘑旦，以叫百官。凡國事為期，則告之時。象雞知時也。告其有司主事者。少牢曰：『宗人朝服北面，曰請祭期。』主人曰：『比於子。』宗人曰：『旦明行事。』告時者至此旦明而告之。巾車大祭祀鳴鈴以應雞人，雞人主呼旦，鳴鈴以和之，聲且警衆，必使鳴鈴者，車有和鸞相應和之象。

清 孫詒讓《周禮正義》卷三二 雞人，下士一人，史一人，徒四人。

疏：『雞人』者，賈疏云：『案：《雞人職》云：『共雞牲，大祭祀，夜呼旦。』雞又屬木，在春，故列職於此也。』詒讓案：此亦以五行義類屬春官也。庖人注云：『雞屬宗伯，木也』，《月令》注云：『雞木畜。』孔疏引《洪範五行傳》云：『貌之不恭，則有雞禍。』注云：『雞畜之有冠翼者，屬貌。』賈子《胎教篇》云：『雞，東方之牲也。』《風俗通義・祀典篇》引《青史子書》說同，並賈說所本。

又 卷三七 雞人掌共雞牲，辨其物。物謂毛色也。辨之者，陽祀用騂，陰祀用黝。

疏：『雞人』者，葉鈔《釋文》作『鷄人』。阮元云：『从隹者小篆，从鳥者籀文。』云『掌共雞牲』者，亦牧人六牲之一也。注云『物謂毛色也』者，保章氏注云：『物，色也。』《呂氏春秋・仲秋紀》『乃命宰祝巡行犧牲，瞻肥瘠，察物色。』高注云：『物，毛也。』《國語・楚語》觀射父說祀牲云：『毛以示物，是物卽毛色騂黝之屬。凡牲畜以毛色別其種類，通謂之物。』詳牧人疏。云『辨之者，陽祀用騂，陰祀用黝』者，賈疏云：『牧人文。彼注云：陽祀祭天於南郊及宗廟，陰祀祭地北郊及社稷也。鄭舉此二者，其望祀各以其方色牲，及四時迎氣皆隨其方色，亦辨其毛物可知也。』詒讓案：《說文・鳥部》《風俗通義・祀典篇》並云『魯郊以丹雞祝曰：以斯鶾音赤羽，去魯侯之咎』，是陽祀雞用騂之證。四方迎氣，牲不必隨方色，詳大宗伯疏。大祭祀，夜嘑旦，以嘂百官。夜，夜漏未盡，雞鳴時也。呼旦，以警起百官，使夙興。疏：『大祭祀，夜嘑旦，以嘂百官』者，《釋文》云：『嘑，本又作呼。』案：《說文口部》云：嘑，號也，呼外息也。嘑正字，漢以後經典多叚呼為之。此經作嘑，注作呼，亦經用古字，注用今字之例也。陸所據別本作呼，蓋依注改經，不足據。《說文・㗊部》云：『嘂，高聲也。一曰大呼也。』又《口部》云：『叫，嘑也。』《言部》云：『訆，大嘑也。』嘂、叫、訆音義並同。必呼旦者，《祭禮》『旦明行事，通於貴賤』也。注云『夜，夜漏未盡，雞鳴時也。呼旦，以警起百官，使夙興』者，《文選・新刻漏銘》李注引《五經要義》云：『昏，闇也。旦，明也。日入後漏三刻為昏，日出前漏三刻爲明。』賈疏云：『漏未盡者，謂漏未盡三刻已前仍爲夜，則呼旦也。』凡國之大賓客、會同、軍旅、喪紀，亦如之。凡國事為期，則告之時。象雞知時也。告其有司主事者。少牢曰：『宗人朝服北面，曰請祭期。』主人曰：『比於子。』宗人曰：『旦明行事。』告時者至此旦明而告之。疏：『凡國之大賓客、會同、軍旅、喪紀，亦如之』者，此會同、軍旅、喪紀，並冢大為文，大軍旅即大師，大司馬注云『王出征伐』是也。大喪紀者，宰夫注云『大喪王后世子』也。以上四事，此官並夜呼旦以警百官府也。注云『象雞知時也』者，《說文・隹部》云：『雞，知時畜也。』故象之而令雞人主告時也。云『告其有司主事者』者，凡國事，皆當職有司主之，若小宗伯云『大祭祀告時于王』，是雞人告小宗伯，小宗伯以告王也。它國事亦各告其主之者。鄭嫌經云：『告時，為此官直告王，故特釋之。』引少牢曰：『宗人朝服北面，曰請祭期。』主人曰：『比於子。』宗人曰：『旦明行事』者，證祭行事有定時。鄭彼注云：比次早晏在於子也，旦明，旦日質明。少牢上文又曰：『既宿尸，反為期于廟門之外。』注云：『為期肅諸官而皆至，定祭早晏之期，為期亦夕時也。』此云為期，與少牢文同，故引以為證。云『告時者至此旦明而告之』者，明少牢所云為期在祭之前夕，此官但司告旦，故至祭日旦明時而告之。若為期，少牢則宗人，天子祭祀當是肆師，其它國事亦自有主之者，雞人不掌也。賈疏云：『案《庭燎》詩注：王有雞人之官，凡國事為期，則告之以時，王不正其官而問夜早晚，非也。』案：《齊詩・東方未明序》云：『東方未明，刺無節也。朝廷興居無節，號令不時，挈壺氏不能掌其職焉。』注云：『挈壺氏，掌漏刻者，彼不云雞人者，案挈壺氏云：凡軍事，縣壺無告期之事，則天子備官挈壺，直掌漏刻之節，雞人告期，彼齊詩是諸侯兼官，故挈壺氏兼告期也。』凡祭祀，面禳釁，共其雞牲。釁，釁廟之屬。釁廟以羊，門、夾室皆用雞。鄭司農云：面禳，四面禳也。釁讀為徽。疏：『凡祭祀，面禳釁，共其雞牲』者，賈疏云：『祭祀謂宗廟之屬，面禳謂祈禱之屬。』詒讓案：祭祀亦通內外大小群祀而言，面禳、釁禮輕，蓋專用雞為牲，故於祭祀外別言之。注云『釁，釁廟之屬』者，明釁之事不一，若釁社、釁廄、釁器、釁龜筴諸事皆是，此舉釁廟以該之。云『釁廟以羊，門、夾室皆用雞』者，據《襍記》文，詳肆師疏。鄭司農云『面禳，四面禳也』者，《大宗伯》云：『以疈辜祭四方百物。』注謂磔禳及蜡祭。肆師云：『與祝侯禳于畺及郊。』《月令》『季春命國難，九門磔攘，以畢春氣。』注云：『磔牲以攘於四方之神。』《王居明堂禮》曰：『季春出疫于郊，以攘春氣。』又『季冬命有司大難旁磔』，注云：『旁磔於四方之門，磔攘也。』《左》襄九年傳云：『宋災，祝宗用馬于四墉。』杜注云：『用馬祭于四城以禳火。』又昭十八年傳云：『鄭火，祓禳於四方。』《史記・封禪書》說秦德公『磔狗邑四門，以禦蠱菑』，此諸禳或於四畺，或於四郊，或於四門，或於四墉，竝分四方面而祭之，皆面禳之類也。云『釁讀為徽』者，㽙人先鄭注同後鄭，意釁廟之釁，讀與釁鼓同，不當為徽，此亦存異讀也，詳天府疏。

紀事

宋 何薳《春渚紀聞》卷七《鷄人唱曉夢聯詩》 建安郭周孚未第時，夢人以詩一聯示之，云：『雞人唱曉沉潛際，漢殿傳聲彷佛間。』郭於夢中口占續之云：『自慶寒儒千載遇，夢魂先得覲天顔。』繼於餘中榜登甲科。初與同袍伏闕，以待唱第。忽聞間有連聲長歌，了不成詞調。不覺問其旁坐，有應之者曰：『此所謂雞人唱曉也。』郭欣然悟前詩之先定。後恬於仕進，官至員郎，所至以清慎稱之。

藝文

清 宋長白《柳亭詩話》卷二七《鷄人》 《周禮》：『雞人夜呼旦，以嘂百官。』晉《太康地記》曰：『後漢時，固始、公安、細陽、鮦陽四縣衛士習雞鳴曲，於闕下歌之。』明制，升殿，雞人於東廊下唱日出曉之歌。劉孝標文：『雞人曉唱，鶴蓋成陰。』王右丞詩：『絳幘雞人報曉籌。』

清 高其倬《味和堂詩集》卷四《十八日對月》 雞人初報漏，蟾魄又升東。已側全身鏡，猶開半偃弓。梦迴千里外，頭白一宵中。久客渾無賴，題書待早鴻。

犬人

論說

宋 黄度《周禮説》卷五《秋官司寇上》 犬人掌犬牲。犬逐盜，故以犬人次司厲六牲之官，皆以義類相從。如春官雞人掌雞牲，而以呼旦序於鬱、鬯之後。

宋 魏了翁《古今考》卷三二《犬人掌犬牲》 秋官犬人掌犬牲。凡祭祀，共犬牲，用牷物。伏瘞亦如之。凡刉、珥、沈、辜，用駹可也。凡相犬、牽犬者屬焉，掌其政治。鄭司農：伏謂伏犬，以王車轢之。瘞，祭地曰瘞，埋也。《正義》：已祭祀，共犬牲。犬是金畜，故《五行傳》云：『二曰言，言之不從則有犬禍。』故連類在此。犬有兩義，按《説卦》『艮為狗』，艮卦在丑，艮為止，以能吠守止人，則屬艮，以能言則屬兑，兑為言故也。李心傳《體全》曰：『牷伏，軷祭也。生民曰取羝以軷。故鄭注：聘禮，犬羊皆可用。』

综述

漢 鄭玄《周禮疏》卷三四 犬人，下士二人，府一人，史二人，賈四人，徒十六人。賈，音嫁，又音古。疏：『犬人』，釋曰：在此者，案其職云『凡祭祀，共犬牲』。犬是金畜，故《五行傳》云：『二曰言，言之不從，則有犬禍。』故連類在此。犬有兩義，案《説卦》『艮為狗』，艮卦在丑，艮為止，以能吠守止人，則屬艮，以能言，則屬兑，兑為言故也。

又卷三六 犬人掌犬牲。凡祭祀，共犬牲，用牷物。伏、瘞亦如之。鄭司農云：『牷，純也。物，色也。伏謂伏犬，以王車轢之。瘞謂埋祭也。《爾雅》曰：「祭地曰瘞埋。」』牷，音全，本亦作全。瘞，於例反，徐烏計反。轢，音歷。疏：注『鄭司』至『瘞埋』，釋曰：先鄭云『牷，純也』者，案《尚書・微子》云『犧牷牲用』。注云：『犧，純毛。牷，體完具。』彼牷與犧相對，是犧為純毛，牷為體完具，此無犧，故以牷兼純也。云『伏謂伏犬，以王車轢之』者，此謂王將祭，而出國軷道之祭時，即《大馭》所云者是也。但軷祭之時，犬羊俱得，故《生民》詩云『取羝以軷』，是以《聘禮》注云『其用牲，犬羊可也』。是其兩用也。云『瘞，謂埋祭也』者，謂祭地之時，故引《爾雅》為證。若然，經云『用牷物』，既純毛，則《牧人》云『陽祀用騂牲，陰祀用黝牲』之類也。凡幾、珥、沈、辜，用駹可也。故書『駹』作『龍』。鄭司農云：『幾讀為庪。《爾雅》曰：「祭山曰庪縣，祭川曰浮沈。」《《大宗伯》職》曰：「以埋沉祭山川林澤，以罷辜祭四方百物。」龍讀為駹，謂不純色也。』玄謂幾讀為刉，珥當為衈。刉衈者，釁禮之事。駹，亡江反。庪，九委反，劉居綺反。縣，音玄。罷，劉孚逼反。疏：『凡幾』至『可也』，釋曰：幾珥言『凡』，則宗廟社稷壇廟新成者皆釁之，故云凡也。云『沈辜』者，謂沈牲於水。辜，謂疈磔牲體以祭。云『用駹』者，駹謂雜色牲，此則《牧人》云『毁事用駹』是也。云『可也』者，用純為正用駹亦可也。注『故書』至『之事』，釋曰：先鄭讀『幾』為『庪』，雖引《爾雅》，后鄭不從。引《《大宗伯》》證沈辜，於義是也。云『玄謂幾讀為刉』，從《士師》為正。『珥讀為衈』，從《雜記》為正。云『釁禮之事』者，據《雜記》而知也。凡相犬、牽犬者屬焉，掌其政治。相謂視擇，知其善惡。相，息亮反，注同。治，直吏反。疏：『凡相』至『政治』，釋曰：犬有三種：一者田犬，二者吠犬，三者食犬。若田犬、吠犬，觀其善惡，若食犬，觀其肥瘦，故皆須相之。『牽犬』者，謂呈見之，故《少儀》云『犬則執蕢』是也。

宋 王安石《周官新義》卷一五《秋官二》 犬人掌犬牲。凡祭祀，共犬牲，用牷物。伏瘞亦如之。凡幾、珥、沈、辜，用駹可也。凡相犬、牽犬者屬焉。掌其政治。犬人掌犬牲，而凡相犬、牽犬者屬焉，掌其政治，則并掌田犬矣。鄭氏謂伏，伏犬，以車轢之。瘞，地祭也。

宋 王昭禹《周禮詳解》卷三一 犬人掌犬牲。凡祭祀，共犬牲，用牷物。伏瘞亦如之。凡幾、珥、沈、辜，用駹可也。凡相犬、牽犬者屬焉，掌其政治。犬，金畜也，故犬人屬於秋官，各從其類也。『掌犬牲，凡祭祀，共犬牲，用牷物』者，牲用之而後殺，掌犬牲則所以畜之而生也。祭祀則於是共之而已。色之純謂之牲，故毛以告牷，所以貴純也。『伏瘞亦如之』者，伏謂軷祭，王出則伏犬牲，以車轢之而去也；瘞謂貍祭，《爾雅》曰『祭地曰瘞薶』是也。『凡幾、珥、沉、辜，用駹可也』者，幾、珥則士師所謂刉珥，則奉犬牲是也。沈、辜則太宗伯所謂『以貍沉祭山林山澤，以疈辜祭四方百物』是也。夫用駹不若用牷之為善，故曰可也。『凡相犬、牽犬者屬焉』，相謂察知其善惡。相犬者屬焉，則以其屬有賈四人也。牽謂用則繫而導之，則以其屬有徒十有六人也。政以正之，令以治之，則以犬人非特祭祀之犬而已，凡田犬并掌故也。

宋 易祓《周官總義》卷二三 犬人掌犬牲。凡祭祀，共犬牲，用牷物。伏瘞亦如之。凡幾、珥、沈、辜，用駹可也。凡相犬、牽犬者屬焉，掌其政治。司冦奉犬牲，而其屬犬人則掌犬牲。凡祭祀，共犬牲，則共之于充人，而入之于司寇也。牷則謂其色之純者，駹則謂其色之雜者。伏則祖道之祭，瘞則地示之祭，二者用牷，禮之重也。幾，祈也。珥，弭也。沈以祭川，辜以磔門，四者用牷，正也，無則以駹代之亦可以也。凡相犬、牽犬者屬焉掌，其政治，則田犬、食犬之類不特祭祀之牲而已。

宋 王與之《周禮訂義》卷六四 犬人，下士二人，府一人，史二人，賈四人，徒十有六人。鄭鍔曰：犬，金畜也，其性皆守屬乎義也，故犬人屬於秋官。黃氏曰：犬逐盜，故以犬人次司厲六牲之官，皆以義類相從，如春官雞人掌雞牲，而以呼旦序於鬱、鬯之後。掌犬牲。凡祭祀，共犬牲，用牷物。伏瘞亦如之。鄭鍔曰：司寇祭祀奉犬牲，犬人則掌共其可以為牲者，牲必用純牷之色，貴純一也。鄭司農曰：牷，純也。物，色也。王行乘車則有祀軷之禮，用犬伏於車下，以車轢之而去，謂之伏。賈氏曰：伏謂王將祭而出國，軷道之祭，即大馭所云者。但軷祭時，犬羊俱得，故《生民》詩云『取羝以軷，祭地必瘞。』鄭司農曰：瘞謂埋祭也。《爾雅》曰：『祭地曰瘞。』埋祀軷祭地，皆禮之盛者，亦貴純全，故亦如之。凡幾、珥、沈、辜，用駹可也。易氏曰：幾，祈也。珥，衈也。王昭禹曰：幾、珥，士師所謂刉珥，則奉大牲是也。沈以祭川，辜以磔門。鄭司農曰：大宗伯職曰『以貍沉祭山林川澤，以疈辜祭四方百物』，四者用牷，正也，無，則以駹代之亦可也。鄭司農曰：駹謂不純色也。王昭禹曰：用駹不若用牷之為善，故曰可也。凡相犬、牽犬者屬焉，掌其政治。賈氏曰：犬有三種，一田犬，二吠犬，三食犬。若田犬、吠犬，觀其善惡，若食犬，觀其肥瘠，故皆相之。牽犬，謂呈見之。少儀云『犬則執紲』是也。鄭鍔曰：牽則不失其左右之防，皆不可無政治也。王昭禹曰：相犬者屬焉，以其屬有賈四人，牽謂用則係而導之，以其屬有徒十有六人也。王氏曰：掌其政治，則并掌田犬。

元 毛應龍《周官集傳》卷一〇 犬人掌犬牲。凡祭祀，共犬牲，用牷物。伏瘞亦如之。凡幾、珥、沈、辜，用駹可也。凡相犬、牽犬者屬焉，掌其政治。鄭鍔曰：盧令歇驕之類，不得不相其善惡，以犬遺人，當防其噬嚙，相之則不失其善惡之實，牽之則不失左右之防。歐陽氏曰：掌其官之政治，若用牷用駹，因所祭以別。其所用相犬、牽犬之職，擇其人差其廩禄皆是也。

元 陳友仁《周禮集説》卷八 犬人，下士二人，府一人，史二人，賈四人，徒十有六人。《雜說》：以司冦奉犬牲，故屬秋官。掌犬牲。凢祭祀，共犬牲，用牷物。伏瘞亦如之。凢幾、珥、沈、辜，用駹可也。凢相犬、牽犬者屬焉，掌其政治。牷，音全。瘞，於例反。幾，讀為刉。珥，當為衈。駹，亡江反。故書『駹』作『龍』，鄭司農讀為駹。相，息亮反。治，直吏反。王氏曰：色之純謂之牷，故毛以告牷，所以貴純也。伏謂軷祭，王出則伏犬牲，以車轢之而去也。瘞，謂地祭。《爾雅》曰：『祭地曰埋瘞』是也。幾珥，《士師》所謂『刉珥則奉大牲』是也。沈辜，《大宗伯》所謂『以貍沈祭山林川澤，以疈辜祭四方百物』是也。夫用駹不若用牷之為善，故曰可也。相犬，察知其善惡者，以其屬有賈四人也。牽犬者，以其屬有徒十有六人也。掌其政令，則以犬人非特祭祀之大而已，凢田犬并掌故也。

宋 朱申《周禮句解》卷九 犬人，下士二人，府一人，史二人，賈四人，徒十有六人。犬，金畜，故屬秋官。掌犬牲。以犬為牲則掌之。祭祀共犬牲。凡祭祀用犬則共奉之。用牷物。用純色物。伏瘞亦如之。伏謂伏犬以王車轢之。瘞謂埋祭也。二者亦用牲物。凡幾、珥、沈、辜，用驪可也。凡相犬、牽犬者屬焉，掌其政治。

明 王應電《周禮傳》卷五上《秋官上》 犬人掌犬牲。凡祭祀，共犬牲，用牷物。伏瘞亦如之。牷，音全。瘞，音意。伏，鄭氏曰：伏犬以王車轢之，即軷禮也。《爾雅》曰：『祭地曰瘞埋』。祭祀，伏瘞用純色之牲，即牧人所謂毛之也。凡幾、珥、沈、辜，用駹可也。幾，當作禨，從血。駹，與尨同，明光反。禨、珥、沈、辜之牲，雖雜色不純，亦無害。右祭祀用犬之灋。凡相犬、牽犬者屬焉，掌其政治。犬有三：一田犬，能有俊鈍；二守犬，性有兇良；三食犬，味有美惡。賈四人以相之。《少儀》：犬則執紲，徒十有六人以牽之。用于祭祀則辨其色，用于賓客則酌其宜，用于田守則擇其才性，及夫畜養供奉之灋，皆所謂政治也。

明 柯尚遷《周禮全經釋原》卷一〇《秋官司寇第五》 犬人，下士二人，府一人，史二人，胥四人，徒十有六人。釋曰：司寇祭祀奉犬牲，故犬人屬秋官。

又 卷一一《秋官上》 犬人掌犬牲。凡祭祀，共犬牲，用牷物。伏瘞亦如之。凡幾、珥、沈、辜，用駹可也。凡相犬、牽犬者屬焉，掌其政治。牷，音全。瘞，於例反。幾，讀為刉。珥，當為衈。駹，亡江反。相，息亮反。釋曰：色純謂之牷，啓毛以告牷，貴純也。伏謂軷祭，王出則伏犬牲以車轢之而去也；瘞謂地祭，曰瘞埋也。幾珥，《士師》所謂『刉珥則奉犬牲』是也。沈辜，《大宗伯》所謂『以貍沈祭山林川澤，以疈辜祭四方百物』是也。用駹不若用牲之為善，故曰可也。相犬，察知善惡者，以屬有賈四人也。牽犬者，以屬有徒十六人也。掌其政令，則以犬人非特祭祀之大而已，凡田犬并掌故也。

明 郝敬《周禮完解》卷九《秋官司寇第五》 犬人，下士二人，府一人，史二人，賈四人，徒十六人。犬司昏，戌獸，故屬秋。犬主防禦，故『獄曰犴犴』。犬屬獄，字從犬。犬人掌犬牲。凡祭祀，共犬牲，用牷物。伏瘞亦如之。凡幾、珥、沈、辜，用駹可也。凡相犬、牽犬者屬焉，掌其政治。牷物，體色純全。伏，謂王祭行則伏犬壇上而車轢以去。瘞，埋物祭地也。幾珥，猶刉衈，解見士師職。沈其物，祭川也。辜磔牲，禳災也。駹，雜色，不必純也。犬有三等，田犬、吠犬、食犬，相之而知其美惡，賈四人之事也。牽犬，以犬贈送人，牽之以獻。《少儀》云：『犬則執紲』，其徒十六人之事。

明 王志長《周禮注疏删翼》卷二二 犬人，下士二人，府一人，史二人，賈四人，徒十六人。疏：犬，金畜，故《五行傳》云：『二曰言，言之不從則有犬禍。』故連類在此。

又 卷二四 犬人掌犬牲。凡祭祀，共犬牲，用牷物。伏瘞亦如之。註：鄭司農云：牷，純也。物，色也。伏謂伏犬以王車轢之，瘞謂埋祭也。《爾雅》曰：『祭地曰瘞埋』。疏：按《尚書・微子》云『犧牷牲用』，注云：『犧，純毛。牷，體完。』具彼犧與牷相對，此無犧，故以牷兼純也。王車轢之者，即軷祭也。《生民》詩云『取羝以軷』，又《聘禮》註云：『其用牲犬羊可也』，是犬羊兩用也。凡幾、珥、沈、辜，用駹可也。註：鄭司農云：《大宗伯職》曰：以埋沈祭山川林澤，以疈辜祭四方百物。駹，謂不純色也。玄謂幾，讀為𠜲；珥，讀為衈。𠜲衈者，釁禮之事。王氏曰：用駹不若用牷之為善，故曰可也。凡相犬、牽犬者屬焉，掌其政治。註：相謂視擇知其善惡。疏：犬有三種：田犬、吠犬、食犬，皆須相之。牽犬者，謂呈見之，故《少儀》云『犬則執紲』是也。王氏曰：相犬者，其屬有賈四人也。牽犬者，其屬有徒十有六人也。掌其政令，則以犬人非特掌祭祀之犬而已，凡田犬皆掌也。

清 李光坡《周禮述注》卷二一 犬人掌犬牲。凡祭祀，共犬牲，用牷物。伏瘞亦如之。註曰：鄭司農云：牷，純也。物，色也。伏，謂伏犬以王車轢之。瘞，謂埋祭也，《爾雅》曰『祭地曰瘞埋。』凡幾、珥、沈、辜，用駹可也。註曰：鄭司農云：幾讀為庪，《爾雅》曰：『祭山曰庪縣，祭川曰浮沈。』《大宗伯職》曰：『以埋沈祭山林川澤，以疈辜祭四方百物。』駹，謂不純色也。玄謂幾，讀為刉，珥當為衈。刉衈者，釁禮之事。瘞，於例反。轢，音歷。駹，亡江反。庪，音詭。縣，音懸。凡相犬、牽犬者屬焉，掌其政治。註曰：相，謂視擇知其善惡。疏曰：犬有三種，一田犬，二吠犬，三食犬。若田犬、吠犬觀其善惡，若食犬，觀其肥瘠，故皆相之。牽犬者，謂呈見之，故《少儀》云『犬則執紲』是也。紲，音薛。

清 方苞《周官集注》卷九 犬人掌犬牲。凡祭祀，共犬牲，用牷物。伏瘞亦如之。伏，伏犬，以王車轢之，即軷祭也。《聘禮》云：其牲用犬羊。瘞，謂埋祭也，《爾雅》：『祭地曰瘞埋。』凡幾、珥、沈、辜，用駹可也。幾，讀為刉。珥，讀為衈。《大宗伯職》『以埋沈祭山川林澤，以疈辜祭四方百物。』凡相犬、牽犬者屬焉，掌其政治。

清 方苞《周官析疑》卷三四 犬人掌犬牲。凡祭祀，共犬牲，用牷物。伏亦如之。充人所芻者牛羊也，犬則稿人豢之，臨祭犬人共之，易氏說誤。凡相犬、牽犬者屬焉，掌其政治。此職賈、徒倍於羊人。疏：謂兼田犬是也。但牽田犬，非十有六人所能共。相犬者，亦不僅官中之賈。經曰『凡相犬、牽犬者屬焉』，則別有共其事者明矣。王氏說未安。

清 秦蕙田《五禮通考》卷四六《吉禮四十六》 秋官犬人，凡幾、珥、沈、辜，用駹可也。易氏祓曰：幾，祈也。珥，弭也。沈以祭川，辜以磔門。四者用牷正也，無則以駹代之亦可也。

又 卷五七《吉禮五十七》 犬人，凡幾、珥、沈、辜，用駹可也。注鄭司農云：幾，讀為庪。《爾雅》曰：『祭山曰庪縣，祭川曰浮沈。』駹，謂不純色也。玄謂幾，讀為刉；珥，當為衈。刉衈者，釁禮之事。疏：幾珥言凡則宗廟、社稷、壇廟新成者皆釁之，故云凡也。云沈辜者，沈謂沈牲於水，辜謂疈磔牲體以祭。云用駹者，駹謂雜色牲，此則牧人云『毀事用駹』是也。云可也者，用純為正，用駹亦可也。又曰先鄭讀幾為庪，雖引《爾雅》，後鄭不從，云：玄謂幾讀為刉，從《士師》為正。珥讀為衈，從《雜記》為正。云釁禮之事者，據《雜記》而知也。

又 卷二一五《嘉禮八十八》 犬人，下士二人，府一人，史二人，賈四人，徒十有六人。疏：犬，金畜，故連類在此。高氏愈曰：古者以犬供祭祀，故設犬人。牛屬土，隸地官；雞屬木，隸春官；羊屬火，隸夏官；犬屬金，隸秋官。且守夜吠盜，有詰姦之義，聖人於一牲之職，必使隸之，各得其當如此。

清 蔣載康《周官心解》卷二三《秋官司寇第五之二》 犬人掌犬牲。凡祭祀，共犬牲，用牷物。伏瘞亦如之。牷，音全。瘞，於例反。犬，金畜，司寇奉，犬故列職秋官。鄭司農云：牷，純。物，色也。伏，伏犬以王車轢之。瘞，埋祭，《爾雅》：『祭地曰瘞埋。』凡幾、珥、沈、辜，用駹可也。駹，模江反。鄭司農曰：《爾雅》『祭川曰浮沈。』《大宗伯職》『以埋沈祭山林川澤，以疈辜祭四方百物。』駹，不純色也。註：幾讀刉，珥當爲衈。刉衈者，釁禮之事。凡相犬、牽犬者屬焉，掌其政治。相，息亮反。註：相視擇知其善惡。疏：犬有三種，一田犬，二吠犬，三食犬。若田犬、吠犬，觀其善惡；若食犬，觀其肥瘠，故皆相之。牽犬者，呈見之，《少儀》『犬則執緤』是也。

清 劉沅《周官恒解》卷五 犬人，下士二人，府一人，史二人，賈四人，徒十有六人。賈，音嫁。賈氏公彥曰：犬，金畜，故連類在此。李氏如玉曰：司寇奉犬牲，故犬人屬焉。

又 犬人掌犬牲。凡祭祀，共犬牲，用牷物。伏瘞亦如之。凡幾、珥、沈、辜，用駹可也。凡相犬、牽犬者屬焉，掌其政治。牷，音全。瘞，於例反。駹，音忙。相，息亮反。純毛曰犧，體全曰牷，此以牷兼犧也，物色也。犬善噬，故言伏將用而伏之，既用則埋之。鄭康成曰：幾讀爲刉，珥讀爲衈。刉衈者，釁禮之事。沈，沈牲於水。辜，謂疈磔牲體。駹，雜色也，相視擇其美惡。相犬、牽犬者非一人，皆屬於犬人。

清 閻鎮珩《六典通考》卷三《設官考》 犬人，下士。漢有狗監，主給天子獵犬。後周有掌犬，中士、下士。唐閑廄使押五坊，五曰狗坊，以供時狩。

清 孫詒讓《周禮正義》卷六五 犬人，下士二人，府一人，史二人，賈四人，徒十有六人。疏：犬人者，此亦以五行象類，屬秋官也。庖人注云：『犬屬司寇，金也。』《月令》注云：『犬，金畜。』《說文・犬部》云：『犬，狗之有縣蹏者也。』賈疏云：案其職云『凡祭祀，共犬牲』，犬是金畜，故《五行傳》云『二曰言，言之不從則有犬禍』，故連類在此。

又 卷六九 犬人掌犬牲。凡祭祀，共犬牲，用牷物。伏瘞亦如之。鄭司農云：牷，純也。物，色也。伏，謂伏犬以王車轢之。瘞，謂埋祭也。《爾雅》曰：『祭地曰瘞埋。』疏：『凡祭祀，共犬牲，用牷物』者，《釋文》云：『牷，本亦作全。』案：全、牷聲類，同循行犧牲，視全具。《穆天子傳》『官人陳牲全』，並以全為牷，此經牧人『牷物』字作牷，不作全，則別本非也。此官共犬牲者，共與槁人豢之，與彼為官聯也。注鄭司農云『牷，純也』者，牧人先鄭注同。牷物為純色，對下駹為不純色也，亦詳牧人疏。賈疏云：純色，則牧人云『陽祀用騂牲、陰祀用黝牲』之類也。云『物色也』者，《保章氏》注同。云『伏，謂伏犬以王車轢之』者，謂磔犬伏於軷壤，以王車轢之而行也。賈疏云：此謂王將祭而出國軷道之祭，時大馭所云者是也。但軷祭之時，犬羊俱得，故《生民》詩云『取羝以軷』，是以《聘禮》注云『其用牲犬羊可也』，是其兩用也。案：賈說是也。互詳大馭疏。云『瘞，謂埋祭也』者，即《大宗伯》地示二祭貍沈之貍，凡瘞埋有牲、玉、帛三者，此瘞則專據埋牲言之，詳大宗伯、司巫疏。引《爾雅》曰『祭地曰瘞埋』者，《釋天文》『祭地瘞埋用犢不用犬』，此引之者，欲證此瘞亦謂祭地示耳，非謂方丘北郊之祭，亦埋犬也，互詳司巫疏。凡幾、珥、沈、辜，用駹可也。故書駹作龍，鄭司農云：幾讀為庪。《爾雅》曰：『祭山曰庪縣，祭川曰浮沈。』《大宗伯職》曰：以埋沈祭山川林澤，以罷辜祭四方百物。龍，讀為駹，謂不純色也。玄謂幾，讀為刉。珥，當為衈。刉衈者，釁禮之事。疏：『凡幾、珥、沈、辜，用駹可也』者，賈疏云：駹謂雜色牲，此則牧人云『毀事用駹』是也。用純為正，用駹亦可也。注云『故書駹作龍』者，巾車注同，詳牧人疏。『鄭司農云幾讀為庪』者，《釋文》『庪作枝下』引《爾雅》同。段玉裁云：幾與庪雙聲，故讀幾為庪。《管子・形勢》『祈羊、沈玉』，祈亦讀庪。《釋文》『庪作祾，從示，支聲。』詒讓案：玉人注又作『祈沈幾』，庪、祾、祈並聲近字通。引《爾雅》者，《釋天文》郭注云『庪縣』，或庪或縣，置之於山。《山海經》曰『縣以吉玉』是也。浮沈，投祭水中或浮或沈也。《公羊》僖三一一年徐疏引李巡云：祭山以黃玉及璧，以庪置几上，遙遙而眡之，若縣，故曰庪縣。孫炎云：埋於山足曰庪，埋於山上曰縣。諸說舛異，依詩《大雅・鳧鷖》孔疏引鄭志荅張逸說，謂《爾雅》庪縣、浮沈與《大宗伯》『以貍沈祭山林川澤』義異，是後鄭亦謂庪縣非貍，則不當如孫叔然之說，但未知先鄭說若何也？先鄭引此者，以庪縣證此經之幾，以浮沈證此經之沈。小子『凡沈辜侯禳，飾其牲』，先鄭注亦引《爾雅》為說，後鄭說沈同。先鄭而以幾為刉，則不從先鄭。讀庪縣、浮沈，互詳大宗伯、校人、小子疏。引《大宗伯》職曰『以埋沈祭山川林澤，以罷辜祭四方百物」者，證祭有沈辜也。彼埋作貍，古今字。山川林澤，彼文作山林川澤，此疑誤。到罷，彼作副蹋。《石經》同。段玉裁云：司農從故書作罷，釋以披磔牲也。後鄭從。今書作副，音義皆殊。劉昌宗於此。罷，音孚逼反，是合罷於副也。《大宗伯》音義云：罷如字，一音芳皮反。詒讓案：《史記・封禪書》秦德公「磔狗邑四門」，又《月令》「九門磔攘」，《風俗通義・祀典篇》云「於九門殺犬磔禳」，此並辜磔用犬之事。又案：牧人云「凡時祀之牲必用牷物」，注云「時祀，四時所常祀，謂山川以下至四方百物，則山林川澤及四方百物皆用純色，此沈辜得用駹」者，蓋謂非時告祭及祈禳之事則不必用牷物也。互詳牧人疏。云「龍，讀為駹」者，巾車注亦同。云「謂不純色也」者，牧人杜注云：「尨謂雜色不純」，尨駹字通，亦詳彼疏。云「玄謂幾讀為刉」者，據《士師》作刉，正祈字也。肆師祈珥，注云故書祈為幾，與此經同。彼注破祈為機與？此讀為刉，不同當以此注為正。凡經祈珥幾珥，字並當為刉。詳小子疏。云「珥當為衈刉衈」者，釁禮之事者當為賈疏述，注作讀為，肆師注同，詳彼疏。**凡相犬、牽犬者屬焉，掌其政治。**相，謂視擇知其善惡。疏：「凡相犬、牽犬者屬焉」者，與旄人云「凡四方之以舞仕者屬焉」同義，蓋亦在犬人本職官屬之外無員數者也。賈疏云：犬有三種，一者田犬，二者吠犬，三者食犬。若田犬、吠犬，觀其善惡，若食犬，觀其肥瘦，故皆須相之。牽犬者，謂呈見之，故《少儀》云「犬則執緤」是也。吴廷華云：牽犬以田犬言之。注云「相謂視擇知其善惡」者，春官敍官注云：「相，視也。」矢人注云：「相，擇也。」是相兼視擇二義。《莊子・徐無鬼篇》徐無鬼曰「嘗語君吾相狗也，下之質，執飽而止，是貍德也；中之質，若視日；上之質，若亡其一」，所謂視擇知其善惡也。

掌畜

論説

宋 王昭禹《周禮詳解》卷二六　掌畜掌養鳥而阜蕃教擾之。祭祀共卵鳥，歲時貢鳥物，共膳獻之鳥。掌畜掌養鳥，非時取于羅氏所獲者而養之也。凡鵞鶩之屬而具羽毛者，皆在所養也。養之則使阜而大、蕃而息，又從而教擾之也。鳥亦可以教擾者，鸚鵡之能言，豈固出于自然哉？教擾之而已。則凡具羽毛之類，非不可以教擾也。祭祀共卵鳥，則共卵及鳥外盡物故也。歲時共鳥物，則在物者無遺利也。共膳獻之鳥，則王之膳羞賓客之禽獻之類皆掌共之也。先王設官，可以共祭祀、共膳獻、備器用者，無棄物焉。苟非政事之修，曷能臻此？

宋 鄭伯謙《太平經國之書》卷九《愛物》　或問天官有獸人掌　田獸，冬夏獻狼麋，春秋獻獸物，有𠑹人、鼈人掌以時𠑹為梁。春獻王鮪鼈蜃，秋獻龜魚，則凡鳥獸蟲魚之瑣碎，三人皆可兼之矣，服不氏之教養猛獸，射鳥氏之敺射烏鳶，羅氏、掌畜之網羅馴擾，何以復見於夏官？冥氏設弧張為阱擭以攻猛獸，庶氏除毒蠱，穴氏攻蟄獸，翨氏攻猛鳥，硩蔟氏以方書去夭鳥，剪氏以禜莽草除蠹物，赤犮氏以炭灰除貍蟲，蟈氏以牡蘜去鼃黽，壺涿氏以牡橭象齒殺淵神，庭氏以救日月之弓矢射夭鳥，何以復列於秋官？若曰天官所掌惟畜獸魚鼈以供王飲膳之物耳，而禽獸之屬、昆蟲之類所以為害於國中者不暇及焉，彼服不氏之所養與其所共，冥氏、穴氏之所攻與其所獻，獨不可合於獸人乎？而事有其官，官分隸於數處，先王豈好為是不急之物、禄無用之官，以待有事之用邪？曰：先王司事以會官作吏者，因官以存名，其名不可廢，其官則未必皆有試舉，其畧言之。土訓誦訓，無他職事，掌葛掌染草，角人、羽人止征一物，戎僕、戎右、軍司馬、輿司馬、行司馬有軍旅則用之，甸祝、田僕有田獵則用之，有喪紀則用夏采，喪祝有盟詛則用詛祝，建邦國則用土方氏，遠人來則用懷方氏，事至則臨事而兼之，三百六十官其臨事而兼者殆相半也。且自服不氏以至羅氏，自冥氏以至庭氏，大抵皆下士一人，否則二人，皆徒二人，否則四人，惟掌畜下士二人，則有史、有胥、有徒二十人，然比之天官獸人、𠑹人府史胥徒皆具而徒之多至於三百，則又不同矣。由此言之，天官獸人以下，雖具官而設局，而夏官、秋官如服不氏、羅氏、掌畜一二職之外，意其必皆臨事而兼之耳。或曰：是則然矣，服不氏以下何以必屬於夏官，冥氏以下何以必屬於秋官？曰：掌養鳥而阜蕃之，掌養猛獸而教擾之，阜蕃教擾為養育之事，夏為養育之時，故以屬司馬；掌攻猛獸、蟄獸而獻之，掌攻猛鳥、夭鳥而殺之，攻為殺伐之事，秋為殺伐之時，故以屬司寇。至於凡田獸之政令，則要皆獸人掌之，先王於鳥獸之微、魚鼈昆蟲之細，其在所當養，則設官以養之，以順春生夏長之道，非獨養民而已也。其猛鷙在所當去，其託為神，姦在所當除，則設官以去之、除之，以象刑罰之威，以順天地肅殺之氣，非獨詰姦慝刑暴亂而已也。夫以鳥之高飛、獸之遠走、魚之深潛、昆蟲之雜出，至難及以政者也，而先王於此猶無所不盡其心焉。甚矣！法制之修明，而先王為天下興利除害之意，非若後世之苟且也。如是而受天下之報、享天下之利、備四海九州之美味，可以共受之而無愧矣。

天下之生久矣，一治一亂。當堯之時，天下猶未平，其所以為民物害者非獨洪水而已也。自禹驅龍蛇而放之菹，而後民不至於無所定。自益烈山澤而禽獸逃匿，而後獸蹄鳥跡之交於中國者，無有容鳥獸之害人者。既消，猶懼其不終息滅而復出為惡，於是又鑄鼎象物，百物而為之備，使民知神姦，故民雖入山林川澤，不逢不若，而其所當養者則有益為虞而掌之，蓋周人之政即虞夏之舊政也。維紂之時園囿、汙池、沛澤多而禽獸至，周公相武王誅紂伐奄之後，即驅虎豹犀象而遠之。每觀孟子論三聖之功，以為驅猛獸而百姓寧，比之禹抑洪水而天下平，孔子作《春秋》而亂臣賊子懼，蓋知猛獸之為天地間害與洪水、夷狄、亂臣賊子同。天下既平，九州清宴，八荒會同之後，周公安得不為無窮之慮哉？因事而建其官，因官而存其名，此非不切之務、無用之官也。先儒徒見夫獸人之官修則以為寧百姓之大，徒見夫𠿪人之官修則以為養萬物之悉，孰知興利除害，事已而不敢不存其名，有非一職也。周道衰而官職廢，先王興利除害之意無一復存，春秋書秋多麋，則不復有獸人之獻；亳社之雁、東門之鶢鶋，則不復有硩蔟氏、庭氏之毆除、校人之烹；《鴛鴦》之詩、《魚藻》之詩，君子傷今而思古，則不復有𠿪人、鼈人、大羅氏之養。當是時也，龍蛇之孽、羽毛鱗介之禍史不絕書，不惟物性不得其寧，而萬物亦不得其養，欲令德及昆蟲而禽獸之不逼人者，難也。蓋後世養民之政猶苟且而不及，況於鳥獸禽魚之難及以政邪？漢有一宋均，能出九江之虎，唐有一韓愈，能遣潮陽之鱷，則當時以為創見駭聞之事。嗚呼！彼獨不見禹之驅龍蛇、周公之驅虎豹犀象、與《周官》之治鳥獸蟲魚邪？

清 方苞《周官析疑》卷二五 四官皆各養一牲，而羊人、馬質竝設於夏官，復列服不、射鳥、羅氏、掌畜四職，何也？四官事紛，惟兵則不得已而後用。官中事簡，而國事所用馬與羊最多，羅氏所掌羽物實繁，掌畜所養事類雜冗，故竝設於夏官。射鳥氏則因射而及之，又所射乃鳥中膳羞者，與羅氏掌畜爲類，故別之於庭氏之射夭鳥，設官分職之宜，講事處物之當，即此可見。論官職，則射人之下當次以司士諸子，以服不氏同有事於射，故與射鳥氏四官竝附焉。

又 卷二八 掌畜。歲時貢鳥物，共膳獻之鳥。注：以鳥物爲鴞鷹之屬，蓋疑家禽不宜歲時致貢，不知掌畜所養，無野鳥貢以歲時以便膳獻耳。蓋王后世子之膳，以及內宮外內朝冗食者之公膳賓客之禽獻，若每事每日而取，掌畜不勝其擾，且無以辨其物之時與嘉，故分四時貢，其既成而當於用者，膳羞秩賜則頒之於庖人，賓客禽獻則掌之以有司，而屬於掌客，然後物可先期以辨，事可應時而集。至於祭祀之卵鳥，則臨祭然後共之，以鳥必時卵而後膚革充盈，此聖人察物之詳也。王氏安石謂鳥物爲翠臀羽翮，不知畜鳥之羽翮無可以飾其車旗衣服者，況翠臀乎？

綜述

漢 鄭玄《周禮疏》卷二八 掌畜，下士二人，史二人，胥二人，徒二十人。畜謂斂而養之。畜，許六反，注同，劉許又反。疏」注『畜謂斂而養之』，釋曰：在此者，按其職云：『掌養鳥而阜藩教擾之。』是專養鳥，其職注謂『鵝鶩之屬』，是斂而養之。鳥是羽蟲，屬南方，故在此也。

又 卷三〇 掌畜掌養鳥而阜蕃教擾之。阜，猶盛也。蕃，蕃息也。鳥之可養使盛大蕃息者，謂鵝鶩之屬。蕃，音煩，注同。鵝，五何反。鶩，音木。疏」注『阜猶』至『之屬』，釋曰：云『鳥之可養使盛大蕃息者，謂鵝鶩之屬者，鶩即今之鴨，民間所畜，故云焉。祭祀，共卵鳥，其卵可薦之鳥。卵，劉本作卬，音卵。疏：注『其卵可薦之鳥』，釋曰：還謂上經鵝鴨之屬，其雞亦在焉。歲時貢鳥物，鴞雁之屬，以四時來。疏：注『鴞雁』至『時來』，釋曰：不言鵝鶩雞者，所畜非貢物，故以野鳥為貢者也。共膳獻之鳥。雉及鶉鴽之屬。鶉，音純。鴽，音如。疏：注『雉及鶉鴽之屬』，釋曰：此言堪膳而獻者惟有此等，是以《內則》及《公食大夫》上大夫二十豆，有雉兔鶉鴽。云『之屬』者，更有馀鳥也。

宋 王安石《周官新義》卷一二 掌畜，掌養鳥而阜蕃教擾之。祭祀，共卬鳥。歲時貢鳥物。共膳獻之鳥。共卵及鳥物，與獸同義，翠賢羽翮之屬是也。

宋 王與之《周禮訂義》卷五〇 掌畜，下士二人，史二人，胥二人，徒二十人。鄭康成曰：畜謂歛而養之。鄭鍔曰：射鳥氏射其高舉之梟鴈，羅氏羅其卑飛之鳥鵲，此則畜其可以畜養者，如鵝如鶩之類皆是也。掌養鳥而蕃阜教擾之。鄭康成曰：阜，猶盛。鄭鍔曰：養之欲其阜大而蕃多，教之使之服習而馴擾，如雞之可以為牲，梟鴈之可以為羞，鷺之羽可以為翻，翟之羽可以為旌旗之飾，鳩之可以養老。其小小羽物，仲春、仲秋用以賜臣下，皆邦國所須而不可闕者，安得不畜之以待不時之須乎？掌畜之設，殆若此。祭祀共卵鳥。鄭鍔曰：共其生卵者，以卵亦可薦故也。劉氏曰：鵝、鶩、雞、鴨，皆有卵之鳥。王氏曰：共卵及鳥。歲時貢鳥物。王氏曰：物與獸同義，翠毛羽翮之屬是也。鄭鍔曰：因時而獻新。共膳獻之鳥。鄭康成曰：雉及鶉鴽之屬。王昭禹曰：王之膳羞賓客之禽獻之類皆掌共之。

宋 黄震《黄氏日鈔》卷三〇《讀周禮》 掌畜掌養鳥。

元 陳友仁《周禮集説》卷六 掌畜，下士二人，史二人，胥二人，徒二十人。鄭氏畜謂，斂而養之。掌養鳥而阜蕃教擾之。祭祀共卵鳥，歲時貢鳥物，共膳獻之鳥。蕃，音煩。鄭氏曰：阜，猶盛也。蕃，蕃息也，鳥之可養使蕃息盛大者。卵鳥，其卵可薦之鳥。劉氏曰：鵞、鴨、鶩、鷄，皆有卵之鳥。鄭氏曰：貢鳥物，鴞雁之屬，以四時來。劉氏曰：鶉、雀、鴿、雉之類非一品也，故以備膳羞為職。王氏曰：先王設官可以共祭祀、共膳獻、備器用者，無棄物焉。

明 王應電《周禮傳》卷四上《夏官上》 掌畜掌養鳥而阜蕃教擾之。祭祀共卵鳥，歲時貢鳥物，共膳獻之鳥。畜，音旭。鳥之待人而養者，鵝曰舒雁，鴨曰舒鳧，以其似雁、鳧而飛之舒遲也。雞、鴿亦待人而養，蓋初皆飛類，但以其不能雋絶，每為異類所侵，乃依人而生，後遂為擾畜，與野鳥不同也。鳥得其養，自然蕃息，其栖宿飲啄，受人豢養，皆可以教道如人之意，故曰阜蕃教擾之。又鷹隼之搏擊、鳧雁之為媒，亦皆可教者。卵鳥以卵及鳥共于雞人，用以薦也；鳥物共于醢人、腊人，為醢及腊也；膳獻之鳥共于庖人，為王之膳羞及賓客之禽獻也，並此官掌之。觀上四職，其事甚微，而為之設官，似于煩瑣，然事給而不煩于民，所以為不可缺也。

明 柯尚遷《周禮全經釋原》卷九《夏官上》 掌畜，下士二人，史二人，胥二人，徒二十人。釋曰：蓄，養也，養鳥以備用。原曰：射人之屬，有服不、射鳥、羅畜四官，何也？此先王所以均節羽物，無使失其性也。是故聖王之治，非以盡民，將以盡物，故雖飛鳥之微，惡者足以為人害，善者足以為人用，且祭祀、賓客所不可廢也，柰之何不設官以司之乎？然用之有時，秩之卑，員之寡，亦見先王不以小妨大，末累本耳。故射人雖以射為名，其實司公卿大夫之位，向掌天子之大禮，所射在禮不在物也。其屬四官，所射在物，將以備禮也。故物必出於禮者，所以均節天地萬物也。服不四官，非所以均節萬物者乎？【略】掌畜掌養鳥而阜蕃教擾之。祭祀共卵鳥，歲時貢鳥物，共膳獻之鳥。釋曰：禽鳥可食者非一種，掌畜斂而養之。阜，猶盛也。蕃，蕃息也。阜蕃使各遂其生，教擾使各馴其性也。卵鳥鵝鴨雞鶩之屬，其卵可薦者，以祭祀共之。鳥物鳧鴈之屬，以時而來者，歲時貢之。鶉雀鴿雉之類，非一品也，故於膳獻共之。先王設此官以供祭祀、備膳羞、共器用，無棄物者也，亦可謂能使禽獸昆蟲各得其所者矣，而豈徒哉？鄭氏鍔曰：先王置官，欲其簡而不冗，自服不氏以下，或教猛獸，或射飛鳥，或羅或畜，蓋一官可以兼數職也。茲四官其事雖微，然所掌者供鬼神之祭祀者有之，供人君之膳羞者有之，供賓客之禽獸者有之，設官以備物，物備而禮舉，凡所以嚴國體而尊天王也，孰謂冗而且濫耶？

明 郝敬《周禮完解》卷八 掌畜，下士二人，史二人，胥二人，徒二十人。掌養鳥。掌畜掌養鳥而阜蕃教擾之。祭祀共卵鳥，歲時貢鳥物，共膳獻之鳥。阜蕃鵞鴨之類，教擾鸚䳇之類。卵鳥、鳥子、貢鳥、物貢四時野鳥，膳獻王及賓客之饌。

明 王志長《周禮注疏刪翼》卷一七 掌畜，下士二人，史二人，胥二人，徒二十人。註：畜，謂斂而養之。疏：羽蟲屬南方，故在此。

又卷一九 掌畜掌養鳥而阜蕃教擾之。註：阜，猶盛也。蕃，蕃息也。鳥之可養使盛大蕃息者，謂鵞鶩之屬。王氏曰：鳥之待人而養者，鵞曰舒鴈，鴨曰舒鳧，以其似鴈鳧而飛之舒遲也。祭祀共卵鳥。註：其卵可薦之鳥。歲時貢鳥物。註：鴞鷹之屬，以四時來。共膳羞之鳥。註：雉及鶉鴽之屬。疏：内則及公食大夫、上大夫二十豆，有雉兔鶉鴽。劉氏曰：鶉雀鴿雉之類非一品也，故以備膳羞為職。王氏曰：先王設官，可以共祭祀、共膳獻、備器用者，無棄物焉。

清 李光坡《周禮述注》卷一七 掌畜，下士二人，史二人，胥二人，徒二十人。註曰：畜，謂斂而養之。

又卷一八 掌畜掌養鳥而阜蕃教擾之。註曰：阜，猶盛也。蕃，蕃息也。鳥之可養使盛大蕃息者，謂鵝鶩之屬。祭祀共卵鳥。註曰：其卵可薦之鳥。疏曰：還謂上經鵝鴨之屬，其雞亦在焉。歲時貢鳥物。註曰：鴞雁之屬，以四時來。疏曰：不言鵝、鶩、雞者，所畜非貢物，故以野鳥為貢者也。共膳獻之鳥。註曰：雉及鶉鴽之屬。鴽，音如。

清 李鍾倫《周禮纂訓》卷一六 掌畜掌養鳥而阜蕃教擾之。注：鳥之可養使盛大蕃息者，謂鵞鶩之屬。祭祀共卵鳥。注：其卵可薦之鳥。疏：亦謂鵞鶩之屬。歲時貢鳥物。注：鴞雁之屬，以四時來。共膳獻之鳥。訓：按三官掌共鳥物，以為祭祀膳羞之用，其文可互相備。但射鳥氏主射，而所敺者惡鳥；羅氏掌羅，而所獻者捕捉之鳥；畜氏掌養，而所共者狎馴之鳥。至於因時因事而共其可用者則同也。

清 方苞《周官集注》卷七 掌畜掌養鳥而阜蕃教擾之。祭祀共卵鳥，歲時貢鳥物，共膳獻之鳥。卵鳥，謂其卵可薦者，鵝鶩之屬也。鳥物，其羽毛可備服飾器用者。膳，王后世子之膳羞也，獻，賓客之禽獻也。于鳥言共膳獻，則六畜不必言矣。故牛人、雞人、羊人、犬人職皆不列王后世子之膳羞。

《授時通考》卷七〇《農餘》 掌畜掌養鳥而阜蕃教擾之。註：鳥之可養使盛大蕃息者，謂鵝鶩之屬。疏：鶩卽今之鴨，民間所畜故云焉。祭祀共卵鳥。註：其卵可薦之鳥。疏：雞亦在焉。

清 秦蕙田《五禮通考》卷二一五《嘉禮八十八》 掌畜，下士二人，史二人，胥二人，徒二十人。注：畜謂斂而養之。高氏愈曰：自服不氏至掌畜凡四官，或養獸，或養鳥，或射羅鳥，其職相類，而服不、射鳥二官皆有職於射者，故次于射人之下。王氏《傳》則以為天文南方為朱鳥，故掌畜屬之夏官也。

清 官獻瑶《石溪讀周官》卷四《夏官司馬第四》 掌畜掌養鳥而阜蕃教擾之。祭祀共卵鳥，歲時貢鳥物，共膳獻之鳥。猛獸第教擾之畜，鳥則兼言阜蕃，順物性也。鳥物以共庶羞膳羞禽獻，射鳥氏以弓矢取之，羅氏以網羅取之，皆不可養者。其可養者，特設掌畜之官以阜蕃之，庶不缺於共，且物類滋息，亦寓對育之仁焉。

清 蔣載康《周官心解》卷一九 掌畜掌養鳥而阜蕃教擾之。畜，許六反。註：阜，猶盛也。蕃，蕃息也。按：鳥，庖人六禽之屬，凡雁鶩等共用者，皆當養之。且既有閩隷能與鳥言者，爲之役則教擾不難，何必沾沾於家畜乎？祭祀共卵鳥。共卵、共鳥，當作二物言。歲時貢鳥物。註：號雁之屬以時來。共膳獻之鳥。註：雉、鶉、鴽之屬。按：膳鳥，共王及后世子之膳；獻鳥，共賓客，卽乘禽。

清 劉沅《周官恒解》卷四《秋官司寇》 掌畜掌養鳥而阜蕃教擾之。祭祀共卵鳥，歲時貢鳥物，共膳獻之鳥。畜，許六反，又許又反。養鳥，所貢鳥物養之以備用。阜，盛。蕃，蕃息，如鵞鶩之屬。卵鳥，鳥卵而益肥實也，鳥物可適於用者。膳獻之鳥，雉鶉之屬。

清 閻鎮珩《六典通考》卷三《設官考》 掌畜，下士。漢右扶風屬官有掌畜令、丞。後周有掌禽中士、下士，屬地官府。唐京都諸園苑監掌蕃養六畜。宋太僕所屬有致遠務，掌分養雜畜。明上林苑監所屬有蕃育署，育鵝鴨雞，典署一人，正七品，署丞一人，正八品。

清 孫詒讓《周禮正義》卷五四 掌畜，下士二人，史二人，胥二人，徒二十人。畜，謂斂而養之。疏：注云『畜謂斂而養之』者，《釋名・釋言語》云：『畜，養也。』斂，謂收聚之。此官掌養鳥，故取蕃養為義，與庖人六畜字異。

又 卷五八 掌畜掌養鳥而阜蕃教擾之。阜，猶盛也。蕃，蕃息也。鳥之可養使盛大蕃息者，謂鵞鶩之屬。疏：注云『阜，猶盛也』者，大宰注義同。云『蕃，蕃息也』者，大司徒注同。云『鳥之可養使盛大蕃息者，謂鵞鶩之屬』者，此謂家鳥也。鵞卽膳夫六牲之雁。《爾雅・釋鳥》云：『舒鴈，鵝。舒鳧，鶩。』郭注云：『鴨也。』鵞鶩等並民閒常畜，故掌畜養之。祭祀共卵鳥。其卵可薦之鳥。疏：『祭祀其卵鳥』者，與牧人、雞人為官聯也。《釋文》云：『卵，劉本作卵，音卵。』案：劉本蓋傳寫之誤。注云『其卵可薦之鳥』者，亦謂家鳥、鵞、鶩、雞之屬。《淮南子・本經訓》高注云：『鳥未轂曰卵。』薦，謂薦於宗廟。《王制》：『庶人春薦韭，以卵王祭祀，亦有薦卵之法。』其雞牲則雞人掌之，蓋此官共與雞人，雞人共與庖人，內外饔諸官也。歲時貢鳥物。鴇鴈之屬，以四時來。疏：注云『鴇鴈之屬，以四時來』者，此謂野鳥。《新序・襍事篇》莊辛曰『隨時鳥』是也。《詩・陳風・墓門》孔疏引陸璣疏云：『漢供御物，各隨其時，唯鴇冬夏常施之，以其美故也。』案：據陸說，則鴇冬夏常有，鴈則春去秋來，故鄭總云『以四時來也』。鴇，詳射鳥氏疏。共膳獻之鳥。雉及鶉鴽之屬。疏：『共膳獻之鳥』者，謂共庶羞，若《內則》說『上大夫庶羞二十豆，亦謂之膳』是也。《膳夫》『膳用六牲為正饌』，與此義別。膳羞，散文亦通，對文則異，詳膳夫疏。注云『雉及鶉鴽之屬』者，亦謂野鳥也。《公食大夫禮》『上大夫庶羞二十，加於下大夫以雉兔鶉鴽』。鄭注云：『鴽無母』。《內則》載諸膳之目亦有雉及鶉鷃。又云：『鶉羹鴽釀之蓼。』《爾雅・釋鳥》云：『鶉，鶉。』郭注云：『鶉，鵪屬。又云鴽鴾母。』郭注云：『鵪也。青州呼鴾母。』據《公食禮》《內則》《爾雅》及鄭、郭諸說，鶉、鴽爲二物。《淮南子・時則訓》高注云：『鴽，鶉也。』《公食禮》賈疏亦據《莊子》『田鼠化為鶉』、《月令》作化為鴽，謂鴽、鶉一物，非也。

服不氏

題解

漢 鄭玄《周禮疏》卷二八 服不氏，下士一人，徒四人。服不，服不服之獸者。疏：注『服不』至『獸者』，釋曰：在此者，以其服不服之獸，象王者伐叛柔服之義，故在此也。

明 王志長《周禮注疏刪翼》卷一七 服不氏，下士一人，徒四人。註：服不，服不服之獸者。疏：象王者伐叛柔服之義，故在此也。

清 李光坡《周禮述注》卷一七 服不氏，下士一人，徒四人。註曰：服不，服不服之獸者。

清 余蕭客《古經解鉤沈》卷三 百獸，服不氏所養者也。

清 孫詒讓《周禮正義》卷五四 服不氏，下士一人，徒四人。服不，服不服之獸者。疏：「服不氏」者，此官掌教擾猛獸，與田狩之事相通，故屬司馬。又贊射事，故冢射人而次之。注云「服不，服不服之獸者」者，猛獸桀摯不可馴服，此官主教擾之，故以服不爲名。《逸周書·周祝篇》云「山之深也，虎豹貔貅，何為可服」，即此服不之義。

論説

宋 朱熹《儀禮經傳通解》卷八《鄉禮四之上》 服不氏教擾猛獸。其有合負物者，教擾則屈前足以受負，若今駞受負則四足俱屈之類也。

宋 黃度《周禮説》卷四 服不氏、射人與司士諸子聯職，而以服不氏以下四官參其間，服不氏待獲，射鳥氏取矢，終射義也。

清 焦袁熹《此木軒四書説》卷八《驅虎豹犀象而遠之》 服不氏掌養猛獸而教擾之。謂：虎豹熊羆之屬也，而武王伐紂必驅而遠之者，蓋商紂時畜此類過多，或至殘害人命，且是初政，故不用而遠之也。要之，此等雖出於聖人，然畜養教擾，終是可已。

清 方苞《周官析疑》卷二五 服不氏。四官皆各養一牲，而羊人、馬質竝設於夏官，復列服不、射鳥、羅氏、掌畜四職，何也？四官事紛，惟兵則不得已而後用。官中事簡，而國事所用馬與羊最多，羅氏所掌羽物實繁，掌畜所養事類雜冗，故竝設於夏官。射鳥氏則因射而及之，又所射乃鳥中膳羞者，與羅氏掌畜爲類，故别之於庭氏之射夭鳥，設官分職之宜，講事處物之當，即此可見。論官職，則射人之下當次以司士諸子，以服不氏同有事於射，故與射鳥氏四官竝附焉。

清 惠士奇《禮説》卷一二 服不氏養猛獸，掌畜及閩隸養鳥，而皆教擾之。夷隸與鳥言，貉隸與獸言，《列子》謂今東方介氏之國，其國人數數解六畜之語者，蓋偏知之，所得上古神聖之人，備知萬物情態，悉解異類音聲，會而聚之，訓而受之，同於人民，故先會鬼神魑魅，次達八方人民，末聚禽獸蟲蛾，言氣血之類，心智不殊遠也。神聖知其如此，故其所教訓者無所遺逸焉。然則服不氏能服不服之獸，而教養柔馴，其術本於古之神聖，而夷隸、貉隸能通鳥獸之言，則皆偏知之所得也。自伯益佐舜，調馴鳥獸爲百蟲將軍，而崇伯鮌比獸之角能以爲城，舉其尾能以爲旌，召之不來，仿佯于野，蓋卽黃帝帥熊羆狼豹貙虎爲前，驅鵰鶡鷹鳶爲旗幟，以力使禽獸之術，得其術而或以爲祟，或以爲神。爲神者乘龍而上天，爲祟者化爲黃能而入羽淵。後世其術絶，然往往有能通鳥獸之言。王充稱廣漢楊翁仲乘蹇馬之野，有放眇馬於田者，鳴聲相聞，翁仲謂其御曰：『彼放馬眇。』其御曰：『何以知之？』曰：『彼罵此蹇，此亦罵之眇。』其御不信，往視之，目果眇。而管輅亦曉禽言，則能解六畜之語者，不獨東方介氏之國矣。大司樂合樂以作動物，一變而致羽物，再變而致蠃物，三變而致鱗物，四變而致毛物，五變而致介物，六變而致象物，合樂以來之，則鱗介皆可致，而況毛羽之屬乎？傅翼戴角、分牙布爪者爲物，含齒戴髮、四胑九竅者爲人，人與人爲伍，物與物爲羣，豈非物以異類而相遠，人以同類而相親。然而苟有教之誨之者，人性固無有不善，物性亦無有不馴，是以明王在上，鳥之惡者飛鴞格，獸之猛者白虎仁。《大戴禮》曰：聖人有國，龍至不閉，鳳降忘翼，爪鳥忘距，鷙鳥忘攫，蜂蠆不螫，嬰兒蝨蚘，不食天駒，此之謂也。

綜述

漢 鄭玄《周禮疏》卷三〇 服不氏掌養猛獸而教擾之。猛獸，虎豹熊羆之屬。擾，馴也。教習使之馴服。王者之教，無不服。擾，而小反，劉音饒。羆，彼皮反。馴，似遵反，一音胥。疏：注「猛獸」至「不服」，釋曰：猛獸云「之屬」者，兼有豺狼貔貅之等，故云之屬。教馴之，象天下皆服。王者之教，無服故也。凡祭祀，共猛獸。謂中膳羞者。獸人冬獻狼。《春秋傳》曰『熊蹯不熟』。蹯，音煩，掌也。疏：注「謂中」至「不熟」，釋曰：上云「養猛獸」，則猛獸皆養之。此言祭祀所共，據堪食者，故鄭云謂中膳羞。中膳羞唯有熊狼，故引《獻人》與《春秋》為證。按《内則》亦云狼臅膏可食也。《春秋傳》者，宣公二年，晉靈公之時，宰夫胹熊蹯不熟，殺之，趙盾諫之時也。賓客之事則抗皮，鄭司農云：『謂賓客來朝聘，布皮帛者，服不氏主舉藏之。抗讀為「亢其讎」之亢。』玄謂抗者，若《聘禮》曰『有司二人舉皮以東』。抗，注亢同，苦浪反，劉公郎反。疏：注『鄭司』至『以東』，釋曰：朝聘布皮帛者，按《聘禮》，行享禮之時，皮帛布於庭，使服不氏舉皮以東，抗即舉也，故引為證也。

讀為『亢其讎』之亢者，讀從僖二十八年城濮之戰，子犯云：『背惠食言，以亢其讎。』引之者，取亢舉之義也。后鄭引《聘禮》者，增成先鄭義。二人者，即服不氏也。射則贊張侯，以旌居乏而待獲。贊，佐也。《大射禮》曰：『命量人、巾車張三侯。』杜子春云：『待當為持，書亦或為持。乏讀為匱乏之乏，持獲者所蔽。』玄謂待獲，待射者中舉旌以獲。巾，如字，劉居令反。中，丁仲反。疏：注『贊佐』至『以獲』，釋曰：引《大射》者，證服不氏佐量人、巾車張侯之事。后鄭云『待獲，待射者中舉旌以獲』者，以獲，則《大射禮》唱獲者居乏中，中則舉旌以宮，下旌以商者是也，故不從子春待為持也。

宋 王安石《周官新義》卷一二《夏官一》 服不氏掌養猛獸而教優之。凡祭祀，共猛獸。賓客之事則抗皮。射則贊張侯，以旌居乏而待獲。抗皮、贊張侯、待獲，皆服不服之意，故服不氏掌之。

宋 王昭禹《周禮詳解》卷二六 服不氏掌養猛獸而教擾之。凡祭祀，共猛獸。賓客之事則抗皮。射則贊張侯，以旌居乏而待獲。掌養猛獸而教擾之，名官曰服不氏者，以猛獸非人所能服故也。夫治人而已，非政之至也，鳥獸草木無不治，然後為政之至。故舜命益作虞，則曰：若予上下草木鳥獸。先王之于鳥獸草木非不治之也，然治之為少，若之為多，養猛獸而教擾之，亦以若之為主也，故先教而後擾，道而化之，謂之教，治而教之謂之擾，教之而不服，然後擾之也。猛獸與人異類而可以教擾之者，獨不聞養虎者乎？時其饑飽，達其怒心，以虎之害人而能媚己者，猶可以養之，則養猛獸而教擾之，不為過矣。『凡祭祀，共猛獸』，則祭祀之羞備物故也。『賓客之事則抗皮』者，抗之為言舉也，若《聘禮》『舉皮以東』是也。蓋《聘禮》庭實有虎豹之皮，示服猛而有文故也。『射則贊張侯』者，凡射侯共于司裘，張于射人，服不氏贊射人張之也。『射則以旌居乏而待獲』，射中則舉旌而倡獲也。抗皮、贊張侯、待獲，皆服不服之意，故服不氏掌之也。

宋 王與之《周禮訂義》卷五〇 服不氏，下士一人，徒四人。鄭鍔曰：物之不易服者，莫如猛獸，設官以服之，名服不氏，言能服其不服，所以示王朝之威，無所不能服也。黃氏曰：射人與司士諸子聯職，而以服不氏以下參其間，終射義也。李嘉會曰：夏，南方也，南方屬鳥，故自服不氏以下數官繼於射人之後。掌養猛獸而教擾之。鄭康成曰：猛獸，虎豹熊羆之屬。擾，馴也。鄭鍔曰：徒能養之，不能教擾之使馴，則傷人而為害矣。教者，教以服習進退之節；擾者，所以擾馴其心。陳及之曰：鳥獸在山澤則適其性，為人所養則失其所，教擾之使不至於夭閼，無腥臊羶香之病，則可以奉祭祀、供肴羞矣。若地官牧人掌牧六牲而阜蕃其物，亦其類焉。充人贊碩牲，肆師之省牲，皆始也。阜蕃教擾之不失其性，則奉以告神，乃無媿詞也。王昭禹曰：鳥獸草木無不治，然後為政之至，故舜命益作虞則曰：若予上下草木鳥獸則養猛獸而教擾不為過矣。凡祭祀，共猛獸。鄭鍔曰：祭祀欲備四海九州之美味，故獸雖至猛，苟中膳羞者無不共焉，如獸人冬獻狼之類是也。養之者所以待用爾，故於祭祀之時則共之，以其養之有素故也。賓客之事則抗皮。鄭鍔口：賓客以虎豹之皮為庭實，必布於庭，服不氏則抗舉其皮以示王朝之威。虎豹之為物雖則猛不可制，吾猶得而舉之。先儒引《聘禮》『有司二人』，賈氏曰：二人即服不氏舉皮以東者，以證抗之為舉也。鄭司農曰：服不氏主舉藏之。抗，讀為亢，其讎之亢。射則贊張侯，以旌居乏而待獲。鄭司農曰：贊，佐也。《大射禮》命量人、巾車張三侯。王昭禹曰：凡射，侯共於司裘，張於射人，服不氏贊射人張之也。鄭鍔曰：使服不氏贊之者，以其力足以服不服，故雖熊虎豹之物皆能張之也。杜氏曰：乏，讀為匱乏之乏。待獲者所蔽。愚案：乏字見車僕。鄭鍔曰：執旌所以為表識居乏，所以自隱蔽執旌居乏，待射者之中，則舉旌以唱獲。王氏曰：抗皮、贊張侯、待獲，皆服不服之意，故服不氏掌之。

宋 黃震《黃氏日鈔》卷三〇《讀周禮》 服不氏掌養猛獸，射鳥氏掌射鳥，羅氏掌羅烏鳥，掌畜掌養鳥。

明 王應電《周禮傳》卷四上《夏官上》 服不氏掌養猛獸而教擾之。凡祭祀，共猛獸。祭祀所需，若狼熊之類，在簿正之內者，田獸所生擒而可畜者則養之于此，以侯不時而取之也。賓客之事則抗皮。抗，坤浪反，舉也。《聘禮》庭實有虎豹之皮，貴其文且示服猛也。射則贊張侯，以旌居乏而待獲。射侯共于司裘，張于射人，而服不氏掌贊而張之，又以旌居乏射中，則舉旌以唱獲，言已得獸。養猛獸者，貉隸所謂掌與獸言也。共猛獸者，其所有事也。此其專職抗皮、舉獲旌者，並取其有服猛獸之義也。《字書》『不』字作□，鳥飛高舉不下也。官以服不名者，謂服天下之不服者也。夫周公相武王誅紂，既已驅虎豹犀象而遠之矣。《召公》之訓曰：珍禽奇獸不育于國，此復養猛獸而教擾之，何也？蓋東北之夷曰貊，四夷中之至順者，周人世居西土，其服最後，故《周禮》設官以之隸役于服不氏，既取其化被之廣，又以其能與獸言而教擾之，亦育萬物者之所當知。若曰夷狄禽獸靡有不服王化者，匪服猛獸之貴，蓋服夷人之貴。所謂教擾者，特因其能而器使之，故以服不命名也。然止于下士二人，其與後世虎豹之圈率異獸而食人肉以供耳目之玩者異矣。貊，音陌，用貉非。

明 柯尚遷《周禮全經釋原》卷九《夏官上》 服不氏，下士一人，徒四人。釋曰：服不者，謂服不服之獸者，故曰主養猛獸而教擾之。【略】服不氏掌養猛獸而教擾之。凡祭祀，共猛獸。賓客之事則抗皮，射則贊張侯，以旌居乏而待獲。釋曰：猛獸，熊羆虎豹之屬。教而擾之，使馴服而不搏噬也。祭祀共猛獸，以充膳羞也。賓客來朝，陳虎豹之皮，畢則舉而藏之。射侯，張於射人則贊助之。乏，即容也，舉旌而居於容。待獲，待射中而舉旌以唱獲也。

明 郝敬《周禮完解》卷七 服不氏，下士一人，徒四人。善射以服不服者。《射義》云：『射者，射爲諸侯。』其《詩》云：『小大莫處，御于君所。』《考工記》梓人祭侯之辭云：『毋或若女不寧侯，不屬于王所，故抗而射女』，即服不之義，其掌養猛獸者，平居無事云爾。服不氏掌養猛獸而教擾之。凡祭祀，共猛獸。賓客之事則抗皮，射則贊張侯，以旌居乏而待獲。猛獸，虎豹熊羆之屬。抗皮，王受賓客朝貢之皮幣。服不氏舉之以旌居乏中，待射者矢中舉旌唱獲也。

明 王志長《周禮注疏删翼》卷一九 服不氏掌養猛獸而教擾之。註：猛獸，虎豹熊羆之屬。擾，馴也，教習使之馴服。王者之教無不服。王氏曰：舜命益為虞，則曰：『若予草木鳥獸』。養猛獸而教馴之，亦以若為主也。凡祭祀，共猛獸。註：謂中膳羞者。獸人冬獻狼，《春秋傳》曰：熊蹯不熟。王氏曰：祭祀之羞備物故也。賓客之事則抗皮。註：鄭司農云：賓客來朝聘，布皮帛者，服不氏主舉藏之。玄謂抗者，若《聘禮》曰『有司二人，舉皮以東』。王氏曰：抗之言舉也，蓋聘禮庭實有虎豹之皮，示服猛而有文故也。射則贊張侯，以旌居乏而待獲。註：玄謂待獲，待射者中舉旌以獲。王氏曰：凡射侯共於司裘，張於射人，服不氏贊之。待獲，待射中則舉旌以唱獲。

清 李光坡《周禮述注》卷一八 服不氏掌養猛獸而教擾之。註曰：猛獸，虎豹熊羆之屬。擾，馴也，教習使之馴服。王者之教無不服。羆，比皮反。凡祭祀，共猛獸。註曰：謂中膳羞者，獸人冬獻狼，《春秋傳》曰：『熊蹯不熟。』蹯，音煩。賓客之事則抗皮。註曰：鄭司農云：謂賓客來朝聘，布皮帛者服不氏主舉藏之。抗，讀為亢，其讎之亢。玄謂抗者，若《聘禮》曰『有司二人，舉皮以東』。射則贊張侯，以旌居乏而待獲。註曰：贊，佐也。《大射禮》曰：命量人、巾車張三侯。杜子春云：乏讀為匱乏之乏，待獲者所蔽。玄謂待獲，待射者中舉旌以獲。

清 李鍾倫《周禮纂訓》卷一六 服不氏掌養猛獸而教擾之。注：猛獸，虎豹熊羆之屬。擾，馴也，教習使之馴服。王者之教無不服。凡祭祀，共猛獸。注：謂中膳羞者，獸人冬獻狼，《春秋傳》曰：『熊蹯不熟』。賓客之事則抗皮。注：謂賓客來朝聘，布皮帛者服不氏主舉藏之。《聘禮》曰：『有司二人，舉皮以東』。疏引《聘禮》者，証有司二人即服不氏也。射則贊張侯，以旌居乏而待獲。注：《大射禮》曰：命量人、巾車張三侯。乏待獲者所蔽。待獲，待射中舉旌以獲。疏引《大射》者，証服不氏佐量人、巾車之事。云『待射中舉旌以獲』者，則《大射禮》唱獲者居乏中，中則舉旌，以宮下旌以商是也。訓：愚謂獸人所共是田獸，服不氏所共是畜養之獸，田獸之政迹人主之，畜養之獸囿人主之。

清 方苞《周官集注》卷七 服不氏掌養猛獸而教擾之。凡祭祀，共猛獸。共其中膳羞者，如狼臅膏熊蹯之類。賓客之事則抗皮。射則贊張侯，以旌居乏而待獲。抗，舉也。朝聘布皮帛，主舉而藏之。待獲，謂待射者中舉旌以唱獲。

清 劉青芝《周禮質疑》卷五《夏官秋官冬官》 服不氏。射則贊張侯。鄭鍔曰：服不氏力足以服不服，雖熊虎豹之物，皆能張之，故使贊之。按：熊、虎、豹，三侯所畫耳，非實有是物也，其說悖甚。

清 秦蕙田《五禮通考》卷六五《吉禮六十五》 夏官服不氏凡祭祀，共猛獸。注：謂中膳羞者，獸人冬獻狼。疏：上云養猛獸，則猛獸皆養之，此言祭祀所共堪食者，故鄭云謂中膳羞。中膳羞，唯有熊狼，故引《獸人》與《春秋》為証。案：《內則》亦云狼臅膏可食也。

清 蔣載康《周官心解》卷一九《夏官司馬第四之三》 服不氏掌養猛獸而教擾之。註：猛獸，虎豹熊羆之屬。擾，馴也，教習使馴服。按：猛獸不馴之物，貉隸能與獸言者爲之役，教擾誠易矣，非聖人能盡物性，何以及此？凡祭祀，共猛獸。註：中膳羞者，愚謂庶羞所須。賓客之事則抗皮。抗，苦浪反。鄭司農曰：賓客來朝聘，布皮幣服不氏主舉藏之。註：抗者，若聘禮『有司二人，舉皮以東』。射則贊張侯，以旌居乏而待獲。贊，任也。大射，贊射人。《大射儀》命量人、巾車張三侯，二官無此文意，量人文闕，巾車或不與，以巾車下大夫，賓射以下禮輕於大射也。然則大射以下贊量人與？乏卽容，唱獲者所蔽。

清 劉沅《周官恒解》卷四《夏官司馬》 服不氏，下士一人，徒四人。射鳥氏，下士一人，徒八人。羅氏，下士一人，徒八人。掌畜，下士二人，史二人，胥二人，徒二十人。射，常亦反。畜，許六反。服不氏，服不服之獸者。射鳥，射鳥之備用者，兼爲射人取矢。羅氏，以羅罔博鳥者，畜斂而養之。

又 服不氏掌養猛獸而教擾之。凡祭祀，共猛獸。賓客之事則抗皮。射則贊張侯，以旌居之而待獲。擾，曰杳反。抗，苦浪反，又古郎反。擾，馴服之。中膳羞者則共之。抗，舉也。聘禮行享禮者，皮幣布于庭有司舉皮以東。《大射禮》量人、巾車張三侯。服不氏贊之，唱獲者居於乏中，中則舉旌以官偃旌以商。

清 呂飛鵬《周禮補注》卷四《夏官司馬》 服不氏掌養猛獸而教擾之。《史記・五帝本紀》『教熊、羆、貔、貅、貙、虎。』《索隱》曰：此六者，猛獸可以教戰。《周禮》有服不氏，掌教擾猛獸，卽古服牛乘馬亦其類也。以旌居乏而待獲。鄭注：《大射儀》云：

負侯，獲者也。引此經文又云：大侯，服不氏侯徒一人，居乏相代而獲參侯，干侯徒負侯居乏不相代，據此則知天子服不氏亦然，特諸侯服不氏之徒一人，與天子服不氏之徒四人爲有異耳。

清 孫詒讓《周禮正義》卷五八 服不氏掌養猛獸而教擾之。猛獸，虎豹熊羆之屬。擾，馴也，教習使之馴服。王者之教無不服。疏：『掌養猛獸而教擾之』者，獸人、冥氏、穴氏搏取生獸以與此官養之，亦相與為官聯也。注云『猛獸，虎豹熊羆之屬』者，《說文・犬部》云：『猛，健犬也，引申為野獸。健者之稱。』云『擾，馴也』者，大宰注義同。云『教習使之馴服』者，古有教擾猛獸之術，《史記・五帝本紀》云：『黃帝教熊羆貔貅貙虎』。《列子・黃帝篇》云：『周宣王之牧正有役人梁鴦者，能養野禽獸，委食於園庭之內，雖虎狼鵰鶚之類无不柔者。』柔與馴、擾義同。彼牧正兼養野禽獸，與牧人、牧師養家獸不同，疑卽此官及囿人之屬。云『王者之教無不服』者，兼釋官名服不之義。凡祭祀，共猛獸。謂中膳羞者，獸人冬獻狼，《春秋傳》曰『熊蹯不孰。』疏：『凡祭祀，共猛獸』者，與獸人、囿人為官聯也。注云『謂中膳羞者』者，謂若膳夫云：羞用百有二十品，及庖人六獸，共王及后世子之膳羞，中有猛獸之肉。賈疏云：上云養猛獸，則猛獸皆養之。此言祭祀所共據堪食者，故鄭云謂中膳羞，引獸人冬獻狼者證猛獸亦中膳羞，庖人注說六獸有狼。引《春秋傳》曰『熊蹯不孰』者，《左》宣二年傳：『晉靈公不君，宰夫胹熊蹯不熟，殺之』，引以證熊蹯中膳羞亦猛獸之一也。庖人六獸，先鄭注有熊，《釋文》云蹯掌也。賓客之事則抗皮。鄭司農云：謂賓客來朝聘，布皮帛者服不氏主舉藏之。抗讀為亢，其饑之亢。玄謂抗者，若《聘禮》曰『有司二人，舉皮以東。』疏：注『鄭司農云：謂賓客來朝聘布皮帛者，服不氏主舉藏之』者，《覲禮》云：『四享皆束帛，加璧庭實，唯國所有。』鄭彼注云：初享或用馬，或用虎豹之皮，是朝覲布皮帛之事。又《聘禮》云：『賓裼奉束帛加璧享，庭實，皮則攝之，毛在內，內攝之，入設也。賓入門左，升致，命張皮，公再拜受幣士受皮者自後右客公側授宰幣皮如入右首而東彼注云皮虎豹之皮凡君於臣臣於君麋鹿皮可也』，是聘布皮帛之事也。《郊特牲》云：『虎豹之皮，示服猛也。』是庭實用皮亦取服猛之義，故亦使服不氏舉藏之。《廣雅・釋詁》云：『抗，舉也。』云『抗讀為亢，其饑之亢』者，賈疏云：讀從僖二十八年城濮之戰子犯云：背惠食言，以亢其饑。引之者取亢舉之義也。段玉裁改讀為為，讀如云讀，如今本作讀為誤也。此擬其音耳，不若馬質注用亢禦義也。丁晏云：抗，从亢聲。《梓人》『故抗而射汝』。《大戴禮》作亢。云『玄謂抗者，若《聘禮》曰：有司二人，舉皮以東』者，《聘禮》說受聘賓介私覿事，後鄭以此抗皮與彼舉皮義同。賈疏云：後鄭引《聘禮》者，增成先鄭義，二人者卽服不氏也。射則贊張侯，以旌居乏而待獲。贊，佐也。《大射禮》曰：『命量人、巾車張三侯。』杜子春云：待當為持。書亦或為持。乏讀為匱乏之乏。持獲者所蔽。玄謂待獲，待射者中舉旌以獲。疏：『射則贊張侯』者，通三射而言，與射人為官聯也。云『以旌居乏而待獲』者，司常共旌與此官，始則以旌負侯，繼則去侯居乏以待獲，終則以旌唱獲也。王獲旌以大常亦兼有翻旌之屬，詳司常疏。注云『贊，佐也』者，外宗注義同。引《大射禮》曰『命量人、巾車張三侯』者，鄭彼注云：巾車於天子宗伯之屬掌裝衣車者，亦使張侯、侯巾類。曾釗云：大射諸侯禮射人職曰：以貍步張三侯，是張侯、射人掌之，蓋諸侯官省，故以巾車、量人同兼攝王朝官，備故仍歸射人。案：曾謂此官贊射人，是也。鄭引《大射》，亦證張侯非一官耳，非必謂天子諸侯禮同也。杜子春云『待當為持，書亦或為持』者，徐養原云：持為字之誤，與《儀禮》公食大夫『左人待載，古文作持』同，鄭於二經俱從待。云『乏讀為匱乏之乏』者，車僕先鄭注同，詳彼疏。云『持獲者所蔽』者，杜破待為持，蓋謂執持獲旌，與御僕持翣義同。射人三容先鄭注云：『容者，乏也。待獲者，所蔽也。』先鄭蓋亦不從杜讀，詳彼疏。云『玄謂待獲待射者中舉旌以獲』者，此不從子春破待為持也。《大射儀》云：『司馬師命負侯者，執旌以負侯』。負侯者，皆適侯，執旌負侯。而侯又云司馬正命去侯，負侯皆許諾，以宮趨直西，及乏南，又諾以商，至乏聲止，授獲者退立于西方，獲者興共。而侯又云：乃射獲者，坐而獲舉旌，以宮偃旌以商。鄭彼注云：欲令射者見侯與旌，深志於侯中也，負侯獲者也。天子服不氏下士一人，徒四人，掌以旌居乏待獲析羽為旌大侯，服不氏負侯徒一人，居乏相代而獲參侯，干侯徒負侯居乏不相代坐，而獲坐言獲也。案：《大射》所云：獲者，即服不之徒，主唱獲者也。王及畿外諸侯大射，皆三侯，侯各一乏，乏各以獲者一人居之，射人所謂三侯，三獲三容是也。依鄭《大射》注約之，則王大射，未射時則服不執旌負熊侯而立，別令其徒一人居熊侯之乏，其虎侯豹侯各以服不之徒執旌居之，無居乏者，及射時則司馬正命三負侯者各去其侯而適乏，服不以旌授其徒，而同居熊侯之乏，其徒二人各以旌居虎侯豹，侯之乏射中則居乏者各舉旌而唱獲，蓋熊侯服不負侯射則其徒代而唱獲，虎侯豹侯則先負侯後唱獲，卽以服不徒一人兼之不相代，其賓射亦三侯，燕射一侯，侯製不同，負侯、待獲事則一也。

蠻隸

論說

宋 王昭禹《周禮詳解》卷三一 蠻隸掌役校人養馬。其在王宮者，執其國之兵以守王宮。在野外，則守厲禁。征南蠻所獲之民謂之蠻隸。掌役校人養馬者，盖校人其徒八十人，有不足以給其役，故蠻隸兼役其事也，亦各從其便器以為守衛之備，故執其國之兵以守王宮。在野外，則守厲禁。

清 秦蕙田《五禮通考》卷二一五《嘉禮八十八》 蠻隸百有二十人。注：征南夷所獲。【略】方氏苞曰：謂之隸者，王官宿衛宮伯所掌士庶子也。旅賁皆命士也，虎賁所掌謂之虎士，必粗知道藝而異於胥徒者，故於司隸所掌，稱隸以別之。《春秋傳》人有十等，隸班在六，非甚賤也。盜賊之子亦使班于諸隸者，非其身之惡也，不使列于齊民者，恐其習為匪僻也。

清 王引之《經義述聞》卷九《五隸錯簡》 罪隸掌役百官府與凡有守者，掌使令之小事。凡封國若家，牛助爲牽傍。此五字當在夷隸「掌役牧人養牛」下。其守王宮脱者字。與其脱守字。厲禁者，如蠻隸之事。王應電《周禮傳》云：上司隸職止言掌四翟之隸，守王宮及野舍之厲禁，未及於罪隸也。以文勢推之，不應未言蠻隸而先言如蠻隸之事，十四字疑閩隸脱簡，而誤見於此。蠻隸掌役校人養馬。其在王宮者，執其國之兵以守王宮。在野外，則守厲禁。閩隸掌役畜畜上脱掌字。養鳥而阜蕃教擾之。掌子則取隸焉。此五字當在「罪隸凡封國若家」下。夷隸掌役牧人養牛馬，此字衍。與鳥言此三字當在閩隸「而阜蕃教擾之掌」下。其守王宮者，與其守厲禁者，如蠻隸之事。貉隸掌役服不氏而此字衍。養獸，而教擾之，掌與獸言。其守王宮者，與其守厲禁者，如蠻隸之事。引之謹案：夷隸役牧人養牛，則當助牧人為牽傍。牛人凡會同、軍旅、行役共其兵車之牛，與其牽傍。此助爲牽傍，蓋亦謂兵車之牛。鄭依誤本作解云：「牛助國，以牛助轉徙，罪隸牽傍之」，非也。「牛助爲牽傍」五字當在夷隸，不當在罪隸也。夷隸、貉隸皆云「其守王宮者，與其守厲禁者，如蠻隸之事」，不應閩隸獨無此文，當如王應電説，移罪隸「其守王宮」三句於閩隸，而補者字守。蠻隸役於校人，夷隸役於牧人，貉隸役於服不氏，不應閩隸無所役之官，畜上蓋脱「掌」字。《周禮新義》謂「役於掌畜」是也。掌畜掌養鳥而阜蕃教擾之。「子則取隸馬」五字，當在罪隸「凡封國若家」之下，言凡封邦國及都家，若王子出封，則取隸於罪隸，使往為之役也。子上又有脱文耳。鄭依誤本作解云：「掌子者，王立世子置臣使掌其家事，而以閩隸役之」，非也。養馬乃蠻隸之事，不得屬之夷隸。夷隸「馬」字蓋衍文也。夷隸不養鳥則不得與鳥言，養鳥乃閩隸之事。貉隸養獸而與獸言，則閩隸養鳥亦當與鳥言，「與鳥言」三字當在閩隸「阜蕃教擾」之下，承掌字連讀無疑，今更訂其文如左：罪隸掌役百官府與凡有守者，掌使令之小事。凡封國若家，子則取隸焉。蠻隸掌役校人養馬。其在王宮者，執其國之兵以守王宮。在野外，則守厲禁。閩隸掌役，掌畜養鳥而阜蕃教擾之。掌與鳥言，其守王宮者，與其守厲禁者，如蠻隸之事。夷隸掌役牧人養牛，牛助為牽傍。其守王宮者，與其守厲禁，者如蠻隸之事。

綜述

漢 鄭玄《周禮疏》卷三四 蠻隸，百有二十人，征南夷所獲。

又 卷三六 蠻隸掌役校人養馬。其在王宮者，執其國之兵以守王宮。在野外，則守厲禁。疏：「蠻隸」至「厲禁」，釋曰：云「掌役校人」者，為校人所役使以養馬。按《校人》，良馬乘一師四圉，不見隸者，蓋是雜役之中。「執其國之兵」，蠻隸、閩隸，俱是刀劍也。

宋 王與之《周禮訂義》卷六四 蠻隸百有二十人。鄭康成曰：征南夷所獲。愚案：説見司隸。李嘉會曰：先王必有蠻、閩、夷、貉之隸，想欲知其風俗耳。然有無亦存其數云耳，無則闕之。掌役校人養馬。其在王宮者，執其國之兵以守王宮。在野外，則守厲禁。賈氏曰：為校人所役使以養馬。案：校人不見隸者，蓋是雜役之中。王昭禹曰：校人其徒八十人，有不足以給其役，故蠻隸兼役其事也。陳蘊之曰：古之宿衛王宮者，不特士庶子而已，有虎賁之虎士，有司隸之五隸，虎士有卒伍，而四翟之隸有兵，國有大事則守王門，舍則守王閑而司戈盾，軍旅、會同授虎士戈盾，則王之在國在野可謂嚴矣，必使四翟之隸以王者，所守在四夷也。

元 毛應龍《周官集傳》卷一〇 蠻隸掌役校人養馬。其在王宮者，執其國之兵以守王宮。在野外，則守厲禁。鄭鍔曰：蠻人知養馬，故以役校人。

元 陳友仁《周禮集説》卷八 蠻隸，百有二十人。鄭氏曰：征南夷所獲也。掌役校人養馬。其在王宮者，執其國之兵以守王宮。在野外，則守厲禁。校，户教反。疏曰：為校人所役使以養馬。王氏曰：校人其徒八十人，有不足以給其役，故蠻隸兼役其事也。亦各從其便器以為守衛之備，故執其國之兵。陳氏曰：古之宿衛王宮者不特士庶子而已，有虎賁之虎士，司隸之五隸，虎士有卒伍，而四翟之隸有兵。國有大事則守王門，舍則守王閑而司戈盾，軍旅、會同授虎士戈盾，則王之在國、在野可謂嚴矣。然必使四翟之者，以著王之所守在四夷也。或使師氏之屬，帥之者以著王之使武以文也。四隸所守，皆如蠻隸之事者，周之時以南方為遠，尤貴其來者，故掌四夷之官曰象胥，而奏樂亦以南。《詩》曰「以雅以南」，《記》曰「胥鼓南」，則周人之意可知矣。

明 王應電《周禮傳》卷五上《秋官上》 蠻隸百有二十人。南方夷。【略】職方氏所掌有四夷、八蠻、七閩、九貉、五戎、六狄之人民，蓋皆臣服于中國而此止于蠻、夷、閩、貉者。周人世居西土，其化先及西北，故以服東南為貴，且東方等夷秉性善良，故因其効順而以屬之司隸也。然皆止于百二十人，何也？蓋初設為定員，于後而世，其事繼而來者則統其下也。舊説以為征夷所獲赦其死而役之，非也。詳攷四隸之職，唯有養獸與守王宮二事，其非俘獲可知，果為俘獲，自當屬之臯隸，若其所生子孫，乃可屬此耳？

【略】蠻隸役校人養馬。夷隸牧人養牛馬，中國之人能醫獸疾，皁蕃教擾皆在校人、牧人，夷人但養之而已。閩隸掌役畜而皁蕃教擾之，家畜養之特易，故與掌畜同事也。貉隸役服不氏養獸而教擾之，不言皁蕃者，猛獸不生乳于圈檻也。夷隸與鳥言，貉隸與獸言者，《左傳》介葛盧聞牛鳴曰：『是生三犧，皆用之矣。』辨鳥語者亦然。夷人去禽獸不遠，故能如此。設官職掌而與之言者，欲知禽獸之情，亦育萬物之一助也。閩隸所謂掌子，則取隸焉者。王氏曰：子謂鳥所生，閩隸取隸于己。按掌畜掌養卵鳥，則此解為鳥子，理或然也。然玩其文義，亦有缺文。

明 柯尚遷《周禮全經釋原》卷一一《秋官上》 蠻隸掌役校人養馬。其在王宮者，執其國之兵以守王宮。在野外，則守厲禁。釋曰：蠻役使養馬，各以其宜。校人其徒八十人，王馬千匹不足以給其役，故蠻隸兼役其事也。亦各從其便器以為守衛之備，故執其國之兵。陳氏曰：古之宿衛王宮者，不特士庶子而已，有虎賁之虎士，司隸之五隸，虎士有卒伍，而四翟之隸有兵，國有大事則守王門，舍則守王閑，則王之在國、在野可謂嚴矣。然必使四翟之隸者，以著王之所守在四夷也。或使師氏之屬帥之者，著王之使武以文也。四隸所守，如蠻隸之事者，周之時以南方為遠，尤貴其来，故掌四夷之官曰象胥。《詩》曰『以雅以南』，《記》曰『胥鼓南』，則周人之意可知矣。

明 郝敬《周禮完解》卷九《秋官司寇第五》 蠻隸百有二十人。此下四隸，征討四方俘獲爲奴者。蠻，南夷。蠻隸掌役校人養馬。夏官校人掌馬政。役校人，爲校人役也。其在王宮者，執其國之兵以守王宮。在野外，則守厲禁。

明 王志長《周禮注疏删翼》卷二四 蠻隸掌役挍人養馬。其在王宮者，執其國之兵以守王宮。在野外，則守厲禁。疏：為挍人所役使以養馬。按：挍人良馬乘一師四圉，不見隸者，蓋是雜役之中。陳氏曰：古之宿衛王宮者，不特士庶子而已，有虎賁之虎士，司隸之五隸，虎士有卒伍，而四翟之隸有兵。國有大事，則守王門，舍則守王閑而司戈盾，軍旅、會同授虎士戈盾，則王之在國、在野可謂嚴矣。然必使四翟之隸者，以著王之所守在四夷也。或使師氏之屬帥之者，以著王之使武以文也。四隸所守，皆如蠻隸之事者，周之時以南方為遠，尤貴其來者，故掌四夷之官曰象胥，而奏樂亦以南。《詩》曰『以雅以南』，《記》曰『胥鼓南』，則周人之意可知矣。

清 方苞《周官集注》卷一〇 蠻隸掌役校人養馬。其在王宮者，執其國之兵以守王宮。在野外，則守厲禁。校人職有師圉而不見隸者，蓋給其雜役。

清 蔣載康《周官心解》卷二四《秋官司寇第五之三》 蠻隸掌役校人養馬。其在王宮者，執其國之兵以守王宮。在野外，則守厲禁。疏：校人良馬乘一師四圉，不見隸，蓋雜役之。按：養馬下疑脱『掌與獸言』四字。

清 劉沅《周官恒解》卷五《秋官司寇》 蠻隸掌役校人養馬。其在王宮者，執其國之兵以守王宮。在野外，則守厲禁。閩隸掌役畜養鳥而皁蕃教擾之，掌子則取隸焉。夷隸掌役牧人養牛馬，與鳥言，其守王宮者與其守厲禁者，如蠻隸之事。閩，梅巾反。役校人，役於校人，下放此養馬等各有專官，四隸特任其雜役耳。子鳥子，如鸚鵡伯勞之類，須及其子而善養之，下文夷隸雖能通鳥言，而養鳥獨歸閩隸，蓋尤善養鳥，故使之掌養鳥子也。貉隸則通獸言，養養獸也，珍禽奇獸不育於國，而此四隸掌養之，何也？鳥獸與人異類而同生，亦各得天地之氣，少皡以鳥名官，虞書以鳥獸定時，蓋亦有藉以窮造化之奥者。且鳥獸之異者，能通物理，知氣數，故與鳥獸言，所以通物外之情也。

清 沈家本《歷代刑法考》刑法分考十三《隸》 蠻隸掌役校人養馬。其在王宮者，執其國之兵以守王宮。在野外，則守厲禁。疏為校人所役使以養馬。按：校人良馬一師四圉，不見隸者，蓋是雜役之中。

清 孫詒讓《周禮正義》卷六九 蠻隸掌役校人養馬。其在王宮者，執其國之兵以守王宮。在野外，則守厲禁。疏：『掌役校人養馬』者，賈疏云：爲校人所役使以養馬。按：校人良馬乘一師四圉，不見隸者，蓋是雜役之中。詒讓案：此與圉人為官聯也。《墨子·天志下篇》說俘虜云『丈夫以為僕圉』，即養馬之隸也。云『其在王宮者，執其國之兵以守王宮』者，亦從師氏及司隸也。《國語·晉語》云：『昔成王盟諸侯于岐陽，楚為荆蠻，置茅蕝，設望表，與鮮卑守燎，故不與盟。』彼蓋以蠻夷君長而使率其民，掌守望之事，雖非蠻隸而所役略同。賈疏云：執其國之兵，蠻隸、閩隸俱是刀劒也。云『在野外，則守厲禁』者，謂野舍蕃衛之外列也。師氏云：朝在野外則守內列，此蠻隸蓋從司隸守外列，與師氏所守內外互相備。

閩隸

題解

宋 王昭禹《周禮詳解》卷三一　閩隸掌役畜養鳥而阜蕃教擾之，掌子則取隸焉。蕃，扶元反。東南曰閩，南蠻之别也，亦征而獲，其民謂之閩隸也。

明 柯尚遷《周禮全經釋原》卷一〇《秋官司寇第五》　閩隸百有二十人。釋曰：南蠻之别名。

清 孫詒讓《周禮正義》卷六五　閩隸百有二十人。閩，南蠻之别。疏：注云「閩，南蠻之别」者，職方氏注義同，詳彼疏。

論説

宋 易祓《周官總義》卷二三　閩隸掌役畜養鳥而阜蕃教擾之，掌子則取隸焉。【略】五隸皆隸也。蠻、夷、閩、貉之隸則賔服之民，罪隸則没入為奴之民。其民不同，其用亦異。罪隸則任使令牽徬之冗事，四翟之隸則養之而已。雖曰蠻隸掌役校人養馬之類，閩隸掌役畜養鳥之類，夷隸掌役牧人養牛馬之類，貉隸掌役服不氏養獸之類，皆因其俗之所習而使之養之也。然司隸帥四翟之隸，守王宫與野舍之厲禁，是止於四翟之隸也。今罪隸亦言王宫與厲禁之守，而閩隸反不言王宫與厲禁之守，互文以見，則其有守可知矣。

清 彭而述《讀史亭詩文集》卷一五《獞説》　其見於司隸之掌者，不過曰蠻隸養馬、閩隸養鳥，可見禽獸畜之不比之於人也。

清 萬斯大《周官辨非》　閩隸掌役畜養鳥而阜蕃教擾之。夷隸掌役牧人，養牛馬，與鳥言。貉隸掌役服不氏，而養獸而教擾之，掌與獸言。此三隸者，受役于養畜、鳥、牧人等官可也，乃使之教擾，且令與鳥言、獸言，何邪？拘儒救此失，必將曰：公冶賢人解鳥語，葛盧遠人諳牛鳴，不可謂無其事，不知此亦其偶然天得之巧，不可彊也，非可學也，曷為設隸以掌之？今即令能鳥言、獸言，豈有益于民生，有裨于國政邪？直兒戲耳！

清 方苞《周官集注》卷九　閩隸掌役畜養鳥而阜蕃教擾之。李耜卿曰：役畜謂為掌畜之役也。閩隸所養非畜鳥也，貉隸所養非常獸也。珍禽奇獸不育于國，乃列職以養之，何也？一切禁之，則側媚之臣轉得居為奇貨，以啗其上，故列于六職以示其物為無奇，掌于裔隸以示其役為甚賤，正所以止邪于未形也。

清 方苞《周官析疑》卷三四　閩隸，掌子則取隸焉。舊説俱不可通。疑此本罪隸之文，而二職互譌也。古者官人不世，則罪人亦不宜世，以盜賊極惡，故男女從坐，然取為隸者，及子而止，則易世而後，能為農工者，聽之矣。假而罪隸之苗裔，遂世世為奴，則其族蕃滋，而隸員有限，將焉用之？必舊入者脱籍，新犯者繫焉，然後罰無重苛，而人樂遷善。取隸及子而止，則隸所帥之餘民亦止於子，不待言矣。【略】閩隸所養非畜鳥也，貉隸所養非常獸也。珍禽奇獸不育於國，乃列職以養之，何也？一切禁之，則側媚之臣轉得居為奇貨，以啗其上，故列於六職以示其物為無奇，掌於裔隸以示其役為甚賤，正所以止邪於未形也。

（乾隆）《福州府志》卷二五《物産一》　周官閩隸掌役畜養鳥而阜蕃教擾之，豈閩於羽族獨侈傳耶？而唐韓愈云「閩越有山泉禽魚之樂」，元貢師泰《福州路記》云「地氣磅礴，物産蕃阜」，然則郡之孳育既繁且茂矣。先王物土布利，勿患其産之弗豐，而患其本之弗尚，所謂「本百穀絲麻」是也。民衛其生，國肥於貢，曰食曰貨，八政所先，然而羽毛齒革，重比揚荆，龍眼荔枝，珍逾蜀粤，又况石韞山輝，水含川媚，充林牣澤，煜煜奕奕，亦東南之詭異戢香也。

清 沈廷芳《十三經注疏正字》卷三一《閩隸》　掌子則取隸焉。案：方氏苞云：舊説俱不可通，文有闕誤也。三隸皆有「守王宫與厲禁如蠻隸」之文，而此獨無，則闕誤可知。疏謂「若畜鳥氏掌畜猛鳥」，當為「掌畜之所役，使畜養鳥也」之誤。

清 孔廣林《周官臆測》卷五《周官》　閩隸，掌子則取隸焉。杜子春云：子當爲祀。鄭康成云：掌子者，王立世子，置臣使掌其家事，而以閩隸役之。廣林謂子宜依子春為祀，蓋即司隸職所云「邦有祭祀、賓客、喪紀之事，則役其煩辱之事」者也。彼職云祭祀、賓客、喪紀，此唯言祭祀者，容蠻、閩、夷、貉四翟之隸各分其役，閩隸掌役祭祀之事，而其它則文不具，與鄭君説亦可通。但職文止云掌子，詞不别白，不如子春讀爲祀，其義較顯。

清 王引之《經義述聞》卷九《五隸錯簡》 罪隸掌役百官府與凡有守者，掌使令之小事。凡封國若家，牛助爲牽傍。此五字當在夷隸「掌役牧人養牛」下。其守王宮脱者字。與其脱守字。厲禁者，如蠻隸之事。王應電《周禮傳》云：上司隸職止言掌四翟之隸，守王宮及野舍之厲禁，未及於罪隸也。以文勢推之，不應未言蠻隸而先言如蠻隸之事，十四字疑閩隸脱簡，而誤見於此。蠻隸掌役校人養馬。其在王宮者，執其國之兵以守王宮。在野外，則守厲禁。閩隸掌役畜畜上脱掌字。養鳥而阜蕃教擾之。掌子則取隸焉。此五字當在「罪隸凡封國若家」下。夷隸掌役牧人養牛馬，此字衍。與鳥言此三字當在閩隸「而阜蕃教擾之掌」下。其守王宮者，與其守厲禁者，如蠻隸之事。貉隸掌役服不氏而此字衍。養獸，而教擾之，掌與獸言。其守王宮者，與其守厲禁者，如蠻隸之事。引之謹案：夷隸役牧人養牛，則當助牧人為牽傍。牛人凡會同、軍旅、行役共其兵車之牛，與其牽傍。此助爲牽傍，蓋亦謂兵車之牛。鄭依誤本作解云：「牛助國，以牛助轉徙，罪隸牽傍之」，非也。「牛助爲牽傍」五字當在夷隸，不當在罪隸也。夷隸、貉隸皆云「其守王宮者，與其守厲禁者，如蠻隸之事」，不應閩隸獨無此文，當如王應電説，移罪隸「其守王宮」三句於閩隸，而補者字守。蠻隸役於校人，夷隸役於牧人，貉隸役於服不氏，不應閩隸無所役之官，畜上蓋脱「掌」字。《周禮新義》謂「役於掌畜」是也。掌畜掌養鳥而阜蕃教擾之。「子則取隸馬」五字，當在罪隸「凡封國若家」之下，言凡封邦國及都家，若王子出封，則取隸於罪隸，使往為之役也。子上又有脱文耳。鄭依誤本作解云：「掌子者，王立世子置臣使掌其家事，而以閩隸役之」，非也。養馬乃蠻隸之事，不得屬之夷隸。夷隸「馬」字蓋衍文也。夷隸不養鳥則不得與鳥言，養鳥乃閩隸之事。貉隸養獸而與獸言，則閩隸養鳥亦當與鳥言，「與鳥言」三字當在閩隸「阜蕃教擾」之下，承掌字連讀無疑，今更訂其文如左：罪隸掌役百官府與凡有守者，掌使令之小事。凡封國若家，子則取隸焉。蠻隸掌役校人養馬。其在王宮者，執其國之兵以守王宮。在野外，則守厲禁。閩隸掌役，掌畜養鳥而阜蕃教擾之。掌與鳥言，其守王宮者，與其守厲禁者，如蠻隸之事。夷隸掌役牧人養牛，牛助為牽傍。其守王宮者，與其守厲禁，者如蠻隸之事。

綜述

漢 鄭玄《周禮疏》卷三四 閩隸，百有二十人。閩，南蠻之別。閩，亡巾反，又音文。

又 卷三六 閩隸掌役畜養鳥而阜蕃教擾之，掌子則取隸焉。杜子春云：「子當為祀。」玄謂掌子者，王立世子，置臣使掌其家事，而以閩隸役之。蕃，扶元反，下注同。疏：「閩隸」至「隸焉」，釋曰：云「掌役畜養鳥」者，謂若畜鳥氏掌畜禽鳥。阜，盛也，蕃，息也。使之盛太滋息，又教擾使從人意。注「杜子」至「役之」，釋曰：子春以子為祀，后鄭不從者，《司隸職》祭祀、賓客、喪紀三者并言，此何得唯言其一，明存子解之，於義為允。「玄謂王立世子，置臣使掌其家事」者，言掌家事者，若國事不使隸，今取隸，故以家事而言也。

宋 王安石《周官新義》卷一五《秋官二》 閩隸掌役畜養鳥而阜蕃教擾之，掌子則取隸焉。掌役畜養鳥，役於掌畜也。

宋 王昭禹《周禮詳解》卷三一 閩隸掌役畜養鳥而阜蕃教擾之，掌子則取隸焉。蕃，扶元反。東南曰閩，南蠻之別也，亦征而獲，其民謂之閩隸也。掌役畜養鳥，則役於掌畜也。而阜蕃教擾之，則與掌畜所謂阜蕃教擾之同事也。掌子則取隸焉，子謂鳥所生者也，閩隸掌阜蕃庶物，則養之而使之，取隸於已者也，因致其義焉。而鳥之無知，飲啄鼓舞而惟閩隸之是從，則閩隸之隸於中國，豈異於是哉？如是，則在國中而守王宮，在野外而守厲禁，誠心一意，竭力衛上，亦事之常然也，此所以言掌子。

宋 王與之《周禮訂義》卷六四 閩隸百有二十人。鄭康成曰：閩，南蠻之別。掌役畜養鳥而阜蕃教擾之。王氏曰：役則役於掌畜也。王昭禹曰：阜蕃教擾之，與掌畜同事。掌子則取隸焉。王昭禹曰：子謂鳥所生者。閩隸掌阜蕃其物則養之，而使取隸於已者也，因致其義焉。鳥之無知，飲啄鼓舞而唯閩隸之是從，則閩隸之隸於中國，豈異於是。言掌子則取隸，而不言守王宮與厲禁，以司隸言掌帥四翟之隸，守王宮與野舍之厲禁，則閩隸之有守可知。

元 毛應龍《周官集傳》卷一〇 閩隸掌役畜養鳥而阜蕃教擾之，掌子則取隸焉。鄭鍔曰：閩人知養馬，故以役。掌畜四隸皆言守王宮之事，而閩隸不言者，閩蠻之別種，以蠻隸見之爾。歐陽氏曰：掌子則取隸焉，其義未詳，或有闕文、悞字也。或謂掌子謂鳥，至于阜蕃而欲之掌其子，則取閩隸之屬，以其人知畜養。

元 陳友仁《周禮集説》卷八 閩隸。亡巾反。百有二十人。鄭氏曰：閩，南蠻之別。掌役畜養鳥而阜蕃教擾之，掌子則取隸焉。蕃，扶元反。鄭氏曰：杜子春云：子當為祀。玄謂掌子者，王立世子，置臣使掌其家事，而以閩隸役之。王氏曰：掌役畜養鳥，則役於掌畜也；而阜蕃教擾之，則與掌畜所謂阜蕃教擾之同事也。掌子則取隸焉，子謂鳥所生者也，閩隸掌阜蕃其物則養之，而使取隸於己者也，因致其義焉。而鳥之無知，飲啄皷舞惟閩隸之是從，而閩隸之隸於中國，豈異是哉？司隸言帥四翟之隸，守王宮與野舍之厲禁，則閩隸之有守固可知矣。

明 王應電《周禮傳》卷五上 閩隸百有二十人。東南夷。閩，音民。【略】閩隸掌役畜養鳥而阜蕃教擾之，掌子則取隸焉。上下三隸曰役校人，牧人役服不氏，則此當云役掌畜，脫一『掌』字。夷隸、貉隸云『其守王宮與其守厲禁者，如蠻隸之事』，此亦當有此十六字。

明 柯尚遷《周禮全經釋原》卷一一《秋官上》 閩隸掌役畜養鳥而阜蕃教擾之，掌子則取隸焉。釋曰：掌役畜養鳥，則役於掌畜也。阜蕃教擾，與掌畜同事也。掌子，鄭氏曰：王立世子，置臣使掌其家事，而以閩隸役之司隸，言帥四翟之隸，守王宮與野舍之厲禁，則閩隸有守可知矣。

明 郝敬《周禮完解》卷九《秋官司寇第五》 閩隸百有二十人。閩，東南之蠻。閩隸掌役畜養鳥而阜蕃教擾之，掌子則取隸焉。掌子之『掌』字當移『掌役』下。夏官有掌畜，職掌養鳥而阜蕃教擾之，祭祀共卵鳥，此閩隸爲其役者也。子卽卵鳥，取謂祭祀取鳥子也。取隸，取之閩隸也。鄭謂王立世子取隸，謬。按：鳥類産于閩地者多，故閩人多習鳥性，語鳩音。

清 李光坡《周禮述注》卷二一 閩隸掌役畜養鳥而阜蕃教擾之，掌子則取隸焉。坡謂役畜謂為掌畜之役也，掌子則取隸者，此句當有闕誤。

清 李鍾倫《周禮纂訓》卷二〇 閩隸掌役畜養鳥而阜蕃教擾之，掌子則取隸焉。注：杜子春云子當為祀。玄謂掌子者，王立世子，置臣使掌其家事，而以閩隸役之。訓：愚謂掌子，凡掌士庶子之有守者，取閩隸以役之，如罪隸所謂役百官府與有守者是也。

清 蔣載康《周官心解》卷二四《秋官司寇第五之二》 閩隸掌役畜養鳥而阜蕃教擾之。閩，梅巾反。『而阜蕃』六字，疑掌畜文而誤入者。然下貉隸有『而教擾之』四字，則惟『阜蕃』二字當去耳。掌役下疑更有一『掌』字，掌畜之官養鳥，閩隸爲役使也。教擾之句下更脫『掌與鳥言』句，又脫『其守王宮者，與其守厲禁者，如蠻隸之事』一十六字。掌子則取隸焉。五字疑衍文。

清 劉沅《周官恒解》卷五《秋官司寇》 司隸，中士二人，下士十有二人，府五人，史十人，胥二十人，徒二百人。罪隸，百有二十人。蠻隸，百有二十人。閩隸，百有二十人。夷隸，百有二十人。貉隸，百有二十人。閩，梅巾反。周制，民皆有田，其犯罪者則使給勞役，是爲隸，而設官以治之。四夷之內附，一時未能服教者，亦屬焉，蓋使之勞苦而或易其行則貸之，使儕於齊民。蠻，南蠻。閩，今閩省，在東南夷、東夷。貉，北夷。西戎不見者，唐虞至周王都皆近西方，《虞書西戎》卽叙武王時西旅底貢厥獒，蓋漸被王化獨久，雖不入版圖，而非等他夷之曠遠也。

又 蠻隸掌役校人養馬。其在至宮者，執其國之兵以守王宮。在野外，則守厲禁。閩隸掌役畜養鳥而阜蕃教擾之，掌子則取隸焉。夷隸掌役牧人養牛馬，與鳥言，其守王宮者，與其守厲禁者，如蠻隸之事。閩，梅巾反。役校人，下放此。養馬等各有專官，四隸特任其雜役耳。子鳥子，如鸜鵒伯勞之類，須及其子而善養之。下文夷隸雖能通鳥言，而養鳥獨歸閩隸，蓋尤善養鳥，故使之掌養鳥子也。貉隸則通獸言，養養獸也。珍禽奇獸不育於國，而此四隸掌養之，何也？鳥獸與人異類而同生，亦各得天地之氣，少皥以鳥名官，虞書以鳥獸定時，蓋亦有藉以窮造化之奧者，且鳥獸之異者，能通物理，知氣數，故與鳥獸言，所以通物外之情也。

清 孫詒讓《周禮正義》卷六九 閩隸掌役畜養鳥而阜蕃教擾之，掌子則取隸焉。杜子春云：子當為祀。玄謂掌子者，王立世子，置臣使掌其家事，而以閩隸役之。疏：『掌役畜養鳥』者，王安石云：役，役於掌畜也。王引之云：蠻隸役於校人，夷隸役於牧人，貉隸役於服不氏，不應閩隸無所役之官。畜上蓋脫『掌』字，掌畜掌養鳥而阜蕃教擾之。案：王說是也。云『掌子則取隸焉』者，王引之云：五字當在罪隸『凡封國若家』之下，言凡封邦國及都家若王子出封則取隸於罪隸，使往為之役也。子上又有脫文耳。案：王說是也。方苞亦以『子則取隸焉』為罪隸之文，又職末掌字下當依王說補『與鳥言，其守王宮者，與其守厲禁者，如蠻隸之事』十九字，詳夷隸及罪隸疏。注『杜子春云：子當為祀』者，杜依誤本而讀子為祀，子祀聲相近。云『玄謂掌子者，王立世子，置臣使掌其家事，而以閩隸役之』者，後鄭亦依誤本為說，惟不破字，與杜小異。鄭意世子亦當置家臣，若諸子。注云國子屬大子，彼國子貴，則為宮臣，此隸民賤，則為宮臣役也。賈疏云：言掌家事者，若國事不使隸，今取隸，故以家事而言也。

夷隸

題解

漢 鄭玄《儀禮疏》卷四一 《周禮·司厲》職云：其奴男子入於罪隸，則中國罪人對夷隸、蠻隸、貉隸之等，是征四夷所得也。

宋 王昭禹《周禮詳解》卷三一 夷隸掌役牧人養牛馬，與鳥言。其守王宮者與其守厲禁者，如蠻隸之事。征東夷所獲之民，謂之夷隸。

清 孫詒讓《周禮正義》卷六五 夷隸，百有二十人。征東夷所獲。疏：注云『征東夷所獲』者，《職方氏》先鄭注云：『東方曰夷』，故征東夷所獲俘虜，謂之夷隸也。

論説

宋 王觀國《學林》卷二《鳥獸言》 《周禮·秋官》：夷隸掌與鳥言，貉隸掌與獸言。鄭司農注曰：夷狄之人或曉鳥獸之言。觀國案：二隸所謂與鳥獸言者，乃人言也，非鳥獸言也，盖人與鳥獸言，而鳥獸喻人之言也。若謂鳥獸言而人有曉之者，誤矣。《前漢·武帝紀》元狩二年，南越獻馴象、能言鳥。應劭注曰：馴象者，教能拜起周章，從人意也。顔師古注曰：能言鳥，即鸚鵡也。盖馴象喻人言，故能拜起從人意，儛馬與此同也。能言鳥者，人教之言，非人教之則不能言，今世多有之。凡此皆人言而鳥獸喻人之言，非鳥獸自能言而人曉之也。《春秋》僖公二十九年左氏《傳》曰：『介葛盧聞牛鳴，曰：是生三犧皆用之矣，其音云。問之而信。』且聞牛鳴而知其生三犧，猶今人有聞人聲鵶鳴而能知其吉凶禍福者，盖自是一術數。介葛盧聞牛鳴，能以其術數求之，當知生三犧，非牛能言之也。介葛盧神其事而文其辭耳，譬猶東方朔射覆之義也。若謂牛音云『生三犧，皆用之』，則厚誣天下矣。《列子》曰：東方介氏之國，其國人數數解六畜之語。此盖因左氏《傳》有介葛盧之語而為之說，亦寓言方外者，所不厭其怪也。

宋 易祓《周官總義》卷二三 夷隸掌役牧人養牛馬，與鳥言。其守王宮者與其守厲禁者，如蠻隸之事。【略】五隸，皆隸也。蠻、夷、閩、貉之隸則賔服之民，罪隸則沒入為奴之民，其民不同，其用亦異，罪隸則任使令牽傍之冗事，四翟之隸則養之而已，雖曰蠻隸掌役校人養馬之類，閩隸掌畜養鳥之類，夷隸掌役牧人養牛馬之類，貉隸掌役服不氏養獸之類，皆因其俗之所習而使之養之也。然司隸帥四翟之隸，守王宮與野舍之厲禁，是止於四翟之隸也。今罪隸亦言王宮與厲禁之守，而閩隸反不言，王宮與厲禁之守互文以見，則其有守可知矣。

明 劉績《霏雪録》 《周官》夷隸、貉隸掌與鳥獸言，蓋古有是術。按：僖二十九年，介葛盧聞牛鳴曰：『是生三犧，皆用之矣。』楊翁偉聞馬鳴曰：『彼馬罵此馬蹇，此馬罵彼馬眇。』白龜年解禽言，見二雀飛鳴，知其言城西民家有粟可共食，皆此類也。

明 張寧《方洲集》卷二二《鳥獸言辯》 《周禮》載夷隸掌與鳥言，貉隸掌與獸言，康成引《春秋傳》『介葛盧聞牛鳴』為註，謂隸解鳥獸之言，則是凡羽毛之鳴皆可以言通矣。夫人與物，其氣體固有偏全通塞之差，惟猩猩類人形，鸚鵡類人舌，故能學為人言，雖麒麟、鳳凰不能也。然二物亦必學人而言，則鳥獸無本語矣，故曰鷄犬之聲無五方，言不異也。虞之紀獸曰舞，商之紀雉曰雊，周之紀鳥曰魄，未嘗聞鳥獸有言也。伯牙鼓琴而六馬仰秣，伯樂過野而櫪驥長鳴，賈誼《鵩賦》曰『請對以意』，未嘗聞人能解鳥獸之言也。舜之命益曰『汝作朕虞』，無有所謂掌言者。文武周公之世去古不遠，雖禮文備具，職命加詳，不應出奇見特，乃爾使即有之，何預乎宗廟、朝廷、祭祀、燕享之務而專屬之有司以是哉？經曰：夷隸掌役牧人養牛馬，與鳥言，貉隸掌役服不氏，養獸而教擾之，掌與獸言。夫與者，人與之也。夷近東多鳥，貉近北多獸，因其土育，習其鳴聲，而能通其所嗜欲，則於教擾之間可以行嘑喚縱制之命於鳥獸矣。若謂達八律之音，盡聲氣之變，則豈夷貉之所能哉？北齊張子信聞鵲鳴，謂奚永洛曰：『禽言不善』，此必因占測所見，假托以神其事，而《左傳》介葛盧之言，恐亦失之誣也。

明 王應電《周禮傳》卷五上《秋官上》 夷隸，百有二十人。東夷。【略】夷隸掌隸牧人養牛馬，與鳥言。其守王宮者與其守厲禁者，如蠻隸之事。【略】蠻隸役校人養馬，夷隸役牧人養牛馬，中國之人能醫獸疾，阜蕃教擾皆在校人、牧人，夷人但養之而已。閩隸役掌畜而阜蕃教擾之，家畜養之特易，故與掌畜同事也。貉隸役服不氏，養獸而教擾之，不言阜蕃者，猛獸不生乳于圈檻也。夷隸與鳥言、貉隸與獸言者，《左傳》介葛盧聞牛鳴曰：『是生三犧，皆用之矣。』辨鳥語者亦然。夷人去禽獸不遠，故能如此。設官職掌而與之言者，欲知禽獸之情，亦育萬物之一助也。閩隸所謂『掌子則取隸焉』者，王氏曰：子謂鳥所生，閩隸取隸于己，按掌畜掌養卵鳥，則此解為鳥子，理或然也。然玩其文義，亦有缺文。

明 王志長《周禮注疏删翼》卷二四 夷隸掌役牧人養牛馬，與鳥言。

註：鄭司農云：夷狄之人或曉鳥獸之言，故《春秋傳》曰：『介葛盧聞牛鳴曰：是生三犧，皆用之矣。』其守王宮者與其守厲禁者，如蠻隸之事。【略】山堂章氏曰：蠻、閩、夷、貉之隸，或征伐之所得，或諸侯之所獻，《傳》所謂蠻夷戎狄不式王命，淫湎毀常，王命伐之，則有獻捷，王親受而勞之，則所俘因以為隸。《職方氏》言四夷、八蠻、七閩、九貉、六戎、五狄之人民，而隸不及戎狄者，豈其鷙悍之不可以畜，而周公方且膺之以絶其患於未萌，固不在所役屬耶？晉惠公歸自秦，誘陸渾之戎遷於伊川，終逼諸姬，侵掠畿甸，以為中國之害，詹桓伯以為先王居之四裔，以禦魑魅，正所以處夷狄之隸也。

清 張爾岐《蒿庵閑話》卷一 《周禮》刑官之屬，夷隸掌役牧人養牛馬，與鳥言。貉隸掌役服不氏而養獸而教擾之，掌與獸言。世傳公冶長解鳥語，嘗疑其誕，不則特具異智神解者，今觀周公設此二隸，豈古來原有此種伎倆可習而知耶？抑荒徼之人別有師授耶？若然，介葛盧解牛鳴、《遼史》載神速姑解蛇語，皆不足異矣。

清 萬斯大《周官辨非》 閩隸掌役畜養鳥而阜蕃教擾之，夷隸掌役牧人養牛馬，與鳥言，貉隸掌役服不氏而養獸而教擾之，掌與獸言。此三隸者，受役于養畜、鳥，牧人等官可也，乃使之教擾，且令與鳥言、獸言，何邪？拘儒救此失，必將曰：公冶賢人解鳥語，葛盧遠人諳牛鳴，不可謂無其事，不知此亦其偶然天得之巧，不可彊也，非可學也，曷為設隸以掌之？今即令能鳥言、獸言，豈有益于民生，有裨于國政邪？直兒戲耳。

清 袁棟《書隱叢説》卷一三《解鳥獸語》 鳥獸之語不與人通，然古来往往有解之者，未知何術。解馬語者陽翁偉、李南，解牛語者介盧詹何，解鳥語者公冶長、侯瑾、魏尚、秦仲、鮑宣、管輅、孫守榮、成武丁、張子信、楊宣、元廷堅、賈昌、麥宗，解鳥獸語者漢公昉、唐僧隆多羅、白龜年、沈僧照、安清，解蟻言者太原王氏，解蛇語者遼神速姑。和菟有《解鳥語經》一卷記其事，並不言其術也。王喬有《解鳥語》一卷，未見。白龜年得《李太白遺書》，曰：讀之可辨九天禽語，九地獸言，其信然耶？昔人云洪荒之世，鳥獸之語與人通，後因人心機巧百出，鳥獸遠避，與人日遠，故言語不通耳，其信然耶？周禮夷隸掌役牧人養牛馬，與鳥言，則古當有其術矣。

清 揆敘《隙光亭雜識》卷一 列子曰：『古者神聖之人備知萬物情態，悉解異類音聲。』《周禮》夷隸掌與鳥言，貉隸掌與獸言，介葛盧知牛音，公冶長辨雀語，後世廣漢陽翁偉、李南並能知馬鳴，渤海僧隆多羅識猪語，楊宣知鵲鳴，見於《左傳》《論衡》《抱朴子》《益都耆舊傳》等書，今得其傳者鮮矣。遼宗室神速姑能知蛇語更奇。

清 楊椿《孟鄰堂文鈔》卷九《與齊次風論周禮書十二鳥獸》 服不、射鳥、羅氏、掌畜、犬人、獸人，皆共賓祭之官，但分職太多耳。夷隸掌與鳥言，貉隸掌與獸言，奚爲乎？冥氏諸職皆戕鳥獸之生，鼃黽有聲何害，而蟈氏以牡鞠之灰洒之，以其煙被之；隙屋之貍蟲奚損，而赤犮氏以蜃炭攻之，以灰洒毒之，豈行仁政者慘刻應爾耶？而且囿游有獸，禁非雉、兔者往也，牧百獸非驅而遠之也，謂爲周禮，恐不然矣。

清 王引之《經義述聞》卷九《五隸錯簡》 罪隸掌役百官府與凡有守者，掌使令之小事。凡封國若家，牛助爲牽傍。此五字當在夷隸『掌役牧人養牛』下。其守王宮脱者字。與其脱守字。厲禁者，如蠻隸之事。王應電《周禮傳》云：上司隸職止言掌四翟之隸，守王宮及野舍之厲禁，未及於罪隸也。以文勢推之，不應未言蠻隸而先言如蠻隸之事，十四字疑閩隸脱簡，而誤見於此。蠻隸掌役校人養馬。其在王宮者，執其國之兵以守王宮。在野外，則守厲禁。閩隸掌役畜畜上脱掌字。養鳥而阜蕃教擾之。掌子則取隸焉。此五字當在『罪隸凡封國若家』下。夷隸掌役牧人養牛馬，此字衍。與鳥言此三字當在閩隸『而阜蕃教擾之掌』下。其守王宮者，與其守厲禁者，如蠻隸之事。貉隸掌役服不氏而此字衍。養獸，而教擾之，掌與獸言。其守王宮者，與其守厲禁者，如蠻隸之事。引之謹案：夷隸役牧人養牛，則當助牧人為牽傍。牛人凡會同、軍旅、行役共其兵車之牛，與其牽傍。此助爲牽傍，蓋亦謂兵車之牛。鄭依誤本作解云：『牛助國，以牛助轉徙，罪隸牽傍之』，非也。『牛助爲牽傍』五字當在夷隸，不當在罪隸也。夷隸、貉隸皆云『其守王宮者，與其守厲禁者，如蠻隸之事』，不應閩隸獨無此文，當如王應電説，移罪隸『其守王宮』三句於閩隸，而補者字守。蠻隸役於校人，夷隸役於牧人，貉隸役於服不氏，不應閩隸無所役之官，畜上蓋脱『掌』字。《周禮新義》謂『役於掌畜』是也。掌畜掌養鳥而阜蕃教擾之。『子則取隸馬』五字，當在罪隸『凡封國若家』之下，言凡封邦國及都家，若王子出封，則取隸於罪隸，使往為之役也。子上又有脱文耳。鄭依誤本作解云：『掌子者，王立世子置臣使掌其家事，而以閩隸役之』，非也。養馬乃蠻隸之事，不得屬之夷隸。夷隸『馬』字蓋衍文也。夷隸不養鳥則不得與鳥言，養鳥乃閩隸之事。貉隸養獸而與獸言，則閩隸養鳥亦當與鳥言，『與鳥言』三字當在閩隸『皁蕃教擾』之下，承掌字連讀無疑，今更訂其文如左：罪隸掌役百官府與凡有守者，掌使令之小事。凡封國若家，子則取隸焉。蠻隸掌役校人養馬。其在王宮者，執其國之兵以守王宮。在野外，則守厲禁。閩隸掌役，掌畜養鳥而皁蕃教擾之。掌與鳥言，其守王宮者，與其守厲禁者，如蠻隸之事。夷隸掌役牧人養牛，牛助為牽傍。其守王宮者，與其守厲禁，者如蠻隸之事。

清 徐鼒《讀書雜釋》卷一〇《公冶長》 邢昺《論語疏》云：『舊說公冶長解禽語，故繫之縲絏，以其不經，今不取。』鼒謂聲音之理，通乎人物，胡越人聞聲而還相笑者，耳之不習聞也，審其輕重疾徐之所變而通者，則相效不難也。由此以通之鳥獸亦然。《周禮》夷隸通鳥言，貉隸通獸言，左氏介葛盧聞牛鳴，此皆七經所有也。又鄭康成詩讞云伯翳能知禽獸之言，左氏葛盧聞牛鳴，賈逵注云伯益曉是術，蔡邕云伯翳綜聲於語鳥，葛盧辯音於鳴牛，此皆箋註所有也。又《論衡》載楊翁仲聽馬罵蹇眇事，此諸子書所有也。蓋古人精於格物之學，其類聚羣分，極之纖悉，皆有不可易之理，後世人才不如古儒生，格物之學既不精，朝廷理物之官亦廢，目論之儒少見多怪，至宋而益甚，相率逞臆斷之說，廢棄傳注。昺，宋初人，已有此氣習矣。

綜述

漢 鄭玄《周禮疏》卷三四 夷隸，百有二十人。征東夷所獲。

又 卷三六 夷隸掌役牧人養牛馬，與鳥言。鄭司農云：『夷狄之人或曉鳥獸之言，故《春秋傳》曰：「介葛盧聞牛鳴，曰：是生三犧，皆用矣。」是以貉隸職掌與獸言。』疏：『夷隸』至『鳥言』〇釋曰：云『掌役牧人』者，為牧人之所役使，牧牛牲。注『鄭司』至『獸言』，釋曰：經唯云『與鳥言』，不言『獸』，先鄭意，解鳥言者亦解獸言，故兼言之也。案僖二十九年，『介葛盧聞牛鳴，曰是生三犧，皆用之矣』。注云：『言八律之音，聽禽獸之鳴，則知其嗜欲，生死可知。伯益明是術，故堯舜使掌朕虞。至周失其道，官又在四夷。』若周末失道，官本不在四夷，無解鳥獸之語者，何周公盛明制禮，使夷隸、貉隸與鳥獸之言？然者，賈、服意誤，不與禮合，故為此說。其守王宮者與其守厲禁者，如蠻隸之事。

宋 王昭禹《周禮詳解》卷三一 夷隸掌役牧人養牛馬，與鳥言。其守王宮者與其守厲禁者，如蠻隸之事。征東夷所獲之民，謂之夷隸。掌役牧人養牛馬，則牧人其隸徒六十或不足以給其事，故夷隸掌役其事也。與鳥言者，鸜鵒鴝鵒教擾之則固能言矣，則鳥之鳴猶人之言也。《詩》曰：『相彼鳥矣，猶求友生』，以鳥而能鳴以求其友，非其言而然乎。使夷隸與鳥言，亦不為怪矣。

宋 王與之《周禮訂義》卷六四 夷隸百有二十人。鄭康成曰：征東夷所獲。掌役牧人養牛馬。賈氏曰：為牧人所役使，牧牛牲。與鳥言。鄭司農曰：夷狄之人或曉鳥獸之言，故《春秋傳》介葛盧聞牛鳴曰：『是牲三犧，皆用矣。』是以貉隸職掌與獸言。王昭禹曰：鳥之鳴猶人之言也。《詩》曰『相彼鳥矣，猶求友聲』，以鳥能鳴以求其友，非其言而然乎。使夷隸與鳥言，亦不為怪矣。其守王宮者與其守厲禁者，如蠻隸之事。陳蘊之曰：四隸所守皆如蠻隸之事者，周之時以南方為遠，尤貴其来也，故掌四夷之官名象胥，而奏樂亦以南。《詩》曰『以雅以南』，《記》曰『胥鼓南』，則周人之意可知矣。

元 毛應龍《周官集傳》卷一〇 夷隸掌役牧人養牛馬，與鳥言。其守王宮者與其守厲禁者，如蠻隸之事。鄭鍔曰：夷人知養牛馬，通鳥言，故以役牧人。歐陽氏曰：蠻隸守王宮者，執其國之兵，在野外，則守厲禁。貉隸同。

元 陳友仁《周禮集說》卷八 夷隸，百有二十人。鄭氏曰：征東夷所獲。掌役牧人養牛馬，與鳥言。其守王宮者與其守厲禁者，如蠻隸之事。鄭氏曰：夷狄之人或曉鳥獸之言，故《春秋傳》曰：『介葛盧聞牛鳴曰：是生三犧，皆用矣。』是以貉隸職掌與獸言。

明 郝敬《周禮完解》卷九《秋官司寇上》 夷隸，百二十人。東裔曰夷。夷隸掌役牧人養牛馬，與鳥言。其守王宮者與其守厲禁者，如蠻隸之事。地官有牧人，職掌養牛馬，而夷隸爲之役。東夷人識鳥語，如《左傳》介葛盧辨牛鳴之類。與鳥言者，聞其聲音，諳其性情也。

清 李光坡《周禮述注》卷二一 夷隸掌役牧人養牛馬與鳥言。註曰：鄭司農云：夷狄之人或曉鳥獸之言，故《春秋傳》曰：介葛盧聞牛鳴曰：『是生三犧，皆用之矣。』是以貉隸職掌與獸言。其守王宮者與其守厲禁者，如蠻隸之事。

清 方苞《周官集注》卷九 夷隸掌役牧人養牛馬，與鳥言。其守王宮與其守厲禁者，如蠻隸之事。《春秋傳》曰：介葛盧聞牛鳴曰：『是生三犧，皆用之矣。』其音云。

清 秦蕙田《五禮通考》卷二一五《嘉禮八十八》 夷隸，百有二十人。注：征東夷所獲。【略】方氏苞曰：謂之隸者，王官宿衛宮伯所掌士庶子也。旅賁，皆命士也。虎賁所掌，謂之虎士，必粗知道藝而異於胥徒者，故於司隸所掌，稱隸以別之。《春秋傳》人有十等，隸班在六，非甚賤也。盜賊之子亦使班于諸隸者，非其身之惡也，不使列于齊民者，恐其習為匪僻也。

清　蔣載康《周官心解》卷二三《秋官司寇第五之二》　夷隸掌役牧人養牛馬，與鳥言。疑當作掌與獸言。鄭司農云：夷狄之人或曉鳥獸之言。《春秋傳》：介葛盧聞牛鳴曰：『是生三犧，皆用之矣。』其守王宮者與其守厲禁者，如蠻隸之事。

清　劉沅《周官恒解》卷五《秋官司寇》　司隸，中士二人，下士十有二人，府五人，史十人，胥二十人，徒二百人。罪隸百有二十人，蠻隸百有二十人，閩隸百有二十人，夷隸百有二十人，貉隸百有二十人。閩，梅巾反。周制，民皆有田，其犯罪者則使給勞役，是爲隸，而設官以治之。四夷之內附，一時未能服教者亦屬焉，蓋使之勞苦而或易其行，則貸之使儕於齊民。蠻南、蠻閩，今閩省在東南夷。東夷貉、北夷、西戎不見者，唐虞至周王都皆近西方，《虞書西戎》卽叙武王時西旅底貢厥獒，蓋漸被王化獨久，雖不入版圖，而非等他夷之曠遠也。

清　閻鎮珩《六典通考》卷三二《設官考》　罪隸、蠻隸、閩隸、夷隸、貉隸，後周有掌罪隸、掌蠻隸、掌戎隸、掌狄隸、掌夷隸，皆中士、下士。

清　孫詒讓《周禮正義》卷六九　夷隸掌役牧人養牛馬，與鳥言。鄭司農云：夷狄之人或曉鳥獸之言，故《春秋傳》曰：介葛盧聞牛鳴曰：『是生三犧，皆用矣』，是以貉隸職掌與獸言。疏：『掌役牧人養牛馬，與鳥言』者，賈疏云：為牧人之所役使，牧牛牲。王引之云：養馬乃蠻隸之事，不得屬之夷隸，馬字蓋衍文也。夷隸不養鳥則不得與鳥言，養鳥乃閩隸之事，貉隸養獸而與獸言，則閩隸養鳥亦當與鳥言，『與鳥言』三字當在閩隸『阜蕃教擾』之下，承掌字連讀無疑。案：王說是也。又養牛下當依王說補『牛助為牽徬』五字，詳罪隸疏。注鄭司農云『夷狄之人或曉鳥獸之言』者，先鄭依誤本為說，以此職云掌與鳥言，貉隸云掌與獸言，二官皆以夷狄之人為之，明其人能解也。云『故春秋傳曰：介葛盧聞牛鳴曰：是生三犧，皆用矣』者，僖二十九年《左傳》文杜注云：介，東夷國也，在城陽黔陬縣。葛盧介，君名也。案：介即《列子・黃帝篇》所謂『今東方介氏之國，其國人數數解六畜之語』者，蓋偏知之所得是也。此引之者，證夷狄人或曉鳥獸語也。賈疏引賈服注云：言八律之音，聽鳥獸之鳴，則知其嗜欲，生死可知，伯益明是術，故堯舜使掌朕虞，至周失其道，官又在四夷，賈服說亦隱據此經云，是以貉隸職掌與獸言者，兼釋貉隸文。其守王宮者與其守厲禁者，如蠻隸之事。疏：如蠻隸之事者，亦執其國之兵。依鄭、賈說，蓋亦執刀劒也。

藝文

清　舒位《瓶水齋詩集・別集》卷一《生三犧》　夷隸通鳥言，貊隸掌獸語。禽言獸語各有情，豈獨猩猩與鸚鵡。介君公讌聞牛鳴，不執牛耳知牛聲，問牛鳴悲抑鳴喜，是生三犧用之矣。生子為犧莫自夸，爾牛舐犢何時已，君不見雄雞傓傓憚其尾。

貉隸

題解

漢　鄭玄《周禮疏》卷三四　貉隸百有二十人。征東北夷所獲。凡隸，衆矣，此其選以爲役員，其餘謂之隸。貉，音陌。

宋　王昭禹《周禮詳解》卷三一　貉隸掌役服不氏而養獸而教擾之，掌與獸言。其守王宮者與其守厲禁者，如蠻隸之事。征東北夷所獲之民謂之貉隸。

清　方苞《周官集注》卷九　貉隸百有二十人，皆征伐所獲也。此選以為役員者，餘謂之隸民。王次點曰：南方曰蠻，閩，東南之別種也。東方曰夷，貉，東北之聚落也。獨不見西戎、北狄之隸者，蓋自文王時，西有昆夷之患，北有玁狁之難，而道化先被于南，至武王通道于九夷、八蠻，其服屬有素，故帥以為四翟之隸，皆慕義而來，願留中夏者，故因其能而各任以事焉。謂之隸者，王宮宿衛宮伯所掌士庶子也。旅賁皆命士也，虎賁所掌謂之虎士，必粗知道藝而有異于胥徒者，故于司隸所掌稱隸以別之。《春秋傳》人有十等，隸班在六，非甚賤也。盜賊之子亦使班于四隸者，非其身之惡也，不使列于齊民者，恐其習為匪僻也。

綜述

漢　鄭玄《周禮疏》卷三六　貉隸掌役服不氏而養獸而教擾之，掌與獸言。不言皁藩者，猛獸不可服，又不生乳於圈檻也。生，如字，劉色敬反。乳，而樹反。圈，求阮反。檻，戶覽反。疏：『貉隸』至『獸言』，釋曰：夷貉相近，是以亦解獸言。若然，夷隸既鳥獸之言具解，而此貉隸解獸言亦解鳥言，互見之耳。其守王宮者與其守厲禁者，如蠻隸之事。

《周禮》卷九《秋官司寇上》 貉隸掌役服不氏而養獸而教擾之掌與獸言。不言皁蕃者，猛獸不可服，又不生乳於圈檻也。生如字，又色敬反。乳，而樹反。圈，求阮反。檻，戶覽反。其守王宮者與其守厲禁者，如蠻隸之事。

宋 王安石《周官新義》卷一五 貉隸掌役服不氏而養獸而教擾之，掌與獸言。其守王宮者與其守厲禁者，如蠻隸之事。不言皁蕃，猛獸非皁蕃之物。

宋 王昭禹《周禮詳解》卷三一 貉隸掌役服不氏而養獸而教擾之，掌與獸言。其守王宮者與其守厲禁者，如蠻隸之事。征東北夷所獲之民謂之貉隸，掌役服不氏，而養獸而教擾之，以服不氏掌養猛獸而教擾之故也。不言皁蕃者，猛獸非所皁蕃故也。掌與獸言者，猩猩固能言矣，則獸之鳴猶人之言也。《詩》曰：『呦呦鹿鳴，食野之苹』，以鹿而能鳴，呼其羣以食，非其言而然乎？《左氏傳》介葛盧聞牛鳴曰：『是生三犧，皆用之矣』，則貉隸與獸言亦不足怪也。先王必使夷貉之隸與鳥獸言者，以鳥獸之無知，尚可與言，而不違乎人，矧夷貉之民哉？彼其聲也雖卒於非禮義之地，道之以德，化而使之效順中國，豈鳥獸之不若乎？此亦先王之微意矣。

宋 易祓《周官總義》卷二三 貉隸掌役服不氏而養獸而教擾之，掌與獸言。其守王宮者與其守厲禁者，如蠻隸之事。五隸，皆隸也。蠻、夷、閩、貉之隸則賔服之民，罪隸則沒入為奴之民，其民不同，其用亦異。罪隸則任使令牽徬之冗事，四翟之隸則養之而已。雖曰蠻隸掌役校人養馬之類，閩隸掌役畜養鳥之類，夷隸掌役牧人養牛馬之類，貉隸掌役服不氏養獸之類，皆因其俗之所習而使之養之也。然司隸帥四翟之隸，守王宮與野舍之厲禁，是止於四翟之隸也。今罪隸亦言王宮與厲禁之守，而閩隸反不言王宮與厲禁之守，互文以見，則其有守可知矣。

宋 王與之《周禮訂義》卷六四 貉隸百有二十人。鄭康成曰：征東北夷所獲。掌役服不氏而養獸而教擾之。王昭禹曰：以服不氏掌養猛獸而教擾之故也。王氏曰：不言皁蕃，猛獸非所皁蕃之物。掌與獸言。王昭禹曰：先王必使夷貉之隸與獸言者，以鳥獸之無知，尚可與言，矧夷蠻之民哉？此亦先王之微意。鄭鍔曰：蠻人知養馬，故以役校人；貉人知養獸，故以役服不氏。各因其能而用之也。人之性或能通知異類之語者，非人之所能也，使夷貉之人與禽獸言，不使閩蠻之人者，不強其所不能也。其守王宮者與其守厲禁者，如蠻隸之事。

元 毛應龍《周官集傳》卷一〇 貉隸掌役服不氏而養獸而教擾之，掌與獸言。其守王宮者與其守厲禁者，如蠻隸之事。鄭鍔曰：或謂南方曰蠻，閩則其別種也。東方曰夷，貉則其別種也。獨無西戎之隸，何耶？蓋周之始開國于西戎，西戎服之夂矣。武王伐紂，庸蜀羌髳微盧彭濮皆從，則不待于征伐而虜獲之也。至于蠻閩夷貉之國，自克商始通道于九夷八蠻，其間有不服者，或征伐而取之，故以為隸爾。應龍曰：自罪隸至貉隸，通為五隸，皆掌于司隸，一官以五者，其隸各有百二十人，故于百二十人之中各分頭目以隸掌之，遂有五者之名，非如司隸以中士、下士為之，則得謂之王官也。

元 陳友仁《周禮集説》卷九 貉隸，百有二十人。鄭氏曰：征東北夷所獲。掌役服不氏而養獸而教擾之，掌與獸言。其守王宮者與其守厲禁者，如蠻隸之事。鄭氏曰：不言皁蕃者，猛獸不可服，又不生乳於圈檻也。

明 王鏊《震澤長語》卷上 嘗疑《周禮》皆經世大典，中間所載夷隸掌與鳥言，貉隸掌與獸言，庶氏以嘉草攻毒蠱，哲蔟氏掌覆夭鳥之巢，則書十日、十二辰、十二月、十二歲、二十八宿之號，去夭鳥則以救日之弓、救月之矢夜射之，它如莽草以薰蠹蟲，蜃炭以攻貍蟲，牡蘜以瘖鼃黽，牡橭午貫象齒以殺水蟲之神，何若是之瑣屑，而亦豈必盡可用耶？及觀越裳氏迷於歸路，公爲作指南車，朞年而至國，指南之鍼，陰陽家至今用之，方隅立定，又以陽城土圭測日，自王城四面去千里則減一寸，乃知聖人精義入神有如此者。公自謂多才多藝，孔子謂其才之美，其謂是耶。

明 張寧《方洲集》卷二二《鳥獸言辯》 《周禮》載夷隸掌與鳥言，貉隸掌與獸言，康成引《春秋傳》『介葛盧聞牛鳴』為註，謂隸解鳥獸之言，則是凡羽毛之鳴皆可以言通矣。夫人與物，其氣體固有偏全通塞之差，惟猩猩類人形，鸚鵡類人舌，故能學為人言，雖麒麟、鳳凰不能也。然二物亦必學人而言，則鳥獸無本語矣。故曰『鷄犬之聲無五方，言不異也。』虞之紀獸曰舞，商之紀雉曰雊，周之紀烏曰魄，未嘗聞鳥獸有言也。伯牙鼓琴而六馬仰秣，伯樂過野而櫪驥長鳴，賈誼《鵩賦》曰『請對以意』，未嘗聞人能解鳥獸之言也。舜之命益曰：『汝作朕虞』，無有所謂掌言者。文武周公之世去古不遠，雖禮文備具，職命加詳，不應出奇見特，乃爾使即有之，何預乎宗廟、朝廷、祭祀、燕享之務而專屬之有司以是哉？經曰：夷隸掌役牧人養牛馬，與鳥言，貉隸掌役服不氏養獸而教擾之，掌與獸言。夫與者，人與之也。夷近東多鳥貉，近北多獸，因其土育，習其鳴聲，而能通其所嗜欲，則於教擾之間可以行嘑喚縱制之命於鳥獸矣。若謂達八律之音，盡聲氣之變，則豈夷貉之所能哉？北齊張子信聞鵲鳴，謂奚永洛曰：『禽言不善』。此必因占測所見，假托以神其事，而《左傳》介葛盧之言，恐亦失之誣也。

明 王應電《周禮傳》卷五上《秋官上》 貉隸百有二十人，東北夷。貉、貊通。職方氏所掌有四夷、八蠻、七閩、九貉、五戎、六狄之人民，蓋皆臣服于中國，而此止于蠻、夷、閩、貉者，周人世居西土，其化先及西北，故以服東南為貴，且東方等夷秉性善良，故因其効順，而以屬之司隸也。然皆止于百二十人，何也？蓋初設為定員，于後而世，其事繼而來者，則統其下也。舊說以為征夷所獲，赦其死而役之，非也。詳攷四隸之職，唯有養獸與守王宮二事，其非俘獲可知。果為俘獲，自當屬之辠隸，若其所生子孫乃可屬此耳。

又 貉隸掌役服不氏而養獸而教擾之，掌與獸言。其守王宮者與其守厲禁者，如蠻隸之事。蠻隸役校人養馬，夷隸役牧人養牛馬，中國之人能醫獸役疾，皁蕃教擾皆在校人、牧人，夷人但養之而已。閩隸役掌畜而皁蕃教擾之，家畜養之特易，故與掌畜同事也。貉隸役服不氏養獸而教擾之，不言皁蕃者，猛獸不生乳于圈檻也。夷隸與鳥言、貉隸與獸言者，《左傳》介葛盧聞牛鳴曰：『是生三犧，皆用之矣。』辨鳥語者亦然。夷人去禽獸不遠，故能如此，設官職掌而與之言者，欲知禽獸之情，亦育萬物之一助也。閩隸所謂掌子則取隸焉者，王氏曰：子謂鳥所生，閩隸取隸于己。按掌畜掌養卵鳥，則此解為鳥子，理或然也，然玩其文義，亦有缺文。

明 柯尚遷《周禮全經釋原》卷一一《秋官上》 貉隸掌役服不氏而養獸而教擾之，掌與獸言。其守王宮者與其守厲禁者，如蠻隸之事。釋曰：獸謂熊虎兕象之屬。不言皁蕃者，猛獸不乳於圈檻也。夷隸與鳥言，故貉隸與獸言，夷貉之人近於鳥獸，故識其言也。原曰：先王之馭蠻夷也，侵凌則薄伐之，驅之荒服之外而已，不窮追也。其有慕義而来朝貢者，禮而歸之而已。其有或屈於勢、舍其本國而来歸附者，先王使之入於司隸，每隸百二十人，而不盡收可見矣。其有材藝者，如司樂作夷樂，有鞮鞻氏之類，使之養鳥獸、養牛馬，所以苦之也。服其邦之服，執其邦之兵，不使其混而一也。使之守王宮王門，出則守王閑，無非使之以賤役貴也。先王之待蠻夷意可見矣。後世有獠狄願内附者，加中國之衣冠，命朝廷之爵秩，令士大夫下之，徙中國之人民以處其衆，傾中國之府廩以養之，致使獠蠻生心，肆其技以憑凌中國，宜乎中國莫能當致有邊警時聞之患也。夫獠蠻之在中國也，混於編氓，非我族類，其心必異。時遇南風，彼固銳然起其故國之思，為吾中華之害矣。然後知先王五隸之意，必使服其邦之服，執其邦之兵，作其邦之樂者，為慮深矣。

明 郝敬《周禮完解》卷九《秋官司寇上》 貉隸百有二十人。北裔曰貉。貉隸掌役服不氏而養獸而教擾之，掌與獸言。其守王宮者與其守厲禁者，如蠻隸之事。夏官服不氏主養猛獸，而貉隸為之役也。餘見上。按：四翟之隸不及西戎以西正秋方是書好隱如此。

明 王志長《周禮注疏删翼》卷二四 貉隸掌役服不氏而養獸而教擾之，掌與獸言。註：不言皁蕃者，猛獸不可服，又不生乳於圈檻也。其守王宮者與其守厲禁者，如蠻隸之事。山堂章氏曰：蠻、閩、夷、貉之隸，或征伐之所得，或諸侯之所獻，《傳》所謂蠻夷戎狄不式王命，淫湎毀常，王命伐之，則有獻捷，王親受而勞之，則所俘囚以為隸。《職方氏》言四夷、八蠻、七閩、九貉、六戎、五狄之人民，而隸不及戎狄者，豈其驁悍之不可以畜，而周公方且膺之以絶其患於未萌，固不在所役屬耶？晉惠公歸自秦，誘陸渾之戎遷於伊川，終逼諸姬，侵掠畿甸，以為中國之害。詹桓伯以為先王居之四裔，以禦魑魅，正所以處夷狄之隸也。

清 張爾岐《蒿庵閑話》卷一 《周禮刑官》之屬，夷隸掌役牧人養牛馬，與鳥言，貉隸掌役服不氏而養獸而教擾之，掌與獸言。世傳公冶長解鳥語，嘗疑其誕，不則特具異智神解者。今觀周公設此二隸，豈古來原有此種伎倆，可習而知耶？抑荒徼之人別有師授耶？若然，介葛盧解牛鳴，《遼史》載神速姑解蛇語，皆不足異矣。

清 萬斯大《周官辨非》 閩隸掌役畜養鳥而皁蕃教擾之，夷隸掌役牧人養牛馬，與鳥言，貉隸掌役服不氏而養獸而教擾之，掌與獸言。此三隸者受役于養畜鳥，牧人等官可也，乃使之教擾，且令與鳥言獸言，何邪？拘儒救此失，必將曰：公治賢人解鳥語，葛盧遠人諳牛鳴，不可謂無其事，不知此亦其偶然天得之巧，不可彊也，非可學也，曷為設隸以掌之？今即令能鳥言、獸言，豈有益于民生，有裨于國政邪？直兒戲耳。

清　李光坡《周禮述注》卷二〇　貉隸百有二十人。註曰：征東北夷所獲。凡隸衆矣，此其選以為役員，其餘謂之隸民。王次點曰：四翟之民，南方之蠻，而閩乃東南之别種；東方之夷，而貉乃東北之聚落。獨不見西戎、北狄之隸者，盖自文王時，西有昆夷之患，北有玁狁之難，而道化先被于南，至武王通道于九夷、八蠻，所獲之民，其服屬有素，故帥而為隸。貉，音陌。

清　方苞《周官集注》卷九　貉隸掌役服不氏而養獸而教擾之，掌與獸言。其守王宮者與其守厲禁者，如蠻隸之事。與禽獸言，即所謂教擾之也。能言之鳥，必人與之言而調習之。猛獸媚養已者，命以起伏動躍則應焉，蓋久而習于人言耳。

清　楊椿《孟鄰堂文鈔》卷九《與齊次風論周禮書十二鳥獸》　服不、射鳥、羅氏、掌畜、犬人、獸人，皆共賓祭之官，但分職太多耳。夷隸掌與鳥言，貉隸掌與獸言，奚爲乎？冥氏諸職皆戕鳥獸之生，鼃黽有聲何害，而蟈氏以牡鞠之灰洒之，以其煙被之；隙屋之貍蟲奚損，而赤犮氏以蜃炭攻之，以灰洒毒之，豈行仁政者慘刻應爾耶？而且囿游有獸，禁非雉、兔者往也，牧百獸非驅而遠之也，謂爲周禮，恐不然矣。

清　江永《禮書綱目》卷五七《職官上・通禮六》　貉隸百有二十人，征東北夷所獲，凡隸衆矣。此其選以為役員，其餘謂之隸。

清　官獻瑶《石溪讀周官》卷五《秋官司寇第五》　貉隸掌役服不氏而養獸而教擾之，掌與獸言。其守王宮者與其守厲禁者，如蠻隸之事。自蠻隸至貉隸，各有所役，亦用其一長，與役百官府者又不同。

清　蔣載康《周官心解》卷二二《秋官司寇第五之一》　貉隸百有二十人。貉，音陌。註：征東北夷所獲隸眾矣，此選爲役員，其餘謂之隸民。王次點曰：四翟之民，南方蠻，閩，東南之别；東方夷，貉，東北之聚落。不見西戎、北狄者，文王時，西有昆夷之患，北有玁狁之難，而道化先被於南，至武王通道於九夷、八蠻，所獲之民，服屬有素，故以爲隸。

清　王引之《經義述聞》卷九《五隸錯簡》　罪隸掌役百官府與凡有守者，掌使令之小事。凡封國若家，牛助爲牽徬。此五字當在夷隸『掌役牧人養牛』下。其守王宮脱者字。與其脱守字。厲禁者，如蠻隸之事。王應電《周禮傳》云：上司隸職止言掌四翟之隸，守王宮及野舍之厲禁，未及於罪隸也。以文勢推之，不應未言蠻隸而先言如蠻隸之事，十四字疑閩隸脱簡，而誤見於此。蠻隸掌役校人養馬。其在王宮者，執其國之兵以守王宮。在野外，則守厲禁。閩隸掌役畜畜上脱掌字。養鳥而阜蕃教擾之。掌子則取隸焉。此五字當在『罪隸凡封國若家』下。夷隸掌役牧人養牛馬，與鳥言此三字當在閩隸『而阜蕃教擾之掌』下。其守王宮者，與其守厲禁者，如蠻隸之事。貉隸掌役服不氏而此字衍。養獸，而教擾之，掌與獸言。其守王宮者，與其守厲禁者，如蠻隸之事。引之謹案：夷隸役牧人養牛，則當助牧人為牽傍。牛人凡會同、軍旅、行役共其兵車之牛，與其牽傍。此助爲牽傍，蓋亦謂兵車之牛。鄭依誤本作解云：『牛助國，以牛助轉徙，罪隸牽傍之』，非也。『牛助爲牽傍』五字當在夷隸，不當在罪隸也。夷隸、貉隸皆云『其守王宮者，與其守厲禁者，如蠻隸之事』，不應閩隸獨無此文，當如王應電説，移罪隸『其守王宮』三句於閩隸，而補者字守。蠻隸役於校人，夷隸役於牧人，貉隸役於服不氏，不應閩隸無所役之官，畜上蓋脱『掌』字。《周禮新義》謂『役於掌畜』是也。掌畜掌養鳥而阜蕃教擾之。『子則取隸馬』五字，當在罪隸『凡封國若家』之下，言凡封邦國及都家，若王子出封，則取隸於罪隸，使往為之役也。子上又有脱文耳。鄭依誤本作解云：『掌子者，王立世子置臣使掌其家事，而以閩隸役之』，非也。養馬乃蠻隸之事，不得屬之夷隸。夷隸『馬』字蓋衍文也。夷隸不養鳥則不得與鳥言，養鳥乃閩隸之事。貉隸養獸而與獸言，則閩隸養鳥亦當與鳥言，『與鳥言』三字當在閩隸『阜蕃教擾』之下，承掌字連讀無疑，今更訂其文如左：罪隸掌役百官府與凡有守者，掌使令之小事。凡封國若家，子則取隸焉。蠻隸掌役校人養馬。其在王宮者，執其國之兵以守王宮。在野外，則守厲禁。閩隸掌役，掌畜養鳥而阜蕃教擾之。掌與鳥言，其守王宮者，與其守厲禁者，如蠻隸之事。夷隸掌役牧人養牛，牛助為牽傍。其守王宮者，與其守厲禁，者如蠻隸之事。

清　劉沅《周官恒解》卷五《秋官司寇》　貉隸掌役服不氏而養獸而教擾之，掌與獸言。其守王宮者與其守厲禁者，如蠻隸之事。貉，孟白反。貉隸所掌，非常獸也，蓋征四夷所獲者。教擾之，使馴而又能通其言，則物性物理之變皆可以知。

清　張聰咸《左傳杜注辨證》卷二《僖公》　賈服注言八律之音，聽鳥獸之鳴，則知其嗜欲，死可知。伯翳明是術，故堯舜使掌朕虞。至周失其道，官又在四夷。案：《周禮》夷隸掌役牧人養牛馬，與鳥言。鄭司農云：夷狄之人或曉鳥獸之言，故《春秋傳》曰：介葛盧聞牛鳴曰：『是生三犧，皆用矣。』是以貉隸職掌與獸言。景伯子愼之說與《周禮》未嘗相戾，賈疏駁之非是。《詩・秦譜》正義引蔡雍云：伯翳綜聲於語鳥，葛盧辨音于鳴牛，此又可以足賈服之說。

清　孫詒讓《周禮正義》卷六五　貉隸百有二十人。征東北夷所獲。凡隸衆矣，此其選以為役員，其餘謂之隸民。疏：注云『征東北夷所獲』者，以東北夷曰貉，有九種，其所獲俘虜謂之貉隸也。以上四隸，司隸通謂之四翟之隸。《師氏》又云『四夷之隸統言之夷翟，得通稱』，故注並云夷也。但《職方氏》有四夷、八蠻、七閩、九貉、五戎、六狄，而此獨無戎狄之隸，或夷可兼戎，貉可兼狄與？互詳職方氏。疏云『凡隸衆矣，此其選以為役員，其餘謂之隸民』者，統五隸而言也。賈疏云：蠻隸以下皆百二十人，謂隸中選取善者以為役之員數為限，其餘衆者以為隸民，故司隸職云帥其民而搏盜賊，役國中之辱事之等，是百二十人外謂之民者也。

又　卷六九　貉隸掌役服不氏而養獸而教擾之，掌與獸言。不言阜蕃者，猛獸不可服，又不生乳於圈檻也。疏：『掌役服不氏而養獸』者，王引之謂而字衍，以上三職文例校之，王說是也。注云『不言阜蕃者，猛獸不可服，又不生乳於圈檻也』者，以上閩隸養鳥阜蕃教擾之，此貉隸養獸止言教擾，不言阜蕃，故釋之也。知獸為猛獸者，據服不氏云『掌養猛獸而教擾之』是也。圈檻者，養獸之闌。《說文豕部》云：『圈，養畜之閑也。』《木部》云：『檻，櫳也，一曰圈也。』《廣雅・釋宮》云：『檻，牢也。』其守王宮者與其守厲禁者，如蠻隸之事。疏：『如蠻隸之事』者，亦執其國之兵。國兵，依鄭、賈說，當為弓矢。

雜録

唐　韓愈《韓集點勘》卷三　送區册序、鳥言夷面。按《周禮》夷隸掌與鳥言，貉隸掌與獸言。鄭司農云：夷狄之人或曉鳥獸之言。鳥言本此。

明　劉績《霏雪録》　《周官》夷隸、貉隸掌與鳥獸言，蓋古有是術。按：僖二十九年介葛盧聞牛鳴曰：『是生三犧，皆用之矣。』楊翁偉聞馬鳴曰：『彼馬罵此馬蹇，此馬罵彼馬眇。』白龜年解禽言，見二雀飛鳴，知其言城西民家有粟可共食，皆此類也。

明　郝敬《論語詳解》卷五　公冶姓長，名字子長，孔子弟子，魯人，或云齊人，能辨鳥語。有雀鳴如云『車覆粟，相共啄』，驗之果然。又有雀集舍鳴，如云『虎馱羊』，往，果得羊，亡者迹之，訟于公，白其故，不信，遂被縲絏，雀復集獄舍，呼如云『齊人侵我疆，沂水上澤山旁。』長介獄吏以聞，往迹之，果遇齊師，迎擊大勝。魯君釋長，欲爵之。長恥以禽語得祿，不受，後遂廢其學。按此事本怪誕，而《左傳》稱介葛盧辨牛鳴，《周禮》夏官夷隸掌與鳥言，貉隸掌與獸言，蓋古有是學。鳥獸有情，自宜有語，如夷狄異種鴃舌，今之譯史亦辨鳥語之類，弟子解云長能忍恥辱，亦為與鳥獸言本隸事，故轉相附會耳。

清　揆叙《隙光亭雜識》卷一　《列子》曰：古者神聖之人，備知萬物情態，悉解異類音聲。周禮夷隸掌與鳥言，貉隸掌與獸言，介葛盧知牛音，公冶長辨雀語，後世廣漢陽翁偉、李南並能知馬鳴，渤海僧隆多羅識猪語，楊宣知鵲鳴，見於《左傳》《論衡》《抱朴子》《益都耆舊傳》等書。今得其傳者鮮矣。遼宗室神速姑能知蛇語更奇。

秦漢魏晋隋唐牧政機構分部

太僕

綜述

《漢書》卷一九上《百官表》　太僕，秦官，應劭曰：「周穆王所置也，蓋大御，僕之長，中大夫也。」掌輿馬，有兩丞。屬官有大廄、未央、家馬三令，各五丞一尉。師古曰：「家馬者，主供天子私用，非大祀戎事軍國所須，故謂之家馬也。」又車府、路軨、騎馬、駿馬四令丞；伏儼曰：「主乘輿路車，又主凡小車。軨，今之小馬車曲輿也。」師古曰：「軨音零。」又龍馬、閑駒、槖泉、騊駼、承華五監長丞；如淳曰：「槖泉廄在槖泉宮下。騊駼，野馬也。」師古曰：「閑，闌，養馬之所也，故曰閑駒。騊駼出北海中，其狀如馬，非野馬也。騊音徒高反。駼音塗。」又邊郡六牧師苑令，各三丞；師古曰：「漢官儀云牧師諸苑三十六所，分置北邊、西邊，分養馬三十萬頭。」又牧槖、昆蹏、令丞；應劭曰：「槖，槖佗。昆噜好馬名也。蹏啼。」如淳曰：「爾雅曰『昆研，善升甗』者也，因以為廄名。」師古曰：「牧槖，言牧養槖佗也。昆，獸名也。研者，謂其蹄下平也。善升甗者，謂山形如甑，而能升之也。即古蹄字耳。研音五見反。甗音言，又音牛偃反。」皆屬焉。中太僕掌皇太后輿馬，不常置也。武帝太初元年更名家馬為挏馬，應劭曰：「主乳馬，取其汁挏治之，味酢可飲，因以名官也。」如淳曰：「主乳馬，以韋革為夾兜，受數斗，盛馬乳，挏取其上肥，因名曰挏馬。禮樂志丞相孔光奏省樂官七十二人，給大官挏馬酒。今梁州亦名馬酪為馬酒。」晉灼曰：「挏音挺挏之挏。」師古曰：「晉音是也。挏音徒孔反。」初置路軨。

《後漢書》卷一一五《百官志》 太僕，卿一人，中二千石。本注曰：掌車馬。天子每出，奏駕上鹵簿，用大駕則執御。丞一人，比千石。考工令一人，六百石。本注曰：主作兵器弓弩刀鎧之屬，成則傳執金吾入武庫，及主織綬諸雜工。左右丞各一人。車府令一人，六百石。本注曰：主乘輿諸車。丞一人。未央廄令一人，六百石。本注曰：主乘輿及廄中諸馬。長樂廄丞一人。右屬太僕。本注曰：舊有六廄，皆六百石令，中興省約，但置一廄。後置左駿令、廄，別主乘輿御馬，後或並省。又有牧師苑，皆令官，主養馬，分在河西六郡界中，中興皆省，唯漢陽有流馬苑，但以羽林郎監領。

唐 虞世南《北堂書鈔》卷五四《設官部六·太僕二十六》 掌輿馬。《漢書·百官公卿表》云：太僕，秦官，掌輿馬，有家焉車府令丞，考工令、未央、長樂、大廄令皆屬焉。《漢官》云：太僕，周穆王所置。今案：《漢書》十九上無考工令、長樂令，穆王七字即見《漢書》應劭注，此皆與舊鈔小異者。平津館輯本《漢官》一卷，太僕下無周穆句。陳俞本多刪改。掌車馬。《續漢書·百官志》：太僕，秩中二千石，掌車馬。今案：見《續漢·百官志二》。牧拭輿馬。漢武柏梁詩《太僕》云：『牧拭輿馬待駕來。』王石華校：駕來下刪周爲八字，蓋舊鈔因下條誤人也。今案：陳本同《初學記》十二引柏梁詩駕誤驚，一本誤警。馮輯《古詩紀·漢卷一》『牧拭』作『修飾』，餘同。車馬是供。楊雄《太僕箴》云：『肅肅太僕，車馬是供，童童和鸞，駕彼如龍。』今案：《類聚》四十九引上二句，同《初學記》十二引及陳本百三家本，『童童』作『鏘鏘』，『如』作『時』。正于羣僕。《尚書·同命》云：穆王命同爲太僕正，正于羣僕。今案：俞本同陳本無注，考冏命句是書序文，羣僕句乃冏命正文。□閑王御。傅玄《太尉楊彪銘》云：太僕□閑王御。今案：陳本、嚴輯本《傅玄集》同，俞本『太僕』上有『賓于』二字。王出入則前駈。《周禮》太僕職云：『王出人則自左馭而前駈。』鄭注：『前駈，如今導引也』，道而居左自馭，不糸乘辟王也。今案：陳本同夏官注『導』作『道』，《初學記》十二引亦作『導』。天子出則奏駕。《續漢書·百官志》云：『太僕，周官，秩中二千石，掌車馬』，天大駕句，考《續漢百官志二》無『周官』二字。視朝正位，軍旅贊鼓。《周禮》大司馬職云：『太僕王視燕朝則正位，凡軍旅、田役贊王鼓，救日月亦如之。』今案：夏官太僕『視』作『眡』，陳本已改『眡』，惟注內『軍』下脫『旅』字。燕相其灋，䠶贊弓矢。又云：太僕，王燕飲則相其灋，王射則贊弓矢。今案：見《夏官》。

《隋書》卷二六《百官志一》 太僕卿位視黃門侍郎，統南馬牧，左右牧、龍廄、內外廄。又有弘訓太僕，亦置屬官。

又 卷二七《百官志二》 太僕寺，掌诸车辇、马、牛、畜产之属。统骅骝、掌御马及诸鞍乘。左右龙、左右牝、掌驼马。驼牛、掌饲驼骡驴牛。司羊、掌诸羊。乘黄、掌诸辇辂。车府掌诸杂车。等署令、丞。骅骝署，又有奉承直长二人。左龙署，有左龙局。右龙署，有右龙局。左牝署，有左牝局。右牝署，有右牝局。驼牛署，有典驼、特牛、牸牛二局。司羊署，有特羊、牸羊局。诸局并有都尉。寺又领司讼、典腊、出入等三局丞。

又 卷二八《百官志三》 太僕寺又有獸醫博士員，一百二十人。統驊騮、乘黃、龍廄、車府、典牧牛羊等署，各置令、二人。乘黃、車府則各減二人。丞二人，乘黃則一人，典牧牛羊則各三人。等員。

唐 李林甫《唐六典》卷一七《太僕寺》 太僕寺：卿一人，從三品；《周禮》有太僕下大夫二人。穆王命伯冏為太僕正。《漢書百官表》云：『太僕，秦官，掌輿馬，秩中二千石，有兩丞。屬官有大廄、未央廄、家馬三令，各五丞、一尉；又車府、路軨、騎馬、駿馬四令、丞；又龍馬、閑駒、橐泉、騊駼、承華五監長、丞；又邊郡六牧師苑令，各三丞。又有中太僕，掌皇太后輿馬，不常置。』《漢官儀》云：『天子駕出，太僕禦屬車八十一乘。』後漢有車府、未央廄、長樂廄令·丞、魏因之。晉太僕銀章、青綬，五時朝服，進賢兩梁冠，佩水蒼玉，品第四；丞一人，部丞五人；置功曹、主簿、五官等員；統典農·典虞都尉、典虞丞、牧官都尉、左·右·中典牧都尉、典牧令、諸羊牧丞、乘黃·驊騮·龍馬三廄令。過江省，其後又置。成帝永和七年，省並宗正。蓋有事則權置，無事則省。宋因晉不置，若如祀，則權置太僕執轡，事畢省。齊亦如之。梁天監七年置十二卿，太僕與太府、少府為夏卿，統南牧、左、右牧、龍廄、內、外廄，班第十。陳因之。後魏太僕卿第二品上，又置少卿；太和二十二，九卿並第三品。北齊太僕寺統驊騮、左、右龍、左、右牝、駝牛、司羊、乘黃、車府等署。後周依《周官》。隋太僕寺統驊騮、乘黃、龍廄、車府、典牧、牛羊等署。煬帝降卿為從三品，減驊騮署入殿內省尚乘局，改龍廄曰典廄署，又有左、右駿皂二廄，加置主乘、司庫、司廩官，罷牛羊署。皇朝因之，而省駿皂等諸官。龍朔二年改為司馭寺正卿，成亨中復舊。光宅元年改為司僕寺，神龍元年復故。少卿二人，從四品上。後魏太和十五年，九卿各置少卿一人，品第三上；二十二年，降為正四品上。北齊因之。隋加至二員，煬帝降為從四品上，皇朝因之。龍朔、咸亨、光宅、神龍隨寺改復。太僕卿之職，掌邦國廄牧、車輿之政令，總乘黃、典廄、典牧、車府四署及諸監、牧之官屬，少卿為之貳。凡國有大禮、大駕行幸，則供其五輅屬車之屬。凡監、牧所通羊、馬籍帳，則受而會之，以上於尚書駕部，以議其官吏之考課。凡四仲之月，祭馬祖、馬步、先牧、馬社。丞四人，從六品上；秦、漢太僕有兩丞，秩千石。後漢一人，魏、晉並因之，東晉或省或置，宋、齊省。梁天監七年置十二卿，各有丞；列卿丞通視朝請，班第三。陳因之。後魏列卿丞從五品中，太和末，降為七品下。北齊丞一人，正七品下。隋太僕丞三人，品同北齊；大業五年，加為從五品。皇朝復為從六品上。武德中減置二人，永徽中加一人，開元初又加一人。領獸醫博士、學生等。主簿二人，從七品上；梁天監七年，十二卿各置主簿一人；位不登十八班者別置七班，主簿班第三。陳因之。北齊置一人，隋置二人，皇朝因之。武德中，品正第八，貞觀中，加至從七品上。錄事二人，從九品上。丞掌判寺事。凡補獸醫生皆以庶人之子，考試其業，成者補為獸醫，業優長者，進為博士。主簿掌印，勾檢稽失，省署抄目。錄事掌受事發辰。

又乘黃署：令一人，從七品下；乘黃，古神馬名，亦曰飛黃，背有角，日行萬裏。《六韜》云：『乘黃震死。』《淮南子》云：『天下有道，飛黃伏皂。』然車馬職仝。後漢有未央廄令、長樂廄丞。至魏，遂改為乘黃廄，晉因之。宋太常屬官有乘黃令一人，掌乘輿金根車及安車、追鋒諸馬車。《齊職儀》云：『乘黃，獸名也，龍翼馬身，黃帝乘之而仙，因以名廄。乘黃令品第七，秩四百石，銅印、墨綬，進賢一梁冠，絳朝服。』梁太常屬官有乘黃令、丞，三品勳位。陳因之。後魏有乘黃令、丞。北齊掌諸輦輅。隋太僕寺統乘黃署令、丞，皇朝因之，領駕士、羊車小史等。丞一人，從八品下。魏有乘黃丞，晉因之。宋、齊並有乘黃令，無丞。梁、陳、後魏、北齊、隋並有乘黃丞，皇朝因之。乘黃令掌天子車輅，辨其名數與馴馭之法；丞為之貳。凡乘輿五輅：《周禮》：『巾車氏掌王五輅。』有玉、金、象、革、木之制。至秦，唯乘金根車。漢承秦制，以為乘輿。晉武帝始備五輅，為天子法車。宋、齊、梁、陳相因不絕。後魏五輅各依方色，並駕五馬。後周設六官，置司輅之職。皇帝之輅十有二等：一曰蒼輅，二曰青輅，三曰朱輅，四曰黃輅，五曰白輅，六曰玄略，七曰玉輅，八曰碧輅，九曰金輅，十曰象輅，十一曰革輅，十二曰木輅。後閱視武庫，得魏舊物，有乾象輦，駕二十四馬；又有大樓輦車，駕二十牛；又有象輦，初駕二象，後以六駝代之，皆魏天興中之所制也。宣帝以來，皆服禦之，兼以賜皇后。隋開皇元年，以魏、周輿輦非古之制，皆廢毀，改造五輅也。一曰玉輅，祭祀、納後則乘之；二曰金輅，饗射、郊征還、飲至則乘之；三曰象輅，行道則乘之；四曰革輅，巡狩、臨兵事則乘之；五曰木輅，田獵則乘之。凡玉輅青質，以玉飾諸末，駕六蒼龍；金輅赤質，以金飾諸末，駕六赤騮；象輅黃質，以黃飾諸末，駕六黃騮；革輅白質，挽之以革，駕六白駱；木輅黑質，漆之，駕六黑騮也。五輅皆重輿，左青龍，右白獸，金鳳翅，畫苣文鳥獸；黃屋，左纛，金鳳一，在軾前；十二鑾，在衡；二鈴，在軾；龍輈前設鄣塵；青蓋三層，裏黃，繡飾，上設博山方鏡，下圓鏡。樹羽輪，金根、朱班、重牙；左建旗十有二旒，皆畫升龍，其長曳地，青繡綢杠；右載闟戟，長四尺，廣三尺，黻文，旗首金龍，頭銜錦結綬及緌帶，垂鈴；金鍐、方釳，插翟尾五焦；鏤錫，鞶纓十二就。旌旗、蓋、鞶、纓皆從輅質。耕根車青質，三重蓋，餘如玉輅。安車金飾；重輿曲壁；八鑾在衡；紫油通幰，紫油纁朱裏，朱絲絡網，朱鞶纓，朱覆發具絡。四望車制同安車，金飾；八鑾在衡；青油通幰，青油纁朱裏，朱絲絡網。大駕，則太僕卿馭；五輅駕士各三十二人，並平巾幘、青衫、大口褲；千牛將軍一人陪乘。五輅皆有副車。按：蔡邕《獨斷》云：『五格之外，復設五色安車、立車各一乘，皆駕四馬，是為五時副車。』故張良擊始皇，中副車。魏志云：『天子命太祖駕金根，六馬，設五時副車。』江左乃闕，至梁始備。隋開皇十四年始造五輅及副，皇朝因之。又有指南車、崔豹《古今注》云：『指南車，舊說云周公所作也。周公理致太平，越裳氏重譯來獻，使者迷其歸路，周公錫以軿車五乘，皆為司南之制，使越裳氏載之，周年而至其國。故常為先導，示服遠人，而正四方也。』秦、漢其制無聞。後漢張衡始復創造，漢末喪亂，其法不存。沈約《宋書》云：『魏明帝始令博士馬鈞造之，晉亂又亡。石虎使解飛、姚興使令狐生又造，宋武平關中，得之。其制如鼓車，設木人於車上，舉手指南。車驟回轉，所指微差。』至齊，祖沖之又造之。曆梁、陳、隋，無所變改，皇朝因之。駕四馬，正道，先啟而行。匠一人，駕士十四人。記里鼓車、崔豹《古今注》云：『車上為二層，皆有木人執槌。行一裏，下一層擊鼓；行十裏，上一層擊鐲。亦名大章車，所以識道裏也。』白鷺車、《隋志》名鼓吹車。上施層樓，樓上有翔鷺棲焉。鸞旗車、《晉志》云：『鸞旗車，先格所載也。鸞旗者，謂析羽旄而編之，十二旒，列系幢傍也。』辟惡車、崔豹《古今注》云：『秦制也，桃弓、葦矢，所以禳祓不祥。』太蔔令一人在車，執弓箭，平巾幘、緋裲襠、大口褲。皮軒車、《晉志》：『以獸皮為軒。』左金吾衛隊正一人在車，執弩，服同太蔔令。自指南車皆駕四馬，正道，匠一人，駕士一十四人。耕根車、《晉志》云：』建赤旗十有二旒，天子親耕所乘也。一名芝車，一名三蓋車。置耒耜於軾上。』駕六馬，駕士三十二人。安車、《晉・輿服志》云：『座乘謂之安車，倚乘謂之立車，各一乘，名五時車，俗謂之五帝車。』駕四馬，駕士二十四人。四望車、《晉志》云：『陽遂四望、穗窗、皂輪、小形車，駕牛。』《晉中朝大駕鹵簿》曰：』禦四望車，駕牛，中道。』皇朝駕四馬也。羊車、《周遷輿服雜事》曰：『羊車，一名輦車，其上如軺，伏兔箱，漆畫輪軛。小兒衣青布褲褶，紫碧〈木攀〉青耳屩，五辨鬢，數人引之，今代名為羊車小史。而漢代或以人牽，或以駕果下馬。』《晉志》曰：『武帝乘羊車於後宮，恣意所之，宮女掛竹葉、楊條，候帝之來。』黃鉞車、崔豹《古今注》云：『黃鉞，三代通用以斷斬，今以黃鉞為乘輿之飾。武王以黃鉞斬紂，故王者以為戒。』駕二馬，左武衛隊正一人在車執之，武弁、朱衣、革帶。駕士一十二人。豹尾車，崔豹《古今注》云：『豹尾車，周制也，所以象君子豹變。尾，言謙也。古軍正建之，今唯乘輿得建焉。』《漢書》曰：『成帝以幸姬趙飛燕置屬車間豹尾中。』駕二馬，右武衛隊正一人在車執之，武弁、朱衣、革帶。駕士十二人也。屬車一十有二，屬車一曰副車，一曰貳車，一曰佐車。漢因秦制：大駕屬車八十一乘，行則中央、左、右分之；法駕屬車三十六乘，最後車懸豹尾，皆皂蓋、朱裏。蔡邕《獨斷》曰：『古者，諸侯貳車九乘。秦滅九國，兼其車服，故為八十一乘。溪武祠太乙、甘泉皆盡用之，明帝上原陵又用之。法駕三十六乘，小駕一十二乘。』大業初，備八十一乘；三年，帝嫌其多，問閻毗，毗曰：『此起於秦，遂為後式。宋孝建時，議准旗旒之數，設十二乘。今憲章往古，大駕依秦，法駕依漢，小駕依宋。』帝曰：『大駕宜三十六，法駕宜用十二，小駕除之可也。』皇朝因之，置十二乘，駕牛，駕士各八人。自指南車駕士皆平巾幘、緋衫、大口褲，唯耕根車青衫，羊車服則殊也。大駕則用之。若法駕，則減五副車、白鷺、辟惡、安車、四望車，四分屬車之一，餘同大駕。若小駕，又減象輅、革輅、木輅、指南車、記裏鼓車、鸞旗、皮軒、耕根、羊車、屬車、黃鉞、豹尾等車，餘同法駕。若有大禮，則以所禦之輅進內；既事，則受而藏之。凡將有事，尤期四十日，尚乘供馬，馬如輅色，率駕士預調習。指南等車亦如之。

又 典廄署：令二人，從七品下；《周禮》有校人、圉師、趣馬，掌天子十有二閑之馬。漢太僕屬官有大廄、未央廄令。後漢太僕屬官有未央廄令，主乘輿及宮中諸馬；其後，置左駿廄令，別主乘輿禦馬。魏有驊騮廄令。晉太僕統乘黃、驊騮、龍馬等廄令，過江之後，或省或置；哀帝時，省驊騮為門下之職。宋、齊因之。梁太僕統龍廄、內外廄，陳因之。後周有左、右廄，各上士一人。北齊太僕寺統驊騮、左、右龍等署。隋太僕寺統龍廄署，皇朝改為典廄署令，領執馭、駕士等。丞二人，從八品下；隋有龍廄丞，皇朝改為典廄丞，武德中四人，今減二人。主乘六人，正九品下。隋置，皇朝因之。典廄令掌系飼馬牛，給養雜畜之事；丞為之貳。凡象一給二丁，細馬一、中馬二、駑馬三、駝、牛、騾各四、驢及純犢各六、羊二十各給一丁，純謂色不雜者。若飼黃禾及青草，各准運處遠近，臨時加給也。乳駒、乳犢十給一丁。凡象日給槁六圍，馬、駝、牛各一圍，羊十一共一圍，每圍以三尺為限也。蜀馬與騾各八分其圍，驢四分其圍，乳駒、乳犢五共一圍；青芻倍之。凡象日給稻、菽各三斗，鹽一升；馬，粟一斗、鹽六勺，乳者倍之；駝及牛之乳者、運者各以斗菽，田牛半之；施鹽三合，牛鹽二合；羊，粟、菽各升有四合，鹽六勺。象、馬、騾、牛、駝飼青草日，粟、豆各減半，鹽則恒給；飼禾及青豆者，粟、豆全斷。若無青可飼，粟、豆依舊給。其象至冬給羊皮及故氈作衣也。

又 典牧署：令三人，正八品上；《周禮》：『牧師下士四人，掌牧馬而頒之。』秦、漢太僕屬官有牧師苑令，皆在邊郡。曆魏、晉已下，皆牧監之職。隋太僕寺統典牧署、牛羊署等令、丞，皇朝因之。武德中二人，今加置三人，領主輅、駕士等。丞四人，正九品上；隋置，皇朝因之。武德史三人，今加至四人。監事八人，從九品下。典牧令掌諸牧雜畜給納之事；丞為之貳。凡群牧所送羊、犢皆受之，而供於廩犧、尚食之用；諸司合供者，亦如之。

又 車府署：令一人，正八品下；秦置車府令，以趙高為之。漢太僕屬官有車府令、丞，後漢主乘輿諸車，魏、晉因之。宋、齊、梁、陳並尚書駕部領。後魏闕文。北齊太僕寺領車府令、丞，遂輿乘黃令分職；隋因之。皇朝因隋。丞一人，正九品下。秦、漢已來，車府署並有丞一人，隋車府丞二人，皇朝省置一人。車府令掌王公已下車輅，辨其名數及馴馭之法；丞為之貳。凡王公已下車輅：一曰象輅，二曰革輅，三曰木輅，四曰軺車。象輅以象飾諸末；朱班輪；八鑾在衡；左建旗，畫龍，一升一降；右載闟戟。革輅以革飾諸末，左建通帛為旃，餘同象輅。木輅以漆飾之，餘同革輅。三輅皆朱質，朱蓋，朱旗旃。一品九旒，二品八旒，三品七旒，四品六旒，其鞶纓就數亦如之。軺車，曲壁，青通幰，碧裏也。凡春秋二時謁陵、冊命王公及內外職事四品已上拜官、正冬朝會、婚葬、奉使，皆視其品秩而給之：親王以象輅，三品已上以革輅，五品已上以木輅。京縣令以軺車，道大駕及初上給之。其婚葬則從京官三品已上給其馭。給駕士：親王十有八，一品十有六，二品十有四，各駕以馬、駱四，輅車一；三品十有二，四品、五品十，京縣令六也。凡輅車之馬率馭士預調習之，然後入輅及車；以牛駕者亦如之。

又 上牧，監一人，從五品下；《漢舊儀》：『太僕牧師諸苑三十六所，分佈北邊、西邊，以郎為苑監，官奴婢三萬人分養馬三十萬頭，擇取教習，給六廄；牛、羊無數，以給犧牲。中興省。漢陽有牧馬苑令，羽林郎監領。』魏置牧官都尉，晉因之。宋、齊闕文。梁太僕統南牧、左、右牧等丞，陳因之。後魏闕文。北齊太僕寺統左、右牝、駝牛、司羊等署令、丞。後周有典牡、典牝上士一人、中士一人；又有典駝、典羊、典牛，各有中士一人。隋太僕寺統典牧署、牛羊署等令、丞。皇朝因分為牧監。副監二人，正六品下；丞二人，正八品上；主簿一人；正九品下。並皇朝置。中牧，監一人，正六品下；副監一人，從六品下；丞一人，從八品上；主簿一人，從九品上。下牧，監一人，從六品下；副監一人，正七品下；丞一人，正九品上；主簿一人，從九品下。諸牧監掌群牧孳課之事。凡馬五千匹為上監，三千匹已上為中監，已下為下監。凡馬、牛之群以百二十，駝、騾、驢之群以七十，羊之群以六百二十，群有牧長、牧尉。補長，以六品已下子、白丁、雜色人等為之；補尉，以散官八品已下子為之。品子八考，白丁十考，隨文、武簡試興資也。凡馬有左、右監以別其粗良，以數紀為名，而著其簿籍；細馬之監稱左，粗馬之監稱右。其雜畜牧皆同下監，仍以土地為其監名。凡馬各以年、名籍之，每歲季夏造。至孟秋，群牧使以諸監之籍合為一，諸群牧別立南使、北使、西使、東使，以分統之。常以仲秋上於寺。凡馬以季春遊牝。《月令》：『季春乃合，累牛騰馬，遊牝於牧。』其駒、犢在牧，三歲別群。若與本群同牧，不別給牧人。馬牧牝馬四遊五課，駝四遊六課，牛、驢三遊四課，羊三遊四課。四、三者，皆言其歲而遊牝也，羊則當年而課之。其課各有率，謂：牛、馬、驢之牝百，而歲課駒、犢各以六十；馬二十歲則不課；三歲遊牝而生駒者，仍別簿申；騾駒半之。若馬從外蕃而至者，初年課以四十，二年五十，三年全課。牝駝百而三年之課七十。羖羊之白者七十，羖者八十。凡監牧孳生過分則賞；謂馬剩駒一，則賞絹一匹；駝、騾之剩倍於馬，驢、牛之剩三，白羊之剩七，羖羊之剩十，皆與馬同。共賞物二分入長，一分入牧子。牧子謂長上專當者。其監官及牧尉各通計所管長、尉賞之。通計謂尉官管十五長者，剩駒十五匹，賞絹一匹；監官管尉五者，剩駒七十五匹，賞絹一匹之類。計加亦准此。應賞者，准印後定數，先填死耗足外，然後計酬之。其有死耗者，每歲亦以率除之。謂駝，馬百頭以七頭馬耗，騾以六，牛、驢、羖羊以十，白羊以十五。從外蕃而新至者，馬、牛、驢、羖羊皆除二十，二年除十五；駝除十四，二年除十，騾除十二，二年除九；白羊除二十五，二年除二十；三年，皆同耗也。若歲疫，以私畜准同者以疫除。准牧側近私畜疫死數，同則聽以疫除。馬不在疫除之例。即馬、牛一十一歲以上，不入耗除限。若緣非時霜雪死多者，錄奏。凡官畜在牧而亡失者，給程以訪，過日不獲，估而徵之。謂給訪限百日，不獲，准失處當時估價徵納，牧子及長各知其半。若戶奴無財者，准銅，依加杖例。如有闕及身死，唯徵見在人分。其在廏失者，主帥准牧長，飼丁准牧子。其非理死損，准本畜徵納也。凡在牧之馬皆印。印右膊以小『官』字，右髀以年辰，尾側以監名，皆依左、右廂。若形容端正，擬送尚乘，不用監名。二歲始春，則量其力，又以『飛』字印印其左髀、膊。細馬、次馬，以龍形印印其項左；送尚乘者，尾側依左、右閑印以『三花』。其餘雜馬送尚乘者，以『風』字印印左膊，以『飛』字印印左髀。騾、牛、驢則官名志其左膊，監名志其右髀。駝、羊則官名志其頰，羊仍割耳。若經印之後簡入別所者，各以新入處監名印其左頰。官馬賜人者，以『賜』字印；配諸軍及充傳送驛者，以『出』字印，並印左、右頰也。凡每歲進馬粗良有差。使司每歲簡細馬五十匹、敦馬一百匹進之。若諸監之細馬生駒，以其數申所由司次入寺。其四歲以下粗馬，每年簡充諸衛官馬。凡馬、牛皮、脯及筋、角之屬，皆納於有司。每年終，監牧使巡按孳課之數，以功過相除，為之考課焉。沙苑監：監一人，從六品下；沙苑在同州。副監一人，正七品下；丞一人，正九品上，主簿一人，從九品下。沙苑監掌牧養隴右諸牧牛、羊，以供其宴會、祭祀及尚食所用，每歲與典牧分月以供之；丞為之貳。凡屠宰，國忌廢務日、立春前後一日、每月一日、八日、十四日、十五日、十八日、二十三日、二十四日、二十八日、二十九日、三十日、每歲正月、五月、九月皆罷之。諸雜畜及羖羊有孕者，雖非其日月，亦免之。若百司應供者，則以時皆供之。凡羊毛及雜畜皮、角皆具數申送所由焉。一本云：『太僕屬官有沙苑監，開元二十三年省。』

《通典》卷二五《職官七・太僕卿》 周官有太僕下大夫，掌正王之服位，出入王之大命，似今太僕之職。一云周穆王置太僕正，以伯冏為之，冏，具永切。掌輿馬。秦因之，在周官則校人掌馬，巾車掌車，及置太僕，兼其任也。漢初，夏侯嬰常為之，《漢書》曰：夏侯嬰為沛公太僕，常奉車，自高帝至文帝，常為太僕。又石慶為太僕、御出，上問車中幾馬，慶以策數馬畢，曰：「六馬。」領五監、龍馬、閑駒、橐泉、騊駼、承華五監，各有長、丞。騊，徒刀切。駼，大胡切。六廏，皆有令。或曰，六廏謂未央、承華、騊駼、龍馬、輅軨、大廏也，馬皆萬匹。武帝承文、景蓄積，海內殷富，廏馬有四十萬匹。時匈奴數寇邊，遣衛青、霍去病發十萬騎，并負私從馬，凡十四萬匹，窮追，大破匈奴。漢馬死者十餘萬匹，匈奴雖病遠去，而漢亦馬少，無以復往。於是漢久不北擊匈奴。數歲，滅兩越。是時天子巡邊，親至朔方，勒兵十八萬騎，以見武節。王莽改太僕為太御。後漢太僕與漢同，亦掌車馬，天子每出，奏駕上鹵簿用，大駕則執馭。初，漢西京置六廏，東京約省，唯置一廏。趙岐字臺卿，為太僕，持節安慰天下。祭肜字次孫，為太僕。魏因帝過孔子講堂，指子路室曰：「此太僕之室也，太僕，吾之禦侮也。」魏因之。晉初有之，銀章青綬，五時朝服，進賢兩梁冠，佩水蒼玉，領典牧、乘黃、驊騮、龍馬等廏令。自元帝過江之後，或置或省。太僕既省，故驊騮廏為門下之職。潘尼字正叔，為太僕，造乘輿箴。晉諸公贊云：「郭展為太僕，留心於養生，是以廏馬充多，征吳得以濟事。」晉、宋以來，不常置，郊祀則權置太僕執轡，事畢則省。齊亦然。梁太僕卿位視黃門侍郎，統南牧、左右牧、龍廏、內外廏。陳因之。後魏兼置少卿。太武帝平統萬赫連昌，定隴右禿髮、沮渠等，河西水草善，乃以為牧地，六畜滋息，馬三百餘萬匹，駝駝將半之，牛則無數。孝文帝遷洛陽之後，復以河陽為牧場，恒置戎馬十萬匹，以擬京師軍警之備。每歲自河西徙牧於并州，漸南，欲其習水土而無死傷也，而河西之牧滋甚。北齊太僕寺統驊騮、左右龍、左右牝、乘黃、車府署，卿及少卿各一人。後周如古周。隋如北齊，煬帝加署少卿一人。大唐龍朔二年，改太僕為司馭，咸亨初復舊。光宅元年改為司僕，神龍初復舊。卿一人，掌馭五輅。少卿本一員，景雲元年加一員，領乘黃、典廄、典牧、車府等四署，署各有令。天下監牧置八使、五十六監。貞觀初，僅有牧牝三千匹，從赤岸澤徙之隴右。十五年，始令太僕卿張萬歲勾當群牧。至麟德四十年閒，馬至七十萬六千匹。置八使，領六監，初置四十八監，跨蘭、渭、秦、原四州之地，猶為隘狹，更析八監，布於河曲。其時天下以一縑易一馬。儀鳳三年，少卿李思文檢校隴右諸牧監，方稱使。爾後或戎狄外侵，或牧圉乖散，洎乎垂拱，潛耗太半。開元初，牧馬二十四萬匹，十三年，加至四十五萬匹。初有牛三萬五千頭，是年，有五萬頭。初有羊十一萬二千口，是年，有二十萬六千口，盛於垂拱。丞：秦漢有兩人，後漢一人。漢書：「張敞字子高，為太僕丞。」魏晉因之。東晉或省或置。梁有丞，陳因之。後魏、北齊丞一人。隋三人，大唐因之。主簿：梁置一人，北齊亦一人。隋二人，大唐因之。

又 乘黃署：後漢太僕有未央廄令。魏改為乘黃廄。乘黃，古之神馬，因以為名。乘黃亦名飛黃，背有角，日行萬里。淮南子云：「天下有道，飛黃伏皁。」一云：神黃，獸名，龍翼馬身，黃帝乘而仙。晉以下因之。宋屬太常，銅印墨綬，進賢二梁冠，絳朝服。歷代皆有，悉掌乘輿。大唐令、丞各一人，掌乘輿車輅。

又 典廄署：於周官有校人、圉師、趣馬，掌十二閑之馬。漢西京太僕有龍馬長，東京有未央廄令，掌乘輿及宮中之馬。魏為驊騮廄，晉有驊騮、龍馬二廄。自宋以後，分驊騮廄屬門下。梁太僕有龍廄及內外等廄，陳因之。北齊有驊騮、左右龍等署。後周有左右廄，各上士一人。隋如北齊。大唐改龍廄為典廄署，令二人，丞四人，掌在廄繫飼馬牛及雜畜事。

又 典牧署：於周官牧師下士四人，掌牧馬而頒之。秦漢邊郡置六牧師令，說在諸牧監篇。魏晉以下因之。隋有典牧、牛羊等署，各置令、丞。大唐有乘黃等四署，令、丞各四人，掌外牧及造酥酪脯腊之事。

又 車府署：秦有車府令，以趙高為之。歷代皆有。漢魏屬太僕，宋、齊以後屬尚書駕部，北齊以下又屬太僕。大唐置令、丞各一人，掌王公以下車輅。

又 諸牧監：漢太僕有牧師諸苑三十六所，在北邊、西邊，以郎為苑監官。魏置牧官都尉，晉因之，自後無聞。北齊有左右牝牡、駝牛、羊等署令。後周曰典牝、典牡上士中士，又有典駝、典羊、典牛中士。隋曰典牧署、牛羊署令丞。大唐初因之，分曰牧監、置監、副監、丞、主簿。武太后聖曆二年正月，置控鶴府，監一員，從三品；丞一員，從六品；主簿一員，從七品；控鶴左右各二十員，從五品下。以張易之為控鶴監，統左控鶴，出入供奉。以麟臺監張昌宗統右控鶴，內供奉。久視元年六月，改控鶴監為天驥府，其月二十五日，又改為奉宸大夫，前改為天驥者，宜內供奉。員半千以奉宸之職古無其事，又授斯任者，率多輕薄，非朝廷進德之選，上疏請罷之，由是忤旨。其年四月敕，奉宸令一員，從三品；奉宸侍郎一員，從四品上；奉宸大夫十員，左右各五品上；奉宸驂乘十員，左右各五品、從六品上；奉宸主簿一員，從七品上。凡二十四員，以應二十四氣。控鶴、奉宸之名，歷代不設，既以車馬名職，遂附此篇。

《舊唐書》卷四四《職官志三》 太僕寺，太仆，古官。梁置十二卿，署加『寺』字，后因之。龙朔改为司驭寺，光宅为司仆寺，神龙复也。卿一员。从三品。古有太仆正，即其名也。后无正字，唯名太仆。梁置为列卿，隋品第三。龙朔为司驭正卿，光宅曰司仆卿，神龙复也。少卿二人。从四品上。卿之职，掌邦國厩牧、车輿之政令，總乘黃、典厩、典牧、典车之属。凡監牧羊马所通籍帐，每岁则受而会之，以上尚書驾部，以议其官吏之考课。凡四仲之月，祭马祖、马步、先牧、马社。丞四人，从六品上。主簿二人，从七品上。録事二人，从九品上。府十七人。史三十四人，兽医六百人，兽医博士四人，学生一百人，亭长四人，掌固六人。丞掌判寺事。主簿掌印，勾检稽失，省署抄目。録事掌受事发辰。乘黃署：令一人，从七品下。丞一人，从八品下。府一人，史二人，典事八人，驾士一百四十人，羊车小吏十四人，掌固六人。令掌天子车辂，辨其名数与驯驭之法。丞为之贰。凡乘輿五辂，事具《輿服志》也。皆有副车，又有十二车，曰指南车、曰记里鼓车、白鹭车、銮旗车、辟恶车、皮轩车、耕根车、安车、四望车、羊车、黄钺车、豹尾车，其车饰见《輿服志》也。属车一十有二。古者属车八十一乘，皇朝置十二乘也。乘輿有大驾、法驾、小驾，车服各有名数之差。若有大礼，则以所御之辂进内。既事，则受而藏之。凡将有事，先期四十日，尚乘供马如辂色，率驾士预調習指南等十二车。典厩署：令二人，从七品下。丞四人，从八品下。府二人，史六人。主乘六人，正九品下。典事八人，执驭一百人，驾士八百人，掌固六人。令掌系饲马牛，给養杂畜之事。丞为之贰。典牧署：令二人，正八品下。丞四人，正九品下。府四人，史八人，監事八人，典事十六人，从九品下。主酪五十人。令掌牧杂畜，造酥酪脯腊给纳之事。丞为之贰。凡群牧所送羊犊，皆受之，而供廪牺、尚食之用。诸司合供者，亦如之。车府署：令一人，正八品下。丞一人，正九品下。府一人，史二人，典事四人，掌固六人。令掌王公已下车辂，辨其名数及驯驭之法。丞为之贰。凡公已下，四轺车。一象辂，二革轺，三木辂，四轺辂。视其品秩而给之。兼给驭士也。上牧監一人，从五品下。牧監，皆皇朝置也。副監二人，正六品下。丞二人，正八品上。主簿一人，正八品下。録事一人，府三人，史六人，典事八人，掌固四人。中牧監一人，正六品下。副監一人，从六品下。丞一人，从八品下。主簿一人，从九品下。録事一人，府二人，史四人，典事四人，掌固四人。下牧監一人，从六品下。副監一人，正七品下。丞一人，正九品上。主簿一人，从九品下。诸牧監掌群牧孳课之事。凡马五千匹为上監，三千匹已上为中監，一千匹已上为下監，凡马之群，有牧长尉。凡马，有左、右監，以别其粗良，以数紀名，著之簿籍。细马称左，粗马称右。凡诸群牧，立南北东西四使以分统之，其马皆印。每年終，監牧使巡按孳数，以功过相除，为之考课。沙苑監一人，从六品下。副監一人，正七品下。丞一人，正九品下。主簿二人，从九品下。録事一人，府三人，史六人，典事四人，掌固二人。沙苑監，掌牧養陇右诸牧牛羊，以供其宴会祭祀及尚食所用。每岁与典牧分月以供之。丞为之贰。若百司应供者，则四时皆供。凡羊毛及杂畜毛皮角，皆具数申有司。

《太平御覽》卷二三〇《職官部二十八・太僕卿》

《六典》曰：太僕卿掌邦國廄牧、車輿之政令，總乘黄、典廄、典牧、章府四署及諸監、牧之官屬；少卿為之貳。凡國有大禮及大駕行幸，則供其五輅屬車之屬。《尚書・冏命》曰：穆王命伯冏為周太僕正，伯冏成名為太僕，作大禦中大夫也。作《冏命》曰：『昔在文武，聰明齊聖，小大之臣，咸懷忠良。今予命汝作太僕正，正於群僕侍禦之臣。』《周禮》曰：太僕正，掌正王之服位，出入王之大命，掌諸侯之復逆。王視朝，前正位而退，入亦如之。建路鼓於大寢之門外而掌其政，以待達窮者與遽令；聞鼓聲則速逆禦僕與禦庶子。祭祀、賓客、喪紀，正王之服位，詔法儀，贊王牲事。王出入，則自在左馭而前驅。《漢書》曰：夏侯嬰自上初起沛，常為太僕，竟高祖世以太僕事惠帝，惠帝崩，以太僕事高後。高後崩，代王之來，嬰與東牟侯入清宮，以天子駕迎代王，共立文帝，復為太僕。又曰：《百官表》曰：太僕掌輿馬。屬官有大廄、未央廄、象馬三令。又車府、路軨、音靈。騎馬、駿馬四令丞；又龍馬、閑駒、橐泉騊駼、承華五監長丞；又邊郡六牧苑令，各三丞；又牧橐、昆蹄令、丞皆屬焉。《東觀漢記》曰：祭側界切。彤膂力過人，常貫三百斤弓，馬為太僕；從帝過孔子講堂，帝指子路室曰：『太僕，吾之禦侮也。』《後漢書》曰：征祭彤為太僕。彤在遼東幾三十年，衣無兼副。顯宗既嘉其功，又美彤清約，拜日賜錢一百萬、馬三匹、衣被、刀劍下至居屋什物，大小無不悉備。《續漢書》曰：趙岐字臺卿，獻帝以為太僕，持節安慰天下。又《百官志》曰：太僕秩中二千石，掌車馬。天子出，奉駕；大駕則馭。《魏志》曰：國淵字子尼，遷太僕。居列卿位，布衣疏食，祿賜散之舊故宗族，以恭儉自守。又曰：潘尼字正叔，侍中為太僕，造《乘輿箴》。《漢舊儀》曰：太僕牧師諸苑三十六所，分佈北邊，以郎為苑監官。奴婢三萬人，分養三十萬頭，擇取給六廄，牛羊無數，以給牲犧。《漢雜事》曰：石慶為太僕禦出，上問車中幾馬，慶以策數馬畢，舉手曰：『六馬！』慶於兄弟中最為簡易，而猶如此。又曰：公孫賀以太僕為丞相，子敬聲代為太僕。《晉諸公贊》曰：郭展為太僕，留心於養生，是以廄馬充牣；其後征吳，得以濟事。《唐書・官品志》曰：太僕卿位視黄門侍郎，統南馬牧、左右牧、龍廄、內外廄丞。

又　乘黄令。《六典》曰：乘黄令掌天子車輅，辨其名數與馴馭之法；丞為之貳。《宋書》曰：乘黄令，晉官也。主乘輿金根車及安車、追鋒諸眾車馬。《齊職儀》曰：乘黄，獸名也。龍翼馬身，黄帝乘之而仙，後人以名廄。

又　廄令。《六典》曰：典廄令掌系飼馬牛，給養雜畜之事；丞為之貳。《漢書》曰：太僕屬官有大廄、未央廄、象馬三令，各五丞一尉。又車府、輅軨、騎馬、駿馬四令、丞；晉約曰：漢儀注，大廄，名也，主馬萬匹也。又龍馬、閑駒、橐泉、騊駼、承革五監長、丞；牧橐、昆蹄令丞。應劭曰：橐，橐駝。昆蹄，好馬名也。如淳曰：因以名廄也。如淳曰：廄在橐泉宮下。武帝太初元年，更名象馬為桐馬。應劭曰：主乳馬取其汁，桐洛之味酢可飲，因以名官相動。又曰：蘇武為栘中監。移中，廄名，音移。上官桀遷未央廄，上體不安，及愈，見馬瘦，上怒曰：『汝以我不復見馬耶！』桀曰：『聖體不安，日夜憂懼，意誠不在馬。』言未卒，泣數行下，上以為忠。《齊職儀》曰：諸廄有圉師、牧人，養馬之官；校人，掌王之馬正也。

又 車府令。《六典》曰：車府令掌王公已下車駱，辨其名數及馴馭之法，丞為之貳。《史記》曰：趙高為秦車府令。《漢書·百官表》曰：太僕屬官，有車府令一人，六百石；丞一人。《東觀漢記》曰：永平中，車駕出，信陽侯陰就幹車騎突鹵簿，車府令齊國徐匡就車收禦者送獄，詔書譴匡，匡自系不出。吳良上書言：『信陽侯驕慢，幹突車騎，無大臣禮，大不敬。匡執法守正而下獄，臣恐陛下政化由是隳矣。』於是詔出匡，左遷為即丘長。《齊職儀》曰：車府署，周有巾車典輅之職，辨五輅之制。

《新唐書》卷四八《百官志三》 卿一人，从三品；少卿二人，从四品上；丞四人，从六品上；主簿二人，从七品上；録事二人。卿掌廄牧、輦輿之政，總乘黃、典廄、典牧、车府四署及諸監牧。行幸，供五路属车。凡監牧籍帳，岁受而会之，上驾部以议考课。永徽中，太僕寺曰司驭寺，武后光宅元年改曰司仆寺。有府十七人，史三十四人，兽医六百人，兽医博士四人，学生百人，亭长四人，掌固六人。乘黃署：令一人，从七品下；丞一人，从八品下。掌供车路及驯驭之法。凡有事，前期四十日，率驾士調習，尚乘随路色供马；前期二十日，調習于内侍省。有府一人，史二人，驾士一百四十人，羊车小史十四人，掌固六人。典廄署：令二人，从七品下；丞四人，从八品下。掌饲马牛、给養杂畜。良马一丁，中马二丁，駑马三丁，乳驹、乳犊十给一丁。有府四人，史八人，主乘六人，典事八人，执驭百人，驾士八百人，掌固六人。典牧署：令三人，正八品上；丞六人，从九品上。掌诸牧杂畜给纳及酥酪脯腊之事。群牧所送羊犊，以供廪牺、尚食。監事八人。有府四人，史八人，典事十六人，主酪七十四人，驾士百六十人，掌固四人。车府署：令一人，正八品下；丞一人，正九品下。掌王公以下车路及驯驭之法。从官三品以上婚、葬，给驾士。凡路车之马牛，率驭士調習。有府一人，史二人，典書四人，驭士百七十五人，掌固六人。諸牧監：上牧監：監各一人，从五品下；副監各二人，正六品下；丞各二人，正八品上；主簿各一人，正九品下。中牧監：監，正六品下；副監，从六品下；丞，从八品上；主簿，从九品上。下牧監：監，从六品下；副監，正七品下；丞，正九品上；主簿，从九品下。中牧監副監、丞，減上牧監一员。南使、西使，丞各三人，从七品下；録事各一人，从九品下。北使、盐州使，丞各二人，从七品下。掌群牧孳课。凡马五千为上監，三千为中監，不及为下監。马牛之群，有牧长，有尉。马之駑、良，皆著籍，良马称左，駑马称右。每岁孟秋，群牧使以诸監之籍合为一，以仲秋上于寺，送细马，则有牵夫、識马小儿、兽医等。凡马游牝以三月，驹犊在牧者，三岁别群。孳生过分有赏，死耗亦以率除之。岁終監牧使巡按，以功过相除为考课。上牧監，有録事各一人，府各三人，史各六人，典事各八人，掌固各四人。中牧監，減府一人，史、典事各減三人。下牧監，典事、掌固減二人。南使、西使，録事、史各一人，府各五人，史各九人；北使、盐州使，録事以下员数及品，如南使。麟德中，置八使，分總監坊。秦、兰、原、渭四州及河曲之地。凡監四十有八：南使有監十五，西使有監十六，北使有監七，盐州使有監八，嵐州使有監二。自京师西属陇右，有七马坊，置陇右三使领之。又有沙苑、楼烦、天马監。沙苑監掌畜陇右诸牧牛羊，给宴祭及尚食所用，每岁与典牧署供焉。自監以下，品数如下牧監。至开元二十三年，废監。东宫九牧監：丞二人，正八品上；録事一人，从九品下。掌牧養马牛，以供皇太子之用。有録事史各一人，府三人，史六人。初，監有監、副監、丞、主簿、録事各一人，府二人，史四人，典事四人，掌固二人。自監以下，品同下牧監。又有马牧使，有丞以下官。

宋 高承《事物紀原》卷五《太僕》 《周禮》夏官司馬之屬有太僕，下大夫、尚書、冏命。穆王命伯冏為周太僕正，則太僕周官也。應劭曰：盖大卿，衆僕之長。太僕寺丞，秦漢有此官也。太僕簿，梁始于太僕置主簿。

《通志》卷五四《職官略第四·太僕卿》 太僕卿，周官，有太僕下大夫，掌正王之服位，出入工之大命。如今太僕之職，一云周穆王置太僕正，以伯冏為之，掌輿馬。秦因之。在周官，則校人掌馬、巾車掌車，及置太僕，兼其事也。漢初，夏侯嬰常為之。高祖為沛公時，嬰為太僕，至文帝時猶居其職，領五監六廄，皆有令。王莽改太僕為太御。後漢太僕與漢同，亦掌車馬，天子每出，奏駕上鹵簿，用大駕則執馭。是時約省，惟置一廄。魏因之。晉初有之，銀章青綬，五時朝服，進賢兩梁冠，佩水蒼玉，領典牧、乘黃、驊騮、龍馬等廄令。自元帝過江之後，或置或省。太僕既省，故驊騮廄為門下之職。晉宋以來不常置，郊祀則權置太僕執轡，事畢則省。齊亦然。梁太僕卿位視黃門侍郎，統南牧。左右牧龍廄、內外廄。陳因之。後魏兼置少卿。北齊太僕寺統驊騮、左右龍廄、左右駞牛羊司、乘黃、車府、典牧、牛羊等署，卿及少卿各一人。後周如古，周隋如北齊，煬帝加署少卿一人。唐龍朔二年，改太僕為司馭。咸亨初復舊。光宅元年，改為司僕。神龍初復舊。卿一人，掌馭五輅；少卿本一員，景雲元年加一員。領乘黄、典廐、典牧、車府等四署，署各有令。天下監牧置八使五十六監。臣謹按：漢武帝承文景蓄積，海内繁富，廐馬有四十萬匹。時匈奴數寇邊，遣衛青、霍去病發十萬騎，并負私從馬凡十四萬匹，窮追大破匈奴，漢馬死者十餘萬匹，匈奴雖病遠去，而漢亦馬少，無以復往。又按：後魏太武帝平統萬赫連昌，定隴右羌沮渠等，河西水草善，乃以為牧地，六畜滋息，馬三百餘萬匹，駞駝將半之，牛則無數。孝文帝遷洛陽之後，復以河陽為牧埸，常置戎馬十萬匹，以擬京師軍警之備。每歲自河西徙牧於并州漸南，欲其習水土無死傷也，而河西之牧滋甚。又按：唐貞觀初僅有牧牝三千匹，從赤岸澤徙之隴右。十五年，始令太僕卿張萬歲幹羣牧，至麟德四十年間，馬至七十萬六千匹，置八使，領六監。初置四十八監，跨蘭、渭、秦、原四州之地，猶為隘陝。更增八監，布於河曲，其時天下以一縑易一馬。儀鳳三年，少卿李思文檢校隴右諸牧監，方稱使。爾後或戎狄外侵，牧圉乖散，洎乎垂拱，潛耗太半。開元初，牧馬二十四萬匹。十三年，加至四十五萬匹。初有牛三萬五千頭，是年亦五萬頭。初有羊十一萬二千口，是年亦二十萬六口，盛於垂拱。丞，秦漢有兩人，後漢一人，魏晉因之。東晉或省或置，梁有丞，陳因之。後魏、北齊丞一人，隋三人，唐因之。掌判寺事，凡補獸醫業優長者，進以為博士。主簿，梁置一人，北齊亦一人，隋二人，唐因之。乘黄令，後漢太僕有未央廐令，魏改為乘黄廐。乘黄，古之神馬，因以為名。晉以下因之。宋屬太常，銅印墨綬，進賢一梁冠，絳朝服，歷代皆有，悉掌乘輿。唐令、丞各一人，掌乘輿車輅。典廐令，周官有牧人、圉師、趣馬掌十二閑之馬。漢西京太僕有龍馬長，東京有未央廐令，掌乘輿及宫中之馬。魏為驊騮廐，晉有驊騮、龍馬二廐。自宋以後，分驊騮廐，屬門下。梁太僕有龍廐及内外等廐，陳因之。北齊有驊騮、左右龍等署。後周有左右廐，各上士一人。隋如北齊。唐改龍廐為典廐署，令二人，丞四人，掌在廐繫飼馬牛及雜畜事。典牧監，周官牧師，下士四人，掌牧馬而頒之。秦漢邊郡置六牧師令，魏晉以下因之。隋有典牧牛羊等監，各置令、丞。唐有乘黄等四監，令、丞各四人，掌外牧及造酥酪脯腊之事。車府令，秦以趙高為之，歷代皆有。漢、魏屬太僕，宋、齊以後屬尚書駕部，北齊以下又屬太僕。唐置令、丞各一人，掌王公以下車輅。諸牧監，漢太僕有牧師諸苑三十六所，在北邊、西邊，以郎為苑監官。魏置牧官都尉，晉因之，自後無聞。北齊有左右牝牡駞牛羊等署令，後周曰典牝、典牡上士、中士，又有典駝、典羊、典牛中士。隋曰典牧署、牛羊署令、丞。唐初因之，分曰牧監，置監、副監、丞、主簿。

宋 孫逢吉《職官分紀》卷一九《太僕》

《前漢百官表》：太僕，秦官，周穆王所置，掌輿馬，有兩丞，屬官有大廏、未央、家馬三令，各五丞一尉。又車府、路軨、騎馬、駿馬四令丞，又龍馬、閑駒、橐泉、騊駼、承華五監長丞，又邊郡六牧師菀令，各三丞，又牧橐、昆蹏令丞，皆屬焉。中太僕掌皇太后輿馬，不常置。司虞令一人，丞二人。《後漢百官志》：太僕卿一人，丞一人，比千石。考工令一人，車府令一人，未央廏令一人，長樂廏丞一人，右屬太僕。《晉職官志》：太僕，統典農都尉，典虞丞、左右中典牧都尉、車府典牧、乘黄廏、驊騮廏等令，典牧又别置羊牧丞。太僕，自元帝渡江之後，或省或置。太僕省，故驊騮為門下之職。《宋百官志》：太僕掌輿馬，《周官》校人掌馬，巾車掌車，及置太僕，兼其任也。晉江左或置或省，宋以來不置郊祀，則權置太僕執轡，事畢即省。後齊九寺置卿、少卿丞各一人，各有功曹、五官、主簿、録事等員。《隋百官志》：九寺並置卿、少卿各一人，各置丞、主簿、録事等員。又太僕寺有獸醫博士員，統驊騮、乘黄、龍廏、車府、典牧、牛羊等署，各署令、丞等員。《唐百官志》：太僕寺，梁置寺，龍朔改司馭寺，光宅為司僕寺，神龍復。卿一員，少卿二人，丞四人，主簿二人，録事二人，府十七人，史三十四人，獸醫六百人，獸醫博士四人，學生一百人，亭長四人，掌固六人。《六典》：太僕寺，梁太僕統南牧、左右牧、龍廏。陳因之。北齊太僕寺統驊騮、左右龍廏、左右駝牛羊司、乘黄、車府、典牧、牛羊等署，煬帝減驊騮署入殿内省，尚乘局改龍廏曰典廏署，又有左右駮皂二廏，加置主乘、司庫、司廪官，罷牛羊署。皇朝因之，而省駮皂等諸官。龍朔二年改司馭寺，咸亨中復舊。光宅元年改司僕寺，神龍復。國朝太僕寺掌輦輿、車輅、乘黄、廏牧雜畜之事。車輅之職行于本寺，餘職歸騏驥院，諸方監、四署並廢。

又《卿少卿》

《尚書·冏命》曰：穆王命伯冏為太僕正，作冏命曰：『昔在文武，聰明齊聖。小大之臣，咸懷忠良。今予命汝作大正，正于羣僕侍御之臣。』《前漢百官表》：太僕，秦官。《後漢百官志》：太僕卿一人，中二千石。本注曰：掌車馬，天子每出，奉駕上鹵簿，用大駕則執馭。《晉百官志》：太僕銀章青綬，五時朝服兩梁冠，佩水蒼玉。《隋百官志》：梁太僕卿，位視黃門侍郎。後齊九寺，置卿、少卿、丞各一人。隋九寺置卿、少卿各一人。後魏職令：太僕少卿，第四品上，第三請用堅強敏捷識事者。《唐百官志》：太僕寺卿一員，從三品上。古有太僕正卿，其名也，後無正字，惟名太僕。梁始為列卿，隋品第三。龍朔為司馭正卿，光宅為司僕卿，神龍復少卿二人，從四品上。卿之職掌，邦國廄牧車輿之政令，總乘黃、典廄、典牧、車府四署及諸監牧之官屬，少卿為之貳。凡國有大禮及大駕行幸，則供其五輅屬車之屬。《六典》：太僕寺卿一人，從三品。《周禮》有太僕下大夫二人。《漢官儀》云：天子駕出，太僕御屬車八十一乘。梁天監七年置十二卿，太僕與太府為夏卿，班第十。陳因之。後魏太僕卿第二品上，又置少卿。太和二十二年，九卿並第三品。後周依周官。隋煬帝降為從三品。皇朝因之，少卿二人，從四品上。後魏太和十五年，九卿各置少卿一人，品第三上。二十二年，降為正四品上。北齊因之。隋加置二人，煬帝降為從四品上。皇朝因之。龍朔、咸亨、光宅、神龍隨寺改復。國朝《元祐官品令》：太僕寺卿從四品，少卿正六品。

又《丞》 《前漢百官表》：太僕有兩丞，秦官。《後漢百官志》：太僕丞一人，比千石。《隋百官志》：後齊九寺丞各一人，隋九寺丞各一人。《唐百官志》：太僕四人，從六品上，掌判寺事。《六典》：太僕丞四人，從六品上。魏晉因漢。東晉或省或置。宋、齊省。梁天監七年，十二卿各有丞，列卿丞通朝請班第三。陳因之。後魏列卿丞從五品中，太和末降為七品上，北齊從六品下。隋太僕丞三人，品同北齊。大業五年，加為從五品。皇朝為從六品上。武德中，減置二人。永徽中，加一人。開元初，又加一人。領獸醫學生、博士等，掌判寺事。凡補獸醫生，皆以庶人之子，考試其業成者，補為獸醫，業優長進為博。國朝《元祐官品令》：太僕寺丞，正八品。

又《主簿》 《隋百官志》：後齊、隋九寺各置主簿等員。《唐百官志》：太僕寺主簿二人，從七品上，掌印勾檢稽失，省署抄目。《六典》：主簿二人，從七品上。梁天監七年，十二卿各置主簿一人，位不登十八班者，別署七班，主簿班第三。陳因之。北齊一人，隋二人，皇朝因之。武德中，品正第八。貞觀中，加至從七品上。國朝《元祐官品令》：太僕寺主簿，從八品。

又《乘黃令》 沈約《宋書》：乘黃令，晉官也，主乘輿金根車及安車、追鋒諸車馬。《齊職儀》：乘黃廄，因獸名也。龍翼馬身，黃帝乘之而仙，後人以名廄。《六典》：乘黃署令一人，從七品下。乘黃，古神馬名，亦曰飛黃，皆有角，日行萬里。《六韜》云：乘黃震死。《淮南子》曰：天下有道，飛黃伏皂。然車馬職同。後漢有未央廄令、長樂廄丞，至魏改乘黃廄，晉因之。宋太常屬官有乘黃令一人，掌乘輿金根車及安車、追鋒諸車馬。齊品第七，秩四百石，銅印墨綬，進賢一梁冠，降朝服。梁太常屬官有乘黃令、丞，三品勳位。陳因之。後魏有令、丞。北齊掌諸輦輅。隋太僕寺統乘黃署令丞。皇朝因之，領駕士、羊車小吏等。丞一人，從八品下。魏有乘黃丞。晉因之。宋、齊並有令無丞。梁、陳、後魏、北齊、隋並有丞。皇朝因之。令掌天子車輅，辨其名數與馴馭之法。丞為之貳，凡乘輿五輅。《周禮》：巾車氏掌王五輅，有玉、金、象、革、木之制。至秦惟乘金根車。漢承秦制，以為乘輿。晉武帝時，始備五輅，令掌為天子法車。宋、齊、梁、陳因而不改。後魏五輅各依五色，並加五馬。後周設六官，置司輅之職。皇帝之輅十有二等，一曰蒼輅，二曰青輅，三曰朱輅，四曰黃輅，五曰白輅，六曰玄輅，七曰玉輅，八曰碧輅，九曰金輅，十曰象輅，十一曰革輅，十二曰木輅。後閱視武庫，得魏舊物，有乾象輦駕二十四馬，又有大樓輦車駕二十牛，又有象輦初駕二象，後以六駁代之，皆魏天興中所制也。宣帝以來，皆服御之，兼以賜皇后。隋開皇元年，以魏周輿輦非古之制，皆廢毀，改造五輅也。一曰玉輅，祭祀、納后則乘之。二曰金輅，饗射、郊征還、飲至則乘之。三曰象輅，行道則乘之。四曰革輅，巡守、臨兵事則乘之。五曰木輅，田獵則乘之。玉輅青質，以玉飾諸末，駕六蒼龍。金輅赤質，以金飾諸末，駕六赤駁。象輅黃質，以黃飾諸末，駕六黃騮。革輅白質，鞔之以革，駕六白輅。木輅黑質，漆之，駕六黑騮。國朝玉輅之制，箱上置平盤、黃屋，四柱皆油畫刻鏤，左青龍，右白虎，龜文，金鳳翅，雜花，龍鳳，金塗銀裝，間以玉飾，頂輪三層，各施銀耀葉，輪衣、小帶、絡帶並青羅繡雲龍，周綴綬帶、羅文佩、銀穗毬、小鈴。平盤上布黃褥，四角勾闌設圓鑒、翟羽。虛匱內貼銀鏤香罨，軾匱銀龍二，銜香囊，銀香爐，香寶，錦帶，下有障塵。青畫輪轅，銀轂乘葉，三轅，銀龍頭，橫木上有銀鳳十二。左建青旗，十有二旒，皆繡升龍；右載闟戟，繡黻文，並青繡綢杠。又設青繡門簾，銀飾梯一，拓叉二，推竿一，銀鍣頭，銀裝行馬，青繒裹挽索。駕六青馬，馬有金面，插雕羽，鞶纓，攀胸鈴拂，青繡屜，錦包尾。又誕馬二，在輅前，飾同駕馬。餘輅及副輅皆有之。駕士六十四人。金輅色以赤，駕六赤馬，建大旗，駕士六十四人。象輅色以淺黃，駕六赭白馬，建大赤，駕士四十人。革輅色以黃，駕六騧馬，建大白，駕士四十人。木輅色以黑，駕六黑騮馬，建大麾，駕士四十人。自金輅而下，其制皆同玉輅，惟無玉飾。五輅皆有副車。按：蔡邕《獨斷》云：五輅之外，復設五色，安車、立車名一乘，皆駕四馬，是為五時副車。故張良擊始皇，中副車。《魏志》云：天子命太祖駕金根六馬，設五時副車。江左乃闕。至梁始備。隋開皇十四年始造五輅及副。

皇朝因之。國朝並駕六馬，駕士四十人，當用銀飾者皆以銅，餘制同玉輅。又有指南車。崔豹《古今注》云：舊説周公所作也。周公理致太平，越裳氏重譯來獻，使者迷其歸路，周公錫以軿車五乘，皆為司南之制，使越裳氏載之周年而至其國，故常為先導，示服遠人而正四方也。秦漢無聞，後漢張衡始復創造。漢末喪亂，其法不存。沈約《宋書》云：魏明帝始令博士馬鈞造之。晉亂又亡。石虎使飛解、姚興使令狐生又造。宋武帝平關中得之，其制如鼓車，設木人於車上，舉手指南，車驟回轉，所指徵差。至齊祖冲之又造之，歷梁、陳、隋無所變改。皇朝因之。駕四馬正道，先啓而行，匠一人，駕士十四人。國朝赤質兩箱，畫青龍、白虎，四面畫花鳥，重臺勾欄鏤拱，四角垂，香囊上有仙人車，雖轉而手首常南指。一轅，鳳首，駕四馬。駕士舊十八人，雍熙四年乃增為三十人，服綉孔雀。天聖五年，定王府記室參軍、工部郎中、直昭文館燕肅言：按指南車，天子出常為先導，示服遠人而正四方也。自五代至於皇朝，但設其車，以備法駕，而不聞得其制者，臣今創意成之，其車獨轅，車箱外籠上有重構，立木仙人於上，引臂南指，用大小輪九隻，合齒百二十，脚輪二隻，高六尺，圍一丈八尺，附脚立於輪二隻，徑二尺四寸，圍七尺二寸，出齒各二十四，齒間相去二寸，轅端横木下立小輪二隻，徑三寸，鐵軸貫之，左小平輪一隻，徑一尺二寸，出齒十二。右小平輪徑一尺二寸，出齒十二，中心太平輪一隻，徑四尺八寸，圍一丈四尺四寸，出齒四十八，齒間相去三寸。中立貫心軸一條，高八尺，徑三寸，上載木仙人。其車行而木人南指，若折而東，擁轅右旋，附右脚子輪須轉十二齒，繫右小平輪二匝，觸中心太平輪，右旋四分之一，轉十二齒。車東行，木人交而南指，若折而西，擁轅左旋，附左脚子輪，隨轅須轉十二齒。車正西行，木人立而南指。若欲北行，或東或西，轉亦如之。詔有司製造，仍付史館。記里鼓車。崔豹《古今注》云：車上為二層，皆有木人執木搥，行一里下一層，擊鼓；行十里上一層，擊鐲。亦名大章車，所以識道里也。國朝赤質，四面畫花鳥，重臺勾欄鏤拱，行一里則上層木人擊鼓，行十里則次層木人擊鐲，一轅，鳳首，駕四馬，駕士十八人，雍熙四年增為三十人，服綉對鵝。天聖九年，内侍盧道隆言創記里鼓車，其車獨轅，雙輪箱，上為兩層，各安木人，手執木搥，脚輪各徑六尺，圍一丈八尺，脚輪一周而行地三步，古法六尺為一步，三百步為里，今法五尺為步，三百六十步為里，立輪一隻，附於左脚，徑一尺三寸八分，圍四尺一寸四分，出齒十八，齒間相去二寸三分。下平輪一隻，徑四尺一寸四分，圍一丈二尺四寸二分，出齒五十四，齒間相去與附立輪同。立貫心軸一條，上安銅旋風輪一枚，出齒三，齒間相去一寸二分。中平輪一隻，徑四尺，圍一丈二尺，出齒百，齒間相去與旋風輪第。次安小平輪一隻，徑三寸少半寸，圍一丈，出齒十，齒間相去一寸。上平輪一隻，徑三尺少半尺，圍一丈，出齒百，齒間相去與少小平輪同。其中平輪轉一周，車行一里，下層木人擊鼓，上平輪轉一周，車行十里，上一層木人擊鐲，都用大小輪八隻，共二百八十五齒，遞相鈎鎖，木牙相制，周而復始。亦詔有司依此製造。白鷺車。《隋志》名鼓吹車，上施層樓，上有翔鷺。國朝赤質，周施花，板上有朱柱，貫五輪相重，輪衣以緋，皂頂及緋絡帶並綉飛鷺，柱杪刻木為鷺，銜鵞毛翎，紅綬帶。一轅，駕四馬，駕士十八人，服綉翔鷺。鸞旗車。《晉志》云：鸞旗車，先輅所載也。析羽毛編之，十二旒列繫幢旁。國朝赤質，曲壁，一轅，上載赤旗，綉鸞鳥，駕四馬，駕士十八人，服綉瑞鸞。辟惡車。崔豹《古今注》云：秦制也，桃弓葦矢，所以禳祓不祥，太卜令一人在車，執弓箭，平巾幘，緋兩襠，大口袴。國朝乾德元年改名崇德車，赤質，周施花板，四角刻辟惡獸，中載黄旗，亦綉此獸。太卜令一人在車執旗，駕四馬，駕士十八人，服綉辟邪。皮軒車。《晉志》以獸皮為軒，左金吾衛隊正一人，在車執弩，服同太卜令，自指南車皆駕四馬，正道匠一人，駕士十四人。國朝漢制前驅車也，取《曲禮》『前有士師，則載虎皮』之義，赤質，曲壁，上有柱，貫五輪相重，畫虎文，駕四馬，駕士十八人，服綉虎。安車。《晉輿服志》云：坐乘謂之安車，倚乘謂之立車，各一乘，名五時車，俗謂之五帝車，駕四馬，駕士二十四人。國朝乾德元年改進賢車，赤質，兩壁紗窻，擎耳，虛櫃，一轅，緋帳，衣絡帶，門簾皆綉鳳，紅絲網中設朱漆床、香案、紫綾案衣，緋繒裹輓索，朱漆行馬，駕四馬，駕士二十四人，服綉瑞麟。四望車。《晉志》云：陽遂四望繐窗皂輪小形車，駕牛。晉中朝大駕鹵簿，日御四望車駕牛中道。皇朝駕四馬，國朝乾德元年改為明遠車，仍駕四馬，赤質，制如屋，重門勾欄，上有金龍，四角垂銅鐸，上層四面垂簾，下層周以花板，三轅，駕士四十人，服綉對鳳。耕根車。《晉志》云：建赤旗十有二旒，天子親耕所乘也。一名芝車，一名二蓋車，置耒耜於軾上，駕六馬，駕士三十二人。國朝制如五輅之副，駕士四十人，服綉鳳銜、嘉禾。羊車。周遷《輿服雜事》曰：羊車，一名輦車，其上如軺，伏兔箱，漆畫輪軛，小兒衣青布袴褶，紫碧襻青耳屬五辮髻，數人引之，今代名為羊車小史。而漢代或以人牽，或以駕果下馬。《晉志》曰：武帝乘羊車於後宫，恣意所之，宫女掛竹葉、楊條，候帝之來。國朝古輦車也，亦為畫輪，車駕以牛，隋駕以果下馬，今亦駕以二小馬，赤質，兩壁畫龜文，金鳳翅，綉緋幰衣，絡帶、門簾，皆綉瑞羊童子十八人，服綉瑞羊。黄鉞車。崔豹《古今注》云：『黄鉞，三代通用以斷斬，今以黄鉞為乘輿之飾。武王以黄鉞斬紂，故王者以為戒。』駕二馬，左武衛隊正一人在車執之，武弁、朱衣、革帶。駕士一十二人。國朝漢制，乘輿建之在大駕，後晉鹵簿有黄鉞車，唐初無之，貞觀後始加赤質，曲壁，中設金鉞，錦囊綢杠，左武衛隊正一人，在車下執鉞，駕兩馬，駕士十五人，服對綉鷟。豹尾車。崔豹《古今注》云：『豹尾車，周制也，所以象君子豹變。尾，言謙也。古軍正建之，今唯乘輿得建焉。』《漢書》曰：『成帝以幸姬趙飛燕置屬車間豹尾中。』駕二馬，右武衛隊正一人在車執之，武弁、朱衣、革帶。駕士十二人也。國朝漢制，最後車一乘豹尾，以前即用禁中，唐貞觀後，始加此車於鹵簿内，制同黄鉞車，上載朱漆，竿首綴豹尾，右衛隊正一人執之，駕兩馬，駕士十五人，服綉立豹。屬車十有二。一曰副車，一曰貳車，一曰佐車。漢因秦制：大駕屬車八十一乘，行則中央、左、右分之；法駕屬車三十六乘，最後車懸豹尾，皆皂蓋、朱裏。蔡邕《獨斷》曰：『古者，諸侯貳車九乘。秦滅九國，兼其車服，故為八十一乘。溪武祠太乙、甘泉皆盡用之，明帝上原陵又用之。法駕三十六乘，小駕一十二乘。』大業初，備八十一乘；三年，帝嫌其多，問閻毗，毗曰：『此起于秦，遂為後式。宋孝建時，議準旗旒之數，設十二乘。今憲章往古，大駕依秦，法駕依漢，小駕依宋。』帝曰：『大駕宜三十六，法駕宜用十二，小駕除之可也。』皇朝因之，置十二乘，駕牛，駕士各八人。自指南車駕士皆平巾幘、緋衫、大口褲，唯耕根車青衫，羊車服則殊也。國朝因唐大駕，唯用十二乘，黒質，兩箱舉裝，前有曲欄，金銅飾，上施紫通幰、絡帶、門簾皆綉雲鶴，紫絲網帉鍇。每乘駕三牛，駕士十人，服綉雲鶴。大駕則用之。若法駕，則減五副車、白鷺、辟惡、安車、四望車，四分屬車之一，餘同大駕。若小駕，又減象輅、革輅、木輅、指南車、記裏鼓車、鸞旗、皮軒、耕根、羊車、屬車、黃鉞、豹尾等車，餘同法駕。若有大禮，則以所禦之輅進內；既事，則受而藏之。凡將有事，先期四十日，尚乘供馬，馬如輅也，率駕士預調習，指南等車亦如之。

又《典厩令》

《漢百官表》：太僕屬官有太廄、未央、家馬三令，各五丞一尉。又車府、輅軨、騎馬、駿馬四令丞。應劭《漢官儀》：六廄各主馬萬疋。又龍馬閑駒橐泉。如淳曰：在橐泉宮下。騊駼承華五監長丞，又牧橐、昆蹏令丞。應劭曰：橐馳、昆蹄，好馬名。如淳曰：因以名廄。武帝太初元年更名家馬為挏馬。應劭曰：主乳馬，取其汁和酪之，味酢可飲，因以為名也。《漢書》：蘇武為栘中監。栘中監，名音移。《齊職儀》：諸廄同圉師、牧人養馬之官，校人掌王之馬政。《六典》：典廄令二人，從七品下。後漢太僕屬官有未央廄，主乘輿及宮中諸馬，其後置左駿廄令，別主乘輿御馬。魏有驊騮廄令。晉太僕統乘黃、驊騮、龍馬等廄令。過江之後，或省或置。哀帝省驊騮為門下之職。宋、齊因之。梁太僕統龍廄內外廄。陳因之。後周有左右廄各上士一人。北齊太僕寺統驊騮、左右龍廄等署。隋太僕寺統龍廄署。皇朝改為典廄署令，領執馭駕士等。丞二人，從八品下。隋有龍廄丞，皇朝改為典廄丞。令掌繫飼馬牛，給養雜畜之事。丞為之貳。上以為忠。漢上官桀為羽林期門郎，從上甘泉，大風，車不得進，解蓋授桀，桀奉蓋，雖風常屬車兩下蓋，輒御，上奇其材力，遷朱央廄令。上體不安，及愈，見馬多瘦，上怒曰：『令以我不復見耶？』桀曰：『聖體不安，日夜憂懼，意誠不在馬。』言未卒，泣數行下，上以為忠。馬瘦上。

又《車府令》

《史記》：趙高為秦車府令。《漢書・百官表》：太僕屬官有車府令一人，六百石，丞二人。《齊職儀》：車府署。周有巾車，掌五輅之職，辨五輅之制。《六典》：車府署令一人，正八品下。後漢主乘輿諸車，魏晉因之。宋、齊、梁、陳並尚書駕部領。後魏闕文。北齊太僕寺領車府令丞，與乘黃令分職。隋因之。皇朝因隋。丞一人，正九品下。秦漢以來並有丞一人。隋二人，皇朝省置一人。令掌王公以下車輅，辨其名數及馴馭之法，丞為之貳。執法守正。永平中，車駕出，信陽侯干突車騎鹵簿，車府令齊國徐匡就車，收奴下獄。詔譴匡，匡自繫不出。吳良上書：信陽侯驕漫，干突車騎，無人臣禮，大不敬，匡令掌土公而下獄，臣恐陛下政化由是隳矣。於是詔出匡遷太丘長。

宋 章如愚《山堂考索・後集》卷二《官制門》

太僕寺卿一人，少卿二人，丞四人，主簿二人，錄事二人。卿掌廐牧輦之政，總乘黃、典廐、典牧、車府四署。永徽改司馭，武后光宅元年改司僕寺。乘黃署令一人，丞一人，掌供三路及馴御之法。典廐署令二人，丞四人，掌飼馬牛，給養雜畜。典牧署令三人，丞六人，掌諸牧雜畜給納及酥酪脯腊之事。車府署令一人，丞一人，掌王公以下車路。諸牧監，上牧監監各一人，副監各一人，丞各二人，主簿各一人；中牧監，監之設監，監各有副監、丞、主簿，掌詳政孳課。東宮九牧監丞二人，錄事一人，掌牧養馬牛。

宋 徐天麟《西漢會要》卷三一《職官一・太僕》

太僕，秦官，掌輿馬。有兩丞，屬官有大廄、未央、家馬。師古曰：家馬者，主供天子私用，非大祀、戎事、軍國所須，故謂之家馬也。三令各五丞一尉。又車府、路軨、騎馬、駿馬四令丞，又龍馬、閑駒、橐泉、騊駼、承華五監長丞，又邊郡六牧師菀令。師古曰：《漢官儀》云：牧師諸苑三十六所，分布北邊、西邊，分養馬三十萬匹。各三丞。又牧橐、師古曰：牧橐言牧養佗也。昆蹏，應劭曰：昆蹏，好馬名也。蹏，音蹄。令丞皆屬焉。中太僕掌皇太后輿馬，不常置也。武帝太初元年，更名家馬為挏馬。挏，音徒孔反。應劭曰：主乳馬，取其汁挏治之，味酢可飲。初置路軨。駿馬監。傅介子。平樂廄監。傅介子。移中監。蘇武。師古曰：移中，廄名。如淳曰：移園之中馬廄。家車吏。齊受。師古曰：主漢王之家車，非軍國所用。廄司御。夏侯嬰為沛廄司御。農官。《食貨志》：武帝水衡、少府、太僕、大農各置農官。

又

太僕卿一人，中二千石。本注曰：掌車馬。天子每出，奏駕上鹵簿，用大駕，則執馭。丞一人，比千石。考工令一人，六百石。本注曰：主作兵器弓弩刀鎧之屬，成則傳執金吾入武庫，及主織綬諸雜工。左右丞各一人。車府令一人，六百石。本注曰：主乘輿，諸車丞一人。未央廄令一人，六百石。本注曰：主乘輿及廄中諸馬長樂廄，丞一人。右屬太僕。本注曰：舊有六廄，皆六百石，令中興省約，但置一廄，後置左駿令廄，別主乘輿御馬，後或并省。又有牧師苑，皆令官主養馬，分在河西六郡界中。中興皆省，唯漢陽有流馬苑，但以羽林郎監領。

《玉海》卷一二四《官制・唐太僕寺》

《志》：太僕寺卿、少卿，掌廄牧輦輿之政，及諸監牧。行幸，供五路屬車。卿，張□、郭元振。少卿，張萬歲。

貞觀十五年，張景順、韋述。總乘黄、典廄、典牧、車府四署。景雲元年八月，少卿加一員，以韓思復爲之。丞四人。令狐丕。主簿二人。衛包。永徽中，太僕寺曰司馭寺，光宅元年曰司僕寺。姚崇司僕卿，知驢右監牧。乘黄署掌供車輅及馴馭之法。本後漢未央廄令，魏改爲乘黄廄。乘黄，古之神馬，因以爲名。典廄署掌養馬。周官有校人、圉師、趣馬掌十二閑之馬，漢有龍馬長，唐改今名。典牧署於周官牧師、韋牧而頒之。隋有典牧牛羊等署。唐置令丞，車府令掌王公以下車駱及馴馭之法。秦置車府令，漢因之。諸牧監掌羣牧羣課。漢大僕有牧師諸苑二十六所，見表。隋置典牧，唐初因之，分諸物監，置監、副監、丞。車宮，九牧監、沙苑監一人。在同州。

《文獻通考》卷五六《職官考十・太僕卿》　《周官》有太僕下大夫，掌正王之服位，出入王之大命，似今太僕之職。一云周穆王置太僕正，以伯冏為之冏，俱永切，掌輿馬。秦因之。在《周官》則校人掌馬，巾車掌車，及置太僕，兼其任也。漢初，夏侯嬰常為之。《漢書》曰夏侯嬰為沛公太僕，常奉車，自高帝至文帝，常為太僕。又石慶為太僕，禦出，上問車中幾馬，慶以策數馬畢，曰：『六馬。』。領五監，龍馬、閑駒、橐泉、騊駼、承華五監，各有長、丞。六廄各有令。或曰，六廄謂未央、承華、騊駼、龍馬、輅軨、大廄也，馬皆萬匹。武帝承文、景蓄積，海內殷富，廄馬有四十萬匹。時匈奴數寇邊，遣衛青、霍去病發十萬騎，並負私從馬，凡十四萬匹，窮追，大破匈奴。漢馬死者十餘萬匹。匈奴雖病遠去，而漢亦馬少，無以復往。王莽改太僕為太禦。後漢太僕與漢同，亦掌車馬，天子每出，奏駕上鹵簿用，大駕則執馭初，漢西京置六廄，東京約省，唯置一廄。魏因之。晉初有之，銀章青綬，五時朝服，進賢兩梁冠，佩水蒼玉，領典牧、乘黄、驊騮、龍馬等廄令。自元帝過江之後，或置或省，故驊騮廄為門下之職。晉、宋以來不常置，郊祀則權置太僕執轡，事畢則省。齊亦然。梁太僕卿位視黄門侍郎，統南牧、左右牧、龍廄、內外廄。陳因之。後魏兼置少卿。太武帝平統萬赫連昌，定隴右禿髮、沮渠等，河西水草善，乃以為牧地，六畜滋息，馬三百餘萬匹，駝駝將半之，牛則無數。孝文帝遷洛陽之後，復以河陽為牧場，恒置戎馬十萬匹，以擬京師軍警之備。每歲自河西徙牧於並州，漸南，欲其習水土而無死傷也，而河西之牧滋甚。北齊太僕寺統驊騮、左右龍、左右牝、乘黄、車府署，卿及少卿各一人。後周如古周。隋如北齊，煬帝加署少卿一人。唐龍朔二年，改太僕為司馭，咸亨初復舊。光宅元年改為司僕，神龍初復舊。卿一人，掌馭五輅。少卿本一員，景雲元年加一員，領乘黄、典廄、典牧、車府等四署。署各有令。天下監牧置八使、五十六監。貞觀初，僅有牧牝三千匹，從赤岸澤徙之隴右。十五年，始令太僕卿張萬歲句當群牧。至麟德四十年間，馬至七十萬六千匹。置八使，領六監，初置四十八監，跨蘭、渭、秦、原四州之地，猶為隘狹，更析八監，布於河曲。其時天下以一縑易一馬。儀鳳三年，少卿李思文檢校隴右諸牧監，方稱使。爾後或戎狄外侵，或牧圉乖散，洎乎垂拱，漸耗大半。開元初，牧馬二十四萬匹，十三年加至四十五萬匹；初有牛三萬五千頭，是年有五萬頭；初有羊十一萬二千口，是年亦二十萬六千口，盛於垂拱。丞，秦漢有二人，後漢一人《漢書》張敬字子高，為太僕丞，魏、晉因之。東晉或省或置。梁有丞，陳因之。後魏、北齊丞一人。隋三人，唐因之。主簿，梁置一人，北齊亦一人，隋二人，唐因之。

又　乘黄署。後漢太僕有未央廄令，魏改為乘黄廄。乘黄，古之神馬，因以為名。乘黄亦名飛黄，背有角，日行萬里。淮南子云天下有道，飛黄伏皂。一云神黄，獸名，龍翼馬身，黄帝乘而仙。晉以下因之。宋屬太常。銅印墨綬，進賢一梁冠，絳朝服。歷代皆有，悉掌乘輿。唐令、丞各一人，掌乘輿車輅。

又　典廄署。《周官》有校人、圉師、趣馬，掌十二閑之馬。漢西京太僕有龍馬長，東京有未央廄令，掌乘輿及宮中之馬。魏為驊騮廄，晉有驊騮、龍馬二廄。自宋以後，分驊騮廄屬門下。梁太僕有龍廄及內外等廄，陳因之。北齊有驊騮、左右龍等署。後周有左右廄，各上士一人。隋如北齊。唐改龍廄為典廄署，令二人，丞四人，掌在廄系飼馬牛及雜畜事。

又　典牧署。《周官》牧師下士四人，掌牧馬而頒之。秦、漢邊郡置六牧師令。說在諸牧監篇。魏、晉以下因之。隋有典牧、牛羊等署，各置令、丞。唐有乘黄等四署，令、丞各四人，掌外牧及造酥酪脯臘之事。

又　車府署。秦有車府令，以趙高為之。歷代皆有。漢、魏屬太僕。宋、齊以後屬尚書駕部，北齊以下又屬太僕。唐置令、丞各一人，掌王公車輅。

《文獻通考》卷一五九《兵考十一》　北齊太僕寺統驊騮，掌御馬及諸鞍乘。左右龍、左右牝掌馳馬。驊騮署又有奉乘直長二人。左龍署有左龍局，右龍署有右龍局，左牝署有左牝局，右牝署有右牝局。隋太僕寺有獸醫博士員一百二十人，統驊騮、乘黄、龍廄等署，各置令，其後減驊騮署入殿內尚乘局，改龍廄曰典廄署，有左右馭皁，二廄加置主乘、司庫、司廩官。

明　彭大翼《山堂肆考》卷五二《臣職・太僕卿》　歷代沿革。《周禮》，太僕掌王之服位，出入王之大命，建路鼓于大寢門之外，而掌其政，王出入則自左馭而前驅，《尚書》爾穆王命伯冏為太僕正是也。以其為衆僕之長，故曰太僕。秦因之，掌輿馬。歷漢、魏及晉西朝咸置，至東晉元帝省之，後復置。成帝又省之，併入宗正，蓋有事郊祀則權置，畢則省。宋、齊因之。梁曰太僕卿。唐初因之。龍朔二年改為司馭寺，卿曰司馭卿。光宅初，改為司僕寺，卿曰司僕卿。奉車：漢夏侯嬰為沛公太僕，常奉車。馭駕：《續漢書》，太僕，周官，秩中二千石，掌車馬，天子出入，大駕則奉，小駕則馭。數馬對君：漢石慶為太僕，御出，上問車中幾馬，慶以策數馬，舉手曰：六馬。養馬濟事：晉郭展為太僕，心精于畜養，是以馬充盛，其後伐吳，得以濟事。次孫清廉：東漢祭肜，字次孫，遵從弟也。膂力過人，入為太僕，清廉有道，在遼東幾三十年，衣無兼副。明帝美其清約，賜之衣備什物。嘗從帝至魯，帝入孔子廟，至子路室曰：此太僕之室也。太僕，吾之禦侮。國泉恭儉：魏國泉，字子尼，為太僕，布衣蔬食，禄賜俱散故舊，宗族以恭儉自守。

清 牛天宿《百僚金鑑》卷二《太僕》 按：《周禮》有太僕下大夫，掌正王之服位，出入王之大命，而周穆置太僕正，以伯冏為之，秦特襲其名耳。漢太僕秩二千石，有兩丞，領五監六廄與邊郡牧司院令、丞。王莽改太御，後漢仍謂太僕，卿一，丞一，亦掌車馬。天子每出奏駕上鹵簿，用大駕則執御。魏因之。晉太僕銀章青綬，五時朝服，進賢兩梁冠，佩水蒼玉，丞一人，部丞五人，置功曹、主簿、五官等員，領典牧、乘黃、驊騮、龍馬等廄令。梁太僕位視黃門侍郎，統南牧、左右牧、龍廄、內外廄。陳因之。後魏丞、卿之外，增置少卿。北齊太僕寺統驊騮、左右龍、左右乘黃、車府諸署，卿、少卿各一人。隋煬帝增置少卿一人。龍朔二年，改太僕為司馭。光宅改司僕，神龍復舊，卿一，少卿二，丞四，主簿二，錄事二，領乘黃、典廄、典牧、車府等四署，署各有令。天下監牧，置八使五十六監。宋初，邦國輿馬之政分隸郡牧司、騏驥院，太僕但掌天子五輅屬車。元豐官制行，卿、少卿、丞、簿各一人，掌奉輅廄牧之政令，車輅院、左右騏驥院、天駟監、鞍轡庫、養象所、駞坊、車營、務遠牧養上下監隸焉。元祐置左右天廄坊。紹聖置孳生監，紹興復廢，仍入兵部。明洪武初，移駐滁州，及令都設於京師，而除山西、陝西、遼東設太僕苑、馬監治焉。卿掌政令，以聽於兵部，少卿則分督京營馬，承理京衛若畿甸，及山東、河南六部孳牧寄牧馬，三年而更。凡牧人，視其丁產以授馬，蠲賦而更乏焉。

《續通志》卷一三一《太僕寺》 太僕卿少卿，唐制，卿一人，少卿二人，丞四人。後唐置卿一人。宋初，置判寺事，掌車輅而以其職分羣牧司、騏驥院。元豐更制，置卿一人，少卿一人，掌廄牧車輅之令；丞一人，主簿一人，所隸官司有車輅院、左右騏驥院、鞍轡庫、養象所、車營、致遠務。南渡後廢寺，併入兵部。

清 厲荃《事物異名録》卷八《太僕寺》 司馭卿、司僕卿。歷代沿革：太僕卿，唐龍朔中改為司馭卿，光宅初改為司僕卿。冏卿，《廣事類賦》：周王命伯冏為卿。按：《書》『伯冏為太僕正』，故號太僕卿為冏卿。

清 梁章鉅《稱謂録》卷一八《太僕寺》 太僕：《周禮》夏官太僕掌正王之服位，出入王之大命。

又 太僕正、太御：《書·小序》：穆王命伯冏爲太僕正，作冏命。《孔傳》：太僕長太御中大夫。孔疏：正，訓長也。《周禮》，太御中大夫，太僕下大夫，孔以此言太僕正，則官高於太僕，故以爲《周禮》太御。《文獻通考》：王莽改太僕爲太御。案：今世稱太僕爲冏卿，即仿此。

又 冏卿：《廣事類賦》：周王命伯冏爲卿。案：書伯冏爲太僕正，故號太僕卿爲冏卿。

又 校人：《周禮》夏官校人鄭注云：校者，校也。主馬者必仍校視之。校人，馬官之長。

又 僕人師：《禮記·檀弓》『卜人師扶右』，鄭注云：卜當爲僕聲之悮也。《釋文》曰：卜，依注音僕，師長也，謂太僕也。

又 僕臣：揚雄《太僕箴》云：『僕臣司駕，敢告執皁。』

又 相：《尚書·顧命》『相被冕服』。《正義》引鄭注曰：相者，正王服位之臣爲太僕。

又 司馭、司僕、司馭寺、司僕寺：《五代史·百官志》：唐龍朔中改太僕曰司馭，又改爲司僕。《初學記》：龍朔二年改太僕爲司馭寺，亦曰司馭卿。咸亨中復舊。光宅元年改為司僕寺，亦曰司僕卿。龍朔元年復舊。韋宏景封還除太僕制，『司僕正卿，位居九列』。

又 夏卿：《隋書·百官志》，梁加置太府卿，以少府爲少府卿，加置太僕卿，三卿是爲夏卿。

又 左御：孫逖太僕卿制：『俾升榮於左御』。

又 馬師：《歷代職官表》：劉向《列仙傳》稱馬師皇爲黃帝馬師，其說無據，而夏之牧正，殷之牧師，皆見於經傳，則典牧之官其由來固已久矣。

又 牧師：《竹書紀年》：周公季歷伐無余之戎，克之，命爲牧師。

又 牧正：《春秋左氏傳》：少康爲牧正。杜注：牧官之長。

又 監牧使：《新唐書·兵志》：以太僕少卿李思文、檢校隴西諸監牧使，監牧有使自此始。《歷代職官表》：蠶牧領之於太僕少卿，疑諸監歲時閱視，皆以少卿往莅其事，故獨專使名，正如今太僕寺堂官每歲赴牧場稽察之職也。

紀事

唐虞世南《北堂書鈔》卷五四《設官部六·太僕二十六》 周穆王命伯冏爲太僕。《尚書·冏命》云：周穆王命伯冏爲太僕正。今案：祥本篇上文。夏侯嬰爲沛公太僕。《漢書》夏侯嬰爲沛公太僕，掌車馬。嬰自上初起，常爲太僕事。惠帝二歲，以太僕與東牟。廢少帝以天子法駕迎代王文帝位，復爲太僕。今案：《漢書》四十一「掌車馬」作「常奉車」，又無「二歲」兩字，陳本多改易。祭肜旅力爲太僕。《東觀記》云：祭肜旅力過人，入爲太僕，從至魯明帝，指子路室曰：「此太僕室也。」王石華校以原鈔，指誤諸因改作詣，非也。今案：《類聚》四十九引魯誤會餘同，考本鈔十九《歎美篇》亦引作指，可據彼訂正。馬防高第爲太僕。《續漢書》馬防以郡太过高第爲太僕，在乎內行脩潔也。今案：陳俞本馬防改馮魴，無內行句。姚輯、汪輯本《續漢書》無馬防傳，惟有馮魴傳，與陳俞同。執政廉平。《漢雜事》：陳萬年爲太僕，執政廉平，內修行潔。今案：陳俞本同。在朝盡節。《東觀記》云：劉般字與伯，爲太僕，在朝盡節，夙夜不怠。今案：陳俞本無「字與伯」三字，聚珍本、姚輯本《東觀記》作「字伯興」。蔣疊數言便宜。《東觀記》云：蔣疊字伯重，爲太僕，久在臺閣，文雅通達，明故事，在九卿數言便宜，奏議可觀。今案：聚珍本、姚輯本《東觀記》同，陳俞本作「奏義」。傅玄陳事精灼。王《晉書》云：傅玄爲太僕時，比年不登，羌虜擾邊，詔公卿會議省中，玄乃隨詔所問，陳事精灼，雖不盡施行，而常見優容。今案：俞本無「省中」二字，「陳事」誤「諫諍」，餘同，亦見今《晉書》四十七無「省中」二字，「乃隨詔」三字作「應對」二字，「精灼」作「切直」。陳本已照改，而猶昌王隱《晉書》之名，謬矣。次孫清素。《續漢書》：祭肜字次孫，爲太僕卿，朝廷聞肜素清有道，而衣無副有功效，拜之日賜錢百萬，馬三疋，衣被刀劍，下至栖案什物，上常嘆之，以爲任人之臣也。今案：《初學記》十二引無卿字及有功以下，姚輯、汪輯本《續漢書》「副」上有「兼」字，「什」誤「食」，「任大之臣」作「可屬大任」，餘同。陳本已改范書。子尼恭儉。《魏志》：國淵字子尼，爲太僕，居列卿，衣布衣，食蔬食，祿賜班之，故舊宗族以恭儉自守。今案：《魏志》十一「卿」下有「位」字，「衣布」六字作「布衣蔬食」四字。陳本已照改。石慶以策數馬。《漢書》：石慶爲太僕，御出，上問車中幾馬，慶以策數馬畢，舉手曰：「六馬。」慶於兄弟最爲簡易，而猶如此也。今案：見《漢書》四十六。郭展留心養生。晉諸公贊云：郭展爲太僕，留心養生，是以廐馬充丁，其後征吳濟事。今案《類聚》四十九引諸公讚，「吳」下有「得以」二字。陳本注作《晉書公卿表》，非也。減省諸費。《東觀記》云：馬元，字叔山，拜太僕，視事，減省諸費歲千萬以上。今案：陳、俞本同。聚珍本《東觀記》卷十二作「馬光」。姚輯本與原鈔同。安尉天下。《續漢書》：趙岐，字臺卿，爲太僕，持節安尉天下。今案：《類聚》四十九、《御覽》二百三十引及姚輯、汪輯本《續漢書》，「尉」作「慰」，餘同。陳本作「撫慰」，又脫「續」字。張問以簡直聞。《魏志》：永寧中，太僕東郡張問以簡直聞。今案：陳俞本「問」作「閣」，「直」作「質」。考《魏志》，無此文。梁松爲請託免。《續漢書》：梁松爲太僕，永平二年，爲松請託，郡縣事覺免。今案：陳俞本及姚輯本《續漢書》「託」作「托」，汪輯本與原鈔同。

《初學記》卷一二《職官部下·太僕卿第二十》 敘事。《齊職儀》云：太僕，周官也，《尚書》稱穆王命伯冏為太僕正是也。蓋謂眾僕之長曰太僕。秦因之，掌輿馬。歷漢、後魏及晉西朝，咸置之。至東晉元帝省之，後復置。至成帝又省之，併入宗正，蓋有事郊祀則權置，畢則省。宋齊因之。《五代史·百官志》云：梁又置之，加卿字，曰太僕卿，後皆因之。唐初因之，龍朔二年改為司馭卿，咸亨初復舊；光宅初改為司僕卿，神龍初復舊。又事對。前驅、馭駕。《周禮》曰：太僕，王出入則自左馭而前驅。鄭玄注云：前驅如今導引也。《續漢書》曰：太僕周官，秩中二千石，掌車馬。天子出入，大駕則奉，小駕則馭。拭輿、數馬。漢武帝《柏梁詩·太僕》曰：牧拭輿馬待警來。《漢雜事》曰：石慶為太僕，禦出。上問車中幾馬，慶以策數馬，舉手曰：「六馬。」慶以兄弟中最為簡易，而猶如此。奉車。待警。《漢書》曰：夏侯嬰為沛公太僕，常奉車。嬰自上初起，常為太僕。竟高祖，以太僕事惠帝、高後、文帝，凡四主。待警見上拭輿注。子尼儉、次孫清。《魏志》曰：國泉，字子尼，為太僕。居列卿位，布衣蔬食。祿賜散舊故宗族，以恭儉自守。《續漢書》曰：祭肜，字次孫，為太僕。朝廷聞肜素清有道而衣無副。建路鼓、箴乘輿。《周禮》曰：太僕掌王之服位，出入王之大命，建路鼓於大寢之門外而掌其政。王出入則自右馭而前驅。《魏志》曰：潘尼，字景叔，侍中為太僕，造乘輿箴。

《唐會要》卷六六《太僕寺》 龍朔二年。改為司馭寺。卿為正卿。咸亨元年。復為太僕寺。光宅元年。改為司僕寺。神龍元年。復為太僕寺。少卿。景雲元年八月。加一員。韓思復為之。丞。大足元年三月六日。加一員。開成三年。太僕卿趙蕃奏。請差少卿一人。用隨年鐵印印見在牛羊。堪祠祭及鳴牛。並不印。敕旨。從之。

《五代會要》卷六《太僕寺》 周顯德五年閏七月，太僕寺奏：准敕節文，刪集見行公事，送中書門下者，謹具如後：諸郊壇廟祠祭昊天上帝、上辛一祭無羊。太社、太稷、皇地祇，逐祭各供犢子一頭，羊一口。神州地祇、朝日、夕月、百神，已上四處并太廟，逐祭元供犢子一頭，羊一口。准顯德二年八月勑，皆不用犢。今逐祭供羊一口。黃帝、青帝、赤帝、白帝、黑帝元逐祭祇供犢子一，今亦准勑用羊一口代。九宮貴神、先農、風雨、五龍、文宣王、武成王，逐祭各供羊一口，司寒逐祭供黑羊一口，先牧、馬祖、馬社、馬步、靈星、中霤，逐祭各供羊肉一斤半。司中、司命、司人、司祿，逐祭各供羊肉六斤。太廟、朔望祭，逐祭供羊肉七斤半，心肚肺一副。鑾駕出宮城門外軷祭，別供羝羊一口，差寺丞一員充獻官。禘饗，逐祭供羊二口。已上犢子，寺司申省，准指揮下開封府收買，交付當寺。其羊并肉等，亦准省牒於牛羊司請領供應。

宋 孫逢吉《職官分紀》卷一九《卿少卿》 奉車。《前漢夏侯嬰》：高祖為沛公，以嬰為太僕，常奉車從公左右。沛公為漢王，賜嬰爵列侯，復為太僕，從擊項籍至彭城，漢王不利，馳去，見孝惠、魯元，載之。漢王急，馬疲，虜在後，常蹶兩兒，弃之，嬰常取，載行，面雍樹馳。漢王怒，欲斬嬰者十餘，乃得脫。後王至平城，為胡所為圍，七日不得通。高帝使使厚遺閼氏冒頓，乃開其圍一角，高帝出，欲馳，嬰固徐行，弩皆持滿外鄉，卒以得脫。嬰自上初起沛，常為太僕，竟高祖崩，以太常事惠帝。惠帝崩，以太僕事高后。后崩，代王之末，嬰以太僕與東牟侯入清宮，廢少帝，以天子法駕迎代王，與大臣共立文帝，復為太僕。數馬。石慶為太僕御，出，上問車中幾馬，慶以策數馬，畢，舉手曰：『六馬。』慶於兄弟最為簡易矣，然猶如此。奉轡。《子虛賦》云：孫叔奉轡，衛公參乘。注云：孫叔者，太僕公孫賀，字孫叔。大駕，則太僕卿御。賂遺貴戚，傾家自盡。陳萬年，字幼公，遷太僕卿。萬年廉平，善事人，賂遺貴戚，傾家自盡。安慰天下。後漢趙岐，字臺卿，為太僕卿，安慰天下。吾之禦侮。祭彤，字次孫，幼有志節，建武中拜遼東太守。彤有旅力，能貫三百斤弓，虜每犯塞，常為士卒鋒數破走之。後徵為太僕。彤在遼東三十年，衣無兼副，顯宗既嘉其功，又美彤清約，後從東巡狩，過魯，坐孔子講堂，顧指子路室，謂左右曰：『此太僕之室。太僕，吾之禦侮也。』僕臣司駕。揚雄《太僕箴》：肅肅太僕，車馬是供。鏘鏘和鑾，駕彼時龍。昔在上帝，巡狩四宅。王用三驅，前禽是射。紂作不令，武王征殷。檀車孔夏，四騵孔昕。僕夫執㦃，載騂載駰。我輿云安，我馬云閑。雖馳雖驅，匪逸匪愆。廄多肥馬，野有餓殍。僕臣司駕，敢告執皂。肅肅上布衣蔬食。《魏志》：國淵為太僕，居列位，布衣蔬食。造乘輿箴。潘尼，字正叔，侍中為太僕，造乘輿箴。廄馬充足。晉諸公讚：郭展為太僕，留心丁養畜，是以廄馬充足，其後伐呉，得以濟事。還鄉賜錦袍。《唐書》：張暐為殿中監太僕卿，天寶初，暐還鄉拜掃，特賜錦袍繒綵，御賜詩以寵異之。乘傳來往，敕郡縣供擬。暐鬢髮華皓，在輿中，子弟車馬連接數里，衣冠榮之。司僕正卿，位居九列。劉士經以駙馬交通列位，穆宗用為太僕卿。韋弘景與給事薛存慶封還詔書，論士經：伏以司僕正卿，位居九列，在周之命伯冏，其人所以推服舊勳，素所稱重，今士經戚里常人，班叙散秩，名聲不在于士林，行義無聞于朝野，忽長卿寺，有瀆官常，以親則人物未賢，以勳則寵待常厚，令叨顯任，誠謂謬官。其劉士經新除太僕卿敕未敢行下，穆宗遣宰臣宣諭弘景等，固執如前，改衛尉卿，封還詔書上。

藝文

漢 揚雄《揚子雲集》卷六《太僕箴》 肅肅太僕，車馬是供。鏘鏘和鑾，駕彼時龍。昔在上帝，巡狩四宅。王用三驅，前禽是失。紂作不令，武王征殷。檀車孔夏，四騵孔昕。僕夫執㦃，載騂載駰。我輿云安，我馬惟閑。雖馳雖驅，匪逸匪愆。昔有淫羿，馳騁忘歸。景公千駟，而淫於齊。詩好牡馬，牧於駉野。輦車就牧，而詩人興。魯廄焚問人，仲尼厚醜。孟子盖惡夫廄多肥馬而野有餓殍，僕臣司駕，敢告執皁。

《初學記》卷一二《職官部下・太僕卿第二十》 詩。晉孫楚《太僕座上詩》：朝欽厥庸，出尹京畿；回授太僕，四牡騑騑。騄耳盈箱，翠華葳蕤；勳齊庭實，增國之暉。

唐 元稹《元氏長慶集》卷四六《劉士涇授太僕卿制》 敕：卿寺甚重，不易其人，其或以勳以親，以報以勸又何愛焉。檢校大理少卿駙馬都尉劉士涇：去歲西戎跳入涇上，京師戒嚴，朕慨然有思廉頗、李牧之志。而習事者言爾父司空之在涇也，築平涼等八城一堡，塹保定平原，使涇人益樹麥禾，以復後稷、公劉之教，十有六年犬戎不敢東顧。朕聞其人，思見其後，果有令子，在吾懿親，與之討論，自亦奇士，鋪陳將略，殊有父風，訪其班資，則曰亞諸卿之間，嘗十年矣。今乃除其憂服，命以大僚，豈惟報爾先臣，榮吾戚裏，亦欲使緣邊諸將，視其愛子，為我竭誠。可守太僕卿駙馬都尉，餘如故。

唐 白居易《白氏長慶集》卷三五《段斌宗惟明等除檢校大理太僕卿制》 敕：義武軍節度都押衙兼侍禦史段斌、衙前虞候檢校太子賓客宗惟明等：寇虞未平，將校方用，宜以爵賞，勸其忠勞。而斌奔命獻俘，惟明奉章告捷，各勤乃事，咸造於庭。並加寵榮，以示優獎。斌可試太僕卿，依前兼侍禦史，惟明可檢校大理卿，餘各如故。

唐 杜牧《樊川集》卷一七《馬曙除右庶子王固除太僕少卿王球除太府少卿制》 勑：前度支河東振武天德等道營田供軍使、檢校太僕卿、兼禦史中丞馬曙等。或以文學策名，或以吏才進用，久更官次，皆著勞效。西漢趙充國八十老將，通知四夷，以為排折羌虜，非穀不可。今浚稽山南，遮虜障北，坐甲待食，不下十萬。曙以文學之暇，頗好論邊，果能峙糧，飽吾戰士。固此為郡，亦報善政。球倅賓席，得專留事，兵於其郊，所命皆具。東朝崇秩，列等貳卿，各服官榮，以俟升擢。可依前件。

又《李叔玫除太僕卿高証除均州刺史萬汾除施州刺史等制》 勑：壯武將軍、檢校太子賓客、前兼右金吾衛將軍、監察禦史、上柱國、襲岐國公，食邑三千戶、食實三百七十戶、賜紫金魚袋李叔玫等。夫伊、呂之為將也，每以救扶為心，故其苗裔，福隨殷周。我西平王功存社稷，慶流後嗣，子孫多賢，裂土分茅。玫弘毅知書，洵美且武，儒士多譽，將才頗高。慶忌一門，盡有爪牙之用；金敞舉族，皆著忠厚之名。置將軍之符，列卿寺之任，曰文曰武，唯上所命，酋為才士，實曰賓臣。證之與汾，為吏歲久，文學績效，皆有可觀。清江、武當，有人有賦，豈目薄小，宜遵詔條，無忝寵榮，以稱朕意。可依前件。

唐 羅隱《甲乙集》卷八《裴庶子除太僕卿因賀》 楚珪班序未爲輕，莫惜良途副聖明。宮省舊推皇甫謐，寺曹今得夏侯嬰。秩隨科第臨時貴，官逐簪裾到處清。應笑馬安虛巧宦，四迴遷轉始爲卿。

雜録

宋 趙明誠《金石録》卷二〇《魏太僕荀君碑》 右魏太僕荀君碑，其額題『魏故太僕西陽亭成侯荀府君之碑』，碑已殘缺，其可見者：『嘗爲齊相始平太守，大將軍長史，封西陽亭矦，遂爲太僕，春秋五十有一，正始五年夏六月丙寅薨』，惟其名字、鄉里摩滅不可考矣。

清 吴式芬《封泥考略》卷一《太僕封泥》 右封泥四字印文曰：太僕之印。桉：《漢書百官公卿表》：太僕，秦官，掌輿馬。此其印也。

又《太僕丞封泥》 右封泥四字印文曰：太僕丞印。桉：《漢書百官公卿表》：太僕掌輿馬，有兩丞。《續漢志》云丞一人，此未言左右，或是光武幷官省職後印也。

太子僕寺

綜述

唐 虞世南《北堂書鈔》卷六六《設官部十八》 太子僕，主車馬。《續漢書·百官志》云：太子僕，秩千石，主車馬。今案：見《續漢志百官四》，如太僕，擬太子宗正。《續漢書·百官志》云：太子僕，職如太僕，主馭，擬宗正。今案：《續志百官四》無主馭句陳，本於官志，下增注字，然注亦無此語。蔣斌太僕，鍾會嘆其才學。《蜀志》云：蔣斌爲太僕，鍾會愛其才學。今案：《蜀志》十四，『斌』下有『弟顯』二字。

唐 李林甫《唐六典》卷二七《太子家令寺》 太子僕寺：僕一人，從四品上；漢詹事屬官有太子僕、長、丞。後漢太子少傅屬官有太子僕一人，秩千石，主車馬，職如太僕。太子五日一朝；非入朝日，遣僕及中允朝入，請問起居。魏因之。晉詹事屬官有太子僕，銅印、墨綬，進賢兩梁冠，絳朝服；主輿馬、親族，局擬太僕、宗正；太康八年，進品第五。宋、齊品秩·冠服同家令寺；從駕乘安車，次家令。梁太子僕視黄門，陳因之。後魏品同家令。北齊詹事領太子僕；僕寺置丞、功曹、主簿，領廄牧署令、丞，又別有車輿局丞。隋僕寺僕一人，掌宗族親疏，車輿騎乘；領廄牧署令、丞。皇朝因之。龍朔二年改為馭僕大夫，咸亨元年復舊。丞一人，從七品上；梁太子僕有丞，陳因之。後魏太子三卿丞第九品下。北齊、隋太子僕丞一人，皇朝因之。主簿一人，正九品下。晉太子僕置主簿，宋無聞。《齊職儀》：『太子僕主簿，四品勳位。』梁、陳、後魏無聞。北齊、隋有太子僕主簿一人，皇朝因之。太子僕之職，掌車輿、騎乘、儀仗之政令及喪葬之禮物，辨其次敘與其出入，而供給之。皇太子之車輅三，一曰金輅，二曰軺車，三曰四望車。金輅：赤質，金飾諸末，重較箱，畫苣文鳥獸，黄屋，伏鹿軾，龍輈，金鳳一在軾；前設障塵，朱蓋黄裏；

畫輪朱牙；左建旗九旒，右載闟戟；旗首金龍頭，銜結綬及鈴綏；駕赤騮四；八鑾在衡，二鈴在軾；金鍐方釳，翟尾五焦；鏤錫，鞶纓九就；從祀享、正冬大朝、納妃則供之。軺車：金飾諸末；紫油通幰，紫油纁朱裏；駕一馬；五日常朝及朝饗宮臣出入行道則供之。四望車：金飾諸末；紫油通幰，紫油纁朱裏；朱絲絡網；駕一馬；吊臨則供之。凡皇太子備禮而出，則率廄牧令進輅，僕親馭焉。丞掌判寺事。凡車輿、儀仗有虧闕，則移於主司，以修補之。凡馬及雜畜之料應供於外司者，每歲季夏，上於詹事。芻粟貯掌於廄所者，以時出入之，而節其數。主簿掌印及勾檢稽失。凡廄牧之畜養，車騎之駕馭，儀仗之付受，喪葬之供給，各有其程，違則糾正之。

又 廄牧署：令一人，從八品下；漢詹事屬官有太子廄長、丞。後漢太子少傅屬官有太子廄長一人，秩四百石，主車馬。魏、晉因之。《齊職儀》云：『東宮屬官有內廄局、外廄局。』梁、陳因之。後魏有太子廄長，從九品上。隋太子僕寺統廄牧署令、丞，皇朝因之。丞二人，從九品下。漢有太子廄丞，自後闕文。齊置太子內廄、外廄丞各一人，梁、陳因之。北齊有太子廄牧署丞、車輿局丞。隋太子僕寺統廄牧丞二人，皇朝因之。廄牧署令、丞掌車馬、閑廄、牧畜之事。凡皇太子將備禮而出，則率典乘先期調習輅馬，率駕士駕馭車乘。及出，則進輅或軺車於西合門外，南向以候皇太子之升。禮畢，皇太子降輅，則自西閤之外以輅及軺歸於署。其隴右群牧隸於東宮者，皆受其政令焉。

《通典》卷三〇《職官十二》 太子僕，秦官。漢因之，又有長丞，主車馬。又有太子廄長一人，亦主車馬。後漢因之，而屬少傅，職如太僕。太子五日一朝。其非太子朝日，即與中允入問起居。魏因之。晉主輿馬，兼主親族，如太僕、宗正。從駕乘安車，次家令而屬詹事。宋齊並有之。梁視黃門郎。陳因之。後魏亦有。北齊詹事領僕寺，置令、丞、功曹、主簿，領廄牧署令。隋僕寺置僕一人，掌皇族親疏、車輿騎乘，領廄牧署令。大唐因之，加掌儀仗喪葬而不掌親族。龍朔二年，改僕寺為馭僕寺，改僕為大夫。咸亨初復舊。丞、主簿各一人，統廄牧署。丞：梁有之，陳因之。後魏、北齊、隋並有之。大唐因之。主簿：晉置，宋無，齊有之。梁、陳、後魏無，北齊、隋皆有之。大唐因之。

《舊唐書》卷四四《職官志三》 太子僕寺，僕一人，從四品下，丞一人，從七品上，主簿一人，正九品下，錄事一人。太子僕，掌車輿乘騎儀仗之政令，及喪葬之禮物，辨其次序。

《太平御覽》卷二四七《職官部四十五》 太子僕，《六典》曰：太子僕之職，掌車輿、乘騎、儀仗之政令，及喪葬之禮物，辨其次敘與其出入，而供給之。皇太子之車輅三：一曰金輅，二曰軺輅車，三曰四望。凡皇太子備禮而出，則率廄牧令進輅，僕親馭焉。《後漢書》：太子少傅屬官有太子僕一人，秩千石，主車馬，職如太僕。太子五日一朝；非入朝日，遣僕及中允朝，朝入，請問起居。沈約《宋書》曰：太子僕，秦官也。《宋起居注》曰：元嘉中，以散騎常侍荀伯子為太子僕。《隋書》曰：柳肅遷太子僕。太子廢，坐除名為民。大業中，帝與段達語及庶人罪惡之狀，達云：『柳肅在官，大見疏斥。』帝問其故，答曰：『學士劉臻，嘗進章仇太翼於宮中，為巫蠱事。肅知而諫曰：「殿下帝之塚子，位當儲二，誡在不孝，無患見疑。劉臻書生，鼓搖脣舌，適足以相詿誤，願陛下勿納之。」庶人不懌，他日謂臻曰：「汝何故漏泄，使柳肅知之，令面折我。」』《唐書·官品志》曰：僕掌宗族親疏、車輿騎乘也。

宋 孫逢吉《職官分紀》卷二九 太子僕寺，僕、丞、主簿。《前漢·百官表》：詹事，秦官，有太子僕。《後漢百官志》：太子僕一人，千石。本注曰：主車馬，職如太僕。《晉職官志》：僕主車馬，親族職如太僕宗正。《晉起居注》見家令。《宋百官志》：僕一人。漢世太子五日一朝，非入朝日，遣僕及中允旦入請問起居。自家令至僕為太子三卿，三卿秩千石。《宋起居注》：元嘉中，以散騎常侍荀伯子為太子僕。沈約《宋書》：太子僕，秦官也。《隋百官志》：梁太子僕一人，後齊僕寺領廐牧，署令、丞，署又別有車輿局丞。隋太子僕一人，置丞、録事，僕寺領廐牧令員。《六典》：太子僕寺，僕一人，從四品上。晉詹事屬官有太子儀，銅印墨綬，進賢兩梁冠，絳朝服。太康八年，進品第五。宋齊品袟冠服，同家令。從駕乘安車，次家令。梁太子僕視黃門，陳因之。後魏品同家令。北齊詹事領太子僕，僕寺置丞、功曺、主簿，領廐牧，署丞。又別有車輿局丞。隋僕一人，掌宗族親踈、車輿騎乘，領廐牧，署令、丞。皇朝因之。龍朔二年改馭僕大夫。咸亨元年復舊。丞一人，從七品上。梁太子僕有丞，陳因之。後魏太子僕三丞，從六品下。北齊、隋太子僕丞一人，皇朝因之。主簿一人，正九品下。晉太子僕置主簿，宋無聞。《職儀》：太子僕主簿，四品勳位。梁、陳、後魏無聞。北齊、隋主簿一人。皇朝因之。僕掌車輿騎乘儀仗之政令，及喪葬之禮物，辨其次序，與其出入而供給之。皇太子車輅三，一曰金輅，二曰軺車，三曰四望車。凡皇太子備禮而出，則率廄牧令進輅，僕親馭焉。丞掌判寺事，主簿掌印及勾檢稽失。

《通志》卷五五《職官略第五》 太子僕，秦官，漢因之。又有長丞，主車馬。又有太子廄長一人，亦主車馬。後漢因之，而屬少傅，職如太僕。太子五日一朝，其非太子朝日，即與中允入問起居。魏因之。晉主輿馬，兼主親族，如太僕宗正。從駕、乘安、車次、家令，而屬詹事。宋、齊並有之，梁視黃門郎。陳因之。後魏亦有。北齊詹事領僕寺，置令、丞、功曹、主簿，領廄牧署令、丞。隋僕寺置僕一人，掌皇族親疏，車輿騎乘，領廄牧署令、丞。唐因之，加掌儀仗喪葬，而不掌親族，丞、主簿各一人，統廄牧署。廄牧有令一人，丞二人，掌車馬閑廄畜牧之事。

《玉海》卷一二八《官制》 唐太子僕，馭僕寺。《志》：兼《通典》。僕，秦官，漢因之。又有廄長丞，主輿馬。晉制，僕主輿馬，兼主親族，職如太僕宗正。齊周顒、梁劉孝綽爲太子僕。齊有內外廄局。唐僕寺，僕一人，從四品上，掌車輿乘騎儀仗，摠廄牧局，太子出則率廄牧令從八品下。進路親馭，丞、主簿各一人。龍朔二年改曰馭僕寺，僕曰大夫。廄牧令一人，丞二人，掌車馬閑廄。皇太子出則率典乘先期習路馬，率駕士馭車，乘既出，進路式路車於西閤外，南向以俟。凡羣牧隸東宮者，皆受其職事。典乘四人，有翼馭十人，駕士十五人，掌閑六百人。《禮志》：皇太子納妃，內廄尉進厭翟，冊太子僕進金路。《宋志》：漢世太子五日一朝，非入朝日，遣僕及中允旦入請問起居，主車馬親族。《通典》：僕正立執轡，太子升輿，左內率前執轡，太子升輅，僕立授綏左右內，率夾輅而趨輅，動三師乘車訓導，三少乘車訓從。謁太廟，僕策輅於西閤外，南向，車右執刀，立於輅前，北向。

《文獻通考》卷六〇《職官考十四》 太子僕，秦官。漢因之，又有長、丞主車馬。又有太子廄長一人，亦主車馬。後漢因之而屬少傅，職如太僕。太子五日一朝；其非太子朝日，即與中允入問起居。魏因之。晉主輿馬，兼主親族，如太僕、宗正；從駕乘安車，次家令而屬詹事。宋、齊並有之。梁視黃門郎。陳因之。後魏亦有。北齊詹事領僕寺，置令、丞、功曹、主簿，領廄牧署令。隋僕寺置僕一人，掌皇族親疏、車輿騎乘，領廄牧署令。唐因之，加掌儀仗喪葬，而不掌親族。龍朔二年，改僕寺為馭僕寺，改僕為大夫。咸亨初復舊。丞、主簿各一人，統廄牧署。丞，梁有之，陳因之。後魏、北齊、隋並有之，唐因之。主簿，晉置，宋無，齊有之。梁、陳、後魏無，北齊、隋皆有之，唐因之。

宋 祝穆《事文類聚·外集》卷二一《東宮官部》 僕正。歷代沿革：僕，秦官。漢世太子五日一朝，非入朝日，遣僕及中允旦入請問起居。後漢太子僕一人，千石，主車馬，職如太僕。晉詹事屬官有太子僕，銅印墨綬，進賢兩梁冠，絳朝服，品第五，主輿馬，兼主親族，如太僕宗正。宋、齊品服同。家令、從駕、乘安、車次、家令。梁、陳太子僕視黃門。隋僕寺置一人。唐龍朔中改僕寺為馭僕寺，改僕為大夫，掌車輿騎乘儀仗之政令及喪葬之禮，物辨其次序，與其出入而供給之。元置太子僕正，掌車正、收弓箭、儀物事。又太子副僕正，掌二僕正。古今事實。柳肅面折。隋柳肅遷太子僕，太子廢，坐除名為民。大業中，帝與段達語及庶人罪狀，達曰：『柳肅在宮，大被踈斥。』帝問其故，答曰：『學士劉臻嘗進章，仇太翼於宮中為巫蠱事，肅知而諫曰：殿下帝之冢子，位當儲貳，誡在不孝，無患見疑。劉臻書生，鼓摇唇舌，適足以相誑誤，願殿下勿納之。庶人不懌。他日，謂臻曰：汝何故漏洩，使柳肅知之，令面折我。』

《續文獻通考》卷九五《職官考》 太子僕。丞、簿，廄牧署。遼南面有太子僕寺，官曰太子僕，曰太子僕丞，曰太子僕主簿。金有僕正，正六品；副僕，正七品；僕丞，正九品。掌車馬廄牧弓箭鞍轡器物等事，屬宮師府。元府正司秩，從三品，掌鞍轡弓矢等物。至元二十年，置府正、府丞各二員，典簿一員，照磨一員。後更改不一。資武庫掌軍器提點一員，大使一員。冀用庫掌鞍轡提點一員，大使一員，皆屬詹事院。典牧監亦屬詹事院，詳見于太僕寺。

《續通典》卷三四《職官》 太子僕。丞、主簿，廄牧署。唐制，僕寺僕一人，掌車輿乘騎儀仗喪葬，太子出則率廄牧令進路親馭。宋無。遼南面官太子僕寺有太子僕，金有僕正、副僕，掌車馬廄牧弓箭鞍轡器物等事。元置資武庫提點、大使各一人，掌軍器。冀用庫提點、大使各一人，掌鞍轡。明無。丞，唐置一人，宋無，遼金亦有之。元、明皆無。主簿，唐置一人，宋無，遼亦有之，金、元、明皆無。廄牧署，唐置令一人，丞二人，掌車馬閑廄牧畜，凡羣牧隸東宮者皆受其職事。宋、遼、金皆無。元典牧署卿二人，太監二人，少監二人，丞二人，經歷、知事各一人，掌孳畜之事明無。

清 羅士琳《舊唐書校勘記》卷二六《僕寺》 太子僕，《六典》『僕』下有『之職』二字。辨其次序，《六典》『序』作『敘』。按《新志》云『總廄牧署』，《六典》云『凡皇太子備禮而出則率廄牧令進輅，僕親馭焉』，據此則『辨其次序』下當有言及廐牧署之語，方與上文之例相合。丞二人，從九品下，典乘四人，沈本『典乘四人』在『丞二人』下，『從』上有『並』字。按：此據《新志》。牧掌四人，聞本、沈本『掌』作『長』。按：《六典》『同牧』上有『典事六人』四字。翼馭十五人，沈本『翼』上有『府三人，史六人』六字。按：《新志》同。《六典》『六』作『五』。獸醫二十人，《六典》『人』下有『掌固四人』四字。廐牧令，《六典》『牧』下有『署』字，『令』下有『丞』字。

清 沈炳震《唐書合鈔》卷六八《志四十四》 太子僕寺，僕一人，從四品上；丞一人，從七品上；主簿一人，正九品下。錄事一人，進馬十一人，府三人，史五人，亭長三人，掌固三人。廐牧署，令一人，從八品下；丞二人，典乘四人，並從九品下。牧長四人。府三人，史六人，翼馭十五人，駕士三十人，獸醫二十人，主酪三十人。太子僕掌車輿乘騎儀仗之政令及喪葬之禮，物辨其次序。總廐牧署。皇太子出則率廐牧令進路親馭。丞掌判寺事，凡馬畜芻粟，歲以季夏上於詹事，以時出入而節其數。主簿掌廐牧畜養車騎駕馭儀仗。廐牧令，掌車馬閑廐牧畜之事。皇太子出則率典乘，先期習路，馬率駕士馭車，乘既出進路，式路車於西閤外，南向以俟。凡群牧隸東宮者，皆受其職事。翼馭，掌調馬執馭。

清 張英等《淵鑒類函》卷九九《設官部三十九》 太子僕一。丞、主簿，廄牧署。增僕正、副僕正。典牧監附。原杜氏《通典》曰：太子僕，秦官，漢因之。又有長丞，主車馬。太子廄長一人，亦主車馬。後漢因之，屬少傅，職如太僕。太子五日一朝，其非太子朝日，即令中允入問起居。魏因之。晉主車馬，兼主親族，如太僕宗正。從駕、乘安、車次、家令，而屬詹事。宋、齊並有之。梁視黄門郎。陳因之。後魏亦有。北齊詹事領僕寺，置令、丞、功曹、主簿，領廄牧署令。隋僕寺置僕一人，掌皇族親疎、車輿騎乘，領廄牧署令。唐因之，加掌儀仗丧葬，而不掌親族。龍朔二年，改僕寺為馭僕寺，改僕為大夫。咸亨初復舊。丞、主簿各一人。統廄牧署丞。梁有之，後魏、北齊、隋並有之。唐因之。主簿，晉置，宋無，齊有之，梁、陳、後魏無，北齊、隋皆有之。唐因之。廄牧署令丞，漢有太子廄長丞，屬詹事。後漢亦有，而屬少傅，主車馬。魏、晉因之。齊東宫屬有内廄局、外廄局，皆有丞。梁、陳因之。後魏有之。北齊則曰廄牧署令丞、車輿局丞。隋僕寺統廄牧署令丞，唐因之，掌車馬閑廄牧畜之事。《增記纂淵海》曰：宋無職司。《遼史》曰：遼太子僕寺設太子僕丞、主簿。《元史》曰：元太子僕正掌車正收弓箭儀物事，又太子副僕正掌貳僕正。典牧監，元置卿大監、少監、丞各二員，經歷、知事、照磨各一員，掌孳畜之事。明不設。

紀事

宋 王溥《唐會要》卷六七 龍朔二年，改為馭僕寺，僕為馭僕大夫。咸亨元年，復為僕寺，太子千牛。龍朔年改為左右奉裕，咸亨年復舊。

清 張英等《淵鑒類函》卷九九《設官部三十九》 太子僕二。增親馭、番休。《六典》曰：皇太子之車輅三，一曰金輅，二曰軺輅車，三曰四望。凡太子備禮而出，則率廄牧令進輅，僕親馭焉。《唐書·于志寧傳》：東宮僕御舊得番休，太子不聽，志寧為詹事，上疏極言。如太僕，擬宗正。《續漢書百官志》云：太子僕職如太僕主馭，下詳《通典》。

又 太子僕三。原太子僕，主車馬。《續漢書·百官志》云：太子僕一人，秩千石，主車馬。蔣顯為太子僕，鍾會愛其才學。《蜀志》云：蔣顯為太子僕，鍾會愛其才學。

牧師苑

綜述

《漢書》卷二四上《食貨志》 始造苑馬以廣用。師古曰：苑馬謂為苑以牧馬。

北魏 酈道元《水經注》卷二《河水》 苑川水出勇士县之子城南山，東北流，歷此成川，世謂之子城川。又北逕牧師苑，故漢牧苑之城也。羌豪迷吾等萬餘人，到襄武、首阳、平襄、勇士，抄此苑馬，焚烧亭驛，即此处也。又曰：苑川水地，为龍馬之沃土，故馬援請与田户中分以自給也。有東、西二苑城，相去七十里。西城，即乞佛所都也。又北入於河也。

唐 李林甫《唐六典》卷一七《太僕寺》 秦漢太僕屬官有牧師苑令，皆在邊郡，歷魏晉已下，皆牧監之職。

《通典》卷二五《職官七》 諸牧監，漢太僕有牧師諸苑三十六所，在北邊、西邊，以郎為苑監官。

宋 章如愚《山堂考索・後集》卷四四《兵門》 漢有牧師諸苑三十六所，馬至三十萬疋。

《文獻通考》卷一五九《兵考十一》 又有牧師苑，皆令官，主養馬，分在河西六郡界中。中興皆省，唯漢陽有流馬苑，但以羽林郎監領。

明 歸有光《震川集・別集》卷四 邊郡六牧師苑及漢陽流馬苑，此皆在外，而諸牧師苑分在河西六郡中，北地靈州有河奇苑、號非苑，歸德有堵苑、白馬苑，郁郅有牧師苑，襄平有牧師官，鴻州有天封苑，太原有家馬官。其後又置越嶲長利、高望、始昌三苑，益州有萬歲苑，犍為有漢平苑，皆太僕屬也。

清 顧祖禹《讀史方輿紀要》卷四二 牧師城，在府西北境，漢邊郡皆置牧師苑以養馬，此即西河郡牧苑也。或曰亦在今廢勝州境。後漢永元六年，匈奴大帥逢侯叛，南單于師子與漢中郎將杜崇屯牧師城是也。後亦移置於府境。其地廣斥，宜畜牧。宋治平中，崔台符按汾州得牧地三千二百頃，明年移沙苑馬五百牡於此，即古牧師地矣。

清 孫星衍《漢舊儀補遺》卷上 太僕牧師諸苑三十六所，分布北邊、西邊，以郎為苑監官，奴婢三萬人，分養馬三十萬頭，擇取教習，給六廄牛羊無數，以給犧牲。

清 梁章鉅《稱謂録》卷一八 牧師菀令。《漢書・百官公卿表》：邊郡六牧師菀令，各三丞。師古曰：《漢官儀》云：牧師諸菀三十六所，分置北邊、西邊，分養馬三十萬頭。案：漢之牧師苑在邊郡，正如今邊外之左右翼牧場也，則牧師苑令正如今之翼長，而牧師苑丞如今之協領矣。又上駟院之大凌河牧場、商都達布遜諸爾牧場、達里岡愛牧場亦各設翼長，若牧官、牧丁以任其牧事，蓋亦此類。

清 沈欽韓《漢書疏證》卷四 牧師苑令丞。如淳曰：以郎爲苑監官，奴婢三萬人，別有使者，如御史領護王音薦谷永爲護苑使者。《地理志》：北地郡有五苑，西河有一苑。《漢官儀》云：擇取給六廄牛羊無數，以給犧牲。《馬援傳》注，《續漢書》曰：父仲嘗爲牧師令，兄員爲護苑使者。

清 沈家本《歷代刑法考》卷一三 牧師苑，見《百官表》及《續志》，詳上。又《漢舊儀》：太僕牧師諸苑三十六所，分布北邊、西邊，以郎為苑監官，奴婢三萬人，分養馬三十萬頭，擇聚教習，給六廄牛羊無數，以給犧牲。《漢官儀》略同。按：《表》言六牧師苑，而《舊儀》云三十六所，《續志》言分在河西六郡，而《舊儀》云分置西北邊，均不相符。

紀事

《玉海》卷一四八《兵制》 景紀中六年六月，匈奴入鴈門，至武泉，入上郡，取苑馬。注：如湻曰：《漢儀注》太僕牧師諸苑三十六所，分布北邊、西邊，以郎爲苑監官，奴婢三萬人，養馬三十萬匹。師占曰：養鳥獸者通名爲苑，故謂牧馬處爲苑。留侯曰：關中北有胡苑之利。《食貨志》：景帝始造苑馬以廣用。師占曰：爲苑以牧馬，武帝時告緡，没入奴婢分諸苑養馬。《昭紀》：元鳳二年六月，詔頗省乘輿馬及苑馬，以補邊郡三輔傳馬。傳馬，驛馬也，令郡國毋斂今年馬口錢。《元紀》：初元二年六月，省苑馬，以振困乏。《地理志》：武威以西，水草宜蓄牧，故涼州之蓄爲天下饒。安定郡參䜌有主騎都尉。《和紀》：永元五年二月戊戌，詔有司省減内外廄及涼州諸苑馬。注：《漢官儀》曰：未央、六廄、長樂、承華等廄令皆秩六百石。又云：牧師諸苑三十六所，分置西北邊，分養馬三十萬頭。《安紀》：永初六年春正月庚申，詔越嶲置長利、高望、始昌三苑。又令益州郡置萬歲苑，犍爲置漢平苑。《續志》：太僕有牧師苑，皆令官，主養馬，分在河西六郡界中。六郡隘，西天承、安定、上郡，北西河，中興皆省，唯漢陽有流馬苑，但以羽休郎監領。未央廄令一人，六百石，長樂廄丞一人。注：《漢官》曰：苜蓿苑官田所，一人守之。漢陽即天水，永平十七年吏名。《爾雅注》：秦有騏䮯苑，周官牧師掌牧地，下士四人，主牧故馬而養之。

藝文

元 趙子昂《過廢牧苑》《汴京遺蹟志》卷二四 一片中原地，紛紛幾戰爭。至今將不去，留與後人耕。

圖表

清 瞿中溶《集古官印考》卷三 右右牧官印。考《地理志》，北地郡靈州惠帝四年置有河奇苑、號非苑。師古曰：苑謂馬牧也。又郁郅泥水出比蠻夷中，有牧師苑官。又遼東郡襄平有牧師官。《百官志》，長樂廐丞一人。本注曰：下又有牧師苑，皆令官，主養馬，分在河西六郡界中。中興皆省，惟漢陽有流馬苑，但以羽林郎監領。又考《隋書・百官志》，言行宫所在，皆立總監以司之。隴右諸牧置左右牧監各一人，此稱官，不稱監，非隋物也。

査氏

駕部

綜述

《宋書》卷三九《百官志上》 晉初有吏部、三公、客曹、駕部、屯田、度支六曹尚書，武帝咸寧二年省駕部尚書。【略】左民尚書領左民、駕部二曹。【略】魏世有殿中、吏部、駕部、金部、虞曹、比部、南主客、祠部、度支、庫部、農部、水部、儀曹、三公、倉部、民曹、二千石、中兵、外兵、别兵、都兵、考功、定科，凡二十三郎。青龍二年有軍事，尚書令陳矯奏置都官、騎兵二曹郎，合為二十五曹。晉西朝則直事、殿中、祠部、儀曹、吏部、三公、比部、金部、倉部、度支、都官、二千石、左民、右民、虞曹、屯田、起部、水部、左主客、右主客、駕部、車部、庫部、左中兵、右中兵、左外兵、右外兵、别兵、都兵、騎兵、左士右士、北主客、南主客為三十四曹郎；後又置運曹，凡三十五曹。晉江左初，無直事、右民、屯田、車部、别兵、都兵、騎兵、左士、右士、運曹十曹郎，而主客、中外兵各置一郎而已，所餘十七曹也。康、穆以來，又無虞曹、二千石二郎，猶有殿中、祠部、吏部、儀曹、三公、比部、金部、倉部、度支、都官、左民、起部、水部、主客、駕部、庫部、中兵、外兵十八曹郎。【略】車府令一人，丞一人，秦官也。二漢魏晉並隸太僕，太僕既省，隸尚書駕部。

《南齊書》卷一六《百官志》 左民尚書，領左民、駕部二曹。【略】車將令一人，丞一人，屬駕部。

又 卷五七《魏虜傳》 駕部尚書，知牛馬驢騾。

南朝梁 庾信《庾子山集注》卷一三《周太子太保步陸逞神道碑》 駕部，掌車輿牛馬等物。

《晉書》卷二四《職官志》 及晉置吏部、三公、客曹、駕部、屯田、度支六曹，而無五兵。咸寧二年，省駕部尚書。四年，省一僕射，又置駕部尚書。太康中，有吏部、殿中及五兵、田曹、度支、左民為六曹尚書，又無駕部、三公、客曹。【略】至魏，尚書郎有殿中、吏部、駕部、金部、虞曹、比部、南主客、祠部、度支、庫部、農部、水部、儀曹、三公、倉部、民曹、二千石、中兵、外兵、都兵、别兵、考功、定課，凡二十三郎。青龍二年，尚書陳矯奏置都官、騎兵，合凡二十五郎。每一郎缺，白試諸孝廉能結文案者五人，謹封奏其姓名以補之。及晉受命，武帝罷農部、定課，置直事、殿中、祠部、儀曹、吏部、三公、比部、金部、倉部、度支、都官、二千石、左民、右民、虞曹、屯田、起部、水部、左右主客、駕部、車部、庫部、左右中兵、左右外兵、别兵、都兵、騎兵、左右士、北主客、南主客，為三十四曹郎。後又置運曹，凡三十五曹，置郎二十三人，更相統攝。及江左，無直事、右民、屯田、車部、别兵、都兵、騎兵、左右士、運曹十曹郎。康穆以後，又無虞曹、二千石二郎，但有殿中、祠部、吏部、儀曹、三公、比部、金部、倉部、度支、都官、左民、起部、水部、主客、駕部、庫部、中兵、外兵十八曹郎。後又省主客、起部、水部，餘十五曹云。

《隋書》卷二七《百官志》 駕部，掌車輿牛馬廐牧等事。

唐 李林甫《唐六典》卷一《三師三公尚書都省》 魏有殿中、吏部、駕部、金部、虞曹、比部、南主客、祠部、度支、庫部、農部、水部、儀曹、三公、倉部、民曹、二千石、中兵、外兵、别兵、都兵、考功、定課、都官、騎兵，凡二十五曹郎。晉氏又加直事、屯田、起部、車部、左士、右士、運曹，其民曹、中兵、外兵分為左、右，主客又分為左、右、南、北，無農部、定課、考功，凡三十五曹，置郎二十三人，更相統攝。東晉置殿中、祠部、吏部、儀曹、三公、比部、金部、倉部、度支、都官、左民、駕部、庫部、中兵、外兵十五曹。宋高祖加騎兵、主客、起部、水部，合為十九曹。元嘉以後，又增删定、功論二曹，而省騎兵，凡二十曹郎。齊因之。梁加騎兵、虞曹、屯田，合二十三曹。隙省梁二曹，不知省何曹也。後魏有三十六郎，史闕曹名。北齊有吏部、考功、主爵、殿中、儀曹、三公、駕部、祠部、主客、虞曹、屯田、起部、左中兵、左外兵、右中兵、右外兵、都兵、都官、二千石、比部、水部、膳部、度支、倉部、左民、右民、金部、庫部二十八曹郎。隋開皇初，有吏部、主爵、司勳、考功、禮部、祠部、主客、膳部、兵部、職方、駕部、庫部、都官、刑部、比部、司門、度支、戶部、金部、倉部、工部、屯田、虞部、水部二十四曹郎；三年，以刑部領都官，民部領度支。煬帝改六曹，具於本司。至龍朔二年，改吏部為司列，主爵為司封，考功為司績，禮部為司禮，祠部為司禮，膳部為司膳，主客為司藩，戶部為司元，度支為司度，倉部為司庾，金部為司珍，兵部為司戎，職方為司城，駕部為司輿，庫部焉司庫，刑部為司刑，都官為司僕，比部為司計，工部為司平，屯田為司田，虞部為司虞，水部為司川，唯司勳、司門依舊。

又 卷五《尚書兵部》 駕部郎中一人，從五品上；《周禮》夏官屬有輿司馬之職，蓋駕部之任也。魏氏始置駕部郎曹，曆晉、宋、齊、後魏、北齊並為駕部郎中，梁、陳為駕部侍郎。後周夏官府有駕部中大夫一人，隋文帝改為駕部侍郎，煬帝曰駕部郎。宋、齊左民尚書領駕部，梁、陳左民部尚書領駕部，後魏、北齊殿中尚書領駕部，隋則兵部領焉，皇朝因之。武德三年加中字。龍朔二年改曰司輿大夫，咸亨元年復故。員外郎一人，從六品上；《周禮》夏官卿有輿司馬上士，後周夏官府小駕部上士一人，蓋駕部員外郎之任也。隋開皇六年置，煬帝改曰承務郎，皇朝為駕部員外郎。龍朔、咸亨並隨曹改復。主事三人，從九品上。駕部郎中、員外郎掌邦國之輿輦、車乘，及天下之傳、驛、廄、牧官私馬·牛·雜畜之簿籍，辨其出入闌逸之政令，司其名數。凡三十裏一驛，天下凡一千六百三十有九所。二百六十所水驛，一千二百九十七所陸驛，八十六所水陸相兼。若地勢險阻及須依水草，不必三十裏。每驛皆置驛長一人，量驛之閑要以定其馬數：都亭七十五疋，諸道之第一等減都亭之十五，第二、第三皆以十五為差，第四減十二，第五減六，第六減四，其馬官給。有山阪險峻之處及江南、嶺南暑濕不宜大馬處，兼置蜀馬。凡水驛亦量事閑要以置船，事繁者每驛四只，閑者三只，更閑者二只。凡馬三名給丁一人，船一給丁三人。凡驛皆給錢以資之，什物並皆為市。凡乘驛者，在京於門下給券，在外於留守及諸軍、州給券。若乘驛經留守及五軍都督府過者，長官押暑；若不應給者，隨即停之。而監、牧六十有五焉，皆分使而統之。南使十五監，西使十六監，北使七監，東使九監，鹽州使八監，嵐州使三監，則廄牧及諸司馬、牛、雜畜各隸於籍帳，以時受而藏之。若畜養之宜，孳生之數，皆載於太僕之職。凡諸衛有承直之馬，諸衛每日置承直馬八十疋，以備雜使。諸衛官、諸州、府馬每月常差赴京、都為承直，諸府常備，其數其多。開元二十五年，敕以為天下無事，勞費頗煩，宜隨京、都近便量留三千疋充扈從及街使乘直，餘一切並停。凡諸司有備運之車，諸司皆置車、牛，以備遞運之事。司農等車一千二十一乘，將作監三百四十五乘，殿中省尚乘局一百乘，少府監六十三乘，太常寺一十四乘，國子監二十乘，太僕寺一十乘，光祿寺二十乘，衛尉寺十乘，太府寺六乘，左、右衛各二乘，左、右驍衛各一乘，左、右武衛各一乘左、右威衛各一乘，左、右領軍衛各一乘，左、右金吾衛各一乘，左、右監門衛各二乘，左、右羽林軍各三乘，家令寺一百八十乘，僕寺二十六乘，左、右衛率府各一乘。牛皆倍之。其過倍者則充營田，不足者則單駕。開元二十二年，敕量減六百餘頭、乘。皆審其制以定數焉。

又 卷一七《太僕寺》 凡監牧所通羊馬籍帳則受而會之，以上於尚書駕部，以議其官吏考課。

《通典》卷二二《職官四》 晉初有吏部、三公、客曹、駕部、屯田、度支六曹。無五兵。太康有吏部、殿中、五兵、田曹、度支、左民，為六曹尚書。皆銅印墨綬，無駕部、三公、客曹。及渡江，有吏部、祠部、五兵、左民、度支五尚書。皆銅印墨綬，進賢兩梁冠，納言幘，絳朝服，佩水蒼玉。乘軺車，皂輪，執笏負荷。加侍官者，武官左貂金蟬。宋有吏部、祠部、度支、左民。左民尚書統左民及駕部二曹。

又 卷二三《職官五》 駕部郎中一人。周禮夏官之屬有輿司馬，又有校人，主馬之官，又有牧師，掌牧放，又有巾車，掌公車之政及王之五輅，此皆駕部之本也。魏晉尚書有駕部郎。宋時駕部屬左民尚書。齊亦有之。後魏與北齊並曰駕部郎中。後周有駕部中大夫，屬夏官。隋初為駕部侍郎，屬兵部。隋辛公義為駕部侍郎，勾檢馬牧，所獲十餘萬疋。文帝喜曰：『唯我公義，奉國竭忠。』煬帝除『侍』字。武德三年，加『中』字。龍朔二年，改為司輿大夫，咸亨初復舊。天寶中，改駕部為司駕，至德初復舊。掌輿輦、車乘、郵驛、廄牧，司牛馬驢騾，闌遺雜畜。開元十八年閏六月飭：『比來給傳使人，為無傳馬，事頗勞煩。自今以後，應乘傳者，宜給紙券。』二十三年十月飭：『新給都督、刺史並關三官州上佐，並給驛發遣。』二十八年六月飭：『有陸驛處，得置水驛。』自二十年以後，常置館驛使，以他官為之。員外郎一人。周官有輿上士，後周有小駕上士，蓋其任也。至隋，置與戶部同。

又 卷二五《職官七》 車府署，秦有車府令，以趙高為之。歷代皆有。漢、魏屬太僕，宋、齊以後屬尚書駕部，北齊以下又屬太僕。大唐置令、丞各一人，掌王公以下車輅。

《舊唐書》卷四三《職官志》 兵部尚書一員，正三品。南朝謂之五兵尚書，隋曰兵部尚書。龍朔改為司戎太常伯，咸亨復。侍郎二員。正四品下。龍朔為司戎少常伯，咸亨復。尚書、侍郎之職，掌天下武官選授及地圖與甲仗之政令。其屬有四：一曰兵部，二曰職方，三曰駕部，四曰庫部。總其職務，而行其制命。凡中外百官之事，由於所屬，咸質正焉。【略】駕部郎中一員，從五品上。龍朔為司輿大夫也。員外郎一人，從六品上。主事三人，從九品上。令史十人，書令史二十人，掌固四人。郎中、員外郎之職，掌邦國輿輦、車乘、傳驛、廄牧、官私馬牛雜畜簿籍，辨其出入，司其名數。凡三十裏一驛，天下驛凡一千六百三十九，而監牧六十有五，皆分使統之。若畜養之宜，孳生之數，皆載於太僕之職。凡諸衛有承直之馬，凡諸司有備運之牛，皆審其制，以定數焉。

宋　王溥《唐會要》卷五九　駕部郎中，隋為駕部郎。武德三年加中字，龍朔中改司輿大夫，咸亨元年復為駕部郎中。駕部員外郎，改復與郎中同。

《新唐書》卷四六《百官志》　兵部尚書一人，正三品；侍郎二人，正四品下。掌武選、地圖、車馬、甲械之政。其屬有四：一曰兵部，二曰職方，三曰駕部，四曰庫部。【略】兵部主事四人，職方主事二人，駕部主事二人，庫部主事二人。龍朔二年，改兵部曰司戎，職方曰司城，駕部曰司輿，庫部曰司庫。光宅元年，改兵部曰夏官，天寶十一載曰武部，駕部曰司駕。有兵部令史三十人，書令史六十人，制書令史十三人，甲庫令史十二人，亭長八人，掌固十二人；職方令史四人，書令史九人，掌固四人；駕部令史十人，書令史二十四人，掌固四人；庫部令史七人，書令史十五人，掌固四人。【略】駕部郎中、員外郎各一人，掌輿輦、車乘、傳驛、廄牧馬牛雜畜之籍。凡給馬者，一品八匹，二品六匹，三品五匹，四品、五品四匹，六品三匹，七品以下二匹；給傳乘者，一品十馬，二品九馬，三品八馬，四品、五品四馬，六品、七品二馬，八品、九品一馬；三品以上敕召者給四馬，五品三馬，六品以上有差。凡驛馬，給地四頃，蒔以苜蓿。凡三十裏有驛，驛有長，舉天下四方之所達，為驛千六百三十九；阻險無水草鎮戍者，視路要隙置官馬。水驛有舟。凡傳驛馬驢，每歲上其死損、肥瘠之數。

宋　高承《事物紀原》卷五　駕部，周官輿司馬、校人、牧師、巾車之職，皆駕部之事也。魏晉之代，尚書始置駕部郎。

宋　王益之《歷代職源撮要》　駕部郎中，周夏官之屬有輿司馬，有校人主馬之官，有牧師掌牧放，有巾車掌公車之政及王之五輅，皆駕部之本也。魏晉尚書有駕部郎，宋駕部屬左民尚書，後魏、北齊並曰駕部郎中，隋曰侍郎，屬兵部，煬帝除侍字，武德加中字，龍朔改司輿大夫，天寶改司駕，至德復，本司無所掌，元豐改制，郎中、員外郎始實行本司事。《續會要》。掌輿輦、車馬、驛置、廄牧之事。建炎三年，以駕部兼庫部，復併太僕寺皈駕部。《本朝會要》。

《通志》卷五三《職官略第三》　駕部郎中一人，周禮夏官之屬，有輿司馬之職，是其任也。魏晉尚書有駕部郎，宋時駕部屬左民尚書，齊亦有之。後魏與北齊並曰駕部郎中，後周有駕部中大夫，屬夏官。隋初為駕部侍郎，屬兵部。辛公義為駕部侍郎，勾檢馬牧，所獲千餘萬匹，文帝喜曰：『唯我公義，奉國竭忠。』煬帝除侍字，唐武德三年加中字。龍朔二年改為司輿大夫，咸亨初復舊。天寶中改駕部為司駕，至德初復舊。掌輿輦、車乘、郵驛、廄牧司牛馬驢騾闌遺之政。開元十八年閏六月敕，比來給傳使人為先，傳馬事頗勞煩，自今以後應乘傳者宜給紙券。二十三年七月敕，新除都督刺史并闕三官州上佐並給驛發遣。二十八年六月敕，有陸驛處得置水驛，自二十年以後常置館驛，使以他官為之。員外郎一人，周官有輿上士，後周有小駕上士，蓋其任也。至隋置，與戶部同。

宋　謝維新《事類備要·後集》卷三六《駕部郎中》　歷代沿革：周夏官之屬有輿司馬，有校人主馬之官，有牧師掌牧放，有巾車掌公車之政及王之五輅，皆駕部之本也。魏晉尚書有駕部郎，宋駕部屬左民尚書，齊有之，後魏與北齊並曰駕部郎中，隋曰侍郎，屬兵部。煬帝除侍字，唐武德加中字，龍朔改司輿大夫，咸亨復故。天寶中改司駕，至德復故。《通典》。本朝駕部司事一人，以無職事朝官充，輿輦車乘，隸於太僕，傳驛給受，一出於樞密院，廄牧之政總於羣牧司，本司無所掌。元豐改制，郎中員外郎始實行本司事。《續會要》。初除王欽職畧參掌輿輦車馬驛置廄牧之事，大禮則戒有司，具五輅。凡奉使之官，赴闕視其官職，及所詔事，給馬如格。官文書則量其遲速，附馬步急遞。應內外監牧租入多寡，孳產登耗皆檢察焉。《神宗正史》、《職方志》。建炎三年，以駕部兼庫部，復併太僕寺歸駕部。《本朝會要》。紹興元年復裁內外官，於是駕部又當省，而郎適贊讀王府，而詔聽留需，其遷勿補。厥後間或一置，而一負之制定矣。《題名》。

宋　孫逢吉《職官分紀》卷一〇《駕部郎中》　《隋百官志》：後齊殿中統駕部。《唐職官志》：駕部郎中一員，從五品上，員外郎一員，從六品上。《六典》：駕部郎中一人，從五品上。《周禮》夏官有司馬之職，蓋駕部之任也。魏氏始置駕部郎曹，歷晉、宋、齊、後魏、北齊並有駕部郎中，梁、陳為駕部侍郎，後周夏官府有駕部中大夫一人，隋文帝改駕部侍郎，煬帝去侍字，宋、齊左民尚書領駕部，梁、齊左户尚書領之，後魏、北齊殿中尚書領之，隋則兵部領焉。皇朝因之。武德三年，加中字。龍朔二年，改司輿大夫。咸亨元年復故。員外郎一人，從六品上。《周禮》夏官卿有司輿、司馬，上士，後周夏官府有駕部上士一人，蓋駕部員外郎之任也。隋開皇六年置一人，煬帝改承務郎。皇朝為駕部員外郎，掌邦國輿輦車乘及天下之傳驛、廄牧官私馬牛雜畜之簿，辨其出入闌逸之政。凡三十里一驛，天下凡一千六百三十九所，而監牧六十有五焉，皆分使而統之。國朝駕部掌輦路乘廄牧雜畜、乘具傳驛之政令，辨其出入之數。《官品令》：諸司郎中從六品。闇對無有遺失。北齊馮子琮為駕部郎中，攝庫部，孝昭帝曾閱部，領試令口陳，子琮闇對，無有遺失。奉國竭心。隋辛公義為駕部郎中，勾撿馬牧所，獲十餘萬疋。帝曰：唯我公義，奉國竭心。

又《駕部員外郎》　《隋百官志》：見吏部員外郎門。《唐職官志》《六典》並見郎中門。國朝《官品令》：諸司員外郎，正七品。拊牀。唐李靖為駕部員外郎，左僕射楊素、吏部尚書弘皆善之。素嘗拊其牀，謂靖曰：卿終當此坐。立意自比王侯。王澣為通事舍人，遷駕部員外郎，櫪多名馬，家有妓樂，澣發言立意自比王侯上儕類，人多嫉之。

宋　章如愚《山堂考索·後集》卷七《官制門》　晉置吏部、三公、客曹、駕部、屯田、度支六曹，而無五兵。咸寧二年，省駕部尚書。四年，省一僕射，又置駕部尚書。太康中，有吏部、殿中及五兵、田曹、度支、左民為六曹尚書，又無駕部、三公、客曹。惠帝世又有右民尚書，止於六曹，不知此時省何曹也。渡江有吏部、祠部、五兵、左民度支五尚書，祠部、尚書常與右僕射通職不常置，以右僕射攝之。若右僕射缺，則以祠部尚書攝知右事。並《晉志》。《康帝起居注》：詔曰：尚書萬事之本，朕所責成也。而廩秩儉薄，甚非治體。今雖軍國多費，不為元凱惜禄，其依令僕給尚書各親信五十人廩賜。

《文獻通考》卷五二《職官考六》　駕部郎中一人。《周禮·夏官》之屬有輿司馬；又有校人，主馬之官；又有牧司掌牧放，又有巾車掌公車之政及王之五輅，此皆駕部之本也。魏晉尚書有駕部郎。宋時駕部屬左民尚書。齊亦有之。後魏與北齊並曰駕部郎中。後周有駕部中大夫，屬夏官。隋初為駕部侍郎，屬兵部。及辛公義為駕部侍郎，句檢馬牧，所獲十餘萬匹。文帝喜曰：『唯我公義，奉國罄心。』煬帝除『侍』字。武德二年，加『中』字。龍朔二年，改為司輿大夫。咸亨初復舊，天寶中改駕部為司駕，至德初復舊。掌輿輦、專乘、郵驛、廄牧，司牛馬驢騾闌遺離畜。開元十八年閏六月敕：『比來給傳使人，為先傳馬，事頗勞煩。自今以後，應乘傳者，宜給紙券。』二十三年十月敕：『新給都督、刺史並關主官、州上佐，並給驛發遣。』二十八年六月，敕有陸驛處得置水驛。自二十年以後，常置館驛，以他官為之。員外郎一人。《周官》有輿上士，後周有小駕上士，蓋其任也。至隋，置與戶部同。

元　朱禮《漢唐事箋·後集》卷一　駕部各一人，掌輿輦車乘傳驛廄牧馬牛雜畜之籍。

明　彭大翼《山堂肆考》卷四九《駕部郎中附員外》　歷代沿革：《周禮》夏官之屬有輿司馬，有校人主馬之官，有牧師掌牧放，有巾車掌公車之政及王之五輅，皆駕部之本也。魏晉、尚書有駕部郎，宋駕部屬左民尚書。後魏、北齊竝曰駕部郎中。隋曰侍郎，煬帝除侍字，唐武德加中字。龍朔中改司輿大夫，咸亨復舊。天寶中改司駕。宋朝駕部司事一人，以無職事朝官充，本司無所掌。元豐改制，郎中、員外始實行本司事。大禮則戒有司具五輅。凡奉使之官赴闕，視其官職及所治事給馬如格。官文書則量其遲速，附馬步急遞。應內外監收租入多寡，孳產登耗，皆檢察焉。

明　佚名《諸司職掌》　駕部，郎中、員外郎、主事，掌邦國輿輦車乘及天下傳驛廄牧。

《續通志》卷一三〇《職官略》　駕部郎中、員外郎，唐置郎中一人，員外郎一人。宋因之。掌輿輦車乘傳驛廄牧馬牛雜畜之籍。

清　梁章鉅《稱謂録》卷一六《車駕司》　駕部，《唐書·崔元亮傳》：爲駕部員外郎，清謹介特，意澹如也。司駕，《文獻通考》：唐天寶中改駕部爲司駕，至德初復舊。司輿，見上司域注。司輿大夫，《文獻通考》：唐改駕部郎中爲司輿大夫。輿司馬、校人、牧師、巾車，《周禮》夏官之屬有輿司馬，又有校人主馬之官，又有牧師掌牧教，又有巾車掌公車之政及王之五輅。案：馬貴與謂此四職，即宋代駕部郎中之本始。

清　閻鎮珩《六典通考》卷三《設官考》　校人、牧師皆駕部之任。杜佑云：輿司馬、巾車並同斯職。魏晉尚書有駕部郎，宋駕部屬左民尚書，齊亦有之。後魏、北齊並曰駕部郎中，後周有駕部郎中，大夫屬夏官。隋初為駕部侍郎，屬兵部。煬帝除侍字，唐武德三年加中字。龍朔二年改為司輿大夫，咸亨初復舊。天寶中改駕部為司駕，至德初復舊。掌輿輦傳乘郵驛廐牧司牛馬騾驢闌遺雜畜。又周官有輿司馬上士，後周依周制，設小駕上士。隋開皇六年，改置員外郎。煬帝改曰承務郎，唐為駕部員外郎，龍朔、咸亨、光宅、神龍並隨曹改復。宋駕部郎中員外郎各一人，掌輿輦車馬驛置廐牧之事。建炎三年詔并大僕寺隸焉。金殿前司所屬有尚輦局使、副使，掌承奉輿輦事。元罷衛尉院，立尚乘寺，有卿、少卿，掌上方輿輦鞍轡。明兵部車駕清吏司郎中、員外郎、主事各一，添設車駕郎中一人，主事二人。

紀事

《魏書》卷一一三《百官志》 興安二年正月，置駕部尚書，右士尚書。

宋 佚名《翰苑新書集·前集》卷一八 駕部郎中【略】歷代事實：司輿、司駕。見官制。清謹介特。崔元亮，字晦叔，為駕部員外郎，清謹介特，澹如也。奉國竭忠。《通典》：隋辛公義為駕部郎，勾檢馬牧，所獲十餘萬匹，帝嘉曰：唯我公義，奉國竭忠。從容管劇。常袞駕部郎中制：從容管劇，每識通而理當。閱簿口陳。《職官分紀》：北齊馮子琮為駕部郎中，攝庫部，孝昭帝曾閱簿領試令口陳，子琮闇對，無有遺失。僕射拊床。李靖為駕部郎中，左僕射楊素拊床謂曰：卿終當坐此。

明 彭大翼《山堂肆考》卷四九《駕部郎中附員外》 勾檢馬牧：隋辛公義為駕部郎，勾檢馬牧，所獲十餘萬疋。帝嘉之曰：『唯我公義，奉國竭忠。』叅掌輿輦：《職略》：宋朝初，除王欽若為駕部郎，叅掌輿輦車馬驛置廐牧之事。攝庫部：《職官分紀》：北齊馮子琮為駕部郎中，攝庫部，孝昭帝閱簿領試令口陳，子琮闇對，無有遺失。主中臺：南豐擬制：輿馬輦乘之奉，郵驛圉牧之治，中臺要務主以郎官。幽閒：白居易《贈駕部吳郎中》：幽閒静境別無事，惟有南宮老駕兄。清謹：唐崔元亮，字晦叔，為駕部員外郎，清謹介特，意澹如也。又李靖在隋為駕部員外郎，左僕射楊素拊床謂曰：卿終當坐此。

牧監

綜述

唐 李林甫《唐六典》卷三《尚書户部》 諸牧監獸醫上番日，及衛士、防人已上征行若在鎮及番還，並在外諸監、關、津番官。上番日給。土人任者，若尉、史，並給身糧。

又 卷七《尚書工部》 凡殿中、太僕所管閑廄馬，兩都皆五百里供其芻槁。其關內、隴右、西使、北使、南使諸牧監馬、牛、馳、羊皆貯槁及茭草。高原槁支七年，茭草支四年；平地槁支五年，茭草支三年；下土槁支四年，茭草支二年。其柴炭、木橦進內及供百官、蕃客，並於農隙納之。供內及宫人，起十月，畢二月；供百官、蕃客，起十一月，畢正月。

又 卷一一《殿中省》 隴右諸牧監使每年簡細馬五十匹進。其祥麟，鳳苑廄所須雜給馬，年別簡粗壯敦馬一百匹，與細馬同進。仍令牧監使預簡敦馬一十匹別牧放，殿中須馬，任取充。

又 卷一七《太僕寺》 諸牧監掌群牧孳课之事。凡马五千匹为上監，三千匹已上为中監，已下为下監。凡马、牛之群以百二十，驼、骡、驴之群以七十，羊之群以六百二十，群有牧长、牧尉。补长，以六品已下子、白丁、杂色人等为之；补尉，以散官八品已下子为之。品子八考，白丁十考，随文、武简试與資也。凡马有左、右監以别其粗良，以数紀为名，而著其簿籍；细马之監称左，粗马之監称右。其杂畜牧皆同下監，仍以土地为其監名。凡马各以年、名籍之，每岁季夏造。至孟秋，群牧使以諸監之籍合为一，諸群牧别立南使、北使、西使、东使，以分统之。常以仲秋上于寺。【略】凡監牧孳生过分则赏；谓马剩驹一，则赏绢一匹；驼、骡之剩倍于马，驴、牛之剩三，白羊之剩七，羖羊之剩十，皆与马同。共赏物二分入长，一分入牧子。牧子谓长上专当者。其監官及牧尉各通计所管长、尉赏之。通计谓尉官管十五长者，剩驹十五匹，赏绢一匹；監官管尉五者，剩驹七十五匹，赏绢一匹之类。计加亦准此。应赏者，准印后定数，先填死耗足外，然后计酬之。其有死耗者，每岁亦以率除之。谓驼，马百头以七头马耗，骡以六；牛、驴、羖羊以十，白羊以十五。从外蕃而新至者，马、牛、驴、羖羊皆除二十，二年除十五；驼除十四，二年除十，骡除十二，二年除九；白羊除二十五，二年除二十；三年，皆同耗也。若岁疫，以私畜准同者以疫除。准牧侧近私畜疫死数，同则听以疫除。马不在疫除之例。即马、牛一十一岁以上，不入耗除限。若缘非时霜雪死多者，録奏。凡官畜在牧而亡失者，给程以访，过日不获，估而徵之。谓给访限百日，不获，准失处当时估价徵纳，牧子及长各知其半。若户奴无财者，准铜，依加杖例。如有阙及身死，唯徵见在人分。其在厩失者，主帅准牧长，饲丁准牧子。其非理死损，准本畜徵纳也。

《通典》卷二五《職官七》 諸牧監：漢太僕有牧師諸苑三十六所，

在北邊、西邊，以郎為苑監官。魏置牧官都尉，晉因之，自後無聞。北齊有左右牝牡、駝牛、羊等署令。後周曰典牝、典牡上士中士，又有典駝、典羊、典牛中士。隋曰典牧署、牛羊署令丞。大唐初因之，分曰牧監、置監、副監、丞、主簿。武太后聖曆二年正月，置控鶴府，監一員，從三品；丞一員，從六品；主簿一員，從七品；控鶴左右各二十員，從五品下。以張易之為控鶴監，統左控鶴，出入供奉。以麟臺監張昌宗統右控鶴，內供奉。久視元年六月，改控鶴監為天驥府，其月二十五日，又改為奉宸大夫，前改為天驥者，宜內供奉。員半千以奉宸之職，古無其事，又授斯任者，率多輕薄，非朝廷進德之選，上疏請罷之，由是忤旨。其年四月敕，奉宸令一員，從三品；奉宸侍郎一員，從四品上；奉宸大夫十員，左右各五品上；奉宸驂乘十員，左右各五品、從六品上；奉宸主簿一員，從七品上。凡二十四員，以應二十四氣。控鶴、奉宸之名，歷代不設，既以車馬名職，遂附此篇。

《新唐書》卷四八《百官志》　諸牧監。上牧監：監各一人，從五品下；副監各二人，正六品下；丞各二人，正八品上；主簿各一人，正九品下。中牧監：監，正六品下；副監，從六品下；丞，從八品上；主簿，從九品上。下牧監：監，從六品下；副監，正七品下；丞，正九品上；主簿，從九品下。中牧監副監、丞，減上牧監一員。南使、西使，丞各三人，從七品下；錄事各一人，從九品下。北使、鹽州使，丞各二人，從七品下。掌群牧孳課。凡馬五千為上監，三千為中監，不及為下監。馬牛之群，有牧長，有尉。馬之駑、良，皆著籍，良馬稱左，駑馬稱右。每歲孟秋，群牧使以諸監之籍合為一，以仲秋上於寺，送細馬，則有牽夫、識馬小兒、獸醫等。凡馬遊牝以三月，駒犢在牧者，三歲別群。孳生過分有賞，死耗亦以率除之。歲終監牧使巡按，以功過相除為考課。上牧監，有錄事各一人，府各三人，史各六人，典事各八人，掌固各四人。中牧監，減府一人，史、典事各減三人。下牧監，典事、掌固減二人。南使、西使，錄事、史各一人，府各五人，史各九人；北使、鹽州使，錄事以下員數及品，如南使。麟德中，置八使，分總監坊。秦、蘭、原、渭四州及河曲之地。凡監四十有八：南使有監十五，西使有監十六，北使有監七，鹽州使有監八，嵐州使有監二。自京師西屬隴右，有七馬坊，置隴右三使領之。又有沙苑、樓煩、天馬監。沙苑監掌畜隴右諸牧牛羊，給宴祭及尚食所用，每歲與典牧署供焉。自監以下，品數如下牧監。至開元二十三年，廢監。東宮九牧監，二丞二人，正八品上；錄事一人，從九品下。掌牧養馬牛，以供皇太子之用。有錄事史各一人，府三人，史六人。初，監有監、副監、丞、主簿、錄事各一人，府二人，史四人，典事四人，掌固二人。自監以下，品同下牧監。又有馬牧使，有丞以下官。

《玉海》卷一二四《官制》　諸牧監掌羣牧羣課。漢大僕有牧師諸苑二十六所，見表。隋置典牧，唐初因之，分諸物監，置監副、監丞。

紀事

《册府元龜》卷六二一《監牧》　周官校人掌王馬之政，其屬有牧師、圉師、趣馬、巫馬及庾人之職，所以授地、教養、簡節、攻疾，然後十有二閑之政成矣。施及列國，亦脩馬政。秦氏之霸，并吞六國，六萬騎之馬盡歸之焉。漢仍秦制，亦重太僕之任，乃有三令五監，邊郡六牧諸苑三十六所，馬牛雜畜充牣其間，應乾之策何啻百倍。九大祀、戎事，軍國所須皆取足焉。歷代已來，數之耗登，署之廢置，或申侵蹂之禁，或下辜搉之令，隨時立制，可以悉數。然則牧子坰野，蓋避於民居，齊其飲食，不違於物性。詩禮所載，可不務乎？周孝王時，非子居大丘，今槐里也。好馬及畜，善養息人。丘人言之周孝王，孝王召使主馬于汧渭之間，馬大蕃息。孝王欲以爲大駱，適嗣申侯之女爲大駱妻生子成爲適，申侯乃言孝王曰：昔我生酈山之女爲戎胥軒妻，生中潏，以親故歸周，保西垂，西垂以其故和睦。今我復與大駱妻生適子成，申駱重婚，西戎皆服，所以爲王，王其圖之。於是孝王曰：昔柏翳爲舜生畜，畜多息，故有土，賜姓嬴。今其後世亦爲朕息馬，朕其分土爲附庸，邑之素，今天水隴西縣秦亭也。使復續嬴氏，祀號曰秦，嬴亦不廢，申侯之女子爲駱適者，以和西戎。宣王以厲王之時牧人之職廢，宣王始興而復之，故有考牧之詩。魯莊公二十九年春，新延廄。延廄者，法廄也。《周禮》：『天子十二閑，馬六種；邦國六閑，馬四種。』每廄一閑，言法廄者，六門之舊制也。僖公牧于坰野，魯人尊之，於是季孫行父請命于周，而史克作頌曰：『駉駉牡馬，在坰之野。駉駉，良馬，腹幹肥張也。坰，晉野也。牧於坰野，避民居與良田也。薄言坰者，有驈有皇，有驪有黄，以車彭彭。』牧之坰野，則駉駉然。驪馬白跨曰驈皇，白曰皇，純黑曰驪黄，騂曰黄。諸侯六閑馬，四種，有貌馬，有戎馬，有四馬，有駑馬。彭彭，有力有容也。秦始皇八年，馬東就食。漢景帝時，始造苑馬以廣用。苑馬，調爲苑以牧馬。武帝元狩四年，大將軍衛青、驃騎將軍霍去病兩軍之出塞，塞閲官及私馬凡十四萬匹，而後入塞者不滿三萬匹，自青圍單于後十四歲，而卒並不復擊匈奴者，以漢馬少也。五年，天下馬少，平壯馬二十萬匹。賈平壯馬，賈欲使人競畜馬。御史大夫衛綰奏，馬高五尺九寸已上，齒未平，馬十歲齒下平。不得出關。初，武帝爲伐胡，故盛養馬。馬之往來食長安者數萬匹，卒掌者關中不足，迺調旁近郡。又以車騎馬乏，縣官錢少，買馬難得，迺著令令封君已下至三百石吏以上差出壯馬，天下亭亭有畜字，馬歲課息。太初元年，更名家馬爲挏徒孔切。馬。初置路軨。音零。先是，太僕掌輿馬，官有大廄、未央、家馬三令，家馬者，主供天子私用，非供大祀戎、事君國所須，故謂之家馬也。又有車府、路軨、騎馬、駿馬四令，又有寵馬、閑駒、橐泉、騊駼、承華五監長，橐泉廄在橐泉宮，下閑闌養馬之所，故曰閑駒。騊駼出北海中，共狀如馬。騊，音徒高切。駼，音塗。又有邊郡六牧師苑令，《漢書》：北海郡靈州縣有河奇苑、號非苑，歸縣有堵苑、白馬苑者，郅縣有牧師苑，西河郡鴻門有天封苑，東郡襄平有牧師官。《漢官儀》云：牧師諸苑三十六所，分置北邊、西邊，分養馬二十萬頭。又有牧橐昆蹏令。牧橐，言牧養。橐，佗也，是獸名也。蹏蹏者，謂其蹏下平也。蹏，音蹄。昭帝始元五年，罷天下亭母馬及馬弩關。武帝數伐匈叔，喜弩大宛馬死畧盡，乃令天下諸亭養母馬，欲令其繁孳。又作馬上弩機宮，令悉罷之。舊馬高五尺六寸，齒未平，弩十石已上皆不得出關，今不禁也。後漢和帝永元五年二月戊戌，詔有司省減內外廄及涼州諸苑馬。安帝永初二年正月庚申，詔越巂置長利、高望、始昌三苑，又令益州郡置萬歲苑，犍爲置漢平苑。犍爲郡名，故夜郎國也，故城在今巂州隆山縣西北也。順帝漢安元年七月，初置承華廄。時以遠近獻馬衆多，園廄充滿，始置承華令六百户。靈帝光和四年正月，初置騄廄丞，領受郡國調馬，豪右辜搉馬一匹至二百萬。辜，障也。搉，專也，謂障餘人賣買而自取其利。中平元年十一月，詔廄馬非郊祭之用，悉出給軍。後魏大武平統萬，定秦隴，以河西水草善，乃以爲牧地，畜產滋息，馬至二百餘萬匹，橐駝半之，牛羊無數。孝文卽位之後，復以河陽爲牧場，常置戎馬十萬匹，以擬京師軍警之備。每歲自河西從牧於并州，以漸南轉，欲其習水土而無死傷也，而河西之牧彌滋矣。大延二年十一月，行幸稒陽，驅野馬於雲中，置野馬苑。獻文帝時，吕文祖以勳臣子，補龍牧曹奏事中散，以牧產不滋，坐徙於武川鎮。孝文帝時，李堅爲太僕卿，檢課牧產，多有滋息，其後宇文福爲都牧給事時，遷雒，勑福撿行牧馬之所，福規石濟以西、河內以東，拒黃河南北千里，牧地事尋施行，今之馬場是也。及徙代，移雜畜於牧所，福善於將養，並無損耗。孝文嘉之，尋補司衛監。宣武帝正始四年十一月，禁河南牧馬，自碣石至于劍閣，東西七十里置二十二都。延昌元年六月，通河南牧馬之禁。隋高祖開皇中，以駕部侍郎辛公義句檢諸馬牧，所獲十餘萬匹。高祖喜曰：『惟我公義，奉國罄心。』煬帝大業五年七月，置馬牧于清海渚中，以求龍種，無効而止。唐太宗貞觀十五年，以尚乘奉御張萬歲爲太僕少卿，勾當群牧。二十三年，以廄馬麋費，留三千匹，餘並送隴右。高宗麟德三年，以太僕少卿鮮于正俗簡較隴右群牧監。張說爲隴右群牧使，頌序云：大唐承周隋離亂之後，貞觀初僅得牝壯三千，從赤葦澤徙隴右，始命太僕卿張萬歲葺其政焉。至麟德中四十年，至七十萬六千匹，置八使以董之，設四十八監以葺之，跨隴右、金城、平凉、天水四郡之地，幅員千里，猶爲陜隘，更析八監布於河曲豐曠之地，乃能容之於斯之橋，天下以下縑易一馬，及張氏中廢二十年閒，所殘益寡。《唐會要》云：張萬歲三代典群牧，恩信行於隴右，故隴右之人以馬歲爲齒，爲張氏家諱之也。上元元年，以右衛中郎將丘義簡較右群牧監。儀鳳三年十月，以太僕少卿李思文撿校隴右諸牧監使。白此始有使號，其後蘇幹、夏侯亮、陽道昕、張仁德、張思兼、宗玄爽、周履氷、魏元忠、李道廣、駕蘭爽、姚元之、宗楚、客宋、王成嚚相次爲之。永隆二年七月，夏州群牧使安元壽等奏從調露元年九月巳後至二年五月巳前死失馬一十八萬四千九百匹，牛一萬一千六百頭。玄宗先天中，以鴻臚少卿、朔方軍副大總管兼安北都護王晙爲太僕少卿、隴右群牧使。其後土毛仲、席楚珍、薄承祧、韋衢章、仇兼瓊、王鉷、安禄山、王鳳、唐欽、吕崇貴、李輔國、彭禮盈、樂子昂皆爲之。開元二年九月，太嘗少卿姜晦上封，請以空名告身於六胡州市馬，率三十匹馬酬一游擊將軍。時廄馬尚少，深以爲然，遂命齎告身三百道往市馬。三年四月，勑諸牧監官有闕交要者，委本使簡擇明閑牧養者奏付選司勘責補擬，如非其材，所繇科貶，經負犯者不在奏補之限。牧使有闕，亦委使司差補，申牒所繇，如不足，並申省司速訪補擬。七年三月，詔曰：調歛惡繁，差科在簡，每思重人賤畜之政，輕傜薄賦之宜，廄馬略配於諸軍，課駒揔留於畜牧，則應税之草不假循前，今年所支巳減舊數，可於此數內更三分減一。九年正月詔，如聞天下有馬之家，州縣或因郵遞軍旅，卽先差遣帖助，兼定户之次緣被此，百姓嫌疑，多不養畜，遂令騎射之士頓減曩時，益國富人，何繇可致？自今巳後，諸州百姓不問有蔭無蔭，君能每家畜馬十匹巳上，緣帖驛郵遞及征行，並不得偏差遣帖助，若要須供擬任，臨時率户出錢市買，定户及差重色役亦不須以馬充財數。十一年，勑諸州府馬闕數稍多，既合官填復，須私偹貧兵力致，實以爲難，宜令所司卽勘會闕數，與閑廄使計會，取監牧馬充。天寶十一載十一月，勑兩京去城五百里內不得置私牧，如有，一切官牧。十三載六月，隴右群牧都使奏差判官殿中侍御史張通儒、副使平原太守鄭遵意等就群牧，交點摠六十萬五千六百三頭匹口。馬三十二萬五千七百九十二匹，內二十萬八千匹，草牛七萬五千一百一十五頭，內一百四十三頭，犛駒五百六十三頭，羊二十萬四千一百三十四口，騾一頭。肅宗至德二年十二月，詔園苑内有閑廄使，摠監各據所管地界耕種，牧草粟以備國馬。代宗大曆十四年七月，復置廄馬隨仗於月華門。德宗建中元年五月，詔市關輔之馬牝牡二萬匹，以實内廄。貞元八年，裴延齡爲户部侍郎，判度支京西，有汚地卑濕處，時有盧葦生不過數畝，延齡忽奏云：『廄馬冬月合在槽櫪秣飼，夏中卽須有牧放處。臣近尋訪得長安、咸陽兩縣界有陂池數百頃，請以爲内廄牧馬之地。且去京城數十里，亦與廄苑中無別。』帝初信之，言於宰臣，宰臣堅執云：『恐必無此。』及差官閲視，事皆虚妄，延齡既慚且怒。二十年，福州都團練觀察使柳冕奏置萬安監牧泉州界置群牧五，悉索部内馬五千七百匹，驢騾牛八百頭，羊三千餘口，人心擾焉。順宗以貞元二十一年卽位，四月罷閩中萬安監。先是，福建觀察使柳冕久不遷，欲立事跡以求恩寵，乃奏云：『閩中，南朝放牧之地，畜牛馬可使滋息，請置監。』許之。遂收境内畜産，令吏牧其中。羊之大者不過十斤，馬之良者錢數千，不經時輒病死，又斂以充之，百姓告乏，遠近以爲笑。至是，觀察使閻濟美奏罷之。憲宗元和四年正月，右神策軍奏絳州龍門臨河鄉河曲無居人田業，請爲牧地，從之。仍禁侵蹂居人田業。十一年正月，命中官以絹二萬疋市馬於河曲。十三年十一月，賜蔡州群牧號龍陂，以刺史丁俛充使。十四年五月，置臨海監牧使，命淮南節度使李夷簡兼之。八月，襄州穀城縣置群牧，賜名臨漢監，以山南東道節度使孟簡兼充監牧使。穆宗長慶二年四月，詔如聞館驛遞馬死損轉多，欲令提舉所繇，悉又推注中使，郵驛稱不見券則隨所索盡供，既無憑繇，豈有定數，方將革獘，貴在息詞。自今已後，中使乘遞如不見券，及券外索爲所繇，輙不得供。其嘗參官出使及諸道幕府軍將等所合乘遞，並須依格式，如有違越，或分外科人夫，並宜具名聞奏。當時中人出使，所在多微，驛馬大其行李，驛馬繇此死傷多。假如軍期急奏，行人所乘馬多爲格奪，遠近苦之，因有是命。文宗太和二年十月，勑海陵是楊州大縣，土田饒沃，人户衆多，自置監牧已來，或聞有所妨廢，又計每年馬數甚少，若以所用錢收市，則必有餘。其臨海監牧宜停，令度支每年供送飛龍使，見錢八千貫文，仍春秋兩季各送四千貫，充市進馬及養馬飼，見在馬等用其監牧，見在馬仍令飛龍使割竹諸群牧收管，訖分折聞奏。是月甲戌，命中使往龍陂監取馬五百匹，賜徐行營。三年三月，以沙苑樓煩馬共五百匹，賜幽州行營將士。七年正月，山南東道節度使裴度奏請停臨漢監牧，從之。臨漢牧，元和十四年置，有馬三千二百餘匹，廢百姓田四百餘頃，前後節將不能別白條陳奏，至度始奏罷。十一月壬午度，支鹽鐵使王涯奏請於銀州置銀川監牧使，以刺史劉源充使。從之。開成元年二月，以飛龍馬二百匹賜京兆府，充給諸驛。四月戊寅，邕管經略使裴恭上言，洞賊雖深居山谷，當其刼掠多在平地，防禦之道切在馬軍，請賜草馬二百匹，置監牧以爲備。詔以度支錢三百萬逐便賜之。一年七月，夏州節度使劉源奏，自太和七年十一月一日於銀川置監城收管群牧，今計孳生馬七千餘匹。今饒州南界有空閒地，周廻二百餘里，四面懸絶，賊路不通，只置三五十人守其要害，郎牧放無虞。是臣當管界内，並非百姓佃食，請割隸監司久遠之計，詔委本道節度使差人與判使勘驗，如實無主，使任收管，仍不得侵奪居人田産。四年十月，飛龍進諸監牧二歲馬二千七百匹。哀帝天祐三年十一月，勑牛羊司牧管御厨羊并乳牛等御厨物料，元是河南府供進，其肉便在物料數内，續以諸處送到羊，且令牛羊司逐日送納，今知舊數已盡，官吏所繇多總逃去，其諸處續進到羊，并舊管乳牛並送河南府牧管，其牛羊司官吏並宜停廢。梁太祖開平元年九月，詔先以討伐北虜，因索公私馬以濟戎事，至是慮有搔擾，復罷前令，如有力者，任畜馬。四年二月，頒奪馬令。先是，王師擊賊所得馬，雖一二必具獻，或彼瘡殨於道中，而戰者無所利。帝曰：『獲則有之，所以要其奮擊也。今主將亾馬皆不言取，士卒獲以爲已功，甚無謂，宜下諸軍，勿來獻。擅冒禁者，以違勑罪罪之。』後唐莊宗同光三年六月，將事西蜀，下河南、河北諸州府和市戰馬，所以搜括官吏，除一匹外，官收匿者致之以法，繇是搜索殆盡。三年閏十二月，魏王秦東西兩川點到見在馬得九千五百三十匹。明宗卽位，以康福爲飛龍使。福便弓馬，少事武皇，累補軍職。莊宗嗣位，嘗謂左右曰：『我本蕃人，以羊馬爲活業。彼康福者，體貌豐厚，宜領財貨，可令總轄馬牧。』繇是署爲馬坊使，大有蕃息。及先，明宗爲亂兵所逼，將離魏縣，會福牧小馬數千匹於相州，乃驅而歸命。及卽位，乃有此授。天成二年三月丙辰，宰臣任圜奏：『臣伏見蕃牧臣寮每正至慶賀，例皆進馬。臣以捧日之心，貴申其忠孝追風之步，必擇於馴良備乘奉於帝車，資駔駿於天廐。伏見本朝舊事雖以進馬爲名，例多貢奉馬價，葢道途之役，護養稍難，因此群方久爲定制。自今後，伏請只許四夷畨國進駞馬，其諸道藩府州鎮請依天復三年巳前，許貢綾絹金銀，隨土産折進馬之直，所貴稍便貢輸，不虧誠敬，兼請約舊制，選孳生馬分置監牧，俾飲齕而自遂，卽騋牝之逾繁者。』勑旨：『任圜方秉國權，乃專邦計，公家之利，知無不爲，當景運之中興，舉皇朝之政事，不獨資其經費，亦兾便於貢輸，載閱敷陳，允叶事體，宜依所奏。』乃置監牧，委爲三司使，別其制置奏聞。三年三月，吏部郎中何澤請率天下牝馬置群牧，取其蕃息。四年四月，詔沿邊置場買馬，不許蕃部直至闕下，帝自臨馭，欲來遠人，黨項之衆競赴都下，嘗賜酒食於禁庭，醉則連袂歌土風以出，凡將到馬無駑良，並云上進國家，雖約其價以給之，及計其舘穀錫賚，所費不可勝紀，計司以爲蠹中華無出於此，遂止之。是年八月，詔以右軍馬牧軍使田令方芻牧不謹，馬瘠而多死，劾致於法。安重誨奏曰：『令方損耗官馬，死未塞責，然因馬罪死一軍使，非撫士之道，杖，減死一等。』長興元年七月，分飛龍院爲左右，以小馬坊爲右飛龍院。三年正月，三司奏從去年正月至年終收到諸蕃所賣馬計六千餘匹，所支價錢及給賜供費約數四十萬貫。四年十月，帝問見管馬數，范延光奏曰：『天下嘗支草粟者近五萬匹，見今西北諸蕃部賣馬者徃來如市，其郵傳之費中估之價曰四五千貫，以臣計之，國力十耗其七，馬無所使，財賦坐銷，朝廷將不濟。』馮贇奏曰：『金商州每年上供絹不過六百疋，臣給馬價每日約支五千餘疋。臣等思惟無益之甚，乞陛下深悟其理。』帝曰：『卿等商畧可否以聞。』延光等議，戒緣邊鎮戍蕃部賣馬，卽擇其良壯給券，具數以聞。從之。十一月，朱弘昭、馮贇奏曰：『臣等自蒙重委，計度國力盈虛，而支給嘗苦不足者，直以賞軍無筭，買馬太多之獘也。若不早爲節限，後將難濟，宜嚴勑西北邊鎮守此後請禁止其來。』晉少帝天福九年正月，發使天下，率公私之馬。漢高祖天福十二年九月，河南諸道並奏使臣到和買戰馬始帝，去冬以北虜犯闕，陷戰馬二萬匹，而騎卒在焉。時方欲攻鄴壘而制塞下，遂降和買河南諸道不經虜掠處士人私馬。時制旨略曰：『朕方以勤儉，一身輯和，庻政未嘗枉費，所切安人。今則重威未賔，契丹尚擾，必多添於戰騎，期大振於軍威。言念煩勞，事非獲巳。』時天下人心厭虜，燔炙之患夂矣，皆願以身爲扞，聞帝詔諭，皆感悟，樂而随之。周世宗顯德二年八月，帝謂侍臣曰：『諸軍與飛龍院馬向來有病患老弱者，多爲其主者無故擊殺，分食共肉，豈可壯則乘騎，貴其負重之力？老則見棄，不免刲宰之患，忘其勞而枉其死，寔有所傷。今後應有病患老弱馬，並可送同州沙苑監、衛州牧馬監，就彼水草，以盡其飲齕之性。』

（嘉慶）《清一統志》卷二五九 唐監牧在固原州東南，《元和志》：原州監牧，貞觀中白長安東赤岸澤，移馬牧於秦渭二州之北，會州之南，蘭州狄道縣之西，置監牧使以掌其事，仍以原州刺史為都監牧使，以管四使，南使在原州西南一百八十里，西使在臨洮軍西二百二十里，北使、東宮使寄理原州城内。天寶中，諸使共有五十監，監牧地東西約六百里，南北約四百里。《州志》：唐監牧舊基在開成東南三里。

藝文

宋 佚名《古文苑》卷一六 牧監匡設，是謂王國。《周礼》：施典于國而建其牧，立其監。

清 董誥等《全唐文》卷三四《諸州府馬數闕額以監牧馬充敕》 諸州府馬，闕數稍多，既合官填，復須私備。貧兵力致，實以為難，宜令所司，即勘會闕數，與閑廄使計會，取監牧馬充。

又 卷七四《罢海陵監牧敕》 海陵是揚州大縣，土田饒沃，人戶衆多，自置監牧已來，或聞有所妨廢。又計每年馬數甚少，若以所用錢收市，則必有餘。其臨海監牧宜停。令度支每年供送飛龍使見錢八千貫文，仍春秋兩季各送四千貫，充市進馬及養馬飼見在馬等用。其監牧風在馬，仍令飛龍使割付諸群牧，收管訖分析聞奏。

又 卷九四《停河南監牧诸司敕》 牛羊司牧管禦廚羊，並乳牛等禦廚物料，元是河南府供進，其肉便在物料數内，續以諸處送到羊，且令牛羊司逐日送納。今知舊數已盡，官史所繇多總逃去。其諸處續進到羊，並舊管乳牛，並送河南府牧管。其牛羊司官吏並宜停廢。

又 卷二二六《大唐開元十三年隴右監牧頌德碑》 《周禮》：『校人掌王馬之政。天子十二閑，馬六種。』閑為一廄，馬二百一十六，應乾之策也；六廄成校，五良一駑，是之謂小備。校有左右，閑成十二，合月之道也；駑馬三良馬之數，凡三千四百五十六，是之謂大備。秦並一海內，六萬騎之國馬盡歸之帝家，則周制陋矣。漢孝武當文、景儉約之積，雄衛、霍張惶之勢，勒兵塞上，廄馬有四十萬匹。及東漢、魏、晉，國馬陵夷，不可復逮武帝時矣。後魏以胡馬入洛。蹴蹋千里，軍陣之容雖壯，和鑾之儀亦闕。大唐接周、隋亂離之後，承天下征戰之弊，鳩括殘燼，僅得牝牡三千，從赤岸澤徙之隴右，始命太僕張萬歲葺其政焉。而奕代載德，纂修其緒，肇自貞觀，成於麟德四十年閑，馬至七十萬六千匹，置八使以董之，設四十八監以掌之。跨隴西、金城、平涼、天水四郡之地，幅員千里，猶為隘狹，更析八監，布於河曲豐曠之野，乃能容之。於斯之時，天下以一縑易一馬，秦漢之盛，未始聞也。張氏中廢，馬官亂職，或夷狄外攻，或師圉內寇，垂拱之後，二十餘年，潛耗大半，所存蓋寡。開元神武皇帝登大寶，受靈符，水瑞感而河龍出，星精應而天駟下，二年春，帝乃簡心腑善畜之將，卜福祐宜生之長，俾領內外閑廄使焉，即開府霍國公其人也。公名毛仲，姓王氏，開元佐命之元勳，東國亡王之後裔。四伯輔禹，與治水之謨；四七興漢，在經星之列。清明虛受，察含冰鑒，籌謀先覺，慮出蓍龜。竭無私之忠，而善歸天造；輸不懈之力，而元同日用；故得騰躍風雲，攀附日月。策功第一，承恩莫二：庭羅魏絳之鐘鼓，第賞堂邑之山林，文馬蕃錫於晉侯，欒衣亟分於韓信。庶蕫如玉，則降榮彤管；眾子垂髫，則抱拜朱茀。聖人之見也，必猶爾為之四顧而滿志；聖人之不見也，乃恤然若無與樂其天下：仲尼所謂是必才全而德不形者也。夫其處身，則立無跛，正也；視無還，端也；聽無聳，誠也；言無遠，慎也。國有憂，未嘗不戚；國有慶，未嘗不怡。其禦下，則明利害之鄉，皁財求之務，使之趨善而避惡，懷德而畏威，身不離於闕庭，令遠行於牧。亦有不學而暗合於古，未更而懸辨其事，然其人政，必問於遺訓，而資於故實者也。若夫春祭馬祖，夏祭先牧，秋祭馬社，冬祭馬步：敬其本也。日中而出，日中而入，禁原燎牧，除蓐釁廄：時其事也。潔泉美薦，〈廣牙〉涼棧濕，翹足而陸，交頸相靡：宣其性也。攻駒教駣，講馭臧僕，刻之剔之，羈之策之：就其才也。不反其性，故親人樂藝，節樂如舞之心自生；不窮其才，故闉扼鷙曼，竊轡詭銜之態不作。爾乃舉其神異，則有騊駼騕褭，乘黃茲白，來儀外廄，呈伎內櫪，朝刷閶風，夕洗天泉，聖皇一馭，長壽萬年。別其種類，則有妍蹄繁鬣，小領遠志，曰龍曰駷，曰戎曰驥。差其毛物，則有蒼白驪黃，騂紫驈皇，騅駓驒駱，駰騢駵雒，豪骭馵足，狼尾魚目。宗廟齊豪，戎事齊力，田獵齊足，罔不畢有。元年牧馬二十四萬匹，十三年乃四十三萬匹；初有牛三萬五千頭，是年亦五萬頭；初有羊十一萬二千口，是年乃亦二十八萬六千口。皇帝東巡狩，封岱嶽，輦輅既陳，羽衛咸備，大駕百里，煙塵一色。其外又有閒人萬夫，散馬千隊，骨必貌，毛不離群，行如動地，鑄蕭屯雲，百蠻震聳，四方騰躍，威懷紛紜，壯觀揮霍。回衡飲至，朝廷宴樂，上顧謂太僕少卿兼秦州都督監牧都副使張景順曰：『吾馬幾何其蕃育？卿之力也。』對曰：『帝之福也，仲之令也，臣何力之有？』因具上其狀，帝用嘉焉。霍公口無伐辭，貌無德色，朝髦庠齒，歆以多之。於是明威將軍行右衛郎將南使梁守忠、忠武將軍行左羽林中郎將西使馮嘉泰、右千牛長史北使張知古、左驍衛中郎將兼鹽州刺史鹽州監牧使張景遵、隴州別駕修武縣男東宮監牧韋衡、都使判官果毅齊琛、總監韋績及五使長戶三萬一千人僉曰：『自開府庇我十三年矣，畜有娩息，人無乏匱，克厭帝心，莫匪嘉績。且如停西南兩使六頓人夫槁穀，計八十萬工圍石，以息人約費，其政一也；納長戶隱田稅三萬五千石，以儉私肥公，其政二也；減太僕長支乳酪馬錢九千三百貫，以室隙止散，其政三也；供軍筋膏膠十萬七千斤，以收緝繕工，其政四也；蒔苘麥苜蓿一千九百頃，以茭蓄禦冬，其政五也；使監官料舊給庫物，新奏置本收分其利，不喪正錢二萬五千貫，以實府宜官，其政六也；賈死畜貯絹八萬匹，往嚴道市僮千口，以出滯足人，其政七也；五使長戶數盈三萬墾田給食，糧不外資，以勸農卻免，其政八也：敢問監收之事，孰能加於此乎？然則稱伐計功，前典所貴：上以美聖主擇才之得人，下以贊忠臣受任之盡節，末以道官屬承風之成事，竟以示後代昭前之令聞：是四烈者，不可廢也。』既而大君有命，舊史書功，吟詠環奇，篆刻金石。秦汧渺渺，尚想非子之風；魯野區區，猶傳史克之頌。試從此而觀彼，夫何足以言哉？頌曰：皇天考牧兮聖之君，四十三萬兮馬為群。漸汧渭兮垣隴阪，飛黃早兮昆蹄苑。山崆峒兮水嗚咽，泉噴玉兮草汗血。聚如花兮散如雪，性既馴兮才亦絕。維國家之大事，駕時龍兮祭天地，和鑾發兮文物備。維皇帝之七德，總戎馬兮威萬國，彩髦翻兮金介胄。有霍公之掌政，擇張氏之舊令。天皇駕兮仗黃麾，太僕驂兮展輅儀。舞月駟兮蹀雲螭，神偶儻兮態權奇。駃驤溢野兮牛羊日多，子孫榮位兮恩寵如何？頌皇靈兮篆石鼓，萬斯年兮群玉府。

又 卷二六九《論置監牧登萊和市牛羊奴婢疏》 臣廷珪言：竊見國家於河南北和市牛羊，及荊、益等州市奴婢，擬於登、萊州置監牧，此必有人謂頃歲以來，軍裝所資，國用不足，或將見陶朱公、公孫宏、卜式之事，而為陛下陳其策耳。臣愚以齷齪小算，有損無益，不足為盛明天子行法於代也。何以明之？彼三人者，實為匹夫，藉空虛之地，罄勤勞之力，畜牧積歲，增致千金，苟以一家言之，其計得也。今聖朝疆域四海，臣妾萬方，天覆地載，莫非所有，而欲必取於人，從牧於國，何示人之不廣，而近樹私也？況和市遞送，所在騷然，公私煩費，不可勝計。臣聞諸古人曰：『百姓足，君孰與不足？百姓不足，君孰與足？』蓋君之與人，上下同體，無所間也。今河南牛疾甚處，十不一存，農傷豈徒百姓而已？又今牧童取其牛在牸孛者，下俚九要，一則利其孳產，二則不廢營農，家家保之，豈願輒賣？今雖和市，甚於抑奪百姓之望，是牛再疫而農重傷，此則有損無利一也。頃者諸州雖定估價，既緣並市，則雖平准，如其簡擇，事須賄求，侵刻之端，從此而出。牛羊踴貴，必倍於常，百姓私陪，則破家業。雖官得一牛一羊，而百姓已失兩牛兩羊價矣，此則有損無利二也。登、萊之境，是稱海隅，因之水氣，加以風回，秋則早寒，春則晚煦，深山大澤，咸生蛟蛇，若置群牧，必多死損，此則有損無利三也。高原之田，百姓耕植，下濕之地，不堪放牧。若奪百姓高處，兩州皆失丁田，至於牛羊，復相踐暴，久長如此，闔境不安。非直百姓被侵，蓋失國家租賦，則有損無利四也。且又荊、益等州和市奴婢，多是國家戶口，奸豪掠來，一入於官，永無雪理。況南北既遠，風土非宜，乍到登萊，必生疾疫，此則有損無利五也。且方今東洎滄海。西洎流沙，亭障多虞，甲骨未息，戎機調發，歲時相繼。由是丁兵逃散，戶口流亡，略舉大凡，十有數四。陛下天憐黔首，光啟元猷，將命使臣，分道巡撫，簡而靜鎮，難必乂安，矧乃征伐外繁，徵求內廣，欲使萬方兆庶，安堵復業，亦猶翦鳥之翼，而望其騰翥；脫魚之鱗，而願其游泳。臣又聞之，君所恃者人，人所生者食，食所資者耕，耕所恃者牛。廢耕則去食，去食則無人，人無以生，君將何恃？然則牛者君國字人之本，豈可無故一旦取之哉？臣又度羊之為須，非軍國切要，假令畜牧能遂繁滋，三數歲□，億萬可致，陛下豈可鬻之於外蕃，射其利為用乎？又可鬻之於中土，割其命為資乎？牛之為損則如彼，羊之無益則如此，臣雖愚戇知其必不可也。伏願陛下特加審慎，詳圖損益，諸有所和市及新置監牧等，儻回聖慮，即日停絕，天下蒼生，豈勝幸甚！昧死上奏以聞。

尚乘局

綜述

《隋書》卷二八《百官志》 殿內省置監、正四品。少監、從四品。丞，從五品。各一人，掌諸供奉。又有奉車都尉十二人，掌進御輿馬。統尚食、尚藥、尚衣、尚舍、尚乘、尚輦等六局，各置奉御二人，正五品。皆置直長，以貳之。正七品。尚食直長六人，又有食醫員。尚藥直長四人，又有侍御醫、司醫、醫佐員。尚衣即舊御府也，改名之，有直長四人。尚舍即舊殿中局也，改名之，有直長八人。尚乘局置左右六閑：一左右飛黃閑，二左右吉良閑，三左右龍媒閑，四左右騊駼閑，五左右駃騠閑，六左右天苑閑。有直長十四人，又有奉乘十人。尚輦有直長四人，又有掌輦六人。城門置校尉一人，降為正五品。後又改校尉為城門郎，置員四人，從六品。自殿內省隸為門下省官。【略】太僕減驊騮署入殿內尚乘局，改龍廄曰典廄署，有左、右駁皂二廄。加置主乘、司庫、司廩官。罷牛羊署。

唐 李林甫《唐六典》卷一一《殿中省》

尚乘局：奉御二人，從五品上；自秦、漢已來，其職皆在太僕。北齊大僕驊騮署有奉乘十人，管十二閑馬。隋煬帝取之，置尚乘局。皇朝因之，增置奉禦四人：一人掌左六閑馬；一人掌右六閑馬；一人掌粟草、飼丁請受配給，及勾勘出入破用之事；一人掌鞍轡𩍐勒，供馬調度，及療馬醫藥料度之事。龍朔二年改為奉駕大夫，咸亨元年復故。開元二十三年減置二人。先是別置閑廄使，因隸焉，猶屬殿中。直長十人，正七品下；隋煬帝置十四人，皇朝因之，開元二十三年減四人。奉乘十八人，正九品下；後魏有奉乘郎，從五品下。後周左、右廄各有奉乘二十人。隋煬帝置尚乘局，有奉乘十人。皇朝加置二十四人，每閑二人。開元二十三年減六人。習馭五百人；後周左、右廄各有馭夫一百二十人，皇朝加置習馭五百人，掌調習六閑之馬。掌閑五千人；皇朝置，掌分飼養六閑之馬。司庫一人，正九品下；皇朝初置一人，掌六閑庫物。開元二十三年減。司廩二人，正九品下；皇朝置，掌六閑粟草。典事五人；皇朝置之。獸醫七十人。周禮有獸醫下士，掌療畜獸之疾病；又有巫馬下士二人、醫四人，掌知馬祖、先牧、馬社、馬步之神，養疾馬，以藥攻馬疾也。北齊內廄局有馬醫二人。皇朝置獸醫，掌療左、右六閑之馬。尚乘奉禦掌內外閑廄之馬，辨其粗良，而率其習馭；直長為之貳。六閑：一曰飛黃，二曰吉良，三曰龍媒，四曰陶駼，五曰駃騠，六曰天苑。左、右凡十有二閑，分為二廄：一曰祥麟，二曰鳳苑，以系飼馬。今仗內有飛龍、祥麟、鳳苑、鵷鸞、吉良、六群等六廄，奔星、內駒等兩閑；仗外有左飛、右飛、左萬、右萬等四閑，東南內、西南內等兩廄。凡禦馬必敬而式之，非因調習，不得捶擊；諸閑底上細馬，若欲調習，唯得廄內乘騎，不得輒出。習其進禦之制，而為出入之禁。隴右諸牧監使每年簡細馬五十匹進。其祥麟，鳳苑廄所須雜給馬，年別簡粗壯敦馬一百匹，與細馬同進。仍令牧監使預簡敦馬一十匹別牧放，殿中須馬，任取充。凡秣馬給料，以時為差。春、冬日給蒿一圍，粟一斗，鹽二合；秋、夏日給青芻一圍，粟減半。凡外牧進良馬，印以『三花』、『飛』、『風』之字，而為志焉。細馬、次馬送尚乘局者，於尾側依左、右閑印以『三花』；其餘雜馬送尚乘者，以『風』字印印左髆，以『飛』字印印左髀。奉乘掌率習馭、掌閑、駕士及秣飼之法。凡馭馬必視其齒曆、勞逸而調習之。馬四年而兩齒，五年而四齒，六年而六齒成焉。七年而右一齒缺，八年而上下兩邊各一齒缺，九年而上下盡缺。十年而下兩齒出，十一年而下四齒齙，十二年盡齙。十三年下兩齒平，十四年下四齒平，十五年下盡平。十六年上兩齒齙，十七年上四齒齙，十八年上盡齙。十九年上兩齒平，二十年上四齒平。司庫掌鞍轡乘具。司稟掌槁秸出納。獸醫掌療馬病。凡馬病，灌而行之，觀其病之所發。療馬病有五勞：一曰筋勞，二曰骨勞，三曰皮勞，四曰氣勞，五曰血勞。久步則生筋勞，久立則生骨勞，久汗不乾則生皮勞，汗未差燥而飼飲之則生氣勞，驅馳無節則生血勞。有傷寒者，有傷熱者，有瘍者，咸據經方以療焉。

《通典》卷二六《職官八》 殿中監丞，尚食、尚藥、尚衣、尚舍、尚乘、尚輦等局奉御、直長。魏置殿中監官，晉、宋並同。齊有內外殿中監各八人，梁、陳因之，其資品極下。後魏亦有殿中監。北齊有殿中局，置監四人，屬門下省，掌駕前奉引。隋改為殿內局，置監二人。大業三年，分門下、太僕二司，取殿內監名，以為殿內省，有監、少監、丞各一人，掌諸供奉，領尚食、尚藥、尚衣、尚食即舊御府。尚舍、即舊殿中局。尚乘、領左右六閑及諸閑。尚輦等六局。漢儀注曰：「省中有五尚，即尚食、尚冠、尚衣、尚帳、尚席。」或云：「秦置六尚，謂尚冠、尚衣、尚食、尚沐、尚席、尚書，若今殿中之任。」每局各置奉御二人以總之，置直長以貳之，屬門下省。大唐改為殿中省，加置少監二人，丞亦二人。其官局職任，一如隋制，為一司，不屬門下。龍朔二年，改殿中省為中御府，改監為中御大監、少監，改丞為中御大夫，改尚食為奉膳，尚藥為奉醫，尚衣為奉冕，尚舍為奉扆，尚乘為奉駕，尚輦為奉輦，凡奉御皆改為大夫。咸亨初復舊。【略】尚乘局奉御：自秦漢以來，其職皆在太僕。北齊太僕驊騮署，有奉乘十人，管十二閑馬。隋煬帝取之，置尚乘局，署奉御二人。大唐因之，增置奉御四人。龍朔二年，改為奉駕大夫，咸亨元年復舊。尚乘奉御掌六閑馬，一曰飛黃閑，二曰吉良閑，三曰龍媒閑，四曰騊駼閑，五曰駃騠閑，六曰天苑閑。開元中減二人，先是別置閑廄使，因隸焉，猶屬殿中。武太后萬歲通天二年五月，置杖內閑廄，令殿中丞袁懷哲檢校。至聖曆二年，改為少監閑廄使，自後他官相循為之。直長：隋置十四人，大唐減四人。

《通典》卷一〇七《開元禮纂類二序例中》 尚乘奉御二人，分左右也。次左青龍旗，右白武旗，各一次，左右衛果毅各一人。各領三十五人，騎分左右。

《舊唐書》卷四四《百官志》 尚乘局：奉禦二人，從五品上。直長一人，正七品下。奉乘十八人，正九品下。習馭五十人，掌閑五十人，獸醫七十人。進馬六人，七品下。司庫一人，正九品下。司廩二人，正九品下。書令史一人，書吏十四人。奉禦掌內外閑廄之馬，辨其粗良，而率其習馭。直長為之貳。一曰左右飛黃閑，二曰左右吉良閑，三曰左右龍媒閑，四曰左右抃騋閑，五曰左右駃騠閑，六曰左右天苑閑。開元時仗內六閑，曰飛龍、祥麟、鳳苑、鵷雛、吉良、六群等，號六廄馬。凡秣馬給料，以時為差。凡外牧進良馬，印以三花飛風之字而為志。奉乘掌率習馭、掌閑、駕士及秣飼之法。司庫掌鞍轡乘具。司廩掌槁秸出納。獸醫掌療馬病。

宋 王溥《唐會要》卷七二《諸監馬印》 諸監馬印，凡馬駒以小官字印印右膊，以年辰印印右髀，以監名依左右廂印印尾側。若形容端正、擬送尚乘者，則須不印監名。至二歲起脊，量強弱，漸以飛字印印右膊。細馬、次馬俱以龍形印印項左。送尚乘者，於尾側依左右閑印以三花，其餘雜馬齒上乘者。

《新唐書》卷四七《百官志》 殿中省，監一人，從三品；少監二人，從四品上；丞二人，從五品上。監掌天子服禦之事。其屬有六局，曰尚食、尚藥、尚衣、尚乘、尚舍、尚輦。少監為之貳。凡聽朝，率屬執繖扇列於左右；大朝會、祭祀，則進爵；行幸，則侍奉仗內、驂乘，百司皆納印而藏之，大事聽焉，有行從百司之印。左右仗廄：左曰奔星，右曰內駒。兩仗內又有六廄：一曰左飛，二曰右飛，三曰左萬，四曰右萬，五曰東南內，六曰西南內。園苑有官馬坊，每歲河隴群牧進其良者以供禦。六閑馬，以殿中監及尚乘主之。武後萬歲通天元年，置仗內六閑：一曰飛龍，二曰祥麟，三曰鳳苑，四曰鵷鸞，五曰吉良，六曰六群，亦號六廄。以殿中丞檢校仗內閑廄，以中官為內飛龍使。聖曆中，置閑廄使，以殿中監承恩遇者為之，分領殿中、太僕之事，而專掌輿輦牛馬。自是，宴遊供奉，殿中監皆不豫。開元初，閑廄馬至萬餘匹，駱駝、巨象皆養焉。以駝、馬隸閑廄，而尚乘局名存而已。【略】尚乘局奉禦二人，直長十人，掌內外閑廄之馬。左右六閑：一曰飛黃，二曰吉良，三曰龍媒，四曰騊駼，五曰駃騠，六曰天苑。凡外牧歲進良馬，印以三花、『飛』『鳳』之字。飛龍廄日以八馬列宮門之外，號南衙立仗馬，仗下，乃退。大陳設，則居樂縣之北，與象相次。龍朔二年，改尚乘局曰奉駕局。有書令史六人，書吏十四人，直官二十人，習馭五百人，掌閑五千人，典事五人，獸醫七十人，掌固四人。習馭，掌調六閑之馬；掌閑，掌飼六閑之馬，治其乘具鞍轡；典事，掌六閑芻粟。太宗置司廩，司庫；高宗置習馭、獸醫。司廩、司庫各一人，正九品下。掌六閑槁秸出納。奉乘十八人，正九品下。掌飼習禦馬。

又 卷五〇《兵志》 馬者，兵之用也；【略】又以尚乘掌天子之禦。左右六閑：一曰飛黃，二曰吉良，三曰龍媒，四曰騊駼，五曰駃騠，六曰天苑。總十有二閑為二廄，一曰祥驎，二曰鳳苑，以系飼之。其後禁中又增置飛龍廄。

宋 高承《事物紀原》卷五 尚醞，唐已前有尚乘，無尚醞。宋朝元豐中官制行，則置此官也。

《通志》卷五四《職官略第四》 尚乘局奉御，自秦漢以來，其職皆在太僕。北齊太僕驊騮署有奉乘十人，管十二閑馬。隋煬帝取之，置尚乘局奉御二人。唐因之，增置奉御四人。龍朔二年改為奉駕大夫，咸亨元年復舊。尚乘奉御掌六閑馬，一曰飛黃閑，二曰吉良閑，三曰龍媒閑，四曰騊駼閑，五曰駃騠閑，六曰天苑閑。開元中減二人。先是，別置廄使因隸焉，猶屬殿中。直長，隋置十四人，唐減四人。

宋 孫逢吉《職官分紀》卷二四 尚乘局奉御四人，從五品上。自秦漢以來，其職皆在太僕。北齊大僕驊騮署有奉乘十人，管十二閑馬。隋煬帝改之，置尚乘局。皇朝因之，增置奉御四人，一人掌左六閑馬，一人掌右六閑馬，一人掌粟草飼養，請受配給及勾勘出入破用之事，一人掌鞍韉轡勒，供馬調度及療馬醫藥料度之事。龍朔二年，改奉駕大夫。咸亨元年復故。開元二十二年，減二人。先是，別置閑廄使，十二閑隸焉，猶屬殿中。直長十人，正七品下。隋煬帝置十四人，皇朝開元減四人。奉乘十八人，正九品下。後漢有奉乘郎，從五品下。後周左右廄各有奉乘二十人。隋置尚乘局，有奉乘十人。皇朝加置二十四人，每閑二人。開元二十三年，減六人。習馭五百人。掌閑五千人，皇朝置，掌分飼養六閑之馬。司庫一人，司廩二人，典事五人，獸醫七十人。奉御掌內外閑廄之馬，辨其麤良而率其習馭，直長為之貳。六閑，一曰飛黃，二曰吉良，三曰龍媒，四曰騊駼，五曰駃騠，六曰天苑，左右凡十有二閑，分為二廄，一曰祥驎，二曰鳳苑，以繫飼馬。今仗內有飛龍、祥驎、鳳苑、鵷鸞、吉良、六羣等六廄，奔星、內駒等兩閑，仗外有左飛、右飛、左萬、右萬等四閑，東南內、西南內等兩廄。凡外牧進良馬，印以三花飛風之字而為誌焉。細馬、次馬送尚乘局，於尾側依左右閑印以三花，其餘雜馬送尚乘者以風字印印右髆，以飛字印印左髆。奉乘掌率習馭，掌閑駕士及秣飼之法。凡馭馬，必視其齒歷勞逸而調習之。馬四年而兩齒，五年而四齒，六年而六齒成矣。七年而右一齒齠，八年而上下兩邊各二齒缺，九年而右上下盡缺，十年而下兩齒齠，十一年而下四齒齠，十二年而盡，十三年下兩齒平，十四年下四齒平，十五年下盡平，十六年上兩齒齠，十七年上四齒齠，十八年上盡齠，十九年上兩齒平，二十年上盡平。獸醫掌療馬病，凡馬病，灌而行之，觀其病之所發。療馬病有五勞，久步則生筋勞，久立則生骨勞，久汗不乾則生皮勞，汗未差乾燥而飼飲之則生氣勞，驅馳無節則生血勞。有傷寒者，有傷熱者，有瘍者，咸據經方以療焉。

《文獻通考》卷五七《職官考十一》 魏置殿中監官，晉、宋並同。北齊有內、外殿中監各八人，梁、陳因之，其資品極下。後魏亦有殿中監。北齊有殿中局，置監四人，屬門下省，掌駕前奉引。隋改為殿內局，置監二人。大業三年，分門下、太僕二司，取殿內監名以為殿內省，有監、少監、丞各一人。掌諸供奉，領尚食、尚藥、尚衣、尚食即舊禦府。尚舍、即舊殿中局。尚乘、領左右六閑及諸閑。尚輦等六局。《漢儀注》曰：『省中有五尚，即尚食、尚冠、尚衣、尚帳、尚席。』或曰：『秦置六尚，謂尚冠、尚衣、尚食、尚沐、尚席、尚書，若今殿中之任。』。每局各置奉禦二人以總之，置直長以貳之，屬門下省。唐改為殿中省，加置少監二人，丞亦二人，其官局職任一如隋置，為一司，不屬門下。龍朔二年，改殿中省為中禦府，改監為中禦大監、少監，改丞為中禦大夫，改尚食為奉膳，尚藥為奉醫，尚衣為奉冕，尚舍為奉馳，尚乘為奉駕，尚輦為奉輦，凡奉禦皆改為大夫。咸亨初復舊。【略】尚乘局奉禦，白秦、漢以來，其職皆在太僕。北齊太僕驊騮署有奉禦十人，管十二閑馬。隋煬帝取之，置尚乘局署奉禦二人。唐因之，增置奉禦四人。龍朔二年，改為奉駕大夫，咸亨元年復舊。尚乘奉禦掌六閑馬，一曰飛黄閑，二曰吉良閑，三曰龍媒閑，四曰騊駼閑，五曰駃騠閑，六曰天苑閑。開元中減二人，先是別置廏使，因隸焉，猶屬殿中。武太后萬歲通天二年，置仗内閑廏，令殿中丞袁懷哲檢校。至聖曆二年，改為少監閑廏使，自後他官相循為之。直長，隋置十四人，唐減四人。

明 丘濬《大學衍義補》卷一二四 尚乘掌天子之御左右六閑，一曰飛黄，二曰吉良，三曰龍媒，四曰騊駼，五曰駃騠，六曰天苑。總十有二閑，為二廄，一曰祥麟，二曰鳳苑，以繫飼之。其後禁中又增置飛龍廄。臣按：此唐一代天子御馬之制，所謂飛龍廄，即今御馬監也。

清 仇兆鰲《杜詩詳注》卷三 尚乘局掌内外閑廄之馬，總十二閑。凡外牧歲進良馬，印以三花飛鳳之字，鶴曰王毛仲。初，監馬二十四萬，後至四十三萬，此云盈億，概舉大數也。魏武詩『老驥伏櫪，志在千里』，《詩》『駉駉牡馬，在坰之野』，趙曰『空大存言，櫪中坰外，其數空存，不如苑馬之神駿也。』曹毗《馳馬射賦》『何逸羣之奇駿』，魏文帝與孫權《馬書》：『中國雖饒馬，其知名絶足亦時有之耳。』《漢禮樂志》：『志俶儻，精權奇。』俶儻，卓異也。

清 沈炳震《唐書合鈔》卷六六《志四十二》 尚乘局奉御二員，從五品上。直長十人，正七品下。奉乘十八人，《新書》無。正九品下。進馬六人，《新書》五人。正七品下。《新書》上。司庫一人，正九品下。司廪二人，《新書》一人。正九品下，書令史一人，《新書》六人，書吏十四人，直官二十人，習馭五百人，掌閑五千人，獸醫七十人，典事五人，掌固四人。

清 秦蕙田《五禮通考》卷二四四《軍禮十二》 内尚乘局改龍廏曰典廏署，有左右駁皂二廏，加置主乘、司庫、司廩官。尚乘局置左右六閑，一左右飛黄閑，二左右吉良閑，三左右龍媒閑，四左右騊駼閑，五左右駃騠閑，六左右天苑閑。有直長十四人，又有奉乘十人。

又 尚乘，掌天子之御，左右六閑。一曰飛黄，二曰吉良，三曰龍媒，四騊駼，五曰駃騠，六曰天苑，總十有二閑，為二廏，一曰祥麟，二曰鳳苑，以繫飼之。

清 羅士琳《舊唐書校勘記》卷二六 尚乘局奉御二人，《六典》二作四。按《新志》亦作二。《會要》六十五云：本二員，高宗加置四員。《通典》二十六、《通考》五十七皆云增置奉御四人，開元中減二人。《六典》注開元中作開元二十二年，餘同。據此則當以二字爲是。直長一人，沈本一作十。按《六典》同。據《通典》《通考》及《六典》注，隋時直長十四人，唐時減四人，正合十人之數。習馭五十人，掌閑五十人，聞本、沈本上十字作百，下十字作千。按《六典》《新志》同。獸醫七十人，沈本人下有『典事五人，掌固四人』八字，在下文『書吏十四人』句後。按《六典》《新志》，典事五人，在獸醫之前，七品下。沈本七上有正字。書令史一人，書吏十四人，六典一作六，此二句在上文奉乘習馭之前。按《新志》同。辨其麤良，聞本麤作麄，五曰左右駃騠閑。六典騠作騠，按《通典》《會要》《新志》《通考》同。鳳苑鵷雛，聞本鵷作鴛。按《新志》雛作鸞，當從之。《六典》作鑾，蓋傳寫之誤。吉良六羣等，《六典》羣作郡。按《新志》亦作羣而爲志。《六典》志作誌焉。奉乘掌率習馭，掌閑駕士。《六典》奉乘提行，下文司庫、司廩、獸醫皆仿此。掌鞍轡乘具，六典轡作輿。掌稾秸出納，六典稾作藁，並隸閑廏使領之也。沈本無也字。進馬舊儀，聞本進馬下有六人二字，係大字。舊儀上有七品下三字，係小字。沈本此下一段均係小字。按六人七品下五字已見上文而重出，自應刪去。惟是奉御等官之職掌皆係大字，不應進馬獨否，疑進馬下本有職掌數大字，其下方接舊儀諸小字，惜《六典》此條亦脫去，無從據補耳。與大象相次，聞本象作蒙，誤。十二載，楊國忠當政，復立仗馬及進馬官。殿本考證云，《新書》大歷十四年復置，按沈本政作國，注中亦引《新書》上元復置也，沈本無也字。

清 閻鎮珩《六典通考》卷三二《設官考》 唐改龍廄為典廄署，置令、丞。而殿中省尚乘局有奉御、直長，掌内外閑廄之馬。武后置仗内六閑以中官為内飛龍使。又置閑廄使，分領殿中太僕之事。【略】唐尚乘局屬殿中省，奉御四人，一人掌左六廄馬，一人掌右六閑馬，一人掌粟草飼丁，一人掌鞍韉轡勒。《唐·職官志》：『習馭掌調六閑之馬。』掌閑，掌飼六閑之馬。以周官考之，唐之奉御，周之校人、趣馬也。唐之習馭、掌閑，周之庾人、圉師也。

又 卷百六五《王政考》 尚乘奉御掌内外閑廄之馬，辨其麤良而率其習馭。直長為之貳。六閑，一曰飛黄，二曰吉良，三曰龍媒，四曰騊駼，五曰駃騠，六曰天苑。左右凡十有二閑，分為二廄，一曰祥麟，二曰鳳苑，以繫飼馬。今仗内有飛龍、祥麟、鳳苑、鵷鑾、吉良、六郡等六廄，奔星、内駒等兩閑，仗外有左飛、右飛、左萬、右萬等四閑，東南內、西北內等兩廐。凡御馬，必敬而式之，非因調習，不得捶擊。諸閑廐上細馬，若欲調習，惟得廐內乘騎，不得輒出。習其進御制而為出入之禁。

紀事

《舊唐書》卷四四《百官志》 初尚乘局掌六閑馬，後置內外閑廐使，專掌禦馬。開元初，以尚乘局隸閑廐使，乃省尚乘，其左右六閑及局官，並隸閑廐使領之也。進馬舊儀，每日尚乘以廐馬八匹，分為左右廂，立於正殿側宮門外，候仗下即散。若大陳設，即馬在樂懸之北，與大象相次。進馬二人，戎服執鞭，侍立於馬之左，隨馬進退。雖名管殿中，其實武職，用資蔭簡擇，一如千牛備身。天寶八載，李林甫用事，罷立仗馬，亦省進馬官。十二載，楊國忠當政，復立仗馬及進馬官，乾元復省，上元復置也。

《唐會要》卷六五《殿中省》 尚乘局，准上改為奉駕局。開元二年初，以尚乘局隸閑廐使。

明 鄭麟趾《高麗史》卷三六 尚乘局御馬一匹，黃草節、田米、實豆及末豆各五升，青草節只除實豆。役馬一匹，黃草節、田米、實豆、末豆各三升，青草節亦除實豆。役騾一匹，稗一斗，實豆二升，末豆三升，青草節亦除豆。牝馬一匹，稗一斗，豆二升，末豆三升，青草節稗一斗，末豆三升。二歲駒，稗四升，豆二升，青草節稗三升，豆二升。把父馬一匹，一日加稗三升，豆二升。典廐役騾一匹，一日稗一斗五升，實豆、末豆各三升，青草節除實豆。大牛一頭，一日稗八升，實豆三升，黃草七束。大僕寺別立馬，稗一斗三升，實豆三升，末豆四升，青草節除實豆。常立馬，稗一斗，實豆三升，末豆四升，青草節除實豆。役騾，稗一斗，實豆二升，末豆三升，青草節除實豆。元宗十四年二月，令諸王宰樞四品以上各出馬一匹，五六品二員并出一匹，或奪民馬以換軍士瘦馬。忠烈王元年七月，遣使慶尚全羅道點閱諸島牛馬。十三年五月，令百官出戰馬及器皿，宰樞、狄鄉馬各一匹，致仕宰樞顯官判事三品狄馬一匹，致仕三品、顯官四品鄉馬一匹，五六品二員并鄉馬一匹，七八品二員并鍮鐵器一事，權務九品三員并一。十四年二月，置馬畜滋長別監。先是，放馬於諸島，使之蕃息，簡出壯者以充尚乘，其餘班賜諸王宰輔、文武臣僚，而耽羅之出居多。自逆賊之亂，元令島民陸居，而耽羅別屬於元馬，畜不繁，歲貢甚少。國有親朝助征之事，令外官獻馬。又品斂百官而至奪外郡良馬，內外苦之。朝議以謂若置官選牝馬牸牛，使之蕃息，則可備將來。於是有是命。止□愍王三年六月，令百官出馬，官以鈔買之，給征高郵軍士，三品以上諸君宰樞以下出馬三匹，六品以上、四品以下出馬一匹，又括禪教各寺僧徒馬以充軍用。八年十二月，令承宣以上出馬一匹，僧徒亦隨所住寺高下出馬。十年十月，令各道括僧寺出戰馬有差。十一月，令公侯以下出戰馬有差。十一年十月，令文臣出戰馬。辛禑元年九月，徵諸寺住持僧戰馬各一匹。

閑廐使

綜述

唐 李林甫《唐六典》卷一一《殿中省》 今內別置閑廐使，其務多分殿中及太僕之事，至於輿輦車馬則使掌其內監，知其外遊燕侍奉皆不與焉。

《通典》卷二六《職官八》 先是，別置閑廐使，因隸焉，猶屬殿中。武太后萬歲通天二年五月，置杖內閑廐令，殿中丞袁懷哲檢校。至聖曆二年，改為少監閑廐使，自後他官相循為之。

《舊唐書》卷四四《百官志》 初，尚乘局掌六閑馬，後置內外閑廐使，專掌御馬。開元初，以尚乘局隸閑廐使，乃省尚乘，其左右六閑及局官並隸閑廐使領之也。

《新唐書》卷四七《百官志》 聖曆中，置閑廐使，以殿中監承恩遇者為之，分領殿中太僕之事，而專掌輿輦牛馬。自是宴游供奉，殿中監皆不豫。開元初，閑廐馬至萬餘匹，駱駝、巨象皆養焉。以駝馬隸閑廐，而尚乘局名存而已。閑廐使押五坊以供時狩，一曰鵰坊，二曰鶻坊，三曰鷂坊，四曰鷹坊，五曰狗坊侍御。尚醫二人，正六品上；主事二人，從九品上。

紀事

《唐會要》卷六五《閑廐使》 萬歲通天元年五月，置仗內閑廐，令殿中丞袁懷哲檢校，未置使。至聖曆三年二月，改殿中少監充閑廄使，乃改名。袁忠臣已後，使具名於後：袁忠臣，冉任，田歸道，翟無言，又宗晉卿，武崇訓，賀蘭爽，張涉，虢王邕，孫佺，平王隆基，宋王成器，新興王晉，崔日知，王毛仲，皇甫忠，董皎，王暐，楊崇慶，來曜，牛仙客，李元祐，韋衢，章仇兼瓊，安祿山，呂崇賁，李輔國，彭禮盈，樂子昂，韋謙光，常休明，崔宣，張獻恭，李齊運。大曆十四年七月十日，閑廄使奏，置馬隨仗當使准例，每日於月華門立馬八匹，仗下歸廄去。廣德元年，蕃寇後，使司無使，頻申論飛龍不支，自後未至，臣忝職司，不敢不奏。敕旨，宜付飛龍使依舊支置。元和十二年十月敕，閑廄使所理岐陽馬舊地，方三百四十七頃，據監察禦史范傳式奏，岐陽馬坊地既不妨百姓租佃，又不闕官中賦稅，宜據數交付閑廄使收管。開元中，以國馬尚多，自長安至隴右置七馬坊，為計會所都領，岐下岐隴間善水草及膏腴田，皆屬七馬坊。至德已後，監牧使與七馬坊名額盡廢，其地利因歸於閑廄使。寶應中，鳳翔節度請監牧廢田給貧人及軍吏已上者，相承數十年矣。又別有敕，賜諸寺觀凡千餘頃。至是，閑廄使張茂宗恃藩邸之舊，舉故事盡收之。太和九年十一月，閑廄宮苑等使奏，京兆府合供當使諸門守當三衛八十人，准舊例。京兆府取諸縣百姓，供前件三衛充門仗諸雜役，每月交替者。伏以百姓往來，費損至多，非惟頻與追呼，實亦難虞寇盜。伏請從今年十二月起，省停供。臣於當司召至子弟一百人，每人每月使於當司，方圖與糧六斗，亦不要府縣資陪，取其情願，永絕擾人。伏乞允臣管見。敕旨，依奏。開成四年正月，閑廄宮苑使柳正元奏，當使東都留後知院官鄭鎰，每月院司給料錢三十四貫文，兼請本官房州司馬料錢。今請於使司所給料錢數，克減十千，添給所由二十人糧課，巡官二人，請勒全停。郢州舊因禦馬，配給苜蓿丁三十人，每人每月納資錢二貫文，都計七百二十貫文。其州司先以百姓雕殘，闕本額，量送三百九十六貫文，今請全放，當管修武馬坊田地。伏准太和二年河陽節度使楊元卿奏，請權借耕佃，充給閑用。今緣安利一軍，伏請永配主管。伏以當司應屬東都宮苑閑廄事務管，系舊額，名數尚多，苟在影占之門，是啟非違之路，但系務繁地遠，訪察尤難，況推禁罪人，動經旬月，因緣流滯，移牒用情，事務委留守主管，曹司煩職，官吏冗名，俾無屍素之員，又去申報之滯。其東都院每年合送宮苑使加給錢一百二十千文，亦請停送。當司方圖羨餘，自備課料。伏乞聖慈，允臣所奏。敕旨，正元條陳利病，實謂推公。所請割屬留守，及停廢職員，並依。糧並宜停。其新差知院鄭鎰亦是冗員，宜勒赴任，仍委留守於見在職事人中差補勾當。郢州每年送苜蓿丁資錢，並請全放，實利疲甿，宜依。其修武馬坊田地，河陽節度近年權借，依前勒閑廄宮苑使，且存借名收管。

又 卷七二《馬》 十三年十一月，閑廄使理岐陽舊馬坊地三百四十七頃，盡歸之。國家自貞觀至麟德中，國馬四十萬匹，皆牧河隴，開元中尚有二十七萬，雜以牛羊等，不啻百萬，置八使四十八監，占隴西、金城、平涼、天水四郡，幅員千里，自長安至隴西置七馬坊，為會計所都領。岐隴間善水草及膏腴田皆屬七馬坊，名額盡廢，其地利歸於節度使。

又 卷九三《諸司諸色本錢下》 其年五月，御史中丞柳公绰奏，请诸司诸使应有捉利钱户，其本司本使给户人牒身，称准放免杂差遣夫役等。如有过犯，请牒送本司本使科责，府县不得擅有决罚，仍永为例程者。臣昨因奉进止，追勘闲厩使下利钱户割耳进状，刘嘉和诉，被所由分外科配等事由，因勘责刘嘉和所执牒身，所引敕文，检敕不获，牒闲厩使勘敕下年月日。又称远年文案失落，今据闲厩使利钱案，一使之下已有利钱户八百余人，访闻诸使，并同此例，户免夫役者，通计数千家，况犯罪之人，又常侥幸，所称捉利钱户，先亦不得本钱，百姓利其牒身，情愿虚立保契，文牒一定，子孙相承，至如刘嘉和情愿充利钱户事由，缘与人殴斗，打人头破时，便于闲厩使情愿纳利钱，得牒身免府县科决，实亦不得本钱。已具推问奏闻讫，伏奉进止。今臣具条流奏闻者，今请诸司诸使所管官钱户，并依台省举本纳利人例，诸司诸使更不得妄有准敕给牒身免差遣夫役，及有过犯，许作府县处分。如官典有违，请必科处，使及长官，奏听进止。其先给牒者，并仰本司本使收毁，入后在人户处收毁不尽，其官典必有科责，其捉钱户原不得本钱者，亦任使不纳利，庶得州府不失丁夫，奸人免有侥幸。敕旨，宜依。

宋 程大昌《雍録》卷一〇 至大歷十四年，閑厩使奏準例，每日於月華門外立馬兩疋，月華門，在宣政殿。仗下歸厩。廣德後，無馬可支，即并與奏御之，馬亦廢而不供矣。

明 彭大翼《山堂肆考》卷八七《政事・茂宗恃恩》 唐至德中，西戎陷隴西監，及七厩皆廢，而閑厩使私其地入。至寶應初，始以其地給貧民。元和中，張茂宗為閑厩使，乃恃恩上奏，悉收其賦。

藝文

清　陸心源《唐文拾遺》卷六《收管岐陽馬地勅》　閑廄使所理岐陽馬舊地方三百四十七頃，據監察御史范傳式奏，岐陽馬坊地既不妨百姓租佃，又不闕官中賦税，宜據數交付閑廄使收管。

互市監　交市監

綜述

《唐六典》卷二二《少府军器監》　諸互市監監各一人，從六品下；漢、魏已降，緣邊郡國皆有互市，與夷狄交易，致其物產也。並郡縣主之，而不別置官吏。至隋，諸緣邊州置交市監，視從第八品；副監，視正第九品。皇胡因置之，各隸所管州、府。監加至從六品下；改副監為丞，品第八下。光宅中改為通市監，後復舊為互市監。丞一人，正八品下。隋置交市副監，皇朝改為互市監丞。諸互市監各掌諸蕃交易之事；丞為之貳。凡互市所得馬、駝、驢、牛等，各別其色，具齒歲、膚第，以言於所隸州、府，州、府為申聞。太僕差官吏相與受領，印記。上馬送京師，餘量其眾寡，並遣使送之，任其在路放牧焉。每馬十匹，牛十頭，駝、騾、驢六頭，羊七十口，各給一牧人。若非理喪失，其部使及遞人，改酬其直。其營州管內蕃馬出貨，選其少壯者，官為市之。

《通典》卷三五《職官十七》　互市監、諸屯監、上戍、中關及津，各二頃。其津隸都水使者，不給。下關，一頃五十畝。中戍、下戍、嶽瀆，各一頃。

《舊唐書》卷四四《百官志》　諸互市監，各一人。從六品下，丞一人，正八品下。諸互市監掌諸蕃交易馬駞驢牛之事。

《册府元龜》卷四八三　互市監，每市監一人，咸有丞副、主簿、録事、府史之徒以屬焉。

《新唐書》卷四八《百官志》　互市監，每監監一人，從六品下，丞一人，正八品下，掌蕃國交易之事。隋以監隸四方館，唐隸少府。貞觀六年改交市監曰互市監，副監曰丞。武后垂拱元年曰通市監，有錄事一人，府二人，史四人，價人四人，掌固八人。

宋　孙逢吉《職官分紀》卷二二　諸交市監，監各一人，從六品下。漢魏以降，沿邊郡國皆有交市，與外國交易，致其物産也。並郡縣主之，而不別置官吏。至隋，沿邊州置交市監，視從八品，副監視正第九品。皇朝因之。乞各隸所管州府監如至從六品下，改副監為丞，品第八下。光宅中改為通事監，後復為舊交市。丞一人，正八品下。隋置交易副監，皇朝改為交市監丞。監各掌諸蕃交易之事，丞為之貳。

宋　章如愚《山堂考索·後集》卷二《官制門》　互市監，每監監一人，丞二人，掌蕃國交易之事。隋以監隸四方館，唐隸少府。貞觀六年改交市監曰互市監，副曰丞。武后垂拱元年改曰通市監。

清　秦蕙田《五禮通考》卷二四四《軍禮十二》　緣邊交市監及諸屯監，每監置監、副監各一人，畿內者隸司農，自外隸諸州焉。

清　羅士琳《舊唐書校勘記》卷二六　諸互市監，各一人。沈本『各』上仍有『監』字。按《六典》同。正八品下。沈本此下有『録事一人，府二人，史四人，賈人四人，掌固八人』十八字。按《六典》每句數目上皆有『各』字。餘同。諸市監，沈本『諸』下有『互』字。按《六典》同。

清　閻鎮珩《六典通考》卷八八《市政考》　諸互市監各掌諸蕃交易之事，丞為之貳。凡互市所得馬駞驢牛等，各別其色，具齒歲膚，第以言于所隸州府，州府為申聞，大僕差官吏相與受領印記，上馬送京師，餘量其衆寡，並遣使送之，任其在路放牧焉。每馬十疋，牛十頭，駞騾驢六頭，羊七十口，各給一牧人。若非理喪失，其部使及遞人改酬其直。其營州管内蕃馬出貨，選其少壯者，官為市之。自漢初與南越通關市，而互市之制行焉。後漢通交易於烏桓、北單于、鮮卑，北魏立互市於南陲，隋唐通貿易於西北，開元定令，載其條目，後唐亦然。而高麗、回鶻、黑水諸國，又各以風土所產與中國交易。

紀事

《玉海》卷一二四《官制》　互市監，隋以監肆因方館，唐肆少府。貞觀六年改交市監曰互市監，垂拱元年曰通市監。

（雍正）《陝西通志》卷三五　玄宗厚接突厥歲許朔方軍，西受降城為互市。《唐書·兵志》：互市監，每監監一人，從六品下，丞一人，正八品下，掌蓄國交易之事。互市有衛士五十人，以察非常。

宋遼金元牧政機構分部

太僕

綜述

宋 孫逢吉《職官分紀》卷一九《太僕》 國朝太僕寺掌輦輿、車輅、乘黃、廄牧雜畜之事。車輅之職行于本寺，餘職歸騏驥院，諸方監、四署並廢。

又《卿少卿》 《尚書・冏命》曰：穆王命伯冏為太僕正，作冏命曰：『昔在文武，聰明齊聖。小大之臣，咸懷忠良。今予命汝作大正，正于羣僕侍御之臣。』《前漢百官表》：太僕，秦官。《後漢百官志》：太僕卿一人，中二千石。本注曰：掌車馬，天子每出，奉駕上鹵簿，用大駕則執馭。《晉百官志》：太僕銀章青綬，五時朝服兩梁冠，佩水蒼玉。《隋百官志》：梁太僕卿，位視黃門侍郎。後齊九寺，置卿、少卿、丞各一人。隋九寺置卿、少卿各一人。後魏職令：太僕少卿，第四品上，第三請用堅強敏捷識事者。《唐百官志》：太僕寺卿一員，從三品上。古有太僕正卿，其名也，後無正字，惟名太僕。梁始為列卿，隋品第三。龍朔為司馭正卿，光宅為司僕卿，神龍復少卿二人，從四品上。卿之職掌，邦國廄牧車輿之政令，總乘黃、典廄、典牧、車府四署及諸監牧之官屬，少卿為之貳。凡國有大禮及大駕行幸，則供其五輅屬車之屬。《六典》：太僕寺卿一人，從三品。《周禮》有太僕下大夫二人。《漢官儀》云：天子駕出，太僕御屬車八十一乘。梁天監七年置十二卿，太僕與太府為夏卿，班第十。陳因之。後魏太僕卿第二品上，又置少卿。太和二十二年，九卿並第三品。後周依周官。隋煬帝降為從三品。皇朝因之，少卿二人，從四品上。後魏太和十五年，九卿各置少卿一人，品第三上。二十二年，降為正四品上。北齊因之。隋加置二人，煬帝降為從四品上。皇朝因之。龍朔、咸亨、光宅、神龍隨寺改復。國朝《元祐官品令》：太僕寺卿從四品，少卿正六品。丞，國朝《元祐官品令》：太僕寺丞，正八品。主簿，國朝《元祐官品令》：太僕寺主簿，從八品。

又《乘黃令》 沈約《宋書》：乘黃令，晉官也，主乘輿金根車及安車、追鋒諸車馬。《齊職儀》：乘黃廄，因獸名也。龍翼馬身，黃帝乘之而仙，後人以名廄。《六典》：乘黃署令一人，從七品下。乘黃，古神馬名，亦曰飛黃，皆有角，日行萬里。《六韜》云：乘黃震死。《淮南子》曰：天下有道，飛黃伏皂。然車馬職同。後漢有未央廄令、長樂廄丞，至魏改乘黃廄，晉因之。宋太常屬官有乘黃令一人，掌乘輿金根車及安車、追鋒諸車馬。齊品第七，秩四百石，銅印墨綬，進賢一梁冠，降朝服。梁太常屬官有乘黃令、丞，三品勳位。陳因之。後魏有令、丞。北齊掌諸輦輅。隋太僕寺統乘黃署令丞。皇朝因之，領駕士、羊車小吏等。丞一人，從八品下。魏有乘黃丞。晉因之。宋、齊並有令無丞。梁、陳、後魏、北齊、隋並有丞。皇朝因之。

又《車府令》 《史記》：趙高為秦車府令。《漢書・百官表》：太僕屬官有車府令一人，六百石，丞二人。《齊職儀》：車府署。周有巾車，掌五輅之職，辨五輅之制。《六典》：車府署令一人，正八品下。後漢主乘輿諸車，魏晉因之。宋、齊、梁、陳並尚書駕部領。後魏闕文。北齊太僕寺領車府令丞，與乘黃令分職。隋因之。皇朝因隋。丞一人，正九品下。秦漢以來並有丞一人。隋二人，皇朝省置一人。令掌王公以下車輅，辨其名數及馴馭之法，丞為之貳。執法守正。永平中，車駕出，信陽侯干突車騎鹵簿，車府令齊國徐匡就車，収奴下獄。詔譴匡，匡自繫不出。吳良上書：信陽侯驕漫，干突車騎，無人臣禮，大不敬，匡令掌王公而下獄，臣恐陛下政化由是隳矣。於是詔出匡遷太丘長。

又《群牧司》 國朝舊制，國馬之政皆騏驥二院監官專之。咸平二年，置羣牧司，領內外廄牧之政，自騏驥而下皆聽命焉。三年，令諸州有監牧處知州通判兼管內羣牧事。六年，令河北轉運使兼羣牧事。

又《群牧制置使》 國朝嘉祐二年，詔以奉寧軍留後檢校太保同知樞密副使以下充羣牧使，屢罷而復置，蓋明道二年嘗罷而復置，寶元二年又嘗罷而復置。四年九月，兵部侍郎知樞密院事陳堯叟兼羣牧制置使，時內侍省副都知閻承翰為都監，真宗以堯叟事陳居近密之職，而與承翰聯事，合避輿議。。帝曰：『國馬，戎事之本，宜得大臣總領，不可辭也。』自是以樞臣領之。

又《同群牧制置使》 國朝不常置。曾歷中書樞密及使相、宣徽使、節度使為之。至和元年，差龍圖閣直學士吕公弼同羣牧制置使，後不得為例。

又《群牧使》 國朝咸平三年九月，以樞密直學士、主客郎中陳堯叟為制置羣牧使，凡內外廄牧之事皆領焉。堯叟同知樞密院事，以禮部郎中知制誥薛映充使。景德四年，復命堯叟為羣牧制置使，因以制置羣牧使。大中祥符四年，知制誥朱巽兼使職，出知江陵府。五年，巽以擅牒給駙馬被劾，解使職，自是不復有外任兼領者。咸平三年，制置羣牧使陳堯叟請令諸州有監牧處知州通判兼管勾羣牧使，從之。熙寧元年，詔今後羣牧使副各置一員，都監兩員，並專管勾本司，更不兼釐他務，仍並任。九年，詔今後樞密都承旨兼羣牧使，副都承旨兼羣牧副使，更不兼別差遣。

又《同群牧使》 國朝不常置。待制以上為之。皇祐元年，以翰林學士梁適為同羣牧使。羣牧使舊止一員，學士彭乘已為使，此特置之。羣牧副使，更見羣牧使門。國朝景德三年，以內侍省右班副都知閻承翰為之。天禧元年，以樞密都承旨楊崇勳為之。羣牧都監，更見羣牧使門。國朝大中祥符三年，以入內內侍省副都知張繼能為之。熙寧元年九月，詔已分置河北、河南監牧使，統領外監，其羣牧使省都監一員。治平二年詔，見判官門。羣牧判官：國朝景德二年，以著作郎王曉為之。四年，增置一員，以太子中舍田穀充。是後每歲更出諸州巡坊，監印鞍馬。天聖七年，詔羣牧制置使今後不得自舉判官，只候朝廷差人。皇祐三年，詔羣牧判官自今以朝臣歷一任知州館職，一任通判者，為之即不得干托保薦，及有陳乞。治平二年，詔羣牧都監判官在羣牧路分轉運使之下，同羣牧事知軍州外郎之上，與提點刑獄相序以官。上《羣牧故事》六卷：景德二年，羣牧判官王曉上《羣牧故事》六卷，上嘉其詳博，詔獎之。上馬政：熙寧三年，羣牧判官王誨上馬政，條貫行之。

又《左右騏驥院》 唐有小馬坊、飛龍院之號。五代後唐長興元年分飛龍院為左右，以小馬坊為右飛龍院。國朝太平興國五年，改飛龍為天廄院。雍熙元年，改左右騏驥院，各領天駟二監，天廄一坊。大中祥符二年，詔左右騏驥院及諸坊監馬數目，令旬奏月比，以省日奏之繁。五年，羣牧制置使言左右騏驥院、六坊監見飼馬萬七千疋，所費芻粟四百萬，自今請止留馬二千餘，悉遣就淳澤監放牧，或官有急用，可信宿而至，歲省芻粟三百餘萬。從之。左右天駟監：唐馬有左右監。國朝太平興國四年，置養馬務。五年，作四廄，詔以為天駟監左右各有二焉。熙寧三年，以天駟監併作左右兩監。左右天廄坊：國朝雍熙二年置，咸平元年併北務，遂分為左右二坊。熙寧八年，詔權廢罷左右天廄坊。

又《牧養上下監》 國朝景德二年，以鄭州養馬務病馬於京城，置坊養飼。大中祥符四年，羣牧制置使奏請於在京諸務監及諸軍病馬，就京城西開遠門外草地，分兩監，量彼草料牧放，詔以為牧養上下監，馬病重送下監，輕者上監。諸州監務：唐凡馬有左右監，仍以土地為名。國朝景德三年，改諸州牧龍坊，以本州軍土地為名。先是，諸坊借用奉使印，今各鑄印給用。河南府洛陽監：國朝舊曰飛龍院，太平興國五年改為牧龍坊。景德四年，陳堯叟奏請以東京右養馬務人員兵士送河南府牧龍坊牧養在京送去少嫩馬，仍改為洛陽監。大中祥符六年，陳堯叟言：洛陽監秣馬五千疋，頗費芻粟，已令裁減二千五百。上曰：大都馬數及十萬可止。王旦曰：聽民間任便畜養，官有所須，以本直市之，猶外廄也。所費芻秣皆出兩稅，少損馬粟用資軍儲亦當世切務也。天聖六年廢。景祐二年復置。大名府大名三監：國朝太平興國三年，置養馬務，改牧龍坊。景德二年五月，分為二坊。七月改為大名第一、第二監。大中祥符二年，又置第三監於洺州境。洺州廣平二監：國朝建隆二年，置養馬務，改牧龍坊。景德二年，改廣平監。大中祥符三年，羣牧制置使言河北孳生馬多，可更於邢洺趙州境標地萬頃，以廣牧放，因詔增置第二監。景祐二年，廢其一。衛州、淇水二監：五代周顯德中置牧馬監。國朝建隆初，增葺後改東西牧龍坊。景德二年，改淇水監，後又分為第一、第二監。熙寧七年合為一。鄭州武原監：國朝舊曰馬務，建隆初，增葺後改牧龍坊。景德二年分為第一、第二牧監，又改為廣武監。大中祥符二年，改原武監，仍合為一。熙寧四年廢，併分擘羣馬與洛陽單鎮兩監牧放。同州沙苑二監：《六典》：沙苑監，監一人，從六品下，副監一人，正七品下，丞一人，正九品上，主簿二人，從九品下。監掌牧養隴右諸牧牛羊，以供其宴會祭祀及尚食所用。每歲與典牧，分月以供之。丞為之貳。若有司應供者，則以時皆供之。凡羊毛及雜畜皮角皆具數申送所由焉。一本太僕屬官，有沙苑監，開元二十三年省。國朝建隆初葺故地為監，後改牧龍坊。景德二年，改沙苑。咸平六年，分二監，每監牧馬凡四千五百疋。相州安陽監：五代周顯德中置馬坊。國朝建隆初，增葺後改牧龍坊。景德二年，改今名。澶州鎮寧監：國朝建隆初，濮州置養馬務。開寶八年，徙於澶州，後改牧龍坊。景德二年，改鎮寧監。乾興元年廢。滑州靈昌監：國朝舊置馬監，後改牧龍坊。景德二年改為靈昌監。天禧三年河決，羣牧司請以監馬送大名、淇水五監牧放，候水落別為規畫。後廢。邢州安國監：國朝大中祥符二年，河北諸監言邢趙草地甚廣，宜置監牧，遣羣牧判官括視閒田，得萬餘頃，可牧馬萬疋。其八月置養馬。景德二年廢。後給充天慶觀莊田。鄆州東平監：國朝大中祥符元年置，天聖五年廢。羣牧司請以監馬分配諸處，其地募民分佃之。熙寧七年廢。中牟縣淳澤監：國朝大中祥符四年置，乾興元年廢。許州單鎮監：國朝大中祥符六年羣牧制置，使言單鎮有牧地，詔置監。天聖五年，凡再置而廢。同州病馬務：國朝景德元年置，初以沙苑監官兼主之，别養本監及諸處病馬。天聖二年，别差使臣勾當。估馬司：國朝咸平元年置，在建隆坊，勾當官二人，以諸司使副充，掌諸州所市馬、估直、驗記、牧養。乳酪院：國朝舊有南北兩院，有監官。景德二年合為一，以騏驥院監官專副兼充掌供御厨乳、酪、酥。

《文獻通考》卷五六《職官考十・太僕卿》 宋太僕寺，判寺事一人，以朝官以上充。凡邦國廏牧、車輿之政令，分隸群牧司、騏驥院諸坊監，本寺但掌天子五輅、屬車，後妃、王公車輅，給大、中、小祀牛羊。元豐改官制，置卿、少卿、丞、主簿各一人。卿掌車輅、廏牧馬政之令，少卿為之貳，丞參預之。元祐二年，詔：『外監事，令本寺依群牧司舊法施行。應内外馬車專隸太僕，直達樞密院，更不經尚書及駕部。』三年，詔省主簿一員。所隸官司十：車輅院，掌乘輅法物、輦。左右騏驥院，左、右天駟監，掌養國馬。鞍轡庫，掌禦馬鞍轡，及給賜臣下。養象所，養馴所。駞坊，車營、致遠務，掌分養雜畜。上、下監，掌治療病馬。元豐末，廢畿内牧馬監。元祐初，置左右天廄坊，聽民間承佃牧地。紹聖初，置孳生監。中興後廢太僕，併入兵部。

《宋史》卷一六四《職官志》 卿、少卿、丞、主簿各一人。卿掌車輅、廏牧之令，少卿為之貳，丞參領之。國有大禮，供其輦輅、屬車，前期戒有司教閱象馬。凡儀仗既陳，則巡視其行列。後妃、親王、公主、執政官應給車乘者，視品秩而頒之。總國之馬政，籍京都坊監、畿甸牧地畜馬之數，謹其飼養，察其治療，考蕃息損耗之實，而定其賞罰焉，死則斂其騣尾、筋革入於官府。凡閱馬，差次其高下，應給賜則如格。歲終鉤覆帳籍，以上駕部。若有事於南北郊，侍中請降輿升輅，則卿授綏。舊置判寺事一人，以朝官以上充。凡邦國廏牧、車輿之政令，分隸群牧司、騏驥院諸坊監，本寺但掌天子五輅、屬車，後妃、王公車輅，給大中小祀羊。元豐官制行，始歸本寺。分案五，置吏十有八，總局十有二。元祐二年，詔外監事，令本寺依群牧司舊法施行；應内外馬事專隸太僕，直達樞密院，更不經尚書省及駕部。三年，詔省主簿一員。崇寧二年，詔太僕寺依舊制不治外事，歸尚書駕部；應馬事，上樞密院所隸官司。車輅院：掌乘輿、法物，凡大駕、法駕、小駕供輦輅及奉引屬車，辨其名數與陳列先後之序。左、右騏驥院，左、右天駟監：掌國馬，别其駑良，以待軍國之用。鞍轡庫：應奉禦馬鞍勒，及以鞴轡給賜臣下。養象所：掌調禦馴象。駝坊、車營、致遠務：掌分養雜畜，以供負載般運。牧養上下監：掌治療病馬及申駒數，有耗失則送皮剝所。元豐末，廢畿内牧馬監。元祐初，置左、右天廄坊，聽民間承佃牧地。紹聖元年，依元豐法置孳生監。中興後，廢太僕寺，併入兵部。群牧司：制置使一人，景德四年置，以樞密使、副為之。至道三年，罷而復置。使一人，咸平三年置，以兩省以上官充；副使一人，以閤門以上及内侍都知充。都監二人，以諸司使以上充。判官二人，以京朝官充。掌内外廏牧之事，周知國馬之政，而察其登耗焉。凡受宣詔、文牒，則以時下於院、監。大事則制置使同簽署，小事則專遣其副使，都監多不備置，判官、都監每歲更出諸州巡坊監，點印國馬之蕃息者。又有左、右廂提點，隸本司。都勾押官一人，勾押官一人，押司官一人。鞍轡庫：使、副使、監官二人，以諸司副使及三班使臣、内侍充。掌禦馬金玉鞍勒，及給賜王公、群臣、外國使並國信鞴轡之名物。勾管一人，典五人，掌庫十四人。元豐併入太僕寺。

《元史》卷九〇《百官志》 太僕寺，秩從二品，掌阿塔思馬匹，受給造作鞍轡之事。中統四年，設群牧所。至元十六年，改尚牧監。十九年，又改太僕院。二十年，改衛尉院。二十四年，罷院，立太僕寺。又別置尚乘寺以管鞍轡，而本寺止管阿塔思馬匹。二十五年，隸中書，置提調官二員。大德十一年，復改太僕院。至大四年，仍為寺。卿二員，從二品；少卿二員，從四品；丞二員，從五品；經歷、知事、照磨、管勾各一員，令史七人，譯史、知印、通事各二人，奏差四人，回回令史一人，典吏二人。

《續文獻通考》卷九二《職官考・太僕寺》 遼南面太僕寺，官曰太僕寺卿，曰太僕寺少卿，曰太僕寺丞，曰太僕寺主簿。南面有乘黄署，北面有飛黄院，官曰飛龍使，曰飛龍副使。典廄署，北面有尚廄司，官曰尚廄使，曰尚廄副使。有總領内外廄馬司，官曰總領廄馬。諸牧監，北面有西路群牧使司，有倒塔嶺西路群牧使司，有渾河北馬群司，有漠南馬群司，有漠北滑水馬群司，有牛群司，其設官曰某群太保，曰某群侍中，曰某群敞史皆同。又有總典群牧使司，其官曰總典群牧部籍使，曰群牧都林牙，所屬有群牧司，其官曰群牧使，曰群牧副使。

又 金不置太僕寺，而尚廄局屬殿前都提點司。提點正五品，使從五品，副使從六品，掌御馬，調習牧養，以奉其事。大定二十九年，添副使一員，管小馬群；直長一員，司馬牛群；掌廄都轄正九品，不限員，副轄從九品，不限員數。資考諸群牧所，國言謂烏魯古，提控諸烏魯古一員，正四品，明昌四年置。是年，以安遠大將軍尚廄局使石抹貞兼慶州刺使，為之設女直司吏三人，譯一人，通事一人，使一人，從四品，國言作烏魯古使。副使一員，從六品，掌檢校群牧畜養蕃息之事。判官一員，正八品，掌僉判本所事。知法一員，從八品。典牧司，貞祐時置使，正七品，副從八品，判官正九品。提舉圉牧所，興定二年置，使正七品，副正八品，判官正九品。提舉圉牧所，泰和三年隸各路統軍司，河南東路、河南西路、陝西路皆設提舉、同提舉。山東路止設提舉。

又 元制，太僕寺秩從二品，掌阿塔思馬匹，受給造作鞍轡之事。世祖中統四年設群牧所，至元十六年改尚牧監，十九年又改太僕院，二十年改衛尉院，二十四年罷院，立太僕寺。又別置尚乘寺以管鞍轡，而本寺止管阿塔思馬匹。二十五年隸中書，置提調官二員。武宗大德十一年，復改太僕院。武宗至大四年，仍為寺卿二員，從二品，少卿二員，從四品，丞二員，從五品，經歷、知事、照磨、管勾各一員。典牧監，文宗天曆二年置，秩正三品，卿二員，太監二員，少監二員，丞二員，經歷、知事、照磨各一員，吏屬凡十二人，掌孳畜之事，屬詹事院。群牧監秩正二品，掌中宮位下孳畜，隸徽政院，卿二員，太卿、少卿、監丞各二員，至大四年立，至治三年罷。

《續通志》卷一三一《太僕寺》 太僕卿少卿，唐制，卿一人，少卿二人，丞四人。後唐置卿一人。宋初，置判寺事，掌車輅而以其職分羣牧司、騏驥院。元豐更制，置卿一人，少卿一人，掌廄牧車輅之令；丞一人，主簿一人，所隸官司有車輅院、左右騏驥院、鞍轡庫、養象所、車營、致遠務。南渡後廢寺，併入兵部。

《續文獻通考》卷五五《太僕寺》 宋太僕寺，國有大禮，供其輦輅屬車，前期戒有司教閱象馬，凡儀仗既陳，則巡視其行列。后妃、親王、公主、執政官應給車乘者，視品秩而頒之。總國之馬政，籍京都坊監畿甸牧地畜馬之數，謹其飼養，察其治療，考蕃息損耗之實，而定其賞罰焉。死則斂其騣尾筋革入於官府。凡閱馬，差次其高下，應給賜則如格。歲終鈎覆帳籍，以上駕部。若有事於南北郊，侍中請降輿升輅，則卿授綏。餅詳馬端臨考。

又 遼北面羣牧官。諸路羣牧使司官有太保、侍中、敞史、總典，羣牧使司官有總典羣牧、部籍使羣牧、都林牙西路羣牧使司、倒塌嶺西路羣牧使司、渾河北馬羣司、漠南馬羣司、漠北滑水馬羣司、牛羣司，官各有羣牧使、副使。又諸廄官，尚廄官有尚廄使、副使，飛龍院官有飛龍使、副使，總領內外廄馬局官有總領內外廄馬。南面太僕寺官有卿、少卿、丞、主簿，有乘黃署。

又 金諸羣牧所，國言謂烏爾固提控，諸烏爾固一人，明昌四年置，使、副使各一人，掌檢校羣牧畜養蕃息之事。判官一人，掌簽判本所事。知法一人，又設繅袞圖依達，分掌諸畜所謂牛馬羣子也。惟班第音烏濟騰布希，羣牧依此置。臣等謹按：《百官志》雖無太僕之名，而諸羣牧所實其職也。又王圻《續通考》載典牧司、貞祐時置。圉牧司興定二年置。圉牧所泰定三年置。隸各路統軍司，河南東路、河南西路、陝西路皆設提舉、同提舉，山東路止設提舉，不見於正史，今附録之。

又 元太僕寺，掌阿克塔斯馬匹，受給造作鞍轡之事。卿、少卿、丞各一人，又經歷、知事、照磨、管勾各一人。中統四年設羣牧所，至元十六年改尚牧監，十九年又改太僕院，二十年改衛尉院，二十四年罷院，立太僕寺，又別置尚乘寺以管鞍轡，而本寺止管阿克塔斯馬匹。二十五年隸中書，置提調官二人。大德十一年復改太僕院。至大四年仍為寺，定置官如前。尚乘寺掌上御鞍轡輿輦，阿克塔斯羣牧騸馬驢騾及領隨路局院鞍轡等造作收支，行省歲送鞍轡，理四集賽阿都齊詞訟，起取南北遠方馬匹等事，卿四人，少卿、丞各二人，又經歷、知事、照磨、管勾各一人。至元二十四年，罷衛尉院，始設尚乘寺，領資乘庫。大德十一年升為院，至大十四年復為寺。所屬資乘庫掌收支鞍轡等物，提點四人，大使三人，副使四人。至元十三年置，二十年隸衛尉，二十四年隸尚乘寺。臣等謹按：《百官志》又有典牧監，屬儲政院，羣牧監屬徽政院，雖所掌似屬太僕，而詳于宮屬之官，茲不載。

清 牛天宿《百僚金鑒》卷二《太僕》 宋初，邦國輿馬之政分隸郡牧司、騏驥院，太僕但掌天子五輅屬車。元豐官制行，卿、少卿、丞、簿各一人，掌奉輅廄牧之政令，車輅院、左右騏驥院、天駟監、鞍轡庫、養象所、駞坊、車營、務遠牧養上下監隸焉。元祐置左右天廄坊。紹聖置孳生監，紹興復廢，仍入兵部。明洪武初，移駐滁州，及令都設於京師，而除山西、陝西、遼東設太僕苑、馬監治焉。卿掌政令，以聽於兵部，少卿則分督京營馬，承理京衛若畿甸，及山東、河南六部孳牧寄牧馬，三年而更。凡牧人，視其丁產以授馬，蠲賦而更乏焉。

紀事

《續資治通鑑長編》卷三三〇　元豐五年冬十月己酉，御殿太僕寺言，御馬每三匹給卒一名，常馬千給卒二百飼養，從之。

宋　徐度《却掃編》卷中　太僕寺揔諸馬監，斥賣糞土，歲入緡錢甚多，常別籍之，以待朝廷不時之需。紹聖間，宗室令鑠為太僕卿，性勤吏事，檢覈出納，未嘗少怠，吏不能欺，居數年，積錢倍於常時，至數十萬緡。一日，與其貳以職事同對，哲宗問：『聞馬監積錢甚多，其數幾何？』令鑠唯唯，再問，則對曰：『容契勘別具奏聞。』既退，其貳怪之，問曰：『公平時鈎校簿書如此其勤，今日上問，奈何不以實對？』令鑠歎曰：『天子方富於春秋，以區區馬監而聞積錢如此其多，謂天下之富稱是，吾故不對，懼啓上之侈心也。』貳謝非所及。此事先公言之。

藝文

宋　曾鞏《元豐類稿》卷二二《吴安持太僕少卿制》　敕具官某：車府、廄馬、牧監之政典，以卿士其選甚高，念非得人，曷賛其治。爾材質明茂，嘗更器使，以憂去位，既終喪紀，宜更階等，往貳厥官，其勤夙宵，以敏功實。可。

又卷二五《太僕卿制》　《書》曰：『僕臣正，厥后克正。』蓋親近左右有輔導之義，矧車府廄馬牧監之政莫不咨焉？非得其人，曷稱厥位。某材質敏明，夂更器使，司馭之選，汝惟克諧，其祗厥官，以服朕命。

宋　劉攽《彭城集》卷二三《通直郎太僕寺丞高士英可工部員外郎制》　百工之事萃于冬官，屬郎之選是宜遴簡。以某効職輦轂，克修馬政，風績壯敏，宜所進升。俾陟文昌之府，以觀驥力之效。

又《太僕寺丞高士英可府界提點制》　都畿之廣，縣邑棊布，在周則規方千里，于漢則開置三輔。至其聽察獄岸，調度官用，何嘗不選擇使者，宣布上恩。以某敏恵於事，久結吏課，宜付傳車之任，以觀美俗之效。

宋　蘇軾《蘇文忠公全集・東坡外制集》卷上《李周太僕少卿》　敕具官李周：『僕臣正，厥后克正』，見於《周書・思無邪》；『思馬斯臧』，形於魯頌。朕命此職，亦難其人，以爾秉心不回，臨事有守，通練世故，灼知民情，所以望爾者，豈特車工馬政而已哉！可。

宋　蘇轍《欒城集》卷二九《辛癰太常博士韓宗文光禄丞孔平仲太僕丞》　勑具官某等：朕網羅雋又而分之職事，以養其才能，苟無曠官，有進無退；癰儒雅自飾，藹然有聞；宗文世族之良，勤於厥事；平仲詞學有本，敏於為政，皆有已試之效，當吾次遷之選。夫奉常三禮所在，而善羞閑牧，朝夕之所有事也，其勉悉乃心，務舉其職，以稱朕意。可。

又《劉當時太僕薄》　勑具官某：朕敷求雋良，選世族之後，惟乃顯考。昔為嘉祐侍從之冠，文學議論有絶倫之聲，肆爾仲叔，侃然自修，不忘前人。茲予命爾僕臣之佐，以修閑牧之闕，毋荒失朕命，以忝乃父。可。

宋　慕容彥逢《摛文堂集》卷四《朝散郎新除太僕少卿李罕可開封少尹制》　敕具官某：輦轂之下，民俗浩穰，惟擇俊良，往貳內史，惟汝風力彊敏，克以材稱，比膺選掄，擢佐司僕，屬謀副尹，僉曰汝諧，祇服寵章，益加勵勉。可。

宋　汪藻《浮溪集》卷八《王彥成太僕少卿制》　朕臨御以來，躬節儉為天下先，未嘗有輿馬之好也。然郊廟之奉，攻守之須，所以為軍國之容有不得而廢者。以爾某清修有立，廉靖無求，出入朝廷，踐揚蓋久，必能修明厥職，體朕至懷。然古者僕臣正厥后克正，則朕之所以望爾者，亦豈輿馬之間哉？

宋　李綱《梁溪集》卷三八《太僕卿》　國容莫重於奉車，軍政必先于牧馬。太僕之職，車馬是司，驂乘輿以周旋，掌閑廄之政令，厥任尤重，匪材不居。具官某，資識詳明，風猷敏劭，踐揚滋夂，譽聞甚休，蔽自朕心，擢長寺事，往率乃屬，其既厥心，正于僕御之臣，罔非吉士，辨夫毛物之等，使之阜蕃，則予汝嘉，是惟稱職。

宋 陳思《兩宋名賢小集》卷二《賀太僕錢少卿直秘閣》 幾年宿衛向周廬，頻貢文章白玉除。纔換月卿歸少列，又來天禄校中書。東吳世胄王孫貴，北第門闌太僕居。春草題詩欺謝客，上林奏賦慕相如。石渠講論應重席，翠輦巡遊且奉車。禁籞風光暮春月，彯纓看是綴嚴徐。

群牧司 群牧所

論説

宋 范仲淹《政府奏議》上 群牧司。今諸路騎兵絶未精强，諸軍闕馬，人多相與咨怨。今委輔臣一員兼領，專修馬政，較之漢唐，增葺苑監，庶於多中選擇，可得精強。每至歲終，具括買并滋息之數，及揀選格盡筋骨，必可帶甲衝突者，方得均與諸軍。

宋 宋祁《景文集》卷二九《論復河北廣平兩監澶州兩監》 今羣牧司管河北凡十監，其五監畜孳生馬，五監畜大馬，然未嘗有數登十萬匹者，何其弱也。

宋 章如愚《山堂考索·後集》卷四四《兵門》 宋朝馬政，自太祖講求其制，當時要委羣牧司自春放秋歸，馬之出入，莫不有法則。熙寧間，曾孝寬領羣牧，奉行王荆公意，於是罷羣牧吏，不過欲區區小利，自出買，自此馬始衰。却欲舉保馬、户馬之法，只為讀《周禮》不詳，當時大為民害，蓋井地不均，兼并者衆，什一之制未行，受田之制未定，却獨舉養馬之制，豈不重困？

又 卷五〇《兵門》 自張萬歲之司羣牧，至於王毛仲之領閑廄，可謂制之得其人矣。開元之中，馬至四十餘萬，馬色則為羣，望之如雲錦，唐馬之盛，莫盛於此。然禄山之變，馬至不能授，甲雖多，亦奚以為哉？宋朝自咸平置羣牧司，景德置羣牧使，所以重其事也。牧馬之盛至二十萬，非徒盛也。觀王明《羣牧故事》一書，則見其生息之方，訓習之制，莫不咸載，是蓋知馬政之所先者。自熙寧廢牧馬之制，因而賦馬於民，故其制始紊。於今日東南之馬皆取於西北，此茶之所以設也。互市之廢，歲不下數百萬，舉西路摘山之餘，僅足以當歲市之費，所入之綱凡百五十有一，而一綱之費計為馬五十，是歲致馬八千矣。存者既多，來者未已，則何患乎馬之不多？然馬之不多非所患，不習深可憂，此患之所以拳拳於今日也。

元 王惲《秋澗集》卷八六《論立群牧所事狀》 伏見古者將帥以大司馬爲官，盖兵以馬爲本。今冀土雖馬之所出，然國朝馬政未遑修舉，輿臺皂皆得乘騎，駕車拽碾，無不斯用，一歲之中消耗不少。往年雖有禁令，旋復寬弛，甚非強兵之道也。宜養之有素，立群牧官，略取唐制，以定牧産之法，再嚴先禁，用壯兵威。

又 卷九一《馬政事狀》 竊謂三軍之本，以馬為先。今遇有用度，不免和買拘刷。和買官吏作弊，拘刷則遠駭観聽。乞請於塞垣水草宜收之地分立群牧使，通政院專掌其事。

明 黄道周《博物典彙》卷一七《宋馬政》 既置群牧司，又置群牧使，此在内監牧之制。自河北至許州已有十八監，兩河、陜西有都總管處復置一監，太原、交城又復置馬監。既委群牧司，又委守倅兼領，此在外監牧之制。故陳堯叟作《群牧議》，勒石于監，信知監牧爲便且急也。

綜述

宋 孫逢吉《職官分紀》卷一九《同群牧制置使》 國朝不常置，曾歷中書、樞密及使相、宣徽使、節度使為之。至和元年，差龍圖閣直學士吕公弼同羣牧制置使，後不得為例。

又《同群牧使》 國朝不常置，待制以上為之。皇祐元年以翰林學士梁適為同羣牧使。羣牧使舊止一員，學士彭乘已為使，此特置之。

宋 佚名《群書會元截江網》卷二五《馬政》 騏驥有院，天駟有監，天廄有坊，置羣牧司，又置羣牧使，此在内監牧之制。自河北至許州，已有十八監，兩河、陜西有都總管處復置一監，太原、交城又復置馬監，既委羣牧司，又委守倅兼領，此在外監牧之制。故陳堯叟作羣牧議勒石於監，信知監牧馬便且急也。

《文獻通考》卷五六《職官考十》 宋太僕寺，判寺事一人，以朝官以上充。凡邦國廄牧、車輿之政令，分隸群牧司、騏驥院諸坊監，本寺但掌天子五輅、屬車，後妃、王公車輅，給大、中、小祀牛羊。元豐改官制，置卿、少卿、丞、主簿各一人。卿掌車輅、廄牧馬政之令，少卿為之貳，丞參預之。元祐二年，詔：『外監事，令本寺依群牧司舊法施行。應內外馬車專隸太僕，直達樞密院，更不經尚書及駕部。』三年，詔省主簿一員。所隸官司十：車輅院，掌乘輅法物、輦。左右騏驥院，左、右天駟監，掌養國馬。鞍轡庫，掌禦馬鞍轡，及給賜臣下。養象所，養馴所。駞坊，車營，致遠務，掌分養雜畜。上、下監。掌治療病馬。元豐末，廢畿內牧馬監。元祐初，置左右天廄坊，聽民間承佃牧地。紹聖初，置孳生監。中興後廢太僕，併入兵部。

又　宋有群牧司制置使、景德四年置。使、制使、都監、判官。制置使一人，以樞密使、副為之。明道二年罷，未幾復置。使一人，以兩省以上充。副使一人，使舊一員。皇祐初，以翰林學士、吏部郎中梁適為同群牧使，時彭乘已為使，適員外置也。以內侍都知充。都監二人，以諸司使充。判官二人，以京朝官充。掌內外廄牧之事，周知國馬之政，而察其登耗。凡受宣詔、文牒，則以時下於院、監。大事則制置使同簽，小事則專遣其副使。都監不備置，判官、都監每歲更出諸州巡坊監，點印國馬之蕃息者。左、右騏驥院句當官各三人，以諸司使、副及內侍充，掌牧養國馬，以供乘輿及頒賜王公群臣、蕃夷國信給騎、軍廄置之用。天駟左、右四監，監官各一人。左、右天廄坊，監官各一人。牧養上、下監官各一人，並以三班使臣充。乳酪院，以句當左騏驥官兼，掌供尚食乳餅酥酪之事。藥蜜庫，監官二人，以京朝官充，掌受糖蜜藥物，以供馬醫之用。估馬司，句當官三人，以內侍押班、諸司使副充，掌閱諸州所市馬，平其直。車營、致遠務，監官三人，以京朝官、諸司使副充，掌養飼驢、牛，以駕車乘。駝坊，監官二人，以三班使臣充，掌牧養橐駝。皮剝所，監官二人，以三班使臣充，掌割剝馬牛諸畜之死者。

《宋史》卷一六四《職官志》　太僕寺卿、少卿、丞、主簿各一人。卿掌車輅、廄牧之令，少卿為之貳，丞參領之。國有大禮，供其輦輅、屬車，前期戒有司教閱象馬。凡儀仗既陳，則巡視其行列。後妃、親王、公主、執政官應給車乘者，視品秩而頒之。總國之馬政，籍京都坊監、畿甸牧地畜馬之數，謹其飼養，察其治療，考蕃息損耗之實，而定其賞罰焉，死則斂其騣尾、筋革入於官府。凡閱馬，差次其高下，應給賜則如格。歲終鉤覆帳籍，以上駕部。若有事於南北郊，侍中請降輿升輅，則卿授綏。舊置判寺事一人。以朝官以上充。凡邦國廄牧、車輿之政令，分隸群牧司、騏驥院諸坊監，本寺但掌天子五輅、屬車，後妃、王公車輅，給大中小祀羊。元豐官制行，始歸本寺。分案五，置吏十有八，總局十有二。元祐二年，詔外監事，令本寺依群牧司舊法施行；應內外馬事專隸太僕，直達樞密院，更不經尚書省及駕部。三年，詔省主簿一員。崇寧二年，詔太僕寺依舊制不治外事，歸尚書駕部；應馬事，上樞密院所隸官司。【略】群牧司制置使一人，景德四年置，以樞密使、副為之。至道三年，罷而復置。使一人，咸平三年置，以兩省以上官充；副使一人，以閣門以上及內侍都知充。都監二人，以諸司使以上充。判官二人，以京朝官充。掌內外廄牧之事，周知國馬之政，而察其登耗焉。凡受宣詔、文牒，則以時下於院、監。大事則制置使同簽署，小事則專遣其副使，都監多不備置，判官、都監每歲更出諸州巡坊監，點印國馬之蕃息者。又有左、右廂提點，隸本司。都勾押官一人，勾押官一人，押司官一人。

又卷一七二《職官志》　增給【略】群牧使、副使，開封推官，三司河渠勾當公事、同管勾河渠案公事，十五千。群牧都監，十三千。銀臺司，審官院，三班院，吏部銓，登聞檢院、鼓院，太常禮院主判官，糾察在京刑獄，群牧判官，監察使，十千。判司農寺，七千。

《遼史》卷六〇《食貨志下》　始太祖為迭烈府夷離堇也，懲遙輦氏單弱，於是撫諸部，明賞罰，不妄征討，因民之利而利之，群牧蓄息，上下給足。及即位，伐河東，下代北郡縣，獲牛、羊、駝、馬十餘萬。樞密使耶律斜軫討女直，復獲馬二十餘萬，分牧水草便地，數歲所增不勝算。當時，括富人馬，不加多，賜大、小鶻軍萬餘疋，不加少，蓋畜牧有法然也。咸雍五年，蕭陶隗為馬群太保，上書猶言群牧名存實亡，上下相欺，宜括實數以為定籍。厥後東丹國歲貢千疋，女直萬疋，直不古等國萬疋，阻卜及吾獨婉、惕德各二萬疋，西夏、室韋各三百疋，越里篤、剖阿里、奥里米、蒲奴里、鐵驪等諸部三百疋；仍禁朔州路羊馬入宋，吐渾、党項馬鬻于夏。以故群牧滋繁，數至百有餘萬，諸司牧官以次進階。自太祖及興宗垂二百年，群牧之盛如一日。天祚初年，馬猶有數萬群，每群不下千疋。祖宗舊制，常選南征馬數萬疋，牧于雄、霸、清、滄間，以備燕、雲緩急；復選數萬，給四時遊畋；餘則分地以牧。法至善也。至末年，累與金戰，番漢戰馬損十六七，雖增價數倍，竟無所買，乃冒法買官馬從軍。諸群牧私賣日多，畋獵亦不足用，遂為金所敗。棄眾播遷，以訖于亡。松漠以北舊馬，皆為大石林牙所有。

《金史》卷二四《地理志》 群牧十二處：斡獨碗群牧，大定四年改為斡睹只群牧。蒲速斡群牧，本斡睹只地，大定七年分置。耶魯碗群牧，訛里都群牧，糺斡群牧，歐里本群牧，烏展群牧，特滿群牧，駝駝都群牧，訛魯都群牧，忒恩群牧，承安四年創置，蒲鮮群牧，承安四年創置。

又 卷四四《兵志》 金初因遼諸抹而置群牧，抹之為言無蚊蚋、美水草之地也。天德間，置迪河斡朵、斡里保、保亦作本。蒲速斡、燕恩、兀者五群牧所，皆仍遼舊名，各設官以治之。又於諸色人內，選家富丁多、及品官家子、猛安謀克蒲輦軍與司吏家餘丁及奴，使之司牧，謂之群子，分牧馬駝牛羊，為之立蕃息衰耗之刑賞。後稍增其數為九。契丹之亂遂亡其五，四所之所存者馬千餘、牛二百八十餘、羊八百六十、駝九十而已。世宗置所七，曰特滿、忒滿、在撫州。斡睹只、蒲速碗、蒲速碗本斡睹只之地，大定七年分其地置之。承安三年改為板底因烏魯古。甌里本、承安三年改為烏鮮烏魯古。烏魯古者言滋息也。合魯碗、耶盧碗。在武平縣、臨潢、泰州之境。大定二十年三月，更定群牧官、詳穩脫朶、知把、群牧人滋息損耗賞罰格。

又 卷五八《百官志》 諸群牧所，又國言謂「烏魯古」。提控諸烏魯古一員，正四品，明昌四年置。是年以安遠大將軍尚廄局使石抹貞兼慶州刺史為之，設女直司吏三人，譯一人，通事一人。使一員，從四品。國言作烏魯古使。副使一員，從六品。掌檢校群牧畜養蕃息之事。判官一員，正八品，掌簽判本所事。知法一員，從八品。女直司吏四人，譯人一人，撻馬十六人，使八人，副五人，判三人。又設埽穩脫朶，分掌諸畜，所謂牛馬群子也。惟板底因、烏解、忒恩、蒲鮮群牧依此置。

元 佚名《宋史全文》卷七上 罢群牧制置使。时上封者言：『君牧既自有使，而武臣领枢密兼制置，事不时决。』故罢之。

《元史》卷八九《百官志》 羣牧監，秩正二品，掌中宮位下孳畜。卿三員，太卿、少卿、監丞各二員。至大四年立，至治三年罷。

明 夏良勝《中庸衍義》卷一五 真宗羣牧司總內外馬政，歲遣判官一人巡行諸監，取孳生駒二歲以上者點印之。仁宗時，丁度謂羣牧吏上言，天聖中牧馬至十餘萬，其後言者以天下無事，遂廢八監，陝西河東歲市馬一萬二百，猶能補京畿塞下之闕。自用兵數年，所市馬比常歲特三之一，請下令河東、京東、京西、淮南籍丁壯為兵處，有能畜一戰馬者與免二丁，仍不升戶，以備緩急。神宗留意馬政，樞密使郤亢以牧馬餘田修稼政，以資牧養之利。而羣牧司言馬監草地四萬餘頃，今以五萬為率，一馬占地五十畝，大名廣平四監餘田無幾，宜且仍舊。而原武、軍鎮、洛陽、沙苑、淇水、安陽、東平等監萬七千頃，可賦民以芻豆。從之。

（嘉靖）《廣平府志》卷六 神宗留意馬政，或請以牧馬餘田稼政，而群牧司言，廣平監餘田無幾，宜仍舊。

《續文獻通考》卷五五《職官考》 遼北面羣牧官。諸路羣牧使司官有太保、侍中、敞史，總典羣牧使司官有總典羣牧、部籍使、羣牧都林牙，西路羣牧使司，倒塌嶺西路羣牧使司，渾河北馬羣司，漠南馬羣司，漠北滑水馬羣司，牛羣司，官各有羣牧使、副使。又諸廐官。尚廐官有尚廐使副使飛龍院官有飛龍使副使總領內。

又 卷一三三《兵考》 臣等謹按：志云，中統四年即立羣牧所，考是年紀文並不書此制，直至至元九年八月，紀文始書立羣牧所，掌牧馬及尚方鞍，勒年分相去甚遠，不知孰是。条之《百官志》，亦書中統四年，故從志而不從紀。至二十一年二月，紀又書罷羣牧所。夫自十六年以後屢易其名，何至二十一年尚稱羣牧，豈專指千户百戸等牧養之事而言耶？条之《百官志》《兵志》，皆無可徵，紀載之疎甚矣。

又 卷一六五《兵考》 二十年三月，更定群牧官詳穩脫朶知押群牧人滋息損耗賞罰格。二十一年，勑諸所馬三歲者付女直人牧之牛，或以借民耕，或又令民畜羊，或以賑貧户，特遣人閱實其數，缺則杖其官，而令牧人償之，匿其實者，監察舉覺之。十八年，群牧所蕃息之久，馬至四十七萬，牛十三萬，羊八十七萬，駞四千。

明 黃道周《歷代馬政考》《射書》卷四 既置群牧司，又置群牧使，此為內監牧之制。自河北至許州有十八監，兩河陝西有都總管處置一監，太原交城又復置馬監，既委群牧司，又委守倅兼領，此為外監牧之制。

清 畢沅《續資治通鑑》卷二二 庚寅，始置羣牧司，令樞密直學士陳堯叟爲制置使。馬政舊皆騏驥兩院監官專之，至是內外廐牧之事，自騏驥院而下悉聽命於羣牧司。

《續通志》卷一三一《職官略》 羣牧司，宋景德四年始置，掌內外廄牧之事。有制置使、副使、都監判官，皆以官兼攝。又置鞍轡使副監官。元豐後併入太僕寺。

又 卷一三二《職官略》 羣牧官，某路羣牧使司有某羣太保，侍中敞史，又總典羣牧使司，有總典羣牧簿籍使，羣牧都林牙，又某羣牧司有羣牧使、副使，又有西路羣牧使司、達塔嶺西路羣牧使司、渾河北馬羣司、漠南馬羣司、漠北滑水馬羣司、牛羣司。臣等謹案：唐、宋羣牧之官皆隸於殿中監太僕寺，遼則無所隸屬，有侍中、太保諸職以董率之，此遼制之異於前代也。

又 卷一三四《職官略》 諸羣牧所。金置烏勒呼一人，使副、使判官各一人，掌檢校羣牧事。元不置。

清 沈家本《歷代刑法考》律令六《群牧司編》 《藝文志》：王誨《群牧司編》十二卷。按：《兵志》，馬政熙寧十年置群牧行司，以往來督市馬者，則此書當為熙寧中撰。

清 唐才常《覺顛冥齋內言》卷一 金初，因遼諸茂而置群牧。天德間，置五羣牧所，皆仍遼舊名，各設官治之。又《金史》：諸羣牧所國名曰烏爾古。案：茂與烏爾古，皆遼金建乣軍之所，是乣與羣牧相與維持之舊制。

傳記

《宋史》卷四六六《張繼能傳》 張繼能，字守拙，并州太原人。【略】三年，兼群牧都監。祀汾陰，留掌大內兼舊城內巡檢鈐轄，俄領會州刺史。謁太清宮，為天書扶侍都監。七年，以疾求解職，不許。命為涇原儀渭、鎮戎軍兩路鈐轄。未幾，徙鄜延都鈐轄。先是，內屬戶殺漢口者止罰孳畜，繼能則麗於常法，由是西人畏而不敢犯。德明雖受朝命，而羌部不絕寇境。繼能日課卒截竹為簽，署字其上，且言以備將士記殺獲功狀，賊聞之甚懼。歸朝，復涖群牧。仁宗在儲宮，嘗親書一幅賜之。繼能以聞，真宗亦為標題其末，人以為榮。九年，坐前護修莊穆皇后陵摧陷，左授西染院使，掌往來國信。天禧初，復西京左藏庫使。國信司吏陳誠者，頗巧黠，繼能欲援置群牧司，而誠先隸群牧，坐事停職。至是，群牧吏左宗抉其宿負，白制置使曹利用，故誠不遂所求。繼能怒宗之沮己，密遣親事卒偵宗。會宗弟元喪妻，宗嘗為假敦駿軍校馬送葬，及還，元抵飲肆與酒保相毆，系府中，而假馬之事未發。誠即白繼能，請屬府中並劾其事。知府樂黃目受屬，獄未就，為群牧副使楊崇勳所發，繼能坐罷內職，降授西京作坊使，出為邠寧鈐轄。

又《閻承翰傳》 閻承翰，真定人。【略】二年，加領廉州刺史，勾當群牧司，多條上馬政，遂兼群牧副使。時契丹結好，始置國信司主交聘之事，以承翰領之，多所規置。大中祥符初，改西京左藏庫使，充夏州趙德明加恩官告使。還，請於浦洛河置館，以待夏臺進奉使，上以荒夐勞役，不許。四年，遷內園使、左班都知，領獎州團練使。有西京左藏庫副使趙守倫久典廄牧，至是又掌估馬，與承翰聯職任，雖素為姻家，然不相得，遂各訟訴，並付禦史臺。承翰坐擅用群牧司錢，當贖金三十斤；守倫坐違制移估馬司，當免所居官；典吏當杖脊。詔寬其罰：承翰贖金十斤，守倫贖金二十斤，典吏亦降從杖。群牧都監張繼能、判官陳越田穀、勾當騏驥院楊保用、估馬楊繼凝皆釋之，制置使陳堯叟特免按問。

《遼史》卷九〇《蕭陶隗傳》 蕭陶隗，字烏古鄰，宰相轄特六世孫。剛直，有威重。咸雍初，任馬群太保。素知群牧名存實亡，悉閱舊籍，除其羸病，錄其實數，牧人畏服。陶隗上書曰：「群牧以少為多，以無為有。上下相蒙，積弊成風。不若括見真數，著為定籍，公私兩濟。」從之。畜產歲以蕃息。

《金史》卷一三二《完顏元宜傳》 完顏元宜，本名阿列，一名移特輦，本姓耶律氏。【略】契丹已平，元宜還朝，奏請益諸群牧鎧甲。詔從之，每群牧益二十副。元宜復請益臨潢戍軍士馬，詔給馬六百匹。

紀事

《續資治通鑑長編》卷四七 庚寅，始置群牧司，命樞密直學士陳堯叟為制置使。馬政舊皆騏驥兩院監官專之，於是內外廄牧之事，自騏驥院而下，悉聽命於群牧司也。

又 卷六七 辛亥，羣牧司言諸監以草地充屯田，遣卒種藝，所入不充其費。今馬數益多而牧人少，請廢屯田仍為草地，委所屬州縣標其疆畛，免公私侵占。從之。

又 卷一六五 戊戌，詔羣牧司：自今殿前馬步軍都指揮使落管軍各賜所借馬三匹，殿前馬步軍都虞候，捧日、天武、龍神衛四廂都指揮使二匹，軍都指揮使一匹。舊制，凡管軍皆借馬五匹，至罷，猶借留，至是羣牧司請裁賜。從之。

又 卷二五六 辛亥，群牧司言，除樁管不係支使及牧養監病馬外，自今以二千匹爲額，其餘堪配軍及雜支馬權與闕馬軍士。

又 卷三〇二 羣牧司言，收廢監租課等錢共百一十六萬緡有奇。詔羣牧使韓縝、副使張誠一並賜銀絹各三百，餘共賜錢五千緡，令樞密院均給官吏。

【略】三司使李承之等言：「三司負羣牧司券馬麋費錢百二十八萬二千七百緡，自熙寧五年至元豐二年；費三司芻粟錢五十一萬七千五百七十緡外，合償錢七十六萬五千一百二十緡。奉詔蠲其半，猶負錢三十八萬二千五百六十緡，下三司限三年撥還。自元豐三年後，三司歲當償羣牧司券馬麋費錢二十一萬三千七百八十緡，除芻粟錢六萬四千六百九十緡外，計錢十四萬九千八百緡。」詔歲以十萬緡償羣牧司，餘特除之。初，自熙寧五年後，歲四月至八月，京師諸班直諸軍馬不出牧，歲費三司芻粟自五年至元豐二年，為錢五十一萬餘緡，三司請取於羣牧司。既命官校定，而羣牧司歲罷券馬，以嘉祐五年、六年、八年，治平二年、三年、四年，熙寧五年、七年、八年，凡九年通計之，歲省三司錢二百萬緡，計所費芻粟錢外，定三司當償羣牧之數。

宋 朱熹《宋九朝編年備要》卷六 九月置群牧司，尋以陳堯叟爲制置使，掌內外廐牧之事，自騏級院而下悉屬焉。

又 卷二〇 罷河南北監牧，從都承旨曾孝寬之請也。孝寬請以其地予民，以其租為芻秣費，乃詔惟存沙苑一監，隸群牧司，餘八監並廢之，以牧地租給市易務茶本錢，餘寄常平，籍出息以給售馬之直。國朝馬政，內有騏驥兩院，天駟四監，天廐二坊及上下監外，則河南北之為監者十二，皆掌於群牧司。已又分置河南北兩使，至是議廢監。群牧制置使文彥博言其非便，詔元絳蔡確校其利害上之，於是中書密院言河南北十二監起熙寧二年，至五年出馬一千六百四十匹，可給騎兵者二百六十四，餘僅足配郵傳。而兩監牧吏卒雜費及所占地租歲為緡錢五十三萬九千有奇，計所出馬為錢三萬六千四百餘緡而已。今三監已度九監，見馬三萬，若不更制，則日就損耗，於是卒廢之。以其善馬分隸諸監，餘馬皆斥賣。河東馬軍有見馬九千五百餘匹，兵部請罷支填候，減及五千匹，益以義勇保甲馬五千匹，共萬匹為額。樞密院言保甲養馬不免抑配，兼恐芻秣失時，不善調習，緩急無以應用，又當存官馬以寬民間之數，與中書難久之。上卒從其議詔也，依舊支填，候教成義勇保甲取旨。

宋 孫逢吉《職官分紀》卷一九《群牧制置使》 國朝嘉祐二年，詔以奉寧軍留後、檢校太保、同知樞密副使以下充羣牧使，屢罷而復置，蓋明道二年嘗罷而復置，寶元二年乂嘗罷而復置。四年九月，兵部侍郎、知樞密院事陳堯叟兼羣牧制置使。時內侍省副都知閻承翰為都監，真宗以堯叟事居近密之職，而與承翰聯事，合避輿議。帝曰：『國馬，戎事之本，宜得大臣總領，不可辭也。』自是以樞臣領之。

又 卷一九《群牧使》 唐貞觀十五年，尚乘奉御張萬歲除太僕少卿，勾當羣牧，不入銜。至麟德三年，太僕少卿鮮于正裕檢校隴右諸牧監，雖入銜，未置使。儀鳳三年，太僕少卿李思文檢校隴右諸牧監使，自茲始有使號。後又有樓煩監牧使、龍陂監牧使。元和十四年，置臨海監牧，命淮南節度使兼之，至太和二年廢，又於襄州穀城縣置臨漢監牧使以牧馬，仍令山南東道節度使兼充監牧使，太和七年廢。國朝咸平三年九月，以樞密直學士、主客郎中陳堯叟為制置羣牧使，凡內外廄牧之事皆領焉。堯叟同知樞密院事，以禮部郎中知制誥薛映充使。景德四年復命堯叟為羣牧制置使，因以制置羣牧使。大中祥符四年，知制誥朱巽兼使職，出知江陵府。五年，巽以擅牒給駙馬被劾，解使職，自是不復有外任兼領者。咸平三年，制置羣牧使陳堯叟請令諸州有監牧處，知州、通判兼管勾羣牧使，從之。熙寧元年，詔今後羣牧使、副各置一員，都監兩員，並專管勾本司，更不兼釐他務，仍並任。九年，詔今後樞密都承旨兼羣牧使副，都承旨兼羣牧副使，更不兼別差遣。

又《群牧副使更見羣牧使門**》** 國朝景德三年，以內侍省右班副都知閻承翰為之。天禧元年，以樞密都承旨楊崇勳為之。

又《群牧都監更見羣牧使門**》** 國朝大中祥符三年，以入內內侍省副都知張繼能為之。熙寧元年九月，詔已分置河北、河南監牧使統領外監，其羣牧使省都監一員。

又《群牧判官》 國朝景德二年，以著作郎王曉為之。四年，增置一員，以太子中舍田穀充。是後每歲更出諸州巡坊監印鞍馬。天聖七年，詔羣牧制置使今後不得自舉判官，只候朝廷差人。皇祐三年，詔羣牧判官自今以朝臣歷一任知州館職，一任通判者為之，即不得干托保薦及有陳乞。治平二年，詔羣牧都監判官在羣牧路分轉運使之下，同羣牧事知軍州外郎之上，與提點刑獄相序以官。上《羣牧故事》六卷。景德二年，羣牧判官王曉上《羣牧故事》六卷。上嘉其詳博，詔奬之。上馬政。熙寧三年，羣牧判官王誨上《馬政條貫》，行之。

宋 章如愚《山堂考索·後集》卷四四《兵門》

真宗咸平二年，置羣牧司。咸平三年，羣牧司總内外馬政，其後歲遣判官一人巡行諸監，取孳生駒二歲已上者點印之。左右騏驥院、六坊監上留馬二千餘疋，皆三月出就牧放，秋冬而入。其御馬準備用者在京師。景德四年，上謂近臣曰：今國馬蕃息，當命内侍二人分掌左右監牧。比來朱巽、閻承翰專領此務，頗為幹舉。然思得大臣總制以集其事，當命陳堯叟領之。堯叟曰：『臣居宥密之職，而與承翰聯事，合避外議。』上曰：『國事，戎馬之本，係于樞司機要之運，然當別置使名，卿勿辭也。』《寶訓》。自罷兵之後，言者頗以國馬煩耗，歲費縑繒，雖市得尤衆，而損失亦多。知樞密院事陳堯叟獨謂羣牧之設，國家巨防，今愚淺之説以馬為不急之務，則士卒亦當遣而還農也。作《羣牧議》以獻，勒石大名監。乙巳，置羣牧制置使，命堯叟兼之。堯叟初為羣牧使，及掌樞密，即罷其任。《長編》。大中祥符四年十一月壬午，知河南府馮拯言，官市芻粟，望增給其直。陳堯叟曰：『增直以市，不若徙馬他所。京師馬舊留二萬，今留七千，自餘悉付外監，仍欲於七千之中，更以四千付淳澤監，歲可省芻粟三百餘萬。若有給賜，朝取夕至矣。』從之。上又曰：『馬及十萬，當且止也。』王旦曰：『聽民間畜養，官中緩急，以本直市之，猶外廄爾。且所費芻粟，皆出兩税，少損馬食，用資軍儲，亦當世之切務。』馬知節曰：『馬多不精，若十萬疋，選可用者當得四五萬耳，多畜駑弱，大費愈甚。』上然之。《長編》。仁宗天聖四年九月戊申，三司請市糴芻粟，上因問輔臣：『諸坊監牧馬幾何？』王曾對曰：『當今比五代馬多數倍，計芻秣費，歲不下數百萬，蓋措置利害失其要。若以陝西蕃部入中馬，立定數，餘聽民間市易，二三年間，必大蕃息，此與畜之外廄無異也。』上然之。祖宗舊制，以群牧司總天下馬政，其屬有左右騏驥院，分領左右天駟監、左右天廄坊。其畜病馬，有牧養上、下監。牧兵校長有提舉、指揮使、副使、員僚、十將、節級、獸醫、槽頭、刷刨、長行，調上乘有小底。諸監之在外者，知州、通判兼領之，各據芻地列棚，并課士卒春夏出牧，秋冬入，孳息有賞，耗亡有罰，其為條教甚備。然馬之孳息，不足以待國用，常市於邊州。《長編》。嘉祐五年，命翰林學士吴奎、户部副使吴中復、度支判官王安石、右正言王陶仝相度牧馬利害以聞。時國馬之政，因循不舉，言者故為當有更革也。《長編》。丁度為羣牧使，上言：天聖中牧馬至十餘萬，其後言者以天下無事，遂廢八監，陝西、河東歲市馬一萬二百，尤能補京畿塞下之闕。自用兵數年，所市馬比常歲特三之一，請下令河東、京東、京西、淮南籍丁壯為兵處，有能蓄一戰馬者與免二丁，仍不升户等，以備緩急，如此則國馬蕃矣。《事畧》。宋祁上仁宗，乞罷河東、陝西馬禁，民間與蕃落自相貨買。英宗治平四年，羣牧司言，乞於河北、河東、陝西有都總管處皆置一監，令陝西監牧司以所市馬約上京年額外，餘分撥諸監，則他日本路軍馬可以自辦。《長編》。先是，環慶經畧路李肅之、鄜延陸詵、陝西制置李師錫並言六路元係草官地，又密邇西界，難以興置馬監，詔陝西監牧司廣市善種，務令蕃息。《長編》。唐介知太原，請於交城縣置馬監。詔比部員外郎崔台符相視，得汾州故牧地三千餘頃。其千二百餘頃民以租佃者，令入租以給塞月芻豆。已從介請置監，自沙苑發牝馬五百疋往交城，上謂文彦博曰：馬政未盡善，繇羣牧判官國巽蕃息，以給騎兵。遂以台符權羣牧判官。台符，蒲陰人也。尋詔台符及劉航删修羣牧司敕令，以詳及宋朝故事，增損删定，並奏取旨。《長編》。神宗熙寧元年九月，宋朝初以左右騏驥院總馬政。景祐中，始增置羣牧使。至是，上以使領雖重而不躬巡，故馬不蕃息。乙酉，乃詔更馬政，分河南、北置兩使，以羣牧判官劉航、崔台符為之，勿隸羣牧。後又詔屬樞密院。所總牧地河南六監三萬三千頃，河北六監三萬三千頃。既而台符請以牧餘地募民耕出租。從之。《通畧》。熙寧三年，陝西宣撫司言，官司比乏良馬，蓋以官價賤，乞應買馬州軍增價市之。於是詔惟騍馬不增外，其秦、渭、原州、德順軍見買大馬增價有差，如價高商人不願中官者，聽民間收買。《長編》。熙寧七年，曾孝寬言，慶歷嘗詔河北州軍每户養被甲馬一疋，乞檢會施行。户馬始此。熙寧八年，詔沙苑監隸羣牧司，餘入監，及河南北兩監牧司並廢。以中書樞密院言，河南北三十二監自熙寧二年至五年歲出馬千六百四十疋，可給騎兵者二百六十餘，止堪給馬鋪，兩監牧歲費及所占牧地約牧租錢總五十三萬九千六百三十八緡，計所出馬為錢三萬六千四百九十六緡，而以得不稱失，故廢之。以牧地租給市易務茶本錢外，餘寄常平，籍出息以給售馬之直。《長編》。元豐三年正月，羣牧司言，岐廢監租課等錢共一百十六萬緡有奇，詔羣牧使韓縝、副使張誠一並賜銀絹各五百餘，共賜錢五千緡，令樞密院均給官吏。《長編》。

宋 楊仲良《皇宋通鑒長編紀事本末》卷七五《神宗皇帝》 上謂文彦博曰：『馬政未盡善，繇群牧判官非其人，且不久任，無以責成效。令中書擇人充使，卿舉判官，冀國馬蕃息，以給騎兵。』遂以臺符權群牧判官。臺符，蒲陰人也。尋詔臺符及劉航刪修群牧司敕令。以唐令及本朝故事增損删定，並奏取旨。熙寧元年二月，群牧司言：『樞密副使邵亢請以坊監牧馬餘地立田官，令專稼政，以資牧養之利。案：馬監草地四萬八千餘頃，今以馬立萬匹為額，匹占田五十畝，而原武、單鎮、洛陽、沙苑、淇冰、安陽、東平七監地，餘良田萬七千頃，可賦民租佃，收草粟以備寒月之用。』從之。八月，群牧司奏：『請兼監牧通判並三年一更，以馬死數定其課，即能在任與諸監使臣協心幹集。有勞滿日應賞者，委群牧司保明，聽再任。兼監牧知州誅賞准此。』從之。丁未，詔陝西、河東各市馬每千匹，京東路三百匹，仍增其直，並赴衛州監牧司。陝西轉運副使毌湜言：乞候邊事寧息收市。上批：『邊事未寧，民力宜且安養，不宜別有騷擾。宜從湜奏。』丙寅，詔河北馬軍並令立社，依陝西、河東路例供備錢助買馬，其先給官價錢並增之，仍賣內庫珠千餘萬給其用。九月乙酉，劉航為河南監牧使，崔臺符為河北監牧使。先是，樞密院言：『舊制以左、右騏驥院總司國馬。景德中，始增置群牧使、副、都監、判官，以領廄牧之政。今欲專任責成，分置官局。』乃詔河北、河南分置監牧使、都監官各一員，以河南監牧並為孳生監，在外諸監分屬兩使。其官瓊，河北於大名府，河南於河中府，後徙西京。諸監官吏，委監牧使奏舉按劾，仍不隸群牧司，專屬制置使。後又詔隸樞密院，不領於制置使，仍省群牧都監一員。【略】三年五月庚戌，群牧判官王誨《群牧司編敕》十二卷，行之。十二月己卯，詔：『原、渭州、德順軍自今三年買馬三萬匹。買馬官以十分為率，買及六分七釐轉一官，餘三分三釐均三等，每增一等，更減磨勘一年。歲給三司及成都府、梓州、利州三路綢絹共十萬，與陝西賣監錢相兼償馬價。』初，三州軍買馬，三年共萬七千一百匹，而群牧判官王誨言：『嘉祐六年以前，秦州上京券馬，歲不下萬四五千匹。嘉祐七年，置買馬司於原、渭、德順三州軍，皆選良馬，售以高價，於是券馬法壞，類多死損，枉費錢帛。』故有是詔。【略】五月甲辰，樞密使陳升之兼群牧制置使。【略】己丑，詔沙苑監隸群牧司，餘八監及河南、北兩監牧並廢，以中書、樞密院言：『河南、北十二監，自熙寧二年至五年，歲出馬千六百四十匹，可給騎兵者二百六十餘匹，堪給馬鋪，兩監牧歲費及所占牧地，約收租錢總五十三萬九千六百三十緡。計所得馬，為錢三萬六千四百九十六緡而已。』得不稱失，故廢之，以牧地租給市易務茶本錢，餘寄常平籍出息，以給售馬之直。元豐三年正月辛卯，群牧司言：『收廢監租課等錢共百一十六萬緡有奇。』詔群牧使韓縝、副使張誠一併賜銀、絹各三百餘，共賜錢五千緡，令樞密院均給官吏。四年七月己丑，權發遣群牧判官郭茂恂言：『准詔以陝西博買蕃部馬並糧草，所用錢物不一，不如蕃部所欲，致所買數不多。欲專以茶博買馬，以采帛博買糧穀。及以茶馬並為一司，令臣具經久利害。臣竊聞昔時亦是用茶折馬價，雖兼用金帛等，亦從其便。自事局既分，近歲始專用銀、絹及錢鈔等。況賣茶、買馬，事實相須。令提舉買馬官通管茶場，實為職務相濟。』從之，仍以茂恂專提舉買馬監牧兼同提舉茶場。其雅州名山茶，令專用博馬，候年額馬數足，言許雜買。

又 卷一〇九《哲宗皇帝》 紹興二年七月癸未，太僕寺言：『沙苑監先隸河南監牧司，昨因廢監，拨歸群牧司，尋因置群牧行司，撥入行司管繫。其行司後改为提舉監牧司，今已降朝旨，拨入右厢提點司，即買馬監牧司更不管繫。其提舉陝西等路買馬監牧司名，合除去「監牧」二字。』从之。九月壬戌，太僕寺奏：『乞應於本寺事，并依群牧司法，仍只隸尚書省，或依旧隸樞密院，并乞内外馬事，并隸本寺施行。』詔内外馬事并隸太僕寺，直達尚書省，更不經由駕部。丙寅，诏中書省：『今後太僕卿、丞、簿併選差，應外監事，令本寺依舊群牧司法施行。』【略】時詔沙苑監令属群牧司，餘八監併監牧司併廢罢，後尽以牧地募民种佃併牧馬，餘地所收歲租百餘萬，至今未嘗有失限之數，悉無前日異議者所陳之患。至十年二月，群牧司奏國馬缺用，曾裁損支使窠名。

宋 劉達可《璧水群英待問會元》卷六七 眞宗時自河北至許州，軍鎮凡一千八監，始置群牧司，總内外馬政。景德間，眞宗曰：國馬戎事之本，宜得大臣總領。知樞密院事陳堯叟作《群牧議》以獻，勒石大名監，命堯叟充群牧制置使。

宋 宇文懋昭《大金國志》卷一八《紀年》 大定二十年，亡遼遺族耶律幹罕為羣牧使。按《金史》，幹罕本契丹之族，先從薩巴為亂，山前山後諸羣牧皆應之，非幹罕為羣牧使也。

《文獻通考》卷一六〇《兵考十二》　真宗咸平三年，置制置群牧使。以内臣勾當制置群牧司，京朝官為判官。景德二年，改諸州牧龍坊悉為監，賜名，鑄印以給之。四年，以知樞密院陳堯叟為群牧制置使，又置群牧使、副、都監，增判官為二員。凡廄牧之政，皆出於群牧司，自騏驥院而下，皆聽命焉。其二院所管坊監仍舊。諸州有牧監，知通判兼領之，諸監各置勾當官二人。又有左、右廂提點，並以三班為之。其修創規制，纖悉備具。其後又詔左、右騏驥院諸坊、監監官，自今並以三年為滿，如習知馬事欲留者，群牧司保薦以聞，當徙莅他監。議者言罷兵之後，頗以國馬煩耗，歲費縑繒，雖市得尤衆，而損失亦多。堯叟謂群牧之設，國家巨防。今愚淺之説，以馬為不急之務，則士卒亦當進而還農也。作監牧議以獻，勒石大名監。自是率以樞臣專領，以重其事。【略】天禧初，宰相向敏中言：『國馬之數，方先朝倍多，廣費芻粟，若令群牧司度數出賣，散於民間，緩急取之，猶外廄耳。』是秋，乃詔十三歲以上配軍馬估直出賣。【略】至和二年，群牧使歐陽修言：『今之馬政，皆因唐制，而今馬多少與唐不同者其利病甚多，不可概舉。至於唐世牧地，皆與馬性相宜，西起隴右金城、平涼、天水，外泊河曲之野，内則岐、豳、涇、寧，東接銀、夏，又東至於樓煩，此唐養馬之地也。以今考之，或陷没夷狄，或已為民田，皆不可復得。惟聞今河東路嵐石之間，山荒甚多；及汾河之側，草地亦廣，其間草軟水甘，最宜牧養，此乃唐樓煩監地也，可以興置一監臣。以為推跡而求之，則樓煩、元池、天池三監之地，尚冀可得。又臣往年奉使河東，嘗行威勝以東及遼州、平定軍，見其不耕之地甚多。而河東一路山川深峻，水草甚佳，其地高寒，必宜馬性。及京西路唐汝之間，久荒之地其數甚廣，請下河東、京西轉運司，遣官訪草地有可以興置監牧，則河北諸監有地不宜馬處，可行廢罷。至於估馬一司，利害易見，若國家廣捐金帛，則券馬利厚，來者必多。若有司惜費，則蕃部利薄，馬來浸少。然而招誘之方，事非一體，請遣群牧司或禮賓院官一人至邊，訪蕃部券馬利害。以此三者參酌商議，庶不倉卒輕為改更。』天子下其奏相度，牧馬所奎等請如修奏。神宗即位，留意馬政，於是樞密副使邵亢請以牧馬餘田修稼政，以資牧養之利。而群牧司言：『馬監草地四萬八千餘頃，今以五萬為率，一馬占地五十畝。大名、廣平四監餘田無幾，宜且仍舊。而原武、單鎮、洛陽、沙苑、淇水、安陽、東平等監，餘良田萬七千頃，可賦民以收芻粟。』從之。又詔河南、北分置監牧使，以劉航、崔臺符為之。又置都監各一員，其在河南者為孳生監。凡外諸監並分屬兩使，各條上所當施行者。諸監官吏若牧田縣令、佐，並委監牧使舉劾，專隸樞密院，不隸於群牧制置。【略】沙河苑監先以隸陝西提舉監牧，至是復屬之群牧司云。時諸監牧田，大抵皆寬衍，為人所冒占，故議者爭請收其餘資，以佐芻粟。言利者乘之，始以增廣賦入為務。始議監時，群牧制置使文彦博言：『議者欲賦牧地與民而斂租課，散國馬於編戶而責孳息，非便。』詔元絳、蔡確較其利害上之。於是中書樞密院言：『河南、北十二監，起熙寧二年至五年，歲出馬一千六百四十匹，可給騎兵者二百六十四，餘僅足配郵傳。而兩監牧吏卒雜費及所占地租，歲為緡錢五十三萬九千有奇，計所出馬為錢三萬六千四百餘緡而已。今九監見馬三萬，若不更制，則日就損耗。』於是卒廢之，以其善馬分隸諸監，餘馬皆斥賣，收其地租，給市易本錢之外，寄籍常平出子錢，以為市馬之直。監兵五千，以為廣固指揮，修治京城焉。後遂廢高陽、真定、太原、大名、定州五監。凡廢監錢歸市之外，又以給熙河歲計。諸監既廢，遊田司請廣行淤溉，增課以募耕者。而河北制置牧田所繼言：牧田没於民者五千七百餘頃。乃嚴侵冒之法，而加告獲之賞，是利入增多。元豐三年，收廢監租錢，遂至百十六萬，自群牧使而下，賜賚有差。【略】岩叟疏言：『兵所恃在馬，而能蕃息馬者，牧監也。昔廢監之初，識者皆知十年之後天下當乏馬。已而不待十年，其弊已見，此甚非國之利也。乞收還戶馬三萬，復置監如故，監牧事委之轉運官，而不專置使。今鄆州之東平，北京之大名、元城，衛州之淇水，相州之安陽，洺州之廣平監，以及於瀛、定之間棚基草地疆畫具存，使臣牧卒大半猶在，稍加招集，則指顧之間措置可定，而人免納錢之害，國收牧馬之利，豈非計之得哉？又廢監以來，牧地之在民者，處處為害，愚民利於一時請地之易，不虞後日輸送之難，投牒之初，爭立高課，有司復重估其價，計租為錢，力皆不勝，歲益增欠，轉運司迫於群牧督責之嚴，雖水旱不在蠲放，禁錮鞭撻，無日無之，設欲還官，豈復聽許？今若因復置監牧，收地入官，則百姓戴恩如釋重負矣。』

《宋史》卷一九八《兵志》　真宗咸平三年，置群牧使，以内臣勾當制置群牧司，京朝官為判官。【略】四年，以知樞密院陳堯叟為群牧制置使，又別置群牧使副、都監，增判官為二員。凡廄牧之政，皆出於群牧司，自騏驥院而下，皆聽命焉。諸州有牧監，知州、通判兼領之，諸監各置勾當官二員。又置左右廂提點。又置牧養上下監，以養療京城諸坊、監病馬。又詔左右騏驥院諸坊、監官，並以三年為滿；如習知馬事願留者，群牧司以聞，而徙涖他監焉。【略】八年，群牧司上言：原武地廣而馬少，請增牧數。詔以淇水第二監四歲馬屬原武，歲取河北孳生四歲馬分屬淇水第二並原武監，移原武下等馬牧於靈昌鎮廢監，仍隸原武。【略】景祐二年，詔以牧養監馬團群牧於陳、許州界鳳凰陂，免耗芻菽，歲以為常。【略】天聖七年，群牧司言：舊制，知州軍、通判領同群牧事，歲終較馬死數及分已上，並生駒不及四分，並罰奉。死數少，生駒多，即奏第賞。三歲都比，以該賞者聞。今請申明舊制，通判始到官，書所轄馬數，歲一考之，官滿，較總數為賞罰。詔從之。嘉祐八年，群牧司言：孳生七監，每監歲定牝馬二千，牡馬四百，歲約生駒四百，以為定數。治平二年，詔：諸監生駒滿三十月已上，每歲點印，選牡之良者送淇水第二監，餘雜大馬悉送河南三監，其淇水第二監馬，候滿六十月，給配諸監。諸監牝馬滿三十月，本監別立群牧放，候滿五十月，乃撥配他監。【略】四年，群牧司奏河北諸軍闕馬，請制等杖六，付天雄軍、真定府、定、瀛、貝、滄州，市上生馬十二歲以下，視等第給直。馬自四尺七寸至四尺二寸，凡六等。其直自二萬五千四百五十至萬六千五百五十，課自萬三千四百五十至八千九百五十九，六等，取備邊兵戶絕錢充直。以第一等送京師，餘就配諸軍。【略】至和元年，詔：蜀馬送京師，道遠多病瘠。自今以春、秋、冬部送陝西四路總管司。二年，修陝西蕃馬驛，群牧司每季檄沿路郡縣察視之。邊州巡檢兵校，聽自市馬，官償其直。又詔陝西轉運使司以銀十萬兩市馬於秦州，歲以為常。嘉祐元年，詔三司出絹三萬，市馬於秦州以給河東軍。五年，薛向言：秦州券馬至京師，給直並路費，一馬計錢數萬。請於原、渭州、德順軍置場收市，給以解鹽交引，即不耗度支縑錢。其券馬姑存，以來遠人。歲可別得良馬八千，以三千給沿邊軍騎，五千入群牧司。【略】嘉祐中，韓琦請括諸監牧地，留牧外，聽下戶耕佃。遣都官員外郎高訪等括河北，得閑田三千三百五十頃募佃，歲約得穀十一萬七千八百石，絹三千二百五十匹，草十六萬一千二百束。群牧司言：諸監牧地間有水旱，每監牧放外，歲刈白草數萬束，以備冬飼。今悉賦民，異時監馬增多，及有水旱，無以轉徙牧放。詔遣左右廂提點官相度，除先被侵冒已根括出地權給租佃，餘委群牧司審度存留，有閑土即募耕佃。五年，群牧司言：凡牧一馬，往來踐食，占地五十畝。諸監既無餘地，難以募耕，請存留如故。廣平廢監先賦民者，亦乞取還。乃詔：河北、京東牧監帳管草地，自今毋得縱人請射，犯者論以違制。群牧使歐陽修言：唐之牧地，西起隴右金城、平涼、天水，外暨河曲之野，內則岐、幽、涇、寧，東接銀、夏，又東至於樓煩。今則沒入蕃界，淪於侵佃，不可復得。惟河東嵐、石之間，山荒甚多，汾河之側，草地亦廣，其間水草最宜牧養，此唐樓煩監地。跡此推之，則樓煩、元池、天池三監舊地，尚冀可得。臣往年出使，嘗行威勝以東及遼州、平定軍，其地率多閑曠。河東一路，水草甚佳，地勢高寒，必宜馬性。又京西唐、汝之間，荒地亦廣。請下河東、京西轉運司遣官審度，若可興置監牧，則河北諸監，尋可廢罷。【略】熙寧以來，有保馬、戶馬，其後又變為給地牧馬。神宗嘗患馬政不善，謂樞密使文彥博曰：群牧官非人，無以責成效。其令中書擇使，卿舉判官，冀國馬蕃息，以給戰騎。於是以比部員外郎崔臺符權群牧判官，又命群牧判官劉航及臺符刪定《群牧敕令》，以唐制參本朝故事而奏決焉。熙寧元年，又手詔彥博等曰：今諸州守貳雖同領群牧，而未嘗親涖職事，其議更制，應監牧、郡守貳並朝廷選授，與坊、監使臣皆第其能否，制賞罰而升黜之，宜立法以聞。又手詔曰：方今馬政不修，官吏無著效，豈任不久而才不盡歟？是何監牧之多，官吏之眾，而乏才之甚也！昔唐用張萬歲三世典群牧，恩信行乎下，故馬政修舉，後世稱為能吏。今上自提總官屬，下至坊、監使臣，既非銓擇，而遷徙迅速，謂之「假道」，欲使官宿其業而盡其能，不可得也。為今之計者，當簡其勞能，進之以序。自坊、監而上至於群牧都監，皆課其功而第進之，以為任事者勸焉。於是，樞密副使邵亢請以牧馬餘田修稼政，以資牧養之利。而群牧司言：馬監草地四萬八千餘頃，今以五萬馬為率，一馬占地五十畝，大名、廣平四監餘田無幾，宜且仍舊。而原武、單鎮、洛陽、沙苑、淇水、安陽、東平等監，餘良田萬七千頃，可賦民以收芻粟。從之。已而樞密院又言：舊制，以左、右騏驥院總司國馬。景德中，始增置群牧使副、都監、判官，以領廄牧之政。使領雖重，未嘗躬自巡察，不能周知牧畜利病，以故馬不蕃息。今宜分置官局，專任責成。乃詔河南、北分置監牧使，以劉航、崔臺符為之，又置都監各一員。其在河陽者，為孳生監。凡外諸監並分屬兩使，各條上所當行者。諸官吏若牧田縣令佐，並委監牧使舉劾，專隸樞密院，不領於群牧制置。先是，群牧司請於河北、河東、陝西都總管治所各置一監，以便給軍，乃遣官下諸路詳度。既又以知太原唐介之請，發沙苑馬五百，置監於交城。又分置河南、河北兩使。時上方留意牧監地，然諸監牧田皆寬衍，為人所冒占，故議者爭請收其餘資以佐芻粟。言利者乘之，始以增賦入為務。【略】五年，廢太原監。七年，廢東平、原武監，而合淇水兩監為一。八年，遂廢河南北八監，惟存沙苑一監，而兩監司牧亦罷矣。沙苑先以隸陝西提舉監牧，至是，復屬之群牧司。始議廢監時，群牧制置使文彥博言：議者欲賦牧地與民而收租課，散國馬於編戶而責孳息，非便。詔元絳、蔡確較其利害上之。於是中書、樞密院言：河南北十二監，起熙寧二年至五年，歲出馬一千六百四十匹，可給騎兵者二百六十四，餘僅足配郵傳。而兩監牧吏卒雜費及所占地租，為緡錢五十三萬九千有奇，計所出馬為錢三萬六千四百餘緡而已。今九監見馬三萬，若不更制，則日就損耗。於是卒廢之，以其善馬分隸諸監，餘馬皆斥賣，收其地租，給市易茶本錢，分寄籍常平、出子錢，以為市馬之直。監兵五千，以為廣固指揮，修治京城焉。後遂廢高陽、真定、太原、大名、定州五監。凡廢監錢歸市易之外，又以給熙河歲計。諸監既廢，淤田司請廣行淤溉，增課以募耕者，而河北制置牧田所繼言，牧田沒於民者五千七百餘頃。乃嚴侵冒之法，而加告獲之賞，自是利入增多。元豐三年，廢監租錢遂至百一十六萬，自群牧使而下，賜賚有差。乃命太常博士路昌衡、秘書丞王得臣與逐路轉運司、開封府界提點司按租地，約三年中價以定歲額。若催督違滯，以擅支封樁法論。【略】時初立法，上慮商賈乘時高直以病民，命以群牧司驍騎以上千疋出市，以平其直。【略】熙寧中，罷券馬而專於招市，歲省三司錢二十萬緡。自馬不下槽出牧，三司得復給芻秣之費更相補除，而三司歲償群牧者，為緡錢十萬，以增市馬。【略】十年，又置群牧行司，以往來督市馬者。

明 柯維騏《宋史新編》卷四五《百官志》

三年，置群牧使，又有制置群牧司。景德二年，改諸州牧龍坊悉爲監，在外之監凡十有四。四年，以大臣領群牧制置使，又別置群牧使副，都監增置判官，凡馬政皆出群牧司。

明 雷禮《南京太僕寺志》卷二

宋咸平二年，羣牧司總內外馬政。其後歲，遣判官一人巡行諸監，取孳生駒二歲以上者點印之。自熙寧散國馬於編户，坊監廐庫棚房井泉一旦廢羅，於是督責之政不舉。

又 卷三

宋初以羣牧總天下馬政，凡四萬二千餘匹。端拱元年，國子博士李覺上言，減市馬半直賜畜駒之卒，大率牝馬二萬而駒收其半，亦可歲獲萬匹。上嘉納之。仁宗以大臣領監牧，至天聖中，馬增十萬餘匹。熙寧八年，以中書樞密完言，河南北三十二監自熙寧二年至五年歲出馬千六百四十匹可給兵者，二百六十餘匹堪給馬舖。兩監收歲費及所占牧地約收租錢總五十三萬九千六百三十八緡，計所出馬爲錢三萬六千四百九十六緡，而以得不稱失，故廢之。户配一馬，責其息，自此馬始衰。

明 歸有光《震川集・別集》卷四《馬政志》

宋太祖初置左右飛龍二院，以二使領之。後改為天廄坊，又改為騏驥院，以天駟監隸焉。真宗咸平三年，置羣牧使。景德二年，改諸州牧龍坊悉為監。在外之監十有四，置羣牧制置使及羣牧使副都監判官：廄牧之政，皆出於羣牧司，自騏驥院而下，皆聽命焉。諸州有牧監，知州、通判兼領之。【略】仁宗慶曆中，知諫院餘靖言：「詩、書以來，中國養馬蕃息，不獨出於夷狄也。秦之先，非子居犬丘，好馬及畜養息之，周孝王召使主馬於汧、渭之間，馬大蕃息。犬丘，今之興平；汧，渭，今之秦、隴州界也。衛文公居河之湄以建國，而詩人歌之，曰『騋牝三千。』衛，則今之衛州也。詩人又頌魯僖公能遵伯禽之業，亦云『駉駉牡馬』。魯，今兗州。左氏云：『冀之北土，馬之所生。』今鎮、定、並、代也。漢太原有家馬廄，一廄萬匹，又樓煩玄池出名馬，即今之並、嵐、石」隰也。唐以沙苑最為宜馬，即今之同州也。開元中置七坊四十八監，半在秦、隴、綏、銀，皆古來牧馬之地。臣竊見今之同州及太原以東衛、邢、洺，皆有馬監，其餘州軍牧地七百餘所，乞令羣牧使都監判官分往監牧舊地，相度水草豐茂，四遠牧放。依周官、月令之法，務令蕃息。別立賞罰，以明勸沮。庶幾數年之後，馬畜蕃盛。」【略】至和二年，羣牧使歐陽修言：「今之馬政，皆因唐制，而今馬多少與唐不同者，其利病甚多，不可概舉。至於唐世牧地，皆與馬性相宜。西起隴右、金城、平涼、天水，外泊河曲之野，內則岐、豳、涇、寧，東接銀、夏，又東至於樓煩，此唐養馬之地也。以今考之，或陷沒夷狄，或已為民田，皆不可復得。惟聞今河東路嵐、石之間，山荒甚多，及汾河之側，草地亦廣，其間草軟水甘，最宜牧養。此乃唐樓煩監地也，可以興置一監。臣以謂推跡而求之，則樓煩、元池，天池三監之地，尚冀可得。又臣往年奉使河東，嘗行威勝以東及遼州平定軍，見其不耕之地甚多。而河東一路，山川深峽，水草甚佳，其地高寒，必宜馬性。及京西路唐、汝之間，久荒之地，其數甚廣。請下河東、京西轉運司，遣官訪草地，有可以興置監牧，則河北諸監有地不宜馬，可行廢罷。」嘉佑中，韓琦請括諸監牧地留牧外，聽下戶耕佃。遣都官員外郎高訪等括河北，得閑田三千三百五十頃，募佃，歲約得穀十一萬七千八百石，絹三千二百五十匹，草十六萬一千二百束。羣牧司言：「諸監牧地，間有水旱，每監牧放外，歲刈白草數萬束，以備冬飼。今悉賦民，異時監馬增多，及有水旱，無以轉徙牧放。」詔遣左右廂提點官相度，除先被侵冒，已根括出地，權給租佃，餘委羣牧司審度存留，有閑土，即募耕佃。五年，羣牧司言：「凡牧一馬，往來踐食，占地五十畝。諸監既無餘地，難以募耕，請存留如故。廣平廢監先賦民者，亦乞取還。」乃詔河北，京東牧監帳管草地，自今毋得縱人請射，犯者論以違制。初，真宗用羣牧使趙安仁言，改牧龍坊為監，仍鑄印給之。於是河南為洛陽監，天雄軍大名為大名監，洺州為廣平監，衛州為淇水監，鄭州為原武監，同州為沙苑監，相州為安陽監，澶州曰鎮寧，滑州舊龍馬監曰靈昌。通國初，內有騏驥兩院，天駟四監，天廄二坊，及上下監；外則河南北為監者十四。昔掌於羣牧司。幹興、天聖間，下兵久不用，於是河南諸監皆廢。其後議者謂：「河南六監廢，京師須馬，取之河北，道遠非便。」乃詔復洛陽、單鎮，以牧河北孳生馬。其後復廣平監，以趙州牧馬隸之。又以原武為單轅，移於長葛。蓋自宋興以來，至於仁宗，天下號稱治平，而法度常至於不能振舉，而馬政亦多廢。神宗以王安石為相，銳然有志於天下之治，遂多所更張。熙寧以來，乃有保馬、戶馬，其後又變而為給地牧馬。初，神宗患馬政之不善，詔曰：「方今馬政不修，更無著効，豈任不久而才不盡歟？是何監牧之多，吏之眾，而乏才之甚也？昔唐用張萬歲，三世典羣牧，恩信行乎下，故馬政修舉，後世稱為能。今上自提總官屬，下至坊監使臣，既非銓擇，而遷徙迅速，謂之假道，欲使官宿其業而盡其能，不可得也。今當簡其勞能。進之以序。自坊監而上，至於羣牧都監，皆課其功而第進之，以為任事者勸焉。」於是樞密副使邵元請以牧馬餘田修稼政，以資牧養之利。而羣牧司言：「馬監草地四萬八千餘頃，今以五萬馬為率，一馬占地五十畝，大名、廣平四監，餘田無幾，宜且仍舊。而原武、單鎮、洛陽、沙苑、淇水、安陽、東平等監，餘良田萬七千頃，寸賦民以收芻粟。」從之：已而樞密院又言：「舊制，以左右騏驥院總司國馬，景德中，始增置羣牧使副都監判官，以領廄牧之政，使領雖重，未嘗躬自巡察，不能周知牧畜利病，以故馬不蕃息。今宜分置官局，專任責成。」乃詔河南北分置監牧，以劉航、崔臺符為之。又置都監各一員。其在河陽者，為孳生監。凡外諸監，並分屬兩使，各條上所當行者。諸官史若牧田縣令佐，並委監牧使舉劾。事隸樞密院，不領於羣牧制置。

明 潘麟長《康濟譜》卷二五下　眞宗置佑馬司，凡馬市掌辨其良駑，平其直，以分給諸監。三年，置群牧使。景德二年，改諸州牧龍坊悉為監。在外之監十有四，置群牧制置使及群牧使副、都監判官。廄牧之政皆出於群牧司，自騏驥而下皆聽命焉。諸州有牧監，知州、通判兼領之。

《續文獻通考》卷一三三《兵考》　二十八年，羣牧所蕃息之久，馬至四十七萬，牛十三萬，羊八十七萬，駝四千。時陝西軍人以春牧馬經夏不收飼，瘠弱多死，統軍使富珠哩阿嘍罕以時牧秣之，故死損者少。臣等謹按：《金史・地里志》羣牧十二處，曰烏都溫，曰布沙湛，曰伊囉幹，曰鄂爾多，曰嘉勒幹，曰額勒本，曰烏展，曰特們，曰托克托圖，曰烏拉圖，曰騰曰布希，蓋承安以後，創置者多不止於七所也。《選舉志》曰：金制，羣牧官三週歲為滿。

清 汪輝祖《元史本證》卷二《證誤二》　八月立羣牧所。案：已書於中統元年十二月，此疑復然。《百官志》太僕寺下又云，中統四年設羣牧所，何也？

清 屠寄《蒙兀兒史記》卷三《成吉思可汗本紀第二下》　耶律阿海襲金雲內羣牧監，冬十月，以其使雍古䵣公驅牧馬來降，謁汗行在所。《舊史・太祖紀》：冬十月，襲金華牧監，驅其牧馬而還。耶律阿海降，入見帝於行在所。按：阿海與飲巳湖褚納水，其降在癸亥以前，此云辛未十月來降，誤也。金之羣牧監非止一所，此所襲者，監在何地，其監使何，人往襲驅還者何人，舊紀皆無明文。而下文突接『耶律阿海降，人見帝於行在所』二語，一時驟難索解。及攷《按竺邇舊傳》云：按竺邇，雍古氏，其先居雲內塞上，父䵣公爲金羣牧使，歲辛未，驅所牧馬來歸。又《耶律禿花傳》云：大軍入金境，用爲嚮導，獲所牧馬甚眾。合紀、傳參觀之，乃知所謂羣牧監者，雲內塞上之羣牧監也，其使雍古䵣公也。襲而驅其馬來者，非禿花實阿海也。䵣公之降阿海，招諭而降也。紀稱耶律阿海降，非阿海自降，阿海率䵣公來降也。今酌改史文，庶符事實。

藝文

宋 宋祁《景文集》卷二九《又乞養馬札子》　臣頃年為羣牧使，其時曾擘畫欲于諸監市母馬，合見馬共成五七萬匹，一歲大約得駒五萬，不出五年，得二十五萬。就中破死損十分之二，得駒二十萬，于二十萬中選出負馱馬十分之五，得戰馬十萬匹，以為中國有此馬，可與敵人相馳逐，使聞風畏威，不敢有窺邊境意。是時西事已定，朝廷求安，便忽畧此事，有司指摘臣奏以為迂濶，但言放牧之地侵損民間膏腴田疇，有損無益，于是寖廢。且馬者兵之本，倉卒求之不可得，若無事時，歲月孳養，臨事自無闕乏。臣欲乞選左右名臣議羣牧養馬法，収還牧放舊地，多列廐厗，檢詳新舊條約，擇取便宜，如臣所請，且為新制，及罷河東、陝西馬禁，許民間與番落自相貨買，及許天下民養馬，勅州縣不得計在貲財之限其牧馬。臣且以十年為期，若歲歲滋養當得二十萬匹，而天下百姓所養馬亦益多，假令西北二邊敢為風塵，則我兵足馬健，與之角戰，誠不足畏。取進止。帖黄云：今天下馬軍大率十人無一二人有馬，而所習伎藝與步兵不同，緩急不堪移充步人使喚，使軍人無馬，是國家虛養此兵，有名無實。又云：臣舊知牧馬數不多于中選取戰馬，即今數目益少，此事為用兵之切務，伏乞朝廷深以為意。

宋 劉頒《彭城集》卷三二《群牧司題名記》代韓龍圖作 國馬之政，周以校人中大夫、漢以太僕中二千石掌之，則國朝羣牧使之任也。《周禮》天子十二閑，馬六種，以給齋、道、田、戎之役，周之制也約。漢京師有六廐五監，邊郡則三十六苑，以盛武事，漢之制也侈大。本朝監于前古國馬之政由舊，至于熙寧，大新制度，綜覈名實，以監牧之在郡縣者寒暑暴露，不能致息，而惜其土田之良，寧以與民，于是盡斥賣其地，聚其賦以市馬，而以芻秣度支移之三司，馬不復在牧，飼秣以時，蕃庶維嘉，益輸金帛，以與西戎市馬之来束者，躡迹銜尾，千萬不絶，費不出于大農，而國馬大備。于是内供郊廟之祀，外儲軍旅之用，義勇保甲之士當受馬于公者，及近臣之賜，予使車之驅馳無不給足。昔者魯僖公有明德，詩人頌之，其序曰：『務農重穀，牧于坰野』，國人宜之。夫馬固武備，雖諸侯不可闕也。而牧馬者或以妨民，及魯侯之善在不妨民,不妨民是之謂務農重穀而遂稱之曰儉以足用,寬以愛民，其不信乎？魯雖諸侯小邦，而頌詩所褒，尼父有取焉。尼父之所取，則我朝之所用。夫聖人之治，四方風動，何遠之有？故國馬之數兼于周漢，而宜民之善存焉。駉之詩曰『思無邪，思馬斯才』，夫以區區之魯，諸侯之事必當思焉無邪而馬斯才，況以天下之大，法駕之奉，居其官者豈易為之哉？某年某以某官領羣牧使事，適當更制立法之始，思之無邪，豈敢自謂能庶幾于古人？惟前日之在官者戰戰兢兢，猶吾志也。于是刻石作題名，而著其語于敘端。《漢書公卿表》太僕名氏歷歷可攷，今之題名猶班氏之志于以備史官之採，可以無遺。自某年始，從某人以下，凡得若干人，來者可繼而書也。

駕部

論説

宋 曾鞏《元豐類稿》卷二四《駕部制》 輿馬輦乘之奉，郵驛圉牧之治，中臺要務主以郎。曺敷求得人，俾任吾事。夫駉之頌養，馬之詩也，蓋其大旨曰思無邪，然則為政之方，斯可知矣，觖識於是，夫何遠烖？

综述

宋 孫逢吉《職官分紀》卷一〇《駕部郎中》 《隋百官志》：後齊殿中統駕部。《唐職官志》：駕部郎中一員，從五品上，員外郎一員，從六品上。《六典》：駕部郎中一人，從五品上。《周禮》夏官有司馬之職，蓋駕部之任也。魏氏始置駕部郎曹，歷晉、宋、齊、後魏、北齊並有駕部郎中，梁、陳為駕部侍郎，後周夏官府有駕部中大夫一人，隋文帝改駕部侍郎，煬帝去侍字，宋、齊左民尚書領駕部，梁、齊左户尚書領之，後魏、北齊殿中尚書領之，隋則兵部領焉。皇朝因之。武德三年，加中字。龍朔二年，改司輿大夫。咸亨元年復故。員外郎一人，從六品上。《周禮》夏官卿有司輿、司馬，上士，後周夏官府有駕部上士一人，蓋駕部員外郎之任也。隋開皇六年置一人，煬帝改承務郎。皇朝為駕部員外郎，掌邦國輿輦車乘及天下之傳驛、廐牧官私馬牛雜畜之簿，辨其出入闌逸之政。凡三十里一驛，天下凡一千六百三十九所，而監牧六十有五焉，皆分使而統之。國朝駕部掌輦路乘廐牧雜畜、乘具傳驛之政令，辨其出入之數。《官品令》：諸司郎中從六品。闇對無有遺失。

北齊馮子琮為駕部郎中，攝庫部，孝昭帝曾閱部，領試令口陳，子琮闇對，無有遺失。奉國竭心。

隋辛公義為駕部郎中，勾撿馬牧所，獲十餘萬疋。帝曰：唯我公義，奉國竭心。

宋 王益之《歷代職源撮要》 駕部郎中，周夏官之屬有輿司馬，有校人主馬之官，有牧師掌牧放，有巾車掌公車之政及王之五輅，皆駕部之本也。

魏晉尚書有駕部郎，宋駕部屬左民尚書，後魏、北齊並曰駕部郎中，隋曰侍郎，屬兵部，煬帝除侍字，武德加中字，龍朔改司輿大夫，天寶改司駕，至德復，本司無所掌，元豐改制，郎中、員外郎始實行本司事。《續會要》。掌輿輦、車馬、驛置、廄牧之事。建炎三年，以駕部兼庫部，復併太僕寺皈駕部。《本朝會要》。

宋 謝維新《事類備要·後集》卷三六《駕部郎中》 歷代沿革：周夏官之屬有輿司馬，有校人主馬之官，有牧師掌牧放，有巾車掌公車之政及王之五輅，皆駕部之本也。魏晉尚書有駕部郎，宋駕部屬左民尚書，齊有之，後魏與北齊並曰駕部郎中，隋曰侍郎，屬兵部。煬帝除侍字，唐武德加中字，龍朔改司輿大夫，咸亨復故。天寶中改司駕，至德復故。《通典》。本朝駕部司事一人，以無職事朝官充，輿輦車乘，隸於太僕，傳驛給受，一出於樞密院，廄牧之政總於羣牧司，本司無所掌。元豐改制，郎中貟外郎始實行本司事。《續會要》。初除王欽職畧參掌輿輦車馬驛置廄牧之事，大禮則戒有司，具五輅。凡奉使之官，赴闕視其官職，及所沼事，給馬如格。官文書則量其遲速，附馬步急遞。應内外監牧租入多寡，孳產登耗皆檢察焉。《神宗正史》、《職方志》。建炎三年，以駕部兼庫部，復併太僕寺歸駕部。《本朝會要》。紹興元年復裁内外官，於是駕部又當省，而郎適贊讀王府，而詔聽留需，其遷勿補。厥後間或一置，而一貟之制定矣。《題名》。

（咸淳）《臨安志》卷五《行在所録》 駕部，掌凡輦輅、車乘、廄牧、雜畜，乘其傳驛之政令，辨其入出之數。

《宋史》卷一六三《職官志》 駕部郎中、員外郎，掌輿輦車馬驛置廄牧之事。大禮戒有司，具五輅。凡奉使之官赴闕，視其職治，給馬如格。官文書則量其遲速，以附步馬急遞。總内外監牧，籍其租入多寡，孳產登耗。凡市馬於四夷者，溢歲額則賞之，分案六，置吏十有三。建炎三年，併太僕寺隸焉。

元 朱禮《漢唐事箋·後集》卷一 駕部各一人，掌輿輦車乘傳驛廄牧馬牛雜畜之籍。

明 彭大翼《山堂肆考》卷四九《駕部郎中附員外》 歷代沿革：《周禮》夏官之屬有輿司馬，有校人主馬之官，有牧師掌牧放，有巾車掌公車之政及王之五輅，皆駕部之本也。魏晉、尚書有駕部郎，宋駕部屬左民尚書。後魏、北齊竝曰駕部郎中。隋曰侍郎，煬帝除侍字，唐武德加中字。龍朔中改司輿大夫，咸亨復舊。天寶中改司駕。宋朝駕部司事一人，以無職事朝官充，本司無所掌。元豐改制，郎中、員外始實行本司事。大禮則戒有司具五輅。凡奉使之官赴闕，視其官職及所治事給馬如格。官文書則量其遲速，附馬步急遞。應内外監收租入多寡，孳產登耗，皆檢察焉。

明 佚名《諸司職掌》 駕部，郎中、員外郎、主事，掌邦國輿輦車乘及天下傳驛廄牧。

《續通志》卷一三〇《職官略》 駕部郎中、員外郎，唐置郎中一人，員外郎一人。宋因之。掌輿輦車乘傳驛廄牧馬牛雜畜之籍。

清 梁章鉅《稱謂録》卷一六《車駕司》 駕部，《唐書·崔元亮傳》：爲駕部員外郎，清謹介特，意澹如也。司駕，《文獻通考》：唐天寶中改駕部爲司駕，至德初復舊。司輿，見上司域注。司輿大夫，《文獻通考》：唐改駕部郎中爲司輿大夫。輿司馬、校人、牧師、巾車，《周禮》夏官之屬有輿司馬，又有校人主馬之官，又有牧師掌牧教，又有巾車掌公車之政及王之五輅。案：馬貴與謂此四職，卽宋代駕部郎中之本始。

清 閻鎮珩《六典通考》卷三《設官考》 校人、牧師皆駕部之任。杜佑云：輿司馬、巾車並同斯職。魏晉尚書有駕部郎，宋駕部屬左民尚書，齊亦有之。後魏、北齊並曰駕部郎中，後周有駕部郎中，大夫屬夏官。隋初為駕部侍郎，屬兵部。煬帝除侍字，唐武德三年加中字。龍朔二年改為司輿大夫，咸亨初復舊。天寶中改駕部為司駕，至德初復舊。掌輿輦傳乘郵驛廄牧司牛馬騾驢闌遺雜畜。又周官有輿司馬上士，後周依周制，設小駕上士。隋開皇六年，改置員外郎。煬帝改曰承務郎，唐為駕部員外郎，龍朔、咸亨、光宅、神龍並隨曹改復。宋駕部郎中員外郎各一人，掌輿輦車馬驛置廄牧之事。建炎三年詔并大僕寺隸焉。金殿前司所屬有尚輦局使、副使，掌承奉輿輦事。元罷衛尉院，立尚乘寺，有卿、少卿，掌上方輿輦鞍轡。明兵部車駕清吏司郎中、員外郎、主事各一，添設車駕郎中一人，主事二人。

紀事

宋 孫逢吉《職官分紀》卷一〇《駕部員外郎》 《隋百官志》：見吏部員外郎門。《唐職官志》《六典》並見郎中門。國朝《官品令》：諸司員外郎，正七品。拊牀。唐李靖為駕部員外郎，左僕射楊素、吏部尚書弘皆善之。素嘗拊其牀，謂靖曰：卿終當此坐。立意自比王侯。王瀚為通事舍人，遷駕部員外郎，櫪多名馬，家有妓樂，瀚發言立意自比王侯上儕類，人多嫉之。

宋 佚名《翰苑新書集・前集》卷一八 駕部郎中【略】皇朝事實：司輿馬之政。初寮除李倫制：擢司輿馬之政。主中臺要務。南豐擬制：輿馬輦乘之奉，郵驛圉牧之治，中臺要務主以郎官。自叙刑户不博。《唐國史補》：中行刑戶，不博前行駕庫。如處美官。唐畢諴，字存之，為駕部員外郎，故事，要家勢人以倉駕二曹為辱，諴沛然如處美官。辛相聞之，以職方郎中兼御史知雜。

明 彭大翼《山堂肆考》卷四九《駕部郎中附員外》 勾檢馬牧：隋辛公義為駕部郎，勾檢馬牧，所獲十餘萬疋。帝嘉之曰：『唯我公義，奉國竭忠。』条掌輿輦：《職略》：宋朝初，除王欽若為駕部郎，条掌輿輦車馬驛置廐牧之事。攝庫部：《職官分紀》：北齊馮子琮為駕部郎中，攝庫部，孝昭帝閱簿領試令口陳，子琮闇對，無有遺失。主中臺：南豐擬制：輿馬輦乘之奉，郵驛圉牧之治，中臺要務主以郎官。幽閒：白居易《贈駕部吳郎中》：幽閒靜境別無事，惟有南宮老駕兄。清謹：唐崔元亮，字晦叔，為駕部員外郎，清謹介特，意澹如也。又李靖在隋為駕部員外郎，左僕射楊素拊床謂曰：卿終當坐此。

藝文

宋 韓維《南陽集》卷一六《比部郎中陳益可駕部郎中》 勑某：郎官，古之重任也。今雖職事去之，而其任序之美，猶為高選。爾以才效典城臨民，而條教不煩事，以修舉進官一等，庸示有勸，其思所勉，以底於治。可。

宋 劉一止《苕溪集》卷三九《張宦駕部郎中》 勅具官某：文昌，政事之本，而郎官，上應列宿，其選甚高，非一時真才，不以輕授。爾問學該洽，行義潔修，召寘周行，專司輦乘輿馬之政，事簡職要，所以優賢，尚其勉之。可。

宋 汪藻《浮溪集》卷八《胡寅駕部員外郎制》 朕比裁中都官之員，于員外郎選精矣。其委任之間，亦豈異時比哉？爾問學有聞，早膺推擇，茲錫命書之寵，復從省户之游，往服清塗，益恢遠業。

又《駕部員外郎尹東珣庫部員外郎制》 朕于郎曹均取才望，選除之寵，易地皆然。以爾開敏之資，有聲省户，兹緣換部，姑正厥名，往服朕恩，靖共爾位。

牧監

論説

宋 文彦博《潞公集》卷二一《論監牧事熙寧五年**》** 臣聞國之大事在祀與戎，戎事之中，馬政為重。河南諸監所入尚少，漸增地利，亦可自充。如此則仰給度支者不多，所收馬課亦不少，大率草馬二萬，歲收六騍，為駒一萬二千，三歲之中若失其半，猶得六千疋，駑良相參，疋直十五千，是歲獲九萬貫，此就小計之，所得不少矣。今若取一時浮淺之議，則廢之甚易，他時却欲復祖宗之制，則興之甚難。坊監廄庫，棚房井泉，官廨營房，七八十年經營成就，若廢罷之後，蕩然一空，却欲復之，功費愈大。如向時廢罷茶法，自後議欲復故，而園户彫殘，塲屋破壞，言者雖衆，竟不能復。必若采廢置之言，即乞委詳練故典，素知馬政臣僚，博求利害而審處之，利百則變，乃無後悔。臣総領國馬，於今八年，雖未及蕃息，而頗究利害。伏望聖慈裁察，付外施行。伏候勅旨。東平監，天僖年曾廢，未幾復置，枉有費勞。蓋東平監地美且廣，大名兩監遇水旱却寄牧東平，棚房甚寬，冠絶諸監。今聞首議廢東平監，東平既廢，即大名兩監必難以存，乞慎其始。兼近覩蔡天申奏乞減河南牧地，召人租佃，亦乞祇令河南牧使相度寬剩之田，召人租佃，牧課自贍，免從度支供給。

又 卷二七《論監牧元祐元年**》** 臣竊以修復馬監，指准今東西兩路支配，不盡保馬所差之官。今遍陝西、河東、京東西兩路相度，卒未見了當，乞令速且取索京東西兩路支配外見存馬數，并沙苑馬，約度可置得幾坊監。先次於近便舊有坊監處興置，所貴早見就緒，兼免保馬夂在民間，頗有搔擾。取進止。

又 今已新復馬監，切見光禄大夫新差知潞州崔台符熟知馬政，勘會相州有安陽兩馬監，今當興復，須得知州依例總領，欲乞改差台符知相州，所貴馬政，速見就緒。况相州地望在潞州之下，兼是鄰封又洺州、衛州，各有兩馬監，亦合興復，與相州相接，凡事取則相州，易成績效。取進止。

宋 歐陽修《歐陽文忠公集》卷一六《論監牧札子嘉祐五年**》**　臣所領群牧司，近准宣差吳中復、王安石、王陶等同共相度監牧利害事。竊以國馬之制，置自祖宗。歲月既深，官司失守，積習成弊，匪止一時，前後因循，重於改作。今者幸蒙朝廷因言事之官有所陳述，選差臣寮，相度更改。臣以謂監牧之設，法制具存，條目既繁，弊病亦衆。若只坐案文籍，就加增損，恐不足以深革弊源。如欲大為更張，創立制度，則凡於利害，難以遥度，必須目見心曉，熟於其事，然後可以審詳裁制，果決不疑。蓋謀於始也不精，則行於後也難久。況此是臣本職，豈敢辭勞！欲乞權暫差臣，仍於吳中復等三人內更差一人，與臣同詣左右廂監牧地頭，躬親按視。至於土地廣狹，水草善惡，歲時孳牧，吏卒勤惰，以至牝牡種類，各隨所宜，棚井溫涼，亦有便否，向何以致馬之耗減，今何以得馬之蕃滋。既詳究其根源，兼旁采於衆議。如此，不三數月間可以周遍。然後更將前後臣寮起請，與衆官參詳審處。與其坐而遥度，倉卒改更，其為得失，不可同日而論也。臣又竊思今之馬政，皆因唐制。而今馬多少與唐不同者，其利病甚多，不可悉舉。至於唐世牧地，皆與馬性相宜，西起隴右金城、平涼、天水，外暨河曲之野，內則岐、豳、涇、寧，東接銀、夏，又東至於樓煩，皆唐養馬之地也。以今考之，或陷沒夷狄，或已為民田，皆不可復得。惟聞今河東嵐、石之間，山荒甚多，及汾河之側，草地亦廣，其間草軟水甘，最宜牧養。往時河東軍馬，常在此處牧放，今馬數全少，閑地極多。此乃唐樓煩監地也，可以興置一監。臣以謂推跡而求之，則樓煩、天池、元池三監之地，尚冀可得。又臣往年因奉使河東，嘗行威勝以東及遼州平定軍，見其不耕之地甚多。而河東一路，山川深峻，水草甚佳，其地高寒，必宜馬性。及京西唐、汝之間，久荒之地，其數甚廣。欲乞更下河東、京西轉運司，差官就近於轄下訪求草地，有可以興置監牧處。如稍見次第，即乞朝廷差官與群牧司官員，同共往彼踏行擘畫。若可以興置新監，則河北諸監內有地不宜馬處，卻可議行廢罷。惟估馬一司，利害最為易見。若國家廣捐金帛，則券馬利厚，來者必多，於其多中，時得好馬。若有司惜費，則蕃部利薄，馬來漸少，兼亦好馬不來。然而招誘之方，事非一體，亦須知其委曲。欲乞特差群牧司或禮賓院官一員，直至秦州以來體問蕃部券馬利害。凡此三者，雖暫差官。比及吳中復等檢閱本司文字，講求商議，未就之間，已各來復。可以參酌相度，庶不倉卒，輕為改更。如允臣所請，乞賜施行。今取進止。一作：國馬之制，置自祖宗，歲月既深，官失其守，積習成弊，匪止一時。伏睹詔書，命奎等商度利害，將有更革。臣以謂監牧之設，法制具存，條目既繁，其弊亦衆。若止坐按文籍，就加增損，恐不足以深革弊源。如欲大為更張，創立制度，則凡於利害，難以遥度。蓋謀於始也不精，則行於後也難久。請詔相度官一人，同臣躬按左右廂監牧。凡土地廣狹，水草善惡，歲時孳牧，吏卒勤惰，以至牝牡種類，各隨所宜，棚井溫涼，亦有便否，嚮何以致馬之耗減，今何以得馬之蕃滋，詳究根源，旁采衆議。然後以比日臣僚奏請，參詳審處。與其坐而遥度，倉卒更改，其為得失不可同日而論也。臣又竊思，今之馬政皆因唐制，而今馬多少與唐不同者，其利病甚多，不可概舉。至於唐世牧地，皆與馬性相宜，西起隴右、金城、平涼、天水，外暨河曲之野，內則岐、豳、涇、寧，東接銀、夏，又東至於樓煩，此唐養馬之地也。以今考之，或陷沒夷狄，或已為民田，皆不可復得。惟聞今河東路嵐、石之間，山荒甚多，及汾河之側，草地亦廣，其間草採水甘，最宜養牧，此乃唐樓煩監地也，可以興置一監。臣以謂推跡而求之，則樓煩、元池、天池三監之地，尚冀可得。又臣往年奉使河東，嘗行威勝以東及遼州、平定軍，見其不耕之地甚多，而河東一路，山川深峻，水草甚佳，其地高寒，必宜馬性。及京西路唐、汝之間，久荒之地，其數甚廣。請下河東、京西轉運使司，遣官訪草地有可以興置監牧，則河北諸監有地不宜馬可行廢罷。至於估馬一司，利害易見。若國家廣捐金帛，則券馬利厚，來者必多；若有司惜費，則蕃部利薄，馬來寖少。然而招誘之方，事非一體，請遣羣牧司或禮賓院官一人，至邊訪蕃部券馬利害，以此三者參酌商議，庶不倉卒，輕為改更。以上乃《通鑑長編》所載，與集本頗異。

宋 王安石《臨川集》卷四二《相度牧馬所舉薛向札子》　臣等竊觀自古國馬盛衰，皆以所任得人失人而已。汧渭之間，未嘗無牧，而非子獨能蕃息於周。河隴之間，未嘗無牧，而張萬歲獨能蕃息於唐。此前世得人之明效也。使得人而不久其官，久其官而不使得專其事，使得專其事而不臨之以賞罰，亦不可以成功。今臣等相度陝西一路買馬監牧利害大綱，已具奏聞。伏見權陝西轉運副使薛向，精力強果，達於政事，河北便糴，陝西榷鹽，皆有已試之效。今來相度陝西馬事，尤為詳悉。臣等前奏已乞就委薛向提舉陝西買馬及監牧公事，今欲乞降指揮，許令久任。緣今來馬價，多出於解池鹽利、三司所支銀綢絹等，又許令於陝西轉運司兌換見錢。今薛向既掌解鹽，又領陝西財賦，則通融變轉，於事為便。兼臣等訪問得薛向陝西系官空地，可以興置監牧處甚多，若將來稍成次第，即可以漸興置。蓋得西戎之馬，牧之於西方，不失其土性，一利也。因未嘗耕墾之地，無傷於民，二利也。因向之材而就令經始，三利也。又河北有河防塘泊之患，而土多舃鹵不毛，戎馬所屯，地利不足。諸監牧多在此路，所占草地多是肥饒，而馬又不堪，未嘗大段孳息。若陝西興置監牧，漸成次第，即河北諸監有可存者，悉以陝西良馬易其惡種；有可廢者，悉以肥饒之地賦民。於地不足而馬所不宜之處，以肥饒之地賦民，而收其課租，以助戎馬之費。於地有餘而馬所宜之處，以未嘗耕墾之地牧馬，而無傷於民。此又利之大者也。如允臣等所奏，即乞薛向所奏舉官員及論改舊弊，朝廷一切應副，成功則無愛賞，敗事則無憚罰。如此則臣等保任薛向必能上副朝廷改法之意。如將來敗事，臣等各甘同罪。取進止。

宋 呂中《大事記講義》卷七《真宗皇帝》 元禧元年七月，散監牧馬，時仍歲旱蝗，向敏中言國家監牧馬數萬，廣費芻粟，若令出賣，散於民間，緩急取之，猶外廐耳。國初之馬市之於戎而養之於官，自天禧以後，向敏中建議不欲養之於官而養之於民，夫市之於戎則中國蒙其利，養之於民則生民蒙其害，今養之於民固外廐也，然惜一時之費而忘百年之備，緩急將何所恃哉？不惟有害於民，而且無益於官。此説一行，王荆公所以有保馬户馬之法也。

向敏中養馬於民之説所以開王荆公保甲、户馬之論。

明 楊時喬《馬政紀》卷一 按：以上牧監群馬、苑監馬，其制皆二祖稽唐四十八監、宋十八監之制而命之名者也。牧監群者，編户為群，群長養馬之法，官牧也。苑監者，即其後遼、甘、陝三寺圉夫養馬之法，亦官牧也。官牧與民牧制本不同，而《會典·太僕志》類混而書之，則稽考未詳矣。且其牧監群、苑監既有官以統之，又公圉廐而居之，畫牧地而餧之，制本至善，乃二祖朝有不能久行者，要必有深意于中，今亦難以悉考，証已即其後令太僕寺理民間孳牧，其初公廐牧地並存，載在典章者甚詳，制亦善，厥後公廐廢，而牧地或為豪貴奪，或為之徵租，令民各自為廐居，各自求地芻蓄，則其制日壞，流弊日濡，有不可勝言者矣。

清 秦蕙田《五禮通考》卷二四五《軍禮十三》 蕙田案：此宋初牧監之法，馬政以牧監為上，國無養馬之費，馬有蕃息之功。外此而市馬、茶馬猶可權宜行之。若户馬、保馬、社馬，則皆使民養之，于是民累深而馬政亦壞矣。其故皆由牧監之廢，故首著之。

又《軍禮十三》 蕙田案：馬政莫繁于宋，亦莫壞于宋。夫牧監者，畜牧之正也。宋初以監牧致馬蕃息，乃以承平日久，用馬者少，遂慮其多費而更易之。不數年間，馬遂耗而軍事用馬又亟，于是一切權宜苟且之法，行户馬、保馬，給地牧馬，累民滋甚而馬政大弊，雖欲復舊時監牧之利而不可得矣。南渡後雖置監牧馬，而風土不宜，馬不盛産，于是專藉之市馬，而馬政不可問矣。

綜述

宋 章如愚《山堂考索·後集》卷二《官制門》 諸牧監：上牧監，監各一人，副監各一人，丞各二人，主簿各一人。中牧監，監之設監，監各有副監、丞、主簿，掌詳政孳課。東宮九牧監，丞二人，録事一人，掌牧養馬牛。

明 柯維騏《宋史新編》卷四五《百官志》 神宗患馬政不善，命執政擇官判群牧，命判官崔台符、劉航删定群牧敕令，遠稽唐制，參本朝故事，又以樞密院言，詔河南北分置監牧使，以航、台符爲之。又置都監各一員，其在河陽者爲孳生監，外諸監分屬兩使，凡牧甲令佐竝委監牧使舉劾，專隸樞密院，不領於群牧，制置諸監牧田，皆寬衍歲久，或被冒占，議者爭請以牧地賦民，用佐芻粟，而諸監尋廢。是歲，天下應在馬凡十五萬三千六百有奇，始議廢監。時群牧制置使文彦博言：散國馬於編户而責孳息，非便。詔元絳、蔡確較利害，上之中書、樞密院，因言：河南北十二監，近四年中歲出馬一千六百四十四，僅爲錢三萬六千四百餘緡，而兩監牧吏卒雜費及所占地租爲緡錢五十三萬九千，於是卒廢之。

紀事

《册府元龜》卷四二《仁慈》 十一月丙辰詔曰：自古見其生不食其肉，資其力必報其功，馬牛驢皆能任重致遠，濟人使用，先有處分，不令宰殺。如聞比來尚未全斷，群牧之内此弊尤多。自今以後，非祠祭所須，更不得進獻牛馬驢肉，其王公已下及天下諸州諸軍宴設及監牧皆不得輒有殺害，仍令州縣及監牧使、諸軍長官切加禁斷，兼委禦史隨事糾彈。

《續資治通鑑長編》卷二六二 是日，四月七日。進呈比撲馬數，樞密院欲存牧監，又欲留監牧馬，準備軍行負馱。中書比撲，歲用三萬貫買監牧所生馬，數足，而歲可省官錢五十三萬貫，地利在民，尚不計數。凡牧監歲牧馬二百餘匹，無色額馬盡皆配軍，亦止二百餘匹，而中書擘畫熙河買馬，未及十箇月，比舊已增九十餘匹。上令中書施行，而吳充固爭，以為：「牧監不當廢，若外敵旅拒，馬不可買，中國如何得馬？」上曰：「雖如此，牧馬亦不濟事。祖宗時，牧監但養大馬，後來孳生，是非明白無可疑。」充曰：「向令認定驢牛，中書便云騷擾。今中書卻要臨時買驢以供負馱，豈不騷擾？」安石曰：「無事時，不問有無驢牛，須令五戶或十戶共認驢牛一頭，不知此牛驢令誰作主？且無驢牛之人，須被配率出錢，此所以為騷擾。今中書計算，若遇要驢時，用見今第一等價上增一倍買驢，事定後更不收一錢。即每三年一次用兵，比養馬以待用可省七十萬貫。用第一等價上增一倍買驢，假令括買，亦不為虧損百姓，此所以易于預認。」上曰：「此利害分明，兼馬皆生梗，豈可負馱也。」已見七年十二月甲申注，今修入正文。

又 卷三七四 左司諫王巖叟言：「臣訪聞京東保馬司尚有餘弊，宜在講陳，可因而變之，以成國家之利。臣請條畫如左，惟陛下裁擇。其一，臣愚博采識者之論，皆以謂國家宜收馬以復監，則公私兩得其利。馬者，兵之用，國之所恃以為險者也。有國以來，未嘗無馬，國多馬則彊，少馬則弱。而能蕃息馬者，牧監也。昔廢監之初，識者皆曰：十年之後，天下當乏馬，緩急無所得，雖有智者不能為之謀矣。後不待十年，而天下之馬已不可多得，此非國之利也。臣乞盡收退還民間馬三萬餘匹，復置監如故。然不必置監牧使，止委轉運使領之，足治辦矣。今鄆州之東平監，北京之大名上下監、元城監，衛州之淇水監，相州之安陽監，洺州之廣平監，以至瀛、定之間，相望皆是棚基草地，經界具存。牧養之方，畫一盡在使臣，猶有舊人，可充選任。牧兵尚餘大半，略假招填，指顧之間，措置可定。而百姓免納錢之害，國家得牧馬之利，豈不善哉！或者曰：借緡之多，安可以盡蠲？是不知今日蠲緡則有數，而後日得馬之無窮也。此臣之所以言可因而變之以成利者也。其二，自廢監以來，牧地之在民者，處處為害。蓋始者，愚民利於一時請地之易，不慮後日納租之難。投狀之初，爭立高額，而不知州、縣又估高價，折納見錢，遂致力皆不勝，歲歲拖欠。轉運司不論水旱，與羣牧司認定此錢，督責之嚴，過於他事，以至佃地百姓被禁錮、受鞭撻者，無日無之，復願退而還官，官中豈復聽許！所在人情，殊以為苦。今若因復置監，收牧地入官，則百姓戴陛下之恩，如釋重負、脫沉疴矣。此因變保馬之弊，成牧馬之利而又有得焉者也。仍乞先次指揮，主養戶未得擅賣所養馬，候復置監了日，就近分撥入諸監。其京西事體既同，乞並賜施行。」此據新舊錄并元祐章疏增修，巖叟集及遺藁乃無此。舊錄云：先帝寓馬於民，盡廢諸監，省費不貲，至是復之。新錄辨曰：保馬廢置事，見臣僚章疏不足以盡之。自「先帝寓馬至」至「是復之」十八字，並刪去。

又 卷四一九 淳化二年，上謂侍臣：諸州牧監馬多瘦死，蓋養飼失時，枉致病斃，近令取十數槽寘殿庭下，視其芻秣教之養療，庶革此弊。

宋 李心傳《建炎以來朝野雜記・甲集》卷一八《孳生監牧》 自渡江以來，無復國馬。紹興三年冬，始命三省樞密院措置馬監。十月辛卯。後置於饒州以守倅領之。擇官田為牧地，復置官提舉，俄亦廢。四年，又置監於臨安之餘杭及南蕩。四月丙午。十九年夏，詔馬五百匹為一監，牡一而牝四之監分四郡，歲產駒三分，及斃二分已上有賞罰。上嘗謂大臣曰：『議者言南地不宜牧馬，朕昨自措置養馬，今方二三年，已得馬數百矣。』十三年五月癸亥。先是，川路所置馬歲付鎮江軍中牧養。十九年春，上以未見孳生之數，遂分送江上諸軍，仍立賞罰。正月庚辰。後又置監於郢、鄂之間，牡牝千餘，十有餘年才生三十駒，而又不可用乃已。故凡國之戰馬，悉仰川秦、廣二邊焉。

宋 呂中《大事記講義》卷一六《神宗皇帝》 熙寧二年，河南北分置監牧使，諸監牧田寬衍，為人所買占，議者請收其餘，以資增廣賦入，自是請以牧田賦民者紛然而請，監尋廢。

宋 楊仲良《皇宋通鑑長編紀事本末》卷七五《神宗皇帝》 四月癸酉，三省樞密進呈比撲馬數，樞密院欲存牧監，又欲留監牧馬，準備軍行負馱。中書比撲，歲用三萬貫，買監牧所生馬數足而歲可省官錢五十三萬貫，地利在民，尚不計數。凡牧，歲牧馬二百餘匹，無色額，馬盡堪配軍，亦止二百餘匹。而中書擘畫熙河買馬，未及十箇月，比舊已增九十餘匹。上令中書施行，而吳充固爭，以為：監牧不當廢，若西北旅拒馬不可買，中國如何得馬？上曰：雖如此，牧馬亦不濟事。祖宗時牧監但養大馬，後來孳生是非明白，無可疑。

《宋史》卷一九八《兵志》 時上方留意牧監地，然諸監牧田皆寬衍，為人所冒占，故議者爭請收其餘資以佐芻粟。言利者乘之，始以增賦入為務。二年，詔括河南北監牧司總牧地。舊籍六萬八千頃，而今籍五萬五千，餘數皆隱於民。自是，請以牧地賦民者紛然，而諸監尋廢。是歲，天下應在馬凡十五萬三千六百有奇。【略】五年，廢太原監。七年，廢東平、原武監，而合淇水兩監為一。八年，遂廢河南北八監，惟存沙苑一監，而兩監司牧亦罷矣。沙苑先以隸陝西提舉監牧，至是，復屬之群牧司。始議廢監時，群牧制置使文彥博言：『議者欲賦牧地與民而收租課，散國馬於編戶而責孳息，非便。』詔元絳、蔡確較其利害上之。於是中書、樞密院言：『河南北十二監，起熙寧二年至五年，歲出馬一千六百四十匹，可給騎兵者二百六十四，餘僅足配郵傳。而兩監牧吏卒雜費及所占地租，為緡錢五十三萬九千有奇，計所出馬為錢三萬六千四百餘緡而已。今九監見馬三萬，若不更制，則日就損耗。』於是卒廢之，以其善馬分隸諸監，餘馬皆斥賣，收其地租，給市易茶本錢，分寄籍常平、出子錢，以為市馬之直。監兵五千，以為廣固指揮，修治京城焉。後遂廢高陽、真定、太原、大名、定州五監。凡廢監錢歸市易之外，又以給熙河歲計。諸監既廢，淤田司請廣行淤溉，增課以募耕者，而河北制置牧田所繼言，牧田沒於民者五千七百餘頃。乃嚴侵冒之法，而加告獲之賞，自是利入增多。元豐三年，廢監租錢遂至百一十六萬，自群牧使而下，賜賚有差。乃命太常博士路昌衡、秘書丞王得臣與逐路轉運司、開封府界提點司按租地，約三年中價以定歲額。若催督違滯，以擅支封樁法論。初，經制熙河邊防財用司奏於岷州川茘川閭川砦、通遠軍熟羊砦置牧養十監，議者繼言蕃馬法，帝欲試之近甸。六年，手詔樞密院：『牧馬重事，經始之際，宜得左右近臣以總其政。今自霧澤陂牧馬所造法，始於畿內置十監，以次推之諸路。宜令樞密院都承旨張誠一、副都承旨張山甫經度制置，權不隸尚書駕部及太僕寺。有當自朝廷處分者，樞密院主之。』已而其說皆不效。八年，同提舉經度制置曹誦言：『自崇儀副使溫從吉建議創孳生監，迨今二年，駒不蕃而死者益眾。』乃命御史臺校核，自置監以來，得駒不及一分四厘，馬死已十分之六。於是責議者及提舉官，而罷畿內十監。元祐初，議興廢監，以復舊制。於是詔庫部郎中郭茂恂往陝西、河東所當置監，尋又下河北陝西轉運、提點刑獄司按行河、渭、並、晉之間牧田以聞。時已罷保甲，教騎兵，而還戶馬於民。於是右司諫王岩叟言：『兵之所恃在馬，而能蕃息之者，牧監也。昔廢監之初，識者皆知十年之後天下當乏馬。已而不待十年，其弊已見，此甚非國之利也。乞收還戶馬三萬，復置監如故，監牧事委之轉運官，而不專置使。今鄆州之東平，北京之大名、元城，衛州之淇水，相州之安陽，洺州之廣平監，以及瀛、定之間棚塞草地疆畫具存，使臣牧卒大半猶在，稍加招集，則指顧之間措置可定，而人免納錢之害，國收牧馬之利，豈非計之得哉？又況廢監以來，牧地之賦民者，為害多端，若復置監牧而收地入官，則百姓戴恩，如釋重負矣。』自是，洛陽、單鎮、原武、淇水、東平、安陽等監皆復。初，熙寧中，並天駟四監為二，而左、右天廄坊亦罷。至是，復左、右天廄坊。時又有旨，內外馬事並隸太僕寺，不由駕部而達尚書省。兵部尚書王存、右司諫王覿言：『先帝講求歷代之法，正省、臺、寺、監之職，上下相繼，各有統制。其間或濡滯不通，宜量加裁正，不可因而隳紊。』言不果行。又詔舊屬群牧司者專隸太僕寺，直達樞密院，不由尚書省及駕部。至崇寧中，始詔如元豐舊制。紹聖初，用事者更以其意為廢置，而時議復變。太僕寺言，府界牧田，占佃之外，尚存三千餘頃，議復畿內孳生十監。詔以莊宅副使麥文昞、內殿崇班王景儉充提舉。後二年而給地牧馬之政行矣。先是，知任縣韓筠等建議，凡授民牧田一頃，為官牧一馬而蠲其租。縣籍其高下、老壯、毛色，歲一閱，亡失者責償，已佃牧田者依上養馬。知邢州張赴上其說，且謂授田一頃為官牧一馬，較陝西沿邊弓箭脾既養馬又戍邊者為優，試之一監一縣，當有利而無害。樞密院是其請，且言：『熙寧中，罷諸監以賦民，歲收緡錢至百餘萬。元祐初，未嘗講明利害，惟務罷元豐、熙寧之政，奪已佃之田而復舊監。桑棗井廬多所毀伐，監牧官吏為費不貲，牧卒擾民，棚井抑配，為害非一。蓋自復監以來，臣僚屢陳公私之害。若循元祐倉卒更張之法，久當益弊。且左右廂今歲籍馬萬三千有奇，堪配軍者無幾，惟沙苑六千疋愈於他監。今赴等所陳授田養馬，既蠲其租不責以孳息，而不願者無所抑勒，又限以尺寸，則緩急皆可用之馬矣。』乃具為條畫，下太僕寺，應監牧州縣悉行之。時殿中侍御史陳次升言：『給地牧馬，其初始於邢州守令之請，未嘗下監司詳度。諸路各有利害，既不可知。民居與田相遠者，難就耕牧。一頃之地所直不多，而亡失責償，為錢四五十千，必非人情所願。』言竟不行。時同知樞密院者，曾布也。四年，遂廢淇水、單鎮、安陽、洛陽、原武監，罷提點所及左右廂，惟存東平、沙苑二監。曾布自敘其事曰：『元祐中，復置監牧，兩廂所養馬止萬三千匹，而不堪者過半。今既以租錢置蕃落十指揮於陝西，養馬三千五百。又人戶願養者亦數千，而所存兩監各可牧萬馬。馬數多於舊監，而所省官吏之費非一，近世良法，未之能及。』時三省皆稱善。其後，沙苑復隸陜西買馬監牧司，而東平監仍廢。崇寧元年，有司較諸路田養馬之數，凡一千八百疋有奇，而河北西路占一千四百，他路自二百匹以下，至河東路僅九匹，而開封府界、京西南路、京東東路皆無應募者。蓋法雖已具，而猶未及行也。大觀元年，尚書省言：『元祐置監，馬不蕃息，而費用不貲。今沙苑最號多馬，然占牧田九千餘頃，芻粟、官曹歲費緡錢四十餘萬，而牧馬止及六千。自元符元年至二年，亡失者三千九百。且素不調習，不中於用。以九千頃之田、四十萬緡之費，養馬而不適於用，又亡失如此，利害灼然可見。今以九千頃之田，計其磽瘠，三分去一，猶得良田六千頃。以直計之，頃為錢五百餘緡，以一頃募一馬，則人得地利，馬得所養，可以紹述先帝隱兵於農之意。請下永興軍路提點刑獄司及同州詳度以聞。俟見實利，則六路新邊閑田，當以次推行。時熙河蘭湟路牧馬司又請兼募願養牝馬者，每收三駒，以其二歸官，一充賞，詔行之。是歲，臣僚言岷州應募養馬者至萬餘匹，於是自守貳而下，遞賞有差。明年，詔熙河路應縣、鎮、城、砦、關、堡官並兼管幹給地牧事。四年，復罷京東西路給地牧馬，復東平監。政和二年，詔諸路復行給地牧馬，復罷東平監。五年，提舉河東給地牧馬尚中行以奏報稽違，且欲擅更法，詔授遠小監當官。於是人皆趣令，牧守、提舉以率先就緒遷官第賞者甚衆。七年，有司言給地增牧，法成令具，諸路告功。乃下諸路春秋集教，以備選用。令下，奉行之者益力。蔡京既罷政，新用事者更言其不便。宣和二年，詔罷政和二年以來給地牧馬條令，收見馬以給軍，應牧田及置監處並如舊制。又復東平監。凡諸監興罷不一，而沙苑監獨不廢。自給地牧馬之法罷，三年而復行。時牧田已多所給占，乃詔見管及已拘收，如官司輒復請占者，以違制論。【略】高宗紹興二年，置馬監於饒州，守卒領之，擇官田為牧地，復置提舉。俄廢。四年，置監臨安之餘杭及南蕩。十九年，詔：『馬五百匹為一監，牡一而牝四。監為四群。歲產駒三分及斃二分以上，有賞罰。』帝謂輔臣曰：『議者言南地不宜牧馬。昨自牧養，今二三年，已得馬數百。』先是，川路所置馬，歲牧於鎮江。是年春，上以未見蕃息，遂分送江上諸軍。後又置監郢、鄂間，牝牡千，十餘年僅生二十駒，且不可用，乃已。故凡戰馬，悉仰秦、川、廣三邊焉。

清 秦蕙田《五禮通考》卷二四五《軍禮十三》 真宗大中祥符元年，立牧監賞罰之令。外監息馬一歲，終以十分為率，死一分以上勾當官罰一月俸，餘等第決杖。牧倍多而死少者，給賞緡有差。凡生駒一疋，兵校而下賞絹一疋。當是時，凡內外坊監及諸軍馬凡二十餘萬疋，飼馬兵校一萬六千三十八人，每歲京坊草六十六萬六千圍，麸料六萬二千二百四石，鹽油藥糖九萬五千餘觔石，諸州軍不預焉。左右騏驥六坊監止留馬二千餘疋，皆春季出就牧，孟冬則別其羸病，就棧皂養飼，其尚乘之馬，唯備用者在焉。

又 紹興二年，始命措置牧監。後置于饒州，以守倅領之，擇官田為牧地，復置提舉。俄廢。四年，又置於臨安之餘杭南蕩。上曰：輔臣進呈廣馬，幾似代北所生，春秋列國不相通，所用之馬皆取於其國中而已。申公巫臣使於吳，與其射御，教吳乘車，則是雖無亦自有馬，今必產馬處求之，則是馬政不修也。

《宋會要輯稿》兵二一 監牧。牧養上下監二監。大中祥符四年十一月，群牧制置使奏請以在京諸坊監及諸軍病馬就京城西開遠門外草地，分作兩監，量破草料牧放。詔以爲牧養上下監。馬重病者送下監，輕者上監。太宗雍熙二年九月，太宗幸天駟監閱馬，詔宰相、樞密、三司節度使、上將軍、翰林樞密直學士軍校自選名馬軍。既而帝親選賜之，曆四監而還。真宗景德二年二月，以鄭州養馬務病馬於京城置坊養飼之。大中祥符元年六月，群牧制置司言：內外牧月供馬籍，未有懲勸之法。今爲定式以付之，違者欲差置其罪。』從之。二年五月，詔：『在京養馬院務坊監槽頭刷刨，各依元舊軍例支給請受外，槽頭每人日別支口食米豆各一升，刷刨日支米一升。如闕刷刨，於長行內揀差。闕槽頭，於刷刨內不拘名次選小心勤勞者，依例奏補。其節級即於槽頭內揀差，委提調使臣常切覺察。如有慢易不得力者，申群牧司勘斷訖，勒充長行。』九月，詔左右騏驥院及諸坊監馬數自今旬奏月日。省日奏之繁也。三年正月，詔：『左右騏驥院及諸坊監馬官，自今並以三年爲滿。如篤知馬事欲留者，群牧司保薦以聞，當徙□他監。』四年十二月，詔：『群牧司在京兩院坊監，自今病患馬數，令醫獸人逐匹當監官使臣前看驗，排所患病名輕重，分作兩等記號，委群牧司官員點檢過，轉送與養馬務養放、醫療。如本務人少，即於坊監押那差撥。其醫較抛死馬數，並令養馬務一面管認，比較施行。每年所管醫療馬，至年終，據本務應管病馬內抛死數目比較。其使臣勾當二周年，即將前界醫較抛馬比較，分數開坐。以抛馬一分至三分，乞與改轉二分已下，賞錢五十貫；三分已上，一十六貫；四分、五分已上，不支賞；六分已上，罰一月俸；七分已上，罰一季俸；八分已上，勘罪以聞，乞行嚴斷。又兩院坊監止養好馬，如有轉卻病馬並在坊監抛死數目，候至年終比較，一處算數。如比諸坊監最少，即給賞錢。若是數多，即相度第等科罰。仍委兩騏驥院監官或群牧官員逐時點閱病患馬數，逐旋轉送，無致積壓。候至十二月終，須管盡轉與養馬務醫療，即不得公然啟倖藏隱，留在坊監，致有隔年，方始轉送。如違，其幹繫人並劾罪科斷。其使臣三周年一度磨勘，及獸醫人比較，將轉卻病篤與死數一處紐算分數，並依元數施行。』五年四月，群牧制置使言：『左右騏驥六坊監見飼馬萬七千匹，所費芻粟四百萬。今請止留馬二千，餘悉遣就淳澤濫放牧。』或言有給用，可信宿而至，歲省芻粟三百餘萬。從之。七年九月，詔自今坊監兵士有會諸作工藝，並令止絕，不得更於諸處交陳文狀，有所規避。天禧二年六月，詔：『應內外臣僚，自今有差出勾當公事，若經馬監州軍路分過往，如不係管轄，不得輒於坊監內安下。如違，仰群牧司具職位、姓名以聞。』神宗熙寧三年三月六日，詔以左右天駟四監併作左右天駟兩監。八年二月十一日，詔權廢罷左右天驥坊。八年三月，詔：『牧養監裁減兵員，其將校委步軍司比類軍分移隸，兵士依廢左右天厩坊例施行。』從群牧司所請也。高宗建炎三年四月十三日，詔左右騏驥院官吏減半。紹興四年三月二十日，詔左右騏驥院今後入殿供進祗應禦馬每匹每分支破十分草料。二十一年三月三日，詔交阯郡王大禮，給賜馬二匹，令廣南西路經略安撫司一面應副。二十六年八月二十一日，詔騏驥院左右教駿四指揮，每指揮通見管人數，權作一百人爲額。先是，在京日共二千九百四十八人。紹興八年十月十日，詔每指揮權作五十人爲額，至是以本院言差使不足，故有是命。以上《中興會要》。孝宗乾道九年五月十八日，詔左右騏驥院、御前馬院：『近年諸處進馬數多，闕人照管養馬，限一月並招刺教駿一百五十人。今後遇闕，於御前馬院馬監揀刷諳練鞍馬子弟招刺。如不足，一面收刺。禦馬院同此制。』以上《乾道會要》

又 諸州監務。諸州牧馬監附。河南府洛陽監。舊曰飛龍院，太平興國五年改牧龍坊。景德四年十一月，陳堯叟奏請以東京右養馬務人員、兵士送河南府牧龍坊牧養，在京送去少嫩馬，仍改爲洛陽監。天聖六年十一月，群牧司言廢監，見馬支配諸軍兵級，充本京廂軍，其地募民耕佃。景祐二年五月復置。大名府大名三監。太平興國三年，內置養馬務，改牧龍坊。景德二年五月，分爲二坊。七月，改爲大名第一、第二監。大中祥符二年，又置第三監於洺州境。洺州廣平二監。建隆二年置養馬務，改牧龍坊。景德二年七月，改爲廣平監。大中祥符三年閏三月，群牧置使言河北孳生馬多，可更於邢、洺、趙州境標地萬頃，以廣放牧。因詔增置第二監。景祐二年廢其一。衛州淇水二監。周顯德中，置牧馬監。建隆初增葺，後改東西牧龍坊。景德二年七月，改爲淇水監，後又分爲第一、第二監。熙寧七年四月，合併爲一。管城原武監，舊曰馬務，建隆初增葺，後改爲牧龍坊。景德二年二月，分爲第一、第二牧監。七月，改爲廣武監。大中祥符二年，改原武監，仍合爲一。熙寧七年四月廢併，分擘群馬於洛陽單鎮兩監牧放。同州沙苑二監。建隆初葺故地爲監，後改牧龍坊。景德二年七月，改爲沙苑監。治平六年十一月，分爲二監，每監牧馬四千五百匹。相州安陽監。周顯德中置馬坊，建隆初增葺，後改牧龍坊。景德三年七月改今名。澶州鎮寧監。建隆初，濮州置養馬務。開寶八年移於澶州，後改牧龍坊。景德二年七月，改今名。乾興元年十二月廢。白馬靈昌監。舊龍馬監。後改牧龍坊。景德二年七月，改爲靈昌監。天禧三年河決，群牧司請以監馬送大名淇水五監牧放，候水落別爲規畫，後遂廢。邢州安國監：大中祥符二年，河北諸監言邢、趙草地甚廣，宜置監牧。遣群牧判官括視閑田，得萬餘頃，可牧馬萬匹。其年八月，置監養放，孳生鞍馬。景德二年春廢，後給充天慶觀莊田。鄆州東平監。大中祥符元年十一月置，天禧五年正月廢。群牧司請以監馬分配諸處，其地分募民分佃之。熙寧七年二月六日廢。中牟縣淳澤監。大中祥符四年置，乾興元年四月廢。許州單鎮監。大中祥符六年七月，群牧制置使言單鎮有牧地，詔置監。自天聖五年，凡再置而廢。同州病馬務。景德元年置。初以以沙苑監官兼主之，別養本監及諸處病馬。天聖二年，別差使臣勾當。真宗咸平六年十二月，群牧司言牧龍坊兵士乞給皮毛裘牧放。上曰：『迥野苦寒，賜之可也。若郊野之內被毳牧馬，有類胡服，可令以皁紬表之以賜。』景德二年七月四日，群牧司言：『按唐《六典》，凡馬有左右監，仍以土地爲名。欲將諸州牧龍坊改爲監，以本州軍土地爲名。先是，諸坊借用奉使印，今請各鑄印給用。』從之。大中祥符二年二月，帝謂知樞密院王欽若等曰：『諸州坊監各有提點使臣，唯京師監牧本司官員無暇糾察。可差使臣二人提點坊監，仍隸本司統轄。』又群牧制置使上言：『提點坊監使臣相度：同州沙苑監自來祇養牝馬，乞改充孳生監。緣無四時草地，初冬即須還，與河北諸監不同。自前亡失馬數甚多，生駒皆不壯健。欲令群牧副使閻承翰等相度，如別有草地，可四時牧放，即具以聞。如須初冬還，即罷經度。』從之。仁宗景祐元年三月二日，定奪所言：『臣僚起請，乞廢河北馬監等事。今勘會河北諸監所管鞍馬不少，即未見逐色有無歲數過大及病患孳生馬數。乞差官往彼揀選編排，各別立項申奏。』從之。四月二十五日，河北都轉運使杜衍等言：『准敕，同群牧判官邊調相度，將大名廣平兩監見管馬數撥併，就便牧放。已將廣平兩監馬數内第一監撥赴大名兩監。其廣平第二監撥與安陽淇水第一監，就草地牧放去訖。今點記下三歲大馬三千一百四十匹，乞令便撥赴左右廂大馬監收管。』從之。二年二月七日，群牧司言：『洺州廢罷廣平兩監。緣此監興置年深，自來少有抛死。今揀到好骨格馬一千九百餘匹，欲乞且存留廣平監，以就養牧。』詔存留一監。慶曆五年閏五月二十八日，群牧司言：『同州沙苑一監見管草地一萬一千四百六十餘頃，所管馬才及一千八百餘匹，請自本司那官一員檢案。』從之。皇祐元年四月二十五日，群牧司言：『許州長葛馬監乞更不令知縣並都監管勾，專令許州知州、通判今後要兼同監牧事，仍令通判逐季往本監點檢諸般官物。』從之。治平四年神宗即位，未改元。六月十七日，詔同州沙苑監令隸陝西提舉監牧司。本監使臣，亦令選舉，更不屬左廂提點。十九日，群牧司言：『欲令河北、河東、陝西有都總管，各於本路近環慶係官草地置監一所，令陝西監牧司將馬約定年額，牽送上京外，據餘數逐旋分撥與諸路馬監。久遠既成倫序，即本路馬軍可以自辦。』從之。十一月十四日，環慶路經略使李肅之、鄜延路經略使陸詵、陝西制置解鹽判官李師錫並言：『本路無係官草地，又密邇西界，難以興置馬監。其同州沙苑監近割屬陝西監牧司，可以增添馬。』詔陝西四路都總管司，更不興置馬監。仰陝西監牧司廣市善種，務令蕃息，以備逐路諸軍闕馬。又詔河東路都總管司於太原府交城縣置馬監。先是，遣尚書比部員外郎崔台符往河北東路按官田，將以牧馬。汾州得故牧馬地三千二百頃，其中有民先佃者，令納芻豆，以備寒月馬上槽秣飼。仍俟明年春，於沙苑監移牡牝五百匹，往本監牧養。熙寧元年，詔河南諸大馬監爲孳生監。仍量度宜畜牧地土。在外諸監馬地分屬兩使。時分置河北、河南監牧使，仍有是旨。八月五日，群牧司言：『係牧馬監縣令，逐縣主簿同管兼令本監主簿同管勾帳籍官物。』從之，仍令轉運提刑司不得差出。二年五月，河北監牧使崔台符言：『諸馬監各有奇巧工匠及有會奇藝者不少，欲乞盡揀送本監，換廂軍入監。』從之。八年閏四月五日，詔沙苑監令復屬群牧司，餘北京元城等八監並廢罷之。時廢河南、河北兩監牧司，故有是詔。九年三月七日，詔河北已廢諸監廨宇、草場等，並許人戶租賃。以上《國朝會要》。高宗紹興二年十月四日，臣僚言乞置牧馬監。詔令三省、樞密院措置。既而樞密院言：欲專委饒州知、通於四望山東西岸等處踏逐係官堪充孳牧群馬地土，置監孳養，蕃息群馬。知、通專一提領，每月各給茶湯錢十貫。令樞密院取旨，差曾經馬事使臣五員前去饒州，與本州提領官同共措置。其孳生馬母，令神武諸軍並諸路州軍剗刷係官馬，先次具數申樞密院，差人管押前去饒州交割。候綱馬到，卻令支填。其合行事件，令提領官疾速條具，申樞密院。從之。三年六月二十三日，三省、樞密院進呈置監牧養馬事，上曰：『馬政不可緩，然須擇人而任之。殺馬之禁，尤當嚴切。』呂頤浩等曰：『殺馬之罪與牛等，顧民間未知之。』上曰：『可令有司舉行，犯者必捕之，則姦可戢矣。』八月十九日，提舉饒州孳生監牧事郤漸言：『朝廷遵倣祖宗舊制，置監鄱陽，推行孳生之利。牧地不可以不廣，棚井不可以不備，草料不可以不儲，林木不可以不植，烽堠、壕塹不可以不置。務在當職之吏公共辦集。今主管監牧已委知，通，而責令佐未有明文。』樞密院勘會：『雙港置孳生監牧地，去州不遠，已降指揮，專委知、通兼行主管，難以更責令佐。』詔孳生監牧司棚井及應合用物色如闕，仰郤漸一面移文知、通應辦。九月二十二日，郤漸言：『近降指揮，監牧地踏逐係官地土。緣雙港近下難得全係官田，如有民田，將係官田撥換。如不足，即支還價錢。切詳所降指揮，蓋欲使地土寬廣，以便出牧。緣創置之初，務在早獲就緒。今來内有合行撥換官田，肥瘠高下，事須相當。充置民田，所估價直，理須優厚。以至給還之間，無令減剋留滯，方始易於兌買。仍出給公據，付人戶收執照會，庶幾公私平允，無搔擾之患。』兵部勘當，欲下江南東路轉運司，依郤漸所乞事理施行外，戶部右曹契勘：『常平司所管田產，依法並估價出賣。如未售，即量立租課，權召人承佃。其賣到錢並所收租課，並係充常平賑濟等支用。欲乞下江東提刑司及常平司，取見置監牧地内有常平司所管田產，令本監依實直價錢兌買，並行下提舉饒州監牧司照會。』詔依戶部勘當到事理施行。四年四月二十七日，樞密院言：『提點臨安府孳生牧馬監楊志惘申，得旨，臨安府置孳生牧馬監，差志惘兼充提點官。所有合行事件，條具申樞密院。今先次條具下項：一、契勘更令諸處官馬甚多，若不別立印號，切恐無以辨別。欲乞行下所屬，打造篆文牧字火印，於群馬左跨上烙印記號。仍乞本監添置如意郡記，於馬尾靶上烙號。所貴與諸處號記不同，有所辨別，亦隔弊倖。一、合用等仗星、拍子，乞下所屬製造四尺一寸至四尺七寸七色等仗並拍子；給降應付行使。』詔依工部行下所屬製造，繳申樞密院給降。八月十八日，詔於餘杭縣南上下湖置孳生牧馬監，知州充兼提舉官，通判充兼同提舉。二十一日，詔孳生牧馬監已差官外，其餘杭縣知縣、尉並兼主管牧地。十三年六月二十八日，吏部言：『都大主管成都府、利州、熙河蘭鞏秦鳳等路茶事、兼提舉陝西等路買馬監牧公事賈思誠契勘：「成都府里外兩馬務監官，依元祐六年敕令，從本司辟差小使臣充。自建炎三年，宣司改差文臣主管。今乞將上件員闕，依法專差能幹事小使臣，仍從本司選擇奏辟。所有其他州府馬務監官，亦乞依此。」本部勘當，欲乞依本官所乞施行。』從之。十二月二十一日，江東安撫大使司參謀官觀國言：『瀕江沿海水草寬美之地，皆可分置馬監，以廣孳生之利。然牧養之道，亦必有方。宜擇精明強幹之人，先備行在馬監使令，俾令習知其事，然後委用分典監牧，必能審寒暑之節，適飲飼之宜，羈剪調禦，皆得其所。量勞績等次，以加旌賞，人人得盡所能，馬必至於蕃息矣。』從之。十六年九月十六日，宰執進呈四川茶馬司等處相度到馬監利害，上曰：『太祖皇帝初有天下，沙苑置監牧馬，就渭州水草，後來京師亦於門外置監。南方與北地水土不同，難得牧馬去處，更宜詳究利害。』十九年四月六日，詔：『孳生牧馬以五百匹爲一監，差置監官二員。每牝馬一百匹、牡馬二十三匹爲一群，零匹付群。每群差軍兵、醫獸七十人，將病馬別置監，差官一員，軍兵、醫獸據馬數差破，醫治養喂。如倒斃一釐以下、生駒五分，監官轉一官；倒斃三釐以下、生駒四分，減三年磨勘；倒斃六釐以下、生駒三分，減二年磨勘。軍兵、醫獸全無倒斃，節級、槽頭、醫獸各轉一資，軍兵支錢一十貫；倒斃一釐以下、生駒五分，節級、槽頭各轉一資，仍支錢七貫，醫獸支錢一十貫，軍兵支錢一十五貫。選牧放歲久，依名次補二人充槽頭。頭斃三釐以下、生駒四分，節級、槽頭各轉一資，仍支錢五貫，醫獸支錢七貫，軍兵支錢一十貫；倒斃五釐以下、生駒三分，節級、槽頭各轉一資，醫獸支錢五貫，軍兵支錢七貫。倒斃及二分、生駒三分，監官罰俸一月；倒斃及三分、生駒二分，展一年磨勘；倒斃及四分、生駒一分，展二年磨勘；倒斃及五分、生駒不及一分，展三年磨勘。軍兵、槽頭、節級、醫獸倒斃及二分、生駒三分，杖六十；倒斃及三分、生駒二分，杖七十；倒斃及四分、生駒一分，杖八十；倒斃及五分、生駒不及一分，杖一百。』從樞密院承旨司所請也。八月二日，詔：『牧馬監孳生蕃息，官吏推恩下項：武節郎閤門宣贊舍人崔良輔特轉一官，武經大夫閤門宣贊舍人班毅、從義郎閤門祇候黃思齊各特轉兩官，白身人華安道、莊思永並特與補承信郎。』以上《中興會要》。孝宗隆興元年九月十六日，樞密使、都督江淮軍馬魏國公張浚奏：『承中使鄧從義傳旨，令置孳生馬監。欲乞於揚州踏逐水草穩便去處，起蓋監屋，就委守臣向子固提舉，許差監官文武臣共二員。內先差一員幹置，餘候措置就緒日差。』從之。

十月十四日，詔支錢五萬貫與向子固，措置馬監使用。十二月三十日，詔茶馬司將歲額川陝綱馬，差人管押至漢陽軍驛歇泊。仍令三衙及江上諸軍將合得綱馬，差人前去，就漢陽軍取押。委虞允文提領措置。合用錢糧等項，仰湖廣總領所應副。合行事件，令兵部看詳，條具申樞密院。二年二月十二日，知揚州向子固言：『准指揮，於本州踏逐水草穩便處，起置到孳生監了當。今相度，且以一千匹作一監。近緣江淮都督府拘刷過戶馬計四千餘匹，即目無可收買。今諸路大軍春揀，欲乞下鎮江、建康、江、池州駐劄軍，於揀退馬內，選無肺疾四尺四寸以上堪充馬公、馬母，發付本監。』詔：『馬雖有疾，不妨孳生，但將不中披帶發付揚州監。』五月十四日，戶部侍郎、淮東宣諭使錢端禮言：『契勘揚州孳生馬監有名無實。見今牧養馬一百二十八匹，皆駑駘下駟。設有孳生，亦不堪用，枉費官錢。欲委本路招撫司相視堪披帶者，分撥諸軍；不堪者估價出賣。錢同見在錢樁管，聽候指揮。所有監屋，乞存留應副軍馬安泊。』從之。乾道三年十二月二十四日，樞密院言：『勘會川陝綱馬經由水路，已降指揮廢罷。所有陸路，合行置監歇泊。』詔令方滋踏逐措置，申樞密院。四年正月二十九日，詔令趙撙於漢陽軍踏逐地段，修蓋馬監，令綱馬歇泊。專委趙撙提領，以收發馬監爲名，仍於鄂州諸軍揀汰軍兵內選差五百人養喂，及於統制、統領官內選差一員提轄。所有修蓋監屋、槽具、請給、草料等，令總領所應副。餘合行事件，令趙撙條具申樞密院。五月十四日，兵部言：『茶馬司差使臣自成都府及興元府押馬至漢陽軍馬監。全綱至，倒斃不及二分，減二年半磨勘；倒斃寄留及二分至不及三分，展二年磨勘；倒斃寄留及三分，降一官資。每增及一分，更展一年磨勘，餘分數准此遞展。若綱中有瘡疥瘦瘠者，亦合除豁。已行約束，今寄留倒斃，猶自數多。』詔：『今後綱馬到監，將寄留倒斃及四分以上押馬使臣並所押綱馬，令趙撙差人管押赴樞密院，聽候指揮。』十二月七日，四川宣撫使虞允文奏：『京西、荊南之地，宜置孳生監。於陝、蜀買騍馬四千，歲率以二馬計一駒之數，不五年，可得萬馬。況草地豐餘，馬食自足。臣頃使京湖，見荊南鄂州軍亦以騍馬爲用。臣已撥錢十萬與張松年額外計置，不數月間，已買到五百餘匹。若得旨奉行，不三數年，可足四千之數。』詔令張孝祥、司馬倬、趙撙、張青同共相度措置，條具利害，申樞密院。五年四月十四日，樞密院奏：『勘會近降指揮，於漢陽軍收發馬監。已選差統制官趙宏提轄，並漢陽知軍同提點。合立賞罰，以示懲勸。』詔令趙撙歲終開具到監並倒斃綱馬匹數，申樞密院，比較賞罰。醫獸合幹人，一就具申施行。六年三月八日，知荊南軍府劉珙言：『得旨，於荊南管下踏逐到地名龍居山措置牧馬。養五百匹，合差官兵二百四十人。已行下荊南等一十州軍，於揀汰離軍人内依數刷差，尚慮不足。今又承鄂州都統趙撙備坐指揮，所置馬監二千匹，合用養馬官兵二百二十人。切慮差撥不行，必致誤事。欲望行下鄰差浙西州事，於揀汰人内選差。』從之。六月七日，樞密院奏：『勘會昨趙撙於德安府應城縣置孳生馬監，乞用騍馬二千匹，令茶馬司計綱起發前來。』詔令茶馬司將年應付趙撙軍騍馬十綱盡數起發，赴應城縣馬監，仍令趙撙照會，措置施行。九月八日，三省、樞密院奏：『勘會三衙戰馬，見於浙西州軍牧放。緣地氣卑濕卑，並喂飼茭草，多致病瘦。已降指揮，移去建康府。所有衙日後取到綱馬，理合一體。』詔令三衙行下取馬官並關沿路州軍，徑赴建康府。委總領同統制官審驗印烙，日下放行草料，交付逐司牧馬官。其賞罰，並依綱馬到建康府體例施行。仍具收到馬毛色、尺寸、齒歲數目，申樞密院。九年閏正月二十三日，鄂州駐劄御前諸軍都統制吳挺言：『本司承准應城縣孳生馬監，自置監至今三年，收到監馬六百三十疋。除倒斃外，見管三百三十疋，占破養馬軍兵三百三人，用過錢米草料添支共約十萬餘貫；收到駒子五十一疋，除倒斃外，見管三十五疋。不唯委是虛費財用，欲乞將本監截日廢罷，馬撥歸軍中，軍兵各歸元來去處。』從之。二月二十三日，樞密院言：『勘會昨置漢陽軍收發馬監，遇茶馬司發到綱馬，並許歇泊一月，將肥壯者撥發。其病瘠者，責令養餧醫治。今來到監日久，病瘦者甚多，而方到監者有臕無病，顯是本監提轄有失督責。已降指揮，委鄂州都統制提領，並差統制提轄，漢陽知軍同提點。切恐都統制軍務至重，漢陽知軍權輕，難以責辦。理宜措置。』詔更令湖北漕臣每旬輪差到監提督。依立定格法，每旬與見今提領、提點、提轄官同銜具申樞密院，仍關牒茶馬司，照會施行。有每歲比較賞罰，照應前後素降指揮施行。五月六日，樞密都丞旨兼知荊南府華衡言：『照得荊南龍居山馬監見在騍馬等一百二十疋，置監數年，止生到駒子十餘疋，不堪披帶乘騎。見今差破官吏軍兵一百五十餘人，歲費萬緡，誠爲無補。乞將馬監廢罷，馬撥歸荊南神勁軍，官吏、軍兵發歸元來去處。及見管錢物、草料、馬監、屋宇之類，委自安撫司拘收，申樞密院。』從之。十九日，詔：『御前南蕩孳生馬監可罷。見管馬令丞旨司驗火印訖，均撥付殿前步軍司。官兵發歸元來去處。其所占地，令轉運司拘收，召人請佃。內有侵占民地，照契給還。』二十日，詔李楷：『馬監駒子內選留騎成大駒子二十疋，撥付禦馬院收養，並合發軍兵內存留一百人。』二十四日，宰執進呈御前馬院開具到罷南蕩孳生馬監官兵並見管馬及草料等數。上曰：『馬監所占田地極廣，今既還之於民，甚便。』宰臣梁克家奏曰：『此事出自聖慮，斷然行之，民受其利。』十一月十二日，樞密院言：『勘會四川綱馬已降指揮，令三衙並江上諸軍差人前去取押。所有漢陽軍馬監係歇泊去處，將病馬權留醫治，後痊可附綱起發。全藉監官專一管幹醫牧排發。』詔令吳挺於本軍統兵官內選差官一員，專一措置。歲終比較賞罰。以上《乾道會要》。

尚乘寺

綜述

《續文獻通考》卷五五〈職官考〉 尚乘寺，掌上御鞍轡輿輦，阿克塔斯羣牧騸馬驢騾，及領隨路局院鞍轡等造作，收支行省歲送鞍轡，理四集賽阿都齊詞訟，起取南北遠方馬匹等事。卿四人，少卿、丞各二人，又經歷、知事、照磨、管勾各一人。至元二十四年，罷衛尉院，始設尚乘寺，領資乘庫。大德十一年，升為院。至大十四年，復為寺。所屬資乘庫，掌收支鞍轡等物，提點四人，大使三人，副使四人。至元十三年置，二十年隸衛尉，二十四年隸尚乘寺。臣等謹按：《百官志》又有典牧監屬儲政院，羣牧監屬徽政院，雖所掌似屬太僕，而詳于宫屬之官，玆不載。

《元史》卷九〇《百官志》　尚乘寺，秩正三品，掌上禦鞍轡輿輦。阿塔思群牧騸馬驢騾，及領隨路局院鞍轡等造作，收支行省歲造鞍轡，理四怯薛阿塔赤詞訟，起取南北遠方馬匹等事。卿四員，正三品；少卿二員，從四品；丞二員，從五品；經歷、知事、照磨、管勾各一員，令史六人，譯史二人，知印二人，通事二人，奏差五人，典吏二人。至元二十四年，罷衛尉院，始設尚乘寺，領資乘庫。大德十一年，升為院，秩從二品。至大四年，復為寺。延祐七年，降從三品。

清　汪輝祖《元史本證》卷一二《證誤十二》　尚乘寺，至元二十四年罷衛尉院，始設尚乘寺。大德十一年，陞爲院。案：紀大德十一年改尚乘寺爲衛尉院，此第云陞爲院，文義不明。

又　卷三一《證遺八》　尚乘寺。案：紀大德元年增寺卿一員，泰定二年復正三品，長秋寺怯憐口諸色人匠提舉司。案：紀至順元年復立，仍隸中政院。

清　梁章鉅《稱謂録》卷一九　尚乘寺，《元史・百官志》：尚乘寺掌上御鞍轡及歲造鞍轡等事。案：此卽今北鞍、南鞍二庫之所掌也。

《續通志》卷一三四《職官略》　尚乘寺，元置，掌上御鞍轡輿輦，四集賽阿克塔齊詞訟遠方馬匹等事。卿四人，少卿、丞各二人，經歷、知事各一人，所屬資乘庫提點四人，大使三人，副使四人。

清　魏源《元史新編》卷八六《百官志》　尚乘寺，掌上御鞍轡輿輦，阿塔思羣牧騸馬驢騾及領隨路局院鞍轡等造作收支，行省歲造鞍轡，理四怯薛阿塔赤詞訟，起取南北遠方馬匹等事。卿四員，從三品，少卿二員，從四品，丞二員，從五品，經歷、知事、照磨、管句各一員，令史六人，譯史二人，知印二人，通事二人，奏差五人，典吏二人。至元二十四年，罷衛尉院，始設尚乘寺，領資乘庫。

清　閻鎮珩《六典通考》卷三《設官考》　元尚乘寺，掌群牧騸馬驢騾及取南北遠方馬匹，置卿、少卿各二員，所領有資乘庫。提點大使、副使，明御馬監，掌廐馬匹。令一，正七品，丞一，從七品。建文又放唐制，立典廐署，成祖罷之。

紀事

清　秦蕙田《五禮通考》卷二一九《嘉禮九十二》　尚乘寺，至元二十四年置，大德十一年陞為院，至大四年復為寺卿四員，少卿、丞各二員，其屬有資乘庫。

清　柯劭忞《新元史》卷六一《百官志》　二十四年，罷院，立太僕寺，正三品。隸宣徽院。又別置尚乘寺，本寺止管阿塔思馬匹。二十七年，隸中書省，置提調官二員。大德十一年，復改太仆院，升從二品。至大四年，仍爲寺。尚乘寺，秩從三品，掌上御鞍轡輿輦，阿塔思群牧騸馬驢騾理四怯薛阿塔赤詞訟。卿四員，從三品，少卿二員，從四品，丞二員，從五品，《元典章》作從六品。經曆從七品，知事、照磨正八品，管勾從八品，各一員。至元二十四年，罷衛尉院，始設尚乘寺。《元典章》，尚乘寺卿正三品，同判尚乘寺事從三品至從五品，領資乘庫。大德元年，增寺卿一員。十一年，仍改衛尉院，秩從二品。至大四年，復爲寺。延祐七年，降從三品。泰定二年，復正三品。資乘庫秩從五品，掌收支鞍轡等物。提點四員，從五品，大使三員，正六品，副使四員，正七品。至元十三年置，二十年隸衛尉，二十四年隸尚乘寺。

茶馬司

論説

宋　欧阳修《文忠集》卷一三八《論馬政淳熙二年八月六日》　自今年四月間，詔興州都統吳挺歲收西馬七百匹，仍依舊提舉買馬，緣此榷茶馬官趙公碩、李繁相繼申請，以為昨因吳璘差兵將界首等截攙買，遂虧歲額。至乾道三年，虞允文方革此弊。今若復令軍中自買，一則不至七百之數，必因攙買虧額如初；二則事勢相形，爭添價值，倍費財用，所以茶馬司自顧認買此數，不令欠闕，却從軍中差人自行揀取，不然則舉秦司合買馬數全付挺軍，而本司應副合用錢物，其言雖切，固難盡從。以臣觀之，吳挺既當一面，自宜計軍中之利害，然三衙用馬多，挺軍用馬少，使歲額稍有不敷，在朝廷利害亦豈小哉？況今春鎮江都統郭棣言川廣馬不堪披帶，乞撥西馬三十綱，有旨與半，茶馬司見來申明，勢須於三衙馬内分撥，萬一江鄂等軍繼皆有請，則三衙西馬愈少，其於歲額豈容更虧？臣愚欲望聖慈特留宸慮，裁處其當，實今日之先務。取進止。降付樞密院。

宋 佚名《群書會元截江網》卷二五《馬政》 當以茶博馬，孝宗臣寮言：祖宗馬政，茶馬司並用茶錦銀絹博易，番漢皆便。近茶馬司不以茶錦，專用銀幣，甚非立法之意。況茶為外界必用之物，若不能依舊以茶貨及綵段博易，則銀竇多出外界，甚非中國之利。詔四川宣撫司參舊法措置。

綜述

宋 王象之《輿地紀勝》卷一八三《茶馬司》 《圖經》云：成都利州路買茶，秦鳳熙何路博馬始於熙寧之七年。是時，李相置司秦州，蒲宗閔置司成都，而川司、秦司之分則始於此。紹興七年，四川都大茶馬李迨奏請合為一司，總治成都。從之。其後，或分或合，合則總治成都，分則川司治成都，秦司治興元，俱稱都大茶馬。宝慶中，分爲两司，而秦司不復專官，惟以興元帥兼領焉。《朝野雜記》云：淳熙中，秦司每歲五千九百足，其後增爲六千一百二十。《圖經》云：秦司置司興元屬官一員，堂之職在收宕昌、峯貼峽、文州所買馬，類聚發綱，及受本府南鄭、城固、洋州之西鄉茶引錢及利路州軍博焉。物帛發馬，一歲凡一百三十綱，六千五百疋。

宋 李心傳《建炎以來朝野雜記·甲集》卷一八《川秦買馬》 川秦馬舊二萬匹，乾道川秦買馬之額歲為萬有一千九百有奇，川司六千。黎、叙、文、長甯、甫平五州軍秦司五千九百，宕昌寨五千一百，峯貼峽八百。益、粹、利三路漕司歲應副博馬紬絹十萬四千疋，成都路五萬，潼川路三萬，利路二萬三千餘。成都利州路十一州產茶二千一百二萬斤，其詳見茶事中。茶馬司所收大較若此。其後文州改隸秦司，而川司增珍州之額，共為四千八百九十六，黎州三千，敘州八百，南平軍四百，長甯軍三百九十六，珍州二百五十，秦司六千一百二十，宕昌寨三千九百二十，文州千五百，峯貼峽寨七百，合兩司為萬有一千十有六匹，此慶元初之額也。嘉泰末，川司五場又增爲五千一百九十六匹，秦司三場增為七千七百九十八匹，合兩司為萬有二千九百九十四匹。然累歲所市，多不及額焉。蓋祖宗時所市馬分而為二，其一曰戰馬，生於西邊，強壯闊大，可備戰陣，今宕昌峯、貼峽、文州所產是也。其二曰羈縻馬，產於西南諸蠻，格尺短小，不堪行陳，今黎、叙等五州軍所産是也。羈縻馬每綱五十匹，其閒良細不過三五匹，中等十許匹，餘皆下下，不可服乘。守貳貪於賞格，以多爲貴，起綱遠來，或死道路，其僅至者但存皮骨。茶馬司以其將斃者責付諸縣鬻之，至則隨死而計綱赴江上者，又為押綱卒校竊其芻粟，道斃相望焉。成都府馬務，每年排發江上諸軍馬五十八綱，每綱一月，券一年計一萬，食錢米二百貫，五十八綱三員，每員六百貫，共一千六百貫，押馬官五十，計三萬一千八百員，興元府馬務每年撥發三衛馬一百十二綱，所費稱此，率未嘗如數，蓋茶馬司靳吝錢帛，蕃蠻馬至多，不即償故也。或謂守倅兵官有市馬賞，茶司屬官亦有，兩都大主管官無之，故至此。舊蕃蠻中馬高下良駑各有定價，紹興中，張松為黎倅，欲馬溢額以倖賞，高其直以市之，自是夷人得欲無厭，愈肆邀索。癸巳變故之後，邛部川蠻邀功，趙彥博始以細茶錦與之，至今夷人常以馬博茶錦，不堪藉口。淯熙中，龔總為黎守，又與邛部蠻設席于倅廳之副堦，犒以酒食，夷人益肆，稍不如欲則詆訶官吏，牽馬出場。宕昌馬舊止三千，淯熙中始增其數。慶元中，金人既為蒙國所侵，冀之北土遂失，己未歲乃於洮中置場買馬。由是，馬至秦司者差罕云。

《玉海》卷一四九《熙寧茶馬司》 都大提舉茶馬司，凡市馬於蕃夷，以茶易之。熙寧七年，命成都經畫充秦鳳熙河博馬李杞、蒲宗閔提舉歲買二萬匹。《成都記》：熙寧七年，詔李杞、藩宗閔經畫川茶，充案鳳熙河路博馬，杞於秦州，宗閔於城都置司，後改名都大提舉茶馬事。元豐四年八月十八日，茶馬并爲一司，郭茂恂爲之增額爲二萬匹。六年，郭茂恂言茶司不兼買馬，遂倚法以審馬，乞併茶揚、賈馬爲一司。六年六月七日詔，復分爲二。八年九月十八日，又命合治。謙名山蒙頂之珍，訪弊耳象龍之駿。紹興七年閏十月復置，西和三千六百匹，階州五百，則二十七年二月省府所奏歲額也。舊制，川秦各置司，秦司事畢乃歸川司措置茶幣。乾道四年，宣撫虞允文請於鳳州河池置秦司，既近宕昌，可以察弊，從之。歲給三衙馬三千五百五十，歲額共一萬九百六十六匹。

《宋史》卷一六七《職官志》 都大提舉茶馬司掌榷茶之利，以佐邦用。凡市馬於四夷，率以茶易之。應產茶及市馬之處，官屬許自辟置，視其數之登耗，以詔賞罰。舊制，於原、渭、德順三郡市馬。熙寧七年，初復熙、河，經略使王韶言：『西人頗以善馬至邊，其所嗜唯茶，而乏茶與之為市，請趣買茶司買之。』乃命三司幹當公事李杞運蜀茶至熙、河，置買馬場六而原、渭、德順更不買馬，於是杞言：『買茶買馬，一事也，乞同提舉買馬。』杞遂兼馬政，然分合不常。至元豐六年，群牧判官提舉買馬郭茂恂又言：『茶司既不兼買馬，遂立法以害馬政，恐悞國事，乞並茶場買馬為一司。』從之。先是，市馬於邊，有司幸賞，率以駑充數。紹聖中，都大茶馬程之邵始精揀汰，仍以八月至四月為限，又以羨茶轉入熙、秦市戰騎，故馬多而茶息厚，二法著為令。元符末，程之邵召對，徽宗詢以馬政，之邵言：『戎俗食肉飲酪，故貴茶，而病於難得，原禁沿邊鬻茶，專以蜀產易上乘。』詔可。未幾，獲馬萬匹。宣和中，以茶馬兩司吏員猥眾，於是朝奉大夫何漸請遵豐、熙成憲，稱其事之繁簡而定以員數，從之。紹興四年，初命四川宣撫司支茶博馬。七年，復置茶馬官，凡買馬州縣黎、文、敘、長寧、南平、珍皆與知州、通判同措置任責。通判許茶馬司辟置，視買馬額數之盈虧而賞罰之。歲發馬綱應副屯駐諸軍及三衙之用。舊有主管茶馬、同提舉茶馬、都大提舉茶馬，皆考其資歷授之。乾道初，用臣僚言省罷，委各郡知州、通判、監押任責，尋復置。紹熙三年，茶馬司拖欠馬數過多，詔將本年分馬綱錢價責茶馬司撥付湖廣總領所，勞付軍官自買土馬。嘉泰三年，以所發綱馬不及格式，詔茶馬官各差一員，遂分為兩司。文臣成都主茶，武臣興元主馬。其屬共有幹辦公事四員、準備差使二員。

明 柯維騏《宋史新編》卷三八《職官志》 都大提舉茶馬司。舊制，市馬在原、渭、德順三郡，熙寧復熙河，命李杞等於成都買茶，熙河路博馬，竝令杞等提舉置都大提舉及主管同主管，各因其資品高下除授，而杞遂兼馬政。後分合不一，至元豐中，言者慮茶司害馬政，乃詔併茶場、買馬合爲一司。南渡紹興四年，始命四川宣撫司支茶博馬。七年，依故事，置茶馬官。嘉定後，分爲兩司，文臣成都主茶，武臣興元主馬，其屬有幹辦公事、準備差使。

紀事

宋 楊天惠《都大茶馬司新建簽廳架閣記》 《成都文類》卷二八 茶之入，以息計者，凡二百萬；馬之入，以尾數者，凡若干，而其奇嬴、其孳息溢于常數者，不在是焉。每歲以其入分實塞下，又以其課登詔王府。故自階、文、龍、茂並塞之區，以及洮、岷、湟、鄯窮邊之徼，凡兵若民咸指日望賜，待我而後出入食飲，其為利害不博且大哉！利如是，然其取於民者，民未嘗怨；而市於羌者，羌未嘗厭也。蓋其法市茶以平估，估馬以優直，惟其所便，一切捐以與之。故來者滋勸，已則募健卒、僦餘夫，畚休遞行，輕騖而疾驅，不涉月達秦、隴，則固以享十倍之獲矣。其所取既不苛，而所獲乃不貲如此，故由元豐歷元祐，更紹聖，時事數化，國是屢變，至於此法莫之能改也。非不欲改也，是誠有不可改也已然。使者所統地大以遠，故使事之繁，常稱之事鉅以繁，故文書之夥亦如之。凡縣官之所裁可而行下者，途無曠郵；凡郡邑之所關決而須報者，庭無虛跡。日者有司嘗慮其多而易逸，久而必亡也，悉總為書而類次之，復闢故屋而別藏之。然而因陋就痺，規模褊小，下潰旁束，黝昧不爽，文牘後至者或無所容之。而幕府治事之廳尤為褊迫，羣吏晨趨肩尻愿掎，蹀跡側睨，需次乃進，前此蓋有病者矣，而未遑改作之功，今使者黃公實始命揭而新焉。度地若干尋為屋，為若干楹，其廣若干，其深若干，經始於元符己卯之秋，落成於明年庚辰之冬。視其中則大軸山峙，方籤雲委；望其表則綺疏華煥，門序峻整。赤白烱發，觀者增氣。時彰明縣令楊某聞而竊言曰：夫金穀乾沒之弊，根於胥史緣絶之奸，萌於圖書之逸亡，此吏治之常蠹，尚非其大者也，夫惟朝沒其一焉遺其凡，暮絶其一焉闕其月，積日引久，遺亡猥衆，則其成法與存者幾何，是其為蠹不既大矣乎？今黃公為是顧欲與成法為無窮計，此其念慮深遠矣，是固不可不書也。乃沐浴而書，告於公而刻之。

宋 楊天惠《都大茶馬司新建燕堂記》 《成都文類》卷二八 出國門而西，道伊、洛，經陝、華，度雍、岐，抵梁、益，凡為路若干，為州若干，而茶馬所產與所聚、與所從出入，皆總於都大使司，任要且重，故常選一時才能知名之士為提舉，或管勾分領其事，間以禁從貴臣出帥秦中者兼制置之任，以重其權。其一寄治秦中，其一則治成都，常歲以其所部中分之循行廉問各以時往，雖窮堡遐壘必轍環而節撫之，外薄滇笮，中貫褒斜，横絶壠坻，沐霜露，櫛風雨，蓐食而星馳，窮日力而後即安，既以周歲巡之數矣。其外又有氓俗之疾苦，自當諏訪官吏之良慝，自當究切與夫朝廷之詔令，自當以意風告於下者，皆不可以諉人，則凡州縣蓋有一再至者焉，歲終則又理文書，戒徒御，奏計於天子，山行水宿，踰月而後至，已事而退，又歷時而後還，其任雖顯，其為勤亦劇矣。夫人勤而時有所息，則其勤可以夂息而時有所娛，則其息可以安。今吾使者以終歲之勤，幸一日之息，既至而無以為樂，則人心或有所不釋，雖靖恭君子初不以是為較，然朝廷所以通顯使者之意，豈適然邪？而使者所以遠而有光華者，固宜爾邪？於是朝奉大夫黃公總職之二年，嘗築錦堂於使居之西，復築新堂於錦堂之西，相址揆日，定計於功，先賦材料工，取成於慮，始而極隆然，而奧窈然，而隅翼然，而色斐然，高明偉麗，後先翔起以其與錦堂近，故別其名榜之曰燕，以為吾將燕休於斯云爾也。夫以公之治最聞天下，而省府虛位十常三四，朝廷用才寧當以公為後，而公亦自以才力精壯，樂為時而出之，寧鬱鬱夂留於此。然則茲堂之設，決非為一身娛意者，要以一日必葺，不肯苟居而止耳。公之心儻出於此歟？嗟夫！茲堂締構之壯，悅可於人，則夫人而見之矣，乃如公締構之意獨運於心，則或者殆未之見也。某不佞竊以憒憒之詞而發焉，庶幾能見其端以為識者先也。

宋 李心傳《建炎以來繫年要録》卷一七 而四川三十州歲產鹽約六千四百餘萬斤，後隸總領財賦所贍軍；成都府路、九州利路二州歲產茶二千一百二萬斤，隸提舉茶馬司買馬，皆不係版曹之經費焉。蜀茶十一月庚子，蜀鹽紹興二年九月甲申所書可參考。

又 卷一〇九 時茶馬司闕官，命迨兼領。自熙、豐以來，始即熙、秦、戎、黎等州置場買馬，而川茶通於永興四路，故成都府、秦州皆有榷茶司買馬，監牧司各置官吏。至是關陝既失，迨請合為一司，名都大提舉茶馬司，以省冗費，從之。後月餘，迨至成都徽猷閣待制趙開乃辭漕職。都運司題名趙開今年三月八日替。

又 卷一四八 時物價騰湧，茶商取息頗厚，自得旨取撥之明年，王管官左朝請大夫賈思誠又增爲十二引三百文，於是諸場類皆益額，而買馬之數復不加多，人但知茶馬司之富甲天下，其實所收引錢視建炎增倍，後雖破敗，不可復減矣。淳熙十四年，李大正裁減事可考。

又 卷一五四 癸亥，兵部言秦州舊買馬二萬匹，今僅發五十八綱，乞省押馬使臣。許之。自紹興後，川、秦茶馬司歲市馬九千八百有奇。黎、敘、文、長寧、南平五州軍千匹係川司，宕昌寨、峯貼峽三千八百匹係秦司。

宋 朱熹《通鑑綱目三編》卷二四 增設甘州茶馬司。從巡撫都御史鮑承廕請也。于甘州適中之地設茶馬司，令招商茶易番馬，仍以四川保寧茶課全徵本色助之。

《宋史》卷一九八《兵志》 自李杞建議，始於提舉茶事兼買馬，其後二職分合不一。崇寧四年，詔曰：神宗皇帝厲精庶政，經營熙河路茶馬司以致國馬，法制大備。其後監司欲侵奪其利以助糴買，故茶利不專，而馬不敷額。近雖更立條約，令茶馬司總運茶博馬之職，猶慮有司苟於目前近利，不顧悠久深害。三省其謹守已行，毋輒變亂元豐成法。自是職任始一。

《宋會要輯稿》職官四三《都大提舉茶馬司》 自熙寧七年四月，差太子中舍三司幹當公事李杞、著作佐郎梓夔路察訪司准備差遣蒲宗閔相度成都市易務，得旨，令市易司經畫收買茶貨，專充秦鳳熙河路博馬，更不相度市易。當年十一月，權發遣三司鹽鐵判官公事提舉成都府利州路買。

藝文

宋 晁公遡《嵩山集》卷一二《寄李悅夫時監成都軍資庫茶馬司檄兼僚屬聞近治胥吏數輩》 賓筵聊可樂，筦庫亦何勞。近已尸鼠輩，果能清馬曹。晴郊堪挈榼，春事助揮毫。借問浣花水，只今深幾篙。

宋 王之望《漢濱集》卷四《茶馬司進馬狀》 位正九重，欣覩聖明之造；心傾四海，願修職貢之祥。前件馬來自殊方，育之外廐。載驅遠路，雖慚八駿之良；入獻大廷，敢備七騶之副。

又《茶馬司合進銀馬狀》 盛德重明，出撫帝王之運；綿區同載，畢修臣子之恭。前件物常賦之餘，殊方所出。精良入貢，間居三品之珍，駔駿效牽，敢備七騶之副。

宋 魏了翁《鶴山全集》卷八八《知黎州兼管内安撫高公崇行狀》 自奴兒結構難以來，率以馬直爲兵端，事隸郡丞而錢帛制于茶馬司，每歲三千爲額，前人常賴其賞，然歲入輒半之。公綏御有法，夷落四集，一歲之馬當前官一任之數，茶馬司本錢未到，乃以他錢代支，不足又以私帑繼之，餘直未充，蕃部流言，公日夜調護，關白茶馬司。先是，茶馬司移書朝士，馬直之當發而不發者，爲寬剩錢。

明清牧政機構分部

太僕

論説

明 歸有光《震川集》卷一六《太僕寺新立題名記》 太僕寺，秦、漢皆掌輿馬，天子出，奉駕上鹵簿，用大駕，則執馭。然其屬有龍馬五監，邊郡六牧，則馬之事無不統焉。漢以後，官掌大抵不異。國家自洪武六年定制，獨置太僕寺於滁州，始去奉車之職，而顓掌馬之事。三十年，置行太僕寺。永樂初，改北平行太僕寺為北京行太僕寺。十八年，特稱太僕寺。洪熙初，復稱北京。正統元年，始定稱為太僕寺。寺卿一人，少卿二人，丞十二人。列聖相承，時有損益。至隆慶己巳，其員額少卿三人，丞三人。所掌驗烙巡牧，勞逸人殊。藏府京營，歲月輪代。某初到官，頗為推究，非初立法之意，乃因循墮廢而致然也。因條上其事。略云：舊設少卿二名，一巡京營及各邊騎操之馬，一巡近京州縣寄養之馬，皆領敕歲代。寺丞十二員，分管畿輔八府、山東、河南之馬。後復增少卿一員，施為六員。今又已虛其丞之半，丞少，不足以更事，而又偷息其間。欲乞重三丞之選，與少卿一體協行，以均勞逸，重責成。又驗烙發寄，本非二事。舊制，巡驗俱屬一卿，今欲以二少卿掌，亦如兩丞東西分管，職兼驗養，各以丞佐之。春秋仲季，並出近京州縣，赴俵之馬，就近印發，一便也；都會輻輳，得免擁聚，二便也；國門嚴重，潛杜呼噪，三便也；兩卿分轄，事半功倍，四便也；卿巡未逮，分任寺丞，五便也；遇有緩急，就近調兑，六便也；上免朝參，下謝交托，殫力王事，七便也；營軍養戶，躬相授受，遊販奸胥，不得規避，八便也。奏上，天子以其章下兵部覆奏，報可。於是驗牧並行，卿丞配佐，載於甲令。某又以寺宇敝壞，奏一新之。故事，諸省寺皆有題名碑。始卿邵康僖公鋭，張公舜臣，重為立石。今歲久石窮，無隙鑱書。於是李君義起，與廳簿應崇元，願捐貲以豎新石。而丞張君進思、郎君大倫、王君淑，咸曰：幸今日正名與諸卿埒，亦請立石，於是相率屬某記之。某竊惟聖天子改元更化之日，率作興事，開廣言路。羣工戒飭，百度振舉。而微臣稍條上一二事，詔書無不俞允。此正臣等精白一心，夙夜匪懈，以助成德意，興萬世之太平者也。邇者歲災流行，大江南北，河海嘯溢；畿輔邊關，雨雹偏野。夫雨水冰雹，皆陰類也。其應主戎馬生郊之象，潢池盜兵之兆。臣等職領師苑，而國馬傷耗，武備衰減，其責尤重且大。夫三關九塞，用馬之地也。畿輔州冉邑，牧馬之地也。大江南北，財賦之區，駒馬之地也。是故驗烙則憂種馬無駒，兵政之寓農，何以復祖宗之初額？巡牧則憂芻牧非人，緩急之備用，何以禦匈奴之長技？京營則憂四驪未比，何以奠百二之神州？藏府則憂九年未蓄，何以備邊圉之孔棘？自古僕卿在九列，國家雖去奉車，少離親密，而任益專重。今因仍積弊之後，尤有難者。況茲廨宇官職，丕變維新，臣等凡備列題名之石者，其可不思所以協乃心力，以祇承明天子之制哉？臣某拜手謹記。

明 歸有光《震川集·別集》卷四《馬政庫藏》 太僕寺掌馬政，而庫藏特為寺之大務，故有易銀變馬草場，餘地之租，凡賄之入，皆以馬也。馬不足則令市之民，常以地之宜與年之豐凶而權之，而貨賄之出入，上其計於司馬，如勞軍繕城、府營之製造咸取給於寺，而大司農乏亦時時假諸寺。若御馬監邊屯馬不足來告寺，輒予之，或予馬，或予賄。賄與馬一也，故寺之積特饒焉，而其出亦倍。夫苑馬之政不舉則邊馬不足，太僕不領内廐則内馬無限節，故余於秦漢官制每有感焉。漢母將隆，言武庫兵器天下公用，國家武備繕治造作皆度大司農錢，大司農錢自乘輿不以給共養，共養勞賜一出少府，蓋不以本藏給末用，不以民力共浮費，別公私，示正路也。太僕寺顓為國馬，其入又非大農比，若為他給及貸用，非挈缾之守矣。繫於軍國之大計，故特書焉。

又 卷七《與顧太僕》 續送到三縣牧馬草場碑，乞賜省入。此孝廟初年新政。所在勒石官廨，實為久遠之計。今若並移文畿內、河南、山東州縣，各拓一本送上，取載志內，尤為有據也。謹白。江湖廊廟之隔，幸得一再晤言。遽出國門，不任懷悵。管馬官於太僕為屬，因被檄留館慈仁寺，校定志書。連日批閱，獨遼東、陝西、山西、甘肅行太僕寺苑馬寺，絕無文字可考。駕部掌故所存，乞煩令史查考抄示。及楊邃庵嘗以都禦史督理馬政，不知何年停止。前此有以都臺巡督者否？又楊公所督，陝西一路；遼東、山西、廿肅亦曾有事差否？其餘有關馬事，可以指教者，不惜詳示。

又 卷九《太僕寺揭帖》 蒙駁春季馬疋，當行該縣抵換補訖。今該秋季解俵如數差官領解外，為照：本年大水異常，民間十分災傷，所買馬疋，已不勝艱苦。據邢臺等縣知縣耿鳴世等，俱各用心點揀，已多中用。本府馮知府復當堂看驗，又經補換。及今據沙河縣知縣王進朝稟稱：該縣解馬尺寸，多不及式，而毛骨堅竦，氣力精強，比之龐然虛大者，殆為過之。仍恐此等之類，或因降式不合，或於眾羣中比校差劣，致有一二駁回，必破數家之產。懇乞俯念地方，前項馬疋，果非下乘，足以分俵武衛騎操之士，並免回駁。庶以寬恤畿內洞瘝之民。由此具稟。

明 瞿景淳《瞿文懿公集》卷二《送司諫杜野趙子擢南京太僕少卿序》

滁陽，我明之漆沮也。余昔奉使南還，道出滁陽，駐馬盤桓，欲從一二父老訪我聖祖開迹之事，而訖無遇，獨山川在耳。夫滁地故多奇，登山而望，臨溪而漁，有游觀之勝，而復值豐豫之時，故人之宦其地，與其地之父老率安其佚，而忘其初，宜不復知有聖祖創造之難也。今年戊午春，司諫杜野趙子之擢南京太僕寺少卿，治滁陽，余重有感焉。維余同年友仕都下者，各贈以言，且屬余為之序。淺陋如余，復何言哉？乃余之所耿耿而隱於心者，則司諫亦志之矣。司諫素爽朗，喜任事，以氣節自負，今而南，知不以游觀為心也。司諫行矣，天下之事有大於馬政者，將誰言之？余猶幸馬政之廢，得司諫而振舉也。語稱冀北，馬之所生，滁雖南服，然地氣高寒，有水草之利，亦江淮之間沙苑也。國初武騎多出焉，今或不堪戰矣，豈地之所產不及昔之良哉？雖天下一家，無所事馬，而時方多故，先事之備，不可不慮求，其所以害馬者而去之，則蕃息猶可期也。司諫昔在諫垣，言天下之事，嘗患能言不能行，責不在己也，乃今則可以行矣。馬政誠修，於國亦非小補也。然余猶恐有司瘠人而肥馬，人瘠則馬亦不獨肥也。夫馬瘠則軍興乏，人瘠則邦本搖。滁固王業之所肇基也，為國家根本之慮，則有不在彼而在此者。今天下之人牧奪人之芻牧以自肥者多矣，求芻牧不得坐視其凋耗而恝不加意者猶為賢也。司諫行矣，求馬之蕃息，將獨求之馬乎哉？昔宋歐文忠公慷慨敢言，亦嘗出守滁州，日與滁人樂乎山水之間，今世所傳醉翁者是也。然余謂歐公非眞樂乎，是蓋有托焉。示己之樂乎？滁而泯乎？去國感憤之思，亦自虞一道也。今司諫一出陟卿貳，不為不遇，而所治復介聖祖肇基之地，念昔草昧之初，間關百戰，僅乃能定，而臣工乃得端委以治之，凡可以裨國計者，必且悚然以思起處不遑矣。余於司諫有責善之義，故不敢頌，而陳是以規焉。

明 楊博《本兵疏議》卷一一《覆太僕寺卿劉畿等條陳馬政疏》 題爲條陳馬政利弊，懇乞聖斷，以清弊源，以責實效事，車駕清吏司案呈，奉本部送兵科抄出。太僕寺卿劉畿等題，奉聖旨：兵部看了來說，欽此。欽遵抄出，送司案呈到部，看得太僕寺卿劉畿等條陳八事，委為馬政至計，合就開立前件議擬，上請定奪。嘉靖四十二年九月二十二日題，奉聖旨：准議行，欽此。一，停冗官。大率謂本寺政務漸簡，見任寺丞三員足以任事，欲將見缺三員暫行停補，無非節財省官之意，合無依其所擬移咨吏部，將寺丞見缺三員免行推補，以後事務若無甚繁，不必再議添設。一，禁科擾。大率謂本寺直堂皁隸欲要另行酌處，切緣舊規，皁隸或取之寄養州縣，或取之解俵州縣，既非徭役之正，實開科派之端，委當釐正。及查本寺原有直堂十名，直廳二名，合無斟酌，所擬比照通政使司事例，以後皁隸卿二十名，少卿十名，寄養少卿量加三名，寺丞五名，每名每年准銀十兩，自嘉靖四十三年為始，俱於各省解到缺官銀內動支，雇人應役。該寺舊有直堂直廳一十二名，通融轄用，不許重支，其原取皁役地方通行除豁，有司如敢仍前科擾，聽該寺參呈本部，重加究治。一，清紙贖。大率欲將紙贖立法稽查，貯庫買馬，就作本寺公用，一舉兩得，委為有益，合無依其所擬咨行，各該撫按衙門轉行各屬，將該寺并寄養紙贖通行查明，置立循環文簿，一切倒換等項事宜悉照所擬施行。該寺并寄養少卿公用每年共該銀二百六十兩，自嘉靖四十三年為始，就於常盈庫紙贖銀內支用，年終備將支過數目呈部查考。一，專責成。大率欲要州縣掌印官專管馬政，無非委任責成之意，合無依其所擬咨行，各該撫按衙門嚴行，各該掌印官以後務要遵照近日題准事例，親管馬政，應解馬匹、馬價、子粒、租稅銀兩依期起解，如敢，仍前違玩，及轉委他官，聽該寺指名呈部，照例參究。一，慎驗收。大率欲將本色馬匹必須揀選，身高四尺兒馬五歲、騸馬八歲以下方許起俵，每府各降官尺，令其依式製造，分發州縣，驗買解俵，以省到寺駁回之費。如果驗退數多，查照馬政條例，將管馬通判州縣掌印官參究。如有權貴抵換，及各該有司侵尅群醫、馬販交通作弊者，併行參究。簡易可行，公私均便，合無悉如所擬施行。一，嚴寄養。大率欲要查驗馬匹註册調究，及嚴禁一應養馬奸弊，并令提督少卿巡歷比較，舉行獎勵。年終一行合用禮儀，毋擾馬户，委於寄養有益，合無通行撫按衙門嚴行寄養，州縣掌印官備將本處馬匹不時查點，堪兑不堪兑辨驗明白，雙月備造，月報文册，送寺以憑調兑。如有造報遲違，開註不實，調兑之時退回數多者，聽本部及該寺叅究。其餘禁革奸弊，少卿巡歷舉行旌奬等項，悉如所擬施行。一，平出納。大率欲將本寺法子改造，其改折馬價，州縣止令僉取殷實馬户四名或二名管解，深於事體民情，兩為有益，合無依其所擬轉行，京營科道官同本部主事將大倉本寺二庫法子面加較量輕重，如果不同，移咨工部另行改造給發。見貯在庫銀兩，即用新給法子逐一覆兑明白，徑自具題，以便出放。一面通行各府州縣，以後起解馬價，止于馬户内僉取，家道殷實者多則四名，少則二名，公同解馬官吏解納。一，均借兑。大率欲將借兑馬匹挨名派調，如果不堪，責令雇覓好馬抵借。及令河南、山東少助七府，或將七府馬匹量攤入河南、山東馬内，固是均平齊一之意。但備用馬匹額數已定，此減彼增，未免又成紛擾。況種馬調兑，出自一時權宜，原非舊例，合無斟酌所擬以後七府種馬免其調用，每年止於寄養馬内題定數目，挨次借調，行令各府州縣務要勞逸適均，不許豪猾馬户夤緣脱免，以致偏累。

明　沈一貫《敬事草》卷一一《囬聖諭處南太僕留二卿揭帖》　題今日文書官傳出聖諭，發元輔諭内閣：朕今日覽文書，内見太僕寺卿南企仲一本，不以君父為重，專市私恩，新舊建言，奉旨降革，諸官都不準復職，因礦税干連人犯，都着刑部鎮撫司照舊牢固監候，不許容縱。南企仲本當重處，姑且降一級調用，不許朦朧推陞。李戴、蕭大亨奉公守法，都着即出，照舊辦事，不許煩辭奏擾。該衙門知道。欽此。臣自瞻奉天顔以來，已經旬日，九重懸隔，無由數侍起居，依戀殊切。今日恭奉論札，仰見御筆題封，精彩飛動，既占萬安，及捧誦聖諭，中間處分諸事，并慰留李戴、蕭大亨，益見思慮周詳，精神溢發，臣不勝喜躍，不勝慰藉。聖體初安，珍攝為上，一切外事，皆當屏除。臣當傳示二臣，令其即出供職，勿為煩辭瀆擾，以勞至尊。在皇上亦望澄思遺累，太虚順應，不復以瑣事宸念。懋迓無疆之福，其建言待罪諸臣，礦税干連人犯，聖心既加憫惻，德音必有沛時，恩在朝廷，誠非人臣所宜私市，惟望皇上以天地為心，廣大為德，無因臣下之煩言久留已發之盛意，為天下錫福赦罪，乃所為聖躬增福除災也。愚臣不勝惓惓。二月二十七日上。

明　趙南星《趙忠毅公詩文集》卷一九《覆太僕寺論劾種馬地方官員疏》　看得太僕寺少卿黄鍾論劾壽張縣知縣朱國相、容城縣知縣張席琦所當重加罰治，或聽議處，霑化縣知縣洪澐所當量加罰治，泰安州知州趙弘訓姑免罰治，太僕寺少卿周思敬論劾高陽縣知縣王納策、青縣知縣馬自渭所當罰治各一節，知縣王納策近該撫按官論劾，覆奉欽依降調閑散，及知縣朱國相、洪澐見今山東按臣馬朝陽論劾，另本議覆外，爲照馬政者，太僕之專職，有司之一事也，論劾有司，罪止罰治，應聽兵部議覆。邇來寖失初意，往往言及有司之操守，即賢者亦踵其敝。太僕之彈章疑于撫按，而兵部之覆疏遷於吏部，且非所以明職掌也。然既非撫按所劾，自難遽議黜降，徒使貪墨之徒自知不免，愈爲囊槖之計，是重爲地方之累也。相應覆請，合候命下，將知縣張席琦、馬自渭行令該撫按官先行革去管事，嚴加查訪。如果操守已壞，即行叅劾，若止馬政不修，仍聽兵部議覆。以後太僕寺臣舉劾有司，但當直述馬政之修廢，不得泛及他事。

明　趙世卿《司農奏議》卷五《借太僕寺銀疏》　題為邊餉告急，時刻難文，懇乞聖明名借寺銀以救然眉事，竊惟人情一日不食則饑，再日不食則病，三日不食則死，此埋固然，無足異者。今九邊枵腹待食已數月矣，向惟敢怒，今且敢言，寧直敢言，抑且敢爲，此舉朝之大小臣工無不知者，知而不言，念非職掌耳。乃臣駑劣，承乏代庖，目擊時艱，如負芒刺，仰天呌號，無計以徹聽聞，鎭日躊躇，又無方以資點化，時勢至此，釁亂將萌，固臣部之責，實舉朝之憂也。展轉圖維，心膽幾裂，與其坐而待變以匍匐于將來，孰若巽以行權以通融于今日？查得太僕寺馬價銀兩尚覺寬餘，往年曾借為軍興邊餉之用，當此掘井臨渴之時，再為同舟共濟之望，其在同心，諒無難者。伏乞皇上主持大計，軫念艱危，勑下該寺暫借庫銀一百萬兩，分給九邊，以救饑餒，稍俟臣部克足之日，照數補還。夫以憂時爲國臣子宜然，而拯溺救焚，達觀應爾。處有事之日，自難執無事之常。藉公家之財，還以佐公家之急，畧撤藩籬，無分畛域，此臣區區望諸臣之私臆也。跡涉發棠，言之悚息，伏惟我皇上少垂察焉。臣愚，無任激切待命之至等因，萬曆三十年三月十五日具題，十七日奉聖旨：覽奏見你部枯据甚苦，今九邊待哺，既急帑乏，更無可處，准于太僕寺馬價内權宜暫借一百萬分救饑餒，俟候充足，照數補還，你部仍多方催征，節省接濟將來。欽此。

又《辨借寺銀疏》　題爲國事本屬同舟，借餉誠非得已，懇祈聖鑒，亟賜諭行，以重邊計事，臣於前月爲邊餉甚迫，邊情甚危，請借冏藏以濟然眉。奉聖旨：邊餉緊急，爾部既無從措處，准暫借太僕寺銀三十萬兩，分給各邊，軍國事重，該寺不得自分彼此，有悞邊計，欽此。隨經移咨兵部，轉行太僕寺支領發邊，該太僕寺署寺事少卿李思孝題爲寺帑萬分空乏，邊餉勢難借支，懇乞聖明俯賜停止，以重馬政，以保治安事等因，中間頗諒臣萬不得之請，知臣無從措處之眞，而懇免借支，亦自守藏職掌。正候旨間，又該兵部尚書蕭大亨題爲計部那借不貲，冏庫積蓄無幾，懇乞聖明亟賜裁酌，以重馬政，以裨安攘事等因，意謂明旨雖頒，寺爭未決，兩請聖裁，以定與否，亦既洞知塞卒脱巾、餉臣迫蹙之狀者矣。然部寺所知臣之無處、臣之迫蹙，而所以無處、所以迫蹙者，似尚未為深悉，至謂臣部近年所借不下九百六十餘萬，若盡責之臣身，臣不得不為明析。蓋臣部先年所積，豈不稱饒？無何四方軍興，屢次典禮重之，以歷年湊進之買辦、宮工、河道、袍緞、羊羢之協濟，此誰非借出之邊餉也，何得不匱？迨後內貯既空，外解不繼，各省直復有暗借，有明留，有災傷之逋負，有稅監之侵分，此誰非額入之邊餉也，何得不匱？臣憶萬曆三十年三月，內臣以總督承乏署部，彼時二十九年年例缺至二百餘萬，臣不自揣，即於視事三日之後疏請內帑，未發，又三日乃請冏金，遂蒙允發百萬，是缺餉在未任之前而請借了。任前之局，非臣身上事也。嗣是三十一年四月，內臣以九邊告急，請借內帑，特蒙聖諭，太僕寺馬價原係軍國之需，事同一體，量借三分之一，計數五十一萬餘兩。三十二年九月，內臣以年例不敷請停買辦，隨奉內閣傳諭買辦銀兩，俟有積餘，盡數停免還着，或動老庫，或動馬價，作速給發。續奉旨定數借支馬價三十萬，此則臣始肩之兩出特恩，數亦止此，其他西征哱、東討倭、南平播、北擊虜，頻年所借，或在臣山居之日，或在臣總督之時，臣不得而知也。而乃盡舉以爲今日之公案乎？且責及借餉司計者誠顯被其名，問及虧餉司兵者亦陰耗其實，何也？臣查九邊年例在世宗皇帝中年數纔二百四十餘萬，迄今加至四百一十餘萬。竊計各邊士馬歲歲加添，各鎮芻糧歲歲增益，不聞有省一錢、減一米者，此其間虛伍實籍，耗費不貲，臣可得而盡覈乎？所重在邊疆，臣寧嘔血刺心，設法供應，敢問其他？要之臣才寔拙，臣智寔踈，東借西那，信非理財長策，顧遭時困詘，不得不然，敢遂以權為經耶？請節請裁，愧微誠之難格；議蒐議括，值所在之皆空。水旱頻仍，偏借逋逃之口；查催罔應，虛騰聚歛之聲。計惟同室相闘，或有纓冠至誼，即聖慈軫念，亦且明諭軍國事重，不得自分彼此，今奉旨以來，旬有七日久矣，而未免執爭，忍聞呼癸，立見窮邊之發難也。臣自失職，何惜捐軀，惟是騷動疆圉，震驚社稷，亦未必不為兵部、太僕諸臣憂耳。伏惟聖明特鑒微臣之苦心，更軫戍卒之饑色，諭遵前旨速發，聽臣差官領解，則九塞寔嘉，賴之豈惟計臣？臣愚不勝惶恐等因，萬曆三十五年八月十二日具題。

又《借寺馬價工部税銀疏》

題為邊烽告警，乏餉可虞，督撫交章，危形已極，懇祈聖明速賜允行，破格接濟，以鼓軍心，以弭虜患事，邇來臣緣餉輸久缺，夷釁潛張，補牘嘔心竭力上請，一時情形，舉世皆以為危也，聖衷且以為安乎？頃接薊遼總督蹇達揭帖，則稱本月十二日狡夷擁衆突犯喜峰，烽火驚傳，枵腹赴敵，不得已而以太僕寺馬價請矣。又接順天巡撫劉四科揭帖，則稱薊鎮虜患一報於李家谷，又報於石門路，主客兵馬分守信地而饔飧無資，一貧如洗，不得已而以借給别項請矣。又接遼東巡撫趙楫揭帖，則稱夷虜狡謀叵測，兵馬糊口無資，衆軍日逐擁門，邏跪告討，亦不得已，而以量發內帑請矣。旬日之間，警報沓至，大都外惕於既侈之戎心，而思以固吾圉；內怵於將離之衆志，而亟以庇其生。其情迫，故其辭危；其勢窮，故其望切。夫豈不知內貯之惟艱，冏藏之無幾，而競為此不情之索也？蓋念虜騎進退，覘我虛實，而我軍强弱實繇饑飽，及今給之，猶爲飽士，及今不發，恐將飽敵，此三臣所為目擊心寒，憂深思遠，不避斧鉞，急於一請，以希不得之彼則得之此者也。今以環、薊遼、昌、保四鎮三十萬衆未支折色，各三四個月不等，而已題未發之銀幾八十萬兩，其在宣大、延寧等鎮者，稱是臣撫膺太息，寸腸欲割，問外解則三令五申，已無遺力，問太倉則隨到隨發，又無贏餘。內帑出自聖裁，非臣所敢擅議，計惟有冏寺馬價差可轉移耳。至於各省稅銀，原奉聖諭，一半解送工部以助工費之資，有餘以濟京邊之用，頻年以來，稱積頗多，雖不至如聖諭之有餘，或不至如臣部之不足。疆埸利害，較之宸居，勢不獨緩，則厚下安宅方之興作，理自宜先，亦當稍為那借，以濟同舟者也。伏祈聖明念腹心之殫竭，軫脅臂之顛危，速沛綸音，亟行措處，權將太僕寺馬價暫借五十萬兩，工部稅銀暫借二十萬兩，共湊七十萬兩，容臣斟酌給發薊遼、昌平及山陝等鎮，以濟目前燎眉之急，則士馬飽騰而勇氣自倍，軍聲克振而虜伺潛消矣。至於慨渙王居，恢宏士志，捐十年之朽蠹，壯萬里之金湯，發一念之囘機，炳千古之偉烈，此則明主自為社稷計，而臣愚所惓惓拭目不皇啓處者也。伏惟聖明裁察，臣無任悲懇祈祝之至等因，萬曆三十六年五月二十二日具題。

明 畢自嚴《度支奏議・新餉司》卷一〇《覆太僕寺牧地變價徵租疏》 題為牧地不宜輕棄，祖制未可擅更，借動久當付還，職掌必須關會，仰祈明旨，嚴切申明，以重馬政事：專理新餉山東清吏司案呈，崇禎三年六月初六日奉本部送户科抄出太僕寺卿魏光緒題前事，本年六月初二日奉聖旨：草場地畝變價，徵租並不關會冏寺，殊非政體，已往不論，此後籽粒銀兩應否割還，着部寺議明其奏。前借餉銀，俟軍興稍裕，酌量抵補。該部知道。欽此。欽遵抄出到部送司。相應具覆案呈到部。該臣等看得南直、應天、太平、鎮江、廬鳳、淮揚六府，滁、徐、和三州草場地六十萬頃，其變價充餉也。因馬已改折，場地無用，起於天啓元年科臣周希令之議，而臣部前任尚書李汝華復同六部九卿并臺省諸臣諮議僉同，而始題行。維時太僕寺卿丁懋遜、少卿杜士全等列名畫題，俱以封疆起見，實非臣部所擅主也。初謂取利甚奢，及題，委七府推官查勘，又請撫按并南太僕寺會勘，於額數内除開荒、拋荒、塘溝不堪耕種地畝外，止報變過價銀共定一十七萬七千餘兩，又止解到一十二萬七千七百五十七兩六錢五分。天啓六年，因大工肇興，該南臺臣張繼孟題為嚴查馬場議變地價等事，奉熹宗皇帝聖旨，着户部差官勘議具奏，欽此。該臣部前任尚書李起元題議，地價已變，似難再議，止差本部原任員外郎李桂芳前去查催，共收變價銀一萬七千一百一十三兩七錢零，以佐大工之用，尚有未完銀三萬二千一百二十八兩有奇，至今未完。以歷年之租銀言之，據冏寺疏開每年額該九千六百四十餘兩，查天啓三年臣部前任署印左侍郎陳大道據徐州知州汪心淵呈文，題請各照地畝肥瘠定粮高下，一體徵收，以充新餉。嗣是，未據各府呈報徵糧，則例計亦不得僉於籽粒厚額之内，及查本年收銀三千四十三兩八錢零，天啓四年收銀三千五百九十兩八錢零，天啓五年收銀三千一十五兩一錢零，天啓六年收銀三千三百三十四兩六錢零，天啓七年收銀四千六百一兩六錢零，崇禎元年收銀五千五百三十四兩七錢零，崇禎二年收銀二千五百八十五兩六錢零，崇禎三年收銀一十二兩五錢零，以上共收過租銀二萬五千七百一十八兩七錢。内為臣部收用者一萬九千一百七十三兩五錢五分。天啓六七兩年，為李桂芳所催歸工部收用者六千五百四十五兩零。若其逋欠而未解者，則尚該五萬一千三百六十餘兩也。惟是此一草場也。原係冏寺之所有，忽為臣部之所鬻，業經臣部之所得，復為工部之所取，倏而充餉，倏而昉工，在内既無專屬，在外自易支吾，無惑乎逋欠者漸積而不可問也。從前冏臣因念同舟之誼，不妨分其所有，臣部在今又何敢固執已見，久假而不歸乎？因與冏臣面議，約以崇禎四年為始，歸還冏寺取租徵税，以充正供馬價之用，三年以前未完變價銀兩自應盡法追納，其節年未完租銀，當遵恩詔蠲免。其天啓七年以前者而嚴追，其崇禎元年以後者其蠲免年分有已徵在官者，不得欺隱，仍容臣部移文江南、江北各該撫按備行道府，逐一查追。先將各府州縣逋欠細數限三月内查明奏報，通限年終追徵全完，解部充餉。如遲，即將承催州縣各官照京邊錢糧例從重參處，以懲累年玩愒之習。若夫臣部以遼事動用冏寺錢糧，委屬不貲，今冏寺一旦取償而不問其難辦，臣不能無慨焉。夫以朝廷之金錢備朝廷之封疆，那緩就急，以有餘補不足，是償之而無容償者也。從前加派歲入至四百萬，而冏寺巡青之借且如取諸官中而不憚煩，逮至今日，遼餉分四十萬，加派蠲免幾五十萬，工部分餉二十萬，兵部安家等項且取給焉。乃京糧之補未幾，而冏寺之索繼之。臣部今日極難極苦，猶如貧兒日食不支，方且坐以待斃，而索債者猶責以從前逋欠，俾令代他人賠償，恐亦萬萬不能者也。明旨謂借餉，俟軍興稍酌量抵補，固已明見萬里之外矣。至於邯鄲、曲周五縣草場，原係臣部崇禎元年題奉欽依轉行屯田，御史羅元賓撥給，樂安長公主養贍莊田該租銀九百七十兩，總以公家之田，而為公家之用。况查嘉靖年間曾以薊州牧馬草場之地二千五百九十五頃八十二畝撥給嘉善公主，至萬曆年間撥給諸王公主與各戚者非一，則屯臣之改撥亦非無據者矣。皇恩已有成案，王土難分畛域，似亦不必再令吐還，所當仍照舊案起解者也。既經具題，前來相應覆詩恭候命下，臣部移文兵部，冏寺遵奉施行。崇禎三年六月十八日具題，本月二十一日奉聖旨：據奏，草場變價原係部寺會題，知道了。租銀竟無定額，歷年何不核查？天啓七年以前逋欠，準遵恩詔蠲免。有已徵在官及元二三年未完租銀，并向來未完價銀，俱着移文撫按，嚴限解部充餉，四年以後着歸該寺徵租。其邯鄲等縣草場既奉旨撥給戚產，不必吐還，至該部舊借寺銀，從容酌補，遵前旨行。該衙門知道。欽此。

又《陝西司》卷一《題覆遠年借支太僕銀兩疏》 題為備陳冏藏匱

竭之繇，仰祈聖鑒，應補還者補還，應釐正者釐正，以清馬政，以佐軍國急需事：陝西清吏司案呈，崇禎元年九月二十九日奉本部送户科抄出太僕寺卿涂國鼎題前事，内稱案查户部自萬曆十八年西討哱劉借一百六十萬，東征倭夷借五百六十萬，迨後援之為例，每遇邊餉不敷，輒向臣寺稱貸，通計借過一千二百萬一千三百四十二兩七錢，即今户部將銀二萬借與臣寺，自當恪遵明旨，罔敢背負，惟是臣寺所借于各衙門者便應補還，乃各衙門所借于臣寺者獨不應補還乎？縱積數之多，弗克盡償，亦當酌議而行，或三分之一，或于户七工三事例中量抽若干補還，臣寺亦便計也等因。崇禎元年九月二十六日奉聖旨：冏寺馬價銀兩自有正需，如何歷年借至千有餘萬，毫不抵補，成何事體？但所在庫藏空虛，自難一一取償，這所奏該寺便與户、兵、工三部覿面兌磨某部量還若干，免還若干，注定數目具奏，不得再行争執。其山東、河南班軍額外之賞，仍照禮部原疏分派，各衙門不許槩責本寺。該衙門知道。欽此。欽遵抄出到部送司。除兵、工二部聽自行議覆外，查得自萬曆十八等年緣哱劉倭寇之警陸續動支太僕寺銀兩一千餘萬，誠有如冏卿所請者，惟是冏寺庫貯名曰馬價，兵馬事關一體，節經奉旨動用，原非擅自那借，以濟本部之匱，可操券而取償，按籍而索負者也。兹復奉旨磨對量還，亦何敢不勉焉？無奈虜酋交訌，師老未結，本部新舊額餉，即每年全完，尚拖欠至二百餘萬，備載御覧簡明册内，其他零星事例，歲入幾何，安所得點金之術而為冏寺抵數十年前軍需耶？矧今所在告棘講求無策，致令君父宵旰措辦無從，若徒詭應曰還，恐涉支吾，反屬未便。且聞州縣馬價近議折色，計自今以往，寺藏尚可撑持，或亦不須削鹹頭之鐵而挽西江之水也。合無據實題覆，恭請聖裁等因。案呈到部，該臣等看得國家經費如分畔，然在邊餉，臣部司之在馬價，太僕寺司之各有職掌也，又如一家，然往以軍興煩費，臣部原無額設，屢奉明綸，動用寺銀以鉅萬計，詞是偶有不給，循例請支，惟緩急是視，非挹彼注此也。頃該寺臣惕于職掌，惟恐空虛日甚，無以仰佐軍需，挖底敷陳，伏請抵還，釐正業奉明旨，臣部與兵、工二部磨兑，應還者還，應免者免，仰惟聖明，天縱灼見，夫數十年積逋，非微臣一時可以議抵而力償者也。夫以公家之物移之公家，臣亦何敢私執以為不應還，第苦于措辦之無從耳。臣部之不能措辦，不能補償，非獨皇上知之，即寺臣亦應知之；非獨皇上憐之，即寺臣亦應憐之。臣不敢旁為引喻，即如神宗朝府庫充實，中外尚有餘裕，若哱若倭，旋即底定，非若今之兵連十年，左藏如洗也。冏寺一署借至千萬有奇，彼時為計臣者即云拮据，亦厚幸矣。臣當三空四盡之時，而為百孔千罅之塞，此時那無可那、借無可借，而又責臣以償夙逋，臣即捐頂與踵能濟乎？弗能濟乎？臣諒寺臣原從公家起見，苟有餘贏，尚望將伯助予，而忍按籍索償，以重困臣部軍國之計耶？知不待臣辭之畢也。伏乞皇上俯賜鑒察，即將節年動支該寺銀兩查照舊例，槩賜註銷，不則亦俟遼黔平定之後，臣部物力有餘，再議措抵，庶職掌雖分而同舟共濟矣。崇禎二年二月三十日具題，三月初七日奉聖旨：兵馬錢糧總是國家公事，户部需餉正急，原借支太僕寺銀兩存案備查，不必註銷。該衙門知道。欽此。

明　范景文《范文忠集》卷一《催太僕寺少卿疏》　為軍興正急，冏政為先，懇祈點用寺臣，以圖共濟事：文選司案呈到部，國之大事曰戎馬，今戎事日飭，馬其所亟需矣。然誰司冏牧，則二三寺臣也。今所推王象恒、馮嘉會政旦夕望下，以資分理，而屢催不報，皇上將以為可缺哉？彼其事有專，一人缺則一事廢也；法因人立，缺愈久則廢愈多也。獨不見近事乎？遣官欲行市賣金錢之搜難繼贖罪，是亦權宜三尺之法不明，有人不用事急而苟且，若此為計，不亦左耶？伏祈聖明於二臣早賜點用，使以乘驄之夙望，策簡乘之新猷，必大有裨矣。

綜述

明　畢恭《嘉靖遼東志》卷五《官師志》　太僕寺少卿。太祖高皇帝聖旨：如今遼東等都司開設行太僕寺，恁都府行文書去説與都司衛所知道，這箇衙門職專提調馬匹，比較孳生，但有作弊虧欠馬匹，許令本寺舉問。品職雖小，所掌事重，如同御史出巡按治，該管指揮千百户衛所鎮撫首領官吏務要將所養一應馬騾盡數開報，聽從本寺官點視提督，敢有非禮抗拒，許本寺官奏聞拏問。欽此。勑遼東行太僕寺官：國初設行太僕寺，提調比較都司衛所官軍馬匹，查究姦弊，職掌最重，後該兵部奏准，照太僕寺點閘京營馬匹事例而行，柰地遠權分，軍職官邑徃徃抗違欺慢，以致官擁虛名，馬政盡弛。近該督理馬政都御史楊一清奏稱，陝西都司衛所及延緣寧夏各邊營堡官軍騎操馬匹倒失數多，皆由管軍官員不能嚴督餧養，或扣除草料，侵尅馬價，濫撥私用，以致損傷，及至追補之際，又將不堪馬匹高價勒買，靠累軍人，姦弊百出，乞勅該寺官員查究等因，慮恐各處皆有此弊，今特命爾照京營事例，每年二次前去徧歷該管衛所營堡，將一應騎操馬匹用心點閘，嚴加比較，瘦弱者督令加意餧養，倒失者責令依限陪償，各邊官軍下班回衛，一體點閘比較，年終興奏造冊，以憑稽考。其罰俸罰馬、降級黜革等項，悉依該部奏佳事例，仍先備行曉諭，遵照施行。軍職官員敢有仍前作弊及抗拒沮撓者，輕則量情發落，重則指實叅奏。若守備分守以上官員號令不嚴，以致所部官軍損失馬匹數多者，一併叅奏。鎮守等官不得故相沮撓，以致誤事。爾受茲委任，必須持廉秉公，殫心竭慮，務使馬匹肥壯，可備戰守，尚有旌擢以酬爾勞。如或因循怠玩，互爲容隱，虚應故事，無益地方，罪不輕貸，爾具慎之。故勅。景泰年間：鮮貫，永平府撫寧人，庚戌進士。成化年間：張志，青州府益都人，戊戌進士；章宣；張錫。弘治年間：劉鍾；周道，河南鞏縣人，丙辰進士；徐逵，義衛司山陽人，庚戌進士；李昶；茆欽，直隸永平人，戊戌進士。正德年間：黄繡，江西人，庚戌進士，陞四川按察副使；張文，河南衛窠人，辛丑進士；翟敬，平陽府徛氏人，庚戌進士；李炫，見分守道；凌相，見苑馬寺卿。嘉靖年間：谷高，開封府祥符人，甲戌進士；金轂，錦衣衛人，乙丑進士；田龍，瀋陽衛籍，三河人，進士；蕭海，京衛籍，江都人，進士；謝顯，江西人，甲戌進士；戴先，香河人，丁丑進士；李翔，松江上海人，辛已進士。寺丞：永樂年間：王臯，崔振，楊森，雷斌。宣德年間：宋瀲。正統年間：胡觀，郭毅。天順年間：劉奇，屈端。成化年間：褚宣，趙璽。弘治年間：秦璧，白質。正德年間：傅弼，由監生陞任；吴璉，山西代州人，貢士；楊睿，直隸鹿人，貢士，陞山西遼州知州。嘉靖年間：張瓚，河南南陽人；吴景，潼關衛人，貢士；田秀，鳳陽霍丘人，進士，致仕；畢張，河南直州人，進士；張懷邦，山西臨汾人，貢士；高鑑，昌朋常州武進人，貢士。主簿：葉良壁，直隸松江府人，官生。

明　景芳《正德臨漳縣志》卷四《太僕寺》　前廳三間，後堂三間，東厨房三間，西廂房二間，大門三間，馬神廟三間，馬厩二十間。是寺靡建正統十一年，以山東、濟南等處之馬代養，方添設之。知縣趙俊創建於縣治西北，其廳舍歲久損壞，芳設置物料，修葺頗完。

明　黄光昇《昭代典則》卷七　二月戊子，改羣牧監爲太僕寺，秩如舊，始定養馬法。以監令唐元亨爲太僕寺卿，監丞孫楧爲少卿，命應天、廬、揚州、鎮江、鳳陽等府，滁、和等州民養，江北以便水草，一戶養馬一匹，江南民十一戶養馬一匹，官給善馬爲種，率三牝馬置一牡馬。每一百匹爲一羣，羣設羣頭、羣副掌之。牝馬歲課一駒，牧飼不如法，至缺駒損斃者，責償之。其牧地擇旁近水草豐曠之地，春時牧放游牝，秋冬而入寺。官以時巡行羣牧，視馬肥瘠而勸懲之。任滿，吏部考其息多寡以爲殿最焉。

又　卷八　三月，增置滁陽、儀眞、香泉、六合、天長五牧監。滁陽設群二十有二，儀眞、六合設羣各七，香泉設羣八，天長設羣四，俱隸太僕寺，計牧種馬一萬七千三百八十五匹。上謂中書省臣曰：自古有天下國家者，莫不以馬政爲重，故問國君之富，必數馬以對。《周禮》六卿夏官以司馬爲職，特重其事也。後世掌以太僕，今仍其舊，又設羣牧以分其責任，庶名實相符，民不勞而孳息蕃。但恐所司者不爲究心，民復怠惰，馬政不脩，則督責之令行，豈不因馬而疲民？國以民爲本，若因馬而疲民，非善政也。其下太僕寺諸牧監，各令脩職，毋怠所事。

明　蔡懋昭《隆慶趙州志》卷二　行太僕寺，在西察院右。成化二年，知州彭景忠即西倉舊址建。直隸州縣例養種馬，每歲有太僕少卿或寺丞分行巡視，故各設衙門，今久不行矣。府舘在西察院左東向。大名守鳳麓姚汝循過公署，同楊華山夜酌，即席聯句，凡十六韻，其辭曰：紅爐圍旅夕，緑醑破寒威。樹古荒亭暗，天空落葉稀。風茄雲外斷，霜鴈夜深飛。村杵聲相續，銀河影漸微。漏深千户静，人對一燈輝。逸興逢何尹，騷吟接水妃。燕歆俱慷慨，趙瑟共音徽。契合干星象，馳驅遍帝畿。宵征王事急，歲晚壯心違。予擬盟泉石，君應勤鼎旅。匡衡宜有疏，張翰己思歸。鳴匣彈龍劍，危途攬露衣。浮生皆逆旅，縱飲且忘機。蕉鹿真成夢，醯鷄莫辨非。清樽殊未竭，玉樹幸相依。遮莫隣鷄叫，關山動曉暉。留行舘，在西門外小石橋之南，嘉靖四十五年創建，有記。

明　章潢《圖書編》卷一二一《太僕監苑總叙》　洪武初，設十四監，後廢，而牧馬歸于民户。當是時，十四監廢，而天下尚有苑馬。苑馬自永樂四年始，其後北京、遼東、山西、陝西、甘肅並置苑馬令。諸苑猶頗存，惟北京苑馬獨廢，牧馬亦歸于民户，太僕寺所領馬户如南京之制，然當時所謂北京苑馬六監者，正冀北之地，今之牧馬草塲猶是其故地也，故與洪武十四監並存其名，而諸苑馬若茶馬司故馬之大務，而南太僕寺俵馬必歸于北諸行寺，事體皆同，然乏馬皆仰給于內大司馬，以邊重無不與者，其職之相聯如此。夫大司馬都天下馬政，宜知其制獨稱監苑者，重牧地也。北京苑馬寺六監二十四苑，永樂四年設，十六年廢；遼東苑馬寺六監二十四苑，永樂四年設，今存一監二苑；甘肅苑馬寺六監二十四苑，永樂年間設，後廢省入陝西；陝西苑馬寺六監二十四苑，永樂四年設，今存二監六苑。正統三年并甘肅苑馬司入為四監；凡苑視其地里廣狹為上、中、下三等，上苑牧馬萬匹，中苑七千匹，下苑四千匹。各苑皆有圉長一，圉長率五十夫，每夫牧馬十匹。京營少卿歲春秋巡馬迤邊，自宣府歷薊州古北口，東抵山海關遼陽之境，後不復行。今奏少卿新領勑如舊制行邊云，予昔保安安置，猶見少卿來也，不知廢自何時。邊馬乏，督府移文大司馬，大司馬奏下太僕，太僕度地便近集諸馬以調發，寺典籍無存，惟存調馬點馬圖。調馬圖者，寄牧郡縣也，點馬圖皆卿所涉邊塞也。

又《太僕庫藏説》 太僕寺掌馬政，而庫藏特為寺之大務，故有易銀變馬、草塲餘地之租。凡賄之入，皆以馬也。馬不足則令市之民，常以地宜與年之豐凶而權之。而貨賄之出入，上其計于司馬，如勞軍繕城府營之製造，咸取給于寺，而大司農乏，亦時假諸寺。若御馬監邊屯馬不足來告，寺輒與之，或與馬，或賄與馬，一也。故寺之積特饒焉，而其出亦倍。夫苑馬之政不舉則邊馬不足，太僕不領內廐則內馬有限，故予于秦漢官制每有感焉。漢母將隆，言武庫兵器天下公用，國家武備繕治造化皆度大司農錢，大司農錢自乘輿，不以給共養勞賜，一出少府，蓋不以本藏給末用，不以民力供浮費，別公私、存正路也。太僕寺專為國馬，其入又非大司農比，若為他給及貸用，非挈瓶之守矣。繫軍國大計，故特書焉。余考祖宗時不置司庫，蓋時寺顓主馬而積金少也。弘治初，始置官吏，豈非金溢于前耶？金日羡而馬羸矣，議者又言金便，如是不已，幾無馬矣。夫謂積金以市百萬之騎可立致，則內帑之金猶外廐之馬也，是不然。往者嘗捐金以購馬，當時猶謂擾民而不可行，一旦倉卒括民間馬可得耶？如倉庾無積谷而黃金珠玉不可食也。冀北之馬稱天下，今歲俵馬往往市之他郡，所謂外廐者，果安在哉？而邊兵之求索無厭，涓涓不足以盈尾閭之洩，是不可不為之長慮也。

《續文獻通考》卷九二《職官考・太僕寺》 皇明。國初倣古置太僕寺，以江北諸郡縣限于長江，馬至京難，又滁介江淮多山，山下故多曠土，饒薦草莽水泉利可牧，故于洪武六年設寺于滁，卿品從三，又置少卿二人，正四品，并寺丞等官，專掌牧馬之事，領滁陽等八監、驌驦等十八群。二十八年省，牧監屬有司，置管馬官。于是各處馬匹印烙點視悉至滁。及永樂十九年定鼎北京，設太僕寺于滁，去南京二字。洪熙元年于北京仍稱行在，于滁去南京二字。正統六年，復永樂十九年之舊，于是順天等府及山東、河南馬政悉屬于北，惟兩淮及江南北仍屬南京。弘治四年，屬于南者印烙不至滁而悉總于北。太祖洪武初，定太僕寺官，初名群牧所，至是始定正卿一人，從三品，少卿三人，正四品，寺丞八人，正六品，監正正七品，監副正八品，主簿一人，從七品，苑圉長從九品，錄事未入流，掌牧馬之事，衙門設於滁州。永樂元年，改北平行太僕寺為北京行太僕寺。四年，置苑馬寺于陝西、甘肅、遼東，正卿一人，正三品，少卿二人，正四品，寺丞無定員，正六品，其屬主簿、監牧、監正、監副、錄事、圉長各一人。六年，又設北京苑馬寺，領六監二十四苑。十六年革，馬歸北京行太僕寺，牧民間，凡領府衛州縣三百六十。八年，改太僕寺，洪熙元年，復稱北京行太僕寺。正統六年，復定為太僕寺云。初，建文中改卿為太僕卿，增典廐、典牧二署，設驌驦十五群，遂生三群，分隸二署，靖難後復故。太僕寺卿一人，少卿三人，寺丞八人，其屬主簿一人，常盈庫大使一人，吏二十二人。卿掌牧馬之政令，而聽於兵部少卿寺丞為之貳，少卿一人，佐寺事一人，督營馬一人，督畿馬寺丞分理京衛畿府及山東、河南六郡孳牧、寄牧。三年更。凡牧人皆視其丁產而授馬，馬蠲其役賦之則，凡孳牧軍民皆有種馬，馬有牝牡，牡十二，牝十八五，歲徵馬一，曰備用馬，齊其馬力，以給京邊將士，將士足，寄牧於畿府。土非所宜，及人民耗散，或征馬金，輸兵部市馬，凡焉肥瘠登耗，籍其毛齒而時省之，三歲偕御史一人印烙，選其良健而汰其羸劣。凡草塲，歲徵其租金，災祲出佐牧人市馬。凡租金恩蠲，或災蠲馬，及馬金災蠲，不得恩蠲，即蠲必轉移相抵，不得虧軍賦，主簿勾省文移，常盈庫貯馬金行太僕寺。洪武三十年，置山西北平、陝西、遼東三處寺，置卿一人，少卿一人，寺丞無定員，其屬主簿一人。卿掌馬牧之事，而聽於兵部。少卿、寺丞為之貳，凡邊衛營堡府州縣軍民壯騎、操馬、印烙、課校、孳牧，以時督察之。凡馬種，牡十二，牝十八，馬金地畝十七，椿朋十三。凡馬瘠耗，罰俸罰馬，降級出革黴董之。藩臬不得預馬事。考馬官，苑馬寺亦如之。主簿典守籍牒。苑馬寺，永樂四年置於陝西、甘肅。六年又置於北平，十六年并入行太僕寺。遼東亦有苑馬寺。寺置卿一人，少卿一人，寺丞無定員，其屬主簿一人。各監牧監正一人，監副一人，録事一人，圉長一人。卿掌馬牧之事，而聽於兵部。少卿、寺丞為之貳。凡馬種，上苑萬匹，中苑七千，下苑四千，不及則以銀市茶易焉。凡牧地，曰草場，曰荒地，曰熟地，嚴其禁令而封表之。凡牧人，曰恩軍，曰隊軍，曰改編之軍，曰充發之軍，曰召募之軍，曰抽選之軍，皆藉而食之。凡馬駒，二年一科，十八年而免，定駒、頭駒、重駒，籍而報之有常期。凡虧駒，有罰主簿，如行太僕寺監正領苑監之事。監副佐之，録事守籍牒，圉長率群長而修牧事。

明 楊時喬《馬政紀》卷一一《太僕寺所屬孳牧草場》 成化二年，奏准差給事御史前去南北直隸、河南、山東等處將牧馬草場踏勘丈量，備照原設界至頃畝，復立封墩，照舊牧養。成化四年，令北直隸京師附近係官草場不許内外官豪執要妄指求討，託故役獻，違者許科道糾劾，及各衙門追究治罪。成化六年，令德州、天津各衛逃故軍人遺下草場為附近居民盜耕佈種者，退地還官，每畝量追花利草三十束，不願者每束納銀三分，准作遠年拖欠之數，照依時價支給。京操上直官軍買草餧馬，以後年分但有拖欠草束，俱照例准折。弘治九年，奏准差官踏勘合各處牧馬草場，凡占種者俱令退出，内堪種地土，佃與近場軍民耕種，每畝徵租上等七分，中等五分，收貯各府州縣庫，給民幇助買馬。不堪種者，照舊放牧馬匹。弘治十四年，以草場租銀太重，減額徵解太僕寺，以備買馬。正德十年，題准草場租銀量支幇補追併，不敷馬匹餘解太僕寺，仍行兩京太僕寺轉行分管，寺丞管馬官將所屬租銀嚴督追解，造冊送部考查。又奏准各分管寺丞親詣所管州縣弔卷清查，解部送寺以備買馬。如有那移侵費等弊，依律叅提問追。以後年分，各府類收俱候次年三月以裏到部。正德十三年，題准各府州縣徵租銀草場如有水旱災傷，即便從實具奏，與民田一體差官勘實，照依分數蠲免。凡分管寺丞，嚴督各州縣掌印管馬官，以十分為率，年終三分不完者住俸，寺丞與知府管馬通判照分管州縣，四分不完，住俸，先將原額草場地土頃畝及該徵子粒租銀數目分豁明白，造冊差人齎繳。正德十年，太僕寺卿儲巏言，臣前在霸州，見工部官來按視葦菭鐮票地，其四至頃畝與原草場相同，亦必草場廢弛之。先渾河横流散漫四出，霸州上下漸為淤漲，蘆葦旋生，放牧不到，當時言利之臣因其地之羡餘，悉取葦菭税。然葦菭之用，較之草場牧放，孰重孰輕？況草場自永樂初年，而葦菭課起自近年，其地固草場之地也。邇來渾河改徙，不産蘆葦，又非宜徵之地，乞盡蠲除，使牧地無他徵之擾。又今壽府皇庄等項既清查出便歸各營，願自今以往，重申禁條，有侵逾及奏討者，嚴加懲治，庶私蹊可絶而牧地不混。兵科給事中周用言，霸州舊設草場，民居稍遠，極目荒曠，無室宇，人馬無所隱庇，露宿蒼莽之中，以致暑雨蚊蝱之生，噬囓肌膚，馬多瘦損，士卒不樂就牧。又況迤今所築封堆，不過數年，風消雨淋，漸就平夷，將復迷其處所，不若緣其邊界，量立舖舍，使軍士分地而牧，創屋而居，馬亦得以隱庇，庶幾人馬有依。又霸州等處見在皇庄俱在牧馬之地，陛下為天下主，聖母享天下之養，普天率土，莫非皇庄，豈必於其間復私頃畝之地，收數斛租，然後謂之庄哉？願重自裁抑，罷庄田以益牧地，則奏討之門自杜。嘉靖元年，兵部為禁奸息民，以舉馬政事，太僕寺少卿崔奏，查處草場奸弊，今照前項草場餘地，曾經本部奏請，差官踏勘丈量，原額頃畝雖有定數，但近年以來各處奏稱水渰沙壓數多，若不重行清查，年久恐致埋没侵占，頃畝漸寛，租銀日減，合無本部仍行兩京太僕寺，各該分管少卿、寺丞督同各掌印管馬官員，將前項額數、牧馬草場餘地并該徵子粒、銀數逐一查算，誌書圖卷所載，將某府州縣原額地土若干，即今實在該徵地土租銀各若干，差人呈部以憑，重定成數，後俱各照事例全徵。自嘉靖元年為始，年終不必會數，如遇災傷等項，須經撫按臨期勘報，是實，方准蠲免。該寺將所查原額數書刻于寺，本部仍增入馬政條例。奉聖旨：是。嘉靖十六年，題准有罪人犯應問擬者，太僕寺徑自問擬，應叅奏者從實叅奏　。隆慶六年，題准以子粒銀給驛傳，以南馬銀改京運，兖用仍題准。萬曆二年以後，不必借子粒銀兩，各照正項支用。先該御史蘇士潤題稱順永、保河四府驛遞，南馬銀兩節年拖欠，以致百姓大半逃亡。夫馬頭役十室九空，良涿薊州三河一帶殘困尤甚，乞將本處牧馬草場子粒等銀自隆慶六年為始，不必解部，留抵作原派南馬銀兩，其南直隸、江浙等處應解各府馬價，改解本部，以抵牧馬草場等銀。後該彰武、伯揚等題稱驛遞疲累，禁革冒濫可也，南馬拖欠，嚴限催徵可也，止當就事正法，不當因事變法。驛遞固疲累矣，營衛在今日難以臕壯騰踴者，言南馬銀固拖欠矣。子粒銀在今日亦難以完報如期者，諭且南馬拖欠，固以京營子粒銀補之，以恤驛遞營中操演犒賞之費，修理供用之費，金鼓旗幟之費，每年不下萬兩。如有拖欠，將安取給？懇乞俱歸正額，兵部覆題。隆慶六年，併萬曆元年，准將子粒銀兩各照數借給各驛遞支用。萬曆二年以後，不必借子粒銀兩，各照正項支用。萬曆三年，議准以後拖欠子粒租銀及馬價錢糧，該管官員三分、四分以上，罰俸一月，五分、六分以上降罰一級，七分、八分以上降俸二級，催督完日，准復。萬曆二十三年，本寺題牧地古圉師養馬，冬寒燠以廐，夏炎涼以庌。國初出則牧地，入則苑監，即此意也。其後苑監廢，南北太僕京邊皆有草場，乃養馬騾駒民不擾者藉此。後因豪右占為庄地，牧養無所，馬乃不足。先臣屢奏，欲責牧養，必先復此，請令豪右庄地還官民，閒地退出，免其租稅，緣豪右占據日久，民腴地投獻，欲查未能。近印馬御史僅請冬寒馬病，聚州縣城內，或空閒處，或寺觀醫之、燠之，待長愈，乃令領歸，亦未能行。今諸地先在官，今在民，志册可見者，又前勘明荒地銀馬皆減議為牧地者，皆當查明，給與俵寄民領養可矣。苐與屯地易混，今屯田御史兼馬政，誠裳勑下嚴責，倘有豪右阻撓，容其盡法以治，且專委期成之。又有昔存今廢、昔蕃今荒、昔平衍今堆塞、各州縣屢以為言者，今照徃例查明，或暫減數，或久免徵，此牧地之議也。直隸府分。順天府二十七州縣，原額草場地共一千八百四十六頃四十四畝四分六釐一毫，內堪種地一千四百九十六頃八十九畝一分一釐一毫，歲徵銀一萬一千四百四十七兩九錢五分六釐三毫七絲。北直隸大名府十一州縣，原額草場地共三千一十四頃二十五畝八分八釐二毫，內堪種地八百五十四頃九十六畝三分八釐七毫，歲徵銀除例減外實徵一千一百二十四兩八分二毫五絲，長垣縣後增子粒銀七兩三錢八分三釐三毫，養馬餘地一萬五千八百六十一頃八十二畝三分一釐，歲徵銀除例減外實徵二萬六千一百五十四兩九錢二分八釐二毫二絲四忽。萬曆二十二年，查收大名府十一州縣子一千一百二十四兩八錢八分三釐二毫五絲。保定府十三州縣，原額草場地共三千九百七十三頃九十四畝四分五釐一毫八忽，內堪種地一千一百三十二頃四畝一分四釐九毫，歲徵銀除告豁撥給外實徵二千五百一十九兩四錢七分四釐四毫，後增子粒銀二千三百七兩有零。嘉靖四十一年，改解户部。萬曆二十二年，實徵二千五百五十一兩三錢八分二釐七毫。易州等七州等原額草場子粒地共二千二百一十八頃八十四畝三分一釐，除告豁撥給外仍該草場地一千三百四十二頃三十七畝六分七釐，內堪種地六百四十頃七十六畝二分八釐，歲徵銀一千一十九兩一錢七分九釐八毫六絲，後增子粒銀一千七百二十七兩七錢六釐九絲，葦草子粒銀一百八十八兩七錢九分二絲。萬曆二十二年實徵子二百九十兩四錢八分五釐三毫六絲，養馬餘地一千七百六十六頃五十二畝有零，歲徵銀二千三十八兩有零，萬曆二年題准免徵。順德府九縣，原額草場地三千六百四十二頃一十二畝六分，內堪種地一千四十五頃四十四畝九分，歲徵銀二千五百六十四兩二錢七毫六絲五微，後增子粒銀一千六百五十六兩有零，改解户部養馬餘地二千四百一十頃五十八畝有零，歲徵銀四千九百一十兩有零，正德十六年題准免徵，萬曆二十二年實徵二千五百六十四兩二錢七釐六絲五纖。廣平府九縣，原額草場地一千八百八十二頃七十六畝二分，內堪種地五百五頃六十五畝六分，歲徵銀一千四百四十二兩八錢五釐，後增子粒銀七百一十四兩有零，改解户部養馬餘地四千九百五十頃二十七畝有零，歲徵銀九千九百兩有零，嘉靖二十七年奏准免徵，萬曆二十二年實徵一千四百四十二兩八錢五釐。真定府三十一州縣，原額草場地五千四百六十四頃一畝四分二釐五毫，內堪種地二千六百八十六頃四十六畝一分七釐八毫，歲徵銀六千五百八十八兩二錢九分八釐八毫一絲五忽，後增子粒銀四千七百八十六兩有零，改解户部養馬餘地一千三百七十四頃八十四畝四分七釐三毫一絲，歲徵銀二千八百一十三兩四錢四分二釐三毫七絲九忽，萬曆二十二年實徵六千五百九十一兩三錢三分二釐七毫一絲五忽。河間府十五州縣，原額草場地一千九百七十五頃六十畝三分七釐，內堪種地七百九十二頃九十畝一分四釐九毫，歲徵銀除奏減外實徵一千六百五十三兩九錢八分九釐二毫四絲，後增子粒銀二千二百四十六兩有零，改解户部，萬曆二十二年收河間府十五州縣子粒一千七百六十一兩九錢五分四釐一毫四絲，靜海等三縣原額草場地共一百二十六頃七十二畝六分五釐，內堪種地共七十頃一十畝八分三釐，每年徵銀二百一兩七錢九分六釐五毫，後增子粒銀五百一十六兩有零，改解户部養馬餘地三千一百五十八頃八十三畝有零，歲徵銀六千四百六十五兩有零，萬曆二年題准免徵，萬曆二十二年實徵一百七十五兩七錢八釐九毫。永平府六州縣，原額草場地一百七十五頃八十八畝五分歲，徵銀四百三十二兩四錢七分五釐五毫，後增子粒銀二百六十七兩有零，改解户部養馬餘地一千八百四十四頃七十七畝有零，歲徵銀三千三百十七兩有零，嘉靖十年議准免徵，萬曆二十二年實徵永平府六州縣子四百三十二兩四錢七分五釐五毫。河南府分。河南開封府七州縣，原額草場子粒地八頃二十三畝四分八釐二毫，歲徵銀三十二兩九錢三分九釐三毫二絲，萬曆二十二年實徵三十二兩九錢三分九釐九毫二絲。歸德府考城縣四州縣，原額草場地四十畝歲徵銀一兩六錢八分，萬曆二十二年實徵歸德考城四州二縣子一兩六錢八分。山東府分。山東濟南府二十九州縣，原額草場地四頃四十八畝一分六釐五毫一絲二渺，歲徵銀六兩八錢九分三釐二毫五絲，萬曆二十二年實收濟南府二十九州縣子八兩九錢一分三釐一毫三絲，兖州府二十五州縣，原額草場地一百八頃三十六畝五分八釐，內堪種地六十四頃九十二畝六分歲徵銀二百七十八兩四錢四分七釐八毫，萬曆二十二年實徵兖州府二十五州縣子二百三十二兩一錢九分一釐六毫。東昌府十八州縣，原額草場地八十七頃六十九畝五分八釐，內堪種地七十四頃五十五畝五分八釐，歲徵銀二百九十二兩六錢六分三釐六毫，萬曆二十二年實徵東昌府十八州縣子四百三十三兩七錢二分三釐八毫三絲一忽。

又《南京太僕寺孳牧所屬草場》 成化二十三年，南京太僕寺寺丞奏准，查勘原額草場頃數界至明白，埋立封堆，將高埠低窪止勘牧馬地土責付養馬人户輪流管顧牧放，中間果有肥饒地土空閒堪以開墾成田，看驗頃畝，撥與有力馬户耕種，依佃種官田事例，所收花利不拘銀穀，依時計估量納，別置倉庫收貯。其有曾經開墾成田，耕種年久，徵納子粒者，一體清查徵收。中間被人包占種作，或侵占界至，各許自首，還官免罪。如遇俵解馬匹也有災傷人户逃移，無處湊買，并十分貧難，出辦不前，酌量支給，以備定數，只許用助馬政，不許別項支銷。待後養馬數多，停免耕種，照舊牧放。弘治元年，奏欽依內事理，各州縣將清查過牧馬草場坐落地名，并頃畝四至方圓，於公廳內鐫立石牌，以為日後憑據，其草場地土以近就近，分撥與各衛養馬人户，專一牧放馬匹，各於四至築立高大封堆，以後不許占種。其原納子粒，悉行除豁。弘治二年，南京兵部尚書張鑾奏准南京各該衛所有牧馬草場被人侵占，起科納糧，差南京各部各屬官及同太僕寺寺丞查理還官。弘治四年，御史胡海潘楷等奏准均平除豁去荒地蓄草牧馬外，其原佃軍民耕熟者照舊給與承佃，南京各衛所草場每畝收銀一錢，其餘各處地土肥饒者，每畝出銀七分，中等五分，瘠薄者四分，照數徵完，貼補買馬，不許別項那用。每年終，將收過地畝銀兩數目造冊繳報查考。六年，始議分三等課租，大約江南府州縣上畝七分，次五分，又次四分，江北每等各殺其二。弘治七年，都御史張瑋奏南直隸、鳳淮、揚、廬四府，徐、滁、和三州草場與養馬人户住居窵遠，俱各不來牧放，置於無用，要查出召民佃種，准行南京兵科給事中倪天民、御史李宗酒、兵部主事周夔會同分管寺丞，清查丈量，各於四至築立峯墩為界，仍建立石碑，將草場坐落地名并頃畝四至鐫勒為後証。地土分撥近場軍民人等，佃種上等田七分，中等田五分，下等田四分。弘治九年，都御史史琳奏稱租銀太重，乞要量減，上地每畝納銀五分，中地三分，下地二分。弘治十三年，户部會同兵部等衙門題准，各處草場租銀照比較馬政事例嚴併追徵，州縣管馬官員以十分為率，年終三分不完者住俸，寺丞與知府管馬通判照分管州縣十分為率，四分不完者一體住俸，俱候完日關支。正德十一年，南京太僕寺卿楊褫題准，租銀與空間地土銀兩照例嚴督管馬等官追徵完足，依限解部，發寺收貯，以備京邊買馬支用。若年終不完，照例住俸。若擅自別項支用，及有侵欺那移情弊，即便查究追完。正德十一年，御史周鵷題稱南直隸八府三州民既出馬，又徵其馬場之租，負累窮民，要將地畝租銀盡歸養馬之人。該兵部查前項原議牧馬草場與養馬人户住居，窵遠不來牧放者，方召人佃種徵租，今若一槩通免，誠恐種地之人幸免起科，養馬之户不沾實惠，准行查勘各該州縣但係報冊佃種牧馬草場地户，中間果係養馬人户自種草場地土，照依所奏免科，若不係養馬人户佃種，仍依原擬徵租解部。正德中，議勘係馬户自種者免徵。嘉靖八年，御史秦武奏廬、鳳、淮、揚牧馬草場係馬户自種者乞免追租，以助備用馬價之費，平民佃種者與貧民佃種屯田同罪。嘉靖八年，南京太僕寺卿王崇獻奏稱，廬、鳳等處草場租銀已經具奏免解，其應天、太平、鎮江、寧國四府，廣德州建平縣草場租銀未經勘免，准照廬、鳳、淮、揚等府州縣事例，一體免解貯庫。都御史唐龍題准，廬、鳳、淮、揚四府，徐、滁、和三州草場祖銀免其起解收貯，各該州縣每年例該坐派本折色馬匹幇助馬户買馬，不許別項支用。嘉靖十年，都御史劉節題准，廬、鳳、淮、揚四府，徐、滁、和三州一應草場除馬户種者照前免徵，其小民承佃該納租銀，自嘉靖十年為始俱免解部，每年徵收在官，如遇派到備用并騎操馬匹，或本折色查前銀先儘扣作無田養馬人并逃亡之家各所辨之數有餘，方許難助有田馬户，仍逐年造冊繳部。本寺奏准，今後佃種草場租銀收貯各該州縣官庫，几遇派到備用馬匹給與馬户湊買，先儘無草場人户及包販逃絶之家，次及有草場人户，租銀數盡，方查照馬户，均派湊補。嘉靖十年，差御史張心勘定荒熟頃畝三等則例，科收其節年損益，宜少變前制。十二年，議准於場地應徵銀內各照起俵馬數，每匹扣留一兩，以備災傷逃移支給，餘悉解部發寺，以備不時買馬。嘉靖三十年，南京太僕寺少卿雷禮奏稱租銀各州縣每該解俵馬一百匹，量留銀一百匹，其馬多銀少者則盡數收貯官庫，以備地方災傷買馬，其餘無馬去處，悉照舊例解部，轉發太僕寺收貯，買馬支用。但各州縣官多有怠忽，不行催徵，其徵收在官者多有那借，侵欺奸弊百出，漫無稽考。該兵部題准，委官俱逐一清查，如有那借侵欺等弊，就彼從重問遣，其勢豪侵占不納租銀者，悉聽指名条處治，仍行各該撫按衙門今後不許將前項銀兩擅支。三十五年議准，題請勅書關防，專委南京兵部主事一員清查管理。隆慶二年，題准每五年行各軍衛有司清查造冊奏報。萬曆四年，議准扣留備災者各解南京太僕寺收貯，照災酌助，以免欺隱。

又《各邊草場》 洪武三十年，定北邊牧馬草場。自東勝以西至寧夏、河西、察罕諸爾，東勝以東至大同、宣府、開平，又東南至大寧，又東至遼東，又東至鴨綠江，又北去不知幾千里。而南至各衛分守地，又自鴈門關外西抵黃河，渡河至察罕諸爾，又東至紫荆關，又東至居庸關及古北口，又東至山海衛。凡軍民屯田地，不許牧放，其荒閒平地及山場腹裏，諸王駙馬及軍民聽其牧放樵採，在邊所封之王不得占為己場，妨害軍民。正統八年，寧夏右条將都指揮僉事王榮奏，寧夏官馬，永樂中每年四月於高臺寺至陸墩沿河一帶于地闊草蓄之處牧放，比至五月，移高家閘、白烟墩、觀音湖涼爽水冷處。近年，河灘沿山草場皆為總兵等官占牧私畜，或開墾成田，以此官馬俱於馬窯墩牧放，遠城二舍，非惟馬不蕃滋，有急亦難調遣，請勅陝西布按二司勘定界限，置草場牧放，為便命条贊軍務，都御史覆視以行。成化十年，令陝西榆林等處近邊地土各營堡草場界限明白，敢有那移條款、盜耕草場及越出邊牆界石種田者，依律問擬追徵花利，完日，軍職降調。甘肅衛分差操軍民係外處者，發榆林衛充軍。係本處者，發甘肅充軍。隆慶五年，題准陝西文過苑馬寺牧地計算熟地三萬頃，養馬一萬匹，餘熟地五萬頃，該寺分別三等，徵銀共四萬五千兩，解固原兵道收作軍餉，每年該鎮照數查扣主兵銀兩。六年，清查寧夏牧地，内將一千四百四十餘頃斷歸慶府，及平樂所耕種二千八百九十餘頃，分別三等，州地每頃徵租銀一兩五錢，坡地一兩，山地五錢，以抵本鎮軍餉支用。萬曆二年，以北虜開市，議准大同鎮於中路建立六場，西路四場，東路陽和一場，宣府鎮於中、北、東、南、上西、下西六路各建一場，每場養馬三百匹，擇有水草處隨便建置，將每年餘剩馬匹立羣設校，委官管領如法。牧放陽和，另立小場，以牧貢馬。

又卷一二《各邊鎮行太僕寺苑馬寺茶馬司》 書曰：『明王慎德，四夷咸賓』，此謂外威嚴，皆國家閒暇所當早見而預謨者。我太祖高皇帝驅强敵於漠外，北邊置遼東、山西、陝西、甘肅諸巨鎮，各設行太僕寺，理各州縣及衛所軍民。成祖文皇帝徙都北平，即今京師六駕，敵庭邊地咸平，而以古幽、冀地處諸延三衛附邇京師，慎守斯難，各于遼、山西、甘設苑馬寺、理監苑官牧，又有洮河等三茶馬司、四川茶馬司以易番馬。環地理以周長計之，東自鴨綠，西抵松潘，幾萬里，皆古燕、趙、晉、秦故地，所謂戎馬之場者也。其後革北平，又革甘肅苑馬寺，又革山西行太僕寺。嘉靖間，裁減遼東行太僕寺，苑馬卿、少卿諸官以司道兼管馬政，惟陝西二寺如舊，亦皆兼管司道兵備事務。其所沿革日異，條治屢更，其于順治，威嚴未知，其于二祖，舊章不愆不忘為何如者。在諸寺司各有志事體，亦于太僕寺無預不俟紀，特以皆屬馬政，謹畧以其設寺司、建官聯初蹟紀之，以昭馬政。大凡云：各行太僕寺：洪武三十年二月十三日，後軍都督府同五軍都督府官早於奉天門奉聖旨，如今山西等都司開設行太僕寺，恁都督府行文書去説與都司衛所知道，這箇衙門職專提調馬匹，比較孳生，但有作弊虧欠馬匹，許令本寺舉問。品職雖小，所掌事重，如同御史出巡按治，該管指揮、千百户衛所、鎮撫首領官吏務要將所養一應馬騾盡數開報，聽從本寺官點視提督，敢有非禮抗拒，許本寺官奉聞挐問。欽此。山西行太僕寺今革。寺在太原府治城内。卿一，少卿一，寺丞一，主簿一。職掌管轄山西都司所屬太原左等衛所，并山西布政司所屬州縣驛官，軍民壯士兵騎操，孳牧馬騾并駒。太原左、太原右、太原前、平陽鎮西、汾州安東、振武、朔州、潞州等衛，又保德州、山陰、沁州、寧化、馬邑等千户所闕其後闕年，裁革卿、少卿各官，以口北等道、懷來等道各司道管理本鎮馬政，隆慶以前尚存主簿一。遼東行太僕寺今革：寺在遼東城内。卿一，少卿一，寺丞一，主簿一。職掌比較印烙遼東都司所屬定遼等二十五衛所騎操馬匹。定遼左、定遼右、定遼中、定遼前、定遼後、鐵嶺東、寧瀋、陽中、海州、蓋州、金州、復州、義州、遼海、三萬、廣寧左屯、廣寧右屯、廣寧中屯、廣寧前屯、廣寧後屯、廣寧、廣寧左、廣寧右、廣寧中、寧遠等衛。弘治二年，該太僕寺卿王霽奏，于永平府所屬州縣選取孳牧堪以作種馬一千匹，送至山海關，著落該寺差官帶領軍士前來領回作種，其後祇卿一。嘉靖闕年間，卿仍舊。隆慶闕年裁減，以遼海、東寧、瀋陽等道，又以開原等道各司道管理本鎮馬政，見存主簿一。陝西行太僕寺，今照舊。寺在平涼府東。洪武初，於指揮秦虎宅治事，三十年建今處。卿一，少卿一，寺丞二，主簿一。職掌管轄陝西都司所屬西安等二十八衛，鳳翔等二十六所，沿邊營堡府州縣官軍民壯騎操并印烙苑馬寺，比較固原、平涼、慶陽、秦州四衛孳牧。嘉靖三年，該御史陳奏，設添少卿一。分管地方一在延綏，一在寧夏駐劄。其正卿專理堂事，併巡視附近固原等衛監。苑馬孳牧馬匹，其寺丞監閘洮河、漢中、潼關、鳳翔等。其後革寺丞一員。嘉靖七年，以少卿、寺丞分管各府地方馬政事例行令二寺分管，內陝西都司所轄衛所令陝西行太僕寺卿、寺丞分管，陝西行都司所轄衛所令甘肅行太僕寺卿與寺丞分管。宣德七年，令法司及陝西布按二司雜犯死罪應充軍者，發陝西行太僕寺養馬。嘉靖間，各官如舊。隆慶闕年，裁減至萬。歷闕年，又以卿、少卿不能統攝各府州縣，體勢難行，馬政日壞，始議兼司道帶管各兵備事務，至今以卿一兼司道，總理中路馬政，駐劄平涼，少卿兼司道，一分管東路，駐劄平涼；一分管延綏，駐劄定邊。又以靖虜兵備司道管本鎮馬政。見存主簿一。甘肅行太僕寺：寺在行都司城內，卿一，少卿一，寺丞二，主簿一。職掌比較印烙行都事，所屬甘州等十二衛鎮，夷等三所騎操馬匹。甘州左、甘州右、甘州中、甘州前、甘州後、永昌、涼州、莊浪、鎮番、山丹、西寧、肅州等衛，古浪鎮、夷莊浪等千户所。正統三年，革苑馬寺。本寺亦如陝西例，卿一兼司道，總理馬政，駐劄甘州。又以莊浪兵備兼理莊西馬政，見存主簿一。以上各行太僕寺。

《明會典》卷二一八《太僕寺》 國初、設群牧所、牧養馬匹。洪武六年、始置大僕寺、從三品衙門、在滁州。設卿、少卿、寺丞、典簿等官。職專馬政。三十年、置北平、及遼東、山西、陝西、甘肅等處行太僕寺。永樂元年、改北平行太僕寺為北京行太僕寺。十八年、改稱太僕寺。洪熙元年、復稱北京行太僕寺。正統六年、定今名。以原置在滁州者、為南京太僕寺云。凡所屬地方：永樂四年、設北京苑馬寺、領清河金臺等六監、常春順義等二十四苑。十六年裁革。以其馬屬北京行太僕寺、牧於民間。其原額草場、今議徵銀兩、備草料支用。詳見兵部車駕司。在京：順天府：五州二十二縣全屬。金吾左衛，金吾右衛，富峪衛，濟陽衛，大寧前衛，大寧中衛，武成中衛，龍驤衛，神武左衛，義勇右衛，義勇前衛，義勇後衛，燕山左衛，燕山右衛，燕山前衛，忠義右衛，忠義前衛，忠義後衛，大興左衛，羽林前衛，寬河衛，會州衛，蔚州左衛。在外：直隸：保定府：三州十七縣全屬。順德府：九縣全屬。真定府：惟阜平一縣不屬、餘五州二十六縣屬。廣平府：九縣全屬。永平府：一州五縣全屬。河間府：二州十六縣全屬。大名府：一州十縣全屬。河間衛，德州衛，德州左衛，大同中屯衛，瀋陽中屯衛，真定衛，定州衛，永平衛，撫寧衛，盧龍衛，東勝左衛，東勝右衛，山海衛，開平中屯衛，興州左屯衛，興州右屯衛，興州前屯衛，興州後屯衛，興州中屯衛，涿鹿衛，涿鹿左衛，涿鹿中衛，定邊衛，武清衛，忠義中衛，鎮朔衛，薊州衛，通州左衛，通州右衛，神武中衛，遵化衛，滄州千戶所，武定千戶所，沂州衛，大寧都司，保定左衛，保定右衛，保定中衛，保定前衛，保定後衛，營州左屯衛，營州右屯衛，營州中屯衛，營州前屯衛，營州後屯衛，寬河千戶所。山東布政司：濟南府：惟歷城一縣不屬、餘四州二十五縣屬。兖州府：惟曲阜泗水二縣不屬、餘四州二十一縣屬。東昌府：三州十五縣全屬。河南布政司：開封府：陳州項城陽武封丘沈丘蘭陽儀封七州縣屬。彰德府：磁州安陽湯陰臨漳一州、三縣屬。衛輝府：六縣全屬。歸德府：考城一縣屬。以上各屬。俱有專管馬政官。各府通判一員。各州判官一員。各縣縣丞或主簿一員。各衛指揮一員。各所千戶或百戶一員。弘治十三年、各衛止委指揮一員。十八年令、各州縣馬不及五百匹者、革去管馬官。以掌印官帶管。凡分管少卿、舊設二員。一員、巡視京營、及各邊騎操馬匹。一員、提督順天、河間、保定三府所屬寄牧馬匹。俱領敕、一年更替。正德七年、添設一員、收兑馬匹。及會同科道官、兵部委官、秤收馬價子粒、各營椿朋銀兩。隆慶三年題准、少卿一員、仍提督京邊馬政。二員、分管東西二路。各兼寄牧孳牧驗烙巡養之事。俱領敕、不更替。萬曆九年、裁革一員。十一年、復舊。凡分管寺丞。舊設十二員。以九員、分管順天、保定、真定、河間、永平、大名、濟南、兖州、東昌九府。一員、管順德、廣平二府。一員、管開封、衛輝、彰德三府各馬匹。一員、管京衛孳牧騎操馬匹。弘治十八年、裁革四員。正德九年、添設一員、專管寄養馬匹。嘉靖八年、裁革三員。以寄養馬匹、令該管地方官帶管。其六員。一員、分管順天、順德、廣平三府。並京衛孳牧騎操馬匹。一員、分管真定、保定二府。一員、分管大名、永平二府。一員、分管河間、及濟南府。一員、分管兖州、東昌二府。一員、分管開封、衛輝、彰德三府。俱三年更代。每歲二八月出巡。照依兵部馬政事例、逐一興舉。歲終比較。遇更代之年、具所行事蹟、造冊繳部查照。其山東等都司所屬衛所、各從本司委官提督。遇有解到孳生馬匹、照例發屬寄養。隆慶三年題准、定為三員。以一員、提督庫藏、兼協理京邊。二員、協理東西二路。萬曆九年、裁革一員。尋復舊。少卿敕內、兼載寺丞職名。遇少卿缺、則寺丞暫攝行事事例：詳見兵部車駕司。

又 南京太僕寺。洪武七年、設群牧監、隸本寺。二十三年、定為十四牧監、九十八群。二十八年、裁革。以其馬屬有司提調孳牧。今所領府衛州縣、總六十七處。在京：應天府：八縣全屬。在外：江南直隸：鎮江府：三縣全屬。寧國府：南陵一縣屬。太平府：三縣全屬。廣德州：一縣屬。江北直隸：鳳陽府：四縣屬。淮安府：二州九縣全屬。揚州府：惟海門一縣不屬、餘三州六縣屬。廬州府：惟英山一縣不屬、餘二州五縣屬。滁州：二縣全屬。和州：一縣屬。徐州：四縣全屬。滁州衛。以上各屬、專委管馬官員、及本寺出巡交代等項、俱與太僕寺同。事例與太僕寺同者、見兵部車駕司。係本寺者、見南京兵部車駕司。

明 徐學聚《國朝典彙》卷六一《太僕寺》 洪武六年二月，改羣牧監爲太僕寺，以監令唐元亨爲太僕寺卿，監丞孫瑛爲少卿，始定養馬之法。命應天、廬州、鎮江、鳳陽等府，滁、和州民養江北便水草一户養馬一匹，江南民十一户養馬一匹，官給善馬爲種，率三牝馬置一牡馬，每一百匹爲一羣，羣設羣頭、羣副掌之，牝馬幾駢馬一駒。牧飼不如法缺駒損斃者，責償之。其牧地擇旁近水草豐曠之地，春夏牧放游牝，秋冬而入。寺官以時巡行群牧，視馬肥瘠而勸懲之。任滿，吏部考其生息多寡以爲殿最焉。永樂十八年，改北京行太僕寺爲太僕寺。二十二年十一月，擢德州同知陳襲爲太僕寺少卿。襲，故元南臺御史大夫福壽之子，始由中書宣使授德州同知，至是坐事，當戍邊，上念其父死節，特宥而擢之，仍賜以鈔錠。洪熙元年，復以太僕寺爲北京行太僕寺。正龍六年，復以北京行太僕寺爲太僕寺。景泰元年，命太僕少卿王榮持節充奉迎使，詣虜庭，見上皇。上皇諭令還報命，進太僕卿。歸榮，錢塘人，天才快敏，爲文不屬思，數千言立就，有西漢氣骨，立朝五十餘年，聲實茂著。成化三年九月，給事中侯祥等奏各府縣管馬官既多非其人，其太僕寺官有經年不至所隸者，馬政日益廢弛。上曰：馬政務在得人。今太僕寺丞員缺，吏部直填選有司廉能者授之。弘治十八年二月，以太僕寺少卿儲瓘爲本寺卿。瓘疏上馬政便民者四事，悉見施行。正德十年，以鄺緒爲太僕寺卿。時南陵丞韓思義貪殘日著，緒按以法，權宦張雄爲居間不聽，會思義以病死，雄以故勘誣緒，乃繫御史臺，褫爲民。緒，故城人，弘治己未進士，生而美丰神，重交游，慎然諾，與人語必倒衷曲，至於嫉邪惡佞則毫髮莫之假借。又博極群書，爲文譽振漢魏，詩則浸浸逼大雅矣。隆慶二年十月，革南京太僕寺少卿一員。

又 卷七〇《行太僕寺苑馬寺》 洪武三十年，置山西、北平、陝西、遼東行太僕寺。凡邊衛管堡府州縣軍民壯騎、操馬、印烙、課較、孳牧，以時督察之。凡馬種，牡十二，牝十八。馬金，地畞十七，椿朋十三。凡馬瘠耗，罰俸，罰馬降級出革懲董之。藩臬不得預馬事。考馬官，苑馬寺亦如之。永樂四年二月，左右軍都督府官早於奉天門欽奉聖旨：『如今陝西等都司開設行太僕寺，恁都府行文去説與都司衛所知道，這箇衙門職專提調馬匹，比較孳生，但有作弊虧欠馬匹，許令本寺舉問。品職雖小，所掌事重，如同御史出巡，按治該管指揮千百户衛所鎮撫，首領官吏務要將所養一應馬騾盡數開報，聽從點視提督，敢有非理抗拒，許令本寺官開奏命問。』九月，設陝西、甘肅二苑馬寺，掌馬牧之事，而聽於兵部。凡馬種，上苑萬匹，中苑七千，下苑四千，不及則銀市而茶易焉。凡牧地，曰草塲，曰荒地，曰熟地，嚴禁令而封表之。凡牧人，曰恩軍，曰隊軍，曰改編之軍，曰充發之軍，曰抽選之軍，皆籍而食之。凡馬駒，二年一科，十八年而免。定駒、頭駒、重駒，籍而報之有常期。凡虧駒，有罰。五年十月，增設北京苑馬寺，六監二十四苑，順義、長春、咸和、馴良四苑隸清河監，水州、隆萃、大牧、遂寧四苑隸金臺監，汧池、鹿鳴、龍河、長興四苑隸涿鹿監，遼陽、龍山、萬安、蕃昌四苑隸盧龍監，清流、廣蕃、龍泉、松林四苑隸香山監，河陽、崇義、興寧、永成四苑隸通州監。宣德四年七月，兵部尚書張本奏：北京操備官軍請置勘合，發北京行太僕寺收掌馬，每官馬一匹給勘合一道，填寫齒色年月，日轉發五軍各衛，并管隊者，付領馬之人，執以爲憑，遇倒馬等項，備由陳告，就勘舍，註寫明白，限十日内親送北京行太僕寺，比較應償者，追視齒色，附簿開註，勘合與馬如前收領，再有事故，償給如例，如領馬人有故馬與勘合，從所管別村人收領，如此人難欺蔽，馬無侵損。七年，令法司及陝西布按二司雜犯死罪應充軍者發陝西行太僕寺養馬。正統二年，苑馬寺少卿嚴信以官多事少，奏准革少卿一、寺丞二、監副四、圉長十三。四年，裁革甘肅苑馬寺，改牧恩軍於黑水口，隸長樂監焉。成化二年，奏准馬官三年任内孳生不虧者稱職，額外多生者量加旌擢，不及額至百匹者降用。分管寺丞以所屬課額虧增，遞爲黜陟。弘治二年，陝西巡撫蕭禎奏革苑馬寺丞一員。十四年，兵部議准，今後各寺監官員務選才力素優者，去待有成効，一體不次擢用。十五年，南京科道官奏下兵部議准，今後行太僕苑馬寺官有缺，照在京太僕寺官例，推素有才望者簡用，待有成績，亦照太僕寺官陞擢。十七年，都御史楊一清奏，行太僕苑馬寺卿員缺，乞於附近年淺素有才望叅政副使内推陞兩寺少卿，於叅議、僉事内陞補，詔從之。楊一清又奏，兩寺卿佐等官赴京考滿朝覲，一切禮儀，班序恩典，或照兩京太僕寺堂上官事例，或止照布按二司官例，擬議通行遵守，以杜將來紊亂僭踰之弊，仍乞將各寺卿、少卿、寺丞賢否考語，陝西止聽臣開報部院以憑黜陟，不必撫按干預。山西、遼東、甘肅等處仍止撫按開報，不必二司干預，其首領屬官賢否，止憑堂上官填註。寺丞乞照京官事例，凡有違犯，叅奏拏問，不許徑提下吏、禮、兵三部，尚書馬文升、張昇、劉大夏等會議兩寺官，皆如兩司官體統，餘悉如擬覆奏。詔曰：是兩寺官員體統，都准如議行，永爲定例。各官果有政務脩舉、功績顯著的，你每斟酌推舉陞用，不必拘定常例。十八年，楊一清奏請，苑馬寺不拘少卿、寺丞添設一員，廣寧、黑水、清平、萬安四苑各添設圉長一員，部覆奏添寺丞一、圉長各一，詔從之。嘉靖三年，巡按陝西御史陳講奏請，於行太僕寺少卿之内每添一員，分管地方一在延綏、一在寧夏住劄，其正卿專理堂事，并巡視附近，固原等衛監苑孳牧馬匹，其寺丞點閘洮河、漢中、潼關、鳳翔等衛一應住俸罰馬降級事宜，又以苑軍頑悍不法，議行脩盖社，學射圃，揀選俊秀子弟教育其中，隨資性所近，教以文舉、武舉，各官課試以期於成，仍量免養馬示優異。二十九年，陝西巡茶御史劉崙條陳馬政，内一欵令陝西行太僕寺苑馬寺、甘肅行太僕寺，今後恭遇萬壽聖節，比照南京太僕寺等衙門事例，每年輪流一寺堂上官齎進表文，其餘二寺類附，下年挨次，周而獲始，冬年等節亦各輪差屬官。三十一年正月初，苑馬寺卿原設於遼陽，去本苑三百里，遼東守臣以三衛民繁事多，開原兵備，不便遥制，奏准以本寺卿張思移駐本苑，兼轄金、復、盖州三衛軍民。四十二年五月，薊遼總督等官楊選等奏遼東苑馬寺卿政事甚簡，而金、復、盖三衛南涉大海，爲醜虜垂涎之地，宜令苑馬卿量兼僉事，御帶理兵備事，官不另設而事可兼濟，甚便。兵部議覆，報可。

清　孫承澤《天府廣記》卷二八《太僕寺》　太僕寺，在皇城西，乃元兵部舊署。初設羣牧所，牧養馬匹。洪武六年，始置太僕寺，從三品，在滁州，設卿、少卿、寺丞、典簿等官職，專馬政。三十年，置北平及遼東、山西、陝西、甘肅等處行太僕寺。永樂元年，改北平行太僕寺爲北京行太僕寺，十八年改稱太僕。洪熙元年，復稱北京行太僕寺。正統六年定今名，以原置在滁州者為南京太僕寺。太僕，古官，掌牧馬之政令，以聽於兵部。少卿則分督京營馬若畿馬，丞分理京衛若畿甸及山東、河南六郡孳收寄牧馬，三年而更，凡馬肥瘠登耗，籍其毛齒而時省之，三歲偕御史一人往印烙而差擇之，選其良。凡草場歲徵其租金，國災祲出以佐市馬。凡租金，恩蠲或災蠲不得兼，即蠲，必轉移相抵，不得虧軍賦。而寺主簿勾省文移，常盈庫，征馬金貯焉。凡馬政，曰民牧，曰衛牧，曰京府寄牧。凡牧地，曰草場，曰荒地，曰熟地，嚴其禁令而封表之。凡牧人，曰恩軍，曰隊軍，曰改編軍，曰充發軍，曰召募，曰抽選軍，皆籍而食之。凡民牧人，視其丁產而授馬，種馬牡十二，牝十八，牡牝五歲而徵駒，曰備用馬，齊其馬力以給邊，邊馬足，寄牧於畿府，而府甸土不宜馬及人民耗者，征馬金。凡馬駒，十八年而免，定頭駒、重駒而籍之，報駒有常期。凡馬肥瘠登耗，籍其毛齒而時省之。三歲，寺卿偕御史二人印烙，選其良，汰其羸劣。凡草場，歲徵其租金，地畝十七，椿朋十三，災祲出之，佐牧人市馬。舊設寺丞十二員，分轄各路，孳生馬匹，官給善馬為種，率三牝馬置一牡馬，每一百匹為一羣，羣設羣頭、羣副掌之，牝馬歲課一駒，牧飼不如法、缺駒損斃者責償之。其牧地擇旁近水草豐曠之地，春夏牧放游牝，秋冬而入寺，印駒用種字，俵用江字，馬毛稀毨而齒少者，老馬所育眼光照人見全身者，其齒小照半身者，滿十歲所照漸短，其齒愈大，驗其病否，取毛附掌中相粘者，無病粘少者有病。景泰五年，太僕寺言，永樂間，本寺牧馬地方止在直隸、保定等八府，并附近衛所之順聖川，然永樂二十二年一年馬數共八十九萬一千二百八十四匹，彼時猶有空閒人丁以待領養馬匹，今又增山東、濟南等三府，河南開封等三府而孳牧馬匹反不如往年之半，然衛州縣往往推稱無丁領養，蓋軍民畏懼領馬官，又止憑開報照數配搭，以致遞年俵剩數多，馬匹虧損，擬令本寺分管寺丞親詣所轄地方從公挨勘，逐一點視，務俾養牧均平，配搭成羣，則馬政蕃息，兵部所言，詔從之。隆慶二年五月，提督四譯館太常寺少卿武金上言，種馬之設專為孳生備用，今條用馬既已別買，則種可遂省。且種馬有編番之害，有雜役之害，有點視之害，有歲例之害，有交兑之害，有輪養之害，有賠償之害，乞命兵部驗記，每年應解之馬若干，俱照原數買馬，按季查解，如備用馬已足二萬，則令每馬折價三十兩輸太僕寺，遇各邊缺馬，分發估買，一馬折價可買戰馬二匹，且令各府州縣取種馬盡賣以輸兵部。如一馬定價十兩，則直隸、河南、山東十三府可得銀一百二十萬。其草料令各府州縣每馬折銀二兩，計又得銀二十四萬，邊餉獲急，用之資百姓，免勞費之害，足國裕民，無踰於此，允行。至萬曆九年，因御史于有年之言，兵部議准，將存留種馬盡行變賣，上等馬價無過八兩，下等五兩，每馬歲徵草料銀一兩。故太僕寺積銀千萬，惜當時狃於承平，不復監牧之制，而馬政大壞。崇禎二年，太僕卿涂國鼎馬價出入數目疏，查職寺所隸，北直隸各府州縣歲額解銀一十四萬七百一十二兩，南直隸各府州縣歲額解銀共一十八萬九千五百三十五兩三錢五分，河南各府州縣歲額解銀共七千八百七十四兩，山東各府州縣歲額解銀共九萬一千四百一十六兩，通計省直歲額解銀共四十二萬九千五百三十七兩三錢七分，此職寺之入數也。乃若職寺所給發京邊各項年例，在遼鎮撫賞銀二十二萬六百三十七兩五錢零，在薊鎮撫賞銀二萬五千二百兩，在密雲犒賞銀一萬兩，在大同鎮馬價銀三萬兩，在宣鎮馬價銀五萬二千二百九十二兩四錢三分六釐，在延鎮馬價銀一萬八千三百六十四兩，在寧鎮馬價銀二萬二千四百兩，在薊、昌二鎮馬價銀二萬六千二百四十二兩八錢七分七釐五毫，在灤陽兵餉銀三千六百兩，在壩上祭司馬等神銀二十八兩，在京營軍伴操賞、修理弓箭金鼓旗幟等項銀四萬一千四百兩六錢五分，通計職寺給發京邊年例共銀四十五萬二百一十兩四錢六分三釐五毫，此職寺之出數也。職寺出入之數如此，即令外解全完所入，已不足以供所出矣。況逋欠實多，并四十二萬之數，亦不足乎？且舊歲復派皇賞銀三十六萬兩，乃在京邊年例之外，職寺於是搜括如洗，束手無所措矣。近且以俵馬改折，請當此秋運之期，民間俵馬有到京者，有在途者，紛紛駁回改折，往來騷擾，將有不勝其勞費者。況祖制設立馬政，專給團營騎操，防守都城，拱護陵寢，祇謂根本重地，有備乃無患耳，原非為邊鎮，即後來折色，亦謂無事則易馬輸銀，有事則出銀市馬，仍是備禦京師之意，乃今折色銀數盡給發各鎮矣。如并其俵馬，盡行改折，萬一變生不測，如嘉靖庚戌故事，欲買馬則無價且無及，計將安出？言之可為寒心。職等惟知為祖宗固守職掌，萬萬不敢狥邊鎮以誤朝廷也。

又《南太僕寺》 唐時升《南太僕志序》云：謹按洪武四年初置羣牧監，至六年改置太僕寺。當是時，四方僭亂未平，王師所至，如太陽出而雲霧消散，元之後裔猶在沙漠之南，王保保強力慓悍，終不肯俛首帖耳，就我羈絡，及大將北伐，步兵未至，竟以驍騎襲其營，遂令狼狽跣足而走，蓋皆用江淮間馬也，孰謂天下善馬必出高寒之地哉？後數十年間，天下大定，謂宜却走馬以糞，而詔旨諄諄，丁寧戒飭，不獨留意於中國之畜牧，而又取之四裔，如西戎之茶馬，朝鮮之馬，躭羅之馬，既又勑關中諸將吏，各以其餘馬送京師，分給沿邊騎士，豈非以戎馬，國之大事，天下雖安，不可一日忘哉？至永樂初，上問尚書劉儁以天下馬數，止十萬三千七百有奇，當寧太息。太僕卿揚砥言近馬蕃息而牧者乏人，請令民十五丁養一馬，馬死孳生不及數者責之償，遂世為北方患。自是以來，朝廷之上更制易令，部寺之間焦心勞思，議論朋興，互得互失，顧官無養馬之用，而民有養馬之害，於是萬曆中盡斥賣種馬，收買備用，其時馬户皆曠然如更生，而僕寺亦如釋重負，所從事者唯催督府縣馬價而已。夫百金之家，畜吠犬以防姦，置蹇驢以致遠，今南方數千里内卒有金革之事，如近日愚民弄兵潢池，倘游魂三輔，則欲具銜勒鞍轡而不可得，何以盛軍容而威不軌哉？蓋寄養之行，本一時嘗試之策，非明習國事者深慮熟計而為之，故審編之害、交兑之害、胥吏之要索、里甲之侵漁，勢所必至，而當時不計也。洪武六年三月，改羣牧監為太僕寺，始定養馬之法，命應天、廬州、鎮江、鳳陽等府，滁、和等州民養馬，江北以便水草一戶養馬一匹，江南民十一戶養馬一匹，官給善馬為種，率三牝馬置一牡馬，每一百匹為一羣，羣設羣頭、羣副掌之。牝馬歲課一駒，牧飼不如法至缺駒損斃者責償之，其牧地擇旁近水草豐曠之地，春時放牧，秋冬而入寺，官以時巡行羣牧，視馬肥瘠而勸懲之。任滿，吏部考其生息多寡以爲殿最焉。至二十七年，太僕寺報本年孳生馬駒之數，計九千四百四匹。周弘祖曰：國朝領養種馬，南北直隸、河南、山東之民兩太僕寺總其事，而御史稽察印烙之，北數七萬，南數三萬，每歲五馬，共俵解馬一匹，赴京上納，給各軍餵養。後又寄順天所屬州縣，謂之寄養馬匹。成化二年，南直隸地方奏稱地不產馬，暫收折色，或三十兩，或二十四兩，自是比照，日漸加增，解銀儲北太僕寺，發各邊買馬及各邊借支別用。隆慶中，李興化春芳在內閣憫桑梓領養種馬之難，因奏通行革去一半，而舊制蕩然矣。

明 徐石麒《官爵志》卷二《太僕寺》 洪武初，置太僕寺在滁州，置北平、遼東、陝西、甘肅爲行太僕寺。永樂間，改北平稱太僕寺。正統間，定滁州爲南京太僕寺。按：周官有太僕，秦漢有丞，梁有主簿，今卿從三品，少卿正四品，寺丞正六品，職專牧馬之事，首領主簿從七品，常盈庫大使未入流。行太僕寺官品同。

清 錫珍《吏部銓選則例》卷一《兼管太僕寺事務請旨》 太僕寺應派大臣一員兼管，遇有陞遷外任以及事故出缺，吏部將在京滿洲尚書左都御史、侍郎、左副都御史職名開列具奏，恭請欽點。

又 卷三《太僕寺主簿》 太僕寺主簿員缺，由太僕寺於本衙門筆帖中缺具考語咨送吏部引見補授。

清 朱奇齡《續文獻通考補》卷一《太僕寺》 洪武中置寺，設卿從三品，少卿正四品，寺丞正六品，為正官，主簿從七品，為首領官，掌凡養馬之政令。按：太僕寺主馬政，即《周禮》牧師、圉師之職，而太僕之名始于秦漢，唐以來因之，列于九寺，至于明不廢，然其職固與兵部之車駕相通，南宋亦嘗併歸兵部。

又《行太僕寺》 洪武中置于山西、北平、陝西，每寺設卿，從三品，少卿正四品，寺丞正六品，為正官，主簿從七品，為首領官。甘肅、遼東每寺設少卿、丞各一人。嘉靖三年，增設陝西、甘肅二寺各少卿一員，掌各邊衛所營堡之馬政。

《清會典》卷八五《太僕寺》 卿，滿、漢各一人，少卿，滿、漢各一人，掌兩翼牧馬場均齊賞罰之政，所屬有左右二司。左司員外郎，滿一人，蒙古一人，主事滿一人，蒙古一人，掌馱載幔城網城之駝，以備巡幸之用。右司員外郎，滿一人，蒙古一人，主事滿一人，蒙古一人，掌察驗牧場馬匹盈虧，以時印烙。主簿，滿一人，掌章奏文移。筆帖式，滿八人，蒙古八人，掌繙譯。凡扈從恭遇車駕巡幸，列卿及少卿名奏請一人隨蹕豫備，幔城網城馱載橐駝於八旗取用，沿途有罷憊者，奏請更換。凡司牧統轄兩翼牧場，總管一人，兩翼牧場總管二人，副管一人，防禦二人，翼領四人，驍騎校三人，護軍校八人，協領十人，護軍三百十有四人。馬群百九十二，每群牧長、牧副各一人。牝馬群百六十，每群牧丁八人。牡馬群三十二，每群牧丁十有四人。統轄總管員闕，以副都統等兼理。總管員闕，於察哈爾佐領世爵等官內簡選一人，牧場翼領等官內簡選一人，擬定、正陪，副管以下各員闕，各將應用之人均擬定正、陪，由寺引見補授。凡牧場分界，左翼四旗，自布濩衣卜拉克至察漢齊勞臺，東西百五十里，自都什山至巴顏托羅垓，南北百三十里。右翼四旗，自努赫圖溝至烏赫爾齊勞，東西百五十里，自克衣格達瓦都得衣哈喇至布爾噶蘇臺河岸，南北三十二里。彼此不得侵越，總管翼領各住適中之地，約束牧長等加意牧放，副管、防禦、驍騎、校護、軍校各於本翼本旗場內巡察，嚴緝盜馬及墾耕者。凡牧群，左右兩翼設牝馬一百六十群，每群二百四十六匹至一百三十二匹有差，扇馬三十二群，每群二百有五匹至五十九匹有差。凡牧課，每年夏季列卿及少卿名請簡一人率屬赴牧場，稽其孳生虧損之數，分注於冊，三年均齊一次，以定賞罰，仍以均齊冊送兵部覈奏。牝馬群每三馬三歲徵孳生駒一，以孳生正數外餘百六十匹者為上，八十匹以上次之，八十匹以下又次之，正數內少百匹者為下，五十匹以上次之，五十匹以下又次之。牧長、牧副視上下等次以定賞罰。牡馬群以在場見牧者為十分，視馴習及虧損之多寡以定賞罰。至協領以上各官，各統計所管之馬，按其孳生馴習及虧損之多寡賞罰有差。

《續通志》卷一三一《太僕寺》 太僕卿少卿，唐制，卿一人，少卿二人，丞四人。後唐置卿一人。宋初，置判寺事，掌車輅而以其職分羣牧司、騏驥院。元豐更制，置卿一人，少卿一人，掌廄牧車輅之令；丞一人，主簿一人，所隸官司有車輅院、左右騏驥院、鞍轡庫、養象所、車營、致遠務。南渡後廢寺，併入兵部。

又 卷五五《太僕寺》 明太僕寺，卿一人，少卿二人，正德十一年增設一人，寺丞四人。其屬主簿，廳主簿一人，常盈庫大使一人，所轄各牧監監正、監副、録事，各羣羣長俱各一人，後俱革。卿掌馬牧之政令，以聽於兵部。少卿佐寺事一人，督營馬一人，督畿馬寺丞分理京內及山東、河南六郡孳牧寄牧馬匹，濟南、兗州、東昌、開封、彰德、衛輝。凡軍民孳牧，視其丁產授之種馬，牡十之二、牝十之八為一羣，南方以四牝一牡為一羣，歲徵其駒，曰備用馬，齊其力以給將士，將士足則寄牧於畿內府州縣，肥瘠登耗，籍其毛齒而時閱之。三歲，偕御史一人印烙，選其健良，汰其羸劣。其草場已墾成田者，歲斂其租金，災祲則出之以佐市馬，其賠償折納則徵馬輸兵部。主簿典勾省文移，大使典貯庫馬金。洪武四年，置羣牧監於達勒達錫里營所，隨水草利便，立官署專司牧養。六年，更置羣牧監於滁州，旋改為太僕寺，設卿、少卿、寺丞，又設首領官、知事、主簿各一人。七年，增設羣牧監官二十七處，隸太僕寺。十年，增置滁陽等各牧監及所屬各羣，改牧監令、丞為監正、監副。二十二年，定滁陽等十二牧監，每監設監正一人，監副二人，録事一人。來安等一百二十七羣，每羣設羣長一人，初設羣副二人，至是革。二十三年，增置江東、當塗二牧監及所屬各羣，又罷烏衣等五十四羣，改置永安等七羣，定為牧監十四：滁陽、大興、香泉、儀真、定遠、天長、長淮、江都、句容、溧陽、江東、溧水、當塗、舒城，羣九十有七，大勝關、柏子、騶興、保寧、草堂五羣隸滁陽監，永安、如臯、沿海、保全、朝陽、永昌、安定七羣隸大興監，大錢、銅城、永豐、龍勝、龍山、永寧、新安、慶安、襄安九羣隸香泉監，華陽、壽寧、廣陵、善應四羣隸儀真監，龍江、龍安、萬勝、龍泉四羣隸定遠監，天長、懷德、招信、得勝、武安五羣隸天長監，長安、白石、荆山、南山、團山、革平六羣隸長淮監，萬寧、廣生、萬驥、順德、大興、驥寧、崇德七羣隸江都監，句容、易風、仍信、福胙、通德、承仙、上容、政仁、練塘、壽安十羣隸句容監，畢福、從山、明義、永定、福賢、崇來、永城、永泰、奉安九羣隸溧陽監，開寧、泉水、惟政、清化、神泉、新亭、長泰、光澤八羣隸江東監，儀鳳、仙壇、五信、歸政、豐慶、安興、遊山、永寧八羣隸溧水監，石城、永保、化洽、姑熟、繁昌、多福、丹陽、德政八羣隸當塗監，棗林、海亭、伏龍、龍河、會龍、九龍、萬龍七羣隸舒城監。二十八年，悉罷牧羣監，以其馬隸有司牧養。三十年，置行太僕寺於北平，建文中又改其首領官職名，增設録事及典廐、典牧二署，驌驦等十八羣，滁陽等八牧監，龍山等九十二羣。成祖復舊制，永樂元年改北平行太僕寺為北京行太僕寺，十八年定都北京，遂以行太僕寺為太僕寺。洪熙元年，復稱北京行太僕寺。正統六年，定為太僕寺，其舊在滁州者改為南京太僕寺。寺丞初置四人，正統中又增八人，共十二人，以一人領京衛，一人領順德、廣平二府，一人領開封、衛輝、彰德三府，九人分領順天、保定、真定、河間、永平、大名、濟南、兗州、東昌九府孳牧、寄牧各馬匹。弘治六年，革四人，正德九年，復增一人，專領寄牧之事。嘉靖八年又革三人，共六人分領，三年更代，而以寄牧者令府州縣兼理。隆慶三年，又革三人，止設三人，以一人提督庫藏，兼協理京邊，二人分理東西二路各馬政。南京太僕寺卿一人，少卿、寺丞各二人，主簿一人。隆慶時，革少卿、寺丞各一人。行太僕寺卿、少卿各一人，寺丞無定員，主簿一人。寺掌各邊衛所營堡之馬政，以聽於兵部。凡騎操馬匹，印烙表散，課掌孳牧，以時督察之。歲春秋閱視其增耗齒色，三歲一稽比，布按二司不得與，有瘠損財，聽兵部參罰。苑馬寺亦如之。洪武三十年，置行太僕寺於山西、北平、陝西、甘肅、遼東，其山西、北平、陝西每寺設少卿一人，丞三人，甘肅、遼東每寺設少卿、丞各一人，擇致仕指揮千百户為之。永樂四年，許令寺官按治所轄衛所鎮撫首領官吏。十八年，以北京行太僕寺為太僕寺。宣德七年，發雜犯死罪應充軍者於陝西行太僕寺養馬。弘治十年，簡推素有才望者補本寺官，視太僕寺官升擢。嘉靖三年，從御史陳講請增設陝西、甘肅二寺各少卿一人，分管延綏、寧夏。二十九年，令寺官遇聖節輪年齎進表文。苑馬寺卿、少卿各一人，寺丞無定員，其屬主簿，各牧監監正、監副各一人，録事一人，各苑圉長一人。所掌六監二十四苑之馬政，而聽於兵部。凡苑，視廣狹為三等，上苑牧馬萬匹，中苑七千，下苑四千。凡牧草場，曰荒地，曰熟地，嚴禁令而封表之。凡牧人，曰恩軍，曰隊軍，曰改編之軍，曰充發之軍，曰召募之軍，曰抽選之軍，皆籍而食之。凡馬駒，歲籍其監苑之數上於兵部，以聽考課，監正、監副掌監苑之牧事，圉長帥羣長而阜蕃馬匹。永樂四年，置苑馬寺凡四，北直隸、遼東、平涼、甘肅。五年，增設北直隸苑馬寺六監二十四苑，順義、長春、咸和、馴良四苑隸清河監，水州、隆萃、大牧、遂寧隸金臺監，汧池、鹿鳴、龍河、長興隸涿鹿監，遼陽、龍山、萬安、蕃昌隸盧龍監，清流、廣蕃、龍泉、松林隸香山監，河陽、崇義、興寧、永成隸通州監。六年增甘肅、平涼二寺監，每寺各六監二十四苑。十八年，革北京苑馬寺，併入太僕。正統四年，革甘肅苑馬寺，改牧恩軍於黑水口，隸長樂監。弘治二年，革平涼寺丞一人。十七年，都御史楊一清奏請，行太僕、苑馬二寺員缺，簡選才望參政副使補升卿，參議僉事補升少卿，以振馬政。十八年，又請添設寺員。嘉靖三十二年，以遼東寺卿張思兼轄金、復、蓋州三衛軍民。四十二年，又命帶理兵備事。

清 厲荃《事物異名録》卷八《太僕寺》 司馭卿、司僕卿。歷代沿革：太僕卿，唐龍朔中改為司馭卿，光宅初改為司僕卿。冏卿，《廣事類賦》：周王命伯冏為卿。按：《書》『伯冏為太僕正』，故號太僕卿為冏卿。

清 梁章鉅《稱謂録》卷一八《太僕寺》 太僕：《周禮》夏官太僕掌正王之服位，出入王之大命。

又 太僕正、太御：《書・小序》：穆王命伯冏爲太僕正，作冏命。《孔傳》：太僕長太御中大夫。孔疏：正，訓長也。《周禮》，太御中大夫，太僕下大夫，孔以此言太僕正，則官高於太僕，故以爲《周禮》太御。《文獻通考》：王莽改太僕爲太御。案：今世稱太僕爲冏卿，即仿此。

又 冏卿：《廣事類賦》：周王命伯冏爲卿。案：書伯冏爲太僕正，故號太僕卿爲冏卿。

又 校人：《周禮》夏官校人鄭注云：校者，校也。主馬者必仍校視之。校人，馬官之長。

又 僕人師：《禮記・檀弓》『卜人師扶右』，鄭注云：卜當爲僕聲之悞也。《釋文》曰：卜，依注音僕，師長也，謂太僕也。

又 僕臣：揚雄《太僕箴》云：『僕臣司駕，敢告執皁。』

又 相：《尚書・顧命》『相被冕服』。《正義》引鄭注曰：相者，正王服位之臣爲太僕。

又 司馭、司僕、司馭寺、司僕寺：《五代史・百官志》：唐龍朔中改太僕曰司馭，又改爲司僕。《初學記》：龍朔二年改太僕爲司馭寺，亦曰司馭卿。咸亨中復舊。光宅元年改為司僕寺，亦曰司僕卿。龍朔元年復舊。韋宏景封還除太僕制，『司僕正卿，位居九列』。

又 夏卿：《隋書・百官志》，梁加置太府卿，以少府爲少府卿，加置太僕卿，三卿是爲夏卿。

又 左御：孫逖太僕卿制：『俾升榮於左御』。

又 馬師：《歷代職官表》：劉向《列仙傳》稱馬師皇爲黄帝馬師，其説無據，而夏之牧正，殷之牧師，皆見於經傳，則典牧之官其由來固已久矣。

又 牧師：《竹書紀年》：周公季歷伐無余之戎，克之，命爲牧師。

又 牧正：《春秋左氏傳》：少康爲牧正。杜注：牧官之長。

又 監牧使：《新唐書・兵志》：以太僕少卿李思文、檢校隴西諸監牧使，監牧有使自此始。《歷代職官表》：鹽牧領之於太僕少卿，疑諸監歲時閲視，皆以少卿往莅其事，故獨專使名，正如今太僕寺堂官每歲赴牧場稽察之職也。

《明會要》卷三八《太僕寺》 洪武四年閏三月甲寅，置羣牧監於達勒達錫里營所，舊作答答失里營，六年二月辛巳更置牧監於滁州，改爲太僕寺，以監令唐元亨爲卿，監丞孫瑛爲少鄉。《昭代典則》。三十年，朱守仁拜太僕卿，首請立牧馬草場於江北滁州諸處，所轄十四監九十八羣，馬太蕃息。馬政之修，自守仁始。《單安仁傳》。永樂元年，改北平行太僕寺爲北京行太僕寺。十八年，定都北京，遂以行太僕寺爲太僕寺。宣德四年十二月，太僕寺請遣官閲孳生馬，上諭之曰：馬蕃於民間必寬民力，而後可責其成效。國家立法固有定規，其孳生不及數者，亦屢下令免償，未嘗以馬傷民。爾等當率舊典，以示勸懲，民有貧難者，宜寬恤之。《大訓記》。金彌爲太僕少卿，慨然以馬政修舉爲己任，屢奉命督理虧耗，自衛使郡守而下悉聽決，無不畏法。有順聖川者，水草甘肥，永樂中嘗牧馬蕃息。天順初命彌往視，築二城，用養天閑之馬，增二驛於中道，以便往來。詔嘉納之。《通典》。天順元年，太僕寺卿程信按故事理營衛馬，三營大將石亨、孫鏜、曹欽訴太僕苛急，請馬隸兵部。信言：高皇帝諭馬數勿令人知，今隸兵部，馬登耗臣等不得聞，脱有警，馬不給，誰任其咎？上是其言，令如舊行。《世法録》。呂憲爲南京太僕寺少卿，故事，太僕馬數不令他官知，以是文籍磨滅，登耗無稽。憲曰：他官不與聞是也，當職者可貿貿耶？議請三年一校，勘著爲例。《呂原傳》。成化四年，始建太僕寺常盈庫，貯備用馬價。初，邊臣請馬，太僕寺以見馬給之。自改徵銀，馬日少而請者相繼，給價十萬，買馬萬匹，邊臣不能市良馬，馬多死。太僕儲嚾以爲言，請仍給馬，又指陳各邊盜賣私借之弊，語雖切，不能從。已上《兵志》。宏治中，張謙升南京太僕寺卿，以正率下，汰除積弊，禁革貪污，省費甚鉅，尋奏馬政便民四事，多見施行。《續通典》。正德元年，太僕寺鄉儲嚾言，本寺馬匹本備京營之用，不爲各邊之費，緣各邊有行太僕寺、苑馬寺，所蓄馬匹足備征調，其後馬政廢弛，一遇警急，奏請紛然，查宣府、大同給銀買補不足其數，邊方官軍因見京師銀馬易求，不甚愛惜，及至倒斃，不行賠償，甚或侵欺買馬銀兩，如都督汪鑑追贓罷官，弊難盡言，請差兵部郎中同本寺少卿往各邊查勘下部知之。孫緒爲太僕鄉時，大司馬王德華交結錢甯，移文太僕，語多不遜。緒以書數之，德華引咎。又淮安、鳳陽諸郡饑饉，馬供小弱，緒察其故，卽與交兑，省費至千萬緡，民賴之不破産者千餘家。明時馬政之弊，南畿苦賦，北畿苦養馬。嘉靖中，田濡爲太僕寺卿，奏請以額馬賦十之三，其七以金代而輸之北寺，卽有軍興，以便宜召買，使兩畿民力有所蘇息。上嘉其議，行之。後二十餘年，山東、河南相踵以請，數省民不困而冏寺有餘藏，常輸以給邊，皆濡之力也。嘉靖六年，太僕寺卿黄懋官奏太僕職掌馬政，每歲派徵，備用本折，付收埸租，餘地馬價俱兵部題請，備劄到寺，至於調兑以應京邊之需，放給以濟各邊之用，亦以部劄施行，議派多寡之數，出入贏縮之權，太僕不得與焉。今馬調兑日繁，而寄養見在無幾，動支日費而庫貯存積不多，若不區畫撙節，則將來之兑支未已，防秋之豫備何措？庫貯銀先年常有一二百萬，兹簡覈庫籍，自本年二月起至今年三月止，陸續給發借支外，所貯僅有二十八萬餘兩。夫邊臣請馬不足而益之以銀，別部事務不干而名之以借，寺庫有限之銀應各項無窮之用，雖有神輸之術，當有時而竭也。夫在太僕寺爲典守之官，在兵部爲主持之地，使主持者無以裕其源而節其流，則典守者之分不過因人成事而已。伏乞皇上特敕兵部從長議處，復備用歲派之額，嚴京邊倒失之罪，禁別項借支之需，以紓急缺。己上《世法錄》。七年六月辛丑朔，敕太僕寺少卿一員出巡閲馬。《大政記》。時國家有興作賞賫，往往借支太僕銀，太僕帑益耗。萬厤十五年，寺卿羅應僑請禁支借。二十四年，詔太僕給陝西賞功銀，寺臣言，先年庫積四百餘萬，自東西二役興，僅餘四之一，朝鮮用兵，百萬之積俱空，今所存者止十餘萬，況本寺寄養馬歲額二萬匹，今歲取折色，則馬之派徵甚少而東征調兑尤多，卒然有警，馬與銀俱竭，何以應之？章下部未能有所釐革也。《兵志》。太僕卿周九教疏，本寺老庫馬價自嘉隆以來封識唯謹，不許擅動，誠謂老庫之銀卽外廐之馬也，無事折而爲銀，有事出以市馬，以備非常，所以拱衛神京，固安根本，慮智深遠，節奉明旨，不許借討，故自嘉隆至今，老庫馬價所積幾至千萬。及後各部借討，始曰不得援以爲例，後率以爲例，始猶兵部支請爲例，後各部亦借請爲例，始猶曰勒限補還，後竟不補還，以故屢年千萬之積殆盡，今僅存二百萬有奇，又借討百萬，恐不數月寺帑盡空，一旦有警，欲徵馬則無馬，欲市馬則無銀，倉皇失措，誰職其咎？往者庚戌之事，至今令人心悸，望敕下兵部，從長計議，奏請定奪。《夢餘錄》。崇禎二年，太僕寺卿涂國鼎奏，馬價出入數目，並言祖制設立馬政，專給團營騎操，防守都城，拱護陵寢，祇謂本根重地，有備乃無患耳。原非爲邊鎮，卽後來折色，亦謂無事則易馬輸銀，有事則出銀市馬，仍是備禦京師之意。乃今折色銀數，盡給發各鎮矣。如併其俵馬，盡行改折，萬一變生不測，計將安出？臣知爲祖宗固守職掌，萬萬不敢徇邊鎮以誤朝廷也。同上。十五年，王家彦遷太僕卿，疏言馬耗之故，請行官牧及金牌差發遺制，且言課馬改折，舊增至二十四萬兩，已重困，楊嗣昌不恤民，復增三十七萬，致舊額反逋，不可不釐正。《王家彦傳》。

又《行太僕寺》 洪武三十年正月丁卯，置行太僕寺於山西、北平、陝西、甘肅、遼東。永樂十八年，以北京行太僕寺爲太僕寺，其舊在滁者改爲南京太僕寺。《職官志》。永樂十年，楊砥遷北京行太僕寺卿，定牧馬法，請令民五丁養種馬一匹，十馬立羣頭一人，五十馬立羣長一人，養馬家歲蠲租糧之半。而薊州以東至山海諸衛土地寬廣，水草豐善，其屯軍人養種馬一匹，租亦免半。帝命軍租盡蠲之，餘悉從其議。於是馬大蕃息。《楊砥傳》。宣德七年，發雜犯死罪應充軍者於陝西行太僕寺養馬。宏治初，巡撫陝西右副都御史蕭禎奏省行太僕寺官兵部議，洪武中設陝西、甘涼行太僕寺，永樂間復於平涼設苑馬寺，其屬有六監二十四苑，官得其人，馬牧常數萬匹，足充邊用。正統以後，邊備漸弛，馬遂日耗，久之，遂省同川等四監、太和等十九苑今所存寺監官言者每請裁革，是惜小費而忘備邊之大計，恐馬政遂廢，請量省爲宜。於是革陝西行太僕寺少卿一員，寺丞一員，苑馬寺少卿一員，寺丞一員，長樂、靈武每監監副二員。明初置十二寺丞，皆以所屬居行寺。宏治三年，議定分管寺丞三年一更。十年，簡推素有才望者補本寺官，視太僕寺官升擢。十五年，兵部尚書劉大夏奏，在外寺監近年各佐多用謫逐官及有過累者，府衛下僚多易視之，故自待亦輕，政務因以廢弛，宜稍更其制。行太僕苑馬寺官缺少卿，於布、按二司參議僉事推補，卿則於參政副使及本寺少卿推補升任，視太僕寺卿佐其監苑庶官亦請用北人素知牧馬者，則官得人而政可舉。己上《世法錄》。嘉靖三年，從御史陳講請增設陝西、甘肅二寺各少卿一員，分管延綏、甯夏。《職官志》。十五年，議准陝西、山西、遼東行太僕寺每年春秋二季點視官軍騎操馬匹，如遇倒失，照例追收樁朋銀兩買補，仍造清册，送部查考。《世法錄》。隆慶五年，題准行太僕卿苑馬卿運使員缺，必以廉謹有才望者推補。其階格，卿視布政司，參政使視按察司副使，得一體升轉。萬厤九年，議准陝西行太僕卿少卿有缺，查訪二司並知府等官素有才望者推補。己上《會典》。

傳記

明 王直《抑庵文後集》卷二七《太僕寺少卿沈公墓表》 永樂二年，太宗皇帝復以科舉取士，天下之會試于禮部者凡數千，拔其尤者，得四百七十人。海寧沈公志行，初以易經中浙江鄉試第二，至是會試在十七，及奉大對，占第二甲前列，名動京師。【略】未幾，召為太僕少卿。公曰：馬政，國家重務，而吾輩主之，何可以不慎？魯頌之無邪，衛風之塞淵，此其道也。使任其事者，皆篤誠無怠，馬安有不蕃者乎？凡公之所巡歷考閱者，皆以是為訓，馬大蕃息，累進階至中議大夫，勲為贊治尹。

明 吴寬《家藏集》卷七七《明故亞中大夫太僕寺卿吴公神道碑銘》 公諱裕，字敬昆，潮之揭陽人。【略】已未始有太僕寺卿之擢。公居官，方以安靜自守，適胡虜數入雲中冦掠，邊將議出師，顧馬多病死，奏乞甚急。公日坐堂上，選閱至發數千匹，不足，更出庫銀數萬兩往市。當是時，公已嬰疾，復治馬政過勞，疾益作。凡再上疏乞休致，朝廷率勉留之。已而疾劇，竟卒辛酉四月十六日也，享年五十九。【略】爲之銘曰：太僕古官，見周冏命。后聖攸資，曰僕臣正，厥後失職，惟以馬政。漢興設官，修馬復令，循至于唐，閑廐益盛。惟公早歲，出由甲科，南北郎署，歲月久磨，論其勤勞，銓曹爲多，和而不隨，平而不阿，冢宰倚之，黜陟無頗。翔集銀臺，起領太僕，北檄戒嚴，裁及馬畜，選閱日勞，罄彼監牧，師出雲中，萬騎馳逐，邊功則成，公病不祿。惟帝至仁，軫念僕臣，錫以邺典，賁其塋墳。公則亾矣，厚德未淪，衰服在喪，幼稚詵詵，祿位有餘，尚遺後人。

明 雷禮《國朝列卿紀》卷一四九《太僕寺叙》 夫太僕，周官也，有太僕下大夫，掌正王之服位，出入王之大命，至穆王置太僕正，以伯冏爲之掌輿馬。秦因之。漢制列九卿，多進爲三公，其職領五監六廐，皆有令。魏、晉、宋、齊不常置。梁太僕卿視黄門侍郎。陳因之。後魏兼置少卿，隋唐加置少卿一人。沿宋以來，相沿不革。國初，倣古置太僕寺，以江北諸郡縣限於長江，馬至京難，又滁、介、江淮多山，山故多曠土，饒薦草莽，水泉利可牧，故於洪武六年設寺於滁。卿從三品，又置少卿，正四品，并寺丞等官，專掌牧馬之事，領滁陽等八監，驌驦等十八群。二十八年，省牧監，屬有司，置管馬官，於是各處馬匹印烙點視悉至滁。及三十年，設北平行太僕寺於通州，至永樂元年，改為北京行太僕，設少卿一員，寺丞四員，主簿二員，而北太僕蓋權輿於此。十年，添設卿一員，以鴻臚卿楊砥爲之。定少卿二員，寺丞八員。十五年，增寺丞至二十員，主簿至三員，然寺猶仍居通州。迨十八年定鼎北京，改稱太僕寺，始徙寺於京師。洪熙元年，命北京仍稱行在於滁，去南京二字。至正統六年，復永樂十八年之舊，於是順天等府及山東、河南馬政悉屬於北，惟兩淮及江南北仍屬南京。至弘治四年，屬於南者，印烙不至滁而悉總於北矣。然百餘年來，廢弛日久，於凡孳牧之方，悉棄不講，而印烙點視徒為文具，欲求生息之繁，以備意外之警，其可恃乎？宣德以後，北寺卿、少相沿無改，丞裁爲十二員，簿一員。至正德十一年，增設少卿一，而丞則自弘治末年以後遞損至三員，惟南寺仍舊云。今詳各官年表於後，其行實見於事紀，其勳德茂著者張爲列傳。

又《國初太僕寺卿年表》 唐元亨，直隸臨淮人，元末國子監，武六年任。趙名重，洪武初薦舉，八年任。商暠，山東定陶人，故元平章，洪武十年任。商敬，洪武初薦舉，十九年任。朱守仁，直隸徐州人，故元樞密同知，洪武二十四年任。翁銘，直隸壽州人，洪武中薦舉，二十七年任。

又《國初太僕寺卿行實》 唐元亨，直隸鳳陽府臨淮縣人，元末以國子生歸附。甲辰年，知無爲州。洪武六年二月，改羣牧監爲太僕寺。元亨時爲監令，乃擢爲太僕寺卿。始定養馬之法，令寺官以時巡行，羣牧視為肥瘠而勸懲之。任滿，吏部考其生息以爲殿最。八年致仕。趙名重，洪武初薦舉，八年擢太僕寺卿，十年致仕。商暠，山東定陶縣人，故元中書省平章政事。丙午七月擴廓帖木兒以張良弼拒命，率兵會暠，約李思齊攻良弼，不利，請下詔和解之。洪武二年，降王師入仕。三年，命署吏部事，尋調侍御史，命徃山東、北平收取故元五省八翼漢軍士。暠至，按籍凡十四萬一百十五户，每三户令出一軍，分隸北平諸衛。六年，陞御史中丞，進資善大夫。七年，命叅贊軍事，率師北伐，以功陞大寧前軍都督僉事。十年，改太僕寺卿。十三年，以罪謫中書省吏。十九年，進大寧前衛前軍都督僉事，後卒於官。商敬，洪武初薦舉，十九年擢太僕寺卿，二十一年免。朱守仁，字元夫，直隸徐州人。元末兵起，爲樞密同知，守舒城。入仕國朝，甲辰年爲中書斷事官，明年，除知袁州事。洪武三年，陞工部侍郎。四年，拜本部尚書。本年出爲北平叅政，以饋餉不報，謫蒼梧知縣。九年，知客州，尋改高唐知州。十年，以治最陞四川布政司使。十三年，致仕。十五年，起楚雄知府。二十四年，來朝拜太僕寺卿。二十七年，聽致政。永樂二年，因朝於京，遇疾卒。詳國初工部。翁銘，直隸鳳陽府壽州人，洪武中薦舉，二十七年擢太僕寺卿，三十一年卒於官。

又卷一五〇《太僕寺卿年表》楊砥，山西澤州人，進士，永樂十年任。薛均，湖廣蘄州人，永樂十六年任。郭敦，山西堂邑人，洪武癸酉鄉舉，永樂二十二年任。王中，直隸定州人，永樂初薦舉，二十二年任。薛均，見前，洪熙元年再任。吳敬，直隸上海人，監生，宣德七年任，管理勑房。張志，陝西西鄉縣人，鄉舉，宣德十年任。崔奎，正統十年任。俞綱，浙江嘉興人，正統初楷書，十四年任。李賓，順天順義人，進士，景泰元年任。宋琰，浙江奉化人，進士，景泰四年任。趙昱，山西盂縣人，卿舉，景泰六年任。程信，直隸休寧人，進士，天順元年任。張諫，應天句容人，進士，天順元年任。熊瓚，河南陝州人，進士，天順七年任。鄭寧，河南祥符人，進士，成化二年任。章璠浙江會稽人，鄉舉，成化二年任。牟俸，四川巴縣人，進士，成化七年任。閔宗，直隸南宮人，鄉舉，成化八年任。楊璲，陝西咸寧人，鄉舉，成化十八年任。張海，山東德州人，進士，成化十九年任。潘禮，河南歸德衛人，進士，成化二十一年任。吳原，福建漳浦人，進士，成化二十三年任。李温，順天漷縣人，進士，弘治元年任。王霽，直隸上海人，進士，弘治元年任。唐章，直隸獻縣人，進士，弘治三年任。陳寬，直隸南宮人，進士，弘治三年任。曾鑑，湖廣桂陽人，進士，弘治三年任。彭禮，江西安福人，進士，弘治五年任。張九功，河南陝州人，進士，弘治九年任。王傅，順天寶坻人，進士，弘治九年任，易州廠。錢鉞，浙江杭州前衛人，進士，弘治九年任。徐佑，直隸肅寧人，進士，弘治九年任。宋琮，陝西隴西人，進士，弘治十一年任。吳裕，廣東揭揚人，進士，弘治十二年任。吳洪，直隸吳江人，進士，弘治十四年任。王質，山東濟寧人，進士，弘治十八年任。儲巏，直隸泰州人，進士，弘治十八年任。陳昴，山東單縣人，進士，正德二年任。屈直，陝西華陰人，進士，正德三年任。張綸，順天平谷人，進士，正德四年任。王寅，直隸容城人，進士，正德四年任。鄭宗仁，直隸任丘人，進士，正德六年任。劉永，順天固安人，進士，正德七年任。楊廷儀，四川新都人，進士，正德九年任。孫緒，直隸故城人，進士，正德十年任。王承裕，陝西正原人，進士，正德十一年任。房瑄，直隸任丘人，進士，正德十二年任。何孟春，湖廣郴州人，進士，正德十三年任。汪舉，浙江仁和人，進士，正德十三年任。劉麟，江西安仁人，進士，正德十六年任。吳祺，江西豐城人，進士，嘉靖二年任。高嵩，廣西宜山人，鄉舉，嘉靖四年任。閔楷，直隸任丘人，進士，嘉靖五年任。汪玄錫，直隸休寧人，進士，嘉靖六年任。余祐，江西鄱陽人，進士，嘉靖六年任。唐龍，浙江蘭谿人，進士，嘉靖六年任。余瓚，福建莆田人，進士，嘉靖七年任。曾直，江西吉水人，進士，嘉靖七年任。何棟，陝西長安人，進士，嘉靖十年任。盛儀，直隸江都人，進士，嘉靖十一年任。邵鋭，浙江仁和人，進士，嘉靖十一年任。甘爲霖，四川富順人，進士，嘉靖十一年任。党以平，河南鈞州人，進士，嘉靖十三年任。李元吉，山東堂邑人，進士，嘉靖十五年任。李欽，順天通州右衛人，進士，嘉靖十五年任。楊惟聰，順天固安人，進士，嘉靖十八年任。楊最，四川射洪人，進士，嘉靖十九年任。汪玄錫，見前，嘉靖十九年起再任。李舜臣，山東樂安人，進士，嘉靖三十年任。毛渠，山東掖縣人，進士，嘉靖二十年任。吳章，廣東南海人，進士，嘉靖二十五年任。張忠，直隸任丘人，進士，嘉靖二十六年任。方鈍，湖廣巴陵人，進士，嘉靖二十六年任。盧勳，浙江縉雲人，進士，嘉靖二十七年任。高輝，直隸清苑人，進士，嘉靖二十九年任。竇一桂，山西武鄉人，進士，嘉靖二十九年任。張舜臣，山東章丘人，進士，嘉靖三十一年任。羅廷繡，陝西淳化人，進士，嘉靖三十二年任。黄懋官，福建莆田人，進士，嘉靖三十三年任。劉養直，四川内江人，進士，嘉靖三十五年任。劉大實，河南確山人，進士，嘉靖三十六年任。萬宷，江西豐城人，進士，嘉靖三十八年任。查秉彝，浙江海寧人，進士，嘉靖三十九年任。王國光，山西陽城人，進士，嘉靖四十年任。王掄，直隸崑山人，進士，嘉靖四十年任。張守直，順天遵化人，進士，嘉靖四十一年任。唐寬，山西平定人，進士，嘉靖四十一年任。劉畿，直隸長洲人，進士，嘉靖四十二年任。鮑象賢，直隸歙縣人，進士，嘉靖四十三年任。曾于拱，江西泰和人，進士，嘉靖四十三年任。王鶴，陝西長安人，進士，嘉靖四十三年任。李敏，山西榆次人，進士，嘉靖四十四年任。荀顥，四川閬中人，進士，嘉靖四十五年任。鄒應龍，陝西長安人，進士，隆慶元年由大理寺左少卿任，本年遷太常寺。

畢鏘，直隸石埭人，進士，隆慶元年任。劉愨，江西萬安人，進士，隆慶元年任。李一元，直隸建德人，進士，隆慶元年任。靳學顏，山東濟寧人，進士，隆慶二年任。董傅策，直隸上海人，進士，隆慶二年任。朱大器，江西南城人，進士，隆慶二年任。顧存仁，直隸太倉人，進士，隆慶三年任。姚一元，浙江長興人，進士，隆慶四年任。王好問，直隸欒亭人，進士，隆慶四年任。王治，山西忻州人，進士，隆慶五年任。楊賢，山東濟寧人，進士，隆慶六年任。李幼滋，湖廣應城人，進士，萬曆元年任。吳道直，直隸定州人，進士，萬曆元年任。王世貞，直隸太倉人，進士，萬曆二年任。胡執禮，陝西永昌人，進士，萬曆二年由謄黄右通政任，三年改光禄寺卿。王之垣，山東新城人，進士，萬曆四年任。王廷瞻，湖廣黄岡人，進士，萬曆四年任。徐濬，廣西馬平人，進士，萬曆五年任，本年陞南太常寺卿。舒化，江西臨川人，進士，萬曆五年由河南按察使任，六年養病。胡嘉謨，陝西涇陽人，進士，萬曆六年由謄黄右通政任，八年改光禄寺卿。朱南雍，浙江山陰人，進士，萬曆八年任。王宫用，直隸成安人，進士，萬曆九年任。臧惟一，山東諸城人，進士，萬曆九年任。陸樹德，直隸華亭人，進士，萬萬十年由南改北。劉良弼，江西南昌人，進士，萬曆十年任。雒遵，陝西涇陽人，進士，萬曆十一年任。石星，直隸東明人，進士，萬曆十一年由養病南太僕卿起任。舒應龍，廣西全州人，嘉靖壬戌進士，萬曆十年由浙江左布政推，未任。十二年，陞巡撫貴州右副都。袁三接，廣東香山人，進士，萬曆十二年任，十三年陞應天府尹。秦燿，直隸無錫人，進士，萬曆十三年任。裴應章，福建清流人，進士，萬曆十三年任。魏時亮，江西南昌人，進士，萬曆十四年任。周繼，山東歷城人，進士，萬曆十四年任，十五年陞順天府尹。羅應鶴，直隸歙縣人，進士，萬曆十五年任。王致祥，萬全都司籍，山西忻州人，進士，萬曆十六年任，本年巡順天。徐元春，直隸華亭人，萬曆甲戌進士，十六年七月由少卿任。盧維禎，福建漳浦人，隆慶戊辰進士，萬曆十七年二月由右通政任，三月改光禄卿。唐堯卿，福建長泰人，隆慶辛未進士，萬曆十七年由少卿陞任。常居敬，湖廣江夏人，萬曆甲戌進士，十八年二月由少卿陞任。

又《太僕寺卿行實》 楊砥，字大用，山西澤州人，自幼秀潁，與羣兒處，必習禮讓，進退容止若成人，長老見多異之。年十歲，入州學，爲生徒，卽知務學。既長，學益懋，遂充貢爲大學生。洪武甲戌進士，任行人司副。二十九年三月，砥言孔廟從祀諸賢皆有功世教，若漢楊雄仕莽忝列從祀，以董仲舒之賢反不與，甚爲乖錯，宜黜雄進仲舒。上納其言。踰三載，陞湖廣布政司左參議，舉賢能，恤鰥寡，去貪暴，吏民懷服。革除。二年庚辰，上書請敦親罷兵，忤旨，安置遼東，革除。四年，文廟入正大統。九月，起陞砥爲鴻臚寺卿。時父已喪，乞終制，歸廬墓側，日夕哀慟，人不忍聞。永樂二年起復，爲禮部左侍郎。四年，以巡視河道坐失職，降工部營繕司主事。五年，調禮部主客司主事。八年春，扈從北征，典功賞，有勞勣。十年二月，受命詣北京簡閲馬匹，還，遂陞北京行太僕寺卿。本年十一月，砥言吳橋至天津等衛大水決隄傷稼，切見德州東南黄河故道及土河，乞開二河以分水勢，命工部侍郎藺芳經畧之。十一年，兼苑馬寺卿。十三年十二月，定北京養馬法。十五丁以下養一馬，十六丁以上養二馬，遷發爲民種田者不論，丁七户養一馬。十四年九月，砥言北方馬蕃息，而少牧養之人，請令民伍丁養種馬一，每十馬立羣頭一人，五十立羣長一人，養馬之家歲蠲芻糧之半，而薊州以東至山海諸衛，土地寬廣，水草豐美，其屯種軍士亦宜人養種馬一疋，歲子粒免其半，奉旨既責軍士孳牧，則不可復徵，其悉蠲之餘，從所言。砥於馬政竭心盡職，馬大蕃息，至於有司政令之得失，民情休戚之所關，知無不言，寵任益隆。十五年十一月，丁母憂，賜鈔千錠，道塗給力役。明年，以疾卒，年五十有四。薛均，原名萬鈞，湖廣黄州府蘄水人。洪武中舉，人才歷合州知州、陝西行太僕寺卿。永樂十六年任，以內艱歸。宣德元年起應天府尹。郭敦，字仲厚，山東堂邑縣人。洪武癸酉舉人。永樂二十二年，由禮部右侍郎降任，本年十月陞户部左侍郎，詳户部尚書。王中，直隸真定府定州人，永樂初薦舉，十九年陞太僕寺少卿，二十二年陞太僕寺卿，本年致仕。吳敬，直隸上海人，監生，永樂二十二年任吏部稽勛司主事，宣德五年陞文選司郎中，七年陞太僕寺卿，管理勅房。張志，陝西西鄉縣人，永樂戊子鄉舉，宣德十年任。崔奎，任太僕寺寺丞，正統初以九年考滿，年七十二，特留用之。八年進少卿，十年陞太僕寺少卿，十四年卒。俞綱，浙江嘉興縣人，正統初舉楷書，歷郕府審理正。正統十四年九月陞太僕寺卿，十二月陞兵部右侍郎，兼翰林直內閣，詳南京禮部。李賓，字廷用，順天府順義人，正統乙丑進士，任浙江道御史。景泰元年正月陞太僕寺卿，以擾攘之秋，所重在馬，整革夙弊，馬政為之修舉。四年冬，陞都察院右副都御史，提督永平、山海等處軍務，詳都察院左都。

宋琰，字廷珪，浙江寧波府奉化縣人。永樂乙未進士。景泰四年，由河南右叅政陞任。六年，陞兵部右侍郎，詳南京兵部。趙昱，山西太原府孟縣人，宣德己酉鄉舉，景泰六年，陞太僕寺卿，天順元閑住。程信，字彦實，直隸休寧人，正統壬戌進士，天順元年由四川叅政陞任，本年陞巡撫遼東右僉都御史，詳南京兵部尚書。張諫，應天府句容縣人，正統己未進士，擢監察御史歷副使，天順元年陞太僕寺卿，七年陞順天府尹。熊瓚，河南陝州人，正統戊辰進士，天順七年任，成化二年閑住。鄭寧，河南開封府祥符縣人，正統壬戌進士，成化二年以四川左布政使陞太僕寺卿，六年改巡撫宣大，詳宣大巡撫。章璠，浙江紹興府會稽縣人，正統丁卯鄉舉，授嘉興府學訓導，天順元年以薦舉擢山西道監察御史，成化三年擢都察院右僉都御史，巡撫陝西，未行，改太僕寺少卿，六年陞本寺卿，本年卒於官。牟俸，四川重慶府巴縣人，景泰辛未進士，成化七年由江西按察使陞任，八年陞巡撫山東右僉都御史，詳應天巡撫。閔宗，直隸真定府南宮縣人，景泰庚午鄉舉，成化八年任。楊璲，陝西西安府咸寧縣人，正統辛酉鄉舉，成化三年陞左通政，十八年任，十九年致仕。張海，字文淵，山東濟南府德州人，成化丙戌進士，陞順天府丞，十九年陞太僕寺卿，二十一年罷歸，詳兵部。潘禮，河南歸德衛人，天順庚辰進士，成化二十一年以南京右通政陞太僕寺卿，二十三年陞工部右侍郎，督易州廠，詳工部。吳原，字道本，福建漳浦縣人，天順甲申進士，成化二十三年由本寺少卿陞任，弘治元年陞户部右侍郎。李温，字景和，順天府漷縣人，天順庚辰進士，弘治元年以本寺少卿陞任，本年調苑馬寺，三年復本寺卿，五年陞提督□□□太常寺卿，加户部左侍郎，詳四夷舘。王霽，字景明，直隸松江府上海縣人，天順庚辰進士，弘治元年由江西按察使陞任，二年改右僉都巡撫山東，歷大理寺卿，詳大理寺。唐章，直隸河間府獻縣人，成化丙戌進士，擢禮科給事中，歷左轉都給事中，二十一年陞南京太僕寺少卿，弘治二年陞太僕寺卿，三年卒於官。陳寛，直隸南宮縣人，成化戊戌進士，弘治三年任，本年閑住。曾鑑，字克明，湖廣郴州桂陽人，天順甲申進士，弘治三年由謄黄右通政陞任，五年陞工部右侍郎，歷尚書，詳工部。彭禮，字彦恭，江西吉安府安福縣人，成化壬辰進士，二十三年陞本寺少卿，首言順天寄養馬許銀中半，每匹拆十兩解納，以甦民困，乞減責償倒失馬價。又請定種馬之額，歲取駒數餘變價貯之。太僕寺又言：順天民困已極，新解到馬匹宜派保定、河間。弘治五年陞太僕寺卿，五年命管易州山廠，歷應天巡撫右副都御史，詳總糧儲。張九功，河南陝州人，成化戊戌進士，弘治年任吏科都給事中，六年陞太僕寺少卿，九年任本年閑住。王傳，順天府寶坻人，成化乙未進士，任通政司右通政，弘治九年陞太僕寺卿，督易州山廠。錢鉞，浙江杭州前衛人，天順甲申進士，弘治元年任巡撫山東右僉都御史，三年改撫河南，本年由南光禄寺卿，五年丁憂，五年起任，十一年八月陞巡撫貴州右副都御史，詳貴州巡撫。徐佑，直隸肅寧人，成化戊戌進士，弘治九年任，十年閑住。宋琰，字廷用，陝西鞏昌府隴西人，成化戊戌進士，歷吏科都給事中，弘治十一年陞太僕寺卿，十二年致仕。吳裕，廣東潮州府揭陽人，成化壬辰進士，授南户貴州司主事，丁憂，補户部廣西司，十二年陞山東司員外郎，二十年尋改吏部文選司員外郎，二十三年陞稽勳司郎中，弘治元年調文選司郎中，三年陞督黄右通政，丁憂，八年補原職，十二年陞太僕寺卿，十四年卒於官。吳洪，字禹錫，直隸蘇州府吳江縣人，成化乙未進士，弘治十四年由福建按察使陞任，十八年陞工部右侍郎，累官南京刑部尚書，詳南京刑部。王質，萬全都司懷來衛籍，山東兗州府濟寧州人，成化甲辰進士，弘治十八年由本寺少卿陞任，本年改光禄寺卿，正德元年陞巡撫貴州右僉都。儲巏，字靜夫，直隸揚州府泰州人，成化甲辰進士，弘治十八年由本寺少卿陞任，禁吏迎送，除苛費及馬政積弊，疏馬政便民四事，悉見施行，正德二年陞總理南京糧儲，歷南吏左侍郎，詳南京吏部。陳昺，山東兗州府單縣人，成化辛丑進士，正德二年由左通政陞任，三年陞總儲右侍郎，歷户部左侍郎，詳户部。屈直，陝西西安府華陰縣人，成化甲辰進士，正德三年由河南左布政使陞任，本年陞右副都御史，總理南京糧儲，歷南京大理寺卿，改總漕，未任，詳漕運。張綸，字汝吉，順天府平谷縣人，弘治己未進士，正德四年任，五年陞右僉都御史，巡撫大同。王寅，字敬夫，直隸保定府容城縣人，成化辛丑進士，正德四年由四川右布政陞任，五年陞工部右侍郎，丁憂，補刑部右侍郎，詳刑部。鄭宗仁，直隸河間府任丘縣人，成化丁未進士，正德六年由南太僕寺卿改任，本年改光禄寺卿，累官總儲户部尚書，詳户部總儲。劉永，順天府固安縣人，成化甲辰進士，正德七年由謄黄右通政陞任，九年陞工部右侍郎轉左詳工部。楊廷儀，四川成都府新都縣人，弘治己未進士，正德九年由太常寺少卿陞任，十年陞太常卿歷兵部左侍郎，詳兵部。孫緒，直隸河間府故城縣人，弘治己未進士，任户部主事，十五年改吏部稽勳主事，十六年丁憂，正德元年補稽勳主事，改文選司，二年陞考功司員外郎，三年陞稽勳司郎中，四年改考功司，五年改文選司郎中，本年陞太僕寺少卿，正德十年陞太僕寺卿，十一年致仕。王承裕，字天宇，陝西西安府三原縣人，弘治癸丑進士，正德八年任太僕寺少卿，點視京營馬匹，人稱明決。十一年陞本寺卿，上降旨大閱，用馬二萬，倉卒應命不缺，人皆驚異。十二年，陞南京太常寺，累官南户部尚書，詳南京户部。房瑄，直隸河間府任丘人，弘治庚戌進士，正德十二年任，本年免。何孟春，湖廣郴州人，弘治癸丑進士，正德元年歷河南左条政，九年陞本寺少卿，十三年陞卿，本年陞巡撫雲南右副都御史，歷吏部左侍郎，調南京工部，詳吏部及南京工部。汪舉，浙江杭州府仁和縣人，順天府香河縣籍，弘治壬戌進士，正德十三年由左通政任，十六年陞太常卿，詳太常寺。劉麟，字元瑞，江西饒州府安仁縣人，南京廣洋衛軍籍，弘治丙辰進士，正德十六年由雲南按察使陞任，嘉靖二年陞巡撫保定右副都御史，累官工部尚書，詳工部。吴祺，字貴德，江西南昌府豐城縣人，弘治壬戌進士，授崑山知縣擢御史，嘉靖二年由大理寺左少卿陞任，四年陞巡撫雲南右副都御史，詳雲南巡撫。高嵩，廣西慶遠府宜山縣人，嘉靖四年任太僕寺卿，修獻皇實錄，爲纂修官，五年閑住。閔楷，直隸河間府任丘縣人，弘治乙丑進士，嘉靖五年由山西左布政使陞任，六年陞工部右侍郎，累官南京户部尚書，詳南京户部。汪玄錫，直隸徽州府休寧縣人，正德辛未進士，任兵科都給事中，十六年陞南京太僕寺少卿，嘉靖三年改太僕寺少卿，五年改提督四夷舘太常寺少卿，六年陞太僕寺卿，本年閑住，十九年起再任，二十年陞巡撫江西右副都御史，二十二年陞户部右侍郎，二十三年左。余祐，江西饒州府鄱陽縣人，正德辛未進士，嘉靖六年由雲南左布政使陞任，本年陞吏部右侍郎，詳吏部。唐龍，字虞佐，浙江金華府蘭谿縣人，正德戊辰進士，嘉靖六年由山西按察使陞任，七年改右僉都御史，總督漕運，累官吏部尚書，詳吏部。余瓚，福建興化府莆田縣人，正德辛未進士，擢兵科給事中，十三年陞刑科右給事中，十五年陞户科左給事中，十六年陞工科都給事中，嘉靖三年陞太僕寺少卿，七年陞本寺卿，本年致仕。曾直，字叔温，江西吉安府吉水縣人，弘治壬戌進士，授浙江鄞縣知縣，有惠政，嘉靖六年以按察副使陞大理寺右少卿，七年轉左，八年陞太僕寺卿，十年致仕。何棟，字伯直，陝西西安府長安縣人，正德辛巳進士，嘉靖十年任，十一年改右僉都御史，巡撫大同地方，後起總督薊州等處軍務。盛儀，直隸揚州府江都縣人，弘治乙丑進士，授禮部主客司主事，正德十一年陞太僕卿，本年閑住。邵鋭，浙江杭州府仁和縣人，正德戊辰進士，改庶吉士，授翰林院編修，五年降寧國府推官，九年陞南京吏部文選司主事，尋陞禮部祠祭司員外郎，養病，十五年起江西僉事，嘉靖元年陞福建副使，俱督學校，六年陞河南按察使，八年陞廣東右布政使，十一年陞太僕寺卿，十三年以病乞休，卒謚忠節。國珍集云鋭爲人顧名檢，篤孝義，澹約素，持退然，若不勝衣，科掇春元，而自視爲不文，位躋卿長，而家如寒士，爲提督以敦行風士忠信之稱，鄉評朝議同之。甘爲霖，字公望，四川富順縣人，嘉靖癸未進士，十一年由本寺少卿陞任添注，十二年陞工部右侍郎，累官少保工部，尚書詳工部。党以平，河南開封府鈞州人，正德甲戌進士，嘉靖十三年由浙江左布政陞任，十四年陞巡撫順天右副都御史，取回理院事，詳都察院。李元吉，山東東昌府堂邑縣人，弘治壬戌進士，授刑部雲南司主事，正德二年改吏部考功司，三年丁憂，五年補驗封司主事，六年陞稽勳司員外郎，七年陞本司郎中，本年改考功司，八年改文選司郎中，九年陞謄黄右通政，十三年致仕，嘉靖十五年起用，陞太僕寺卿，本年致仕。李欽，順天府通州右衛人，正德辛未進士，授行人，擢御史，嘉靖十五年由山東左布政使陞任，十七年陞四川巡撫都察院右副都御史，遷工部右侍郎，未任，詳工部及四川巡撫。楊惟聰，字建甫，順天府固安縣人，正德辛巳第一名，授翰林院修撰，嘉靖十年歷山東左布政使，十五年陞南京光祿寺卿，十八年陞太僕寺卿，十九年致仕。楊最，四川潼川州射洪縣人，正德戊辰進士，歷陝西左布政使，嘉靖十九年陞太僕寺卿，本年以陳言廷杖卒，謚忠節。李舜臣，字茂欽，山東青州府樂安縣人，嘉靖癸未會元進士，授户部主事，改吏部稽勳司，三年轉文選，六年陞稽勳員外郎，七年轉驗封，十年轉考功員外郎，十一年陞江西提學僉事，十五年陞南京國子司業，十七年陞應天府丞，二十年陞太僕寺卿，本年致仕。毛渠，字世澤，山東萊州府掖縣人，嘉靖丙戌進士，授禮部主事，十五年陞太常寺少卿，提督四夷舘，十八年陞謄黄右通政，二十年陞太僕寺卿，二十三年以父年高，乞歸省，上特許之，二十四年丁憂。吴章，字成南，廣東廣州府南海人，正德辛巳進士，嘉靖二十五年由雲南左布政使陞任，二十六年陞雲南右副都御史，詳巡撫雲南。

張忠，字顯文，直隸河間府任，丘縣人，嘉靖己丑進士，任直隸南陵知縣，十二年陞吏部驗封主事，十三年改文選，十七年陞驗封司員外郎，改考功，十八年陞稽勳司郎中，十九年調驗封司，改考功，二十年陞膳黄右通政，二十四年陞南太僕寺卿，二十六年改北，尋改光禄卿，詳光禄寺。方鈍，字仲敏，湖廣岳州府巴陵縣人，正德辛巳進士，嘉靖二十六年由大理寺少卿陞任，二十七年改治河右僉都御史，累官户部尚書，詳户部。盧勳，字汝立浙江處州府縉雲縣人，嘉靖壬辰進士，二十七年由膳黄右通政陞任，二十九年改南贛汀漳巡撫右僉都御史，進南院操江。高燿，字子潛，直隸保定府清苑縣人，嘉靖乙未進士，二十一年由吏部文選司郎中陞任，二十四年丁憂，二十七年復除本寺少卿，二十九年陞任，三十年改光禄寺卿，三十二年調南京太僕寺。竇一桂，字元芳，山西武鄉人，嘉靖丙戌進士，任光禄寺少卿，一十八年陞順天府丞，二十九年陞太僕寺卿，三十一年陞光禄寺卿，三十四年調江西糸政。張舜臣，字熙伯，山東章丘人，嘉靖乙未進士，三十一年由南太僕寺卿陞任，歷陞南京大理寺卿。羅廷繡，字公裳，陝西淳化人，嘉靖戊戌進士，二十二年由行人，陞吏部考功主事，二十四年改文選陞稽勳員外，二十五年調考功，改文選，二十六年陞稽勳司郎中，調驗封，二十七年調考功，二十八年改文選，陞太常寺少卿，督四夷舘，二十九年陞膳黄右通政，三十二年任，歷陞四川巡撫右僉都御史。黄懋官，字君辨，福建莆田縣人，嘉靖戊戌進士，二十六年由吏部文選司郎中陞本寺少卿，三十三年任，歷陞順天府尹。劉養直，字敬夫，四州内江人，嘉靖戊戌進士，三十二年由吏部文選司郎中陞膳黄右通政，三十五年任，三十六年陞順天府尹，詳户部左侍郎。劉大實，字子虚，河南確山人，嘉靖戊戌進士，三十三年由吏部文選司郎中陞本寺少卿，三十四年改提督四夷舘少卿，三十六年任，三十八年陞順天府尹。萬寀，字一和，江西豐城縣人，嘉靖甲辰進士，三十八年由膳黄右通政任，三十九年陞順天府尹，歷大理寺卿。查秉，字性甫，浙江海寧人，嘉靖戊戌進士，三十九年由大理寺左少卿任，四十年陞順天府尹。王國光，字汝觀，山西陽城人，嘉靖甲辰進士，三十七年任本寺少卿，三十九年任膳黄通政，四十一年陞順天府尹。王惀，字仲美，直隸崑山人，嘉靖癸未進士，任福建右糸政，三十年陞右通政，丁憂，四十年補右通政任，本年陞太僕寺卿，四十一年陞南京太常寺卿。張守直，字時舉，順天府遵化人，嘉靖甲辰進士，任吏部文選郎中，三十八年陞本寺少卿，四十一年由大理寺左少卿任，歷户部尚書。唐寛，字栗夫，山西平定人，嘉靖壬辰進士，四十一年由山東左布政使任。劉畿，字朝宗，直隸長州人，嘉靖庚戌進士，任科給事中，三十九年陞通政右糸議，四十一年陞本寺少卿，四十二年任。鮑象賢，字復之，直隸歙縣人，嘉靖己丑進士，四十三年由南京兵部右侍郎改補。曾于拱，字思極，江西泰和縣人，嘉靖辛丑進士，任山東按察使，四十三年由左布政使任，四十五年調南。王鶴，字子臯，陝西長安縣人，嘉靖甲辰進士，四十三年由南京太僕寺卿改任，四十四年陞應天府尹。李敏，字純甫，山西榆次縣人，嘉靖丁未進士，四十四年由南京太僕寺卿改任，四十五年陞順天府尹。苟顓，字希顔四川閬中縣人，嘉靖庚戌進士，任御史，三十九年陞通政右糸議，四十一年陞本寺少卿，四十五年任，。鄒應龍，字之卿，陝西長安人，嘉靖丙辰進士，任御史，以論内閣嚴嵩陞通政司右糸議，隆慶元年由大理寺左少卿任，本年陞太常寺卿，十一月陞大理寺卿，二年陞都察院左副都御史，總理浙江屯鹽。畢鏘，字廷鳴，直隸池州府石埭縣人，嘉靖甲辰進士，三十五年任，浙江提學副使，隆慶元年任，陞應天府尹。劉慤，字致卿，江西吉安府萬安縣人，嘉靖甲辰進士，歷廣東糸政左布政使，隆慶元年任，四年陞南大理寺卿。李一元，字調卿，直隸建德縣人，嘉靖丁未進士，歷江西左糸政，四十五年陞太僕寺少卿，隆慶元年陞鴻臚寺卿，本年陞太僕寺卿，二年陞通政使，歷陞南京刑部右侍郎。董傳策，字原漢，直隸上海縣人，嘉靖庚戌進士，任吏部驗封司郎中，隆慶元年陞本寺少卿，二年任，改南京光禄寺卿。朱大器，字自充，江西南城縣人，嘉靖甲戌進士，隆慶二年由陝西右布政使任，歷陞巡撫應天副都御史。顧存仁，字伯岡，直隸蘇州府太倉州人，嘉靖壬辰進士，授餘姚知縣選科給事中，以言事謫口外爲民，隆慶元年起南通政司右糸議，二年陞順天府丞，本年陞大理寺右少卿，三年陞大僕寺卿。姚一元，字惟貞，浙江長興縣人，嘉靖甲辰進士，隆慶四年由山東布政司左布政使任。王好問，字裕卿，直隸樂亭縣人，嘉靖庚戌進士，隆慶四年由大理寺左少卿任，陞南京太常寺卿。王治，字本道山東忻州人，嘉靖癸丑進士，隆慶二年由吏科都給事中陞本寺少卿，年陞大理寺右少卿，五年陞太僕寺卿。楊賢，字公薦，山東濟寧州人，嘉靖壬辰進士，授陝西西安府推官，歷武昌府知府、陝西副使糸政按察使、湖廣右布政使、四川左布政使，隆慶五年陞南京光禄寺卿，六年改任，。李幼滋，字元樹，湖廣應城縣人，嘉靖丁未進士，萬曆元年由大理寺左少卿任，陞太理寺卿。吳道直，字敦甫，直隸定州人，嘉靖癸丑進士，萬曆元年由河南左布政使陞，未任，陞河南巡撫。王世貞，字元美，直隸太倉州人，嘉靖丁未進士，萬曆二年由廣西右布政使陞，任鄖陽巡撫。胡執禮，字汝立，陝西永昌衛人，嘉靖己未進士，授四川保寧推官，四十一年陞刑部主事，四十三年調兵部，四十四年調吏部，四十五年陞員外隆，慶元年陞稽勳郎中，歷吏部文選郎中，六年陞謄黄右通政，萬曆二年陞任，三年改光禄寺卿，四年陞太常寺卿，本年陞巡撫應天右副都御史，七年陞户部右侍郎。王之垣，字爾式，山東新城縣人，嘉靖壬戌進士，隆慶五年由刑科都給事中陞太僕寺少卿，陞鴻臚寺卿，萬曆元年三月陞大理寺右少卿，四月陞左少卿，二年陞南京太僕寺卿，三年改太僕寺卿，四年陞順天府尹，五年陞巡撫湖廣右副都，八年陞户部右侍郎，十一年轉左，給假養病。王廷贍，字稚表，湖廣黄岡縣人，嘉靖己未進士，授淮安府推官，四十三年擢御史，萬曆元年任大理寺右寺丞，二年遷左陞大理寺右少卿，三年陞左，四年陞太僕寺卿，五年陞巡撫四川右僉都，八年陞右副都巡撫南贛，九年改南京大理寺卿，本年陞南京户部右侍郎，十年改户部。徐濬，字哲甫，廣西馬平縣人，嘉靖己未進士，授行人，四十一年陞吏部主事，四十四年陞文選員外，四十五年陞稽勳司郎中，隆慶三年調考功，本年調文選，四年陞南京右通政，養病，萬曆四年補太常寺少卿，五年陞太僕寺卿，本年陞南京太常寺卿，八年致仕。舒化，字汝德，江西臨川縣人，嘉靖己未進士，授衡州府推官，選户科給事中，陞刑科右，改户科左，陞刑科都給事中，隆慶四年陞陝西叅政，五年患病，六年起補蘇松督糧，萬曆三年陞山西按察使，五年起河南，本年陞太僕寺卿，六年回籍養病，九年起光禄寺卿，歷刑部尚書。胡嘉謨，字子忠，陝西涇陽人，嘉靖壬戌進士，授章丘知縣，陞吏部主事，陞員外陞郎中，調文選，萬曆四年陞謄黄通政，六年陞太僕寺卿，八年改光禄寺卿，本年陞操江右僉都，九年回籍聽降。朱南雍，浙江紹興府山陰縣人，隆慶戊辰進士，授泰興知縣，五年選刑科給事中，六年陞禮科右，萬曆元年改工科左，本年陞禮科都給事中，四年陞順天府丞，六年陞謄黄通政，八年陞太僕寺卿，尋養病。王宫用，字近臣，直隸成安縣人，嘉靖癸丑進士，歷山東左布政使，萬曆九年陞太僕寺卿。臧惟一，字守中，山東諸城人，嘉靖乙丑進士，授宿松知縣，隆慶二年陞户部主事，調吏部，四年陞員外郎，五年陞郎中，丁憂，萬曆六年調文選，七年陞太常少卿，督四夷舘，八年陞大理寺右少卿，尋左，九年陞太僕寺卿，十年改光禄，十一年陞順天府尹，十二年陞巡撫河南右副都御史，十四年回籍。陸樹德，字與成，直隸華亭人，嘉靖乙丑進士，授浙江嚴州府推官，隆慶二年陞刑部主事，四年改禮科給事中，陞兵科右，五年轉左，陞禮科都給事中，六年陞尚寶司卿，萬曆三年陞應天府丞，六年改南太常寺少卿，九年陞南太僕寺卿，十年轉太僕寺卿，尋陞巡撫山東右僉都御史，十一年養病卒。劉良弼，字賚卿，江西南昌人，嘉靖乙丑進士，授金壇知縣隆慶，三年選雲南道御史，六年按福建，萬曆四年按順天，六年以京畿刷卷陞大理寺右寺丞，八年轉左，尋陞右少卿，九年左，十年陞太僕寺卿，十一年改光禄寺卿，陞巡撫廣西右僉都御史，本年卒。雒遵，字道行，陝西西安府涇陽縣人，嘉靖乙丑進士，隆慶二年授户部主事，四年改户科給事中，陞本科右，五年陞禮科左，六年陞吏科都給事中，萬曆元年降浙江布政司照磨，二年陞太原府推官，尋陞南京户部主事，三年陞南京兵部員外郎，尋陞南京吏部郎中，四年改尚寶司丞，六年陞本少卿，九年陞太常寺少卿，十一年陞太僕寺卿，改光禄寺卿，本年陞巡撫四川右僉都御史，十三年降調外任，。石星，字拱辰，直隸東明人，嘉靖己未進士，授行人，隆慶元年選吏科給事中，二年以建言爲民，六年起吏科，陞尚寶司少卿，萬曆二年陞犬理寺右寺丞，三年轉左，尋陞右少卿，四年陞南太僕寺卿，養病，十一年起太僕寺卿，尋陞協院左僉都，十二年陞本院左副都，八月陞兵部右侍郎，十三年轉左，十四年陞工部尚書，加太子少保，十八年改户部。舒應龍，廣西桂林府賓州人，嘉靖壬戌進士，授東莞知縣，四十四年陞禮部主事，調吏部，隆慶三年養病，復除本部文選，陞驗封員外，尋陞湖廣叅議，萬曆元年陞徐州兵備副使，四年陞浙江叅政，六年陞河南按察使，八年陞福建右布政使，九年轉左調浙江，十一年陞太僕寺卿，十二年陞巡撫貴州兼湖北川東右副都，十四年陞南大理寺卿。袁三接，字邦表，廣東香山人，嘉靖壬戌進士，授廬州推官，四十四年陞户部主事，歷員外郎、郎中，隆慶六年陞光禄寺少卿，萬曆元年給假，三年除原官，丁憂，復除原官，十年陞順天府丞，十二年陞太僕寺卿，十三年陞應天府尹，尋養病致仕。秦燿，直隸無錫縣人，隆慶辛未進士，選庶吉士，萬曆元年授刑科給事中，三年陞兵科右，七月陞禮科左，四年丁憂，七年復除刑科，八年陞吏科都給事中，十年陞太常寺少卿，十一年改提督四夷舘、太常寺少卿，十三年陞太僕寺卿，本年改光禄寺卿，十四年陞巡撫南贛右僉都御史，十七年陞巡撫湖廣右副都，十八年謫戍。裴應章，福建清流縣人，隆慶戊辰進士，授行人，六年選吏科給事中，萬曆元年陞户科右，二年陞吏科左，三年陞兵科都給事中，六年陞太僕寺少卿，九年給假，十三年補太常寺少卿，陞太僕寺卿，十四年陞太常寺卿，十五年陞巡撫鄖陽右副都，十七年陞户部右侍郎，十八年遷左。魏時亮，字舜卿，江西南昌府南昌縣人，嘉靖己未進士，授中書舍人，四十一年選吏科給事中，四十二年陞工科右，給假，四十五年補兵科右，隆慶元年轉兵科左，使朝鮮，本年陞户科都給事中，三年陞太僕寺少卿，四年考察閑住，萬曆十二年起南京大理寺丞，十三年陞太僕寺少卿，本月陞通政使司左通政，十四年陞太僕寺卿，改光禄寺卿，尋陞協理院事左僉都，十五年陞本院左副都御史，十六年陞工部左侍郎，十八年陞南京刑部尚書，卒於官。周繼，字善卿，山東歷城縣人，嘉靖乙丑進士，授任丘縣知縣，隆慶二年陞刑部主事，四年陞員外郎，歷郎中，五年改光禄寺丞，萬曆元年養病，五年補尚寶司丞，九年陞光禄寺少卿，十一年陞南京太常寺少卿，十四年陞太僕寺卿，十五年陞順天府尹，改太常寺卿，十六年陞巡撫應天右副都，十八年陞南京户部侍郎。羅應鶴，直隸歙縣人，隆慶辛未進士，授景陵知縣，萬歷元年調黄岡，五年選福建道御史，十一年提督北直隸學校，十二年陞大理寺右寺丞，十三年轉左，本年陞右少卿，十五年陞大理寺左少卿，陞太僕寺卿，十六年陞巡撫保定右僉都御史，本年丁憂。王致祥，萬全都司籍，山西忻州人，隆慶辛未進士，壬申授鳳揚府推官，萬曆五年選兵科給事中，六年陞工科右，八年陞工科左，尋陞兵科都給事中，九月同考武舉，丁憂，十二年復除兵科，十四年陞太僕寺少卿，十六年陞太僕寺卿，本年陞巡撫順天右僉都御史。

又卷一五一《南京太僕寺卿年表》 戴希文，永樂二十年任，二十二年致仕。趙次進，浙江天台人，洪武丙子鄉舉，洪熙元年任，宣德九年卒於官。楊應春，四川長壽人，永樂戊子鄉舉，宣德十年任。仲昌，直隸沭陽人，進士，正統五年任。王榮，浙江錢塘人，鄉舉，景泰二年任。鄭悠江，西南城人，進士，成化四年任。劉俊，陝西寶雞人，進士，成化十一年任。方漢，浙江淳安人，鄉舉，成化十五年任。張謙，直隸清苑人，進士，成化十九年任。秦崇，山東單縣人，進士，弘治二年任。張賁，湖廣盧溪人，進士，弘治八年任。張撫，陝西寶鷄人，進士，弘治十四年任。陳璧，直隸高郵人，進士，弘治十五年任。王珩，直隸趙州人，進士，弘治十八年任。魏玒，順天大興人，進士，正德二年任。夏昂，直隸吴縣人，進士，正德二年任。南鏜，陝西商州人，進士，正德四年任。郭紳，江西宜春人，進士，正德五年任。鄭宗仁，直隸任丘人，進士，正德六年任。俞深，浙江新昌人，進士，正德六年任。于鳳喈，山東萊陽人，進士，正德七年任。羅欽忠，江西泰和人，進士，正德八年任。楊梳，湖廣武陵人，進士，正德九年任。韓荆，山東陽信人，進士，正德十一年任。毛珵，直隸吴縣人，進士，正德十三年任。潘希曾，浙江金華人，進士，正德十六年任。邊貢，山東歷城人，進士，嘉靖二年任。楊杲，直隸興化人，進士，嘉靖三年任。劉思賢，湖廣石首人，進士，嘉靖四年任。杭淮，直隸宜興人，進士，嘉靖四年任。蘇民，陝西儀衛司人，進士，嘉靖六年任。葛浩，浙江上虞人，進士，嘉靖六年任。錢如京，直隸桐城人，進士，嘉靖七年任。顧珀，福建晉江人，進士，嘉靖七年任。馬卿，河南林縣人，進士，嘉靖八年任。張羽，陝西南鄉人，進士，嘉靖八年任。王崇獻，山東曹縣人，進士，嘉靖九年任。劉棟，浙江山陰人，進士，嘉靖十二年任。胡鐸，浙江餘姚人，進士，嘉靖十三年任。趙廷瑞，直隸開州人，進士，嘉靖十五年任。衛道，河南葉縣人，進士，嘉靖十七年任。屠楷，廣西臨桂人，進士，嘉靖十八年任。王禎，陝西乾州人，進士，嘉靖十九年任。田濡，山東聊城人，進士，嘉靖二十二年任。婁志德，河南項城人，進士，嘉靖二十三年任。張忠，直隸任丘人，進士，嘉靖二十四年任。嚴時泰，浙江餘姚人，進士，嘉靖二十六年任。趙汝濂，雲南太和人，進士，嘉靖二十六年任。陳儒，錦衣衛籍，交阯人，進士，嘉靖二十九年任。謝蘭，山西振武衛代州人，進士，嘉靖三十年以兵部侍郎調降，被論，未任。余胤緒，湖廣應城人，進士，嘉靖三十年任，詳户部總儲侍郎。張舜臣，山東章丘人，嘉靖乙未進士，三十一年任，詳南京户部尚書。鄭大同，福建莆田人，嘉靖己丑進士，三十一年任，三十二年轉南京太常寺卿，詳刑部右侍郎。高燿，直隸清苑人，嘉靖乙未進士，三十二年任，詳户部尚書。郝良臣，山西襄埠人，嘉靖辛丑進士，三十三年任，詳光禄寺卿。盧宗哲，直隸淶永人，嘉靖乙未進士，三十五年任，詳光禄寺卿。黄廷用，福建莆田人，嘉靖乙未進士，三十七年任，詳工部侍郎。喻時，河南光州人，嘉靖戊戌進士，三十八年推，未任，詳工部侍郎。林應亮，福建侯官人，嘉靖壬辰進士，三十八年任，詳户部侍郎。徐陟，直隸華亭人，嘉靖丁未進士，三十九年任，詳南京刑部侍郎。趙釴，直隸桐城人，嘉靖甲辰進士，四十年任，詳巡撫貴州右僉都。周復俊，直隸崑山人，嘉靖壬辰進士，四十年任，四十一年閑住。徐綱，湖廣興國人，嘉靖甲辰進士，四十一年任，四十二年陞南京光禄寺。王鶴陝，西長安人，嘉靖甲辰進士，四十二年任，四十三年陞太僕寺卿。李敏，山西榆次人，嘉靖丁未進士，四十三年任，四十四年改北，四十五年陞順天府尹。盛汝謙，直隸桐城人，嘉靖辛丑進士，四十四年任，詳南京户部侍郎。吳悌，江西金谿人，嘉靖壬辰進士，四十五年任，詳南京刑部侍郎。陳炌，江西臨川人，嘉靖辛丑進士，四十五年任，詳都察院左都。曾于拱，江西泰和人，嘉靖辛丑進士，四十五年由北調任，詳南京糧儲右副都。袁洪愈，直隸吳縣人，嘉靖丁未進士，四十五年由南京鴻臚寺卿陞任，隆慶元年改南光禄寺卿。范惟一，直隸尋亭人，嘉靖辛丑進士，隆慶元年任，本年閑任。劉光濟，直隸江陰人，嘉靖甲辰進士，隆慶元年推，未任，陞巡撫江西右副都。徐應，浙江蘭谿人，嘉靖庚戌進士，隆慶元年任。汪鎧，浙江鄞縣人，嘉靖庚戌進士，隆慶三年以南京工部侍郎改調。黄正色，直隸江陰人，嘉靖己丑進士，隆慶三年任，四年致仕。殷邁，南京留守右衛人，嘉靖辛丑進士，隆慶四年任，尋乞休，萬曆元年起南太常寺卿。羅良，江西萬安人，嘉靖癸丑進士，隆慶六年任。李世達，陝西涇陽人，嘉靖丙辰進士，隆慶六科十二月由謄黄右通政任，萬曆二年陞巡撫山東右僉都。王之垣，山東新域人，嘉靖壬戌進士，萬曆二年由大理寺左少卿任，二年十月改此。何起鳴，四川内江人，嘉靖己未進士，萬曆三年十月由大理寺右少卿任，四年三月陞南京光禄寺卿。石星北，直東明人，嘉靖己未進士，萬曆四年由大理寺右少卿任，五年養病。陳于陛，北直曲周人，嘉靖己未進士，萬曆五年由南右通政任，六年陞應天府尹。饒仁侃，湖廣崇陽人，嘉靖壬戌進士，萬曆六年三月由大理寺左少卿任，十月陞巡撫雲南右僉都。蕭廩，江西萬安人，嘉靖乙丑進士，萬曆六年十一月由四夷舘少卿任，八年十月改光禄寺卿。李輔，江西進賢人，嘉靖己未進士，萬曆八年由太僕寺少卿任，九年陞南太常卿。陸樹德，直隸華亭人，嘉靖乙丑進士，萬曆九年由太常少卿任，十年改北。林景暘，直隸華亭人，隆慶戊辰進士，萬曆十年由南通政司右通政陞，丁憂，未任，十五年聽調。張孟男，河南中牟人，嘉靖乙丑進士，萬曆十年十二月由本少卿任，月一年六月陞南太常寺。蕭崇業，雲南臨安衛籍上元人，隆慶辛未進士，萬曆十一年由四夷舘少卿任，十三年四月陞操江右僉都。石應岳，福建龍巖人，隆慶辛未進士，萬曆十三年四月由太僕少卿任，十四年四月陞應天府尹。沈思孝，浙江嘉興人，隆慶戊辰進士，萬曆十四年四月由順天府尹調任，十五年三月養病。周世選，北直故城人，嘉靖壬戌進士，萬曆十五年四南右通政任，九月改光禄寺卿。王湘濟，寧衛籍平慶州人，嘉靖乙丑進士，萬曆十五年九月由湖廣左布政任，十六年七月陞南大理卿。郭東，山東高平人，嘉靖丙辰進士，萬曆十七年春由順天府丞任，八月陞南京太常寺卿。

又《南京太僕寺卿行實》　戴希文，永樂二十年擢南京太僕寺卿，二十二年致仕。趙次進，浙江台州府天台縣人，洪武丙子鄉舉，永樂十年陞廣東叅政，洪熙元年陞太僕寺卿，宣德九年卒於官。楊應春，四川重慶府長壽縣人，永樂戊子鄉舉，宣德三年陞雲南左布政使，十年陞太僕寺，正統四年致仕。仲昌，直隸淮安府沭陽縣人，永樂甲中進士，擢刑部主事，歷本部郎中，正統五年陞南京太僕寺卿，十年致仕，正統六年以後定爲南京太僕寺卿。王榮，浙江杭州府錢塘縣人，宣德壬子鄉舉，入太學，擢吏科給事中，歷本科都給事中，正統八年陞南京太僕寺少卿，景泰二年陞本寺卿，天順元年致仕。鄭悠，江西建昌府南城縣人，宣德癸丑進士，擢兵科給事中，景泰四年陞南京太僕寺少卿，七年丁憂，天順五年再任，成化四年陞本寺卿，十年卒於官。劉俊，字世英，陝西鳳翔府寶鷄縣人，正統乙丑進士第三名，成化十一年由南京祭酒轉通政陞任，十四年陞南京工部右侍郎，詳工部。方漢，浙江嚴州府淳安縣人，景泰庚午鄉舉，入太學，擢監察御史成化□年陞通政司左叅議，知御誥，十年陞謄黄右通政，十五年陞南京太僕寺卿，十七年致仕。張謙，直隸保定府清苑縣人，成化丙戌進士，任科給事中，十年歷禮科都給事中，十四年陞尚寶司卿，十九年陞南京太僕寺卿，二十三年致仕。秦崇，山東兖州府單縣人，天順庚辰進士，弘治二年由南京光禄寺卿改任，三年改應天府尹。張賁，四川成都前衛軍籍，湖廣辰州府盧溪縣人，成化丙戌進士，授南京户部廣西司主事，九年陞本部山東司員外郎，十四年陞本司郎中，十六年丁憂，二十三年補本部廣東司郎中，弘治元年陞南京光禄寺少卿，三年陞南京通政司右叅議，四年陞南京太僕寺少卿，八年陞本寺卿，十四年致仕。張撫，字世安，陝西鳳翔府寶鷄縣人，成化壬辰進士，授刑部湖廣司主事，弘治十四年由貴州左布政使陞任，本年陞都察院右副都御史，總理南京糧儲，歷南京刑部左侍郎，詳南京刑部。陳璧，山西太原衛籍，直隸揚州府高郵州人，成化壬辰進士，弘治十五年由山東按察使陞任，十八年陞巡撫順天右副都御史，詳順天巡撫。王珩，字美器，直卿真定府趙州人，成化乙未進士，弘治十八年由光祿寺卿改任，正德二年陞南京户部右侍郎，詳南京户部。魏玒，順天府大興縣人，成化丁未進士，陞吏科都給事中，弘治十一年陞通政司右通政，正德二年陞南京太僕寺卿，本年致仕。夏昂，字景德，直隸吴縣人，順天府宛平縣籍，成化甲辰進士，正德二年由陝西右布政使陞任，四年陞右副都御史，總理南京糧儲，歷工部右侍郎，詳工部。南鏜，陝西西安府商州人，成化甲辰進士，弘治四年任吏部考功司主事，六年陞驗封司員外郎，七年陞，正德年陞左布政使，四年陞南京太僕寺卿，五年閑住。郭紳，字廷章，江西宜春縣人，成化乙未進士，授海寧令，擢御史，正德五年由左布政使陞任，六年陞南京大理寺卿，歷南京刑部右侍郎，詳南京刑部。鄭宗仁，直隸河間府任丘縣人，成化丁未進士，任禮科右給事中，弘治六年陞尚寶司丞，十五年陞尚寶司卿，正德六年由太常少卿陞任，本年改北，尋改光禄寺卿，累官户部尚書，詳户部。俞深，字濬之，浙江紹興府新昌縣人，成化乙未進士，初知休寧縣，擢江西道御史，正德六年山雲南右布政陞任，七年南京工部右侍郎，詳南京工部。于鳳喈，山東登州府萊陽縣人，成化辛丑進士，正德七年由太僕寺少卿陞任，八年陞南京大理寺卿，詳南京大理寺。羅欽忠，字允恕，江西吉安府泰和縣人，弘治己未進士，正德八年由左通政陞任，九年陞通政使協管司事，歷總理糧儲右副都御史，詳南京巡撫。楊褫，湖廣常德府武陵縣人，弘治丙辰進士，科給事中陞吏科都給事中，正德七年陞通政司謄黄右通政，九年陞南京太僕寺卿，十年致仕。韓荆，山東濟南府陽信縣人，弘治己未進士，正德十三年由太常寺少卿陞任，十三年丁憂，後起原官，未任，陞南太常寺卿，歷南京工部右侍郎。毛珵，直隸蘇州府吴縣人，成化丁未進士，正德十三年由南京鴻臚寺卿陞任，十六年陞南院右副都御史，尋改撫治鄖陽地方，詳鄖陽巡撫。潘希曾，字仲魯，浙江金華府金華縣人，弘治壬戌進士，任工科都給事中，正德十一年陞南太僕寺少卿，先是滁和之民困於買馬，爲奏更折色，民大稱便，而馬課亦完，遇災沴輒請蠲免，以蘇民困，人咸德之，在滁凡六年，陞本寺卿，嘉靖二年陞南太常寺卿，累官兵部左侍郎，詳兵部。邊貢，字廷實，山東濟南府歷城縣人，弘治丙辰進士，嘉靖二年由南太常寺少卿陞任，承平日久，馬政漸廢，至則釐弊課功，公私稱善，三年陞南太常寺卿，累官南京户部尚書，詳南京户部。楊杲，字實夫，直隸揚州府興化縣人，弘治壬戌進士，嘉靖三年由右通政陞任，陳馬政便宜數事，俱從之，四年陞太常寺卿，歷南京户部右侍郎，詳南京户部。劉思賢，湖廣石首縣人，弘治丙辰進士，嘉靖四年任本年改提督四夷館、太常寺卿。杭淮，直隸常州府宜興縣人，弘治己未進士，正德十年任雲南提學副使，十六年陞湖廣按察使，嘉靖四年由河南左布政使陞任，六年陞總理糧儲右副都御史，詳南京糧儲。蘇民，陝西儀衛司人，弘治乙丑進士，嘉靖六年由太常寺少卿陞任，本年改光禄寺卿，歷刑部右侍郎，詳刑部。葛浩，浙江紹興府上虞縣人，弘治丙辰進士，嘉靖六年由左布政使陞任，十年陞南大理寺卿，歷大理寺卿，詳大理寺。錢如京，直隸安慶府桐城縣人，弘治壬戌進士，嘉靖十年由山西左布政使陞任，踰月陞右副都御史，巡撫保定等處，累官刑部尚書，卒贈太子少保，詳刑部。顧珀，字載祥，福建泉州府晋江縣人，弘治己未進士，嘉靖七年由江西左布政使陞任，檢舊牘，振舉馬政，見近郊腴田荒蕪，問之，係屯田，以官徵積年拖久，故不敢耕，公令軍民開墾，成田之後，照畝徵糧，以足屯額，八年陞南京太常寺卿，歷南京户部右侍郎，詳南京户部。馬卿，字敬臣，河南林縣人，弘治乙丑進士，嘉靖七年任福建右布政使，八年陞南太僕寺卿，本年丁憂，詳總督漕運。張羽，陝西西安府南鄭縣人，弘治乙丑進士，嘉靖八年由貴州左布政使陞任，九年陞南大理寺卿，歷南工部右侍郎，詳工部。王崇獻，山東兖州府曹縣人，弘治丙辰進士，改翰林院庶吉士，授禮部主客司主事，正德元年養病，二年致仕，五年起用，六年改兵部職方司主事，九年陞武選司員外郎，十年陞車駕司郎中，十三年陞南京尚寶司卿，十四年養病，嘉靖七年起南京通政司右条議，本年陞太常寺少卿，九年陞南京太僕寺卿，十二年推巡撫寧夏，忤當道，抑改都察院左僉都御史，乞求原職致仕。劉棟，浙江紹興府山陰縣人，正德辛未進士，嘉靖十二年由河南左布政使陞任，十三年陞提督四夷館、太常寺卿，歷南京兵部右侍郎，詳南京兵部。胡鐸，浙江紹興府餘姚縣人，弘治乙丑進士，嘉靖三年任左布政使，十二年陞順天府尹，十三年調南京太僕寺卿，十四年卒於官。趙廷瑞，字信臣，直隸大名府開州人，正德辛巳進士，嘉靖十五年由滕黄通政陞任，十七年改光禄寺卿，尋陞巡撫陝西右副都御史，累官太子少保、兵部尚書，詳兵部。衛道，河南南陽府葉縣人，正德甲戌進士，嘉靖十七年由山西左布政陞任，十八年陞南京太常寺卿，歷南京刑部右侍郎，詳南京刑部。屠楷，字良植，廣西桂林府臨桂縣人，嘉靖癸未進士，任兵部車駕司主事，十年改吏部驗封司，十一年改考功司員外，十二年陞稽勳郎中，十四年改文選，十五年陞謄黄通政，十八年陞南京太僕寺卿任，十九年陞南京太常寺卿，累官南京吏部尚書。王禎，字邦興，陝西西安府乾州人，嘉靖丙戌進士，任吏科都給事中，十五年陞順天府丞，十九年陞任，二十二年改光禄寺卿，歷巡撫順天右僉都御史，未任，被劾聽調。田濡，字少生，山東東昌府聊城縣人，嘉靖己丑進士，授行人司行人，十年擢工科給事中，十年陞禮科右給事中，十年陞禮科左給事中，十年陞刑科都給事中，十七年陞南京太僕寺少卿，二十二年陞本寺卿，本年養病。婁志德，河南開封府項城縣人，正德丁丑進士，嘉靖二十三年由福建左布政使陞任，二十四年陞南太常寺卿，歷山東巡撫右副都御史，詳山東巡撫。張忠，字顯文，直隸河間府任丘縣人，嘉靖己丑進士，二十四年由謄黄通政陞任，二十五年改北，尋改光禄寺卿，詳光禄寺。嚴時泰，浙江紹興府餘姚縣人，正德辛未進士，嘉靖二十六年由四川左布政使陞任，本年陞巡撫四川右副都御史，歷南京工部右侍郎，詳南京工部。趙汝濂，字敦夫，雲南大理府太和縣人，嘉靖壬辰進士，選庶吉士，十三年授吏部考功主事，十四年改文選，十五年陞驗封員外，十六年改考功，十七年改文選，十八年陞稽勳郎中，尋改考功，十九年陞南尚寶司卿，遷南太常寺少卿，二十三年陞南右通政，二十六年由南通政陞任，二十九年陞南太常寺卿，歷南院右副都御史，詳南京都察院。陳儒，字汝宗，錦衣衛官籍交阯人，嘉靖癸未進士，二十九年由太僕寺少卿陞任，三十年陞南京太常寺卿，歷南京户部右侍郎。謝蘭，字與德，山西振武衛籍代州人，嘉靖丙戌進士，三十年以兵部右侍郎降調，被人言，未任，詳兵部。余胤緒，字思孝，湖廣德安府應城縣人，嘉靖丙戌進士，授南京户部主事，七年改吏部稽勳司主事，八年改文選，九年陞考功司員外郎，十一年陞驗封司郎中，改考功司郎中，以考察京官閑住起郎中，二十四年陞南通政条議，二十九年陞南太僕寺少卿，本年改太僕寺少卿，三十年陞南太僕寺卿，三十一年陞南京大理寺卿。張舜臣，字熙伯，山東章丘人，嘉靖乙未進士，三十一年由太僕寺少卿陞任，本年改北，詳南京户部。鄭大同，字皆吾，福建莆田人，嘉靖己丑進士，任南京通政司右通政，三十一年陞南京太僕寺卿，詳刑部侍郎。高燿，字子潛，直隸清苑人，嘉靖乙未進士，三十二年由光禄寺卿調任，三十三年陞順天府尹。郝良臣，字廷藎，山西襄垣人，嘉靖辛丑進士，任吏部文選司郎中，三十一年陞太僕寺少卿，三十三年陞南京太僕寺卿，三十五年陞光禄寺卿。盧宗哲，山東德州左衛人，嘉靖乙未進士，三十一年任南京通政司右条議，三十五年陞南京太僕寺卿，三十七年轉光禄寺卿，三十年養病。

又卷一五二《國初太僕寺少卿年表》　孫瑛，洪武六年任。高興，洪武八年任。潘德，直隸華亭人，洪武十年任。竹祥，洪武十二年任。蕭韶，洪武十二年任。陳懋，洪武十五年任。陳龔，故元南臺御史大夫福壽子，洪武二十二年任。彭權，洪武二十四年任。李俊，湖廣孝感人，洪武初指揮，二十八年改任。喻良，四川高縣人，洪武中鄉舉，二十八年任。彭中，洪武二十九年任。孫廣，洪武三十二年任。祝孟獻，江西德興人，洪武初薦舉，華除元年任。孫瑜，四川犍爲人，洪武中薦舉，永樂二年由户部侍郎降任。党理，陝西真寧人，洪武丁丑進士，永樂四年以薦舉任。沈升，浙江海寧人，永樂甲申進士，十一年任。樊彧，山西聞喜人，洪武二十年歲貢，永樂十二年任。王貴，四川中江人，洪武甲戌進士，永樂十三年任。甄旁，直隸沛縣人，永樂癸未鄉舉，十三年以同知特任。

又《國初太僕寺少卿行實》　孫瑛，任羣牧監監丞，洪武六年二月改監爲太僕寺，擢爲少卿。高興，洪武八年任。潘德，直隸松江府華亭縣人，洪武十年任。竹祥，洪武十二年任。蕭韶，洪武十五年任。陳懋，洪武十五年任。陳龔，故元南臺御史大夫福壽之子，始由中書宣使授德州同知，洪武二十二年十二月坐事，當戍邊，上念其父死節，宥之，擢爲太僕寺少卿，仍賜以鈔錠，後陞兩浙運使，二十五年三月坐胡黨，法司奏付獄，上以元忠臣子，宥居雲南，别勑西平侯，善遇之。彭權，洪武三十四年任。李俊，湖廣德安府孝感縣人，洪武初以軍功歷陞指揮僉事，二十八年以其爲文臣改陞太僕寺少卿，三十二年仍命世襲指揮，後卒於官。喻良，四川叙州府高縣人，洪武中鄉舉，二十八年陞太僕寺少卿，三十三年調廣東按察使，尋致仕。彭中，洪武二十九年任。孫廣，洪武三十二年任。祝孟獻，江西饒州府德興縣人，洪武初薦舉，革除元年任三年六月使朝鮮市馬。孫瑜，四川嘉定州犍爲縣人，洪武中舉能吏，歷北平左条政，永樂元年陞户部左侍郎，二年謫少卿，未幾卒於官。党理，陝西慶陽府真寧縣人，洪武丁丑進士，授河南宜陽知縣，以經術飭吏事，政行卓異，永樂四年以薦舉特陞太僕寺少卿，文行爲時推重，十一年卒於官。沈升，浙江杭州府海寧人，永樂甲申進士，十一年任太僕寺少卿，後卒於官。樊彧，山西平陽府聞喜縣人，洪武二十一年歲貢，入太學，除江西瑞州府通判，改刑部主事，革除中陞福建市舶司提舉，永樂初陞福建按察司副使，十二年陞太僕寺少卿，十年致仕。王文貴，四川潼川州中江人，洪武甲戌進士，授司直郎，永樂十三年陞太僕寺右少卿，二十二年改大理寺少卿。甄實，直隸徐州沛縣人，永樂癸未鄉舉，入大學，四年擢浙江湖州府同知，十三年秩滿入京，以政績卓異，特陞太僕寺少卿，遷四川左布政使，尋乞致仕。

又卷一五三《太僕寺少卿年表》 王中詳，永樂十九年任。劉寧，山東汶上人，監生，洪熙元年任。李賁，直隸長洲人，進士，宣德十年任。解貫，直隸撫寧人，進士，正統六年任。崔奎見，正統八年任。金輔伯，江西新淦人，進士，正統十年任。黃仕儁，四川富順人，進士，正統十四年任。翟敬，順天大興人，進士，景泰五年任。孫弘，陝西渭南人，鄉舉，景泰七年任。黃節，江西豐城人，進士，天順□□任。章璠，虔□三年任。王信，河南上蔡人，進士，成化五年任。李綱，山東長清人，進士，成化六年任，八年致仕。沈琺，直隸山陽人，進士，成化十年任。吕雯，直隸安州人，鄉舉，成化十五年任。王宗彝，直隸束鹿人，進士，成化十五年任，本年陞右僉都，巡撫遼東。吳原見，成化十七年任。李温，成化二十二年任。王杲，南隸靈壁人，進士，成化二十二年任。秦崇，山東單縣人，進士，成化二十三年任。彭禮，成化二十三年任。李鑑，河南河内人，進士，弘治元年任。楊謐，河南儀封人，進士，弘治元年任。白思明，山西平定人，進士，弘治三年任。張九功，弘治六年任。王珩，直隸趙州人，進士，弘治八年任。劉纓，直隸蘇州衛籍，江西新淦人，進士，弘治九年任。楊瑛，直隸嘉定人，進士，弘治十年任。儲巏，弘治十年任，十一年丁憂，十四年復任。王質，弘治十三年任。許子明，四川成都衛人，鄉舉，弘治十四年任。楊旦，福建建安人，進士，弘治十七年任。于瑁，順天霸州人，進士，弘治十八年任。劉璣，陝西咸寧人，進士，弘治十八年任。陳大章，直隸盱眙人，進士，正德二年任。劉聰，陝西中部人，進士，正德二年任。廖紀，直隸東光人，進士，正德四年任。王濟，直隸灤州人，進士，正德四年任。于鳳喈，山東萊陽人，進士，正德五年任。楊廷儀，正德五年任。孫緒，正德五年任。孟春，山西澤州人，進士，正德五年任。陳天祥，直隸吳江人，進士，正德六年任。謝麒，江西新建人，進士，正德七年任。黃河清，福建南安人，進士，正德七年任。王承裕，正德八年任。何孟春，正德九年任。楊一瑛，廣東南海人，進士，正德十年任。萬鏜，江西進賢人，進士，正德十一年任。陳察，直隸常熟人，進士，正德十一年任。張玠，順天宛平人，進士，正德十一年任。周金，直隸武進人，進士，正德十一年任。劉志道，河南陳留人，進士，正德十三年任。崔傑，錦衣衛籍，直隸吳縣人，進士，正德十四年任。張文錦，山東安丘人，進士，正德十五年任。潘府，浙江上虞人，進士，正德十五年任，十六年致仕。張九叙，山東商河人，進士，嘉靖元年任。張鏜，山東臨清人，進士，嘉靖二年任。佘瓚，嘉靖三年任。汪玄錫，嘉靖三年任。牛鳳，河南葉縣人，進士，嘉靖四年任。蕭淮，廣西桂林中衛人，進士，嘉靖五年任。張楠，直隸滁州人，進士，嘉靖六年任。戴時宗，福建長泰人，進士，嘉靖七年任。冼光，廣東順德人，進士，嘉靖八年任。許宗魯，陝西□寧人，進士，嘉靖九年任。劉序，陝西長安人，進士，嘉靖十年任。戴金，湖廣漢陽人，進士，嘉靖十年任。甘爲霖，詳本寺卿，嘉靖十年任。蔡經，福建侯官人，進士，嘉靖十一年任。孫禬，錦衣衛軍籍，浙江嘉興人，進士，嘉靖十一年任。王杲，山東汶上人，進士，嘉靖十二年任。王暐，應天句容人，進士，嘉靖十二年任。王以旂，應天江寧人，進士，嘉靖十三年任。李邦直，廣東茂名人，進士，嘉靖十四年任。黃嘉賓，山東嘉祥人，進士，嘉靖十五年任。費淵，順天大興人，進士，嘉靖十五年任。蔣應奎，山西大同人，進士，嘉靖十五年任。劉渠，湖廣鍾祥人，進士，嘉靖十六年任。高擢，直隸灤州人，進士，嘉靖十七年任。楚書，直隸江都人，進士，嘉靖十七年任。歐陽德，江西泰和人，進士，嘉靖十七年任。楊行中，順天通州人，進士，嘉靖十八年任。戴儒，江西德興人，進士，嘉靖十八年任。李鳳來，順天大興籍直隸桐城人，進士，嘉靖二十年任。高燿，嘉靖二十一年任，二十四年十憂。錢亮，直隸丹徒人，進士，嘉靖二十二年任。胡奎，江西峽江人，進士，嘉靖二十四年任。陸坤，浙江嘉善人，進士，嘉靖二十四年任。周汝底，浙江餘姚人，進士，嘉靖二十五年任。李仁，山東東阿人，進士，嘉靖三十五年任。黃懋官，嘉靖二十六年任。張舜臣，嘉靖二十七年任。高燿，嘉靖二十七年任。劉大直，四川華陽人，進士，嘉靖二十八年任。陳儒，錦衣衛人，進士，嘉靖二十九年任。余胤緒，湖廣應城人，嘉靖丙戌進士，二十九年由南京太僕寺少卿改任，歷户部右侍郎。黄如桂，江西廬陵人，嘉靖戊戌進士，三十年由監察御史任，改大理寺左少卿。郝良臣，山西襄垣人，嘉靖辛丑進士，三十一年由吏部文選司郎中任，陞南京太僕寺卿。雷禮，江西豐城人，嘉靖壬辰進士，三十一年由南京大僕寺少卿改，未任，陞四夷館太常寺少卿，詳工部尚書。劉學易，山東壽光人，嘉靖戊戌進士，三十二年由南京太僕寺少卿任。鄢懋，江西豐城人，嘉靖辛丑進士，三十二年由監察御史任。黄懋官，嘉靖三十二年復任。劉大實，嘉靖三十三年由文選郎中任。張秉壺，福建莆田人，嘉靖戊戌進士，三十四年由尚寶司卿任。何遷，湖廣德安人，嘉靖辛丑進士，三十四年由光禄寺少卿任。劉自强，河南扶溝人，嘉靖甲辰進士，三十五年由吏部文選司郎中任。胡汝霖，四川綿州人，嘉靖乙未進士，三十五年由江西布政司左糸政任。陸煒，浙江平湖人，嘉靖甲辰進士，三十六年由尚寶司卿任。徐陟，直隸華亭人，嘉靖丁未進士，三十六年由光禄寺少卿任。吕光洵，浙江新昌人，嘉靖壬辰進士，三十六年由光禄寺少卿任。何海晏，山東平陰人，嘉靖甲辰進士，三十六年由吏部文選司郎中任。馬三才，浙江仁和籍，德清人，嘉靖丁未進士，三十七年由提學御史任。王士翹，江西安福人，嘉靖戊戌進士，三十七年由監察御史任。劉崙，直隸無爲州人，嘉靖甲辰巡士三十七年由南京通政司糸議任。王國光，嘉靖三十七年任。張守直，直隸遵化人，嘉靖甲辰進士，三十八年由文選司郎中任。王文炳，江西廬陵人，嘉靖癸丑進士，三十九年由兵科都給事中任，陞南京右通政。陸煒，嘉靖三十九年再任，四十年養病。徐紳，直隸建德人，嘉靖辛丑進士，四十年由尚寶司卿任。湯日新，浙江秀水人，嘉靖庚戌進士，四十年由南京通政司糸議任。劉朝佐，江西安福人，嘉靖甲辰進士，四十年由光禄寺少卿任，陞南通政司右通政。謝登之，湖廣巴陵人，嘉靖丁未進士，四十年由禮羽都給事中任，陞大理寺左少卿，歷工部左侍郎。劉畿，嘉靖四十一年由通政司右糸議任。荀顥，嘉靖四十一年由通政司右糸議任。楊豫孫，直隸華亭人，嘉靖丁未進士，四十三年由河南右糸政任。袁洪愈，直隸長洲人，嘉靖丁未進士，四十三年由湖廣在糸政任。丘岳，湖廣黄岡人，嘉靖丁未進士，四十三年由禮科都給事中任。陳道基，福建同安人，嘉靖庚戌進士，四十三年由監察御史任。趙灼，直隸上海人，嘉靖甲辰進士，四十四年由吏科都給事中任，給假，隆慶元年改四夷館太常寺少卿。王時槐，江西安福人，嘉靖丁未進士，四十四年由尚寶司卿任。張志孝，山東濟寧州人，嘉靖癸丑進士，四十四年由光禄寺少卿任。洪朝選，福建同安人，嘉靖辛丑進士，四十四年任。李邦珍，山東肥城人，嘉靖庚戌進士，四十五年由監察御史任。平一元，嘉靖四十五年由江西布政司左糸政任。林潤，福建莆田人，嘉靖丙辰進士，四十五年推，未任，改四夷館。辛自脩，河南襄城人，嘉靖丙辰進士，隆慶元年由禮科都給事中任，三年給假。徐公遴，浙江開化人，嘉靖甲辰進士，隆慶元年由刑科都給事中任。高應芳，江西金谿人，嘉靖癸丑進士，隆慶元年由浙江道監察御史任。楊思忠，山西平定州人，嘉靖辛丑進士，隆慶元年由吏科都給事中任。周冕，四川資縣人，嘉靖辛丑進士，隆慶元年推未任丁憂。李用敬，山東益都人，嘉靖辛丑進士，隆慶元年由户科都給事中任，二年陞鴻臚寺鄉。董傳策，隆慶元年由吏部驗封司郎中任。王治，隆慶二年由吏科都給事中任。夏栻，江西豐城人，嘉靖庚戌進士，隆慶二年由山西副使任。董堯，封河南洛陽人，嘉靖癸丑進士，隆慶二年由山東道御史任，本年謫官。李際春，河南杞縣人，嘉靖丙辰進士，隆慶二年由南京太僕寺少卿改任，四年改鴻臚寺卿。魏時亮，隆慶三年由户科都給事中任，四年考察閑住，萬曆十三年再任。張檟，江西新城人，嘉靖己未進士，隆慶三年由尚寶司卿任，本年給假閑任。阮文中，江西南昌人，嘉靖癸丑進士，隆慶三年由南京太僕寺少卿改任，陞貴州巡撫右僉都。鍾沂，江西南昌人，嘉靖癸丑進士，隆慶三年由京畿道監察御史任。陳聯芳，福建閩縣人，嘉靖丙辰進士，隆慶三年由御史任，本年給假。鄭大經，浙江西安人，嘉靖丙辰進士，隆慶四年由吏科都給事中任，本年考察閑住。毛綱，順天薊州人，嘉靖癸丑進士，隆慶四年由山東布政使司左糸政任。羅良，江西萬安人，嘉靖癸丑進士，隆慶五年由山西糸政任。曾省吾，承天衛官籍，江西彭澤人，嘉靖丙辰進士，隆慶五年由浙江左糸政任，六年陞巡撫四川右僉都。王之垣，隆慶五年由刑科都給事中任，改鴻臚寺卿。董堯封，隆慶五年由山西右糸政陞任。温如璋，河南汝州衛人，嘉靖丙辰進士，隆慶五年由山西口北道副使陞任，六年陞膳黄右通政。李幼滋，湖廣應城人，嘉靖丁未進士，隆慶六年由山西右糸玫陞任。陳聯芳，隆慶六年復除原職，萬曆二年丁憂，五年復任，六年陞南京光禄寺卿。屠義英，直隸寧國人，嘉靖丙辰進士，隆慶六年由山西右叅政陞任，萬曆元年改鴻臚寺卿。王宗載，湖廣京山人，嘉靖壬戌進士，萬曆元年由南京太僕寺少卿改任，丁憂。宋儀望，江西永豐人，嘉靖丁未進士，萬曆元年由福建叅政任。楊俊民，山西蒲州人，嘉靖壬戌進士，萬曆元年由河南右叅政陞任，給假。何起鳴，四川内江人，嘉靖己未進士，萬曆元年由順天府丞改任，三年陞大理寺少卿。烏昇，陝西西安前衛人，嘉靖乙丑進士，萬曆二年由刑科都給事中陞任，三年養病。耿定向，湖廣麻城人，嘉靖丙辰進士，萬曆三年由尚寶司少卿陞任，陞都察院右僉都協理院事。劉世曾，四川巴縣人，嘉靖壬戌進士，萬曆三年由京畿道監察御史陞任，五年養病。温純，陝西三原人，嘉靖乙丑進士，萬曆二年由河南右叅政三年四月任，五年改四夷舘少卿。劉不息，山東滋陽人，隆慶戊辰進士，萬曆三年由吏科都給事中陞任，五年八月丁憂辛。蕭廩，江西萬安人，嘉靖乙丑進士，萬曆五年由京畿道監察御史陞任，六年改督四夷舘太常寺少卿。楊俊民，萬曆五年復原任，十一月改四夷舘。陳聯芳，萬曆五年復除原職，六年陞南京光禄寺卿。張岳，浙江餘姚人，嘉靖己未進士，萬曆五年由河南叅政任，本年閏八月陞大理寺右少卿。王緝，山西汾州衛籍，直隸定遠人，嘉靖己未進士，萬曆五年由光禄寺少卿陞任，七年陞巡撫貴州右僉都。斐應章，萬曆六年由兵科都給事中陞任，九年給假。鄭欽，直隸涇陽人，嘉靖壬戌進士，萬曆六年由尚寶司少卿陞任，八年陞南京光禄寺卿。李輔，江西進賢人，嘉靖己未進士，萬曆七年由京畿道監察御安陞任，八年陞南京太僕寺卿。喬因阜，陝西耀州人，隆慶戊辰進士，萬曆八年由浙江提學僉事陞任，十年三月陞南京右通政。劉世曾，萬曆八年十月再任，九年陞巡撫雲南右僉都。蕭崇業，雲南臨安衛籍，應天上元人，隆慶辛未進士，萬曆九年由光禄寺少卿任，十一年陞四夷舘太常寺少卿。于鯨，山東歷城人，隆慶戊辰進士，萬曆十年由京畿道監察御史陞任，尋致仕。杜友蘭，四川閬中籍南部人，嘉靖乙丑進士，萬曆十年由山西右叅改陞任，十一年調應天府尹。石應岳，福建龍巖人，隆慶辛未進士，萬曆十一年由禮科都給事中陞任，十三年四月陞南太僕寺卿。張岳，萬曆十一年由四川叅議指，未任，陞南贛右僉都。張彦湖，廣承天衛人，隆慶辛未進士，萬曆十一年由尚寶司卿陞任，丁憂。沈玄華，浙江秀水人，嘉靖壬戌進士，萬曆十一年由尚寶司卿陞任，十三年陞右通政。張譽，江西新建人，隆慶辛未進士，萬曆十一年由工科河道郎中陞任，養病。周邦傑，江西臨川人，隆慶辛未進士，萬曆十二年由吏科都給事中陞任，十四年陞右通政。李植，山西大同籍直隸揚州人，萬曆丁丑進士，十二年由江西道監察御史陞任，十三年八月降户部員外。江東之，直隸歙縣人，萬曆丁丑進士，十三年由光禄寺少卿任，八年降兵部員外郎。魏時亮，萬曆十三年由南大理寺丞再任。趙參魯，浙江鄞縣人，隆慶辛未進士，萬曆十三年由光禄寺少卿陞任。王致祥，萬曆十四年由兵科都給事中任。余懋學，直隸婺源人，隆慶戊辰進士，萬曆十三三由南京尚寶司卿陞，十四年任，十五年陞南光禄寺卿。徐元春，萬曆十四年由南京鴻臚寺卿改任。許應逵，浙江嘉興人，陞慶戊辰進士，萬曆十四年由工部都水司郎中任，十五年調井陘兵備副使。顧九思，直隸長洲人，隆慶辛未進士，萬曆十五年由兵科都給事中任，十七年告改南太常寺少卿。楊廷相，福建晉江人，萬曆甲戌進士，十六年由吏科都給事中任，十七年陞太常寺少卿。鄭有年，浙江西安人，萬曆丁丑進士，十三年由工部營繕司郎中陞，十六年任。陳大科，直隸通州人，隆慶辛未進士，萬曆十六年由通政司右叅議任，十七年八月陞四夷舘少卿。常居敬，萬曆十六年由工科都給事中任，十八年二月陞本。施策，直隸無錫人，隆慶辛未進士，萬曆十年由南改任。唐堯欽，萬曆十七年三月由刑科都給事中任，陞本卿。朱鴻謨，山東益都人，隆慶辛未進士，萬曆十七年八月由光禄寺少卿任，十八年告病。苗朝陽，山西河曲人，萬曆丁丑進士，十八年二月由禮科都給事中任，十二月陞應天府丞。趙卿，直隸泗州人，隆慶辛未進士，萬曆十八年由光祿寺少卿任。王汝訓，山東聊城人，隆慶辛未進士，萬曆十九年由南大理寺丞任。

又《太僕寺少卿行實》 王中詳，永樂丁九年任。劉寧，山東兖州府汶上縣人，監生，洪熙元年陞行在太僕寺少卿。李蕡，字茂實，直隸蘇州府長洲人，永樂乙未進士，宣德十年由兵部武選司郎中陞任，正統六年以佐靖遠伯王驥征麓川功陞工部侍郎，詳兵部右侍郎。解貫，直隸撫寧縣人，宣德庚戌進士，正德六年由陞任。崔奎，正統初任本寺寺丞，八年陞本寺少卿，十三年陞本寺。金輔伯，江西新淦人，宣德癸丑進士，正統十年任。黄仕儁，四川敘州府富順縣人，正統壬戌進士，十四年任，天順元年陞刑部右侍郎，詳刑部。翟敬，順天府大興縣人，正統壬戌進士，擢工科給事中，歷左給事中，景泰三年陞南京太僕寺少卿，五年改太僕寺少卿，天順元年改南京大理寺少卿。孫弘，字崇道，陝西西安府渭南縣人，宣德己酉鄉舉，景泰元年任太僕寺丞，七年任，天順元年以石亨迎駕功陞工侍，改吏部左侍郎，詳吏部。黄節，江西南昌府豐城縣人，正統戊辰進士，授兵部主事，歷郎中，天順二年陞太僕寺少卿，七年卒於官。章璠詳，成化三年任。王信，河南上蔡人，正統己未進士，成化五年任，九年閑住。李綱，字廷張，山東長清人，天順丁丑進士，任御史，成化六年任，未三載政舉弊除，有幕職托中使薦爲本寺丞，綱毅然拒之，出視馬政於真保定，有司不敢歛一錢於民，自府寮以下事不集者笞之，行冀州道路，逢强賊，解前馳衣箱，并鑰與之，賊問隸人，曰：此豈李太僕耶？曰：然。衆賊曰：無錢。不開箱而去。八年，丁憂，詳漕運。沈瑤，字廷實，户部尚書翼之子，直隸淮安府山陽人，天順丁丑進士，累官吏科都給事中，册封藩王，饋遺不受，在諫垣十餘年，多所建明，舊制四品以上官，吏部推選進呈，俟上可否擢用，忽御批四品以上官俱由内選，瑤知中官欲專擅之，故上疏極言其非，且曰：如是爲守成法，如是爲亂舊章，言甚剴切，數日竟得俞允旨。十年陞太僕寺少卿，未幾卒於官，遣官諭祭，給舟軍以還。吕雯，字天章，直隸保定府安州人，景泰庚午鄉舉，成化十五年由南京光祿寺少卿陞任，十九年陞延綏右僉都御史，歷兵部左侍郎，詳兵部。王宗尋，名倫，以字行，成化十五年以都餉郎中叙建州功陞少卿，尋陞右僉都御史，巡撫遼東。吴原，成化十七年任。李温，成化二十二年任。王彔，直隸鳳陽府靈壁縣人，成化丙戌進士，授江西樂安知縣，擢監察御史，十七年陞通政司左条議，十九年陞通政司右通政，二十二年改太僕寺少卿，致仕。秦崇，山東兗州府單縣人，天順庚辰進士，成化二十三年由户科都給事中任，弘治元年陞南京光祿寺卿，詳應天巡撫。彭禮，成化二十三年由兵部職方司郎中陞任，弘治五年陞。李鑑，河南河内人，進士，弘治元年任。楊謐，字文寧，河南開封府儀封縣人，成化己丑進士，弘治元年由山東道御史陞任，本年遷太理寺右少卿，累官兵部右侍郎，詳兵部。白思明，山西平定人，成化丙戌進士，二十二年任吏部考功司郎中，二十三年改文選，弘治三年任陞都察院右僉都御史。張九功，弘治六年任。王珩，字美器，直隸真定府趙州人，成化乙未進士，弘治八年由工科都給事中陞任，十一年改通政，累官南户右侍郎，詳南京户部。劉纓，字與清，直隸蘇州衛籍，江西新淦縣人，成化戊戌進士，弘治九年由山東道監察御史陞任，時馬耗且多私賣，遇印俵率滁去舊印抵數，立法審辨，其弊始清，疏利害當興革者二十事。十三年陞巡撫四川右僉都御史，累官南京刑部尚書，詳南京刑部。楊瑛，直隸嘉定人，成化丁未進士，弘治十年陞太僕寺少卿，十二年謫常德知府。儲巏，弘治十年由吏部考功司郎中陞任，十一年丁憂，十四年復任，丁八年，陞本卿。王質，弘治十三年任。許子明，四川成都衛人，成化鄉舉，弘治十四年任。楊旦，字晉叔，福建建寧府建安縣人，弘治庚戌進士，十七年由考功司郎中陞任，十八年改太常寺少卿，累官吏部尚書，詳吏部。于瑁，順天府覇州人，弘治癸丑進士，任吏科右給事中，弘治十八年任，正德二年閑住。劉璣，字用齊，陝西西安府咸寧縣人，成化辛丑進士，弘治十八年由衡州府知府陞任，正德元年改四夷館太常寺少卿，累官户部尚書，詳户部。陳大章，直隸鳳陽府盱眙縣人，成化甲辰進士，弘治十三年任南京太僕寺少卿，十八年丁憂，正德二年起任，三年致仕。劉聰，陝西延安府中部縣人，成化丁未進士，正德二年由彰德府知府陞任，四年陞巡撫順天右僉都御史，詳順天巡撫。廖玘，直隸河間府東光縣人，弘治庚戌進士，正德四年由文選郎中陞任，五年改太常寺少卿，提督四夷館，累官吏部尚書，詳吏部。王濟，直隸永平府灤州人，成化丁未進士，正德四年任，六年閑住。于鳳喈，山東登州府萊陽縣人，成化辛丑進士，正德五年任，十年陞南太僕寺卿，詳南京太僕寺。楊廷儀，正德五年由文選司郎中陞任，本年改提督四夷館。孫緒，正德五年任。孟春，山西澤州人，弘治丙辰進士，正德五年由嚴州府知府陞任，八年陞右僉都御史，巡撫宣府，累官吏部左侍郎，詳吏部。陳天祥，字原吉，直隸蘇州府吴江縣人，弘治丙辰進士，正德六年由天津副使破流賊，襲大保功陞任，本年陞左僉都，詳都察院左副都。謝麒，江西南昌府新建人，弘治丙辰進士，任兵部主事，正德二年改吏部文選，四年陞文選員外郎，五年陞考功司郎中，改文選，七年陞太僕寺少卿。黄河清，福建南安人，弘治壬戌進士，正德七年以吏部文選司郎中陞任，八年陞提督四夷館太常寺少卿。王承裕，正德八年由吏科都給事中陞任，十一年陞。何孟春，正德九年由河南左条政陞任，十三年陞。楊一瑛，廣東廣州府南海縣人，弘治己未進士，正德六年由吏科都給事中陞順天府丞，丁憂，十年起任，十一年改太常寺，提督四夷館，累官南大理卿，詳南京大理寺。萬鏜，江西進賢縣人，弘治乙丑進士，正德十一年任本年改督四夷館太常寺少卿詳吏部尚書。陳察，直隸常熟縣人，弘治壬戌進士，授南昌府推官，正德四年任湖廣道御史，十一年任。張玠，順天府宛平縣人，弘治丙辰進士，任光禄寺少卿，正德十一年任，十四年陞光禄寺卿，十五年閑住，詳總儲都御史。周金，直隸常州府武進縣人，正德戊辰進士，十一年由户科都給事中陞任，嘉靖元年陞巡撫延綏右僉都御史，累官太子少保，南京户部尚書，詳南京户部。劉志道，河南開封府陳留縣人，弘治己未進士，正德元年任吏部稽勳司主事，四年陞稽勳司員外，七年改考功，九年陞驗封司郎中，十年轉考功，十一年改文選司郎中，十三年任，十五年閑住。崔傑，錦衣衛籍，直隸吴縣人，弘治乙丑進士，正德十四年由尚寶司卿陞任，嘉靖二年陞光禄寺卿，詳光禄寺。張文錦，山東安丘縣人，弘治己未進士，正德三年歷户部郎中陞安慶知府，十五年以城守功陞任，詳大同巡撫。潘府，浙江上虞人，成化丁未進士，弘治十六年任廣東提學副使，乞終養，遂不起，正德十五年以薦任，十六年致仕，嘉靖二年以薦吏部，奏改太常少卿，仍致仕，性至孝，疏請行三年喪，上聖學淵源，中興經濟疏，居家有篤行，鄉評重之，五年卒，巡按爲請祭葬，上以府孝行可嘉，令有司營葬。張九叙，山東濟南府商河縣人，弘治乙丑進士，嘉靖元年由吏科都給事中陞任，三年改太常寺少卿，提督四夷舘，歷南院右僉都御史，詳南京都察院。張鏜，山東臨清縣人，進士，嘉靖二年任。余瓚，嘉靖三年由工科都給事中陞任。汪玄錫，嘉靖三年由南太僕少卿改任，五年改太僕寺。牛鳳，河南南陽府葉縣人，正德辛未進士，嘉靖二年由吏部考功司郎中陞南京太僕寺少卿，四年改任，六年陞南京太常寺少卿，詳南京太常寺。蕭淮，廣西桂林中衛人，正德辛未進士，嘉靖元年由御史陞光禄寺少卿，五年陞任，七年陞延綏右僉都御史，詳延綏巡撫。張楠，直隸滁州來安人，正德戊辰進士，任光禄寺丞，十四年陞尚寶司少卿，嘉靖六年任，八年改南京鴻臚寺卿，詳南京鴻臚寺。戴時宗，福建漳州府長泰縣人，正德甲戌進士，嘉靖七年由文選司郎中陞任，十年陞大理寺少卿，歷都察院右僉都御史，詳都察院。冼光，廣東廣州府順德人，弘治丙辰進士，嘉靖七年由南通政司叅議陞任，九年陞南京光禄寺卿，歷南京工部右侍郎，詳南京工部。許宗魯，字伯誠，陝西西安府咸寧縣人，正德丁丑進士，嘉靖七年任湖廣提學副使，九年陞太僕寺少卿，十一年陞太理寺左少卿，本年陞保定右僉都御史，閑住，起經略昌平等處。劉序，字元禮，陝西西安府長安縣人，正德辛巳進士，嘉靖二年任吏部驗封司主事，五年改文選，六年陞文選員外郎，七年陞稽勳司郎中，八年改文選司郎中，十年陞太僕寺少卿，十二年改南太僕寺少卿，本年閑住。戴金，湖廣漢陽府漢陽縣人，正德甲戌進士，嘉靖十年由廣東道御史陞任，十二年降河南叅議，累官兵部尚書，詳兵部。甘爲霖，詳本卿，嘉靖十年任。蔡經，福建福州府侯官縣人，正德丁丑進士，嘉靖十二年由户科都給事中陞任，本年陞大理寺少卿，累官浙直提督兵部尚書。孫禬，錦衣衛軍籍，浙江嘉興人，正德甲戌進士，嘉靖十一年由光禄寺少卿陞任，十三年調山東副使，累户部總督左侍郎，詳户部。王杲，山東兖州府汶上縣人，正德甲戌進士，嘉靖十二年由浙江道御史陞任，十四年遷大理寺右少卿，累官太子少保，户部尚書，詳户部。王暐，應天府句容縣人，正德丁丑進士，嘉靖十二年由光禄寺少卿陞任，十六年陞光禄寺卿，十七年陞南京太常寺卿，累官總儲尚書，詳户部。王以旂，字士招，應天府江寧縣人，正德辛未進十，嘉靖十一年任河南道御史，十二年陞南太僕寺少卿，十三年改任，十六年陞大理寺右少卿，十七年陞鄖陽都御史，累官兵部尚書，改督陝西三邊軍務。李邦直，字汝司，廣東韶州府茂名縣人，嘉靖癸未進士，歷禮部員外郎，十二年陞吏部驗封司郎中，十三年改吏部考功郎中，十四年陞太僕寺少卿，十五年閒住。黄嘉賓，山東兖州府嘉祥縣人，正德甲戌進士，嘉靖三年任太常寺丞，九年改尚寶司丞，十一年陞光禄寺少卿，十五年陞太僕寺少卿，十六年致仕。費淵，字汝進，順天府大興縣人，嘉靖己丑進士，十五年以管工陞太僕寺添註少卿，十八年致仕。蔣應奎，字文煥，山西大同縣籍，馬邑所人，嘉靖丙戌進士，十五年由工部郎中陞任，二十四年陞應天府尹，歷遼東右副都御史，陞兵部右侍郎。劉渠，字清甫，湖廣承天府鍾祥縣人，正德辛巳進十，嘉靖十六年由工都郎中陞任，二十年陞雲南右僉都御史，詳雲南巡撫。高擢，字士元，直隸永平府灤州人，嘉靖己丑進士，十七年由吏科都給事中陞任，二十一年陞順天府尹，改南儲右僉都御史，詳南京糧儲。楚書，字國寶，直隸揚州府江都縣人，嘉靖癸未進士，十七年山尚寶司少卿陞任，十八年陞宣府右僉都御史，詳宣府巡撫。歐陽德，字崇一，江西泰和人，嘉靖癸未進士，十七年由南京尚寶司卿陞任，尋改南京鴻臚寺。楊行中，字惟慎，順天府通州人，嘉靖癸未進士，十七年由直隸道御史陞任，二十年陞大理寺少卿，累官刑部左侍郎，詳南京吏部尚書。戴儒，字汝真，江西饒州府德興縣人，嘉靖丙戌進士，十八年由刑科都給事中陞任，二十二年遷大理寺右少卿，歷應天府尹，改四川右僉都，未任，詳應天府尹。李鳳來，字德儀，順天府大興籍直隸桐城人，正德辛巳進士，嘉靖二十年陞太僕寺少卿，二十三年陞提督四夷舘，太常寺少卿。高燿，嘉靖二十一年由文選司郎中陞任，二十四年丁憂，二十七年復除。錢亮，字執夫，直隸鎮江府丹徒縣人，嘉靖壬辰進士，改庶吉士，擢科給事中，歷科右給事中，吏科都給事中，二十二年陞太僕寺少卿，二十四年降貴州叅議，尋閑住。胡奎，字應文，江四臨江府峽江縣人，正德辛巳進士，嘉靖二十年任光禄寺少卿，二十二年陞南京太僕寺少卿，二十四年改任，二十五年陞順天府尹，歷雲南右副都御史，詳雲南巡撫。陸埛，字秀卿，浙江嘉興府嘉善縣人，嘉靖丙戌進士，二十四年由岳州府知府賑濟陞任，二十七年陞南京鴻臚寺卿，二十八年陞南京光禄寺卿，歷河南巡撫右僉都御史，詳河南巡撫。周汝底，字允直，浙江紹興府餘姚縣人，嘉靖己丑進士，歷工部郎中，二十五年陞任，二十年養病。李仁，字元夫，山東兗州府東阿縣人，嘉靖癸未進士，二十五年由河南右叅政陞任，二十六年陞保定右僉都御史，歷大同右副都御史，詳大同巡撫。黄懋官，嘉靖二十六年由文選郎中陞任。張舜臣，嘉靖二十七年由支選郎中陞任。劉大直，字養浩，四川成都府華陽縣人，寧州衛籍，嘉靖乙未進士，二十八年由工科都給事中陞任，三十一年陞巡撫貴州右僉都御史。陳儒，字汝宗，錦衣衛人，嘉靖癸未進士，二十九年由光禄寺少卿陞任，本年陞南京太僕寺卿，歷南京户都右侍郎。余胤緒，字思孝，湖廣德安府應城人，嘉靖丙戌進士，三十九年由南京太僕寺少卿改任，三十年陞南京太僕寺卿。黄汝桂，字德馨，江西吉安府廬陵人，嘉靖戊戌進士，三十年由監察御史陞任，三十二年改大理寺左少卿。郝良臣，字廷藎，山西潞安府襄垣人，嘉靖辛丑進士，任户部主事，二十四年改吏部驗封，二十五年轉考功，二十六年改斐選，陞稽勲司員外轉驗封，二十七年改考功，二十八年轉文選，二十九年陞驗封郎中，三十年轉文選司，三十一年陞太僕寺卿，三十五年陞光禄寺卿，三十六年調河南叅政。雷禮，字必進，江西豐城縣人，嘉靖三十一年由南太僕寺少卿改北，未任，轉提督四夷舘，太常寺少卿。劉學易，字道南，山東壽光縣人，嘉靖三十二年由南太僕寺少卿改任，三十四年陞大理寺右少卿。鄢懋卿，字景修，江西豐城人，嘉靖辛丑進士，三十二年由御史任，三十四年陞大理寺右少卿。劉大實，字子虛，嘉靖三十三年由吏部文選司郎中任。

又卷一五四《南京太僕寺少卿年表》

蘇實，進士，洪熙元年任。龎壎，四川南充人，進士，宣德元年任。鄭復年，浙江鄞縣人，進士，宣德九年任。楊亨，直隸山陽人，國子生，正統三年任。白素，直隸徐州人，國子生，正統六年任。王榮詳，正統八年任。鄧浩，湖廣華容人，國子生，正統十一年任。翟敬，順天大興人，進士，景泰三年任。鄭悠詳，景泰四年任。盧祥，廣東東莞人，進士，天順二年任。程信，直隸休寧人，進士，天順四年任。國盛，山東淄川人，進士，天順五年任。魯崇志，浙江天台人，進士，天順八年任。蔣敵，應天江寧人，進士，成化十年任。于冕，浙江錢塘人，官生，成化十五年任。雷澤，山西忻州定襄人，進士，成化十六年任。張鐸，直隸真定人，進士，成化十九年任。李温，順天漷縣人，進士，虔化二十年任。唐章，直隸獻縣人，進士，成化二十一年任。吕甇，浙江秀水人，舉人，成化二十二年任。林鳳，浙江樂清人，錦衣籍，進士，弘治二年任。張賁，弘治四年任。李應禎，直隸吴縣人，鄉舉，弘治六年任。李鐩，河南湯陰人，進士，弘治八年任。張泰，湖廣順德人，進士，弘治十年任。胡諒，河南靈寶人，進士，弘治十一年任。夏崇文，湖廣長沙人，進士，弘治十三年任。陳大章，直隸盱眙人，進士，弘治十三年任。鄭宗仁，弘治十七年任。侯觀，直隸雄縣人，進士，弘治十八年任。楊廉，江西豐城人，進士，正德二年任。王彦奇，四川雲陽人，進士，正德二年任。張淳，直隸合肥人，進士，正德四年任。石禄，直隸滁州人，進士，正德四年任。謝綬，山東朝城人，進士，正德五年任。蔣恭，四川巴縣人，進士，正德六年任。文森，湖廣衡山人，進士，正德七年任。王守仁，浙江餘姚人，進士，正德七年任。吕元夫，直隸無錫人，進士，正德十年任。何棐，直隸犬興人，進士，正德十年任。曹倣，直隸丹徒人，進士，正德十一年任。潘希曾，正德十一年任。劉瑞，四川内江人，進士，正德十四年任。王爌，浙江黄巖人，進士，正德十六年任。汪玄錫，直隸婺源人，進士，正德十六年任。王韋，應天江浦人，進士，嘉靖元年任。牛鳳，河南葉縣人，進士，嘉靖二年任。陳達，福建閩縣人，進士，嘉靖三年任。楊欽，直隸合肥人，進士，嘉靖四年任。鄭裕，四川内江人，進士，嘉靖四年任。劉天和，湖廣麻城人，進士，嘉靖六年任。張英，順天三河人，進士，嘉靖六年任。王學夔，江西安福人，進士，嘉靖六年任。徐鈺，湖廣興國州人，進士，嘉靖六年任。夏尚朴，江西永豐人，進士，嘉靖八年任。劉穆，山西臨汾人，進士，嘉靖十年任。穆孔暉，山東堂邑人，進士，嘉靖十年任。鄧尚義，湖廣永興人，進士，嘉靖十一年任。張珩，山西石州人，進士，嘉靖十二年任。周文興，浙江江山人，進士，嘉靖十二年任。王以旂，應天江寧人，進士，嘉靖十二年任。姜清，江西弋陽人，進士，嘉靖十三年任。吴仲，直隸武進人，進士，嘉靖十四年任。崔桐，直隸海門人，進士，嘉靖十四年任。鄭本公，山西行都司朔州衛人，進士，嘉靖十四年任。朱廷立，湖廣通山人，進士，嘉靖十六年任。田濡，嘉靖十六年任。陳侃，浙江鄞縣人，進士，嘉靖十七年任。戴金，湖廣漢陽人，進士，嘉靖十八年任。傅烱，江西進賢人，進士，嘉靖十九年任。趙元夫，山東東平人，進士，嘉靖二十二年任。胡奎，江西峽江人，進士，嘉靖二十二年任。汪宗元，湖廣崇陽人，進士，嘉靖二十四年任。高澄，順天固安人，進士，嘉靖二十四年任。扈永通，山東曹縣人，進士，嘉靖二十六年任。鄭曉，浙江海鹽人，進士，嘉靖二十八年任。余胤緒，嘉靖二十九年任，本年改北。雷禮，江西豐城人，進士，嘉靖二十九年任，三十一年改北。章煥，直隸吴縣人，進士，嘉靖三十年任，三十四年陞光禄寺卿。劉學易，山東壽光人，進士，嘉靖三十一年任，三十二年改北。吕懷，江西永豐人，嘉靖壬辰進士，三十一年任。王楠，順天三河人，嘉靖戊戌進士，任尚寶司卿，三十二年陞江，三十四年陞南鴻順寺卿。王慎中，福建晉江人，嘉靖辛丑進士，三十四年任，三十六年去任。孫植，浙江平湖人，嘉靖乙未進士，三十四年任，三十六年陞南京鴻臚寺卿。黄廷用，福建莆田人，嘉靖乙未進士，嘉靖三十六年任。戴才，直隸滄州人，嘉靖甲辰進士，嘉靖三十六年任。趙釴，直隸桐城人，嘉靖甲辰進士，嘉靖三十七年任。秦梁，直隸無錫人，嘉靖下未進士，三十七年任，三十九年陞南京鴻臚寺卿。李鳳毛，四川彭縣人，嘉靖庚戌進士，三十年任。毛鵬，直隸强人，嘉靖丁未進士，嘉靖三十九年任。萬忝，江西南昌人，嘉靖甲辰進士，三十年任，四十一年陞南京鴻臚寺。洪朝選，福建同安人，嘉靖辛丑進士，四十一年推。劉秉仁，湖廣大冶人，嘉靖丁未進士，四十一年任。鄭本立，浙江蘭谿人，嘉靖進士，四十一年任。徐養正，廣西馬平人，嘉靖辛丑進士，四十一年任。劉逢愷，江西泰和人，嘉靖進士，四十二年任。盛汝謙，直隸桐城人，嘉靖辛丑進士，四十二年任。吴遵，浙江海寧人，嘉靖丁未進士，四十三年由尚寶司卿陞任，四十五年陞南太常寺少卿。李際春，河南杞縣人，嘉靖丙辰進士，四十五年由尚寶司卿陞任，隆慶二年陞太僕寺少卿。朱天球，福建漳浦人，嘉靖丁未進士，隆慶元年任。邢守庭，河南臨潁人，嘉靖丙辰進士，隆慶二年由太常少卿調任，卒。王宗載，湖廣京山人，嘉靖壬戌進士，隆慶年由廣西道御史任，六年九月改北。殷從儉，廣西桂林人，嘉靖甲辰進士，隆慶三年任。趙軏，山西高平人，嘉靖甲辰進士，隆慶四年任。陸光祖，浙江平湖人，嘉靖丁未進士，萬曆元年由太常寺少卿起補南京太僕寺少卿。劉穩，湖廣縣人，嘉靖丙辰進士，萬曆二年由廣東副使任，本年卒。廖逢節，河南固始人，嘉靖丙辰進士，萬曆三年由巡撫甘肅右僉都調任，本年丁憂卒。陳行健，浙江烏程人，嘉靖乙丑進士，萬曆四年由太常寺少卿補任，五年降調。張孟男，河南中牟人，嘉靖乙丑進士，萬曆六年由尚寶司卿陞任，本年陞本寺。尹瑾，廣東東莞人，隆慶辛未進士，萬曆十年由吏科都給事中十二月任，十四年九月養病。詹仰庇，福建安溪人，嘉靖乙丑進士，萬曆十四年由山東副使任，十五年陞協院左僉都。施策，直隸無錫人，隆慶辛未進士，萬曆十五年三月由尚寶司卿任。胡用賓，直隸婺源人，隆慶戊辰進士，萬曆十九年由南通政衆議任。

又《南京太僕寺少卿行實》 蘇實，永樂進士，洪熙元年任。龐壎，四川順度府南充縣人，永樂甲申進士，宣德元年陞南京太僕寺少卿，八年致仕。鄭復年，浙江鄞縣人，永樂丙戌進士，宣德九年任。楊亨，直隸淮安府山陽縣人，永樂中國子生授刑部主事，歷本部郎中，正統三年陞太僕寺少卿，六年致仕。白素，直隸徐州人，永樂中國子生授知縣，陞太僕寺丞歷，正統六年陞太僕寺少卿，七年卒於官。王榮詳，正統八年任。鄧浩，湖廣岳州府華容縣人，永樂中國子生，授户部主事，歷本部郎中，正統十一年陞南京太僕寺少卿，景泰三年致仕。翟敬，順天府大興縣人，正統壬戌進士，景泰三年由吏科左給事中陞任，改太僕寺少卿，天順元年陞南京大理寺右少卿，四年降惠州知府，詳大理寺卿。鄭悠詳，景泰四年任，七年丁憂，天順五年再任。盧祥，廣東廣州府東莞縣人，正統壬戌進士，天順二年由禮科都給事中陞任，本年丁憂，八年補順天府丞，陞巡撫延綏都察院右僉都御史，詳延綏巡撫。程信，字彦實，直隸徽州府休寧縣人，正統壬戌進士，天順四年由左僉都御史調任，五年陞刑部右侍郎，累官南京兵都，詳南京兵部尚書。國盛，山東濟南府淄川縣人，正統戊辰進士，擢吏科給事中，歷工科都給事中，景泰二年陞順天府丞，天順元年陞通政司左通政，五年調南京太僕寺少卿，七年致仕。魯崇志，浙江台州府天台縣人，景泰甲戌進士，天順八年由科都給事中陞任，成化十三年陞應天府尹，詳應天府。蔣敵，應天府江寧縣人，正統戊辰進士，擢吏科給事中，天順七年陞尚寶司丞，成化八年歷尚寶司卿，十三年陞南京太僕寺少卿，十四年致仕。于冕，浙江杭州府錢塘縣人，以少保肅愍公廕中書舍人，成化十五年由禮部祠祭司郎中陞任，二十年陞應天府尹，詳應天府。雷澤，山西太原府忻州定襄縣人，天順甲申進士，成化十六年由刑科都給事中陞任，十九年丁憂，後二十二年再自弘治二年陞南光禄寺卿，詳南京光禄寺。張鐸，直隸真定人，天順甲申進士，任工科都給事中，成化十九年任。李温，字景和，順天府漷縣人，天順庚辰進士，成化二十年由行太僕寺少卿陞任，二十二年改太僕寺，累官户部左侍郎，提督四夷舘，詳四夷舘。唐章，直隸河間府獻縣人，成化丙戌進士，二十一年由禮科左給事中陞任，弘治二年陞太僕寺卿，詳太僕寺卿。吕𢡟，字秉之，浙江嘉興府秀水縣人，天順中以父文懿公原廕中順天辛丑鄉試，成化二十二年由禮部主客司郎中陞任，弘治四年改南通政，歷南太常寺卿，詳南京太常寺。林鳳，浙江温州府樂清縣人，錦衣衛籍，成化丙戌進士，弘治二年由兵部郎中陞任，六年陞光禄寺卿，歷工部左侍郎，詳工部。張賁，弘治四年任。李應禎，祁名惟熊，直隸蘇州府吴縣人，景泰癸酉鄉舉，入大學，有中貴欲致爲塾師，固拒之，授中書，上命爲浮屠書，疏言九經未有以浮屠者，忤旨，薄責，久之拜職方郎，遷尚寶司卿，弘治六年陞南京太僕寺少卿，八年致仕。體貌嚴峻，衣冠偉楚，推轂後進，成就之惟恐不至，與人交雖疎，必恤其匱，好古博學，喜面折人，過卒無爲歛，友人助之。李鐩，字時器，河南彰德府湯陰縣人，成化壬辰進士，弘治七年由鴻臚寺少卿陞任，十年陞光禄寺卿，累官工部尚書，詳工部。張泰，字叔亨，廣東廣州府順德縣人，成化丙戌進士，弘治十年由浙江道御史陞任，十三年遷大理寺左少卿，累官南京户部尚書，詳南京户部。胡諒，字久夫，河南河南府靈寶縣人，成化戊戌進士，弘治十一年由監察御史陞任，十六年陞南京光禄寺卿，歷工部右侍郎，詳工部。夏崇文，湖廣長沙縣人，成化戊戌進士，弘治十三年由南京通政司右參議陞任，十七年遷南京右通政，詳南京通政司。陳大章，直隸泗州盱眙縣人，成化甲辰進士，弘治十三年任，十八年丁憂，後起太僕寺少卿，致仕。鄭宗仁，弘治十七年由尚寶司卿陞任，正德二年改太常寺。侯觀，直隸保定府雄縣人，成化戊戌進士，弘治十八年由户部郎中陞任，正德二年丁憂，後起太常寺少卿，累官户部尚書，詳户部。楊廉，字方震，江西南昌府豐城縣人，成化丁未進士，正德二年由南京光禄寺少卿陞任，四年丁憂，後起右通政，累官南京禮部尚書，卒謚文恪，詳南京禮部。王彦奇，四川夔州府雲陽縣人，弘治庚戌進士，正德二年由陝西糸政陞任，四年改應天府丞，陞巡撫遼東右僉都御史，詳遼東巡撫。張淳，直隸廬州府合肥縣人，成化丁未進士，正德四年由四川副使陞任，七年陞應天府尹，歷巡撫保定右副都御史，詳保定巡撫。石禄，直隸滁州人，弘治庚戌進士，正德四年由糸政陞任，五年改順天府丞，未任，詳順天府。謝綬，山東東昌府朝城縣人，成化甲辰進士，正德五年由四川副使陞任，六年遷大理寺左少卿，歷巡撫大同右僉都御史，詳大同巡撫。蔣恭，四川重慶府巴縣人，成化丁未進士，正德六年由吏部驗封司郎中陞任，七年陞南京右通政，累官南京户部右侍郎，詳南京户部。文森，湖廣衡州府衡山縣人，成化丁未進士，正德七年由監察御史陞任，十一年陞巡撫南贛汀漳右僉都御史，以病辭，兵部劾其托病，罷免未任。王守仁，字伯安，浙江紹興府餘姚縣人，弘治己未進士，正德七年由吏部考功司郎中陞任，九年陞南京鴻臚寺卿，累官南京兵部尚書，詳南京兵部。吕元夫，直隸常州府無錫縣人，弘治丙辰進士，十八年任吏部文選司字事，正德元年陞稽勳司員外，二年陞稽勳司郎中，六年陞南通政司左糸議，十年陞南京太僕寺少卿，本年閑住。何棐，直隸揚州府大興縣人，弘治壬戌進士，正德年陞副使，十年陞南京太僕寺少卿，十二年致仕。曹倣，直隸鎮江府丹徒縣人，弘治乙丑進士，正德年擢道監察御史，十一年陞南京太僕寺少卿，十四年閑住。潘希曾，正德十一年由工科都給事中陞任。劉瑞，字德符，四川成都府内江縣人，弘治丙辰進士，正德十四年由浙江提學副使陞任，時寺卿他出檄屬，戒掊尅，禁奸豪，憫貧弱，牧塲侵於豪民者復之，盜馬者抵之法，馬政一新。十六年陞南京光禄寺卿，歷南京禮部右侍郎，詳南京禮部。王爌，浙江台州府黄巖縣人，弘治壬戌進士，正德十六年由刑科都給事中起任，嘉靖二年改南京太常寺少卿，累官南京都察院右都御史掌院事，詳南京都察院。汪玄錫，直隸徽州府婺源縣人，正德辛未進士，十六年由兵科都給事中陞任，嘉靖三年改太僕寺少卿，累官户部右侍郎，卒贈户部尚書，詳户部。王韋，字欽佩，應天府江浦縣人，弘治乙丑進士，正德十四年任河南副使提督學校，嘉靖元年任，以病卒。牛鳳，河南南陽府葉縣人，正德辛未進士，嘉靖二年由吏部考功司郎中陞任，四年改太常寺少卿，歷南京太常寺卿，詳南京太常寺。陳逵，福建福州府閩縣人，弘治乙丑進士，嘉靖三年由兵部武選司郎中陞任，四年養病，後起大理寺右少卿，歷巡撫山西右僉都御史，詳山西巡撫。楊欽，直隸廬州府合肥縣人，弘治壬戌進士，授户部山東司主事，正德四年陞刑部四川司員外郎，尋丁憂，七年補户部雲南司員外郎，八年陞廣西司郎中，十年調兵部車駕司郎中，十一年陞光禄寺少卿，嘉靖四年陞南京太僕寺少卿，六年卒於官。鄭裕，四川成都府内江縣人，弘治壬戌進士，嘉靖四年由南京尚寶司卿陞任，五年改南鴻臚寺卿，詳南鴻臚寺。劉天和，字養和，湖廣黄州府麻城縣人，正德戊辰進士，嘉靖六年由陝西提學副使陞任，未到，本年改太常寺少卿，提督四夷館，累官太子太保，兵部尚書，提督團營，詳兵部。張英，順天府三河縣人，正德戊辰進士，擢道監察御史，嘉靖六年陞南京太僕寺少卿，七年致仕。王學夔，江西吉安府安福縣人，正德甲戌進士，嘉靖六年由吏部文選司郎中陞任，八年陞提督四夷館，太常寺少鄉，累官南京兵部尚書，詳南京兵部。徐鈺，湖廣武昌府興國州人，弘治庚戌進士，除行人司行人，十三年擢南京貴州道御史，十五年丁父憂，正德元年補雲南道御史，二年致仕，六年起廬州府知府，十一年致仕，嘉靖四年起漢中府知府，六年陞陝西叅政，本年陞南京太僕寺少卿，八年致仕。夏尚朴，字敦夫，江西廣信府永豐縣人，正德辛未進士，除南京禮部主客司主事，十一年陞南兵武選司員外郎，尋養病，嘉靖二年起陞南兵車駕司郎中，三年陞惠州府知府，尋養病，七年起陞山東提學副使，八年陞南京太僕寺少卿，十年卒於官。劉穆，山西平陽府臨汾縣人，正德丁丑進士，歷科給事中，年陞吏科右轉户科左，嘉靖六年陞太常寺少卿，改督四夷館，本年閑住，十年起南京太常寺少卿，十一年閑住。穆孔暉，字伯潛，山東東昌府堂邑縣人，弘治乙丑進士，嘉靖十年由尚寶司卿陞任，十二年陞南京太常寺卿，卒贈禮部侍郎，謚文簡，詳南京太常寺。鄭尚義，湖廣郴州永興縣人，正德甲戌進士，嘉靖四年陞吏部驗封主事，六年改文選司，六年陞考功司員外郎，八年陞考功司郎中，九年陞文選司，十一年陞南京太僕寺少卿，本年閑住。張珩，字佩玉，山西太原府石州人，正德辛巳進士，嘉靖十二年由河南道御史陞任，本年遷大理寺左少卿，詳三邊總督。周文興，浙江衢州府江山縣人，正德戊辰進士，嘉靖十二年由光禄寺少卿陞任，本年改南京鴻臚寺卿，詳南京鴻臚寺。王以旂，字士招，應天府江寧縣人，正德辛未進士，嘉靖十二年由河南道提學御史陞任，十三年改太僕寺少卿，累官太子少保，兵部尚書。姜清，江西廣信府弋陽縣人，正德辛未進士，禮部郎中，嘉靖七年改吏部考功郎中，本年陞尚寶司少卿，十年陞南京光禄寺少卿，十三年陞南京太僕寺少卿，本年卒於官。崔桐，字來鳳，直隸揚州府海門縣人，正德丁丑進士第二名，嘉靖十四年由湖廣提學副使陞任，十五年丁憂，十八年起提督四夷館，太常寺少卿，累官禮部右侍郎，詳禮部。鄭本公，山西行都司朔州人，正德甲戌進士，歷御史，嘉靖十四年由南京大理寺丞陞任，十六年陞大理寺少卿，詳大理寺。朱廷立，字子禮，湖廣武昌府通山縣人，嘉靖癸未進士，十六年由浙江道提學御史陞任，十七年養病，後起大理寺少卿，累官禮部右侍郎，詳禮部。田濡詳，嘉靖十六年任。陳侃，字應和，浙江寧波府鄞縣人，嘉靖丙戌進士，十七年任南京太僕寺少卿，本年卒於官。戴金，湖廣漢陽府漢陽縣人，正德甲戌進士，嘉靖十八年由巡撫順天右僉都御史調任，十九年陞應天府尹，累官兵部尚書，詳兵部。傅烱，字朝佐，江西南昌府進賢縣人，嘉靖癸未進士，十九年山南京光禄寺少卿，陞任二十三年，遷大理寺少卿，累官南京刑部尚書，詳南京刑部。趙元夫，字企夫，山東兖州府東平州人，嘉靖己丑進士，授刑部山西司主事，十二年改雲南道御史，二十一年改河南道監察御史，二十二年陞南京太僕寺少卿，二十四年自陳致仕。胡奎，字應文，江西臨江府峽江縣人，正德辛巳進士，嘉靖二十二年由光禄寺少卿陞任，二十四年改太僕寺，累官巡撫雲南都察院右副都御史，詳雲南巡撫。汪宗元，字子允，湖廣武昌府崇陽縣人，嘉靖己丑進士，二十四年由尚寶司卿陞任，二十六年改南京鴻臚寺卿，二十七年陞南太常寺卿，二十九年陞總理河道右副都御史，三十年降福建叅政，詳通政使。高澄，字肅卿，順天府固安縣人，嘉靖己丑進士，二十四年由光禄寺少卿陞任，二十六年陞四夷館，太常寺少卿，二十八年陞光禄寺卿，歷撫河南右副都御史。扈永通，字一貫，山東兖州府曹縣人，嘉靖壬辰進士，二十六年由兵科都給事中陞任，三十年陞南京光禄寺卿。鄭曉，字室甫，浙江嘉興府海鹽縣人，嘉靖癸未進士，二十八年由南京尚寶司卿陞任，二十九年改南京鴻臚寺。余胤緒，嘉靖二十九年由南京通政司右叅議陞任，本年改北太僕寺。雷禮，字必進，江西豐城縣人，嘉靖壬辰進士，二十九年由浙江提學副使陞任，三十一年改太僕寺，詳工部。章煥，字懋實，直隸吳縣人，嘉靖戊戌進士，任吏部主事，二十七年陞吏部稽勳司員外，二十八年轉考功，二十九年陞驗封司郎中，轉考功，三十年陞南京太僕寺少卿，三十四年陞光祿寺卿，三十六年陞巡撫河南右僉都御史，三十八年陞總督漕運右副都御史，三十九年改督南京糧儲，未任，下獄。劉學易，字道南，山東壽光縣人，嘉靖戊戌進士，三十一年任，三十二年改北。吕懷，字汝德，江西廣信府永豐縣人，嘉靖壬辰進士，改庶吉士，授科給事中，改司直，二十四年陞南京國子監司業，二十五年改右中允，掌南翰林院事，二十九年陞南通政司右叅議，三十一年陞南京太僕寺少卿，乞致仕。王楠，字惟喬，順天府三河縣人，嘉靖戊戌進士，任主事陞禮部司郎中，二十四年改尚寶司丞，二十七年陞本少卿，尋陞尚寶司卿，三十二年陞南京太僕寺少卿，三十四年陞南京鴻臚寺卿。

明　王世貞《弇州山人四部續稿》卷六八《太僕寺卿羅公傳》　羅公者，諱良，字虞臣，仕而至太僕卿，嘉隆間名臣也。【略】時燕齊之境不困賦而困養馬。故事，養馬而免賦者爲牧地，賦金而免馬者爲餘地，後併賦金地，悉通融養馬矣。久之，賦復如故。公曰：餘地何罪而重困之。乃更爲調停蠲減，自是得蘇。

明　焦竑《國朝獻徵録》卷七二《太僕寺卿朱守仁傳》　朱守仁，字元夫，直隸徐州人。幼有大志，好讀書，落落自豪，視輩行岸然，罕所推接。元末兵起，江淮鼎沸，應州辟，累獻奇謀，破群盜，歷官至樞密同知，守舒城。甲辰，王師攻廬州，守仁知天命有在，舉城附大將徐達。陛見太祖，嘉其朴茂無華，授中書斷事。乙巳，以袁州初附，命知郡事。值郡治新設，瘡痍未瘳，守仁提身廉潔，撫字有方，始終恢廓，無畦畛，民多德之。洪武二年，徵拜工部侍郎。越二年，代安然為本部尚書。尋改北平行省參政。又以餽餉不繼，謫蒼梧知縣。九年，進知容州，尋改知高唐州，俱有善政。十年，以幹治聞，起四川布政使。時全蜀甫定，奸伏徼郄易煽，守仁威令簡嚴，錮酷吏，懲無良，郡邑化之，爭以惠利顯。未及一考，以疾致仕。十五年，雲南、平改、威楚、開南等路宣撫司為楚雄府，上念漢僰雜處，非得老成持重者不足以鎮之，特起知府事。至則招集流移，授以田土，量民貧富，均賦徭役，無偏累。又肇建學校，隨才曲成，有強梗不馴者，懲以漢法。歷九載，境內大治。及計績來朝，闔郡保留，不獲，垂涕而送之。二十三年，廷見。會監牧日蕃，太祖留心馬政，以守仁舊臣練達，特拜太僕寺卿。首奏準都督府等衙門各立草塲，俱於江北易泉滁州等處牧放馬匹，所轄十四監，九寸八群充舉職，孳息日盛，屢荷賞賚，有所獻納，無不俞受。上詔省天下寺觀，惟龍泉寺以守仁奏，準留二僧看守馬神廟，遵守至今。二十七年，聽致仕。永樂二年，因朝于京，遇疾卒。

又《太僕寺卿楊砥傳》　楊砥，字大用，山西澤州人。【略】永樂十年，命簡閱北京郡縣馬匹，陞太僕寺卿。明年，兼苑馬寺卿。砥率厲僚屬，凡孳牧之法與民之利病，悉條奏行之，馬大蕃息。母喪，賜鈔千錠，命護喪歸葬，哀毁致疾，未至家而卒。時十六年三月。上悼惜之，遣官賜祭。砥剛介勤敏，居官有操守，其孝行尤為人所稱云。

又《太僕寺卿張諫傳》　張諫，字孟弼，應天府句容縣人。【略】居萊二年，有治蹟，復召為太僕寺卿。成化七年五月卒于官，賜葬祭如例。

又《太僕寺卿張公諫傳》　張諫，字孟弼，句容人。【略】戊子，召為太僕寺卿。盡心職務，權近售馬求善價者一無所許。辛卯春，以疾卒。

又《太僕寺卿吴公裕神道碑》　亞中大夫太僕寺卿吴公以疾卒于官，上聞，訃遣官諭祭，命有司造葬如制。公諱裕，字敬昆，潮之揭陽人。【略】己未，始有太僕寺卿之擢。公居官方以安靜自守，適胡虜數入雲中寇掠，邊將議出師，顧馬多病死，奏乞甚急。公日坐堂上，選閲至發數千匹，不足，更出庫銀數萬兩往市。嘗是時，公已嬰疾，復治馬政過勞，疾益作，凡再上疏乞休致，朝廷率勉留之，已而疾劇，竟卒辛酉四月十六日也，年五十九。公性度寬，綽與人處，更和易杯酒相對，醉輒忘形，素不尚奇詭之行，然兩家宰皆一世名臣，公為其屬，受知信任，亦足以知其為人矣。

又《太僕寺卿宋琮傳》　太僕寺卿宋琮，字廷用，陝之隴西縣人。成化十四年進士，授吏科給事中，歷陞吏科都給事中，至太僕寺卿。琮為人篤實，在言路時嘗有建白，及官太僕，尤究心馬政，有可稱者。弘治十二年七月卒于官，賜祭葬如例。

又《太僕寺卿沙溪孫公緒神道碑》　公諱緒，字誠甫，沙溪其別號也，世為東海人。【略】及轉太僕少卿，迎蘇太宜人宦邸。歲魯大雪，日晏而養，具未備因，婉辭以悦母心。太宜人喜曰：惟願終始不渝耳。乙亥，晉正卿。時大司馬王德華交結錢寧，勢頗張，移文太僕，語涉不遜。公作書數之，王引咎。浙人胡濙者，隸知印公，見其少年雅秀，教之讀書，後舉乙酉鄉薦。胡感知遇，至以父事之。舊例，太僕供邊騾以千計，歲久無用，公上疏罷其役。先是，淮安、鳳陽諸郡饑饉，馬俱小弱，公察其故，咸與交兑，省費至於萬緡，民賴之不破産者千餘家，至過公之里有醵金設醮為祈福者。

又《太僕寺卿李贊傳》 李贊，字惟誠，蕪湖人，别號平軒。少顥脱，儕輩與弟貢並有聲。舉成化庚子鄉試，甲辰進士。兄弟齊名，人以為美談。授吏部文選主事，轉考功員外郎。精敏端慎，為冢宰。王端毅公所知丁内艱，改兵部武選員外郎，進車駕郎中。順天民地多併入勢家，而牧馬獨計丁口，民坐是困。司馬馬端肅公薦理之，勾稽有法，盡復民業。中間補截調停，曲中機宜，民至今賴之。尋改武選，擢陜西布政司左參政，遷浙江右布政使，尋轉左。時逆瑾專横，籍故錢都御史家，憐其非辜，語輒泣下，所以調護之者無遺力。瑾聞而銜之，會吏部擬遷太僕卿，瑾勒令致仕。杭之老稚遮道泣留，不得，至留其履以致思。贊性寬簡，與人處洞見肺肝。馬政平易，未嘗有赫赫之名，去則有遺愛焉。詩文清逸疏鬯，類其為人，草書遒勁，人愛重之。年六十，卒于家。

又《太僕寺卿蜀岡盛先生儀傳》 蜀岡先生者，揚之江都人也。盛姓，名儀，字德章【略】久之，始遷太僕卿。時甘肅用兵，詔解馬二千匹給軍。先生議每郡四更解天，事獲不擾。

清 孫奇逢《中州人物考》卷四《郭太僕五常》 五常，字大經，西平人，正德辛未進士，授大理寺評事。武宗南幸，上書切諫，罰跪門五日，杖八十，謫通政司知事。嘉靖初，復原職，恤刑陜西，多所平反，陞萊州知府。廉介自持，萊人繪像楊震祠中。起補鄖陽，累陞山西，晉太僕寺卿，調停馬政，屢奏邊功，欽賞有鏹金文綺之賜。野史氏曰：君之舉動如此，使立朝諸公啞無一言，何堪自對，以對君父。惜未有奏格心之益者，而流毒縉紳，一至於是，可為扼腕。

清 孫承澤《畿輔人物志》卷一一《孫太僕緒》 孫緒，字誠甫，故城人，弘治己未進士，授户曹。火篩入寇，遣朝臣往禦，緒爲參謀。以行事竣調，稽勳外艱，復原官，歷郎中。逆瑾常械繫御史於市，士夫莫敢申理，緒曲救得破械出。浙江有褚知府，當免，懷金謁，緒峻卻之。轉太僕少卿，晉正卿。浙人胡濙者，隸知印，緒見其少年雅秀，教之讀書，舉乙酉鄉薦。舊例，太僕供邊騾以千計，歲入無用，上疏罷其役。先是，淮鳳諸郡饑饉，馬俱小弱，緒察與交兑，民不破産。以按南陵丞貪殘，爲權官張雄所誣陷，繫御史臺，褫爲民。世宗初，詔復太僕卿，致仕家居，足不及官府。所著有《沙溪稿》、《無用閒談》《大學中庸放言》、《易經奇語》、《陂東新論》、《四書小説》、《語孟毛詩》、《尚書雜義》，卒年七十有四。

紀事

明 雷禮《鐔墟堂摘稿》卷九《南京太僕寺題名記》 國朝馬政統於兵部，而復設太僕寺專理之，所以重事權、修牧事也。先是，江北諸郡縣限於長江馬至京難，又滁介江淮多山，山下故多曠士饒薦，草莽水泉利可牧，故聖祖於御極之六年建寺于滁，領滁陽等八監，驌驦等十八群。二十八年省牧監，屬有司，置管馬官，於是諸郡縣馬印烙點視悉至滁。及永樂以後，定都于北，天下大政悉從之，惟留埛如故。凡兩淮及江南北馬政則屬於南，其順天等府暨山東、河南馬政則屬於北，竝無軒輊，其睿謨豈不淵深矣哉。自弘治四年，言者論其非便，馬遂不復至滁印烙，凢官寺者目爲閑局，點視賠補，類習文具，民又墮窳不務孳息，至文學議論，遂諉地不宜産，欲併去種課，止照丁訨朋銀，買之於民，以充歲額，非聖祖赫然臨之，不幾於紊成憲耶？夫陰陽生少之道，無處不然，我聖祖御龍媒，起淮甸，駐驊滁州，及馬首所向，薙楚獮吳，汛掃胡氛，莫不震鑠乞命，孰非滁産也哉？既天下一統，巡狩幸滁，親定寺址，拔唐元亨爲卿，至製裁條約，燦若琬琰，豈無見於滁耶？百餘年來，廢弛日久，不講尋其故，以求孳生，至欲廢牧課銀，買之於民，彼民間所産，類非天設地造，而豐於民嗇於官，可不深求其故乎？邇者三邊多警，北廐告之，雖部檄交馳，徒推肌竭髓而不能償，是可爲明戒矣。故某等不自揣，既奏復舊制，又同寺丞東坪涂君賔陽能君等詮次其名氏爲一碑，庶官寺者知其顛末，倫舉牧事，非徒具冗員，寄興六一風度而已也，則於捍外衛内之道未必無小補云。

《續文獻通考》卷九二《職官考・太僕寺》 事例。穆宗隆慶二年七月，吏部議覆陜西撫臣張祉言，苑馬寺行太僕寺均有圉牧之責，二寺正卿往自參政陞補，今則參政有自二寺卿遷轉者，惟是一倒置之間，而事權曰輕，人心懈弛，馬政日趨于廢，乞自今仍以參政及年深副使推補，果有異績，亦照先年都御史車霆事例擢之不次，以重事權。報可。五年六月，掌吏部事高拱言，行太僕寺、苑馬寺專理馬政，塩運司專理塩政，皆國家要務，所關非閑局也。而近來視之甚輕，即卿與使類以考不稱職、有物議者充之，夫既不稱職，有物議矣，則黜退可也，柰何以是為安置之所哉？遂至奸貪苟且，政務廢弛，殊非祖宗設官初意。今宜破除常套，凡卿員缺，必以廉謹有才望者推補，而又定其階格，卿視布政司參政使，視按察司副使，俟政成之後，一體陞選。若有卓異，即當超擢如先朝故事。上亦以馬政、塩法，國家重務，必重其官，乃可以責實效。命如拱議舉行。九月，吏部覆御史楮鈇奏請裁革陝西行太僕寺、苑馬寺寺丞，各增設少卿一員，與本寺卿俱兼按察司僉事職銜分理，中東西三路以藩臬有才望者充之，長樂、靈武監正以舉人選補，錄事、圉長亦當授北方諳于養馬者，令其專心冏政，止聽巡茶御史鈐束，其他撫按衙門毋得于預。從之。

明 申時行《賜閒堂集》卷一六《重修太僕寺記》 隆慶己巳秋八月某日，太僕寺卿臣某言，陛下幸過聽，使臣待罪僕卿，領國家閑物之政，自京師三輔。及旁近藩省，凡地產馬，若牧馬編戶，暨州縣牧馬之吏，咸供職賦如令。臣得假國威，重據公署而蒞之。又賴陛下仁聖，振恤黎庶，貰民當出馬者征其錢，此賣種馬錢也。寺以故多藏錢，主守出納，臣咸與有事。夫受任輦轂下，下臨郡國，委簿牒，寔帑藏，其中系觀視不細，而直堂牖門垣之間，經十數歲廢不治，示天下庳隘，傷國大體，臣誠非之。又故事，寺百需咸仰贖鍰。自頃節縮佐縣官，僅僅所有不足以便費。臣請括寺所轄州縣贖鍰未八者入大司馬，以其羨葺公署。上無厚費，而下令寺易觀，甚便。制曰：下大司馬。大司馬霍公力主其議，制曰：可。乃以某月某日庀匠事，凡撓腐者易之，頹垝者築之，上漏旁穿者瓴甓之，為屋若干楹，為垣若干丈，用毀為堅，因故為新，役不踰時，費不及國，越若干日告竣，公將勒貞石以示來者，屬史行記之。按國初置太僕典馬政，故開行寺部諸監苑，寔上駟，以壯北邊。文皇帝既定鼎，詔升行寺為太僕，與南滁比。睿皇帝朝始正今名，蓋百有四十年於茲。卿以下故設兩少卿，十二丞，丞各分部。督郡國馬，自天子用言者言，損丞員大半，存其三，令主調兌，而益少卿一人，逓領京營驗印寄牧之事，以故丞選益輕，無能有所預。而少卿局於其職，志不得輒行。卿又高秩，率遠者一歲，近數月，輒遷去，不暇謀寺事，以故視廨宇若郵傳然，即傾圮不治，漫不加省。而頃士大夫又重費遠嫌，掇靜約之譽以相尚，稍排眾議，有所更剏，則譏姍繁興，危以文法，故任事益希。噫！其甚矣！昔衛文公國於楚丘、新集耳，乃定中營室，至椅桐梓漆畢具，而詩人論歌文公之德曰：『乘心塞淵，耒牝三千』。夫惟懷忠篤，慮久遠，故能附眾立國，富有千乘，其效可覩已。今國家方制萬里，庶府百司，各奉職以聽，方將崇論竑議，度前規而侈後觀，乃區區冏寺，顧逡巡苟簡，不復議葺治。丞曰：吾位卑而言高，不敢；少卿曰：上下牽制，往往廢事，不但修建小事為然，吾任劇而責分，不能；卿曰：吾旦暮且去，不暇即是心也，已不能懷忠篤、慮久遠，而欲善於其職，致乘馬之富，得耶。公初在先朝，以切諫杖謫徼外，直聲震天下，會主上臨馭召起，三遷而至今官，則修廢刬弊，求政之所亟，首上書重丞選，均勞協恭咸秩，庶事巳卒，就茲役以庇後人，其秉心若是，是可書巳。公疏言，唐盛時比屋充盈，縑易一馬，往往歸功監牧，稱張萬歲、王毛仲，安知今世無若人者？乃顧貴耳賤日，懷材異代乎？蓋自謂也。行三復其言，甚壯公之志，故備著之，使後有興焉。贊公議者，少卿李君某、張君某、阮君某，丞王君某，趙君某法並得書。

明 唐時升《三易集》卷九《重修南京太僕寺志序》 今上中興，輦轂下諸君子，以爲國家重熙累洽之後，百度慮有不備於方策者，於是兩京諸司皆纂修志書，臣職在冏寺，不可不討論故籍，諮詢遺老，以俟參考。謹按：洪武四年初置群牧監，至六年改置太僕寺。當是時，四方僭亂未平，王師所至，如太陽出而雲霧消散，胡元遺孽猶在沙漠之南，王保保強力慓悍，終不肯俛首帖耳，就我羈絡，及大將北伐，步兵未至，竟以驍騎襲其營，遂令狼狽跣足而走，蓋皆用江淮間馬也。孰謂天下善馬必出高寒之地哉？後數十年間，天下大定，謂宜却走馬以糞，而詔旨諄諄，丁寧戒飭，不獨畱意於中國之畜牧，而又取之四夷，如西戎之茶馬，朝鮮之馬，躭羅之馬，既又勅關中諸將吏各以其餘馬送京師，分給沿邊騎士，豈非以戎馬國之大事，天下雖安，不可一日忘哉！至永樂初，上問尚書劉儁以天下馬數，止萬三千七百有奇，當宁太息。太僕卿楊砥言，近馬蕃息而牧者乏人，請令民十五丁養一馬，馬死，孳生不及數者責之償，遂世爲北方患。自是以來，朝廷之上更制易令，部寺之間焦心勞思，議論朋興，互得互失，顧官無養馬之用，而民有養馬之害。於是慶曆中盡斥賣種馬，收買備用，其時馬戶皆曠然如更生，而僕寺亦如釋重負，所從事者唯催督府縣馬價而已。夫百金之家，畜吠犬以防姦，置蹇驢以致遠，今南方數千里内卒有金革之事，如近日愚民弄兵潢池，倘游寬三輔，則欲具銜勒鞍轡而不可得，何以盛軍容而威不軌哉？蓋寄養之行，本一時嘗試之策，非明習國事者深慮熟計而爲之，故審編之害，交兌之害，胥吏之要索，里甲之侵漁，勢所必至，而當時不計也。今採掇二百餘年，見行故事，與列聖之垂訓，深謀遠見，諸臣之嘉言讜論，語云前事之不忘，後事之師也。後之君子反覆累朝之利害得失，而精思今日之時之勢，倘有可以裨牧政者，不惜爲聖明條奏之，則雖弁髦此志可也。

又《太僕寺志後序》 今天下幸逢太平之運，垂白之老不見矛戟之用，不識金鼓之節，留都爲王業所基，宿重兵以鎮撫四方，而戎車不駕亦已久矣。今上御極之初，適東夷、西戎與中原不逞之人相繼躑躅於中外，動色相告，以除戎器，戒不虞，則是馬政其首務也。會南京太僕志纂修適成，臣在編緝之列，宜陳所見聞。竊觀漢唐之馬，常蕃息於無事之時，而衰耗於有事之日。今國家可謂無事矣。仁宣以來，天子常居九重，車轍馬跡不至宮門之外。諸邊貢市之後，馬無物故者。然不見騏駵騧驪之盛，而民間乃以養馬爲大害。在永樂中已有鬻妻子償馬直者，仁宗皇帝聞而痛之，命贖還其家。而論者謂我朝養馬之病民甚於宋熙寧中，至隆慶初去種馬之半，萬曆九年遂盡斥賣，以其直備市馬，蓋其時執政者欲事事綜覈名實，收富强之効，故决然一變累朝之舊，而數十年來亦莫以爲非也。廼者四郊多壘，軍需告詘，并去草場以爲民業，則太僕之務益簡矣。夫人臣之義，不以去位而忘安危之慮，況身在馬牧之司乎？馬政之利病，非一人所能盡知，然國家不能一日無馬，或市於民，或養於官者可知也。漢初乏馬，已而阡陌成群，以一縑易一馬者，唯不禁民畜馬也。唐初亦少馬，數十年間而致七十萬匹者，張萬歲久於其官也。今有司無禁馬之例，而收買之際稍高其價，不使胥史與獸醫染指於其間，民必爭出馬矣。監苑之官必問能於其職而願久任者，計孳息之登耗以加其祿入，爲之遷叙，庶幾騋牝日滋乎。此志所不敢及，特陳一得，以備末議云。

藝文

明　朱元璋《明太祖文集》卷四《太僕寺卿誥》 昔人問國之富，即數馬以對者何？蓋事在戎，其戎始軒轅，其馬載甲士，代涉勞，備邊禦侮，足折衝，斯力之大，斯功之美，可不愛育乎？所以古人先馬而後錢糧，故數馬而對。馬之功，不但備戎事耳。若使君有道，則馬之力牽犂耜，駕糞車，闢土沃田，其利甚焉，所以古重之者，為此也。歷代相沿，皆設置長養者，使擇地利之可牧，節水草之多寡，必寒暑縱放以時，其羣媾之際，必健健而配弱弱，而應色辯毛，而歲明齒，使强弱異處，羣飾以名，則君用無選擇之難。官於斯，務此道者，豈不智者乎？若縱放不以寒暑，牧養不節水草，失調而致嬌乘，不遠而乏，齒毛不辯，强弱混淆，及其用也，誤事失機，其官可謂得罪莫大矣。今朕羣馬既多，公廳曰寺，爵官首者為寺卿、少卿、寺丞等，欲備前理道之事而牧養之，以爾某職某官，爾夙夜毋怠，以稱朕委令之意，爾惟懋哉！

明　胡廣《皆山軒記》《皇明文衡》卷三三　國家建太僕寺於滁陽，以總江淮羣牧之政。聖天子蒞祚，尤重其事，乃遴選賢能，授以是職。吴侯鑑以將家子，魁傑負才氣，擢爲太僕寺丞，治事有法，率以古之君子期待，不肯爲苟且之政，比年馬大蕃息，公私優裕。侯尤好學，於公退之暇，即賦詩寫畫自娱，嘗於官署之偏，築室數楹，爲宴休之所，引釀泉爲渠，紆流于外，舉目而望，則豊山、琅琊諸峯環列遠近，發奇吐秀，隱見於煙雲杳靄間，而朝暮之景，变化無窮，乃取歐陽公之言，名之曰皆山軒，徵予言爲記。滁之山水，名大著於天下後世者，盖自歐陽公始也。公爲守於滁，築亭於山水之間，日與滁人遊而樂之，顧望清流之関思。宋太祖嘗破李景兵十五萬，擒其講過皇甫暉、姚鳳於滁東門外，求其迹，盖百年之間，故老已盡，漠然徒見山高而水清，而當時得以樂其樂者，伊疇之力也，滁人盖未必知之。而公與之言，忠厚之至也。予惟今之滁非可同於昔日，我太祖皇帝龍飛淮甸，由滁陽而基帝業，呼吸雷動，羣策響應，英雄蕩滅，滌磢百年腥羶之風，盡復衣冠禮樂之舊，神聖功德，與開天闢地而同其盛，豈但平一城、擒一二將之足擬哉？昔者滁當干戈之際，爲用武之鄉，今爲邦畿千里之地，而凡得以居其間者，顧瞻山川，仰思太祖開拓平治之功，而當時故老猶有存者，皆能道其盛也。況草木雲霞蔚葱炫爛，五色之氣凝爲龍文，結爲鳳彩，霓旌翠華，儼乎在目，而向之徒見山高而水清者，漠乎其微矣，又烏知有待於今日之盛也哉？昔有覩山河而思禹蹟者，禹之功盛大，故人莫能忘。我太祖功德卓冠，萬世天下之所仰賴，而人心有所不忘，矧侯居官是邦，優游無事以樂乎？雍熙太平之盛，其所以感慕之者，宜何如也？予知侯之脩其德而勤其職，思以報夫國家生育之深，仁庶幾侯之心，矧侯之父兄皆攀鱗附翼，以取功名。侯又當思振其家聲，異時忠孝之名有所聞焉，則是軒與滁陽山水競光華於久遠矣。予竊幸與侯同其遭逢之盛，是以惓惓焉爲侯道之也。

明 王直《抑庵文後集》卷一五《贈太僕卿吴君序》 馬政，國家之所重也，故兩京皆設太僕寺以統之。内外文武大小之吏，苟涉其事而不能如令者，皆得以法治焉，細民不論也。職任之重如此，而事之繁且劇者，惟北京太僕寺為然，蓋畜牧既多，則必為之立法，制嚴禁防，謹其調適之宜，時其生養之道，屢省而課其成功。且軍國之須，必先及之，所以赴機應節不容少緩也。故非才識之優、志操之正者，豈足以勝此任哉？卿之缺久矣。吏部慎擇其人，謂莫如文選吴郎中，衆皆曰然，遂具名薦之。上即以為太僕卿。吴君名敬，字孟寅，松江人。永樂初以鄉校諸生脩書入館閣，書成，遂為文選主事，陞郎中。其才行焯著於中外，為郎中九年，又當陞吏部，不忍其去，奏留之，加食四品禄。又二年，義不可以久淹也，於是有太僕之拜。夫三載考績，三考黜陟，幽明有虞之法也，而今用之仕者，滿九年，孰不欲進於顯庸？而吴君乃復低佪郎署者二年，其安於所遇而無汲汲之心可知矣。今陟三品，位九卿，豈非才行之美終不得而掩也哉！昔唐宋之監牧，蓋聚而畜之，今悉散之於民，民裕則馬蕃，故善牧馬者必務養民而去其害馬者，則善養民者將不在去其病邪。考牧之為民病，不可謂無也。吴君才行誠優於其職，去夫民之病是，即去馬之害也，馬之碩大且蕃，將超越唐宋數等矣，而吴君之進於福禄榮名可量哉。兵科給事中蔣君性中輩喜吴君之陞，求予文贈之。予故歷道其職，而期望之意寓焉。

明 薛瑄《敬軒文集》卷一五《送太僕馬寺丞致政序》 正統元年春，行在太僕寺寺丞滎陽馬公有容以年將七十，拜疏於朝乞致政歸鄉里，詔許之。行有日矣，太僕卿諸公咸謂公生值盛世，自弱冠時已奮迹詩書，致身顯仕，其提刑南邦，毗政大府，以分符陝右，皆有政蹟，歷歷在人耳目間，逮今白首，饗其榮名厚禄三十餘年。昔受先帝之命封其身，及其先又得蒙今皇上之恩俾，遂其子孫之養，蓋公實荷列聖之寵榮，其際遇一何盛哉！昔疏廣受楊巨源以年老去歸其鄉，當時後世相傳以為盛事，況如馬公者？仕以義，退以禮，其事與古人豈相遠哉？又曰：昔二疏陽城之去也，不有班孟堅之傳、韓昌黎之詞，其事亦將湮沒不傳矣。今公當國家全盛之日，而得遂歸老之願，其事美矣，不有篤古者文以張之，亦何以垂厥美於不朽哉？遂相率來徵辭以道其行。余猶記侍先君子遊滎陽時尚少，已識公，今四十餘年，於公為故人。是其去也，自宜有贈，況如太僕諸公稱道公之仕之去得饗其全福而追美於古人如前所云者，則余焉得已于言乎？雖然，太僕諸公所以稱道公者至矣，余雖重累其詞，亦安能出其意之外哉？獨以余識公者編於太僕諸公美談之後，以圖其不朽云。

明 劉球《兩溪文集》卷八《送太僕少卿鄭君赴任序》 凡為天下，不可不蓄息於馬，蓋軍師行伍非馬不行，蒐苗獮狩非馬不利，出警入蹕非馬莫駕，送往迎來非馬莫給，馬之為用大矣！皇明統萬國，設太僕之職，總馬政，馬皆出于官而資牧于民，今六七十年。牝馬騋駒，生生愈衆，而閭井之間，無非牧馬之家。昔周之十二閑，漢之三十六苑，唐之八坊、四十監，莫有盛于今日，民于是不能不患其芻牧之不逮矣。然則太僕少卿鄭君復言涖任于滁，其可不務足其民以廣其馬哉？蓋馬固國所資也，民尤國之本也，民不足則馬不可得，而獨蕃馬不息，則民不可得而獨富。《書》曰『民惟邦本』，本固邦寧，偏重於馬而不卹其民，不可也。《禮》曰『問國君之富，則數馬以對』，徒有其民而不衆多于其馬，亦不可也。民既遂而後馬益增，斯為兩得其道焉。鄭君，四明人，由進士擢主事員外郎、郎中，皆屬禮部，在職二十餘年，始有今陟，其于治體，蓋聞之熟矣。故予與侍郎章公以民與馬舉，不失養望於其行焉。苟江淮以南由是家不窘于衣食，人得其所樂其業，惟恐國馬失養，而休秣風字必以時，使駿毛驤足日益而月盛，然後見其效之增，職之稱予二人之懷，固足慰明天子，亦豈不以用得其人為樂哉？鄭君往也，尚盡心焉。

明 朱瞻基《御製官箴・太僕寺箴》 軍國所用，馬爲之最。軍國之政，馬政亦大。肆予慎之，有駜如雲。既克内閑，亦渙其羣。疇厥庶民，析之畜牧。司其政令，命汝太僕。政令攸宜，閲省以時。不愆不忘，乃蕃乃滋。蚩蚩之甿，國家之本。甿既阜豐，馬息斯奮。爾篤于民，毋侵毋尅。爾勤于職，必敬乃德。魯僖無邪，衛文塞淵。爾師古人，厥功茂焉。

明 姚夔《姚文敏公遺稿》卷一《送鄭太僕考績還任》 高皇定大業，放馬滁山陽。滁陽地夷曠，水甘苜蓿香。置官列九御，馭牧非尋常。法嚴政復舉，種盛孳亦良。五雲屯郊原，萬騎奔龍驤。于今百年間，漸乃成弛張。俵烙多駑駘，蓄字乏驃黃。豈云科條乖，誠亦典守荒。卓哉鄭夫子，磊落富文章。十載少太僕，騏驥昭星房。抱續奏承明，荷恩歸建康。敬之懋厥職，佇見超巖廊。

明 楊守陳《楊文懿公文集》卷二〇《贈太僕寺卿牟公爵序》 余同年牟公爵初以御史拜僉福建按察司事，其律已持憲若竹柏之挺也，其屏奸除慝若鷹鸇之攫鳥雀也，其慮寃錄枉若鄒律吹而燕谷黍也，故一時深山窮障、婦人稚子皆知有牟僉事，而福建至今數僉事如公爵者，指不能二三僂。然在福建八九年，視他憲官之聲資遠不逮者，往往超擢而獨無改于舊，輿論爲之不平。既而陟副使，纔踰年，又陟江西按察使，江西之吏民聞之曰：是福建牟僉事耶？相戒毋犯。在江西僅三期，又召拜太僕寺卿。夫爲僉事，聲績卓矣，而八九年不調，何其淹也。既爲副使，聲績未有加焉，而頻歲屢陟，遂至今官，何其速也。豈獨公爵之利鈍有時，蓋試之久而知之深，乃加不次之擢者？固聖君用賢之道也。今虜寇未夷，邊警且數，大將方率數十萬師以往，直欲犂其庭而掃其穴，徵馬亟且繁，然馬牧于官者，或竊鬻其芻菽，或私以負重馳遠，或斃且幾半存者，餓羸而散於民者，以水旱頻仍，民不能保其孳，而何馬之能畜？酷而徵之，祇擠之于溝壑耳。太僕之難爲，未有劇於茲時者。公爵其無擇蚤夜，圖所以贍國用而完民生者舉之，俾聲績無減於僉憲時，則所謂不次之擢，昉自今耳。優於彼而劣於此，勤於小而懈於大，表表於外藩而碌碌於内廷者，豈所望於公爵哉？公爵之被召也，同年皆爲之喜，既至而喜益增，羣往賀矣，又欲贈之言，以余在翰林，乃俾執簡。

明 程敏政《篁墩集》卷二四《贈南京太僕少卿唐君序》 邇者聖天子以北人假息塞下，數勤吏以動京師詔發兵擊之，而國馬以時平多耗，於是下令修馬政，而兩京太僕適以少卿員闕聞有詔吏部推擇一二臣名以上俟親擢焉，於是尚丞河間唐君章受簡命之南京，士夫交慶，以為得人，有嘖嘖於傍者曰：唐君起家經術，取進士，禮科都給事中，職封駁者十餘年，以才以能佐臺省長藩臬無弗宜者，乃轉丞尚 屈為郎者，數年拔滯而通奮跡以興，足自慰矣乎？余曰：不然。唐君豈遽以職之大小為戚欣者哉？南京實祖宗定鼎之地，兵備不可一日闕，而馬者兵之本也，聖天子不惜左右近侍之臣，俾溉畏攻駒考牧之事，豈直以君勞而姑以厚晃恐者哉？起廢墜於積久之餘，振事功於維新之日，此聖意所望於臣下者。唐君其知之矣。古者問國君之富，數馬以對，而大司馬以馬名官，誠以馬之埡而兵勢之强，國計之豐匱繫焉，其重如此。今兩京太僕之臣終勤奔走四出，非不求舉其官，而馬不加多，何哉？上臨之以姑息，下應之以文具，雖天下之事常然，而馬政又其甚焉者爾。雖然恭儉，此有官者之法守也。如有能恭以奉職，儉以律已，上下一於誠而不敢欺且肆焉，天下之事可從以理，而馬政之舉不舉，亦存乎其人爾。唐君辨博警敏於天下事，固嘗論諫於廷，又親見聖天子赫然詰戎兵以揚大烈，戎畯敢玻固將佐其長倡其屬善於其職，如唐貞觀開元之盛，以副一時之慎選，與士夫之厚望，斯非君之可慶者與？若夫貳九卿於留都，服金紫安坐以食中大夫之□雖君之榮而非所以慰君也。君勉之！南京人僕治江北滁州，出廟所親定，謂其地沃衍宜馬，故不與在京諸司相屬。先尚書襄毅公天順中嘗莅。其後余省覲南歸，亦道滁過太僕治所，望瑯琊之深秀，勺泉之甘冽，探醉翁醒心諸遺蹟之佳勝，立馬道傍，徘徊不能去者久之。蓋至今來於心，猶一日也。唐君於余家同鄉，進同年，又素為先公所器愛，名位所極，將先後之而未可量也。余故因其同寅諸君子之請，序其事以贈，蓋於上之所以用君、與君所得於人、余所望於君者三致意焉。

明 羅玘《圭峰集》卷五《送南京太僕寺少卿鄭君之任序》 尚寶司，禁中署也，其扉與黃閣對置，在掖垣之西，其職在章璽符契，凡渙汗之頒，門闕之信，百官之籍，將帥之征行，信使之稽驗，咸與有事焉。有大朝會，有大祀事、大行幸則乘輿之導，斧扆之侍，在諸侍從。先，其寮自卿而下恒僅四五人，每以寵元老帥臣之胤子為之，間自諫垣入者，廣數十歲乃二三人，而吾同年鄭君體元其一焉，乃丞也。今年夏四月南京太僕寺以少卿缺請，乃以體元徃補之，則非銓司者所敢以擬也明矣。古之人有言曰：天子明見萬里之外，况朝夕左右曾幾何人邪？而顧容以擬為乎？朝夕左右者，不留以朝夕左右，蓋必有出於朝夕左右之上者矣。體元於此其可不知也哉？内之太僕，外之苑馬，馬之所有事者也，而折衝禦武之威寓焉。今之據清要地者徃徃視之以為冗曹，又若輕塵焉。眇其為鄙事，至或臨轄而按督之例，侮其末屬於庭中，以為戲樂。於乎！此何為者邪？抑能驅虎豹犀象以與敵人從事也，而無所事馬歟？要之，非也。易其所可辱者而辱之，以標異其隆重而已耳。可笑也。已而不知其官之威日以削奪，其心日以苟，一二有志者又畏避脱免，不得已以沓衰憊病之老充之，而事之必至於末，如之何？當宁所以勤勤也。

雖然，非改而崇重其官不可，崇重其官非自其長貳始不可，崇重其長貳之官，雖朝夕左右之臣又烏得而靳哉？予也仰窺末光有得焉。於同年之餞體元也，敢以為告。於乎！體元其念之哉！

明 汪舜民《静軒先生文集》卷五《送遼東行太僕寺丞李君序》 成安李君廷璽今年以廣寧前屯衛經歷九載秩滿上銓，曹天官卿奏其績，擢遼東行太僕寺丞。將之任，其鄉郡大夫士寓之師者相率謁余文送之。夫衛經歷雖七品而從事幕下，太僕丞不過六品，而實卿佐君之擢，蓋以望不以資，出於特舉可質也，余其可以不文辭哉？余聞其爲人廉介敏達，自遊胄監，聲稱兄籍，甚其在廣寧也。凡所設施動中矩度，至於取予酬酢亦不芥苟旦，故衛之使佐部屬皆服其賢，卒伍戴之如子之於父母，由是戎閫大臣及觀風之使交譽焉。夫遼陽當東北陲，國家嚴其守備，自永樂間定爲屬，衛二十有五，廣寧前屯其一也。衛莫不有經歷而觝卓卓，若君者幾人哉？其膺此特舉，固宜矣。抑聞之士君子俯仰穹壤間，負用世之志，名之顯晦，位之崇卑，皆非所計，其宅心，其行已，其事上接下，貴乎誠而已。位卑而勤，既崇則怠之，非誠也。名晦而修，既顯則怠之，非誠也。誠者，貫始終表裏而一之也。昔韓魏公滯管庫，未嘗苟且職務，及遷開封推官，暑月親事，汗流浹背，識者已知爲公輔器，蓋其誠不易故也。君之玆行，馬政所繫，地猶前日，而位非前日比矣。以君之才，譬諸輕車熟路，易易耳。苟能敦魏公之誠，益勤益慎，部轄牧養必有法，若張萬歲之主隴右、王毛仲之爲閑廏使，務致渥洼之種雲錦成群，而一縑一馬之盛復見今日，則遼陽之守有所倚重，君之名將愈顯、君之位將愈崇，而於銓曹之特舉亦無負矣。否則，并今日之美而盡棄之，不足道也。苟克有終，公道必有在，君其勉諸。成化癸卯夏六月丁丑序。

明 楊廉《楊文恪公文集》卷九《送毛真甫太僕之滁陽任》 聯騎傳呼一字來，六科猶憶舊追陪。久歸仕路真無夢，再趨朝廷正急才。房駟暫專知不薄，台階連躡論還該。滁陽山水經由處，逸興緣公未易裁。

明 李夢陽《空同集》卷二一《邊馬行送太僕董卿》 治賢在朝亂在野，唐虞囿牧皆賢者。國君之富馬為急，次者僕卿首司馬。漢人五郡開河西，中土始聞邊馬嘶。此馬硊礧一直萬，黃金寧輕璧可賤。奪駿曾空大宛國，按圖徑上長安殿。苜蓿雖誇近苑春，荆榛誰記沙場戰。致遠翻歸草木功，清芽秀味走青驄。三邊盡跨連錢種，六苑羣嘶汗血風。人亡世殊霜雪急，草豆蕭瑟馬骨立。驊騮氣喪甲士苦，長城窟寒鴻鴈集。朝廷每勤西顧憂，四岳拜手推董侯。攻駒暫出薇花廨，攬轡遠過葡萄州。行卿官冷心不冷，固知董侯今伯冏。磧沙日黃雲錦亂，徵侯定上金華省。

明 呂柟《涇野先生文集》卷七《贈山西左方伯南湖閔公陞太僕序》 左方伯南湖先生任丘閔公，久著宣力之績于山西，天子嘉之，乃陞太僕卿，掌邦之馬政。其僚東渠李公偕藩臬諸公既餞之行，以柟在屬吏，且嘗叨職文字之末，委言焉。曰：於戲！夫兵曹以司馬為稱，而馬顧為太僕所領。司馬者，太僕其專職也。凡大廏羣閑，畿輔監牧，邊關苑寺，皆所督理，而三物之量皆戰之供，內衛京師，外捍四海，咸于是乎屬也。漢公孫賀為大僕，修餙輿馬，以待駕來。詩入栢梁，與九爵列。唐太僕卿亦掌邦國廏牧車輿之政，位在三品，然則斯職之重，自昔然矣。南湖公斯行也，內畜駷駜之盛，外耀雲錦之美，懸皇威于日月，壯國勢如山河者，不在玆耶？夫不易得而服者，民也；不易得而平者，徭也。均民也，封域一限，勞佚有倍蓰之殊；均徭也，額例一循，輕重無低昂之變。公之為山西曰為民父母，行政顧不能如一鳲鳩之于子乎？于是闔一省之人，絜四方之矩，即九則之等，立畫一之法，銀計二十七萬三千六百有畸也，凡在上門者，銖兩皆同，無州縣之異，力計一百萬八千七百有畸也，凡在下門者，輿皂皆同，無多寡之別，于是河汾騰歡，太行中條皆生氣矣。夫公于其民如此也，而況于其馬乎？夫公于其外如此也，而況于其內乎？令夫馬牧養不如法，孳牲不及數，驗揀不實，養療不至，或乘而穿破，或不乘以調習，或隱匿孳生，或私轉借用，此其事亦甚細也。祖宗皆著之甲令，計數差罪，豈必以是瑣瑣者教後臣也？盖事無大小，法有興廢，苟毛鞹之或忽，即塞淵之未純也。然此何足以為公言哉？公畿甸世家，燕趙名儒，文蚤鳴于翰林，諫尤烈于給事，既歷外省，益茂奇勳，公斯之行，漢唐亦勿道，其必為西周時之太僕，以進司馬，以進冢宰乎？旦夕承弼，使出入起居皆欽，發號施令皆藏，下民祗若萬邦咸休者，文武時之太僕也。慎簡厥僚使，便僻側媚皆去，巧言令色皆遠，非貨其吉，惟人其吉者，穆王時之太僕也。公其選于是乎？公名楷，字正甫，其兄名槐，字公甫，同乙丑進士。

又《贈南野歐陽子陞太僕少卿序》 南尚寶卿南野歐陽子崇一既有太僕少卿之擢，凡寺監諸卿大人皆欲予爲贈言。予惟馬政之設，著在令甲，厩牧有定，所関換有常法，折糧有恒額，收買有實值，印俵有成規，於南野可頤指而辯也，奚待予言？南野昔自編修為司業考績，予嘗贈以正士習焉。士習，天下之大事也，南野尚行之，何有於斯馬乎？或曰：斯馬也，以供內御，而力士校尉皆可作其勇；以給騎操，而邊卒塞士皆可振其氣；以俵孳種，而攻駒朋椿皆可充其閑。蓋聖朝克詰，戎兵之急務也，顧可少之乎？曰：即使南野成雲錦數十萬，如唐王毛仲立法于金馬門，如漢東門京，豈足為南野多乎？雖然，昔者伯樂薦九方臯善識馬於秦穆公，公使臯求良馬，臯得一馬牝而黃者於沙丘，歸以告公。公取視之，則牡而驪者也。公謂伯樂言：臯不識馬。伯樂曰：此真良馬也。在精不在粗，在內不在外，臯得其天機耳。已試之，果日行千里。請與南野論馬於牝牡驪黃之外，可乎？夫管夷吾伯大夫也，從齊桓公還自孤竹，以馬爲之道，豈惟管氏，雖孔子聖人也，以驥爲有德而稱之也。然此馬也，豈必皆朱鬣金睛出犬戎鷄斯之產，汗血馬足發大宛渥洼之種哉？是故雖騏驥也，亦必編之皂棧覊的之中以馴其性，群之駑駘踢嚙之內以弘其量，服之塩車九坂之間以多其材，馳之周道修途之上以日閑其輿衛。日中而出，日夕而入，蹄可以噛霜雪，毛可以禦風沙，用之戰伐則奮如虓虎，足以決敵而折衝，用之追逐則迅如飛龍，足以駢風而比電，執轡則如組，御則如舞，行地則無疆，蓋無遠而不可至，無入而不自得，無行而不與二三子者俱也。斯馬也，尚有不良者乎？若乃為白馬生以諫如張湛，執策數馬以對如石建父子，此有漢之太僕也。旦夕承弼厥辟，使出入起居皆欽，發號施令皆臧，慎簡乃僚使，便辟側媚皆去，巧言令色皆遠，非貨其吉，惟人其吉者，此有周之太僕也。亦願南野次第而行之，以張塞淵之本也。於是諸卿大夫曰：果若斯言，雖比於白馬非馬之論亦可也。宜贈南野行。南野名德江，西泰和縣人，起家嘉靖癸未進士。

明 高澂《石門集》卷四《許少華太僕枉顧不遇賦贈》 太僕聲名動區宇，青霄白屋下予頻。媿無麗藻酬嘉客，賸有高情及野人。南岳教行垂日月，少華峰在獨嶙峋。孤懷萬里堪摇落，歲晚巾袍得所親。

明 徐階《世經堂集》卷一三《贈海村劉君擢貳南太僕序》 國家建置封內，蕃馬厲兵，以待非常。自冀北之野以及秦隴汧渭，齊、魯、宋、衛之墟，莫不有官。自孳牧、印俵、解納以及寄養、兌給，莫不有法。其散之營衛，則凡騎操之厲禁，煩細纖悉，莫不備具，而又於兩京設太僕寺以督課稽察之，夫固宜馬政畢舉，當寧無皇皇之憂，而有志之士不至於慨想思而不得見矣。廼今顧大謬，不然，孳生寡而買補艱，牧地失而朋養累，印俵繁而作息擾，解納遠而勞費，滋寄養不均而貧弱困，其在於民既不勝其苦，及一旦入於騎操之手，則蒭豆竊而羸瘠多，倒死頻而兌給數，營衛之所有不可以戰，而養之內地者廐圉日以虛，國與民由是交病，則無乃督課稽察之者未得其人歟？夫魯、衛之國，在春秋時微甚，而楚丘之產，坰野之牧，詩人歌之，列於頌雅，至今以為美談，豈不以衛文、魯僖能用其蕞爾之地，與諸雄爭衡者，恃有此哉？然□富國之道，威敵之具，其輕重緩急之所繫，不待智者而後知也。予嘗檢校會典，究意時務，覩其源委，未嘗不往來于中，獨念以為其勢非太僕□以責效數十年不可，而皆有所不得為也。予於是三歎焉。今年春，海村劉君以吏科都給事中擢南京太僕少卿。君之官，實以馬為職，而君冲和簡直，操行秉心，要歸於忠厚，至臨利害與可否事，則侃侃不可奪。嘗為兵科給事中，與聞司馬之議，於馬政之利弊籌之素詳，而君又魯人，循汧渭之墟，望坰野之迹，以考其蕃息盛强之白，非若懸論而臆說者，當職受任，必有所舉措，以慰聖天子簡任之意矣。予所謂督課稽察之得人，兹固其會歟？夫理國之術，譬之治絲，置之則棼，終不可解，而急之則斷。今日馬政習故，則國與民愈病，變革則又有所不得，為於此有人焉。就事而為之處，陰去其弊，而陽無所改於其名，庶幾有濟乎？此予所深望於君也。方君為吏科時所言官人之法，蓋累疏矣。其大者，如疏通貢士、薦起遺逸，予每讀之，未嘗不歎其達於世之務也。誠持此以佐太僕，何有於馬政哉？於其行，遂書以為序。

明 歸有光《震川集》卷二《太僕寺志序》 嘉靖十七年戊戌，臣某為禮科給事中。恭遇冊天尊祖人慶，昧死奏言先帝，請赦還大禮、大獄諸放廢臣，及黜遠邪佞諸事，先帝方以孝治天下，惡前議禮者。且謂道士，祖宗郊廟用之。以臣言不讎，謫徙之邊。迨至末年，詔吏部召臣還。會龍馭上賓，聖天子即位。臣起為南京通政司參議，升順天府丞。尋升大理寺少卿。又進太僕寺卿。臣既拜恩視事，欲正官常，定卿丞職分，條民之利病；又以寺無掌故，疏陳數十事，上輒報可。是歲，自河北逾大江之南，民遭水沴，臣稍以便宜寬其誅。見馬遺財足，民無失職。臣省中無事，獲與二三僚佐發故藏篇籍，少有存者。力為搜訪，僅成草創。蹈襲吏牘，雅俗猥並，非所以成一家言，存故事而已。臣嘗讀尚書，觀周武王偃武修文，華山之陽，馬牧遍野。倒載干戈，苞以虎皮，示天下不復用兵也。老子曰：「天下有道，卻走馬以糞。」

臣竊惟陛下嗣萬年無疆之曆，運際中興。二三年來，嶺海、陸梁，妖氛曠息。「薄伐獫狁，至於太原。」陛下盛德大福，非臣下之所及。臣又讀尚書。穆王命伯冏為大正，「正於羣僕侍禦之臣，懋乃後德，交修不逮。慎簡乃僚，無以巧言令色便僻側媚，其惟吉士。」又曰：「僕臣正，厥後克正；僕臣諛，厥後自聖。」臣三復斯言，自念夙興夜寐，兢兢於有司之事，無以翊聖德於萬一，有負陛下之寵祿。臣不勝大懼。

又 卷五《題太僕寺志後》 懷東顧先生，先帝時，給事內庭。以言事忤旨，安置保安。蓋擯棄者二十餘年。性好讀書，未嘗廢卷。今天子即位，乃召還。一歲中，超遷至太僕卿。諸所建白，每上，輒報可。而寺無掌故，乃以編摹之任屬之新建王君。先生亦手自搜輯，幾成矣。有光時為吏邢州，適典廄牧，而其官實為太僕屬。先生雅故親知，不以公禮格也。會入京賀萬壽，事畢，先生與王君檄留止郊外，以其稿見示，因為校定十數事。而改官之命適下，遂悉以其書還寺。有光方與校太僕志，而尋得官太僕，若非偶然者。雖然，有光向在邢，馬官也，尚不知馬。今為太僕，系銜而已，又烏能知馬事哉？書凡先生與諸寮寀之功，而王君之勤也。既梓成，先生使來告，令書姓名於其末云。

明 王慎中《遵巖集》卷六《送宋龍門行甘州太僕》 磧路蕭蕭關樹微，君行萬里事戎機。忽到河源知地盡，試登隴首見人稀。時平塞下降羌靜，野曠秋餘牧馬肥。却笑漢家求大宛，貳師再出只空歸。

明 李春芳《貽安堂集》卷五《送趙柱野擢南太僕少卿序》 柱野趙君以吏科都諫擢南太僕少卿，諸同鄉官京師者相率而餞之郊，有酌君而言者曰：蘊瓌瑋之思者喜超曠之適，躭騷雅之藝者慕奇特之遇。滁陽多佳山水，太僕署在焉。宋歐陽文忠公守滁，率賓從出遊，建醉翁豐樂醒心亭，極登覽之趣，摛邁古之作，與山靈競秀，擅美今昔。君夙負奇，好工文而吟，馬政之暇，其率賓從出遊，窮勝陟遐，酌瑯琊之泉，挹環滁之山，尋三亭之舊址，弔六一之遺跡，咸於述作發之，斯宏博之識，雅麗之製，崛磊之抱，擅美今昔，視文忠公寧多讓哉？有客更酌而言曰：不然。智士不侈遊以後事，忠臣不違時以隳績。考牧，國家重寄也，故斯臧著無疆之思，三千表塞淵之秉。邇胡虜數警，倭夷屢寇，戎事孔棘，召發愈繁，厪聖天子憂，君智而忠，必將攄猷以勵屬，申憲以飭敝，嚴駑瘠之汰，督孳牧之利，惟恪恭迺職是務，遑寄興山水文字間哉？予作而曰：未也。經世本乎才，綜務原乎學，資深豫乎養，慎修基乎靜，故干將莫邪之利成於歐冶之精煉，而洪流巨浸，奔放不窮者，發源之深遠者也。柱野君富于學而昌于才，發解南畿，登進士高第，居諫垣，風裁凜凜，憚貴近丁，已考覈百官，黜枉糾邪，士論稱允，其所蘊蓄深遠矣。滁陽奧僻，逢迎接應之擾不交於目，紛紜騖逐之態不溷其中，得以澄心遐覽，于凡世道之汚隆，士習之邪正，紀綱之修墜，人才之進退，與夫古今理亂之原，氣運推遷之數，皆窮搜博探，得其幹旋轉移之樞，他日秉鈞履要，舉而措之，裕如矣！文忠公以文名世，及與學者言乃略文藝而談吏事，其在兵府政府建訏謨，定大議，與韓曾諸公上下其論，固確然有遠識也，得非自諫院之滁，閱歷熟而充養粹，然後投大遺艱處之裕如耶！柱野君攻文不下文忠，異日宦業焯焯，端於斯行卜之，詎止牧事蕃息已哉？柱野君起謝曰：敢不自勗，以副同升期待之意。廼遍酢而別。

明 茅坤《茅鹿門文集》卷一二《贈黃縣丞擢甘肅行太僕主簿序》 予嘗按秦漢以來，方其困於戰鬭離合之際，則世之一切材智辯慧、瑰瑋倜儻之士，並得以乘間搆會，售其所長，以自見于世，傳記所稱奮於牧豎、起於鼓刀者，何可勝道也。天下稍屬晏然無事，則上之人操品資，循繩墨，以隔絕天下之士，天下之士非尺伍不列，非鴈行不進，雖有異能崛出者，亦共爲之偃蹇浮湛於下寮，而不復敢希覬上之人離品資、劓繩墨而任使之也。已今之世，海內爲一，車書會同，然而北困於虜，南困於夷，海閩廣之州荷戈而鬬者不可勝數，抑所謂外若宴然而中寔未嘗離於烽燧之警、鼓鼙之馳者，而世有材如歙州蒲江黃君者，顧猶特以貲爲郎來丞吾烏程，嗟夫！君非千里之鵠，而羣鷄鶩而啄且唼者乎？君渥顏長髯，機顈絶倫，每與語及當世之務，若干將莫邪之剸犀兕而截鯨鯢也，予頗奇之。又三年，君始以能改甘肅行太僕寺簿。於乎！甘肅者，界陝以西，所當漢之燉煌之地，即武皇帝所城築以斷匈奴之右臂處也。君生平過州邑，好觀山川形勝，城邑陿阨，指畫古今，利害得失之際，君今躍馬而過之，得無翹然自喜，露彼所謂材智辯慧、瑰瑋倜儻之奇如古之邊郡之士而置塞以聞者乎？天子春秋高，其厭亂思治也久矣，或旦夕下明詔，徵跅跐非常之士而驟顯之，其及君與否，抑未可知也。

明 高拱《高文襄公集》卷一《太僕寺少卿張舜臣》 制曰：周官太僕爲左右親近之臣，我朝因之，而圉校、牧庾之政屬其綜領，惟長若貳，責任惟均，自非端愼老成之人，不與玆選。具官某有通敏之才，有介潔之行，歷宰劇邑，遴陟天曹。公於敘進而上下，允乎明於鑑別，而賢否罔忒，朕心簡注。特晉今官，乃能剔蠹釐奸，丕著蕃孳之效，朕益嘉重焉。玆以考績上聞，特晉爾階中憲大夫，錫之誥命。於戲！驪黃之盛，歸于思之無邪；騋牝之多，本諸心之淵塞。惟能正以格人，誠以及物，則民自不匱而生息無窮爾。惟懋哉！朕亦嗣有休命。

明 劉伯燮《鶴鳴集》卷一六《吉生任平涼太僕主簿序》 吉生天恩，少業舉子，從余友陳山人遊。山人習沖澹之術，不嗜仕進，生學之慨然解去，已乃遵大人命，入貲太學。太學先生雅重生，知生非凡品也。已又循例補太僕卿主簿，據生貲不得補，今職補之者例也，亦生志也。生玆往有馬政之寄，請論馬，可乎？國家以馬爲大務，設監置閑，重在西北，惟玆平涼太僕又通彼河湟、洮州西夷之馬，如漢大宛渥洼產不煩士馬坐得之，玆馬羣中有千里馬者，諸馬之上乘，是空古今，羣不多得，亦不易得。次則資性，雖有凡鈍之不同，試勤鞭策，俱可千里。彼千里馬者，一日千里，積日以目，累百以千，亦旬日而致千里，有先後，無睽違，當其未致千里以良鈍分者，世俗之見也。及抵千里，何有於良，又何有於鈍哉？予讀兩漢書，其顯名當時、施聲後世者，率多入貲之官，始以例入，終以功名著聞，匪直今然矣。生行勔之哉！平涼界在西北，吉生楚之澴人，若于風土未諳者，吾聞之衛人城楚丘，頌其君以馬政歸本于心之塞實。夫塞者僿也，實者質也，塞則不虛耗以傷生，質則不文巧以衒鬻，是以馬政復焉。君家父子起家吾澴中，累數千金，實以塞實得之，迨生襲家政雖漸通融，而塞實之風猶故也。玆行履平涼，事其寺卿，宷以實修其馬政，以塞實則名，從塞則裕，至昔人雲錦成羣，一舉而修復之者，余于吉生有望焉。嗟嗟西北，自是有馬矣！

明 王穉登《金昌集》卷二《房星行贈吴太僕》 房星迢迢銀漢側，十丈流光半河白。自從化馬地上行，寒斗蕭蕭夜天黑。渥水千尋射日飛，河圖一旦爲人得。軟玉生烟刻作鞭，明珠如月裝爲勒。銀燭分行入漢廷，曉風斜月蹋流星。螭頭立仗千官肅，柱下□鳴萬户聽。名爲獬豸肝腸直，號作神驄尾鬣青。青驄日日出長安，繡斧霜威九陌寒。金溝楊柳行邊拂，春殿桃花踏處乾。朝中貴戚爭相避，道上行人不敢看。行人貴戚盡徘徊，皇甸清明雲霧開。三年去牧粵王國，一朝重上燕王臺。燕王臺上黃金待，越國城邊白羽催。攀折朱輪留不住，牽翻翠障放歸來。朱輪翠障國門行，十二天閑苜蓿生。一群雲錦俱無色，萬箇驪黃不敢鳴。邊塵寂寂驊騮老，湖上青山乞歸早。嘶處長迎呉苑風，夢中每憶江南草。玉鞍珠勒解還君，長樂鐘聲不再聞。伏櫪末忘千里志，生駒盡是五花文。房星昔日本爲龍，龍毒靈長不可窮。不信請看周八駿，千年出入紫烟中。

明 王穉登《燕市集》卷下《送行太僕主簿徐君之甘肅序》 自漢天馬產於渥洼，而馬之良遂獨稱，雍州、甘肅即其地也。方今國家全盛，蒼頭廝養之卒，期門佽飛，材官蹶張之士，千騎萬乘，雲布星列，所以強中夏而威四夷者，莫不於馬是賴。既設太僕寺於京師董其事，其外則山西、遼東、陝西、甘肅有四行太僕焉。官佐聯絡，與京師相當。寺卿貳禮視方伯廉訪使，丞簿之屬猶得與州郡諸侯刺史鴈行，縣大夫以降弗論也。夫四海之大，百司之衆，犬牙相參，穆穆就列，隼旟熊軾之吏，獸符玉節之臣，所為陛下奔走稱任使者豈一人哉？而必其事屬之行太僕，則朝廷之畱意馬政與治馬之臣，其重不輕彰彰矣。頃聞石州陷虜而甘肅邊於西羌，蕃漢雜處，十里一烽，五里一燧，亭障斥堠，錯綜相半，官其土者，比之謫宦然，至於明命欲下，委而去之。嗟乎！國家養士，既試而後用之，非有擇於其地之險夷、身之勞逸與事之難易，固將欲深賴其力也。如必得其夷且逸又甚易者而後行，又何所利於若人也哉？婁水徐君既選為甘肅行太僕寺主簿，匕首揷腰，幡然來辭。夫黃塵沙磧，居厦屋者之所難處，酪漿苜蓿，饜肥甘者之所弗堪。余觀徐君，意翩翩壯甚也，豈其裘馬少年之氣在耶？不然，有千里汗血之好耶？抑塞垣荒漠之地，烈丈夫之所欲身試而親履之耶？余觀甘肅隷雍州，古月氏之族紅岸左峙青海，右匯張掖、酒泉，形勝百二。其山崑崙，黃河之所從出也，川卽弱水條支，禹貢之所載也。其千古出師之略，有祈連、瓜洲之舊蹟焉。漢大將軍霍去病建旗鼓，破匈奴處也。玉門，班超之所生入也；陽關，唐人嗚咽而歌楊柳者也。君躍馬褰帷，蕭然過之，豈不增俠志而消羇思耶？異時孳牧課息，芻畜以時，雲錦塞川，騊駼滿山，明天子寧無以酬君者哉？若夫鸞旂在前，鼉鼓在後，出警入蹕，無所用武，吾恐驊騮騄駬之困於棧豆間也。君將進涼州，醞一斗，擊唾壺而歌曰：老驥伏櫪，志在千里。酒酣烏烏，不知耳之熱矣。

明 王世懋《王奉常集》卷五《贈周太僕》 吾愛佳公子，掛冠強仕年。

馬曹方外賞，鴻寶枕中傳。老自門風在，天於酒德全。生涯共日月，似獨向君偏。

明 屠隆《白榆集》卷六《送陸太僕北上》 鶴姿龍性馬曹閒，吏散天空晝掩關。即使有官居九列，豈應無夢到三山。帆前明月嬌絲管，江上泠風吹珮環。極目蒼茫高樹裏，孤雲不斷鳥飛還。

明 郭正域《合并黄離草》卷二《太僕寺寺丞翟思梁》 制曰：咨爾僕臣，典司戎馬，既佶且閑，寔在二三有司爾。太僕寺寺丞翟思梁廼原任大學士，謚文懿鸞之孫，砥節承家，和衷共事，恊綜牧政，克著勤勞，兹特授爾階承德郎，錫之勅命。肆今邊圉弗靖，戎馬未同，六廄之選，半在行伍，江北所輸，耗費無贏，卒有緩急，何以給之？爾尚恊比乃長，共懷永圖，朕不忘乃庸。

又 制曰：分猷天廄，茂簡才良，相德坤維，恒資淑女。爾太僕寺寺丞翟思梁妻劉氏，望族秉規，名門儷德，采蘋尸祀，佐饋宣勞，音徽緬邈，勤勩未忘，是用贈爾為安人，恩賁奉車，榮流佩結。

又 制曰：奉公之臣，能捍牧圉，媲德之女，敬相闈帷。爾太僕寺寺丞翟思良繼室耿氏，黽勉同心，拮据佐閫，縞帶宜儉，枲絲佐清，恪修女範，翼贊官箴，是用封爾為安人，章輝星漢，慶藹天閑。

又 制曰：父為相臣，子爲冏臣，有德未究，有枉必伸。爾進士翟汝孝廼原任大學士謚文懿鸞之子，今太僕寺寺丞思梁之父，夙承家學，蚤濟明時，蜚聲鴈塔而養時晦，甘隱鹿門而啓後賢，是用贈爾為承德郎、太僕寺寺丞，箕裘且奮，簪笏重聯。

又 制曰：肆予僕從，罔非正人，念爾劬勞，寧忘母教。爾柴氏廼太僕寺寺丞翟思梁之母，脯修能養，纓佩宜家，德相哲人，類錫孔子，徽音已邈，慶祚方來，是用贈爾爲安人，榮因司馭，篤爾象賢。

又 制曰：繼母如母，資干事父，並逮國恩，式隆報本。爾周氏廼太僕寺寺丞翟思梁之繼母，施衿受戒，觧佩能賢，隱並鹿門，教嗣熊膽，是用封爾為太安人，祇沐渥恩，均沾闓澤。

明 黄克纘《數馬集》卷一六《哭王玉溪太僕》 南北驅馳四十春，清風兩袖絶纖塵。宦情六郡知工拙，物論三藩見屈伸。天上也應卿是月，人間共羡鬢如銀。嗟余垂老未歸去，驚說雲山馬鬣新。

明 丁紹軾《丁文遠集》卷一《贈考功郎趙公擢太僕少卿序》 故事，銓司長每一遷官則諸司製辭以賀，敦寅好也，而其辭必屬於總銓，其人母亦以一日之長推遜之夫。夫業已驩然其共事，詎無怏然於相違，微諸君請，亦余誼之不容已也。前此固嘗效之，今諸君復以趙君請，蓋趙君歷考功郎，領內計，事竣當轉選郎，進太常，君固遜，乃由功司擢太僕，幸上報可，故諸君願有請云。余問之諸君之欲章趙君者，謂：何對？曰：令甲銓衡職在進賢絀不肖。趙君司銓有年，銓衡人，而翁衡銓當置君不在山濤、崔祐甫下，諸不具論。即以今歲大計京朝官，則功司為政數年於兹，甲乙爭鳴，情隱端匿，是非眞贗，莫可究詰。翁數數患之，自功司之牘奏，而其間流品遂分，議論遂息，人情遂安，不徒以其懸水鏡、判黑白為察典重，而且以公平正大，不毛舉纖過，不搜索疑似，為世道額手也。人歸德翁，翁歸趙君，夫不有同心，恒虞枘鑿，有其翼贊，益稱統均，是時諸疏多格，獨此報俞斯，其考功氏之鵠與？今翁業已器君、擢君，更不靳一言，華衮君亦所以開誨後銓者。余聞言，唯唯曰：善矣，諸君之稱趙君也！哲而不昡者知，介而不奪者守，如硎之發者決，如藪之藏者仁，上不拂長，下不拂僚，人各滿志者遜，如諸君言，亦其可矣，而猶未也。抑知趙君之用心者乎？今之司銓，非昔之司銓者也。昔患不明，今患明之格而弗與行；昔患不公，今患公之格而弗與任。吾欲伸其公之明之之用，而且伸且絀，欲謝其弗行弗任之過，而謝於何人？噫！亦苦矣！余老臣，服官數十年，銓政不知幾變，疇似今日，雖有五長，曷勝一格，一俞百咈，奏功幾何。余時以是語趙君，君頷之。余憂之而病，言之淚下，君亦不以余為誕為謬也。君其有憂世之深心也夫。夫人臣才諝或可勉，要在謇謇之心，即才諝亦難，必盡展矢之天日，亦惟此心。昔吕獻可憂宋至晚有曰：天下事尚可為，然不以屬之他人，屬之君，實君其人乎？趙君聞之，逡廵避席，曰：是非某所敢當。今幸為天子僕，則願聞僕。余笑曰：今之太僕，周官之圉師、牧師也。君舍司銓而司牧舍，治人而治馬，又奚足為君道者，况其貳之耶？且余亦嘗貳兹地，以余駑無似不踰年遷去，矧君豈得久羈此，故謂僕臣卿貳，蘧廬旦晚，更晉君如彼乘黄登之天廄，意君開悟主上，轉移世道，必有十倍余者，此則君可為時已。且主上於時靡不格，而獨不格於君，功司之牘與今日之命，可謂無意于君哉？諸司聞之，欣然拜受教，遂書以為君贈。

明 孫承宗《高陽集》卷一五《太僕寺卿丁懋遜》 制曰：朕祇承大命，光纘洪圖，仰惟豊芑之貽謀，式藉王楨之篤棐，下蒲徵于耆舊，上邁軸于碩寬。念爾鴻猷，企予冏命。爾太僕寺卿丁懋遜，該通敏練，抒以誠心，博大沉凝，用其質行，一光軒制，遂綰邑符，載勤夕拜于梧垣，乃展辰猷于楓陛，讜章屢奏，朝端特倚，其威稜直道，獨行天下，想聞其風采。當先皇之養晦，正神祖之獨操。允重懷持重之心，舉國抱危疑之慮。而爾忠存夾日，力竟回天。合衆正以同鳴，阿閣快朝陽之鳳；持一封以自遠，冥霄翔何慕之鴻。居雷霆而不驚，韓稚圭其予以膽，挾風霜以爲字，汲長孺願畢其忠政，方希以絍新人，乃先于求舊，先于牧政，業有前開，茲以覃恩，授爾階中大夫，錫之誥命。於戲！皇天之大命眷德，惟嘗聖祖之深心詒謀有敘，然而必不可搖之慮，間移于時，或暫晦之明，不有忠言，曷開遠計，厥后克正，予將企正于僕臣，其羽爲儀，爾尚標儀于羣策，無斁老成之碩畫，光昭正直之生平。欽哉。

又《太僕寺少卿何士晋》 制曰：朕光纘大命，祇服洪庥，念我先皇帝以豊芑舊人，貽我燕翼，因念我先皇帝養晦東朝，賴爾公忠爲調護，遂貽永祚于今。我皇祖慈寧之召，朕豈忘焉？而况公忠歷試，不獨冏政也。爾太僕寺少卿何士晋，以子大夫高第，由明允而入掖垣，歷藩臬而晉卿貳，蹟成中外精營職任之嘗，孝矢明神心苦家庭之變，乃若誼關國本，重切宮幃，九廟震驚，舉朝皇沮。而爾神閒氣定，慮切憂深，矢九死以明心，結一忠而爲膽。既褫姦雄之魄，遂調肺腑之恩。卽其信而見疑，暫違築闥；孰與謏而得咎，竟失身名。盖國家二百年養士之報，社稷億萬世得人以安，業晉符丞，載遷冏牧，茲以覃恩，授爾階中憲大夫，錫之誥命。於戲！公忠遠計，在識定而膽用之。當爾忍家難十餘年而後報，似留侯良；及變起觸瑟而能以死生入奏，似長孺黯；至決大政定大策而神色不移，似侍中琦。《書》不云乎：僕臣正，厥后克正。尚堅爾識，用爾膽，無以爾爲人藉社稷之役矣。懋之哉！

又《太僕寺少卿馮嘉會》 制曰：朕觀兵興以來，既竭冏騎，遂竭冏儲，故馬日耗，兵日益，罷夫討軍實而中儆之，冏一大政也。其有悉兵于營，悉馬于兵，朝廷尚式嘉之。爾太僕寺少卿馮嘉會，操敏劭于先幾，矢淵沉于中勁。當其筴名，軒對解褐。花封合三異于一冏，孤直抗西臺之譽，謝二天子六察，仁威表東海之風。頃以邊塵，日閑輿衛，而爾蚤圖方略，大振軍聲。人倫式敘于臺班，品秩遂叅于冏正。輦下仍避驄之號，庭中餘攬轡之淸。茲以覃恩，授爾階中憲大夫，錫之誥命。昔我文皇帝謂所司知恤馬不知恤人，爾起家司牧，業以人恤而不以馬恤，夫馭人猶馬也，馬以劇逸，人以劇亂，朝廷持遠馭不以冏，維爾爾寧爲劇也。尚欽予冏命。

又《太僕寺少卿商周祚》 制曰：昔我文皇帝詢所司以蕃息之效，盖惓惓故事也。當是時，去刱法幾何，而瑩精若此矣。冏政日紛，冏儲日竭，予嗣先皇帝宅丕基，尚以爾僕臣俾克紹先烈，朕其有愛焉。爾太僕寺少卿商周祚，用沉凝以駿發，藏渾樸十犀然。解褐軒掄，綰章邑牧，蔚爾夕郎之拜，贊予大正之猷。諷議雍容，尚見論思之德度；執持確切，特餘封駁之風稜。懷承弼以忠良，舉匡襄于廉正。條生人之六瘼，載脩復令于民間；念國事之多艱，百計錦羣于塞上。茲以覃恩，授爾階中憲大夫，錫之誥命。夫民猶馬也，錯綴銜橛以難之而旁出矣。爾起家民牧，業悉牧民，其于扼私振敝，無旁出我小民，尚藉爾局略矣。僕臣正，厥后克正，寧獨數馬以對？懋哉！朕有顯陟。

又《太僕寺少卿王象恒》 制曰：朕觀漢初不具醇駟而後擯牸乘也，至脩馬復令，而禁苛暴，止擅賦晚矣。以馬登耗關天下興衰，冏臣顧不重與？爾太僕寺少卿王象恒，以子大夫高第，分符花縣，授斧松廳。簪筆立朝，霜氣肅騰于白簡；攬驄按部，風稜丕振于彤騶。迨與問承華，而益閑輿衛。采良丘甸，既縮榷于口錢；入主路軨，無侈名于雲錦。盖沉謀遠慮，嚮陳保鄣于邊陲；偉略長材，今奏折衝丁都廐。茲以覃恩，授爾階中憲大夫，錫之誥命。夫民與馬相乘也，頃聞圻民雜畜耗于東矣，馬如舊乎。爾輟從六察，來其白奏，業悉我近民便害矣，尚念耗民之馬，遂及耗馬之民。《詩》不云乎：『惠此京師，以綏四國。』懋哉！徵于漢矣。

明 趙彥復《梁園風雅》卷二一《邊馬行贈太僕董卿》 治賢在朝亂在野，唐虞圉牧皆賢者。國君之富馬為急，次者僕卿首司馬。漢人五郡開河西，中土始聞胡馬嘶。此馬硊礌一直萬，黄金寧輕璧可賤。奪駿曾空大宛國，按圖徑上長安殿。苜蓿雖誇近苑春，荆榛誰記沙場戰。致遠翻歸草木功，清芽秀味走胡驄。三邊盡誇連錢種，六苑羣嘶汗血風。人亡世殊霜雪急，艸豆蕭瑟馬骨立。驊騮氣喪甲士苦，長城窟寒鴻鴈集。朝廷每勤西顧憂，四岳拜手推董侯。攻駒暫出薇花廨，攬轡遠過蒲萄州。行卿官冷心不冷，固知董侯今伯冏。磧沙日黄雲錦亂，徵侯定上金華省。

明 管紹寧《賜誠堂文集》卷一二《敕諭太僕寺少卿監理江北軍務萬元吉》 敕曰：自古成鑒，師克在和。定大難，建大勛，未有不同心戮力而能有濟者也。天禍國家，遘兹顛覆，朕以渺躬，賴諸文武大臣，不忘高帝，定策繼統，四鎮聯絡，慷慨同仇，雪恥除兇，將在旦夕。然軍營各立，嫌釁易生，兵民雜居，挑搆難免，已命輔臣史可法總制，猶恐督師體統嚴重，羣情不能通達，特命爾以太僕寺少卿監理江北軍務，調和四師，約束兵民，張皇國威，立殲兇逆。昔平勃交驩，則諸吕授首；嶠侃合力，則蘇峻伏誅。今逆燄方張，國讎未振，豈可各設城府，墮黨崇讐，爾其宣諭朕心，一遵約法，兵毋騷擾，民無疑謗，有司毋異心，將士毋勇私鬬，而怯公戰違者，不時糸奏。時雖多難，國憲猶存，勉竭忠貞，勿奸大法。爾署舍人役，即於滁州衙門取給監理之餘，兼管牧政，其一切兵馬錢糧戰守事宜，輔臣自有調度，爾其悉心条畫料理，以奏膚功。欽哉。故敕。

明 劉理順《劉文烈公全集》卷三《送南太僕余洪崖》 國君之富以數馬，中興首侈龐龐群。坰野龍媒十六種，無邪斯徂至今聞。自昔有君必有臣，罔命諄諄僕正勤。况是國家根本地，蕃息當思汧渭勳。孟諸澤畔端人起，侃侃立朝且誾誾。持斧曾留全滇命，乘驄復開三晉雲。令行輦轂神策肅，騰驤箸借起六軍。朱幘欲驅精氣動，飄逸早是傳骨筋。世間何常乏良驥，塞淵難媿大帛文。而今月照驊騮影，清流雲錦自欣欣。江淮狐鼠方縱横，騎步懸絶憂如焚。天育日充南顧釋，莫我敢承可再云。

明 陶汝鼐《榮木堂合集》卷一《太僕寺少卿陸世科制》 制曰：朕勤後凋之嘆，則懷砥行風節之臣；詠斯臧之詩，乃憶秉心塞淵之佐。惟羽可儀於鳴鳳，庶駕不泛於從龍。倘亦有其人在予天閑者乎？嘉爾太僕寺少卿陸某，珪璋特達，高潔多英，鐘鼎相宜，精神滿腹。赤縣首周官之選，序入含香；白雲司天下之平，簡歸峩慶。廼柱下惠文，霜寒輦路，淮南繡斧，月映鹺池。不染元規之塵，弗列美新之頌。彊項令之故態，未免忤時；真御史之孤踪，遂言去國。咸由氣表崖岸，理存本柯；朕用復簡臺瑄，擢崇冏貳。執法即聯乎房宿，清標雅稱乎卿雲。兹用覃恩，授爾階中憲大夫，錫之誥命。於戲！人馬相得者，御之道也。稽古諫官，惟陸贄最著。其在臺史侍從，清忠直亮，風雨不渝，譬諸立神駿以空羣，馳騏驎而出險矣。爾其益殫忠猷，以贊之道事朕。朕且藉爾以御天下。欽哉！

車駕清吏司 車駕司

綜述

《明會典》卷二《吏部二》 車駕清吏司，郎中一員，員外郎一員，主事三員，内一員督理會同館，一員管理太僕寺，收放馬價，并各□□兑馬匹。

又卷一四〇《兵部二十三》 車駕清吏司，郎中、員外郎、主事，分掌鹵簿、儀仗、禁衛及驛傳、廐牧之事。

明 黄養蒙《吏部職掌》 車駕司，揀撥都吏一名，令史二名，驛傳科、馬政科。典吏七名，驛傳科、力士科、馬政科、寫本科。大撥典吏四名。内二名揀改入。

明 倪涷《船政新書》卷三 車駕司郎中，皂隸陸名，補支銀貳拾貳兩伍錢，于減革庫子工食銀内支給。右堂皂隸拾叁名，支工食銀壹拾陸兩。馬政廳皂隸陸名，補支工食銀貳拾貳兩伍錢。刷卷書手，工食銀壹拾貳兩。以上銀兩，俱于車駕司集場銀内動支。船政分司皂隸陸名，補支工食銀貳拾貳兩伍錢。書手貳名，共支工食銀壹拾肆兩肆錢。書筆紙張工價銀兩，以上俱于船政項下楂柴出則冒破餘剩半差底薪銀内動支。車駕司船政、馬政、工料、草場分跟舊多皂隸陸名，共支工食銀叁拾陸兩，于草場分司紙贖内動支。

紀事

《明會典》卷一五八《兵部四十一·車駕清吏司》 凡馬政。南京各營騎操馬匹有缺，行令照例支租銀，及朋合樁頭銀兩買補。完日行南京太僕寺，委官印烙給操。嘉靖元年奏准，南京大小教場並新江口騎操馬匹、倒失未補者，許照兵部奏定價銀收買，赴部驗看，給價印烙，發與官軍領操。每月終具數呈報内外守備官查考。九年題准，南京各營倒失被盜馬匹照京營事例，追收樁朋銀兩。老弱瘸瞎者，會官看驗。如果騎操十年以上，免追樁銀，照舊送應天府變賣銀兩解部。又議准，南京錦衣衛後千戶等所操備官旗，如遇倒失馬匹，照各衛事體，經由本部告相，變賣肉臟，出辦樁頭，通融支給草場租銀，相兼買補。又議准，印烙南京各營馬匹，大教場用大字、小教場用小字、新江口用新字、神機營用中字、浦子口用正字為記，以便查考。遇有買補等項馬匹，及印烙年久、痕跡不存者，聽其重印。南京兵仗局鑄造大小新中正字號火印五把，發本寺職掌印烙。十六年議准，飛熊、廣武、英武三衛官軍防禦馬匹，本部動支在庫草場地租銀兩，添買一百五十五匹，行太僕寺印烙給發，草料行南京戶部關支。如遇倒失，照例追補。三十一年題准，各營缺馬數多，將江南應天等府州縣每歲解京折色馬內量借二十分之一，改派本色，兌解本部，計九十七匹，轉發各營騎操。又題准，各營馬匹，洪武舊例，自四月至十月量存八百匹在營騎操，其餘盡數下圩牧放。至正德二年，添設守備三員，奏加馬四百匹，濫費草料不貲，今添設官既革，其加添存操馬匹應盡數查出牧放，以後内外守備衙門不許仍舊多占聽差，違者，科道官參奏。又題准，原編馬戶自嘉靖十五年至今役久消乏，宜照上江二縣鋪戶事例，該司會同科道，將原編及新報馬戶從公研審，照依事產，分別上、中、下三等，令其更班買補馬匹，以後每十年一次編審。又題准，各營操馬弱小，量於原價每匹一十二兩外，加銀一兩，責令原編馬戶選買高大馬匹給軍騎操。又題准，南京各營牧放馬匹，往年俱在鎮南等衛和尚港銅井地方，各圩濱江曠野，人馬不便。查得各營教場並京城内外三條街雞鳴山等場地，俱係空閒，與各軍住居相近。宜將各營馬匹，除見居江北軍人，盡令下圩外，其餘分為三班，一班存留操備，餘兩班各隨分定場地牧放。每兩月一更，至九而周，次年復始。其銅井等處草場俱丈量明白，召人佃種，照例徵租在官，以備買馬支用。隆慶二年，令南京各營馬減去八十三匹，以甦上江二縣民困。凡每年春冬二季，本部委官一員，前往浦子口池河二營照驗操馬，並應天衛種馬，開具膘息分數回報。每年四月，各營馬匹下圩牧放，本部咨行南京都察院委御史一員，前去各牧放地方查點。每年春冬二季，本司管馬官會同南京兵科給事中，查驗各營馬匹，有老弱不堪者即行變價，輳備買馬支用。

又 凡牧馬草場。弘治十七年題准，凡佃種應天等府地方，並各該軍衛牧馬草場，每畝徵租銀七分，以備買馬支用。十八年題准，南京應天衛牧馬草場查勘原額明白，中間若有軍民住種，已成家業，難於遷發，情願出辦租銀者，明立文案，照例徵收。又議准，南京錦衣等衛、應天等府、直隸滁州等州縣草場地畝租銀，各徑赴所屬馬政官處交納，轉解本部，其各該佃地人戶俱照彼處屯田事例，編立戶由，轉發收執，仍令該衛有司將佃戶花名籍貫及草場頃畝、坐落某府州縣若干、軍旗舍餘民人佃種各若干，備造文冊三本，一本送部，一本發該衛有司備照。以後仍三年一次攢造。正德十三年題准，廬、鳳等府州縣牧馬草場，堪否耕種地土，督令養馬人戶耕種，俱免起科，聽其出辦備用馬匹。但不係養馬人戶，原佃耕種地土，照舊起科徵銀解部，發寺買馬支用。若係承種不堪地土，俱令退出還官牧馬，免納租銀，其養馬人戶名下地土不許私自典賣，與人承種。不係養馬人戶，該退出還官地土，亦不許朦朧隱占，事發從重究治。嘉靖十年議准，廬、鳳、淮、揚四府，徐、滁、和三州，一應草場，除馬戶自種者，照前免徵。其小民承種該納租銀，自本年為始，俱免解部。每年徵收在官，遇派到備用並騎操馬匹，或本折色，查將前銀先儘扣作無田養馬人戶，並逃亡之家，各所辦之數，有餘，方許攤助有田馬戶。仍督府州縣正官、稽查吏裡人等不許隱匿捏報，通同作弊。每年終，各府州縣將所屬收支過緣由開列舊管、新收、開除、實在，總撒數目，造冊繳部。十一年議准，應天、太平、鎮江、寧國四府，廣德州、建平縣牧馬草場，租銀未徵收者，自本年為始，悉照廬、鳳、淮、楊等府事例行。三十一年題准，各衛草場租銀自嘉靖九年等清查造冊，至今年久，姦民欺隱，豪右侵占，及各衛委官侵剋科歛，有司又無責成，行委御史一員，會同本部司官一員，親詣各衛草場，查照原冊四至，勘實改正。其應徵租銀，行令該司每年正月於各衛及有司官内各選委一員管理。如至次年正月不完者，一體住俸。至三月不完，應參奏者參奏，提問者徑自提問。三十五年題准，南京各草場地土，行委御史會本部屬官，查勘完日，將地畝租銀數目造冊奏繳。以後查地催銀及一切應行事務，就行本司主事專一管理，仍給不坐名敕書一道，令其欽遵行事。四十一年題准，草田地逐一丈量，通計錦衣等衛所，並太平、建陽衛共二十八衛所，及滁、和二州，江寧、江浦、六合、全椒、來安、含山、當塗、蕪湖、繁昌九縣，新增並舊管租銀共一萬九千一百九十一兩，内將新增租銀六千七百七十餘兩盡數除免。續議前地内有原荒今熟，係各佃願告陞科者，難以盡除，止將量出多餘，並加陞科則者，減免三千一百三十三兩，餘三千六百四十二兩仍存留徵納，並舊管租銀，實共計一萬六千一百八兩。隆慶二年題准，將御用監租銀八百三十一兩歸併該部，以後節年坍洗逃荒開墾陞科不一，今實在額銀一萬五千三十兩，每五年行各軍衛有司清查一次，每歲將前一年額徵災免並徵完數目，造冊奏報。凡南京每季大小營操操練賞賜軍士，及各都督下家丁每歲犒賞銀兩，俱本司草場銀內支給。

又　凡各項地土租銀。正德十四年奏准，典牧所牧養。孝陵神宮監牛隻地土並大小教場、蘆地水塘，本部收租輳買馬匹支用，年終造冊奏繳。嘉靖十年議准，南京典牧所草場並守備衙門退出地土，每畝歲徵租銀七分，其草場蘆地花利照舊三分，通將前項地土頃畝，並每年該徵租銀數目及承佃人戶姓名，造冊二本，一本存留本部，每年照冊收租，一本繳送兵部查考。十一年議准，南京退出營房地基並各衛沿城倉基教場等項地土租銀，俱貯庫，聽南京各衛所造冊支用。其歇荒草地，另召軍民管業，量收草腳銀兩，亦送本部收貯，以備買馬支用。又議准，內外守備官員每年新收蘆洲銀貯庫，作正支銷，不許仍前濫費。年終，各將收過銀兩數目送部查考。十四年議准，南京錦衣衛原額蘆洲柴價租銀，每年除量給該衛火把等項支用，通解本部貯庫。該衛遇有修理等項，聽於前銀內支給，其退出新增地畝，俱赴部納租，輳買馬匹。該衛歲造冊籍查照，各衛一體於營房租銀支領，年終各將收支過銀兩數目送部備照。仍五年一次委官清查，造冊奏繳。

又　凡供應牛隻。國初，令鳳、廬、揚三府，並滁和二州，應天六合縣民戶領養。每牛一隻，牛頭一丁，貼戶九丁，母牛二年科犢一隻，俱南京太僕寺查管。每年神宮監、光祿寺、酒醋麵局擠乳拽磨等項所用牛隻呈部行寺，於前牛內撥取，解典牧所轉送應用。若有患病瘦損無乳者，退出該所餧養，俟有膘息，仍送應用。供用倒死者，送太平門外瘞埋。退出該所死者，告行相剝皮，張該所類奏，送南京工部轉解該庫交收。孳生牛犢，並陪償牛隻，三年一次。印馬御史赴南京御馬監關領牛字火印二把，督同各府官，扣算各衙門該用之數，照依印烙聽用。多餘者變賣價銀，該府類解本部，發寺買馬支用。弘治二年奏定，鳳、廬、揚三府，滁、和等州，孳牧牛共五千隻，母牛三千七百隻，犍牛一千三百隻。十七年議准，南京各衙門供應牛隻量減三分之一，行南京守備太監嚴戒收牛人員，解到驗中即收。有倒死者，養牛人役，照依京營倒死騎操馬匹事例，責罰比較。在外牛隻，本部委官會同南京太僕寺堂上官各一員，親詣州縣，審留犍牛五百隻，種母牛一千五百隻，共二千隻，定為額例，均派相應人戶領養。二千隻外，即係多餘，變銀解部，轉發太僕寺收備買馬支用。每牛三年課犢一隻，自派養日為始，至過十年，原牛除豁，孳生印烙，遇本部取用，照數解發。其官吏群長人等科擾，及解牛人齎銀赴京，通同攬頭包納者，事發從重問結。正德十六年議准，養牛州縣犍母牛隻數目，照依種兒騍馬法改派均平。行南京太僕寺查勘原額，犍牛多、母牛少者，就將犍牛改派母牛。每犍牛一隻配母牛三隻，零牛量配改派，造冊奏繳。嘉靖七年奏准，南京光祿寺等衙門供應牛隻，犍牛一隻折銀六兩，乳牛連犢折銀五兩，繭角牛亦折銀五兩，各令養牛人輳解南京兵部，轉發光祿寺衙門，召商收買，及臨時擇買應用。九年題准，每年會派牛隻，除孝陵神宮監犍牛三隻照舊外，其餘各量減革。乳牛，司牲司止派六十隻，珍羞署止派五十四隻，良醞署止派四隻。犍牛，內府供應庫止派八隻，酒醋麵局止派十隻。其司牲司、珍羞署，除歲解新牛之外，仍於舊牛內每年揀選膘壯有犢有乳者，司牲司存留三十隻，珍羞署存留二十六隻，以防取乳缺用。該派牛隻，照依本部議定，每犍牛一隻價六兩，乳牛一隻連犢價五兩，行令各府州縣養牛人戶出辦解部，轉發光祿寺等衙門，召商收買應用。其各司署庫局養牛軍廚所領牛隻倒死者，照操軍倒死官馬追納樁頭事例，量從輕減。在半年之內倒死者，每隻罰銀一兩，一年之內倒死者，罰銀五錢。若有侵剋草料者，以監守自盜從重論。凡例，不勾丁校尉力士年老有疾者，勘驗明白，類咨兵部具奏放回，照例僉補。今不行。

明　凌义渠《奏牘》卷八　車駕司。前任如皋縣六年十二月調興化縣知縣高名衡，本縣原額馬價銀二千一百一十二兩，草料銀無，子粒銀三十四兩七錢四分七釐二毫三絲，七、八年分俱全完，訖九年，分馬銀十千七百六十七兩二錢四釐，未解到寺。因查該縣覲冊，內開該縣前件銀兩解府貯庫，見今差官起解，又馬銀三百四十四兩七錢九分六釐，前件解府，奉撫院明文，扣補該州縣未完軍餉，候各屬解到軍餉補還起解，又租銀三十四兩七錢四分七釐二毫三絲，前件解府，見今差官起解。前任海陽縣七年六月復除山陽縣知縣黃文煥，本縣原額馬價銀三千四百三十二兩，草料銀六百七十三兩，子粒銀六十七兩一錢六分八釐七毫五絲，七年分馬、草、子三項全完，八年分馬、草二項全完，子銀六十七兩一錢六分八釐七毫五絲，解府未到。今准太僕寺冊報，前銀已到，九年分馬、草、子銀三項全完。前任深水縣五年十二月復除南官縣，九年六月復除唐縣知縣曾就義，南官縣原額馬草子銀一千八百八十七兩五錢五分三釐，七年分全完，八年分全完。唐縣原額馬草子銀一千七百八十五兩，九年分夏秋馬銀，扣買冬馬二十六匹，向因駁退四匹，未掣批迴，今准太僕寺覆文，各馬俱經補解通完訖。長洲縣知縣凃必泓，本縣原額馬價銀七百一十二兩七錢五分，七年分已完，馬銀五百七十兩二錢，未完一百四十二兩五錢五分，八年分全完，其七年未完銀兩，據該府冊報，解府通完，續咨吏部題考，今該府已差吏陸汝翼起解到寺訖。又八年分會同舘夫銀一十八兩，先據該府冊報，已經解府，今已交兩舘完訖。

上駟院　御馬監

論説

明　張學顔《止御馬監討馬疏止討馬》《明經世文編》卷三六三　題為恪遵明旨，議停濫討寺馬，以復祖制事，該御馬監太監高相等題討馬匹，奉聖旨：這馬匹著照數給與，兵部知道。欽此。臣等查得《大明會典》內，止開本部每歲于北直隸保定等府派取乳馬五十匹，驗送御馬監擠乳，以供膳羞之用。自永樂至嘉靖中，並無開有該監討民馬事款，此我成祖文皇帝開創之明例，所當萬世恪守也。至嘉靖四十五年九月，本部備查該監馬匹錢粮數目奏請，令巡青科道官每年查點馬匹草料若干，務要明白追究下落，著為例。題奉欽依。以後不許朦朧奏討，自取參究，此我世宗皇帝嚴禁之明旨，所當萬世恪守也。萬曆七年十二月，該本部議得該監奏討馬匹，中間原無征調，又不見開有倒損數目，乞請俯從停止。勑令該監清查釐革等因，奉聖旨：卿等說的是，但朕有事山陵，該監馬匹偶缺，准量給一千五百匹，以後不許再討。欽此。是我皇上裁革明旨，炳如日星，中外臣工所當恪守者也。今該監太監高相，又題請要討太僕寺馬三千匹，竟將皇祖舊制，立言殊妙及近奉皇上不許討明旨，不入本內，以致奉旨准給。臣等查該監所收各處貢馬歲額甚多，又益以隆慶元年、萬曆三年、七年三次例外所討寺馬，至于六千，既無征調騎操，何為槩稱缺乏？今聖駕謁陵郊祀，計期尚遠，而又輒預增三千，豈真供備上用？不過求增馬一匹，則增一匹草料，增馬三千，則增三千草料，馬愈多而銀愈多，銀愈多而利愈多，情狀昭然，人所易見。及查戶部每年支放該監馬草一百七十四萬束，料四萬七千石，歲費銀一十二萬餘兩，每年俱全徵全給，毫無拖欠，使不通同商人高估價銀，侵費冒耗，盡以芻豆朝夕餧養，則天閑良驥，雲錦成羣，何至于減損缺乏，雖年久不免老瘦，亦宜明開的數，奏請酌量補給，駁得確實，無以飾辨。今止求增馬而不言老瘦開除之數，止言馬少而不言扣剩草料之數，不知管牧人員所司何事？該監何不一查究耶？太僕寺馬匹，專備在內三營、在外薊、密等鎮，不時請討，臣等恐將來不繼。每年兑給，各不過一千餘匹，兑給之後倒損者，即在本軍名下查扣草料，追樁銀入官，仍併將官，計分數顯參罰治。今該監馬匹、日支草料，則分釐不少，問馬數則多寡不知，其老損開除者，亦無人查究下落，法行自近，而中外不平如此，何以服征操軍士之心？臣等于去年護駕謁陵，見該監馬匹堪騎者不十之一二，其瘸瘦難勝鞍轡、倒籍路傍者眾，不知歲額草料何用而令御馬至于如此？今又增討三千，計馬一匹，民間費銀三十兩，馬至三千，費艮九萬兩，而起俵寄養、草料所需，猶不在內，皆閭閻小民之脂膏也。若如數給與，不惟兑軍之馬漸乏，而一自入監之後，則民間九萬餘金俱付之無用矣。臣等叨任兵曹，職專司馬，惟知皇祖舊制，我皇上明旨當遵，不敢曲狥該監之請，以負皇上委任之重，故敢備陳始末，仰干天聽，伏乞皇上仰思祖制當遵，俯察臣等所言可採，將該監今討馬匹悉從停止，仍勑該監將見在馬匹，嚴督管領人員用心餧養，如倒損數多，雖不能如營軍盡法處究，亦宜少示懲責，以儆將來。仍恪遵明旨，以後不許再討，如恭遇郊祀謁陵駕輿侍從應用馬匹，或有不足，容臣等查照萬曆八年十一年事例，量撥鄰近寄養京營巡捕等馬暫用，處置甚妥，事畢仍照原數發還。其該監見今所養馬匹，及草料出入額數，年久未經清查，以致該監每次請討，該科及本部即連章執奏，緣未有定規，故遵行不便，合候命下，本部移交巡青科道，會同該監及戶部委官將在監馬匹備細清查，原額若干，每年續收進貢馬若干，即今實在若干，老弱倒損應補若干，備細開揭，進呈御覽，仍造冊送部。以後每年終俱照各馬房事例一體遵行，庶皇上之明旨。得旨：該監馬匹委的不敷，著照數給與，可以昭垂于後世。皇祖之舊制可以光復于今日，而國計軍務均有攸賴矣。

綜述

明　楊時喬《馬政紀》卷七《御馬監馬此即內廐者》　《會典·太僕志》載：大駕、鹵簿、儀仗、郊祀上陵，其陳設鹵簿儀仗係車駕司會同錦衣衛，其郊祀上陵並同。《太僕志》曰：外廐則太僕寺，內廐則御馬監，馬皆不聞於太僕。而御馬監之馬則先朝遺有種馬，孳牧生駒，又入進貢馬、慶賀馬，歲嘗足用，未有取於太僕寺者。舊制，本監有科道官巡視印烙，與太僕寺印烙巡視並同。正德十六年、嘉靖元年行罷不一，在先朝皆意旨淵微深長，有未可以一時一人遽變者。弘治四年，户部尚書葉淇應詔陳五事，其一論御馬監內外二十四馬房，通用料二十四五萬，草八百萬，皆民膏血，而所養馬多老羸無用，自今遇有進馬，命選年齒中度者收養，仍歲差官揀不堪者賣銀以入內帑，則馬皆可用而草料不致虛靡。嘉靖元年登極，詔在內御馬倉，天師庵、中府二草場在外，壩上十九馬房倉、吳家駝裏外牛房、司牲司、司牧局今年糧料草束於原數減半坐派，以蘇山東、河南、北直隸民困，以後巡視科道官覆實會計，以免冒濫。於是户科給事中沈漢等奉命以行，尋以御馬監太監閆洪言內廐及因言，近自武宗之廟逆瑾擅權，各馬房倉場額外多添內臣，弊端百出，以巡視官不便於己，故提督太監梁潤奏武宗羅查點給事中御史，自是馬政日壞，户部不聞馬數，止憑派定糧料，錢糧多入私家，馬死而幸存者，亦羸瘦不堪，求如祖宗之時之盛，不可得也。茲者閆洪之言實梁潤之故智，不意陛下誤聽之，輒欲中止。先帝一十六年，天下事始壞於劉瑾，再壞於錢寧，而大壞於江彬，陵夷至於，不可收拾。推究其本，皆原於命令不行，刑罰不信，故權奸無所畏而為之耳。今陛下入繼大統，勵精更化，天下皆欣欣焉，以為可復覩唐虞三代之盛。今未數月，事體漸更，誠不可不謹始圖終，以重失天下仰望之心也。萬曆十四年，兵部為恪遵明旨，議停濫討寺馬，以復祖制。本年該兵部尚書張題覆，為御馬監太監高相等題，討馬匹，又該兵科署科事左給事中王三餘等題，止前馬等查得《大明會典》內止開本部每歲於北直隸、保定等府派取乳馬五十匹驗送，御馬監擠乳以供膳羞之用。自永樂至嘉靖中，並無開有該監討馬事欵，此我成祖文皇帝開創之明例，當萬世恪守也。至嘉靖四十五年，兵科題糸太監王偉違例濫討寺馬，乞勅司禮監會同本部備查。該監馬匹錢糧數目，并今討補，曾否有例，查明奏請。仍令巡視科道官每年查照馬匹草料若干，務要明白追究下落，著為定例。題奉，欽依。以後不許朦朧奏討，自取糸究，此我世宗皇帝嚴禁之明旨，所當萬世恪守也。萬曆七年十二月，內該兵科題糸，太監張誠濫討寺馬，乞要斷自今日，諸凡法駕扈從，盡用該監馬匹，以後遇有老損，仍要將草料住支，不得以太僕寺馬抵給。奉旨：卿等說的是，但朕將有事山陵，該監馬匹偶缺，准量給一千五百匹，以後不許再討，欽此。是我皇上裁革明旨，炳如日星，中外臣工所當恪守者也。今該監太監高相等又題請要討太僕寺馬三千匹，臣等查得該監所收各處貢馬歲額甚多，又益以隆慶元年、萬曆三、年七年三次例外所討，寺馬至於六千，既無征調騎操，何為槩稱缺乏？蓋增馬一匹則增一匹草料，增馬三千則增三千草料，馬愈多而銀愈多，情狀易見。及查户部每年支放該監草料，歲費銀一十二萬餘兩，每年俱全徵全給，毫無拖欠，使不通同商人高佑價銀，侵費冒耗，盡以芻豆，朝夕餧養，則天閑良驥，雲錦成羣，何至於減損缺乏？雖年久不免老瘦，亦宜明開的數，奏請酌量補給，合止求增馬而不言老損開除之數，止言馬少而不言扣剩草料之數，不知管牧人員所司何事，該監何不一查究耶？太僕寺馬匹專備在內，三營在外，薊、密等鎮不時請討，臣等恐將來不繼，每年兊給各不過一千餘匹，兊給之後，倒損者即在本軍名下查扣草料，追樁銀入官，仍并將官計分數題糸罰治。今該監馬匹支草料則分厘不少，問馬數則多寡不知，其老損開除者亦無人查究下落，法行自近而中外不平如此，何以服征操軍士之心？今又增討三千，計馬一匹，民間費銀三十兩，馬至三千，費銀九萬兩，而起俵寄養草料所需，猶不在內，皆閭閻小民之膏脂也。若如數給與，不惟兊軍之馬漸乏，而一自入監之後，則民間九萬餘銀俱付之無用矣。伏乞皇上仰思祖制，俯察臣言，將監今討馬匹槩悉從停止，仍勅該監將見在馬匹嚴督管領人員用心餧養，如倒損數多，雖不能如營軍盡法處究，亦宜少示懲責，以儆將來。其該監見今所養馬匹及草料出入額數，年久未經清查，合命下本部移文巡視科道，會同該監及户部委官，將在監馬匹備細清查，原額若干，每年續收進貢馬若干，即今實在若干，老弱倒損應補若干，備細開揭，進呈御覽。仍造冊送部，以後每年終，俱照各馬房事例，一體遵行。

《清文獻通考》卷七九《職官考》 上駟院，卿二人，郎中一人，員外郎四人，主事二人，堂主事二人，筆帖式二十五人，廄長十七人，牧長十一人，大凌河牧長三十人。

又卷一九三《兵考》 上駟院馬政，兼管上駟院事大臣無定員，由特簡。上駟院卿二人，掌在京內廐、外廐及邊外各牧場之政。左司郎中一人，侍衛、員外郎各二人，主事一人，掌各馬廐馬場之俸餉芻菽。又主事二人，掌章奏文移。筆帖式二十五人，掌繙譯。又侍衛二十一人，掌侍直內，以八人兼試御馬。司鞍長二人，司鞍八人，司轡二十人。又皇子每位司鞍二人，司轡八人。順治初年，設御馬監掌各廐之政令。十八年，改御馬監為阿敦衙門，以大臣侍衛管理，均無定員。康熙十六年，改阿敦衙門為上駟院，以管理大臣掌之。三十三年，分設上駟院左右二司。乾隆十四年，定上駟院卿二人，由侍衛內務府官各簡授，仍以大臣兼管院事。

《清通典》卷二九《職官》 上駟院兼管事務大臣無定員，卿二人，掌總理御廄事務，供直扈從應用，諸馬政皆總司之，及廄屬官員選除、賞罰之事。所掌有上乘御馬一廄，皇子乘馬一廄，南苑御馬六廄，御騾二廄，小馬一廄，駑馬六廄，儀仗馬一廄。又有大淩河牧羣，上都達布遜諸爾達里岡愛牧羣，各設有總管，翼領牧長、牧副等員，皆歸上駟院統轄。上駟院初名御馬監，順治十八年改為阿敦衙門，以大臣侍衛等官管理，無定員。康熙十六年，改為上駟院。三十三年，額設堂官一人。雍正六年，定為三品卿職。乾隆十四年，定為卿二人，由侍衛補授一人，由內務府司官補授一人。堂郎中一人，主事二人，委署主事一人，掌辦理揀選補放及稽查馬匹錢粮、文移檔案之事。左司員外郎一人，主事一人，委署主事一人，掌內外羣廄游目處馬駝數目，及定議賞罰之事。右司員外郎一人，主事一人，委署主事一人，掌員役俸廩、馬駝草豆及稽察奏銷之事。康熙十六年，設員外郎四人，主事一人。二十四年，設郎中一人，增設員外郎二人。三十三年，分為左右二司，增設主事三人。三十八年，裁員外郎二人。五十九年，設委署主事三人。雍正元年，增一人，尋裁。乾隆二十二年，仍設委署主事三人。筆帖式二十二人，員缺，自康熙十六年以來陸續增置。上駟院侍衛二十一人，司鞍長三人，掌演習御馬。廄長十七人，牧長五人，副牧長五人，牧廄副四十五人，蒙古醫生頭目三人，掌時其芻牧，謹其出入，以聽堂司之政令。康熙三十三年，設辦理堂務上駟侍衛四人，辦理二司事務各二人，復增設七人。主事一人，委署主事一人，筆帖式二十六人，掌繕修工作及薪炭陶冶之事。所屬有六庫三作，曰木庫，司物材；曰鐵庫司，鑄造鐵器；曰器皿庫司，藤竹木器；曰柴庫司，薪材；曰炭庫司，煤炭石灰；曰房庫司，凉棚席篷綵麻；曰鐵作司，打造鐵器；曰花爆作司，造烟火花爆；曰油漆作司，繪垩。六庫各設庫掌、庫守，三作皆設司匠、領催，皆未入流，惟鐵作司匠給八品虛銜，初名惜薪司，順治十八年改為內工部，康熙十六年改定為營造司。初設郎中三人，後裁一人，員外郎六人，後增一人。官房租庫值年總管內務府大臣一人，郎中一人，員外郎三人，以各司兼管。筆帖式七人，庫掌一人，掌內外城官房之租課，按月徵收以供營造司之用。初屬營造司管理，康熙六十二年立租庫各員額，乾隆三十六年以內務府大臣值年管理，御書處管理事務大臣一人兼管，郎中、員外郎無定員，監造一人，署監造一人，庫掌三人，署庫掌六人，筆帖式二人，掌敬刊御筆裱揭之事。員額：康熙四十九年定監造庫掌品級，乾隆四十三年定武英殿修書處管理事務王大臣一人，監造二人，庫掌四人，署庫掌六人，筆帖式四人，掌繕刻装潢各館書籍及宮殿陳設書籍之事。員額，康熙十九年定監造庫掌品級，乾隆四十三年定設總裁二人，請旨欽點。提調二人，於纂修內奏充。纂修十二人，以翰詹衙門各官奏充，專司校對。養心殿造辦處郎中三人，員外郎二人，主事一人，委署主事一人，庫掌六人，筆帖式十五人，掌造辦供御物件監督工作管理儲藏之事。初設造辦活計處管理事務，無定員，乾隆二十四年定設員額。慶豐司郎中一人，員外郎八人，主事一人，委署主事一人，筆帖式十五人，廄長十人，廄副十九人，掌蓄息牛羊羣牧供用考成之事。順治初年，設內牛圈三，於西華門外設外牛圈三，供乳餅牛圈一，於南苑設牛圈六，于豐臺管理牛隻、羊隻，各設員外郎三人及廄長筆帖式等員。康熙十六年，歸併掌儀司管理。二十二年，設慶豐司置郎中二人，增置員外郎四人，主事一人，不隸內務府。雍正元年，歸併內務府管理。乾隆四十年，裁郎中一人，員外郎二人。

又 卷六八《兵》 臣等謹按：侍衛班內有上駟院侍衛，每旗七人。司轡、司鞍侍衛無定員，隸上駟院。其兼尚虞鷹鷂房、鶻房、狗房十五，善射、善騎射、善射鵠、善强弓、善撲等侍衛各有專管，統在三旗額內，均無定員。

《清會典則例》卷一六六《內務府·上駟院》 一建置。順治初年，設御馬監，掌各廄政令。十八年，改御馬監為阿敦衙門，以大臣侍衛管理，均無定員，設筆帖式十有五人。康熙十六年，改阿敦衙門為上駟院，鑄給印信，以管理大臣掌之，設員外郎四人，主事一人。二十四年，增設郎中一人，員外郎二人。二十九年，增設筆帖式七人。三十三年，設左右司增設主事三人，侍衛四人，以郎中一人、主事二人、筆帖式八人辦理堂務，左右司各以侍衛二人、員外郎三人、主事一人、筆帖式七人辦理司務。三十四年，奏準鑄給左右司印信，以郎中掌左司印，以侍衛或員外郎一人掌右司印。五十九年奏準，堂司各增設筆帖式一人。雍正六年奏準，上駟院卿定為三品。乾隆十四年，奉旨，上駟院卿定為二人，由侍衛、內務府官各簡一人補授，仍簡大臣兼管院事。又奏準，皇子每位原設司鞍一人，司轡四人，因不敷用，增設司鞍一人，司轡四人。一內外馬廄。康熙年間，定紫禁城內設御馬、走馬各一廄，均隨時增減，無定額，御馬廄附應差駑馬五匹，仗馬一廄三十匹，附應差駑馬十匹，東安門內駑馬四廄，各二百匹，駕車馬一廄，馬七十匹，羸三十匹，西安門內川馬一廄，無定額，駝一廄，百匹，附應差駑馬十有五匹，南苑御馬內馬共六廄，無定額，每廄附巡羣馬三十匹，甕山駑馬一廄二百四十匹。雍正元年，諭皇考親乘良馬，著謹慎飼養，如有偷騎調換等情，即行處斬。欽此。又議準每廄駑馬額，定二百四十匹。乾隆二年奏準，紫禁城內走馬一廄，改為皇子乘馬。五年奏準，內管領所管駕車羸歸院管理，設廄於西安門內，額定馬三十匹，羸七十匹。十一年，定南苑六廄，內設挏馬一羣，額騰馬十，牝馬八十，以備取湩之用。十六年，移甕山馬廄於安河。十八年，改駝廄為駑馬廄，並大有莊駕馬一廐，京城駑馬四廐，共馬千二百匹，作為六廐，每廐各二百匹，其駝百匹，分養京城駑馬五廐，每廐各二十，其附養駝廐之應差馬十五匹，以十匹附仗馬廐，以五匹附皇子乘馬廐。又奏準，挏馬羣內裁騰馬六匹，牝馬四十四匹。又奏準，安河馬廐減馬四十匹。十九年，定西安門內駕車馬廐增養羸十匹。二十年，奉旨，駕車馬二廐各設馬五十匹，羸五十匹。一大凌河牧羣。康熙八年奏準，設牝馬十羣。十八年，以盛京馬三羣歸大凌河牝馬羣內牧養，別將羣內騸馬分設二羣。三十年，增設牝馬十羣，騸馬二羣。三十九年，增設騸馬二羣。四十四年奏準，將羣內牡馬、牝馬共選三千七十一匹，作為五分，分給土默特二處，喀喇沁三處，孳生牧養，每年將孳生倒斃馬數呈報理藩院，三年一次，具奏咨院存案。四十六年，增設牝馬六羣。雍正元年，增設牝馬、騸馬各四羣。五年奏準，喀喇沁所養孳生馬一分，仍交大凌河牧養。十三年奏準，南苑牧養牝馬十羣，移於大凌河牧羣內牧養。乾隆六年，增設牝馬六羣，騸馬二羣。是年，裁騸馬二羣。十三年奏準，牝馬三十六羣，共大小馬一萬九千七百匹，內撥出馬五千匹交哲里穆盟長親王，五千匹交上都總管牧放孳生，餘齒老殘病之馬，照例變價，留牝馬八千，分為二十羣，每羣三百至五百不等。十九年議準，養什木騸馬二羣，分在大凌河騸馬羣內，牝馬六羣改為四羣，亦移於大凌河。一上都達布遜諾爾馬羣。順治年間，設牝馬二十羣，騸馬六羣。康熙四年，增設牝馬二十羣。十三年，增設騸馬四羣。十四年，增設牝馬三十羣。三十三年，增設牝馬十羣，騸馬四羣。三十五年，增設騸馬十羣。三十六年，增設敖爾吉牝馬一羣。三十八年，增設騸馬四羣，牝馬十四羣。四十四年，增設牝馬十八羣。五十年，增設牝馬十一羣。五十五年，喇嘛庫禮成，貴貢走馬一羣。乾隆二年，增設騸馬十二羣。三年奏準，增設牝馬二十羣，騸馬十六羣。六年，移牝馬二十羣於達里岡崖牧養。是年，裁騸馬六羣，存留牝馬一百三十四羣，騸馬四十羣，走馬一羣。每羣自三百至五百不等。一達里岡崖馬羣。康熙三十九年，設牝馬三羣。四十二年，增設牝馬六羣。四十五年，增設牝馬六羣。五十五年，增設牝馬二羣。五十七年，增設牝馬七羣。六十年，增設牝馬二羣。雍正四年，增設牝馬十八羣。乾隆六年奏準，移上都牝馬二十羣於達里岡崖牧放，共牝馬六十羣，每羣自三百至五百不等。十九年奏準，裁騸馬四羣，增牝馬三羣。一上都駝羣。順治年間，設牝駝十羣，騸駝二羣。康熙三十九年奏準，移牝駝五羣於達里岡崖牧放。四十五年奏準，移牝駝五羣於達里岡崖牧放。四十六年奏準，在京騸駝六羣內選百匹存廐外，餘交上都分四羣牧放，共騸駝六羣，每羣百匹至二百匹不等。一達里岡崖駝羣。康熙三十九年，設駝一羣，牝牡各五十匹。是年。移上都牝駝五羣於達里岡崖牧放、四十五年。移上都牝駝五羣於達里岡崖牧放。是年，增設牝駝四羣。五十七年，增設牝駝二羣。六十年，裁牝駝一羣，存留牝駝十六羣，每羣自一百至二百不等。一盛京差馬。順治年間，定設差馬三羣，每羣五十匹。一各游牧羣。給與乳牛、犍牛，其所孳生之牛，均交所屬衙門。一馬廐典牧官役。京師各廐，均設廐長一人，廐副二人，廐丁二十名，草夫御馬廐三十六名，走馬廐二十八名，仗馬廐三十名，川馬廐十有四名，駑馬四廐各四十四名，駕車、馬羸二廐各三十二名，南苑六廐各二十八名，甕山駑馬廐二十四名，各草夫內共設百總六人，外郎十有六人，駕車、馬羸二廐各設驍騎四十名。雍正元年奏準，川馬廐裁廐長一人，廐副一人，廐丁十名，以駝廐廐長兼管。乾隆十七年，定京畿原設牧羣，共設牧長、副牧長各十有一人，牧副二十二人，牧丁二百二十名。今牧羣既經裁汰，其各羣員役止留牧長、副牧長各五人，牧副十人，牧丁百名，充本院備馬等差，餘員役仍食原餉，撥給奉宸院、清漪園等處充役。十八年奏準，駝廐改為駑馬廐，其川馬廐即以駑馬廐長兼管。一上都典牧官役。順治年間，定設掌關防總管二人，翼領三人，蒙古筆帖式五人，効力筆帖式三人。牝馬每羣設牧長一人，牧副二人，牧丁七名。騸馬每羣設牧副一人，餘與牝馬羣同。駝每羣牧丁十名，餘與騸馬羣同。康熙三十五年，奉旨裁總管一人，增設翼領二人。三十九年奏準，撥給達里岡崖翼領二人。四十一年奏準，設蒙古總管一人。四十五年議準，撥給達里岡崖翼領一人，增設署翼領六人。四十七年奏準，增設翼領一人。五十五年奏準，增設走馬一羣，設牧長、牧副各一人，牧丁七名。雍正七年奏準，增設翼領一人。乾隆三年奏準，增設翼領一人，署翼領三人。又奏準，增設蒙古筆帖式二人。十九年奏準，裁牧副四人、牧丁七名。一達里岡崖典牧官役。康熙三十九年奏準，以上都總管兼管達里岡崖牧羣事，設翼領二人，蒙古筆帖式三人，効力筆帖式二人。馬每羣設牧長、牧副各一人，牧丁七名。駝每羣設牧長、牧副各一人，牧丁十名。四十五年奏準，增設翼領一人，署翼領三人。雍正五年奏準，裁翼領一人。一大凌河典牧官役。康熙八年，定由內務府奏遣上駟院侍衛、司官各一人，前往大凌河直年管理，騸馬羣各設牧長一人，牧副二人，牧丁十有五名。三十年奏準，騸馬每羣設牧長一人，牧副二人，牧丁二十五名。三十七年奏準，設掌關防總管、副管各一人。雍正二年奏準，裁副管，增設六品牧長，署副管二人。五年奏準，署副管改為翼領。十年奏準，騸馬每羣裁牧副一人，增設牧長各一人，署牧副各一人，署牧副在牧丁額內，下仿此。十三年奏準，牝馬每羣裁牧副一人，增設副牧長一人，署牧副一人。乾隆十五年奉旨，大凌河牧羣總管著盛京將軍所屬。欽此。十九年奏準，大凌河牧羣每羣原設牧丁二十五名，著各減五名，新增牝馬四羣，其牧丁即將所裁之人充補，仍少十名，照例行錦州等處簡補。一捍牧官兵。雍正四年奏準，上都達布遜諾爾牧羣內簡選牧長三名，牧副六名，牧丁六十名，專司緝捕盜賊。十年議準，於上駟院、太僕寺、三旗牛羊羣三處游牧蒙古丁內簡選千名，調往軍營。奉旨，此項兵丁俟凱旋時著即為三處游牧羣簡選兵丁，令防守牧羣以備緝捕盜賊之用。十一年議準，於上駟院所屬上都達布遜諾爾游牧羣蒙古內選取防禦三人，驍騎校二人，護軍校十有二人，護軍三百四十五名。達里岡崖牧羣蒙古內選取防禦一人，驍騎校一人，護軍校三人，護軍百名，令往軍營。乾隆元年奏準，各游牧處選出官員兵丁均自軍前撤回，令各歸該游牧處防守牧羣緝捕盜賊。三年奏準，上都達布遜諾爾自軍前撤回之護軍，以二百八十名兼充牧丁，以六十名專司緝捕。十四年奏準，達里岡崖牧羣照上都例，以護軍六十名專司緝捕，以四十名兼充牧丁。一考牧。康熙年間，定京師各廄每年察閱一次，每三年奏遣本院官，考其息耗，以內外駑馬五廄為一班，南苑六廄巡羣馬為一班，互相比較，按倒斃數少者為一等，數平者二等，數多者三等，各定賞罰。駑馬廄一等者，賞廄長段一疋，廄副彭段一疋，二等免議，三等廄長罰俸三月，廄副鞭三十。巡羣馬一等者，賞廄長毛青布六疋，廄副三疋，二等免議，三等廄長罰俸兩月，廄副鞭二十。又定上都騸駝羣每三年，達里岡崖牝駝羣每六年，奏遣官察閱一次，定議賞罰。大凌河騸馬羣每百匹內倒斃一匹至四匹者，賞牧長蟒段緣領袖段袍一件，段一疋，牧副糚段緣領袖段袍一件，毛青布十疋；倒斃五匹至八匹者，牧長、牧副賞段布如之；倒斃九匹至十二匹者，免議；倒斃十三匹至十六匹者，牧長罰俸六月，牧副鞭四十；倒斃十七匹以上者，牧長罰俸一年，牧副鞭八十。牝馬羣每三年，牝馬五匹孳生馬駒二匹。如額外孳生百六十匹以上者為一等，賞牧長皮端罩、羊皮段袍各一件，一等牛一頭，牧副羊皮段袍一件，毛青布十疋，一等牛一頭；八十匹以上者為二等，賞牧長羊皮段袍一件，一等牛一頭，牧副毛青布十匹，二等牛一頭；一匹以上者為三等，賞牧長毛青布十匹，二等牛一頭，牧副二等牛一頭。如孳生闕額百匹以上者為一等罪，牧長罰俸九月，牧副鞭六十；五十一匹以上者為二等罪，牧長罰俸六月，牧副鞭五十；一匹以上者為三等罪，牧長罰俸三月，牧副鞭四十；如羣內闕原額，牧長罰俸一年，牧副鞭八十。其掌關防總管翼領等除騸馬羣不議賞罰外，牝馬、牡馬、馬駒彙計總數，於額外多孳生五百匹者為一分，如多一二分者，注冊多三分者，該總管翼領各加一級，多三分以上者照分加級；如孳生闕額未至二百匹者，免議；闕二百匹者為一分，該總管翼領各罰俸六月，闕二分者罰俸一年，三分者降一級留任，四分者革職。上都達布遜諾爾馬羣每三年牝馬三匹，額生馬駒一匹，計匹分等，與大凌河同議，賞一等者牧長毛青布六十疋，牧副四十疋；二等牧長毛青布四十疋，牧副二十疋；三等牧長毛青布二十疋，牧副十疋。議罪一等者，牧長罰牲一九，牧副鞭六十；二等牧長罰牲一七，牧副鞭五十；三等牧長罰牲一五，牧副鞭四十。如羣內闕原額者，牧長罰牲二九，牧副鞭八十。其各羣倒斃馬匹，計其多寡定為三等，一等者議賞，二等免議，三等議罪，皆照牝馬孳生第三等賞罰例行。其該羣翼領計其所管馬羣數目，不拘多寡，共折作十二羣，如賞罰均者免議，七羣、八羣得賞者，賞翼領緣領羊皮段袍一件，毛青布十疋；九羣、十羣得賞者，賞皮端罩一件，毛青布二十疋；十一、十二羣得賞者，賞皮端罩、羊皮段袍各一件，毛青布二十疋。如七羣、八羣得罪者翼領罰牲一九，九羣、十羣得罪者罰牲二九，十一、十二羣得罪者罰牲三九。騸駝羣每年百駝內倒斃一匹至四匹者，賞牧長毛青布六十疋，牧副四十疋；五匹至八匹者，牧長布三十疋，牧副二十疋；九匹至十二匹者，免議；十三至十六匹者，牧長鞭八十，牧副鞭六十；至十七匹以上者，牧長鞭一百，牧副鞭八十，該羣翼領賞罰與馬羣例同。達里岡崖牝駝羣每六年內牝駝五匹額生駝二匹，額外孳生二十一匹以上者給一等賞，十一匹至二十匹給二等賞，一匹至十匹給三等賞。如孳生闕額計匹分三等罰如之。其該總管、翼領、牧長、牧副應行賞罰，皆照上都牝馬羣賞罰例行。又定考覈。京師各廄及各游牧羣其應賞衣裘段布之在京廄長、廄副移廣儲司領取，罰俸之廄長行戶部，該旗應鞭責之廄副由本院辦理，游牧羣應加級之總管翼領繫內務府人移，咨內務府繫旗人行該旗兵部，應降級罰俸行戶、兵二部，牧長、牧副應賞衣裘段布行廣儲司，應賞牛行慶豐司領取，應罰俸之牧長移該總管轉行盛京戶部，各照例辦理，應罰牲之翼領、牧長行該總管追繳，牛羊羣總管覈收，應鞭責之牧副交該總管辦理。又定奉差。察驗各游牧羣之大臣應乘馬十匹，侍衛司官六匹，筆帖式四匹，廐長、牧長各五匹，廐副、牧副各三匹，廐丁、牧丁二人共馬三匹，均於駑馬廐內撥給。各官役路費，大臣侍衛每人日給銀一錢三分，廐長、牧長、筆帖式各給銀八分，廐副、牧副各給銀五分。其應得口糧及出口照票，均咨戶、兵二部領取。雍正十年奏準，京城內外廐御馬、駑馬每年百匹內殘疾一二匹者，賞廐長毛青布六疋，廐副三疋；三四疋者免議；五六匹者，廐長有官者罰俸兩月，無官者鞭四十，廐副鞭二十；六匹以上者，著落該廐長、廐副賠補。又定大凌河騸馬羣每年百匹內殘疾五匹以上者，著落翼領、牧長、牧副賠補，其殘疾馬匹交盛京將軍賞給兵丁。乾隆二年奏準，御馬內馬歲一察閱，分三等以定賞罰，其賞罰之制仍照定例行。三年奉旨，嗣後著上駟院每年將上都達布遜諾爾、大凌河等處牧羣內孳生倒斃馬駝數目比較上年孳生倒斃多寡之處具奏。又奏準，每年將上都達布遜諾爾、達里岡崖、大凌河等處馬羣覈其實數，若比上年孳生多、倒斃少者，將該羣人役遇應升牧長、牧副者按次補用；若孳生少、倒斃多者，均停其升轉。如有夤緣調換羣牧者，該管官一并議處。四年奏準，大凌河羣內牝馬、牡馬、馬駒每三年考覈於額外多孳生三分者，該總管照例加級，翼領等停其加級，由院注册，竢下次考牧時額外孳生好者，六年期滿換回，升一級補用；孳生平等者，換回，仍照原品補用。如闕額者，照例分别治罪。五年奏準，考覈京城內外廐駑馬及南苑六廐內巡羣馬均一年一次，定議賞罰。六年奏準，各廐所養川馬、應差馬、駕車贏槖駝驢皆照例每年考覈一次，定議賞罰。十一年奏準，南苑六廐內挏馬一羣，一年考察一次，注册三年，將孳生倒斃數目覈實，如有應辦理之處，請旨定奪。十五年奏準，廐馬定例，每年百匹內倒斃十二匹者不議賞罰，今請於不隨圍之年仍照定例，如遇隨圍至一月以上者，將倒斃十二匹之數減二匹入隨圍馬數內覈算，以倒斃四匹為額；兩月以上者，以六匹為額。如倒斃過額者，著該廐長、廐副賠補。十八年奏準，各廐廐長、廐副等在廐三月以內不議賞罰，三月以上如例行，其應鞭責之廐副交慎刑司懲責。一出牧。康熙初年，定每年四月初一日，將京師各廐馬發五百匹往張家口外放青，至九月十五日進口，豫月奏遣本院侍衛二人，分為兩班辦理，每人日給路費銀一錢三分，廐長一人日給路費銀八分，廐副一人，廐丁十有五名，各日給路費銀五分，其出牧官役，每羣各給羊二，咨慶豐司領取。馬羣出口，行兵部給票。又定大凌河馬羣每年於四月初一日放青，十一月初一日入莊餧養，隨羣出牧之牧長、牧副、牧丁各給路費及羊均照京師廐馬出牧例，由該總管咨院轉行支給。三十二年，定內外馬羣出牧給藥，行藥房領取。四十六年，定內廐駝百匹每年四月初一日以五十匹存廐，餘交上都總管，就該處放青，至九月初一日送京。六十一年奏準，南苑六廐內巡羣馬一百八十匹，每年四月初一日以九十匹即在南苑放青，九月十五日入廐。如馬有殘疾者，減草豆之半。又定各廐馬駝出牧口外，每日按站各給草一束，行戶部飭該地方備給。雍正五年奏準，大凌河隨羣出牧之官役，停其給與路費。乾隆元年奏準，京城內外駑馬五廐，共馬千二百匹，以五百匹放青。回日如馬有殘疾者，覈減草豆之半。三年奏準，大凌河隨羣出牧之牧長各日給路費銀五分，牧副、牧丁各給銀二分五釐。十四年奏準，將應放青之駑馬五百匹減存百匹，歲以四百匹出牧口外。一供直馬。日以御馬四匹，齊其毛色，具鞍轡，列於院門外駐驆，園明圓以六匹豫備如前。一扈從馬。康熙年間，定車駕巡幸，掌御馬大臣奏請於御馬內馬中選取隨從，日以十匹備乘御，扈從官役所乘駑馬及槖駝駕車贏馬，應用數目由院奏聞，並奏遣卿一人、侍衛一人管理御馬。駑馬、御馬塗次日給草二束，駑馬駝日給草一束，行戶部沿塗豫備。駕車贏日給熟豆四升，草九斤，駕車馬熟豆二升，草十一斤。應用芻牧器具人夫，均行會計司令沿塗附近各莊豫備，由院奏委侍衛司官各一人監視散給。又定尚茶、尚膳、武備院各隨駕官役，需用馬匹由各該處咨取，內監需用馬匹由內務府轉交，均於駑馬內撥給，差竣繳回。各官役內監隨侍皇子出行，撥給馬匹亦如之。又定本院扈從官役每日應得路費銀一錢三分，由院按日合計，移戶部給領，並移知戶科江南道稽察，所需帳房、鞍轡等物，移武備院支，竿行營造車繩油蠟行內管領各如數給領，回日除油蠟外，餘各移交所司收貯。各官役隨侍皇子出行，亦如之。康熙三十七年奉旨，嗣後出外上駟院所屬人員，皆令騎八旗官馬。乾隆五年奏準，裝載內廷備用器物車所需駕車馬，向例交內管領於廣儲司，支領制錢，雇覓應用，今著停止，交院於各廐駑馬內選騸良者六十匹，以備駕車之用。十七年奏準，凡遇隨圍內監、尚茶、尚膳等人乘騎及負載器物，需用馬數約一千四百有餘，嗣後由院將各廄駑馬覈驗，如不敷用，具數請旨，飭交兵部撥給八旗官馬應用。十八年奏準，内廷隨侍人等騎用馬匹，均令廄長注册，院卿時往點驗，如馬數與册不符，嚴加懲治。廄長於每月初具數呈堂，每三月卿彙數奏司聞，交該處覈對。一禂馬。順治年間定每年春、秋二季禱馬於神。第一日早以絳帛繫御馬鬃尾，凡七十匹，晚以青帛送大凌河騸馬羣繫三十匹，次日早以絳帛、晚以青帛送大凌河牝馬羣，繫以絳帛者千三百匹，青帛者二百七十六匹。又定南苑豫備祭神，受釐青黑黃花四色馬四十匹，今附於仗馬廄，每祭以此項馬十匹於神前受釐，祭畢送回，闕額於大凌河牧羣内選補。乾隆四年，定御馬不足舊額，繫絳帛者減定以三十四為率。一用馬。順治年間，定歲四孟月敬神各用青、白馬二匹，由掌儀司咨取，選肥馬撥給。敬畢，以馬交會計司變價。又定皇子分封，初次祭神，薦以馬，婚禮以馬充賞。固倫公主、和碩公主下嫁，給以馬駝，生子彌月，以馬各充賞，均由掌儀司移院如數撥給。又定分封親王、郡王、貝勒、貝子各給騸馬二百匹，牡馬、牝馬六百匹，牡駝、牝駝三十匹，騸駝四十匹，分封公給馬二十匹，其各馬駝草豆移會計司撥給一年。又定皇子每位給駑馬二十匹，以供乘騎。又定各省駐防將軍、副都統、總督、巡撫、提督、總兵官及朝鮮國使臣來京朝覲，各賜以馬，由禮部行院，於駑馬内選佳者撥給。乾隆十八年奉旨，皇子竢娶福晉後，給駑馬十匹，未娶福晉以前，凡有行走，將廄内馬通融給與騎坐，分例駑馬不必給。一進貢馬駝。順治年間，定四十九旗，蒙古王、貝勒、貝子、公台吉、塔布囊、喀爾喀、厄魯特等貢馬駝，由理藩院送院行知掌試，御馬大臣侍衛奏會本院大臣侍衛公同選驗，不入選者交理藩院給還，入選者分別等次，奏聞收受。收受者行廣儲司折賞，上等馬每匹賞銀一百三十兩，二等百二十兩，三等七十兩，四等五十兩，五等及朝鮮國馬各三十兩。其未經選受，馬有倒斃者，折賞亦如之。每年十一月初一日始，至次年十月三十日止，彙計收受及發還馬駝實數，於歲終覈奏。又定歸化城兩旗蒙古每年四季貢馬一百六十三匹，喀爾喀、澤卜尊丹、巴胡圖克圖每年進貢白馬八匹，白駝一匹，陝西岷州衛二十四寺番僧分為四班，每班間三年進貢一次，均由理藩院奏送本院，交各廄芻秣。康熙七年，定公主等貢馬二三匹者收二匹，三匹以上好馬全收，常馬再收二匹。郡主以下入貢好馬全收，常馬收一匹，王、貝勒、貝子、公親入貢者，好馬全收，常馬王、貝勒再收二匹，貝子、公一匹。如皆繫常馬，王、貝勒收二匹，貝子、公一匹。王、貝勒等之母福晉、母舅等入貢，好馬、常馬各收二匹。若遣使入貢，王、貝勒收好馬、常馬各二匹，貝子、公止收好馬，其常馬停收台吉等所，貢馬駝仍照舊例收取。厄魯特、喀爾喀貢好馬，上等頭目收二匹，其次台吉等兼貢皮張等物，止收馬一匹，其福晉等貢馬，各收一匹。二十三年奏準，蒙古等貢馬，上等每匹賞銀一百三十兩，二等百兩，三等五十兩，四等三十兩，五等二十兩，六等十兩。貢駝，上等每匹賞銀六十兩，二等五十兩，三等四十兩，四等三十兩，五等二十兩，六等十五兩。四十二年奉旨，著將牝馬千匹交索倫圍場，每處分給二百匹，設立牧羣，竢生駒，令精於騎射者騎演馴練，佳者貢進。時照伊等進馬之例，編為等次賞給。雍正二年奏準，在京大臣侍衛等所進馬内有堪收者，進馬人願領賞，照五等馬例折賞。七年奉旨，嗣後凡進貢馬經朕賜名號者，貢馬人賞内庫上用段四疋，著為例。一汰補馬羸。康熙年間，定南苑六廄御馬如不足數，於内馬中簡取奏補。有倒斃者，廄長呈報掌御馬大臣，令直班侍衛及該廄長監視瘞埋。仗馬内有改性不馴者，撥入駑馬廄，如數行大凌河總管選良馬充補。皇子乘騎之馬有倒斃者，廄長呈報令廄長監視瘞埋。十一年奏準御，馬羣内馬有殘疾者，交上都總管處牧養。四十二年奉旨，廄内殘疾駑馬，交内務府賞給各司院匠役人等。雍正四年奏準，駕車羸廄内有殘疾倒斃者，羸移咨戸部轉交左右翼監督，照數買補馬，於各廄駑馬内選補。七年奉旨，廄内小馬如不敷用，著交崇文門監督採買送廄。又定各廄駑馬及應差巡羣駑馬均於每年二月呈堂，奏委侍衛、司官各一人察覈出入倒斃數目，將應補者咨各游牧羣總管照數撥補，有殘疾者，移内務府賞給各司院貧窮匠役。又定各廄每月三次，將見在馬匹出入殘疾倒斃數目移會計司，分給草豆。乾隆六年奏準，内馬、駑馬有齒老不堪用者，交兩翼稅務監督變價，其殘疾馬匹，照時價稍減，變價銀交廣儲司庫。又奏準，各游牧羣内如有額外多孳生者，將羣内不拘牝牡騸馬，該總管視其齒老殘疾不堪牧養者撥出。其撥出馬匹，上都達布遜諾爾交張家口、大凌河、交山海關各稅務監督變價報院，變價銀交廣儲司庫。七年奏準，各廄應撥出變價之馬於未交兩翼監督以前如有倒斃者，照變價減半，每匹銀一兩，著該廄長、廄副賠補，其銀交廣儲司庫。又奏準，達里岡崖駝羣有齒老殘疾者，該處水草甚好，仍留牧養，尚可孳生，無庸選撥外，其上都騸駝羣内齒老殘疾者，照馬變價之例，將齒老者照時價，殘疾者稍減其直，均交殺虎口稅務監督，變價銀交廣儲司庫。又奏準，大凌河牧羣每年撥出變價之馬，即就近交奉天府牛馬税務監督。如遇撥出馬匹為數過多，酌量分交山海關兩處税務監督變價。十五年奏準，凡隨圍回京之馬匹有齒老殘疾者，照每年各廐撥出，發崇文門監督變價例行。十七年奏準，每年二月以本院卿一人按視各廐駑馬，停其奏遣侍衛、司官。十九年奏準，盛京應差馬闕由都虞司呈堂具奏，咨院行大凌河總管撥補。一馬駝遺失處分。康熙十六年奏準，馬駝羣於白日失去者，令巡察人賠補，不能賠者，鞭一百。風雨雷電驚失及昏夜失去者，亦著巡察人賠補，不能賠者，鞭七十。該班牧長失馬者，鞭八十。有品級牧長準折贖，牧長不去失馬者，牧副鞭八十。該班侍衛及游牧總管失馬駝四匹以下皆免議，五匹以上侍衛罰俸六月，總管罰俸三月。又奏準，奉差官役所乘馬因病倒斃者，於歲終奏銷，如調習不時，致殘疾及走失者，領馬人鞭一百，仍令賠補。二十二年題準，馬駝羣有失去者，牧長免責罰俸三月。雍正十年，定護軍校、護軍失馬皆治罪。一交納馬駝皮。康熙年間，定凡倒斃馬贏駝皮，京師各廐用左司印，送武備院。大凌河牧羣由總管交錦州城守尉，咨院轉送武備院。上都達布遜諾爾、達里岡崖由總管交張家口監督，各轉送武備院。雍正四年，定張家口著每年交馬皮二千張，馬駒皮千張，駝皮百張。五年，定京師各廐交送馬駝皮每月終彙數，行武備院覈對。一廐馬芻菽。順治年間，定各廐馬日給黑豆三束升，每升計倉升一升，有半草三束，束重七斤。其需用草豆，由會計司分令各莊交送。如有不敷，由會計司移戶部，由院具領咨取。又定由外廐取至應差駑馬每匹各日給羊草一束，公使乘內廐駑馬至南苑者，給羊草如之。其每歲需用草萬束至三萬束不等，於冬季行奉宸苑給領，分交各廐收貯備用，每束給運價銀三釐，移戶部給領。康熙十八年奉旨，分交各廐黑豆，著將黑豆、倉米各給一半。又定每年自九月初一日扣至次年八月三十日，各廐馬贏駝應需豆米草數若干，通計覈實，行會計司分給。各廐廐長每月三次將有無增減馬駝數目呈報，每月由院移會計司存案。歲終，將增減馬駝並所餘草豆數目彙數，移會計司題銷。二十三年奏準，上乘御馬各日給黑豆、倉米三束升，草二束半；備班御馬黑豆、倉米二束升，草一束半；仗馬草二束半；川馬、駕車、馬贏、橐駝各給草二束，豆米均與備班御馬同。二十八年奉旨，秣馬、豆米每升減一合，草每束減一斤。三十四年奉旨，仗馬豆、米各減一半。又奏準，川馬豆、米各減三合。四十五年奏準，各廐飼馬豆、米每升各減一合，草每束各減一斤。五十三年奏準，上乘御馬、内馬各日給豆、米四倉升五合，草十四斤；備班御馬豆米三倉升二合四勺，草九斤；仗馬豆米一倉升六合二勺，草十一斤；川馬豆米二倉升五合，草八斤；駑馬、駕車贏、橐駝各給豆米三倉升，草十一斤。若馬駝内有殘疾者，豆、米、草各減一半。雍正元年奏準，駕車贏草各減二斤。六年奏準，川馬、駑馬、駕車贏、橐駝停用倉米照依倉米數目折給黑豆，御馬、内馬、仗馬各減倉米之半折給，黑豆如之。十年奏準，各莊所交各廐草豆外，其不敷用之草，停其赴戶部領取，令該處各委直年官一人，同該廐官役確訪時價採買，每千斤除時價外給苫蓋堆垛銀四錢，其不敷用黑豆，會計司分給部，豆由院領取，内廐每石給運價銀三分五釐，南苑各廐每石給運價銀六分。十二年，定各廐分給部豆，如不敷用，交直年官照時價採買，應用銀由會計司覈實，移廣儲司，由院具領，令直年官領取。乾隆十六年奏準，羊草運價停於戶部領取，由廣儲司支給。一大凌河芻菽。順治年間，定大凌河騸馬每羣歲給黑豆三百食石，穀草三萬束，羊草七萬五千束；牝馬每羣歲給豆一百五十倉石，穀草一萬八千束，羊草六萬束，其草豆由院行會計司，分令盛京等處各莊撥給。康熙五十一年，定騸馬每羣歲給豆九百十有四倉石四斗，穀草三萬束，羊草七萬五千束，牝馬每羣歲給豆四百五十三倉石六斗，穀草一萬一千束，羊草六萬束。雍正元年奏準，騸馬每羣歲增豆四百八十九倉石，羊草減千束。十三年奏準，南苑牝馬十羣移大凌河牧養，每羣歲給豆五十倉石，穀草三千八十束，羊草一萬五千五百二十束。乾隆五年，定牝馬每羣歲給豆百石。六年奏準，大凌河將羣内孳生馬分設牝馬六羣，騸馬二羣，至冬季入莊餧養，不必增給黑豆，仍於從前增給。各羣内黑豆動用其不敷，草稍為加增。一各廐麩麯薪炭。順治年間，定各廐秣馬需用之麯，行戶每年交納二萬三千四百四十五斤，運送本院收貯。各廐長每月計應用麯數，呈堂領取。又定各廐所需餧馬麩麥行内管領，如不敷用，移戶部給領，夏季御馬、川馬需用蘆葦，行奉宸苑給領，均於歲終彙計，用過數目咨會計司折草豆煤炭麩四倉石，折豆一倉石，煤三十一斤四兩，炭三斤二兩，葦每束折穀草一束。又定各廐炊煮豆米需用煤炭，黑豆三倉斗六升用煤十一斤四兩，炭一斤二兩；米每三倉斗六升用煤七斤八兩，炭十二兩，均於每年九月初一日扣至次年八月三十日，彙計一年應用數目，行會計司折給秫稭。每秫稭十五斤抵折煤七斤八兩，炭十二兩，陸續送交該廐。如不敷抵除，將其餘應用煤炭由會計司轉移工部，由院赴部支領。康熙五十九年奏準，行戶年例應交之麯著停止，每斤按時價折銀三分，交廣儲司庫。乾隆二年，定舊貯本院之鰜業經用完，合計各廄一年需用鰜二千七百斤，咨廣儲司辦給。七年奏準，麥麩停止於戶部領取，咨會計司於莊頭等應徵粗糧折銀項內動支採買。一各廄雜支。仗馬廄椶結鞦轡鞍五副，鴐馬四廄官鞍各十副，駕車馬廄駕車鞍及車一兩，如不堪用應更換者，鞍轡行武備院車行營造司各修理換給，騎試御馬及內監奉差各需用鞍轡移武備院取用，用畢繳回。每廄升斗移會計司秤標記，新馬木牌繫馬木行營造司，木鏇瓢箒箕弔箭荊筐木杠葦席大繩細繩均行掌關防內管領，各如數給領，木槽水槽鍘刀鍋闌柱等物各有朽壞，移工部修理更換。每廄各日給鐙油一斤，由會計司分令各莊交送。歲除每廄各給爆竹，行營造司蒼朮行藥房均各如數給領。一公使口糧芻菽。上都達布遜諾爾、達里岡崖牧羣官役奉差來京，所乘馬日給羊草二束，回日塗次草束移戶部給票，按站領取。大凌河牧羣官役奉差來京，每日人給口糧，馬每匹給黑豆四倉升，穀草、羊草各一束，均移戶部；炊米木柴二斤，煮豆木柴二斤，移工部。各如數給領，回日塗次口糧草豆移戶部給票，按站支領。一治藥。歲用胡椒、硫黃、白礬，呈文紙行廣儲司，藜蘆根行藥房藥篩行，營造司瓢蘿葦席箒羅圈柳木弔箭碾藥所用，驢均行掌關防內管領，各如數給領，驢用畢繳回。其每年治馬四黃散藥物於次年二月內奏銷，治癩藥物呈院覈銷，各廄及游牧羣有用治癩藥及和藥油，並太僕寺所屬，牧羣需用癩藥均照咨給與。乾隆元年奏準，配合治馬四黃散等藥物移禮部領取。一升補。康熙年間，定本院郎中、員外郎、主事員闕，由內務府簡選引見補授；兼司侍衛員闕，於本院侍衛內簡選；掌御馬侍衛員闕，於本院侍衛司鞍長、司鞍、司轡內簡選；本院侍衛員闕，移領侍衛大臣簡選送院；司鞍長闕，於司鞍內簡選；司鞍闕，於司轡內簡選；司轡闕，於散司轡領催廄丁、牧丁內簡選，均由院引見補授；筆帖式員闕，移內務府，於考中人員內籤掣補用；皇子司鞍、司轡闕，於廄丁內簡補；蒙古醫人闕，行八旗選取送院題補；治癩醫人闕，於廄丁內簡補；獸醫闕，移禮部轉行五城送院選補。雍正十三年奏準，司轡闕，於上三旗親軍內府護軍及散司轡領催廄丁、牧丁內遴選，引見補授。乾隆六年奏準，本院侍衛凡遇升轉，均由院出具考語保送。一京師典牧官役升轉。順治年間，定廄長、牧長員闕，於廄副、牧副內簡選；廄副、牧副闕，於司轡、散司轡領催廄丁、牧丁內遴選；南苑廄長員闕，於各廄長、牧長內簡選，均由院引見補授；廄丁、牧丁闕，咨會計司將內府佐領內管領下閒散人咨送本院簡選拔補；各廄草夫等闕，於草夫本戶子弟內拔補；如本戶子弟不敷，咨會計司於原佐領下丁冊內人丁送院拔補；百總等闕，於草夫內拔補。雍正十年，定廄長員闕，於廄副內簡選引見補授。乾隆五年，定駕車馬廄驍騎闕，咨都虞司於各內管領下驍騎內照數補送。一游牧羣官役升補。康熙年間，定上都掌關防總管員闕，於內務府官及本院侍衛司官內簡選，由院引見補授；翼領員闕，該總管於蒙古筆帖式牧丁內簡選保送，由院引見補授；蒙古筆帖式員闕，於該處牧丁內；牧長員闕，於該處牧副內；牧副闕，於該處牧丁內；牧丁闕，於該處牧羣人等子弟內，均由該總管拔補；効力筆帖式闕，於廄丁、牧丁內簡補。三年期滿，該總管保送，由院咨內務府，以筆帖式補用。康熙三十七年，定大凌河總管及筆帖式、牧長、牧副闕，均照上都例辦理。牧丁闕，於義州、錦州、廣寧等處驍騎及閒散人內，由該總管拔補。三十九年，定達里岡崖翼領筆帖式牧長、牧副、牧丁升補之例，與上都同。四十一年，定上都蒙古副管員闕，於該處翼領內簡選，由該總管送院引見補授。四十五年，定上都達里岡崖翼領員闕，於署翼領內該總管簡選送院引見補授；署翼領員闕，於蒙古筆帖式、牧長內，由該總管簡補。雍正五年，定大凌河翼領員闕，於廄長、牧長內，由該總管簡補。十三年，定大凌河牧長於副牧長內、副牧長於牧副內、牧副於署牧副內簡選，由該總管送院引見補授。署牧副於該處牧丁內簡補。乾隆元年奏準，大凌河効力筆帖式照上都例，年滿保送補用。又奏準，大凌河翼領定為行走，六年期滿換回，咨該處對品題補。八年奏準，大凌河等處翼領員闕，照上都例，於該處牧長內簡選引見補授，不準戴藍翎。十年奏準，達里岡崖効力筆帖式向來原於廄丁內簡選効力行走，嗣後候補人員內有願往効力者，定以年半期滿更換，來京補用，此等効力之人，如食錢糧者，仍給原食錢糧，未食錢糧者，無論內管領佐領下人，均準暫補。該處廄丁額闕，食錢糧効力年滿之日，照例分別補用。補用之日，準其將効力年分一并計算。一防牧官兵升補。乾隆元年奏準，各游牧羣防禦員闕，於驍騎校護軍校內簡選；驍騎校護軍校員闕，於驍騎領催內簡選，均由該總管送院引見補授。護軍由總管於牧丁內拔補，如該羣牧長闕，即令護軍校兼充；牧丁闕，即令護軍兼充。一俸餉公費。本院官應得俸糈及廄副、牧副、廄丁、牧丁、司轡、領催、各醫人等應得餉銀，繫旗人移該旗內府人移內務府，漢人移戶部各支領，其司鞍、司轡、內行走之厄魯特，每歲冬季來京當差，至次年春遣回，內有兼侍衛者，於當差日月給公費，與侍衛同。游牧羣各總管應得俸糈，繫旗人由該旗内府人由内務府頒給，蒙古副管每季俸銀五十二兩五錢，翼領防禦每季四十兩，驍騎校護軍校每季各三十兩，署翼領牧長護軍領催月給餉銀各二兩，牧副一兩五錢，牧丁一兩，蒙古筆帖式如之，由護軍拔補之，牧丁與牧長同。上都達布遜諾爾歲春、秋二季，達里岡崖歲春季，由該總管具册送院，移戸部頒給。大凌河歲春、秋二季由該總管移盛京戸部給領。一草夫地糧。石榴莊草夫一百四十名，内百總一人。牌坊莊草夫四十二名，内百總一人。大壩草夫一百三十六名，内百總一人，外郎四人。東壩草夫一百四十五名，内百總一人，外郎四人。楊家莊草夫六十三名，内百總一人，外郎二人。通州草夫二十八名，内百總、外郎各一人。各給地三十畝，月給銀五錢，米一斛，其銀米於内府三旗各佐領内管領下支給。康熙三十九年奏準，石榴牌坊各莊草夫每名月增給銀五錢，米一斛。雍正五年奏準，發遣甕山馬廐鍘草内監每名日給老米一倉升，木柴一斤，每月移戸部營造司支給。乾隆二年奏準，大壩、東壩、楊家莊、通州草夫每名月增給銀五錢。一游牧羣典牧官田廬。康熙三十八年奏準，大凌河牧羣所設總管、副管、筆帖式，均照各省駐防例，給與房屋地畝，房屋移工部，地畝移戸部，各照例撥給。又定初給地畝未經收穫以前，給一年口糧，並遷移家眷，塗次每日應用口糧草豆移戸部給票，按站支給。其所用車及出關路引，移兵部給發。乾隆八年奏準，大凌河牧羣翼領既由該處牧長内選補，給六品俸糈，給官房居住，從前所得官地交該地方官，應得一年口糧草豆，悉行裁汰。

清　梁章鉅《稱謂録》卷一九　上駟院，御馬監。《博物典彙》：在内有御馬監，掌天子十二閑之政。阿敦衙門，《皇朝通考》：順治初年設御馬監，十八年改為阿敦衙門，以大臣侍衛管理。康熙十六年，改爲上駟院。尚廄院，《金史·百官志》：尚廄局掌御馬調習，牧養以奉其事。案：此仍遼制，而爲名正今上駟院之職也。

《户部漕運全書》卷六四《京通糧儲》　一上駟院及慶豐司所屬各圈，喂養馬騾牛羊駝隻等畜，應領圈豆向係年清年款，嗣因各倉存儲黑豆不敷支放，節據上駟院咨請，以粟米抵放，經户部議准，除將各倉存儲豆石儘數開放外，所欠黑豆以粟米抵給，暫行開放其節次，欠領黑豆俟奉豆進倉，隨時補放。

《清史稿》卷一一三《兵十二》　清初，沿明制，設御馬監。康熙間改為上駟院，掌御馬以備上乘。畜以備御者曰内馬，供儀仗者曰仗馬。御馬選入，以印烙之。設蒙古馬醫官療馬病。

傳記

明　馬麟《續纂淮關統志》卷八　常貴，滿洲正白旗人，内務府郎中。六年五月二十八日到任，七年六月十九日卸事，現任上駟院卿。

紀事

明　范守己《皇明肅皇外史》卷三　初，御馬監額設草場若干頃，正德間，谷大用竊柄誑惑，武宗遣太監李璽踏勘，璽遂侵奪民業至萬餘頃，每歲約剥民租百有餘萬，皆歸大用等家，朝廷不之知也。至是，清覈勳戚田土，凡草場諸地，因併覈之，畛畔既明，侵冒莫掩，言官奏收璽等置之于理。帝難之。是日，進講文華殿畢，帝召廷和近御座，諭曰：『草場乃祖宗舊制，踏勘亦先帝成命，其土地錢穀仍聽本監管理。李璽免訊，卿擬旨行之。』廷和頓首承旨，退而上言曰：『伏蒙聖諭，御馬監草場錢穀仍聽本監管理，李璽免訊，俱已仰遵聖意，擬旨施行。惟谷大用竊弄威柄，蠱惑先帝，假勘地之名，混占民産一萬餘頃，侵盗租賦百有餘萬，利歸私室，怨及朝廷，情罪深重，神人共怒，必置諸理，然後國法可彰耳。況今水旱相仍，人民飢苦，追其所侵之半，足以備賑。與其積于一家，以利蠹國之盗，孰若散于萬民，以溥朝廷之恩？』不報。

明　楊時喬《馬政紀》卷七　嘉靖八年議准，凡御馬監偹用羸頭，每頭定價銀七兩，順天府派取送部，發太僕寺收貯，聽其支取，自行收買。又御馬監、供用庫酒醋麵局合用驢頭牛隻，遇有缺少廋損，開數奏行到部。行順天府於所屬州縣照數派取，送各監局應用。其不堪牛驢領出發屬收養。嘉靖四十四年議准，御馬監驢，每頭價銀捌兩五錢，供用庫酒醋局牛驢每隻頭價銀一十二兩，免派民間，動支太僕寺馬價銀，各用縣收買解寺轉送。又議准，御馬監、酒醋局各用牛、驢仍解本色，准供用庫改解折本色。該本年御馬監欲乞增價，本部欲行給銀，該監自買，該監不從随。該本部議得，案查牛、驢先年原係十年或七年召買一次，所買或半，或三分之一，必甚不可用，乃間買補。該監於萬曆七年題准，五年召買一次，且為全給。十六年，該御馬監再請本部查照，户部題覆，給事中張世則條議，將銀起解該衙門，聽其自買。如該衙門難於自買，行順天府委的當人負買完交用，隨為事例。十八年，又請該本寺署事少卿常題如前例，又據順天府呈部，稱收買牛、驢原係二十七州縣公務，煩擾小民，在各州縣固所當恤，而以各州縣之事專責兩縣，得無偏累？切謂照畿輔召商一節，如有利則商人不召自集，無利則疏内所稱攬頭如王大華等亦不肯從。况商人原非兩縣所轄，彼安肯帖然就役耶？一牛、一驢價十二金，豈曰難辨？顧買辨非難，而該監需索為難，且數至管馬之丞將安賠抵等因，隨據兵部議覆，查得内府供應多用召商之法，盖惟召商收買則民困始得甦息，又必議價從寬，則商人始肯樂從。先年，牛、驢每頭議價十二兩，盤費使用俱在其中，未為不寬，惟包攬乘愚民之易騙，而復假鋪墊，以多索賠累不貲，在民不敢言，在官不復問也。於是仍行順天府轉委宛、大兩縣能幹官兩負赴太僕寺領馬價銀，其原價一十二兩外，量加二兩，俱給殷實商人召買，陸續徑解内庫應用。若該庫牛、驢如遇老瘦，不堪送部，劄寺行宛、大兩縣縣丞，赴庫領出變價，仍解本寺常盈庫貯庫，以後為例，不許再行。

《清會典則例》卷一五五 乾隆十三年，奉旨，上駟院所屬馬，其統轄管理有副都統職銜，總管一人。太僕寺馬場每翼雖有蒙古總管一人，並無統轄大員，亦應補授統轄總管。欽此。

又卷一五九《内務府》 十四年，奉旨，上駟院、奉宸苑、武備院原屬内務府統轄，嗣因專設大臣管理，漸致本處大臣竟有奏請補授者，其卿員亦多寡不一，嗣後除特旨補授管理者不計外，此三院各定卿二人，一由侍衛，一由内務府司官簡選補授，由侍衛補授者許著黄馬褂，由内府司官補授不必著。如侍衛卿員闕，著領侍衛内大臣、内府司官卿員闕，由内務府總管會同該衙門大臣簡選引見。

苑馬寺

論説

清 孫承澤《春明夢餘録》卷五三《苑馬寺》 楊一清疏：臣章句迂儒，本無致用之地，伏蒙皇上簡擢，總理陝西馬政，揣分捫心，實深愧懼，誓竭駑鈍以圖報稱。本年八月内到陝西地方奉宣德意，備行兩寺監苑官員共修職業，以副委任。臣親詣兩監六苑，查得牧馬草場原額一十三萬三千七百七十七頃六十畝，見在各苑止存六萬六千八百八十八頃八十畝，其餘俱被人侵占。原額養馬恩隊軍人一千二百二十名，見在牧馬止有七百四十五名，牧軍包攬代役，及私回原衛住坐，點視得見在牧養兒騸騍馬并孳生馬駒止有二千二百八十匹，馬政之廢，至此極矣！臣考究國初牧馬成法，行據該寺，回稱先年被火將文案燒毁，無從查考。查得永樂四年，兵部節奉欽依，開設甘肅、陝西苑馬寺衙門，每寺管六監，每監管四苑，各有分撥草場水泉地方坐落四至，上苑牧馬一萬匹，中苑七千匹，下苑四千匹，僉撥恩隊軍人牧養。恩軍將各處有罪人犯發充隊軍，於各衛丁多軍人内選撥，每軍一名養馬十匹，仍月支口糧六斗，俱系舊例。其後陝西苑馬寺，不知何年將原設監苑裁省，止存長樂、臨武二監，管轄開城、廣寧、安定、清平、萬安五苑。後又革去甘肅苑馬寺衙門，將原發恩軍。遷設黑水苑於平凉府開城縣地方，亦附長樂監管轄。前項裁革監苑，其地散在臨洮、鞏昌、延安、慶陽四府之間，各入軍民版籍，固未能盡復其舊。即今見在監苑觀之，土地廣衍，水草便利，使典牧得人，蓄養有法，豈有馬不蓄息之理？臣親閲安定萬安諸苑，見養馬匹，中間率多奮迅騰躍不可控馭，始知西方畜産土地所宜，而牧事頓廢，非法之過乃人之罪也。臣曩為陝西按察司官，彼時馬政已稱廢弛，猶有馬七八千匹，每歲給軍騎操，猶可數百餘匹。邇年以來，該部屢經建白，朝廷注意修舉，奈何積習之弊難祛，頹靡之勢轉甚。查得該寺奏報冊内，弘治十五年終，實在馬三千八百一十四匹。臣今點查見在止有前數，則是半年之間，又少馬一千五百三十四匹。若皆委之天數，則本處官員軍民之家私養馬匹不聞消耗，若此典守非人，其責惡可辭哉？且今見在馬匹，除作種外，餘下兒騸馬不多，設遇有警，將何給軍？既無益於邊方，又焉用夫彼苑？幸賴皇上廟謨英斷，深念邦政之重，採納廷議，增置風憲重臣，委以便宜專制之柄，使圖興復。臣雖無狀，承乏而來，敢不夙夜孜孜，一新舊規痛革宿弊，總率寺監各苑官僚勤考牧收駒之政，謹騰遊調習之宜，務期馬匹蕃息，雲錦成羣，上紓九重宵旰之懷，下濟一方戎務之急。此臣之志也，亦臣之分也。顧興廢補敝之初，改弦易轍之際，事多干涉軍衛有司，必得委用都、布、按三司官員分理，乃能濟事。訪得陝西布政司右參政車霆、陝西按察司副使王寅，俱風力素著，練達有為，陝西都司都指揮僉事房懷，亦素稱勤幹，已經遵照敕旨，督委各官隨同臣遍曆各苑行事，將草場見奪者查出改正，軍人缺役者責限撥補，凡馬政一切興舉修復事宜，逐一經畫整理，務令上下相安，軍民兩便，不敢苛切以貽意外之憂，不敢因循以踵前車之失。待佈置已定，然後責令該管官員用心孳牧。至於事體重大，臣難擅專者，當次第條具以聞。

清 顧炎武《天下郡國利病書》 苑馬寺之職，主二監七苑牧馬之政事。凡蕃馬、市馬之牧養，度其地宜，均其事力，面給飼之，以時其水草字育，而稽其數，以歲終獻之朝。物故者收其皮肉筋角之直，弗字者孿其租所直之入，以益市馬，而懸衡其價，季會其要，而考其成，以罰其不登者。軍需馬，則以其馬之弗字者予之。予馬之良駑，必視其軍騎射之良否而高下俵之則無爭，而馬政平。其畜之夂近，亦視其地之肥瘠而閱實之。凡俵馬，亦度其牧之能否而贏縮之，則牧不病。

綜述

《明一統志》卷三五 陝西苑馬寺，在府治東。永樂四年建，領長樂、靈武、威遠、同川、熙春、順寧六監，開城、安定、弼隆、廣寧、清平、萬安、慶陽、定邊、武安、隴陽、保川、泰和、天興、永康、嘉靖、安勝、康樂、鳳林、香泉、會寧、雲驥、昇平、延寧、永昌二十四苑俱在本府及慶陽、鞏昌府地界。正統三年，又併甘肅苑馬寺入焉。

《明會典》卷四《吏部三》 正官卿一員，少卿二員，內遼東久革。寺丞員數不等。今革。首領官主簿一員，所屬衙門各牧監監正一員，監副一員，錄事一員，圉長一員。遼東止設監正一員，圉長二員，陝西各監止設監正七員，餘俱革。中都、興都留守司并各都指揮使司、經歷司，經歷各一員，都事各一員，斷事司斷事各一員，副斷事各一員，吏目各一員，各衛經歷司經歷一員，後添設。知事一員，後止設八十三員，萬曆八年以後裁四十員。各守禦千户所吏目一員，各宮觀提點、靈官、副靈官。俱後添設。王府官長史司正官左右長史各一員，首領官典簿一員。審理所屬官，審理、典膳、奉祠、典寶、良醫、工正六所舊各有副一員，嘉靖四十四年革。審理所審理正一員，典膳所典膳正一員，奉祠所奉祠正一員，典樂一員，典寶所典寶正一員，紀善所紀善二員，良醫所良醫正一員，典儀所典儀正一員，典儀副一員，伴讀一員，後添設。教授一員，後添設。引禮舍人一員，舊三員，後革二員。工正所工正一員，各倉庫大使各一員，舊有副使各一員，後革。郡王府教授一員，典膳一員。俱後添設。

《續文獻通考》卷九二《職官考》 苑馬寺，永樂四年置於陝西、甘肅。六年，又置於北平。十六年，并入行太僕寺。遼東亦有苑馬寺。寺置卿一人，少卿一人，寺丞無定員。其屬主簿一人，各監牧、監正一人，監副一人，錄事一人，圉長一人。卿掌馬牧之事，而聽於兵部。少卿、寺丞為之貳。凡馬種上苑萬匹，中苑七千，下苑四千，不及則以銀市茶易焉。凡牧地曰草場，曰荒地，曰熟地，嚴其禁令而封表之。凡牧人，曰恩軍，曰隊軍，曰改編之軍，曰充發之軍，曰召募之軍，曰抽選之軍，皆藉而食之。凡馬駒，二年一科，十八年而免。定駒、頭駒、重駒籍而報之有常期，凡虧駒有罰。主簿如行太僕寺監正領苑監之事，監副佐之，錄事守籍牒，圉長率群長而修牧事。

明 徐學聚《國朝典彙》卷三五《吏部》 苑馬寺，卿一員，少卿二員。內遼東久革，寺丞今革。主簿一員。所屬各牧監監正、監副、錄事、圉長各一員，遼東止設監正一員，圉長二員，陝西各監止設監正七員，餘俱革。

清 萬斯同《明史》卷七〇《百官志》 苑馬寺。卿一人，從三品。少卿一人，正四品。寺丞無定員，正六品。其屬，主簿一人，從七品。各牧監，監正一人，正九品。監副一人，從九品。錄事一人。各苑，圉長一人。從九品。掌六監二十四苑之馬政，而聽於兵部。凡苑，視廣狹為三等：上苑牧馬萬匹，中苑七千，下苑四千。凡牧地，曰草場，曰荒地，曰熟地，嚴禁令而封表之。凡牧人，曰恩軍，曰隊軍，曰改編之軍，曰充發之軍，曰召募之軍，曰抽選之軍，皆籍而食之。凡馬駒，歲籍其監苑之數，上於兵部，以聽考課。監正、副掌監苑之牧事，圉長帥群長而阜蕃馬匹。永樂四年，置苑馬寺凡四：北直隸、遼東、平涼、甘肅。五年，增設北直隸苑馬寺六監二十四苑。順義、長春、咸和、馴良四苑，隸清河監。水州、隆萃、大牧、遂寧，隸金臺監。汧池、鹿鳴、龍河、長興，隸涿鹿監。遼陽、龍山、萬安、蕃昌，隸盧龍監。清流、廣蕃、龍泉、松林，隸香山監。河陽、崇義、興寧、永成，隸通州監。六年增甘肅、平涼二寺監。每寺各六監二十四苑。十八年，革北京苑馬寺，併入太僕。正統四年，革甘肅苑馬寺，改牧恩軍於黑水口，隸長樂監。弘治二年革平涼寺丞一員。十七年，都禦史楊一清奏請行太僕、苑馬二寺員缺，簡選才望參政、副使補升卿，參議、僉事補升少卿，以振馬政。十八年又請添設寺員。嘉靖三十二年，以遼東寺卿張思兼轄金、復、蓋州三衛軍民。四十二年，又命帶理兵備事。

清 秦蕙田《五禮通考》卷二二九《嘉禮九十二》 苑馬寺，卿一人，少卿一人，寺丞無定員，掌六監二十四苑之馬政。其屬主簿一人，各牧監監正、監副、録事各一人，各苑圉長一人。永樂四年，置北直隸、遼東、平涼、甘肅凡四寺。十八年，革北京苑馬寺，并入太僕。正統中，革甘肅苑馬寺。

紀事

《續文獻通考》卷九二《職官考》 四年，置苑馬寺于陝西、甘肅、遼東。正卿一人，正三品；少卿二人，正四品；寺丞無定員，正六品。其屬，主簿、監牧、監正、監副、録事、圉長各一人。六年，又設北京苑馬寺，領六監二十四苑。十六年革，馬歸北京行太僕寺牧民間，凡領府衛州縣三百六十。【略】事例。穆宗隆慶二年七月，吏部議覆陝西撫臣張祉言，苑馬寺、行太僕寺均有圉牧之責，二寺正卿往自參政陞補，今則參政有自二寺卿遷轉者，惟是一倒置之間而事權曰輕，人心懈弛，馬政日趨于廢。乞自今仍以參政及年深副使推補，果有異績，亦照先年都御史車霆事例，擢之不次，以重事權。報可。五年六月，掌吏部事高拱言，行太僕寺、苑馬寺專理馬政，塩運司專理塩政，皆國家要務，所關非閑局也。而近來視之甚輕，即卿與使類，以考不稱職有物議者充之，夫既不稱職有物議矣，則黜退可也，柰何以是為安置之所哉？遂至奸貪苟且，政務廢弛，殊非祖宗設官初意。今宜破除常套，凡卿員缺必以廉謹有才望者推補，而又定其階格。卿視布政司參政使視按察司副使，俟政成之後，一體陞選。若有卓異，即當超擢，如先朝故事。上亦以馬政、塩法，國家重務，必重其官，乃可以責實效。命如拱議舉行。九月，吏部覆御史楮鈇奏請裁革陝西行太僕寺、苑馬寺寺丞，各增設少卿一員，與本寺卿俱兼按察司僉事職銜，分理中、東、西三路，以藩臬有才望者充之。長樂、靈武監正以舉人選補，録事、圉長亦當授北方諳于養馬者，令其專心冏政，止聽巡茶御史鈐束，其他撫按衙門毋得干預。從之。

明 楊時喬《馬政紀》卷一《北平苑馬寺監苑户馬建于北平後即革惟遼陝甘三寺見存》 永樂三年，始勑建北平苑馬寺，又設遼東、甘肅、陝西三苑馬寺，其勑詞先命甘肅總兵官西寧侯宋晟、寧夏總兵官左都督何福度地勢次第設置。至是，勑晟等曰：『今設苑馬寺以廣孳牧，每寺統六監，監統四苑，寺置卿、少卿、寺丞，監置正、副，苑立圉長，以率牧馬之夫。春月草長，縱馬于苑，迨冬草枯則收飼之。今先設四監，爾處應有牧馬，宜春配與之。凡回回、韃靼以馬至者，或全市，或市其半，牝馬則盡市之，以給四監。其監之未設者，即按視水草便利可立處，遣人以聞。馬政重事，其加意精思，有可行者悉宜條奏，毋有所隱。』諭之曰：『朕欲馬蕃息思，有二策：一欲畧如朔漠牧養之法，擇水草之地，其外有險阻，用数人守之，縱馬其中，順適其性，至冬寒草枯，聚而飼之；一欲散與軍民牧養，設監牧統之。二策孰善，宜條畫以聞。』於是江陰侯吴高奏言：『大同東北猪兒庄西至雲内東勝，外有赤山榆楊，疊白關隘，可守東西，險阻其内，延袤四百餘里，水草便利，可以孳牧。然屯種之地少有空隙，未免妨農，謹上地圖。』上覽而是之，遂設陝西、甘肅，又設北京、遼東各苑馬寺。六年，勑甘肅總兵，凡回回、韃靼令鬻馬於甘、涼州，及千匹，則於黄河迤西蘭州、寧夏，勿令過河。永樂四年，設于北平通州，卿、少卿、寺丞、主簿各一員，置屬録監，二十四苑各設監正、監副、録事，群長各一員，清河、金臺、涿鹿、盧龍、香山、通州，每監四苑：清河監，順義、常春、咸和、訓良等苑；金臺監，永川、隆驊、大牧、遂寧等苑；涿鹿監，泔池、鹿鳴、龍河、長興等苑；盧龍監，遼陽、龍山、萬安、蕃昌等苑；香山監，清流、廣蕃、龍泉、松林等苑；通川監，河陽、崇興、義寧、永成等苑。凡苑視其地理廣狹，上、中、下三等，上苑牧馬萬匹，中苑七千匹，下苑四千匹。苑有圉長一，圉長率五十夫，每夫牧馬十匹。又設陝西、甘肅、遼東苑馬寺，圉在各苑馬寺下。十八年，革北京苑馬。前悉用軍士畜比調軍保安守備馬，悉散民間畜牧，遂罷苑馬寺及六監二十四苑，以其馬屬北京行太僕寺，牧于民間。《太僕寺志》曰：『余志太僕於前世苑馬未嘗不深致意也，而每歎兩京故監之不存，然至遼東、陝西、甘肅亦往往僅有存者，馬政之廢如此。夫内地之民苦養馬之害，而邊兵反仰納内地之馬，則行太僕寺苑馬之設何為哉？』又曰：『祖宗於屯田、鹽法、馬政，其深思遠慮皆謂行之数年，則邊方自能足用，可以不煩内地。今至竭百姓之力以奉窮邊，輸輓歲歲益甚，天下於是始困也。』按：以上牧監群馬、苑監馬，其制皆二祖稽唐四十八監、宋十八監之制而命之名者也。牧監群者，編户為群，群長養馬之法，官牧也；苑監者，即具後遼、甘、陝三寺圉夫養馬之法，亦官牧也。官牧與民牧，制本不同，而《會典》《太僕志》類混而書之，則稽考未詳矣。

且其牧監、群苑監既有官以統之，又公圍廄而居之，畫牧地而餧之，制本至善，乃二祖朝有不能久行者，要必有深意于中，今亦難以悉考証，已即其後令太僕寺理民間孳牧，其初，公廄牧地並存，載在典章者甚詳，制亦善，厥後公廄廢，而牧地或為豪貴奪，或為之徵租，令民各自為廄居，各自求地芻蓄，則其制日壞，流弊日濡，有不可勝言者矣。乃今公廄絶然無存，而冀北諸草場即舊北京苑馬六監故地，南京應天諸草場即舊南京太僕群牧監故地，土地尚在無恙，而豪貴者積襲故轍，據而有之，不能復之為官民者業，所謂求牧與芻不得，安能俾孳牧盛哉？乃今民間計地户徵粮，或買俵，或發寄養，而官為之制，及馬不堪，亟責之，民間是重為民生困。內監團營馬又徵索户部草料，是又為國計困民，與國交困，是皆輕變苑監公廄牧地之制致之也。顧古今論牧政者，皆善官牧而不善民牧，其所稱善，特就其法制之得宜者言之爾。苟法制不得宜，則官不能自理孳牧而實責之民，故其所稱民牧者，民也，官牧者，亦民也，均之為民害也，其善不善豈易言哉？即若張萬歲、王毛仲二太僕職官牧甚盛，乃史稱萬歲中廢馬官，亂職二十餘年，潛耗大半，所存者寡，又稱開元廄後，人主侈心，屢經戰陷，牧馬皆沒其後，以內外閑廄都使付之禄山，卒籍以叛，而苑牧皆沒，又其後水草腴田，旋以貧民及諸賜占幾千頃，德宗命閑廄使張茂宗收故地，民失業愁怨，穆宗即位，悉復還民。太和七年，置銀川監，大抵無復開元天寶之舊矣。即此知物太盛則忌衰，振作過則易弛，物理固然，所以保盛俾永，維振作俾不怠者，實惟得人以繼之爾。昔謂馬政在人，而人又在于牧制得宜，如得人得宜，則官牧固善，民牧亦不失為善，未可深求而別言之也。是以謹述二祖初制，與先後更制者詳紀之，以俟後之言馬政者。

又 卷一二《各苑馬寺》 永樂三年，初設陝西及甘肅二苑馬寺。永樂四年，設北平苑馬寺、遼東苑馬寺。成祖先命甘肅總兵官西寧侯宋晟、寧夏總兵官左都督何福度地設置，又勑晟等曰：今設苑馬寺以廣孳牧，每寺統六監，監統四苑，寺置卿、少卿、寺丞，監置正、副，苑立圉長，以率牧馬之夫。春月草長，則放馬入苑，冬月草枯，則收飼之。今先設四監，爾處應有牧馬，宜分配與之。凡回回、韃靼以馬至者，或全市，或市其半，牝馬則盡市之，以給四監。其監之未設者，即按視水草便利可立處，遣人以聞。馬政重事，其加意精思，有可行者悉宜條奏，毋有所隱。凡苑，視其地里廣狹為上、中、下三等，上苑牧馬萬匹，中苑七千匹，下苑四千，四苑有圉長一，圉長率夫五十，每夫牧馬十匹。遼東苑馬寺，寺在都司治西。永樂五年設，弘治間撫臣奏移於蓋州南永寧監。正德間奏復遼陽城，即舊察院，改為苑馬寺。卿一，少卿一，寺丞二，主簿一六，監二十四苑：昇平監管甘泉、古城、安山、河陰四苑，新吕監管夾河、駝山、龍堂、耀川，遼何監管黄山、石城、沙河、馬鞍四苑，長平監管平川、平山、新安、廢平，安市監管南豐、名山、高平、長川四苑，永寧監管復州、深河、龍潭、清河四苑，設監正、副，各監録事一，苑設圉長一。永樂十九年，苑馬寺卿方奏請裁革苑馬寺，令行太僕寺領之。上命行在吏、兵二部議，苑馬舊例不可革，苑馬寺留卿、丞、主簿各一。永寧監正、録事各一，後丞革，止存卿一，主簿一，監正一，圉長二。後裁去監五，苑二十有二。正統十一年，又設復州、龍潭二苑。景泰四年裁革，止存永寧一監，清河、深河二苑。嘉靖年間照舊，隆慶闕年裁減冗員，又以官多馬少，併入行太僕寺。卿軍人以遼海、東寧、瀋陽司道、開原司道各兼管本鎮馬政。于是馬政、太僕俱革，其官民牧不分，今見存主簿一、永寧監正一，管理二苑。陝西苑馬寺，寺在平涼府東八十步，永樂四年於指揮杜諒宅治事。十五年建今處。卿一，少卿二，寺丞四，主簿六，監三十四苑。長樂監管開城、廢寧、安定、弼隆四苑，靈武監管清平、慶陽、萬安、定邊，同川監管天興、安勝、永康、嘉四苑，威遠監管武安、泰和、隴陽、保川四，熙春監管康樂、會寧、鳳林、香泉四苑，順寧監管雲驥、永昌、昇平、延寧四苑，監設正、副各一，苑設圉長一。弘治二年，巡撫都御史蕭禎奏請裁革少卿一，寺丞三，長樂、靈武每監監副二。弘治十七年，都御史楊一清題，復寺丞二，廣寧、黑水、清平、萬安圉長各一，後復裁革，止存正卿一。宣德間，廢同川等四監，弼隆等一十九苑，存長樂、靈武二監。長樂轄開城、安定、廣寧三苑，靈武轄清平、萬安二苑。成化間，巡撫都御史余子俊奏，將先年裁革甘肅苑馬寺撥來黑水口，養馬恩軍一百名，添設黑水苑，屬長樂，共二監六苑。嘉靖間如舊，隆慶闕年裁減寺丞。萬曆闕年後至今，一如行太僕寺例。本寺卿一，兼僉事總理馬政，駐劄平涼；少卿一，兼僉事，分東路馬政，駐劄平涼；主簿一，見存黑水、開城、安定、廢寧、武安、清平、萬安七監，各監正一。甘肅苑馬寺，今革。寺在甘州城。卿一，少卿一，寺丞二，主簿一。四監二十四苑，春泉監管廢收、紅崖、麒麟、温泉四苑，祁連監管西寧、永安、大通、古城四苑，武威監管和寧、洪水、大川、寧番四苑，安定監管武勝、大山、永寧、青山四苑，又多廢損，故有是命。永樂十三年，遣御史三員巡督陝西茶馬。正統十四年，停止茶馬金牌，後每歲遣行人四員，巡察私販，自潼關以西，至甘肅等處，通行禁革，番性少食五穀，日用乳酪非茶不飽，以茶易馬，彼此俱利。後因為北邊數警，故暫停前例，而又恐私茶盛行，官茶阻滯，故歲遣行人巡禁之。成化二年，復命以茶及青稞易馬。兵部題，陝西各邊正在禦敵，節奏缺馬征操，令陝西布、按二司各委官前去查勘，比先年間運去官茶盤驗，中者就彼互市，茶如不敷，暫那户部銀五萬兩送去糴買青稞，換兒騸馬給軍騎操，騍馬送苑馬寺作種，候邊方馬數充足停止。成化三年，罷行人巡茶，歲以御史二員更替巡視，市馬就行給與邊軍騎操，北邊告警，官軍不得前去交換，茶馬司堆積年久朽爛，而各處官豪勢要販買作弊，私茶盛行，巡撫項忠議以行人巡視，人不知忌，改差御史，照興販私茶事例懲問，人知畏法，不敢違犯，則番人自然用馬交易。前項見在官茶，就附近城垣去處互市，所市上、中等馬酌量增添，給軍騎操。成化七年，准御史領勅巡撫陝西馬題稱，先年易馬，俱係重臣賫執金牌，親詣番族，今既專委巡茶御史，必得賫捧勅書，庶可懾服外夷。成化十一年，罷御史，仍以行人巡視，及行布、按二司委官招番買馬。成化十四年，復罷行人，改遣御史一員，領勅專理茶馬，每歲一代，遂為定例。其易馬須四歲以上、六歲以下、高大堪中者，方准收買，兒騸馬就彼給各邊騎操，騍兒送苑馬寺孳牧，如有縱容，軍民通同。中賣老病馬匹者，御史同兵備及苑馬寺官驗視退回，仍指實叅究。成化十五年，令巡茶招番易馬不拘年例，願來者聽。後茶馬不行，西番時入侵擾。成化十九年，西番潘松等族反，巡撫都御史馬文昇調兵征剿，斬首八十三級。弘治五年奏准，每年招易，毋多增馬數坐派，軍衛逼令漢人代納，及收買不堪，以致倒死負累，解送官舍補賠，吏部聽選。監生呉恵奏准，稱招番茶易馬之時，止許兩平交易，堪以騎操，孳牧大馬不許坐派漢人代納，及多增無用小馬，本部議行，陝西巡茶御史每年易馬，務要看驗堪中騎操孳養之數，不拘多寡，發去苑馬寺各監牧養，并各邊給軍騎操毋再多增馬數，坐派軍衛，逼令漢人代納，却作番人姓名，及收買矮小不堪，馬匹負累，解送官舍賠補，兵部覆題奏。聖旨，是。弘治八年議准，招易馬匹，兒騸馬要四歲以上，不必解寺，就給與各衛領養。騍馬亦要高大，發苑馬寺作種瘦。損倒失者，比較追賠。弘治十年，奏准茶易馬，除就彼給軍外，其餘差官陸續解赴苑馬寺交割俵養。陝西苑馬寺卿羅綺奏稱，洮河西寧茶易番馬，俱肥壯無病，差舍餘管解通同受財抵換，又將沿途應付草料尅減。今後務將易完茶馬除兒馬騸馬給邊騎操外，將發寺收養馬匹或一百匹、或二百匹為一運，選差素有廉恥千百户一二員，沿途經過去處，差撥人役，餧飼牽送至前途官司，一體應付，解赴苑馬寺交割，發去監苑，給軍領養。敢有似前尅減草料，瘦損倒死及盜賣抵換馬匹者，事發解官提問，監候追完日發落。弘治十五年，詔御史用心巡理，勿再召商中茶。監察御史王紹奏，洪武、永樂間茶馬之法三年一次官運，保寧等處茶於西寧等茶司易馬，後此例不行，仍取漢中等處民納茶及巡獲私茶充用，歲遣行人巡視。成化初，始專差監察御史。當時易馬，歲以萬計，加之寺監所牧足給邊用，近年以來十不及一，葢緣私茶之禁不行，而召商報中之弊復有以啓之，請停開中之例，仍以民間所納并巡獲私茶與番馬及時互市。弘治十六年准奏，仍命三年一次賫奉金牌，發茶易馬。楊一清以巡撫兼茶馬上疏，言唐世回紇入貢已以馬易茶，至宋熙寧間乃有以茶易馬之制，所謂以摘山之利而易充廐之良，戎人得茶不能為我害，中國得馬足以為我利，計之得者，宜無出此。至我朝納馬謂之差發，如田之有賦，身之有庸，必不可少，彼既納馬而酬以茶，我體既尊，彼欲亦遂，較之前代曰互市，曰交易，輕重得失，較然可知。國初處降夷各分部落，隨所指撥，地方安置住劄，授之官秩，聯絡相承，以馬為科差，以茶為酬價，使知雖遠外小夷，皆王官王民，志向中國，不敢背叛，且如一背中國則不得茶，無茶則病且死，以是羈縻之，賢於數萬甲兵矣，此制西番以控北邊之上策。頃自金牌制廢，私販盛行，雖有撫諭巡茶之官，卒莫之能禁，坐失茶馬之利垂六十年，豈徒邊方缺馬騎征，將來遠夷既不仰給我茶，敢謂與中國不能干涉，意外之憂，或從此生。乞遣廷臣賫捧上號金牌，會同臣等，不須動調官軍，深入番族，止在三衛住劄，調取原降下號金牌，納馬給茶，厚加賞勞。事完，賫繳金牌。以後三年一次奉行，中間二年仍照常曉諭，有情願者聽來將馬易茶，敢有不受約束，招調不來，量調番漢官兵問罪誅剿，以警其餘。先是，李東陽嘗論茶馬云：馬者士之所資，况與敵戰，尤為急務。茶馬之制，其上馬為斤八十，中者六十，下者四十，最為西邊大利。自金牌制廢，私茶盛行，有司又屢以敝茶給番族，甚或有賊殺其人者。番既憾於失信，又利於私易，亦往往以羸馬應故事，使番地多良馬而西邊闕於用，甚為非便。臣謹按，王忠嗣在朔方、河東互市，高估馬價，諸國爭賣馬於唐，邊馬少，唐兵益壯。今宜勅禁御史及陝西布政二司揭榜招諭，明立恩信，復金牌之制，嚴收良茶，頗增舊價，上者二百，下者亦不減一百，彼貪於高價，則私市不得行，我便於多馬，則微利不足卹。以一歲八十四萬之課所得，亦不減千五百匹，此亦修馬政之一端也。正德十年議准，領馬官軍每年冊限三月，以裏齎赴巡茶御史驗撥，軍限八月以裏到彼交兌，違者行該衛徑申巡撫都御史究治。限外冊過兩月、軍一月不到，聽巡茶御史叅究各經該官吏。其洮河、延寧馬匹亦要隨斟酌通融派撥。嘉靖元年，西番反，鎮守都督鄭卿領兵討之，不克，以後每歲入境殺擄人畜。嘉靖八年，西番數至鞏昌冦掠，殺官軍，焚廬舍，隴右之民深被其毒。總制尚書王瓊破若籠、板爾二族，撫定木舍等七十族，西番始寧。嘉靖十一年議准，西寧、洮河三茶馬司貯庫商課茶，斥及西寧等衛，并徽階等州牧貯私茶俱送三茶馬司，不拘常例，麤細搭配，招易驃壯馬匹，開送總制衙門，給軍騎操。事完，造冊奏聞，仍造清冊送部查考。嘉靖三十年題准，改造勘合分給諸番，每歲依期齎執前來，比號納馬，酬以茶斤。如有背違，調軍征剿。又題准，年例馬完番有餘馬，司有餘茶，許其增種，解牧洮州，增至一千二百五十匹，河州增至一千七百四十匹，西寧增至二千四百三十匹。嘉靖三十一年題准，馬政、茶法二事相須准令巡茶御史兼管馬政，督理二寺事務。嘉靖三十七年議，令茶商收買民馬，抽税給票，許其販賣，禁其夾帶。嘉靖四十年，仍禁止茶商販賣，民間馬匹官為買用。嘉靖四十一年議准，甘州建置茶馬司一所，照例招商中茶，招番易馬，仍將西寧舊額茶馬、甘州新開茶馬俱招中，酌量地方遠近，通融給軍騎操，仍將四川折色課茶改徵本色運用。嘉靖四十三年題准，以後每年開茶仍止五六十萬斤，商人以一百五十名為止。臨川監管暖川、大河、岔水、邑川四苑，宗水監管清水、黑城、美都、永川四苑，監正、副各一，苑圉長一。正統四年，俱裁革，併于甘肅行太僕寺。

以上各苑馬寺。

明 徐學聚《國朝典彙》卷七〇《吏部》 九月，設陝西、甘肅二苑馬寺，掌馬牧之事，而聽於兵部。凡馬種，上苑萬匹，中苑七千，下苑四千，不及則銀市而茶易焉。凡牧地，曰草塲，曰荒地，曰熟地，嚴禁令而封表之。凡牧人，曰恩軍，曰隊軍，曰改編之軍，曰充發之軍，曰抽選之軍，皆籍而食之。凡馬駒，二年一科，十八年而免。定駒、頭駒、重駒籍而報之有常期，凡虧駒有罰。五年十月，增設北京苑馬寺六監二十四苑，順義、長春、咸和、馴良四苑隸清河監，水州、隆萃、大牧、遂寧四苑隸金臺監，汧池、鹿鳴、龍河、長興四苑隸涿鹿監，遼陽、龍山、萬安、蕃昌四苑隸盧龍監，清流、廣蕃、龍泉、松林四苑隸香山監，河陽、崇義、興寧、永成四苑隸通州監。

又 正統二年，苑馬寺少卿嚴信以官多事少，奏准革少卿一，寺丞二，監副四，圉長十三。四年，裁革甘肅苑馬寺，改牧恩軍於黑水口，隸長樂監焉。成化二年，奏准馬官三年任內孳生不虧者稱職，額外多生者量加旌擢，不及額至百匹者降用，分管寺丞以所屬課額虧增，遞爲黜陟。弘治二年，陝西巡撫蕭禎奏革苑馬寺丞一員。十四年，兵部議准，今後各寺監官員務選才力素優者，去待有成効，一體不次擢用。十五年，南京科道官奏下兵部議准，今後行太僕苑馬寺官有缺，照在京太僕寺官例，推素有才望者簡用，待有成續，亦照太僕寺官陞擢。十七年，都御史楊一清奏行太僕、苑馬寺卿員缺，乞於附近年淺、素有才望叅政副使內推陞，兩寺少卿於叅議、僉事內陞補。詔從之。楊一清又奏，兩寺卿佐等官赴京考滿朝覲，一切禮儀班序恩典或照兩京太僕寺堂上官事例，或止照布、按二司官例，擬議通行遵守，以杜將來紊亂僭踰之弊，仍乞將各寺卿、少卿、寺丞賢否考語，陝西止聽臣開報部院，以憑黜陟，不必撫按干預。山西、遼東、甘肅等處仍止撫按開報，不必二司干預。其首領、屬官賢否，止憑堂上官填註。寺丞乞照京官事例，凡有違犯叅奏拏問，不許徑提，下吏、禮、兵三部尚書馬文升、張昇、劉大夏等會議，兩寺官皆如兩司官體統，餘悉如擬覆奏。詔曰：是兩寺官員體統，都准如議行，永爲定例。各官果有政務脩舉，功績顯著的，你每斟酌推舉陞用，不必拘定常例。十八年，楊一清奏請苑馬寺不拘少卿、寺丞添設一員，廣寧、黑水、清平、萬安四苑各添設圉長一員，部覆奏添寺丞一，圉長各一。詔從之。

《明會要》卷三八《職官十·苑馬寺》 永樂四年九月壬戌，置北京、遼東、陝西、甘肅四苑馬寺。五年十月甲午，增設北京苑馬寺六監二十四苑。六年八月，增甘肅、平涼二寺監。十八年十一月戊辰，革北京苑馬寺，併入太僕。《職官志》。宣德三年，遼東苑馬卿方圓言遼東有行太僕寺，又有苑馬寺，今孳牧馬止九百餘匹，而官員繁多，乞革苑馬寺，令行太僕寺領之。命行在吏部、兵部會議，以苑馬舊制不可革，今孳牧馬少，苑馬寺留卿、丞、主簿各一員，俟馬蕃息仍舊。《世法錄》。正統四年，革甘肅苑馬寺，改牧恩軍於黑水口，隸長樂監。宏治二年，革平涼寺丞一員。《職官志》。四年奏准，遼東、陝西苑馬寺孳牧馬匹，每三年一差官點閱，其各行太僕寺、苑馬寺於內府關領精微文簿，將騎操孳牧馬匹遂一填寫，繳部送內府交收。十五年，命都御史楊一清督理陝西馬政，奏言陝西監苑之官屢經裁減，今欲大圖修舉，原額似不可闕，當復其舊。已上《世法錄》。十七年，楊一清奏，行太僕、苑馬二寺員缺，簡選才望參政副使補升卿，參議僉事補升少卿，以振馬政。《續通典》。嘉靖三十一年題准，陝西苑馬寺令巡查御史督理各監苑倒失馬匹，虧欠馬駒，將寺卿、丞並監員各官查參。《世法錄》。

茶馬司

論説

明 楊時喬《馬政紀》卷一二《陝西三茶馬司馬》 中國臨撫四夷，西番之夷不深為中國患，以番所利于中國者茶，得之則生，所謂中國能制番夷之命者以此。《地輿志》：近番黃河南有洮、河二州，北有西寧，皆漢郡，唐末陷于吐蕃，宋為夏元昊所據。聖祖洪武初，于洮州、河州、西寧各設茶馬司，三年一遣官，齎金牌信符，招番對驗納馬。《九邊志》曰：議者謂聯屬西番，須復茶馬。彼得茶而常懷向順，我得馬而益壯邊戎，番族歸海竄居之部，可併力而驅之矣。近者疏議則曰：惟祖宗舊制有金牌示諭，番人以茶易馬，成、弘前遵此法行，馬稱蕃息，正、嘉以後，此牌寢，閣臺臣奉勅歲巡邊，止憑各兵道將領委官縛約衆番，名曰招易，祖宗舊制既更，而且近年以來往往求增額外之數，以致番夷過期而不至，馬數逾年不完，皆緣金牌廢置，朝廷不尊，斯外夷不信。今兵科現有金符二面，娖制字樣與誌書所載相同，宜查照先年事例，將金牌遞發巡茶御史，遵奉施行，勿增數以貽累苑牧，勿惜茶而虧苦番民，以復祖宗舊制，其于國體、牧政均大有裨矣。

明 畢自嚴《度支奏議·陝西司》卷三《覆梁大司馬條議茶法疏》 祖宗朝欲控制西番，特設茶馬司，復設巡茶御史以董之。收貯官茶，無容私販，即以官茶易彼番馬，收驥驤以實邊，而邊無外耗，繫番漢以制虜，而虜絕內窺，此誠固圉安邊之長計也。

綜述

《續文獻通考》卷六〇《職官考》 茶馬司，掌市馬之事，官有大使、副使各一人。洪武中，置洮州、秦州、河州三茶馬司，設司令、司丞。十五年，改設大使、副使各一人。尋罷洮州茶馬司，以河州茶馬司兼領之。三十年，改秦州茶馬司為西寧茶馬司。又，洪武中置四川永寧茶馬司，後革，復置雅州碉門茶馬司。

明 楊時乔《馬政紀》卷一二《陝西三茶馬司馬》 洮州茶馬司，在洮州衛治西，永樂九年建，大使、副使各一。馬額，火把藏思曩日等族牌六面，納馬三千五十匹。河州茶馬司，在河州衛治東南，洪武七年建，大使、副使各一。馬額，必里衛二州七站、西番二十九族牌二十一面，納馬七千七百五匹。西寧茶馬司，在行都司西寧衛西，洪武三十年自秦州改建，大使、副使各一。黙音庫森阿端罕東安定四衛巴哇申沖申藏等族牌一十六面，納馬三千五十四。以上共三衛，番族金牌四十一面，該納差發馬一萬四千五十二匹。上號在內收貯，易時齎驗。上馬給茶八十斤，中馬六十斤，下馬四十斤。洪武闕年，議定每三年一遣廷臣，召各番合符以應納差馬交納易茶，有以私茶出境者斬，關隘不覺察者處極刑，民間蓄茶不得過一月之用，茶户私鬻者籍其園入官。洪武二十三年，定茶易馬例，上等馬每匹一百二十斤，中等馬每匹七十斤，下等馬每匹五十斤。洪武二十四年，遣曹國公齎金牌往西番，凡用茶五十餘萬斤，得馬一萬三千五百一十八匹。洪武三十年，令朶甘烏斯藏長河西一帶西番，依舊將馬出來換茶，仍出榜禁約通接西番，經行關隘漏僻小路，著都司差撥官軍三四層嚴謹把守巡視，但有將茶私出外境，就便拏解赴官治罪，不許受則放過，必須窮究何處官軍地方放過，治以重罪。永樂初年，復命户部嚴私茶禁。上懷柔遠夷，遞增其數，由是市馬者多而茶禁少弛，碉門茶馬司用闕五十斤止易馬七一匹，勒限買茶報中闕洮岷私馬臨鞏馬暫許通賣。隆慶三年題准，將四川課茶改徵折色，解苑馬寺易買種馬，於蘭州招商中茶，運赴甘州茶馬司，招陝西各茶馬司中納官茶。又題准，四川巴州通江南、廣元四州縣茶課，節年拖欠未及徵者，以後照例改折，無分芽葉，每斤通徵銀一分八厘，類解陝西鞏昌府貯庫，聽甘肅巡撫衙門差官支取買馬騎操。隆慶四年議准，以後各茶司中馬除年例馬數外，儘其調到番族好馬，以茶司見在茶篦通融招易，毋拘定數，以病商番。又題准，將洮河、西寧三茶司商人照舊令其闔分完報於內，擇節年完茶之多者，不拘名數，各報甘州茶一引運主蘭州，責令稅課局官吏帶管經收，就令管河、臨洮府同知監收盤驗查，照三茶司事例，閣分貯庫，立簿登報，其茶篦應該易馬者，量助脚價，遞運甘州茶司交割，應該給商者，令本商運至西寧等茶司貨賣，不苛越境。隆慶五年議准，招商茶引定限一年，完者厚賞，二年量賞，三年免究，四年問罪，抽附茶一半入官，五年問罪，附茶盡數入官，不准再報，六年老引，照例問遣。

《明史》卷七五《百官志》 茶馬司，大使一人，正九品。副使一人，從九品。掌市馬之事。洪武中，置洮州、秦州、河州三茶馬司，設司令、司丞。十五年，改設大使、副使各一人。尋罷洮州茶馬司，以河州茶馬司兼領之。三十年，改秦州茶馬司為西寧茶馬司。又，洪武中置四川永寧茶馬司，後革，復置雅州碉門茶馬司。又於廣西置慶遠裕民司。洪武七年置，設大使一人，從八品，副使一人，正九品。市八番溪洞之馬，後亦革。

《續通志》卷一三六《職官略》 茶馬司，明置大使一人，副使一人，掌市馬之事。臣等謹按：明之茶馬司專掌互市茶馬，即宋、遼、金、元榷場之官也。

紀事

《明會典》卷三七《茶馬司》 國初招商中茶。上引五千斤。中引四千斤。下引三千斤。每七斤、蒸曬一篦。運至茶司。官商對分，官茶易馬。商茶給賣。每上引，仍給附茶一百篦。中引、八十篦。下引、六十篦。名曰酬勞。經過地方、責令掌印官盤驗。佐貳官催運。若陝之漢中、川之夔保、私茶之禁甚嚴。凡中茶有引由。出茶地方有稅。貯放有茶倉。巡茶有御史。分理有茶馬司、茶課司。驗茶有批驗所。【略】茶馬司：陝西，舊有鞏昌府駱駝巷梢子堡、高橋火鑽峪、臨洮府伏羌、寧遠四茶運所，嘉靖十四年革。河州，洪武七年建。洮州，永樂元年建。西寧，洪武三十年自秦州改建。甘州。正統八年裁，嘉靖四十二年復建。四川碉門批驗茶引所，陝西徽州，永樂六年設於火鑽峪。嘉靖三十六年、改移白水江。就近管轄。茶課數：陝西茶課，初二萬六千八百六十二斤一十五兩五錢。弘治十八年，新增二萬四千一百六十四斤。共五萬一千二十六斤一十五兩五錢。見今茶課五萬一千三百八十四斤一十三兩四錢。係漢中府屬金州、紫陽、石泉、漢陰、西鄉、五州縣歲辦。分解各茶馬司。【略】成化三年奏准，西寧洮河茶馬司積多餘茶，年久濕爛。今後麤茶每百斤收銀五錢，芽茶三十五斤，亦量收五錢。無銀，收絲絹等項。俱解本省有司收候，以補收買茶課支用。五年，令陝西布政司將金州等處茶課，自成化六年為始，仍收本色。其原折收銀布，候豐年收買茶斤，送各茶馬司收貯，以備易馬。【略】十三年奏准，陝西金西等五州縣課茶責令大戶徑解茶馬司交納。其經過州縣原設茶戶二千餘名，止派百名，徵銀以給大戶脚價。【略】弘治三年，令陝西巡撫並布政司出榜召商報斤。給引赴巡茶御史處掛號，於產茶地方收買茶斤。運赴原定茶馬司以十分為率，六分聽其貨賣，四分驗收入官。【略】洪武初，令陝西洮州、河州、西寧各該茶馬司收貯官茶，每三年二次，差在京官選調邊軍，齎捧金牌信符往附近蕃族，將運去茶易馬。【略】成化十五年，令陝西巡茶御史招蕃易馬，不拘年例，願來者聽。弘治三年，以各邊缺馬，令招商報茶。西寧河州各四十萬斤，洮州二十萬斤，運赴原撥茶馬司，以茶百斤易上馬一匹，八十斤易中馬一匹。【略】八年奏准，金州芽茶一斤，收葉茶二斤，運西寧茶馬司收貯易馬。【略】十五年題准，今後陝西三茶馬司積茶，止留二年之用。每年易馬，計該正茶外，分毫不許夾帶。【略】弘治九年，令經該茶馬司官吏遇有考滿事故，申巡茶御史委官盤點見數，方離職役。若有侵欺及雖不侵欺、收置無法、致有損折原數者，依律究治追陪。

《續文獻通考》卷二二《征榷考》 置秦州茶馬司，設司令、丞官。至七年十月，置河州茶馬司官，制與秦州同。外又有洮州茶馬司，十六年七月罷，以河州茶馬司總之。三十年四月，改秦州茶馬司為西寧茶馬司，遷其治於西寧。永樂九年，復設洮州茶馬司。十一年五月，又設甘肅茶馬司於陝西行都司地，正統八年裁，嘉靖四十二年復設。臣等謹按：明代茶課，惟川陝為最重，其他產茶之地，南直隸則常廬、池徽，浙江則湖嚴、衢紹，江西則南昌、饒州、南康、九江、吉安，湖廣則武昌、荊州、長沙、寶慶，而四川尚有成都、重慶、嘉定、夔瀘，皆有常課。

明 雷禮《南京太僕寺志》卷五 洪武中，設茶馬司於陝西、四川等處，聽西番納馬易茶，降金牌信符賜番族，以防詐僞。每三年一差官召各番合符以應，納差發馬，交納易茶。

馬政部

先秦馬政分部

總論

論説

遼 王棠《燕在閣知新録》卷三一《牧馬》 《魯頌》駉之牡馬，美僖公也，言駉而有牡者，美其毛色有十六種，如有驈有皇等句是也。《衛風》美文公之馬，言騋而有牝者三千之多，二詩皆言馬之盛也。後世駕車征戰，皆不用牝，惟用牡馬，又往往去其勢而絶其生道，此馬之所以不盛歟？《衛詩》騋牝三千，言牝不言牡，可以知其故矣。《周禮》天子十有二閑，馬六種，凡馬特居四之一。注云：特，牡馬也。是成周之世，馬在官者，馬百匹有七十五牝、二十五牡，是以產馬常少。棠謂後世牧馬者令牝與牡相半，則馬之蕃息無疑矣。

宋 呂祖謙《歷代制度詳説》卷一二《馬政・制度》 詳説。自黄帝、堯、舜觀象立制，服牛乘馬，引重致遠，自此馬始爲用。考之三代之制，自天子萬乘，諸侯千乘，大夫百乘，立國制賦之法，莫不以馬爲根本，所以成周之法在古今最爲精密，然而大而天子，次而諸侯，下而士大夫，因是乘馬之數多寡不同，細考當時之數，所謂牧養之法，有養之以官，有藏之於民。所謂藏之於民，如丘甸歲取馬一匹之類，皆是藏之於民，不待國家芻秣，如有事田獵征伐，臨時徵召，然而在天子之都、諸侯之國、大夫之家，亦未嘗不自蓄馬，此是養之於官者。舉此一件事論之，便可見。且如《周禮》説天子十有二閑，先儒論馬謂不過三千餘匹，衛文公承夷狄所滅之後新造之國，末年亦至騋牝三千。若以制度論之，衛以諸侯之國，又當殘亂之餘，其他故未及論，如何便及成周全乘馬之數？所謂天子十有二閑，是養之於官者，衛文公所謂騋牝三千，舉通言之。又以當時春秋戰國論之，且如鄭西宮之亂，子國爲盜所殺，子產以車十七乘出討賊。子產當時謂之百乘之家，若是徵求馬於郊野之間，盜賊卒至，如何便得集？所謂十七乘之馬，乃是畜之於家者。以此數事論之，三代馬政時固有在官者，亦有在民者。數之多者在民，平時無芻秣之費；數之少者在官，征伐無不至之憂，當時法度最爲詳備。到漢家所謂三十苑之馬，亦是官司所養之馬。若是其他郡國，民間養馬雖多，亦是養之於民。如衛青、霍去病之徒伐匈奴，有所謂官馬，有所謂私馬，則其制所尚。到後周、隋、唐之間府兵之制，天子閑廐，監牧馬非不盛，然府兵未嘗給馬，初不過給之以錢，使府兵自買馬，若是不足，衆人共出錢買馬，以此知尚有古之遺法。在到後來，府兵之法漸壞，府兵貧不足以買馬，然後方以監牧之馬給之。這是制度壞如此。且以唐言之，當時所謂在官、在私之馬多少匹與三代不相類，故唐自張萬歲領監牧馬至於四十餘萬匹之多，當時芻秣之費，地牧之廣，豈無所妨？在官、在私，卻與三代之馬不相似。若是論之，馬數最多，無如後魏。後魏馬數至二百餘萬匹，前魏未有如此之盛，後魏亦未有如此之多。自此以後，隋唐間雖習熟見聞，以馬多爲盛，他亦未嘗攷。習俗風土之所宜，蓋拓跋氏當時在二者之間，本是北虜，北虜芻秣，便是中華耕桑，中華人人耕桑，北虜人人芻牧，當時有二百萬餘匹馬，亦不足怪，自是常理。自孝文遷都，變夷用夏，馬政便不得似當時多，江淮之馬不過十萬匹，如唐養馬多，亦是不知當時後魏之意。宋朝馬政，自太宗講求精微，當時委羣牧司自春放，至秋歸，馬之出入，莫不有法。到後來熙豐間，曾孝寬領縣牧，奉行王荆公意，於是罷羣牧吏，不過欲區區小利自出賣，自此京師之馬更不出牧，終歲在槽之櫪間，自此馬始衰，戎備益損，芻秣之費益增矣。蓋當時不曾攷本末，卻欲舉保馬、户馬之法，只爲讀《周禮》不詳，亦要如《周禮》之井牧，然而事有先後，未有如漢唐之制，卻要用周井牧之馬，當時大爲民害，百姓自此彫弊，蓋井地不均，兼并者衆，什一之制未行，受田之制未定，獨舉養馬之制，豈不重困？以此知學者當考究本末，誦其詩，讀其書，然後可以爲政。

宋 葉時《禮經會元》卷四《馬政》 夏官制軍而以大司馬名官，其次有軍司馬、輿司馬、行司馬，其下有公司馬、兩司馬，又其外有都司馬、家司馬。設官命名皆曰司馬，豈非軍政以馬為重乎？成周六軍之賦，不知用若干馬，考之稍人掌令丘乘之政，若有會同、師田、行役之事，則以縣師之法作其同徒輂輦，帥而至，治其政令，以聽於司馬。案：縣師若有軍旅、會同、田役，則受法於司馬，作其衆庶，及馬牛車輦，會其居人之卒伍，此司馬頒法於縣師，而稍人則以縣師之法帥而聽於司馬也。縣師掌邦國都鄙郊里地域，稍人乃掌甸，稍之人受司馬之法令丘乘之政，則是法通行乎王畿侯國矣，然則丘乘之政，車馬之賦也。鄭氏讀乘為甸，非也。彼徒見《司馬法》曰『甸出長轂一乘，馬四匹』，以為車乘非丘所供也，不知《司馬法》言甸出一乘，調兵之數也；《周禮》言丘供一乘，畜兵之數也。畜之多，所以存武備；調之寡，所以優民力。況《司馬法》未必周制也，何必於丘乘而疑之乎？丘十六井，一井八家，共百二十八家，共出車一乘，馬四匹，成周軍賦不可得見，獨稍人丘乘一法可得而推之。丘出一乘，則甸當四乘，縣十六乘，都六十四乘，共二百五十六匹馬矣。以六鄉計之，萬二千五百家約出四百匹馬六鄉約得二千四百匹馬矣。或者則曰魯作丘甲，聖人譏之，以其賦役之重也。今令丘出車一乘，馬四匹，得無甚於丘甲乎？蓋成公作丘甲者，令一丘之家皆為甲士，盡數調兵也。丘乘之法畜之，而非盡調也。鄭氏亦曰：凡用役者，不必一時皆徧，以人數調之，使勞逸遞焉。然則丘乘必有遞征之法也。況軍政以馬為重，今六鄉所出，僅二千四百匹爾，亦豈為多馬乎？先王寓兵於農，故亦藏馬於民，特設馬質一官繼於司馬之後，使之為民平馬價之高下，而使民自畜焉，一以為戎馬軍旅用之，一以為田馬田役用之，一以為駑馬給後用之。田戎分為二物，則其遞征可知矣。校人謂駑馬三良馬之數，則此駑馬當亦如之。鄭氏以此三馬為給官府之役，則非也。曰『受馬於有司』者，謂有司買其馬以授民也。馬死，則甸內必買馬以代之，恐其久而缺備也。甸外則入馬耳於有司，恐其久而無信也。更以其物，欲其如本色也。其外則否，謂馬之難同，則不必如本色也。惡馬則繩之，所以調馬性。馬行則齊之，所以寬馬力。有以馬爭訟者，則馬質聽之。禁原蠶者，欲其馬息之蕃也。案：鄭氏曰：天文辰為馬，蠶為龍精，是馬與蠶同氣物，莫能兩大。禁原蠶者，為傷馬歟？凡此皆所以教民畜馬之政也。至如校人所掌之六廐，所辨之六種，所養之十二閑，則王馬之政也。校人所謂凡軍事物馬而頒之，謂頒之官府、卿大夫共軍事者耳，其於民馬無預。如曰以共六軍，則天子之馬一廐二百一十匹，既欲以給郡吏，又何以供六軍乎？且以周之馬數，合鄉遂不滿五千匹，與王馬共得八千匹爾。詩人歌宣王則曰『其車三千』，三千則當萬二千匹，不知宣王安得有此馬也？蓋詩人歌詠，言大槩爾，未必果有三千車也。衛人歌文公而曰『騋牝三千』，騋牝果有三千乎？魯人歌僖公而曰『公車千乘』，公車果有千乘乎？或曰天子萬乘，當馬四萬匹，諸侯千乘，當馬四千匹，卿大夫百乘，當馬四百匹，今言若是，然則彼皆非歟？蓋天子六軍，指六卿也，萬乘則合王畿千里言之；大國三軍，指三卿也，千乘則合封疆五百里而言之；大夫采地視子男，卿采地視伯，則百乘宜未為過也。考之校人，天子十二閑，分為左右，三千四百五十六匹，邦國半天子之閑馬四種，則三良馬，居二廐，六百四十八匹，駑馬三之，一種亦六百四十八匹，并千二百九十六匹爾。卿大夫二閑良馬一百一十六匹，駑馬三之，為六百四十八匹，并為八百六十四匹。故家以實數言不啻百乘，而侯國千乘，天子萬乘，是合言之，凡此皆言馬乘之數爾。然嘗疑之，成周設官民馬之政，特設馬質一職，王馬之政乃有校人、僕夫、趣馬、巫馬、牧師、廋人、圉師、圉人，何其略於民牧而詳於王牧也？蓋民馬民自備而自畜之其畜也，則有司授之其用也，則有司帥之王馬，則自為牧廐，不有數官分任其責，則孰為之畜牧乎？是故校人總馬政，趣馬正良馬，巫馬養疾馬，牧師、廋人則掌牧閑，圉師、圉人則掌芻養，然後校人春祭馬祖，夏祭先牧，秋祭馬社，冬祭馬步，豈特為王馬祭而不及民馬乎？巫馬與醫合為一官，雖特為王馬設，亦豈聽民馬之自為豐耗而不設巫醫乎？馬質之禁原蠶，廋人之祭馬祖，亦互言之，未必重此而遺彼也。抑嘗因是而觀周人牧馬之職，牧人以中大夫二人為之，趣馬而下皆上士、中士、下士。先王以士大夫而任牧廐之寄，不幾於太褻乎？吁！不如是，不足以見馬政之重也。天下事須還士大夫為之，趣馬得人，周政以立，蹶惟趣馬，詩人刺之。一趣馬之職而必為吉士之是用，豈若後世一付之輿隸皂牧之手乎？大抵馬政非得人則畜牧不蕃，士大夫之心術不良則畜牧不蕃，成周之士大夫皆德行道藝之選，以德行道藝之人而隸師趣馭僕之職，吾知其蓄牧之必善矣！不然，衛人美文公騋牝之富，何以曰『秉心塞淵』？魯人頌僖公駉牧之盛，何以歸之曰『思無邪』？信矣！馬政之蕃，不可無士大夫心術之良也！

宋 章如愚《山堂考索・後集》卷五〇《兵門・馬政》 成周之時設校人之官，非徒具六馬之數也，辨其六馬之屬，凡軍事則物馬而頒之。設廋人之官，非徒具十二閑之數也，教以阜馬，佚特，歛駣，攻駒，則其教之也為有素矣。惟其教之也為有素，則用之也為適宜。宣王中興，此意猶有存者，『比物四驪，閑之維則』。閑習為如何？兩驂不倚，不失其馳，則其馳御者為如何？中興之功，或者其有得於此。春秋以來，秦晉交戰於韓原，晉馬旋濘而止。冀之北，士馬之所生，晉固非少於馬者，而乃不能以求勝。及晉楚之戰于邲，楚許叔御樂田以致晉師，執轡掉鞅，動中程式，晉莫能當其鋒，用能車馳，卒奔以乘，晉師荊楚之地固非馬之所產，而獲其用如此。觀韓原之戰則知馬不貴於徒盛，觀邲之戰則知馬不可以不習。

宋 林駉《源流至論》卷二《馬政》 馬政之說，古今凡幾變。以官民通牧者，周也；牧於民而用於官者，漢也；牧於官而給於民者，唐也；至於國朝，始則牧之在官，後則蓄之於民，又其後則市之於戎狄。其得失利病有不難攷者，成周以民牧者，如丘甸歲取馬四匹之類，（《前刑法志》：四邑為丘，四丘為甸，有戎馬一匹。）平時則官給芻秣，有警則民供調發。然而在天子之都、諸侯之國、士大夫之家，未嘗不自蓄焉，此蓋在官養之爾。何以知之？如《周禮》以天子有十二閑，先儒論數謂不過三千餘匹，衛文公承夷狄所滅之後新造之國，未年亦至騋牝三千。（《定之方中》詩。）若以制度論之，衛以諸侯之國，又當殘亂之餘，其他固未及論，安得遽如成周全盛乘馬之數？蓋所謂天子有十二閑，是養之於官者，衛文公謂騋牝三千，舉官民通數而言之，此成周官民通牧之制也。阡陌開，井田廢，兵車不復取，田賦戎馬各從官給，於是馬政日廢而外患生矣。

明 湛若水《格物通》卷八四《馬政》 《詩·魯頌》：『駉駉牡，馬在坰之野。薄言駉者，有驈有皇，有驪有黃，以車彭彭。思無疆，思馬斯臧。』臣若水通曰：此詩言僖公牧馬之盛，由其立心之遠也。駉駉，腹幹肥張之貌。林外謂之坰。彭彭，盛貌。思無疆，言其思之深廣無窮也。臧，善也。《記》曰『問國君之富，數馬以對』，則馬之盛衰，其有關於國家之盛衰矣。僖公之馬，薄言其在坰者，有驈皇驪黃，而色無不備，以車彭彭，而力無不齊，是豈偶然而致哉？蓋由其立心遠大，無見小欲速之私，故思及於馬。凡所以牧養而調用者，不狥私以廢法，故馬之在官、在民者各無不善矣。苟立心不遠，輕謀淺慮，則凡施之國家，大小皆無成矣，豈獨一馬政哉？伏惟聖明於思無疆之學益深講求，以為蓄牧富強之本焉。

明 章潢《圖書編》卷一二一《馬政總論》 昔周盛時，因井田以制軍賦，井邑丘甸出戎馬四匹，積而至於畿方千里，則天子馬四萬，諸侯邦國大夫采地由此其數可考已。四時有祭，祭各有義。春馬祖，言天駟也；夏先牧，言始飼者；秋馬社，言始乘者；冬馬步，懼為災也。校人、廋人、圉師、圉牧、趣馬、巫馬，皆所以攻熟閑習，以調其性而蕃其生也，由此其故可考已。栢翳諳鳥獸之情而畜馬息，故帝堯氏之以嬴得世其官。非子牧汧渭之間而大有功，故周孝王邑之以秦，不廢其業。

清 楊潮觀《治平彙要》卷九《馬政》 武備不修，無以壯國威；車騎不飭，無以制戎敵。東南利于舟，西北利于馬，馬蕃則兵強，馬少則兵弱，古人以司馬命官，是知馬之為用大矣。成周馬政，立法為詳，丘甸之中所出者國馬也，校人以下所掌者公馬也。國馬養于民而不以供官，丘出戎馬一匹，甸出戎馬四匹，王畿千里，出戎馬四萬匹。是則無地不供馬，于以備行軍之調取足矣。公馬養于官而不以擾民，天子十有二閑，馬六種；邦國六閑，馬四種；家四閑，馬二種。是則無家不畜馬，于以給公家之御用足矣。言其職事，校人掌差擇乘養之法，馬質掌入價聽訟之事，趣馬齊其飲食，巫馬治其疾病，牧師主其牧地，廋人閑其政教，圉師辨其居治，圉人掌其飼放，以至僕夫、皁師，亦皆員選，此馬之所以與人相宜，而無衰耗之虞也。言其政令，禁原蠶使勿傷其氣，祭馬神使時禦其災，書齒毛以辨其類，綱惡馬以制其群。佚特教駣，攻駒散耳，則皁圉皆有政；射充椹質，茨墻翦闔，則閑廐皆有具；執駒攻特，臧僕講馭，則乘習皆有法；除蓐釁廐，庌馬獻馬，則寒暑皆有宜；孟春焚牧，中春通淫，則蕃息得其性；毛馬齊色，物馬齊力，則材任適其均；以至遊牝別群，復頒月令，此馬之所以與法相宜而無減失之患也。當是時，主馬者不必善御盡如造父、善牧盡如秦非也，而人安地廣，草茂泉甘，蕃滋嫗育，有不獨在華陽、汧渭間者。其後宣王中興，振《車攻》吉日之風聲；嬴氏開基，詠駟鐵小戎之孔阜。即至魯、衛雖弱，而僖公坰牧之盛，文公牡牝之多，想亦周官遺法未即淪亡，而繼世賢君更能增修而補救之也。

清 弘晝《稽古齋全集》卷一《魯僖公牧馬之盛論》 嘗考平王東遷之後，王綱不振，周無《詩》矣，而魯獨以《頌》傳者，何也？蓋以魯十二公未有賢於僖者。史稱僖公愛民，務農重穀，故《春秋》特書六月雨以褒之，而魯頌又以《駉馬》列於篇首，說者謂以牧馬之盛，故歌詠之，以誇美焉。予謂泮水之開以教學也，閟宮之修以尊祖也，宜有頌禱稱譽之詞，至於牧馬一事，毋乃其甚微乎？不知詩人殆有深意存焉。蓋吾嘗讀《易傳》，有曰『乾為馬』，馬者，龍屬陽之德也，故坤雖禰馬而曰牝，坤為牝則乾為牡可知矣。乾者君也，僖公以陽剛方正之德，積於中而發於外，詩人故以牧馬之盛言之。其詩曰思無疆，思無期，思無斁，思無邪，而孔子至以思無邪一言蔽三百之全詩，不猶乾元之可以該六十四卦乎？若以為僖公能修馬政，故其馬如此，是僖公乃薄於民而厚於馬也。設使馬政修而人心叛，即馬亦非其所有矣。讀《詩》者其尚知僖公愛民之政，與其所以為君德者而可哉。

綜述

宋 章如愚《山堂考索・後集》卷四四《又論馬》 按周制，掌政之官謂之司馬，以馬者牧之有政也；兵甸之法謂之乘馬，以馬者牧之有法也。有校人以掌其政，有牧師以掌其牧，有巫馬以養其疾，有趣馬以簡其節，日中而出，日中而入，此先王牧馬之術也。文王之伐玁狁也，其詩曰『四牡業業』，宣王之攘戎狄也，其詩曰『我馬既同』，言衛文公者則曰『騋牝三千』，頌魯僖公者則曰『牧于坰野』。文景之時，令民養馬復，卒孝武之世，平牡馬二十萬，令人競蓄之，故馬蕃於元狩、元鼎之際。梁武帝置牧於河西，而善水草也，故馬蕃於太通之時。周之汧渭，魯之坰野，漢之樓煩，唐之沙苑，此西北牧馬之地也。六朝置區於閩越藏之內地，錢氏置監於婺女，號為馬海，此東南牧馬之地也。

又《牧養》 三代之牧養，有養於官，有藏於民。所謂藏之於民，如丘甸歲取馬一匹之類是也。

《文獻通考》卷一五九《兵考十一・馬政》 《周官》：『校人掌王馬之政，政，謂差擇養乘之數也。《月令》曰：『頒馬政。』辨六馬之屬。種馬一物，戎馬一物，齊馬一物，道馬一物，田馬一物，駑馬一物。種，為上善似母者，以次差之。玉路駕種馬，戎路駕戎馬，金路駕齊馬，象路駕道馬，田路駕田馬，駑馬給宮中之役。凡頒良馬而養乘之乘馬一師四圉，三乘為皂，皂一趣馬；三皂為系，系一馭夫；六系為廄，廄一僕夫；六廄成校，校有左右。駑馬三良馬之數，麗馬一圉，八麗一師，八師一趣馬，八趣馬一馭夫。良，善也。善馬，五路之馬。鄭司農云：『四匹為乘，養馬為圉，故《春秋傳》曰：馬有圉，牛有牧，元謂二耦為乘。師趣馬，馭夫、僕夫，師之名也。趣馬下士。馭夫中士，則僕夫上士也。自乘至廄，其數二百一十六匹。《易》乾為馬，此應乾之筴也。至校變為言成者，明六馬各一廄，而王馬小備也。校有左右，則良馬一種者，四百三十二匹。五種，合二千一百六十匹。駑馬三之，則為千二百九十六匹。五良一駑，凡三千四百五十六匹。然後王馬大備。《詩》云：騋牝三千，此王馬之大數，與麗耦也。駑馬自圉至馭夫，凡馬千二十四匹，與三良馬之數不相應，八皆宜為六字之誤也。師十二匹，趣馬七十二匹，則馭夫四百三十二匹矣。然後而三之，既三之無僕夫者，不駕於五路，卑之也。』天子十有二閑，馬六種；邦國六閑，馬四種；家四閑，馬二種。降殺之差，每廄為一閑，諸侯有齊馬、道馬、田馬，大夫有田馬，各一閑，其駑馬則皆分為三焉。凡馬，特居四之一。欲其乘之性相似也，物同氣則心一。鄭司農云：『四之一者，三牝一牡。』《疏》：『使三牝各產其一，通牡為四，共駕一車，取同氣一心之義。』春祭馬祖，執駒；馬祖，天駟也。《孝經》說曰：『房為龍馬。』鄭司農云：『執駒毋令近母，猶攻駒也。二歲曰駒，三歲曰駣。元謂執猶拘也。春通淫之時，駒弱血氣未定，為其乘匹傷之。』夏祭先牧，頒馬攻特；先牧，始養馬者。其人未聞夏通淫之後，攻其特，為其蹄齧，不可乘用。鄭司農云：『；攻特，謂騬之。』秋祭馬社，臧僕；馬社，始乘馬者。《世本》作曰相士作乘馬。鄭司農云：『；臧僕，謂簡練馭者，令皆善也。元謂僕馭，五路之僕。』冬祭馬步，獻馬，講馭夫。馬步，神，為災害馬者。獻馬，見成馬於王也。馭夫，馭貳車、從車、使車者。講，猶簡習。疏云：『；春時通淫，求馬蕃息，故祭馬祖。夏草茂求肥充，故祭先牧。是放牧之先。秋時馬肥盛可乘，故祭始乘馬者。冬時萬物成，故教僕使善也。』凡軍事，物馬而頒之物馬齊其力。趣馬掌贊正良馬，而齊其飲食，簡其六節，贊，佐也。佐正者，謂校人臧僕講馭夫之時。簡，差也，節，猶量也，差擇王馬以為六等。掌駕說之頒，用馬之次第。辨四時之居治，以聽馭夫。居，謂牧庌所處。治，謂執駒攻特之屬。巫馬掌養疾馬而乘治之，相醫而藥攻馬疾，受財於校人。乘，謂驅步以發其疾，知所疾處，乃治之相助也。《疏》：『財謂共祈具及藥直。』牧師掌牧地，皆有厲禁而頒之。頒馬授圉者所牧處。孟春焚牧，焚牧地，以除陳生新草。中春通淫，中春陰陽交，萬物生之時，可以會馬之牝牡也。《月令》：『季春乃合累牛騰馬，遊牝於牧』，秦時書也。秦地寒涼，萬物後動也。掌其政令，凡田事贊焚萊。焚萊者，山澤之虞。庾人掌十有二閑之政，教以阜馬佚特，教駣，攻駒，及祭馬祖。祭閑之先牧，及執駒散馬耳，圉馬，九者皆有政教焉。阜，盛壯也。杜子春云：『；佚，當為逸。』；鄭司農云：馬三歲曰駣，二歲曰駒，散，讀如中散之散，謂聒馬耳毋令善驚也。元謂逸者用之，不使甚勞，安其血氣也。教駣，始乘習之也。攻駒，騬其汜齧者。閑之先牧，制閑者。散馬耳，以竹括押其耳。頭動搖，則括中物，後遂串習不復驚。正校人員選校人，謂師圉也。正員選者，選擇可備員者平之。駒八尺以上為龍，七尺以上為騋，六尺以上為馬。大小異名。《爾雅》曰：『騋牝驪牡，元駒褭驂。』鄭司農云：『以《月令》曰駕蒼龍。』圉師掌教圉人養馬。春除蓐，釁廄，如牧；夏庌馬；冬獻馬。射則充椹質，茨牆則翦闔。蓐，馬茲也，馬既出而除之，新釁焉，神之也。《春秋傳》曰：『凡馬日中而出，日中而入』，故字。庌，為訝。鄭司農云：『當為庌。元謂庌，廡也，廡所以庇馬涼者也。充，猶居也。茨，蓋也。闔，苫也。椹質翦闔，圉人所習也。』杜子春讀椹為齊人言鐵椹之椹。椹質，所射者習射處。圉人掌養馬芻牧之事，以役圉師役者，圉師使令焉。馬質掌質馬，馬量三物：一曰戎馬，二曰田馬，三曰駑馬，皆有物賈。此三馬買以給官府之使無種也。鄭司農曰：『皆有物色及賈直。』《疏》：馬有六種，此三馬無種，買以入官府者。種，謂馬上善似母者。綱惡馬鄭司農云：綱讀為『以亢其仇』之亢。《書》亦或為亢。亢，禦也，禁也，禁去惡馬不畜也。綱謂綱以縻索維綱狎習之也。凡受馬於有司者，書其齒毛與其賈，馬死則旬之內更；旬之外，入馬耳，以其物更其外否。鄭司農云：『更，謂償也。元謂旬之內死者，償以齒毛與賈，受之日淺、養之惡也。旬之外死，入馬耳，償以毛色，不以齒賈任之，過其任也。其外否者，旬之外。逾二十日而死，不任用，非用者罪。《疏》：旬之內，日少，若養之善，未能致死也，故更。旬之外，日多，任之過，馬力既竭，雖養之善，容得致死，故不償。馬及行，則以任齊其行，職其所載輕重及道裏，齊其勞逸，乃復用之。若有馬訟，則聽之。訟，謂買賣之言相負。禁原蠶者。原，再也。天文辰為馬，《蠶書》：『蠶，為龍精，月直大火，則浴其種』，是蠶與馬同氣，物莫能兩大，禁原蠶為其傷馬歟。陳氏《禮書》曰：『先王之時，國馬足以行軍，公馬足以稱賦，則《周禮》鄉師以時辨其馬牛之物，均人均牛馬之力政，縣師辨其六畜車輦之稽，遂人、遂師以時登其六畜車輦，遂大夫以時稽其六畜，而牛馬與焉，及其用之，則《司馬法》甸出長轂一乘、牛三頭、馬四匹，此國馬也。校人掌王馬之政，辨種、戎、齊、道、田、駑之六馬此公馬也，蓋天子十二閑，馬六種。每馬一圉，每乘一師。三乘，馬十二匹。三皂為系，三十六匹。六系為廄，二百一十六匹。六廄成校，校有左右，則十二廄合三千四百五十六匹。種各一廄，廄有左右，則一種四百三十二匹。良馬五種，則合二千一百六十匹。又駑馬一種，三良馬一種之數，則為千二百九十六匹。五良一駑，凡三千四百五十六匹。邦國六閑四種，家四閑二種，蓋諸侯及大夫廄無左右，則良馬三，居三廄，合六百四十八匹。駑馬三，良馬一種之數，居三廄，亦六百四十八匹，凡千二百九十六匹。家四閑二種，一良居一廄，二百一十六匹。駑三之居三廄，為六百四十八。凡八百六十四匹。春秋之時，晉悼公使程鄭為乘馬，禦六騶屬焉。諸侯六閑之制成十八年，彼衛文公之騋牝三千，齊景公之馬千、駟三千，則近於天子十二閑之數，而千駟又過之，是皆僭侈而違禮者也。《校人》：駑馬、麗馬一圉。八麗一師，八師一趣馬，八趣馬一馭夫。鄭氏謂八宜為六者，蓋自圉至馭夫，以八計之，則為千二十四匹，與三良馬之數不合。以六計之，則適四百三十二匹矣。然後而三之，既三之，無僕夫，以駑不駕五路，卑之也。然後周天子之馬，不過三千四百五十六匹而已。漢之養馬有五監、六廄，而武帝之時，馬至四十萬匹。唐置八使、五十六監。麟德間，馬至七十萬，開元間，至四十五萬匹，而與周之馬數相遠者，蓋周制八軍之馬出於民，而校人所養者，特給公家之用而已。漢唐則不然，行軍之馬一出於公，此多寡所以異也。』秦之先，有造父以善禦得幸於周繆王，得驥、溫驪、溫一作『盜』，鄒誕生本作『駣』，音陶。《音義》云：盜驪，竊也。竊，淺青色。騆馬，細頸。驪，黑色、驊騮色如華而赤。今名馬驃赤為棗騂。騂，赤也。騄耳之駟，《索隱》曰：『按：《穆天子傳》：入駿曰赤驥、盜驪、白義、渠黃、驊騮、逾輪、騄耳、山子。』西巡狩，樂而忘歸。徐偃王作亂，造父為繆王禦，長驅歸用以救亂。繆王以趙城封造父。其後又有非子，居犬邱，好馬及畜，善養息之。犬邱人言之周孝王，孝王召使主馬於汧渭之間，馬大蕃息。於是孝王曰：『昔栢翳為舜主蓄，畜之多息，故有土，賜姓嬴。今其後世亦為朕息馬，朕其分土為附庸。』邑之秦，使復續嬴氏之祀。魯僖公務農重穀，牧於坰野。坰，遠野也。邑外曰郊，郊外曰野，野外曰林，林外曰坰《箋》云：『必牧於坰野者，辟民居與良田也。』《周禮》曰：『以官田牛田賞田牧田任遠郊之地。』駉駉牡馬，在坰之野。駉駉，良馬腹幹肥張也。薄言駉者，有驈有皇，有驪有黃，以車彭彭。驪馬白跨曰驈，黃白曰皇，純黑曰驪，黃騂曰黃。諸侯六閑馬四種，有良馬、有戎馬，有田馬，有駑馬。彭彭，有力有容也。《箋》云：『坰坰，牧地水草既美，牧人又良，飲食得其時，則自肥健耳。』思無疆，思馬斯臧，臧，善也。僖公之思，遵伯禽之法，反復思之，無有竟已，乃至於思馬斯善，其所及廣博。駉駉牡馬，在坰之野。薄言駉者，有騅有駓，有騂有騏，以車伾伾。蒼白雜毛曰騅，黃白雜毛曰駓，赤黃曰騂，青黑曰騏。伾伾，有力也。思無期，思馬斯才。才，多材也。駉駉牡馬，在坰之野，薄言駉者，有驒有駱，有騮有雒，以車繹繹。青驪曰驒，白馬黑鬣曰駱，赤身黑鬣曰騮，黑身白鬣曰雒。繹繹，善走也。思無斁，思馬斯作。作，始也。《箋》云：斁，厭也。作，謂牧之使可乘駕也。駉駉牡馬，在坰之野，薄言駉者，有駰有騢，有驔有魚，以車祛祛。陰白雜毛曰駰，彤白雜毛曰騢，足豪骭曰驔，二目白曰魚。祛祛，強健。思無邪，思馬斯徂。徂，猶行也。晉惠公與秦師戰於韓，乘小駟，鄭入也。鄭所獻馬名小駟。慶鄭曰：『古者大事，必乘其產。生其水土，而知其人心；安其教訓，而服習其道。唯所納之，無不如志。今乘異產以從戎事，及懼而變，將與人易。變化人意。亂氣狡憤，陰血周作，張脈憤興，外強中干，狡，戾也。憤，動也。氣狡憤於外，則血脈必周身而作，隨氣張動。外雖有強形，而中實乾竭也。進退不可，周旋不能。君必悔之。』弗聽。及戰，晉戎馬還濘而止。濘，泥也。還，便旋也。小駟不調，故墮泥中。秦獲晉侯以歸。林氏曰：『成周以民牧者，如邱甸歲取馬四匹之類，《前刑法》：『；志四邱為甸，四甸為縣，有戎馬一匹。』平時則官給芻秣，有警則民供召發。然而在天子之都，諸侯之國，士大夫之家，未嘗不自畜焉，此蓋在官養之爾。何以知之？如《周禮》以天子有十二閑，先儒論數不過三千餘匹。衛文公承夷狄所滅之後，新造之國，末年亦至騋牝三千。若以制度論之，衛以諸侯之國，又當殘亂之餘，其他固未及論，安得遽如成周全盛乘馬之數？蓋所謂天子十有二閑，是養之於官者，衛文公詩：『騋牝三千』，舉官民通數而言之，此成周官民通牧之制也。阡陌開，井田廢，兵車不取之田賦，戎馬各從官給，於是馬政日廢，而外患生矣。

明　邱濬《大學衍義補》卷一二三《牧馬之政上》　《易說卦》：乾為天，為良馬，為老馬，為瘠馬，為駁馬。胡一桂曰：『乾為天而貫四時，純陽而健為馬，在春為良、夏為老、秋為瘠、冬為駁。幹取象無所不包，不可與諸卦例論。』吳澂曰：『馬加良、老、瘠、駁四字，以見純陽無陰異於震坎陰陽相雜之馬也。良謂純陽，健之最善者也；老謂老陽，健之最久者也；瘠謂多骨少肉，健之最堅強者也；駁馬鋸牙食虎豹，健之最威猛者也。』震為雷，其於馬也為善鳴、為足、為作足、為的顙。蔡淵曰：『陽動於下故為雷，氣始亨故於馬為善鳴，陽在下故又為足、為作足，陰在上故為的顙。的，白也，而顙在上也，《詩》所謂白顛，傳所謂的顱是也。』坎為水，其於馬也為美脊、為亟心、為下首、為薄蹄、為曳。徐幾曰：『三畫之卦，上畫為馬顙，下畫為馬足，其中畫陽故為美脊、為亟心，上柔故又為下首，下柔故又為薄蹄、為曳。』臣按：《易》之為書以明陰陽，其取諸物也無所不有，而於馬獨詳焉。孔子於《坤》既以利牝馬之貞以取象，而於《大畜》又取幹之象以稱馬。蓋以天地間動物莫健如龍而馬次之，龍非可畜之獸而世不常有，就地用論之，健而不息者皆莫如馬也，故於《大畜》之馬則謂之良，良者稟純陽之氣而有剛健之才者也，其間坤之牝者雖曰其陰之質，而其所以為性者則從一而不變，亦有健德存焉。良以馬之健者屬幹，而牝則屬坤，坤者幹之對，言馬於坤，明其為幹之配也。是以《雜卦》之中，八卦所取之物惟一二見，獨於馬凡三取之，於物惟取其一體，至於馬則其質之良、齒之老、形之瘠、色之異、性之偏，無所不具，以見馬之為物，於畜類中最健而且大，人世所不可無，而有天下國家者必畜之以為治具者也。

清　秦蕙田《五禮通考》卷二四四《軍禮十二·馬政上》　蕙田案：馬者，國之大用，故政官以司馬名之，重其事也。考古天子之馬有二，一曰國馬，亦曰王馬，一曰民賦之馬。民賦者，井邑丘甸中所出戎馬，一甸出戎馬四疋，畿內提封萬井，出戎馬四萬疋，是皆民養之。平日有軍旅則賦之，故曰萬乘、千乘、百乘，此軍政也。國馬則天子使人自養之，《周禮》校人以下，趣馬、牧師、廋人、圉師及馬質等，皆以養馬為職，其事則牧之有地，聚之有廄，孳息有候，阜育有方，制馭有法，勞逸有節，所以養之教之，盡物之性，以供國之用者，皆馬政也。自井田法廢，馬不賦于民而盡養于官，漢唐以來言馬政者曰亟，其盛衰得失之由，關于軍國者鉅矣。故詳述其源流，以備考鑒。《易坤·彖傳》：牝馬地類，行地無疆。《繫辭傳》：服牛乘馬，引重致遠，以利天下，蓋取諸隨。蕙田案：以上二條言馬之用。《說卦傳》：乾為馬。疏：乾象天，天行健，故為馬也。項氏安世曰：《造化權輿》云：乾，陽物也，馬故蹄圓。坤，陰物也，牛故蹄拆。陽病則陰，故馬疾則卧，陰病則陽，故牛疾則立，馬陽物，故起先前足，卧先後足，牛陰物，故起先後足，卧先前足。為良馬，為老馬，為瘠馬，為駁馬。疏：良馬取其行健之善也，老馬取其行健之久也，瘠馬取其行健之甚瘠馬骨多也，駁馬有牙如鋸能食虎豹取其至健也。震其於馬也，為善鳴，為馵足，為作足，為的顙。疏：善鳴取雷聲之遠聞也，馬後足白，為馵取其動而見也，作足取其動而行健也，的顙白額為的顙，亦取動而見也。坎其於馬也，為美脊，為亟心，為下首，為薄蹄，為曳。疏：美脊取其陽在中也。亟，急也，取其中堅，内動也。為下首，取其水流向下也。為薄蹄，取水流迫地而行也。曳取水磨地而行也。崔氏憬曰：内陽剛，動故為亟心。蕙田案：以上馬取象。《詩·魯頌》：駉駉駉牡，馬在坰之野，薄言駉者，有驈有皇，有驪有黃，以車彭彭，思無疆，思馬斯臧。傳：駉駉，良馬腹幹肥張也。驪馬白跨曰驈，黃白曰皇，純黑曰驪，黃騂曰黃。駉駉牡馬，在坰之野，薄言駉者，有騅有駓，有騂有騏，以車伾伾，思無期，思馬斯才。傳：蒼白雜毛曰騅，黃白雜毛曰駓，赤黃曰騂，蒼黑曰騏。駉駉牡馬，在坰之野，薄言駉者，有驒有駱，有駵有雒，以車繹繹，思無斁，思馬斯作。傳：青驪驎曰驒，白馬黑鬣曰駱，赤身黑鬣曰駵，黑身白鬣曰雒。駉駉牡馬，在坰之野，薄言駉者，有駰有騢，有驔有魚，以車祛祛，思無邪，思馬斯徂。傳：陰白雜毛曰駰，彤白雜毛曰騢，豪骭曰驔，二目白曰魚。《鄘風·定之方中》：騋牝三千。箋：國馬之制，天子十有二閑，馬六種，三千四百五十六匹；邦國六閑，馬四種，千二百九十六匹。《禮記·明堂位》夏后氏駱馬黑鬣，殷人白馬黑首，周人黄馬蕃鬣。

紀事

《管子》卷二一《臣乘馬第六十八》　桓公問管子曰：『請問乘馬。』管子對曰：『國無儲在令。』桓公曰：『何謂國無儲在令？』管子對曰：『一農之量壤百畝也，春事二十五日之內。』桓公曰：『何謂春事二十五日之內？』管子對曰：『日至六十日而陽凍釋，七十日而陰凍釋。陰凍釋而秇稷，百日不秇稷，故春事二十五日之內耳也。今君立扶臺、五衢之衆皆作。君過春而不止，民失其二十五日，則五衢之內阻棄之地也。起一人之繇，百畝不舉；起十人之繇，千畝不舉；起百人之繇，萬畝不舉；起千人之繇，十萬畝不舉。春已失二十五日，而尚有起夏作，是春失其地，夏失其苗，秋起繇而無止，此之謂谷地數亡。穀失於時，君之衡藉而無止，民食什伍之穀，則君已籍九矣，有衡求幣焉，此盜暴之所以起，刑罰之所以衆也。隨之以暴，謂之內戰。』桓公曰：『善哉！』管子曰：『策乘馬之數求盡也，彼王者不奪民時，故五穀興豐。五穀興豐，則士輕祿，民簡賞。彼善為國者，使農夫寒耕暑耘，力歸於上，女勤於纖微而織歸於府者，非怨民心傷民意，高下之策，不得不然之理也。』桓公曰：『為之奈何？』管子曰：『虞國得策乘馬之數矣。』桓公曰：『何謂策乘馬之數？』管子曰：『百畝之夫，予之策：「率二十七日為子之春事，資子之幣。」春秋，子穀大登，國穀之重去分。謂農夫曰：「幣之在子者以為穀而廩之州裏。」國穀之分在上，國穀之重再十倍。謂遠近之縣裏、邑百官，皆當奉器械備，曰：「國無幣，以穀准幣。」國穀之櫎，一切什九。還穀而應穀，國器皆資，無籍於民。此有虞之策乘馬也。』

《晏子春秋·內篇諫下》卷二《景公所愛馬死欲誅圉人》　景公使圉人養所愛馬，暴死，公怒，令人操刀解養馬者。是時晏子侍前，左右執刀而進，晏子止而問於公曰：『尧舜支解人，從何軀始？』公矍然曰：『從寡人始。』遂不支解。公曰：『以屬獄。』晏子曰：『此不知其罪而死，臣為君數之，使知其罪，然後致之獄。』公曰：『可。』晏子數之曰：『爾罪有叁：公使汝養馬而殺之，當死罪壹也；又殺公之所最善馬，當死罪貳也；使公以壹馬之故而殺人，百姓聞之必怨吾君，諸侯聞之必輕吾國，汝殺公馬，使怨積於百姓，兵弱於鄰國，汝當死罪叁也。今以屬獄。』公喟然叹曰：『夫子釋之！夫子釋之！勿傷吾仁也。』

養馬

論説

宋　佚名《群書會元截江網》卷二五《事證》　古者馬出於西北。古者之馬多出於西北，而不在於東南。冀之北土馬之所生，非并代乎？汧渭之間馬之所蕃，非秦隴之界乎？駉駉牡馬，在坰之野，蓋兖州也。秉心塞淵，騋牝三千，蓋衛州也。漢於苑馬分布西北二邊，故北地、西河、遼東諸郡皆有牧師，而太原亦有家馬。官自天子六廏以供乘輿，餘悉養之邊郡。唐自太原破突厥，誅高昌，繼又以高宗破高麗，擒百濟，而其地西至焉耆，北至陰山，故牧監分布隴右，而馬為最盛。然則西北之出馬，亦誠然也。成周調息得人。嘗觀周典夏官之職，如廋人掌其閑之政，圉師掌其牧之法，既有牧師焉，又有巫馬焉，其建官如此之備也。日中而出，日昃而入，其牧之也有時；春祭執駒，夏祭攻特，其祀之也有禮。飲食之齊，居治之辨，其為政如此之詳也。夫是以生養蕃息，而國賴其用。

宋　章如愚《山堂考索·後集》卷四四《又論馬》　按周制，掌政之官謂之司馬，以馬者牧之有政也；兵甸之法謂之乘馬，以馬者牧之有法也。有校人以掌其政，有牧師以掌其牧，有巫馬以養其疾，有趣馬以簡其節，日中而出，日中而入，此先王牧馬之術也。文王之伐玁狁也，其詩曰『四牡業業』，宣王之攘戎狄也，其詩曰『我馬既同』，言衛文公者則曰『騋牝三千』，頌魯僖公者則曰『牧于坰野』。文景之時，令民養馬復，卒孝武之世，平牡馬二十萬，令人競蓄之，故馬蕃於元狩、元鼎之際。梁武帝置牧於河西，而善水草也，故馬蓄於太通之時。周之汧渭，魯之坰野，漢之樓煩，唐之沙苑，此西北牧馬之地也。六朝置區於閩越藏之內地，錢氏置監於婺女，號為馬海，此東南牧馬之地也。

明 邱濬《大學衍義補》卷一二三《牧馬之政上》 《詩·鄘風·定之方中》序曰：美衛文公也。其卒章曰：靈善也。雨既零，落也。命彼倌人，主駕者也。星見星。言夙駕，說舍止。於桑田。匪直也人，秉操也。心塞實也。淵，深也。騋牝三千。朱熹曰：『馬七尺以上為騋。言方春時雨既降而農桑之務作，文公於是命主駕者晨起駕車，亟往而勞勸之。然非獨此人所以操其心者誠實而淵深也，蓋其所畜之馬七尺而牝者亦已至於三千之眾矣。蓋人操心誠實而淵深則無所為而不成，其致此富盛宜矣。《記》曰：問國君之富，數馬以對，今言騋牝之眾如此，則生息之蕃可見，而衛國之富亦可知矣。』又曰：『文公大布之衣、大帛之冠，務材訓農，通商惠工，敬教勸學，授方任能。元年革車三十乘，季年乃三百乘。』臣按：蘇軾有言：『富強之業必深厚者為之，非輕揚淺露者之所能致也。』謝枋得亦言：『秉心也實，故事事樸實，不尚高虛之談；秉必也淵，故事事深長，不為淺近之計。富國強兵豈談高虛務淺近者之所能辦哉？』是知為國者固欲其富強，然而富強之業實繇乎人，必得人以盡地力則富可致，必得人以蕃畜產則強可期，然地生物雖各有所宜而無不生物之地，惟畜產則地有宜有不宜焉，是以古人問國之富數馬以對，而設官以掌邦政者舍人而以馬名其官，則富強尤在於茲也可知已。是故有文公誠實淵深之心，乃能致牝馬三千之盛，王安石創為保馬之法，國家未必得馬之用，而生民先受馬之害，此無他，其心不誠而慮不遠也。與其得安石之徒而用之，孰若得王毛仲、張萬歲而用之哉？二人者高談雖不足，而猶忠實而近厚也。

又 《魯頌》：《駉》，頌僖公也。其首章曰：駉駉腹纮肥張貌。牡馬，在坰林外曰坰。之野。薄言駉者，有驈黑驪白跨。有皇，黃白曰皇。有驪純黑。有黃，黃而微赤。以車彭彭，盛貌。思無疆，深廣無窮。思馬斯臧。善也。其二章曰：駉駉牡馬，在坰之野。薄言駉者，有騅蒼白雜色。有駓，黃白雜色。有辛赤黃。有騏，青黑。以車伾伾。有力也。思無期，思馬斯才。材也。其三章曰：駉駉牡馬，在坰之野。薄言駉者，有驒青驪磷曰驒，今連錢。有駱，白馬黑鬣。有騮赤身黑鬣。有雒，黑身白鬣。以車繹繹。不絕貌。思無斁，厭也。思馬斯作。奮起也。其四章曰：駉駉牡馬，在之野。薄言駉者，有駰陰白雜毛。有騢，彤白雜毛。有驔毫在骭而白。有魚，二目白似魚。以車祛祛。強健也。思無邪，思馬斯徂。行也。朱熹曰：『此詩言僖公牧馬之盛，繇其立心之遠，故美之曰思無疆，則思馬斯臧矣。衛文公秉心塞淵而騋牝三千，亦此意也。』呂大臨曰：『僖公修政以誠心行之，故言思無疆、思無期、思無斁、思無邪，馬之所以臧、才、作、徂者其效也，與《衛風》「秉心塞淵，騋牝三千」之意同。古之賢君誠心以行善政，其效皆若此，非獨牧馬而已。』臣按：先儒謂詩人美文公之馬則言其而牝者有三千匹之眾多，美僖公之馬則言其芃而牡者有十六種之毛色，蓋各極其盛而言，皆以見其國之殷富也。蓋馬有牝牡而形質有高下、腹幹有肥瘠，馬之牝者取其形質必高而大，使所育者皆騏驥之種；馬之牡者取其腹幹必肥而張，使所駕者皆驃騎之良。衛之馬，詩人詠其牝之；魯之馬，詩人頌其牡之芃。意者，說於桑田者不分牝牡，舉牝最高者以見其餘之皆然，牧於野者特取其牡而牝不與焉，各隨其毛色而分別之，以見其成群如此也。雖然，牧馬者將以資軍馬之用，固必以牡為貴，然非其牝之良，則亦不能以致其馬之強而盛也，衛詩之特言牝而不及牡，豈無意哉？

又《牧馬之政中》 《月令》：季春之月，乃合累平聲。牛騰馬，遊牝於牧，犧牲、駒犢舉書其數。陳澔曰：『春陽既盛，物皆產育，故合其累系之牛、騰躍之馬而遊縱之，使牡者就牝者於芻牧之地，欲其孳生之蕃也。養其中犧牲之用者及馬之駒、牛之犢皆書其數者，以備稽校多寡也。』臣按：先儒謂遊牝則牡雖在牧不得遊也，蓋嗜欲不制則雖有龍牡猶將耗矣，遊雖牛馬之真性，若牡則連之以羈靮、編之以皂棧，亦豈可少哉？於此可見先王於牛馬固欲遂其生育之性，而亦不使之得以縱其欲而損其真，如此，則牝者生育多而不失其時，牡者氣力全而鹹得其用，是亦至誠聖人盡物之性之一事也。仲夏之月，遊牝別群，則縶騰駒、班馬政。陳澔曰：『季春遊牝於牧，至此妊孕已遂，故不使同群。拘縶騰躍之駒者，止其踶齧也。班馬政，布養馬之政令也。』方愨曰：『馬政者，若《周官》趣馬之簡其節、巫馬之治其疾、校人之辨其屬、庾人之掌其閑，以至圉師之所教、圉人之所養，莫不有政焉，故班之也。班則制而分之之謂歟？』臣按：《月令》仲夏之月班馬政則其政以養為主，季秋之月班馬政則其政以禦為主，養之欲得其蕃息，禦之欲得其調習，各因其時而班其政令，各有其宜焉。季秋之月，班馬政，命僕戎僕也。及七騶鹹駕，載旌，羽曰旌。授車以級，整設於屏外，司徒搢撲即夏楚也。北面誓之。鄭玄曰：『馬政謂齊其色、度其力，使同乘也。七騶，謂趣馬主為諸官駕說音稅。者也。』孔穎達曰：『七騶者，天子馬有六種，種別有騶，則六騶也又有總主之人，並六騶為七。既班馬政，乃命戎僕及七騶等皆以馬駕車，又載旌旗既畢，授此七戎之車，以其尊卑等級正其行列，設於軍門屏之外東西廂，以為行陳。』臣按：《月令》雖呂氏所作，然其所載者皆先王之故典。季秋之月班馬政而命戎僕駕車載旌以設行陳，蓋以操習天子之六種馬也。先王之練兵不惟習其人而又習其馬，不惟命典兵之官而又命掌教之職。籲，三代之兵人與馬相習，三代之政文與武兼用，此所以兵威所及而功無不成，而武不至黷也歟。

明 湛若水《格物通》卷八四《馬政》　《左傳》：『莊公二十九年春，新作延廄，書，不時也。凡馬日中而出，日中而入。』臣若水通曰：不時者，非作廄之時也。凡馬，凡養馬之法也。日中者，春分、秋分也。春分則蒭繁而馬牧于野，秋分則水寒而馬還於廄也。書新者，則前此未有也。書新于春，非其時也，非其時而馬方出，而徒以妨農，非所以為馬政矣。夫馬出入於日中，何也？所以順天之道，因地之宜，而盡物之性也。延廄之作，其意則異乎是矣。《詩》曰：『秉心塞淵，騋牝三千』，衛文公之所以復國也。夫以忘親釋怨如莊公者，又烏足以語此哉？

清 顧炎武《日知録》卷一〇《馬政》　『析因夷隩』，先王之所以處人民也。『日中而出，日中而入』，先王之所以處廄馬也。

清 閻鎮珩《六典通考》卷一六五《王政考·馬政》　古之馬惟養於官，而其養之於民者，官無所與。《司馬法》曰：甸方八里，戎馬四匹，長轂一乘；《周禮》鄉師以時辨其馬牛之物，此皆馬之畜養於民，以待軍旅田役之徵調，而官初無所與焉者也。若校人所掌王馬之政，與《月令》所載養馬之法，則以給公家車御之用，而官之所自養也。當成周盛時，天子十二閑之馬不過三千四百五十六匹，諸侯六閑之馬不過千二百九十六匹，而畿內六十四萬幷之賦，出車萬乘，戎馬四萬匹，所謂國馬足以行軍者，皆民自養之，而官無與，是以徵發雖繁而民未嘗受其擾也。漢有五監六廄以養馬，而武帝時馬至四十萬匹。唐置八使十六監，在麟德間有馬七十萬匹，可謂極盛矣。然皆官所自具，而未嘗苛歛於民。至宋始為戶馬、保馬、括馬之令，而民困矣。蓋馬既係於官而民以為非民之所有，官既委於民而官以為非官之所專，馬安得而不敝，民安得而不窮其極也。上下交相欺隱，以爭取利，而害有不可勝言者矣。考唐、宋史志，多以馬政繫之於兵，然周有公馬，漢有家馬，唐有仗內、仗外之廐，是皆於戎政無與焉者，而要其牧養以時，阜畜有方，則王者所以順四時之氣，盡百物之性，而利官民之用，固亦仁政之大端哉。

綜述

《通典》卷七八《禮三十八軍三·馬政馬祭附》　周制，夏官校人掌王馬之政。政謂差擇養乘之數也。月令曰「班马政」。天子十有二閑，馬六種：種馬、戎馬、齊馬、道馬、田馬、駑馬。種謂上善似母者。以次差之，玉輅駕種馬，戎輅駕戎馬，金輅駕齊馬，象輅駕道馬，田輅駕田馬，駑馬給宮中之役。邦國六閑，馬四種。家四閑，馬二種。降殺之差。每廄為一閑。諸侯有齊馬、道馬、田馬。家謂大夫，有田馬。各一閑。其駑馬則皆分為三焉。凡頒良馬而養乘之。乘馬一師四圉。三乘為皁，皁一趣馬。三皁為系，系一馭夫。六系為廄，廄一僕夫。六廄成校，校有左右。駑馬三良馬之數。麗馬一圉，八麗一師，八師一趣馬，八趣馬一馭夫。良，善也。善馬，五輅之馬。趣馬、馭夫、僕夫，帥之名也。趣馬下士，馭夫中士，則僕夫上士也。自乘至廄，其數二百一十六匹。易乾為馬，此應乾之策也。至校變為言成者，明六馬各一廄而王馬小備也。校有左右，則良馬一種者，四百三十二匹，五種合二千一百六十匹。駑馬三之，則為千二百九十六匹。五良一駑，凡三千四百五十六匹，然後王馬大備。詩云『騋牝三千』，此謂王馬之大數歟？麗，耦也。駑馬自圉至馭夫，凡馬千二十四匹，與三良馬之數不相應，『八』皆宜為『六』，字之誤也。師十二匹，趣馬七十二匹，則馭夫四百三十二匹矣。趣音倉走反。趣馬掌贊正良馬，而齊其飲食，簡其六節。贊，佐也。簡，差也。節，量也。差擇王馬以為六等。巫馬掌養疾馬而乘治之，相醫而藥攻馬疾，受財於校人。乘謂驅步以發其疾，知所疾處乃治之。牧師掌牧地，皆有厲禁而頒之。孟春焚牧，焚牧地，以除陳生新草。仲春通淫。仲春，陰陽交萬物生之時，可以合馬之牝牡。按月令：『季春乃合累牛騰馬，遊牝於牧。』馬質掌質馬馬量三物，一曰戎馬，二曰田馬，三曰駑馬，皆有物賈。此三馬者，買以給官府之使，無種也。皆有物賈，謂皆有物色及賈直。凡受馬於有司者，書其齒毛與其賈。馬死則旬之內，更；旬之外，入馬耳，以其物更；其外否。旬之內死者，償以齒毛與賈，受之日淺，養之惡也。旬之外死，入馬耳，償以毛色，不以齒賈，任之過其任也。其外否者，旬之外逾二十日而死者，不任用，非用者罪。春祭馬祖，執駒。馬祖，天駟也。孝經說曰『房為龍馬』。鄭衆云：『執駒無令近母，猶攻駒也。

二歲曰駒，三歲曰駣。』鄭玄謂：『執猶拘也。春通淫之時，駒弱，血氣未定，為其乘匹傷之。』夏祭先牧，頒馬攻特。先牧，始養馬者，其人未聞。夏通淫之後，攻其特，為其蹄齧不可乘用。鄭衆云：『攻特謂騬之。』騬音繒。秋祭馬社，臧僕。馬社，始乘馬者，世本作曰：『相土作乘馬。』鄭衆云：『臧僕謂簡練馭者，令皆善也。』鄭玄謂：『僕，馭五輅之僕。』冬祭馬步，獻馬，講馭夫。馬步，神，為災害馬者。獻馬，見成馬於王也。馭夫，馭貳車、從車、使車者。講猶簡習。其於祭大澤，用仲月剛日。甲庚丙壬戊為剛日，乙丁辛癸己為柔日。隋制，常以仲春，用少牢祭馬祖於大澤，諸合祭官於祭所致齋一日，積柴於燎壇，禮畢，就燎。仲夏祭先牧，仲秋祭馬社，仲冬祭馬步，並於大澤，皆以剛日。牲用少牢，如祭馬祖，埋而不燎。大唐馬祭因隋之制，其儀如開元禮。

宋 陳祥道《禮書》卷一四七《天子十二閑邦國六閑家四閑》 先王之時，國馬足以行軍，公馬足以稱賦，則《周禮》鄉師以時辨其馬牛之物，均人均牛馬之力政，縣師辨其六畜車輦之稽，遂人、遂師以時登其六畜車輦，遂大夫以時稽其六畜，而牛馬與焉。及其用之，則《司馬法》甸出長轂一乘，牛三頭，馬四匹，此國馬也。校人掌王馬之政，辨種、戎、齊、道、田、駑之六馬，此公馬也。蓋天子十二閑、馬六種，每馬一圉，每乘一師，三乘馬十二匹，三皁為繫三十六匹，六繫為廄二百一十六匹，六廄成校，校有左右，則十二廄合三千四百五十六匹。種各一廄，廄有左右，則一種四百三十二匹。良馬五種，則合二千一百六十匹。又駑馬一種，三良馬一種之數，則為千二百九十六匹。五良一駑，凡三千四百五十六匹。邦國六閑四種，家四閑二種，蓋諸侯及大夫廄無左右，則良馬三居三廄合六百四十八匹，駑馬三良馬一種之數，居三廄，亦六百四十八匹，凡千二百九十六匹。家四閑二種，一良居一廄，二百一十六匹，駑三之，居三廄，為六百四十八，凡八百六十四匹。春秋之時，晉悼公使程鄭為乘馬，御六騶，屬焉諸侯六閑。成十八年，彼衛文公之『騋牝三千』，齊景公之馬千駟三千，則近於天子十二閑之數，而千駟又過之，是皆僭侈而違禮者也。校人駑馬，麗馬一圉，八麗一師，八師一趣馬，八趣馬一馭夫，鄭氏謂八宜為六者，蓋自圉至馭夫，以八計之，則為千二十四匹，與三良馬之數不合，以六計之則適四百三十二匹矣，然後而三之，既三之，無僕夫，以駑馬不駕五路，卑之也。然則周天子之馬不過三千四百五十六匹而已，漢之養馬有五監六廄，而武帝之時馬至四十萬匹，唐置八使、五十六監，麟德間馬至七十萬，開元間至四十五萬匹，而與周之馬數相遠者，蓋周制凡軍之馬出於民，而校人所養者特給公家之用而已。漢唐則不然，行軍之馬一出於公，此多寡所以異也。

宋 呂祖謙《歷代制度詳説》卷一二《馬政・制度》 牧地：秦之先曰非子，居大丘，周孝王使主馬於汧渭之間。魯僖公牧於駉野，衛文公之騋牝三千，漢之樓煩，唐之沙苑。

宋 章如愚《山堂考索・後集》卷四四《兵門・馬政類》 周官校人掌王馬之政，辨六馬之屬：種馬、戎馬、齊馬、道馬、田馬、駑馬。天子有十二閑，馬六種。邦國六閑，馬四種。家四閑，馬二種。趣馬掌王良馬，牧師掌牧地，廋人掌十有二閑之政教，圉師掌教圉人掌養馬，圉人掌養馬芻牧之事，以役圉師，馬質掌質馬，馬量三物。宣王修車馬以閑夷狄。齊景公有馬千駟。衛文公秉心塞淵，騋牝三千。魯僖公牧于坰野。是時，韓之戰晉侯乘小駟鄭入也。慶鄭曰：古者大事必乘其産，生其水土而知其人心，今乘異産以從，戎事必亂。及戰晉，戎馬還濘而止。《左》僖十五年。秦之先曰非子，好馬。周孝王使主馬於汧渭之間，馬大蕃息，由此强盛。

又《牧養》 三代之牧養，有養於官，有藏於民。所謂藏之於民，如丘甸歲取馬一匹之類是也。

明 雷禮《南京太僕寺志》卷二《清賦式》 成周因井田制軍賦，四井爲邑，四邑爲丘，十六井也。有馬一匹，四丘爲甸，甸六十四井，有戎馬四匹。兵車一乘，一同百里，提封萬井，定出賦六千四百井，戎馬四百匹。一封三百一十六里，提封十萬井，定出賦六萬四千井，戎馬四千匹。天子畿方千里，提封百萬井，定出賦六十四萬井，戎馬四萬匹。

又《勤調養》 《周禮》：圉人養馬，春除蓐，釁廐始牧，夏庌馬，冬獻馬。《月令》：季春之月乃合累牛騰馬，遊牝于牧。犧牲駒犢，舉書其數。仲夏之月，游牝別羣，則縶騰駒，班馬政。季秋之月，班馬政，命僕及七騶咸駕，載旌旐，授車以級，整設于屏外，司徒搢扑，北面誓之。

又 卷三《定課額》 成周甸出長轂一乘，馬四匹。每馬一圉，每乘一師，三乘馬十二匹，三皁爲繫，三十六匹，六繫爲廐，二百一十六匹，六廐成校，校有左右，則十二廐，合三千四百五十六匹，種合一廐，廐有左右，則一種四百三十二匹，良馬五種，則合二千一百六十匹，又駑馬一種，三良馬一種之數，則爲千二百九十六匹，五良一駑，凡三千四百五十六匹。

明 王鳴鶴《登壇必究》卷一八《馬政》 周書司馬掌邦政。蔡沈曰：『軍政莫急於馬，故以司馬名官。』邱文莊曰：『周六官，其五者之鄉皆以人爲名，而獨于夏官卿以馬名焉者，蓋以見國之大事雖在於戎，而戎之大用則在于馬。所謂五官者，皆主於文事，而此一官獨用於武備。武備之設，所以平諸侯、正天下，無馬則無以駕車輅而以爲禮，無馬則無以整戎行而以卽戎，邦政有所不行矣。』周人因井田而制軍賦，四井爲邑，四邑爲邱，十六井也有馬一匹；四邱爲甸，甸六十四井，有戎馬四匹，兵車一乘；一同百里，提封萬井，定出賦六千四百井，戎馬四百匹；一封三百一十六里，提封十萬，非定出賦六萬四千井，戎馬四千匹；天子畿方千里，提封百萬，井定出賦六十四萬井，戎馬四萬匹。林駉曰：『馬政之説，古今凡幾變。以官民通牧者，周也。成周以民牧者，如邱甸歲□馬四匹之類，平時則官給芻牧，有警則民供調發。然而在天子之都、諸侯之國、士大夫之家，未嘗不自畜馬，此蓋在官養之耳。何以知之？如《周禮》以天子十有二閑，先儒論數謂不過三千餘匹。衛文公承夷狄所滅新造之後，末年一至騋牝三千，若以制度論之，衛以諸侯之國，又以殘亂之餘，其他固不及論，安得遽如成周全盛乘馬之數？蓋所謂天子十有二閑，是養之於官者；衛之騋牝三千，舉官民通數而言之也。』邱文莊曰：『今之中國卽古之中國，萬古此天地則萬古此山川，萬古此山川則萬古此人物。成周之世於天子畿內千里之地而可以得馬四萬匹，諸侯國三百十六里之地可以得馬四千匹，大夫家采地百里之地而可以得馬四百匹，今而一郡之地視古者一國，一邑之地視古者一家，成周盛時，不聞其之馬之用，而馬之在民者亦問其爲善，後世則不然，豈今古土地生牧相遼絶哉？雖然，不特成周盛時爲然也。若夫古之衛地卽今之懷慶、彰德、大名、滑濮等郡之境，魯地卽今之兗州、寧海、高密等處之境，衛乃有牝之騋者至於三千，壯而小者不計焉；魯乃有牡之純者至於十六，色牝而駁者不與焉，孔子其人存則其政舉。』又曰：『爲政在人，則是爲馬政之興舉實在乎人。今無其人耳，豈其地之牧馬宜於古而不宜於今也。』《詩·鄘風·定之方中》序曰：美衛文公也。其卒章曰：『靈雨既零，命彼倌人，星言夙駕，説于桑田。匪直也人，秉心塞淵，騋牝三千。』朱子曰：『馬七尺以上爲騋，言方春時雨既降，而農桑之務作，文公於是命主駕者晨起，駕車亟往而勞勸之，然非獨此人所以操其心者誠實而淵深也，蓋其所畜之馬七尺，而牝者亦已至於三千之衆矣。蓋人操心誠實而淵深，則無所爲而不成，其致此富盛，宜矣。記曰：問國君之富，數馬以對。今言騋牝之衆如此，則生息之蕃可見，而衛國之富亦可知矣。』又曰：『文公大布之衣，大帛之冠，務材訓農，通商惠工，敬教勸學，授方任能，元年革車三十乘，季年乃三百乘。』《吉日》之首章曰：『吉日維戊，既伯既禱。』孔穎達曰：『伯者，長也，馬之祖也。夏官校人春祭馬祖、天駟，龍爲天馬，故房四星謂之天駟，常祭在春，將用馬力，則又備禮禱之。』朱子曰：『戊，剛日也。伯，馬祖也。謂天駟房星之神也，言田獵將用馬力，故以吉日祭馬祖而禱之。』邱文莊曰：『《晉天文志》曰：房四星亦曰天駟，爲天馬，主車駕。本朝每歲春秋遣太僕寺官祭馬神，而於州縣皆立馬神廟，本諸此。』《魯頌·駉》頌僖公也，其首章曰：『駉駉腹幹肥張貌。牡馬，在坰林外曰坰。之野。薄言駉者，有驈黑驪白跨。有皇。黄白曰皇。有驪純黑。有黄，黄而微赤。以車彭彭。盛貌。思無疆，深廣無窮。思馬斯臧。善也。』其二章曰：『駉駉牡馬，在坰之野。薄言駉者，有騅蒼白雜色。有駓。黄白雜色。有騂赤黄。有騏，青色。以車伾伾。有力也。思無期，思馬斯才。才力也。』其三章曰：『駉駉牡馬，在坰之野。薄言駉者，有驒青驪驎曰驒驎今連錢駱。有駱。白馬黑鬛。有駵赤身黑鬛。有雒，黑身白鬛。以車繹繹。不絶貌。思無斁，厭也。思馬斯作。奮起也。』其四章曰：『駉駉牡馬，在坰之野。薄言駉者，有駰陰白雜毛。有騢，彤白雜毛。有驔豪在骭而白。有魚，二目白似魚。以車祛祛。彊徒也。思無邪，思馬斯徂。行也。』朱子曰：『此詩言僖公牧馬之盛，由其立心之遠，故美之曰思無彊，則思馬斯臧矣。衛文公秉心塞淵，而騋牝三千，亦此意也。』呂大臨曰：『僖公修政，以誠心行之，故言思無疆，忍無期思無斁，思無邪，馬之所以臧才作狙者，其效也。與《衛風》秉心塞淵，騋牝三千之意同。古之賢君，誠心以行善政，其效皆若此，非獨牧馬而已。』邱文莊曰：先儒謂詩人美文公之馬，則言其騋而牝者有三千匹之衆，多美僖公之馬，則言其駒而牡者有十六種之毛色，蓋各極其盛而言，皆以見其國之殷富也。蓋馬有牝牡，而形質有高下，腹幹有肥瘠，馬之牝者取其形質必高而大，使所育者皆騏驥之種；馬之牡者取其腹幹必肥而張，使所駕者皆驃騎之良。衛之馬，詩人詠其牝之騋，魯之馬，詩人頌其牡之駉，意者説于桑田者不分牝牡，舉牝最高者以見其餘之皆然。牧于坰野者，持取其牡，而牝不與焉，各隨其毛色而分別之，以見其成羣如此也。雖然，牧馬者將以資車馬之用，固必以牡爲貴，然非其牝之良則亦不能以致其馬之強而盛也。衛詩之騋，特言牝而不及牡，豈無意哉？

明 彭大翼《山堂肆考》卷八七《馬政》 《周禮·夏官》：天子十有二閑，馬六種；邦國六閑，馬四種；家四閑，馬二種。春祭馬祖，執駒。夏祭先牧，頒馬攻特。秋祭馬社，臧僕。冬祭馬步，獻馬講馭夫。

傳記

宋 呂祖謙《歷代制度詳説》卷一二《馬政·制度》 善養人：秦之先曰非子，居大丘，好馬，及善養息之，周孝王使主馬於汧渭之間，馬大蕃息。

明 王鳴鶴《登壇必究》卷一八《馬政》 秦之先有非子居犬邱，好馬及畜，善養息之。犬邱人官之周孝王。孝王召使主馬於汧渭之間，馬大蕃息。於是孝王曰：『昔柏醫爲舜主畜之多息，故有土賜姓嬴。今其後世，亦有爲朕息馬，朕其分土爲附，庸邑之秦，使復續嬴氏之土。』邱文莊曰：『古人調養有所能因其能，而用之鮮有不濟。周孝王因非子善養馬而使之主馬於汧渭之間，而馬大蕃息，是知爲政在人，惟在乎人君之善任使也。』

紀事

《管子》卷二一《臣乘馬第六十八》　桓公問管子曰：『請問乘馬。』管子對曰：『國無儲在令。』桓公曰：『何謂國無儲在令？』管子對曰：『一農之量壤百畝也，春事二十五日之內。』桓公曰：『何謂春事二十五日之內？』管子對曰：『日至六十日而陽凍釋，七十日而陰凍釋。陰凍釋而秇稷，百日不秇稷，故春事二十五日之內耳也。今君立扶臺、五衢之衆皆作。君過春而不止，民失其二十五日，則五衢之內阻棄之地也。起一人之繇，百畝不舉；起十人之繇，千畝不舉；起百人之繇，萬畝不舉；起千人之繇，十萬畝不舉。春已失二十五日，而尚有起夏作，是春失其地，夏失其苗，秋起繇而無止，此之謂谷地數亡。穀失於時，君之衡藉而無止，民食什伍之穀，則君已籍九矣，有衡求幣焉，此盜暴之所以起，刑罰之所以衆也。隨之以暴，謂之内戰。』桓公曰：『善哉！』管子曰：『策乘馬之數求盡也，彼王者不奪民時，故五穀興豐。五穀興豐，則士輕祿，民簡賞。彼善為國者，使農夫寒耕暑耘，力歸於上，女勤於織微而織歸於府者，非怨民心傷民意，高下之策，不得不然之理也。』桓公曰：『為之奈何？』管子曰：『虞國得策乘馬之數矣。』桓公曰：『何謂策乘馬之數？』管子曰：『百畝之夫，予之策：「率二十七日為子之春事，資子之幣。」春秋，子穀大登，國穀之重去分。謂農夫曰：「幣之在子者以為穀而廪之州裏。」國穀之分在上，國穀之重再十倍。謂遠近之縣，里、邑百官，皆當奉器械備，曰：「國無幣，以穀准幣。」國穀之櫎，一切什九。還穀而應穀，國器皆資，無籍於民。此有虞之策乘馬也。』

宋 呂祖謙《歷代制度詳説》卷一二《馬政・制度》　土産：《左傳》韓之戰晉侯，乘小駟鄭入也。慶鄭曰：『古者大事必乘其産，生其水土，而知其人心，安其教化，而習服其道，唯所納之無不如志。今乘異產以從戎事，及懼而變，將與人易亂氣狡憤，陰血周作，張脈僨興，外彊中乾，進退不可，周旋不能，君必悔之。』不聽。晉戎馬還濘而止。公號慶鄭曰：『愎諫違卜，固敗是求，又何逃焉？』遂去之。

明 邱濬《大學衍義補》卷一二三《牧馬之政中》　魏武侯問吴起曰：『凡畜卒騎，豈有方乎？』起對曰：『夫馬，必安其處所，適其水草，節其饑飽，冬則溫廄，夏則涼廡，刻剔毛鬣，謹落四下，戢其耳目，無令驚駭，習其馳逐，閑其進止，人馬相親，然後可使。車騎之具，鞍、勒、銜、轡必令完堅，凡馬不傷於末必傷於始，不傷於饑必傷於飽，日暮道遠必數上下，寧勞於人慎無勞馬，常令有餘，備敵覆我。能明此者，橫行天下。』臣按：古人調養戰馬之法無出此矣，畜戰馬者所宜用心觀玩。

明 雷禮《南京太僕寺志》卷六《寬恤》　魯僖公務農種穀，牧于坰野。衛文公大布之衣，大帛之冠，務材訓農，通商惠工，敬教勸學，授方任能，元年革車三十乘，季年乃三百乘。

明 彭大翼《山堂肆考》卷八七《馬政》　衛文騋牝。列國衛文公務材訓農，通商惠工，敬教勸學，授方任能，元年革車三十乘，季年三百乘，故詩人詠之曰：『秉心塞淵，騋牝三千。』言所畜之馬七尺而牝者，亦已至于三千之衆矣。

又　魯僖駉牡。魯僖公遵伯禽之法，儉以足用，寬以愛民，務農重穀，牧以坰野，而其馬之多駉而牡者，有十六種之毛色，蓋馬極其盛，而國之殷富可知矣。故詩人頌之曰：『思無疆，思馬斯臧；思無期，思馬斯才；思無斁，思馬斯作；思無邪，思馬斯徂。』言其牧馬之盛，由其立心之遠也。

管理

論說

宋 佚名《群書會元截江網》卷二五《事證》　成周調息得人。嘗觀周典夏官之職，如廋人掌其閑之政，圉師掌其牧之法，既有牧師焉，又有巫馬焉，其建官如此之備也。日中而出，日旻而入，其牧之也有時；春祭執駒，夏祭攻特，其祀之也有禮。飲食之齊，居治之辨，其為政如此之詳也。夫是以生養蕃息，而國賴其用。

宋 章如愚《山堂考索·後集》卷五〇《又論》 《周官》牧人之職掌主馬之政，辨六馬之屬，種馬一物，戎馬一物，齊馬一物，道馬一物，田馬一物，駑馬一物，此馬之種為不同也。凡頒良馬而養乘之，乘馬一師四圉，三乘為皁，皁一趣馬，三皁為繫，繫一馭夫，六繫為廄，廄一僕夫，六廄成校，校有左右。駑馬三良馬之數。麗馬一圉，八麗一師，八師一趣馬，八趣馬一馭夫，此養馬之政為有等也。天子十有二閑，馬六種，邦國六閑，馬四種，此養馬之制為有別也。其他所謂馬量三物則屬之馬質，掌其牧地則屬之牧師，掌十有二閑之政教以阜馬則職之庾人，此周之馬官也。若夫卿師之職曰以國比之法以時，稽其馬牛之物，辨其可任者，縣師之職曰若將有軍旅、會同、田役之戒，則受法於司馬，以作其衆庶及馬牛車輦，此皆馬之在於民者也。至春秋時，魯新延廄，而《傳》曰『凡馬日中而出，日晡而入』，此馬政之尚有於古也。晉惠公韓原之戰，乘鄭小駟，慶鄭曰：『古者大事必乘其産，生其水土，而知其人心，安其教訓，而服習其道。』惠公不聽，戎馬還濘而止，此其不合於古者也。晉悼公使程鄭為乘馬，御六騶屬焉。晉有乘馬御之官，宋有校正之官，此掌馬之可攷者也。晉有屈産之乘，吳伐楚，取駕之良馬也，此馬名之可攷者也。

明 邱濬《大學衍義補》卷一二三《牧馬之政上》 周人因井田而制軍賦，四井為邑，四邑為丘，十六井也，有馬一匹；四丘為甸，甸六十四井，有戎馬四匹、兵車一乘；一同百里，提封萬井，定出賦六千四百井，戎馬四百匹；一封三百一十六裏，提封十萬井，定出賦六萬四千井，戎馬四千匹；天子畿方千里，提封百萬井，定出賦六十四萬井，戎馬四萬匹。林駉曰：『馬政之說，古今凡幾變，以官民通牧者周也。成周以民牧者，如丘、甸歲取馬四匹之類，平時則官給芻牧，有警則民供調發，然而在天子之都、諸侯之國、士大夫之家未嘗不自畜馬，此蓋在官養之耳。何以知之？如《周禮》以天子十有二閑，先儒論數謂不過三千餘匹，衛文公承夷狄所滅，新造之後，末年亦至騋牝三千，若以制度論之，衛以諸侯之國，又當殘亂之餘，其他固不及論，安得遽如成周全盛乘馬之數？蓋所謂天子十有二閑是養之於官者，衛之騋牝三千，舉官民通數而言之也。』臣按：今之中國即古之中國，萬古此天地則萬古此山川，萬古此山川則萬古此人物。成周之世於天子畿內千里之地而可以得馬四萬匹，諸侯國三百十六裏之地可以得馬四千匹，大夫家採地百里之地而可以得馬四百匹，今而一郡之地視古者一國、一邑之地視古者一家，成周盛時不聞其乏馬之用，而馬之在民者亦未聞其為害，後世則不然，豈今古土地生牧相遼絶哉？雖然，不特成周盛時為然也，若夫古之衛地即今懷慶、彰德、大名、滑、濮等郡之境，魯地即今兗州、寧海、高密等處之境，衛乃有牝之者至於三千，牡而小者不計焉，魯乃有牡之純者至於十六色，牝而駁者不與焉，孔子曰『其人存則其政舉』，又曰『為政在人』，則是馬政之興舉實在乎人，今無其人耳，豈其地之牧畜宜於古而不宜於今也？

明 湛若水《格物通》卷八四《馬政》 《禮記·月令》曰：『游牝別羣，則縶騰駒，班馬政。』臣若水通曰：此仲夏之令也。別羣者，離其羣也。季春游牝於牧，至仲夏妊孕已遂，故別羣也。縶，維之也。騰駒者，騰躍之駒也。於此時縶騰躍之駒，恐踶囓以傷其孕也。二者皆以遂長養也。班，布也。馬政，養馬之政令也。

又 《月令》曰：『是月也，天子乃教於田獵，以習五戎，班馬政。』臣若水通曰：此季秋之令也。先王於季秋之月天氣平和之時，教人田獵，以逐禽獸，因以習五戎之事，即車攻所謂因田獵以選車徒者也。斯時也，又班布馬政，必齊色度力，然後同乘焉。夫田獵所以得利，人之所欲莫甚於利者，軍戎所以效死，人之所惡莫甚於死者，以所惡寓所欲而習焉，先王之深意也。然必繼之以班馬政者，蓋行獵必以車，駕車必以馬，故必班馬政，比乘車，然後田獵之事可因之而舉，而軍戎之教寓於其中矣。今天下雖無事，然不可忘戰，而馬政亦所當修，有太僕之官以專其事，有御史之烙以稽其弊，蓋亦嘗備矣。伏惟聖明嚴加戒飭，以復先王之遺意焉。

綜述

宋 陳祥道《禮書》卷一四七《馬》 鄉師以時辨其車馬之物，均人民牛馬車輦之力政，縣師辨其六畜車輦之稽，遂人以歲時登其夫家之衆寡及其六畜車輦，遂師以時登其六畜田野，遂大夫以歲時稽其六畜田野，甸祝、禂牲、禂馬皆掌其祝號。杜子春云：禂，禱也，為馬禱無疾。大司馬喪祭奉詔馬牲。馬質掌質馬馬量三物，一曰戎馬，二曰田馬，三曰駑馬，皆有物，此三馬買以給官府之使，無種也。綱惡馬，凡受馬於有司者，書其齒毛，與其賈。馬死則旬之內更，旬之外入馬耳，以其物更，其外否。馬及行，則以任齊其行。若有馬訟則聽之。禁原蠶者。齊右王乘則持馬，凡有牲事則前馬道右，王出入則持馬，王式則下前馬馭夫，分公馬而駕治之。校人掌王馬之政，辨六馬之屬，種馬一物，戎馬一物，齊馬一物，道馬一物，田馬一物，駑馬一物。種謂上善似母者，以次差之，玉路駕種馬，戎路駕戎馬，金路駕齊馬，象路駕道馬，田路駕田馬，駑馬給宮中之役。凡頒良馬而養乘之。乘，馬一師四圉，三乘為皁，皁一趣馬，三皁為繫，繫一馭夫，六繫為廄，廄一僕夫，六廄成校，校有左右。駑馬三良馬之數。麗馬一圉，八麗一師，八師一趣馬，八趣馬一馭夫。良，善也。善馬，五路之馬。鄭司農云：四匹為乘，養馬為圉。故《春秋傳》曰：馬有圉，牛有牧。玄謂二耦為乘，師趣馬。馭夫，僕夫帥之名也。趣馬下士，御夫中士，則僕夫上士也。自乘至廄，其數二百一十六匹。易乾為馬，此應乾之筴也。至校變為言成者，明六馬各一廄而王馬小備也。校有左右，則良馬一種者四百三十二匹，五種合二千一百六十匹。駑馬三之，則為千二百九十六匹。五良一駑，凡三千四百五十六匹，然後王馬大備。《詩》曰『騋牝三千』，此謂王馬之大數與麗耦也。駑馬自圉至馭夫凡馬千二十四匹，與三良馬之數不相應，八皆宜為六字之誤也。師十二匹，趣馬七十二匹，則馭夫四百三十二匹矣。然後而三之，既三之，無僕夫者不駕於五路，卑之也。天子十有二閑，馬六種；邦國六閑，馬四種；家四閑，馬二種。降殺之差。每廄為一閑，諸侯有齊馬、道馬、田馬，大夫有馬各一閑，其駑馬則皆分為三焉。凡馬特居四之一。欲其乘之性相似也。物同氣則心一。鄭司農云：四之一者，三牝一牡。春祭馬祖，執駒。夏祭先牧，頒馬攻特。秋祭馬社，臧僕。冬祭馬步，獻馬，講馭夫。趣馬掌贊正良馬而齊其飲食，簡其六節。巫馬掌養疾馬而乘治之，相醫而藥攻馬疾，受財于校人。牧師掌牧地，皆有厲禁而頒之。孟春焚牧，中春通淫，掌其政令。凡田事，贊焚萊。庾人掌十有二閑之政教，以阜馬佚特，教駣，攻駒及祭馬祖，祭閑之先牧及執駒散馬耳。圉馬正校人員選，馬八尺以上為龍，七尺以上為騋，六尺以上為馬。圉師掌教圉人養馬。春除蓐，釁廄始牧。夏庌馬，冬獻馬。射則充椹質，茨牆則翦闔。圉人掌養馬芻牧之事，以役圉師。凡賓客喪紀，牽馬而入陳，廞馬亦如之。小行人圭以馬，玉人、大璋、中璋、邊璋，天子以巡守宗，祝以前馬。

宋 呂祖謙《歷代制度詳説》卷一二《馬政・制度》 官名：周校人掌王馬之政，辨六馬之屬。趣馬掌贊正良馬，而齊其飲食，簡其六節，掌駕說之頒，辨四時之居治，以聽馭夫。巫馬掌養疾馬而乘治之。牧師掌牧地，皆有厲禁而頒之。庾人掌十有二閑之政教。圉師掌教圉人養馬。圉人掌養馬芻牧之事。

宋 章如愚《山堂考索・後集》卷五〇《兵門・馬政》 成周之時設校人之官，非徒具六馬之數也，辨其六馬之屬，凡軍事則物馬而頒之。設庾人之官，非徒具十二閑之數也，教以阜馬，佚特，斂駣，攻駒，則其教之也為有素矣。惟其教之也為有素，則用之也為適宜。宣王中興，此意猶有存者，『比物四驪，閑之維則』。閑習為如何？兩驂不倚，不失其馳，則其馳御者為如何？中興之功，或者其有得於此。春秋以來，秦晉交戰於韓原，晉馬旋濘而止。冀之北，士馬之所生，晉固非少於馬者，而乃不能以求勝。及晉楚之戰于邲，楚許叔御樂田以致晉師，執轡掉鞅，動中程式，晉莫能當其鋒，用能車馳，卒奔以乘，晉師荆楚之地固非馬之所産，而獲其用如此。觀韓原之戰則知馬不貴於徒盛，觀邲之戰則知馬不可以不習。

明 邱濬《大學衍義補》卷一二三《牧馬之政上》 《周書》：司馬掌邦政。蔡沈曰：『軍政莫急於馬，故以司馬名官。』臣按：週六官其五者之卿皆以人為名，而獨於夏官卿以馬名焉者，蓋以見國之大事雖在於戎，而戎之大用則在於馬，所謂五官者皆主於文事，而此一官獨用於武備。武備之說所以平諸侯、正天下，無馬則無以駕車輅而以為禮，無馬則無以整戎行而以即戎，邦政有所不行矣。

又 《周禮》：馬質質，平也，主買馬平其價直。掌質馬，馬量三物，量其材質之高下而知其價。一曰戎馬，供武事馬。二曰田馬，供田獵馬。三曰駑馬，下材而供冗事者。皆有物賈，材有美惡，價有高下。綱惡馬。駕不馴者以索維之，禁其奔踶。凡受馬於有司者，謂校人之屬，受馬謂國事當用馬者。書其齒毛與其賈，書其年齒、毛色及價直。馬死則旬之內更，受馬在十日之內死者償之。更，償也。旬之外入馬耳，以其物更，十日之外馬死者，割其馬耳入官，見其實死，就以其皮肉筋骨來償，不計價。其外否。十日之外則不償，雖皮肉不取。馬及行，則以任齊其行。若馬之行則以所任載之輕重、道裏之遠近別識之，以齊其勞逸而後行。若有馬訟則聽之，有爭馬之訟則聽其曲直。禁原蠶者。原，再也。一年不許兩次養蠶。鄭玄曰：『天文辰為馬，蠶書蠶為龍精，月值大火則浴其種，是蠶與馬同氣。物莫能兩大，禁再蠶者為傷馬歟。』臣按：周人之馬買於民間，故立官以為馬質。質之為言平也，專以質平馬之價直。蓋馬之材質有高下、氣力有強弱、年齒有老壯、毛色有純駁，故其價直不無多少之異焉，而其用之大要有三，上焉者以供戎事之用，次焉者以供田獵之用，下焉者以供冗雜之用。馬生於民間而用之於公，上不可以空取之也，不可以概取之也，空取之則民不復私畜矣，概取之則民不加芻秣矣，是以三代盛時其於馬也，於民常賦之外有餘畜者，則官以價直易之焉，養之閑廄之中以備不時之用，卒有國事，民之無馬者則於是領給焉。其給之也，必書其馬之年齒、毛色與原所買之價，使民受之者有定色則不敢以駑易良、有常齒則不敢以老易壯、有原價則不敢以賤易貴。所受馬在十日內死者則責其陪償，受之未久；在十日外死者，惟取其皮耳，恐其詐偽也；在十日之外死者，則予之民而官不取矣。後世兵民既分，馬養之民而收之於官，然後散之於軍，官府無複有質買之政，而馬之死者一切責軍之償，在官者未必實得馬之用，而軍民俱受其弊矣。近時馬政亦有科錢買馬之令，然所得者未必良，而給之於軍，遇有倒死陪償如故，而西北之邊苦之尤甚，至有鬻子女而不能償者。籲，可歎也已。臣請自今以後朝廷酌為中制，定為馬價，馬之價公私交易皆不許過二十緡，違者馬與價俱入官，牙行之人坐以違制罪。說者若謂物之不齊物之情，大屨小屨同價，孰肯為其大者？臣竊謂天生之物與人為之物不同，馬之良乃天所生，人力不與焉，官府既為定價，則民間有馬者不過求多直而皆市之官矣，惟其市之官所得有限，他市則可多得，以此官之所易者未必得良也。若夫馬之倒死，不責之償則彼蔑視其馬而死者愈多，若責之償則士卒貧窘何由得錢？臣愚以為，待其死而責其償，不若先其生而為之備，凡有受馬者請如周制，書其年齒、毛色及其原價，而又量其材質之高下、肥瘠並書之冊，其馬有死者，誠瘠且老則不責其償，若其馬實壯肥而齒未老，馴致瘦損而死者，則責其同伍者合力償之，同伍有先首及其督責之實狀則免其人，而惟責償所受者，與夫其馬因公事而死、及其人本善調息而馬忽然不意暴死者皆不在償數，此外又立為馬病及瘦損豫告醫治之法，其馬實病而死非由人致，醫證明白亦不償。

校人馬官之長。掌王馬之政，謂差擇乘養之數。辨六馬之屬，種馬一物、戎馬一物、齊馬一物、道馬一物、田馬一物、駑馬一物。凡頒良馬而養乘之，乘馬四匹曰乘。一師四圉；養馬曰圉。三乘為皂，馬十二匹。皂一趣馬；下士一人主之。三皂為系，馬三十六匹。系一馭夫；中士一人主之。六系為廄，馬二百十六匹。廄一僕夫；上士一人主之。六廄成校，六馬各一廄，共成一校，馬千二百九十六匹。校有左右。一校分左右。駑馬三良馬之數。六馬其五皆良，惟駑馬物獨三倍良馬之數也。鄭玄曰：『校人者，馬官之長。校之為言校也，丰馬者必仍校視之。』吳澂曰：『良馬，謂五路之馬皆良善者也。六廄成校，六馬各一廄，共成一校，校有左右，則良馬一種者四百三十二匹，五種合二千一百六十匹，然後王馬大備也。』臣按：校人之職，鄭氏解校為比校之校，或者又謂用木相交為圈檻以制禽獸之出入謂之校，因謂主馬者為校人。觀校人所掌者，始於乘積而為皂、為系、為廄，而成於校，或者之解未必非也。六馬之屬，注謂『玉路駕種馬，戎路駕戎馬，金路駕齊馬，象路駕道馬，田路駕田馬，駑馬給宮中之役』，臣竊以為不然。謹考馬品質馬三物，一曰戎馬即此戎馬也，二曰田馬即此田馬也，三曰駑馬即此駑馬也，其所謂齊馬者以駕齊車者也，齊車云者先儒以為王自整齊之車，所謂道馬者以駕道車者也，道車云者先儒以為王行道德之車，意者，馬之足力齊者則擇以為一類而謂之齊、馬之範驅馳者則擇以為一類而謂之道歟？且校人掌王馬之政，辨六馬之屬，六者之馬皆謂之物，先儒謂其毛其足其力皆所謂物也，辨其物使之皆以類而相從，可為育種者為一類、可供戎事者為一類、毛足齊一者為一類、善於馳走者為一類、可供田獵者為一類、材下而供雜役者為一類，校人用其材質高下毛色純駁辨之各為一類而共有六類焉，況所掌者王馬之政，謂之政則非但分類以駕車一事可知也。六馬之用以種馬為先，後世乘輿惟牡是用，漢人乘牝者為世所擯，況以駕天子之輅乎？鄭氏解種馬謂馬之上善似母者，賈公彥謂馬亦有似父者，主母而言也，臣竊以謂古人質樸，所謂種馬者安知非謂牝哉？吳澂謂馬之至良可為種者，丘葵亦謂馬之善育者，所謂為種、善育，非牝而何？夫用以乘惟取其質之良、色之純而力足以任者爾，又何牝牡之拘哉？蓋馬之性牡者多有不馴，而牝則多馴焉，故用之以駕天子之輅，慮其或有奔踶而致傾軼耳。後世馬惟用牡，所以駕乘而征戰者未嘗用牝，而其所謂牡者又往往去其勢而絕其生道，馬之所以不藩碩者，坐此故也。盍觀衛詩所謂『騋牝三十』，言牝不言牡可見矣。臣請今日除戰馬外，凡公私所乘之馬皆許以牝，有牡者官以價售之以為內廄及官府營伍邊方之用，如此，則習以成風，人皆仿效，非惟官得其用而私亦得其利，而國家馬致修舉，生息日多，武備日盛，而中原之民不受保馬之害矣。天子十有二閑，馬六種；邦國六閑，馬四種；家四閑，馬二種。凡馬，特牡馬。居四之一。鄭玄曰：『此降殺之差也。凡馬，每廄一閑，諸侯有齊馬、道馬、田馬，大夫有田馬各一閑，其弩馬則皆分為三焉。』賈公彥曰：『天子十二閑，分為左右，每馬各分為兩廄；諸侯與大夫每馬直一廄，不分左右。』吴澂曰：『閑猶闌也，以木距門防馬者也。六廄成校，校有左右，故十二閑也。特居四之一，特，牡馬也，三牝一牡，欲其生之衆也。』臣按：成周之世，其馬之牧於官者牝牡皆具，而牡居四之一，則是馬百匹而有七十五匹之牝矣。後世在官之馬惟有牡而無牝，而民間所畜者雖有牝然亦牡多而牝少，孳牧所以不蕃而馬政所以不舉、武備所以不修者，坐此故也。譬則人焉，惟育男而不育女，而欲戶口蕃息，難矣。臣願朝廷復古昔王馬之政，特敕有司修舉廢典，凡馬之在官、在民者皆必牝多於牡，則芻豆不徒費而國馬日以蕃息矣。【略】趣馬趣，養馬者。掌贊正良馬而齊其飲食，簡其六節，掌駕說音稅。之頒，辨四時之居治以聽馭夫。吴澂曰：『簡其六節，謂差擇良馬以為六等也。駕以行，說以止，有勞逸之節，故敘而頒之也。居謂牧牀所處之宜，治謂執駒攻特之屬。』臣按：此可見古人養馬適饑渴之宜、順勞逸之節、辨寒溫之時。先儒謂辨四時之居者，二月之後盛陽處外則在牧而有牀，八月之後陽在地中則在廄而有閑也。巫馬下士二人、醫四人、府一人、史二人、賈主買賣者。二人、徒二十人。掌養疾馬而乘治之，相助也。醫而藥攻馬疾，受財以資醫馬之費。於校人。馬死則使其賈粥賣也。之，入其布泉也，泉即錢也。於校人。賈公彥曰：『巫知馬祟，醫知馬病，故連類在此。』吴澂曰：『巫馬，知馬祖、先牧、馬社、馬步之神者，馬疾若有犯焉則知之，是以使與醫同職。乘治之者，謂驅馬以知其疾之所在而治之也。』臣按：先儒謂巫所以通鬼神，醫所以寄生死，非但於人為然，而於畜類亦莫不然也。《周官》設巫馬之官，專掌疾馬而乘治之，乘治云者，蓋以馬之疾難知，必驅步之以發其疾，而後驗而療之也。其職雖主於乘治，然以其藥而攻馬之疾者則有醫四人焉，巫馬不過禱之神以相助之而已，非專主於巫禱也。本朝設馬神廟，太僕寺及州縣皆設獸醫，蓋得周人意也。近世有《安驥集》等書，專主馬病，乞下大醫院校正刻板頒佈有司，俾專其業者講而用之，則馬無有不得其死者矣。牧師掌牧地，皆有厲禁而頒之，孟春焚牧，中春通淫，掌其政令。凡田事，贊焚萊。鄭玄曰：『頒之者，授圉者以牧地。孟春焚牧地，以除陳生新草也。中春通淫，以陰陽交合之時合馬之牝牡也。』賈公彥曰：『言厲禁者，謂可牧馬之處，亦使其地之民遮護禁止，不得使人輒牧牛馬。』臣按：古人養馬處處皆有牧田，即今之草場也，可耕則授之於農，不可耕者則留以

養馬，蓋耕墾之地草萊不生，留其地所以蓄草，蓄草所以養馬，養馬所以備武事，備武事所以安邊方、壯王室，非小故也。昔人謂農事弗擾則馬政自修，故詩人稱馬政必歸之農，《魯頌》美僖公亦曰務農重穀，牧於野，豈不以農政既修則馬政自舉乎？我祖宗於畿甸之間，民耕之外，輒擇有水草處以為草場，近日盡為權貴所有，民間之馬無地可牧，請一切複之，立為厲禁政令，異日欲行周人牧師之政，舉而措之云耳。

又 卷一二三《牧馬之政中》 庾人掌十有二閑之政教以阜馬、佚特、教駣、攻駒，及祭馬祖、祭閑之先牧，及執駒、散馬耳、圉馬，正校人員選。馬八尺以上為龍，七尺以上為騋，六尺以上為馬。鄭玄曰：『阜，盛壯也。佚特者，用之不使甚勞，安其血氣也。三歲曰駣，始教乘習之也。二歲曰駒，攻騬之也。散馬耳，以竹括押馬耳，其頭動搖則括中物，後遂串習，不復驚也。正員選者，選擇可備員者平之也。』臣按：此九者，馬之政教也。圉師掌教圉人養馬。春，除蓐、釁廄、始牧；夏，庌廡也。馬；冬，獻馬。臣按：古人之養馬必順其四時，冬之寒也則藉之以蓐，春之暖也則除去之，然又恐其所居之廄積糞穢之久而或足以致馬疾，故殺牲以血塗之而後以居焉。冬之寒也則燠之以廄，夏之炎也則涼之以廡，其養也殆無異於人，則其馬安得而不壯盛哉？圉人掌養馬芻牧之事以役圉師。臣按：芻以食馬，牧以放馬，皆所以養之也。《周官》設官以掌王馬之政，不惟有政而又有教、有養馬，政以正之、教以導之而養以安之也，養之則生息多而壯健，教之則性習馴而調和，是故馬質、校人掌其政者也，趣馬、巫馬、牧師、圉師、圉人則以養之，而庾人則又所以教之者焉。

明 雷禮《南京太僕寺志》卷二《重責任》 栢翳爲舜主畜之多息，故有土賜姓嬴。《周禮》：庾人掌十有二閑之政教，正校人員選。趣馬簡其節，巫馬治其疾。圉師掌教圉人，掌養馬。鄉師以時辨其馬牛之物，均人均牛馬之力政，縣師辨其六畜，遂人、遂師以時登其六畜，遂大夫以時稽其六畜，而牛馬與焉。秦之先曰非子，周孝王使主馬於汧渭之間，馬大蕃息。

又 卷三《定課額》 成周甸出長轂一乘，馬四匹。每馬一圉，每乘一師，三乘馬十二匹，三皁爲繫，三十六匹，六繫爲廐，二百一十六匹，六厩成校，校有左右，則十二厩，合三千四百五十六匹，種合一廐，廐有左右，則一種四百三十二匹，良馬五種，則合二千一百六十匹，又駑馬一種，三良馬一種之數，

則爲千二百九十六匹，五良一駑，凡三千四百五十六匹。

明 袁黃《馬政考》《明文海》卷一二二 虞以畜馬之責委之伯益，周以芻秣之式掌之六官，而其屬則有校人掌王六馬，有廋人掌十二閑，趣馬齊其節，巫馬治其疾，馬質平其價，牧師掌其地，圉師主其教，圉人供其役，其法詳矣。

明 王鳴鶴《登壇必究》卷一八《馬政》 《月令》：『季春之月，乃合累平聲牛騰馬遊牝于牧。犧牲駒犢，舉書其數。』陳澔曰：『春陽既盛，物皆産育，故合其累繫之牛、騰躍之馬而遊縱之。使牡者就牝者于芻牧之地，欲其孳生之蕃也，養其中犧牲之用者。及馬之駒、牛之犢，皆書其數者，以備稽校多寡也。』仲夏之月，游牝別羣，則縶騰駒，班馬政。陳澔曰：『季春游牝于牧，至此妊孕已遂，故不使同羣。拘繫騰躍之駒者，止其踶齧也。班布馬政，養馬之政令也。』方慤曰：『馬政者，若周官趣馬之簡其節，巫馬之治其疾，校人之辨其屬，廋人之掌其閑，以至圉師之所教圉人之所養，莫不有政，馬故班之也。班則制而分之之謂歟。』季秋之月，班馬政，命僕戎僕也。及七騶咸駕，載旌析羽曰旌。旐，龜蛇曰旐。授車以級，整設于屏外。司徒搢撲，即夏楚也。北面誓之。鄭玄曰：『馬政，謂齊其色，度其力，使同乘也。七騶，謂趣馬主爲諸官駕税者也。』孔穎達曰：『七騶者，天子馬有六種，種別有騶，則六騶也。又有總主之人，并六騶爲七。既班馬政，乃命戎僕及七騶等皆以車馬駕。又載旌旗既畢，授此七戎之車，以其尊卑等級正其行列，設於軍門屏之外東西廂以爲行陣。』邱文莊曰：『《月令》雖呂氏所作，然其所載者皆先王之故，與季秋之月班馬政而命戎僕，駕車載旐，以設行陣，蓋以操習天子之六種馬也。先王之練兵，不惟習其人，而又習其馬，不惟命典兵之官，而又命掌教之職。吁！三代之兵人與馬相習，三代之政文與武兼用，此所以兵威所及，而功無不成，而武不至黷也歟。』

明 黃道周《博物典彙》卷一七《成周馬政》 《周書》：司馬掌邦政。蔡氏曰：軍政莫急於馬，故以司馬名官。周人因井田而制軍賦，四井爲邑，四邑爲丘，十六井也。有馬一匹，四丘爲甸，六十四井也。有戎馬四匹，兵車一乘，一同百里，提封萬井，定出賦六千四百井，戎馬四百匹，一封三百一十六里，提封十萬井，定出賦六萬四千升，戎馬四千匹。天子畿方千里，提封百萬井，定出賦六十四萬井，戎馬四萬匹。《周禮》：馬質掌質馬馬量三物，一曰戎馬，二曰田馬，三曰駑馬，皆有物賈。綱惡馬。凡受馬於有司者，書其齒毛與其價。馬死，則旬之內更，旬之外入馬耳，以其物更；其外否。馬及行則以任齊其行。若有馬訟則聽之。禁原蠶者。校人掌王馬之政，辨六馬之屬，種馬一物，戎馬一物，齊馬一物，道馬一物，田馬一物，駑馬一物。凡頒良馬而養乘之。天子十有二閑，馬六種，邦國六閑，馬四種，家四閑，馬二種。凡馬特居四之一。趣馬掌贊正良馬而齊其飲食，簡其陸節。巫馬下士二人，醫四人，府一人，史二人，賈二人，徒十人，掌養疾馬而乘治之。牧師掌牧地，皆有厲禁而頒之。廋人掌十二閑之政教以阜馬。圉師掌教圉人養馬。圉人掌養馬芻牧之事，以役圉師。

明 黃道周《歷代馬政考》《射書》卷四 軍政莫急于馬，故以司馬名官。周人立井田、制軍賦，四井為邑，四邑為丘，有馬一匹；四丘為甸，有戎馬四匹、兵車一乘。一同百里，提封萬井，定出賦六千四百井，戎馬四百匹。一封三百一十六里，提封十萬井，定出賦六萬四千井，戎馬四千匹。天子畿方千里，提封百萬井，定出賦六十四萬井，戎馬四萬匹。馬質掌質馬，馬量三物：一曰戎馬，二曰田馬，三曰駑馬，皆有物賈綱惡馬。凡受馬于有司，書其齒毛與其價，馬死則旬之內更，旬之外入馬耳，以其物更，其外否。馬及行，則以任齊其行。若有馬訟，則聽之。禁原蠶者。挍人掌王馬之政，辨六馬之屬，種馬一物，戎馬一物，齊馬一物，道馬一物，田馬一物，駑馬一物，凡頒良馬而養乘之。天子有十二閑，馬六種；邦國六閑，馬四種；家四閑，馬二種，凡馬特居四之一。趣馬掌贊正良馬，養其飲食，簡其陸節。巫馬下士二人，醫四人，府二人，史二人，賈二人，徒十人，掌養疾馬而乘治之。牧師掌牧地，皆有厲禁而頒之。庾人掌十二閑之政，教以阜馬。圉師掌教圉人養馬。圉人掌養馬芻牧之事，以役圉師。

清 顧九錫《經濟類考約編》卷下《馬政考》 周書司馬掌邦政。蔡沈曰：軍政莫急於馬，故以司馬名官。此序馬政可考之始。周制，因井田而制軍賦，四井爲邑，四邑爲丘，丘十六井也，有馬一疋；四丘爲甸，甸六十四井，有戎馬四疋，兵車一乘；一同百里，提封萬井，定出賦六千四百井，戎馬四百匹；一封三百一十六里，提封十萬井，定出賦六萬四千井，戎馬四千匹；天子畿方千里，提封百萬井，定出賦六十四萬井，戎馬四萬匹。此序成周戎馬之制。周制，天子十二閑，馬六種；邦國六閑，馬四種；家四閑，馬二種。凡馬，特居四之一。閑防馬者也。左右六廄，故十二閑也。特，牡馬也。三牝一牲，欲其生之衆也。六馬謂種馬、戎馬、齊馬、道馬、田馬、駑馬，共馬二千五百九十二匹，此序成周閑馬之制。

紀事

《管子》卷二一《乘馬數第六十九》 桓公問管子曰：『有虞策乘馬已行矣，吾欲立策乘馬，為之奈何？』管子對曰：『戰國修其城池之功，故其國常失其地用。王國則以時行也。』桓公曰：『何謂以時行？』管子對曰：『出准之令，守地用人策，故開闔皆在上，無求於民。』『霸國守分，上分下游於分之間而用足。王國守始，國用一不足則加一焉，國用二不足則加二焉，國用三不足則加三焉，國用四不足則加四焉，國用五不足則加五焉，國用六不足則加六焉，國用七不足則加七焉，國用八不足則加八焉，國用九不足則加九焉，國用十不足則加十焉。人君之守高下，歲藏三分，十年則必有五年之餘。若歲凶旱水泆，民失本，則修宮室臺榭，以前無狗後無彘者為庸。故修宮室臺榭，非麗其樂也，以平國策也。今至於其亡策乘馬之君，春秋冬夏，不知時終始，作功起眾，立宮室臺榭。民失其本事，君不知其失諸春策，又失諸夏秋之策數也。民無糧賣子數矣。猛毅之人淫暴，貧病之民乞請，君行律度焉，則民被刑僇而不從於主上。此策乘馬之數亡也。』『乘馬之准，與天下齊准。彼物輕則見泄，重則見射。此鬥國相泄，輕重之家相奪也。至於王國，則持流而止矣。』桓公曰：『何謂持流？』管子對曰：『有一人耕而五人食者，有一人耕而四人食者，有一人耕而三人食者，有一人耕而二人食者。此齊力而功地。田策相圓，此國策之時守也。君不守以策，則民且守於下，此國策流已。』桓公曰：『乘馬之數盡於此乎？』管子對曰：『布織財物，皆立其貲。財物之貨與幣高下，穀獨貴獨賤。』桓公曰：『何謂獨貴獨賤？』管子對曰：『穀重而萬物輕，穀輕而萬物重。』公曰：『賤策乘馬之數奈何？』管子對曰：『郡縣上臾之壤守之若干，間壤守之若干，下壤守之若干。故相壤定籍而民不移，振貧補不足，下樂上。故以上壤之滿補下壤之眾，章四時，守諸開闔，民之不移也，如廢方於地。此之謂策乘馬之數也。』

《晏子春秋・內篇雜下》卷六《景公以晏子乘弊車駑馬使梁丘據遺之三返不受》 晏子朝，乘弊車，駕駑馬。景公見之曰：『嘻！夫子之祿寡耶？何乘不任之甚也？』晏子對曰：『賴君之賜，得以壽叄族，及國遊士，皆得生焉。臣得暖衣飽食，弊車駑馬，以奉其身，於臣足矣。』晏子出，公使梁丘據遺之輅車乘馬，叄返不受。公不說，趣召晏子。晏子至，公曰：『夫子不受，寡人亦不乘。』晏子對曰：『君使臣臨百官之吏，臣節其衣服飲食之養，以先國之民；然猶恐其侈靡而不顧其行也。今輅車乘馬，君乘之上，而臣亦乘之下，民之無義，侈其衣服飲食而不顧其行者，臣無以禁之。』遂讓不受。

馬祭

論説

明 邱濬《大學衍義補》卷一二三《牧馬之政上》 春，祭馬祖，執拘也。駒；馬二歲曰駒。夏，祭先牧，始養馬者。頒馬，攻特；秋，祭馬社，臧善也。僕；冬，祭馬步，神為馬災害者。獻馬，見成馬於王。簡簡習。馭夫。馭車者。鄭玄曰：『馬祖，天駟也，房為龍馬。執駒無令近母，春通淫之時，駒弱血氣未定，為其乘四，恐傷之也。先牧，謂始養馬者。夏通淫之後，攻其特，為其蹄齧不可乘用，故騬之。馬社，始乘馬者。臧僕，謂簡練馭者令皆善也。』臣按：周人於馬不惟養於人，而又禱之於神，蓋國之大事在戎，而戎之大政在馬，然馬之為物所以遂其性者，雖系乎人之養，而有人力之所不及者，非神以相之，安能得其孳育多而膘息壯哉？此成周所以有四時之祭，而其祭也又各因其祭而有所攻執簡習焉。不徒責之人而又求之神，不專恃乎神而又任乎人，古之帝王合天人而一之，非但以之治人，雖畜類之賤亦無不然，此治古之政後世所以不能及也。今國家每歲春秋太僕寺有馬神之祭，而各州縣皆立馬神廟，亦周人意也，但所謂執駒、攻特、臧僕、講馭夫之政尚缺焉，誠隨其時舉其祭，因其祭而行其政，則馬得其養、國賴其用矣。或曰春之執駒、秋之臧僕、冬之講馭夫，無非馬政也，而獨於夏之攻特謂之頒何也？蓋特之為言牡也，攻之為言治也，鄭司農所謂㸑之是也，韻書『騬，犗也俗謂之騸。』馬之駒者春則拘執之使其體全而不傷其血氣，馬之特者夏則攻治之使其性馴而不至於蹄齧，是以所牧之馬神全而力健、性馴而質良，然後簡擇其飼養之人，練習其駕馭之卒，此所以獨謂之頒也。意者六馬之中惟種與駑有牝，曰戎、曰田、曰道皆所攻之特歟，不然，所謂特居四之一者，牝多而牡少，其牝之多如此，將置之何所也？

綜述

明 邱濬《大學衍義補》卷一二三《牧馬之政上》 《吉日》之首章曰：吉日維戊，既伯既禱。孔穎達曰：『伯者長也，馬之祖也。《夏官》校人春祭馬祖、天駟，龍為天馬，故房四星謂之天駟。常祭在春，將用馬力則又備禮禱之。』朱熹曰：『戊，剛日也。伯，馬祖也，謂天駟，房星之神也。言田獵將用馬力，故以吉日祭馬祖而禱之。』臣按：晉《天文志》曰：『房四星亦曰天駟，為天馬，主車駕。』本朝每歲春秋遣太僕寺官祭馬神，而於州縣皆立馬神廟，本諸此。

清 閻鎮珩《六典通考》卷一六六《王政考・馬祭》 馬質，禁原蠶者。原，再也。蠶與馬同氣，物莫能兩大。禁原蠶，為其傷馬與？校人春祭馬祖，馬祖，天駟也。夏祭先牧，先牧，始養馬者，其人未聞。秋祭馬社，馬社，始乘馬者。《世本》曰：相土作乘馬。冬祭馬步。馬步，神為害馬者。庾人掌祭馬祖，祭閑之先牧，先牧，制閑者。甸祝禂牲馬皆掌其祝號。為牲祭，求肥充，為馬祭，求肥健。鄭鄂曰：馬未嘗有祖，此言馬祖者，賈氏謂天駟也。以天文考之，天駟房星也，房為龍馬，馬生者，其氣實本諸此，則馬祖為天駟可知。於春則祭，春者萬物始生之時，先牧始教人以放牧者也。夏草方茂，馬皆出而就牧，思其始教以養牧之法，故祭於夏。阜廐所在，必有神焉，賴乎土神，以安其所處，故祭馬社。寒氣總至，馬方在廐，必存其神，使不為災，唐人之頌曰冬祭馬步，存神也。馬之難育也，必祭諸神以為之助，四時之順，其時各有蓄馬之法。

秦漢魏晉馬政分部

總論

論説

宋 佚名《群書會元截江網》卷二五《事證》 古者馬出於西北。古者之馬多出於西北，而不在於東南。冀之北土馬之所生，非并代乎？汧渭之間馬之所蕃，非秦隴之界乎？駉駉牡馬，在坰之野，蓋兖州也。秉心塞淵，騋牝三千，蓋衛州也。漢於苑馬分布西北二邊，故北地、西河、遼東諸郡皆有牧師，而太原亦有家馬。官自天子六廄以供乘輿，餘悉養之邊郡。唐自太原破突厥，誅高昌，繼又以高宗破高麗，擒百濟，而其地西至焉耆，北至陰山，故牧監分布隴右，而馬為最盛。然則西北之出馬，亦誠然也。

宋 林駉《源流至論》卷二《馬政》 馬政之説，古今凡幾變。以官民通牧者，周也；牧於民而用於官者，漢也；牧於官而給於民者，唐也；至於國朝，始則牧之在官，後則蓄之於民，又其後則市之於戎狄。其得失利病有不難攷者，成周以民牧者，如丘甸歲取馬四匹之類，《前刑法志》：四邑為丘，四丘為甸，有戎馬一匹。平時則官給芻秣，有警則民供調發。然而在天子之都、諸侯之國、士大夫之家，未嘗不自蓄焉，此盖在官養之爾。何以知之？如《周禮》以天子有十二閑，先儒論數謂不過三千餘匹，衛文公承夷狄所滅之後新造之國，未年亦至騋牝三千。《定之方中》詩。若以制度論之，衛以諸侯之國，又當殘亂之餘，其他固未及論，安得遽如成周全盛乘馬之數？盖所謂天子有十二閑，是養之於官者，衛文公謂騋牝三千，舉官民通數而言之，此成周官民通牧之制也。阡陌開，井田廢，兵車不復取，田賦戎馬各從官給，於是馬政日廢而外患生矣。漢初稍復古制，勸民養馬，有一匹者復卒三人，盖居閒則免三人之筭，有事則當三人之卒，此内郡之制也。《前食貨志》：今又有車騎馬一匹者，復卒三人，車騎者，天下武備也，故為復卒。注：當為卒者，免其三人，不為卒者，復其錢耳。至放邊塞，則縱民蓄牧，而官不禁。烏氏居塞，則致馬數千群，橋桃居塞，則致馬千匹。《貨殖傳》于時内郡之盛則衆庶有馬，阡陌成群；《食貨》漢武帝初。邊郡之盛則三十六苑，分置西北。《前百官表》：牧師諸苑三十六所，養馬二十萬。又《漢儀注》曰：太僕收師諸苑三十六所，分布四邊，北邊以為郎苑馬三十萬。自武帝征伐，馬大耗乏，行一切之令，自封君而下，以次出馬，則内郡庶民有馬者，欲望復卒難矣。令民得蓄邊者，縣官假民馬，每三歲歸其息什二，則邊郡之欲廣蓄牧者難矣。《食貨志》：誅北地太守以下而令民得蓄邊，縣官假馬母，三歲布歸，息什一，以除告緡。用乆入新，秦中車騎馬乏，縣官錢不貢，馬難得，乃著令，令封君以下至三百石吏以上差出肚上，天下高之在蓄字，馬歲課息。故内郡不足則籍民馬以補車騎，武帝紀太初二年二月，籍吏民馬補車騎馬。邊郡不足則發驢橐駞負食出玉關，輪臺之恨始修馬令，吁！亦已晚矣！《出西域傳》。又《渠黎國傳》：輪臺詔曰：當今務木力農，修馬政以補缺，毋乏武備而已，郡国二千石各上進畜馬方畧云云。此漢牧於民而用於官之制也。

明　袁黄《馬政考》《明文海》卷一二一《考》　漢初，民出算賦以備車馬，在官則京師有天子六廐，在民則於内地勸民養馬，有一匹者服則三人，於邊塞縱民畜牧而官不禁。烏氏居塞，則致馬千匹，於時内郡之盛，則衆庶有馬，阡陌或群，邊郡之盛，則三十六苑分置西北。武帝喜事征伐，馬大耗乏，乃行一切之令，自封君而下至三百石吏以次出馬，則内郡庶民之有馬者欲望復盛難矣；又令民得畜邊，從官假馬母而歸其息十一，則邊郡之欲廣畜者難矣。又匿馬者有罪，黎項侯匿馬而腰斬。故内郡不足，則籍民馬以補車騎；邊郡不足，則發酒泉騾駝以負糧食。漢之馬政，已不及其初矣。

綜述

宋　吕祖謙《歷代制度詳説》卷一二《馬政·制度》　自黄帝、堯、舜觀象立制，服牛乘馬，引重致遠，自此馬始爲用。考之三代之制，自天子萬乘，諸侯千乘，大夫百乘，立國制賦之法，莫不以馬爲根本，所以成周之法在古今最爲精密，然而大而天子，次而諸侯，下而士大夫，因是乘馬之數多寡不同，細考當時之數，所謂牧養之法，有養之以官，有藏之於民。所謂藏之於民，如丘甸歲取馬一匹之類，皆是藏之於民，不待國家芻秣，如有事田獵征伐，臨時徵召，然而在天子之都、諸侯之國、大夫之家，亦未嘗不自蓄馬，此是養之於官者。舉此一件事論之，便可見。且如《周禮》説天子十有二閑，先儒論馬謂不過三千餘匹，衛文公承夷狄所滅之後新造之國，末年亦至騋牝三千。若以制度論之，衛以諸侯之國，又當殘亂之餘，其他故未及論，如何便及成周全乘馬之數？所謂天子十有二閑，是養之於官者，衛文公所謂騋牡三千，舉通言之。又以當時春秋戰國論之，且如鄭西宫之亂，子國爲盜所殺，子產以車十七乘出討賊。子產當時謂之百乘之家，若是徵求馬於郊野之間，盜賊卒至，如何便得集？所謂十七乘之馬，乃是畜之於家者。以此數事論之，三代馬政時固有在官者，亦有在民者。數之多者在民，平時無芻秣之費；數之少者在官，征伐無不至之憂，當時法度最爲詳備。到漢家所謂三十苑之馬，亦是官司所養之馬。若是其他郡國，民間養馬雖多，亦是養之於民。如衛青、霍去病之徒伐匈奴，有所謂官馬，有所謂私馬，則其制所尚。到後周、隋、唐之間府兵之制，天子閑廐，監牧馬非不盛，然府兵未嘗給馬，初不過給之以錢，使府兵自買馬，若是不足，衆人共出錢買馬，以此知尚有古之遺法。在到後來，府兵之法漸壞，府兵貧不足以買馬，然後方以監牧之馬給之。這是制度壞如此。且以唐言之，當時所謂在官、在私之馬多少匹與三代不相類，故唐自張萬歲領監牧馬至於四十餘萬匹之多，當時芻秣之費、地牧之廣，豈無所妨？在官、在私，卻與三代之馬不相似。若是論之，馬數最多，無如後魏。後魏馬數至二百餘萬匹，前魏未有如此之盛，後魏亦未有如此之多。自此以後，隋唐間雖習熟見聞，以馬多爲盛，他亦未嘗攷。習俗風土之所宜，蓋拓跋氏當時在二者之間，本是北虜，北虜芻秣，便是中華耕桑，中華人人耕桑，北虜人人芻牧，當時有二百萬餘匹馬，亦不足怪，自是常理。自孝文遷都，變夷用夏，馬政便不得似當時多，江淮之馬不過十萬匹，如唐養馬多，亦是不知當時後魏之意。宋朝馬政，自太宗講求精微，當時委羣牧司自春放，至秋歸，馬之出入，莫不有法。到後來熙豐間，曾孝寬領縣牧，奉行王荆公意，於是罷羣牧吏，不過欲區區小利自出賣，自此京師之馬更不出牧，終歲在槽之櫪間，自此馬始衰，戎備益損，芻秣之費益增矣。蓋當時不曾攷本末，卻欲舉保馬、户馬之法，只爲讀《周禮》不詳，亦要如《周禮》之井牧，然而事有先後，未有如漢唐之制，却要用周井牧之馬，當時大爲民害，百姓自此彫弊，蓋井地不均，兼并者衆，什一之制未行，受田之制未定，獨舉養馬之制，豈不重困？以此知學者當考究本末，誦其詩，讀其書，然後可以爲政。

紀事

宋　佚名《群書會元截江網》卷二五《事證》　漢馬政得失。漢之苑馬分布於西北二邊，牧養教習，擇取其良以給天子之六廄，故北地、西河、遼東諸郡皆有牧師以修戰備，而太原亦有掌馬官。自天子六廄以供乘輿，餘悉養之邊郡。武帝將有事於北伐，益盛養馬，以西河上郡為萬騎太守，而馬政始兼掌於郡二千石矣。當是時，西京、北秦並兼而有之，馬非不足也。自五將軍出塞之後，竟以馬少，久不伐胡，於是令民得畜邊，縣官假馬，每限三歲而歸息什一，以除告緡之令，然終不能補車騎之乏，乃籍吏民馬而課息及天下矣。夫漢之馬政，自其分牧於邊苑，而畜養之地得其宜，寄牧於邊民而歸息之制為不迫，至於籍取吏民之馬以補車騎，則行此下策而計出無聊，非惟民擾，且不足以為軍用矣。

清 杭世駿《道古堂全集·外文·記西漢馬政》 漢興自戰爭之餘，中國馬常不足，《食貨志》所謂天子不能具醇駟，而將相或乘牛車也。景帝中四年，御史大夫綰奏，禁馬高五尺九寸以上、齒未平不得出關。《景紀》。武帝元狩五年，天下馬少平，牡馬匹二十萬，如淳曰：『貴平牡馬賈，欲使人競畜馬。』太初二年五月，籍吏民馬，補車騎馬。《武紀》。《食貨志》云天子為伐胡故盛養馬，馬之往來食長安者數萬匹，卒掌者關中不足，迺調旁近郡。又云官假馬母，三歲而歸及息什一，以除告緡用充入新，秦中車騎馬乏，縣官錢少，買馬難得，迺著令，令封君以下至三百石吏以上差出牡馬，天下亭亭有畜字馬，歲課息。又《李陵傳》上曰：『吾發軍多母騎。』又《霍去病傳》：兩軍之出塞，塞閱官及私馬十四萬匹，而後入塞者不滿三萬匹。又自衛青圍單于，後十四歲而卒竟不擊匈奴者，以漢馬少。至征和中下詔，深陳既往之悔，修馬復令以補缺，毋乏武備而已。見《西域傳》。師古曰：『馬復，因養馬以免徭賦。』至昭帝始元四年，詔往時令民共出馬，其止勿出。五年夏，罷天下亭母馬及馬弩關。元鳳二年，詔曰：『朕閔百姓未贍，前年減漕三百萬石，頗省乘輿馬及苑馬，以補邊郡、三輔傳馬，其令郡國毋斂今年馬口錢。』《昭紀》。馬口錢者，《漢儀注》：民出口賦錢，人二十三，其二十錢以供天子，其三錢者，武帝加口錢以補車騎馬也。此從吳仁傑《刊誤》、《補遺文》、穎、如淳解皆非苑馬者。《漢儀注》：太僕牧師諸苑三十六所，分布北邊西邊，以郎為苑監官，奴婢三萬人，養馬三十萬匹。武帝建元元年，嘗一詔罷苑馬，以賜貧民，蓋特不禁其芻牧、樵采而已。曾唯讀先生外集十種，首曰《鴻詞所業》，次曰《經進講義》，共文十三篇，九篇已列《道古堂文集》，以上四篇，茲弁集外文之首。

養馬

論說

宋 呂祖謙《歷代制度詳說》卷一二《馬政·制度》 詳說。自黃帝、堯、舜觀象立制，服牛乘馬，引重致遠，自此馬始為用。考之三代之制，自天子萬乘，諸侯千乘，大夫百乘，立國制賦之法，莫不以馬為根本，所以成周之法在古今最為精密，然而大而天子，次而諸侯，下而士大夫，因是乘馬之數多寡不同，細考當時之數，所謂牧養之法，有養之以官，有藏之於民。所謂藏之於民，如丘甸歲取馬一匹之類，皆是藏之於民，不待國家芻秣，如有事田獵征伐，臨時徵召，然而在天子之都、諸侯之國、大夫之家，亦未嘗不自蓄馬，此是養之於官者。舉此一件事論之，便可見。且如《周禮》說天子十有二閑，先儒論馬謂不過三千餘匹，衛文公承夷狄所滅之後新造之國，末年亦至騋牝三千。若以制度論之，衛以諸侯之國，又當殘亂之餘，其他故未及論，如何便及成周全乘馬之數？所謂天子十有二閑，是養之於官者，衛文公所謂騋牡三千，舉通言之。又以當時春秋戰國論之，且如鄭西宮之亂，子國為盜所殺，子產以車十七乘出討賊。子產當時謂之百乘之家，若是徵求馬於郊野之間，盜賊卒至，如何便得集？所謂十七乘之馬，乃是畜之於家者。以此數事論之，三代馬政時固有在官者，亦有在民者。數之多者在民，平時無芻秣之費；數之少者在官，征伐無不至之憂，當時法度最為詳備。到漢家所謂三十苑之馬，亦是官司所養之馬。若是其他郡國，民間養馬雖多，亦是養之於民。如衛青、霍去病之徒伐匈奴，有所謂官馬，有所謂私馬，則其制所尚。到後周、隋、唐之間府兵之制，天子閑廐，監牧馬非不盛，然府兵未嘗給馬，初不過給之以錢，使府兵自買馬，若是不足，眾人共出錢買馬，以此知尚有古之遺法。在到後來，府兵之法漸壞，府兵貧不足以買馬，然後方以監牧之馬給之。這是制度壞如此。且以唐言之，當時所謂在官、在私之馬多少匹與三代不相類，故唐自張萬歲領監牧馬至於四十餘萬匹之多，當時芻秣之費、地牧之廣，豈無所妨？在官、在私，卻與三代之馬不相似。若是論之，馬數最多，無如後魏。後魏馬數至二百餘萬匹，前魏未有如此之盛，後魏亦未有如此之多。自此以後，隋唐間雖習熟見聞，以馬多為盛，他亦未嘗攷。習俗風土之所宜，蓋拓跋氏當時在二者之間，本是北虜，北虜芻秣，便是中華耕桑，中華人人耕桑，北虜人人芻牧，當時有二百萬餘匹馬，亦不足怪，自是常理。自孝文遷都，變夷用夏，馬政便不得似當時多，江淮之馬不過十萬匹，如唐養馬多，亦是不知當時後魏之意。宋朝馬政，自太宗講求精微，當時委羣牧司自春放，至秋歸，馬之出入，莫不有法。到後來熙豐間，曾孝寬領縣牧，奉行王荆公意，於是罷羣牧吏，不過欲區區小利自出賣，自此京師之馬更不出牧，終歲在槽之櫪間，自此馬始衰，戎備益損，芻秣之費益增矣。蓋當時不曾攷本末，卻欲舉保馬、户馬之法，只爲讀《周禮》不詳，亦要如《周禮》之井牧，然而事有先後，未有如漢唐之制，却要用周井牧之馬，當時大爲民害，百姓自此彫弊，蓋井地不均，兼并者衆，什一之制未行，受田之制未定，獨舉養馬之制，豈不重困？以此知學者當考究本末，誦其詩，讀其書，然後可以爲政。

宋 章如愚《山堂考索·後集》卷四四《又論馬》 按周制，掌政之官謂之司馬，以馬者牧之有政也；兵甸之法謂之乘馬，以馬者牧之有法也。有校人以掌其政，有牧師以掌其牧，有巫馬以養其疾，有趣馬以簡其節，日中而出，日中而入，此先王牧馬之術也。文王之伐玁狁也，其詩曰『四牡業業』，宣王之攘戎狄也，其詩曰『我馬既同』，言衛文公者則曰『騋牝三千』，頌魯僖公者則曰『牧于坰野』。文景之時，令民養馬復，卒孝武之世，平牡馬二十萬，令人競蓄之，故馬蕃於元狩、元鼎之際。梁武帝置牧於河西，而善水草也，故馬蕃於太通之時。周之汧渭，魯之坰野，漢之樓煩，唐之沙苑，此西北牧馬之地也。六朝置區於閩越藏之內地，錢氏置監於婺女，號為馬海，此東南牧馬之地也。

又 卷五〇《又論》 漢之三十六苑分布於西北二邊，豢養教習，擇取其良以給天子之六廄，故北地西河、遼東諸郡皆有牧師，而太原亦有家馬官，自天子六廄以供乘輿，餘悉養之邊郡。武帝將有事於征伐，益盛養馬，以西河上郡為萬騎太守，而馬政始兼掌於郡二千石矣。蓄積廄馬有四十萬，自遣衛、霍之師數十萬騎及私從馬十四萬，窮追匈奴，出塞者十餘萬，入塞者不滿三萬，故自兩府出塞之外，竟以馬少，久不禦敵，於是令民得蓄邊，縣官假馬，毋限以三歲而歸息什一，以除告緡之令，然終不能補車騎之乏，上乃籍吏民馬而課息及於天下矣。夫漢之馬政，自其分牧於邊苑而蓄養之，地得其宜，寄牧於邊民而歸息之制，為不廹至於籍取吏民馬以補車騎，行此下策，而其計出於無端，非惟民擾，且不足為軍用也。至於後漢，馬政始廢，舊有六廄，而中興省約之，後止存一廄；舊有三十六苑，而中興省約之，後止有漢陽流馬一苑，則與西漢大不同矣。

明 湛若水《格物通》卷八四《馬政》 漢武帝征伐四夷，益盛養馬，以西河上郡為萬騎太守，而馬政始掌於郡二千石矣。蓄積廄馬有四十萬，自遣衛、霍之師追匈奴而馬大耗焉。晚年乃詔修復馬令以補缺，使毋之武備而已。臣若水通曰：郡二千石掌馬政，此其創始乎？蓄馬之盛，古未有也。自此以還，而馬大耗於匈奴之遠追矣。嗚呼！蓄之難而棄之甚易。夫武王歸馬放牛，留有餘不盡之備於後也，孰謂武帝號為雄材大畧之主而乃計不出此耶？輪臺之悔，蓋亦晚矣。語曰前車覆，後車戒，伏惟聖明察焉。

綜述

宋 章如愚《山堂考索·後集》卷四四《牧養》 前漢衛青、去病之徒伐匈奴，亦有所謂官馬、私馬。唐府兵未嘗給馬，初不過給之以錢，使其自置到來。府兵法壞，兵貧不足買馬，然後方以監牧之馬給之。漢有牧師諸苑三十六所，馬至三十萬疋。唐有八坊、四十八監，馬至七十萬六千匹，此漢、唐牧馬之大數也。若善其牧養之方，而馬之最盛者，則莫如後魏，蓋拓跋氏本是北人，芻秣乃其常，故馬至二百餘萬匹也。

元 朱禮《漢唐事箋·前集》卷四《馬政》 漢之苑馬分布西北二邊，豢養教習，擇其良以給天子之六廄。《漢儀注》：太僕牧師諸苑三十六所分布西邊、北邊，以郎爲苑監官，奴婢三萬人，養馬三十萬，擇取教習，以給六廄。《百官表》：太僕有六廄、未央、家馬三令丞，車府、路軨、騎馬、駿馬四令丞。灼曰：六廄名也。故北地、《地理志》：靈州有河奇苑、號非苑。顏曰：苑，馬牧也。西河、鴻門有天封苑。遼東襄平有牧師官。諸郡皆有牧師，而太原亦有家馬官。《地理志》太原郡注：有家馬官。瓚曰：漢有家馬廄，一廄萬匹。《官表》太僕注：家馬者，主供天子私用，非大祀、戎車、軍國所須，故謂之家馬。自天子六廄以供乘輿，悉養之邊郡云。文帝恭儉無事，廄馬止百餘匹，不取給於邊郡也。《貢禹》上元帝疏：高祖孝文、孝景皇帝循故恭儉，宮女不過十餘，廄馬百餘匹。景帝匈奴入上郡取苑馬，則是時已有苑馬矣。景帝中元六年，武帝將有事於征伐，益盛養馬，以西河上郡爲萬騎太守，而馬政始兼掌於郡二千石矣。《地理志》：涼州之畜爲天下饒，保邊塞，二千石治之，咸以兵爲務。當是時，西涼北并奄而有之，馬非不足也，自兩將軍出塞之後，竟以馬少，久不伐也。《霍去病傳》：自青圍匈奴，不復擊匈奴者，以漢馬少，久不伐。於是令民得畜，邊縣官假馬母，限以三歲，而歸息十一，以除告緡之令。見《食貨志》。李奇曰：邊有官馬，令民能畜官母馬者滿三歲歸之，十馬母還官一駒，此為息十一。然後不能補車馬之乏，尚乃籍吏民馬，武紀太初二年，籍吏民馬補車騎馬。不課息及於天下矣。見捄弊注。夫漢之馬政，其分牧於邊苑而畜養之，地得其宜，寄牧於邊民而歸息之，制為不迫，至於籍取吏民馬以補車騎，則行此下策而其計出於無聊，非為煩擾，且不足為軍用矣。

明 邱濬《大學衍義補》卷一二三《牧馬之政上》 漢初，鑄鋋錢，馬匹至百金，自天子不能具釭與醇同。駟而將相或乘牛車。文帝二年，詔太僕見馬遺財足，餘皆以給傳置。又令民有車騎馬一匹者，複卒三人。景帝時，造苑馬以廣用。太僕牧師諸苑三十六所，分佈北邊、西邊，以郎為苑監官，奴婢三萬人，養馬三十萬匹。孝武時，眾庶街巷有馬，仟伯即阡陌。之間成群，乘孛牝者擯而不得會聚。武帝於口賦錢人增三錢，以補車騎馬。建元元年，罷苑馬以賜貧民。元朔五年以後，大將軍衛青比歲十餘萬眾擊胡，漢軍士馬死者十餘萬，後與霍去病兩將軍之出塞，塞閱官馬及私馬凡十萬匹，而後入塞者不滿三萬匹。元鼎元年，令民畜邊縣，得畜牧於邊縣。官假馬母，三歲而歸，及息什一。明年，車騎乏馬，縣官錢少，買馬難得，乃著令，令封君以下至三百石吏以上差出壯馬天下亭，亭有畜字馬，歲課息。征和中，帝下詔深陳既往之悔，修復馬令。宣帝五鳳二年，令郡國毋斂今年馬口錢。林駉曰：『漢初稍復古制，勸民養馬，有一匹者複卒三人，蓋居閑則免三人之算，有事則當三人之卒，此內郡之制也。至於邊塞，則縱民畜牧而官不禁，烏氏居塞則致馬數千群，橋桃居塞則致馬千匹。於時內郡之盛則眾庶有馬、阡陌成群，邊郡之盛則三十六苑分置西北，武帝初年單于入塞，見馬布野而與人牧者，征伐四夷而馬往來食長安者數萬匹。既數出師，馬大耗乏，乃行一切之令，自封君以下至三百石吏以次出馬，則內郡庶民之有馬者欲望複卒難矣；又令民得畜邊者，從官假馬母而歸其息什一，則邊郡之欲蓄牧者難矣；又匿馬者有罪，有以列侯匿馬而腰斬者，有以民或匿馬，馬不具而長安令幾坐死者。故內郡不足則藉民馬以補車騎，邊郡不足則發酒泉驢駝負出玉門關，輪臺之悔，始修馬令，此漢牧於民而用於官之制也。臣按：林芃之言西漢之馬政始末，盛衰之故備於此矣。

明 雷禮《南京太僕寺志》卷二《清賦式》 漢初，民出筭錢以備車馬。文帝二年，令民有車騎馬一匹者，復卒三人。景帝時，造苑馬以廣用，太僕牧師諸苑三十六所分布北邊、西邊，以郎爲苑監官，奴婢三萬人，養馬三十萬匹。武帝於口賦錢人增三錢，以補車騎馬。元鼎元年，令民畜邊縣官假馬母，三歲而歸，及息什一。明年車騎乏馬，縣官錢少，買馬難得，廼著令，令封君以下至三百石吏以上，差出壯馬，天下亭亭有畜字，馬歲課息。宣帝五鳳二年，令郡母歛今年馬口錢。

又 卷三《定課額》 漢有牧師諸苑三十六所，馬至三十萬匹，太僕領五監六廐。至武帝時，平牡馬一十萬，令人競畜之，故元狩中馬至四十萬匹。太初二年，因征伐，籍吏民馬補車騎馬，又匿馬者有罪，有以民或匿馬，馬不具而長安令幾坐死者，於是內郡、邊郡馬益耗。

清 顧炎武《日知録》卷一〇《馬政》 漢晁錯言：『令民有車騎馬一匹者，復卒三人。』師古曰：『當為卒者免其三人，不為卒者復其錢。』本傳。文帝從之，故文、景之富，眾庶街巷有馬，仟伯之間成群。乘牸牝者，擯而不得會聚。《漢書·食貨志》。若乃塞之斥也，橋桃致馬千匹。《貨殖傳》。班壹避墜于樓煩，致馬牛羊數千群。《敘傳》。則民間之馬，其盛可知。武帝輪台之悔，乃修馬復令。《西域傳》。唐玄宗開元九年，詔天下之有馬者，州縣皆先以郵遞、軍旅之役，定戶復緣以升之。百姓畏苦，乃多不畜馬，故騎射之士減曩時。自今諸州民，勿限有無蔭，能家畜十馬以下，免帖驛郵遞，征行定戶無以馬為貲。《唐書兵志》。古之人君其欲民之有馬如此。惟魏世宗正始四年，十一月丁未禁河南畜牝馬。《魏書·本紀》：『延昌元年，六月戊寅通河南牝馬之禁。』元世祖至元二十三年六月戊申，括諸路馬，凡色目人有馬者，三取其二，漢民悉入官。敢匿與互市者罪之。《元史·本紀》。《實錄》言：永樂元年，七月丙戌上諭兵部臣曰：『比聞民間馬價騰貴，蓋禁民不得私畜故也。漢文、景時，閭里有馬成群，民有即國家之有。其榜諭天下，聽軍民畜馬勿禁。』又曰三五年後，庶幾馬漸蕃息。』此承元人禁馬之後，故有此諭。而洪熙元年正月辛巳，上申諭兵部，令民間畜官馬者，二歲納駒一匹，俾得以餘力養私馬。至宣德六年，有陝西安定衛士民王從義，畜馬蕃息，數以來獻。此則小為之而小效者也，然未及修漢、唐復馬之令也。

清 楊潮觀《治平彙要》卷九《馬政》 漢世之初，勸民養馬，養馬一匹，復卒三人。于是內郡之盛，則阡陌成群，邊郡之盛，則分三十六苑，至孝武而稱極盛矣。然以屢次開邊，出師乏馬，爰有假母三歲歸息什一之令，又有封君而下以次出馬之令，故內郡不足，則藉民馬以補車騎，邊郡不足，則發酒泉驢駝以負糧餉。蓋不過兵興一切之令，而非國家常久之規。固宜其不久而罷也。光武嘗省併諸廄官，和帝又減省諸苑馬，而東漢之世馬亦萬匹。魏晋以後，天下多故，兵雖亟用，馬政未聞。惟魏起秦、凉以西，馬稱大蕃。

傳記

宋 呂祖謙《歷代制度詳説》卷一二《馬政・制度》 善養人：秦之先曰非子，居大丘，好馬，及善養息之，周孝王使主馬於汧渭之間，馬大蕃息。

明 邱濬《大學衍義補》卷一二三《牧馬之政上》 秦之先有非子，居犬丘，好馬及畜，善養息之。犬丘人言之周孝王，孝王召使主馬於汧渭之間，馬大蕃息，於是孝王曰：『昔柏翳為舜主畜之多息，故有土，賜姓嬴。今其後世亦為朕息馬，朕其分土為附庸，邑之秦，使複續嬴氏之祀。』臣按：人性各有所能，因其能而用之，鮮有不濟。周穆王因非子善養馬而使之主馬於汧渭之間，而馬大蕃息，是知為政在人，惟在乎人君之善任使也。

紀事

《史記》卷三〇《平準書第八》 孝景時，上郡以西旱，亦複脩賣爵令，而賤其價以招民；及徒復作，得輸粟縣官以除罪。益造苑馬以廣用，而宮室列觀輿馬益增脩矣。【略】天子為伐胡，盛養馬，馬之來食長安者數萬匹，卒牽掌者關中不足，乃調旁近郡。而胡降者皆衣食縣官，縣官不給，天子乃損膳，解乘輿駟，出禦府禁藏以贍之。【略】新秦中或千里無亭徼，於是誅北地太守以下，而令民得畜牧邊縣，官假馬母，三歲而歸，及息什一，以除告緡，用充仞新秦中。【略】車騎馬乏絕，縣官錢少，買馬難得，乃著令，令封君以下至三百石以上吏，以差出牝馬，天下亭亭有畜牸，馬歲課息。

《漢書》卷二四《食貨志第四》 孝景二年，令民半出田租，三十而稅一也。其後，上郡以西旱，復修賣爵令，而裁其賈以招民，及徒複作，得輸粟於縣官以除罪。始造苑馬以廣用，宮室、列館、車馬益增修矣。然婁敕有司以農為務，民遂樂業。至武帝之初七十年間，國家亡事，非遇水旱，則民人給家足，都鄙廩庾盡滿，而府庫餘財。京師之錢累百巨萬，貫朽而不可校。太倉之粟陳陳相因，充溢露積於外，腐敗不可食。眾庶街巷有馬，阡陌之間成群，乘牸牝者擯而不得會聚。【略】天子为伐胡故，盛养马，马之往来食长安者数萬匹，卒掌者关中不足，乃调旁近郡。而胡降者数萬人皆得厚赏，衣食仰给县官，县官不给，天子乃损膳，解乘輿驷，出御府禁臧以澹之。【略】车骑马乏，县官钱少，买马难得，乃著令，令封君以下至三百石吏以上差出牝马天下亭，亭有畜字马，岁课息。

宋 呂祖謙《歷代制度詳説》卷一二《馬政・制度》 不稱職：漢征和二年，制詔公孫賀重馬傷耗，武備衰減。

又 假馬種與民。漢武帝人民得畜邊，縣官假馬母，三歲而歸，及息什一，車騎馬乏，縣官錢少，買馬難得，乃著令，令封君以下至三百石吏以上，差出牡馬，天下亭亭有畜，字馬歲課息。《漢志》。

又 言馬利便。漢馬援好騎別名馬，於交趾得駱越銅鼓，乃鑄爲馬式，還上之，因表曰：『行天莫如龍，行地莫如馬。馬者，甲兵之本，國之大用。安寧則以別尊卑之序，有變則以濟遠近之難。』有詔置於宣政殿下，以爲名馬式。

又 馬少。漢武帝自衛青圍單于後，十四年不復擊匈奴者，漢馬少。

明 湛若水《格物通》卷八四《馬政》 漢文帝初年，廄馬止有百餘匹，下取給於邊郡。班氏居塞則致馬數千群，橋桃居塞則致馬千匹。是時内郡之盛則衆庶街巷有馬，阡陌之間成群，乘牸牝者擯不聚會，邊郡之盛則三十六苑分置西北邊，其良者以給乘輿。臣若水通曰：動植之物，天之所生，地之所養，而人則參贊裁成焉。漢文之時，馬不過百餘匹，及班氏、橋桃馬政一修，遂至阡陌成羣，夫天地之生養如故也，其所以盛衰相遠者，則由人爾矣。司馬政者當求得如班氏、橋桃者，任之可也。

明 彭大翼《山堂肆考》卷八七《馬政》 致數千羣。漢文帝初年，廄馬止百餘匹，下取給于邊郡，班氏居塞則致馬數千羣，橋桃居塞則致馬千匹。

又 養三萬匹。漢景帝時，御史大夫鄧綰奏禁馬高九尺五寸以上、齒未平者不得出關。太僕牧師諸苑三十六所，分布西北邊，以郎為苑監官，奴婢三萬人，養馬三萬匹。

管理

論説

宋 章如愚《山堂考索・後集》卷四四《又論馬》 按周制，掌政之官謂之司馬，以馬者牧之有政也；兵甸之法謂之乘馬，以馬者牧之有法也。有校人以掌其政，有牧師以掌其牧，有巫馬以養其疾，有趣馬以簡其節，日中而出，日中而入，此先王牧馬之術也。文王之伐玁狁也，其詩曰『四牡業業』，宣王之攘戎狄也，其詩曰『我馬既同』，言衛文公者則曰『騋牝三千』，頌魯僖公者則曰『牧于坰野』。文景之時，令民養馬復，卒孝武之世，平牡馬二十萬，令人競蓄之，故馬蓄於元狩、元鼎之際。梁武帝置牧於河西，而善水草也，故馬蓄於太通之時。周之汧渭，魯之坰野，漢之樓煩，唐之沙苑，此西北牧馬之地也。六朝置區於閩越藏之內地，錢氏置監於婺女，號為馬海，此東南牧馬之地也。

清 顧九錫《經濟類考約編》卷下《馬政考》 漢制，太僕掌輿馬。丘氏曰：太僕周官掌正服位，出入大命。及左右御僕而專命以司馬政，則始於漢焉。林駉曰：漢初稍復古制，勸民養馬，有一匹者復卒三人，蓋居閑則免三人之筭，有事則當三人之卒，此內郡之制也。至於邊塞，則縱民畜牧，而官不禁。烏氏居塞則致馬數千群，橋桃居塞則致馬千匹。於時內傳之盛則衆庶有馬，阡陌成群，邊郡之盛則三十六苑分置西北。至於武帝，征伐數出，馬大耗乏，乃行一切之令，自封君以下至三百石吏，以次出馬，則內郡庶民之有馬者欲望復卒難矣；又令民得畜邊者從官假馬母，而歸其息什一，則邊郡之欲畜牧者難矣。又匿馬者有罪。至輪臺之悔，始修馬令，此漢牧於民而用於官者也。以下序歷代馬政。

綜述

三國魏 曹植《曹子建集》卷八《獻文帝馬表》 臣於先武皇帝世得大宛紫騂一疋，形法應圖，善持頭尾，教令習拜，今輒已能，又能行與鼓節相應，謹以表奉獻。

《文獻通考》卷一五九《兵考十一・馬政》 漢制：大僕掌輿馬。屬官有大廄、未央、家馬三令；又車府、路軨、騎馬、駿馬四令丞；又龍馬、閑駒、槖泉、騊駼、承華五監長丞。徐氏曰：按《漢舊儀》云：『天子六廄：未央、承華、騊駼、騎馬、路軨、大廄，馬皆萬匹。』《三輔黃圖》：『都廄，天子車馬所在；中廄，皇后車馬所在。』漢初，鑄莢錢，馬至匹百金。自天子不能具鈞駟。無純色之駟，謂駟馬雜色。而將相或乘牛車。至孝武時，衆庶街巷行馬，阡陌之間成群。謂田中之阡陌也。乘牸牝者，擯而不得會聚。言時富饒，恥乘牸牝。文帝二年，詔太僕見馬遺財足，餘皆以給傳置。又令民有車騎馬一匹者，復卒三人。景帝時，造苑馬以廣用。苑馬，謂為苑以牧馬。四年，御史大夫綰奏禁馬高九尺五寸以上，齒未平，不得出關。綰，衛綰。馬十歲，齒下平。六年，匈奴入雁門，至武泉，入上郡，取苑馬。《漢儀注》：太僕牧師諸苑三十六所，分佈北邊、西邊。以郎為苑監，官奴婢三萬人，養馬三十萬匹。師古曰：『武泉，雲中之縣也。養鳥獸者通名為苑，故謂牧馬處為苑。』武帝建元元年，罷苑馬，以賜貧民。師古曰：『養馬之苑，舊禁百姓不得芻牧采樵，今罷之。』是時，大將軍衛青比歲十餘萬衆擊胡，漢軍士馬死者十餘萬。天子為伐胡故，盛養馬，馬之往來食長安者數萬匹，卒掌者關中不足，乃調旁近郡。而胡降者數萬人皆得厚賞，衣食仰給縣官，縣官不給，天子乃損膳，角乘輿駟，出御府禁藏以贍之。兩軍之出塞，塞閱官馬及私馬凡十四萬匹，而後入塞者不滿三憶匹，自衛青圍單於以後，以漢馬少，故久不伐胡。元鼎元年，令民得蓄邊縣，得畜牧於邊縣也。官假馬母，三歲而歸，及息什一，以除告緡，用充八新秦中。李奇曰：『邊有官馬，今令民能蓄官母馬者，滿三歲歸之，十母馬還官一駒，此為息什一也。』師古曰：『官得母馬之息，以給用度，得充實秦中人，故除告緡之令也。』明年，車騎乏馬，縣官錢少，買馬難得，乃著令，令封君以下至三百石吏以上，差出牝馬天下亭，亭有蓄字馬，歲課息。金日磾輸黃馬養馬，牽馬過殿下，馬又肥好，拜為馬監。上官桀遷未央廄令，武帝嘗體不安，及愈，見馬，馬多瘦，上大怒曰：『以我不復見馬邪！』欲下吏。桀曰：『臣聞聖體不安，日夜憂懼，誠不在馬。』因泣數行，上以為忠。匈奴渾邪王帥衆來降，漢發車二萬乘。縣官無錢，從民貰馬。賒買也。民或匿馬，馬不具。上怒，欲斬長安令。汲黯曰：『令亡罪，獨斬臣黯，民乃肯出馬。且匈奴畔其主而降漢，徐以縣次傳之，何至令天下騷動，罷中國，甘心夷狄之人乎！』上以為忠。四年，馬生渥窪水中。李斐曰：南陽新野有暴利長，遭刑，屯田敦煌界，數於此水旁見群野馬有奇者，與凡馬異。利長先作土人，持勒〈革半〉於水旁。後馬玩習，久之，代土人持勒〈革半〉收得，獻之。欲神異此馬，雲從水中出也。作《天馬之歌》。太初元年，遣貳師將軍兵前後十餘萬人伐大宛。時宛別邑七十餘城，多善馬。馬汗血，言其先天馬子也。孟康曰：『大宛國有高山，其上有馬不可得，因取五色母馬置其下與集，生駒，畢汗血，因號曰天馬子云。』張騫始為帝言之，上遣使者持千金久金馬以請宛善馬。宛王以漢絕遠，大兵不能至，愛戎寶馬不肯與。漢使妄言謂辱罵宛王，宛遂攻殺漢使，取其財物。天子乃遣兵伐之，連四年。宛人斬其王母寡首，獻馬三千匹，漢軍乃還。其後與漢約，歲獻大馬二匹。二年，籍吏民馬，補車騎馬。籍者，總入籍錄之。征和中，上下詔，深陳既往之悔，禁苛暴，止擅賦，力本農，修馬復令，孟康曰：『先是令長吏以秩養馬，亭有牝馬，民養馬皆復不事。後馬多乏絕，至此復修之也。』師古曰：『此說非也。馬復，因養馬以免徭賦也。復音房目反。』以補缺，毋乏武備而已。郡國二千石各上進畜馬方略補邊狀，與計對。師古曰：『與上計者同來起對也。』徐氏曰：按晁錯疏言，民有車騎馬一匹者，復卒三人，即馬復令也。昭帝始元四年，詔：『往時令民共出馬，其止勿出。諸給中都官者，且減之。』五年，罷天下亭馬母及馬弩關。應劭曰：『；武帝令天下諸亭養母馬，今罷之。』孟康曰：『舊馬高五尺九寸以上，齒未平，弩十石以上者，皆不得出關，今不禁也。』宣帝五鳳二年，詔：『朕閔百姓未贍，前年，減漕三百萬石，頗省乘輿馬及苑馬，以補邊郡三輔傳馬。其令郡國毋斂今年馬口錢。』元帝初元元年，省苑馬以振困乏。九月，詔太僕減穀食馬。二年，罷黃馬乘輿駒馬。五年，詔乘輿秣馬，毋乏正事而已。貢禹奏言：『高祖、孝文、孝景皇帝，循古節儉，廄馬百餘匹。方今廄馬食粟將萬匹，今民大饑，而廄馬食粟，苦其太肥，氣盛怒至，乃日步作之。願減損乘輿服御，廄馬亡過數十匹。』天子納，善其忠，乃下詔太僕，減穀食馬。成帝建始二年，減乘輿廄馬。林氏曰：『；漢初，民出善賦，以備車馬。武帝於口賦錢人增三錢，以補車騎馬。昭帝元鳳二年，令郡國毋斂今年馬口錢。又稍復古制，勸民養馬有一匹者復卒三人，蓋居閑則免三人之算，有事則當三人之卒，此內郡之制也。至於邊塞，則縱民畜牧，而官不禁。烏氏居塞，則馬數千群。橋桃居塞，則致馬千匹。《貨殖傳》。於時內郡之盛，則眾庶有馬，阡陌成群。《食貨志》。邊郡之盛，則三十六苑，分置西北。《漢儀注》。武帝初年，單於入塞，見馬布野而無人牧者。征伐四夷，而馬往來，食長安者數萬匹。既數出師，馬大耗乏，乃行一切之令，自封君而下至三百石吏，以次出馬。則內郡庶民之有馬者，欲望復卒難矣。又令民得畜邊者從官假馬母而歸，其息十一，則邊郡之欲廣畜牧者難矣。又匿馬者有罪，有以列侯匿馬而腰斬者。《功臣表》黎頃侯召奴。有以民或匿馬，馬不具，而長安令幾坐死者。《汲黯傳》。故內郡不足，則籍民馬以補車騎，邊郡不足，則發酒泉騾駝，負石至玉門關。武帝太初三年。輪臺之恨，始修馬令。籲，亦晚矣。』

後漢制：太僕掌車馬，屬官未央廄令一人，主乘輿及廄中諸馬。舊有六廄，中興省約，但置一廄。後置左駿令，廄別主乘輿禦馬，後或並省。又有牧師苑，皆令官，主養馬，分在河西六郡界中，中興皆省，唯漢陽有流馬苑，但以羽林郎監領。馬援好騎射，善別名馬，於交趾得駱越銅鼓，乃鑄為馬式，還上之。因表云：『夫行天莫如龍，行地莫如馬。馬者，甲兵之本，國之大用。安寧則以別尊卑之序，有變則以濟遠近之難。昔有騏驥，一日千里，伯樂見之，昭然不惑。近世有西河子輿，亦明相法。子輿傳西河儀長孺，長孺傳茂陵丁君都，君都傳成紀楊子阿，臣援嘗師事子阿，受相馬骨法。考之於行事，輒有驗效。臣愚以為傳聞不如親見，視景不如察形。今欲行之於生馬，則骨法難備具，又不可傳之於後。孝武皇帝時，善相馬者東門京鑄作銅馬法獻之，有詔立馬於魯班門外，則更名魯班門曰金馬門。臣謹依儀氏鞽，中帛氏口齒、謝氏唇休、丁氏身中，備此數家骨相以為法。』馬高三尺五寸，圍四尺五寸。有詔置於宣德殿下，以為名馬式焉。《馬援傳》：『援《銅馬相法》曰：『水火欲分明。水火在鼻孔兩間也。上唇欲急而方，口中欲紅而有光，此馬千里。頷下欲深，下唇欲緩。牙欲前向。牙欲去齒一寸，則四百里；牙劍鋒，則千裏。目欲滿而澤，腹欲充，膁欲小，季肋欲長，垂薄欲厚而緩。垂薄，股也。腹下欲平滿，汗溝欲深長，而膝本欲起，肘腋欲開，膝欲方，蹄欲厚三寸，堅如石。』鞽音居奇反。劉邠曰：『牙欲去齒一寸。按文多一，欲，字。又汗溝欲深長，而按文，而，當在，長，字上。』和帝永元五年，詔有司省減外廄及涼州諸苑馬。安帝永初元年，詔廄馬非乘輿所禦者，減半食。六年，詔越巂置長利、高望、始昌三苑，又令益州置萬歲苑，犍為置漢平苑。順帝漢安元年，始置承華廄。《東觀記》曰：『時以遠近獻馬眾多，園廄充滿，故置。』按：當時隱士魏桓被徵不出，謂人曰：『廄馬萬匹，其可減乎！』蓋當時畜馬未嘗以資軍國之用，徒侈服禦，縻廩粟而已。靈帝光和四年，初置騄驥廄丞，領受郡國調馬。豪右辜榷，馬一匹至二百萬。辜，障也。榷，專也。謂障餘人買賣而自取其利。中平元年，詔公卿出馬、弩；廄馬非郊祭之用，悉出給軍。任尚代班雄屯三輔，臨行，虞詡說尚曰：『今討逐寇賊，三州屯兵二十萬，棄農桑，疲征役，而未有功。兵法：弱不攻強，走不逐飛，自然勢也。今虜皆騎馬，日行數百里，來如風雨，去如離弦，以步追之，勢不相及，今莫如市馬。』尚即上言，用其計，以輕騎鈔擊，斬首四百級，獲牛馬甚衆。晉制：太僕，統典牧、乘黃廐、驊騮廐、龍馬廐等令。太僕，自元帝渡江之後或省或置。太僕省，故驊騮為門下之職。後魏明元帝時，詔天下戶二十輸戎馬一匹、大牛一頭。又制：六部人滿百口者調戎馬一匹。太武幸栖陽，驅野馬於雲中，置野馬苑。孝文敕後軍將軍宇文福行牧地，福表石濟以西、河內以東，距河凡十裏。帝自代徙雜畜置其地，使福掌之，畜無耗失，以為司衛監。初，世祖平統萬及秦涼，以河西水草豐美，用為牧地，畜甚蕃息，馬至二百餘萬匹，槖駞半之，牛羊無數。及高祖置牧於河陽，常畜戎馬十萬匹，每歲自河西徙牧並州，稍復南徙，欲其漸習水土，不至死傷，而河西之牧愈更蕃滋。及正光以後，皆為寇盜所掠，無孑遺矣。爾朱勞有馬十二穀，色別為群。北齊太僕寺統驊騮、掌禦馬及諸鞍乘。左右龍、左右牝。掌駞馬。驊騮署，又有奉乘直長二人。左龍署，有左龍局。右龍署，有右龍局。左牝署，有左牝局。右牝署，有右牝局。

明 邱濬《大學衍義補》卷一二三《牧馬之政上》 漢制，太僕掌輿馬，屬官有太廐、未央、家馬三令，又車府、路、騎馬、駿馬四令丞，又龍馬、閑駒、槖泉、駼、承華五監長丞。臣按：太僕，周官，掌正服位、出入大命及左右御僕，而專命以司馬政則始於漢焉。本朝初於南京設太僕寺專掌馬政，及於北平、山西、陝西、遼東各設行太僕寺以司一方之馬政，其後建都於北，革去北平行寺，又設太僕寺以總司天下馬政。

明 王鳴鶴《登壇必究》卷一八《馬政》 漢制，太僕掌輿馬，屬官有太廐、未央、家馬三令，又車府、路軨、騎馬、駿馬四令丞，又龍馬、閑駒、槖泉、騊駼、承華五監長丞。邱文莊曰：『太僕，周官，掌政服位，出入大命。及左右御僕而專命以司馬政，則始于漢焉。本朝初於南京設太僕寺，專掌馬政，及于北平、山西、陝西、遼東各設行太僕寺，以司一方之馬政，其後建都于北，革去北平行寺，又設太僕寺以總司天下馬政也。』漢初鑄筴錢，馬匹至百金，自天子不能具駟，而將相或乘牛車。文帝時，詔太僕見馬遺財足餘，皆以給傳置。又令民有車騎馬一匹者，復卒二人。景帝時，造苑馬以廣用。太僕、牧師諸苑三十六所，分布北邊西邊，以郎爲苑監官，奴婢三萬人，養馬三十萬匹。孝武時，衆庶街巷有馬，仟伯之間成羣，乘牸牝者擯而不得會聚。武帝於口賦錢人增三錢，以補車騎馬。建元中，罷苑馬以賜貧民。元朔五年以後，大將軍衛青比歲十餘萬衆擊胡，漢軍士馬死者十萬餘。後與霍去病兩將軍之出塞，塞閱官馬及私馬凡十萬匹，而後出塞者不滿三萬匹。元鼎時，令民畜邊縣，得畜牧於邊縣，官假馬母，三歲而歸，及息什一。明年車騎乏馬，縣官錢少，買馬難得，乃著令，令封君以下至三百石吏以上差出牡馬，天下亭亭有畜字，馬歲課息。征和中，帝下詔深陳既往之悔，修復馬令。宣帝時，令郡毋斂今年馬口錢。林駉曰：『漢初稍復古制，勸民養馬，有一匹者復卒三人，蓋居閑則免三人之算，有事則當三人之卒。此內郡之制也。至于邊塞則縱民畜牧而官不禁，烏氏居塞則致馬數千羣，橋桃居塞則致馬千匹，于氏內郡之盛，則衆庶有馬，阡陌成羣，邊郡之盛，則三十六苑分置西北。武帝初年，單于入塞，見馬布野而無人牧者，征伐四夷而馬往來食長安者數萬匹。既數出師，馬大耗乏，乃行一切之令，自封君以下至三百石吏以次出馬，則內郡庶民之有馬者欲望復卒難矣；又令民得畜邊者，從官假馬母而歸其息什一，則邊郡之欲蓄牧者難矣。又匿馬者有罪，有以列侯匿馬而腰斬者，有以民或匿馬，馬不具而長安令幾坐死者，故內郡不足則藉民馬以補車騎，邊郡不足則發酒泉驢駝負出玉門關。輪臺之悔，始修馬令，此漢牧於民而用於官之制也。』邱文莊曰：『林駉之言，西漢之馬政始末、盛衰之故，于此可見矣。』

明 黃道周《歷代馬政考》《射書》卷四 漢制，太僕掌輿馬，屬官有太廐、未央、家馬三令，又車府、路軨、騎馬、駿馬四令丞，又有龍門、閑駒、槖泉、騊駼、承華五監長丞。其在民則勸民養馬，有一匹者復卒二人，居閑免三人之筭，有事當三人之卒，此內郡之制。其在邊，則縱民畜牧而官不禁，烏氏居塞則致馬數千群，橋桃居塞則致馬千匹，於時內郡之盛，則衆庶有馬，阡陌成群，邊郡之盛，則三十六苑分置西北。後數出師，馬大耗乏，自封君以下至三百石吏以次出馬，則內郡庶民之有馬者欲望復率難矣。又令民得畜邊者從官假馬母，而歸其息什一，則邊郡之欲畜牧者難矣。又匿馬者有罪，有以列侯匿馬而腰斬者，有以民或匿馬，馬不具而長安令幾坐死者，故內郡不足，則藉民馬以補車騎；邊郡不足，則發酒泉驢駝，負出玉門關。輪臺之悔，始修馬令。此漢牧于民而用于官之制。

清 沈家本《歷代刑法考》卷一三《廄律》 《晉志》：秦世舊有廄，置乘傳、副車、食厨，漢初承秦不改，後以費廣稍省，故後漢但設騎置而無車馬，律猶著其文，則為虛設，故除廄律，取其可用合科者以為郵驛令。按：

秦始皇併六國，後二十七年巡視，治馳道。馳道，天子道也。賈山傳秦為馳道於天下，東窮燕齊，南極吴楚，江湖之上，濱海之觀畢至，道廣五十步三文，而樹厚築其外，隱以金椎，樹以青松，其侈也如此，故廄置中有後車、食厨之制。漢承秦後，高帝經營天下，日不暇給，惠帝無出巡之事，文帝三年幸甘泉之高奴幸太原，欲自擊匈奴也。十一年，幸代，十五年幸雍，始郊見五帝，惑於公孫臣之說也。後二年幸雍，三年幸代，四年幸雍，五年幸雍，幸代未嘗遠出也，景帝僅一幸雍而已。武帝元光、元狩之間，尚止幸雍，元鼎元年得鼎汾水上，自是幸汾陰，幸熒陽，至洛陽，次年又踰隴登空同，西臨祖厲河，元封元年封禪，登崇高，登泰山，自泰山東巡海上，至碣石，自遼西歷北邊、九原歸於甘泉。四年通回中道，北出蕭關，歷獨鹿、鳴澤，自代而還，幸河東。五年南巡狩。至於盛唐，登灊天柱山，自尋陽浮江，親射蛟江中獲之，舳艫千里，薄樅陽而出，遂北至琅邪、並海，還至泰山增封，還幸甘泉，自後河東泰山幾無一歲不至，其巡幸幾與始皇埒，而廄事遂繁。元封元年之役，東度河，河東守不意行至，不辦自殺，行西踰隴，卒從官不得食，隴西守自殺，於是郡國皆豫治道，修繕故宮，及當馳道，縣縣治宮，儲設共具，而望幸見，而天下騷然矣。東漢廄無車馬，事歸省約，章帝嘗詔：車駕皆精騎輕行，無它輜重，不得輒修橋道，遠離城郭，遣吏逢迎，刺探起居，出入前後，以為煩擾，動務省約。誦此詔語，與武帝之舳艫千里者其得失為何如哉？廄，《百官表》：太僕，秦官，掌輿馬，有兩丞，屬官有大廄、未央、家馬三令，各五丞一尉。顏注：家馬者，主供天子私用，非大祀戎事軍國所須，故謂之家馬也。《補注》先謙曰：大廄丞見咸宣傳，未央廄令見霍光外戚傳，家馬官見地理志。案：大廄、未央、家馬及下路軨、騎馬、駿馬，共為六廄也。又車府、路軨、騎馬、駿馬四令丞。注：伏儼曰：主乘輿路車，又主凡小車軨令之，小馬車曲輿也。師古曰：軨音零。《補注》先謙曰：車府令，秦官，見《始皇紀》，又見《藝文志》。騎馬令見《嚴安傳》，駿馬監見《傅介子傳》。又龍馬、閑駒、橐泉、騊駼、承華五監長丞。注：如淳曰：橐泉廄，在橐泉宮下。師古曰：閑闌，養馬之所也，故曰閑駒。《補注》沈欽韓曰：黄圖大宛廄在長安城外，疑此之龍馬監也。先謙曰：《續志》劉注引《古今注》云：漢安元年置承華廄，令秩六百石，尚存承華之名耳。又邊郡六牧師菀令各三丞，又牧橐昆蹏令丞注：應劭曰：橐橐佗昆蹏，好馬名也。如淳曰：《爾雅》曰：昆蹏，研善升甗者也，因以為廄名。師古曰：牧橐言牧養橐佗也。昆，獸名也；蹏研者，謂其蹏下平也；善升甗者，謂山形如甑，而能升之也。《補注》沈欽韓曰：郭注昆蹄之如研而健上山，秦時有騠蹄苑。《釋文》引舍人云：騠蹄者，溷蹄也。劭晉涵曰：應說是。皆屬焉。中太僕掌皇太后輿馬，不常置也。武帝太初元年，更名家馬曰挏馬，初置路軨。《續志》：未央廄令一人，六百石。本注曰：主乘輿及廄中諸馬，長樂廄丞一人，右屬太僕。本注曰：舊有六廄皆六百石令。注：前書曰：有大廄、未央、家馬三令，各五丞一尉，又車府、路軨、騎馬、駿馬四令丞。晉灼曰：六廄名也，主馬萬匹。中興省約，但置一廄，後置左駿令廄，別主乘輿御馬，後或並省。又有牧師苑，皆令官主養馬，分在河西六郡界中，中興皆省，唯漢陽有流馬苑，但以羽林郎監領。按：廄亦事律也，自以廄事為主。今備録二志之文，至六廄、九廄之分別，另詳於後。六廄。《漢舊儀》：天子六廄，未央廄、承華廄、騊駼廄、路軨廄、騎馬廄、大廄，馬皆萬匹。《三輔黄圖》《六漢官儀》曰：未央宫六廄，長樂、承華等廄，令皆秩六百石。《後書・和紀》注引未央宫六廄作未央大廄。按《續志》云：舊有六廄，是六廄為西漢舊制，其名見於《舊儀》。今以《漢表》核之，表言大廄、未央、家馬三令丞，車府、路軨、騎馬、駿馬四令丞，晉灼以此為六廄名，然其數實七。補注六廄不數車府，未知何據。《舊儀》六廄無家馬、車府、駿馬，有承華、騊駼、承華。騊駼，表在五監長丞之內，其職視七令丞為次，似不得在六廄之列。路軨置於太初元年，是太初以前之六廄，當以大廄、未央、家馬、車府、騎馬、駿馬為是。武帝增路軨而仍稱六廄者，太初元年改家馬為挏馬，應劭曰：主乳馬，取其汁挏治之，味酢可飲，因以名官。如淳曰：主乳馬，以韋革為夾兜，受數斗，盛馬乳，挏取其上肥，因名曰挏馬。《禮樂志》：丞相孔光奏省樂官七十二人，給大官、挏馬酒，今梁州亦名馬酪為馬酒。晉灼曰：挏音挺挏之挏。師古曰：晉音是也。挏，徒孔反。《說文》：挏，推引也，漢有挏馬官作馬酒。參《說文》及如淳之說，疑太初改家馬為挏馬，專主馬酒之事，而又置路軨以足六廄之數，然則西漢之六廄，大廄也，未央也，車府也，路軨也，騎馬也，駿馬也，表本無六廄之稱，六廄為周制天子之廄也。九廄。《三輔黄圖》：未央大廄在長安故城中，金華殿廄、翠華廄、大輅廄、果馬廄、騎馬廄、大宛廄、軛梁廄、胡河廄、騊駼廄，凡廄九，皆在長安城內。按：此據平津館宋本《魏漢叢書》本。未央大廄下有『在長安故城中』六字，又有《漢官儀》一節，『長安城內』皆作『長安城外』，與宋本不同。《通典》：太僕，漢初夏侯嬰常為之，領五監六廄。是六廄五監，漢初已有此制。漢表七令丞，五監，除路軨為太初所增，適符六廄五監之數，實不止於九也。未央大廄表分為二，而此併為一，餘八廄惟騎馬為舊稱，駒騄本在五監大苑，當即龍馬。餘五廄他未見，無以證之。

清 閻鎮珩《六典通考》卷一六五《王政考·馬政》

漢因秦，置太僕官掌輿馬，有兩丞，屬官有大廄、未央、家馬三令，各五丞一尉。主供天子私服，非大祀、戎事、軍國所須，故謂之家馬。又車府、路軨、騎馬、駿馬四令丞，主乘輿路車及凡小車，又龍馬閑駒。橐泉、駒騄、承華五監長丞。橐泉廄在橐泉宮下，閑闌養馬之所，故曰閑駒。西北邊郡有六牧師諸苑三十六所，以郎為苑監官，奴婢三萬人，養馬三十萬頭。又牧橐、昆蹏令丞，牧橐言牧養橐駝也。昆蹄見前。皆屬太僕。《漢舊儀》云：天子六廄，未央、承華、騊駼、騎馬、路軨、大廄，馬皆萬疋。《三輔黃圖》：都廄，天子車馬所在；中廄，皇后車馬所在。文帝詔太僕見馬遺財足遺留也。餘皆以給傳置。又用晁錯，令民有車騎馬一匹者復卒三人。車騎者，天下武備也，故為復卒。武帝修馬復令即此。孝景二年，始造苑馬以廣用。宮室列館，車馬益增修矣。中四年，御史大夫衛綰奏禁馬高五尺九寸以上、齒未平不得出關中。六年，匈奴入雁門至武泉，入上郡取苑馬。武帝即位，國家無事，衆庶街巷有馬，阡陌成群，乘字牝者擯不得聚會。建元元年，罷苑馬以賜貧民。養馬之苑，舊禁百姓不得芻牧采樵，今罷之。時大將軍衛青數出擊胡，漢士馬死者十餘萬，天子為伐胡盛養馬，馬之來食長安者數萬匹，卒牽掌者關中不足，乃調旁近郡。而降胡皆衣食縣官，縣官不給，天子乃損膳解乘輿駟，出御府禁藏以贍之。匈奴渾邪王帥衆來降，漢發車二萬乘，縣官無錢，從民貰馬，民或匿馬，馬不具。上怒，欲斬長安令，汲黯曰：『令亡罪，獨斬臣黯，民乃肯出馬。且匈奴畔其主而降漢，徐以縣次傳之，何至令天下騷動，罷中國甘心夷狄之人乎？』上默然。兩將軍之出塞，塞閱官馬及私馬凡十萬匹，而後入塞者不滿三百疋，自衛青圍單于以後，以漢馬少，故久不伐胡。元狩五年，天下馬少，平牡馬匹二十萬。平牡馬賈，欲使人競畜馬。兵革數動，民多買復，于是除千夫五大夫為吏，不欲者出馬。元鼎元年，令民得畜邊縣畜牧于邊縣。官假馬母，三歲而歸，及息什一，以除告緡，用充入新秦中。邊有官馬，今令民能畜官母馬者，滿三歲歸之。十母馬還官一駒，此為息什一也。明年車騎馬乏，縣官錢少，買馬難得，廼著令，令封君以下至三百石吏以上差出牡馬，天下亭亭有畜字，馬歲課息。四年，秋馬生渥洼水中。南陽新野有暴利長遭刑，屯田燉煌界，數于水旁見群野馬，中有奇異者，與凡馬來飲此水，利長先作土人持勒靽于水旁，後馬玩習久之，代土人持勒靽收得其馬獻之，欲神異此馬，云從水中出。作天馬之歌。時張騫為天子言，大宛別邑七十餘城多善馬，馬汗血，其先天馬子也。大宛國有高山，上有馬，不可得，因取五色母馬置其下，與集生子皆汗血，因號曰天馬子云。漢使烏孫，烏孫使獻馬。初，天子發書易曰，神馬當從西北來，得烏孫馬好，名曰天馬。及得大宛汗血馬益壯，更名烏孫馬曰西極，名大宛馬曰天馬云。漢使者往，既多言宛有善馬在貳師城，匿不肯與漢使。天子既好宛馬，聞之甘心，使壯士請宛王貳師城善馬。宛謀曰：貳師馬，宛寶馬也，不肯與漢使。天子大怒，拜李廣利為貳師將軍，期至貳師城取善馬。是歲，太初元年也，拜習馬者二人為執驅馬校尉，備破宛，擇取其善馬。圍其城。宛大恐，遣人使貳師，約曰：『漢無攻我，我盡出善馬，恣所取而給漢軍食。即不聽我，我盡殺善馬。』貳師許宛之約，宛乃出其馬，令漢自擇之。漢軍取其善馬數十匹，中馬以下牝牡三千餘匹，乃還。自是宛王與漢約歲獻天馬二匹，漢使采蒲陶、苜蓿種歸。天子以天馬多，又外國使來衆，益種蒲陶、苜蓿離宮館旁極望焉。二年，籍吏民馬補車騎馬。征和中，詔止擅賦力本農，修馬復令以補缺，毋乏武備而已。馬復，因養馬免徭賦也。郡國二千石各上進畜方略，補邊狀與計對。金日磾輸黃門養馬，牽馬過殿下，馬又肥好，拜為馬監。上官桀遷未央廄令，武帝嘗體不安，及愈見馬多瘦，上大怒：『令以我不復見馬邪？』欲下吏。桀頓首曰：『臣聞聖體不安，日夜憂懼，誠不在馬。』言未卒，泣數行下，上以為忠。昭帝始元四年，詔往時令民共出馬，其止勿出，諸給中都官者且減之。五年夏，罷天下亭母馬及馬弩關。元鳳二年，詔曰：『朕閔百姓未贍，前年減漕三百萬石，頗省乘輿馬、苑馬以補邊郡三輔傳馬，其令郡國毋斂今年馬口錢。』往時有馬口出斂錢，今省。元帝即位，省苑馬以振困乏。時貢禹奏言：『高祖、孝文、孝景皇帝循古節儉，廄馬百餘匹。方今廄馬食粟將萬匹，今民大飢而廄馬食粟，苦其太肥，氣盛怒至，乃日步作之，願減食穀馬。』從之。初元二年，詔罷黃門乘輿狗馬。五年，詔大官所具各減半乘輿秣馬，無乏政事而已。成帝詔減乘輿廄馬。後漢太僕卿掌車馬，丞一人，未央廄令主乘輿及廄中諸馬，長樂廄丞一人，舊有六廄，中興省約，但置一廄。後置左駿令廄，別主乘輿御馬，後或併省。又有牧師苑，皆令官主養馬，分在河西六郡界中，中興皆省，唯漢陽有流馬苑，但以羽林郎監領。建武中，馬援好騎射，善別名馬，于交趾得駱越銅鼓，乃鑄為馬式，還上之，因表曰：『夫行天莫如龍，行地莫如馬。馬者，甲兵之本，國之大用，安寧則以別尊卑之序，有變則以濟遠近之難。昔有騏驥一日千里，伯樂見之，昭然不惑。近世有西河子輿亦明相法，子輿傳西河儀長儒，長儒傳茂林丁君都，君都傳成紀楊子阿。臣援嘗師事子阿，受相馬骨法，考之於行事，輒有驗效。臣愚以為傳聞不如親見，視影不如察形，今欲形之於生馬，則骨法難備具，又不可傳之於後。孝武皇帝時善相馬者東門京鑄作銅馬法獻之，有詔立馬於魯班門外，則更名魯班門曰金馬門。臣謹依儀氏䩭中，帛氏口齒，謝氏脣鬐，丁氏身中，備此數家骨相以為法馬，高三尺五寸，圍四尺四寸。』有詔置於宣德殿下，以為名馬式焉。援《銅馬相法》曰：水火欲分明，水火在鼻孔兩閒也。上脣欲急而方，口中欲紅而有光，此馬千里。頷下欲深，下脣欲緩，牙欲前向，牙去齒一寸則四百里，牙劒鋒則千里。目欲滿而澤，腹欲充，膁欲小，季肋欲長，縣薄欲厚而緩，縣，薄股也。腹下欲平滿，汗溝欲深而長，膝本欲起，肘腋欲開，膝欲方，蹄欲厚三寸，堅如石。永元五年，詔有司省減內外廄及涼州諸苑馬。永初元年，詔廄馬非乘輿常在御者，皆減半食。六年，詔越巂置長利、高望、始昌三苑，又令益州郡置萬歲苑，犍為置漢平苑。順帝時遠近獻馬衆多，園廄充滿，始置承華廄。時隱士魏桓被徵不出，謂人曰：『廄馬萬匹，其可減乎？』蓋當時畜馬非以資軍國之用，徒侈服御糜廩粟而已。光和四年，初置騄驥廄丞，領受郡國調馬。調謂散發也。豪右辜榷馬一匹至二百萬。辜，障也。榷，專也，謂障餘人賣買而自取其利。中平元年，詔公卿出馬，弩廄馬非郊祭之用，悉出給軍。魏因漢，有未央廄令，長樂廄丞及騊駼廄令丞，又置牧官都尉。晉太僕統典牧、乘黃、騊駼、龍馬廄等令。元帝渡江，太僕或省或置。哀帝時，騊駼并為門下之職。梁置太僕卿，與太府、少府為夏卿，統南牧左右牧，龍廄內外廄，班第十，列為十二卿。北魏永興五年，詔諸州六十戶輸戎馬一匹。泰常六年，調民二十戶輸戎馬一匹，大牛一頭。又制，六部民滿百口者輸戎馬一匹。太延二年，行幸棝楊，驅野馬於雲中，置野馬苑。太和十七年，車駕遷洛，敕宇文福檢行牧馬之所。福規洺濟以西、河內以東，拒黃河南北千里為牧所，帝自代移雜畜於牧所。福善於將養，並無耗損，遂以將軍兼領太僕典牧令。正始四年，禁天下畜牝馬。延昌元年，通河南牝馬之禁。初，世祖平統萬，定秦隴，以河西水草善，用為牧地，畜產滋息馬至二百餘萬匹，橐馳將半之，牛羊無數。及高祖以河陽為牧場，恆置戎馬十萬匹。每歲自河西徙牧於并州，以漸南轉，欲其習水土而無死傷也，而河西之牧彌滋矣。正光以後，天下喪亂，遂為群盜所盜掠焉。爾朱榮有馬十二谷，色別為群。後齊太僕寺掌諸車輦馬牛畜產之屬，統騊駼掌御馬及諸鞍乘。左右龍左右牝掌駝馬。等署令丞，騊駼又有奉承直長二人，左龍署有左龍局，右龍署有右龍局，左牝署有左牝局，右牝署有右牝局。

紀事

明 湛若水《格物通》卷八四《馬政》 漢景帝時，造苑馬以廣用。四年，御史大夫鄧綰奏，禁馬高九尺五寸以上、齒未平不得出關。時太僕牧師諸苑三十六所分布西北邊，以郎為苑監官，奴婢三萬人，養馬三萬匹。臣若水通曰：牧馬之政在嚴法禁明分數而已，法禁嚴則馬無妄用而得以盡其材，分數明則人有定牧而得以專其責。鄧綰所謂馬高九尺五寸以上、齒未平不得出關者，其法禁之嚴乎？其奴婢三萬人，養馬三萬匹者，其分數之明乎？此所以人專其責，馬盡其材，而牧馬之所以蕃昌也歟？

又 漢昭帝元鳳二年，令郡國毋斂今年馬口錢。又令民有車騎馬一匹者復卒三人，是時有馬者閒居，則免三人之算，有事則當三人之卒。其制優異，此內郡之制也。至於邊郡則縱民畜牧，而官不禁。臣若水通曰：漢初內郡之盛則衆庶有馬，阡陌成羣，邊郡之盛則三十六苑分置西北，而昭帝之時申明舊制，并其所謂馬口錢者而去之，其意亦善矣。昭帝能法祖以修馬政之善如此，可以為後世嗣君率由舊章之法矣。

又 漢靈帝光和四年春正月，初置騄驥廄丞，領受郡國調馬豪右辜馬一匹，至二百萬。臣若水通曰：馬政乃兵戎之重務，國之命脉繫焉，不可不預為之備也。漢至靈帝，國事已去，始置廄丞領受調馬豪右辜榷，又從而踊騰其直，雖有非子司其事，亦末如之何矣，有天下者宜鑒戒之。

明 雷禮《南京太僕寺志》卷二《重責任》 後魏孝文勑後軍宇文福行牧地使掌之，畜無耗失，以爲司衛監。世祖平統萬及秦、凉，以河西水草豐美用爲牧地，畜甚蕃息，馬至二百餘萬匹，橐馳半之，牛羊無數。及高祖置牧于河陽，常畜戎馬十萬匹，每歲自河西徙牧并州，稍復南徙，欲其漸習水土，不至死傷，而河西之牧愈更蕃滋。

又《補虧則》 漢武帝末年，詔修馬復令，以補闕，毋乏武備。

又 卷三《選備用》 漢景帝四年，御史大夫綰奏禁馬高九尺五寸以上、齒未平不得出關。馬援好騎射，善別名馬，得駱越，鑄馬式，馬高三尺五寸，圍四尺五寸，有詔置於宣德殿，以爲名馬式。

又《通折價》 漢初，令郡國歛馬口錢，昭帝元鳳二年除之。

又 卷四《**驗兑納**》 漢制，令民共出馬補車，居閑則免三人之筭，有事則當三人之卒。中平元年，詔公卿出馬弩廐馬，非郊祭之用，悉出給軍。

又 卷五《**積場租**》 漢武帝建元元年，罷馬苑以賜貧民。

明 **彭大翼**《**山堂肆考**》卷八七《**馬政**》 掌于郡守。漢武帝征伐西夷，益盛養馬，以西河上郡為萬騎太守，而馬政始掌于郡二千石矣，至有廐馬四十萬匹。自遣衛、霍追匈奴而馬始大耗。

又 有馬免算。漢昭帝元鳳二年，令郡國毋斂今年馬口錢，又令民有車騎馬一匹者，復卒三人，又閒居則免三人之算，有事則當三人之卒，此内郡之制也。至于邊郡，則縱民畜牧，而官不禁。

清 **顧炎武**《**日知録之餘**》卷二《**禁牝馬**》 魏世宗正始四年，『十一月丁未，禁河南畜牝馬』。延昌元年六月，『戊寅，通河南牝馬之禁』。永樂元年七月，『丙戌，上諭兵部臣曰：「比聞民間馬價騰貴，蓋民不得私畜故也。漢文、景時，閭里有馬千百爲羣，民有卽國家之有。其榜諭天下，聽軍民皆畜馬，官府不得禁。」又曰：「三五年後，庶幾馬漸蕃息。」』

又 魏世宗正始四年十一月丁未，禁河南畜牝馬。延昌元年六月戊寅，通河南牝馬之禁。

又《**禁畜鷹鷂**》 魏高祖延興五年四月，詔禁畜鷹鷂，開相告之制。北齊文宣帝天保八年四月乙酉，詔公私禁取鷹鷂。

隋唐五代馬政分部

總論

論説

宋 **吕祖謙**《**歷代制度詳説**》卷一二《**馬政・制度**》 詳說。自黄帝、堯、舜觀象立制，服牛乘馬，引重致遠，自此馬始爲用。考之三代之制，自天子萬乘，諸侯千乘，大夫百乘，立國制賦之法，莫不以馬爲根本，所以成周之法在古今最爲精密，然而大而天子，次而諸侯，下而士大夫，因是乘馬之數多寡不同，細考當時之數，所謂牧養之法，有養之以官，有藏之於民。所謂藏之於民，如丘甸歲取馬一匹之類，皆是藏之於民，不待國家芻秣，如有事田獵征伐，臨時徵召，然而在天子之都、諸侯之國、大夫之家，亦未嘗不自蓄馬，此是養之於官者。舉此一件事論之，便可見。且如《周禮》説天子十有二閑，先儒論馬謂不過三千餘匹，衛文公承夷狄所滅之後新造之國，末年亦至騋牝三千。若以制度論之，衛以諸侯之國，又當殘亂之餘，其他故未及論，如何便及成周全乘馬之數？所謂天子十有二閑，是養之於官者，衛文公所謂騋牡三千，舉通言之。又以當時春秋戰國論之，且如鄭西宫之亂，子國爲盜所殺，子産以車十七乘出討賊。子産當時謂之百乘之家，若是徵求馬於郊野之間，盜賊卒至，如何便得集？所謂十七乘之馬，乃是畜之於家者。以此數事論之，三代馬政時固有在官者，亦有在民者。數之多者在民，平時無芻秣之費；數之少者在官，征伐無不至之憂，當時法度最爲詳備。到漢家所謂三十苑之馬，亦是官司所養之馬。若是其他郡國，民間養馬雖多，亦是養之於民。如衛青、霍去病之徒伐匈奴，有所謂官馬，有所謂私馬，則其制所尚。到後周、隋、唐之間府兵之制，天子閑廐，監牧馬非不盛，然府兵未嘗給馬，初不過給之以錢，使府兵自買馬，若是不足，衆人共出錢買馬，以此知尚有古之遺法。在到後來，府兵之法漸壞，府兵貧不足以買馬，然後方以監牧之馬給之。這是制度壞如此。且以唐言之，當時所謂在官、在私之馬多少匹與三代不相類，故唐自張萬歲領監牧馬至於四十餘萬匹之多，當時芻秣之費、地牧之廣，豈無所妨？在官、在私，卻與三代之馬不相似。若是論之，馬數最多，無如後魏。後魏馬數至二百餘萬匹，前魏未有如此之盛，後魏亦未有如此之多。自此以後，隋唐間雖習熟見聞，以馬多爲盛，他亦未嘗怪，自是常理。自孝文遷都，變夷用夏，馬政便不得似當時多，江淮之馬不攷。習俗風土之所宜，蓋拓跋氏當時在二者之間，本是北虜，北虜芻秣，便是中華耕桑，中華人人耕桑，北虜人人芻牧，當時有二百萬餘匹馬，亦不足過十萬匹，如唐養馬多，亦是不知當時後魏之意。宋朝馬政，自太宗講求精微，當時委羣牧司自春放，至秋歸，馬之出入，莫不有法。到後來熙豐間，曾孝寬領縣牧，奉行王荆公意，於是罷羣牧吏，不過欲區區小利自出賣，自此京師之馬更不出牧，終歲在槽之櫪間，自此馬始衰，戎備益損，芻秣之費益增矣。蓋當時不曾攷本末，卻欲舉保馬、户馬之法，只爲讀《周禮》不詳，亦要如《周禮》之井牧，然而事有先後，未有如漢唐之制，却要用周井牧之馬，當時大爲民害，百姓自此彫弊，蓋井地不均，兼并者衆，什一之制未行，受田之制未定，獨舉養馬之制，豈不重困？以此知學者當考究本末，誦其詩，讀其書，然後可以爲政。

宋　王與之《周禮訂義》卷五五　總論馬政。鄭鍔曰：周之馬政，掌之有官，牧之有地，出入有時，禱祈有祭，教之有法，養之有人，其詳若此，不聞蕃息之數，如衛文公之『騋牝三千』，何耶？蓋經之所載，皆成王持盈守成之際，用以駕路車，錫諸侯，華國以為文，飾幣以為禮而已。至宣王中興，南征北伐，吉日庚午之詩，國馬之盛莫不有自來。其後馬政隨廢，秦并海內六萬騎之國盡得而有之。漢興，天子不能具醇駟，而將相或乘牛車。厥後發易占之，謂神馬當從西北來，及得烏孫馬，名曰天馬，而奉使者爭言大宛有善馬，在貳師城，遂拜李廣利為貳師將軍，期至貳師取善馬，至發卒十八萬，與天下七科適以征之，僅得善馬數十匹，中馬以下牝牡三千餘匹，更名烏孫馬曰西極馬，以宛馬為天馬，以馬之故，天下蕭然耗矣。唐興，得突厥馬二千匹，又得隋馬三千於赤岸，從之隴右，遂立監牧之制，領以太僕，其屬有牧監、副監，監有丞，有主簿，凡辟置長一人，十五長置尉一人，又以尚乘掌天子之御，左右六閑，總十二閑為二廄，曰祥麟，曰鳳苑。太僕張萬歲領羣牧，自貞觀至麟德四十年，馬七十萬六千，置八坊，岐、豳、涇、寧間地廣千里，四千三百三十頃，募民耕之，以給芻秣，八坊之馬為四十八監，馬多地狹，又析八監列布河西豐曠之處。凡馬五千為上監，三千為中監，餘為下監，皆有左右。當時天下以一縑易一馬，自秦漢以來，唐馬最盛，其後卒能弱西北蕃人，其所立之制，髣髴周家遺法，較於西漢過之遠矣。

明　黃道周《歷代馬政考》《射書》卷四　唐起周、隋亂離後，鳩括殘騎，得突厥馬二千匹，又得隋馬三千于赤岸驛，徙之隴右，其官領以太僕，其屬有牧監、副監，監牧之制始於此。尚乘掌天子之御，左右六閑，總有十二閑，為二廐，曰祥麟、鳳苑，其後禁中又增置飛龍廐。府兵之制，當給馬者官與其直市之，刺史、折衝、果毅歲周不任戰者鬻之，以其錢更市，不足則府供之，此給錢以市也。至府兵漸壞，兵貪難致，乃給以監牧之馬，此給馬以用也。自貞觀訖麟德，馬至七十萬餘匹。開元始命王毛仲為內外閑廐使，此牧馬于官而給于民之制也。

清　閻鎮珩《六典通考》卷一六六《王政考》　論曰：自唐盛時，官府以畜牧為國利，故孳息之繁，溢于海甸，車騎之雄，天下無敵。由五季及宋，內地之產不足，乃多鬻諸邊夷。其來者遠，非盡趫捷奔軼之材，又其水土之性不遂，芻粟之欲不充，肥者或化而為瘠，强者或變而為孱，于是物力日減一日，而中國不勝支絀之患矣。夫馬之為用，非特服重致遠已耳，戰勝攻取，率將賴焉。惟其平居馴習而阜擾之，進退操縱，罔不如意，一旦驅之于戎行，庶無蹖突驚蹶之虞。是以古者鄉田同井，馬牛車輦，取具其中，有事則鄉官率之以至，初未嘗他有所求也。夫井田行則八家共出車牛而力有餘，井田廢則官雖資民以馬，而民日困。宋之戶馬、保馬，寄養民間，當時言者指為弊政，良以免役之利小而賠累之害大也。至於互市之法，自唐已然，宋室中葉始以茶易馬。秦蕙田氏謂明代行之而有效，然中國自廢監牧之利，而專假匄于夷狄，則彼將深匿其壯健而出其罷劣者，以誑我此中國，往往受制于夷狄也。夫物不素備而惟人之是求，緩亟將有時而不應，況以中國而俯求于異類乎？

綜述

《通典》卷七八《禮三十八軍三·馬政馬祭附》　周制，夏官校人掌王馬之政。政謂差擇養乘之數也。《月令》曰：『班马政』。天子十有二閑，馬六種：種馬、戎馬、齊馬、道馬、田馬、駑馬。種謂上善似母者。以次差之，玉輅駕種馬，戎輅駕戎馬，金輅駕齊馬，象輅駕道馬，田輅駕田馬，駑馬給宮中之役。邦國六閑，馬四種。家四閑，馬二種。降殺之差。每廐為一閑。諸侯有齊馬、道馬、田馬。家謂大夫，有田馬。各一閑。其駑馬則皆分為三焉。凡頒良馬而養乘之。乘馬一師四圉。三乘為皂，皂一趣馬。三皂為系，系一馭夫。六系為廄，廄一僕夫。六廄成校，校有左右。駑馬三良馬之數。麗馬一圉，八麗一師，八師一趣馬，八趣馬一馭夫。良，善也。善馬，五輅之馬。趣馬、馭夫、僕夫，帥之名也。趣馬下士，馭夫中士，則僕夫上士也。自乘至廄，其數二百一十六匹。易乾為馬，此應乾之策也。至校變為言成者，明六馬各一廄而王馬小備也。校有左右，則良馬一種者，四百三十二匹，五種合二千一百六十匹。駑馬三之，則為千二百九十六匹。五良一駑，凡三千四百五十六匹，然後王馬大備。詩云『騋牝三千』，此謂王馬之大數歟？麗，耦也。駑馬自圉至馭夫，凡馬千二十四匹，與三良馬之數不相應，『八』皆宜為『六』，字之誤也。師十二匹，趣馬七十二匹，則馭夫四百三十二匹矣。趣音倉走反。趣馬掌贊正良馬，而齊其飲食，簡其六節。贊，佐也。簡，差也。節，量也。差擇王馬以為六等。巫馬掌養疾馬而乘治之，相醫而藥攻馬疾，受財於校人。乘謂驅步以發其疾，知所疾處乃治之。牧師掌牧地，皆有厲禁而頒之。孟春焚牧，焚牧地，以除陳生新草。仲春通淫。仲春，陰陽交萬物生之時，可以合馬之牝牡。按月令：『季春乃合累牛騰馬，遊牝於牧。』馬質掌質馬馬量三物，一曰戎馬，二曰田馬，三曰駑馬，皆有物賈。此三馬者，買以給官府之使，無種也。皆有物賈，謂皆有物色及賈直。凡受馬於有司者，書其齒毛與其賈。馬死則旬之內，更；旬之外，入馬耳，以其物更；其外否。旬之內死者，償以齒毛與賈，受之日淺，養之惡也。旬之外死，入馬耳，償以毛色，不以齒賈，任之過其任也。其外否者，旬之外逾二十日而死者，不任用，非用者罪。春祭馬祖，執駒。馬祖，天駟也。孝經說曰『房為龍馬』。鄭衆云：『執駒無令近母，猶攻駒也。二歲曰駒，三歲曰駣。』鄭玄謂：『執猶拘也。春通淫之時，駒弱，血氣未定，為其乘匹傷之。』夏祭先牧，頒馬攻特。先牧，始養馬者，其人未聞。夏通淫之後，攻其特，為其蹄齧不可乘用。鄭衆云：『攻特謂騬之。』騬音繒。秋祭馬社，臧僕。馬社，始乘馬者，世本作曰：『相土作乘馬。』鄭衆云：『臧僕謂簡練馭者，令皆善也。』鄭玄謂：『僕，馭五輅之僕。』冬祭馬步，獻馬，講馭夫。馬步，神，為災害馬者。獻馬，見成馬於王也。馭夫，馭貳車、從車、使車者。講猶簡習。其於祭大澤，用仲月剛日。甲庚丙壬戊為剛日，乙丁辛癸己為柔日。隋制，常以仲春，用少牢祭馬祖於大澤，諸合祭官於祭所致齋一日，積柴於燎壇，禮畢，就燎。仲夏祭先牧，仲秋祭馬社，仲冬祭馬步，並於大澤，皆以剛日。牲用少牢，如祭馬祖，埋而不燎。大唐馬祭因隋之制，其儀如開元禮。

《文獻通考》卷一五九《兵考十一·馬政》 隋太僕寺有獸醫博士。員一百二十人。統驊騮、乘黃、龍廄等署，各置令。其後減驊騮署，入殿內尚乘局，改龍廄曰典廄署，有左右馭皂二廄，加置主乘、司庫、司廩官。隋制，常以仲春，用少牢祭馬祖於大澤，諸合祭官，於祭所致齋一日，積柴於壇，禮畢，就燎。仲夏祭先牧，仲秋祭馬祖，仲冬祭馬步，並於大澤，皆以剛日，牲用少牢，如祭馬祖，埋而不燎。唐之初起，得突厥馬二千匹，又得隋馬三千於赤岸澤，徙之隴右，監牧之制始於此。其官領以太僕；其屬有牧監副監；監有丞、有主簿、直司、團官、牧尉、排馬、牧長、群頭，有正，有副；凡群置長一人，十五長置尉一人，歲課功，進排馬。又有掌閑，調習馬上。又以尚乘掌天子之禦。左右六閑：一曰飛黃，二曰吉良，三曰龍媒，四曰騊駼，五曰駃騠，六曰天苑。總十有二閑為二廄，一曰祥麟，二曰鳳苑，以系飼之。其後禁中又增置飛龍廄。

明 邱濬《大學衍義補》卷一二三《牧馬之政上》 唐之初起，得突厥馬二千匹，又得隋馬三千，於赤岸澤徙之隴右。其官領以太僕，其屬有牧監、副監，監有丞有主簿，直司、團官、牧尉、排馬、牧長、群頭有正有副。凡群置長一人，十五長置尉一人，歲課功進排馬，又有掌閑調馬習上。臣按：監牧之制始於此。尚乘掌天子之禦左右六閑，一曰飛黃、二曰吉良、三曰龍媒、四曰騊駼、五曰駃騠六曰天苑，總十有二閑，為二廄，一曰祥麟、二曰鳳苑，以系飼之，其後禁中又增置飛龍廄。臣按：此唐一代天子禦馬之制。所謂飛龍廄，即今禦馬監也。初，用太僕少卿張萬歲領群牧，自貞觀至麟德四十年間馬七十萬六千匹，置八坊岐、豳、涇、寧間，地廣千裏，一曰保樂、二曰甘露、三曰南普閏、四曰北普閏、五曰岐陽、六曰太平、七曰宜祿、八曰安定，八坊之田千二百三十頃，募民耕之以給芻秣，八坊之馬為四十八監，而馬多地狹不能容，又析八監列布河西豐曠之野，凡馬五千為上監，三千為中監，餘為下監，監皆有左右，因地為之名。方其時，天下以一縑易一馬，萬歲掌馬久，恩信行於隴右。臣按：唐人牧馬置八坊四十八監，其牧地在岐、豳、涇、寧間，即今陝西鳳翔府及西安之洪州、平涼之涇州、慶陽之寧州其地也。募民所耕以為芻秣者，其地止於一千二百三十頃，而用其地出以飼七十萬六千匹馬，而馬之直至以一縑易一匹。今其地固在，其中閑田民所不耕者何止一千二百三十頃而已，本朝於此地立行太僕寺一及苑馬寺一以司蓄牧，而苑馬之所轄者凡三十監，監皆有馬。然監之立百年於茲矣，而其馬之蕃盛略不及唐人之一二，豈無其故歟？臣考唐制，始曰置八坊岐、豳、涇、寧間，其後又曰其始置四十八監也，據隴西、金城、平涼、天水，員廣千裏，繇京度隴置八坊為會計都領，其間善水草腴田皆肄之，由此以觀，則其所牧之地又若不專在岐、豳、涇、寧也，蓋跨數州之地，凡其善水草膏腴之田皆以為牧放之所，而又得人以司之，是宜其馬蕃盛至七十萬之多也。今其地固在，然皆齊民耕種納租之地，一旦奪之以為耕牧芻秣之所，其勢有不可者，然當唐之世民皆不耕田納租乎，何養馬如此之多也？乞敕有司循唐人之故跡，由京兆度秦隴以求夫可以放牧之地，必不奪之民，必不虧於官，然後行唐人監牧之政，萬一有可行者，其於馬政不為無助。後以太僕少卿鮮於匡俗檢校隴右監牧，儀鳳中以太僕少卿李思文檢校諸牧監使，後又有群牧都使、有閑廄使，使皆置副，有判官，又立四使，南使十五、西使十六、北使七、東使九，其後益置八監於鹽州、三監於嵐州。臣按：監牧有使，自儀鳳中李思文始。玄宗開元初，國馬益耗，太常少卿薑晦乃請以空名告身市馬於六胡州，率三十匹酬一遊擊將軍。臣按：此後世以官爵易馬之始。玄宗以王毛仲領內外閑廄，馬稍稍複，始二十四萬，至十三年乃四十三萬。其後突厥款塞，玄宗厚撫之，歲許朔方軍西受降城為互市，以金帛市馬，於河東、朔方左右牧之，既雜胡種，馬乃益壯。天寶後，諸軍戰馬動以萬計，議者謂秦漢以來唐馬最盛。林駧曰：『唐府兵之制，當給馬者官與其直市之，每匹錢二萬五千，刺史、折沖、果毅歲周不任戰者鬻之，以其錢更市，不足則府供之，此給錢以市也。至府兵漸壞，兵貧難致，乃給以監牧之馬，此給馬以用也。大抵唐之馬政皆給於官，民無與焉，始唐接周、隋亂離之後，承天下征伐之餘，鳩括殘騎，僅得牝牡二千匹，於赤岸澤徙之隴右，始命太僕張萬歲葺其政，肇自貞觀訖於麟德，四十年間至七十萬餘匹，於時天下以一縑易一馬，秦漢之盛未始聞也。垂拱以後，馬耗大半，開元始命王毛仲為內外閑廄使，牧養有法，雲錦成群，此唐牧馬於官而給於民之制也。』臣按：議者謂秦漢以來唐之馬最盛，原其所以盛者，蓋以監牧之置得其地，而監牧之官得其人，而牧養之有其法也。唐都關中，其地宜馬，我朝都燕冀，亦是良馬所生之地，然馬之蕃息不及唐之盛者，豈與其地與其人歟？蓋襲用宋人保馬之法，牧馬於民而官之所以牧者徒有其名，而政則未嘗舉焉。必欲舉其政，請下戶部查究永樂以來牧馬草場為官民所耕佃者，盡以還官，及所在閑田未經開墾者，亦俾報官，遣官經量，創為牧馬之所，而俾諳練民事臣僚講求其利害以聞，必上有益於國、下無害於民，真有利而無害，然後立為一代經久之制，以為國家安民足兵之良法。

紀事

《唐會要》卷七二《馬》　貞觀二十一年八月十七日，骨利幹遣使朝貢，獻良馬百匹，其中十匹尤駿，太宗奇之，各為制名，號曰十驥。其一曰騰雲白，二曰皎雪驄，三曰凝露白，四曰元光驄，五曰決波騟，六曰飛霞驃，七曰發電赤，八曰流金騧，九曰翔麟紫，十曰奔虹赤。上乃敘其事曰：『骨利幹獻馬十匹，特異常倫，觀其骨大叢粗，鬣高意闊，眼如懸鏡，頭若側磚，腿像鹿而差圓，頸比鳳而增細。後橋之下，促骨起而成峰；側韉之間，長筋密而如瓣。耳根鐵勒，杉材難方，尾本高麗，掘磚非擬。腹平膁小，自勁驅馳之方；鼻大喘疏，不乏往來之氣。殊毛共櫪，狀花蘂之交林；異色同群，似雲霞之閑彩。仰輪烏而競逐，順緒氣而爭追。噴沫則千裏飛紅，流汗則三條振血。塵不及起，影不暇生。顧見彎弓，逾勁羽而先及；遙瞻伏獸，占人目而前知。骨法異而應圖，工藝奇而絕象。』方馳大宛，固其駑蹇者歟？永隆二年七月十六日，夏州群牧使安元壽奏言，從調露九年九月已後，至二月五日前，死失馬一十八萬四千九百匹，牛一萬一千六百頭。開元二年九月，太常少卿薑晦上疏，請以空名告身，於六胡州市馬，率三十匹馬酬一遊擊將軍。時廄中馬闕，乃從之。十三年，張說為隴右群牧使頌云，大唐承周隋離亂之後，貞觀初僅得牝牡三千，從赤岸澤徙之隴右，仍命太僕卿張萬歲葺其政焉。至麟德中，四十年至七十萬六千匹，置八使以董之，設四十八監以掌之，跨隴右、金城、平涼、天水四郡之地，幅員千裏，猶為隘狹。更析八監，布於河曲豐曠之野，乃能容之。於斯之時，天下以一縑易一馬。及張氏中廢二十年間，所殘蓋寡。張氏三代典群牧，恩信行於隴右，人以馬歲為四齒兩齒，亦謂之背二向三者，為張氏家諱歲字者也。天寶六載十二月，九姓堅昆及室韋獻馬六十匹，令於西受降城使納之。十三載六月一日，隴右群牧都使奏，臣差判官殿中侍禦史張通儒、群牧副使平原太守鄭遵意等就群牧交點，總六十萬五千六百三頭匹，口馬三十二萬五千七百九十二匹，內二十萬八十匹駒，牛七萬五千一百一十五頭，內一百四十三頭犛牛，駝五百六十三頭，羊二十萬四千一百三十四口，騾一頭。十五載六月，上幸蜀，發扶風郡，閑廄使任沙門，盜廄馬十餘匹以叛。太子至平涼郡，致搜閱官監，及私群牧馬數萬匹，軍威始振。大曆七年八月，回紇使還蕃，以國信物一千餘乘遣之，回紇恃功，自幹元後，仍歲來市，以馬一匹易絹四十匹，動至數萬馬，其使候遣，繼留於鴻臚寺者非一番，人欲帛無厭，我得馬無用，朝廷甚苦之。時特盈數遣之，以廣恩惠，使其知愧。建中元年五月，詔市關輔牝馬三萬匹，以實內廄。貞元元年八月，吐蕃率羌渾之眾犯塞，分遣中官於潼關、蒲關、武關，禁大馬出界。十四年四月，敕鑄左右軍征馬使印各一紐。二十一年四月，罷閩中萬安監。先是，福建觀察使柳冕久不遷，欲因事以求恩寵，奏云，閩中南朝放牧之地，可致牛馬蕃息，請置監牧。許之。大收境內畜產，牧放其中，羊之大者不過十筋，馬之良者直錢數千，不經時輒死，又卻斂以充之，百姓怨苦之，由是監觀察使閻濟美奏罷之。元和四年三月詔，內廄之馬，其數尚多，委飛龍使具條流減省聞奏。十一年正月，以討吳元濟，命中使以絹萬匹，市馬於河曲。其月，回紇使獻橐駝及馬，以內庫繒絹六萬匹，償回紇馬直。十三年十一月，閑廄使理岐陽舊馬坊地三百四十七頃，盡歸之國家。自貞觀至麟德中，國馬四十萬匹，皆牧河隴。開元中，尚有二十七萬，雜以牛羊等，不啻百萬，置八使四十八監，占隴西、金城、平涼、天水四郡，幅員千裏，自長安至隴西，置七馬坊，為會計所都領。岐隴間善水草及膏腴田，皆屬七馬坊，名額盡廢，其地利歸於節度使。長慶元年正月，靈武節度使李聽奏，請於淮南忠武武寧等道防秋兵中，取三千人衣賜月糧，賜當道自召募一千五百人馬驍勇着，以備邊，仍令五十人為一社，每一馬死，社人共補之，馬永無闕。從之。其年三月，範陽節度使劉總請進馬一萬五千匹。大中六年六月，河東節度使兼太原尹李業奏，當管諸軍州草馬，准貞元三年十二月十三日敕文，不許出界。又准去年五月十五日，司門轉牒，諸道應有草馬，准敕並不命出界。今緣近日諸道差人於當管市馬，不依敕文，並收草馬，伏乞天恩，詔下諸道，准元敕約勒。旨，宜令本道准元敕處分。如有違者，即與區處聞奏。

《文獻通考》卷一五九《兵考十一·馬政》 初，用太僕少卿張萬歲領群牧。自貞觀至麟德四十年間，馬七十萬六千，置八坊：岐、豳、涇、寧間，地廣千裏，一曰保樂，二曰甘露，三曰南普閏，四曰北普閏，五曰岐陽，六曰太平，七曰宜祿，八曰安定。八坊之田，千二百三十頃，募民耕之，以給芻秣。八坊之馬為四十八監，而馬多地狹不能容，又析八監列布河西豐曠之野。凡馬五千為上監，三千為中監，餘為下監。監皆有左右，因地為之名。方其時，天下以一縑易一馬，萬歲掌馬久，恩信行於隴右。後以太僕少卿鮮於匡俗檢校隴右監牧。儀鳳中，以太僕少卿李思文檢校隴右諸牧監使，監牧有使自是始。後又有群牧都使，有閑廄使。使皆置副，有判官。又立四使：南使十五，西使十六，北使七，東使九。諸坊若涇川、亭川、闕水、洛、赤城，南使統之；清泉、溫泉，西使統之；烏氏，北使統之；木硤、萬福，東使統之。他皆失傳。其後置八監於鹽州，三監於嵐州。鹽州使八，統白馬等坊。嵐州使三，統樓煩、元池、天池之監。凡征伐而發牧馬，先盡強壯，不足則取其次。錄色、歲、膚地印記、主名送軍，以帳馱之，數上於省。自萬歲失職，馬政頹廢，永隆中，夏州牧馬之死失者十八萬四千九百九十。景雲二年，詔群牧歲出高品，禦史按察之。開元初，國馬益耗。太常少卿善晦乃請以空名告身市馬於六胡州，率三十匹仇遊擊將軍。命王毛仲領內外閑廄。九年又詔：『天下之有馬者，州縣皆先以郵遞軍旅之役，定戶復緣以升之。百姓畏苦，乃多不畜馬，故騎射之士減曩時。自今諸州民勿限有無蔭，能家畜十馬以上，免站驛郵遞征行，定戶無以馬為貲。』毛仲既領閑廄，馬稍稍復，始二十四萬，至十三年乃四十三萬。其後突厥款塞，元宗厚撫之，歲許朔方軍西受降城為互市，以金帛車馬，於河東、朔方左右牧之，既雜胡種，馬乃益壯。天寶後，諸軍戰馬動以萬計。五侯、將相、外戚牛駝羊馬之牧布諸道，百倍於縣官，皆以封邑號名為印自別，將校亦備私馬。議者謂秦、漢以來，唐馬最盛，天子又銳志武事，遂弱西北蕃。十一載，詔二京旁五百里，勿置私牧。十三載，隴右群牧都使奏：牛馬駝羊總六十萬五千六百，而馬三十二萬五千七百。安祿山以內外閑廄都使兼知樓煩監，陰選勝甲馬歸範陽，故其兵力傾天下而卒反。肅宗收兵至彭原，率官吏馬抵平涼，蒐監牧及私群，得馬數萬，軍遂振。至鳳翔，又詔公卿百僚以後乘助軍。其後邊無重兵，吐蕃乘隙陷隴右，苑牧畜馬皆沒矣。乾元後，回紇恃功，歲入馬取繒，馬皆病弱不可用。永泰元年，代宗欲親擊虜，魚朝恩乃請大搜城中百官、士庶馬輸官，曰『團練馬』。下制禁馬出城者，已而復罷。德宗建中元年，市關輔馬三萬實內廄。貞元三年，吐蕃、羌渾犯塞，詔禁大馬出潼、蒲、武關者。元和十年伐蔡，命中使以絹一萬市馬河曲。其始置四十八監也，據隴西、金城、平涼、天水、員廣千裏，繇京度隴，置八坊為會計都領，其間善水草腴田廄，旋以給貧民及軍吏，間及賜佛寺、道館幾千頃。十二年，閑廄使張茂宗舉故事，盡收岐陽坊地，失業者甚眾。十三年，以蔡州牧地為龍陂監。十四年，置臨漢監於襄州，牧馬三千二百，費田四百頃。穆宗即位，岐人叩闕訟茂宗所奪田，事下禦史按治，悉予民。太和七年，度支鹽鐵使言：『銀州水甘草豐，請詔刺史劉源市馬三千，河西置銀川監，以源為使。』襄陽節度使裴度奏停臨漢監。開成二年，劉源奏：『銀川馬已七千，若水草乏，則徙牧綏州境。今綏南二百里，四隅險絕，寇路不能通，以數十人守要，畜牧無他患。』乃隸銀川監。其後闕，不復可紀。林氏曰：『唐府兵之制，當給馬者，官與其直市之，每匹錢二萬五千。刺史、折沖、果毅歲周不任戰者鬻之，以其錢更市，不足則府供之，此給錢以市也。至府兵漸壞，兵貧難致，乃給以監牧之馬，此給馬以用也。大抵唐之馬政，皆給於官，民無與焉。《唐兵志》：自高宗、武後府兵之法更號曰『彍騎』，詔諸州府馬闕乏，官私共補之。今兵貧難致，乃給以監牧馬。餘見《兵志》。始唐接周、隋亂離之後，承天下征伐之餘，鳩括殘騎，僅得壯牝三千匹於赤岸澤，徙之隴右，始命太僕張萬歲葺其政焉。』肇貞觀訖麟德，四十年間，馬至七十萬餘匹。於時天下以一縑易一馬，秦、漢之盛，未之有也。垂拱以後，馬耗大半。開元始命王毛仲為內外閑廄，使牧養有法，雲錦成群，復與麟德馬數相等爾。此唐牧於官而給於民之制也。』

藝文

宋 家鉉翁《則堂集》卷五《元和修復馬政圖》 君不見明皇開元初，前驅萬騎雲煙鋪。中年不戒履霜漸，乃以牧權付之營州軋犖奴。驅我天閑入鼠穴，八坊奇產空無餘。元和天子奮威斷，收拾舊物還中區。向來汧渭孳生處，猶有牧人自營牧與芻。爭持私牽應詔書，願備法駕王前驅。詩翁感歎成八解，何人畫工畫為圖。此圖似是八之一，元和舊事猶可識。

養馬

論說

唐 李翺《李文公集》卷五《國馬說》 有乘國馬者，與乘駿馬者並道而行。駿馬齧國馬之鬃，血流於地，國馬行步自若也，精神自若也，不為之顧，如不知也。既駿馬歸，芻不食，水不飲，立而栗者二日。駿馬之人以告，國馬之人曰：『彼蓋其所羞也，吾以馬往而喻之，斯可矣。』乃如之。於是國馬見駿馬而鼻之，遂與之同櫪而芻，不終時而駿馬之病自已。夫四足而芻者，馬之類也；二足而言者，人之類也。如國馬者，四足而芻，則馬也；耳目鼻口，亦馬也；四支百骸，亦馬也；不能言而聲，亦馬也；觀其所以為心者，則人也。故犯而不校，國馬也；過而能改，駿馬也。有人焉，恣其氣以乘人，人容之而不知者，多矣。觀其二足而言，則人也；耳目鼻口，亦人也；四支百骸，亦人也；求其所以為人者，而弗得也。彼人者，以形骸為人；國馬者，以形骸為馬。以彼人乘國馬，人皆以為人乘馬，吾未始不謂之馬乘人。悲夫！

五代 譚峭《齊丘子》卷五《養馬》 養馬者主，而牧之者親。養子者母，而乳之者親。君臣非所比，而比之者祿也。子母非所愛，而愛之者哺也。駑馬本無知，嬰兒本無機，而知由此始，機由此起。所以有愛惡，所以有彼此，所以稔鬭爭而蓄姦詭。

宋 佚名《群書會元截江網》卷二五《事證》 古者馬出於西北。古者之馬多出於西北，而不在於東南。冀之北土馬之所生，非并代乎？汧渭之間馬之所蕃，非秦隴之界乎？駉駉牡馬，在坰之野，蓋兗州也。秉心塞淵，騋牝三千，蓋衛州也。漢於苑馬分布西北二邊，故北地、西河、遼東諸郡皆有牧師，而太原亦有家馬。官自天子六廄以供乘輿，餘悉養之邊郡。唐自太原破突厥，誅高昌，繼又以高宗破高麗，擒百濟，而其地西至焉耆，北至陰山，故牧監分布隴右，而馬為最盛。然則西北之出馬，亦誠然也。

宋 呂祖謙《歷代制度詳說》卷一二《馬政・制度》 詳說。自黃帝、堯、舜觀象立制，服牛乘馬，引重致遠，自此馬始爲用。考之三代之制，自天子萬乘，諸侯千乘，大夫百乘，立國制賦之法，莫不以馬爲根本，所以成周之法在古今最爲精密，然而大而天子，次而諸侯，下而士大夫，因是乘馬之數多寡不同，細考當時之數，所謂牧養之法，有養之以官，有藏之於民。所謂藏之於民，如丘甸歲取馬一匹之類，皆是藏之於民，不待國家芻秣，如有事田獵征伐，臨時徵召，然而在天子之都、諸侯之國、大夫之家，亦未嘗不自蓄馬，此是養之於官者。舉此一件事論之，便可見。且如《周禮》說天子十有二閑，先儒論馬謂不過三千餘匹，衛文公承夷狄所滅之後新造之國，末年亦至騋牝三千。若以制度論之，衛以諸侯之國，又當殘亂之餘，其他故未及論，如何便及成周全乘馬之數？所謂天子十有二閑，是養之於官者，衛文公所謂騋牡三千，舉通言之。又以當時春秋戰國論之，且如鄭西宮之亂，子國爲盜所殺，子產以車十七乘出討賊。子產當時謂之百乘之家，若是徵求馬於郊野之間，盜賊卒至，如何便得集？所謂十七乘之馬，乃是畜之於家者。以此數事論之，三代馬政時固有在官者，亦有在民者。數之多者在民，平時無芻秣之費；數之少者在官，征伐無不至之憂，當時法度最爲詳備。到漢家所謂三十苑之馬，亦是官司所養之馬。若是其他郡國，民間養馬雖多，亦是養之於民。如衛青、霍去病之徒伐匈奴，有所謂官馬，有所謂私馬，則其制所尚。到後周、隋、唐之間府兵之制，天子閑廐，監牧馬非不盛，然府兵未嘗給馬，初不過給之以錢，使府兵自買馬，若是不足，衆人共出錢買馬，以此知尚有古之遺法。在到後來，府兵之法漸壞，府兵貧不足以買馬，然後方以監牧之馬給之。這是制度壞如此。且以唐言之，當時所謂在官、在私之馬多少匹與三代不相類，故唐自張萬歲領監牧馬至於四十餘萬匹之多，當時芻秣之費、地牧之廣，豈無所妨？在官、在私，卻與三代之馬不相似。若是論之，馬數最多，無如後魏。後魏馬數至二百餘萬匹，前魏未有如此之盛，後魏亦未有如此之多。自此以後，隋唐間雖習熟見聞，以馬多爲盛，他亦未嘗攷。習俗風土之所宜，蓋拓跋氏當時在二者之間，本是北虜，北虜芻秣，便是中華耕桑，中華人人耕桑，北虜人人芻牧，當時有二百萬餘匹馬，亦不足怪，自是常理。自孝文遷都，變夷用夏，馬政便不得似當時多，江淮之馬不過十萬匹，如唐養馬多，亦是不知當時後魏之意。宋朝馬政，自太宗講求精微，當時委羣牧司自春放，至秋歸，馬之出入，莫不有法。到後來熙豐間，曾孝寬領縣牧，奉行王荆公意，於是罷羣牧吏，不過欲區區小利自出賣，自此京師之馬更不出牧，終歲在槽之櫪間，自此馬始衰，戎備益損，芻秣之費益增矣。蓋當時不曾攷本末，卻欲舉保馬、户馬之法，只爲讀《周禮》不詳，亦要如《周禮》之井牧，然而事有先後，未有如漢唐之制，却要用周井牧之馬，當時大爲民害，百姓自此彫弊，蓋井地不均，兼并者衆，什一之制未行，受田之制未定，獨舉養馬之制，豈不重困？以此知學者當考究本末，誦其詩，讀其書，然後可以爲政。

宋 章如愚《山堂考索・後集》卷五〇《又論》 唐初得突厥馬二千疋，及得隋馬三千於赤岸澤，徙之隴右，監牧之制遂始於此。其官領於太僕，初用張萬歲領郡牧，自貞觀至麟德四十年間，馬四十餘萬，置八坊於岐、豳、涇、寧之間，募民耕八坊之田以給芻稼，八坊之馬為四十八監，時天下以一縑易一馬，可見馬之盛也。自萬歲失職，馬政頗廢。開元初，王毛仲領内外閑廐使，稍復舊，始二十四萬，至十三萬，乃四十三萬。天寳以後，諸軍戰馬動以萬計，議者謂秦漢以來，戰馬最盛，故范祖禹《唐鑑》曰：唐之圉馬，惟一能臣而掌之，不數十年而其多過於二百倍，曰此任職之專也。《傳》曰：冀之北土，為馬所生。夫馬必生於邊陲而養於苦寒之地，稍遷之中國則莫能壯也。唐養馬於隴右，非獨就其水草之美，蓋置之西戎之地，必求其健也。凡欲制事，得其人而善其法，豈有不盛者乎？

綜述

宋 佚名《群書會元截江網》卷二五《事證》 唐馬政修廢。唐府兵之制，當給馬者，官與其直市之，每匹錢二萬五千。刺史折衝果毅，歲周不任戰者鬻之，以其錢更市不足，則府供之，此給錢以市也。至府兵漸壞，兵貧難致，乃給以監牧之馬，此給馬以用也。大抵唐之馬政皆偏於官，民無與焉。始唐接周秦亂離之後，承天下征伐之弊，搜括殘疆，僅得牝牡三千匹於赤岸澤，徙之隴右，始命太僕張萬歲葺其馬政。自貞觀訖於麟德四十年間，至七十餘萬匹，於是天下以一縑易一馬，秦漢之盛，未始聞也。垂拱以來，馬耗大半，開元始命王毛仲為内外閑廄使，牧養有法，雲錦成羣，復與麟德馬政數相等耳。此唐牧於官而給於民也。

宋 呂祖謙《歷代制度詳説》卷一二《馬政・制度》 廐名：周庾人掌十有二閑。見上。唐天子之御左右六閑，一曰飛黄，二曰吉良，三曰龍媒，四曰騊駼，五曰駃騠，六曰天苑，總十有二閑，爲二廐，曰祥驎，曰鳳苑。其後又增置飛龍廐。自正觀至麟德四十年間，置八坊，岐、豳、涇、寧間地廣千里。八坊，曰保樂，曰甘露，曰南普閏，曰北普閏，曰岐陽，曰太平，曰宜禄，曰安定。凡馬五千爲上監，三千爲中監，餘爲下監。監皆有左右，因地爲之名。其後益置八監於鹽州，三監於嵐州。《唐志》。

宋 章如愚《山堂考索・後集》卷四四《牧養》 前漢衛青、去病之徒伐匈奴，亦有所謂官馬、私馬。唐府兵未嘗給馬，初不過給之以錢，使其自置到來。府兵法壞，兵貧不足買馬，然後方以監牧之馬給之。漢有牧師諸苑三十六所，馬至三十萬疋。唐有八坊、四十八監，馬至七十萬六千匹，此漢、唐牧馬之大數也。若善其牧養之方，而馬之最盛者，則莫如後魏，蓋拓跋氏本是北人，芻秣乃其常，故馬至二百餘萬匹也。

明 雷禮《南京太僕寺志》卷五《積場租》 唐制，八坊之田千二百三十頃，募民耕之，以給芻秣。始置四十八監也，據隴西、金城、平涼、天水，員廣千里，繇京度隴，置八坊，爲會計都領其間，善水草，腴田廐，旋以給貧民及軍吏，間及賜佛寺道舘幾千頃。元和十二年，閑廄使張茂宗舉故事，盡收岐陽坊地，失業者甚衆。十三年，以蔡州牧地爲龍陂監。十四年，置臨漢監於襄州，牧馬三千二百，費田四百頃。穆宗即位，岐人叩闕訟茂宗所奪田事，下御史按治，悉予民。

明 王鳴鶴《登壇必究》卷一八《馬政》 初，用太僕少卿張萬歲領羣牧，自貞觀至麟德四十年間，馬七十萬六千，置八坊岐、豳、涇、寧間，地廣千里，一曰堡樂，二曰甘露，三曰南普閏，四曰北普閏，五曰岐陽，六曰太平，七曰宜祿，八曰安定，八坊之田一千二百三十頃，募民耕之，以給芻秣。入坊之馬爲四十八監，而馬多地狹不能容，又析八監列布河西豐曠之野。凡馬五千爲上監，三千爲中監，餘爲下監。監皆有左右，因地爲之名。方其時，天下以一縑易一馬。萬歲掌馬久，恩信行於隴右。邱文莊曰：『唐人牧馬，置八坊四十八監，其牧也在岐、豳、涇、寧間，即今陝西鳳翔府及西安之邠州、平涼之涇州、慶陽之寧州其地也。募民所耕以爲芻秣者，其地止於一千二百三十頃，而用其地出以飼七十萬六千匹馬。而馬之直至以一縑易一匹，今其地固在其中，閑田民所不耕者，豈止二千二百三十頃而已。本朝於此地立行太僕寺一及苑馬寺一，以司蓄牧，而苑馬之所轄者凡三十監，監皆有馬，然監之立百年于茲矣，而其馬之蕃盛畧不及唐人之一二，豈無其故歟？考《唐志》，始曰置八坊岐、豳、涇、寧間，其後又曰其始置四十八監也，據隴西金城、平涼、天水員廣千里，由京度隴，置八坊爲會計都領，其間善水草腴田皆肄之，由此以觀則其所牧之地，又若不專在岐、豳、涇、寧也，蓋跨數州之地，凡其善水草膏腴之田皆以爲牧放之所，而又得人以司之，是宜其馬蕃盛至七十萬之多也。今其地固在，然皆齊民耕種納租之地，一旦奪之以爲耕牧芻秣之所，其有不可者。然當唐之世民皆不耕田納租乎，何養馬如此之多也？唐人監牧之政，萬一有可行者，于馬政不爲無助。』後以太僕少卿鮮于匡俗檢校隴右監牧，儀鳳中以太僕少卿李思文檢校諸牧監使，後又有羣牧都使，有閑廄使，使皆置副，有判官，又立四使，南使十五，西使十六，北使七，東使九，其後益置八監於監州，三監於嵐州。邱文莊曰：『監牧有使，自儀鳳中李思文始。』玄宗開元初，國馬益耗，太常少卿姜晦乃請以空名告身市馬於六胡州，率三十匹讎一游擊將軍。邱文莊曰：『此後世以官爵易馬之始。』玄宗以王毛仲領內外閑廄，馬稍稍復始二十四萬，至十三年，乃四十三萬。其後突厥欵塞，玄宗厚撫之，歲許朔方軍西受降城爲互市，以金帛市馬於河東，朔方左右牧之既雜胡種馬，乃益壯。天寶後，諸軍戰馬動以萬計，議者謂秦漢以來，唐馬最盛。林駉曰：『唐府兵之制當給馬者，官以其直市之，每匹錢二萬五千。刺史折衛果毅歲周不任戰者鬻之，以其錢更市不誤，則府供之此給錢以市也。至府兵漸壞，兵貧難致，乃給以監牧之馬，此給馬以用也。大抵唐之馬政，皆給於官，民無與焉。始，唐按周隋亂離之後，承天下征伐之餘，鳩括殘騎，僅得牝牡二千匹於赤岸澤，徙之隴右，始命太僕張萬歲葺其政。肇自貞觀，訖于麟德，四十年間至七十萬餘匹，于時天下以一縑易一馬，秦漢之盛，未始聞也。垂拱以後，馬耗大半，開元始命王毛仲爲內外閑廄使，牧養有法，雲錦成羣，此唐牧馬於官而給於民之制也。』邱文莊曰：『議者謂秦漢以來，唐之馬最盛，原其所以盛者，蓋以監牧之置得其地，而監牧之官得其人，而牧養之有其法也。唐都關中，其地宜馬，我朝都燕冀，亦是良馬所生之地，然馬之蕃息不及唐之甚者，豈無其地與其人歟？蓋襲用宋人保馬之法，牧馬於民，而官之所以牧者，徒有其名，而政則未嘗舉焉。必欲舉其政，當查究永樂以來牧馬草場爲官民所耕佃者，盡以還官，及所在閑田未經開墾者，亦俾報官，遣官經量，創爲牧馬之所，而俾諳練民事臣僚講求利害，必上有益於國，下無害於民，眞有利而無害，然後立爲一代經久之制，以爲國家安民足兵之良法。』

清 顧九錫《經濟類考約編》卷下《馬政考》 唐制，馬政領以太僕，又有尚乘堂。天子之御，左右六閑。林駉曰：唐府兵之制當給馬者，官與其直市之，每匹錢二萬五千，此給錢以市也。至府兵漸壞，兵貧難致，乃給以監牧之馬，此給馬以用也。大抵唐之馬政皆給於官，民無與焉。唐初承天下亂離之後，僅得牝牡三千匹於赤岸澤，始命太僕張萬歲葺其政，自貞觀訖於麟德四十年間，至七十萬餘匹，時天下以一縑易一馬。秦漢之盛，未始聞也。重拱以後，馬耗大半，復命王毛仲爲內外開廄使，牧馬有法，雲錦成群，此唐牧馬於官而給於民之制也。

紀事

唐 康駢《劇談録》卷上《續坤蹶馬》 咸通乾符中，京師醫者續坤，坤官為都水使者，頗得秦和之術，評脈知吉凶休咎，至於得失時日皆可預言。古者善醫道多矣，跡其前事，不過視徹膏肓，心解分劑，未聞乎評診脈候，見於蓍龜之能也。適有燕中奏事大將，暴得風疾，衆醫無不療之，不瘳。舁疾請坤投藥，數服而愈，所酬金帛甚多，仍以邊馬一疋留贈。馬之骨相甚奇，然步驟多蹶，雖制以銜勒，加之鞭策，而欵段之性竟莫能改。坤以浪費芻粟，托人以賤價賣之。求駿者纔試，遂復如初，累月不售。鄰伍間有王生，貿易於中貴之門，頗甚貧窶。忽詣坤云：『有青州監軍將發，須鞍馬以備行李，亦知馳騁非駿，但欲致於牽控之間。』坤直以無用之畜付焉，亦不約鬻馬之價。王生經旬不至，謂其脫略亡逸，一旦復來，且輸十萬。坤既獲善價，因以十千遺之。俄見王生易衣裝，置僕馬，至於奴婢妻子服飾皆鮮潔。或曰：『王生賣馬，金帛縑資幾三四百萬。』坤甚驚，試詢其事。王生初不備說，坤曰：『某以無用之畜，獲價頗多，但驚駑劣之材，何以至此？』乃云：『初致馬於青社監軍，舉足如有羈絆。及將還，途遇小馬坊中使，因遺留試，信宿而往，不復見焉。密詢左右，云數日前魏博曾進一馬，毛骨大小，與此正同。聖人常乘打球，駿異未有其偶。將到日，方遣調習步驟，縈轉如風，今則進禦數朝，所賜之物甚厚。』王生因大索其價，遂以四十萬酬之。是以物之逢時亦有冥數，不遇其主，則駑驥莫分。乃知耨莘野，築傅岩，未遇良途，奚異於此。

唐 馮贄《雲仙雜記》卷四《一里更二馬》 校書郎李皤蓄馬甚多，出遊則一里更二馬，借借供應，可逮十家。《馬癖記》。

又 卷六《王武子好馬》 王武子好馬，非馬不行。正旦則柳葉金障泥，上元則滿月韉，清明則剪水鞭，重午則籠嬌鞁，八月中秋則玉櫳揔絡頭，重陽則蟬兒鐙，春秋社則塗金鞁，冬至則嘶風鐙，除日則藥王鞍，每節日則餵馬以明紗豆、薔薇草。《馬癖記》。

宋 呂祖謙《歷代制度詳説》卷一二《馬政·制度》 善養人：【略】唐初，用太僕少卿張萬歲領羣牧，自正觀至麟德四十年間，馬七十萬六千疋，其時天下以一縑易一馬，萬歲掌馬久，恩信行於隴右。唐王毛仲檢校內外閑廄，知監牧使，官吏憚之，無敢犯，雖官田草萊燋歛，不敢欺於牧事，九九娩息不訾。初，監馬二十四萬，後乃至四十三萬，牛羊皆數倍。從玄宗東封，取牧馬數萬疋，每色一隊，相間如錦繡，天子才之。《唐志》。

明 湛若水《格物通》卷八四《馬政》 唐玄宗開元十三年十一月，以王毛仲為開府儀同三司。初，隋末國馬皆為盜賊及邊寇所掠，唐初纔得牝牡三千匹於赤岸澤，徙之隴右，命太僕張萬歲掌之。萬歲善於其職，自貞觀至麟德馬，蕃息及七十萬匹，分為八坊四十八監，各置使以領之，是時天下以一絹易一馬。垂拱以後，潛耗大半。玄宗初即位，牧馬有二十四萬匹，以王毛仲為內外閑廄使，張景順副之，至是有馬四十三萬匹。上之東封，以牧馬數萬匹，從色別為羣，望之如雲錦，加毛仲官。臣若水通曰：唐承周隋離亂之後，四方征伐之餘，馬政之廢也久矣。鳩括殘騎，但得赤岸澤之牝牡三千爾，及其徙之隴右，掌之張萬歲，馬大蕃息，有一絹一匹之盛。迨至玄宗，掌之以毛仲，馬復大蓄，有望如雲錦之美，是蓋唐都關中，其地宜馬，而又監牧之得其人，芻牧之有其法，是何患乎馬之不盛也。後之修馬政者當取法於是焉。

又 唐德宗建中元年，市關輔馬三萬實內廄。貞元三年，吐蕃、羌渾犯塞，詔禁大馬出潼蒲武關者。元和十年伐蔡，命中使以絹一萬市馬河曲，其始置四十八監，據隴西金城、平涼、天水圓廣千里，繇京度隴，置八坊為會計都領，其間善水草腴田廄旋以給貧民及軍吏，間及佛寺道館幾千頃。十一年，廄使張茂宗舉故事盡牧岐陽坊地，失業者甚衆。十三年，以蔡州牧地為龍陂監。十四年，置臨漢監於襄州，牧馬三千二百，費田四百頃。臣若水通曰：天地之性，人為貴，土地所以養民也，戎馬所以衛民也，二者並行而不以相害可也，故牧地與農畝各有界限，牧地必不可耕，可耕者必不雜以為牧地，則二者有相濟而無相妨矣。若德宗之初，牧地有定，民田有界，固無不善矣。及張茂宗之為廄使，牧馬三千二百，費田四百頃，則是以其所衛民者而害養民者矣，此司其事者所當致謹焉。

明 雷禮《南京太僕寺志》卷二《重責任》 唐貞觀中，用太僕寺少卿張萬歲領羣牧，天下以一縑易一馬。萬歲掌馬久，恩信行於隴右。後以太僕少卿鮮于匡俗檢校隴右監牧，儀鳳中，以太僕少卿李思文檢校隴右諸牧監使。監牧有使，自是始。後又有群牧都使，有閑廄使，使皆置副，有判官，又立四使，而馬政不廢。垂拱以後，馬耗大半。開元初，始命王毛仲爲內外閑廄使，牧養有方，雲錦成羣。

明 袁黃《馬政考》《明文海》卷一一二 唐初得突厥馬二千匹，又得隋馬三千於赤岸澤，徙之隴右，置四十八監，據隴西、金城、平涼、天水員廣千里，悉為牧馬坊地，隸諸太僕，令張萬歲葺其政。自貞觀至麟德僅四十年，而有馬七十餘萬匹。萬歲失職，坊地腴美者給民墾為田，馬政遂廢。開元初，以空名告身易馬於六湖，三十四匹與一遊擊將軍，命王毛仲領內外閑廄，馬復蕃息。安祿山陰選勝甲馬歸范陽，而肅宗收兵，乃詔百寮以後乘助軍，則馬之畜牧以資敵耳。後代宗欲親擊之，魚朝恩請搜城中百官士庶馬輸官，曰團練馬。元和間伐蔡，命中使以絹一萬市馬河曲，而坊也廢置不常，馬亦無復曩曰之盛矣。

明 馮琦《經濟類編》卷六二《馬政七則》 隋末國馬皆為盜賊及戎狄所掠，唐初纔得牝馬三千匹於赤岍澤，徙之隴右，命太僕張萬歲掌之。萬歲善于其職，自貞觀至麟德，馬蕃息及七十萬匹，分為八坊、四十八監，各置使以領之，是時天下以一縑易一馬。垂拱以後，馬潛耗太半，明皇初即位，牧馬有二十四萬匹，以太僕卿王毛仲為內外閑廄使，至是有馬四十三萬匹，牛羊稱是。明皇東封，以牧馬數萬匹，從色別為羣，望之如雲錦。

清 楊潮觀《治平彙要》卷九《馬政》 至唐承喪亂之餘，馬為寖富。麟德中，馬至七十餘萬，于時天下匹縑易馬，蓋得張萬歲為之太僕也。開元中，馬至四十三萬，牧養有法，雲錦徧野，蓋得王毛仲為之廄使也。且于朔方互市，又得胡馬若干。迨至天寶以來，戰馬不啻萬計，無何隴右牧馬盡沒于吐蕃，水草腴田旋給諸百姓，而其勢不能以復振矣。

市馬

論說

宋 呂祖謙《歷代制度詳說》卷一二《馬政・制度》 詳說。自黃帝、堯、舜觀象立制，服牛乘馬，引重致遠，自此馬始爲用。考之三代之制，自天子萬乘，諸侯千乘，大夫百乘，立國制賦之法，莫不以馬爲根本，所以成周之法在古今最爲精密，然而大而天子，次而諸侯，下而士大夫，因是乘馬之數多寡不同，細考當時之數，所謂牧養之法，有養之以官，有藏之於民。所謂藏之於民，如丘甸歲取馬一匹之類，皆是藏之於民，不待國家芻秣，如有事田獵征伐，臨時徵召，然而在天子之都、諸侯之國、大夫之家，亦未嘗不自蓄馬，此是養之於官者。舉此一件事論之，便可見。且如《周禮》說天子十有二閑，先儒論馬謂不過三千餘匹，衛文公承夷狄所滅之後新造之國，末年亦至騋牝三千。若以制度論之，衛以諸侯之國，又當殘亂之餘，其他故未及論，如何便及成周全乘馬之數？所謂天子十有二閑，是養之於官者，衛文公所謂騋牝三千，舉通言之。又以當時春秋戰國論之，且如鄭西宮之亂，子國爲盜所殺，子產以車十七乘出討賊。子產當時謂之百乘之家，若是徵求馬於郊野之間，盜賊卒至，如何便得集？所謂十七乘之馬，乃是畜之於家者。以此數事論之，三代馬政時固有在官者，亦有在民者。數之多者在民，平時無芻秣之費；數之少者在官，征伐無不至之憂，當時法度最爲詳備。到漢家所謂三十苑之馬，亦是官司所養之馬。若是其他郡國，民間養馬雖多，亦是養之於民。如衛青、霍去病之徒伐匈奴，有所謂官馬，有所謂私馬，則其制所尚。到後周、隋、唐之間府兵之制，天子閑廄，監牧馬非不盛，然府兵未嘗給馬，初不過給之以錢，使府兵自買馬，若是不足，眾人共出錢買馬，以此知尚有古之遺法。在到後來，府兵之法漸壞，府兵貧不足以買馬，然後方以監牧之馬給之。這是制度壞如此。且以唐言之，當時所謂在官、在私之馬多少匹與三代不相類，故唐自張萬歲領監牧馬至於四十餘萬匹之多，當時芻秣之費、地牧之廣，豈無所妨？在官、在私，卻與三代之馬不相似。若是論之，馬數最多，無如後魏。後魏馬數至二百餘萬匹，前魏未有如此之盛，後魏亦未有如此之多。自此以後，隋唐間雖習熟見聞，以馬多爲盛，他亦未嘗攷。習俗風土之所宜，蓋拓跋氏當時在二者之間，本是北虜，北虜芻秣，便是中華耕桑，中華人人耕桑，北虜人人芻牧，當時有二百萬餘匹馬，亦不足怪，自是常理。自孝文遷都，變夷用夏，馬政便不得似當時多，江淮之馬不過十萬匹，如唐養馬多，亦是不知當時後魏之意。宋朝馬政，自太宗講求精微，當時委羣牧司自春放，至秋歸，馬之出入，莫不有法。到後來熙豐間，曾孝寬領縣牧，奉行王荊公意，於是罷羣牧吏，不過欲區區小利自出賣，自此京師之馬更不出牧，終歲在槽之櫪間，自此馬始衰，戎備益損，芻秣之費益增矣。蓋當時不曾攷本末，卻欲舉保馬、户馬之法，只爲讀《周禮》不詳，亦要如《周禮》之井牧，然而事有先後，未有如漢唐之制，却要用周井牧之馬，當時大爲民害，百姓自此彫弊，蓋井地不均，兼并者眾，什一之制未行，受田之制未定，獨舉養馬之制，豈不重困？以此知學者當考究本末，誦其詩，讀其書，然後可以爲政。

明 湛若水《格物通》卷八四《馬政》 開元十五年，聽突厥於西受降城為互市，每歲齎絹帛數十萬匹，就市戎馬，以助軍旅，且為監牧之種，由是國馬益壯焉。臣若水通曰：馬莫壯於西北，以其風氣剛勁而牧地茂碩也。唐羣牧之馬既富，而又市戎馬以為之種，此唐之馬政所以駕秦漢而獨盛也，故謂開元、天寶時海內富實，此非其驗歟？

又 唐德宗建中元年，市關輔馬三萬實內廄。貞元三年，吐蕃、羌渾犯塞，詔禁大馬出潼蒲武關者。元和十年伐蔡，命中使以絹一萬市馬河曲，其始置四十八監，據隴西金城、平凉、天水圓廣千里，繇京度隴，置八坊為會計都領，其間善水草腴田廄旋以給貧民及軍吏，間及佛寺道館幾千頃。十一年，廄使張茂宗舉故事盡牧岐陽坊地，失業者甚衆。十三年，以蔡州牧地為龍陂監。十四年，置臨漢監於襄州，牧馬三千二百，費田四百頃。臣若水通曰：天地之性，人為貴，土地所以養民也，戎馬所以衛民也，二者並行而不以相害可也，故牧地與農畝各有界限，牧地必不可耕，可耕者必不雜以為牧地，則二者有相濟而無相妨矣。若德宗之初，牧地有定，民田有界，固無不善矣。及張茂宗之為廄使，牧馬三千二百，費田四百頃，則是以其所衛民者而害養民者矣，此司其事者所當致謹焉。

綜述

唐 李德裕《李文饒集》卷一四《請市蕃馬狀》 右訪聞蕃渾羊為多在渾河川，恐啓戎心，更來侵掠，回鶻未退，尤須備邊。朝廷比來所乏，最在戎馬，因此收市，深得事機，宜收狀馬，令入東保無散失。臣等商量，望委劉沔誘諭蕃人，緣回鶻常有意劫奪，恐番人作主不得，應堪服衣甲狀馬並與收市，其以太原見貯戶部物充賞，價如市。收得後，旋送樓煩監收管。諸道若有欠缺，即量賜與。如蒙允許，望付翰林，賜劉沔詔處分。未審。會昌二年九月十一日。

明 馮琦《經濟類編》卷六二《馬政七則》 回紇自乾元以來，歲求和市，每一馬易四十縑，動至數萬匹，馬皆駑瘠無用，朝廷苦之。所市多不能盡其數，回紇待遣，繼至者常不絕于鴻臚。至是代宗欲悦其意，命盡市之，回紇辭歸，載賜遺及馬價，共用車千餘乘。

又 後唐明宗初令緣邊置場市党項馬，不令詣闕。先是，党項皆詣闕以貢馬為名，國家約其直酬之，加以館穀，賜與歲費五十餘萬緡，有司苦其耗蠹，止之。

又 范延光、馮贇奏西北諸胡賣馬者往來如織，日用絹無慮五千匹，計耗國用十之七，請委緣邊鎮戍擇諸胡所賣馬良者給券，具數以聞。明宗從之。

又 契丹之滅晉也，驅戰馬二萬匹歸其國，至是漢兵乏馬。高祖詔市士民馬于河南諸道不經剽掠者。

紀事

唐 王方慶《魏鄭公諫録》卷一《諫遣使西域市馬》 太宗遣使西域，立葉護可汗，又別使齎金帛，歷諸國市馬。公諫曰：『今發國使以立可汗為名，可汗未定即緣諸國市馬，彼必以為意在市馬，不為專立可汗，得立，則不甚懷恩；不得立，則以為深怨。諸蕃聞之，必不重中國，市馬既不可得，縱得馬，亦還路無從。但使彼安寧，則諸國之馬，不求自至矣。昔漢文帝有獻千里馬者，曰：「吾吉行日三十，凶行日五十。鑾輿在前，屬車在後，吾獨乘千里馬，將以安之乎」乃償其道里之費而反之。漢光武有獻千里馬及寶劍者，馬以駕鼓車，劍以賜騎士。陛下凡所施為，皆邈過三王之上，奈何至於此事，欲為二帝之下乎魏文帝欲求市西域大珠，蘇則曰：「若陛下惠及四海，則珠不求自至；求得之，不足貴也。」陛下如不能慕漢文之高行，不畏蘇則之言乎？』太宗納其言，欣然而止。

宋 呂祖謙《歷代制度詳説》卷一二《馬政·制度》 市馬：唐開元初，國馬益耗，太常少卿姜晦乃請以空名告身市馬，於六胡州率三十匹讐一游擊將軍，其後突厥欵塞，玄宗厚撫之，歲許朔方軍西受降城爲互市，以金帛市馬，於河東、朔方、隴右牧之，既雜以胡種，馬乃益壯。天寶後，諸軍戰馬動以萬計，議謂秦漢以來，唐馬最盛。天子又鋭志武事，遂弱西北蕃。德宗建中元年，市關輔馬三萬，以實内廐。憲宗元和十一年，伐蔡，命中使以絹二萬市馬河曲。《唐志》。

明 雷禮《南京太僕寺志》卷五《開邊市》 唐天寶末年，以金帛市馬於河朔。時突厥欵塞，玄宗厚撫之，歲許朔方軍西受降城馬互市，雜胡種牧之，馬益壯。

又《裁時例》 唐開元元年國馬益耗，以空名告身市馬於六胡州。太常少卿姜誨建請率三十匹讐一游擊將軍，遂為後世以官爵易馬之始。

明 彭大翼《山堂肆考》卷八七《馬政》 市馬關輔。唐德宗建中元年，市關輔馬三萬匹實内廐。貞元三年，吐蕃、羌渾犯塞，詔禁大馬出潼蒲武關者。元和十年，伐蔡，命中使以絹一萬市馬河西。十一年，廐使張茂宗舉故事，盡收岐陽坊地，失業者甚衆。十三年，以蔡州牧地為龍陂監。十四年，置臨漢監於襄州，牧馬三千二百，費田四百頃。

明 馮琦《經濟類編》卷六二《馬政七則》 王忠嗣為河西隴右節度使，兼知朔方河東節度事，忠嗣始在朔方、河東每互市，高估馬價，諸胡聞之，爭賣馬于唐，忠嗣皆買之，由是胡馬少，唐兵益壯。及徙隴右、河西，復請分朔方、河東馬九千匹以實之，其軍亦壯。忠嗣杖四節，控制萬里，天下勁兵重鎮皆在掌握，與吐蕃戰于青海、積石，皆大捷，又討吐谷渾于墨離軍，虜其全部而歸。

管理

論説

宋 林駉《源流至論》卷二《馬政》 馬政之說，古今凡幾變。以官民通牧者，周也；牧於民而用於官者，漢也；牧於官而給於民者，唐也；至於國朝，始則牧之在官，後則蓄之於民，又其後則市之於戎狄。【略】唐府兵之制，當給馬者，官與其直市之，每匹錢二萬五千。刺史折衝果毅，歲周不任戰者鬻之，以其錢更市，不足則府供之，此給錢以市也。至府兵漸壞，兵貧難致，乃給以監牧之馬，此給馬以用也。大抵唐之馬政，皆編於官，民無與焉。《唐兵志》：自高宗武后府兵之法更號曰彍騎，詔諸州府馬缺乏，官私共補之，合兵貧難致，乃給以監牧馬。餘見《兵志》。始，唐接周隋亂離之後，立天下征伐之弊，鳩括殘驢，僅得牝牡三千匹於赤岸澤，徙之隴右，始命太僕張萬歲葺其政焉。肇自貞觀，旋于麟德四十年間，馬至七十萬餘匹，于時天下以一縑易一馬，秦漢之盛未始聞也。垂拱以後，馬耗太半，開元始命王毛仲為內外閑廄使，牧養有法，雲錦成羣，復與麟德馬數相等爾。此唐牧於官而給於民之制也。《兵志》：唐初得突厥馬二千匹，又得隋馬三千匹於赤岸澤，徙之隴右，命太僕張萬歲主之，善於其職，自貞觀至麟德，蕃息及七十萬六千匹，分為八坊四十八監，各置所以領之。是時，天下以一縑易一馬。垂拱後，馬耗太半。元宗初年，牧馬有二十四萬匹，以王毛仲為內外閑廄使，至開元十三年有馬四十萬匹，上之東封，以牧色從色別為羣，望之如雲錦。唐制，天子十二閑為三廄，曰鳳苑，其後又增飛龍廄，凡馬五千為上廄，三千為中廄，餘下廄。

明 黃道周《歷代馬政考》《射書》卷四 唐起周、隋亂離後，鳩括殘騎，得突厥馬二千匹，又得隋馬三千于赤岸驛，徙之隴右，其官領以太僕，其屬有牧監、副監，監牧之制始於此。尚乘掌天子之御，左右六閑，總有十二閑，為二廄，曰祥麟、鳳苑，其後禁中又增置飛龍廄。府兵之制，當給馬者官與其直市之，刺史、折衝、果毅歲周不任戰者鬻之，以其錢更市，不足則府供之，此給錢以市也。至府兵漸壞，兵貪難致，乃給以監牧之馬，此給馬以用也。自貞觀訖麟德，馬至七十萬餘匹。開元始命王毛仲為內外閑廄使，此牧馬于官而給于民之制也。

清 顧九錫《經濟類考約編》卷下《馬政考》 唐制，馬政領以太僕，又有尚乘堂。天子之御，左右六閑。林駉曰：唐府兵之制當給馬者，官與其直市之，每匹錢二萬五千，此給錢以市也。至府兵漸壞，兵貧難致，乃給以監牧之馬，此給馬以用也。大抵唐之馬政皆給於官，民無與焉。唐初承天下亂離之後，僅得牝牡三千匹於赤岸澤，始命太僕張萬歲葺其政，自貞觀訖於麟德四十年間，至七十萬餘匹，時天下以一縑易一馬。秦漢之盛，未始聞也。重拱以後，馬耗大半，復命王毛仲爲內外閑廄使，牧馬有法，雲錦成群，此唐牧馬於官而給於民之制也。

綜述

《唐會要》卷七二《諸監馬印》 凡馬駒以小官字印印右膊，以年辰印印右髀，以監名依左右廂印印尾側。若形容端正，擬送尚乘者，則須不印監名。至二歲起脊，量強弱，漸以飛字印印右膊。細馬、次馬俱以龍形印印項左。送尚乘者，於尾側依左右閑印以三花。其餘雜馬齒上乘者，以風字印左膊，以飛字印左髀。經印之後，簡習別所者，各以新入處監名印印左頰。官馬賜人者，以賜字印。諸軍及充傳送驛者，以出字印，並印右頰。景雲三年正月十四日敕，諸王公主家馬印文，宜各取本號。

又《諸蕃馬印》 骨利幹馬，本俗無印，惟割耳鼻為記。結骨馬與骨利幹馬相似，少不如，印出。悉密馬，與結骨相似，稍不如，印闕。葛邏祿馬，與悉密相類，在金山西，印闕。已上部落，同種類。杖曳固馬，與骨利幹馬相類，種多黑點驄，如豹文，在瀚海南幽陵山東杖曳固川。同羅馬，與杖曳固川相類，亦出驄馬種，在洪諾河東南，曲越山北，幽陵山東，印。延陀馬，與同羅相似，出駱馬驄馬種，今部落頗散，四出者多，今在幽州北，印。僕骨馬，小於杖曳固，與同羅相似，住在幽陵山南，印。阿跌馬，與僕骨馬相類，在莫賀庫寒山東南安置，今雞田州，印。已上部落，馬同種類，其印各別。契馬，與阿跌馬相似，在閻洪達井已北，獨樂水已南，今榆溪州，印。康國馬，康居國也，是大宛馬種，形容極大。武德中，康國獻四千匹，今時官馬，猶是其種。突厥馬，技藝絕倫，筋骨合度，其能致遠，田獵之用無比。《史記》匈奴畜馬，即騊駼也。蹛林州匐利羽馬，印。回紇馬，與僕骨相類，同在烏特勒山北安置，印。俱羅勒馬，與回紇相類，在特勒山北，印。苾羽馬，與回紇同種，印。餘沒渾馬，與回紇相類，印州。赤馬，與回紇苾餘沒渾同類，印行。阿史德馬，與蘇農執失同類，在陰山北，庫延榖北，西政連州，印。恩結馬，磧南突厥馬也，烕漫山西南，閻洪達井東南，於貴摩施岑盧山都督，印。匐利羽馬，磧南突厥馬也，剛摩利施山北，今蹛林州，印勿。契苾馬，與磧南突厥相似，在涼州闞氏岑，移向特勒山住，印。奚結馬，與磧南突厥馬相類，在雞服山南，赫連枝川北住，今雞祿州，印坎。已上部落，馬同種類。斛薛馬，與磧南突厥同類，今在故金門城北陰山安置，今皋蘭門，印。奴剌馬，與磧南馬相類，今曰登州，印。蘇農馬，印。闥阿史德馬，印。拔延阿史德馬，印。熱馬，印。已上定襄府所管。舍利叱利等馬，印。阿史那馬，印。葛羅枝牙馬，印。綽馬，印已。賀魯馬，印。已上雲中府管。阿鼶馬，印闕。康曷利馬，印宅。安慕路真馬，印。安睒和馬，印。沙陁馬，印。處苾山馬，印。渾馬，與斛薛馬同類，今皋蘭都督，又分部落在皋蘭山，買浚雞山，印。契丹馬，其馬極曲，形小於突厥馬，能馳走林木間，今松漠都督，印兆。奚馬，好筋節，勝契丹馬，餘並與契丹同，今饒樂都督北，印。

宋 呂祖謙《歷代制度詳説》卷一二《馬政・制度》 官名：【略】其官領以太僕，其屬有牧監、副監，監有丞，有主簿，牧長、羣頭有正有副，凡羣置長一人，十五長置尉一人，歲課功進排馬。又有掌閑調馬習。上又以尚乘掌天子之御。儀鳳中，以大僕少卿李思文檢校隴右諸牧監使，監牧有使，自是始。後又有閑廄使，使皆置副，有判官，又置四使，南使十五，西使十六，北使七，東使九。《唐志》。

又 督責：唐景雲二年，詔羣牧出高品御史按察之。《唐志》。

宋 章如愚《山堂考索・後集》卷五〇《兵門・馬政》 成周之時設校人之官，非徒具六馬之數也，辨其六馬之屬，凡軍事則物馬而頒之。設庾人之官，非徒具十二閑之數也，教以皁馬，佚特，斂駣，攻駒，則其教之也為有素矣。惟其教之也為有素，則用之也為適宜。宣王中興，此意猶有存者，『比物四驪，閑之維則』。閑習為如何？兩驂不倚，不失其馳，則其馳御者為如何？中興之功，或者其有得於此。春秋以來，秦晉交戰於韓原，晉馬旋濘而止。冀之北，士馬之所生，晉固非少於馬者，而乃不能以求勝。及晉楚之戰于邲，楚許叔御樂田以致晉師，執轡掉鞅，動中程式，晉莫能當其鋒，用能車馳，卒奔以乘，晉師荆楚之地固非馬之所產，而獲其用如此。觀韓原之戰則知馬不貴於徒盛，觀邲之戰則知馬不可以不習。漢氏之馬，太僕之屬内則五令，外則有西北邊有三十六苑，至武帝則廄馬蓋四十萬矣。衛、霍之師發十萬騎，而私從者又十四萬，戰爭之餘，入塞者曾不滿三萬，則其馬數雖多，而習於用者或少，而未精歟？不然，自兩將出塞之後，史何以言其竟以馬少不伐胡邪？中興之後，益務省約，六廄之存者一耳，三十六苑之存者流馬耳，何望其教習邪？蓋至於唐隴右三牧八坊四十八監之制，可謂養之得其地矣。自張萬歲之司羣牧，至於王毛仲之領閑廄，可謂制之得其人矣。開元之中，馬至四十餘萬，馬色則為羣望之如雲錦，唐馬之盛，莫盛於此。然祿山之變，馬至不能授，甲雖多，亦奚以為哉？

明 雷禮《南京太僕寺志》卷二《清賦式》 唐置監牧，其官領以太僕。貞觀初，用太僕少卿張萬歲領羣牧。自貞觀至麟德四十年間，馬七十萬六千，置八坊岐、豳、涇、寧間，地廣千里，一曰保樂，二曰甘露，三曰南普，四曰北普，五曰岐陽，六曰太平，七曰宜禄，八曰安定。八坊之馬爲四十八監，而馬多地狹，不能容，又析八監列布河西豐曠之野。凡馬五千爲上監，二千爲中監，餘爲下監，監皆有左右，因地爲之名。開元初，國馬益耗。九年，詔天下之有馬者，州縣皆先以郵遞軍旅之役定戶復緣以升之，百姓畏苦，乃多不畜馬，故騎射之士減曩時。自今諸州民勿限有無蔭，能家畜十馬以下，免帖驛郵遞征行定，户無以馬爲貲，馬稍復振。天寶十一載，詔二京旁五百里勿置私牧。十三載，安禄山反，肅宗收兵至彭原，率官吏馬抵平涼蒐監牧及私羣，得馬數萬，軍遂振。至鳳翔，又詔公卿百僚以後乘助軍。其後邊無重兵，吐蕃乘隙陷隴右苑牧，畜馬皆没。

又《時較烙》 唐制，凡馬生死歲終，監牧使巡察以功過相除爲考課。自萬歲失職，景隆中夏州牧馬，死失者十八萬四千九百九十。景雲二年，詔羣牧歲出高品，御史按察之。

又 卷三《選備用》 唐制，凡征伐而發牧馬，先盡彊壯，不足則取其次。録色歲膚第，印記主名，送軍以帳馱之數上於省。

又 卷四《驗兑納》 唐以監牧之馬給軍。唐府兵之制，當給馬者，官與其直市之，每匹錢二萬五千。刺史折衝果毅歲周不任戰者鬻之，以其錢更市不足，則府供之。至府兵漸壞，兵貧難致，乃給以監牧之馬。永泰元年，代宗欲親擊虜，魚朝恩乃請大搜城中百官士庶馬輸官，曰團練馬，下制禁馬出城者，已而復罷。

明 王鳴鶴《登壇必究》卷一八《馬政》 唐之初起，得突厥馬二千匹，又得隋馬三千於赤岸澤，徙之隴右，其官領以太僕，其屬有牧監、副監，監有丞，有主簿，直司團官、牧尉、排馬、牧長、羣頭，有正有副。凡羣置長一人，十五長置尉二人，歲課功進排馬，又有掌閑調馬習上。邱文莊曰監牧之制始于此。尚承，掌天子之御左右六閑，一曰飛黄，二曰吉良，三曰龍媒，四曰騊駼，五曰駃騠，六曰天苑，總十有二閑，爲二廄，一曰祥麟，二曰鳳苑，以繫飼之。其後禁中又增置飛龍廄。邱文莊曰：『此唐一代天子御馬之制。所謂飛龍廄，即今御馬監也。』

明 彭大翼《山堂肆考》卷八七《馬政》 掌于太僕。唐高祖得牝馬三千匹于赤崖澤，徙之隴右，命太僕張萬歲掌之。萬歲善于其職，自貞觀至麟德，馬甚蕃息，及七十萬匹，分為八坊四十八監，各置使以領之。玄宗即位，牧馬至二十四萬匹，以太僕卿王毛仲為内外閑廄使，使少卿張景順副之。至開元間，馬有四十三萬匹。帝東封，以牧馬數萬匹從色别為羣，望之如雲錦焉。

《續通典》卷七三《馬政》 唐制：太僕寺卿掌廄牧輦輿之政，凡監收籍帳歲受而會之。乘黄令率駕士調習，尚乘隨路色供馬，典廄署掌飼馬。良馬一丁，中馬二丁，駑馬三丁。其諸牧監，上牧監一人，副監二人，丞三人，主簿一人，南使、西使丞各三人，録事一人，北使、鹽州使丞各二人，掌羣牧孳課。凡馬五千為上監，三千為中監，不及為下監。其羣有牧長、有尉，馬之駑良皆著籍，良馬稱左，駑馬稱右。每歲孟秋，羣牧使以諸監之籍合為一，以仲秋上送於寺，送細馬則有牽夫、識馬小兒、獸醫等。凡馬游牧，以三月駒犢，在牧三歲，别羣孳生，過分有賞，死耗亦以率除之。歲終，監牧使巡按，以功過相除為考課。凡祭馬祖、先牧、馬社、馬步，皆羊。代宗永泰元年四月，命太常復置馬祖壇，依常式饗祭。梁太祖開平四年，頒奪馬令，冒禁者罪之。先是，梁師攻戰，得敵人之馬必納官，故出令，命獲者有之。後唐莊宗同光三年，下河南、河北諸州和市戰馬，官吏除一匹外，匿者有罪。長興中，上問見管馬數，樞密使范延光奏：『天下近支草粟者近五萬匹，見今西北諸蕃賣馬者往來如市，其郵傳之費、中估之直，日四五十貫。以臣計之，國力十耗其七。馬無所使，財賦漸消，朝廷甚非所利。』上善之，敕沿邊藩鎮或有蕃部賣馬，可擇其良壯者給券，具數以聞。晉高祖天福九年，發使於諸道州府括取公私馬，以備禦契丹。

清 閻鎮珩《六典通考》卷一六五《王政考·馬政》 隋太僕寺有獸醫博士百一十八員，統驊騮、乘黄、龍廄等署，各置令。隴右牧置總監、副監、丞，以統諸牧。其驊騮牧及二十四軍馬牧每牧置儀同及尉、大都督、帥都督等員，驢騾牧置帥都督及尉。苑川十二馬牧，每牧置大都督及尉各一人，帥督二人。緣邊交市監及諸屯監置監、副監各一，畿内者隸司農，自外隸諸州焉。煬帝即位，太僕減驊騮署入殿内尚乘局，改龍廄曰典廄署，有左右駁皁二廄，加置主乘、司庫、司庾官。唐太僕卿掌邦國廄牧之政令，統乘黄、典廄、典牧、車府四署及諸監牧之官屬。歲會羊馬籍帳，上于尚書駕部。駕部郎中掌天下之廄牧，官私馬牛之簿籍，出入闌逸之政令，司其名數，凡牧監六十有五，皆分使而統之，南使十五監，西使十六監，北使七監，東使九監，鹽州使八監，嵐州使三監，則廄牧及諸司馬牛雜畜各隸於籍帳，以時受而藏之。若畜養之宜，孳生之數皆載太僕之職。凡諸衛有承直之馬，諸衛每日置承直馬八十疋，以備雜使諸衛官。諸州府馬每月常差赴京都為承直，諸府常備其數甚多。開元二十五年，勅以為天下無事，勞費頗煩，宜隨京都近便量留三千疋充扈從及街使乘直，餘一切並停，審其制以定數焉。尚乘奉御掌内外閑廄之馬，辨其麤良，而率其習馭。直長為之貳，六閑：一曰飛黄，二曰吉良，三曰龍媒，四曰騊駼，五曰駃騠，六曰天苑，左右凡十有二閑，分為二廄，一曰祥麟，二曰鳳苑，以繫飼馬。今仗内有飛龍、祥麟、鳳苑、鵷鑾、吉良、六郡等六廄，奔星、内駒等兩閑，仗外有左飛、右飛、左萬、右萬等四閑，東南内、西北内等兩廄。凡御馬必敬而式之，非因調習，不得捶擊。諸閑廄上細馬若欲調習，惟得廄內乘騎，不得輒出。習其進御，制而為出入之禁。隴西諸牧監使每年簡細馬五十疋進，共祥麟鳳苑廄所須雜給馬牛別簡麤壯敦馬一百匹，與細馬同進，仍令牧監使預簡敦馬一十匹，別牧馬殿中，須馬任取充。凡秣馬，給料以時為差，春冬日給藁一圍，粟一㪷，鹽二合，秋夏日給青芻一圍，粟減半。凡外牧進良馬，印以三花飛風之字而為誌焉。細馬、次馬送尚乘局者，於尾側依左右閑印以三花。其餘雜馬送尚乘者，以風字印印右髆，以飛字印印左髆。奉乘掌率習馭、掌閑、駕士及秣飼之法。凡馭馬必視其齒歷勞逸而調習之。馬四年而兩齒，五年而四齒，六年而六齒成矣。七年而右一齒齠，八年而上下各一齒缺，九年而上下盡缺，十年而上兩齒齠，十二年盡齠，十三年下兩齒平，十四年下四齒平，十五年下盡平，十六年上兩齒齠，十七年上四齒齠，十八年上盡齠，十九年上兩齒平，二十年上四齒平。獸醫掌療馬病，凡馬病灌而行之，觀其病之所發。療馬病有五勞，一曰筋勞，二曰骨勞，三曰皮勞，四曰氣勞，五曰血勞。久步則生筋勞，久立則生骨勞，久汗不乾則生皮勞，汗未差燥而飼飲之則生氣勞，驅馳無節則生血勞。有傷塞者，有傷熱者，有瘍者，咸據經方以療焉。高祖初起得突厥馬二千匹，又得隋馬三千於赤岸澤，徙之隴右，監牧之制始於此。官領以太僕其屬有牧監、副監，監有丞，有主簿、直司、團官、牧尉、排馬、牧長、群頭，有正有副。凡群置長一人，十五長置尉一人，歲課功進排馬。初用太僕少卿張萬歲領群牧，自貞觀至麟德四十年間，馬七十萬六千，置八坊岐豳涇寧間，地廣千里，一曰保樂，二曰甘露，三曰南普閏，四曰北普閏，五曰岐陽，六曰太平，七曰宜祿，八曰安定。八坊之田千二百三十頃，募民耕之，以給芻秣。八坊之馬為四十八監，而馬多地狹，而不能容，又析八監列布河西豐廣之野，凡馬五千為上監，三千為中監，餘為下監。監皆有左右，因地為之名。方其時，天下以一縑易一馬。萬歲掌馬久，恩信行於隴右。後以太僕少卿鮮于匡俗檢校隴右牧監。儀鳳中，以太僕少卿李思文檢校隴右諸牧監，使監牧有使，自是始。後又有群牧、都使，有閑廄使，使皆置副，有判官。又立四使，諸坊若涇川、亭川、闕水、洛赤，城南使統之；清泉、溫泉，西使統之；烏氏，北使統之；木硤、萬福，東使統之。他皆失傳。其後益置八監於鹽州，三監於嵐州。鹽州使八，統白馬等坊；嵐州使三，統樓煩、元池、天池之監。凡征伐而發牧馬，先盡强壯，不足則取其次。錄色歲膚第印記主名送軍，以帳馱之數上於省。自萬歲失職，馬政頗廢。永隆中，夏州牧馬之死失者十八萬四千九百九十。景雲二年，詔群牧歲出高品，御史案察之。開元初，國馬益耗，太常少卿姜誨乃請以空名告身市馬於六胡州，率三十匹讎一游擊將軍。命王毛仲領內外閑廄。九年，又詔天下之有馬者州縣皆先以郵遞軍旅之役定戶，復緣以升之，百姓畏苦，乃多不畜馬，故騎射之士減曩時，自今諸州民勿限有無廕，能家畜十馬以下免帖，驛郵遞征行定戶無以馬為貲。毛仲既領閑廄，馬稍稍復始二十四萬，至十三年，乃四十三萬。其後突厥款塞，明皇厚撫之，歲許朔方軍西受降城為互市，以金帛馬，於河東、朔方、隴右牧之，既雜胡種，馬乃益壯。天寶後，諸軍戰馬動以萬計，王侯將相外戚牛駝羊馬之牧布諸道，百倍於縣官，皆以封邑號名為印，自別將校，亦備私馬。議者謂秦漢以來，唐馬最盛。天子又銳志武事，遂弱西北蕃。十一載，詔二京旁五百里勿置私牧。十三載，隴右群牧都使奏牛馬駝羊總六十萬五千六百，而馬三十二萬五千七百。安祿山以內外閑廄都使兼知樓煩監，陰選勝甲馬歸范陽，故其兵力傾天下而卒反。肅宗收兵至彭原，率官吏馬抵平涼，蒐監牧及私群得馬數萬，軍遂振。至鳳翔，又詔公卿百僚以後乘助軍。其後邊無重兵，吐蕃乘隙陷隴右，苑牧畜馬皆沒矣。乾元後，回紇恃功，歲入馬取繒，馬皆病弱不可用。永泰元年，代宗欲親擊吐蕃，魚朝恩乃請大搜城中百官庶士馬輸官，曰團練馬，下制禁馬出城者，已而復罷。德宗建中元年，市關輔馬三萬實內廄。貞元三年，吐蕃、羌渾犯塞，詔禁大馬出潼蒲武關者。元和十一年伐蔡，命中使以絹二萬市馬河曲，其始置四十八監，地據隴西金城、平涼、天水，員廣千里，繇京度隴，置八坊，為會計都領，其間善水草腴田皆隸之。後監牧使與坊皆廢，故地存者一歸閑廄，旋以給貧民及軍吏，間又賜佛寺道館幾千頃。十二年，閑廄使張茂宗舉故事，盡收岐陽坊地，失業者甚衆。十三年，以蔡州牧地為龍陵監。十四年，置臨漢監於襄州，牧馬二千二百，費田四百頃。穆宗即位，岐人叩闕訟茂宗所奪田事，下御史案治，悉予民。太和七年，度支鹽鐵使言銀州水甘草豐，請詔刺史劉源市馬三千，河西置銀州監，以源為使。襄陽節度使裴度奏停臨漢監。開成二年，劉源奏銀州馬已七千，若水草乏則徙牧綏州境，今綏南二百里四隅險絕，寇路不能通，以數十人守要，畜牧無他患，乃以隸銀州監。其後闕不復可紀。後梁開平四年，頒奪馬令，冒禁者罪之。先是，梁師敵戰得商人之馬必納官，故出令命獲者有之。後唐同光三年，下河南、河北諸州和市戰馬官吏，除一匹外，匿者有罪。長興四年，勑沿邊藩鎮或有蕃部賣馬，可擇其良壯者給券，具數以聞。先是，上問見管馬數，樞密使范延光奏：『天下常支草粟者近五萬匹，見今西北諸蕃賣馬者往來者如市，其郵傳之費中估之直日四十五貫，以臣計之，國力十耗其七，馬無所使，財賦漸銷，朝廷甚非所利。』上善之，故有是勑。清泰三年，勑諸道州府縣鎮賓佐至錄事參軍都押衙教練使已上，各留馬一疋乘騎，及鄉村士庶有馬者，無問形勢，馬不以牝牡，盡皆抄借，但勝衣甲，並仰管節度防禦團練等使，刺史除自己馬外，不得因便影占，管軍都將除出軍及隨駕外，見逐處屯駐者都指揮使舊有馬，許留五疋，小指揮使兩，都頭一疋，其餘凡五疋取兩疋，十疋取五疋，更有多者並依此例抽取。在京文武百官、主軍將校、內諸司使已下隨駕職員舊有馬者，任令隨意進納，不得影占。人私馬各下諸道，準此。據長興時范延光所奏，方患官馬太多，至清泰相去未遠，遂下括馬之令，如此豈前馬盡耗而無存耶？後晉天福九年，遣使之諸道州府括取公私馬，以備契丹。

紀事

宋 佚名《群書會元截江網》卷二五《事證》 騎亦不足恃。唐太宗嘗曰：『番兵惟勁馬奔衝，漢兵惟强弩犄角』，信斯言也！騎戰果利於番乎？果利於漢乎？李衛公亦曰：『番長於馬，利於速鬬；漢長於弩，利於緩戰』，信斯言也。騎戰果利於番乎？果利於漢乎？雖然，騎亦有時而不足恃也。苻堅鐵騎數萬而不能敵謝玄八千之衆，單于十餘萬騎而不能禦李陵之步卒。

宋 吕祖謙《歷代制度詳説》卷一二《馬政・制度》 不稱職：漢征和二年，制詔公孫賀重馬傷耗，武備衰減。唐自萬歲失職，馬政頗廢。永隆中，夏州牧馬之死失者十八萬四千九百九十。穆宗時，岐人叩闕，訟閑廄使張茂宗所奪田事，下御史按治，悉予民。

明 雷禮《南京太僕寺志》卷三《定課額》 唐貞觀初，有牧牝三千，令太僕卿勾當羣牧，歲課功進。麟德中，增八使五十六監，馬至七十萬六千匹。開元初，修內外閑廄，始增至二十四萬匹。十三年，增馬至四十三萬匹。

又 卷六《寬恤》 唐明宗不忍肥騎士以瘠民。明宗問范延光內外馬數，對曰：『三萬六千匹。』帝嘆曰：『太祖在太原，騎軍不過七千。先皇自始至終馬纔及萬，今有鐵馬如是，而不能使九州混一，是吾養士練兵之不至也。』延光對曰：『國家養馬太多，計一騎士之費可贍步軍五人，三萬五千騎抵十五萬，步軍既無所施，虛耗國力。』帝曰：『誠如卿言，肥騎士而瘠吾民，民何負哉？』遂令不許增畜耗民。

清 顧炎武《日知録》卷一〇《馬政》 唐玄宗開元九年，詔天下之有馬者，州縣皆先以郵遞、軍旅之役，定戶復緣以升之。百姓畏苦，乃多不畜馬，故騎射之士減曩時。自今諸州民，勿限有無廕，能家畜十馬以下，免帖驛郵遞，征行定戶無以馬為貲。《唐書兵志》。古之人君其欲民之有馬如此。惟魏世宗正始四年，十一月丁未禁河南畜牝馬。《魏書・本紀》：『延昌元年，六月戊寅通河南牝馬之禁。』元世祖至元二十三年六月戊申，括諸路馬，凡色目人有馬者，三取其二，漢民悉入官。敢匿與互市者罪之。《元史・本紀》。《實録》言：永樂元年，七月丙戌上諭兵部臣曰：『比聞民間馬價騰貴，蓋禁民不得私畜故也。漢文、景時，閭里有馬成群，民有即國家之有。其榜諭天下，聽軍民畜馬勿禁。又曰三五年後，庶幾馬漸蕃息。』此承元人禁馬之後，故有此諭。而洪熙元年正月辛巳，上申諭兵部，令民間畜官馬者，二歲納駒一匹，俾得以餘力養私馬。至宣德六年，有陝西安定衛士民王從義，畜馬蕃息，數以來獻。此則小為之而小效者也，然未及修漢、唐復馬之令也。

藝文

唐 白居易《白氏長慶集》卷三五《衛佐崔蕃授樓煩監牧使判官校書郎李景讓授東畿防禦巡官制》 勑某官崔蕃等：咸因文行，自致班序，或佐衛蘭錡，或典校蓬山，各從所知，將展其用。夫司牧坰野，備禦都畿，所以班馬政而遏寇虞也。兹皆重務，爾勉贊之。可依前件。

又 卷五〇《得甲牛觝乙馬死請償馬價甲云在放牧處相觝請陪半價乙不伏》 馬牛于牧，蹄角難防；苟死傷之可徵，在故誤而宜別。況日中出入，郊外寢訛：既谷量以齊驅，或風逸之相及。爾牛孔阜，奮騂角而莫當；我馬用傷，蜿駿足而致斃。情非故縱，理合誤論。在皂棧以來思，罰宜惟重；就桃林而招損，償則從輕。將息訟端，請徵律典。當陪半價，勿聽過求。

馬祭

綜述

唐 蕭嵩《大唐開元禮》卷八九《仲春祀馬祖》 將祀，有司卜日，如別儀。前祀三日，諸預祀之官散齋二日致、齋一日，散齋于正寢，致齋于祀所。散齋理事如舊，惟不弔喪問疾，不作樂，不行刑罰，不判署刑殺文書，不預穢惡。致齋惟祀事得行，其餘悉斷。其祀官已齋而闕者，通攝行事。前二日守宮設祀官次于東壝之外道南，北向以西爲上，設陳饌幔于內壝之外。郊社令積柴于燎壇，方五尺，高五尺。南出户，太官令具特牲之饌。其日未明二刻，太史、郊社令升設馬祖神坐于壇上，近北南向，席以莞。設神位於坐首奉禮，設獻官位于壇東南，西向；執事位于獻官東南，俱西向北上。設奉禮位于獻官西南，贊者二人在南差退。又設奉禮贊者位于燎壇東北，俱西向北上。設望燎當柴壇之北，南向。設祀官以下門外位于東壝之水道南，每等異位重行，北向，以西爲上。郊社令設酒樽于壇上東南隅，北向。設洗于壇東南，北向。罍水在洗東，篚在洗西，南肆篚實巾爵。執樽罍篚冪者各位于樽罍篚冪之後，設幣篚于樽坫之所。未明一刻，太祝、獻官以下各服其服，郊社與良醞之屬入實樽罍及幣。質明，謁者引獻官以下俱就門外位。奉禮帥贊者先入就位。贊引引太祝與執樽罍篚冪者入，當壇南重行，北面，以西爲上。立定，奉禮曰：『再拜。』贊者承傳。凡奉禮有詞贊者，皆承傳太祝以下皆再拜。太祝與執樽者升自東階，立于樽所，執罍洗篚冪者各就位。謁者引獻官以下入就位。立定，奉禮曰：『再拜。』在位者皆再拜。謁者進獻官之左，白：『有司謹具，請行事。』退復位。太官令出詣饌所，太祝跪取幣于篚，興，立于樽所。謁者引獻官詣神坐前，北向立。太祝奉幣東向授獻官，受幣，進，北面，跪奠于神坐，俛伏，興，少退，北向再拜，謁者引獻官還本位。太官令引饌入，升自南陛，太祝迎引于壇上，設于神坐前設訖，太官令以下降復位，太祝還樽所。謁者引獻官詣罍洗，盥手洗爵訖，謁者引獻官升自南陛，詣酒樽所，執樽者舉冪，獻官酌醴，謁者引獻官進神坐前，北向跪奠爵，俛伏，興，少退，北向立。太祝持版進于神坐之右，東面跪讀祝文曰：『維某年歲次月朔日，天子謹遣具官臣姓名，告于馬祖天駟之神：爰以春季，遊牝于牧，祇薦制幣犧齊，粢盛庶品，明薦于馬祖天駟之神，尚享。』訖，興。獻官再拜。太祝進，跪奠版于神坐，俛伏，興，還樽所。太祝以爵酌福酒，進獻官之右，西向立。獻官再拜，受爵，跪祭酒，遂飲卒爵。太祝進受爵，復于坫。獻官俛伏，興。太祝帥齋郎進俎，太祝減神前胙肉，興，以授獻官，受以授齋郎，謁者引獻官降自南陛，還本位。太祝進，跪徹豆，俛伏，興，還樽所。徹者籩豆各一，少移于故處，奉禮曰：『再拜。』在位者皆再拜，已飲福受胙者不拜。奉禮又曰：『再拜。』在位者俱再拜。謁者進獻官之左，白：『請就望瘞位。』謁者引獻官就望瘞位，南向立。奉禮又帥贊者退立于燎壇東北位。太祝進神坐前，取制幣、祝版、爵酒，又以俎載牲體、稷黍飯，興，降自南陛，南行，當柴壇東南行，自南陛登柴壇，以幣、酒、祝版、饌置柴上訖，奉禮曰：『可燎。』東西面各二人以炬燎，火起，以炬投壇上。火半柴，謁者進獻官之左，白：『禮畢。』遂引獻官以下出，奉禮帥贊者還本位。贊引引太祝以下俱復執事位。立定，奉禮曰：『再拜。』太祝以下皆再拜，贊引引出。

又《享先牧》 將享，有司筮日，如別儀。前享三日，預享之官散齋二日于正寢，致齋一日于享所。右校掃除壇之內外，又爲瘞埳于壇之壬地，方深取足容物。衛尉設享官次于東壝之外道南，北向，以西爲上。太官令具特牲之饌。其日未明二刻，太史令、郊社令設升先牧神坐于壇上，近北南向，席以莞，設神位于坐首奉禮，設獻官位于壇東南，西向。執事位于獻官東南，俱西向北上。設奉禮位于獻官西南，贊者二人在南差退，俱西向北上。又設奉禮贊者位于瘞埳西南，東面南上。設望燎位于壇之西南，北向。設享官以下門外位于東壝之外道南，每等異位重行，北向，以西爲上。郊社令設酒樽于壇上東南隅，北向。設洗于壇東南，北向。罍水在洗東，篚在洗西，南肆篚實巾爵，執樽罍篚冪者各位于樽罍篚冪之後，設幣篚于尊坫之所。未明一刻，享官以下各服其服，郊社令、太官令與良醞之屬入實樽罍及幣。質明，謁者引獻官以下俱就門外位。奉禮帥贊者先入就位。贊引引太祝與執樽罍篚冪者入，當壇南重行，北面，以西爲上。立定，奉禮曰：『再拜。』贊者承傳，凡奉禮有詞贊者皆承傳，太祝以下俱再拜。祝與執事者升自東陛，立于樽所，執樽罍篚冪者各就位。謁者引獻官以下入就位。立定，奉禮曰：『再拜。』在位者皆再拜。謁者進獻官之左，白：『有司謹具，請行事。』退復位。太官令出詣饌所，太祝跪取幣于篚，興，立于尊所。謁者引獻官詣神坐前，北向立。太祝奉幣東向授獻官，受幣，進，北面跪奠於神坐，俛伏，興，少退，北向再拜，謁者引獻官還本位。太官令引饌入，升自南陛，太祝迎引於壇上，設於神坐前設，訖太官令以下降復位，祝還樽所。謁者引獻官詣罍洗，盥手洗爵訖，謁者引獻官升自南陛，詣酒樽所。執樽者舉冪，獻官酌酒，謁者引獻官進先牧神坐前，北向跪奠爵，俛伏，興，少退，北向立。太祝持版進神坐之右，東向跪讀祝文曰：『維某年歲次月朔日，子嗣開元神武皇帝遺具官臣姓名，敢昭告於先牧之神：惟神肇開牧養，厥利無窮，式因頒馬，爰以制幣，犧齊粢盛，庶品明薦於先牧之神，尚享。』訖，興。獻官再拜。太祝進，跪奠版於神坐，俛伏，興，還樽所。太祝以爵酌福酒，進獻官之右，西向立。獻官再拜，受爵，跪祭酒，遂飲卒爵。祝進受爵，復於坫。獻官俛伏，興，太祝帥齋郎進俎，太祝減神前胙肉，以授獻官。獻官受以授齋郎，謁者引獻官降自南陛，還本位。太祝進，跪徹豆，俛伏，興，還樽所。徹者籩豆各一，少移於故處。奉禮曰：『再拜。』在位者皆再拜，已飲福受胙者不拜。奉禮曰：『再拜。』在位者俱再拜。謁者進獻官之左，白：『請就望瘞位。』謁者引獻官就望瘞位，北向立。奉禮帥贊者又就瘞埳西南位。太祝進神坐前，跪取幣，爵酒，又以俎載牲體、稷黍飯，興，降自南陛，北行，當瘞埳西行，至埳，以幣、酒、饌置於坎訖，奉禮曰：『可瘞。』東西面各二人寘土，半埳，謁者進獻官之左，白：『禮畢。』遂引獻官以下出，奉禮、帥贊者還本位。贊引引太祝俱復執事位。立定，奉禮曰：『再拜。』太祝以下皆再拜，贊引引出。其祝版焚於齋坊。

《續通典》卷七三《馬政》　凡祭馬祖、先牧、馬社、馬步，皆羊。代宗永泰元年四月，命太常復置馬祖壇，依常式饗祭。

清　閻鎮珩《六典通考》卷一六六《王政考·馬祭》　隋制，常以仲春用少牢祭馬祖於大澤，諸預祭官於祭所致齋一日，積柴於燎壇。禮畢，就燎。仲夏祭先牧，仲秋祭馬社，仲冬祭馬步，並於大澤，皆以剛日，牲用少牢，如祭馬祖，埋而不燎。唐仲春祭馬祖，仲夏祭先牧，仲秋祭馬社，仲冬祭馬步，並用剛日，牲各用羊一，籩豆各二，簠簋各一，設壇於長安四十里外龍豪澤中。其制高三尺，周迴九步。

藝文

唐　蕭嵩《大唐開元禮》卷八九《仲秋祭馬社》　薦享之儀，並與先牧同。其祝文曰：『維某年歲次月朔日，子嗣開元神武皇帝遺具官姓名，敢昭告於馬社之神：惟神肇教人乘，用賴於今，式因肆僕，爰以制幣，犧齊粢盛，庶品明薦於馬社之神，尚饗。』

又《仲冬祭馬步》　薦享之儀，並與先牧同。其祝文曰：『維某年歲次月朔日，開元神武皇帝謹遣具官姓名，敢昭告於馬步之神：惟神爲國所重，在於閑牧，神其屏兹凶慝，使無有害，載因獻校，爰以制幣犧，齊粢盛庶，品明薦於馬步之神，尚饗。』

宋遼金元馬政分部

總論

論說

宋　晁補之《鷄肋集》卷三七　問：自昝為國，馬政尚矣。阜馬佚特，駣有教駒，有攻而執，而散而圉，以綱惡而頒良，比毛而齊物，即田而從戎，其事載於經，可考也。牡馬騋牝，王室之所廢，公室之所修，詩人與之，然則馬之於政豈緩哉？平城之役，猛將如雲，謀臣如雨，而困騅白騂驪之騎絶，漢之戰匈奴，孕重墮殰，罷極苦之，而以馬少，不能復出，故後之制軍彊弱視焉。上有常德，以立武事，將賢士勇，器利食充，而眷顧未忘，有稽天討者，萬一在此。比設監牧之官，又詔民畜馬，意良而法美矣。為今之慮，民馬取於五路，取諸其產，則或良而病，不皆出取非其產，則或出而病，不能皆良，又有合二者之說，徙西北什一之種，變淮浙荊湖之類，則卑宜高小宜大，而又所病者淮橘汶貉，地氣之化也。夫講萬歲、毛仲之術以錯諸今，以民則不勞，以馬則可用，其說何取。

宋 晁公遡《嵩山集》卷三〇《張茶馬》 馬政，大事也。魯公之頌以駉為首，蓋非大賢不能為之。旄節西來，道路誠遠，聖上所以付屬之意重矣。期年即見充牣，十二閑遂賜褒詔，趣還迩僚也。

宋 章如愚《山堂考索·後集》卷四四《又總論》 馬政有三，牧之於官一也，蓄之於民二也，市之於戎狄三也。宋内有天駟監，外有十八監，此官馬也；民間蓄養指為外廐，此民馬也；沿邊榷郡，估買蕃馬，此戎馬也。然就是三者論之，而監牧為尤重，蓋官之馬多不專貴於民，中國之馬多則不專倚於戎狄，專責於民則民受其害，專倚戎狄則戎狄享其利，此累朝於監牧之制所以必加之意也。部轄有方，秣飼以時，時騰駒游牝，順其物性矣。既置羣牧司，又置羣牧使，以大臣領焉，何其重也。乾德六年八月，幸飛龍院。九月又幸，十月又幸，一歲之間凡三幸焉，亦何其重也。夫惟待之也重，故其視之也亦不輕，蓄牧孳息，自足國用。民間與蕃落為市猶禁之，而黎馬不及格尺，亦收之不問焉，何者？其所資者輕也。前天僖中，嘗廢東平監矣，未幾而復置，且天聖中嘗廢八監矣，未幾而復議，蓋所重在此則所輕在彼，此君臣上下所以必於是拳拳歟！熙寧大臣為謀不審，聽曾孝寬之説而壊祖宗之制，賦牧地與農民，散國馬於編户，坊監廐庫，棚庌井泉，七八十年經畫，一日廢罷，民受其病，官乏其利。中國不足，求之夷狄，於是茶馬之職置矣。元豐以後，其弊歷見，天子慨然，追念舊臣，聖言及此，誰執其咎？吁！市馬於戎，猶可言也，責馬於民，不可為也。不然，則户馬之法罷，而茶馬之職至于今不易，亦必有説矣。

宋 李覺《上太宗論自古馬皆生于中國》《諸臣奏議》卷一二五 臣聞冀北燕代，馬之所生，胡戎之所恃也。故制敵之用，實資騎兵為急。議者以為欲國之多馬，在啗戎以利，使重譯而至焉。然市馬之費歲益，而廄牧之數不加者，蓋失其生息之理也。且戎人畜牧轉徙，馳逐水草，騰駒游牝，順其物理，由是浸以蕃滋也。暨乎市易之馬，至于中國，則縶之，維之飼以枯槁，離析牝牡，制其生性。元黄虺隤，因而減耗，宜然矣。又不同中國之馬，服習成性，食枯芻，處華廄，率以為常，故多生息，日無耗失。古者用賦之法，六十四井出戎馬四疋，車一乘，牛十二頭。天子畿方千里，提封百萬井，除山川、城池、邑居、苑囿三十六萬井不輸賦外，六十四萬井出戎馬四萬疋，兵車萬乘，此賦馬之數也。諸侯大者，馬四千疋，車千乘故稱千乘之國。卿大夫者，馬四百疋，兵車百乘，故稱百乘之家。則天下之廣，諸侯之衆，戎馬之賦多矣。是以唐堯暨晉，皆處河北，而北虜不能為患，由馬之多；後世戎馬悉從官給，是以匈奴歷年為患，由馬之少也。故晁錯説文帝勸農功，令民有車騎馬一疋者，復卒三人，謂免三人甲卒之賦也。至武帝七十年間，衆庶街巷有馬千百成羣，乘牝者擯而不得會聚，此則馬皆生於中國，不聞市之於戎也。今軍伍中牝馬乘多，而孳息之數尤鮮者，何也？皆云官給秣飼之費不充，又馬多産則羸弱，駒能食則侵其芻粟，馬母愈瘠。養馬之卒有罪無利，是以駒子生，乃令飲灰而死。其後官司知有此蠹，於是議及養駒之卒量給賞緡。其如所賜无幾，而尚習前弊。今切揣量，國家所市戎馬，直之少者疋不下二十千，往來資給賜予，復在數外。是貴市於外夷而賤棄於中國，非理之得。也國家縱未暇別擇牝馬，以分畜牧，宜且減市馬之半直，賜畜駒之將卒，增為月給，俟其後納馬。即止焉則是貨不出國而馬有滋也。大率牝馬二萬而駒收其半，亦可歲獲萬疋。況復牝又生駒，十數年間馬必倍矣。昔猗頓窮士也，陶朱公教以畜五牸，乃適西河，大畜牛羊于猗氏之南，十年間其息無算。況以天下之馬而生息乎！端拱元年十二月上時為國子博士。

元 鄭介夫《論馬政狀》《右編》卷三八 狀曰：古今立國，未嘗怠於馬政。蓋以邊庭守戰之備，馬不可缺，而車輦出入，百官扈從，及檄書交馳，郵傳迭發，尤不可一日無也。國朝開基以來，以牧放為俗，羊馬之群遍滿谷野，生長草地，不假喂飼之勞，隨意所用，如取廐中，是以出兵行師，所向無前，皆資馬之力也。近年偃武之餘，用馬日少，故於馬政不復介心。古者給價換馬，已非長策。今乃刷馬民間，尤為弊政。且南北之風土不同。生長於南者，則不禁其冷；生長於北者，則不禁其熱。隨其土産之宜而用之，可也。若刷東南之馬以供西北之用，則立見其死亡耳。又兼牧於野者，安於水草，習於馳驟，以之臨敵，易於鞭策。畜於私家者，飽以芻豆，勤於剪拂，一旦置之荒郊，便已瘦弱無力，況當矢石之衝，何濟於用？朝廷失於計畫，苟且目前，不循廣馬之成規，而行刷馬之下策，雖白和買，何異白奪？且刷馬之政，出於亡金。其時隣敵交攻，疆土滋削，未免刷之民間，以應一時之急耳。堂堂天朝，不宜蹈襲亡國之遺轍也。兼刷至之馬實無所用，而民間之怨皆歸於國，甚非經久之計。今民間皆畏憚，不敢養馬。延以歲月，民馬已稀，萬一國家急欲用馬，何從而得？宜及閑暇，早為之謀，可也。唐初得牝馬三千匹，徙之隴右，命張萬歲掌之，蕃息至七十萬匹，分爲八坊四十八監，各置使以領之。是時，天下以一縑易一馬。及玄宗以王毛仲為内外閑廏使東封之日，有馬四十三萬匹，牛羊稱是。此已然之明效也。今國家之地數倍於唐，水草美處盡在版圖之中。擇宜牧之地，各設牧馬監官，給牝馬，選用能吏，使專牧馬之權。重之以職任，優之以俸禄，責之以成效。不十數年，馬不可勝用矣。向來家自為牧，衣食之資皆仰於此，取其餘而用之，猶且不竭。況今以全盛之國，又助之以官府之力，因其舊俗而行之，亦甚易事。何必以刷馬爲政，徒結怨於民間也？

明　黄淮《歷代名臣奏議》卷二四二《馬政》　元世祖時趙天麟上策曰：『臣聞昔者聖人之開天也，去其害人者而已。驅猛獸而遠之，服畜獸而役之，故角者能觸而拘之以福衡，蹄者能踶而馭之以紲絆，以盡天下之力，以全天下之才。夫中人之産未踰十金，於是恐所用之有闕，旁思而周慮之，懼臨時之或歉，設備而預防之，豈有過哉，皆其宜也。況乎應千年之河水，居巍然之神器，立萬世子孫之業，詎宜無備云乎哉？臣竊以名鷹俊犬，異毛鳥獸，國家之所宜棄也，反以收之；駞羊牛馬，其用甚重，此皆國家之所宜廣也，反不廣之。豈愛駞羊牛馬之不及鷹犬哉？亦由於襲太平之世，而因循弗慮故也。武王勝殷，放牛於桃林之野，歸馬於華山之陽，然與方今其勢有不同也。方今四征不息，粮餉未停，就使橐弓矢而不用，戢干戈而不起，則安知他日無罰罪之事哉？則牛馬之不可暫闕也明矣。至元癸巳，括士民之馬而拘之郡，出榜文稱上司之語，而謂官酬其直也。馬既頒軍，直又不酬，士民失望。臣非但以國家之棄信而傷之，抑亦由國家之不修馬政，臨急取士民之御者，故傷之也。謹按：唐太宗時，有馬千匹，太僕少卿張萬歲掌之；自貞觀至麟德四十年間，馬七十萬六千匹，以致八坊之田千二百三十頃，募民耕之以給芻秣，八坊之馬分為五十六監。及明皇時，國馬益耗，乃以空名告身市馬於遠方，纔復二十餘萬匹，命王毛仲領内外閑廐，至開元十三年，乃有四十二萬匹，牛羊稱是。由此觀之，畜牧之多寡，但以留意故也。伏望陛下精思緩急之務，灼明備用之源，凡鷹犬之類，可縱者縱之；凡鷹坊等職，可罷者罷之；凡駞、羊、馬、牛，宜以御府繒帛及空名告身，於四遠之地及中華之境市而收之；凡所市之馬，諒宜倣古制立天駟監以孳育之；凡牛、羊、駞等，諒宜立羣牧所以蕃殖之；凡芻秣之具，諒宜擇良地募民耕以給之。若然，則可以富國，可以强兵，可以俯宣王考牧之詩而小之，可以思漢武伐宛之事而笑之矣。』

明　邱濬《大學衍義補》卷一二三《牧馬之政下》　臣按：古今馬政，漢人牧於民而用於官，唐人牧於官而給於民，至於宋朝始則牧之在官，後則蓄之於民，又其後則市之於戎狄。惟我朝則兼用前代之制，在内地則散之於民，即宋人戶馬之令也；在邊地則牧之於官，即唐人監牧之制也；而於川陝又有茶馬之設，豈非宋人之市於夷者乎？請以今日國馬之政言之，在内有禦馬監掌天子十二閑之政，以供乘輿之用，凡立仗而駕輅者皆於是而畜之，其牧放之地則有鄭村等草場，其飼秣之卒則有騰驤等四衛。國初都金陵，設太僕寺於滁州，其後定都於北，又設太僕寺於京師，凡兩淮及江南馬政則屬於南，其順天等府暨山東、河南馬政則屬於北。其後又用言者，每府州若縣添設佐貳官一員專管馬政，在外設行太僕寺於山西、陝西、遼東凡三處，苑馬寺亦三處，陝西、甘肅各轄六監二十四苑，遼東僅一監二苑焉。内地則民牧以給京師之用，外地則官牧以給邊方之用，又於四川、陝西立茶馬司五以茶易蕃戎之馬，亦用以為邊也。本朝國馬之制大略如此，承平百年無大征伐，遇有征行隨用隨足，雖不至於大乏絶，然求其如前代之雲錦成群則未焉。所謂官牧者，是蓋唐人之四十八監、宋人之十八監之遺制也，然唐宋行之於内地，而今日則用之於邊方焉。其蕃育生息雖不能盡如國初之盛，然惟馬之用不足而已，而害未及於民，一旦按其已然之跡而振舉其廢弛之政，則祖宗之良法善政固在也。乞命本兵柄大臣講求本朝故事及參究唐、宋之典，以濟今日之所不及，遣知馬政者勘實牧地，其有舊有而今為人所侵欺埋沒者鹹複其舊，或有山林原隰可以開墾以為牧地者開墾之，或附近州縣有空閑地可以增置監苑者增置之，士卒有逃亡者則為之勾補，廏膰有未備者則為之修葺，所畜之馬若牡多而牝少則為之添牝，孳生之牝其種有不良則為之求良，遊牝去特必順其時，騰放調養各有其法，俵散關換鹹定其規，皆一一講求其所以然之故與其所當然之則，立為一定之法，使之永遠遵守，歲時遣官巡視，有不如法者坐以牧放不如法之律，必慎擇其官而優寬士卒，必務臻實效而不為虚文，如此，則邊圉得馬之用矣。若夫所謂民牧者，是蓋宋王安石新法之遺緒也，方宋神宗初行此法，文彦博極言其不可而不見聽，其後大為民害，神宗有見愧彦博之言而深知安石之誤，而亟罷之，是以在當時雖為民害猶未至於甚也，今日之弊，臣已詳之於前矣，而所以為之處置者亦已具於『制軍伍』之條之下焉。然所處置者特議以行於畿甸五郡耳，萬一可以通行，請下兵部及兩太僕寺查算天下馬數，某布政司若干、某府若干、某州若干、某縣若干，及查各府州縣原先有無草場及沒官空閒田地並可以為草場、馬廄者，假如某縣舊額民若干、里戶若干、丁若干，某縣原額馬若干匹、群長若干人，既具其數，遣官親臨州縣勘實以聞，然後因其已然之法而立為救弊之政，必不失其原額，必不拂乎民情，務使官得其用而民無其害，然後行之。請即一縣言之，其縣舊有裏五十、群長千人、馬千匹，今即就五十裏之中擇其鄉村相依附處，或十村、五村為一大廄，村落相去遠者或五六十家、七八十家為一小廄，每廄就其村居以有物力者一人為廄長，年老者一人為廄老，無力不能養馬者數人為廄卒，每廄各設馬房、倉囷及長槽、大鑊，每歲春耕之候廄長遍諭馬戶，每領馬一匹者種稈禾若干畝、料豆若干畝，履畝驗之，有不種者聞官責罰，毋使失時，無田者許其分耕於多田之家，或出錢以租耕，收穫之際，廄長及老計畝而收之倉囷之中，稈草料豆以飼馬而豆之萁即以為煮豆之用，按日而出之，歲終具數以聞於官，若其馬種即以在官之數充之，若其種非良許其售而換之必求其良，前此倒死未償之馬五分蠲其三，征其二以市馬種，凡馬始生則書其月日，別其毛色，使有所稽考，又令通曉馬事者定為養馬之式，鏤板以示之，凡一歲遊牝、騰駒、去特皆有其時，越其時者有罪，凡一日齕草、飼料、飲水皆有其節，違其節者有罰，其房膰必冬暖而夏涼，其牧養必早放而晡收，凡可以為馬之利者無不為，凡可以為馬之害者無不去，如此，則牧養有其道，其視各家人自為養者大不同矣。舊例，凡群頭管領騍馬一百匹為一群，每年孳生駒一百匹，不及數者坐以罪，請酌為中制，每騍馬十匹止取孳生七匹，其年逾數者除以補他年欠闕之數，今年不足明年補之，其有種馬倒死者即以駒足其數，本廄生牝多，許他廄聞官以牡來易，每廄兼畜驢騾，以馬為准，牝馬二十畜牡驢一、牝驢四，所生或驢或騾具數報官，官為造車，遇有搬運官物許於各廄起倩，無事之日本廄馬戶借用者聽，按日計傭，收以為秣飼之用，每季本縣管馬官一行巡視，府官則歲一行，太僕寺官因事而行無定時，凡其馬之壯老肥瘠逐月開具點視之，凡房宇有不如度、水草有不如法、芻豆有不及數、馳走有不如式皆為修葺、處置，違者治以置，是就民養之中而微寓以官牧之意，上不失祖宗之成法，下有以寬民庶之困苦，中有以致馬政之不失。大略如此，雖然其間之委曲纖悉又在臨時之因事制宜、補偏救弊也，若夫俵散、關換之法具有成規，官軍領馬騎操，遇有倒死責以追償，是固足以為不行用心保惜者之戒，但馬之給於官軍者多系餓損並老弱羸疾者，及至官給草料多不以時，或馬有不時之疾猝然莫救者亦往往有之，律文死損數目並不准除，然一軍之產不滿十百而一馬之直多逾數千，傾家之所有不足以償，甚至賣三子不足以償一馬，興言及此，可傷也。請自今以後，給馬與軍必具其年齒、毛色、體質，或肥或瘠，或有疾或無疾，明具於帳，如齒逾十二或原瘦弱並有疾者不償，惟以皮尾入官，若雖少壯而忽然有奇疾，先期告官及眾所共知者亦在不償之數詳見前卷馬質條下。申明舊制，凡馬軍皆要攢槽共喂，如居隔遠，秋冬之月皆俾就近攢喂，半夜以後本管頭目親行點視，草料有不如法及不及數者罪之，其關領草料則嚴為立法，不許變賣及將換易他物，買者、換者罪同，凡馬倒死必責同伍互償，若同伍之人知其馬之老瘠疾病及其人棄縱不理雇倩與人、削減草料者，預先告官料理者免其共償，如此，則人人愛惜其馬，有不惜者人共責之而預得以調治之，則馬無橫死而人免陪償矣，是非獨以足乎馬而亦有以寬乎軍也。雖然，此內地官軍騎操之馬爾，至於邊方之馬所系尤大，與其得駑馬而乘之以禦敵，又不若不乘之之為愈也。蓋騎戰非中國所長，而中國之馬比胡馬為劣，以非長之技而騎下劣之馬以角敵人之所長，非計之得也，請自今給馬於軍士，非良不與，而所與者必良，與之騎操而不倚之飼秣，宜於邊城中擇空閒地為廄，置長槽或十或五，隨其廣狹，不為定數，不分衛所隊伍，因其近便而為飼養之所，選其老弱之卒，不堪戰陣者專一餵養，置大囤以貯草，支大鑊以煮料，每日遣官點視，晡時則檢其所儲，夜半則視其所飼，操練之日軍士持鞍就彼鞁騎，無事之時輪番收放，逐名調習，或有瘦損疾病告官調治，如此，則馬得所養而無損失之患，軍得其用而免陪償之苦矣。或曰今邊城非一處，處處皆屯重兵，所騎之馬安能皆得其良？竊考五代時，唐明宗與範延光所言者，李克用以馬上立國制勝，所畜不過七千，今東起自遼東、西盡岷洮，其間歷宣府、大同、延綏、興慶、甘肅之境，邊城萬裏，其馬不翅數十倍矣，然牧馬之數雖多，未嘗以之臨敵出陳，往往老死皂櫪之間而責吾士卒之陪償，人不幸而生於邊界，天苦寒而地磽燥，物不生殖而人無蓄積，天下之人莫苦焉，既資其出力以為國防寇，又責其出財以為官償馬，以每歲所賜予之衣糧猶不足以償其遞年倒死之馬匹，況望飽暖其妻子哉？則是無事之時無故以是不戰之馬而坐困吾得用之士卒，而使之失所離心，蓋亦不思之甚也。昔人有言，帝王之師以萬全為勝，中國之所以取勝於夷狄者以人不以馬、以智不以力、以守不以戰。臣愚以為，自今以後邊境一以高城深池為固，扼其要害，塞其蹊徑，來則拒之，去則不追，凡其制兵卒以步兵為正，以騎兵為奇，大率步十而騎二，步軍一萬騎兵二千，馬非壯健不以給軍，軍非驍勇不以為騎，扼之使不得入而已而不遮其出，拒之使不敢來而已而不追其往，如此，則步兵無非良而馬亦易於辨矣。或者若謂馬者兵之大用，兵非馬決不能以制勝。籲，此論戰兵非所以論兵之守也。所謂守者，我靜而彼動，我逸而彼勞，我大而彼小，我眾而彼寡，彼用其所長，我舍我之短而用我之長以制之焉，則彼進不得戰而退可以回，自然屈服於我矣。臣愚無知識，輒敢肆其胸臆而妄為異議，伏望天地大量，憫其區區一念憂邊愛民之誠。

清 閻鎮珩《六典通考》卷一六五《王政考·馬政》 論曰：古者六十四井出戎馬四匹，天子畿方千里，戎馬四萬匹，兵車萬乘；諸侯大者馬四千匹，兵車千乘；卿大夫大者馬四百匹，兵車百乘，則先王戎馬之賦未為不多矣。唐堯暨晉皆處河北，畜馬饒多，夷狄畏伏，不敢與爭。及秦廢井田，開阡陌，戎馬悉待給于官。接乎漢初，匈奴遂大為邊患，緣其時中國馬少故也。武帝之始，衆庶街巷有馬成群，衛、霍因其資力，攘卻强胡，斥地千里。自是厥後，馬之盛無踰于後魏之世祖，唐之麟德、開元。遭五代之亂，馬又衰耗。宋初太祖始置二務，歲市馬于邊，以充皂櫪之選。太宗時漸立坊監，總以官司，然而孳生之數，比于前代相去遠矣。景德、天聖之間，號為極盛，其馬多不過二十餘萬匹，方之開元，尚不能及其半，則一代廄牧之政，大略可想也。當端拱初，李覺上言曰：今秣飼仰給于官，費或不充，馬母日瘠，養馬之卒有罪無利，是以駒子生令[illegible]灰而死，此馬之所以不蕃也。是時西北二虜方張，太宗銳志武備，然其吏卒狃于積習，以慢棄國家之令，其弊已不可勝言。其後承平日久，兵寢不用，言者謂養馬無益于國，而徒耗公家之費，于是盡廢諸路坊監，而收其地以為民田。及西事驟起，馬不足用，乃權立搜括之令，而一切苟且之政行焉。熙豐變法，至于崇宣小人相承，亟復亟變，迄無一是之政。已而女直寒盟，軍馬告乏，倉卒之間，無所取辦，遂致靖康蒙塵之禍。夫夷狄之能為中國患苦者，惟其騎兵勝耳。燕代冀北，馬之所生，中國于是乎取給。漢唐收河西之地，土性高凉，水草豐美，故畜牧常獲其利。至宋之世，其地大率陷没于戎虜，而中國所存之草場或已藉為官田，或被侵于豪右，而馬之能得其養者無幾矣。至事勢既迫，行權以濟一時之急，則括私馬以應官用，而教訓之未安，服習之無素，欲以當强悍不可制之虜，其能無及於敗亡乎？

綜述

宋 章如愚《山堂考索·後集》卷五〇《兵門·馬政》 成周之時設校人之官，非徒具六馬之數也，辨其六馬之屬，凡軍事則物馬而頒之。設庾人之官，非徒具十二閑之數也，教以皁馬，佚特，歛馴，攻駒，則其教之也為有素矣。惟其教之也為有素，則用之也為適宜。宣王中興，此意猶有存者，『比物四驪，閑之維則』。閑習為如何？兩驂不倚，不失其馳，則其馳御者為如何？中興之功，或者其有得於此。春秋以來，秦晉交戰於韓原，晉馬旋濘而止。冀之北，士馬之所生，晉固非少於馬者，而乃不能以求勝。及晉楚之戰于邲，楚許叔御樂田以致晉師，執轡掉鞅，動中程式，晉莫能當其鋒，用能車馳，卒奔以乘，晉師荆楚之地固非馬之所產，而獲其用如此。觀韓原之戰則知馬不貴於徒盛，觀邲之戰則知馬不可以不習。漢氏之馬，太僕之屬内則五令，外則有西北邊有三十六苑，至武帝則廄馬蓋四十萬匹矣。衛、霍之師發十萬騎，而私從者又十四萬，戰争之餘，入塞者曾不滿三萬，則其馬數雖多，而習於用者或少，而未精歟？不然，自兩將出塞之後，史何以言其竟以馬少不伐胡邪？中興之後，益務省約，六廄之存者一耳，三十六苑之存者流馬耳，何望其教習邪？蓋至於唐隴右三牧八坊四十八監之制，可謂養之得其地矣。自張萬歲之司羣牧，至於王毛仲之領閑廄，可謂制之得其人矣。開元之中，馬至四十餘萬，馬色則為羣望之如雲錦，唐馬之盛，莫盛於此。然祿山之變，馬至不能授，甲雖多，亦奚以為哉？宋朝自咸平置羣牧司，景德置羣牧使，所以重其事也。牧馬之盛，至二十萬，非徒盛也。觀王明《羣牧故事》一書，則見其生息之方，訓習之制，莫不咸載，是蓋知馬政之所先者。自熙寧廢牧馬之制，因而賦馬於民，故其制始紊。於今日東南之馬皆取於西北，此茶之所以設也。互市之廢，歲不下數百萬，舉西路摘山之餘，僅足以當歲市之費，所入之綱，凡百五十有一，而一綱之費，計為馬五十，是歲致馬八千矣。存者既多，來者未已，則何患乎馬之不多？然馬之不多非所患，不習深可憂，此愚之所以拳拳於今日也。

宋 林駉《源流至論》卷二《馬政》　馬政之説，古今凡幾變。以官民通牧者，周也；牧於民而用於官者，漢也；牧於官而給於民者，唐也；至於國朝，始則牧之在官，後則蓄之於民，又其後則市之於戎狄。【略】國朝馬政，蓄於監牧者曰官馬，散於編户者曰户馬，市於邊郡者曰戎馬。然與其蓄之於民，孰若市之於戎？與其市之於戎，孰若養之於官？何者？民間蓄養，拍為外廐，非不可也。王旦對仁宗曰：听民間蓄養，官中緩急，以本直市之，猶外廐尔。馬知節曰：馬多不精，多蓄駑弱，其費愈甚。上然之。然馬為不精，多蓄駑弱，况民至受其害乎？見上沿邊等郡，估買蕃馬，非不可也。余靖言：國家自來於河東、陝西沿邊守處估買蕃馬，自西賊不庭，買馬數少，不足國用。然市費益增，牧數不加，况戎反享其利乎？瑞拱中，李覺上言曰：議者以為欲國之多馬，在啗戎以利使重譯而至，然市馬之費歲增，而廐救之數不知，盖火其主利之理也。此國朝所以重於監牧也。騏驥有院，天駟有監，天廐有坊。國初有左右飛龍院，太宗興國五年改為大廐院，雍熙四年改為騏驥院。左右天駟監，左右天廐□□□萬□□□中，太宗嘗幸天駟監閲馬。既置群牧司，又置群牧使，此在内監牧之制。咸平二年，置羣敎□。景德四年，以樞密陳堯叟兼羣牧制置使。自河北至許州已有十八監，《長編》：自河北至許州軍鎮，凡有一十八監，始置羣牧司，總内外馬政。兩河陝西有都總管處，復置一監。治平四年，羣牧司言：乞於河北、河東、陝西有都總管處皆置一監，令陝西監牧司以所市馬選上京年額外，餘分撥諸監，則本路軍馬可以自辨。太原、交城又復置馬監，唐介知太原請於交城縣置馬監詔催占符相視遂得汾川故牧地三千餘頃其千二百餘頃民佃租以給芻亘。既委羣牧司，又委守倅兼領，天聖四年，祖宗舊制以羣牧司總天下馬，其屬有左右騏驥院，分領左右天駟監、左右天廐坊。諸廐之在外者，知州通判兼領之。各據芻地，并課士卒，春夏出牧，秋冬入廐。此在外監牧之制。故陳堯叟作《羣牧議》，勒石于監，信知監牧為便且急也。陳堯叟議羣牧之設，國家巨防，作《羣牧議》以獻，勒石大名監，遂命堯叟為羣牧使。熙寧大臣何人哉！誤聽曾孝寬之説，而棄文潞公之議，舉祖宗七八十年營成之制，一旦盡壞。熙寧七年，曾孝寬言：慶曆嘗詔河北諸州每户養破甲馬一匹，乞檢會施行。户馬始此。又文彦博上神宗言：賦牧地與農民，歛其租課，獻國馬於編户，責其孳息，不知所賦之地皆可排乎？户散一馬，縶之維之，皆可蕃息乎？坊廐監軍棚庌井泉官營房，七八十年經營成就，廢罷之後，蕩然一空。賦農民以牧地，散國馬於編户，每一都限馬五十匹，十五年而足，謂之保馬，而郡縣苟附，不一二年而足之。天下騷然，不勝其擾，至煩天子，有安石相誤之嘆。噫！其忍負之乎？彦傳言：『不用元豐時，其弊乃見。』神宗嘆曰：『朕有愧於文彦矣。』王珪曰：『罷祖宗馬監，自是王安石。』上曰：『安石相誤，豈獨此一事？』云云。夫養馬於民，在成周未嘗不行，在祖宗未嘗不用，聽民蓄養，市以本直，祥符制也。祥符四年，上馬及十萬，當且止也。王旦曰：听民問蓄養，官中緩急，以本直市之。詔能蓄馬，與免二丁，嘉祐令也。嘉祐中，令河東、京東、京西、淮南籍二丁壯為兵處，有能蓄一戰馬者，與免，不能戸等以備緩急。丁度上言。如是，民何憚而不牧之？夫何熙寧大臣急於爭利，一槩取民，民始不堪爾。迨至民病已極，國用復闕，於是求之戎狄，而設茶馬之職焉。市馬於戎，雖不求牧之於官，亦猶愈牧之於民，此尚有可言也。愚嘗攷之國朝市馬、戎馬之制，始易以銅錢，戎因獲其器，次易以銀絹，戎復獲其用。國初，河東、川陝諸路買馬給以銅錢，而戎人皆鑄錢為器。興國五年，乃以布帛，準其直。又元豐四年，郭茂詢言，欲專以茶博馬，以采帛博粮穀，及以茶馬併為一司。竊聞昔時亦用茶縑金帛，近歲始專用銀絹及錢鈔，賣賣馬買馬事實相須，乞買馬通管茶場。從之。今以摘山之利而易充廐之良，戎人得□不能以為我害，中國得馬足以為我利，亦濟用之良策。初命李杞川蜀市茶，蒲宗閔秦、鳳易馬始，盖分任其事。《成都記》：熙寧七年詔李杞、蒲宗閔經畫川茶，充秦鳳熙河路博馬，杞於秦州、宗閔於成都置司，後改名都大提舉茶馬事。至郭茂詢言，茶司立法以害馬政，後遂專任其事。元豐中，郭茂詢言：茶司既不兼買馬，遂立法以害馬政，乞併為一司可。從之。是職既設，茶課百萬，獲馬萬匹，其效亦可見爾。舊蜀茶額三十萬，至李稷加為五十萬，陸師閔代稷，為百萬。紹聖中，程之郡以羡茶轉入熙秦市戰騎，故馬多而茶息厚，馬至萬匹。不然，元祐變法更革殆盡，獨茶馬不廢者，亦有謂矣。司馬光元祐初相，罷諸路塩錢法，後復其舊。獨川陝茶以邊用未即罷，遣使祖視，去其其者。今日雖仍熙寧茶馬之事，而亦當行祖宗監牧之制，圉師以蓄之，校人以視之，秣飼以時，部轄有方，則以渥洼之種耳。否則貴市於外夷，而賤棄於中國，此李公覺之所以慮也。端拱元年，李覺言：市易之馬全於中國縶之維之，飼以枯僞，離祈牝牡，制其生性，田而減杜，是貴市於外夷而賤棄於中國也。

清 顧九錫《經濟類考約編》卷下《馬政考》　宋馬政，凡御馬之等三，給用之等十有五，群號之字十有七，毛物之種九十有二。其官司之規，太祖初置左右飛龍二院，後改爲天廐坊，又改爲騏驥院，以天駟監隸焉。林駉曰：宋之馬項畜於監牧者曰官馬，散於編户者日户馬，市於邊郡者曰戎馬。馬端臨曰：熙寧五年所行者户馬也，元豐七年所行者保馬也，皆是以官馬責於民，令其字養。户馬則是蠲其科賦，保馬則是蠲其征役。神宗元豊四年，用郭茂恂議，詔以雅州名山茶爲易馬用，而併茶馬爲一司。林駉曰：以摘山之利而易充廐之良，亦濟用之善策也。

紀事

《續文獻通考》卷一六五《馬政》　宋理宗時，守漢陽黄幹奏曰：國家所用之馬西取於蜀，南取於廣，皆在數千里之外，博易之費，道里之費，一馬之入動數百千，其所得甚艱，所費甚巨，一有緩急，無馬可用。開禧年間，虜騎壓境，旋行收買，駑駘下乘，亦以備數，平居暇日，可不思所以處之乎？竊見漢陽管内有馬監一所，馬之自蜀來者憩息於此，五日而後行守臣亦預點檢之責。臣嘗親至其地，見馬監之前有所謂孳生監者，乃鄂州大軍昔日所創，方其盛時，馬之蕃息可以足軍中之用，今監皆頽敗，不復有馬矣。漢陽為郡，土壤甚廣，風氣甚勁，水草甚饒，若委之守臣，使之興復舊監以為牧馬之地，給降本錢收買江北所産之馬而蕃息之，差撥兵卒使任牧養之責，數年之間，生息蕃盛，猝有緩急，即可為用。與夫求之於至遠之地，買之於倉卒之際，其利害相去遠矣。更乞行下總領所，同鄂州都統司相度施行。遼太宗天顯二年十二月，閱群牧于近郊。會同八年八月，詔侍衛蕭素撒閱群牧于北陘。聖宗統和六年七月，賜休哥排亞部諸軍戰馬。十二月，賜皮室詳穩乞得禿骨里戰馬。十三年五月，北南乙室三府請括富民馬以備軍需，不許給以官馬。時豪州刺史耶律唐古嚴立科條，禁奸民鬻馬于宋夏界，因陳弭私販安邊境之策，太后嘉之。開泰元年七月，以伐党項，詔諸軍各市肥馬。七年七月，括馬給東征軍。八年三月，閱飛龍廐馬。太平六年四月，詔凡官馬並印其左以識之。時耶律韓八籍群牧馬闕其二，同事者考索不已，韓八略不加詰，即先馳奏，帝益信任。興宗重熙十一年七月，詔盜易官馬者，減死論。十七年十一月，遣使括馬。道宗大安元年五月，以牧馬蕃息，多至百萬，賞群牧官以次進階。九年十月，詔以馬三千給烏古部。十年五月括馬。天祚帝天慶七年五月，減廐馬粟，分給諸局。九年三月，民有群馬者，十取其一。初，太祖為迭烈府夷離堇也徵遥輦氏單弱，於是撫諸部，明賞罰，不妄征討，因民之利而利之，群牧蕃息，上下給足。及即位，伐河東，下代北郡縣，獲牛羊駝馬十萬餘。樞密使耶律斜軫討女直，獲馬二十餘馬，分牧水草便地，數歲所增，不可勝筭。當時括富人馬不加多賜，大小鶻車萬餘匹不加少，蓋畜牧有法然也。咸雍五年，蕭陶隗為馬群太保，上書猶言群牧名存實亡，上下相欺，宜括實數以為定籍。厥後東丹國歲貢千匹，女直萬匹，直不古等國萬匹，阻卜及吾獨婉惕隱各二萬匹，西夏室韋各三百匹，越里篤剖阿里、奥里米、滿奴里、鐵驪等諸部三百匹，仍禁朔州路羊馬入宋。吐渾、黨項馬鬻于夏，以故群牧滋繁，數至百有餘萬，諸司牧官以次進階。自太祖及興宗垂二百年，群牧之盛如一日。天祚初年，馬猶有數萬群，每群不下千匹。祖宗舊制，常選南征馬數萬匹牧于雄霸隙地間，以備燕雲緩急，復選數萬給四時遊畋，餘則分地以牧，法至善也。至末年，累與金戰，番漢戰馬十損六七，雖增價數倍，竟無所買，乃冒法買官馬從軍，諸群牧私賣日多，田獵亦不足用，遂為金所敗，棄衆播遷，以訖于亡，松漠以北善馬皆為大石林牙所有，此遼馬政之大略也。金太宗天會三年七月，詔南京括馬，以等第取之，分給諸軍。海陵天德間，置廸河斡朶斡里保蒲速斡燕恩兀者五群牧所，皆因遼舊名，擇無蚊蚋、美水草之地，各設官以治之。又于諸色人内選家富丁多及品官家子，猛安謀克蒲輦軍與司吏家餘丁及奴使之司牧，謂之群子，分牧馬駞牛羊，為之立蕃息衰耗刑賞，後稍增其數為九，契丹之亂遂亡。其五四所之所存者，馬千餘，牛二百八十餘，羊八百六十，駞九十而已。正隆四年八月，詔諸路調馬以户口為差，計五十六萬餘匹，富室有至六十匹者，仍令户自養飼以俟。六年三月，詔内地諸猛安赴山陵牧馬。世宗大定元年七月，大括天下贏馬。十一月，詔調民間馬充軍用，事畢還主，死者償價。時置牧所有七，曰特蒲忒蒲斡覩只蒲速椀甌里本合魯椀耶盧椀，其甌里本後改名烏魯古，蕃言息也。二年六月，命御史大夫白彦敬西北路市馬。四年八月，命諸官員年老者存馬一二匹，餘並括買入官。八年四月，詔曰：馬者軍旅所用，牛者農耕之資，殺牛有禁，馬亦何殊，其令禁之。七月，制盜群牧馬者死，告者給錢三百貫。十六年四月，制商賈舟車不得用馬。二十年三月，更定群牧官詳穩脱朶知押群牧人滋息損耗賞罰格。二十一年，敕諸所馬三歲者付女直人牧之，牛或以借民耕，或又令民畜羊，或以賑貧户，特遣人閲實其數，缺則杖其官，而令牧人償之。匿其實者，監察舉覺之。二十八年，群牧所蕃息之久，馬至四十七萬，牛十三萬，羊八十七萬，駞四千。章宗明昌三年六月，尚書省奏，南京陝西路提刑司言舊牧馬地久不分撥，以致軍民起訟，比差官各路定之，南京路牧地六萬三千五百二十餘頃，陝西路牧地三萬五千六百八十餘頃。四年四月，減尚廄食穀馬。五年，散騋馬，令中都、西京、河北東西路驗民物力分畜之，又令他路民養馬者死則于前四路所養者給換，若欲用則悉以送官。六年八月，以北邊糧運括群牧所、三招討司、猛安謀克隨乣及迭剌唐古部諸抹西京太原官民駞五千充之，惟民以駞載為業者勿括。承安二年九月，分遣官于東西北路、河北等路中都節鎮，買牛五萬頭。十二月，豫王永成進馬八十匹，賜詔獎諭。五年七月，初置蒲思衍群牧。太和元年四月，詔諭凡契丹人户許養馬為吏。六年四月，詔内外職官納馬各有數。七月，詔禁賣馬入外境，但至界欲賣而為所捕，即論死。衛紹王太安三年三月，括民間馬，令職官出馬有差。崇慶元年五月，括陝西馬。宣宗貞祐二年十月，詔遣使市木波西羌馬。三年十一月，詔市民間輓車羸疾牧馬，置群牧中，以圖孳息。興定元年三月，定民間收潰軍亡馬之法，及以馬送官酬直之格。十月，遣官括市民馬，立賞格以示勸。三年正月，有司請立價以買南征軍士所獲馬，上恐失衆心，因致敗事，不聽。十一月，以馬驢借朝士之無馬者乘之，仍給芻豆。元光二年三月，尚書右丞徒單思忠以病馬輸官，冒取高價，御史劾之，有司以監主自盜論死，上顧惜大體，降授陳州防禦使。哀宗正大元年九月，樞密判官移剌蒲阿復澤潞，獲馬千匹。天興元年六月，閱官馬擇瘠者殺以食軍士。二年七月，定進馬遷賞格，又定括馬隱罪格。十二月，元兵攻蔡州城，急殺尚廄馬五千匹，官馬一百五十匹犒將士，未幾而城破。按：金制，群牧官三周歲為滿，所牧之畜以十為率，駞增二頭，馬增二匹，牛亦如之，羊增四口，而大馬百死十五匹者及能徵前官所虧三分為率，能盡徵及徵二分半以上為上等，陞一品；駞增一，馬牛增二，羊增三，大馬百死二十五徵前官所虧二分以上為中等，約量陞除；駞不增，馬牛增一，羊增二，大馬百死三十徵虧一分以上為下等，依本等，除餘畜皆依原數；而大馬百死四十徵虧不及一分者降一等，此明昌四年制也。五年制，馬、牛、羊虧原數十之一，騋馬百死四十徵虧不及一分者，降一等，決四十。若駞、馬、牛、羊虧元數一分，馬百死四十徵虧不得者，杖八十，降同前。元起朔方，俗善騎射，因以弓馬之利取天下。世祖中統四年，設群牧所，其牧地東越躭羅，北踰火里禿麻，西至甘肅、南暨、雲南等地，凡一十四處，自上都、大都以至玉爾伯牙、折連怯呆兒，周回萬里，無非牧地，馬之群或千百，或三五十。左股烙以官印，號火印之馬，其印有兵古、貶古、闊小川、月思古、斡欒等名。牧人曰哈赤哈剌赤，有千户、百户，父子相承，任事自夏及冬，隨地之宜，行逐水草。十月各至本地朝廷，歲以九月、十月遣寺官馳驛閱視，較其多寡，有所産駒即烙印取勘，收除見在數目，造蒙古、回回、漢字文冊以聞，其總數蓋不可知也。久病死者，三州令牧人償，大收馬一二則償二歲馬，一一則償牝羊，其無馬者，以羊、駞、牛折納。太廟祀事暨諸寺影堂用乳酪則供牝馬駕仗，及宮人出入則供尚乘馬車。駕行幸上都，太僕卿以下皆從先驅馬出健德門外，取其肥可取乳者以行，汰其羸瘦不堪者還于群。自天子以及諸王百官，各以脱羅氊置撒帳為取乳室。車駕還京師，太僕卿先期遣使徵馬五十醞都來京師。醞都者，承乳車之名也。既至，俾哈赤哈剌赤之在朝為卿大夫者親秣飼之日，釀黑馬乳以奉玉食，謂之細乳。每醞都牝馬四十，每牝馬一官給芻一束，菽八升，駒一給芻一束，菽五升，菽貴則其給減半，以小稻充。自諸王百官而下，亦有馬乳之供，醞都如前之數，而馬四之，一謂之粗乳，芻粟每旬取給於度支寺官，亦以旬詣閑廄，閱肥瘠。又自世祖而下，山陵各有醞都取馬乳以供祀事，號金陵擠馬，越五年，盡以與守山陵使者。凡御位下正宮，位下隨朝諸色目人及其肅土番躭羅、雲南、占城、蘆州、河西、亦奚、十薛、和林、斡難、怯魯連、阿剌忽、馬乞、哈剌木連、亦乞里思、亦思渾察、成海、阿察脱不罕、析連怯呆兒等處草地，内及江南、腹裏諸處，應有係官孳生馬、牛、駞、騾、羊點數之處，一十四道牧地，各置千戸、百戸等名目。世祖中統二年十一月，命諸路市馬二萬五千餘匹，授蒙古軍之無馬者。四年二月，命河東宣慰司市馬百二十九匹，賜諸王八剌軍士之無馬者。是年七月，詔東平、大名、河南宣慰司市馬千五百五十匹，給阿剌等軍。至元六年，勑西夏中興市馬五百匹。十一年，括諸路馬五萬匹。十二年八月，弛鬻馬之禁。十四年，括民馬凡三萬二千二百六匹，孕駒者還其主。十七年二月，詔王相府于諸奧魯市馬二萬六千三百匹。二十一年六月，以馬一萬一百九十五賜朶魯朶海□剌伊兒所部貧軍。二十三年六月，括諸路馬，凡色目人有馬者三取其二，漢民悉入官，敢匿與互市者罪之。二十四年六月，括平灤路馬。二十六年十二月，括馬，一品、二品許乘五匹，三品三匹，四品以下二匹，六品以下一匹，餘皆括入官。三十年三月，括馬，凡得十萬匹。成宗元貞元年二月，括馬，除官吏所乘悉括之。大德二年冬十二月，括馬，除牝孕者，三歲以上盡拘之。文宗天歷元年，詔括大名諸路馬。致和元年八月，遣使分行畿內、河南等路拘括民間馬匹。

順帝至元六年正月，察罕腦兒等處馬災。至正十一年十二月，括馬。十六年三月，和買馬，凡六萬匹。

清　孫承澤《元朝典故編年考》卷五《馬政》　大德二年，御史鄭介夫疏言狀曰：『古今立國未嘗怠於馬政，蓋以邊庭守戰之備馬不可缺，而車輦出入、百官擁從及檄書交馳、郵傳迭發，尤不可一日無也。國朝開基以來，牧放為俗，羊馬之羣遍滿谷野水草至便，不假喂飼之勞，隨意所用，如取廄中。是以出兵行師所向無前，皆資馬之力也。近年偃武之餘，用馬日少，故於馬政不復介心。古者給價換馬已非長策，今乃刷馬民間，尤為弊政。且南北之風土不同，生長於南者則不禁其冷，生長於北者則不禁其熱，隨其土產之宜而用之可也。若刷東南之馬以供西北之用，則立見其死亡耳。又兼牧於野者安於水草，習於馳驟，以之臨敵，易於鞭策；畜於私家者飽以芻豆，勤於剪拂，一旦置之荒郊，便已瘦弱無力，況當矢石之衝，何濟於用？朝廷失於計畫，苟且目前，不循廣馬之成規，而行刷馬之下策，雖曰和買，何異白奪？且刷馬之政出於亡金，其時隣敵交攻，疆土滋削，未免刷之民間，以應一時之急耳。堂堂天朝，不宜蹈襲亡國之遺轍也。兼刷至之馬實無所用，而民間之怨皆歸於國，甚非經久之計。今民間皆畏憚不敢養馬，延以歲月，民馬已稀，萬一國家急欲用馬，何從而得？宜及閒暇，早為之謀可也。唐初得牝馬三千匹徙之隴右，命張萬歲掌之，蕃息至七十萬匹，分為八坊四十八監，各置使以領之，是時天下以一縑易一馬。及玄宗以王毛仲為內外閑廄使，東封之日有馬四十三萬匹，牛羊稱是，此已然之明效也。今國家之地數倍於唐，水草美處盡在版圖之中，擇宜牧之地，各設牧馬監，官給牝馬，選用能吏，使專牧馬之權，重之以職任，優之以俸祿，責之以成效，不十數年馬不可勝用矣。向來家自為牧，衣食之資皆仰於此，取其餘而用之，猶且不竭，況今以全盛之國，又助之以官府之力，因其舊俗而行之，亦甚易事。何必以刷馬為政，徒結怨於民間也？』

《續文獻通考》卷一三三《兵考・馬政》　遼太宗天顯二年十二月，閱羣牧於近郊。會同八年八月，詔侍衛蕭蘇色閱羣牧於北陘。大同元年，收晉降卒，獲其馬數萬。景宗保寧九年七月，遣使助漢戰馬。聖宗統和四年三月，遣飛龍使雅嚕文、班吏雅圖噶閱馬，以給伐宋，先發諸軍。十三年五月，北南伊實三府請括富民馬，以備軍需，不許，給以官馬。十五年七月，禁吐谷渾別部鬻馬於宋。時豪州刺史耶律唐古嚴立科條，禁奸民鬻馬於宋夏界，因陳弭私販、安邊境之策，太后嘉之。開泰二年七月，以伐黨項，命諸軍各市肥馬。二年，命北院樞密使耶律世良選馬駝於烏爾古部。七年九月，括馬，給東征軍。八年三月，閱飛龍院馬。九年九月，括諸道漢民馬，賜東征軍。太平六年六月，詔凡官畜並印其左以識之。興宗重熙十一年七月，詔盜易官馬者減死論。十二月，以吐渾、党項多鬻馬夏國，詔謹邊防。十五年十一月，渤海部以契丹户例通括軍馬。道宗大安二年五月，以牧馬蕃息多五百萬，賞羣牧官，以次進階。時馬羣太保蕭托輝素知羣牧名存實亡，悉閱舊籍，除其羸病，錄其實數。九年十月，詔以馬三千給烏爾古部。天祚帝天慶七年正月，減廄馬粟分給諸局。九年，令諸番部富人進軍獻馬納官各有差。十年三月，民有羣馬者十取其一，給東路軍。《食貨志》曰：初，太祖為德呼勒府額爾奇木黴約尼氏單弱，於是撫諸部，明賞罰，不忘征討，因民之利而利之，羣牧蕃息，上下給足。及即位，代河東，下伐北郡縣，獲牛羊駝馬十餘萬，樞密使耶律色哷默討女直，復獲馬二十餘萬，分牧水草便地，數歲所增，不可勝算。當時括富人馬不加多，賜大小鶻軍馬萬餘匹不加少，蓋畜牧有法然也。厥後東丹國歲貢千匹，女直萬匹，珠巴克等國萬匹，準布及武都温特哩袞各二萬匹，西夏、室韋各三百匹，伊呼圖博和哩敖拉摩多哈喇鐵驪等部三百匹，仍禁朔州路羊馬入宋，吐渾、黨項馬鬻於夏，以故羣牧滋繁，數至百有餘萬。諸司牧官以次進階。自太祖及興宗，垂二百年，羣牧之盛如一日。天祚初年，馬猶有數萬羣，每羣不下千匹。祖宗舊制，常選南征馬數萬匹，牧於雄、霸、清、滄間，以備燕雲緩急。復選數萬，給四時游畋，餘則分地以牧，法至善也。至末年，累與金戰，蕃漢戰馬十損六七，雖增價數倍，竟無所買，乃冒法買官馬從軍，諸羣牧私賣實多，田獵亦不足用。此遼馬政之大畧也。臣等謹按：《百官志》：北面牧廄官有羣牧官名一十六，內惟牛羣司專掌牧牛，渾河北漠南、漠北、滑水三馬羣司專掌馬政，餘羣牧官當是馬駝牛羊皆其所掌，然終以馬為最重也。尚廄、飛龍院及總領內外廄馬司共有五官名，則專主諸廄之事。金太祖時，聞齊達勒部産良馬，使赫哩阿實罕掌其畜牧。時威州軍帥烏楞古軍中往往闕馬，而官馬多匿於私家，遂檢括之。至天輔三年，帝幸阿里罕家問疾，問以國家事，對曰：『馬者，甲兵之用。今四方未平，而國俗多以良馬殉葬，可禁止之。』太宗天會三年七月，詔南京括官豪牧馬，以等第取之，分給諸軍。海陵天德間，置迪河鄂爾多、阿爾本、富僧額、永安、沃濟五羣牧所。金初，因遼諸茂而置羣牧。茂之為言，無蚊蚋美水草之地也。至是，設五羣牧所，皆仍遼舊名，各設官以治之。又於諸色人內選家富丁多，及品官家子，明安穆昆佛寧軍與司吏家餘丁及奴，使之司牧，謂之羣子，分牧馬駝牛羊，為之立蕃息衰耗之刑賞，後稍增其數為九。契丹之亂，遂亡其五。四所之所存者，馬千餘，牛二百八十餘，羊八百六十，駝九十而已。正隆四年八月，詔諸路調馬，以戶口為差，計五十六萬餘匹，富室有至六十匹者，仍令戶自養飼以俟。六年三月，詔內地諸明安赴山後牧馬，俟秋並發。七月，大括天下贏馬。世宗大定元年十一月，詔調民間馬充軍用，事畢還主，死者給價。時契丹餘黨未附者衆，北京、臨潢、泰州民不安，詔參知政事完顏守道佩金符往安撫之，給羣牧馬千匹，以備軍用。二年六月，命御史大夫白彥敬西北路市馬。至六年，右丞相赫舍哩良弼請於榷場市馬，毋拘牝牡。今官馬甚少，一旦邊境有警，乃調於民，不亦晚乎？帝從之。三年八月，命諸官員年老者許存馬一二匹，餘並括買入官。八年四月，詔行殺馬之禁。詔曰：『馬者，軍旅所用；牛者，農畊之資。殺牛有禁，馬亦何殊？其令禁之。』七月，制盜羣牧馬者死，告者給錢三百貫。十六年四月，制商賈舟車不得用馬。二十年三月，更定羣牧官，詳衮托迪知押羣牧人滋息損耗賞罰格。時置牧所七，曰特們、圖們，在撫州。阿都齊布沙堪、布沙堪，本阿都齊之地，大定七年分置，承安三年改為班第音烏呼濟庫。額勒本，承安三年改為烏遜烏呼濟庫。烏呼濟庫者，言滋息也。和囉噶、伊囉幹。在武平縣，臨潢泰州之境。至二十八年，羣牧所蕃息之久，馬至四十七萬，牛十三萬，羊八十七萬，駝四千。時陝西軍人以春牧馬，經夏不收飼，瘠弱多死。統軍使富珠哩阿嘍罕以時牧秣之，故死損者少。臣等謹按：《金史・地里志》羣牧十二處，曰烏都温，曰布沙湛，曰伊囉幹，曰鄂爾多，曰嘉勒幹，曰額勒本，曰烏展，曰特們，曰托克托圓，曰烏拉圖，曰騰，曰布希，蓋承安以後，創置者多不止於七所也。《選舉志》曰：金制，羣牧官三週歲為滿，所牧之畜以十為率，駝增二頭，馬增二匹，牛亦如之，羊增四口，而大馬百死十五匹者，及能徵前官所虧三分為率，能盡徵及徵二分半以上為上等，陞一品級；駝增一、馬牛增二半、增三，大馬百死二十五，徵前官所虧二分以上為中等，約量陞除；駝不增，馬牛增一，羊增二，大馬百死三十徵虧一分以上為下等，依本等除餘畜皆依原數，而大馬百死四十，徵虧不及一分者，降一等，此明昌四年制也。五年制，馬牛羊虧原數十之一，驟馬百死四十徵虧不及一分者，降一等，決四十；若駝馬牛羊虧原數一分，馬百死四十徵虧不得者，杖八十，降同前。二十一年，敕諸所馬三歲者付女直人收之，牛或以借民耕，或又令民畜羊，或以賑貧戶。時遣使閱實其數，缺則杖其官而令牧人償之，匿其實者監察舉覺之。二十四年六月，閱馬於綠波淀。章宗明昌五年，散騍馬，令中都西京河北東西路驗民物力分畜之。又令他路民養馬者，死則於前四路所養者給換。若欲用，則悉以送官。六年三月，以北邊糧運，括羣牧所三招討司明安穆昆隨乣及德呼德唐古部諸茂、西京太原官民駝五千充之，唯民以駝載為業者勿括。承安五年七月初，置富森羣牧。泰和四年六月，罷諸羣牧提舉。五年，詔河南宣撫使布薩揆括戰馬。時詔括馬，利涉軍節度使富察哲魯使百姓飼養以須，御史劾之，既而伐宋，諸路括馬皆瘦，唯隆州馬肥，乃釋哲魯。六年四月，詔內外職官納馬各有數。七月，詔禁賣馬入外境，但至界欲賣而為所捕，即論死。衛紹王大安三年三月，括民間馬，令職官出馬有差。崇慶元年五月，括陝西馬。宣宗貞祐二年十月，詔遣官市木波西羌馬。是年二月，彰化軍節度使張行信上書曰：『馬者，甲兵之本。方軍旅未息，馬政不可緩也。臣自到涇，聞陝右豪民多市於河州，轉入內地，利蓋百倍。及見省差官平凉府判官烏庫哩和勒端市於洮州，以銀百錠，幾得馬千匹云。生羌、木波諸部蕃族人戶畜牧甚廣，蓋前所遣官或抑其值，或以勢凌奪，遂失其利，且常患銀少，所以不能多得也。又聞番地今秋薄收，鬻馬得銀，輒以易粟。冬春之交必艱食，馬價甚低，乞令所司輦銀粟於河洮等州，選委知番情、達時變如和勒端者貿易之。若捐銀萬兩，可得良馬千匹，此會不可失，唯朝廷亟圖之。』時採納焉。後，帝論馬政，顧平章政事珠格高琪曰：『往歲市馬西夏，今肯市否？』對曰：『木波畜馬甚多，市之可得。括緣邊部落馬亦不少矣。』宣宗曰：『盡括邊馬，緩急如之何？』閱三日，復奏曰：『河南鎮防二十餘軍，計可得精騎二萬，緩急亦足用。』宣宗曰：『馬雖多，必養之有法，習之有時。』詳諭所司，令加意焉。三年七月，括民間贏給諸軍與馬糸用。十一月，詔市民間挽車羸疾牝馬置羣牧中，以圖孳息。興定元年三月，定民間收潰軍亡馬之法，及以馬送官酬直之格。上等馬一匹銀五十兩，中下遞減十兩，不願酬直者，上等二匹補一官雜班任使；中等三匹、下等四匹亦如之。令下十日，陳首限外，匿及殺並絞。十月，遣官括市民馬，立賞格以示勸。五百匹以上鈔千貫，千匹以上一官，二千匹以上兩官。哀宗天興二年七月，定進馬遷賞格，每甲馬一匹或二匹以上遷賞有差。又定括馬隱罪格。時帥臣范真姬、汝作等各以馬進，凡得千餘匹，以穆延阿克占領之。元太宗六年五月，大會諸王百僚，凡來會，用善馬五十匹為一羈。守者五人，飼羸馬三人，但盜馬一二者即論死。世祖中統元年五月，命諸路市馬萬匹，送開平府。二年五月，禁私殺馬牛，申嚴越境私商，販馬匹者罪死。至至元二年正月，詔申嚴越界販馬之禁，違者處死。十一月，省院官議收到私走間道盜販馬匹曾過南界人三千八百四戶，悉令充軍。三年十一月，申嚴殺馬牛之禁。十二年五月，又申其禁。六月，詔定中外官所乘馬數各有差。十月，括西京兩路官民有壯馬皆從軍，令宣德軍楊廷訓統之，有力者自備甲仗，無力者官與供給。兩路鄂囉官并在家軍人，凡有馬者並付新軍，劉總管統領昂吉所管西夏軍，并豐州蕁麻林夏水阿嘍罕皆備鞍馬甲仗，及博囉罕所管兵，凡徒行者，市馬給之，並令從軍。十一月，命諸路市馬二萬五千餘匹，授蒙古軍之無馬者。三年二月，詔諸道以今歲民賦市馬。四年二月，命河東宣慰司市馬百二十九匹，賜諸王八剌軍士之無馬者。至七月，又詔東平、大名、河南宣慰司市馬千五百五十匹，給阿珠等軍。又冀州蒙古百户愛實等犯鹽禁，命沒入馬百二十餘匹，給軍士之無馬者。是年，立羣牧所。至至元十六年，改尚牧監，掌阿哈斯馬匹受給、造作鞍轡之事。十九年，改太僕院。二十年，改衛尉院。二十四年，罷院，立太僕寺。又別置尚乘寺以管鞍轡，而本寺止管阿迪斯馬匹。《兵志》曰：中統四年，立羣牧所。其牧地東越耽羅，北踰和林，圖們，西至甘肅，南暨雲南等地，凡一十四處，自上都、大都以至謌尼巴雅爾濟蘭格爾，無非牧地，馬之羣或千百，或三五十，左股烙以官印，號大印子馬，其印有必實古必達古庫卜沁謌斯庫鄂蘭等名，牧人曰哈噶齊。哈喇齊有千戶、百戶，父子相承任事，自夏及冬，隨地之宜，行逐水草。十月，各至本地，朝廷歲以九月、十月遣寺官馳驛閱視，較其多寡，有所産駒即烙印取勘，收除見在數目，造蒙古、回回、漢字文冊以聞，其總數蓋不可知也。凡病死者三，則令牧人償大牝馬二，二則償二歲馬一，一則賞牝羊一。其無馬者，以羊駝牛折納。太廟祀事暨諸寺影堂用乳酪則供牝馬，駕仗及宮人出入則供尚乘馬。車駕行幸，上都太僕卿以下皆從，先驅馬出建德門外，取其肥可取乳者以行，汰其羸瘦不堪者還於羣。自天子以及諸王、諸官各以脱羅氊置撒帳為取乳室。車駕還京師，太僕卿先期遣使徵馬五十鄂瑪堆來京師。鄂瑪堆者，承乳車之名也。既至，俾哈噶齊哈喇齊之在朝為卿大夫者親秣飼之，日釀黑馬乳以奉玉食，謂之細乳。每鄂瑪堆牝馬四十，每牝馬一官，給芻一束，菽八升，駒一給芻一束，菽五升，菽貴則半以小稻充。自諸王、百官而下亦有馬乳之供，鄂瑪堆如前之數，而馬減四之一，謂之麤乳。芻粟要旬取給於度支，寺官亦以旬詣閑廄閱肥瘠。又自世祖而下，山陵各有鄂瑪堆取馬乳以供祀事，號金陵擠馬。越五年，盡以與守山陵使者。凡御位下、正宮位下、隨朝諸色目人員，甘肅、土番、耽羅、雲南、占城、蘆州、河西、亦溪卜薛、和林、鄂諾吉魯爾、阿勒呼、木瑪古、哈喇木連、伊奇喇斯、伊蘇呼察、青海、阿齊托卜輝、罕哲哩、木齊達勒等處草地，內及江南腹裏諸處，應有係官孳生馬牛駝騾羊點數之處一十四道牧地，各置千户、百户等。謹按：《志》云：中統四年即立羣牧所，考是年紀文並不書此制。直至至元九年八月，紀文始書立羣牧所，掌牧馬及尚方鞍勒，年分相去甚遠，不知孰是。衆之《百官志》，亦書中統四年，故從志而不從紀。至二十一年二月，紀又書罷羣牧所。夫自十六年以後屢易其名，何至二十一年尚稱羣牧，豈專指千户、百戶等牧養之事而言耶？衆之《百官志》《兵志》皆無可徵，紀載之疎甚矣。七年六月，敕西夏中興市馬五百匹。十一年四月，括諸路馬五萬匹。十二年六月，定烏嚕衛士人各馬二匹，從者一匹。十四年三月，括馬三萬二千二百六匹，孕駒者還其主。十七年二月，詔王相府於諸鄂囉市馬二萬六千三百匹。二十一年六月，以馬一萬一百九十五賜托多爾朶海扎拉伊爾所部貧軍。二十三年六月，括諸路馬，凡色目人有馬者三取其二，漢民悉入官，敢匿與互市者罪之。二十四年五月，括江南僧道馬匹。六月，括平灤路馬。二十五年，命南京宣慰司百家奴括五路民馬。五月，敕武平路括馬千匹。二十六年七月，命百官市馬助邊。先是，二十四年六月，百官以職守不得從征，納顏願獻馬以給衛士，至是有此命。時詔括馬毋及勳臣之家，平章政事博爾歡曰：『吾馬成羣，所治地方三千里，不先出馬，何以為吏民之倡？』乃先入善馬十有八。又發至元鈔萬錠，市馬於燕南、山東、河南、太原、平陽、保定、河間、平灤。十二月，括天下馬。一品、二品官許乘五匹，三品三匹，四、五品二匹，六品以下一匹，餘皆括入官。二十七年十一月，括遼陽馬萬六千匹，擇肥者給都哩特穆爾所部軍。三十年三月，括天下馬十萬匹。時宗王海都將犯邊，巴延以聞，帝命月額魯與尚書左丞李庭議所以為備，庭請下括馬之令，凡得馬十一萬匹，軍中賴其用。成宗元貞元年二月，以特默齊軍出征，馬不足，詔除軍民官吏所乘，凡有馬者盡括之。三月，遣密拉章以鈔五萬錠授征西元帥，令市馬萬匹，分賜二十四城貧乏軍校。二年十月，以宣德、奉聖、懷來、縉山等處牧宿衛馬。大德二年十二月，括諸路馬，除牝朶攜駒者，齒三歲以上並拘之。三年正月，括諸路馬，隸蒙古軍籍者免之。武宗至大元年九月，中書省臣言，連歲不登，大都去歲飼馬九萬四千匹，請減為五萬匹，外路飼馬十一萬九千餘匹，請減為六萬匹。從之。四年十月，置羣牧監，掌興聖宮位下畜牧。仁宗延祐七年四月，括馬三萬匹，給蒙古流民，遣還其部。七月，括馬於大同、興和、冀寧三路，以頒衛士。英宗至治二年二月，括馬賜宗仁衛。泰定帝泰定元年六月，中書省臣張珪等請復團槽牧馬之制。珪等奏曰：『庫特齊牧養馬駝歲有常法，分布郡縣，各有常數，而宿衛近侍，委之僕御，役民牧放，始至即奪其居，俾飲食之殘傷桑果，百害蜂起，其僕御四出，無所拘鈐，私鬻芻豆，瘠損馬駝。大德中始責州縣正官監視，蓋暖棚團槽以牧之。至治初復散之民間，其害如故。監察御史及河間路守臣屢言之，臣等議宜如大德團槽之制，正官監臨閱視肥瘠，拘鈐宿衛僕御，著為令。』帝不從。至二年四月，和市牝馬有駒者萬匹，始敕宿衛駝馬散牧民間者歸官廄飼之。八月，命支度監汰阿都齊所掌駝馬於外郡飼之。文宗天歷元年九月，命有司括馬，又遣使分行河間、保定、真定及河南等路括民馬，又括河東、山東馬，十月以所括河北諸路馬，四百匹給四宿衛阿都齊，二百匹給中宮阿都齊，餘二千匹分牧於內郡。令廣平、大名兩路括馬，至順元年九月，出馬八萬匹，令於河間、保定等路分牧之。二年九月，監察御史陳思謙請置羣牧司，從之。思謙言：『軍站消乏，僉補則無殷實之戶，接濟則無羨餘之財，倘有征行，必括民間之馬。苟能修馬政，亦其一助也。方今西越流沙，北際沙漠，東及遼海，地氣高寒，水甘草美，無非牧養之地，宜設置羣牧使司，統領十監，專治馬政，并畜牛羊。數年之後，馬實蕃盛，或給軍以收兵威，或給站以優民力，牛羊之富又足以給國用，非小補也。』帝可其奏，命中書議行之。十一月，詔以四川鹽給雲南所牧馬，雲南行省言：『亦乞不薛之地所牧國馬，歲給鹽，以每月上寅日啖之，則馬健無病。比因伯忽叛亂，雲南鹽不可到，馬多病死。』詔令四川行省以鹽給之。順帝至元三年四月，漢人、南人、高麗人凡有馬者，拘入官。六年正月，察罕諾爾等處馬災，賑鈔六千八百五十八錠。至正十一年，括馬。十二年正月，拘刷河南、陝西、遼陽三省及上都、大都腹裏等處漢人馬。二月，以出征馬少，出幣帛各一十萬匹，於迤北萬戶、千戶所易馬。十四年三月，詔和買馬於北邊，以供軍用。凡有馬之家，十匹內和買二匹，每匹給鈔一十錠。十六年三月，詔和買馬六萬匹展齊。臣等謹按：《元史・兵志》附載非兵而兵者數事，如展齊、弓手、急遞鋪、兵鷹房，捕獵是也。置郵傳命，雖平居亦用之，而其要以軍務為最重，特節錄之，以附馬政之末。《志》云：元制，展齊者，驛傳之譯名也，蓋以通達邊情，布宣號令，凡站陸則以馬、以牛、以驢、以車，水則以舟。其給驛傳璽書謂之鋪馬聖旨，遇軍務之急則又以金字圓符為信，銀字者次之。內則掌之天府，外則國人之為長官者主之。其官有驛令，有提領，又置托克托和斯，以司辨詰，皆總之於通政院及中書兵部。太宗元年，敕諸牛舖馬站每百戶置漢車一十具。按：車展，齊中亦用之，然車豈有漢車、他樣車之名耶？疑或是漢軍一十員之誤。無可詳考，不敢臆斷。且以後十三户供車一輛之語証之，或竟是車，未可知也。四年五月，諭隨路官員及展齊人等，使臣無牌面文字而給馬者，與有牌面而不給者，皆有罪。若軍情急速，雖無亦給。世祖至元七年十一月，立諸站都統領，使司往來，使臣令托克托和斯盤問。十三年，改諸站都統領使司為通政院。十九年四月，詔南方驗田糧及七十石者，准當站馬一匹。九月，通政院言，每展齊三、五戶共當正馬一匹，十三戶供車一輛。近年多為諸王、公主招收，致站戶損弊，乞換補站戶。從之。二十五年，又命南方站戶以糧七十石出馬一匹，或十石之下八、九戶共之，或三、二十石之上兩、三戶共之。若七十石之上，自請獨當者，聽之。二十九年三月，命通政院分官四員於江南四省，整理展齊。凡腹裏及各行中書省所設展齊之處，《志》中皆羅列之。其馬牛驢與車為數甚多，今不備采，所給各衙門舖馬聖旨幾道，逐時多有，志亦詳列其使臣往來之分例，支給亦有定制，因與馬政無關，故不載也。水站用舟，不比陸站之多，故亦畧而不錄。

又卷一三三《馬政》 遼太宗天顯二年十二月，閱羣牧於近郊。會同八年八月，詔侍衛蕭蘇色閱羣牧於北陘。大同元年，收晉降卒，獲其馬數萬。景宗保寧九年七月，遣使助漢戰馬。聖宗統和四年三月，遣飛龍使雅嚕、文班吏雅圖噶閱馬，以給伐宋先發諸軍。十三年五月，北、南、伊實三府請括富民馬以備軍需，不許，給以官馬。十五年七月，禁吐谷渾別部鬻馬於宋。時豪州刺史耶律唐古嚴立科條，禁奸民鬻馬於宋夏界，因陳弭私販安邊境之策。太后嘉之。開泰二年七月，以伐黨項，命諸軍各市肥馬。二年，命北院樞密使耶律世良選馬駝於烏爾古部。七年九月，括馬給東征軍。八年三月，閱飛龍院馬。九年九月，括諸道漢民馬，賜東征軍。太平六年六月，詔凡官畜並印其左以識之。興宗重熙十一年七月，詔盜易官馬者減死論。十二月，以吐渾党項多鬻馬夏國，詔謹邊防。十五年十一月，渤海部以契丹户例，通括軍馬。道宗大安二年五月，以牧馬蕃息，多五百萬賞，羣牧官以次進階。時馬羣太保蕭托輝素知羣牧名存實亡，悉閱舊籍，除其羸病，錄其實數。九年十月，詔以馬三千給烏爾古部。天祚帝天慶七年正月，減厩馬粟，分給諸局。九年，令諸番部富人進軍獻馬納官各有差。十年三月，民有羣馬者十取其一，給東路軍。《食貨志》曰：『初，太祖為德呼勒府額爾奇木，徽約尼氏單弱，於是撫諸部，明賞罰，不忘征討，因民之利而利之，羣牧蕃息，上下給足。及即位，代河東下伐北郡縣伐河東，下代北郡縣？，獲牛羊駝馬十餘萬。樞密使耶律色呼默討女直，復獲馬二十餘萬，分牧水草便地。數歲所增，不可勝算。當時括富人馬不加多，賜大小鶻軍馬萬餘匹不加少，蓋畜牧有法然也。厥後東丹國歲貢千匹，女直萬匹，珠巴克等國萬匹，準布及武都温特哩袞各二萬匹，西夏、室韋各三百匹，伊呼圖、博和哩、敖拉摩多、哈喇鐵驪等部三百匹，仍禁朔州路羊馬入宋，吐渾、黨項馬鬻於夏，以故羣牧滋繁，數至百有餘萬。諸司牧官以次進階，自太祖及興宗垂二百年，羣牧之盛如一日。天祚初年，馬猶有數萬羣，每羣不下千匹。祖宗舊制，常選南征馬數萬匹牧於雄、霸、清、滄間，以備燕雲緩急；復選數萬給四時遊畋，餘則分地以牧，法至善也。至末年累與金戰，蕃、漢戰馬十損六七，雖增價數倍，竟無所買，乃冒法買官馬從軍，諸羣牧私賣實多，田獵亦不足用，此遼馬政之大畧也。』臣等謹按：《百官志》，北面牧廄官有羣牧官名一十六，內惟牛羣司專掌牧牛，渾河北、漠南、漠北滑水三馬羣司專掌馬政，餘羣牧官當是馬駝牛羊皆其所掌。然終以馬為最重也。尚廄、飛龍院及總領內外廄馬司共有五官名，則專主諸廄之事。金太祖時，聞齊達勒部産良馬，使赫舍哩阿實罕掌其畜牧。時威州軍帥烏楞古軍中往往闕馬，而官馬多匿於私家，遂檢括之。至天輔三年，帝幸阿里罕家問疾，問以國家事，對曰：『馬者甲兵之用，今四方未平，而國俗多以良馬殉葬，可禁止之。』太宗天會三年七月，詔南京括官豪牧馬，以等第取之，分給諸軍。海陵天德間，置迪河鄂爾多阿爾，本富僧額永安沃濟五羣牧所。金初因遼諸茂而置羣牧，茂之為言無蚊蚋、美水草之地也。至是設五羣牧所，皆仍遼舊名，各設官以治之。又於諸色人內選家富丁多及品官家子明安穆昆佛寧軍與司吏家餘丁及奴，使之司牧，謂之羣子，分牧馬駝牛羊，為之立蕃息衰耗之刑賞，後稍增其數為九。契丹之亂，遂亡其五，四所之所存者，馬千餘，牛二百八十餘，羊八百六十，駝九十而已。正隆四年八月，詔諸路調馬以戶口為差，計五十六萬餘匹，富室有至六十匹者，仍令戶自養飼以俟。六年三月，詔內地諸明安赴山後牧馬，俟秋並發。七月，大括天下羸馬。世宗大定元年十一月，詔調民間馬充軍用，事畢還主，死者給價。時契丹餘黨未附者衆，北京、臨潢、泰州民不安，詔參知政事完顏守道佩金符往安撫之，給羣牧馬千匹，以備軍用。二年六月，命御史大夫白彥敬西北路市馬。至六年，右丞相赫舍哩良弼請於榷場市馬，毋拘牝牡，今官馬甚少，一旦邊境有警，乃調於民，不亦晚乎？帝從之。三年八月，命諸官員年老者許存馬一二匹，餘並括買入官。八年四月，詔行殺馬之禁。詔曰：『馬者軍旅所用，牛者農畊之資。殺牛有禁，馬亦何殊？其令禁之。』七月，制：盜羣牧馬者死，告者給錢三百貫。十六年四月，制：商賈舟車不得用馬。二十年三月，更定羣牧官詳袞托迪知押羣牧人滋息損耗賞罰格。時置牧所七，曰特們、圖們，在撫州；阿都齊、布沙堪，布沙堪本阿都齊之地，大定七年分置，承安三年改為班第音；烏呼濟庫額勒本，承安三年改為烏遜烏呼濟庫，烏呼濟庫者，言滋息也；和囉噶、伊囉幹，在武平縣，臨潢、泰州之境。至二十八年，羣牧所蕃息之久，馬至四十七萬，牛十三萬，羊八十七萬，駝四千。時陝西軍人以春牧馬，經夏不收飼，瘠弱多死，統軍使富珠哩阿嘍罕以時牧秣之，故死損者少。臣等謹按《金史·地理志》，羣牧十二處，曰烏都温、曰布沙湛、曰伊囉幹、曰鄂爾多、曰嘉勒幹、曰額勒本、曰烏展、曰特們、曰托克托圓、曰烏拉圖、曰騰、曰布希。蓋承安以後創置者多不止於七所也。《選舉志》曰：金制，羣牧官三週歲為滿，所牧之畜以十為率，駝增二頭、馬增二匹，牛亦如之，羊增四口而大馬百死十五匹者，及能徵前官所虧，三分為率，能盡徵及徵二分半以上，為上等，陞一品級；駝增一、馬牛增二、羊增三、大馬百死二十五，徵前官所虧二分以上，為中等，約量陞除；駝不增、馬牛增一、羊增二、大馬百死三十、徵虧一分以上，為下等，依本等除。餘畜皆依原數，而大馬百死四十，徵虧不及一分者，降一等。此明昌四年制也。五年，制：馬牛羊虧原數十之一，騸馬百死四十，徵虧不及一分者，降一等，決四十；若駝馬牛羊虧原數一分，馬百死四十，徵虧不得者，杖八十，降同前。二十一年，敕諸所馬三歲者付女直人收之，牛或以借民耕，或又令民畜羊，或以賑貧戶。時遣使閱實其數，缺則杖其官，而令牧人償之，匿其實者，監察舉覺之。二十四年六月，閱馬於綠波淀。章宗明昌五年，散騸馬，令中都、西京、河北東西路驗民物力分畜之，又令他路民養馬者死，則於前四路所養者給換，若欲用，則悉以送官。六年三月，以北邊糧運，括羣牧所、三招討司、明安穆昆隨乣及德呼德唐古部諸茂、西京太原官民駝五千充之，唯民以駝載為業者勿括。承安五年七月，初置富森羣牧。泰和四年六月，罷諸羣牧提舉。五年，詔河南宣撫使布薩揆括戰馬。時詔括馬，利涉軍節度使富察哲魯使百姓飼養以須，御史劾之。既而伐宋，諸路括馬皆瘦，唯隆州馬肥，乃釋哲魯。六年四月，詔內外職官納馬各有數。七月，詔禁賣馬入外境，但至界欲賣而為所捕，即論死。衛紹王大安三年三月，括民間馬，令職官出馬有差。崇慶元年五月，括陝西馬。宣宗貞祐二年十月，詔遣官市木波西羌馬。是年二月，彰化軍節度使張行信上書，曰：『馬者甲兵之本，方軍旅未息，馬政不可緩也。臣自到涇，聞陝右豪民多市於河州，轉入內地，利蓋百倍。及見省差官平涼府判官烏庫哩和勒端市於洮州，以銀百錠，幾得馬千匹，云生羌木波諸部蕃族人戶畜牧甚廣，蓋前所遣官或抑其值，或以勢凌奪，遂失其利；且常患銀少，所以不能多得也。又聞番地今秋薄收，鬻馬得銀，輒以易粟，冬春之交必艱食，馬價甚低，乞令所司輦銀粟於河洮等州，選委知番情達時變如和勒端者貿易之。若捐銀萬兩，可得良馬千匹，此會不可失，唯朝廷亟圖之。』時採納焉。後帝論馬政，顧平章政事珠格高琪曰：『往歲市馬西夏，今肯市否？』對曰：『木波畜馬甚多，市之可得，括緣邊部落馬亦不少矣。』宣宗曰：『盡括邊馬，緩急如之何？』閱三日，復奏曰：『河南鎮防二十餘軍，計可得精騎二萬，緩急亦足用。』宣宗曰：『馬雖多，必養之有法，習之有時，詳諭所司，令加意焉。』三年七月，括民間羸給諸軍，與馬參用。十一月，詔市民間挽車羸疾牝馬，置羣牧中，以圖孳息。興定元年三月，定民間收潰軍亡馬之法及以馬送官酬直之格，上等馬一匹銀五十兩，中、下遞減十兩，不願酬直者，上等二匹補一官雜班任使，中等三匹、下等四匹亦如之。令下十日陳首，限外匿及殺，並絞。十月，遣官括市民馬，立賞格以示勸。五百匹以上鈔千貫，千匹以上一官，二千匹以上兩官。哀宗天興二年七月，定進馬遷賞格。每甲馬一匹或二匹以上，遷賞有差。又定括馬隱罪格。時帥臣范真、姬汝作等各以馬進，凡得十餘匹，以穆延阿克占領之。元太宗六年五月，大會諸王百僚，凡來會，用善馬五十匹為一羈，守者五人，飼羸馬三人，但盜馬一二者，即論死。世祖中統元年五月，命諸路市馬萬匹，送開平府。二年五月，禁私殺馬牛，申嚴越境私商販馬匹者罪死。至元二年正月，詔申嚴越界販馬之禁，違者處死。十一月，省院官議收到私走間道盜販馬匹曾過南界人三千八百四戶，悉令充軍。三年十一月，申嚴殺馬牛之禁。十二年五月，又申其禁。六月，詔定中外官所乘馬數各有差。十月，括西京兩路官民有壯馬皆從軍，令宣德軍楊廷訓統之，有力者自備甲仗，無力者官與供給，兩路鄂囉官幷在家軍人凡有馬者，並付新軍劉總管統領，昂吉所管西夏軍，幷豐州、蕁麻林、夏水、阿嘍罕皆備鞍馬甲仗，及博囉罕所管兵，凡徒行者市馬給之，並令從軍。十一月命諸路市馬二萬五千餘匹，授蒙古軍之無馬者。三年二月，詔諸道以今歲民賦市馬。四年二月，命河東宣慰司市馬百二十九匹，賜諸王八剌軍士之無馬者。至七月，又詔東平、大名、河南宣慰司市馬千五百五十匹，給阿珠等軍。又冀州蒙古百户愛實等犯鹽禁，命没入馬百二十餘匹，給軍士之無馬者。是年立羣牧所。至元十六年，改尚牧監，掌阿哈斯馬匹受給、造作鞍轡之事。十九年，改太僕院。二十年，改衛尉院。二十四年，罷院，立太僕寺，又別置尚乘寺以管鞍轡，而本寺止管阿迪斯馬匹。《兵志》曰：中統四年，立羣牧所，其牧地東越耽羅，北踰和林圖們，西至甘肅，南暨雲南等地，凡一十四處，自上都、大都以至謂尼巴雅爾濟蘭格爾，無非牧地。馬之羣，或千百，或三五十，左股烙以官印，號大印子馬，其印有必實古必達古庫卜沁謂斯庫鄂蘭等名。牧人曰哈噶齊、哈喇齊，有千戶、百戶，父子相承任事。自夏及冬隨地之宜行逐水草，十月各至本地。朝廷歲以九月、十月遣寺官馳驛閱視，較其多寡，有所產駒，即烙印取勘，收除見在數目，造蒙古、回回、漢字文冊以聞，其總數蓋不可知也。凡病死者三，則令牧人償大牝馬二，二則償二歲馬一，一則賞牝羊一，其無馬者，以羊駝牛折納。太廟祀事暨諸寺影堂用乳酪，則供牝馬；駕仗及宮人出入，則供尚乘馬。車駕行幸上都，太僕卿以下皆從，先驅馬出建德門外，取其肥可取乳者以行，汰其羸瘦不堪者還於羣。自天子以及諸王諸官，各以脱羅氊置撒帳為取乳室。車駕還京師，太僕卿先期遣使徵馬五十。鄂瑪堆來京師，鄂瑪堆者，承乳車之名也。既至，俾哈噶齊、哈喇齊之在朝為卿大夫者親秣飼之，日釀黑馬乳以奉玉食，謂之細乳。每鄂瑪堆，牝馬四十，每牝馬一，官給芻一束、菽八升，駒一給芻一束、菽五升，菽貴則半以小稻充。自諸王百官而下亦有馬乳之供，鄂瑪堆如前之數，而馬減四之一，謂之麤乳。芻粟要旬取給於度支，寺官亦以旬詣閑廄閲肥瘠。又自世祖而下山陵，各有鄂瑪堆，取馬乳以供祀事，號金陵擠馬。越五年，盡以與守山陵使者。凡御位下正宫位下，隨朝諸色目人員，甘肅、土番、耽羅、雲南、占城、蘆州、河西、亦溪卜薛、和林、鄂諾、吉魯爾、阿勒呼、木瑪、古哈喇、木連、伊奇喇、斯伊蘇、呼察、青海、阿齊托卜輝、罕哲哩木、齊達勒等處草地，内及江南、腹里諸處，應有係官孳生馬牛駝騾羊點數之處一十四道，牧地各置千户、百户。臣等謹按：《志》云，中統四年即立羣牧所，考是年紀文並不書此制，直至至元九年八月，紀文始書立羣牧所，掌牧馬及尚方鞍勒，年分相去甚遠，不知孰是。參之《百官志》，亦書中統四年，故從志而不從紀。至二十一年二月紀，又書罷羣牧所。夫自十六年以後屢易其名，何至二十一年尚稱羣牧？豈專指千户、百户等牧養之事而言耶？參之《百官志》、《兵志》，皆無可徵，紀載之疎甚矣。七年六月，敕西夏中興市馬五百匹。十一年四月，括諸路馬五萬匹。十二年六月，定烏嚕衛士人各馬二匹，從者一匹。十四年三月，括馬三萬二千二百六匹，孕駒者還其主。十七年二月，詔王相府於諸鄂囉市馬二萬六千三百匹。二十一年六月，以馬一萬一百九十五賜托多爾朵海扎拉伊爾所部貧軍。二十三年六月，括諸路馬，凡色目人有馬者三取其二，漢民悉入官，敢匿與互市者罪之。二十四年五月，括江南僧道馬匹。六月，括平灤路馬。二十五年，命南京宣慰司百家奴括五路民馬。五月，敕武平路括馬千匹。二十六年七月，命百官市馬助邊。先是，二十四年六月，百官以職守不得從征，納顔願獻馬以給衛士，至是有此命。時詔括馬毋及勳臣之家，平章政事博爾歡曰：『吾馬成羣，所治地方三千里，不先出馬，何以為吏民之倡？』乃先入善馬十有八。又發至元鈔萬錠，市馬於燕南、山東、河南、太原、平陽、保定、河間、平灤。十二月括天下馬，一品二品官許乘五匹，三品三匹四五品二匹，六品以下一匹，餘皆括入官。二十七年十一月，括遼陽馬萬六千匹，擇肥者給都哩特穆爾所部軍。三十年三月，括天下馬十萬匹。時宗王海都將犯邊，巴延以聞，帝命月額魯與尚書左丞李庭議所以為備，庭請下括馬之令，凡得馬十一萬匹，軍中賴其用。成宗元貞元年二月，以特默齊軍出征馬不足，詔除軍民官吏所乘，凡有馬者盡括之。三月遣密拉章以鈔五萬錠授征西元帥，令市馬萬匹，分賜二十四城貧乏軍校。二年十月以宣德、奉聖、懷來、縉山等處牧宿衛馬。大德二年十二月，括諸路馬，除牝朵攜駒者，齒三歲以上並拘之。三年正月，括諸路馬，隸蒙古軍籍者免之。武宗至大元年九月，中書省臣言連歲不登，大都去歲飼馬九萬四千匹，請減為五萬匹；外路飼馬十一萬九千餘匹，請減為六萬匹。從之。四年十月，時仁宗已即位，置羣牧監，掌興聖宫位下畜牧。仁宗延祐七年四月，時英宗已即位，括馬三萬匹，給蒙古流民，遣還其部。七月，括馬於大同、興和、冀寧三路，以頒衛士。英宗至治二年二月，括馬賜宗仁衛。泰定帝泰定元年六月，中書省臣張珪等請復團槽牧馬之制。珪等奏曰：『庫特齊牧養馬駝，歲有常法，分布郡縣，各有常數，而宿衛近侍委之僕御，役民牧放，始至即奪其居，俾飲食之，殘傷桑果，百害蜂起。其僕御四出無所拘鈐，私鬻芻豆，瘠損馬駝。大德中始責州縣正官監視，蓋暖棚團槽櫪以牧之。至治初，復散之民間，其害如故。監察御史及河間路守臣屢言之，臣等議，宜如大德團槽之制，正官監臨閲視肥瘠，拘鈐宿衛僕御，著為令。』帝不從。至二年四月，和市牝馬有駒者萬匹，始敕宿衛駝馬散牧民間者歸官廄飼之。八月，命支度監汰阿都齊所掌駝馬，於外郡飼之。文宗天曆元年九月，命有司括馬，又遣使分行河間、保定、真定及河南等路括民馬，又括河東、山東馬。十月，以所括河北諸路馬四百匹給四宿衛阿都齊，二百匹給中宫阿都齊，餘二千匹分牧於内郡。令廣平、大名兩路括馬。至順元年九月，出馬八萬匹，令於河間、保定等路分牧之。二年九月，監察御史陳思謙請置羣牧司，從之。思謙言：『軍站消乏，僉補則無殷實之戸，接濟則無羨餘之財。倘有征行，必括民間之馬，苟能修馬政，亦其一助也。方今西越流沙，北際沙漠，東及遼海，地氣高寒，水甘草美，無非牧養之地。宜設置羣牧使司，統領十監，專治馬政，并畜牛羊，數年之後，馬實蕃盛，或給軍以收兵威，或給站以優民力，牛羊之富又足以給國用，非小補也。』帝可其奏，命中書議行之。十一月，詔以四川鹽給雲南所牧馬。雲南行省言，亦乞不薛之地所牧國馬，歲給鹽，以每月上寅日啖之，則馬健無病。比因伯忽叛亂，雲南鹽不可到，馬多病死。詔令四川行省以鹽給之。順帝至元三年四月，漢人、南人、高麗人凡有馬者拘入官。六年正月，察罕諾爾等處馬災，賑鈔六千八百五十八錠。至正十一年，括馬。十二年正月，拘刷河南、陝西、遼陽三省及上都、大都、腹裏等處漢人馬。二月，以出征馬少，出幣、帛各一十萬匹，於迤北萬戶、千戶所易馬。十四年三月，詔和買馬於北邊以供軍用。凡有馬之家，十匹內和買二匹，每匹給鈔一十錠。十六年三月，詔和買馬六萬匹。臣等謹按：《元史・兵志》附載非兵而兵者數事，如展齊弓手、急遞鋪兵、鷹房捕獵是也。置郵傳命，雖平居亦用之，而其要以軍務為最重，特節錄之，以附馬政之末。《志》云：元制，展齊者，驛傳之譯名也，蓋以通達邊情、布宣號令。凡站，陸則以馬以牛以驢以車，水則以舟。其給驛傳璽書，謂之鋪馬聖旨，遇軍務之急，則又以金字圓符為信，銀字者次之。內則掌之天府，外則國人之為長官者主之。其官有驛令，有提領，又置托克托和斯以司辨詰，皆總之於通政院及中書兵部。太宗元年，敕諸牛鋪馬站每百戶置漢車一十具。按車展齊中亦用之，然車豈有漢車、他樣車之名耶？疑或是漢軍一十員之誤，無可詳考，不敢臆斷。且以後十三户供車一輛之語証之，或竟是車，未可知也。四年五月，諭隨路官員及展齊人等，使臣無牌面文字而給馬者，與有牌而不給者，皆有罪。若軍情急速，雖無亦給。世祖至元七年十一月，立諸站都統領使司，往來使臣令托克托和斯盤問。十三年，改諸站都統領使司為通政院。十九年四月，詔南方驗田糧及七十石者，准當站馬一匹。九月，通政院言每展齊三五戶共當正馬一匹，十三戶供車一輛。近年多為諸王、公主招收，致站戶損弊，乞換補站戶。從之。二十五年，又命南方站戶以糧七十石出馬一匹，或十石之下八九戶共之，或三二十石之上兩三戶共之，若七十石之上自請獨當者，聽之。二十九年三月，命通政院分官四員，於江南四省整理展齊。凡腹裏及各行中書省所設展齊之處，《志》中皆羅列之，其馬牛驢與車為數甚多，今不備采；所給各衙門鋪馬聖旨幾道，逐時多有，《志》亦詳列。其使臣往來之分例支給，亦有定制，因與馬政無關，故不載也。水站用舟，不比陸站之多，故亦畧而不錄。

《續通典》卷七三《馬政》 遼太祖懲約尼氏单弱，撫諸部，明賞罰，不妄征討，因民之利而利之，羣牧蕃息，上下給足。及即位，伐河東，下代北郡縣，獲牛羊駝馬十萬餘，樞密使耶律色珍獲馬二十餘萬，分牧水草便地。數歲所增，不可勝算。自太祖及興宗垂二百年，羣牧之盛如一日。世宗天祚四年，馬猶有數萬羣，每羣不下千匹。祖宗舊制，常選南征馬數萬匹，牧於雄、霸隙地間，以備燕雲緩急，復數萬給四時遊畋，餘則分地以牧，法至善也。至末年累與金戰，番漢戰馬十損六七，雖增價數倍，竟無所買，乃冒法買官馬從軍，諸羣牧私買日多，田獵亦不足用，遂為金所敗。後松漠以北善馬，皆為達實林牙所有。其北面官有尚廄使、尚廄副使、飛龍使、飛龍副使，總領內外廄馬等官，南面官亦設太僕寺，皆專掌馬政。

養馬

論説

宋　宋祁《景文集》卷二九《又乞養馬札子》 臣頃年為羣牧使，其時曽擘畫，欲于諸監市母馬，合見馬共成五七萬匹。一歲大約得駒五萬，不出五年，得二十五萬。就中破死損十分之二，得駒二十萬。于二十萬中，選出負馱馬十分之五，得戰馬十萬匹，以為中國有此馬，可與敵人相馳逐，使聞風畏威，不敢有窺邊境意。是時西事已定，朝廷求安，便忽畧此事。有司指摘臣奏，以為迂濶，但言放牧之地侵損民間膏腴田疇，有損無益，于是寖廢。臣且馬者，兵之本，倉卒求之不可得。若無事時歲月孳養，臨事自無闕乏。臣欲乞選左右名臣，議羣牧養馬法，収還牧放舊地，多列廄庌；檢詳新舊條約，擇取便宜，如臣所請，且為新制；及罷河東、陝西馬禁，許民間與番落自相貨買，及許天下民養馬，勑州縣不得計在貲財之限。其牧馬，臣且以十年為期，若歲歲滋養，當得二十萬匹，而天下百姓所養馬亦益多。假令西北二邊敢為風塵，則我兵足馬健，與之角戰，誠不足畏。取進止。帖黄：云今天下馬軍，大率十人無一二人有馬。而所習伎藝，與步兵不同，緩急不堪移充步人使喚。使軍人無馬，是國家虛養此兵，有名無實。又云：臣舊知牧馬數不多，于中選取戰馬，即今數目益少。此事為用兵之切務，伏乞朝廷深以為意。

又《又論配馬札子》 階、文州買到省馬，舊來牽送上京。近因本司擘畫，奉聖旨並，令送陝西轉運司支配諸軍闕馬。伏緣今來孳生諸監闕少上等馬翁馬母蕃息駒騍。本司相度，欲乞今後階、文兩州買到第一第二等馬內，如有迭標格、好結裹、及事藝、別無病名，堪充作馬翁馬母，委自本州長吏躬親揀選十歲以下者，令依舊押送上京，于估馬司交納，從本司填配諸監。其餘揀退不入今來色額者，自依近降條貫施行。取進止。

又《論復河北廣平兩監澶州兩監》　西北二敵所以能抗中國者，惟以多馬而人習騎，此二敵之長也。中國馬少，又人不習騎，此中國之短也。每至敵來作過，則朝廷常以所短禦所長，是以十戰十負，罕有勝理。今議者但欲益兵破敵，不知無馬且不能為兵也。用兵七年，終不聞講牧馬之制，此寧朝議未之思乎？今羣牧司管河北凡十監，其五監畜孳生馬，五監畜大馬，然未嘗有數登十萬匹者，何其弱也！今河北洺、衛、相、北京五監之地，皆水草甘涼，可以蕃息。但官非其人，不能盡法牧養。何者？馬數雖增，未之賞；馬數雖耗，未之罰。急則括買民馬，苟以充數。既不可用，徒有芻秣之費。驅之邊境，未戰而凍死者十八九矣。又聞河北洺州、廣平舊有三監，今惟一監存焉。欲望朝廷差有智識近臣，按求舊地，復為三監。澶州舊有東平監，水草地氣與洛、相一體，亦可興復。此二監合河北五監，通為十監。每監以一萬匹為定額，如國家牧養得人，則五年之間，可以自養及額，餘數則可以分入河南鄭、許、西京三監及在京騏驥院、天駟、天廄諸監坊矣。同州、沙苑一監，地尤宜馬，令郤只畜大馬，不令孳育，殊乖所宜。欲望朝廷許將孳生馬五千就沙苑，分左右兩監，委官益占官地，謹加牧放。五年之間，亦可得數萬。七年之後，可支陝西沿邊諸州戰馬之闕矣。

又《又論京東西淮北州軍民間養馬法》　河北、陝西、河東出馬之地，民間皆宜蓄馬，而近年黔中土兵已多，耕農數少，難行民間養馬之法。伏見京東西緣淮北州軍，地不純熟，馬之種類與北馬小異。若令民間養馬，朝廷緩急，差可濟用。臣今畧為養馬法如下：一、民間能養馬二匹者，免半丁科率；三匹者，免一丁；五匹者，免三丁。仍州縣不得尋常專擅差借。其有第一等、第二等二户全無丁者，勒養馬三匹；一丁者，勒養馬二匹。其力及二丁養馬户，比有丁養馬户免一半科率。一、所養馬，州縣為立籍，許令提點刑獄與知州一歲一閲，以知實數。如有死損，仍委本户置買及數。一、民間如有刀及人户能養馬及十匹以上，其户下科率，十分與免七分。一、所養馬不得夾帶川蜀淮馬至小怯者充數，並須堪任負載者。

又《論養馬札子》　臣等近知河北孳生諸監馬，例各低小，不堪戰陣。蓋自來馬種雜亂，或翁大母小，或翁小母大，配放時不曾揀別，是致無由生得高大好馬，實恐緩急有誤諸軍分配。昨有判官冦平因點印時曾揀好翁母馬七百餘匹，送淇水第一監，別立羣分配放，已準宣命施行。續據都監李知和乞于逐羣内揀出五匹大馬，破草養餵好母馬配放，又蒙宣命許依。臣等參詳，逐官各見用心揀別馬種，然終是未得盡善。今欲乞將孳生監與一例分作二等，其骨格高大，堪充戰陣者，為上等；骨格低小，有諸色病名者，為下等。各別立作羣分配放，仍令草地相遠，不得交相混雜。如此，必生得駒口格式入等，堪任披帶。至于雜馬，亦自無闕用。其自今以後，生得駒子，亦便依此揀別，各歸等第。内上等馬翁，並乞依冦平等奏請，于不配放時破草料上槽養餵。所貴及時遊放，不至羸怯。兼臣等不住將諸州上京馬内揀選迭格好翁母馬，小作番次，逐旋差殿侍押赴諸監。如此分開等第，不出三年，必須大改，收得迭格駒口，以備戰陣。取進止。

又　卷四三《論養牧馬使臣議》　臣伏見提舉監牧使臣，例各愚懦，不任職事，其于牧養之法，全不經心。國家因循太平之政，又無的確賞罰。遂使日朘月削，淩夷至此。臣欲乞河北諸監，每監判官一員，竝兩制以上奉京朝官有材幹者，以三年為一任。每監使臣十人，人主馬千匹，竝一歲中定分數登耗，為賞罰之法。任滿許升降差遣。案此似非全篇，但無別本可校，姑附于此。

宋　余靖《上仁宗論馬政修之由人不在于地》《諸臣奏議》卷一二五《兵門》　臣伏覩國家自來於河東、陝西沿邊等處估買蕃馬，近自西賊不庭已來，買馬數少，不足國用。此蓋中國久隳馬政，不能蕃息，至于專仰戎狄之馬，以成此弊。臣謹按《詩》《書》已來中國養馬蕃息故事，乃知不獨出於戎狄也。秦之先曰非子，居犬丘，好馬及畜，善養息之，周孝王召使主馬於汧渭之間，馬大蕃息。犬丘，今之興平，汧渭，今之秦隴州界也。周官校人之職，春執駒以養血氣，夏攻牧以防蹄齧。衛文公居河之湄，以建其國，而詩人歌之曰『騋牝三千』，不言牡而言牝則牝，為蕃息之本也。衛則今之衛州也。詩人又頌魯僖公能遵伯禽之業，亦云『坰坰牡馬』，魯今屬兗州，左氏云：『冀之北土，馬之所生。』即今鎮、定、并、代，皆其地也。《月令》『季春之月，乃合累牛騰馬遊牝于牧。仲夏之月，遊牝別羣，則縶騰駒。』亦秦人之馬政也。漢之太原，有家馬廄，一廄萬疋。又樓煩胡北，皆出名馬，即今之并、嵐、石、隰界也。武帝出攻匈奴，官私馬十四萬疋，於漢之馬，最為多矣。唐以沙苑監，最為宜馬，即今之同州也。又案唐自貞觀至麟德，中國馬四十萬疋，開元中置七坊四十八監，半在秦隴綏銀。則知古來牧馬之政，修之由人，不在於地。臣切見今之同州及太原已東，相、衛、邢、洺皆有馬監，其餘州軍牧地七百餘所。伏乞特降敕旨，於羣牧使副、都監、判官等内差一員，往監牧舊地，相度水草豐茂去處，揀擇孳生堪牧養馬，專差人員，牧于四遠。牧放一依《周官》《月令》之法，務令蕃息，别立賞罰，以明勸沮，庶幾數年之後，馬畜蕃盛。慶曆四年上時知諫院。

宋 文彦博《潞公文集》卷二一《論監牧事熙寧五年**》** 臣聞國之大事，在祀與戎。戎事之中，馬政為重。河南諸監所入尚少，漸增地利，亦可自充，如此則仰給度支者不多，所收馬課亦不少，大率草馬二萬，歲收六騍，為駒一萬二千，三歲之中若失其半，猶得六千疋。駑良相參，疋直十五千，是歲獲九萬貫，此就小計之，所得不少矣。今若取一時浮淺之議，則廢之甚易，他時却欲復祖宗之制，則興之甚難。坊監廒庫，棚庌井泉，官廨營房，七八十年經營成就，若廢罷之後，蕩然一空，却欲復之，功費愈大。如向時廢罷茶法，自後議欲復故，而園户彫殘，塲屋破壞，言者雖衆，竟不能復。必若采廢置之言，即乞委詳練故典、素知馬政臣僚，博求利害，而審處之利百則變，乃無後悔。臣總領國馬，於今八年，雖未及蕃息，而頗究利害。伏望聖慈裁察，付外施行。伏候勑旨。東平監天僖年曾廢，未幾復置，枉有費勞，蓋東平監地美且廣。大名兩監遇水旱却寄牧東平，棚庌甚寬，冠絶諸監。今聞首議廢東平監，東平既廢，即大名兩監必難以存，乞慎其始。兼近覩蔡天申奏乞減河南牧地，召人租佃，亦乞祇令河南牧使相度寬剩之田召人租佃，牧課自贍，免從度支供給。

又 卷二二《論保馬熙寧六年**》** 諸州郡坊郭、第四户縣郭、第三等鄉村第二等以上户，生計從容，皆須養馬以代徒步之勞。其物力高，則養馬愈多，此皆不待官中勸率召募，固已家有而户畜矣。若先時更使等第畜馬，定以匹數，須壯嫩及格尺者，居常任民乘騎出入，歲時亦不得勾點煩撓。一旦官中須要，給以元契之直，可旦暮而集，人自樂輸。比之急暴而科買，利害不侔矣。以四等以上人户類出役錢，所出役錢之多悉在上等人户。今若蠲減上等租税，則下等户所出不充，顧役之用必見闕事。民既知緩急，必取馬於民，安得不家牧户畜以應一日之督責哉？丁産薄法以三歲一造，今非其時，又頻歲災傷，民流徙者衆。今若非時重造，徒成搔擾，若伺候至豐年，行之未晚。

又 卷二七《論監牧元祐元年**》** 臣竊以修復馬監，指准今東西兩路支配不盡，保馬所差之官，今遍陝西、河東、京東西兩路相度，卒未見了，當乞令速。且取索京東西兩路支配外見存馬數，并沙苑馬約度可置得幾坊監，先次於近便舊有坊監處興置，所貴早見就緒，兼免保馬久在民間，頗有搔擾。取進止。

又 今已新復馬監，切見光禄大夫新差知潞州崔台符熟知馬政，勘會相州有安陽兩馬監，今當興復，須得知州依例總領，欲乞改差台符知相州，所貴馬政，速見就緒。況相州地望在潞州之下，兼是鄰封，又洺州、衛州各有兩馬監，亦合興復，與相州相接，凡事取則相州，易成績效。取進止。

宋 文彦博《上神宗論馬監不可廢》《諸臣奏議》卷一二五 臣聞國之大事，在祀與戎。戎事之中，馬政為重。馬之有牧，其來尚矣。禹貢云：『萊夷作牧。』周官云：『牧田，任遠郊之地。』宣王中興之主，則有『考牧』之詩。僖公遵伯禽之法，則有『在坰』之頌。蓋日中而出，所以遂物性而宜生息也。漢唐之盛，苑監實繁。祖宗以來，修舉甚至，七八十年，蒐補取用，源源不絶。熙寧元年，陛下特降詔旨，刱置南北監牧使，設官振職，其制益嚴。若有未至，自當增修。而近時議者多不深究本末，熟詳利害，乃欲賦牧地與農民，斂其租課；散國馬與編户，責其孳息。即不知所賦之地，肥瘠皆可耕乎？所斂租課，豐凶皆可得乎？復不知户配一馬，縶之維之，皆可蕃息乎？既不蕃息，則後將可繼乎？或謂監牧之馬，率多少弱，既非齊力，難勝具裝。且馬既蕃庶，必有駑良，量材用之，所得不少。張萬歲典牧最為盛多，以至馬直一縑。若計所直，豈皆良馬？又謂緣牧所費，殆將不貲，歲月計之，有損無益。臣嘗謂計河北監户，歲入牧地之租，可充吏兵之費；所不足者亦無幾焉。唯河南諸監，所入尚少，漸增地利，亦可自充。如此，則仰給度支者不多，所收馬課亦不少。大率草馬二萬，歲收六課，為駒一萬二千。三歲之中若失其半，猶得六千疋。駑良相參，匹直十五千，是歲獲九萬貫。此就小計之，所得不少矣。今若取一時浮淺之議，則廢之甚易；他時却欲復祖宗之制，則興之甚難。坊監廒庫、棚庌井泉、官廨營房，七八十年經營成就，若廢罷之後，蕩然一空，却欲復之，功費愈大。如向時廢罷茶法，自後議欲復故，而園户凋殘，塲務破壞，言者雖衆，竟不能復。必若采廢置之言，即乞委詳練典故，素知馬政臣寮，博求利害而審處之，利百則變，乃無後悔。臣總領國馬，于今八年，雖未及蕃息，而頗究利病。伏望聖慈裁察，付外施行。貼黄：東平監，天僖年曾廢，未幾復置，枉有勞費。蓋東平監地美且廣，大名兩監遇水旱却寄牧。東平棚房甚寬，冠絕諸監。今聞首議廢東平監，東平既廢，即大名兩監必難以存，乞謹其始。兼近覩蔡天申奏，乞減河南牧地，召人租佃，亦祇令河南牧使相度寬剩之田，召人租佃，收課自贍，免從度支供給。貼黄：必若賦田與民，俾出租利，主事建言者務欲成就勞績，先以賞罰驅之，不問地之肥瘠，民之願否，悉使占佃出租，時下便得酬奬。不數年間，租佃之户，或退或逃，或以災傷為名，歲歲倚閣，如嘉祐中并、代路散租牧地事可驗覆。今來均租之官，須滿三年，而課入如額者方得行賞，即賞不濫矣。貼黄：蓋近時言事者率務更張，各有趣向，不慮後害。後雖有害，或文過飾詐，或依倚營救，責亦勿及。伏乞睿明照察。熙寧五年上，時為樞密使。彥博言既不用，元豐時其弊乃見。神考俯首嘆曰：『朕於是乎有媿於文彥博矣！』彥博頃年爭國馬不勝，乃奏曰：『陛下十年後必思臣言。』王珪奏曰：『罷去祖宗馬監，自是王安石堅請行之，本非陛下意也。』上復嘆曰：『安石相誤，豈獨此一事？』

宋 歐陽修《歐陽文忠公集》卷一一六《論監牧札子》 嘉祐五年。臣所領羣牧司，近準宣差吴中復、王安石、王陶等同共相度監牧利害事。竊以國馬之制，置自祖宗。歲月既深，官司失守，積習成弊，匪止一時，前後因循，重於改作。今者幸蒙朝廷因言事之官有所陳述，選差臣寮，相度更改。臣以謂監牧之設，法制具存，條目既繁，弊病亦衆。若秖坐案文籍，就加增損，恐不足以深革弊源。如欲大爲更張，創立制度，則凡於利害，難以遥度，必須目見心曉，熟於其事，然後可以審詳裁制，果決不疑。蓋謀於始也不精，則行於後也難久。況此是臣本職，豈敢辭勞！欲乞權暫差臣，仍於吴中復等三人内更差一人，與臣同詣左右廂監牧地頭，躬親按視。至於土地廣狹，水草善惡，歲時孳牧，吏卒勤惰，以至牝牡種類，各隨所宜，棚井温涼，亦有便否，嚮何以致馬之耗減，今何以得馬之蕃滋。既詳究其根源，兼旁采於衆議。如此，不三數月間可以周遍。然後更將前後臣寮起請，與衆官參詳審處。與其坐而遥度，倉卒改更，其爲得失，不可同日而論也。臣又竊思今之馬政，一有者字。皆因唐制。而今馬多少與唐不同者，其利病甚多，不可悉一作槃。舉。至於唐世牧地，皆與馬性相宜，西起隴右金城、平涼、天水，外暨河曲之野，内則岐、豳、涇、寧，東接銀、夏，又東至於樓煩，皆一作此。唐養馬之地也。以今考之，或陷没夷狄，或已爲民田，皆不可復得。惟聞今一作惟今之。河東一有路字。嵐、石之間，山荒甚多，及汾河之側，草地亦廣，其間草軟水甘，最宜牧養。徃時河東軍馬，常在此處牧放，今馬數全少，閑地極多。此乃唐樓煩監地也，可以興置一監。臣以謂推迹而求之，則樓煩、天池、元池三監之地，尚冀可得。又臣徃年因奉使河東，嘗行威勝以東及遼州平定軍，見其不耕之地甚多。而河東一路，山川深峻，水草甚佳，其地高寒，必宜馬性。及京西唐、汝之間，久荒之地，其數甚廣。欲乞更下河東、京西轉運司，差官就近於轄下訪求草地，有可以興置監牧處。如稍見次第，即乞朝廷差官與羣牧司官員，同共徃彼踏行擘畫。若可以興置新監，則河北諸監内有地不宜馬處，却可議行廢罷。惟估馬一司，利害最爲易見。若國家廣捐金帛，則券馬利厚，來者必多，於其多中，時得好馬。若有司惜費，則蕃部利薄，馬來漸少，兼亦好馬不來。然而招誘之方，事非一體，亦須知其委曲。欲乞特差羣牧司或禮賓院官一員，直至秦州以來體問蕃部券馬利害。凡此三者，雖暫差官。比及吴中復等檢閱本司文字，講求商議，未就之間，已各來復。可以參酌相度，庶不倉卒，輕爲改更。如允臣所請，乞賜施行。今取進止。一作國馬之制，置自祖宗，歲月既深，官失其守，積習成弊，匪止一時。伏覩詔書，命奎等商度利害，將有更革。臣以謂監牧之設，法制具存，條目既繁，其弊亦眾。若止坐按文籍，就加增損，恐不足以深革弊源。如欲大為更張，創立制度，則凡於利害，難以遙度。蓋謀於始也不精，則行於後也難久。請詔相度官一人，同臣躬按左右廂監牧。凡土地廣狹，水草善惡，歲時孳牧，吏卒勤惰，以至牝牡種類，各隨所宜，棚井溫涼，亦有便否，向何以致馬之耗減，今何以得馬之蕃滋，詳究根源，旁採眾議。然後以比日臣僚奏請，參詳審處。與其坐而遙度，倉卒更改，其為得失不可同日而論也。臣又竊思，今之馬政皆因唐制，而今馬多少與唐不同者，其利病甚多，不可概舉。至於唐世牧地，皆與馬性相宜，西起隴右、金城、平涼、天水，外暨河曲之野，内則岐、豳、涇、寧，東接銀、夏，又東至於樓煩，此唐養馬之地也。以今考之，或陷沒夷狄，或已為民田，皆不可復得。惟聞今河東路嵐、石之間，山荒甚多，及汾河之側，草地亦廣，其間草剡水甘，最宜養牧，此乃唐樓煩監地也，可以興置一監。臣以謂推跡而求之，則樓煩、元池、天池三監之地，尚冀可得。又臣往年奉使河東，嘗行威勝以東及遼州、平定軍，見其不耕之地甚多，而河東一路，山川深峻，水草甚佳，其地高寒，必宜馬性。及京西路唐、汝之間，久荒之地，其數甚廣。請下河東、京西轉運使司，遣官訪草地有可以興置監牧，則河北諸監有地不宜馬可行廢罷。至於估馬一司，利害易見。若國家廣捐金帛，則券馬利厚，來者必多；若有司惜費，則蕃部利薄，馬來寖少。然而招誘之方，事非一體，請遣群牧司或禮賓院官一人，至邊訪蕃部券馬利害，以此三者參酌商議，庶不倉卒，輕為改更。

又卷一七《論牧馬草地札子嘉祐六年**》** 臣爲學士日，兼充群牧使，朝廷以馬政久弊，差吴中復等與臣共議利害，欲有改更。爲未見得牧地善惡多少，難爲廢置，欲乞差官先且打量牧馬草地次。臣遽蒙恩，擢在樞府，所有牧馬利害商量未了事件，臣有愚見，方欲條陳。今聞諸監所差官各將前去，竊緣監牧帳舊管一作管舊地甚多，自來界至不明，官私作弊積久，爲民間侵占耕種，年歲已深。昨已曾差高訪等根括打量，人户多稱父祖世業，失却契書，無憑照驗，但追呼搔擾而已。今若更行根究，必亦難明，徒爲追擾，未見其利，民先被害。臣今欲乞令差去官，只據見在草地，逐段先打量的實頃畝，明立封標界至，因便相度其地肥瘠，宜與不宜牧馬，其廢置改更，候逐官回日，令相度牧馬所據利害，擘畫申奏。其已爲民間侵耕地土，更不根究。蓋以本議欲以見在牧地給與民耕，豈可却根究已耕之地，重爲搔擾？至於民間養馬等事，利害甚多，臣當續具奏聞。其不根究侵耕地土一事，伏乞先賜指揮。今取進止。

宋 韓維《南陽集》卷二六《乞罷保馬保甲札子》 臣比因進對曾具奏陳乞，陛下深察盜賊所起之原，罷非業之令，寬訓練之程，盖為保馬、保甲發也，何則農民以稼穡為生死之資，出錢市馬，已非其願，又守護灌飼，素昧其方，萬一死損，復更償買。昔時一馬直三二十千者，今至百千矣。農民如此未有已時，愁歎之聲聞於道路。近歲保甲築垣為場，號為團教，一丁在官訓習，又須一丁供送飯食，家闕耕作，身受勞苦，不無怨懟。夫使失業怨懟之人操持兵器，習為擊刺之事，豈不可慮？近者又聞江西保馬頗為羣盜掠取，換易乘騎，如其外廐河北保甲漸亦作過，侵暴良民，州縣不能禁，此患在耳目之前，則更易措置，誠不可緩也。且臣非謂國馬遂不可養，但國置監牧可矣；臣非謂民兵遂不可教，但於農隙一時訓練可矣。孟子曰：天時不如地利，地利不如人和。人和可以勝天地，可不務乎？伏望留神聖慮，詳酌施行。

宋 王安石《臨川集》卷四二《相度牧馬所舉薛向札子》 臣等竊觀自古國馬盛衰，皆以所任得人失人而已。汧、渭之間，未嘗無牧，而非子獨能蕃息於周。河隴之間，未嘗無牧，而張萬歲獨能蕃息於唐。此前世得人之明效也。使得人而不久其官，久其官而不使得專其事，使得專其事而不臨之以賞罰，亦不可以成功。今臣等相度陝西一路買馬監牧利害大綱，已具奏聞。伏見權陝西轉運副使薛向，精力強果，達於政事，河北便糴，陝西榷鹽，皆有已試之效。今來相度陝西馬事，尤為詳悉。臣等前奏已乞就委薛向提舉陝西買馬及監牧公事，今欲乞降指揮，許令久任。緣今來馬價，多出於解池鹽利、三司所支銀綢絹等，又許令於陝西轉運司兑換見錢。今薛向既掌解鹽，又領陝西財賦，則通融變轉，於事為便。兼臣等訪問得薛向陝西係官空地，可以興置監牧處甚多，若將來稍成次第，即可以漸興置。蓋得西戎之馬，牧之於西方，不失其土性，一利也。因未嘗耕墾之地，無傷於民，二利也。因向之材而就令經始，三利也。又河北有河防塘泊之患，而土多舄鹵不毛，戎馬所屯，地利不足。諸監牧多在此路，所佔草地多是肥饒，而馬又不堪，未嘗大段孳息。若陝西興置監牧，漸成次第，即河北諸監有可存者，悉以陝西良馬易其惡種；有可廢者，悉以肥饒之地賦民。於地不足而馬所不宜之處，以肥饒之地賦民，而收其課租，以助戎馬之費。於地有餘而馬所宜之處，以未嘗耕墾之地牧馬，而無傷於民。此又利之大者也。如允臣等所奏，即乞薛向所奏舉官員及論改舊弊，朝廷一切應副，成功則無愛賞，敗事則無憚罰。如此則臣等保任薛向必能上副朝廷改法之意。如將來敗事，臣等甘同罪。取進止。

宋 陳次升《讜論集》卷一《上哲宗論牧馬》 臣伏覩近降朝旨，給牧地，召人户情願養馬事。條約雖已詳備，然元初只緣知邢州張赴同任縣、堯山縣知縣等起請指揮，河北東西、京東西、京西北、河東路提刑司，府界提舉司，遂有此施行，更不令轉運、提刑司相度。及只是因邢州以為置監養馬不便，其餘路並依此施行。馬為國用，所繫甚大，措置之始，宜在詳審。今赴之所見，只是一州利害，其他路分，或有不同。今朝廷不令提轉，立定條制，令河北、河東西五路依此施行。臣竊慮諸路各有利害，為是朝廷不令監司相度，又是已行之命不敢申稟。兼赴既有申奏，以人户請佃牧地為官養馬，人户或有不願，赴以州郡之勢須令投狀，則法行之始或有不便，必為民害。臣聞輿議，以為牧地鄰近人户，若得膏腴之地，必有願者。若去牧地稍遠，雖得其地，難以往彼耕種，必非所願。兼一頃之地所直不多，馬或倒死，其馬及官格尺者不下四五十緡，此恐人又非所願。兼牧地先是已有人承佃，今不願養馬，遽然奪去，必致失所。臣欲望朝廷明降指揮。令諸路若有利害不同，許令申稟州縣。若抑令人户作情願投狀養馬者，令監司按劾施行，法行之後，永久無弊。

宋 陳均《宋九朝編年備要》卷四 ［雍熙四年春正月］越明年冬，國子博士李覺上疏論馬政，略曰：市馬之費歲益，而廐牧之數不加者，蓋失其生息之理也。且戎人蓄牧轉徙，旋逐水草，騰駒游牝，順其物性，由是浸以蕃滋也。暨乎市易之馬，至于中國則縶之維之，飼以枯槁，離析牝牡，制其生性，玄黄虺隤，因而減耗，宜然矣。又不同中國之馬，服習成性，食枯芻，處華廐，率以爲常，故多生息，日無耗失。今軍伍中牝馬甚多，而孳息之數尤鮮者，何也？皆云官給秣飼之費不充，又馬多産，則羸弱駒能食，則侵其芻粟，馬母愈瘠，養馬之卒有罪無利，是以駒子生乃令觼灰而死，其後官司知有此蠹，於是議及養駒之卒量給賞緡，其如所賜無幾，而尚習前弊。今竊揣量國家所市戎馬，直之少者，疋不下二十千，往來資給賜予，復在數外，是貴市於外夷，而賤棄於中國，非理之得也。國家縱未能別擇牝馬，以分蓄牧，宜且減市馬之半直，賜蓄駒之將卒，增其月給，俟其後納馬即止，是貨不出中國而馬有滋也。大率牝馬二萬，而駒収其半，亦可歲獲萬疋。況復駒又生駒，十數年間，馬必增倍。後趙守倫復建議行之，牧馬頗蕃息矣。

宋 佚名《群書會元截江網》卷二五《主意》 市、養馬並舉，有權宜之用，有經乆之策，當疆埸多故之日，而惟騎戰馬政之計，則是二者之策不可不兼施而並舉也。何謂權宜之用？邊事方殷，步騎兼整，則今日戎事之要，而所謂車馬之修者不可緩也。而欲養馬以為用則所不逮，故莫若市馬之為便。昔天聖中，固嘗市馬於民間，而有以為外廄者，康定間固嘗市馬於上户，以為其説可行矣。今獨不可以是為權宜之用乎？何謂經久之策？平原曠野，便馳輕車，則他日規恢之務，而所謂中國長技者不可廢也。苟不養之以待用，則何以為繼？故亦在於養馬之為急。昔太平中嘗置飛龍以畜牧矣，景德中嘗置羣牧使以領牧矣，今獨不可由是而求經乆之策乎？

又 在官在民不同，古者之馬在民不在官，後世之馬在官不在民。在民者易蕃，在官者易耗。生於後世而欲復古，誠不可以易論也。古者畿方千里，出戎馬四萬匹，在諸侯則四千，在卿大夫則四百，取之田賦有餘用也。阡陌開，井田廢，兵車不敢取田賦，戎馬各從官給，於是馬政日耗而外患生矣。漢初稍復古制，勸民養馬，有一匹者復卒三人，蓋居間則免三人之算，有事則當三人之卒，此内郡之制也。至於邊塞，則縱民畜牧，而官不禁。烏氏居塞則致馬數千羣，橋桃居塞則致馬千匹，于時内郡之盛則三十六苑，分置西北。自武帝征伐四夷，馬大耗乏，行一切之令自封君而下以次出馬，則内郡庶民有馬者欲望復卒難矣；令民得畜邊馬，從官假馬母而歸，其息十一，則邊郡之欲廣畜牧者難矣。故内郡不足則籍民馬以補車騎，邊郡不足則發驢橐駝負食出玉關。輪臺之悔，始修馬令，吁亦晚矣。

宋 張孝祥《于湖集》卷一八《乞擇近臣令行荊襄參酌去取牧馬專置一司奏狀》 近准樞密院劄子，備奉聖旨令臣同司馬倬趙某、張某，相度於湖北、京西置一孳生馬監，措置條具利害供申。臣尋關牒京西安撫及兩都統司，各據回文，欲以騍馬四千疋分爲四監，内鄂州都統司認養二千疋，荊南都統司認養一千疋，湖北、京西安撫司各養五百疋。臣竊惟中興以來，馬政不脩，歲歲博買，其費巨億，而諸軍之馬愈更乏少，此則牧養之道未得其宜故也。今朝廷方議置監，欲還祖宗之舊，若措置得宜，則省國用，振軍威，制夷狄於是乎在。蓋政事之大者不可苟且嘗試而爲之也。今若諸軍分養，則與前日之撥綱馬略同。諸軍苟於得馬，不復爲經乆之計，一二年後稍有折閲，則又將以辭自解，謂荊、襄非宜馬之地，如此則東南長無牧養之利，必資諸蠻而後可耳。臣愚欲望聖慈特出聰斷，於近臣中不問文武，擇知馬者一二人令行荊、襄、淮南境中，與諸軍帥守臣寮深圖地土水草之宜，國朝以來所置監牧已行故事，条酌去取，具以上聞，取自聖裁，專置一司，付以事權，嚴爲黜陟之科，責其成功。如此則宣撫司所買四千疋不爲虚費，假以歲月，朝廷眞得牧馬之用。須至奏聞者。小貼子：諸軍揀汰使臣軍兵，所在成羣，若今後撥付牧馬監，令逐州軍解發，按月請俸，就監支給，專令牧養，實爲兩便。伏候勑旨。竊聞西北諸監，惟沙苑最盛，訪聞監兵見今猶有存者，散在關外諸軍，乞令宣撫司從實根刷，撥付今來置監去處指教。伏候勑旨。

宋 黃榦《勉齋集》卷二二《漢陽條奏便民五事》 五、復馬監。臣竊見馬政，國之大事也。騋牝三千，衛國以興，『思馬思徂』，魯人頌之，則其關繫誠為不輕。國家所用之馬西取於蜀，南取於廣，皆在數千里之外。博易之費，道里之費，一馬之入，動數百千，其所得甚艱，所費甚巨，一有緩急，無馬可用。開禧年間，虜騎壓境，旋行收買，駑駘下乘，亦以備數。平居暇日，可不思所以處之乎？竊見漢陽管内有馬監一所，馬之自蜀來者憩息於此，五日而後行，守臣亦預點檢之責。臣嘗親至其地，見馬監之前有所謂孳生監者，乃鄂州大軍昔日所創。方其盛時，馬之蕃息可以足軍中之用。今監皆頽敗，不復有馬矣。漢陽為郡，土壤甚廣，風氣甚勁，水草甚饒。若委之守臣，使之興復舊監，以為牧馬之地，給降本錢，收買江北所産之馬而蕃息之，差撥兵卒，使任牧養之責。數年之間，生息蕃盛，猝有緩急，即可為用。與夫求之於至遠之地，買之於倉卒之際，其利害相去遠矣。如臣之愚，未必深曉世務，更乞行下總領所同鄂州都統司相度施行。取進止。

宋 章如愚《山堂考索·後集》卷四四《牧養》 宋朝馬政，自太祖講求其制，當時要委羣牧司自春放秋歸，馬之出入莫不有法則。熙寧間，曾孝寬領羣牧，奉行王荆公意，於是罷羣牧，吏不過欲區區小利自出買，自此馬始衰，却欲舉保馬、户馬之法，只為讀《周禮》不詳，當時大為民害，蓋井地不均，兼并者衆，什一之制未行，受田之制未定，却獨舉養馬之制，豈不重困？

元 鄭介夫《論馬政狀》（右編）卷三八 狀曰：古今立國，未嘗怠於馬政。蓋以邊庭守戰之備，馬不可缺，而車輦出入，百官擁從，及檄書交馳，郵傳迭發，尤不可一日無也。國朝開基以來，以牧放為俗，羊馬之群遍滿谷野，生長草地，不假喂飼之勞，隨意所用，如取廄中，是以出兵行師，所向無前，皆資馬之力也。近年偃武之餘，用馬日少，故於馬政不復介心。古者給價換馬，已非長策。今乃刷馬民間，尤為弊政。且南北之風土不同。生長於南者，則不禁其冷；生長於北者，則不禁其熱。隨其土産之宜而用之，可也。若刷東南之馬以供西北之用，則立見其死亡耳。又兼牧於野者，安於水草，習於馳驟，以之臨敵，易於鞭策。畜於私家者，飽以芻豆，勤於剪拂，一旦置之荒郊，便已瘦弱無力，況當矢石之衝，何濟於用？朝廷失於計畫，苟且目前，不循廣馬之成規，而行刷馬之下策，雖白和買，何異白奪？且刷馬之政，出於亡金。其時隣敵交攻，疆土滋削，未免刷之民間，以應一時之急耳。堂堂天朝，不宜蹈襲亡國之遺轍也。兼刷至之馬實無所用，而民間之怨皆歸於國，甚非經久之計。今民間皆畏憚，不敢養馬。延以歲月，民馬已稀，萬一國家急欲用馬，何從而得？宜及閑暇，早爲之謀，可也。唐初得牝馬三千匹，徙之隴右，命張萬歲掌之，蕃息至七十萬匹，分爲八坊四十八監，各置使以領之。是時，天下以一縑易一馬。及玄宗以王毛仲為内外閑廄使東封之日，有馬四十三萬匹，牛羊稱是。此已然之明效也。今國家之地數倍於唐，水草美處盡在版圖之中。擇宜牧之地，各設牧馬監官，給牝馬，選用能吏，使專牧馬之權。重之以職任，優之以俸禄，責之以成效。不十數年，馬不可勝用矣。向來家自為牧，衣食之資皆仰於此，取其餘而用之，猶且不竭。況今以全盛之國，又助之以官府之力，因其舊俗而行之，亦甚易事。何必以刷馬爲政，徒結怨於民間也？

元 王惲《秋澗集》卷八八《乞征問取牧馬地草粟事狀》 今察到涿州站憀占牧馬地内有熟地二百七十七頃二十二畝，每年召人租種，每畝收粟三升、稈草一束。爲此，取到管站官提領馬仲祥呈，並與所察相同。今扣筭得，上項地畝，每年計取粟八百三十一石六斗六升、稈草二萬七千七百二十二束，且自至元三年爲頭，至今四年，計粟三千三百二十六石六斗四升、稈草一十一萬八百八十八束。據此合行糾彈。

又 卷九一《馬政事狀》 竊謂三軍之本，以馬為先，今遇有用度，不免和買拘刷。和買官吏作弊，拘刷則遠駭觀聽。乞請於塞垣水草宜收之地，分立群牧使，通政院專掌其事。

《續文獻通考》卷一六五《馬政》 宋理宗時，守漢陽黄幹奏曰：國家所用之馬西取於蜀，南取於廣，皆在數千里之外，博易之費，道里之費，一馬之入動數百千，其所得甚艱，所費甚巨，一有緩急，無馬可用。開禧年間，虜騎壓境，旋行收買，駑駘下乘，亦以備數，平居暇日，可不思所以處之乎？竊見漢陽管内有馬監一所，馬之自蜀來者憩息於此，五日而後行守臣亦預點檢之責。臣嘗親至其地，見馬監之前有所謂孳生監者，乃鄂州大軍昔日所創，方其盛時，馬之蕃息可以足軍中之用，今監皆頽敗，不復有馬矣。漢陽為郡，土壤甚廣，風氣甚勁，水草甚饒，若委之守臣，使之興復舊監以為牧馬之地，給降本錢收買江北所産之馬而蕃息之，差撥兵卒使任牧養之責，數年之間，生息蕃盛，猝有緩急，即可為用。與夫求之於至遠之地，買之於倉卒之際，其利害相去遠矣。更乞行下總領所，同鄂州都統司相度施行。

明　黃道周《歷代馬政考》（射書）卷四　宋朝畜於監牧者曰官馬，散於編户者曰户馬，市於邊郡者曰戎馬，騏驥有院，天駟有監，天廄有方，既置群牧司，又置群牧使，此為內監牧之制。自河北至許州有十八監，兩河、陝西有都總管處復置一監，太原、交城又復置馬監。既委群牧司，又委守倅兼領，此為外監牧之制。熙寧中，安石變制，賦農牧馬，每一都限馬五十匹，十五年而足，謂之保馬。郡縣苟附，不一二年而足，民病已極，國用復缺。又求之戎狄，設茶馬之職，始易以銅錢，次易以銀絹，戎人得茶，中國得馬，雖不求牧于官，亦猶愈牧于民也。

清　張岱《石匱書》卷三三《馬政志總論》　昔楊么據洞庭，陸耕水戰，樓船十餘丈，官軍徒仰視不得近。岳飛亦欲造大舟，湖南運判薛弼謂飛曰：『若是，非歲月不克，且彼之所長可避而不可鬬也。今大旱水落，若截斷江路，藁其上流，使彼之長坐廢，而精騎直擣其壘，則賊可即得矣。』飛從之，遂平么。蓋人各有長，不可爭勝，越兒舟，胡兒馬，天地之所以分別南北，誰能違抗以奪其勝場？故我欲孳馬而天不應之，我欲畜馬而地不順之，我欲用馬而人不習之，我雖有馬，與無馬等。故自來良將讋伏強胡，顛以我之長攻彼之短，更以我之短困彼之長，批亢擣虛，乘瑕導隙，則無不全勝。先朝岳飛以麻扎刀破兀术枴子馬，李鋼以戰車破虜鐵騎，吳玠則以注隊矢勝，吳璘則以疊陣法勝，戚繼光則以鴛鴦陣勝，張威則以撒星陣勝，郭登則以攪地龍飛天網勝，各將之以致勝不一，其大槩祇是避馬、砍馬、射馬、礟馬、陷馬，使其馬勢一失，則虜亦不足畏矣。故虜用馬，我亦用馬，虜用馬以聯轡衝突，馬之長一；我用馬以偵探游徼雕剿巡迾，馬之長不一。我用我馬之數長以避虜馬之一長，則虜馬之一長為無用，而我馬之數長為有用矣。以我之有用，勝彼之無用，仍奪彼之無用，以成我之有用。非計之大得乎？雖然，生馬有時，放馬有地，養馬有料，掌馬有人，非細細籌之，則馬政為之不備。趙松雪善畫馬，當其坐卧行立飲食起居，其形狀相貌無不馬者；而今之為馬，乘天時、相地宜、擇芻牧、時饑飽、籌燥濕、善駕御、别牝牡、毉疾病，非與馬同其性情嗜慾，恐亦不得其所宜。而秦孝公牧馬汧渭，有功受封，故鐵駟車轔遂為天下雄國。繇是知騋牝三千，斯馬斯臧，其有關於戎政不小也。

清　楊潮觀《治平彙要》卷九《馬政》　宋時坊監廢為曾孝寬之户馬，户馬又更為王安石之保馬，保馬又變為蔡京之給地牧馬，蓋自熙豐變法以至崇宣，小人在位，亟復亟變，迄無善政，而宋隨以亡。渡江而後，頗置牧監，而江南水田牧放非便，民或受其害，而馬皆不可用，遂不能不專資互市矣。曰券馬、曰省馬，皆不得已之為也。而市馬有二，其一戰馬生西陲，良健可用，羈縻馬産于西南諸蠻，短小不及。夫南宋僻在東國，公私本無馬也，即有馬亦非宜也，至于立社市馬、編户括馬，豈非無聊之極思歟？嘗考林駉言以摘山之利而易充廄之良，則互市可行矣，而李覺之所謂貴市於戎狄而賤棄于中國者，其意尤大也。王安石言京畿投牒，非出驅迫，則保馬可行矣，而文彥博所謂馬死責償，恐非民願者，其意尤切也。曾布言馬多于舊，費省於官，則給牧可行矣，而陳次升所謂牧地所值不多，而失亡所償過倍者，其意尤深也。元起朔方，混一天下，沙漠萬里，牧養蕃息，太僕之馬不可數計。蓋其牧人則父子相承，牧地則水草轉逐，是其盛也固宜。

清　閻鎮珩《六典通考》卷一六五《王政考·馬政》　論曰：古者六十四井出戎馬四匹，天子畿方千里，戎馬四萬匹，兵車萬乘；諸侯大者馬四千匹，兵車千乘；卿大夫大者馬四百匹，兵車百乘，則先王戎馬之賦未為不多矣。唐堯暨晉皆處河北，畜馬饒多，夷狄畏伏，不敢與爭。及秦廢井田，開阡陌，戎馬悉待給于官。接乎漢初，匈奴遂大為邊患，緣其時中國馬少故也。武帝之始，衆庶街巷有馬成群，衛、霍因其資力，攘卻强胡，斥地千里。自是厥後，馬之盛無踰于後魏之世祖，唐之麟德、開元。遭五代之亂，馬又衰耗。宋初太祖始置二務，歲市馬于邊，以充皀櫪之選。太宗時漸立坊監，總以官司，然而孳生之數，比于前代相去遠矣。景德、天聖之間，號為極盛，其馬多不過二十餘萬匹，方之開元，尚不能及其半，則一代廄牧之政，大略可想也。當端拱初，李覺上言曰：今秣飼仰給于官，費或不充，馬母日瘠，養馬之卒有罪無利，是以駒子生令鯁灰而死，此馬之所以不蕃也。是時西北二虜方張，太宗鋭志武備，然其吏卒狃于積習，以慢棄國家之令，其弊已不可勝言。其後承平日久，兵寢不用，言者謂養馬無益于國，而徒耗公家之費，于是盡廢諸路坊監，而收其地以為民田。及西事驟起，馬不足用，乃權立搜括之令，而一切苟且之政行焉。熙豐變法，至于崇宣小人相承，亟復亟變，迄無一是之政。已而女直寒盟，軍馬告乏，倉卒之間，無所取辦，遂致靖康蒙塵之禍。夫夷狄之能為中國患苦者，惟其騎兵勝耳。燕代冀北，馬之所生，中國于是乎取給。漢唐收河西之地，土性高涼，水草豐美，故畜牧常獲其利。至宋之世，其地大率陷没于戎虜，而中國所存之草埸或已藉為官田，或被侵于豪右，而馬之能得其養者無幾矣。至事勢既迫，行權以濟一時之急，則括私馬以應官用，而教訓之未安，服習之無素，欲以當强悍不可制之虜，其能無及於敗亡乎？

綜述

宋 竇儀《刑統》卷一五《養飼犧牲》 諸供大祀犧牲，養飼不如法，致有瘦損者，一杖六十，一加一等，罪止杖一百；以故致死者，加一等。【疏議曰】供大祀，犧牲用犢。人帝配之，即加羊豕。其養牲，大祀在滌九旬，中祀三旬，小祀一旬，養飼令肥，不得捶朴，違者是不如法。致有損瘦者，一杖六十，一加一等，五不如法，罪止杖一百。以故致死者，加罪一等，一死杖七十，五死徒一年。其羊豕雖供人帝，爲配大祀，故得罪與牛皆同。職制律：中、小祀遞減二等，餘條中、小祀准此。即中祀養牲不如法，各減大祀二等；小祀不如法，又減中祀二等。

宋 洪邁《容齋隨筆》卷五《買馬牧馬》 國家買馬，南邊於邕管，西邊於岷、黎，皆置使提督，歲所綱發者蓋逾萬匹。使臣、將校得遷秩轉資，沿道數十州，驛程券食、廄圉薪芻之費，其數不貲，而江、淮之間，本非騎兵所能展奮，又三牙遇暑月，放牧於蘇、秀以就水草，亦為逐處之患。因讀《五代舊史》云：『唐明宗問樞密使范延光内外馬數。對曰：「三萬五千匹。」帝嘆曰：「太祖在太原，騎軍不過七千。先皇自始至終，馬纔及萬。今有鐵馬如是，而不能使九州混一，是吾養士練將之不至也。」延光奏曰：「國家養馬太多，計一騎士之費可贍步軍五人，三萬五千騎，抵十五萬步軍，既無所施，虛耗國力。」帝曰：「誠如卿言。肥騎士而瘠吾民，民何負哉？」』明宗出於蕃戎，猶能以愛民為念。李克用父子以馬上立國制勝，然所蓄只如此。今蓋數倍之矣。尺寸之功不建，可不惜哉！且明宗都洛陽，正臨中州，尚以為騎士無所施。然則今雖純用步卒，亦未為失計也。

宋 陳均《宋九朝編年備要》卷一六 嘉祐五年秋七月時有詔修馬政，命學士吳奎等經度之。奎等言牧馬在於得人，汧渭之間未嘗無牧，而非子獨能蕃息於周河隴之間，未嘗無牧。而張萬歲獨能蕃息於唐，此得人之效也。然得人而不久其任，久其任而不使專其事，專其事而不臨之以賞罰，亦不可以有功。今陝西馬價多出解鹽三司所支銀絹，又許於陝西易錢轉運使薛向既專解鹽，復領陝西財賦可專委之，仍俾擇地置監，益市西馬牧之，乃命向專領本路監牧及買馬事，仍置買馬場於原渭州、德順軍。而群牧使歐陽修又言，今之馬政皆因唐制，而馬多少不同者，唐牧地皆與馬性相宜，今或陷夷狄，或為民田，請下河東、京西訪草地置監，河北諸監有不宜馬者可行廢罷。

宋 佚名《群書會元截江網》卷二五《警段》 西北長於東南。前代號蕃牧之盛，非華山之陽，則汧渭之間也，非冀北之野，則胡代之區也，其原隰衍，其水草美，其地多風寒而馬力健，其人習畜牧而馬性宜。漢三十六苑，唐四十八監，後魏二百萬駟，所以稱雄於當代者，此其所長也。國家職方所掌，西不盡靈夏，北不盡燕雲，汗馬昆吾，無從而至，不過内取之中國，外市之戎人而已。況承平所謂監牧之地，而南渡悉淪陷於敵人，川廣置司，道里遙遠，責之程限，而其力竭。牧之沮洳而其性殊，柴立而行，載甲則汗，其何以當北方之勁騎？此其所短也。

又 馬之登耗係人。蓋馬之生長雖有其地，而馬之登耗實係乎人。古之於馬政，有校人以掌其屬，又有牧人以掌其地，又有廋人以掌其閑者，豈有他哉？誠以飢渴不能以自濟，寒暑不能以自護，動静出入不能自適，苟不資人以均齊調一之，鮮不戕賊其性，夭閼其生者，蓋凡為獸屬皆然，而馬為尤甚。

又 土地有所不宜。河南冀北之地水草豐而畜牧多，故敵之馬常鋭宕昌横，昌之監道里隔而博易絶，故吾之馬常弱。況乎雜其羸瘠，詭其名數，而吾國之馬非如結駟連騎之馬矣；行石則蹶，行泥則陷，而吾國之馬非如過都歷塊之馬矣；遇午而飲，遇晡而料，而吾國之馬非如風雨不疲、飢渴不困之馬矣。

又 物性不相得。冀北之游鬣非漢淮之騶駒，朔漠之騎士非江浙之芻牧。馬徠於西夷而軍招於江淮之間，固已物性之不相諳；芻秣於卑濕之墟，而驅騁於跋履之險，是又風土之不相得也。

又《結尾》 監牧當得其人。國家駐蹕吳會，而以巴蜀之遠，廣南之險，歲一市易，加以置牧之非地，掌牧之非人，未充廄閑而貴官之占借已過半。其他如庾官之減料，豢卒之偷怠，又所不論焉。若是而欲求其蕃息得乎？蓋又有不可盡歸之時者矣。況今戎馬方駕，郊壘未徹，胡可若是無具也？昔真宗謂陳堯叟曰：『國以馬為戎事之本，宜令大臣統領之。』遂以堯叟兼羣牧制使。噫！聖謨深且遠矣。我皇以經武要畧，專倚大臣，而馬之為政，實預其一，其可但曰：馬出西北不產東南，而用其所長，取惟廟堂，留意馬兵，不若舟師。愚請終言之，蓋騎兵乃西北之所長，而東南之所短，南方之使船，如北人之使馬，則舟師者，東南之長技，而不必用馬也。昔唐明宗問范延光馬數，對曰三萬五千，帝嘆曰：『太祖在太原，騎兵不過七千，先皇自始至終，馬纔及萬。今有鐵馬如此，而不能使九州混一，是吾養士練將之不至也。』延光曰：『國家養馬太多，計一騎之費贍步兵五人，騎無所施，虛耗國力。』夫以克用父子馬上立國，所畜猶止於此，而明宗都洛，猶欲省騎，則立國江左者苟能以講求馬政之法而講求舟師，以激勵騎兵之法而訓勵步卒，則以吾東南之所長而坐制西北之所短，正其宜耳。惟上之人亟圖之。

宋 謝深甫《慶元條法事類》卷七九《醫料官馬》　廄庫勅。諸軍馬非理致死，若傷不堪醫者，馬主杖七十，人力不可制禦，減二等。即急病申不及并肺黃、急肺黃，五日內，若十五日外或中結、前結死者，杖六十；肺黃、急肺黃過五日及中風死者，加二等。即自買及病過三十日，或因未支配前舊患并改扇馬未解尾前中風死者，並免。諸獸醫并死馬三匹，杖六十。即專醫馬軍營馬，一年內死及三分，準此。并己馬已料斷者，免計數。諸將校走失官馬及死傷應科校，非自犯者，止坐犯人。諸軍緣官馬應科校，而試本等事藝，及高強格者，免。人力可制御而非理死傷若走失，及將校養馬人非。斷獄令。諸官馬因病死應科校者，以諸軍小杖。雖非理死傷而人力不可制禦者，准此。廄牧令。諸軍馬病，自申報日給草料肆分，損日依舊。非臟腑病者，全給。謂如失節患眼皆瘡疥癬之類。諸軍馬病不堪醫，或拾伍歲以上不堪披帶者，支馬鋪雙口者，不給沿溪河或山路鋪。及廂軍將校。禁軍、步軍、將校願請換而与廂軍將校同日者，先給禁軍步軍將校。管內不闕，申轉運司准此。又不闕或不堪給填，及遞馬老病不堪乘用者，並估價賣。當職官歲首點檢填換。諸官畜在道寄留者，當職官驗實養療，月壹報所屬。病損，以贓分具公文給券，遞鋪傳送，仍以起發月日先報。係駝坊、車營、致遠務者，所寄處於驛料帳收附，給公憑付管押人赴所屬，候到取鈔銷帳。諸軍馬病寄留在川、廣、福建及六路者，病損，就填本處闕馬人訖，報所屬。寄馬者，先次給填。諸禁軍馬寄留未見存亡，或已死而鈔未到，若闕馬人差出，已給馬未到，但及貳年，聽依闕馬人比拍給，將校及一年者，亦給。諸灌啗官馬糖脂藥錢，付本轄人置厤收給，歲不得過叁次。諸馬軍指揮獸醫闕，委都監於廂軍或剩員內選差，無可差者，召募，並送本轄將校試驗壹月，謂先令醫治病馬或審問醫經藥性。如堪充即保明申本司收刺，與免諸般殺使。給賜格。灌啗官馬糖脂藥錢，每匹捌拾文。

宋 章如愚《山堂考索・後集》卷四四《兵門・馬政類》　凡馬之所出，以府州為最蓋，生於黃河之中子河汶者為善種，出環慶者次之，秦渭馬雖骨格高大，而蹄薄多病，文雅諸州為下，止給本處兵級充鋪馬。契丹馬骨格頗劣，河北孳生昔曰本羣馬，因其水土服習而少疾馬。又泉、福州及興化軍亦有州嶼馬，皆低弱不堪，披甲唯以給本道廂軍及江浙諸處鋪馬用之。

又 卷四六《東南牧養》　方今王氣盛於南，故牧養亦盛於南。上古王氣在東，中古王氣在西，近古王氣在北，方今王氣在南。上古牧養之盛在於海岱之間，故《禹貢》獨稱萊夷作牧，今登萊之間是也。中古牧養之利盛於秦隴，秦之先牧養蕃息，受封於周，今之秦鳳路是也。近古牧養之利盛於河朔，元魏孝文於并州置牧場，馬大蕃息，今之河東路是也。宋朝以來，川廣之馬足軍國之用，蓋牧養之利亦隨王氣去來為之盛衰。

宋 孟珙《蒙韃備録・馬政》　韃國地豐水草，宜羊、馬。元忠按：《太祖紀》云：時皇弟別里古台掌帝乞列思事，播里掌辟徹別吉乞列思事。注云：乞列思，華言禁外繫馬所也。元初重牧事如此。其馬初生一二年，即於草地苦騎而教之，卻養三年，而後再乘騎，故教其初是以不蹄齧也。千馬為羣，寂無嘶鳴，下馬不用控繫，亦不走逸，性甚良善。日間未嘗芻秣，惟至夜，方始牧放之。隨其草之青枯，野牧之。至曉，搭鞍乘騎，並未始與豆粟之類。元忠按：《黑韃事畧》云：霆嘗考韃人養馬之法，自春初罷兵，後凡出戰好馬，並恣其水草，不令騎動，直至西風將生，則取而控之，縶於帳房左右，啖以少些水草，經月膘落而實，騎之數百里，自然無汗，故可以耐遠而出戰。尋常正行路時，並不許其喫水草，蓋辛苦時喫水草，不成膘而生病，此養馬之良法。南人反是，所以馬多病也。凡出師，人有數馬，日輪一騎乘之，故馬不困弊。元忠按：《黑韃事畧》云：霆往來草地，未嘗見有一人步行者，其出軍頭目，人騎一馬，又有五六疋，或三四疋馬，自隨常以準備緩急，無者，亦須一二疋。

《文獻通考》卷一六〇《兵考十二・馬政》　宋初，有左、右飛龍二院，以左、右飛龍使各二人分掌之。時諸州監牧多廢，國馬無復孳息。太祖始置養馬二務，又興葺舊馬務四，以為放牧之地。分遣中使詣邊州，歲市馬，自是閑廄之馬始備矣。先是兩河入虜界盜馬，邊吏籍數以聞，官給其直。上方鎮撫，不容私掠，乃詔禁之，悉還所盜馬，戎人悅服。太宗太平興國四年，詔市吏民馬十七萬匹，以備征討。是歲，平太原，觀兵於幽州，得汾、晉、燕、薊之馬四萬二千餘匹，國馬增多，內皂充牣，始分置諸州牧養之。國子博士李覺上言，曰：『夫冀北燕代，馬之所生，胡戎之所恃也。故制敵之用，實兵騎為急。議者以為欲國之多馬，在乎啗戎以利，使重譯而至焉。然市馬之費，歲益而廄牧之數不加者，蓋失其生息之理也。且戎人畜牧轉徙，旅逐水草，騰駒遊牝，順其物性，由是浸以蕃滋也。暨乎市易之馬至於中國，則縶之維之，飼以枯槁，離析牝牡，制其生性，元黃虺隤，因而減耗宜然矣。又有不同中國之馬，服習成性，食枯芻，處華廄，率以為常，故多生息而無耗失。古者田賦之法，六十四井出戎馬四匹，兵車一乘，牛十二頭。天子畿方千裏，提封百萬井。除山川、城池、邑居、苑囿，凡三十六萬井不輸賦外，六十四萬井出戎馬四萬匹，兵車萬乘，此賦馬之數也。諸侯大者馬四千匹，兵車千乘，故稱千乘之國。卿大夫者馬四百匹，兵車百乘，故稱百乘之家。則天下之廣，諸侯之眾，戎馬之賦多矣。是以唐堯暨晉，皆處河北，而北虜不能為患，由馬之多也。此並取於田賦，不聞市馬於戎也。洎秦壞井田，漢興阡陌，兵車不取田賦，戎馬悉從官給，是以匈奴歷年為患，由馬之少也。故晁錯說文帝勸農功，令民有車騎、馬一匹者復卒三人，謂免三人甲卒之賦也。至武帝七十年間，眾庶街巷有馬，阡陌之間成群，乘牸牝者擯而不得會聚，此則馬皆生於中國，不聞市之於戎也。今軍伍中牝馬甚多，而孳息之數尤鮮者，何也？皆云官給秣飼之費不充，又馬多產則羸弱，駒能食則侵其芻粟，馬母愈瘠，養馬之卒有罪無利，是以駒子生，乃驅令嗅灰而死。其後官司知有此蠹，於是議及養駒之卒，量給賞緡，其如所賜無幾，而尚習前弊。今竊揣量國家所市戎馬，直之少者匹不下二十千，往來資給賜與，復在數外，是貴市於外夷，而賤棄於中國，非理之得也。國家縱未暇別擇之牝馬，以分畜牧，宜且減市馬之半直，賜畜駒之將卒，增為月給，俟其納馬則止焉。則是貨不出國，而馬有滋也。大率牝馬二萬，而駒收其半，亦可歲獲萬匹。況復牝以生牝，駒以生駒，十數年間，馬必倍矣。昔猗頓，窮士也，陶朱公教以畜五牸。乃適西河，大畜牛羊於猗頓之南，十年之間，其息無算。況以天下之馬而生息乎？』上覽奏，嘉之。淳化二年，通利軍上《十牧草地圖》。上慮畜牧之地，多侵民田，乃遣中使檢視，畫其疆界。又從內侍趙守倫之請，於諸州牧龍坊畜牝馬萬五千匹，逐水草放牧，不費芻秣，所生駒子，可資用，自是諸牧馬頗蕃息。真宗咸平元年，別置佑馬司，掌戎人驅馬至京師，辨其良駑，平直以市，分給諸監牧養。三年，置制置群牧使。以內臣勾當制置群牧司，京朝官為判官。景德二年，改諸州牧龍坊悉為監，賜名，鑄印以給之。四年，以知樞密院陳堯叟為群牧制置使，又置群牧使、副、都監，增判官為二員。凡廄牧之政，皆出於群牧司，自騏驥院而下，皆聽命焉。其二院所管坊監仍舊。諸州有牧監，知通判兼領之，諸監各置勾當官二人。又有左、右廂提點，並以三班為之。其修創規制，纖悉備具。其後又詔左、右騏驥院諸坊、監監官，自今並以三年為滿，如習知馬事欲留者，群牧司保薦以聞，當徙莅他監。

又 凡畜馬處有兩院，曰左、右騏驥；四監，曰天、騟左右第一、第二；二坊，曰、左右天廄。皆在京師。在外有十四監：大名、大名。廣平、洺州。淇水、衛州。並分第一第二，洛陽、河南。原武、鄭州。沙苑、同州。安陽、相州。鎮寧、澶州。安國、邢州。淳澤、中牟。單鎮。許州。又有牧養上下監，以養療京城諸坊、監病馬。其孳生之所，即大名、洺、衛、相州凡七監，多擇善馬為種，牝牡為群，歲遣判官一人巡行點印，二歲已上者歲約八千餘匹，凡京城諸州飼馬兵校一萬六千三十八人，坊監及諸軍馬二十餘萬匹，每歲京城草六十六萬六千圍，麸料六萬二千二百四石，鹽、藥、油、糖九萬五千餘斤、石、枚，諸州諸軍不預焉。左右騏驥院、六坊上留馬二千餘匹，皆季春出就放牧，至秋冬而入。其尚乘之馬，唯備用者在焉。諸班不自出馬，寄兩院。其牧地始自畿田及於近郡，皆遣使分行水草善地而標占之。諸坊監總四萬九千四百餘頃，諸班諸軍又三萬九百九十頃，皆有涼棚井泉，所屬縣令檢校之外，坊監亦有四時逐水草以肆遊牝者。凡禦馬有三等，其次給用，又有十六等，曰簡中馬，曰不得支使馬，曰添價馬，曰國信馬，曰臣僚馬，景德四年，詔群臣常賜廄馬者，命中使簡定六十匹賜之。賜畢復增，常足其額。又內職受命出使者多求賜馬，大中祥符三年，以其例或不均，詔樞密院定群臣出使賜馬條例。曰諸班馬，曰禦龍直馬，曰捧日、龍衛馬，曰拱聖馬，曰驍騎馬，曰雲武馬，天武龍猛馬，曰雜配軍馬，曰雜使馬，曰馬鋪馬。國初諸州廄置，闕馬取民馬補之。開寶五年，詔罷。自恩賜外，皇族及內臣伎術官要司職掌皆給借之。凡馬以府州為最，蓋生於子河汊有善種，次環、慶，次秦、渭，雖骨格稍大，而蹄薄多病，文、雅諸州為下，止給本處兵。契丹馬骨格頗多河北孳生謂之本群馬，蓋因其水土服習而少疾焉。又泉福州、興化軍亦有洲嶼馬，皆低弱不勝具裝，苐以給本道廂軍及江浙驛置之用。福州四牧：曰水峭、龍胡、瀝畸、海澶。泉州二牧：曰浯州、列嶼。興化軍二牧：曰東越侯嶼。舊十一牧。大中祥符二年廢湄州透嶼南匿三牧，每牧置群頭、牧戶以主之，每歲孳育，本縣籍其數，以使臣一人提點。大中祥符元年，立牧監賞罰之令，外監息馬，一歲終以十分為率，死一分以上勾當官罰一月俸，餘等第決杖牧。倍多而死少者，給賞緡有差。凡生駒一匹，兵校而下賞絹一疋。是歲於京師置賣馬務，掌受退馬而出市之。天禧初，宰相向敏中言：『國馬之數，方先朝倍多，廣費芻粟，若令群牧司度數出賣，散於民間，緩急取之，猶外廄耳。』是秋，乃詔十三歲以上配軍馬估直出賣。仁宗景祐二年，詔民間無以馬數升戶等。康定初，陝西用兵，馬騎不足。詔京畿、京東西、淮南、陝西路括市戰馬，自四尺六寸至四尺二寸，其直自五十千至二十千，凡五等，敢輒隱者重寘之法。皇祐五年，丁度上言：『天聖中，牧馬至十餘萬，其後言者以為天下無事，而事虛費，遂廢八監，然而秦渭環階麟府州、大山、保德、岢嵐軍歲市馬二萬二百，才能補京畿塞下之闕。自用兵四年，而所市馬才三萬，況河北、河東、京東、京西、淮南籍丁壯為兵？請下令有能畜一戰馬者免二丁，仍不升戶等，以備緩急，如此國馬蕃矣。』言不果行。至和二年，群牧使歐陽修言：『今之馬政，皆因唐制，而今馬多少與唐不同者其利病甚多，不可概舉。至於唐世牧地，皆與馬性相宜，西起隴右金城、平涼、天水，外洎河曲之野，內則岐、豳、涇、寧，東接銀、夏，又東至於樓煩，此唐養馬之地也。以今考之，或陷沒夷狄，或已為民田，皆不可復得。惟聞今河東路嵐石之間，山荒甚多；及汾河之側，草地亦廣，其間草軟水甘，最宜牧養，此乃唐樓煩監地也，可以興置一監臣。以為推跡而求之，則樓煩、元池、天池三監之地，尚冀可得。又臣往年奉使河東，嘗行威勝以東及遼州、平定軍，見其不耕之地甚多。而河東一路山川深峻，水草甚佳，其地高寒，必宜馬性。及京西路唐汝之間，久荒之地其數甚廣，請下河東、京西轉運司，遣官訪草地有可以興置監牧，則河北諸監有地不宜馬處，可行廢罷。至於估馬一司，利害易見，若國家廣捐金帛，則券馬利厚，來者必多。若有司惜費，則蕃部利薄，馬來浸少。然而招誘之方，事非一體，請遣群牧司或禮賓院官一人至邊，訪蕃部券馬利害。以此三者參酌商議，庶不倉卒輕為改更。』天子下其奏相度，牧馬所奎等請如修奏。神宗即位，留意馬政，於是樞密副使邵亢請以牧馬餘田修稼政，以資牧養之利。而群牧司言：『馬監草地四萬八千餘頃，今以五萬為率，一馬占地五十畝。大名、廣平四監餘田無幾，宜且仍舊。而原武、單鎮、洛陽、沙苑、淇水、安陽、東平等監，餘良田萬七千頃，可賦民以收芻粟。』從之。又詔河南、北分置監牧使，以劉航、崔臺符為之。又置都監各一員，其在河南者為孳生監。凡外諸監並分屬兩使，各條上所當施行者。諸監官吏若牧田縣令、佐，並委監牧使舉劾，專隸樞密院，不隸於群牧制置。二年，詔括河南監牧司總牧地。舊籍六萬八千頃，而今籍五萬五千，餘數皆隱於民。自是，請以牧田賦民者紛然，而諸監尋廢。是歲，天下應在馬凡十五萬三千六百有奇。五年，廢太原監。七年，廢東平、原武監，而合淇水兩監為一。八年，廢河南、北八監，惟存河苑一監，而兩監牧司亦罷。沙河苑監先以隸陝西提舉監牧，至是復屬之群牧司云。時諸監牧田，大抵皆寬衍，為人所冒占，故議者爭請收其餘資，以佐芻粟。言利者乘之，始以增廣賦入為務。始議監時，群牧制置使文彥博言：『議者欲賦牧地與民而斂租課，散國馬於編戶而責孳息，非便。』詔元絳、蔡確較其利害上之。於是中書樞密院言：『河南、北十二監，起熙寧二年至五年，歲出馬一千六百四十匹，可給騎兵者二百六十四，餘僅足配郵傳。而兩監牧吏卒雜費及所占地租，歲為緡錢五十三萬九千有奇，計所出馬為錢三萬六千四百餘緡而已。今九監見馬三萬，若不更制，則日就損耗。』於是卒廢之，以其善馬分隸諸監，餘馬皆斥賣，收其地租，給市易本錢之外，寄籍常平出子錢，以為市馬之直。監兵五千，以為廣固指揮，修治京城焉。後遂廢高陽、真定、太原、大名、定州五監。凡廢監錢歸市之外，又以給熙河歲計。諸監既廢，遊田司請廣行淤溉，增課以募耕者。而河北制置牧田所繼言：牧田沒於民者五千七百餘頃。乃嚴侵冒之法，而加告獲之賞，是利入增多。元豐三年，收廢監租錢，遂至百十六萬，自群牧使而下，賜賚有差。河北察訪使者曾孝寬言：『慶曆中，嘗詔河北民戶以物力養馬，備非時官買，乞參考申行之。』而戶馬法始此。自諸監既廢，仰給市馬，而義勇保甲馬復從官給，議者常患國馬未備。元豐三年春，以王拱辰之請，乃召開封府界京東西、河北、陝西、河東路州縣戶各計資產市馬，坊郭家產及三千緡，鄉村五千緡。若坊郭鄉村通及三千緡以上者，各養一馬，增倍者馬亦如之，至三匹止。馬以四尺三寸以上，齒以八歲以下為斷。齒及十五歲，則更市如初，提舉司籍記之。於是諸道各以其數來上。開封府界四千六百九十四，河北東路六百一十五，西路八百五十四，河東路三百六十六，京東東秦鳳等路六百四十二，永興路一千五百四十六，路七百一十七，西路九百二十二，京西南路五百九十九，北路七百一十六。時初立法，帝慮商賈乘民期會高馬直以專利，命出群牧司驍騎以上千匹與養馬戶交市，以平其價。先是熙寧中，嘗令德順軍蕃部養馬，帝問其利害。王安石對：『今坊、監以五百緡乃得一馬，若委之熙河蕃部，決當不至重費。蕃部以畜牧為生，且其地宜馬，誠為便利。』既而得駒庳劣，亡失者責償。蕃部苦之，其法尋廢。至是環慶路經略司復言已誘勸諸蕃部令養馬。詔閱實及格者，一匹支五縑，鄜延秦鳳涇原路准此。養馬之令，復行於蕃部矣。已而西方用兵，頗調戶馬以給戰騎，借者給還，死者償直。七年六月，遂詔河東鄜延環慶路，各發戶馬二千以給正兵，河東就給本路，鄜延益以永興軍等路及京西坊郭馬，環慶益以秦鳳等路及開封府界馬。戶馬既配兵，後遂不復補。京東、西既更為保馬，而諸路養馬指揮至八年四月乃罷。然其後行給地牧馬，則猶本於戶馬之意云。五年五月，詔開封府界諸縣保甲願養馬者聽，仍以陝西所市馬選給之。六年，又詔司農寺立養馬法。於是曾布等上其條約，凡五路義勇保甲願養馬者，戶一匹，物力高者願養二匹者聽，皆以監牧見馬給之，或官予其直令自市，毋或強予。府界毋過三千匹，五路無過五千匹，襲逐盜賊之外，乘越三百里者皆有禁。在府界者，免輸糧草二百五十束，加給以錢布；在五路者，歲免折變緣納錢。三等以上，十戶為一保；四等以下，十戶為一社；以待病斃補償者。保戶馬斃，馬戶獨償之；社戶馬斃，者社人半償之。歲一閱其肥瘠，禁苛留者。凡十有四條，先從府界頒焉。五路委監司、經略司、州縣更度之。於是保甲養馬行於諸路矣。先是中書、樞密院保甲養馬事，文彥博、吳充言：『三代有邱乘出馬，有國馬，國馬宜不可闕。且今法欲令馬死備償，恐非民願。』而王安石以為令下之初，京畿百姓，多自以為便，願投牒者已千五百戶，決非有所驅迫，力請行之。時河東騎軍有馬萬一千餘匹，歲蕃戍邊，率十年而一周，議者以為費廩食而多亡失，乃行《五路義勇保甲養馬法》。繼而兵部言：『河東正軍馬九千五百匹，請權罷官給，以義勇保甲馬五千補其闕，合萬匹為額，俟正軍不及五千始行給配。』事下中書，樞密院。樞密院以為：『車騎，國之大計，不當專以一時省費，輕議廢置。且官養一馬，歲為錢二十七千。民養一馬，才免折變緣納錢六千五百。計折米而輸其直，為錢十四千四百，餘皆出於民，決非所願。若芻秣失節，或不善調習，緩急無以應用，況減馬軍五千匹，即異時當減軍正數九千九百人，又減分數馬三千九百四十匹，邊防事宜，何所取備？若存官軍馬如故，漸令民間從便牧養，不必以五千匹為限，於理為可。』而中書謂：『官養一馬，以中價率之，為錢二十三千；募民養牧，可省雜費八萬餘緡。且使入中。芻粟之家無以邀厚利。計前二年官馬死，倍於保甲馬。而保甲有馬，可以習戰禦盜，公私兩利。』上竟從樞密院議。河東騎軍得不減耗，而民馬不至甚病者，由帝獨斷之審也。八年，置熙河路買馬坊六，而原、渭、德順諸場皆廢。又以麟府所市馬贏直多，罷之。岢嵐、火山軍所產馬，亦以敵境言邊人多盜馬越界趨利，尋皆罷之。自是，國馬專仰市於熙河、秦鳳矣。九年，提舉開封府界蔡確言：『比賦保甲以國馬，免所輸草，賜之錢布，民以畜馬省於輸稿，雖不給錢布，而願為官養馬者甚眾。請增馬數，歲止免輸稿一百五十束。』詔：『毋過五千匹。』於是京畿罷給錢布而增馬數矣。元豐六年，提舉河東路保甲王崇拯言：『請令本路保甲十分取二，以教騎戰。每官給二十五千，令市一馬，限以五千，當得馬六千九百十有八匹，為緡錢十七萬二千九百有五十。』詔以京東鹽息錢給之，令崇拯月上所買數。於是保甲皆兼市馬矣。七年，京東提刑霍翔請募民養馬，蠲其賦役。乃詔京東、西路保甲免教閱，每一都保養馬五十匹，匹給十千，限以京東十年、京西十五年而數足。置提舉保馬官，京西呂公雅，京東霍翔並領其事，而罷鄉村先以物力養馬之令，尚養戶馬者免保馬，凡養馬免大小保長、稅租、支移，每歲春夫、催稅、甲頭、盜賊、備賞、保丁、巡宿，凡七事。於是京東、西戶馬更為保馬矣。公雅、翔又請以常平息錢賞馬之充肥及孳生者，且請願以私馬印為保馬者聽。養至三匹，蠲除之外，每匹各次下一人許贖杖罪。公雅又令每都歲市二十匹，初限十五年者乃促為二年半。京西地不產馬，民又貧乏，甚苦之。翔又奏本路馬已及萬匹，請令諸縣弓手各養馬一匹，聽贖非捕盜之罪。按熙寧五年所行者戶馬也，元豐七年所行者保馬也，皆是以官馬責之於民，令其字養。戶馬則是蠲其科賦，保馬則是蠲其征役。史志言戶馬之將行也，王介甫以為京畿百姓投牒，願應募者已千五百戶；保馬之將行也，霍翔以為禹城一縣，願應募者為馬已四百四十八。蓋法行之初，民皆樂從，初非官府抑逼。夫樂從之說，出於建議者之口，未必有是事實。然所謂投牒應募之數，未必全虛，蓋民本非樂為官養馬也。當時科賦征役必是繁重，故苟有一役於官而得以自免，則亦不暇詳慮卻顧而靡然從之。正柳子厚所謂『吾蛇尚存，則弛然而臥，時而獻之，退而甘食其土之所有，以盡吾齒』是也。及其久也，馬之斃者賠償不訾，且奉行之吏，務為苛峻，於是數之少者增之，期之寬者促之，始重為民病矣。【略】哲宗嗣位，議者爭言新法保馬之不便，乃下詔以兩路保馬分配諸軍，餘數發赴太僕寺，不堪支配者斥還民戶而責官給元價。翔、公雅皆得罪，保馬遂罷。元祐初，朝廷方議興廢監，復祖宗之舊。於是詔陝西、河東相視所當置監。又下河北、陝西按行河、渭、並、晉之間牧田以聞。時已罷保甲，教騎兵，而還戶馬於民。左司諫王岩叟上疏，極言其事。自是洛陽、單鎮、原武、淇水、東平、陽等監皆復。岩叟疏言：『兵所恃在馬，而能蕃息馬者，牧監也。昔廢監之初，識者皆知十年之後天下當乏馬。已而不待十年，其弊已見，此甚非國之利也。乞收還戶馬三萬，復置監如故，監牧事委之轉運官，而不專置使。今鄆州之東平，北京之大名、元城，衛州之淇水，相州之安陽，洺州之廣平監，以及於瀛、定之間棚基草地疆畫具存，使臣牧卒大半猶在，稍加招集，則指顧之間措置可定，而人免納錢之害，國收牧馬之利，豈非計之得哉？又廢監以來，牧地之在民者，處處為害，愚民利於一時請地之易，不虞後日輸送之難，投牒之初，爭立高課，有司復重估其價，計租為錢，力皆不勝，歲益增欠，轉運司迫於群牧督責之嚴，雖水旱不在蠲放，禁錮鞭撻，無日無之，設欲還官，豈復聽許？今若因復置監牧，收地入官，則百姓戴恩如釋重負矣。』紹聖三年，始行給地牧馬之政。先是知任城縣韓筠等建議，於邢州請以牧田募民受田一頃者，為官牧一馬而蠲其租。縣籍其所養之高下、老壯、毛色，歲一閱，亡失者備償，已佃人願養馬者除其租。於是知州張赴上其說，且以為陝西沿邊弓箭授田不過一頃，既養一馬，又役一丁，備邊之日，歲居其半。今但牧一馬而無身丁之役，若試之一監或一縣，當有利而無害。樞密院是其請，乃言：『赴等所陳受田養馬，既蠲其租，不責以孳息，而不願之家無所抑勒。又限以尺寸，則緩急皆可用之馬矣。』乃具為條畫，下太僕寺，應有監牧州縣悉施行之。殿中侍禦史陳次升言：『近者募人給牧田養馬，若牧田鄰於居民，地復膏腴，宜有願者。相去稍遠，難就耕牧，則必非所願。且一頃之地，所直不多，馬或亡失，乃償錢四五十千，恐人之非願。』言竟不行。徽宗崇寧元年，有司較諸路田養之數，凡一千八百匹有奇，而河北西路占一千四百，他路自二百四以下，至河東僅九匹，而開封府界、京西南路、京東東路皆無應募者。蓋法雖已具，而猶未力行也。大觀元年，尚書省言：『元祐置監，馬不蕃息，而費用不貲。今沙苑最號多馬，然占牧馬者九千餘頃，芻粟、官曹之費歲為緡錢四十餘萬，而牧馬止及六千。自元符元年至二年，亡失者三千九百。且素不調習，無以任騎乘。以九千頃之田，四十萬緡之費，養馬六千而不適於用，又亡失如此，利害灼然可見。今以九千頃之田，計其瘠磽者三分去一，猶得良田六千頃。以見直計之，頃為錢五百餘緡。若以一頃募養一馬，則人得地利，馬得所養，可以紹述先帝隱兵於農之意。請下永興軍路提點刑獄司及同州詳度以聞。俟見實利，六路新邊閑田，當以次施行。』時熙河蘭湟路牧馬司又請兼募願養牝馬者，每收三駒，以其二歸官，而一充賞，詔行之。是歲，臣僚言岷州應募養馬者至萬餘匹，於是自守貳而下，遞賞有差。宣和二年，手詔曰：『給地牧馬，議者本以蕃息國馬為言，今損失動以千計，而自法行至今，皆無出駒之數，歲縻賞賚，蠲除租稅科調，而賦斂日以不均，為害非一，其罷政和二年以來給地牧馬條令，收見馬以給軍，應牧馬及置監處並如舊制。』於是又復東平監。凡諸監興罷不一，而沙苑監獨不廢。自給地牧馬之法既罷，三年而復行。時牧田已多所給占，乃詔見管及已拘收牧田，如官司輒復請占者，以違御筆論。雖奉御筆者，皆許執奏。六年，又詔立賞格，應養馬通一路及三千匹，州通縣及一千，縣及三百，其提點刑獄、守令各遷一官，倍之者更減磨勘年。於是諸路應募牧馬者為戶八萬七千六百有奇，為馬二萬三千五百。既推賞如上詔，而兵部長貳亦以兼總八路馬政遷官。然北方用兵，而馬政益急矣。蔡絛《國史補》：『政和二年，詔於京東西、河北以舊牧地募人牧馬，以次推行於諸路，其制以在官逃田若天荒凡二頃至三四頃度高下肥磽而授之，蠲其一頃之賦，而牧一馬，牝則三年而出一駒，牧五年者詣官再易馬，盡括澤潞、京西、山東、河北等田，即陝右軍蕃羌馬一分給之。魯公既罷，於是詔以所牧馬盡給賜童貫及補陝右諸軍之闕馬者，凡九萬餘匹，既不加恤，道斃者十八九，遂盡收出以賜諸苑囿及道宮，若復苑八作、書藝局、艮嶽、擷芳園、上清寶籙宮、龍德太一宮、祐神觀、各一千或八百頃，他以差給賜。其後北事興，郭藥師在燕山，乃盡發河北諸軍及系官馬，聽其所擇，而國馬盡矣。宣和末，金人且寒盟，始悟闕馬，乃復給地牧馬，既無馬以給民，又不得元田。州縣強民出馬以牧取文具而已。屬金人犯闕，詔盡括內外馬，及取於在京騎軍不及二萬，且授內臣梁方平扼大河於濬州，至則大敗，馬復殲焉。』政和《五禮新儀》：仲春祀馬祖，仲夏享先牧，仲秋祭馬社，仲冬祭馬步，並擇日。馬祖、先牧、馬社、馬步壇各廣九步，高三尺四，出陛一壝二十五步。中興後，以紹興三十一年於行在昭慶寺設位行祭。高宗渡江以來，無復國馬。紹興二年，始命措置馬監。後置於饒州，以守倅領之。擇官田為牧地，復置提舉，俄廢。四年，又置監於臨安之餘杭、南蕩。上曰：『轉臣進呈廣馬，幾似代北所生。春秋列國不相通，所用之馬皆取於其國中而已。申公巫臣使於吳，與其射禦，教吳乘車，則是雖吳亦自有馬。今必產馬處求之，則是馬政不修也。』十九年夏，詔：『馬五百匹為一監，牡一而牝四。監分四群。歲生產駒三分及斃二分以上，有賞罰。』先是川路所買馬，歲付鎮江軍中養牧。至是上以未見孳生之數，遂分江上諸軍。後又置監於郢、鄂之間，牡牝千餘。十有餘年才生三十駒，而又不可用，及已。故凡戰馬悉仰川、秦、廣三邊焉。

《宋史》卷一五一《兵志十二》 凡牧地，自畿甸及近郡，使擇水草善地而標占之。淳化、景德間，內外坊、監總六萬八千頃，諸軍班又三萬九百頃不預焉。歲久官失其籍，界堠不明，廢置不常，而淪於侵冒者多矣。淳化二年十二月，通利軍上《十牧草地圖》，上慮侵民田，遣中使檢視疆理。嘉祐中，韓琦請括諸監牧地，留牧外，聽下戶耕佃。遣都官員外郎高訪等括河北，得閑田三千三百五十頃募佃，歲約得穀十一萬七千八百石，絹三千二百五十匹，草十六萬一千二百束。群牧司言：『諸監牧地間有水旱，每監牧放外，歲刈白草數萬束，以備冬飼。今悉賦民，異時監馬增多，及有水旱，無以轉徙牧放。』詔遣左右廂提點官相度，除先被侵冒已根括出地權給租佃，餘委群牧司審度存留，有閑土即募耕佃。五年，群牧司言：『凡牧一馬，往來踐食，占地五十畝。諸監既無餘地，難以募耕，請存留如故。廣平廢監先賦民者，亦乞取還。』乃詔：『河北、京東牧監帳管草地，自今毋得縱人請射，犯者論以違制。』群牧使歐陽修言：『唐之牧地，西起隴右金城、平涼、天水，外暨河曲之野，內則岐、幽、涇、寧，東接銀、夏，又東至於樓煩。今則沒入蕃界，淪於侵佃，不可復得。惟河東嵐、石之間，山荒甚多，汾河之側，草地亦廣，其間水草最宜牧養，此唐樓煩監地。跡此推之，則樓煩、元池、天池三監舊地，尚冀可得。臣往年出使，嘗行威勝以東及遼州、平定軍，其地率多閑曠。河東一路，水草甚佳，地勢高寒，必宜馬性。又京西唐、汝之間，荒地亦廣。請下河東、京西轉運司遣官審度，若可興置監牧，則河北諸監，尋可廢罷。』治平末，牧地總五萬五千，河南六監三萬二千，而河北六監則二萬三千。

又卷一九八《兵志第一百五十一·馬政》 凡牧監之在河南、北，天禧後，靈昌監為河決所沖。至乾興、天聖間，兵久不試，言者多以為牧馬費廣而亡補，乃廢東平監，以其地賦民。五年，廢單鎮監。六年，廢洛陽監。於是河南諸監皆廢，悉以馬送河北。既而詔取原武監馬赴京師，移河北孳生馬牧於原武。八年，群牧司上言：原武地廣而馬少，請增牧數。詔以淇水第二監四歲馬屬原武，歲取河北孳生四歲馬分屬淇水第二並原武監，移原武下等馬牧於靈昌鎮廢監，仍隸原武。九年，詔諸監孳生駁馬，四時遊牧，勿復登廄。明道元年，議者謂：『自河南六監廢，京師須馬，取之河北，道遠非便。』詔遣左廂提點王舜臣往度利害。舜臣言：『鎮寧、靈昌、東平、淳澤四監雖廢，然其地猶牧本監並騏驥院馬，洛陽、單鎮去京師近，罷之非便。』乃詔復二監，以牧河北孳生馬。景祐二年，揀河北諸監馬一千九百牧於趙州界，隸安陽監。既而詔廣平廢監留其一，以趙州界牧馬復隸焉，所餘一監，毋毀廄舍。四年，復以原武第二監為單鎮，移於長葛縣，以縣令、都監兼領之。三年，詔院坊、監馬歲留備用外，餘為兩群，牧於咸豐門外牟駝岡。凡收養病馬，估馬司、騏驥院取病淺者送上監，深者送下監，分十槽醫療之。天聖六年，詔月以都監、判官一人提舉。八年，言者謂上監去京城遠，送病馬非便。詔廢之，以病淺馬分屬左右騏驥院六坊、監，季較拋死數，歲終第賞罰。更以騏驥院官迭往提舉。明道二年，復置上監，易名天坰，養無病馬，病馬並屬下監。景祐二年，詔以牧養監馬團群牧於陳、許州界鳳凰陂，免耗芻菽，歲以為常。治平二年，詔院坊、監馬之病不堪估賣者，送淇水第一監，別為一群以牧養之。凡馬之孳生，則大名府、洺、衛、相州七監多擇善種，合牝牡為群，判官歲以十二月巡行坊、監，閱二歲駒點印，第賞牧兵。諸軍收駒及二歲，即送官。天聖七年，群牧司言：『舊制，知州軍、通判領同群牧事，歲終較馬死數及分已上，並生駒不及四分，並罰奉。死數少，生駒多，即奏第賞。三歲都比，以該賞者聞。今請申明舊制，通判始到官，書所轄馬數，歲一考之，官滿，較總數為賞罰。』詔從之。嘉祐八年，群牧司言：『孳生七監，每監歲定牝馬二千，牡馬四百，歲約生駒四百，以為定數。』治平二年，詔：『諸監生駒滿三十月已上，每歲點印，選牡之良者送淇水第二監，餘雜大馬悉送河南三監，其淇水第二監馬，候滿六十月，給配諸監。諸監牝馬滿三十月，本監別立群牧放，候滿五十月，乃撥配他監。』【略】凡牧地，自畿甸及近郡，使擇水草善地而標占之。淳化、景德間，內外坊、監總六萬八千頃，諸軍班又三萬九百頃不預焉。歲久官失其籍，界堠不明，廢置不常，而淪於侵冒者多矣。淳化二年十二月，通利軍上《十牧草地圖》，上慮侵民田，遣中使檢視疆理。嘉祐中，韓琦請括諸監牧地，留牧外，聽下戶耕佃。遣都官員外郎高訪等括河北，得閑田三千三百五十頃募佃，歲約得穀十一萬七千八百石，絹三千二百五十匹，草十六萬一千二百束。群牧司言：『諸監牧地間有水旱，每監牧放外，歲刈白草數萬束，以備冬飼。今悉賦民，異時監馬增多，及有水旱，無以轉徙牧放。』詔遣左右廂提點官相度，除先被侵冒已根括出地權給租佃，餘委群牧司審度存留，有閑土即募耕佃。五年，群牧司言：『凡牧一馬，往來踐食，占地五十畝。諸監既無餘地，難以募耕，請存留如故。廣平廢監先賦民者，亦乞取還。』乃詔：『河北、京東牧監帳管草地，自今毋得縱人請射，犯者論以違制。』群牧使歐陽修言：『唐之牧地，西起隴右金城、平涼、天水，外暨河曲之野，內則岐、幽、涇、寧，東接銀、夏，又東至於樓煩。今則沒入蕃界，淪於侵佃，不可復得。惟河東嵐、石之間，山荒甚多，汾河之側，草地亦廣，其間水草最宜牧養，此唐樓煩監地。跡此推之，則樓煩、元池、天池三監舊地，尚冀可得。臣往年出使，嘗行威勝以東及遼州、平定軍，其地率多閑曠。河東一路，水草甚佳，地勢高寒，必宜馬性。又京西唐、汝之間，荒地亦廣。請下河東、京西轉運司遣官審度，若可興置監牧，則河北諸監，尋可廢罷。』治平末，牧地總五萬五千，河南六監三萬二千，而河北六監則二萬三千。【略】保甲養馬者，自熙寧五年始。先是，中書省、樞密院議其事於上前，文彥博、吳充言：『國馬宜不可闕。今法，馬死者責償，恐非民願。』安石以為令下而京畿投牒者已千五百戶，決非出於驅迫，持論益堅。五月，詔開封府界諸縣保甲願牧馬者聽，仍以陝西所市馬選給之。六年，曾布等承詔上其條約：凡五路義勇保甲願養馬者，戶一匹，物力高願養二匹者聽，皆以監牧見馬給之，或官與其直令自市，毋或強與。府界毋過三千匹，五路毋過五千匹。襲逐盜賊外，乘越三百里者有禁。在府界者，免體量草二百五十束，加給以錢布；在五路者，歲免折變緣納錢。三等以上，十戶為一保；四等以下，十戶為一社，以待病斃逋償者。保戶馬斃，保戶獨償之；社戶馬斃，社戶半償之。歲一閱其肥瘠，禁苛留者。凡十四條，先從府界頒焉。五路委監司、經略司、州縣更度之。於是保甲養馬行於諸路矣。時河東騎軍馬萬一千餘匹，番戍率十年一周。議欲省費，乃行《五路義勇保甲養馬法》。兵部言：『河東正軍馬九千五百匹，請權罷官給，以義勇保甲馬五千補之以合額。俟正軍馬不及五千，始行給配。』下中書、樞密院。樞密院以為：『官養一馬，歲為錢二十七千。民養一馬，才免折變緣納錢六千五百，折米而輸其直，為錢十四千四百，餘皆出於民，決非所願。況減軍馬五千匹，邊防事宜何所取備？若存官軍馬如故，漸令民間從便牧馬，不以五千為限，於理為可。』中書謂：『官養一馬，以中價率之，為錢二十七千。募民牧養，可省雜費八萬餘緡。計前二年官馬死，倍於保甲馬。而保甲有馬，可以習戰禦盜，公私兩便。』帝卒從樞密院議。九年，京畿保甲養馬者罷給錢布，止免輸草而增馬數。元豐六年，取河東路保甲十分之二以教騎戰，且以本路鹽息錢給之。每二十五千令市一馬，仍以五年為限。七年，詔京東、西路保甲免教閱，每都保養馬五十匹，匹給錢十千，限京東以十年，京西十五年而數足。置提舉保甲馬官，京西以呂公雅，京東以霍翔領之。罷鄉村物力養馬之令，養戶馬者免保甲馬，皆翔所陳也。翔及公雅既領提舉事，多所建白。請借常平錢，每路五萬緡，付州縣出息，以賞馬之充肥及孳息者。願以私馬印為保馬者聽。養馬至三匹，蠲役外，每疋許次丁一人贖杖罪之非侵損於人者。詔悉從之。公雅又令每都歲市二十匹，限十五年者促為二年半。京西不產馬，民貧乏益不堪，上慮有司責數過多，百姓未喻上意，詔如元令，稍增其數。公雅乃請每都歲市八匹，限以八年，山縣限以十年。翔又奏本路馬已及萬匹，請令諸縣弓手各養一匹，以贖失捕之罪。哲宗嗣位，言新法之不便者，以保馬為急。乃詔曰：『京東、西保馬，期限極寬。有司不務循守，遂致煩擾。先帝已嘗手詔詰責，今猶未能遵守。其兩路市馬年限並如元詔。』尋又詔以兩路保馬分配諸軍，餘數付太僕寺，不堪支配者斥還民戶而責官直。翔、公雅皆以罪去，而保馬遂罷。戶馬者，慶歷中，嘗詔河北民戶以物力養馬，以備官買。熙寧二年，河北察訪使曾孝寬以為言，始參考行之。是時，諸監既廢，仰給市馬，而義勇保甲馬復從官給，朝廷以乏馬為憂。元豐三年春，以王拱辰之請，詔開封府界、京東西、河北、陝西、河東路州縣戶各計資產市馬，坊郭家產及三千緡、鄉村五千緡、若坊郭鄉村通及三千緡以上者，各養一馬，增倍者馬亦如之，至三疋止。馬以四尺三寸以上，齒限八歲以下，及十五歲則更市如初，籍於提舉司。於是諸道各上其數，開封府界四千六百九十四，河北東路六百一十五，西路八百五十四，秦鳳等路六百四十二，永興路一千五百四十六，河東路三百六十六，京東東路七百一十七，西路九百二十二，京西南路五百九十，北路七百一十六。時初立法，上慮商賈乘時高直以病民，命以群牧司驍騎以上千疋出市，以平其直。熙寧中，嘗令德順軍蕃部養馬，帝問其利害。王安石謂：『今坊、監以五百緡得一馬，若委之熙河蕃部，當不至重費。蕃部地宜馬，且以畜牧為生，誠為便利。』已而得駒庳劣，亡失者責償，蕃部苦之，其法尋廢。至是，環慶路經略司復言已檄諸蕃部養馬，詔閱實及格者一匹支五縑，鄜延、秦鳳、涇原路准此。時西方用兵，頗調戶馬以給戰騎，借者給還，死則償直。七年，遂詔河東、鄜延、環慶路各發戶馬二千以給正兵，河東就給本路，鄜延益以永興軍等路及京西坊郭馬，環慶益以秦鳳等路及開封府界馬。戶馬既配兵，後遂不復補。京東、西既更為保馬，諸路養馬指揮至八年亦罷。其後給地牧馬，則亦本於戶馬之意云。

明 邱濬《大學衍義補》卷一二三《牧馬之政上》 宋之馬政，凡禦馬之等三，給用之等十有五，群號之字十有七，毛物之種九十有二。其官司之規，則太祖初置左右飛龍二院以二使領之，後改為天廄坊，又改為騏驥院，以天駟監隸焉。真宗置估馬司，凡市馬，掌辨其良駑、平其直以分給諸監。三年，置群牧使。景德二年，改諸州牧龍坊悉為監，在外之監十有四。置群牧制置使及群牧使副、都監、判官，廄牧之政皆出於群牧司，自騏驥院而下皆聽命焉。諸州有牧監，知州、通判兼領之。林駉曰：『宋朝馬政蓄於監牧者曰官馬，散於編戶者曰戶馬，市於邊郡者曰戎馬。』太宗淳化二年，通利軍上《十牧草地圖》，上慮畜牧之地多侵民田，乃遣中使檢視，畫其疆界。又從趙守倫之請，於諸州牧龍坊畜牝馬萬五千匹，逐水草牧放，不費芻秣，生駒可資軍用，自是諸牧馬頗蕃息。臣按：馬以資軍用，誠國家之急務，然用軍欲何為哉？衛民而已。本欲衛民，未有事乃先害民可乎？宋太宗慮牧馬侵民田，遣使檢視，良是也。然不遣文吏而遣中使何哉？夫天下土地何者而非國家之有，在民猶在官也，而在官者則非民有矣。其疆界之彼此誠不可不為畫定也，疆界不定則官田日廣、民田日削，馬雖蕃而民日耗，而用馬以誰衛哉？國子博士李覺言於太宗曰：『冀北、燕代馬之所生，胡戎之所恃也，制敵以騎兵為急，議者以為，欲國之多馬，在乎啖戎以利而市其馬，然市馬之費歲益而廄牧之數不加者，失其生息之理也，且戎人畜牧轉徙，馳逐水草，騰駒遊牝，順其物性，所以蕃滋其馬，至於中國縶之維之，飼以枯槁，離析牝牡，制其生性，玄黃虺隤因而減耗，宜然矣。古皆因田賦出馬，馬皆生於中國，不聞市之於戎，今所市戎馬，直之少者匹不下二十千，往來資給賜予複在數外，是貴市於外夷而賤棄於中國，非理之得也。今宜減市馬之半直賜畜駒之將卒增為月給，俟其後納馬則止焉，是則貨不出國而馬有滋也。大率牝馬二萬而駒收其半，亦可歲獲萬匹，況夫牝又生駒，十數年間馬必倍矣。昔猗頓窮士也，陶朱公教以畜五牸，乃適西河，大畜牛羊於猗氏之南，十年間其息無算，況以天下之馬而生息乎？』臣按：覺疏引猗頓畜牸之事，尤為切於事情，由是以觀牧馬之政以畜牝為先，牝得其養則生育多矣，積以歲年，牝又生牝、駒又生駒，不出十年，馬大蕃息矣。覺又言中國之馬食枯芻、處華廄，故多生息而無耗，今官散馬於編民戶丁，分日而飼，各家分次而牧，委之以老稚，食之以蕪雜，處之以污穢，而欲其生息之蕃多、體力之壯健、性習之調伏，難矣。仁宗慶曆中，知諫院餘靖言：『謹按《詩》《書》以來，中國養馬蕃息故事，不獨出於戎狄也。秦之先曰非子，居犬丘，好馬及畜養息之，周孝王召使主馬於汧渭之間，馬大蕃息，犬丘今之興平、汧渭今之秦隴州界也；衛文公居河之湄以建國，而詩人歌之曰，騋牝三千，不言牡而言牝，則牝為蕃息之本也，衛則今之衛州也；詩人又頌魯僖公能遵伯禽之業，亦云，駉駉牡馬，魯今屬兗州，左氏云冀之北土馬之所生，今鎮、定、並、代其地也；漢之太原有家馬廄，一廄萬匹，又樓煩、胡北皆出名馬，即今之並、嵐、石、隰界也；唐以沙苑最為宜馬，即今之同州也，開元中置七坊四十八監，半在秦、隴、綏、銀，則知古來牧馬之政修之由人不在於地。臣切見今之同州及太原以東，相、衛、邢、洺皆有馬監，其餘州軍牧地七百餘所，乞於群牧使、副、都監、判官等內差一員往監牧舊地，相度水草豐茂去處，選擇孳生堪牧養馬，專差人員牧於四遠，牧放一依《周官》《月令》之法，務令蕃息，別立賞罰以明勸沮，庶幾數年之後，馬畜蕃盛。』臣按：我朝奄有四海之大，凡中國所謂宜馬之地皆在焉，非若唐人自中葉以後失去河北，宋人失幽燕、寧夏之地，其後也並中原而失之，然是時未嘗去兵而用兵也未嘗乏馬。今天下無事，所謂馬政者特以為操習豫備之具耳，司戎行者往往以乏馬為憂，掌國計者切切以擾民為慮，何哉？不行先王之政而襲用王安石之弊政故也。噫，無事之時且爾，一旦事出倉卒，又將何以濟哉？臣聞天下無難處之事，君子懷先事之憂，當閒暇之時而豫為之處置，稽之於古，驗之於今，廣詢訪於眾謀，不拘泥於陳跡，其間必有一不虧官不損民之良法，行之有利而無害者出焉。宋祁言於仁宗曰：『天下久平，馬益少，臣請多用步兵。夫哄然聚、忽然散，雲奔飆馳，鈔後掠前，此馬之良也；強弩巨梃，長槍利刀，什什相聯，伍伍相縫，大呼薄戰，此步之良也。臣料朝廷與敵相攻必不深入窮追，驅而去之，及境而止，然則不待馬而步可用矣。臣請損馬而益步，故馬少則騎精，步多則鬥健，我惟用步所長，契丹馬多無所用之。』臣按：中國之馬不如敵馬之良，非徒無其良而孳生之多亦不及也。今天下無事之秋，欲為武備，內疲齊民，外苦邊卒，皆以馬之故。馬之弊極矣而訖無善政，宋祁謂『朝廷與敵相攻必不深入窮追，驅而去之，及境而止，不待馬而步可用，請損馬益步，馬少則騎精，步多則鬥健』，祁之言蓋有得於周人薄伐之意，其策誠莫有過焉者也。臣請於西北沿邊一帶凡屯戍之所，率以守疆界為重，扼要害為主，惟限敵使不得入，不必窮追，惟制敵使不敢越，不必深入，十兵之中步八而騎二，騎以為奇而驅馳必精健之足，步以為正而什伍皆健鬥之卒，如此，則馬雖不多而皆得其用，內可以寬保戶之孳生，外可以免騎士之倍備。英宗治平中，歐陽修言：『唐之牧地，西起隴右、金城、平涼、天水，外暨河曲之野，內則岐、豳、涇、寧，東接銀夏，又東至於樓煩。今則沒入蕃界，惟河東嵐、石之間山荒甚多，汾河之側草地亦廣，其間水甘草軟，最宜牧養，乃唐樓煩監地，臣往年出使嘗行威勝以東及遼州平定軍，其地率多閑曠，河東一路水草甚佳，地勢高寒，必宜馬性，又京西唐、汝之間荒地亦廣，請下河東、京西轉運司遣官審度，興制監牧。』臣按：今日馬政，兩京畿及山東、河南牧之於民，山西、陝西、遼東牧之於官，在官者有名而無實，在民者有損而無益。國家承平逾百年於茲矣，正居安思危之日、修政舉廢之時，乞下本兵柄大臣，推求祖宗立法養馬之意，寺監之養必循名而責實，民間之畜必無損而有益，立為通融之法，兩京畿及山東、河南於民養之外擇地以立監牧，山西、陝西、遼東於官養之外設法以為俵散，制畜養之規，修廄牧之所，勘牧地之數，廣收市之利，分支免之等，寬追陪之限，如此，則名稱其實，有益而無損矣。神宗熙寧中，王安石因曾孝寬言『慶曆中嘗詔河北民戶以物力養馬，備非時官買，乞參考申行之』，而戶馬法始此。文彥博言：『漢唐之盛，苑監實繁，祖宗以來，修舉甚至七八十年，搜補取用，源源不絕。近時議者多不深究本末，熟詳利害，乃欲賦牧地與農民斂其租課，散國馬於編戶責其孳息，即不知所賦之地肥瘠皆可耕乎？所斂租賦豐凶皆可得乎？複不知戶配一馬，縶之維之皆可蕃息乎？既不蕃息則後將可繼乎？』臣按：彥博茲言雖言當時戶馬之弊，殆有若為今日設也。但宋時戶馬是散官馬於民，今日乃令民自買馬養耳；宋時賦牧地與民，今日乃民自用其地所出以養耳。其中所謂『維之縶之皆可蕃息乎』之一言，尤為有見。蓋馬所以蕃息者以其群聚之相資，騰遊之有道，今小民一家各縶一馬，而欲其生息固難矣，況求其皆良乎？

又《牧馬之政下》 保甲養馬者，自熙寧五年始。先是，中書省樞密院議其事於上前，文彥博、吳充言：『國馬宜不可闕，今法馬死者責償，恐非民願。』王安石以為令下而京畿投牒者已千五百戶，決非出於驅迫，持論益堅。帝詔開封府界保甲願牧馬者聽，仍以陝西所市馬選給之。六年，曾布等承詔上其條約，凡五路義勇保甲願養馬者戶一匹，物力高願養二匹者聽，皆以監牧見馬給之，或官與其直令自市，毋或強與。府界毋過三千匹，五路毋過五千匹。襲逐道路外，乘越二百里者有禁。在府界者，免體量草二百五十束，加給以錢布；在五路者，歲免折變緣納錢。三等以上，十戶為一保；四等以下，十戶為一社，以待病斃補償者。保戶馬斃，保戶獨償之；社戶馬斃，社戶半償之。歲一閱其肥瘠，禁苛留者。凡十有四條，先從府界頒焉，五路委監司、經略司、州縣更度之，於是保甲養馬行於諸路矣。馬端臨曰：『熙寧五年所行者戶馬也，元豐七年所行者保馬也，皆是以官馬責之於民，令其字養。戶馬則是蠲其科賦，保馬則是蠲其征役。』臣按：此宋熙寧保馬之法，大類今日兩京畿、河南、山東編戶養馬之法，但宋人保甲養馬自願者聽及以官馬給之，且免其體量草束及折變緣納錢，今日則論丁養馬，丁及數者與之，不及數者足諸他戶，不問其願與否也，糧草、戶役、征輸如故。況宋人所謂保甲者不供他役，今日則科賦征役非止一端，而又於郡邑正佐之外加設以官，裏社之外別立群長，民以一身而當二役，既為人而差，復為馬而役，既供芻糧以給公家之用，復備芻秣以為官馬之養，其害比宋為甚矣。假令百姓竭力破產以飼養馬匹，官得其用，雖曰有損於民而實有益於官，今所養之馬既皆小弱羸瘠，有之若無，驅逐數十里固已困憊矣，況用以出塞禦戎乎？是官民胥失之也。夫養馬之令，生必報數、死必責償，一馬之斃未償而一馬又斃，前歲之生未俵而嗣歲又生，生者歲增而供給愈難，死者日繼而陪償無已，民何以為生乎？今日兩京畿、河南、山東之弊政莫此為甚，朝廷建國於北，借此數郡以為根本，而當無事之時首先困之而不為之拯恤，可乎？知治體憂深思遠者，所當為之軫念也。伏惟聖明明見萬裏之外，仁同一視之中，況此根本重地，不出二三千里之外者乎？萬乞留神聽察，則宗社生靈不勝大幸。哲宗嗣位，議者爭言保馬之不便，乃下詔以兩路保馬分配諸軍，餘數發赴太僕寺，不堪支配者斥還民戶。元祐初，議興復廢監，於是詔陝西、河東相視所當置監，又下河北、陝西按行河、渭、並、晉之間牧田以聞，時已罷保甲、教騎兵而還戶馬於民，右司諫王岩叟言：『兵所恃在馬，而能蕃息者牧監也。昔廢監之初，識者皆知十年之後天下當乏馬，已不待十年其弊已見，此甚非國之利也。乞收還戶馬，復置監如故，監牧事委之轉運官而不專置使。今鄆州之東平，北京之大名、元城，衛州之淇水，相州之安陽，韃州之廣平監以及於瀛、定之間柵塞草地疆畫具存，使臣牧卒大半猶在，稍加招集，措置可定，而人免納錢之害，國收牧馬之利，豈非計之得哉？』臣按：古今牧馬之制，在官、在民二者而已，宋人始制牧監以牧馬，是牧之於官，至其中世改以為戶馬保甲馬之法，則是牧之於民也。牧之於官雖不能無害而猶得馬之用，牧之於民非獨有害而又不得馬之用焉。昔王安石行新法而為戶馬之制，文彥博言於神宗不見用，至元豐時其弊一如彥博所言，神宗乃歎曰：『朕於是有愧於文彥博矣。』雖然，神宗雖知所愧而不能有所改，至哲宗乃罷之而複廢監，百姓如釋重負而出於水火之中。今日養馬之政不幸馴致於熙寧之弊，誠能如元祐之改轅易轍，則此數郡之民感戴聖恩如天矣。

明　湛若水《格物通》卷八四《馬政》　宋太祖以五代時監牧多廢，官失其守，國馬不蕃息，時但有左右飛龍院，帝始置養馬之務，歲遣中使諸邊州市馬，自是閑廄始充矣。臣若水通曰：五代監牧廢弛而馬不蕃息，宋祖市馬修政，而閑廄始充，是故事之廢興皆由乎人，匪由乎天也。然則修舉廢墜，在君臣之責爾。宋太宗既平太原，遂觀兵范陽，得汾晉燕薊之馬凡四萬二千餘匹。國馬增多，乃詔於景陽門外新作四廄，名曰天駟監，左右各二，以左右飛龍使為左右天廄使，閑廄使為崇儀使，內廄馬既充牣，始分置諸州牧養。雍熙初，禁邊臣於邊外市蕃馬，勿得虧其直。改太廄院為騏驥院，天駟監為天廄坊，自河北、洛陽至許州鎮監，凡十八監。又詔北冦未平，方資戰騎，分遣使臣收買京城諸道私家所産之【下闕】。宋真宗咸平三年，羣牧司總內外馬政。其後歲遣判官一人巡行諸監，取孳生駒二歲已上者點印之。左右騏驥院、六坊監止留馬二千餘匹，餘皆三月出就牧放，秋冬而入，其御馬準備用者在京師。臣若水通曰：馬之生也日蕃，而人之偽也日滋。真宗取其駒而點印之，防隱匿也。夫隱匿之弊也久矣，惟智者為能防其未然而弊可已也，然則宋真宗可謂智哉。我國家則既行之矣，事久法玩，在戒飭之而已耳，伏惟聖明留神焉。宋仁宗時舊制，以羣牧司總天下馬政，其屬有左右騏驥院，分領左右天駟監、左右天廄坊，其畜病馬有收養上下監，收兵校長有提舉指揮使、副使，諸監之在外者，知州、诵判兼領之，各據芻地列棚，並課士卒春夏出牧，秋冬入廄，孳息有賞，耗亡有罰，其為條教甚備。丁度為群牧使，上言天聖中牧馬至十餘萬，其後言者以天下無事，遂廢八監，陝西、河東歲市馬一萬二百，尤能補京畿塞下之闕。自用兵數年，所市馬比常歲特三之一，請下令河東、京東、京西、淮南籍丁壯為兵處，有能蓄一戰馬者與免二丁，仍不升戶等，以備緩急，如此則國馬蕃矣。臣若水通曰：宋制掌馬之官甚備，而牧馬之政甚詳。丁度請為蓄馬免丁之令，修數年市馬之缺，亦良策也。馬之蕃盛，固其宜矣。由是而觀馬之盛衰，係法之修否，司是政者不可不因時以補其弊也。宋英宗時，唐介知太原，請於交城縣置馬監，詔比部員外郎崔台符相視，得汾州故牧地三千餘頃，其十二百餘頃民以租佃者令入租，以給寒月芻豆，已從介請置監，自沙苑發牝馬五百匹徃交城，帝謂文彥博曰：『馬政之盡善，繇羣牧判官，國冀其蕃息，以給騎兵。』遂以台符權群牧判，尋詔台符及劉航刪收群牧司勑令。臣若水通曰：兵之有馬，猶身之有足也。身非足則無以行，兵非馬則無以進，知身之不可以無足，則知兵之不可以無馬矣。唐介之請英宗之言，其亦有見於此也乎？是故人君之修馬政，非以外觀也，所以備用也，其可不盡心乎？宋神宗即位，留意於馬政，於是樞密使邵亢請以牧馬餘田修稼政，以資牧馬之利。而羣牧司言馬監草地四萬餘頃，今以五萬為率，一馬占地五十畆，大名、廣平四監餘田無幾，宜且仍舊，而原武、單鎮、洛陽、沙苑、淇水、安陽、東平等監餘田萬七千頃，可賦民以芻粟。從之。又詔河南北分置監牧使，以劉航、崔台符為之，又置都監各一員，其在河南者為孳生監。凡外諸監並分屬兩使，諸監官吏若牧田縣令佐並委監牧使舉劾，專隸樞密院，不隸於羣牧制置。臣若水通曰：《周禮》圉人掌養馬芻牧之事，以役圉師，皆屬於大司馬。若夫樞密所掌者，調度機務大事，而以下侵羣牧之職，不亦謬乎？蓋牧所以放馬者也，放之即所以養之爾，惟其養之也專，則生息多而壯健，緩急之用有備矣。此神宗即位之初而拳拳於馬政，其亦知國之所賴者兵，而兵之所賴者馬歟？後之為人君欲詰爾戎兵者取法焉可也。宋高宗謂輔臣呂頤浩曰：若復孳生馬，當就水草地。是日條畫於饒州四望山等處以為牧地，郡守帶提領選差使臣五員專管牧養事。臣若水通曰：高宗謂兵以馬政為先，可謂知守備之要矣。然牧之在有其地，掌之在得其人，有其地而又有其人矣，在專其任，知斯三者，則唐之雲錦成羣之效豈不可見哉？為人君、修馬政者宜知此三要焉，否則徒文具爾。

明 雷禮《南京太僕寺志》卷二《勤調養》 宋初諸坊監，自畿甸及近郡，遣使分行水草善地而摽占之，皆季春放牧，至秋冬而入，亦有四時逐水草以肆游牡者。淳化二年，宋太宗謂侍臣曰：『國家蓄馬備邊，最爲急務。而諸州牧監歲多瘦死，養飼失時，枉致疾斃。近令取數十槽致殿庭，命圉人視其芻秣，教以醫養之法，庶革其弊。』孝宗淳熙三年五月癸亥，王淮進呈步軍司，相度牧馬去處。上曰：『前日牧馬官辭，朕戒以愛護馬當如愛護己身，饑飽勞佚，各隨時調節。若以身所不能堪者，馬亦不能堪之。但馬不能言告，訴不得耳。』龔茂良等奏云：『陛下留神馬政，曲盡物情，不惟戒勑主者，使之各各用心，如聖言及此，其仁蓋不可勝用矣。』

明 袁黃《馬政考》《明文海》卷一二二 宋太祖置養馬二務，又興葺舊馬務四，以為牧放之地，分遣中使詣邊州歲市馬，自是閑廐之馬始備。太宗時，以京馬分牧於諸州，真宗又置騏驥院，總之以群牧，領之以守倅，牧於官而民不擾焉。神宗朝，牧馬漸蕃，言者爭請以牧田賦民，計五十畝牧一馬，餘者賦民以收芻粟，而監地廢矣。及王安石保馬之法行，賦農民以牧地，散國馬於編户，每都限馬十五匹，期以十五年而足，公私困竭。哲宗嗣位，始罷保馬法，於是市之遠方或易以布帛，或易以銅茶。南渡後，雖嘗置監於餘杭之南蕩，而江浙間馬無所展，宋之馬政不復振矣。

明 王鳴鶴《登壇必究》卷一八《馬政》 宋之馬政，凡御馬之等三，給用之等十有五，羣號之字十有七，毛物之種九十有二。其官司之規則，太祖初置左右飛龍二院，以二使領之，後改爲天廐坊，又改爲騏驥院，以天駟監隸焉。眞宗置佑馬司，凡市馬掌辨其良駑，平其直，以分給諸監。三年，置羣牧使。景德三年，改諸州牧龍坊悉爲監，在外之監十有四，置羣牧制置使及羣牧使副、都監判官，廐牧之政皆出於羣牧司，自騏驥院而下皆聽命焉。諸州有牧監，知州、通判兼領之。林駉曰：『宋朝馬政畜於監牧者曰官馬，散於戶者曰戶馬，市於邊郡者曰戎馬。』太宗時，通利軍上十牧草地圖，上慮畜牧之地多侵民田，乃遣中使檢視，畫其疆界，又從趙守倫之請，於諸州牧龍坊畜牝馬萬五千匹，逐水草牧放，不費芻秣，生駒可資軍用，自是諸牧馬頗蕃息。邱文莊曰：『馬以資軍用，誠國家之急務。然用軍欲何爲哉？衛民而已。本欲衛民，未有事乃先害民，可乎？宋太宗慮牧馬侵民田，遣使檢視，良是也。然不遣中吏而遣中使，何哉？夫天下土地何者而非國家之有，在民猶在官也，而在官者則非民有矣，其疆界之彼此誠不可不爲畫定也。疆界不定則官田曰廣，民田日削，馬雖蕃而民曰耗，將用馬以誰衛哉？』國子博士李覺言于太宗曰：『冀北燕代，馬之所生，胡戎之所恃也。制敵以騎兵爲急，議者以爲欲國之多馬，在乎啗戎以利，而市其馬。然市馬之費歲益而廐牧之數不加者，失其生息之理也。且戎人畜牧轉徙，馳逐水草，騰駒遊牝，順其物性，所以蕃滋。其馬至于中國縶之維之，飼以枯藁，離析牝牡，制其生性，玄黃虺隤，因而減耗宜然矣。古皆因田賦出馬，馬皆生於中國，不聞市之於戎，今所市戎馬，直之少者匹不下二千，往來資給賜予，復在數外，是貴市於外夷而賤棄於中國，非理之得也。今宜減市馬之半直，賜畜駒之將卒，增爲月給，俟其後納馬則止焉，是則貨不出國而馬有滋也。大率牝馬二萬而駒收其半，亦可歲獲萬匹。況夫牝又生駒，十數年間，馬必倍矣。昔猗頓窮士也，陶朱公教以畜五牸，乃適西河，大畜牛羊于猗氏之南，十年間其息無算，況以天下之馬而生息乎？』邱文莊曰：『覺疏引猗頓畜牸之事，尤爲切於事情，由是以觀牧馬之政，以畜牝爲先，牝得其養，則生育多矣。積以歲年，牝又生牝，駒又生駒，不出十年，馬大蕃息矣。覺又言：中國之馬，食枯芻，處華廐，故多生息而無耗。今官散馬於編民，戶丁分日而飼，各家分次而牧，委之以老稚，食之以蕪雜，處之以汙穢，而欲其生育之蕃多，體力之壯健，性習之調伏，難矣。』仁宗時，知諫院余靖言：『謹按詩書以來，中國養馬蕃息故事不獨出於戎狄也。秦之先曰非子，居犬邱，好馬及畜養之。周孝王召使主馬於汧渭之間，馬大蕃息。犬邱今之興平，汧渭今之秦隴州界也。衛文公居河之湄以建國，而詩人歌之曰騋牝三千，不言牡而言牝，則牝爲蕃息之本也。衛則今之衛州也。詩人又頌魯僖公能遵伯禽之業，亦云駉駉牡馬，魯今屬兖州。左氏云，冀之北，土馬之所生，今鎮、定、并、代其地也。漢之太原有家馬廄，一廄萬匹，又樓煩、胡北皆出名馬，卽今之并嵐石隰界也。唐以沙苑最爲宜馬，卽今之同州也。開元中置七坊四十八監，半在秦隴綏銀，則知古來牧馬之政，修之由人不在於地。切見今之同州及太原以東，相、衛、邢、洺皆有馬監，其餘州軍牧地七百餘所，乞於羣牧使、副都監判官等内差一員徃監收舊地相度水草豊茂去處，選擇孳生堪牧養馬，專差人員牧於四遠，牧放一依《周官》《月令》之法，務令蕃息，別立賞罰以明勸懲，庶幾數年之後，馬畜蕃盛。』邱文莊曰：『我朝奄有四海之大，凡中國所謂宜馬之地皆在焉。非若唐人自中葉以後失去河北，宋人失幽燕寧夏之地，其後也并中原而失之，然是時未嘗去兵，而用兵也未嘗之馬。今天下無事，所謂馬政者，特以爲操習豫備之具耳。司戎行者往往以乏馬爲憂，掌國計者切切以擾民爲慮，何哉？不行先王之政而襲用王安石之弊政故也。噫！無事之時且爾，一旦事出倉卒，又將何以濟哉？嘗聞天下無難處之事，君子懷先事之憂，當閑暇之時而豫爲之處置。稽之於古，驗之於今，廣狗訪于衆謀，不拘泥於故迹，其間必有一不虧官、不損民之良法，行之有利而無害者出焉。』宋祁言于仁宗曰：『天下久平，馬益少，臣請多用步兵。夫關然聚，忽然散，雲奔飈馳，炒後掠前，此馬之良也。强弩巨挺，長鎗利刀，什什相聯，伍伍相逢，大呼薄戰，此步之良也。臣料朝廷與虜相攻，必不深入窮追，驅而去之，及境而止，然則不待馬而步可用矣。臣請損馬而益步，故馬少則騎精，步多則鬭徤，我惟用步所長，契丹馬多，無所用之。』邱文莊曰：『中國之馬不如虜馬之良，非徒無其良，而孳生之多亦不及也。今天下無事之秋，欲爲武備，内疲齊民，外善邊卒，皆以馬之故。馬之弊極矣，而訖無善政。宋祁謂朝廷與虜相攻，必不深入窮追，驅而去之，及境而止，不待馬而步可用，請損馬益步，馬少則騎精，步多則鬭徤。祁之言蓋有得于周人薄伐之意。中國所以制馭夷狄者，其策誠莫有過焉者也。請於西北沿邊一帶，凡屯戍之所，率以守疆界爲重，扼要害爲主，惟限虜使不得入，不必窮追，惟制虜使不敢越，不必深入。十兵步入而騎二，騎以爲奇，而驅馳必精徤之足，步以爲正，而什伍皆徤鬭之卒。如此，則馬雖不多而皆得其用，内可以寬保戶之孳生，外可以免騎上之陪備。』英宗時，歐陽修言：『唐之牧地，西起隴右金城、平涼、天水，外暨河曲之野，内則岐、豳、涇、寧，東接銀夏，又東至於樓煩，今則沒入蕃界，惟河東嵐石之間山荒甚多，汾河之側草地亦廣，其間水甘草軟，最宜牧養，乃唐樓煩監地。臣往年出使，常行威勝以東及遼州平定軍，其地率多閑曠。河東一路水草甚佳，地勢高寒，必宜馬性。又京西唐、汝之間，荒地亦廣，請下河東、京西轉運司遣官審度，興置監牧。邱文莊曰：今日馬政，兩京畿及山東、河南牧之於民，山西、陝西、遼東牧之於官。在官者有名而無實，在民者有損而無益。國家承平日久，正居安思危之日，修政舉廢之時，惟求祖宗立法養馬之意，寺監之養必循名而責實，民間之畜必無損而有益，立爲通融之法，兩京畿及山東、河南於民養之外，擇地以立監牧；山西、陝西、遼東於官養之外，設法以爲俵散。制畜養之規，修廄牧之所，修廄牧之所，堪牧地之數，廣收市之利，分支免之等，寬追陪之限，如此則名稱其實，有益而無損矣。神宗時，王安石因曾孝寬言慶歷中嘗詔河北民戶以物力養馬，備非時官買，乞參考申行之，而買馬法始此。文彥博言：『漢唐之盛，苑監實繁。祖宗以來，修舉甚至七八十年，蒐補取用，源源不絕。近時議者多不深究本末，熟詳利害，乃欲賦牧地與農民，斂其租課，散國馬於編戶，責其孳息，卽不知所賦之地肥瘠皆可耕乎？所斂租賦豊凶皆可得乎？復不知戶配一馬，縶之維之，皆可蕃息乎？既不蕃息，則役將可繼乎？』邱文莊曰：『彥博茲言，雖言當時戶馬之弊，殆有若爲今日設也。但宋時戶馬，是散官馬於民，今日乃令民自買馬養耳。宋是賦牧地與民，今日乃民自用其地所出以養耳。其中所謂維之縶之，皆可蕃息乎之一言，尤爲有見。蓋馬所以蕃息者，以其羣聚之相資，騰游之有道，今小民之家各縶一馬，而欲其生息，固難矣，况求其皆良乎？』保甲養馬者，自熙寧五年始。先是，中書省樞密院議其事於上前，文彥博、吳充言國馬宜不可闕，今法馬死者責償，恐非民願。王安石以爲令下而京畿投牒者已千五百戶，決非出於驅迫，持論益堅。帝詔開封府界保甲願牧馬者聽，仍以陝西所市馬直給之。六年，曾布等承詔上其條約，凡五路義勇保甲願養馬者，戶一匹，物力高願養二匹者聽，皆以監牧見馬給之，或官與其直，令自市，毋或彊與府界毋過三千匹，五路毋過五千匹，襲逐道路外乘越三百里者，有禁在府界者，免體量草二百五十束，加給以錢布，在五路者歲免折變緣納錢。三等以上十戶爲一保，四等以下十戶爲一社，以待病斃補償者。保戶馬斃，保戶獨償之，社戶馬斃，社戶半償之。歲一閱其肥瘠。禁苛留者凡十有四條，先從府界頒爲五路，委監司經畧司州縣更度之，於是保甲養馬行於諸路矣。馬端臨：『熙寧五年所行者，戶馬也。元豐七年所行者，保馬也。皆是以官馬責之於民，令其字養。戶馬則是蠲其科賦，保馬則是蠲其征役。』邱文莊曰：『』此宋熙寧保馬之法，大類今日兩京畿、河南、山東編戶養馬之法。但宋人保甲養馬，自願者聽，及以官馬給之，且免其體量草束及折變緣納錢。今日則論丁養馬，丁及數者與之，不及數者足諸他戶，不問其願與否也，粮草戶役徵輸如故。况宋人所謂保甲者，不供他役，今日則科賦征役非止一端。而又於郡邑正佐之外，如設以官里社之外，别立羣長，民以一身而當二役，既爲人而差，復爲馬而役，既供芻粮以給公家之用，復備芻秣以爲官馬之養，其害比宋甚矣。假令百姓竭力破産以飼養馬匹，官得其用，雖曰有損於民而實有益於官。今所養之馬既皆小弱羸瘠，有之若無，馳逐數十里固已困憊矣，况用以出塞禦戎乎？是官民胥失之也。夫養馬之令生則報數，死必責償，一馬之斃未償而一馬又斃，前歲之生未俵而嗣歲又生，生者歲增而供給愈難，死者日繼而陪償無已，民何以爲生乎？今日兩京畿、河南、山東之弊政，莫此爲甚。朝廷建國于北，藉此數郡以爲根本，而當無事之時，首先困乏而不爲之拯邱可乎？知治體憂深思遠者，所當爲之軫念也。」哲宗嗣位，乃下詔以兩路保馬分配諸軍，餘數發赴太僕寺，不堪支配者斥還民戶。元祐初，議興復廢監，於是詔陝西、河東相視所當置監，又下河北、陝西按行河渭并晉之間牧田以聞。時已罷保甲，教騎兵，而遣戶馬于民，右司諫王巖叟言：『兵所恃在馬，而能蕃息者牧監也。昔廢監之初，識者皆知十年之後天下當乏馬，已不待十年其弊已見，此甚非國之利也。乞收還戶馬，復置監如故。監牧事委之轉運官，而不專置使。今鄆州之東平，北京之大名、元城，衛州之淇水，相州之安陽，洛州之廣平監，以及於瀛定之間，栅基草地疆畫俱存，使臣牧卒太平猶在，稍加招集措置可定，而人免納錢之害，國收牧馬之利，豈非計之得哉？』邱文莊曰：『古今牧馬之制在官、在民二者而已。宋人始制牧監以牧馬，是牧之於官。至其中世，改以爲戶馬、保甲馬之法，則是牧之于民也。牧之于官，雖不能無害，而猶得馬之用；牧之于民，非獨有害，而又不得馬之用焉。昔王安石行新法而爲戶馬之制，文彦博言於神宗，不見用，至元豐時，其弊一如彦博所言，神宗嘆曰：『朕於是有愧於文彦博矣。』雖然，神宗雖知所愧而不能有所改，至哲宗乃罷之，而復廢監，百姓如釋重負而出於水火之中。今日養馬之政，不幸馴致於熙寧之弊，誠能如元祐之改轅易輒，則此數郡之民感戴恩如天矣。』嘉祐中，置買馬司於原渭州德順軍，而增爲招市之令。後開熙河，則更於熙河置買馬司，而以泰州置馬司隸焉。又置熙河路買馬坊，并岷州通遠軍等場。熙寧七年，詔知成都府秦延慶兼提舉戎黎州買馬，以經度其事，未幾罷之。元豐中，復命呂大防同成都府利州路轉運司經制邊郡之可市馬者。林駉曰：『監牧之置，圉師以蓄之，校人以視之，秣飼以時，部轄有方，則以渥洼之種耳。否則貴古於夷狄，而賤棄於中國，此李覺之所以慮也。』邱文莊曰：『自唐以來，中國馬不足，往往與戎狄互市，然多費財用而實無益于用。宋南渡以後，失中原宜馬之地，而所資以爲戰騎者，求於西南夷，蓋有不得已焉者。今世全得中原之地，凡西北高寒之所宜馬之地皆爲吾所有，苟制置得宜，牧養有道，典掌得人，又何患乎無馬乎？患無其人耳。』神宗時，郭茂恂言：『承詔議事以茶市馬，以物帛市穀，而併茶馬爲一司。臣聞頃時以茶易馬，兼用金帛，亦聽其便。近歲事局既分，專用銀絹，錢鈔非蕃部所欲，且茶馬二者事實相須，請如詔。』奏可，仍詔以雅州名山茶爲易馬用，至是蕃馬至者愈衆。六年，買馬司復置兼茶事，七年更詔以買馬隸經制熙河財用司經制司罷乃復故。自李杞建議，始於提舉茶司兼買馬，其後二職分合不一。林駉曰：『以摘山之利而易充廐之良，戎人得茶不能爲我害，中國得馬足以爲我利，亦濟用之良策也。』邱文莊曰：『唐宋以茶易馬，多是交互市於境外之夷。本朝於四川置茶馬司一，陝西置茶馬司四，以茶易馬，設官掌之，蓋取諸我羈縻之士民，非若前代出境外而與蕃戎交易也。』高宗時，廣西進出格馬。上曰：『此幾似代北所生，廣西亦有此馬，則馬之良者不必西北可知。』上因論春秋列國不相通，所用之馬皆取於中國而已，申公巫臣使吳與其射御，教吳乘車，則是雖吳亦自有馬。今必於產馬之地而求之，則馬政不修故也。邱文莊曰：『宋南渡以後，凡中國宜馬之地皆爲金有，然而張、韓、劉、岳之出戰，亦未聞其乏馬。』建炎末，廣西提舉峒丁李域始請市戰馬赴行在。紹興初，隸經畧司，三年即邕州置司，提舉市羅殿、自杞、大理諸蠻，其後又置買馬司，以帥臣領其事，然諸蕃本自無馬，蓋又市之南詔。南詔，今大理國也。洪邁曰：『國家買馬南邊於邕管，西邊於岷黎，皆置使提督，歲所謂發者蓋踰萬匹，使臣將校遷秩轉資，沿道數十州驛程芻食，廐圉薪芻之費，其數不貲，而江淮之間本非騎兵所能展奮。因讀五代舊史，唐明宗問范廷光內外馬數，對曰：「三萬六千匹。」帝嘆曰：「太祖在太原，騎軍不過七千。先皇自始至終馬纔及萬，今有戰馬如是，而不能使九州混一，是吾養上練兵之不至也。」延光對曰：「國家養馬太多，計一騎上之費，可贍步軍五人，三萬五千騎抵十五萬步軍，既無所施，虛耗國力。」帝曰：「誠如卿言，騎士而瘠吾民，民何負哉？」明宗出于蕃戎，猶能以愛民爲念。李克用父子以馬上立國制勝，然所畜止于此，今蓋數倍之矣。尺寸之功不建，可不惜哉？且明宗都洛陽，正臨中尚，尙以騎士爲無所施，今雖純用步卒，亦未爲失計也。』邱文莊曰：古今馬政，漢人牧於民而用於官，唐人牧於官而給於民。至於宋朝，始則牧之在官，後則蓄之于民，又其後則市之于戎狄。惟我朝則兼用前代之制，在內地則散之于民，即宋人戶馬之令也；在邊地則牧之于官，即唐人監牧之制也；而於川陝又有茶馬之設，豈非宋人之市於夷者乎？請以今日國馬之政言之，在內有御馬監，掌天子十二牧之政，以供乘輿之用。凡立伏而駕輅者，皆于是而畜之。其牧放之地則有鄭村等草場，其飼秣之卒則有騰驤等四衛。國初都金陵，設太僕寺於滁州，其後定都於北，又設太僕寺于京師，凡兩淮及江南馬政則屬于南，其順天等府暨山東、河南馬政則屬於北。其後又用言者每府州若縣添設佐二官，一員專管馬政，在外設行太僕寺於山西、陝西、遼東北三處，苑馬寺亦三處，陝西、甘肅各轄六監二十四苑，遼東僅一監二苑馬。內地則民牧以給京師之用，外地則官牧以給邊方之用。又於四川、陝西立茶馬司五，以茶易蕃戎之馬，亦用以爲邊也。本朝國馬之制，大畧如此。承平百年，無大征伐，遇有征行，隨用隨足，不至于大乏。絶然求其如前代之雲錦成羣，則未焉。所謂官牧者，是蓋唐人之四十八監、宋人之十八監之遺制也。然唐、宋行之于內地，而今日則用之于邊方焉。其蕃育生息，雖不能盡如國初之盛，然惟馬之用，不足而已，而害未及于民。一旦按其已然之邊，而振舉其廢弛之政，則祖宗之良法善政故在也。乞命本兵檀用大臣講求本朝故事，及条究唐宋之典，以濟今日之所不及，遣知馬政者勘實牧地，具有舊有而今爲人所侵欺埋没者成復其舊，或有山林原隰可以開墾以爲牧地者開墾之，或附近州縣有空閑地可以增置監苑者增置之，士卒有逃亡者則爲之勾補，廐痽有未備者則爲之修葺，所畜之馬若牡多而牝少則爲之添牝，孳生之牝其種有不良則爲之求良，游牝去特必順其時，騰放調養各有其法，儀散關換咸定其規，皆一一講求其所以然之故，與其所當然之則，立爲一定之法，使之永遠遵守。歲時遣官巡視，有不如法者坐以牧放不如法之律。必慎擇其官而優寬士卒，必務臻實效而不爲虛文，如此則邊圉得馬之用矣。若夫所謂民牧者，是蓋宋王安石新法之遺緒也。方宋神宗初行此法，文彥博極言其不可，而不見聽。其後大爲民害，神宗有見彥博之言，而深知安石之誤，而亟罷之。是以在當時雖爲民害，猶未至於甚也。今日之弊已詳之於前矣，然所處置者，時議以行於畿甸五郡耳。萬一可以通行，請查算天下馬數，某在政司若干，某府若干，某州若干，某縣若干，及查各府州縣原先有無草場，及没官空閑田地并可以爲草場馬廐者，假如某縣山額民若干，里戶若干，丁若干，某縣原額馬若干匹，羣長若干人，既具其數，遣官親臨州縣勘實以聞，然後因其已然之法，而立爲救弊之政，必不失其原額，必不拂乎民情，務使官得其用，而民無其害，然後行之。請卽以一縣言之，其縣舊有里五十，羣長十人，馬千匹，今卽就五十里之中擇其鄉村相依附處，或十村、五村爲一大廐，村落相去遠者以五六十家、七八十家爲一小廐，每廐就其村居，以有物力者一人爲廐長，年老者一人爲廐老，無力不能養馬者數人爲廐卒，每廐各設馬房、倉囷及長槽。大率每歲春耕之候，廐長徧論馬戶，每領馬一匹者種稈禾若干畝，料豆若干畝，履畝驗之，有不種者聞官責罰，毋使失時。無田者許其分耕於多田之家，或出錢以租耕。收穫之際，廐長及老計畝而收之，倉囷之中稈草料豆以飼馬，而豆之萁卽以爲蒭豆之用，按日而出之，歲終其數以間於官。若其馬種卽以在官之數充之，若其種非良，許其售而換之，必求其良。前此倒死未償之馬，五分蠲其三，徵其二，以始馬種。凡馬始生，則書其月日，別其毛色，使有所稽考。又令通曉馬事者定爲養馬之式，鏤板以示之。凡一歲游牝騰駒去特，皆有其時，越其時者有罪。凡一日齕草飼料飲水皆有其節，違其節者有罰。其房痽必冬暖而夏涼，其牧養必早放而哺收，凡可以爲馬之利者無不爲，凡可以爲馬之害者無不去，如此則牧養有其道，其視各家人自爲養者大不同矣。舊例，凡羣頭管領騍馬一百匹爲一羣，每年孳生駒一百匹，不及數者坐以罪。請酌爲中制，每騍馬十匹止取孳生七匹，其年踰數者，除以補他年欠闕之數，今年不足，明年補之。其有種馬倒死者，卽以駒足其數，本廐生牝多，許他廐聞官以牡來易。每廐兼畜驢騾，以馬爲準，牝馬二十畜牡驢一、牝驢四，所生或驢或騾，其數報官，官爲造車。遇有般運官物，許於各廐起借。無事之日，本廐馬戶借用者，聽按日計傭，收以爲秣飼之用。每季本縣管馬官一行巡視，府官則歲一行，太僕寺官因事而行，無定時。凡其馬之壯老肥瘠，逐月開具點視之。凡房宇有不如度，水草有不如法，芻豆有不及數，驅走有不如式，皆爲修葺處置，違者治以罪。是就民養之中而微寓以官牧之意，上不失祖宗之成法，下有以寬民庶之困苦，中有以致馬政之不失，大畧如此。雖然，其間之委曲纖息，又在臨時之因事制宜，補偏救弊也。若夫俵散關換之法，具有成規；官軍領馬騎操，過有倒死，責以賠償，是間足以爲不行用心保惜者之戒。但馬之給于官軍者，多係餘損并老弱羸疾者，及至官軍草料多不以時，或馬有不時之疾，猝然莫救者，亦往往有之，律之死損數目竝不准除，然一軍之産不滿十百，而一馬之直多踰數千，傾家之所有不足以償，甚至賣三子不足以償一馬，興言及此，可傷也。請自今以後，給馬與軍，必具其年齒毛色，體質或肥或瘠，或有疾，或無疾，明具於帳，知齒踰十二，或原瘦弱并有疾者不償，惟以皮尾入官。若雖少壯而忽然有奇疾，先期告官及衆所共知者，亦在不償之數。申明舊制，凡馬軍皆要攢槽共餵，如居隔遠，秋冬之月皆俾就近攢餵，半夜以後本管頭目親行點視草料，有不如法及不及數者罪之。其關領草料則嚴爲立法，不許變賣及將換易他物，買者、換者罪同。凡馬倒死，必責同伍互償。若同伍之人知其馬之老瘠疾病，及其人棄縱不理，雇借與人，稍減草料者，預先告官料理者，免其共償。如此則人人愛惜其馬，有不惜者人共責之，而預得以調治之，則馬無橫死，而人免陪償矣，是非獨以足乎馬，而亦有以寬乎軍也。雖然，此內地官軍騎操之馬爾，至于邊方之馬，所係尤大，與其得駑馬而乘之以禦虜，又不若乘之之爲愈也。蓋騎戰非中國所長，而中國之馬比胡馬爲劣，以非長之技而騎下劣乏馬以角虜人之所長，非計之得也。請自今給馬於軍士，非良不與，而所與者必良，與之騎操而不倚之飼秣，宜於邊城中擇空閑地爲廐，置長槽，或十或五，隨其廣狹，不爲定數，不分衛所隊伍，因其近便而爲飼養之所，選其老弱之卒不堪戰陣者專一餵養，置大囤以貯草，支大鑊以煮料。每日遣官點視，晡時則檢其所儲，夜半則視其所飼。操練之日，軍士持鞭兢彼被騎，無事之時輪番牧放，逐名調習。或有瘦損疾病，告官調治。如此則馬得所養而無損失之患，軍得其用而免陪償之苦矣。或曰今邊城非一，處處皆屯重兵，所騎之馬安能皆得其良。竊考五代時，唐明宗與范延光所言者，李克用以馬上立國制勝，所畜不過七千，今東起自遼東，西盡岷洮，其間歷宣撫、大同、延綏、興慶、甘肅之境，邊城萬里，其馬不止數十倍矣，然牧馬之數雖多，未嘗以之臨敵出陣，往往老死皁隸之間，而責吾士卒之陪償，人不幸而生於邊界，天苦塞而地磽燥，物不生殖而人無蓄積，天下之人莫苦焉。既資其出力以爲中國防寇，又責其出財以爲官償馬，以每歲所賜予之衣粮猶不足以償其遞年倒死之馬匹，况望飽煖其妻子哉？則是無事之時，無故以是不戰之馬而坐困吾得用之士卒，而使之失所離心，蓋亦不思之甚也。昔人有言帝王之師以萬全爲勝，中國之所以取勝於夷狄者，以人不以馬，以智不以力，以守不以戰。愚以爲自今以後，邊境一以高城深池爲固，扼其要害，塞其蹊徑，來則拒之，去則不追。凡其制兵，率以步兵爲正，以騎兵爲青，大率步十而騎二，步軍一萬騎兵二千，馬非壯健不以給軍，軍非驍勇不以爲騎。扼之使不得入而已，而不遮其出；拒之使不敢來而已，而不追其往。如此則騎兵無非良，而馬亦易於辯矣。或者若謂馬者兵之大用，兵非馬決不能以制勝，吁！此論戰兵，非所以論兵之守也。所謂守者，我静而彼動，我逸而彼勞，我大而彼小，我衆而彼寡，彼用其所長，我捨我之短而用我之長以制之，馬則彼進不得戰，而退可以回，自然屈服於我矣。國朝馬政，有太僕苑馬寺專理，而掌於本部，其見於諸司職掌者有四，曰廐牧、關換、折粮、收買，其餘應俵等項各有事例，今具列于後。若内廐馬匹則掌於御馬監云。

明　彭大翼《山堂肆考》卷八七《馬政》　畜馬免丁。宋仁宗時，丁度為羣牧使，上言：天聖中牧馬至十餘萬，其後言者以天下無事，遂廢八監。自用兵數年，所市馬陝西、河東歲市馬一萬二百匹，尤能補京畿塞下之闕。自用兵數年，所市馬比常歲特十之一，請下令河東、京東、京西、淮南籍丁壯為兵之處，有能畜一戰馬者與免二丁，仍不升户等，以備緩急。

明　馮琦《經濟類編》卷六二《馬政七則》　宋王安石建保甲養馬之法，文彦博、吳充以為不便，安石持論益堅，乃詔曾布等上其條約，保甲願養馬者，戶一匹，物力高願養二匹者聽，皆以監牧見馬給之，或官與其直，令自市。先行于開封府及陝西五路府界，無過三千匹，五路無過五千匹，襲逐盜賊外，乘越三百里者，自禁歲一閱其肥瘠，死病者補償，在府界者免二體。量草百五十束，加給以錢布，在五路者歲免折變緣納錢。三等以上十戶為一保，四等以下十戶為一社，以待病斃補償者。保戶馬死，保戶獨償；社戶馬死，社戶半償之。其後遂徧行於諸路。

《續通典》卷七三《馬政馬祭附**》**　遼太祖懲約尼氏单弱，撫諸部，明賞罰，不妄征討，因民之利而利之，羣牧蕃息，上下給足。及即位，伐河東，下代北郡縣，獲牛羊駝馬十萬餘，樞密使耶律色珍獲馬二十餘萬，分牧水草便地。數歲所增，不可勝算。自太祖及興宗垂二百年，羣牧之盛如一日。世宗天祚四年，馬猶有數萬羣，每羣不下千匹。祖宗舊制，常選南征馬數萬匹，牧於雄、霸隙地間，以備燕雲緩急；復數萬給四時遊畋，餘則分地以牧，法至善也。至末年累與金戰，番漢戰馬十損六七，雖增價數倍，竟無所買，乃冒法買官馬從軍，諸羣牧私買日多，田獵亦不足用，遂為金所敗。後松漠以北善馬，皆為達實林牙所有。其北面官有尚廐使、尚廐副使、飛龍使、飛龍副使，總領内外廐馬等官，南面官亦設太僕寺，皆專掌馬政。

清　閻鎮珩《六典通考》卷一六五《王政考・馬政》　宋御馬之等三，入殿祇候十五匹，别駕十四匹，從駕十匹。給用之等十有五，曰揀中，曰不得支使，曰添價，曰明信，曰臣僚，曰諸班，曰御龍直，曰捧日龍衛，曰拱聖，曰驍騎，曰雲武騎，曰天武龍猛，曰配軍，曰雜吏，曰馬鋪。群號之字十有七，曰左，曰右，曰干，曰立，曰水，曰官，曰吉，曰天，曰主，曰王，曰方，曰與，曰來，曰萬，曰小，曰官，曰退。毛物之種九十有二，叱撥八，青二，白一，烏五，赤五，紫六，駿十一，赭白六，騮八，騧六，駱五，騅五，騟八，駮胯六，駁三，驃七。太祖始置左右飛龍二院，及養馬二務，又興葺舊馬務四以為牧地，分遣中使詣邊州歲市馬。太宗平太原，觀兵幽州，得汾、晉、燕、薊之馬四萬二千餘匹，内皁充牣，始分置諸坊。太平興國五年，改飛龍院為天廄坊，尋又改為騏驥院，左右天駟監四，左右天廐坊二，皆隸焉。淳化二年，詔圉人畜馬于便殿，教以秣飼之法，且以其法頒于諸軍，復出醫馬良方賜之。嘗從趙守倫之請，於諸州設牧龍坊，畜牝馬萬五千匹，逐水草牧放。守倫又言，諸坊牧馬萬匹，歲當生駒四千，今歲止二千五百，典司失職，當嚴責罰。若馬百匹歲得駒七十，則加遷擢。諸坊産駒即籍以聞，牧放軍人當募少壯充役。並從之。眞宗置群牧使。景德二年改牧龍坊為監，賜名給印。在外之監十四，大名曰大名，洺州曰廣平，衛州曰淇水，河南曰洛陽，鄭州曰原武，同州曰沙苑，相州曰安陽，澶州曰鎮甯，邢州曰安國，中牟曰淳澤，許州曰單鎮。凡廐牧之政，皆出於群牧司，自騏驥而下聽命焉。大中祥符元年，立牧監賞罰之令。外監息馬歲以十分為率，死一分以上句當官罰一月俸，餘等第決杖，牧倍多而死少者給賞緡有差。凡生駒一匹，兵校而下賞絹一匹。是時内外坊監及諸軍馬二十餘萬匹，飼馬兵校萬六千三十八人，每歲京坊草六十六萬六千圍，麩料六萬二千二百四石，鹽油藥糖九萬五千餘觔石，諸州軍不預焉。左右騏驥六坊監馬二千餘匹，春季出就牧，孟冬别其羸病，就棧皁養飼，其尚乘之馬備用者在焉。天禧初，辛相向敏中言：『國馬之數方先朝倍多，廣費芻粟。若令群牧司度數出賣，散于民間，緩急取之，猶外廄耳。』乃詔十三歲以上配軍馬估直出賣。天聖七年，群牧司言：『舊制，知州軍、通判領同群牧事，歲終較馬死數及分已上，并生駒不及四分並罰，奉死數少生駒多即奏第賞，三歲都比，以該賞者聞。今請申明舊制，通判始到官，書所轄馬數，歲一考之，官滿較總數為賞罰。』詔從之。嘉祐八年，群牧司言：『孳生七監，每監歲定牝馬二千，牡馬四百，歲約生駒四百，以為定數。』嘉祐中，從韓琦之請，遣官括河北牧地，得間田三千三百五十頃，募佃得穀十一萬七千八百石，絹三千二百五十匹，草十六萬一千二百束。群牧司言：『諸監牧地間有水旱，每監牧放外，歲刈白草數萬束以備冬飼，今悉賦民。異時監馬增多，及有水旱無以轉徙牧放，詔遣官相度，除先被侵冒已根括出地權給租佃，餘委群牧司審度存留有間土，即募耕佃。』群牧使歐陽修言：『唐之牧地西起隴右金城、平涼、天水，暨河曲之野，內則岐、豳、涇、寧，東接銀夏，又東至於樓煩，今則没入蕃界，淪於侵佃，不可復得，惟河東嵐石之間山荒甚多，汾河之側旱地亦廣，其間水草最宜牧養，此唐樓煩監地，迹此推之，則樓煩、元池、天池三監舊地尚冀可得。臣往年出使，嘗行威勝以東及遼州平定軍，其地閑曠，河東一路水草甚佳，地勢高寒，必宜馬性。又京西唐、汝之間荒地亦廣，請下河東京西轉運司遣官審度，若可興置監牧，則河北諸監可廢罷。』治平末，牧地總五萬五千，河南六監三萬二千，河北六監二萬三千。凡支配騏驥院、估馬司以當配軍及新收馬閱數毋過一百。神宗初立，詔文彥博等曰：『昔唐用張萬歲典群牧，馬政修舉，後世稱為能吏。今自提總官屬至坊監使臣，既非銓擇而遷徙迅速，謂之假道，欲使官宿其業而盡其能，不可得也。今當簡其勞能，課其功而第進之，以為勸。』于是樞密副使邵元請以牧馬餘田修稼政以資牧養，而群牧司言：『馬監草地四萬八千餘頃，今以五萬馬為率，一馬占地五十畝，大名、廣平四監餘田無幾，宜仍舊，而原武、單鎮、洛陽、沙苑、淇水、安陽、東平等監餘良田萬七千頃，可賦民以收芻粟。』從之。已而樞密院言：『舊制，左右騏驥院總司國馬，景德中始增置群牧使副、都監以領牧政，使領雖重，未嘗躬自巡察，不能周知牧畜利病，故馬不蕃息。今宜分置官局，專任責成。』乃詔河南北分置監牧使，以劉航、崔台符為之，又置都監各一，在河陽者為孳生監，凡諸外監，並分屬兩使。時上留意牧監地，然諸監牧田皆寬衍為人冒占，故議者爭請收其餘資以佐芻粟，言利者乘之以增賦入為務。二年，詔括河南北監牧司總牧地舊籍六萬八千頃，今籍五萬五千，餘數皆隱于民，自是請以牧地賦民者紛然，而諸監尋廢。是歲，天下馬凡十五萬三千六百有奇。熙寧五年，樞密使文彥博論監牧疏曰：『周官牧田任遠郊之地，宣王有考牧之詩，僖公有在坰之頌，蓋日中而出，所以遂物性而生息也。漢唐之盛，苑監實繁。祖宗以來，修舉甚至。陛下剏置南北監牧使，其制益嚴。今議者多不詳利害，欲賦牧地與民而斂其租，散國馬于編戶，責其孳息，不知所賦之地肥瘠皆可畊乎？所斂之租豐凶皆可得乎？且戶配一馬縶之維之皆可蕃息乎？或謂監牧之馬各有駑良，量材用之，所得不少。張萬歲典牧，馬直一縑，若計所直，豈皆良馬？又謂緣牧所費殆將不貲，歲月計之，有損無益。臣嘗計河北監戶，歲入牧地之租可充吏兵之費，唯河南諸監所入尚少，漸增地利，亦可自充，大率草馬二萬，歲牧六課為駒一萬二千三，歲中失其半，猶得六千匹，駑良相參，匹直十五千，歲獲九萬貫，所得不少矣。今廢之甚易，他時復之甚難。坊監廄庫、棚庌、井泉、官廨、營房，七八十年經營成就，若廢罷之後，蕩然一空，猝欲復之，功費愈大。乞委臣寮博求利害而審處之。』群牧制置使文彥博言賦牧地與民，其事非便，而中書樞密院則言河南北十二監起熙寧二年，至五年歲出馬一千六百四十匹，可給騎兵者二百六十四，餘僅足配郵傳。而兩監牧吏卒雜費及所占地租為緡錢五十三萬九千有奇，計所出馬為錢三萬六千四百餘緡而已。今九監見馬三萬，若不更制，則日就損耗，於是卒廢之，以善馬分隸諸監，餘馬皆斥賣，收其地租。元豐八年，曹誦言：自溫從吉建議創孳生監迨今，二駒不蕃而死者益衆。乃命御史臺校覈，自置監以來，得駒不及一分四釐，馬死十分之六，於是責議者及提舉官，而罷畿內十監。元祐初，議興監以復舊制，右司諫王巖叟言：『牧地賦民，為害多端。若復置監牧而收地入官，則百姓戴恩。』自是洛陽、單鎮、原武、淇水、東平、安陽等監皆復。紹聖初，韓筠等建議，凡授民牧田一頃為官牧一馬，而蠲其租，縣籍其高下老壯毛色，歲一閱，亡失者責償已佃牧田者依上養馬。知邢州張赴上其說，且謂上田一頃為官牧一馬，較陝西沿邊弓箭手既養馬又戍邊者為優，試之一監一縣，當有利。樞密院是其請，且言熙寧中罷諸監以賦民，歲收緡錢百餘萬。元祐初，罷熙豐之政，奪已佃之田而復舊監，桑棗井廬多所毀伐，監牧官吏為費不貲，牧卒擾民，棚井抑配，為害非一。蓋自復監以來，臣僚屢陳公私之害，若循元祐倉卒更張之法，久當益弊。且左右廂今歲籍馬萬三千有奇，堪配軍者無幾，惟沙苑六千匹愈於它監，今赴等所陳授田養馬，既蠲其租，不責以孳息，而不願者無所抑勒，又限以尺寸，則緩急皆可用之馬矣。乃具為條畫，下太僕寺應監牧州縣悉行之。曾布敘曰：元祐中，復置監牧兩廂所養馬止萬三千匹，而不堪者過半。今以租錢置蕃落十指揮於陝西，養馬三千五百，人戶願養者數千，而所存兩監各可牧萬馬，馬數多于舊監，而省費非一，近世良法未之能及，時三省皆稱善。大觀元年，尚書省言：『元祐置監馬，不蕃息而費不訾，今沙苑最號多馬，然占牧田九千餘頃，芻粟官曹歲費緡錢四十餘萬，而牧馬止及六千，兩年中亡失者三千九百，且素不調習，不中用，以九千頃之田、四十萬緡之費養馬而不適用，又亡失如此，利害灼然可見。今以九千頃田三分去一，猶得良田六千頃，頃直五百餘緡，以一頃募一馬，則人得地利，馬得所養，可以紹述先帝隱兵于農之意。請下諸路州府詳度以聞，俟見實利，則六路以次推行。』政和二年，詔京東西河北舊牧地募人牧馬，且推行諸路，其制以在官逃田若天荒，凡二頃至三四頃，度高下肥磽而授之，蠲一頃之賦而牧一馬，牝則三年出一駒，牧五年者請官再易馬，盡括澤潞、京西、山東、河北等田，即陝右軍蕃羌馬一分給之。宣和二年，詔給地牧馬，本以蕃息國馬為言，今損失千計，而無出駒之數，歲縻賞賚，蠲除租稅科調而賦斂日以不均，為害非一，其罷給地牧馬條令，收見馬以給軍，應牧馬及置監處並如舊制，於是又復東平監。凡諸監興罷不一，而沙苑監獨不廢。後北事興，郭藥師在燕山盡發河北諸軍及係官馬，聽其所擇，而國馬盡矣。宣和末，金人寒盟，始悟闕馬，乃復給地牧馬，既無馬以給民，又不得元田州縣，强民出馬以牧取文具而已。屬金人犯闕，詔盡括内外馬，及取在京騎軍不及二萬，且授内臣梁方平扼大河於濬州，至則大敗，馬復殲焉。靖康元年，左丞李綱言：『祖宗置監三十六所，比廢罷殆盡，民間雜養以充役，官吏便文以塞責，而馬無善者。今諸軍闕馬，宜復舊制，權括天下馬，量給其直。』然時已不能盡行其說矣。高宗渡江，無復國馬。紹興中，始措置牧監于饒州，守倅領之，擇官田為牧地，又置於臨安之餘杭南蕩。上曰：『春秋列國不相通，馬皆取於其國中。申公巫臣使吳，與其射御，教吳乘車，雖吳亦自有馬。今必于產馬處求之，是馬政不修也。』十九年，詔馬五百匹為一監，牡一牝四，監分四群，歲生駒三分，及斃二分以上有賞罰。先是，川路買馬，歲付鎮江軍養牧，至是未見孳生之數，歲分江上諸軍，後又置監郢鄂之間，壯牝千餘，十餘年纔生三十駒，而不可用，乃已。故凡戰馬，悉仰川、秦、廣三邊焉。

傳記

宋 曾鞏《隆平集》卷八　丁度，字公雅，開封人。【略】度為羣牧使，上言：『祥符、天聖間，牧馬至十餘萬，其後言者以天下無事，不可虛費，遂廢八監。然猶秦渭環階麟府义州、火山保德岢嵐軍，歲市馬二萬二百匹，補京畿、塞下之闕。自西鄙用兵，四年所牧，三萬而已。馬少地闕，坊監誠可罷；若賊平馬歸，則不可闕。今河北、河東、京東西、淮南皆籍丁壯為兵，請令民畜一戰馬者，得免二丁，仍不許資產以升戶等，則緩急有備，而國馬蕃矣。』

紀事

宋 彭百川《太平治迹統類》卷二二《熙寧元祐議保甲保馬變更》

熙寧三年十二月乙丑，中書言：『司農寺定九縣保甲條制，充選官於開封、祥符兩縣團成保甲，候成次序，以漸及他縣。』從之。先是，同管勾開封府界常平等事趙子幾言：『近歲寇盜充斥，公為民害。今欲依舊保甲，各立首領，使相部轄。及捕賊賞格，乃下司農寺詳定。』至是增損行之。他日，上謂王安石曰：『用募兵與民兵亦無異，若役之過苦，則亦變矣。』安石曰：『役之过苦则变，誠然。募兵多浮浪不顧死亡之人，則其喜祸乱，非良农之比。』上曰：『民兵雖善，止是妨農事，如何？』安石曰：『先王以農為兵，因鄉遂寓軍旅。今邊陲農人則無什伍，不知戰守之法。』上曰：『止是民兵，未可待以戰守，奈何？』安石曰：『募兵與民兵無異，顧將帥如何耳。』四年三月，上召臺府對資政殿，文彥博曰：『保甲用五家為保，猶之可也。今乃五百家為一大保，則其勞擾可知。』彥博又言：『祖宗法制具在，不須更張以失人心。』上曰：『更張法制，于士大夫誠多不悅，然于百姓何所不便？』安石曰：『法制具在財用宜足，中國宜強。今皆不然，未可謂之法制具在也。』甲午，上批樞密院命教閱而詞訴，並下提點司按察。八月壬寅，廣南東路駐泊都監楊從先言：『本路槍手萬四千，今排保甲，若兩丁取一，得丁二十五萬八千，若三丁取一，得丁十三萬四千，自少計之，猶十倍于槍手，願委路分都監二員分舉教閱。』詔司農寺詳定條約以聞，其後戶自第四等以上，有三丁者以一為之，每百人為一都，五都為一指揮，自十一月至次年二月，每月輪一番閱習，每三日一比試，事藝高者先次歸放。李宜之請廢保定軍。【中闕】遣官相視，而衆入軍衛乞留額甚譁，宜之以為遣官故縱其如此，王安石白上曰：『陛下欲什伍河北民為用，若如此不治，後不可用。』世京坐不能禁約，故責及之，保定軍卒不廢。翰林學士曾布等言：『近司農寺兵部檢正立法，臣等今脩成義勇保甲及《養馬條》三卷。』詔兵部行之。七年，詔開封府保甲免本身夫役三月，詔諸軍止令都總管司施行。先是，詔五路自安撫以下提舉諸軍義勇保甲，歲取旨升黜，而知大名府韓絳言，諸軍責總管司外義勇等事，即依今處分，有是詔，察訪使曾孝寬言：『慶歷八年嘗詔河北州郭第三等鄉村第二等每戶養被馬一疋，以備官買，乞檢會施行。』戶馬法始于此。八年司農寺言，保甲之法客戶五家相近者為小保，五小保為大保，十大保為都保，諸路皆准此行之。元豐二年，提舉廣東常平林顏言：『今天下家為之保，保為之長，長為之正，豈不容姦而已，蓋兵食于農，藏武士于耕所，謂教而後使之道也。』乃詔廣東保甲隸以武士。八年夏四月，樞密院言：『保甲兩丁之家見教人小弱，或久病及除當教人外，并第五等以下田不及二十畝者，聽提舉司審驗，與放免。』尋五月詔，府界三路弓兵保甲未行已前復置。六月，韓維奏保甲保馬之弊，伏望詳酌施行。六月，樞密院言：『訪聞近日府界三路團教保甲多因正長騷擾，或巡教官指揮苛虐，致小人凶暴，陵抵犯法，逐處提舉官多務姑息，不喜州縣公行，致官吏畏避，不敢舉發，監司觀望，不為按劾，欲令府界三路提舉保甲司及州縣等覺察按劾施行。』又詔京東西、河北、陝西、河東所養戶馬，近已支價錢馬軍分目今府界并京東等路養馬指揮並罷。又詔京東西路保馬法無定年限，民間易以應辦，而有司不務循守，妄有陳請，期限迫急，遂至騷擾。先帝已嘗降手詔詰責約束，至今猶不能奉行，其兩路保馬元降年限收買，其剩買過數月，並先以決年分之數。又詔提舉京東路保馬兼保甲楊景、提舉京西路保馬兼保甲張脩並令乘傳赴京，于三省禀議，改廢其役。詔京東西路保馬等級分配諸餘數發赴太僕寺，其格不應支配，即還民户變易納所給價錢。秋七月，門下侍郎司馬光言：『保甲使人逐捕盜賊，已有指揮縣尉及弓兵手級人數，並令依保甲以前數優置其保甲，不令管捕。若使之攻討四夷，則畎畝白徒，教閱雖熟，未嘗見數，與外國戰鬪。詔書勅邊吏不得侵擾外界，務在安靜，保甲的實有何所用？農民不堪愁苦。如遇明道之蝗、康定之旱、至和之水，則為國大患。近者羣盜王冲承保行刼，又獲鹿縣保甲射傷，提幹孫文以下淩上。伏乞斷自聖心，盡罷諸路保甲、保正，長使歸農，巡捕盜賊，户長催督賦税，其所養保馬揀擇勾收太僕寺量給價錢，如此則開封府界五路之民孰不歡呼鼓舞？若以保甲中武藝有成之人，可惜使之歸，即乞逐縣依沿邊弓箭手法，許廕本戶田三頃，與免二税。』疏奏，蔡確等執奏不行。詔保甲樞密院今月六日指揮保馬，別議立法。范純仁奏：『初緣保甲子弟嘗指揮併教兩日或三日，比之自来目數全少，然未免往来聚集，有妨農務，或期約同保，私閱為名，不肯專一生業，官私及父兄終難覺察。臣今欲乞應三路教閱保甲，計一歲合教日數，併就農閑之月分，並歸農業，則官司與父老易為勾管。』八月，詔府界三路保甲自来年正月一日依義勇法。太皇太后諭輔臣曰：『民間保馬宜早罷去，法有不便于民。』

《續資治通鑑長編》卷二九　［端拱元年］十二月，國子博士李覺上言曰：『夫冀北、燕、代，馬之所生，胡戎之所恃也，故制敵之用，實資騎兵為急。議者以為欲國之多馬，在啗戎以利，使重譯而至焉。然市馬之費歲益而廄牧之數不加者，蓋失其生息之理也。且戎人畜牧轉徙，旋逐水草，騰駒游牝，順其物性，由是浸以蕃滋也。暨乎市易之馬，至于中國，則縶之維之，飼以枯藁，離析牝牡，制其生性，玄黃虺隤，因而減耗，宜然矣；又不同中國之馬，服習成性，食枯蒭，處華廄，率以為常，故多生息，日無耗失。古者田賦之法，六十四井出戎馬四匹，兵車一乘，牛十二頭，天子畿方千里，提封百萬井，除山川、城池、邑居、苑囿三十六萬井不輸賦外，六十四萬井出戎馬四萬匹，兵車萬乘，此賦馬之數也。諸侯大者馬四千匹，兵車千乘，故稱千乘之國。卿大夫大者馬四百匹，兵車百乘，故云百乘之家。則天下之廣，諸侯之眾，戎馬之賦多矣。是以唐堯暨晉皆處河北，而北狄不能為患，由馬之多。此馬並取於田賦，又不聞市馬於外也。洎秦壞井田，漢興阡陌，兵車不取田賦，戎馬悉從官給，是以匈奴歷年為患，由馬之少也。故晁錯說文帝勸農功，令民有車騎馬一匹者，復卒三人，謂免三人甲卒之賦也。至武帝，七十年間，眾庶街巷有馬，仟百成羣，乘牝者擯而不得會聚，此則馬皆生於中國，不聞市之於戎也。今軍伍中牝馬甚多，而孳息之數尤鮮者，何也？皆云官給秣飼之費不充，又馬多產則羸弱，駒能食則侵其芻粟，馬母愈瘠，養馬之卒，有罪無利，是以駒子生乃驅令齅灰而死。其後官司知有此蠹，於是議及養駒之卒，量給賞緡，其如所賜無幾，而尚習前弊。今竊揣量國家所市戎馬，直之少者，匹不下二十千，往來資給賜與，復在數外，是貴市於外夷而賤棄於中國，非理之得也。國家縱未暇別擇牝馬，以分畜牧，宜且減市馬之半直賜蓄駒之將卒，增為月給，俟其後納馬即止焉，則是貨不出國而馬有滋也。大率牝馬二萬而駒收其半，亦可歲獲萬匹，況復牝又生駒，十數年間馬必倍矣。昔猗頓，窮士也，陶朱公教以畜五牸，乃適西河，大畜牛羊于猗氏之南，十年間其息無算，況以天下之馬而生息乎？』上覽奏而嘉之。本志，覺疏在端拱元年，不得其月日，附之年末。

又卷一九二 甲申，命向專領本路監牧及買馬事，仍規度於原渭州、德順軍置場。同州沙苑監、鳳翔府牧地使臣，並委向保薦以聞。牧使歐陽修言：『國馬之制，置自祖宗，歲月既深，官失其守，積習成弊，匪止一時。伏睹詔書，命奎等商度利害，將有更革。臣以謂監牧之設，法制具存，條目既繁，其弊亦眾。若止坐按文籍，就加增損，恐不足以深革弊源。如欲大為更張，創立制度，則凡於利害，難以遙度。蓋謀於始也不精，則行於後也難久。請詔相度官一人，同臣躬按左右廂監牧。凡土地廣狹，水草善惡，歲時孳牧，吏卒勤惰，以至牝牡種類，各隨所宜，棚井溫涼，亦有便否，嚮何以致馬之耗減，今何以得馬之蕃滋，詳究根源，旁采眾議。然後以比日臣僚奏請，參詳審處。與其坐而遙度，倉卒更改，其為得失不可同日而論也。臣又竊思，今之馬政皆因唐制，而今馬多少與唐不同者，其利病甚多，不可概舉。至於唐世牧地，皆與馬性相宜，西起隴右、金城、平涼、天水，外暨河曲之野，內則岐、豳、涇、寧，東接銀、夏，又東至於樓煩，此唐養馬之地也。以今考之，或陷沒夷狄，或已為民田，皆不可復得。惟聞今河東路嵐、石之間，山荒甚多，及汾河之側，草地亦廣，其間草採水甘，最宜養牧，此乃唐樓煩監地也，可以興置一監。臣以謂推跡而求之，則樓煩、元池、天池三監之地，尚冀可得。又臣往年奉使河東，嘗行威勝以東及遼州、平定軍，見其不耕之地甚多，而河東一路，山川深峻，水草甚佳，其地高寒，必宜馬性。及京西路唐、汝之間，久荒之地，其數甚廣。請下河東、京西轉運使司，遣官訪草地有可以興置監牧，則河北諸監有地不宜馬可行廢罷。至於估馬一司，利害易見。若國家廣捐金帛，則券馬利厚，來者必多；若有司惜費，則蕃部利薄，馬來寖少。然而招誘之方，事非一體，請遣羣牧司或禮賓院官一人，至邊訪蕃部券馬利害，以此三者參酌商議，庶不倉卒，輕為改更。下其奏相度牧馬所，奎等請如修奏。乃詔選官分詣河北、河南諸監，按牧地肥瘠頃畝，俟得實數，即遣官一人按視。其陝西估馬司，仍委向規度以聞。向乃上言：『秦州券馬至京師，計所直並道路之費，一馬當錢數萬，然所入止中雜支，於上等良馬固不可得。請於原渭州、德順軍置場收市，以解鹽交引，募蕃商廣售良馬八千，以三千給沿邊騎軍，五千入羣牧司。』有詔從之。明年，向又言：『原渭州、德順軍水洛城及秦州外寨，係蕃部馬所由，必欲詢究利害，宜得涇原、秦鳳兩路帥臣同議，庶諸部承稟。』又明年，奎等復列上向所議買馬利害：『秦州古渭、永寧寨並原州、德順軍，今悉置場。請自京師歲支銀四萬兩、紬絹七萬五千匹充馬直。銀以二萬兩並紬絹並充邊庫錢，餘闕萬緡，以解鹽鈔並雜支錢給之。』詔皆施行。向又言及奎等列上向議，本志以為六年、七年事，今並附此。

宋 楊仲良《皇宋通鑑長編紀事本末》卷四四《仁宗皇帝·馬政》 天聖四年九月戊申，三司請市糴芻粟，上因問輔臣諸坊監牧馬幾何，王曾對曰：『當今比五代馬多數倍，計芻秣費，歲不下百萬，蓋措置利害失其要。若以陝西蕃部人中馬立定數，餘聽民間市易，二三年間，必大蕃息，此與畜之外廄無異也。祖宗舊制，以群牧司總天下馬政，其屬有左、右騏驥院，分領左、右天駟監，左、右天廄坊。畜病馬有牧養上下監牧，兵校長有提舉、指揮使、副使、員僚十將、節級、獸醫、槽頭刷刨、長行，調上乘有小底。諸監之在外者，知州、通判兼領之，各據芻地列棚，並課士卒春夏出牧，秋冬入廄。孳息有賞，耗亡有罰，其為條教甚備。然馬之孳息不足以待國用，常市於邊州。雍熙、端拱間，沿邊牧市，河東則麟、府、豐、嵐州、火山軍、唐龍鎮、濁輪寨，陝西則秦、渭、涇、原、儀、延、環、慶、階州、鎮戎、保安軍、制勝關、浩亹府，河西則靈、綏、夏州，川峽則益、文、黎、雅、戎、茂、夔州、永康軍，京東則登州。自趙德明據有河南，其牧市惟麟、府、涇、原、秦、階、環州、岢嵐、火山、保安軍，其後止環、慶、延、渭、原、秦、階、文州、鎮戎置場。天聖中，猶得蕃部省馬總三萬四千九百餘匹云。』明道元年，上封者言：『自河南六監廢，京師須馬，取之河北，道遠非便。』詔遣左廂提點王舜臣往度利害。舜臣言：『鎮寧、靈昌、東平、淳澤四監雖廢，然其地猶牧本監騏驥院馬。洛陽單軍鎮監去京師近，罷之非便。』乃詔復二監，以牧河北孳生馬。

又 卷七五《神宗皇帝・馬政》 治平四年十一月。先是，環慶經略李肅之、鄜延陸詵、陝西制置李師錫並言：本路無系草官地，又密邇西界，難以興置馬監。詔陝西監牧司廣市善種，務令蕃息。唐介知太原，請於交城縣置馬監。詔比部員外郎崔臺符相視，得汾州故牧地三千餘頃，其千二百餘頃民已租佃者，令人租以給寒月芻豆，乃從介請置監，自沙苑發牝馬五百匹往交城。上謂文彥博曰：『馬政未盡善，蓋群牧判官非其人，且不久任，無以責成效。令中書擇人充使，卿舉判官，冀國馬蕃息，以給騎兵。』遂以臺符權群牧判官。臺符，蒲陰人也。尋詔臺符及劉航刪修群牧司敕令。以唐令及本朝故事增損刪定，並奏取旨。熙寧元年二月，群牧司言：『樞密副使邵亢請以坊監牧馬餘地立田官，令專稼政，以資牧養之利。案：馬監草地四萬八千餘頃，今以馬立萬匹為額，匹占田五十畝，而原武、單鎮、洛陽、沙苑、淇冰、安陽、東平七監地，餘良田萬七千頃，可賦民租佃，收草粟以備寒月之用。』從之。八月，群牧司奏：『請兼監牧通判並三年一更，以馬死數定其課，即能在任與諸監使臣協心幹集。有勞滿日應賞者，委群牧司保明，聽再任。兼監牧知州誅賞准此。』從之。四年十月庚午，同修起居注曾孝寬言：『相度到諸班直諸軍牧馬，乞不下槽牧放，許民出租，請佃牧地，及合立條約等利害。』詔：『馬自來年更不下槽牧放。其五個月合支草料，令三司速計置二內外班直諸軍馬，舊以夏初出牧，迄八月上槽。凡諸士之有馬者，利其草粟之餘與慊衣糧，舉族護視之。及其出也，數馬一圉人。出而未至牧與自牧而歸者，常數日草粟無所給。方其在牧，晝縶之於棚，不得臥休，夕就野而牧，卒有震雷風雨，不知所在，有得之數十百里之外。雨潦霜露之不時，而感寒疾往往而斃者，十常三四，被病而歸，死槽櫪與納換者不在數。圉人歲被榜罰者常以千數。又牧地多占良田，圉人侵擾閭裏棚井，科率無寧歲，公私苦之，故命孝寬比較相度。及詔下，人以為便，計租人以補草粟，猶有羨云。其後上論牧事，王安石曰：『牧馬每數千蕃息，輒復災耗滅。』吳充曰：『比以不下槽，故無耗。不然死者眾矣。而論者以草地租不足以補上槽芻秣之費。』安石曰：『以草地給耕者，則所收穀，非但官租而已。昔人用兩石粟易一石粃，以養雁鶩，重食故也。今賦牧地與民耕，以廣民食，則芻秣雖稍損於公家，不足惜。』充曰：『見租已可足芻秣九分之費，而未租之地尚多也。』六年四月。先是，文彥博言：『議者多欲賦牧地與民而斂租課，散國馬於編戶而責孳息。乞朝廷裁察。』既而蔡挺亦以牧地賦民為便，仍乞汰諸監不堪配軍馬，量留支填馬鋪廂軍人員外，併發赴河北等州軍估賣。迨元絳、吳審禮、蔡確詳定以聞。五月甲辰，樞密使陳升之兼群牧制置使。八月，翰林學士曾布等言：『臣等今修成兼勇保甲及養馬條三卷。』詔兵部行之。養馬法，凡五路義保願養馬者，戶一匹，有物力養馬者戶二匹，聽以監牧見馬給之，或官與其直，使自市，毋或強予。府界無過二千匹，五路無過五千匹。除襲盜賊外，不得乘越三百里。在府界者，歲免體量草二百五十束，先給以錢；布在五路者，歲免折變緣納錢。三等以上十戶為一保，四等十戶為一社，以待死病補償者。保甲馬，即馬主獨賞之；社戶馬，半使社人賞之，歲一閱其瘠肥。禁苛留者，凡十有四條。先自府界頒行焉。在五路者，委監司、經略司、州縣更度。十一月壬戌，上問養馬利害。王安石曰：『今坊監以五百餘貫乃養得一馬，若令洮河蕃部養馬，所費必不至如此之多，兼得好馬，因地制宜焉。又蕃部以養馬為業，極便利，所省錢計不少，而坊監地賦民，所收地利又不少。』上因論三代兵政以車馬為急，安石曰：『今用車即不須用馬，但以人挽車，省芻糧，無奔警，未必不勝用焉。譬如古用簡冊，今用紙，雖三代聖人復起，必不復用簡冊。恐以人挽車亦如此。』上曰：『車但有理即可行，三代以前，聖人但隨時制法，故用馬耳。』七年四月乙亥，廢原武馬監，淇水二監合為一。丙戌，王安石罷相，韓絳代之。十二月甲申，王安石議廢監牧。八年二月，王安石再入相。察訪使曾孝寬言：『慶曆八年，嘗詔河北州軍坊郭第三等、鄉村第二等，每戶養被甲馬一匹，以備非時官買，乞檢會施行。』戶馬法始於此。四月戊寅，三省、樞密進呈比撲馬數。樞密院欲存牧監，又欲留監牧馬，準備軍行負馱。中書比撲，歲用三萬貫買監牧所生馬，數足而歲可省官錢五十三萬貫。地利在民，尚不計數。凡牧監歲牧馬二百餘匹，五色額馬，盡堪配軍，亦止二百餘匹。而中嬖畫熙河買馬，未及十個月，比舊已增九十餘匹。上令中書施行，而吳充固爭，以為：『監牧不當廢。若西北旅拒馬不可買，中國如何得馬？』上曰：『雖如此，牧馬亦不濟事。祖宗時，牧監但養大馬。後來孳生，是非明白，無可疑。』充曰：『向日認定驢牛，中書便雲騷擾。今中書卻要臨時買驢以供負馱，豈不騷擾？』安石曰：『無事時不問有無驢牛。須令五戶或十戶共認驢牛一頭，不知此牛驢令誰作主？且無驢牛之人，須被配率出錢，此所以為騷擾。今中書計算，若遇要驢時，用見今第一等價上增一倍買驢時，定後更不收一錢。即每三年一次用兵，比養馬以待用，可省七十萬貫。用第一等價上增一倍買驢，假令括買，亦不為虧損百姓，此所以異於預認。』上曰：『此利害分明，兼馬皆生梗，豈可負馱也？』庚辰，上批：『河東馬軍多而馬不足，妨廢教閱人。既未可頓減，遂不給馬，則一路全闕兵，緩急小有邊事，從何調發？兼今計較所省錢糧不多，且可仍舊。』己丑，詔沙苑監隸群牧司，餘八監及河南、北兩監牧並廢，以中書、樞密院言：『河南、北十二監，自熙寧二年至五年，歲出馬千六百四十匹，可給騎兵者二百六十餘匹，堪給馬鋪，兩監牧歲費及所占牧地，約收租錢總五十三萬九千六百三十緡。計所得馬，為錢三萬六千四百九十六緡而已。』得不稱失，故廢之，以牧地租給市易務茶本錢，餘寄常平籍出息，以給售馬之直。元豐三年正月辛卯，群牧司言：『收廢監租課等錢共百一十六萬緡有奇。』詔群牧使韓縝、副使張誠一併賜銀，絹各三百餘，共賜錢五千緡，令樞密院均給官吏。四年七月己丑，權發遣群牧判官郭茂恂言：『准詔以陝西博買蕃部馬以采帛博買糧穀。及以茶馬並為一司，令臣具經久利害。臣竊聞昔時亦是用茶折馬價，雖兼用金帛等，亦從其便。自事局既分，近歲始專用銀、絹及錢並糧草，所用錢物不一，不如蕃部所欲，致所買數不多。欲專以茶博買馬，鈔等。況賣茶、買馬，事實相須。令提舉買馬官通管茶場，實為職務相濟。』從之，仍以茂恂專提舉買馬監牧兼同提舉茶場。其雅州名山茶，令專用博馬，候年額馬數足，言許雜買。六年六月乙丑，兼同提舉成都路茶場郭茂恂言：『昨准詔專提舉買馬，兼領茶事，而場司不兼買馬。既不任責，遂倚法以害為政。茶價每馱有增十餘千者。恐蕃馬歲不入，上誤國事。乞併茶場、買馬為一司，庶幾茶司同任買馬之責。』七月壬申，知延州劉昌祚言：『乞量減監牧司年額馬，教增買四尺四寸以上堪披甲馬，增置馬軍蕃落。』從之。仍於河中府第八將下左右番增置馬軍三指揮，於諸將步軍額除之。昌祚言：『軍事之先，莫如馬政。人雖千百，可招呼而集。馬雖數十，寧可容易而得？須是素養有備，乃可應敵。加以鄜延比之諸路，非產馬之地，難以畜牧。永樂一日失六千匹，不知平時牧養幾日，費用幾何，能集是數？以累歲不貲之用，乃失於頃刻之間，寧不惜哉！欲謂人強馬壯，若能如此，可謂兩全。儻或強弱不齊，適足為累。故馳逐應急反勝，非馬不能。今監司所賦，率低小病患，不應格式。乞預支緡錢，委逐將自置，仍增直至四五十千。』得旨，特許行鄜延一路。《兵志》云：七月，知延州劉昌祚請減監牧司年額馬，增直市四尺四寸以上堪披甲馬，增置馬軍蕃落，留苑監捧日馬為馬種。從之。留馬種在九月十三日。八月甲申，提舉經度措置牧馬司言：『已遣官詣諸路選買牝牡馬上京，乞諸路專責監司一員提舉。』從之。『令諸路差狐疑無堅決定論、反求可於將命使者，自非明於利害、忠特不回之人，孰不觀望，指議二三，破壞其事？可更審詳。若果有害民，必不可施行，當具所見事理論奏。苟無弊也，即宜並心一意，協力奉行。』時五年二月也。於是悉施行也。七年二月丁丑。先是，提點京東路刑獄霍翔言：『齊、淄等州，民號多馬。禹城一縣，養馬三千，牝馬居三之二。臣近因巡曆，密案視民養馬，雖土產者，骨格亦高大，可備馳突之用。兼齊州第六將騎兵多是東馬，與西馬無異。雖民間比宮中養馬所費芻秣不多，然而不有所免，則無以為勸，緣民之所免者，在於文移折變、春夫賊盜、敷出賞錢、保正保副、大小保長、催稅甲頭、保丁巡宿十事。臣即以此事目付禹城縣勸諭，願養馬之家已應募者，計馬四百四十八，牡馬二百六十三，牝馬百八十三，然未見所免之利，而願養者已多。乞應諸路鄉村戶，不拘等第高下，如願養馬，並許自陳。除依條分番教閱，及覺察同保違犯，並勾集追捕賊盜外，與免十事。內有田五頃，許養馬一匹；五頃以上二匹；十頃以上物力高強，恐妨差使，不在養馬之限。其牝馬須四尺二寸以上，牡馬四尺三寸以上。大縣無過五百匹，許養牝馬三之一，及委本州通判春秋呈驗當日放散外，更餘約束，一依朝廷追降民馬指揮。』上批送吳居厚相度。居厚言：『馬政實為國家大務，其次莫如財利。民之安平，又無若制禦盜賊。今轉運軍須年計，大半出於折變之物，稍有侵耗，即無從補助。自保甲之法行於諸路，其正、副盡得一鄉材武之士，幾察賊盜，所在衰減。今募民養馬之法，若與免大小保長支移、催稅甲頭、春夫賊盜敷出賞錢、保丁巡宿十事，實便公私，可施行。』手詔三省、樞密院進議京東西保甲、養馬事，以謂：『當留俟兩路使者，以決可否。推朝廷大政，廟堂之上，令所自出。若恃心狐疑，無堅決定論，反求可將命使者，自非明於利害、忠特不回之人，孰不觀望，措議二三，破壞其事，可更審詳。若果有害民，必不可施行，所見官具事理論奏。

苟無弊也，即宜並心一力，協力奉行。』時五年二月也，於是悉施行之。霍翔二年八月除京東路憲，六年十月徙成都，七年二月十三日，提舉京東保馬。舊録載霍翔奏及手詔，並於五年二月五日丁巳。朱本移入七年七月五日甲戌。今附八月丁丑。又疑手詔不在五年，當是，六年冬末或七年春初也。五月辛酉，提舉京東保馬霍翔言：『買馬法無過八歲，及十五歲，給公據斥賣。竊以牡馬十歲方壯，牝馬十七歲猶生駒。乞許買十歲以下牡馬、十三歲以下牝馬。』丙申，中書省言：『熙寧二年，天下應在馬十五萬三千六百三十匹。』詔兵部取索內外馬數，比較以聞。十二月甲申，知成都府呂大防言：『欲編排四尺二寸以上馬百匹進呈。如堪配軍，即乞依此收買。』從之。

又卷一〇九《保馬》 元豐八年三月，資政殿學士韓維奏：『農民以稼穡為生，使之出錢市馬，已非其願，又守護灌飼，素昧其方，萬一死損，複使償買，昔時一馬直錢三二十千者，今貴至百千矣。農民如此，未有已時，愁歎之聲，聞於道路。又聞京西保馬頗為群盜掠取，換易乘騎，如其外廄。臣恐更易措置，不可緩也。詳見《變新法》。此一節合在此年六月下，誤置此。』四月辛未，詔：『開封府界、京東、京西、河北、陝西、河東所養戶馬近已支價錢撥買。配填河東、鄜延、環慶路闕馬軍分。自今府界並京東等路養馬指揮並罷。』又：『京東、京西路保甲養馬法元定年限極寬，民間易以應辦。而有司不務循守，妄有陳請，期限急迫，遂至搔擾。先帝已嘗降手詔詰責約束，至今猶不能奉行。其兩路保馬，宜令並依原降年限收買，其剩買過數目，並充以次年分之數目。』又詔提舉京東路保馬兼保甲楊景宗、提舉京西路保甲兼保馬張修令乘傳赴京，於三省稟議改廢。其後詔京東、京西路保馬等級分配諸軍，餘數發太僕寺。其格不應支配，即還民戶變易，納所給價錢。舊録云：先帝以國馬不足，追效邱乘之制，寓馬於民，量物產給價，立歲限，使民市馬養之，得自乘習，緩急則集以為用，仍命弛其繇役，法甚善。司馬光言其非便，遂罷。新録辨曰：宣仁參祖宗之制，推明神宗之心，保佑哲宗皇帝，以至元祐之治。其公議在天下甚明。而吏官類出私意，取一時群臣之議，與神宗皇帝較其得失，豈可以示後世？自『先帝以國馬』至『非使遂罷』六十字並刪去。按：此時司馬光猶未上疏論民戶養馬，不知舊録何以云然？其後則先固謂不可也。五月庚子，朝奉大夫、提舉京東路保馬兼保甲霍翔知密州，同管京西路保甲呂公雅知濠州。六月云云。七月甲辰，門下侍郎司馬光言：『陛下踐祚聽政，首令京東、西兩路保甲養馬並依元降年限收買。其剩過數目，並充次年之數云云。皆聖澤矜寬民力。於保甲勞費，雖十減五六，然保甲保馬向去點擇、買養補填，沿猶如舊云云，臣愚伏乞斷自聖心，盡罷諸路保甲，保正、長使歸農，其所養保馬，揀擇勾收，太僕寺量給價錢，分配兩騏驥院、坊監及諸軍，召提舉官還朝。其勾當公事、巡檢、指使，並送吏部與合人差遣。如此，則開封府界、三路之民，孰不歡呼鼓舞，荷戴聖德？』疏奏，蔡確等執奏不行。詔保馬別議立法。八月癸未，詔府界新置牧馬監兼提舉經度制置牧馬司並罷，應合分撥措置事件，令兵部條畫以聞。九月戊午，詔京東、西路保馬數未足者，更不收買，據見管數，令逐戶依舊主養，別聽朝旨。元祐元年閏二月辛卯，三省言：『霍翔、呂公雅提舉保馬，不循詔旨，至減朝廷元立年限之半。』詔霍翔差管勾江州太平觀，呂公雅差監舒州鹽灑稅務。四月己丑，右司諫王岩叟言：『訪聞京東保馬事尚有餘弊，宜在講陳，可因而變之，以成國家之利。其一：牧監昔廢之初，識者皆曰：『十年之後，天下當乏馬。』然不待十年，而天下之馬已不可多得，此非國家之利也。臣乞盡收退還民間馬三萬餘匹，復置監如故，然不必置監牧使，止委轉運使領之，可治辦矣。其二：廢監以來，牧地之在民者處處為害，蓋始者愚民利於一時請地之易，不慮後日納租之難，投狀之初，爭立高額，而不知州縣又估高價折納見錢，遂致力皆不勝，歲歲拖欠。轉運使不論水旱，與群牧司認定此錢，督責之嚴，過於他事，以至佃地百姓被禁錮、受鞭撻者，五日無之。今若因復置監牧，牧地入官，則百姓戴陛下之恩，如釋重負，脫沉屙矣。其京西事體既同，並乞賜施行。』七月癸未，太僕寺言：『沙苑監先隸河南監牧司，昨因廢監，撥歸群牧司，尋因置群牧行司，撥入行司管系。其行司後改為提舉監牧司，今已降朝旨，撥入右廂提點司，即買馬監牧司更不管系。其提舉陝西等路買馬監牧司名，合除去『監牧』二字。』從之。九月壬戌，太僕寺奏：『乞應於本寺事，並依群牧司法，仍只隸尚書省，或依舊隸樞密院，並乞內外馬事，並隸本寺施行。』詔內外馬事並隸太僕寺，直達尚書省，更不經由駕部。丙寅，詔中書省：『今後太僕卿、丞、簿並選差，應外監事，令本寺依舊群牧司法施行。』庚辰，右司諫王覿言：『臣竊見今年九月九日朝旨節文內馬事並隸太僕寺，直達尚書省，更不經由駕部。車營、致遠務、鞍轡庫、駝坊、皮剝所、養象所並專隸駕部。臣竊謂此獨可以敗壞官制，而未見為利之實也。朝廷以馬政久廢，而推行牧養之法，固太僕、駕部之職矣。若使太僕仍舊。隸駕部，而共修執事，於牧養之法，未見其害也。使車營、致遠等務不隸太僕，而領於省曹，於牧養之法，未見其利也。利害未分，而徒使本末失敘，官制復隳，臣不知其可也。且場務惡隸寺監，惡隸省曹，乃官吏不恤法度之常情，顧朝廷處之何如耳。伏望聖慈宣諭執政大臣，無以牧馬一事而輕害官制，追還九月九日朝旨，別降指揮施行。』紹聖三年七月癸巳，權知邢州張赴等言：『據知任縣韓均等申請，乞應有牧地縣分，許等第人戶投狀指揮請牧馬草地，或以佃牧地，須上色一項給付人戶，自使耕佃而蠲其租，令養官馬一匹，各於所屬，籍其毛色、盡寸、齒歲給付，每歲分番就縣，令佐點集。若馬有死失，許即時申縣，自備印給，非點集日，許私自乘騎，不許出州界若干里。如元佃地人系等第戶願養馬者，只令將文契批鑿，除其租數。若請不盡並不願請者，依條召人租佃。伏望詳酌施行。』樞密院言：『熙寧七年，先廢罷鄆州東平、鄭州原武兩監，及並衛州、淇水兩監為一監。至八年四月，中書、樞密院奏河南、北十二監，每在費用錢約五十三萬九千六百三十八貫。其所出馬數，止用錢三萬六千四百九十六貫可買，兼所得監馬堪配軍匹數不多，若都無此，未為闕用，兩監牧但存虛名，而枉費不少。見管九監馬三萬餘匹。時詔沙苑監令屬群牧司，餘八監並監牧司並廢罷，後盡以牧地募民種佃並牧馬，餘地所收歲租百餘萬，至今未嘗有失限之數，悉無前日異議者所陳之患。至十年二月，群牧司奏國馬缺用，曾裁損支使窠名。是時陝西路買馬，止以一萬五千為年額，至元豐中，又曾於畿內賦人戶養馬。及於京東、西路行保馬之法，又於開封府界霧澤陂置牧馬所，專差樞密都承旨張誠一等提舉經度制置，俟就緒，推廣諸路施行。而事初講求有所未盡，及奉行之人或不稱職，故人言以為未便。元祐初，並不考究熙寧以來講議本末利害之詳，研求所以增損措置之術，惟務盡罷元豐所行之法，一切複置舊監，遽將民間已請佃上地，栽重到桑棗果園，及莊井屋宇，毀伐廢壞不少。兼興複監牧、增置官吏，所費不貲，殊未見其效。蓋自復監以來，前復累有臣僚論列公私之害，若因循元祐倉猝更張之法，即歲月愈久，為弊愈深。自來議者欲於民間養馬，然所陳亦多不同，或欲以牧地召人租賃，官給草料，令百姓蓄養；或責以蓄息；或欲令逐月赴官閱視決責；或欲分配等第人戶，以此終不可行。今據知邢州張赴所稱，體究得民間願得牧地牧馬，但與蠲其租課，仍不責以蓄息，俾養馬人戶無追呼勞擾之患，並不願養馬之家不得抑勒。如此施行，必無未便之理。今相度，欲具為條畫榜示，令太僕寺雕印施行。應有監牧地分，州縣於要便處曉示人戶，願請佃牧地、免納租課、為官養馬者，聽實封，於本縣投狀。逐縣置曆收接，月終具若干實封狀送州，州縣並不得開拆，具數申送太僕卿寺開拆，申樞密院看詳，取旨施行。』從之。殿中侍禦史陳次升言：『臣伏睹近降朝旨，給牧地，召人戶情願養馬事。條約雖已詳備，然元初只緣知邢州張赴同任縣、堯山縣知縣等所請指揮，其餘路並依此施行。臣竊慮諸路若有不便，必為民害。欲望朝廷明降指揮，令諸路若有利害不同，許令申稟州縣。若抑令人戶作情願投狀養馬者，令監司按劾施行。法行之後，永久無弊。』

又卷一三八《徽宗皇帝・馬政》　崇寧元年四月甲寅，有司言：『勘會見今請射牧地養馬之數，共計養馬一千七百九十七戶，請射過牧地三千七頃三十一三田半，所養馬一千八百二十九匹。河北東路二百七十八匹，河北西路一千四百一十三匹，京西北路一百一十五匹，京東西路一十四匹，河東路九匹，開封府界、京西南路、京東路並無之。』大觀元年三月乙卯，尚書省檢會：『元豐中，先帝追復先王隱兵於農之意，詔人戶養馬。法未及廣，遭元祐改革，置監放牧，馬不蕃息，而費用不貲。合沙苑監最號馬多，本監牧地九十餘頃，草料、軍兵、監官衣糧俸給，以陝西今日物價，約計用錢四十餘萬貫，而灌啖蜜藥、棚井、槽屋、皮裘之費，又一萬餘貫，而所養只及六千匹。元符元年至二年，抛死三千九百餘匹，而馬不調習，不可乘騎。以九千頃之地、四十萬之費養六千餘匹，而不適於用，及抛死之數如此，其利害灼然可見。見以九千頃地，以三分為率，除一分瘠薄外，良田不下六千頃。以今陝西土田中價計之，每頃可直五百餘貫，若召人請地，二頃養馬一匹，則十口之家，得五百貫地利，馬得所養，不至抛失，人必樂趨，公私俱獲其利，可以紹述先帝隱兵於農之意。欲令永興軍路提刑司並通判同州、朝奉郎張彥專一同共相度措置聞奏，候見實利，其六路新邊荒田，候拘括到，六路亦依此施行。』從之。此據平江府錄到蔡京家殘書，闕其首尾。今考案增入，因附春末。更詳之。二年四月辛巳，御筆：『追述先王寓馬於農之意，募人給地免租牧馬。行之期年，熙河類見就緒。凡縣、鎮、寨、關、堡官衙內，並帶兼管勾給地牧馬事，佐官同管勾，庶使人人各知任責。』五月庚戌，御筆：『給地養馬之法雖已推行，而地之頃畝尚多，訪聞多是土豪侵冒，百不得一。

今遣官括地，限一日起發，親詣地所。如違及不實、不盡，杖一百；故隱落，以違制論。』三年八月丁亥，詔：『馬政近經分撥，所降指揮不相照應。今後應緣馬事，可依崇寧二年正月二十四日指揮，並隸樞密院。』政和二年十二月癸丑，始詔諸路給地牧馬。又詔：『諸路馬食，儲積亦艱，沿邊土曠，乘春發生，青草茂盛，應諸城寨，若使軍馬分番出牧，就野飽青，晚持草歸，以充夜秣，每名量支草價，以省官芻。詔聞河東路見今施行，可令陝西諸路相度措置聞奏。』三年七月壬辰，提舉京西路給地牧馬王愈言：『乞依提舉陝西路給地牧馬奏請已得指揮，應縣、鎮、城、寨，每給地牧馬及三百戶，管勾官與減二年磨勘；一州通管給地牧馬一千戶，檢點官與減磨勘二年，歲終，仍委提舉官取給地牧馬最多處保明聞奏，乞自朝廷旌賞。臣到本路，竊見每州管牧地動輒數千頃，一縣或一二千頃者，若縣給地牧馬三百戶，州、通及一千戶便行推賞，則州縣惟及賞格而止。今相度每縣及六百戶、州及二千戶減三年磨勘，如此，亦足以勸矣。』從之。餘路依此。七年五月癸丑，臣僚言：『神宗稽法成周，寓馬於農。陛下聿追聖謨，給地增牧。法成令具，吏虔民樂。諸路告功，實武備無窮之利。乞令逐路春、秋集教，以備選用。』從之。宣和二年九月壬寅，御筆：『給地牧馬，議者本以蕃息國馬為言。今諸路倒失，率以千計。自行法至今，即無中到出駒匹數，歲糜激賞既以浩瀚，馬戶輒蠲租稅科差，政賦役日益不均，因緣騷擾，為害不一。所有政和二年十二月已後給地牧馬條法，可更不施行。民戶見養官馬，令樞密院相度拘收，支填見今闕馬禁軍。仍令逐路守臣、兵官專一鈐束，如法餵養。應租佃牧馬及置監去處，並如舊制。內牧地先問舊佃人，如不願佃，即令見佃人依舊法租佃；又不願，即依條別召人承佃。應合措置事件，令逐路提刑司措置以聞。』詔旨。

蔡絛《馬政篇》：國朝馬政，始有監牧。熙寧末，臣僚乃議廢之，於是詔盡廢，獨留沙苑一監，其牧田聽民租佃。及後數用兵，馬少。元豐末，有保馬者，自官戶強配出馬，故大擾，元祐乃罷之。其後馬改益不修。崇、觀間，有給地牧馬於陝右，未久復止。政和二年，降詔力行之，先於畿東西、河朔，以舊牧馬地募人給養，然後依次推行諸路。其制以系官逃田，若天荒，凡二頃至三四頃，度高下肥磽，募貧民受田，仍除其一頃稅，令牧馬一匹，牝則三歲限一駒。牧馬五年，則詣官再易馬牧。其後盡括澤、潞、畿西、山東、河朔等處田，因陝右布蕃羌名馬以分給之。其始頗擾，人以為言。魯公力白於上：『豈不知擾？顧聽臣行之既久，百姓始忻悅。』蓋田一頃，贍一馬有餘。頃畝力耕，皆為良田，則家用饒足，然官未嘗有芻秣、吏卒之費也。政和後，牧馬至八萬餘匹，其後益盛，至九萬未已。宣和初，群小用事，始用馬，以秋冬歲一呈提刑司。小民動有勞費，因殺其令，分遠近，二三歲一呈，則又曰：『郡縣官皆擇取良馬竊乘之。』上尤切齒，數以為言。魯公執曰：『馬不使之習知銜轡，顧安用哉？人為之防足矣。』不聽。二年，魯公罷，群小爭言給地為非，於是詔牧馬盡給賜童貫，及遣之陝右，使補諸軍之闕馬者，凡九萬餘匹。既不知恤，道斃者十八九。其實群閹與一二幸臣利其田爾，遂盡牧民田，以賜諸苑圃及道觀，若後苑作書藝局、艮嶽、擷芳園、上清寶籙宮、龍德、太乙宮、佑神觀，皆給千頃或八百頃，他苑囿、宮觀亦不下三五百頃。始時多荒瘠地，貧民力耕既久，皆為上腴，一旦失業，遠近鹹苦之。然祖宗監牧又久廢罷，其後北事興，郭藥師在燕山須馬，而國家無監牧與給地牧馬，且廢久，乃又盡括河南諸軍馬及諸處系官馬，以綱發去，聽其揀擇取之，於是中國馬政掃地焉。及宣和末，事變浸危，陰知金人將叛盟，始悟闕馬。伯氏時領樞府，亦悔前日預有短毀，乃奏白，復推行給地牧馬事。時既無馬以與民，又不得元田，殆有其意，而郡縣間亦強民使出馬以牧，徒虛文，終不克就。未久，敵人犯闕，倉卒遂不能得馬。詔盡括內外公私馬，又取於在都馬軍，不及二萬，病弱在焉。且復授小閹梁方平等，使領兵扼大河於濬州，至則大敗，馬復盡焉。靖康之初，後進書生不知始末，至冒然給地牧馬。民間雖養以充數，無復善者，又驅之燕山，悉為敵人得，此大繆矣！六年四月己巳，詔：『給地牧馬路分勸誘召人養馬，自降指揮至今年三月中，養數多去處，干預牧馬官吏，宜與旌賞。將提刑司官通本路所管州縣及三千匹以上，各與轉一官；六千匹以上，各減三年磨勘；州府通所管縣分一千匹以上，各轉一官；二千匹以上，各減三年磨勘；縣官及三百匹以上，各轉一官；六百匹以上，各減三年磨勘。』十月己丑，中大夫、秘閣修撰、提點河北東路刑獄兼提舉給地牧馬李孝揚轉一官、減三年磨勘，許回授本色本宗有官有服親，以本路養馬及七千餘匹故也。

《宋史》卷一五一《兵志十二》 其廄牧之政，則自太祖置養馬務一，葺舊務四，以為牧放之地始。太平興國四年，太宗觀兵於幽，得汾、晉、燕、薊之馬四萬二千餘匹，內皂充牣，始分置諸州牧養之。時殿直李諤坐贓，監牧許州，盜官菽，馬多死，並主吏斬於市。又詔擇豐曠地置牧龍坊八，以便牧養。淳化二年十二月，詔圉人取善馬數十匹，於便殿設皂棧，教以秣飼，且以其法諭宰執，仍頒於諸軍。復以醫馬良方賜近臣。嘗從趙守倫之請，於諸州牧龍坊畜牝馬萬五千匹，逐水草牧放，不費芻秣，生駒蕃息，足資軍用。至是，守倫復言：『諸坊牧馬萬匹，歲當生駒四千，今歲止二千五百，典司失職，當嚴責罰。若馬百匹歲得駒七十，則加遷擢。諸坊產駒，即籍以聞。牧放軍人，當募少壯充役。』並從之。真宗大中祥符元年，立牧監賞罰之令，外監息馬，一歲終以十分為率，死一分以上勾當官罰一月奉，餘等第決杖。牧倍多而死少者，給賞緡有差。凡生駒一匹，兵校而下賞絹一匹。當是時，凡內外坊、監及諸軍馬凡二十餘萬匹，飼馬兵校一萬六千三十八人。每歲京城草六十六萬六千圍，麩料六萬二千二百四石，鹽、油、藥、糖九萬五千餘斤、石，諸州軍不預焉。左右騏驥六坊、監止留馬二千餘匹，皆春季出就牧，孟冬則別其羸病，就棧皂養飼。其尚乘之馬，唯備用者在焉。凡牧監之在河南、北，天禧後，靈昌監為河決所沖。至乾興、天聖間，兵久不試，言者多以為牧馬費廣而亡補，乃廢東平監，以其地賦民。五年，廢單鎮監。六年，廢洛陽監。於是河南諸監皆廢，悉以馬送河北。既而詔取原武監馬赴京師，移河北孳生馬牧於原武。八年，群牧司上言：原武地廣而馬少，請增牧數。詔以淇水第二監四歲馬屬原武，歲取河北孳生四歲馬分屬淇水第二並原武監，移原武下等馬牧於靈昌鎮廢監，仍隸原武。九年，詔諸監孳生駁馬，四時遊牧，勿復登廄。明道元年，議者謂：『自河南六監廢，京師須馬，取之河北，道遠非便。』詔遣左廂提點王舜臣往度利害。舜臣言：『鎮寧、靈昌、東平、淳澤四監雖廢，然其地猶牧本監並騏驥院馬，洛陽、單鎮去京師近，罷之非便。』乃詔復二監，以牧河北孳生馬。景祐二年，揀河北諸監馬一千九百牧於趙州界，隸安陽監。既而詔廣平廢監留其一，以趙州界牧馬復隸焉，所餘一監，毋毀廄舍。四年，復以原武第二監為單鎮，移於長葛縣，以縣令、都監兼領之。三年，詔院坊、監馬歲留備用外，餘為兩群，牧於咸豐門外牟駝岡。

又 凡收養病馬，估馬司、騏驥院取病淺者送上監，深者送下監，分十槽醫療之。天聖六年，詔月以都監、判官一人提舉。八年，言者謂上監去京城遠，送病馬非便。詔廢之，以病淺馬分屬左右騏驥院六坊、監，季較抛死數，歲終第賞罰。更以騏驥院官迭往提舉。明道二年，復置上監，易名天坰，養無病馬，病馬並屬下監。景祐二年，詔以牧養監馬團群牧於陳、許州界鳳凰陂，免耗芻菽，歲以為常。治平二年，詔院坊、監馬之病不堪估賣者，送淇水第一監，別為一群以牧養之。

又 凡馬之孳生，則大名府、洺、衛、相州七監多擇善種，合牝牡為群，判官歲以十二月巡行坊、監，閱二歲駒點印，第賞牧兵。諸軍收駒及二歲，即送官。天聖七年，群牧司言：『舊制，知州軍、通判領同群牧事，歲終較馬死數及分已上，並生駒不及四分，並罰奉。死數少，生駒多，即奏第賞。三歲都比，以該賞者聞。今請申明舊制，通判始到官，書所轄馬數，歲一考之，官滿，較總數為賞罰。』詔從之。嘉祐八年，群牧司言：『孳生七監，每監歲定牝馬二千，牡馬四百，歲約生駒四百，以為定數。』治平二年，詔：『諸監生駒滿三十月已上，每歲點印，選牡之良者送淇水第二監，餘雜大馬悉送河南三監，其淇水第二監馬，候滿六十月，給配諸監。諸監牝馬滿三十月，本監別立群牧放，候滿五十月，乃撥配他監。』

又 熙寧以來，有保馬、戶馬，其後又變為給地牧馬。神宗嘗患馬政不善，謂樞密使文彥博曰：『群牧官非人，無以責成效。其令中書擇使，卿舉判官，冀國馬蕃息，以給戰騎。』於是以比部員外郎崔臺符權群牧判官，又命群牧判官劉航及臺符刪定《群牧敕令》，以唐制參本朝故事而奏決焉。熙寧元年，又手詔彥博等曰：『今諸州守貳雖同領群牧，而未嘗親涖職事，其議更制，應監牧、郡守貳並朝廷選授，與坊、監使臣皆第其能否，制賞罰而升黜之，宜立法以聞。』又手詔曰：『方今馬政不修，官吏無著效，豈任不久而才不盡歟？是何監牧之多，官吏之眾，而乏才之甚也！昔唐用張萬歲三世典群牧，恩信行乎下，故馬政修舉，後世稱為能吏。今上自提總官屬，下至坊、監使臣，既非銓擇，而遷徙迅速，謂之假道，欲使官宿其業而盡其能，不可得也。為今之計者，當簡其勞能，進之以序。自坊、監而上至於群牧都監，皆課其功而第進之，以為任事者勸焉。』於是，樞密副使邵亢請以牧馬餘田修稼政，以資牧養之利。而群牧司言：『馬監草地四萬八千餘頃，今以五萬馬為率，一馬占地五十畝，大名、廣平四監餘田無幾，宜且仍舊。而原武、單鎮、洛陽、沙苑、淇水、安陽、東平等監，餘良田萬七千頃，可賦民以收芻粟。』從之。已而樞密院又言：『舊制，以左、右騏驥院總司國馬。景德中，始增置群牧使副、都監、判官，以領廄牧之政。使領雖重，未嘗躬自巡察，不能周知牧畜利病，以故馬不蕃息。今宜分置官局，專任責成。』乃詔河南、北分置監牧使，以劉航、崔臺符為之，又置都監各一員。其在河陽者，為孳生監。凡外諸監並分屬兩使，各條上所當行者。諸官吏若牧田縣令佐，並委監牧使舉劾，專隸樞密院，不領於群牧制置。先是，群牧司請於河北、河東、陝西都總管治所各置一監，以便給軍，乃遣官下諸路詳度。既又以知太原唐介之請，發沙苑馬五百，置監於交城。又分置河南、河北兩使。時上方留意牧監地，然諸監牧田皆寬衍，為人所冒占，故議者爭請收其餘資以佐芻粟。言利者乘之，始以增賦入為務。二年，詔括河南北監牧司總牧地。舊籍六萬八千頃，而今籍五萬五千，餘數皆隱於民。自是，請以牧地賦民者紛然，而諸監尋廢。是歲，天下應在馬凡十五萬三千六百有奇。初，內外班直、諸軍馬以四月下槽出牧，迄八月上槽，風雨勞逸之不齊，故多病斃。圉人歲被榜罰，吏緣牧事害民，棚井科率無寧歲。四年十月，乃命同修起居注曾孝寬較度其利害。孝寬請罷諸班直、諸軍馬出牧，以田募民出租。詔自來年如所請，仍令三司備當牧五月芻粟。五年，廢太原監。七年，廢東平、原武監，而合淇水兩監為一。八年，遂廢河南北八監，惟存沙苑一監，而兩監司牧亦罷矣。沙苑先以隸陝西提舉監牧，至是，復屬之群牧司。始議廢監時，群牧制置使文彥博言：『議者欲賦牧地與民而收租課，散國馬於編戶而責孳息，非便。』詔元絳、蔡確較其利害上之。於是中書、樞密院言：『河南北十二監，起熙寧二年至五年，歲出馬一千六百四十匹，可給騎兵者二百六十四，餘僅足配郵傳。而兩監牧吏卒雜費及所占地租，為緡錢五十三萬九千有奇，計所出馬為錢三萬六千四百餘緡而已。今九監見馬三萬，若不更制，則日就損耗。』於是卒廢之，以其善馬分隸諸監，餘馬皆斥賣，收其地租，給市易茶本錢，分寄籍常平、出子錢，以為市馬之直。監兵五千，以為廣固指揮，修治京城焉。後遂廢高陽、真定、太原、大名、定州五監。凡廢監錢歸市易之外，又以給熙河歲計。諸監既廢，淤田司請廣行淤溉，增課以募耕者，而河北制置牧田所繼言，牧田沒於民者五千七百餘頃。乃嚴侵冒之法，而加告獲之賞，自是利入增多。元豐三年，廢監租錢遂至百一十六萬，自群牧使而下，賜賚有差。乃命太常博士路昌衡、秘書丞王得臣與逐路轉運司、開封府界提點司按租地，約三年中價以定歲額。若催督違滯，以擅支封樁法論。初，經制熙河邊防財用司奏於岷州荔川、閭川砦、通遠軍熟羊砦置牧養十監，議者繼言蕃馬法，帝欲試之近甸。六年，手詔樞密院：『牧馬重事，經始之際，宜得左右近臣以總其政。今自霧澤陂牧馬所造法，始於畿內置十監，以次推之諸路。宜令樞密院都承旨張誠一、副都承旨張山甫經度制置，權不隸尚書駕部及太僕寺。有當自朝廷處分者，樞密院主之。』已而其說皆不效。八年，同提舉經度制置曹誦言：『自崇儀副使溫從吉建議創孳生監，迨今二年，駒不蕃而死者益眾。』乃命御史臺校核，自置監以來，得駒不及一分四厘，馬死已十分之六。於是責議者及提舉官，而罷畿內十監。元祐初，議興廢監，以復舊制。於是詔庫部郎中郭茂恂往陝西、河東所當置監，尋又下河北陝西轉運、提點刑獄司按行河、渭、並、晋之間牧田以聞。時已罷保甲，教騎兵，而還戶馬於民。於是右司諫王岩叟言：『兵之所恃在馬，而能蕃息之者，牧監也。昔廢監之初，識者皆知十年之後天下當乏馬。已而不待十年，其弊已見，此甚非國之利也。乞收還戶馬三萬，復置監如故，監牧事委之轉運官，而不專置使。今鄆州之東平，北京之大名、元城，衛州之淇水，相州之安陽，洺州之廣平監，以及瀛、定之間棚塞草地疆畫具存，使臣牧卒大半猶在，稍加招集，則指顧之間措置可定，而人免納錢之害，國收牧馬之利，豈非計之得哉？又況廢監以來，牧地之賦民者，為害多端，若復置監牧而收地入官，則百姓戴恩，如釋重負矣。』自是，洛陽、單鎮、原武、淇水、東平、安陽等監皆復。初，熙寧中，並天駟四監為二，而左、右天廄坊亦罷。至是，復左、右天廄坊。時又有旨，內外馬事並隸太僕寺，不由駕部而達尚書省。兵部尚書王存、右司諫王覿言：『先帝講求歷代之法，正省、臺、寺、監之職，上下相繼，各有統制。其間或濡滯不通，宜量加裁正，不可因而隳紊。』言不果行。又詔舊屬群牧司者專隸太僕寺，直達樞密院，不由尚書省及駕部。至崇寧中，始詔如元豐舊制。紹聖初，用事者更以其意為廢置，而時議復變。太僕寺言，府界牧田，占佃之外，尚存三千餘頃，議復畿內孳生十監。詔以莊宅副使麥文昞、內殿崇班王景儉充提舉。後二年而給地牧馬之政行矣。先是，知任縣韓筠等建議，凡授民牧田一頃，為官牧一馬而蠲其租。縣籍其高下、老壯、毛色，歲一閱，亡失者責償，已佃牧田者依上養馬。知邢州張赴上其說，且謂授田一頃為官牧一馬，較陝西沿邊弓箭脾既養馬又戍邊者為優，試之一監一縣，當有利而無害。樞密院是其請，且言：『熙寧中，罷諸監以賦民，歲收緡錢至百餘萬。元祐初，未嘗講明利害，惟務罷元豐、熙寧之政，奪已佃之田而復舊監。桑棗井廬多所毀伐，監牧官吏為費不貲，牧卒擾民，棚井抑配，為害非一。蓋自復監以來，臣僚屢陳公私之害。若循元祐倉卒更張之法，久當益弊。且左右廂今歲籍馬萬三千有奇，堪配軍者無幾，惟沙苑六千疋愈於他監。今赴等所陳授田養馬，既蠲其租不責以孳息，而不願者無所抑勒，又限以尺寸，則緩急皆可用之馬矣。』乃具為條畫，下太僕寺，應監牧州縣悉行之。時殿中侍御史陳次升言：『給地牧馬，其初始於邢州守令之請，未嘗下監司詳度。諸路各有利害，既不可知。民居與田相遠者，難就耕牧。一頃之地所直不多，而亡失責償，為錢四五十千，必非人情所願。』言竟不行。時同知樞密院者，曾布也。四年，遂廢淇水、單鎮、安陽、洛陽、原武監，罷提點所及左右廂，惟存東平、沙苑二監。曾布自敘其事曰：『元祐中，復置監牧，兩廂所養馬止萬三千匹，而不堪者過半。今既以租錢置蕃落十指揮於陝西，養馬三千五百。又人戶願養者亦數千，而所存兩監各可牧萬馬。馬數多於舊監，而所省官吏之費非一，近世良法，未之能及。』時三省皆稱善。馬其後，沙苑復隸陝西買馬監牧司，而東平監仍廢。崇寧元年，有司較諸路田養馬之數，凡一千八百疋有奇，而河北西路占一千四百，他路自二百匹以下，至河東路僅九匹，而開封府界、京西南路、京東東路皆無應募者。蓋法雖已具，而猶未及行也。大觀元年，尚書省言：『元祐置監，馬不蕃息，而費用不貲。今沙苑最號多馬，然占牧田九千餘頃，芻粟、官曹歲費緡錢四十餘萬，而牧馬止及六千。自元符元年至二年，亡失者三千九百。且素不調習，不中於用。以九千頃之田、四十萬緡之費，養馬而不適於用，又亡失如此，利害灼然可見。今以九千頃之田，計其磽瘠，三分去一，猶得良田六千頃。以直計之，頃為錢五百餘緡，以一頃募一馬，則人得地利，馬得所養，可以紹述先帝隱兵於農之意。請下永興軍路提點刑獄司及同州詳度以聞。俟見實利，則六路新邊閑田，當以次推行。時熙河蘭湟路牧馬司又請兼募願養牝馬者，每收三駒，以其二歸官，一充賞，詔行之。是歲，臣僚言岷州應募養馬者至萬餘匹，於是自守貳而下，遞賞有差。明年，詔熙河路應縣、鎮、城、砦、關、堡官並兼管幹給地牧事。四年，復罷京東西路給地牧馬，復東平監。政和二年，詔諸路復行給地牧馬，復罷東平監。五年，提舉河東給地牧馬尚中行以奏報稽違，且欲擅更法，詔授遠小監當官。於是人皆趣令，牧守、提舉以率先就緒遷官第賞者甚眾。七年，有司言給地增牧，法成令具，諸路告功。乃下諸路春秋集教，以備選用。令下，奉行之者益力。蔡京既罷政，新用事者更言其不便。宣和二年，詔罷政和二年以來給地牧馬條令，收見馬以給軍，應牧田及置監處並如舊制。又復東平監。凡諸監興罷不一，而沙苑監獨不廢。自給地牧馬之法罷，三年而復行。時牧田已多所給占，乃詔見管及已拘收，如官司輒復請占者，以違制論。六年，又詔立賞格，應牧馬通一路及三千匹，州通縣及一千，縣及三百，其提點刑獄、守令各遷一官，倍者更減磨勘年。於是諸路應募牧馬者為戶八萬七千六百有奇，為馬二萬三千五百。既推賞如上詔，而兵部長貳亦以兼總八路馬政遷官。然北方有事，而馬政亦急矣。靖康元年，左丞李綱言：『祖宗以來，擇陝西、河東、河北美水草高涼之地，置監凡三十六所，比年廢罷殆盡。民間雜養以充役，官吏便文以塞責，而馬無復善者。今諸軍闕馬者太半，宜復舊制，權時之宜，括天下馬，量給其直，不旬日間，則數萬之馬，猶可具也。』然時已不能盡行其說矣。保甲養馬者，自熙寧五年始。先是，中書省、樞密院議其事於上前，文彥博、吳充言：『國馬宜不可闕。今法，馬死者責償，恐非民願。』安石以為令下而京畿投牒者已千五百戶，決非出於驅迫，持論益堅。五月，詔開封府界諸縣保甲願牧馬者聽，仍以陝西所市馬選給之。六年，曾布等承詔上其條約：凡五路義勇保甲願養馬者，戶一匹，物力高願養二匹者聽，皆以監牧見馬給之，或官與其直令自市，毋或強與。府界毋過三千匹，五路毋過五千匹。襲逐盜賊外，乘越三百里者有禁。在府界者，免體量草二百五十束，加給以錢布；在五路者，歲免折變緣納錢。三等以上，十戶為一保；四等以下，十戶為一社，以待病斃逋償者。保戶馬斃，保戶獨償之；社戶馬斃，社戶半償之。歲一閱其肥瘠，禁苛留者。凡十四條，先從府界頒焉。五路委監司、經略司、州縣更度之。於是保甲養馬行於諸路矣。時河東騎軍馬萬一千餘匹，番戍率十年一周。議欲省費，乃行《五路義勇保甲養馬法》。兵部言：『河東正軍馬九千五百匹，請權罷官給，以義勇保甲馬五千補之以合額。俟正軍馬不及五千，始行給配。』下中書、樞密院。樞密院以為：『官養一馬，歲為錢二十七千。民養一馬，才免折變緣納錢六千五百，折米而輸其直，為錢十四千四百，餘皆出於民，決非所願。況減軍馬五千匹，邊防事宜何所取備？若存官軍馬如故，漸令民間從便牧馬，不以五千為限，於理為可。』中書謂：『官養一馬，以中價率之，為錢二十七千。募民牧養，可省雜費八萬餘緡。計前二年官馬死，倍於保甲馬。而保甲有馬，可以習戰禦盜，公私兩便。』帝卒從樞密院議。九年，京畿保甲養馬者罷給錢布，止免輸草而增馬數。元豐六年，取河東路保甲十分之二以教騎戰，且以本路鹽息錢給之。每二十五千令市一馬，仍以五年為限。七年，詔京東、西路保甲免教閱，每都保養馬五十匹，匹給錢十千，限京東以十年，京西十五年而數足。置提舉保甲馬官，京西以呂公雅，京東以霍翔領之。罷鄉村物力養馬之令，養戶馬者免保甲馬，皆翔所陳也。翔及公雅既領提舉事，多所建白。請借常平錢，每路五萬緡，付州縣出息，以賞馬之充肥及孳息者。願以私馬印為保馬者聽。養馬至三匹，蠲役外，每疋許次丁一人贖杖罪之非侵損於人者。詔悉從之。公雅又令每都歲市二十匹，限十五年者促為二年半。京西不產馬，民貧乏益不堪，上慮有司責數過多，百姓未喻上意，詔如元令，稍增其數。公雅乃請每都歲市八匹，限以八年，山縣限以十年。翔又奏本路馬已及萬匹，請令諸縣弓手各養一匹，以贖失捕之罪。哲宗嗣位，言新法之不便者，以保馬為急。乃詔曰：『京東、西保馬，期限極寬。有司不務循守，遂致煩擾。先帝已嘗手詔詰責，今猶未能遵守。其兩路市馬年限並如元詔。』尋又詔以兩路保馬分配諸軍，餘數付太僕寺，不堪支配者斥還民戶而責官直。翔、公雅皆以罪去，而保馬遂罷。戶馬者，慶曆中，嘗詔河北民戶以物力養馬，以備官買。熙寧二年，河北察訪使曾孝寬以為言，始參考行之。是時，諸監既廢，仰給市馬，而義勇保甲馬復從官給，朝廷以乏馬為憂。元豐三年春，以王拱辰之請，詔開封府界、京東西、河北、陝西、河東路州縣戶各計資產市馬，坊郭家產及三千緡、鄉村五千緡、若坊郭鄉村通及三千緡以上者，各養一馬，增倍者馬亦如之，至三疋止。馬以四尺三寸以上，齒限八歲以下，及十五歲則更市如初，籍於提舉司。於是諸道各上其數，開封府界四千六百九十四，河北東路六百一十五，西路八百五十四，秦鳳等路六百四十二，永興路一千五百四十六，河東路三百六十六，京東東路七百一十七，西路九百二十二，京西南路五百九十，北路七百一十六。時初立法，上慮商賈乘時高直以病民，命以群牧司驍騎以上千疋出市，以平其直。熙寧中，嘗令德順軍蕃部養馬，帝問其利害。王安石謂：『今坊、監以五百緡得一馬，若委之熙河蕃部，當不至重費。蕃部地宜馬，且以畜牧為生，誠為便利。』已而得駒庳劣，亡失者責償，蕃部苦之，其法尋廢。至是，環慶路經略司復言已檄諸蕃部養馬，詔閱實及格者一匹支五縑，鄜延、秦鳳、涇原路准此。時西方用兵，頗調戶馬以給戰騎，借者給還，死則償直。七年，遂詔河東、鄜延、環慶路各發戶馬二千以給正兵，河東就給本路，鄜延益以永興軍等路及京西坊郭馬，環慶益以秦鳳等路及開封府界馬。戶馬既配兵，後遂不復補。京東、西既更為保馬，諸路養馬指揮至八年亦罷。其後給地牧馬，則亦本於戶馬之意云。

明 雷禮《南京太僕寺志》卷三《便寄養》 宋大中祥符四年，徙京師馬付外監寄養。京師馬舊留二萬，陳堯叟因芻粟增直，請留七千，自餘悉付外監，仍欲於七千之中更以四千付淳澤監，可省芻粟三百餘萬。若有給賜，朝取夕至矣。此寄養之始，猶寄外監，未嘗散官馬於民而責其償息。

又 卷五《積場租》 宋神宗熈寧元年，以牧馬餘地，募民耕出租。宋自太宗遣中使檢視牧草地圖，不得侵民田，畫其疆界，至是樞密副使邵亢請以牧馬餘田修稼政，以資牧養之利。而羣牧司言馬監草地四萬八千餘頃，今以五萬爲率，一馬占地五十畝，大名、廣平四監餘田無幾，宜且仍舊，而原武、單鎮、洛陽、沙苑、淇水、安陽、東平等監餘良田萬七千頃，可賦民以收芻粟。從之。二年，詔括河南監收司總牧地，舊籍六萬八千頃，而今籍五萬五千餘，數皆隱於民，自是請以牧田賦民者紛然，而諸監尋廢。

明 彭大翼《山堂肆考》卷八七《馬政》 置監交城。宋英宗時，唐介知太原，請于交城縣置馬監，詔比部員外郎崔台符相視，得汾州故牧地三千餘頃，其千二百餘頃民以租佃者，令入租以給寒月芻豆。上從介請，置監，自沙苑發牝馬五百匹徃交城，遂以台符權羣牧判官。尋詔台符及劉航刪修羣牧司勑令。

又 置監河南。宋神宗即位，留意馬政，詔河南北分置監牧使，以劉航、崔台符為之。又置都監各一員，其在河南者為孳生監，凡在外諸監並分屬兩使，諸監官吏若牧田縣令佐並委監牧使舉劾。

《續文獻通考》卷一三二《兵考・馬政》 紹定元年，京西副將孟珙命忠順軍家自畜馬，官給芻粟。《名臣奏議》曰：『知漢陽黃幹奏曰：國家所用之馬，西取於蜀，南取於廣，皆在數千里外。博易之費，道里之費，一馬之入，動數百千，其所得甚𩨭，所費甚巨，一有緩急，無馬可用。開禧年間，敵騎壓境，旋行收買，駑駘下乘亦以備數。平居暇日可不思所以處之乎？竊見漢陽管內有馬監一所，馬之自蜀來者憩息於此，五日而後行，守臣亦預點檢之責。臣嘗親至其地，見馬監之前有所謂孳生監者，乃鄂州大軍昔日所創。方其盛時，馬之蕃息可以足軍中之用。今監皆頹敗，不復有馬矣。漢陽為郡，土壤甚廣，風氣甚勁，水草甚饒，若委之守臣，使之興復舊監，以為牧馬之地，給降本錢，收買江北所産之馬而蕃息之，差撥士卒使任牧養之責，數年之間，生息蕃盛，猝有緩急，即可為用。與夫求之至遠之地，買之倉卒之際，其利害相去遠矣。』更乞行下總領所，同鄂州都統司相度施行。

《宋會要輯稿・兵二一》 牧地。太宗淳化五年十二月，詔閱視通利軍等數十處牧馬草地圖。先是，太宗以國馬多地窄，慮公私互有侵冒，遣中官與使臣同往檢責。洎進地圖，指諸牧地甚寬，不爲民害也。至道二年閏七月，詔邢州先請射草地，並令撥歸牧龍坊。自餘荒閑田土，聽民請射。先是，詔應荒閑田土許民請射，充永業，其間多有係牧龍坊草地者。州與本坊互有論列，以未能決，乃遣中使相度而有是命。仍俟秋收畢，乃得取地入官。真宗景德元年四月，命殿直宋垂遠乘傳往原、渭、儀等州及鎮戎軍案視放牧草地。先是，垂遠上言四州軍界有白草，可歲刈取百餘萬束，以秣飼戰馬。真宗曰：『西鄙未能罷兵，飛芻最費民力。儻如所言，甚濟民費。』故有是命。七月，知並州王嗣宗言：『西面諸州軍所市馬可以給戰士者，並即時送北面軍前，瘦弱者並牽赴闕。汾州地涼，接樓煩，諸監美水草，望令於此處放牧。暑月道遠，免致死損。』從之。十月，群牧判官王曉言：『准詔，諸州不堪放馬閑田，召牧戶耕種，不可許有田輸稅戶棄業分房請占。又緣浮客戶多苦貧乏，應募者少。請依州縣職田例，招主客戶種蒔，以沃瘠分爲三等輸課。其州縣官吏、使臣，如招得民力，依元詔批曆爲勞績。』從之。二年八月，以開封府學究鄭麟言，衛州新鄉縣東有牧龍鄉草地百餘里，爲戶民所占，輸租稅。乃詔殿中丞祖昌世、內侍高班石惟清同往按視，凡得六百九十餘頃，冒佃者三之一，並伏還官。以麟補三班借職。三年八月，令河北沿邊不得焚牧馬草地。四年十月，群牧司言：『諸監以草地充屯田，遣卒種蒔，所入不充其費。今馬數益多，闕人牧放，請廢屯田，仍爲草地，委所屬州縣標其疆畛，免公私侵占。』從之。大中祥符二年正月，群牧制置使陳堯叟等言：『准詔旨，群牧歲息馬及萬，則分爲兩監，監標牧馬地，令臣等規畫以聞。望下京東、京西、河北、陝西轉運使並知鄆州馬元方：除舊係官草地外，應古來坊監、舊牧龍坊草地係官閑田，即標立封堠。其遠年逃土及今閑田有與民田相接者，官利市之，或易以沃壤，無妨農種。仍令判官李克勤、田穀往來巡視，俟標定訖，本司上其勤課，請行旌賞。』從之。三月，群牧制置司言：『內外監牧所管草地，雖已各起立封識，委隨處檢校。自今欲令每季具帳付群牧司管係。』從之。三月八日，詔曰：『汶上奧區，東巡所出。比從行慶，用慰來蘇。苟芻牧之是資，慮農桑之失業。特敷朝旨，永惠斯人。其令侍禦史裴宗元、比部郎中袁逢吉、群牧判官李克勤等，所標鄆州牧馬草地，並特給與見佃戶爲主。所要牧放草地，別經度以聞。』四年十一月，詔西窯務停廢空閑地，據元係官步畝封標，充牧馬草地。仍計會本係檢量，起立封堠。七年三月，侍衛馬軍司言，雍丘等縣牧馬地多，爲民所盜耕。詔遣官於本縣按籍參定，立堠以表之。八月，詔兗州管勾充牧馬草地，並給還本主。其係官閑地，亦許人請射耕佃，群牧司不得指占。仁宗景祐元年六月二十五日，三司戶部副使王沿言：『乞令邢州更不供申群牧司洺州廣平監牧馬草地文帳。其洺、趙州先許人戶佃牧馬草地，亦依例施行。』從之。慶曆二年正月，詔權以同州沙苑監牧馬地爲營田。嘉祐四年五月十九日，差都官員外郎高訪往河北路，先與逐監官員標定合召人耕佃牧馬地土，不得多占頃數。凡得剩田三千三百五十餘頃，歲課一十萬七千八百二碩、絹萬三千二百五十一匹、草十萬一千二百三十束。七年在月，詔洺州廣平監牧地聽民請佃之。以上《國朝會要》。神宗熙寧元年二月四日，群牧司言：『樞密副使邵亢乞將監牧馬剩地各立田官，仰專管耕種之政，以成牧養之利。勘會左右廂馬監草地，實管四萬八千二百餘頃。今約以馬五萬匹爲額，每匹占地五十畝。大名、廣平四監共一萬五千餘頃，剩地不多。並原武監所管鳳凰陂八百頃，係自來與諸坊監共占牧放。欲並且依舊外，所有原武、單鎮、洛陽、沙苑、淇水、安陽、東平等監地三萬二千四百餘頃、馬三萬六百匹、額數占放外，可以擇良田一萬七千餘頃，召人租佃，牧草粟以備寒月支用，委是利便。』從之。十二月，權河北監牧使崔台符言：『乞應係牧地人戶已占佃者，並令供析所出租稅。今後盡歸本路監牧司支用。』從之。二年十月十四日，詔令群牧司檢尋故地租帳。三年六月二十三日，群牧司言：『知扶溝縣姚闢乞自今永占馬牧地權給草，欲今後院坊、監牧永占草地，如去坊、監地遠，即令使臣等驅喝，於近便州府縣鎮鄉村係官屋宇，或寺觀、祠廟安泊，支草七分、糧五勝。候晴霽依舊。所須什器，所在官司應副，仍同共照管。』從之。四年正月十九日，樞密院言：『諸路見行根括牧地，頗聞搔擾。春耕失時，慮妨農務。欲權罷根括，候將來農閑，別聽朝旨。』從之。五年四月二十七日，相度諸班直諸軍牧地司言：乞依勾當官董鉞狀，將侵耕牧地分爲三等出租。從之。七年二月四日，詔廢鄆州東平監，以其牧地聽民出租。元豐元年六月四日，詔：『牧地租課，諸路委提點刑獄、開封府界委提點司催納。每年秋科限滿次季具納欠數，上群牧司；任滿無欠或欠不及二分，令本司保明取旨；即及三分以上，並奏劾。』三年正月二十八日，詔：『群牧廢監及諸軍班牧地租課積年逋欠，遣太常博士路昌衡、秘書丞王得臣，與逐路轉運司、開封府界提點司按租地，依鄉原例定租課。據歲輸之物，酌三年價爲准，及合納見錢，付逐司爲年額。若催趣違滯，以擅支封樁錢法論。』六月十五日，都大提舉淤田司請以雍丘縣黃酉等十棚牧地爲官莊田。從之。六年六月十三日，提舉河北路保甲狄諮言：『衛州遠年牧地，乞並撥屬牧地官司拘籍，以租課責轉運司。』從之，仍令自元豐元年管認送納。哲宗元祐元年二月十六日，永興軍等路提刑司言：『昨民庶狀，興平縣靈寶鄉諸村地土約二百四十餘頃，並納二稅。熙寧五年，本縣逼勒退爲牧地，乞依舊耕種。令本司定奪聞奏。如本路更有將民戶稅地改爲牧地，亦依此。今看詳，欲免納租錢，令依舊。』從之。四年四月二十二日，詔在京院坊監牧馬草地近係太僕寺拘收者，聽民間仍舊承佃。從文彥博請也。紹聖元年六月二十六日，右正言張商英言：『先朝廢河北、京西等處馬監，募民租佃，而議養馬於涇、汧、隴之間，未及施行。元祐初，收已租之田，復置監牧。行之九年，死生羸壯，不足相補，而又買馬官曆本失陷，殆無文書可攷。太仆卿少牽制恩舊，謬悠行遣。望選官會計虧羸，熟講馬政，以修武備。』詔送太僕寺。三年七月六日，權知邢州張赴等言：『據知任縣韓筠等申：請應有牧地縣分，許等第人戶投狀指請上色一頃，給付人戶，自得耕佃而蠲其租，令養官馬一匹。各於所屬縣籍其毛色、尺寸、齒歲，給付。每歲分番就縣令佐點集。若馬有死失，許即時申縣，自備印給。非點集日，許私自乘騎，不得出本州界若干里。如元佃地人戶願養馬者，秪令將文契批鑿，除其租數。若請不盡並不願請者，依條召人租佃。赴等看詳，陝西沿邊置弓箭手，授田不過一頃，養馬一匹，又役一丁，一年之間，備邊之日雖平時亦當過其半，與今所陳事理相類，而又無身丁之役，有利無害。望朝廷詳酌施行。』樞密院言：『先廢罷鄆州東平、鄭州原武兩監，及併衛州淇水兩監爲一。至熙寧八年，詔河南北見管九監內沙苑監令屬群牧司，餘八監並廢。後盡以牧地募民租佃，所收歲租計百餘萬。元祐初興復監牧，所費不貲，殊未見效。議者或欲以牧地召人租賃，官給草料，令百姓畜養。或欲責以蕃息，或欲令逐月赴官司閱視決責，或欲分配義勇保甲，或欲分配等第人戶。以此，終不可行。今據張赴所稱，體究得民間願得牧地養馬，但與蠲其租課，仍不責以蕃息，俾養馬人戶無追呼勞擾之患。並不願者，不得抑勒，可以施行。今欲具爲條畫牓示，令太僕寺雕印施行。應有監牧地分州縣曉諭人戶，如第四等以上願請佃，免納租課，爲官養馬者，聽實封於本縣投狀。逐縣置曆收接，月終，具若干狀送州。州縣並不得開拆，具數申送太僕寺開排，申樞密院看詳，取旨施行。』從之。四年五月十四日，詔衛州潁昌府馬監並廢罷。所有牧地，仰太僕寺措置以聞。詳見諸州監收。徽宗大觀元年二月二十五日，提舉熙河蘭湟路牧馬司奏：『據通判會州王大年中：本城迂僻地土，據人戶陳狀，情願遞相委保，各養馬一匹。只乞就撥見佃迂僻地土充養馬田土。本司檢准崇寧牧馬令節文，該說閑田若已請射而無力耕，許募人給養官馬，即無人戶已請佃見出給租課地土，亦許就撥充養馬明文。本司未敢施行。契勘給地養馬，與出納租課，其利略等。今來若將人戶見納租課地土，亦許人情願回充養馬，必當早見就緒。』詔給地養馬，一取人願，當不限已佃未佃之數。四月二十八日，都省劄子：『提舉熙河蘭湟路牧馬司奏：檢會崇寧牧馬令節文，即是孳生戰馬，皆合牧養。行下諸州點檢養馬官，取漢蕃人情願收養逐等官馬去後，今據諸處點檢養馬官申：召募到蕃漢人戶，往往願養騍馬，出駒納官。本司契勘，熙河最出產戰馬之地，若取人戶情願，養騍馬收駒者，聽從其便。每匹收三駒，以堪收養二駒納官，一駒給與馬戶充賞。其孳生到駒，先撥充養馬戶死損之數。有餘，配本路闕馬兵士。如係騍駒，本司別無支配，即取朝旨，撥付近里孳生監。有不堪披帶出戰及不孳生騍馬，乞就近撥與馬舍，充填遞馬。』貼黃稱：『兼體訪得諸州願養馬戶例含疑慮，恐養戰馬，緩急朝廷別有差撥。今若令願養騍馬者聽從其便，即人戶不疑，出息亦厚，牧馬早就緒。伏望詳酌施行。』詔依所奏，仍每三駒以二駒納官，一駒充賞，不限每匹之數。其騍馬戶不得過堪出戰之半。二年四月一日，詔：『追述先王寓馬於農之意，募人給地，免租收馬。行之期年，熙河頗就緒。然徒法不能自行，要在州縣協力赴功，以底成績。可令縣鎮、城寨、關堡官銜內並帶兼管句給地牧馬事，佐官同管句，庶使人各知任責。』五月一日，詔：『昨降給地養馬之法，雖以推行，而地之頃數尚少。訪聞多緣土豪侵冒，官司失實，牙吏欺隱，百不得一。自今被差括地之官，限一日起發，親詣地所。如違及不實不盡，杖一百；故隱落者，以違制論。』六月十八日，臣僚上言：『河朔沿西山林木茂密，爲逋逃囊槖。良以經界未明，州郡推避。乞應諸路州軍有迂僻山林、沮洳、濼淀，牧馬監地叢祠等，並令監司遞相關會，明立封界，各以圖上，剖析利害以聞。』從之。政和四年十月二十三日，刑部奏：『據秦鳳等路提點刑獄司狀：今擬牧地人戶久來租佃，若已典當與人，只以見今租佃人爲業。即元典當人以元錢收贖者聽，仍依法養馬。若業不離戶，卻係元業戶租佃者，令業戶與佃戶共養。』從之。五年八月二十五日，尚書省劄子：『勘會河東給地牧馬，尚中行施行一年，方奏到文字，尚不足備，及申乞改用鄰縣人戶給請，復只乞上三等，擅欲改給地牧馬之法。』詔提舉河東路給地牧馬，尚中行送吏部與遠小處監當。宣和二年九月四日，詔：『給地牧馬，議者本以蕃息國馬爲言。今諸路倒失，率以千計，自行法至今，即無申到出駒匹數。歲縻激賞，既已浩瀚，馬戶輒蠲租稅科差，致賦役日益不均。因緣搔擾，爲害不一。所有政和二年十二月以後給地牧馬條法，可更不施行。民戶見養官馬，令樞密院相度拘收，支塡見今闕馬禁軍。仍令逐路守臣兵官專一鈐束應租佃牧地及置監去處，並如舊制。內牧地先問舊佃人，如不願佃，即令見佃人依舊法租佃；又不願，即依條別召人承佃。應合措置事件，逐路提刑司措置以聞。』二十二日，兵部奏：『召人養馬，係自政和二年十二月二十五日推行。當時只管同州沙苑監、東平府東平監。至政和三年四月內，因廢罷東平監一所。今承指揮，置監去處，並如舊制。竊慮合以政和二年十二月未行給地養馬舊制置監去處施行。』詔復置東平府東平監，餘依兵部所申。六年九月八日，中書省言：『河北西路提點刑獄司申：奉聖旨，給地牧馬路分勸誘召人養馬。自降指揮至今年三月終，召養數多去處牧馬官吏，宜與旌賞。州府官通所管縣分及一千匹以上，縣官及三百匹以上，並各與轉一官；六百匹以上，各更減三年磨勘。令提點刑獄司保明合該賞官吏職位姓名申。以上《續國朝會要》。

高宗紹興十七年五月一日，上謂輔臣曰：『川、廣騍馬自來付王勝軍，可令鎮江府、淮南運司標撥官地美水草處放牧。數年間，便見蕃息。此在軍政，所當留意。』十九年三月二十三日，宰執進呈牧馬賞罰格，上曰：『牧馬孳生，爲利甚博。朕於近地親令牧養，今已見效。每歲進呈馬駒，皆是好馬。若得萬匹，分與諸庫牧養，數年間便可濟用。既免綱馬遠來死損，又無官兵賞給之費。』以上《中興會要》。紹興三十二年九月三日，孝宗即位未改元。詔禦馬院放牧馬草地，除承買承佃並係官地並依舊存留外，應侵占監地民產、寺觀等業，並取幹照，日下給還，勿縱官吏因事苛擾。孝宗隆興元年五月十四日，都督江淮軍馬張浚言：『殿前步軍司諸軍戰馬，見在湖、秀州等處牧放。緣淮甸水草利便，望並發遣前來，就揚州牧放。』詔除未出戍諸軍戰馬外，餘從之。十二月三十日，詔漢陽軍牧發馬監，委本軍知軍選擇寬廣平易好水草處充牧放之地。乾道四年七月十六日，詔差左親衛上將軍王權往淮西，與淮南運副沈復、權發遣和州胡昉同措置不係民田、荒坡水草地，牧養御前駒馬。其後權等言：『相視到和州含山縣東十家亭西地名烏土衝一段約十餘頃，並係荒坡草地，可作監地。內止有營田陸地五十畝。迤西至昭關，約二十餘里，可作牧馬放場。東南至瀝胡草蕩約五里，監地前有華陽洞，澗水通流，亦可以用船般運馬草。含山縣西地名天公橀一段，約五頃，可作馬監。迤西至昭關，約十餘里，可作牧馬放場。東至縣河二里及至瀝胡草蕩二十里，可以用船般運馬草。上項田段，並不係民田。於內山衝有零小熟田，妨礙牧放往來路徑去處，共約計有民田二頃有餘。如措置馬監日，即乞依市價收買，作牧馬往來路徑。』詔令淮西轉運司將相視到條段，盡行從實打量，標立界至。內民田估價承買，並撥與御前馬院。仍令所屬州縣照管，勿令侵占，不得因事苛擾。五年二月四日，詔令殿前、馬步軍司各差統制官一員，前去建康府，同江東帥、漕臣於本府近便寬閑去處，踏逐牧放馬五千匹並牧馬官兵寨屋地段，措置修蓋。所有永豐圩收到稻穀，令淮西總領所樁管。六年九月八日，樞密院勘會：『三衙戰馬，見於浙西州軍牧放。緣地氣卑濕，並喂飼茭草，多致病瘦。已降指揮，令就移前去建康府，就水草豐美去處牧放。所有三衙日後取到綱馬，理合一體。』詔令三衙行下取馬官並關牒沿路州軍，取徑路前去建康府，委統領同統制官審驗印烙，日下放行草料，交付逐司牧馬官，如法養喂。其賞罰，並依綱馬到建康府體例施行。仍具收到馬毛色、尺寸、齒歲、數目，申樞密院。七年正月二十四日，詔令張松將三衙牧放馬，候青草月分，分撥往逐，內殿前司揚州、馬軍司和州、步軍司六合縣一帶，就青牧養。同日，主管殿前司公事王琪言：『本司諸軍戰馬，共四千八百餘匹，日食草數浩瀚。其建康府界多是沙田，民產蘆蕩菜園，少有湖濼出草去處。伏見揚州至高郵軍邵百鎮一帶，多是湖蕩茭草茂盛去處，望將二千五百匹改移前去揚州牧養。』從之。二月十三日，主管侍衛步軍司公事王友直言：『本司依已降指揮，牧馬於六合縣，就青牧養。照得六合縣一帶平陸熟田，即無草蕩，今見得真州管下團二帶巾頗有青草，水路便於般刈，與六合縣相去不遠。乞改撥三兩軍就真州牧放。團窩至揚州二十餘里，竊慮殿前司及鎮江牧放人兵前來界內打刈青草，別致爭競。乞令總領所委官同鎮江摽撥，立定界至。』從之。六月一日，鎮江府駐劄御前諸軍都統制成閔言：『鎮江府艱得草地，乞發戰馬七百一十六匹、馬軍並傔兵等共一千二十人，前去揚州就草地牧養。』從之。九年六月二十一日，馬軍司言：『本司諸軍官馬未起發往建康府日，逐年於姑城牧放。今來步軍司指占，牧放綱馬。緣本司別無所種草地，望下兩浙轉運，將元本司西溪所置草地盡數撥還。』詔令兩浙轉運司將權借撥與步軍司草蕩地內摽撥千畝，毋令互有爭訟。已上《乾道會要》。

又 涼棚。太祖建隆四年五月，詔諸州有戰馬涼棚露井，並令本縣官管勾。真宗景德二年二月，詔河北諸州牧馬涼棚乏材木者，當以閑散官廨軍營及伐官木充用。不足，即市木以充，不得率民及伐其園林。先是，轉運司上言當賦棚木於民，真宗曰：『河朔戎寇之後，民力凋弊，不可輒有賦率。又屯兵多罷，戰馬太半歸河南，不須廣有營葺。』故有是詔。三年八月，提點府界凌策言：『中牟縣今年計度增修馬棚二十七。去年牧馬，止用棚十一。望下監牧，來年定合用棚數修盖，庶無枉費。』從之。四年四月，詔：『聞鄆州科率馬棚大木於民，而掌納者復多選退。遣使罷其事，仍劾官吏擅賦之罪。』天禧元年五月，群牧司言：『贊善大夫傅蒙請於邢州鉅鹿縣南漳河長盧渡造橋，以便放牧。今檢本渡課利錢歲止五六十千，望廢渡造橋。』從之。仁宗慶曆八年十月二十六日，開封府界提點諸縣鎮公事李舜元言：『府界一十三縣，牧馬棚計一百二十六座。每春初，計料修盖，於鄉村等人戶稅錢上預先科配椽箔材料等，令本戶送納，百姓縻費甚大。追呼催督，搔擾不絕。諸縣據逐棚井，便一例修盖。及致人馬到棚，內有差出軍分不來牧放，虛開棚井，十有四五，經夏風雨，復爲損壞。臣欲乞今後每遇年終，令諸縣行移公文，計會殿前馬步軍司，取索合要棚井數目，候見的確軍分，將在縣馬棚，相度地勢高原水草近便者，速行添修，準備人馬到棚。其餘更不檢計修盖，免致枉費財用，疲困民力。』詔送開封府、殿前馬步軍司。神宗熙寧元年四月八日，羣牧判官李端卿言：『舊條：內外坊監委使臣與縣官等，用雜使官錢收買青白楊榆，遶棚界至栽種。欲乞立定賞罰，遞相交割。如青活及萬數，與理勞績。如依前不切用心，其點檢官員并本監使臣，並以違制論。其監牧提點等司不實，亦乞重行朝典。』從之。二年十二月四日，權河北監牧使崔台符言：『伏覩諸監牧地，甚有難置棚井之處，欲乞委自本司擘畫，召民耕佃。其錢只得收買馬種孳生。』詔令施行，以試一歲之效。三年十一月二十二日，詔司農寺、開封府中牟縣馬棚十七座，召側近人戶三兩名看管，許於放牧地耕種上等田三兩頃，免納租課。歲令栽植榆柳，以備棚材。第四等以下，與免本等差役。今後更不以稅戶棚子祗應。

清 閻鎮珩《六典通考》卷一六六《王政考・馬政》 六年，曾布等承詔上其條約，凡五路義勇保甲願養馬者戶一匹，物力高願養二匹者聽，皆以監牧見馬給之，或官與其直，令自市，毋或彊與府界，毋過三千匹，襲逐盜賊外越三百里者，有禁在府界者，免輸糧草二百五十束，加給錢布在五路者，歲免折變緣納錢。三等以上十戶為一保，四等以下十戶為一社，以待病斃逋償者。保戶馬斃，保戶獨償之；社戶馬斃，社戶半償之。歲閱其肥瘠，禁苛留者委監司經略司州縣更度之，于是保甲養馬行于諸路矣。時河東騎軍有馬萬一千餘匹，歲番戍邊，十年一周，議者以為費廩食而多亡失，乃行五路義勇保甲養馬法。繼而兵部言河東正軍馬九千五百匹，請權罷官給，以義勇保甲馬五千補其闕，合萬匹為額，俟正軍不及五千，始行給配。事下中書樞密院議，樞密院以為車騎國之大計，不當以一時省費，輕議廢置，且官養一馬歲為錢二十七千，民養一馬纔免折變緣納錢六千五百，計折米輸直為錢十四千四百，餘皆出於民，決非所願。若芻秣失節，或不善調習，緩急無以應用。況減馬軍五千匹，即異時當減正軍九千九百人，又減分數馬三千九百四十匹，邊防何所取備？若存官軍馬如故，漸令民間從便牧養，不必以五千為限，而中書謂官養一匹，以中價率之，為錢二十三千，募民養牧，可省雜費八萬餘緡，且使入中芻粟之家無以邀厚利，計前二年官馬死倍於保甲馬，而保甲有馬可以習戰禦盜，公私兩利。上竟從樞密院議。元豐六年，提舉河東路保甲王崇極請令本路保甲十分取二，以教騎戰，每官給錢二十五千令市一馬，限以五年當得馬六千九百十有八匹，為緡錢十七萬二千九百五十，詔以京東鹽息錢給之，令崇極上所買數，於是保甲皆兼市馬矣。京東提刑霍翔請募民養馬，蠲其賦役，乃詔京東西路保甲免教閱，每一都保養馬五十匹，匹給十千，限以京東十年、京西十五年而數足，置提舉保馬官。京西呂公雅、京東霍翔並領其事，而罷鄉村先以物力養馬之令，尚養戶馬，免保馬。凡養馬，免大小保長，稅租支移，每歲春夫催稅，甲頭盜賊備賞，保丁巡宿凡七事，於是京東西戶馬更為保馬矣。公雅又令每都歲市二十匹，限十五年者促為二年半，京西不產馬，民貧乏益不堪，詔如元令，稍增其數。公雅乃請每都歲市八匹，限以八年，山縣限以十年。翔又奏本路馬已及萬匹，請令諸縣弓手各養一匹，以贖失補之罪。哲宗嗣位，言新法不便者保甲為急，乃詔曰：京東西保馬期限極寬，有司不務循守，遂致煩擾。先帝嘗手詔詰責，今又未能遵守，其兩路市馬年限，並如元詔。尋又詔，以兩路保馬分配諸軍，餘數付太僕寺，不堪支配者斥還民戶，而責官直。翔、公雅皆以罪去，而保馬遂罷。馬端臨曰：熙甯五年所行者戶馬也，元豐七年所行者保馬也，皆是以官馬責之於民，令其守養，戶馬蠲其科賦，保馬蠲其征役。法行之初，民皆樂從，非官府抑逼。夫樂從之說，出於建議者之口，未必實事，然當時賦役繁重，苟有一役於官得以自免，亦不暇詳慮卻顧而靡然從之，及其久也，馬之斃者賠賞不訾，奉行之吏務為苛峻，於是重為民病矣。戶馬者，慶曆中嘗詔河北民戶以物力養馬，以備官買。熙寧二年，河北察訪使曾孝寬以為言，始參考行之。是時諸監既廢，仰給市馬，而義勇保甲馬復從官給，朝廷以乏馬為憂。元豐三年春，以王拱辰之請，詔開封府界京東西、河北、陝西、河東路州縣戶各計資產市馬，坊郭家產及三千緡、鄉村五千緡，若坊郭鄉村通及三千緡以上者各養一馬，杖增倍者，馬亦如之。至三匹止，馬以四尺三寸以上，齒限八歲以下，及十五歲則更市如初，籍於提舉司。於是諸道各上其數，開封府界四千六百九十四，河北東路六百一十五，西路八百五十四，秦鳳等路六百四十二，永興路一千五百四十六，河東路三百六十六，京東路七百一十七，西路九百二十二，西南路五百九十，北路七百一十六。時初立法，上慮商賈乘時高直以病民，命以群牧司驍騎以上千匹出市，以平其直。熙寧中，嘗令德順軍蕃部養馬，帝問其利害，王安石謂，今坊監以五百緡得一馬，若委之熙河蕃部，當不至重費。蕃部地宜馬，且以畜牧為生，誠為便利，已而得駒痒劣亡失者責償，蕃部苦之。至是，復詔閱實馬，及格者一匹支五縑。鄜延、秦鳳、涇原路準此。時西方用兵，頗調戶馬以給戰騎，借者給還，死則償直。七年，遂詔河東、鄜延、環慶路各發戶馬二千，以給正兵，河東就給本路，鄜延益以永興軍等路及京西坊郭馬，環慶益以秦鳳等路及開封府界馬戶，馬既配兵，後遂不復補。京東西既更為保馬，諸路養馬指揮至八年亦罷，其後給地牧馬，亦本於戶馬之意云。遼太祖為迭烈府夷離菫，懲遙輦氏單弱，於是撫諸部，明賞罰，不忘征討，因民之利而利之，群牧蕃息，上下給足。及即位，伐河東，下代北郡縣，獲牛羊駝馬十餘萬。樞密使耶律斜軫討女直，復獲馬二十餘萬，分牧水草便地，數歲所增，不可勝算。自太祖及興宗垂二百年，群牧之盛如一日。天祚初年，馬猶有數萬群，每群不下千匹。舊制，常選南征馬數萬匹，牧于雄、霸、清、滄間，以備燕雲緩急，復選數萬給四時遊畋，餘則分地以牧。至末年，累與金戰，番漢戰馬十損六七，雖增價數倍，竟無所買，乃冒法買官馬從軍，諸群牧私賣日多，田獵亦不足用，遂為金所敗，以訖于亡，松漠以北善馬皆為大石林牙所有。金太宗天會三年，詔南京括官豪牧馬，以等第取之，分給諸軍。天德間，置廸河斡朶斡里保蒲速斡燕恩兀者五群牧所，皆仍遼舊名，各設官以治之。又於諸色人內選家富丁多及品官家子、猛安謀克蒲輦軍與司吏家餘丁及奴使之司牧，謂之群子，分牧馬駝牛羊，為之立蕃息衰耗之刑賞，後稍增其數為九。契丹之亂，遂亡其五，四所之所存者，馬千餘，牛二百八十餘，羊八百六十，駝九十而已。世宗置所七，曰忒滿忒滿斡覩只蒲速椀蒲速椀，本斡覩只之地，大定七年分其地置之，承安三年改為板底因烏魯古甌里本，承安三年改為烏鮮烏魯古。烏魯古者，言滋息也。合魯椀耶盧椀在武平縣，臨潢泰州之境。大定二十年三月，更定群牧官，詳穩脫朶知把群牧人滋息損耗賞罰格。二十一年，敕諸所馬三歲者付女直人牧之，牛或以借民耕，或又令民畜羊，或以賑貧戶。時遣使閱實其數，缺則杖其官，而令牧人償之。匿其實者，監察舉覺之。二十八年，蕃息之久，馬至四十七萬，牛十三萬，羊八十七萬，駞四千。明昌五年，散騍馬，令中都、西京、河北東西路驗民物力分畜之。又令佗路民養馬者，死則於前四路所養者給換。若欲用則悉以送官，然每有大役，必括於民，及取群官之餘騎以供戰士焉。興定元年，定民間牧潰軍亡馬之法，及以馬送官酬直之格，上等馬一匹銀五十兩，中下遞減十兩，不願酬直者，上等二匹補一官，雜班任使，中等三匹、下等四匹如之。令下十日，陳首限外匿及殺並絞，又遣官括實民馬，立賞格以示勸，五百匹以上鈔千貫，千匹以上一官，二千匹以上兩官。元起朔方，俗善騎射，因以弓馬之利取天下。世祖中統四年，設群牧所，其牧地東越躭羅，北踰火里秃麻，西至甘肅，南暨雲南等地，凡一十四處，自上都、大都以至玉修伯牙折連祛呆兒，周迴萬里，無非牧地。馬之群或千百，或三五十，左股烙以官印，號火印之馬。牧人曰哈赤哈剌赤，有千户、百户，父子相承任事。自夏及冬，隨地之宜，行逐水草，十月各至本地，朝廷歲以九月十月遣守官馳驛閲視，較其多寡，有所產駒即烙印取勘，收除見在數目，造蒙古、回回、漢字文册以聞，其總數蓋不可知也。幸上都，太僕卿以下皆從先驅馬出建德門外，取其肥可取乳者以行，汰其羸瘦不堪者還于群。自天子以及諸王百官，各以脱羅氊、置撒帳為取乳室。車駕還京師，太僕卿先期遣使徵馬五十，烏木丹來京師。烏木丹者，承乳車之名也。既至，俾哈赤哈剌赤之在朝，為卿大夫者親秣飼之。每烏木丹牝馬四十，每牝馬一官給芻一束，菽八升，駒一給芻一束，菽五升，菽貴則其給減半，以小稻充芻粟。每旬取給于度支寺官，亦以旬詣閑廄，閲肥瘠。凡御位下正宫位下隨朝諸色目人及甘肅土番等處草地，内及江南腹裏諸處，應有係官孳生馬牛駞騾羊點數之處一十四道，牧地各置千戶、百戶等名目。

藝文

宋　李復《潏水集》卷六《原州後圃廳壁題記》　原州，唐都監牧使治所也，唐承周隋亂離彫荒之餘，武德初修馬政，鳩括殘燼，僅得馬三千匹，從赤岸澤徙之隴右，命太僕卿張萬歲葺養馬。張世纂緒始，自貞觀逮於麟德四十年間，馬七十萬匹，於是設四十八監，置八使以董之。界隴西、金城、天水、平涼四郡之地，在今秦州通遠之北，會州之南，蘭州之東，原州之西，東西六百餘里，南北四百餘里，猶為隘狹，更分八監於河曲豐曠之野，于時天下以一縑易一馬，自昔國馬之盛，未之有也。張氏中廢，馬政遂荒。垂拱之後，耗失踰半。開元初惟得二十四萬匹，爲置四使，分領諸監。南使在原州西南一百八十里，西使在臨洮軍西二百二十里，東北二使寄理於原州。又命開府霍國公毛仲爲内外閑廄使總領之，太僕少卿秦州都督張景順爲監牧都副使就督之。至開元十三年，馬孳至四十三萬，牛五萬，羊二十八萬，雖不及貞觀、麟德之盛，自東漢、魏晉已還，皆莫可及。後張景順罷，乃以原州刺史爲都監牧使，總理四使，當時謂之五使焉。天寶之後，又以岐、邠、涇、寧四郡之地，度其四境，分置八坊，其五在岐，餘在三郡，保樂第一，甘露第二，南普潤第三，北普潤第四，岐陽第五，太平第六，宜禄第七，安定第八，命朝散大夫都苑總監韋績統之。至天寶十三年，馬有三十三萬匹。十四載冬，禄山作亂，自後牧馬之地爲吐蕃侵逼，内外多事，不復議馬政焉。前史載之不詳，予以爲當今宜追復其法，因寓此以昔所聞者書之。

宋　楊萬里《誠齋集》卷二九《合路馬坊年年四月殿前諸軍牧馬于此十月復歸都下》　地迥湖寬春草酥，年年此地牧天駒。玉花驄裏龍歸去，金粟堆前鳥自呼。苑廄尚虛三萬柱，柳林集得許多烏。即今未有王良眼，山子飛黄豈是無。

宋　佚名《宋朝大詔令集》卷一八一《給地養馬御筆大觀元年七月二日**》**　給地養馬雖屬漕司悉力奉行，實在州縣。況蕃酋徒兼隸城寨，而可令知興州姚雄下至州縣城寨，官恪遵成，憲毋或滅裂法度推行。有緒人户所養數多，當議褒賞。

又《縣鎮官銜内帶兼管給地牧馬等御筆大觀二年四月日**》**　追述先王寓馬於農之意，募人給地，兑租牧馬，行之期年，熙河頗見就緒。然圖法不能自行，要在州縣協力赴功，以底成績。可令縣鎮城寨關堡官銜内並帶兼管勾給地牧馬事佐官同管勾，庶幾人人知所責任。

宋　虞儔《尊白堂集》卷五《興州統制禄禧牧馬賞授武翼郎制》　朕惟軍中牧養之令，歲稽其殿最之數而賞罰之。爾善於其職而不乏吾事，主帥以名來上，何愛一官不以爲爾寵乎？

元　馬祖常《石田文集》卷一《六月七日至昌平賦養馬户》　馬足與石鬬，石齒嚙馬足。足跛背生瘡，突兀瘦見骨。官家日有事，陸續使者出。使者貴臣子，騎馳日逐轂。驛吏報馬斃，鞭撻寡婦哭。寡婦養馬户，前年夫死役。占籍廣川郡，有田種菽粟。翁姑昔時在，城邑復有屋。連歲水兼旱，洊饑罹不淑。夫死翁姑亡，田屋盡質鬻。寡婦自養馬，遠適鵰窩谷。績紡無麻絲，頭葆脛膚黑。塞下藜莧小，空釜煮水泣。驛吏鞭買馬，磨笄向山石。安得天雨金，馬壯口有食。

市馬

論説

宋 宋祁《景文集》卷二九《論買馬札子》　河北孳生監馬母數少，逐年有妨滋配。勘會麟府州馬最宜孳生。准先降條貫，其馬作五等收買。第一等一十八匹端，至第五等，各減一匹。後來宣制于逐等上例各減絹二匹。第一等馬，見今只有十六匹端。蕃漢興販人户別無利潤，致騍馬轉少。竊恐諸監每年漸見孳茂闕額，有悞將來支配諸軍。本司今相度，其麟、府州所置五等騍馬，欲乞權于舊條未經減絹收馬五等價内，將第三等以上，各特添絹二匹。第四等五等，各特添一匹，仍令逐場買馬及三五十匹。旋計綱上京，赴估馬司交割。從本司再行揀選，埒為好馬雜馬兩等，轉送孳生諸監，添助蕃息。臣等又見漢武帝時，為將軍騎馬少，乃令天下諸亭養馬，歲課孳息。即知權宜立法，古今一體。如將來諸監母馬數足，即卻依元降條貫施行。一則招來興販人户將好馬中官，二則三數年内孳生駒口漸多，準備緩急支填，戰馬無闕。取進止。

宋 陳次升《讜論集》卷二《上徽宗論西蕃市馬》　臣竊以羌戎勢合則强，勢分則弱，强則難禦，弱則易制。神宗皇帝熙寧、元豐間，以夏人為中國患，乃優撫青唐一族，世襲封爵，俾伺間隙，蠹其腹心，而又歲市善馬以强兵，深得禦戎之要道也。其後青唐衰弱，土地為强臣之子繼立，國人不附，棄位為僧，迹不自安，窮來歸我，特一亡寇爾。邊臣張皇招納，以致种朴敗衂，為國家辱。所得亡寇，道路將迎甚勤，朝廷恩賜甚渥，費用不貲，為外夷笑。已往之失不可救，未來之患深可慮。夫兵家制勝莫如馬，步兵雖多，十不當馬軍之一，故自古論兵，必以馬為先焉。今西戎既叛，馬不出市，國家每歲所失二萬餘疋，數年之後，馬必甚闕。萬一夏人與青唐解仇，連衡入寇，併力衝突，其將何及乎？訪聞今日邊將，乃是前日招納之人，多行庇護，巽免譴責，患害並不以實聞。伏乞睿旨令本路帥臣將官各具的實利害，結罪保明，敷奏朝廷，詳酌施行。或令多方開諭，許其自新，依前入貢，待遇如初，可益强兵勢，威聲遐憺，夏人不敢窺邊，國家之福也。

宋 呂頤浩《忠穆集》卷五《論乞于邕州置買馬司狀》　臣世為北人，聞諸宿將皆曰平原淺草，可前可却，乃用騎之地，騎兵之一可禦步兵之十。山林川澤，出入險阻，乃用步之地，步兵之一可禦騎兵之十自。金人南牧以來，中原之兵與金人相持，未交鋒而輒奔潰者，以平原曠野，敵人騎兵衆而中國騎兵少故也。昔馬伏波於交趾得駱越銅鼓，乃鑄為馬式，因表曰：『行天莫如龍，行地莫如馬。』遂鑄銅馬式於魯班門外，號曰金馬門。又西漢元狩以後，不復擊匈奴者，以漢馬少故也。恭惟陛下臨御以來，留意馬政。然關、陝諸州半陷敵中，四川道路通塞不常，戰馬難到行在。惟廣西一路與西南諸蕃接連，密邇黎、雅等州，日進綱馬，節次到來，諸軍頗以謂堪備出入行陣。欲望明詔有司，於邕州置買馬司，差有風力臣僚一員充提舉官，收買綱馬。契勘四川、秦鳳路祖宗以來以茶易馬，故川路各有茶馬司。竊聞西南諸蕃貴重中國絹帛，每歲不惜十萬縑，可以買馬數千匹。今欲禦捍彊敵，經理中原，較量輕重，十萬縑或可輟那。所有起發綱馬事，乞命有司採訪秦鳳路茶馬條法，參酌施行。

宋 李綱《李忠定公奏議》卷二三《乞括買馬札子》　臣竊以馬之於軍旅，其用大矣。而馬政之不修，未有如近年者。自監牧之法廢，而為給地牧馬，州縣行文具以塞責，民間養羸瘠以充數，而茶馬司惟以博易珠玉為事，無良馬焉。燕山陷沒，北邊之馬又皆為夷狄所得，夫金人專以鐵騎取勝，而中國之馬耗亡如此，何以禦之？臣頃在密院，嘗獻言請括買天下之馬，及許客人結攬陝西，綱馬赴京師，其説謂凡養馬者必是上户及吏人醫官僧道之流，立三等價，下州縣括買之，未為厲民，而旬月之間數萬之馬可具足，以濟一時之乏。又陝西綱馬管押至京，餵養不時，死損過半，令客人結攬，則達者必多。又請復監牧之制，而朝廷許令相視。監牧結攬綱馬如所言，獨不行括買之令。靖康末，金人既破京城，首下令取馬，違者族誅，凡得馬萬餘疋，而京師之馬爲之一空。是吾所有者不能用之，而反以資敵，得不為失計乎？今行在之馬不滿五千，可以披帶者無幾，權時之宜，以奮張軍容，非括買不可。宜先下令，非品官將校不得乘馬，然後詔州縣籍有馬者，以三等定價，嚴隱寄之法，重搔擾之禁，奉行有緒，稍激勸之則，數萬之馬尚可得也。又命陝西、四川茶馬司益市馬，而廣西鄰特磨道，亦有可市者，募客人結攬送納，以給諸軍，及分給沿河、江淮間帥府要郡，然後舉行祖宗監牧之制，擇官委之，待以歲月，則馬不患乎不蕃，庶可以足軍旅之用。

又《乞括買馬札子》 臣竊以馬之於軍旅，其用大矣。而馬政之不修，未有如近年者。自監牧之法廢，而為給地牧馬，州縣行文具以塞責，民間養羸瘠以充數，而茶馬司惟以博易珠玉為事，無良馬焉。燕山陷沒，北邊之馬，又皆為夷狄所得。夫金人專以鐵騎取勝，而中國之馬耗亡如此，何以禦之？臣頃在樞密院，嘗獻言請括買天下之馬，及許客人結攬陝西綱馬赴京師。其說謂：凡養馬者，必是上户及吏人、醫官、僧道之流，立三等價下州縣括買之，未為厲民，而旬月之間，數萬之馬可具足，以濟一時之乏。又陝西綱馬管押至京，餵養不時，死損過半，令客人結攬，則達者必多。又請復監牧之制，而朝廷許令相視監牧結攬綱馬如所言，獨不行括買之令。靖康末，金人既破京城，首下令取馬，違者族誅。凡得馬萬餘疋，而京師之馬爲之一空。是吾所有者，不能用之，而反以資敵，得不為失計乎？今行在之馬，不滿五千，可以披帶者無幾。權時之宜，以奮張軍容，非括買不可。宜先下令，非品官將校不得乘馬。然後詔州縣籍有馬者，以三等定價。嚴隱寄之法，重搔擾之禁，奉行有緒，稍激勸之，則數萬之馬尚可得也。又命陝西、四川茶馬司益市馬，而廣西鄰特磨道亦有可市者，募客人結攬送納，以給諸軍，及分給沿河江淮間帥府、要郡，然後舉行祖宗監牧之制，擇官委之，待以歲月，則馬不患乎不蕃，庶可以足軍旅之用。

宋 張浚《張魏公集・奏乞那撥東南財賦入充陝西招兵買馬議》 臣取會到陝西五路見闕戰馬七萬餘疋，戰兵十萬餘人。今來經畫大計，惟是招兵買馬最爲急務。招兵所用例物，以十萬人計之，約費一百餘萬貫；戰馬除用名山茶博買外，緣川路遙遠，搬運有限，須兼以金帛方可廣得數目。四川財賦椿充來年春衣、及預支三百萬貫赴諸路帥司乘時糴買外，所存無幾。欲望聖慈特降睿旨，於户部東南賦入内那撥錢二百萬貫，以金銀紐計，差官自夔路押發前來陝西，赴臣軍前交割，貼助招兵買馬之用。庶幾年歲之間，士馬强盛，可以勦除大敵，實宗社之大計。

宋 胡寅《致堂讀史管見》卷二二 回紇自乾元以來，歲求和市，一馬易四十縑，動至數萬疋，皆駑瘠無用，至者不絕，朝廷苦之。上欲悅其意，命盡市之。回紇辭歸，載馬價用車千餘乘。古者國有馬政，况爲天子審欲畜馬繁者？開元故事，具在八坊監牧之地，初不失也，擇能其事者付之，日滋月益，何患於乏？既不修此，乃市諸遠夷，所得非駿，而徒耗民力。夫千乘之縑無慮數十萬，計其損不亦大乎？代宗欲悅回紇而不恤百姓，以與回紇同取兩京，見其勞績，而百姓耕桑輸納之勤，則不以介意，非知緩急之序矣。夫爲國固不可闕武備，然非以馬之多少爲存亡。冀之北土，馬之所生，無興國焉。誠以數十萬縑易致驍騎，猶非所急。矧損人所衣被之物，而博駑瘠不堪戰乘之馬，智者不爲也，况仁者乎？

宋 王十朋《梅溪集》卷四《夔州論馬綱狀》 准樞密院劄子，樞密院奏：知夔州張震申所有四川宣撫司措置川蜀馬綱改移水路事件，委有未便去處，申乞詳酌施行。奉聖旨：除打造舟船外，其餘事件並令吴璘管辦，其舟船令王某疾速應副。臣契勘馬綱利害，前知夔州張震及諸司論列已詳。其中利害之大者莫過於財與力，二者皆出於民。臣自入境以來，切見夔、峽之間土狹民貧，面皆菜色，衣不蔽身，非江、浙、荆湖諸路之比。為監司、守令者儻能皆勞心撫字，無一毫之擾，猶恐不能活之，况今馬綱之害極重，財力必當大困。臣濫居牧民之任，不敢不以實聞。今來茶馬司及宣撫司所買馬每歲計一萬八百餘匹，約計二百一十六綱。本州若循環起發，合用船三十餘隻，每隻打造約費八百餘千緡，馬舡易壞，勢須一年一易，計一歲之費為錢二萬六千緡。自夔至歸水路二百四十里，每綱梢工水手約九十人，較一歲之終為工一萬八千人。每人口食雇錢約五百文，上下水約一十五日，通一歲計之，當費錢十二萬貫。草料批券亦不下二萬餘緡。較一歲之間費於馬綱者，蓋十五、六萬貫矣。本州三縣所管梢工水手不滿四、五百人，若循環不替，所少猶半，必當役農民而為之。而夔之民力既困如此，若又從而役之，必有流離轉徙之患。本州每年財賦之入不滿二十萬，合起上供折估、經捴制及官兵請給皆在其内，今馬綱之費侔於所入之賦。雖曰令吴璘管辦，豈能償所費十之一、二？財非天降地出，又必取之於民。而夔之民貧如此，財何自而出耶？以一州推之，則一路諸路之困又可知矣。况水路正行瞿唐灩澦之險，又有惡灘二十餘莭，水勢湍急，漬漩頗多，馬性善驚，聞灘聲洶湧必致跳躍，不可控馭，撼動舟船，必有覆溺之患。臣昨在饒州，親見馬綱經過，涉咫尺之渡，中流遇風，十死八九，况千里之全險耶？若舍舟用陸，則自夔至峽皆重崗復嶺，上倚絶壁，下臨斷崖，行人攀緣，鼓慄汗下，遇雨泥滑，尤不可行，非特有害扵人，兼亦非馬之利。若欲削平險阻，便馬之行，非惟重困民力，又恐有害控扼之險，非所以保護全蜀也。臣所論利害皆是目見，苟坐視一路生靈之困，不以奏聞，則上孤陛下任使之意，將負不忠之罪矣。伏乞聖慈特降睿旨，令馬綱復行舊路，以安遠人，不勝大幸。

又《再論馬綱狀》 臣伏蒙聖恩頒賜御札，謂軍機之務，馬政爲先。臣仰見陛下居安慮危，不忘武事，備車馬而備器械，盖欲如周宣復古之時。又謂捧駕之役並用廂禁軍，貼以吴璘正兵，皆不科擾於民，臣又仰見陛下仁心愛民，如武王之不忘遠也。又謂囬船泝流頗費程限，須多作番次，免致稽滯，又令臣身率以先，共圖成效，又足以見陛下雖居九重之深，洞見四方萬里之遠，閭閻疾苦無不備知，不以臣為愚不肖不足以備使令，戒敕丁寧，俾輸犬馬之效。況臣蒙誤恩，擢居帥閫，固當身先卒伍，不憚勤勞。然臣螻蟻之誠，不敢隱默。馬綱改行水路為巴蜀之病，臣前已具奏。及監司、帥臣皆已力言之，不敢再瀆天聽。若夫捧駕之役，易民以兵，道路皆知陛下之仁心。以臣愚見，參以輿議，則亦有未便者。蜀江號天下之至險，與其他水路大不相侔。瞿唐灔澦，及諸惡灘窖如竹節。巴峽之民生長於水者以舟楫為家，捎濆撇旋、攲桅側柂於波濤洶湧之間，習知水道之曲折，操舟若神，猶不免時有覆溺之患。彼卒伍輩自少長黥涅，坐食軍門，與水性素不相諳，一旦强以牽挽，必至觸石破碎，人馬俱斃無疑矣。又三峽束江，斷崖絶壁，挽舟者無所寘足，攀緣而過如猿猱，然兵卒豈能為之？況宣司正兵皆西人，尤不善操舟，雖貼無益。馬綱之來，急若星火，州縣既無可以牽駕之卒，官吏以獲罪為懼，其篙工水手必不免役民以充之，雖聖旨不欲科擾於民，其勢不得不至於科擾。又夔峽為四川門戶，長江上游正賴此曹守禦控扼，以壯天險之勢。然土狹人希，廂禁軍類多缺額，諸州每以招填不足為憂。重以出戍於夷陵，防秋於諸處者非一，所存無幾。若又役以捧駕，疲於往來，以無幾之卒伍應無窮之馬綱，非惟耗費錢糧，妨廢教閱，正恐州郡空虛，因致意外之患，非細事也。況茶馬司歲發馬一百六十綱，而宣司不與焉。除自五月至八月江流泛溢，瞿唐不可上下，舟航當戒，謂之住夏。一歲之間可發歲額之馬者凡八月，每月計三十綱，每綱用三船，每船用十五人，十綱為一番，則用四百五十人。上下二番，則倍之。為三番更替，則又倍之。臣所論者一州，乃馬綱已經過而目親覩者爾。馬綱過夔府一路者，凡六州，通而計之，則每番計二千七百人，上下番計五千四百人，三番更替計八千一百人。若更欲多作番次，非惟兵不足用，而舟艦亦無。臣所治者，夔州也。夔為帥府，係屯兵之地，而數猶不足，其他如涪、忠、萬等州，廂禁軍多者不過四、五百人，少者二、三百人，歸州所管止百餘人，其間又有剩員半分、癃老疾病者居其半，若盡駈而為梢工水手，為一番且猶不足，況欲多作番次耶？臣愚以為不若且行舊路，舍危就安。或以山險馬瘏為慮，宜於鄂渚、漢陽諸處置監以休息之，壯者發至行在，病者留以牧養，水草既便，馬必藩育，亦可以為江淮、荆襄警急之備，固亦無害其為馬政之修也。臣非不欲率先奉行以荅知遇，實以馬綱行水利少害多，他日或致生事，上貽陛下西顧之憂，則臣誤國欺君之罪不容誅矣。況此事干數路所繫非輕，伏望聖慈出臣此奏，令兩府大臣議之，參酌施行，不勝大幸。

宋 汪應辰《文定集》卷一三《乞以見任使臣管押馬綱與宰執書》 應辰契勘所在州郡財賦匱乏，然而用度之費，有不可已者。若乃無益于公家，而徒以困敝州郡，如此之類，所當講求而措置也。伏見茶馬司令押馬殿侍報殿前司差殿侍闕，許權差指揮使使臣。紹興七年，提舉茶馬李迨奏，如遇馬綱擁併闕人管押，乞於四路見任兵官，或監當官雙員去處時，暫抽差使喚。是年樞密院行下押馬使臣，須承信郎以上人，茶馬司申除承節郎以下。依本等支破五人衙官請受，外除保義郎以上。至大使臣若竝與支破本等請受，顯是多費財用，欲只支破五人衙官請受。紹興十二年，茶馬司又奏，乞本司遇闕押馬使臣，于待闕使臣內時暫差權，仍于川路諸州支破驛券，止立十個月往回程限，限滿便行住支。紹興十八年，戶部勘當茶馬司所申，欲將押馬使臣驛券一等，支破七人衙官。紹興十九年，茶馬司又申，乞不差兵官，止于逐路州軍見任監當雙員去處，或指使內抽差相兼管押馬綱，朝廷皆從之。竊詳法意，所以只差殿侍、指使等，及雖差保義郎以上而止，支破五人衙官請受者，蓋欲省費也。後來令差承信郎以上者，蓋欲擇其人而使之也。又添支七人衙官請受者，蓋欲優其禄而責之也。然皆于見任，或待闕人內差。今則每歲所差不下百四五十員，例是無差遣之人，或付身不圓，而參部不得者；或偽冒而不敢到部者；或富有財力經營，得一名目，假綱運以商販，藉官馬以負載者。是以費雖加多，禄雖加厚，而不可責以辦事。或有虧失，雖降官示罰，亦不甚以為利害也。竊謂前此州縣官有常員難以輟那，比年以來，添差小大使臣之類布滿中外，只成都府自有五十餘員。如此等類，皆是累有勞效，朝廷所閔恤而優佚之者。履歷既多，則凡事諳練；見有差遣，則顧藉稍重。又有久在軍中，知養馬利害者，有雖或以老病揀汰，而其筋力未衰，其疾病已愈者；有久閒坐食，而願得執役且覬推賞者。以四川諸司與六十餘州而欲擇百四五十員押綱使臣甚易，伏望鈞慈詳酌指揮，其管押馬綱，令于四川見任使臣，去替在一年内者，通行選差，仍于所任州郡内支借請受。葢雖不管押馬綱，而請受亦不可闕也。若其請受不及七人衙官者，然後計所當增給之數，行下元分定州郡貼支。如此，則既不敢違背前後累降指揮，又州郡得以省費，而管押馬綱之弊，亦自此可革矣。小貼子：竊見累降指揮，減罷州縣宂員。若依今來所乞，即是四川一歲省百四五十員請給之費，又免致未嘗諳練無所顧藉之徒損壞官馬，實為利便。

宋 周必大《文忠集》卷一三七《論馬政淳熙二年八月六日**》** 臣伏見朝廷歲買西馬五千餘匹，川馬三千六百疋，廣馬三千匹。西馬惟留二分應付蜀中，餘七十一綱每年盡付三衙，而以川、廣馬分給江上諸軍，行之以久，盖有深意。自今年四月間，詔興州都統吴挺歲收西馬七百匹，仍依舊提舉買馬。緣此榷茶馬官趙公碩、李繁相繼申請，以為昨因吴璘差兵將界首等截攙買，遂虧歲額。至乾道三年，虞允文方革此弊。今若復令軍中自買，一則不至七百之數，必因攙買虧額如初。二則事勢相形，爭添價值，倍費財用，所以茶馬司自願認買此數，不令欠闕，却從軍中差人自行揀取。不然，則舉奏司合買馬數全付挺軍，而本司應副合用錢物。其言雖切，固難盡從。以臣觀之，吴挺既當一面，自宜計軍中之利害。然三衙用馬多，挺軍用馬少，使歲額稍有不敷，在朝廷利害亦豈小哉？況今春鎮江都統郭棣言川、廣馬不堪披帶，乞撥西馬三十綱，有旨與半。茶馬司見來申明，勢須於三衙馬内分撥。萬一江鄂等軍繼皆有請，則三衙西馬愈少，其於歲額豈容更虧？臣愚欲望聖慈，特留宸慮，裁處其當，實今日之先務，取進止。降付樞密院。

又 卷一四五《乞令四川制置司通知馬政淳熙十三年**》** 臣聞蜀有邊防，有馬政。前後議者多云二者必須相關，然後事體歸一，朝廷亦嘗屢行申飭矣。其如制置司專任邊防，市馬多寡在所不問；都大司專主茶馬，支費浩瀚有所不惜。若非兩司通知其利害，則雖欲使之協力，何可得也？且陛下以全蜀兵民之寄付之制帥，雖御前諸軍猶許節制，總所錢物猶得商確。而馬政獨不預聞，可乎？臣愚欲望陛下特降睿旨，今後凡每歲市馬若干，價值增損若干，收支茶綵銀兩若干，並令制置司通知。如此則論議歸一，邊防馬政不致相妨，實為悠久之計取進止。

又 卷一四七《黎州馬政奏五月闕日**》** 臣適見宇文玠傳聖諭，商量黎州馬政，臣屢曾奏知虛恨蠻自來，只就嘉州賣馬。淳熙七年，因黎州權守李福謙創許其就本州入中，緣此引惹，至今中馬不絶。今来留正所奏，乃蠻王自欲入城，規圖犒勞，非是不許其買馬。宇文玠云，初不知此曲折，將謂元未曾許賣馬，故欲量許以示羈縻。臣亦告以劄下諸司，指置事理，玠甚以為然。臣又再三思之，蠻王知教閱土丁，未成倫理，而黎州四月開場，發回西兵，所以敢来嘗試。今既詰問諸司，將来未必不乞開場月分，依舊存留西兵，以示弹壓，或恐別有長策，勢須俟其回奏禀旨施行，合具奏知。

宋 佚名《群書會元截江網》卷二五《主意》 市、養馬並舉，有權宜之用，有經久之策，當疆埸多故之日，而惟騎戰馬政之計，則是二者之策不可不兼施而並舉也。何謂權宜之用？邊事方殷，步騎兼整，則今日戎事之要，而所謂車馬之修者不可緩也。而欲養馬以為用則所不逮，故莫若市馬之為便。昔天聖中，固嘗市馬於民間，而有以為外廄者，康定間固嘗市馬於上户，以為其説可行矣。今獨不可以是為權宜之用乎？何謂經久之策？平原曠野，便馳輕車，則他日規恢之務，而所謂中國長技者不可廢也。苟不養之以待用，則何以為繼？故亦在於養馬之為急。昔太平中嘗置飛龍以畜牧矣，景德中嘗置羣牧使以領牧矣，今獨不可由是而求經久之策乎？

又《時政》 今日馬政不嚴。今日四川茶馬市易則有常矣，而馬不蕃。浙西牧馬分隸則有例矣，而馬不阜。昔為肥腯，今為羸瘠，不問也；昔為精壯，今為脆弱，不顧也。執事抑嘗思其原乎？自殿最不嚴於主帥，則牧養之綱領廢；自優卹不加於士卒，則牧養之節目廢。悠悠歲月，誰覈虛實；僅僅目前，誰問彫耗？末流之事，殆有不可追悔者。

又 今日招買廣馬之便。承平之時，或取之於北地，或取之於西蜀，今皆不可得而有矣。為此之用，獨廣馬之可置。然商賈貿易而虛詐之不免，卒伍牧養而蠹耗之已甚，苟非詳為之區處，嚴為之禁戢，則馬何由而蕃衍？故馬經于廣，已非水草之所宜，彼之未售，雜鹽而和之以草，則馬為之驟肥，吾之既市，舍鹽而强之以草，則馬為之日瘠。馬既啗鹽，筋力遂弛，是必當審察於貿易之初，此招買之便也。馬至於京，厚俸以付卒伍之所養，彼利於馬之在手而厚俸常存，不利於將校之占破而厚俸隨去，於是熏其目，鑿其蹄，羸其體，馬雖常存，竟亦何用，是必當嚴戢於牧養之後，此孳息之便也。

又　今日市易。川馬之弊，且以四川茶馬一司言之，張官置吏，已不勝其費，及博之以東南之茗，又不勝其費。若綱官之往，取及御前，綱之軍人，皆以口計，以日計，及其得馬而回也，在道之粮草，停泊之廄驛，則又不勝其費，大率一馬至御馬院其費二十緡錢矣。以五千匹計之，其費可勝計哉。而道塗之先斃者，吏卒之竊粮者，官將之引帶販鬻者，又所不計也。綱官既有常格，亦各自務保全。最可恨者，交卸之後而掌者不復愛惜，死者至無虛日，特以變易名色，充市肆之烹宰而已。以每年一綱五千之數等之未敢計。渡江以來之歲，姑以三十年通之，應有十五萬匹，又有牧人牝牡生育，幾無地以自容，而今之所管者不過每年之數，其無具甚矣。

宋　黄榦《勉齋集》卷二九《申安撫司論買馬利害》　榦昨準使司行下收買戰馬，雖自顧駑下，不足備使令，亦粗知邊防事急，使司買馬豈敢苟簡，日夜督迫。諸縣人品雖不同，亦以本府催督之故，應有馬之家盡行搜尋解到本府。本府喚上牙人，又專委一二親信曾諳曉馬之老少羸壯者相視其量度高下，又皆親至堦前一比度。率十餘疋中方得一疋可以申解，又其價例皆是十償一二，鄉村人家畏懼上司，只得退聽。及兩次申解使司，其初十疋則揀退兩疋，續解八疋則揀退四疋，皆減落價錢。問之解馬之人，則云使司選馬合干人皆云無錢可用，又云不解馬牙，及賣馬人來，以故多方邀阻。今官司一舉動，則承行之人不務徇公，但知謀利，此不足怪，減落價錢，退還馬疋，本府只得承受。但恐自此馬愈難得，徒使本府虛受不任責之罪。若使本府捐一二百券作縻費使用，以駑馬申解，固亦不難，又恐本府有欺罔上司之責。此在小郡，利害尤輕，第恐其他州郡奉承此意，反使使司買馬愈難，不惟不得良馬，而反得駑馬。此於邊防事體關繫尤大，榦仰荷使令，不敢自隱，謹具劄禀。欲乞台慈專委親信清強文官一員監視，以防欺弊，不勝千萬之幸。

宋　華嶽《翠微北征録》卷一《馬政》　臣聞立法之不詳，則弊生於用法之人；守法之不嚴，則弊起於玩法之吏。自今觀之，國外之馬，買於西夏；國中之馬，買於中蜀。西夏之馬，為地極遠，故置監於宕昌，以便於市易；置使於興元，以便於巡察。中蜀之馬，為地極廣，故責馬政於文、龍、黎、雅諸州，而專於收買；置馬使於隴、蜀都會，而專於糾舉。然自宕昌而至興元，其道絕險，驛凡二十有四。本監例將所買之馬，差軍級夫役押送興元馬務交納，直候馬步三司差官前來取押，方與給發。自文、黎而至成都，其路尤為險惡，驛亦二十餘所。諸州例將所買之馬，各差軍級夫役押送成都馬務交納，直候江上五軍差官前來取押，方與給發。立立法之初，蓋以為三司取押之卒，自武林而至興元，五軍取押之卒，自京口而至成都，奔走半載，往返萬裏，不欲其又令深入監道也。夫豈知押馬之夫役，有曰：『馬肥則吾無預於轉官，馬死則吾不該於定罪。』故變草料之費而為賭博之具，易綱驛之券而為酒炙之資，或求簡帖而濡沫於縣邑之公吏，或買物貨而鬻賣於遠道之鎮市。其為所押之馬，則遇夜不槽，遇晡不粟，遇山成牧，遇澗成飲。驛之為裏，雖曰三十，而在道數日，未見驛亭；驛之為數，雖曰二十，而在道逾月，未至馬務。迨至交點之際，已成羸瘠；給發之際，半致倒斃。皆未至興元、成都兩務之先，已有以饑渴之也。國家以宕昌為監，為今之上駟，特令馬步三司官兵只就興元取押，而免其遠至宕昌。以文、黎諸州之馬，為今之中駟，特令江上諸軍官兵只就成都取押，而免其遠入諸監。不知所取之人，未見優恤；而所取之馬，已不勝其蠹害矣！候其歸軍無損，綱官則以一資為賞，綱兵則以三千為率。然則胡為不使三司之官兵直到宕昌自取，五軍之官兵直至文、黎諸州自取，官則優以兩資，卒則優以倍賞，而使各盡其心於芻秣之際也。夫關外諸番及階、成、和、鳳四州招接之馬，番馬也。然諸番之所喜者在茶権，而不在銀帛。今有司乃謂茶之為貨，難以船運；於監道之遠，反易之以銀帛之輕齎焉。故不足以中諸番之所喜，而未盡得夫諸番之騏驥也。況牙保減克，而不得其全價；揀看退換，而尚費於多資，又得以扼絕之也。何朝廷不嚴其制禁也？文、龍、黎、雅諸州之馬，蜀駟也。然諸州之所欲者在銀帛，而不在茶権。今有司乃謂銀帛之為物，易以船運；於中蜀之地，反易之以茶権焉。故又不足以中諸州之所欲，而未盡得夫諸州之駿駟也。況十分之一，而公吏侵除；十分之五，而會券折閱，又得以減削之也。何朝廷不嚴其約束也？押馬之官，在路倒死，自用己財買以填數，雖不及官馬之少壯寸尺，猶可諉也。今諸州將帥子弟，取押歸軍，遇有欠折，有礙推賞，則擇系官入隊毛色之相同者，即與牽補。何朝廷之未禁戢邪？謂易馬之貨，為無弊邪？則銀有美惡，茶有新陳，而尚得以邀阻乎販馬之商旅也。謂揀馬之官，為無弊邪？則平齒一錐，可以成區臼；淡毛一染，可以成騅馬，而尚得以欺罔乎本監之長貳也。謂恃其有統領官以排發邪？則一目之真，不足以敵十目之偽，而招誘議價之人，猶得以詐欺之也。謂恃其有通判以主掌邪？則朱墨之士，不足以曉驪黃牝牡之底蘊；而等量驗齒之吏，猶得以指揮之也。發馬之處，好惡相間，而欲其無偏好偏惡之患也。今日發馬之地，驍駿如龍者，皆揀給於閶匾之膏粱；枯瘦如柴者，盡發於帝號之將士。何朝廷之不計也？發馬之序，前後相挨，而欲其無攙先亂後之患也。今日發馬之日，貧者乞食於道路，而歲月稽留；富者行托於苞苴，而隨至隨發。何朝廷之不慮也？一日一綱，此久例也。今胡為而有一日兩綱者邪？一官一綱，此定制也。今胡為而有一官兩綱者邪？私買補綱之弊，毛色雖同，欠及分寸，尚可計也。今以羊易牛，而受納之司受其情屬，不與點對。何欺罔之甚邪？私馬換綱之弊，毛色雖同，止惟老病，尚可計也。今以黃為赤，而受納之司懼其形勢，不與揀退。何玩侮之甚邪？有以無顧藉之隊部將取押沿路收買皮毛近似者，故令倒死，取剝其皮，以為具文之照驗，而不知官綱非常之馬已為其所鬻賣矣！交納之司亦合認其毛色之同異，而詳究之餘，胡為不法以流配，責以千索，而使百姓、牙儈之售賣者與之同罪也？有以不堪用之私駑而換易者，養以別槽多粟之料，迨其膘壯，乃積以為聖節生辰之獻，而不知入隊帶甲之馬已為其所暗代矣！計議多幹機宜之官亦合體問其此等之弊，而糾察之餘，胡為不究其實犯，用示懲戒，而使副官、屬幕之知情者與之同坐也？且公吏違法受賕，皆枉法也，何都大司不用此法邪？馬步三司每綱支縻費銀一百二十兩，付之取押之官以為使用，習以成例。是以三司之取押官，或有侵用而不及其數，則遲以歲月而不與給發，此非枉法之尤者邪？諸路監司公吏，皆重祿也。何都大司公吏而不系重祿邪？江上諸軍每綱支縻費銀八十兩，付之取押之官以為計會，久而成規。其間或被諸軍取押之官匿而不發，則盡給羸病而不到地頭，此非重祿受財邪？舊馬新交，而已沒之火印不驗也。甲取乙賞，而未追之驛券不問也。三城九河，橋樑之倒弊三十有五，隳溪而漂溺者不之數也。雞鳴馬嘶，道路之峻極者二十有八，墜崖而齏粉者不之計也。馬在路患病久，例不許留滯，庶得隨綱醫治，不知羸枯瘦，椽穿索縛，跬步千裏，則一分之病遂變而為百分之病也。何有司之不措置也？馬所到驛分，舊制止破一日草料，庶得不致住滯，不知夏秋之間，斷橋阻水，動留旬日，則一日之飽果足以充九日之餒也。何有司之不商確也？取買之弊，有司未之盡；牧養之弊，有司未之聞。鎮寧、廣源之馬，買之於橫山者，有司未知其利害，武安、撫水之馬，誘之於邕管者，有司未知其曲折。房陵、郢京之馬草，不給芻茭而給以木葉，何以飽綱羸久枵之腹？三建、九江之馬料，不給稻粱而折以錢會，徒以資綱兵博奕之戲。為今之計，莫若革去舊弊，立為定法。先令都大司多方措置，應辦茶銀錢帛，充積諸監，或名件催理未辦，合令權不別項樁積，應副支遣收買。其所在馬監與屬，盡差經任選人。其買馬之數，歲增十綱，則與當舉主兩員；增二十綱，當舉主四員；增三十綱，與改合入官，則與屬知所激勸矣。其所在馬監差遣，盡差小使臣。其買馬之數，亦令歲增十綱，與轉一官；增二十綱，與轉兩官；增三十綱，與轉三官，則使臣知所激勸矣。州縣之長貳，以買馬之增減為黜陟；諸監之官吏，視買馬之增減為賞罰，專令臺省歲終比較。民有自用己財收買全綱以獻於官者，白身與補大使臣；將帥守貳自備己帑收買全綱以獻於朝者，亦加優異之恩。勸誘豪戶獻綱者，亦議優賞。諸監茶鹽不敷者，重制典憲，則馬政何患其不舉也。此馬政之大略也。夫兵者，心也；戰者，氣也。心之不充，則臨敵而無定見；氣之不足，則遇敵而有畏心。前日胥浦橋、壯觀亭之戰，皆諸將之無定見也。故與賊眾相望，則疑其有一百萬、二百萬。籲！彼賊而果如是之多也！一馬十芻，則二百萬之馬二十千芻矣！果山積於何所也？一人鬥粟，則二百萬之卒四十萬斛矣！果廩運於何所也？一馬行地一丈，而總地幾里也？一人占屋半廈，而總屋幾營也？當時諸將不知兵家自有成法，未見賊兵塵埃遠起，乃棄甲曳兵而走。彼非甘為誤國之人也，其心之不充，而無定見以主之耳。兵家之法：三軍可奪心。果如是歟？前日花靨鎮、安豐軍之戰，皆諸將之有畏心也。故未與賊眾相對，則曰寡不敵眾，弱不敵強。籲！彼賊而果如是之眾且強也？疊弩為寨，可以絕賊騎之往來，而彼之眾不足恃矣！掘池為營，可以阻賊兵之衝突，而彼之強不足逞矣！堅壁不戰，吾有以避其鋒，而久自挫矣！絕糧不通，吾有以斷其後，而終自弊矣！當時諸將不知兵家自有成法，未見賊兵旗幟遠出，乃奔潰四走。彼非願受其失律之誅也，其氣之不足，而畏心土之耳。兵家之法：氣實則鬥。果如是歟？夫一戰而勝，猶不能收拾其殘潰之卒；脫其不勝，則家基之器甲裹囊，出戰之器甲裹囊，皆為賊人所有矣，何敢望於再合也。一戰而利，猶不能安於息肩之所；脫其不利，則分留之弓箭槍弩，入隊之弓箭槍弩，皆為賊人所有矣，何敢望於複戰也？一敗之氣，三月不間；一敗之缺，十勝莫補。是豈可以輕舉邪，是豈可以妄動邪？此曹而果知兵邪，則淮北之塵埃虛邪、實邪？馬之塵邪，步之塵邪？此曳柴而揚者邪？此順風而歸者邪？七色之塵埃，誰能辨之邪？此曹而果知兵邪，則賊營之煙霧虛邪、實邪？炊煙邪，火煙邪？聚朽木腐草而生者邪？焚倉廩府庫而起者邪？此高而走者邪？此低而平者邪？十種之煙霧，誰能曉之邪？十七等之間諜，誰能遣之邪？十二色之采探，誰能分之耶？精鋭之兵，疲於轉戰；新招之卒，昧於教閲。均力之法，何諸將之未諭歟？潁河之敗，不戰而卻；峽石之敗，未戰而潰。暗伏之法，何諸將之未學歟？破虜之捷方奏未幾，犯淮之寇已不可遏，非知兵之士未用於陛下邪？鄧城之兵入於廣右，清溪之張遁於京西，非知兵之士未歸於陛下邪？五福、君基間入江南，青門、直使皆入鄭衛，非太乙壬遁之術未獻於陛下邪？袞河、鄧城不知唐、鄧之姓名，磨盤、羊塞不知海泗之虛實，非石六、缺張、二元之徒未投於陛下邪？臣嶽貫本開德，世祿互符。伏自角至今，日誦兵家之書，日習兵家之事，日求兵家秘妙之術，日訪兵家先達子孫、名將後嗣家傳世襲之論。凡事之有系於兵者，無不遍考；地之有關於兵者，無不遍曆。器用服食、行陣衣甲之制有資於兵者，無不旁搜遠采，以盡其底蘊；山林遺逸、英雄豪傑之士有精於兵者，無不端拜師承，以益其寡陋。以故一步一跬，皆有定制；一分一毫，皆有成法。耳聞目見者，非衆所共讀之文；口授心傳者，非人所同得之學。衛公、武侯不傳之妙，臣得其真；韓信、曹公不著之書，臣得其秘。不遇見知，未甘棄逐。於是易真實之兵為章句之士，變汗血之心為選舉之學。慶元乙未，應補膠庠，僥倖前列；嘉泰辛酉，應舉胄監，濫廁多士。或參或告，凡七八年；若公若私，凡五十戰。校定一成，艱苦萬狀。乃以上書乞罷兵事，觸怒權勢，致被誣撫妄亂敷奏。重蒙聖慈，將臣免真決，送建寧府編管。猗歟休哉！楚項之將殲，故韓信不死於滕公之手；李唐之將興，故李靖不死於馬邑之難。天將使我國家恢拓海宇，混一區夏，故英雄豪傑之士幾死而不死，無生而複生也。伏自丙寅之春，被旨入建，首尾三載，前後五赦。揆之三尺，合放有餘，而知遇不逢，寇仇相值。嘗據池州中軍統制孟思齊，申請臣為副貳矣，未幾而思齊有殞星之變。江淮宣撫使吳，辟還臣於幕府矣，未幾而有易機之命。三年之間，雖自揆廢材不復見用於世，然臣下不忍辜平日抱負之學，上不忍負十年教養之恩。待罪以來，無所用心，日著兵家利害，以備采擇。不惟篇帙頗多，亦恐傳寫聞泄，姑標十策，上幹聖聽。伏望睿慈降付三省執政、侍從、臺諫考覽，如臣言不妄，乞送樞省，遍牒諸路將帥，參酌行用。幹冒天威，罪當萬死。不備。臣嶽百拜。

宋 員興宗《九華集》卷七《議國馬疏》 臣聞固國之方在於置衛，置衛之實在於市馬。使四邊得才幹之吏，有司有責實之政，馬何由而不至？衛何由而不備？雖因古之法時增損之，臣亦以為有餘矣。蓋五代之末，監牧多廢，官市多闕，國馬遂不蕃庶。自我國家之興，遂大葺治，每歲遣使，多方命官。太宗皇帝興國之初詔市一十七萬。咸平已後，其政大修，諸坊諸軍積至二十餘萬，飼馬兵校多至萬有六千人，至芻藁亦近七十餘萬，標占坊監亦總四萬餘頃，檢示牧事纖悉至此可謂備矣。雖周之初設養校之官，多牧廋之職，亦不敢望吾祖宗之世也。恭惟陛下豐德大業，隨弊指顧，應時寧一，如川、秦牧事尤切加意，務選清強之吏，遠以蒞之，此乃國政總核之實。也臣固蜀人，曾吏牧司，市馬西方，躬見其事，敢為陛下言之。蓋川、秦所分市馬之地，陝西則階文、西和等州，四川則黎叙、南平等處，每處置務，每務置官，內陝西只就宕昌博易，至要至便。然臣觀川、秦博馬之物不過數四，有錦，有茶，又有紬絹，陝西則多用茶而少用錦，四川則多用錦而少用茶，隨其所需，有無相濟，是宜良駟來者接踵。然招誘無方，間不得人，蕃客不至，馬額漸闕。何也？市馬者數病未去也。陝西買馬之物惟仰茶貨，蕃部既已馬中，一旦得茶，或乏旅費，依舊以茶當縉。前此監吏漸與收茶支錢，時時稱提，自重其貨，邇來不能矣。茶貨一輕，何從致馬？此一病也。茶自蜀中出闕，經興利等州，然後漸至宕昌，蓋近二千餘里，舖兵沿路摘葉代茶，雖有明禁，無由遏止，以至博馬之際，蕃部多方退難，此二病也。市馬必置門户之人，蓋猶中國之牙儈也。假如良馬一駟直一百五十餘千，則必中賣二百以上貫，門户之人及本務吏胥之徒四分取一。官失其貨，私取其利，此三病也。馬司下賣引所市絲織錦。分支機户及其市錦，分科三等。馬司出上等之錦價，多得中等之錦色。蓋胥吏與錦户有無相通，暗相資取，錦物既惡，折博艱難，此四病也。市馬之初，雖曰羈縻遠人，見馬支物，然而不至。如近時監買不職，以病為壯，以短為長，以齒多為齒弱，如黎、雅等州至馬司未滿千里，每遇送綱，不乘不騎，道死相望，況更萬里綱運，其可保乎？此五病也。臣愚伏望陛下孚照上項川、秦市馬五病，嚴諭牧司，自今四川胥吏、牙儈、舖兵之類一復犯此，乞罪不貸。使折博之物無不良，監買之吏無不職，則蕃部之馬無不至矣。臣又聞議者且欲更張，從夔路水運，小臣未知信否也。其大利害，小臣固所難。竊然天行莫如龍，地行莫如馬，今欲水行，似違其性也。昔歐陽修嘗言蜀中珍貨貢物多不出三峽，蓋峽水春夏湍悍，有仆溺之憂。惟麤惡之物則徑從三峽，人亦多視為棄物也。馬政國家之本，官吏其敢視為棄物乎？或者謂國家近時輕賫綱運尚從此路。不知綱運或擔或囊，盤灘避險，臨時般出，措置非一。經從鳥道，亦似無害羣馬之來；其積如山，固不可由犖确之徑，灘險又終可保乎？又夔路深山最為窮薄，錢糧藁草未易常足，驛廐皂棧未易創置。兵人牧卒遇小州縣未免騷瀆，恐約束未定，慮在歲月之後也。小臣無知，竊以為荆襄之路未有大害，未易更易。臣願朝廷紬繹而察之。臣愚知貢誠天闕，因言川、秦市馬五病，其終敢輒及此，惟陛下裁赦。

宋 黃震《黃氏日鈔》卷六七《讀文集》 論馬政四弊。邕州買馬大弊，二蠻人先驅一二百瘦病者為馬樣，邀以買此，而後大隊至，曁至亦雜以半買馬，司典吏與招馬人歲久為弊，一也。橫山寨無草場，支錢悉為官吏乾没，不以時得草，二也。沿路損馬大弊二所，至無橋道涉水貪程，一也。州縣不與草料，但計囑押人而去，二也。買之弊，乞擇官損之弊，乞馬病隨萬留醫，又奏靜江府興安縣客旅私販水銀，入建陽、邵武，買異色錦，私涉宜州蠻界，至邕州溪洞邀蠻，又教止易銀，而以私錦售易之官價錦當銀三十五兩，私錦只十五兩，致官錦無用，獨一色銀，易馬不足，且誘省地民負荷而縳賣之，或夾帶姦細，乞禁約於建陽、邵武出錦之源。淳熙元年，指揮戰馬買四尺四寸以上，石湖乞四尺三寸以上，帶分亦選貴，蓋自紹興六年，指揮買四尺二寸以上也。廣中元無戰馬，羅殿、自杞諸蠻以錦綵博之大理，大理即南詔也。諸蠻驅至橫山場互市，每低一寸，減銀十兩，如四尺四寸者，銀四十一兩三寸，即三十一兩。自橫山至邕州七程，至經略司又十八程，其道自邕、賓象、静江出湖南。紹興十年三月，指揮經由州縣於經制錢立料，應副湖南，自全州至行在並遵依，而廣西科税户、税户陪些小錢物，折與管押兵校，而馬斃於饑渴矣。石湖奏乞一體行，又買馬久畢銀，則雜銅名四六銀，鹽則減斤，百得七十，皆為邊吏乾沒。石湖以乾道九年到任，措置銀不夾帶，鹽足斤兩，又印給支買憑，由每量到馬疋即批上尺寸斤兩，蠻人感悦，得馬最多。出嶺又奏乞常切檢察，準格買馬不及千五百疋展磨勘一年，多二百疋減磨勘，千疋轉官。淳熙六年，多千二百五疋。

元 王惲《秋澗集》卷九一《馬政事狀》 竊謂三軍之本，以馬為先，今遇有用度，不免和買拘刷。和買官吏作弊，拘刷則遠駭觀聽。乞請於塞垣水草宜收之地，分立群牧使，通政院專掌其事。

《文獻通考》卷一六〇《兵考十二・馬政》 議者言罷兵之後，頗以國馬煩耗，歲費縑繒，雖市得尤眾，而損失亦多。堯叟謂群牧之設，國家巨防。今愚淺之說，以馬為不急之務，則士卒亦當進而還農也。作監牧議以獻，勒石大名監。自是率以樞臣專領，以重其事。凡市馬之處，河東則府州岢嵐軍、陝西則秦渭涇原儀環慶階文州鎮戎軍、川峽則益黎戎茂雅夔州水康軍，皆置務遣官以主之。歲得五千餘匹，以布帛茶物物准其直。舊運銅錢給之。太平興國八年，有司言戎人得錢，悉銷鑄為器，乃定此制。其後諸州市畜馬，給直漸高，務增數以為課績。景德中戎事已息，因詔條約之。招馬之處，秦渭階文之吐蕃、回紇，麟府之黨項，豐州之藏才族，環州之白馬鼻家保家名市族，泪涇儀延鄜火山保安軍唐龍鎮制勝關之諸蕃。每歲皆給以空名敕書，委沿邊長吏擇牙吏入蕃招募，給券詣京師，至則估馬司定其直，自三十五千至千，凡二十三等。舊選三歲至十七歲者，景德二年詔止市四歲至十三歲者，餘聽私市。其蕃部又有直進者，自七十五千至十七千，凡三等。有獻尚乘者，自百一十千至六十千，亦三等。

明 黃淮《歷代名臣奏議》卷二四二《馬政》 中書舍人洪遵論買馬博易劄子曰：『臣攝承宻旨，竊見川路西和階文州買馬，以歲計之，凡七十五綱，為馬三千七百五十疋。十數年來，茶馬司以茶絹博易珠犀等物，以致歲計匱乏，不免低價買馬，不擇駑驥，惟務足額；發綱之時，已有病者，況於陸行萬里，經涉歲月，比其至此，大半瘦瘠；曾不旋踵，即有損斃。不惟押綱吏卒空靡俸賜，徒有買馬之名而無實効。雖近降指揮，住罷博買他物，竊慮循襲未革。臣愚，欲望聖慈戒飭茶馬司，今後專一收市騆駿，臨當發時，常切察視，無令胥史並緣為姦，以病馬充數。庶幾上駟沓來，可備廐圉，不致耗費官錢，虛增道路供億之煩。所有叙、長寧、南平等州及廣西邕州應干買馬去處，徑撥赴諸軍者，亦乞 例施行。』

又 洪遵繳羅殿蕃進馬指揮又上言曰：『臣竊見比年以來，川廣收市騆駿以給內外諸軍，未嘗有闕。今來羅殿蕃刱乞貢馬，於祖宗故事，元未之有。此固陛下聖德休明，遠人慕化，樂輸方物，以示懷德，書之史策，誠為太平盛事。然臣悾悾愚見，竊有所疑，敢摭其五事，為陛下言之。邕州，舊與交人為市，每歲得馬分給江上諸軍，雖於諸道頗為煩費，然循習既久，民以為常。今若䂓於宜州，受羅殿馬，又須於邕馬不經由處，合置新驛，州縣受弊。其事一也。臣詢之知馬者，云馬出夏國者為上，部落者次之，茶馬司所買熙河馬又次之，川産杜生馬為下。至於南蕃所産，雖外貌權奇，其實昂首而不能俯，每行三數十里，輙已喘乏，徒為觀美則可，以之戰陣則又遠出川馬之下。其事二也。邕州所市交馬，積有歲年，金帛酬之，不為不至；然蠻人無厭，小不如意則徑期邀價，多以物貨濫惡為辭。今羅殿蕃自云逐年亦賣馬於横山，近與毗那國為仇，道路梗塞，遂由宜州。此一偏之說，固不可信。安知其非交趾屬部，或與之有隙，借重中國以自救解；或交人欲生釁，詭為此計，異日得以歸曲於我。其事三。也呂愿忠帥廣西，貪功生事，招誘南丹州莫氏，使之納土。當時朝廷醲賞過於軍功，而種類未補官者尚百餘峒，至今紛紜不已。今羅殿蕃欲入貢，乃因南丹遣山子效用曉報，則獻馬之計豈其素心？將來恃恩望報，恐非莫氏之比。其事四也。邕州守臣，例於銜内帶安撫、都監及提點買馬公事，置司設屬，每歲買馬，帥司又遣幹官同涖其事，所費不貲。宜州守光盛志在幸賞，若遂此請，將來必乞與邕為比，又增遠方之害。其事五也。且羅殿所稱，曾於咸平二年、元祐二年以來，自南平軍入貢。臣恭考《國朝會要》及《實録》是二年間，只有張羅二蕃入貢，初無羅殿之事。臣竊詳今來指揮，令廣西帥憲司共議，如於邊界不致生事，及宜州置場，委有利便，方許保明，可謂洞究利病。然臣竊恐邊隅之臣不務遠慮，乘朝廷指揮，頗嚮其説，必遣人深入蕃界，啗以厚利。今日以往，馬必踵至；將來雖欲為之限約，固不可得，宜州多事，必自此始。正使歲得千馬，何足以為天廐重輕，而令南方久安之地，遂貽無窮之弊，此臣所以私憂過計，不能自已。伏望聖慈特軫宸抱行下，宜州只依廣西經畧司所陳，今後遇羅殿蕃馬入界，如願中賣，則令就邕州横山寨貿易，或係進貢，則須令齎祖宗以來所獲告勑牌印之類辯驗，即許照舊例。從南平軍路入貢，所有前件録黄，臣未敢書名行下，謹録奏聞。

又　孝宗時四川宣撫節度使虞允文上言曰：『臣聞用兵不可以無馬，市馬不可以非其地，有百萬之兵無馬以壯軍勢，而用其勝力於追犇逐北之際，與無兵同。有十數萬之馬，不生其水土，而馴知其人心，服習其道里，與無馬同。臣嘗考古驗今而得其明效者，如漢任尚之討西羌，屯兵二十萬，曠日無功。虞詡以為兵法走不逐飛，而虜皆用騎，來如風雨，去如發，我以步追之，勢不相及，若市馬萬騎，則追尾截疾而大功可立，尚用其計，以有丁奚城之勝。如晉侯用鄭小駟，慶鄭以為乘異産以從戎事，及懼而變，將與人易，晉侯弗聽，以有韓原之敗。況今日之事，敵以多馬為強，我以無馬為弱。強弱之所以異，三尺之童皆知之，馬政其可以不議哉？國家盛時，陝西買馬歲以四萬匹為額。自失熙、秦之地，始措置於文黎二郡，盖用不得已之策也。以二十年計之，銀幣茶錦之費亡慮數千萬，而馬之出蜀不死者有幾？至分隷諸軍而存者，今又有幾？自去年夏秋，盡得熙、秦故地，而蕃戸之馬可誘而致，殆天相陛下恢復之機也。若歲得一二萬匹以佐軍用，其視文黎所得孰優孰劣？馬綱之所歷，道路孰遠孰近，而馬之死於半途者又孰少孰多也？臣愚以為若損文、黎州馬額之半，没而藉其金幣之費而盡力於西邊之馬，則文、黎之責輕而可以揀擇，熙、秦之得多而可以為百戰百勝之實用。昔唐魏元忠謂西蕃恃馬力以為強，若增價市之，乃是損彼之強為中國之利。王忠嗣為河西隴右節度，高估馬價，而西蕃争賣馬，由是戎馬少而唐兵益強。如二臣者，可謂知重輕矣。臣比聞敵載銀二十萬買馬於西邊，伏望聖慈特出睿斷，早賜施行，不獨本朝兵勢賴以盛強，而亦潛消西北二邊之患也。

明　陳全之《蓬窗日録》卷四《市戎馬》　宋太宗時市戎馬，國子博士李覺上言曰：夫冀北燕代，馬之所生，胡戎之所恃也，故制敵之用，兵騎為急。議者以為欲國之多馬，在乎啗戎以利，使重譯而至焉，然市馬之費歲益而廐牧之數不加者，盖失其生息之理也。且戎人蓄牧轉徙，旅逐水草，騰駒游牝，順其物性，由是浸以蕃滋也。暨乎市易之馬至于中國，則縶之維之，飼以枯槀，離析牝牡，制其生性，玄黄虺隤，因而而減耗，宜然矣。又有不同中國之馬服習成性，食枯芻、處華廐率以為常，故多生息而無耗失。古者田賦之法，六十四井出戎馬四匹、兵車一乘、牛十二頭，天子畿方千里，提封百萬井，除山川城池、邑居苑囿凡三十六萬井不輸賦外，六十四萬井出戎馬四萬匹、兵車萬乘，此賦馬之數也。諸侯大者四千匹、兵車千乘，故稱『千乘之國』；卿大夫者馬四百匹、兵車百乘，故稱『百乘之家』。則天下之廣、諸侯之衆，戎馬之賦多矣，是以唐之曁晉皆處河北，而北虜不能為患，由良馬之多也。此並取於田賦，不聞市馬於戎也。洎秦壞井田，漢興阡陌，兵車不取田賦，戎馬悉從官給，是以匈奴歷年為患，由馬之少也。故晁錯説文帝勸農功，令民有車騎馬一匹者復卒三人，謂免三人甲卒之賦也。至武帝七十年間，衆庶街巷有馬，阡陌之間成群，乘牸牝者擯而不得會聚，此則馬皆生於中國，不聞市於戎也。今軍伍中牝馬甚多，而孳息之數尤鮮者，何也？皆云官給秣飼之費不充，又馬多産則羸弱，駒能食則侵其芻粟，馬母愈瘠，養馬之卒有罪無利，是以駒子生乃驅令齅灰而死，其後官司知有此蠹，於是議及養駒之卒量給賞緡，其如所賜無幾而尚習前弊何。今竊揣量國家所市戎馬，直之少者匹不下二十兩，往來資給賜與復在數外，是貴市於外夷而賤棄於中國，非理之得也。國家縱未暇別擇之牝馬以分蓄牧，宜且減市馬之半直賜畜駒之將卒，增為月給，俟其納馬則止焉，則是貨不出國而馬有滋也。大率牝馬二萬而駒牧其半，亦可歲獲萬匹，况復牝以生牝、駒以生駒，十數年間馬必倍矣。昔猗頓，窮士也，陶朱公教以畜五牸，乃適西河，大畜牛羊于猗頓之南，十年之間其息無筭，况以天下之馬而生息乎？乾、坤、震、坎則具其象，屯、隨、晉、渙則擬之辭，此馬之見于《易》也。遠則作牧于羌夷，近則納秸于甸服，此馬政已見于《書》矣。騋牝《衛風》，才臧《魯頌》，《詩》則詳哉其言之也。《春秋》謹嚴，而書『新延廐』、『作丘甲』。若《周官》之法，養之以皁、乘、廐，校視之以圉、牧、瘦、巫，設祖、牧、社步之祭以謹其本，時出入、游靡之節以宣其性，分房棧牝牡之別以一其種，嚴攻、講、刻、剔之策以就其才，又為之禁原驅、網惡去害，後世屬政有能出其右乎？唐太宗囬鶻十驥贊『殊毛共櫪，狀花蕋之交林；異色同群，似雲霞之間彩』，亦奇俊語也。

清 閻鎮珩《六典通考》卷一六六《王政考》 論曰：自唐盛時，官府以畜牧為國利，故孳息之繁，溢于海甸，車騎之雄，天下無敵。由五季及宋，內地之産不足，乃多鬻諸邊夷。其來者遠，非盡趫捷奔軼之材，又其水土之性不遂，芻粟之欲不充，肥者或化而為瘠，强者或變而為孱，于是物力日減一日，而中國不勝支絀之患矣。夫馬之為用，非特服重致遠已耳，戰勝攻取，率將賴焉。惟其平居馴習而阜擾之，進退操縱，罔不如意，一旦驅之于戎行，庶無踶突驚蹶之虞。是以古者鄉田同井，馬牛車輦，取具其中，有事則鄉官率之以至，初未嘗他有所求也。夫井田行則八家共出車牛而力有餘，井田廢則官雖資民以馬，而民日困。宋之戸馬、保馬，寄養民間，當時言者指為弊政，良以免役之利小而賠累之害大也。至於互市之法，自唐已然，宋室中葉始以茶易馬。秦蕙田氏謂明代行之而有效，然中國自廢監牧之利，而專假匄于夷狄，則彼將深匿其壯健而出其罷劣者，以誑我此中國，往往受制于夷狄也。夫物不素備而惟人之是求，緩亟將有時而不應，况以中國而俯求于異類乎？

綜述

宋 周去非《嶺外代答》卷五《經略司買馬》 自元豐間，廣西帥司已置幹辦公事一員于邕州，專切提舉左、右江峒丁同措置買馬。紹興三年，置提舉買馬司于邕。六年，令帥臣兼領。今邕州守臣提點買馬經幹一員，置廨于邕者，不廢也，實掌買馬之財。其下則有右江二提舉，東提舉掌等量蠻馬，兼收買馬印；西提舉掌入蠻界招馬。有同巡檢一員，亦駐劄橫山寨，候安撫上邊，則率甲兵先往境上，警護諸蕃入界。有知寨、主簿、都監三員，同主管買馬錢物。産馬之國曰大理、自杞、特磨、羅殿、毗那、羅孔、謝蕃、滕蕃等。每冬，以馬叩邊。買馬司先遣招馬官，賫錦繒賜之。馬將入境，西提舉出境招之。同巡檢率甲士往境上護之。既入境，自泗城州行六日至橫山寨，邕守與經幹，盛備以往，與之互市，蠻幕譙門而坐，不與蠻接也。東提舉乃與蠻首坐于庭上，羣蠻與吾六校博易、等量于庭下。朝廷歲撥本路上供錢、經制錢、鹽鈔錢及廉州石康鹽、成都府錦，付經略司爲市馬之費。經司以諸色錢買銀及回易他州金錦綵帛，盡往博易。以馬之高下，視銀之重輕，鹽錦綵繒，以銀定價。歲額一千五百疋，分爲三十綱，赴行在所。紹興二十七年，令馬綱分往江上諸軍。後乞添綱，令元額之外，凡添買三十一綱，蓋買三千五百疋矣。此外，又擇其權奇以入內廐，不下十綱。馬政之要，大略見此。

又 馬産于大理國。大理國去宜州十五程爾，中有險阻，不得而通，故自杞、羅殿皆販馬于大理，而轉賣于我者也。羅殿甚邇於邕，自杞實隔遠焉。自杞之人强悍，歲常以馬假道于羅殿而來，羅殿難之，故數致争。然自杞雖遠於邕，而乃邇於宜，特隔南丹州而已。紹興三十一年，自杞與羅殿有争，乃由南丹徑驅馬直抵宜州城下。宜人峻拒不去，帥司爲之量買三綱，與之約曰：『後不許此來！』自是有獻言于朝：『宜州買馬良便。』下廣西帥臣議，前後帥臣，皆以宜州近內地不便。本朝隄防外夷之意，可爲密矣，高麗一水可至登、萊，必令自明州入貢者，非故迂之也，政不欲近耳。今邕州橫山買馬，諸蠻遠來，入吾境內，見吾邊面濶遠，羈縻州數十，爲國藩蔽，峒丁之强，足以禦侮，而横山夐然遠在邕城七程之外，置寨立關，傍引左、右江諸寨丁兵，會合彈壓，買馬官親帶甲士以臨之，然後與之爲市。其形勢固如此。今宜州之境，虎頭關也，距宜城不三百里。一過虎關，險阻九十里，不可以放牧，過此即是天河縣平易之地，已逼宜城矣，此其可哉？

《文獻通考》卷一六〇《兵考十二・馬政》 川、秦馬。秦馬舊二萬匹。乾道間，川、秦買馬之額，歲為萬有一千九百匹有奇。川司六千，秦司五千九百。益、梓、利三路漕司，歲應副博馬紬絹十萬四千疋。成都、利州路十一州，產茶二千一百二萬斤，茶馬司所收，大較若此。其後文州復隸秦司，而川司增珍州之額，共為四千八百九十六；秦司六千一百二十。合兩司為萬有一千十有六匹，此慶元初之額也。喜泰末，川司五場又增為五千一百九十六匹，秦司三場增為七千七百九十八匹，合兩司為萬有二千九百九十四。然累歲所市，多不及額，蓋祖宗時所市馬分而為二：其一曰戰馬，生於西邊，強壯闊大，可備戰陣，今黎、昌峰貼峽文州所產是也。其二曰羈縻，馬產於西南諸蠻，格尺短小，不堪行陣，今黎、敘等五州軍所產是也。羈縻馬每綱五十匹，其間良馴不過三五匹，中等十許匹，餘皆下等，不可服乘。守貳貪於賞格，以多為貴。起綱遠來，或死道路，其僅至者但存皮骨。茶馬司以其將斃者責付諸路鬻之，至則隨死。而計綱赴江上者，又為押綱卒校竊其芻粟，道斃相望焉。成都府馬務，每年排發江上諸軍馬五十八綱，一月券食錢米二百貫，五十八綱，一年總計一萬一千六百貫。押馬官五十三員，每員六百貫，共計三萬一千八百貫。興元府馬務，每年排養三衙馬一百十二綱，所費稱此。率未嘗如數，蓋茶馬司靳吝錢帛，蕃蠻馬至，多不即償故也。或為守倅兵官有市馬賞，茶司屬官亦有，而都大主管官獨無之，故至此。舊蕃蠻中馬，高下良駑各有定價。紹興中，張松為黎倅，欲馬溢額以幸賞，高其直以市之。自是夷人所欲無厭，愈肆邀索。癸巳變故之後，邛部川蠻邀功，趙彥博始以細茶、錦與之。至今夷人常以博馬，茶錦不堪籍口。淳熙中，龔總為黎守，又與卬部蠻設席於倅廳之副價，犒以酒食，夷人益肆，稍不如欲，則詆訶官吏，牽馬出場。宕昌馬舊止三千，淳熙中始增其數。慶元中，金人既為蒙國所侵，冀之北土遂失，由是馬至秦司者差罕矣。舊川、秦市馬赴密院多道斃者。紹興二十四年，始撥秦馬付三衙，命小校往取之。三司取馬，一歲再往，反用精甲四百四十人，州縣頗憚其費。二十七年秋，又詔川馬不赴行在，分隸江上諸軍，鎮江、建康、荊、鄂軍各七百五十，江、池軍各五百，殿前司二千五百，馬步司各千，而以川馬良者二百進禦。凡以川、秦綱馬皆遵陸。乾道初，吳璘為宣撫使，始議馬綱勞費。又均、房一帶多峻嶺亂石，馬多傷蹄道斃，請以舟載馬而東。上命夔路造舟。明年夔路轉運司主管文字任續上言：『造舟已畢，工役遂事，山程灘險，利害相當，在所不論，惟欲撥陸路之芻秣，以免沿流之煩費，輟四路之軍兵，以免篙梢之追擾，四路廂禁軍數目不少，若各輟五千人於沿流十郡充水軍，其衣糧令元來處科撥，馬綱行則迎送舟舡，馬綱住則訓習水戰，莫此為便。』上大喜，令制置司撥廂禁軍三千五百人如其請。王十朋、虞允文力論其擾人。其後言者又謂馬綱所至，騷擾江村，而商販米斛之舟，尤被其毒，況水路馬數較之陸行存亡相若，而於羅場大有妨礙，乃詔川路馬舡日下廢罷，蓋自璘建請之後，利夔兩路沿江十餘郡之被其害者，三載而後得免焉。淳熙八年，新興國軍朱晞顏朝辭，奏：『四川茶馬司歲於宕、昌、黎、文、階、敘、南州、珍州等處買馬一萬子千餘匹，並四尺二寸以上，十歲以下，方許起綱。不合格者，雖骨相驍駿，馳驟超逸者，亦不收買，又不許民間私買。臣愚以為棄之於化外，不若養之民間，緩急收之，實朝廷之外廄，況沿邊之地，去西北不遠，風土水草相類，養之易以蕃息。而有願中賣於官者，依所直之數與之，孰不樂歸於官者？是則民間之馬，皆吾廄中物。乞於茶馬司所買馬外不堪排發起綱之馬，令官用退印，不拘軍民，並聽從便收買，則不惟得夷人懽心，且俾沿邊牧馬，日以蕃息，可為緩急之備，是一舉而數利也。』從之。信陽軍守臣言：『秦司排撥綱馬，兵士已至，而馬數未足，官司每以多支日券為憂。馬數已登，而兵士未至，官司復以多費草料為念。幸而人馬俱集，則督促發遣，一不暇顧。且馬產於深蕃，涉遠而至，力猶未充，不問羸病，遽責之以經涉險阻，沿路倒斃，皆此之由。乞下秦司，今後綱馬有羸瘠病患者，且須醫療飼養十分克壯。然後撥發。』從之。建炎末，廣西提舉峒丁李棫始請市戰馬赴行在。紹興初，隸經略司。三年春，即邕州置司提舉，市於羅殿、自杞、大理諸蠻。其後，又置買馬司，以帥臣領其事。七年，胡舜陟為帥，歲中市馬二千四百匹，詔賞之。其後馬益精，歲費黃金五鎰，中金二百五十鎰，錦四百端，絁四千疋，廉州鹽三百萬斤，而得馬千五百。馬必四尺二寸以上乃市之，其直為銀四十兩，每高一寸，增銀十兩，有至六七十兩者。土人云，其尤駔駿者，在其出產處，或博黃金二十兩，日行四百里，但官價有定數，不能致此耳。然自杞諸蕃本自無馬，蓋又市之南詔。南詔，今大理國也。去自杞國可二十程，而自杞至邕州橫山寨二十二程，橫山寨至靜江府又二十餘程，羅殿國又遠如自杞十程。宜州溪峒巡檢常恭赴闕，持南丹州莫延甚表來，乞就宜州市馬，比之橫山，可省三十程。產馬地至南丹十程，南丹至靜江府十三程。張說在樞筦，欲從其說，或謂：邕遠宜近，人孰不知，前迂其塗，豈無意？況莫氏方橫乃欲為之除道，而擅以互市之饒，誤矣。小吏妄作，將啟邊釁。乃止。廣馬例以五十匹為一綱，每年綱許推賞，然吏為奸博馬銀多雜以銅，每銀一兩為握臂釧撲。鹽百斤為一番，朘減至六十，所贏皆官吏共盜之。蠻覺知，不肯以良馬來。所市率多老病駑下，且不能登數。帥範成大善為約束，增足鹽畚，逮其去官之歲，市馬乃六十綱，前此未有也。嶺南自產小駟，匹直十餘千，與淮、湖所出無異。大理地連西戎，故多馬，雖互市於廣南，其實猶西馬也。每選其良者赴三衙，而其他則付建康、鎮江府池、鄂、太平州軍中，皆有常數。舊廣西十州民運鹽至橫山寨，民甚苦之。紹興十九年，陳璹為經略使，以官錢募小校運送家屬，遇闕失則部良馬至行在以酬之，至今為例。淮馬隆興初，張浚為江、淮都督，即淮上市之。浚言：『川廣市戰馬，每匹不下三四百千，又道遠多斃，今淮馬每匹通不滿二百千，且軍中即日可得。』上從之。逮督府廢乃止。然淮南馬矮小，實不可用，其可用者，乃取之淮北耳。乾道以後，又詔於淮郡市馬，於是多有越淮盜馬來市者。時曾昭守濠州，至以其馬起綱至行在，北人以為言。淮西帥臣趙善俊奏其事，大臣欲下令還之。孝宗以為失體，乃諭善俊執死罪囚付昭，令斬之，曰，此盜馬者也。於是一綱已至，禦馬院命濠州以死損報，而次綱未至者，皆遣還之。昭坐追官放罷。自是不復買淮馬矣。淳熙十五年，侍衛步軍都虞候梁師雄言：『三衙每年取押綱馬，全藉馬驛辦其草料，以時養飼。竊聞沿路驛舍，例皆損弊，及將合支草料，離驛安頓，每遇綱馬到程，旋令官兵般擔，以此失時，多致羸瘦，蓋因提點驛程官吏，失於檢察，乞行下所隸州縣，相視驛舍，量加修葺，及時合用草料常切，應辦各就馬驛附近椿頓，綱馬到日，隨即支給，更乞令沿路都統司分定驛程，各差素有心力將官一員，從各司量給盤費，責令與諸州軍所委官同共提點。自宕昌至興州十五驛屬興州都統司；自大桃至漢陰十五驛屬興元府都統司；自衡口至千平十三驛屬金州都統司；自梅溪至石牆十四驛屬鄂州都統司；自邊城至梅溪十一驛屬江州都統司；自紫宕至廣德軍十二驛屬池州都統司；自段村至臨安府餘杭門六驛屬殿前步軍司。各令所差將官，往來用心巡視，務要館舍草料應辦齊整，違從提點將官申所差將官歲一更替，如見實有勞效，即支犒賞。』從之。嘉定六年，臣僚言：『將佐之馬，往往取之馬軍，則馬軍雖合請三百，止得一百食錢，而主軍者密收其三分之二。又統制官占馬至四十五匹，名為料馬，豈特占請馬料，每二匹必有一卒以頂其名，而盜取其錢以入己者。今措置立為定額。詔統制官止許差破戰馬六匹，統領官差破四匹，馬步軍正副準備將各止差破兩匹，其減下馬拘收從公，撥付入隊，官兵如法養餵約束，自後不得輒於官兵名下差撥換易。』從之。容齋洪氏《隨筆》曰：國家買馬南邊於邕管，西邊於岷、黎，皆置使提督，歲所綱發者蓋逾萬匹，使臣將校得遷秩轉資，沿道數十州，驛程、券食、廄圉、薪芻之費，其數不貲。而江淮之間，本非騎兵所能展奮，又三衙遇暑月，放牧於蘇、秀，以水草亦為逐處之患，因讀《五代舊史》云：唐明宗問樞密使范延光內外馬數，對曰：『三萬五千匹。』帝歎曰：『太祖在太原，騎軍不過七千；先皇自始至終，馬才及萬。今有鐵馬如是，而不能使九州混一，是吾養士練將之不至也。』延光奏曰：『國家養馬太多，計一騎士之費，可贍步軍五人。三萬五千騎，抵十五萬步軍。既無所施，虛耗國力。』帝曰：『誠如卿言，肥騎士而瘠吾民，民何負哉！』明宗出於蕃戎，猶能以愛民為念。李克用父子以馬上立國制勝，然所蓄只如此，今蓋數倍之矣。尺寸之功不建，可不惜哉！且明宗都洛陽，正臨中州，尚以為騎士無所施，然則今雖純用步卒，亦未為失計也。

《宋史》卷一五一《兵志十二》 凡收市馬，戎人驅馬至邊，總數十、百為一券，一馬預給錢千，官給芻粟，續食至京師，有司售之，分隸諸監，曰券馬。邊州置場，市蕃漢馬團綱，遣殿侍部送赴闕，或就配諸軍，曰省馬。陝西廣銳、勁勇等軍，相與為社，每市馬，官給直外，社眾復裒金益之，曰馬社。軍興，籍民馬而市之以給軍，曰括買。宋初，市馬唯河東、陝西、川峽三路，招馬唯吐蕃、回紇、黨項、藏牙族，白馬、鼻家、保家、名市族諸蕃。至雍熙、端拱間，河東則麟、府、豐、嵐州、岢嵐、火山軍、唐龍鎮、濁輪砦，陝西則秦、渭、涇、原、儀、延、環、慶、階州、鎮戎、保安軍、制勝關、浩亹府，河西則靈、綏、銀、夏州，川峽則益、文、黎、雅、戎、茂、夔州、永康軍，京東則登州。自趙德明據有河南，其收市唯麟、府、涇、原、儀、渭、秦、階、環州、岢嵐、火山、保安、保德軍。其後置場，則又止環、慶、延、渭、原、秦、階、文州、鎮戎軍而已。太祖時，歲遣中使詣邊州市馬。先是，兩河之民入蕃界盜馬入中國。官給其直。時方留意撫綏，詔禁之。太平興國四年，詔市吏民馬十七萬匹。六年，詔內屬戎人驅馬詣闕下者，首領縣次續食，且禁富民無得私市。十二月，詔：『蕃部鬻馬，官取良而棄駑，即印識之，許民私市焉。』先是，以銅錢給諸蕃馬直。八年，有司言戎人得錢，銷鑄為器，乃以布帛茶及他物易之。天禧中，宰相向敏中言國馬倍於先朝，廣費芻粟。乃詔以十三歲以上配軍馬估直出賣。先是市馬以三歲已上、十三歲已下為率。天聖中，詔市四歲已上、十歲已下。既而所市不足，群牧司以為言，乃詔入券並省馬市三歲已上、十二歲已下。明年，詔府州、岢嵐軍自今省馬三歲、四歲者不以等第，五歲已上十二歲已下、骨格良善行者，悉許綱送估馬司，餘非上京省馬並送並州揀馬司。景祐元年，禦史中丞韓億言：『蕃部以馬抵永康軍中賣，所得至少，徒使羌人知蜀山川道路，非計之得。』乃詔罷之。四年，群牧司奏河北諸軍闕馬，請制等杖六，付天雄軍、真定府，定、瀛、貝、滄州，市上生馬十二歲以下，視等第給直。馬自四尺七寸至四尺二寸，凡六等。其直自二萬五千四百五十至萬六千五百五十，課自萬三千四百五十至八千九百五十九，六等，取備邊兵戶絕錢充直。以第一等送京師，餘就配諸軍。康定初，陝西用兵，馬不足。詔京畿、京東西、淮南、陝西路括市戰馬，馬四尺六寸至四尺二寸，其直自五十千至二十千，凡五等。宰臣、樞密使聽畜馬七，參知政事、樞密副使五，尚書、學士至知雜、閤門使已上三，升朝官閤門祇候已上一，餘命官至諸司職員、寺觀主首皆一。節度使至刺史，殿前馬步軍都指揮至軍頭司散員，副兵馬使皆勿括。並邊七州軍免。出內庫珠償民馬直。又禁邊臣私市，闕者官給。二年，詔：『河北州軍置場市馬，雖除等樣，如聞所得不廣，宜加增直。第一等二萬八千，第二等二萬六千，第三等二萬四千，第四等以下及牝馬即依舊直。仍自第一等以下遞減一寸。』慶曆四年，詔：『河北點印民間馬，凡收市外，見餘二萬七百，除坊郭戶三等、鄉村三等已上養飼如舊，餘點印者悉集揀市。』五年，出內藏庫絹二十萬，市馬於府州、岢嵐軍。六年，詔陝西、河東社馬死者，本營鬻錢以助馬直。至和元年，詔：『蜀馬送京師，道遠多病瘠。自今以春、秋、冬部送陝西四路總管司。』二年，修陝西蕃馬驛，群牧司每季檄沿路郡縣察視之。邊州巡檢兵校，聽自市馬，官償其直。又詔陝西轉運使司以銀十萬兩市馬於秦州，歲以為常。嘉祐元年，詔三司出絹三萬，市馬於秦州以給河東軍。五年，薛向言：『秦州券馬至京師，給直並路費，一馬計錢數萬。請於原、渭州、德順軍置場收市，給以解鹽交引，即不耗度支緡錢。其券馬姑存，以來遠人。歲可別得良馬八千，以三千給沿邊軍騎，五千入群牧司。』七年，陝西提舉買馬監牧司奏：『舊制，秦州蕃漢人月募得良馬二百至京師，給彩絹、銀碗、腰帶、錦襖子，蕃官、回紇隱藏不引至者，並以漢法論罪。歲募及二千，給賞物外，蕃部補蕃官，蕃官轉資，回紇百姓加等給賞。今原、渭、德順軍置場市馬，請如秦州例施行。』詔從之。先是，詔議買馬利害。吳奎等議於秦州古渭、永寧砦及原州、德順軍各令置場，京師歲支銀四萬兩、紬絹七萬五千匹充馬直，不足，以解鹽鈔並雜支錢給之。詔行之。八年，宰臣韓琦言：『秦州永寧砦舊以鈔市馬，自修古渭砦，在永寧之西，而蕃漢多互市其間，因置買馬場，凡歲用緡錢十餘萬，蕩然流入虜中，實耗國用。』詔復置場永寧，罷古渭砦中場。蕃部馬至，徑鬻於秦州。治平元年，薛向請原、渭州、德順軍買馬官，永興軍養馬務，如原州、德順軍並渭州同判，三年為任，悉以所市馬多少為殿最。又言：『秦州山外蕃部至原、渭州、德順軍、鎮戎軍鬻馬，充豪商錢，至秦州，所償止得六百。今請於原、渭州、德順軍，官以鹽鈔博易，使得輕齎至秦州，易蜀貨以歸。蜀商以所博鹽引至岐、雍，換監銀入蜀，兩獲其便。』群牧司請如向言施行。是歲，詔河東陝西廣銳、蕃落闕馬，復置社買，一馬官給錢三十千。久之，馬不至，乃增直如慶曆詔書，第三等三十五千，第四等二十八千。四年，以成都府路歲輸紬絹三萬給陝西監牧司。自是蕃部馬至者眾，官軍仰給焉。先是，以陝西轉運使兼本路監牧買馬事，後又以制置陝西解鹽官同主之。大抵國初市馬，歲僅得五千餘匹。天聖中，蕃部省馬至三萬四千九百餘匹。嘉祐以前，原、渭、德順凡三歲市馬至萬七千一百匹，秦州券馬歲至萬五千匹。至於收市，則仍嘉祐之制，置買馬司於原渭州、德順軍，而增為招市之令。後開熙河，則更於熙河置買馬司，而以秦州買馬司隸焉。八年，遂置熙河路買馬場六，而原、渭、德順諸場皆廢。繼又置熙河岷州、通遠軍、永寧砦等場，而德順軍置馬場亦復。先是，麟府路上所市馬三百，以其直增於熙河而又多羸憊，乃罷本路博易，令軍馬司自市。時又以邊臣之議，市岢嵐、火山軍土產馬以增戰騎。既又以邊人盜馬越疆以趣利，尋皆罷之。自是，國馬專仰市於熙河、秦鳳矣。熙寧七年，熙河用兵，馬道梗絕。乃詔知成都府蔡延慶兼提舉戎、黎州買馬，以經度其事。明年，延慶言：『威、雅、嘉、瀘、文、龍州，地接烏蠻、西羌，皆產善馬。請委知州、砦主，以錦采、茶、絹招市。』未及施行，會威、茂州夷人盜邊，及西邊馬已至，八月，遂詔罷提舉戎、黎買馬。元豐中，軍興乏馬。六年，復命知成都呂大防同成都府、利州路轉運司，經制邊郡之可市馬者，遂制嘉州中鎮砦、雅州靈關等買馬場，而馬皆不至。元祐初，乃罷之。元祐中，嘗詔以蜀馬給陝西軍，以陝西馬赴京師。崇寧五年，增黎州市馬至四千疋。然凡云蜀馬者，惟沈黎所市為多，其他如戎、瀘等州，歲與蠻人為市，第存優恤，數馬以給其直。大觀初，又詔播州夷界巡檢楊榮，許歲市馬五十疋於南平軍，其給賜視戎州之數。熙寧中，罷券馬而專於招市，歲省三司錢二十萬緡。自馬不下槽出牧，三司得復給芻秣之費更相補除，而三司歲償群牧者，為緡錢十萬，以增市馬。券馬之罷已久，紹聖初，提舉買馬陸師閔奏復行之，令蕃漢商人願以馬結券進賣者，先從諸場驗印，各具其直給券，送太僕寺償之。其說以為券馬既盛行，則綱馬可罷。行之三年，樞密院言券馬死不及厘，而綱馬之死十倍。乃賜師閔金帛，加集賢修撰，以賞其功。時議既不以券馬為是，主管買馬閻令亦言其枉費。然曾布力行之。崇寧中，乃詔買馬一遵元豐法。市馬之官，自嘉祐中，始以陝西轉運使兼本路監牧買馬事，後又以制置陝西解鹽官同主之。熙寧中，始置提舉熙河路買馬，命知熙州王韶為之，而以提點刑獄為同提舉。八年，提舉茶場李杞言：『賣茶買馬，固為一事。乞同提舉買馬。』詔如其請。十年，又置群牧行司，以往來督市馬者。元豐三年，復罷為提舉買馬監牧司。四年，群牧判官郭茂恂言：『承詔議專以茶市馬，以物帛市穀，而並茶馬為一司。臣聞頃時以茶易馬，兼用金帛，亦聽其便。近歲事局既分，專用銀絹、錢鈔，非蕃部所欲。且茶馬二者，事實相須。請如詔便。』奏可。仍詔專以雅州名山茶為易馬用。自是蕃馬至者稍眾。六年，買馬司復罷兼茶事。七年，更詔以買馬隸經制熙河財用司。經制司罷，乃復故。自李杞建議，始於提舉茶事兼買馬，其後二職分合不一。崇寧四年，詔曰：『神宗皇帝厲精庶政，經營熙河路茶馬司以致國馬，法制大備。其後監司欲侵奪其利以助糴買，故茶利不專，而馬不敷額。近雖更立條約，令茶馬司總運茶博馬之職，猶慮有司苟於目前近利，不顧悠久深害。三省其謹守已行，毋輒變亂元豐成法。』自是職任始一。市馬之數，以時增損。初，原、渭、德順凡三歲共市馬萬七千一百匹，而群牧判官王誨言：『嘉祐六年以前，秦州券馬歲至者萬五千匹。今券馬法壞，請令增市，而優使臣之賞。』熙寧三年，乃詔涇、原、渭、德順歲買萬匹，三年而會之，以十分為率，及六分七厘者進一官，餘分又析為三等，每增一等者更減磨勘年。自是，市馬之賞始優矣。時誨上《馬政條約》，詔頒行之。其後，熙河市馬歲增至萬五千。紹聖中，又增至二萬匹，歲費五十萬緡。後遂以為定額，特詔增市者不在此數。崇寧四年，提舉程之邵、孫鼇抃以額外市戰馬及二萬匹，各遷一官。鼇抃仍賜三品服。大觀元年，龐寅孫等又以買禦前良馬及三萬疋，推恩如之邵例。宣和中，宇文常、何漸等更以遵用元豐成法，省費不貲，各加職遷官。時如此類頗眾。賞典優濫，官屬利於多市馬，取充數而已。

又 卷一九八《兵志第一百五十一・馬政》 凡收市馬，戎人驅馬至邊，總數十、百為一券，一馬預給錢千，官給芻粟，續食至京師，有司售之，分隸諸監，曰券馬。邊州置場，市蕃漢馬團綱，遣殿侍部送赴闕，或就配諸軍，曰省馬。陝西廣銳、勁勇等軍，相與為社，每市馬，官給直外，社眾復裒金益之，曰馬社。軍興，籍民馬而市之以給軍，曰括買。宋初，市馬唯河東、陝西、川峽三路，招馬唯吐蕃、回紇、黨項、藏牙族，白馬、鼻家、保家、名市族諸蕃。至雍熙、端拱間，河東則麟、府、豐、嵐州、岢嵐、火山軍，唐龍鎮、濁輪砦，陝西則秦、渭、涇、原、儀、延、環、慶、階州、鎮戎、保安軍、制勝關、浩亹府，河西則靈、綏、銀、夏州，川峽則益、文、黎、雅、戎、茂、夔州、永康軍，京東則登州。自趙德明據有河南，其收市唯麟、府、涇、原、儀、渭、秦、階、環州、岢嵐、火山、保安、保德軍。其後置場，則又止環、慶、延、渭、原、秦、階、文州、鎮戎軍而已。太祖時，歲遣中使詣邊州市馬。先是，兩河之民入蕃界盜馬入中國。官給其直。時方留意撫綏，詔禁之。太平興國四年，詔市吏民馬十七萬匹。六年，詔內屬戎人驅馬詣闕下者，首領縣次續食，且禁富民無得私市。十二月，詔：『蕃部鬻馬，官取良而棄駑，又禁其私市，歲入數既不充，且無以懷遠人。自今委長吏謹視馬之良駑，駑即印識之，許民私市焉。』先是，以銅錢給諸蕃馬直。八年，有司言戎人得錢，銷鑄為器，乃以布帛茶及他物易之。天禧中，宰相向敏中言國馬倍於先朝，廣費芻粟。乃詔以十三歲以上配軍馬估直出賣。先是市馬以三歲已上、十三歲已下為率。天聖中，詔市四歲已上、十歲已下。既而所市不足，群牧司以為言，乃詔入券並省馬市三歲已上、十二歲已下。明年，詔府州、岢嵐軍自今省馬三歲、四歲者不以等第，五歲已上十二歲已下、骨格良善行者，悉許綱送估馬司，餘非上京省馬並送並州揀馬司。景祐元年，禦史中丞韓億言：『蕃部以馬抵永康軍中賣，所得至少，徒使羌人知蜀山川道路，非計之得。』乃詔罷之。四年，群牧司奏河北諸軍闕馬，請制等杖六，付天雄軍、真定府、定、瀛、貝、滄州，市上生馬十二歲以下，視等第給直。馬自四尺七寸至四尺二寸，凡六等。其直自二萬五千四百五十至萬六千五百五十，課自萬三千四百五十至八千九百五十九，六等，取備邊兵戶絕錢充直。以第一等送京師，餘就配諸軍。康定初，陝西用兵，馬不足。詔京畿、京東西、淮南、陝西路括市戰馬，馬四尺六寸至四尺二寸，其直自五十千至二十千，凡五等。宰臣、樞密使聽畜馬七，參知政事、樞密副使五，尚書、學士至知雜、閣門使已上三，升朝官閤門祗候已上一，餘命官至諸司職員、寺觀主首皆一。並邊七節度使至刺史，殿前馬步軍都指揮至軍頭司散員、副兵馬使皆勿括。並邊七州軍免。出內庫珠償民馬直。又禁邊臣私市，闕者官給。二年，詔：『河北州軍置場市馬，雖除等樣，如聞所得不廣，宜加增直。第一等二萬八千，第二等二萬六千，第三等二萬四千，第四等以下及牝馬即依舊直。仍自第二等以下遞減一寸。』慶歷四年，詔：『河北點印民間馬，凡收市外，見餘二萬七百，除坊郭戶三等、鄉村三等已上養飼如舊，餘點印者悉集揀市。』五年，出內藏庫絹二十萬，市馬於府州、岢嵐軍。六年，詔陝西、河東社馬死者，本營鬻錢以助馬直。至和元年，詔；『蜀馬送京師，道遠多病瘠。自今以春、秋、冬部送陝西四路總管司。』二年，修陝西蕃馬驛，群牧司每季檄沿路郡縣察視之。邊州巡檢兵校，聽自市馬，官償其直。又詔陝西轉運使司以銀十萬兩市馬於秦州，歲以為常。嘉祐元年，詔三司出絹三萬，市馬於秦州以給河東軍。五年，薛向言：『秦州券馬至京師，給直並路費，一馬計錢數萬。請於原、渭州、德順軍置場收市，給以解鹽交引，即不耗度支縑錢。其券馬姑存，以來遠人。歲可別得良馬八千，以三千給沿邊軍騎，五千入群牧司。』七年，陝西提舉買馬監牧司奏：『舊制，秦州蕃漢人月募得良馬二百至京師，給彩絹、銀碗、腰帶、錦襖子，蕃官、回紇隱藏不引至者，並以漢法論罪。歲募及二千，給賞物外，蕃部補蕃官，蕃官轉資，回紇百姓加等給賞。今原、渭、德順軍置場市馬，請如秦州例施行。』詔從之。先是，詔議買馬利害。吳奎等議於秦州古渭、永寧砦及原州、德順軍各令置場，京師歲支銀四萬兩、絹七萬五千匹充馬直，不足，以解鹽鈔並雜支錢給之。詔行之。八年，宰臣韓琦言：『秦州永寧砦舊以鈔市馬，自修古渭砦，在永寧之西，而蕃漢多互市其間，因置買馬場，凡歲用緡錢十餘萬，蕩然流入虜中，實耗國用。』詔復置場永寧，罷古渭砦中場。蕃部馬至，徑鬻於秦州。治平元年，薛向請原、渭州、德順軍買馬官，永興軍養馬務，如原州、德順軍並渭州同判，三年為任，悉以所市馬多少為殿最。又言：『秦州山外蕃部至原、渭州、德順軍、鎮戎軍鬻馬，充豪商錢，至秦州，所償止得六百。今請於原、渭州、德順軍，官以鹽鈔博易，使得輕齎至秦州，易蜀貨以歸。蜀商以所博鹽引至岐、雍，換監銀入蜀，兩獲其便。』群牧司請如向言施行。是歲，詔河東陝西廣銳、蕃落闕馬，復置社買，一馬官給錢三十千。久之，馬不至，乃增直如慶歷詔書，第三等三十五千，第四等二十八千。四年，以成都府路歲輸絹三萬給陝西監牧司。自是蕃部馬至者眾，官軍仰給焉。先是，以陝西轉運使兼本路監牧買馬事，後又以制置陝西解鹽官同主之。大抵國初市馬，歲僅得五千餘匹。天聖中，蕃部省馬至三萬四千九百餘匹。嘉祐以前，原、渭、德順凡三歲市馬至萬七千一百匹，秦州券馬歲至萬五千匹。【略】至於收市，則仍嘉祐之制，置買馬司於原渭州、德順軍，而增為招市之令。後開熙河，則更於熙河置買馬司，而以秦州買馬司隸焉。八年，遂置熙河路買馬場六，而原、渭、德順諸場皆廢。繼又置熙河岷州、通遠軍、永寧砦等場，而德順軍置馬場亦復。先是，麟府路上所市馬三百，以其直增於熙河而又多羸憊，乃罷本路博易，令軍馬司自市。時又以邊臣之議，市岢嵐、火山軍土產馬以增戰騎。既又以邊人盜馬越疆以趣利，尋皆罷之。自是，國馬專仰市於熙河、秦鳳矣。熙寧七年，熙河用兵，馬道梗絕。乃詔知成都府蔡延慶兼提舉戎、黎州買馬，以經度其事。明年，延慶言：『威、雅、嘉、瀘、文、龍州，地接烏蠻、西羌，皆產善馬。請委知州、砦主，以錦采、茶、絹招市。』未及施行，會威、茂州夷人盜邊，及西邊馬已至，八月，遂詔罷提舉戎、黎買馬。元豐中，軍興乏馬。六年，復命知成都呂大防同成都府、利州路轉運司，經制邊郡之可市馬者，遂制嘉州中鎮砦、雅州靈關等買馬場，而馬皆不至。元祐初，乃罷之。元祐中，嘗詔以蜀馬給陝西軍，以陝西馬赴京師。崇寧五年，增黎州市馬至四千疋。然凡云蜀馬者，惟沈黎所市為多，其他如戎、瀘等州，歲與蠻人為市，第存優恤，數馬以給其直。大觀初，又詔播州夷界巡檢楊榮，許歲市馬五十疋於南平軍，其給賜視戎州之數。熙寧中，罷券馬而專於招市，歲省三司錢二十萬緡。自馬不下槽出牧，三司得復給芻秣之費更相補除，而三司歲償群牧者，為緡錢十萬，以增市馬。券馬之罷已久，紹聖初，提舉買馬陸師閔奏復行之，令蕃漢商人願以馬結券進賣者，先從諸場驗印，各具其直給券，送太僕寺償之。其說以為券馬既盛行，則綱馬可罷。行之三年，樞密院言券馬死不及厘，而綱馬之死十倍。乃賜師閔金帛，加集賢修撰，以賞其功。時議既不以券馬為是，主管買馬閻令亦言其枉費。然曾布力行之。崇寧中，乃詔買馬一遵元豐法。市馬之官，自嘉祐中，始以陝西轉運使兼本路監牧買馬事，後又以制置陝西解鹽官同主之。熙寧中，始置提舉熙河路買馬，命知熙州王韶為之，而以提點刑獄為同提舉。八年，提舉茶場李杞言：『賣茶買馬，固為一事。乞同提舉買馬。』詔如其請。十年，又置群牧行司，以往來督市馬者。元豐三年，復罷為提舉買馬監牧司。四年，群牧判官郭茂恂言：『承詔議專以茶市馬，以物帛市穀，而並茶馬為一司。臣聞頃時以茶易馬，兼用金帛，亦聽其便。近歲事局既分，專用銀絹、錢鈔，非蕃部所欲。且茶馬二者，事實相須。請如詔便。』奏可。仍詔專以雅州名山茶為易馬用。自是蕃馬至者稍眾。六年，買馬司復罷兼茶事。七年，更詔以買馬隸經制熙河財用司。經制司罷，乃復故。自李杞建議，始於提舉茶事兼買馬，其後二職分合不一。崇寧四年，詔曰：『神宗皇帝厲精庶政，經營熙河路茶馬司以致國馬，法制大備。其後監司欲侵奪其利以助糴買，故茶利不專，而馬不敷額。近雖更立條約，令茶馬司總運茶博馬之職，猶慮有司苟於目前近利，不顧悠久深害。三省其謹守已行，毋輒變亂元豐成法。』自是職任始一。市馬之數，以時增損。初，原、渭、德順凡三歲共市馬萬七千一百匹，而群牧判官王誨言：『嘉祐六年以前，秦州券馬歲至者萬五千匹。今券馬法壞，請令增市，而優使臣之賞。』熙寧三年，乃詔涇、原、渭、德順歲買萬匹，三年而會之，以十分為率，及六分七厘者進一官，餘分又析為三等，每增一等者更減磨勘年。自是，市馬之賞始優矣。時誨上《馬政條約》，詔頒行之。其後，熙河市馬歲增至萬五千。紹聖中，又增至二萬匹，歲費五十萬緡。後遂以為定額，特詔增市者不在此數。崇寧四年，提舉程之邵、孫鼇抃以額外市戰馬及二萬匹，各遷一官。鼇抃仍賜三品服。大觀元年，龐寅孫等又以買禦前良馬及三萬疋，推恩如之邵例。宣和中，宇文常、何漸等更以遵用元豐成法，省費不貲，各加職遷官。時如此類頗眾。賞典優濫，官屬利於多市馬，取充數而已。《朝野雜記》

清 汪森《粵西詩文載・文載》卷一六《廣西馬政志》云：『廣馬者，建炎末廣西提舉峒丁李棫始請市戰馬赴行在。紹興初隸經略司。三年春，即邕州置司提舉，市於羅殿、自杞、大理諸蠻，未幾廢市馬司，以帥臣領其事。七年，待制胡舜陟為帥，歲中市馬四千二百匹，詔賞之。其後馬益精，歲費黃金五鎰、中金二百五十鎰、錦四百端、他帛千疋、廉州鹽二百萬斤，而得馬千五百匹，必四尺二寸以上乃市之，其直為銀四十兩，每高一寸，增銀十兩，有至六七十兩者。土人云其尤駔駿者在其出處，或博黃金二百兩，日行四百里，但官價有定數，不能致此耳。然自杞諸蕃本自無馬，又市之南詔。南詔，大理國也，去自杞國可二十程，而自杞至邕州橫山寨二十二程，橫山寨至靜江府又二十餘程，羅殿國又遠如自杞十程。宜州溪洞巡檢常恭者赴闕，持南丹州莫延葚表來，乞就宜州市馬，比之橫山可省三十餘程。張說在樞筦，以其表聞。李壽翁時為檢詳文字，為說言邕遠宜近，人孰不知前迂其塗，亦豈無意？況今黃氏方橫，乃欲為之除道，而擅以互市之饒，誤矣。小吏妄作，將啟邊患，請論如法。說不聽，命從義郎李宗彥以提點綱馬驛程往宜州措置。既而說罷政，密院乃奏宗彥所言邊防不便，罷之。時淳熙元年也。又諸蕃多以馬易錦，蓋蠻人死即以一錦纏繞，親友賻者亦以錦，貴人至纏數十疋，故須錦為急。』舊《通志》云：『宋建炎四年五月戊辰，李棫請市廣西馬。來年又請市戰馬赴行在。紹興二年正月壬午，置司邕州，市馬於羅殿、自杞、大理諸蠻，又命廣西經略司即韶州撥內帑錢三萬緡市戰馬。於是神武諸軍皆缺馬，六月癸巳，以三百騎賜岳飛。癸丑，以百騎賜張浚。七月癸亥，選千騎赴行在。紹興三年四月辛卯，賜韓世忠廣馬七匹。十一月丁丑，初令賓、橫、宜、邕四州守呂顒管買發戰馬，如邕州例，隨即邕州置司提舉，市羅殿、自杞、大理諸蠻。其後又置買馬司，以帥臣領其事。然諸蕃本自無馬，蓋又市之南詔，南詔即今大理國也。紹興七年，廣西進出格馬十匹，御廄留一匹，餘付殿前司。上謂臣曰：「朕所留一匹，幾似代北所生，廣西亦有此馬之良者，不必西北可知。」上因論列國春秋不相通，所用之馬皆取於中國而已。今必於所産之地而求，則馬政不修之故也。乾道元年十月，命夔路造舟。二年二月，吳璘由水道先發宏昌西馬五十匹。七月己未，初置提舉孳生牧馬監官，於饒州置司，時蓋市馬於廣西，故先擇牧地置營。三年正月壬寅，樞密院請即邕州置買馬司，馬必四尺二寸以上，每十匹為一營。二月辛卯，初置廣西提舉買馬司於賓州。六年十二月二十二日，兵侍王之奇言蜀馬頗煩費，請於成都、興元、襄陽各置司牧營，詔宣撫使相度。邕州買馬格，大觀中所定有八等，今之買馬多出於羅殿、自杞，彼乃以錦綵博於大理，世稱廣西馬，其實非也。横山寨博馬場互市之制，以銀鹽綵錦相參而行。』范石湖《奏議》論馬政四弊云：邕州置馬大弊二，蠻人先驅一二百瘦病者為馬樣，邀以買此，而後大隊至，暨至亦雜以半。買馬典吏與招馬人歲久為弊，一也；横山寨無草場，支錢悉與，官吏乾没，不以時得草，二也。沿路損馬大弊二，所至無橋道，涉水貪程，一也；州縣不與草料，但計囑押人而去，二也。買之弊，乞擇官，損之弊，乞馬病隨寓留醫焉。淳熙元年指揮，戰馬買四尺四寸以上，石湖奏乞四尺三寸以上。蓋以廣中原無戰馬，羅殿、自杞以錦綵博之大理諸蠻，驅至横山場互市，每低一寸，減銀十兩，如四寸者銀四十兩，三寸者銀三十兩。自横山至邕州七程，至經略司又十八程，其道自邕、賓、象、靜江出湖南，而指揮經由州縣於經制錢立科，應副湖南，自全州至行在並遵依。而廣西科税户，税户陪些小錢物，折與管押兵校，而馬斃於饑渴矣。奏乞一體奉行。又奏買馬久弊，銀則雜銅，名四六銀，鹽則減斤一百斤，止得七十斤，皆為邊吏乾没。若照依乾道九年任楷支銀不須帶鹽足斤兩，又印給支買憑由，每量馬到足，即批上尺寸斤兩，則蠻人感悦，而得馬最良矣。

《續文獻通考》卷一三三《兵考・馬政》 度宗咸淳末，臣僚請和市馬。有紀智立者獻謀，以為兩淮軍將武官巨室皆畜馬，率三借二，二借一，一全起，團結隊伍，借助防江，各令飼馬役夫自乘之，官優給月錢一年，以半年為約，江面寧即放歸。臣僚言宜倣祖宗遺意，亟謀和市馬，如出一馬則免其某色力役。時川秦之馬遵陸則崇岡，複嶺盤回，斗絶舟行，則峽江湍急，灘磧險惡，每綱運公私經費十倍，而人馬俱疲，上則耗國用，下則困州縣，綱兵所經，甚於寇賊。雖臣僚條奏更迭，終莫得其要領，豈馬政各因風土之宜而非東南之利歟？恭帝德祐元年十二月，括臨安府州縣馬。

清 閻鎮珩《六典通考》卷一六六《王政考・馬政》 凡收市馬，戎人驅馬至邊，總數十百為一券，一馬預給錢千，官給芻粟續食，至京師有司售之，分隸諸監，曰券馬。邊州置場市蕃漢馬，團綱遣殿侍部送赴闕，或就配軍，曰省馬。陝西廣鋭、勁勇等軍相與為社，每市馬官給直外社，衆復裒金益之，曰馬社。軍興，籍民馬而市之以給軍，曰括買。宋初市馬，唯河東、陝西、川峽三路招馬，唯吐蕃、回紇、黨項、藏牙族，白馬、鼻家、保家、名市族諸蕃。太祖時，歲遣中使詣邊市馬。先是，兩河之民入蕃界盜馬入中國，官給其直。時方留意撫綏，詔禁之。太平興國四年，詔市吏民馬十七萬匹。六年，詔内屬戎人驅馬詣闕下者，首領縣，次續食，且禁富民無得私市。又詔蕃部鬻馬官取良棄駑，又禁其私市，歲入數不充，且無以懷遠人。自今委長吏謹視馬之良駑，駑即印識之，許民私市焉。先是，以銅錢給諸蕃馬直，有司言戎人得錢，銷鑄為器，乃以布帛茶及它物易之。初市馬以三歲已上、十三歲以下為率，天聖中詔市四歲已上、十歲已下，既而所市不足，群牧司以為言，乃詔入券，并省馬市三歲已上、十二歲已下。明年詔府州岢嵐軍省馬，三歲四歲者不以等第，五歲已上十二歲已下骨格良善行者悉許綱送估馬司，餘非上京省馬，並送并州揀馬司。景祐元年，御史中丞韓億言，蕃部以馬抵永康軍市賣，所得至少，徒使羌人知蜀山川道路，非計之得。乃詔罷之。四年，群牧司奏，河北諸軍闕馬，請製等杖六府天雄軍，眞定府定、瀛、貝、滄州市上生馬十二歲以下，視等第給直，馬自四尺七寸至四尺二寸凡六等，其直自二萬五千四百五十至萬六千五百五十，課自萬三千四百五十至八千九百五十，凡六等，取備邊兵戶絶錢充直，以第一等送京師，餘就配諸軍。康定初，陝西用兵馬不足，詔京畿、京西、淮南、陝西路括市戰馬，馬四尺六寸至四尺二寸，其直自五十千至二十千，凡五等。二年，詔河北州軍置場市馬，除等樣加增直第一等二萬八千，第二等二萬六千，第三等二萬四千，四等以下及牝馬依舊直。慶曆五年，出内藏庫絹二十萬，市馬於府州岢嵐軍。六年，詔陝西、河東社馬死者，鬻錢以助馬直。至和元年，詔蜀馬送京師道遠多病瘠，自今以春秋冬部送陝西四路總管司。嘉祐元年，詔三司出絹三萬，市馬于秦州，以給河東軍。五年，薛向言，秦州券馬至京師給直，并路費，一馬計錢數萬，請於原渭州德順軍置場收市其券馬，姑存以來遠人，歲可別得良馬八千，以三千給沿邊軍騎，五千入群牧司。宰臣韓琦言，秦州永寧砦舊以鈔市馬，自修古渭砦在永寧之西而蕃漢多互市，其間因置買馬場，凡歲用緡錢十餘萬，流入虜中，實耗國用。詔復置場永寧，罷古渭砦場。蕃部馬至，徑鬻于秦州。治平元年，薛向請州軍買馬官及養馬務各軍州同判三年為任，以所市馬多少為殿最。又言秦州山外蕃部至原渭州德順軍、鎮戎軍鬻馬充豪商錢，至秦州所償止得六百，今請以鹽鈔博易，使得輕齎，至秦州易蜀貨以歸，蜀商以所博鹽引至岐雍換監銀入蜀，爾獲其便。群牧司請如向言施行。是歲，河東、陝西、廣鋭蕃落闕馬復置社，買一馬官給錢二十千，久之馬不至，乃增置如慶歷詔書。四年，以成都府路歲輸紬絹三萬給陝西監牧司，自是蕃部馬至者衆，官軍仰給焉。神宗時，提舉茶場李杞乞以茶易馬，詔如其請。其後群牧判官郭茂恂言，承詔專以茶市馬，而併茶馬為一司。臣聞頃時以茶市馬，亦兼用金帛，近歲始專用銀絹錢，錢非蕃部所欲，且茶馬事實相須，乃詔專以雅州名山茶為易馬之用，自是馬至稍衆。久之，買馬司復罷兼茶事。自李杞建議，始於提舉茶事兼買馬，其後二職分合不一。蓋宋初市馬，歲僅得五千餘匹。天聖中，蕃部省馬至三萬四千九百餘匹。嘉祐以前，原渭德順凡三歲市馬萬七千一百疋，秦州券馬歲萬五千疋。崇寧四年，詔曰：『神宗皇帝厲精庶政，經營熙河路茶馬司，以致國馬法制大備。其後監司欲侵奪其利，以助糴買，故茶利以專，而馬不敷額。近雖更立條約，令茶馬司總運茶博馬之職，猶慮有司苟近利而不顧遠害，三省其謹守已行，毋輒變亂元豐成法。』自是提舉茶事兼買馬，其職任始一。凡宋之市馬分而為二，其一曰戰馬，生于西陲，良健可備行陣，岩昌峰貼峽文州所産是也；其二曰羈縻馬，産西南諸蠻，短小不及格，黎敘等五州所産是也。紹興三年，置邕州提舉司，市於羅殿、自杞、大理諸蠻，然自杞本自無馬市之南詔。南詔，今大理國也，大理地連西戎，故多馬，雖互市於廣南，其實猶西馬也。隆興初，張浚為江淮都督，即淮上市之。浚言川廣市戰馬每疋不下三四百千，又道遠多斃，今淮馬每疋通不滿二百千，且軍中即日可得。上從之。然淮南馬矮小，實不可用，其可用者，乃取之淮北耳。《容齋隨筆》：國家買馬南邊於邕管，西邊於岷黎，皆置使提督，歲所綱發者踰萬疋，使臣將校得遷秩轉資，沿道數十州驛程券食廐圉薪芻之費不貲，而江淮之間本非騎兵所能展奮，又三衙遇暑月放牧蘇秀，以就水草，亦為逐處之患。保甲、養馬者，自熙寧五年始。先是，中書樞密議其事，文彦博、吳充言國馬不可闕，今法馬死者責償，恐非民願。王安石以為令下而京畿投牒者已千五百戶，決非出于驅迫，持論益堅。乃詔開封府界諸縣保甲願牧馬者聽，以陝西所市馬選給之。

傳記

《金史》卷一〇七《張行信傳》　張行信，字信甫，先名行忠，避莊獻太子諱改焉。【略】行信去未久，上嘗諭宰臣曰：『自張行信降黜，卿等遂緘默，此殊非是。行信事，卿等具知，豈以言之故耶！自今宜各盡言，毋復畏忌。』行信始至涇，即上書曰：『馬者甲兵之本，方軍旅未息，馬政不可緩也。臣自到涇，聞陝右豪民多市於河州，轉入內地，利蓋百倍。及見省差買馬官平涼府判官烏古論桓端市於洮州，以銀百鋌幾得馬千疋，云生羌木波諸部蕃族人戶畜牧甚廣。蓋前所遣官或抑其直，或以勢陵奪，遂失其和，且常患銀少，所以不能多得也。又聞蕃地今秋薄收，鬻馬得銀輒以易粟。冬春之交必艱食，馬價甚低。乞令所司輦銀粟於洮、河等州，選委知蕃情、達時變如桓端者貿易之。若捐銀萬兩，可得良馬千疋，機會不可失，惟朝廷亟圖之。』

紀事

宋　楊仲良《皇宋通鑒長編紀事本末》卷四四《仁宗皇帝・馬政》　二年七月，范仲淹安撫江淮，陳八事，其五曰：『沿邊市馬，歲幾百萬緡，罷之則絕邊人，行之則困中國。然自古騎兵未必為利，開元、天寶間，牧馬數十萬匹。祿山為亂，王師敗於函穀，曾何救焉？且騎兵之費，錢糧、芻粟、衣縑之類，每一指揮，歲費數萬緡，其間老弱者尚艱於乘跨，況戰鬥乎？然西北戎馬不可不收：既至京師，宜多鬻於民間，假其芻牧，或有邊用，一呼可集。又重稅以禁江淮小馬，勿使至近里州軍，則西北之馬可行，外慰邊心，內為武備，且減芻牧以億萬計。』上嘉納之。寶元二年五月丙申，群牧司請下秦州增價市馬，從之。康定元年二月，詔京畿、京東西、淮南、陝西路括市戰馬。馬自四尺六寸至四尺一寸，其直自五十千至二十千凡五等。敢輒隱者，重真之法。宰臣、樞密使聽畜馬七，參知政事、樞密副使五，尚書、學士至知雜、閤門使以上三，升朝官閤門祇侯以上二，餘命官至諸司職員、寺觀主首皆一，節度使至刺史、殿前馬步軍都指揮使至軍頭司、散員副兵馬使皆勿括。出內庫珠償民馬直，又禁邊臣私市，闕者官給。出內庫珠還馬直乃月未，今從本志。書並本志云：並邊七州軍免括馬。蓋此後事，今削去。韓琦言：『陝西科擾頻仍，民已不勝其困，請免括此一路，安眾心。』從之。此據《家傳》，當考。十二月丁未，詔開封府、京東西、河東路括驢五萬，以備西討，從陝西經略使所上考策也。括驢五萬，孫沔奏議，或可刪。附魏泰《東軒錄》云：陳執中天資滑稽，謔玩無禮。慶曆中，韓魏公琦帥陝西，將四路進兵入平夏，以取元昊。師行有日矣。尹洙與執中有舊，薦於韓公。韓召之，諭以入界事。執中雅不欲為是行，因問韓公曰：『北之族帳無定，萬一遷徙深遠，以致我師無乃曠日持久乎？』韓公曰：『今大兵入界，則倍道兼程矣。』執中曰：『糧道豈能兼程乎？』韓曰：『吾已盡括關中之驢以馱糧食。驢行速，與兵相繼也。萬一深入而糧食盡，自可殺驢而食矣。』執中徐曰：『驢子大好酬獎。』韓大怒其無禮，遂不使入關，然四路進兵亦竟無功。按：括驢乃康定元年十二月事，泰誤謂慶曆中。今附見於此。慶曆元年七月，詔諸路本州廂軍軍員闕馬，聽自市三歲以上、十三歲以下、高四尺一寸者，官用印附籍，給芻粟。八月甲申，詔河北置場括市戰馬，沿邊七州軍免之。按：康定元年二月括市馬，止是京東西、淮南、陝西等路。慶曆元年八月，乃河北。《實錄》於此即書免緣邊七州軍，蓋指河北，而本志則於康定元年二月並書其事，恐誤也。今從《實錄》。又按《朔曆》：河北轉運使乞於天雄軍等六處置場買馬，詔除雄、霸等七州軍不買外，餘二十七州軍並依六場例收置。然則本志誤審矣。二年六月戊寅，詔河北轉運使司籍民間所養馬，有邊警則給價市之。五年七月甲戌，樞密院言：『咸平初，陝西振武鄉兵許結社買馬，以升填廣鋭軍。往歲河東已嘗如此例。今河東諸軍闕馬，又廣鋭指揮人數不足，欲聽本路宣毅、義勇鄉兵結社置馬，官助其價，以升填廣鋭之闕。』從之。壬子，內出藏庫絹二千萬，市馬於府州、岢嵐軍。

又卷七五《神宗皇帝·馬政》 丁未，詔陝西、河東各市馬每千匹，京東路三百匹，仍增其直，並赴衛州監牧司。陝西轉運副使毋湜言：乞候邊事寧息收市。上批：『邊事未寧，民力宜且安養，不宜別有騷擾。宜從湜奏。』丙寅，詔河北馬軍並令立社，依陝西、河東路例供備錢助買馬，其先給官價錢並增之，仍賣內庫珠千餘萬給其用。【略】十二月己卯，詔：『原、渭州、德順軍自今三年買馬三萬匹。買馬官以十分為率，買及六分七釐轉一官，餘三分三釐均三等，每增一等，更減磨勘一年。歲給三司及成都府、梓州、利州三路紬絹共十萬，與陝西賣監錢相兼償馬價。』初，三州軍買馬，三年共萬七千一百匹，而群牧判官王誨言：『嘉祐六年以前，秦州上京券馬，歲不下萬四五千匹。嘉祐七年，置買馬司於原、渭、德順三州軍，皆選良馬，售以高價，於是券馬法壞，類多死損，枉費錢帛。』故有是詔。【略】四年七月己丑，權發遣群牧判官郭茂恂言：『准詔以陝西博買蕃部馬並糧草，所用錢物不一，不如蕃部所欲，致所買數不多。欲專以茶博買馬，以采帛博買糧穀。及以茶馬並為一司，令臣具經久利害。臣竊聞昔時亦是用茶折馬價，雖兼用金帛等，亦從其便。自事局既分，近歲始專用銀、絹及錢鈔等。況賣茶、買馬，事實相須。令提舉買馬官通管茶場，實為職務相濟。』從之，仍以茂恂專提舉買馬監牧兼同提舉茶場。其雅州名山茶，令專用博馬，候年額馬數足，言許雜買。六年六月乙丑，兼同提舉成都路茶場郭茂恂言：『昨准詔專提舉買馬，兼領茶事，而場司不兼買馬。既不任責，遂倚法以害為政。茶價每馱有增十餘千者。恐蕃馬歲不入，上誤國事。乞併茶場、買馬為一司，庶幾茶司同任買馬之責。』七月壬申，知延州劉昌祚言：『乞量減監牧司年額馬，教增買四尺四寸以上堪披甲馬，增置馬軍蕃落。』從之。

《文獻通考》卷一六〇《兵考十二·馬政》 八年，提舉茶場李杞言：『賣茶易馬，固為一事，乞同提舉買馬。』詔如其請。其後群牧判官郭茂恂言：『承詔議專以茶市馬，以金帛市穀，而並茶馬為一司。臣聞頃時以茶市馬，兼用金帛者，亦聽其便。近歲事局既分，始專用銀絹錢鈔。非蕃部所欲，且茶馬二事，事實相須。』乃詔專以雅州之名山茶為易馬之用。自是蕃馬之至者稍眾。久之，買馬司復罷兼茶事。自李紀建議，始於提舉茶事兼買馬，其後二職分合不一。

明 邱濬《大學衍義補》卷一二三《牧馬之政下》 嘉佑中，置買馬司於原渭州、德順軍而增為招市之令，後開熙河則更於熙河置買馬司而以秦州買馬司隸焉，又置熙河路買馬坊、六岷州通遠軍等場。熙寧七年，詔知成都府秦延慶兼提舉戎黎州買馬以經度其事，未幾罷之。元豐中，複命呂大防同成都府利州路轉運司經制邊郡之可市馬者。林駉曰：『監牧之置，圉師以蓄之，校人以視之，秣飼以時，部轄有方，則以渥窪之種耳，否則貴市於夷狄而賤棄於中國，此李覺之所以慮也。』臣按：自唐以來，中國馬不足往往與戎狄互市，然多費財用而實無益於用。宋南渡以後，失中原宜馬之地，而所資以為戰騎者求於西南夷，蓋有不得已焉者。今世全得中原之地，凡西北高寒之所宜馬之地皆為吾所有，苟制置得宜，牧養有道，典掌得人，又何患乎無馬乎？患無其人耳。神宗元豐四年，郭茂恂言：『承詔議專以茶市馬、以物帛市穀而並茶馬為一司，臣聞頃時以茶易馬兼用金帛亦聽其便，近歲事局既分，專用銀絹錢鈔，非蕃部所欲，且茶、馬二者事實相須，請如詔。』奏可，仍詔以雅州名山茶為易馬用，至是蕃馬至者愈眾。六年，買馬司複置，兼茶事。七年，更詔以買馬隸經制熙河財用司，經制司罷乃複故。自李杞建議始於提舉茶司兼買馬，其後二職分合不一。林駉曰：『以摘山之利而易充廄之良，戎人得茶不能為我害，中國得馬足以為我利，亦濟用之良策也。』臣按：唐、宋以茶易馬，多是交互市於境外之夷，我朝於四川置茶馬司一、陝西置茶馬司四，以茶易馬，設官掌之，蓋取之我羈縻之土民，非若前代出境外而與蕃戎交易也。高宗時，廣西進出格馬，上曰：『此幾似代北所生，廣西亦有此馬，則馬之良者不必西北可知。』上因論春秋列國不相通，所用之馬皆取於中國而已，申公巫臣使吳與其射禦教吳乘車，則是雖吳亦自有馬，今必於產馬之地而求之，則馬政不修故也。臣按：宋南渡以後，凡中國宜馬之地皆為金有，然而張、韓、劉、嶽之出戰亦未聞其乏馬。建炎末，廣西提舉峒丁李棫始請市戰馬赴行在。紹興初，隸經略司。三年，即邕州置司提舉，市羅殿、自杞、大理諸蠻。其後又廢買馬司，以帥臣領其事。然諸蕃本自無馬，蓋又市之南詔，南詔今大理國也。洪邁曰：『國家買馬，南邊於邕管、西邊於岷黎，皆置使提督，歲所綱發者蓋逾萬匹。使臣、將校遷秩轉資，沿道數十州，驛程券食、廄圉薪芻之費其數不貲，而江淮之間本非騎兵所能展奮。因讀五代舊史，唐明宗問范延光內外馬數，對曰：，三萬六千匹。，帝歎曰：，太祖在太原，騎軍不過七千；先皇自始至終，馬才及萬。今有鐵馬如是而不能使九州混，一是吾養士練兵之不至也。，延光對曰：，國家養馬太多，計一騎士之費可贍步軍五人，三萬五千騎抵十五萬步軍，既無所施，虛耗國力。，帝曰：，誠如卿言，肥騎士而瘠吾民，民何負哉？，明宗出於蕃戎，猶能以愛民為念。李克用父子以馬上立國制勝，然所畜止於此。今蓋數倍之矣，尺寸之功不建，可不惜哉。且明宗都洛陽，正臨中州，尚以騎士為無所施，今雖純用步卒，亦未為失計也。』

明 雷禮《南京太僕寺志》卷二《補虧則》 宋建隆三年，監牧失守，遣中使詣邊州市馬，補閑廄。治平四年，令監牧司廣布善種，務令蕃息。熙寧六年，立保甲養馬法，保戶馬斃，保戶獨償之；社戶馬斃，社戶半償之。文彥博、吳充言三代有丘乘出馬，有國馬，國馬宜不可闕，且今法欲令馬死補償，恐非民願。王安石力請行之。至元豐時，其弊乃見。

又 卷三《通折價》 宋熙寧八年，廢諸監籍，常平出子錢以爲市馬。自保馬法行，斃者陪償不貲，於是民有納錢之害，國乏牧馬之利，而保甲皆兼市馬矣。

又《革包攬》 宋熙寧八年，令邊人越界趨利者罷之。自罷監以後，民養一馬，不善調習，緩急無以應用，於是保甲市馬者紛然，邊人多盜馬趨利，以售販徒，至是令禁之。乾道以後，詔淮郡市馬，於是多有越淮盜馬來市者。時曾昭守濠州，至以其馬起綱至行在，北人以爲言。淮西帥臣趙善俊奏其事，大臣欲下令還之，孝宗以爲失體，乃諭善俊執死罪囚付昭令斬之，曰：此盜馬者也。於是一綱已至御馬院，命濠州以死損報，而次綱未至者皆遣還之。昭坐追官放罷，自是不復買淮馬矣。

又 卷五《平估值》 宋初建隆三年，監牧失守，歲遣中使詣邊州市馬。太平興國四年，詔中使趙失倫優給價和市在京及諸州民間私馬，於是得七十萬三千五百七十九匹。咸平元年，別置估馬司，辨其良駑，平直以市，分給諸監牧養。熙寧三年，陝西宣撫司言，官司比乏良馬，蓋以官價賤，乞應買馬州軍增價市之。於是詔惟騾馬不增外，其秦、渭、原州、德順軍見買大馬增價，有善馬價高、商人不願中官者，聽民間收買。隆興初，張浚爲江淮都督，即淮上市之，浚言川廣市戰馬每匹不下三四百千，又道遠多斃，今淮馬每匹通不滿二百千，且軍中即日可得。上從之，逮督府廢乃止。

又《開邊市》 宋元豐四年，詔以雅州名山茶易蕃馬。元符末，程之邵言，戎俗食肉飲酪，故貴茶，而病於難得，願禁沿邊鬻茶，以蜀產易上乘。詔可。未幾，易馬萬匹。建炎四年，張浚奏大名進珠玉。高宗曰：大觀以來川茶不以博馬，惟市珠玉，故馬政廢缺。

明 彭大翼《山堂肆考》卷八七《馬政》 買馬私家。宋太宗雍熙初，詔北邊未平，方資戰騎，分遣使臣收買京城諸道私家所產之馬。

《續文獻通考》卷一三三《馬政》 宋寧宗嘉定十四年，四川制置使崔與之增收市關外馬價。蜀盛時，四戍司馬萬五千有奇。開禧後，制置使安丙裁去三之一，至是損耗過半。與之至，馬僅五千，乃移教茶馬司，許戍司自於關外收市如舊，嚴私商之禁，給細茶，增馬價，使無為金人所邀。總司之給料不足者，亦移檄增給之。理宗寶慶四年，兩淮制府貿易北馬五千餘。時王霆知濠州，節浮費，糴粟買馬以備不虞，他郡亦往往市馬不輟。紹定元年，京西副將孟珙命忠順軍家自畜馬，官給芻粟。《名臣奏議》曰：『知漢陽黃榦奏曰：國家所用之馬，西取於蜀，南取於廣，皆在數千里外，博易之費、道里之費，一馬之入，動數百千，其所得甚艱，所費甚巨，一有緩急，無馬可用。開禧年間，敵騎壓境，旋行收買，駑駘下乘亦以備數。平居暇日可不思所以處之乎？竊見漢陽管内有馬監一所，馬之自蜀來者憩息於此，五日而後行，守臣亦預點檢之責。臣嘗親至其地，見馬監之前有所謂孳生監者，乃鄂州大軍昔日所創，方其盛時，馬之蕃息可以足軍中之用。今監皆頹敗不復有馬矣。漢陽為郡土壤甚廣，風氣甚勁，水草甚饒，若委之守臣使之興復舊監，以為牧馬之地，給降本錢收買江北所産之馬而蕃息之，差撥士卒，使任牧養之責，數年之間，生息蕃盛，猝有緩急，即可為用。與夫求之至遠之地，買之倉卒之際，其利害相去遠矣。更乞行下總領所同鄂州都統司相度施行。』度宗咸淳末臣僚請和市馬。有紀智立者，獻謀以為兩淮軍將、武官、巨室皆畜馬，率三借二、二借一、一全起，團結隊伍，借助防江。各令飼馬役夫自乘之，官優給月錢，一年以半年為約，江面寧即放歸。臣僚言宜倣祖宗遺意，亟謀和市馬，如出一馬，則免其某色力役。時川秦之馬，遵陸則崇岡復嶺、盤回斗絶，舟行則峽江湍急、灘磧險惡，每綱運公私經費十倍，而人馬俱疲。上則耗國用，下則困州縣，綱兵所經，甚於寇賊。雖臣僚條奏更迭，終莫得其要領，豈馬政各因風土之宜，而非東南之利歟？恭帝德祐元年十二月，括臨安府州縣馬。

《宋會要輯稿・兵二二》 買馬。太宗太平興國四年，詔市吏民馬十七萬匹，以備征討。六年十二月，詔：『歲於邊郡市馬，償以善價。内屬戎人驅馬詣闕下者，悉令縣次續食以優之。如聞富人皆私市之，致戰騎多闕。自今一切禁之，違者許相告發。每匹賞錢十萬，私市者論其罪。中外官犯者，所在以聞。』八年十二月，詔：『先是，禁民於沿邊諸郡私市馬，及戎人賣馬入官取其良而棄駑者。又民不敢私市，使往來死於道者衆；戎人少利，國馬無以充舊貫。自今邊郡吏謹視馬之良駑，駑者刻毛以記，許民市，庶羌戎獲利而歲驅馬通關市，有以補戰騎之闕焉。』雍熙四年五月，以北虜未平，方資戰騎，分遣使臣收買京城及諸道私家所畜之馬。凡勝衣甲者，三等定價，頗優以市之。次弱者不取，有逸群駔駿不拘常價，皆厚給其直。真宗咸平六年二月二日，涇原路總管陳興言：『渭州鎮戎軍皆置市馬務。然鎮戎所須錢帛，皆自渭州輦置。乞廢鎮戎軍市馬務爲便。』帝曰：『朝廷比置鎮戎軍，勞費守戍者，蓋亦欲通戎人賣馬之路。今遽廢之，恐部族惑於聞聽。令但存之，徐爲制置。若渭州優其價直，即戎人皆來渭州，自然免運送錢帛之費，而且無廢鎮戎買馬之名。』三月，夔州路轉運使丁謂言黔南蠻族頗有善馬，請致館設，給縉帛，每歲收市。從之。七月，詔陝西振武兵依河東廣鋭例，官給直以市戰馬。廣鋭兵官給中金以充馬價，相與立社，馬死則共市而補之。振武兵願從其例，因而許焉。景德二年正月，詔：『沿邊諸州所市戰馬、舊自三歲至十七歲者，官悉取之。自今只市四歲至十三歲者，餘勿禁。』天禧元年八月四日，詔：『戎州市得夷人馬，舊送遂州揀選。自今有小弱不任支配者，委峽路鈐轄司估其直出賣。』大中祥符四年七月一日，羣牧制置司言：『西路沿邊州軍所賣馬價益高，但欲歲增其數，而多有不任披甲者。望諸州不須增多，但是良馬，本司便不比較。』從之。寶元三年二月十一日，群牧司言和買馬價等第。詔第一等五十千，第二等四十千，第三等三十千，第四等二十五千。在京以浙絹估實價，外處支見錢。康定元年二月八日，詔令將三歲已上十三歲以下堪充帶衣甲壯嫩好馬赴京進賣。經過館驛，支給熟食草料。二十七日，詔開封府買馬，令權知府鄭戩親躬管勾，仍差同糾察在京刑獄李昭述、三司度支判官王球分置場收買。五月二十五日，有司上言在京收買鞍馬，切慮擁併。詔差群牧判官沈維溫、三司勾當公事任顓於開寶寺，群牧判官周越、三司勾當公事張子憲於錫慶院，各置場收買。慶曆元年七月，詔諸路本城廂軍軍員闕馬，聽自市三歲以上十三歲以下、高四尺一寸者，官用印附籍，給芻粟。八月，詔河北置場括市馬，沿邊七州軍免之。二年三月，詔河北沿邊州軍置場市馬。六月，詔河北都運司籍民間所養馬，沿邊有警，則給價市之。五年七月，樞密院言：『咸平初，陝西振武鄉兵許結社買馬，以升填廣鋭軍。往歲河東已有此例。今河東諸軍闕，廣鋭指揮人數不足。欲聽本路宣毅、義勇、鄉軍結社買馬，官助其價，以升填其闕。』從之。十一日，詔並、代路許宣毅、義勇、鄉軍結社買馬，官助其價，升填廣鋭兵之闕。二十九日，支內府絹二十萬匹，付並、府州、岢嵐軍市馬。六年五月，詔陝西相度興置屯田夏安期與四路經略司招誘蕃部入中戰馬。十二日，詔保安、鎮戎軍榷場，歲各市馬千匹。八年十一月，環慶路經略使李肅之、鄜延路經略使陸詵、陝西制置解鹽判官李師錫並言：『本路無係官草地，又去西界咫尺，難以興置馬監。其同州沙苑監近割屬陝西監牧司，可以增添牧馬。』詔陝西四路都總管司更不興置馬監，仰陝西監牧司廣市善種，令蕃息，以備逐路諸軍闕馬。皇祐二年八月，群牧司言：『近以河北轉運總管等相度權住買馬。勘會河北州軍諸軍闕馬至多，乞依韓琦奏，別降宣命下河北諸州軍，令依舊收買第一等、第五等鞍馬，相兼配填諸軍闕數。仍乞令逐處官吏設法招誘收買，逐月依例申奏。其權住收買第六等馬，候豐稔復舊。』從之。至和元年七月，河北安撫使賈昌朝請以河北諸州軍戶絕錢並官死馬價錢，令逐虜市馬，以給諸軍。從之。十二月，群牧司言：『舊制，陝西、河東路十七州軍市馬，自西事後，止置場於秦州。今內外諸軍皆闕馬，欲請於環州、保安、德順軍仍舊市馬。』從之。三年八下五日，知並州龐籍言：『勘會本路馬軍，例各闕馬。麟府見管買馬物帛數少，乞下三司支撥絹帛五七萬匹。』詔令三司支絹三萬匹，於府州下卸。是月二十二日，詔三司以絹三萬市馬於府州，以給河東馬軍。嘉祐五年八月，詔權陝西轉運副使薛向，專領本路監牧及買馬公事，仍相度於原州、渭州、德順軍置買馬場。其同州沙苑監並鳳翔府牧地勾當使臣，更不下群牧司舉官，並令薛向保薦以聞。初，相度牧馬所言：『自古國馬盛衰，皆以所任得人、失人而已。今陝西馬價多出解鹽，三司所支銀絹，又許於陝西轉運使兑換見錢。今薛向既掌解鹽，又領陝西財賦，一切委之移用，仍令擇空地置監而孳養之。蓋得西戎之馬牧之，西方則不失其土性，一利也。因未嘗耕墾之地，則無傷於民，二利也。因其材使，久其任而經置之，三利也。又河北有河防塘泊之患，而土多瀉鹵，戎馬所屯，地利不足，諸監牧多在此路，馬又不堪，未嘗孳息。若就陝西興置監牧，即河北諸監有可存者，悉以陝西良馬易其惡種。有可廢者，悉以肥饒之地賦民，收其課租，以助戎馬之費。於此，又利之大者。仍請委向舉薦辟官，及論改舊弊。』故有是命。九月，薛向言：『祖宗朝，環、慶、延、渭、原、秦、階、文州、鎮戎軍九處置場市馬。涇原路副總管陳興欲廢鎮戎市馬場，併歸平涼。真宗常諭近臣，買馬之法不獨收蕃國馬，亦欲招來蕃部，以伺敵情，不可輕易。其後歲月寖久，他州郡皆廢，唯秦州一處券馬尚行。每蕃漢商人聚馬五七十匹至百匹，謂之一券，每匹至場支錢一千，逐程給以芻粟，首領續食；至京師，禮賓院又給十五日並犒設酒食之費，方詣估馬司估所直，以支度支錢帛。又有朝辭分物，錦襖子、銀腰帶，以所得價錢市物，給公憑，免沿路征稅。直至出界，計其所直，每匹不下五六十千。然所得之馬，皆病患之餘，形骨低弱，格尺止及四尺二寸以下，謂之雜支。然於上品良馬，固不可得。至於支近上臣僚及宗室，國信往來及揀填馬軍，歲多不足。請於原渭二州、德順軍三處置場，舉選使臣專買馬，以解鹽交引召募蕃商，廣收良馬，不支度支錢帛。其券馬且以來遠人；宜存不可廢。歲可別得良馬八千餘匹。以三千給沿邊馬軍，五千給群牧司。』從之。八年正月月，宰臣韓琦言：『秦州永寧寨元以抄市券馬之處，昨修古渭寨，絕在永寧之西，而藩漢多互市其間，因置買馬場，凡歲用緡錢十餘萬，苟蕩然流入虜中，實耗國用。請復置場於永寧，而罷古渭城買馬。』從之。英宗治平元年八月十二日，群牧副使劉渙言：『所管禦馬至少，乞令買馬州軍用心添價收買。勘會到嘉祐四年下陝西、河東路都總管司揀選少嫩迭格尺堪充禦馬者，鄜延、環慶、涇原、河東路十一匹，秦鳳路三十匹。』詔令揀選及收買仍依嘉祐四年匹數，下逐路都總管司。三年七月二十一日，群牧司言：『據陝西提舉買馬監牧司言：每年元定買馬銀四萬兩、絹七萬五千匹。內銀本路自有坑冶，興發銀貨已多，更不支撥外，欲乞下三司一就兑那紬絹。每年從京畿支撥一十萬匹，差使臣管押，遞鋪般運赴陝府下卸，應副買馬支用。』詔令三司於每年合支撥銀絹內，只支紬絹共一十萬匹，充買馬支用。仍支撥堪充軍裝紬絹，責令易爲變轉。其四萬兩更不支。如三司支撥未到，仰監牧司具狀聞奏。以上《宋會要》。神宗熙寧元年八月，群牧司言，乞下河東等路市馬，每五千匹，赴衛州監牧司。詔令陝西、河東各市一千匹，京東三百匹，仍增價錢有差。二十六日，詔河北馬軍並令立社，依陝西、河東例，共備錢助買馬。其先給官價錢，並等第增加，仍出內庫珠千餘萬，賣以充用。十月，陝西同制置解鹽李師錫言：『渭州德順軍今年春季買馬，比額虧少。訪聞秦州界經過道路堡塞，約攔鞍馬，不令放來涇原；兼以西事未寧，不敢於西界極邊族帳過往。又德順軍界延家族蕃部納蘂等稱：有販馬蕃客瞎顛等到秦州界，爲賊人劫掠，由是少有蕃部販至軍中。渭州蕃部青羅等稱：秦州界青雞寨、董家堡等守把人，要每匹納税錢百文、鹽抄卻計作錢數，每千納十錢足。今已約束，尚慮阻節。欲乞朝廷專委本路經略司覺察，嚴加約束止絕創並於鹽引上紐納税錢，所貴就近指揮，城寨官吏畏稟，易爲止絕。』從之。三年十月五日，群牧司言：『陝西宣撫使韓絳等奏：比來官私難得好馬，蓋官價小。乞自今應買馬州軍添價收買，即客人不願中官，毋禁吏民收買。本司定騍馬不添外，其秦、渭、原、階州、德順軍見買大馬，逐等添錢有差。』詔除階州馬不添外，其餘從所請。其價高馬小、客人不願中官者，赴場火印訖，聽諸色人收買。十二月二十七日，群牧判官王晦言：『乞自今原、渭州、德順軍買馬使臣任內，每年共添置馬一萬匹。如使臣買及年額，乞優與酬獎。所少馬價，乞下買馬司擘劃及支川絹，或朝廷支撥銀絹應副。勘會原、渭州、德順軍三處，三年買一萬七千一百匹。』詔：『今後添買及三萬匹，以十分爲率，買及六分七釐，與轉一官；餘三分三釐，均爲三等，每增一等，更減一年磨勘。令三司歲支紬絹四萬匹，與成都府、梓州、利州三路見支紬絹六萬匹，共十萬匹，與陝西賣鹽錢相兼買馬。年終具買馬數目及支過錢絹等已支見在，申三司群牧司。其三州軍提舉買馬等賞罰，自依別降指揮。』六年五月十一日，涇原路經略司言：『德順軍界蕃部收買馬，每請官錢外，例各添備價錢。』詔令經略司體量，貼還其價。七年二月十四日，鄜延路經略司言：『德靖寨管下小胡等族蕃兵見闕戰馬，乞於本司封樁錢內借支萬貫，委官於渭州、德順軍市馬，散賣與得力蕃兵。』從之。八年正月十二日，知成都府路蔡延慶言邛部川蠻王苴剋等遣首領，願以馬中賣入漢。詔延慶優加犒設，以示招來。議者以成都府路可市馬，特委延慶領其事。原、渭州、德順軍更不買馬，以移熙河路置場故也。九年三月六日，提舉熙河路買馬司言：『准朝旨，立定起發馬綱日限條約。欲令逐場今後如日逐買馬數多，才及三五十匹，立便計綱起發。若遇買發數少，五日內買未及上件匹數，即據數解赴合屬去處送納。內熙州馬務，受納熙河州並寧河寨買到官馬。如三場日逐納到馬數多，才及百匹，合本務於當日編排，次日計綱起發。若納到五日內未及百匹，即據數撥綱施行。』從之。四月二十三日，中書門下省言：『勘會川路買馬，所買不多，及不耐騎壓，難爲養飼。兼據逐路官司申報榷茶修路等事，於邊計蠻情各有不便。欲罷提舉買馬官。所有買馬榷茶指揮，更不施行，餘如舊條。』從之。九月八日，詔自今應幹買馬事，並樞密院施行。十年正月十二日，詔：『今後提舉市易司應副過買馬司錢，令買馬司限一年內撥還。其已少下錢二十餘萬貫，令市易司於本路息錢內除破，仍自今三司逐年於券馬錢內樁管一十萬貫應副買馬。熙寧九年已支者，並行除破。』元豐元年閏正月十八日，群牧司乞於德順軍置場買馬。從之。二月七日，詔給鹽鈔三十萬緡，付群牧司買馬。同日，河東經略司韓絳言『乞令弓箭手買四尺四寸以上馬，仍勒貼納虧官價錢。』從之。免貼納價錢。三月十九日，群牧判官王欽臣請買紬絹、錦綺及虎豹等皮博馬。從之。十二月二十四日，詔京東西、開封府界將下馬軍闕馬，委逐將召買四歲已上、十歲已下堪披甲馬，錢於封樁禁軍缺額請受內借支。三年八月二十七日，群牧司言：『既許養馬人戶赴司買馬，緣陝西買馬司歲發馬數無寬剩，欲乞於歲計外添買驍騎以上馬三千匹，赴本司交納。』從之。四年正月二十一日，詔令經制熙河邊防財用司，指揮許令弓箭手依官價自買及格堪披帶馬，赴官呈印訖給付，關買馬場日內支價錢，仍充買馬司年額之數。二月二十八日，京東轉運判官吳居厚乞同李察募慣習航海之人，因其商販，踏行海道之通塞遠近，開諭女真入馬之利，詢求海北排岸司所在及其興廢之因，俟得其實，條畫以聞。從之。四月十八日，上批：『聞同主管陝西買馬司高士言：凡與蕃部交易，動以惡言慢罵之。其儕類每有怨色，亦是阻其來馬一塗。可令郭茂恂體究批聞。』五年正月二十六日，詔：『在先朝時，女真常至登州賣馬。後聞女真馬行道徑已屬高麗隔絕，歲久不至。今朝廷與高麗遣使往還，可降詔與國主，諭旨女真，如願以馬與中國爲市，宜許假道。』二月一日，涇原路經略司乞下買馬司，買四千匹赴本路。許買民馬，相兼給諸軍。從之。十一月二十八日，提舉陝西買馬司言：『本司管總支塡遞馬闕數至多，少有及四尺一寸赴官中賣。欲乞依定價權買四尺二寸或一寸牝馬、及十一歲以上，與牡馬相兼支遣。』從之，仍不充額。六年七月二十九日，知延州劉昌祚言，乞量減監牧司年額馬數，增價買四尺四寸以上堪披甲馬，增置馬軍蕃落。從之。八月十一日，提舉經度制置牧馬司言，已遣官往諸路選買牝牡馬上京，乞逐路專責監司一員提舉。從之。諸路差提點刑獄官、開封府界差提點官。九月四日，上批：『提舉河東路保甲王崇拯建議：本路教騎人以十分爲率，從上取二分，依麟府和市馬價，每匹官給錢二十五千，責令買及格馬，作五年買足。據見管人二分當得六千九百一十八匹，價錢十七萬二千九百五十緡，可支京東路元豐六年上半年鹽息錢。不足，即續支下半年錢付王崇拯，月具買馬數以聞。其請給之際，官私人有分毫取與，並依在京河倉法。』十月十八日，提舉陝西買馬司郭茂恂言，制置牧馬司於熙河路買牝牡馬，價高於本司所買年額。詔令提舉經度制置牧馬司裁減以聞。七年五月二十二日，提舉京東保甲馬霍翔言：『買馬法無過八歲，及十五歲，給公據斥賣。切以牡馬十歲方壯，牝馬十七歲猶生駒。乞許買十歲以下牡馬、十三歲以下牝馬，至十七歲以上，並許斥賣。買馬錢先以提舉司錢代支，民戶均助錢令隨役錢納下京西路施行。』翔又言：『約京東路齊、淄、青、鄆、密、維六州產馬最多，可減爲五年。濮、濟、兗、沂、徐、單、曹州、淮陽軍、南京產馬差少，可減爲七年。登、萊二州馬雖多，往往不及格，可依舊十年取足。』詔五年者展爲六年，七年者展爲八年。餘從之。二十五日，提舉京西保馬司言：『本路養馬十五年數足，乞每都先買二十匹，限歲終足，許本司較量知佐能否，聞奏陞黜。』詔依元降年限，每年買及一分。六月十三日，知河南府韓絳言：『京西保馬，詔限十五年數足。今保馬司遍牒諸縣作二年半。京西地不產馬，民又貧乏，乞許於元限減五年。』詔提舉京西路保馬司遵守元降敕限。六月九日，詔：『河東、鄜延、環慶路各發戶馬二千匹，河東路可就給本路，鄜延路以永興軍等路，環慶路以秦鳳等路，其少數和即以開封府界戶馬。如尚少，內鄜延路仍以京西路坊郭戶馬。所發馬，官買者給元價；私買者分三等：上三十千，中二十五千，下二十千。以解鹽司賣鹽錢、阜財監應副市易錢先借支。開封府界以左藏庫錢，餘以本路錢。專主管官，開封府界委范峋、河東范純粹，秦鳳等路李察，永興軍等路葉康直。其買過戶馬，限三年。』七月五日，詔提舉陝西買馬官展二年磨勘。以有司言歲買馬不及額也。二十二日，上批：『昨尚書省議寬減京畿戶馬，人遂有慢令之心。帳內但有馬數，因事調發，乃見其情。開封府界提點范峋及知開封縣李括所奏如可行，宜令兵部條具以聞。』兵部言：『峋奏戶馬未買，或乘往別路未回，或有病未發。如當起發，即及一綱乃發。本部看詳：如乘往河東、陝西路者，乞就支。餘如峋請及如括言。馬已起發者，即三年買足。』從之。二十三日，同主管京西路保馬呂公雅言：『奉詔，聞本路保馬極苦難買。衆既爭市，價亦倍費，至駑者不減百千。深恐本司近奏所責之數過多，民間未悉朝廷取效在遠之意，遂致如此。宜更消息考驗，但如元令，聊增其數可也。臣今相度，當減每都之數。今約年終，各以八匹爲限，及本路每都一分四匹。今界增倍，若歲買二分，八年可足。其僻縣展爲十年。』從之。十二月九日，詔陝西買馬隸經制熙河蘭會路邊防財用司。八年二月十三日，詔開封府三路保甲所，養官馬生駒，不赴官等量，私自市若藏買，並引領牙保及所轄人各減盜及貿易官馬法一等，許人告，賞二十千。哲宗元祐元年三月十六日，樞密院言三路保甲有借到人戶私馬，並還其直。從之。五年七月九日，涇原路經略司言：請自元祐三年五月以後根括違法典買蕃部地土人與免罪。許以兩頃五十畝出刺弓箭手一人，買馬一匹。從之。紹聖元年十月二十一日，提舉陝西等路買馬公事陸師閔言：『請自今使蕃漢商人願以馬給券進賣者，於熙河、秦鳳路買馬場驗印，從逐場見價給券，送太僕寺畀其直。若券馬盛行，則買馬場可罷。』從之。三年十一月七日，樞密院言：『鄜延、環慶路騎兵闕少。已降指揮，專委提舉買馬陸師閔每路要及萬匹以上。切慮將逐路正兵及漢蕃弓箭手見有馬數通及萬匹，兼經略司所買馬，各未有支配漢蕃人兵分數。』詔陸師閔見馬外，逐路增買各及萬匹以上，並經略司所買馬權不限分數支填。正兵有餘，即以次支配漢蕃弓箭手。四年二月四日，詔涇原、秦鳳路各特降度牒百道，提點熙河蘭岷等路漢蕃弓箭司回易見錢，支借蕃兵收買戰馬。六月十三日，樞密院言熙河蘭岷路騎兵闕馬數多。詔：『專委提舉買馬陸師閔於年額外更買三千匹應副。』熙河蘭岷諸軍並漢蕃弓箭手，令防秋前數足。弓箭手合自備馬，關經略司，依所買錢數，寬限催納元價，送還買馬司。』元符元年五月十四日，詔太僕寺：『自今官馬到寺，四尺二寸以上、六歲以下，並送揀馬所選訖，方許支使。』二十九日，樞密院言，河東路買馬，科定州軍匹數，致令市戶於別路倍錢收買。詔樞密院直學士、河東路經略安撫使孫覽特降爲寶文閣待制。徽宗宣和二年十二月八日，樞密院言：『管勾茶司事兼提舉買馬監牧司宇文常奏：勘會陝西買馬，自承聖訓，遵用元豐舊法，減省收買。去年八月至今年七月終，買到馬一萬一千六百四十一匹，減省錢一百六十六萬六千二百八十一貫二百文。』詔提舉買馬監牧司具合推賞官吏職位保明申，特差宇文常充提舉。三年十二月十八日，陝西安撫司奏：『准指揮，令本司計置良馬一萬匹。尋委陝西提舉茶馬官郭思計置數定。』詔川陝買馬萬匹，郭思、張有極及官屬等陞職進官有差。以上《續國朝會要》。高宗建炎二年五月二日，臣僚言：『諸路人戶家得養馬，不限數目，官司不得拘籍，仍不許差借和顧之類。俟其畜養之久，孳生漸盛，聽於所在官司投賣，即日優還價直。』從之。紹興元年七月九日，樞密院言：『廣西經略司乞支本路逐年未起無額上供錢，應副買馬。』詔：『令廣南西路轉運司於建炎三年、四年未起有額無額上供錢內，疾速支撥應副，通前共不得過十萬貫。如逐項年額錢已有起在路之數，却於紹興元年分合起上供錢內按數貼撥。』二年六月四日，廣西經略安撫司言：『得旨，於韶州未起內藏庫錢內就便樁撥三十萬貫作六料，付本司措置收買四尺二寸以上堪好戰馬。近年以來，馬價湧貴，比年時已過四五倍。承平之時，修立馬價，即與今日不同。乞於逐等元立價上，從本司酌度，隨目今時價，量添錢數收買。』從之。七月五日，詔令禮部支降廣西度牒五百道，及本路出產鹽七十萬斤，付本路帥臣，許中限一月措置變賣，先次收買戰馬一千匹，交付新本路提舉茶鹽、權樞密院計議官范伯思，押付行在樞密院送納。如限內措置不足，即將本路見存官馬均那起發，續將所買馬數以次撥還。如用外尚有錢數，即續次收買，差官起發。上件馬並係御前要用，諸處不得截攔。九日，神武右軍都統制張俊言：『得旨，令本軍差人前去廣西取馬一百匹赴本軍。欲因便令逐官自備錢，令所差去人於廣西產馬去處，收買戰馬一百五十匹。乞依所取馬一百匹例，每日支破十分草料，應副沿路養喂，仍乞行下本路照會。』詔依，仰張俊丁寧誡約，差去官兵，到彼及在路，不許搔擾生事。三年正月二十六日，詔：『邕州置買馬司，收買高及四尺二寸以上、口齒四歲以上、八歲以下堪披帶戰馬，並經由邕州邊界出入，及用邕州寨官並効用說諭收買。今後委本州知州專管。每買一百匹，發赴桂州經略司交割。仍每綱須要上等馬十匹，桂州經略司專一提舉收買。發到馬數，委帥臣看驗。堪充披帶戰馬，即行交收。如有不依條法，並行退還，令變轉別買。今來買馬雖已立定格尺、價錢，仰買馬官子細相視。雖稍有不及格尺而闊壯堪披帶，許量添收買，亦須及四尺一寸以上，仍於綱界狀內分明開說。如有未盡未便，委廣西帥司速具條畫，申請施行。』以樞密院言廣西收買戰馬多是不依格尺，記號不明，或老或怯，不堪披帶。故有是命。二月五日，詔：『廣南西路置提舉買馬官一員，以提舉廣南西路買馬爲名，於邕州置司。請給、序官、薦舉、人從等，並依本路提舉茶鹽官條例。並置屬官武臣一員，以本路買馬司幹辦公事爲名，自邕州至行在，往來催促綱馬、驛程等。請給、序官、人從等，並依提舉茶鹽司條例。所差官，並令三省、樞密院選擇取旨。其經略司所差屬官，只依舊提舉洞丁。其措置收買戰馬指揮，更不施行。餘依近降指揮，令所差官遵守。如有相妨及更有合行事件，條具申樞密院。』以臣僚言：『望明詔有司，於邕州置買馬司，差有風力臣僚一員充提舉官，收買綱馬。本路帥臣不得干預。所有起綱發馬等事，乞命有司採訪秦鳳路茶馬司條法，參照施行。』故有是命。是月二十四日，詔令提舉廣南西路買馬於賓州置司，仍從本司踏逐有心力文臣，奏辟一次。至紹興四年二月十八日，提舉廣南西路買馬李預言：『乞依舊於邕州置司。本司招馬官二員，乞依舊從本司奏辟溪洞諳曉蠻情人充應。橫山寨並溪洞官，並依舊兼管本司招馬，仍帶銜上件官。如係經略司辟闕，即乞下經略司，令臣同銜奏辟。』從之。八日，樞密院言：『已創置廣南西路提舉買馬官，邕州置司。未有每歲立定支降買馬本錢。』詔令買馬司每年取撥廣西路上供錢七萬餘貫，提刑司封樁錢一十萬貫，韶州年額鑄發內藏庫錢一十萬貫，仍自紹興三年爲始，逐月具已撥到及已未支使帳狀聞奏，並申樞密院。其後十一月二十一日，詔取撥提刑司封樁錢一十萬貫，更不施行。十五日，樞密院言：『廣南西路邕州效用蒙賜進狀，伏見逐年蕃蠻將馬至橫山寨貨賣，監官將鹽綵絁絹高增價錢準折，蠻人好馬，不願博賣，乞行下買馬司常切覺察。逐時收補白身效用安招馬爲名，請出官錢，私作經營。乞行下買馬司，出榜招置有功土人，充本司效用名籍，輪差入界。如招馬及數，即優與推賞。蕃蠻將馬至橫山寨貨賣，被洞官並店戶等人眾私與蠻人交易。欲行下買馬司，遍下諸州寨約束。如有馬月分，令經過地分預先申聞，令買馬司盡數收買。乞行下買馬司，出榜曉諭，如諸色人有馬赴官中賣，即時支還價錢。及勸誘窮乏之人，小販鹽綵入界，就蠻人博易。若及兩匹至三匹，即許逐旋赴官中賣。左右兩江知州、知洞已次首領，每員有好馬五匹至十匹。乞行下本路及邕州安撫司，踏逐土官二人充幹辦官，輪番經由左右兩江三十六溪洞勸諭知州、知洞及已次首領將馬中賣入官，量行支給價錢。』詔劄與提舉廣南西路買馬司。二十六日，提舉廣南西路買馬李預言：『買馬價錢，乞於廣西欽州鹽倉就支撥鹽一百萬斤應副博易。』詔依。其買鹽本錢令本路提舉茶鹽司於應干上供錢內剗刷撥還。三月十七日，樞密院言：『廣南西路經略司得旨，委官去邕州橫山寨收買戰馬。其間有出格馬錢數倍多，若袞合解發，支付軍下，竊慮無以分別。已措置，如有格尺高大，稍堪調習，可充御前使用，即揀選付本司，委官專一養餧。

類聚成數，别差官管押交納。』詔依。内價錢倍多，買到出格堪好馬，逐旋差得力官兵管押前來樞密院送納。四月二十三日，詔邕州進士昌愬陳獻廣南西路買馬利便可採，特與中州文學，差充廣南西路買馬司準備差使。以愬言：『伏見大理國管下善闡府有僞呼知府姓高者，稍習文典，粗識禮儀。前提舉洞丁李域差効用，齎牒諭買戰馬，即時繳申本國國王，令備戰馬一千匹，應副朝廷。先備馬樣五十匹，差人呈納。若是中用，請差人使接引上件馬一千匹。差蕃官張羅堅管押，隨効用至横山寨。時李域減罷，只令買馬官支還價錢，管設張羅堅，遣還本國。乞指揮買馬司選差使臣、効用有智術之人，入大理國善闡府，重宣朝廷恩信，說諭接引前件馬一千匹。如蕃蠻能備戰馬三百匹赴官中賣者，賜與錦袍一領，銀帶一條。仍令効用遍諭諸蠻，各令通知。由此，蠻情慕賞，有不待其招而自來者。遞年蕃馬之來，其間有出格馬，厥直太高，蠻人不肯一槩售之，有司亦不敢違格收買。溪洞主將或有力之人，搭價交易。乞指揮買馬司，如有出格馬，並依溪洞兩平價數收買，不可循其舊例。西南諸蕃並大理國，分遣効用遍諭買馬，不可無幣帛，以將其厚意。乞下買馬司相度，每去一蕃，約用綵帛幾段，以爲人信，用提舉官銜位封題，付與効用、使臣前去。所貴外蕃見得朝廷禮厚，欽奉其賜，愈加忻慕，則盡招馬之術。自來官司差人入蠻幹辦，須齎鹽綵，結託開路，方得前去。伏覩大觀買馬格，每招馬一百匹，支鹽一二百斤，綵一十匹與招馬人，充入蠻開路結託人信。乞指揮買馬司，如差効用入蠻招馬，許借官錢充買鹽、綵。俟招到馬數，乞依大觀買馬格銷破折會。』詔劄與提舉廣南西路買馬司條劃措置，申樞密院。八月二十七日，進義副尉、前權廣西路邕州靖遠寨知寨黄迥言：『竊見蕃蠻將馬中賣，其買馬官除支官錢收買數盡，諸州般運錢、鹽未到，無錢可支。蠻人尚有數中賣，官司買之未盡，各依舊牽控，退回巢穴，咸有怨嗟之言。乞自今後許本寨脚店戶百姓及溪洞官典、頭首有力之家，將錢物明赴官，專差編攔使臣一員監覷，就蕃蠻博買，各將之寨，等量呈驗，置簿書，具色樣，記其尺格，依舊給付買馬人餧養。俟官中般運錢、鹽、綵帛到庫，即依簿内姓名、馬樣，令各牽赴官，重行等量，印賣入官，依格更給價錢。官私兩便，亦不失遠人懷慕遠來之意。』詔令提舉廣南西路買馬司相度，申樞密院。又言：『朝廷舊法，於本路邕州横山寨招買特磨道等蕃馬。元立定等格，自四尺一寸至四尺七寸，逐等各立定價錢收買，只應副本路州軍馬軍調習，備邊緩急之用。竊見蕃蠻巢穴有出等高馬，官司未曾增錢破格收買。乞於格外自四尺六寸以上、五尺以下高等闊壯、齒嫩大馬，增立格價，下措置買馬司，官差招馬官前去羅殿國等處蕃蠻，别行招誘，赴官收買。』詔令廣西提舉買馬官李預措置，多方說諭蠻人，如有牽到出格好馬及闊壯口齒嫩者，許於見立格令價直外，更增添價收買，仍具已措置事狀聞奏。十月十三日，廣西撫諭明槖言大理國欲進奉及賣馬事，上曰：『令賣馬可也，進奉可勿許。安可利其虚名而勞民乎？但令帥臣邊將償其馬直當價，則馬當繼至，庶可增諸將騎兵，不爲無益也。』十一月二十一日，提舉廣南西路買馬李預言：『提刑司言，除無封樁錢外，有見在贍學、經制等錢。望下提刑司照會，如無封樁錢，即於贍學、經制錢逐給支撥應副。』詔依，許於本路贍學、經制錢内通融，取撥一十萬貫，通其餘見在窠名計五十一萬貫，並應副買馬支用。二十五日，李預又言：『本司買發戰馬，得旨，不許他處收買。今來竊慮行在諸軍有畫到指揮前來買馬，即與本司相妨，致蕃蠻增長價直，枉費官錢，兼恐别致爭競。欲應諸軍有畫降到聖旨指揮前來本路買馬，並從本司一處收買撥付，庶得不致生事。』又言：『本司馬綱全藉逐州應副官兵起發。本司於兵馬不係管轄，竊恐所差押馬官兵州郡别有推托，不肯即時刷那應副，致馬綱留滯。望下本路照會，如州郡承本司差押馬官公文，即仰疾速差撥，不得别有推托占留。如違，並從本司奏劾。』並從之。二十六日，李預又言：『本司所買馬，全藉沿邊州郡協力收買。今來除邕州知州已得旨專管買馬外，有賓、横、宜、觀等四州，並係接連外界，可以招誘收買。欲令賓、横、宜、觀等四州，並依邕州例專管買發戰馬，庶得及時分頭責辦。』從之。四年正月十五日，李預又言：『得旨，募士人招誘買馬及三百匹，補守闕進義副尉；每三百匹，轉一官資。今來措置，如能招到出格馴熟良馬，即乞不限招及三百匹之數，許令據所招到數逐旋計綱，差所招人同部押官管押赴行在交納，保明格外推賞。』詔立定今後招誘買及一百匹各高四尺六寸以上、八歲以下、闊壯無疾、馴熟堪披帶馬，就差同部押官管押前來。在路無遺闕，倒斃不及一分，與依前項招買及三百匹指揮推恩。二月十八日，樞密院言：『提舉廣南西路買馬李預請今來置司之初，全藉州郡協力應副，而廣右官吏自來弛慢。乞應緣買馬事務差官幹當，行移文字、取撥錢物，並差發押馬官兵，州軍輒違慢，乞朝廷施行。所貴上下協力，不敢稽緩失事。』從之。十九日，李預言：『昨支降欽州鹽一百萬斤，止是取撥一次，未有每年許支撥定額。蓋蕃蠻要鹽，如川陝用茶，止是博易之物。每年許令依已降指揮，取撥鹽一百萬斤，可以當錢七萬餘貫。』從之。二月二十五日，廣南東西路宣諭明橐言：『前廣西提舉買馬李域差効用韋玉等十二人，厚齎鹽、綵入外國，計置買馬。雖一時逐急措置，然於邊防未見其便。講究買馬之術，其說有七：不惜多與馬價，一也；厚其繒、綵、鹽貨之本，二也；待以恩禮，三也；要約分明，四也；禁止官吏虧損侵欺，五也；信賞必罰，以督官吏，六也；馬悉歸於朝廷，而後付於將帥，七也。七說若行，西南諸國所產可以畢至。今來遣人深入蠻國招誘，小必失陷官物，大必引惹邊隙。欲行下廣西提刑司，根究諸司鹽剩利錢去著，應副買馬。仍乞令提舉買馬司照應臣前件七說，不須差人計置招誘，自足辦集。』詔令提舉廣南西路買馬司疾速相度聞奏。其諸司鹽剩利錢，仰本司提刑司剗刷，具數申樞密院。五年正月三日，詔以廣西買馬司起發到馬不堪披帶，提舉李預特降兩官。本司買馬官武翼郎右江都巡檢蘇述、進武校尉邕州橫山知寨徐大烈、承節郎橫山寨兵馬兼押李循，並招馬官忠翊郎黃光旼、秉義郎黃洎，各特降一官資。六年二月二十八日，川陝宣撫副使邵溥言：『乞免於威、茂州、永康軍置場買馬。所貴不致引惹邊事。』從之。先得旨，於三處買馬。以提舉買馬趙開言稍近後蕃，不欲開廣道路，令人馬通行。至是上言。三月四日，宰臣趙鼎論廣西買馬司空有所費而實無補，欲相度，止令邕州知州專領，留屬官一員主管錢物。上曰：『朕於諸事，每思慮必盡。昨計并餘杭監牧，一歲支費無慮二萬緡，自可收買戰馬百五十匹。卿等更議之。』三月七日，樞密院言：『右承議郎范直清充提舉廣西路買馬，拱衛大夫、惠州防禦使劉遠知邕州。其本路買馬事件，合行同共措置。』詔令范直清、劉遠公共協力，措置收買堪好戰馬，計綱起發赴行在。又詔知靜江府胡舜陟同共措置收買。五月二十三日，提舉廣南西路買馬司言：『富州儂內州儂郎宏報，大理國有馬一千餘匹，隨馬六千餘人、象三頭，見在儂內州，欲進發前來本司。已帖招馬官知田州黃洎遣人前去說諭，今春買馬已足，別無買馬錢物在寨。』詔令廣西帥臣更切相度，無他意，即令提舉買馬官多方措置收買，預行差人體探。如委詣實，可令婉順說諭，據合用牽馬人數隨逐前來。或令節次入界中賣，依例支給價錢，不得阻節。仍令帥司密切旨揮經由沿邊供職官等，至時暗作隄備，不許張皇，引惹生事。具已措置施行狀聞奏。六月四日，廣西路經略司言：『招馬効用譚昂去大理國招馬，經及八年。至去年九月內，滿甘國王差摩訶菩俄托桑一行人齎機密文字與大理國王，具章表匣內，差王與誠、楊賢明等管押象一頭、馬五百匹，隨昂前來。見在儂內佐部州駐劄，令昂先次齎牒申報。乞將上項所稱進奉象，依自來體例，等量估定價直，優與分數，用火印訖，籍記毛齒、格尺，關申提舉買馬司，依所定價支錢物酬荅。揀選合格馬，別作一項計綱起發。其起發過數，與準年額合買之數。』從之。其後，翰林學士朱震言：『今日干戈未息，戰馬爲急，桂林招買，勢不可輟。然而所可慮者，夷人熟知險易，商、買囊槖爲姦。願密諭廣南西路帥臣，凡是買馬去處，並擇謹愿可信之士，勿遣輕儇生事之人。務使羈縻勿絕，邊疆安靜而已。異時西北路通，則漸減廣西買馬之數，庶幾消患於未然。』詔劄下廣西帥臣提點買馬官常切幾察，不得因此致生邊患。八月二十七日，知瀘州何慤言：『西南夷每歲之秋，夷人以馬請互市，則開場博易，厚以金繒，蓋餌之以利，庸示羈縻之術，意宏遠矣。管內敘州置場之始也，條法具存，閱時既久，本司弗虔，其弊滋甚。故互市歲馬，虧損常直，沮格揀退，減落元數，致馬不得售，則或委棄殺食而去。深恐因緣積忿，邊隙寖開，可不爲之慮？望申敕有司，悉循舊規，革去宿弊。』從之。十一月二十七日，提舉廣西路買馬司言：『本司招馬官黃光旼發過馬共三千五百匹，皆是自備鹽、綵充信招到，各未曾霑受恩賞。』詔黃光旼與轉一官。七年閏十月五日，詔：『川陝茶當轉以博馬。聞吳璘軍前尚或以博馬價易珠及紅髮之類。艱難之際，戰馬爲急，可劄下約束。』十一月九日，又喻吳玠，以茶博易珠玉、紅髮毛段之物，悉痛禁之。十一月十八日，詔廣南西路經略安撫使胡舜陟特轉一官。以樞密院言本司買發紹興十年分綱馬數額，故有是命。十年四月二十八日，樞密院言：『陝西買馬舊法：主管馬事官，階岷鞏州、德順軍長吏、通判、熙秦州通判專切提舉。今來創行之初，理宜措置。』詔熙州專差帥司提舉買馬。十二年四月五日，詔：『廣西路經略安撫使胡舜陟、提點買馬降授武顯大夫吉州防禦使權發遣邕州俞儋、措置支撥錢物左儒林郎准備差遣權幹辦公事賈叔願、招馬官保義郎黃汴、守闕進義副尉黃逑、降授敦武郎提舉右江都巡檢使蘇述、降授從義郎橫山知寨王伸、降授承信郎橫山寨兵馬監押李肇，各特與轉一官，點檢起發綱馬右承奉郎幹辦公事王次張、右從事郎書寫機宜文字胡仔、右從事郎幹辦公事趙伯樫、右迪功郎監經撫犒賞庫收支買馬錢物宋許，各減二年磨勘，內選人比類施行。招馬官四員：內忠翊郎農案存、承信郎農意，各招馬不及五百五十四，更不推恩。』以舜陟言歲額買馬一千五百匹，所有紹興十一年共買發二千四百五十匹，其一行官員有勞。故有是命。十五年十月十八日，通判黎州張松允轉一官。以任內市馬及額故也。十八年十月二十三日，都大提舉茶馬司言：『乞將利州錢帛庫監官窠闕移就成都府，專一管幹出納買馬錢物，從本司奏辟。』從之。二十一年八月十二日，詔西和州管下宕昌馬場，添買馬官一員。從本路諸司請也。二十六年九月二十八日，權發遣文州魯安仁言：『文州每歲所收綱馬多不敷元額，其弊在所屬發茶綱沿路稽緩，遂致貨馬人戶守待，動經旬月，皆憚其來。乞下所屬，令專遣官屬催督茶綱，經由道路，每遇往來，不得時刻稽遲，庶免留滯人戶，便於博馬。』二十九年七月二十一日，樞密院言：『殿前司、馬步司輪差兵官往興元府馬務取押綱馬。緣所買九歲、十歲馬到行在養餧得成，已是齒歲過大，不堪披帶。乞下茶馬司督責買馬官收買八歲以下、齒嫩、及格尺、堪披帶好馬，團綱起發。』詔令茶馬司相度。如可行收買，即依所申施行。三十年八月四日，詔：『訪聞廣西經略司所買歲額馬，緣格尺拘礙，今歲約回四千餘匹。可令本路帥司措置，來歲據蠻人牽到馬並與收買。仍差諳曉鞍馬屬官一員，就地頭相度，收買闊壯齒嫩堪披帶馬，更不限格尺。候買一年，別取朝廷指揮。除依年例分送諸軍外，其餘並發赴行在。』三十一年三月九日，詔令茶馬司嚴切約束諸場官吏，今後買馬，須管盡還償直，即時支付，不得減尅積壓，及不得虛用文券折當。如有違戾，按劾聞奏。仍多方說諭蕃夷，每將齒嫩堪披帶馬中賣，先次開具見今買馬則例，申樞密院。以上《中興會要》。《嶺外代荅》云：『自元豐間廣西帥司已置幹辦公事一員於邕州，專切提舉左右江洞丁，同措置買馬。紹興三年，置提舉買馬司於邕。六年，令帥臣兼領，令邕州守臣提點買馬，經幹一員，置廨於邕者不廢也，實掌買馬之財。其下則有右江二提舉：東提舉掌等量蠻馬，兼牧買馬印；西提舉掌入蠻界招馬。有同巡檢一員，亦駐劄橫山寨，候安撫上邊，則率甲兵先往境上警護。諸蕃入界，有知寨、主簿、都監三員同主管買馬錢物。產馬之國曰大理、自杞、特磨、羅殿、毗那、羅孔、謝蕃、滕蕃等，每冬以馬叩邊。買馬司先遣招馬官齎錦繒賜之。馬將入境，四提舉出境招之，同巡檢率甲士往境上護之。既入境，自四城州行六日至橫山寨，邕守與經幹盛備以往，與之互市，蠻幕樵門而坐，不與蠻接也。東提舉乃與蠻酋坐於庭上，群蠻與吾兵校博易，等量於庭下。朝廷歲撥本路上供錢、經制錢、鹽鈔錢及廉州石康鹽、成都府錦，付經略司，爲市馬之費。經司以諸色錢買銀及回易他州金錦綵帛，盡往博易。以馬之高下，視銀之重輕。鹽錦綵繒，以銀定價，歲額一千五百疋，分爲三十綱赴行在所。紹興二十七年，令馬綱分往江上，諸軍後乞添綱。今元額立外，凡添買三十一綱，蓋買三千五百疋矣。此外，又擇其權奇以入內廄，不下十綱。馬政之要，大略見此。馬產於大理國。大理國去十五程爾。中有險阻，不得而通，故自杞、羅殿，皆販馬於大理，而轉賣於我者也。羅殿甚邇於邕，自杞實隔遠焉。自杞之人強悍，歲常以馬假道於羅殿而來。羅殿難之，故數致爭。然自杞雖遠於邕，而乃邇於宜，特隔南丹州而已。紹興三十一年，自杞與羅殿有爭，乃由南丹徑驅馬，直抵宜州城下。宜人峻拒不去，帥司爲之量買三綱，與之約曰：『後不許此來。』自是有獻言於朝，宜州買馬良便。下廣西帥臣議，前後帥臣皆以宜州近內地不便。本朝隄防外夷之意，可爲密矣。高麗一水，可至登、萊，必令自明州入貢者，非故迂之也，政不欲近耳。今邕州橫山買馬，諸蠻遠來，入吾境內，見吾邊面闊遠，羈縻州數十，爲國藩蔽，洞丁之強，足以禦侮；而橫山夐然，遠在邕城七程之外，置寨立關，傍引左右江。諸寨丁兵會合彈壓，買馬官親帶甲士以臨之，然後與之爲市，其形勢固如此。今宜州之境，虎頭關也，距宜城下三百里。一過虎關，險阻九十里，不可以放牧。過此即是天河縣平易之地，已副宜城矣。此其可哉！』《名臣言行錄》云：『當時買馬路久未通，吳璘首開之。貿以茶綵，撫以恩信，招致小部族首領四十二國，馬道行而人賴之。』《邕州志》云：『紹興五年指揮，每歲正額一千四百疋，以十分爲率。建康、鎮江、鄂州每處三分，合九，池州一分三綱。隆興元年指揮，於買到綱馬數內選出格良馬，每三十疋爲一綱，押赴行在，投進十綱。二年指揮，於歲額外收買六綱，發赴襄陽府。乾道元年指揮，於歲額外更買二綱，應副建康府。三年指揮，於歲額外更買二綱，應副鎮江府。五年指揮，於歲額外更買一綱，應副池州。又當年指揮於歲額外收買三十綱赴行在。』紹興三十二年十二月二十四日，孝宗即位，未改元。詔：『廣西買馬，係撥定本路上供錢七萬貫、經制贍學錢五萬貫、靜江府買鈔錢八萬貫，及每年撥定錦二百匹、鹽二十萬斤，令經略安撫司取撥，袞同應副支使。又廣西收買戰馬一千五百匹爲額，並要四尺二寸以上、八歲以下、闊壯堪披帶馬數。其買馬係横山寨收買，價直畫時支給。昨來已將提舉買馬司官吏添置幹辦官並罷，令本路帥臣兼提舉，邕州知州兼提點，及幹辦公事一員，於邕州置廨宇。仰廣西南路經略安撫司依見行條法，常切檢察。有違法處，具當職官吏姓名，申取朝廷指揮施行。』以士庶封事言：『市馬之弊，每與蕃蠻博易，則支與鋌銀，或要器皿，以鋌銀打造。今者多集銀匠，以鋌銀鈈銷夾入赤銅。元法：每鹽一蘿計一百五斤，算銀五兩，折與蕃蠻。今則以二蘿分作三蘿，折銀壹拾伍兩。元每馬四尺一寸，算銀三十六兩，每高一寸，加一十兩。今市馬作兩樣赤度等量。舊每銀一兩，折錢二貫文足。唯特磨不曉銀價低昂，只取見錢，以高補低，是以每歲有出剩之數，暗將入己。馬口齒在六七八歲，方可收買。今來逐官計囑獸醫，有騎退老馬，即印過支銀。馬場官吏作弊，遂別差經幹一員兼提舉。逐司公吏取善織水紬，又買典沒舊錦，支與蕃蠻。』故有是詔。孝宗隆興元年二月十三日，都督江淮軍馬張浚言：『朝廷每歲於川廣收買戰馬，計綱起發，每匹不下三四百千。近措置於兩淮買到戰馬七十匹，每匹通不過二百千，非惟價例差小，且無道塗例斃之患。緣所管錢物不多。』詔今買到馬，總領所逐旋支給價錢。四月二十三日，詔管幹御前馬院蔣宗和差同措置廣西收買御前馬。六月二十四日，詔：『廣西經略司每歲買發戰馬三十綱，合一千五百匹。買馬官吏溢額，並與推賞。所有蠻人販到馬雖不及四尺一寸，如委是強壯可以披帶，許額外買發。價錢就提舉茶鹽司賣鈔錢及提刑司經總制錢內截撥。』從知靜江府方滋之請也。同日，知靜江府方滋言：『得旨，條具白劄子陳請廣西買馬利害事。契勘廣西先置提舉官一員，措置買馬事務，廢罷今已近三十年，只就邕州置買馬司，令知州兼領；又差經略司幹辦公事一員兼提舉買馬，帥臣總提其事，經久已是利便。今來白劄子乞依舊復置，竊恐復置一司，官吏費用不貲。乞候到任，如見得在任之人不堪任職，亦許依舊制舉辟施行。廣西買發綱馬，多是西南諸蕃羅殿、自杞諸國蠻將馬前來邕州横山寨，兩平等量，議定價直。從蠻人所願，或用綵帛，或用鹽銀等物，依彼處市價博易。其合破買馬錢，係朝廷分撥本路逐州合起上供錢物截撥，赴經略司應副支用。今來白劄子乞支撥度牒、紫衣師號，召人入馬，竊慮臨時發泄不行，有誤指準買馬。欲乞量行給降度牒一百道、紫衣師號各五十道，如變轉得行，即接續申乞支降。』從之。二十九日，詔差殿前司統制湯尚之前去四川等處買馬。其合用錢，令四川總領所取撥銀二萬兩、絹五千疋、錢引一十萬貫，專充買馬使用。十月二十六日，都督江淮軍馬魏國公張浚言：『近措置兩淮諸州所買戶馬合用價錢。據諸州發解到馬內，多有堪乘騎出戰及壯實可充馳負馬，等第支給價錢，乞令總領所支還。』從之。十一月七日，詔都督府准備統制李澤特轉一官。以樞密言澤措置買馬，首先買到五十八匹，欲示鼓勵故也。十七日，樞密院言：『南平軍買馬，權行立定額數。如知、通每歲買及四百匹，與減半年磨勘；及五百匹，減一年磨勘；不及四百匹，展半年磨勘。如每歲買到及額馬數，須管子細開具格赤、齒歲及團發往是何去處交納，保奏推賞。』從之。二十七日，都大茶馬司言：『得旨，令本司於今年額外添買馬二十六綱，應副江淮宣撫使司創添神勁、武騎等支用。契勘夔路管下珎州，係與南平軍接連界分。本州夷人多出好馬，緣爲未曾置場，遞年止是見任官、形勢戶私買。今相度，欲乞行下珎州，委自知、通措置，收買三綱，應副趁辦起綱。』詔依，須管收買及格赤、齒嫩堪好馬數團綱，毋致將齒老、低矮、怯薄馬夾帶在內起發。二年正月二十四日，湖北京西路制置使虞允文言：『被旨，收買戰馬。承朝廷支降茶引十萬貫、度牒三百道。緣本路總領所茶引前後請降數目至多，見今發泄不行，望改給淮鈔或乞併支度牒，庶幾易爲變賣。』詔於已降茶引十萬貫內，將一半紐計，改降度牒一百六十道，差小使臣一員管押前去交付。其餘一半茶引，令本司多方招誘出賣，專充應副買馬支用。二月二日，詔：『廣西買馬官於歲額外買到溢額馬及二百匹，招買官各通減一年磨勘。四百匹減二年、六百匹減三年，八百匹減四年磨勘。一千匹轉一官。每買及二百匹，更增減一年磨勘。如買不及一千五百匹，各展一年磨勘。或有文臣，比折施行。其招馬効用，每人依招買及三百匹與轉一資，依八資法轉補，至承信郎止。仍差招馬官不得過兩資，招馬効用不得過二十名。內如買到四尺以上、不及四尺二寸，計數攢申，訴以溢額。每三百匹，當溢額及格赤二百匹之數。令廣西經略司，今後遇有保明上件綱馬酬獎，須管分明問具若干及格尺，若干不及格尺，團發起綱數目，逐一具發往是何去處，並招買官、効用職位、姓名及効用每名下招買到馬數，保奏推賞施行。即不得依前泛濫違戾，及不得於招買官、効用額外別有妄亂攙雜他官申明乞賞。』以權發遣靜江府余良弼言，方滋所條具買馬推恩等事，未能一一曲當，故有是詔。五月二十七日，鎮江府駐劄御前諸軍都統制劉寶言：『昨於兩淮州縣刷買戶馬四千五百一十二匹，乞於內存留堪好馬一千七百匹外，將不堪披帶馬發往元科州縣，給還人戶。內已支價錢，令拘收發付總領所。』詔依，仍令兩總領所措置，分送諸州出賣。六月一日，主管殿前公事王琪言：『本司隆興二年分合得馬七十一綱。已差統領官孟慶孫前去宕昌等處，同共監視買發。望令孟慶孫依向昌務已得指揮，與買馬官具買到馬數並支過茶帛等數，同銜申樞密院。』從之。檢准紹興三十年殿前司差向昌務前去宕昌監視買馬，有旨，令與買馬官具買馬數，同銜申樞密院故也。八月七日，廣南西路經略提刑司言：『邕州提點買馬司每年買馬，以金銀等與蠻人從便折博。自知邕州武德郎光盛到任，不依舊例，虧剋蕃蠻，致今歲不肯將馬前來中賣。契勘紹興十六年買馬二千三百四十匹，支過金銀等，係酌中數目，與蠻人折博，不相虧損。乞只用紹興十六年則例，委是經久利便。』從之。十一月十六日，詔令階文龍州經略使兼沿邊屯駐軍馬吳挺買馬，發御前披帶闊壯馬一千五百匹。所有價錢，令四川總領所先次應副，兌使銀絹三萬匹、兩，候買足日，具出豁限帳申尚書省，御前依數支降。中書門下省奏：『四川總領所見有椿管契稅錢四百餘萬貫，理合就便支拔。』有旨，令四川總領所於見椿管上件錢內扣數兌使應副，餘依已降旨揮，候支降到撥還數目，却令左藏南庫椿管。

又《兵二三》 買馬下。乾道元年正月七日，詔茶馬司買發隆興元年、二年分馬西馬，比之遞年虧損數多，顯屬不職。令具析因依聞奏。六月二十一日，建康府駐劄御前諸軍都統制劉源言，諸軍見管戰馬大段數少。詔令茶馬司、經略司於每歲額外各收買二綱應副。二十九日，樞密院言：『勘會四川宣撫使吳璘措置，自行收買，補填元起馬數。其合用博買錢物，令四川總領所應副。』二月八日，宰執進呈廬州進士劉惟肖獻利便事十件，上曰：『第八件止絕停留買馬之人，朝廷可劄下帥司，申嚴約束，庶幾免得生事。』三年二月八日，大理少卿陳彌作言：『四川茶馬司每年合起江上諸軍馬八十綱，並行在殿前、馬步三司馬七十一綱，宣撫司二分馬七百二十匹，總計一百五十一綱零七百二十匹。稽考得有拖欠未起隆興元年江上諸軍馬九十三綱，並三司西馬五十五綱，並隆興二年、乾道元年分宣撫司二分馬六百二匹，係累政收買，不敷年額。緣蕃蠻中馬有限，僅能敷足本年之數。竊恐前後循習，徒有掛欠。乞特賜蠲放，仍令茶馬司從乾道二年爲頭，須管買足一年歲額。所有日前年分未買馬，已收簇償那到錢，展計錢引四十四萬餘道，令項椿管，專充還前項累政欠買馬價之數。望行下茶馬司並三衙諸軍，遵守施行。』從之。六月五日，樞密院言：『勘會茶馬司近來起發西馬，例皆低小瘦瘠。』令茶馬司今後須管收買及格赤、齒嫩、堪披帶馬，仍不得虧損歲額。七月二十四日，詔令淮東西路安撫司行下沿邊州軍，嚴切立賞，禁止私渡買馬人。如有違犯，具姓名取旨，重作施行。十一月二十一日，四川宣撫使虞允文言：『依年額收買朝廷馬數足日，欲收買額外馬三二千匹，庶幾三都統下馬政復修，可以爲戰守之備。所有買馬本錢，望更給降度牒四五百道，逐旋變賣錢物支用。』詔爲係買戰馬，可特依，給降度牒三百道。十二月十八日，鎮江府駐劄御前諸軍都統制王友直言：『本司諸軍戰馬昨自虜人侵犯之後，累經戰陣，委是闕少。』詔令茶馬司、廣西經略司於每歲額外各收買二綱應副。四年二月十四日，提舉茶馬監牧公事張松言：『見措置，將宕昌馬場買到馬赤寸，於馬項下印烙引賣人姓字火印，排綱起發。若將來到行在內有短寸匹數，及齒歲不同，乞看驗火印姓字降下，責憑根究，追理短寸虧官價錢。』從之。三月二十二日，戶部言：『茶馬司申，宕昌峰貼峽買馬以前立定賞罰，止是該說順政、長舉兩縣收發茶數外，餘將利、福津兩縣不係茶運經過地，所以未有賞罰。今來本司自紹興初運茶博馬，係於西和州管下宕昌寨、階州管下峰貼峽置場，其茶運却從興州置口以去擺鋪運發，係經由興州順政、長舉縣，階州將利、福津縣，前去臨江茶場交納，應副博馬支用。其逐縣知縣若不申明，一例立定賞罰，竊慮無以激勸。乞參照政和三年六月七日旨揮推行榷茶賞罰行下，庶幾有以責辦。本部尋下都茶場指定。今勘當，欲依指定到事理施行。』從之。時戶部下都茶場，指定檢准政和三年六月七日旨揮。戶部狀：『都大榷茶司申：乞應成都府排岸司，興州長舉縣裝御庫，鳳州轉般庫監官，綿州巴西，利州昭化、三泉，興州順政、長舉、西縣，興元府南鄭知縣任滿，收發過茶無失陷欺弊，提舉司保明，每四萬馱與減磨勘二年。如不獲收附，失陷一分，展磨勘二年。其承直郎以下賞罰，並各比類施行。二分以上，依舊差替人例。本部勘當，依巡轄般茶鋪使臣任滿，減磨勘一年，先次旨射家便差遣。』八月一日，兵部侍郎陳彌作言：『祖宗設互市之法，本以羈縻遠人，初不藉馬之爲用。故駑駘下乘，一切許之入中。蕃蠻久恃聖朝寬大，一拂其意，必起紛爭。官吏亦懼生事，無敢誰何。黎、敘、南平軍等州，每買綱馬五十匹內，良細馬不過三四匹，中等馬不上二十匹，餘皆下下，不可服乘。發以充數，則必倒斃。蓋緣博馬茶錦所入有限，公吏旁緣爲姦，寧取下乘，以敷綱額，不覊上駟，以虧茶錦。望約束川馬州軍，每綱以五分爲率，一分良細馬，餘四分依舊收買。仍令茶馬司汰其不中發綱者就賣，拘錢增置茶錦，以貼支諸州良馬之直。不惟上不失祖宗羈縻之德，下不誤諸軍緩急之須矣。』詔令茶馬司從長相度，申樞密院。十九日，都大主管成都府利州等路茶事張松言：『武節郎劉時敏權知敘州，到任未及半年，已買足乾道四年分歲額馬數，揀選得口齒輕嫩、及格、堪起綱馭騍馬僅五百匹，貼綱應副鄂州等軍支使，委見本官措置有方，了辦職事。乞將劉時敏正行差知敘州，專一措置增買起綱馭騍馬。』從之。〔兵二三之四〕〔乾道〕五年二月五日，池州駐劄御前右軍統制王世雄言：『右軍所買戰馬不多，望將川、廣發到綱馬，許令截留兩綱。』詔令茶馬司、廣西經略司於歲額外各收買一綱，應副王世雄。十九日，詔令都大茶馬張松於歲額外，通融收買川西馬二十綱，應副建康都統郭振。即不得虧損歲額。四月八日，詔給降度牒三百道付宣撫司，專一樁充買馬使用。七月八日，權發遣靜江府張維言：『邕州守臣係提點買馬官。本司幹辦公事一員，係邕州置廨宇，每歲十二月同到橫山寨親與蠻人爲市，至四月回州，委是有勞。欲乞將邕州守臣及幹辦公事一員，每增買二百匹，各與減一年磨勘；一千匹，轉一官。其餘官屬，更不推賞。契勘廣西經略安撫司遞年收買戰馬，各用本錢，已降指揮取撥。若招馬益多，慮恐闕用。今照得靜江府乾道五年合發折布錢六萬二百八十餘貫，係赴湖廣總領所之數。今欲就內取撥三萬貫樁管，通已撥窠名錢物，衮同應副收買。』並從之。十二日，詔令張維於歲額外收買齒嫩、及格赤、闊壯，堪披帶馬二十綱，起發赴行在。如錢數不足，許於合起發官錢內先次截撥。八月八日，戶禮部言：『茶馬司申：「承指揮，於歲額外通融收買川西馬二十綱，應副郭振。約計馬本並起綱等用錢引二十萬貫。本司見有空名綾紙度牒四百三十二道，公據內照應得係紹興四年朝廷給降淮西、川陝宣撫使司，撥赴本司樁管，未曾出賣，與見賣者度牒綾紙式樣一同。今欲將上件度牒許本司書填批跋，依見買價例拘收價錢，應副收買額外馬綱使用。緣本司年計買馬除支遣外，尚闕錢引二十八萬貫。今來所乞，係充額外馬本。所有歲闕錢引，乞別賜支降。」得旨，送逐部指定。禮部勘會上件度牒，即不見得堪與不堪行使。欲別造新法綾紙度牒四百三十二道，並公據合同號簿關吏部，差大使臣管押前去茶馬司，却將元降度牒公據仍付使臣管押赴部，下度牒庫樁管。度支指定，欲下茶馬司照應禮部指揮定事理，將價錢專充收買額外馬本錢，餘數令樁管。仍據買到馬數，每匹格赤高下、齒歲、毛色並實計合用錢數，開具細帳，申四川宣撫司覈實。如歲額馬本錢委有闕數，即具申朝廷施行。』從之。十一月二十一日，詔令茶馬司自乾道六年分爲始，每歲於敘、珎州額外收買馬兩綱，付高郵軍駐劄御前武鋒軍。六年二月九日，侍講胡沂言：『比年置監漢陽，以休養馬力，較其損斃之數，殆與前比。自四川經至行在數月，初亦不堪相遠，馬之受病，不在今而在乎博買之初。博買之際，皆先期繫馬於廄，絕不與食，使之甚饑。伺其明日，將相視而就易也，始以糜粥豆飲乘熱飼之。馬以饑渴，自然倍食。雖得一時色澤鮮明、膚革脹飽，又從而奔驟馳騁，竭力以試之。既饑飽失宜，又勞逸過度。望行下四川茶馬司，委提舉官親行檢察，不爲估客牙儈所欺。如諸軍醫獸亦宜籍定姓名，重立賞罰。每歲醫過病馬若干，其賞幾何，損斃多數，罰亦隨之。』從之。七年二月三日，宰執進呈御筆，四川買騍馬一千匹、廣西二千匹。上曰：『四川千匹，不難辦否？』虞允文奏曰：『西邊騍馬甚多，以官中不買，故不來爾。誠措置招誘，雖二千匹亦可辦也。』上曰：『騍馬誠有益於用，無事則孳生，出軍則令披帶。若果易辦，令四川亦買二千匹。』於是詔令四川宣撫司、廣西邕州，每歲於額外各買發騍馬二千匹。十六日，詔令禮部給降空名度牒五百道，應副四川宣撫司買馬。其見管封樁度牒錢，不得取撥支用。以四川宣撫使王炎言買騍馬一千匹，欲於見管封樁度牒錢內取撥。故有是命。三月二十六日，宰執進呈吏部侍郎王之奇《乞令諸軍於宣撫司置場處收買出格馬劄子》，上曰：『茶馬司歲額外，更有馬可買否？』允文奏曰：『馬司自四月閉場後，宣司可以收買。但馬司近撥到西馬綱比去年一段月日大段數少。乞且令宣司措置。』上曰『可』。五月二十五日，江南東路轉運副使張維言：『據知南丹州莫延葚劄子：乞爲招買蕃馬，以報國恩。又備羅殿蕃羅鄉貢等狀，有出格馬，欲赴宜州中賣，即牒報莫延葚。且令措置，只就南丹置場。至春月，蕃馬到來，即差官前去，同共博馬。契勘靜江府至南丹州，比邕州地里減半，又無險阻路，馬力不耗。邕州守臣每到橫山博馬場，必調發兵丁彈壓。今南丹置場，只差宜州副將及准備將領並收支錢物官前去，略無煩費。往年帥臣以爲蠻人深入內地不便，今置場於南丹，即無蠻人深入之患。』詔令廣西帥臣李浩日下措置，先具已措置事節申樞密院。仍委宜州准備將陳秦，於南丹州收買合用物帛。令帥司先次應副，具已應副過數目申朝廷撥還。其後十二月二十九日，權發遣靜江府提舉廣南西路買馬李浩奏：『張維所乞南丹州買馬，係是更易，難以施行。竊詳廣西每年收買歲額戰馬，依已降旨揮，於邕州置司。自置司之後，經及三十餘年，委是利便。況年歲深遠，事皆就緒。』詔將已降南丹州買馬指揮，更不施行。十一月八日，樞密院言四川茶馬司遞年所發綱馬，元降指揮令收買四尺四寸以上馬，近來多係四尺四寸以下至四尺一寸，不堪披帶，理宜約束。詔令四川宣撫司嚴行約束。如更違戾，將提舉官取旨，重作施行。十二月二十九日，四川宣撫使王炎言：『准指揮，令四川宣撫司、廣西邕州每歲於額外各買發騍馬二千匹。契勘川蜀及關外所產騍馬不多，兼蕃蠻例皆牧養，藉以孳生，委是少有前來入中。竊慮元買之數，將來難已敷趁。』詔將乾道六年已前買騍馬並與蠲免。其乾道七年分騍馬，依已降指揮疾速排發。八年正月十一日，詔令廣西提舉買馬李浩將七年分合發綱馬，比六年分已起數目，疾速依數措置收買，排綱起發，赴諸處送納。不管依前違戾。仍自今依乾道五年七月指揮，每歲收買闊壯額外馬二十綱赴行在。以樞密院言廣西經略司乾道七年合起發馬綱比乾道六年大段虧少，故有是命。十五日，樞密院言：『進武校尉、前邕州上思知州事黃彬劄子：『蕃蠻之地，歲有馬出賣，橫山寨收買不絕。如小蠻家地，多有牝馬。若作孳生出產，一年買千匹，十年買萬匹計之，十年可出孳生數萬騎，以應大軍披帶。比之戰馬價例至少，稍不費朝廷財賦。情願收買一年牝馬一千匹，仍令邕州於上郭地場置監牧養。三年爲一界，押赴行在交納。如有牝馬孳生數多，併乞推賞。』詔差監行在左藏庫中門尹昌前去，同黃彬措置收買。內黃彬與借閤門祇候，許繫紅鞓帶。候買及二千匹，即行補正閤門。繼而尹昌等言：『蠻人每歲於橫山寨賣戰馬，係招馬官進武校尉知田州軍州事黃諧、進義副尉黃球，自當年十月將帶兵丁効用深入蠻界招誘，委是有勞。望給錦段，賞賜銀絹。仍乞出給照帖與黃諧、黃球二人，同黃彬買及一千匹，增及二千匹，即與黃球、黃諧酬賞。』詔尹昌差充樞密院准備差遣。其黃諧、黃球同共收買，令廣西經略司量支錦段銀絹賞賜。仍候今來買牝馬及額，令本司保明，優與推賞。二月十七日，樞密院准備差遣尹昌言：『竊聞自來買馬場遞年雖用黃諧等招誘博馬，自今後如蠻人每名中賣到馬三百匹者，乞賞錦段一匹、鹽一百斤。乞劄下買馬場遵守施行。』從之。六月一日，禮工部言：『都大茶馬司申，西和州置添差通判一員，以本司幹辦公事兼之，專任宕昌監視買馬。上件窠闕，係是創置。年額買馬，幾近萬匹，出納錢物浩瀚，乞鑄銅印。並宕昌買馬所支馬價錢，舊在臨江置場支給。於乾道四年內，本司措置，就宕昌置庫，收支買馬錢糧、茶絹數百萬貫，乞鑄銅印。今欲乞撥以『西和州宕昌買馬之印』九字爲文，又欲依本司已擬到『茶馬司宕昌茶帛庫記』九字爲文，鑄造施行。』從之。七月二日，詔令諸軍於沿邊熟戶等處收買好馬，不得私相販賣。仍經由河池縣茶馬印驗，發付諸軍，申撫司照會，覺察施行。以臣僚言四川諸軍於宕昌及熟戶處買馬，私販出川界，於襄陽一帶轉買銅錢，致使諸軍馬數虧少。故有是命。同日，臣僚言：『竊見祖宗以來，馬政係茶馬司專用茶錦、銀絹博易，蕃漢皆以爲便。近來茶馬司不以茶錦，專用銀幣博買，甚非立法之意。況茶錦外界必用之物，若不依舊以茶貨及綵段博易，則銀寶多出外界，甚非中國之利。』詔令四川宣撫司參照祖宗舊法，更切詳審措置經久可利便，申樞密院。九年二月十八日，宰執進呈次，上曰：『新差知邕州姚恪頗開爽，但未知能辦買馬事否？』梁克家奏曰：『恪既開爽，於政事必有可觀。買馬亦爲政之一事也。』上曰：『然，當更訓諭遣之。』四月二十八日，兵部言：『勘會川陝、廣西收買歲額綱馬，皆有立定齒歲、格赤，並要輕嫩闊壯，堪披帶戰馬，分撥諸軍使用。近來諸軍多有申到，每遇交割到綱馬，看驗得內口齒過大，以至不及格赤，矮小怯弱，不堪披帶，充數起綱前來，不惟枉費官錢，竊恐有誤諸軍支配指準，乘騎使用。今欲乞行下茶馬司、廣西經略司，督責買馬官司遵依已降指揮，今後須管收買口齒輕嫩及格赤闊壯，堪披帶戰馬，排綱起發施行，毋得依前違戾。』從之。十一月十二日，樞密院言：『四川茶馬司排發綱馬，訪聞內有買到病瘠馬充數起發。』詔令四川茶馬司開具因依，申樞密院。仍行下買馬去處，今後須管買及格赤、無病瘠、齒嫩馬排發，毋致違戾。繼而樞密院言：『已降旨揮約束。所有廣西買馬，理合一體。』詔令廣西經略司依四川茶馬司已降指揮施行。十二月十六日，持節南丹州諸軍事、南丹州刺史、知南丹州公事武騎尉莫延甚言：『竊見朝廷買馬，全藉羅殿諸蕃將馬前來邕州博買。或遇春雨連綿，溪水暴漲之時，阻絕馬路，蕃人將馬復回，是致博買不登歲計之數。兼出馬之地，至邕州橫山寨五十餘程，自橫山至靜江府二十餘程，加之路途險阻，水草不利，馬多瘠瘦，未至靜江，往往倒斃。兼諸蕃出馬之處，至本州一十程，道路平坦，水草豐足，兼無險阻。自本州至靜江一十三程，比之邕州路近三十餘程，止將路途比較，已爲利便。頃歲本路經略張維已曾陳奏，乞於本州買馬。雖蒙省部行下，緣宜州避創事之勞，巧陳利害，其議遂罷。今因宜州沿邊溪洞都巡檢使常恭赴闕，謹將買馬利害附託上進。』詔從議郎李宗彥特差充廣南西路提點綱馬驛程，宜州駐劄，填尹昌兼權闕，專一相度措置買馬。仍先次條具利害及合行事件申樞密院。以上《乾道會要》。《宋史》本記：孝宗紹興三十二年五月辛卯，詔罷四川市馬。《袁抗傳》：抗爲益州路轉運使。黎州歲售蠻馬，詔擇不任戰者卻之。抗奏：『朝廷與蠻夷互市，非所以取利也。今山前後五部落仰此爲衣食，一旦失利侵侮，不知費直幾馬也。臣念蜀久安，不敢奉詔。』尋如舊制。程之邵除主管秦蜀茶馬公事，革黎州買馬之弊，歲以仲秋爲市，四月止，以羨茶入熙秦易戰騎，得良馬益多。』《南軒語錄》：靜江買馬，恐馬不時至，求《易》卦，得晉康侯用錫馬蕃庶，更不須看爻。雖使某自擇一卦，不過如此。已而馬果至。《宋文》韓肖胄擢工部侍郎，時川陝馬綱路通塞不常。蕭胄請於廣西邕州置司互市諸蕃馬。詔行之。《中興小曆》：紹興二年初，五路既陷，馬極難得。韓肖胄建議宜即邕州置市馬場，取馬嶺表，以資國用。又李心傳《朝野雜記》云：『廣馬者，建炎末，廣西提舉峒丁李棫始請市戰馬赴行在。紹興初，隸經略司。三年春，即邕州置司提舉，市於羅殿、自杞、大理諸蠻。未幾，廢買馬司，以帥臣領其事。七年，胡制待制舜陟爲帥，歲中市馬二千四百匹。詔賞之。其後馬益精，歲費黃金五鎰、中金二百五十鎰、錦四百端、絁四千疋、廣州鹽二百萬斤，而得馬千五百疋。必四尺二寸以上乃市之，其直爲銀四十兩，每高一寸增銀十兩。有至六七兩十兩者。士人云：其尤駔駿者，在其出處，或博黃金二十兩，日行四百里。但官價有定數，不能致此耳。然自杞諸蕃本自無馬，蓋又市之南詔。南詔，大理國也，去自杞國可二十程。而自杞至邕州橫山寨二十二程，橫山寨至靜江府又二十餘程，羅殿國又遠如自杞十程。宜州溪洞巡檢常恭者赴闕，持南丹州莫延葚表來，乞就宜州中馬，比之橫山，可省三十餘程。張說在樞筦，以其表聞。李壽翁時爲檢詳文字，爲說言：『邕遠宜近，人孰不知？前迂其塗，豈無意。況今其氏方橫，乃欲爲之除道，而擅以互市之饒，誤矣。小吏妄作，將啟邊釁。請論如法。說不聽。從義郎李宗彥以提點綱馬驛程往宜州措置，既而說罷政。密院乃奏宗彥等所言邊防不便罷之，時淳熙元年也。』《宋史・占城國傳》：『乾道七年，閩人有浮海之吉陽軍者，風泊其舟，抵占城。其國方與真臘戰，皆乘大象，勝負不能決。閩人教其王當習騎射以勝之。王大悅，具舟送之吉陽，市得馬數十匹歸，戰大捷。明年復來，瓊州拒之，憤怒大掠而歸。淳熙二年，嚴馬禁，不得售外蕃。三年，占城歸所掠生口八十三人，求通商。詔不許。』淳熙元年九月二十一日，詔住罷宜州買馬。先是，樞密院言知南丹州莫延葚乞自備錢糧於諸蕃招馬，至宜州博賣。尋差李宗彥充廣西提點綱馬驛程，宜州駐劄，專一措置買馬，仍令同、宜州知通相度。既而宗彥等言於邊防利害不便，及與邕州買馬有妨。故有是詔。十月九日，臣僚言：『敘州歲買七等馬八百五十一匹爲額，更令歲買騸馱馬三百疋。今本州申乞住買騸馱馬，迴以歲買七等馬額收買十歲以下者。其十歲以上至十三歲馬，令本州措置出賣，拘收本錢。竊慮有失招徠遠人之意。乞依自來條法外，有騸馱馬，責令本州依應收買，但不過三百疋元科之數。』從之。十一月九日，詔四川所買西馬並依廣西已降指揮施行。先是，有旨：廣西自淳熙二年收買四尺四寸馬。經略使范成大言：『其間四尺三寸及三寸帶分之馬，齒嫩闊壯，一切棄之可惜。乞令邕州於內揀選壯嫩權奇者收買，入常綱起發外，四尺二寸帶分二寸以下，即更不印買。』既從其請，故令四川依此。二年正月十六日，興州都統吳挺言：『本司諸軍戰馬，除茶馬司得歲額綱馬六百五疋外，例用諸軍青草錢，歲於宕昌以來自行收買。自張松變更馬政禁之，合得歲額之數，亦支撥不及。乞許本司以青草錢依舊宕昌、威遠鎮等處收買。』詔茶馬司逐旋補發數足，餘從其請。四月又言：乞於阜郊、威遠鎮、東柯、太平監等處北馬驛，許相兼收買。詔許每歲買七百疋。五月八日，湖廣總領劉邦翰言：『相度忠訓郎劉琛乞依舊將荊鄂都統司馬青草錢買馬，補填倒斃。青草錢歲買馬七十匹，撥付闕馬官兵。』以金州都統于友言：『本軍自買馬半年，只得三疋。乞從都大司收買。』故有是命。十一月二十日，侍衛步軍都虞候田世卿言：『三司買發綱馬，昨於漢陽軍住程十日。竊謂金、房州界山路險惡，乞於住程十日內那移六日，於險惡處各住程一日，於泥濘處一日，實爲利便。』詔京西轉運司行下住程州縣，委守令督責所屬，修整驛舍，排辦槽具。其草料錢糧，令湖北轉運總領將現應副漢陽十日程內就撥七日，付京西轉運司均撥，逐處支遣。自金州至平利縣住程一日，次女碣山至寶豐驛住程一日，次確臼山至竹山縣驛住程一日，次房州之東至故郡驛住程一日，次八坳九疊至于平驛住程一日，次歷外朝内乾峻嶺至梅溪驛住程一日，次涉陂澤泥濘，至郢州住程一日，至於漢陽軍三日，共十日。五年二月五日，詔御前降到量馬尺樣付茶馬司，令收買戰馬，須四尺四寸以上。其兩齒馬聽低二寸，四齒馬聽低一寸，足齒馬依已降指揮收買。四尺四寸以上闊壯堪披帶馬，計綱排發施行。』從之。閏六月十八日，詔關西四州民間依舊從便買馬孳養，不得禁止拘籍。頃因張松有請禁之，至是弛其禁。十二月二日，詔四川茶馬司自今年爲始，將本年數目已與荊南都統王琪議，每年留一半貼買戰馬。兼江州都統皇甫倜議，每年留一萬貫雇人收打青草，餘錢盡數收買戰馬於各軍。從之。二月十四日，詔：『自今綱馬到來，並先經主帥子細契勘確實齒數、格尺，有無低小、病瘠、狹瘦，報審驗官司覆實印留，仍具不及齒歲、格尺、堪充駝口負馬匹數申樞密院。』以樞密院言：『已降指揮，令四川茶馬司、廣西經略司行下買馬去處，收買兩齒及四尺二寸以上、四齒及四尺三寸以上、五齒及四尺四寸以上，並闊壯無病堪披帶馬，計綱排發。歲終，委兵部開具賞罰，及令内外審驗官司並主帥子細契勘口齒格尺，方許收接即留。』故有是命。三年正月十四日，權四川茶馬司朱佺言：『漢陽軍、郢、房州及金、洋州、興元府、興、成、西和州抵宕昌馬驛狹隘弊陋。』詔逐路漕臣選委有才力官躬親前去，逐驛檢視，疾速措置督責，務要整肅，不致闕誤。如敢違戾，按劾以聞。二月五日，茶馬司言：『收買舊宣撫司闊壯馬一千疋。數内五百疋撥付三都統軍。内興州都統司二百八十五疋。緣吴挺近申明每歲自行收買馬七百疋，更有茶馬司合均撥歲額馬數，委是重疊。』詔興州軍與支撥二百疋，餘八十五疋自淳熙三年分排發赴御前投進。四年二月二十七日，詔茶馬司拘收金州都統司内應干買馬價錢窠名、收支見在，並綱馬毛色、齒數、尺寸、每匹價錢若干，及發納去處，開具夾細帳狀，每歲於次年春季申尚書省。六年四月二十四日，四川都大茶馬吴總言：『本司買馬，全藉幹辦公事官招徠幾察，任滿止得減二年磨勘。其西和州知、通絕不干與買馬事務，止是隨例應辦糧草、馬驛等事，而任滿得轉兩官。令乞將西和州、宕昌場買馬，每歲買及五千二百疋以上，其西和州知、通及本司幹辦公事官三員任滿，各與轉一官。本司幹辦公事四員，内一員差兼西和州通判，專住宕昌買馬。其賞格乞依舊外，今來更不增賞。』從之。七年二月二十一日，四川總領李昌圖言：『乞權住茶馬司添買興元府都統司戰馬二千五十三疋。』上曰：『興元府都統司所管馬舊額幾何？』趙雄等奏：『紹興年間以二千匹爲額。』上曰：『可令茶馬司將興元府都統司馬據見管數湊買成二千匹，補填元額。』三月二十四日，詔茶馬司將黎州蕃馬並文州馬並買四尺二寸五分以上、齒嫩向長、堪披帶馬起發，餘遵依已降指揮。五月二十八日，詔：『黎州蕃部輒敢侵擾省地作過，意欲逼脅邊郡，將不及格式馬中賣入官。令茶馬司下本州，今歲且依淳熙五年二月五日指揮口齒尺寸收買。其近降減作四尺二寸五分以上指揮，俟蕃部畏服，可自淳熙八年分爲始。仍更切審度蕃部作過情理輕重，隨宜措置施行。』七月四日，臣僚言，黎州市馬，專委通判，慮守臣不預馬政，理宜申飭。詔黎州知、通均任其責，仍須不失事體，賞罰依見行條法。八月三日，宰執奏事畢，上語及黎州邊事，令宰執以書諭胡元質、吴總等：如蠻人以市馬邀我，則且住一兩年，使權常在我，彼無能爲，自然安帖畏服。趙雄等奏曰：『聖諭可謂明見萬里矣。』九月十七日，詔廣西經略司行下邕州，自今每歲買馬，止令通判前去，仍輪差將副一員，量帶將兵彈壓。守臣依舊銜帶提點買馬，只在本州治事，不妨檢察。以樞密院言守臣往邊上彈壓，有妨郡事故也。後八年九月一日，廣西經略王卿月言：『守臣臨邊，不專爲馬政，溪洞事宜不一，正在酌情調護。一但易以通判，事權寖輕，不能號令溪洞。』詔令依舊。八年五月，都大提舉茶馬吴總言黎州買馬，乞依邕州指揮，令守臣依舊帶銜。從之。十年十二月，敘州亦依此。八年二月四日，知興國軍朱晞顏言：『茶馬司所買馬，並四尺二寸以上、十歲以下，方許起綱。自四尺一寸以下，或十歲以上，雖四尺五寸亦不收買。其間多骨相驍駿而馳驟超逸者，例以不及格棄之，又不許民間收買。乞於茶馬司所買外，不堪撥發起綱之馬，不拘軍民，並聽從便收買。』詔茶馬司契勘十歲以上、四尺五寸馬，見今曾與不曾收買，其不及格尺之馬，令買馬官等驗用退印給據，令民間從便交易。六月十一日，詔關外四州民間孳養到馬，從便賣買，不得拘籍禁止。九年五月二日，都大茶馬王渥言：『黎州買馬，舊額二千一百二十四疋，一年計用絹二萬三千匹。乾道九年，趙彥博以青羌作過，優支馬直，始用絹三萬四千匹。至淳熙八年，龔總到任，買馬三千三百八十一疋，將數内不及格尺馬一千九百八十八疋陞作良細馬，共支絹七萬六千餘匹，與乾道八年買馬相類，而支絹加一倍以上。今乞以十年買馬支用數目，取一年酌中之數，立爲定則科撥。仍立定每綱五十疋，止許以十五疋爲良細，使買馬官吏從實互市。所有淳熙八年買馬官，乞朝廷重作施行。』詔：『龔總已放罷，特降三官；通判孫醇、監押楊仲禮，各特降一官放罷。仍令陳峴、王渥參照紹興年間一歲酌中之數，立爲定制聞奏。』既而，峴等言：『黎州馬政循習既久，爲獘已極，至有全綱作良細者。蕃蠻所得馬價既優厚如此，若依自來所降指揮，以紹興年間酌中之數立爲定則，乃是一旦革去十分之九，卻恐蕃蠻別致生事。今取酌中年分。如淳熙六年共買馬一千一百二十九疋，内良細馬只計五百四十疋。若以此年爲則，庶從中制，於邊防馬政兩便。乞行下黎州，照淳熙六年酌中之數漸行更革，令及此類。如將來蕃蠻馴服，從實互市，其所減又不止此。』從之。十年六月二十四日，臣僚言：『江、池二州阡陌狹隘，深溝斷塹而又津梁不修；況石溪、冷水馬驛有二，相距六十餘里，狹隘泥濘。冬日差短，馬行至暮，方能抵驛。望令江、池二州重修馬路，石溪、冷水添置馬驛。』詔江、池州守臣相度聞奏。既而知池州岳甫言：『石溪驛至冷水驛計五十五里。若於中間添置馬驛，每驛不及三十里，地程促近，別無合置驛去處。今相度將地里高低迂曲去處，牒巡尉重行興築高壯平闊及開渠道，無致泥濘。』從之。十一年四月十二日，興州駐劄御前諸軍都統制吳挺言：『鄂州江陵府副都統制郭杲乞下川秦買馬司及興州都統制司，各應副騍馬五綱。仍乞於御前闊壯良細馬內截撥兩綱，以充脚馬。緣戶民所養騍馬稀少，艱於收買，令止買得一百五十匹，排足三綱，起發兩綱。竊恐未能便得辦集。』詔令一面接續收買。七月二日，興元府駐劄御前諸軍都統制彭杲言：『所部馬軍見以二千匹爲額，又有倒斃。乞許令依興州、金州兩都統司例，每歲除合撥二分馬外，差官齎樁收青草錢於四川茶馬司宕昌馬場摘買馬二百疋，遂旋補填闕額。』從之。十二年五月九日言：『依已得指揮，每歲就宕昌馬場摘買，更不援例自行置場。』從之。十三年四月二日言：『近准茶馬司奏，乞候買發闊壯馬日，照興州例對減。得旨，各與應副一年。契勘本司馬軍近年揀退倒斃積壓數多，今乞行下，每歲買一百五十疋。』詔令茶馬司每歲將本軍納到青草錢收買一百疋。十二年正月二十三日，建康都統制郭鈞言：『本軍先用官錢買到叱白大馬，堪充披帶，已將補填闕額。若不印烙，竊慮無以關防。緣從來即無承降到指揮。除已權行印烙外，日後如有似此買到之數，乞令照前項已降指揮施行。』從之。七月六日，四川茶馬司言：『每年買發闊壯馬七百疋。先準尚書省劄子，自淳熙十年爲始，住買三年。其淳熙十三年分如依舊收買，乞早降指揮下本司，預期說諭蕃客興販入中；仍乞下總領所，照例料降本錢施行。』詔依年例收買，特應副鎮江軍一次，須將及格尺、齒嫩、堪披帶馬起發。候到，委官覈實。八月十六日，詔湖北轉運司移石牆馬驛於京山縣曹武市驛舍，令京西運司修蓋。其每歲錢糧草料，仰湖北運司依舊應副，毋致闕誤。十二月五日，四川茶馬司言：『乞將興元府都統司所買馬二百疋，依興州都統司例，於本司合買闊壯馬或三衙馬內依數對減施行。』詔令應副堪好馬一次。十三年四月二十九日，四川茶馬司言：『宕昌買歲額馬自遠蕃來，太半瘦瘠。既已入中，便行排發。若至大澤縣瘠驛，經涉橫水汨水驛，乞住程一日，實爲利便。』從之。十一月十五日，詔四川茶馬司每歲市馬若干，價直增損若干，收支茶綵銀兩若干，並令制置司通知。十四年五月十四日，都大主管四川茶馬李大正言：『西和州買馬係本司選辟差官前去，通判略無干預。乞今後西和州通判更不推買馬之賞。』從之。二十五日，宰執進呈趙汝愚等奏，相度到邊場用銀買馬利害。上曰：『所買闊壯馬與綱馬何異，却用銀二萬餘兩？可行下，權住買闊壯馬，依令茶馬司每歲用銀買馬不得過乾道五年以前之數。』七月十六日，樞密院進呈四川置制司申虛狠蠻乞自來黎州中馬事，上曰：『虛狠蠻既是久例附帶邛部川出漢中馬，難以許其自來。可令趙汝愚行下黎州宛順說諭，仍令嚴飭邊備，以防不測。』八月十一日，樞密院進呈趙汝愚、李大正奏到增添銀兩買馬事，上曰：『用銀買馬，宜以漸革。使諸蕃互市，由之而不知。當以此意諭與兩司。』十五年二月十五日，詔四川茶馬司權住收買淳熙十五年分闊壯馬。其銀兩令項樁管，不得妄用，歲終具數聞奏。十六年五月二十四日，詔更住一年。五月十一日，詔州郡互市去處，每歲買馬銀兩，可更措置減省以聞。二十四日，殿前副都指揮使郭杲言：『茶司牽馬官兵，係諸州抽摘廂、宜，類皆遊手。押綱使臣初非遴選，不諳馬性，綱馬多斃，其實由此。乞只從三司選差官兵前去取押。仍乞自川路至國門，相度道里遠近，定地分，令逐處都統司各選差將官一員，點檢驛舍草料。遇有覺察到作弊等人，許牒赴所屬懲治。仍以一年一替。所過綱馬，全無倒弊少量，與等級酬賞。或前弊不革，罰亦如之。』侍衛步軍都虞候梁師雄言：『乞行下所隸州縣，相視驛舍，量加修葺，及將合用草料常切應辦，各就馬驛附近樁頓。綱馬到日，隨即支給。仍乞更令沿路都統制司分定驛程，各差素有心力將官一員，逐司量給盤費，與諸州軍所委官同共提點。自宕昌至興州一十五驛，屬興州都統司；自大桃至漢陰一十五驛，屬興元府都統司；自衡口至干平一十三驛，屬金州都統司；自梅溪至石牆一十四驛，屬江陵副都統司；自應城至石田一十四驛，屬鄂州都統司；自邊城至楊梅一十一驛，屬江州都統司；自紫巖至廣德軍一十二驛，屬池州都統司；自段村至臨安府餘杭門六驛，屬殿前、步軍司。各令所差將官，用心巡視，務要驛舍草料應辦齊整。如有違戾去處，從提點將官具申所屬都統司等，移文州縣，將本驛不職官吏依公責罰。若更滅裂，備申朝廷。逐司所差將官，歲一更替。如實有勞効，即與支給犒賞。』從之。以上《孝宗會要》。

紹熙元年十月二日，宰執進呈茶馬司申綱馬格尺，上曰：『馬只要齒嫩。若齒嫩，自會長進，不可拘格繼而茶馬司言：『承殿前司申，乞下本司將四尺二寸馬日後不許買發。本司照得昨於淳熙五年二月内準指揮，令本司照元降到尺樣買發，品類均分，揍綱排發。竊詳邊場買馬，自準指揮降到格尺，見今諸蕃執爲久例。今若將四尺二寸馬盡數退出，恐阻遏蕃情，别致生事。乞下殿前司，於本司發到馬綱，逐匹應得元降歲數尺寸，即遵淳熙五年指揮施行。』從之。十二月三日，樞密院言：『殿、步司申：舊例，宕昌買馬，本司自差使臣兵夫短送至興元秦司。其三衙人就興元秦司領馬，長押歸司。緣茶馬司短差綱官，止是寄居待闕使臣，其短送人諸州所差軍兵不足，多是雇夫牽送，皆烏合遊手。自宕昌雇夫應數，冒請雇錢，出門之後放散，却與興元近地借人應數，赴秦司納馬，沿路偷盜草料。自宕昌至興元二十驛程，養飼失節，因而受病，到務相繼倒損，弊害非一。欲令三衙官兵徑赴宕昌取馬，將雇費量與添助券食。乞下有司詳酌施行。』殿馬步司看詳：『照得差官兵去宕昌取馬，緣宕昌窄狹民稀，艱得舍屋安泊。又是極邊，慮恐積留官兵，在彼歇程，因而與西夏、賣馬蕃客博易物貨，引惹未便。乞自紹熙二年以後，本司官兵到興元，從排馬將官，於每綱三十二人内，差綱馬官、醫獸、軍典各一名，牽馬軍兵五人，前去宕昌本司監視買馬統領官處，先次識認本綱馬毛色、齒歲、尺寸，候茶馬司發回。乞令就茶馬司批支券食、錢米，仍令茶馬司差能部轄押馬使臣一員、牽馬人夫一十七名，揍本司所差綱官等八人，通二十六人，同共沿路提督飲餧。至秦司，將本司所差綱官等入務守馬，止宿照管。如一綱五十三疋，内有損斃病患馬，許從綱官陳乞退換，令秦司貼揍作五十疋，排發前來。若五十三疋全到，其茶馬司押馬使臣，乞支短綱賞。本司綱馬官等不預賞罰，止令不以疋數準備揀選五十疋團綱，庶得不致别司馬衮同交雜，亦無趲換之弊。其餘小管押二十四人，止在興元住程，伺候排發綱馬，一就起發歸司。不唯戰馬飲餧便得其宜，又且茶馬司得本司所差軍人提督照管送馬人夫，實爲便當。本司官兵自興元取馬至行在，賞罰並乞依見今條格施行。』詔依殿、步司相度到事理施行。二年十月二日，宰執進呈四川總領司申權住買闊壯馬價錢，上云：『闊壯馬亦須間歲與買一次。恐今後蕃人只將低小馬來賣。前數年住買價錢，令别司樁管，防其他用。』十二月二十六日，湖廣總領詹體仁等言：『昨准指揮，江陵副都統率逢原奏荊襄民間土生馬蕃多，格尺深類西馬。今本司措置，每歲收買二百疋，發付江陵軍收管。其價錢，總領所支給。』奉旨，令相度經久利便聞奏。相度襄陽一帶土產馬低小。雖有及格尺馬，數亦不多，止可入隊披帶，蓋與陝西不同。馬之優劣，相去遼絕。然襄、郢地土相接，易於養飼，不甚損失，又無四川遠路辛苦之弊。緣不增官買，是致馬數不甚蕃息。今若限以尺寸，又稍優其直，則人知養馬之利，皆養及格尺，牡牝日益滋多，他日爲國家之利。若以優劣較之，終不如西馬道地。若每年添撥得馬，更令湖廣總領所於朝廷樁管錢内出備價直，收買襄陽格尺馬付鄂州都統司，改撥步軍及收子弟，以充其軍，則兵官及諸軍騎兵皆得好馬出戰乘騎，實爲經久利便。仍乞下京西、湖北帥司，約束沿邊所屬州縣，常切禁戢過界盜馬無圖之人，庶革生事之弊。』詔令鄂州都統司逐旋收買土產格尺堪披帶馬二百。其錢總領所關支，仍常切關防盜馬中賣。三年三月十九日，戶部言：『都大提舉茶馬夔路安撫提刑運司申：『紹興元年十二月四日，權發遣大寧監郭公益奏，所領監實處峽外，所管大昌一縣賦入甚微，而每歲買發，茶馬司撥馬銀數四千四百二十九兩，比本路州縣爲額獨多。嘗契勘官破本錢支俵民間，每兩不過支引半，而在市銀價却當五引半。民間每一兩而遂有四引虧折。其名下科敷數少者亦自難辦，而敷多者其困可知。乞下茶馬司與本路諸司相度，量行減免。逐司照會夔州路管下大寧監祖宗舊法：每年額理應副二千九百五十兩。今欲將大寧監日後合撥銀數再與裁減錢引半道，止理四道五分。每兩除發監本錢一道半外，止理民間三道，委是經久可行。』本部看詳，欲下大寧監，從茶馬司諸司相度到前項事理施行。』從之。六月七日，詔：『鎮江都統司於淮東州軍、建康都統司於淮西州軍參酌荊襄已行事理，措置收買土產格尺壯嫩、堪充披帶馬，解赴總領所，審驗來曆分明，發往各軍乘騎，理充逐年綱馬之數。合用錢於淮東西總領所先次充支，卻令茶馬司將拖下逐司馬價錢內對數撥還。仍仰主帥嚴行約束，不得容外界馬中賣。』以樞密院言：『昨江陵副都統率逢原乞買荊襄土產馬。竊慮邊民偷盜中賣，別致生事。湖廣總領所、京西安撫司相度，乞依神勁軍例，只就本處收買土產馬，委安撫司審問來曆，發下所屬，令所屬具實直價錢關報總領所支給。今據張詔、劉忠申：兩司節次買到土產格尺馬堪充披帶，已發付逐軍外，所有鎮江、建康都統司緣近年茶馬司拖欠綱馬數多，竊慮軍士闕馬乘騎。』故有是命。五年二月二日，詔：『西和州、黎州買馬賞，並以實起發過綱數委及元額，方許理賞。內茶馬司催督諸場買馬幹官，並依舊法。淳熙六年四月指揮，更不施行。』十一日，四川制置司言：『興州都統司申：「向來吳挺申，獲指揮，每年買馬七百疋，即不聲說，令都統司買馬。照得本司互市，惟宕昌一處，每歲收買供進並三衙及諸軍戰馬，總計六千餘匹，最爲重大。若從例於宕昌買發，必將狹小馬科撥，令本司收買，有誤諸軍填闕。乞依元降指揮，令本司差官於宕昌從舊自行收買七百疋。」』制置司竊詳：四川買馬，自有茶馬一司專主其事，今欲依興元府等例，自軍差官赴宕昌，同茶馬司簽廳官監視收買五百疋，餘令都統司自行收買，庶幾事權歸一。』從之。六月五日，四川茶馬司言：『敘州申買馬乞從黎州體例，除知州不預赴場外，止令通判與監押量驗收買。所有邊防馬政但干事務，知、通均任其責。』從之。慶元元年正月九日，詔令殿前司量差將官、軍兵於襄、漢州軍收買土產馬二百五十疋。合用價錢，先次於總領所借支，卻令茶馬司於拖下綱馬所管錢內對數撥還。仍仰約束買馬官兵，毋得收買外界馬。合行事件，條具申樞密院。以本司有請故也。二年三月十三日，四川制置趙彥逾、茶馬楊經言：『紹熙元年至五年，黎州買過良細馬數，照得四年所買一千一十四疋，在五年之中最爲酌中數目。欲令本州依額收買。』從之。先是，茶馬司言：『黎州買馬，自紹熙五年八月至慶元元年五月，買過馬內却有良細馬一千五百二疋。看驗除充上號外，餘止是尋常綱馬，致多過馬本，侵動本司歲計。乞下本州，照紹熙三年例買發。』至是兩司相度四年所買之數爲便，故從之。同日，詔令興州都統制司，每歲止許於宕昌自行收買馬七百疋。依近降指揮，不得於邊上及威遠鎮等處置場收買。仍令茶馬司，將每歲合起發三衙西馬依數排發，毋致拖欠闕誤。先是，都統置司言：『乞依元降指揮，差官於宕昌，每年自買戰馬七百疋。』四川制置茶馬司詳所奏，相度欲從淳熙二年指揮，令都統制司自行置場收買七百疋，赴茶馬司買馬場印烙。除買七百疋外，若更衷私買馬一疋，兩司重立賞典，許人告首，當職官吏並重作施行。又都統制司自開場全用銀絹、錢引收買，則馬歸戎司必多。所有拖下三衙綱馬，卻須稍寬期限。勘會昨茶馬司、興州都統制司各行收買西馬，已有定額。既茶馬司買價高，其都統制司亦無攙買之弊。所有每歲合排發三衙西馬自不相妨。故有是詔。三年五月九日，殿前司言：『本軍差撥正將馬興祖等前來襄漢，買到馬九綱，乞行推賞。』詔令殿前司斟酌等第，自行犒設。嘉泰三年六月十八日，樞密院言：『江陵副都統制司每歲截撥廣西綱馬錢二萬貫，收買土產馬。據申到去年分已買馬四百匹，每疋五十餘貫。竊慮所買馬間有不及格尺或齒老病患、不堪披帶。訪聞民戶將堪好壯闊及格尺土產馬往外處就高價出賣，誠爲可惜。』詔令湖廣總領所椿管會子內支二萬貫付江陵副都統制司，貼助收買土產馬使用一次。每疋以一百貫爲率，並要及格尺、齒嫩、堪披帶，委襄陽守臣如法看驗，印烙字號。每及五十疋，綵畫毛色，聲說尺寸、齒數，係幾年分買到馬，具申樞密院。四年三月九日，樞密院言：『建康都統制司地分，乃淮西之衝要，廣野用騎之所。乞於歲計廣馬一十綱內減五綱，換撥西馬。』詔令廣西經略司自嘉泰四年爲始，每年減發廣馬五綱。委四川茶馬司收買西馬五綱，赴建康都統制司交納。五月十一日，廣西經略司言：『近準指揮，今年第一綱添買馬內四尺三寸已下者，不理爲數。日後低小，定議責罰。今第四綱添買馬，令揀選四尺四寸者，補發本司。元準指揮，常綱馬收買四尺二寸已上，增添綱馬四尺二三寸已上。唯出格馬係於綱馬中揀選四尺四寸以上者供進，與增添常綱馬不同。至於增添馬，又是於歲額常綱及格馬之外。若蠻馬到寨數少，常綱馬尚且不足，今欲盡買四尺四寸以上馬，必是歲額不敷。兼諸蠻已將馬到寨，不爲即買，必大失遠夷之心。乞照元許買四尺二寸馬累降指揮收買。』詔令廣西經略司照應淳熙二年三月指揮內齒數、格尺，每綱權以十分爲率，內四尺二寸並四尺三寸馬共不得過四分。權許排發嘉泰四年分歲額及額外添買綱馬一次，並要壯嫩實堪披帶，不得仍前將低小瘦瘠馬湊數起發。十八日詔：『諸路綱馬驛舍多有損壞，並什物不備，草料闕少，甚者蕩然無有。仰諸路漕臣提督州縣措置。內合行修葺去處，各要如法責立近限了畢，具申樞密院。如各處守令措置滅裂，從漕臣按劾施行。』從給事中蕭逵之請也。二十六日，樞密院言：『殿前司申，諸軍戰馬，以一萬七百疋爲額，見闕二千餘疋。蓋茶馬司有發未到馬二十綱，兼疫死數多，縱日後排發輪流，終是不能敷足元額。乞照慶元元年體例，差撥將官二員，將帶獸醫、白直等人，分頭前去襄漢州軍，收買土產馬六百疋，逐旋團綱，差人取押歸司，赴承旨司等量火印，批放合得草料，撥付馬軍闕馬官兵著脚，趁赴教閱。其買馬價錢，乞於湖廣總領所就便借支會子四萬貫收買。候買到日，具疋數支過價錢，却下茶馬司撥還。』詔令湖廣總領所支降會子四萬貫付江陵副都統制李奕，收買齒嫩、闊壯、堪披帶及格尺土產馬。每及百疋，關報殿前司差將官、牽馬軍兵管押歸司，解赴承旨司審驗印烙。八月十四日，四川都大監牧司言：『本司歲起三衙西馬七十一綱，專仰宕昌一處收買。逐綱編類，交付三衙差到取馬官兵押發歸軍。竊緣所買之馬來自外境，多寡遲速，難以預度，而三衙官兵萬里遠來，亦難約期，令人馬齊到，至有留人待馬、留馬待人之弊。乞照前茶馬丁逢所請體例，令三衙於歲額七十一綱內，減發一十綱，使本司如遇蕃馬出漢擁併，則自差官押發，庶幾一舉兩得，於馬政實爲良便。』從之。十一月九日，茶馬司言：『近準指揮，令廣西經略司自嘉泰四年爲始，每年減發廣馬五綱。委茶馬司收買西馬五綱，赴建康都統制司交納。契勘邊場買馬，歲額有限，又歲計買馬錢物，止有諸州應副博馬絹一色外，別無所入窠名，止仰茶司賣茶引息錢應副支遣。乞依舊例，於年額合起三衙馬綱數內，對減買發。』詔令茶馬司自嘉泰四年爲始，於未發闊壯馬內支撥五綱，赴建康都統制司交納。嘉定十五年十月十五日，詔令湖北轉運司於寄樁行在會子內，取撥二萬七千貫付鄂州都統司，專充收買土產戰馬九綱，補填歲額綱數。仰本司日下差人前去請領，仍具已買到馬數，委廣西經略安撫司保明申樞密院。從本司申請，故有是命。十一月十八日，樞密院言：『昨降官會一萬貫，付濠州收買土產馬。據申到，已節次買到戰馬七十九匹。更乞科降會子一萬貫，接續收買。』詔令鎮江府於樁管交會內支撥一萬貫，專充措置選買闊壯、齒嫩、及格尺、堪披帶良馬。委淮西總領所從公審驗，印烙字號。以上《寧宗會要》。

蘇黄門《龍川略志》：江東諸縣括民馬，予爲績溪令，適有朝旨，江南諸縣市廣西戰馬。江東素乏馬，每縣雖不過十餘匹，而諸縣括民馬，吏緣爲姦，有馬之家，爲之騷然。予謂縣尉惇愿曰：『廣西取馬使臣未至，事忌太遽，徐爲之備可也。吾邑孰爲有馬者？』惇愿曰：『邑有遞馬簿，歲月遠矣，然有無之實，尚得其半也。』即取簿封之。又曰：『何從得馬牙人乎？』曰：『召豬牙詰之，則馬牙出矣。』果得曾爲人賣馬者，辭以不能。曰：『吾不責汝以馬，但爲我供文書耳。』曰：『諾』。州符日至縣督責買馬，乃以夏稅過期爲名，召諸鄉保正、副問之曰：『汝保誰爲有及格馬者？』相顧，辭不知。曰：『保正、副不知，誰當知者！第勿以有爲無，無爲有，則免罪矣。汝等所具，吾將使衆人訴其不實，而陳其脱落者，不可不實也。』人知不免，皆以實告。復諭之曰：『買馬事止此矣。廣西取馬者至郡，則馬出；若不至，則已矣。』皆再拜曰：『邑人幸矣』。然取馬者卒不至。

又 川馬綱。孝宗乾道元年五月十九日，臣僚言：『川蜀綱馬程驛迂路，經由州縣山嶮，有損無補。如宕昌寨所買西馬，欲自本處排綱，陸路至利州上舡，順流而下，不過一月，可到荊南，出陸赴行在。成都府路所買川馬，欲自合州上舡，順流而下，不過二十日，亦可到荊南出陸。其經由水路，合用馬舡及諳識水脈梢工草料等。令所屬州縣預先約度計置，仍委逐路監司提舉。乞自朝廷立格推賞，以爲激勸。』詔令吳璘看詳提領，疾速措置。其後九月二十一日，知夔州張震言：『四川綱馬改移水路，一、竊見茶馬司一處每年合發歲額馬及宣州所買馬約計二百三十五綱宣州：疑誤。。每綱五十匹，共計一萬一千七百五十匹。每一綱要得舡三隻，每一隻頓放一十八匹。每舡搖櫓六枝，水手三十六人，梢工四人，計舡三隻，合用一百二十人。每人日支雇錢二百文、食錢三百文，自夔州順流至歸州，三日泝流，雖是空回，係上水，梢工、水手依舊銷得上件人數，且約十二日可回，共計十五日，計支破錢九百貫文，止係一綱。二百三十五綱，計支破錢二十一萬一千五百貫文。止係一州之費。其餘十州，可以類推。所有起蓋馬驛及一行官兵批支錢糧、草料數目在外。一、川蜀無載馬舡，今若製造，每一綱舡三隻，一年內，除四箇月半水漲月分外，每一日發一綱，半月方得往返一遭，必又須更有十五綱舟舡，並每船各要梢工水手在岸下，方可循環津載，不致積壓。須要四十五隻舡、一千二百人，梢工水手不輟往來，日破口食若干，州縣每年要一萬二千人，別無差雇去處。船四十五隻，每隻打造縻費八百貫文，共計三萬六千貫文。每一船一年往回十五次，必是敗腐，又須一年一次打造。馬綱一萬一千七百五十匹，每匹日支大麥八勝、粟草十三斤，到發約批支三日，計每三批支大麥二千八白二十碩，每碩二貫，計五千六百四十貫文；粟草四十五萬七千五百五十斤，委是出產不敷，難以樁辦。一、江道自利至合，春冬淺澀，難以樁重載；自合至歸，夏秋江漲，阻水難行。峽山之間，寸草亦無，何以飼馬？一、且以利、閬、果、合、恭、涪、忠、萬、夔、歸、峽等一十一州計之，每年分外虛費二百餘萬緡。』詔除打造舟船外，其餘事件，並令吳璘管辦。其州船，令王十朋疾速應副。《朝野雜記》云：『又且出產不敷，決難樁辦。大臣進呈，上曰：『第令造舟與璘，他日有損壞，軍自修，其他皆吳璘自辦。』事遂行。汪聖錫時在成都，亦言其不便。不聽。始議馬綱至鄂州遵陸。』十一月十五日，知樞密院事汪徹奏：『川馬既委吳璘用船自峽江發出至鄂渚，若令諸軍以馬船去取，自大江順流而下，似亦爲便。』上曰：『大江風濤或作，即數日不可行，但依舊令出陸。』是月二十五日，執政進呈吳璘奏馬綱經由水路畫一，汪澈等奏曰：『先降指揮，除造船外，並委吳璘管辦。今吳璘條具，卻復委茶馬等司及沿流諸州。若從其請，事決不可辦。』上曰：『只可依元降指揮，別條具上來。』至二十六日進呈，得御筆：『依』。二十六日，樞密院言綱馬由水路，切慮舟船未辦，排發留滯。詔令三衙且依舊陸路取指揮，候舟船辦日，依已降旨揮施行。十二月五日，樞密院言：『綱馬改移水路，勘會打造舟船，分付吳璘掌管。所有撐駕人並草料，並係吳璘管辦。』詔並依，令吳璘催督夔路安撫司打造舟船，先次經由水路發十綱。其餘照應降旨揮施行。十二月十二日，宰執進呈四川制置汪應辰《論馬綱由水路利害》，上曰：『可更令吳璘相度，已作如何施行。』是月十五日，宰執進呈吳璘《乞催夔歸州造馬綱船及修棧道》，洪适奏曰：『夔、歸、峽州道路嶮峻，人猶不可行。所謂棧道，非西路棧道之比，馬豈可行也。元降旨揮，係至荊南出陸。』上曰：『可即依元降旨揮行下。』二年五月十九日，宰執進呈吳璘《奏馬綱經由水路劄子》，並錄到知歸州周升亨書，稱已辦集舟船草料什物。上曰：『歸州亦不易皆辦。』适等奏曰：『先來乞歸、夔二州未辦，今辦只歸州，夔州未見申到。吳璘稱先將宕昌西馬由水路排發，如將來水路通行，比較出陸，別無死損，即將所買川馬亦於水路排發。臣等觀吳璘之意，次第亦疑水路有未盡善。』上曰：『吳璘所奏，正依得元降旨揮，先於水路起發十綱。』二月六日，進呈吳璘等《論水路綱馬利害》，适等奏曰：『王十明、查籥等具奏，皆已降出。惟吳璘奏狀未見。』上曰：『此事本責辦吳璘。具今次所申，理會得全然未是。下水用取馬軍兵，不知船如何回？奏狀已專使人持去，令別措置矣。今未須理會，且俟其回報。』是月十二日，宰執進呈璘奏：『水路先起西馬五十綱，逐州合用船、人、草料皆已支俵交子。』上曰：『此回措置得甚好，可依。』适等奏曰：『周時等先理會回船上水，少人牽駕。今吳璘以取馬人帖船下水，不曾及上水一節，莫更備周時等所陳，令吳璘相度措置？』上曰：『善』。十三日，夔州路轉運判官周時、查籥奏：『綱馬改移水路，竊見本路所隸六州，自恭至涪，水路往回九日；自涪至忠，往回七日；自忠至萬，往回七日；自萬至夔，往回十日；自夔至歸至峽，正當灩澦、瞿唐、人鮓甕、新灘、查灘之險，往回各一十二日。蓋下水載馬，逐州交替，不過三兩日，而回船上水，或費八九日，灘磧至多，牽挽甚難，所破人夫，正要趁回摺運。今宣司旨揮，每隻用招梢四人，搖櫓四枝；用火兒四名，貼差逐州回船軍兵五人，與牽馬人二十五人，同共搖櫓。此特論下水一劑，不知馬船回日，卻令何人牽拽？兼回船軍兵並牽馬人皆是上江未曾經曆灘險之人，而欲令搖櫓於驚波怒浪之中，以載踶齧不可測之馬，豈不誤事？』詔吳璘從長相度施行。同日，吳璘言：『一、打造馬船。近據合州申，創造每隻合用物料、人工、口食等錢共四百四十貫。本司已那支過錢引七萬五千貫，僅可打造馬船二百隻。今來諸馬船及七分已見就緒。一、今乞將川馬由陸路發行外，先次管認發三衙所取西馬五十綱。除馬草已行下諸州應副，具申本司支撥價錢外，有馬料每綱五十匹，日支料四碩，五十綱共料二百碩。以逐州遠近約度支過馬料價錢，利州至閬州三日，今大約四日；閬州至果州三日，今大約四日；果州至合州三日，今大約四日。已上計三州綱馬五十綱，經過日支料二百碩，四日料共計八百碩，每碩支錢引兩貫。本司已每州支錢引一千六百貫。合州至恭州，恭州至涪州，涪州至忠州，忠州至萬州，萬州至夔州，已上逐州止是一日或一日半可到。今大約兩日。馬五十綱，兩日共四百碩，每碩價錢一貫五百文。今大約支兩貫，每州合支錢八百貫。已每州各支錢引一千貫。夔州至歸州，歸州至峽州，已上逐州各約三日可到。馬五十綱，三日支料六百碩，每碩價錢一貫五百文。今大約兩貫，已每州各支錢引一阡二百貫。已上共計支過馬料錢引一萬二阡二百貫，付逐州收管。如有少數，具申本司支撥，並不令科於民間。一、和雇梢公、火夫。近據閬州申：本州打造七百料馬船二十隻，每兩隻可載馬一綱。契勘若五百料已上船，亦可裝載。若及七百料，可載馬二十五匹，每隻合銷梢工四人，櫂櫓四支，共用搖櫓、火兒四名，貼差逐州所差回船軍兵五人，與牽馬人二十五人同共搖櫓。

若是五百料以上船，用三隻載馬一綱，每船一隻，合銷梢工三人，搖櫓兩枝，用火兒二名，與回船軍兵牽馬人同共搖櫓。其和顧梢工、火兒若從多數，每馬五十匹計一綱，用梢工八人、火兒八人，共一十六人。以逐州水路遠近約度，那支過諸州和雇梢工、火兒五十綱錢引下項：利、閬、果、夔、歸五州水路稍遠，約計三日或四日可到。梢工往復，各支錢引肆貫；火兒各支錢引兩貫。每綱支和雇錢引四十八貫，五十綱共支錢引二千四百貫。五州計支錢引一萬二千貫已，支撥付逐州收管。令本州相度，如更有少數，令逐州量行添搭，不令科於民間。合、恭、涪、忠、萬五州水路稍近，一日或一日半可到。梢工往復，各支錢引兩貫五百，火兒各支錢引一貫五百。每綱計支錢三十二貫，五十綱計支錢引一千六百貫，五州共計支錢引八千貫。本司支撥付逐州收管。令本州相度，如更有少數，令逐州量行添搭，不令科於民間。已上十州，共計支錢引二萬貫，付逐州應副和雇梢工、火兒去訖。通前共支造船並馬料、和雇梢工、火兒等錢共計錢引一十萬七千二百貫，打造馬船錢引七萬五千貫，綱馬料錢引一萬二千二百貫，和雇梢工、火兒錢引二萬貫。今乞將川馬由陸路發行外，乞將三衙所取宕昌西馬發五十綱，經由水路前去赴行在。如將來水路通快，比較得所發馬比陸路別無死損阻滯，即乞將西馬經由水路排發施行。』詔依。三月二十一日，辛執進呈臣僚《論馬綱由水路利害》，且謂『造船工役，《朝野雜記》：『於是大臣因爲上言，恐璘亦疑水路未盡善。上未以爲然。明年春，夔路轉運司主掌文字潼川任續至行在上言：『今造舟已畢，工役遂事。』』灘險山程，利害相當，在所不論。惟欲撥陸路之芻秣，以免沿流之煩費。輟四路之軍兵，以免篙梢之追擾。在巴峽州郡，人戶彫瘵，非他路之比。今委茶馬司所撥支用，則夔路不患於煩費矣。四路廂、禁軍數目不少，各輟五千，分於沿流十郡利、閬、果、合、恭、涪、忠、萬、夔、歸充水軍屯駐，請給衣糧各從元來處科撥，馬綱行而迎送，舟船馬綱住而訓習水戰，則差募篙梢，亦不擾民而馬綱無廢事矣。』上曰：『前後論馬綱者不一，而此頗得要領。吳璘已嘗差軍兵，令相兼差撥。』於是詔令制置司分逐路州軍大小，抽差廂、禁軍共三千五百人，於沿路十州屯駐，同吳璘正兵相兼使喚。《朝野雜記》云：『三月甲子三月，時真父已去，王龜齡代之，與漕臣查元章皆力論其擾人。不聽也。有知歸州周允升者，傅會璘說，言本郡舟船、草料皆已辦集，即擢爲夔路轉運判官，而任續者亦除知涪州，又易恭州，使行其說。峽江湍險，軍士素不諳習，一遇灘磧，人馬覆溺，於是驅沿流之民爲之操舟，所齎衣糧皆遭劫奪，所過雞犬爲之一空。未幾，璘薨，虞並父代爲宣撫使。』七月十二日，提舉四川等路買馬監牧公事陳彌作申：『馬綱經由夔路，取撥錢物，應副本路沿流州縣支遣。乞專委本路漕臣一員兼提舉馬綱程驛公事，庶幾錢糧有以任責，不致闕誤。』從之。三年十月三十日，四川宣撫使虞允文言：『均、房州一帶馬路多曆嶮嶺，又多亂石，所以多壞馬蹄，以致死損。利州水路至荊南府凡十二郡，計三千餘里，分置船驛，數目浩大，挽而溯洄，用人力至多。若一旦阻風，行船不得，或至三五日，馬失喂飼。今別踏行馬路有二：一者舊係房、金州上京驛路，皆平坦，多係沙地，於馬行相宜。但一段去虜界稍近，二百七十里。恐生邊隙，未敢便施行。一者自金州上船，至淨口，水行五驛，出船至外口，陸行四驛，合舊行房州馬路。馬止曆均、房兩州，不過五百餘里，盡避得金、房州數十重大山。比利州水路減十之九。見一面措置到圖子進呈。』詔令允文擇其利便，一面改易施行。嘉陵而上，馬綱順流而下，則又卻行而避之。押馬官兵怙眾強橫，騷擾江村，商販之舟，尤被其毒。此馬船之害於糴買也。使江道有益於馬綱，猶於糴場大有妨礙，而況水路馬數較之陸路，存亡相若。以此妨彼，尤爲非便。』詔川路馬船日下廢罷，使商販米斛之舟往來通快。十一月二十九日，臣僚言：『四川糧饟，取給於利、閬之糴買。訪聞糴買之害者曰馬綱。

藝文

宋 慕容彥逢《摛文堂集》卷七《朝散大夫直龍圖閣提舉成都府利州陝西等路茶事兼陝西等路買馬監牧事孫鼇抃可與轉一官制》 敕具官某：惟爾心術疏通，濟以勤恪，市茲萬馬，差擇惟良。稽勞敘恩，擢升品秩，體予嘉獎，其懋承之。可。

宋 劉一止《苕溪集》卷三七《趙開復右文殿修撰除都大主管成都府利州熙河蘭廓秦鳳等路茶事兼提舉陝西等路買馬監牧公事填見闕》 勅具官某：摘山市駿，通番漢之利，肇自元豐，置司設監，揔領之任，其選甚高。軍興以來，秦蜀道阻，懋遷之政無復存焉。爾才術之優見於已試，心計之妙不減古人，肆命爾復領是事，爾惟整肅綱條，時其出納，與夫除蕁置廐，絜泉美薦，勿替於昔，則以谷量馬，將在于中國論撰之職，用勸爾功，尚其勉之。可。

宋 蘇籀《雙溪集》卷三《送都屬八舍弟桂林買馬一首》 夷德貪婪漢財賄，莫惜金多能使鬼。噴玉難拘伏波式，上駟超搖獻天子。子今叱馭湘南裔，桂嶺下下復高高。烏驚獸駭征人喟，當官官事從容理。思馬斯臧由此始，電尾風駿未平齒。絶壑踔山如歷塊，執驅效牽髯校尉。槽櫪經由書殿最，謝公總統修戎備。二柄德刑兼兩寄，不矜吾黨愈推能。宵旰潛心活國計，雜沓英豪乘虎騎，日闢神州一百里。

宋 喻良能《香山集》卷三《余同年田試院積俸給買馬而歸中路幾逸戲作長句贈之》 知君幾作東野畢，瘦馬田間風欲逸。圉人白汗似翻珠，暫爾奔騰未為失。歸家須辦紫游韁，玉轡紅纓搖鬧裝。一鞭嘶風映垂楊，要試寧川春草長。

宋 周必大《文忠集》卷九八《忠翊郎閤門祗候孫德敦武郎劉廣並爲押馬綱倒斃三十匹各降一官展磨勘一年》 勑具官某等：百金市駿骨，設喻以求賢也。若真質馬而道斃之，豈不傷財之事乎？其詔貶秩如律。可。

宋 佚名《宋朝大詔令集》卷一八一《禁富人市內屬戎人馬詔太平興國六年十二月辛卯》 朝廷先於邊郡市馬，償以善價。內屬戎人驅馬詣闕下者，悉令縣次續食以寵之。如聞富人多齎金帛詣塞上，私市馬，致戰騎多闕，不能充入，舊貫者職此之由也。自今一切禁斷，違者許告，每疋償錢十萬，私市者論其罪，中外文武官犯者所在聞奏。

又《許民市沿邊戎人馬駑駘者詔太平興國八年十二月己酉**》** 先是禁民於沿邊諸郡私市馬，戎人賣馬官市，良而棄駑。又禁民不得私市，往來死於道者衆。戎人所利國馬無以充舊貫，自今邊郡謹視馬駑駘者，刻毛以記，許民私市。庶羌戎獲利，而歲驅馬通閔市，有以補戰騎之闕焉。

又《川茶博馬御筆大觀年月日**》** 川茶有數品，而唯雅州名山茶為外人貴重，可令熙河蘭湟路以名山茶易馬，恪遵神考之訓，不得他用，以餘茶博糴，量度茶數，勿使過多，蓋多則賤茶而吝馬，少則賤馬而貴茶，可委陳敦復措置聞奏。

金 丘處機《磻溪集》卷二《初冬括馬值雨》 十月滂沱雨，三更洶湧聲。浮雲連海嶠，激水湧山城。野暗風波急，泥深道路傾。行人兼走馬，一夜到天明。

元 成廷珪《居竹軒詩集》卷三《送傅德潤陪將作同知武昌買馬回京》 維揚館裡送軺車，却筭分攜八載餘。天使出求沙苑馬，星郎厭食武昌魚。數鞭已報充華廄，上冢毋忘過舊廬。老我平生無駿骨，可從郭隗借吹噓。

管理

論説

宋 宋祁《上仁宗乞收還牧地罷民間馬禁》《諸臣奏議》卷一二五 臣頃年為羣牧使，其時曾擘畫欲於諸監市母馬，合見馬共成五七萬疋，一歲大約得駒五萬。不出五年，得二十五萬。就中破死損十分之二，得駒二十萬。於二十萬中選出負馱馬十分之五，得戰馬十萬疋，以為中國有此馬，可與夷狄相馳逐，使聞風畏威，不敢有闚邊境意。是時西事已定，朝廷求安，便忽畧此事。有司指擿臣奏以為迂濶，但言放牧之地，侵損民間膏腴田疇，有損無益，於是寖廢。且馬者兵之本，倉卒求之不可得。若無事時歲月孳養，臨事乃無闕乏。臣欲乞選左右名臣，議羣牧養馬法，收還牧放舊地，多列廄庌，檢詳新舊條約，擇取便宜，如臣所請，且為新制；及罷河東、陝西馬禁，許民間與蕃落自相貨買；及許天下民養馬，敕州縣不得許在貲財之限。其牧馬，臣且以十年為期，若歲歲孳養，當得二十萬疋，而天下百姓所養馬亦益多。假令西北二邊敢為風塵，則我兵足馬，健與之角戰，誠不足畏。貼黄：今天下馬軍，大率十人無一二人有馬，而所習技藝與步兵不同，緩急不堪移充步人使喚。今軍人無馬，是國家虚養此兵，有名無實。又貼黄：臣舊知牧馬數不多，於中選取戰馬，即又數目益少。此事最為用兵切務，伏乞朝廷深以為意。嘉祐五年上時再任羣牧使。

宋 宋祁《景文集》卷二九《論群牧制置使》 臣伏見舊有羣牧使，昔以樞密院一員總領。臣以為國之大事在兵，兵在馬。今但以兩制以上領羣牧使，其于小臣浮議，易為更易；若樞密大臣兼總之，不惟要見國馬登耗大數，準量騎數所用，又免小臣狂妄議論。所貴牧事寖重，速致成效。

又《論復河北廣平兩監澶州兩監》 西北二敵所以能抗中國者，惟以多馬而人習騎，此二敵之長也。中國馬少，又人不習騎，此中國之短也。每至敵來作過，則朝廷常以所短禦所長，是以十戰十負，罕有勝理。今議者但欲益兵破敵，不知無馬且不能為兵也。用兵七年，終不聞講牧馬之制，此寧朝議未之思乎？今羣牧司管河北凡十監，其五監畜孳生馬，五監畜大馬，然未嘗有數登十萬匹者，何其弱也！今河北洺、衛、相、北京五監之地，皆水草甘涼，可以蕃息。但官非其人，不能盡法牧養。何者？馬數雖增，未之賞；馬數雖耗，未之罰。急則括買民馬，苟以充數。既不可用，徒有芻秣之費。驅之邊境，未戰而凍死者十八九矣。又聞河北洺州、廣平舊有三監，今惟一監存焉。欲望朝廷差有智識近臣，按求舊地，復為三監。澶州舊有東平監，水草地氣與洺、相一體，亦可興復。此二監合河北五監，通為十監。每監以一萬匹為定額，如國家牧養得人，則五年之間，可以自養及額，餘數則可以分入河南鄭、許、西京三監及在京騏驥院、天駟、天廄諸監坊矣。同州、沙苑一監，地尤宜馬，令郤只畜大馬，不令孳育，殊乖所宜。欲望朝廷許將孳生馬五千就沙苑，分左右兩監，委官益占官地，謹加牧放。五年之間，亦可得數萬。七年之後，可支陝西沿邊諸州戰馬之闕矣。

宋 佚名《群書會元截江網》卷二五《事證》 東南馬無益勝敗。今之吳、蜀，自古未有用馬以興者，孫權之在吳，或得馬於交趾，或得馬於高麗，而未聞以騎勝。諸葛亮在蜀，五出攻魏，以八陣治軍旅，而亦未聞於用馬。宋文帝元嘉之薄伐，高麗奉詔獻馬八百，沮渠蒙遜、新羅、百濟、吐谷渾等皆受職以修貢，取之不憚其險遠，騎兵日以蕃息，而段宏之虎牢之戰，八千精騎一舉而淪喪，劉忝之繼以千五百騎，沒於汝陽。陳高祖之大建蕭摩訶，亦以八千騎潰於呂梁，則非無馬，而豈救其潰沒淪喪哉？其間獨陳慶之以五百騎破元韶，以三千騎破元穆，逐元顥於洛陽，四十七戰平三十三城，號用馬以克捷，而河橋之敗不旋踵，慶之僅以身免，則馬誠無益於戰勝敗之數也。

又 南方不利騎戰。自古南北戰爭，南方未聞以騎勝者。蕭何之在關中，發巴蜀甲卒以爭衡於山東，未聞巴蜀以馬勝也。李陵之征匈奴，舉荊楚勇士、奇材劍客以深入單于，未聞荊楚以馬勝也。不特此爾，楚莊居江陵，而以左右游闕四十乘敗晉師，吳壽夢居姑蘇，而以偏兩之乘撓荊楚，則以車戰取勝矣，未聞取馬於他國而以騎勝也。諸葛亮在蜀，以八陣出入隴表，震蕩中原；王鎮惡在宋，以舟師自河泝渭，蕩平關輔，則用舟師陣法矣，而非以騎勝也。大概皆用我所長，取我所有以制勝耳。

又 國朝馬政修廢。國朝馬政畜於監牧者曰官馬，散於編户者曰户馬，市於邊郡者曰戎馬。然與其畜之於民，孰若市之於戎；與其市之於戎，孰若養之於官。何者？民間畜養指為外廄，非不可也，然馬多不精，多蓄駑弱，況民至受其害乎？沿邊等郡估買番馬，非不可也，然加費益增，牧數不加，況戎反享其利乎？此國朝所以重於監牧也。騏驥有院，天駟有監，天廄有坊，置羣牧司，又置羣牧使，此在内監牧之制。自河北至許州，已有十八監，兩河陝西有都總管處復置一監，太原交城又復置馬監，既委羣牧司，又委守倅兼領，此在外監牧之制。故陳堯叟作羣牧議，勒石於監，信知監牧馬便且急也。熙寧大臣何人哉，誤聽曾孝寬之説，而棄文潞公之議，舉祖宗七八十年營成之制，一旦盡壞，付農民以牧地，散國馬於編户，每一都限馬五十匹，十五年而足謂之保馬，而郡縣阿附，不一二年而足之，天下騷然，不勝其擾，至煩天子，有安石相誤之嘆。噫！其忍負之乎？夫養馬於兵，在成周未嘗不行，在祖宗未嘗不用。聽民畜養，市以本直，祥符制也；詔能畜馬，與免二丁，嘉祐令也。如是民何憚而不牧之。夫何熙寧大臣急於争利，一槩取民，民始不堪爾。迨至民馬已竭，國用復闕，於是求之外界，而設茶馬之職焉。市馬於戎，雖不及牧之於官，亦猶愈牧之於民，此尚有可言也。愚嘗考之國朝市馬、戎馬之制，始易以銅錢，戎固獲其利，次易以銀絹，戎復獲其用，今以摘山之利而市充廄之良，戎人得茶不能以為我害，中國得馬足以為我利，亦濟用之良策。初，命李杞川蜀市茶，蒲宗閔茶鳳易馬，始蓋分任其事，至郭茂恂言茶司立法以害馬政，後遂專任其事。是職既設茶課百萬，獲馬萬匹，其效亦可見矣。不然，元祐變法，更革殆盡，獨茶不廢者，亦有以夫。

又 損馬益步。寶元、康定間，西鄙用兵，馬益不至，四歲市馬，終三萬而已。於是丁度之奏將欲畜馬於鄉兵，葉清臣之獻言欲付馬於上户，以今觀之，皆不若宋祁、田況二公之策為盡善也。祁之策曰：『天下久平，馬益少，遂請損馬而益步。馬少則騎精，步多則鬬健，我能用步所長，雖契丹多益馬，無所用之。』況之策曰：『請料邊兵，益步而減騎，但五分得一足矣。以一騎之費可贍步兵二人，而又寬括馬之擾，有能省牧馬之費，益招步兵，以我之長擊彼之短，何患乎不能制勝哉？』

又《時政》 朝臣占借之弊。今日京城所畜之馬，其數亦不為少矣，奈何自執政、侍從、臺諫、給舍而下，以至省官環衛勳戚閹尹之屬，占借之馬，其數甚廣，往往預指其姓名，陰記其毛色，如寄諸鄰而取之、愛之，以甚者既豢養之太過，畧不經意者又飢餓而不恤。甚至馬斃於廷紳之櫪下而罪歸於本軍之馬主，料減於庾官之斛面而責叢於本隊之豢卒，如是則馬之登耗又安可專咎夫掌牧之任哉？況其占借之騎皆西馬之駿而非廣馬之駑，皆西馬之良而非廣馬之劣，矧今西馬之來愈難，而廣馬已非厚資不可多得，盍亦思所以裁抑而區處之乎？

宋 張孝祥《于湖集》卷一八《乞擇近臣令行荆襄參酌去取牧馬專置一司奏狀》 近准樞密院劄子，備奉聖旨令臣同司馬倬趙某、張某，相度於湖北、京西置一孳生馬監，措置條具利害供申。臣尋關牒京西安撫及兩都統司，各據回文，欲以騍馬四千疋分爲四監，內鄂州都統司認養二千疋，荆南都統司認養一千疋，湖北、京西安撫司各養五百疋。臣竊惟中興以來，馬政不脩，歲歲博買，其費巨億，而諸軍之馬愈更乏少，此則牧養之道未得其宜故也。今朝廷方議置監，欲還祖宗之舊，若措置得宜，則省國用，振軍威，制夷狄於是乎在。蓋政事之大者不可苟且嘗試而爲之也。今若諸軍分養，則與前日之撥綱馬略同。諸軍苟於得馬，不復爲經久之計，一二年後稍有折閲，則又將以辭自解，謂荆、襄非宜馬之地，如此則東南長無牧養之利，必資諸蠻而後可耳。臣愚欲望聖慈特出聰斷，於近臣中不間文武，擇知馬者一二人令行荆、襄、淮南境中，與諸軍帥守臣寮深圖地土水草之宜，國朝以來所置監牧已行故事，条酌去取，具以上聞，取自聖裁，專置一司，付以事權，嚴爲黜陟之科，責其成功。如此則宣撫司所買四千疋不爲虛費，假以歲月，朝廷眞得牧馬之用。須至奏聞者。小貼子：諸軍揀汰使臣軍兵，所在成羣，若今後撥付牧馬監，令逐州軍解發，按月請俸，就監支給，專令牧養，實爲兩便。伏候勑旨。竊聞西北諸監，惟沙苑最盛，訪聞監兵見今猶有存者，散在關外諸軍，乞令宣撫司從實根刷，撥付今來置監去處指教。伏候勑旨。

宋 章如愚《山堂考索·後集》卷五〇《又論》 宋初，歲遣市馬於邊，自是閑廐始充。太宗平太原之後，得汾、晉、燕、薊之馬，分置諸州。咸平三年，置羣牧司總以內外馬政，其後歲遣判官一人，巡行諸監。景德中，羣牧司判官王明上《羣牧故事》六卷，採摭舊聞，次其類例，上曰上古，下暨皇家，

生息之耗登，蓄孳之訓，至於九龍十驥之名稱，東門、西門之骨法，無不具焉，亦可見其盡心於職矣。雖然自穆王巡狩，而八駿之名顯，曰赤驥，曰渠黄，曰驊騮，曰騄耳之類，在李觀則有序，在白居易則有歌，此其名之彰彰者也；曰專兵，曰路軨，曰騎馬，曰駿馬，武帝又改門曰銅馬，此漢太僕四令丞之名也；曰龍馬，曰閑駒，曰槖泉，曰騊駼，曰承華，此漢太僕五監之名也；曰未央，曰承華，曰騊駼，曰騎馬，曰路軨，曰天廐，此漢六廐之名也。曰汗血，曰天馬，曰渥洼，曰余吾，此武帝所得於西域之名也。曰飛黄，曰吉良，曰龍媒，曰騊駼，曰駃騠，曰天苑，此唐左右六閑之名也。曰祥麟，曰鳳苑，此唐二廐之名也。曰保樂，曰甘露，曰南晉，曰北晉，曰岐陽，曰太平，曰宜祿，曰定足，此唐八坊之名也。曰騰霜，曰皎雪，曰凝露，曰決波，曰飛霞，曰發電，曰流金，曰祥麟，曰奔蛇，此貞觀間骨利幹十驥之名也。憲宗伐蔡，市馬於河西，故有龍波監之名；穆宗牧馬於銀州，故有銀州監之名，此皆不可不知也。凡兵之動，莫善於馬之良。六月之詩，『四牡騤騤』，二章曰『比物四驪，閑之維則』，三章曰『四牡脩廣，其大有顒』，五章曰『四牡既佶，既佶且閑。』

明 黄淮《歷代名臣奏議》卷二四二《馬政》 順帝至順二年監察御史陳思謙上言又言：『軍站消乏，簽補則無殷實之戶，接濟則無羨餘之財，倘有征行，必括民間之馬，苟能修馬政，亦其一助也。方今西越流沙，北際沙漠，東及遼海，地氣高寒，水甘草美，無非牧養之地，宜設置群牧使司，統領十監，專治馬政，並畜牛羊，數年之後，馬實蕃盛，或給軍以收兵威，或給站以優民力，牛羊之富，又足以給國用，非小補也。』

綜述

宋 竇儀《刑統》卷一五《牧畜死失及課不充》 諸收畜產，准所除外，死、失及課不充者一，牧長及牧子笞三十，三加一等；過杖一百，十加一等，罪止徒三年。羊，減三等。餘條羊准此。新任不滿一年而有死、失者，總計一年之內月別應除多少，准折爲罪。若課不充，遊牝之時，當其檢校者，准數爲罪，不當者不坐。遊牝之後而致損落者，坐後人。繫飼死者，各加一等。失者，又加二等。牧尉及監，各隨所管牧多少通計爲罪，仍以長官爲首，佐職

爲從。餘官有管牧者，亦准此。［疏］諸牧畜產，准所除外，死、失及課不充者一，牧長及牧子笞三十，三加一等；過杖一百，十加一等，罪止徒三年。羊，減三等。注云：餘條羊准此。【議曰】廄牧令：諸牧雜畜，死耗者每年率一百頭論，駞除七頭，騾除六頭，馬、牛、驢、羖羊除十，白羊除十五。從外蕃新來者，馬、牛、驢、羖羊皆聽除二十，第二年除十五；駞除十四，第二年除十；騾除十二，第二年除九；白羊除二十五，第二年除二十。第三年皆與舊同，准率百頭以下除數。此是年別所除之數，不合更有死、失及課不充者。應課者，准令：牝馬一百匹，牝牛、驢各一百頭，每年課駒、犢各六十，騾駒減半。馬從外蕃新來者，課駒四十，第二年五十，第三年同舊課。牝駞一百頭，三年内課駒七十。白羊一百口，每年課羔七十口。羖羊一百口，課羔八十口。准此欠數者，爲課不充。除外死、失及課不充者一，牧長及牧子笞三十，三加一等，即是欠二十二，合杖一百。過杖一百，十加一等，計欠七十二，罪止徒三年。羊減三等，欠三以下，未有罪名，欠四笞十，三口加一等，罪止徒一年半。注云：餘條羊准此。餘條，謂養飼不如法之類。但餘條皆論畜罪名，無羊者並減馬三等，故云准此。又云：新任不滿一年而有死、失者，總計一年之内月別應除多少，准折爲罪。若課不充，遊牝之時，當其檢校者，准數爲罪，不當者不坐。注云：遊牝之後而致損落者，坐後人。【議曰】新任不滿一年，謂任牧尉、牧長、牧子不滿周年，而有死、失，總計一年之内，准折爲罪，謂若騾新從外蕃來，當年聽除十二，即是月別得除一頭，新任三月除三頭，五月除五頭。餘畜一年准當色應除數，准新任月別折除分數，亦准此。若除外死、失，皆准上文得罪。若課不充，遊牝之時，當其檢校者，准數爲罪。准令：牧馬、駝、牛、驢、羊，牝牡常同群。其牡馬、驢，每年三月遊牝。應收飼者，至冬收飼。不當遊牝之時，課收雖不充，依律不坐。注云：遊牝之後而致損落者，坐後人，謂雖不當遊牝之時檢校，於後損落，仍得其罪。又云：繫飼死者，各加一等。失者，又加二等。牧尉及監，各隨所管牧多少通計爲罪，仍以長官爲首，佐職爲從。注云：餘官有管牧者，亦准此。【議曰】繫飼死者，加一等，罪謂應牧繫養之者，收飼理不合死，故加罪一等。雜畜一死，笞四十，罪止流二千里。失者，又加二等，以其繫飼，不合失落，故加二等。稱又者，明累加，即失一杖六十。罪止流三千里。繫飼羊，亦各減三等。牧尉及監，各隨所管牧尉、長通計爲罪。依令：牧馬、牛皆百二十爲群，駝、騾、驢皆以七十頭爲群，羊六百二十口爲群，群別立牧長一人，率十五長置尉一人，其監即不限尉多少。通計之義，已從户婚解訖。仍以長官爲首，佐職爲從者，爲群牧事重，委在長官，死、失及課不充，以監爲首，副監及丞、簿爲從。條言佐職爲從，明主典無罪。注云：餘官有管牧者，亦准此。其牧有置監管者，亦有隸州縣官管者，故云餘官有管牧者，亦准此。

又 諸驗畜產不以實者，一笞四十，三加一等，罪止杖一百。若以故價有增減，贓重者，計以增減坐贓論；入己者，以盜論。【疏議曰】依廄牧令：府内官馬及傳送馬驢，每年皆刺史、折衝、果毅等檢揀。其有老病不堪乘用者，府内官馬更對州官揀定，開封府管内送尚書省揀，隨便貨賣。檢揀者並須以實，不以實者，一笞四十，三加一等，罪止杖一百。若以檢揀不實之故，令價有增減者，計增減之贓重，坐贓論，謂驗一不實，增三匹一尺及減三匹一尺，各笞五十，每一匹加一等，十匹徒一年，十匹加一等。若因此增減之贓將入己者，計罪以盜論，仍徵倍贓。監主加二等，一匹以上除名。其閒有增減不平之贓，有入己、不入己者，若一處犯，便是一事分爲二罪，罪法不等，即以重法併滿輕法，須將以盜之贓累於坐贓之上科之。其應除、免、倍贓，各盡本法。若驗羊不實，減三等。其增減贓坐贓及以盜論者，並各依本條，不在羊減三等之例。諸受官羸病畜產，養療不如法，笞三十；以故致死者，一笞四十，三加一等，罪止杖一百。【疏議曰】依廄牧令：官畜在道，有羸病不堪前進者，留付隨近州縣養飼、療救，粟、草及藥官給。而所在官司受之，須養療依法，有不如法者，笞三十。以故致死者，謂養療不如法而致死者，一笞四十，三加一等，罪止杖一百。諸應乘官馬、牛、駞、騾、驢，私馱物不得過十斤，違者一斤笞十，十斤加一等，罪止杖八十。其乘車者，不得過三十斤，違者五斤笞十，二十斤加一等，罪止徒一年。即從軍征討者，各加二等。若數人共馱載者，各從其限爲坐。監當主司知而聽者，併計所知，同私馱載法。［疏］諸應乘官馬、牛、駞、騾、驢，私馱物不得過十斤，違者一斤笞十，十斤加一等，罪止杖八十。【議曰】應乘官馬、牛、駞、騾驢者，謂因公得乘。傳遞或是軍行，但因公事而得乘官畜者，私馱物不得過十斤。十斤之外更着者，一斤笞十，十斤加一等，罪止杖八十。又云：其乘車者，不得過三十斤，違者五斤笞十，二十斤加一等，罪止徒一年。即從軍征討者，各加二等。【議曰】應乘官車，或載官私之物，載限之外，私物不得過三十斤，違者五斤笞十，二十斤加一等，罪止徒一年。從軍征討者，各加二等，馬、牛以下，車以上，各加常犯二等，馬、牛、駞、騾、驢，七十一斤，罪止杖一百；車，二百五斤，罪止徒二年。又云：若數人共馱載者，各從其限爲坐。監當主司知而聽者，併計所知，同私馱載法。【議曰】若數人共馱載者，謂乘官畜及車。應得私載物限外，謂畜過十斤，車過三十斤。假有十人同乘官畜，馱私物各十斤，其中五人數外各過一斤，依律各笞十；三人各過十一斤，各笞二十；二人各過八兩，律云過一斤笞十，今載不滿一斤，依律各無罪。又有十人同車，載私物各三十斤，其中五人數外各過五斤，依律各笞十；三人各過二十五斤，各笞二十；二人各過二斤八兩，依律數不滿，各無罪。其監當主司知情者，併計前畜，總過三十九斤，同私馱法科罪，笞四十；車，總過一百五斤，同私載法，合杖六十之類。若從軍征討，亦依前各加二等。其有他人寄載，各計一斤以上爲罪，皆同私馱載法，主當車馬及寄物之人，得罪各等，亦無首從。監當官司知情，准上解。若隨身衣仗應將行者，各在私物斤兩之外，不在計限。

又《乘駕損傷官畜》 諸乘駕官畜産而脊破領穿，瘡三寸，笞二十；五寸以上，笞五十。謂圍繞爲寸者。若放飼瘦者，計十分爲坐，一分笞二十，一分加一等。即不滿十者，一笞三十，一加一等。各罪止杖一百。［疏］諸乘駕官畜産而脊破領穿，瘡三寸，笞二十；五寸以上，笞五十。注云：謂圍繞爲寸者。【議曰】乘駕官畜産，謂牛、馬、駞、騾、驢。乘騎者脊破，駕用者領穿，瘡三寸，笞二十；五寸以上，笞五十。稱以上者，瘡雖更大，罪亦不加。若是別傷，非乘駕所損，自從傷官畜産之罪，不當此坐。注云：謂圍繞爲寸者。即是瘡圍三寸，徑一寸；圍五寸一分，徑一寸七分。雖或方圓，准此爲法。但廉隅不定，皆以圍繞爲寸。又云：若放飼瘦者，計十分爲坐，一分笞二十，一分加一等。即不滿十者，一笞三十，一加一等。各罪止杖一百。【議曰】若將官畜放飼，謂牧監之官及牧子以上，令瘦者，計十分爲坐。假令一群百匹馬，十匹瘦爲一分，合笞二十，一分加一等，九分並瘦，或百匹皆瘦，合杖一百。即不滿十者，一笞三十，一加一等，謂止放八匹，一瘦笞三十，八匹並瘦，更加七等，合杖一百，故云各罪止杖一百。監及牧尉，皆以所管通計爲罪。餘雜畜准數得罪，皆准此。羊准例減三等。諸官馬乘用不調習者，一匹笞二十，五匹加一等，罪止杖一百。【疏議曰】依太僕式：在牧馬，二歲即令調習。每一尉配調習馬人十人，分爲五番上下，每年三月一日上，四月三十日下。又令云：殿中省尚乘，每配習馭調馬，東宮配翼馭調馬。其檢行牧馬之官，聽乘官馬，即令調習。故官馬乘用不調習者，一匹笞二十，五匹加一等，即是四十一匹，罪止杖一百。上臺、東宮供御馬不調習，得罪重於此條，即從職制律車馬不調習本條科罪。

又《故殺誤殺官私馬牛并雜畜》 諸故殺官私馬牛者，徒一年半。贓重及殺餘畜産若傷者，計減價准盜論。各償所減價；價不減者，笞三十。見血、蹄跌即爲傷。若傷重五日内致死者，從殺罪。其誤殺傷者不坐，但償其減價。主自殺馬牛者，徒一年。［疏］諸故殺官私馬牛者，徒一年半。贓重及殺餘畜産若傷者，計減價准盜論。各償所減價；價不減者，笞三十。注云：見血、蹄跌即爲傷。若傷重五日内致死者，從殺罪。【議曰】官私馬牛，爲用處重。牛爲耕稼之本，馬即致遠、供軍。故殺者，徒一年半。贓重，謂計贓得罪重於一年半徒。假有殺馬直十五匹絹，准盜合徒二年，此名贓重。及殺餘畜産，除馬牛之外，並爲餘畜。若傷，謂雖不死而有損傷。自馬牛及餘畜，各計所減價准盜論。減價，謂畜産直絹十匹，殺訖唯直絹兩匹，即減八匹價；或傷止直九匹，是減一匹價。殺減八匹償八匹，傷減一匹償一匹之類，其罪各准盜八匹及一匹而斷。價不減者，謂元直絹十匹，雖有殺傷，評價不減，仍直十匹，止得笞三十罪，無所陪償。注云：見血、蹄跌即爲傷。見血，不限傷處多少，但見血即坐。蹄骨蹄跌，謂雖不見血，骨節差錯，亦即爲傷。若傷重，謂所傷處重，五日内致死者，亦從殺罪及償減價。又云：其誤殺傷者不坐，但償其減價。主自殺馬牛者，徒一年。【議曰】誤殺傷者，謂目所不見，心所不意，或非繫放畜産之所而誤傷殺，或欲殺猛獸而殺傷畜産者，不坐，但償其減價，同上解。主自殺馬牛，徒一年，誤殺者不坐。諸官私畜産毁食官私之物，登時殺傷者，各減故殺傷三等，償所減價，畜主備所毁。臨時專制亦爲主。餘條准此。其畜産欲觝齧人而殺傷者，不坐、不償。亦謂登時殺傷者。即絶時，皆爲故殺傷。［疏］諸官私畜産毁食官私之物，登時殺傷者，各減故殺傷三等，償所減價，畜主備所毁。注云：臨時專制亦爲主。餘條准此。【議曰】畜産，不限官私。或毁食官私之物者，毁謂有所唐突或觝蹋之類。因其毁食，物主登時即殺傷者，各減前條故殺傷罪三等，若殺馬牛，杖九十。其傷馬牛及殺傷餘畜産，各計所減價，計贓准盜論減三等，如所殺馬牛准所減價當絹十五匹者，徒二年上減三等，各仗一百。如此計贓得罪重，即從重論，仍各償所減價。畜主備所毁，假有一牛直上絹五匹，毁食人物，平直上絹兩疋，其物主登時傷殺此牛，出賣直絹三匹，計減二匹，牛主償所損食絹二匹，物主酬所減牛價，絹亦二匹之類。注云：臨時專制亦爲主。假如甲有馬牛借乙乘用，有所毁食，即乙合當罪，仍令備償。餘條准此，謂下條犬殺傷他人畜及畜産觝齧人而應標幟、羈絆之類，雖非正主，皆罪在專制之人。又云：其畜産欲觝齧人而殺傷者，不坐、不償。注云：亦謂登時殺傷者。即絶時，皆爲故殺傷。【議曰】其畜産有觝齧人者，若其欲來觝齧人，當即殺傷，不坐、不償，故注云亦謂登時殺傷者。其事絶之後，然始殺傷者，皆依故殺傷之法，仍償減價，畜主亦依法得罪。諸殺緦麻以上親馬牛者，與主自殺同。殺餘畜者，坐贓論，罪止杖一百。各償其減價。【疏議曰】緦麻以上，謂内外有服者，相殺馬牛得罪與主自殺同，合徒一年。殺餘畜者，准減價坐贓論，罪止杖一百。准此律文，緦麻以上傷畜産者，不合得罪；若因傷重，五日内致死，依上條，亦同殺法，並償所減價。【問曰】誤殺及故殺緦麻以上親畜産，律無罪名，未知合償減價以否？【答曰】律云：殺緦麻以上親馬牛者，與主自殺同。主傷馬牛及以誤殺，律條無罪，諸親與主同，明各不坐。不坐，即無備償，准例可知，况律條無文，即非償限。牛馬猶故不償，餘畜不償可知。臣等參詳：今後，故殺官私馬、牛者，請決脊杖二十，隨處配役一年放。殺自己馬、牛及故殺官私駞、騾、驢者，並決脊杖十七放。殺自己駞、騾、驢者，決臀杖十七放。故殺他人犬者，決臀杖十五放。殺自己犬者，決臀杖十下。放殺惡畜産者，准律處分。

又《犬傷害人畜》 諸犬自殺傷他人畜産者，犬主償其減價。餘畜自相殺傷者，償減價之半。即故放令殺傷他人畜產者，各以故殺傷論。【疏議曰】犬者性能噬齧，或自殺傷他人畜産，犬主償其減價，以犬能噬齧，主須制之，爲主不防制，故令償減價。餘畜，除犬之外皆是。自相殺傷者，謂牛相觝殺馬相蹹死之類。假有甲家牛觝殺乙家馬，馬本直絹十匹，爲觝殺，估皮肉直絹兩匹，即是減八匹絹，甲償乙絹四匹，是名償減價之半。即故放令殺傷他人畜產者，或有犬性好噬猪羊，其牛馬能相觝蹹，而故放者，責其故放，各與故殺傷罪同，謂同上條：故殺官私馬牛者，徒一年半；計贓應重若傷及殺餘畜產者，計減價准盜論；償所減價；價不減者，笞三十。兩主放畜產而鬬有殺傷者，從不應爲重，杖八十，各償所減價。諸畜產及噬犬有觝、蹹、齧人，而標幟、羈絆不如法，若狂犬不殺者，笞四十；以故殺傷人者，以過失論。若故放令殺傷人者，減鬬殺傷一等。即被雇療畜產被倩者，同過失法。及無故觸之而被殺傷者，畜主不坐。［疏］諸畜產及噬犬有觝、蹹、齧人，而標幟、羈絆不如法，若狂犬不殺者，笞四十；以故殺傷人者，以過失論。若故放令殺傷人者，減鬬殺傷一等。【議曰】依雜令：畜產觝人者截兩角，蹹人者絆足，齧人者截兩耳。此爲標幟、羈絆之法。若不如法，并狂犬本主不殺之者，各笞四十。以不施標幟、羈絆及狂犬不殺之故致殺傷人者，以過失論。過失者，各依其罪，從贖法。律無異文，總依凡法，不限尊貴，其贖一也。若本應輕者，聽從本。其故放令殺傷人者，謂知犬及雜畜性能觝、蹹及噬齧而故放者，減鬬殺傷一等。其犯貴賤、尊卑、長幼、親屬等，各依本犯應加減爲罪。其畜產殺傷人，仍作他物傷人，保辜二十日。辜内死者，減鬬殺一等，辜外及他故死者，自依以他物傷人法。假令故放雜畜產觝、蹹及齧殺子孫，於徒一年半減一等，合徒一年；餘親卑幼，合各依本服，於鬬殺傷上減一等。又云：即被雇療畜產。注云：被倩者，同過失法。又云：及無故觸之而被殺傷者，畜主不坐。【議曰】有人被雇療畜產及無故觸人畜產而被殺傷者，畜主不坐。被雇本是規財，無故謂故自犯觸，如此被殺傷者，畜主不在坐限。若被倩療畜產被殺傷，依贖法論。

又《以官奴婢畜産借人及自借畜産損食官私物》　諸監臨、主守以官奴婢及畜產私自借若借人及借之者，笞五十；計庸重者，以受所監臨財物論。驛驢，加一等。即借驛馬及借之者，杖一百，五日徒一年；計庸重者，從上法。即驛長私借人馬驢者，各減一等，罪止杖一百。［疏］諸監臨、主守以官奴婢及畜產私自借若借人及借之者，笞五十；計庸重者，以受所監臨財物論。驛驢，加一等。【議曰】監臨、主守之官以所監主官奴婢及畜產私自借，謂身自借用，若轉借他人及借之者，或一人、一畜，但借即笞五十。或借數少而日多，或借數多而日少，計庸重於借罪者，以受所監臨財物論，累贓爲坐。驛驢，加一等，謂借即得杖六十，計庸重，以受所監臨財物論加一等。其車船、碾磑、邸店之類有私自借若借人及借之者，亦計庸、賃，各與借奴婢、畜產同。律雖無文，所犯相類。職制律：監臨之官借所監臨及牛馬駞騾驢、車船、邸店、碾磑，各計庸、賃，以受所監臨財物論。計借車船、碾磑之類，理與借畜產不殊，故附此條，准例爲坐。又云：即借驛馬及借之者，杖一百，五日徒一年；計庸重者，從上法。即驛長私借人馬驢者，各減一等，罪止杖一百。【議曰】即私借驛馬及官借之者，各杖一百，五日徒一年。計庸重者，從上法，謂計驛馬之庸，當上絹八匹，合加一等，徒一年半。即驛長私借人馬驢者，減一等。准令：驛馬驢一給以後，死即驛長陪填。是故驛長借人驢馬，得罪稍輕。各減一等，謂上文借驛馬驢，加受所監臨財物一等，今驛長借人驢馬，各減一等，與受所監臨財物罪同，罪止杖一百。諸放官私畜產損食官私物者，笞三十；贓重者，坐贓論。失者，減二等。各償所損。若官畜損食官物者，坐而不償。【疏議曰】謂放官私畜產損食官私之物，損食雖少，即笞三十。若准贓得二匹一尺，合笞四十，是名計贓重者，坐贓論。失者，減二等，謂非故放，因亡逸而損食者，減罪二等。各償所損，既云損食官私之物，或損或食，各令畜主備償。若官畜損食官物，坐而不償。公廨畜產損失富司公廨，既不同私物，亦坐而不償。若損食餘公廨，並得罪仍備，釋曰：備猶償。一准上文。

宋 佚名《律·厩庫律文》卷五　諸牧畜产，准所除外，死、失及课不充者一，牧长及牧子笞三十，三加一等；过杖一百，十加一等，罪止徒三年。羊减三等。余条羊准此。新任不满一年而有死、失者，總计一年之内月别应除多少，准折为罪；若课不充，游牝之时当其检校者准数为罪，不当者不坐。游牝之后而致损落者，坐后人。系饲死者各加一等，失者又加二等。牧尉及监各随所管牧多少通计为罪，仍以长官为首，佐职为从。余官有管牧者，亦准此。諸驗畜産不以實者，一笞四十，三加一等，罪止杖一百。若以故價有增減贓重者，計所增減，坐贓論。入己者以盜論。諸受官羸病畜産，養療不如法，笞三十；以故致死者，一笞四十，三加一等，罪止杖一百。

又　諸應乘官馬牛駝騾驢，私馱物不得過十斤，違者一斤笞十，十斤加一等，罪止杖八十。其乘車者不得過三十斤，違者五斤笞十二，十斤加一等，罪止徒一年。即從軍征討者，各加二等。若數人共馱載者，各從其限為坐監。當主司知而聽者，併計所知同私馱載法。諸供大祀犧牲，養飼不如法，致有瘦損者，一杖六十，一加一等，罪止杖一百。以故致死者，加一等。諸乘駕官畜産而脊破領穿瘡三寸笞二十，五寸以上笞五十，謂圍繞為寸者。若放飼瘦者，計十分，為坐一分笞二十，一分加一等，即不滿十者，一笞三十，一加一等，各罪止杖一百。諸官馬乘用不調習者，一匹笞二十，五匹加一等，罪止杖一百。諸故殺官私馬牛者，徒一年半，贓重及殺餘畜産，若傷者計減價，准盜論，各償所減價，價不減者笞三十。見血蹄跌即為傷，若傷重五日内致死者，從殺罪，其誤殺傷者不坐，但償其減價。主自殺馬牛者，徒一年。

又 諸官私畜産毁食官私之物，登時殺傷者，各減故殺傷三等，償所減價。畜主備所毁，臨時見制，亦為主。餘條准此。其畜産欲觝齧人而殺傷者，不坐不償，亦謂登時殺傷者，即絶時皆為故殺傷。

又 諸殺緦麻以上親馬牛者，與主自殺同。殺餘畜者，坐贓論，罪止杖一百，各償其減價。

又 諸犬自殺傷他人畜産者，犬主償其減價。餘畜自相殺傷者，償減價之半。即故放令殺傷他人畜産者，各以故殺傷論。

又 諸畜産及筮犬有觝蹋齧人而摽識羈絆不如法，若狂犬不殺者，笞四十，以故殺傷人者，以過失論。若故放令殺傷人者，減鬭殺傷一等。即被雇療畜産被債者，同過失法。及無故觸之而被殺傷者，畜主不坐。

又 諸監臨主守以官奴婢及畜産私自借，若借人及借之者笞五十，計庸重者以受所監臨財物論。驛驢加一等。即借驛馬及借之者杖一百，五日徒一年。計庸重者從上法。即驛長私借人馬驢者，各減一等，罪止杖一百。

又 諸放官私畜産損食官私物者，笞三十。贓重者，坐贓論。失者減二等，各償所損。若官畜損食官物者，坐而不償。

又 諸有人從庫藏出防衛主司應搜檢而不搜檢，笞二十。以故致盜不覺者，減盜者罪二等。若夜持時不覺盜減三等，主守不覺盜者五匹笞二十，十匹加一等，過杖一百，二十匹加一等，罪止徒二年。若守掌不如法，以故致盜者，各加一等。故縱者各與同罪，即故縱贓滿五十匹加役流，一百匹絞。若被強盜者，各勿論。

又 諸假請官物事訖，過十日不還者，笞三十。十日加一等，罪止杖一百。私服用者，加一等。若亡失所假者，自言所司備償如法。不自言者，以亡失論。

又 諸監臨主守以官物私自貸，若貸人及貸之者無文記，以盜論；有文記，准盜論。文記謂取鈔署之類，立判案減二等，即充公廨及用公廨物。若出付市易而私用者，各減一等坐之，雖貸亦同。餘條公廨准此。即主守私貸，無文記者，依盜法，所貸之人不能備償者，徵判署之官。下條私借亦准此。

又 諸監臨主守之官以官物私自借，若借人及借之者笞五十，過十日坐贓論減二等。

又 諸倉庫及積聚財物安置不如法，若曝涼不以時，致損敗者，計所損敗坐贓論。州縣以長官為首監署等亦准此。

又 諸財物應入官私而不入，不應入官私而入者，坐贓論。

又 諸放散官物者，坐贓論。謂出用官物有所市作及供祠祀宴會剩多之物，在還已散用勿徵，謂營造剩多為物，在祀畢食訖為散用。

又 諸應輸課税及入官之物，而廻避詐匿不輸，或巧僞濕惡者，計所闕准盜論。主司知情與同罪，不知情減四等。

又 諸監臨主守之官皆不得於所部僦運租税課物，違者計所利坐贓論。其在官非監臨減一等，主司知情各減一等。

又 諸有所輸及出給而受給之官，無故留難，不受不給者，一日笞五十，三日加一等，罪止徒一年。門司留難者亦准此。若請輸後至主司不依次第先給，先受者笞四十。

又 諸官物有印封不請所由官司，而主典擅開者，杖六十。

又 諸應輸課物而輒齎財貨詣所輸處市糴充者，杖一百，將領主司知情與同罪。

又 諸出納官物給受有違者，計所欠剩坐贓論。違謂重受輕出，及當出陳而出新，應受上物而受下物之類，其物未應出給而出給者，罪亦如之。官物還充官用，而違者笞四十，其主司知有欠剩不言者，坐贓論減二等。

又 諸官物當應入私已出庫藏而未付給，若私物當供官用已送在官，及應供官人之物，雖不供官用，而守掌在官者，皆為官物之例。

宋 周去非《嶺外代答》卷五《馬綱》 蠻馬入境，自泗城州至横山寨而止。馬之來也，涉地數千里，瘠甚。蠻縛其四足拽仆之，啗鹽二斤許，縱之，旬日自肥矣。官既買馬，分定綱數。經略司先下昭、賀、藤、容、高、雷、化、欽、廉、宜、柳、融、貴、潯、鬱林州，差見任使臣三十三人，前來横山押馬。不足，聽募寄居、待闕官。常綱馬一綱五十疋，進馬三十疋。每綱押綱官一員，將校五人，醫獸一人，牽馬兵士二十五人。進馬綱則十五人，蓋一人牽二馬也。諸州差官兵既定，押馬官借請贍家錢二百餘緡，將校軍兵各有借請，前往横山寨提點買馬司公參。既領綱，則自横山七程至邕州，又十八程至經略司公參，呈驗綱馬。經略司覆量尺寸，加以火印，養之馬務，以觀馬之羸壯，體察押馬使臣之能否而進退之。遂再分綱責領，發往行在，或江上諸軍交納。沿路州縣，皆有馬務，爲之宿程。有口食券、草料，爲人馬之湏費。既至，朝廷又有賞罰以勸懲之。凡全綱不死損者，押綱官轉一官，減三年磨勘。死損三分者，有降官之罰。其餘賞罰有差。將校軍兵，各以所牽馬爲賞罰，賞則補以階級，不願則請錢；罰則加杖而遣之。然而押馬亦有法焉，其法：買鹽留以自隨，每日晚以鹽數兩啗之，自然水草調而無疾，此求全綱之法也。大抵押馬乃武臣軍校速化之途，而副尉累以賞轉至正使者，不可勝數。

宋 謝深甫《慶元條法事類》卷七九《畜産門・總法》

廐庫敕。諸官收草地，放私畜産踐食者，壹，笞肆拾，貳，加壹等；豬、羊伍，笞肆拾，伍，加壹等，並罪止杖陸拾。失者，聽贖。廐收令。諸官畜在道寄留者，當職官驗寔養療，月壹報所屬。病損，以膘分具公文給券，遞鋪傳送，仍以起發月日先報。係駝坊、車營、致遠務者，所寄處於驿料帳收附，給公憑付管押人赴所屬侯到取鈔銷帳。諸官駝在道寄留者，量留兵級養飼，致綱運闕人者，據數差役兵，逐州遞交。無役兵處，許差遞鋪。病損，差遞鋪同送，日行壹程，監驛官點驗。其倒死者，傳所留兵綴歸本處。諸官畜死，所在官司差人監剥估賣，錢及皮筋、牛角、駝骨納州。已腐者，埋之，仍取角骨。駝皮、筋骨附綱上京。限三日報所屬。係駝坊、軍營、致遠務者，仍報尚書兵部，并給公憑付管押人。諸馬、牛死，報本廂耆鎮，即時驗寔開剥，限二日申官，當日注籍，限三十日納筋皮、騣尾、角。皮角湏相連。黑、白馬騣色本處用外，餘逐旋附綱上京。遇災傷，展限十五日。衛禁。乾道六年四月七日尚書省批下户部勘當淮西総領所劄子：客人自江西、湖、廣北興牛販馬入本路界首，已給麻，付逐處地分巡、尉，令指定所賣處州軍縣鎮，或到彼欲别詣他處者，亦聽自便。但只得於廬、和、舒、蕲以南，不得向北至縁邊去處。即時差人傳押出界，交付以次巡、尉。亦各抄轉至所指定處止，歲終換麻稽考。欲下京西、湖北、兩淮提刑、轉運司，遍下所部州縣，依此遵守施行。後批依勘當到事理施行。淳祐肆年八月二十七日樞密院劄子：勘會禁止私敗耕牛過界，罪賞非輕，近來依前私販。奉聖旨，令逐路帥司、監司守臣嚴行禁止，重立賞錢，許人捕捉。如有一頭透漏過界，其守臣以下取旨重作施行。帥臣監司亦坐失覺察之罪。慶元元年四月十七日勑：諸路産牛地分，除覺察盜販過淮外，自餘商旅興販，自淮而南者，聽其往來，勿得阻節。州縣違戾，令提刑司按劾以聞。職制。建炎二年五月三日勑：諸路人户養馬不限数目，官司不得拘籍，仍不許差借和雇。候其孳生漸盛，聽於所在官司投賣，優還價直。廐庫。乾道七年九月七日樞密院劄子：御前軍器所申，契勘諸路州軍歲額合起黄牛皮，乞下諸路州軍，於四角用火印記，起發赴所，細折長三尺，闊二尺伍寸皮數交收，仍於綱解内封運火印樣記，前来以憑照驗。右依申劄子，付工部施行。乾道八年四月二十二日尚書省批狀：諸路轉運司督責州縣，遇有倒死牛，不得折納價錢充縣道使用。如違，從本司按劾施行。乾道八年五月十四日樞密院劄子：白劄子契勘諸路州軍，發納軍器等物，近有押綱人同攬納人等在外移易，及有解發成張牛皮割截作段，欲賜納約束，立賞許人告首。其受賄人，並計贓論，犯人重作施行。仍下催綱官司，將綱解批鑿經過月日，先具某州某縣押人姓名、某物件數，飛申工部，以憑覺察。右劄付工部，依劄子内事理施行。淳熙四年十月二十一日尚書省批下户部申：前兩浙路轉運司主管文字陳仲諤劄子奏，軍器物料有正抛歲額、泛抛不時之用，以州縣常年收買並無本錢得支，循習人户物力錢上敷納，不能兑此民害。欲下諸州，於應合起發官錢内支撥收買，及遇泛抛，亦乞准此，歲終與理豁上供之數。户部勘當，檢准紹興二十七年正月二十七日指揮，歲額軍器物料，江東路用一分軍期錢，江西路用移用錢，福建路用增税錢，浙東路用應管錢，浙西路、湖北路各用係省錢收買。其湖南路州軍，令提刑司預閔轉運司給。所是泛抛物料，承乾道三年九月十七日指揮，令州軍以三分為率，一分支經総制錢，二分支係省、不係省錢，收買起發。下諸路轉運、提刑司，遍報所部州軍，遵依已降持揮，仍常切覺察，母令科抑違戾。後批送户部，依勘當到事理施行。紹熙三年閏貳月二十八日勑：路州軍約束屬縣，如遇人户報耕牛倒斃，不得輒收報牛錢，亦不得折錢收税。如有違戾，許人户越許，仍從監司常切覺察施行。衛禁申明。隆興元年五月九日勑立定下項：一鰾膠，漆，牛皮，筋角，弓弩，竹木，槍桿，簝簳，箭鏃，箭頭，白鑞，翎毛，皮口，鞋皮底，生、熟鐵，羊、鹿、獐、麖、麂麞、兔、犬、馬皮皆為軍湏之物。一契勘逐項物件者，若不分所販州軍一例禁止，縁其間有係民間及州縣所用之物，欲除筋不許興販外，其餘名件不許販海及指往應縁邊州縣出賣外，許於所置買州縣具物件數目扵税場官司出給公據，指往近裏州縣出賣。所經由稅場照驗放行。若不經官司請給公據，又不依所指州軍出賣，并賣訖不毀公據，及買人不照公據收買者，各科杖一百，並許人告，支賞錢一百貫，其所賣物没官。雖有官司公據，若往次邊、緣邊州縣出賣者，並依後項所立罪賞施行。一今後興販軍須之物泛海，不以是何州縣捉獲，及其餘水陸路往次邊州軍捉獲者，徒二年，以物估價，及二貫加一等，過徒三年，三貫加一等，徒罪皆配千里，流罪皆配遠惡州。若於極邊州軍捉獲者，徒三年，以物估價，及二貫加一等，徒罪皆配三千里，流罪皆配海外，拾貫絞。已過界捉獲者，不以多寡，並從軍法定斷，仍並奏裁。許諸色人告捕。其知情、引領、停藏、負擔、乘載之人，並減犯人罪一等，各依犯人配法。經由透漏州縣官吏公人、兵級，並減犯人罪一等。以上並不以去官赦降原減。一今後告捕興販軍須之物往極邊并次邊及其餘州軍貨賣者，除盡給随行物與告捕人充賞外，徒罪，命官轉一官，次邊，止減磨勘叁年。其餘州軍，止減磨勘二年。諸色人錢一千貫，仍補進義副尉；次邊，止給賞錢。其餘處，賞錢給半。流罪，命官轉一官，仍減磨勘三年，次邊，止轉一官。其餘處，止減磨勘三年。諸色人錢一千五百貫，仍補進義校尉；次邊，正給賞錢。其餘處，賞錢給半。死罪，命官轉兩官，仍減磨勘三年，諸色人錢二千貫，仍補承信郎。一知情、停藏同船同行梢工、水手能告捕及人力、女使告首者，並與免罪，與依諸色人告捕支賞、補官。

又《養飼官馬》　廄庫物。諸官馬失養飼，膘減式分以上者，馬主笞肆拾。諸將校走失官馬若膘減應科校非自犯者，止坐犯人。諸軍緣官馬應科校，而試本等事藝，及高强格者，免。斷獄令。諸失養飼官馬應科校者，以諸軍小杖。廄牧令。諸軍馬舊應下槽而今不下槽者，四月一日至九月終給草料各五分，遇閏，依所附月。諸軍馬，自立夏至八月終，聽指射官地乘涼繫蔭。諸官馬生駒及一年赴州呈，馬鋪去所屬縣近者，赴縣呈。若生騾駒，送致遠務，伍百里外右估賣。火印訖，給草料四分。未印而母死，先給二分。通及三年，赴州等驗，依没官馬法給填馬主，各給錢絹。其諸軍願以名下馬駒代馬母者，聽，雖止四尺一寸，久遠堪被帶，并詣軍代下馬母齒格堪給填者，並給諸軍。若馬鋪駒不堪給諸軍者，亦聽充名下馬，其世填本鋪。如無闕，填別鋪。錢勿給。病及不堪者，准此。諸官馬每旬赴所屬呈驗，遞馬即每月。去州縣遠者，卷鋪分兩月。有傷病者，巡轄使臣就鋪驗。諸緣馬政并監牧地及租課錢物事，並申尚書兵部。賞格。諸色人，官馬生駒：馬每匹給，陸拾日，錢壹貫，叁年，錢式貫；騾每匹給，壹年，錢伍伯文、絹半匹。

又《醫料官馬》　廄庫勅。諸軍馬非理致死，若傷不堪醫者，馬主杖七十，人力不可制禦，減二等。即急病申不及并肺黃、急肺黃，五日内，若十五日外或中結、前結死者，杖六十；肺黃、急肺黃過五日及中風死者，加二等。即自買及病過三十日，或因未支配前舊患并改扇馬未解尾前中風死者，並免。諸獸醫并死馬三匹，杖六十。即專醫馬軍營馬，一年内死及三分，準此。并己馬已料斷者，免計數。諸將校走失官馬及死傷應科校，非自犯者，止坐犯人。諸軍緣官馬應科校，而試本等事藝，及高強格者，免。人力可制御而非理死傷若走失，及將校養馬人非。斷獄令。諸官馬因病死應科校者，以諸軍小杖。雖非理死傷而人力不可制禦者，准此。廄牧令。諸軍馬病，自申報日給草料肆分，損日依舊。非臟腑病者，全給。謂如失節患眼皆瘡疥癬之類。諸軍馬病不堪醫，或拾伍歲以上不堪披帶者，支馬鋪雙□者，不給沿溪河或山路鋪。及廂軍將校。禁軍步軍將校願請換而与廂軍將枝同日者，先給禁軍步軍將校。管内不闕，申轉運司准此。又不闕或不堪給填，及遞馬老病不堪乘用者，並估價賣。當職官歲首點檢填換。諸官畜在道寄留者，當職官驗實養療，月壹報所屬。病損，以臕分具公文給券，遞鋪傳送，仍以起發月日先報。係駝坊、車营、致遠務者，所寄處於驿料帳收附，給公憑付管押人赴所屬，候到取鈔銷帳。諸軍馬病寄留在川、廣、福建及六路者，病損，就填本處闕馬人訖，報所屬。寄馬者，先次給填。諸禁軍馬寄留未見存亡，或已死而鈔未到，若闕馬人差出，已給馬未到，但及貳年，聽依闕馬人比拍給，將校及一年者，亦給。諸灌啗官馬糖脂藥錢，付本轄人置厤收給，歲不得過叁次。諸馬軍指揮獸醫闕，委都監於廂軍或剩員内選差，無可差者，召募，並送本轄將校試驗壹月，謂先令醫治病馬或審問醫經藥性。如堪充即保明申本司收刺，與免諸般殺使。給賜格。灌啗官馬糖脂藥錢，每匹捌拾文。

又《差給官馬》　廄庫勅。諸轉運司擅支撥非本司官馬并給之者，各徒貳年。諸軍闕馬，應給填而所屬留難違限者，一日杖八十，十日杖一百。應給遣而不給遣者，罪亦如之。諸官馬堪給而驗為不堪，罪輕者杖一百，許人告。廄牧令。諸兵級應給馬，每拾匹先以七匹給事藝高强及立到戰功人，餘依名次給第式等以上事藝者。無，則給高强及有功人、若已給而倒死，雖事藝高强，仍須半年方得再比拍。名次應給者非。諸軍在外闕馬，申牒所屬給填，限十日回報。得報，差兵級請，限叁日給遣。諸没官馬，給填本州。不闕者，申轉運司支配轄下州，並先禁軍，次廂軍將校。若不堪者，填馬鋪。皆具牝壯、毛色、齒歲、格尺，申尚書兵部。又不堪，估價申轉運司審寔，聽出賣。諸給填禁軍馬，取拾伍歲以下堪披帶者充。諸軍揀上京，揀填別路同。及事故或揀停，其名下馬留本營填闕，無闕，給填別營，及無闕依没官法。雖自買經官給草料者，准此。即將校差出因老病揀切，若假滿應往住營處者，其自買到馬，聽給草科、乘至本處，填闕准上法。諸軍填給到馬不及格尺或病者，並送元給納處換。即遞馬不堪乘者，准此。諸軍馬已請半年而生惡不堪乘習或引駒帶腹者，於所在納，先次給填。即禁軍將掖全闕者，准此。諸支填闕馬，並給草料券，候填訖毁抹。諸巡撿司兵級闕馬，聽依軍額格尺自買堪披帶者，赴官等驗，士兵須肆尺弍寸以上。用火印，仍給價錢，每匹不得過叁拾貫。諸軍在川峽路得給馬不及等者，軍回過闕，赴尚書兵部納換。諸步軍將校闕馬，病老同。聽自買叁歲至拾歲弍無病者，赴官等驗，崇軍依軍額格尺，廂軍肆尺壹寸以上，火印訖給草料。其換下舊馬邦退還主。諸軍因戰功授使臣應給馬者，聽帶名下官馬。其禁軍將校自買馬。補廂軍將校者，准此。諸賜官願中官者，申所屬，依寔價收買。如不堪，即給公憑聽私賣。軍防令。諸軍官給鞍轡，其有逃亡事故，隨馬轉填。馬死者，給武藝高强闕鞍轡人。給賜令。諸軍請官馬而無鞍轡者，官以錢給。賞格。諸色人告獲官馬堪支而驗為不堪者，每匹錢伍貫。伍拾貫止。給賜格。諸軍請官馬而無鞍轡，每副錢壹貫叁伯文。

又《官馬帳狀》 廐牧令。諸官馬每季具帳，限次月拾伍日以前發赴所屬，本屬類聚，限伍日實封申尚書兵部。無所屬者，直申。諸軍下官馬數每歲州具帳，限次年正月拾伍日以前申総管司。無総管路及廂軍馬鋪，并申轉運司，逐司類聚，限叁月以前寔封申尚書兵部。轉運司官出廵，主管文字官申發。諸官馬不堪應賣者，當職官估價給買，限拾日納錢，死馬價錢限叁拾日，若伍日內併死伍匹以上，限陸拾日。縣具數申州，州具事狀申尚書兵部、提舉常平司附帳。本司類都數，每半年移於近里州，計綱差人管押納內藏庫。脚乘縻費以本色錢充。文書令。諸轉運司審訖計帳，限拾貳月拾日以前內尚書本部。提舉常平司審訖賣不堪官馬等錢物計帳，申在京所屬，准此。每叁年以經審全帳壹道繳申。非計帳者，伍年。廐牧式。季申官馬帳。某州。今具某年某季諸軍馬鋪等官馬若干：舊管若干。新收、死失見管項，依此開具。大馬若干：捧日等若干；係肆尺伍寸以上。拱聖等若干；係肆尺肆寸。驍騎等若干；係肆尺叁寸。龍猛等若干；係肆尺弍寸。雜使等若干；係肆尺壹寸以。馬鋪等若干；更不開尺寸。駒子准此。駒子若干。牝馬若干；依大馬開。新收若干。死失若干。應事故開落，並具於此項。見管若干。右件狀如前，謹具申某司。謹狀。年月日依常式。諸州申総管或轉運司用此式。承受官司倣此類申在京所屬。歲申軍下官馬帳。某州。今具某年正月壹日至年終禁軍或廂軍馬鋪舊管、新收、抛死、見在馬數如後：舊管若干：收若干；死若干；事故轉帶之類若干。非死而應闕落者皆是。無，即稱無。見在若干。右件狀如前，謹具申某司。謹狀。年月日依常式。申轉運或総管司用此式。承受官司倣此類申在京所屬。賣不堪官馬等物錢帳。某州。今供某年賣不堪官馬等錢物如後：在州，一前帳應在見管數，已在今帳應在項內作書舊管聲説。一前帳見在：只撮計都數。某色若干；餘色依此。一新收，錢若干：若干賣不堪官馬錢；若干馬肉臟錢。若干賣不堪官馬錢，若干賣某指揮某人下馬壹匹錢，餘依此。若干馬肉臟錢，若干某指揮某人下馬壹匹錢，餘依此。若干某色錢，某州移兑到。鈔若干，某色，係下項支錢買到，或某州移兑列別立項開具。每道省支錢若干，計若干。一支如係支前帳見仕數亦依式開後。錢若干：若干賣不堪官馬錢；若干馬肉臟錢。若干某色錢，准某處指揮起發，差某人管押上京，附某庫某年某季某色帳收。若干某色錢，淮某處指揮，移兑赴某州附某年某季，某急帳收。若干某色錢，支還客人某人在京某庫入便下錢，入納公據若干道，帳頭連申。若干某色錢，准某處指揮買到前項新收內某色文鈔，每道寔支錢若干。鈔依此。一應在、舊管，謂前帳見管名數撮計逐色都數。如今帳開被不盡，即併入見管項內收。新收，謂今帳己交未有收附之類。錢若干：若干賣不堪官馬錢；若干馬肉臟錢。若干某色錢，某人管押上京，某處交納。若干某色錢，移兑某州。鈔依此。開破，并前帳見管。如今帳開破，亦入此項。錢若干，某色錢，聲説元支年開破事因，附某處某年某色帳或憑由除破，鈔依此。見管，某年分錢若干，某色錢，若干某人管押上京，某處交納，若干移兑赴某州，鈔依此，餘年依此。一見在并前帳見在。如今帳開破不盡，並併入此項。錢若干：若干賣不堪官馬錢；若干馬肉臟錢。鈔依此。縣鎮城寨依此。右件狀如前，謹具申提舉常平司。謹狀。年月日依常式。賣不堪官馬等錢物計帳。某路提舉常平司。今具某年諸州賣不堪官馬等錢物如後：某州。在州，一前帳應在見管數，已在今帳應在項內作舊管聲説。一前帳見在只撮計都數。某色若干，餘色依此。一新收，錢若干，若干納到；若干賣不堪官馬錢；若干馬肉臟錢；若干某色錢，某處移兑到；鈔若干，某色，係下項支錢買到，每道寔支錢若干，計若干。一支，如係支前帳見在數，亦依式開破。錢若干：若干賣不堪官馬錢；若干馬馬肉臟錢；若干某色錢，准某處指揮起發上京，某庫納；若干某色錢，准某處指揮移兑赴某處；若干支還客人，某人執到某處某年月日某字號公據；如數户，即低項逐一開說。若干某色錢，准某處指揮，買到前項新收内文鈔，每道寔支錢若干，計若干。鈔依此。一應在，舊管，謂前帳見管名數撮計逐色都數。如今帳開破不盡，即併入見管項内收。見管，錢若干：若干賣不堪官馬錢；若干馬肉臟錢。鈔依此。一見在，并前帳見在。如今帳開破不盡，並併入此項。錢若干：若干賣不堪官馬錢；若干馬肉臟錢。鈔依此。某縣依此。餘州依此。右件狀如前，謹具申某處。謹狀。年月日依常式。

又《殺畜産》 廐庫勑。諸故殺官私馬、牛，徒叁年，駝、騾、驢，減叁等，因讎嫌規避而謀殺，各以盜殺論。若傷殘致不堪用者，依本殺法，馬、牛仍許人告。叁拾日内可用者，減叁等。諸自殺馬、牛，減故殺罪叁等，許人告。駝、騾、驢，杖捌拾。其為人殺馬牛者，依自殺法減壹等，罪買坐者不坐。不得因肉追究犯人。諸殺緦麻以上親馬、牛，各減凡人叁等，駝、騾、驢，依自殺法，計臟重及故傷並以減價准盜論即傷或誤殺畜産，償其減價。諸故殺犬者，杖柒拾，殺自己犬者，笞伍拾。諸誘惑令人殺馬、牛祭鬼者，依故殺法。諸知欲殺牛之情而賣若作牙為買致已殺者，各杖壹伯。賊盜勑。諸盜官殺私馬、牛，流叁千里，叁頭匹者，雖會赦配鄰州；累及者，不以赦前後准此。駝、騾、驢，徒貳年。知盜情而買、殺者，各依殺已畜法。諸盜殺犬者，杖捌拾。諸馬鋪收得別鋪官馬隱藏過伍日不申官者，計臟從盜法。即雖在限内而殺者，以盜殺論配千里。名例勑。諸故殺馬、牛及官私駝、騾、驢，私，謂非己者。即盜及謀殺而自首，免其所因。各不在自首之例。雜勑。諸畜有孕而輒殺者，杖捌拾，廂耆巡察人縱客者，與同罪。時令。諸畜有孕者，不得殺。州縣及巡、尉常切禁止、覺察，仍歲首檢舉條制曉諭。賞令。諸備賞應以犯人財産充而無或不足者，殺中責知情于繫公人均備。賞格。諸色人告欲殺官、私牛及私自殺者，每頭錢伍拾貫。叁伯貫止。告欲殺官、私馬，每匹錢弍拾貫。壹角貫止。獲馬鋪收得別鋪官馬隱藏過伍日不申官，或雖在限内而殺者，錢叁拾貫。賊盜勑。諸窃盜得財，杖陸拾，肆伯文杖柒拾，肆伯文加壹等，貳貫徒壹年，貳貫加壹等，過徒叁年，叁貫加壹等，貳拾貫配本州。

又《畜産傷人》 雜勑。諸養猛獸者，徒貳年，致殺傷人，減鬭殺傷壹等。若故令殺傷人，各依其狀以故鬭殺傷論。即養未能害人者，杖壹伯。廐庫勑。諸令畜産傷人者，各依其狀以故鬭戲殺傷論。廐收令。諸畜産觝人者截兩角，齧人截兩耳蹹人者絆之。

又《採捕屠宰》 雜勑。詣畜有孕而輒殺，及鳥獸雛卵之類，春夏之月謂弍月至肆月終。輒採捕及製造採捕之具貨賣者，各杖捌拾。謂羅網、彈弓、黏竿、弩子之類。廂耆巡察人縱容者，與同罪。諸採捕翡翠若賣或興販，及為人造并服用裝飾諸物同。各徒貳年，並許人告。鹿胎、龜筒、玳瑁，減叁等。諸州放生池，輒採捕魚鼈之類者，杖壹伯。關市令。諸龜筒、玳瑁、鼊皮，不得私採。時令。諸畜有孕者，不得殺，鳥獸雛卵之類，春夏之月謂弍月至四月終。禁採捕。州縣及巡、尉常切禁止、覺察，仍歲首檢舉條制曉諭。諸禁屠宰，天慶、先天、降聖、開基節，丁卯、戊子日，各壹日；丁卯、戊子日仍禁魚獵。聖節，叁日。用前拾日為始，禁叁日，魚獵同。即崇奉神御及緣祠事，不在禁止之限。道釋令。諸寺觀内不得宰殺，採捕之具亦不得入。賞令。諸備賞應以犯人財産充而無或不足者，採捕翡翠及賣，或興販若為人造并服用，裝飾諸物同。責知情得罪人均備賞格。諸色人告獲採捕翡翠若賣，或興販及為人造并服者，裝飾諸物同。錢叁伯貫。

又《捕猛獸》 雜勑。諸虎匠，非捕逐猛獸輒差使者。徒壹年。雜令。諸獲猛獸，謂虎、豹、狼。以皮納官，虎并睛納。附綱上京，餘給捕人。猛獸多處，仍量招置虎匠，官賞外，民願別備賞召人捕者，聽。諸有猛獸，聽施檢設坑穽之類，不得當人行之路，仍明立標識。賞令。諸獲猛獸，應給錢絹，預為料次請撥，在縣即時給。賞格。諸色人獲猛獸，每頭，小而未能為害者，減半。虎匠：狼，絹弍匹，錢壹貫；豹，絹叁匹，錢弍貫；虎，絹伍匹，錢伍貫。餘人：狼，絹弍匹；豹，絹叁匹；虎，絹伍匹。

宋 章如愚《山堂考索・後集》卷四四《兵門・馬政類》 凡馬羣之號，十七字。左騏驥院捧日馬内瓦倒印，驍騎馬内中溝横印，龍猛馬外尾側正印于字，左騏驥院龍猛馬内溝正印，雜使馬内溝横印，遞馬内瓦倒印，右騏驥院雜使馬外瓦横印，遞馬外尾側横印。上字，左騏驥院給諸班直，諸軍員馬臨時印，無定所。立字，右騏驥院給諸班直諸軍長行馬外人所印。永字，左騏驥院給諸班直諸軍長行馬外人所印，又諸監三歲馬亦永字印。瓦骨官字蕃戎所貢之馬，及歲時收市之馬，初用之牡印其項，牝印其項，諸監牧駒生歲亦如之。凡馬骨相應圖法，可充御馬者，以官字印其項，令圉師調習之。吉字，兩院諸馬自龍猛馬已上稍駔駿者印，以備近臣中謝生辰所賜及揀選支用。

又坊馬部至京選配他處，亦以吉字印汙溝。天字，國信馬及諸班拱聖驍騎馬，舊用天字印。祥符中，令以他字易之，主字、萬字、與字、來字、小字、官字，自諸班馬而不參，給諸用者無定額，或以主字至小官字凡七等號印印之。退字，凡諸州軍和市馬不及等及選退斥賣者印之。凡馬毛色之別，九十一種。叱撥之別八，紅耳、鴛鴦、桃花、丁香、青騮、騟紫。騮青之別二，純青、護蘭。白純白烏之別五，純烏、釣星、歷面、白脚、護蘭。赤之別五，純赤、釣星、歷面、白脚、護蘭。紫之別六，純紫、釣星、歷面、白脚、緑鬃、護蘭。驄之別十一，白驄、釣星、歷面、白脚、緑鬃、護蘭。駠之別十一，白驄、釣星、歷面、白脚、并烏青、花黃、荏鐵、護蘭。赭白之別五，純赭、白釣、星歷、面白、脚護。蘭騮之別八，棗金口、燕子黃、黑釣、星歷、面白。脚騧之別六，純騧、繡膊、釣星、歷面、白脚、護蘭。騅之別五，純騅、釣星、歷面、白脚、護蘭。駼之別八，青、赤、紫、黃、釣星、歷面、白脚、護蘭。馱鵪之別三，駱、起雲、銀鍾。驃之別七，赤驃、銀鬃、黃釣、星歷、面白、脚護。蘭北馬也，以叱潑青白紫純色及緑鬃騮上，驄赭驃騧白色赤為中，荏騟驄駱駮鵪為下。廣鋭軍馬社：河東兵、廣鋭兵悉是土人，其馬皆是本軍團申選良馬，而置謂之馬社，故廣鋭之馬壯勇而少亡失。馬死，則社中共市而補之。其後，陝西振武亦願依此例。

《宋史》卷一五一《兵志十二》 國馬之牧，歷五代浸廢，至宋而規製備具。自建隆而後，其官司之規，廄牧之政，與夫收市之利，牧地之數，支配之等，曰券馬，曰省馬，曰馬社，曰括買，沿革盛衰，皆可得而考焉。凡禦馬之等三，入殿祗候十五匹，引駕十四匹，從駕二十匹。給用之等十有五，曰揀中，曰不得支使，曰添價，曰明信，曰臣僚，曰諸班，曰禦龍直，曰捧日、龍衛，曰拱聖，曰驍騎，曰雲武騎，曰天武、龍猛，曰配軍，曰雜使，曰馬鋪。群號之字十有七，曰『左』，曰『右』，曰『千』，曰『立』，曰『水』，曰『官』，曰『吉』，曰『天』，曰『主』，曰『王』，曰『方』，曰『與』，曰『來』，曰『萬』，曰『小』，曰『官』，曰『退』。毛物之種九十有二，叱撥之別八，青之別二，白之別一，烏之別五，赤之別五，紫之別六，駿之別十一，赭白之別六，騮之別八，騧之別六，駱之別五，騅之別五，騟俞之別八，駮胯之別六，駮之別三，驃之別七。其官司之規，則太祖承前代之制，初置左、右飛龍二院，以左、右飛龍二使領之。太平興國五年，改飛龍為天廄坊。雍熙四年，改天廄為左、右騏驥院，左右天駟監四、左右天廄坊二皆隸焉。真宗咸平元年，創置估馬司。凡市馬，掌辨其良駑，平其直，以分給諸監。三年，置群牧使，以內臣勾當制置群牧司，京朝官為判官。景德二年，改諸州牧龍坊悉為監，賜名，鑄印以給之。在外之監十有四：大名曰大名，洺州曰廣平，衛州曰淇水，並分第一、第二。河南曰洛陽，鄭州曰原武，同州曰沙苑，相州曰安陽，澶州曰鎮寧，邢州曰安國，中牟曰淳澤，許州曰單鎮。四年，以知樞密院陳堯叟為群牧制置使，又別置群牧使副、都監，增判官為二員。凡廄牧之政，皆出於群牧司，自騏驥院而下，皆聽命焉。諸州有牧監，知州、通判兼領之，諸監各置勾當官二員。又置左右廂提點。又置牧養上下監，以養療京城諸坊、監病馬。又詔左右騏驥院諸坊、監官，並以三年為滿；如習知馬事願留者，群牧司以聞，而徙涖他監焉。凡支配，騏驥院、估馬司以當配軍及新收馬閱於便殿，數毋過一百。凡配軍，視其奉錢之數，馬自四尺六寸至四尺三寸，奉錢自一千至三百，為四等，差次給之，至五月權止。外州軍士闕馬，先奏稟乃給。荊湖路歸遠、雄武軍士，配以在所土產馬。凡闕馬軍士，以分數配填。慶曆四年，詔陝西、河北、河東填五分，餘路填四分。他州軍、府界巡檢兵校聽自市，官償其直，毋過三十千。是歲，詔諸路以馬給軍士，比試武技，優者先給，比試兩給；闕馬十匹以下全給，十匹以上如舊數支。至和元年，詔軍士戍陝西、河東、河北填七分，餘路填六分。凡主兵官當借馬者，至罷兵權。殿前馬步軍都指揮使賜所借馬三，都虞候、捧日、天武、龍、神衛四廂都指揮使二，軍都指揮使一。外州在官當借馬者，經略使三，總管、鈐轄二，路分都監、承受、極邊砦至監押、都巡檢、把截、保丁指揮一，毋得乘之他州並以假人，犯者論以違制。寶元元年，詔群臣例賜馬者，宰相至樞密直學士，使相至正任刺史，並皇族緣姻事當賜者，如舊制；餘給以馬直，少卿監已上三十五千，內殿承制已下二十三千。凡群臣假官馬進奉者，置籍報左藏庫，償直四十千，其後多負不償。乃詔借馬者先輸直，久逋不償者克其奉料。支配舊制，自禦馬而下，次給賜臣僚，次諸軍，而驛馬為下。熙寧初，樞密院言：『祖宗時，臣僚任邊職者，或賜帶甲馬，示不忘疆埸之事。承平日久，僥倖滋長。請應使臣閤門祗候以上，充三路路分州軍總管、鈐轄之類，賜馬價如故，餘皆罷給。』奏可。十年，群牧司又言：『去歲給安南行營及兩省、宗室、諸班直及諸軍、諸司馬總三千餘匹，未支者猶二千。請裁宗室以下所給馬，諸司停給。』從之。自罷監至此，始闕馬矣。熙寧初，詔河北騎軍如陝西、河東社馬例立社，更相助錢以市馬，而遞增官直。尋出奉宸庫珠十餘萬以充其費。其後，陝西馬社苦於斂率。元豐中，乃詔本路罷其法，更從買馬司給之。時又諸路置將，馬不能盡給，則給其直，而委諸將自市。其在熙河蘭會路者，即以為買馬之數。初，內外諸軍給馬，例不及其元額，視其闕之多寡，以分數填配。元豐更立為定制，凡諸軍闕馬應給者，在京、府界、京東西、河東、陝西路無過十之七，河北路十之六。然其後諸軍闕馬者多，紹聖三年，乃詔提舉陸師閔於歲額外市馬三萬匹，給鄜延、環慶路正兵，餘支弓箭手，仍權不限分數。宣和初，真定、中山、高陽等路乏馬，復給度僧牒，令帥臣就市，以補諸軍之闕。高宗紹興二年，置馬監於饒州，守卒領之，擇官田為牧地，復置提舉。俄廢。四年，置監臨安之餘杭及南蕩。十九年，詔：『馬五百匹為一監，牡一而牝四。監為四群。歲產駒三分及斃二分以上，有賞罰。』帝謂輔臣曰：『議者言南地不宜牧馬。昨自牧養，今二三年，已得馬數百。』先是，川路所置馬，歲牧於鎮江。是年春，上以未見蕃息，遂分送江上諸軍。後又置監郢、鄂間，牝牡千，十餘年僅生二十駒，且不可用，乃已。故凡戰馬，悉仰秦、川、廣三邊焉。秦馬舊二萬，乾道間，秦、川買馬額歲萬一千九百有奇，川司六千，秦司五千九百。益、梓、利三路漕司，歲出易馬紬絹十萬四千疋。成都、利州路十一州，產茶二千一百二萬斤。茶馬司所收，大較若此。慶元初，合川、秦兩司為萬一千十有六。嘉泰末，合兩司為萬二千九十四。然累歲市易，多不及額。蓋南渡前，市馬分而為二：其一曰戰馬，生於西郵，良健可備行陣，今宕昌、峰貼峽、文州所產是也；其二曰羈縻馬，產西南諸蠻，短小不及格，今黎、敘等五州所產是也。羈縻馬每綱五十，其間良者不過三五，中等十數，餘皆下等，不可服乘。守貳貪賞格，以多為貴。經涉險遠，且綱卒盜其芻粟，道斃者相望。成都府馬務，歲發江上諸軍馬凡五十八綱，月券錢米二百緡，歲計萬一千六百緡。興元府馬務，歲發三衙馬百二十綱，其費稱是。率未嘗如數，蓋茶馬司靳錢帛，馬至，價不即償致然也。舊蕃蠻中馬，良駑有定價。紹興中，張松為黎卒，欲馬溢額覬賞，乃高直市之。夷人無厭，邀求滋甚。後卭部川蠻恃功。趙彥博始以細茶、錦與之。而夷人每貿馬，以茶、錦不堪藉口。慶元中，金人既失冀北地，馬至秦司亦罕。舊川、秦市馬赴密院，多道斃者。紹興二十七年，詔川馬不赴行在，分隸江上諸軍，鎮江、建康、荊、鄂軍各七百五十，江、池軍各五百，殿前司二千五百，馬司、步司各千，川馬良者二百進禦。此十九年所定格也。廣馬者，建炎末，廣西提舉峒丁李棫請市馬赴行在。紹興初，隸經略司。三年，即邕州置司提舉，市於羅殿、自杞、大理諸蠻。未幾，廢買馬司，帥臣領之。七年，胡舜陟為帥，歲中市馬二千四百，詔賞之。其後馬益精，歲費黃金五鎰，中金二百五十鎰，錦四百，絁四千，廉州鹽二百萬斤，得馬千五百。須四尺二寸已上乃市之。其直為銀四十兩，每高一寸增銀十兩，有至六七十兩者。土人云，尤駔駿者，在其產處，或博黃金二十兩，日行四百里，第官價已定，不能致此。自杞諸蕃本自無馬，蓋轉市之南詔。南詔，大理國也。乾道九年，大理人李觀音得等二十二人至橫山砦求市馬，知邕州姚恪盛陳金帛誇示之。其人大喜，出一文書，稱『利貞二年十二月』，約來年以馬來。所求《文選》《五經》《國語》《三史》《初學記》及醫、釋等書，恪厚遺遣之，而不敢上聞也。嶺南自產小駟，匹直十餘千，與淮、湖所出無異。大理連西戎，故多馬，雖互市於廣南，其實猶西馬也。每擇其良赴三衙，餘以付江上諸軍。寶慶四年，兩淮制府貿易北馬五千餘，而他郡亦往往市馬不輟。咸淳末，有紀智立者獻謀，以為兩淮軍將、武官、巨室皆畜馬，率三借二，二借一，一全起，團結隊伍，借助防江，各令飼馬役夫自乘之官，優給月錢一年，以半年為約，江面寧即放歸。又云，陳岩守招信，團馬至七千，出沒張耀，此其驗也。臣僚言：宜仿祖宗遺意，亟謀和市馬，如出一馬，則免其某色力役。惟是川、秦之馬，遵陸則崇岡復嶺，盤回阨絕；舟行則峽江湍急，灘磧險惡。每綱運，公私經費十倍，而人馬俱疲。上則耗國用，下則困州縣。綱兵所經，甚於寇賊。雖臣僚條奏更迭，終莫得其要領。豈馬政各因風土之宜，而非東南之利歟？

又 卷一九八《兵志第一百五十一·馬政》 國馬之牧，歷五代浸廢，至宋而規製備具。自建隆而後，其官司之規，廄牧之政，與夫收市之利，牧地之數，支配之等，曰券馬，曰省馬，曰馬社，曰括買，沿革盛衰，皆可得而考焉。凡禦馬之等三，入殿祗候十五匹，引駕十四匹，從駕二十四匹。給用之等十有五，曰揀中，曰不得支使，曰添價，曰明信，曰臣僚，曰諸班，曰禦龍直，曰捧日、龍衛，曰拱聖，曰驍騎，曰雲武騎，曰天武、龍猛，曰配軍，曰雜使，曰馬鋪。群號之字十有七，曰左，曰右，曰千，曰立，曰水，曰官，曰吉，曰天，曰主，曰王，曰方，曰與，曰來，曰萬，曰小，曰官，曰退。毛物之種九十有二，叱撥之別八，青之別二，白之別一，烏之別五，赤之別五，紫之別六，駿之別十一，赭白之別六，騮之別八，騧之別六，駱之別五，騅之別五，騟之別八，駮胯之別六，駁之別三，驃之別七。其官司之規，則太祖承前代之制，初置左、右飛龍二院，以左、右飛龍二使領之。太平興國五年，改飛龍為天廄坊。雍熙四年，改天廄為左、右騏驥院，左右天駟監四、左右天廄坊二皆隸焉。真宗咸平元年，創置估馬司。凡市馬，掌辨其良駑，平其直，以分給諸監。三年，置群牧使，以內臣勾當制置群牧司，京朝官為判官。景德二年，改諸州牧龍坊悉為監，賜名，鑄印以給之。在外之監十有四：大名曰大名，洺州曰廣平，衛州曰淇水，並分第一、第二。河南曰洛陽，鄭州曰原武，同州曰沙苑，相州曰安陽，澶州曰鎮寧，邢州曰安國，中牟曰淳澤，許州曰單鎮。四年，以知樞密院陳堯叟為群牧制置使，又別置群牧使副、都監，增判官為二員。凡廄牧之政，皆出於群牧司，自騏驥院而下，皆聽命焉。諸州有牧監，知州、通判兼領之，諸監各置勾當官二員。又置左右廂提點。又置牧養上下監，以養療京城諸坊、監病馬。又詔左右騏驥院諸坊、監官，並以三年為滿；如習知馬事願留者，群牧司以聞，而徙涖他監焉。其廄牧之政，則自太祖置養馬務一，葺舊務四，以為牧放之地始。太平興國四年，太宗觀兵於幽，得汾、晉、燕、薊之馬四萬二千餘匹，內皂充牣，始分置諸州牧養之。時殿直李謂坐贓，監牧許州，盜官菽，馬多死，並主吏斬於市。又詔擇豐曠地置牧龍坊八，以便牧養。淳化二年十二月，詔圉人取善馬數十匹，於便殿設皂棧，教以秣飼，且以其法諭宰執，仍頒於諸軍。復以醫馬良方賜近臣。嘗從趙守倫之請，於諸州牧龍坊畜牝馬萬五千匹，逐水草牧放，不費芻秣，生駒蕃息，足資軍用。至是，守倫復言：『諸坊牧馬萬匹，歲當生駒四千，今歲止二千五百，典司失職，當嚴責罰。若馬百匹歲得駒七十，則加遷擢。諸坊產駒，即籍以聞。牧放軍人，當募少壯充役。』並從之。真宗大中祥符元年，立牧監賞罰之令，外監息馬，一歲終以十分為率，死一分以上勾當官罰一月奉，餘等第決杖。牧倍多而死少者，給賞緡有差。凡生駒一匹，兵校而下賞絹一匹。當是時，凡內外坊、監及諸軍馬凡二十餘萬匹，飼馬兵校一萬六千三十八人。每歲京城草六十六萬六千圍，麩料六萬二千二百四石，鹽、油、藥、糖九萬五千餘斤、石，諸州軍不預焉。左右騏驥六坊、監止留馬二千餘匹，皆春季出就牧，孟冬則別其羸病，就棧皂養飼。其尚乘之馬，唯備用者在焉。【略】凡支配，騏驥院、估馬司以當配軍及新收馬閱於便殿，數毋過一百。凡配軍，視其奉錢之數，馬自四尺六寸至四尺三寸，奉錢自一千至三百，為四等，差次給之，至五月權止。外州軍士闕馬，以分數配填。慶歷四年，詔陝西、河北、河東填五分，餘路填四分。他州軍、府界巡檢兵校聽自市，官償其直，毋過三十千。是歲，詔諸路以馬給軍士，比試武技，優者先給，比試兩給；闕馬十匹以下全給，十匹以上如舊數支。至和元年，詔軍士戍陝西、河東、河北填七分，餘路填六分。凡主兵官當借馬者，至罷兵權。殿前馬步軍都指揮使賜所借馬三，都虞候、捧日、天武、龍、神衛四廂都指揮使二，軍都指揮使一。外州在官當借馬者，經略使三，總管、鈐轄二，路分都監、承受、極邊砦至監押、都巡檢、把截、保丁指揮一，毋得乘之他州並以假人，犯者論以違制。寶元元年，詔群臣例賜馬者，宰相至樞密直學士，使相至正任刺史，並皇族緣姻事當賜者，如舊制；餘給以馬直，少卿監已上三十五千，內殿承制已下二十三千。凡群臣假官馬進奉者，置籍報左藏庫，償直四十千，其後多負不償。乃詔借馬者先輸直，久逋不償者克其奉料。熙寧以來，有保馬、戶馬，其後又變為給地牧馬。神宗嘗患馬政不善，謂樞密使文彥博曰：『群牧官非人，無以責成效。其令中書擇使，卿舉判官，冀國馬蕃息，以給戰騎。』於是以比部員外郎崔臺符權群牧判官，又命群牧判官劉航及臺符刪定《群牧敕令》，以唐制參本朝故事而奏決焉。熙寧元年，又手詔彥博等曰：『今諸州守貳雖同領群牧，而未嘗親涖職事，其議更制，應監牧、郡守貳並朝廷選授，與坊、監使臣皆第其能否，制賞罰而升黜之，宜立法以聞。』又手詔曰：『方今馬政不修，官吏無著效，豈任不久而才不盡歟？是何監牧之多，官吏之眾，而乏才之甚也！昔唐用張萬歲三世典群牧，恩信行乎下，故馬政修舉，後世稱為能吏。今上自提總官屬，下至坊、監使臣，既非銓擇，而遷徙迅速，謂之假道，欲使官宿其業而盡其能，不可得也。為今之計者，當簡其勞能，進之以序。自坊、監而上至於群牧都監，皆課其功而第進之，以為任事者勸焉。』於是，樞密副使邵亢請以牧馬餘田修稼政，以資牧養之利。而群牧司言：『馬監草地四萬八千餘頃，今以五萬馬為率，一馬占地五十畝，大名、廣平四監餘田無幾，宜且仍舊。而原武、單鎮、洛陽、沙苑、淇水、安陽、東平等監，餘良田萬七千頃，可賦民以收芻粟。』從之。已而樞密院又言：『舊制，以左、右騏驥院總司國馬。景德中，始增置群牧使副、都監、判官，以領廄牧之政。使領雖重，未嘗躬自巡察，不能周知牧畜利病，以故馬不蕃息。今宜分置官局，專任責成。』乃詔河南、北分置監牧使，以劉航、崔臺符為之，又置都監各一員。其在河陽者，為孳生監。凡外諸監並分屬兩使，各條上所當行者。諸官吏若牧田縣令佐，並委監牧使舉劾，專隸樞密院，不領於群牧制置。先是，群牧司請於河北、河東、陝西都總管治所各置一監，以便給軍，乃遣官下諸路詳度。既又以知太原唐介之請，發沙苑馬五百，置監於交城。又分置河南、河北兩使。時上方留意牧監地，然諸監牧田皆寬衍，為人所冒占，故議者爭請收其餘資以佐芻粟。言利者乘之，始以增賦入為務。二年，詔括河南北監牧司總牧地。舊籍六萬八千頃，而今籍五萬五千，餘數皆隱於民。自是，請以牧地賦民者紛然，而諸監尋廢。是歲，天下應在馬凡十五萬三千六百有奇。初，內外班直、諸軍馬以四月下槽出牧，迄八月上槽，風雨勞逸之不齊，故多病斃。圉人歲被榜罰，吏緣牧事害民，棚井科率無寧歲。四年十月，乃命同修起居注曾孝寬較度其利害。孝寬請罷諸班直、諸軍馬出牧，以田募民出租。詔自來年如所請，仍令三司備當牧五月芻粟。五年，廢太原監。七年，廢東平、原武監，而合淇水兩監為一。八年，遂廢河南北八監，惟存沙苑一監，而兩監司牧亦罷矣。沙苑先以隸陝西提舉監牧，至是，復屬之群牧司。始議廢監時，群牧制置使文彥博言：『議者欲賦牧地與民而收租課，散國馬於編戶而責孳息，非便。』詔元絳、蔡確較其利害上之。於是中書、樞密院言：『河南北十二監，起熙寧二年至五年，歲出馬一千六百四十匹，可給騎兵者二百六十四，餘僅足配郵傳。而兩監牧吏卒雜費及所占地租，為緡錢五十三萬九千有奇，計所出馬為錢三萬六千四百餘緡而已。今九監見馬三萬，若不更制，則日就損耗。』於是卒廢之，以其善馬分隸諸監，餘馬皆斥賣，收其地租，給市易茶本錢，分寄籍常平、出子錢，以為市馬之直。監兵五千，以為廣固指揮，修治京城焉。後遂廢高陽、真定、太原、大名、定州五監。凡廢監錢歸市易之外，又以給熙河歲計。諸監既廢，淤田司請廣行淤溉，增課以募耕者，而河北制置牧田所繼言，牧田沒於民者五千七百餘頃。乃嚴侵冒之法，而加告獲之賞，自是利入增多。元豐三年，廢監租錢遂至百一十六萬，自群牧使而下，賜賚有差。乃命太常博士路昌衡、秘書丞王得臣與逐路轉運司、開封府界提點司按租地，約三年中價以定歲額。若催督違滯，以擅支封椿法論。初，經制熙河邊防財用司奏於岷州川荔川閭川砦、通遠軍熟羊砦置牧養十監，議者繼言蕃馬法，帝欲試之近甸。六年，手詔樞密院：『牧馬重事，經始之際，宜得左右近臣以總其政。今自霧澤陂牧馬所造法，始於畿內置十監，以次推之諸路。宜令樞密院都承旨張誠一、副都承旨張山甫經度制置，權不隸尚書駕部及太僕寺。有當自朝廷處分者，樞密院主之。』已而其說皆不效。八年，同提舉經度制置曹誦言：『自崇儀副使溫從吉建議創孳生監，迨今二年，駒不蕃而死者益眾。』乃命禦史臺校核，自置監以來，得駒不及一分四厘，馬死已十分之六。於是責議者及提舉官，而罷畿內十監。元祐初，議興廢監，以復舊制。於是詔庫部郎中郭茂恂往陝西、河東所當置監，尋又下河北陝西轉運、提點刑獄司按行河、渭、並、晉之間牧田以聞。時已罷保甲，教騎兵，而還戶馬於民。於是右司諫王岩叟言：『兵之所恃在馬，而能蕃息之者，牧監也。昔廢監之初，識者皆知十年之後天下當乏馬。已而不待十年，其弊已見，此甚非國之利也。乞收還戶馬三萬，復置監如故，監牧事委之轉運官，而不專置使。今鄆州之東平，北京之大名、元城，衛州之淇水，相州之安陽，洺州之廣平監，以及瀛、定之間棚塞草地疆畫具存，使臣牧卒大半猶在，稍加招集，則指顧之間措置可定，而人免納錢之害，國收牧馬之利，豈非計之得哉？又況廢監以來，牧地之賦民者，為害多端，若復置監牧而收地入官，則百姓戴恩，如釋重負矣。』自是，洛陽、單鎮、原武、淇水、東平、安陽等監皆復。初，熙寧中，並天駟四監為二，而左、右天廄坊亦罷。至是，復左、右天廄坊。時又有旨，內外馬事並隸太僕寺，不由駕部而達尚書省。兵部尚書王存、右司諫王覿言：『先帝講求歷代之法，正省、臺、寺、監之職，上下相繼，各有統制。其間或濡滯不通，宜量加裁正，不可因而隳紊。』言不果行。又詔舊屬群牧司者專隸太僕寺，直達樞密院，不由尚書省及駕部。至崇寧中，始詔如元豐舊制。紹聖初，用事者更以其意為廢置，而時議復變。太僕寺言，府界牧田，占佃之外，尚存三千餘頃，議復畿內孳生十監。詔以莊宅副使麥文昞、內殿崇班王景儉充提舉。後二年而給地牧馬之政行矣。先是，知任縣韓筠等建議，凡授民牧田一頃，為官牧一馬而蠲其租。縣籍其高下、老壯、毛色，歲一閱，亡失者責償，已佃牧田者依上養馬。知邢州張赴上其說，且謂授田一頃為官牧一馬，較陝西沿邊弓箭脾既養馬又戍邊者為優，試之一監一縣，當有利而無害。樞密院是其請，且言：『熙寧中，罷諸監以賦民，歲收緡錢至百餘萬。元祐初，未嘗講明利害，惟務罷元豐、熙寧之政，奪已佃之田而復舊監。桑棗井廬多所毀伐，監牧官吏為費不貲，牧卒擾民，棚井抑配，為害非一。蓋自復監以來，臣僚屢陳公私之害。若循元祐倉卒更張之法，久當益弊。且左右廂今歲籍馬萬三千有奇，堪配軍者無幾，惟沙苑六千疋愈於他監。今赴等所陳授田養馬，既蠲其租不責以孳息，而不願者無所抑勒，又限以尺寸，則緩急皆可用之馬矣。』乃具為條畫，下太僕寺，應監牧州縣悉行之。時殿中侍御史陳次升言：『給地牧馬，其初始於邢州守令之請，未嘗下監司詳度。諸路各有利害，既不可知。民居與田相遠者，難就耕牧。一頃之地所直不多，而亡失責償，為錢四五十千，必非人情所願。』言竟不行。時同知樞密院者，曾布也。四年，遂廢淇水、單鎮、安陽、洛陽、原武監，罷提點所及左右廂，惟存東平、沙苑二監。曾布自敘其事曰：『元祐中，復置監牧，兩廂所養馬止萬三千匹，而不堪者過半。今既以租錢置蕃落十指揮於陝西，養馬三千五百。又人戶願養者亦數千，而所存兩監各可牧萬馬。馬數多於舊監，而所省官吏之費非一，近世良法，未之能及。』時三省皆稱善。其後，沙苑復隸陝西買馬監牧司，而東平監仍廢。崇寧元年，有司較諸路田養馬之數，凡一千八百疋有奇，而河北西路占一千四百，他路自二百匹以下，至河東路僅九匹，而開封府界、京西南路、京東東路皆無應募者。蓋法雖已具，而猶未及行也。大觀元年，尚書省言：元祐置監，馬不蕃息，而費用不貲。今沙苑最號多馬，然占牧田九千餘頃，芻粟、官曹歲費緡錢四十餘萬，而牧馬止及六千。自元符元年至二年，亡失者三千九百。且素不調習，不中於用。以九千頃之田、四十萬緡之費，養馬而不適於用，又亡失如此，利害灼然可見。今以九千頃之田，計其磽瘠，三分去一，猶得良田六千頃。以直計之，頃為錢五百餘緡，以一頃募一馬，則人得地利，馬得所養，可以紹述先帝隱兵於農之意。請下永興軍路提點刑獄司及同州詳度以聞。俟見實利，則六路新邊閑田，當以次推行。時熙河蘭湟路牧馬司又請兼募願養牝馬者，每收三駒，以其二歸官，一充賞，詔行之。是歲，臣僚言岷州應募養馬者至萬餘匹，於是自守貳而下，遞賞有差。明年，詔熙河路應縣、鎮、城、砦、關、堡官並兼管幹給地牧事。四年，復罷京東西路給地牧馬，復東平監。政和二年，詔諸路復行給地牧馬，復罷東平監。五年，提舉河東給地牧馬尚中行以奏報稽違，且欲擅更法，詔授遠小監當官。於是人皆趣令，牧守、提舉以率先就緒遷官第賞者甚眾。七年，有司言給地增牧，法成令具，諸路告功。乃下諸路春秋集教，以備選用。令下，奉行之者益力。蔡京既罷政，新用事者更言其不便。宣和二年，詔罷政和二年以來給地牧馬條令，收見馬以給軍，應牧田及置監處並如舊制。又復東平監。凡諸監興罷不一，而沙苑監獨不廢。自給地牧馬之法罷，三年而復行。時牧田已多所給占，乃詔見管及已拘收，如官司輒復請占者，以違制論。六年，又詔立賞格，應牧馬通一路及三千匹，州通縣及一千，縣及三百，其提點刑獄、守令各遷一官，倍者更減磨勘年。於是諸路應募牧馬者為戶八萬七千六百有奇，為馬二萬三千五百。既推賞如上詔，而兵部長貳亦以兼總八路馬政遷官。然北方有事，而馬政亦急矣。靖康元年，左丞李綱言：『祖宗以來，擇陝西、河東、河北美水草高涼之地，置監凡三丨六所，比年廢罷殆盡。民間雜養以充役，官吏便文以塞責，而馬無復善者。今諸軍闕馬者太半，宜復舊制，權時之宜，括天下馬，量給其直，不旬日間，則數萬之馬，猶可具也。』然時已不能盡行其說矣。支配舊制，自御馬而下，次給賜臣僚，次諸軍，而驛馬為下。熙寧初，樞密院言：『祖宗時，臣僚任邊職者，或賜帶甲馬，示不忘疆埸之事。承平日久，僥倖滋長。請應使臣閤門祗候以上，充三路路分州軍總管、鈐轄之類，賜馬價如故，餘皆罷給。』奏可。十年，群牧司又言：『去歲給安南行營及兩省、宗室、諸班直及諸軍、諸司馬總二千餘匹，未支者猶二千。請裁宗室以下所給馬，諸司停給。』從之。自罷監至此，始闕馬矣。熙寧初，詔河北騎軍如陝西、河東社馬例立社，更相助錢以市馬，而遞增官直。尋出奉宸庫珠十餘萬以充其費。其後，陝西馬社苦於斂率。元豐中，乃詔本路罷其法，更從買馬司給之。時又諸路置將，馬不能盡給，則給其直，而委諸將自市。其在熙河蘭會路者，即以為買馬之數。初，內外諸軍給馬，例不及其元額，視其闕之多寡，以分數填配。元豐更立為定制，凡諸軍闕馬應給者，在京、府界、京東西、河東、陝西路無過十之七，河北路十之六。然其後諸軍闕馬者多，紹聖三年，乃詔提舉陸師閔於歲額外市馬三萬匹，給鄜延、環慶路正兵，餘支弓箭手，仍權不限分數。宣和初，真定、中山、高陽等路乏馬，復給度僧牒，令帥臣就市，以補諸軍之闕。高宗紹興二年，置馬監於饒州，守卒領之，擇官田為牧地，復置提舉。俄廢。四年，置監臨安之餘杭及南蕩。十九年，詔：『馬五百匹為一監，牡一而牝四。監為四群。歲產駒三分及斃二分以上，有賞罰。』帝謂輔臣曰：『議者言南地不宜牧馬。昨自牧養，今二三年，已得馬數百。』先是，川路所置馬，歲牧於鎮江。是年春，上以未見蕃息，遂分送江上諸軍。後又置監郢、鄂間，牝牡千，十餘年僅生二十駒，日不可用，乃已。故凡戰馬，悉仰秦、川、廣三邊焉。秦馬舊二萬，乾道間，秦、川買馬額歲萬一千九百有奇，川司六千，秦司五千九百。益、梓、利三路漕司，歲出易馬綢十萬四千疋。成都、利州路十一州，産茶二千一百二萬斤。茶馬司所收，大較若此。慶元初，合川、秦兩司為萬一千十有六。嘉泰末，合兩司為萬二千九十四。然累歲市易，多不及額。蓋南渡前，市馬分而為二：其一曰戰馬，生於西鄙，良健可備行陣，今宕昌、峰貼峽、文州所産是也；其二曰羈縻馬，産西南諸蠻，短小不及格，今黎、敘等五州所産是也。羈縻馬每綱五十，其間良者不過三五，中等十數，餘皆下等，不可服乘。守貳貪賞格，以多為貴。經涉險遠，且綱卒盜其芻粟，道斃者相望。成都府馬務，歲發江上諸軍馬凡五十八綱，月券錢米二百緡，歲計萬一千六百緡。興元府馬務，歲發三衙馬百二十綱，其費稱是。率未嘗如數，蓋茶馬司靳錢帛，馬至，價不即償致然也。舊蕃蠻中馬，良駑有定價。紹興中，張松為黎卒，欲馬溢額覬賞，乃高直市之。夷人無厭，邀求滋甚。後邛部川蠻恃功。趙彥博始以細茶、錦與之。而夷人每貿馬，以茶、錦不堪藉口。慶元中，金人既失冀北地，馬至秦司亦罕。舊川、秦市馬赴密院，多道斃者。紹興二十七年，詔川馬不赴行在，分隸江上諸軍，鎮江、建康、荊、鄂軍各七百五十，江、池軍各五百，殿前司二千五百，馬司、步司各千，川馬良者二百進禦。此十九年所定格也。廣馬者，建炎末，廣西提舉峒丁李棫請市馬赴行在。紹興初，隸經略司。三年，即邕州置司提舉，市於羅殿、自杞、大理諸蠻。未幾，廢買馬司，帥臣領之。七年，胡舜陟為帥，歲中市馬二千四百，詔賞之。其後馬益精，歲費黄金五鎰，中金二百五十鎰，錦四百，絁四千，廉州鹽二百萬斤，得馬千五百。須四尺二寸已上乃市之。其直為銀四十兩，每高一寸增銀十兩，有至六七十兩者。土人云，尤駔駿者，在其産處，或博黄金二十兩，日行四百里，第官價已定，不能致此。自杞諸蕃本自無馬，蓋轉市之南詔。南詔，大理國也。乾道九年，大理人李觀音得等二十二人至横山砦求市馬，知邕州姚恪盛陳金帛誇示之。其人大喜，出一文書，稱『利貞二年十二月』，約來年以馬來。所求《文選》《五經》《國語》《三史》《初學記》及醫、釋等書，恪厚遺遺之，而不敢上聞也。嶺南自産小駟，匹直十餘千，與淮、湖所出無異。大理連西戎，故多馬，雖互市於廣南，其實猶西馬也。每擇其良赴三衙，餘以付江上諸軍。寶慶四年，兩淮制府貿易北馬五千餘，而他郡亦往往市馬不輟。咸淳末，有紀智立者獻謀，以為兩淮軍將、武官、巨室皆畜馬，率三借二，二借一，一全起，團結隊伍，借助防江，各令飼馬役夫自乘之官，優給月錢一年，以半年為約，江面寧即放歸。又云，陳岩守招信，團馬至七千，出沒張耀，此其驗也。臣僚言：宜仿祖宗遺意，亟謀和市馬，如出一馬，則免其某色力役。惟是川、秦之馬，遵陸則崇岡復嶺，盤回門絕；舟行則峽江湍急，灘磧險惡。每綱運，公私經費十倍，而人馬俱疲。上則耗國用，下則困州縣。綱兵所經，甚於寇賊。雖臣僚條奏更迭，終莫得其要領。豈馬政各因風土之宜，而非東南之利歟？

明　雷禮《南京太僕寺志》卷二《嚴禁約》　宋制，監牧使歲終較馬死數，及分并生駒不及四分，諸不職者罪之。乾德六年，太宗謂諸將曰：諸軍養馬，多有死損。苟主將部轄有方，秣飼依時，豈有斃死之理？會殿直李謂坐監牧，許州盜官芻馬多死，并主吏斬于市。熙寧八年，乘越三百里者有禁。

又　卷三《定課額》　宋初，以羣牧總天下馬政，凡四萬二千餘匹。端拱元年，國子博士李覺上言，減市馬半直，賜畜駒之卒，大率牝馬二萬，而駒收其半，亦可歲獲萬匹。上嘉納之。仁宗以大臣領監牧，至天聖中，馬增十萬餘匹。熙寧八年，以中書樞密完言河南北三十二監，自熙寧二年至五年歲出馬千六百四十匹，可給騎兵者二百六十餘匹，堪給馬舖兩監收歲費及所占牧地約收租錢總五十三萬九千六百三十八緡，計所出馬，爲錢三萬六千四百九十六緡，而以得不稱失，故廢之。户配一馬，責其息，自此馬始衰。

又　《選備用》　宋馬政，凡給用之等十有五，曰簡中馬，曰不得支使馬，曰添價馬，曰國信馬，曰臣寮馬，曰諸軍班馬，曰御龍直馬捧，日龍衛馬，曰拱聖馬，曰驍騎馬，曰雲武馬，天武龍猛馬，曰雜配軍馬，曰雜使馬，曰馬舖馬。自恩賜外，皇族及内臣伎術官要司職掌，皆給借之。

又　卷四《驗兑納》　宋制，令監馬十三歲以上者配軍。定康初，陝西用兵，馬騎不足，詔京畿、京西、淮南、陝西路括市戰馬，自四尺六寸至四尺二寸，其直自五十千至二十千，凡五等，敢輒隱者，重寘之法。熙寧六年，西北用兵，頗調户馬以給戰騎，借者給還死者償直。七年六月，遂詔河東鄜延環慶路各發户馬一千，以給土兵，馬户既配，兵後遂不復補，京東西既更爲保馬，而諸路養馬指揮至八年四月乃罷。

又　《專稽察》　宋制，騎軍歲番戍，並委提舉指揮使監之。淳熙十五年，侍衛步軍都虞候梁師雄言，三衙每年取押綱馬草料失時，多致羸瘦，蓋由提調官失於檢察。今後各令所差將官往來巡視，務要草料齊整，所差將官歲一更替。嘉定六年，臣僚言，將佐之馬往往取之馬軍，則馬軍雖合請三百，止得一百食錢，而主軍者密收其二分之一，又統制官占馬至四十五匹，名料馬，豈特占請馬料，每一匹必有一卒以項其名而盜取其錢以入己者。今欲措置，立爲定額，詔統制官止許差破戰馬六匹，統領官差破四匹，馬步軍正副準備將各止差破兩匹，其減下馬拘，收從公撥，付入隊官兵如法養喂，約束自後不得輒於官兵名下差撥換易。從之。

又《酌陪罰》 宋制，諸州軍官騎耗亡及等者責補之。河東兵廣鋭兵，悉是土人，其馬皆是本軍團申選良馬而置，謂之馬社，故廣鋭之馬壯勇而少亡失，馬死則社中共市而補之。其後，陝西振武亦願依此例。

明 王鳴鶴《登壇必究》卷一八《馬政》 宋之馬政，凡御馬之等三，給用之等十有五，羣號之字十有七，毛物之種九十有二。其官司之規則，太祖初置左右飛龍二院，以二使領之，後改爲天廄坊，又改爲騏驥院，以天駟監隸焉。眞宗置佑馬司，凡市馬掌辨其良駑，平其直，以分給諸監。三年，置羣牧使。景德三年，改諸州牧龍坊悉爲監，在外之監十有四，置羣牧制置使及羣牧使副、都監判官，廄牧之政皆出於羣牧司，自騏驥院而下皆聽命焉。諸州有牧監，知州、通判兼領之。林駉曰：『宋朝馬政畜於監牧者曰官馬，散於戶者曰戶馬，市於邊郡者曰戎馬。』

《續通典》卷七三《馬政馬祭附》 宋太祖初置左右飛龍二院，以左右二使領之。太宗太平興國初，改為天廄坊。雍熙四年改為騏驥院。左右天駟監四，左右天廄坊二，皆隸焉。真宗咸平三年，置羣牧使，以內臣勾當制置羣牧司，京朝官為判官。景德二年，改諸州牧龍坊悉為監，賜名鑄印以給之。在外之監十有四，凡廄牧之政皆出於羣牧司，自騏驥院而下皆聽命焉。太平興國四年，太宗觀兵於幽州，得汾、晉、燕、薊之馬四萬二千餘匹，內皂充牣，分置諸州牧養。其太僕卿掌廄牧之政，車輅院應奉御馬，仲春祝馬祖，仲夏祀先牧，仲秋祭馬社，仲冬祭馬步，並擇日。壇壝之制，三壇各廣九尺，高三尺，四陛一壝。

紀事

宋 楊仲良《皇宋通鑑長編紀事本末》卷七五《神宗皇帝・馬政》 九月乙酉，劉航為河南監牧使，崔臺符為河北監牧使。先是，樞密院言：『舊制以左、右騏驥院總司國馬。景德中，始增置群牧使、副、都監、判官，以領廄牧之政。今欲專任責成，分置官局。』乃詔河北、河南分置監牧使、都監官各一員，以河南監牧並為孳生監，在外諸監分屬兩使。其官璔，河北於大名府，河南於河中府，後徙西京。諸監官吏，委監牧使奏舉按劾，仍不隸群牧司，專屬制置使。後又詔隸樞密院，不領於制置使，仍省群牧都監一員。十月庚子朔，樞密院言：『河南、河北監牧使，欲令每年各許同共奏舉有牧地縣分選人，知縣、令、主簿充京職官，共五員，理為舉主。』丁未，上批：『河北、河南監牧使所管地遼遠，若非許令舉一二屬官與之協力，恐難辦事。今於京官以下各舉一人，供奉官以下各舉二人充勾當公事，並理本資等，十數年後，歲考漸深，或授以逐州通判，或本司都監，庶幾共濟，早見成績。』乙卯，詔出奉宸庫珠二千三百四十萬付河北四榷場鬻之，別封樁以備買馬。十二月，權河北監牧使崔臺符言：『應牧地民戶已佃者，乞並令具所出租稅，自今盡歸本司支用。』從之。三年五月庚戌，群牧判官王誨《群牧司編敕》十二卷，行之。

明 雷禮《南京太僕寺志》卷二《清賦式》 宋始置養馬二務，又興葺舊馬務四爲牧地。太平興國四年，國馬增多，始分置諸州牧養之。景德二年，改諸州牧龍坊悉爲監，在外之監十有四，置羣牧制置使及羣牧使副都監判官，廄牧之政，皆出於羣牧司，自騏驥院而下，皆聽命焉。諸州有牧監，知州、通判兼領之。仁宗景祐二年，詔民間無以馬數升户等。皇祐五年，丁度上言，兩河淮南籍丁壯爲兵，請下令有能畜一戰馬者免二丁，仍不升户等，以備緩急。神宗熙寧中，王安石因曾孝寬言，慶歷中嘗詔河北民户，以物力養馬，備非時，官員乞參考申行之，而户馬法始此。熙寧五年，詔開封府界保甲，願牧馬者聽，仍以陝西所市馬選給之。六年，曾布等承詔上其條約，凡五路義勇保甲願養馬者户一匹，物力高願養二匹者聽，皆以監收見馬給之，或官與其直，令自市，毋或强與，府界毋過三千匹，五路毋過五千匹，襲逐盜賊之外，乘越三百里者有禁，在府界者免體量草二百五十束，加給以錢布。在五路者歲免析變緣納錢，三等以上十户爲一保，四等以下十户爲一社，以待病斃補償者。保户馬，斃保户，獨償之社户，馬斃，社户半償之。歲一閱其肥瘠，禁苛留者凡十有四條，先從府界頒焉，五路委監司經畧司州縣更度之。於是保甲養馬行於諸路。九年，提舉開封府界蔡確言，比賦保甲，以國馬免所輸草賜之錢，布民以畜馬，省於輸藁，雖不給錢布，而願爲官養馬者甚衆，請增馬數，歲止免輸藁一百五十束，詔毋過五千匹。於是京畿罷給錢布，增馬數，而民益病。紹聖三年，因元祐初罷保馬，始給地牧馬授田一頃者，爲官牧馬一匹，蠲其租。渡江以來，無復國馬，始命措置馬監於饒州，擇官田爲牧地，川路所買馬，歲付鎮江軍中收養。

又《重責任》 宋淳化五年，詔中使趙守倫領諸州牧龍坊，蓄牝馬，孳息日蕃。守倫以牝馬萬五千匹逐水草牧放，不費芻牧，歲約駒子等級遷擢，否者罰亦如之。駒生即付籍以聞，故人皆盡心養飼，馬政克舉。景德四年，真宗命知樞密院事陳堯叟領監牧，堯叟曰：『臣居宥密之職，而與承翰聯事，合避外議。』上曰：『國事戎馬之本，繫于樞司機要之運，然當別置使名，卿勿辭也。』大中祥符元年，立牧監賞罰之令，外監息馬一歲，終以十分為率，死一分以上，勾當官罰一月俸。餘等第决杖。牧倍多而死少者，給賞緡有差。凡生駒一匹，兵校而下，賞絹一疋。

又《時較烙》 宋咸平二年，羣牧司總内外馬政。其後歲遣判官一人巡行諸監，取孳生駒二歲以上者點印之。自熙寧散國馬於編户，坊監廐庫棚房井泉一旦廢罷，於是督責之政不舉。

又卷三《責管解》 宋太平興國八年，詔鬻馬官取良禁駑，委長吏印記之。淳熙十五年，趙汝愚奏黎州買馬乞照舊法，不拘尺寸。上曰：『祖宗時有西北馬可用，黎馬止是羈縻。今作戰馬，如何不及格尺，所乞難行。』

又卷四《急需征》 宋太平興國四年，伐大原，使吏民馬十七萬，以備征討。雍熙四年，北虜未平，分遣使臣收京城諸道馬□□戰騎。紹興四年，邊患告急，支茶博司馬以補□□。

又卷五《裁時例》 金興定元年，定以馬鬻官之格。上等馬二匹補一官雜班任使，中等三匹、下等四匹如之。

又卷六《寬恤》 宋太宗淳化二年，慮牧馬侵民田，遣使檢視，勿令為民害。大中祥符中，真宗欲買馬，至十萬且止。王旦曰：『聽民間畜養，官中緩急以本直市之，猶外廐爾。且所費芻粟皆出兩税，少損馬食，用資軍儲，亦當世之切務。』馬知節曰：『馬多不精，若十萬匹，選可用者當得四五萬耳。多畜駑弱，大費愈甚，豈不勞民也哉？』上深然之。

明 彭大翼《山堂肆考》卷八七《馬政》 始置二務。宋太祖以五代時監牧多廢，官失其守，國馬不得蕃息，時但有左右飛龍院，帝始置養馬二務，歲遣中使詣邊州市馬，自是閑廐始充矣。

又 新作四廐。宋太宗既平太原，遂觀兵范陽，得汾、晉、燕、薊之馬凡四萬二千餘匹，國馬增多。詔于景陽門外新作四廐，名曰天駟監，左右各二，以左右飛龍使為左右天廐使，閑廐使為崇儀使。内廐既充牣，始分置諸州牧養。雍熙初，禁邊臣于邊外市馬，勿得虧直。改天廐院為騏驥院，天駟監為天廐坊。

又 遣官點印。宋真宗咸平三年，羣牧司總内外馬政，其後歲遣判官一人巡行諸監，取孳生駒二歲已上者點印之。左右騏驥院、六坊監止留馬二千餘匹，餘皆三月出就牧，秋冬入廐。其御馬準備用者在京師。

又 選使管牧。宋高宗謂呂頤浩曰：馬復孳生，當就水草地。頤浩條奏：饒州四望山等處以為牧地，郡守帯提領之，選差使臣五員專管牧養事。

清 顧炎武《日知録之餘》卷二《禁馬》 《元史・世祖紀》：至元二十三年六月，『戊申，括諸路馬，凡色目人有馬者三取其二，漢民悉入官。敢匿與互市者罪之。』二十六年十二月，『辛巳，括天下馬，一品二品官許乘五匹，三品三匹，四品五品二匹六品以下皆一匹』。

《續通典》卷七三《馬政馬祭附》 金太宗天會三年七月，詔南京括官豪牧馬，以等第取之，分給諸軍，其尚廐局副使掌御馬調習牧養。元世祖中統四年，設羣牧所，後改為尚牧監，又改為太僕院，又改為衛尉院，後又立太僕寺，管阿克塔斯馬匹。

《宋會要輯稿・職官二三》 車輅院。車輅院舊不載，御輦院掌乘輿步輦供奉及宮闈車乘之事。神宗正名，廢群牧司，供乘輿法物，則歸車輅院。有監官三員。一員内侍，一員文臣京朝官，一員武臣。建炎三年罷，紹興十二年，因前東京車輅院人吏王道陳乞，遂詔車輅院官吏依舊例減半差。淳熙六年五月七日，詔：『今歲明堂大禮，添修五輅，差内侍官一員提點。』八月十日，詔：『車輅院見教習五輅大平車，除玉輅教車見入麗正門里教習，其餘金、象、革、木四輅並駕士軍兵等，可自十一日以後，並令入麗正門里閲習三日。』嘉泰三年六月二十七日，吏部言：『乞將兵部長貳如每歲車輅院有所轄選人三員以上，許各薦舉二員，與監官監門官通行薦舉。』從之。先是，監車輅院門王琳言：『竊見淳熙七年二月二十三日舉員指揮，該載在京六曹寺監長貳如所轄選人三員以上，許各舉改官二員。緣當來集議之時，本院監官、監門官俱係使臣，未曾堂除，通差選人，是致於指揮內止稱，若兵部長貳各舉車輅院官一員，送部勘當。』故有是命。開禧二年正月十七日，都省言：『前監門行車輅院門王琳狀，車輅院官依在京日例，任滿無遺闕，減三年磨勘。數內監內官一員，後來方始通差選人。上件賞格，監官每次替移，並已陳乞收使，獨監門官前後多是使臣，注授因循，有失檢照前後指揮，任滿陳乞一例推賞。琳昨在任日，乞照前後已降指揮，與減磨勘，以舉考及格離任半年。欲望指揮同在京局務門官例霑微賞。』從之。

又 騏驥院。元豐二年七月二十一日，詔：『左騏驥院地狹，馬多病死。其以舊養牛院、擊鞠院、左騏驥院營、禦廚營地為左騏驥院，仍取昨廢左右天廐坊屋材增修。徙左騏驥院營、禦廚營於廢營。』淳熙二年正月二十七日，詔：『左右騏驥院監官依舊堂除。』七月二日，詔：『左右騏驥院自今將禦前馬院割移名糧教駿內或有闕額，不得便行招刺。候禦前馬院保明到人刺訖，發遣著役。』六年五月七日，樞密院奏：『左右騏驥院申，本直以一百三十一人為額，見闕三十七人。乞下殿前司，於供聖驍騎指揮內將虞候至長行年四十已下，以過犯少人內差撥。』詔兵部行下所屬，與揀填十人。既而十五年八月五日，本院又言：『近降指揮，裁減作一十一人為額。今來除出職事故及放停及揀充班直，見闕四十人。』詔許揀填二十人。十四年四月九日，詔：『左騏驥院減騎禦馬一十人，教駿四十三人，右騏驥院減馬直一十人，教駿三十七人。』以司農少卿吳煥議減冗食，下敕令所裁定，故有是命。紹熙二年五月九日，騎禦馬左右直言：『本直人兵元額管一百三十一人，近裁減作一百一十一人。今來除出補、事故、年及、停放並揀充班直養老外，止見管六十四人，見闕四十七人。乞下殿前司，照所闕人數，於拱聖驍騎指揮內撥填赴直。』詔揀填二十人。慶元二年十一月二十八日，兵部言：『左右騏驥院騎禦馬左右其直元額管一百三十一人，淳熙十四年，敕令所裁減作一百一十一人為額，係應奉常朝殿及車駕行幸等事。今兩直止有管四十四人，見闕六十七人。元豐令：諸本直長行遇闕，合於殿前司拱聖驍騎指揮內將虞候至長行非三路人揀選配填。』詔令揀填三十人。

又 養象所。養象所在玉津園東北，掌豢養馴象，每四月送象於應天府寧陵縣西汴北陂放牧，九月復歸。歲令玉津園布種象食茭草十五頃。太祖乾德五年八月，有大象一自南來，至京十餘日。命差許州奉化兵五百人執之，置養象所。其後有吳越、交趾、廣韶諸州所進四十五頭。真宗天禧五年正月，玉津園養象所言：『舊管象四十六，今止三頭，望下交州，取以足數。』詔知廣州段曄規度，如有，即以進來，勿須宣索。神宗熙寧六年七月，詔頒《南郊教象儀制》，凡七馴象，禦劄降關應天府寧陵縣，九月旦發赴京。所用轉光旗十五，銅沙羅一，鼓十，乘騎人七，簇引旗鼓人三十一。排引日，選馴象六，在六引之前，行中道，分左右，各備鞍、蓮花座、紫羅繡、蕉盤、鈴鐸、杏葉絡頭。一人騎，四人簇引，並花腳烏巾、緋絁、青纓桃錦絡縫四褛衣，塗金雙麻帶。一內侍押象，繡衣執撾。淳熙十六年十二月八日，宰執進呈兵部申乞收買馴象，上曰：『見設象所，經從騷擾不可言，不如且已。將來郊祀，不用亦可。』

又 群牧司。舊有群牧制置使，以樞密使領之。嘉祐五年八月，以權陝西轉運副使薛向專領本路監牧及買馬公事，相度原州德順軍置買馬場。其同州沙苑監並鳳翔府牧地勾當使臣，更不下群牧司舉官，並令薛向保薦。舊制：國馬之政，皆騏驥二院監官專之。咸平三年，置群牧司，領內外群牧之政，自騏驥院而下皆聽焉。群牧制置使：景德四年八月，以兵部侍郎、知樞密院事陳堯叟兼群牧制置使。時內侍省副都知閻承翰為都監，真宗議以堯叟充使。堯叟自陳：『居近密之職，而與承翰聯事，合選輿議。』帝曰：『國馬，戎事之本，宜得大臣總領，不可辭也。』自是常以樞臣領之。同群牧制置使：不常置，曾曆中書樞密院及使相、宣徽、節度使為之。群牧使：咸平三年九月，以樞密直學士、主客郎中陳堯叟為制置群牧使。凡內外廐牧之事，皆領焉。四年，堯叟同知樞密院事，以禮部郎中、知制誥薛映充使。景德四年，復命堯叟為群牧制置使，因以制置群牧使為群牧使。大中祥符四年，知制誥朱巽帶使職出知江陵府。五年，巽以擅牒給驛馬被劾，解使職，自是不復有外任兼領者。同群牧使：不常置，以待制以上為之。群牧副使：景德三年七月，以內侍省左班副都知閻承翰為之。天禧元年十月，以樞密都承旨楊崇勳為之。

又 群牧都監：大中祥符三年八月，以入內內侍省副都知張繼能為之。群牧判官：景德二年，以著作郎王曉為之。四年九月，增置一員，以太子中允田穀充。後每歲更出諸州巡防，監點鞍馬。真宗咸平三年十月，制置群牧使陳堯叟請令諸有監牧處，知州、知軍、通判兼管內群牧事，從之。六年四月，令河北轉運使兼群牧事。景德二年七月，群牧判官、著作佐郎王曉上《群牧故事》六卷，乞藏於本司，以備詳閱。真宗覽之，嘉其詳博，特允所請，仍詔獎之。四年十月，群牧制置使陳堯叟言：『本司事多，其常程文字，請止書檢。其帖牒令群牧使、副、判官印書施行。』從之。十一月二十二日，群牧制置使請易河北諸軍牝馬三千餘匹，送諸監。從之。大中祥符三年六月，詔：『群牧司更不置本司提點院務坊監公事所名目，其本行公人並行遣過文案，並委群牧司指揮。』五年二月，群牧制置司言：『本司事務頗繁，望令群牧使已下，每日巳時前，就本司同商議。其有兼職者，許巳時後赴他局。』從之。仍每月賜錢五十千，充公用。是月，群牧制置司言：『自來凡制置改更事，並先下兩騏驥院監官或坊監使臣定奪久遠便宜，方與群牧司官員商量，連書申奏。今養馬務移於柏家莊充牧養，監坊連書，奏可施行。尋聞官吏使臣翻有異論，深屬未便。乞自今應有同共商量、連書擘畫改革事狀，於簽書時許立異議，從長施行。即不得於申奏後，卻稱事理未當。如違，乞科違制之罪。』從之。仁宗天聖七年二月七日，詔：『群牧制置使今後不得自舉判官，只候朝廷差人。』景祐二年十月十三日，詔以奉國軍留後、檢校太保、同知樞密院事王德用兼群牧制置使。今後只差同知樞密院、樞密副使以下充制置使。制置使屢罷而復置，明道二年五月十二日，嘗罷而復置。寶元二年五月二十三日，又罷而復置。慶曆七年二月七日，制置使王貽永言：『本司先因詳定所減罷副使二員，都監二員，判官一員，比來頗闕官分管職事。請自今以使、副各一員，都監、判官各二員為定制。』從之。皇祐元年六月，以翰林侍讀學士梁適為同群牧使。群牧使舊止一員，學士彭乘已為使，此特置之。三年八月，詔：『群牧判官自今以朝臣曆一任知州，館職一任通判者為之，即不得幹託保薦及有陳乞。』至和元年七月十七日，差龍圖閣直學士呂公弼同群牧使。權添此一員，後不得為例。英宗治平元年二月二十一日，樞密使張昇言：『以疾在假日久，其群牧制置使印在同制置使孫抃處，今抃已致仕。』詔差樞密副使胡宿權領，候昇參假日還之。二年三月十七日，權三司使呂公弼言，乞於前任群牧使合破兵給內權留十人，以其三任群牧使，特與教駿兵士七人，不得為例。六月，以樞密副使陳升之權群牧制置使。治平四年六月十七日，神宗即位，未改元。詔：『同州沙苑監令隸陝西提舉監牧司，本監使臣亦合選舉，更不屬左廂提點。』十九日，群牧司言：『欲令河北、河東、陝西有都總管處，各於本路就近摽撥係官草地，置監一所。令陝西監牧司將買到馬約定年額，牽送上京外，據餘數逐旋分撥與諸路馬監。久遠既成倫序，即本路馬軍可以自辦。』詔遣官同逐路帥臣度地置監，群牧司判官劉航河北，屯田郎中孫珪河東，監牧司判官李師錫陝西。八月，詔：『群牧官判官自來多是到任一年，遷三司、開封府判官、推官。今後並令滿三年，如職事修舉，即與此等差遣。』同日，上宣諭樞密院使文彥博曰：『馬政未盡善，群牧使判官非其人，且不久任，無以成效。』令中書擇人充使。彥博舉判官俾之久任，冀國馬蕃息，以給騎兵。《神宗職官志》：群牧司有制置使，樞密院使領之。二十七日，詔群牧判官劉航、比部員外郎崔台符編修《群牧司條貫》，仍將唐令並本朝故事看詳，如有合行增損刪定事件，旋奏取旨。神宗熙寧元年二月，詔：『今後群牧使、副各置一員，都監兩員，並專管勾本司，更不兼釐他務。仍並久任。』八月，群牧司言：『請兼監牧通判並三年一更，以馬死數定其課。即能在任與諸監使臣協心，幹集有勞，滿日應賞者，委群牧司保明，聽再任。兼監牧司知州誅賞准此。』從之。九月十六日，司封郎中劉航為河南監牧使，比部員外郎崔台符為河北監牧使。先是，樞密院言：『本朝初，以左右騏驥院總司國馬，景德中始增置群牧使、副、都監、判官，以領□牧之政。使領雖重，不聞躬自巡察，有所更制，馬不蕃息。今欲專任責成，分置官局。』乃詔：河北、河南分置監牧使各一員，都監各一員，並以三年為任，將河南、河北馬監並為孳生監，仍量度宜畜牧之地放牧。在外諸監馬分屬兩使，各令久任，以責成效。所有合行更制利害，並令所差官參酌例，以條具聞奏。其官廨，河北於大名府，河南於河中府修建，後徙西京。諸監官吏，委監牧使奏舉按劾，仍不隸群牧司，專屬制置使總領。以司封郎中劉航充河南監牧使，比部員外郎崔台符權河北監牧使。後又詔隸樞密院，不領於制置使，仍省群牧都監一員。《神宗實錄》及朱墨本止省都監一員，而五年八月，群牧司言，熙寧元年九月，省副使及判官都監各一員，與此不同。二年五月，群牧判官王誨上《馬政條貫》行之。五年八月十三日，群牧司言：『熙寧元年九月內，省本司副使及判官、都監各一員，後刊本司編敕，更不載副使。今復差起居舍人、充史館修撰、兼樞密都承旨曾孝寬兼充群牧副使。檢會舊敕，使、副共為一條。欲乞於見行新編敕條每『使』字下並添入『副』字施行。』從之。十二月二十一日，詔起居舍人、史館修撰、兼樞密都承旨、群牧副使曾孝寬為龍圖閣待制，同群牧使。六年七月，詔頒《南郊教象儀制》，凡七馴象，禦劄降關應天府寧陵縣，九月旦發赴京。所用轉光旗十五，銅沙羅一，來騎人七，簇引旗鼓人三十一。排引日，選馴象六，在六引之前，行中道，分左右，各備鞍、花座、紫羅繡、蕉盤、鈴鐸、杏葉、絡頭。一人騎，四人簇，並花腳烏巾、緋袍、青纓桃錦絡縫四袴衣、塗金雙鹿帶。一內侍押象，繡衣執撾。八年閏四月五日，詔沙苑監今復屬群牧司，餘北京、元城等八監並廢罷之。時廢河南、河北兩監牧司，故有是詔。七月十七日，詔權群牧判官、祠部員外郎韓宗師改屯田員外郎。初，禦史蔡承禧言：『宗師自提舉常平入為群牧判官，故事，不改右曹。恐中書官吏以宗師宰相子，故私徇取悅。』詔禦史台定奪，而禦史台以正群牧判官改左曹，而宗師乃權也，止當改右曹，為轉運判官。舊例，依常調但轉右曹。今宗師以第二任通判資序權群牧判官，與轉運判官為一等，而本房乃引正群牧判官例，改左曹非是，故命改正。八月三日，詔：『牧養監裁減兵員，其將校委步軍司比類軍分移隸，兵士依廢左右天廄坊例施行。』從群牧司所請也。九年九月十七日，詔：『今後樞密都承旨兼群牧使，副都承旨兼群牧副使，更不兼別差遣。』十年正月十九日，詔：『群牧都監自今與副使互置。近已除張誠一副使，宋有志宜罷，其闕更不差人。』九月二十四日，群牧司言：『欲乞今後轄下院監使臣，並自到任月日，實理三期，每一期一次比較。其公人等比較亦令隨監官月日，則自齊一。如非時替移，即將一年以十分為率，計零考月日，紐計分數比較。』從之。元豐二年三月二十二日，詔權發遣群牧判官、太子中允王欽臣坐違法擅所部官，罰銅十斤。九月四日，上批：『三司認還群牧司舊支券馬糜費錢，昨雖裁折絹為七萬緡，而遷延固吝，未肯備償。蓋未經他官會校，故彼此時有爭辨。可差太常丞吳安持限一月，根磨未罷以前五年諸費用，紐見錢畫一，與三司當職官連書以聞。』三年正月二十七日，群牧司言：『收廢監租課等錢共一百一十六萬緡有奇。』詔群牧使韓縝、副使張誠一並賜銀絹各三百兩疋，共賜錢五千緡，令樞密院均給官吏。二十八日，詔群牧廢監及諸軍班收地租課積年逋欠，遣太常博士路昌衡、秘書丞王得臣與逐路轉運司、開封府界提點司，按租地依鄉原例定租課，據歲輸之物，酌三年中價為准。及合納見錢，付逐司為年額。若催趣違滯，以擅支封樁錢法論。二月十四日，三司使李承之等言：『三司負群牧司券馬糜費錢百二十八萬二千七百緡，自熙寧五年至元豐二年，費三司芻粟錢五十一萬七千五百七十緡外，合償錢七十六萬五千二百二十緡。奉詔蠲其半，猶負錢三十八萬二千五百六十緡。』詔三司限三年撥還。自元豐三年後，三司歲償群牧司券馬糜費錢二十一萬三千七百八十緡，除芻粟錢六萬四千六百九十緡外，都計錢十四萬九千八十緡。詔歲以十萬緡償群牧司，餘特除之。初，自熙寧五年後，歲四月至八月，京師諸班直、諸軍馬不出牧，歲費三司芻粟，自五年至元豐二年，為錢五十一萬餘緡。三司請取於群牧司，既命官校定，而群牧司歲罷券馬，以嘉祐五年、六年、八年，治平二年、三年、四年，熙寧五年、七年、八年，凡九年通計之，歲省三司錢二百萬緡，亦命官校定。至是計所費芻粟錢物外，定三司當償群牧之數。三月二十五日，詔增置群牧都監一員。四月二十一日，罷群牧行司，復置提舉買馬監牧司。六月二十四日，詔河北沿邊州軍、禁軍闕額米歸群牧司封樁。五年五月一日，官制行，廢群牧制置使，以職事歸太僕寺。十一月十四日，環慶路經略使李肅之、鄜延路經略使路詵、陝西制置解鹽判官李師錫言：『本路無係官草地，又密通西界，難以興置馬監。其同州沙苑監近割屬陝西監牧司，可以增添牧馬。』詔：『陝西四路都總管司更不興置馬，仰陝西監牧司廣布善馬，務令蕃息，以備逐路諸軍闕馬。』又詔河東路都總管司於太原府交城縣置馬監。先是，遣比部員外郎崔台符往河東路按官田，將以牧馬。汾州舊牧地三十二百頃，其中有民先佃者，給以芻豆，仍候來年春於沙苑監移牝牡五百疋，往本監牧養。十九日，詔河北、河南監牧使統領外監，更不隸群牧制置使，隸樞密院。十月四日，樞密院先奉聖旨：『河南、河北諸監分屬監牧使按劾，更不隸群牧司及制置使。』詔今後並申樞密院。八日，河南、河北監牧使劉航、崔台符言：『奉詔置廨宇，河南於河中府，河北於大名府。本司都監乞就使廨同修。』詔都監河南於西京，河北於北京，占空閑廨宇居止。如闕少，量行添修。仍令劉航、崔台符於京官以上各舉二人，供奉官以上各舉二名，充本司勾當公事。於是上旨：『劉航、崔台符所管地分廣大，相去遼遠，若非許令舉一二屬官與之協，則獨力往來，恐難辦事。可令於文臣京官已上、武臣供奉官已上舉二三人，充本司勾當公事，並理合入資序，使之身親監牧。十數年後，歲考漸深，或授以逐州通判，或授以本司都監，委之以事權，責之以功效，庶幾共濟，早見成績。』乃有是詔。二年二月二十二日，詔選差館閣校勘王存、顧臨於群牧司檢尋祖帳舊管河南、河北兩監牧司所總諸監牧馬草地，令詳具逐監四至的寔頃畝聞奏。五月十六日，河北監牧使崔台符言：『諸馬監牧各有奇功工匠，及有會樂藝者不少，欲乞盡揀送本州，換廂軍。』從之。十月十六日，河南監牧使劉航言：『自治平四年正月差粟子嶺提舉採石回，差河北計會四帥創置坊監，又陝西經略使司勾當公事，往來鄜延，與西人議事，並赴行在，封冊在京押伴。竊緣河南監牧一司已成倫理，伏望詳酌，今後特免差也。』詔押伴以駕部郎中李直躬代之。四年六月一日，群牧制置使文彥博言：『群牧之官，近制不許兼領他職。今權河北監牧使周革兼本路提點刑獄，詳讞一路刑名，加之按察事務繁委，必妨馬政，乞罷兼領。』從之。五年十二月二十一日，詔起居舍人、史館修撰、兼樞密都承旨、群牧副使曾孝寬為龍圖閣待制、同群牧使。八年四月二十九日，詔沙苑監、群牧司餘八監及河南、北兩監牧司並廢。以中書、樞密院言：『河南、北十二監，自熙寧二年至五年，歲出馬千六百四十匹，可給騎兵者二百六十四，餘止堪給馬鋪。兩監牧歲費及所占牧地約收租錢總五十三萬九千六百三十八緡，計所得馬為錢三萬六千四百九十六緡而已，得不補失。』故廢之，以其馬配軍，及以次支馬鋪。病患駒子，就便出貨，價錢及租收地利為市易司遞年茶本，餘籍常平帳出息，以充售馬之直。閏四月五日，詔沙苑監牧復屬群牧司，餘北京、元城等八監並廢罷之。時廢河南、河北兩監牧司，故有是詔。十六日，詔罷太原等監，依罷河南、河北監牧指揮，應河東、河南監牧令提舉開封府界諸縣鎮公事蔡確，河北監牧令都大提舉黃禦河、同主管外都水監丞程昉專切勾當。九年九月十七日，詔：自今後樞密都承旨兼群牧使、副都承旨兼副使，更不兼別遣差。十年正月十九日，詔群牧都監自今與副使互置。元豐二年二月二十九日，經制熙河路邊防財用司言：『岷州床川、荔川、閭川寨、通遠軍熟羊寨，乞置牧養十監，募兵為監牧指揮。其營田乞依官莊例，募永濟卒二百人。其永濟卒通千人為額，以給十六官莊、四營田工役。其請給並從本司自辦。』從之。三年四月二十一日，罷群牧行司，復置提舉買馬監牧司。群牧行司未詳元置。五年七月二十四日，命鳳翔府鈐轄王君萬專主管熙河路新置監牧，及給散蕃部馬種。六年六月一日，上批：『牧馬重事，經始之際，非左右近臣專總其政，隨事奏稟，付之有司，未易營辦。今日霧澤陂牧馬所造法，且於畿內置十監。俟其就緒，推廣諸路施行。可差樞密都承旨張誠一、副都承旨張山甫專提舉經度制置牧馬，條畫奏稟施行。依五路保甲例，權不隸尚書駕部及太僕寺。有當自朝廷處分者，樞密院施行。』八月十一日，提舉經度制置牧馬司言：『已遣官往諸路選買牝馬上京，乞逐路專責監司一員提舉。』從之。諸路差提點刑獄官，開封府界差提點官。八年八月二十六日，罷府界新置牧馬監，提舉經度制置牧司、崇儀副使溫從吉降一官，提舉牧馬司、樞密都承旨張誠一罰銅二十斤。初，樞密副都承旨曹誦言：『朝廷用從吉法，置孳生馬監，得駒少而死損多，請委比較。』至是稽考如誦言，故罷之，仍有是責。哲宗元祐元年十二月十四日，詔：『應緣內外馬事，舊係群牧司管勾者，專隸太僕寺，直隸樞密院，更不經由尚書省及駕部。餘並依官制。』六年六月九日，樞密院言：『新復司監，其所生駒數，不足以補死損之馬，又多低小，不應軍格。令選差知馬政大使臣二員，分詣左右廂諸監，詢訪利害，與提舉官詳究事狀，同赴太僕寺講議聞奏。』從之。紹聖元年六月二十六日，右正言張商英言：『先朝廢河北、京西等處馬，募民租佃，而議養馬於涇渭汧隴之間，未及施行。元祐初，收已租之田，復置監牧，行之九年，死生贏壯，不足相補。而又買馬官本失陷，殆無文書可攷。太仆少卿牽制恩舊，謬悠行遣。望選官會計虧贏，熟講馬政，以修武備。』詔送太僕寺。七月二十七日，太僕寺言：『先朝元豐六年，於畿內置十監。緣初置監日，馬多地少，又功力不足，故難孳畜，首尾方及二年廢罷。今府界牧地除占佃外，尚三千餘頃，草苗滋茂。乞依元豐指揮，於府界置孳生監。』從之。以莊宅副使麥文昞、內殿崇班王景儉充提舉，踏逐置監去處，約度將來馬數，選差殿侍，分定匹數，專一管勾。其比較賞罰合行事，令逐官條畫，申太僕寺。候及三年比較，見得蕃息，推之外監施行。元符二年閏九月二十三日，詔：『同州沙苑監依舊撥屬提舉陝西等路買馬司，仍以提舉陝西等路買馬監牧司為名。』徽宗大觀三年十二月十四日，詔：『內外祠廟獻馬，往往骨格越常，皮毛異眾。可立法拘收，不得支遣，專充京畿孳生馬監司。』四年三月六日，樞密都承旨郭天信等奏：『准朝旨，諸州納到祠廟獻馬，送孳生監養。訪聞諸州見有獻到馬數不少，緣等候差人，多致稽留。乞今後立法，應收到獻馬，止限三日內起發。』詔送兵部立法，申樞密院。本部擬修下條：諸祠廟獻馬，限一日申所屬州，本州三日內具毛色齒歲，差人依程牽赴提舉京畿監牧司送納。從之。

又 淇水二監。元祐六年閏八月十八日，太僕寺言：『衛州淇水監乞改為第一監，牧養孳生群馬。復置第二監，牧養調習雜犬馬二千疋』。並從之。

又《兵二一》　監牧。牧養上下監二監。大中祥符四年十一月，群牧制置使奏請以在京諸坊監及諸軍病馬就京城西開遠門外草地，分作兩監，量破草料牧放。詔以爲牧養上下監。馬重病者送下監，輕者上監。太宗雍熙二年九月，太宗幸天駟監閱馬，詔宰相、樞密、三司節度使、上將軍、翰林樞密直學士軍校自選名馬軍。既而帝親選賜之，曆四監而還。真宗景德二年二月，以鄭州養馬務病馬於京城置坊養飼之。大中祥符元年六月，群牧制置司言：內外牧月供馬籍，未有懲勸之法。今爲定式以付之，違者欲差置其罪。』從之。二年五月，詔：『在京養馬院務坊監槽頭刷刨，各依元舊軍例支給請受外，槽頭每人日別支口食米豆各一升，刷刨日支米一升。如闕刷刨，於長行內揀差。闕槽頭，於刷刨內不拘名次選小心勤勞者，依例奏補。其節級即於槽頭內揀差，委提調使臣常切覺察。如有慢易不得力者，申群牧司勘斷訖，勒充長行。』九月，詔左右騏驥院及諸坊監馬數自今旬奏月日，省日奏之繁也。三年正月，詔：『左右騏驥院及諸坊監馬官，自今並以三年爲滿。如篤知馬事欲留者，群牧司保薦以聞，當徙莅他監。』四年十二月，詔：『群牧司在京兩院坊監，自今病患馬數，令醫獸人逐匹當監官使臣前看驗，排所患病名輕重，分作兩等記號，委群牧司官員點檢過，轉送與養馬務養放、醫療。如本務人少，即於坊監押那差撥。其醫較抛死馬數，並令養馬務一面管認，比較施行。每年所管醫療馬，至年終，據本務應管病馬內抛死數目比較。其使臣勾當二周年，即將前界醫較抛馬比較，分數開坐。以抛馬一分至三分，乞與改轉二分已下，賞錢五十貫；三分已上，一十六貫；四分、五分已上，不支賞；六分已上，罰一月俸；七分已上，罰一季俸；八分已上，勘罪以聞，乞行嚴斷。又兩院坊監止養好馬，如有轉卻病馬並在坊監抛死數目，候至年終比較，一處算數。如比諸坊監最少，即給賞錢。若是數多，即相度第等科罰。仍委兩騏驥院監官或群牧官員逐時點閱病患馬數，逐旋轉送，無致積壓。候至十二月終，須管盡轉與養馬務醫療，即不得公然啟倖藏隱，留在坊監，致有隔年，方始轉送。如違，其幹繫人並劾罪科斷。其使臣三周年一度磨勘，及獸醫人比較，將轉卻病篤與死數一處紐算分數，並依元數施行。』五年四月，群牧制置使言：『左右騏驥六坊監見飼馬萬七千匹，所費芻粟四百萬。今請止留馬二千，餘悉遣就淳澤濫放牧。』或言有給用，可信宿而至，歲省芻粟三百餘萬。從之。七年九月，詔自今坊監兵士有會諸作工藝，並令止絕，不得更於諸處交陳文狀，有所規避。天禧二年六月，詔：『應內外臣僚，自今有差出勾當公事，若經馬監州軍路分過往，如不係管轄，不得輒於坊監內安下。如違，仰群牧司具職位、姓名以聞。』神宗熙寧三年三月六日，詔以左右天駟四監併作左右天駟兩監。八年二月十一日，詔權廢罷左右天驥坊。八年三月，詔：『牧養監裁減兵員，其將校委步軍司比類軍分移隸，兵士依廢左右天廄坊例施行。』從群牧司所請也。高宗建炎三年四月十三日，詔左右騏驥院官吏減半。紹興四年三月二十日，詔左右騏驥院今後入殿供進祗應禦馬每匹每分支破十分草料。二十一年三月三日，詔交阯郡王大禮，給賜馬二匹，令廣南西路經略安撫司一面應副。二十六年八月二十一日，詔騏驥院左右教駿四指揮，每指揮通見管人數，權作一百人爲額。先是，在京日共二千九百四十八人。紹興八年十月十日，詔每指揮權作五十人爲額，至是以本院言差使不足，故有是命。以上《中興會要》。孝宗乾道九年五月十八日，詔左右騏驥院、御前馬院：『近年諸處進馬數多，闕人照管養馬，限一月並招刺教駿一百五十人。今後遇闕，於御前馬院馬監揀刷諳練鞍馬子弟招刺。如不足，一面收刺。禦馬院同此制。』以上《乾道會要》。

又　諸州監務。諸州牧馬監附。河南府洛陽監。舊曰飛龍院，太平興國五年改牧龍坊。景德四年十一月，陳堯叟奏請以東京右養馬務人員、兵士送河南府牧龍坊牧養，在京送去少嫩馬，仍改爲洛陽監。天聖六年十一月，群牧司言廢監，見馬支配諸軍兵級，充本京廂軍，其地募民耕佃。景祐二年五月復置。大名府大名三監。太平興國三年，內置養馬務，改牧龍坊。景德二年五月，分爲二坊。七月，改爲大名第一、第二監。大中祥符二年，又置第三監於洺州境。洺州廣平一監：建隆二年置養馬務，改牧龍坊。景德二年七月，改爲廣平監。大中祥符三年閏三月，群牧置使言河北孳生馬多，可更於邢、洺、趙州境標地萬頃，以廣放牧。因詔增置第二監。景祐二年廢其一。衛州淇水二監：周顯德中，置牧馬監。建隆初增葺，後改東西牧龍坊。景德二年七月，改爲淇水監，後又分爲第一、第二監。熙寧七年四月，合併爲一。管城原武監：舊曰馬務。建隆初增葺，後改爲牧龍坊。景德二年二月，分爲第一、第二牧監。七月，改爲廣武監。大中祥符二年，改原武監，仍合爲一。熙寧七年四月廢併，分擘群馬於洛陽單鎮兩監牧放。同州沙苑二監：建隆初葺故地爲監，後改牧龍坊。景德二年七月，改爲沙苑監。治平六年十一月，分爲二監，每監牧馬四千五百匹。相州安陽監。周顯德中置馬坊，建隆初增葺，後改牧龍坊。景德三年七月改今名。澶州鎮寧監：建隆初，濮州置養馬務。開寶八年移於澶州，後改牧龍坊。景德二年七月，改今名。乾興元年十二月廢。白馬靈昌監：舊龍馬監。後改牧龍坊。景德二年七月，改爲靈昌監。天禧三年河決，群牧司請以監馬送大名淇水五監牧放，候水落别爲規畫，後遂廢。邢州安國監：大中祥符二年，河北諸監言邢、趙草地甚廣，宜置監牧。遣群牧判官括視閑田，得萬餘頃，可牧馬萬匹。其年八月，置監養放，孳生鞍馬。景德二年春廢，後給充天慶觀莊田。鄆州東平監：大中祥符元年十一月置，天禧五年正月廢。群牧司請以監馬分配諸處，其地分募民分佃之。熙寧七年二月六日廢。中牟縣淳澤監：大中祥符四年置，乾興元年四月廢。許州單鎮監：大中祥符六年七月，群牧制置使言單鎮有牧地，詔置監。自天聖五年，凡再置而廢。同州病馬務：景德元年置。初以以沙苑監官兼主之，别養本監及諸處病馬。天聖二年，别差使臣勾當。真宗咸平六年十二月，群牧司言牧龍坊兵士乞給皮毛裘牧放。上曰：『迴野苦寒，賜之可也。若郊野之内被毳牧馬，有類胡服，可令以皁紬表之以賜。』景德二年七月四日，群牧司言：『按唐《六典》，凡馬有左右監，仍以土地爲名。欲將諸州牧龍坊改爲監，以本州軍土地爲名。先是，諸坊借用奉使印，今請各鑄印給用。』從之。大中祥符二年二月，帝謂知樞密院王欽若等曰：『諸州坊監各有提點使臣，唯京師監牧本司官員無暇糾察。可差使臣二人提點坊監，仍隸本司統轄。』又群牧制置使上言：『提點坊監使臣相度：同州沙苑監自來祇養牝馬，乞改充孳生監。緣無四時草地，初冬即須還，與河北諸監不同。自前亡失馬數甚多，生駒皆不壯健。欲令群牧副使閻承翰等相度，如别有草地，可四時牧放，即具以聞。如須初冬還，即罷經度。』從之。仁宗景祐元年三月二日，定奪所言：『臣僚起請，乞廢河北馬監等事。今勘會河北諸監所管鞍馬不少，即未見逐色有無歲數過大及病患孳生馬數。乞差官往彼揀選編排，各别立項申奏。』從之。四月二十五日，河北都轉運使杜衍等言：『准敕，同群牧判官邊調相度，將大名廣平兩監見管馬數撥併，就便牧放。已將廣平兩監馬數内第一監撥赴大名兩監。其廣平第二監撥與安陽淇水第一監，就草地牧放去訖。今點記下三歲大馬三千一百四十匹，乞令便撥赴左右廂大馬監收管。』從之。二年二月七日，群牧司言：『洺州廢罷廣平兩監。緣此監興置年深，自來少有抛死。今揀到好骨格馬一千九百餘匹，欲乞且存留廣平監，以就養牧。』詔存留一監。慶曆五年閏五月二十八日，群牧司言：『同州沙苑一監見管草地一萬一千四百六十餘頃，所管馬才及一千八百餘匹，請自本司那官一員檢案。』從之。皇祐元年四月二十五日，群牧司言：『許州長葛馬監乞更不令知縣並都監管勾，專令許州知州、通判今後要兼同監牧事，仍令通判逐季往本監點檢諸般官物。』從之。治平四年神宗即位，未改元。六月十七日，詔同州沙苑監令隸陝西提舉監牧司。本監使臣，亦令選舉，更不屬左廂提點。十九日，群牧司言：『欲令河北、河東、陝西有都總管，各於本路近環慶係官草地置監一所，令陝西監牧司將馬約定年額，牽送上京外，據餘數逐旋分撥與諸路馬監。久遠既成倫序，即本路馬軍可以自辦。』從之。十一月十四日，環慶路經略使李肅之、鄜延路經略使陸詵、陝西制置解鹽判官李師錫並言：『本路無係官草地，又密邇西界，難以興置馬監。其同州沙苑監近割屬陝西監牧司，可以增添馬。』詔陝西四路都總管司，更不興置馬監。仰陝西監牧司廣市善種，務令蕃息，以備逐路諸軍闕馬。又詔河東路都總管司於太原府交城縣置馬監。先是，遣尚書比部員外郎崔台符往河北東路按官田，將以牧馬。汾州得故牧馬地三千二百頃，其中有民先佃者，令納芻豆，以備寒月馬上槽秣飼。仍俟明年春，於沙苑監移牡牝五百匹，往本監牧養。熙寧元年，詔河南諸大馬監爲孳生監。仍量度宜畜牧地土。在外諸監馬地分屬兩使。時分置河北、河南監牧使，仍有是旨。八月五日，群牧司言：『係牧馬監縣令，逐縣主簿同管兼令本監主簿同管勾帳籍官物。』從之，仍令轉運提刑司不得差出。二年五月，河北監牧使崔台符言：『諸馬監各有奇巧工匠及有會奇藝者不少，欲乞盡揀送本監，換廂軍入監。』從之。八年閏四月五日，詔沙苑監令復屬群牧司，餘北京元城等八監並廢罷之。時廢河南、河北兩監牧司，故有是詔。九年三月七日，詔河北已廢諸監廨宇、草場等，並許人户租賃。以上《國朝會要》。高宗紹興二年十月四日，臣僚言乞置牧馬監。詔令三省、樞密院措置。既而樞密院言：欲專委饒州知、通於四望山東西岸等處踏逐係官堪充孳牧群馬地土，置監孳養，蕃息群馬。知、通專一提領，每月各給茶湯錢十貫。令樞密院取旨，差曾經馬事使臣五員前去饒州，與本州提領官同共措置。其孳生馬母，令神武諸軍並諸路州軍刬刷係官馬，先次具數申樞密院，差人管押前去饒州交割。

候綱馬到，卻令支填。其合行事件，令提領官疾速條具，申樞密院。從之。三年六月二十三日，三省、樞密院進呈置監牧養馬事，上曰：『馬政不可緩，然須擇人而任之。殺馬之禁，尤當嚴切。』呂頤浩等曰：『殺馬之罪與牛等，顧民間未知之。』上曰：『可令有司舉行，犯者必捕之，則姦可戢矣。』八月十九日，提舉饒州孳生監牧事郤漸言：『朝廷遵倣祖宗舊制，置監鄱陽，推行孳生之利。牧地不可以不廣，棚井不可以不備，草料不可以不儲，林木不可以不植，烽堠、壕塹不可以不置。務在當職之吏公共辦集。今主管監牧已委知，通，而責令佐未有明文。』樞密院勘會：『雙港置孳生監牧地，去州不遠，已降指揮，專委知、通兼行主管，難以更責令佐。』詔孳生監牧司棚井及應合用物色如闕，仰郤漸一面移文知、通應辦。九月二十二日，郤漸言：『近降指揮，監牧地踏逐係官地土。緣雙港近下難得全係官田，如有民田，將係官田撥換。如不足，即支還價錢。切詳所降指揮，蓋欲使地土寬廣，以便出牧。緣創置之初，務在早獲就緒。今來內有合行撥換官田，肥瘠高下，事須相當。充置民田，所估價直，理須優厚。以至給還之間，無令減剋留滯，方始易於兌買。仍出給公據，付人戶收執照會，庶幾公私平允，無搔擾之患。』兵部勘當，欲下江南東路轉運司，依郤漸所乞事理施行外，戶部右曹契勘：『常平司所管田產，依法並估價出賣。如未售，即量立租課，權召人承佃。其賣到錢並所收租課，並係充常平賑濟等支用。欲乞下江東提刑司及常平司，取見置監牧地內有常平司所管田產，令本監依實直價錢兌買，並行下提舉饒州監牧司照會。』詔依戶部勘當到事理施行。四年四月二十七日，樞密院言：『提點臨安府孳生牧馬監楊志憫申，得旨，臨安府置孳生牧馬監，差志憫兼充提點官。所有合行事件，條具申樞密院。今先次條具下項：一、契勘更令諸處官馬甚多，若不別立印號，切恐無以辨別。欲乞行下所屬，打造篆文牧字火印，於馬左跨上烙印記號。仍乞本監添置如意郡記，於馬尾靶上烙號。所貴與諸處號記不同，有所辨別，亦隔弊倖。一、合用等仗星、拍子，乞下所屬製造四尺一寸至四尺七寸七色等仗並拍子；給降應付行使。』詔依工部行下所屬製造，繳申樞密院給降。八月十八日，詔於餘杭縣南上下湖置孳生牧馬監，知州充兼提舉官，通判充兼同提舉。二十一日，詔孳生牧馬監已差官外，其餘杭縣知縣、尉並兼主管牧地。十三年六月二十八日，吏部言：『都大主管成都府、利州、熙河蘭鞏秦鳳等路茶事、兼提舉陝西等路買馬監牧公事賈思誠契勘：『成都府里外兩馬務監官，依元祐六年敕令，從本司辟差小使臣充。自建炎三年，宣司改差文臣主管。今乞將上件員闕，依法專差能幹事小使臣，仍從本司選擇奏辟。所有其他州府馬務監官，亦乞依此。』本部勘當，欲乞依本官所乞施行。』從之。十二月二十一日，江東安撫大使司參謀官觀國言：『瀕江沿海水草寬美之地，皆可分置馬監，以廣孳生之利。然牧養之道，亦必有方。宜擇精明強幹之人，先備行在馬監使令，俾令習知其事，然後委用分典監牧，必能審寒暑之節，適飲飼之宜，羈剪調禦，皆得其所。量勞績等次，以加旌賞，人人得盡所能，馬必至於蕃息矣。』從之。十六年九月十六日，宰執進呈四川茶馬司等處相度到馬監利害，上曰：『太祖皇帝初有天下，沙苑置監牧馬，就渭州水草，後來京師亦於門外置監。南方與北地水土不同，難得牧馬去處，更宜詳究利害。』十九年四月六日，詔：『孳生牧馬以五百匹爲一監，差置監官二員。每牝馬一百匹、牡馬二十三匹爲一群，零匹付群。每群差軍兵、醫獸七十人，將病馬別置監，差官一員，軍兵、醫獸據馬數差破，醫治養喂。如倒斃一釐以下、生駒五分，監官轉一官；倒斃三釐以下、生駒四分，減三年磨勘；倒斃六釐以下、生駒三分，減二年磨勘。軍兵、醫獸全無倒斃，節級、槽頭、醫獸各轉一資，軍兵支錢一十貫；倒斃一釐以下、生駒五分，節級、槽頭各轉一資，仍支錢七貫，醫獸支錢一十貫，軍兵支錢一十五貫。選牧放歲久，依名次補二人充槽頭。頭斃三釐以下、生駒四分，節級、槽頭各轉一資，仍支錢五貫，醫獸支錢七貫，軍兵支錢一十貫；倒斃五釐以下、生駒三分，節級、槽頭各轉一資，醫獸支錢五貫，軍兵支錢七貫。倒斃及二分、生駒三分，監官罰俸一月；倒斃及三分、生駒二分，展一年磨勘；倒斃及四分、生駒一分，展二年磨勘；倒斃及五分、生駒不及一分，展三年磨勘。軍兵、槽頭、節級、醫獸倒斃及二分、生駒三分，杖六十；倒斃及三分、生駒二分，杖七十；倒斃及四分、生駒一分，杖八十；倒斃及五分、生駒不及一分，杖一百。』從樞密院承旨司所請也。八月二日，詔：『牧馬監孳生蕃息，官吏推恩下項：武節郎閤門宣贊舍人崔良輔特轉一官，武經大夫閤門宣贊舍人班毅、從義郎閤門祇候黃思齊各特轉兩官，白身人華安道、莊思永並特與補承信郎。』以上《中興會要》。孝宗隆興元年九月十六日，樞密使、都督江淮軍馬魏國公張浚奏：『承中使鄧從義傳旨，令置孳生馬監。欲乞於揚州踏逐水草穩便去處，起蓋監屋，就委守臣向子固提舉，許差監官文武臣共二員。內先差一員幹置，餘候措置就緒日差。』從之。十月十四日，詔支錢五萬貫與向子固，措置馬監使用。十二月三十日，詔茶馬司將歲額川陝綱馬，差人管押至漢陽軍驛歇泊。仍令三衙及江上諸軍將合得綱馬，差人前去，就漢陽軍取押。委虞允文提領措置。合用錢糧等項，仰湖廣總領所應副。合行事件，令兵部看詳，條具申樞密院。二年二月十二日，知揚州向子固言：『准指揮，於本州踏逐水草穩便處，起置到孳生監了當。今相度，且以一千匹作一監。近緣江淮都督府拘刷過戶馬計四千餘匹，即目無可收買。今諸路大軍春揀，欲乞下鎮江、建康、江、池州駐劄軍，於揀退馬內，選無肺疾四尺四寸以上堪充馬公、馬母，發付本監。』詔：『馬雖有疾，不妨孳生，但將不中披帶發付揚州監。』五月十四日，戶部侍郎、淮東宣諭使錢端禮言：『契勘揚州孳生馬監有名無實。見今牧養馬一百二十八匹，皆駑駘下駟。設有孳生，亦不堪用，枉費官錢。欲委本路招撫司相視堪披帶者，分撥諸軍；不堪者估價出賣。錢同見在錢椿管，聽候指揮。所有監屋，乞存留應副軍馬安泊。』從之。乾道三年十二月二十四日，樞密院言：『勘會川陝綱馬經由水路，已降指揮廢罷。所有陸路，合行置監歇泊。』詔令方滋踏逐措置，申樞密院。四年正月二十九日，詔令趙撙於漢陽軍踏逐地段，修蓋馬監，令綱馬歇泊。專委趙撙提領，以收發馬監爲名，仍於鄂州諸軍揀汰軍兵內選差五百人養喂，及於統制、統領官內選差一員提轄。所有修蓋監屋、槽具、請給、草料等，令總領所應副。餘合行事件，令趙撙條具申樞密院。五月十四日，兵部言：『茶馬司差使臣自成都府及興元府押馬至漢陽軍馬監。全綱至，倒斃不及二分，減二年半磨勘；倒斃寄留及二分至不及三分，展二年磨勘；倒斃寄留及三分，降一官資。每增及一分，更展一年磨勘，餘分數准此遞展。若綱中有瘡疥瘦瘠者，亦合除豁。已行約束，今寄留倒斃，猶自數多。』詔：『今後綱馬到監，將寄留倒斃及四分以上押馬使臣並所押綱馬，令趙撙差人管押赴樞密院，聽候指揮。』十二月七日，四川宣撫使虞允文奏：『京西、荊南之地，宜置孳生監。於陝、蜀買騾馬四千，歲率以二馬計一駒之數，不五年，可得萬馬。況草地豐餘，馬食自足。臣頃使京湖，見荊南鄂州軍亦以騾馬爲用。臣已撥錢十萬與張松年額外計置，不數月間，已買到五百餘匹。若得旨奉行，不三數年，可足四千之數。』詔令張孝祥、司馬倬、趙撙、張青同共相度措置，條具利害，申樞密院。五年四月十四日，樞密院奏：『勘會近降指揮，於漢陽軍收發馬監。已選差統制官趙宏提轄，並漢陽知軍同提點。合立賞罰，以示懲勸。詔令趙撙歲終開具到監並倒斃綱馬匹數，申樞密院，比較賞罰。醫獸合幹人，一就具申施行。六年三月八日，知荊南軍府劉珙言：『得旨，於荊南管下踏逐到地名龍居山措置牧馬。養五百匹，合差官兵二百四十人。已行下荊南等一十州軍，於揀汰離軍人內依數刷差，尚慮不足。今又承鄂州都統趙撙備坐指揮，所置馬監二十千匹，合用養馬官兵二百二十人。切慮差撥不行，必致誤事。欲望行下鄰差浙西州事，於揀汰人內選差。』從之。六月七日，樞密院奏：『勘會昨趙撙於德安府應城縣置孳生馬監，乞用騾馬二千匹，令茶馬司計綱起發前來。』詔令茶馬司將年應付趙撙軍騾馬十綱盡數起發，赴應城縣馬監，仍令趙撙照會，措置施行。九月八日，三省、樞密院奏：『勘會三衙戰馬，見於浙西州軍牧放。緣地氣卑濕卑，並喂飼茭草，多致病瘦。已降指揮，移去建康府。所有衙日後取到綱馬，理合一體。』詔令三衙行下取馬官並關沿路州軍，徑赴建康府。委總領同統制官審驗印烙，日下放行草料，交付逐司牧馬官。其賞罰，並依綱馬到建康府體例施行。仍具收到馬毛色、尺寸、齒歲數目，申樞密院。九年閏正月二十三日，鄂州駐劄御前諸軍都統制吳挺言：『本司承准應城縣孳生馬監，自置監至今三年，收到監馬六百三十疋。除倒斃外，見管三百三十疋，占破養馬軍兵三百三人，用過錢米草料添支共約十萬餘貫；收到駒子五十一疋，除倒斃外，見管三十五疋。不唯委是虛費財用，欲乞將本監截日廢罷，馬撥歸軍中，軍兵各歸元來去處。』從之。二月二十三日，樞密院言：『勘會昨置漢陽軍收發馬監，遇茶馬司發到綱馬，並許歇泊一月，將肥壯者撥發。其病瘠者，責令養餧醫治。今來到監日久，病瘦者甚多，而方到監者有臕無病，顯是本監提轄有失督責。已降指揮，委鄂州都統制提領，並差統制提轄，漢陽知軍同提點。切恐都統制軍務至重，漢陽知軍權輕，難以責辦。理宜措置。』詔更令湖北漕臣每旬輪差到監提督。依立定格法，每旬與見今提領、提點、提轄官同銜具申樞密院，仍關牒茶馬司，照會施行。有每歲比較賞罰，照應前後素降指揮施行。五月六日，樞密都丞旨兼知荊南府華衡言：『照得荊南龍居山馬監見在騾馬等一百二十疋，置監數年，止生到駒子十餘疋，不堪披帶乘騎。見今差破官吏軍兵一百五十餘人，歲費萬緡，誠爲無補。乞將馬監廢罷，馬撥歸荊南神勁軍，官吏、軍兵發歸元來去處。及見管錢物、草料、馬監、屋宇之類，委自安撫司拘收，申樞密院。』從之。十九日，詔：『御前南蕩孳生馬監可罷。見管馬令丞旨司驗火印訖，均撥付殿前步軍司。官兵發歸元來去處。其所占地，令轉運司拘收，召人請佃。內有侵占民地，照契給還。』二十日，詔李楷：『馬監駒子內選留騎成大駒子二十疋，撥付禦馬院收養，並合發軍兵內存留一百人。』二十四日，辛執進呈御前馬院開具到罷南蕩孳生馬監官兵並見管馬及草料等數。上曰：『馬監所占田地極廣，今既還之於民，甚便。』辛臣梁克家奏曰：『此事出自聖慮，斷然行之，民受其利。』十一月十二日，樞密院言：『勘會四川綱馬已降指揮，令三衙並江上諸軍差人前去取押。所有漢陽軍馬監係歇泊去處，將病馬權留醫治，後痊可附綱起發。全藉監官專一管幹醫牧排發。』詔令吳挺於本軍統兵官內選差官一員，專一措置。歲終比較賞罰。以上《乾道會要》。

又 估馬司。在建隆坊，咸平元年置。掌納諸州所市馬估直、驗記、置牧養。以諸司使副一人勾當。真宗咸平元年十一月十三日，西京左藏庫使楊允恭言：『准詔，估蕃部及諸色進貢馬價，請印一鈕。』詔以估馬司印爲文。六年七月，詔自今蕃部中賣騾馬及諸班格尺者，量與添錢收市。景德元年九月，詔估馬司收到蕃部省馬，將良駑中分，與兩騏驥院收管。大中祥符二年十二月，詔估馬司：『每省馬到京，若軍士慢易，失於舉，不堪者量行區分，或與免放。』三年正月，詔諸州差押蕃部省馬到京，令逐處具肥瘠分數公文付之。令估馬司據以交割點檢。四年五月，詔：『應臣僚進馬，委本司看驗。如無病堪支遣，即分送騏驥院。若有病患及十五歲以上不堪支配，即迴賜本官，仍具因依牒報訖奏。』八月，詔估馬司每收蕃部鞍馬，須依久例相度，兩平估計，不得虧損官司。七年八月，詔定押省馬上京綱官殿侍拋死寄留決罰條例。天禧元年十一月，詔估馬司今後收納臣僚謝恩並節序進奉馬時，監勒獸醫人子細看驗。以上《國朝會要》。

又 牧馬官。監牧使：河北、河南各置一員，以朝臣二人充。舊有群牧制置使，以樞密使領之。嘉祐五年八月，以權陝西轉運副使薛向專領本路監牧及買馬公事，相度原州德順軍置買馬場。其同州沙苑監並鳳翔府牧地勾當使臣，更不下群牧司舉官，並令薛向保薦。熙寧元年，詔河南、河北置監牧使統領外監，不隸群牧制置。八年，詔廢河南、河北監牧司，沙苑監復屬群牧司。政和五年五月二十五日，樞密院言：『專切提舉京畿監牧司狀：『准令，祠廟獻馬，限一日申所屬州。本州二日具牡牝、毛色、齒歲、尺寸，差人依程牽赴提舉監牧司納。本司契勘自來止是據憑諸處差人牽送到獻馬匹數，送孳生監牧養，即未有約束關防。深慮逐處及至京沿路不顧公法之人，與差牽送馬人得以作弊，隱匿貿易，難以檢察。本司相度，欲乞今後合送納祠廟獻馬，輒敢隱匿貿易者，依條斷遣外，並不以去官赦降原減，庶革姦弊。』今檢會大觀三年十二月十四日樞密院修立下條：諸州納到祠廟獻馬，送孳生監牧養。政和令：諸祠廟獻馬，限一日申所屬州。本州三日內具牡牝、毛色、齒歲、尺寸，差人依程牽赴提舉京畿監牧司納。本司看詳諸祠廟獻馬，若盜詐或貿易，雖有條斷罪，誠恐未足禁戢。況關防亦未嚴備，理宜增立約束及注籍拘管。其在官之人有犯，既非緣公，無用去官之理，不須修立去官。若以隱匿爲文，亦似未至詳顯，合明立盜詐之文。今擬立如後：『諸盜詐或貿易祠廟獻馬者，不以赦降原減。諸承報祠廟獻馬計程不到者，移文勘會。諸祠廟獻馬，本州依限差人牽納外，別具馬記驗去處，記驗謂吊星、玉面、前後腳白之類。入馬遞預報。專切提舉京畿監牧司仍歲終具獻馬人姓名、逐匹字號，供報本司。』』詔依條修定。宣和二年九月二十二日，兵部奏：『檢會已奉禦筆，罷給地牧馬，置監去處，並如舊制。劄付兵部，遵依已降禦筆處分，具今來合置監及官吏人兵等具狀申。本部檢准政和三年四月二十日三省同奉聖旨，罷鄆州東平監。宣和二年九月二日，三省、樞密院同奉禦筆：『政和二年十二月以後給地牧馬條法，可並不施行。應租佃牧地及置監去處，並如舊制。應合措置事件，令逐路提刑司措置以聞。』勘會給地召人養馬，係自政和二年十二月二十五日推行，時只管同州沙苑監、東平府東平監。至政和三年四月內，因給地牧馬，廢罷東平監一所。今承指揮，給地牧馬條法更不施行。應租佃牧地故置監去處，並如舊制。竊慮合以政和二年十二月未行給地養馬舊制置監去處施行。所有差置官吏人兵等，伏乞令本路提刑司依已降指揮疾速措置施行。』詔復置東平府東平監，餘依兵部所申。以上《續國朝會要》。

藝文

宋 佚名《群書會元截江網》卷二五《偶句》 霜蹄逐電，露鬣追風。天廄、天駟則皆養馬之所也；河東、陝西則皆市馬之地也。六月出征，四牡駃騠；牧野誓師，駉騵彭彭。就水草以蕃其息，謹出入以節其性。養之寬閑，飼之水草；時其燥濕，謹其出入。其地風寒而馬力勁，其人習牧而馬性適。鐵騎千羣四望如雲，馳騁中原規恢舊物。斯馬斯徂，魯侯所用；騋牝三千，衛侯所蕃。霜蹄霧鬣，歷塊過都，征行不可廢也；追風逐電，一日千里，師旅不可闕也。銀貨之低昂，資直之減削，所貿之馬未必皆騏驥；道里之繚繞，芻秣之貿易，所選之馬未必無羸瘠。冀北之馬號多於天下，制其衝突者非可用馬也；山東之馬日馳二百里，遏其馳驅者不容以騎也。

其他

綜述

宋 洪邁《容齋隨筆》卷五《買馬牧馬》 國家買馬，南邊於邕管，西邊於岷、黎，皆置使提督，歲所綱發者蓋逾萬匹。使臣、將校得遷秩轉資，沿道數十州，驛程券食、廐圉薪芻之費，其數不貲，而江、淮之間，本非騎兵所能展奮，又三牙遇暑月，放牧於蘇、秀以就水草，亦為逐處之患。因讀《五代舊史》云：『唐明宗問樞密使范延光內外馬數。對曰：「三萬五千匹。」帝嘆曰：「太祖在太原，騎軍不過七千。先皇自始至終，馬纔及萬。今有鐵馬如是，而不能使九州混一，是吾養士練將之不至也。」延光奏曰：「國家養馬太多，計一騎士之費可贍步軍五人，三萬五千騎，抵十五萬步軍，既無所施，虛耗國力。」帝曰：「誠如卿言。肥騎士而瘠吾民，民何負哉？」』明宗出於蕃戎，猶能以愛民為念。李克用父子以馬上立國制勝，然所蓄只如此。今蓋數倍之矣。尺寸之功不建，可不惜哉！且明宗都洛陽，正臨中州，尚以為騎士無所施。然則今雖純用步卒，亦未為失計也。

《續文獻通考》卷一三三《馬政》 臣等謹按，前《考》『馬政門』附祭馬祖之禮，蓋祭天駟及先牧之神，由來舊矣。然自漢兩京以下，此禮舉廢不常，故用附見其所載，亦只隋唐故事，及宋《政和新儀》，數條而已，他無所述。遼金元明以來，此禮益廢。茲錄馬政，姑存其附，見舊題。

清 徐松《宋會要輯稿·兵二一》 禱馬祀。太宗太平興國五年十一月十日，帝親征河東。出京前一日，遣右贊大夫耿振就馬祖壇用少牢行禱馬之祀。

真宗景德二年六月二十五日，群牧司言：『按《周禮》：仲春祭馬祖，天駟也。仲夏祭先牧，始養馬者。仲秋祭馬社，始乘馬者。仲冬祭馬步，災害馬者。既載國經，實助馬政。雖有司常祀，然而監牧之內，因識舊儀。望令騏驥院諸坊監務各置廟，設四神像，每四仲月，委本司官以公錢致祭。冀遵典禮之文，用集宜主之禮。』詔崇文院檢閱故事以聞。檢討官杜鎬等上言：『四神各有本壇，以時奉祀，難別建廟。但古禮用羊一，今止用羊豕肉一斤八兩。』詔罷置廟，祀用一羊。

又《兵二四》 馬政雜錄。五代監牧多廢，官失其守，國馬無復蕃息。國初，始務興葺，遣使歲詣邊益市馬，自是閑廐始充矣。太平興國四年，太宗閱諸軍戰騎多闕，詔市吏民馬十七萬匹，以備征討。景德因用兵，時或括買。至北戎請和遂罷。是歲，平太原，遂加兵於幽州，得汾、晉、燕、薊之馬四萬二千餘匹，內阜增多，始分置諸州牧養之。孳生駒稚，以什四爲率；有病斃者，以多少爲主者賞罰。又西北邊鄜州軍，招市不絕。咸平三年，置群牧司，總內外馬政。其後歲遣判官一人巡行諸監，取孳生駒二歲以上者點印之，歲約八千餘匹。凡京城諸州飼馬兵校萬六千三十八人，坊監及諸軍馬二十餘萬。每歲京城市草六十六萬六千餘束，麩料六萬二千餘石，鹽藥油糖九萬五千餘觔、石，校諸州軍所費不在焉。左右騏驥院、六坊監止留馬二千餘，皆三月出就放牧，至秋冬而入。其禦馬，惟備用者在京。諸班不自放馬，寄兩院群牧。其牧地自京畿及諸州軍，皆遣使臣檢視水草善地標占，諸坊監總四萬四千四百餘頃，諸班諸軍又三萬九百餘頃，以爲定制。皆有涼棚、井泉。所屬縣令檢校之。外坊監亦有四時逐水草以肆遊牝者，孟冬別其羸病，就皁棧而飼焉。皆有醫分視乘治，校古之名良藥通用之。凡市馬之處，河東則府州、岢嵐軍，陝西則秦、渭、涇原、儀、環、慶、階、文州、鎮戎軍，川峽則益、黎、戎、茂、雅、夔州、永康軍。皆置務，遣官以主之。歲得五千餘匹，以布帛、茶、他物准其直。舊運銅錢給之。太平興國八年，有司言戎人得錢悉銷鑄爲器，乃定此制。其後諸州市蕃馬，給直漸高，務增數以爲課績。景德中，戎事已息，因詔條約之。景祐三年四月，再定諸州買馬額，比除自前放券時病患馬數各二分。又正額外，更有省買額。秦州蕃部馬萬八千七十匹，省馬五百匹；渭川蕃部馬二千五百六十匹，省馬二百四匹；府州蕃部馬千一百匹，省馬四百六十匹；階州蕃部馬五十匹，省馬千匹；環州蕃部馬三百一匹，省馬不立額；鄜州蕃部馬四百二十匹，省馬不立額；火山軍蕃部馬千五百一十匹，省馬不立額；保德軍蕃部馬三百二十匹，省馬不立額；文州蕃部馬二十匹，省馬七百二十匹；岢嵐軍蕃部馬不立額，省馬三百五十匹；夏州唐龍鎮、豐州、儀州、慶州、涇州、原州皆不立額。凡買馬等仗，自四尺七寸至四尺二寸有六等，每差以一，給其直𦍁。大馬自絹二十九匹端至十九匹端六等，每差以兩。牝馬自絹十六匹端至十一匹端六等，每差以一。舊馬價有以緡錢計之，爲十等，自三十八千至十八千，每差以兩。又有招馬之處，秦、渭、階、文州則有吐蕃、迴紇，麟、府州則有党項，豐州則有藏才族，環州則有白馬、鼻家、保家、名市族，涇、儀、延、麟州、火山、保德、保安軍、唐龍鎮、制勝關則有蕃部。每歲皆給以空名敕書，委沿邊長吏差牙校入蕃招買，給路券送至京師，至則估馬司定其價。自三十五千至八千凡二十三等，舊選三歲至十七歲者。景德二年，詔出市四歲至十三歲者，餘聽私市。其蕃部又有直進者，自七十五千至二十七千凡三等。有獻尚乘者，自百一十千至六十千，亦三等。凡入馬於官，皆使醫辨其不病者取之。脊甚，槽𦍁甚，膝喝，肺黃病，額顧指擦，疥瘳，承重骨大，鵝鼻，蒺藜骨、掠草骨大，拽胯，轂暈眼甚，磁膝，單贊，霎贊、熱發、饑瘐慢病，毛焦，腹趬節、攢觔，共罨蹄骨、越骨大，硬甚，揭骨、天定骨甚大，𦍁，槍風大，膊夥，通膊瘡，疳瘡，透氣，拖清。鼻有黃膿，鼻濕，附骨大，撥踝，燒啟，破筋骨，先開喉已較，已上爲病重者，不買。肺驅，肺牽氣，把腰膊，腰失力，抹硯，拽胯，卒熱；鼻濕，白膿，喉骨脹白膿，草結白膿，心黃，心疸帶黃，肝昏不明，黃膊痛，鷹翅骨大，肺毒，疳眼，掌骨跙痛，把膊，低頭難，中風，偏風，烏風，眼赤。已上馬中格，雖有小病，可療者買之。腕軟腕搭甚，偃膝甚，𦍁不堪，凡禦馬有三等：禦馬每日一十五匹，入殿作三番祗應。若駕出，則引駕馬十四匹，從馬二十匹，皆鞍勒纓復全。其次給用，又有十五等：一揀中馬，二不得支使馬，三添價馬，四國信馬，五臣僚馬。景德四年，詔中使簡定厩馬六十匹，以備群臣合賜馬者取之。賜畢復增，常足其額。又內職出使者多求賜馬。大中祥符三年，以其例或不均，詔樞密院定□臣出使賜之以馬條例。六諸班馬，七禦龍直馬，八捧日、龍衛馬，九拱聖馬，十驍騎馬，十一雲武騎馬，十二天武、龍猛馬，十三配軍馬，十四雜使馬，十五馬鋪馬。國初，諸州厩置闕馬，取民馬補之。開寶五年，詔罷。自恩賜外，皇族及內臣伎術官、要司職掌皆給之。凡馬所出，以府州爲最。蓋生於黃河之中洲曰子河汊者，有善種，出環慶者次之。秦渭馬雖骨格高大，而蹄薄多病。文、雅諸州爲下，止給本處兵及充鋪馬。契丹馬骨格頗劣，河北孳生者曰本群馬，因其水土服習而少疾馬。又泉、福州、興化軍亦有洲嶼馬，皆低弱不被甲，唯以本道廂軍及江浙諸處鋪馬。福州四牧曰永峭、龍湖瀝崎、海澶，泉州二牧曰浯州、烈嶼，興化軍二牧曰東越、候嶼。舊十一牧，大中祥符二年廢湄州、峫嶼、南匿三牧，每牧置群頭牧戶以主之。每歲孳育，本縣籍其數，以使臣一人提點。凡馬群號十七，左字，左騏驥捧日馬內瓦側印，拱聖馬內瓦橫印，驍騎馬內溝正印。右字，右騏驥院捧日馬，外尾正印，拱聖馬外溝正印，驍騎馬外溝橫印，龍猛馬外尾側正印。千字，左騏驥院龍猛內溝正印，雜使馬內溝橫印，遞馬內瓦倒印，右騏驥院雜使馬外硯骨橫印，遞馬外瓦倒橫印。上字，左騏驥院給諸班直、諸軍軍員馬，臨時印，無定所。右騏驥院給諸班直、諸軍長行馬，外人所印。立字右騏驥院給諸班直、諸軍軍員馬，外人所印。永字，左騏驥院給諸班直、諸軍長行及外諸軍長行馬，臨時印，無定所。右騏驥院外人所印。又諸監三歲亦永字印尾骨。官字，蕃戎所貢及歲時牧市之馬，初用之，牝印其項，牡印其髀。諸監牧駒生二歲亦如之。凡馬骨相應圖法可充禦馬者，止以官字印其項，令圉師調習之。吉字，兩院諸馬自龍猛馬以上稍駔駿者即之，以備近臣中揀生日所賜，及揀選支用。又坊監馬，部送至京，及選配他處，亦以吉字印甘汙溝。天字，國信馬及諸班供聖、驍騎馬，用天字印。大中祥符三年，令別以字易之。主字，王字，方字，與字，來字，萬字，小官字，自諸班馬而下參給諸用者無定額，或以王字至小官字，凡七等，印號印之。退字。凡諸州軍和市馬不及等及選退斥賣者，皆印之。凡馬毛物九十二種，叱撥之別八，紅耳、鴛鴦、雄花、丁香、青騮、紫騮。青之別二，純青、護蘭。白之別一，純白烏之別五，純烏、釣星、歷面，白𦍁、護蘭。赤之別五，純赤、釣星、歷面、白𦍁、護蘭。紫之別六，純紫、釣星、歷面、白𦍁、綠鬃、護蘭。驄之別十一，白驄、釣星、歷面、白𦍁、烏青、花、黃、荏、鐵、護蘭。赭白之別六，純赭白、釣星、歷面、白𦍁、護蘭。騮之別八，棗騮、金口、鷰子、黃、黑、釣星、歷面、白𦍁。騧之別六，純騧、繡膊、釣星、歷面、白𦍁、護蘭。駱之別五，純駱、釣星、歷面、白𦍁、護蘭。騅之別五，純騅、釣星、歷面、白𦍁、護蘭。騟之別八，青騟、青、紫、黃、釣星、歷面、白𦍁、護蘭。駮騟之別六，紫、赤烏。驃之別七，赤驃、銀鬃、黃、鈞星、歷面、白腳、護蘭。駁之別三。駁、起雲、銀韁。凡馬色以叱撥、青、白、紫純色及綠鬉騮爲上，驄、赭、驃、騮、駂、白、赤爲中，荏、騟、騅、駱、駁鬉、駁馬駁鶻夸爲下。太祖建隆二年十月詔，先是，兩河之民入虜界盜馬，邊吏籍數以聞，官給其直。方務鎮撫，豈容私掠？自今一切禁之，仍悉還其所盜馬。開寶四年正月，唐州刺史曹光實言：『黎州兩縣主客戶止二百三十九，州司每差送官買馬至雅州榮經縣，山路險阻，往復三百餘里，人得雇腳錢百文、口食米六升，人甚苦之。』詔令發雅州在城軍三十人往備牽送。十月，知邕州范旻言：『州人罕种粟豆。今秣馬草料官中雖不闕支，將來收糴，亦應至少，不足備用。然冬草長青，有馬自可放牧。』詔如實無草豆收糴，冬常有青草，則依舊牧放。七年十一月，昇州西南路都總管曹彬言大敗江南兵於采石磯，獲戰馬三百疋。江表本無戰騎。先是，朝廷每歲賜與數百疋，至是驅爲前鋒，以扞王師。及獲之，驗其印記，皆前所賜者。太宗太平興國八年九月，詔：『臨淮、壽春、浮梁，先禁馬高五尺以上，不得渡淮。今浙、江已平，吏猶守舊法，宜除之。』端拱元年四月，國子司業孔維上言，請禁原蠶以益馬。帝嘉之，令付史館。淳化二年十二月，詔圉人取善馬數十匹於便殿，設皁棧，教以芻秣。帝以其法親諭宰執，仍頒於諸軍，復以馬醫方書數本賜近臣。其法：馬上槽時，先飼空草，然後加麸料伴喂，不得水多。飼畢，歇一兩時，乃可飲以新水。春夏宜數飲。不明乘騎來，候喘定汗解，方得飲餵。仍不得飼以舊草，多成腸結。冬月勿飲水。水草中無使有沙石、糞土，食之肺及腸胃成病。初乘時，勿便縱走，驟走多肺病，皆由此致也。五年五月，雄州馬商仇緒等三人獻良馬五匹，帝親臨，命圉人閱試之。四馬皆駑，悉留內閑，優給其直。先是，緒等以市蠹戎馬爲利，供奉官張從吉常私市善馬於緒等，不獲，因誣奏緒等恣橫，請徙河南諸州。詔令部送至闕鞫之。無狀，各賜白金五十兩，並其家遣還故郡。至是，緒等感帝辯其冤，以良馬來獻。真宗咸平四年十一月，詔河東管內廣鋭兵本軍有逃亡馬，限兩月內，即許闕馬兵士承之。如過限無承者，即配別軍。先是，河東廣鋭兵悉是土人，其馬皆本軍團甲選良馬而置，謂之馬社。故廣鋭之馬壯勇而少亡失。若其人逃亡，即官司以馬配諸軍。時有奏論：廣鋭諸軍率社置馬，人亡而馬配別軍，頗爲不便。又將帥上言：其馬若配本軍，即闕馬兵士不思買置，但冀有闕而承之，亦恐啟倖。故有是詔。真宗曰：『廣鋭三十指揮各自置馬，甚利國家。若失條貫，尤所不可。今如此指揮，則闕馬兵士逾兩月無望，必自置矣。』景德三年三月，詔沿邊州軍歲貢馬，其堪充禦馬者，止目爲第一等馬，送至闕下。所買多者，論其賞。先是，帝曰：『諸處所買馬，取其高大者，遣使臣部送，目爲禦馬綱。』及馬至，閱視之，率皆常品。蓋部送者利以禦馬爲名，在道求索供給，頗爲煩擾。故有是詔。三年十一月，樞密院言：『諸州所買蕃馬，歲增其價。蓋沿邊州軍，冀爲課績。方今戎事已息，監牧漸蕃，亦宜常爲節制。欲遣使臣劾其增直之罪以聞。』從之。四年八月，詔：『群牧司內外坊監累行條約，尚未整齊。如聞出入見管馬數，亦未的確。可選朝臣二人、內侍二人，遍詣諸州，點檢制置，具數以聞。事有不便，即令條例，與群牧使同定奪聞奏。』九月，詔：『自今後諸班直、諸軍馬牧放時，有生駒馬，內在京者，具數牒送群牧司納換，在外者，即令逐處差人牽送往側近州府有馬監處送納，不得隨下槽牧放，枉致抛死駒子。仍具納馬軍分指揮、闕馬人數，疾速分析聞奏，支填往彼。其廣鋭等鞍馬，不得隨例納換。』鎮、定等州副都總管王能言：『放馬驍武軍使許澄、雲翼副兵馬使董嗣，令節級長行待馬生駒子，隨處打殺。恐已後牧生破死，致不迭分，所負不了。自後生得駒子，即是節級長行打殺。』澄等具狀，詔員僚並殺馬駒長行處斬，餘幹連人決配本城及牢城。論事長行董贇，令侍衛馬軍司給帖，補充驍武押官。故別有詔令而申戒焉。十二月，詔：『契丹人使到闕，差賜禦筵酒果及勾當使臣所得事例：馬令於左騏驥院送納，每匹左藏庫支與錢二十千，令內侍省依此指揮，更不逐度降宣。其書並謝恩表狀，繳送樞密院。』大中祥符元年正月六日，群牧制置使言：『京城坊監馬病，即送養馬務，素無賞罰之格，以故廢惰多死，愈者百無三四。自今望勒本坊監養療，歲終比較，以爲殿最。』從之。二十一日，群牧制置使言，獸醫副指揮使朱峭定《療馬集驗方》及《牧馬法》，望頒下內外坊監，仍錄付諸班軍。帝慮傳寫差誤，令本司鏤板模本以給之。四月，群牧司言：『近以養馬務醫養病馬，明立賞罰。今較一季，死損至少，其使臣將士勤力者，望量與遷補及等第賜賞錢。』從之。二年七月，群牧制置司言：『河北、河南孳生監馬，四時在野，不給芻粟。每冬雪，無草齕，多致死損。望令諸州量加秣飼。』從之。八月，群牧制置使言：『河北諸州就糧禁軍，闕馬數漸多，乞差官於並州揀選驎、府州蕃部省馬，據合入色額取便路支填。不入京，免爲往復。』

從之。三年正月，帝曰：『沿邊諸州差殿侍押蕃部省馬到京，估馬司驗瘦瘠者，等第責之。如聞殿侍於逐處交割之時，元不開坐肥瘠分數，到京後估馬司裁酌科校，因緣爲弊，人頗不平。可詔自今於逐處具肥瘠分數公文付之，至本司交割點檢。』二月七日，群牧司言：『在京養馬務醫治病馬，已令獸醫各上槽，分逐季比較，明示沮勸。其逐坊監醫治病馬及上下槽時，亦約此體例，以定賞罰。』從之。十四日，群牧制置使言：『養馬務近已立賞罰條格施行外，其內外諸坊監，令定抛死及一分已上，主者等第科罪；其醫較病馬約以分釐及生駒六分已上，並爲給賞條例，乞頒下。』從之。七月二十六日，詔：『群牧司在京及外坊監，自今生駒及五分，死失不及分者，使臣軍校等第支賜；生駒不及數而死失及分者，差級科罰。其生駒倍多、死益少者，就遷一級。』八月六日，詔：『沿邊買馬州軍使臣及總管、鈐轄，無得將省馬務買到宣馬指射借取乘騎，仍將草料腳下請領，犯者論其罪。』十一日，騏驥院及坊監言：『喂熟，一馬日破草七分、料七勝；喂生，一馬日破草七分、料六勝。歲終較之，喂熟者病死數多。令閻承翰定之。承翰言：『先差內侍高品王守文往自府州，押省馬百匹赴京，沿路依常給草料分數，糲生秣飼。至京，送坊監別槽養餵，如在路時分數。比及一年，止抛馬四匹。如此，知餵生甚便。今恐料六勝不足，請皆給七分。』從之。四年五月，宣示在京騏驥院、坊監馬，先據群牧都監張繼能所奏，減支芻粟，並生餵料。內外之言皆稱非便，可詔令依舊例施行。十月，秦州言，諸蕃族首領乞印老小退馬者，欲令本州量匹數印退給付。詔：『自今甘州回紇並宗歌族進奉鞍馬到州，告乞印退者，仰看驗，委是老小不堪中官入券，即與相度印退，取便貨賣，不得夾帶不係蕃部者一例上京。』

又 馬政雜錄二。大中祥符四年二月，詔以西幸汾陰，沿路病患鞍馬，令行在群牧司指揮赴同州沙苑監養餵醫療。仍本監使臣據送去馬數，分擘定獸醫、節級、槽頭、兵士養餵醫療。如是醫較數多，其使臣等當議酬賞。若大段至死，並當勘斷。仍五日一具醫療已較及抛死匹數聞奏。五年三月，帝謂宰臣等曰：『群牧馬數，亦當歲較其耗登。諸蕃馬月奏其數，但無比較。且以去歲所奏比日近奏數，約少二萬。』制置使陳堯叟曰：『蓋已給諸軍矣。亦慮去歲遇雪，馬有死損者多。自前牧馬雖經冬，不給芻膏。臣近已指揮坊監，如遇雪，有妨牧，則量給之。』四月，群牧制置使言：『近置中牟縣淳澤監。在京自來歲留准備供使馬多至萬七千匹，少亦不減萬餘匹。於左右騏驥院及六坊監養飼，歲費芻粟不啻四百餘萬石。今欲分定色額，在京每歲各比留二千匹，約撥馬五千匹赴淳澤監牧養。或京師要馬填闕搆抽，止經宿便到，歲可減草三百餘萬束，粟豆稱是。兼填闕馬在淳澤牧放，必少病患，減得抛失。』五月四日，詔群牧司，自今所支填河北諸處馬鋪馬，揀選無病患、低壯堪乘騎馳驟者充。十八日，詔：『自今臣僚使臣，已有請到合破官馬二匹及曾宣賜並已借官馬見在者，因差使，更不得乞借支。令騏驥院勘會本人腳下見無請到宣賜借支馬，方得借與。候事畢迴日，晝時送納。若腳下已有官馬，即未得支借，具奏取旨。』七月，詔在京養馬七千匹，淳澤監牧養監馬數在內，分擘養放。左院坊監馬千五百三十匹，常留在院坊監養喂。禦馬二百八十七匹，親王馬百八十匹，駕頭傳宣馬二百四匹，楚王宮馬十匹，短鐙馬二十八匹，啟聖院十一匹，玄寂觀二匹，復改爲太和宮。四百七十匹留准備支使。如牧馬數多，逐旋送淳澤院養放；或數少，要馬支配，即卻於本監馬內依色額揀取配填，或醫較馬內揀選支使。國信馬二十五匹，諸班馬五十匹，禦龍直馬二十匹，臣僚馬三十匹，捧日、龍衛馬百匹，拱聖馬五十匹，驍騎五十匹，雲武騎馬五十匹，天武、龍猛馬三十匹，諸雜配軍馬三十五匹，雜使馬三十五匹，馬鋪馬十五匹。右院坊監馬千五百三十匹，常留在院坊監養喂。禦馬二百匹，揀中馬三百一十匹，短鐙馬二十匹。四百七十匹留准備支使。如牧馬數多，或支馬數少，並依左院例。國信馬二十五匹，諸班馬五十匹，臣僚馬三十匹，捧日、龍衛馬百匹，拱聖馬五十匹，驍騎五十匹，雲武騎馬五十匹，天武、龍猛馬三十匹，諸雜配軍馬三十五匹，雜馬十五匹，馬鋪馬一十五匹。牧養監馬千五百匹，七百五十匹左院，七百五十匹右院。淳澤監馬三千五百匹。千七百五十匹左院，千七百五十匹右院。除此馬數外，更有牧到馬，並令左右騏驥院依大中祥符五年詔，委自兩院監官勘會，逐時擘畫定合支送去處，申取群牧司處分。六年二月二日，群牧制置使言，淳澤並諸處馬監，每冬寒至，春草未出時，馬群在野，多因草少，致成瘦弱。遂乞預於七月散差使臣於棚側近刈白草堆積，准備秣飼，頗甚利濟。數內有刈到萬數不少或全不及分數者，令具等第聞奏。帝曰：『可第爲三等：上者與家便差遣，中與依例差使，末等降近下監當。』二十五日，知河南府言請增市芻糧，以廣儲備。群牧司因言洛陽監秣五千匹，歲費頗重，只令裁減二千。帝曰：『大都馬數及十萬可止。』宰臣王旦曰：『若聽民間任便畜養，官有所須，即以本直市之，猶外廄也。況所費芻秣，皆出兩稅，少損馬粟，用資軍儲，亦當世之切務也。』二十九日，詔雲武騎已下馬頗低小，自今各與增起一等。七月，詔群牧司坊監兵士盜殺官馬三匹已下，並決配沙門島，仍著爲定式。先是，有鄭州原武監兵士李凝、劉乂盜馬一匹亡走河陰，復殺其馬以鬻錢。既捕獲，鞫之得實，決隸海島，因有是詔。十一月，代州鈐轄韓守英等言：『勾當豐州蕃漢公事王文玉狀：當州進奏鞍馬藏才蕃部元在黄河北異山前後住坐，去州約五百里，皆從趙德明北界過往，並無人煙，兼於德明榷場內，每匹納買路絹一疋、大茶十斤。以此艱難，近少有至者。竊緣藏才一路，地接子河汊，所産鞍馬，格式不大，骨體甚良。若官中以天武馬爲格揀選入券，即多不及等樣，況降致敕書，令差人入深蕃勾招，其藏才最居遠地。今若令於府州揀選入券，則又所屬州府不同，慮恐阻隔蕃部，不來進奉。欲乞差獸醫一人至當州看驗鞍馬，依舊例於當州抄劄入券，委得用心當面揀選本産鞍馬。欲依所請施行，所有獸醫人，仍乞於麟州飛騎指揮内輪差一人往彼，逐年替换。』從之。七年三月，收制置使言：『乞自今令教駿兵士擎馬杌子，每日隨至殿門外，别差騎馬小底三人將帶入殿内。候駕起，即於殿門外卻交與教駿兵士，隨馬祗應。』從之。五月，群牧制置使言：『近點檢群牧司帳管三歲、四歲、五歲已上雜大馬二萬匹已來，多失調習，致生惡，乘騎不得。已擘畫創置單鎮監，並展源武、淳澤監地養放。於七月一日，差人先揀取二千二百匹上京，分與兩院坊監，騎習慣熟，即送單鎮、原武、淳澤等監養放。其餘逐旋依此，於外監勾取上京調習，送赴逐監。』從之。六月十二日，詔軍頭司今後應權管回忠佐帶到馬，並令送納。二十三日，群牧制置使司言：『奉旨，於七月一日勾取外監三歲、四歲已上雜配軍大馬。每番作二千餘匹，上京赴天駟監騎習。乞差内臣一人往鞍轡庫點檢見在或制造第一鞍轡三百副，付騎馬直指揮使蔡興，令分擘與四監，應副騎習鞍馬。所有騎習馬節級、兵士，乞依淳澤、單鎮監例，每月請受外，更特支錢二百文、減月糧五㪷，卻日支口食二勝。』從之。九年三月，詔禁臣寮私於沿邊州軍買馬。必有所須，皆先稟朝旨。九月，詔：『自今唐龍鎮進賣鞍馬，令河東轉運司指揮唐龍鎮、火山軍更不得點檢印記，並令牽送岢嵐軍。候到，子細揀堪配軍馬，依例印記入券，上京進賣。内些小饑瘦堪擡舉者，亦與印記，上京進賣。即不得將不堪馬入券，及妄有揀退好馬，致蕃部别有詞説。』十一月，樞密院言：『群牧司押馬殿侍條貫，不分地里遠近及押過匹數，一例酬獎。乞自今須三年内押過馬六百匹已上，往來及萬里，如抛死、病患、寄留、減臕饑瘦，總計三釐並三釐以上，並與三班差使；其三釐以上至五釐，押馬五百匹已上，更不理往來地里，即與指使差遣。若五釐以上不及者，並不理押過匹數地里，特給賞錢十千。』從之。天禧元年八月十八日，群牧制置使請以十三歲已上配軍馬估直出賣。從之。二十七日，帝謂宰臣等曰：『如聞諸處牧地，近緣蝗旱乏草。昨經大雨，皆復生，不妨蓄牧。』向敏中因曰：『所議減省廄馬，若止令市十三歲已上者，必慮其數無多耳。況今國家馬數倍多，望廣令出賣。』王欽若曰：『若將所市蕃部馬出賣，即群議便謂有損武備。』帝曰：『可更酌其利害以聞。』十一月，敏中又言：『近歲邊陲徹警，兵革頓銷。然諸軍戰馬尚未減數，頗煩經費。望加裁損。』帝曰：『已令内廄中精選止留近上等第馬，其餘令民間貨賣，定價聞奏。』十一月，估馬司言：『所收臣寮謝恩並節序進奉鞍馬，多是有齒歲及病患小弱，不堪配軍支使，虚費芻秣者。乞自今每進奉馬，須將壯嫩無病堪配軍支使者充，並下估馬司收納，待監勒獸醫人子細看驗訖，送左右騏驥院收管，不得縱容啟倖。』三年七月，詔入契丹、夏州使自今所得馬，令雄、延州差使臣部送赴京，具毛齒羸瘠之狀以聞。四年閏十二月，詔：『在京院務坊監節級、槽頭、刷刨、長行並諸色公人等：偷拔馬尾一兩至二兩，決臀杖十七；三兩至四兩，臀仗十八。仍於本所榜枷，令衆二日。五兩已上者，臀杖二十，決訖，奏配遠處重役。如只於一匹上取到，即據所犯兩數，依立定刑名施行。若是衆馬上取到，與倍兩數斷遣。』仁宗天聖元年十一月二十日，群牧司言：『鄜延路有承受使臣二人，欲乞令兼管句起發鞍馬事。候延州場買下匹數，編揀無病患者，每二百匹爲一綱，催發往同州沙苑監交割。其饑瘦病患者，别作番次，令緩慢牽喝往彼。』從之。先是，沙苑監言延州馬綱併令人管押至監，有以九百餘匹爲一綱者，病馬相雜，至多損死。故有是命。二十五日，群牧判官晁宗慤言：『諸監比較馬，每至年終抛馬及分，本監使臣罰俸，正副指揮使科較。員僚已下至槽頭、醫獸、兵士，卻用群牧比較條，有不及者，等第支添賞錢。檢會科罰條支賞條貫止有正副指揮科罰條，即無賞給之例。若遇抛馬及分，即一例等第科罪。如支賞之際，卻獨不該沮勸之格，似或未均。自今欲乞諸正監指揮使，如遇抛馬不及分，依員僚賞賜例，等第支賜。』從之。三年十二月，群牧司言：『在京諸軍收到馬駒才及周歲，便即送納。緣其嫩小，多致失所。自今請令及二年，方得送。若未納間，官爲量給草料。』從之。四年九月，三司言乞收市准備在京馬料萬數至多。帝問宰臣：『諸坊監牧馬幾何？』王曾曰：『今來比之五代，馬數倍多，芻秣之費，歲計不下數百萬。蓋措置利害，未得其要。若將向西逐次估買入中官馬立定分數，自今取便於民間市易，可三二年，大有蕃育，急緩取之，必無闕用。如此，公私皆便。』帝深然之。五年二月，詔：『自今從北界卻迴思鄉人戶，帶到馬堪配上軍者，支錢二十貫；不任配軍者還主。』寶元二年七月二十二日，詔今後諸色臣僚更不得於府州買馬。康定二年七月，詔：『諸路本城廂軍員闕馬，聽自市三歲以上、十三歲以下、高四尺一寸者，用印附籍，給芻粟。』八月，詔：『今後邊上臣僚如舊例合該於府州買馬，並許依舊例，具狀聞奏，當議許令府州收買。』先是，寶元二年七月條貫，禁臣僚府州買馬。至是，言者以官中價小，蕃馬不來，故有是詔。慶曆元年十二月，禁沿邊臣僚私市馬，闕馬者官爲給之。八年九月，詔群牧司：『自今殿前馬步軍副都指揮落管軍，各賜所借馬三匹；殿前馬步軍都虞候，捧日、天武、龍神衛四廂都指揮使二匹，軍都指揮使一匹。』舊制：凡管軍皆借馬五匹。至罷，猶借留。至是，群牧司請裁而賜之。皇祐元年八月三日，知益州田況言：『乞將養馬務見管黎州買到第二、第三等馬，計綱發赴陝西轉運司交割，就近支配闕馬兵士。』詔令陝西轉運司相度。如堪配填諸軍，即分配；如不堪支與諸軍，並支撥與馬鋪。九月，詔河北兩地供輸民無得市馬出城，犯者以違制論。先是，河北安撫司言雄州容城、歸信縣民多市馬出入邊城中，近爲契丹籍送幽州。故條約之。嘉祐四年五月十九日，文思使帶禦器械鄧守恭等言，乞支丁、萬字馬著腳乘騎。詔於合支本等馬內先次揀選馴良者支，別有差遣，不得帶過。英宗治平元年十二月十三日，令中使選馬賜皇子潁王。王言：『聞中使選官馬，將以賜臣，而使人乞選揀中馬。此非臣子所敢乘用，乞止於禮物丁、萬字馬中支賜。』從之。二年二月二日，以供備庫副使劉策、內殿承制高昇分往陝西、京西路計會馬遞闕少遞馬匹數，於監牧司或馬監雜支馬內揀撥，等第配填，及八分止，仍開析聞奏。三年正月十八日，樞密院言：『使臣差出勾當，許乘遞馬，體例不一。欲檢會前後條例，就差本院編例官重行刪定。』從之。以上《國朝會要》。

神宗熙寧元年正月十八日，樞密上文武官合乘遞馬條貫，因言：『先給遞馬者太濫，所在馬不能充足，以致急令有所稽留。檢會祖宗朝臣僚差遣有賜馬者，以帶甲爲名。蓋沿邊要用任使故也。時平既久，僥倖幹求，日以滋蔓。今欲應使臣閤門祇侯以上充三路州軍路分總管、鈐轄、都監之比，依舊賜馬價錢外，其餘職任文武官，一切罷去。』從之。二十五日，樞密院言：『雄州自來將入國使副等所得馬送定州高陽關路總管司，配填諸軍。其間甚有病患瘦弱、不堪披帶者。』詔總管司，依格式揀選，驗有筋力無病患、堪任披帶者，即得配填諸軍，餘充雜支。三月四日，殿前馬步軍司重定奪到牧放鞍馬約束條貫。詔令施行，仍告示牧放官員，使曉會遵守。十七日，樞密院言：『昨差供備庫副使高渙提舉牧放諸軍班馬，其死損數不減於舊。』詔以高渙爲大名府路兵馬都監，餘使臣並廢罷。其牧放，令殿前馬步軍司依舊差人，仍別立約束條貫，務定牧馬不至損斃。八月三日，河北轉運司言准朝旨，四路都總管司勘會騎兵見管堪披帶馬約及三分已上。詔令群牧司於本路諸監擇堪任披帶馬增給之。二年五月十七日，詔令後禦馬四直闕馬，如群牧司闕本等馬，即支驍騎、龍猛馬充填。三年五月二十一日，群牧判官王誨上馬政條貫，詔令頒行。十二月，陝西宣撫使司言：『延、慶、環三州義勇、節級已上，係經三等人戶，如有田土瘠薄無錢買馬者，並官給馬一疋。如有倒死，更不再給，勒令自填。』從之。四年十月十九日，比部員外郎、集賢校理、同修起居注曾孝寬言，相度到諸班直、諸軍牧馬，乞不下槽牧放，許人戶出租，請佃牧地，及合立條約等利害。詔馬自來年更不下槽牧放。所有五箇月合支草料，三司預行計置，須管有備。每匹在京支六分草料，外處支五分，並約束五事並從之。內外班直、諸軍馬舊以夏初出牧，迄八月上槽。凡軍士之有馬者，利其草粟之餘與傔兵衣糧，舉族護視之。及其出也，數馬一圉。出而未至牧與自牧而歸者常數日，草粟無所給。方其在牧，晝縶之於棚，不得臥休；夕就野而牧，卒有震雷風逸，不知所在。有得之數十百里之外，雨潦霜露之不時而感寒疾，往往而斃者十常三四。被病而歸，死槽櫪與納換者不在數。圉人歲被榜罰者以千數。又牧地多占良田，圉人侵擾閭里棚井，科率無寧歲，公私苦之。故命孝寬比較相度。詔下，人以爲便。計租入以補草粟，猶有羨，百年積弊，一朝而除者，由上斷之不疑也。五年四月二十九日，詔：『諸蕃所進物色，三司初估，例不盡價，須再添估，方行支賜。馬價亦節次增添。今後初估時，便定實價，將暗添錢一就作添賜。』六月五日，差檢估諸軍牧地官汲逢與河北監牧司同共揀踠蹋軟、齒高、駑鈍、小弱不堪配軍馬，並估價直出賣。七年二月十四日，遣供備庫使李希一乘驛往河北東西路計會當職官揀選諸軍馬十五歲有病不堪披帶乘騎。其十八歲以上，不以有無病，其稍堪乘騎者，支馬鋪及廂軍不係披帶軍員。其不堪者，平估斥賣。九月十六日，詔：『群牧司除椿管不係支使及收養監病馬外，自今後以二千匹爲額。其餘堪配軍及雜支馬，權與闕馬兵士。』八年二月十五日，群牧使李師中言，乞立定殿前馬軍司在京營填馬分數。詔填及七分。九年五月十四日，權開封界提點諸縣鎮以事蔡確言，乞府界養馬增六千匹爲額。詔中書立法以聞。十月二十七日，中書門下言：『禮房申：刪到諸府界養馬不得過六千匹，逐年與免戶下體量草二百五十束，更不支錢布。如有倒死及瘡病，並依永興、秦鳳等路弓箭手養馬條施行。』從之。己上《續國朝會要》。神宗元豐三年二月二十八日，詔以國馬未備，令開封府界、京東西、河北、陝西、河東路州縣物力戶自買馬牧養，坊郭戶家產及三千緡、鄉村及五千緡，養一匹；各及一倍，增一匹，三匹止，須四尺三寸以上及八歲以下。令提舉司注籍，仍先下逐路，具民戶家業等第及合養馬數以聞。從王拱辰請也。六月二十六日，詔：『開封府界、京東西、河北、陝西、河東以物力養馬戶，可依逐路提舉司所具當養匹數施行。開封府界四千六百九十四匹，河北東路六百一十五匹，西路八百五十四匹，秦鳳等路六百四十二匹，永興等路千五百四十六匹，河東路三百六十六匹，京東東路七百一十七匹，西路九百二十二匹，京西南路五百九十九匹，北路七百一十六匹。』八月十九日，上批：『近立京師諸路戶馬法。既有期會，必爲猾商乘時射利，以高價要養馬戶，使良法不得速成。宜令群牧司簡驍騎以上馬千匹，定價與民交易，毋得市與不養馬戶。』十月一日，環慶路經略司奏，已令諸將蕃官等勸誘屬戶養馬。詔諸部族所買馬，委諸將按驗。及格堪披帶者，每匹於撫養庫給賞絹五匹，更不支銀楪。其鄜延、秦鳳、涇原路准此。又詔當養馬路分人戶，如鄉村坊郭並有家業計直各不該養馬者，通計從輕收養。其鎮坊郭，依縣坊郭例。五年二月五日，提點京東東路刑獄霍翔言：『齊、淄等州民號多馬，禹城一縣養馬三千，牝馬居三之一。臣近因巡曆，密視按民馬，雖土產，亦骨格高大，可備馳突之用。兼齊州第六將騎兵多是東馬，與西馬無異。雖民間比官中養馬，所費芻秣不多，然而不有所免，則無以爲勸。緣民之所欲免者，在於支移、折變、春夫、賊盜、敷出賞錢、保正、保副、大小保長、催稅甲頭、保丁巡宿十事。臣即以此事目付禹城縣，勸諭願養馬之家。已應募養馬之家計馬四百四十八：牡馬二百六十三，牝馬百八十五。然而未見所免之利，而願養者已多。乞應諸路鄉村戶不拘等第高下，如願養馬，並許經官投狀，除依條分番教閱及覺察同保違犯，並句集追捕賊盜外，與免十事。內有田五頃，許養馬一匹；五頃已上二匹；十頃以上，物力高強，恐妨差使，不在養馬之限。其牝馬須四尺二寸以上，牡馬四尺三寸以上。大縣毋過五百匹，小縣毋過三百匹。許養牝馬三之一，及委本州通判春秋呈驗、當日放散外，其餘約束，一依朝廷近降民馬指揮。』上批送吳居厚相度，居厚言：『今轉運軍須年計，大半出於折變之物，稍有侵耗，即無從補助。自保甲之法行於諸路，其正副盡得一鄉材武之士，譏察盜賊，所在衰減。今募民養馬之法，若與免大小保長、支移、催稅甲頭、春夫、賊盜、敷出賞錢，保丁巡宿七事，實便公私，可施行。』上批：『三省、樞密院可更審詳。若果有害民，必不可施行，所見官具事理論奏。苟無弊也，即宜並心一意，協力奉行。』八月七日，開封縣言，養馬戶未審止以屋業爲物力，或通計營運財物？祥符縣言，自頒養馬令，民已買馬後，質賣家產，或於市易務拘管抵當，未審合與不合養馬？詔以屋契錢數、屋租爲物力，隱匿契者以鹽稅爲定。如有質賣馬，亦隨之。若已抵當，或因事在官拘管、本戶不得課利者，驗實與免。十一日，鄜延路經略司言：『漢戶及歸明界弓箭手買馬，乞依舊弓箭手例，每匹給撫養庫絹五匹爲賞。』從之。環慶准此。九月十四日，詔：『戶馬法以屋契錢爲物力。用住宅計者元契三千緡，房錢計者二千緡，各養一馬。其住宅房錢相兼者，以分數紐折。』十一月一日，太僕寺言禦馬三匹，給卒一名，常馬千匹，給卒二百飼養。從之。十一月三日，瀘南沿邊安撫司言，乞以戎州所買蠻馬配本路兵外，給義軍人員，令習馬戰。從之。六年五月八日，詔：『聞鄜延路新支綱馬，分配闕馬諸軍。彼有新兵未堪出戰，例得善馬，其有武藝舊人，往往闕馬，甚非朝廷本意。委劉昌祚按驗有實，即改配，仍具數以聞。』六月四日，權發遣鄜延路經略使劉昌祚言：『乞自今諸軍逃亡事故，其鞍馬許有馬與闕馬人比較武藝，優者與善馬。及監牧司所給新馬，亦准此。』從之，仍下河東陝西路。昌祚又言：『按試諸將下新招簡投換馬軍十一人，武藝劣等，已改給與將下有馬藝闕馬舊人。』詔以武藝劣等者名下馬，通一路，簡試有武藝人，改給。又詔昌祚詳度：每十匹以七匹改給武藝高強人，三匹給第二等武藝上名。七年二月八日，詔：『京東、京西路保甲免教閱。每都保養馬五十匹，給價錢十千。京東限十年，京西十五年數足，仍專置官提舉。其京西路鄉村以物力養馬指揮不行。』三月二十三日，同主管京西保馬呂公雅言：『保馬羸瘠，已立備償法。其充肥，未有旌賞。欲乞保馬生駒，每匹給絹一匹；其充肥，支銀楪。仍乞借常平錢五萬緡，均付諸州縣，出息爲銀絹費。每歲孟夏之月，聚而牧放，可致蕃息。』從之。五月四日，詔三路保甲借民私馬習藝者，聽依舊。二十六日，詔京西、京東路民以養戶馬者免保馬。二十八日，中書省言，熙寧二年，天下應在馬十五萬三千六百三十四。詔尚書兵部取索內外馬數，比較以聞。二十九日，提舉京西路保馬司言：『體問上等戶私馬有三兩匹者，願盡印爲保馬。乞許養至三匹，除役錢、保內巡宿、催稅甲頭等依元法減免外，以所養馬，每匹各聽次丁一人准法公私罪杖、非侵損於人者用贖。』從之，京東路准此。六月十二日，知河南府韓絳言：『京西保馬，詔限十五年數足。今保馬司遍帖諸縣作二年半。京西地不產馬，民又貧乏，乞許於元限減五年。』詔提舉京西路保馬司遵守元降限。七月二日，詔：『陝府西路沿邊諸軍戰馬，並依河東麟府州例，不以上下槽，支草料各七分。』知延州劉昌祚乞不以冬夏支八分，上批：『戰馬在軍政，固已要重。今用兵未已，適當乏馬，所繫繫實大，特依所乞。陝西、河北、河東、熙河路准此。』九月重陽節，特御延和殿，閱經制牧馬司進諸路簡買馬並左第一監馬駒。十二月十三日，同主管京西路保馬呂公雅言，有官之家守官在外，止出助錢，不均，乞並令養馬。兵部言，欲令有同居親屬自住佃田產者，依餘戶法養馬。從之。八年四月八日，哲宗即位，未改元。詔：『開封府界、京東、京西、河北、陝西、河東戶馬已買填河東、鄜延、環慶路闕馬軍分，自今府界並京東等路養馬指揮並罷。』同日，詔：『京東京西路保甲養馬法，初定年限，本易應辦，而有司促期，民用騷擾。故先帝嘗降手詔詰責之，至今猶有不能奉行者。其兩路保馬，宜令依元降年限置買，仍取其贏，充以次年分之數。』又詔提舉京東路保馬兼保甲楊景芬、提舉京西路保馬兼保甲張修，乘傳赴京，於三省稟議改廢。其後詔京東京西路保馬分給諸軍，餘數發赴太僕寺，仍以格尺不逮者，還民戶變易之，納元給錢。七月二日，殿中侍禦史黃降言，京東西兩路保馬司管勾公事官乞並權罷，候至買馬二分依舊。詔保馬司各具合留員數姓名。九月二十七日，詔京東西路保馬數未足者，更不收買。據見管數，令逐戶依舊主養，別聽朝旨。十一月十六日，詔馬軍所闕馬應給者，在京府界、京東、京西、河東、陝西路無過七分，河北路無過六分。哲宗元祐元年正月十四日，詔保馬別立法以聞。二月十六日，兵部言畿內馬監已行廢罷，即合於諸路相度置監。乞差官前去經畫。詔郭茂恂往陝西、河東路按行，相度以聞。二十八日，三省言訪聞前知鄆州陽穀縣李抃，昨行下保馬指揮，不數月間，本縣買足十年馬數。詔京東路轉運司檢按李抃如何催促，便得足備，具詣實以聞。閏二月二日，三省言：『霍翔、呂公雅提舉京東路保馬，不循詔旨，至減朝廷元立年限之半，督責收買，急圖己功。兩路騷然，民力困弊。雖各移任，然其欺罔害民之罪未加紬責，無以懲沮。』詔霍翔差管勾江州太平觀，呂公雅添差監舒州鹽酒稅務。四月四日，右司諫王巖叟言：『京東保馬尚有餘弊，宜因而變之，盡收退還民間馬三萬餘匹，復置監如故，委轉運使領之。其京西事體既同，乞並賜施行。』從之。五月四日，詔提舉陝西等路買馬監牧司以川買馬給陝西馬軍，充陝西所買馬赴京師。三年四月十三日，詔吏部授兼管買馬官並赴樞密院引驗。四年七月四日，樞密院言：『新復諸監牧馬，元祐三年經春大雪苦寒，已特免一年比較。其人員兵級，欲取死亡最多最少者賞罰。』從之。紹聖元年正月五日，太僕寺言：『馬政，武備之要，宜講求所以蕃息之方。』詔太僕寺條畫來上。三月二十六日，樞密院言，廣西經略安撫司奏乞自四月一日已後，至九月終，將邕州四指揮官馬野牧。從之。仍令比較移往賓、橫州死損馬數，開析以聞。四月六日，詔戶部看詳役法所諸路將下公使錢，歲終有剩，並留充買馬支用，勿充次年之數。八月八日，樞密院言：『太僕寺考會得紹聖元年、二年綱券馬死損分數，綱馬死者不止十倍。今復行券馬法，係陸師閔建議，其效已見。』詔陸師閔特賜銀絹各一百匹、兩，仍令學士院降書。三年四月二十五日，供備庫副使田良彥言：『陝西經略司自來令諸將下城寨勸誘蕃部買馬。近不以貧富，例皆抑配。兵官有不堪披帶馬，復強售蕃部，在是多致流移。請自今許人告，以馬價充賞；有剩利，計贓定罪，當職官以違制論，不以赦降去官原免。』從之。七月初二日，詔：『自今後陝西路弓箭手闕馬，願於官價外添備錢收買者聽。或已請官馬，而自備錢買到堪披帶馬，聽經官兌換元請馬出賣。若干繫槧人因買馬及兌換而留難，乞取錢物，並依重祿公人法。』從本路轉運副使吳安憲之請也。元符元年十月二十九日，河東轉運司言：『體量到本路州軍爲經略司科定買馬匹數，多於人戶名下配買。至昭德軍，出給公據，令人戶往陝西買馬，並抑勒市戶結攬馬中官有實。』詔河東路知州、通判、職官降官、展年、罰銅有差。凡降官，並展兩期敘。二年五月九日，權通判廣信軍周綍言邊馬不足，請取近地或西市團綱馬分配諸城。詔令太僕寺相度以聞。徽宗崇寧二年正月二十四日，詳定一司敕令所劄子奏：『契勘見看詳省寺監諸司元祐敕令格式，其間馬政所隸之事，乃全衝改元豐舊法。竊緣馬政合隸尚書駕部，乃先朝官制。自元祐衝改，至元符中，令候邊事了日，依新敕施行，則看詳去取，在於今日，所繫繫最重。欲望下三省、樞密院，詳酌指揮。』詔太僕寺依舊制不治外事，撥歸尚書駕部。應緣馬事，上樞密院。四年六月十二日，詔：『昨降指揮，令陝西茶馬司支茶五萬，於年額收買戰馬二萬匹，分配逐路。今已收買將足，官吏等頗宣力，可特推恩，庶勸能吏。程之邵、孫鼇抃與各轉一官，鼇抃仍賜章服，餘並取索比附推恩。』十一月三日，詔：『諸路馬食，儲積頗艱。其令諸城寨乘春發生，分番出牧，就野飽青，晚持草歸，以充夜秣。每名量支草價，以省官芻。』二十五日，詔：『祖宗皇帝勵精庶政，經營熙河路茶馬司，爲勾致國馬之源，其法大備。後來監司意欲侵漁茶利，以助漕司糴買，故茶利不專，馬難敷額。近雖衝改吳擇仁所乞條約，令茶馬司專總運茶博馬職事，猶慮轉運司苟求目前近利，不顧悠久深害。三省可慎守已完法度，不得變亂元豐成法。』十二月十一日，尚書省劄子：『檢會熙寧、元豐川茶惟以博馬，不將他用。蓋欲因羌人必用之物，使國馬不乏，騎兵足用。竊慮淺見官司，趨一時之急，陳乞別將支費，有害熙寧馬政。欲修立下條：諸州茶非博馬，輒陳請乞他用者，以違制論。』從之。大觀三年六月二十九日，詔罷提舉河北路買馬所及官屬，其恩、冀、邢、趙州買馬場，令逐州知州管勾。四年五月七日，京東路轉運使李延寧奏：『准詔，復置鄆州東平監，罷京東西路給地養馬，令專一措置，將支與雷澤等縣人戶馬並支送衛州淇水監馬，及借撥與太僕寺等處人吏、兵級與養馬戶牧地，並行拘收。監內地土，舊不係本監者，仰依舊召人租佃。其槽桶動使等，依元價收買。應有合行事，仰措置聞奏。今措置下項：一、鄆州東平監昨廢爲鎮寨，今乞依舊以鄆州東平監爲名。一、今來復監，全籍舊日監兵驅使。今訪聞本監有逃走兵卒，欲限一月，許赴所在陳首，遞送本監收管寄役。』從之。六年四月三日，知懷州田登奏：『遵奉禦筆，推行戶馬法。本州管下三縣，押到養馬人戶共一千一百四十戶，計馬一千八百三十四匹，已集驗支散銀絹了當。』詔田登與轉一官。其協力奉行官屬，具等第保明，申尚書省。十二月十九日，詔知興仁府王傑可特轉一官。以養馬調習，皆堪披帶故也。七年五月二十六日，臣僚言：『給地增牧，法成令具。諸路告功，實武備無窮之利。乞令逐路春秋集教，以備選用。』從之。八年二月，樞密院奏：『據定邊軍安撫司公事楊可世申，今來邊事，臨陣之際，惟藉騎兵禦敵。竊見環慶路自李訛哆作過之後，驅虜卻戰馬不少。即今諸將闕少騎兵，深恐緩急，步卒難以倚仗。伏乞詳酌，於同州沙苑監支撥堪披帶戰馬三五百匹，赴定邊軍，揀選闕馬精鋭軍兵、蕃漢弓箭手乘騎，庶幾緩急可以驅策。』詔支三百匹。五月十五日，知太原府姚祐奏：『本路禁軍馬額一萬二千三百二匹。自西方兵興、累次調發，見闕頗多。緣本路控扼二虜，全藉騎兵。深慮緩急誤事。乞下陝西買馬司買發應副。』從之。宣和八年八月二十一日，樞密院言：『勘會茶馬司政和六年八月至八年七月終，依元豐舊法，買獲馬三萬四千七百一十三匹，計減省錢一十萬三千三百貫。除本司官吏已推賞外，所有州司官吏未曾推賞。』詔特與轉一官。十月二十日，詔：『高陽關路轄下馬軍二十五指揮，見闕披帶馬五千餘匹。邊防所系，事體不輕，可支降度牒三百道，付詹度措置變轉，買馬填闕，不得別有侵使。違者以違禦筆論。』二十一日，詔真定、中山府路馬軍闕額馬數將及二分，每路支度牒付帥司收買填闕亦如之。三年六月十五日，中書省言：『臣僚進奉馬價錢，乞赴左藏庫送納。勘會左右騏驥院、天駟監向緣闕少屋宇，及所阻節招軍例物、兵士日給食錢，以致逃竄，招置不行。遂具奏請，乞將臣僚進馬價錢赴左騏驥院送納。政和七年六月六日，詔依。上件錢係補還借進馬數，及增葺屋宇，補置沿馬動使，支給人兵食錢，招填兵卒敷闕額。今欲乞特降睿旨，令左騏驥院依舊受納。』詔依舊存留，更不納左藏庫。六年四月二十九日，詔：『今後因差使，官司不許奏請諸軍換移他人名下官馬。雖奉特旨，亦許執奏不行。如遇差出名下馬老病瘦弱不堪乘騎，依條納換。』七年五月九日，詔：『應昨降指揮，支過河北路人戶見養牧馬，應副燕山府路，限一月給還價錢。尚慮有未支還去處，仰提刑司限三日給還訖聞奏。』十一月十九日，南郊制：『應諸路給地牧馬，其養馬人戶所養馬官因病倒死，及昨宣和二年罷給牧馬，偶因官司失於拘收，止在人戶名下牧養，致有倒死，見今拘系監勒備償者，仰所屬勘驗詣實，無情弊並與蠲放。』欽宗靖康元年二月十二日，詔：『應今來應副軍期，被差管押牧馬，如因在路倒死、別無情弊者，仰所屬勘驗詣實，特與除放。』以上《續國朝會要》。高宗建炎元年八月十四日，詔：『應官司及諸路軍腳下馬，別立印號。其印號，令騏驥院擬申樞密院。如吏私轉賣兑易之人，決脊配海島；買馬及牙儈，並與同罪。許諸色人告捉，每匹賞錢一百貫。先以官錢代支訖，於賣買及牙儈人均償。若內有能自告首，以馬價充賞，仍免罪。』四年五月二十七日，廣西路左右兩江峒丁公事李域言：『措置收買戰馬，發赴行在。探報江西路各有賊馬，道路阻節。今踏逐得廣東有便路，經自福建入兩浙，赴行在。欲起馬綱，自廣東徑路前去。乞下經由路分監司，預行指揮下州縣，准備草料口食，及嚴責巡尉，遞相防護出界。』從之。九月二十日，上謂輔臣曰：『前日韓世忠進馬一匹，高五尺一寸，云非人臣所敢乘。朕答以朕在九重之中，未嘗出入，何所用之？卿可自留，爲出戰之備，遂卻之。』紹興元年十月二十六日，廣西路經略司言：『訪聞邕、賓、橫州土丁被差牽馬赴行在，每名除官破和顧盤纏錢五貫文省。爲地遠，往復萬里，里費不足。其土丁各自備錢，每名不下四五十貫，足充盤纏。乞今後馬綱經由州縣，應一行官兵驛券及馬料，並排日支給，不管闕，仍令所至巡尉遞相防護出界。如違，許押綱官具事因申所至路分、監司按劾。』從之。二年五月十六日，廣西路經略安撫司言：『前後所發馬綱並係逐匹開齒歲、毛色、格赤。深慮押馬使臣、兵級人等沿路作弊換易。欲下所屬，今後本司發到馬綱，並比對綱界內馬數逐匹齒歲、毛色、格赤交納。如有不同，即乞推治。仍立賞格，下經由州縣，許人告捉擊。』詔廣南西路經略司：『見起綱馬赴行在，若有所犯罪賞，並依川陝路見行貿易綱馬條法。』十月十四日，樞密院言：『廣西帥臣措置收買戰馬，近來諸軍多行申請支降，及陳乞差人前路一面截留，致令前後不相照應，合行止絕。』詔：『廣西所買綱馬，仰帥臣指揮管押官等，今後並須押到行在樞密院交納，分撥支降。雖有朝旨，亦不許截留。仍仰兩浙、江東西、荊湖、福建、廣南東西路轉運司遍行轄下州軍：遇有管押上件綱馬到來，將今降指揮關報押馬官等知委。如被官司截留，不到行在，管押等並不推恩。其管押官輒敢計會官司截留，當議重作施行。』三年正月二十六日，詔：『邕州置買馬司，收買戰馬。每一百匹爲一綱，每綱差官二員管押，將校一名、節級二人、牽馬禁軍或廂軍五十人、獸醫一名、軍典一名。獸醫許募百姓。其廂、禁軍於一路通差，即不得差寄居待闕官及峒丁、土丁。綱馬逐匹各於兩胯下用火印綱馬字，及造木牌雕刻字號，分明標記格赤、齒歲、毛色等事，於馬項如法封記，務要辨驗。及於綱解狀內聲說，實封發遣。預申樞密院，用紙畫逐馬毛色，以憑照驗交收。押綱官如到行在，損失不及一分，依得條法交割了當，與轉一官；將校、節級、軍兵，並與轉一資。失及二分，並降一官資。若有情弊，送大理寺根治。押馬綱官兵等在路換易官馬，許諸色人告捉。所有罪賞，並依川陝馬綱法。』以樞密院言：『廣西收買戰馬，召募押綱使臣無所顧藉，往往在路換易，兵級減剋草料，及差峒丁、土丁自邕、管隨至行在。地理遙遠，回程口券，州縣不肯支給，遂於沿路尋於駐軍去處，計會截留。』至是，參酌措置，故有是命。三月二十一日，詔：『廣西起發綱馬，到日，委樞密院檢詳計議官各一員親赴省馬院，當官以元解發綱馬狀並圖畫到毛色、齒歲、尺寸逐　點對，並驗認火印封記、鬃尾訖，具有無異同，日下申樞密院呈驗。仍令省馬院候綱馬到院，即時依數交收，如法餧養。』四月二十三日，瀘南沿邊安撫使蘇覺言：『瀘州江門寨引領到西南蕃武翼大夫、歸州防禦使、瀘南夷界都大巡檢使何永，差嫡弟雲禮等，進奉馬一百十八匹。契勘何永逐年進奉馬以一百一十二匹爲額。今來外有六匹，與見任官爲信。依近降朝旨，更不收受，送所屬收管。』詔令瀘南安撫司將上件進奉馬差得力將官一員、使臣二人、軍兵據合用人數管押，赴樞密院送納。四年二月十八日，樞密院言：『提舉廣南西路買馬李預請官馬依條合給草料七分。今相度，除已有養馬土丁打採外，欲乞綱馬未起發間，支破馬料五分，於所在州勘支，庶得喂養，不致失所。』從之。三月二十三日，神武中軍統制楊沂中言：『樞密張浚帶到選鋒五將並武騎銳士、良家子赤心軍，數內一百人見闕官馬，止乘騎腳下私馬。其上件馬一百匹，並堪披帶，情願中官。望看驗好弱，支給價錢，即充官馬，令元主依舊乘騎，應副使喚。』詔依，令楊沂中看驗，開具格尺、毛色、齒歲，合支價錢，申樞密院。九月十五日，明堂赦：『應昨緣軍興以來，諸色人支借過官馬，事畢，有隱匿不即送官者，可特與放罪，限一月於所在官司送納，如法養餧，因便差人管押赴樞密院省馬院交割。』七年五月十八日，宰執言廣西進出格馬十匹，禦批：『留一匹，餘付殿前司。』臣檜等奏曰：『所進馬毛骨皆好，前此所進，未嘗有也。』上謂秦檜曰：『朕所留一匹，幾似代北所生。廣西亦有此馬，則馬之良者，不必西北可知。』閏十月八日，宰執言：『楊沂中乞三綱馬。』上曰：『川廣馬到，朕未嘗留，盡以均給諸軍。若小不均，則謂朕有所偏。楊沂中馬少，而張俊近以老馬數百匹納樞密院。可以兩綱付沂中，而以一綱付俊。』上駕禦諸將，毫髮輕重，皆留聖意。八年六月二十五日，都大主管成都府利州熙河蘭廓秦鳳等路茶事兼提舉陝西路買馬監牧公事張深言：『本司起發綱馬赴行在樞密院交納，全藉沿路程驛椿辦人糧、草料、槽具之類。已行得旨，專委逐路漕臣掌管一員兼帶提舉本路綱馬驛程公事。尚慮州縣程驛不切預辦，仍乞將馬綱經過州軍通判，如無通判處，簽判或判官，於銜位內添入『提轄馬綱程驛』六字，候邊事畢日仍舊。逐時遍詣所部檢察，候歲終考較，如無闕誤，從提舉司保明申朝廷，特與推賞。若有稽違闕失，取旨責罷。』詔依，押馬使臣仍添置一十員。九年四月十九日，後殿進呈，上宣諭輔臣曰：『韓世忠欲獻一駿馬，朕卻以無用駿馬，卿可自留，以備出入之用。』世忠曰：『今和議已定，豈復有戰陣事。』上曰：『不然。虜雖講和，戰守之備，何可少耶！朕方復置茶馬司，若更得西馬數萬匹分撥諸將，乘此閒暇，廣武備以戒不虞，和議豈足深恃乎！』十一年五月八日，太保、樞密使韓世忠言：『節次蒙恩給賜，及私自買到西馬共五百餘匹。見權令諸軍乘騎，謹具進納，望下所屬，繫檕帳收管。』從之。十五年十一月二十一日，兵部言：『秦州每歲買馬，舊以二萬世爲額，合破押馬使臣一百一十員。今來西馬止有五十八綱，合用使臣五十八員。其餘員數，顯是冗長，乞權行減罷。』從之。十八年四月十五日，領殿前都指揮使職事楊存中言，乞於平江府添蓋牧馬屋。上宣諭輔臣曰：『應幹費用，可令支係官見錢，不得於民間少有科擾。』十月十九日，馬步軍司言，乞將不堪乘騎馬下臨安府賣，上曰：『若賣與市人，不免屠剝，誠所不忍。其尚堪乘騎者，可發赴省馬院。』十一月十六日，兵部言：『參酌立定廣南西路經略安撫司提點綱馬驛程官任滿，能點檢沿路驛舍槽具動使，供應草料無闕誤，及綱馬死失、病患、寄留減臕通不及下項釐數：三千匹以上，不滿半釐，減一年磨勘；不滿一釐，更不賞罷；如任內弛慢，倒斃、寄留滿一釐，展一年磨勘；通滿二釐，展二年磨勘，通滿三釐，展三年磨勘；以上展四年磨勘。』從之。二十三年正月二十五日，詔：『茶馬司進到綱馬，緣押馬使臣失於看護，多至瘡疥、瘦瘠，僅存皮骨，往往餧養不成。樞密院可委承旨看驗，有似此者管押使臣，更不推恩。仍劄下沿路州軍，令如法應副草料。』二十四年十二月二日，詔：『西和州宕昌縣、階州峰貼硤兩處買馬場，每歲起發綱馬赴樞密院，押綱使臣往往不得其人，餧養失時，多致倒斃。可自二十五年爲始，循環撥付殿前馬步三司。如二十五年並撥付殿前司，二十六年分撥付馬步軍司，二十七年卻撥付殿前司。周而復始，皆循此三年爲例。仍令逐司當撥馬年中，每一綱選差有心力使臣一員、軍兵三十人，就買馬場團綱起發，赴樞密院交納。賞罰依已降指揮。』二十五年十二月二十一日，尚書省言：『平江府、湖、秀州三衙牧馬寨屋，除步軍司已造瓦屋外，餘係席屋。訪聞歸司隨即毀拆，州縣公吏利於乞取，逐時科率於民，顯屬搔擾。』詔令兩浙轉運司同逐州措置，以係官錢改造瓦屋。仍差使臣看管，遇有損缺，隨時修治，日後更不得科敷。如有違戾去處，許人戶越訴。二十六年十月四日，成都府利州等路提舉買馬李潤言：『綱馬驛頓遙遠，乞下利州等路添置改移驛舍。』上曰：『修蓋驛舍，所費不多，令於上供係省錢內支撥應副，免致騷擾。』十月六日，和州言：『本路轉運司標撥和州城外姚岡地蓋屋，應副王權軍中牧馬侵占農田。上謂輔臣曰：『放牧所在，實妨農耕。淮甸曠閑之地甚多，何必逼近居民？可令更切相度，於寬閑去處移蓋。』閏十月十五日，樞密院言：『茶馬司逐年團發綱馬赴行在，委承旨司看驗。有瘡疥瘦瘠馬數，其管押使臣等，依寄留、倒斃賞罰。內軍兵牽馬二匹並瘡疥，不推恩；一匹瘡疥，減半推賞支錢。其諸軍於茶馬司取馬並廣西起發綱馬，即未該載，理宜一體。』詔：『今後諸軍於茶馬司取到並廣西起發綱馬，賞罰准此。仍令御前諸軍都統制遇綱馬到，子細看驗，分明開具，申樞密院。』十二月十七日，尚書駕部員外郎楊偰言：『川、廣各置馬司，所費不貲，而馬以綱來者，皆損耗羸瘠之餘，誠可深惜。蓋牽送皆和顧遊手充代，往往坐視倒斃，甘心逃竄。今欲乞除諸軍取押外，須遵依舊制，均差諸州在營兵卒，則可無損耗之患。終日奔馳，饑餓生疾，至於暮夜，始得餧啗。今若添芻秣爲日中計，使馬不至甚饑，則可以無羸瘠之患。驛程儲峙不足，所管官吏往往逃避，以致無所批請，人馬俱困。宜申勑提轄驛程官常切覺察。』從之。二十七年五月十日，前知化州趙不茹言：『欲行下廣西帥司，今後管押馬綱，並於逐州見任使臣內差。如此，則州郡無橫費之財，使臣無尸祿之憂。』從之。十七日，樞密都承旨陳正同言：『乞自今後管押馬五十五匹，五十四匹到，轉一官，減二年磨勘；五十三匹到，轉一官，減一年半日磨勘，五十二匹到，轉一官，減一年磨勘；五十一匹到，轉一官，減半年磨勘。以上使臣，不支犒設，餘照見行賞格則例施行。』從之。七月十九日，詔：『成都府每歲合起川馬，更不發來行在。以十分爲率，撥付御前諸軍鄂州駐劄田師中、建康府駐劄王權、鎮江府駐劄劉寶各三分，池州駐劄嶽超一分，令逐軍差人前去取押。』二十八年正月九日，上謂輔臣曰：『平江府改造牧馬瓦屋，合用錢物，止令州郡措置，必至科之民間。莫若據間架，每間支與價錢付逐軍，令自管認修蓋，州郡更不干預。不惟便可辦集，亦免科擾之患。如戶部闕錢，當從內庫支降應副。』二十五日，給事中賀允中言：『平江府改造馬屋，殿前司彩畫到圖子兩段，其一在舊寨地傍，西至、南至目今皆係稻田，即非荒閑白地。其一在常熟縣界，係創行。踏逐北枕山，南瞰湖，東西皆百姓住屋，四至之內，皆膏腴良田。既係民間累世久安之業，豈肯輒以售人？望只委平江府及本路轉運司差清強官親行踏逐係省寬閑水草便利官地，撥付殿前司，依已降自行管認修蓋指揮施行。』詔令平江府委官審實，如不係稻田，即優給價直摽撥，不得抑勒搔擾，務在軍民兩便。四月十九日，都大提舉茶馬司言：『西和州宕昌寨、階州峰貼硤馬場，舊來買馬，並發在興元府馬務團綱。昨得旨，自二十五年爲始，循環撥付殿前馬步三司，令逐司自差官兵就買馬場團綱起發。切緣宕昌寨、峰貼硤寨屋窄隘，難以屯泊取馬官兵。望依舊令三司官兵就興元府馬務團綱起發。』從之。七月二十八日，殿前都指揮使職事楊存中言：『宕昌寨、峰貼硤馬場至興元府二十程，舊來買到馬，和顧人夫牽送，並不用心養餧，致有損壞。』送戶部勘當。本部欲行下茶馬司，和顧人夫，將所買馬自宕昌寨、峰貼硤牽送五程，交付吳璘所差官兵牽送七程，接連交付姚仲官兵牽送八程，至興元府馬務團綱施行。仍乞下四川總領所，將管押使臣一員，每日添破衙官五人例銅錢券一道六百六十六文；牽馬人兵各添破鐵錢七十五文、米二勝，仍劄與吳璘、姚仲照會。從之。近制：文臣承議郎以上，不得押綱。望下有司看詳，比附文臣條例，今後武臣不得以綱賞轉至武翼大夫以上。仍行下發綱去處，無得輒使大夫以上及合轉大夫武臣押綱。』從之。閏六月五日，兵部言：『三司退馬，並分送宣、嚴、饒、信、衢、婺、處、明、徽、秀州、紹興、平江、臨安府等處出賣。乞行下前項去處，將已承受未賣馬數，盡行分撥本州寬闊諸營牧放，差廂軍養餧出賣。其賣到錢，發納所屬。如有科擾，令監司覺察。所有日後如遇揀選不堪披帶病患馬，量支草料，從本軍養餧，一面出賣。候賣到錢，發納所屬。』從之。以臨安府收禁錢塘保正，緣不納寄養官馬價錢，詰其由。乃是本府承受馬步兩司所撥退馬倒斃，須管陪填。監繫繫經時，無所從出故也。三十年二月十七日，樞密院言：『殿前馬步軍司每年於茶馬司輪取綱馬，雖經承旨司看驗訖進入，附付逐司交管，並不曾用火印記號。竊慮無以辨認。』詔：『今後三衙取押到綱馬，看驗訖，候降出，令都承旨用火印，擗付逐司。其見管馬，亦依此用印。江上諸軍委總領所，江州、池州、荊南，委使臣。其後三十一年正月十五日，樞密院言：『欲以殿前司甲字，馬軍司乙字，步軍司丙字，鎮江府丁字，建康軍戊字，池州己字，江州庚字，鄂州辛字，荊南壬字爲文內戰馬左胯、輜重馬並騾馬右胯，並用印。退馬右胯出字印。其火印，三衙令軍器所，江上諸軍令總領所，江州、池州、荊南令逐州製造。』從之。三十一年正月二十七日，樞密院言：『知濠州劉時乞，兩淮所生馬雖低小，名爲淮馬，自成一種，比之江南，尚可蕃息。州縣拘籍戶馬，應副過往借使，是以民間不敢蓄養，甘心負擔。望責監司、帥臣嚴禁差籍戶馬，庶幾民戶皆敢放心置買，滋養蕃息。若州縣合用馬差使者，並各自養一二十疋應副。』詔依，今本路帥臣、監司常切覺察所部州縣，不得依前科擾差借。稍有違犯，奏劾取旨，官吏重行黜責。三月二十五日，馬步軍司言：『望將紹興三十一年分馬綱分撥，付馬、步軍兩司遣人取押。仍乞將以後年分綱馬以二年爲例，殿前司取押一年，馬、步軍兩司分取一年，周而復始。』從之。八月二十三日，宰執言，四川茶馬司每年起發騾馬一十綱，長是補發不足，乞減免二綱，庶幾易辦。上曰：『此一項馬數雖多，而所收駒絕少，其間倒斃者半之，往往軍中未必得用。可降指揮，自後住買騾馬，亦省官吏草料之費。』以上《中興會要》。紹興三十二年六月二十六日，孝宗即位，未改元。詔四川宣諭使虞允文將已買到馬數，先次疾速具數申樞密院，取旨支撥。其後，允文言：『收買戰馬，約計一百綱，即目買到已及一千餘匹，見在興元府團綱。除已揀選禦馬見差官管押赴行在外，所有戰馬，見逐旋排發十綱。其餘馬數，若接續排發，竊慮科撥與江上諸軍，道路迂迴。乞指揮分撥交納去處。』詔令虞允文將買到戰馬一千匹作二十綱支撥。內荊南諸軍五綱、江州諸軍十綱、池州諸軍五綱，委川秦茶馬司差使臣、人兵管押，赴逐軍交割。其禦進馬不須揀撥。七月九日，詔：『川陜宣諭使司將起發赴行在綱馬，照應每綱合用使臣、牽馬人兵等，關報都大提舉川、秦茶馬兩司，那融差撥應付。賞罰並依本司團發綱馬體例。其成都、潼川府、夔利州路、京西、湖北、江東西、兩浙轉運司行下綱馬經由州縣，據起到綱馬合批支口券、草料、錢米，依茶馬司見起發馬體例，於合取撥窠名內批支應副。其新復州軍，未有合發財賦，候將來買到細馬起發日，據合批支口券、錢米、草料，於州縣應有管窠名內應副。』以川陝宣諭使虞允文申：『本司得旨買馬，所有將來買到馬起發赴行在等處，其沿路驛程批支草料，並管押官、牽馬人兵口食錢米，欲下所屬，依茶馬司見起發馬綱體例批支應副。所有賞罰，亦依例施行。』故有是詔。八月五日，主管馬軍司公事李顯忠言：『本司取撥紹興三十一年分綱馬三十六綱，已取押到二十綱，其一十六綱，乞許於所至州軍截留，關牒總領所火印。如駐劄去處無總領，即關報本州守臣火印，依例批放草料。』從之。十一月十二日，詔廣南西路歲額綱馬合用押綱使臣，許令召募寄居待闕或無差遣小使臣，通行差撥，依條給券外，量支與贍家錢。以本路經略安撫司言：『年例：綱馬二月已後，次第排撥，至四月間發盡。其春草茂盛，天氣暄和，水草可食，極爲利濟。近因臣僚言廣西押馬使臣於寄居待闕選差，侵耗常費，得旨，於逐州見任使臣內差撥。本司雖管見任指使一二員，各差押諸般錢銀綱運，少有見任人可差，遂致邕州横山寨買下戰馬闕官管押，常是積留，至夏秋間起發未畢。』故有是詔。十二月二十五日，詔廣南西路押馬使臣至鄂州，全不倒斃、寄留，與添減一年磨勘。通計四年，軍兵添錢五貫文省，通作二十貫。若願就半資公據，亦更支錢五貫文省。其綱內倒斃分數降罰等，並依已降指揮施行。以本路經略安撫司言：『押馬使臣差往邕州横山寨領馬，管押至諸軍交納，各有立定賞罰。假如池州比較鄂州，祇爭八程。其池州全綱到，除轉一官資外，更減二年磨勘，占射差遣一次。其鄂州全綱，祇減三年磨勘，委是賞罰不均。乞將池州二年磨勘，裨補鄂州與轉一官資。』兵部契勘：『廣西差人管押綱馬，昨來各以斟量地里遠近，立定分數賞罰起發。除池州減賞一節難行外，所有鄂州押馬官兵轉資，若依所乞，切思太優。』故有是詔。

又《兵二五》 馬政雜錄中。孝宗隆興元年三月二十四日，四川茶馬司言：『本司合起綱馬，先從諸軍自差使臣、軍兵，前來取押，往往全綱到軍。近緣臣僚言三司取押西馬，所差官兵職資高大，費耗批請，又取馬官兵二年一次往來道途，棄習武藝，遂令每綱差醫獸一名，沿路點檢調護外，令茶馬司依舊差使臣軍兵管押。照得四川牽馬人兵不諳養馬，沿路偷盜草料，便自逃竄。故近日諸軍官兵取押，損斃已多。欲令諸軍於逐軍揀下不堪披帶、曾經養馬人內選差。其逐軍每歲得馬一十五綱，一年不滿四百五十人，逐旋差撥，循環歸軍，委是易於輟那。將校日給米一勝半、銅錢一百五十文省；軍兵日支米二勝半、銅錢七十文省。至鐵錢地分，紐計支給。本司已用遞年開場月分買到馬數約度，分作六次到司，開坐月分綱數。今後須得照應本司以前立定期限，節次差撥。若依限到來，自無積壓留滯。』從之。五月四日，樞密院言：『茶馬司差牽馬軍兵等，自來各有立定賞罰。緣知瀘州王葆乞將牽馬軍兵止許轉至十將，不許轉至副都頭。自副都頭以上，每一資依條支錢三十貫，即是賞輕罰重。竊慮軍兵在路，不肯用心照管，至致寄留、倒斃數多。』詔令兵部遵依自來立定賞格陞轉施行，仍行下茶馬司常切覺察，不得重疊差撥。先是，紹興三十二年十月六日，知瀘州王葆言：『四川諸軍差押馬運，一次到行在，便轉一資，更有借請優厚。』詔茶馬司差撥牽馬軍兵，止轉至十將，更不許轉行副都頭。自副都頭以上資級，並支給賞賜。每一資，依條支錢三十貫文省。其綱內若有責罰降資等，並依已降指揮施行。六月十八日，樞密副都承旨張說畫一綱馬利害：『一、茶馬司起發綱馬到行在，並送承旨司看驗。其單狀內稱進馬，於鬃下使『進』字火印。闊壯馬於兩胯下使『行在』火印並封記，鬃尾用蠟固護，並用墨漆木牌子雕刻字號、毛色、齒歲、尺寸於馬項下封繫。今後先次畫所用火印樣制申樞密院。一、押馬使臣往往在路與牽馬軍兵夾帶商貨、禁物，並附私馬隨行，以致換易及侵奪綱馬草料。應到行在，皆是病疥。分往軍中餵養半載，方堪乘騎。今後有似此之人，重賜責罰。其茶馬司如不覺察約束，乞令承旨司取旨黜責。一、綱馬遇到所在驛內州縣，往往數日方關，則草料尚有不足。欲行下逐路提點綱馬驛程官常切點檢。若有違戾去處，具申樞密院，乞重加黜責。一、起發進馬每人牽拽一匹，闊壯馬每人牽拽二匹。近來押馬使臣將沿路逃走人名下一般毛色馬抵填見到人名下死損數目，僥求推賞。今後許本綱諸色人告首，仍重立賞錢，將犯人送所屬重作施行。一、押馬到行在，沿路有寄留、倒斃馬數，於所在官司給到公據照驗。近來多有公據內刮補馬行第，或改易作逃走姓名。今後有刮補公據之人，送所屬根勘。一、綱馬每遇經過州縣，將合得草料並行折錢均分，卻令牽馬人打草，失於飲餵。欲乞經由州縣，不得將草料折錢，須管應辦本色。』並從之。二十四日，新知靜江府方滋言白劄子陳請廣西買馬利害，得旨，條具申樞密院。白劄子乞：『一、所發馬綱，係差諸州兵級數少，往往拖延，差撥不繼。乞逐州更互差人，所至輪替，前期關報管押使臣，更不別差。見有提點綱馬驛程官兩員，一員在靜江府，一員在撫州，別無責委。若差管押使臣及輪差兵級，乞責委幹辦鈐束，嚴降指揮，不管稍有違滯疏虞。契勘每年買發戰馬，每綱差使臣一員、將校五名、醫獸一名，分隸諸州軍，差撥前去邕州橫山寨領馬。所至州，別差兵級一名傳送，逐州交替，至經略司呈驗，排綱分送諸軍交納。依立定賞罰，如全綱交納，各有轉賞；若有倒斃分數，降罰斷罪，以爲懲勸。今白劄子乞逐州更互差人，所至輪替，竊慮傳繫馬之人既無賞罰，必不能用心。兼馬綱所過，州郡不依時差人替換，深恐留滯，別致死損。欲乞諸州管押兵級依舊例差撥職次人外，今來增買馬數，竊恐臨時闕使臣差撥。今措置，如有心力使臣，願管押兩綱，止請一綱請受之人，即與併行兩綱賞罰。所有提點綱馬驛程官，欲乞依白劄子所請，朝廷申嚴約束指揮，如稍有違慢，即從本司點檢奏劾。一、沿路使臣兵級等合支錢米，乞別撥度牒出賣，撥還諸州支過錢數。『契勘押馬使臣、兵級批支口食，緣支省錢米。今來白劄所乞撥度牒出賣，撥還諸州支過錢數』，欲乞朝廷行下沿路諸州軍，契勘每年押馬使臣、兵級經由州縣，批支錢米實數，申本路轉運司保明申尚書省，下所屬給降度牒，前去逐州，依數撥還。每一年買發戰馬，依已降指揮，沿路州縣應付草料四分。緣每年並是春間起發，竊恐後時。今欲不以時月起發，竊慮秋冬草枯，不堪餵飼，長途卻至瘦損。欲依四川茶馬綱體例，行下沿繫州縣。如遇秋冬，馬綱經由，即支破本色草料七分應副，不致妨闕。』並從之。七月十三日，禦營使、和義郡王楊存中言：『紹興二十四年十二月二十日得旨，西和州宕昌、階州峰貼硤兩處，每歲起發綱馬可自紹興二十五年爲始，循環撥付殿前、馬、步三司。如二十五年並撥殿前司，『二十六年分撥付馬、步軍司，二十七年分卻撥付殿前司。周而復始，皆循此三年爲例。後來馬步軍妄有申請，改以二年爲例，將殿前司三十一年綱馬取押了當。竊詳三十一年、三十二年兩年馬綱，三司交互取押，所有隆興元年本司合得馬數，馬步軍司又已取押。今乞更不撥還本司外，望將歲額合起西馬七十一綱，自隆興二年爲頭，令逐司照應紹興二十四年十二月二日已降指揮，皆循三年爲例，各司自行差人取押。並令依例，各差統領官一員前去宕昌馬場監視買發。』從之。十二月三十日，詔令茶馬司將歲額川陝綱馬，差人管押至漢陽軍，置驛歇泊。仍令三衙及江上諸軍差人前去，就漢陽軍取押；令茶馬司不得依前和顧人夫牽送。約度馬到漢陽軍數目，預期申取朝廷指揮，下逐處差人依資次前去，庶免擁併，在彼等候，虛費批請。其賞罰，以地里遠近別行參照，比折輕重擬立。茶馬司收買武騎毅士、神勁左右兩軍二十六綱並額外措置買馬，係本司差牽送外，所有文州歲額馬三十六綱，合赴荊南，止令茶馬就便交納。其江州一十綱，依今降指揮，就漢陽軍馬監歇泊，江州諸軍差人取押。行下江州都統制遵守施行。二年二月七日，樞密院言：『四川宣撫使吳璘同郭昇申，差使臣趙千等，管押御前馬一綱五十匹到行在，看驗得並無瘡疥瘦瘠，送兵部施行。本部契勘：興州即非團發綱馬去處。昨降指揮內，亦無賞罰許依茶馬司進馬見行條法明文。緣茶馬司起發御前馬到行在交納，每綱係五十匹，差使臣二員，將校、醫獸各一名，牽馬軍兵五十人。今來本綱比之茶馬司，除差使臣一員、人員醫獸各一名、牽馬軍兵五十人外，計少差使臣一員，卻多差節級、先牌旗頭、押請料庫子、曹司繫、火頭一十人。』詔郭昇買到馬，其綱內多差過人，並依茶馬司進馬賞罰體例施行。乾道元年八月八日，御前中軍統制、權知興州吳挺收買到御前闊壯馬一綱五十匹，差使臣范皋等押到行在。三年六月十四日，四川宣撫司差使臣楊全等管押到進馬一綱五十匹，除沿路倒斃外，見在馬四十八匹到行在，看驗得並無瘡疥瘦瘠病馬。詔依郭升進馬賞罰例指揮施行。今後並准此。五月五日，主管殿前司公事王琪言：『紹興三十年二月二十七日指揮，差統領官一員躬詣宕昌、峰貼硤監視買發綱馬，依舊差撥官兵，起興元府茶馬司團綱，交割歸司，往往稍及臙分，少有損弊之數。紹興三十一年指揮，止令本司差醫獸一名，茶馬差廂兵、顧夫等送至行在。馬沿路倒斃過多，不堪醫療，利害灼然。今來若仍前差委廂兵衮同人夫牽送，又限至漢陽軍，不無卻將瘦病之馬交付本司官兵，委是枉費官錢。所有本司合得隆興二年分馬七十一綱，欲乞權依紹興三十年二月二十七日指揮，本司差統領官一員前去監視買發，繼續差撥人兵就茶馬司團綱處交割，管押歸司。所貴綱馬到司，易於養飼，便繫得爲用。』詔隆興二年分馬，令殿前司權取一年，餘令樞密院別行措置。七月九日，臣僚言：『四川茶馬司每歲買馬一萬匹，截二千應副吳璘外，有八千攤撥三司及江上諸軍。向緣多斃，朝廷下茶馬司於宕昌寨、峰貼硤、黎、文、敘州置場處，委屬官說誘番羌，於價外增支犒錦綵、酒食之類，每疋不下用茶七馱、准絹七十四，並部押一行官兵資賞口券馬一匹，約銅錢三百貫文，而多斃如故，合行措置。一、州縣批請元降指揮，係截用輕總制司錢和買支遣，本州縣違法折支，不惟人馬闕食，又慮欺隱和買價錢，或至擾民。欲下逐路監司，就驛置庫，預辦草料、錢米，常令有餘。綱到即時批請，免有折支之弊。一、差廂、禁軍牽馬長行，日支米二勝、銅錢六十文，委是贍給不足，難以責辦。今欲逐人日支銅錢一百五十文，川界折支錢引三分，米依舊二勝半。其餘人員醫獸，添作一百七十文，川界折錢引三分四釐、米二勝半。回程到川約四千八百里，空行每八十里爲程，欲破六十券。雖有指定州軍支給，例多阻節。今後欲於左藏庫及鄂州總領所各支三十券。乞下逐處，不拘窠名，於應幹官錢內即時支給。一、茶馬司買馬到官，並沿路日破料七勝，草十分。到及三月破料八勝，半年方料十勝。今欲乞沿路依舊支破十分草料。一、金、房州一帶，皆崎險山穀，路皆曲折。值潰潦雨雪，必須人馬失所。竊見自金州至均州梅溪驛二百八十里，皆淺山土路，更無險峻。緣兵火後不曾修葺，乞劄下金、均兩州，重行開廣，改此驛路，比舊路裁損三驛，又道路坦夷，利便非小。乞下本路安撫司及都統制司同相視新舊兩路，令制置司參詳利害，一面施行。其添減程驛批請，令轉運司應辦。』有旨，第一項令戶部申嚴行下，應綱馬經由處，如有違戾，令提點綱馬驛程官申本路轉運司並提舉司，具官吏申取朝廷指揮。第二項行下應經由處，長行日支銅錢一百文，餘依舊。第三項行下諸軍，並綱馬經由路分轉運司，關報所屬州縣，如遇綱引，須管依數批支，不得稍有闕誤。第四項，令趙樽、王宣看詳所陳事並改移驛程，於邊防有無利害，具經久利便，申取朝廷指揮施行。二十七日，宰執進呈諫官論州郡送馬轉資人多，所至指揮使充滿，只合依條支錢。上曰：『恐此徒益不肯在路照管綱馬。今邊境未寧，特有所不得已爾。』九月十二日，詔添差使臣州軍，令逐州每月轉差差五名在界首，每名管馬一綱宿驛，批支草料。自入界，轉交次界，要處處照管，不致損斃。以湖北、京西制置使韓仲通言：『馬綱經由州縣，無人照管，添差使臣端坐無事。』故有是命。乾道元年二月十日，樞密都承旨張說言：『廣西邕州橫山寨馬每匹價直大約用銀四五十兩，而全綱善達者十無二三。開具利害如後：一、永州界排山驛四望空迴，人煙在數里之外，草木深茂，虎狼出沒，最爲危險。尋常馬綱經由，不敢就驛存住，卻於道次客店人家寄歇。今乞下永州將此驛踏逐依傍人煙去處蓋造。一、潭州湘潭縣管下有青石、梅下等四驛，舊來草料、錢糧差人就驛給散。近年卻令押馬將校停住行程，迂路八十餘里到縣請領。所有草料，往往不能般運，遂致馬皆饑餓。乞嚴降約束，依舊將草料錢糧就驛給散。一、豐城起程分路到曲湖驛，約四十餘里，沿江有簷岸十餘里，路極窄隘，不住頹塌。馬綱經由，常致顛落江中。乞行下常切開修隘窄之處，仍置欄幹防護。一、廣西發馬舊例，每綱破官兵五十人牽控，後減去元數，只破將校五人、醫獸一名，經過州郡，貼差兵級十一人傳送，逐州交替。至饒州，止肯差五六人，池州直至鎮江府，雖一名亦不應副。乞行下逐州，須管依數貼差十一人。一、沿路驛舍頹塌傾損，上漏下濕，堆積糞壤，馬入輒病。一馬感疾，眾馬傳染。乞行下逐處州縣官常切點檢，修葺洒掃。』並從之。十一日，詔令茶馬司，日後將及格尺、堪披帶、口齒輕嫩、闊壯馬，交付取馬使臣，管押前來。如稍有違戾，當議重行降黜。以樞密院奏：『訪聞茶馬將無膔分病馬衮同支撥元數希賞，是致沿路損斃。』故有是命。十四日，四川茶馬陳彌作言：『契勘綱馬多斃，緣迫於期程，沿路不得停泊，兼芻秣失時。欲於漢上踏逐水草便處置監，少令休息。擇瘦病者暫留餵飼，肥壯者先次起發。乞委本路漕臣措置施行。兼馬綱經由處，全仰修整驛亭，預辦草糧。訪問沿路驛亭多是倒塌，及減剋草料，或折支價錢，人馬皆受其弊。今欲乞專委知縣措置馬驛，委巡尉監支草料，依程趕發出界。如界內全無倒死，與依巡尉綱運無沉溺法推賞。或倒死及分，亦乞嚴行責罰。應經由地分，如有官吏應辦弛慢，許本司奏劾。』並從之。二月二日，權馬軍司職事李舜舉言：『今年分綱馬，合當本司取押。檢照得紹興三十一年指揮，係茶馬司差人牽拽前來，人夫不切用心，是致倒斃。所有今年合得綱馬，乞令本司自行差撥慣熟能養馬官兵前去興元府取押，貴得不壞官馬。』從之。十一日，主管殿前司公事王琪言：『本司差人前去興元府茶馬司，取押隆興二年分馬七十一綱。續承指揮，每綱止差使臣一員，餘差軍兵牽取。緣軍兵往往係新招之人，不諳馬性，欲乞每綱差使臣一員充管押外，餘差關馬效用前去取押。所有添破錢米，止依軍兵例添破，出給券曆，庶得取押好馬歸司。』詔依，馬步軍司准此。四月四日，步軍司言：『本司契勘殿前司所乞，差撥關馬效用取馬。緣本司所管關馬用數少，委實數差不足，又逐綱合要獸醫一名。其關馬效用內少有諳曉馬政之人，竊恐闕人調護。今除差使臣一員充管押外，餘於關馬效用及慣熟能養餵馬軍兵內通融差撥。所有合用醫獸，亦乞於本司應管軍效用內選差。』從之。十八日，四川宣撫使判興州吳璘言：『得旨，令時暫赴行在奏事，可令將帶馬二千匹起發前來。除已下諸軍輟那，便繫行起發去訖。』詔可下茶馬司，依數撥還。五月二十七日，鄂州駐劄御前諸軍都統制趙樽言：『本司合得綱馬，茶馬司有隆興二年一全年未曾發到。兼令茶馬司收買四尺二寸以上堪披帶、齒嫩騍馬，計綱差人押付本軍，後來止承發到一綱。望下茶馬司，疾早收買騍馬。若四尺一寸，恐難披帶。望令將四尺四寸以上壯嫩騍馬交付本司所差官兵。』從之。六月二十六日，樞密院言：『勘會吳璘見行起發戰馬二千匹赴行在，及應有非泛所起綱馬，沿路經過州縣不爲預期樁辦草料，深屬不便。』詔令逐路轉運司除樁辦歲額綱馬草料外，其非泛起綱馬，亦仰逐司預於經過驛頓樁辦應副。如違，重真典憲。仍下建康府、江、池、鄂州，委自都統制置驛提領。如遇綱馬到日，令應副草料，歇泊三日津遣。七月七日，樞密院言：『得旨，三衙私馬令承旨司權住火印。江上諸軍，火印私馬，乞依三衙已降指揮施行。』從之。十三日，兵部言：『沿邊屯駐軍馬吳拱差使臣郭卞管押進馬四匹到行在，送部照應見行格法施行。本部契勘：吳拱於紹興二十四年、二十五年各進馬四匹，係差節級一名、牽馬軍兵四名。今來差郭卞管押進馬，計多差四人。欲將節級一名、牽馬軍兵四名推轉施行，並行下四川都統制，今後遇有進馬四疋，並依此人數差撥。』從之。八月二日，兵部言：『勘會進馬匹數推恩。今將無體例進馬數參酌有體例數目，逐一擬定下項：有體例：四匹，五人各轉一官資。六匹，八人各轉一官資。八匹，一十一人各轉一官資。一十二匹，一十七人各轉一官資。一十四匹，二十人各轉一官資。二十匹，三十四人各轉一官資。二十五匹，四十人各轉一官資。三十匹，四十二人各轉一官資。五十匹，七十一人各轉一官資。無體例：五匹，六人各轉一官資。七匹，九人各轉一官資。九匹，一十二人各轉一官資。十匹，一十二人各轉一官資。十一匹，一十八人各轉一官資。十三匹，二十人各轉一官資。十六匹，二十八人各轉一官資。十七匹，二十九人各轉一官資。十八匹，三十人各轉一官資。十九匹，三十一人各轉一官資。二十一匹，三十五人各轉一官資。二十二匹，三十六人各轉一官資。二十三匹，三十七人各轉一官資。二十四匹，三十八人各轉一官資。二十六匹，三十九人各轉一官資。二十七匹，四十人各轉一官資。二十八匹，四十一人各轉一官資。二十九匹，四十二人各轉一官資。三十一匹，四十三人各轉一官資。三十二匹，四十四人各轉一官資。三十三匹，四十五人各轉一官資。三十四匹，四十六人各轉一官資。三十五匹，四十七人各轉一官資。三十六匹，四十八人各轉一官資。三十七匹，四十九人各轉一官資。三十八匹，五十人各轉一官資。三十九匹，五十 人各轉一官資。四十匹，五十二人各轉一官資。四十一匹，五十三人各轉一官資。四十二匹，五十四人各轉一官資。四十三匹，五十五人各轉一官資。四十四匹，五十六人各轉一官資。四十五匹，五十七人各轉一官資。四十六匹，五十八人各轉一官資。四十七匹，五十九人各轉一官資。四十八匹，六十人各轉一官資。四十九匹，六十一人各轉一官資。』從之。十日，詔吳璘起發諸路進馬二千匹到行在，將諸綱合轉官資之人，並特與免納綾紙錢，仰所屬限十日出給所授告命宣帖等，並赴樞院承旨司送納，當官給散發回。二年正月二日，詔諸軍養馬倒斃，自合依著令，帶甲射弓應法，與免科校。其乾道元年四月內所降指揮，更不施行。已經降官展年，並與改正。先是，乾道元年四月九日指揮，樞密院言：『勘會川廣所起綱馬，管押使臣、人兵全到及倒斃，已有定立賞罰指揮外，交付三衙及江上諸軍之後，其部轄將佐等縱容合幹人減剋草料，全不用心養餵，往往瘦瘠，致令倒斃數多，理合措置。兵部今參附馬綱賞罰，隨宜措置，擬立到諸軍逐將部轄將佐合幹人等賞罰：全不倒斃，轉一官資；減一年磨勘。軍兵、將校、白身人，每一年磨勘，折錢一十貫文。倒斃及一分至不及二分，減三年磨勘。軍兵、効用將校、白身人每一年磨勘，折錢一十貫文；倒斃及二分至不及三分，展二年磨勘，將校、軍兵、白身人各從杖六十科斷。倒斃及三分，降一官資。每增及一分，更展一年八箇月磨勘。分數准此遞展。內無磨勘人，後理磨勘日展年，將校、軍兵、白身人各從杖八十科斷。乞下殿前、馬、步三司及江上諸軍，責委主帥自今年爲始，將見存及日後收到馬數置籍抄轉，以十分爲率，候至歲終，將見存並倒斃馬的實匹數及部轄逐將將佐等合幹人職位、姓名、供申朝廷，賞罰施行。諸繫軍所養馬數，其馬主名下若有倒斃，即合別行攤撥養餵，難以候至歲終疊較賞罰。如遇倒斃，馬主即便科斷，有名目人，供申所屬展年。若養餵實及一年，別無損斃，從本軍量支犒賞施行。』故有是命。四月十一日，利州路轉運判官范南仲等言：『契勘茶馬司所起川、秦綱馬，從來於四川州軍差撥官兵押發。所有隆興二年分馬，殿前司自差八十七官兵前來取押。抵今年八月，節次差發到七十綱官兵，止取發過馬三十九綱外，餘三十一綱官兵，只在興元府守候綱馬，坐費券食。又更接續差到取押乾道元年分綱馬一十七綱，官兵若等候資次，須是半年以上，委見虛費錢糧。所有綱馬既於水路津發，自不須更差人前來取押。乞下殿前、馬、步軍司住行差撥，只依舊例，自茶馬司差人押發。』詔並依，如後次綱馬不堪，將茶馬司差到押發人重作施行。六月十四日，詔四川軍兵自今十將以上，毋差押馬。十將以上非武藝合格，毋得轉資。以秘書省正字黃鈞言：『竊見四川州郡軍員之數最冗，軍員之選最濫。蓋押馬轉資之弊，有以致之也。押馬轉資，其弊有二：一曰壞軍政，二曰耗國用。昔者祖宗立禁軍之額，課其武藝而爲排連轉補之法，使之歆慕踴躍，日夜磨礪，而後有得。今也不然。驅馬二駟，平達在所，則轉一資，大率不過五六往返，則爲都頭、爲指揮使。一歲馬綱凡三百有奇，所差不啻千兵，遷補軍員，其數不少。蜀郡之兵，多者四五千人，少者一二千人，而軍員之數，大郡踰千人，小郡亦不下七八百人，可謂最冗最濫矣。擊刺、射禦之事則不能，坐作進止之節則不知，以道路之小勞，一旦偃然於一軍之上，顧使負材力、習武藝者，俛首而下之。此軍政之所以壞也。自押官等而上之，至於指揮使，資級愈高，則衣糧愈增。以衣食數兵之資，而後能給其一人。一郡而軍員千人者，計其資用，雖養數千兵可也。視祖宗之舊，增者十倍。此州郡所以困於供億而國用所從而耗也。紹興二十三年以後，四川茶馬制置司及普州守臣各有陳請，乞將押馬轉資爲之止法，諸州軍員爲之定額。及省部看詳之際，不知其爲四川之害，止降指揮輪流差撥，不許摺運。沿此，轉員日多，省計日侵，其弊滋甚。方陛下修明百度，訓治六師，而使遊手無能之人僥冒賞級，壞軍政而耗國用。望嚴立禁令。』故有是詔。三年二月二日，詔今後茶馬司起發西馬到行在，不以年分，輪撥付三衙。內殿前二綱，馬、步軍司各一綱，周而復始。仍自今年三月一日爲額。以馬軍司李舜舉、步軍司陳敏言，乞將發到西馬以四綱爲率，分撥三司。故有是命。十月四月日，四川宣撫使虞允文言：『契勘宕昌所買西北之馬，產於沙場平川之地，一旦使行金、房州路，固已損壞；草料不辦，遂致饑餓，倒斃甚多。又自房州以去行在，馬驛地理稍遠，每程有八九十里者。盡一日之力，不能得至。既抵驛舍，馬已困乏，芻秣不齊，來日又是催趕前去。若有蹄腳病患，州郡不肯寄留，直至倒死而後已。蓋州縣馬綱、草料批請、程驛多是委之縣令、簿尉，守臣殊不干預，事力至輕，例皆不辦。伏望專委知州。所有逐驛程，每驛大約作五十里以下。所有病馬，即權寄留，如法醫治。每歲若能醫治及五十匹，知州即與減二年磨勘；不及五十匹，分數給賞。』從之。四年正月十五日，四川總領查籥言：『前宣撫吳璘起發進馬，係於諸軍入隊馬內摘揀，發赴行在，即不係買馬起發。其牽馬官、兵該賞一半折資錢，合於契稅錢內支給。』從之。十九日，詔：『四川宣撫司所起進馬五百匹，令御前諸軍都統制員琦，第一至第四綱馬二百匹，差有心力官兵管押赴行在。沿路如法養餵，仍齎元發綱解毛色、馬圖前來，不得換易。』二十三日，提舉四川買馬監牧公事張松言：『本司所買馬，係在西和、階、文、黎州、南平軍置場收買，出自遠蕃。纔買到場，便行起發。徑由道路，多是山坡險峻，自早至暮，餵飼失時。雖依元降指揮於房州、鄂州、襄陽府、江州、宣州各有住程歇泊，緣爲十程以上，方得歇泊。今相度，更於房州竹山縣、光化軍臥佛驛、郢州長壽縣驛、漢陽軍漢川驛、興國軍驛、江州石溪驛、池州貴池縣、湖州安吉驛八處，各住程驛歇泊一日。所有草料錢糧，望行下所屬寬剩樁辦應副，檢日批支。』從之。二十九日，樞密院言白劄子：『馬驛新路，自金州用般裝運，水路至淨口約五百餘里，淨口至梅溪一百八十里之間凡有大小溪水近二百處，恐虛費措置，終不可行。舊路自金州至梅溪一十二驛，若於竹山縣至寶峰，並高水田至長安，各添置一驛，使促其程，將房州山路修鑿巉險，便爲坦塗，則爲力不勞。』同日，又白劄子：『近來綱馬疲瘦倒斃，緣宕昌中賣之初，卻令元賣之人看養，候五十匹足數，然後排作短綱。押短綱使臣往往多是付身不圓之人，茶司別無請給，挨排守等，只候押綱，止得交子三十餘道。押至興元，全綱無損，方樁收錢四十餘道。間有一匹病患，則被剋罰。交割之後，或有病者，預知必罰，沿路於所請草料偷減入己。又緣西蕃之馬，素不食料，驟爾餵料，皆成蹄注之疾。莫若於本處添置兵級，每遇買到馬，如法養餵。調停草料，須自一升漸加至數升，候見腸胃慣熟，方可盡給全料。』詔令虞允文行下張松，同共從長措置，務要革去舊弊。同日，詔令逐路提舉綱馬驛程官並逐州知、通，專委清強官，前去點檢逐處驛舍、橋道、草料等，如有驛舍駃遠去處，即仰添置，或有疏漏損壞，即行修整；及常切預前樁辦草料在驛，不得依前滅裂。如有違戾去處，仰提舉官按劾聞奏，朝廷不測差官前去點檢。如提舉官縱容不舉，重作施行。以白劄子言：『自襄陽至、臨安，驛舍疏漏，槽具不全。池州、宣、江間尤甚，或無監官驛子，村路間草料全無糴處。池州城下雖有馬驛，止許吳璘進馬占下，綱馬不許占泊。橋道亦多狹小，綱馬擁併，多墜落溪澗。』故有是詔。二月十四日，臣僚言：『自蜀抵吳，道里修阻，馬之得全者十無四五。且如州縣之瀕於江湖者，馬至，給一日券，阻風五六日者以一日之備爲五六日之用。欲望今後綱馬所經州縣，專委通判、知縣置曆，所過開說交割逐考，批其印紙，以殿最陞降之。儻無遺闕，旌以一二年之賞；其敗事者展磨勘。』從之。三月十四日，樞密院言：『茶馬司每年起發禦馬一綱，係差使臣二員、將校醫獸各一名，牽馬軍兵五十人，每人各牽馬一疋，內加備馬五匹，附綱牽拽。如軍兵名下馬一匹到，轉一資；馬一匹不到，降一資。今來綱馬內有牽馬二匹並牽馬一匹到軍兵，及二匹內一匹倒斃之人，欲乞將馬二匹到軍兵更各與轉一資，二匹內一匹不到軍兵，更不推恩。若日後有二匹全不到，與降一資。』從之。十七日，四川宣撫使虞允文言：『張松爲提舉買馬官，首以京西、上京舊驛路檄之，使修治道路。將半，會有以虞境相近爲言，松等議改置水程五驛，即畫圖具奏外，欲且乞從新路發馬一年。或未便利，卻改從上京舊路，浮言自息。』從之。二十二日，虞允文言：『都大主管茶馬張松昨來乞將每年起發行在馬綱，依禦馬例，每綱貼馬五疋，作五十五匹起綱。得旨依。契勘茶馬司逐年所買宕昌西馬，常是拖欠。今來遽然每歲添貼三百五十五匹起發，竊慮買發不前。望且令依舊額馬數排發。』從之。先是，三年十二月六日，張松言：『本司每年起發行在三衙馬綱，押馬綱官少有被賞，多是降罰。今來相度，每馬五十匹爲一綱，依禦馬例貼馬五匹。所有賞罰分數，並令依舊格法，更不增減。內貼綱馬，不在比較之數。庶被賞之人稍多。』詔依，仍不得虧損歲額合起綱馬。故有是詔。四月六日，樞密院言：『漢陽軍置收發馬監。檢會紹興三十一年正月十四日指揮，今後三衙取押到綱馬，看驗訖，候降出，令都承旨用火印，撥付逐司。其見管馬，亦依此用印。江上諸軍委總領所，江州、池州、荊南委守臣。自近及遠，欲以下項字爲文：殿前馬軍甲，馬軍司乙，步軍司丙，江上駐劄御前諸軍、鎮江府丁，建康府戊，池州己，江州庚，鄂州辛，荊南壬。』詔令茶馬司將所起三衙並江上諸軍綱馬，先於左胯上各隨逐司並駐劄諸軍字號，用火印訖，仍選差有心力人及能養馬軍兵，管押赴收發馬監交割。其荊南、鄂州所得馬，更不入監，徑押赴逐軍交割。如茶馬司依前滅裂，所差官兵不當，卻致倒斃，重作施行。七月，詔令茶馬司將三衙西馬內殿前司二綱、馬步軍司各一綱，輪撥起發，周而復始。其江上諸軍綱馬，並照應歲額合發綱數施行。二十八日，兩浙路轉運副使沈度、轉運判官劉敏士言：『得旨，條具馬驛經入利便。今條畫下項：一、臨安府、湖州管下馬驛修葺並得圓備。欲乞專委通判，每季親詣管下馬驛相視，仍令縣尉每月前去照管有無損壞。一、臨安府錢塘縣餘杭門外馬驛，屋宇大小二十四間，若遇綱馬併至，則無處安著，本驛周回並無地步可以添蓋。今欲令臨安府於左側別行修蓋馬驛一所。一、臨安府餘杭縣跨水馬驛至湖州安吉縣馬驛，計七十里，難以一程趕趁。今欲於中路安吉縣界添置馬驛一所，添差官一員看管。一、管下馬驛每遇綱馬到來，合支草料，其押馬官附帶私馬，卻於正馬草料內減剋均養。乞令諸處發馬官司，今後遇進納綱馬，嚴立罪賞，約束押馬官兵將附帶私馬，自行計備草料，不得於官馬草料內減剋。一、沿路橋梁、道路低窊去處，如遇雨水，即皆渰沒。乞令所屬縣分專委巡尉修治填疊，取令高闊牢壯，應副通行。一、馬驛合將揀淨稻子、大麥及齊頭整草支給。訪聞日來逐驛多是折支見錢，設或支給，又用陳濕糠秕亂草和夾。乞令所屬縣令，不得仍前違戾。一、所管馬驛，要得人兵打併照管官物。欲乞令逐縣每驛各差人兵五人，日支給食錢五十文省，於係官錢內支，每季一替。』並從之。五月十八日，兵部言：『今看詳，乞將殿前、馬、步軍司自臨安府至漢陽軍取馬，依昨來興元府發馬至荊南立定賞罰。欲牽馬軍兵，自三衙於漢陽軍取馬至行在，如牽馬二匹到，無瘡疥、瘦瘠病馬，並與減半推賞；願折資者，支錢一十五貫。內一匹瘡疥、瘦瘠病，支錢七貫五百文。不願折資者，若兩次押馬該賞，許作轉一資收使。』從之。昨來興元府馬至荊南，立定賞罰，全綱至，倒斃不及二分，謂九匹以下，使臣減三年磨勘，將校、醫獸、執色合幹人，各轉一資；倒斃寄留及二分至不及三分，謂十匹至一十四匹，使臣展一年磨勘，將校、醫獸、執色合幹人更不推恩；倒斃寄留及三分，謂一十五匹，使臣、將校、醫獸、執色合幹人各降一官資。每增及一分，使臣更展一年磨勘，餘分數准此遞展。其將校、醫獸、執色合幹人更別無加罰。牽馬軍兵二匹到，轉一資；一匹到，更不推恩。二匹到，並瘡疥，更不推恩；二匹到，內一匹瘡疥，減半推賞，支錢一十五貫文；二匹全不到，降一資。已上賞罰外，若綱內看驗得有瘡疥、瘦瘠病馬，合依寄留倒斃馬數除豁。若降資軍兵內無資可降人，從杖八十科斷。七月十二日，鄂州駐劄御前諸軍都統制趙樽言：『諸軍戰馬，舊管萬餘匹，累經戰陣，見管數少。望除本司合得歲額綱馬外，別行支撥綱馬，應副披帶教閱。』詔令趙樽將乾道四年分合撥付三衙馬內截撥十綱。其三衙所闕馬數，聽候御前逐旋支降。十二月十七日，樞密院言：『茶馬司起發三衙西馬赴行在，每綱依禦馬例貼馬五匹，共五十五匹爲一綱。今來止依舊每五十匹爲一綱，趙樽截撥西馬十綱，止以五十匹爲一綱。如趙樽已行截撥，卻令據截過綱數報茶馬司，將多收過馬數貼以後起發綱馬，揍作十綱。』從之。五年二月一日，兵部言：『廣西經略司使臣守闕進義副尉張橫押馬五十匹，全綱倒斃。緣從來即無全綱倒斃降罰體例。今來若依格法紐計，不過降一資，展四年半磨勘止。乞別作施行，以爲後來之戒。』詔張橫追毀所授三資文書，令本軍行遣訖，降充用使喚。五月十四日，張松言：『本司將每歲所起綱馬，並赴漢陽軍新置馬監交納，令諸軍差官兵就監牽取歸軍。照對川秦之馬，乍入中國，皆非本性所宜，例生諸病，因致傳染。若綱馬到監積壓數多，一馬纔病，旬月之間，即成群皆病矣。欲乞下三衙、江上諸軍，每歲預差將官一員，於當年八月內，將帶本軍取馬一百人，在馬監安泊。每發一綱，申本軍接續差人，候馬綱到監，歇泊十日，先行起發。內有病患，即留本監餵養，免其傳染，亦不致眾綱擁併。』詔依，仍令茶馬司，遇有排發綱馬，約度到監月日，預先關報三衙及江上諸軍，指期接續，差人前去取押，不得留滯積壓。八月十五日，詔三衙並江上諸軍：廣西經略司取押綱馬軍兵，今後並不許差十將以上人。以樞密院言：『已降指揮，四川軍兵十將以上，不許差押馬。其餘去處，合一體施行。』故有是詔。六年三月二十五日，廣西經略安撫司言：『本司每歲起發行在及鎮江、建康、池州軍前馬綱，官校各係繫轉一官資，使臣更減磨勘二年。內鄂州命官全綱，止減磨勘四年，將校只得半資公據外，襄陽府依鄂州已降指揮體例施行，致所差使臣及將校多不願就。乞將押鄂州、襄陽府全綱到軍押馬使臣、醫校與轉一官資。若有倒斃，並依舊例施行。』從之。閏五月九日，樞密院言：『乾道五年分步軍司諸軍牧放戰馬，數內中軍統領官苗茂、親隨將第一將副將王明、左軍統領官孟俊、第三將張國珍下，各倒斃馬分數最多，理宜懲戒。』詔苗茂、馬俊各特降一官，王明、張國珍各特降兩官。十二日，江南東路轉運副使張松言：『乞行下茶馬司及逐路轉運司，約度全年合用草料，以時計置足備，以馬驛側近堆樁。令茶馬司於行程口券外，別給足備曆一道，付押馬官收執。如到，逐驛支給草料數足，方令驛司批下。如有欠闕，更不得批，候七日終，朝廷差官取足備曆比較，將逐路闕誤最多去處，責罰施行。』從之。六月十八日，主管侍衛步軍司公事王友直言：『本司節次取押到綱馬，並承御前降到馬數合得草料，其糧料院動經月餘，方始放行。欲望日後取押到綱馬，赴承旨司火印訖，依呈刺拍試過人體例，日下放行合得草料。』從之。七年九月二十六日，殿司乞依此已得指揮施行。從之。二十一日，王友直又言：『每歲差撥官兵前去漢陽軍馬監取押綱馬，內有合該轉半資、願請折資錢之人，往往留滯，動經三兩月，方始支請。竊詳倒斃馬數，所屬便行責罰；其無瘦斃，亦合畫時支賞。欲望日後赴承旨司審驗火印訖，並令日下支請給散，庶幾有以激勸。』從之。二十七日，詔：『三衙及都統制司於諸軍馬軍逐將內，各創置醫馬院一所，將病輕者作一處，病重作一處，逐將差將官一員，並逐將管事人各一名，及醫獸馬主在彼，專一提點，灌啗醫治。每半年一次比較痊可及倒斃數目，申樞密院，重行賞罰。』其後九年六月十二日，樞密院言：『殿前、馬、步軍司諸軍各置醫馬院，遇有病馬，不以輕重，盡拘一處醫治，病勢相傳，例有倒斃。乞止令馬主在家養餵，委將官一員巡視提點，勒醫獸用藥嚾啗，令主帥比較賞罰。』從之。九月二十三日，兵部言：『廣西經略司所起綱馬，每一名牽拽六匹，常綱每一方牽拽十匹。緣人力不勝，致病瘦倒斃數多。得旨，今廣南西路經略安撫司今後起發綱馬進馬，每人牽拽二匹，常綱每人牽拽四匹，其賞罰令兵部參照見行格法比擬施行。本部今將格法體例指揮並地理參照比擬，立定到因依：一、契勘茶馬司自來於成都府起發禦馬，至行在六千一百一十九里，牽馬軍兵每人牽馬一匹。今來廣西經略司自靜江府起發進馬，至行在二千八百七十七里，比之成都府至行在地里，雖止及一半，每人卻牽馬二匹。一、契勘茶馬司自來於興元府起發常綱西馬，至行在四千八百八十九里，牽馬軍兵每人牽馬二匹。今來廣西經略司自靜江府起發常綱馬，至行在二千八百七十七里，至建康府三千五百八十六里，至鎮繫江府三千七百六十里，至池州三千里，四處地里，比之興元府至行在地里，各及一半以上。至襄陽府二千三百六十二里，至鄂州一千八百八十二里，其兩處地里，各不及一半，每人卻掌馬四匹。今後廣西經略司起發進馬赴行在，每人牽拽二匹，全到無瘡疥、瘦瘠病，轉一資；若內有一匹瘡疥、瘦瘠病，減半推賞，支錢一十五貫；二匹並瘡疥、瘦瘠病並寄斃馬一匹，並更不推恩。其綱內通管將校、醫獸全綱至，寄斃不及一分，各轉一資；寄斃及一分不及二分，通管將校、醫獸更不推恩；寄斃及二分，通管將校、醫獸各降一資；若更有倒死分數，別無加罰。一、今後廣西經略司起發常綱馬赴行在並鎮江、建康府、池州都統司，每人牽拽四疋，全無瘡疥、瘦瘠病馬，轉一資；若內有一疋瘡疥、瘦瘠病，減半推賞，支錢一十五貫文；二匹至四匹瘡疥、瘦瘠病並寄斃馬一匹，並更不推恩。其綱內通管將校、醫獸全綱到，並寄斃不及二分，轉一資；寄斃及一分至不及二分，通管將校、醫獸更不推恩；寄斃及二分，通管將校、醫獸降一資；若更有倒斃分數，別無加罰。一、今後廣西經略司起發常綱馬赴鄂州、襄陽府都統司，每人牽拽四匹。五十匹全綱到，醫獸、牽馬四匹全別無瘡疥、瘦瘠病，轉一資。若內有一匹瘡疥、瘦瘠病，牽馬人減半推賞，支錢一十五貫文；倒斃寄留不及一分，醫獸牽馬四匹全到無瘡疥、瘦瘠、病，各支錢一十貫，若有一匹瘡疥、瘦瘠、病，減半推賞，支錢五貫文；牽馬將校名下馬四匹全到，內二匹至四匹瘡疥、瘦瘠、病，並寄斃馬一匹，更不推恩；寄斃馬二匹至四匹，止降一資；倒斃寄留及一分，醫獸更不推賞；倒斃寄留及二分，醫獸降一資；若更有倒死分數，別無加罰。一、本部契勘廣西經略司自來差使臣管押出格馬赴行在投進，每綱係三十匹，雖有賞罰體例指揮，從來未有立定格法。今參照體例指揮，比擬下項：一、全綱三十匹到，使臣、通管將校、醫獸各轉一官資，內使臣更減一年半磨勘。一、倒斃寄留不及一分，謂一匹至二匹，使臣、通管將校、醫獸各轉一資。一、倒斃寄留及一分至不及二分，謂三匹至五匹，使臣展二年磨勘，通管將校、醫獸各更不推恩。一、倒斃寄留及二分，謂六匹，使臣、通管將校、醫獸各降一官資。每增及一分，使臣更展半年磨勘。餘分數准此迎展，其通管將校、醫獸別無加罰。一、契勘廣西經略司起發綱馬赴前項去處交納，若看驗得內有瘡疥、瘦瘠病馬，其使臣、通管將校、醫獸，合依寄留倒斃馬數除豁。一、契勘廣西經略司起發常綱馬赴行在並江上諸軍，每人牽拽四匹，每綱差一十二人，止牽拽馬共四十八匹外，有零馬二匹未有該載。今欲乞令廣西經略司每綱更差將校一名牽拽，即與減半推賞，支錢一十五貫文。如內有一匹瘡疥、瘦瘠病，更與減半支錢七貫五百文。若二匹並瘡疥、瘦瘠病並寄斃馬一匹，更不推賞；二匹全寄斃，降一資。』樅之。此上《國朝會要》。乾道六年十月九日，四川宣撫使王炎言：『得旨，令於階、成、西和、鳳州選擇水草豐美去處置監西和：原無，據下文補。。竊聞四州之地，山林陵穀，幾居其半，欲求寬閑之地可以牧馬三五百匹，不可得也。且以二千匹計之，養馬人須千人以上，取之軍中，必妨教閱。即今階、成、西和、鳳州見管忠勇軍、弓箭手三千餘人，內忠勇馬軍免家業錢有至三百八十貫者，步軍免家業錢有至二百八十貫者，弓箭手官給田土，內馬軍兩頃五十畝，步軍兩頃，從來各家多有鞍馬出戰，無異正兵。近年茶馬司不許私下買馬，今闕馬之家十有七八。欲令茶馬司收買騍馬二千匹，馬翁二百匹，給撥與忠勇軍、弓箭手闕馬人及步軍情願養馬人著腳，養餵牧放，仍與理放有馬家業錢及田畝稅課。有孳生騮駒，即時申報官司係籍。候及二年，委官相視，分作三等：上等支錢引一百道，中等八十道，下等六十道，付養馬之家。其馬經官火印，籍充官馬，解赴茶馬司團併起綱，或支付諸軍。若已爲官中生兩騮駒者，即後來所生駒子，不以騮騍，許以一匹與所養人，亦許經官中賣與諸軍。先據茶馬司買到襄、郢置監騍馬五百餘匹，取撥排綱外，見在一百三十二匹，乞將就充給撥之數。』從之。二十日，主管殿前司公事王琪言：『先降指揮，每遇都大茶馬司差官押到綱馬，據實到監匹數，申殿前司，差撥合用取馬人兵。竊詳自漢陽馬監至行在，往復七十餘日，緣路途遙遠，若馬監候見得馬數報本司，差撥合用人兵，旋行出給券曆前來，須是兩月餘日。是致在監積壓馬數，不下千餘匹。乞不候馬監報到馬數，預先按續差撥全綱官兵，依例出給券曆前去。竊見本司逐年合得綱馬，比之馬、步司及江上諸軍綱馬數多，所是醫獸卻與諸司一般，止差二人。欲乞貼差二人，通作四人，前去馬監醫治。』從之。十一月十七日，利州路轉運司言：『四川宣撫司押馬使臣供，沿路馬驛內，有巨陵、米鋪、栗溪、師子限等處，或有草無科，或有草料而無人糧。得旨，令本司具析違慢因依。照得並係金州洵陽管下新開水路程驛守臣翟摖、知縣程縝。』詔翟插、程縝各特降一官資。其後八年六月十九日，四川宣撫使司言：『本司看詳昨來差使臣俞邊等管押進馬一綱，內雖有兩匹倒斃，緣係因卒患水結黑汗，灌救不下。其餘馬數，並各臕分肥壯。其逐人已該轉官恩賞，即見得非因草料不足。竊慮俞邊等沿路以需索不如私意，妄有陳言。欲望翟摖、程縝降官指揮改正施行。』從之。十二月二十二日，兵部侍郎王之奇言：『伏見蜀中馬綱之役，四川州郡發牽馬兵士額差四千餘人，又借請之費三十餘萬。後來雖許至漢陽交割，稍有省減，然借請之費尚二十有餘萬，不可勝言。欲乞於成都、興元、襄陽各置司牧營分，將四川州郡分差到人計逐處綱馬數目，均分作兩處住營管幹外，襄陽府司牧營分合用人數，於京西、湖北諸路州軍廂軍內差撥。如不足，許行招收曾經牽馬逃亡軍兵充填，並一年兩次輪流牽喝。所裁損人數，幾三分之一。況地里止是千餘里，往回不出五旬，況襄陽至漢陽，地里尤近，比成都、興元，又易措置。牽馬兵士更不借請，除依舊破券並支回程錢外，每起綱日，更與添支食錢二百文，則州縣無橫費之擾。今措置馬綱，畫一下項。詔令四川宣撫相度，如於馬政利便，措置申樞密院。『一、總計成都、興元府歲額馬共一百六十一綱，內成都府川馬六十綱，興元府西馬一百一綱。每綱五十匹，計八千五十匹。每綱用牽馬軍兵二十五人，節級一名，使臣、醫獸各一名。一、成都府馬六十綱：一十五綱係鄂州都統司自行差人取發；四十五綱內一十綱係騍馬，係本府差人管押，經由興元、襄陽府至漢陽軍馬監交割。計三千五百餘里，共六十四程，往回一百二十餘日。除使臣、醫獸外，歲用兵級一千一百七十人。今欲乞令成都府管押至興元府交割，止係一千二百餘里，共二十四驛程，往回只五十日。除使臣、醫獸依舊差撥、更不交替外，其兵級以三分爲率，減免一分，止令差定七百八十人，循環牽押。每隔日起發一綱，周而復始，更輪兩次役使。所有兵士，並於成都府置司，依營收管。如有闕額，令茶馬司招填。其請給衣糧，令元差州軍支移前來，按月支散。一、興元府馬一百一綱，今年指揮，更令起發西馬二綱，往應城縣孳生監，至今未見茶馬司申到。起發二十綱，係荊南都統司自行差人取發，八十一綱，係本府差人管押，經由襄陽府至漢陽軍馬監交割，計二千三百餘里，計四十驛程，往回八十餘日。除使臣、醫獸外，歲用兵級二千一百六人。若依今來措置，又添承受到前項成都府馬四十五綱，計用兵級一千一百七十人，兩項共用兵級三千二百七十六人。今欲乞令興元府管押至襄陽府交割，止計一千四百餘里，共二十八驛程，往回六十日。除使臣醫獸依舊差撥，更不交替外，其兵級減免一半，止令差定一千六百三十八人，循環牽押。每日起發一綱，周而復始，更輪兩次役使。所有兵士，於興元府置司牧營收管。如有闕額，令茶馬司招填。其請給衣糧，令元差州軍支移前來，按月支散。一、今來襄陽府承受到興元府綱馬一百二十六綱，除自有元管押使臣、醫獸外，每綱用牽馬軍兵二十五人，節級一名，計合用兵級三千二百七十六人。自襄陽府至漢陽軍並德安府應城縣馬監，計八百四十餘里，共一十二驛程，並係平川，往回不及三十日。今欲乞令京西、湖北路安撫司，於本路見管係將、不係將廂禁軍內，差撥牽馬兵級，比合用人數，以三分爲率，減免二分，止用兵級一千九十二人。如不足，許不拘等仗，揀選少壯人招置。並許曾經川路牽馬逃亡軍兵限一月令經所在州軍陳首，與免科罪，發赴襄陽府，即與舊軍分職名收管，支破請給。從襄陽府，據每綱合用人數，同元管押使臣、醫獸牽至漢陽軍馬監。內騍馬十綱，至德安府應城縣交割，並每日起發一綱，周而復始，更輪三次役使。所有兵士，並於襄陽府置司牧營收管。如有闕額，令茶馬司招填。其請給衣糧，令元差州軍支移前來，按月支散。一、今來襄陽府應辦牽馬人數，竊慮招收未足。今欲乞除騍馬一十綱令本府差人牽押至德安府應城縣交割外，其餘綱馬，欲乞權令三衙、並江上諸軍見應副漢陽軍馬監取馬兵級，權暫前去襄陽府取撥。候有應辦人，數目依舊。一、襄陽府轉發綱馬，其牽馬軍兵賞罰，今欲參照成都府並興元府起發格例賞罰施行。一、成都府、興元府發馬並今來襄陽府轉發押馬等人，合得到程回程等錢，亦合遞減。今欲乞令所屬裁定施行。』七年二月十八日，詔：『池州駐劄御前諸軍，病患馬醫治痊可及倒斃，左軍最優，統制特轉一官，提點將官、管隊事訓練官、醫獸各特減二年磨勘；右軍最劣，統制特降一官，提點將官、管隊事訓練官、醫獸各特展二年磨勘。』以池州駐劄御前諸軍都統制吳總言：『諸軍乾道六年七月一日至十二月終，病患馬醫治痊可及倒斃數，以各軍本月終見管馬十分爲率，比較下項：左軍最優：病患馬二十七匹，合該一分二氂二毫一絲，倒斃一十八匹，合該八氂一毫四絲。見患二匹。十二月終，見管二百二十匹。統制崔定，提點副將李大椿，准備將於翼，管隊事訓練官冉政、朱進，醫獸田忠、楊玘。右軍最劣：病患馬三十七匹，合該一分八氂六絲。倒斃二十七匹，合該一分三厘一毫九絲。十二月終，見管馬二百五匹。統制趙思忠，提點權正將趙賽，准備將王政、高貴、管隊事訓練官徐立、朱珍，部將韓清，醫獸何進、郜德。』故有是命。三月一日，詔：『馬軍司取押第三綱戰馬四十八匹，沿路倒斃寄留外，有馬三十五匹見到，並各瘡疥、瘦瘠。押馬官依格賞罰外，特降兩官。本綱打先牌、醫獸各特降兩資，牽馬軍兵二匹全不到人各從杖一百科斷。日後諸軍，可依此施行。』以馬軍司言：『成忠郎曲用取押本司第三綱戰馬，沿路倒斃寄留一十三匹外，並各瘡疥、瘦瘠。取到沿路批支草料券曆，照得挨日支給，即無少闕。顯是本綱打先牌、抱券人、醫獸盜賣草料，至得倒斃數多。竊恐以後遞相倣。』故有是命。四月二十九日，主管殿前司公事王琪言：『護聖馬軍節次取押馬五綱，共二百一十二匹到建康府。內一百一十五匹揀選著腳外，有九十七匹撥付神勇軍闕馬官兵寄養。竊緣神勇軍所管牧放馬軍九百六十六人、馬九百九十五匹，見闕人養餵。乞將護聖軍馬盡發遣前去秀州本軍牧放。』從之。五月十三，詔令四川宣撫司行下茶馬司將未起川馬並騍馬綱數，疾速催促排綱起發，須管數足。以樞密院言：『乾道五年起發過一百四十一綱，今來川馬尚少九綱，歲額一十綱，共十九綱，並未到騍馬五綱。』故有是詔。二十六日，詔令內外諸軍主帥責委逐軍統制並逐將將官，將見今戰馬並降撥到綱馬，鈐束馬主，以時飲飼，有病即時醫治。仍每年一次比較牧養優劣，各於本軍本將馬數十分爲率，倒死不及二釐，統制將官各與轉一官；四釐以下，各減二年磨勘；倒死一分以上，展一年磨勘；一分半以上，展二年磨勘；及二分降一官，二分以上，取旨重作行遣。馬主令主帥量輕重等第責罰。有武藝絕倫者，與免罪。仍自今年歲終比較。以樞密院言：『內外諸軍馬，統兵官全不用心，牧養失節，縶維不以時馳騁，疾病不以時醫治，致使倒斃，理宜立定賞罰。』故有是命。六月十一日，詔寧國府南陵知縣趙傳慶降兩官放罷，當行人吏各從杖一百勒罷。以傳慶違旨，不預辦馬驛錢米草料。從淮西江東總領張松奏劾也。十六日，詔：『殿前司取押第二十三綱馬四十八匹，除寄留倒斃外，見到二十九匹。押馬綱官依格責罰外，更特降三官；其本綱醫獸等，各特降兩資，內無資可降人，各從杖一百科斷。日後依此施行。』七月二日，詔：『四川所起進馬，有牽馬人兵，訪聞經過，屯駐諸軍強行拖拽招刺。今後遇有違犯之人，令同行指定強拖拽人軍分、姓名申宣撫司，備申樞密院取旨，重作施行。』從四川宣撫王炎請也。二十四日，樞密院言：『鎮江府都統司差使臣周同等，於馬監取到川馬二十八匹，寄斃一十三匹，見到一十五匹，又病瘦四匹。以見取馬官兵等，將沿路批請草料減剋偷糴，不用心養餵』。詔押馬綱官周同依格責罰外，更特降三資。其本綱打先牌、獸醫、抱券並牽馬軍兵二匹全不到各特降兩資；內無資可降人，各從杖一百科斷。除降官資人外，餘並令本軍問當，日後依此施行。八月四日，樞密院言『勘會三衙、江上諸軍取馬官兵，並不揀擇差撥，往往不切用心，致令倒斃數多。得旨，令三衙江上諸軍今後差撥闕馬官兵前去馬監牽取本名下馬歸軍，專差訓練官一員充綱官，賞罰令兵部措置。本部契勘：闕馬官兵元舊名下止是管馬一匹，今若循例牽拽二匹，又恐仍前不專，卻致損斃。今欲乞各人止牽取一匹，尋將從前格法體例參照，重別措置比擬，立定賞罰下項。』詔依。『一、下項去處，管押使臣、執色合幹人，皆以實數十分爲率，計理賞罰。殿前、馬步軍司及高郵軍都統司差人於馬監取馬到軍，五十匹至四十一匹全綱、至倒斃、寄留不及二分，監官減二年六箇月磨勘，執色合幹人支錢一十五貫文。如不願支錢、願出給半資公據者聽。如兩次取馬該賞，許作一資收使。四十匹至三十一匹全到至倒斃、寄留不及二分，綱官減二年磨勘，執色合幹人支錢一十二貫文；三十匹至二十一匹全到至倒斃、寄留不及二分，綱官減一年七箇月磨勘，執色合幹人支錢九貫六百文；二十匹至一十一匹全到至倒斃寄留不及二分，綱官減一年三箇月磨勘，執色合幹人支錢七貫六百八十文；牽馬官兵名下馬一匹到，無瘡疥、瘦瘠病，軍兵、將校並內有未理磨勘效用，支錢一十五貫文。如有不願支錢、願出給半資公據者聽。如兩次取馬該賞，許作一資收使。有官使臣並合理磨勘人，減一年六箇月磨勘。若寄留、倒斃，依此對展。一、鎮江府都統制司差人於馬監取馬到軍，五十匹至四十一匹全到至倒斃、寄留不及二分，綱官減二年零半箇月磨勘，執色合幹人支錢一十二貫七百五十文；四十匹至三十一匹全到至倒斃、寄留不及二分，綱官減 年七箇月半磨勘，執色合幹人支錢一十貫二百文；三十匹至二十一匹全到至倒斃、寄留不及二分，綱官減一年三箇月半磨勘，執色合幹人支錢八貫一百六十文；二十匹至一十一匹全到，至倒斃、寄留不及二分，綱官減一年零半箇月磨勘，執色合幹人支錢六貫三百三十文，牽馬官兵名下馬一匹到，無瘡疥瘦瘠病，軍兵、將校並內有未合理磨勘效用，支錢一十二貫七百五十文。有官使臣並合理磨勘人，減一年三箇月磨勘。若倒斃、寄留，依此對展。一、建康都統司並三衙差人於馬監取馬到建康府，五十匹至四十一匹全到至倒斃、寄留不及二分，綱官減一年十一箇月半磨勘，執色合幹人支錢一十一貫二百五十文；四十匹至三十一匹全到至倒斃、寄留不及二分，綱官減一年七箇月磨勘，執色合幹人支錢九貫文；三十匹至二十一匹全到至倒斃、寄留不及二分，綱官減一年三月磨勘，執色各幹人支錢七貫二百文；二十四匹至一十一匹全到，至倒斃寄留不及二分，綱官減一年磨勘，執色合幹人支錢五貫七百六十文；牽馬官兵名下馬一匹到，無瘡疥、瘦瘠病，軍兵、將校並內有未理磨勘效用，支錢一十一貫二百五十文。有官使臣並合理磨勘人減一年一箇月半磨勘。若寄留、倒斃，依此對展。一、池州都統司差人於馬監取馬到軍，五十匹至四十一匹全到，至倒斃、寄留不及二分，綱官減一年三箇月磨勘，執色合幹人支錢七貫五百文；四十匹至三十一匹全到，至倒斃、寄留不及二分，綱官減一年磨勘，執色合幹人支錢六貫文；三十匹至二十一匹全到，至倒斃、寄留不及二分，綱官減九箇月半磨勘，執色合幹人支錢四貫八百文；二十匹至一十一匹全到，倒斃、寄留不及二分，綱官減七箇月半磨勘，執色合幹人支錢三貫八百四十文；牽馬官兵名下馬一匹到，無瘡疥、瘦瘠病，軍兵、將校並內有未理磨勘用，支錢七貫五百文，有官使臣並合理磨勘人，減九個箇月磨勘。若倒斃、寄留，依此對展。一、江州都統司差人於馬監取馬到軍，地里最近，若不加罰，無以懲戒。五十匹至四十一匹全到，至倒斃、寄留不及二分，綱官減九箇月磨勘，執色合幹人支錢四貫五百五十文；四十匹至三十一匹全到，至倒斃、寄留不及二分，綱官減七箇月磨勘，執色合幹人支錢三貫六百四十文；三十匹至二十一匹全到，至倒斃、寄留不及二分，綱官減五箇月半磨勘，執色合幹人支錢二貫九百二十文；二十匹至一十一匹全到，至倒斃、寄留不及二分，綱官減四箇月半磨勘，執色合幹人支錢二貫三百四十文；牽馬官兵名下馬一匹到，無瘡疥、瘦瘠病，軍兵校並內有未理磨勘效用，支錢四貫五百文；有官使臣並該理磨勘人，減五箇月磨勘。若倒斃、寄留，展一年磨勘。一、前項去處，綱官倒斃、寄留及二分，展二年靡勘，及三分，降一官資；每增及一分，更展一年磨勘。餘分數准此遞展。執色合幹人倒斃、寄留及二分，並無賞罰；及三分，降一資，內江州更令本軍問當。牽馬使臣、軍兵將校，如有瘡疥、瘦瘠病，不該推賞。其軍兵將校，若寄留、倒斃，降一資，內江州更令本軍問當。一、綱內執色合幹人，仍止差軍兵，及依自來體例，差撥施行。一、所差效用軍兵，如該降資，若無資可降，於本處從杖八十科斷。一、所差綱官、執色合幹人取馬到軍交納，勘驗得有瘡疥、瘦瘠病，依倒斃寄留數除豁。』八年正月三日，詔：『已降指揮，內外諸軍所養戰馬，令主帥每歲比較等第賞罰。可自今後倒斃及二分已上，統制將官展二年磨勘；三分已上，重作施行。馬主如本等弓四箇中帖垜，或願陞加效力者，並委主帥即時拍試，與免罪。其賞格，依已降指揮。』二月八日，樞院副都承旨王抃言：『每遇綱馬到行在，係承旨司看驗，自來止是係差定省馬院醫獸二人看喝，委是難以據憑。欲乞自今後每遇綱馬到來，報三衙各輪差醫獸二人前來，臨時依公看喝，庶幾革去預先計囑之弊。』從之。三月十三日，詔：『漢陽軍馬監遇諸軍合取綱馬，令赴湖廣總領所審驗。如有瘦病馬，發回本監醫治，將堪起綱馬責付取馬使臣管押前來。如致瘦病，重行責罰。仍令四川茶馬司今後須管將及格赤、闊壯無瘡疥、瘦瘠病馬，團綱起發。』以樞密院都承旨葉衡言，漢陽軍馬監將病馬一概衮同起發，與不置監無異。故有是命。二十六日，主管侍衛步軍司公事吳挺言：『先准指揮，令諸軍每遇取馬，差撥闕馬官兵前去牽取，專差訓練官一員充綱官，令本司諸軍馬軍見闕之數，於步軍弓箭手內揀摘能騎馬射弓之人，逐旋撥填。所有本司合得乾道七年分綱馬，緣目今舊管馬軍內即無闕馬官兵，止有新刷人數，未敢便行差撥。望令本司於步人內將新刷到馬軍前去牽取，依舊每一名牽取一匹。所有賞罰，乞依已降指揮施行。』從之。四月十五日，詔令四川宣撫司行下諸軍，將牽馬官兵於元半年限外，與展兩月。如押馬到行在日，槩合該賞資及請回程折資錢數，令所屬並限十日施行盡絕。如留滯違限，許行陳訴，將當行人並從重斷。』以樞密院言：『四川牽拽馬人，三月方至行在，納馬轉資，四十五日方畢，及回程，又須兩月，計七八箇月方得歸司。訪聞都統司往回只限半年，過期不到，即令往請，老幼失所，歸司又皆斷罪。』故有是命。五月九日，樞密院言：『諸軍戰馬有病，慮致倒斃，更不醫治，便作出字用印沽賣，損失官馬數多。』詔令諸軍今後除齒老、雙瞶馬外，將病患『出』字馬數與倒斃馬於歲終通理分數，比較賞罰。自後遇有諸軍揀到合用火印『出』字馬，令承旨司總領所審驗病患，堪醫治者，再令本軍寬限醫治，不得仍前作弊。仰主帥常切覺察。十三日，詔逐路提舉綱馬驛程漕臣，常切催督所屬修葺屋宇、槽道，寬剩樁辦草料、人糧，仍委逐州通判躬親檢察，漕臣巡曆所部，親至點檢。以提舉四川買馬趙彥博言，自房州以去，驛舍、槽道並不修葺，減草料。故有是命。六月八日，樞密院言：『照得殿前司乾道六年五月至七年四月終，『出』字馬三百七十九匹，七年五月至八年五月終，『出』字馬六百九十三匹，顯屬情弊。』詔令內外諸軍，今後除齒老、雙瞶馬外，其病患馬發赴醫馬院置籍，令逐軍專一責任兵將官、醫獸，須管究心醫治，以時飲飼，月具痊損數，令主兵官將本軍將官、醫獸賞罰。如實不堪醫馬，令承旨司總領所審驗，印作『出』字，歲終，具印過數目申樞密院。七月十六日，禦筆：『訪聞安豐軍前後多有人於郡境內外盜馬，以至劫傷人命，殊失責任之意。可嚴行禁戢，仍移文濠州，一依今來處分，禁戢施行。』八月二十日，荊湖北路轉運司狀：『據江夏知縣唐楠申：有馬軍司取馬訓練官張立等，押馬到本縣驛批支糧料，與驛子理會支草，在縣作閙。』詔：『張立不能彈壓，特降兩官；唐楠不辦馬草在驛，特降一資，候改官日，更展二年磨勘。』十一月十六日，詔令建康都統郭剛相度，將本軍戰馬上就建康府收養。繼而剛奏：『本軍戰馬，自來止就建康牧養。昨緣都統郭振乞移往廬州。今相視，廬州三月末旬尚未有青草生發，若依舊止就建康牧養，實爲利便。』從之。同日，詔：『三司馬軍槍手兼射弓箭人所破名下馬，如倒斃，令步射七口力、弓一十二箭內二箭上帖垛者，與免罪。數內如實傷手臂、不能兼弓箭者，令本司於進帳內逐人姓名下分明開鑿所患，其破名下馬如倒斃，令擊刺免罪。』十七日，詔令廣西經略司，今後起發進馬並常綱馬，每軍兵一名止牽馬二匹。九年閏正月三日，辛執進呈殿前司王友直劄子：『近遣准備將李宣往漢陽軍排發綱馬，在監倒斃既多，又更在路死損，可謂不職。乞罪李宣准備將差遣。』上可其奏。又曰：『若漢陽軍監牧養得宜，則發遣來者，在路自無損斃，李宣何得不懲！』二月二日，詔令諸軍並漢陽軍馬監，今後遇有取發到綱馬，仰即時將元綱解並沿路倒斃及見到數，開具申樞密院，以憑稽考，無致違戾。從樞密院請也。二十日，詔令逐路漕臣躬親遍詣所部馬驛相視，依今來降去樣制體式，責委逐州縣守令限一月如法蓋造，置辦什物、槽具，並要如法，不得苟簡滅裂。每驛差撥五人看守，務要潔淨。仍於本州揀汰養老將校內選差知馬政、有心力、稍壯健二人，同老小前去本驛居住，量添鹽菜錢，部轄看管。如馬綱先牌到來，預令人夫草磨豆，祗備餵飼。候圓備日，申樞密院，以備差官前去點檢。其後十一月十二日，詔令逐路漕臣，疾速委官前去點檢。如未圓備去處，責令日近一切了畢。如尚敢違戾，按劾以聞，當議重作施行。先具已點檢到數目聞奏。三月十七日，詔令三衙並江上諸軍將見差取馬使臣、軍兵，今後徑往茶馬司取押。到監歇泊三日，委本監官審驗，將肥壯馬先次起發。內瘦瘠、病，量留本綱人在監養餵，候及臕分，逐旋隨本軍以次綱馬附押歸軍。其使臣並差七人，衛官軍兵十將以下人充。仍令茶馬司先次排定綱分，預行關報諸軍，指期差人前去取押，無致擁併，積壓留滯。以樞密院言，四川茶馬司近來撥發綱馬到監，比之每歲寄斃數多。竊慮所差使臣不行精選，在路不切用心養餵。故有是命。二十三日，辛執進呈鄂州諸軍都統制吳挺申：『內外諸軍所養戰馬，令主帥每歲比較等第賞罰。自今倒斃及二分已上，統制將官展二年磨勘，三分已上，重作施行。今年緣有四分已上之人，合行取旨。』上曰：『若自三分減罰，卻恐人數多，可將四分已上之人，克制將官各特降一官資，庶可警戒。』四月二十八日，兵部言：『近降指揮，四川宣撫司起發闊壯馬並茶馬司禦進馬、常綱馬到行在，及江上諸軍綱馬到軍，並廣西經略司排撥常綱馬到行在，及江上諸軍內有全綱到並寄留倒斃之數，以地里遠近，並牽馬人，已擬定賞罰格法。本部今參照得地里雖有些小遠近，不同去處且立賞罰格法，已是酌中，久遠可以遵行外，有該載未盡事件，今條具比擬，立定賞罰，開具下項。』並從之。『一、元劄子內格目：一、三衙往茶馬司取押常綱、並宣撫司押到闊壯馬、茶馬司禦進馬，各到行在。今擬到下項：全綱到使臣轉兩官資；寄、斃一匹，轉一官，減四年磨勘；二匹轉一官，減三年磨勘；三匹轉一官，減二年磨勘；四匹轉一官，減二年磨勘；五匹轉一官資，六匹減四年磨勘，七匹減三年磨勘，八匹減二年磨勘，九匹減一年磨勘，十匹不理賞罰十一匹展一年磨勘，十二匹展二年磨勘，十三匹展三年磨勘，十四匹展四年磨勘，十五匹降一官資，十六匹降一官資，更展一年磨勘；十七匹降一官，更展二年磨勘；十八匹降一官，更展三年磨勘；十九匹降一官，更展四年磨勘；二十匹降兩官資。以後匹數，依此展降。全綱到，將校、醫獸等轉兩資；寄、斃五匹，轉一官資；十匹不理賞罰。十五匹降一資，二十匹降兩資。以後每五匹依此更減一資。無資可降人，各從杖一百科斷。本部今乞依已擬定賞罰格法施行。執色將校、先牌、火頭、醫獸、曹司等，全綱到，轉兩資；寄、斃一匹至五匹，轉一資；六匹至九匹，本部今擬定，欲乞更不轉資，止支賞錢一十五貫文；十匹至十四匹，不理賞罰。十五匹至十九匹，降一資；二十匹降二資。本部今乞並依前項擬定賞罰施行。所有以後每五匹依此更降一資。無資可降，各從杖一百科斷。及該賞人如不願轉資，每資折錢三十貫文。一、建康、鎮江府、池州武鋒軍往茶馬司取馬到軍，依今來指揮，並依三衙取馬到行在三分減一分賞罰。今比擬全綱到使臣，轉一官資，減一年八箇月磨勘；寄、斃一匹，轉一官，減一年磨勘；二匹轉一官，減四箇月磨勘；三匹減四年八箇月磨勘；四匹減四年磨勘，五匹減三年四箇月磨勘，六匹減二年八箇月磨勘，七匹減二年磨勘，八匹減一年四箇月磨勘，九匹減八箇月磨勘，十匹不理賞罰；十一匹展八箇月磨勘，十二匹展一年四箇月磨勘，十三匹展二年磨勘，十四匹展二年八箇月磨勘，十五匹展三年四箇月磨勘，十六匹展四年磨勘，十七匹展四年八箇月磨勘；十八匹降一官，更展四箇月磨勘；十九匹降一官，更展一年磨勘；二十匹降一官，更展一年八箇月磨勘。以後匹數，依此展降。全綱到，將校、醫獸等轉一資，更支錢一十貫文。如不願轉資者，折錢二十貫。寄、斃一匹至五匹，支錢二十貫文，如不願支給上件錢數，願就半資公據者聽。如兩次押馬該賞，許依轉一資收使；六匹至九匹，支錢一十貫；十匹至十四匹，不理賞罰；十五匹至十九匹，從杖六十科斷；二十匹降一資。本部今乞並依擬定賞罰施行。所有已後每及五匹，依此更降一資；無資可降，從杖一百科斷。一、荊南、鄂州、江州都統司往茶馬司取馬到軍，依今來指揮，並依三衙取馬到行在減半賞罰。所有茶馬司起發騍馬、翁馬，赴鄂州都統司並荊南龍居山孳生馬監三處，雖有賞罰格法，於今來指揮內，未有該載。其兩處押馬與本處取馬地里一同。今比擬，欲並依荊南、鄂州都統司取馬立定立定賞罰，一體施行。今比擬全綱到，使臣轉一官資；寄、斃一匹，減四年半磨勘，二匹減四年磨勘，三匹減三年半磨勘，四匹減三年磨勘，五匹減二年年磨勘，六匹減二年磨勘，七匹減一年半磨勘，八匹減一年磨勘，九匹減半年磨勘，十匹不理賞罰；十一匹展半年磨勘，十二匹展一年磨勘，十三匹展一年半磨勘，十四匹展二年磨勘，十五匹展二年半磨勘，十六匹展三年磨勘，十七匹展三年半磨勘，十八匹展四年磨勘，十九匹展四年半磨勘，二十四降一官資。以後匹數，依此展降。全綱到，將校、醫獸等轉一資，如不願轉資，折錢三十貫文；寄斃一匹至五匹，支錢一十五貫文，若不願支錢，願就半資公據者聽。如二次押馬該賞，許作轉一資收使。六匹至九匹，支錢七貫五百文；十匹至十四匹，不理賞罰；十五匹至十九匹，從杖六十科斷；二十匹降一資。以後每五匹，更降一資，無資可降，各從杖一百科斷。一、契勘昨來殿前、馬、步軍司及江上諸軍自差官兵前去茶馬司取押川西綱馬，並以五十匹爲一綱。每一名牽馬二匹。後來逐處往漢陽馬監，每名只牽取名下馬一匹歸軍。今承旨揮，令逐處自差人前去茶馬司取馬及令本部擬定牽馬人賞罰。緣所降旨揮內未有該載牽馬人每名牽取匹數明文。今乞將三衙並江上諸軍武鋒軍依舊例，每人牽馬二匹，共二十五人。其軍兵止差十將已下之人。今擬定牽馬人賞罰，牽馬人每名牽馬二匹，各理名下賞罰：二匹全到，無瘡疥、瘦瘠病，轉一資，不願轉資，折錢三十貫。二匹全到，內一匹瘡疥、瘦瘠病，與減半推賞，支錢一十五貫文；如不願支錢，願給半資公據者聽；兩次押馬該賞，許作轉一資收使。二匹全到，並瘡疥、瘦瘠、病，或內寄斃一匹，並更不推恩。二匹全不到，降一資；無資可降人，從杖八十科斷。一、廣西經略司起發綱馬至行在並建康、鎮江府、池州都統司，今擬定賞罰，係以五十匹爲一綱。一、元劄子內格目：全綱到，使臣轉一官資，更減三年磨勘，寄斃一匹，轉一官資，減二年磨勘；二匹轉一官資，減一年磨勘；三匹轉一官資，四匹減四年磨勘；五匹減三年磨勘；六匹減二年磨勘，七匹減一年磨勘，八匹不理賞罰，九匹展一年磨勘，十匹展二年磨勘，十一匹展三年磨勘，十二匹展四年磨勘，十三匹降一官資；十四匹降一官資，更展一年磨勘；十五匹降一官資，更展二年磨勘；十六匹降一官資，更展三年磨勘；十七匹降一官資，更展四年磨勘；十八匹降兩官資。以後匹數，依此展降。全綱到，通管將校、醫獸等各轉一官資，槩更特支犒設錢一十貫。如不願轉資，折錢三十貫。寄斃一匹至三匹，轉一資；四疋至七匹，支錢一十五貫文；八匹至十二匹，不理賞罰；十三匹至十七匹，降一資；十八匹降兩資。以後每五匹依此更降一資。無可降人，各從杖一百科斷。如不願轉資，折錢三十貫。牽馬軍兵名下各牽馬二匹，各理名下賞罰：二匹全到，無瘡疥、瘦瘠病，轉一資，如不願轉資，折錢三十貫；二匹全到，內一匹瘡疥瘠病，與減半推賞，支錢一十五貫，如不愿支錢，愿給半資公據者聽。如兩次押馬該賞，許作轉一資收使。二匹全到，並瘡疥、瘦瘠病，並寄斃一匹，並更不推恩；二匹全不到，降一資。無資可降人，從杖八十科斷。一、廣西經略司起發綱馬至鄂州、荊南都統司，依今來指揮，並依到行在減半賞罰。所有廣西經略司起發綱馬至襄陽府都統司，雖有賞罰格法，今來指揮內，卻未有該載。其兩處押馬與本處押馬，地里頗同。今比擬全綱到，使臣減四年磨勘，寄斃一匹減三年半磨勘，二匹減三年磨勘，三匹減二年半磨勘，四匹減二年磨勘，五匹減一年半磨勘，六匹減一年磨勘，七匹減半年磨勘，八匹不理賞罰，九匹展半年磨勘，十匹展一年磨勘，十一匹展一年半磨勘，十二匹展二年磨勘，十三匹展二年半磨勘，十四匹展三年磨勘，十五匹展三年半磨勘，十六匹展四年磨勘，十七匹展四年半磨勘，十八匹降一官資。以後匹數，依此展降。全綱到，通管將校、醫獸等各特支犒設錢二十貫文。如不願支錢，願給半資公據者聽。兩次該賞，許作一資收使。寄、斃一匹至三匹，支錢十五貫文；四匹至七匹，支錢七貫五百文；八匹至十二匹，不理賞罰；十三匹至十七匹，杖六十科斷；十八匹降一資。以後每五匹更降一資，無資可降人，從杖一百科斷。牽馬軍兵二匹全到，無瘡疥瘦瘠病，支錢十五貫文；二匹全到，內一匹瘡疥、瘦瘠病，與減半推賞，支錢七貫五百文；及通管將校、醫獸執色人寄、斃三匹並牽馬人等，如不願支錢，願給半資公據者聽；仍兩次押馬該賞，許作轉一資收。使三匹全到，並瘡疥、瘦瘠病，並寄、斃一匹，並更不推恩；二匹全不到，降一資。無資可降人，從杖八十科斷。一、茶馬司每歲起發禦進馬，以五十五匹爲一綱。其使臣、執色合幹人賞罰，欲並依今來三衙往茶馬司取押馬五十匹立定賞罰格法，一體施行。一、契勘茶馬司每年起發天申節並大禮進馬，各四十六匹赴行在交納，雖有推賞體例旨揮，緣從來未有立定賞罰格法。今承指揮內，未有該載。本部今依倣茶馬司起發馬五十匹分數，以十分爲率，比擬賞罰：全綱到，使臣轉一官資，減四年磨勘；寄、斃一匹，轉一官資，減三年磨勘；二匹轉一官資，減二年磨勘；三匹轉一官資，減一年磨勘；四匹轉一官資，減半年磨勘；五匹轉一官資，六匹減三年磨勘，七匹減二年磨勘，八匹減一年磨勘，九匹減半年磨勘，十匹不理賞罰，十一匹展半年磨勘，十二匹展一年磨勘，十三匹展二年磨勘，十四匹展三年磨勘，十五匹展四年磨勘，十六匹降一官資；十七匹降一官資，展半年磨勘，十八匹降一官資，展一年磨勘；十九匹降一官資，展二年磨勘；二十匹降一官資，展三年磨勘；二十一匹降一官資，展四年磨勘。以後匹數，依此展降。全綱到，將校、醫獸等與轉一官資，更支錢二十四貫文。如不願轉資，折支錢三十貫文。寄、斃一匹至五匹，轉一資；六匹至九匹，更不轉資，支錢一十五貫文；十匹至十四匹，不理賞罰；十五匹至十九匹，降一資；二十匹降兩資。以後每五匹，更降一資，無資可降人，從杖一百科斷。其不願支錢人，願轉半資公據者聽；仍二次押馬該賞，許作一資收使。一、契勘茶馬司起發每年禦座進馬二十匹，並文州進天申節馬二十五匹、會慶節馬一十二匹到行在交納，雖已有推賞體例指揮，緣從來未有立定賞罰格法。今承指揮格目內，未有該載。本部今擬定，以匹數十分爲率，立定賞罰：全綱到，至寄斃不及二分，使臣、將校、醫獸等各轉一官資；寄、斃及二分至不及三分，使臣展二年磨勘，將校、醫獸等更不推賞；寄、斃及三分，使臣、將校、醫獸等各降一官資。每增一分，使臣更展一年磨勘。餘分數准此遞展，其將校、醫獸等更別無賞罰。契勘前項茶馬司每年起發御前馬、天申節進馬、大禮進馬、禦座進馬、文州進天申節馬、會慶節馬，其牽馬軍兵，係每名各牽拽一匹，無瘡疥、瘦瘠病馬，轉一資，如不願轉資，折錢三十貫文；若有瘡疥、瘦瘠病，更不推恩，寄、斃降一資，無資可降，從杖八十科斷。其牽拽准備馬，係附綱前來，自來即無賞罰。一、契勘金州興州興元府都統制司、四川宣撫司每年起發非泛進馬，匹數不等，自四匹至五十匹，各有立定推賞人數指揮。今擬定，逐處今後遇進到馬數，並乞依舊制施行。一、契勘荊南都統司每年差人於茶馬司取押文州馬並川馬至襄陽府，雖已有立定賞罰格法，今承指揮內，未有該載。本部今欲依舊制施行。一、契勘廣西經略司每年起發出格馬赴行在，每綱係三十匹，雖已有立定賞罰格法，今承指揮內，未有該載。本部欲依乾道六年九月二十三日已降指揮格法施行。一、契勘建康、鎮江府、池州武鋒軍、荊南鄂州江州都統司往茶馬司取馬歸軍，三衙取馬並宣撫司押闊壯馬，茶馬司起發禦進馬、天申節進馬、大禮進馬、禦座進馬、文州進天申節會慶節進馬、廣西經略司起發出格綱馬等至行在，並付建康、鎮擊江、池鄂州、荊南都統司綱馬，其逐處所差使臣、執色合幹人、牽馬兵，各已有立定賞罰格法外，若逐綱內有瘡疥、瘦瘠、病馬數，於承指揮格目內未有該載。今擬定，欲將逐處所押綱馬使臣、執色合幹人，不以匹數多寡，並以十分爲率。如有寄、斃、瘡疥、瘦瘠病馬，通及三分，依自來體例，並更不推恩。一、契勘昨三衙、江上諸軍自差人往茶馬司取馬，除每綱差使臣一員、軍兵一名牽拽二匹外，其逐軍所差執色合幹人，例皆差撥多寡不同。今欲乞令取馬諸軍將、執色合幹人，三衙各七人，江上諸軍各五人，於十將已下軍兵內差撥。其賞罰並依今來已立定格法施行。一、契勘茶馬司每歲買發綱馬，內西馬在興元府團綱，川馬在成都府團綱。今來三衙並江上諸軍、武鋒軍已承指揮，自行差人前去茶馬司取合得馬數。今欲乞行下茶馬司，將已買到馬數逐一排定綱數，依資次，預行關報合得逐軍到彼月分，依次序差人前去取押。仍自乾道九年分合得綱馬爲始，庶免擁併，在彼等候，虛費批請。如已起發在道，許令本軍差取押綱馬使臣等，就所至去處，徑於茶馬司元差來管押使臣等處，交割見在綱馬匹數並綱解一宗文字等，經所在州縣陳乞，分明逐一開說因依，出給公據，隨綱前來。候到，參酌匹數，地理遠近，以十分爲率，比擬賞罰施行。一、契勘川陝、廣西起發綱馬，全在經由州縣點檢，修蓋驛舍、槽具、動使，如法預期椿辦草料，應副足備。其綱馬至驛，既有歇泊去處，又不闕草料，自寄、斃數少。兼近得旨，彩畫馬驛圖本地段、屋舍、間架丈尺、合用槽具、動使什物數目。已行下逐路漕臣，躬親遍詣所部馬驛相視，依降去樣制體式，責委逐州縣守令，限一月如法蓋造置辦。差將校五人看守，打併部轄。如綱馬到來，預令人夫草磨，祇備餵飼，以備差官前去點檢。本部竊計：雖令逐路漕臣遍詣所部相視，蓋造置辦，慮恐州縣內有奉行不虔，以至蓋造置辦稽遲滅裂去處。今欲乞從本部遍牒逐路漕司並應綱馬經由州縣，須管遵依已降指揮，將合起造驛舍什物等，並限一月如法蓋造置辦，並支破係省官錢應副，毋得別致科敷，不管稍有違戾。』六月四日，樞密院言：『茶馬司軍兵曾祺狀：昨茶馬司差使臣尹貴管押殿前司馬一綱五十匹至漢陽軍監。尹貴到金州爲疾患，除沿路倒斃外，見在四十五匹，交付王俊牽押到均、房州。節次倒斃，見在止有二十二匹，將身逃走。衆兵夫與曾祺牽至襄陽府，又寄斃六匹，見在止有一十六匹。其衆兵夫盡行逃走，止有曾祺一名，經襄陽府下狀，陳乞差官管押。馬監官司不肯受理。』詔令兵部行下逐路應經由綱馬驛程州軍，今後如有似此陳訴，仰所在官司即時受理，仍選差人管押，如法養餵，逐州交割前來。十五日，新成都府路轉運判官張揀言：『並邊之民，往往有馬，而向來守邊之臣，籍之於官。彼恐爲子孫之患，則殺馬而逃，誰敢有馬！望明出榜文，告示人戶，聽任意畜馬，永不拘籍。』詔依，仍更行下兩淮、荊襄州軍一體施行。十八日，主管殿前司公事王友直言：『得旨，綱馬依舊差人前去四川茶馬司取押。今勘會到下項：一、合於本司差撥諳曉馬性統領官一員，將帶白直人兵二十人、鞍馬二匹，預期前去西和州宕昌寨、階州峰貼峽兩處置馬場監視揀選買發。仍令所差統領官照應體例，具買到馬數並支過茶帛等數，與買馬官同銜申樞密院。一、每馬一綱五十匹，係合用牽馬官兵二十五人。每人牽馬二匹，綱官一員，小管押一名，醫獸一名，軍典一名，火頭二人，先牌一名，通計三十二人，前去興元府茶馬司取押。一、宕昌買馬場止有人戶一百餘家，每買馬及五十匹，係和顧人夫二十五人。內一半係十四五歲小兒子，止是趕逐馬行，請到草一半餵馬，一半人夫鋪臥。今欲令差去取馬官兵前去逐處，迎接照管前來。內取宕昌人馬前到西和州，係離宕昌六程，至興元府一十四程；取峰貼峽馬使臣到階州，係離峰貼峽四程，至興府一十六程。每員令各帶兵士二人、醫獸一名前去，其餘人令小管押彈壓，只在興元府等候。所貴得以照管。一、提點綱馬驛程官地分闊遠，照管不前，並綱馬經過界分，通判雖帶提點綱馬驛程，其實不曾點檢。欲乞每驛於本州添差使臣，內差撥使臣一員充監驛，軍兵六人內一名管押，在驛看管打併，洒掃潔淨，祇備綱馬到來。如應付無闕誤，許取馬軍中主帥將監驛使臣保明申乞，再與差遣一次。及今本州除請給外，每月支供給錢一十貫文。』並從之。二十三日，宰執進呈：『王炎摘差軍兵十將何皋代使臣管押進馬二十五匹，全綱到來，並無倒斃、合行推賞。兵部告示：「何係十將以上之人，不合轉資。」緣當時立法，本謂牽馬人兵，今來何皋係代使臣管押綱馬，使其有倒斃之數，亦當被其責罰，即與牽馬之人不同。合令兵部依押綱馬體例，推賞施行。』從之。八月四日，詔諸處進馬軍兵，令兵部行下所屬，今後不得差效用守闕進勇副尉至下班祇應人充牽馬並執色合幹人。從樞密院請也。十二月一日，四川宣撫使虞允文言：『今年分三衙取馬人未到，本司逐急先差官兵押發前去外，乞下漢陽軍馬監，如本司官兵押馬到監，時暫將馬存留，仍乞催促三衙就監取押。』詔三衙取馬官兵到監違程，回日更不推賞。如差發稽遲，官吏重作行遣。以上《乾道會要》。

又《兵二六》 馬政雜錄下。淳熙十六年四月二十五日，詔：『三衙及江上諸軍各置馬院一所，專收養揀退老病馬，於元破草料內減半支給。責隊外人看餧，令醫獸常切醫治，仍差將官一員提督，不許擅行宰殺。有倒斃，方得出賣。仍月具見管數目申樞密院。以樞密院言：『馬有老病，不堪乘騎揀退，年例委承旨司總領所審驗訖，火印出字『出』賣。訪聞承買人便行宰殺，賞納價錢。』故有是命。閏五月十七日，侍衛步軍副都指揮使梁師雄言：『本司諸軍遞年將肥壯馬差往湖州下菰城牧放，其新綱病、瘠駝負等馬往西溪牧養。照得下菰馬官兵內有家累人，除量行擘券外，又承指揮，各人依出軍例日添口食米二升五合、鹽菜錢三十文，並於湖州按旬幫支。所有差出西溪牧馬官兵即無添破食用，係於在寨本身請給內按旬津發。欲乞下所屬，將西溪牧馬有家累效用官兵，每日止與添口食米二升五合，候今降指揮下日，關所屬入曆批勘，按旬請撥，發往西溪俵散。日後續發牧放有家累官兵及以後年分，亦乞依此，自起發日爲頭支給，至歸司日住支。』從之。六月一日，詔：『今後諸軍取馬官兵遇有疾患，仰綱官申所至州縣，分擘生券，挨日批支。令本處命醫調治，差人看護。候痊可，給口券，轉牒郡邑，津遣還軍。』以淮東總領趙師彝言：『諸軍歲差取馬官兵，中道疾病，其徒迫於程役，往往棄置窮塗。口券既不可擘，藥餌又無所給，枕籍溝壑，十常八九。間有愈者，則飄泛異鄉，或乞丐以歸。』故有是命。七月十七日，江陵府副都統制率逢原言：『竊見川廣起發綱馬，地頭價直並綱卒請給，或諸軍專差人取撥裹費、賞給之屬，一馬不下五百緡，且更經涉長途，不習水土，太半羸瘠。軍中得之。經年餧飼，不能復舊。可以披帶者，十之四五。比年京西民間產馬蕃盛，其間中披帶者極多，如上駟市直，不過二百緡。』詔令西京安撫司，同本司每年差官就所屬州縣買二百疋，逐時解總領所，呈驗印記，撥付軍中教閱。紹熙元年二月八日，檢詳諸房文字楊經言：『四川茶馬每年收買宕昌、階、文、黎、敘州、南平軍等處戰馬，應副三衙並沿江諸軍。緣從來未有一定資次，以致所買之馬久住務中。其取馬人未到司，或取馬軍兵擁併前來，住程已久，卻無馬可發。欲行下茶馬司，酌量道里遠近，月日先後，並馬數多寡，立爲資次，結罪繳申。候見允當，乞劄下諸軍，依期差撥官兵前去請領，庶幾整辦，郡縣亦不虛費官錢。』從之。二年三月一十八日，宰執進呈臣僚劄子多占戰馬。上曰：『軍帥多占馬，非時，利其所得，又以好馬奉權貴，此弊不可不痛革。』五月二十五日，詔廣西經略安撫司、四川茶馬司開具前後拖下鄂州、襄陽府大軍綱馬違滯因依聞奏，仍仰疾速先次補發，月具已起發綱數，申樞密院。以鄂州駐劄統制解彥詳奏大軍闕馬披帶故也。八月十三日，詔四川都大茶馬司撥殿前司馬二綱，馬、步司馬各一綱，應副鄂州都統司一次。以鄂州駐劄御前諸軍都統制張詔言，本司目今自都統制以下，顯無西馬乘騎，故有是命。十七日，前權發遣融州邢紳言：『竊見廣西每歲經略司行下諸州，差官及將校押馬帥馬，惟行在、鎮江、池州、建康將校有一資之賞，而襄陽、鄂州部押全綱，緣地里不及，惟綱官有轉官賞，其餘將校只得折賞錢一十五貫，全不用心看守，是致所部之馬，沿途病瘠損失。』奉旨，令兵部看詳聞奏。既而看詳：所乞軍兵牽馬至鄂州，令牽馬三疋全到，與轉一資。緣有節次指揮，每名止牽馬二疋，自合遵守。照得廣西經略司至鄂州一千八百八十二里，比之到行在地里十分爲率，止及六分半，難以一例轉資。欲將所差牽馬人至鄂州，名下馬二疋全到，增作支錢二十貫。如願給半資公據者聽，更支錢五貫文；仍兩次押馬該賞，作一資收使，更支錢五貫。若二疋全到，內一疋瘡疥、瘦瘠，與減半推賞，支錢十貫文；二疋全到，並瘡疥、瘦瘠，或寄、斃一疋，不推賞；二疋全不到，降一資；無資可降人，從杖八十科斷。廣西經略司至行在二千八百七十七里，至襄陽府一千三百六十二里，比之到行在少五百一十五里，難以一例轉資。欲將所差牽馬人至襄陽，名下馬二疋全到，增作支錢二十五貫文。如願給半資公據者聽，更支錢一十貫文。若兩次押馬該賞，作一資收使，更支錢一十貫文。若兩疋全到，內一疋瘡疥、瘦瘠，與減半推賞，支錢十二貫五百文；二疋全到，並瘡疥、瘦瘠，或寄、斃一疋，不推賞，二疋全不到，照應鄂州體例降縶罰施行。』從之。十月十一日，詔：『內外諸軍，今後戰馬遇有病患，即時申官醫治，與免斷遣。如或隱蔽不申，失於醫療，致有損斃，卻依條斷治施行。』以樞密院言：『諸軍馬軍遇腳下戰馬生病，便將馬軍斷遣。其馬軍畏懼，隱匿不申，坐待其斃，是以近年倒斃馬數頗多。』故有是命。三年六月十六日，詔茶馬司將紹熙三年分起發御前闊壯西馬內支撥二綱，付池州副都統司。以池州駐劄御前諸軍副都統制率逢原言：『到任點看所部諸軍統制、統領、將佐並隊下馬軍所養戰馬，皆是排發黎、雅、邕州等處常綱川廣馬，往往眼生腳狂，雖極力調習，終是廉薄，非道地西馬之比。』故有是命。十一月十七日，詔茶馬司將紹熙三年分闊壯西馬內支撥兩綱，付鎮江都統司。以鎮江府駐劄御前諸軍都統制司言：『本司闕馬官兵六百餘人，逐年全仰茶馬司、廣西安撫司買發合得綱馬二十四綱。兩司自紹興三年九月終，拖下六十一綱，委是有妨乘騎。於紹熙三年二月內，乞下茶馬司將每年合發買宣撫司進闊壯馬內撥二十綱，至今未蒙回降。今來止乞十綱，本司應副戰士騎習教閱。』故有是命。二十七日，詔茶馬司將殿司紹興三年分綱馬疾速排發，無得留滯。具已排發綱數，申樞密院。四年二月十八日，興元府言：『本府係都大茶馬秦司置司所在。紹熙三年十二月二十日終，在府見管三衙、江、鄂等州取馬官兵四十九綱一千六百餘人住程，挨日批支錢糧。內殿前、馬、步、三衙取馬官兵三十六綱，並不依樞密院元排綱次期限指揮，仍舊預行差撥擁併，到府住程。本府並與挨日批支券食錢糧外，照得本府省計所住日有限，諸司應副綱馬券食錢逐年亦有定額，實難應辦。兼逐處官兵空住日久，有妨教閱。乞下三衙，將紹熙四年取馬官兵，照應樞密院已排綱次期限，約度一年所發馬綱資次捋絕，逐旋差發，計程前來。今後亦只依元立期限，截日批支。』從之。同日，詔茶馬司更支撥闊壯馬三百疋，付興元府副都統司，補填闕額。餘依已降指揮。以興元府副都統制王宗廉言，乞依郭鈞元奏，以三千疋馬額，添撥馬三百疋，共作五百疋，教閱使用。故有是命。七月二十七日，詔令殿、步司揀不入隊稍堪乘騎馬五十疋，撥付許浦水軍。以平江府許浦駐劄水軍副都統制司言，闕馬乘騎，乞於發到新綱廣馬內撥一綱使用。故有是命。十一月二十七日，詔令三衙、江上諸軍，今後取馬官兵每綱各先給十日草料價錢，將帶前去，准備遇住程闕少去處，接續收買草料，如法養餧。或有支用錢物不盡，回納本軍。從殿前司護聖馬軍統制劉世榮之請也。五年二月二十五日，殿前指揮使郭杲言：『本司所管諸軍戰馬，內有齒老雙瞶及疾久難醫治馬數，年例於牧馬往回揀選，申朝廷送承旨司，於馬右胯火印『出』字。往年令諸軍出賣，將賣到肉髒錢納內藏庫。後來淳熙二年九月指揮，將『出』字馬從本司發兩浙東西路安撫司，分攤付逐州軍，支破草料養餧。淳熙十六年四月指揮，令三衙別置馬院，減半草料看餧。竊詳本司一年兩次揀退不下五百餘疋，虛費日支草料。乞從舊解赴承旨司火印『出』字，發送安撫司交管。』詔依，馬、步軍司依此施行。三月六日，都大提舉四川茶馬楊經言：『照得本司每歲排發三衙綱馬，並揀十歲以下壯嫩闊實、無病及格好馬排發。今體訪得押綱人輒於漢上一帶沿路州軍，將綱內皮毛正有看相及格馬槩私自盜賣，卻買矮小不堪馬填數起發。竊慮馬到，納官驗出，其押綱官兵必以本司排發藉口交納，雖有法禁，所在官司多不覺察。乞下漢上沿路州軍，委逐處守令措置，嚴切覺察，仍多出榜，許人告首，依條斷罪。』詔湖北、京西安撫轉運司常切覺察。四月七日，殿前副都指揮使郭杲言：『本司應管戰馬一萬七百疋爲額，比之元額，見闕二千二百餘疋。蓋緣近一二年間，茶馬司發馬稽緩，況諸軍日有損斃，及每歲牧放，往回兩次揀退，是致補數不敷。今諸軍馬軍正隊內見有闕馬趁赴教閱之人，指擬綱馬到來，攤撥著腳。乞行下茶馬司疾速團綱起發。仍乞指揮，自今後免行截撥，付別司軍分。』詔四川茶馬司將殿前司合得綱馬照數排發，毋令稽緩。餘依此施行。五月二十四日，金州諸軍副都統制田世輔言：『所部馬軍中軍一將，額管入隊戰馬一千疋。至紹熙四年，闕四百八十七疋。每年雖准四川制司均撥二分馬、不過五六十疋。本司自以青草錢每歲於都大茶馬司收買七十疋，一半應副諸軍統兵將官，充腳下驛料馬乘騎。所得入隊馬二項，共不過八九十疋補填，尚未能敷補上年倒斃揀退之數，委是積歲闕額。乞下茶馬司，於紹熙五年分買發闊壯馬支撥一十綱，差人取押歸軍，調習養餧，應副入隊披帶教閱，以備緩急出入之用，亦可補及元額。』詔支撥五綱。以上《光宗會要》。紹熙五年九月十四日，明堂赦：『川廣綱馬，沿路自合預辦草料。訪聞州軍臨時科斂百姓及差夫採斫青草。仰轉運司行下州縣，並支見錢收買，不得非理科擾，令提刑司覺察。如有違戾，按劾以聞，仍許被擾人戶越訴。』自嘉泰三年至嘉定十四年，南郊明堂赦並同。閏十月二十七日，步軍司言：『本司今歲諸軍差往湖州下菰城牧放戰馬二千五百六十五疋，於內倒斃六十一疋，比之淳熙十一年至紹熙四年十年之內，斃馬最少，委見總轄官、前軍統制、武德郎高宗周究心職事，牧養有方。』詔高宗周特轉一官。慶元元年正月五日，詔茶馬司權住收買闊壯馬一年。其銀價錢，同日前年分一就樁管，聽候指揮，不得輒行支用。仍先次開具前後已樁收數目奏聞。四月三日，廣西經略安撫司言，乞照襄陽副都統馮湛所請，徑令本軍就便收買土產馬，實爲兩便。檢詳所擬到：『照得諸軍逐處闕馬，江陵、襄陽猶少，今四年、五年已是不買。若住廣西經略司買馬，將來萬一要用，不可卒置，委是不便。若不許江陵副都統司收買土馬，又有率逢原等申請利害分明。乞下總領所，將每歲買馬錢四萬貫兩處分撥。一、欲將錢二萬貫令經略司買馬三綱起發，赴江陵副都統制司交納。起綱既無迫促之弊，又可以揀擇好馬。一、欲將錢二萬貫令江陵副都統制司揀買及格土產馬，將所買馬赴襄陽府，帥臣審驗及尺寸、堪披帶馬時直價例，置曆印烙，季具有無買到數目，申樞密院，庶幾兩便。』詔依檢詳所擬到事理施行。九月二十一日，詔殿、步司主帥，限三日拘收諸處官司見借官馬，具申樞密院。仍約束諸軍兵官，今後或有違戾，重作施行，必罰無赦。從臣僚請也。二十八日，詔：『已降指揮，令殿、步司不許私借戰馬與諸處官司，合行拘收外，其見趁赴朝參及從駕官僚，若一例拘收，卻恐有妨乘騎。如委闕省馬，許權暫存留元借馬一疋。已差破省馬人，不得再行占留兩司官馬，仍不得指占踏逐差取及將省馬換易戰馬。如有違戾，重寘典憲。餘依已降指揮。』十月二十六日，詔茶馬司於殿前司慶元元年合起綱馬內除豁五綱，仍依宕昌實買馬價錢，照數發還湖廣總領所。以茶馬司言：『已得指揮，令殿前司於襄漢州軍收買土產馬二百五十疋，合用價錢，先於總領所借支，卻令茶馬司於拖下綱馬所管錢內對數撥還。照得邊場買馬，每疋錢引一百三十四道半，其殿司每疋約一百五十道。今來止合據本司實價應副發納，仍乞於殿前司紹熙五年分未起歲額內銷豁。』故有是詔。十一月十九日，詔：『廣西經略安撫司於額外添貼馬綱內全撥三綱，付江州都統制司。今後令茶馬司將文馬十綱，依數排撥，毋令仍前闕誤。』以都統趙廞有請故也。十二月三日，茶馬司言：『乞下承旨司，日後遇馬綱到來，先勒將校、獸醫、軍兵責問綱官有無係是正身，如非正身，馬雖全到，更不推賞。』從之。先是，臣僚言管押進馬官多是代名冒賞，令本司相度措置故也。同日，詔內外諸軍嚴行約束，責委各軍統制等將收買堪好藥材，監視修合，遇馬病患，勒令醫獸對證醫治。如歲終倒斃戰馬數多，一例重作施行。從臣僚請也。二年二月十三日，詔：『今後買馬官陳乞酬賞，諸軍報到馬數，保明圓備放行，與免制置司覆實。餘照自來條例施行。』從四川茶馬錫經請也。九月十九日，樞密院進呈臣僚劄子：『三衙諸軍，每歲收到馬不足以補一歲倒斃之數。乞明立賞罰，嚴作施行。』鄭僑等奏：『雖有已降指揮，立定賞罰，歲久，遂生欺弊。每次奏申，多是將倒斃數逐軍互相均攤，謂不該二分之罰，苟免罪責。』葉翥又奏：『近年馬政不修，極有弊倖，當責之主帥，委自逐軍統制將官每於歲終，具逐軍倒斃之數，申樞密院，比較損失多寡。不許巧作回護均攤，以免罪罰。』詔兵部參照見行條法指揮，申嚴聞奏。三年三月四日，兵部言：『茶馬司係專一管買馬職事，乞下本司，須管照歲額合買馬數，於歲終排發盡絕，不管依前拖延。仍令制置司每歲取見茶馬司排發過綱及諸場買到馬數，並當職官吏姓名，開具申部，以憑稽考，行下催促。如見得有虧欠元額數多去處，即將當職官吏具申朝廷，取指揮施行。所有在路減剋草料，不切用心看管一節，欲令諸軍主帥須管依已降指揮，並選差廉謹諳曉馬性之人前去取押。嚴切戒諭，令在路用心擡舉，將批到草料，盡數依時餧飼，不管稍有違慢。如或有減剋草料之人，許互相覺察，歸司陳告。如追究是實，即與支賞，將犯人重行斷遣。其綱官合幹人失於覺察，一例坐罪，務在必行，不管違戾。』詔依兵部看詳到事理施行。仰內外主帥、都統常切督責所部諸軍，如法養餧戰馬，毋令瘦瘠，有病隨即醫治。仍令兵部每歲終，依已降指揮，比較諸軍統制已下斃馬多寡賞罰外，參酌臣僚所陳，將各司所管總額馬數，令項稽考倒斃分數，申樞密院取旨，以議賞罰。四年正月十五日，兵部言：『乞從江東安撫司所請，下馬軍行司，建康府、池州都統司，將揀退馬仍舊令各軍置馬院，差隊外人兵看養。』詔依兵部指定到事理，照應淳熙十六年已降指揮，內外諸軍依此施行。其倒斃馬價錢，並依舊例解發。五年三月二十七日，司農寺丞潘子韶言，唐、鄧榷場監勒牛馬牙人，立賞以招南客，乞行措置。詔湖北京西安撫司行下守令，嚴切禁止。督責巡尉常切巡警，不許透漏，務要革去舊弊。或仍前違戾，除犯人重作施行外，其當職官吏並地分鄰保，例作行遣。如客旅興販馱載貨物內有及格尺壯馬，並不得輒往沿邊界首。先次揭榜鄉村曉諭。仰帥臣監司常覺察，旬具有無透漏，結罪保明聞奏。』五月二十五日，閤門舍人厲仲詳言：『乞詔殿、步帥臣，自今呈馬之際，除十分病廢，不任醫治，別作行遣區處外，應見管馬無問肥瘦，並從牧放。如合量留在寨，亦須壯實可用，以備緩急。不許專養肥馬，以爲冒賞之地。歲終，算計實數，馬軍之馬耗及二分，步人之馬耗及四分，自統制而下，一等鐫秩。』從之。十月五日，臣僚言：『乞諸路漕臣，凡馬綱經過州縣，必差縣尉及巡檢一員監飼草料，不得循習舊弊，准折價錢，仍令主管綱馬驛程之官往來諸驛，以檢察之。馬或羸瘠，疋數不全，即綱吏與主管驛程者例皆坐罪，比舊法責罰稍重。如軍中裨將牧馬損折之罪，不以赦原。』從之。十二月五日，詔廣西提刑司將慶元六年分合起發湖廣總領所經總制錢內，截撥買發江陵副都統制司歲額馬六綱價錢四萬貫，於內分撥二萬貫付江陵副都統制司，於襄陽等處權行揀買及格尺土產馬，解赴襄陽府帥臣審驗來曆。如委堪披帶及不係外處盜馬，即與印烙，發往本軍。季具買到數目，申樞密院。餘二萬貫，仍舊解發赴廣西經略司，依數收買堪好齒嫩馬三綱，疾速起發，赴江陵諸軍交納，不管稍有闕誤。以湖廣總領有請故也。嘉泰元年二月十七日，臣僚言：『諸軍馬軍今後比較倒斃馬數，有外官差借、因病發遣歸軍倒斃，即仰分明中說豁出，免行比較。』詔依，令殿、步司主帥，將依指揮合借差馬先次置籍，開說各軍將隊毛色、齒歲，不許頻併踏逐換易。如有發遣回軍病斃馬，即行批鑿委因是何病患、月日倒斃，每歲終，具申樞密院，以憑稽考。如因別患在軍倒斃，依舊例理爲分數，仍不得將軍寨馬作借差之數，避免比較。如是見得稍涉情弊，重作施行。二年正月二十七日，鎮江府副總管劉忠言：『伏見頻年以來，北界用兵，日在兩淮、漢上用銀收買淮馬。貪利冒禁者紛紛，我空彼盈，利害不細。乞下帥司禁戢，立賞許告，不問小大，不得透漏。有馬之家地分官司常切覺察。』從之。四月三日，樞密副都承旨司言：『茶馬起進禦馬到部，押綱官二員各轉兩官。今四川茶馬司押進嘉泰元年分禦座打毬馬五十五疋，所差綱官王文正等，止蒙轉一官，減三年磨勘。竊緣所部之馬，若或倒斃數多，責降與禦馬綱格法一同，而推賞不當有異。今來軍兵已依押進闊壯馬格轉兩資，其綱官亦合一體施行。』

詔各特轉兩官，今後依此推賞。八月二十八日，樞密副都承旨司言：『已降指揮，川廣遞年買發綱馬，令審驗官司將今後發到馬等量看驗，如有不及格尺、不堪充披帶，並與印留，即不理爲合起發之數。仍歲終總其逐綱低小疋數，申樞密院，行下補發，不得有虧元數。今據殿司差李舉管押嘉泰二年分歲額第三十一綱馬，計五十疋全到，數內一十四疋低小。步司差張旺管押嘉泰二年分歲額第十三綱馬，除寄斃外，見到四十五疋，數內一十疋低小。既有已降指揮，候年終行下補發，孰若隨即關報排發官司揀退，庶免虛費官錢收買，徒勞人力押發。』詔令茶馬司照數先次補發。今後仰督責買馬官吏，並要收買壯嫩、及格尺無疾患堪披帶馬排綱起發。或審驗官司等量，更有短小不堪馬數，先將茶馬司官吏責罰。其買馬去處，一例重作行遣。廣西經略安撫司依此施行。十二月十四日，兵部侍郎虞儔言：『川廣買馬費用，朝廷錢物不貲。其使臣等，自當在路留心照管。近日廣西經略司差使臣趙煥等押馬五十疋赴建康都統制司，倒斃四十九疋。本部將公據照對，見得所至縣分，止據押馬官狀陳乞出給，其間有稱差人下所屬鄰保。勘會或止差行人看驗開剝，或將死馬安埋，及公據內姓名有差誤。雖依格降官展年斷罪，本所竊慮使臣等衷私換易，遂至多有倒斃。雖有繳到公據，不曾委官躬親驗看詣實，批上元給印曆，顯是違戾。今措置，欲令廣西經略司、四川茶馬司今後起發綱馬，須管照應元承指揮，出給印曆付使臣。如有寄斃馬數，所至州縣委官驗實，批曆給據，同皮鬃尾封付納馬官司驗實，如有異同，即將使臣合幹人申取朝廷指揮根究，從條施行。仍令提舉綱馬驛程官逐季檢舉約束。』從之。閏十二月二十日，樞密副都承旨司言：『殿前、步軍司近於四川茶馬司取到西馬數內，有四歲馬止及四尺已下，公狀內作四尺二寸，印驗之際，例皆瘦瘠，或旋即倒斃。不欲一陳其弊倖，姑以短小馬不理爲數，行下補發。今來茶馬司錄連淳熙四年十月指揮，降到量馬尺樣，內兩齒馬聽低二寸，係四尺二寸四尺馬聽低一寸，係四尺三寸足齒馬依指揮收買四尺四寸。當時以爲向長嫩壯馬可以養餧，是以減饒寸數。自後發到短小馬養餧，雖臕分肥經，少有長及四尺四寸，實難作披帶馬，緩急豈不誤事！乞下四川茶馬司將依淳熙四年十月十七日指揮，遵用御前降下量馬尺樣四尺四寸已上齒嫩向長、闊壯堪披帶戰馬起發，自餘續降指揮，更不施行。或有收買低小一寸，齒嫩向長馬，恐阻遏蕃情，即仰權宜於附近官司收養，候及格尺，團綱起發。仍自今遇起發以前，令監視排發官並押綱使臣同獸醫逐疋等量審驗，同共監視，於左胯上分明火印，交付綱官，沿路養餧，不許瘦瘠。候到，以元發數十分爲率，如不及格尺並在路倒斃之數，共虧三分，都大茶馬司並買馬官、簽廳排發官各降一官。如虧二分，與免責罰，更不推賞；或止虧一分，則減半推賞；不及一分，依例施行。庶幾利害切己，不致仍前苟簡。』從之。三年三月十三日，池州副都統制李夔言：『本司每歲差發官兵前去茶馬司取押歲額川馬五綱，自池州至成都，往回萬里，全藉有心力諳曉馬性綱官部轄。所差綱官，止於使臣、校副尉、下班祗應人內差撥。緣使臣多是昨來立功補轉官資，年及六十已上，不能任事。竊見廣西經略司差押歲額廣馬赴本司交納，其押綱官亦有效用進勇副尉、守闕進勇副尉名目之人。乞將本司取押川馬綱官五人，自守闕進勇副尉、進勇副尉、使臣、校副尉、下班祗應通行選差有心力、曉馬性人充，庶幾鈐束軍兵，照管綱馬，不致損斃。』從之。六月二十六日，江州副都統制李汝翼言：『本司馬軍合用披帶馬一千六百八十疋，目今不及千疋。照得茶馬司拖下本司戰馬一百一十六綱，計五千八百疋。乞添截一十綱，分撥闕馬官兵，緩急庶免誤事。』詔特令茶馬司將慶元六年、嘉泰二年分闊壯馬內支撥六綱，付江州都統制司。八月二十九日，殿前副都指揮使郭倪言：『昨降指揮，令三衙每歲各差統領官一員，前去西和州宕昌馬務，與本處買馬官同共監視揀選，並差將官一員，前去興元府馬務彈壓取馬。今緣宕昌簽廳官自謂代監司行事，專擅事權，所差統領官不過塊然坐視，聽其自互市，自排發，儹換之弊，牢不可革，徒有監視之名，而無監視之實。卻有一行官兵，沿路批支，並宕昌等處添給，歲不下六七千緡，虛費朝廷財賦。上駟竟不可得，實爲至弊。乞將三衙差往興元排馬將官減去，免此添給一項，即將監視買發綱馬統領，只差在興元監視排發，許令興秦司簽廳官同共收買，選類排綱。內有病患短寸不堪者，許令退換。其監視排發官應有申請，仍許徑申樞密字。所貴與秦司簽廳事體相敵，得以精選上駟。若歲終馬數額，沿路倒斃數少，歸司日，仍乞特賜旌賞，庶幾排發盡得好馬，實爲便利。』從之。九月四日，都大主管四川等路買馬監牧公事彭輅言：『三衙取馬綱兵積壓數多，重費州郡批支券食。乞截自日下將三衙年額合差人數住差一半，候發馬及分數，卻行關報三衙差撥。』從之。十一月十一日，南郊赦文：『川廣押馬軍兵，因倒斃數多，避罪逃竄。可自赦到日，限兩月經所在州軍陳首，出給口券，發遣歸元來去處免罪，依舊職名收管，支破請給。』開禧二年至嘉定十四年南郊明堂赦並同。四年二月二十七日，都大主管四川等路買馬監牧公事彭輅條具馬政合行事件下項：一、邊場買馬，止有諸州應副銀、絹、綾、紬，餘錢引一色，別無所入窠名。從條係於茶司收到茶引息錢內，每年轉撥七十萬道上下，用充馬本。其間馬司亦有代支茶司窠名錢數。年終，兩司會算。緣今次遵奉朝旨，更不排發格尺低小之馬。所買馬，自有久來立定則例，不敢妄增馬價。且格尺高者，價亦隨增。今欲每歲權以八十道爲率，取撥應副。其錢只於當年四五月間收納七分，限七月十五日以前數足。候年終，兩司會筭，具帳申省。一、臣見行前去宕昌措置，目今已是歲終，開春馬來擁併，竊慮馬本不繼。照得川司賣引所庫管見在錢引一百二十二萬餘道，欲先次取撥八十萬道，轉入馬司庫管樁收。其錢仍理作嘉泰四年分合撥馬本。一、興元府見積三衙取馬官兵僅五十綱。照得前官丁逢任內慶元三年一全年起三衙馬九十三綱；錢鍪任內七十一綱；王寧任內九十七綱，次年九十六綱；至王璆任內嘉泰元年七十八綱；胡大成任內嘉泰二年六十四綱。今年正月至十一月終，只起三十二綱。竊詳衙馬頓虧，始自去年。今馬來既少，自是庫管有攢下馬本錢物。臣今措置，戒諭遠人，各令廣販及格尺馬出漢互市。若日後馬來絡驛，可以補發虧下綱次。卻合令茶司將嘉泰二年、三年虧買馬本錢物，令項樁管，容臣接續取撥互市。一、茶馬舊爲一司，其合破衙從，元係諸州於年額合應副牽馬人外，又差白直人數，其一歲總四千餘名。後來三經裁減，比舊不及一半，白直人兵，更不取撥。照得上件人兵，係分撥場監養馬及牽押進禦馬綱，每歲尚不足用，常是顧夫添貼。今既分爲納司，慮恐過數占破，妨誤養馬。今欲將馬司提舉官衙從只破一百二十名幹辦公事白直人外，每聽破牽馬人十名。此外，不許妄有差占。一、馬司事務繁多，所管地分闊遠，舊有指使一闕，向因制置司申明，候辟書下日，方與放請，是致無人願就。照得四川共管八場買馬，內黎、敘、珍州、南平、長寧軍五場應副江上諸軍，分送里外兩馬務團養，兩務各差官一員監轄。緣監官係文臣，不諳養馬，遂申朝廷廢罷，止是差官權攝。兼成都府裏外馬務舊有監官兩員，今止乞辟差里馬務監官一員；所有指使一員，許自本司起辟日放請上件員闕，自此更不辟置文臣，並於大小使臣內選辟有材幹、諳曉馬政人，庶幾協濟國事。』詔並依，仍同趙善宣更切從長詳度施行。四月二十三日，權發遣信陽軍黃石孫言：『伏見秦司排發綱馬兵士已至，而馬數未足，官司每以多支日券爲憂；馬數已登而兵士未至，官司復以多費草料爲念。幸而人馬俱集，則督促發遣，一不暇顧。且馬產於深蕃，涉遠而至，力猶未充，不問羸病，遽責之以經涉險阻，沿路倒斃，皆此之由。乞下秦司，今後綱馬有羸瘠病患者，且須醫療飼養十分充壯，然後排發。此亦馬政一助。』從之。嘉泰四年五月六日，樞密院言：『江陵副都統制李奕申：諸軍官兵前去川蜀取馬綱官，元降指揮止許差衙官五人例以上人。緣此等人多係六十歲以上，年老不任遠役。乞將所差綱官，不拘衙官五人三人，例以至守闕進勇副尉，從本司選少壯諳馬性人通行差撥。』詔依。如取馬綱馬倒斃數多，綱官無官可降，以罰歸之選差官。開禧元年十一月十四日，樞密院言：『乞將襄陽收土產馬綱官兵，照興元取馬例，比折地里，立定賞罰。』兵部申：『襄陽取土產馬，每綱五十匹。興元府至行在四千八百八十九里，襄陽府至行在三千一百里。以興元府地里紐計，每四百八十八里有零爲一分，襄陽府計及六分有零。照得雖及六分，緣川蜀道路夷險不同，欲與減半推賞。』從之。二年正月十三日，右衛郎將、管幹殿前司職事郭杲言：『本司歲差人於四川茶馬司取押馬三十六綱，每綱綱官一員，以使臣充；綱兵三十一人，悉以步軍正帶甲人爲之。自臨安至興元，往返萬里，經涉山險，若得諳曉馬性之人在路牽取養餵，庶幾不致瘦斃。今步軍不惟有妨教閱，墮武藝，又且不諳馬性。今相度，自後所差取馬官兵內，綱官從舊選差使臣，餘牽馬軍兵等，除獸醫一名外，並於諸軍闕馬□用及雄效內差撥，必肯在路留心養餧。止依軍兵例添破錢米，出給券曆，賞罰從兵部參照擬定施行。若闕馬人差撥不足，即於馬軍傔兵並步軍准備帶甲人內貼差，庶得取押好馬，敷補闕額。』從之。十一月二十八日，江陵副都統制魏友諒言：『本司每歲合得四川綱馬，係諸軍差人前去取押。今來見調發軍馬，委是抽摘人兵不得。緣目今緊要騎軍防捍，乞速賜劄下四川茶馬司，將歲額馬綱疾速差人押送前來襄陽軍前交納，候平定日，本司自行差人前去取押。』詔權依。三年正月二十九日，樞密院言：『內外諸軍比較倒斃馬及二分已上，合該展年之人，元降指揮，合該罰人，遇郊祀赦恩，更不原免。如遇非次赦恩，臨時取旨。近來有日前已經展午之人，陳乞引用非次赦免展。』詔：『今後內外諸軍倒斃馬，已有指揮展午責罰之人，雖遇非次赦，並不許敘免。』嘉定二年二月八日，詔三衙、江上諸軍，自今應押馬綱官，並差承信郎已上人，不得差校副尉。從樞密副都承旨韓杕之請也。十一月五日，樞密院言：『湖南安撫司申：本司飛虎軍舊管馬軍二百五十人，並添宣撫司發回敢勇效用等軍，委是闕馬教閲。目今馬數截自五月終，止管一百四十二疋，見闕一百八疋。乞下廣西經略司，候來春，先次支撥兩綱馬一百疋，從本司差人前去押發，下軍應副教閲。餘闕八疋，一面措置收買，湊足元額，庶幾緩急可備使用。』詔令廣西經略司將嘉定二年分江陵副都統制司合得歲額綱馬内截撥一綱付飛虎軍，應副軍士，毋致闕誤。五年七月七日，廣西經略安撫使李訦言：『馬綱之弊，言之者不一。最爲害者，曰以毒藥害馬是也。今年馬自横山至本府，千四百餘里，綱到皆全。比校過押馬官校，則前路往往多斃，而其斃者，又皆肥壯之馬。因綱官陳狀，乞免入馬院安泊，別尋水草便利放牧，以俟發行。窮其所以，秘而弗言。密行訪問，有寘毒之弊。乞遍劄下馬綱經由馬驛、逐路所隸運司立賞，許人告捕，嚴行禁止，庶綱馬道路少斃，官校之賞可全，不誤軍用，不枉官錢。』從之。六年三月七日，臣僚言：『將佐之馬，往往取之馬軍，則馬軍雖合請三百，止得一百食錢，而主軍者密取其三分之二。又統制官占馬至四五十疋，名爲科馬。豈特占請馬料，每一疋必有一卒以預其名，而盜取其食錢以入己者。今欲措置，立爲定額。』詔：『統制官止許差破戰馬六疋，統領官差破四疋，馬步軍正副、准備將各止差破兩疋。其減下馬拘收，從公撥付入隊官兵，如法養餧。仍仰嚴切鈐束兵將官，今後不許輒於官兵名下差撥換易。具知稟狀申樞密院。』二十五日，詔：『今後茶馬司、廣西經略司發到御前綱馬，先經承旨司看驗訖，令禦馬院限三日揀留堪用好馬外，其餘揀退馬，不拘疋數多少，隨即逐旋降付三衙，充戰馬使用。内馬軍行司實不再下舊司養餧，仍不得别將病馬貼數支降，即不許過遞年合降三衙馬數。』以主管馬軍行司許俊言：『逐時蒙御前降賜下馬，緣本司移屯建康府，權前行在馬軍舊司收管。俟承旨司火印訖，養餧一月，差官兵牽拽至本司交管。綱馬多有怯瘦，官兵皆年老不諳馬性，往往水草不節，多有倒斃。今後乞於步軍司差撥諳曉馬政將官一員，部押前來交管，將押到馬數斟量支給犒賞，不致沿路枉有倒斃。』故有是命。七年十月七日，詔令茶馬司今後每發三衙、江上諸軍綱馬，仰自正月以後，預期排定綱數，申樞密院行下各軍，自七月以後，方得起發前去取馬。以樞密院言：『各軍差撥使臣軍兵前去取押，或有馬多而人未至，或人到而馬未有。留馬待人，則茶司有芻秣之費；留人待馬，則州郡有券食之須。合行措置。』故有是詔。八年三月二十七日，樞密院言：『興元府乞權住差取馬官兵，少寬券食之費。已降指揮，令茶馬司預期排定綱數，自七月以後，方得起發官兵，數程限因依施行此句疑有訛誤。仍令茶馬司預期排定各司合得綱馬，不得稍有宿留；及照應前項因依施行。各具知稟文狀，申樞密院。』十二年十一月五日，臣僚言：『竊見茶司之馬，每歲發卒取隸諸軍，積而計之，宜不可勝數，而諸軍之馬曾不加多。嘗訪其故，蓋緣馬生西北，驟至東南，已失其性。兼萬里馳逐，沿塗馬驛止留一宿，不得休息；且官給糧草，多是折錢，吏卒侵用去取焉。今據茶馬司申：儻積馬在，官兵不來，無可發泄，尤更利害。今兵部供三衙合得綱數，進奏院供相去程途多寡，各司將每年合得綱數目，均作四季取押，先次立定官兵起發日分，於半月前期移文茶馬司，計幾綱官兵起發前去，約至某月某旬到，排定綱數，伺候官兵前來取押。其取馬官兵，各給行程一道，須管照限到彼。有零星者，與當一程；沿路實有故者除之，仍於所在州縣鎮寨等處批書因依。押馬回日程限准此。』詔令殿前、馬、步軍司，照前項立定綱數餧飼失時，暨發至諸軍，已勞苦饑瘁，所以倒斃者多，虚費官兵請給，何益於用。臣愚以爲漢陽當道里之中，舊有馬監，便於牧養，廢罷日久，欲乞行下湖北運司相度，隨宜興復，使川秦之送馬者至監而止，俾之從容飼養。候諸軍闕馬，旋發卒取之。馬既得休息之所，不致病死，而取馬官兵之費，亦可減省。』詔依。其興復漢陽馬監事理，仍令湖北轉運司相度，申尚書省。』以上《寧宗會要》。

清 閻鎮珩《六典通考》卷一六六《王政考·馬祭》 宋政和禮，仲春祀馬祖，仲夏享先牧，仲秋祭馬社，仲冬祭馬步，並擇日，馬祖、先牧、馬社、馬步，壇各廣九步，高三尺四，出陛一壝二十五步。中興後，以紹興三十一年於行在昭慶寺設位行祭。

藝文

宋 慕容彥逢《摛文堂集》卷七《朝散郎同管句成都府利州陝西等路茶事兼提舉陝西等路買馬監牧公事廳龐寅孫轉一官制》 敕具官某：爾比擢使軺監榷、監牧，鬻馬三萬，差擇惟良，勞列之優，宜示甄獎。用錫明命，寵進厥官，往其欽承，愈加勵勉。可。

又《朝散大夫直龍圖閣提舉成都府利州陝西等路茶事兼陝西等路買馬監牧事孫鼇抃可與轉一官制》 敕具官某：惟爾心術疏通，濟以勤恪，市茲萬馬，差擇惟良。稽勞敘恩，擢升品秩，體予嘉獎，其懋承之。可。

又《知岷州降受左藏庫使威州刺史馮瓘通判岷州奉議郎石緝岷州都州監供備庫使魏允中可各轉一官制》 敕具官某等：爾效職外邦，預吾馬政，鬻數登足，功緒可嘉，宜進厥官，昭示甄獎，往加勵勉，以稱茂恩。可。

宋 劉一止《苕溪集》卷三七《趙開復右文殿修撰除都大主管成都府利州熙河蘭廓秦鳳等路茶事兼提舉陝西等路買馬監牧公事填見闕》 勅具官某：摘山市駿，通番漢之利，肇自元豐，置司設監，揔領之任，其選甚高。軍興以來，秦蜀道阻，懋遷之政無復存焉。爾才術之優，見於已試，心計之妙，不減古人。肆命爾復領是事。爾惟整肅綱條，時其出納，與夫除蓐置廐，絜泉美薦，勿替於昔，則以谷量馬，將在于中國，論撰之職，用勸爾功，尚其勉之。可。

明代馬政分部

總論

論説

明 林貞勝《馬政説》《明文在》卷三七 成周之世藉國馬以行軍，資公馬以稱賦，牧馬之制，平時則官給芻牧，有警則民供調發，而天子之都、諸侯之國、士大夫之家亦未嘗不自畜馬，所謂以官民通也。繼周以来，其法幾變，牧於民而用於官者，漢也；牧於官而給於民者，唐也；至於有宋，前則牧之於官，後則牧之於民，又其後則市之於戎狄，而得失利病皆有可言者。夫養之官者，典守怠而侵牟起，則病於國；牧之民者，亡失多而賠償困，則病於民；市之戎狄者，馬未必良而國費亦廣，雖猶愈於牧之民，要終不若養之官也。我朝兼用其制，內地則民牧以給京師之用，即漢人內郡之令也；外地則官牧以給邊方之用，即唐人監牧之設也；而陝西、四川又設立茶馬司，即宋人市之於戎狄也。其制可謂志矣。然法久則弊滋，而病亦有不免者。且馬之生也有報駒之令，馬之損也有責償之條，日有生，日有斃，而地之所出不勝其所償也。報齎者啟科派之隙，印表者開需索之門，而軍需之困不至於流徙不止，茲欲減銀以寬之，則軍餉何可缺？欲增地以充之，則課額何可更？莫若倣國初之制，而酌時宜以行之，屬公平通變之人，修丈勘均齊之法，某地督亢，某地确磽，然後簡牧軍而以馬給之，每地三頃，令牧馬一匹，而又量地肥瘠，為均通之計。其養馬有專役，諸以他故差者悉已之。以餘地徵者量減之，載之户籍，略如民屯故事，兩限完徵以給軍餉，斯牧不稱疲，馬不稱乏矣。不然，雖日一點印，日一比徵，而雇倩逃賣之姦終不可革，馬政其能有興乎？嘗考洪、永間所定草場，自東勝至古北口幾萬里，地多饒水草便畊牧，而汾、涇、寧州與汧渭之境又多閒田不畊，則擇地以立監牧，設法以營溝涂，簡牧蓄之軍以兼屯粮之事，取稾總之賦以供芻牧之需，庶馬匹不必市於官，而軍之所牧者自足以給；料價不必費於國，而屯之所刈者自足以供。且溝涂畫而彊域益嚴，粮草充而守禦益固，始曰馬以興屯，終曰屯以阜馬，內以重邊關之勢，外以張制敵之威，而中原之民亦無復宋保馬之害矣。

明 彭時《民情馬政疏》《明經世文编》卷四八 今天下水旱相仍，人民缺食，山西、河南、陝西三處急於餉軍，而民愈苦；京畿八府，迫於追馬，而民愈困。鬻賣子女，流離道路者，在在有之。如是而不加存恤，誠恐良善化為盜賊，則邦本動搖而事日多矣。然欲矜恤，非人恤之衣食、家與之金帛也，但省科派，減力役，寬夏秋之税而勿徵，弛山澤之利而無禁，使民得以休息營生，是即安養之道，惟在聖心一轉移之間耳。昔之人君有言：『民吾子也，安有子倒懸而父不為之解哉？』斯言也，施於今日，尤為切務。臣等於民情不能盡述，謹條列一二千後，伏望皇上念上天付之重思，下民仰賴之切，采而行之，斯民幸甚。一皇莊之名，自古無有，景泰存藩邸之舊，皇上因東宮之餘，莊名曰皇，固已非理，然事因其實，猶為有説。近聞故太監劉永誠所獻莊田，亦欲立為皇莊，深駭人情，居者懼於騷擾不已，耕者懼為徵科過舊，而街談巷議，咸謂四海之內，莫非王土，何獨以此之謂皇莊？臣等竊聞外議如此，恐不足為聖德之光，乞以劉永誠莊田令戶部籍之，俾居民仍舊耕種，以息外議。一古者山澤之利與民共之，不為勵禁，此先王仁民之意也。今畿內八府，湖濼數多，若非官府禁地，即為勢家私莊，但其間所產魚蝦螺蚌菱藕蘆葦之類，皆天地自然之利。今人民缺食，又乏倉粮賑濟，請命有司凡所在湖濼，不分官私，許令饑民採取供食，諸人毋得禁制及抽分稅錢，亦救荒之一端也。一編民養馬，已有定制，計馬徵駒，亦有定期。但今畿內田土日狹，人民艱窘，孳牧虧欠，遇遣官印烙，其管馬官及群長人等因而科擾於民，實於馬無益。去冬詔令，每馬四匹聽買一匹，恩已寬矣。然及今有司追併，尚未能買補，乞暫免今歲印烙，仍行有司暫停折買馬匹。一順天等八府夏麥旱傷，秋成未卜，乞敕戶部早將夏稅勘實蠲免，勿令有司催逼。其他賦役有重難者，許有司申達暫行減免。一近者戶部以將有事河套，必須軍餉遣官往山西、河南、陝西儹運粮草，未免刻期取辦，乞令督運侍郎陳俊以大軍未出，宜從緩行事，已起者運赴軍前，未行者量為停免，庶使三處之民稍得蘇息。

明 葉盛《官牛足邊久計疏》《皇明經世文編》卷六〇 題為官牛足邊久計事，案照先該提督守備周賢奏稱聲息不絕，乞將口外獨石等處，先年領銀四千九百五十兩，買到見在官牛一千八百四十五只，共六百五十二具，馬步每隊量留一具，共牛三只，摘撥軟弱軍人養種，照例上納餘糧，買補馬牛，措置軍裝，賑濟貧軍等用。其餘俱給與缺牛原額屯軍，並復業舍餘領養等因，奏奉英宗皇帝聖旨，該本部欽遵，查得前項官牛，系是本部議行，並總督邊儲右僉都禦史李秉建議，節次奏准，行令彼處監收糧斛，參政等官葉盛督運勘給整理去後，緣前項牛只給與各軍自種，均收餘糧入官，易買馬匹，措置軍裝等項，本以優恤邊軍，且耕且守，今參將周賢，奏稱前因，未審有無，相應合行彼處總兵等官，會議前項牛具，如果獨石等城堡軍人領種上納餘糧，聽候買補馬牛，措置軍裝等項，於軍有益，仍照舊例施行。若是有妨各軍操守，就便取勘原額缺牛屯軍，及復業舍餘從公給俵耕種等因，具題，奉英宗皇帝聖旨，該總兵官都督楊能議得且耕且守，經國遠謀，不可輕廢。況且大同、宣府自經兵以來，人畜蕩盡，田廬荒蕪，幸而朝廷大發帑金，特差京官於河南、山東等處買牛給發，以為足邊之計，其數不敷，又發邊庫官銀充買，數年以來，邊儲稍積，人得聊生。夫何法立方行，便益良多，而立法之人去尚未遠，何乃奏稱勞軍未便，要行改廢。今會議得未可遽棄，合照舊例施行等因在卷，臣今會議得，臣等於成化元年分，通查得前項口外並宣府合屬地方，先年原買前項官牛，共該五千餘只，中間有例前例後倒死老弱變賣，不曾買補，及官員役占倒死之數，俱各查勘得出，設法陸續買補。又將舊有餘糧添買牛只，見在共分為一千八百餘具，嚴行參將等官，督令各該守備堡等官摘撥馬步隊無馬軟弱不堪出戰軍人，那兌給領耕種官田。今年雖有災傷，亦頗收成。查得軍中騎操戰馬，自天順八年正月二十二日詔書例後，至今年九月十五日止，各哨征傷架炮倒死應該買補還官騎操官馬共該二千六百餘匹。此系緊用征操，每匹或用銀七八兩，或十餘兩，纔可收買。常年各處俱於原領軍人名下杖並買補，中間貧苦邊軍計窮力屈，朋合科斂，或不得已而典兒賣女，又不得已而除糧扣糧，究竟馬匹難完，十欠六七，軍士逼竄，十常二三，上下難為，公私俱困。今年因有前官田餘糧，設法銀兩，頭運差人於山西保定等處買馬，約一千匹之上。即今秋田粗細糧食，量除牛料子種等用，次運再行發買，雖有欠馬，計亦不多。文莊在鎮，專以官田所收餘糧制買馬匹，修築城堡，確有成驗，而官府不煩杖並之勞，貧軍不知朋合之苦，不動聲色，邊事可了，此皆官牛官田所致，明效大驗，然非英宗皇帝日月至明，戶部當時參詳明白，宣府摠兵等官楊能栢玉徐敬等力持公論，則良法美意，廢壞久矣。臣等切惟立法非難，守法為難，蓋任官用人，更代不常，而流言異說，易於搖惑。伏乞聖明，特敕該部計議，前項軍中官牛官田事宜，請敕宣府邊方守臣，著立定規。其見在官牛，務要時常禁革奸弊，用心查點孳牧，設法買補，不失原數。所收餘糧嚴切稽考，買補官馬及買補事故官牛，置辦軍裝，養濟貧難等用，不許役占侵欺，各官不得假公狥私，因而沮壞，則貧軍有賴，邊事克濟，而先皇帝之良法美意永永不隳。

明 丘濬《馬政議 市馬養馬**》**《明經世文編》卷七五 按周人之馬買於民間，故立官以為馬質。質之為言平也，專以質平馬之價直。蓋馬之材質有高下，氣力有強弱，年齒有老壯，毛色有純駁，故其價直不無多少之異焉。而其用之大，要有三：上焉者以供戎事之用，次焉者以供田獵之用，下焉者以供冗雜之用。馬生於民間，而用之於公，上不可以空取之也，不可以槩取之也。空取之則民不復私畜矣，槩取之則民不加芻秣矣。是以三代盛時，其於馬也，於民常賦之外有餘畜者，則官以價直易之焉，養之閑廄之中，以偕不時之用。卒有國事，民之無馬者，則於是領給焉。其給之也，必書其馬之年齒毛色，與原所買之價，使民受之者，有定色則不敢以駑易良，有常齒則不敢以老易壯，有原價則不敢以賤易貴。所受馬在十日內死者，則責其賠償。其法細密如此，可畧倣以為椿賠輕重之制。受之未久，在十日外死者，惟取其皮耳，恐其詐偽也。在十日之外死者，則予之民而官不取矣。後世兵民既分，馬養之民，而收之於官，然後散之於軍，官府無復有質買之政，而馬之死者，一切責軍之償，在官者未必寔得馬之用，而軍民俱受其敝矣。近時馬政，亦有科錢買馬之令，然所得者未必良，而給之於軍，遇有倒死，賠償如故。而西北之邊，苦之尤甚，至有鬻子女而不能償者。吁可嘆也已！臣請自今以後，朝廷酌為中制，定為馬價，馬之價公私交易皆不許過二十緡，違者馬與價俱入官，牙行之人坐以違制罪。說者若謂物之不齊，物之情，大屨小屨同價，孰肯為其大者？臣竊謂天生之物與人為之物不同，馬之良乃天所生，人力不與焉，官府既為定價，則民間有馬者，不過求多直而皆市之官矣。惟其市之官所得有限，他市則可多得，官之給直亦未必全得，此民之所以愈不肯售之官也。以此官之所易者，未必得良也。若夫馬之倒死，不責之償，則彼蔑視其馬，而死者愈多；若責之償，則士卒貧窘，何由得錢？臣愚以為待其死而責其償，不若先其生而為之備。凡有受馬者，請如周制，書其年齒毛色，及其原價，而又量其材質之高下肥瘠，併書之冊，其馬有死者，誠瘠且老，則不責其償，若其馬寔壯而齒未老，馴致瘦損而死者，則責其同伍者合力償之。同伍有先首及其督責之寔狀則免其人，而惟責償所受者。與夫其馬因公事而死，及其人本善調息，而馬忽然不意暴死者，皆不在償數。此外又立為馬病及瘦損豫告醫治之法，其馬寔病而死，非由人致，醫證明白，亦不償。

明 徐恪《寬民力以修馬政疏》《明經世文編》卷八一 臣聞兵政莫急于馬，然養馬者民，故欲修馬政，必先寬民力，則民得安生，而馬亦藩息矣。苟不恤民之憊，而惟馬之求，臣恐二者俱失，非計之得也。謹按河南開封、衛輝、彰德三府，自正統十一年始寄養馬，各年起俵備用印記搭配買補賠償，俱與北直隸、山東無異，但直隸論粮養馬，每一丁養兒馬一匹，三丁養騍馬一匹，就免應納稅粮之半，又有艸塲供其飼秣。河南論丁養馬，雖五丁養兒馬一匹，七丁養騍馬一匹，而粮差不減，止是陳州、項城縣各有艸塲，其餘州縣俱無牧養之地，加以宗支繁衍，府第眾多，但有餘地，即被奏討，合用廚役校尉禮生樂舞生齋郎等役，雖養馬之家，不免僉充，役占數多，丁力日耗，比之直隸人民，輕重不同。山東府州縣養馬，雖亦論丁，然與黃河隔遠，無墊溺之災，分封親王，不過魯德二府，而德府祿米，又係江南郡縣兼納。而河南開封所屬，迫近黃河，如蘭陽縣城，一夕墊溺，遂成巨浸。衛輝之獲嘉、新鄉二縣，南臨沁水，北枕衛河，胙城縣沙鹻盈望，生理蕭然，輝縣與彰德之安陽、湯陰二縣，西連太行，土薄石厚，磁州東有滏河，積沙成皋，臨漳縣南有漳河，泛濫不常，築堤防患，在在有之，合用人夫動以萬計。雖養馬之家，不免借倩，至于王府供億，尤為浩繁，皆本省出，又無江南郡縣之助，比之山東人民，勞逸不同。所宜深恤民隱，量分等則，乃與北直隸、山東通例筭駒，況孳牧種馬，一有倒失，隨即買補，相因無窮，孳生馬駒，今年印記，明年搭配，又明年筭駒，相繼不絕。筭駒之中，有定駒而未成者，有顯駒而墜胎者，總為虧欠，俱在賠償。官吏畏責，未免追併，小民賣田產、鬻男女以充其數，苦不可言。且買補之例，本為防奸立法，然倒失之中有老病而自死者，虧欠之數亦有墜胎而未成者，事非得已，情或可容，論者拘于舊例，皆謂馬政宜然，不思寬民之力，則民得安生，而馬亦番息，尤馬政之善者。臣嘗伏覩成化元年十一月二十七日恩詔，明載各處孳生種馬，三年用一駒，永為定例，中外臣民，罔不胥慶。曾未幾何，又以臣僚建言，仍復二年一駒之例，有孤先帝子惠困窮之心，甚可惜也。矧今河南旱澇之餘，瘡痍未復，所在荒涼，又非別省富庶之比，若不因時變通，預為休息，誠恐民不堪命，愈益流移，其于馬政，不無有虧。伏望聖明軫念河南不係原坐養馬地方，特敕該部計議，合無將開封等府州縣原寄養孳牧馬匹，俱以弘治四年見在之數定為原額，仍照先奉詔書，三年一駒，永為定例，每年該俵備用馬匹。比之北直隸、山東，亦乞量為寬減，照依南直隸事例，每匹折納價銀拾兩，若種馬年至一十五歲以上，因病倒死，即申太僕寺分管寺丞，驗實變易，價銀入官，于在羣兒馬騍駒內給與領養，免其賠補。其虧欠馬駒，若係墜胎而未成者，亦行本寺分管官勘明，每匹量追銀二兩或三兩，傾成大錠，轉解本寺，收候買馬，以備緩急調用。庶幾與北直隸、山東輕重相得，勞逸相停，民力稍寬，而馬政亦無不舉矣。

明 楊一清《關中奏議》卷三《一爲修舉馬政事》 兵部覆，本部車駕司案，呈奉本部，送於兵科抄出，欽差總制陝西延綏寧夏甘肅等處邊務、兼督理馬政、都察院右都御史楊題，查得臣節該欽奉勑諭：『陝西設立寺監衙門，職專牧馬，先年邊方所用馬匹全藉於此，近年官不得人，馬政廢弛殆盡。今特命爾前去彼處，督同行太僕寺苑馬寺官專理馬政，爾須查照兵部奏准事理，查究國初成法，親歷各該監苑，督委都、布、按三司能幹官員，踏勘牧馬草場，果有侵占者，即令退還；查照養馬軍人，果有逃亡者，即令撥補。見在種兒、騍馬實有若干，設法增添，務足原額。倒死虧折馬駒，隨宜追補，量為分豁。布置已定，責令該管官員用心牧養，其西寧等處各茶馬司茶易番馬，甚濟國用，近來亦漸虧耗，今併付爾整理。爾須一新舊規，務令茶課充盈，私販息絶，番人樂歸官市，番馬實充廐牧。欽此。欽遵。』弘治十六年八月內，臣到於陝西地方，親詣苑馬寺兩監六苑，查得牧馬草場原額一十三萬三千七百七十七頃六十畝，見在止六萬六千八百八十八頃八十畝，其餘俱被人侵占；原額養馬恩隊軍人一千二百二十名，見在止有七百四十五名，其餘俱逃故未補；點視得見在牧養兒扇、騍馬并孳生馬駒止有二千二百八十匹。竊歎馬政之廢，至於如此。夙夜兢惕，不遑寧處。委用都、布、按三司能幹官員講求故典，更新興舉，奏黜卿寺不職官員，仰荷廟謨獨斷，以布、按二司參政、副使、僉事等官薦補卿、少卿員缺，大改弦轍，一新政令。查得見今六苑清出實有草場荒熟地共一十二萬八千四百七十三頃一十一畝八分九釐六毫，清勾撥補招募改編等項見在軍人二千三百四十三名，銀買茶易追補孳生等項馬匹并駒，除節經俵給延綏、寧夏、固原等處軍人外，正德元年十二月終，實在馬并駒共一萬一千八百七十一匹，修完馬營城堡共一十九處，衙門倉厫馬廐屋宇共四千一百餘間，選設操丁一千名，給與盔甲弓矢，委官提督操練，無事之時，不妨牧馬，有警之際，隨宜調用。又奏開武安苑草場地二千九百六十六頃，招募改編等項軍人三百四十五名，及查得用過錢糧，奏給太僕寺馬價銀五萬兩修理馬營城堡，用過銀八千兩，收買種兒、騍馬用銀一萬七千七百四十八兩六錢，共用過銀二萬五千七百四十八兩六錢。此外馬價銀二萬四千二百五十一兩四錢，節奉兵部明文，收買延、寧、甘肅三鎮戰馬給軍騎操，餘剩銀兩仍在平涼、鞏昌、河州、西寧官庫收貯。及照西寧、洮河三衛茶馬舊規廢弛年久，官茶無積，私茶盛行，節年巡茶御史止將漢中等處地畝課茶共二萬六千八百餘斤兼搭巡獲私茶，每歲不過四五萬斤，以此招番易馬，多不過數百匹至千匹而止，事勢使然，無可奈何。查得弘治十年起至十五年止六年之間，巡茶御史共易過兒扇、騍馬五千四十三匹，且西番以畜牧為生，每歲孳息馬匹盡為私販所得，而我邊兵缺馬，奏討太僕寺馬價及朋合、地畝、樁頭等項銀兩髙價易買，所補不過三分之一，餘皆軍士貼備自買，至於破産鬻兒，苦不可言，行伍彫耗多由于此。臣仰遵聖諭，嚴禁私販，廣積官茶，申明舊制，招調遠近番人，仗天之威，諸番雲集，爭以所畜馬匹來聽收易。查得弘治十六年御史李璣易馬將完取回，臣接管三衛，共易過馬二千四百八十八匹，弘治十七年易過馬六千三百四十三匹，弘治十八年易過馬四千二百九十八匹，正德元年易過馬五千九百四十八匹，總計四年，共易兒扇、騍馬一萬九千七十七匹，除寄養未解及沿途倒死不開外，陸續給過各鎮兒扇馬，延綏共五千六十二匹，寧夏共四千五百一十三匹，甘肅共三千三百一十一匹，固、靖、蘭州、平涼等衛所共一千五百五十六匹，解發苑馬寺牧養騍馬共三千六百九十五匹，而銀買之數不與焉。計今三茶馬司處置見在茶斤，河州、西寧俱三十餘萬，洮州一十五萬有餘，儘勾今年明年易馬之用。前項事情俱節經造冊具本奏報外，臣仰惟國之大事莫急於兵，兵之大要莫先於馬。陝西、延寧、甘肅皆防邊重鎮，節因邊疆告警戰馬缺乏，荷蒙孝宗皇帝采納廷議，專設風憲重臣督理馬政，臣猥以庸劣，適當任使，後因茶法與馬政係是一事，該兵部題，奉欽依，將巡茶御史取回，命臣兼理茶馬，顧廢墜既久之事更新興舉，事勢頗難，凡所規畫處置，皆遵奉明命，盡臣之心，不敢有遺慮，竭臣之才，不敢有遺力。今草場地復，牧軍數增，城堡相望，苑廐羅列，孳牧之規、稽考之法粗皆就緒，將來雖不敢望如雲錦成羣之盛，其於陝西三邊戰馬每歲俵給，不為無補。至於招番一節，雖未嘗明復金牌之規，而實坐收茶馬之利。查得洪武、永樂年間金牌舊例，三年一次，番人該納差發馬一萬四千五十一匹，價茶先期於四川保寧等府運送一百萬斤，四川軍民運赴陝西接界去處，交與陝西軍夫轉運各茶馬司交納，轉輸數千里，所費不貲。宣德、正統以來，為因邊方多事，運糧為急，勢不能行茶馬，停止六十年來，莫之能復。如臣近所收易番馬，以三年計之，似過其數，所用茶斤皆招商買運，不煩軍民轉輸，故邊方既得實用，而內地若罔聞知。凡此皆臣職分內事，非敢自陳功伐，但念天下之事，創作者必專而後成，交承者必守而無失，臣受命之初，責任最專，易於集事，自兼巡撫以來，顧此失彼，已不如前。比者復蒙皇上加任總制，調度軍馬，經理邊方，責任重大，其於監牧茶馬之政，勢不能及。惟是規置粗定，禁令已行，分官代理，幸不廢墜。然歲復一歲，趍下之勢恐所不免。懼隳前功以貽後責，況臣未老而衰，近來百病交作，心雖自强而力已不勝，方將瀝血以陳，冀遂乞骸之願，獨交承之慮實嬰懷抱，不得不言。臣切惟馬政茶法事體委實相須，先年陝西行太僕寺、苑馬寺馬政俱該陝西巡撫兼管，而茶馬則巡茶御史主之。巡撫政務繁多，馬政一事實不經意，而茶司所易良駑，莫究騎操，所給登耗，不聞本末，始終茫不相攝，虛名無實，亦勢使然。頃設督理馬政之官，兼總數事，茶司之所易，即監苑之所牧，監苑之所牧，即官軍之所給，非惟不相悖，而反相為用，故臣之不才亦得稍效其愚。此後督理之官恐難復設，若令陝西巡撫帶管，不無仍蹈舊轍，莫若復巡茶之官而兼理之為便。如蒙乞勅該部參詳議擬上請，合無仍設巡茶御史一員，會同部院務選年深老練實心幹事之人，或三年或二年一換，請勅兼理馬政茶法二事。陝西行太僕寺、苑馬寺官員專聽本官提調約束，各衙門不必干預。凡臣已經布置規畫，奏有成命，一切事宜非有大礙不必立異更張，庶幾事有定規，人有定志，可大可久，為益實多。臣雖退伏草野，與世長違，亦有榮矣。臣不勝惓惓體國之至，具本該通政使司官奏。奉聖旨：『該部知道。欽此。欽遵。』抄出送司議奏。間准户部陝西清吏司手本，為查理差官巡茶事，該本部議擬具題，奉聖旨：『是。還差御史一員去，一年滿日，將交易過茶斤馬匹數目明白開奏，不許虛應故事。欽此。』查得弘治十六年，該南京科道官徐蕃、夏璲等各奏，為一事權以修邦政等事，開稱茶馬係是一事，往年馬政兼於巡撫，茶課委之御史，體統不一，弊端由起。欲將巡茶御史取回，一應首尾，悉皆責成於都御史楊一清等因，本部議擬，具題，節該奉孝宗皇帝聖旨：『是。欽此。』又查得弘治十八年。該都御史楊一清題為修復茶馬舊制以撫馭番人安靖地方事，本部議得，合無再行本官審勘，務要察番情之向背，邊事之繁簡，度時審勢，議處停當，具奏定奪等因。題奉聖旨：『是。欽此。』俱經通行欽遵訖，今該前因及查得奏內所開清復牧地、招改恩軍、修理馬營城堡、開設苑廐衙門、收買追補種馬、并茶易番馬等項事宜，俱與本官節次奏報相同，案呈到部，臣等看得，都御史楊一清自承欽命以來，督理馬政未及四年，簡賢任事，深探廢弛之原，竭力殫思，懋著更新之績，草場既復，牧馬亦增，城堡環相望之雄，苑廐成羅列之美，孳牧有方，稽考有法，若金牌雖未復乎舊規，而茶馬則大獲乎新利。創始既已有功，交承又思無失。欲照舊例仍設巡茶御史一員兼理馬政，足見本官始終為國經畧遠圖之意。及照監苑所牧，委與茶司所易同一馬政相應兼併，近該户部既已題准，復差巡茶御史。合無依其所擬，將一應馬政併赴巡茶御史兼管，候命下之日，本部移咨都察院無拘點差巡茶御史舊例，務選年深老練、曾經巡按、著有風力御史一員請勅前去管理，其陝西行太僕寺、苑馬寺等官俱聽本官提調約束，撫按等衙門俱不許干預；至於草場、牧軍、城堡、苑廐凡經都御史楊一清布置規畫、奏有成命者，本官務以協心濟美為能，毋以立異更張為尚，必使牧馬既蕃，茶馬亦盛，人已可行，華夷兩便，前有光於創始，後無病於繼承。一年滿日，仍將孳牧茶易馬匹及堆積茶斤就以接管，都御史楊一清見在之數立為舊管，續以新收、開除、實在行欵，并給俵寄養數目、行過因革政蹟逐一從實造冊奏繳，仍造青冊一本送部，自後繼承悉照此例，庶幾查考有據，功蹟可稽。緣係併行巡茶御史兼管馬政，及奉欽依：『該部知道。』事理未敢擅便，正德二年四月二十二日，本部右侍郎韓重等具題，本月二十四日，奉聖旨：『是陝西一應馬政都著巡茶御史兼管，務要著實奉行，不許視常怠玩。欽此。』

明　湛若水《格物通》卷八四《馬政》　國朝洪武三十年乙巳，曹國公李景隆還自西蕃。先是，命景隆賫金符往西蕃以茶易馬，凡用茶五十餘萬斤，得馬一萬三千五百一十八匹，至是還命分給京衛騎士操養。臣若水通曰：《周禮》夏官卿掌兵而以司馬名之，是兵戎之用在於馬，古先王未嘗不以此為重也。欲修馬政，必聖人在上盡人之性，而有以盡物之性，又必得同心一德之臣以分職於下，則芻牧有道而生育蕃息矣。我皇祖拳拳留意於馬政，兼用前代之善，在內地則散於民，即宋户馬之令也；在邊地則牧於官，即唐監牧之制也；至於川陝又有茶馬之設，豈非宋之市於夷者乎？令臣賫符以茶易馬於西蕃，歸則分給京衛騎士操養，可謂得之不費而處之有方矣。夫戎人得茶不能為我害中國，得馬足以為我利，其潛移默奪之機則密矣。但承平日久，法玩弊生，詰爾戎兵，亦聖學中之一事也。伏惟聖明體皇祖立法之心，為國家先事之圖幸甚。

又　國初都金陵，設太僕寺于滁州，其後定都于北，又設太僕寺于京師。凡兩淮及江南馬政則屬于南，其順天等府暨山東、河南馬政則屬于北。其後又用言者，每府州若縣添設佐貳官一員專管馬政，在外設行太僕寺於山西、陝西、遼東凡三處，苑馬寺亦三處，陝西、甘肅各轄一監二十四苑，遼東僅一監二苑焉。內地則民牧，以給京師之用；外地則官牧，以給邊方之用。又於四川、陝西立茶馬五司，以茶易蕃戎之馬，亦用以為邊備。臣若水通曰：此我朝國馬之制也。夫國之人事莫大於戎，戎之所急莫急於馬。故我朝於戎馬之政尤甚詳焉。其地屬有南北，各以其便，以茶易馬又有其法，自内及外，周悉詳備，此馬之用所以無乏絶也。然今之蕃育生息不知能如國初之盛者乎？其所司之官不知能如前之得人乎？修廢振弊，惟在聖明之一心爾。

明　唐龍《漁石集》卷二《馬政志序》　陝西阻守三邊，撻伐諸虜，張蹶之武不如騰槽之利，曲踊之衆不如超乘之捷，甚矣哉。馬政不可不講也，厥初散茶懸令，招易有質；畫壤除苑，孳牧有場；分寺置卿，點視有正。揆序協則，典守備官，十乘啟戎，三驅敵愾。胥於是乎出焉。夫木槁而蠹生，防缺而流靡，法玩而弊滋，私販廣則招易廢，場利侵則孳牧寡，周歷怠則點視疏，是故茶弛其禁，苑逸其丁，馬耗其額，軍墮其實，噫！弊矣！成化間，乃設憲臣以司察之，布法宣典，用正諸枉，未之有改也。嘉靖癸未，侍御史陳子子學扶命而至，本于忠勤，紀以張之，儒以賁之，周防盡制，功用蔚興，且逖蒐舊章，旁纂遺緒，櫝而為志，以觀久遠。苑卿郭子孟威式崇修復之令，乃刊而布之，慨自方冊既設，紀載斯具，其來遠矣。奈之何去其籍者則數數然乎？是故夏禮無證，周制不存，古昔有遺憾焉，而況于今耶？斯志行，則測本以求端，舉要以崇實，申禁以防末，鉤法以補弊，廣效以興利，咸秩秩然有在矣。猶曰政之不舉而廢墮，是憂豈其然乎？吾聞收圖籍者，忠益則深，條便宜者，總理尤密。夫志猶夫是也。執事者盍慎鑒焉！

明　謝汝儀《救偏弊以裕馬政事》《明經世文編》卷一六八　一曰差御史以專督察。臣伏覩祖宗養馬之制，州縣有判官縣丞，或主簿一員以管理，每府有通判一員以揔理,又量地方各設太僕寺寺丞一員以分管比較,法誠備而善也，今之馬政日以就壞，何哉？正緣州縣管馬之官，貪汙者多，利馬之死，不利馬之生。一遇倒失，按月收其常例，謂之令補。民苟目前，私圖便益，習染成俗，在在不免，如此而欲馬政之修于州縣難矣？府之通判，較之州縣之官識廉恥，顧行檢者尚多，其弊亦有二焉，柔懦無用者，恐點馬之起謗，愒日玩時，通不查理，知事而情深者無以官專諉之，曰我盡心所事，無復知者。專務諂悅上官，營求別委，或問理刑名，或追併錢糧，用以干名，覬望旌獎，已之職業若秦人之視越人，置肥瘠于度外，官以馬為名，謂之何哉？如此而欲馬攻之修于通判，難矣。乃若太僕寺寺丞之官，責重而權輕，事多掣肘，行之不易。每年出巡比較，兩運備用馬匹，怕不及之是懼，何暇復追種馬，勢固有不及也。況備用不完，年終有類參之例，種馬則無追補之期，吃緊于彼而優游于此，固宜耳故倒死既多。一遇差官印烙之年，各該州縣同時比併，買補買者既多，價值自貴，乘時射利之徒以致富，而百姓囊橐，罄然一空，鬻及子女者有之。及印烙一過，上下帖然，以為無事，作賤者任伊作賤，倒死者利其倒死，凡此弊之在今日者也。臣愚以民財可惜，邦本宜慮，為今之計，合無遵照成化初年事例，每年南北直隸，各差御史一員，河南、山東添差御史一員，一年一次，領敕更替接管，協同各太僕寺寺丞督理種馬，提調生駒，遇有倒死，即令馬戶以時買補。惟是點烙輪該年分之官，請印照常點烙，如州縣官員，仍前貪污，管馬通判，荒廢本業，與各條所言情弊，逐一訪察禁約，應提問者提問，應參究者參究，庶馬政有益，而餧養得專，官吏知務，而奉法惟謹，則其為寺丞者亦有所藉無復掣肘，蓋寔有所相濟，而非有所相妨。此條舉馬政第一義也。一曰量解駒以示勸懲。臣伏惟種馬之養，正欲其羣蓋孳息，生駒起解，以備邊用。歷考祖宗之時，成化以前，每騍馬一匹，俱是每二年納駒一匹，數不及者，各該管馬官員俱有提問降級之例。時承平則法易湮，法易湮則官易怠，平日無提調之方，臨時無追罪之計，而紙上裁桑之弊興焉。如張三原馬未生駒，預行報生某駒，及駒生毛色不同，遂置無用，不免別買以務合冊。民由是不堪，多作倒死。弘治六年，遂有倒失馬駒，徵銀三兩，虧欠徵銀二兩之例，此例施行，而馬政壞矣。何者？每駒一匹而餧養三年，方可起解，草料之費至少不下十兩，水草牧放又用一人主之，孰若納銀費少而事輕哉？故當羣蓋之時，將兒騍馬分布別用，絶其生意，間或種馬有孕，百方衝落，求為虧欠，不過納銀二兩。或一生駒，致令倒失，納銀三兩。輪當點烙之年，官吏懼罪，逼追小民臨時買駒，多是如豺如狗，充數塞白，有駒之名，無駒之實。正德二年，御史王濟題奉欽依，每年每馬一羣朋合，買備用大馬一匹起解，不必較其駒之有無。有好駒起俵變賣，悉聽自便。所謂變而通之，此例之行似甚便也，但自是以來，種備二馬，判不相維，有司每年止是比較買馬起解，更不提調生駒種馬，若無用之物，無駒亦不查究，有駒任意作踐，故建議者有以不必養種馬言者，有以但徵銀解部召商上納為言者，此皆徒見末流之弊，而不求其始，有乖祖宗立法之意。但勢至于此，而必有以處之之計。臣所點烙馬匹，共該八萬八千五十九匹。每日草料馬一分，歲用財三十一萬七千一十二兩四錢,況一倍再倍而不止者。惡可浚有限之脂膏，養此無用之贅物哉！此弊之在今日者也。臣愚以為州縣買解之馬，非從天降，非從地出，俱民間所養，豈私馬生駒而官馬獨無哉？昔之弊也在無駒為有駒，今之弊也在有種若無種，勸懲不明，民心日懈耳。為今之計，合無申明舊制，參照新例，請自嘉靖三年為始，嚴督各該管馬官員，務要提調生駒，如三年之內，一馬生有三駒者，內揀其一駒起俵，一駒給馬頭以賞其勞，一駒同貼戶變賣。起俵之時，仍照例一戶有馬，三戶幫價馬頭，眼同貼戶，隨丁田多寡分用。若止生一駒二駒，馬頭不必給駒，于變賣銀內隨宜以多坐之。其起俵之駒，仍照弘治九年事例，齒少力強，不及四尺，亦為准俵。若能設法使民知養馬之利，則俵馬之害息矣。以視優異為勸，如此則民知有養馬之利矣。三年之中，一匹全不生駒者，其該幫各馬起解之價，務要一時追給，一羣全不生駒者。買俵大馬，務要四尺以上，稍不及亦不得准俵。仍將羣頭馬戶，各枷號一月，問擬發落，或罰空腹銀二兩為戒。如此，則民知所懲矣。各該管馬官員，申明提問降級之例，生駒不及，不許考滿并轉遷。若有前項紙上裁桑之病，許被害之人陳告。行之數年，生駒既多，流布民間，不惟牧馬之易，而祖宗良法美意，庶幾復矣。一曰定羣長以明法意。臣惟祖宗養馬之制，慮馬之多，水草羣蓋，或不能皆以其時，騎使作踐，恐稽察之不及，于是乎量為多少，立有羣長，所以都其事而察其弊。又懼乎馬之病，即人之病，其弊之多橫死可惜也，于是乎羣長之下，又立獸醫，所以責其往來治療馬匹。立法之意，如斯而已。今有司不能講求法意，羣長常川存留在縣，跟同里老人等，朝暮打卯。中間一年一換者有之，半年一換者有之，甚至三月一換者有之。不才官吏因是利其交代，以為侵漁之計。醫獸人有一番，弓兵各官分派，侵占狡猾之徒，因而營求差使為業，甚者看馬醫獸，又有一番，額設醫獸，又有一番。看馬者多市井無賴，額設者輪流應當，故小民里長之役方滿，羣長又及，羣長之役未歇，醫獸復來。往來奔命，皆馬而已，問其本業，茫然不知，有司亦不以其當為者責之，此其弊之在今日者也。臣伏覩洪武二十八年事例，每馬五匹立羣長一人，每羣長下選聰明子弟二三人，習學醫獸，看治馬匹。永樂十八年事例，每馬十匹立羣長一人。成化八年事例，各處醫獸每州額設二名，每縣一名，歲終更替。欽此。依臣所歷州縣查之，大約直隸者每馬五十匹立一羣長，在山東者每馬五羣立一羣長之處居多，惟直隸河間一府、河南開封三府最為參錯不齊，順德邯鄲一縣種馬止有五百九十五匹，羣長乃有二十九名之多。至若醫獸，雖馬少州縣亦有四五六名，是成化八年之例未嘗行也。所以然者，州縣之大馬常至一千之上，槩以一二名限之，顧東失西，更濟何事。又況起解大馬，中途恒用一二醫獸跟押看治，勢不可得而行也。為今之計，合無將羣長遵照永樂十八年事例，通行有馬州縣，定為五十匹立羣長一人，一年方許更替一次。中間參錯不齊者，通行改正，使其常川在鄉，往來調督。各該馬戶羣蓋以時，務要生駒。若有將馬耕田耕地使車，賃傭與人等項作踐者，具呈州縣從重究治。獸醫各肄定業，成者一人，專以看治馬匹。州縣多寡降殺，市井無籍，與輪流充當等項，一切革去，仍敕各該州縣，止許朔望點卯一次，于羣長責其半月之中，提調羣蓋，過定駒馬若干，各該作踐馬匹人戶若干，于醫獸責之半月之中，醫過馬若干，致倒失馬若干，各該官員親筆填註登簿，季點時視。若報定駒而致落胎者，罪及馬戶，若未曾舉呈，驗其脊破筋傷者，罪及羣長。醫獸則以療之多寡，定其勤惰，能修其業，復其本身，若療無狀，另行更換。如此，則彼知本分之當為，而咸思勉矣。若州縣官吏，仍常川拘留在縣役替等項，許被害之人陳告，問擬違制，庶幾職業不妨，馬政可修矣。一曰擬餘地以補逃絕。臣惟直隸養馬之例，每地五十畝養一兒馬，百畝養一騍馬，此外又有餘地，有白地。何謂餘地？假如一縣原有養馬地百頃，通以騍馬計之，算該領馬一百匹。若止養九十匹，其剩下十頃者，聽其養馬，餘地之謂也。何謂白地？直隸之地，有例不起科者，以不起科之地，通融養馬徵粮地內牧兒馬，名為五十畝、百畝者有之，騍馬名為百畝，二頃三頃者有之，牧地之謂也。使此地俱存，馬何累哉？但編簽之時，各有官員假手書吏，得過之家營求撥為餘地，貧窮下戶湊合養馬餘地之費，每年每畝出銀一二分。若養馬一年，至少亦費銀一錢。又況餘地有徵銀之名，無解銀之寔，而養馬草料，日不可無，買馬坐派，歲不能免，故狡猾者束手傍觀，而小民日以累窮，即此由耳。故一時追馬禁急，或將養馬畝地，捏作白地出賣，或受累不過，舉家逃移，有馬頭逃而累及貼戶者，有貼戶逃而累及馬頭者，往往皆然，故地之見在者無幾。臣又訪得各處風土，多係村落自相排擠，如第一社原編馬五十匹，今雖戶口消耗，不能減少。如第二社原養馬二十匹，今雖人戶蕃息，馬不增多。夫州縣之馬，固有額設，彼亦烏常有一定哉？皆狡猾之徒，以此藉口恐嚇官吏，而苟祿少剛之徒，生民之困，莫之省耳。此皆弊之在今日者也。臣以為見在之馬，而民已不堪，烏可復加棄餘地以贍之。濟時上策，無過如此。而司國計者，恒以軍需為辭，又恐行之未易也。為今日之計，合無通行直隸養馬州縣，逐一查勘原係養馬地土，至今逃絕共若干，即今見在餘地人戶，照數撥補。仍點此社不足，彼社得以補之，不得自相排擠，偏累靠損。而各該逃亡之地，仍編入餘地內，候逃戶復業，照常徵銀解寺。或軍需緊急之時，暫令里甲賠納，亦輕少易辦。如此狡者不得以幸免，貧窮者不至于獨累。養馬之餘地自存，小民之貧困得蘇矣。一曰謹里甲以防借撥。臣惟州縣立里甲之馬，所以應付使客，接濟往來，故十年一次，輪流應役之時，各甲名下，預行斂銀買馬，以備差撥，其來舊矣。自配立馬戶，而有司視種馬為無用之物，里甲之馬，多不查究。其間復有貪污官吏，暗受偏手，故行賣放，專一將種馬輪流差撥，月無虛日，歲無虛月，或馱載雙人，或負重行李，救死不贍，奚暇生駒？況又賠辦草料出差僱覓一人跟馬，害有不可盡述者。一為跑走所傷，瘵破中風，筋傷腿瘤，遂至倒死，又累馬戶重行買補，玩法殃民，豈忍言哉！更不止此，有兵備地方，調種馬以拿賊者有之；府佐下縣，勒種馬以擺道者有之。官吏望風，莫敢誰何。但此之害有時，而里甲之馬不足，無時得休，此亦弊之在今日者也。臣查得弘治九年事例，借撥官馬至瘦損倒死，州縣五十四，府二百匹以上，借者及管馬官各降一級，欽此。但借撥有多寡之異，致死有前後之殊，歲月既深，難于查考，禁約雖存，竟為虛文。小民忍隱而含冤，官吏違犯而無忌。為今日之計，合無備行有馬府分，嚴督府屬州縣，凡遇里長出役，各照詳前年事例，務買馬走遞，以接濟往來，該府仍將督買過里甲馬匹毛齒，每年開坐該管，寺丞處查考，如有前項侵欺賣放情弊，務要體訪，輕則問罪發落，重則指寔參奏，仍為定法。州縣官但借用種馬一匹，掌印官即以違制議罪，管馬官以廢職受罰。致損五十匹，二百匹以上者，照例送部降級。其兵備官府佐出巡，擅行調用者，一體禁革。庶幾上下有所持循，而馬可無借撥之擾也。一曰立循環以省季報。臣惟洪武榜例，凡管馬官吏，時常下鄉提調，驗看馬匹，要見定駒若干，見駒若干，明白附寫，以候太僕寺官出巡比較。正月至六月報定駒，七月至十月報顯駒，十一月十二月報重駒。凡季報原領馬為舊管，買補孳生馬為新收，事故交俵等項為開除，季終為實在，徑送太僕寺類繳，欽此。但法久而廢，定駒、顯駒、重駒，官吏通不查驗季報之冊，書吏羣頭人等遂假此以為科斂之媒，冊之費能幾何，造冊不足以清理夙弊，適足以科斂民間財物耳。凡事悉然，不止馬戶也。而一馬或斂錢百文，或倍于此，而計所費亦不貲也。況其所開報，舊管、新收、開除之數，俱是紙上彌文，千無一實。寺丞出巡，未聞查對，臣今點烙，亦無底冊可考，兩不相照。故民財徒費，誠為無用。正德二年，御史王濟，題奉欽依，每年季報之煩，盡皆減省，惟年終各府將種馬并解過備用馬匹數多寡造冊具奏，而今之季報猶在，為此例未嘗革也。臣又訪得州縣官點馬造冊，寺丞出巡造冊，凡寺府管馬官廩給柴炭紙劄，俱出馬戶，故養馬之費什一，為馬而費者怕什九，凡此亦弊之在今日者也。臣愚以為欲去其費，當去其名，而太僕寺專管馬匹，漫無稽考，亦于事體未宜。為今之計，合無酌量馬匹多寡，各府州縣，動支無礙官錢，通置循環文簿二扇，州縣簿用府印鈐記，各府簿用太僕寺印鈐。其循字簿寫開春秋月分，環字簿寫開冬夏月分。其在州縣之簿，通將印過馬匹毛齒馬頭姓名一樣開造，一留本府，一發各州縣，循去環來，按季查考，每季要見膔損若干，管馬通判輪該季點之時，府中領出存留之簿前去點視比對，開報不實，責及官吏。瘦損倒失者，責限追補，膔壯生駒者，別行庀諭。一曰明賞罰以示勸懲。修舉馬政，誠為緊切，而寺丞之出，亦止弔府簿查點，各將點過緣由，親筆填註附簿，俱不必另造點冊，虛費民財。惟倒死馬匹，非寺丞不許收補。其各府之簿不必開造馬齒姓名，止寫各州縣原額，每季膔損倒失定駒等項畧節總目，一留太僕寺，一發各府，亦循去環來，按季查考。每三夫印烙之後，方許改造一次。惟年終各府將買補過種馬并解過備用馬匹，生過兒騍駒數目，照數造冊具奏，季報之煩，各點馬冊，一切禁革，廩給柴炭紙劄等項，俱行州縣動支官銀備用。如此，絕科斂之路，民財自省，有稽考之實，馬政可修矣。倘蒙賜之施行，臣當另為圖式以獻。然臣謂倒死馬匹，非寺丞不許收補，亦有說焉。夫欲生好駒，必須種馬之良。州縣管馬官追補馬匹，非受囑容情，即通同買販，故所補償者常老弱無用，旋補旋死，大為民病。臣欲以責之寺丞，蓋量其不可至于此耳。一曰填坐派以憐交病。臣查得弘治三年會議備用馬歲取一萬，以後加派漸多，民不聊生。正德十年，奏派二萬五千匹，似于民力少寬矣，比之舊規，尚加一倍又半也。故雖馬多本折中半，派空年分，該徵本色馬一萬二千五百匹。臣訪得各州縣買解之馬，每匹用銀二十餘兩，中途草料，日費銀一錢，計又用銀四五兩。若逃亡數多，累一人賠買，一時力不能及，未免稱貸，或甚以取諸馬販，則所費又倍矣，此俵中者然也。萬一揀退，馬之草料，豈能復如前哉？致令瘦損，轉賣與人，不能如值之半，典賣產業子女，重行補俵，故解馬一次，中人之產蕩然，此外州縣買馬之受病者如此。解馬既多，寄養之人戶數少，未免差及下戶之人。所居不避風雨，馬從何地養之？未免露置于外，寒暑之欺凌，霜雪之侵薄，馬以病死，舉其產不足以償之。此猶可言，其甚者，一馬死，一馬又來，曾未幾何，死者又繼。因而逃移，或累死于獄，此畿內地方寄養之受病如此。積時累歲，倒死數多，有司難于追補，通付不省，民無所忌，頑猾之徒，因緣為奸，作踐致死，捏作倒失，而弊端百出矣。如豐潤一縣，前後發下馬一千八百一十餘匹，今見在者止一百七十有零，中間瘦病，恒又半之。其他地方雖不盡然，槩可見矣。夫州縣買解之馬，皆竭民脂膏，割其骨肉，以求充數，發其寄養曾不及鵝鴨犬豖，然言之可傷心也。臣愚以為民者國家之元氣，所係不小，中外受傷，彼此交病，似非常策，所宜憐處，此又今日之弊之大者也。臣查得十一年太僕寺清查過順天府所屬州縣免粮養馬之地，實有二萬八千九百三十八頃有餘，每地五十畝寄養馬一匹，實編過寄養馬四萬一千五百六十匹，其剩下地土今安在哉？根本之地，尤當致意者也。倘蒙賜之施行，政之偏弊不無有所補矣。

明 雷禮《南京太僕寺志》卷一《謨訓》 昔駉之頌曰：『思無疆，思馬斯臧』，蓋美古之賢君誠心以行善政，故其效有若此，非獨牧馬而已。我聖祖御龍媒以掃胡氛，建洪業，首設太僕寺于滁，董牧事，又欽定榜例，布之臣民，所以賁若草木逐，爲萬世無疆慮至深遠也。重以列聖相承，綸命煥發，莫非以塞淵之心行之，則又永繫繹思矣。敦仁培本，豈其微哉？敬紀而頌之，使臣民知所以欽若云。

明 歸有光《震川集》卷四《馬政志》 學者論官，必本周禮。周禮之書，世或疑其與周制不合，然文、武、周公之遺法，亦頗可考。至言牧馬之事，則夏官之屬曰：校人、趣馬、巫馬、牧師、庾人、圉師、馬質。其辨六馬之屬，故為天子十二閑，馬六種也。其職事，有校左右，馭夫，至於皁師，皆員選。頒良馬，養乘之。駑馬三其良之數。其政，則「齊其飲食，簡其六節。」「春，除蓐，釁廄，始牧。夏，庌馬。冬，獻馬。射則充椹質，茨牆則翦闔。」疾則乘治之。牧地則有厲禁，有駕稅之頒，有質馬之量。毛馬齊其色，物馬齊其力。「禁原蠶」。「凡馬，特居四之一。春，祭馬祖，執駒。夏，祭先牧，頒馬，攻特。秋，祭馬社，臧僕。冬，祭馬步，獻馬，講馭夫。」佚特，教駣，攻駒，散馬耳，焚牧，通淫。而呂不韋月令，季春「合累牛騰馬，遊牝於牧。」仲夏「別羣，則縶騰駒。」凡此，皆自古以來傳其法，所以能盡物之性者也。其稱「四井為邑，四邑為丘」，丘十六井，出戎馬一匹。「四丘為甸」，甸六十四井，出戎馬四匹。天子畿內方千裏，定出賦六十四萬井，戎馬四萬匹。或謂周蓋令民間養馬，考其實不然。丘甸之馬，蓋國有賦調，民自具馬以即戎。民之平日養馬，官何與焉？唯校人以下之職，乃為王馬，而天子使人自養之者也。牧師所謂牧地，皆在草莽水泉之區，若今之苑馬。然其後，天子亦不盡如其制，而自以其意使人養馬。穆王時，造父禦八駿，孝王命非子主馬汧、渭之間，皆非如周禮有一定之官也。春秋時，魯、衛弱國，而魯僖公坰牧之盛，衛文公「騋牝三千」，詩人歌頌之。秦起西北，牧多健馬。其詩曰：「駟驖孔阜，六轡在手。」又曰：『騏騮是中，騧驪是驂。』言秦馬之良也。諸侯力政，國各有馬至千萬騎。後秦並六國，馬皆入之秦。及山東豪俊起，章邯以百萬之師，數進數卻，竟以敗降，秦馬無聞焉。漢初，高祖與匈奴冒頓遇。當是時，高祖被圍白登，匈奴騎，其西方盡白馬，東方盡青駹馬，北方盡烏驪馬，南方盡騂馬，高祖以故大困。時漢馬益乏，故用婁敬之計，詘意和親。孝文、孝景循古節儉，廄馬百餘匹。孝武恃中國富盛，兩將軍出塞，殺虜八九萬，而漢馬死者十餘萬。漢亦以馬少，無以復往。其後天子為伐胡，盛養馬，馬之來食長安者數萬匹。其後大將事、驃騎將軍軍益出，漢軍馬死者又十餘萬。於是令民得畜牧邊縣，官假馬母，三歲而歸，及息什一。其後車騎馬乏絕，縣官無錢買馬，乃著令封君以下至三百石以上吏，以差出牝馬，天下亭，亭有畜牸馬。先是，天子發書，易言：「神馬當從西北來。」得烏孫馬，好，名曰天馬。及得大宛汗血馬，益壯，更名烏孫馬曰西極，名大宛馬曰天馬云。宛俗嗜酒，馬嗜苜蓿，漢使取其實來，於是天子始種苜蓿蒲萄肥饒地。及天馬多，外國使來眾，則離宮別觀旁盡種蒲萄苜蓿，極望。其後，天子下詔：深陳既往之悔，修馬復令，毋乏武備而已。孝昭詔，止民勿共出馬；罷天下亭馬及馬弩關。孝宣省乘輿馬及苑馬，以備邊郡三輔傳馬。至元、成之世，數詔減乘輿馬。光武中興，官皆省並，太僕獨置一廄，後置左駿令。和帝省減外廄，及涼州諸苑馬。其後世，承華、騄驥廄馬亦萬匹矣。漢馬莫盛於孝武之世，至以伐胡，馬遂大耗，故為假馬母歸息諸一切法，此後世民養官馬之始也。然不久而罷。漢太僕所領，若車府、路軨、騎馬、駿馬、龍馬、閑駒、騊駼諸監廄，皆內馬也。邊郡六牧師苑，及漢陽流馬苑，此皆在外，而諸牧師苑分在河西六郡中。北地靈州有河奇苑、號非苑；歸德有堵苑、白馬苑；鬱郅有牧師苑；襄平有牧師官；鴻州有天封苑；太原有家馬官；其後又置越嶲長利、高望、始昌三苑；益州有萬歲苑；犍為有漢平苑：皆太僕屬也。魏、晉以後迄於隋，天下變故多矣，兵亟用，而馬政未有聞。惟獨魏馬，自世祖平統萬，乃以秦、涼以西水草豐美，用為牧地，馬大蕃息，至有百餘萬匹。高祖置牧河陽，常畜戎馬十萬匹，每歲自河西徙牧並州，稍復南徙，而河西之牧愈蕃。故天下稱魏馬之盛。唐尚乘掌天子之禦，左右六閑。一曰飛黃，二曰吉良，三曰龍媒，四曰騊駼，五曰駃騠，六曰天苑。總十有二閑，為二廄，一曰祥麟，二曰鳳苑。每歲，河隴羣牧進其良，以供禦六閑馬。其後，禁中又增置飛龍廄。初，得突厥馬二千匹，又得隋馬三千於赤岸澤，徙之隴右，監牧之制始此。其官領以太僕，其屬有牧監、副監。監有丞，有主簿，直司，團官，牧尉，排馬，牧長；羣頭有正有副。凡羣，置長一人；十五長，置尉一人。歲課功進排馬，又有掌閑，調馬習上。初，用太僕少卿張萬歲領羣牧，自貞觀至麟德四十年間，馬七十萬六千。置八坊：岐、豳、涇、寧間，地廣千裏，一曰保樂，二曰甘露，三曰南普閏，四曰北普閏，五曰岐陽，六曰太平，七曰宜祿，八曰安定。八坊之田千二百三十頃，募民耕之，以給芻秣。八坊之馬為四十八監，而馬多地狹，不能容，又析八監，列布河西豐曠之野。凡馬五千為上監，三千為中監，餘為下監，監皆有左右，因地為之名。當是時，天下以一縑易一馬。萬歲掌馬久，恩信行於隴右。後以太僕少卿鮮於匡俗檢校隴右監牧，儀鳳中，以太僕少卿李思文檢校諸牧監使，後又有羣牧都使，有閑廄使。又立四使，南使在原州，西使在臨洮軍，東北二使皆寄理原州。其後益置八監於鹽州，三監於嵐州，有白馬諸坊，婁煩、玄池、天池之監。自萬歲失職，馬政頗廢。開元初，國馬益耗，太常少卿薑晦請市馬六胡州。王毛仲領內外閑廄，馬稍復蕃息；其始二十四萬，至十三年，乃四十三萬。天子以突厥款塞，於受降城歲與之互市，又市之河東、朔方、隴右，既雜胡馬，種馬乃益壯。天寶後，戰馬動以萬計，隧弱西北蕃。安祿山以內外閑廄都使兼知樓煩監，陰選勝甲馬歸範陽，故其兵力傾天下。肅宗收兵至彭原，搜平涼監牧，猶得馬數萬，軍以復振。及吐蕃陷隴右，苑牧馬皆沒焉。其後水草腴田，旋以予貧民，及諸賜占幾千頃。德宗命閑廄使張茂宗收故地，民失業愁怨。穆宗即位，悉復還民。太和七年，置銀川監，大氐無復開元、天寶之舊矣。他如蔡州龍陂、襄州臨漢、淮南臨海、泉州萬安，皆不足數也。漢以來牧官，後世不聞。唯唐張萬歲、王毛仲，此兩人名最著，而馬特盛。議者以為唐得人專其職也。初置監牧秦、渭二州北，會州南，蘭州狄道西，蓋跨隴西、金城、平涼、天水四郡之地。漢志云：武威以西，本匈奴昆邪王、休屠王地，習俗頗殊，地廣民稀，水草宜畜牧，故涼刑之畜，為天下饒。皆唐之牧地之所苞絡也。五代戰爭，養馬之政莫紀。宋太祖初置左右飛龍二院，以二使領之。後改為天廄坊，又改為騏驥院，以天駟監隸焉。真宗鹹平三年，置羣牧使。景德二年，改諸州牧龍坊悉為監。在外之監十有四，置羣牧制置使及羣牧使副都監判官：廄牧之政，皆出於羣牧司，自騏驥院而下，皆聽命焉。諸州有牧監，知州、通判兼領之。先是，五代監牧多廢，太祖始置養馬二務，又興葺舊馬務四，遣使歲市邊州馬，閑廄始備。太宗得汾、晉、燕、薊馬四萬二千餘匹，始分置諸坊。國子博士李覺言：「冀北燕代，馬之所生。胡戎之所恃也。制敵以騎兵為急。議者以為欲國之多馬，在乎啖戎以利，而市其馬。然市馬之費歲益，而廄牧之數不加者，失其生息之理也。且戎人畜牧轉徙，馳逐水草，騰駒遊牝，順其物性，所以蕃滋。其馬至於中國，縶之維之，飼以枯槁，離析牝牡，制其生性，玄黃虺潰，因而減耗宜然矣。古者因田賦出馬，馬皆生於中國，不聞市之於戎。今所市戎馬，直之少者，匹不下二千，往來資給賜予，復在數外，是貴市於外夷，而賤棄於中國，非理之得也。今宜減市馬之半直，賜畜駒之將卒，增為月給，俟其後納馬則止焉，是則貨不出國而馬有滋也。大率牝馬二萬，而駒收其半，亦可歲獲萬匹。況夫牝又生駒，十數年間，馬必倍矣。昔猗頓窮士也，陶朱公教以畜五牸，乃適西河，大畜牛羊於猗氏之南，十年間，其息無算。況以天下之馬而生息乎？」太宗嘉之。仁宗慶曆中，知諫院余靖言：「詩、書以來，中國養馬蕃息，不獨出於夷狄也。秦之先，非子居犬丘，好馬及畜養息之，周孝王召使主馬於汧、渭之間，馬大蕃息。犬丘，今之興平；汧、渭，今之秦、隴州界也。衛文公居河之湄以建國，而詩人歌之，曰『騋牝三千。』衛，則今之衛州也。詩人又頌魯僖公能遵伯禽之業，亦云『駉駉牡馬』。魯，今兗州。左氏云：『冀之北土，馬之所生。』今鎮、定、並、代也。漢太原有家馬廄，一廄萬匹，又樓煩玄池出名馬，即今之並、嵐、石」隰也。唐以沙苑最為宜馬，即今之同州也。開元中置七坊四十八監，半在秦、隴、綏、銀，皆古來牧馬之地。臣竊見今之同州及太原以東衛、邢、洺，皆有馬監，其餘州軍牧地七百餘所，乞令羣牧使都監判官分往監牧舊地，相度水草豐茂，四遠牧放。依周官、月令之法，務令蕃息。別立賞罰，以明勸沮。庶幾數年之後，馬畜蕃盛。」皇佑五年，丁度上言：「天聖中牧馬至十餘萬，其後言者以為天下無事，而事虛費，遂廢八監。然而秦、渭、環、階、麟、府州，太山、保德、岢嵐軍，歲市馬二萬二百，才能補京畿塞下之闕。自用兵四年，而所市馬才三萬。況河北、河東、京東、京西、淮南籍丁壯為兵，請下令，有能畜一戰馬者，免二丁，仍不升戶等，以備緩急。如此，國馬蕃矣。」言不果行。至和二年，羣牧使歐陽修言：「今之馬政，皆因唐制，而今馬多少與唐不同者，其利病甚多，不可概舉。至於唐世牧地，皆與馬性相宜。西起隴右、金城、平涼、天水，外洎河曲之野，內則岐、豳、涿、寧，東接銀、夏，又東至於樓煩，此唐養馬之地也。以今考之，或陷沒夷狄，或已為民田，皆不可復得。惟聞今河東路嵐、石之間，山荒甚多，及汾河之側，草地亦廣，其間草軟水甘，最宜牧養。此乃唐樓煩監地也，可以興置一監。臣以謂推跡而求之，則樓煩、元池，天池三監之地，尚冀可得。又臣往年奉使河東，嘗行威勝以東及遼州平定軍，見其不耕之地甚多。而河東一路，山川深峽，水草甚佳，其地高寒，必宜馬性。及京西路唐、汝之間，久荒之地，其數甚廣。請下河東、京西轉運司，遣官訪草地，有可以興置監牧，則河北諸監有地不宜馬，可行廢罷。」嘉佑中，韓琦請括諸監牧地留牧外，聽下戶耕佃。遣都官員外郎高訪等括河北，得閑田三千三百五十頃，募佃，歲約得穀十一萬七千八百石，絹三千二百五十匹，草十六萬一千二百束。羣牧司言：「諸監牧地，間有水旱，每監牧放外，歲刈白草數萬束，以備冬飼。今悉賦民，異時監馬增多，及有水旱，無以轉徙牧放。」詔遣左右廂提點官相度，除先被侵冒，已根括出地，權給租佃，餘委羣牧司審度存留，有閑土，即募耕佃。五年，羣牧司言：「凡牧一馬，往來踐食，占地五十畝。諸監既無餘地，難以募耕，請存留如故。廣平廢監先賦民者，亦乞取還。」乃詔河北，京東牧監帳管草地，自今毋得縱人請射，犯者論以違制。初，真宗用羣牧使趙安仁言，改牧龍坊為監，仍鑄印給之。於是河南為洛陽監，天雄軍大名為大名監，洺州為廣平監，衛州為淇水監，鄭州為原武監，同州為沙苑監，相州為安陽監，澶州曰鎮寧，滑州舊龍馬監曰靈昌。通國初，內有騏驥兩院，天駟四監，天廄二坊，及上下監；外則河南北為監者十四。昔掌於羣牧司。幹興、天聖間，下兵久不用，於是河南諸監皆廢。其後議者謂：「河南六監廢，京師須馬，取之河北，道遠非便。」又乃詔復洛陽、單鎮，以牧河北孳生馬。其後復廣平監，以趙州牧馬隸之。又以原武為單轅，移於長葛。蓋自宋興以來，至於仁宗，天下號稱治平，而法度常至於不能振舉，而馬政亦多廢。神宗以王安石為相，銳然有志於天下之治，遂多所更張。熙寧以來，乃有保馬、戶馬，其後又變而為給地牧馬。初，神宗患馬政之不善，詔曰：「方今馬政不修，更無著効，豈任不久而才不盡歟？是何監牧之多，吏之眾，而乏才之甚也？昔唐用張萬歲，三世典羣牧，恩信行乎下，故馬政修舉，後世稱為能。今上自提總官屬，下至坊監使臣，既非銓擇，而遷徙迅速，謂之假道，欲使官宿其業而盡其能，不可得也。今當簡其勞能。進之以序。自坊監而上，至於羣牧都監，皆課其功而第進之，以為任事者勸焉。」於是樞密副使邵元請以牧馬餘田修稼政，以資牧養之利。而羣牧司言：「馬監草地四萬八千餘頃，今以五萬馬為率，一馬占地五十畝，大名、廣平四監，餘田無幾，宜且仍舊。而原武、單鎮、洛陽、沙苑、淇水、安陽、東平等監，餘良田萬七千頃，寸賦民以收芻粟。」從之：已而樞密院又言：「舊制，以左右騏驥院總司國馬，景德中，始增置羣牧使副都監判官，以領廄牧之政，使領雖重，未嘗躬自巡察，不能周知牧畜利病，以故馬不蕃息。今宜分置官局，專任責成。」乃詔河南北分置監牧，以劉航、崔臺符為之。又置都監各一員。其在河陽者，為孳生監。凡外諸監，並分屬兩使，各條上所當行者。諸官吏若牧田縣令佐，並委監牧使舉劾。事隸樞密院，不領於羣牧制置。時上方留意牧監地，然諸監牧緺皆寬衍，為人所冒占，故議者爭請收其餘姿，以佐芻粟。自是請以牧地賦民者紛然，而諸監尋廢。乃選其善馬，而此其餘馬皆斥賣，收其地租，以給市易本錢。是時諸監既廢，仰給市馬，而義勇保甲馬復從官給，朝廷以乏馬為憂。先是，河北察訪使者曾孝寬言：「慶曆中，嘗詔河北民戶以物力養馬，備非時官買，乞參考申行之。」於是始行戶馬法。元豐三年春，以王拱辰之請，詔開封府界、京東西、河北、陝西、河東路州縣，戶各計資產市馬。坊郭家產及三千緡，鄉村五千緡，若坊郭鄉村通及三千緡以上者，各養一馬；增倍者，馬亦如之；至三匹止。馬以四尺三寸以上，齒限八歲以下。及十五歲，則更市如初，籍於提舉司。於是諸路皆行戶馬法矣。先是，熙寧中，嘗令德順軍蕃部養馬。帝問其利害。王安石謂：

「今坊監以五百緡得一馬，若委之熙河蕃部，當不至重費。蕃部地宜馬，且以畜牧為生，誠為便利。」已而得駒庳劣，亡失者責償，蕃部苦之，其法尋廢。至是，環慶路經略司復言：「已檄諸蕃部養馬，詔閱實及格者，一匹支五縑。鄜延、秦鳳、涇原路准此。」養馬之令，復行於蕃部矣。五年，詔開封府界諸縣保甲願養馬者聽，仍以陝西所市馬選給之，而戶馬更為保馬。六年，曾布等承詔上其條約。凡五路義勇保甲願養馬者，戶一匹；物力高，願養二匹者聽。皆以監牧見馬給之。或官予其直，令自市，毋或強予。府界無過三千匹，五路無過五千匹。襲逐盜賊之外，乘越三百里者皆有禁。在府界者，免輸糧草二百五十束，加給以錢布。在五路者，歲免折變緣納錢。三等以上，十戶為一保；四等以下，十戶為一社：以待病斃補償者。保戶馬斃，馬戶獨償之；社戶馬斃，社戶半償之。歲一閱其肥瘠，禁苛留者。凡十有四條。先從府界頒焉，五路委監司經略司州縣更度之。於是保甲養馬行於諸路矣。先是，文彥博、吳充言：「三代有丘乘出馬，有國馬，國馬宜不可闕。且今法欲令馬死補償，恐非民願。」而王安石以為「令下之初，京畿百姓多自以為便，願投牒者已千五百戶，決非有所驅迫」，力請行之。時河東騎軍有馬萬一千餘匹，歲番戍邊，率十年而一周。議者以為費廩食而多亡失，乃行五路義勇保甲養馬法。繼而兵部言：「河東正軍馬九千五百匹，請權罷官給，以義勇保甲馬五千補其闕，合萬匹為額，俟正軍不及五千，始行給配。」事下中書，樞書院以為「車騎國之大計，不當專以一時省費，輕議廢置。且官養一馬，歲為錢二十七千；民養一馬，纔免折變緣納錢六千五百，計折米而論其直，為錢十四千四百，餘皆出於民，決非所願，若芻秣失節，或不善調習，緩急無以應用。況減馬軍五千匹，即異時當減軍正數九千九百人，又減分數馬三千九百四十匹，邊防事宜，何所取備？若存官軍馬如故，漸令民間從便牧養，不必以五千匹為限，於理為可。」而中書謂：「官養一馬，以中價率之，為錢二十三千。募民養牧，可省雜費八萬餘緡，且使入中芻粟之家，無以邀厚利。計前二年，官馬死倍於保甲馬，而保甲有馬，可以習戰禦盜。公私兩利。」上從樞密院議，河東騎軍得不減耗，而民馬不至甚病。六年，提舉河東路保甲王崇極言：「請令本路保甲十分取二，以教論戰。每官給二十五千，令市一馬。限以五年，當得馬六千九百十有八匹，為緡錢十七萬二千九百有五十。」詔以京東鹽息錢給之，令崇極月上所買數。於是保甲皆兼市馬矣。

七年，京東提刑霍翔請募民養馬，蠲其賦役。乃詔京東西路保甲免教閱，每一都保養馬五十匹，匹給十千，限以京東十年，京西十五年而數足。置提舉保馬官，京西呂公雅、京東霍翔並領其事。而罷鄉村先以物力養馬之令。尚養戶馬者，免保馬。凡養馬，免大小保長、稅租支移、每歲春夫、催稅甲頭，盜賊備賞、保丁巡宿凡七事。先是，西方用兵，頗調戶馬以給戰騎。借者給還，死則償直。是年，遂詔河東、鄜延、環慶路各發戶馬二千，以給正兵。河東就給本路；鄜延益以永興軍等路及京西坊郭馬；環慶益以秦鳳等路及開封府界馬。戶馬既配兵後，遂不復補。於是京東西戶馬更為保馬矣。公雅又令每都歲市二十匹，初限十五年，乃促為二年半，京西地不產馬，民又貧乏，甚苦之。八年，京東西既更為保馬，諸路養馬指揮亦罷。其後給地牧馬，則亦本於戶馬之意云。九年，提舉開始府界蔡確言：「比賦保甲以國馬，免所輸草，賜之錢布。民以畜馬省於輸稿，雖不給錢布，而願為官養馬者甚眾。請增馬數，歲止免輸稿一百五十束。」詔毋過五千匹。於是京畿罷給錢布而增馬數矣。哲宗嗣位，言新法之不便者，以保馬為急，乃詔曰：「京東西保馬期限極寬，有司不務循守，遂致煩擾。先帝已嘗手詔詰責，今猶未能遵守。其兩路市馬年限，並如元詔。」尋又詔以兩路保馬分配諸軍，餘數付太僕寺。不堪支配者，斥還民戶，而責官直。翔、公雅皆以罪去，而保馬遂罷。既罷保馬，於是議興廢監，以復舊制。詔庫部郎中郭茂恂視陝西、河東所當置監。尋又下河北、陝西轉運提點刑獄司，按行河、渭、並、晉之間牧田以聞。時已罷保甲教騎兵，而還戶馬於民。於是右司諫王岩叟言：「兵之所恃在馬，而能蕃息之者，牧監也。昔廢監之初，識者皆知十年之後，天下當乏馬。已而不待十年，其弊已見，此甚非國之利也。乞收還戶馬三萬，復置監如故。監牧事委之轉運官，而不專置使。今鄆州之東平，北京之大名、元城，衛州之淇水，相州之安陽，洺州之廣平監，以及瀛、定之間，棚基草地，疆畫具存。使臣牧卒，大半猶在。稍加招集，則指顧之間，措置可定，而人免納錢之害，國收牧馬之利，豈非計之得哉？又況廢監以來，牧地之賦民者，為害多端。若復置監牧，而收地入官，則百姓戴恩，如釋重負矣。」自是洛陽、單鎮、原武、淇水、東平、安陽等監皆復。初，熙寧中並天駟四監為二，而左右天廄坊亦罷。至是，復左右天廄坊。紹聖初，用事者更以其意為廢置，而時議復變。太僕寺言：「府界牧田，占佃之外，尚存二千餘頃；議復畿內孳生十監。」後二年，而給地牧馬之政行矣。先是，知任縣韓筠等建議：「凡授民牧田一頃，為官牧一馬，而蠲其租。縣籍其高下老壯毛色，歲一閱，亡失者責償。已佃牧田者，依上養馬。」知邢州張赴上其說，且謂：「授田一頃，為官牧一馬，較陝西沿邊弓箭手既養馬又戍邊者為優。」樞密院是其請。且言：「熙寧中罷諸監以賦民，歲收緡錢至百餘萬。元祐初未嘗講明利害，惟務罷元豐、熙寧之政。奪已佃之田而復舊監，桑棗井廬，多所毀伐；監牧官吏，為費不貲，牧卒擾民，棚井抑配，為害非一。左右廂今歲籍馬萬三千有奇，堪配軍者無幾。惟沙苑六千匹，愈於他監。今赴等所陳，受田養馬，既蠲其租，不責以孳息，而不願者，無所抑勒；又限以尺寸，則緩急皆可用之馬矣。」殿中侍禦史陳次升言：「給地牧馬，其初始於邢州守令之請，未嘗下監司詳度。諸路各有利害，既不可知。民居與田相遠者，難就耕牧。一頃之地，所直不多，而亡失責償，為錢四五十千，必非人情所願。」言竟不行。四年，遂廢淇水、單鎮、安陽、洛陽、原武監，罷提點所及左右廂，惟存東平、沙苑二監。同知樞密院曾布自敘其事，曰：「元祐中復置監牧，兩廂所養馬止萬三千匹，而不堪者過半。今既以租錢置蕃落十指揮於陝西，養馬三千五百，又人戶願養者亦數千，而所存兩監各可牧萬馬。馬數多於舊監，而所省官吏之費非一。近世良法，未之能及。」一時三省皆稱善。其後沙苑復隸陝西買馬監牧司，而東平監仍廢。大觀元年，尚書省言：「元祐置監，馬不蕃息，而費用不貲。今沙苑最號多馬，然占牧田九千餘頃，芻粟官曹，歲費緡錢四十餘萬，而牧馬止及六千。自元符元年至二年，亡失者三千九百。且素不調習，不中於用。以九千頃之田，四十萬緡之費養馬，而不適於用，又亡失如此，利害灼然可見。今以九千頃之田，計其磽瘠，三分去一，猶得良田六千頃。以直計之，頃為錢五百餘緡。以一頃募一馬，則人得地利，馬得所養，可以紹述先帝隱兵於農之意，請下永興軍路提點刑獄司及同州，詳度以聞。俟見實利，則六路新邊閑田，當以次推行。」一時熙河路蘭湟牧馬司，又請兼募願養牝馬者，每收三駒，以其二歸官，一充賞。詔行之。四年，復罷京東西路給地牧馬，復東平監。政和二年，詔諸路復行給地牧馬，復罷東平監。宣和二年，詔罷政和二年以來給也牧馬條令，收見馬以給軍，應牧田及置監處，並如舊制。又復東平監。給地牧馬，始於紹聖。至政和時，蔡京秉政，行之益力。京罷而復廢。六年，又詔立賞格，應牧馬通一路及三千匹，州通縣及一千，縣及三百，其提點刑獄守令各遷一官。倍者，更減磨勘年。於是諸路應募牧馬者，為戶八萬七千六百有奇，為馬二萬三千五百。既推賞如上詔，而兵部長貳亦以兼總八路馬政遷官。然北方有事，而馬政亦急矣。靖康元年，左丞李綱言：「祖宗以來，擇陝西、河東、河北美水草高涼之地，置監凡三十六所。比年廢罷殆盡，民間雜養以充役，官吏便文以塞責，而馬無復善者。今諸事闕馬者太半，宜復舊制。權時之宜，括天下馬，量給其直，不旬日間，則數萬之馬猶可具也。」然時已不能盡行其說矣。前史言牧政者，唯宋為詳。其出牧、上槽、芻秣、棚井、息耗，多與今同，以世近也。語在兵志，故不論。獨戶馬、保馬、餘地牧馬，猶為後世害，故備著焉。欲令議馬政者。知其所以利害之實也。蓋自熙、豐變法，以至崇、宣小人在位，亟復亟變，迄無善政，而宋隨以亡。渡江以後，頗置監牧，而江南多水田，其後三衙遇暑月，放牧於蘇、秀，大為民患。郢、鄂之間，亦置監牧，然皆不可用，而戰馬悉仰川、秦、廣三邊焉。宋初收市馬，戎人驅馬至邊，總數十、百為一券，一馬預給錢千，官給芻粟，續食，至京師，有司售之，分隸諸監，曰券馬。邊州置場，市蕃漢馬，團綱，遣殿侍部途赴闕，或就配軍，曰省馬。陝西廣銳勁勇等軍，相與為社，每市馬，官給直外，社眾復裒金益之，曰馬社。軍興，籍民馬而市之，以給軍，曰括買。宋初，市馬唯河東、陝西、川峽三路；招馬唯吐蕃、回紇、黨項、藏牙族、白馬、鼻家、保家、名市族諸蕃。至雍熙端拱間，河東則麟、府、豐、嵐州，岢嵐火山軍，唐龍鎮、濁輪砦；陝西則秦、渭、涇、原、儀、延、環、慶、階州，鎮戎、保安軍，制勝關、浩亹府；河西則靈、綏、銀、夏州；川峽則益、文、黎、雅、成茂、夔州，永康軍；京東則登州。自趙德明據有河南，其收市唯麟、府、涇、原、儀、渭、秦、階、環州，岢嵐、火山、保安、保德軍。其後置場，則又止環、慶、延、渭、原、秦、階、文州，鎮戎軍而已。大氐宋初市馬，歲僅得五千餘匹。天聖中，蕃部省馬至三萬四千九百餘匹。嘉佑以前，原、渭、德順凡三歲市馬，至萬七千一百匹。秦州券馬，歲置萬五千匹。元豐四年，詔專以雅州名山茶為易馬用，自是蕃馬至者稍眾。崇寧四年，詔曰：「神宗皇帝厲精庶政，經營熙河路茶馬司，以致國馬，法制大備。其後監司欲侵奪其利，以助糴買，故茶利不專，而馬不敷額。近雖更立條約，令茶馬司總運茶博馬之職，猶慮有司苟於目前近利，不顧悠久深害，三省其謹守已行，毋輒變亂元豐成法。自是提舉茶事兼買馬，其職任始一。凡宋之市馬，分而為二。

其一曰戰馬，生於西陲，良健可備行陣；宕昌峯、貼峽、文州所産是也。其二曰羈縻馬，産西南諸蠻，短小不及格；黎、敘等五州所産是也。紹興三年，即邕州置司提舉，市於羅殿、自杞、大理諸蠻。然自木？巳諸蕃，本自無馬，蓋又市之南詔。南詔，今大理國也。大理地連西戎，故多馬。雖互市於廣南，其實猶西馬也。宋自熙寧未變法以前，然苑馬之政，亦未稱善。蓋世之害馬者有三：曰選吏，曰繁法，曰易地。吏非馬之所宜，其害馬一也；法非馬之所宜，其害馬二也；地非馬之所宜，其害馬三也。大費佐舜調馴鳥獸，鳥獸多馴服。其後周孝王封犬丘非子，曰：栢翳其後世亦為朕息馬也。古有豢龍氏。周官：「服不氏，掌養猛獸而教擾之。」「掌畜，掌養鳥而阜蕃教擾之。」馬非異獸，必有能馴之者，非世官不可也。羌童胡兒，項髻徒跣，隨水草畜牧，馬與人意相喻，非有書生文學法度理也。法數變，馬與人皆不百適，何以能遂其生？況置之磽陿，無所？畜，或禾稼稻秔之田，溝塍封限，遊騰莫逞，非所以適其走壙之性也。昔元魏起代北，故馬為特盛，雖唐馬未必能及也。故曰：「馬陸居則食草飲水，喜則交頸相靡，怒則分背相踶」，「此馬之真性也」。元起於北，遂以弓馬之利，混一天下。沙漠萬裏，牧養蕃息，太僕之馬，殆不可以數計。其牧人曰哈赤哈剌赤，有千戶百戶，父子相承任事。自夏及冬，隨地之宜，行逐水草。醞都之馬，在朝為卿大夫者，親秣飼之。車駕行幸上都，太僕卿以下皆從。先驅馬出建德門外，取其肥可挏乳者以行。車駕還京師，太僕卿先期遣使征馬五十醞都來京師。醞都者，承乳車之名也。皇朝洪武六年，置太僕寺於滁州。七年，設羣牧監。十三年，增置滁陽、儀真、香泉、六合、天長五牧監。滁陽羣二十有二，儀真、六合羣各七，香泉羣八，天長羣四。二十三年，定為十四牧監，九十八羣。二十八年，廢牧監，始令民間孳牧。三十年，置北平及遼東、山西、陝西、甘肅等處行太僕寺。是年，太祖以寧遼諸王各據沿邊草場收放，乃圖西北沿邊自東勝以西至寧夏、河西、察罕腦兒，東勝以東至大同、宣府，又東南至大寧，又東至遼東，又東至鴨綠江，又北不啻數千裏，而南至各衛分守地，又自雁門關外西抵黃河，渡河至察罕腦兒，又東至紫荊關，又東至居庸關及古北口北，又東至山海關外：凡軍民屯種田地，不得牧放孳畜。其荒閑平地及山場，腹內諸王駙馬及極邊軍民，聽其牧放樵采。近邊所封之王，不得占為己場，而妨軍民。腹內諸王駙馬，聽其東西往來，自在營駐，因而練習防胡，或有占為己草場山場者，諭之。上又以朵甘烏思藏、長河西一帶西蕃，自昔以馬入中國易茶，邇因私茶出境，馬之入互市者少，於是彼馬日貴，中國之茶日賤。命秦、蜀二王，發都司官軍，於松潘、碉門、黎雅、河州、臨洮及入西蕃關口，巡禁私茶之出境者。入遣駙馬都尉謝撻往諭蜀王曰：「秦、蜀之茶，自碉門、黎雅抵朵甘烏思藏，五千餘裏皆用之。彼地之人，不可一日無茶。邇因邊吏譏察不嚴，以致私販出境，為夷人所賤。夫物有至薄而用之則重者，茶是也。始於唐而盛於宋，至宋而其利博矣。前代非以此專利，蓋制夷狄之道，當賤其所有而貴其所無耳。國家榷茶，木資易馬以備國用，今惟易財物，使蕃夷坐收其利，而馬入中國者少，豈所以制夷狄哉？」又命曹國公李景隆齎金牌勘合，直抵諸蕃，令其酋領受牌為符，以絕奸欺。敕兵部諭川、陝守邊衛所，巡禁私茶出境，仍遣僧官著藏蔔等往西番申諭之。時晉王成祖統軍行邊，出開平數百里，上聞之，遣人以敕往諭之，云：「自遼東至於甘肅，東西六千餘裏，可戰之馬，僅得十萬。京師、河南、山東三處，馬雖有之，若遇赴戰，猝難收集。苟事勢警急，北平口外馬，悉數不過二萬，若遇十萬之騎，雖古名將，亦難於野戰。我馬數如是。縱有步軍，但可夾馬以助聲勢。若欲追北擒寇，則不能矣。正可去城三二十裏，往來屯駐，遠斥堠，謹烽隧，設信炮，猝有緊急，一時可知。胡人上馬動計萬，兵勢全備，若欲折沖鏖戰，其孰可當？方今馬少，全仰步軍，必常附城，倘有不測，則可固守保全，以待援至。吾用兵一世，而指揮諸將，未嘗敗北，致傷軍士。正欲養銳以觀胡變，夫何諸將日請深入沙漠，不免疲於和林，此蓋輕信無謀，以致傷生數萬。今爾等又入廣塞，提兵遠行，設若遇敵，豈免凶禍？自古及今，胡虜為中國患久矣，歷代守邊之要，未嘗不以先謀為急。故朕於北鄙之慮，尤加慎密：爾能聽朕之訓，明於事勢，雖不能勝彼，亦不能為我邊患矣。」太祖既驅元主還幕北，巳無復窮追之意，而殘元遺孽，不能無犯境，諸王往往輕出塞，上在兵間久，深患馬少，遂戒諭云云。故尤留意西蕃茶馬，定金牌之制，令重臣招諭。蓋胡之勝兵在馬，中國非多馬，亦不能搏胡；唯自守則步卒可用，且驅之出境而已，實帝王禦戎上策也。永樂元年，改北平行太僕寺為北京行太僕寺。四年，應天、太平、鎮江、揚州、廬州、鳳陽州縣，各增設判官主簿一員，專理馬政。設陝西、甘肅二苑馬寺。又設北京、遼東二苑馬寺。五年，增設北京苑馬寺監。六年，增設甘肅苑馬寺監。贊曰：易稱「乾為馬」，其於繇辭，言馬不一，馬之用大矣。餘從太史問皇朝馬事，自洪武以來，略知其本始。作馬政志。

明 陳全之《蓬窗日録》卷四《馬政》 丘公所論官牧之法大槩得之，至其所以處置民牧者，則恐煩難瑣屑，比之今日益增擾亂，殊非通變宜民、改弦易轍之道也。且前既言保馬之弊，使民一身而應二役，有損於民無益於官，諸云云者，可謂洞照其原矣，今所處置乃止於此，不知依此行之，百姓可以免二役之若乎？可以免芻秣之費乎所養之馬果可以免於小弱羸瘠，而眞可以供戰陣之用乎？若徒為紛更而前弊不免，秖益害耳。或曰：然則必於兩直隸、河南、山東之地置監牧，蒐閒田，盡變民牧而為官牧而後可也。曰：不必然也。太平日久，中原寸土民皆開懇以為世業，縱有山巖川坂不可耕種之地，亦百一耳，安得閑田可以置監牧馬也耶？果爾，則其害又甚矣。曰：然則如之何而可何而可也？今之法而通之以宜民而已矣。盖國家之初，干戈甫定而馬有餘乘，生齒未繁而地有餘畝，故賦馬於民，借民之力以為牧養，因地之餘以圖蕃息，亦猶古之所謂散之華山之陽云者，其法非不良，而其意亦非不善也。行之既久，弊患漸生，馴至今日，為害滋甚，有審編之害焉，有二役之害焉，有輪養之害焉有，芻秣之害焉，有點視之害焉，有交兑之害焉，有印烙之害焉，有倍償之害焉，而又有官吏之科擾焉，里甲之侵漁焉，訴訟之繁多焉，影射之奸巧焉，百孔千瘡，難以殫述，而中原之民始坐困矣。至其所飼之馬、所生之駒又皆小弱羸瘠，無一可用盡如丘公所言者。起俵之時往往計丁出錢，每馬一匹多者四五十兩，少亦不下三十餘兩，而後可以免於僕寺簡退之苦。前日所養之馬，徒受勞費無窮之害而何嘗得其萬分有一之利哉？匪直民也，官亦何嘗得其萬分有一之利也哉？夫國馬之不可缺者，民既出錢以供應矣，又使養無用之馬而受無窮之害，此何謂也？為今之計，當總計每年應俵某省若干、某府州縣若干，如有偏重偏輕之處，當量其地方大小、民力多寡，一切通融而均攤之，立為定式，某省應俵若干、某府州縣應俵若干，即於本處見在田糧數内起取銀兩，若今水、馬二站者然，每年照數買馬起俵無致闕乏，然後將所養見在無用之馬盡行斥賣，解價僕寺收貯以備買馬之需。如此，則朝廷不失國馬之利，而百姓頓除養馬之害，中原赤子當皷舞聖德於萬萬矣。古今馬政詳矣，漢人牧於民而用於官，唐人牧於官而給於民，宋則始牧於官其後蓄之於民，又其後則市之於戎。我朝蓋兼用之，故兩畿、山東、河南牧之民者也，牧之民者兩京太僕、苑马寺主之。山西行太僕寺之設，蓋與陝西、遼東等，乃不在官、不在民，而所謂備邊馬政，並其意與法而失之。何哉？孳牧止於衛所，衛牝牡十所又半之，解俵僅存虛名，緩急無益軍旅，非如山東、河南之徵額有常也，給散歸之官軍，耗折漫無稽考，有則藉為衣食之資而芻牧不盡其材，無則規免征調之苦而瘦損是其所利，甚則以之充傳遞之役，為轉運之資，買補絡繹而死傷相尋，皆寺官所不得與者，此豈法之設端使然哉？夫牧之惟恐其不多，養之常不得其法，用之而卒無其實，皆自憊之道也。昔趙充國留田金城，罷騎兵獨留步卒，彼豈無謂哉？李克用父子以馬上定天下，然數滿三萬即已病其太多，故范延光對唐明宗云：『養一騎卒當步兵五人，三萬五千騎抵十五萬步軍。』蓋謂馬之費唐也。今既不能惜養馬之費，而又不能資有馬之力，以此較匈奴長伎，不亦左乎？説者謂宜重僕臣之權，定秣飼之法，減隨營之額，增芻豆之價，擇水泉便地，置監牧草場，舉團槽餧養之法而嚴稽查追補之令，其庶幾乎，其庶幾乎！國之大事在戎，戎之重寄唯馬。國初率白十五丁以下養馬一匹，免其田租之半，逮至孝廟，易以丁田相兼，貽謀甚善。厥後丁役不知寢于何時，今惟計畝領馬，而上田沃壤多淪入于兼併之家，小民承養馬匹，類皆荒砠瘠土，甚則亡立錐之地，且因年祀綿遠，圖籍漫漶，無可稽查民之累害未可殫言，頻年貧弱流移、户口凋減，豈無故哉？今總覈田畝之隱欺，驗户丁之多寡，查照丁田相兼之制均撥馬匹，或有里胥科派、大户侵漁，盡行禁止，亦或可以少甦民困之萬一。柰何民之流寓者衆，計其所積反裕于土著之民，若科之以足額外之差，非所以為厲也；隱田者多，計其所獲率自為封殖之計，若均之以足常額之數，非所以為厲也。果能酌而行之，黎民無鴻雁之哀，菽粟如水火之多矣，何患乎馬政之難舉乎？

明 章潢《圖書編》卷一二一《馬政總論》 昔周盛時，因井田以制軍賦，井邑丘甸出戎馬四匹，積而至於畿方千里，則天子馬四萬，諸侯邦國大夫采地由此其數可考已。四時有祭，祭各有義。春馬祖，言天駟也；夏先牧，言始飼者；秋馬社，言始乘者；冬馬步，懼為災也。校人、廋人、圉師、圉牧、趣馬、巫馬，皆所以攻熟閑習，以調其性而蕃其生也，由此其故可考已。栢翳諧鳥獸之情而畜馬息，故帝堯氏之以嬴得世其官。非子牧汧渭之間而大有功，故周孝王邑之以秦，不廢其業。漢初自天子不能具純駟，傳至武帝富庶，阡陌成羣。及匈奴入塞，征伐四出，衛青擊匈奴，李廣利擊大宛，其後乃發酒泉，槖駝負食出玉門。輪臺之詔，始令郡國二千石各上畜馬方畧，馬一匹復卒三人。貞觀時，張萬歲總領羣牧，鳩括殘騎，徙之隴右。至麟德垂四十年，而疋縑可易，自是而毛仲牧之雲錦成羣。突厥欵塞，長興時范延光奏陳，方患官馬太多，靡費國力。至清泰曾幾何年，即令牝牡但勝衣甲，並行印記。後唐之業，日以不振。夫畜牧繁而邦家實，內治寧而外攘舉。不然，銳志四夷者乃罷中國之人，勤心遠畧者多忽目前之虞，馬政所係，豈其微哉！惟皇祖革故鼎新，削平僭亂首，命劉惟謙申明馬政，嚴督所司，盡心芻牧，務底蕃息，有不如令者罪之。今內之天子十二閑，外之南北太僕、直隸、河南、山東所轄之地，或計丁稅而使之牧，或進餉而備用，或點驗而俵散，其陝西、山西、遼東、甘肅、四川或設苑監而牧之于官，或以茶縑而市之於夷，皆酌古用中而為裕，用禦侮之道者也。然法久則弊滋，時極則政更。夫官散馬於編氓，計力度籌，立之羣長，歲課所出之駒，生則籍記，死則償直，分日而飼，需次而輸，間或駑駘末品，不適於用轉徙流易，必足其數。未俵則愛之如子，既俵則置之若棄。民之牧之，若秦人為越人牧羊。然給軍騎操，官出芻秣，豪家私門，假以驅馳，瘠損羸弱，坐視其斃，况望其亭亭蕃且孳哉？深春牧放，及秋乃歸，今假是以削其芻秣，名存實亡，則軍士重為馬困也，縱嚴捕亡之禁，將何裨哉？議者謂營軍騎操，故有苑監，今半以湮沒，宜亟為清理復古，行之九關豐曠之野，官備芻飼，列廐大鑽，攢槽合食，羣長時為之添牝，求良教駣攻駒，將領以葺其政，士卒為之分直。仍敕憲臣董其事，以待廉視，嚴班政之數，重侵冒之禁，一卒一騎，用則駕鞍，閒則休息，人與馬而俱利者也，雖欲私其用不可得也。牧之民者，其害也甚矣！內郡有司莫若約其丁稅所出，而歸之于官，官為之擇地，立羣長以牧之，則責其專職，而久其成功，欲馬之無蕃，不可得也。遠郡水旱則牧，變緣納以貯大盈，或每歲銀馬中少，此固人情所樂從者，官與民而益者也。否則，視宋之保馬為甚，保馬則憂諸役，今諸役猶在也，民何以堪？邊地苑監可耕，則屯不可耕，則水旱草軟，申其厲禁，廣其掌息，塞上有警，自足以取用為防禦，而况茶馬、鹽馬又所以備重振而充監牧，法至密矣。往孝廟採納廷議，專設風憲衆臣督理馬政，而一時馬富國强，敵人不敢南顧，而侵軼邇年，邊臣每每告乏，戎部時為之給直分市，此其故何哉？昔僕臣世其業，今皆為養望遷秩之地，其與栢翳、非子之職遠矣！夫利不償十則不可以除，害幾不蚤辨則不可以圖大，物不素具則不可以應卒，治不更始則不可以樂成。《詩》曰：『秉心塞淵，騋牝三千』，又曰『思無疆，思馬斯臧』，夫僖、文馬云庶矣，而詩人歌詠其美，則本於心，其知道乎！

又《馬政總叙》 陣馬之勇，勢比風檣，甚言馬之有益於國也。但馬政自周而下，其弊漸極，周則官民通牧，其牧諸民者，不過取諸丘甸，使供其賦，未始為民累焉。漢之牧苑分布西北二邊，乃牧于官也，而牧于民者，令其有車騎，馬一疋者復卒三人，閒居則免三人之算，有事則當三人之卒。唐初當給馬者，官與直市之，周歲不任戰者許鬻，而以錢交市。後以所得隋與突厥馬置監于隴右，官自牧焉。是漢唐之制猶為近古。至宋，始市之于邊者曰茶馬，賦之于民者曰户馬、保馬，蓋賦牧地于農民，斂其租課，散國馬于編户，責其孳息，自此法一行，天下不勝其弊矣。我國家內地則民牧以給京師之用，外地則官牧以給邊方之用，又立茶馬司，以易蕃戎之馬。蓋兼用之制焉。今官牧者，豪强兼併而草場為之消沒，官司占役而恩軍為之缺乏，招易之法自金牌之制廢，給沓之茶偽，所得多駑下，故今日邊方不得夫馬之用，職此故也。然未害其民焉。至于民牧，是即宋新法之遺緒，但宋之户馬乃散官馬于民，今則民自買馬；宋乃賦牧地與民，今則民自以地所出養之；宋保甲養馬自願者聽，今則計丁養馬不問其願否也；宋免其科賦徵役非一端也，而又郡邑加設以官，里社別立羣長，所以遺民害者，視宋益甚矣。况生必報數，死必責償，一馬之斃未償，而一馬又斃，飼養俵解之費皆無虛歲，點視印烙之費亦無虛歲，且所養者非所俵，所俵者非所養，是徒一虛名無益之政，而遺生民傾家之害，甚無謂焉。為今之計，莫若增廣官牧，清理牧地，查補恩軍，參酌古今宜馬之地，如隴右、金城、平凉、天水之類，設置監署，盡取民間種馬分布廐閑，攢槽飼秣，悉徵諸處養馬丁田之直，以為圉人養馬之費。而以所牧盛衰為賞罰黜陟之興，如此庶官得馬用，民亦免其害矣。不然，但令民間輸直買馬俵解，不必責其種馬，庶免賠償、飼養、點視、印烙之費，則亦官民兩便，其利何如哉！

明 王圻《王侍御類稿》卷一《擬馬政疏》 竊惟法之立也，其初未始不良，而法之行也，其終不能無弊。惟良于初也，必率而循之，廼可以臻久長之治。惟弊于終也，能變而通之，亦可以裨軍國之謀。譬之服恒衣者，必至于垢器，恒操者必至于缺漇，垢補缺用，斯不匱。故曰：善為政者必耴其極，弊大堞者而更張之，然後治理可圖也。謹按國之大事，莫大於戎，而戎之急務，莫急于馬。故周人以六典建官，而司馬一職，下至圉人、獸醫，處置至詳且密，則馬政為國家之至要。而馬政之在今日，誠又極弊大壞而不可不講者。試以國初之政言之，有營馬焉，而營馬則養之于內者也。有苑馬焉，而苑馬則養之于外者也。有塩馬焉，而塩馬則資之于商者也。有茶馬焉，而茶馬則資之于番者也。四者之政不同，而藉之以供邊用、壯軍容則一也。然養于內者，官軍十萬養馬三萬，內壯京師，外備邊徼，營馬之法何善也！養于外者，地無乾没，可供牧放，軍無空乏，可給餵飼，苑馬之法何善也！資于商者，引直必平，撈辦必時，上無奏討，下無守支，塩馬之法何善也！資于番者，互市有期，金牌有額，私通既革，良騎自來，茶馬之法何善也！夫國初立法之善如此，故以內則蕃息無窮以外，則毛力畢致，東征西伐，曾無寧歲，而未聞有缺用之憂如今日者，以法立未幾，而百弊未滋也。厥後遵行既久，積蠹漸生，芻草掊尅于軍士，月糧侵漁于衛官，而法之為營馬者弊矣。尺藉淪于豪右，行伍役于私門，而法之為苑馬者弊矣。引直漸高，上有厚征，撈辦不時，下無厚利，而法之為塩馬者弊矣。金牌既廢，私買公行，此以僞茶，彼以羸馬，而法之為茶馬者弊矣。夫國家之馬取足四者，四法俱弊，而欲太僕無告困之時，邊塞無請求之日，焉可得哉？為今之計，必也量折銀以復逃亡之業，清掊尅以裕牧養之資，而京營之法復其初焉，則馬之出于太僕者不可勝用矣。查牧地於豪强之家，以杜侵古；禁私役於武弁之門，以補行伍，而官牧之法復其初焉，則馬之出于苑監者不可勝用矣。平價值以開中納之途，督撈辦以省守支之苦，而召商之法復其初焉，則馬之出于塩者不可勝渴矣。倣金牌之舊制，以絕私通，嚴僞茶之新某，以服夷心，而互市之法復其初焉，則馬之出於茶者不可勝用矣。四弊既除，馬政自舉。雖世無韓非子，而汧渭三千可立俟也；雖時無張萬歲，而雲錦成群可坐待也。又何患邊用之如足，而戰備之有缺哉？舍此之外，而欲求捄時之策，則上焉有悖於已行之制，下焉有病於既困之民，言之未必可行，行之未必可久，萬一事出不虞，必致倉皇失措，見兔而顧犬，亡羊而補牢，職誠懼其晚也。伏惟留神采擇焉。

明 王鳴鶴《登壇必究》卷一八《輯馬政説》 王鳴鶴曰：成周司馬氏掌邦政，蓋重武備以平定中夏，威服四夷，軍國之要務，孰加于此？故《周官》所載馬政，詳哉其言之。當是時，因田賦出馬，馬日蕃息，上下兩利焉。嗣是而後，漢制牧于民而用于官，唐制牧于官而給于民，宋制始牧之在官，既蓄之在民，最後則市之於戎狄，具利弊得失歷歷可考見已。本朝兼用前代之制，酌量經畫，豈不欲貽良法於永永？乃其流弊侵淫，莫知底止。燕代齊魏之墟，編戶養馬，百姓竭力傾産以供芻粮，一馬斃，鬻三子償之不足，萬一倖免三尺，而逃亡且繦屬焉。互市之馬，徒費中國金繒，而黠夷多以下駟應之。即不然，而或飼以泥沙，或釘其脊項，飽索高價，方入關而斃不旋踵，適重爲邊兵累。此又今日之大患也。嗟乎！養馬以資軍用，資軍用以衛人民，而顧令民困軍困若此，識治體者其尚深長思哉。

明 王家彦《王忠端公文集》卷二《馬政疏》 謹題爲謹因巡青備陳馬政乞遵制修復以奏中興安攘大業事，自昔周宣以多難中興，其時東征西討南勦北伐，如《六月》、《采芑》、《車攻》、《吉日》諸篇所稱，大抵以馬力制勝居多。皇上憤奴揷之不庭，寇賊之未殪，日討冏政而申飭之，且發帑十萬市駿西陲，卽如解到茶馬，至勤乘輿親爲臨驗，比物蒐乘，直欲舉周宣四十六年之業一旦致之。臣叨役巡青，與有數馬之責。仰見聖明樽節愛養，覺內之御廄、外之壩大二十四房不外節與生兩端，已同臺臣周堪賡另疏上陳矣。然馬政之應修者不獨此也。請畢其愚。我祖以武功定天下，于馬政尤獨詳。初都南京，宜先守淮，故于淮南北之間立太僕寺於滁州；繼都北京，宜先守關，故于關東西之間立太僕寺於都城，復設遼東、山陝、甘肅行太僕寺、苑馬寺，以分理之。內地牧于民，外地牧于官，且益之以茶易之馬，于以弱虜執縶番心充國駟，真洋洋聖謨矣！毋論宣、弘間馬稱極盛，即至隆慶初，太僕種馬尚額存十二萬五千匹，而邊馬尚幾二十六萬，何今遂寥寥也？則今日南北太僕寺非其舊矣。查南寺額馬盡改折色，歲徵銀一十八萬六十餘兩，草料銀三萬二千四百兩；北寺歲徵本折銀四十三萬五千九百餘兩，草料銀八萬二千二百餘兩。無論不敢遠擬原額馬數之盛。且民間之畜馬有限，朝廷之市駿無窮。該地方之所出者，幾難供解俵者之所買矣。又不但此也。民間俵寄，愁費數倍，一充京營，輒利倒損。高皇帝種馬課之有司，而今之買馬寄之市猾；高皇帝十餘萬馬，計種責駒，歲課其生，今入少出多，歲課其死。舊寺臣賀世壽所稱『臣等幾許辛勤，博得一具馬革』，斯言真可爲浩歎也。矧萬曆中折色積銀猶千餘萬，節年那借一空，而又歲發各邊馬價撫賞四十餘萬，即如薊鎮年例，已發至七年。長此不已，恐飛黄銷而白鏹亦盡矣。今種馬旣未見議復，亦當令軍民盡行畜馬，以廣上生。官不許抑價勒買，至冏寺主俵烙兑，車駕司主驗割開支，下粮廳主支給扣截，亦當互相關會，嚴爲稽覈，庶一馬猶得一馬之用也。則行太僕寺、苑馬寺非其舊矣。查行寺主邊衛營堡及府州縣軍民騎操馬印烙課較，而苑寺則專監苑官牧，每寺六監二十四苑，上苑萬匹，中苑七千，下苑四千，東自鴨綠，西抵松藩，按籍而問之，皆可數馬對也。今惟存陝西苑馬，而行太僕多以司道兼之，計苑寺見馬不及四千匹，而三鎮防秋、勦賊，咸輒給焉。今復歲增中京馬五百匹，無幾留良矣。成祖初設苑寺，勑西寧侯宋晟等曰：『凡回回、韃靼以馬至者，或全市，或市其半，牝馬則盡市之，以給四監。』祖宗之嘉意苑馬孳生如此，今宜急補種額，四年課其兩駒，至萬安等七監虧損馬數積年以萬計，監正等官褫罰不苛。然寺卿道府豈可以倖徼寬政，諉求牧與芻，而不得而立視之乎？且古之養馬者，夏庌冬廄，今荒塞窮軍，陶復莫居，赤日嚴風之下，灼膚墜指，愁苦非人，軍且如此，馬可知矣。勾補萬六千餘額，厚加拊卹，教以如法餧養，如先臣楊一清議，每歲給軍騎操外，可常牧馬三萬二千五百匹，庶一苑猶存一苑之實也。則京邊牧地非其舊矣。查兩京孳放草場共六百七十萬餘畝，今僅解子粒銀四萬五千餘兩耳。各邊草場，查嘉靖乙卯年，清出陝西苑馬荒熟地共一千七萬七千餘頃。隆慶五年，丈過熟地三萬頃，養馬一萬匹餘，熟地五萬頃，該寺分別三等，徵銀四萬五千兩。今年久失額，宜令風力道府按册清查，以爲牧地給軍，即不然，亦當令其照地徵租，爲買馬孳生之用，復懸功令，聽有力者出貲開荒，三年之內，免其赴科。庶地無遺利，岐、豳、涇、寧之間，唐之八坊猶可復也。則茶馬之制非其舊矣。洪武中，三年降金牌一次，番人納差發馬一萬四千五十一匹，體尊法嚴，茶乃足貴。自金牌制廢，招商報中，招番易馬，名曰招易，然而茶禁既弛，私販盛行，至園戶之採茶市賣也，則有弊；篦戶之蒸茶裝篦也，復有弊；加以出陳易新，年深月久，茶味無存，于是番人利於私易，不貴引茶而貴馬矣。況今各邊市駿盡在寧、洮，且歲徵京馬一千五百匹，馬數既倍，而茶課僅二千七百餘兩，倘不設法清釐，官茶愈滯，番心漸攜，誠復金牌差發甚善，必不得已。亦當嚴懲私販，嚴戢園篦二戶之低假，庶諸番望茶如渴，長就羈縻，此又制西番以扼北虜，昔人斷匈奴右臂之策，非僅僅茶馬之利已也。慨自奴虜之勝兵在馬，彼其介而馳者一匹，縱而牽者又一匹，而我兵以馬較步，十未及一，且強半皆羸駟也。況自東中二協爲奴所乘，額馬損耗殆盡，而各鎮又以入援失額，市買驍騰牧養練習以資實用，固宜明旨之諄諄耳。夫巴哇諸族固多駿種，冀之北上良馬生焉，徒遠索於外域，而不近孳於內地，則緩急何賴？即孳馬於內地而不恤馬，於軍中雖椿朋，何補？所最苦而可念者，養戶之皮骨僅存，乃調兑者未出門，派養者又繼至，官胥刻刻追呼，既不能瘠其身以肥馬。窮軍之月餉幾何？將領朘于上，胥役剋于下，命膏層層嚼盡，復不甘虛其腹以果馬，則養民以蕃馬，飽軍以騰馬，又圉政中治本之論也。伏乞皇上勑行部寺茶邊諸臣，于俵設誠力行，庶牧圉有起色乎？不然，以不生不息之馬，供日倒月損之用，邊臣日執券以索之太僕，將太僕窮；茶苑歲課額以解之京師，將茶苑亦窮，至不得已而商互市之下策。夫戎人本事鞍馬，其權易漢物者，非駑必病，豈肯以良資中國哉？司封彊大計者，可以深長思矣！崇禎五年十二月二十日具題，二十四日，奉聖旨：『這條列各款有關牧政，着該部看議具奏。』六年七月初四日，兵部題覆前事，奉聖旨：『馬政係軍國重務，年來耗損空虛，皆緣孳養無方，弊蠹未剔，奏内酌覆諸款，乃恤民恤軍等事，俱依議，嚴飭各該衙門實圖整頓，務期驍騰蕃息，禦勦有資，不許塗飾塞責。』

又 卷五《酌議邊地馬政疏》 題爲酌議邊地馬政事，祖制太僕寺俵養額馬，原備京營騎操、防衛陵寢之用，以蓄居重之威。疆圉雖亟，京師根本不以彼易此也。卽如折色一項，弘治間嘗請馬不與，間或給銀收買，後遂相沿，名曰年例馬價。夫既曰馬價，則是價卽馬也，未聞更有所謂本色之馬者。年來遼、薊急，則馬先儘遼、薊，撥過者六千餘匹，而保鎮、密鎮亦不下一千八百餘匹。他如鳳督、漕督、河督、援豫之督鎮、關撫、保撫、東撫以及各處總兵等官無不得請，計歲額九千八百有零，之馬共撥過一萬五千五百七十餘匹，見今遼督范志完之三千禁旅，南征之一千尚攢眉措應。臣寺卽馬海，亦宜酌而竭矣。前歲奉有『本折兼支，冏寺何以應給？著兵部嚴飭』之旨，尚不能杜其冒請；近復有『邊腹未靖，援剿孔殷，請馬請銀，安得不應』之旨，在聖明亟圖掃蕩，內藏外廐不靳，悉索以從，但恐諸臣需馬無厭，益復有詞以爲要挾之地，封疆多故，明綸方渙，臣寺既不敢以職掌執争，萬一中外交訌未已，皇上一旦以實京營萬餘之額責辦臣寺，如嘉靖庚戌故事，爾時失職之罪，敢援邊腹之急以自解哉？按各邊自陝西外，僕苑雖廢，額馬猶存，司道各官勑書載有馬政一欵，皆以考牧爲職，豈可聽其一馬不問，坐擁空銜？崇禎十一年，奉明旨，『節制遼東、陝西等處有行太僕苑寺等官是否不可，孳息屯田種馬，俱應自今作起，始有後效』，仰見聖恩無疆，惜當日爲楊嗣昌所撓，致斯臧有待。聞密雲於崇禎五年舊督臣傅宗龍曾養騍馬，次年報駒五百，又次年報駒七百，安在邊種之不可復也。夫腹産之馬既弱不中程，且有水草不服之虞，購邊之馬亦遠不及事，復有往來虛冒之費。臣聞冏志，若保定州之順聖川、大同東北之豬兒庄等處，廣袤數百餘里，水草便利，皆先朝蕃牧隩區。今地形度未改也，況年例馬價原充市本，可備買種搭朋馬乾，逐一勾稽可備芻料，清覈牧地可備放青。伏乞重申前旨，勿責近效，或責成馬政司道，或量復僕苑廢員，專官董成，按年課息。勑部嚴行督撫鎮諸臣隨處盡心，講求孳牧良法，條奏以行，毋以軍旅倥偬無遑問馬，即今臣寺兩路少卿日以督催邊馬爲事，兩寺丞東西分馳，經年喘息未定，一堂况瘁，舍己芸人，徒守空皁，其如根本重地何哉？用是不得不爲邊臣借箸一籌，越俎之罪不遑恤矣。崇禎十五年六月三十日具題。

明　熊明遇《文直行書詩文·文選》卷一一《馬政議》　國家冏寺之馬專給京軍，制也，而邊馬則取足於市，宣、大為多官市，皆凡馬，而市駿必繇私買，此古人有幽州馬客之歌鄉也。揷部自東北徙來，無馬可市，今揷部已為他所逐散，而諸種並折於叩關講市者無質語，我亦與之為無質語，僅哈酋有馬來市，為數不多，而將官以轉販讐三倍，各邊往市者雲涌。哈酋亦能揣我之急，而操其重馬不常來矣。陝之西馬，萬里而策款，段毛捲如蝟矣。于是那發冏馬于邊，每歲去其寄養之半，然馬雖臕壯，不耐騎馳，各鎮將差官四出為購，所購僅能當所損。說者謂西達附東思歸，不止哈酋一部，可權宜開市于邊，以為攜彼之端，要須行之有法。而京軍以守衛為事，不出國門，多馬不過顧人騎坐，所食皆糟覈，殊無駿氣，少給未為不可。己巳烽燧，舉我士馬物故者以谷量，而泰凌食馬亦數千，則今之乏馬如此，可浪言戰耶？史載衛驃騎、霍冠軍兩校出塞，公私馬十八萬，後入塞所錄不滿三萬騎，自古已然矣。京師草場堆積如坻，幾降之於天，然非給三大營，僅給御馬監。御馬蓋各王府所進，間兌之冏寺，然不能滿五千騎，中貴騎以出入紫禁之外，日不數十武，而內操演鵝鸛多用之，俱於馬政無關。惟西寧牧苑有古大宛月氏之遺風，唐毛仲牧處雲錦千群。而今之行太僕卿虛名卿也，吏部率以下考方面，陞補不能視內道，輒率不自振，而所屬皆監吏，卑之無甚高異，老人悉積駔，牧軍鶉衣鵠面，遊牝不以時，放青不以法，課駒僅故事耳。誠欲苑馬精良，朝廷當特舉如毛仲其人為卿，等威陞遷視內卿，寮屬寘佐悉令自選久任，長子孫十年迺考其績，遣內臣取效于目前，必不能得當也。苑馬十三、市馬十四、冏馬十三，通融於中外之討索，馬軍領馬，嚴其限程，椿棚之價多，則馬骨高於丘陵矣。史稱漢初天子不能具純駟，及其後衆庶街巷有馬，則生衆用命□，夫道獨理財云乎哉？

明　葛麟《葛中翰遺集》卷六《馬政》　兵法曰：『走不逐飛，步不逐騎，兵之用馬也尚矣。』唐太宗以驍騰萬騎擒頡利於大漠，而我高皇帝汛掃萬里，文皇帝肅清漠北，皆以鐵騎數萬橫行於龍沙虎磧之間，馬固可以不畜乎？然而古之畜馬者，因井出而制軍賦，四井為邑，四邑為邱，有馬一匹；四邱為甸，有戎馬四匹。天子畿方千里，提封百萬，井定出賦，六十四萬井，戎馬四萬匹，此周制以畜之民者，即以民為兵而用之，官未嘗擾而取之也，而官之所需者，則有較人、圉人，掌王馬之政，辨六馬之屬，掌天子之十有二閑，其所以備畜牧之法者至詳，而《月令》亦有遊牝縶駒之政，是以禁原蠶，恐傷馬也。祭馬祖，先牧馬，社馬，步以蕃馬也。吉事則毛馬而頒之，軍事則物馬而頒之，謂馬力之不可槪用也。蓋天子命官，自爲畜牧，則易至於蕃息，而所需者不取於民，則無擾民之害，所以我高皇帝甚重馬事，而六監二十四苑之制，濱江南北悉有草場，設太僕寺於滁州以總其事，此即周制之遺意也。當是時，威服四夷，故可遣使賚財市夷馬，使今日亦效而市之，則必有以駑駘塞責者矣。此邇來馬市之弊可監也。屬國歸心，藩將皆有雄駟，而戰獲之馬即以賞之，故皆可以馬爲幣，若使今日為之，則不以大宛興兵，即有郭家獅子花之惜矣。觀邇來借馬之弊可知也。夫裱馬之累民，民産破而馬不可用，茶絹之易馬，馬皆無用而茶絹終莫可償。太僕按虛籍而數，羸騎樁棚，有實耗而無實益，則馬之政豈終不可復，而威武何以張乎？夫漢之馬乏於高祖之始，而息於孝武之中者，非無故也。高祖以馬上得天下，百戰之餘，瘡痍未復，故牧馬亦不能蕃，至於鑄莢錢，馬匹至四百金，而天子不能具鈞駟，將相或乘牛車，迨歷乎文景之富，令民有車騎馬一匹者復卒三人，又造苑馬以廣用，諸苑三十六所分布西北二邊，以郎爲苑監，官奴婢三萬人養馬三十六萬匹，其時家給人足，阡陌之間列駟成羣，庶民之家或畜馬千數，至於五陵之豪、三河之俠，動以走馬擊劍為事，故漢武一有犂庭掃穴之志，下令募戰士、選材官，而戰馬即隨之以出，此其所以成衛青、霍去病之功也。至若唐之牧，盛於麟德以前，衰於天寶以後者，又非無故也？唐之馬，即分畜於府兵，兵之當給馬者，官與其直市之，每匹錢二萬五千，刺史、折衝、果毅歲周不任戰者鬻之，以其錢更市，不足則府供之，又有膏腴之地以給芻秣，即牧馬而兵已富矣。至若天子設官監牧，則以所得於突厥赤岸者五千匹之殘騎而張萬歲畜之，自貞觀至麟德四十年間，馬至七十萬六千，天下以一縑易一馬。迨乎元宗以王毛仲爲内外閑廄，牧馬復盛，雲錦萬隊，寵倖無比，至使鐵石宰相勉爲其嫁女之客。及李林甫爲政，停折衝府上下魚書，府兵廢而牧馬亦廢，又杜邊將入相之路，率用胡人爲帥，而精銳聚於北邊，戰馬皆爲此輩所攘，遂致耗散，此所以有祿山、思明之亂也。然則漢之馬大率蓄於民之富，今能如漢之富民乎？唐之馬大率蓄於兵之富，今能如唐之富兵乎？即使民富矣，兵富矣，而吾責之種馬以給官，則必窮。蓋自畜自用，則易爲孳；而代官畜、為官用，則多所累也。莫若倣《周禮》自畜之制，復高皇帝六監二十四苑之盛，擇西北諸州如古之宜馬者廣其牧地，設官監畜，不以擾民，庶幾可致秦非子汧渭之大蕃息，而不蹈衰宋王安石保馬之法，就瘠民而求壯馬，民困而馬亦安能生也？雖然，天子有道則房星明，房星明則畜馬盛，詩云『秉心塞淵，騋牝三千』，又云『思無邪』，斯馬斯臧，則馬之盛衰，又關君德，此又不可不知也。

明　曾大奇《治平言》卷下《馬政議》　比方之民害未有甚於馬政者也，此非國制之害，而楊砥更制之爲禍烈也。令民十五丁養種馬一，馬死責之償，孳生不逮數者責之償，豈不自以爲踵熙寧故智，令牧養不乏人哉？然而在宋則猶有恩貸焉，户馬則蠲科斂，熙寧五年行者是也；保馬則蠲征役，元豐七年行者是也，馬端臨詳之矣。其大旨猶聽民自願，不逼抑，而所免草束納錢諸勤恤亦不一而足，故政雖敝，無甚害。今不問其願否矣，丁足則與之耳，科歛如故也，征役如故也，所徵責殆非一端矣，而又於郡邑長貳之外增官，於里社之外别立群長，使身當二役，無所恤。夫既以人之故差之，又爲馬之故役之，民既備徵輸以給公家之用矣，復備芻秣以飼公家之畜，此其爲困，殆不可殫言矣。委之以老稚，食之以蕪集，而處之於穢污，縣官割其芻，中□□□割其地，馬所從産則責，馬所從□則必歷，義□視，雖破産拆屋、鬻妻孥尚不堪償矣。此仁宗所以令官贖還寬責駒，而宣宗所以令孳生不及數者免償也。蓋至隆慶初，復以太常武金言，并省種馬，徵收價料，今太僕價日盡不復存，而種馬遂廢矣。夫祖宗天挺神智，備嘗諸艱，其制反覆，曲盡百世不可易，而不經之臣一見小利，妄行更變，以重困邦畿赤子，勢至不可救挽。則崔文敏所謂入仕大易者固矣。且使民竭力飼馬而官得其用，猶可言也，今所養者何如耶？雖馳逐數十里不憊耶？及其給之於軍，則無幾何而馬已骨立，何以故？不幸有壯馬，則官假之私、假之家屬，假之未已也，又奉身以隨之，陵呵奔跋，遂不堪命。夫軍則何利而願拯馬壯哉？且也軍般實者賄可免也，其或不可免而至領牧，則亦窶者而已。窶者之所居則僦屋也，其食則待餉也，僦屋則馬無棲，待餉則食無餘，饑之、渴之、馳之、驟之，馬之死者已過半矣。而官之所以給秣者，則又寧損馬以全餉，毋費餉以肥馬，何者？試言存操之馬，自四月至于九月僅料備而已，問芻則闕然矣。若下塲之馬，自十月至于三月方全給耳，他時則闕然矣。馬安得不饑而死乎？而况能衝鋒破敵乎？說者謂薊鎮依山阻險，馬無所用，故昔在嘉靖癸丑，虜騎四斥，兵部請增馬而督臣慱執不可，曰薊以守爲主，無所用馬也。後戚總理疏亦云：『昔遘虜患時，凡騎兵臨陣，皆舍騎匿諸林藪，以一人控三馬，置之不用，故騎兵三千，則已令一千不得向敵矣。所以令一千不得向敵者，反以控馬於不用也。』則薊、昌亦何利於有馬哉？故言軍情則不歡馬肥，論官之給秣則又不能使馬肥，而程其實用，則薊宜守不宜戰、宜步不宜馬，然則亦何苦令畿内生靈破産拆屋鬻妻孥以養無用之馬，上糜國家幾百萬之餉，而無秋毫之用，徒使根本重地困頓不支乎？且養馬本以衛民也，乃先無事之時而首困乏不卹乎？愚以爲編民戶之制宜急更也。雖南京畿及河南、山東之戶馬亦皆可盡罷也。何者？此楊□之謀，困苦民之陂法，非國家祖宗之本制也。更之將奈何？曰請以官牧馬，如唐人制，而聽民自畜，如漢人制。蓋今國家提封萬里，凡古今宜馬之地具在版圖，而不得奏彭彭伾伾之盛者。圉校之事，固非讀書射策之所曉也，矧乎苑寺官不振極矣，資淹而權輕，雖卿佐銜乃無異司屬，故人有苟且自散之意。誠遴天下善養馬如秦非子、王毛仲其人者，雖在窮簷陋室之中，不以布衣故而徑登苑寺，先畝之各邊，令體統崇峻，勿於兩臺受制，勿於二司降志，聽其措畫，無中摇期，數年不易，有成績則以尚書孤卿厚相寵燿，而不任者輒顯殛之，以明繩怠事，則天下不患無善養馬者應矣。會須得地耳，唐牧馬置十八坊四十八監，其地在岐、豳、涇、寧間，復不能容，則析八監列河西豐曠地荅中，割膏腴之田，跨數州善水草處，爲牧放之所，而又得人司之，故其盛至一縑易一馬。今代、忻之間，如樂羊山、魚兒川、滴水崖、馬跑泉諸處，水泉繁茂宜畜牧，誠嚴勢要割據之法令，專壹騰調，簡居民之善圉者爲圉，厚其資勞，馬之□息可計日而須也，所謂以官牧馬，如唐人制者此也。在漢，勸民蓄馬，馬一匹復卒三人，三人雖極富厚，而科歛征役一勿之筭，民之不養馬者□情矣。至邊塞之間，縱民畜牧無所禁，故烏氏□塞則致馬千羣，橋桃居塞則致馬千匹，於時乘牸牝者擯不得會聚，蓋其盛也。今民慮官司之抑配與俵輸，率無敢私畜牧者，是并其源之旁出者且湮錮之矣。謂宜嚴抑配俵輸之禁，縱民畜牧，少如漢復卒之令以激勸之，而受其用可也。所謂聽民自牧，如漢人制者此也。且户馬之法罷，則畿民不累馬矣，畿之民既不累於馬，而令一歲中每馬出料草值七緡，輸邊以備養馬之資，則國家歲可多七十萬之入矣。吾計薊馬亦不下五萬有奇，歲常耗料直二十萬，今若以守地之故，汰其五之二，則薊亦歲可省八萬料值矣。國家歲可多七十萬之入，薊歲可省八萬之出，于以佐苑寺之善養馬者，而畿之民又永無養馬之害，以紓沉瘼，至便也，以固根本，至利也，以裕問政，以蓄雲錦，至順也。國家何憚不爲此？嗟乎！國家都燕，燕古冀比、朔方地也，唐李、郭以朔方士馬雄天下，克復兩京，况天子之都乎此？而乘其雄以破滅驍胡，宜如從竈上騷除，而二百年乃不能摧虜一鍔；冀北馬之所生號空群，而今至困黔首畜之，猶不得一善馬而收之，胡夫都燕之？吾君若大臣何可因循哉？張景順開元時爲監牧副使，牧馬二十四萬，後乃至四十三萬，其蕃育如此，皆王毛仲之力也。今時獨不可仿而行之，而徒以令甲敗乃公事，何也？斯議鑿鑿可施之行。

綜述

明　鄭曉《吾學編餘·馬政》　我朝馬政最爲有法，以後漸改漸不如初。洪武初，草創之制未爲盡善，至永樂馬政詳矣。宣德、正統漸不如初。至己巳之變，大爲釐正，馬政亦復舊，稍稍增益。至成化、弘治，又漸弛廢。己未有邊警，又集議馬政，然議論多而實事寡矣。蓋各邊戰馬，自遼東、陝西皆有苑馬寺、行太僕寺，專給各邊戰馬，又有馬價銀，宣府有餘糧，陝西有屯糧，又各有草塲、樁頭、朋合銀兩，後乃將領侵漁，制使貪黷，利歸於私橐，而馬日耗矣。故成化以前，各邊請馬、請馬價者，亦少與之，亦有節制。弘治初，則請乞無限矣。止以陝西一鎮例之，成化末年，取銀不過三千八白兩有奇，弘治數年間，則一十六萬兩矣。其費馬價至此。以大同一鎮例之，成化末年，取馬不及千匹，弘治中，三五年間取馬近萬匹矣。其費馬如此。今京師戰馬日耗，余閱御覽馬數，國初三十六萬，今不及五萬。圻甸寄養馬匹，專供京營，亦爲各邊奏乞，日就衰耗矣。京師有馬官軍，或盜馬而逃，或私賣戰馬，或尅減芻豆致死，官府惟務文移往來，不着實責成掌理之人，乃禁京師賣酒醴者，謂酒醴能病馬，誠可笑也。今天子累勑馬政而不能奉行，京城尚然，邊方可知矣。甲午一年間，各邊請馬價銀近三十萬兩，不知何以繼之？掌銀者利馬價之大輕，市馬者利馬價之乾没，故戰馬一匹，給價銀一兩，就使不入侵漁之手，焉得良健哉？近日王大用巡撫邊方，以開馬市獲罪去官，於是邊臣益諱言馬政矣。

明　章潢《圖書編》卷一二一《馬政總説》　國初，官馬養於各苑馬寺各監苑而已。永樂初，始以官茶易和等處馬養之民間，謂之茶馬。正統末，京師有警，乃選取以備軍資，養於順天府及近京屬縣，謂寄馬騎操馬。及京師寄養之馬不復散去，至今遂為故事，每歲孳養賠補之法，悉與各處茶馬無異。養馬之家雖云量免糧差，而賠補受累尤深，地方民力疲斃，此其大畧也。

明　袁黄《馬政考》《明文海》卷一一二　我朝在内有御馬監，掌天子十二閑之政，其牧馬之政則有鄭莊等草蕩，其飼秣之人則有騰驤等四衛。國初都金陵，設太僕寺於滁州，其後定都於北，又設太僕寺於京師，凡兩淮及江南馬政則屬於南，其順天等府暨山東、河南馬政則屬於北。其後又用言者，每府若縣添設佐貳官一員專管馬政，在外設行太僕於山西、陝西、遼東凡三處，苑馬寺亦三處，陝西、甘肅各轄六監二十四苑，遼東僅一監二苑。在内地則民牧以給京師之用，外地則官牧以給邊方之用，又於四川、陝西立茶馬司五，以茶易蕃戎之馬。愚聞謂賦之於民不若貨之於邊，貨之於邊又不若牧之於官，令國家兼三者而用之，其牧於官，即唐四十八監、宋十八監之意也。然監坊故地每為皇親奏討，或為皇莊侵削，牧地日蹙，孳息未蕃。愚思孟子言百畆之田可贍八口，今地一頃牧馬不能一匹，當差官踏勘舊牧地，果有膏腴可樹藝者，俱發民為業，量起徵科，以助芻秣；另擇山林原隰難耕而宜牧者，置為牧院，如此則所征之芻秣可以資飼養之不周，而所置之牧場亦可免勢家之凌奪矣。其牧於民者，即王安石之遺謀也。但宋人保甲養馬自願者聽，及以官馬給之，既免其糧草，復免其他役；今日則論丁養馬，丁及數者足之，不及數者足諸他户，不問其願與否也，糧草户役征輸如故，既為身而差，復為馬而役，既供芻糧以給公家，復備芻秣以養官馬，其苦比宋尤劇。夫養馬之令，生必報數，死必責償，一馬之斃未償，而後馬又斃；前歲之生未俵，而後歲又生。生者歲增而供給愈難，死者日繼而賠償無已也。民何以為生乎？順天、河南、山東之弊政，莫此為甚！今當悉牧之於官，不然，亦宜優為之制。如一家養馬一匹，當盡蠲其雜役，量充其粮税，《周禮》特居四之一，今當倣其法，凡牝馬四則壯馬一，即以此五家為一伍，一伍之中歲止責其一駒，毋馬過十二歲即委之。養馬之民聽其鬻賣，不責其直，而復給以新馬。四伍為社，五社為甲，甲有長，歲一閲其肥瘠。由是而斃者責其償，生者課其入，庶無損於官而稍寬於民矣。若今之茶馬司，以無用之茶易所重之馬，似亦得策，然設官分吏，計民課茶，固已不勝其費，及其得馬而回，在道之糧草，停泊之廐驛，大率一馬之費不下二十千，而所得之馬又未必可用。曷若減市馬之半直，賜養馬之民户，而易其一伍中所餘之駒，則貨不出國而馬自足供也。

明　黄道周《歷代馬政考》《射書》卷四　我朝兼用前制，在内地則散之民，即宋户馬之令；在邊地則牧之官，即唐監牧之制；在川陝有茶馬之設，即宋戎馬之市。有御馬監掌天子十二閑，以供乘輿之用。凡立仗、駕輅，皆以是畜之。其牧放之地，則有鄭村等草場；其飼秣之卒，則有騰驤等四衛。國初都金陵，設太僕寺於滁州；後定北都，又設太僕寺于京師。凡两淮及江南馬政，屬于南；其順天等府暨山東、河南馬政，屬于北。又每府州縣添設佐貳官一員，專管馬政。在外設行太僕寺于山西、陝西、遼東，凡三處；苑馬寺亦三處，陝西、甘肅各轄六監二十四苑，遼東僅一監二苑。又四川、陝西立茶馬司五，以茶易之。皇朝國馬之制亦云備矣。

《明史》卷六八《兵志》　初，邊臣請馬，太僕寺以見馬給之。自改征銀，馬日少，而請者相繼，給價十萬，買馬萬匹。邊臣不能市良馬，馬多死，太僕卿儲巏以為言，請仍給馬。又指陳各邊種馬盜賣私借之弊。語雖切，不能從。而邊鎮給發日益繁。延綏三十六營堡，自弘治十一年始，十年間，發太僕銀二十八萬有奇，買補四萬九千餘匹，寧夏、大同、居庸關等處不與焉。至正德七年，遂開納馬例，凡十二條。九年，復發太僕銀市馬萬五千於山東、遼東、河南及鳳陽、保定諸府。嘉靖元年，陝西苑馬少卿盧璧條上馬政，請督逋負，明印烙，訓醫藥，均地差，以救目前，而辟場廣蓄為經久計。帝嘉納之。自後言馬事者頗眾，大都因事立説，補救一時而已。二十九年，俺答入寇，太僕馬缺，復行正德納馬例。已，稍增損之。至四十一年，遂開例至捐馬授職。隆慶二年，提督四夷館太常少卿武金言：「種馬之設，專為孳生備用。備用馬既別買，則種馬可遂省。今備用馬已足三萬，宜令每馬折銀三十兩，解太僕。種馬盡賣，輸兵部，一馬十兩，則直隸、山東、河南十二萬匹，可得銀百二十萬，且收草豆銀二十四萬。」禦史謝廷傑謂：「祖制所定，關軍機，不可廢。」兵部是廷傑言。而是時，内帑乏，方分使括天下逋賦。穆宗可金奏，下部議。部請養、賣各半，從之。太僕之有銀也，自成化時始，然止三萬餘兩。及種馬賣，銀日增。是時，通貢互市所貯亦無幾。及張居正作輔，力主盡賣之議。自萬曆九年始，上馬八兩，下至五兩，又折征草豆地租，銀益多，以供團營買馬及各邊之請。然一騸馬輒發三十金，而州縣以駑馬進，其直止數金。且仍寄養於馬户，害民不減曩時。又國家有興作、賞賚，往往借支太僕銀，太僕帑益耗。十五年，寺卿羅應鶴請禁支借。二十四年詔太僕給陝西賞功銀。寺臣言：「先年庫積四百餘萬，自東西二役興，僅餘四之一。朝鮮用兵，百萬之積俱空。今所存者，止十餘萬。況本寺寄養馬歲額二萬匹，今歲取折色，則馬之派征甚少，而東徵調兑尤多。卒然有警，馬與銀俱竭，何以應之。」章下部，未能有所釐革也。崇禎初，核户兵工三部，借支太僕馬價至一千三百餘萬。蓋自萬曆以來，冏政大壞，而邊牧廢弛，愈不可問。既而遼東督師袁崇煥以缺馬，請於兩京州縣寄養馬内，折三千匹價買之西邊。太僕卿塗國鼎言：「祖宗令民養馬，專供京營騎操，防護都城，非為邊也。後來改折，無事則易馬輸銀，有警則出銀市馬，仍是為京師備禦之意。今折銀已多給各鎮，如並此馬盡折，萬一變生，奈何？」帝是其言，卻崇煥請。按：明世馬政，法久弊叢。其始盛終衰之故，大率由草場興廢。太祖既設草場於大江南北，復定北邊牧地：自東勝以西至寧夏、河西、察罕腦兒，以東至大同、宣府、開平，又東南至大寧、遼東，抵鴨綠江又北千裏，而南至各衛分守地，又自雁門關西抵黃河外，東曆紫荊、居庸、古北抵山海衛。荒閑平埜，非軍民屯種者，聽諸王駙馬以至近邊軍民樵采牧放，在邊藩府不得自占。永樂中，又置草場於畿甸。尋以順聖川至桑乾河百三十餘裏，水草美，令以太僕千騎，令懷來衛卒百人分牧，後增至萬二千匹。宣德初，復置九馬坊於保安州。於是兵部奏，馬大蕃息，以色別而名之，其毛色二十五等，其種三百六十。其後莊田日增，草場日削，軍民皆困於孳養。弘治初，兵部主事湯冕、太僕卿王霽、給事中韓祐、周旋、禦史張淳，皆請清核。而旋言：「香河諸縣地占於勢家，霸州等處俱有仁壽宮皇莊，乞罷之，以益牧地。」雖允行，而占佃已久，卒不能清。南京諸衛牧場亦久廢，兵部尚書張鎣請復之。禦史胡海言恐遺地利，遂止。京師團營官馬萬匹，與旗手等衛上直官馬，皆分置草場。歲春末，馬非聽用者，坐營官領下場放牧，草豆住支，秋末回。給事禦史閱視馬斃軍逃者以聞。後上直馬不出牧，而騎操馬仍歲出如例。嘉靖六年，武定侯郭勳以邊警為辭，奏免之，征各場租以充公費，餘貯太僕買馬。於是營馬專仰秣司農，歲費至十八萬，戶部為詘，而草場益廢。議者爭以租佃取贏，侵淫至神宗時，弊壞極矣。

清 顧九錫《經濟類考約編》卷下《馬政考》 明朝馬政，總以太僕所屬有十四牧監、九十八群，其在京、在外衛所俱有孳牧馬匹，以給官軍騎操之用。在京及南北直隸衛所屬兩京太僕寺任外，屬該行太僕寺、苑馬寺及都司委官提督。每衛委指揮一員，所千百戶一員專管孳牧，其搭配、科駒、起解、比較，悉照民間事例。民間令有司提調孳牧，江南一十一戶共養馬一匹，江北五戶共養馬一匹，內丁多之家充馬頭，餘各貼錢以備倒失買補。凡兒馬一匹配騍馬四匹爲一群，立群頭一人，五群立群長一人，每群長下選聰明子弟二三人習學醫獸，每二年納駒一匹。黃道周曰：明朝馬政兼用前代之制，在內地則散之於民，卽宋人户馬之令也；在邊地則牧之於官，卽唐人監收之制也；而於川陝又有茶馬之設，豈非宋人之市於邊國者乎？又曰：宋熙寧保馬之法，大類明制，但宋人保甲養馬，自願者聽，明制則論丁養馬，丁及數者與之，不及數者足諸他戶，不問其願與否也。況宋人所爲保甲者，免其征役，今則糧草戶役征輸如故，其害比宋爲更甚矣。

《續文獻通考》卷一三三《馬政》 明太祖都金陵，令應天、太平、鎮江、廬州、鳳陽、揚州六府，滁、和二州民牧馬。《兵志》曰：明制，馬之屬內廐者曰御馬監，中官掌之，牧於大壩，蓋倣《周禮》十有二閑意；牧於官者為太僕寺、行太僕寺、苑馬寺及各軍衛，即唐四十八監意；牧於民者，南則直隸、應天等府，北則直隸及山東、河南等府，即宋保馬意。其曰備養馬者，始於正統末，選馬給邊，邊馬足而寄牧於畿甸者也。官牧給邊鎮，民牧給京軍，皆有孳生駒。官牧之地曰草場，或為軍民佃種曰熟地，歲徵租，佐牧人市馬。牧之人曰恩軍、曰隊軍、曰改編軍、曰充發軍、曰抽發軍。苑馬分三等，上苑萬，中七千，下四千。一夫牧馬十匹，五十夫設圉長一人。凡馬肥瘠登耗籍其毛齒而時省之，三歲寺卿偕御史印烙，鬻其羸劣以轉市，邊衛營堡府州縣軍民壯騎操馬，則掌於行寺卿，邊用不足，又以茶易於番，以貨市於邊。其民牧皆視丁田授馬，始曰戶馬，既曰種馬，按歲徵駒，種馬死、孳生不及數，輒賠補，此其大凡也。洪武元年正月，置各處驛馬，驗民田糧備之。臣等謹按《實錄》前後所載，馬有上中下三等，大率上馬一匹糧一百石，中馬八十石，下馬六十石。如一戶不及一百石者，合衆戶為之。又十六年八月，設浦子口等處驛馬，一驛上馬二十匹，中馬十匹，以蘇、松、嘉、湖四府之民為馬户，田四十頃之上者出上馬一匹，三十頃之上者中馬一匹，二十頃之上者下馬一匹，此驗田糧之多寡，分馬上中下之等級也。至二十一年三月，定鳳陽等處驛馬人户。先是，以杭州、徽州等府市井富民備馬應役，至是定其户數，上馬一匹一百三十八戶，中馬一百十八户，下馬九十八戶，此以戶數之多寡，分馬上中下之等級也。四年閏三月，置羣牧監於達勒達錫里營所，隨水草利便，立官署，專職牧養。五年二月，置茶馬司、鹽馬司。先是，戶部請收漢中府茶、園茶於西番易馬，至是遂立秦州茶馬司，又於四川納溪、白渡置鹽馬司，以鹽易馬。又以户部言，收四川巴茶貯以易馬，統於茶鹽都轉運司，賜金牌信符於番族，以防詐僞。每三年遣廷臣召諸番合符交易，上馬茶百二十觔，中七十觔，下五十觔，以私茶出者罪死。末年易馬至萬三千五百餘匹。臣等謹按：《兵志》所言止得其大概。考《實錄》及《典彙》諸書，自秦州置茶馬司後，所置之州不一，如河州、永寧、烏撒、烏蒙、東川、芒部以及雅州各以茶鹽易馬，間有用布者。第其間歲易馬數多寡不同，給值茶鹽輕重不一。若永寧馬價與河州同，凡上馬每匹給茶四十觔，中馬三十觔，下馬二十觔，此價值最輕而有上中下之不一者；其有畫一者，如十七年五月定烏撒歲易六千五百匹，烏蒙、東川、芒部皆四千匹，每馬一匹，俱給布三十匹或茶百觔，鹽如之，此則無上中下之別矣。若最重者，無如四川之雅州，向以路遠，每匹給茶至一千八百觔，後於二十二年六月裁定上馬一匹茶一百二十觔，中馬七十觔，駒馬五十觔，此又價值最重而有上中下之不一者也。是以二十五年於河州等衛以茶三十餘萬觔得馬一萬三百四十餘匹，三十一年二月於西番以茶五十餘萬觔得馬一萬三千一百一十八匹，而內地之馬漸充矣。六年二月，置羣牧監於滁州，尋改為太僕寺，始定養馬之法。初令應天等處民牧馬，至是始定其法：江北民以便水草，一戶養一匹，復於二十三年改五户養一匹，江南民十一戶養一匹，皆復其身，官給善馬為種，率三牝置一牡，每一百匹為一羣，設羣頭與羣副掌之。牧馬歲課一駒，缺駒、損斃者責償之。寺官視馬肥瘠而勸懲之，任滿，吏部考其生息之多寡以為殿最焉。自後馬大孳息，故於七年四月置孳牧所於中立府，八月增設牧監羣官，共二十七處，俱隸於太僕寺，又於十年三月增置滁、陽等五牧監，領四十八羣。二十三年七月，命太僕卿祝孟獻驗視馬數，添省羣監，遂罷太僕寺牧監九、羣五十四，惟存大興、天長、舒城三牧監，置草場於湯、泉、滁州等地，所隸七羣。十六年正月，敕西番以馬為土賦。先是，八年五月，以西番産馬，命內使趙成持羅綺綾帛幷巴茶往市之，至是以歸附久，未嘗責其貢賦，宜計地供馬，如三千户，則三户共出馬一匹，四千戶則四戶共出馬一匹，定為土賦。《會典》曰：各土官衙門秋糧各依原認數目折納馬匹，有二十五石餘折一匹者，有五十餘石折一匹者，馬或不堪，責令賠納。臣等謹按：洪武初年最重馬政，産馬之地悉遣使市之。四年八月，以布萬匹買馬給軍。十八年，高麗貢馬五千，後定每年貢五十匹。是時內外貢獻皆以馬為幣。二十年，遣官市馬高麗。二十四年，詔高麗市馬萬匹，又侍郎李浩還自琉球，市馬四十匹，言其國貴磁器鐵釜等物，自後市馬多用之。員外程益等市馬廣東，民間馬少，求諸蠻境以售官，帝命增給其直，自是馬益多矣。十七年十月，禁遼東將士私賣官馬。將士征遼東者，指揮而下驍勇者人給二匹，庸常者一匹，軍還，馬悉收入官。私賣易者有罪。又於三十年七月，邊將征討邊夷，多獲馬匹，惟驛傳、太僕寺得買之，不得私鬻。十八年五月，詔陜西、山西、北平各驛孳生馬匹，聽民貨鬻弗禁。至二十年，馬户以孳生馬來進，帝以芻豆之費不輕，驛馬孳生聽民畜賣，令即還之。十九年八月，改孳牧所為司牧司。二十三年正月，命太僕寺以種馬之餘發草地牧放。詔江南北各存牧馬萬匹為孳生種馬，其餘悉發草地牧放，江北之人給鈔，別市種馬孳生，以備見缺之數，其正從馬二匹，定止歲收一駒，餘悉聽民自鬻之。六月，詔養馬民户歲産一駒者，賜鈔十錠，其種馬死幷駒不及數者勿問。十一月，命五軍都督府及錦衣等二十衛於大江北岸各置牧馬草場。至二十五年三月，命罷民間歲納馬草，凡軍官馬令自養，軍士馬令管馬官擇水草豐茂之所屯營牧養。二十六年二月，禁河州等處民私鬻官馬，命給榜諭守關者，禁官印馬過河私鬻，其無印者聽渡河售易。臣等謹按，明代印烙官馬始見於此。《會典》云：凡孳生、備用、騎操、折易幷進納馬匹，俱印烙以防奸弊。其孳生及陪納馬駒應交俵者，印訖，差官照依地方日期，將空閒增出人丁俵散領養造冊具奏，其各處印中備用馬匹徑解本部，發太僕寺交納，以憑散俵。洪武舊例，江南馬每年三月初一日赴南京牧馬千戶所印俵，江北馬每年三月十五日赴南京太僕寺印俵，凡孳生駒用云字小印俵散，作種用大印，給軍騎操者再用云字印。二十八年三月，詔悉罷羣監官，以其馬匹隸有司牧養。先是，和州民晏仁言：『民間馬戶既養孳生馬匹，又於有司供應差役，是一戶而充兩差，實為重復。』下廷臣會議，宜省牧馬監羣，就令有司兼掌之。於是太僕寺所屬監十四、羣九十七悉罷之，復定管牧州縣三十七處。臣等謹按《兵志》及《會典》，自二十三年牧監多所廢罷，因令飛熊、廣武、英武三衛五軍養一馬，馬歲生駒，一歲解京，至是悉以監牧歸有司。凡管馬官專提調馬匹，不許管署事務。江南十一户、江北五户養馬一匹，復其身，其丁多之家充馬頭，專一養馬，餘令津貼錢鈔以備倒失買補之用，不許輪流及派孤寡殘疾者，如馬頭家生畜不旺，許貼户家看養。凡兒馬一、騍馬四為羣，羣頭一人，五羣羣長一人。太僕官督理，歲正月至六月報定駒，七月至十月報顯駒，十一、二月報重駒。凡有生質奇異與夫兒騍毛色，務開豁分明，歲終考馬政，以法治府州縣官吏焉。三十年正月，置行太僕寺於山西、北平、陜西、甘肅、遼東，定牧馬草場。帝慮西北邊衛所畜馬匹甚蕃息，而禁防疎濶，乃設行太僕寺以掌其政，設少卿、寺丞，擇致仕千百户、指揮為之。又以寧、遼諸王各據沿邊草場牧放孳畜，乃分畫地界，令放荒閑平地及山場。腹裏諸王、駙馬及軍民聽其牧放樵採，在邊所封之王不得占為己場。惠帝建文四年九月，時成祖已入立，許回回、寧夏馬市。成祖永樂元年二月，設北京行太僕寺，掌順天、山東、河南。及遷都之後，以舊設者為南太僕寺，掌應天等六府二州。三年三月，設遼東開原、廣寧馬市。福餘衛部屬及烏梁海等屬欲來貨馬，帝令遼東鎮守臣就廣寧、開原立市，一於開原城南，一於城東，一於廣寧，各去城四十里。九月，設陜西、甘肅、北京、遼東四苑馬寺。以甘肅、寧夏、山西皆近邊可畜馬，於是設陝西、甘肅二苑馬寺，寺統六監，監統四苑，苑視其地里廣狹為上中下三等，上苑牧馬萬匹，中苑七千匹，下苑四千匹，苑有圉長一，圉長率五十夫，每夫牧馬十匹。又設北京、遼東二苑馬寺，各統六監，並視陝西、甘肅。至十八年，革北京苑馬寺及六監二十四苑，悉牧之民。英宗正統二年，革甘肅苑馬寺，並隸陝西苑。十一年二月，令北京民戶分養孳生馬，著為令。臣等謹按，《本紀》言民户分養，《兵志》言計丁養馬。蓋初定民户，旋改為丁也。民十五丁以下一匹，十六丁以上二匹，編發者七戸一匹，除罪，選居閑官教之畜牧。又十四年，以寺卿楊砥言，北方人户五丁養一，免田租之半，薊州以東至南海等衛戍守軍外，每軍飼種馬一。又十五年，定南方養馬例，鳳、廬、揚、滁、和五丁一，應天、太鎮十丁一，淮、徐初養馬亦以丁為率。六月，設甘肅茶馬司，如西寧例。命御史及錦衣衛官巡視官軍牧放馬匹，春末夏初牧放，九月終回營。科道官點閘馬死軍逃，領敕官以聞。在邊，四月中出牧，九月初回營。十七年三月，立保安州牧馬草場。至宣宗宣德二年，又置馬坊九所於保安州順聖川牧馬。英宗正統間，因邊患，草場廢，天順三年復置。二十二年九月，時仁宗已即位，散畿内民所養官馬於諸衛所。太僕馬增數倍，而畿民畜馬過多，蠶桑盡廢，故以分給諸衛所及臨邊戍卒，俾養牧乘習。仁宗洪熙元年正月，詔民間畜官馬者二歲納駒一匹，免草糧之半，著為令。自是馬日蕃，漸散於鄰省。宣宗宣德二年二月，以行太僕寺馬給關外官軍騎操。四年七月，置給馬勘合。北京操備官軍領馬騎操，凡十七萬餘匹，後存者五不及一。以尚書張本言，置勘合，付北京太僕寺收掌，領馬一匹，給勘合一道，填寫齒色月日，令執以為憑。遇倒死等，頃就勘合註寫明白，送寺比較。六年二月，以太僕寺馬分俵山東、河南人民牧養，令五丁養一牝馬，三丁養一牡馬，而不免糧芻，仍如例增設州縣掌馬官。八年十月，命南直隸償馬從太僕寺印烙，鳳陽各處每歲償馬皆從兵部送御馬監印烙，往返甚艱，今從北直隸例，俱太僕寺印烙。又於正統四年，改委官偏歷有馬地方，公同印俵。是後率遣駙馬侯伯，其弊多端，故於景泰二年八月，改遣御史印烙。英宗正統三年四月，立大同馬市。十年六月，勘河南牧馬地十七處，下兵部行之。臣等謹按，洪武中令民間孳牧，止江南北。永樂中，始令北直隸領養。宣德後乃及山東、河南，《兵志》言濟南、兗州、東昌民養馬自宣德四年始，彰德、衛輝、開封民養馬自正統十一年始，考之《實錄》，年分稍未符。十四年十二月，時景宗已即位，令順天府所屬州縣寄養各處起解備用馬匹。時額森入犯，京師有警，選馬二萬寄養近京，充團營騎操，而盡以故時種馬給永平等府。景帝景泰三年二月，敕：牧馬年老者免其算駒，牡馬十八歲以上、牝馬二十歲以上者也。英宗天順五年十月，命河南、山西、陝西士民納馬予冠帶。八年七月，時憲宗已即位，選牧馬萬匹赴京團養。憲宗成化元年，令買補孳生馬駒折買騸馬備用。凡應買補者，有司四匹，軍衛五匹，折買堪操騸馬一匹，例後倒失者騍駒三匹、兒駒二匹，各折買騸馬一匹，謂之四戸馬。二年八月，分遣科道官清理牧馬草場，令法司聽人納馬贖罪，并令陝西以官茶於番族市馬。四年四月，始建太僕寺常盈庫，貯備用馬價。初，二年以南土不產馬，改徵銀，至是命南北直隸折徵價銀，於太僕寺建官庫貯之。臣等謹按，是時民漸苦養馬，故有折價。太僕之有馬價，自成化始，然止三萬餘兩，及種馬賣銀日增，至萬曆中，銀益多，以供團營買馬及各邊之請。然騸馬輒發三十金，而州縣以駑馬進，其直止數金，且仍寄養於馬户，害民不減曩時。又國家有興作，賞賚往往借支，太僕銀帑益耗。十五年，寺卿羅應鶴請禁支借。二十四年，詔太僕給陝西賞功銀，寺臣言：『先年庫積四百餘萬，自東西二役興，僅餘四之一，朝鮮用兵，百萬之積俱空。今所存止十餘萬，况本寺寄養馬歲額二萬匹，今歲取折色，則馬之派徵甚少，而東征調兑尤多，卒然有警，馬與銀俱竭，何以應之？』章下部，未能有所釐革也。八年正月，募民納馬。時詔例免償，操軍無馬者多，巡撫以聞，令召募納馬，或納馬價，許給冠帶。十一月，令宣撫召人納馬。十二年十二月，令各監苑以牝馬千匹給軍餘領養邊備。侍郎馬文升請於永平孳生牧馬内選牝馬千匹，分給永寧監官軍領養，三年算二駒。於是令陝西、山西苑馬寺各以牝馬千匹或二千匹印給寺監軍餘領養，二年算一駒，其孳生追償，聽各巡撫比較。十四年二月，復開遼東馬市。永樂間，遼東設馬市三處，正統間因漏洩邊事已罷其二，惟南關市獨存。至是，以遼東巡撫陳鉞言，復開馬市。臣等謹按，是時陳鉞與汪直相結，外生邊事，故為此請。其後以通事等侵牟夷人，遂至寇掠去。孝宗弘治元年十月，命南京守備、參贊內外官提督京營馬政。以南京大小教場並神機營操備馬，倒死不告相驗，又不比較買補，故差官照京營例考驗追補。二年八月，太僕寺卿王霽陳馬政十事。霽疏陳馬政十事，一言國初邊方每寺馬不下二三萬匹，自正統後馬政日弛，邊方用馬皆仰給京師，宜督太僕、苑馬寺加意牧養。一、金吾左等衛皆有草場牧馬，馬以萬計，近存十無二三，宜行寺丞等官約束衛所如法牧養。一、順天州縣寄養馬，人戶丁多者或得空閒，力乏者强令牧養，宜審定人户，優免貧難。一、各處孳牧新收者少，物故者多，上下相蒙，彼此姑息，宜許寺丞官揭部。一、順天備用孳牧之馬，請留其良，汰其病者，仍三年一選。一、國初專責馬甲養馬，自各家輪養，致用心不專，馬多物故，宜如舊例。一、各府州縣使客經過，輒令官馬迎送，馬斃則民賠償，宜嚴加禁約。一、法司贓罰官馬，良者多為權豪減價買去，老病者寄養於民，至倒死亦要追賠，宜止許賣其老弱。一、各省邊等處俱有牧馬草場，多為豪右侵占，請閱實原額，封立界至。一、各府州縣有馬少戶多、馬多戶少者，宜令酌派適均。皆從之。又南京太僕寺卿秦崇疏，言：『南太僕歲解備用馬，弘治三年為始，鳳、廬、滁、和等處解馬七分，折價三分，淮、揚、江浦、六合等處解馬四分，折價六分。又應天諸府養馬州縣因有納價事例，遂止知照數徵價，其牧養馬政一切廢弛。請令巡按御史查提追補，並於南陵、建平各增管馬官一員。』亦從之。臣等謹按：《兵志》及《實録》，弘治二年，陝西巡撫蕭楨請減行太僕寺官，兵部覆疏，畧謂洪、永間設苑馬寺，各置官屬，凡茶馬、貢馬常數萬匹，足充邊用。正統以後，馬日以耗，遂裁革四監、十九苑，今所存者復請裁革，是惜小費而忘大計，恐馬政遂廢不可復，請量減之。又正德十六年九月，御史王昶陳馬政四事，一、補恩隊軍丁，一、禁懷駒種馬給邊，一、履畝勘實草場牧地，一、各苑馬宜先時收保。自後言馬事者非一，大抵皆相襲常談，而無救時實用，不足録也。三年，定管軍官私占官馬及借撥與人之罪。五匹以下降一級，以上降二級，發邊衛立功，借者一體論罪。六年七月，定寄養種馬額及算駒之數。北畿自永樂以來馬日滋，輒責民牧，寺卿彭禮以戶丁有限，課駒無窮，請定種馬十萬匹，歲取駒二萬五千匹，永為定額，不復增添。尚書馬文升覆奏行之，兩京太僕寺種馬始有定額。十五年十二月，以楊一清為左副都御史，督理陝西馬政。御史王紹請嚴私茶之禁，整理陝西馬政。兵部議，謂在外寺卿每用謫逐之人，為下所易，宜以布、按二司參政等官推補，其監苑庶官亦宜擇北人素知牧馬者委之。遂命一清以都御史往。十七年正月，一清言：『初以陝西宜牧，設監苑，跨二千餘里，後皆革去，惟存長樂、靈武兩監、六苑，開城、安定為上苑，廣寧、萬安為中苑，清平、黑水為下苑。上苑歲可得馬二萬匹，中苑得八千匹，下苑得四千匹，計亦足以給三邊之用。然欲廣孳息，必多蓄種馬。宜增滿萬匹，兩年一駒，五年可足前數。請給太僕寺銀四萬二千兩，於平慶、臨鞏買種馬七千。又養馬恩隊軍舊額一千二百有奇，今止有七百餘人，請增為三千人以牧馬，並請相度地勢，長樂、廣平等十四營宜創築城堡，開城、黑水等十八營城堡宜修。』俱已允行。尋遷總制，仍督馬政。原額諸監草場十三萬三千七百餘頃，存者已不及半。一清覈之，得荒熟地十二萬八千四百餘頃，清勾撥補，招募改編軍人二千三百餘名，修完馬營城堡一十九處，衙門倉厫馬廐屋宇四千一百餘間，又開武安苑地二千九百餘頃，正德二年聞於朝。又言：『官茶無積，私販盛行，邊兵缺馬累行伍賠償。臣嚴禁私販，廣積官茶，招調番人，共易馬一萬九千七十七匹，三邊戰馬不為無補。且以巡撫政繁，請復設巡茶御史一人，兼理馬政、茶法二事。』從之。臣等謹按《兵志》載，開城、安定為上苑，牧萬馬，廣寧、萬安為中苑，萬安可五千，廣寧四千，清平、黑水為下苑，清平二千，黑水千五百，與此互異。十六年七月，修遼東復州苑馬寺，於開原、撫順二處各立馬場，從巡撫張鼎言也。武宗正德二年閏正月，令民養馬者勿科駒，每歲令羣納備用馬一匹，合力買解。御史王濟言：『民苦養馬，有一孳生馬輒害之，間有定駒，賂醫諱之，有顯駒墜落之。馬虧欠，不過納銀二兩；既孳生者，已聞官而復倒斃，不過納銀三兩。孳生不死則饑餓，馬日瘦削，無濟實力。今種馬地畝人丁歲取有定額，請以其額數令民買馬，而種馬、孳生縣官無與。』兵部是其言，自後每有奏報，輒引濟言縣官無與種馬事，但責駒於民，遺母求子矣。七年閏五月，開納馬例。軍民舍餘人等納銀二十兩，准馬一匹，授以冠帶，以上遞加至七品散官者馬三匹，銀七十兩；武職則納銀百七十兩，准馬七匹，授百戶、鎮撫，以上遞加至指揮使者馬二十五匹，授五百兩，俱免雜泛差役，其餘各有差。《兵志》曰：初，邊臣請馬，太僕寺以見馬給之，自改徵價銀，馬日少而請者相繼，給價十萬，買馬萬匹，邊臣不能市良馬，馬多死。太僕卿儲巏以為言，請仍給馬，又指陳各邊種馬盜賣私借之弊。語雖切，不能從，而邊鎮給發日益繁。延綏三十六營堡，自弘治十一年始，十年間發太僕銀二十八萬有奇，買補四萬九千餘匹；寧夏、大同、居庸關等處不與焉。至正德七年遂開納馬例，凡十二條。九年，復發太僕銀，市馬萬五千於山東、遼東、河南及鳳陽、保定諸府。十四年十月，命兵部申明兌馬之例。太僕寺每年派取馬二萬五千匹，其貯寺馬價亦量宜而發。是時兩歲之間，御馬監遼東、宣、大等處兑至五萬八千七百餘匹，價銀亦二十三萬兩。寺卿汪舉請申明舊規，量入而出，舊四衛勇士官馬死二次者，例不再給，責之賠償，今累年未追，宜如舊。遼東有寺監所養之馬，宣、大有團種子粒及椿棚之銀，自可買補，請如舊制；非遇征調，不得妄乞京營馬。舊制各營追收椿銀買補，後歸之太僕兑與寄養馬匹，請令各營嚴追椿銀，送寺買馬。詔可。世宗嘉靖二年二月，諭各巡撫毋請調寄養馬匹。時保定巡撫周季鳳河南勦賊，急兑馬匹，後多耗損，太僕寺奏其非例故也。既而御史謝汝儀言：『《會典》所載州縣及衛所私乘者俱有禁，獨無巡撫不得擅用之文，今宜明敕巡撫非奉詔不得擅用。』從之。閏四月，更定盜賣官馬之例。有力者照例罰馬二匹，知情和買、鄰人、牙保罰馬一匹，無力者軍調邊衛，民發附近衛所永遠充軍；管軍官遇操軍盜賣事發，三匹以上者降一級，五匹以上者降二級。九年六月，命團營馬匹量留三千匹聽征，餘一體下塲牧放。舊制營衛上直官馬俱各分置草塲牧放，每下塲月分，草料住支。後團營馬不下塲，皆仰秣。司農部臣因請量留三千匹聽征，餘令一體牧放。從之。《兵志》曰：明世馬政法久弊從，其始盛終衰之故，大率由草塲興廢。太祖設草塲於大江南北，復定北邊牧地。永樂中又置草塲於畿甸，尋以順聖川至桑乾河水草美，令以太僕千騎分牧，後增至萬二千匹。宣德初復置九馬坊於保安州，於是馬大蕃息，以色別而名之，其毛色二十五等，其種三百六十。其後莊田日增，草塲日削，軍民困於孳養。弘治初，主事湯冕、給事中周旋等皆請清覈，而旋言香河諸縣占於勢家，霸州等處俱有仁壽宮皇莊，乞罷之以益牧地。雖允行，而卒不能清。南京諸衛牧塲亦久廢，京師團營官馬萬匹，與旗手等衛上直官馬皆分置草塲，歲春末，馬非聽用者下塲牧放，草豆住支，秋末回，科道閲視馬斃軍逃者以聞，後上直馬不出牧，而騎操馬仍歲出如例。嘉靖中，武定侯郭勛以邊警為辭奏免之，徵各塲租以充公費，餘貯太僕寺買馬。於是營馬專仰秣，司農歲費十八萬，户部為詘，而草塲益廢。議者爭以租佃取贏，浸淫至神宗時，弊壞極矣。十二年，定例失馬匹條例。議準存操、巡補幷錦衣、旗手等衛馬匹，一年以百匹為率，倒失十匹以上送問，七匹以上罰治，不及數者免究，全無者量加犒賞。原管數少而倒失不多及全無者不在此限。又十七年，定領馬十年以上倒死者，把總官免參，十年以下者，仍以百匹為率，二十匹以上把總送問，十匹以上罰治，不及數者免究。二十五年八月，以牧馬草塲子粒銀盡送太倉供養馬費。二十九年十二月，並徵南北寄養馬，復弛陝西、遼東各關馬禁。太僕寺寄養馬兑發殆盡，令三十年分春秋二季馬併作一運，及借三十一年分馬作三十年二運，其南北直隸原當總運者亦併徵二年，分為二運解寺。又弛各關馬禁，許商民貿易。至三十一年十月，御史徐紳言：『預徵備用馬民力不堪，請以三年之通漸減一年之徵，自三十三年為始，預徵次年者免三分之一，行之兩年，漸復原額。』詔可。三十年正月，詔給西番諸族納馬勘合，從督臣王以旗之請也。《兵志》曰：茶馬司洪武中賜金牌以防詐偽，私茶罪死，雖勛戚無貸，末年至易馬萬三千五百餘匹。永樂中，禁少弛，易馬少，乃命嚴邊關茶禁，遣御史巡督。正統末，罷金牌，歲遣行人巡察，邊民冒禁私販者多。弘治間，大學士李東陽言：『金牌制廢，私茶盛行，有司又屢以敝茶給番族，番人抱憾，往往以羸馬應。宜嚴勑陝西官司揭榜招諭，復金牌之制，嚴收良茶，頗增馬直，則得馬必蕃。』及楊一清督馬政兼理鹽茶，禁私販，種官茶，四年間易馬九千餘匹，而茶尚積四十餘萬觔。靈川鹽池增課五萬九千，貯慶陽、固原庫以買馬給邊。又請專官聽其提調。御史翟唐歲收茶七十八萬餘觔，易馬九千有奇。後法復弛，嘉靖初，户部請揭榜禁私茶，凡引俱南户部印發，府州縣不得擅印。三十年，詔給勘合，然初制訖不能復矣。四月，開馬市於宣府、大同。諳達求通貢市，兵部尚書趙錦、咸寧侯仇鸞等議，比永樂、成化間遼東馬市事例，大學士嚴嵩贊成之，乃許歲開二次，兵部員外郎楊繼盛上疏極諫，不聽。四月，開馬市於大同鎮羌堡，易馬二千七百餘匹。五月，設馬市於宣府新開口堡，易馬二千餘匹。十二月，延寧開市，易馬五千餘匹。尋以按臣蔡朴言停罷。三十一年七月，詔開軍民納馬事例。兵部以太僕馬少議行正德間開納例，許之。四十一年三月，復開納馬授職例。臣等謹按《兵志》載二十九年，與此小異。穆宗隆慶二年五月，詔革各省種馬之半，變價輸兵部。提督四夷館、太常寺少卿武金言：『種馬之設，專為孳生備用，備用馬既別買，則種馬可革。今備用馬已足三萬，則令每馬折價三十兩，輸太僕，一馬折價可買戰馬二匹。又取無用之種馬盡賣，輸兵部，一馬十兩，統計十二萬匹，可得銀百二十萬。且收草豆銀二十四萬。』御史謝廷傑言：『祖宗舊制，軍機所係，不可廢。』而是時内帑乏，方分使括天下通賦，帝獨可金奏，部請賣買各半，從之。至萬曆九年，始盡賣種馬，上馬八兩，下至五兩，又折徵草豆地租，銀益多矣。五年，宣、大、山西三鎮互市馬萬匹。時諳達受封，並允其互市，於是得官市馬萬餘匹，私市馬贏驢牛羊二萬餘，其陝西三邊亦以次互市。督臣王崇古疏：『各省歲俵備用馬，每匹民間率費六七十金，一遇歲荒馬死，必至罄家蕩產。比至解發，往往倒死瘦損，不堪充軍。是括民以備馬，而馬亦未盡可用也。各邊歲扣官軍俸糧充朋合買馬之需，每馬一匹，支官價十二兩給軍，自買必須貼賠五七兩方足。一遇馬死價失，必致軍逃伍缺。是累軍以買馬，而馬未必盡堪補也。今將貢市之馬一備入衛，既免兌馬之擾；一補營額，可免貼賠之害。且定上馬一匹價十二兩，搭配官貨一分，實價八兩餘；中馬價十兩，貨實值七兩餘；下馬價八兩，貨實值六兩餘。其在商民率得厚利。今邊地孳牧漸多，軍士尋買且易，此收夷馬、利中國之明效也。近科臣建議，將各省歲俵馬每匹折二十四兩解部，公私內外俱獲便利，但恐年復一年，市馬必致太多。請勅下兵部定議，每年春發三鎮馬價各一萬二千兩，聽上馬千匹疋，赴各關俵兌京營官軍騎征，或給戶寄養。雖馬匹高壯，或不及民俵，而筋骨慣耐寒苦，比內省馬力倍健。有謂夷馬不服內養者，近訪各邊軍士領獲市馬，壯健既多，倒死已少，是夷馬不服內養之說原非定論也。』神宗萬曆十六年七月，寬陝西民間馬禁。巡按鍾化民言：『西塞產馬以資生，而貿易有禁，則孳蓄少，而公家緩急亦無所賴。請少寬其禁，如本境荒而他境豐，許出馬以取資；本鎮緩而別鎮急，許出馬以協濟。但出鎮必給官文，通番嚴行厲禁。』命議行之。又三十四年四月，巡按史學遷言：『國家私茶私馬內禁並嚴，惟以禁其通番也。今民間馬匹買賣，俱領票納稅，而不肖有司浸漁十九，不論民間孳生換易，見無稅票，即指稱私馬入官，積猾捕役、私販通番者重賄以免。設禁之初意蕩然矣。乞將民間馬政悉行釐革，其關隘出入悉聽茶臣設法盤究。』詔從之。二十九年二月，定陝西茶馬司易馬之額。先是，巡撫郝瀛言：『西寧、河州、洮州等處以茶易馬，各監督兵備道多視為鄙事，概委屬員，聽其狥私交易，馬多不堪。又派貧軍押解平涼，比至二寺交割，倒損居半，寺官隱忍收受，及其給散，又多弊端。所以虧損數多。』至是，茶馬御史畢三才亦以市馬之數日增，濫收駑劣，隨收隨倒，請定額數。西寧收三千二百匹，河州三千四百匹，洮州一千八百匹，泯州一百六十匹，甘州一千匹，莊浪八百匹。從之。

紀事

明 歸有光《本朝馬志》《明經世文編》卷二九四　皇朝洪武六年，置太僕寺於滁州。七年設羣牧監，十三年增置滁陽、儀真、香泉、六合、天長五牧監，滁陽羣二十有二，儀真、六合羣各七，香泉羣八，天長羣四。二十三年，定為十四牧監，九十八羣。二十八年，廢牧監，始令民間孳牧。三十年，置北平及遼東、山西、陝西、甘肅等處行太僕寺。是年，太祖以寧遼諸王各據沿邊草場牧放，乃圖西北沿邊，自東勝以西，至寧夏河西察罕腦兒，東勝以東，至大同宣府，又東南至大寧，又東至遼東，又東至鴨綠江，又北不啻數千里，而南至各衛分守地，又自鴈門關外，西抵黃河，渡河至察罕腦兒，又東至紫荊關，又東至居庸關，及古北口，北又東至山海關外，凡軍民屯種田地，不得牧放孳畜，其荒閑平地，及山場腹內，諸王駙馬，及極邊軍民聽其牧放樵採，近邊所封之王，不得占為巳場，而妨軍民，腹內諸王，駙馬聽其東西往來自在營駐，因而練習防胡，或有占為巳草場山場者，諭之。上又以朵甘烏思藏，長江西一帶西番，自昔以馬入中國易茶，邇因私茶出境，馬之入互市者少，於是彼馬日貴，中國之茶日賤，命秦蜀二王，發都司官軍於松潘碉門黎雅抵朵甘烏思藏五千餘里，皆用之，彼地之人不可一日無茶，邇因邊吏譏察不嚴，以致私販出境，為夷人所賤。夫物有至薄，而用之則重者，茶是也。始於唐而盛於宋，至宋而其利博矣，前代非以此專利，蓋制夷狄之道，當賤其所有，而貴其所無耳。國家榷茶，本資易馬以備國用，今惟易財物，使番夷坐收其利，而馬入中國者少，豈所以制夷狄哉？又命曹國公李景隆，賫金牌勘合，直抵諸番，令其酋領受牌為符，以絕姦欺。敕兵部諭川陝守邊衛所，巡禁私茶出境，仍遣僧官著藏卜等往西番申諭之。時晉王成祖統軍行邊，出開平數百里。上聞之，遣人以敕往諭之云。自遼東至於甘肅，東西六千餘里，可戰之馬，僅得十萬。京師、河南、山東三處，馬雖有之，若遇赴戰，猝難收集。苟事勢警急，北平口外，馬悉數不過二萬。若遇十萬之騎，雖古名將，亦難於野戰。我馬數如是，縱有步軍，但可夾馬以助聲勢，若欲追北擒寇，則不能矣。止可去城三二十里，往來屯駐，遠斥堠，謹烽燧，設信砲，猝有緊急，一時可知。胡人上馬動計萬，兵勢全備，若欲折衝鏖戰，其孰可當。方今馬少，全仰步軍，必常附城，倘有不測，則可固守保全以待援。歷代守邊之要，上在兵間久，深患馬少，遂戒諭云云。故尤留意西番茶馬，定金牌之制。永樂元年，改北平行太僕寺為北京行太僕寺。四年，應天、太平、鎮江、揚州、廬州、鳳陽州縣各增設判官主簿一員，專理馬政。設陝西、甘肅二苑馬寺，又設北京、遼東二苑馬寺。五年，增設北京苑馬寺監。六年，增設甘肅苑馬寺監。

《續文獻通考》卷一三三《兵考·馬政》 明太祖都金陵，令應天、太平、鎮江、廬州、鳳陽、揚州六府，滁、和二州民牧馬。《兵志》曰：明制，馬之屬內廐者曰御馬監，中官掌之，牧於大壩，蓋倣《周禮》十有二閑意。牧於官者為太僕寺、行太僕寺、苑馬寺及各軍衛，即唐四十八監意。牧於民者，南則直隸、應天等府，北則直隸及山東、河南等府，即宋保馬意。其曰備養馬者，始於正統末，選馬給邊，邊馬足而寄牧於畿甸者也。官牧給邊鎮，民牧給京軍，皆有孳生駒。官牧之地曰草場，或為軍民佃種，曰熟地，歲徵租，佐牧人市馬。牧之人曰恩軍，曰隊軍，曰改編軍，曰充發軍，曰抽發軍。苑馬分三等，上苑萬，中七千，下四千。一夫牧馬十匹，五十夫設圉長一人。凡馬肥瘠登耗，籍其毛齒而時省之。三歲寺卿偕御史印烙，鬻其羸劣，以轉市邊衛營堡府州縣軍民，壯騎操馬則掌於行寺卿，邊用不足又以茶易於番，以貨市於邊。其民牧皆視丁田授馬，始曰戶馬，既曰種馬，按歲徵駒，種馬死、孳生不及數輒賠補，此其大凡也。洪武元年正月，置各處驛馬，驗民田糧備之。臣等謹按：《實錄》前後所載馬有上、中、下三等，大率上馬一匹糧一百石，中馬八十石，下馬六十石。如一戶不及一百石者，合衆戶為之。又十六年八月，設浦子口等處驛馬，一驛上馬二十匹，中馬十匹，以蘇、松、嘉、湖四府之民為馬户，田四十頃之上者出上馬一匹，三十頃之上者中馬一匹，二十頃之上者下馬一匹，此驗田糧之多寡，分馬上、中、下之等級也。至二十一年三月，定鳳陽等處驛馬人户。先是，以杭州、徽州等府市井富民備馬應役。至是，定其户數，上馬一匹一百三十八戶，中馬一百十八户，下馬九十八戶，此以戶數之多寡分馬上、中、下之等級也。四年閏三月，置羣牧監於達勒達錫里營所，隨水草利便，立官署專職牧養。五年二月，置茶馬司、鹽馬司。先是，戶部請收漢中府茶園茶，於西番易馬。至是，遂立秦州茶馬司。又於四川納溪白渡置鹽馬司，以鹽易馬。又以户部言，收四川巴茶貯以易馬，統於茶鹽都轉運司，賜金牌信符於番族，以防詐偽，每三年遣廷臣召諸番合符交易。上馬茶百二十觔，中七十觔，下五十觔。以私茶出者罪死。末年易馬至萬三千五百餘匹。臣等謹按：《兵志》所言，止得其大概。考《實錄》及《典彙》諸書，自秦州置茶馬司後，所置之州不一，如河州、永寧、烏撒、烏蒙、東川、芒部以及雅州，各以茶鹽易馬，間有用布者。第其間歲易馬數，多寡不同，給值茶鹽輕重不一。若永寧馬價與河州同，凡上馬每匹給茶四十觔，中馬三十觔，下馬二十觔，此價值最輕，而有上、中、下之不一者。其有畫一者，如十七年五月，定烏撒歲易六千五百匹，烏蒙、東川、芒部皆四千匹，每馬一匹俱給布三十匹，或茶百觔，鹽如之，此則無上、中、下之別矣。若最重者，無如四川之雅州，向以路遠，每匹給茶至一千八百觔，後於二十二年六月裁定，上馬一匹茶一百二十觔，中馬七十觔，駒馬五十觔，此又價值最重而有上、中、下之不一者也。是以二十五年於河州等衛以茶三十餘萬觔得馬一萬三百四十餘匹，三十一年二月於西番以茶五十餘萬觔得馬一萬三千一百一十八匹，而內地之馬漸充矣。六年二月，置羣牧監於滁州，尋改為太僕寺，始定養馬之法。初令應天等處民牧馬，至是始定其法。江北民以便水草一戶養一匹，復於二十三年改五戶養一匹。江南民十一戶養一匹，皆復其身，官給善馬為種，率三牝置一牡，每一百匹為一羣，設羣頭與羣副掌之，牧馬歲課一駒，缺駒損斃者責償之，寺官視馬肥瘠而勸懲之。任滿，吏部考其生息之多寡以為殿最焉。自後馬大孳息。故於七年四月，置孳牧所於中立府。八月，增設牧監羣官共二十七處，俱隸於太僕寺。又於十年三月增置滁陽等五牧監，領四十八羣。二十三年七月，命太僕卿祝孟獻驗視馬數，添省羣監，遂罷太僕寺，牧監九羣五十四惟存大興、天長、舒城三牧監，置草場於湯、泉、滁州等地，所隸七羣。十六年正月，敕西番以馬為土賦。先是，八年五月，以西番產馬，命內使趙成持羅綺綾帛幷巴茶往市之。至是，以歸附久，未嘗責其貢賦，宜計地供馬。如三千户則三户共出馬一匹，四千戶則四戶共出馬一匹，定為土賦。《會典》曰：各土官衙門秋糧各依原認數目折納馬匹，有二十五石餘折一匹者，有五十餘石折一匹者，馬或不堪，責令賠納。臣等謹按：洪武初年，最重馬政，產馬之地悉遣使市之。四年八月，以布萬匹買馬給軍。十八年，高麗貢馬五千，後定每年貢五十匹。是時內外貢獻，皆以馬為幣。二十年，遣官市馬高麗。二十四年，詔高麗市馬四十匹，言其國貴磁器鐵釜等物，自後市馬多用之。員外程益等市馬廣東，民間馬少，求諸蠻境以售官，帝命增給其直，自是馬益多矣。十七年十月，禁遼東將士私賣官馬。將士征遼東者，指揮而下，驍勇者人給二匹，庸常者一匹，軍還，馬悉收入官，私賣易者有罪。又於三十年七月，邊將征討邊夷，多獲馬匹，惟驛傳、太僕寺得買之，不得私鬻。十八年五月，詔陝西、山西、北平各驛孳生馬匹聽民貨鬻弗禁。至二十年，馬户以孳生馬來進，帝以芻豆之費不輕，驛馬孳生，聽民畜賣，令即還之。十九年八月，改孳牧所為司牧司。二十三年正月，命太僕寺以種馬之餘，發草地牧放。詔江南北各存牧馬萬匹為孳生種馬，其餘悉發草地牧放。江北之人給鈔別市種馬孳生，以備見缺之數。其正從馬二匹定止歲收一駒，餘悉聽民自鬻之。六月，詔養馬民户歲産一駒者賜鈔十錠，其種馬死并駒不及數者勿問。十一月，命五軍都督府及錦衣等二十衛於大江北岸各置牧馬草場。至二十五年三月，命罷民間歲納馬草，凡軍官馬令自養，軍士馬令管馬官擇水草豐茂之所屯營牧養。二十六年二月，禁河州等處民私鬻官馬，命給榜諭，守關者禁官印馬過河私鬻，其無印者聽波河售易。臣等謹按：明代印烙官馬，始見於此。《會典》云：凡孳生、備用、騎操、折易并進納馬匹。俱印烙。以防奸弊、其孳生及陪納馬駒應交俵者，印訖，差官照依地方日期，將空間增出人丁俵散領養造冊具奏，其各處印中備用馬匹徑解本部，發太僕寺交納，以憑散俵。洪武舊例，江南馬每年三月初一日赴南京牧馬千戶所印俵，江北馬每年三月十五日赴南京太僕寺印俵。凡孳生駒用云字小印，俵散作種用大印，給軍騎操者再用云字印。二十八年三月，詔悉罷羣監官，以其馬匹隸有司牧養。先是，和州民晏仁言，民間馬戶既養孳生馬匹，又於有司供應差役，是一戶而充兩差，實為重復。下廷臣會議，宜省牧馬監羣，就令有司兼掌之。於是太僕寺所屬監十四、羣九十七悉罷之，復定管牧州縣三十七處。臣等謹按：《兵志》及《會典》自二十三年牧監多所廢罷，因令飛熊、廣武、英武三衛五軍養一馬，馬歲生駒一，歲解京。至是悉以監牧歸有司，凡管馬官專提調馬匹，不許管署事務。江南十一户、江北五户養馬一匹，復其身。其丁多之家充馬頭，專一養馬，餘令津貼錢鈔，以備倒失買補之用，不許輪流及派孤寡殘疾者。如馬頭家生畜不旺，許貼户家看養。凡兒馬一、騍馬四為羣，羣頭一人，五羣羣長一人，太僕官督理。歲正月至六月報定駒，七月至十月報顯駒，十一二月報重駒。凡有生質奇異，與夫兒騍毛色務開豁分明，歲終考馬政，以法治府州縣官吏焉。

三十年正月，置行太僕寺於山西、北平、陝西、甘肅、遼東，定牧馬草場。帝慮西北邊衛所畜馬匹甚蕃息，而禁防疎濶，乃設行太僕寺以掌其政，設少卿、寺丞，擇致仕千百户指揮為之。又以寧、遼諸王各據沿邊草場牧放孳畜，乃分畫地界，令放荒閑平地及山場腹裏。諸王駙馬及軍民聽其牧放樵採，在邊所封之王不得占為已場。惠帝建文四年九月，許回回寧夏馬市。成祖永樂元年二月，設北京行太僕寺，掌順天、山東、河南。及遷都之後，以舊設者為南太僕寺，掌應天等六府二州。三年三月，設遼東、開原、廣寧馬市。福餘衛部屬及烏梁海等屬欲來貨馬，帝令遼東鎮守臣就廣寧、開原立市，一於開原城南，一於城東，一於廣寧，各去城四十里。九月，設陝西、甘肅、北京、遼東四苑馬寺，以甘肅、寧夏、山西皆近邊，可畜馬，於是設陝西、甘肅二苑馬寺，寺統六監，監統四苑，苑視其地里廣狹為上、中、下三等，上苑牧馬萬匹，中苑七千匹，下苑四千匹。苑有圉長一，圉長率五十夫，每夫牧馬十匹。又設北京、遼東二苑馬寺，各統六監，並視陝西、甘肅。至十八年，革北京苑馬寺及六監二十四苑，悉牧之民。英宗正統二年，革甘肅苑馬寺，並隸陝西苑。十一年二月，令北京民戶分養孳生馬，著為令。臣等謹按：《本紀》言民户分養，《兵志》言計丁養馬，蓋初定民户，旋改為丁也。民十五丁以下一匹，十六丁以上二匹，編發者七戶一匹，除罪選居閑官教之畜牧。又十四年，以寺卿楊砥言，北方人户五丁養一，免田租之半，薊州以東至南海等衛戍守軍外，每軍飼種馬一。又十五年，定南方養馬例，鳳、廬、揚、滁、和五丁一，應天、太、鎮十丁一。淮、徐初養馬，亦以丁為率。六月，設甘肅茶馬司，如西寧例，命御史及錦衣衛官巡視。官軍牧放馬匹，春末夏初牧放，九月終回營。科道官點閘，馬死軍逃，領敕官以聞。在邊四月中出牧，九月初回營。十七年三月，立保安州牧馬草場。至宣宗宣德二年，又置馬坊九所，於保安州順聖川牧馬。英宗正統間，因邊患，草場廢，天順三年復置。二十二年九月，散畿内民所養官馬於諸衛所，太僕馬增數倍，而畿民畜馬過多，蠶桑盡廢，故以分給諸衛所及臨邊戍卒，俾養牧乘習。仁宗洪熙元年正月，詔民間畜官馬者二歲納駒一匹，免草糧之半，著為令。自是馬日蕃，漸散於鄰省。宣宗宣德二年二月，以行太僕寺馬給關外官軍騎撩。四年七月，置給馬勘合。北京操備官軍領馬騎撩凡十七萬餘匹，後存者五不及一。以尚書張本言，置勘合，付北京太僕寺收掌，領馬一匹，給勘合一道，填寫齒色月日，令執以為憑，遇倒死等頃，就勘合註寫明白，送寺比較。六年二月，以太僕寺馬分俵山東、河南人民牧養，令五丁養一牝馬，三丁養一牡馬，而不免糧芻，仍如例增設州縣掌馬官。八年十月，命南直隸償馬，從太僕寺印烙。鳳陽各處每歲償馬皆從兵部送御馬監印烙，往返甚艱，今從北直隸例，俱太僕寺印烙。又於正統四年，改委官偏歷有馬地方，公同印俵。是後率遣駙馬侯伯，其弊多端，故於景泰二年八月改遣御史印烙。英宗正統三年四月，立大同馬市。十年六月，勘河南牧馬地十七處，下兵部行之。臣等謹按：洪武中，令民間孳牧，止江南北。永樂中始令北直隸領養，宣德後乃及山東、河南。《兵志》言濟南、兖州、東昌民養馬自宣德四年始，彰德、衛輝、開封民養馬自正統十一年始。考之《實錄》，年分稍未符。十四年十二月，令順天府所屬州縣寄養各處起解備用馬匹。時額森入犯，京師有警，選馬二萬，寄養近京，充團營騎操，而盡以故時種馬給永平等府。景帝景泰三年二月，敕牧馬年老者免其算駒，牡馬十八歲以上、牝馬二十歲以上者也。英宗天順五年十月，命河南、山西、陝西士民納馬予冠帶。八年七月，選牧馬萬匹，赴京團養。憲宗成化元年，令買補孳生馬駒，折買騸馬備用。凡應買補者，有司四匹，軍衛五匹，折買堪操騸馬一匹，例後倒失者騍駒三匹、兒駒二匹各折買騸馬一匹，謂之四戸馬。二年八月，分遣科道官清理牧馬草場，令法司聽人納馬贖罪，并令陝西以官茶於番族市馬。四年四月，始建太僕寺常盈庫，貯備用馬價。初，二年以南土不産馬，改徵銀，至是命南北直隸折徵價銀，於太僕寺建官庫貯之。臣等謹按：是時民漸苦養馬，故有折價。太僕之有馬價，自成化始，然止三萬餘兩，及種馬賣銀日增，至萬曆中銀益多，以供團營買馬及各邊之請，然騸馬輒發三十金，而州縣以駑馬進，其直止數金，且仍寄養於馬户，害民不減。曩時又國家有興作賞賚，往往借支，太僕銀帑益耗。十五年，寺卿羅應鶴請禁支借。二十四年，詔太僕給陝西賞功銀，寺臣言：『先年庫積四百餘萬，自東西二役興，僅餘四之一，朝鮮用兵，百萬之積俱空，今所存止十餘萬。況本寺寄養馬歲額二萬匹，今歲取折色，則馬之派徵甚少，而東征調兑尤多，卒然有警，馬與銀俱竭，何以應之？』章下部，未能有所釐革也。八年正月，募民納馬。時詔例免償操軍無馬者多，巡撫以聞，令召募納馬，或納馬價，許給冠帶。十一月，令宣撫召人納馬。十二年十二月，令各監苑以牝馬千匹給軍，餘領養邊備。侍郎馬文升請於永平孳生牧馬内，選牝馬千匹，分給永寧監官軍領養，三年算二駒，於是令陝西、山西苑馬寺各以牝馬千匹或二千匹印給寺監軍，餘領養二年算一駒，其孳生追償，聽各巡撫比較。十四年三月，復開遼東馬市。永樂間，遼東設馬市三處。正統間，因漏洩邊事，已罷其二，惟南關市獨存。至是，以遼東巡撫陳鉞言，復開馬市。臣等謹按：是時陳鉞與汪直相結外生邊事，故為此請。其後以通事等侵牟夷人，遂至寇掠去。孝宗弘治元年十月，命南京守備叅贊内外官提督京營馬政，以南京大小教場並神機營操備馬倒死不告相驗，又不比較買補，故差官照京營例考驗追補。二年八月，太僕寺卿王霽陳馬政十事。霽疏陳馬政十事：一言國初邊方每寺馬不下二三萬匹，自正統後，馬政日弛，邊方用馬皆仰給京師，宜督太僕、苑馬寺加意牧養。一金吾左等衛皆有草場牧馬，馬以萬計，近存十無二三，宜行寺丞等官約束衛所，如法牧養。一順天州縣寄養馬人戶，丁多者或得空間，力乏者强令牧養，宜審定人户，優免貧難。一各處孳牧新收者少，物故者多，上下相蒙，彼此姑息，宜許寺丞官揭部。一順天備用孳牧之馬請留其良，汰其病者，仍三年一選。一國初專責馬甲養馬，自各家輪養，致用心不專，馬多物故，宜如舊例。一各府州縣使客經過，輒令官馬迎送，馬斃則民賠償，宜嚴加禁約。一法司贓罰官馬，良者多為權豪減價買去，老病者寄養於民，至倒死亦要追賠，宜止許賣其老弱。一各省邊等處俱有牧馬草場，多為豪右侵占，請閲實原額，封立界至。一各府州縣有馬少戸多，馬多戸少者，宜令酌派適均。皆從之。又南京太僕寺卿秦崇疏言，南太僕歲解備用馬，弘治三年為始，鳳、廬、滁、和等處解馬七分，折價三分，淮、揚、江浦、六合等處解馬四分，折價六分。又應天諸府養馬州縣因有納價事例，遂止知照數徵價，其牧養馬政一切廢弛，請令巡按御史查提追補，並於南陵、建平各增管馬官一員。亦從之。臣等謹按：《兵志》及《實録》，弘治二年陝西巡撫蕭楨請減行太僕寺官，兵部覆疏，畧謂洪、永間設苑馬寺，各置官屬，凡茶馬、貢馬常數萬匹，足充邊用。正統以後，馬日以耗，遂裁革四監十九苑。今所存者，復請裁革，是惜小費而忘大計，恐馬政遂廢，不可復，請量減之。又正德十六年九月，御史王昶陳馬政四事：一補恩隊軍丁，一禁懷駒種馬給邊，一履畝勘實草場牧地，一各苑馬宜先時收保。自後言馬事者非一，大抵皆相襲常談而無救時實用，不足録也。三年，定管軍官私占官馬及借撥與人之罪，五匹以下降一級，以上降二級，發邊衛立功。借者一體論罪。六年七月，定寄養種馬額及算駒之數，北畿自永樂以來馬日滋，輒責民牧。寺卿彭禮以戶丁有限，課駒無窮，請定種馬十萬匹，歲取駒二萬五千匹，永為定額，不復增添。尚書馬文升覆奏行之，兩京太僕寺種馬始有定額。十五年十二月，以楊一清為左副都御史，督理陝西馬政。御史王紹請嚴私茶之禁，整理陝西馬政。兵部議，謂在外寺卿每用謫逐之人，為下所易，宜以布、按二司、參政等官推補，其監苑庶官亦宜擇北人素知牧馬者委之，遂命一清以都御史往。十七年正月，一清言：初以陝西宜牧設監苑，跨二千餘里，後皆革去，惟存長樂、靈武兩監六苑，開城、安定為上苑，廣寧、萬安為中苑，清平、黑水為下苑。上苑歲可得馬二萬匹，中苑得八千匹，下苑得四千匹，計亦足以給三邊之用。然欲廣孳息，必多蓄種馬，宜增滿萬匹，兩年一駒，五年可足前數。請給太僕寺銀四萬二千兩，於平慶、臨鞏買種馬七千。又養馬恩隊軍舊額一千二百有奇，今止有七百餘人，請增為三千人以牧馬，並請相度地勢，長樂、廣平等十四營宜創築城堡，開城、黑水等十八營城堡宜修。俱已允行，尋遷總制，仍督馬政。原額諸監草場十三萬三千七百餘頃，存者已不及半。一清覈之，得荒熟地十二萬八千四百餘頃，清勾撥補招募改編軍人二千三百餘名，修完馬營城堡一十九處，衙門倉厫馬廐屋宇四千一百餘間，又開武安苑地二千九百餘頃。正德二年，聞於朝，又言官茶無積，私販盛行，邊兵缺馬，累行伍賠償。臣嚴禁私販，廣積官茶，招調番人，共易馬一萬九千七十七匹，三邊戰馬不為無補。且以巡撫政繁，請復設巡茶御史一人兼理馬政、茶法二事。從之。臣等謹按：《兵志》載開城、安定為上苑，牧萬馬；廣寧、萬安為中苑，萬安可五千，廣寧四千；清平、黑水為下苑，清平二千，黑水千五百，與此互異。十六年七月，修遼東復州苑馬寺，於開原、撫順二處各立馬廠，從巡撫張鼎言也。武宗正德二年閏正月，令民養馬者勿科駒，每歲令羣納備用馬一匹，合力買解。御史王濟言：民苦養馬，有一孳生馬輒害之。間有定駒，賂醫諱之，有顯駒墜落之馬虧欠不過納銀二兩，既孳生者已聞官而復倒斃不過納銀三兩，孳生不死則饑餓，馬日瘦削，無濟實力。今種馬地畝、人丁歲取有定額，請以其額數令民買馬，而種馬孳生縣官無與。兵部是其言。自後每有奏報，輒引濟言。縣官無與種馬事，但責駒於民，遺母求子矣。七年閏五月，開納馬例，軍民舍餘人等納銀二十兩，准馬一匹授以冠帶，以上遞加至七品散官者，馬三匹，銀七十兩。武職則納銀百七十兩，准馬七匹，授百戶、鎮撫，以上遞加至指揮使者，馬二十五匹，授五百兩，俱免雜泛差役。其餘各有差。《兵志》曰：初，邊臣請馬，太僕寺以見馬給之。自改徵價銀，馬日少而請者相繼，給價十萬，買馬萬匹，邊臣不能市良馬，馬多死。太僕卿儲巏以為言，請仍給馬，又指陳各邊種馬盜賣私借之弊，語雖切，不能從，而邊鎮給發日益繁。延綏三十六營堡自弘治十一年始，十年間發太僕銀二十八萬有奇，買補四萬九千餘匹，寧夏、大同、居庸關等處不與焉。至正德七年，遂開納馬例，凡十二條。九年，復發大僕銀市馬萬五千於山東、遼東、河南及鳳陽、保定諸府。十四年十月，命兵部申明兌馬之例。太僕寺每年派取馬二萬五千匹，其貯寺馬價亦量宜而發。是時兩歲之間，御馬監遼東、宣大等處兌至五萬八千七百餘匹，價銀亦二十三萬兩。寺卿汪舉請申明舊規，量入而出，舊四衛勇士官馬死二次者例不再給，責之賠償，今累年未追，宜如舊。遼東有寺監所養之馬，宣大有團種子粒及椿棚之銀，自可買補，請如舊制。非遇征調，不得妄乞京營馬。舊制，各營追收椿銀買補，後歸之太僕，兌與寄養馬匹，請令各營嚴追椿銀，送寺買馬。詔可。世宗嘉靖二年二月，諭各巡撫毋請調寄養馬匹。時保定巡撫周季鳳河南勦賊，急兌馬匹，後多耗損，太僕寺奏其非例故也。既而御史謝汝儀言：『《會典》所載州縣及衛所私乘者，俱有禁，獨無巡撫不得擅用之文。今宜明敕巡撫非奉詔不得擅用。』從之。閏四月，更定盜賣官馬之例，有力者照例罰馬二匹，知情和買鄰人牙保罰馬一匹，無力者軍調邊衛，民發附近衛所永遠充軍。管軍官遇操軍盜賣事發，三匹以上者降一級，五匹以上者降二級。九年六月，命團營馬匹量留三千匹聽征，餘一體下場牧放。舊制，營衛上直官馬俱各分置草場牧放，每下場月分草料住支，後團營馬不下場，皆仰秣司農。部臣因請量留三千匹聽征，餘令一體牧放。從之。《兵志》曰：明世馬政，法久弊從，其始盛終衰之故，大率由草場興廢。太祖設草場於大江南北，復定北邊牧地。永樂中又置草場於畿甸，尋以順聖川至桑乾河水草美，令以太僕千騎分牧，後增至萬二千匹。宣德初，復置九馬坊於保安州，於是馬大蕃息，以色別而名之，其毛色二十五等，其種三百六十。其後莊田日增，草場日削，軍民困於孳養。弘治初，主事湯冕、給事中周旋等皆請清覈，而旋言香河諸縣占於勢家，霸州等處俱有仁壽宮皇莊，乞罷之以益牧地。雖允行而卒不能清。南京諸衛牧場亦久廢，京師團營官馬萬匹，與旗手等衛上直官馬皆分置草場，歲春末，馬非聽用者，下塲牧放，草豆住支，秋末回科道閱視，馬斃軍逃者以聞，後上直馬不出牧，而騎操馬仍歲出如例。嘉靖中，武定侯郭勛以邊警為辭，奏免之，徵各塲租以充公費，餘貯太僕寺買馬。於是營馬專仰秣司農，歲費十八萬，户部為詘，而草塲益廢，議者爭以租佃取贏，浸淫至神宗時，弊壞極矣。十二年，定例失馬匹條例，議準存操巡補幷錦衣、旗手等衛馬匹，一年以百匹為率，倒失十匹以上送問，七匹以上罰治，不及數者免究，全無者量加犒賞。原管數少而倒失不多及全無者，不在此限。又十七年，定領馬十年以上倒死者，把總官免叅；十年以下者，仍以百匹為率，二十匹以上把總送問，十匹以上罰治，不及數者免究。二十五年八月，以牧馬草塲子粒銀盡送太倉，供養馬費。二十九年十二月，並徵南北寄養馬，復弛陝西、遼東各關馬禁，太僕寺寄養馬兌發殆盡，令三十年分春秋二季，馬併作一運，及借三十一年分馬作三十年二運，其南北直隸原當總運者亦併徵二年分為二運解寺。又弛各關馬禁，許商民貿易。至三十一年十月，御史徐紳言，預徵備用馬，民力不堪，請以三年之通，漸減一年之徵，自三十三年為始，預徵次年者免三分之一，行之兩年，漸復原額。詔可。三十年正月，詔給西番諸族納馬勘合，從督臣王以旂之請也。《兵志》曰：茶馬司，洪武中賜金牌以防詐偽，私茶罪死，雖勛戚無貸。末年，至易馬萬三千五百餘匹。永樂中，禁少弛，易馬少，乃命嚴邊關茶禁，遣御史巡督。正統末，罷金牌，歲遣行人巡察，邊民冒禁私販者多。弘治間，大學士李東陽言金牌制廢，私茶盛行，有司又屢以敝茶給番族，番人抱憾，往往以羸馬應。宜嚴敕陝西官司揭榜招論，復金牌之制，嚴收良茶，頗增馬直，則得馬必蕃。及楊一清督馬政，兼理鹽茶，禁私販種官茶，四年間易馬九千餘匹，而茶尚積四十餘萬觔。靈川鹽池增課五萬九千，貯慶陽固原庫，以買馬給邊。又請專官聽其提調御史翟唐歲收茶七十八萬餘觔，易馬九千有奇。後法復弛。嘉靖初，户部請揭榜禁私茶，凡引俱南，户部印發，府州縣不得擅印。三十年，詔給勘合，然初制訖不能復矣。四月，開馬市於宣府、大同。諳達求通貢市，兵部尚書趙錦、咸寧侯仇鸞等議，比永樂、成化間遼東馬市事例，大學士嚴嵩贊成之，乃許歲開二次。兵部員外郎楊繼盛上疏極諫，不聽。四月，開馬市於大同鎮羌堡，易馬二千七百餘匹。五月，設馬市於宣府新開口堡，易馬二千餘匹。十二月，延寧開市，易馬五千餘匹，尋以按臣蔡朴言停罷。三十一年七月，詔開軍民納馬事例，兵部以太僕馬少，議行正德間開納例，許之。四十一年三月，復開納馬授職例。臣等謹按：《兵志》載二十九年與此小異。穆宗隆慶二年五月，詔革各省種馬之半，變價輸兵部，提督四夷館。太常寺少卿武金言：種馬之設，專為孳生備用，備用馬既別買，則種馬可革。今備用馬已足三萬，則令每馬折價三十兩輸太僕。一馬折價可買戰馬二匹，又取無用之種馬，盡賣輸兵部。一馬十兩，統計十二萬匹可得銀百二十萬，且收草豆銀二十四萬。御史謝廷傑言：祖宗舊制，軍機所係，不可廢，而是時内帑乏方，分使括天下通賦。帝獨可金奏，部請養買各半，從之。至萬曆九年，始盡賣種馬，上馬八兩，下至五兩，又折徵草豆地租銀益多矣。五年，宣、大、山西三鎮互市馬萬匹。時諳達受封，並允其互市，於是得官市馬萬餘匹，私市馬贏驢牛羊二萬餘，其陝西三邊亦以次互市。督臣王崇古疏，各省歲俵備用馬，每匹民間率費六七十金，一遇歲荒馬死，必至罄家蕩產，比至解發，往往倒死，瘦損不堪充軍，是括民以備馬而馬亦未盡可用也。各邊歲扣官軍俸糧，充朋合買馬之需，每馬一匹支官價十二兩給軍自買，必須貼賠五七兩方足。一遇馬死價失，必致軍逃伍缺，是累軍以買馬而馬未必盡堪補也。今將貢市之馬一備入衛，既免兌馬之擾，一補營額，可免貼賠之害。且定上馬一匹價十二兩，搭配官貨一分，實價八兩餘；中馬價十兩，貨實值七兩；餘下馬價八兩，貨實值六兩餘。其在商民率得厚利，今邊地孳牧漸多，軍士尋買且易，此收夷馬利中國之明效也。近科臣建議，將各省歲俵馬每匹折二十四兩解部，公私内外俱獲便利，但恐年復一年，市馬必致太多，請勅下兵部定議，每年春發三鎮馬價各一萬二千兩，聽易上馬千匹，定赴各關俵兌京營官軍騎征，或給戶寄養。雖馬匹高壯，或不及民俵，而筋骨慣耐寒苦，比内省馬力倍健。有謂夷馬不服内養者，近訪各邊軍士領獲市馬，壯健既多，倒死已少，是夷馬不服内養之說原非定論也。神宗萬曆十六年七月，寬陝西民間馬禁。巡按鍾化民言：西塞産馬以資生，而貿易有禁則孳蓄少，而公家緩急亦無所賴，請少寬其禁。如本境荒而他境豐，許出馬以取資。本鎮緩而別鎮急，許出馬以協濟，但出鎮必給官文通番，嚴行厲禁，命議行之。又三十四年四月，巡按史學遷言：國家私茶、私馬，内禁並嚴，惟以禁其通番也。今民間馬匹買賣，俱領票納稅，而不肖有司浸漁十九，不論民間孳生換易，見無税票即指稱私馬入官，積猾捕役私販通番者重賄以免，設禁之初意蕩然矣。乞將民間馬政悉行釐革，其關隘出入，悉聽茶臣設法盤究。

詔從之。二十九年二月，定陝西茶馬司易馬之額。先是，巡撫郝瀛言：西寧、河州、洮州等處以茶易馬，各監督兵備道多視為鄙事，概委屬員聽其狥私交易，馬多不堪。又派貧軍押解平涼，比至二寺交割，倒損居半。寺官隱忍收受，及其給散，又多弊端，所以虧損數多。至是，茶馬御史畢三才亦以市馬之數日增，濫收駑劣，隨收隨倒，請定額數。西寧收三千二百匹，河州三千四百匹，洮州一千八百匹，泯州一百六十匹，甘州一千匹，莊浪八百匹。從之。

養馬

論說

明 楊士奇《東里集》卷一《勑兵部罷朝覲官牧馬》 今都察院言，陝西等按察司官謂，今領孳牧馬疋，太僕寺都司布政司帶管提督風憲不無受制等事，初羣臣所議，本欲便民，今思其言，誠有未愜朕懷。蓋國家以禄待仕者，使之牧民，今以馬責其孳牧，非惟有失禮待臣下之體，且使廉者艱於保其操行，貪者得以假此擾民。況已有詔寬恤，民間牧馬二歲納一駒，豈復於官猶責孳牧？縱使各府州縣大小官員一一養馬，總納不及數千，其於朝廷補益幾何？勑至各布政司按察司及府州縣官，但有已領過馬匹者，就依洪武中欽給官員馬匹例，給與騎坐，不問其孳息。未領者悉皆停止。都察院題本，就付爾觀之，如勑奉行。洪熙元年正月十八日。

明 王臬《遲庵先生集》卷三《議處騎操馬匹》 照得本道所轄登、文、即三營地方，阻山瀕海，不便長驅，雖曰外備倭夷，內防盜賊，然征調日少，閒暇時多，原設馬軍亦比照西北諸邊例養騸馬，蓋彼因出境架梁埋伏，所以不用兒牝馬，以絕嘶鳴。今營軍不過操備追勦盜賊而已，縱有兒牝，無害於事，而所養馬疋兒牝不能什一，徒費芻秣，無益孳生。每遇倒失，輒便責令軍士陪償，負累艱難，積年拖欠，以致騎操之馬名存實亡。近奉嘉靖十二年八月二十五日詔書蠲免，軍困雖可少紓，馬政未免漸廢。若不預爲處置，則將來馬疋日耗，買補日難，萬一有儆，悮事匪小。夫制敵以騎兵爲急，牧馬以畜牝爲先，謹按《周禮》『王馬之政，凡馬特居四之一』，夫特，牡馬也，三牝一牡者，欲其生息衆也。今三營之馬，牡反多而牝反少，正與《周禮》馬政之意相反，欲求馬之蕃息也難矣。馬不蕃息，則倒失之數日增；相繼陪償，則軍士之困日甚。軍士既困，則欲求武事之競也，豈可得乎？爲今之計，惟有倣周人之制，立與定則，除三營見在馬疋姑備騎操外，今後如有倒失買補，每馬以四疋爲率，務要騍馬三疋，兒馬一疋，使之通槽共飼，牝牡相資，一騍三年能生兩駒者，一駒收給在官，以備倒失之數；一駒給賞本軍，以償秣飼之勞。無駒者有罰，倒死者止追肉臟銀，以爲不用心者之戒。如此行之數年，牝復生牝，駒又生駒，十年之後，馬大蕃息，不惟軍士可免陪償之苦，而於武備亦有富強之效矣。

明 林貞勝《馬政說》《明文在》卷三七 成周之世藉國馬以行軍，資公馬以稱賦，牧馬之制，平時則官給芻牧，有警則民供調發，而天子之都、諸侯之國、士大夫之家亦未嘗不自畜馬，所謂以官民通也。繼周以來，其法幾變，牧於民而用於官者，漢也；牧於官而給於民者，唐也；至於有宋，前則牧之於官，後則牧之於民，又其後則市之於戎狄，而得失利病皆有可言者。夫養之官者，典守怠而侵牟起，則病於國；牧之民者，亡失多而賠償困，則病於民；市之戎狄者，馬未必良而國費亦廣，雖猶愈於牧之民，要終不若養之官也。我朝兼用其制，內地則民牧以給京師之用，即漢人內郡之令也；外地則官牧以給邊方之用，即唐人監牧之設也；而陝西、四川又設立茶馬司，即宋人市之於戎狄也。其制可謂志矣。然法久則弊滋，而病亦有不免者。且馬之生也有報駒之令，馬之損也有責償之條，日有生，日有斃，而地之所出不勝其所償也。報齎者啟科派之隙，印表者開需索之門，而軍需之困不至於流徙不止，茲欲減銀叺以寬之，則軍餉何可缺？欲增地以充之，則課額何可更？莫若倣國初之制，而酌時宜以行之，屬公平通變之人，修丈勘均齊之法，某地督亢，某地确磽，然後簡牧軍而以馬給之，每地三頃，令牧馬一匹，而又量地肥瘠，爲均通之計。其養馬有專役，諸以他故差者悉已之。以餘地徵者量減之，載之户籍，略如民屯故事，兩限完徵以給軍餉，斯牧不稱疲，馬不稱乏矣。不然，雖日一點印，日一比徵，而雇倩逃賣之姦終不可革，馬政其能有興乎？嘗考洪、永間所定草場，自東勝至古北口幾萬里，地多饒水草便畊牧，而汾、涇、寧州與汧渭之境又多閒田不畊，則擇地以立監牧，設法以營溝涂，簡牧畜之軍以兼屯粮之事，取槀總之賦以供芻牧之需，庶馬匹不必市於官，而軍之所牧者自足以給；料價不必費於國，而屯之所刈者自足以供。且溝涂畫而彊域益嚴，粮草充而守禦益固，始曰馬以興屯，終曰屯以阜馬，內以重邊關之勢，外以張制敵之威，而中原之民亦無復宋保馬之害矣。

明 佚名《題爲思患預防事》《名臣經濟録》卷三五《兵部》 臣奉勅踏勘牧馬草場，被命以來，夙夜皇皇，恐孤付託。於是相協同事之人，遍歷牧放之地，詢諸故老，循其舊跡，量度以計其畝，封土以立其界，敬畢前事，以復明命矣。然而經涉彼此，體量事宜，或有一二之可行者，輒不揣蕪陋，欲為陛下陳之。臣伏思制敵以騎兵為急，蕃馬以牧地為先。自古明君思備患者，必脩馬令，脩馬令者必設苑牧，苑牧之設，不徒省芻秣之費而已，馳逐水草，堅其足力，騰駒遊牝，順其物性，所以蕃孳其馬者，莫善於此也。自祖宗以來鋭意馬政，京畿四環牧地彌望，長蓄茂草，馬賴以滋。歷年既久，故趾湮没，官削民侵，僅存十一。每至下場之時，地不足以供牧，戰馬多或顧瘠，牧卒半至逃亡，萬一有所調用，勢將何及？此固不可不慮者也。邇者兵部建議欲加清理，其為國家慮遠矣。陛下聖智明徹，洞燭事幾，遂俞所請，勑臣等踏勘。節該欽奉勑書，有曰『命爾等將永樂年間原撥各營牧馬草場取勘四至明白，就為丈量，係王府管業者，另撥無碍地土補還退出草場牧馬，其餘不分內外勢要，俱要退出。若係軍民私自耕種者，取問如律』。睿旨下頒，至切至再。臣等愚昧，無以仰副聖情，然於四至頃畝粗舉其畧，而其間或有裨於馬政，或因巡歷而有所見者，臣等何敢緘默而不言耶？臣考之古圉師教圉人養馬，冬廄夏庌，冬寒則燠之以廄，夏炎故涼之以庌，其順時調變以善其生者，無所不至也。今霸州等處舊設草場，去民居稍遠，極目荒墟，曠無室宇，人馬無所隱庇，露宿蒼莽之中，以至暑雨之月，蚊蝱生發，鼓翅摇唇，噬嗑肌膚，馬多瘦損，士卒不樂就牧，百計逃避。陛下鑒其宿弊，近命科道官點閘，此誠防閑之至計也。然既有以防之，寧可無以處之乎？又況迄今所築封堆，不過數年，風消雨沐，漸就平夷，將復迷其處所。為今之計，不若緣其邊界，量立鋪舍數座，使軍士分地而牧，割屋而居，馬亦得以就其隱庇。復於居中建立廨宇，以處領勑之官，使得於點閘歇牧，則設卒以守之，庶幾人馬有依，而邊界亦永固矣。臣等前踏地至香河縣神機營草場，係已故太監覃昌姪覃綱管業。臣等丈量之時，道路稱快，問其所以，緣覃綱管莊之人倚恃聲勢，擅作威福，收斂之時，征求百端，佃種之家遭其漁獵。納之覃綱之家者十無二三，管莊之人所得者常居八九。連室興嗟，無由控訴。夫覃綱已故太監之姪耳，而管莊之人倚之尚足為害，又況非覃綱比者哉？且陛下捐數畝之地以厚左右勤事之人，若未為過，而不知其轉展委託，毒民斂怨有如此也。即一處而觀之，則凡權豪勢要之人所謂莊田者，其征利禍民，營私斂怨，大率類此。今草場之為莊田者，陛下既令臣等清理而議處之矣，然規利之徒貪緣左右，圖復奏討者未必無也，臣願陛下思國家之大計，絶小人之營求，則國體正而人心悦矣。雖然，萬民之望在於一人，四海之化始于一家，今霸州等處見有皇莊，俱在牧馬之地，陛下為天下之主，聖母享天下之養，是普天率土，莫非王之莊也，豈必於其間復私頃畝之地，收數斛之租，然後謂之莊哉？臣以為宫闈之用，設有不贍，取府庫之積以益之，使不失莊田歲入之數，則上可以愉聖母之心，下可以紓生民之害矣。又願陛下重自裁抑，罷莊田以益牧地，凡各處之名為莊田，由此而悉屏棄之以與民，則人將欽慕，而奏討之門自杜矣。臣又見三河縣五軍營草場一處，多係宣德年間歸化達官任玉、王鎮等住種，自昔歸化之時紿與庄田以裕其食，用此固朝廷招徠降附之深意也。然而土著既久，生齒漸繁，地之所入不足以贍其家之所需，至有迫于饑寒而流為刼盗者，甚非所以安遠人而來慕義也。臣詢之於人，咸言自此以至河間，達官之營相望不絶，貧不聊生者與營畧同。臣稽之《禹貢》，五百里綏服，二百里揆文教，三百里奮武衛。由是言之，古昔聖王于邊境之未服者，尚綏而撫之，又況慕義來歸居于吾土者，豈可使之失所也哉？況其間習於土俗而精騎射者不少，倘陛下用之得其所，而處之得其宜，則未必不賴其益也。今天下武備懈弛，窮海遐邊之卒手不能弓，身不能騎者，在在皆是，脱有寇賊竊發，將何以禦之？臣願陛下留神於無事之日，加恩于歸化之人，其處顯位而見柄用，固不必更張矣；若夫達官之閒散而不任事者，選其材力超衆騎射絶倫之人，散之邊方，分置各衛，如湖廣、廣東、廣西、四川、雲南等處，衛置一二員，加其品秩，厚其廩餼，使之專教士卒騎射，則既不失安遠人之道，而亦因得以精中國之技也。區區螻蟻之忱，冒干天聽，陛下倘賜察納而施行之，則生民幸甚。奉聖旨：『該衙門看了來說。欽此。』

明 儲巏《題爲修飭武備以防不虞事》《名臣經濟録》卷三五《兵部》 先該兵部題前事，蒙勑臣等將京運牧馬草場踏勘繳報外，續該臣等題，將各項侵占草場莊地一併退出牧馬等情，又該兵部題，該欽奉聖旨：『設立草場牧放戰馬，係軍國重事，廢弛年久，今各官既清白王莊侵過地，仁壽宫并親王莊地及各官奏討侵占原草場地土俱照數退出牧馬。欽此。』除欽遵外，臣等各准奉各該衙門關劄，帶領各營把總指揮姚慶等前去霸州等處，將前項地土會同各該管莊官員人等逐一丈量明白，築立封堆四至，各竪粗石界牌退出牧馬外，今丈量過退出地土頃畝數目并合行事宜開坐，具本謹題。一、仁壽宫皇莊一處，坐落霸州文安縣苑家口等里，共退出地八百二十三頃五十四畝，歸併五軍三千神機營牧馬外，其坐落白鷀淀等處者不與草場相連，不曾退出，仍是内官羅全等管業。臣等看得，霸州草場地里寬廣，水草便利，牧地之善，惟此為最。陛下留神遠圖，興脩馬政，一旦俯從羣議，雖母后庄莊亦宛轉上白退還牧放，臣等有以仰窺皇度計遠處大，而細微之利、無益之征，必不以此而改易矣。臣前霸州丈量退地之時，適見工部奏委官員到彼踏勘葦箔鐮票等地，觀其所稱四至頃畝，與臣等原踏草場相同，意必草場廢弛之先，渾河横流，散漫四出，霸州上下漸為沮洳，蘆葦旋生，牧放不到。當時言利之臣因其地之羡餘，悉取葦箔等税，此亦一時權宜之計耳。流例相承，遂不可已。今堙廢之餘，又蒙查理，是亦陛下綜核名實之一端也。然葦箔等用較之草場牧放，孰重孰輕，固不待較而自明矣。况草場設自永樂初年，而葦箔等課起自近年，是葦箔等地固草場之地也。又况近來渾河改徙，故道淤漲，不産蘆葦，又非宜征之地。乞勑工部查明果有前項課額，在内悉行分豁，使牧放無地征之擾，庶幾可垂永久，以副皇上興復舊額之盛心也。一、壽府庄莊一處，坐落永清縣信安鎮地方，共退出六百二十畝，其地與霸州草場相連，照前歸併三營牧馬。一、皇莊退出侵過草場地共一百四十頃，御馬監退出侵過草場地共一百五十三頃，俱坐落薊州安和鄉地方，歸併三千營牧馬。臣等看得，薊州草場住種人户數多，民居星散參錯，下牧之時，羣蹄踐蹂，或傷禾稼，必啓争端。臣等依奉兵部題奏過事理，委本州掌印正官查對冊籍，於各家庄窠周圍兑换地土明白，多立封堆，以杜侵僭。臣等前次踏過地土并今退出庄地，計其頃畝，不下數萬。長蓄茂草，足成牧放。但恐居民過多日侵月削，復踵前弊，致損成規。乞勑兵部行移本州設立板榜，開寫民地至頃畝，於官廳張掛，或有侵踰許令隣右舉首重治，庶杜弊源。臣等又看得内有義井寺一所，瞰居草場之中，揆之四面，道里適均，見今議行造官廳，不無重費財用，不如即寺之方丈以處領勑之官員，既免造作之營，且省浮冗之費。其餘營房馬圈，量宜成造，此亦薊州一處之權宜也。一、太監陸愷奏討庄莊一處，坐落定興、安肅二縣閻臺地方，共退地八百五十一頃七十一畝，歸併五軍營牧馬。一、太監覃昌奏討庄莊一處，坐落香河縣口頭社孟家庄等地方，共退地六百八十三頃七十七畝六分，歸併神機營牧馬。凡此草場，皆祖宗開創之時必思規畫畜牧戰馬以備不虞。霸州一處固為足矣，且又防其雨水之泛濫、蚊蝱之噬嚙，又設薊州香河、閻臺、三河等地，審時應候，轉徙牧放，其所以為馬政慮者至詳至備。然歲久弊生，三十年來，奏討占種，苑牧幾廢。仰賴陛下睿資天啓，聖智夙成，遠體祖宗之心，大為邊方之慮，察納廷論，斷自宸衷，特命臣等清查且退出各項莊田，以復舊額，固足以擴前休而垂永遠矣。然事易于作始而難于保終，臣等願自今以往，大昭王度，重申禁條，敢言眩惑卑詞奏討者，許令科道奏劾，嚴加懲治。則私蹊可絶而牧地永存矣。弘治十年五月十一日，奉聖旨：『該衙門知道。欽此。』

明　孫原貞《論馬政》《皇明經濟文録》卷一三

治兵以備戎狄，畜馬爲先。如漢太僕牧師諸苑三十六所，分置西北二邊，奴婢三萬人，養馬三十萬匹。唐於西北置八坊四十八監，以牧馬田一千二百三十頃，募民耕之，以給蒭秣，自貞觀至麟德年間，馬七十餘萬匹。宋在京有兩院四監六坊，在外有十四監，牧地四萬九千四百餘頃，兵校一萬六千餘人，飼馬二十餘萬匹。然牧馬之地無考，較其養馬，十匹只用一人。唐之牧馬數蕃，而蒭秣之田數不登，餵養之人數無考；宋牧馬之地差廣，較其養馬，一人不啻十匹，又有馬户，則蠲其科賦，保馬則蠲其征役，此前代馬政牧於官者多，牧於民者少。我太祖高皇帝定鼎金陵，歸馬淮甸，太僕領於民間，西北二邊置太僕寺五，苑馬寺四，監一十九，苑七十四，則官署有加於昔。其養之人與牧地馬數莫知幾何，若北京行太僕寺馬匹先俵順天等人府民間牧養，後民丁不敷，復俵山東、河南，是蓋牧於官者其法漸廢，教於民者其數日蕃，又不蠲其科賦，復其征役，及種馬倒死者并駒有虧損者，未免督責追賠，其續增馬數又合添俵，民甚苦之。今古制固不必復，舊制亦當參考，宜令各太僕、苑馬寺查勘設置監苑之初養焉之人、放馬之地、牧馬之數幾何，其法制仍在，如便孳牧，將後該俵馬匹與寺苑領養又歲選其堪騎操者，給與馬隊官軍領操調習，庶幾緩急可用。若官爲多牧，民免再增，幸甚。

明　梁許《遵祖制重種馬以圖軍國至計疏》《萬曆疏鈔》卷二八

山東道監察御史。萬曆元年二月。臣惟國之大事在戎，戎之利賴在馬，而種馬者，馬之所自出者也。我祖宗定制養種馬於民間，固欲蕃孳育備俵用矣，然所以應調遣防不測者，未嘗不存乎其中。是種馬又與保甲之兵相爲互合，卽古寓兵于農之意。其法至深備也。夫何邇年以來，承平既久，玩愒日甚，有司之點查失宜，百姓之羣牧非法，所養非所用，所用非所養，以故言事之臣見種馬之無益于時也，遂議裁革一半。夫減半之議，抑亦少寬民力，非謂不欲孳駒也。乃今人情樂于偷惰，合羣累歲竟無一駒，俾種馬僅存虛名，徒糜實費，祖宗良法美意，返爲弊政矣。臣以駑駘謬承重役，馬政之修墜，皆臣責也。近該臣巡歷近圻，目見冀北之野，素號多良，而今皆空羣，則其他可知已。反覆思維，謹將裨馬政九八事條列上請。其先責孳駒，蓋每處起俵大馬，雖係攢銀購買，然必非天造地設者，今不求孳駒于種牧，而惟買馬於民間，是公家之馬皆不育而獨民馬育，無是理也。况民既出蒭豆以養馬，而又出銀以買馬，果何法乎？臣愚謂近年頭二運俵馬，姑照丁田朋買，以後務令馬頭用心羣養孳駒，如二年之間有駒一匹，果堪俵解，則四家各貼銀三兩，以償飼駒之費；如所生之駒止堪備種，亦令兩平估賣，除一半價歸四户扣買俵馬，仍將一半給與駒家以酬勞；如二年之内不育一駒者，量追收過草粮銀八兩，扣充朋合，以爲怠玩之戒。如此人見養駒之有利，必樂于勸；又見無駒之有罰，必有所懲。庶孳育之駒大者有益于俵解，小者有益于賣值，其于國計民用，不無少補也夫。責孳駒矣而使種不壯大，則所生之駒終歸于無用，非厚利也。故必擇馬爲種。蓋種馬有大小，則駒之大小隨之，况民均之出蒭與豆也，飼大馬非加益，小者非加損，今種馬皆羸弱不堪，而令民以有用之財養不堪之馬，不將委其財于溝壑乎？卽今宜令選買高大肥壯者補種，容臣點視之時，遇有老羸矮弱及倒失等項，姑免問罪，俱令添價易買五歲上下、三尺七八寸之馬充補，每易一匹，不過增價銀三二兩，而卽得壯馬，以孳息則有益于俵解，以調遣則有益于折衝，民之所費無幾，而國之利賴誠大矣。夫馬既擇矣，使不嚴倒失踐蹂之令，始雖壯而終斃于槽櫪者，不可勝數也，故必戒損傷。蓋馬户領馬在手，不惟不加意羣牧，且任意踐踏私自騎坐未已也，又用之走遞駝載甚至駕車拽犂，瘡瘍盲跛，令人不忍正視。夫種馬官廐之物也，育種馬期以興公朝之利也，乃奸民輒爲私家之用，又從而踐之，可乎？合無行令正官點視時，遇有前項等弊，卽痛懲如律，仍令自出價值買補好馬，庶使私自乘用者無所逃于法，而受直怠事者有所警于後，其于馬政不無少補矣。夫責孳育、嚴損失，則養馬之户必少累于餘户也，使頭役不均，則富者未必役，而脱者未必貧，貧民而應頭役，竊恐家無繫馬處矣。安望其飼而壯乎？故必公審編馬頭，五年一審，定則也，有司勤惰不一，甚則有十餘年不審者。及至審編，有照粮者，有照丁者，雖各從其宜，然軍户不能分析積粮積丁，其貲百不富户若也，而粮丁反過之，爲富户者詭寄影射、鑽刺賄免，遂使國家養馬大政，竟委貧民，有司不直，徒據名爲馬頭，而加增徵派。如歲炭、城灰、河夫等項無名之役，日添月益，以致應當不前，有手勒馬轡而縊者，有馬繫椿而逃者，言之痛心。卽今編審之時，務令正官秉公持正，斟酌詳審，雖粮多丁少者，仍參以家之殷虛、户之上下，果堪養馬，方僉頭役，造册送臣，容臣點馬畢日，量爲抽查。遇有前項等弊指實參究，庶養馬皆歸于富室，而畜牧可歸于蕃盛矣。夫審編既公，則馬頭同歸于上户，然頭役之中，又有太輕者，乾頭也。故必革乾頭。何謂乾頭？蓋昔裁革種馬而僅存空名是也。對乾頭，又有濕頭之名。濕頭既出蒭豆以飼馬，而馬之換易倒失，惟濕頭出銀供買，歲費不貲。若乾頭，解部銀一兩之外，無他費也。輕重懸絶，苦樂不均。合無行令各州縣將乾頭名色盡行革去，如先年地若干頃、人若干丁養一馬者，今則併力合養，一切秣馬之費、折乾解部之銀，通融均派，則在官爲大公之政，而在民有易舉之便矣。夫頭役既均，偏累可免，使科擾不禁，則政猛于虎，欲馬蓄養俵，得乎？故又必戒科擾。蓋民之苦于養馬，非獨馬苦之，亦以有司之科擾苦之耳。如點視種馬，遇有老羸瘠弱責之可也，重之補換賠償可也，乃未點之時，先萌問罪之心，雖馬有倒失，不問孳由，已作否也；聽信吏胥，一槩罪及，使一年所獲草料之需，不足以供一年罪贖之費。欲馬壯而孳生，得乎？及或生有好駒，則勢豪之家心腹之吏情屬賄買，甚有徑令親識納價賤領。夫一户終歲勤動，止得一駒，而奸豪徑取己有，是以民寧自甘不育無惑也？合無嚴令正官每遇點視，其有瘦損倒失，止令責治賠償，不許問罪；所生之駒，聽其本羣公同議處斟酌留俵變賣，有司止許督令孳駒，不許將駒官鬻，以病于民，尤不許轉委首領陰陽醫官代點及解俵官員索要盤纏、比較吏役收取分例，違者聽臣究治。則民既無科擾之害，而又得養駒之利，亦何憚而不爭先孳育乎？夫科擾既戒，則種馬日益。然所以導民興利者，其責尤在有司也。故必嚴舉劾。蓋朝廷所賴以宣布德意者在有司，而所以激勸有司者在舉劾。舉劾不嚴，則有司無所懲勸，雖有美政，徒視虛文而已。今除嚴令正官按季點視責成孳育，該道奉有專勑，例當兼理，務令每年躬自查驗，將所屬州縣種馬列爲上中下等，膘壯有孳息者列爲上等，或膘壯而無孳息者、有孳息而不肥壯者列爲中等，如無孳息又瘠弱者列爲下等，面同正官將驗過等第註册送臣，容臣照依户部題准查參。屯牧錢粮事例，其上等及八分以上者，年終類薦七分以上者，量行奬勸；上等止于五分，内多中等者，量行戒飭；上等止于三分，内多下等者，重行究治。庶勤惰明而人知警惕，激勸昭而馬政風行矣。夫嚴舉劾所以求治人，而治法有可議者，又不嫌于通變。故必議牡種。蓋一牡四牝共一羣，此舊制也。然牡駒一年率多割騸，間有不騸者，必其不堪者也。是以每遇易换，牡馬率難買補。及至購獲，僅足備形而，無以收羣蓋之效。又牡馬蹄嚙難訓，不堪調遣，止可起駒，苟得一善者，自足以供三四羣之用，不善者雖多亦無益也。合無乘點視之時，遇有不堪牡馬，量易牝馬，或三羣四羣止留一牡，庶牝馬之數愈廣，而孳生之功愈蕃矣。竊念臣庸劣媕淺，奉命以來，夙夜兢惕，惟負任使是懼，謹備加體查，其于馬政利弊得于見聞之真者，據實開陳，冒瀆天聽。伏乞勑下兵部再加詳議，倘果臣言可採，即時題覆行臣轉行各該兵備道，嚴飭州縣着實舉行，務使燕趙冀晉豫魯之間盡成雲錦之盛，俵調不乏，緩急有備。庶軍國大計，少助萬一，而臣之責任，少塞涓滴矣。再照，此據見在種馬言也。祖宗原定馬額，其數總計十萬，歲孳二萬，亦猶粮額之不可減者也。往歲議革一半，亦一時權宜之術，然而不盡革者，以大計攸繫耳。臣愚謂今日百廢俱舉，正宜悉復祖制，以圖全盛。但裁減之議，奉有先帝成命未久，恐難驟復。姑俟臣舉有次第行有利益，然後具題上請，盡復舊額，則閭閻皆外廐之藏，一號召而數十餘萬馬羣畢集，國家神氣隱然壯于無外矣。

明　丘濬《牧馬之政》《皇明名臣經濟録》卷一四　臣按古今馬政，漢人牧于民而用于官，唐人牧于官而給于民。至于宋朝，始則牧之在官，後則畜之于民，又其後則市之于戎狄。惟我朝則兼用前代之制，在内地則散之于民，即宋人户馬之令也；在邊地則牧之于官，即唐人監牧之制也；而川陝又有茶馬之設，豈非宋人之市于夷者乎。請以今日國馬之政言之，在内有御馬監，掌天子十二閑之政，以供乘輿之用，凡立仗而駕輅者，皆于是而畜之，其牧放之地則有鄭村等草場，其飼秣之卒，則有騰驤等四衛。國初都金陵，設太僕寺于滁州，其後定都于北，又設大僕寺于京師，凡兩淮及江南馬政，則屬于南，其順天等府，暨山東河南，則屬于北。其後又用言者建議，每府州縣添設佐貳官一員管馬政，在外設行太僕寺于山西、陝西、遼東凡三處，苑馬寺亦三處，陝西、甘肅各轄六監二十四苑，遼東僅一監二苑焉。内地則民牧以給京師之用，外地則官牧以給邊方之用。又于四川、陝西立茶馬司五，以茶易番戎之馬，亦用以為邊也。本朝國馬之制大畧如此。承平百年，無大征伐，遇有征行，隨用隨足，雖不至于大乏絶，然求其如前代之雲錦成羣則未焉，是蓋唐人之四十八監，宋人之十八監之遺制也。然唐宋行之于内地，而今日則用于邊方焉。其蕃育生息，雖不能盡如國初之盛，然惟馬之用亦足，而害未及于民，一旦按其已然之迹，而振舉其廢弛之政，則祖宗之良法善政故在也。乞命本兵兵柄大臣講求本朝故事，及究唐宋之典，以濟今日之所不及。遺如馬政者，勘實教地，清牧地亦最難事。楊文襄公在陝西清地，不及其中，而後王鑑川為三邊總督，時已深患牧地之為有司累矣。其有舊有今，而為人所侵欺埋没者，咸復其舊。或有山林原隰可以開墾以為牧地者，開墾之；或附近州縣，有空閒地，可以增置監苑者，增置之。士卒有逃亡者則為之勾補，廐房有未備者則為之修葺；所蓄之馬，若牡多而牝少，則為之添牝；孳生之畜，其種之不良，則為之求良。游牝字特，必順其時，騰放調養，各有其法，俵散閱換，各定其矢見，皆一一講求其所以然之故，與其所當然之則，為一定之法，使之永遠遵守。歲時遣官巡視，有不如法者，坐以牧放不如法之律。必慎擇其官而優寬士卒，必臻實效而不為虚文，如此，則邊圉得馬之用矣。民間寄養馬匹，馬不得蕃，而病特甚，此法急宜講求更易。若夫所謂民牧者，是蓋宋王安石新法之遺緒也。方神宗初行此法，文彦博極言其不可，而不見聽，其後大為民害，神宗自愧不用彦博之言，而深知安石之悮，而亟罷之。是以在當時雖為民害，猶未至于甚也，今日之弊，臣已詳之于前矣，而所以為之處置，亦已具于制軍伍之條之下焉。然所處置者，特議以行于畿甸五都耳。萬一可以通行，請下兵部及兩太僕寺查筭天下馬數，某布政司若干、某府若干、某州若干、某縣若干，及查各府州縣原先有無草場，及沒官空閒田地，并可以為草塲馬廐者，假如某縣舊額民若干里、戶若干丁，槩縣馬原額若干匹、羣長若干人，既具其數，遣官親臨州縣勘實以聞，然後因其已然之法，而立為救弊之政，必不拂乎人情，務使官得其用，而民無其害，然後行之。請即一縣言之，其州舊有里五十、羣長千人、馬千匹，今既就五十里之中，擇其鄉村相依附處，或十村、五村為一大廏，村落相去遠者，或五六十家、七八十家為一小廏，每廏就其村居，以有物力者一人為一廏長，老者一人為廏老，無力不能養馬者數人為廏卒。每廏各設馬房倉囷，及長槽大鑊。每歲春耕之候，廏長徧諭馬戶，每領馬一匹者，種稈禾若于畝，料豆若干畝，履畝驗之，有不種者，聞官責罰，無使失時。無田者許其分田于多田之家，或出錢以租耕。收穫之際，廏長及廏老計畝收之倉囷之中，稈草料豆以飼馬，而豆之箕，即以為煮豆之用，按日而出之。歲終，具數以聞于官。若其馬種，即以在官之數充之。若其種非良，許其售而換之，必求其良。前此倒失未償之馬，五分屬其三，徵其二，以市種馬。凡馬始生，則書其月日，別其毛色，使有所稽考。又令通曉馬事者，定為養馬之式，鏤板以示之。凡一歲游牝、騰駒、去特，皆有其時，越其時者有罪；凡一日齕草、飼料、飲水，皆有其節，違其節者有罰。其房庌必冬煖而夏涼，其牧養必早放而晡收，凡可以為馬之利者無不為，凡可以為馬之害者無不去，如此則牧養有其道，其視各家人自為養者大不同矣。舊例，凡羣頭管領騍馬一百匹為一羣，每年孳生駒一百匹，不及數者坐以罪。請酌為中制，每騍馬十匹，止取孳生七匹，其年踰數者，除以補他年欠缺之數。今年不足，明年補之。其有種馬倒死者，即以駒補足其數。本廏生牝多，許它廏聞官，以牡來易。每廏兼畜驢騾，以馬為準，牝馬二十，畜牝驢一，牝騾四。所生或驢或騾，具數報官，官為造車。遇有搬運官物，許于各廏起倩無事之日，本廏馬戶借用者，聽按日計傭，收以為秣飼之用。每季本縣管馬官一行巡視，府官則歲一行，太僕寺官因事而行無定時。凡其馬之壯老肥瘠，逐月開具點視之。凡房庌有不如度，水草有不如法，芻豆有不及數，驅走有不如式，皆為修葺處置，違者治以重罪。是就民養之中，而微寓官牧之意，上不失祖宗之成法，下有以寬民庶之困苦，中有以致馬政之不失。大畧如此。雖然其間之委曲纖悉，又在臨時因事制宜，補偏救弊也。若夫俵散閱換之法，具有成規。官軍領馬騎操，遇有倒死，責以追償，是固足以為不行用心保惜者之戒。但馬之給于官軍者，多係餓損并老弱羸疾者，及至官給草料或不以時，或馬有不時之疾，猝然莫救者，亦往往有之。律文死損數目，並不准除，然一軍之產，不滿十百，而一旦之直，多踰數千，傾家之所有，不足以償，甚至賣三子不足以償一馬，興言及此，良可傷也。請自今以後，給馬與軍，必具其年齒毛色體質，或肥或瘠，或有疾，或無疾，明具于帳。如齒踰十二，或原瘦弱，并有疾者不償，惟以皮尾入官。若雖少壯，而忽然有異疾，先期告官，及眾所共知者，亦在不償之數。申明舊制，凡馬軍皆要攢槽共喂，如居隔遠，秋冬之月皆俾就近攢喂。半夜以後，本管頭目親行點視，草料有不如法及不及數者罪之。其關管草料，則嚴為立法，不許變賣及將換易他物，買者、換者罪同。凡馬倒死，必責同伍互償。若同伍之人知其馬之老瘠疾病及其人棄縱不理，僱倩與人，削減草料者，預先告官料理，免其共償。如此則人人愛惜其馬，有不惜者，人共責之。而預得以調治之，則馬無橫死，而人免賠償矣，是非獨以足乎馬，而亦有以寬乎軍也。雖然，此內地官軍騎操之馬耳，至于邊方之馬，所係尤大，與其得駑馬而乘之以禦虜，又不若不乘之為愈也，蓋騎戰非中國所長，而中國之馬比胡馬為劣，以非常之技，而騎下劣之馬，以角虜人之所長，非計之得也。請自今給馬于軍士，非良不與，而所與者必良，與之騎操而不倚之飼秣，宜于邊城中擇空閒地為馬廏，置長槽，或十或五，隨其廣狹不為定數，不分衛所隊伍，因其近便而為飼養之所。選其老弱之卒，不堪戰陣者，專一喂養。置大團以貯草，支大鑊以煮料，每日遣官點見，時則撿其所儲，夜半則視其所飼。操練之日，軍士持鞍就彼鞍騎，無事之時，輪班牧放，逐名調習。或有瘦損疾病，告官調治。如此則馬得所養，而無損失之患，軍得其用，而免賠償之苦矣。或曰：今邊城非一處，處處皆屯重兵，所騎之馬安能皆得其良？竊考五代時，李克用之立國制勝，所畜不過七千，今東起自遼東，西盡洮岷，其間歷宣府、大同、延綏、興慶、甘肅之境，邊城萬里，其馬不翅數十倍矣。然馬之數雖多，未嘗以之臨敵出陣，往往老死槽櫪之間，而責吾士卒之賠償。又不幸而生于邊界，天苦寒而地磽燥，物不生殖而人無畜積，天下之苦莫甚焉。既出其資力以為國防寇，又責其出財以為官償馬，以每歲所賜予之衣糧，猶不足以償其逓年倒死之馬匹，況望飽暖其妻子哉？則是無事之時，無故以是不戰之馬而坐困我得用之士卒，而使之失所離心，蓋亦不思之甚也。昔人有言，帝王之師以萬全為勝，中國之所以取勝于夷狄者，以人不以智，以德不以力，以守不以戰。臣愚以為自今以後，邊境一以高城深池為固，扼其要害，塞其蹊徑，來則拒之，去則不追。凡其制兵，率以步兵為正，以騎兵為奇，大率步十而騎二，步兵十騎兵二猶嫌騎多也。步軍一萬，騎軍二千，馬非壯健不以給軍，軍非驍勇不以為騎，扼之使不得入而已。而不遮其出，拒之使不敢來而已。而不追其往，如此則無騎兵非良，而馬亦易于辨矣。或者以為馬者兵之大用，兵非馬決不能以制勝。吁！此論戰兵，非所以論兵之守也。所謂守者，我靜而彼動，我逸而彼勞，我大而彼小，我眾而彼寡，彼用其所長，我捨我之短而用我之長以制之焉，則彼進不得戰，而退可以回，自然屈服于我矣。

明　閻仲宇《題早正種馬以免廢弛馬政事》《名臣經濟録》卷三五　車駕清吏司案，呈奉本部，送於兵科抄出，雲南道監察御史王濟題：『臣本儒官，誤蒙先帝開復祖宗舊例，進臣今職，以言為名，民間利病既有所知，敢容緘默？臣于正德元年正月二十一日，欽蒙差往直隸、山東、河南印記弘治十七年分孳生馬駒。承命以來，夙夜憂惕，惟恐不堪任使，有負先帝再造之恩。於在天有孤皇上委任之意，于今日勉策駑鈍，効報涓埃。自暑而寒，巡歷周偏，今年正月二十八日到京復命已畢。臣切見直隸河間、衛輝二府，孳生雖少，駒尚可觀；直隸永平一府并山東兖州、東昌、濟南三府，河南開封、彰德、三府，孳生既少，駒又次之；至於大名、廣平、順德、真定、保定等府，孳生不惟數少，駒皆瘦病矮小，甚有如豺如狼如狗者。所以只得照例變賣，通計各府印記不及二分，堪望將來起俵，亦皆百無二三。念祖宗立法，種馬養在民間，正欲孳生起俵，以備邊用。今雖有種馬之額，而無種馬之實，徒有孳生之名，而無孳生之用。臣愚所以甚為之痛心也。既問之於有司，又訪之於鄉老，又察之於百姓，多方考究，不約而同，皆曰即今百姓賦重差煩，財窮力竭，救死度日，惟恐不贍，畿甸之民困苦尤甚。且如養種騍馬一疋，孳生一駒，是為二疋，兩年印記兖領補種搭配起俵不出，養在名下。四年二駒，是為三疋，甚至積有四疋五疋者，餧養既多，費用草料不貲，雖有養馬地畝，所得幾何？加以官府點視、刑責、科罰，百端害之，所在人所必避，至親骨肉莫如父子，有怕嫁聘粧奩費用，養女忍為溺死，況孳生官馬有害無利，百姓肯為之養乎？不惟直隸、山東、河南為然，至于南直隸、鳳陽等府，臣亦久知其然也。所以百姓惟恐一有孳生，百害叢至，故將騍馬饑餓作踐瘦病倒死，即今各處額數虧損太多。其見在者，間有定駒，則又謀買羣醫人等為之隱諱，有顯駒則飲以凉水酸泔為之衝落，求為虧欠，虧欠照例不過納銀二兩；虧欠不得，孳生既出，雖報在官，饑餓作踐，求為倒死，倒死不過照例納銀三兩；倒死不得，種騍馬既瘦，雖有孳生，終皆矮小；又有管馬官畏怕分數不及，紙上栽桑，逼要陪買一番，名曰撓頭駒，送官搪塞，求為變賣，變賣不過照例納銀二兩或三兩之間。有印記或堪補種，亦難起俵。太僕寺歲取備用大馬未足，科民重買備用，百姓甘心受累，因虧欠、倒死、變賣之例行，故將種馬作廢。若不早為從長區處，因時制宜，圖為官民兩便之計，臣愚決以為馬政不惟孳生瘦小徒費喂養，終無實用，下累百姓，上無補於朝廷，不十餘年，必將併種騍馬亦廢盡而後已。先時議者有欲併去種馬，止照地畝人丁出銀買馬，此固可革時弊，但祖宗養馬之法不可廢壞。為今之計，種馬地畝人丁歲取已有定額，但要種兒、騍馬揀選四尺五歲以上、十歲以下高大者存留，矮小老弱者賣價區處買補輳完原數，照額養在民間，府州縣官一年四次，太僕寺官一年二次，止是點視，務要膘壯、病瘦者依律問罪，倒失者就令陪補，永為定例。設有緊急，亦可調用。遞年有無孳生，不必追究。太僕寺歲取備用大馬，止照種馬定額派行各府州縣買解，假如十萬種馬，歲取備用一萬，只得十疋買一疋，以地論之，則出于五頃十頃，以丁論之，則出于二十五丁五十丁，衆輕易舉；就取三萬，或銀馬中半，百姓亦皆情愿。百姓止養種馬，既不為孳生受害，設有生好駒，起俵變賣，悉聽自便，利之所在，又人所必興，豈有不用心看養種馬，依時羣蓋，而取孳生自然之利乎？夫官馬、民馬，同一陰陽生生之道。各處遞年起俵大馬，俱係民間所產，類非天設地造，議者以為地產有宜，否則古人「冀北多良馬之説」何？每見諸載籍，豐于民而嗇于官者，由利害之分，遂至懸絶喂養，科罰之害在民，孳生之利在官，雖曰撻而求其好孳生，決不可得。種馬之額在官，孳生之利聽民，雖曰撻而求無好孳生，亦不可得。此皆情也，亦勢之所必致也。臣廣詢博訪，虧民損官，其弊如此，如蒙皇上俯察臣言，勑行兵部從長議處施行，則三五年間，孳生既屬下，不求其蕃息而自蕃息；種馬雖屬官，不求其壯盛而亦壯盛。免官府查筭印記之煩，絶管馬官吏書筭人等科罰侵漁之弊，公私皆得其便，祖宗立法養馬之意可保經久不廢矣。』具本。該本官奏，奉聖旨：『該衙門看了來説。欽此。欽遵。』抄出送司，為照前奏干係馬政，已經呈堂行勘去後，續據太僕寺呈，稱：『查得先年立法，種馬養在民間，正欲孳生起俵，以備調用。後因年久馬種消耗，雖令買補，馬既不及，數亦不全，以致孳生之駒，大率不堪起俵。京營及邊一有警急，務要大馬充軍出征，原生之駒既多不堪，各該有司只得因民之便，或於地畝，或於人丁，或徵虧欠、倒失之價，照數派銀湊買解俵，惟圖趨辧免罪，何暇更論其他？因仍既久，遂為故常。所謂雖有種馬之額而無種馬之實，徒有孳生之名而無孳生之用，誠有如御史王濟所言者。今本官奏，要種兒騍馬揀選高大者存留，不堪者賣價買補湊完原數，照額令民牧養，各該官員勤加點視，務令膘肥瘦病者問罪，倒失者陪補，永為定例，且可調用。此係探本之論，合無依其所言。又奏稱太僕寺歲取備用大馬，止照種馬定額派行各府州縣論丁論地買解，百姓亦皆情愿，照得即今民間歲貢備用馬匹，或以丁，或以地，或輪流，或朋合，大率與王濟所言相同。但稱遞年有孳生不必追究，以宜通融再處。』等因，回報到部送司，查得洪武等年《欽定馬政榜例》內一款開稱：『補領或孳生三歲騍駒，照例或二年納駒一疋，永為定例，欽此。』又一款：『每年備用馬二萬疋，南京太僕寺所屬取三分，太僕寺取七分，俱限八月以裏差管馬官員解部等因，欽此。』又查弘治六年間，該太僕寺卿彭禮奏為應詔陳言馬政事，本部會議題准，差給事中等官將各處見在種兒、騍馬盡數查出，逐一揀選高大者、膘壯者存留作種，不堪之數責令變賣銀兩湊買好馬補數，大約以種騍馬十萬、兒馬二萬五千為率，每騍馬二年着實科駒一疋，以十為率，孳生駒不及八分者，就將管馬官員提問，及將倒失、虧欠例不該免。種兒、騍馬并駒免追本色，每大馬一疋，追銀五兩，每駒一疋，倒失追銀三兩，虧欠者追銀二兩還官。以後每年差去印馬御史，將孳生之駒逐一驗看，堪中者印烙，不堪者變賣等因，俱經欽遵通行外，今該前因，案呈到部，看得馬政之設，係我朝軍國重務，屢經言者論列，若不再為通融議處，實難保其經久無弊。今照御史王濟所奏，參諸孳牧舊例，雖有不同，揆之官民事體，似稱便利。相應斟酌處置，合無本部通行兩京太僕寺轉行各該分管寺丞，即便親詣該管地方拘吊原養種馬人户簿冊并馬疋到官，逐一用心點視，要見某人先於何年月日領養何等毛齒兒騍、種馬，即今有無見在、倒失，現在之數如果高大膘壯十歲以下堪以作種，仍令領養；內有老瘦矮小漂沙不堪者，即令揀出其倒失之數，查係十七八歲以上免其陪償，官為買補；不及歲數，兼有別項情由者，立限責令收買身高四尺五歲、以上七歲以下堪中馬疋還官。其上年印過馬駒及今揀退種馬，俱令牙行當官估計變賣銀兩，并追完各項馬價，就令寺丞督同州縣掌印官員照前收買好馬補足原額，給與原户領養。若有餘剩銀兩解府，總類差官解部，轉發太僕寺貯庫，以備買馬支用。種馬原額各令搭配成羣，府州縣官一年四次，太僕寺官一年二次，務要嚴加點視，瘦病者痛為懲治，倒失者立限陪償。每馬百疋，病瘦倒失者十疋以上，管馬官員查提究問。其孳生之駒，雖種騍馬十萬，每年科駒五萬，奈何近年各處養馬之家盡為虧欠、倒失之户，何曾生有好駒，堪以備用？有名無實，徒為勞擾。合無亦依本官所擬，不必較其有無，有亦不必印烙，每年備用馬疋，止令一羣之內各照丁田議合明納本色或折色，大馬一疋，仍各將羣數随其多寡分為兩班，編成格眼，互相輪流，今年解本色，明年解折色，本色者務要身高四尺兒馬五歲、扇馬八歲以下者方許作數，折色者徵銀一十三兩煎消足色成錠，俱令該管寺丞驗追徵完，各差管馬官吏依限起解。若羣內一户生有好駒堪以備用，聽從本羣人户帮價起俵，其一羣人户解馬解銀，亦都編定輪流，週而復始。如此行之，則南北地方十萬種騍馬之中，一年實得二萬五千堪用之馬。其本色、折色分數，本部仍臨期酌量太僕寺銀馬多寡數目，奏請定奪，以後設遇緊急用馬，量為增添，不拘此例。前項倒失、虧欠、變賣之例，悉行除免，每年季報比較印烙之煩，盡皆減省，惟年終各府備將種馬并解過備用馬數目具奏及送部查考，仍每三年一次，奏差御史二員請勑關領火印分投前去各該地方，公同寺丞將見在并買補兒、騍種馬通行查點印烙，及有無拖欠備用馬疋，亦行查追起解。中間作弊人員拿問參奏，徑自施行，事完之日，備造文册奏繳本部，仍通行南北直隸、河南、山東巡撫、都御史一體遵依施行。如此，則事省于民，利歸于官，既不失孳牧之本意，誠可為經久之良圖。緣係早正馬種以免廢弛馬政，及奉欽依：『該衙門看了來説事理。』未敢擅便，正德二年閏正月二十四日，本部尚書閻等具題。奉聖旨：『是。欽此。欽遵。』擬合通行，為此除外，合劄本寺，照依本部題奉欽依內事理欽遵施行。

明 劉大夏《劉忠宣公遺集》卷一《論寺監牧馬事宜疏》 近年，各卿佐員缺，多用謫逐官及有過累者，府衛下寮，多易視之，故各官自待亦輕，政務因以廢弛。謂宜稍更其制：今後各行大僕、苑馬寺，官員缺少卿，則於布、按二司參議、僉事內推補，如職務修舉，則視太僕寺卿佐陞任，其監苑庶官，亦請於北人素嫻牧馬者任之。則官皆得人，而政可舉矣。

明 楊一清《關中奏議》卷一《爲處置馬營城堡事》 兵部覆本部於兵科抄出督理馬政都察院左副都御史楊一清題，看得陝西苑馬寺各苑多不曾修建衙門城堡，及雖有城堡，年久土塌，又皆無營房馬廄，苑官多僦屋而居，或宿窯洞。所養官馬，晝夜在野，且春夏之時，趁水草牧放，固可適其騰游之性，至于冬寒時月，若不蓄積草莝，攢槽餧養，山野之中，草枯水凍，加以風雪侵凌，凍餓損傷，寧不致死？臣謹按：《周官》圉師掌教圉人養馬，必順四時，冬則燠之以廄，夏則涼之以庌，藉薦以禦其寒，塗釁以除其穢，先王畜牧之善如此。查得永樂四年兵部為開設衙門事，行工部轉行陝西都行二司，并布政司，令軍衛有司差撥軍夫，於附近各苑去處量其馬數，起盖馬廄，以備冬月牧養。題奉欽依通行外，此係國初牧馬成法，年久廢弛，一向不曾申明舉行。及照弘治十四年間，達賊大舉，侵犯官馬，因無處收避，被搶去三千九百餘匹。況各苑地方，木植艱得，土人以窯洞為家，乃其素習。各該衛所解來隊軍，因無棲止，隨到隨逃，廢弛之故亦多由此。今朝廷大修馬政，所宜深慮卻顧，用圖久遠，又恐數年之後，我馬蕃息，為虜人所窺，或貽前年之禍，處置馬營城堡，誠為急務。臣已委布、按二司等官，勘得長樂監廣寧、開城、黑水三苑，俱在平涼府固原州地方，廣寧苑原設鞏昌、臨洮、青州、平涼四營，鞏昌、臨洮、青州三營，安定苑坐落鞏昌府，通渭縣地方，原設中營、原川、稠泥、河衙、門石、硤口、雙井共六營，靈武監清平苑坐落平涼府，固原州地方，萬安苑坐落固原州及慶陽府環縣地方。前項城堡，量其大小，各修城門一二座，城上修垛墻更舖，以備瞭望，四圍各濬城壕，於內隨其地勢廣狹，既立城堡，又建馬房，苑牧之制于是略備矣。各修營房馬廄，多者數百間，少者百十餘間，開立街市，以通貿易，種植樹株，以供蔭息，各存留隙地堆積草束，以備支用。春夏時月，如無聲息，官馬聽其在野牧放。一有烽火傳報，即便收掣回營。及冬春寒凍時月，俱收入城堡餧養。黑水、安定、清平、萬安四苑，相離本寺地遠，仍各建立官廳一所，每年輪令少卿、寺丞一員分管，不時下營點閘，在此居住。夫築城堡則人馬有所保障，置馬廄則馬匹不至橫傷，修營房則貧軍有所依棲，建公衙則牧官可修職業。揆之事理，皆所宜為，誠非浪說。且清平、萬安二苑地方，與各該軍衛有司軍民雜處，相離邊堡窵遠，前年達賊四散抄掠，如入無人之境，殺戮人民，如殺狐兔，驅逐丁口，如驅犬羊，臣巡視所過，血痕漬地，凋落之狀，難以模寫，呻吟之聲，所不忍聞。前項彭陽板井川諸城堡既立，非惟監苑人馬可保，或遇虜患，附近軍民丁口頭畜亦可收避。況西人素勇敢善鬭，待馬政就緒，將各苑軍餘挑選壯丁，設為操夫各一二百名，給與盔甲，授之弓矢，令其不妨牧馬，遇閑暇之時，操習武藝，就令寺監官員督視比較，不許調遣，專一防守本營城堡，是雖為牧馬而設，亦可壯邊域之聲勢，資緊急之應援。古者寓兵於農，今藏兵于馬，無不可者。彼虜覘知我保障有地，防守有人，縱然馬匹蕃盛，不敢生垂涎之意矣。但經營造作，所費不貲，合用工力，必須計處，除因舊展拓，修理用工不多者就令本營正軍餘丁自行修築外，其創置城堡，工程浩大，必須量起附近軍衛有司軍民人夫，與本營軍夫相兼修理。至于建立城門衙門，起盖營房馬廄，合用工料等價數多，其木植俱于平涼府華亭縣及鞏昌府漳縣採打。緣各處人民節年因乞運修邊等項，負累貧困，臣實不忍重勞，必得官錢雇人採打輸運，則公私兩便。況今歲地方薄收，來年人民必然缺食，若有官錢雇募，趨者自倍，官事易集。昔人有以凶年興大役成大功者，意正如此。查得陝西在官庫藏別無蓄積官錢堪以動支，合無通行陝西司府衛州縣，大小問刑衙門，將弘治十七年正月起至本年十二月終止，一應經問囚犯，該納贖罪折收銀錢者，連贓罰銀物，各衙門追完，俱發各府貯庫，按季類送平涼府收貯，聽臣督委布、按二司官陸續查取，雇人採打木植，燒造甎瓦，及輸運等項支用。但所問囚犯有力者少，以一省一年計之，數亦不多，惟復再將太僕寺收貯馬價銀多支一二萬兩，通前買種馬之數，共送發銀六萬兩，則事事可辦，成功不難。臣又竊見世之好議論者，見人有所舉動，輒以勞民費財為辭，殊不知不一勞者不永佚，不暫費者不大蠲，要在擇可勞者而勞之，不為無益之費而已。所需數僅六萬兩，又借支贓罰銀，所請馬價甚少，而為此言，可見識大体計經常者少，恒以惜費而墮事也。古者問國君之富，數馬以對，矧今堂堂天朝，據全陝畜牧之地，而馬政廢弛至此，各邊缺馬，動輒來京奏討，十數年間，送發馬價銀多至數十萬兩，是皆百姓膏血之餘，率是以往，何有紀極？夫七年之病，三年之艾，苟為不畜，終身不得。及今圖之，五年之後，可以給陝西三邊之用；十年之後，可以備京師不時之需。將來所省不知幾何，且以壯中國富彊之勢，而潛消外夷輕侮窺伺之心，其所關係，良非小補。若憚勞惜費，狃流俗之浮言，襲目前之故跡，則是為一身之謀，而非所以為國家深長久大之圖者也。

又《爲修舉馬政事》 該兵部覆，車駕清吏司案呈，奉本部送於兵科抄出，督理馬政都察院左副都御史楊一清題。臣受命以來，夙夜孜孜，不遑寧處，深懼奉職不効，以負陛下登簡作興之意，博采羣言，講求孳牧事宜頗得其槩。臣嘗考之載籍，唐初鳩括殘騎，僅得牝、牡二千匹。肇自貞觀，訖於麟德，四十年間至七十萬餘匹。垂拱以後，馬耗太半。開元初，稍稍修復，始二十四萬。至十三年乃四十三萬。議者謂其監牧之置得其地，監牧之官得其人，而牧養之有其法也。今其地固陝西之地，當時領牧事者，張萬歲、王毛仲之流耳。竊意生當熙洽全盛之朝，名為儒者，其所建立，豈宜出張萬歲、王毛仲之下？然稽之事勢，實有不同。唐都關中，所置八坊四十八監，初在岐、豳、涇、寧間，後分析列布河西豐曠之野。繇京度隴，跨隴西、金城、平涼、天水數郡，即今西安、鳳翔、平涼、鞏昌、臨洮諸府之地，員廣數千里。其間善水草腴田皆隸之，故其馬蕃盛如此。我朝定都北京，永樂四年，以陝西地宜畜牧，乃詔開設監、苑。其始規畫，亦甚宏遠，與唐制無大相異。苑馬寺所轄六監，每監轄四苑。威武監所轄武安、隆陽、保川、泰和四苑，在平涼府開城、隆德二縣地方；同川監所轄天興、永康、嘉靖、安勝四苑，在開城縣及慶陽府安化縣地方；熙春監所轄康樂、鳳林、香泉、會寧四苑，在臨、鞏二府隴西、會寧、狄道金縣地方；順寧監所轄雲驥、昇平、延寧、永昌四苑，在延安府保安縣及慶陽府安化縣地方，蓋亦跨陝西數郡，二千餘里之地。後皆革去，止存長樂、靈武二監，又革去弼隆、慶陽、安邊三苑。今見存牧地在開城、通渭二縣地方者，不過環數百里，又有衛所屯田及王府、功臣草埸參雜其間，況原設牧軍數少。臣故謂事勢不同者，此也。然不以供京師，以供陝西各邊戰士之用，宜無不足。惟監牧非人，牧養無法，坐是頹廢，上廑宵旰之憂。臣竊謂西安、鳳翔諸內郡，編戶日繁，版籍已定，固難別議。臨、鞏二府，土曠人稀，原設監、苑處所。必有空閒不畊之地，宜修復者，謹當深察利害，徐議可否及馬政一切事宜，應施行者，徑自施行，應具奏者，具奏定奪外，今將切要二事，先行條具上請，乞勑兵部覆奏行之。臣不勝幸甚。為此開坐具本，該通政使司官奏。奉聖旨：『該部看了來說。欽此欽遵。』抄出送司，案呈到部。看得都御史楊一清，奉命修舉馬政於廢墜之後，首奏後項二事，俱係緊要事宜，理合逐一議擬，開立前件，伏乞聖明裁。處緣係修舉馬政，及奉欽依：『該部看了來說』事理，未敢擅便開坐。弘治十七年正月初七日，本部尚書劉大夏等具題。本月十四日，奉聖旨：『準議。欽此欽遵。』擬合通行，除外合咨前去煩照本部題奉欽依內事理，欽遵施行。計開：一、增種馬以廣孳息。查得永樂四年，開設監、苑衙門。兵部節奉欽依事例，上苑牧馬一萬匹，中苑七千匹，下苑四千匹。當時種馬及後來孳生數目，雖不可考，而原擬養馬定規，卻是如此。臣今遍歷兩監六苑，酌量草埸廣狹、軍額多寡、戶口盈縮、事勢難易，議處得開城苑原額恩隊軍人四百四名，安定苑原額恩隊軍人二百六十五名，俱草埸寬濶，水泉便利，地宜畜牧，堪為上苑。使官得其人，政令修舉，各牧養萬馬，誠不為難。廣寧苑原額恩隊軍人二百一十八名，後因添設固原州、衛，草埸地方各占修城郭及撥為屯地；萬安苑原額恩隊軍人雖止九十四名，草埸亦頗寬濶，俱堪為中苑。黑水苑係甘肅苑馬寺遷撥恩軍一百六名，草埸逼窄；清平苑原額恩隊軍人一百三十三名，地狹土瘠，人無生業，俱止可為下苑。前項苑分，恐不能遽如原定養馬之數。大要開城、安定二苑，俱可牧馬一萬匹，萬安苑可牧馬五千匹，廣寧苑可牧馬四千匹，清平苑可牧馬二千匹，黑水苑止可牧馬一千五百匹。通計六苑，除每歲給軍騎操外，可常牧馬三萬二千五百匹，足勾陝西三邊之用。國初之盛，諒無以逾此。然欲廣孳息，必先多畜種馬。種馬既少，則孳生遽難收效。查得各苑見在馬二千二百八十匹，堪作種者止有一千三百餘匹。臣今將倒失虧折馬匹，隨宜追補，及弘治十六年分茶易種馬，通止可勾三千匹。必須增置七千匹，共種馬萬匹。以兩年一駒計之，五年之內。可勾前數。將來孳息，牝復生牝，駒復生駒，源源不絕，數十萬匹之數，可計歲而得矣。及看得西寧、洮、河等衛茶易番馬，以之給軍騎操，固濟邊用；以之作種，則風土異宜，孳牧多損，養馬軍人甚以為累。必須收買內地馬匹，易於牧養。成効可圖。且西人以畜牧為生，要在不虧其直，自然樂售。考之周官：『馬質掌質馬，馬量三物。』蓋三代盛時，民有餘畜者，官以價直易之，養之閑廄之中，以備不時之用，意正如此。臣欽奉勑旨，雖許其設法增添，但陝西地方軍民，邇年以來，困於虜變，困於歲飢，困於轉輸，困於修築，公私匱竭，帑藏空虛，別難措置。查得弘治二年，為因種馬數少，兵部奏准，將太僕寺收貯馬價銀一萬二千兩，送發陝西收買種馬二千匹，發寺牧養。合無比照前例，支取太僕寺馬價銀四萬二千兩，差官於平慶臨鞏等府衛地方官員軍民之家，收買堪以作種好馬七千匹，派發各苑孳牧。如有倒失虧欠，隨即追補，前項太僕寺儲蓄銀兩，本為濟邊之用，且如各邊奏討銀四萬兩，不過收買戰馬四千匹，較之孳牧之利，何如暫費而大蠲，惟陛下裁之！

又 前件查得，弘治二年，本部奏給太僕寺銀兩，請勑陝西巡撫官收買種馬事理，與今所奏相同。今都御史楊一清，備查各苑地畝、軍人、馬匹數目，斟酌土地之宜，計扣孳牧之利，詳細平正，俱係確論。既欲責其成功，必須備其種馬。所據奏討收買種馬銀兩，相應准理。合無本部於太僕寺收貯馬價銀兩依數支出四萬二千兩，用木鞘裝盛，沿途應付車輛，撥軍防護，差官送去陝西布政司交割。仍照舊例，請勑都御史楊一清，擇委都布按三司廉能官員分投前去腹裏各該産馬地方，兩平收買堪以作種好馬七千匹。行令陝西行太僕寺委官印烙，派給各苑軍人餵養，依時搭配羣蓋，孳牧其中。收買分撥，孳牧追陪，與凡一應事宜，悉聽本官斟酌裁處。所委官員，敢有不行用心，故違誤事者，亦聽本官条奏拏問。仍將買過馬匹毛齒，領養軍人姓名，造册繳部，以備查考。一、增牧軍以便畜養。切照陝西苑馬寺兩監六苑，原額養馬恩隊軍一千二百二十名，見在七百四十五名，在逃事故等項四百七十五名，縱使勾補完足，數亦不多。且如每军一名，照例養馬十匹，亦不过一萬二千二百匹。若不增置牧軍。夫犬马待人而食，若不增置牧军，則畜養乏人，難收蕃息之効。查得養馬恩軍，係先年將各處有罪人犯發充，隊軍例於各衛丁多有力軍人內選撥。緣陝西各該衛所行伍空虛，征操備禦尚且缺人，似難額外增補。况各苑天氣高寒，地土磽燥，生理素少，又鮮有居室，多在崖窯堡洞住坐。腹裏軍人解補者，隨到隨逃，不安其業。馬政廢弛，亦多由此。訪得各府、衛、州、縣百姓軍餘，多有逃來各苑地方潛住，年久不當差役，又無官司管束查考，往往別生事端。及至被人告發，卻行調躲。因無戶籍，無憑挨捉。歲復一歲，為數漸繁。夫物聚則必爭，爭則易於生亂。今不為之所，將來恐貽他患。此等流民，論法俱該問罪發遣，回還原籍當差。但念其故鄉生計已失，無可復之業；而此地依棲既久，有可戀之資。必盡法處之，非死則散而為盜耳！若編為養馬軍人，給撥草場地土，使之住牧，則官有畜養之役，民無驅逐之苦。且其耐貧寒，習畜牧，比與新撥隊軍，萬萬不同。公法私情，似為兩便。欲通行查拘編發，誠恐愚民無知，畏懼罪責，驚擾藏匿，急難濟事。臣已經遵奉勑諭便宜處置事理，出給告示曉諭，但有逃來潛住人民，許其赴官投首，與免治罪。量其人丁多寡，給與草塲地土，領養官馬，依例科駒，就近編入該苑籍册內帶管。及行守備固原都指揮僉事苗英、固原州知州岳思忠，查訪招諭去後，續據逃民赴臣投首，情願養馬者，已及百名之上。俱暫收發各苑，聽候給地領馬外，近訪得前項逃民，節年多有投在平凉各郡王、將軍、中尉等府及儀賓之家，跟隨使用，娶妻生子。出入府第，生事害人，官司莫能禁治。有告發者，各府輒稱先年收買家人，不肯歸斷。緣王府招集外人，明有禁例。況陝西地方軍民疲困，戶口凋耗日甚，若奸頑之徒躲重就輕，一既以前投托影射，愈加靠累見在軍民。如蒙乞敕該部，查議宗室收買家人，有無事例。果於禮法有礙，岂行臣委令分巡、分守等官，通查平凉各郡王、將軍、中尉等府及儀賓之家，并楚、肅二府馬營草塲莊所家人，除例應得者不動外，但有收集各處逃來軍民，投托作為家人者，俱照例問發邊衛充軍。如此，既以增公家畜牧之人，又以杜私門招集之釁。仍乞查照永樂年間發充恩軍事例，今後北直隸、山東、河南、山西、陝西法司問擬人犯，有例該邊衛永遠充軍者，俱發各苑永遠牧馬。連原額及新收發軍人共及三千名之數，具奏停止，以三千之軍人，牧三萬之種馬，孳息既廣，戶丁亦增。不出十年，數十萬匹之盛不難致矣。臣愚所見如此，未知是否惟陛下察之！

又 前件查得，弘治十三年，該刑部等衙門尚書等官白昂等奏准見事例：各王府不許擅自招集外人，凌辱官府，擾害百姓。違者，巡撫、巡按等官奏聞，先行追究設謀撥置之人杖罪以上，官員奏請降調邊方，旗校舍餘人等發邊衛充軍。及行准禮部儀制清吏司手本回稱：各王府及儀賓，例該撥與儀從跟隨，查無家人事例。今都御史楊一清，為因各苑牧馬軍人數少，見得彼處潛住流逋及投入各王府、儀賓之家者數多，俱要查收，與同北直隸、山東、河南、山西、陝西法司問擬邊衛永遠充軍人犯，通發各苑牧馬一節。緣馬匹必須得人牧養而後可以望其蕃盛。今各苑見缺養馬軍人，而本處地方又有前項逃住及違例投托之人，若不因而收集，非特缺人養馬，且恐重貽後患。合無同前買馬事宜，一併請勑都御史楊一清，督同都、布、按三司守、巡等官，出榜曉諭：各苑地方潛住之人，及有投入各該郡王、將軍、中尉等府并儀賓之家，楚、肅二府馬營草塲莊所家人者，俱許赴官自首，免其問罪，收集牧馬。如或占悋不首，着落各衙門官員設法訪察，擒拏問罪，枷號畢日，仍發監、苑養馬。各該輔導、撥置之人，依擬問發，應奏者奏聞定奪。其編發安揷前項人役，悉聽本官從宜裁處。本部仍通行北直隸、山東、河南、山西、陝西巡撫、巡按各行所屬問刑衙門并在京法司，凡有問擬永遠充軍人犯，及陝西各府十六年以前清出江南衛所軍人例該存留附近衛所者，俱解陝西都司轉解苑馬寺，定發各苑牧馬，務輳足三千名之數。若再不足，另行定奪。仍將編發過姓名繳部查考。及照牧馬軍人最為緊要，買到種馬，即要軍人領養。若前項清查流民并行補隊軍等項，委官敢有視常怠慢者，輕則住俸，重則糸提，不容姑息，容令悞事。

又 卷二《一爲禁約侵占牧馬草場事》 兵部覆該本部送於兵科抄出，督理馬政都察院左副都御史楊題。照得陝西苑馬寺所屬監、苑，原額牧馬草場地一十三萬三千七百七十七頃六十畝。因與固原、鞏昌等衛，鎮戎、甘州羣牧、環縣等千户所，固原、通渭、安定等州、縣官舍軍民相攙住坐，又有楚、肅、韓三府，黔國公等草場糸雜其間。節被官豪勢要姦頑之人，倚恃威力，任意開墾耕種，或通同牧軍盜賣年久，草場日漸逼狹，官馬無處牧放，馬政廢弛。節經委官清查，又被各人恐嚇扇摇，不得歸斷。弘治十三年間，兵部奏差主事李源，奉勑前來，會同布、按二司官查理。查得見在草場共止六萬六千八百八十頃八十畝，其餘俱無下落。內查出軍民唐釗等七百三十三名，占種草場地二千七百二十頃零九十一畝。將各犯發問，地土斷退還官。近該臣督委都、布、按三司官親詣前項地方，查吊軍民納粮册籍，從公踏勘丈量，數十年埋沒之弊，一旦清出。共清查得兩監六苑實有荒熟地一十二萬八千四百七十三頃一十一畝八分九釐六毫，比之原額，止少五千三百四頃有餘，乃是奉例撥為衛所屯地及曾告官升粮之數。其軍民唐釗等原占地土雖經查革，仍復占種，不曾還官。干礙人衆依律問斷，量追例後花利，入官發落訖。已將清出原額并侵占退出地土坐落四至、頃畝數目，造册奏繳。臣惟地土生物，本以養人，與民共之，是為仁政。然朝廷修舉牧事，清理草場，非供耳目玩好之欲，直以三邊缺馬之故。馬以給軍，軍以衛民。若草場逼窄，則畜牧不蕃。邊軍缺馬騎征，何以克敵制勝？以此，各邊年年奏討馬價，所費不貲，皆自民出。今陝西監、苑草場，頗勾孳牧，但疆畔相連，窺伺者衆。彼見先年開耕占種，查出不過照常問罪發落，旋復侵占，畧無忌憚，恐將來如唐釗輩不止一人。查得見行事例：凡用强占種屯田者問罪，官調邊衛，帶俸差操，旗軍軍丁人等發邊衛充軍，民發口外為民。管屯等官不行用心清查者，糾奏治罪。及查得成化十年七月十三日，節該欽奉憲宗皇帝聖旨：『陝西榆林等處近邊地土，各營堡草場界限明白，敢有那移條段，盜耕草場者，依律問擬，追徵花利。完日，軍職降調甘肅衛分差。操軍民係外處者，發榆林衛充軍，係本處者，發甘肅充軍。欽此。』今照，監牧草場，係祖宗開設舊額，不為不重。如蒙乞勑兵部議處，凡侵占監、苑牧馬草場，除事發在前，已經發落外，自今造册奏繳之後，敢有用强開墾耕種及盜買盜賣，情重者，比照衛所屯田、營堡草場事例，官調邊衛帶俸差操，旗舍軍民軍丁人等俱問發邊衛充軍；情輕者，依律問斷，仍枷號一箇月發落。各該監、苑官不行查舉，通提治罪，著為定例。出榜發仰各草場、營堡張掛曉諭，庶幾法嚴而人知懼。治之於已犯之後，固不若禁之於未犯之前之為愈也。緣係禁約侵占牧馬草場事理，未敢擅便具本，該通政使司官奏。奉聖旨：『兵部知道。欽此欽遵。』抄出送司，案呈到部。照得陝西苑馬寺，原額草場荒熟地共一十二萬頃有奇，年久馬政廢弛，被人侵占數多。既該督理馬政都御史楊，委官清出前數，漸復原額，造有青册，各該衙門存照，具見處事立法之詳。復恐法立弊生，欲照前例禁處，誠為防姦善後之計。合無依其所奏，本部仍行都御史楊刊印榜文，發仰各該草場營堡人煙輳集去處，常川張掛。曉諭官軍人等，敢有似前將清出牧馬草場地土用强開墾耕種，或盜賣盜買，許地隣人等首告及各該監、苑舉呈。應問者就行提發分巡官處問理，干碍應糸官員，糸提施行，問擬明白，追完花利。情重者比照衛所屯田、營堡草場事例，軍職調邊衛帶俸差操旗舍軍民人等俱發邊衛充軍。情輕者依律問擬，仍枷號一箇月，照常例發落。監、苑官不行查舉，一體提問治罪。仍將各監、苑清出草場至界頃畝，鐫刻石碣，陷置廳壁，永為証據。如此，則法度嚴明而馬政可期興舉，奸頑警懼而宿弊可冀祛除。緣係立法禁約侵占牧馬草場及奉欽依『兵部知道』事理，未敢擅便。弘治十七年十一月三十日，本部尚書劉大夏等具題。本年十二月初四日，奉聖旨：『是。著出榜通行曉諭禁約，敢有仍前强占耕種及盜賣盜買的，都重罪不饒。欽此欽遵。』擬合就行除外，合咨前去，煩照本部題奉欽依內事理，欽遵施行。

明 儲巏《柴墟文集》卷一二《題馬政四事》 近者災變非常，聖心恐懼，詔令羣臣痛加脩省，各開具興革事宜。臣等皆以庸才備員太僕，馬政未舉，民瘼未除，召變致災，寔均有罪。陛下不即加責，為幸已多，且使人各盡言，又豈容默？謹以馬政四事開坐上陳，伏乞聖覽，仍勑該部議處施行，不勝甚幸。計開：一、議養京營戰馬。竊見團营軍馬，內衛京師，外備征調，軍精馬壯，二者相資，乃可以壯威而禦侮也。近年以來，營中之馬日見消耗，告稱倒死無日無之，多者十數疋，少者四五疋，以有限之馬供無窮之死，誠可嘆惜。原其所以，蓋因軍士貪圖草料私賣，以養馬為累，倚恃朋銀買補，以馬死為幸；把總之官又多徇私派領，不恤貧軍；姦頑之徒又多延捱比較，以覬恩宥。若不議處，弊壞愈深。臣等風聞團營官軍大約不下十萬，團營之馬大約不下三萬，以十萬之軍，豈無三萬之家衣食稍餘産業稍足者哉？但恐揀閱不精，派養不當耳！如蒙乞勅提督大臣各營選委忠實軍職一員，將所轄官軍從一詢，驗家産財力分為三等，上等悉令養馬，不足以中等補之，其馬十四歲以下倒死，責令全陪；十四歲以上者，止陪半價；二十歲以上者免陪。革去椿頭朋銀之例，絶其衆輕易舉之私，編成格眼文册，兵部用印鈐縫，一本收貯營中，以備科道等官點驗；一本送太僕寺，以憑本寺少卿點驗。如有倒補轉換事故，各該官員就註册眼為照。官軍養馬，既按月關支草料，又以時下場牧放，若處置有法，騎養得人，遞年作踐瘦死之弊，亦可以漸保其無矣。議者必曰騎軍步卒練習已久，若通行選閱，未免更張。臣等不知兵事，然考古兵法，騎亦可以為步，步亦可以為騎，非如天生兩不可易者。若平時騎步不能相通，臨敵决戰，何以出奇制變乎？今團營提督皆奉命内外大臣，臣等豈敢與議？但職司馬政，不忍不言。查得本寺給與京營馬匹，除先年不開外，弘治十六年給馬三千匹，十七年一萬一千匹，十八年又一萬匹，内五千匹未領。每匹直銀二十餘兩，皆竭民膏血所得，一旦付之軍士，骨立槁死，暴殄可憐。積以歲月，八九匹中僅陪一二矮小老弱，比之原馬，真駑駘之易騏驥矣。國家何所賴哉？此臣等所以痛心而一言也。

明 王瓊《晉溪本兵敷奏》卷一三《爲修舉馬政事》 查得永樂年間，北直隸各府州縣，俱養孳牧馬匹，至宣德四年，搭配成群，因順天等府，别無空閒人戶，將山東兗州、濟南、東昌三府所屬州縣人戶，給領牧養。至正統十四年，又將河南彰德、衛輝、開封三府所屬州縣人戶，給領牧養。正統十四年，因虜寇犯邊，缺馬騎操，將順天府所屬州縣寄養備用馬匹，原養孳牧分散永平等府領養。弘治七年，又將保定府易州等七州縣、河間府静海等三縣寄養原養孳牧，另給滄州等處領養。弘治九年，該本部奏差給事中等官韓祐等，勘處過直隸保定等府舊例，論糧養馬，每免糧五十畝養兒馬一匹，一百畝養騍馬一匹。山東、河南、濟南、開封等府舊例，寄養煩累，故照地分各有優免以卹之，論丁養馬，每有力人，五丁養兒馬一匹，十丁養騍馬一匹，俱照舊例。每騍馬四匹，搭配兒馬一匹領養孳牧，科駒起俵。弘治十二年，又該本部奏差給事中等官王廷等，勘處過順天等府所屬霸等州宛、大等縣人戶，每免糧地五十畝，悉照舊例編養備用馬一匹，節經領養。遵行年久，事體已定，孳牧寄養馬匹，論糧論丁，派養民間，俱係祖宗舊制。節該本部奏差給事中等官，將直隸、山東、河南孳牧種馬，及將順天等府寄養馬匹，照例勘處丁糧編派領養，遵行已久。今太僕寺卿楊廷儀建議更變，固是優恤畿内之民，修舉馬政之意。本部已經依擬具題，差官分派，荷蒙聖明慮恐擾民，還待下年豐收之時舉行，即今雖是秋深在邇，但各該地方，尚有災傷，未見豐稔。况查登、青、萊等處極臨海隅，分派州縣寄養不足，以卹舊適足以累新。雖不養馬易州山廠斫柴夫役，所繫甚重，民不聊生。懷慶等處山多地少，水草不甚便利。先年議處皆有深意，今若差官前去，拘集平民，分派養馬，不惟紛更舊制，抑且人心驚疑，逼迫流移，致生他變。合無本部仍行太僕寺，悉照節年題准事例，遵守施行，不必更張，以成紛擾。正德十年八月初六日具題，奉聖旨，是，只照節年題准事例行。欽此。

明 李堂《馬政議》《皇明經濟文録》卷一三 國家常賦之制，視古什一爲輕，而常制之外，取之若盡，其物如茶鹽之課、關市之征，皆為儲畜經費計也。至有馬政之征，尤為軍國重計。堂嘗與議爲審，故利弊尤悉焉。夫設官鑄印，與守令分民而治，何其重哉？蓋洪武條格，重種馬粿馬孳生，永不可廢也。今應天、鎮江、太平等處，謂非養馬地方，從便折銀解部以備買馬，民誠便益；乃推諸江北省府，亦定價通行焉，則太僕點視、憲職印俵何爲哉？大抵建議更法之臣不顧條規成憲，如江南府州屬邑牧馬草場，烽堆明白見在也，乃計畝起稅以徵銀用，下人所以不復，孳牧官吏惟知集價應官而已，且富民豪户乘肥策良者阡陌成群。况古之晉冀，騋牝所儲，雲錦所蕃，而謂盡無留良乎？捨孳牧以爲勞，縱市販以為便，未見其得也。雖然，設官之非其職多矣，豈但馬政一事而已耶？鹽法關征，凡以助國用也，關征近制多監於部署，蓋取竭疲農，不若往諸得利之商，近世所通行也。長蘆、淮、浙等處之轉運、提舉，非鹽課之司乎？今所在漏卮於豪右，轉利於霸猾，而奏討頻仍，則阻壞混淆，將蕩然無餘矣。乃刮疲竈、困□商、税田課畝，巧爲水鄉等名，以影額辦，其惠奸容蠹也甚矣！天豈立制建官抑末重農之本意？併及末議，俟君子質之各邊馬□□于后：□□原額并新增馬共四萬八千九百四十四匹，見在一萬六千七百三十九匹，倒死三萬二千二百五匹；□開馬三千匹，已買馬七百五十一匹，未買為二萬八千四百五十三匹；寧夏原額馬二萬九千五百九十五匹，見在馬九千一百二十匹，倒死馬一萬四百七十五匹；遼東原額馬五萬三千三百六十匹，見在馬四萬九千九百九十二匹，倒死馬三千三百六十八匹；甘肅原額馬二萬九千五百六十七匹，見在馬一萬八千二百三十四匹，倒死馬六千六百九十匹；又洪水坐等處，倒死馬二百四十四匹，備禦馬四千四百九十九匹；陝西原額馬一萬六千一百八十三匹，見在馬一萬五千五百七十三匹，倒死馬一百二十四匹，事故馬四百八十六匹；延綏原額馬三萬二千三百五十一匹，見在馬一萬四千五百二十三匹，倒死馬九千六百一十三匹，事故馬八千二百一十五匹；宣府原額馬四萬四千二百四十八匹，見在馬三萬六千二百二十五匹，事故馬八千一十三匹；山西原額馬并添設馬一萬二百二十一匹，見在馬七千四百八十匹，倒死馬二千七百四十一匹。

明 顧潛《静觀堂集》卷七《論馬政事宜疏辛酉七月**》** 謹題爲議處馬政以蘇民困事，臣惟馬之爲用，軍務所先。比歲以來，邊須尤夥，誠不可不加意也。邇者臣欽奉敕諭，前往直隸、山東、河南各府印記弘治十二年孳生馬駒。承命儆惕，惟恐弗克幹濟，有孤委托。故凡所歷之處，嘗切究心。竊見夫孳生之法廢而馬政日隳，陪買之費重而民力日困，若不早爲區處，圖善厥事，非惟將來馬之缺乏爲可憂，而民不聊生，相率流徙，亦非保固邦本之道。謹以臣所見聞，及得於咨訪者條析上聞。伏望皇上留神垂覽，倘蒭蕘可采，乞敕該部從長議處，俯賜施行，天下幸甚。緣係議處馬政以蘇民困事，理開坐，謹題請旨。計開：一、定買户以寬民力。臣惟天下之民均之赤子，皇上天覆地載，固皆涵育無方，而畿内及近省之民，臣愚以爲尤當休養生息，使人有餘力，家有餘財，以爲京邑之輔。臣近歷養馬地方，竊見廣平、順德、永平三府，地獮人稀；大名雖頗殷，庶皆苦徭役繁重；眞定、保定、河間三府，俱係衝要之地，供給軍旅，至於累月起撥夫役，動以萬計，民實告勞；其山東兖州、濟南、東昌三府與河南開封、衛輝、彰德三府，或境濱河海，沙鹻之地多不可耕，或路當接遞，曳挽之夫夜不得息，數郡之民疲困已極，衣食僅給，廬舍幾空，此皆臣所目覩者也。况重以馬政爲累，日甚一日，累歲之追徵未畢，本年之買補又繼，每備用大馬一疋，用價銀二十餘兩，有司箠撻期于完事，閭閻之下窘迫不勝。夫馬者兵之本，固不可缺，民者國之本，獨不當念乎？伏望皇上深惟大計，惻憫元元，乞敕兵部計議今後起取各該府衛備用馬疋，如無軍務，大爲寬減，其坐取之數，如孳生駒内不敷，合無將先年賣過駒價支給□欠戸，令其貼銀相兼朋買，每買大馬一疋，用駒價若干，虧欠人户貼銀若干，如此庶幾衆輕易舉，民力少寬；其六年以後拖欠未徵銀兩，皆官吏積惰所致，今若一旦峻督追併，不無重困小民，欲乞每年帶追一年之欠，則數年之内亦可完足。一、慎選擇以袪民患。臣惟今之備用馬疋，取給各該府衛，然其間孳生者十不及一，而買補者恒十之九，每買馬一疋，用價銀二十兩餘，以餧養之費、起解之用計之，又非銀數兩不可，此皆出於各户貧民，剥膚竭髓，僅取給爾。奈何解送至京，尤苦難於交納，其太僕寺吏卒并醫獸人等通同作弊，需索無厭，苟財賄既足，則馬疋易交；若不愜其所求，輒便多方勒害，放進則縱横于門，故爲攔截，或摧其毛鬣，或傷其蹄眼，臨揀則高下其手，公行欺誑，或頓減尺度，或多喝歲齒，如此奸弊，難以悉言。雖有駿馬良駒，必令揀退乃已，窮鄉赤子，飲恨而歸，更欲易馬交陪，未免鬻子女、典田宅以完官矣。竊聞去歲此害尤多，艱苦萬端，可爲流涕。伏望皇上俯念窮民，深燭奸弊，乞敕兵部計議，於每歲秋間揀選馬疋之時，出榜申明禁約，仍行太僕寺今後務宜慎加擇，毋止憑喝報之言，如尺度及而頗羸瘦者，此係遠涉之故，尺稍不及而骨駿有膘者，亦是可用之材，俱合免其退换；其皂隸并醫獸人等並不許用積年占戀衙門之人，如有縱容在官仍前作弊者，事發本犯，定擬邊遠充軍罪例。該寺官一體參究，如此庶幾奸弊以革，民患稍除。一、易種馬以求善産。臣惟國初馬政仰給孳生，蠲其地税，給之種馬種騍，一疋歲科一駒，既又念夫科取太緊，每二年算駒一疋。府衛州縣各設專官理之，良法美意，固無不善。奈何法久漸隳，官民因襲，近年以來孳生之駒不過虚應故事，苟具文書，堪以備用者十無一二。每遇坐取馬疋，輒便督民朋買。夫朋買者，權宜之術，非經久之計。若歲復一歲，陪買不已，民窮財盡，何以聊生？腹心之疾，不可不慮。爲今之計，惟當善孳生之法而已。孳生既盛，則朋買自寬。臣嘗求之孳生所以不能蕃盛者，厥亦有自。凡物之生，咸有種類，種既不善，所産必微。今各府州縣種兒騍馬，雖云羣配不虚，率多羸瘦矮小，蓋是累年印過馬駒不堪起俵者，凡遇種缺，即以補數。民間徒費餧養，往往不能將駒。間有生者，亦多肖種，絶無泛駕絶塵之足，甚至名雖馬駒，而豚犬似者有之。今不爲痛易種馬之計，而欲求良産、足兵用，蓋亦難矣。伏望皇上俯察臣言，乞敕兵部計議，合無今後每年差官印馬之時，請給尺度前去，凡兒騍馬駒，須及五尺、六尺以上骨駿臕壯者方與印烙，其餘俱照例估賣。將來補種，必無不堪。仍行太僕寺分管寺丞各詣地方，將見在種馬逐一量看，及五尺、六尺者存之，下此并尺雖及而病瘦者悉行變賣，卻於各年印記駒内詳加揀擇，不限州縣，令其彼此通融更補，如駒内不足，許將賣過種馬價銀收買補數，如此，庶幾既得善種，孳產漸殷。【略】如此，庶幾民財不費，吏弊稍革。

明 何孟春《何文簡疏議》卷三《軍務疏》 題為軍務事，准本寺關前事，奉兵部劄付，該本部題，内開近日宣府出征回還，馬匹走傷瘦損，交與團營軍士領養，草料不敷，必盡倒死，合無行移太僕寺轉行提督京營少卿會同該營坐營官，將前已交在營不堪馬一千六十八匹逐一驗看，數内堪以領養騎操若干，不堪若干，就便從長計議，或查給殷實官軍領養，暫免騎操，或發附近州縣寄養，聽候調用，或估計變賣，價銀買馬支用，務要事理相應，官民兩便。内有倒死馬匹，亦就查驗皮張、鬃尾照例交官，肉臟送光祿寺收用，通將查議過緣由具奏定奪等，因題。奉聖旨：『是。欽此，欽遵。』備劄移關到臣，行據奮武等十二營委官把總、都指揮郭英等，各將本營原經驗看出征回還不堪馬匹見在、倒死數目開造文冊呈報外，會同鼓勇營坐營官都督張安驗看得奮武營馬一百一十三匹見在，内無臕尚堪領養騎操馬八匹，老瘦青盲癬瘡尚堪寄養調治備用馬五十五匹，老瘦盲瞎瘡瘸賴癩不堪馬三匹，倒死馬四十七匹；耀武營馬一百二匹見在，如前尚堪領養一十一匹，尚堪寄養四十九匹，倒死四十二匹；練武營馬一百匹見在，尚堪領養一十九匹，尚堪寄養五十一匹，不堪三匹，倒死二十七匹；顯武營馬六十四匹見在，尚堪領養一十二匹，尚堪寄養二匹，不堪九匹，倒死四十一匹；敢勇營馬二十四匹見在，尚堪領養四匹，尚堪寄養五匹，不堪五匹，倒死馬十匹；果勇營馬七十一匹見在，尚堪領養一十四匹，尚堪寄養一十九匹，不堪四匹，倒死三十四匹；効勇營馬九十匹見在，尚堪領養一十一匹，尚堪寄養三十五匹，不堪二匹，倒死四十二匹；鼓勇營馬一百六匹見在，尚堪領養一十五匹，尚堪寄養四十五匹，不堪九匹，倒死三十七匹；立威營馬一百二十五匹見在，尚堪領養二十九匹，尚堪寄養三十一匹，不堪一十六匹，倒死四十九匹；伸威營馬六十八匹見在，尚堪領養二十六匹，尚堪寄養七匹，不堪四匹，倒死三十一匹；揚威營馬一百匹見在，尚堪領養五匹，尚堪寄養二十六匹，不堪一十二匹，倒死五十七匹；振武營馬一百五匹見在，尚堪領養二十八匹，尚堪寄養一十九匹，不堪六匹，倒死五十二匹。前項各營見在馬共五百九十八匹，逐一驗看明白，分別等第，無臕尚堪領養騎操馬共一百八十三匹，該軍人盧山等自告領養訖。其老瘦青盲癬瘡、尚堪寄養調治備用馬共三百四十三匹，欲要召商估價賣銀貯庫，緣此等馬匹走傷之餘，所值不多，估賣與人，殊為可惜；萬一邊方有事，用馬倉卒，銀買重有耗費，相應發下附近州縣寄養，以備異日駝馬之用，但寄養人户未免累其調治，該管官員宜加優卹，若有倒失，照依遼東等處對回馬匹事例，量追銀兩，庶不虧累。其老瘦盲瞎瘡瘸賴癩等項不堪馬共七十二匹，發賣無人承買，買亦無人從價，查得近為急缺供應事，准本寺關，要將營操殘疾馬匹照例驗送光祿寺筵宴供應，已行去後，所據前項不堪馬匹相應行營徑送供應。其倒死馬共四百七十匹，皮張、鬃尾俱查驗是實，責令委官郭英等同軍人韓章等領回，并肉臟送各該衙門收用，間據韓章等告，稱肉臟未奉，先已腐壞，費用目下無處買補，各軍艱難，乞量折銀交官買馬便益，隨據郭英等各稟相同。查得成化四年事例，騎操倒死馬匹皮張、鬃尾、肉臟，聽從本主變賣價銀，交官轃買馬匹，今前項倒死馬匹肉臟既已無存，若照變賣事例，并皮張、鬃尾一體追收價銀交官買馬，委的於軍便益。為此，除驗看過見在尚堪領養與尚堪寄養馬匹，行令該營遵照本部原奏，該領養者官軍暫免騎操；該發寄養者送寺發屬寄養；不堪馬匹該送光祿寺者送光祿寺供應；倒死馬匹皮張、鬃尾領回并肉臟該送各衙門者領回，聽候定奪外，如蒙乞勅兵部將臣所議再加斟酌，定奪施行，庶於官民兩便，馬政無失。緣係驗看出征馬匹，議處事理，未敢擅便，謹題，請旨，正德十年月日。

又《議馬政疏》 題為議處馬政大綱興革官民利病事，臣聞國事莫大於戎，武備莫先於馬，三代而下，夏卿特以司馬名官；兩漢以來，僕正專以數馬為職。臣等任忝執御，事歸責成，未有涓涯，可云報塞。竊惟今日馬政當議者五，而五者之中，當興革者有十。所謂五者，曰畜牧、曰徵俵、曰收買、曰寄養、曰關換，此馬政之大綱而當議者也。所謂十者，畜牧之議在清户籍、正課額，徵俵之議在選備用、責管解，收買之議在平價值、廣儲積，寄養之議在驗交納、取兊給，關換之議在預稽覈、酌緩急，此皆官民利病所當興革者也。臣豹管偶窺，金緘難默，敢緣愚得，上瀆睿聰，不為文詞，惟究事實。乞勅兵部再加議處，當興革者斷而行之，庶於公私少裨萬一。臣等不勝欣望顯竢之至。為此開坐具本，親齎，謹題，請旨。計開：一、所謂清戶籍者，舊例北直隸府屬州縣論地養馬，每免糧地五十畝養兒馬一，百畝養騍馬各一匹；山東、河南府屬州縣論丁養馬，每有力人五丁養兒馬、十丁養騍馬各一匹；南直隸府屬州縣論地者，二頃養兒馬、三頃養騍馬各一匹，論丁者十丁養兒馬、十五丁養騍馬各一匹。弘治間，兵部因本寺卿彭禮建言，奏差給事中等官查勘之後，迄今二十餘年，地畝典賣，人丁消乏，不知其幾。彼時各官亦曾預議，要於大造黄冊年月，行令本寺各該分管寺丞督同各府州縣掌印官并管馬官，將前丁地照例查勘，若是地賣馬存、馬累丁乏，就將見馬給付得業并丁多户内領養，今已兩經造冊，未及舉行。臣惟民間冊載人丁不皆有力，有力之家往往情通賂囑，隱射脱免，而無力者丁必著役，役必從重。論丁養馬，未免負累貧民，貧民將原養馬地土挽作開墾，不曾起科，私下盜賣與人，多寡不等，在處有之。買主一時不知，利其無糧糧輕，遂與交易，後來被告幫貼，多科横索，興詞無已。論地養馬，未免混賴大户。如蒙乞勅兵部計議，合無斟酌先年事例，奏差給事中等官，或只差本部屬官，會同本寺各該分管寺丞督同該府州縣掌印管馬官員，弔取先年勘過人丁地畝文冊到官，再行從實查勘前項丁地。論丁則分鄉逐里三等九則，務見某人有何事産，除京官、軍匠人等户内例優免外，其餘不問豪民黠胥，逐一審實，各照養馬丁數，添編兑僉，某應堪作一丁，某應減為半丁，與某朋作一丁，共若干丁，補足原額，領養一馬。論地則務審見某人承種免糧地土若干，某曾得買若干，若是已全得買承種前地，不分官員、監生、吏典，就將前地應養馬匹給付領養；若止承種若干，得買若干，官為計算，定與則例，每畝出銀若干，每年該出若干，幫貼養馬及轃買備用馬匹。前項丁地又各視其所認産業多寡，以分上中下户等第，上户為馬頭，常川養馬，中下户為貼户，各貼所認馬匹，務使奸徒不得以巧脱，光棍不至於脅取。查勘審編畢日，仍造馬頭、貼户地畝人丁文冊一樣二本，送部及寺查考，庶養馬户籍丁地獲清，貧民大户兩無累害。一、所謂正課額者，舊例額設種兒馬二萬五千匹，種、騍馬十萬匹，北直隸、山東、河南府州分該八萬七千五百匹，南直隸府州分該三萬七千五百匹，一牡四牝，搭配成羣，祖宗立法養在民間，正欲科駒以備俵用。及後年久，種馬并駒虧欠數多，間有孳生，又皆不堪起俵，以此言者定為虧欠、倒失、追補變賣、徵價買馬之例，有司各於地畝、人丁照數派銀，轃買完解。正德初，御史王濟因差印烙馬匹，見得民間雖有種馬之名，無種馬之實，有孳生之名，無孳生之用，奏行兵部，將各處種兒騍馬通加揀選，高大者存留，不堪者賣銀買補，仍前搭配，各該官員止是點視臕息病瘦送問倒失賠補孳生有無不必追究，每年備用大馬，止照種馬定額，羣内議和朋買；若羣内生有好駒，聽從本羣幫價起俵，其餘一切煩苛，悉行除免，人情視前儘為稱便。但各該掌印管馬官員一年止點四次，三箇月間，若人户將馬顧賃與人，二千里外亦可往回，管馬官員非點視時，所幹何事？臣近訪得各府州縣為因科駒例廢，本寺分管官到，專一比較賠補倒失種馬，所有馬頭羣内生駒，輒被抑撥别羣，賠補倒失。夫孳生不得自用，而倒失反無懲戒，甚非先年改擬初意。及照本寺近為换種馬以備寄養事，蒙兵部題准，通行北直隸七府，將種兒馬内身量高大、齒少力强、堪以騎操者揀選解寺，及至到京，仍多不堪退回，枉費小民。以此觀之，民間今日尚無種馬之實，孳生之用，其微可知。如蒙乞勅兵部計議，合無今後種兒、騍馬，州縣掌印并管馬官半月一點，該府管馬官三月一比較倒失賠補例，該一月以裏赴官印烙，如違，聽分管官將掌印并管馬官住俸追賠。所有生駒堪起俵者幫價起俵，堪補種者價買補種，務從本人情願，有司不許逼抑。補種馬匹分管官仍照先年事例，揀選身高四尺、五歲以上十歲以下，方准作種；矮小老弱變賣易價，務要凑完原數。選易完足畢日，備將人户姓名、馬匹毛色、齒歲臕息分數造冊二本，送部及寺備照，庶馬政課額，將來不至埋没，邊方緊急，臨期亦得調遣。一、所謂選備用者，前項各府州縣養馬地方例解備用馬匹，自景泰年間以來，該兵部題准，每年派取共二萬匹。弘治初年，因順天府所屬人户寄養積累艱難，每年俱暫派一萬匹。正德二年，因御史王濟建言，將種馬補足羣數，每年一羣之内朋買本色、折色大馬一匹，共二萬五千匹。正德九年，軍士關兑頻繁，加至三萬及四萬匹。十一年以來，本部始復查照王濟所奏，派取二萬五千匹。十二年，重申前例，著為定規。自此每年派取本折色，間或視地方豐凶為之赢縮，而二萬五千匹，則確乎有不可移之數矣。臣惟前項馬匹俱係各該分管寺丞督理本色，多者歲分二運，該管寺丞若克勤職業，及該府州縣掌印官盡心馬政，法令嚴明，一遇派取解寺，不惟如限不違，又且先時俱至，身量高大、毛色光瑩，齒少力强，無不中選；或非其人，但憑管馬官吏馬販羣醫彼此串同，浪估妄費，馬既到遲，選仍不中，重煩易買，益困小民。夫為政在於得人，立法又在歸一。查得弘治三等年以來，本部議行各府州縣將派取前項及有收買馬匹，或議要身高四尺、兒馬四歲以下，騸馬六歲以下，或議要三尺七寸以上，或又議要四尺以上，兒馬五歲以下，騸馬八歲以下，又議如孳生駒膘力壯盛，尺寸畧有不及，亦聽揀選。正德二等年，議行文移，大率未定，蓋各因人建言，前後覆議，齒尺不同非有所更革為寬嚴也。各該有司能盡心者選解到寺，身必四尺，矮亦三尺八寸，齒在四五歲間，老亦不出七歲；其不才官吏選解到寺，身僅三尺七寸，或止三尺五六，齒有七八九歲甚至十歲之外，精神膘力又各差殊。本寺於前馬堪中者即時印發，實憐百姓用價太多；於後選不堪者深切恨彼官吏，欲將解官送問馬匹退回，又恐有誤馬政，且原文亦有可從寬者，只得於齒尺間但亦可留，從寬將就，然退回易買亦多有之，又況先年斥退眼青腿瘸等病馬匹至今未完，民困曷紓，國事當慮。臣等切惟先年營邊，用馬頗少，馬寄民間飼秣，年久老不獲用，以此選要四歲六歲以下，便於挨次兌軍；若在今日，可無慮此。若馬之身量尺寸，又合斟酌，便於遵守。如蒙乞勅兵部計議，合無通行各該分管寺丞，今後但遇年例派取及有收買前項備用馬匹，俱要親詣各府州縣督同掌印管馬官公平揀選，身高三尺八寸以上，兒馬六歲、騸馬九歲以下，蹄腿周正，方准作數起解；敢有濫將三尺七寸以下及七歲以上兒馬、十歲以上騸馬起解搪抵者，本寺看驗得出，比照弘治十年事例，呈部參提問罪。至於馬偶眼因傷熱小青、腿因走遠小瘸，可以調治，聽從治愈，陸續告印；若齒渠不真及一應暗疾，本寺猝未看出，印發州縣寄養，並許寄養州縣就連人馬申送前來，以憑究問，仍將印發過馬匹印與退字，令其變換補賠。若是寄養州縣官吏、羣醫聽受情囑，不即吐説，日後兌軍不出，責有所歸。如此，庶派取有定規，民既免加添之累；揀選有定法，官亦適寬嚴之宜，奸得預防，事無偏弊。

一、所謂責管解者，備用馬匹，舊例該分管寺丞預先親詣各府州縣，將印過孳生兒駒并買補馬内揀選堪中造成小冊，備開人户姓名、馬匹毛齒尺寸，用州縣印信鈐記，責付該管官吏解赴兵部，送寺驗收。其後寺丞公差帶管不一，各該地方不及先期偏歷、比較本部，又因邊事緊急，不時買馬，議行各府所屬州縣將派取備用及收買馬匹各解本府掌印官處，公同管馬官吏獸醫人等看驗停當，一體造冊。近年以來，駒課不行，一羣之内該派本色，各照丁地出銀，官為追徵收買管解，每匹用價大率至二十兩有餘，并算草料盤纏，路遠去處有費踰三十兩者。有司用心嚴密，下人不敢欺蔽，買解到寺，驗得委值原價，固多有之；或非其人，不值十餘兩者亦混買解，致煩揀退，積年掛欠，無有了期。彼收買與管解人員，豈皆一一奉公守法之輩？原初收買，馬販、獸醫交通作弊，及至管解，乃僉別人；管解人員又生弊端，在本州縣多討空頭印信冊子，或將好馬容留在家騎坐變賣，或將中途抵換，或將來京通同光棍馬販重復貼易，規取厚利，直至貼易已定，臨當投文，將前空頭冊子方填解户姓名、馬匹毛齒尺寸送部及寺。本寺看驗，既非原馬，豈得復有原價馬匹？馬匹齒歲過多，身量不及，欲加詰問，則弊在今管解者，無人告發得誘原初收買之人；若復弊在原初收買、看驗之人，事已脱卸，馬無對證，行文彼中，亦得借口所付管解及今看驗者矣。如蒙乞勅兵部計議，合無今後行移各該分管寺丞督察各府州縣，遇有派取收買前項馬匹買補完日解府掌印官處，照例選看齒歲尺寸，果係堪中好馬價值相當，方准倒解。其管解該運就要原初收買看驗之人，該府仍將看過堪中馬匹毛齒尺寸膘息分數并原買價值數目與原來獸醫姓名開造冊内，差人預先送寺收，候所屬馬匹至日，以憑看驗。若該州縣解到馬匹毛齒尺寸本寺驗與府冊不同，馬又不值原價，不堪俵給騎操，即是抵換貼易不明馬匹，將管解作弊官吏、獸醫、馬户人等通送法司，從重究治，庶罪有所歸，人皆知畏，價無虛費，馬亦易完。

一、所謂平價值者，備用馬匹先年取自孳生，孳生駒有倒失虧欠，方議折銀。成化間，兵部議行各處折銀買馬事例，悉以十兩以上、十二三兩以下為率，駒每四匹，湊買堪中騎操兒騸馬一匹作數起解，蓋彼時但馬一匹值價十兩上下，儘堪騎操，故定此議。弘治初年，本寺卿王霽因各處備用馬匹拖欠相仍，奏行本部每匹折銀十兩解寺買補備用，中有拖欠四户大馬去處，每匹折解銀二十兩，願解本色者改解備用馬二匹。彼時解到備用及本寺召商收買發民寄養給軍征騎，俱是此等價值馬匹。及後因事收買，官或增價，數終不多。弘治十五年，御史公勉仁奏稱各處解寺馬匹所值不過銀十四五兩，而一馬之費不下二十四五兩等，因本部覆奏行勘，未報。正德二年，王濟因為照額出辦之議，自是以來，各處論地論丁派徵馬價，折色定銀一十五兩本色買解，有每匹以一十八兩、二十兩為率者，有以二十四五兩為率者。正德九等年，本部差官買馬，以十五兩為率，分派各府州縣，有每匹幫價至六七兩者，有幫至八九兩者，草料盤纏又在數外，是豈昔之馬價特賤，而今日獨高貴哉？本寺近為急缺騎征馬匹事，奉兵部劄付，該本部題准，行移本寺差官買馬，其價不許過十五兩，虧損原折，亦不許逼民包賠，貽害地方，仍禁權豪勢要，不許將不堪馬匹强賣多取，所以為是慮者周矣。但前備用本色馬匹，先年未經定擬價值，各處收買不一，價高馬大與價少馬匹解寺兌軍，未免益生争論，互有選擇。如蒙乞勑兵部計議，合無行移各該分管寺丞轉行各府州縣著落掌印管馬官吏，查照派取備用本色馬匹，除已買外，未買之數悉以二十兩為率，照例一羣之内朋合銀兩收買，堪以騎操兒騙馬一匹解分管官并府，看驗停當，依限解俵，毋得信憑馬販獸醫通同吏胥多徵馬價，侵剋人户，及指此為辭，將老弱瘦小不堪馬匹一槩濫收充數，以致交納不過，展轉換買，損折民財，誤妨國事。若是該府州縣掌印并管馬官聽受囑託，買解馬匹到寺，看驗不直所定價值，本寺照依舊例，連馬呈送兵部參提究治，分管寺丞一併定議，庶在民不辜重價之費，在軍舉得良馬之給。一、所謂廣儲積者，各處舊設草場，先年俱該兵部題准，差官清查丈量界至，撥人佃種，出辦租銀。在北直隸者，上地一畝五分，中地三分，下地二分；在南直隸者，上地一畝七分，中地五分，下地四分；在山東、河南者，每畝四分，於每年秋後徵收解府，類解本部送寺貯庫，以備京邊買馬支用。分管寺丞照例嚴督比較州縣掌印管馬官，以十分為率，年終三分不完，住俸；寺丞與知府、管馬通判照所管州縣，十分為率，四分不完，住俸；俱候完日關支。其北直隸河間等七府，南直隸鳳、淮、揚、廬四府，和、滁二州，滁州一衛，係專論地養馬地方，先年定編領種馬外，俱各存有免糧餘地，聽領孳生兒駒。正德元年以來，各處不復課駒餘地空閒，在北直隸者，該巡撫都御史韓福具奏每年每畝徵銀二分，寄貯府庫。正德十年，本寺分管寺丞陳希文奏稱真定府庫收前銀係干馬價，又該兵部題准，劄付本寺，行移分管七府寺丞親詣各府州縣清查起解，以後年分俱限次年三月以裏到部，如違，聽各寺丞追究等因。通行去後，今查得前項場銀正德十二年以前各處多欠，徵解及已到部數多未完，分管寺丞冊報已徵數内又多開作買馬用訖。緣前租銀近為處置幫買種馬以蘇民困等事，本部議擬不許一毫擅支，蓋因本寺儲積買馬價銀不多，又且近年馬價比昔高貴，邊方緊急，費用不貲，所有餘地銀兩，河間等府所屬州縣正德元年至十年多係小民拖欠未徵，及有已徵又被不才官吏侵剋那借，見行巡巡撫衙門提問未結。今十三年夏季將終，本部原限十一年、十二年分應追數目，各府俱未起解本寺，除行催外，及照南直隸前項地方餘地弘治九年給事中倪天民等奏，内明說存留聽領孳生及作畸零之數。今空閒已久，比與河間七府事體相同，無人具奏，若是利遺民間，猶之可也；萬一貪官汙吏暗徵私歛，白消乾沒，殊為可惜。如蒙乞勑兵部計議，合無移咨南北直隸、山東、河南巡撫、都御史弔取撫屬各府州縣草場餘地卷冊到官，逐一查勘原坐地名頃畝實數，每年該徵租銀若干，已徵若干，未徵若干，徵完解過若干，未完若干，未解若干，支銷若干，除已徵完解過外，未徵者應照何等則例定徵，未完者應於何人名下追究，未解者見在何處收貯，支銷者奉何衙門明文憑據，自某年起至某年止，所司有無曾行徵収，小民有無曾經送納，中間遇灾去處有無曾與蠲免，養馬人户有無曾告貼助，務見一一明白下落，果有侵剋那借情弊，應提問者提問，應參奏者參奏，究治咨報查考，本部仍行本寺及南京太僕寺各該分管寺丞，遵照先今有行事理一體清查，照例比較，依限起解，每遇年終造冊回奏施行，庶舊場所入馬價不至久虛，餘地之徵馬政亦從兼舉。一、所謂驗交納者，本寺先年因天長縣解馬主簿潘榮來京買到軍人有印官馬，及在京馬販王端兜攬溧陽等縣馬匹，事發送問，隨事立例，一欵司府州起解備用馬匹，各要經由分管寺丞等官驗中起解，若有馬販交通官吏、獸醫作弊，俱問罪枷號，發邊衛充軍；又一欵各處解馬赴京，有兜攬價值將老馬攙雜驗印者，俱發邊衛充軍；其起解馬，除例應折納外，有賫價赴京通同收買者問罪。罪不可謂不重，法不可謂不詳。然前車已覆，後轍弗戒，彼事未結，此犯復繼。查得本寺卷一宗為緝訪事，該蠡縣民劉松具首錦衣衛，正德十一年，有馬頭曹堂等盜賣有印官馬，朦朧完俵，正德十二年因得慣便、仍前作弊等情，拿送鎮撫司，究問明白，送發刑部擬罪去訖；一宗為抵換官馬事，該南陽縣解馬吏張蘭具呈本寺，正德十二年，有桐栢縣民戴成等剋減價銀買解馬匹，又將馬留在家，赴京買馬等情，行仰本府將各犯問罪，原馬解寺外，近正德十三年正等月内，商河縣縣丞陳綱解馬到寺，審得數内馬一匹係換得勇士楊均兒馬匹，衡水縣義官魏鼎解馬到寺，審得數内馬二匹係買到馬販陳慶馬匹，安東縣大使吴碧解馬到寺，審得馬户李璽等名下俱無原來馬匹，又經參送法司及呈兵部參問外，夫管解之責，臣已備言於前矣。緣地在隣牆，即内外耳目有所不及；事當隔手，即彼此心腹無由盡知。交納之際，人馬冗雜，府縣衆多，苟不廣為體究，多加訪緝，法則具存，人終無忌。如蒙乞勑兵部計議，合無查照天順年間巡馬聖旨榜例，行移在京緝事衙門、巡視等官督同五城兵馬，多差旗校人等，但遇各處派取備用及買到馬匹驢頭等項管解人員到部送寺交納，務要暗行細察，若有馬販交通官吏、獸醫作弊價值，互相兜攬馬匹，私下換易，將不堪馬攙雜驗印，及積年光棍詭名指稱，打點教引在官各役乘機伺隙，偶因騐中誆騙財物者，拿送法司，依律究問，照例發落。該城兵馬司預先省令各該地方知會，今後管解馬匹人員一到，即具歇家隣右姓名呈寺，若有前弊，不行舉覺，事發之日，一體問罪。本部仍出榜於本寺門首，常用張掛，永為遵守。庶在官事不徒勞，在下罪亦知避，法令既密，弊端自絕。一、所謂取兊給者，臣孟春先任少卿之時，奏為推行馬政事，内一件便查兊，大畧内稱寄養馬匹，州縣掌印管馬官員每月俱要查點二次，看騐臕息，每歲應造冊籍，一以臕息分數為主，開具人户姓名、原領馬匹毛色齒歲，其等幾分，臕息若干，無臕瘦損若干，瘡傷調治若干，俱各實報在冊，送部及寺查考。其督理少卿并分管寺丞按季出巡點視，每月仍取具臕息升降多少總數報寺。凡遇京邊奏請馬匹，查照前項報到臕息分數，於三分以上數内坐取；若管馬官吏解到馬匹看無原報臕息、不堪兊給，本寺官就將官吏痛責，仍行督理少卿照依勑書内事例，住俸比較；若少卿等官出巡查點，二分臕息以下馬匹多於三分以上之數，即係瘦損數多，將各官住俸比較，庶幾法令互舉，官吏知畏，且使人户於有臕馬匹獲早兊給，庶無復久養之累，無臕馬匹免事奔走，得盡休養之力。等因兵部議得前件，依擬具題，奉聖旨：『是，准擬。欽此。欽遵。』備劄到寺通行外，臣孟春近蒙欽陞前職掌印，奉兵部劄付，為急缺騎征馬匹事内，開本寺掌印官查照順天等府灾重州縣，選取好馬六千一百八十四匹，於居庸關聽兊，等因到寺，查得本寺近年並無各州縣造到寄養馬匹臕息等項冊籍，及查當季，又無月報總具臕息分數明文可擬，除行本寺少卿等官并各該州縣斟酌馬匹多少坐數選取，將選取過實有臕息分數及存留有無臕息、瘦損、瘡傷等項馬匹，查照先今事理造冊外，臣等切惟先年臣孟春所以建議本部所以依擬者，正緣在前所屬官吏不能先事將馬揀選，一遇取用，即差羣醫下鄉，盡行催趕前去，初不計其有無臕息、堪否兊給，惟求足勾原取數目而已。馬之取用無常時，人之奔走無寧月，餧養不至，兊給不前，妨官病民，積害非一，故預為此議擬。豈意各官不遵欽准事例，仍復故違，若不重加究治，將來誤事所係非細。臣等又訪聞得近年寄養馬匹，各該州縣官吏既不提調人户好生餧養，每遇使客經過，輒行借撥，迎送往來，答應差使，秪顧目前急需，罔思日後重責。以致瘦損倒失，歲積月多，馬因無臕，冊不復報，遷延玩愒。職此之由，如蒙乞勑兵部計議，合無將故違該府管馬通判并該州縣掌印管馬官吏，照依先年比較新舊馬冊事例，俸糧俱各住支。該州縣掌印官作急將冊造完送部及寺，待候本部委官管馬官吏兊軍回日，查勘各州縣所兊馬匹與本寺坐取之數有無足勾，已勾數者免罪外，不勾數者，將管馬官吏，不勾七分數者，將該府管馬通判該州縣掌印官，一體查參問罪，已後兊給馬匹，俱照此例查數究治。本部仍行巡按御史并分管寺丞嚴加禁約，敢有似前借撥寄養馬匹送迎、答應等項，查訪得出，應提問者提問，應參奏者參奏，提問照依先年題准防虧耗等事例，每借撥二匹，追罰一匹，完足方許復職管事。分管寺丞每於年終，將有無追罰數目奏報施行，庶戒可垂於將來，事復興於已墜。一、所謂預稽覈者，查得宣德年間事例，官軍每馬一匹，給勘合一道，填寫毛齒年月為照，遇倒失等項陳告買補，仍將買補馬匹毛齒附註勘合；如領馬之人有故，將馬與勘合告官轉付無馬有力官軍頂替騎操。正德年間，官軍領馬，行移本衛造冊，送部及寺，仍行該營查勘，於例應領，方聽給與。天順間，官軍領過馬匹，行衛造冊送部，如關領數多，開報數少，或倒失轉交隱匿不報，許諸人首告問罪，追罰馬匹。凡此事例，無非欲清騎操，以革重復詐冒之弊者也。天順間，本部題准，官軍人等强奪起解在官馬匹者，問罪枷號，罰馬一匹。弘治間，題准領馬官軍有不照次第混亂争奪者，問罪罰馬，就付本人騎操，後再不許給與。又各營領馬官軍有將應關馬匹故意刁蹬，勒要錢物，致使小民候久不完者，本部通參究治。凡此事例，無非欲便寄養，以禁强頑需索之弊者也。奈何近年以來，官軍所領馬匹，勘合舊制既已廢停，京營奏關馬匹文冊，臨期亦不查造。本部及寺委官到營，只據片紙書名領馬，馬多軍少，兊不若干，明日到營，亦復如是。各處解官告苦，則以一軍而代留數馬；本營隊長責備，則因一馬而閱退數羣。街市米糧草料高貴，小民身口、馬匹盤纏既盡，未免逃回。該營因見少馬，又得恣言前來催速。本寺立限，守催既至，仍前踰旬曠月，不得俵交。彼四衛勇士等營無部委處，難又可知。弘治二年，本寺呈部，具述營中官軍、識字軍吏害人等事，本部所據以禁約者，恐今亦不能無。夫寄養兊不勾數管馬官吏之罪，臣等已備言於前矣。營中之弊，豈容獨任縱之？若强奪混争，今日雖無顯犯，到官亦合重申預防，用杜微漸。如蒙乞勑兵部計議，合無今後各營奏關馬匹，務要把總管、隊官查勘各官軍先年有無曾經關領領過之數，有無揀選變賣并倒失等項，應追銀兩有無解寺，備查明白，開造文冊，一樣二本，送部及寺查考。如果不係重冒是實，將冊就付本部及寺，各委官處約，會該營坐營官，於某月日將取到馬匹，查照疏通事例，一同選取。但十三歲以上別無殘傷亦有臕息馬匹，照例給與，不許恃强官軍專占好馬，驀赴印烙。若寄養馬兌給之時，本部及寺委官看得前馬無傷有臕，被各官軍作難不領，許令管馬官吏赴部鳴告。若馬果瘦損殘傷，部寺委官將寄養馬冊內註記數目多少，事畢呈部，一體參究。其各州縣新解到備用馬匹，本寺例該驗印收發寄養，不許缺馬官軍赴寺取便告兌，有壞馬政。如違，比照强奪混爭事例問罪。關領畢日，該營照前造冊二本回報備照。庶馬匹數目日後不誤稽覈，軍民彼此目前不至耽滯。一、所謂酌緩急者，先年京營官軍關換馬匹騎操，年久未經選退，遇有倒失，俱係本人買補，後因賠買艱難，逃亡相繼。成化年間，撫寧侯朱永始為衆輕易，舉朋合、樁頭之議，二項出銀，官多軍少，各就本隊算計。若朋合多於樁頭，倒失數少，通融買補，無不及數；若樁頭多於朋合，倒失數多，支用盡絶，數亦難完。弘治初年，本部因該營倒失馬匹，買補多有未完，奏將把總管隊等官查算住俸，倒失三分以上買補未完者，三項銀兩雖收完支盡，亦住俸一箇月；四分以上，住二箇月；五分以上，住三箇月；坐營侯伯都督並住止二箇月。其於騎操比較如此。至若奏關本寺寄養，歲中十無二三。弘治四等年，保國公朱永等為預防慮患等事，節奏奮武等營見收朋合、樁頭銀兩，查盤明白，街市少馬，買補不前，乞將送寺於順天府所屬取兌。等因本寺卿李温等為暫停兌換以足備用等事，又各奏稱寄養有限，該營積銀不買，動要送寺兌換寄養，恐致客商不肯販馬來京，倉卒誤事。等因本部題准，今後各營朋合、樁頭不拘多少，務要陸續買補騎操，不許收至萬兩之上，致難盡買。待候順天府馬積有三四萬匹，本營虧欠數多，如果買補不前，具奏定奪。其於寄養悋惜如此。及至兌易之際，又有本寺卿宋琮具奏，本部題准，處置寄養以蘇民困事例。該營果因征調緊急用馬，方許將銀奏送。本寺斟酌見在馬匹多寡，明白具奏，定與騸馬十二歲以上至十五歲、兒馬十歲以上至十三歲調取交兌，不許委官人等刁蹬揀選，其餘騸馬十三歲至十七歲、兒馬十一歲至十五歲，於宣府、薊州等處交兌。在邊缺馬官軍，每領去馬一匹，各出價銀四兩解寺，不願者聽其交兌，間又復酌量如此。此皆二十年前後京營邊關奉行事例。臣孟春彼時任兵部屬官，親所知見。正德元年，又奉敕陝西、延綏、寧夏、甘肅等處，清查馬價，所有在邊建白，曾經本部議處。奈何近年以來，營邊騎操倒失之數，自今視昔，日有甚焉。出銀之人不知何官，住俸之官不知何人，順天等府寄養調取之數，從後觀前，歲常倍蓰。朋合樁頭，不聞兌易數目；東俵西交，不聞空閒時月。以致人馬奔命，既頻且難，買馬之價銀，處處轉加高貴；給軍之馬匹，人人勒要壯臕。新收不得存留，舊管不能發脱，脂膏已盡，谿壑難填。興言及此，實切痛心。伏望皇上俯恤軍民，平施雨露，軫邦本之至重，以馬政為深憂，交兌之間，悉聽本部斟酌緩急，為之可否，量分等第，查奏施行，庶于民物生靈，少遂安全休息。

明 陳洪謨《題覆禁革事宜以振舉馬政事》《名臣經濟録》卷三六

該本部題，車駕清吏司案，呈奉本部，送兵科抄出，太僕寺少卿洗光題：『臣欽奉勅督理順天等府寄養馬政，除欽遵行事、造冊奏繳外，臣節該伏覩勅諭：「蓋此事積弊已深，或有禁革振舉良策，例不載者，聽爾類推行之。欽此。欽遵。」臣自奉命以來，一年於兹，巡凡三次，週迴總七箇月，所屬州縣三十七處，遍歷各處，殫心咨訪，因考求得可以推行禁革振舉者四事，謹用條陳，上塵睿覽。如蒙乞勅該部議擬查覆，俯賜施行，則於馬政不能無少補也。』等因，題奉聖旨：『該部看了來説。欽此。欽遵。』抄出送司，案呈到部，看得太僕寺少卿洗光題，稱復專管以便責成一事，係吏部掌行，移咨該部徑自查覆外，所據乘大造以清馬冊等三事，俱於馬政有益，合就逐一開列前件上請。緣係遵勅諭，行禁革事宜以振舉馬政，及奉欽依：『該部看了來説。』事理未敢擅便等因。嘉靖十年四月日，兵部左侍郎陳等具題，奉聖旨：『是。依擬行。欽此。欽遵。』擬合通行為此除外，合劄本寺官吏照依本部題奉欽依事理轉行分管寺丞一體欽遵施行，須至劄付者。一、乘大造以清馬冊。竊惟馬頭之編，實係於地畝，而地畝之數，實備於馬冊。蓋人户之消長不一，地畝之典賣無常，非因冊籍，何所憑據？故賦役黄冊，俱以十年一次為期，而驛傳民壯等冊，皆隨黄冊編造。今查得所屬馬冊，三年五年一編造者，又有十數餘年二十年一編造者，久近不同，消長不明。加以官吏怠玩，里書飛詭，其弊豈可勝言？今照正當大造賦役黄冊之年，合無行令各該掌印管冊官員，待黄冊開收一定，就令原經里書照依實在數目明白編造，以後仍俱以十年為期，隨同黄冊舉行，如此，庶奸弊可革而馬冊清矣。前件查得弘治九年為經理馬政事，該吏科右給事中韓祐等題，稱北直隸論地養馬者，百畝養騍馬，五十畝養兒馬。山東、河南論丁養馬者，十丁養騍馬，五丁養兒馬。數年之後，地有典賣，人有消乏。該本部議，行兩京太僕寺轉行分管寺丞督同該府州縣掌印官，以後如遇大造册籍之時，將養馬地畝人丁查勘，果有地賣馬存、丁消馬在者，給付丁多有地人户領養，造册收照。覆題，奉欽差通行欽遵外，今據本官所奏，編造馬册，或三年，或五年，委的大近，或十數餘年、二十年，又係大遠，事體不一，致官吏里書夤緣作弊。欲要乘大造黄册之年，隨同舉行，深為有見。相應依擬，合無備行兩京太僕寺轉行分管寺丞，務要親歷州縣，督同掌印正官，就取新編黄册，逐一覆查，要見某人地畝若干，備開舊管、新收、開除實在數目，將相應之家定為養馬人户，備造文册二本，一本該州縣收照，一本該寺查考。使富者不致倖脱，貧者不致受累，以後每遇十年大造黄册之時，仍驗人户消長，一同舉行。一、立寄莊以正馬頭。竊惟軍衛有司，本等差役，固自不同。而軍買民地，則納糧養馬人户備造文册二本。所屬薊州遵化、豐潤、玉田、平谷、三河、武清、香河等州縣，俱與薊州遵化、鎮朔、東勝、寬河、興州、營州左右等衛所同處一城，故官軍舍餘人等買種民地，例不能過割，地稅仍存賣主户，内官者甚多；又良鄉、涿州、通州、順義等州縣，亦與涿鹿、興州、營州中左等衛同處，且密邇京師，官軍舍餘及勳臣之家置買民地，不能過割，各主存賣主本户者。亦有中間恃勢負頑，不肯幫貼者，誠不能無。然賣主無藉，往往多勒貼錢以充私用，故將馬疋作踐致死，希求買主多出陪補價銀，因而刓落有之。合無趁今大造黄册之年，許令買主就於賣主里内供報明白，立籍寄庄，養馬當差，不許仍以賣主姓名編充馬頭。如此庶户籍分明，而馬頭正矣。前件查得嘉靖六年為開讀事詔書内一款：『順天府論地養馬，近年以來，地多歸於勢豪之家，其馬仍令本戸餧養，瘦損倒死，責令追陪，甚為貧民之累。欽此。』該部議准，地賣馬存者，斷令得地人户餧養，不許豪强勢要占種隱瞞，負累小民，已經通行欽遵去後。然此主於勢要而言，其官軍舍餘人等買種民地，例不歸割，地稅猶存本户。及買主、賣主各項之情弊，俱未議及。所以本官有此論奏，相應比照前項事體，依其所擬，其或彼此隱瞞不行開報，以致互相推托，馬無歸著，各該官員用心查訪，重行究治。一、編羣長以杜侵欺。竊惟羣長之設，用以分管馬户、拘集點視、調撥交俵，其役與里長同。今里長之編，大約每里一百一十户為率，内取其丁力在上者十户充里長，餘分作甲首，排年應役，周年滿日，管收該年錢糧，十年一次，查有消長更換。其法甚善。今查得所屬羣長，有於均徭人户編充者，有令里老僉報者，或三年一換，或一年一換，事體不一，以致殷實之家多有買閑，狡猾之徒往往營充，專以剥削馬户、交通官吏、圖收折色子粒馬皮等項銀兩，如文起解，恁意侵欺，緣此故也。合無趁今大造年分，比照里甲事體，每里定編丁力在上者十名充羣長，其餘馬户與其分管多者撥轃鄰近里分最少者，兩里朋合一里，俱令其排年輪流應役，週年滿日，比照該徵里長事例，就令管收該年各項銀兩，俱限當年解納，掣取批迴銷，十年之後，照依里長更换。如此，則人有定向，各保身家，而侵欺杜矣。前件查得弘治三年為振舉馬政事，該太僕寺少卿彭禮題，本部議准，今後羣長務僉相應之人，一年一替，如役過二三年不替、復營充者，果有埋没馬疋作弊真情，問罪禁追。已經奉有欽依去後。但法無一定，人得容私，所以有營充等弊。今本官稱，欲比照里甲事體編充羣長，要使買閑狡猾者俱無所容，而役不致於偏累。深切時弊，相應依擬，備行太僕寺管馬官會同該府州縣掌印官，務要著實舉行，不致虛應故事，期於馬政有補。

明 凌相《遼東馬政疏》《皇明疏鈔》卷六三 臣照得本寺軍士，原係永樂年間欽撥領養孳牧馬疋給有草場不等，專一俵給本邊官軍騎操，額定每軍養馬二疋，餘丁每名一疋，所轄昇平等一十二苑，自遼陽直至復州，皆其統屬。自後於正統以來，裁革十苑，止留清、深二苑，隸於蓋、復二衛之間，而當時馬疋尚及萬數，猶足以供缺乏之用。自後俵給既多，軍士作弊，一遇倒失及虧欠駒子，往往買補兒馬以避徵駒。監苑大小官吏名位已自輕微，志行又復卑下，潛通賄賂，莫敢誰何。所以養成頑慢之性，慣習刁詐之風，而本寺官員亦因事勢難為，罔肯督責，以致孳生不廣，日漸虧耗。弘治二年，蒙兵部奏調永平府所屬州縣種馬一千疋，弘治五年，又該本寺先任卿李温奏為疏通馬疋以甦軍困事，該蒙兵部題，奉欽依，支給太僕寺馬價銀七千兩，亦收買種馬一千疋，俱給與二苑，軍餘領養。比時孳生復廣，馬疋成羣。後至弘治十六年以來，節因開原等處城堡及廣寧、高平等驛官軍告，蒙巡撫衙門批准，俵給過騎操走遞者数計萬餘，加以軍士循襲舊弊，詭養兒馬，以此虧耗復倍於前。今計見在馬疋并駒止有二千二百七十五疋，中間老病瘦損者且當其半，欲望馬疋蕃衍，胡可得乎？近蒙巡撫遼東地方兼贊理軍務、都察院右副都御史張某案驗，為清查軍餘以備孳牧事，該臣清出二苑餘丁，除老幼殘疾事故外，實該精壯六千七百四名，比之舊額足倍其數，但前項積弊既深，若不通融議處，翻然改圖，議擬定規，永為遵守，則人丁雖多，亦何益於事耶？切照遼東地方邊臨敵境，不時有警，官軍征調，馬在所先，而其虧耗如此，當其事者又可得而逭其責哉？臣因不揣蕪陋，條具四事，雖非籌邊經國之遠謀，是亦救弊補偏之一策也。謹具奏聞，伏候勅旨。一、均種馬以杜規避。本寺監苑軍餘領養馬疋，例該兩年徵駒一疋。查得各該軍餘内有全不養馬者，有止養兒馬二三疋者，又有養騍馬一二疋而復帶駒二三疋者。全不養者何？蓋因貧難倒失，不肯措辦買補，惟圖延捱以覬恩宥，一也；或狡猾之人遇有官軍告領，盡數俵出，以倖輕便，二也。止養兒馬者何？多以家道得過，懼人訐告，不敢不養，而又畏避徵駒，借此以影射故也。其養騍馬帶駒多者何？大率柔弱之人不善夤緣，而監苑官吏於前二者受賂狥私，乃以此輩假公責，併今年報一駒，後年徵一駒，駒大轉收，又復追駒，俵既不及其人，駒復日倍其數，以此坐受其累，不盜他馬以抵其數，則拐己馬以逃避耳。弊狀如此，良由知有官軍俵給之利，而不知有苑軍俵給之利，所以任其舞弄，一至於是。以今策之，莫若通計二苑馬疋，查點數内堪以孳牧者，騍馬盡數留下，兒馬每騍馬五疋量留一疋，其餘老病矮小者令其變賣，兒馬多餘者兊與騎操官軍；亦或從其變賣，通計銀兩，酌量收買騍馬，併其見在之數通融均派，責令領養，以後所生兒騍駒子，俟其一歲可離種母，即便撥與無馬苑軍。至於老馬，若俟十七歲以上，方許變賣，則價值不登，多至倒死，終必歸於無用；今後兒馬十歲、騍馬十二歲即聽變賣，或俵給官軍，却將轉收馬駒内撥給抵數，仍五年一次，本寺清查，應該變賣者變賣，應該撥補者撥補。如此則種馬獲均，而人無規避之私矣。一、寬額例以便追徵。本寺監苑軍餘，照例軍士養馬二疋，餘丁一疋，蓋以軍有月糧賞賜，又與餘丁俱給有官田，分在孳牧，別無差占，以此責派前數，理固宜然。但各該軍餘所養馬疋，既有前弊，大率有名無實，不過紙上栽桑，何曾實有其數？臣愚以為少寬課責之虚名，以收有用之實效，則輕重緩急之間，不待辨而自見矣。合無每軍止令領養騍馬一疋，餘丁四名比照有司四户事例，亦領養騍馬一疋，仍每二年徵駒一疋，有駒者即令報官，無駒者軍士每疋納銀四兩，餘丁每疋納銀八兩，蓋軍士出於一人，餘丁出於四人，軍士有糧賞，餘丁則無，故裒多益寡，彼此通融，俾各得其分願耳。前項銀兩，每二年一次追徵，封記在官，造册呈繳合干衙門，遇有騎操官軍應該領馬者，有馬給與馬疋，無則就將前銀眼同買給，俱送太僕寺印烙，如此則額例不拘而有切實之效，事體歸一而免追徵之勞矣。一、隨便分丁就養。前項軍餘領養馬疋，派有名數，追徵馬駒，限有年頭，馬駒價值各從其便，庶乎强者無所容其奸，而弱者無以隱其憂矣。但各該軍餘中間力有貧富不同，所欠有多寡不等，且東西南北之異處，弟男子侄之異居，若不從其所便，而槩以名數分撥，未免拗撓拂抑，豈能久而不變耶？今計前項軍餘，丁多者止盡一户，丁少者二户相兼，各派以馬數騍馬，即量其力、就其家、即其地品搭均匀，俱以四丁為則，以便追併。其兒馬，則於其隻身軍士或貧薄欠馬餘丁，止令一人領之，免其徵駒，仍每馬給帖一紙，各填姓名在上，造册比對相同，給帖與照，册收在官。遇有老疾病故等項，即聽執占告明，就於本户出幼餘丁或在逃復業及擺站哨撩役滿之人撥補，如此則彼此適均，奸偽無所推避，其於馬政不為無益。一、據馬分田就牧。前項軍餘先於洪武年間欽給草場，本為孳牧馬疋，後被各軍開種盜賣，或别衛官豪侵占，軍餘不沾實惠，致有無田在逃者。弘治十三年，該蒙兵部奏，差主事黄清前來踏勘，給與由貼。當時止以人給而不以馬給，每丁一名給田一頃三十五畝七分八釐，故詭譎之徒偽報餘丁二三十名者，輒得領田三四十頃，考其養馬，不過二三疋而已，甚至全無馬疋者，亦得以冒田數頃，而軟善之人從實報丁一二名者，止得領田一二頃，而養馬反有三五疋不等者。其於祖宗給田初意，大不相侔。所以軍士相沿迄今，子孫相繼往往開種白收子粒，糧既不納，馬復不養，天下寧有是理？合無本寺俟其馬疋分撥停當之後，次第清查田土，若有盜賣侵耕之弊，各令照數還官。每馬定以畝數，仍給貼與照，聽其種牧。如此則名當其實，强豪不至兼并，其於馬政似亦有裨。

明 周用《思患預防疏》《皇明經濟文録》卷一三　臣考之古圉師教圉人養馬，冬廐夏庌，冬寒則燠之以廐，夏炎故凉之以庌，其順時調爕以善其生者，無所不至也。今霸州等處舊設草塲去處，民居稍遠，極目荒墟，曠無室宇，人馬無所隱庇，露宿蒼莽之中，以致暑雨蚊蝱之生，噬嚙肌膚，馬多瘦損，士卒不樂就牧，百計逃避。陛下鑒其宿弊，近命科道官點閘，此誠防閑之至計也。然既有以防之，寧可無以處之乎？又况迄今所築封堆不過數年，風消雨淋，漸就平夷，將復迷其處所。爲今之計，不若緣其邊界，量立鋪舍數座，使軍士分地而牧，創屋而居，馬亦得以就其隱庇；復於居中建立廨宇，以處領勅之官，使得便於點閘，庶幾人馬有依，而邊界亦永固矣。臣等前踏地至香河縣神機營草場，係太監覃昌姪覃綱管業。臣等丈量之時，道路稱快，問其所以，緣覃綱管莊之人倚恃聲勢，擅作威福，收斂之時征求百端，佃種之家遭其漁獵，納之覃綱之家者十無二三，管莊之人所得者常居八九。連室興嗟，無由控訴。夫覃綱已故太監之姪耳，而管莊之人倚之尚足爲害，又況非覃綱比者哉？且陛下捐數畝之地，以厚左右勤事之人，若未爲過；而不知其轉展委托，毒民斂怨，有如此也。即一處而觀之，則凡權豪勢要之所謂庄莊者，其征利禍民、營私斂怨，大率類此。今草場之爲莊田者，陛下既令臣等清理而議處之矣。然規利之徒夤緣左右復圖奏討者，未必無也。臣願陛下思國家之大計，絕小人之營求，則國體正而人心悦矣。雖然，萬民之望在於一人，四海之化始於一家，今霸州等處見有皇莊，俱在牧馬之地，陛下爲天下之主，聖母享天下之養，是普天率土莫非皇之莊也，豈必於其間復私頃畝之地，收數斛之租，然後謂之莊哉？臣以爲宫闈之用，設有不贍，取府庫之積以益之，使不失莊田歲入之數，則上可以愉聖母之心，下可以舒生民之害矣。願重自裁抑，罷莊田以益牧地。凡各處之名爲莊田者，由此而悉屏棄之，則奏討之門自杜矣。臣又見三河縣五軍營草場一處，多係宣德年間歸化達官任玉、王鎮等住種，自昔歸化之時給與庄田，以裕其食用，此固朝廷招徠降附之深意也。然而土著既久，生齒漸繁，地之所入不足以贍其家之所需，至有逼於飢寒流爲刼盗者，甚非所以安遠人而來慕義也。臣詢之於人，咸言自此以至河間，達官之營相望不絕，貧不聊生者與此營畧同。臣稽之《禹貢》：五百里綏服，三百里揆文教，二百里奮武衛。古昔聖王於夷狄之未服者，尚欲綏而撫之，又況慕義來歸居於吾土者，豈可使之失所也哉？況其間習於土俗而精騎射者不少，倘用之得其所，而處之得其宜，則未必不賴其益矣。今天下武備解弛，窮海遐邊之卒手不能弓、身不能騎者，在在皆是，脱有寇賊竊發，將何以禦之？臣願陛下留神於無事之日，加恩於歸化之人，其處顯位而見柄用者固不必更張矣，若夫達官之閑散而不任事者，選其才力超衆騎射絕倫之人，散之邊方，分置各衛，如湖廣、廣東、廣西、四川、雲南等處，衛置一二員，加其品秩，厚其廪餼，使之專教士卒騎射，則既不失安遠人之道，而亦因得以精中國之技也，豈不益哉？

明 尹畊《塞語·保馬》 環堅接鋭，騎不如步；逐利追鋒，步不如騎。山林積石，經川邱阜，車騎二不當一；平原廣野，曼衍相屬，步兵十不當一，古人有是較矣。然步易集，騎難集，步易養，騎難養。人盡兵也，故步易集，馬非廣字而素畜之，百金不可得一，故難集。一夫所食，終歲數鍾，故步易養；一馬所秣，十車不能載也，故馬難養。然今所與戰者，北虜也，虜恃馬力，我不可不用騎；所與戰之地，平原也，虜便馳突，又不可不用騎，是故馬宜保也。夫國家注意馬政久矣，曰孳牧，曰解俵，曰給兑，曰補買，而馬日不足者，飼秣之實不盡，耗失之科不明，地產之宜不辨，生養之源不開也。一兵授馬，舉家乘之，甚至有供爨具者矣。一將主兵，衆裨役之，甚至有供送迎者矣。芻菽之不備，水飲之不時，不稽之矣。甚至無芻菽而給之金，曰兵自易也，金入兵手，孰不妄用，有傾囊易芻菽者乎？徵調之不時，馳驟之不法，不稽之矣。甚至暗伏之所無芻菽，而分之商賈，曰：與商賈自爲交子也。商賈析利秋毫，兵見小利，有不私他貨者乎？凡此皆飼秣之實不盡也。家市之馬，失者不深罪，官市之馬，失者不深罪，關兑之馬，失者又不深罪，是不明馬所從來也。從戰六七歲，失者不深罪，三四歲失者不深罪，三歲失者又不深罪，是不明馬所服役也。瘟疫斃者駟厄，喘汗斃者馳疾，癖疥斃者櫪穢，羸瘠斃者失一，皆不之問也。至若從征有期，或行役半道，稱爲斃者，奸人戕之以避戰陣，歸伍全身不重傷稱爲斃者，懦將棄之以餌敵，又皆不之問焉，是不明馬所困踣也。凡此皆耗失之科不明也。胡種閑馳突歸正人之所，將時屬勢家中產畏霜雪關南之所解多給絕塞，又產逢冬，不厚其秣，遇雨不惜其險，蹄距損傷疴眚，且作死者相繼，伍爲之空，凡此皆地產之宜不辨也。西北馬鄉也，有買補無孳養，東南風氣弱也，有給養，復有字息出盜藉乘於敵也，厲禁以禁之通貢遺我以利也，戮使以絕之，凡此皆生養之源不開也。欲盡秣飼之實在，以肥瘠課將校，欲明耗失之科在，以倍償懲行伍，欲辨地產之宜在，以遠近科給配，欲開生息之源，在以税糧爲保馬也。是數者，立法行之至易，獨保馬之法，宋人以爲擾民，今時衆咻旁指，不敢主議者也。愚則曰：國有至計，民有至神，政有大機，時有大順，引而伸之，一轉移之間耳。夫塞下田不少也，自軍隨身官屯種之外，皆有租於上者也。州縣曰税糧，衛所曰地畝，糧數亦廣矣，然不過祿藩府廪兵而已。夫祿藩府廪兵所需者，金與粟也，金至易得，粟次之，不與馬班也。今中州之費可以裁而得金者何限，又邊塞不通舟楫，稔而知糴得粟何限，移所得之金以祿藩府出所糴之粟，以廪兵不必取足於租也，而合郡縣之税糧、衛所之地畝糧，行保馬之法，斯足馬矣。嚴其科，十石保一馬可也；寛其力，二十石保一馬亦可也。其嚴其寛，視租爲較，而復准種馬之例，以一資養之實。自春徂夏爲芻菽若干，自秋徂冬爲芻菽若干，兵民可自收授也。又准驛馬之例，以一買補之直，從征歲久者民全科，歲淺者民半科，有故失者，兵全科，兵民宜均任其責也。然則官養不費，官宜不損，可自足馬矣。僉軍丁之義勇，以代步兵之雜役，出雜役之步兵，而配之馬，所謂不他求而步騎咸足也。步以乘塞扼要，伏之堡爲衝虚，騎以據塞追襲，絕之後爲邀擊，無不可也。

明 夏言《議處下場馬匹疏》《皇明經世文編》卷二〇二 夫國之大事在戎，戎之大用在馬，古今牧馬之政，班班簡冊，凡幾變矣。我朝永樂以後，錦衣、旗手等三十衛，五軍、三千、神機等營，各置草場，於順天、保定等府，宛平、大興等縣，牧放騎操馬匹。每歲春末夏初，各營馬匹，除例該存留聽用外，其餘本部推舉坐營官一員，請敕管領下場牧放，至九月終回營。又奏差科道官點閘，凡馬匹倒死，官軍逃亡，領敕官按月造報，如有納賄買閑，不行提督，致馬瘦損者，點閘官指實參奏，其立法未為不盡善矣。奈何各該草場地土，附近京師，累朝以來，節被内外權勢，乘時妄指奏討，奸人捏故投獻，大率開墾耕種，侵牟占奪，十亡八九。朝廷累有禁例，然弊成因襲，終難厘正。弘治年間，乃令給事中禦史並戶、兵二部委官清查各衛草場，有草未墾去處，仍舊牧放，已墾成田者，照畝收銀解送兵部，轉發太僕寺寄庫，聽候買馬，則是草場之墾而成田，其原額之失，舊規之廢，朝廷固知之矣，雖下場之令每歲舉行，夷考牧馬之實，不過存羊之名而已。況古人養馬，必適饑渴之宜，必順勞逸之節，必辨寒溫之旹，在牧則有庌，在廄則有閑，所以國馬蕃盛而雲錦成羣也。今各該草場，除耕墾之外，可為牧地者無幾其低窪之處，則又積為湖瀿，漫生萑葦，人馬皆不可近。而又無廬次可以棲止，無廄庌可以蔽蓋，馬不免買草以喂，人不免裹糧相從，常年下場之馬不過三五千匹，而一山王一返，倒死必多，軍士貧難，逃亡相繼。遇點則旹一聚集，點罷則隨復散歸，雖有下場之名，殊無牧放之實，法至於弊，勢所難驅，此臣之所以夙夜疚心，愧未能有遠大經久之謀可以仰裨國家監牧之政者也。然又豈敢飾辭隱實，以欺陛下哉？竊見襄城伯李全禮，奉勑管領下場馬計二千餘匹，其牧放之苦，已不能免於如前所言，今又以聽征馬六千匹益之，則人馬動以萬計，殆恐管領之官難於調度，軍士之苦，益有不堪。況近日大雨時行，暑氣方溽，泥潦遍野，鬱蒸中人，羣處則有疫厲之虞，露宿則有亡蟲蚋之害，加以飲食不繼，寢息無所，人困而踣，馬疲而病，將見數月之内，士馬物故，不可勝算，則又徒徇節省之名，坐受虧損之實，得不償失，利不補傷。況緣此足以重失軍士之心，又何有於戰鬭之氣。且防虜防寇，俱屬高秋，正宜存留，以俟調發，萬一畿甸有桴鼓之警，邊關有烽火之報，雖曰朝呼而夕可至，未必馬騰而士盡飽也。乞勑兵部從長計議，合無將聽征馬六千匹，責令軍人自領，聽其就近隨便牧放，不必拘之下場，仍月給料草一半，嚴限每十日赴營操點一次，不許私自逃回。所驅馬匹，不得瘦損，遇警調用，尤為易集。待九月天氣涼冷，照例回營操練，如此則公私兩便，人馬俱利矣。

明 毛伯温《修舉馬政疏》《明經世文編》卷一五九 竊惟政之與弊，兩不相符，然而政行則弊革，政弛則弊生，此理勢之必然也。仰惟我國家安内攘外，必賴乎兵，揚兵遠略，必資乎馬，故設專官督理，以各處歲解之馬，寄養近京地方，以備調用，分給京營騎操，以資戰陣，牧養有法，點驗有則，倒死有罰，雇借有禁，載諸簡冊，昭昭可遵。但法久人玩，政漸廢弛，相應因時修舉。看得國家莫大於戎，軍政莫急於馬。近年醜虜犯順，深入為患，雖仰仗天威，旋復遠遁，而備禦之策全賴馬力，誠不可不講。緣係申舊典，祛積弊以修舉馬政事理，未敢擅便，開坐謹題請旨。一選殷實，重樁銀，以惜營馬。洪惟我國家設府兵以拱衛京師，分騎步以相兼為用，立法善矣。竊照騎兵舊例，必選殷實壯勇官軍領養馬匹，欲其不剋草料，遇有調遣，堪以騎征。若雇借騎馱者，彼此罰馬一匹，倒死者追罰樁銀，都指揮三兩，指揮二兩五錢，千百戶鎮撫二兩，旗軍一兩伍錢。走失被盜，各加伍錢。相兼朋銀買馬，立法頗詳。夫何法久人玩，倒死馬匹，日益增多。今查自嘉靖二十年四月初五日赦免之後，至嘉靖二十一年十一月初五日為止，總計二十箇月，共倒死六千七百二十八匹，大約每月倒死三百六十餘匹，甚為可惜。且領養之馬，四五年而死者，猶之可也，甚至兌領未及一年，遂巳倒死，推原其故，領京營馬皆啗之以糟，十步一喘，吾輩乘之巳厭其駑，何以克敵？蓋領馬者多係艱難單弱官軍，交通管隊官旗，兌領馬匹，希圖剋減草料，及下班售雇騎馱，覓錢度日。該管官司既不時加點驗，及至倒死，又不隨時報官，仍復盜支草料，積至數月，捏作見死呈司。且把總官申呈文移，原無印可憑，任從展轉，或雇人代替，真偽莫辯。及至追收樁銀，亦未分別久近，一例追罰，輕重失倫，人情易犯。查得各邊見行站軍領馬事例，係一年之內倒死者，從輕追樁銀五兩，二年者四兩，三年者三兩，四年者二兩，五年之上者官為補給。今京營騎操之馬，有下班休息之期，比之各驛晝夜走遞，勞逸頓絶，相應議處，合候命下，本部劄付，太僕寺轉行提督少卿，并巡視京營科道，公同坐營千把總等官，責令親管官旗，揀選殷實壯勇官軍，自相供報，照舊領養。如丁寡家貧者，就將原領馬匹追退，另選相應官軍領騎，造冊送部。後遇軍逃遺馬，亦要殷實領養，行移本部，改註姓名，庶便查考。仍行各該管隊官每月一次，把總官兩月一次，副參并提督少卿每季一次，各點驗膘息，若有瘦損，嚴加責治，如若倒死，馬主務要隨時具呈，該管把總查實，追驗勘合相同，粘連具呈，就用本管官私記鈐蓋，給付馬主，親齎赴司，對同原冊毛齒，照例責打，新馬三十棍，舊馬二十棍。移咨戶部住支草料。其追收樁銀，合無比照驛馬事例，領養一年倒死者，旗軍徵銀伍兩，官員仍參以樁銀舊例，各以伍錢遞加。千百戶鎮撫該銀伍兩五錢，指揮六兩，都指揮六兩五錢。其二年者，旗軍四兩，千百戶鎮撫四兩伍錢，指揮五兩，都指揮五兩五錢。三年者，旗軍三兩，千百戶鎮撫三兩五錢，指揮四兩五錢。四年者，旗軍二兩，千百戶鎮撫二兩五錢，指揮三兩，都指揮三兩五錢。五年以上者，仍照舊例，旗軍一兩五錢，千百戶鎮撫二兩，指揮二兩五錢，都指揮三兩。走失被盜，各加五錢。領養十年以上者，免其追罰，官為補給。其倒死該追樁銀，務在一月之內完納，若過限不完，或倒失數多，就將原報親管官旗住俸責限，追併完納。其今擬追罰之例，須候審兑造冊送部之日為始，然後舉行，庶免累及貧軍。如此則上下點驗既嚴，而官軍知警，倒死久近有別，而罰治公平，馬匹自蕃而軍威自振矣。一申舊例，嚴罰治，以裨馬政。查得在京神機、奮武等營騎操馬匹，舊例太僕寺提督少卿，每半年比較一次，如管隊官以一隊為率，瘦損至十五匹，倒失至十匹者，住俸一箇月為止。把總等官亦以瘦損三十匹，倒失二十匹者，住俸一箇月。以上每瘦損二十匹，倒失十匹，遞加住俸，亦止三箇月。其瘦損者，責令用心喂養膘壯。倒失者，嚴限買補完足。如下次點閘瘦損者仍前瘦損，及數外又有瘦損者，管隊官以十五匹，把總官以三十匹。倒失不曾完補，及數外又有倒失者，管隊官以十匹，把總以二十匹，各為則俱遞加住俸，至六箇月為止。不及數者，量情發落。立法甚嚴，人不敢犯。殆至嘉靖十七年，該武定侯郭勛奏改倒死馬匹果係領養十年以上者，把總官免追若十年以下者，以百匹為率，二十匹以上，把總官送問，十五匹以上者，量加罰治，不及數者免究，較之前例稍寬，所以人情易犯。近年以來，倒失馬匹日漸繁多，各該坐營千把總等官，止知缺馬奏討，不知加意存恤。況民間起解之際，剝財勞力，費出萬端。應俵之馬以藥飼之，旬日膘壯，後便瘠指，此法不可不知也。蓋聞冏寺廝役云，到京驗俵，務求壯健合式，一旦兑給與軍，瘦損骨立，以有限之財，供無窮之費，誠為可惜。若不申嚴罰治，未免流弊日深，合無備行提督少卿，將各營騎操馬匹，查照先年舊例，每年一次，親詣比較計算管隊等官部下瘦損倒失馬匹多寡數目，遞加住俸參究。若提督官員偷安不行點驗者，亦聽本部查照前例，從公參劾。如此，則舊章不紊而罰治嚴明，時弊可杜而馬政克修矣。一嚴選閱，視羸弱以清寄養。仰惟國初備用馬匹，散處民間。正統十四年，北虜侵犯京師，一時缺馬騎操，該太僕寺奏准，將順天府所屬人戶孳生馬匹，分散別府領養，就於太僕寺孳牧馬內，每年泒取二萬匹，分散順天等府州縣喂養，拱衛京師，兼備邊關調用。凡各處解到馬匹，本部發寺揀選，試以眼目，驗以蹄腿，較以毛齒，限以尺寸，稍有不堪，再易三易，務求合式。收發寄養，復設府州縣管馬官，時驗膘息，太僕寺提督少卿兼巡歷查勘，宜乎膘息壯健，雲錦成群，無不可用之馬矣。近該太僕寺馬呈內開，稱見在馬三萬八百二十四匹，內有老病瘦損馬五千五百匹，其餘堪用者，每遇調兑，簡退居多。方究其實，而老病瘦損者，蓋不止於此數也。揆厥所繇，點驗巡視之法漸弛，以致領馬人戶，減剋草料，或用之耕作。人家有一馬者，父子兄弟無不乘之，騎馱耕作無不用之，竭其力而後止，皆始於編審時賣富差貧也。或用之以碾磨，或用之以轉雇騎馱，重困莫惜，甚至瘠病不加醫療，日復一日，漸至狼狽。中有瘦損暴病失膘，尚可調攝者，至于瘸瞎老疾，益養益疲。雖嘗移文查驗，所司不行從實開報，徒費民財餧養，終無騎征之益。查得弘治二年，該太僕寺卿王霽條陳本部議擬，今後每三年一次，該寄養馬匹，逐一揀選，除齒歲少壯外，果有十八歲以上不能騎操者，造冊奏請，變賣銀兩湊買馬匹等因，題奉准議，今照前例積久未行，相應查舉，合無請差御史一員捧敕前去順天保定河間三府，所屬涿州等州縣，無拘常例，將寄養馬內，通行查驗，實堪騎操者若干，其間年齒未及尚可膘息者若干，責令人戶用心喂養，以收後效。其瘸瞎瘦損不堪調養者，即係奸民作踐所致，情甚可惡，相應不分久近，一例追還原價，以示懲戒。但弊習已深，因循積久，遽然嚴於追罰，又恐人情不堪，姑從寬分別發寄年月，如領養十二年以上者，量減追銀一十五兩，十二年以下者，仍照原價追銀二十兩。以後三年一次，差官點驗。若再有作踐等項，致令瘦損不堪者，不分久近，一例追銀二十兩，俱解發太僕寺收候買馬。仍嚴督各府州縣掌印管馬官，行令養馬人戶將堪用及尚堪用調養馬匹，務要水草及時，喂養如法，若或仍前私用騎坐，或官借出差等項，事發問罪，各照例追罰馬匹入官。其太僕寺少卿按季出巡，管督各州縣管馬官員。今後務要每月一次，親詣各鄉，府管馬官兩月一次親詣州縣，點驗臕息。若有不堪，嚴行責治，令其調養。以十分為率，三分不堪者，管馬官提問，不及數者量情責治。提督少卿每季出巡，回日備將點驗過馬匹堪否數目呈部查考。若寺官偷安，不行巡視，聽本部并科道官舉劾，以示勸懲。如此庶馬政克修而緩急有備，京師鞏固而邊疆有賴矣。一處草料，惜戰馬，以防虜患。仰惟我祖宗創制之初，以廄牧係乎本兵，度支隸于戶部，然所司之職雖殊，而鞏固之意則一也。切見各邊奏討馬匹，旋復倒死，近如宣、大兩鎮尚書樊繼祖奏討馬六千八百匹，甫及一年，即倒死一千八十二匹。本部署郎中等官胡岳等，買發兩鎮馬一萬四千五百七十七匹，未及四箇月，即倒死七百八匹。此係嘉靖二十一年八月十五日巡按御史侯度查報之數也，殆今又不知倒死凡幾何矣。推原其故，蓋馬非草料則不能延生，雖有下塲舊例，緣近年逆胡犯順，邊鄙匪寧，戰守尚爾不暇，豈能瞭遠牧放？日費草料，苟能官為處給，貧軍自贍不前，寧能復顧其馬？馬之損失莫甚于七八月間之放青，雖欲其不疲與死，烏可得也？是故節該巡撫保定都御史劉宣、府都御史王屢稱缺乏草料，疏行所司，每以常格為拘，未曾查給，及照京營騎操馬匹，亦多倒死，每月不下三四百匹，每歲倒死馬約計三四千匹，亦因糧料不繼，折給價銀，令軍自買。且銀之在手，雖良民不免浪費，況貧軍乎？雖有嚴刑重罰，竟不能遏，良有以也。竊惟經以守常，權以處變，方今虜情叵測，殆非往日供饋之需，似難拘于常格。況大者不計其小，務本者不逐其末，若以每馬一匹論之者，本價即該銀二十餘兩，其解俵盤費，數亦過倍。然草料日計不過三分，歲止用銀十兩有奇，若或吝此不給，未免靠損馬匹，是重末而輕本，惜小而費大也。若不從權經理，何以克濟時艱？合候命下本部備行各該督撫等官，今後用馬奏討疏內，明開合用草料數目，敕下戶部，一面酌量查給，其京營騎操馬匹，務要支給本色，不得仍前折銀，以免侵漁之弊。脫或草料不繼，或令原解上納本色，或召商依時收買，以資後用。其各處馬匹，應該下塲月分，遇有警急，大破常格，照例支給草料。如此，則馬匹免靠損之虞，官軍有騎征之備矣。一因舊典，酌時宜，以消積弊。查得問刑條例內一款，官軍所領官馬，耕田走遞馱載物件，或兩人共騎，或婦人騎坐者問罪，俱罰馬一匹。若雇與人騎坐等項，枷號半箇月。及借與人者，各彼此罰馬一匹。例固嚴矣，但法久弊滋，近來奸頑之徒，輒買老弱不堪馬匹送官塞責，其價不過值銀三五兩，所以人無畏憚，犯者相繼，法司亦視為故事，不復究其美惡，作數送寺，轉發寄養，徒費民間草料，終無騎征實用。若不因時酌處，不無奸欺日甚，法令日瀆，合無備行問刑衙門，今後凡有犯該官馬雇借騎馱之人，應罰馬匹，不必追其本色，折納價銀十兩送部，轉發太僕寺收候買馬之用。如此，則舊章不紊而禁例嚴明，國有實用，奸弊可杜矣。

明 張袞《張水南文集》卷三《題爲酌處時宜以期修馬政疏》 臣聞馬者兵之資也，兵者民之衛也。周官《月令》之法，魯人《在駉》之篇，我祖宗設立種馬之深意，其繫于備用者，豈細故哉？即今民困于馬，非馬之能困人也，患在害馬者之弗蠲也。孳牧之壞，其有由矣。臣實凡愚，謬膺勑命，晨夜殫思，上憂國計，下憫民窮，凡所弛張，未能補救，蓋害馬去而後利可言興，考牧蕃而後國能為富，謹條五事，伏望勑下兵部詳議可否，采賜施行。計開：一曰興孳牧。始國家設立種馬，孳牧民間，免其丁地糧差，欲其生駒備用。近年以來，廢弛日甚，民困于馬，莫知所逃，生駒則求為倒死，無駒則欣以相慶。此其故何也？積有生駒，則芻牧重大，差點頻繁，寧復出銀備用，不願養馬，民實見害而不見利也。臣查得先年御史王濟奏准事例，每年每馬一群，朋合買俵大馬，有駒無駒，聽其自便，此誠不得已而救時之良法。臣愚以為法可因也，政不可不修也，修其政，不變其法，而中導之以利，則民不知而趨之矣。為今之計，合無驗其生駒多少，如使生駒之家稍得贏利，則民爭牧馬收駒矣，以為勸懲。如人戶原養騍馬一匹，三年之內。生有一駒者，聽其馬戶變賣，所得價銀，以十分為率，二分給賞馬頭，八分與一馬人戶，仍同馬頭照地照丁均分。生有二駒者，聽其變賣，所得價銀，亦以十分為率，三分給賞馬頭，七分與一馬人戶，仍同馬頭照地照丁均分。生有三駒者，一駒全用給賞馬頭，而餘法竝如前例。如三年之內，全不生駒者，于馬頭名下罰銀二兩貯庫，臨期幫買備用。至于兒馬，亦以一群之內有無生駒，量為賞罰。如此則勸懲既明，民知養馬，積之以歲，生息漸繁，備用可望。雖不必盡用于官，而實藏富于民矣。是法之行，等而上之，則自州縣管馬官員始，亦必照其原額馬數以十分為率，內有五分生駒者，定為上等，量加獎勵；三分以上者，定為中等，免其責罰；不及前數者，定為下等，問罪發落。管馬通判則總計所屬州縣駒數多少，以為之殿最。歲終，本府類開略節情由揭帖，申呈撫按衙門，著實舉行，尤必旌其一二人之超卓者，以為之勸，則管馬官員明知有功而賞，無功而罰，爭相奮勵而不敢後矣。臣愚以為法行于下，不行于上，則不能以兼濟也。孳牧之興，其在此矣。二曰禁差。民之所以疲于奔命者，實以此弊未之盡除也。差迎送差巡捕無不種馬，蓋差一馬，則復以一人隨之費芻褁糧，經旬不還，生理亦因之以廢，其苦有不勝言者。臣查得太僕寺卿劉麟，題奉欽依，比照私借官畜產條例舉行，明禁雖嚴，吏犯猶數。自臣觀之，以為法輕而吏易犯也，蓋有司擅用，視為常事。御史三年一差，所警動者一時耳，不若法在而吏日知畏之為愈也。合無累犯如故，情重可惡者，查照問刑條例內一款，在京坐營管操內外官，併把總以下官，若將馬匹私占騎坐，及撥與人騎坐者，五匹以下降一級，以上降二級。其民自作踐私用耕駄騎坐者，查照舊例施行。臣又謂各州縣掌印正官，實政事之綱，比之佐貳，勢位不同，志趣亦異，其上者留心馬政，其下者但知差遣，不復提調。雖以寺丞出巡，諉為非己之責，若不相涉。臣願既嚴之以差遣矣，復重之以提調，令于三年考滿，申呈上司開稱有無種馬拖欠，方許給由。寺官權輕，孳牧之政亦自施，而寺丞亦得以陰執殿最之柄。敢有朦朧一時，待印烙之年，查出倒失數多，臨時比併重傷民力，係某官任內年分者，雖係遷秩，亦必參奏問擬，則欺慢不容，而人心愈知警矣。三曰久群醫。群長之設，為其提調群戶也；醫獸之設，為其攻治醫藥也，皆以為馬也。臣點視各州縣種馬，見在群長不識醫獸，醫獸不識馬戶。推原其故，一月之內，唯縣庭點卯數刻而已，實未嘗在鄉各修本業，由是人寄空名，而馬政無復實効矣。況臣按屬保定等十三府，事例亦有不同，有三月一換者，有半年一換者，間有群長，一年一換，而醫獸俟其告代者，合無立為定例，群長三年一換，而醫獸非至衰病，群內子弟習學既成，不許輒替。仍各免其本身徭役，以示優恤，則業有所專而効可責矣。四曰均俵夫。馬以備用為名，實以備邊疆之用。臣查得馬政條例原額，歲取備用二萬匹。弘治三年，為因修省，用廷臣會議，奏准歲取一萬，民力大寬。後至正德十年，復奏准派二萬五千匹，比之原額則已加多五千矣。臣愚以為馬之登耗，兵勢強弱係焉，民之安危，國脉休戚係焉。過多傷民也，不及弱兵也。即今陛下修省之日，宜効弘治故事，正當與民寬大之時，度時與勢，邊方多故，儉于一萬，勢有不能，查復原額，永為定規，上下俱利。其本折色多寡，兵部臨期斟酌，尤宜以多派折色為主。若本色過多，交兌不及，未免寄養于畿輔之民。新舊相繼，芻牧轉難，坐見防邊之材。日斃于窮黎之手，雖以嚴刑，無能追補。始竭于民膏者，何難而委之道傍，若是之不惜也。主客交病，腹心受傷，莫此為甚。不若積銀為利，一或有急，朝懸于市而暮集矣，馬固無恙也。然臣之所謂均者，又非止于畫一之謂，政若低昂，而意未嘗不平，乃可以言均。臣見山東兗州一府，若沂州、單縣、滕縣、魚臺、郯城、費縣等處，連歲凶荒，百姓愁痛，積衰之極，如人重病，非大節勞，難有生氣。每歲坐派折色，宜令偏儘前項州縣，待至三年五年，生理漸復，然後與各州縣一體均派，則惠先凋敝而政平于調劑矣。五曰嚴稽考。臣查得舊有循環二簿，實以裁革季報造冊，吏緣為奸，科取紙張，小民受害。但革弊之初，制猶未備也。臣嘗推廣其意，而為之立格眼文冊，每一板，一面竪為五行，橫為六行，第一行以兒馬提頭，而隨之以騍馬四匹，是為一群，某甲某民領養某馬，各于格眼內開駐備細。其後地去丁乏，種馬猶存，令將買地人戶，有力人丁，即與更替。第二、第三行分為春秋月分，繫之以考驗之法，馬之臕損，駒之有無，寺丞得以註于是，府通判得以註于是下，而縣丞主簿得以註于是，而賞罰行焉，第四行復以兒馬提頭，而餘法竝如之，春秋為循，夏冬為環。一留本府，一留該縣循環吊查，互相覺察，仍其舊也。馬有倒失，可以及時追補，丁有消長，可以及時更替，官有惰勤，可以因視槩見，用臣意也。又朋戶養馬，往往輪日，芻牧人不齊心，以致倒死數多，尤必擇一人之有力者，專令養馬，而餘戶計日幫貼草料，若非真病倒死，不得連累各戶均賠，則責有所止歸，人知愛惜。但後差官員意見不同，倘此法之行，不甚相佐，仍留參照，則民有定守，而耳目不至于易搖矣。

明 謝汝儀《救偏弊以裕馬政事》《明經世文编》卷一六八 一曰差御史以專督察。臣伏覩祖宗養馬之制，州縣有判官縣丞，或主簿一員以管理，每府有通判一員以摠理，又量地方各設太僕寺寺丞一員以分管比較，法誠備而善也，今之馬政日以就壞，何哉？正緣州縣管馬之官，貪汙者多，利馬之死，不利馬之生。一遇倒失，按月收其常例，謂之令補。民苟目前，私圖便益，習染成俗，在在不免，如此而欲馬政之修于州縣難矣？府之通判，較之州縣之官識廉恥，顧行檢者尚多，其弊亦有二焉，柔懦無用者，恐點馬之起謗，愒日玩時，通不查理，知事而情深者無以官專諉之，曰我盡心所事，無復知者。專務諂悅上官，營求別委，或問理刑名，或追併錢糧，用以干名，覬望旌獎，已之職業若秦人之視越人，置肥瘠于度外，官以馬為名，謂之何哉？如此而欲馬攻之修于通判，難矣。乃若太僕寺寺丞之官，責重而權輕，事多掣肘，行之不易。每年出巡比較，兩運備用馬匹，怕不及之是懼，何暇復追種馬，勢固有不及也。況備用不完，年終有類參之例，種馬則無追補之期，吃緊于彼而優游于此，固宜耳故倒死既多。一遇差官印烙之年，各該州縣同時比併，買補買者既多，價值自貴，乘時射利之徒以致富，而百姓囊橐，罄然一空，鬻及子女者有之。及印烙一過，上下帖然，以為無事，作賤者任伊作賤，倒死者利其倒死，凡此弊之在今日者也。臣愚以民財可惜，邦本宜慮，為今之計，合無遵照成化初年事例，每年南北直隸，各差御史一員，河南、山東添差御史一員，一年一次，領敕更替接管，協同各太僕寺寺丞督理種馬，提調生駒，遇有倒死，即令馬戶以時買補。惟是點烙輪該年分之官，請印照常點烙，如州縣官員，仍前貪汚，管馬通判，荒廢本業，與各條所言情弊，逐一訪察禁約，應提問者提問，應參究者參究，庶馬政有益，而餧養得專，官吏知務，而奉法惟謹，則其為寺丞者亦有所藉無復掣肘，蓋寔有所相濟，而非有所相妨。此條舉馬政第一義也。一曰量解駒以示勸懲。臣伏惟種馬之養，正欲其羣蓄孳息，生駒起解，以備邊用。歷考祖宗之時，成化以前，每騍馬一匹，俱是每二年納駒一匹，數不及者，各該管馬官員俱有提問降級之例。時承平則法易湮，法易湮則官易怠，平日無提調之方，臨時無追罪之計，而紙上裁桑之弊興焉。如張三原馬未生駒，預行報生某駒，及駒生毛色不同，遂置無用，不免別買以務合冊。民由是不堪，多作倒死。弘治六年，遂有倒失馬駒，徵銀三兩，虧欠徵銀二兩之例，此例施行，而馬政壞矣。何者？每駒一匹而餧養三年，方可起解，草料之費至少不下十兩，水草牧放又用一人主之，孰若納銀費少而事輕哉？故當羣蓄之時，將兒騍馬分布別用，絕其生意，間或種馬有孕，百方衝落，求為虧欠，不過納銀二兩。或一生駒，致令倒失，納銀三兩。輪當點烙之年，官吏懼罪，逼追小民臨時買駒，多是如豺如狗，充數塞白，有駒之名，無駒之實。正德二年，御史王濟題奉欽依，每年每馬一羣朋合，買備用大馬一匹起解，不必較其駒之有無。有好駒起俵變賣，悉聽自便。所謂變而通之，此例之行似甚便也，但自是以來，種備二馬，判不相維，有司每年止是比較買馬起解，更不提調生駒種馬，若無用之物，無駒亦不查究，有駒任意作踐，故建議者有以不必養種馬言者，有以但徵銀解部召商上納為言者，此皆徒見末流之弊，而不求其始，有乖祖宗立法之意。但勢至于此，而必有以處之之計。臣所點烙馬匹，共該八萬八千五十九匹。每日草料馬一分，歲用財三十一萬七千一十二兩四錢，況一倍再倍而不止者。惡可浚有限之脂膏，養此無用之贅物哉！此弊之在今日者也。臣愚以為州縣買解之馬，非從天降，非從地出，俱民間所養，豈私馬生駒而官馬獨無哉？昔之弊也在無駒為有駒，今之弊也在有種若無種，勸懲不明，民心日懈耳。為今之計，合無申明舊制，參照新例，請自嘉靖三年為始，嚴督各該管馬官員，務要提調生駒，如三年之內，一馬生有三駒者，內揀其一駒起俵，一駒給馬頭以賞其勞，一駒同貼戶變賣。起俵之時，仍照例一戶有馬，三戶幫價馬頭，眼同貼戶，隨丁田多寡分用。若止生一駒二駒，馬頭不必給駒，于變賣銀內隨宜以多坐之。其起俵之駒，仍照弘治九年事例，齒少力強，不及四尺，亦為准俵。若能設法使民知養馬之利，則俵馬之害息矣。以視優異為勸，如此則民知有養馬之利矣。三年之中，一匹全不生駒者，其該幫各馬起解之價，務要一時追給，一羣全不生駒者。買俵大馬，務要四尺以上，稍不及亦不得准俵。仍將羣頭馬戶，各枷號一月，問擬發落，或罰空腹銀二兩為戒。如此，則民知所懲矣。各該管馬官員，申明提問降級之例，生駒不及，不許考滿并轉遷。若有前項紙上裁桑之病，許被害之人陳告。行之數年，生駒既多，流布民間，不惟牧馬之易，而祖宗良法美意，庶幾復矣。一曰定羣長以明法意。臣惟祖宗養馬之制，慮馬之多，水草羣蓄，或不能皆以其時，騎使作踐，恐稽察之不及，于是乎量為多少，立有羣長，所以都其事而察其弊。又懼乎馬之病，即人之病，其弊之多橫死可惜也，于是乎羣長之下，又立獸醫，所以責其往來治療馬匹。立法之意，如斯而已。今有司不能講求法意，羣長常川存留在縣，跟同里老人等，朝暮打卯。中間一年一換者有之，半年一換者有之，甚至三月一換者有之。不才官吏因是利其交代，以為侵漁之計。醫獸人有一番，弓兵各官分派，侵占狡猾之徒，因而營求差使為業，甚者看馬醫獸，又有一番，額設醫獸，又有一番。看馬者多市井無賴，額設者輪流應當，故小民里長之役方滿，羣長又及，羣長之役未歇，醫獸復來。往來奔命，皆馬而已，問其本業，茫然不知，有司亦不以其當為者責之，此其弊之在今日者也。臣伏覩洪武二十八年事例，每馬五匹立羣長一人，每羣長下選聰明子弟二三人，習學醫獸，看治馬匹。永樂十八年事例，每馬十匹立羣長一人。成化八年事例，各處醫獸每州額設二名，每縣一名，歲終更替。欽此。依臣所歷州縣查之，大約直隸者每馬五十匹立一羣長，在山東者每馬五羣立一羣長之處居多，惟直隸河間一府、河南開封三府最為參錯不齊，順德邯鄲一縣種馬止有五百九十五匹，羣長乃有二十九名之多。至若醫獸，雖馬少州縣亦有四五六名，是成化八年之例未嘗行也。所以然者，州縣之大馬常至一千之上，槩以一二名限之，顧東失西，更濟何事。又況起解大馬，中途恒用一二醫獸跟押看治，勢不可得而行也。為今之計，合無將羣長遵照永樂十八年事例，通行有馬州縣，定為五十匹立羣長一人，一年方許更替一次。中間參錯不齊者，通行改正，使其常川在鄉，往來調督。各該馬戶羣蓋以時，務要生駒。若有將馬耕田耕地使車，賃僱與人等項作踐者，具呈州縣從重究治。獸醫各肄定業，成者一人，專以看治馬匹。州縣多寡降殺，市井無籍，與輪流充當等項，一切革去，仍敕各該州縣，止許朔望點卯一次，于羣長責其半月之中，提調羣蓋，過定駒馬若干，各該作踐馬匹人戶若干，于醫獸責之半月之中，醫過馬若干，致倒失馬若干，各該官員親筆填註登簿，季點時視。若報定駒而致落胎者，罪及馬戶，若未曾舉呈，驗其脊破筋傷者，罪及羣長。醫獸則以療之多寡，定其勤惰，能修其業，復其本身，若療無狀，另行更換。如此，則彼知本分之當為，而咸思勉矣。若州縣官吏，仍常川拘留在縣役替等項，許被害之人陳告，問擬違制，庶幾職業不妨，馬政可修矣。一曰擬餘地以補逃絕。臣惟直隸養馬之例，每地五十畝養一兒馬，百畝養一騍馬，此外又有餘地，有白地。何謂餘地？假如一縣原有養馬地百頃，通以騍馬計之，算該領馬一百匹。若止養九十匹，其剩下十頃者，聽其養馬，餘地之謂也。何謂白地？直隸之地，有例不起科者，以不起科之地，通融養馬徵粮地內牧兒馬，名為五十畝、百畝者有之，騍馬名為百畝，二頃三頃者有之，牧地之謂也。使此地俱存，馬何累哉？但編簽之時，各有官員假手書吏，得過之家營求撥為餘地，貧窮下戶湊合養馬餘地之費，每年每畝出銀一二分。若養馬一年，至少亦費銀一錢。又況餘地有徵銀之名，無解銀之寔，而養馬草料，日不可無，買馬坐派，歲不能免，故狡猾者束手傍觀，而小民日以累窮，即此由耳。故一時追馬禁急，或將養馬畝地，捏作白地出賣，或受累不過，舉家逃移，有馬頭逃而累及貼戶者，有貼戶逃而累及馬頭者，往往皆然，故地之見在者無幾。臣又訪得各處風土，多係村落自相排擠，如第一社原編馬五十匹，今雖戶口消耗，不能減少。如第二社原養馬二十匹，今雖人戶蕃息，馬不增多。夫州縣之馬，固有額設，彼亦烏常有一定哉？皆狡猾之徒，以此藉口恐嚇官吏，而苟祿少剛之徒，生民之困，莫之省耳。此皆弊之在今日者也。臣以為見在之馬，而民已不堪，烏可復加棄餘地以贍之。濟時上策，無過如此。而司國計者，恒以軍需為辭，又恐行之未易也。為今日之計，合無通行直隸養馬州縣，逐一查勘原係養馬地土，至今逃絕共若干，即今見在餘地人戶，照數撥補。仍點此社不足，彼社得以補之，不得自相排擠，偏累靠損。而各該逃亡之地，仍編入餘地內，候逃戶復業，照常徵銀解寺。或軍需緊急之時，暫令里甲賠納，亦輕少易辦。如此狡者不得以幸免，貧窮者不至于獨累。養馬之餘地自存，小民之貧困得蘇矣。一曰謹里甲以防借撥。臣惟州縣立里甲之馬，所以應付使客，接濟往來，故十年一次，輪流應役之時，各甲名下，預行斂銀買馬，以備差撥，其來舊矣。自配立馬戶，而有司視種馬為無用之物，里甲之馬，多不查究。其間復有貪污官吏，暗受偏手，故行賣放，專一將種馬輪流差撥，月無虛日，歲無虛月，或馱載雙人，或負重行李，救死不贍，奚暇生駒？況又賠辦草料出差僱覓一人跟馬，害有不可盡述者。一為跑走所傷，療破中風，筋傷腿瘤，遂至倒死，又累馬戶重行買補，玩法殃民，豈忍言哉！更不止此，有兵備地方，調種馬以拿賊者有之；府佐下縣，勒種馬以擺道者有之。官吏望風，莫敢誰何。但此之害有時，而里甲之馬不足，無時得休，此亦弊之在今日者也。臣查得弘治九年事例，借撥官馬至瘦損倒死，州縣五十匹，府二百匹以上，借者及管馬官各降一級，欽此。但借撥有多寡之異，致死有前後之殊，歲月既深，難于查考，禁約雖存，竟為虛文。小民忍隱而含冤，官吏違犯而無忌。為今日之計，合無備行有馬府分，嚴督府屬州縣，凡遇里長出役，各照詳前年事例，務買馬走遞，以接濟往來，該府仍將督買過里甲馬匹毛齒，每年開坐該管，寺丞處查考，如有前項侵欺賣放情弊，務要體訪，輕則問罪發落，重則指寔參奏，仍為定法。州縣官但借用種馬一匹，掌印官即以違制議罪，管馬官以廢職受罰。致損五十匹，二百匹以上者，照例送部降級。其兵備官府佐出巡，擅行調用者，一體禁革。庶幾上下有所持循，而馬可無借撥之擾也。一曰立循環以省季報。臣惟洪武榜例，凡管馬官吏，時常下鄉提調，驗看馬匹，要見定駒若干，見駒若干，明白附寫，以候太僕寺官出巡比較。正月至六月報定駒，七月至十月報顯駒，十一月十二月報重駒。凡季報原領馬為舊管，買補孳生馬為新收，事故交俵等項為開除，季終為實在，徑送太僕寺類繳，欽此。但法久而廢，定駒、顯駒、重駒，官吏通不查驗季報之冊，書吏羣頭人等遂假此以為科斂之媒，冊之費能幾何，造冊不足以清理夙弊，適足以科斂民間財物耳。凡事悉然，不止馬戶也。而一馬或斂錢百文，或倍于此，而計所費亦不貲也。況其所開報，舊管、新收、開除之數，俱是紙上彌文，千無一實。寺丞出巡，未聞查對，臣今點烙，亦無底冊可考，兩不相照。故民財徒費，誠為無用。正德二年，御史王濟，題奉欽依，每年季報之煩，盡皆減省，惟年終各府將種馬并解過備用馬匹數多寡造冊具奏，而今之季報猶在，為此例未嘗革也。臣又訪得州縣官點馬造冊，寺丞出巡造冊，凡寺府管馬官廩給柴炭紙劄，俱出馬戶，故養馬之費什一，為馬而費者怕什九，凡此亦弊之在今日者也。臣愚以為欲去其費，當去其名，而太僕寺專管馬匹，漫無稽考，亦于事體未宜。為今之計，合無酌量馬匹多寡，各府州縣，動支無礙官錢，通置循環文簿二扇，州縣簿用府印鈐記，各府簿用太僕寺印鈐。其循字簿寫開春秋月分，環字簿寫開冬夏月分。其在州縣之簿，通將印過馬匹毛齒馬頭姓名一樣開造，一留本府，一發各州縣，循去環來，按季查考，每季要見臕損若干，管馬通判輪該季點之時，府中領出存留之簿前去點視比對，開報不實，責及官吏。瘦損倒失者，責限追補，臕壯生駒者，別行庀諭。一曰明賞罰以示勸懲。修舉馬政，誠為緊切，而寺丞之出，亦止弔府簿查點，各將點過緣由，親筆填註附簿，俱不必另造點冊，虛費民財。惟倒死馬匹，非寺丞不許收補。其各府之簿不必開造馬齒姓名，止寫各州縣原額，每季臕損倒夫定駒等項畧節總目，一留太僕寺，一發各府，亦循去環來，按季查考。每三夫印烙之後，方許改造一次。惟年終各府將買補過種馬并解過備用馬匹，生過兒騍駒數目，照數造冊具奏，季報之煩，各點馬冊，一切禁革，廩給柴炭紙劄等項，俱行州縣動支官銀備用。如此，絕科斂之路，民財自省，有稽考之實，馬政可修矣。倘蒙賜之施行，臣當另為圖式以獻。然臣謂倒死馬匹，非寺丞不許收補，亦有說焉。夫欲生好駒，必須種馬之良。州縣管馬官追補馬匹，非受囑容情，即通同買販，故所補償者常老弱無用，旋補旋死，大為民病。臣欲以責之寺丞，蓋量其不可至于此耳。一曰填坐派以憐交病。臣查得弘治三年會議備用馬歲取一萬，以後加派漸多，民不聊生。正德十年，奏派二萬五千匹，似于民力少寬矣，比之舊規，尚加一倍又半也。故雖馬多本折中半，派空年分，該徵本色馬一萬二千五百匹。臣訪得各州縣買解之馬，每匹用銀二十餘兩，中途草料，日費銀一錢，計又用銀四五兩。若逃亡數多，累一人賠買，一時力不能及，未免稱貸，或甚以取諸馬販，則所費又倍矣，此俵中者然也。萬一揀退，馬之草料，豈能復如前哉？致令瘦損，轉賣與人，不能如值之半，典賣產業子女，重行補俵，故解馬一次，中人之產蕩然，此外州縣買馬之受病者如此。解馬既多，寄養之人戶數少，未免差及下戶之人。所居不避風雨，馬從何地養之？未免露置于外，寒暑之欺凌，霜雪之侵薄，馬以病死，舉其產不足以償之。此猶可言，其甚者，一馬死，一馬又來，曾未幾何，死者又繼。因而逃移，或累死于獄，此畿內地方寄養之受病如此。積時累歲，倒死數多，有司難于追補，通付不省，民無所忌，頑猾之徒，因緣為奸，作踐致死，捏作倒失，而弊端百出矣。如豐潤一縣，前後發下馬一千八百一十餘匹，今見在者止一百七十有零，中間瘦病，恒又半之。其他地方雖不盡然，槩可見矣。夫州縣買解之馬，皆竭民脂膏，割其骨肉，以求充數，發其寄養曾不及鵝鴨犬豕，然言之可傷心也。臣愚以為民者國家之元氣，所係不小，中外受傷，彼此交病，似非常策，所宜憐處，此又今日之弊之大者也。臣查得十一年太僕寺清查過順天府所屬州縣免粮養馬之地，實有二萬八千九百三十八頃有餘，每地五十畝寄養馬一匹，實編過寄養馬四萬一千五百六十匹，其剩下地土今安在哉？根本之地，尤當致意者也。倘蒙賜之施行，政之偏弊不無有所補矣。

明 謝汝儀《議處牧放馬匹疏》《名臣經濟録》卷三六《兵部》 節該兵部題，內開戶部題，稱嘉靖七年五月內，該兵部議擬，題奉聖旨：『這馬准存留六千疋聽征，其餘照舊下場牧放。欽此。欽遵。』將存留馬六千疋聽候總兵官惠安伯張偉、參將劉玉等管領聽征如法操練，支給料草，乞今一年之上未見調遣出征，且今歲近京地方賊情已息，而宣、大、偏頭關等處敵情不聞，況各草場密邇畿輔，可以朝呼夕至，欲將前項聽征馬匹照例下場牧放，遇有警報，整搠啓行，亦未為晚等因。奉欽依：『是。欽此。』又准惠安伯張偉題，稱官軍馬疋先因邊報有警，命臣掛印充總兵官，督同左右參將、統領，挑選官軍一萬員名，在於東官廳如法操練，待報啟行，該馬一萬疋止領馬六千疋，一千騎操。今該户部具題，要將前項馬疋下塲牧放，此固惜財節費之策；慮恐寇賊狡猾譎詐，出沒不常，一旦有警，致失軍機重情，罪實難逃，欲要酌處等因。奉聖旨：『兵部看了來説。欽此。』又該兵部看得，前項馬疋固是聽征之數，但今邊報稍緩，牧地附近，有事調用，委亦不難，誠如户部所議，合無遵照。題奉欽依，行移左軍都督府將東官廳聽征馬六千疋，請勑一道，賫送與原任坐營襄城伯李全禮，通前馬一併管領牧放，不許縱放軍士私自回還。遇有警急調用，務要刻期回營，毋致時刻稽延，有誤大事，責有所歸等因。奉聖旨：『是。欽此。』臣等待罪該科，凡事關利病有所聞見，不得不為陛下言之。夫國之大事在戎，戎之大用在馬。古今牧馬之政，班班簡册，凡幾變矣。我朝永樂以後，錦衣旗手等三十衛、五軍、三千、神機等營，各置草塲於順天、保定等府，宛平、大興等縣，牧放騎操馬疋，每歲春末夏初，各營馬除例該存留聽用外，其餘本部推舉坐營官一員，請勑管領下塲牧放，至九月終回營。又奏差科道官點閘，凡馬疋倒死、官軍逃亡，領勑官按月造報，如有納賄買閘不行提督，致馬瘦損者，點閘官指實參奏，其立法未為不盡善矣。奈何各該草塲地土附近京師，累朝以來，節被内外權勢乘時妄指奏討，奸人揑故投獻，大率開墾耕種，侵牟占奪，十亡八九。朝廷屢有禁例，然弊成因襲，終難釐正。弘治年間，乃令給事中、御史并户、兵二部委官清查各衛草塲，有草未墾土處仍舊牧放，已墾成田者照畝收銀，解送兵部轉發太僕寺寄庫，聽候買馬，則是草塲之墾而成田，其原額之失，舊規之廢，朝廷固知之矣。雖下塲之令每歲舉行，夷考牧馬之實，不過存羊之名而已。況古人養馬必適飢渴之宜，必順勞逸之節，必辨寒温之時，在牧則有房，在廐則有閑，所以國馬蕃盛而雲錦成羣也。今各該草塲除耕墾之外，可為牧地者無幾，其低窪之處則又積為湖淀，漫生萑葦，人馬皆不可近，而又無廬次可以棲止，無廐房可以蔽蓋，馬不免買草以喂，人不免裹粮相從。常年下塲之馬，不過三五千疋，而一往一返，倒死必多，軍士貧難，逃亡相繼，遇點則一時聚集，點罷則隨復散歸，雖有下塲之名，殊無牧放之實。法至於弊，勢所難驅。此臣之所以夙夜疚心，愧未能有遠大經久之謀，可以仰裨國家監牧之政者也。然又豈敢飾詞隱實，以欺陛下哉？竊見近日襄城伯李全禮奉勑管領下塲馬二千餘疋，其牧放之苦，已不能免於如前所言，今又以聽征馬六千益之，則人馬動以萬計，殆恐管領之官難於調度，軍士之苦益有不堪。況近日大雨時行，暑氣方溽，泥潦遍野，鬱蒸中人，羣處則有疫癘之虞，露宿則有蚖蚋之害，炎風赤日，灼體薰心，加以飲食不繼，寢息無所，人困而踣，馬疲而病，將見數月之内，士馬物故不可勝算。則有徒狥節省之名，坐受虧損之實，得不償失，利不補傷。況緣此足以重失軍士之心，又何有如戰鬭之氣？且弓勁馬肥，俱屬高秋，正宜存留以俟調發，萬一畿甸有桴鼓之警，邊關有烽火之報，雖曰朝呼而夕可至，未必馬騰而士盡飽也。其於軍機國計，豈不兩失而俱病哉？昨者伏聞成命，臣等即問之都督桂勇，又問之惠安伯張偉，及訪之下塲把總指揮等官，又訪之在營號頭等官，皆稱非便。出而聞之道路，則人言籍籍，士心洶洶，憂愁厭苦，有莫可控訴之意。是以臣等不遑寧處，輒敢昧死上陳，如蒙聖慈軫念，乞勑兵部會同坐營總兵官從長計議，合無將聽征馬六千疋責令軍人自領，聽其就近隨便牧放，不必拘之下塲，仍月給料草一半，嚴限每十日赴營操點一次，不許私自逃回，所騎馬疋，不得瘦損，遇警調用，尤為易集。待九月天氣涼冷，照例回營操練。如此則公私兩便，人馬俱利，軍情慰悦，無不感戴天恩，而長懷敵愾之心矣。伏惟聖明采納，臣等不勝幸甚，國家幸甚。緣係議處牧放馬疋事理，未敢擅便，謹題請旨。嘉靖八年六月日題，奉聖旨：『這所言説的是。都依擬行，勿得忌沮。户、兵二部知道。』

明　鄭曉《鄭端簡公奏議》卷七《預征馬匹折銀疏》　題爲乞憐地方旱災懇乞轉達分豁税糧馬疋以蘇民困事，據直隸廬州府申，據所屬六安州并合肥、英山、巢縣各申，據里老劉興等連名呈，稱地方亢旱，五穀不收，錢糧馬草無從措辦，小民憂惶，日不聊生，及據無爲、舒城、廬江、霍山四州縣各申，稱地方春間雨澤稍通，未敢申災，不意秋旱收成失望等因，各申到府，除委官踏勘各屬災傷分數，另案具申轉達，奏請蠲免税糧、請給賑濟外，查得本府八屬除英山一縣原無免糧田地不養種馬外，無爲、合肥等七州縣原額種兒、騍馬四千三百七十四疋，每年奉兵部勘合，行令太僕寺分派本府起俵備用大馬八百七十六疋，本色七百一十九疋，買馬解俵折色一百五十七疋，收銀類解。本府遵照，於前種馬内輪僉椿頭派行所屬徵買俵納，歷年遵行。竊照府屬地方原不産高大馬疋，每遇解俵，俱椿頭人等攢價二三十兩分頭求買，中途之倒死、驗收之艱難，小民累至傾産蕩家、顛殞道路，地方受累，莫甚於此。況值非常災旱，日食尚恐不敷，馬疋何由措買？各屬所申誠不得已。卷查嘉靖二十三年間，本府災荒，該巡撫衙門具題，兵部議擬，題奉欽依，備行本府將派到嘉靖二十四年分折色馬疋每疋徵銀一十八兩，本色馬疋令暫改折色一年，又查得本府庫貯歷年各屬解到牧馬草場租銀共一萬六百八十一兩有零，聽候買馬支解。今照預徵嘉靖三十五年分坐派備用大馬在邇，若復照常派徵本色，委的民窮財盡，難以買解，不無上誤軍需，下激民變。如蒙憫念地方今歲旱災重大，而六安、合肥、巢三州縣顆粒無收，尤爲十分困苦，合無早爲題請，不為常例，將六安、合肥、巢三州縣該年本折色馬疋姑免收徵，就將前項草場租銀查照各州縣額徵折色馬價數目動支，抵作三州縣備用馬價，解京交納；其無爲、舒城、廬江、霍山四州縣，准照嘉靖二十四年則例，暫改折色一二年等因，具申到臣，隨批：『近日邊報甚急，馬價折色及用地租銀抵馬價，似於時勢難便依擬，仰府呈南京太僕寺施行。』續據該府回申，備呈南京太僕寺照詳，蒙批：『據呈具見權宜恤民之意，但各州縣草場租銀，嘉靖三十年部題准盡數解部，此係近例，擅難改議動支抵作馬價，況原出於本寺具奏。其暫改折色節年，俱係巡撫衙門具題，徑自申呈奏請施行。』蒙此，爲照馬政係干邊務，豈宜輕易改折？但本府所屬旱災重大，誠所謂野無青草、室如懸磬者，固本寧邦，似應破越常格，以聯繫人心。合無查照二十四年則例，題請准將所屬州縣本色馬疋暫改折色一二年徵價解京，後不爲例，庶災民賴以全生，地方可保無虞等因，復申前來。又據淮安府申，據山陽縣申，據里老王平等告，稱嘉靖三十年以來淮河變遷，洪水淹沒，城郭鄉村俱被流徙，民困已極，今年河復故道，水不漫淹，方各揭債佈種，不意夏麥遭雨不收，秋禾復被亢旱，盡皆枯槁。即今斗米值銀一錢，夏秋稅糧未蒙蠲免，挑河築壩歲無休息，三十四年預徵馬價，鬻男變産措置方完，切恐三十五年該辦本色解京，但非産馬之地，往年起解，止是徵銀，別處求買，其勞費解俵苦不可言。況本縣久被災荒，百姓豈能堪此重累？告乞轉達，仍徵折色，庶得公私兩全。又據海邳、清河、宿遷、桃源、睢寧、安東、沭陽、贛榆、鹽城等州縣各亦申，稱預徵馬疋俱因災荒無從徵解等因，各申到府，卷查所屬海、邳二州、山陽等九縣，每年預該解京備用本色馬六百八疋，折色馬五百八十九疋。嘉靖二十三年間，地方災傷，該巡撫衙門具題，兵部覆議，欽准將嘉靖二十四年分本府備用本色馬每疋徵銀二十兩；嘉靖二十九年間，本府陞任知府趙大綱奏，將嘉靖三十年三十一年、三十二年分清河、桃源、宿遷、贛榆四縣馬疋照前徵價俱解訖；嘉靖三十年間，該巡按江西監察御史孫慎題，將三十二年分本府各州縣馬每疋徵銀二十四兩；嘉靖三十二年間，該巡按直隸監察御史郭民敬題，將海、邳二州、淸河、桃源、宿遷、贛榆、睢寧等五縣，及本府陞任知府張敦仁奏，將山陽、沭陽、鹽城等三縣，預徵三十三年各馬疋俱改折價；嘉靖三十三年，又該御史郭民敬題，將嘉靖三十四年分馬疋亦俱折銀，除遵行外，爲照本府地當南北衝要，漕運咽喉，連年既遭水淹，又復亢旱，夏秋田禾俱已不收，況復倭奴警報未寧，河道工興在即，不獨山陽一縣爲然，至於安東、清河、桃源、宿遷、邳州俱係臨河地方，水旱相仍，素稱凋敝，海州、贛榆密近海濱，地土鹵薄，睢寧、沭陽僻居曠野，屢報災傷，鹽城田産頗饒，近值倭情，與通、泰相爲唇齒，人心洶洶，急宜撫恤，若蒙派徵本色，委的所屬既非産馬之地，況解俵往返，盤費尤難。合無查照節年題准事例，折銀解納，庶幾國用不失，民困少蘇等因，各到臣，據此，卷查嘉靖三十一年十二月初一日，准兵部咨，爲議處預徵買解馬疋以蘇民困以修政本事，該巡按直隸監察御史徐紳題，該本部議擬，合候命下，本部將三十二年該預徵三十三年備用馬疋劄行太僕寺，准照本官所議，預徵三分之二，減免一分，候派馬之日，備開明白呈部，再行題請施行；至三十三年、三十四年各照前徵派三分之二，三十五年仍依原額全徵，本折分數悉照舊規，徵解銀買馬疋即行停止等因，題奉欽依，備咨前來，已經通行欽遵去後，今據前因，切惟馬疋關係邊方重務，使地方出産，則百姓雖疲，自當竭力供用，今廬州府所屬地方僻居山谷，而淮安府所屬州縣又係臨河濱海，地勢卑濕，素非産馬處所，每年派到備用馬疋，止徵價銀，責令椿頭，前往別處收買解俵，水草不服，中途多致倒死，或到京看驗不中，復又退回，小民負累，疾苦萬狀；即今地方旱災，赤地千里，人不聊生，各府所申，相應酌處。臣查得嘉靖二十三年間，爲屬地方旱災，該前任都御史王暐具題，兵部覆議，荷蒙聖恩，准將嘉靖二十四年分各府州縣備用本色馬疋照例折銀解納，於是民困得以稍蘇；今既比例申請，查與事體相同，況非當年正額，皆是先期預徵，即使屢豐之歲民情已自憂惶，值此積災之後，有司委難督迫，較之二十四年，相應尤加矜憫。如蒙伏望皇上軫念民艱，乞勅該部從長計議，合無查照先年災荒折徵馬價事例，將廬州、淮安二府嘉靖三十五年分預徵本色備用馬疋暫准折色一二年徵銀解納，後不爲例，及照鳳揚二府、徐滁和三州俱係災傷重大地方，各有預徵本色馬疋，一時申報未至，再乞聖恩俯賜垂憫，一併折徵，如此不惟民困得蘇，抑且原額不失。嘉靖三十三年十一月十六日進，奉聖旨：『該部知道。欽此。』該兵部議覆，看得總督漕運、兼巡撫鳳陽等處地方、兵部右侍郎鄭題，稱廬州、淮安二府地方災荒，乞要將嘉靖三十五年分預徵本色馬疋暫准折色一二年徵銀解納，及將鳳揚二府、徐滁和三州本色馬疋一併折徵一節，爲照連年以來，南北養馬地方俱被災傷，小民委的困苦，本官職專撫循，目擊其苦，題請前因，無非恤民至意；但今邊方多事，用馬不貲，總計明年預徵及寄養堪充各馬疋不及二萬，已不彀防秋充用，若又將南直隸應徵本色馬二千四百五十疋盡改折色，則馬益不敷，臨期缺乏，將何所措處？蓋改折馬疋以蘇民困，固一時權宜之計，而軍國之需干係甚重，尤不可不慮也。如以災傷之餘百姓負累，必不得已少加寬恤，亦止可將重災州縣馬疋量爲改折，俾受一分之賜。但各地方災傷輕重，本部難以遥斷，若行彼處勘報，不無遲延誤事，相應酌處，合候命下，本部劄付南京太僕寺及咨行巡撫衙門，將南直隸、江北養馬州縣三十四年預徵三十五年本色馬二千四百五十疋以三分爲率，准改折色一分，該改折馬八百一十六疋查勘被災極重地方酌量分派，每疋照例徵銀二十四兩，姑准一年，至三十五年照舊派徵；其輕災州縣馬疋仍依原派分數徵解，不許改折。南京太僕寺官會同巡撫衙門一面查照新准改折馬疋總數分派催徵，一面將改派過重災州縣各馬數徑自題知，庶幾調停適宜，官民兩便等因。嘉靖三十三年十二月二十六日，太子太保兵部尚書聶等具題，本月二十八日，奉聖旨：『是。欽此。』

明　錢楩《種馬弊政事》《皇明經濟文録》卷一三　夫國養兵以安内也，畜馬以振兵，而利之民也。今見我朝馬政至此極弊，而重遺民害之甚，民倦疲矣。古者牧馬之政，職之而有選人，牧之而有專地，治之而有統法，自周以至唐可考也。至宋中世王安石新法一行，而戸馬之説起矣，戸馬之法窮而保馬之令興矣，户馬、保馬皆以官馬散之編民，使代養也。然神宗行之，而文彦博諍之不得，神宗卒曰：『朕於是有愧於文彦博矣。』哲宗嗣位，收還保馬而置監官牧如故。我國朝馬政，廣散官中種馬於南北直隸、河南、山東編户之民，令民家自為牧，而歲輸孳駒，戸、保馬之遺意也。户馬、保馬歲給見馬與民，或與其直，令民自市，又賦牧地與民，又蠲民科賦征役，又民自願者聽。今法皆不然，户保馬行不再傳，而輒就易輒，尚為古今遺恨。今我國朝原頒種馬一十二萬五千匹，百数十年之久矣，家弗有牧地，人弗有牧職，治弗有牧法，而弗免歲幣之償，而責歲孳之駒得乎？以百數十年種馬之舊，專設御史，歲臨印之，旋斃旋償，而日責無已，欲民無病得乎？丘濬議馬政曰：『兩京、河南、山東之弊政，莫此爲甚。朝廷建國於北，藉此數郡以爲根本，而當無事之時，首先困之，而不為之拯恤，可乎？』夫丘濬至今又數十年，當是時，已云弊甚，而冀拯以衂，至在今日，弊彌甚矣。方今種馬雖養於民，歲解備用馬匹，則非種所孳也，何也？民無牧地、無牧人、無牧法也。雖良馬亦斃，而矧斃之餘也，出歲償之，皆駑耶？是故民間歲以脂膏之聚貴買於馬販之手，而尚入式之懼弗易也。末一種孳之駒堪解以八式者，百無是也。果見種馬徒存，無益有害之甚。請削去種馬之令，歲省草料民財百十餘萬旦，民愿以種馬變賣輸價，如折色每匹二十兩之例，可府銀二百數十萬，解貯太僕寺，存備軍國之需。其原額歲該起解備用馬，本折二萬五千匹，民間歡然，仍如舊例，争先買解不缺，是旦夕一舉，而上不廢法，下衂生靈，利萬萬矣。

明　王道《馬政議》《皇明疏議輯略》卷二六　丘濬所論官牧之法，大槩得之，至其所以處置民牧者，則恐煩難瑣屑，比之今日益增擾亂，殊非通變宜民、改弦易轍之道也。且前既言保馬之弊使民一身而應二役，有損於民，無益於官諸云者，可謂洞照其原矣。今所處置，乃止於此，不知依此行之，百姓可以免二役之苦乎？可以免芻秣之費乎？所養之馬果可以免於小弱羸瘠，而真可以供戰陣之用乎？若徒為紛更而前弊不免，祇益害耳。或曰：然則必於兩直隸、河南、山東之地置監牧，蒐閒田，盡變民牧而為官牧而後可也。曰：不必然也。太平日久，中原寸土民皆開墾以為世業，縱有山嚴川坂不可耕種之地，亦百一耳。安得閑田可以置監牧馬也耶？果爾，則其害又甚矣。曰：然則如之何而可也？曰：由今之法而通之，以宜民而已矣。蓋國家之初，干戈甫定而馬有餘剩，生齒未繁而地有餘畒，故賦馬於民，借民之力以為牧養，因地之餘以圖蕃息，亦猶古之所謂散之華山之陽云者。其法非不良，而其意亦非不善也。行之既久，弊患漸生，馴至今日，為害滋甚。有編審之害焉，有二役之害焉，有輪養之害焉，有芻秣之害焉，有點視之害焉，有交兑之害焉，有印烙之害焉，有倍償之害焉，而又有官吏之科擾，里甲之侵漁，影射之奸巧焉，百孔千瘡，難以殫述，而中原之民始坐困矣。至其所飼之馬，所生之駒，又皆小弱羸睿，無一可用，盡如丘睿所言者，起俵之時，往往計丁出錢，每馬一匹多者四五十兩，少者亦不下三十餘兩，而後可以免於太僕寺簡退之苦，前日所養之馬，徒受勞費無窮之害，而何嘗得其萬分有一之利哉？夫國馬之不可缺者，民既出錢以供應矣，又使養無用之馬而受無窮之害，此何謂也？爲今之計，當總計每年應俵之馬某省若干，某府州縣若干，如有之偏輕之處，當量其地方大小民力多寡一切通融，而心於之立爲定式，某省應俵若干，某府州縣應俵若干，即於本處見在田粮数内起取銀其外。今水馬二站者然，每年照數買馬起俵，無致闕乏，然後之所養無用之馬盡行斥賣解價，僕寺收貯，以備買馬之需。如此，則不失國馬之利，而百姓頓除養馬之害，中原赤子當鼓舞聖德於萬萬世矣。

明 歸有光《震川集》卷三《馬政議》 竊惟古之馬唯養於官，而其養之於民者，官初無所與。司馬法甸出長轂牛馬，及所謂萬乘，千乘、百乘，此皆寓兵於農，有事則賦調，而官不與知也。惟其養於官者，如周禮校人牧圉之屬，與月令所載其養之之法備盡，此則官之所自養也。夫周之時既養馬矣，而民之馬，官有不與，是以民各自以其力養己之馬，而無所不盡其心。故有事徵發，而車與馬無不辦也。漢之苑馬，即校人之王馬。而民間私牧，官無所與，而皆得以自孳息。故街巷有馬，而橋姚以致馬千匹。逮武帝伐胡。馬少，而始有假母歸息之令，亦兵興一切之制，非久用也。秦、漢以來，唐馬最盛。皆天子所自置監牧，其擾不及於民，而馬之盛如此。我國家苑馬之設，即其遺意。然又於兩京畿、河南、山東，編戶養馬，乃又兼宋人保甲之法。蓋不獨養於官，而又養於民也。今監牧之馬，未見蕃息。民間牧養，又日以耗。且以今畿郡之養馬言之。夫馬既係於官，而民以為非民之所有；官既委於民，而官以為非官之所專：馬烏得而不敝？自其立法之初，已知其弊必至於今日也。且天下有治人，無治法。苟能如其舊，而得人以求實效，亦未嘗不可以藉其用也。今保馬既不可變，而於其間又不能守其舊，往往數為紛更，循其末流而不究其本始，愈變而愈敝，必至於不可復為而後已。此今日天下之事皆然，而非獨馬政也。嘗考洪武初制，令有司提調孳牧。江南十一戶共養馬一匹，江北五戶共養馬一匹，以丁多之家為馬頭，專養一馬，餘令津貼，以備倒失買補。每二歲，納駒一匹。又立群頭、群長，設官鑄印，與守令分民而治。有牧馬草場，又免其糧草之半，每加優恤。使有司能責實而行之，常使民得養馬之利，則馬亦何憂於不蕃也！今顧不能修其舊，而徒以法之敝而亟變之，則天下安得有善法？夫令民養馬，國家之意，本欲得馬而已。而有所謂本色、折色，何為也？責民以養馬，而又責其輸銀，如此，則取其銀可矣，而又何以馬為？於是民不以養馬為意，而以輸銀為急矣。牧地，本與民養馬也，而徵其子粒，又有加增子粒，如此，則遂並之田稅而已；而又何以責之馬戶？於是民不以養馬為意，而以輸子粒為急矣。養馬者課其駒，可也，不用其駒而使之買俵；於是民不以養馬為意，而以買俵為急矣。夫折色之議，本因江南應天、太平等處非產馬之地，變而通之，雖易銀可也。遂移之於河北。今又變賣種馬，而徵其草料。原今變者之意，專欲責民之輸銀，而非責民之養馬也。官既無事於養馬，而獨規目前之利；民復恣為奸偽，而為利己之圖。有駒不報，而攻於欺隱；不肯以駒備用，而獨願以銀買俵。至或戕其孕字，絕其遊牝。上下交徵利以相欺而已。衛文秉心塞淵，致騋牝之三千；魯僖以思無邪，致馬之斯徂。夫官民一於為利以相欺，何望於馬之蕃息乎。今之議者，又方日出新意，以變賣馬之半為未盡，因欲盡賣種馬，而惟以折色徵解，略不思祖宗立法之深意，可為太息也。夫河北之人驍健，良馬，冀之所產，昔人所以謂此地王不得無以王，霸不得無以霸者也。今舉冀之良產盡棄之，一旦國家有事，西邊之馬，可得以為畿內用乎？古語曰：「變而不如前，易而多所敗者，亦不可不復也。」今欲講明馬政，必盡復洪武、永樂之舊。江南折色可也，畿輔、河南、山東之折色不可也。草場之舊額可清也，子粒不可徵也。官吏之侵漁，可黜可懲也，而管馬官、群長、獸醫不可省也。行馬復之令，使民得寬其力；民知養馬之利，則雖官馬亦以為己馬矣。又修金牌之制，通關互市，益得好馬；別賦之民，以為種馬，而有司加督視之。洪武、永樂之舊猶可復也。蓋修茶馬，而渥窪之產至矣；弛草地，而坰牧之息繁矣；恤編戶，恣芻牧，而烏裸、橋姚之富臻矣。故曰，車騎，天下之武備也。其所以壯神京，防後患者，豈淺淺哉！抑古之相、衛、邢、洺，皆有馬監，即皆今之畿輔地也。如使盡核官民所耕佃牧馬草場盡出之，與夫群不墾者，皆立埲堆，以為監牧之地，而盡歸於苑馬。宋人戶馬保馬之法，雖罷之可也。何必規規然沿其末流而日事紛更乎？

明 楊博《本兵疏議》卷六《覆南畿印馬御史羅復條陳馬政疏》 少

保兼太子太保兵部尚書臣楊博等謹題，為遵成法革時弊以脩舉馬政事，車駕清吏司案，呈奉本部，送兵科抄出，巡按直隸監察御史羅復題，奉聖旨：『該部知道。欽此。欽遵。』抄出送司，案呈到部，看得巡按直隸監察御史羅復條陳四事，合就開立前件議擬上請定奪。嘉靖四十年正月二十四日，題，奉聖旨：『是。欽此。』一、平馬價以便輸納。看得御史羅復所陳，大率欲要以後將江南、江北馬匹通准折色，每匹徵銀二十四兩，無非寬卹民隱之意。但本色馬匹原係祖宗舊制，暫改折色不過補偏救弊之權，似難輕為變更。合無斟酌所擬，移咨都察院轉行御史羅復，將南直隸四十年以後備用馬匹原係本色者照舊解俵本色，暫改折色者每匹止徵銀二十四兩，以為定規，以蘇民困。一、寬馬額以還逃移。看得御史羅復所陳，大率謂淮安府屬十一州縣以水災倭患，人户消耗大半，而養馬解俵如前，近又加以計馬餉軍之累，驅民逃移，詞甚激切。合無斟酌所擬，備咨都察院轉行御史羅復，本部仍行南京太僕寺備查見在之民，令其養馬解俵，其餘逃户種折暫行豁免，候歸復之日，悉仍其舊。州縣正官三年之内招完流移方許陞遷，至於軍餉，事在彼中，備行彼處巡撫衙門再行查議應否，徑自回奏。一、禁調撥以蕃孳息。看得御史羅復所陳，大率因南直隸種馬連年借與民兵騎征，倒失數多，急當禁革，無非愛惜馬力之意。合無依其所擬，今後應天、廬、鳳巡撫衙門不許調撥種馬，如果倉卒有警，准於偏僻州縣該年里甲馬匹内通融量撥，仍要嚴禁州縣官不得將種馬私借走遞，如違，從重究治。一、清場租以免抛荒。看得御史羅復所陳，大率欲將無為州程文四等所佃草場除去新增，或量減三分之二，和州加增銀七百四十餘兩即與除豁。又查得該州平坦可耕荒地七十餘頃，可得租銀二百八十有奇，比之原租，止減三百四十有奇，其三十二年以後拖欠租銀，姑照舊額責限完納。中間辯析甚為明切。況節經撫按衙門丈量的實，無容別議，合無依其所擬，備行各該撫按官將前項草場應納應豁租銀查處停當，備造文册，徑自會奏。

又 卷八《議發馬價銀兩買給宣大薊鎮軍民牛種疏》 題為雪澤普降乞恩處給牛種以脩農政以惠邊人事，職方清吏司案呈，照得即日天降大雪，審據宣、大、薊鎮公差員役，俱稱霑足，但恐邊人缺乏牛種，足食足兵事體相關，呈乞查處。案呈到部，臣等仰惟皇上誠感上玄，惠流下土，兹者履端伊始，雪澤屢降，真為盈尺之祥，行見千箱之慶。但宣府、大同、薊鎮三處逼隣虜境，十室九空，即目春融，正當佈種之時，或有牛無種，或有種無牛，遷延過時，自絕秋成之望。臣博向在石衛，固嘗目擊其苦，若使因天之時順地之利，稍為處給，計種一石可得子粒數石，富民以裕國，足食以强兵，比之歲荒召買之費、月糧折支之艱，曷啻倍蓰？户部帑銀見稱缺乏，本部馬價數雖不多，尚可措置，係干邊計，不敢自分，彼此相應，通行議擬。合候命下，劄行太僕寺於馬價銀内動支三萬兩，宣府、大同、薊鎮各發一萬兩，差官分解巡撫都御史趙孔昭、陳其學、徐紳處，責委各該守巡兵備等官收買各樣種子，沿邊軍民中審其十分貧乏者分等查給，合用牛隻官為勸借，令其趁時佈種，秋成之日抵斗還官，另立小倉收貯，專備來年給種支用。巡撫衙門仍置循環文簿二扇，年終赴部倒換查考。嘉靖四十一年正月十一日題，奉聖旨：『這所奏足見用心邊政，銀兩准給發各鎮，着實舉行。欽此。』

又 卷一二《覆太僕寺卿劉畿等條議寄養馬政疏》 題為馬匹缺乏懇乞聖斷早賜區畫以嚴武備事，車駕清吏司案，呈奉本部，送兵科抄出，太僕寺卿劉畿等題，奉聖旨：『這所奏兵部看了來說。寄養馬匹倒失既已數多，見在不堪兑的又幾及十分之四，馬政何以廢弛至此？一併查處具奏。欽此。』抄出送司，行據太僕寺將計處事宜開款具呈到部，送司案呈，到部看得，太僕寺卿劉畿具題前因，大率謂見在寄養馬匹數少，欲將收買、改派二事併舉，要將馬價銀兩備查節年借支別費，應還寺者督催還寺，不係買馬者不得一槩准給一節，為照節年寄養馬匹不下二三十萬，見在者任其倒失，既不稽考，倒失者應納價銀又不追徵，以真定諸府良民之膏血，填順河二府奸民之溝壑，千瘡百孔，廢壞至極。臣等近日題，奉欽依，責差少卿劉朝佐、主事郭廷臣親詣各該州縣通行整理，意蓋有見於此。所據該寺原議，大率不過改派本色、發銀買馬二事，切緣買馬一事騷擾閭閻，無益有損，惟有改派本色一事，原係舊例，相應依擬。合候命下本部，速行北直隸、山東、河南巡撫都御史及咨都察院轉行北印馬御史，將嘉靖四十三年分備用馬匹除沂、費、郯、滕、嶧五處折價外，其餘仍照四十一年以前舊例全徵本色解部發寺，以備調兑；其折色銀兩以後容臣等酌量事情重輕應，動支者量為動支，不應動支者自難輕動；其各部借過者移文清查，不許再借，以悮軍國大計，及照該寺雖將計處馬政事宜呈報前來，以臣等愚見，有治人無治法，未有政得其人而法不舉者，故斷然以少卿之專督、印馬御史之監覈以為首務，合就一併開坐上請，恭候宸斷。嘉靖四十二年十一月二十九日題，奉聖旨：『這馬政事宜你部裏并各官都要着實舉行。欽此。』一、專勅寄養少卿。查得該寺雖有少卿專管寄養，緣勅書原不坐名，挨次輪管，有同傳舍，且經年全未巡蒞，以致州縣官民肆無忌憚，廢弛之由，正坐於此。合無以後行令該寺少卿一員專管寄養，不許相沿交代，每年巡蒞二次，上半年以二月為期，四月回寺，如有瘦損不堪兑者，聽將管馬官照例決打，定限下次設法喂養驗臕；下半年以八月為期，十月回寺，如馬仍瘦損，仍行決打，年終類參。每次巡蒞回日，備造文册一本送部查考，見管少卿劉朝佐換給坐名勅書一道，欽遵行事。一、責成印馬御史。查得印馬御史近該本部題，奉欽依，兼管備用、寄養二事，然寄養止為馬價一節，原未及於本色。合無移咨都察院轉行北印馬御史，以後將寄養本色馬匹并追徵馬價通行管理，每年終將查處過事宜造册一本，送部查考，應參應問官員，會同少卿一體參問。一、督責州縣正官。查得綜理稽查全在各州縣掌印官，先該本寺具題，本部覆議，掌印官於雙月查驗馬匹，堪兑不堪兑俱要開註，職守已明，無容別議。止因該寺雖有薦劾之例，向未舉行，以致人心玩愒，全未奮勵。合無每年終仍聽該寺會同提督少卿并印馬御史，將各州縣掌印官及各府管馬通判從公甄別，如倒失及不堪數少者指名薦獎，本部移咨吏部俸深者照例陞用，俸淺者量為加俸；倒失及不堪數多者據實參劾，查照舊例以十分為率，不及五分以上，應住俸者住俸，應降級者降級，明白開奏，以示懲勸。一、計處倒失追賠。查得倒失馬匹舊例俱問罪，追補本色，故種馬倒失，州縣效行追補，向無拖欠。合無將寄養馬匹斟酌前例，自嘉靖四十三年為始，領養十年以下未經借兑倒失者，追補合式大馬解寺印烙，仍發領養，姑免問罪；領養十年以上馬齒已老倒失者，追銀一十二兩，曾經借兑退回者，仍照近例，交還之日原兑官驗係瘸瞎損傷餧養不痊曾經入册者，臨時與中途倒失，止追皮張銀四錢；領回三月之内倒失，加追肉臟銀伍錢；領回三月之外倒失，追銀五兩，如驗係臕息少減。尚堪餧養、不註入册者，查照借兑次數，借兑一二次倒失者，照保定事例，追銀十兩；借兑三次以上倒失者，照遼東事例，追銀七兩。一、查處變賣馬價。查得嘉靖七年奏准，差太僕寺少卿督同府州縣掌印管馬官，將寄養馬匹通行查點，果有不堪兑軍者，分別所養年分變賣。合無自嘉靖四十三年為始，聽該管少卿徑自分别領養必十年以上者，方許變賣。仍查曾否兑借，如兑借一次二次者，照保定事例追銀十兩；兑借三次以上者，照遼東事例追銀七兩；未經兑借者照十年以上倒失事例追銀一十二兩；其堪養之馬，責令用心餧養，不許一槩變賣，以滋奸弊。一、查處寄養馬户。查得舊例有地五十畝者免其納糧，止養馬一匹，以丁糧多者編充馬頭，專一養馬，餘令津貼錢鈔，以備倒失買補之用，不許輪流，如有例前輪流及令孤寡殘疾一槩出辦者，發邊衛充軍。事例甚嚴，相應申明。合無嚴行各州縣掌印官痛革冒充花分等弊，務將粮多者充為馬頭，地畝如不足數，方以中下户津貼錢鈔，不許輪流餧養；地賣馬存者，斷令買地人户領養；至於倒失變賣馬價，載在勅内，遇赦不免。今後無故不得輒行奏免，違者聽本部與該科參究。

又 卷一六《清查畿内牧馬草場以充京營薊鎮將官養廉疏》 題爲清查存留牧馬草場事，車駕清吏司案，呈奉本部，送准總督京營戎政、太子太保、鎮遠侯顧寰等手本，到部送司，案呈到部，看得京營牧馬草場，先年開設俱在近京州縣，東則薊州、霸州、三河、固安、香河等處，西則定興、安肅、新城、新安、雄縣等處，通計一萬一千七百四十八頃有奇，中間雖有召人佃種之數，僅及三分之一，其餘地土仍各存留牧馬。自嘉靖二十九年以來，虜警日殷，春防秋防時無暇休，牧馬之事官既未遑舉行，牧馬之田民遂因而占種，若不及時清查，歲月益深，愈難稽考。况京營與薊鎮將領原無養廉之資，寒苦特甚，若將前地暫改徵租分給諸將，是爲一舉兩得，既經該營造册前來，相應議擬，合候命下，移咨都察院轉行管理屯田御史王廷瞻會同總督侍郎劉燾、巡撫都御史温景葵，督同兵備副使等官黄中、羅瑶、沈應時、張守中、宋儀望，各照所屬地方，選委廉幹文武職官分投查勘，要見某州縣該營原地若干，已經徵租若干，未經徵租若干，未經徵租内堪以耕種者實有若干，見今某人等承種，自嘉靖四十五年爲始，每畝照例徵銀三分，以前花利姑免追補；如敢倚稱權要，不行吐退，或假寫文契希圖混賴，應拏問者徑自拏問，應參奏者指名參奏，所得租銀每年總有若干，容臣等通融酌量，分給京營、薊鎮二處將官，以爲薪水之費，稍候虜警平寧，照舊出場牧馬。如有水衝沙壓或鹻薄不堪者，亦要逐一開造明白，文書到日，通限兩箇月以裏，一併造册奏繳青册送部查考。嘉靖四十四年七月初九日題，奉聖旨：『是。欽此。』

又 卷一八《覆北畿印馬御史顧廷對再議寄養馬政疏》 題爲俯竭愚忠酌議寄養馬政以祛宿弊以裕實用事，車駕清吏司案，呈奉本部，送兵科抄出，巡按直隸等處監察御史顧廷對題，奉聖旨：『兵部看了來說。欽此。欽遵。』

抄出送司，案呈到部，看得巡按直隸監察御史顧廷對條陳六事，均於馬政有益，合就開立前件議擬上請定奪。嘉靖四十五年二月十四日題，奉聖旨：『依議行。欽此。』一曰順時月以定規制。看得馬㕔所費無論多寡，猶爲小節，至於團槽喂養，在邊鎮亦間有行者，行之腹裏，不知人情事體有無穩便。改革之際，極當慎重。合無移咨順天、保定二處巡撫都御史會同印馬御史顧廷對，先將團槽一事計議停當，如果可行，别無窒碍，備由咨部，然後徐議馬㕔以終其事。二曰酌户額以圖實效。看得寄養人户原爲養馬而設，馬數不滿二萬，馬户多至四萬，徒存虚額，無濟實用，委當清查以示調停。合無依其所擬，轉行印馬御史顧廷對即將各該州縣分别上中下三等，酌量增減，仍查照寄養人户丁田多寡通融均派，大率止要二萬五千户實數，每年馬匹照數分派領養編派完日，造册送部備照。其不堪之馬，多至一萬二千餘匹，空費喂養，應該作何處置，亦聽本官徑自議處具奏。三曰一事例以均民。便看得倒失寄養馬匹，舊例俱是追納銀兩，近該本部議，自四十三年爲始，領養十年以下未經借兑者，俱追補本色馬匹，姑免問罪；十年以上及曾經借兑者，方許分别年限追納銀兩。蓋以買馬爲難，追銀爲易故爾。止緣馬户作弊，往往賤買小馬，苟且充數，以致應買馬者重而反輕，應徵故者輕而反重。御史顧廷對欲令通買本色，固爲有見，但恐人心不齊，勢難輳合，未免又啓争端。合無轉行本官責令各該州縣，以後倒失馬户應買本色者，務要收買壯大合式好馬解赴該寺印烙發屬寄養，該寺亦不許姑息收印，以滋弊端。其應該追銀一十二兩以下者，仍其舊貫，不必更改。四曰蠲逋負以舒積困。看得各該寄養州縣連歲災傷荒疲至極，倒失馬價委果追徵不前，但恐奸頑得計，益將馬匹任意作踐，無復忌憚。合無斟酌所擬，嘉靖四十一年以前倒失者盡數蠲免，以蘇民困；四十二年以後倒失者立限追補，其節年變賣馬價照舊完解，印馬御史、提督少卿務要用心稽查以革宿弊。五曰重久任以專責成。看得太僕寺提督寄養少卿既奉專勑，自當久任責成。合無依其所擬，移咨吏部，以後寄養少卿必須三年考滿，方許陞遷；遺下員缺，仍查年資相應久任者酌量銓補。六曰通文移以聯職掌。看得太僕寺職專馬政，與印馬御史委相關涉，寺院文移必須彼此相通，事方有濟。合無劄行該寺并寄養少卿以後一切馬政，務要與印馬御史互相關白以便考覈，其造册填註各項馬數，每年終會同查對等項事宜，悉如所擬施行。

又《覆南畿印馬御史周弘祖請禁奏免種馬疏》　題爲懇乞聖斷禁妄奏以全祖制事，車駕清吏司案，呈奉本部，送兵科抄出，巡按直隸監察御史周弘祖題，奉聖旨：『兵部知道。欽此。欽遵。』抄出到部送司，查得馬政條例内，洪武年間，設立種馬，每兒馬一匹、騍馬四匹爲一群，俱令近京人户領養，每群立一群頭，每五群立一群長，管領孳牧。洪武二十八年，革群監官，令有司提調孳牧，定以江南一十一户共養馬一匹，江北五户共養馬一匹。永樂十年，令北直隸各府州縣俱養孳牧馬匹。宣德四年，令山東濟南、兖州、東昌三府領養孳生馬匹。正統十一年，又令河南彰德、衛輝、開封三府領養孳生馬匹，永爲定例。弘治六年，本部奏定兩京太僕寺額設種馬十二萬五千匹，更不搭配立群，及將山東、河南六府計丁養馬，北直隸、真定等府、南直隸、廬、鳳等府論地養馬，俱係題准事例，遵行已久。今該前因，查呈到部，看得巡按直隸監察御史周弘祖題，稱額養種馬地方近日紛紛奏免，恐致馬政廢壞，乞要以後但有奏革種馬者立案不行，及不得更行撫按衙門查勘，或治一二以警其餘一節，爲照種馬之設，國家之軍機攸係，祖宗之典章具存，數年以前，止因御史錢嶫一啓奏免之端，遂使各處小民觀望成風，摭拾浮辭，往往比例陳乞。委當通行禁治，合候命下，移咨都察院轉行南北直隸印馬御史并咨各巡撫都御史會同巡按御史通行所屬各府州縣，曉諭各該養馬人户，以後不許再行奏免種馬，以壞舊制。如敢仍前奏擾，聽本部一面將奏辭立案不行，一面將具奏人役拏送法司從重治罪，以示後戒。嘉靖四十五年二月二十二日題，奉聖旨：『是。欽此。』

又 卷二三《議處通州軍糧馬匹疏》　題爲申飭薊昌防秋事宜以重根本以保萬全事，職方清吏司案，呈奉本部，送准本部右侍郎石茂華咨，到部送司，案呈到部，看得本部右侍郎石茂華議處通州軍糧、馬匹二事，具見因事盡職之意，合就開立前件議擬上請定奪。隆慶五年十一月初一日題，奉聖旨：『依擬行。欽此。』一、議處軍糧。大率謂通州軍士原額三千，見在實數未足，其中尚有老弱不堪防守，欲要揀選精丁二千四百名，每名除月給糧八斗外，再加二斗，糧不踰數，軍困稍甦各一節，兵既可精，糧又不加，深得救弊補偏之義，合無依其所擬，備行該鎮督撫等官，即將通州見在軍士三千名挑選精壯二千四百名，責令參將聶大經從實操練，其減退六百名，該糧四百八十石，就充見軍全糧一石之數，移咨户部驗計施行。一、議處馬匹。大率謂通州營見在騎操馬止二百餘匹，且減革草料，致馬瘦損不堪防禦，欲要行太僕寺將寄養馬再加數百匹，其草料照依京營事例給領，責令軍人用心喂養一節，給馬不難，養馬爲難，應得草料減去二季，委屬不便。合無依其所擬，行令太僕寺將寄養馬量撥三百匹，責令參將聶大經督率軍士用心喂養，其草料無分新馬舊馬，照依京營全季給領，不宜減革以累貧軍，移咨户部議覆施行。

明 翁大立《革種馬以助軍需以祛民害疏》《皇明疏鈔》卷六三　伏讀嘉靖六年二月十三日詔書一款：『應天府所屬論丁養馬，近因俵解馬駒，每年止解備用馬價，所養種馬或有倒失，仍復責令買補，民亦不堪。著兵部通行議處，以蘇民困。欽此。欽遵。』臣有以仰窺皇上恤窮民、釐弊政，以保安畿甸，甚盛心也。當時本兵之臣寢格不行，臣不可求其故矣。今日巡歷應天等府，小民遮道泣訴，皆以年饑缺食兼養種馬為累，臣因思之，以害民之馬供邊海之需，一舉而祛六害、興六利，通變宜民之政無大於此，宣上德達下情，無急於此。臣請先言養馬之害，而後及革馬之利，為皇上陳之。竊惟財賦出於東南戎，馬產於西北。各因物土之宜，以定貢賦之制。自先王以來，未之有改也。我太祖定鼎金陵，以郊圻之內不可缺馬，大江之南不便養馬，若牧地不缺，馬戶優卹。滁陽仍可牧馬，蓋地高野潤，有似西北。聖祖之經制，非無策也。其後乃滋弊耳。至於寄養江南，則物性不宜，萬萬不可，故以太僕寺設在滁陽，總領牧事。而應天等府每十一戶養馬一疋，初無今日種馬之多。養馬之家給有牧地，免其差徭，亦無今日孳養之累。自永樂十五年每十丁養馬一匹。成化二十三年，官收地租以歸太僕寺。弘治八年，偶因淮揚水荒，以江北之馬寄養江南。於是應天府屬八縣共養種馬四千六百四十匹，鎮江府屬三縣共養種馬二千三百四十匹，太平府屬三縣共養種馬一千四百六十五匹，寧國府屬南陵縣共養種馬七百五十匹，廣德州屬建平縣共養種馬八百匹。民之被害日漸極矣。國初論丁養馬，丁不編徭，近來人戶逃亡，槩派丁田出辦，單丁下戶亦被科擾。其為民害者一。馬頭之中另編群長，每名歲歛貼戶銀三十兩；群長之外，又編醫獸，每名歲歛藥餌銀十二兩。其為民害者二。官徵地租，野無隙地，求牧與芻而不得；又歲派草料銀，多至六兩五兩，少亦四兩，是猶紾其臂而奪之食，又扼其吭而使吐也。其為民害者三也。江南地卑，而馬性惡濕。故每歲倒損什之二三，因有問罪賠償之費，每匹不下二十兩。其為民害者四。每季點視印烙，管馬之官皆有常例，而吏胥里老又以紙劄罰贖供應之類科擾窮民。其為民害者五。先年備用馬價，每匹不過十兩，近已增至三十兩；其本色赴南京兵部者，每匹費銀五十兩；江浦、六合二縣解赴北京者，費尤倍之。其為民害者六。況今水旱饑饉，頻歲相仍，海防料價，加派不已。民有菜色而雲錦望其成群，人齧草根而芻秣欲其常給，愛物之心重且長，仁民之心輕且短。如是而謂能仰承德意、撫恤民隱，可乎？今若革之，則群長貼錢、醫獸工食，歲省銀八千四百兩。草料等費，歲省銀六萬五千兩。點烙盤費，問罪糸？氏贖，追陪價直，與常例之類，歲省銀六萬二千兩。至於備用馬價牧地子粒，初不因革種馬減損分毫。其利一也。種馬既革，則管馬通判、主簿皆可裁省，其俸錢柴薪馬夫門皂工食等項，通判員下可歲省銀二百八十餘兩，主簿員下可歲省銀一百一十餘兩。其利二也。每革種馬一匹，倣通州革馬事例，每匹徵銀二十兩，可得銀十九萬九千九百兩。一勞永逸，民亦願輸，以此起解兵部，接濟邊費。其利三也。臣見沿海護塘之外皆鐵板沙塗，馬可馳驟。今以種馬選其堪戰者千餘匹，分給總兵、參將、遊擊、把總等官領之，則倭奴之犀槍利刃不足以當臣之輕騎，跣足裸形不足以當臣之勁鏃，既有舟師截之於海，復有騎士拒之於邊。地形既得，長技在我。其利四也。蘇松水鄉素不畜馬，軍興以來急用馬匹，故華亭、上海、嘉定、太倉等處，有司不得已勒粮長辦之，動以百計。臣雖量行革去，未能盡減。今以其餘者給沿海州縣領之，不追其直，可免粮長出辦之累。其利五也。應天、寧國、廣德等處里長上役，必有走遞馬，輒被馬戶索詐。每賃一匹，日科銀數錢，今以其餘者官賣與民，每匹可得銀四五兩，供軍前草料之需。其利六也。夫天下之事利害相乘，利少而害多，臣不願為也；利於官而不利於民，臣不願為也。今革馬之利既如此，畜馬之害又如彼，則亦何憚而不為哉？或者謂民間畜種馬乃愛禮存羊之心，恐種馬既去，則馬政日廢，似未可革。臣請闢之。夫北方養種馬，賴其群跳孳生，人猶以為所養非所用，奏請裁革者。今江南之馬已解折色，種馬畜實為無名，山東、河南、江北等處固不得比例奏請，臣以為革之便者此也。或者又謂幾甸之內畜有馬匹，則緩急有備。臣又請闢之。今之沿江沿海，設有騎士以禦外侮，固將以衛內地也。萬一有警，持尺寸之紙，可使立至。況南京本色馬未嘗議革，苟有征調，不患無馬。臣又以為革之便者此也。昔御史錢嶫以鄉官而能行之於通州，臣為巡撫，不能行之於列郡，臣實愧之。是以開陳利害，剴切上請，伏望敕下兵部遵照前奉詔旨，斟酌時宜，將應天、鎮江、太平、寧國、廣德所屬民間種馬盡行革去，容臣選其堪戰者給兵騎操，以其次者給民走遞，仍於養馬縣分丁田內徵取價直以解兵部；念江浦、六合二縣衝疲已極，一槩徵取馬價，免其本色解京；將管馬通判、主簿盡行裁革，其備用馬價草場地租，督責掌印官馬科吏依期徵解，違者聽南京太僕寺與印馬御史按法參提。而又即以應天府管馬通判著落催併種馬價銀，完日赴京改選，則百餘年之弊政盡行湔除，五府之人心無不稱快。臣所謂通變宜民無大於此，宣上德達下情無急於此者，非虛言矣。

明 潘潢《議京營馬匹草料疏》《皇明經世文編》卷一九七 准兵部咨，兵科抄出成國公朱希忠奏節，奉聖旨，兵部看了來說，欽此。看得營馬草料，本折兼支，月費一萬五千餘金，比之舊例，已為極厚。而成國公朱希忠猶稱折色銀數，止值草料三分之二，餧食不彀二十餘日，欲馬強壯，必不可得，雖意在求牧與芻，顧自來蓄牧，皆以馳逐水草，騰駒遊牝，為得馬性，易致蕃滋，而縶之維之，飼以枯槁，坐成虺隤，雖多無益。所以永樂、宣德年間，近京牧地多為貴戚內寺所占，巡青之差徒具文耳。馬皆夏秋下場收牧，兼令采青禦冬，及春原無支草之例，雖正統十四年北虜內侵，亦止暫給馬草兩月，而豆料猶有不支，價亦隨時高下。當時國馬止有一十二萬四千餘匹之盛，已是舊規，自給事中夏言倡為不必下場之議，武定侯郭勳繼以草料全支之說，於是每年動支太倉銀兩，常至一十八萬，營馬之耗全在軍士私雇騎領芻豆以自利，而啖馬糟糠也。廩藏為之一虛，而營馬乃日消耗，仰視舊額，十損六七，是以得失信亦不在芻豆之豐約矣。況京折牧放草場，見奉欽依踏勘，所據草束料價，似難更議加給。其稱邇年以來，關領動逾經月，草秤亦不及數，料豆或有浥爛不堪，則各倉場出納之弊，誠不能無。相應依擬禁革，合候命下，本部一面移咨順天等處巡撫都禦史，及咨都察院轉行各巡按禦史，放青之例雖在，然是軍人典雇，莊家騎用，或耕田負重耳，馬匹倒壞，專以此也。作急踏勘牧放草場事宜奏報，本部仍劄付各管理倉場主事，今後召買秤收草豆等項，務要及數足色，不許濫牧低惡之物。及安頓無法，以致浥爛不堪，兼行應支草料該管衙門，限每月終造冊，同該府照會一齊送部查筭明白，轉發各倉場委官依期放支，每月毋許過初五日，違者通行參究，罪坐所由。既受上物，又不愆期，軍人苟無侵漁其間，營馬亦自臕壯足用。伏乞聖裁。

（嘉靖）《霸州志》卷五《馬政》 原額寄養馬一千八百六十二匹，每地一頃養馬一匹。論曰：國之大事在戎，戎之重寄唯馬。國初率自十五丁以下養馬一匹，免其田租之半。逮至孝廟，易以丁田相兼，貽謀甚善。厥後丁役不知寢于何時，今惟計畝領馬，而上田沃壤多淪入于兼併之家，小民承養馬匹，類皆荒砠瘠土，甚則亡立錐之地。且因年祀綿遠，圖籍漫漶，無可稽查。民之累害未可殫言，頻年貧弱流移户口凋減，豈無故哉？今欲覈田畝之隱欺，驗户丁之多寡，查照丁田相兼之制，均撥馬匹，或有里胥科派、大户侵漁，盡行禁止，亦或可以少甦民困之萬一。奈何此州之民流寓者衆，計其所積，反裕于土著之民，若科之以足額外之差，非所以為厲也。隱田者多計其所獲，率自為封殖之計，若均之以足常額之数，非所以為厲也。果能酌而行之，黎民無鴻雁之哀，菽粟如水火之多矣。何患乎馬政之難舉乎？賛曰：地卑土曠，水澤攸鍾，障决捍流，歲稔物豊，均輸齊力，惟正之供。剔彼蠹蠧，惠我困窮。

明 勞堪《保馬說》《射書》卷四 環堅接銳，騎不如步；逐利追風，步不如騎。山林積石，經川丘阜，車騎二不當一；平原廣野，曼衍相屬，步兵十不當一。古人有是較矣。然步易集騎難集，步易養騎難養。人盡兵也，故步易集；馬昨廣字而素蓄之，百金不可得一，故難集。一夫所食，終歲數鍾，故步易養；一馬所秣，十車不能載也，故馬難養。然今所與戰者北虜也，虜恃馬力，我不可不用騎；所與戰之地平原也，虜便馳突，又不可不用騎。是故馬宜保也。夫國家注意馬政久矣。曰孳牧，曰解俵，曰給兑，曰補買，而馬日不足者，飼秣之實不盡，耗失之科不明，地產之宜不辨，生養之源不開也。一兵授馬，舉家乘之，甚至有供爨具者矣。一將主兵，衆裨役之，甚至有供送迎者矣。芻牧之不備，水飲之不時，不稽之矣。甚至無芻菽而給之金，曰兵自易也。金入兵手，孰不妄用？有傾囊易芻菽者乎？徵調之不時，馳驟之不法，不稽之矣。甚至晴伏之所無芻菽而分之商賈，曰與商賈自為交子也。商賈析利秋毫，兵見小利，有不私他貨者乎？凡此皆飼秣之實不盡也。家市之馬失者不深罪，官市之馬失者不深罪，關兑之馬失者又不深罪，是不明馬所從來也。從戰六七歲失者又不深罪，三四歲失者不深罪，一二歲失者又不深罪，是不明馬所服役也。瘟疫斃者，駟尼喘汗斃者，馳疾癬疥斃者，歷檅羸瘠斃者，失飫一皆不之問也。至若從征有期，或行役半道稱馬斃者，奸人戕之以避戰陣；歸伍全身，不重傷稱馬斃者，懦將棄之以餌敵，又皆不之問焉，是不明馬所困踣也。凡此皆耗失之科不明也。胡種閑馳突歸，正人之所將時屬勢家，中產畏霜雪，關南之所解多給絕塞，又中產逢冬不厚其秣，遇雨不惜其險，蹄距損傷，痾眚且作死者相繼，伍為之空。凡此皆地產之宜不辨也。西北，馬鄉也，有買補無孳養，東南風氣弱也，有給養復有字息，出盜藉乘于敵也，厲禁以禁之，通貢遺我以利也，戮使以絕之。凡此皆生養之源不開也。欲盡秣飼之實，在以肥瘠課將校；欲明耗失之科，在以賠償懲行伍；欲辨地產之宜，在以遠近科給配；欲開生息之源，在以稅糧為保馬也。是數者，立法行之至易。獨保馬之法，宋人以為擾民，今時衆咻旁指不敢主議者也。愚則曰國有至計，民有至神，政有大機，時有大順。引而伸之，一轉移之間耳。夫塞下田不少也，自軍隨身官由種之，仆皆有租千上者也。州縣曰稅糧，衛所曰地畝糧，數亦廣矣，然不過祿藩府廩兵而已。夫祿藩府廩兵，所需者金與粟也，金至易得，粟次之，不與馬班也。今中州之費可以裁，而得金者何限？又邊塞不通舟楫，稔而和糴，得粟何限？移所得之金以祿藩府，出所糴之粟以廩兵，不必取足千租也。而合郡縣之稅糧、衛所之地畝糧，行保馬之法，斯足馬矣。嚴其科，十石保一馬可也；寬其力，二十石保一馬亦可也，其嚴其寬，視租為較。而復準種馬之例，以一資養之實，自春徂夏為芻菽若干，自秋徂冬為芻菽若干，兵民可自收授也。又準驛馬之例，以一資補之直，從征歲久者民全科，歲淺者民半科，有故失者兵全科，兵民宜均任其責也。然則官養不費，官直不損，可自足馬矣。僉軍丁之義勇，以代步兵之雜役，出雜役之步兵而配之馬，所謂不他求而步騎咸足也。步以乘塞扼要，伏之堡為衝虛，騎以據塞追襲，絕之後為邀擊，無不可也。

明 楊時喬《馬政紀》卷一《户馬一》 户馬者編户養馬，牧以公廐，放以牧地，居則騍駒，征伐則師行，馬從諸司職掌，所稱廐牧者也。吴元年至洪武六年，太祖高皇帝武功定天下，以所歸馬置廐牧之，設牧監羣官司之，建太僕寺于滁州專理之，既而牧監羣革，則以馬歸太僕寺，又設太僕寺于北平、遼東、甘肅，如太僕寺制皆民間孳牧。永樂四年，成祖文皇帝建苑馬寺于北平、遼東、陝西、甘肅，設苑監官，亦如洪武間牧監羣制。既而北平苑馬寺、苑監亦革，亦以馬歸北平太僕寺，令民間孳牧。凡牧監、苑監皆為官牧，凡民間孳牧皆為民牧，此官牧改而為民牧，在初制即然矣。

明 于有年《裁革無用種馬以甦民困疏》《萬曆疏鈔》卷二八《屯馬類》 南京監察御史。萬曆九年五月。臣惟天下之事惟利與害而已，圖治之道，惟興利與除害而已。故政之有利無害者，則斷在必行；無利有害者，則斷在必革。斯國受其利而民蒙其福矣。仰惟皇上御極以來，任賢輔治，裁冗濫之官，省驛遞之費，停不急之工，蠲積逋之稅，便民者必行，病民者必去，無非愛養元元，俾享樂利之休也。乃若有害于民、無利于國，如今日之種馬者，臣固知皇上之所亟欲革除以惠斯民者矣。嘗考國初種馬皆牧在官，自洪武二十八年以後，始陸續給養于民壯，直隸自永樂十年始，山東自宣德四年始，河南自正統十一年始。借民力以牧養，圖孳息以俵解，其法固甚善也，但行之既久，弊患漸生，於是有審編之害，有輪養之害，有點視之害，有交兑之害，有印烙之害，有賠償之害，有官吏科擾之害，有里甲侵漁之害，有奸巧影射之害，誠有如先臣丘濬、王道所云者。然所生之駒無一可用，至于起俵之馬，又往往計丁出錢以買之。臣生長閭閻，習見其弊久矣。兹者試職留臺，方圖奏請除免，近接邸報，見太僕寺少卿裴應章條陳内一款，議查課種馬駒，要將北直隸及山東、河南革存種馬四萬有奇，嚴行各州縣掌印管馬官員，須要時常點查，責令馬户用心孳育，務使種馬不虧，生駒足額；每年解俵馬匹，議定徵銀，買俵一半，孳駒坐俵一半，其有孳生不足、俵解無駒及隱射侵尅變賣孳駒銀兩者，容臣指名參劾等因。其意蓋謂民既出錢以買起俵之馬，而又出力以養無用之馬，民有萬分之害，國無一得之利，故循名責實，不得已而爲是救弊之說也。臣謂天下無不弊之法，法之弊也，可救則救之，不可救則革之而已。若今日之種馬，臣以爲革之便，何者？種馬之駒類多弱少不堪解俵，其來已久，故正德二年，御史王濟奏准，令馬户別買解用，非得已也，亦有見于事勢之不可行耳。距今且七十餘年矣，臣嘗見有司起解馬匹，嚴爲揀選，高長各定尺寸，俱求如式，或本地所産不足額數，至取盈于西地販來之馬，自謂無留良矣，間猶不免于太僕寺之減退。夫別買解用，已行之七十餘年之久，而欲責令坐俵孳駒于一旦之間，闔郡闔邑而産尚不敷堪俵之數，而欲坐俵孳駒一半于有限種馬之内，臣知其萬萬不能也。寺院務于責成，有司嚴于催比，徒又增百姓一番之苦矣。查得隆慶二年，少卿武金、御史謝廷傑等各條議種馬利弊，該兵部覆，奉穆宗皇帝聖旨：『備用馬匹久已買俵，種馬徒存虛名，百姓卻受實害，宜從謝廷傑說，深思詳定，著且革去一半，以蘇民困。合行事宜，你每查武金原奏議處來說。欽此。』夫知種馬爲虛名，百姓受實害，先帝之明見萬里也，革去一半以蘇民困，先帝之仁及萬民也。故當其時，直省百姓歡欣鼓舞，如獲更生。但其存留一半，至今遺害未除。惟在皇上體先帝之明，推先帝之仁，毅然爲民除之而已。合無總計每年應俵之馬，某省某府某州某縣各若干匹，每馬一匹，議定價銀三十兩外，加起俵草料盤纏銀五兩，其銀卽于本處均徭數内通融起派徵收在官，每年太僕寺預查備用馬匹是否足額，酌量多寡以定調取各處本折之數，或取本色，則有司買馬解俵，或取折色，則傾瀉馬價及草料盤費銀一併起解。仍行令各州縣將以前所養無用種馬盡數變賣，每匹照前議定價十兩，類解兵部收貯，以備邊方之用。如此則朝廷圉馬之利每歲如額，而百姓養馬之害一旦頓除，況此法既行，而經政、馬政各官又可以漸次裁減，其于聖治未必無少裨于萬一矣。再照南直隸、江北鳳陽等府、江南鎮江等府，亦各有種馬，其革存一半徒爲民害，亦猶之北直隸、山東、河南也，且其地方頻罹水災，百姓尤有不勝其苦者。更望皇上一視同仁，照例除免，俾得均沾聖恩，則兩畿各省久困之民，不將歡聲動地，共頌聖德于萬萬世哉。伏乞勑下兵部，查臣所言，如果不謬，議覆施行。生民幸甚！臣愚幸甚！

明 呂坤《實政録》卷八《嚴馬政》 三關軍士馬居其半，果養之得其道，御之盡其材，豈必匹匹上驥而後能成功哉？余姑為之條教如此。一、每馬月草三十束，豆九斗，不為不寬矣。使盡以飼馬而不肥者，未之有也。軍士侵欺常半，況關来俱係折色，到手糴買便難。且馬為官物與我無干，倘一倒死，尚有朋銀。然則軍之輕馬，無怪也。以後分以年限，一年之内倒死者打六十自行陪補，二年打四十朋補三分，三年打三十朋補四分，四年打二十朋補五分，五年朋補七分，六年朋補九分，七年除肉臟外方許全朋。再驗膘息如何，有無失養。如有膘而偶病者增三年筭，瘦損而年及者減三年筭，臨時輕重其罪，重者責陪，仍革伍。一、驗馬，四季點膘造冊問罪，甚屬套規。本院先置一馬簿，記其尺數毛色齒年買日並軍士姓名，下分二十四格眼，每隊置籤一枝，半月一掣，任其多寡，或三五籤，或十數籤，如掣到一隊，即以籤喚某一隊馬過堂，二膘免責，三膘責十棍，無膘責二十，記於格眼。半月再掣一次，責治如前，三責不改者革伍。一、軍士置買馬匹，務賣主、買軍、牙保、獸醫赴該道驗明，當堂交價印烙。大率近日馬匹中等者多，僅堪馳驅，高價十三四兩，少亦不下十兩，實非上材，即使京師起膘大馬，貴者三十餘兩，竟成何用哉？噫！難言之矣。一、軍士有能於夏秋之間除牧放外，多積青草，至秋驗數過千斤者，賞穀一石，其草即准自餵馬匹，應關銀兩分毫不減；五百斤者免責，三百斤以下者責三十，不積者重責革伍。此法一行，草多而邊價不騰踴，一也；四郊光潔，虜入無芻，省得燒荒，二也；軍士省得買草，三也。一、將官以下但有發馬一匹令軍士餵養者，許軍士舉首到官，馬即賞與本軍，將官參治。一、軍馬原不走差，經站處所自有站騾應付經過官員，但有索要鼓吹旗幟者，各管守備操防報知本院，以憑參處。守備操防擅將操馬差撥接送及副參遊守私作人情逼令差撥者，該管官俱密報本院，一體查參不恕。一、將官出門，動撥三五百匹，所過城堡中軍旗牌家人，逼打折乾，隔站遠騎，勢如强虜，將官昏然不知，或聽從讒稟，公然發暴，凌辱所在將領，此往時法網不赦之奸，令人切齒為恨。以後再有騎過百匹、折乾一匹者，本院查知，用者、與者俱從重參究；倒死者即坐本官陪償。一、撥馬原為傳遞緊急軍情塘報章奏，今人人得騎，在在稱累，本院雖置有循環，未能盡革，以後除總兵衙門登記循環外，其餘衙門本院四季俱發號票，方許塘撥應付；無號者不准，如有分外刁難者，許該撥稟訴，以憑查究。一、馬之筋力，奔馳方得展舒，馬之性氣，羈靮反致悍驁，耳不常聞金鼓砲仗，臨敵不馴；目不常見采色旌旗，當陣必駭。古者田獵以講武，此善於習者也。今也禁其奔馳，謂損精力，偶遇追奔逐敗，登嶺越溝，不惟驟勞者必傷，亦且偶策者不慣，或勒止而前奔，或左引而右拗，人與馬不相得，何以救緩急哉？故本院驗馬，只論肥瘠，不禁奔走，在各軍便於演習耳。至於馬上快鎗，更為緊要，宜慣習之。一、汰駑馬本為老疾也，舊日貪婪將官反汰精壯，賤估還官，轉賣與人，以獲厚利，縱汰老弱，收買餵養，仍給軍士充領，官銀入己。至於汰過馬，價已減十之七八，至今尚未納完。或稱軍逃，或稱官去，種種弊端，令人切齒。以後應汰馬匹，該道估計明白，定以銀數，令該管官員當堂交領，過三日者提究；其銀貯庫，候有應買馬匹，總領加添置買，再有仍前侵冒支吾者，坐贓重究。

明 馮時可《請變賣種馬疏》《皇明經世文編》卷四三四 題為條議歸併事宜以重責成，以新馬政事，車駕清吏司案呈，查得洪武初年，馬皆官牧，必官牧萬不可行，故令民間為此。二十八年，令民間牧養。永樂十年，行於永平等七府。宣德四年，行於山東兗州等三府。正統十一年，行於河南彰德等四府，漸圖孳息，以備起俵。弘治六年，太僕寺少卿彭禮以戶丁有限，奏請止設種馬拾萬匹，歲取駒貳萬伍千匹，始有定額。正德二年，禦史王濟，以戶馬日弊，請以種馬額數，令民買馬解俵，其逓年有無孳生，不必追究，種馬備用，自此判而為二。成化二十三年，鎮江府知府熊佑建議，請革種馬。正德八年，山東都禦史趙璜復議之。嘉靖間，浙江道禦史錢嶫等具題，變賣南直隸通州等七州縣馬肆千壹百捌拾陸匹。三十九年，應天都禦史翁大立復議之。隆慶二年，太常少卿武金奏請將種馬盡數變賣，該印馬禦史謝廷傑具奏，本部議覆，欽奉穆宗皇帝聖旨，備用馬匹久已買俵，種馬徒存虛名，百姓卻受實害，宜從謝廷傑說，深思詳定，著且革去一半，以蘇民困。欽此欽遵。萬曆六年，又該直隸巡按禦史胡秉性具題，變賣安東等四縣馬柒百伍拾肆匹，至今存者仍有餧養之累，革者亦有津貼之苦，其他無名勞費，難以悉數，百姓嗷嗷，日望均恤。伏蒙聖慈軫念民艱，惟茲種馬課駒，乃民艱之最重者，在昔沮變賣之議者，不過恐絕孳生之源，乏緩急之備耳。不知窮民無賴，牧飼失時，羸瘠尩隤，種且日斃，安望其駒？乃至別買大馬，以備解俵，是未嘗有孳生之實也，其何以克緩急之備？緣國初民間養馬，丁不編徭，後則槩編，甚至丁消，而馬在者有之矣，此與王安石新法中馬政何異？地不起糧，後則槩起，甚至地賣而馬存者有之矣。或一家而養數馬，或一身而克諸役，點驗無寧歲，賠償無虛日，追呼於官司，需索於吏役，以致稱貸不已，鬻產繼之，鬻產不已，鬻子女繼之，鬻子女不已，逃竄流繼之。中原根本重地，所當深慮。及查種馬原額壹拾貳萬伍千參百陸拾陸匹，據太僕寺疏開，所轄種額捌萬捌千有奇，見存銀肆萬壹千有奇，據南京太僕寺奏報種額參萬柒千肆百陸拾陸匹，除陸續變賣倒失外，實在壹萬肆千捌百捌匹，南北兩寺通共實在伍萬七千伍百貳拾參匹，今若盡數變賣價銀，收貯太僕寺，以蘇山東、河南、南北直隸困窮之眾。草料折征，每年計拾貳萬伍千有奇，積至十年，可得百萬。如遇俵馬不足，即將此銀分發各處官為收買，一同解俵，給價從厚，立法從簡，馬自雲集，堪充實用。變賣之法，其議有五，先年變賣，定價拾兩，殊為太重，迄今拖久貽累。況馬價高下，難以槩擬，合令各處撫按官選委司道各官親為佑計，高者無過捌兩，下者無減伍兩，完日先造青冊送部，以俟解銀到日查考，此變價所當議也。往時變賣解銀限期，近者三月，遠者半年，顧民間種馬，率多不堪，一時變賣，未易盡售，追比太急，則奸人射利，量寬其期，庶不厲民，此立限所當議也。草料折征，以資儲積，兼可歲稽馬戶，默寓約束。先年每匹征草料銀貳兩，小民猶稱難辨，後議征壹兩，合無定以每匹征銀壹兩，此草料所當議也。種既已革，駒不當責，其已經驗報者則屬官物，宜閱其種馬堪賣者，以報駒給賞，不堪賣者，以報駒並賣轃足今價，原未報官者免追，此報駒所當議也。朝廷此舉，蓋以蘇久困之民。即變價銀兩，亦不得已而征，各處有司，自當仰體上意，各將馬戶多方優恤，不得因其釋負，仍敢巧立名色，加以雜役。其馬戶有逃故種折者，有逃移新復者，亦宜分別減免，以宣恩澤，此優恤所當議也。案呈到部，臣等議照國初戰馬，原系官牧嗣因承平無事，散養於省直民間課駒起俵，後因多事，課駒不堪征戰，改為買解大馬之法，寄養近郊，緩急足恃，其種馬尚在民間，百十年來，節經當事諸臣建議設法，課駒迄無毫毛之效，民間攢戶養馬，困苦已極。有司按季點驗，騷擾益甚，無名差遣，各項科索，悉取辦於馬戶，閭閻殆不堪命。數十年來，節經當事諸臣建議革去種馬，永塞弊源，卒未有能行之者，豈惟年復一年，民害日深，抑恐一旦有事，戰馬缺乏。至穆宗皇帝初年，采太常少卿武金之議，欲行盡革，於時當事之臣，議革一半，其害猶未盡除，至今遺議紛然，茲蒙皇上特容臣等查照節年題奏事理，議處停當，誠為惠安小民，預飭武備至計，適該禦史於有年建議痛切，遠自數千里而至，臣等劄行太僕寺查議回，稱審度時勢，變通調停，上不失祖制，下有俾於生民，蓋亦有見於此。臣等再三考究籌畫，先年變賣未盡種馬一半，委應通行變賣，量征草料銀兩以佐買馬之費，種馬雖革，馬戶宜存，聽省直各照舊或十年，或五年，一次審編，買解大馬。如歲用馬匹數多，太僕寺預呈本部，多買本色。或有重大征戰，無論本折，悉買本色。如再不敷，並出太僕寺所貯變價，及歲積草料銀兩，分發州縣，收買驃壯大馬，一同解俵太僕寺應用，庶民害永除，武事有備。一清久廢未盡之弊，復還國初慎重戰馬之意，相應題請定奪，恭候命下，通行南北直隸、山東、河南巡按衙門，並劄付兩京太僕寺，仍咨都察院，轉行各巡按並印馬禦史，行各司道並府州縣掌印官，將賣剩一半種馬，盡行變賣，司道各官，親估價銀，上等無過捌兩，下等無減伍兩，估完先造青冊送部案候查考，以文到之日，南直隸限一年以裏，北直隸、山東、河南限十個月以裏，變賣完日，傾銷成錠，各州縣依限解部，發寺收貯，專備買馬，不得別項支用。每馬每年折征草料銀壹兩，以萬曆九年為始，征完各州縣總數解部發寺，不許延挨拖欠。孳駒已報在官，其種馬堪賣者，將駒給賞馬戶，不堪賣者將駒一同變賣輳價。馬戶有逃，故種折者審實免征，逃移復業、種馬猶存者，照下等馬價減估，仍嚴禁有司仰體上意，各將馬戶務要優恤，俾令樂業不得踵舊承訛，加以雜泛差役科索，以致朝廷恩澤不及於民。其餘未盡事宜，並經理馬政各官，應否裁革。疏上得旨，種馬著盡行變賣，撫按官悉心計處停當，具奏上請定奪。

明 宋一韓《牧政日弛振飭宜亟敬陳一得以裨國計疏》《萬曆疏鈔》卷二八 工科右給事中。萬曆三十一年正月。臣惟目才能黯淺，罔所表暨，頃循六科差次，奉命督理巡青，其不稱任使之狀，臣所自知，玆幸竣事得代矣。是役也，於點閘而見虛糜之可惜焉，於編審而見貽貺之堪憐焉，於舉刺而見催科之難辦焉，於查盤而見積貯之若掃焉。臣亦既隨事殫力，三疏陳請矣。然點閘、編審、查盤，任勞任怨事也，臣職掌在躬，天日在鑒，勞瘁不辭，怨讟安避？若舉刺則怨也，而兼任德，臣有軒有輊，何愛何憎？即歸怨由人，臣必不敢任德，有成車愛鼎之意焉，顧此猶臣所得爲耳。其有一二事，宜諸臣所未及言，或言而未及施行者，必藉皇上威靈，始可布諸令甲，臣不敢默也。謹臚列其議，以備採擇。一曰牧地之清查當議。夫牧地自放青而外悉議徵銀矣，初年一歲所入，猶得七萬餘金，以佐軍興。嗣後丈量漸失其額，而考成僅存其名。民屯莊田，溷淆易而清理難；水旱災祲，拋荒少而影射多。膏腴歸於私室，籽粒耗於公家，所從來矣。臣考《會計錄》載，嘉靖年間實徵牧地二萬一千七百餘頃，徵銀五萬二千八百餘兩，比之初年減矣。萬曆十年實徵牧地一萬九千七百餘頃，徵銀四萬六千八百餘兩，比之嘉靖年間又減矣。十九年而科臣吳之望具奏，實徵牧地一萬五千五十餘頃，徵銀三萬三千八百餘兩，比之十年又減矣。今去吳之望時又十有餘年，其間隱占湮没當亦不減於昔。第從來未經清查，誰知增虧確數？臣愚請以萬曆十年都御史吳兑所丈爲原額，嚴行州縣逐一清查原佃幾何，新墾幾何，荒蕪幾何，實徵幾何，毋懼失額之罰而襲虛名，毋逭逋賦之議而累窶户，毋餙災傷而遺萑葦之利，毋掩成熟而資豪右之肥，將增虧可得具知，而地畝既清，徵輸必裕矣。二曰内商之供應當議。夫爲王之民，執王之役，分也。豈其輦轂之下，獨無役之民乃驟聞編審，舉國若狂，甫被僉役，闔室對泣，富者請託，貧者淹禁，緩則鼠伏，急則雉經。覩此愁慘之景象，豈是太平之象民？此何故？則兼役之爲累也。先年御馬三倉，商人辦納料草而外，猶得少休。萬曆十七年，科臣楊文煥題，令御馬倉帶辦供用庫中府場，天師庵帶辦酒醋局，而商人之有兼役，自此始也。豈虞時有盈詘，民亦旋有苦樂，且也督之以二，户部未免一柄兩持，總之以數太監，殆類十羊九牧。倉場方比，庫局復追，正額未完，雜費更急，如是者而商困矣。是以乘編審之初，與户部約，諸商有應議處者，查確移文知會，而該部移文議免者，在内三倉者十七，在京五場者十三，在馬牛羊二十四房者十一，則内商之苦可知矣。臣愚請如先年例，倉場庫局各宜分析，乘此錢糧未完，户部請商之日，亟宜分僉諸商，足用而止，責令各辦應得錢糧不相兼攝，商困庶其有瘳乎？而上不病國，下不病民，策無急於此者。三曰有司之類解當議。蓋聞道州刺史甘心于下考，内史百姓惟恐以殿聞，則程吏于催科，非古也。況夫徵收已完，該府不即類解，責將誰諉？據册，有稱該府報完矣，未言收貯何處，其真完耶？未完耶？有稱見貯府庫矣，未審僉解何日，其真貯耶？未貯耶？又有曾經兑解矣，卻未明註册中，其真兑耶？未兑耶？臣竊以爲未完，顧其守若令俱表表稱賢也，是非採輿論而薦之，該府誤循良多矣。至于賢否，文册時有舛訛。如開州知州張之厚，本見任也，履歷造二十九年終止。高邑知縣金四科已加州銜也，不言加陞何州。饒陽知縣王一龍蒞任半載也，册内尚未書名，此又在守令中表表稱賢。臣若以輿論薦，是以該府之誤復自誤也，姑已之矣。臣思其故，錢糧之完逋，不關該府之痛癢；守令之激揚，不關該府之榮辱。以故玩愒相習，漫不經慮，無足異者。臣愚請下令申飭凢州縣徵完錢糧，該府不時類解，務在年終齊足，仍照查參事例，知府及署印府佐一體舉刺，即不足爲二千石重輕，而規條一親，人心知惕，部解有不如期者，臣不信也。四曰京糧之收放當議。自兩道裁革而後，京糧仍屬巡視科道，良有深意。頃緣職掌不明，收放不復關白，而此項遂爲太倉中物矣。無論部解不前，支給不敷，即爲稍有存積，復往往留濟別項之急。故上之重予若慳恡焉，商之頻告苦乞與焉，商奈何不困？蓋臣嘗巡視光祿矣，一切應放庫官先期報聞，科道未至，該寺不給啓鑰，事竣而科道手自封識，蓋其重也。同一庫藏，同一巡視，何獨于京糧而屑越若是？二十九年，科臣張鳳翔題議，陪庫官專主京粮，以杜私借，計慮非不甚周，該部竟亦議罷，何也？説者謂此項一歸巡視，有不便於該部者二，謂借支與報羨也。不知果有贏餘，明借何妨？果有奇羨，明報何妨？陰有所諱而陽阻之，是謀則臣不知矣。臣愚請如光祿寺例，凢解銀至萬兩以上者，科道官親詣該庫監收，其放亦如之。第該庫正陪交當責成，不宜專責陪庫耳。如此，既得酌其出入之數，亦併知其盈縮之由。則巡視重而欽命愈重矣。諸如此數，臣非好爲議論以滋繁擾，獨念此日何日，廟堂捉襟露肘，閭閻剜肉療瘡，時已趨于積弱不可支；巡視諸臣一歲之中又數數易，卽有更張，人且逆旅視之，其誰有堅決必行之心？此亦積輕之勢也。當積弱之時，處積輕之勢，目非時有敷陳，其奚以祛宿蠹而貽諸永久？臣故不揣愚陋，摘議其急且大者如此。伏望皇上鑒臣朴忠，亟勑户部酌議覆請施行，國計幸甚！臣愚幸甚！

明　史學遷《馬政空虛已極冏寺停俵非計疏》《萬曆疏鈔》卷二八

巡按直隸監察御史。萬曆三十六年七月。臣昨接邸報，見太僕寺少卿申用懋一本，爲冏藏空虛請發踵至等事，其中千言萬語，不過欲將備用馬匹盡數改折。臣一見之不勝駭然。夫國之大事在戎，戎之最要在馬，馬政之盛衰，國家之安危係焉。國初馬額多至十萬，孝廟時亦有十萬之多，則雲錦成羣，貔貅壯氣，豈不稱萬乘威靈哉？自種馬變而爲俵馬，則馬少矣；自俵馬分而爲本折，則馬漸少矣；近因災傷止解馬一二分，則馬益少矣。原額大虧于往昔，馬廐坐見其虛亡。有識之士正思議增解俵、請償借濟，今寺臣因户部借濟不足，欲併解俵之馬而盡數停之，是亦太輕言矣。夫安常處順之時，猶當爲思患預防之術，豈以多警多難之日，爲此燕雀處堂之事耶？弘治二年、嘉靖二十九年、隆慶三年虜入内地，蹂躪郊關，而世宗肅皇帝以太僕馬不敷用，赫然震怒，曾繫其卿而置之理。今薊門日有警報，建酋爲謀不測，羽檄交馳，在在告警，卒有意外之事，不審寺臣何計以應之耶？卽有百萬金錢，恐干戈倥傯之際，戎馬擾攘之秋，亦無處可覓馬也。况太僕之金錢，可保其常在乎？前此數千萬之積蓄，且爲軍餉别項之借用，今此僅僅一二年之積不足，無十年前百分之一，能不爲别衙門之請求耶？而能靳皇上之不予耶？予而太僕能中止耶？馬耗於俵解，銀匱於借用，則寺臣今日之言，乃銀馬兩空之道也。寺臣疏前已明白謂可備别部之那借、不時之請給，後卻云不得舍己田而耘人之田，何其言之顛越一至此也？夫一分解俵，其馬不及二千，征銀不過五萬有奇，乃云一歲可得一百萬兩，此百萬之銀從天降耶？地出耶？寄養最苦，乃其從來本分差役。停寄養而征銀十餘萬兩，則科派出於創聞，而輦轂之外且怨毒並興矣。此厲民之事，地方當之耶？寺臣當之耶？臣兩仕畿南，非不知民解俵之苦，而冏政諸臣亦有籍山東、河南者，豈不爲桑梓蘇息之慮？然終不敢以此而易彼，誠爲祖宗制不敢更，軍國事莫得而輕易也。京營尚書李化龍謂解一二年可得銀數百萬之多，而不知歲解俵馬一分，卽折銀四五萬而止，其數原不多也，且謂宜行冏寺議妥，其心虛而其議正，未有不俟部劄、不謀同事、不商有職掌者，而率然出名爲之。夫據紙上之空談，誤稱歲有百萬之積，則上可以侈九重不時之錫予，下可悦别部借濟之懽心，上下俱媚而已，之大物旦夕可得，恐國家安危所係，非爲人餙喜之具也；軍國重大之事，非爲己徼倖功名之物也。臣言至此，臣實欠厚，然職掌所在，安得模棱而不以實爲皇上告哉？伏乞勑下兵部，毋狥體面，從長酌議，查先年寺臣題准之數，本折並行，庶軍政有賴矣。臣不勝惓惓。

明　王家彦《王忠端公文集》卷五《酌議馬政長策疏》

題爲酌議馬政長策事，臣閲臺臣徐殿臣《馬政大壞》一疏，念俵民之苦，慨寄養之空，慕國初種馬徵駒之盛，欲復備用二萬原額，祈皇上亟勅部寺從長酌議。業經部覆量與改折，稍示蘇息，然必欲確求長策，又不在較量本折間也。謹徵往俟來，因利鑒弊，祈舉政於方策可乎？夫立國有三計，有萬世之計，有一時之計，有不終日之計。洪武初，設太僕寺於滁州，定所屬十四牧監九十八群，群有群長，專理民戸畜馬。永樂初，設苑馬寺於通州，定所屬六監二十四苑，苑有圉長，專用軍士畜馬。皆祖稽唐四十八監、宋十八監之制而命之，名爲官牧也。厥後以監苑馬歸有司，令民間孳牧，名曰種馬。然猶止兩都近地。宣德以後，始散養於山東、河南等府，其時馬數日蕃，無復定額。弘治六年，允先臣馬文升奏，額定南北兒馬二萬五千、騍馬十萬，每二年照例納駒，歷嘉靖至隆慶初年，猶存種馬舊額十二萬五千，而邊馬約可二十六萬。故其時，征討所至，聲華氣燄，上與房駟争光，此萬世之計也。正德二年，御史王濟議不徵駒而專買駒備用，群蓋法廢而種馬爲無用矣。隆慶二年，太常武金以盡變無用之種，每匹十兩，折納草料二兩，歲可得銀百四十四兩，雖樞臣楊博執成憲力争，不能止，其半賣，然猶有半馬也。萬曆九年，署兵部侍郎王一鶚用御史于有年疏，始行盡賣。上等八兩，下等五兩，官民馬以此無種矣。以萬乘之尊，寄駿於市猾之手，於政已乖。幸其時中外承平無事，未需馬力，銀若勝馬；而每年京營騎操之數，取辦於二萬寄養之中，恰可相當，此所謂一時之計也。乃今千餘萬之儲戸工那借已盡，而邊鎮無額之請仍屬饜無期，夫折色爲不飼之馬，故先朝不科草料，只徵銀二十四兩，俾其并力以輸本色，歷隆慶四年至今矣。楊嗣昌不知舊章之不可變，率而議加，至今民情洶洶，歸怨臣寺，并舊額而俱逋焉。臣前疏不得已有分別殘荒、蠲新循舊之說，然年來非兵則荒，正恐無從爲分別矣。至歷年本色，京營耗其一，各邊耗其三。夫畜馬邊縣，假母歸息，漢策已下。況今邊無馬則索之腹，腹無馬仍買之邊，往返賠累，民畏本色，有如赴湯。雖改折至六十七兩，猶欣然剜肉從之孰不至。民與馬俱盡，邊與寺交敝，必不止此。所謂不終日之計也。今欲確求長策。，惟有亟復祖初年之制，爲變通可久之道，其邊、腹應復事宜，恐字數溢額，謹分疏敷陳。伏乞勑部詳議力行，馬政改觀，庶有日矣。崇禎十五年六月三十日具題。

又《酌議内地馬政疏》 題爲酌議内地馬政事，臣聞堯舜不窮其民，故無佚民；造父不極其馬，故無佚馬。自徵駒改爲買俵，至今日而民力之窮極矣。夫物類惟生則蕃，故聖人盡物之性，鳥獸孳尾載在《堯典》，今棄牝索牡，復治牡爲騸，每年解俵，本六折四，嘗有九千餘匹不生不育，而馬安得不匱？先朝一軍一馬，隨調出征，歸卽還寺，發還種寄，如嘉靖三十七年廟灣奏捷，所借種馬散回原戶領養，其明證也。今軍不恤馬，利其速斃，且各邊一經撥馬之後，登耗卽不可問，安望還寺？而馬安得不匱？年來省直兵荒太甚，蒭茭不生，街巷見一馬，比之麒麟行地，共指爲祥，間有一二養馬之家，官府必行勒取，匿馬不與，卽屬禍胎。非詛馬速斃，家必不全。於是相戒以馬爲祟，而馬安得不匱？流寇每破一城，必先下僞令括馬，或質人之父放其子，令其購馬以贖。自丁啓睿、楊文岳相繼敗績，兵民馬盡爲寇資，而馬安得不匱？嗟乎！使馬月生一駒，猶不能當此軍中之耗，今既未能禁馬之耗，安得不廣求馬之生？察南北原額草場六萬七千七百六十四頃，成化末年，以堪種者納租，不堪種者養馬，今版籍未泯，搭配課駒遺法可尋。察南牧久徵折色，自難輕變；畿輔、河南、山東，宜責成有司講求官牧，以買俵之値買種，一切蒭料或未能盡給，量於折色内動支，務須官自料理而民不知，乃不爲厲。夫冀北宜馬，卽今眞、保、濟、兖、衛、彰，皆古魯、衛馬鄉，今各府有馬政通判而督理司道，北直有其三，山東有其五，河南有其一，不須增官，嚴頒勑書，俾之董率有司，牝牡兼搭，課駒徵俵，仍懸馬政一科，三年有成效者，司道優陞京堂，通判優陞司道，有司照漕例減俸行取。萬曆十八年，曾依部議，馬政修擧者行取擢用以示勸。此又舊制之可遵者。山東武德道臣雷縯祚慷慨任事，且官以屯田兼馬政，疏稱使盜息民安，百姓樂於輸納，孳牧遍於原野，數年之後，富彊之效，仍是皇上收之。夫屯田相關竝重，縯祚業毅然及孳生，乞勑其率先舉行，爲諸司道倡，亦市駿骨而千里馬自至之意也。況中原失業，到處盡為閒田，正可廣置監苑，以無失地利。官牧既行，復令民間有能畜壯馬一匹者，復二算，俾民與官互為孳息，則丘甸無非馬矣。祖犂虜庭，察虜俗占，族類以馬多寡爲彊弱，其占中國亦然。故各州縣皆令養馬，實示之以強自衛，萬一中原告警，種馬一呼卽至，可備征調，安内固本之計，寓於課孳徵息之中，修復馬政，宜不再計決矣。崇禎十五年六月三十日具題。

又《講寄牧酌折徵疏》 題爲寄牧不可久虛折徵實非長計謹遵旨確覆以昭典制事，崇禎十五年五月六日，該原任兵部尚書陳新甲覆，東路少卿葛徵奇題，爲謹陳寄養之累等事内一款，稱『近察寄養馬戶，地畝例有優免，領養例有朋幫，倒斃例有津貼，然尚有種種賠累之苦，如寺臣所指者，今馬匹調兊既盡，空戶草料每匹每年止以七兩一錢算，計空户二萬餘戶，約每年草料銀可得十餘萬兩，若照數徵銀購買，專備京營之需，其於寄户非額外之求也，一免領養之苦，一省撥解之煩，一無例賠之累，俟俵解稍充，有馬發寄，不妨扣數停止。不數年間，京營缺額似可補足。然事于冏牧可否舉行，合無請勑冏卿趁今編審之年再一商酌，速行具奏，仰聽聖裁可也』。奉聖旨：『是該寺確酌議覆。欽此。』竊念年來軍需孔急，市駿乏資，襟肘露而補救窮者，莫如冏庫爲甚。有如該部所指陳，不事峻急搒索，坐而收拾萬餘金於畿甸之内，庶幾中流一壺，臣寺詎不欣欣願之？數月以來，遠稽祖制，近參見聞，覺未易輕議折者。按京府散種馬爲寄養，原備不時調發，其制，計地編户，每户養馬一匹，始於正統十四年，歷嘉靖、萬曆間幾經裁減，故舊額五萬六百餘戶，世廟裁爲三萬戶，後復裁爲二萬五千戶，神廟裁定實編二萬一千八百五十八戶，蓋只此順、保、河三十六州縣之養戶，無刻不入二聖之心思，爲之衡量多寡，圖度減存，已與先朝額定種馬，竝傳爲不易之制矣。往例俵馬解寺發寄候兊京營，自各邊破例請發，俵寄俱盡，萬一中外戒嚴，括近畿無一馬，臣寺方鰓鰓深慮，何忍商及空户之草料，秋毫析之，而比屋徵之耶？卽曰領養民所甚苦，一旦折徵，必投牒而群應之者，然神京備用不可一日缺馬，猶之不可一日去兵，轉盼俵解一充亟須發寄，若旋折旋止，徒滋騷擾，反爲民厲。何如聽休息於一日，責領養於將來，以彰皇上能邇之德意，斷民情多方之觀望乎？或以爲二萬餘户每歲額馬未能取盈，不妨量折其半，約計所折，可得銀五萬餘兩。夫祖宗立制深意，原期蕃馬，故寧留空戶之有餘，以備寄養之不足，即前歲懷柔、順義以一千六百一十四之養户、二千二百八十餘頃之牧額，改供兵犒，識者尚以因兵廢馬追論往事，况較量多寡之間爲議折，與畿民爭束芻之利，抑末矣。夫國用即不足，冏儲即難盈，苟於各邊無額之請力爲之絶，及年例新增之數、無功妄犒之銀一切裁塞，所留冏庫，詎止十餘萬乎？先臣余子俊之言曰：『人臣事君，當隨事盡力，即近且小，亦必爲百年之計。』馬政之關軍國，何等遠大！臣若規利眉睫游移附會，槩狥部議，見金而不見馬，是亦先年王濟、武金折賣種馬之别名，其爲害馬紊制，罪維均也。餼羊可惜，舊貫當仍，謹遵旨，確酌覆請，伏乞聖裁。乘今編審既定，慨然修復，務使三年之内，盡還寄養原額，勿爲言利者所中，固根本而張國威，。在此舉矣崇禎十五年九月二十五日具題。

明　陳仁錫《無夢園初集》漫集一《遼東孳馬》　對戰必籍于馬，而販馬必資于餉，蓋以餉而入，奸商既喜侵分以爲利，以馬而散兵丁，又若牽累以爲害，是以日販而日不足以壯營伍。然則必何如而可？蓋販馬不如養馬，養馬不如嚴法。一兵給馬，隨以食給兵，兵不飽，馬轉以飽，已且無事而馳驅，日遊市路之中，夜甘槽櫪之餧，必責在營將與千把總。倘有倒死，本軍究治營將千把總賠償，督責嚴則馬自壯。

又《滁州復馬政》　高皇帝擇水草豐美莫過滁州，平定天下多倚此馬。今牧夫亡，牧田亦亡，坐兩太僕于醉翁亭畔，歲課二十萬金，不過遣一户部司官足矣。竊意留種馬如故，必倍解京之獲，策應中原、冀北、三秦以次悉復矣。否則，臨敵易將，忌也；臨陣買馬，謂之何哉？山海關馬瘦甚，寧遠不然，以有騎戰馬斬之令也，然則馭之有方矣，生之豈無道哉？

明　閻仲寧《題爲早正種馬以免廢弛馬政事》《皇明名臣經濟録》卷一四　兵部題云，云該雲南道監察御史王齊題，臣於正德元年正月二十一日，欽蒙差往直隸、山東、河南，印記弘治十七年分孳生馬駒。竊念祖宗立法，種在民間，正欲孳生起俵，以備邊用。今雖有種馬之額而無種馬之實，徒有孳生之名而無孳生之用，臣愚所以甚為之痛心也。先時，議者有欲併去種馬，止照地畆人丁出銀買馬，此固可革時弊，但祖宗養馬之法不可廢壞，為今之計，種馬、地畆、人丁歲取已有定額，但要種兒騍馬揀選四尺五歲以上、十歲以下高大者存留，矮小老弱者賣價，區處買補，湊完原數，照額養在民間，府州縣官一年四次、太僕寺官一年二次，止是點視，務要膘壯，病瘦者依律問罪，倒失者就令陪補，永為定例。設有緊急，亦可調用。遞年有無孳生，不必追究，太僕寺歲取備用，大馬止照種馬定額派行，各府州縣買解，假如有十萬種馬，歲取備用一萬，只得十匹，買一匹，以地論之則出於五頃，以丁論之則出於二十五丁、五十丁，衆輕易舉就取三萬，或銀馬中半，百姓亦皆情愿。百姓止養種馬，既不為孳生受害，設有生好駒，起俵變賣，悉聽自便利之所在，又人所必興，豈有不用心看養種馬，依時群蓋而取孳生自然之利乎？夫官馬、民馬同一陰陽生生之道，各處逐年起俵大馬，俱係民間所産，類非天設地造，議者以為地産有宜，否則古人冀北多良馬之説何每見諸載籍？豐於民而嗇於官者，蓋由利害之分，遂至懸絶。喂養科罰之害在民，孳生之利在官，雖日撻而求其好孳生，決不可得；種馬之額在官，孳生之利聽民，雖日撻而求無好孳生，亦不可得，此皆情也，亦勢之所必致也。臣廣詢博訪，虧民損官，其弊如此。如蒙皇上俯察臣言，勑行兵部，從長議處施行，則三五年間孳生既屬下不求其蕃息而自蕃息，種馬雖屬官不求其壯盛而自壯盛，免官府查筭印記之煩，絶管馬官吏、書筭人等科罰侵漁之弊，公私皆得其便，祖宗立法養馬之意，可保經久不廢矣。奉聖旨，該衙門看了來説。欽此。正德二年，本部尚書閻覆題云云。奉聖旨，是。勘定種兒騍馬定數：南北兩京太僕寺所屬府州縣衛額種兒騍馬一十二萬五千匹，兒馬二萬五千匹，騍馬一十萬匹。太僕寺所屬府州縣種兒騍馬八萬七千五百匹，兒馬一萬七千五百匹。南京太僕寺所屬府衛州縣種兒騍馬三萬七千五百匹，兒馬七千五百匹，騍馬三萬匹。北直隸、河間等府二州十三縣，種兒騍馬五千三百六十匹，兒馬一千七十二匹，騍馬四千二百八十匹。大名府一州九縣，種兒騍馬一萬八百八十匹，兒馬二千一百七十六匹，騍馬八千七百匹。保定府二州十三縣，種兒騍馬七千九百四十五匹，兒馬一千五百八十九匹，騍馬六千三百五十六匹。順德府九縣，種兒騍馬三千七百一十五匹，兒馬七百四十三匹，騍馬二千九百七十二匹。廣平府九縣，種兒騍馬三千七百七十匹，兒馬七百五十四匹，騍馬三千一十六匹。眞定府五州二十六縣，種兒騍馬一萬七千六百三十五匹，兒馬三千五百二十七匹，騍馬一萬四千一百八匹。永平府一州五縣，種兒騍馬四千六百七十匹，兒馬九百十四匹，騍馬三千七百三十六匹。山東、濟南府四州二十三縣，種兒騍馬一萬三千三百四十匹，兒馬二千六百六十八匹，騍馬一萬六百七十二匹。兗州府四州二十一縣，種兒騍馬一萬四千六十匹，兒馬二千八百一十二匹，騍馬一萬一千二百四十八匹。東昌府三州十五縣，種兒騍馬三千三百八十匹，兒馬六百七十六匹，騍馬二千七百四匹。河南開封府一州六縣，種兒騍馬一千三百二十五匹，兒馬二百六十三匹，騍馬一千五十二匹。彰德府一州三縣，種兒騍馬一千一十五匹，兒馬二百三匹，騍馬八百一十二匹。衛輝府種兒騍馬四百一十五匹，兒馬八十三匹，騍馬三百三十二匹。南直隸鳳陽府四州十四縣，種兒騍馬九千五百一十一匹，兒馬一千九百二匹，騍馬七千六百九匹。揚州府三州六縣，種兒騍馬五千五百九十三匹，兒馬一千一百一十九匹，騍馬四千四百七十四匹。淮安府二州九縣，種兒騍馬六千三百一十匹，兒馬一千二百六十二匹，騍馬五千四十八匹。廬州府二州五縣，種兒騍馬四千三百七十四匹，兒馬八百七十五匹，騍馬三千四百九十九匹。應天府七縣，種兒騍馬四千六百四十匹，兒馬九百二十八匹，騍馬三千七百一十三匹。鎮江府三縣，種兒騍馬二千三百四十匹，兒馬四百六十八匹，騍馬一千八百七十二匹。寧國府南陵縣種兒騍馬七百五十匹，兒馬一百五十匹，騍馬六百匹。太平府三縣，種兒騍馬一千四百六十五匹，兒馬二百九十三匹，騍馬一千一百七十二匹。廣德州建平縣種兒騍馬八百匹，兒馬一百六十匹，騍馬六百四十匹。滁州二縣種兒騍馬七百八十五匹，兒馬一百五十七匹，騍馬六百二十八匹。和州一縣種兒騍馬六百三十七匹，兒馬一百二十七匹，騍馬五百一十匹。滁州衛種兒騍馬二百九十五匹，兒馬五十四匹，騍馬二百四十五匹。

明　張岱《石匱書》卷三三《馬政志總論》　馬也者，所以給軍士、備邊圉也。太祖定鼎金陵，以郊圻之内不可缺馬，而大江之南不便養馬，洪武六年，設太僕寺於滁陽，掌馬之政令，而統於兵部。七年，命刑部尚書劉惟謙申明馬政，嚴督有司盡心芻牧，不如令者罪。是年，設群牧監。十三年，增滁陽五牧監。二十三年，定為十四牧監，置草場於江北湯泉、滁州等處，復令飛熊等衛軍五軍養一馬。其明年，罷民間歲納馬草。二十六年，定騍馬歲生駒一疋，馬生一歲，解京印烙調撥。二十八年，廢群牧監，令孳牧於民間，專官掌之，不得他攝署。歲籍駒而記之，正月至六月報定駒，七月至十月報顯駒，十一月至十二月報重駒。虧欠倒死者人户責賠償，或一縣或三五群長，輳價買補者聽。歲終考馬政，政不舉者，府州縣正佐首領官吏决杖二十，管馬官吏加等痛治。二十八年，令江南十一户養馬一，江北五户養馬一，免其身役，丁多之家充馬頭，專一養馬，餘令津貼錢鈔，以備倒失買補之用。凡兒馬一疋，取騍馬四疋，為一群，立群頭一人；五群立群長一人。每群長中選子弟聰明者二三人習獸毉以治馬。三十年，設北平及遼東、山西、陝西、甘肅行太僕寺，定牧馬草場，自東勝以西至寧夏、河西、察罕肥兒，東勝以東至大同、宣府、開平，又東南至大寧，又東至遼東，又東至鴨綠江，又北去不知幾千里。而南至各衛分守地，又自鴈門關外西抵黃河，渡河至察罕肥兒，又東至紫荆關，又東至居庸關及古北口，又東至山海衛。成祖即位，改北平行太僕寺為北京行太僕寺，永樂四年，設苑馬寺於陝西、甘肅、遼東，苑立圉長一，圉長率五十七人，人牧馬十匹。上苑牧馬萬匹，中苑七千匹，下苑四千匹，以地廣狹為差。十年，改北京行太僕為太僕寺，令北直隸領養。十一年，令御史同錦衣衛官巡視，置草場於順天等府，以春末夏初下場牧放，九月回營。十三年，定十五丁以下養馬一匹，十六丁以上養馬二匹，為事編發七户養一匹，除罪為良民。十四年，令北方人户五丁養一馬，每馬十立群頭一人，五十立群長一人。十五年，定江北每五丁養馬一，江南十丁養馬一。宣德三年，令北直隸每三丁養騍馬一，二丁養兒馬一，免糧草之半。自是馬日蕃，則散於山東之兗州、濟南、東昌，故山東之養馬也，自宣德四年始也。自是馬日蕃，則散於河南之彰德、衛輝、開封，故河南之有養馬也，自正統十一年始也。十四年，虜也先入寇，言者以馬在民間，遠或七百里，猝不及調發，遂命所在歲取備用馬二萬解京師及近京州縣養之，名寄養騎操馬。其後虜退不罷，為故事。景泰三年，令兒馬十八歲以上、騍馬二十歲以上免筭駒。成化元年，令買補孳生馬駒，有司四匹，軍衛五匹，折買騸馬一疋，以充備用。其後以為例，謂之四户馬。二年，以南方地不産馬，收折色。六年，巡視眞定等處吏部右侍郎葉盛奏：『今日民間最苦養馬。舊例牝馬一匹，歲課一駒。當時馬足而民不擾者，以芻牧地廣，民得為生，馬得自便故也。後豪右莊田漸多，養馬漸不足，洪熙元年改兩年一駒，成化元年又改三年一駒，馬愈削，民愈貧，然馬卒不可少。於是又復兩年一駒之例。夫納馬有數，用馬不貲，雖有智者，無善處之術。方今京營各邊缺馬取給民間，孳牧所缺之馬，雖亦責賠於軍，而軍多艱苦，又不能償，仍復給之。於是馬愈不足，民愈不堪。為今之計，欲寬民間之馬，必有以處軍中之馬，然後其弊可除也。請以宣府一處言之。往年以馬死未賠，將步隊軍之孱弱空閒者領種官田，用其餘糧易銀，山西買馬，一年得馬一千九百餘匹，馬皆精壯，軍免追賠而民間亦得以寬舒。此已行之成效也。諸邊風土雖各有所宜，然隨處盡心，自有良法。請勑各邊會議，隨其土俗所宜，凡可以買馬足邊免追賠於軍、關領於民者，聽其便宜處置。果有成效，具實奏聞。仍勑廷臣會議，通核遠年近日各項莊田，權其輕重，量與處分，還民復業，及令各營總兵等官一體會議處置，裨益馬政，稍紓民力。』七年，巡撫陝西都御史馬文升因言：『今日邊軍之苦莫甚賠補。是以馬不及償，人已逃伍，雖嘗給錢貼助，惠不能周。惟屯田軍士有田多丁少而不領馬者，有田少丁多而領馬者，槩均其田，事體未易。但每人見田百畝，約獲五十餘石，以六石輸官之外，所存尚多。令歲納銀一錢，一衛計田三千五百頃，可得銀三百五十兩，足以貼助買補欠馬。軍士雖有消長，屯田則無增減，事可常行。若屯軍積銀既足，又可分諸邊城貼買如例。然復恐專恃買補，不復加意飼養，虧損反多。宜按領馬軍丁名册豫為審勘，分上中下三等，凡買馬一疋，上等出銀三兩，中等二兩，下等一兩，餘價不足，乃以田銀給之。是亦古者以田賦馬之意也。』下兵部，從其議。二十三年，鎮江知府熊佑以南方生駒矮小，奏請盡買種馬，歲銀三千兩以抵馬價。兵部尚書余子俊議：『養馬科駒，祖宗百年之法，解徵價銀，官府一時之權。必欲科駒，須養種馬，賣種馬而徵馬價，是猶無田而徵租，此策一行，上有無藝之徵，下出無名之賦，馬政益廢，民情不堪。若使府縣提調管馬官嚴加提督，用心孳牧，則每歲千百匹中豈無蕃息？縱使南方生駒矮小，照依見行事例，印馬之時，除騍駒印記作種兒駒揀選堪中者印記，聽起解并搭配騍馬群蓋孳生外，其矮小不堪起解者不必印記，就令養户領回變賣，輳備價銀。如此，則雖有賠補，亦不曾多，比之盡賣種馬、令民無故出錢，其害非小。』自永樂遷都以來，馬至數十萬，孳生日增，往往輒俵於民，民年十五者皆養馬。弘治二年，太僕寺少卿彭禮以國家田稅皆有定額而馬無定額，歲歲有加，因言：『自古牧馬各有監苑，未聞寄養於民間。今寄養馬駒歲課無窮，而民間户丁生長有限，以有限之丁，責無窮之駒，民困無由而蘇。請今定種馬額，止十萬匹，歲取駒止二萬五千匹，永不增添。駒存其高壯者以備歲用，其不堪者變賣價銀，貯之太僕寺以候他用。如有倒失，即令補足，遇赦不免。可為久遠之計。』兵部尚書馬文升覆奏行之，於是種馬始有定額矣。是為弘治六年。正德二年，御史王濟言：『今賦重差煩，財窮力竭，且如養種騍馬一匹，孳生一駒，是為二匹。兩年印記充種、補種搭配，起俵不出，養在名下，四年二駒，是為三匹，甚至積有四匹五匹，費用草料，雖有養馬地，所得幾何？加以官府點視、刑責科罰，所以百姓惟恐有一孳生，害馬而死之，間有定駒，賄諸族豎而諱之，有虛駒，則飲以凉水酸泔墜落之，馬之虧欠，不過如例納銀二兩而已；虧欠不得，馬則孳生，又害孳生而死之，孳生既出，雖報在官，饑餓作踐求為倒死，不過如例納銀三兩而已；死孳生不得，又饑餓馬，馬則瘦削，雖有孳生，終皆矮小，又有管馬官慮分數不及，逼之倍買，送官搪塞，名曰撓頭駒。求為變賣，照例不過納銀二兩三兩。間有印記或堪補種，亦難起俵。太僕寺歲取備用大馬，未免科民重買，百姓甘心受累，因虧欠倒失變賣之例行，故將種馬作廢。若不早為從長區處，徒費喂養，終無實用。今種馬地畝人丁歲取已有定額，請但以種馬額數令民買備用馬解俵，而種馬孳生，縣官毋與。』兵部是其言。自後每有奏報，輒引濟言縣官無與種馬事，但責駒於民，遺母求子矣。太僕寺卿儲巏論：『太僕寺歲收馬價，自成化二年始也，亦行之南方而已，自後有比例加增者。當時各邊未嘗奏討，間有奏討亦不盡從，緣各邊自有買馬之需也。今自諸邊奏討端開，遂不可止，其數倍蓰於前矣。寄養馬於近圻，自正統十四年始也。然本意備京營之用，不專為各邊之資。緣各邊各自有太僕寺、苑馬寺馬，足備征調故也。其後苑政廢弛，一遇邊警，奏請紛然。其在今日，亦倍蓰于前矣。邊方見京師銀馬易以邀求，騎操馬匹不甚愛惜，馬至倒死，又不行賠償。鎮巡大臣潤略文法，把總等官乾没貨利，國家財物有限，邊方請求無厭，歲復一歲，何以支持？又昔時邊方討馬，兵部奏勘缺少方行量給，其後不料邊情之急緩，不計内馬之盈虛，隨數輒與，不復稽考，任其耗費。請自今嚴覈量給，庶彼知得馬之不易，亦肯加意調養。又本寺未收折色以前，止給見馬，今給價十萬，作馬萬匹，價少馬多，似利於官。殊不知馬價銀不入軍中，就為有司乾没，及至買馬，價既不多，安得善馬？買尋死，死尋請，原其奏請，非為馬矣。今後邊方有奏，請仍給馬。又各邊餘糧、屯田、草場、椿頭銀，本備買馬。舊不給銀，邊無不足；今給益多，邊馬益乏，其故何與？請下兵部遣官按視，豫知盈虧多寡之數，臨期易以酌量。若一時動衆興兵，方許暫增銀馬。又各邊稱馬死，或生災病，或因馳逐，理或有之。然非瘦損作踐盜賣私借，不應如是之多。况生病亦由水草之不時，馳死亦由作止之無節，所宜選委管馬官督責飼養，及少卿每歲巡點二次，馬有瘦損例倒失，百户、指揮等官或按月住俸，或奏聞區處，一如則例奉行，庶邊方將士悚然知朝廷法令嚴明，共圖實事。」終嘉靖之世先後論馬政者，則有都御史王廷相、御史聶豹。廷相之論曰：『臣謹按，馬政之壞其故有三：草料不足也，給領失宜也，餵養無法也。臣按，團營馬有曰存操者，有曰下塲者。存操馬起四月盡九月有料無草，下塲馬起四月盡九月無料無草，惟十月入操後至三月盡，二項馬俱有料而給草，止三個月。以一歲計之，存操馬有料無草者九個月，料足而草不足；下塲馬僅得料草半年，而無草亦九個月，草料皆不足。夫馬給於官，非自己之物，草料自備，乃累家之苦。賠錢養馬，雖聊生軍士猶或難之，况實貧軍？何怪乎馬日以斃也。祖宗以來，諸司事例隨時而變，亦云多矣。即如下塲馬，弘治以前尚隨塲牧放，今草塲半為田畝，而民間納租銀矣；營馬隨便牧放，而軍士不出京城矣。養馬之例既變，而責養馬者猶執下塲採青之例，官以非事例而不通變於軍，軍以非著己而不賠錢於馬，馬之為病，豈不冤哉？且群馬到京，一馬之價毋慮費三四十金，而乃吝此數月草料，以致瘦死，所惜者一倍之利，所失者數十倍之多，其故何也？掌馬者權不及財，掌財者慮不及馬也。誠不競分職，通作一家，則草料馬匹皆緊切之用之，酌輕重、別利害，不至惜數月之費，致傷數十金之馬矣。臣故曰草料不足也。臣謹按，團營草塲本為牧馬而設，所收租銀以之養馬，其固然也，今乃以收貯太僕寺為買馬之用；薊、霸二州牧馬未開地土尚有六千九百餘頃，若再行召民佃，約可得租銀二萬六千餘金，而乃置之不問。夫此皆可佐户部之資而廣數月之急者也。臣按養馬軍士家稍饒給，則衣食有積儲，居止有房舍，付之養馬則草料必不短少，頓置必不暴露。今饒給之軍慮馬為累，賄賂人情，百方買脱，而領馬者盡貧軍耳。夫軍而貧也，僦房以居，需糧而食，僦居則馬必露地而雨雪及之矣，需糧則旦夕不贍，而草料之費入其口中矣。臣故曰給領失宜也。臣欲將三大營並團營軍審察其有力者責以領養，無役貧軍。臣按軍士關出草料，從其自養，養與不養，莫從稽也。愛惜馬匹、喂以實草實料者固有其人，多有奸徒、貧户，未關本色，已賣籌之他，關到折色，復為自食之。其夫喂馬者，賤買酒糟而已，料草於何有？夫酒糟性熱味酸惡，熱則馬易生瘡，惡以酸則不作膘而損力，雖毛蹄强壯，不數月成羸馬矣。臣故曰餵養無法也。臣謹按，在營每把總官管下所屬之馬，有百匹者，有七八十匹者，其中有上膘、有中膘、有無膘，上膘、中膘可不問也，臣欲將無膘之馬管下把總官各會集一處，或街巷空地，每日申酉時親至驗視，令出熟草細料面餵方散，夜乃聽其自養。臣等亦不時遣人驗視，既膘之後，免其會餵。有仍餵酒糟者，發露之日送法司問理。』聶豹疏曰：『臣奉命督理南畿馬政，民以馬赴訴者如蹈湯火，固甚駭之。點烙之後，因得備悉始末，察其幽隱，而知其情。臣仰稽祖宗立法之初，非厲民養馬也，民為公家養一馬，以田科者，則有免徵之田，田以畝計者三百；以丁科者，則有不役之丁，丁以數計者十五。有草塲以為芻牧之資，有生駒以充解俵之馬。以故百年上下，民差稱便。今也水旱頻仍，疫癘交作，沿革因時，寖乖初意。問免徵之田，則曰畝非不三百也，拋荒過半矣；問不役之丁，則曰丁非不十五也，逃亡不一矣。草塲在也，而有租銀之徵；孳生有駒也，而不中解俵之用。利害懸矣而猶未也，額養種馬與備用馬價，朝廷有定數，有司不得加損也，拋荒逃亡，有司未如之何矣？則責令見在丁田之家包賠取盈，豈惟徒失養馬之利，而害尤甚焉。令見在之田果皆膏腴、見在之丁果皆富庶，責令包賠，猶云無害；乃田之見在不過有主知管耳，歲之不易，猶拋荒也；丁之見在不過尚有父母妻子之聯屬，不忍即離散耳，室如懸罄，猶逃亡也。至於租銀之徵，本為草塲散布非止一處，養馬之户相去窵遠，牧放不便，以至荒棄，故欲召人佃種，租入官，聽候給民帮買備用馬匹也。正德年間，乃立限解部，以備京邊買馬之用。夫草塲本為芻牧而設，今乃無故而徵租；馬料原自草塲而出，今乃反之而歛民。馬户本有之利，奪之使無；養馬本無之害，加之使有也。誰生厲階，至今為梗？民間痛苦，宜其有湯火之赴訴矣。臣總挈江南北徵租之銀，歲輸不過五千餘兩，朝廷視之幾何？而窮極之民倚以為命，何可不軫念也？伏望勅下所部行江南北撫按衙門，擇委廉能官員勘覈各府州縣養馬人户實在丁田若干、計畝計丁當養馬若干，如舊領養，其餘拋荒逃亡若干、舊當領養若干，暫為開除當年額解備用馬價，仍令實在人户包賠，則雖有草料之費、買補之難、包賠之苦，將見在人衆力齊養馬之家，丁田既足其實在之數，而於軍國之需，庶亦不失。至于租銀之徵，亦令委官踏勘諸處額有草塲若干，分別荒熟肥瘠等第，量為起科，無分養馬與否，計畝均納，如舊收貯所在州縣，準該年折色，至有不足，然後照馬科補，庶乎利歸養馬之家，惠無不沾之人。』此二臣之言，可以知馬政也。隆慶元年，太僕寺少卿武金言：『本朝馬政，近邊有官牧之制，腹裏有民牧之制。官牧之制無容言矣，民牧之制，計丁養馬，歲以孳駒解京備用。法非不善，但孳駒類多弱下，解俵不堪，逋欠日積，馬戶逃竄，而其法難行。正德二年，御史王濟奏令馬戶別買解用。夫種馬之設，專為孳備用馬也，今備用馬既別買矣，自今如備用已足二萬之數，宜令每馬折價銀三十兩，類解太僕寺，發各邊依時估買馬。則一馬折銀十兩數，可買戰馬二匹，不必加銀而馬數自倍，於凡所養無用之種馬，宜盡行變價，以備練兵之用。如一馬定價銀十兩，則北直隸六府、河南四府、山東三府約有種馬一十二萬匹，可得銀一百二十萬兩矣。種馬既去，則養馬草料當收，仍每馬一疋折草料銀二兩，則每年又得銀二十四萬兩矣。』御史謝廷傑奏：『武金欲去種馬，種馬本以孳生備用，既而徵銀買俵，則種馬似為贅物，而倒失賠償，於民稍苦。故議者往往欲行奏革。但議者奏革故非一人，而兵部執止又非一次，良以祖制所定，軍機所係，不可輕也。祖宗法久弊生，但當清法以除弊，不當因弊而廢法。儻因法弛無效，欲併種馬盡廢，萬一有警，驟行調發，何所措置？昔人謂戎者國之急務，使馬為不急，則兵亦遣而還農乎？伏乞勑下兵部確伸前禁，如謂果無實用，姑為目前卹民之計，則亦惟深思詳定，非愚臣所敢預也。』下兵部，兵部覆廷傑言是；而是時內帑缺乏，方遣使分道搜括天下逋負，因武金有『買種馬可得百二十萬』之言，當事者遽請旨下武金原奏議之。於是兵部復奏種馬軍國重務，輕難盡革，請變賣一半而養其半，存者尚資民牧養，費多折徵，費省未免不均，每馬每年折徵草料銀二兩，其存留之馬戶為正頭，變賣之馬戶為帮頭，養馬則通融攤派，遂行之。三年，御史謝廷傑又言：『頃者變賣之馬歲宜徵草料銀，夫使種馬盡賣，民得盡免勞費，其徵草料所甘心也。既存留一半，則變賣者仍為之帮貼，力若稍寬，勞費尚同。況民間養馬任其水草之自適，民間貼養隨其資物之自有，未必實費銀錢。今官徵而實入之，則比追之煩、措置之艱、起解之累，別增一樣科派，別增一樣剥削，養馬之責未盡委，而草料之納反加多，是所省不償所出也。且變賣種馬，價不過五六兩，曩皆徵以十兩賠充，亦甚苦矣；而復益以草料，又將何所措乎？朝廷富有，豈計錙銖於養馬之餘，民役困繁，乃加毫末於額數之外？乞將加徵草料銀秉今未派悉與蠲除。』兵部議，若盡蠲草料，將來種馬之生意既絕，馬價之積貯日虛，儻有他虞，何以措手？但以歲收未豐，如廷傑言，量徵草料銀一兩，至隆慶六年仍徵二兩，待年豐之日，仍買馬種給民孳養，額數足日，草料即與停徵。其明年，吏科給事中光懋亦以為言，部議如舊。蓋自買種馬之後，論者始以王濟不問孳生為謬論，部議終以變賣種馬為未安矣。其時右都御史曹邦輔言：『南北直隸、山東、河南原額種兒騍馬十二萬八千，不為不多矣，而解俵于太僕，歲二萬，若以十二萬餘減半課駒，亦當有六萬。六萬之中，又不能選二萬？解俵，不知所孳養馬駒歸於何處？消耗如此？臣舊知元城縣，每見管馬官一次點馬，不過千匹，而常點數日不了，問之，則曰某馬瘦、某馬小、某馬毛病不堪，更不問駒有無，於國初種馬騍駒解俵之意，茫然不顧。徒常常點，視滋漁獵之計而已。其時臣往點視，殊不令打量丈尺長短大小、喝報肥瘠毛病，但按册呼名，問駒有無記籍之，有駒者令歸業，不復至縣中；無駒者數下令期督之，更不擾有駒者。人樂其便，從此不一年而十已七八有駒矣。若漂沙及病馬不孳息者，稍易一二，則皆可生駒之馬，殆無不生之駒。臣常恨管馬官不盡職。若執專一課駒簡易之法，課駒之外，一不擾害；又通計人戶，量貼草料，則大小馬可以兼養，孳駒之家可以獨養矣。蓋起俵馬須三歲以上、八歲以下，而孳駒之家可餧駒三四年而獨自費乎？此在人情有不堪，而馬駒因無成材中俵者，繇此也。若可中俵，亦省衆攢銀買俵，此無駒可俵，而買俵者自減，若不可俵，變賣亦了，衆無虧欠馬駒之罰。若連年二駒，定與馬戶一駒，則當與衆共分；若衆不願帮養馬，亦不分駒，專歸養馬之主，則不偏獨累養駒，而孳駒之心自急，或二年有兩駒者矣。若二年無一駒，虧欠倒失有罰，賞罰明而馬不蕃息，無是理也。不然，有罰而無賞，此自來欲其馬之蕃生而竟不能者。若有賞有罰，而更行臣前至簡至易之法，除課駒外，累月成年再不點擾，即一人管幾千萬馬，亦可一律齊矣，而況群長、群頭、馬戶之多督馬提調之官，而何馬政不興哉？』而論者亦未必能行也。至萬曆九年，而盡賣種馬、納價太僕矣。太僕出價買騙馬，每馬三十金，州縣輒以下駟進，直數金而已，而寄養於馬戶。此時張居正為相，太僕馬價充牣，世言居正能富國，而不知祖宗之制至是蕩然矣。大要太僕之政所不能復前朝之舊者，蓋始於國初法嚴令行，其後嚴之不可，以為常一，潰防而弗能止也。凡馬有蠻夷之貢馬，有互市馬，有茶馬、塩馬。

兵興，調不足，或至借王府民間馬，或市馬，市馬之多，正德間至數萬匹。又有賣爵贖罪之馬，宣德天廐之馬，以色別而名之，其種三百六十，今吏牘所載馬曰銀、騧青、沙紅、沙栗、色糖、銀騧、海騮、枣騮、玉頂鼻尖、五明豹肚、四明玉臉、鼻白、沙桃、沙虎、喇土黄、篁草黄、雪架、葡萄、艾葉青、兔騧、麝香青、爛毛青、赤兔、臙脂馬、的盧馬，其毛色二十有五種。洪武間馬政榜文：凡餧馬料，豆必熟而凉之，拌匀，以料水草。餧後飲之水，緩牽而行之數里而息之，卧之沙土地，毋繫之於馬槽，毋與牛同繫同餧。草生之月，領馬逐水草，晝夜放牧，遇炎暑，收養之高阜，毋使蚊虫侵之、雨水濡漬之。每日午，蔭之於樾下，無樾下之蔭，栅凉之。凡夏月一日而三飲馬水，春秋冬兩飲之。月二十日或十五日，啖馬以塩水。如是馬頭之家生畜不旺，馬户和議，散養之旺家。馬房馬槽，毋磚石砌之，掃除潔蠲，馬槽餵草，毋縱放雞鵝等畜踐踏，梳蓖頭髮遠之，毋使馬悮食，是皆能病馬。凡兒馬搭配之騍馬，春月臕壯使之群蓋定駒，所配兒馬弱不堪，別求好壯兒馬群蓋之。兒馬已蓋過未定駒，再蓋之，毋混雜花他兒馬，不便於定駒。凡府州縣立符籍以付馬官吏，書定駒之期日與夫群蓋之數，群長立籍，亦如之。買補日期亦附籍，使後有按驗。凡群蓋，以春月若夏月，須候晴旭好晨晚，已蓋三五次，三五日而休之，而後再群蓋。騍馬打踢不受蓋，定駒矣；仍用兒馬再蓋之，果不受，蓋定駒審矣。凡養定駒之騍馬，吃草先之，飲水後之。篙楷黍穰雜糧瀄米泔并諸污水皆不可餧定駒馬，慮其落駒也。凡補領或孳生三歲騍駒，如例每二年納一駒。若駒務買補還官，長大之，可以蓋。凡定駒若干、顯駒若干、重駒若干，管馬官吏時下鄉督視詳籍記。正月至六月報定駒，七月至十月報顯駒，十一月至十二月終報重駒。始群蓋者，第籍記曰定駒。凡馬初生無毛，七日方起，古書所謂龍駒也，或生此駒，明告於官吏。永樂中，定苑為上中下，上苑牧馬萬匹，中苑七千匹，下苑四千匹。苑有圉長一，圉長率五十夫，每夫牧馬十。欽定馬齒歲，七歲以下、三歲以上，尺數四尺為上等；三尺九寸為中等，三尺八寸為下等，三尺七寸者如果臕壯無鞍瘡瘸病者，聊許驗收。七寸以下者不。欽定兑馬式，臕息二分者，作堪兑，一分半者作備兑，一分者作不堪，或花色，或鞍瘡，或瘸病，或作踐瘦損、有鞍瘡者，皆不用。春花紅馬淫通，秋草青馬駕旌，言春和馬孳，秋勁馬馳也。國制，俵種馬寄養民間，謂之俵寄；調取寄養馬兊給京軍，謂之調兊。俵寄分春秋兩運，調兊則定不秋間，此王取對時，取用之制也。《石匱書》曰：余聞胡人之養馬也，當其為駒時，一驅之登山而遂至其巔者，良馬也；下則殺食之矣。胡人騎馬至吾墩臺下，蹄逄逄震地脉，臺上上颷颷下也。其入寇，皆三四而成牽，其鋒氣不鋭，則易而騎，所以開創之君莫不貴馬也。馬之始有政也，其如夏人之助乎？為我養馬駒，我餘駒畀馬户，所謂出其力以助畊公田。所以宣德、正統之間，馬養而至於山東，馬養而至於河南，皆吾駒也。馬而不能孳生，孳生而不能駒，駒而不能成馬，是害馬而已矣。害馬者，不樂養馬者也。間謂其人為我養馬者也，而朘削之、繩束之，不馬矣；謂其所受地廣也，而割其餘以賦他民，其牧養之地不廣濶，不馬矣；死而責之償，償而直過當，不馬矣；皇親貂鐺之家請牧地則與之，不馬矣。故曰：害馬者，不樂養馬者也。王濟、武金之賣種馬也，猶乎葉淇之賣塩也，不曙其大，而徒以多金為功。夫國初之有馬也，不金而多駒也；今也以馬價之金還出之，畿内之州縣鬻馬以備邊，價須三十金，所鬻之馬不直數金也。此何取賣種馬而多金者也？夫金也者，人之情也，一見而侵漁生焉，見駒而不見金，其既也駒多而金多，惜乎！如菓實之不待其熟也，魚之不待其尺也，鬻種馬之謂也。善乎曹邦輔之論也！無邦輔之論，不惟夫人不知馬之所以為政也，雖任馬官者，亦莫之知也。

明 羅明祖《羅紋山全集》卷一五《馬政詳文》 湖廣襄陽府襄陽縣爲乞請批示以便遵行等事，卑職看得點馬一事，襄邑苦役，惟見崇禎十年、十一年間，于三十五里十甲中普點，大失上臺昔日二甲之例，紛無頭緒，且即十甲全點，止認馬九十餘匹，尚使民有節年受累，而無歇肩之痛。卑職思爲長計，總無如上臺一年之遞，而有四年之息之爲便也。今卑職下頭甲二甲點定矣，乞上臺俯賜批示，准照前二甲之例以行之，庶早接襄站，勿使士民胥爲觀望而搖惑不定可也。緣係請乞批示事理，擬合具繇申稟，爲此今備前繇，伏乞照詳施行，一申治院。崇禎十二年十二月初三日。

明 金光辰《金雙巖中丞集·冏寺封事·爲經制當遵通融宜酌敬補牘上陳以昭典則事》 臣前荷召對，願竊有陳，凛於明諭未及不敢冗瀆，業經疏奏，寤寐以思，終難嘿者。竊以祖宗成憲，世守無斁，忽爾紊更，所關職掌猶小，所關典章實大也。軍戎大事，馬政為先。祖宗經制，詳載《會典》、冏政諸書。案察洪武中廢牧監，令民間孳牧養馬，止江南江北；永樂中，令北直領養；宣德後，乃及山東、河南又順天等府屬寄養備用馬，專為防護陵京之用。計地編户，舊額五萬六百餘戸，除嘉靖等年奏減，實編二萬一千八百五十餘戸，獨昌平豁免，蓋以陵寢所在，餘雖近如宛、大兩縣，亦不能免，寧存空户之有餘以備寄發，戸之不足也。萬曆二十年，懷柔、固安申呈，欲行減革，冏寺議回，兵部題准不行。誠有見於馬政重大，不敢輕議矣。近准寺臣曠鳴鸞關，奉兵部劄，稱議覆昌平督臣題為請恩通融設餉犒給鄉兵事，內開順、懷馬户改供兵犒，有『據冏寺册報』等語。夫兵部實未以此劄會及寺也，所據者豈巡册耶？抑奏繳册耶？再覩督揭，并以兩縣寄養馬匹請矣。臣職司東路，所當執奏，但已奉明旨，自聽部覆，因關寺臣，備呈樞部，務在不以一時權宜，失萬世長策。或令別項區籌，或俟事平還舊，昌督之請為陵寢計，而臣寺之爭亦為陵京計也。況係順懷鄉兵，原非昌平可比哉？鄉兵乃有司事，該道縣綢繆寡術，至舉祖宗經國訏謨而紊之，無是理矣。臣因是有□於祖制之不可更也。先臣葉淇變屯鹽之法，亦云通融目前，彼時無人執爭，遂至極敝難復。馬政所關，不啻屯鹽。臣若隱嘿，則冏誌所載，順義養馬地一千九百二十餘頃，懷柔養馬地一千三百六十餘頃，之牧額一旦捐去，將來有執國家經制以為疇實理此，漠無一言，臣誼何安？臣譽滋大。況近畿州縣，誰非皇上赤子？此去彼增，苦且益倍，名為蘇困，實以加困，名為設餉贍兵，實以因兵廢馬。幾經弊患，經制未改。今寄養皆有鄉兵之地，效尤囂動，漸何可長？始謂借空户以飼兵，既也并索馬而空戸，即以昌鎮論，固有額設馬價，廼別取縣馬而空廐歸之，則年來倒死退印搶失未補者，更當何著？臣硜拙成性，不敢不為職掌言，更為典章言也。伏惟聖鑒，勅部一并察覆裁歸至當施行。崇禎十三年五月二十日具題，本月二十四日，奉聖旨：『該部一并看議，具奏。』

明　盧象昇《盧公奏議》卷六《買補標營馬匹騾駝疏》　謹照陽和節制三營定於前督臣楊嗣昌，諸凡覈餉、清兵、買馬、製器，每事皆從實做，故雖在任未久而條理井然。已故督臣梁廷棟繼之纔半載耳，巡邊兩月，應援京川三月，未及在鎮城一料理也。臣於去年十月二十四日抵陽和任事，首問標營兵馬，實在馬騾二千七十一匹頭，即照舊標營論之，兵該馬騾駝四千二十匹頭隻，尚缺一千九百四十九匹頭隻，遐考其故，當日三營初定止現在馬一千二百二十一匹，現在騾駝三百七十八頭隻，原缺馬騾駝二千六百零一匹頭隻。前督臣楊嗣昌因有亟請標營馬匹一疏，求内部發銀六萬四千五十六兩，而當時部覆止給一萬兩，安能濟事。嗣昌又多方措處，動新平堡馬價，及題准撫貨兼搭節次買發中、左、右三營戰馬，及天城、陽和飛騾共一千一百八十四頭匹，其原疏可查也。經今二載，騎征倒斃者頗多，是以新舊馬騾駝止存二千七十一匹頭隻，目下增設五營，共該戰馬五千匹，騾駝一千頭隻，現缺戰馬三千八十五匹，現缺騾駝八百四十四頭隻，共約該價銀八萬五千餘兩。臣今日止張空拳耳。謹查各邊鎮俱有買馬年例銀兩，不知臣標何以獨無？上年十二月内該兵部覆，允撥發冏寺種馬銀二萬兩到臣，未敢輕動，拮据兩月，陸續買馬共六百四十九匹，内五百匹則皆大同撫臣葉延桂念臣受事伊始，又奉旨新練標營，暫那雲鎮年例馬價，爲臣多方購市而得之者也。現缺馬騾駝三千九百二十九匹頭隻，别無堪動錢糧，惟有撫賞舊貨，或酌量變價，或配搭銀錢，可以通融市駿而撫貨幾何，兼多毁壞，如屯田資本，如營伍器具，皆欲取給焉，微臣于此亦大費支吾矣。況錢糧各有款項，仍當專疏具題，臣今但就馬騾駝一項條分縷悉而言之，以祈皇上俯鑒臣愚之不欺，并聽該部存案，以便查考，統惟聖明照察施行。崇禎十年正月十八日。

明　王家彦《王忠端公文集》卷五《講寄牧酌折征疏》　題爲寄牧不可乆虛，折徵實非長計，謹遵旨確覆，以昭典制事，崇禎十五年五月初六日，該原任兵部尚書陳新甲覆東路少卿葛徵奇，題爲謹陳寄養之累等事，内一欵稱，近察寄養馬戸地畝例有優免，領養例有朋幫，倒斃例有津貼，然尚有種種賠累之苦，如寺臣所指者，今馬匹調兊既盡，空戸草料每匹每年止以七兩一錢算，計空户二萬餘戸，約每年草料銀可得十餘萬兩。若炤數徵銀購買，專備京營之需，其於寄户非額外之求也。一免領養之苦，一省撥解之煩，一無例賠之累，俟俵觧稍充，有馬發寄，不妨扣數停止，不數年間，京營缺額似可補足。然事于冏牧可否舉行，合無請勅冏卿，趂今編審之年，再一商酌，速行具奏，仰聽聖裁可也。奉聖旨，是。該寺確酌議覆，欽此。竊念年來軍需孔急，市駿乏資，襟肘露而補救窮者，莫如冏庫爲甚。有如該部所指陳，不事峻急搜索，坐而收拾萬餘金於畿甸之内，庶幾中流一壺臣寺詎不欣欣願之。數月以來，遠稽祖制，近參見聞，覺未易輕議折者，按京府散種馬爲寄養，原備不時調發，其制計地編户，每户養馬一匹，始於正統十四年，歷嘉靖、萬曆間，幾經裁減，故舊額五萬六百餘戸，世廟裁爲三萬戸，後復裁爲二萬五千户，神廟裁定實編二萬一千八百五十八戸，蓋只此順、保、河三十六州縣之養戸，無刻不入二聖之心思，爲之衡量多寡，圖度減存，已與先朝額定種馬竝傳爲不易之制矣。往例俵馬觧寺發派，候充京營，自各邊破例請發，俵寄俱盡，萬一中外戒嚴，括近畿無一馬，臣寺方鰓鰓深慮，何忍商及空户之草料，秋毫析之而比屋徵之耶？卽曰領養，民所甚苦，一旦折徵，必投牒而群應之者，然神京備用不可一日缺馬，猶之不可一日去兵，轉盻俵觧一充，亟須發寄，若旋折旋止，徒滋騷擾，反爲民厲，何如聽休息於一日，責領養於將來，以彰皇上能邇之德意，斷民情多方之觀望乎？或以爲二萬餘户，每歲額馬未能取盈，不妨量折其半，約計所折，可得銀五萬餘兩。夫祖宗立制深意，原期蕃馬，故寧留空戸之有餘，以備寄養之不足，卽前歲懷柔、順義以一千六百一十四之養户、三千二百八十餘頃之牧額改供兵犒識者，尚以因兵廢馬。追論往事，況較量多寡之間，爲議折與畿民爭束芻之利，抑末矣。夫國用卽不足，冏儲卽難盈，苟於各邊無額之請，力爲之絶，及年例新增之數，無功妄犒之銀，一切裁塞，所留冏庫，詎止十餘萬乎？先臣余子俊之言曰：『人臣事君，當隨事盡力，卽近且小，亦必爲百年之計。』馬政之關軍國何等遠大，臣若規利眉睫，游移附會，槩狥部議，見金而不見馬，是亦先年王濟、武金折賣種馬之別名其爲害馬紊制罪維均也，餼羊可惜舊貫當仍謹遵旨確酌覆請，伏乞聖裁。乘今編審既定，慨然修復，務使三年之內盡還寄養原額，勿爲言利者所中，固根本而張國威，在此舉矣。崇禎十五年九月二十五日具題。

明 張鼐《寶日堂初集》卷四《代問臣條議馬政狀》 臣謹按，牧政之壞也，皆起于輕變祖宗之法，而不善行其立法之意，法愈變愈遠，究且至于無法，而政是以大壞。故今日之牧莫大于責實而不更其故，便民而不窮其利，儲備而不耗其需，何以明之？國初種馬孳牧民間，兩歲課駒，馬大蕃息，其不時緩急，皆可取用。蓋取藏賦于民之意，備如此乎預也。夷考其制，如江南十一户、江北十五户，其養一馬，同其鄉里，酌其田產，以丁多為馬頭，而倒失各有津貼，至如責大戸自行養馬，而生息不旺之家許令貼戸，看養之法，又何便也？五馬為群，群有頭，五群有長，獸有醫，稽考比較有簿，設官鑄印，與守令分民而治之，功令可不謂密與？然牧各有地，而又免其粮草之半，以示優卹，故民不苦于騾駒而馬日蕃。臣嘗思之，祖宗以督馬之事委之官，故官不玩其實，而以養馬之利委之民，故民不病其役，行之萬世而可無弊者，此也。自夫搭配變而為解俵，則種馬、寄養始分為二。然種主孳息，俵養主征伐，兼而用之，亦可兩利。夫國家安能長無事耶？備用之條固善策也，買俵充種，其説何為者？其以孳息之微乎？此豈得謂種馬過哉？謂種馬存其額而實不存，則誰為之稽實也？謂孳生存其名而用不存，則誰為之儲用也？不于孳生之內選俵馬，而因買俵以罷種馬，是不善行種馬之過，無怪乎半賣、盡賣之説日紛紛也。且當日種馬一法，夫已兼寄養、俵馬並舉之矣，乃以丁糧均派，徵銀在官，給馬戸買俵，則視正德間就種馬額數出銀買者已異，勢必正至于本色、折色之議起。夫本色半而折色半，以為可以臨時取辦也，勢又必至于銀日積而馬日缺。夫有買馬之銀而不耗，尚不可以緩急辦也，況今太僕之銀借之殆盡，而奈何言備？始則責民養馬，而今則責民輸銀也；始則無種馬，而今即謂并無俵馬可也；始則有銀而無馬，而今則并無其銀也。此今日牧政之極弊也，皆本于實之不責而惟利是圖。民愈苦而國家之備愈以缺。臣愚以為今日之計，種馬不難復也，昔人議罷者，非以其末流害耶。夫法之利，法所本有也，其末流之害，則緣法以為奸者病之，非法所本有也。善行法者去其害而利自存，此臣所謂責寔之道也。官吏科擾不擾之而已，里甲侵漁嚴戢之而已，編審之必以當也，如古所謂核丁之法；二役之不可兼也，如古所謂優免之法；驗視之不可數也，如古所謂定駒、顯駒、重駒之法，此在悉心而稽察，不患害之不可去也。夫馬者，需于國則其利國有也，養于民則其利民有也，國家意在得馬，豈在得銀？民既苦于輸銀，其誰復養馬？故折色之議，善馬政者也。牧地者，本給民以養馬也，而算其子粒，又加之征，如田税然，民既困于輸子粒，其又誰復養馬？故征子粒者，害馬政者也。騍駒者，馬所宜有也，買俵則非馬所宜有也，責以買俵而不用駒，民既專于買俵，其又誰復養馬？故買俵者，害馬政者也。此皆窮其利而不便于民者。夫御馬者不盡馬之情，使民者不盡民之力，今即于復種馬之內，寬取其騍而徐俟其息，厚捐其利而嚴核其成，使民得養馬之利，則官馬亦己馬也，使民勤養馬之事，則民馬皆國馬矣。此利國便民之策也。考《太僕志》曰：苑馬之政不舉，則邊馬不足。邇年東西役興，各邊奏討請給者殆無虛日，太僕何可支也？誠復苑馬之制，令河西、甘肅諸邊宜馬之地，官為之牧以備邊用，種馬蕃于內地，而苑馬蕃于邊地，乃所謂無窮之利也。故苑馬不可以種馬廢也。徵駒為俵而人寄養之，種常存而息常蕃，則又無窮之利也。特今之買俵者苦于買，而向之解俵者又苦于解，等苦耳。然解之苦不過吏胥為蠹，此在精明之僕臣可防也。故寄養不可以種馬廢也。臣又謂江以南地不宜馬，則駒無用也，雖易銀可也，畿輔、河南、山東其風氣勁，其馬必良，故本色重，特徵馬苦于驗兑，而徵銀苦于催征，等苦耳。然催銀之苦有司操之急也，申飭群縣令不失撫循之意可也。故解俵、折色亦不可以種馬廢也。議者曰：年來種馬盡賣，則今已無種馬矣。將安所復之？曰：是不難也。太僕之金錢不費，則九邊驊騮皆可搜取也；茶馬之令可行，金牌之市可行，渥洼當接踵而至，博搜而散之民間，其復于舊也，不過十年，此不難也。特患錢耗于内而馬耗于外，則臣所謂儲備不足之憂耳。目今太僕金錢早為省約，尚可圖也，然臣又聞國初立法，大要有二，曰廣牧地、任牧人。夫燕薊之地，馬之所生也，秦隴汧渭，唐人監馬之跡在焉。夫公廐廢而牧地或為豪强侵占，或為之徵租，兩京之草場尚未得以廣牧也。沿邊水草之豐者，覈實以歸之官而畀之民，不征其子粒而全收以養馬，民受其牧地，而有不雲錦成群者乎？雖然，臣猶以為存乎人也。彼非子伯樂以馬牧者也。今之所謂冏臣諸司，以人牧者也，以公心馭民，則民受其利矣；以實心責效，則國受其利矣。按其成而不苛，窮其弊而不擾，官心調于民，民心調于馬，徠牝之所以三千也，非秉心塞淵之佐，誰能稱之？是又百年馬政之大者，惟明主慎擇，以無失祖宗立法之意。謹狀。

綜述

明 劉惟謙《大明律》卷一六《兵律四・牧廐》 牧養畜産不如法。凡牧養馬牛駝贏驢羊，竝以一百頭爲率，若死者、損者、失者各從實開報，死者即時將皮張鬃尾入官，牛觔角皮張亦入官。其羣頭、羣副每一頭各笞三十，每三頭加一等過，杖一百，每十頭加一等，罪止杖一百，徒三年。羊減馬三等，驢贏減馬牛駝二等。若胎生不及日時而死者，灰醃看視明白，不坐。若失去陪償損傷不堪用，減死者一等坐罪。其死損數目，竝不准除。

又 孳生馬匹。凡羣頭管領騍馬一百匹爲一羣，每年孳生駒一百匹。若一年之内止有駒八十匹者，笞五十；七十匹者，杖六十。都羣所官不爲用心提調者，各減三等。太僕寺官又減都羣所官罪二等。

又 養療瘦病畜産不如法。凡養療瘦病馬牛駝贏驢不如法，笞三十。因而致死者，一頭笞四十，每三頭加一等，罪止杖一百。羊減三等。

明 佚名《申明舊例告示》《名臣經濟録》卷三六 南京太僕寺為申明舊例以便遵守以袪宿弊事，准本寺寺卿王關，惟立法貴於簡便，守法貴於畫一。本寺所轄八府四州一衛，跨江南北，地方廣潤，風土既異，情弊各殊，馬政事例俱有成規，因革損益，至為精當。為因年遠，榜刻無存，條例散見，兼以近年以來各該衙門議處紛紜，法令不一，或弊政昔廢而今行，或良法昔行而今廢，變賣之例已除，而馬駒尚賣於官；季報之繁已省，而格眼填註益繁，以致官吏罔知遵守，小民被其欺瞞，政體既是錯綜，奸弊自然百出。且如有司點馬，一年止該四季，今則一月兩次，適為官吏科罰之資。孳生馬疋，變賣聽從民便，今則報官告買，徒為閭閻侵漁之擾。似此弊端，難以枚舉。馬户緣此困弊，馬政因之廢壞。兼以各該衙門官吏人等，謹畏奉公者固有，而偷惰病民者常多。若不早為禁諭，將來流弊益深。為此，除應具奏者另行具奏、應續行者續後查行外，今將見行舊例逐一查出，參以聞見，開立條款，再行申明。俱係簡要便民之政，約省文詞，使人人易於省覽。合行移關本寺，煩照關文内事理轉行合屬養馬府州縣照依發去式様翻刻告示，於人煙輳集去處常川張掛，通行曉諭。今後凡有點視比較孳生買補等項，俱照後開事理奉行，務要便民省事，不許多事擾民。如違，定行參究不恕。仍取具各屬出給告示道數日期，各另開報，以憑查考施行等因。准此擬合通行，為此，除告示另行外，今將關到條款刋印書帖，發仰各府州縣存照，仍如式翻刻裝釘成帙，給散羣長、羣頭人等，一體遵照施行。一、減省點視馬疋。凡點視馬疋，府州縣官一年四次，太僕寺分管官一年二次，病瘦痛為懲治，倒失者立限陪償，每馬百疋，病損、倒失十疋以上，管馬官員查提究治。此係正德二年事例，正德十三年、十六年節次申明。近年各州縣官點馬，有一月一次者，有兩次者，每一次不分膘瘦，例罰官紙一刀，值銀二錢，每馬一百疋，該紙價二百四十兩，馬多地方何啻數倍？今後州縣官點視馬疋，止許照年四次，例外點馬者，事發，加算坐追。一、禁約擾害孳生。凢馬駒不必較其有無，亦不必印烙，止令每羣朋納本色，或折色大馬一疋，其馬駒起俵，悉聽自便。此係正德二年事例，正德十三年、十六年節次申明。嘉靖二年，兵部覆題，為廣儲積、寬困苦以救旱災急缺事，又經申明，近年馬駒又復報官因而科取分例及造册紙價，或牽至當官驗看，或被馬頭恐嚇告買，或被官吏詭名騙取，『聽民自便』之條廢閣不遵，以致孳生日少，馬不蕃息。今後各羣凡有孳生馬駒起俵變賣，悉聽照例自便，免其到官點視，亦不許同羣馬頭恐嚇告買、官吏詭名騙馬，賣者計贓論。一、開豁拖欠馬。天長縣申，稱馬頭左興等名下正德五年倒死額外，餘剩兒馬二疋，每疋追銀三兩貯庫。本寺查得，正德二年內該部題准，以後凡種馬并駒馬倒死虧欠變賣之例，悉行除免。又經正德十三年、十六年節次申明。前項餘剩馬疋不該追究，已經批仰改正去後，慮恐各處類有此等，因循弊政，不無枉累人難。除正德二年以前倒死馬疋照舊追徵外，其正德二年以後節年倒死等項馬疋，務要查照正德二年事例，即與開豁，不許承訛踵謬，一槩濫追。一、停徵倒死皮張。查得景泰三年申明《馬政條例》內稱，已經除豁不開，其皮張、鬃尾、內臟，許民自賣，係成化年間例，正德十三年、十六年節次申明。正德二年，又將種馬、馬駒倒死、虧欠、變賣之例悉行除免。正德十三年、十六年節次申明。為照馬疋既不變賣，緣何追徵皮張？合無遵照節年事例，凡馬頭倒死，一應種駒皮張、鬃尾等項，暫免追徵。一、禁止多科折色。馬一疋，徵銀一十五兩，原係本色。改徵折色，每疋徵銀一十八兩。係正德八年馬政條例。近年以來加減時有不同，俱係正數，凡遇坐派到日，止許照依正數徵收；若有分外收耗尅害小民，許被害之人赴所在官司告理，坐贓論罪。以正德十年例，正德十六年申明。今後坐派折色馬疋到日，不許羣長人等下鄉擾民，止許羣長催羣頭，羣頭催貼戶，羣頭同羣長當官交納，不許分外多收折銀錢數，及指稱到京使用，并秤免加耗等項銀兩。其一應帶買附餘帶徵陪補、倒失及作下年備用等項各色一并禁革，如違，被害之家指實陳告，從重坐贓究治。一、省令買補種馬。務要三歲以上、八歲以下，方許作數，係洪武年間事例，景泰三年申明。切照兒馬、騍馬三歲以上、八歲以下作數俱便，但兒馬八歲多係矮小駑鈍之材，合無將兒馬定為三歲以上、五歲以下方許作數。一、查正備用馬疋。凡起俵備用馬疋，各照丁田議和買，俵身高四尺兒馬五歲、騸馬八歲以下者，方許作數。此係正德二年事例，正德十三年、正德十六年節次申明。若齒少力强不及四年以上者，亦聽解俵。係弘治九年事例。但各處近年馬四尺以上者少，難以一例責取，恐徒為奸吏刁蹬之媒。合無遵照弘治二年例，騸馬三歲以上、八歲以下，兒馬三歲以上、五歲以下，雖不及四尺而齒力相應者，亦許作數，但不許將矮小老弱不堪者一槩搪塞。一、審編各羣差役。凡兒馬一疋，配騍馬四疋，為一羣，立羣頭一人，十羣立羣長一人，係永樂十八年例，嘉靖二年申明。又每羣長下選聰明子弟二三人習學醫獸看治馬疋，每羣長輪流馬頭二名差遣，不許一槩拘留，常川聽候，妨悮農業及別項差使。違錯不便。洪武二十八年事例。一、審編養馬人戶。每十年一次審編，先上戶，次中戶，单丁寡婦不許一槩僉編，係成化八年事例。一、照年揀選羣長。各該養馬府州縣，將羣長五年一次，揀選殷實本戶之人更換應役，其有付馬頭去處，一體革罷。係洪武十六年例，正德十六年申明，消乏者不拘年限。一、揀選領馬人役。凡馬疋派與上戶領養，中戶量貼草料，給與由票，不許輪流牽養。如是瘦損，止罪馬頭，其因而倒死者，亦於本犯下追補。係弘治九年例，正德十六年申明。又輪流養馬者發邊衛充軍，係洪武二十八年事例，景泰三年申明。一、存留免糧田地。凡逃絶免糧養馬田地，給與同羣管業，不許典賣與人。係弘治九年事例，正德十六年申明。一、查定丁田額數。應天、鎮江、太平、寧國五府州，每十丁領兒馬一疋，十五丁領騍馬一疋；鳳陽、揚州、淮安、廬州四府，徐、滁、和三州一衛，每田二頃領兒馬一疋，三頃領騍馬一疋，滁州衛遞加一頃，係洪武六年事例，正德十三年申明。照得養馬事例，論地者俱係免糧田地，别無差稅，專一養馬，田馬不得相離，不許典賣與人，若有混買者，查照分數過豁養馬，全買者全養。論丁者俱照額數編定，明立册籍，仍刋刷花闌小票，各用印押鈐記，每羣頭名下挨寫貼戶姓名，如遇坐派起俵，馬匹到日，開寫本色或折色項下每丁該銀若干，逐一開寫在內。論地者每戶給與一張，務與册籍相同，不許額外分派人丁，羣頭執票方許催徵，貼戶亦要查票印出辦。一、改派消乏人戶。凡牧馬處所有田去馬存、丁消馬在者，應牧馬疋，改給丁多得業之人領養，又凡耕種免糧地土，不分是否原養馬人數，但種過買地方者，及官員吏典監生之家，一體派與馬疋領養，俱係弘治九年事例，正德十六年申明。一、禁治阻壞馬政。每年分管寺丞親詣該管州縣出給告示，但有地賣馬存貽累丁乏者，許赴寺丞處投告，查審是實，斷令承種養馬地土及丁多之人替養，誣告者抵罪。及照養馬與納糧同不係雜差，例不該免，敢有勢豪之家不服寺丞斷理，沮壞馬政者，輕則拿送所在官司問罪發落，重則參奏處治。寺丞一年滿日，將查審改派過養馬人戶緣由開報本寺，轉呈兵部查照，以考賢否。係正德十三年事例，正德十六年申明。勢豪之家，各宜遵守，毋干國憲。一、禁治囑託賣馬。敢有倚豪兜攬、囑託賣馬，及通同官吏醫獸人等作弊，浪佔價錢，瞞官害民者，俱用一百斤大枷，枷號一箇月，滿日俱調極邊衛所差操，舍餘人丁俱發邊衛充軍，官吏人等及獸醫一體重治，干碍内外勢要人員徑自指實奏請，其攛哄老病原馬騐退，仍還賣主所得價銀。若指勒不還，許被害之人陳告，一體枷號治罪。係正德十年例，正德十六年申明。一、禁約借撥官馬。官員借用寄養孳牧馬疋迎送使客，借馬二疋，罰馬一疋，借馬五疋，罰馬二疋，完日方許復職。又凡州縣借撥官馬，至瘦損倒死，州縣五十疋、府二百疋以上，借者及管馬官各降一級，係弘治九年事例，正德十六年申明。一、禁革拘集點視。有司官吏不許拘集馬疋赴州縣點視，直待農閒時月，委官指定某日到某羣，親詣鄉村養馬去處點看，但有指以點馬拘集人户在城聽候，及牽馬州縣點視，妨悞農業，損壞馬匹，墮落胎駒者，重罪。係洪武年事例，景泰三年申明。一、禁約科歛紙劄。凡比較點馬文簿，官吏自備紙劄，不許科歛，違者治罪。洪武年事例，景泰三年申明。又為陳愚見，乘明時救偏弊，以期修馬政事内稱，各府州縣官動支在官紙劄，置立循、環文簿二扇，按季查考，不許另造點册，科害小民，係嘉靖二年事例。一、禁止差委官員。各衛所府州縣管馬官員職事提調馬疋，不許管署衛所府州縣事務及別項差占，其管馬官吏不許違例擅自承行。係洪武年榜例，景泰三年、正德十六年節次申明。又司府州縣并分巡守官，並不許差委官員，如違，聽巡按御史并管馬寺丞糾舉，應提問者提問，應參奏者指實參奏，其巡撫巡按亦要一體遵依，毋擅差委。係弘治九年例，正德十六年申明。一、追補倒失種馬。凡倒失種馬，俱在年終完備，如是不完，府州縣正佐首領官吏決杖二十，管馬官吏加等痛治。係洪武年例景泰三年、正德十六年節次申明。應天、順天府尹、府丞係在京堂上官，年終虧欠、倒死等馬不完，止取招服，免其決打二十，照例納米贖罪，係成化十四年例，正德十六年申明。一、嚴督管馬官員。凡管馬官有闒茸貪汙害民者，分管所官及在掌印官開奏，以除民害。係洪武年榜例，景泰三年申明。一、責成正官督理。凡養馬府州縣正官推故不理馬政，俱照錢糧軍伍不准考滿事例，通行南北四府州縣掌印正官，務要司督府，府督州，州督縣，俱令管馬官員著實興舉馬政。如管馬官有故，俱令掌印正官帶管。違者或批收不完，聽兩京太僕寺堂上分管官參究。弘治元年例，正德十六年申明。一、戒飭違慢官員。該兵部題准，節該欽奉太祖高皇帝聖旨：『這箇衙門職專提調官馬疋、比較孳生，但有虧欠作弊馬疋，許令本寺舉問，品職雖小，所掌事重，如同御史出巡按治，敢有非理抗拒，許令寺官開奏拿問。欽此。』通行兩京太僕寺，今後軍衛有司大小官員但有作弊虧欠馬疋，及非理抗拒者，許令本寺并分管寺丞照依太祖高皇帝舊例，應舉問者聽本寺舉問，應參奏者指實參奏，請定奪。係弘治二年例，正德十六年節次申明。一、省令如法定駒，凡兒馬春間羣牧時月，要如法加料餧養膘壯，照依原搭配定騍馬，依時羣葢定駒。如果原關兒馬軟弱不堪，著令民人另尋好馬羣葢。但是葢過騍馬止許原葢，不許將其餘兒馬混雜花，葢難定駒胎不便。如三歲兒駒羣葢騍馬，不得即用大馬羣葢。係洪武年事例，景泰三年申明。一、省令趁時羣葢。每年正二三月，趁時羣葢定駒，其騍馬生駒七月後，著兒馬羣葢。夏天炎熱時月，須用天氣清明清晨薄晚天凉時羣葢，過三五次，却停歇三五日，再用兒馬羣葢。若騍馬打踢，兒馬不受羣葢，方是定駒。仍五日一次，用兒馬照試，如果不受羣葢，即是定駒。騍馬先須喫草，後方飲水，不許餧蕎麥稭黍穰雜糧及將淘米泔一應惡水飲喫，落駒不便。係洪武年事例，景泰三年申明。一、省令如法看養。養馬之家務要置立馬房馬槽，地下用磚石墊砌，常川掃除潔浄，不許縱放雞鵝鴨等畜在馬槽馬房内作踐，亦不許梳篦頭髮，馬若悮食，生病。係洪武年事例，景泰三年申明。一、省令如法餧馬。料豆熟，務要晾凉，多用料水與草拌勻，方可餧馬，不許熱料餧養。飲水畢，緩緩牽行回轉約五七里，然後拴在空閒沙地上，隨意睡卧，不許槽邊拴繫，不便。係洪武年事例，景泰三年申明。一、省令如法牧放。春草發生時月，或馬十疋、二十疋、三十疋，隨趁水草便利去處，晝夜牧放。如遇炎暑，蚊虫水發時月，務趂高阜無蚊虫水滸去處牧放。辰時飲水一次，午時飲水一次，至晚飲水一次。每月二十日或半月一次，將鹽餧啖。亦不許與牢拴繫一處。洪武年事例，景泰三年申明。一、蠲免草塲租銀。各該州縣徵租草塲，如有水旱災傷與民田一體勘實，照依分數蠲免。係弘治九年例，正德十六年申明。一、不許那借馬價。舊例馬價銀兩不許別項支用，正德十三年奏准通行。又今後不許擬奏支借馬價及擅使那移別用，正德十六年申明。嘉靖九年十二月初七日示。

明 王瓊《晋溪本兵敷奏》卷一三《馬政類序》 國朝馬政，其在陜西遼東者，畜於監苑，其數少；畿内及山東河南者，養於民間。其數多至十二萬五千匹。每歲取駒五萬匹，以十歲計之，得馬五十萬匹。積多民不能養，遂多損耗，乃責令償補，而民始困矣。其給京營官軍騎操者，每年四月下塲牧養，冬春給豆，三月後雖添支草兩月，然軍貧亦不能贍，故多羸瘦，且歲常病死者數千餘匹，軍民蓋兩病焉。正德初，御史王濟建議歲減科駒之半，民困稍甦。然又惟取大馬，價復湧貴，民尚不堪，不給芻豆則倒死者多，而騎軍不給芻豆，馬多餓死，尤可惜也。故議者欲量定京營之馬，以一萬為率，月給料草，不必下場，每季終計其虧欠之數，於寄養馬內取補。其近京寄養之馬，亦以一萬為率，每季終計其缺乏之數，於民間挨次取補，必使常滿一萬之數。又通計一歲所入之馬，除解發寄養外，餘皆折銀解京，折放料草，及備非時買馬之需。庶馬不虛耗，軍民兩便，而得變通之宜矣。

（正德）《臨漳縣志》卷三《食貨・馬政》　本縣原無馬。正統十一年，因山東濟南府、武定州禹城等縣推來兒騍馬匹，至今因襲喂養，并駒一千一百口，十六匹，兒騾駒一匹。

（正德）《大名府志》卷三《馬政》　大名府：種馬一萬八百八十疋，兒馬二千一百七十六疋，課馬八千七百四疋；草場原額七十一處，半地凡三千五十頃五十畝一分八釐二毫，內除摘撥外，實在地三千三十四頃五十畝零。元城縣：種馬七百二十五疋，兒馬一百四十五疋，騍馬五百八十疋。草場四處：舊城場地五十八頃二十三畝九分二釐五毫，宋兒庄場地二十五頃二十二畝八分八釐七毫，岔道場地一十六頃三十三畝二分，小村場地一百六頃七十五畝三分七釐。凡地二百六頃五十五畝三分四釐二毫，堪種地四十七頃二十二畝八分八釐七毫，不堪種地一百五十九頃三十二畝四分五釐五毫。大名縣：種馬三百七十疋，兒馬七十四疋，騍馬二百九十六疋。草場四處，凡地二十三頃八十三畝，堪種地四頃九十四畝，不堪種地一十八頃八十九畝。南樂縣：種馬八百六十疋，兒馬一百七十二疋，騍馬六百八十八疋。草場缺。清豐縣：種馬九百六十一疋，兒馬二百一十一疋，騍馬七百五十疋。草場八處：葛家營場地三十頃五十畝七分三釐，聶城村場地一十七頃六十畝，高村場地五十三頃八十七畝，張二庄場地二十四頃一十畝，沙格寨場地二十頃二十六畝八分七釐，孫兒庄場地一百頃五十五畝八分二釐，焦福村場地三十八頃四十六畝三分五釐，縣南草場地六十畝三分七釐。凡地二百八十六頃一十二畝七分七釐，堪種三十六頃九分四釐，不堪種地二百五十四頃七十五畝八分三釐。魏縣：種馬一千二十五疋，兒馬二百七十一疋，騍馬七百五十四疋。草場無。內黃縣：種馬九百三十二疋，兒馬二百七十一疋，騍馬七百五十四疋。草場六處：蔡家營田達場地二十一頃五十一畝四分，馬生村張龍場地五十二頃四十五畝，高固村王尉場地五十三頃一十二畝，黑木村東庄場地七十四頃四十五畝六分七釐，漢朝村馬固場地七十頃六十七畝，里厚村亳城場地三十五頃。凡地三百七頃二十一畝七釐，堪種地二十四頃七十一畝七分五釐，不堪種地二百八十二頃四十九畝三分二釐。濬縣：種馬一千六十二疋，兒馬二百一十四疋，騍馬八百四十八疋。草場四處：連達岡場地四百四十五頃一十五畝，蔡家坡場地九十三頃二畝，白寺坡場地一百六十二頃五十畝，甘草庄場地四十八頃二十七畝。凡地七百四十八頃九十四畝，堪種地一百八十三頃八十八畝，不堪種地五十六頃五十六畝。滑縣：種馬一千六百五疋，兒馬三百二十一疋，騍馬一千二百八十四疋。草場二十二處：尸固場地五頃九十六畝，教成場地九頃七十畝，留固場地七頃二十畝，金堆場地一十一頃六十一畝，宣化場地五頃五十畝，萬安場地一十八頃，潘井場地一十頃，沙卜場地七十八頃五十畝，北趙場地五十六頃七十七畝，東陽場地八十四頃九十二畝，官橋場地一十五頃八十畝，井村場地八頃三十畝沙店場地一百一十頃，長均場地二百四十五頃八十五畝，原安場地二十一頃六十畝，中趙場地二十頃六畝，北路安場地二頃九十畝，迎陽場地一十九頃八十三畝，神立場地四頃四十畝，班村場地三頃五十畝，蔡胡場地一十七頃，牡丹場地二十九頃八十二畝。凡地七百八十五頃三十二畝，除摘撥外，實在地七百四十八頃九十三畝，堪種地一百四十二頃八十七畝，不堪種地六百六頃六畝。開州：種馬一千七百三十疋兒馬三百四十六疋騍馬一千三百八十四疋。草場七處：黃家坡王合場地八頃四十畝，庫家坡別駕場地三十一頃一十一畝，拜祭臺李村場地一十三頃四十畝，洪洋山得勝場地五頃五十畝，覇家河大張場地四十九頃三十三畝，十八卽坡榆林場地二十八頃一十二畝，牛馬廟長樂場地二十五頃三十畝。凡地一百七十一頃一十三畝，除告出外，實在地一百六十三頃八十八畝，堪種地八十五頃四十一畝，不堪種地七十八頃四十八畝。長垣縣：種馬九百一十疋，兒馬一百八十二疋，騍馬七百二十八疋。草場一十四處：黑堽場地一百四十二頃八十畝，荊堽北場地三十七頃，新庄西牛家村場地一十二頃六十六畝，花園場地七頃五十畝，小刑村場地四十一頃四十畝，孫村場地八十畝，寨城場地一十頃八十六畝，新庄寺南方裏場地一頃五十畝，了鎗村南合陽場地八十四頃七十三畝，移丘寺北鄧堽場地八十四頃七十三畝，大方村鄧堽場地四十七頃四十七畝，墻裏村場地一頃五十畝。凡地四百六十九頃六畝，堪種地四百六十八頃一畝，不堪種地一頃五畝。東明縣：種馬七百三十五疋，兒馬一百四十七疋，騍馬五百八十八疋。草場二處：海頭場地二十七頃零，北韓村場地三十七頃。凡地六十四頃，除開州人户佃種外，實在地五十二頃四十二畝，堪種地四十四頃五十一畝，不堪種地七頃九十一畝。

明 應櫝《大明律釋義》卷一六《廄牧》 疏議曰：《唐律疏議》云：漢制九章創加廄律，魏以廄事散入諸篇，晉以牧事合之，名爲廄牧律。自宋及梁復名廄律，後魏太和改名牧產律，至正始又復名廄牧律。歷北齊、後周無改，隋開皇以庫事附之，更名廄庫律。唐因之。國朝分吏、戶、禮、兵、刑、工爲六類，取庫事屬戶律，以牧事合廄繫之兵律，改唐牧畜産課不充爲孳生馬匹，受官羸病畜産爲養療瘦病畜産不如法，畜産觝蹹嚙人爲畜産咬踢人，以官私畜損食官私物殺緦麻親馬牛二條繫宰殺馬牛條內，取其不類者，如大祀犧牲不如法則屬祭祀，乘官畜馱物則屬之郵驛，惟驗畜産不實、乘官畜脊破領穿、官馬不調習三條，則因其舊。又審其未備，增立公使人等索借馬匹、牧養畜産不如法、隱匿孳生官畜産三條，總名曰廄牧。

又 牧養畜産不如法。凡牧養馬牛駝騾驢羊，並以一百頭爲率，若死者、損者、失者，各從實開報，死者即時將皮張鬃尾入官，牛觔角皮張亦入官。其群頭、群副每一頭各笞三十，每三頭加一等過，杖一百，每十頭加一等，罪止杖一百，徒三年。羊減馬三等，驢騾減馬牛駝二等。若胎生不及日時而死者，灰醃看視明白，不坐。若失去陪償損傷不堪用，減死者一等坐罪。其死損數目，並不准除。釋義曰：百頭爲率，謂大率以一百頭論。六畜有死者、損者、失者，不從實開報，則將何所計哉？故先總言之。自死者至看視明白，不坐，言死者之罪。六畜皆有皮張，而馬之鬃尾、牛之觔角皆可用者，故並入官。群頭、群副皆牧養之人，隸太僕寺。百頭之内馬牛駝死一頭笞三十，每三頭加一等，至二十二頭，該杖一百，過此則每十頭加一等，是三十二頭始杖六十，徒一年也。罪止杖一百，徒三年，蓋死七十二頭之數也。羊死減馬三等，則一頭減盡無科，四頭笞一十，每三頭加一等過，杖一百，每十頭加一等，罪止杖七十，徒一年半。驢騾減馬牛駝二等，則一頭笞一十，每三頭加一等過，杖一百，每十頭加一等，罪止杖八十，徒二年。胎生未及日時，謂未及當生之期也，故死不坐罪，必申官看視，恐其僞也，失於陪償。承上失者而言損傷不堪用，承上損者而言失者、損者皆減死者一等科罪。如馬駝牛一頭笞二十，每三頭加一等過，杖一百，以十頭加一等，罪止杖九十，徒二年半。羊七頭笞一十，每三頭加一等過，杖一百，以十頭加一等，罪止杖六十，徒一年。驢騾一頭，減盡無科，當以四頭笞一十，每三頭加一等過，杖一百，以十頭加一等，罪止杖七十，徒一年半也。失者陪償死損之數，並不准除，亦令其自買還官也。

又 孳生馬匹。凡群頭管領騍馬一百匹爲一群，每年孳生駒一百匹。若一年之内止有駒八十匹者笞五十，七十匹者杖六十。都群所官不爲用心提調者各減三等，太僕寺官又減都群所官罪二等。釋義曰：民間養騍馬，以百匹爲一群，設群頭一名，每馬一匹歲生駒一匹。不及數者，蓋牧養不得其法故也，故罪。

又 養療瘦病畜産不如法。凡養療瘦病馬牛駝騾驢不如法，笞三十，因而致死者，一頭笞四十，每三頭加一等，罪止杖一百，羊減三等。釋義曰：養，飼也；療，醫也；瘦欲養，病欲療。

明 雷夢麟《讀律瑣言》卷一六《牧養畜産不如法》 凡牧養馬、牛、駝、騾、驢、羊，並以一百頭為率，若死者、損者、失者，各從實開報。死者，即時將皮張鬃尾入官，牛筋角皮張亦入官。其群頭、群副每一頭各笞三十，每三頭加一等。過杖一百，每十頭加一等，罪止杖一百，徒三年。羊減馬三等，驢、騾減馬、牛、駝二等。若胎生不及時日而死者，灰腌看視明白，不坐。若失去，賠償；損傷不堪用，減死者一等坐罪。其死損數目，並不准除。

又《孳生馬匹》 凡群頭管領騍馬，一百匹爲一群。每年孳生駒一百匹。若一年之內，止有駒八十匹者，笞五十；七十匹者，杖六十。都群所官不爲用心提調者，各減三等。太僕寺官，又減都郡所官罪二等。

又《養療瘦病畜産不如法》 凡養療瘦病馬、牛、駝、騾、驢不如法，笞三十。因而致死者，一頭笞四十，每三頭加一等，罪止杖一百，羊減三等。

明 雷禮《南京太僕寺志》卷二《時較烙》 國初，凡孳生備用騎操折易，并進納馬匹俱印烙以防奸弊，其孳牲及陪納馬駒應交俵者，印訖，差官照依地方日期，將空閑增出人丁俵散領養，造冊具奏。其各處印中備用馬匹，徑解兵部，發太僕寺交納，以憑散俵。洪武榜例，凡管馬官吏時常下鄉提督看驗馬匹，要見定駒若干，顯駒若干，重駒若干，明白附寫，以俟太僕寺官出巡比較。正月至六月報定駒，七月至十月報顯駒，十一月至十二月報重駒。凡季報，原領馬爲舊管，買補孳生爲新收，事故交俵等項爲開除，季終為實在。春季三月二十四五，夏季六月二十四五，秋季九月二十四五，冬季十二月二十四五，徑送太僕寺類繳。其有生質奇異，與種馬不同者，明白申報。凡比較點馬文簿，要開原領孳生兒騍馬數，分豁該筭駒者若干，不該筭駒者若干，巴生及未生者若干，原馬齒色及所生駒毛色，逐一開報。欽定江南馬每年三月初一日赴南京牧馬千户所印俵，江北馬每年三月十五日赴南京太僕寺印俵。凡孳生駒用云字小印，俵散作種用大印，給軍騎操者再用云字印。二十九年，太僕寺奏准，應天等府州縣種兒騍馬倒失虧欠，照例比較。永樂三年，令衛所孳牧騎操馬匹每三年一次造冊，管馬官齎執赴京比較。宣德八年奏准，江北陪補馬駒俱從南京太僕寺印烙。正統二年奏准，添差監察御史公同給俵。四年奏准，應天、鳳陽等處孳生陪補馬駒，南京大僕寺官同南京兵部委官及御史分投印俵。九年，南京兵部主事陳鋮奏，照洪武、永樂、宣德定限印俵，不許預先吊取人馬聽候，致妨生理。該兵部題准，該俵□□江南鎮江府屬三月初一日赴本府，應天府屬三月初五日赴南京牧馬千户所，太平府屬寧國府南陵縣、廣德州建平縣三月初十日赴太平府，江北鳳陽等府，滁、和等州所屬照舊三月十五日赴本寺，各印俵。景泰二年，南京御馬監奉御鄭喜奏，將江北馬駒遍歷各府，以近印俵，兵部題准，將江南原定限期改移鎮江府，屬二月十五日赴本府，應天府屬二月二十日赴南京牧馬千户所，太平府屬寧國府南陵縣，廣德州建平縣二月二十五日赴太平府，廬州府屬三月初一日赴本府，鳳陽府屬三月初七日赴本府，淮安府屬三月十二日赴本府，揚州府屬三月十七日赴本府，附近江浦、六合、滁、和二州、全椒、來安、盱眙、天長、含山縣三月二十二日赴本寺，各印俵。各州縣兒騍馬駒除儘各府州縣空户領養補種殘疾馬駒就俵與附近衛分老幼餘丁領養外，其餘無户領養及搭配餘剩馬駒發無馬空户，及徐、宿二州、碭山等縣領養聽候取用。凡各屬養馬州縣，舊例上年孳生并陪償，該次年秋記其搭配孳牧，該本年春記，俱兵部請旨，點差公侯伯或駙馬并御用監及南京御用監内臣各一員，并兩京兵部太僕寺各委官會同印記搭配。景泰間，南京兵科給事中謝琚等節言侯伯印記馬匹多貪賄作弊，要選差監察御史同差印烙，兵部會議奏准，暫且免差侯伯内臣，止差御史二員，同兩京太僕寺丞印俵。天順元年，南京御馬監太監馬琳等奏復舊制印俵。成化元年，都御史劉孜奏，各處水灾，人民困苦，准照先年事例革去内臣侯伯，止差御史、太僕寺官印烙搭配。十四年，奏准比較馬政，兩京府尹、府丞聽納米贖罪。弘治四年奏准，衛所騎操馬免比較，其有孳牧去處，照例每三年委官赴部比較。凡虧欠、埋没、違限等項，条奏提問。凡印烙馬匹，民馬照舊印左，給軍則印右，如京營邊關馬無右印，即係盜買民間官馬，追究問罪。兵部據直隸淮安府睢寧縣知縣邢義呈，兩京太僕寺事體相同，督牧無異，北直隸每年該寺差官，依時分投各處印烙，給與隣近州縣喂養，甚爲便益。今南京太僕寺每年三月間，各該州縣俱赴該寺聽俵，往來負累，題照北直隸事體，依時差官印烙交俵，各備造過人户姓名，并俵過馬匹毛齒，送寺查考。五年，兵部題，南直隸馬駒例，該六年春初，差内外官印配。今地方水旱灾傷，人民艱難，准照上年例通免差官印配，本部行令兩京太僕寺分管堂上官遍歷司府州縣，自行印配給養。六年，令孳生兒駒看驗不堪，及騍駒多餘者，俱免印烙，從其變賣，以充買補備用之數。兵部題准，本寺每年預於十一月内將該俵馬駒數目開呈南京兵部，具本差人奏請委官，依期印俵，不許過時，致妨農業。以後每年春三月印俵馬駒。太僕寺卿彭禮奏准，每年差去印馬御史，同分管寺丞，照例三年將所屬種馬選驗一次。如兒馬老病，不能拿馬騍馬漂沙等項，不能揣駒者，責令賣銀起解，照數撥與存留，堪作種兒騍馬駒補數，如駒不足，就將變賣銀兩買補。九年，令孳生駒齒少力强而不足四尺以上者亦聽印俵。正德二年，御史王濟題准，早正種馬，通行太僕寺分管寺丞逐一點驗，除堪以作種者，仍令領養，内有老瘦矮小不堪者，即令揀出變賣，并追完各項馬價，收買好馬，補足原額，給與原戸領養。府州縣官一年四次，太僕寺官一年二次，嚴加點視，病瘦者痛爲懲治，倒失者立限陪償。每馬百匹病瘦倒失十匹以上，管馬官查提究問。其每年備用馬匹，止令羣内照依丁糧朋買大馬一匹。若羣内一户生有好駒，堪以備用，聽從本羣人户幇價起俵，年終備將種馬并解過備用馬匹數目造具奏，及送兵部查考。仍每三年一次，奏差御史二員同寺丞將見在并買補種馬查點印烙。四年，兵部題，民間孳牧馬匹近年以來漸至廢弛，種馬倒死，不能依時買補，馬駒虧欠，不能依例完納。准行两京太僕寺轉行分管寺丞及府州縣管馬官員，督令養户如法喂養，依時羣蓋，俟夲年秋深，夲部奏差御史二員，會同兩京太僕寺寺丞，將見在買完種馬通行查點印烙。若有拖欠備用馬匹，一體查追造冊奏繳，至五年以後，照例二年着實科駒一匹，聽候差官印烙，不許一槩捏作虧欠倒失變賣之數，以作折納銀兩。每年備用數目，臨時斟酌奏派。六年，都御史邊憲題稱，山東地方被賊殘害，乞將濟、兖二府應印孳生賠補種兒騍馬除免，該兵部議，地方災傷、盜賊殘害，不獨濟、兖二府爲然，南北直隸并河南等處亦各傷損，人民艱難，准將正德五年孳生馬駒例該今秋印烙者，暫免差官，以甦民困。待後下年成熟，一併印記。十三年，太僕寺卿何孟春奏，要種兒騍馬州縣掌印幷管馬官半月一點，該府管馬官三月一比較，該兵部議，法立弊生，州縣官下鄉點視，未免帶領跟隨人役，必生求索科擾之弊，仍照先年御史王濟奏准事例，府州縣官一年四次、太僕寺官一年二次點視，但係曾官驗印烙馬匹，俱令照舊喂養。倒失追陪者，照例施行。所生馬駒，止聽本羣自用，不許抑撥別羣。兵部題准，差御史二員各請勑一道，一員前去直隸、真定等府并河南、山東等處州縣及京外衛所，一員前去應天府并直隸、鳳陽等府，滁、和等州，將種兒騍馬逐一點視，未完者責令買補，如法印烙，不堪者即令退換。管馬官員闒茸不才，妨廢職業，提問叅究；廉勤能幹，奉職有效者，具奏旌擢。各年拖欠備用馬匹，嚴督完解。事完之日，各將點視印烙過馬匹，并查追過備用馬匹數目造冊奏繳。

又 卷五《積場租》 國初，令管馬官擇水草處爲草場，給民牧放。成化二年，兵部尚書王復奏准，養馬地方差給事中、御史會同寺丞踏勘原設牧放官馬草場，丈量各照原設界止頃畝，復立埄墩，照舊牧養。二十三年，兵部據寺丞文林呈南直隸養馬府州縣各有牧馬草場，明載圖誌，多被勢豪之家侵占，不得實用，要行踏勘處置，以備馬政。題准行分管寺丞督同各府州縣掌印管馬官員查照誌書圖卷，查勘原額草場頃畝數目，界至丈量明白，埋立埄墩，分別上、中、下等第，將高阜低窪止堪牧養地土付養馬人户輪流管顧牧放，中間果有肥饒地土，即今空閑堪以開墾成田，撥與有力馬户耕種，免其一年租稅，以酬勞苦。以後照依佃種官田事例，徵收花利，不拘銀穀，依時估計量納，別置倉庫收貯。其有曾經開墾成田，耕種年久，徵納子粒者，一體清查徵收。中間被人包占種作，或侵占界至等項，各許自首，還官免罪，仍置立印信文簿一扇，附寫出納數目。如遇倈解馬匹，地方災傷人户逃移無處湊買，量爲支給補數，不許別項支銷。及乘機侵占事發，以贓論罪。每遇年終，分管寺丞各將所管地方徵收支銷，并見在數目造册繳部，待後養馬數多，停耕種，照舊牧放。有恃强占悋，或捏稱户内田産不即退出還官，許原委官員拿送問刑，衙門究問如律，照例發落。弘治元年，兵部題准，在京在外牧馬草場，行令各該分管寺丞督同各該掌印等官逐一踏明見數，於各該衙門公廳内建立石碑，將草場坐落地方頃畝四至鐫刻在石，永為証據，專一蓄草牧馬。二年，南京兵部尚書張鎣奏准，南京各該衛所有牧馬草場被人侵占，起科納糧，行本部并南京户部各差屬官一員，及行南京都察院選差御史一員，同原委太僕寺寺丞將各該衛所原該牧馬草場查理還官，牧放馬匹。四年，御史胡海潘揩等奏准，各處草場中間多有偏在一隅、不便牧馬去處，及先前開墾成田，不忍遺棄地利，所以徃徃臣工建議，欲便徵收租銀以助買馬，亦爲權濟之策。若一槩蠲其租銀，則肥饒去處獨得厚利，而瘠薄之處遇有貧難逃故等項，該追馬匹，憑何助買，亦未見其均平。除豁出荒地蓄草牧馬外，其原佃軍民耕熟者，照舊給與承佃。南京各衛所草場每畝收銀一錢，其餘各處地土肥饒者，每畝出銀七分，中等五分，瘠薄者四分，照數徵完，在京各衛所解部發太僕寺，南京各衛所解南京兵部發應天府，其餘衙門各解府州俱寄庫以備。遇例免追逃故等項，貼補買馬，不許別項那用。每年終將收過地畝銀兩數目，造冊繳報查考。五年，御史劉丙等奏，各處草場令民佃種，徵收租銀，買馬支用，該兵部議得此等草場別無差役，驗其地土肥饒，分為上、中、下等三則，召人耕種，上地每畝出銀七分，中地五分，下地四分，俱自弘治六年爲始，照畝徵銀，在官聽候買馬。七年，都御史張瑋奏，南直隸鳳、淮、揚、廬四府，徐、滁、和三州各所屬牧馬草場與養馬人户住居窵遠，俱各不來牧放，置於無用，要查出召民佃種，准行南京兵科給事中倪天民、御史李宗泗、兵部主事周夔，會同分管寺丞清查丈量，各於四至築立埄墩爲界，仍於各州縣公廳内建立石碑，將草場坐落地名并頃畝四至鐫勒爲後證。地土分撥近場軍民人等佃種，上等田七分，中等田五分，下等田四分，照數徵收總解收貯，幇助買馬，不許別項借用。分管寺丞每年終將收支過銀兩數目奏報一次，以憑稽考。九年，令給事中、御史并户、兵二部委官清查，各衛草場有草未墾去處，仍舊牧馬，已墾成田者，照畝收銀，解送兵部轉發太僕寺寄庫，聽候買馬。都御史史琳奏稱，租銀太重，乞要量減，上地每畝納銀五分，中地三分，下地二分，該户部等衙門會官議擬。自弘治十四年爲始，照依科道所奏頃畝，減則徵銀，俱解太僕寺官庫收貯，以備買馬支用。十三年，户部會同兵部等衙門題准，各處草塲租銀自弘治十四年爲始，俱要徵解太僕寺庫收貯，以備買馬支用。分管寺丞照比較馬政事例，嚴併追徵。州縣管馬官員，以十分爲率，年終三分不完者住俸，寺丞與知府、管馬通判照分管州縣十分爲率，四分不完者一體住俸；俱候完日關支。正德十年，太僕寺丞陳希文奏准，養馬餘地該徵銀兩夂無查解，誠恐官吏交通，侵欺那借，行分管寺丞清查解部，以備買馬急用。如有前弊，依律提問追陪。以後年分，各府類收俱限次年三月以裏解部，不許仍前寄庫那移侵費，違限不完者，聽分管寺丞查究追理，干碍職官，指實叅奏。十一年，南京太僕寺卿楊褫題准，兩京太僕寺分管寺丞等官，將所屬州縣草塲租銀與空閑地土銀兩照例嚴督管馬等官追徵完足，依限解部發寺收貯，以備京邊買馬支用。若年終不完，照例住俸。若擅自别項支用，及有侵欺那移情弊，即便查究追完。御史周鵷題稱，南直隸八府三州民既出馬，又徵其馬塲之租，負累窮民，流移逃竄，要將草塲地畝租銀盡歸養馬之人，該兵部查前項原議牧馬草塲與養馬人户住居窎遠，不來牧放者，方召人佃種徵租，今若一槩通免，誠恐種地之人幸免起科，養馬之户不沾實惠，准行查勘各該州縣，但係報册佃種牧馬草塲地户中間，果係養馬人户，自種草塲地土，照依御史周鵷所奏免科。若不係養馬人户，佃種仍依所擬徵租解部。十三年，太僕寺卿何孟春奏准，通行南北直隸并山東、河南巡撫、都御史選委廉幹官員，將正德十年起至正德十二年止該徵草塲租銀清查，已解未獲批迴者就便追併，批收銷照，已徵未解者，即督令起解，未徵者逐一查審是何人户拖欠，或應徵應免，查照原行明文施行。若有侵欺及那移等項情弊，應提問者徑自提問，應叅奏者叅奏，究治事完之日，通行造册奏繳，仍造青册一本，送部查考。嘉靖元年，太僕寺卿劉麟奏竹各該掌印管馬官員將額設牧馬草塲餘地，并該徵子粒銀兩，凡被水淤沙壓，及有灾傷等項，須經撫按勘報是實，方准蠲免。兵部題准，南北直隸、河南、山東等府州縣各塲餘地子粒銀兩，除正德十五年以前拖欠者盡行蠲免，嘉靖元年者以十分爲率例該免五分外，其餘已解未到及已徵在官未入庫，一應應徵租銀，行令各該寺丞着實舉行查追，務在限内回報。八年，御史秦武奏廬、鳳、淮、揚牧馬草塲係馬户自種者，乞免徵租以助備用馬價之費。平民佃種者，與貧民佃種屯田同罪。南京太僕寺卿王崇獻奏稱，廬、鳳等處草塲租銀已經具奏免解，其應天、太平、鎮江、寧國四府，廣德州建平縣草塲租銀未經勘免，准照廬、鳳、淮、揚等府州縣事例，一體免解貯庫。都御史唐龍題准，廬、鳳、淮、揚四府，徐、滁、和三州草塲租銀免其起解收貯，各該州縣每年例該坐派本折色馬匹，幇助馬户買馬，不許别項支用。十年，都御史劉節題准，廬、鳳、淮、揚四府，徐、滁、和三州一應草塲，除馬户種者照前免徵，其小民承佃，該納租銀，自嘉靖十年爲始，俱免解部，每年徵收在官。如遇派到備用并騎操馬匹，或本折色。查前銀先儘扣作無田養馬人，并逃亡之家各所辦之數有餘，方許攤助有田馬户，仍逐年造册繳部。本寺奏准，今後佃種草塲租銀收貯，各該州縣官庫。凡遇派到備用馬匹，給與馬户湊買，先儘無草塲人户及包賠逃絶之家，次及有草塲人户租銀數盡，方查照馬户均派湊補。十二年，太僕寺卿王崇獻奏，要將各處草塲係馬户承領者定其額數，每馬一匹以五畝爲限，不分荒熟田地、山塘，就近一槩照數給領，不及五畝，州縣儘其前數均給，過五畝者，照依旁人佃種事例納租，該兵部議，各該州縣畝數多寡不同，馬數多寡亦異，况有馬多地少、不能均給五畝之處，今欲一槩給與馬户，彼將視爲已業，蕩無界限之别，日後萬一欲復牧馬之制，將何從查考？合照成化二十三年題准事例，將前項草塲地土高阜低窪遞年抛荒，止堪牧馬者即與除豁租銀，責付養馬人户輪流管顧牧放，其肥饒成熟者，悉照近日踏勘過頃畝，不拘馬户自種，并近塲軍民承佃，照依原定三等則例辦納租銀，每該解俵馬百匹，量留銀一百兩，其馬多人少者，則盡數俱收貯本處官庫，以備地方灾傷。人户逃移，無從湊辦，并十分艱難出辦不前者，量爲支給足數，其餘并無馬去處租銀悉照舊例，解部轉發太僕寺收貯，以備買馬支用。如遇灾傷年分，仍照民糧事例減徵，各該州縣每年終備將存留起解租銀數目并幇助買馬人户姓名造册，繳部查考。三十年，南京太僕寺少卿雷禮奏稱，江南、江北牧馬草塲租銀，各州縣每該解俵馬一百匹量留銀一百匹，其馬多銀少者則盡數收貯官庫，以備地方灾傷買馬。其餘無馬去處，悉照舊例，解部轉發太僕寺收貯，買馬支用。但各州縣官多有怠忽，不行催徵，其徵收在官者多有那借侵欺，奸弊百出，漫無稽考。該兵部題准，委官自嘉靖十一年起，至二十九年止，俱逐一清查已完在庫銀兩，盡數定限解部發寺貯庫，未完者嚴限追徵。中間如有那借侵欺等弊，就彼從重問遣。其勢豪侵占不納租銀者，悉聽指名叅奏處治。

仍行各該撫按衙門，今後不許將前項銀兩擅支。

明 廖希顔《三關志・馬政考》 國初設行太僕寺，主山西馬政，以少卿一員領之，尋改爲卿，有寺丞，有主簿。洪武三十年二月十三日，後軍都督府同五軍都督府官早於奉天門，奉聖旨：『如今山西等都司開設行太僕寺，恁都府行文書去説與都司衛所知道，這箇衙門職掌提調馬匹，比較孳生，但有作弊虧欠馬匹，許令本寺官舉問。品職雖小，所掌事重，如同御史出巡按治，該管指揮千百户衛所鎮撫首領官吏，務要將所養一應馬騾盡數開報，聽從本寺官點視提督，敢有非禮抗拒，許本寺官聞奏拿問。』弘治十七年四月十四日，孝宗皇帝勅諭云：『國初設行太僕寺提調比較都司衛所官員馬匹，查究姦弊，職掌最重。後該兵部奏准，照太僕寺點閘京營馬匹事例而行，奈地遠權分，軍職官員往往抗違欺慢，以致官擁虚名，馬政盡弛。近該督理馬政都御史楊一清奏，稱陝西都司衛所及延綏、寧夏各邊營堡官軍騎操馬匹，瘦損倒失數多，皆由管軍官員不能嚴督餧養，或扣除草料，侵尅馬價，濫撥私用，以致損傷，及至追補之際，又將不堪馬匹高價勒買，靠累軍人，姦弊百出，乞勅該寺官員查究等因。慮恐各處皆有此弊，今特命爾照京營事例，每年二次前去徧歷該管衛所營堡，將一應騎操馬匹用心點閘，嚴加比較，瘦弱者督令加意餧養，倒失者責令依限陪償，各邊官軍下班囬衛，一體點閘比較，年終具奏造册以憑稽考，其罰俸罰馬降級黜革等項，悉依該部奏准事例，仍先備行曉諭，遵照施行。軍職官員敢有仍前作弊及抗違沮撓者，輕則量情發落，重則指實參奏。若守備分守以上官號令不嚴，以致所部官軍損失馬匹數多者，一併參奏，鎮守等官不得故相沮撓，以致悞事。爾受兹委任，必持廉秉公，殫心竭慮，務使馬匹肥壯可備戰守，尚有旌擢以疇爾勞。如或因循怠玩，互爲容隱，虚應故事，無益地方，罪不輕貸。』《會典》：凡把總等官尅減官馬草料者計贓，滿貫發邊衛，立功滿日就彼帶俸，盗賣者發嘹哨，買至料豆十石以上者充軍。十四年奏准，官軍關支馬料，委官一員管領，若縱容盗賣者，發邊衛，立功滿日就彼帶俸，買者問罪畢日，枷號一箇月發落。一、奏准管軍内外官私占官馬及借撥與人者，五匹以下降一級，以上降二級，俱發邊衛立功。借者一體論罪。一、令管軍官撥借官馬馱載圍獵者，五匹以下罰馬一匹，以上罰二匹，十匹以上罰三匹；傷死者五匹以下降一級，六匹以上降二級，馬各抵數追償。《條例》：一、司府州縣起解備用馬匹，各要經由分管太僕寺寺丞等官驗中起解，若有馬販交通官吏醫獸人等，兜攬作弊者，俱問罪，枷號一箇月，發邊衛充軍，再犯累犯者，枷號一箇月，發極邊衛分充軍。一、大同三路官旗舍人軍民人等將不堪馬匹通同光棍引赴内外官處，及管軍頭目收賣私馬詭令伴當人等出名情囑，守備等官俵與軍士通同醫獸作弊多支官銀者，俱問罪，官旗軍人調别處極邊衛所帶俸食糧差操，民并舍餘人等俱發附近充軍引領，光棍并作弊醫獸及詭名伴當人等各枷號一箇月發落；干碍内外官員奏請提問。騎操馬倒失，各該守備并遊擊將軍委官相驗皮張、鬃尾收官，肉臟變賣陪補，指揮樁頭銀三兩，千百户二兩五錢，旗軍二兩，俱類解山西都司通融買馬。走遞騾樁頭銀兩不解都司，各所具申兵備道，於贓罰銀内動支幇貼買補馬匹，每半年一次具奏比較，上半年於四月初旬，下半年於十月初旬，各以十分爲率，買補八分者官員免其住俸，責限完報；不及八分者追買，完日關支。秋青草每歲四月至十月止，各軍不支馬草，自行牧放，仍納青草一百八十束入官備用。尋因草多浥腐，每束折銀一分五釐，每年徵銀二兩七錢。春班於八月中上納，秋班與在衛所常備，十一月中上納。俱該守備官追併，厥後減追，每名納草四十束，近年又復減半。自正德十一年，止除守墩旗軍與夜不牧并守鋪軍人免納外，其餘一應差占，俱不減免。各府州縣民壯，每名該納秋青草四十束，每束折銀三分，共納銀一兩二錢俱隷布政司。其他騎操孳牧馬匹，紀其屬於關者，非三關所得書者不載。鴈門關馬二百二十四匹，近撥廣武、振武衛舊額，并新增馬三千匹，寧武關馬四千一百一十四匹，神池堡馬一千九百八十五匹，偏頭關馬三千七百七十匹，八角所舊額并新增馬一千八百五匹，禦冬、河曲、保德等處馬六百匹。新設騎操馬。廣武站除改撥外，馬七百七十六匹，利民堡馬五百匹，老營堡所馬一千八百匹，北樓口馬三千匹，平刑嶺馬五百匹。孳牧馬。太原左衛兒馬二匹，騍馬八匹；太原右衛兒馬一匹，騍馬四匹；太原前衛兒馬二匹，騍馬八匹；平陽衛兒馬二匹，騍馬八匹；潞州衛兒馬二匹，騍馬八匹；鎮西衛兒馬二匹，騍馬八匹；振武衛兒馬二匹，騍馬八匹；汾州衛兒馬一匹，騍馬四匹；沁州衛兒馬一匹，騍馬四匹；寧化所兒馬一匹，騍馬四匹；保德所兒馬一匹，騍馬四匹。走遞馬騾。鴈門驛馬三十匹，騾驢三十四頭；鬧逕驛馬十五匹，騾驢三頭；砂淵驛馬七匹，騾驢十頭；寧武關馬騾六十四頭；偏頭關馬騾四十四頭；老營堡騾三十頭；樓子營騾三十頭。新設走遞馬騾。廣武站馬騾四十四頭；八角所騾四十頭；神池堡騾二十五頭；利民堡騾六頭。論曰：古今馬政詳矣。漢人牧於民而用於官，唐人牧於官而給於民，宋則始牧於官，其後蓄之於民，又其後則市之於戎。我朝蓋兼用之故，兩畿、山東、河南牧之民者也，牧之民者，兩京太僕寺主之；陝西、遼東牧之官者也，牧之官者，行太僕、苑馬寺主之。山西行太僕寺之設，蓋與陝西、遼東等，乃不在官、不在民，而所謂備邊馬政，並其意與法而失之，何哉？孳牧止於衛所，衛牝牡十，所又半之，解俵僅存虛名，緩急無益軍旅。非如山東、河南之徵額有常也。給散歸之，官軍耗折，漫無稽考，有則藉爲衣食之資，而芻牧不盡其材；無則規免征調之苦，而瘦損是其所利。甚則以之充傳遞之役，爲轉運之資，買補絡繹而死傷相尋，皆寺官所不得與者。此豈法之設端使然哉？夫牧之惟恐其不多養之，常不得其法用之，而卒無其實，皆自僨之道也。昔趙充國留田金城，罷騎兵，獨留步卒，彼豈無謂哉？李克用父子以馬上定天下，然數滿三萬，即已病其太多，故范延光對唐明宗云：『養一騎卒，當步兵五人，三萬五千騎抵十五萬步軍。』蓋謂馬之費廣也。今既不能惜養馬之費，而又不能資有馬之力，以此較匈奴長伎，不亦左乎？説者謂宜重僕臣之權，定秣飼之法，減隨營之額，增芻豆之價，擇水泉便地置監牧草場，舉團槽餧養之法而嚴稽查追補之令，其庶幾乎？其庶幾乎？

（嘉靖）《河間府志》卷八《財賦志・馬政》　河間縣，原額種馬五百二十匹。獻縣，原額種馬五百二十匹。阜城縣，原額種馬五百匹。肅寧縣，原額種馬二百七十匹。交河縣，原額種馬二百九十五匹。興濟縣，原額種馬二百一十匹。寧津縣，原額種馬四百九十五匹。景州，原額種馬五百三十五匹。吴橋縣，原額種馬二百七十五匹。東光縣，原額種馬一百七十五匹。故城縣，原額種馬一百七十匹。滄州，原額種馬五百四十匹。南皮縣，原額種馬一百八十五匹。塩山縣，原額種馬四百五十五匹。慶雲縣，原額種馬二百一十五匹。任丘縣，原額寄養馬一千七百五十四匹。青縣，原額寄養馬二百九十八匹。静海縣，原額寄養馬九百八十四匹。深曰：『惟今馬政郡邑之官，正佐之外，加設以官，里社之外，別立群長。考諸國初，有閑田以爲牧馬之處，而今爲勢家所有，不得不累於額田也；解京有芻牧之所，而今爲勢家所耕，不得不養於窮民也。民以田而供馬，及其貧也，又鬻其田於富人，是使富者有種田之利，而貧者有養馬之害也。司其事者可不思所以急爲之處耶？』又曰：『小民養馬所孳馬駒，率多弱小駑駘，不能中太僕之選。弘治初，巡撫都御史史琳建言，令闔邑朋合喂養鳩貲買俵草料之數、市馬之貲、解俵之費，俱視地之多寡以爲贏縮。至正德初，寺丞盛灝又額外求小馬餘地而什一之，且牧馬所孳既不堪俵，而其歲俵之數，皆市於他方，則閭閻之下破貲蕩産、朝夕飼養者皆無用之物矣。豈其立法之意耶？』

明　章潢《圖書編》卷一二一《南北馬》　舊例養馬在順天府所屬，論地派養，此外別無別科。種馬在應天府所屬，論丁派種，此外更無別役。如有倒失，雖赦不蠲。此祖宗制也。頃者有司玩慢，漫不檢覈，或地歸豪右而養馬累于細民，或丁多逃移而種馬至于漸耗，馬政之廢，實由於此。宜令順天府屬覈地，應天府屬覈種，有地亡而馬存者，即以其馬責之佃主；其種昔有而今亡者，俟秋成之日，以漸買補，則數年之後，馬可蕃息矣。

明　楊時喬《馬政紀》卷一《太僕寺牧監群户馬》　初建于滁州，後革去。牧監羣尚為後太僕寺户馬。太祖高皇帝定都金陵，吴元年凡兵馬所在，屯聚放牧，在京師有典牧所。洪武六年建太僕寺于滁州，設卿、少卿、寺丞等官。七年置屬，有五牧監、九十八羣，後增損為一百二十羣，設監正、監副、録事、羣長。八年如舊。十三年，增置滁陽五牧監，滁陽、儀真、香泉、六合、天長。滁陽群二十有二，儀真、六合羣各七，香泉群八，天長群四。二十三年冬，定為十四監，置江東、當塗二牧監，設監正、監副、録事各一人，江東牧監所屬八群，曰開寧、泉水、惟在、清化、神泉、新亭、長泰、光澤，當塗，牧監所屬十一群，曰石城、化洽、永保、姑孰、延福、多福、丹陽、德政、繁昌、東塘、壽安。每群設群長一人。十一月，罷牧監九、群五十四，改置大興等牧監三，永安等群七。先是，設滁陽牧監，凡八群，烏衣、馬安、石板、廣陽、来安、金壇、萬春、福禄。六合牧監三群，永福、黄塘、大德。儀真牧監三群，金駿、長興、騂驑。江都牧監三群，犀馬、長寧、崇寧。香泉牧監十五群，長壽、柘皐、新興、保大、開城、梅山、永勝、白馬、歷陽、千秋、翔鸞、仙蹤、保安、仁豐、政理。定遠牧監六群，昌莪、龍澤、大安、白龍、青龍、黑龍。長淮牧監四群，孝議、香山、高塘、樂善。天長牧監四群，太平、古城、第一、昌平。舒城牧監八群，德勝、大龍、南鄉、唐龍、齊安、青陵、鳳臺、黄龍。至是皆以冗而罷之，惟存大興牧監，以永安、如皐、沿海三群隸之，天長牧監以德勝、武安二群隸之，舒城牧監以九龍、萬龍隸之，其廐牧制見于諸司職掌。凡太僕寺所屬十四牧監、九十八群，專一提調牧養孳生馬羸驢牛。其養户俱係近京民人，或五户、十户共養壹匹，每騍馬歲該生駒一匹。若人户不用心孳牧，致有虧欠倒死，就便着令買補還官。每歲将上年所生馬駒起解赴京，調撥本寺。每遇年終比較，或群監官員怠惰，或人户奸頑，致令馬匹瘦損虧欠数多，依例坐罪。二十八年，以府州縣專理民事，牧監群專理民户馬。府州縣重民，牧監重馬，各有所責，權勢不一，法令牽掣，互争未定，乃遂以牧監群馬歸有司，專令民間孳牧，太僕寺專督理焉，而牧監群革，監正等官俱罷。永樂、洪熙、宣德同。正統七年，定為南京太僕寺，即後種馬。

又《北平苑馬寺監苑户馬》 建于北平，後即革，惟遼、陝、甘三寺見存。永樂三年，始勅建北平苑馬寺，又設遼東、甘肅、陝西三苑馬寺。其勅詞先命甘肅總兵官西寧侯宋晟、寧夏總兵官左都督何福度地勢，次第設置。至是，勅晟等曰：『今設苑馬寺以廣孳牧，每寺統六監，監統四苑，寺置卿、少卿、寺丞，監置正、副，苑立圉長，以率牧馬之夫。春月草長，縱馬于苑，迨冬草枯則収飼之。今先設四監，爾處應有牧馬宜春配與之。凡回回、韃靼以馬至者，或全市，或市其半，牝馬則盡市之，以給四監。其監之未設者，即按視水草便利可立處，遣人以聞。馬政重事，其加意精思，有可行者悉宜條奏，毋有所隱。』諭之曰：『朕欲馬蕃息，思有二策，一欲畧如朔漠牧養之法，擇水草之地，其外有險阻，用数人守之，縱馬其中，順適其性，至冬寒草枯聚而飼之。一欲散與軍民牧養，設監牧統之。二策孰善，宜條畫以聞。』於是江陰侯吴高奏言：『大同東北猪兒庄西至雲内東勝，外有赤山、榆楊，疊白關隘可守，東西險阻，其内延袤四百餘里，水草便利，可以孳牧。然屯種之地少有空隙，未免妨農，謹上地圖。』上覽而是之，遂設陝西、甘肅，又設北京、遼東各苑馬寺。六年，勅甘肅總兵凡回回、韃靼令鬻馬於甘、涼州，及千匹則於黄河迤西蘭州、寧夏，勿令過河。永樂四年，設于北平通州，卿、少卿、寺丞、主簿各一員，置屬録監，二十四苑各設監正、監副、録事、群長各一員，清河、金臺、涿鹿、盧龍、香山、通州每監四苑，清河監：順義、常春、咸和、訓良等苑，金臺監：永川、隆驊、大牧、遂寧等苑，涿鹿監，泔池、鹿鳴、龍河、長興等苑，盧龍監，遼陽、龍山、萬安、蕃昌等苑，香山監，清流、廣蕃、龍泉、松林等苑，通川監，河陽、崇興、義寧、永成等苑。凡苑視其地理廣狹，上、中、下三等，上苑牧馬萬匹，中苑七千匹，下苑四千匹。苑有圉長一，圉長率五十夫，每夫牧馬十匹。又設陝西、甘肅、遼東苑馬寺，圉在各苑馬寺下。十八年，革北京苑馬，前悉用軍士畜，比調軍保安守偹，馬悉散民間畜牧，遂罷苑馬寺及六監二十四苑，以其馬屬北京行太僕寺，牧于民間。《太僕寺志》曰：『余志太僕，於前世苑馬未嘗不深致意也，而每歎兩京故監之不存，然至遼東、陝西、甘肅亦往往僅有存者，馬政之廢如此，夫内地之民苦養馬之害，而邊兵反仰納内地之馬，則行太僕寺、苑馬之設何為哉？』又曰：『祖宗於屯田、鹽法、馬政，其深思遠慮，皆謂行之数年，則邊方自能足用，可以不煩内地。今至竭百姓之力以奉窮邊，輸輓歲歲益甚，天下於是始困也。』按：以上牧監群馬、苑監馬，其制皆二祖稽唐四十八監、宋十八監之制而命之名者也。牧監群者，編户為群，群長養馬之法，官牧也。苑監者，即其後遼、甘、陝三寺圉夫養馬之法，亦官牧也。官牧與民牧制本不同，而《會典》《太僕志》類混而書之，則稽考未詳矣。且其牧監群、苑監既有官以統之，又公圉廐而居之，畫牧地而餧之，制本至善，乃二祖朝有不能久行者，要必有深意于中，今亦難以悉考証。已即其後令太僕寺理民間孳牧，其初公廐牧地並存，載在典章者甚詳，制亦善，厥後公廐廢，而牧地或為豪貴奪，或為之微租，令民各自為廐居，各自求地芻蓄，則其制日壞，流弊日濡，有不可勝言者矣。乃今公廐絶然無存，而冀北諸草場即舊北京苑馬六監故地，南京應天諸草場即舊南京太僕群牧監故地，土地尚在無恙，而豪貴者積襲故轍，據而有之，不能復之為官民者業，所謂求牧與芻不得，安能俾孳牧盛哉！乃今民間計地户徵粮，或買俵，或發寄養，而官為之制，及馬不堪，亟責之民間，是重為民生困；内監團營馬又徵索户部草料，是又為國計困。民與國交困，是皆輕變苑監公廐牧地之制致之也。顧古今論牧政者皆善官牧而不善民牧，其所稱善，特就其法制之得宜者言之爾。苟法制不得宜，則官不能自理孳牧，而實責之民，故其所稱民牧者民也，官牧者亦民也，均之為民害也，其善不善豈易言哉？即若張萬歲、王毛仲二太僕職官牧甚盛，乃史稱萬歲中廢，馬官亂職二十餘年，潜耗大半，所存者寡。又稱開元廐後，人主侈心，屢經戰陷，牧馬皆沒，其後以内外閑廐都使付之禄山，卒籍以叛，而苑牧皆沒。又其後水草腴田，旋以貧民及諸賜占幾千頃，德宗命閑廐使張茂宗收故地，民失業愁怨，穆宗即位，悉復還民。太和七年，置銀川監，大抵無復開元、天寶之舊矣。即此知物太盛則忌衰，振作過則易弛，物理固然，所以保盛俾永維振作俾不怠者，實惟得人以繼之爾。昔謂馬政在人，而人又在于牧制得宜，如得人得宜，則官牧固善，民牧亦不失為善，未可深求而別言之也。是以謹述二祖初制，與先後更制者詳紀之，以俟後之言馬政者。

又《太僕寺户馬》 此即滁州太僕寺，後定為南京，即今南京太僕寺。

洪武二十八年，革群牧監，令太僕寺專督有司提調民間孳牧，各屬俱置有專管馬政，各府設通判，各州設判官，縣丞或主簿俱一員，榜文江南一十一户、江北五户共養馬一匹，皆係同鄉同里，丁力多寡，田産厚薄，彼此相知，富者助貧，貧者安業，不待官府號令，自能相勸，豈不人情和睦，風俗淳美？今有丁多之家倚恃豪強，欺壓良善，着令丁少人户一般輪流養馬，靠損小民，甚至畧無人心，着令幼兒寡婦、篤疾殘廢一槩出備馬錢，有傷風化。榜諭之後，務要照依原編人户内儘丁多之家做馬頭，養馬一匹，或兩三人丁相等富貴之家喂養，並不許着令丁少人户輪流，設有倒損虧欠，其餘人户止是津貼錢鈔買馬，其丁多大户敢有不行自養馬匹，仍前輪流靠損小民者，及着令幼兒寡婦、篤廢殘疾一槩出辦買馬者，許諸人綁縛赴京，全家遷發邊衛充軍。如馬頭家生畜不旺，許令於貼户家着養。凡兒馬一匹配騍馬四匹為一群，立群頭一人，五群立群長一人。每群長下選聰明子弟二三人習學醫獸，看治馬匹。洪武二十年，欽定榜文：一馬料苴煮熟，務要凉冷，多用料水與草拌匀，方可餧馬，不許紫計餧養。飲水畢，緩緩牽行回轉，約有五七里，然後拴繫閒沙土地上，隨意睡卧，不許在槽，拴繫不便。一春草生發時月，或馬十匹，或二十匹，或三五十匹，隨趂水草便利去處，晝夜牧放。如遇炎暑、蚊蟲、水發時月，務要馬趂高阜無蚊蟲水滲去處收養，每日午間趕樹陰下歇凉，無樹陰轃搭凉棚歇凉。夏天炎熱，辰時飲水一次，午時飲水一次，至晚飲水一次。春、秋、冬月巳時飲水一次，未時飲水一次。每月二十日或半月一次，将鹽水餧啖馬匹，亦不許與牛拴繫一處餧養。一如是馬頭家内生畜不旺，許令人户議和，於生口旺相貼户家内看養，務要置立馬房，馬槽地下不許用磚石墊砌，常用掃除潔淨，不許縱放鷄鵝等畜在馬槽、馬草内作踐，亦不許梳篦頭髮馬悮食了生病。一兒馬春間群牧時月，務要加料餧養膘壯，照依原搭配定馬匹依時群盖定駒，如果原關兒馬軟弱不堪，着令民人另尋好壯兒馬群盖，但有盖過騍馬，只將原盖兒馬群盖，再不許将其餘兒馬混雜花盖，定駒不便。一各府州縣置立印信群盖文簿，與管馬官吏收掌，躬親提調，逐日盖過次数、定駒日期，明白於各騍馬格眼内逐月仍填寫，以憑稽考比較。令群長各一體置立群盖簿附寫比較。每年正月、二月、三月趂時群盖定駒。騍馬生駒七日後，即着兒馬群盖，仍将生駒并買補日期亦於簿内附寫明白。夏天炎熱時月，須用天氣晴明清辰晚天凉候群盖，若不過三五次，却停歇三五日，再用兒馬群盖。若果騍馬打踢，不受群盖，方是定駒，仍五日一次，用兒馬照試，如果不受的，係定駒。其騍馬先須喫草，後方可飲水，不許餧蕎麥稭黍穰雜糧及淘米泔并一應汚水餧飲，落駒不便。一補領或孳生三歲騍駒，照例每兩年納駒一匹，永為定例。若虧欠馬駒，務要買補相應馬駒還官，照依原搭配定騍馬，依月務要加料餧養。三歲兒駒群盖，騍馬不得定駒，即用大兒馬群盖。一管馬官吏時常下鄉提督看視馬匹，要見定駒若干，顯駒若干，重駒若干，明白附寫印信文簿，候本寺官出巡比較。正月至六月報定駒，七月至十月報顯駒，十一月至十二月終報重駒。但是新群盖者只作定駒馬，一按古書内馬初生無毛，七日方起，號為龍駒。仰各該官吏着令養馬人户如有孳生馬駒生得奇異，不與衆馬相同者，如法用心看養，明白申報。官又令軍衛屯牧馬，凡在京、在外衛所俱有孳牧馬匹，以給官軍騎操之用。在京及南北直隷衛所屬太僕寺，在外屬各該行太僕寺、苑馬寺，及都司委官提督，每衛委指揮一員，所千百户一員，專為孳牧，其搭配科駒起解比較等項，悉官民間事例。建文元年，改卿為太僕卿，分少卿，丞為左右，主簿為典簿，增典廐、典牧二署，署設署正一員、署丞二員、監事二員、吏目一員，典廐署添設驌驦等十五羣，每羣羣長一員，典牧署添設遂生等三群，每群群長一員。永樂九年，革去各監群，并添設官員，悉復洪武舊制，照榜例行事，其所管轄南應天、鎮江、太平、寧國四府，廣德州，江北則鳳陽、廬州、淮安、揚州四府，滁、和、徐三州，各所屬州縣衛所總六十七處。永樂、洪熙、宣德間俱稱太僕寺，至正統六年始定都北京，乃以此為南京太僕寺。

又《北平行太僕寺户馬》 此建通州，為北平行太僕寺，後改京師，即今太僕寺。洪武三十年，建北平行太僕寺及遼東、山東、陝西、甘肅行太僕寺，設卿一、少卿二、寺丞、主簿等官。永樂元年，改北平行太僕寺為北京行太僕寺，十八年改稱太僕寺。洪熙元年後稱北京行太僕寺，正統六年定稱太僕寺，領民間孳牧，如滁州之制。上諭兵部曰：馬政重務，今畜牧之法廢，宜為定例，以責成效。兵部議奏，每牡馬一配牝馬三，牝馬歲育一駒，牡馬騸馬許軍士騎操，而非有警，亦不許發，非大調發，馬皆不得差遣，命太僕專其政，非太僕所屬都司衛所委官董之，每年比較，具實以聞。永樂十年，定順天、保定、河間、真定、順德、廣平、大名、永平八府土民，計丁糧編户，喂養孳生馬匹，名曰户馬，此内八府養馬之始。永樂九年，太僕寺言，順聖川牧養蕃息，命給懷來、薊州衛各千匹，宣府等衛萬匹。永樂十七年，以馬益蕃，命薊州迤東衛分牧，都督僉事吴誠、兵部尚書趙羾往視口北宜牧之地，還言保定州自順聖川至桑乾河廣袤百四十餘里，四山環遶，水草便利，可牧馬萬匹，勑太僕寺先以千匹試之，以懷來衛軍百人分牧，都督張安、尚書趙羾提督，仍定行太僕少卿一員主之。宣德四年，以馬日蕃，八府不贍養則散于山東、兖州、東昌三府，領養孳生馬匹每五丁養駒一匹，三丁養兒馬一匹，不在免糧之例，此山東養馬之始。正統十一年，馬又日蕃，則散于河南、彰德、衛輝三府，照例領養孳生馬匹。自有總領凡十五府，三百九十一衛，州縣分牧。按：丘文莊《大學衍義補》謂内地民牧以給京師，外地官牧以給邊方，内地則北、南太僕寺，外地則遼、陜、甘三苑馬寺，玆言是已。至于指太僕寺為民牧，以宋王安石新法比之，又謂神宗見愧文彦博之言即罷之，在當時雖為民害，未至于甚，乃今日弊政為害，莫此為甚。玆言似已，豈其盡然哉？我國初當天造草昧，宜建侯不寧君子經綸之時，二祖皆智勇天啓，凡經文緯武，皆深思遠慮，揆時度勢，稽古考衷，舍己從衆，以故法立民，宜永久可傳，乃宋室至熙寧承平日久，神宗口材之主，外似鋭意，内則治體未諳，忽惑于安石新法之言，祇頒一令，俾所司驟行，不顧民宜，不思永久可傳，是以罷之宜速，此其不盡然者一。二祖馬政皆有成法，本意乃宋即内有天駟監，外有十八監，名官牧實籍與北交欵歲幣，自納馬市馬外，諸馬政一切踈曠。安石驗知，乃斷于更制，欲以捄之，而内則識量意慮不逮，外則法制不立，又不擇委任，不可與創始，况可樂成此其不盡然者二。二祖種馬擇地所宜產，安石則隨地皆養，不論地產所宜，是以民有不堪，不得不以為害而罷，此其不盡然者三。二祖種馬騍駒，即以為糧丁正賦，此外未有他供。宋史于熙寧罷牧監群制，改囧馬于編户，元豐收還户馬，復置監院，監院復廢，而又增保馬。馬端臨曰：熙寧所行者户馬，元豐七年所行者保馬，皆是以官責之于民，令其字養，而户馬蠲其科賦，保馬則蠲其征役，適又民苦科賦征役，而暫圖苟免，故暫從之。及其後宋臣嘗謂即似蠲實未嘗蠲，則是有加之于科賦征役之外者也。此其不盡然者四。二祖于兩都近畿輔者上供孳牧之馬，遠畿輔者上供漕運之粟，非有偏累，亦非有强。安石不論地之遠近，一切皆有馬，既兼累，又强民，此其不盡然者五。丘文莊不察其不盡然，而惟據其疾苦之一言必欲去之，嘗試觀之南方跋踄萬里，疾苦萬狀，歲歲輸運而至，惟以正供所在，義所當然，未有以為民害而欲去之，獨北馬以為害而必欲去之者，或以其為疾苦之故也。乃求其疾害之故，則在法令屢更，官吏陵恣，牧地為豪貴所奪，已爾顧不此之圖，而遂因噎廢之食，豈北民之義有殊于南哉？後此北產諸公所疏，必以文莊引安石之言為據，則亦皆未深考之過矣。卒之正德、隆慶、萬歷三次輕議者，竟借此為更變之端，馬政坐而壞矣。竊惟議事泥古者則迂，生今反古者則悖，居今酌古者，古今世守之法，持循調運于間，果不能無積弊之所，則從而量宜補捄之，歸于咸善，則為通變不窮之時。惜乎前之為議者不知此道，而令馬政坐壞，俾至今善籌牧者難于議也。

又 卷四《寄養馬四》 寄養馬者，以解俵者發寄民間牧養以備用者也。《會典》《太僕志》載洪武間京府舊有種馬而無寄養，自正統十四年始以順天、保定、河間各州縣屬寄養之地，前此皆以徵俵者發寄，自正德二年以後則以買俵者發寄，往者種馬存時以解俵，民為勞苦，近自革種馬而買俵，則俵民稱寧息，獨寄養民勞苦如舊，於是民日望於調兑去暨不發爾。顧防守須馬，自俵民稱寧息，而官廐空虛，防守無賴，獨有寄養者在，如之何其可去而不發之？此其道在有司者軫念養民勞苦，又係京輔之地，嘉意撫綏安養，俾得寧息，則民安馬壯，而防守有須，根本有賴。

又《太僕寺寄養馬》 此自正統至今見行者，但今係買耳。《會典》内凡查點寄養馬匹，凡變賣寄養馬匹，凡買補寄養馬匹三欵，皆寄養内事，今隨年記之，若日行職掌在人，與時變通、有未容執一者不紀此。正統十四年，天府所屬州縣寄養各處起解備用馬匹照北直隸事例，論糧分俵，其本府各州縣原領孳生種駒改撥直隸，永平等府空閒人户其備用馬歲取一萬匹，北直隸、河南、山東取七分，南直隸三分，俱限八月以裏解部發太僕寺驗印給俵，或遇法司送到贓罰入官馬牛騾驢驗堪用者亦照此例。順天府所屬州縣原係寄養、孳牧相兼，至正統十四年，因北人犯邊缺馬，該太僕寺奏稱，路途近者五六百里，遠者七百里，起俵之時，催促起京，草料不時，多致瘦損，軍不領用，百姓往復艱難，其順天府所屬孳養馬匹遇緊不便取用，奏准二十七州縣原養孳牧馬匹盡數俵與附近直隸、永平等府空閑人户，令養孳牧，著令本府專養騎操馬匹。《太僕志》載，順天府所屬二十七州縣、保定府所屬七州縣、河間府三縣專一寄養馬匹，每地五十畝養馬一匹。其昌平州宛、大二縣正德四年奉，例每地一頃五十畝養馬一匹。及各州縣寄養馬匹如有倒失，有無賠補，其月報、季報備開新收、開除、實在數目查考。如遇取兊馬匹完日，各州縣具完呈送寺查册註銷，查有應免不免、那移作弊者問罪。弘治二年奏准，寄養馬倒死，告官給印信文帖相視，方許開剥馬皮送官，變賣銀兩給與養馬之人，相兼買馬，俱要照依三箇月事例賠補，候寺丞至日查驗，如馬不在，無票可照，開作倒死者，即係盜賣，就行拿送問刑，衙門照依近日奏行事例問擬發落。弘治三年，令馬齒未老而作踐成疾不堪發軍者，原額人户追罰銀二兩，又令寄養備用馬倒失買補不及五分者，掌印管馬官俱住俸追賠。弘治七年，令拖欠寄養馬按月納銀，兵部題覆，該太僕寺少卿彭禮奏，將順天所屬寄養倒失等項馬匹為二項，弘治元年至三年四月初五日以前該追舊馬，弘治三年四月以後至六月終該追新馬，舊馬一匹該追銀五兩，每月出銀一兩，新馬一匹該銀十兩，每月出銀二兩，按月差官類解。弘治七年，以順天府馬多丁少，先該太僕寺少卿彭禮奏，本部題准，又將保定府易州等七州縣、河間府静海等三縣照丁給養，俵備用馬匹，原養孳牧另給滄州、肅寧等處領養。弘治七年，令順天、保定、河間各府凡三十七州縣計地編户，凡户養一馬人户共五萬六百餘，十年一編。正德九年本寺少卿楊奏，兵部議行寄養馬匹，少卿親詣各該地方通行揀選，除老馬外，但有瘸瞎等項，即係作踐，照例於馬户下追銀二兩，類解該寺，仍要瘸瞎老弱不堪者若干，眼不雙瞎、病不至瘦、損不成病若干，造册送部，以憑議擬，奏請變賣。以後每年三次揀選，查處施行。正德十六年，詔順天、保定、河間三府各州縣自正德三年以来寄養馬匹，俱各年齒衰老節次兊軍，揀退不堪負累小民餵養，兵部行文太僕寺分管官督同該府州縣管馬官勘實，果係老馬，變賣價銀轉解太僕寺貯庫，轉補買馬支用。嘉靖二年題准，各處倒失備用馬匹分別年分遠近，係正德十年以前者，照舊每匹徵銀十兩，十五年以前者每匹加銀二兩，十六年並嘉靖元年以後者俱追賠本色。其係正德十五年官員騎傷兊下弱馬，照正德十一年例，每匹追銀五兩。嘉靖七年，奏請差太僕寺少卿督同該府州縣掌印官、管馬官查審寄養馬匹，領養年淺膘壯堪用者遇調則先與交兊，派則後與俵領。其瘦弱不堪兊軍者分別所養年分變賣，若七八年以上價銀八九兩，十數年以上六七兩，各從便招人交易。瘸瞎者亦量宜酌估。以後每十年一次奏請施行，定為常例。嘉靖十三年議准，寄養馬匹地方查照原坐馬匹數目，先儘富户地多者一人養一匹，其尤多者兼養二三匹，地少者二人朋養一匹，務令不失原數。若編派不公，遺累貧户，許撫按官及印馬御史拏問重治，凡編户四萬六十餘，五年一編。嘉靖四十二年，以養馬户田地拋荒者免養馬，議止派三萬匹，該印馬御史吴守題，兵部覆議，看得順天、保定、河間所屬州縣寄養馬原額四萬六千六十三匹，近以瘠地拋荒，窮民流移，以故州縣絶無上户派養，累及單丁，御史吴守欲要拋荒之地通融酌減，只派三萬匹，依議審編，大約總計止用三萬匹，此外不許多派，以後該派折色、本色，容臣等臨期酌量，多派折色，少派本色，則寄養之馬自當漸減。嘉靖四十二年題准，將昌平州暫免寄養。七年兵部為申明舊議，免發寄養。查得嘉靖三十一年，該巡按直隸監察御史鄢懋卿題稱，昌平地方衝疲，百姓被敵傷殘，要將該州寄養馬通行免派，本部議覆准免忝發。又查得嘉靖四十一年，該太僕寺少卿劉奏本部議覆，該州自二十九年被兵以来，已經一十三年生聚，寄養委當復舊，俱經題奉欽依，通行欽遵去後，看得巡按官既稱陵寢邊畿俱有關係，相應行太僕寺將昌平州該寄養馬再免七年，通前休息二十年，生聚既繁，另行議復，若欲永為停免，有乖舊制。奉聖旨，是。嘉靖四十二年題准，將各州縣分别三等，酌量增減，仍將人戶丁田多寡照數分派，該印馬御史顧廷對奏兵部覆議，看得寄養人户原為養馬，而設馬數不滿二萬，馬户多至四萬，徒存虛額，無濟實用，將各州縣分別上、中、下三等，酌量增減，仍查寄養人户丁田多寡，通融均派，大率只要二萬五千户實數，每年馬匹照數分派，倒失追本色、折色。嘉靖四十二年題准，以後倒失馬户應買本色者，要壯大好馬，解寺發養，應追銀十二兩以下者照舊。該御史顧廷對題兵部覆議，倒失寄養馬匹舊例俱是追銀，近該本部議，自四十三年為始，領養十年以下未經借兊者俱追補本色，姑免問罪，十年以上及經曾借兊者，方許別年限追銀，蓋以買馬為難，追銀為易，馬户作弊，往往賤價買小馬茍且充數，以致應買馬者重而反輕，致徵銀輕而反重。以後倒失馬户應買本色者，務要收買壯大合式好馬，解寺印烙，發屬寄養。其應該追銀十二兩以下者，仍舊不必更。嘉靖四十三年題准，只派二萬五千户，又量地肥瘠編户，以後不得援以為例。嘉靖四十五年議題，腹裏寄養馬匹照邊鎮團槽餧養，印馬御史顧廷對奏題，欲修馬政，在盡牧養之宜，百姓養馬，四時之中惟夏秋之月為易，而冬春之月為難。夏秋天氣和暖，水草牧放随宜，休息無凍害之苦，比至冬月春初，草枯水涸，風烈氣寒，無牧養之便，在家鮮芻料之儲，縱田畝有所入，貼户有所資，而官司查點未及，目前之凍餒方殷，雖坐視其馬之斃而有不恤者，亦其勢然也。甚者人尚無食，何以飼馬？人尚無居，何以棲馬？故馬之倒失，惟寒冬之月為多。一歲之中，自十月以至二月，於此數月而能善其餧養，保其臕息，則一歲飼牧之功思過半矣。臣請倣古監牧之制，而為團槽餧養之法，州縣附城擇寛潤空隙水草便益之地，每馬二百匹，或三百匹為一苑，每馬三匹為一廄，至十月起至二月，各養馬人户通令在廄餧養，霸州文安曾有行此法者，一二歲間馬匹臕息異於前，但以一時草率，未有定制，官離任而政即廢。隨該兵部尚書楊議覆，改革之際，極當慎重人情事體，有無穩便，行各巡撫按會同印馬御史勘議，隨經囬報，相應通行各州縣查驗各馬户領養之馬，但有臕息太損者，即拘集在城公所去處，或寺觀，或教場，行令團槽餧養。正官不時驗視草料，嚴加考比，必候臕息復舊，方許囬家，卒有不堪，責令買補兊用。隆慶元年題准，順天所屬薊州等九州縣十分災傷，寄養馬匀量均匀調兊，以後解到馬匹暫免分發，待後年豐，另行查發。其河間、保定二府查勘被災州縣，亦照順天府九州縣事例一體施行。該兵部題看得巡撫順天等府都御史耿題稱，薊州、文安、大城、保定、東安、永清、武清、香河、漷縣等九州縣十分災傷，寄養馬共四千二百七十六匹，酌量多寡，均匀調取，先儘極貧馬户俵兊，薊、昌二鎮各營路二千一百五十一匹，領養騎征，其餘剩馬二千一百二十五匹照舊餧養，候邊營再有請討，另行兊給，仍行太僕寺各處解到馬匹暫免分發，待後豐年另行查發。其河間、保定二府候查勘被災州縣，照順天府九州縣事例一體先行調兊，仍行太僕寺以後解到馬匹暫免分發，候豐年之日另行查發寄養。隆慶二年議准，寄養馬不堪兊軍者，不必拘十年以上例，即照借兊次數變賣價銀及買補本色，該御史顧廷對條議，寄養馬匹果有不堪者，不拘年限，俱准變賣，仍查已未借兊，酌量追補。兵部題覆，今照本官所議，不堪馬匹不拘己未借兊，俱令納銀，但備用馬匹額數不多，專爲兊軍，以備緩急，關係甚重。若因其傷損，一槩變賣，價多則民力不堪，價少則人將效尤，故意作踐，反滋弊端。合無將馬匹查驗果係十年以上，瘸瞎瘦損不堪者，准其變賣，仍照舊例借兊一二次者追銀十兩，三四次者追銀八兩，未經借兊者，追補大馬合式方許印烙，仍定限期，嚴催完報。其餘堪養之馬，責馬戶用心餧養備用，不許捏稱傷損，一槩變賣，致生姦弊。隆慶二年題准，各府州縣寄養馬匹每年止許查點十二次，兵備道以二月、八月，御史以四月或五月，少卿十月或十一月，凡四次，其餘月分該州縣掌印官自行點視，凡八次，通判等官不必再查。隆慶四年議准，寄養州縣各掌印官將養馬人户審別上、中户領養，單丁、寡婦、殘疾者不得一槩僉。隆慶四年議准，寄養馬倒失變賣者各照議定限期，走失者限三個月，變賣者限六個月，倒死者限一年之内買補足完。隆慶六年題准，昌平州寄養馬匹盡數減免。萬曆二年，以霸州、永清等九州縣水災，議准各邊題討馬匹，先將被災州縣分別重輕調兊，其餘空户暫免俵發。萬曆二年議准，於額户二萬五千内將通州、良鄉、涿州、漷縣共減去一千四百户，免發寄養十年，滿日仍舊。其應減見養馬匹，每匹變價十兩解用，該兵部尚書譚議，得太僕寺少卿何欲減通州、涿州、良鄉、漷縣寄養馬匹為照畿輔根本重地，歷查寄養人户，原額四萬六千，後相繼奏減，止存二萬五千戶，今良鄉、涿州、通州、漷縣俱屬孔道，少卿何目擊民艱困，欲再減免，厥意甚美，但欲改派保定革去種馬，於法未便，似難依從。先年議者欲盡裁革，荷蒙先皇聖明，僅革一半，然所革者止不養馬耳，寄養解俵之數如故也。今如所陳，前項州縣共該減馬二千一百三十六匹，移之保定，則保定約須革去種馬二千餘匹方彀領養，而額數歲減，國課日虧，且順天屬邑疲累尚多，今房山縣民趙甫等已援例具告，臣等未敢擅行，萬一相繼具奏，豈惟煩瀆聖聰，將必盡廢寄養乃耳。查得每年寄養馬匹，遵奉世宗皇帝聖旨，常以二萬為率，而人户尚餘五千，見今宣、大市馬議解京營本部，歲派多徵折色，則空閒之户可以調停酌處，合無將前項州縣暫為停減，内良鄉減三百户，涿州減五百户，通州減四百户，漷縣減二百户，共減一千四百户，萬曆三年為始，免發寄養，限以十年滿日，物力稍舒，照舊派發。奉聖旨，依議行。萬曆九年題准，寄養州縣如遇倒死馬匹，果係急症，醫治難痊者，免其問罪。十年以上追銀八兩，十年以下責令買補。若復病倒，止追銀五兩，不必再賠。其走失查係被劫，力不能支，別無規避者，一體施行。若無故走失，與馱載騎傷及飲秣不時，遇有瘠病不加醫療，以致倒死者，仍照舊例，十年以上追銀十二兩，十年以下買補。若復病倒，追銀八兩，亦止一次。萬曆十三年議減平谷、固安、覇州、密雲、新安、順義共一千二百七十四户。萬曆十年，令養馬人户五年一編，地方殷實者編爲馬頭，領養馬匹，次者爲貼户，地少户貧者聽貼務，使貧富得均，正貼各當，不可假手積年吏書，以致富户賄通隱逐，反將地寄者爲正户，貧民受累。萬曆十四年，酌量地丁饒裕之家爲正頭養馬，餘爲賠户養馬，草料各宜，因民之便，分別户則，量行帮貼。若有倒損，照例追貼，量爲寛恤。萬曆二十年題准，納價定例，初次倒死者，十年以上追銀十兩，未足十年責令買補，倒死復倒者，十年以上追銀五兩，五年以上追銀八兩，未及五年追銀十兩。其變賣買補復倒者，亦照倒死復倒例行。若走失者，不論年分多寡，俱令買補。至於扣算年分，以一人原領而言，若轉領，惟子替父、弟替兄得以通算，他人轉領，止以轉領之日爲始。該本寺少卿施策題，前萬曆九年新例於寛恤之中寓稽覈之意，法至備矣。但人情狡猾，有法外之姦。今之倒死馬匹，孰不云急症醫治難痊者乎？走失者孰不云被劫力不能支者乎？即有無故走失與馱載騎傷等項致死者，無從究詰，至於倒死復倒，十年以下追銀五兩，人情甚願，皆以倒死為幸，至有領養一年而倒死兩馬者矣，則部覆十年以上追銀十二兩，十年以下追銀八兩之例，不為虛設乎？大都法貴畫一，不必持兩端之論，以啓人規避之私。合無今後初次倒死者，十年以上追銀十兩，未及十年責令買補；倒死復倒者，十年以上追銀五両，五年以上追銀八兩，未及五年追銀十兩。其變賣買補復倒者，亦照倒死復倒例行。若走失者，不論年分多寡，俱令買補。至於扣算年分，以一人原領而言，若轉領，惟子替父、弟替兄得以通算，他人轉領，止以轉領之日為始。該兵部議覆，以後悉照今寺臣畫議定例，各州縣官勿得紊亂成規，縱令奸貪吏書欺隱作弊。隨奉欽依。萬曆二十年奏減保定五百户，兵部議得印馬御史蔣王衡條陳，欲將平谷、保定二縣寄養馬匹裁減，行順天巡撫議稱，行據各道查議，據太僕寺呈，稱平谷縣原額養馬地一千一百九頃三十二畝，養馬七百四十九匹，嘉靖年間節經議減實存養馬五百三十五匹，至萬曆十三年又議減一百六十户，今止養馬三百七十五匹，已經二次議減，以後不許援例告擾。欽遵在卷。其保定縣既減去五十户，應減户數務儘貧難小民，將地土貼見在馬户，使槩縣通霑實惠，不許勢豪有力之家計圖倖免，以後州縣不許援例告擾。萬曆二十年議減懷柔、固安等處，該本寺議回，兵部俱停寢該鎮欲減懷柔等馬户，該太僕寺議，本年據懷柔縣申呈，欲將寄養馬户量行減革，議本部行各屬，少卿、寺丞查覆，内稱各屬先年每以土薄馬多稱累，屢經御史吳守顧廷對，周之翰三次查勘，委當均派，户數多寡，題有欽依，以後不許混行告擾。今該縣援比通州每地八頃零養匹一匹，三河縣每地六頃零養馬一匹，此地誠多而户誠少，及查邊海地方，如豐潤縣每地二頃六十畝養馬一匹，大城縣每地二頃一十三畝養馬一匹，如内地大興縣每地二頃五十九畝養馬一匹，此為定例，何獨該縣以三頃四十四畝養馬一匹，尚稱苦累，則下於該縣地少者，又宜預行告減矣？且近今邊方多事，正值用馬之秋，節年本寺題有欽依，每歲足以二萬之數，如此紛紛援例混行告減，則俵觧馬匹從行發寄？誠減於此，必派增於彼，則彼此額數定於國初，自難混那，况欲民私其力，官私其民，勢亦有未易行者，合無於春、秋二運之時，姑念該縣邊邑民疲，查上年俵發之數少發數匹，於兊軍之際多兊數匹，而於地多馬少州縣不妨多發以均勞逸，少示寛恤之意，則課額不致驟虧，貧民亦免苦累，各州縣不得援例告擾。又據固安縣申呈，欲行裁減，該本寺議得，固安縣原額養馬地四千三十七頃七十六畝，原額寄養馬三千四百二十二匹，除勘明荒地四百三頃三十五畝一分六厘七毫，減馬三百四十二匹，奉例減馬七百六十匹，萬曆十三年又減馬六十匹，共減去一千七百，止編馬一千七百二十匹，今難再議，本寺議囬，兵部題准不行。萬曆二十二年該本寺題，兵部覆奏，見行各例，凡馬解至發寄養議五：始領，故一曰領養。養户近例五年一編，地多殷實者為馬頭領養，次者貼户，地少户貧者津貼草料，各州縣計派地多十頃，少一二頃者每出草料謂之月糧，多自二十兩，少六七兩，總計之，歲可買一馬矣。厪托之領養，宜得臕息，顧以月粮餧養外，各州縣官潔已嚴下，猶不甚累，或昏懦貪鄙者上如索常例供應，下如書吏、醫獸需索誆騙種種，以其所入出反有倍，甚不能堪，又安能望臕息？當如前御史屢禁奏止。又嚴稽覆戒，差撥寛騎，坐絶追呼，息拘禁示，勿許營幹調兊，以滋騙惑。又瘦病者量責戒，不得輒罰，贖倒死者勒限買補，不得將馬價侵匿。信此行之，其有瘳乎？領在於餧，故二曰餧養。養户各州縣不同，有頭户自養者，即馬頭，正身文冊内所開者是也。輪養者，先臣謂今日甲，明日乙，明日丙，牧無恒主，姦弊百出，馬死甲曰乙，乙曰丙，馬病則官相而免其罪，於是有故病其馬以規免者是也。貼養者，即冊内擇一人養，每畆照數貼銀，公私費各出者是也。顧養者，所謂豪户不肯養，下户不敢養，非漂泊無聊不與顧賃，即有月糧，隨手花費，風露氷雪欺淩而馬倒矣，至今買補歛銀，不即買解，比追馬而價亡者是也。此在養者如此，至於銀或頭户自討輪户，或自貼互貼顧户，或各取討内有與有不與，致紜紜告擾者，亦有徵收在官，發給有與有不與，遅早全少者，有貴戚勲豪恃勢自慳，又受人寄産，全不遵給者，至於為空户，日得暫寬，地税不出，待他日發養官廉，則聽民自寛，不廉則取自肥，要當隨州縣各例一一查明，務使在民則見養户彼此相貼，無獨累頭户；見空户酌處，或帮貼，或候養，無獨累養户；在官則使必如數早給，無獨累編民；在貴戚勲豪則均令津貼，無交累官民。餧在查點，故三曰點養。前臣謂不可數數起官吏浸漁之弊，不可緩緩滋養户怠弛之弊。近例每歲十二次，似於數數不可行，又自州縣管馬官既革，專責正官，政務繁殷，或有不暇不詳者，亦有或數或緩各端者，前此本寺疏言，當巡歷期臨時餧養，馬皆似臕息，巡視後倏然異態，此其州縣官不加意而亦養户粉餙避罪，倖冀速兊。近議立踈數之法，四季行之，寺臣巡烙于秋冬之交，州縣查點於春夏之交，印馬御史隨其便。州縣查點後，將本寺舊發較定尺寸時加比考，以防互相推捱，私自換易之弊。又養户必頭户正身，即輪貼户亦有身家者，勿容顧猜，無藉叅之，亦於春夏交必報乃可。辨善養於平日不致苟，且於臨期查或有倒死，故四曰賠養。舊例，領養三月内者免罪買補，三月外者問罪買補，立限嚴追，遇赦不宥。所謂三月外者，自三月至十年皆謂之外，皆問罪買補時也。以此令民，民皆畏重，其後部議十年上追銀十二兩，十年下追銀八兩，似於過寛，民遂緣議年數混指，倖於追銀，顧所謂十年，上乃自八九年，言非三年，四五年亦謂之上也。及作踐捏病，亦曰倒死也。萬曆九年，本寺卿題較部議太寛，民間倖端益開，馬多倒失，該少卿施策題，初次倒死十年上追銀十兩，未及十年責令買補，倒死復倒者十年上追銀五兩，五年上追銀八兩，未及五年追銀十兩，其變賣買補復倒例行。若走失，不論年分多寡，俱令買補。扣算年分，以一人原領言，若轉領，惟子替父、弟替兄通算，他人轉領，以領日為始。兵部題奉欽依俱依，擬行其法，見行而倒死者尚衆，該寺臣又題，謂有二説，一則馬料、馬價皆得地者出不補，一年則有一年價銀，延捱多年久始完，日作空戸，一則民間謂賠馬難，賠銀易，盖買馬仍使之寄養，養復為累，追銀則延至年久始完，未完日即為空户，可閒數年，故有實不倒不失而買結之、藏匿之以為倒失者，以其利也，亦縁限期過寛，故民趨利如此。自今買補追銀，俱照舊例，立限以三月速完，遇赦蠲不宥。州縣不行追比，亦照例叅罰。此就民得地互出銀者言，若養户倒失當自賠，乃有告槩縣均攤者，各戸朋養當均賠，乃有獨責出名領養者，均當立法，無令獨累州縣官，徵銀在庫，馬存則給，馬倒不給，即自乾沒累民賠買者，又有追銀在官隱匿，猶謂民拖欠者，均當查考，無令民累。其間事宜，月異歲殊者，又在分理諸臣隨時通變可也。賠補累民，則宜變賣，故五曰賣養。正德三年，令寄養馬匹俱各年齒衰老節次兊軍揀退，不堪負累，州民餧養，兵部行文本寺分管官督同該府州縣管馬官勘實，果係老馬，變賣價銀解寺貯庫。嘉靖七年奏，痩弱不堪兊軍者，分別所養年分變賣，七八年上價八九兩，十數年上六七兩，瘸瞎者亦量宜酌估，以後每十年一次奏請施行，定為常例，乃亦寢。凡馬以二十歲為率，其强健十六七歲止爾。近該前後印馬御史題稱，起俵原限六歲，養五年滿十一歲，又五年滿十六歲，况收俵時未必皆真六歲，愈老愈瘦，永無免期，令無領養過十年外，老瘦不堪，即令變價，誠當早行。近本寺少卿李化龍巡驗查明，精詳册開，有瘦弱不堪稱兊，老瘦不堪團養者，又在此壯數内，或有節次兊軍揀退者，亦據册查出，或照四十三年例，該管寺臣徑自分別，或照前例，差寺臣率廉能管馬通判同到各地分別所養年分，以十年外為率變賣，内除馬户不行看養致瘦弱損壞者，照嘉靖四十年例，領養十年上失倒追餀十二兩，今為十兩；或看養如法，特自然老瘦弱，屢次取兊揀退者，照嘉靖七年例，十年以上價銀八九兩，或十兩，各從便招人交易，或如發驛遞作下馬，州縣作里甲馬，將站銀補價；瘸瞎者亦量酌估，或未及十年，只在八九二年間，或亦看養如法，特自然老弱，原收俵時非真五六歲者，以齒辨，亦照前例，或十二兩，或十兩；其餘不在八九年間，或非收俵混齒者，亦令再養，不許混求，仍立為例，每州縣止許總計見在馬數，或十分内一之二，不許姑息加多，以滋弊端。立為例，每三年一行，或於寺臣出巡日即行，即將俵馬補寄，以足其額，倘俵又不足，即開行召買，四五歲者發寄，則養户皆知待賣有期，加意餧養，既省於倒夫追銀問罪之苦，又省如前欵謂倒失買賠藏匿之誣，又得別寄以備非常，不致徒名無實。變賣而額不可缺，故曰額養。近本寺查得論糧分俵，每户養馬一匹，免糧地五十畝，州縣養戸多者，免糧地亦多，養户少者，免糧地亦少，即今雖年深月久，地更多主，而免糧之地總不出該州縣縣内，所謂輕糧遂為定額者也。其後即以此額地分別養馬若干，攤派幾頃幾畝幾分一匹，各項糧差若干，攤派諸費合之，凡養馬地銀多者諸費則輕，養馬地銀輕者諸費則重，酌量間原有折衷，編為額戶。其後有勘明荒地，奉例屢減户數，今查額户，弘治間五萬餘，十年一編，嘉靖間四萬六千餘，御史吳守以太多，止派三萬，顧廷對又以太多，止派二萬五千。又量地肥瘠編派，請以後不得援以為例求減。萬曆間，少卿何起鳴議，權減良鄉、涿州、通州、漷縣一千四百戶，兵部議覆免寄十年，滿日照舊派發，至令未派。然三臣時種馬尤存，減之尤可，其後種馬盡革，各州縣陸續議減，萬曆十三年議減平谷、固安、霸州、密雲、新安、順義，二十年議減保定，見今兩路共二萬一千七百有餘，凡此減皆驟，馬數以耗。近有軫編累之疏，則謂寄養馬匹照地均攤，然或至二三十頃而有餘，或三四頃而不足，相去懸絶至甚，欲稍為裒益，亦彼多此少，紛紛告減。為此議者皆不知始而論糧分俵，既而計地編户，又既量地輪派，各有折衷，原非偏累，今忽見懸絶至甚，遽欲裒益，紛紛欲變舊法，是皆失於稽考舊日典籍之過。而况前次既納輕糧，諸費又少，今欲少馬，實屬不均，將貽異日争競之端，皆未可者。且凡減不曰減馬，惟曰減空户，遂使未知者謂空户可減，不知空户先養已充、後養未發，暫空間耳，有俵發即為養户，非二也，亦非空閒無人之户之謂也。惟是自以後忽輕減，然又不可一律論者，在本寺、在各撫按印馬司道州縣，諸臣所歷，必詢民瘼，各民必以此為疾。若告減，誠果地荒時災則暫一行之一二年，免其寄養，如萬曆二年題准，先將被災州縣分別重輕調充，其餘空戶暫免俵發，似於可行。如必欲減額，則諸臣所謂舊額日虧，無從發寄，馬數不足，緩急無濟，且此端一開，何州縣不應減數，民不稱離苦，何時可杜是也？亦有如諸臣所謂民私其力，官私其民，士私其鄉，其情安可遽徇是也？前臣又以保定諸屬州縣，順天屬三河寶坻，通州地多馬少之所可加者，兵部題覆議奏，前額已定，難以遽加，且查通州衝繁疲弊，諸費數倍於他所，而其地畝皆勳戚中貴所有寄庄，飛詭計免，今忽議加，亦屬不可，總計今之戰守馬，惟藉此二萬五千户耳，如不得已。今凡具議者，酌於各寄養州縣，其有可減者，量減必查，有可加者，量為議加，務使此減彼加，通融不失乎二萬五千原額，俾時為養户，時為空户，勞逸適均，孳牧加廣，征調便足，乃於民於國俱有益也。不然，原額一減，無從寄養，他日戰守無資，必從各州縣取足，將懼民未預備於平時，一旦取足於有事，是又將以所難者苦之，將不以前減為小惠，終為偏害乎哉！原額續減見在寄養馬户數：順天府二十七州縣原額寄養馬四萬一千一百六户，嘉靖等年一奏減外，隆慶等年再奏減外，實編一萬七千二百九十六户，後昌平州豁免止二十六州縣，萬曆二十等年又奏減外，今實編一萬闕千闕百闕户。保定府七州縣原額寄養馬六千四百七十六户，嘉靖等年一奏減外，隆慶等年再奏減外，實編三千一百二户，萬曆二十等年又奏減外，今實編三千闕百户。河間府三縣原額寄養馬三千三百六十户，嘉靖等年一奏減外，隆慶等年再奏減外，實編一千四百闕十闕户，萬曆二十等年又奏減外，今實編一千闕百闕十闕户。以上今實編共二萬一千闕百闕十闕户。

明 蕭大亨《北虜風俗・牧養》 夷人畜産，惟牛羊犬馬駱駝而已。其愛惜之勤，視南人之愛惜田禾尤甚；其愛惜良馬，視愛惜他畜尤甚。見一良馬，即不吝三四馬易之。得之則旦視而暮撫，剪拂珍重，更無以加。出入不以騎，惟蓄其力以為射獵戰陣所需而已。凡馬至秋高則甚肥，此而急馳驟之，不三舍而馬斃矣，以其臕未實也。於是擇其尤良者，加以控馬之方，每日步馬二三十里，俟其微汗則縶其前足不令之跳踏躑躅也，促其御轡不令之飲水齕草也。每日午後控之至晚，或晚控之至黎明，姑散之。牧場中至次日又復如是，控之至三五日或八九日，則馬之脂膏皆凝聚於脊，其腹小而堅，其臀大而實，向之青草虚臕至此，皆堅實凝聚，即盡力奔走而氣不喘，艮經陣七八日不足水草而力不竭。我中國不知控馬之方，往往乘肥馬以涉遠道，則馬之死者十而九矣。故馬不在肥，在肥而實，相馬以肥，則騏驥不御有以也。且其人乎日間緩步以馬，急馳以馬，射獵以馬，故周旋熟而整控精。我中國人能如是乎？即有從馬上弄弓矢者，亦月不數次，此所以人馬不相得，而馳驟不如意，與乘異産無異也。虜酒多取馬乳為之，故馬之乳，人與駒而分食。彼且曰：『我分其乳則駒食乳少，故冬月耐寒；不分其乳，則駒食乳多，至冬月不耐寒。』此亦曲為之説耳。若駒以全乳食之，我想其騰驤更數倍也。大抵馬之駒、牛之犢、羊之羔，每一年一産，産於春月者為佳。羊有一年再産者，然秋羔多有倒損之患。故牧羊者每於春夏時，以氊片裹羝羊之腹，防其與牝羊交接也。馬乳初取者，太甘不可食。越二三日，則太酸不可食，惟取之以造酒。其酒與我燒酒無異，始以乳燒之，次以酒燒之，如此至三四次則酒味最厚，非奉上敬賓不輕飲也。牛羊之乳，凡為酥、為酪、為餅，皆取給焉。取牛乳，則俟犢能齕草，遂隔別之，日取其乳，至夜始令母子相聚也。取羊乳，亦俟羔䏻齕草，驅至他所，將牝羊每兩隻其頭相對，束縛之使不動，人從羊尾後取之。取畢，始觧其束縛，令母子相聚也。其取羊毛，則歲取二次或一次。積其毛若干，則合鄰家之婦，聚而為氈，彼此交作，不數日而氈畢成。駱駝則二年一產，力䏻任重，每藉以負載行裝，故虜貴駝也。犬不甚大而，其性更靈，收則藉以守，獵則藉以逐。有獸被矢而走者，犬追之，不獲不止。其發縱指示，動如人意，故虜貴犬也。虜以牧養為生，諸畜皆其所甚重，然有窮夷來投，或別夷來降，此部中人必給以牛羊牧之。至於孳生已廣，其人已富，則還其所給。似亦知恤貧也。他若鷄、豚、鵞、鴨，皆其所無，惟板升諸夷稍有之。野產之物，若黄羊、盤羊、野猪、野牛、野馬、野駝、野鹿之類，皆不可馴致，惟大獵時則䏻獲之，皆在極東、極西、極北三處最為繁盛，宣大邊外之地所產不多。蓋彼三處地廣人稀，食之者寡，而宣大以外，恒聚數十萬虜於此。此正江河不䏻實漏巵，所產安䏻供所食哉，故虜以湩酪謀其旦夕也。

《明會典》卷一五一《牧馬草場》 南北兩太僕寺及京營各邊孳牧馬匹皆有草場，其後場地多為豪強所侵。成化末，乃以不堪種者牧馬，堪種者徵租，具列於後：南京太僕寺所屬孳牧草場。應天府八縣，原額草場地，共一千四百四十五頃五十畝八厘七絲一忽二微，內堪種地三百九十四頃七十九畝八分八厘五毫三絲，歲徵銀一千七百一十四兩二錢一分九厘八絲二忽八微。南直隸鎮江府三縣，原額草場地共一百五十一頃八十一畝六分八厘九毫，內堪種地八十七頃四十五畝八分五厘二毫，歲徵銀三百八十一兩七錢三分七厘六毫四絲。太平府三縣，原額草場地共六百二十二頃六十畝九分八厘七毫四絲，內堪種地二百七十頃七十畝九毫六絲，歲徵銀一千七十三兩一錢七分二厘五毫二絲四忽。鳳陽府五州十三縣，原額草場地共四百八十頃七十七畝六厘四毫八絲，內堪種地二百七頃六十六畝二分七厘九毫八絲，歲徵銀六百五十一兩七錢六分三厘二毫三絲八忽，廬州府二州五縣，原額草場地共六百七十頃五十八畝六分九毫四絲三忽六微，內堪種地二百四頃八十一畝四分七厘八毫五絲五忽四微，歲徵銀八百六十二兩二錢一分四厘六毫四絲九忽九微六纖。淮安府二州九縣，原額草場地共七百九十二頃八十四畝四分三毫三絲，內堪種地六十四頃五十九畝七分五厘四毫，歲徵銀一百八兩九分二毫五絲。揚州府三州五縣，原額草場地共一千三百六十七頃七十六畝二分七厘五毫五絲一忽五微，內堪種地一千一百八十四頃五十六畝五分六厘一毫五絲一忽五微，歲徵銀二千七百五十九兩五錢九分八厘七毫二絲六忽五微。以上嘉靖十年勘定數，其後歷年開墾加增不等。每歲各府共徵銀一萬九千一百九十一兩，復題准減免三千一百三十三兩，至隆慶二年，實徵銀一萬五千三十兩。弘治二年，選差禦史清查立界刻石。六年，始議分三等課租，大約江南府州，上畝七分，次五分，又次四分。江北每等各殺其二。正德中，議勘系馬戶自種者免徵。嘉靖十年，又差禦史勘定頃畝。十二年議准，於場地應徵銀內，各照起俵馬數，每匹扣留一兩，以備災傷逃移支給。餘悉解部發寺，以備不時買馬。三十五年議准，題請敕書關防，專委南京兵部主事一員，清查管理。隆慶二年題准，每五年行各軍衛有司清查造冊奏報。萬曆四年議准，扣留備災者，各解南京太僕寺收貯。照災酌助，以免欺隱。太僕寺所屬孳牧草場。

又 養馬餘地附。順天府二十七州縣，原額草場地共一千八百四十六頃四十四頃四分六厘一毫，內堪種地一千四百九十六頃八十九畝一分一厘一毫，歲徵銀一萬一千四百四十七兩九錢五分六厘三毫七絲。北直隸大名府十一州縣，原額草場地共三千一十四頃二十五畝八分八厘二毫，內堪種地八百五十四頃九十六畝三分八厘七毫，歲徵銀除例減外。實徵一千一百二十四兩八錢八分二毫五絲。長垣縣後增子粒銀七兩三錢八分三厘三毫。養馬餘地一萬五千八百六十一頃八十二畝三分一厘，歲徵銀除例減外，實徵二萬六千一百五十四兩九錢二分八厘二毫二絲四忽。保定府十三州縣，原額草場地，共三千九百七十三頃九十四畝四分五厘一毫八忽，內堪種地一千一百三十二頃四畝一分四厘九毫，歲徵銀除告豁撥給外，實徵二千五百一十九兩四錢七分四厘四毫。後增子粒銀二千三百七兩有零。嘉靖四十一年，改解戶部。易州等七州縣，原額草場子粒地共二千二百一十八頃八十四畝三分一厘，除告豁撥給外，仍該草場地一千三百四十二頃三十七畝六分七厘，內堪種地六百四十頃七十六畝二分八厘，歲徵銀一千一十九兩一錢七分九厘八毫六絲。後增子粒銀一千七百二十七兩七錢六厘九絲，葦草子粒銀一百八十八兩七錢九分二絲。養馬餘地一千七百六十六頃五十二畝有零，歲徵銀二千三十八兩有零。萬曆二年，題准免徵。德府九縣，原額草場地三千六百四十二頃一十三畝六分，內堪種地一千四十五頃四十四畝九分，歲徵銀二千五百六十四兩二錢七毫六絲五微。後增子粒銀一千六百五十六兩有零，改解戶部。養馬餘地二千四百一十頃五十八畝有零，歲徵銀四千九百一十兩有零。正德十六年，題准免徵。廣平府九縣，原額草場地一千八百八十二頃七十六畝二分，內堪種地五百五頃六十五畝六分，歲徵銀一千四百四十二兩八錢五厘。後增子粒銀七百一十四兩有零，改解戶部。養馬餘地四千九百五十頃二十七畝有零，歲徵銀九千九百兩有零。嘉靖一十七年，奏准免徵。真定府三十一州縣，原額草場地五千四百六十四頃一畝四分二厘五毫，內堪種地二千六百八十六頃四十六畝二分七厘八毫，歲徵銀六千五百八十八兩二錢九分八厘八毫一絲五忽。後增子粒銀四千七百八十六兩有零，改解戶部。養馬餘地一千三百七十四頃八十四畝四分七厘三毫一絲，歲徵銀二千八百一十三兩四錢四分二厘三毫七絲九忽。河間府十五州縣，原額草場地一千九百七十五頃六十畝三分七厘，內堪種地七百九十二頃九十畝一分四厘九毫，歲徵銀除奏減外，實徵一千六百五十三兩九錢八分九厘二毫四絲。後增子粒銀二千二百四十六兩有零，改解戶部。靜海等三縣，原額草場地共一百二十六頃七十二畝六分五厘，內堪種地共七十頃一十畝八分三厘，每年徵銀二百一兩七錢九分六厘五毫。後增子粒銀五百一十六兩有零，改解戶部。養馬餘地三千一百五十八頃八十三畝有零，歲徵銀六千四百六十五兩有零。萬曆二年，題准免徵。永平府六州縣，原額草場地一百七十五頃八十八畝五分，歲徵銀四百三十二兩四錢七分五厘五毫。後增子粒銀二百六十七兩有零，改解戶部。養馬餘地一千八百四十四頃七十七畝有零，歲徵銀三千三百一十七兩有零。嘉靖十年，議准免徵。河南開封府七州縣，原額草場子粒地八頃二十三畝四分八厘二毫，歲徵銀三十二兩九錢三分九厘三毫二絲。歸德府考城縣四州縣，原額草場地四十畝，歲徵銀一兩六錢八分。山東濟南府二十九州縣，原額草場地四頃四十八畝一分六厘五毫一絲二渺，歲徵銀六兩八錢九分三厘二毫五絲。兗州府二十五州縣，原額草場地一百八頃三十六畝五分八厘，內堪種地六十四頃九十三畝六分，歲徵銀二百七十八兩四錢四分七厘八毫。東昌府十八州縣，原額草場地八十七頃六十九畝五分八厘，內堪種地七十四頃五十五畝五分八厘，歲徵銀二百九十二兩六錢六分三厘六毫。成化四年令，北直隸京師附近系官草場，不許內外官豪勢要妄指求討，托故投獻。違者許科道糾劾，及各該衙門追究治罪。弘治九年奏准，差官踏勘各處牧馬草場。凡占種者，俱令退出。內堪種地土，佃與近場軍民耕種。每畝徵租，上等七分，中等五分，收貯各府州縣庫，給民幫助買馬。不堪種者，照舊放牧馬匹。十四年，以草場租銀太重，減額徵解太僕寺，以備買馬。正德十年題准，草場租銀，量支幫補追並不敷馬匹，餘解太僕寺，仍行兩京太僕寺，轉行分管寺丞管馬官，將所屬租銀，嚴督追解，造冊送部考查。又奏准，各分管寺丞親詣所管州縣，吊卷清查，解部送寺，以備買馬。如有那移侵費等弊，依律參提問追。以後年分，各府類收俱候次年三月以裏到部。十三年題准，各府州縣徵租銀草場，如有水旱災傷，即便從實具奏，與民田一體差官勘實，照依分數蠲免。凡分管寺丞，嚴督各州縣掌印管馬官，以十分為率，年終三分不完者，住俸。寺丞與知府管馬通判，照分管州縣，四分不完住俸。先將原額草場地土頃畝，及該徵子粒租銀數目，分豁明白，造冊差人齎繳。嘉靖元年題准，兩京太僕寺分管官，督同各該掌印官，將牧馬草場，逐一查照原額，並今實在租銀地土各若干，造冊呈部磨對，會定成數。後各照例全徵，不必再行會數。遇有災傷，須經撫按臨期勘實，方准蠲免。其租銀照舊。次年三月以裏，差人解納。如有違限，就將解人送問。經該及分管官員，年終照例參究。萬曆三年議准，以後拖欠子粒租銀，及馬價錢糧，該管官員，三分、四分以上，罰俸一月。五分、六分以上，降俸一級。七分、八分以上，降俸二級。督催完日，准復營衛放牧草場。

又《在京各營衛》 奮武等十二營草場，坐落薊霸二州，共地二千八百八十頃一十五畝九分，歲徵銀八千六百七十七兩五錢七分六厘。內薊州二千一百二頃四十二畝七分，畝徵銀三分，霸州七百七十七頃七十三畝二分，各徵不等。五軍營草場，坐落安肅等縣，共地七百九十五頃三十七畝七分，歲徵銀二千三百八十六兩一錢三分一厘。內安肅縣三百四十頃四十三畝，定興縣四百四十九頃六十四畝七分，三河縣五頃三十畝，畝各徵銀三分。神樞營即三千營，草場坐落霸等州縣，共地六百三十八頃一十四畝一厘三毫七絲。歲徵銀一千九百一十四兩四錢一分四厘一絲一忽。內霸州三十二頃三畝六分四厘一毫，固安縣一百九十六頃一十畝三分七厘二毫七絲，新城縣四百一十頃，畝各徵銀三分。神樞營草場，坐落香河等縣，共地三百二十頃一十一畝一分八厘八毫三絲三忽，歲徵銀九百六十三兩三錢五分六厘四毫九絲九忽。內香河縣二百八十八頃六十七畝三分五厘五毫，雄縣二十三頃七十八畝四分三厘三毫三絲三忽，新安縣七頃六十五畝四分，畝各徵銀三分。錦衣衛，原額草場地二處，共三百二十六頃三十六畝八分五厘，坐落武清縣，歲徵銀二百九十四兩二錢一分五厘。旗手衛，原額草場地六頃二十四畝，坐落房山縣，歲徵銀一十四兩。府軍左衛，原額草場地四十三畝三分八厘，坐落大興縣，歲徵銀二兩九錢一分。金吾左衛，原額草場地八十一頃三十畝，坐落永清縣，今堪種地三十四頃九畝八分，歲徵銀七十九兩二錢二分五厘。金吾右衛，原額草場地一十一頃六十三畝，坐落大興縣，今堪種地九頃九十畝，歲實徵銀二十九兩七錢。大興左衛，原額草場地四處，共一十頃一畝六分四厘五毫，坐落永清縣，今堪種地八頃一十五畝五分二厘五毫，歲實徵銀二十六兩二錢三分二厘三毫五絲。羽林前衛，原額草場地四十二頃九十畝五分，坐落東安縣，今堪種地二十頃六十七畝，歲實徵銀九十九兩五錢八分五厘。燕山左衛，原額草場地二處，共三十一頃三十三畝，坐落東安縣，今堪種地一十三頃四十七畝五分，歲實徵銀一十一兩六錢七分五厘。燕山右衛，原額草場地十五頃八十一畝，坐落東安縣，今堪種地五頃九十五畝三分三厘，歲實徵銀一十一兩一錢八分七厘六毫。燕山前衛，原額草場地二處，共二十九頃一十畝七分一厘，坐落永清縣，今堪種地一十二頃八十六畝三分一厘，歲實徵銀三十二兩八錢七分八厘五毫。泰陵衛，原額草場地二處，共二十頃五十七畝二分四厘，坐落永清縣，今堪種地一十七頃九十五畝六分，歲實徵銀四十三兩一錢九分四厘四毫。忠義右衛，原額草場地二十四頃四十五畝七厘五毫，坐落武清縣，今以無上地，減歲徵銀止五十兩七錢五分四厘六毫。永陵衛，原額草場地二處，共三十二頃二十九畝八分，坐落永清縣，今堪種地二十二頃四十二畝五分，歲實徵銀四十兩八錢三分。義勇右衛，原額草場地二十五頃五十六畝六厘，坐落懷柔縣，今堪種地六頃六十六畝七分，歲實徵銀一十四兩一錢八分八厘。義勇前衛，原額草場地三十五頃八十七畝五分，坐落順義縣，今堪種地一十五頃三十六畝，歲實徵銀二十二兩二分。義勇後衛，原額草場地三處，共九十頃三十二畝三分，坐落永清、東安二縣，今堪種地三十五頃一十九畝，歲實徵銀一百七兩一錢六分七厘。神武左衛，原額草場地三十五頃七十八畝六分，坐落永清縣今堪種地一十八頃四十八畝，歲實徵銀四十六兩二錢四分。昭陵衛，原額草場地三處，共二百六十四頃，坐落永清縣，今堪種地一百二十八頃二十九畝，歲實徵銀三百二十七兩六錢七分八厘。忠義前衛，原額草場地一十七頃四十一畝九分二厘六毫，坐落武清縣，今堪種地一十一頃六十四畝七分一厘，歲徵銀二十七兩三分五厘九毫三絲。忠義後衛，原額草場地二處，共一十三頃，坐落東安縣，今堪種地九頃九十八畝，歲實徵銀二十五兩三錢一分。大寧中衛，原額草場地一十五頃九十一畝三分四厘五毫，坐落武清縣，今堪種地一十三頃四十四畝三分五厘，歲實徵銀三十四兩六錢八分一厘四毫。武成中衛，原額草場地三頃一十九畝三分一厘，坐落武清縣，今堪種地二頃七十八畝二厘，歲實徵銀六兩六分。寬河衛，原額草場地一十四頃六畝二分，坐落宛平縣，歲實徵銀二十八兩二錢四分。會州衛，原額草場地八頃二十二畝七分，坐落永清縣，今堪種地七頃七十七畝，歲實徵銀二十四兩八錢六分四厘。蔚州左衛，原額草場地一十九頃九十畝二分六厘六毫，坐落大興縣，今堪種地一十七頃五十畝，歲實徵銀五十二兩二錢五分。龍驤衛，原額草場地九頃七十畝，坐落通州，今堪種地八十一畝，歲實徵銀一兩六錢二分。濟陽衛，原額草場地二十四頃一十六畝五分四厘，坐落東安武清二縣，今堪種地一十九頃九十八畝五分，歲實徵銀一百五兩七錢三分九厘。富峪衛，原額草場地八頃四十一畝五分，坐落永清縣，今堪種地七頃九十八畝五分，歲實徵銀三十六兩四錢四分。茂陵衛，原額草場地四頃八十八畝八分七厘，坐落武清縣，今堪種地三十一畝七厘，歲實徵銀一兩八錢三分五厘五毫。裕陵衛，原額草場地二十七頃九十六畝三分九厘七毫，今堪種地二十三頃三十三畝五分七厘五毫，歲實徵銀六十九兩五錢八分。康陵衛，原額並新增草場地三十二頃六十五畝，坐落良鄉縣，今堪種舊地一十二頃一十八畝八分。及新地，歲共實徵銀五十五兩六分九厘，在外直隸衛分。忠義中衛，原額草場地八頃，歲實徵銀一十六兩。涿鹿衛，原額草場地一十五頃四十七畝，歲實徵銀六十一兩八錢八分。涿鹿左衛，原額草場地五十頃三十三畝，歲實徵銀一百兩六錢六分。東勝右衛，原額草場地四頃四十八畝，歲實徵銀一十二兩三錢二分。通州右衛，原額草場地二十二頃五十四畝四分，歲實徵銀六十九兩五錢四分八厘。興州中屯衛，原額草場地一十五頃九十六畝六分六厘，今堪種地一十三頃一十六畝一分五厘，歲實徵銀二十六兩三錢二分三厘。營州前屯衛，原額草場地三頃六畝，歲徵銀一十一兩三錢三分。遵化衛，原額草場地一十七頃五十三畝五分，歲實徵銀一十七兩五錢三分五厘。保定左衛，原額草場地一十九頃九十四畝三分五厘，歲實徵銀四十三兩八錢七分五厘九毫，後增子粒銀一百一十一兩五錢六分一毫。保定右衛，原額草場地四十二頃二十六畝二分二厘六毫，歲實徵銀九十二兩九錢七分七厘，後增子粒銀一百六十九兩一錢七分六厘。保定中衛，原額草場地三十一頃一十五畝八分二厘二毫，歲實徵銀六十八兩五錢四分八厘一毫。保定前衛，原額草場地二頃三十五畝，歲實徵銀八兩一錢五分四厘，後增子粒銀一十四兩一分八厘四毫。保定後衛，原額草場地二十頃，歲實徵銀四十四兩。茂山衛，原額草場地一十三頃四十九畝，歲實徵銀二十九兩七錢五分。定州衛，原額草場地二頃五十五畝，歲實徵銀八兩七錢五分。真定衛，原額草場地二十六頃八十五畝，歲實徵銀七十三兩一分四厘。盧龍衛，原額草場地一頃一十三畝，歲實徵銀二兩三錢七分。東勝左衛，原額草場地二頃五十畝，歲實徵銀一十五兩九錢五分。開平中屯衛，原額草場地一頃四十七畝，歲實徵銀二兩九錢四分。後增子粒銀一兩八錢有零，改解戶部。永平衛，原額草場地七頃八十畝，歲實徵銀三十一兩二錢。山海衛，原額草場地二十七頃二十四畝，歲實徵銀八十一兩七錢二分。後增子粒銀四十九兩有零，改解戶部。瀋陽中屯衛，原額草場地八頃七十七畝五分，今堪種地四頃七畝七分，歲實徵銀二十六兩六錢一分五厘。後增子粒銀一十兩有零，改解戶部。大同中屯衛，原額草場地一十二頃，今堪種地一頃四畝四分四厘，歲實徵銀三兩二錢一分六厘八毫。後增子粒銀五十一兩有零，改解戶部。山東衛分。德州左衛，原額草場地三十一頃三十四畝八分五厘，歲實徵銀七十一兩四分一厘。後增子粒銀二十五兩有零，改解戶部。平山衛，原額草場地四頃，歲實徵銀二十一兩八錢。臨清衛，原額草場地二十八頃一十五畝七分，歲實徵銀一百一十二兩八錢六分八厘。永樂二十二年，令戶部、錦衣衛各委官查勘五府牧馬草場，有妨占民田處所，另撥官地與民為業。弘治九年，令給事中禦史，並戶兵二部委官，清查各衛草場，有草未墾去處，仍舊牧馬。已墾成田者，照畝收銀，解送兵部，轉發太僕寺寄庫，聽候買馬。十八年題准，在京在外金吾等衛所牧馬草場，除各衛所存留蓄草牧馬外，其勘定上、中、下等則田地，原有軍民佃種者，每畝上地徵銀五分，中地三分，下地二分。又令錦衣衛場地徵銀，許本衛收貯，貼補馬草。舊例，京營原設牧馬草場地畝，歲徵租銀一萬三千五百餘兩，及霸州葦銀一千六十四兩五錢二分，俱該營逕自徵收。嘉靖七年兵部題准，租銀徵解本部扣給該營二千五百兩應用，內團營一千兩，五軍神樞神機營各五百兩。四十一年，議將餘剩租銀一萬一千兩歲解戶部。四十三年，以營操用銀不敷，增給六千兩，後又增至一萬兩，俱前項租銀，及霸州葦銀支用。是年又議准，葦銀亦徵解兵部，轉發該營。

又《各邊草場》　洪武三十年定，北邊牧馬草場，自東勝以西至寧夏、河西、察罕腦兒，東勝以東至大同、宣府、開平，又東南至大寧，又東至遼東，又東至鴨綠江，又北去不知幾千里，而南至各衛分守地，又自鴈門關外，西抵黃河，渡河至察罕腦兒，又東至紫荊關，又東至居庸關，及古北口，又東至山海衛，凡軍民屯田地，不許牧放。其荒閑平地，及山場腹裏，諸王、駙馬及軍民聽其牧放樵采，在邊所封之。王不得占為已場，妨害軍民。成化十年，令陝西榆林等處近邊地土，各營堡草場，界限明白，敢有那移條款，盜耕草場，及越出邊牆界石種田者，依律問擬。追徵花利完日，軍職降調甘肅衛分差操。軍民系外處者，發榆林衛充軍。系本府者，發甘肅充軍。隆慶五年題准，陝西丈過苑馬寺牧地，計算熟地三萬頃，養馬一萬匹。餘熟地五萬頃，該寺分別三等，徵銀共四萬五千兩，解固原兵道，收作軍餉。每年該鎮照數查扣主兵銀兩。六年，清查寧夏牧地。內將一千四百四十餘頃斷歸慶府，及平虜所耕種二千八百九十餘頃，分別三等，川地每頃徵租銀一兩五錢，坡地一兩，山地五錢，以抵本鎮軍餉支用。萬曆二年，以北虜開市，議准，大同鎮於中路建立六場，西路四場，東路陽和一場。宣府鎮於中、北、東、南、上西、下西六路，各建一場，每場養馬三百匹，擇有水草處隨便建置，將每年餘剩馬匹，立群設校，委官管領，如法牧放。陽和另立小場，以牧貢馬。

又卷一五二《馬政三・起解》　國初種馬課駒，俱搭配補種，餘即變價入官，未有解俵者。正統十四年，始於孳牧內，歲取備用馬二萬匹，寄養京府，以備不時調兌，是為起解之始。後又令各府州縣，每歲將應解馬匹，隨數多寡，分春、秋二運。成化以來，多所蠲貸，或豁免，或停派，或緩徵，或改折，定以分數年限，各視其災之輕重以為等。計各處備用馬每歲額數：直隸大名府二千一百七十六匹內擠乳馬七匹，保定府一千五百八十九匹內擠乳馬八匹，順德府七百四十三匹內擠乳馬五匹，廣平府七百五十四匹內擠乳馬五匹，眞定府三千五百二十七匹內擠乳馬十匹，河間府一千七百二匹內擠乳馬五匹，永平府九百三十四匹內擠乳馬十匹，河南開封府二百五十七匹，彰德府二百三匹，衛輝府八十三匹，歸德府考城縣六匹，山東濟南府二千六百六十八匹，兗州府二千八百一十二匹，東昌府六百七十六匹，在京、在外各衛□歲各一匹，應天府各縣並帶徵滁州衛共八百九十一匹八分，內折色八百四十二匹八分，直隸鳳陽府各州縣共一千八百八十六匹，內折色四百四十六匹，揚州府除海門外九州縣共一千四十五匹，內折色五百四匹，淮安府各州縣共一千一百九十七匹，內折色五百八十九匹，廬州府除英山外，七州縣共八百七十六匹，原折色一百五十七匹，後俱改折，滁州並各縣又帶徵滁州衛共二百一十五匹，俱改折，和州並含山縣共一百二十八匹，內折色二十四匹，徐州並蕭碭山豐三縣共一百五十匹，俱折色，廣德州建平縣一百六十匹折色，寧國府南陵縣一百五十匹折色，鎮江府各縣共四百六十八匹折色，太平府各縣共二百九十匹折色。

又 凡徵解備用馬匹。正統十四年，令歲取備用馬二萬匹，北直隸、河南、山東取七分，直南隸三分，俱限八月以裏解部，發太僕寺驗印給俵。後增減分數，本色折色節年不等。弘治三年議准，每歲取一萬匹，北直隸、河南、山東，並南徐州所屬，俱解本色，內永平府折色、本色中半，廬、鳳二府，滁和二州本色七分，折色三分。淮、揚二府，江浦、六合二縣，本色四分，折色六分。應天各屬，鎮江、太平、南陵、建平，俱解折色。正德二年奏准，派取各處備用馬二萬五千匹。太僕寺所屬取七分，俱本色，南京太僕寺所屬取三分，本折色中半。北直隸、山東、河南，限六月終，南直隸限七月終，各差管馬官解俵。十一年奏准，今後奏派寄養馬，每年不過二萬匹。若兑給京邊之外，積有多餘，量再減派，毋致累民。十二年奏准，備用馬，除沛縣免派外，徐州止派六十匹，蕭縣三十匹，碭山縣四十匹，豐縣二十匹，俱先盡上中戶內人丁，每四十五丁，歲朋出馬一匹，折徵銀十五兩。其寶應、清河縣，各於原派數內，減派二十五匹。興化縣、高郵州各減派二十匹，邳州、江都、宿遷、鳳陽、桃源等縣各減派一十匹，俱先盡極貧無產下戶。又令每年徵解備用馬，以二萬五千匹，立為定例。如積有餘馬，量減本色，扣加折色。積有餘銀，留候用馬數多年分，作價收買。嘉靖四年，令扣算寄養備用馬匹，歲常有二萬之數，不必多派，以累小民。其起俵馬駒，酌量地方豐歉，加派折色，送寺收貯，以備臨時買馬。七年題准，以地方災傷，山東沂州、魚臺、郯、單、滕、費等六州縣備用馬，俱派折色。其餘太僕寺所屬地方，量派本色馬三千匹，餘馬一萬四千五百匹，亦徵折色。每匹徵銀十五兩，均作二運。南京太僕寺所屬通派折色，每匹徵銀十四兩，俱作一運。八年題准，見在寄養馬數多，將歲派本色折色，俱照七年例，原系折色者，每匹徵銀十八兩，本改折者，每匹二十兩。三十三年題准，北直隸、山東、河南災傷，將預徵七分馬匹改派，災重者改折色三分，仍徵本色四分。次災者改折色二分，仍徵本色五分。每折色一匹，徵銀二十四兩。三十七年題准，南直隸各府州縣備用馬匹，以後俱派折色。內原系折色者徵銀二十四兩，本改折者徵銀三十兩。四十二年題准，各州縣起解用馬每匹徵銀二十七兩，內二十二兩給馬戶買馬，五兩充為路費，務要看驗合式。又議准，沂、費、郯、滕、嶧五州縣備用馬，以後俱改徵折色。四十五年議准，寄養馬大約總計止用三萬，此外不許多派。隆慶元年題准，各處起解備用馬匹，每匹徵銀三十兩，全給馬戶買解，不許扣留。四年議准，本年備用馬，北直隸、山東、河南一萬七千五百匹，內本色八分，折色二分。南直隸七千五百匹，全派折色。其本色馬，俱要揀選，方許起俵，折色照例不分南北，每匹徵銀二十四兩。萬曆元年題准，北直隸、山東、河南備用馬，本折均配。真定、大名、濟南、開封、衛輝、彰德六府為一半，保定、順德、廣平、永平、河間、東昌、兗州、歸德八府為一半，每年輪派一半徵解折色，一半徵解本色。六年議准，廬州、滁、和與鳳陽，輪派如北方例。七年題准，廬、鳳、滁、和，舊徵本色七分者，今減為六分。

又 凡起解南馬。成化二年奏准，南直隸起解備用馬，有矮小不堪及不足數者，每匹徵銀十兩解部，發貯太僕寺以備收買。二十一年奏准，南備用馬，從各府州縣徑解北京交俵。如有拖欠，及補完之數，仍行南太僕寺照查。

又 凡管解官員。嘉靖元年奏准，歲派備用馬，本色折色，俱管馬官依限解部，發寺驗俵寄養，貯庫支用，不許差吏及改差土官義民人等管押，以致中途作弊。若違限，年終類參，州縣掌印管馬官，俱提問罰俸。四十三年題准，各府管馬通判，每年九月，給領總批，限十月終親赴部查比，候該府馬匹銀兩解俵完日，方許掣批回府。如違例不行總部，及改差代解者，參究提問。隆慶二年題准，各違限違例，每歲終太僕寺呈部查究，行各該巡按禦史提問奏報。不許延至隔年。其不赴掣總通判，及吏役遲慢等項，該寺徑行查處。萬曆三年題准，各州縣起解折色馬價，徵解府庫，照依春、秋二運原限，選委州縣佐貳，類總解部，發寺交納。年終該府通判，赴部制總查比。

又 卷一六七《刑部九・廄牧》 牧養畜產不如法。凡牧養馬牛駝驘驢羊，並以一百頭為率，若死者、損者、失者各從實開報。死者即時將皮張駿尾入官，牛筋角皮張亦入官。其群頭、群副每一頭各笞三十，每三頭加一等過，杖一百，每十頭加一等，罪止杖一百，徒三年。羊減馬三等，驢贏減馬牛駝二等。若胎生不及日時而死者，灰醃看視明白，不坐。若失去陪償損傷不堪用，減死者一等坐罪。其死損數目，並不準除。

又　孳生馬匹。凡群頭管領騍馬，一百匹為一群，每年孳生駒一百匹。若一年之内止有駒八十匹者，笞五十；七十匹者，杖六十。都群所官不為用心提調者，各減三等。太僕寺官人減都群所官罪二等。

又　養療瘦病畜産不如法。凡養療瘦病馬牛駝贏驢不如法，笞三十。因而致死者，一頭笞四十，每三頭加一等，罪止杖一百。羊減三等。

明　舒化《大明律附例》卷一六《牧養畜産不如法》　凡牧養馬牛駝騾驢羊，並以一百頭爲率，若死者、損者、失者各從實開報，死者即時將皮張鬃尾入官，牛觔角皮張亦入官。其群頭、群副每一頭各笞三十，每三頭加一等過，杖一百，每十頭加一等罪，止杖一百，徒三年。羊減馬三等，驢騾減馬牛駝二等。若胎生不及日時而死者，灰醃看視明白不坐。若失去陪償，損傷不堪用，減死者一等坐罪，其死損數自並不准除。集解一百頭爲一群，死損者令其自賣買陪，故不准除。

又《孳生馬匹》　凡群頭管領騍馬一百匹爲一群，每年孳生駒一百匹。若一年之内止有駒八十匹者，笞五十，七十匹者杖六十。都群所官不爲用心提調者，各減三等，太僕寺官又減都群所官罪二等。集解：都群所官即今之府縣管馬通判、丞、簿，太僕寺官即分管寺丞。《會典》：凡把總等官尅減官馬草料者，計贓滿貫發邊衛立功，滿日就彼帶俸。盜賣者，發嘹哨，買至料豆十石以上者充軍。十四年奏准，官軍關支馬料，委官一員管領。若縱容盜賣者，發邊衛立功，滿日就彼帶俸。買者問罪，畢日枷號一箇月發落。

又《養療瘦病畜産不如法》　凡養療瘦病馬牛駝騾驢不如法，笞三十。因而致死者，一頭笞四十，每三頭加一等，罪止杖一百。羊減三等。

明　王鳴鶴《登壇必究》卷一八《厩牧》　王太僕寺所屬十四牧監，九十八羣，專一提調牧養孳生馬騾驢牛。其養戶俱係近京民人，或五戶、十戶共養一匹。每驛馬歲該生駒一匹。若人戶不行用心孳牧，致有虧欠則死，就便着令買補還官。每歲將十年所生馬駒起解赴京，調撥本寺。每遇年終比較，或羣監官員怠惰，或人戶奸頑，致有馬匹瘦損虧欠數多，依例坐罪。計開：太僕寺，南京太僕寺，遼東行太僕寺：定遼左衛，定遼右衛，定遼中衛，定遼前衛，定遼後衛，鐵嶺衛，東寧衛，瀋陽中衛，海州衛，蓋州衛，金州衛，復州衛，義州衛，遼海衛，三萬衛，廣寧左屯衛，廣寧右屯衛，廣寧中屯衛，廣寧前屯衛，廣寧後屯衛，廣寧衛，廣寧左衛，廣寧右衛，廣寧中衛，寧遠衛。遼東苑馬寺：永寧監，清河苑，深河苑。山西行太僕寺：太原左衛，太原右衛，太原前衛，平陽衛，鎮西衛，汾州衛，安東衛，振武衛，朔州衛，潞州衛。保德州千戶所：山陰千戶所，沁州千戶所，寧化千戶所，馬邑千戶所。陝西行太僕寺：平涼衛，慶陽衛，秦州衛，固原衛。陝西苑馬寺、長樂監：開成苑，安定苑，弼隆苑，廣寧苑，黑水苑，靈武監，清平苑，萬安苑，定邊苑，慶陽苑，同川監。已上四監俱革。天興苑，永康苑，嘉靖苑，安勝苑。威遠監：武安苑，隴陽苑，保川苑，泰和苑。熙春監：康樂苑，鳳朴苑，香泉苑，會寧苑。順寧監：雲驥苑，昇平苑，巡寧苑，永昌苑。甘肅行太僕寺：甘州左衛，甘州右衛，甘州中衛，甘州前衛，甘州後衛，永昌衛，涼州衛，莊浪衛，鎮番衛，山丹衛，西寧衛，肅州衛，古浪千戶所，鎮夷千戶所，莊浪千戶所。甘肅苑馬寺：甘泉監，廣牧苑，麒麟苑，温泉苑，紅崖苑。祁連監：西寧苑，大通苑，古城苑，永安苑。武安監：和寧苑，大川苑，寧番苑，洪水苑。安定監：武勝苑，永寧苑，青山苑，大山苑。監川監：暖川苑，岔水苑，巴川苑，大海苑。宗水監：清水苑，美都苑，永川苑，黑城苑。計每年比較地方：太僕寺，南京太僕寺。計三年比較地方：遼東苑馬寺，山西行太僕寺，陝西行太僕寺，陝西苑馬寺，甘肅行太僕寺，南京應天衛，南直隸宣州衛。山東：清南衛，平山衛，登州衛，寧海衛，成山衛，鰲山衛，靈山衛，安東衛，威海衛，大嵩衛，濟寧衛，臨清衛，靖海衛，奇止千戶所，寧津千戶所，海陽千戶所，膠州千戶所，諸城千戶所，東平千戶所，肥城千戶所。浙江：盤石衛，海寧衛。江西：袁州衛，饒州千所衛。廣東：雷州衛，廉州衛。四川：成都右衛，成都中衛，建昌衛，鹽井衛，建昌前衛，寧番衛，越嶲衛，會川衛。湖廣：武昌衛，武昌左衛，靖州衛，五開衛，沅州衛，九溪衛，長沙衛，清浪衛，黄州衛，銅鼓衛，永定衛，蘄州衛，平溪衛，永州衛，衡州衛，辰州衛，岳州衛，陽衛，常德衛，鎮遠衛，偏橋衛，施州衛，荆州衛，荆州左衛，荆州右衛，襄陽衛，安陸衛，房縣千戶所，竹山千戶所，澧州千戶所，枝江千戶所，長寧千戶所，瞿塘衛，夷陵千戶所，德安千戶所，忠州千戶所。雲南：雲南左衛，雲南右衛，雲南中衛，雲南前衛，雲南後衛，廣南衛，曲靖衛，六凉衛，平夷衛，越州衛，臨安衛，楚雄衛，洱海衛，大理衛，大羅衛，蒙化衛，景東衛，潤滄衛，金齒衛，騰衝衛，楊寧千戶所，馬隆千戶所，木密關千戶所，宜良千戶所，安寧千戶所，易門千戶所。

明　王士琦《三雲籌俎考》卷四《兵馬沿革》　本鎮兵馬先年額有定設，嗣後增減不常，或因虜寇内突而添戍募軍，或以險隘外脩而併衛合旅，因時制宜，要皆不容已者。今載歷年沿革，以備攷覈。嘉靖十七年，巡撫樊添設高山、聚落二城，召募軍三千三百六十八員名，馬二千匹，增年例京運銀二萬。嘉靖十八年，總督毛、巡撫史添設鎮邊、鎮川、弘賜、鎮虜、鎮河五堡，召募軍五千六百三十四名，馬二千二百九十匹，增年例京運銀三萬三千三百五兩九錢二分。嘉靖二十一年，總督翟、巡撫趙添設靖虜堡并井坪二城，軍少不敷守禦，議增召軍。嘉靖二十二年，巡撫詹添設殺胡、破胡、殘胡三堡。是年復添設鎮羌、破虜、滅虜、威虜、寧虜、威胡、迎恩、拒胡、敗胡、阻胡、滅胡、馬堡、拒墻、拒門、保安一十五堡。嘉靖二十三年，總督翁、巡撫詹添設新平、平遠、保平、守口鎮門、鎮口六堡。以上四事，共召募軍二萬九百七十二名，馬六千七百二匹，增年例京運銀一十五萬四千二百五十三兩。嘉靖二十五年，巡撫詹添設助馬堡，召募軍一千五十名，增年例京運銀九千九百六十四兩五錢。嘉靖二十八年，總督翁、巡撫詹添設得勝堡，召募軍五百二十二名，馬四百匹，未計錢糧，随入會計數内通融請討。嘉靖三十年，總督蘇題，禮科給事中徐建議，召補各營司軍九千八百三十六名，增年例京運銀九萬五千八百五十兩。嘉靖三十七年，總督楊、巡撫楊添設永嘉、瓦窑二堡，召募軍一千名，馬二百匹。是年七月，復添設牛心、雲陽、雲西、黄土、紅土五堡，召募軍三千六名，馬四十二匹。八月，復添設雲岡堡，召募軍五百名。以上俱未計錢糧，随入會計數内通融請討。嘉靖三十八年，總督楊、巡撫李將被虜攻毁舊名松樹堡即絶胡堡改名鐵山堡，舊名王石匠河即拒胡堡改名雲石堡，俱復設，各召募軍七百名，馬四匹，未計錢糧，随入會計數内通融請討。嘉靖四十年，總督江、巡撫李添設許家莊、西安驛二堡，共召募軍九百五十名，馬二十四匹，未計錢糧，随入會計數内請討。嘉靖四十一年，總督江、巡撫陳添設祁家河堡，召募軍五百名，馬五匹，未計錢糧，随入會計數内請討。嘉靖四十三年，總督江、巡撫張添設鎮寧、李家寨二堡，召募軍七百三名，馬一十六匹，未計錢糧，随入會計數内請討。嘉靖四十五年，總督王、巡撫張添設威平堡，召募軍五百名，馬五十匹，未計錢糧，随入會計數内請討。是年六月，添設乃河堡，於附近朔州衛撥步軍三百名，井坪所撥步軍二百名，續添馬八十匹，糧餉随本堡關領。隆慶二年，總兵趙題，本鎮各城召募軍一萬名，增年例銀一十一萬二百六十六兩。六年，查盤巡按武裁減五千名，年例減去五萬五千一百三十三兩二錢五分，其應發一半，迄今未發，逐年作爲節省之數。隆慶三年，添設三屯堡，於附近左衛城撥軍三百名，續添馬十八匹，糧餉随衛支領。萬曆元年，大同道條議添設馬營河堡，於附近右衛撥軍二百名，續添馬八匹，糧随右衛支領。萬曆十年，總督鄭、巡撫賈添設樺門堡，改撥附近保平、瓦窑二處軍四百名，井坪路添設將軍會堡，改撥附近井坪、乃河等處軍六百名。萬曆十九年，總督蕭、巡撫邢以王家莊堡設於渾源、靈丘適中，堡大人稀，添設操守一員，於渾源撥軍七十名，靈丘撥軍一百三十名，共二百名。是年閲視少卿曾裁定經制，議將本鎮軍以八萬四千五百爲額，戰馬定以三萬爲額，其驛遞并京撥馬騾一千一百六十二匹在於額外，裁過戰馬四千匹，每歲所省料草銀二萬兩，佐充市本。萬曆二十四年，總督王、巡撫梅以助馬、拒門、破胡三堡均屬衝邊，將破虜堡步軍一百八十五名、馬軍一百五十名改撥拒門堡，與該堡原額共足九百之數。將雲岡等牛心堡步軍一百七十名、馬軍六十三名改撥破胡堡，足七百之數。將雲岡等堡援兵馬一百三十六匹撤回助馬，又助馬改添馬三百三十匹，共四百六十六匹，與該堡原額共合一千，以成營伍。萬曆二十七年，巡撫房因各營馬不敷戰守，復戰馬四千匹，動客餉銀四萬四千兩，查各營樁朋等銀二萬兩，共六萬四千兩，合用料草於軍門標兵節省銀内動支。萬曆四十年，總督涂、巡撫汪議併東遊兵營軍士一千九百四十餘名，添買戰馬四百一十八匹，其軍遺糧餉，以二百一十名抵支草料，以二百名備入衛買馬，以五百三十餘名先買戰馬，後充草料，而以一千名歸併標下，置練兵守備帶操。

明　何喬遠《名山藏》卷五三《馬政記》　馬也者，所以給軍士、備邊圉也。太祖定鼎金陵，以郊圻之内不可缺馬，而大江之南不便養馬，洪武六年，設太僕寺於滁陽，掌馬之政令而統於兵部。七年，命刑部尚書劉惟謙申明馬政，嚴督有司盡心芻牧，不如令者罪。是年，設群牧監。十三年，增滁陽五牧監。二十三年，定為十四牧監，置草場於江北湯泉、滁州等處，復令飛熊等衛軍五軍養一馬。其明年，罷民閒歲納馬草。二十六年，定騍馬歲生駒一匹，馬生一歲，解京印烙調撥。二十八年，廢群牧監，令孳牧於民間，專官掌之，不得他攝署。歲籍駒而記之，正月至六月報定駒，七月至十月報顯駒，十一月至十二月報重駒，虧欠倒死者人户責賠償。或一縣，或三五群長，輳價買補者聽。歲終考馬政，政不舉者，府州縣正佐首領官吏決杖二十，管馬官吏加等痛治。二十八年，令江南十一户養馬一，江北五户養馬一，免其身役，丁多之家充馬頭，專一養馬，餘令津貼錢鈔，以備倒失買補之用。凡兒馬一匹，取騍馬四匹為一群，立群頭一人，五群立群長一人，每群長中選子弟聰明者二三人習獸醫以治馬。三十年設北平及遼東山西陝西甘肅行太僕寺，定牧馬草場，自東勝以西至寧夏、河西、察罕肥兒、東勝，以東至大同、宣府、開平，又東南至大寧，又東至遼東，又東至鴨綠江，又北去不知幾千里，而南至各衛分守地，又自鴈門關外西抵黃河，渡河至察罕肥兒，又東至紫荆關，又東至居庸關及古北口，又東至山海衛。成祖即位，改北平行太僕寺為北京行太僕寺，永樂四年，設苑馬寺於陝西、甘肅、遼東，苑立圉長一，圉長率五十七人，人牧馬十匹，上苑牧馬萬匹，中苑七千匹，下苑四千匹，以地廣狹為差。十年，改北京行太僕為太僕寺，令北直隸領養。十一年，令御史同錦衣衛官巡視，置草塲於順天等府，以春末夏初下塲牧放，九月回營。十三年，定十五丁以下養馬一匹，十六丁以上養馬二匹為事，編發七户養一匹，除罪為良民。十四年，令北方人户五丁養一馬，每馬十立群頭一人，五十立群長一人。十五年，定江北每五丁養馬一，江南十丁養馬一。宣德三年，令北直隸每三丁養騍馬一，二丁養兒馬一，免糧草之半。自是馬日蕃，則散於山東之兗州、濟南、東昌，故山東之養馬也，自宣德四年始也。自是馬日蕃，則散於河南之彰德、衛輝、開封，故河南之有養馬也，自正統十一年始也。十四年，虜也先入寇，言者以馬在民間，遠或七百里，猝不及調發，遂命所在歲取備用馬二萬解京師及近京州縣養之，名寄養騎操馬，其後虜退不罷，為故事。景泰三年，令兒馬十八歲以上、騍馬二十歲以上免算駒。成化元年，令買補孳生馬駒，有司四匹、軍衛五匹，折買騸馬一匹，以充備用。其後以為例，謂之四户馬。二年，以南方地不產馬，收折色。六年，巡視眞定等處吏部右侍郎葉盛奏：『今日民間最苦養馬，舊例牝馬一匹歲課一駒，當時馬足而民不擾者，以芻牧地廣，民得為生，馬得自便故也。後豪右莊田漸多，養馬漸不足，洪熙元年改兩年一駒，成化元年又改三年一駒，馬愈削，民愈貧，然馬卒不可少，於是又復兩年一駒之例。夫納馬有數，用馬不貲，雖有智者，無善處之術。方今京營各邊缺馬取給民間，孳牧所缺之馬雖亦責賠於軍，而軍多艱苦，又不能償，仍復給之。於是馬愈不足，民愈不堪。為今之計，欲寬民間之馬，必有以處軍中之馬，然後其弊可除也。請以宣府一處言之。往年以馬死未賠，將步隊軍之孱弱空閒者領種官田，用其餘糧易銀，山西買馬，一年得馬一千九百餘匹，馬皆精壯，軍免追賠，而民間亦得以寬舒。此已行之成效也。諸邊風土雖各有所宜，然隨處盡心，自有良法。請勑各邊會議，隨其土俗所宜，凡可以買馬足邊，免追賠於軍，關領於民者，聽其便宜處置。果有成效，具實奏聞。仍勑廷臣會議，通核遠年近日各項莊田，權其輕重，量與處分，還民復業。及令各營總兵等官一體會議處置，裨益馬政，稍紓民力。』七年巡撫陝西都御史馬文升因言：『今日邊軍之苦，莫甚賠補，是以馬不及償，人已逃伍，雖嘗給錢貼助，惠不能周。惟屯田軍士有田多丁少而不領馬者，有田少丁多而領馬者，槩均其田，事體未易，但每人見田百畝，約獲五十餘石，以六石輸官之外，所存尚多，令歲納銀一錢，一衛計田三千五百頃，可得銀三百五十兩，足以貼助買補。欠馬軍士雖有消長，屯田則無增減事，可常行。若屯軍積銀既足，又可分諸邊城，貼買如例。然復恐專恃買補，不復加意飼養，虧損反多。宜按領馬軍丁名册，豫為審勘，分上中下三等，凡買馬一匹，上等出銀三兩，中等二兩，下等一兩，餘價不足，乃以田銀給之。是亦古者以田賦馬之意也。』下兵部，從其議。二十三年，鎮江知府熊佑以南方生駒矮小，奏請盡賣種馬，歲銀三千兩以抵馬價。兵部尚書余子俊議：『養馬科駒，祖宗百年之法，解徵價銀，官府一時之權，必欲科駒，須養種馬，賣種馬而徵馬價，是猶無田而徵租。此策一行，上有無藝之徵，下出無名之賦，馬政益廢，民情不堪。若使府縣提調管馬官嚴加提督，用心孳牧，則每歲千百匹中豈無蕃息？縱使南方生駒矮小，照依見行事例，印馬之時，除騍駒印記作種兒駒，揀選堪中者印記，聽起解并搭配騍馬群蓋孳生外，其矮小不堪起解者不必印記，就令養户領回變賣，輳備價銀。如此則雖有賠補，亦不曾多，比之盡賣種馬，令民無故出錢，其害非小。自永樂遷都以來，馬至數十萬，孳生日增，往往輒俵於民，民年十五者皆養馬。』弘治二年，太僕寺少卿彭禮以國家田稅皆有定額，而馬無定額，歲歲有加，因言：『自古收馬多在監苑，未聞寄養於民間。今寄養馬駒，歲課無窮，而民間户丁生長有限，以有限之丁，責無窮之駒，民困無繇而蘇。請今定種馬額止十萬匹，歲取駒二萬五千匹，永不增添。駒存其高壯者以備歲用，其不堪者變賣價銀，貯之太僕寺，以候他用。如有倒失，即令補足，遇赦不免。可為久遠之計。』兵部尚書馬文升覆奏行之。於是種馬始有定額矣。是為弘治六年。正德二年，御史王濟言：『今賦重差煩，財窮力竭，且如養種騍馬一匹，孳生一駒，是為二匹。兩年印記兌種補種，搭配起俵，不出養在名下，四年二駒，是為三匹，甚至積有四匹五匹，費用草料雖有養馬地，所得幾何？加以官府點視，刑責科罰，所以百姓惟恐有一孳生，害馬而死之。間有定駒賄諸族醫而諱之，有顯駒則飲以凉水酸泔墜落之，馬之虧欠，不過如例納銀兩而已。虧欠不得，馬則孳生，又害孳生而死之。孳生既出，雖報在官，饑餓作踐，求為倒死，不過如例納銀三兩而已。死孳生不得，又饑餓馬，馬則瘦削，雖有孳生，終皆矮小。又有管馬官慮分數不及，逼之倍買送官搪塞，名曰撓頭駒，求為變賣，照例不過納銀二兩三兩，間有印記或堪補種，亦難起俵。太僕寺歲取備用大馬，未免科民重買，百姓甘心受累，因虧欠倒失變賣之例行，故將種馬作廢。若不早為從長區處，徒費喂養，終無實用。今種馬地畝人丁歲取已有定額，請但以種馬額數，令民買備用馬解俵，而種馬孳生，縣官毋與。』兵部是其言。自後每有奏報，輒引濟言，縣官無與種馬事，但責駒於民，遺母求子矣。太僕寺卿儲巏論：『太僕寺歲收馬價，自成化二年始也。亦行之南方而已。自後有比例加增者，當時各邊未嘗奏討，間有奏討，亦不盡從。緣各邊自有買馬之需也。今自諸邊奏討，端開遂不可止，其數倍蓰於前矣。寄養馬於近圻，自正統十四年始也，然本意備京營之用，不專為各邊之資。緣各邊各自有太僕寺、苑馬寺，馬足備征調故也。其後苑政廢弛，一遇邊警，奏請紛然。其在今日，亦倍蓰於前矣。邊方見京師銀馬易以邀求，騎操馬匹不甚愛惜，馬至倒死，又不行賠償。鎮巡大臣闊略文法，把總等官乾沒貨利，國家財物有限，邊方請求無厭，歲復一歲，何以支持？又昔時邊方討馬，兵部奏勘，缺少方行量給，其後不料邊情之急緩，不計內馬之盈虛，隨數輒與，不復稽考，任其耗費。請自今嚴覈量給，庶彼知得馬之不易，亦肯加意調養。又本寺未收折色以前，止給見馬，今給價十萬，作馬萬匹，價少馬多，似利於官。殊不知馬價銀不入軍中，就為有司乾沒；及至買馬，價既不多，安得善馬？買尋死，死尋請，原其奏請，非為馬矣。今後邊方有奏請，仍給馬。又各邊餘糧、屯田、草場、椿頭銀，本備買馬，舊不給銀，邊無不足。今給益多，邊馬益乏，其故何與？請下兵部遣官按視，豫知盈虛？多寡之數，臨期易以酌量。若一時動衆興兵，方許暫增銀馬。又各邊稱馬死，或生災病，或因馳逐，理或有之，然非瘦損作踐、盜賣私借，不應如是之多。况生病亦繇水草之不時，馳死亦繇作止之無節，所宜選委管馬官督責飼養，及少卿每歲巡點二次。馬有瘦損倒失，百户、指揮等官或按月住俸，或奏聞區處，一如則例奉行。庶邊方將士悚然知朝廷法令嚴明，共圖實事。』終嘉靖之世，先後論馬政者，則有都御史王廷相、御史聶豹。廷相之論曰：『臣謹按，馬政之壞，其故有三：草料不足也，給領失宜也，餵養無法也。臣按團營馬有曰存操者，有曰下場者，存操馬起四月盡九月，有料無草；下場馬起四月盡九月，無料無草。惟十月入操後至三月，盡二項馬俱有料而給草，止三個月。以一歲計之，存操馬有料無草者九個月，料足而草不足；下場馬僅得料草半年，而無草亦九個月，草料皆不足。夫馬給於官，非自己之物，草料自備，乃累家之苦。賠錢養馬，雖聊生軍士猶或難之，况實貧軍？何怪乎馬日以斃也。祖宗以來，諸司事例隨時而變，亦云多矣。即如下場馬，弘治以前尚隨場牧放，今草場半為田畝，而民間納租銀矣；營馬隨便牧放，而軍士不出京城矣。養馬之例既變，而責養馬者猶執下場採青之例，官以非事例而不通變於軍，軍以非著己而不賠錢於馬，馬之為病，豈不冤哉？且群馬到京，一馬之價毋慮費三四十金，而乃吝此數月草料，以致瘦死，所惜者一倍之利，所失者數十倍之多，其故何也？掌馬者權不及財，掌財者慮不及馬也。誠不競分職，通作一家，則草料馬匹皆緊切之，用必酌輕重、別利害，不至惜數月之費，致傷數十金之馬矣。臣故曰草料不足也。臣謹按，團營草場本為牧馬而設，所收租銀以之養馬，其固然也。今乃以收貯太僕寺為買馬之用，薊、霸二州牧馬，未開地土尚有六千九百餘頃，若再行召民佃約，可得租銀二萬六千餘金，而乃置之不問，夫此皆可佐户部之資而廣數月之急者也。臣按養馬軍士家稍饒給，則衣食有積儲，居止有房舍，付之養馬，則草料必不短少，頓置必不暴露。今饒給之軍慮馬為累，賄賂人情，百方買脫，而領馬者盡貧軍耳。夫軍而貧也，僦房以居，需糧而食，僦居則馬必露地，而雨雪及之矣，需糧則旦夕不贍，而草料之費入其口中矣。臣故曰給領失宜也。臣欲將三大營並團營軍審察其有力者責以領養，無役貧軍。臣按軍士關出草料，從其自養，養與不養，莫從稽也。

愛惜馬匹，餵以實草實料者固有其人，多有奸徒貧户，未關本色，已賣籌之他，關到折色，復為自食之具。夫餵馬者賤買酒糟而已，料草於何有？夫酒糟性熱味酸惡，熱則馬易生瘡，惡以酸，則不作膘而損力，雖毛蹄强壯，不數月成羸馬矣。臣故曰餵養無法也。臣謹按，在營每把總官管下所屬之馬有百匹者，有七八十匹者，其中有上膘、有中膘、有無膘，上膘、中膘可不問也。臣欲將無膘之馬管下把總官各會集一處，或街巷空地，每日申酉時親至驗視，令出熟草細料，面餵方散，夜乃聽其自養。臣等亦不時遣人驗視，既膘之後，免其會餵。有仍餵酒糟者，發露之日送法司問理。』聶豹疏曰：『臣奉命督理南畿馬政，民以馬赴訴者如蹈湯火，固甚駭之。點烙之後，因得備悉始末，察其幽隱，而知其情。臣仰稽祖宗立法之初，非厲民養馬也，民為公家養一馬，以田科者則有免徵之田，田以畝計者三百；以丁科者則有不役之丁，丁以數計者十五。有草場以為芻牧之資，有生駒以充解俵之馬，以故百年上下，民差稱便。今也水旱頻仍，疫癘交作，沿革因時，寖乖初意。問免徵之田，則曰畝非不三百也，拋荒過半矣；問不役之丁，則曰丁非不十五也，逃亡不一矣。草場在也，而有租銀之徵；孳生有駒也，而不中解俵之用。利害懸矣而猶未也。額養種馬與備用馬價，朝廷有定數，有司不得加損也。拋荒逃亡，有司末如之何矣，則責令見在丁田之家包賠取盈，豈惟徒失養馬之利，而害尤甚焉。令見在之田果皆膏腴，見在之丁果皆富庶，責令包賠，猶云無害。乃田之見在不過有主知管耳，歲之不易，猶拋荒也；丁之見在不過尚有父母妻子之聯屬不忍即離散耳，室如懸磬，猶逃亡也。至於租銀之徵，本為草場散布非止一處，養馬之户相去窵遠，牧放不便，以至荒棄，故欲召人佃種，租入官，聽候給民幇買備用馬匹也。正德年間乃立限解部，以備京邊買馬之用。夫草場本為芻牧而設，今乃無故而徵租；馬料原自草場而出，今乃反之而斂民。馬户本有之利，奪之使無；養馬本無之害，加之使有也。誰生厲階？至今為梗。民間痛苦，宜其有湯火之赴訴矣。臣總挈江南北徵租之銀，歲輸不過五千餘兩，朝廷視之幾何？而窮極之民倚以為命，何可不軫念也？伏望勑下所部行江南北撫按衙門，擇委廉能官員勘覈各府州縣養馬人户實在丁田若干，計畝計丁，當養馬若干，如舊領養；其餘拋荒逃亡若干，舊當領養若干，暫為開除。當年額解備用馬價，仍令實在人户包賠，則雖有草料之費、買補之難、包賠之苦，將見在人衆力齊養馬之家丁田，既足其實在之數，而於軍國之需庶亦不失。至於租銀之徵，亦令委官踏勘諸處額有草場若干，分別荒熟肥瘠等第，量為起科，無分養馬與否，計畝均納，如舊收貯。所在州縣準該年折色，至有不足，然後照馬科補，庶乎利歸養馬之家，惠無不沾之人。』此二臣之言，可以知馬政也。隆慶元年，太僕寺少卿武金言：『本朝馬政，近邊有官牧之制，腹裏有民牧之制。官牧之制無容言矣，民牧之制，計丁養馬，歲以孳駒解京備用，法非不善，但孳駒類多弱下，解俵不堪，逋欠日積，馬户逃竄，而其法難行。正德二年，御史王濟奏令馬户別買解用。夫種馬之設，專為孳備用馬也，今備用馬既別買矣，自今如備用已足二萬之數，宜令每馬折價銀三十兩，類解太僕寺，發各邊依時估買馬，則一馬折十兩數，可買戰馬二匹，不必加銀而馬數自倍於。凡所養無用之種馬，宜盡行變價，以備練兵之用。如一馬定價銀十兩，則北直隸六府、河南四府、山東三府，約有種馬一十一萬匹，可得銀一百二十萬兩矣。種馬既去，則養馬草料當收，仍每馬一匹折草料銀二兩，則每年又得銀二十四萬兩矣。御史謝廷傑奏：『武金欲去種馬，種馬本以孳生備用，既而徵銀買俵，則種馬似為贅物，而倒失賠償，於民稍苦，故議者往往欲行奏革。但議者奏革，故非一人，而兵部執止，又非一次。良以祖制所定，軍機所係，不可輕也。祖宗法久弊生，但當清法以除弊，不當因弊而廢法。儻因法弛無效，欲併種馬盡廢，萬一有警，驟行調發，何所措置？昔人謂戎者國之急務，使馬為不急，則兵亦遣而還農乎？伏乞勑下兵部確伸前禁，如謂果無實用，姑為目前卹民之計，則亦惟深思詳定，非愚臣所敢預也。』下兵部，兵部覆廷傑言是。而是時內帑缺乏，方遣使分道搜括天下逋負，因武金有『買種馬可得有二十萬』之言，當事者遽請旨下武金原奏議之。於是兵部復奏：『種馬軍國重務，輕難盡革，請變賣一半，而養其半。存者尚資民牧，養馬費多，折徵費省，未免不均。每馬每年折徵草料銀二兩，其存留之馬户為正頭，變賣之馬户為幇頭，養馬則通融輪流，折徵則通融攤派。』遂行之。三年，御史謝廷傑又言：『頃者變賣之馬，歲宜徵草料銀。夫使種馬盡賣，民得盡免勞費，其徵草料，所甘心也。既存留一半，則變賣者仍為之幇貼，力若稍寬，勞費尚同。況民間養馬，任其水草之自適，民間貼養，隨其資物之自有，未必實費銀錢。今官徵而實入之，則比追之煩、措置之艱、起解之累，別增一樣科派，別增一番剝削，養馬之責未盡委，而草料之納反加多，是所省不償所出也。且變賣種馬，價不過五六兩，曩皆徵以十兩，賠充亦甚苦矣，而復益以草料，又將何所措乎？朝廷富有，豈計錙銖於養馬之餘？民役困繁，乃加毫末於額數之外。乞將加徵草料銀乘今未派悉與蠲除。』兵部議，若盡蠲草料，將來種馬之生意既絕，馬價之積貯日虛，儻有他虞，何以措手？但以歲收未豐，如廷傑言，量徵草料銀一兩。至隆慶六年，仍徵二兩，待年豐之日，仍買種馬給民孳養，額數足日，草料即與停徵。其明年，吏科給事中光懋亦以為言，部議如舊。蓋自買種馬之後，論者始以王濟不問孳生為謬論，部議終以變賣種馬為未安矣。其時右都御史曹邦輔言：『南北直隸、山東、河南原額種兒騍馬十二萬八千，不為不多矣，而解俵于太僕，歲二萬，若以十二萬餘減半課駒，亦當有六萬，六萬之中又不能選十二萬解俵，不知所孳養馬駒歸于何處？消耗如此？臣舊知元城縣，每見管馬官一次點馬不過千匹，而常點數日不了，問之，則曰某馬瘦、某馬小、某馬毛病不堪，更不問駒有無，於國初種馬課駒解俵之意，茫然不顧，徒常常點視，滋漁獵之計而已。其時臣往點視，殊不令打量丈尺長短大小、喝報肥瘠毛病，但按冊呼名，問駒有無記籍之，有駒者令歸業，不復至縣中，無駒者數下令期督之，更不擾有駒者。人樂其便，從此不一年，而十已七八有駒矣。若漂沙及病馬不孳息者，稍易一二，則皆可生駒之馬，殆無不生之駒。臣常恨管馬官不盡職，若執專一課駒簡易之法，課駒之外，一不擾害，又通計人户量貼草料，則大小馬可以兼養，孳駒之家可以獨養矣。蓋起俵馬須三歲以上、八歲以下，而孳駒之家可餧駒三四年而獨自費乎？此在人情有不堪，而馬駒因無成材中俵者繇此也。若可中俵，亦省衆攢銀買俵，此無駒可俵而買俵者自減；若不可俵，變賣亦了，衆無虧欠馬駒之罰。若連年二駒，定與馬户一駒，則當與衆共分；若衆不願幫養馬，亦不分駒，專歸養馬之主，則不偏獨累養駒，而孳駒之心自急，或二年有兩駒者矣。若二年無一駒，虧欠倒失有罰，賞罰明而馬不蕃息，無是理也。不然，有罰而無賞，此自來欲其馬之蕃生而竟不能者；若有賞有罰，而更行臣前至簡至易之法，除課駒外，累月成年再不點擾，即一人管幾千萬馬，亦可一律齊矣。而況群長、群頭、馬户之多督馬提調之官，而何馬政不興哉？』而論者亦未必能行也。至萬曆九年，而盡賣種馬，納價太僕矣。太僕出價買騸馬，每馬三十金，州縣輒以下駟進，直數金而已，而寄養於馬户。比時張居正為相，太僕馬價充牣，世言居正能富國，而不知祖宗之制至是蕩然矣。大要太僕之政所不能復前朝之舊者，蓋始於國初法嚴令行，其後嚴之不可以為常，一潰防而弗能止也。凡馬有蠻夷之貢馬，有互市馬，有茶馬、鹽馬，兵興調不足，或至借王府、民間馬，或市馬。市馬之多，正德間至數萬匹。又有賣爵贖罪之馬。宣德天廄之馬，以色別而名之，其種三百六十。今吏牘所載馬，曰銀、騔青、沙紅、沙栗、色糖、銀騔、海騮、棗騮、玉頂、鼻尖五明、豹肚四明、玉臉鼻、白沙、桃沙、虎喇土黃、箄草黃、雪架、葡萄、艾葉青、兔騔、麝香青、爛毛青、赤兔、臙脂馬、的盧馬，其毛色二十有五種。

又《洪武間馬政榜文》 凡餧馬，料豆必熟而涼之，拌勻以料水草，餧後飲之水，緩牽而行之，數里而息之，臥之沙土地，毋繫之於馬槽，毋與牛同繫同餧。草生之月領馬，逐水草晝夜放牧，遇炎暑收養之高阜，毋使蚊虫侵之，雨水濡漬之，每日午蔭之於樾下，無樾下之蔭，棚涼之。凡夏月，一日而三飲馬水，春秋冬兩飲之。月二十日或十五日啖馬以鹽冰，如是馬頭之家生畜不旺，馬户和議散養之旺家。馬房馬槽，毋磚石砌之；掃除潔蠲馬槽餵草，毋縱放鷄鵝等畜踐踏，梳篦頭髮遠之，毋使馬悮食，是皆能病馬。凡兒馬搭配之騍馬，春月膘壯，使之群蓋定駒。所配兒馬弱不堪，別求好壯兒馬群蓋之，兒馬已蓋過，未定駒再蓋之，毋混雜花他兒馬，不便於定駒。凡府州縣立符籍以付馬官吏，書定駒之期日與夫群蓋之數，群長立籍亦如之。買補日期亦附籍，使後有按驗。凡群蓋，以春月若夏月，須候晴旭好晨晚，已蓋三五次，三五日而休之。而後再群蓋。騍馬打踢不受蓋，定駒矣。仍用兒馬再蓋之，果不受蓋，定駒審矣。凡養定駒之騍馬，吃早先之，飲水後之，篘麥楷黍穰雜糧澖米泔并諸污水皆不可餵定駒馬，慮其落駒也。凡補領或孳生三歲騍駒，如例每二年納一駒，若虧駒，務買補還官長大之，可以蓋。凡定駒若干，顯駒若干，重駒若干，管馬官吏時下鄉督視詳籍記，正月至六月報定駒，七月至十月報顯駒，十一月至十二月終報重駒。始群蓋者第籍記曰定駒。凡馬初生無毛，七日方起，古書所謂龍駒也，或生此駒，明告於官吏。永樂中，定苑為上中下，上苑牧馬萬匹，中苑七千匹，下苑四千匹。苑有圉長一，圉長率五十夫，每夫牧馬十。欽定馬齒，歲七歲以下、三歲以上，尺數四尺為上等，三尺九寸為中等，三尺八寸為下等，三尺七寸者如果膘壯無鞍瘡瘸病者，聊許驗收，七寸以下者不。欽定兑馬式，膘息二分者作堪兑，一分半者作備兑，一分者作不堪，或花色、或鞍瘡、或瘸病、或作踐瘦損有鞍瘡者，皆不用。春花紅馬淫通，秋草青馬駕旌，言春和馬孳、秋勁馬馳也。

國制，俵種馬寄養民間，謂之俵寄；調取寄養馬兌給京軍，謂之調兌。俵寄分春秋兩運，調兌則定不秋間，此王取對時、取用之制也。郎曰：『余聞胡人之養馬也，當其為駒時，一驅之登山，而遂至其巔者良馬也，不則殺食之矣。胡人騎馬至吾墩，臺下蹄逄逄震地脉，臺上士飄爛下也。其入寇，皆三四而成牽，其鋒氣不鋭，則易而騎，所以開創之君莫不貴馬也。馬之始有政也，其如夏人之助乎？為我養馬駒，我餘駒界馬户，所謂出其力以助耕公田，所以宣德、正統之間，馬養而至於山東，馬養而至於河南，皆吾駒也。馬而不能孳生，孳生而不能駒，駒而不能成馬，是害馬而已矣。害馬者，不樂養馬者也。間謂其人為我養馬者也，而朘削之，繩束之，不馬矣；謂其所受地廣也，而割其餘以賦他民，其牧養之地不廣闊，不馬矣；死而責之償，償而直過當，不馬矣；皇親貂鐺之家，請牧地則與之，不馬矣。故曰：害馬者，不樂養馬者也。王濟、武金之賣種馬也，猶乎葉淇之賣鹽也，不曙其大而徒以多金為功。夫國初之有馬也，不金而多駒也，今也以馬價之金還出之，畿内之州縣鬻馬以備邊，價須三十金，所鬻之馬不直數金也，此何取？賣種馬而多金者也。夫金也者，人之情也，一見而侵漁生焉，見駒而不見金，其既也駒多而金多，惜乎！如菓實之不待其熟也，魚之不待其尺也，鬻種馬之謂也。善乎曹邦輔之論也，無邦輔之論，不惟夫人不知馬之所以為政也，雖任馬官者亦莫之知也。』

明 陳仁錫《無夢園初集》漫集一《儲馬》 山東、山西、河南、鳳陽一帶多植榆棗，廣開牧塲，給以馬種，春秋課養，務使人馬兩驗肥瘠，定其功罪。公馬不許私貿，郡馬不許外借，若是則馬始集。

明 范景文《戰守全書》卷五《牧放》 《李靖兵法》云：諸營各令作一異旗放馬，每隊作記旗放驢，其馬中央放驢，令四面援馬，放其驢馬子，竝於驢羣四面圍繞，驢羣知更牧，放狂賊偷馬例，須奔走驢羣在外，驅趂稍難，以此防閑亦甚允便，營别卽令别放，諸軍不得相交，非直發引之時，難忽有不虞，追喚亦易。諸行軍立營，驢馬各於所營地界放牧，如營側艸惡，便擇好處放，仍與虞候計會，不許交雜。各執本營認旗，如須追喚，見旗卽知驢馬處所。諸軍驢馬牧放不得連繫，每軍營令定一官專簡較逐水艸，合羣牧放，仍定一虞候果毅專巡諸營水艸，各令方界牧放，不許參雜。諸軍馬聚會，其數既衆，應行六畜並仰明爲軍印，仍須别爲營印，防闌失虞，擬凴理認。

又《牧馬法》 《六韜兵法》曰：凡戎馬必安其處所，適其水艸，節其饑飽，冬則溫廐，夏則凉廡，尅剔毛鬛，謹烙四蹄，戢其耳目，毋令驚駭，習其馳逐，閑其進止，人馬相親，然後可使。鞍轡勒御必令全好，乏絕輒補。《六韜》：凡馬不傷於末，必傷于始，不傷于饑，必傷於飽。日暮道遠，必數上下，寧勞於人，切無勞馬。常令有餘，備敵之覆我也。凡軍行，每營先差一官專知牧放，不得連繫諸營，各作一異旗放馬，一記旗放驢，並於所管地界放牧。如營側艸惡，即計會虞候别擇放地，不得交雜。如卒有警急追喚，見旗則知驢馬處所。凡馬逐營各爲印記，以防闌失，理認如卽印。所部官驗印，是本營畜産，卽令皮剝；如印不同，卽是盜殺它營畜産，論如軍律。

又《牧馬事宜》 每營一官專牧放，各作異旗，牧馬、驢勿混淆，則便追喚牧畜，馬中驢外，馬各營印記放馬，驢各備多數，恐有增補，軍數亦宜。然馬有選方，有善走，馳坡驀澗者名跳盪馬，聚以冲陣，追賊探報，精神惺惺又善馳驟者曰巡哨馬，奇兵翼衛，巡行應急，見羣馬動而不嘶，性良者夜伏刼截，壯健遲鈍者駐隊，將出戰，預令人披帶衣械，馳習不住。未遇敵且緩行以舒其氣，餵飽宜牽行二三里以養其氣。走驟欲住，看遠近漸漸收勒，陡收則損。有誘賊馬之法，見青引者芻也，聞香引者餌也，見白引者水也，皆投其喜而陷之，則擒之。

明 沈德符《萬曆野獲編·補遺》卷一《内廷豢畜》 大内自畜虎豹諸奇獸外，又有百鳥房，則海外珍禽，靡所不備，真足洞心駭目。至於禦前又最重貓兒，其為上所憐愛及後妃各宫所畜者，加至管事職銜，且其稱謂更奇：牝者曰某丫頭，牡者曰某小厮；若已騸者，則呼曰某老爹，至進而有名封，直謂之某管事，但隨内官數内同領賞賜。此不過左貂輩緣以溪壑，然得無似高齊之郡君儀同耶？又貓性最喜跳幕，宫中聖胤初誕未長成者，間遇其相逢而爭，相誘而嗥，往往驚搐成疾，其乳母又不敢明言，多至不育。此皆内臣親道之者，似亦不妄。又嘗見内臣家所畜騸貓，其高大者逾於尋常家犬；而犬又貴小種，其最小者如波斯金線之屬，反小於貓數倍，每包裹置袖中，呼之即自出，能如人意，聲甚雄，殷殷如豹。

清 汪森《粵西詩文載·文載》卷一六《廣西馬政志雜纂》 明廣西都司所屬衛所牧養馬匹，護衛馬三十匹，中衛馬八十七匹，右衛馬八十九匹，全州守禦千户所馬三十九匹，灌陽守禦千户所馬四十八匹，平樂守禦千户所馬五十二匹，富川守禦千户所馬七十六匹，慶遠衛五所馬軍馬五十六匹。正統間，奉例以一户丁多者獨養一匹，專令本軍騎操，謂之獨户馬軍。其丁少者或三户五户朋養一匹，歲輪一户軍騎操，謂之朋合馬軍。後来因朋合輪當者少閑騎射，專令一户軍騎操，名曰正户，其貼户人丁但幇助喂養，彼時每馬一匹，例以八丁其養。弘治十七年，兵備副使姜綰減作六丁。正德間，右參將張祐又減作三丁。自此各户被累貧絶者多，蓋緣本處山多地狹，蠻賊常伏近郊刼掠，以此艱於芻牧，馬價高貴。況冬間地枯水冷，每草一擔，賣錢十文，抑且氣候多疫，馬匹不時倒死。又遭虎狼搏噬賊盜偷竊，一遇調征回還，馬亡過半。初時每馬一匹，額定官價銀六兩，若一年倒死一次，則三丁養馬者每丁該出銀二兩，倒死二次，每丁該出銀四兩。況官價之外，又有增補餘數，以此貧薄之家無所於措，只得鬻賣房屋子女以充馬價，丁盡户絶者不可勝計。

《明史》卷六八《兵志》 明制，馬之屬内廄者曰禦馬監，中官掌之，牧於大壩，蓋仿《周禮》十有二閑意。牧於官者，為太僕寺、行太僕寺、苑馬寺及各軍衛，即唐四十八監意。牧於民者，南則直隸應天等府，北則直隸及山東、河南等府，即宋保馬意。其曰備養馬者，始於正統末，選馬給邊，邊馬足，而寄牧於畿甸者也。官牧給邊鎮，民牧給京軍，皆有孳生駒。官牧之地曰草場，或為軍民佃種曰熟地，歲征租佐牧人市馬。牧之人曰恩軍，曰隊軍，曰改編軍，曰充發軍，曰抽發軍。苑馬分三等，上苑萬，中七千，下四千。一夫牧馬十匹，五十夫設圉長一人。凡馬肥瘠登耗，籍其毛齒而時省之。三歲，寺卿偕禦史印烙，鬻其羸劣以轉市。邊衛、營堡、府州縣軍民壯騎操馬，則掌於行寺卿。邊用不足，又以茶易於番，以貨市於邊。其民牧皆視丁田授馬，始曰戶馬，既曰種馬，按歲征駒。種馬死，孳生不及數，輒賠補。此其大凡也。初，太祖都金陵，令應天、太平、鎮江、廬州、鳳陽、揚州六府，滁、和二州民牧馬。洪武六年，設太僕寺於滁州，統於兵部。後增滁陽五牧監，領四十八群。已，為四十監，旋罷，惟存天長、大興、舒城三監。置草場於湯泉、滁州等地。復令飛熊、廣武、英武三衛，五軍養一馬，馬歲生駒，一歲解京。既而以監牧歸有司，專令民牧。江南十一戶，江北五戶養馬一，復其身。太僕官督理，歲正月至六月報定駒，七月至十月報顯駒，十一、二月報重駒。歲終考馬政，以法治府州縣官吏。凡牡曰兒，牝曰騍。兒一、騍四為群，群頭一人。五群，群長一人。三十年，設北平、遼東、山西、陝西、甘肅行太僕寺，定牧馬草場。永樂初，設太僕寺於北京，掌順天、山東、河南。舊設者為南太僕寺，掌應天等六府二州。四年，設苑馬寺於陝西、甘肅，統六監，監統四苑。又設北京、遼東二苑馬寺，所統視陝西、甘肅。十二年，令北畿民計丁養馬，選居閑官教之畜牧。民十五丁以下一匹，十六丁以上二匹，為事編發者七戶一匹，得除罪。尋以寺卿楊砥言，北方人戶五丁養一，免其田租之半，薊州以東至南海等衛，戍守軍外，每軍飼種馬一。又定南方養馬例：鳳、廬、揚、滁、和五丁一，應天、太、鎮十丁一。淮、徐初養馬，亦以丁為率。十八年，罷北京苑馬寺，悉牧之民。洪熙元年，令民牧二歲征一駒，免草糧之半。自是，馬日蕃，漸散於鄰省。濟南、兗州、東昌民養馬，自宣德四年始也。彰德、衛輝、開封民養馬，自正統十一年始也。已而也先入犯，取馬二萬，寄養近京，充團營騎操，而盡以故時種馬給永平等府。景泰三年，令兒馬十八歲、騍馬二十歲以上，免算駒。成化二年，以南土不產馬，改征銀。四年，始建太僕寺常盈庫，貯備用馬價。是時，民漸苦養馬。六年，吏部侍郎葉盛言：「向時歲課一駒，而民不擾者，以芻牧地廣，民得為生也。自豪右莊田漸多，養馬漸不足。洪熙初，改兩年一駒，成化初，改三年一駒。馬愈削，民愈貧。然馬卒不可少，乃復兩年一駒之制，民愈不堪。請敕邊鎮隨俗所宜，凡可以買馬足邊、軍民交益者，便宜處置。」時馬文升撫陝西，又極論邊軍償馬之累，請令屯田卒田多丁少而不領馬者，歲輸銀一錢，以助賠償。雖皆允行，而民困不能舒也。繼文升撫陝者蕭禎，請省行太僕寺。兵部覆云：「洪、永時，設行太僕及苑馬寺，凡茶馬、番人貢馬，悉收寺、苑放牧，常數萬匹，足充邊用。正統以後，北敵屢入抄掠，馬遂日耗。言者每請裁革，是惜小費而忘大計。」於是敕諭禎，但令加意督察。而北畿自永樂以來，馬日滋，輒責民牧，民年十五者即養馬。太僕少卿彭禮以戶丁有限，而課駒無窮，請定種馬額。會文升為兵部尚書，奏行其請，乃定兩京太僕種馬，兒馬二萬五千，騍馬四之，二年納駒，著為令。時弘治六年也。十五年冬，尚書劉大夏薦南京太常卿楊一清為副都禦史，督理陝西馬政。一清奏言：「我朝以陝右宜牧，設監苑，跨二千餘裏。後皆廢，惟存長樂、靈武二監。今牧地止數百里，然以供西邊尚無不足，但苦監牧非人，牧養無法耳。兩監六苑，開城、安定水泉便利，宜為上苑，牧萬馬；廣寧、萬安為中苑；黑水草場逼窄，清平地狹土瘠，為下苑。萬安可五千，廣寧四千，清平二千，黑水千五百。六苑歲給軍外，可常牧馬三萬二千五百，足供三邊用。然欲廣孳息，必多蓄種馬，宜增滿萬匹，兩年一駒，五年可足前數。請支太僕馬價銀四萬二千兩，於平、慶、臨、鞏買種馬七千。又養馬恩隊軍不足，請編流亡民及問遣回籍者，且視恩軍例，凡發邊衛充軍者，改令各苑牧馬，增為三千人。又請相地勢，築城通商，種植榆柳，春夏放牧，秋冬還廄，馬既得安，敵來亦可收保。」孝宗方重邊防，大夏掌兵部，一清所奏輒行。遷總制仍督馬政。諸監草場，原額十三萬三千七百餘頃，存者已不及半。一清核之，得荒地十二萬八千餘頃，又開武安苑地二千九百餘頃。正德二年聞於朝。及一清去官，未幾復廢。時御史王濟言：「民苦養馬。有一孳生馬，輒害之。間有定駒，賂醫諱之，有顯駒墜落之。馬虧欠不過納銀二兩，既孳生者已聞官，而復倒斃，不過納銀三兩，孳生不死則饑餓。馬日瘦削，無濟實用。今種馬、地畝、人丁，歲取有定額，請以其額數令民買馬，而種馬孳生，縣官無與。」兵部是其言。自後，每有奏報，輒引濟言縣官無與種馬事，但責駒於民，遺母求子矣。

清 朱奇齡《續文獻通考補》卷四八《馬政》 明初，京省衛所軍士有步軍，有馬軍，于是有養馬之政，按諸司職掌，其目有四：曰廄牧，曰關換，曰折糧，曰收買。而廄牧中有孳牧，有寄牧，牧養之地各有草場，其没折糧不行，種馬盡革，例各不同，類舉其概，則牧養之令不越乎官與民二者而已。洪武六年，始改群牧監為太僕寺，置卿貳等官，命江北民每户養馬一匹，江南民十一户養馬一匹，官給善馬為種，率三牝馬四十一匹馬，每百匹為一群，群設群頭、群副掌之。牝馬歲課一駒，牧飼不如法，至缺駒損斃者，責之償。其牧地擇旁近水草豐曠之地，春時牧放游牝，秋冬入廄。寺官以時巡行群牧，視馬肥瘠而勸懲之。任滿，吏部考其息之多寡以為殿最。八年，諭刑部尚書劉惟謙曰：『馬政，國之所重。近設太僕寺，俾畿甸之民養馬，期于蕃息。昔漢初一馬直百金，天子不能具鈞駟。及武帝時，衆庶街巷有馬，阡陌成群，遂能北伐。唐初纔得隋馬三千，及張萬福為太僕，至七十餘萬，此非官得其人，馬政修舉故耶？爾宜為朕申明馬政，嚴督有司盡心芻牧，有不如令者罪之。』夏遣内使趙成以羅綺綾帛并巴茶往西番市馬，通市河州，仍命河州守將善撫循以通互市，馬稍集，率厚價償之。十年春，增置滁陽、儀眞等處五牧監，俱隸太僕寺，計牧種馬一萬七千三百八十五匹。二十年，河間阜城驛馬户以孳生馬來進，上曰：『驛户應役，惟仰于馬。芻豆之給，其費不輕，故嘗命兵部榜諭，凡驛馬孳生，聽民出賣。今復來進者，豈朕言不信于民耶？無乃有司奉行之不至也？』其即還之。二十三年，以江北、江南養馬人户勞佚不均，命江北五户養一馬，各存牝馬萬匹孳生種馬，江北之人每户再給鈔三百貫，別市種馬孳生，以補見缺之數。官止歲收一駒，餘聽民自鬻。十二年冬，置寧夏群牧千户所。三十年春，敕兵部曰：『巴茶自國初徵收累年與西番易馬，近因私茶出境，致茶賤馬貴，蓋由守邊者不能防禦，縱放私茶，或假朝廷為名，橫科馬匹，以致番人悖信。已命曹國公李景隆賫金牌勘合直抵西番傳命，令各番領牌為符契，以絶奸欺。尚恐邊衛將士巡防不嚴，私茶出境，爾兵部備傳朕意，令守邊者知之。』于是兵部具禁約事宜，遣人賫諭川陝守邊衛所。永樂十三年冬，議北京論户養馬法，部議請十五丁以下養一馬，十六丁以上養二馬，遷發為民種田者不論，丁七户養一馬。從之。二十二年冬，仁宗已立，兵部尚書李慶請令朝覲官不論方面郡縣養馬，時京師有餘馬數千，欲分給之，歲課其駒，有虧罰，與民同。大學士楊士奇以為不可，仁宗即令草敕止散馬。士奇曰：『馬已有領去者，望如何處之？』帝曰：『已領者準洪武中官員乘馬例給之，不責生息，虧欠亦不責償。未領者悉止。餘馬給邊軍操用。』正統十四年冬，景帝已立，初令京府寄牧。初，官馬養于各監苑而已，永樂中以官茶易和林等處馬養之民間，謂之茶馬。至是，因京師有警，乃選取以備軍資，養于順天府屬縣，謂之寄養騎操。及京師無事，寄養之馬遂為故事，每歲孳生陪補之法，受累不少，雖云量免差徭，而民困極矣。成化二十二年春，巡撫劉璋奏準揚滁和四處馬納價，廬、鳳、徐州仍令納馬。正德二年，都御史楊一清疏請查照先年事例，仍命御史巡茶兼理馬政。從之。嘉靖三十年，以總兵仇鸞請設馬市于宣大，其明年，鸞逆謀敗伏誅，不果行。累朝事例不一，而舉其大凡，則有牧養、起解、關換、印俵、買補、比較、市貢等項，並詳于後。按：《周禮》大司馬掌邦政，而井田以戎馬定賦，故馬政特詳。馬質、校人掌其選者也，趣馬、巫馬掌其養者也，圉師、庾人掌其教者也，以至牧師主牧地，獸醫療獸病，凡所以愛惜而調護之者無所不至，馬是以生息多而馴習久，馬政之備莫過于此。秦漢以來，或牧于民，漢法。或牧于官，唐法。或官民並牧而兼市于邊，宋法。其意皆本周官。周之邱乘為民牧，天子十二閑則為官牧，而惟唐牧為最盛，說者以為監牧得其人，而孳養得其法也。夫法不在煩，法煩則事擾，官不在多，官多則弊生。明制既設車駕，領于兵部矣，又有太僕、苑馬以掌之，且歷年事例紛然不一，此事之所以日擾，弊之所以滋生也。誠立為簡易之法，擇張萬歲、王毛仲其人者專領其事，則馬政何患乎不舉哉？

又《監牧》 洪武初設群牧監，後定太僕寺，所屬十四牧監、九十八群，專領牧養之事。其養户用近京人户，見前每騍馬歲課。有走失虧欠倒死者，買補還官，歲終比較。又設行太僕寺于北方，水樂初設苑馬寺，視其地之廣狹分為三等，上苑牧馬萬匹，中苑七千匹，下苑四千匹。苑有圉長一人，率五十夫，每夫牧馬十匹。按：自漢以太僕掌輿馬，而唐因之，設牧監、副監領于太僕，明制盖本諸此。夫太僕，古者以之掌正服位、出入大命、侍從之臣也，使主馬政，固未盡善，况既有兵部專司，又設太僕，又設苑馬，不過為文吏遷轉之階而已，不已贅乎？修馬政者宜責成將領，詳後。而以兵部歲稽其孳生登耗之數，以殿最而賞罰之足矣。

又《衛牧》 凡在京、在外衛所俱有孳牧馬匹，以給官軍騎操，兩京及直隸衛所屬南太僕寺，在外屬各該行太僕、苑馬并都司委官提督，每衛指揮一員，千百户一員，專管孳牧，其搭配、科駒、起解、比較等項，悉照民間事例。洪武中，令飛熊等衛每五户養馬一匹。永樂中，令薊州、山海諸衛屯軍每人養種馬一匹，免納子粒。正統中，令出征走傷戰馬驗給各衛守城官軍牧養，死則埋之。成化中奏準，天下孳牧馬匹有埋没者，俱照原額買補，令軍餘朋合領養。正德中奏準，各處衛所將五年一次變賣虧欠等項馬價俱存留本處，候明文支用，不必解京。凡牧地。洪武罷民間歲納馬草。二十五年，令軍官馬令自養，軍士馬令管馬官擇水草豐茂之所屯營放牧。于是南北兩太僕寺及京營各邊孳牧皆置草場，春末放牧，九月回營，其後場地多為豪右侵占，成化末乃以不堪種者牧馬，堪種者徵租，江南為最。弘治中，差御史清查，立界刻石，分三等課租，上地徵七分，次五分，又次四分。正德中，令勘係馬户自種者免徵。嘉靖中議準，于場地應徵銀内各照起俵馬數，每匹扣留一兩，以備災傷逃移支給，餘悉解部發寺，以備不時買馬。按：國之所任者將，將之所用者兵，兵之所乘者馬，則以牧馬之政責之將領，而頒之軍士，固其宜也。况或沿邊，或沿海，畜牧尤便，或衛軍，或充軍，職業尤專，較之廢農桑之地，驅耕種之民，勉强執役于官者，得失相去遠矣。修馬政者請精選種馬數千匹，分派京邊内外各營，令各營先簡其羸弱不任戰者為牧，軍不足則取諸游民，見民壯條。或罪遣者以充之。每軍五名給與牝馬四匹，牡馬一匹，俾之牧養，為一群，群設群頭一人，如隊長。合十群為一廐，廐設廐長一人，如總旗。合十廐為一監，監設監牧一人，如百户。主簿二人，掌文書。每一大軍馬無過五百匹，謂種馬非戰馬，用馬少于此者，或三百、二百匹亦立監立廐以相統焉。歲終以次由群而上報生駒，于本軍將領三歲一類報兵部，兵部遣官閲視點閘，課其殿最以聞。每監給與草場，令以時牧放，春分出牧于場，秋分入廐，《左傳》所謂日中而出，日中而入。所生之駒除留種馬外，其餘分別良馬、駑馬開報，以為教戰常用之備。如此則馬之孳息無窮，而令不苛、民不擾矣。

清 閻鎮珩《六典通考》卷一六六《王政考·馬政》 明制，馬之屬，内廄者曰御馬監，中官掌之，牧于官者，為太僕寺、行太僕寺、苑馬寺及各軍衛，即唐四十八監意。牧于民者，南則直隸、應天等府，北則直隸及山東、河南等府，即宋保馬意。其曰備養馬者，始于正統末，選馬給邊，邊馬足而寄牧于畿甸者也。官牧給邊鎮，民牧給京軍，皆有孳生駒。官牧之地曰草場，或為軍民佃種曰熟地，歲徵租，佐牧人市馬。牧之人曰恩軍，曰隊軍，曰改編軍，曰充發軍，曰抽發軍。苑馬三等，上苑萬，中七千，下四千。一夫牧馬十疋，五十夫設圉長一人。凡馬肥瘠登耗，籍其毛齒而時省之，三歲寺卿偕御史印烙，鬻其羸劣，以轉市邊衛營堡府州縣，軍民壯騎操馬則掌于行寺卿，邊用不足又以茶易於蕃，以貨市于邊。其民牧皆視丁田授馬，始曰戶馬，既曰種馬，案歲徵駒，種馬死、孳生不及數輒賠補。初，太祖都金陵，令應天、太平、鎮江、盧州、鳳陽、揚州六府，滁、和二州民牧馬。洪武六年，設太僕寺于滁州，統于兵部，後增滁陽五牧監，領四十八群，已為四十監，旋罷，惟存天長、太興、舒城三監，置草場于湯泉、滁州等地，復令飛熊、廣武、英武三衛五軍養一馬，馬歲生駒一，歲解京。既而以監牧歸有司，專令民牧，江南十一戶、江北五戶養馬一，復其身，太僕官督理，歲正月至六月報定駒，七月至十月報顯駒，十一二月報重駒，歲終考馬政，以法治府州縣官吏。凡牡曰兒，牝曰騍，兒一騍四為群，群頭一人，五群群長一人。後又設北平、遼東、山西、陝西、甘肅行太僕寺，定牧馬草場。永樂初，設太僕寺于北京，掌順天、山東、河南，舊設者為南太僕寺，掌應天府六府二州。四年，設苑馬寺于陝西、甘肅，統六監，監統四苑。又設北京、遼東二苑馬寺，所統視陝西、甘肅。十二年，令北畿民計丁養馬，選居閒官教之畜牧。民十五丁以下一疋，十六丁以上二疋，為事編發者七戶一疋，得除罪，尋以寺卿楊砥言，北方人戶五丁養一，免其田租之半，薊州以東至南海等衛戍守軍外，每軍飼種馬一。又定南方養馬例，鳳、廬、揚、滁、和五丁一，應天太鎮十丁一。淮徐初養馬，亦以丁為率。十八年，罷北京苑馬寺，悉牧之民。洪熙元年，令民牧二歲徵一駒，免草糧之半，自是馬日蕃，漸散于鄰省。濟南、兖州、東昌民養馬，自宣德四年始也。彰德、衛輝、開封民養馬，自正統十一年始也。已而也先入犯，取馬二萬寄養近京，充團營騎操，而盡以故時種馬給永平等府。景泰三年，令兒馬十八歲、騍馬二十歲以上免算駒。成化二年，以南土不產馬，改徵銀。四年，始建太僕寺常盈庫，貯備用馬價。是時民漸苦養馬。六年，吏部侍郎葉盛言向時歲課一駒而民不擾者，以芻牧地廣，民得為生也。自豪右莊田漸多，養馬漸不足，洪熙初改兩年一駒，成化初改三年一駒，馬愈削，民愈貧，然馬卒不可少，乃復兩年一駒之制，民愈不堪。請敕邊鎮隨俗所宜，凡可以買馬足邊，軍民交益者，便宜處置。時馬文升撫陝西，極論邊軍償馬之累，請令屯田卒田多丁少而不領馬者歲輸銀一錢助賠償，雖皆允行，而民困不能舒。其後陝撫蕭禎請省行太僕寺，兵部覆云，洪、永時凡茶馬番人貢馬，悉收寺苑放牧，常數萬疋，足充邊用。正統以後，北敵屢入抄掠，馬遂日耗，言者每請裁革，是惜小費而忘大計。于是勑諭禎但令加意督察，而北畿自永樂以來馬日滋，輒責民牧，民年十五即養馬，太僕少卿彭禮以戶丁有限而課駒無窮，請定種馬額。會文升為兵部尚書，奏行其請，乃定兩京太僕種馬、兒馬二萬五千，騍馬四之，二年納駒，著為令，時宏治六年也。久之，楊一清為副都御史督理陝西馬政，奏言我朝以陝右宜牧，設監苑，跨二千餘里，後皆廢，惟存長樂、靈武二監。今牧地止數百里，然以供西邊尚無不足，但苦監牧非人，牧養無法耳。兩監六苑，開城、安定水泉便利，宜為上苑，牧萬馬；廣甯、萬安為中苑，黑水草場逼窄，清平地狹土瘠，為下苑，萬安可五千，廣甯四千，清平二千，黑水千五百。六苑歲給軍外，可常牧馬三萬二千五百，足供三邊用，然欲廣孳息，必多蓄種馬，宜增滿萬疋兩年一駒，五年可足前數。請支太僕馬價銀四萬二千兩於平慶、臨鞏買種馬七千，又養馬恩隊軍不足，請編流亡民及問遣回籍者且視恩軍例，凡發邊衛充軍者改令各苑收馬，增為三千人，又請相地勢，築城通商，種植榆柳，春夏放牧，秋冬還廄，馬既得安，敵來亦可收保。孝宗方重邊防，詔如一清所奏，遷總制，仍督馬政。諸監草場原額十三萬三千七百餘頃，存者不及半，一清覈得荒地十二萬八千餘頃，又開武安苑地二千九百餘頃，後一清去官，未幾復廢。時御史王濟言，民苦養馬，有一孳生馬輒害之，間有定駒，賂醫諱之，有顯駒墜落之馬，虧欠不過納銀二兩，既孳生者，已聞官而復倒斃，不過納銀三兩，孳生不死則飢餓馬日瘦削，無濟實用。今種馬地畝人丁歲取有定額，請以其額數令民買馬，而種馬孳生縣官無與。兵部是其言。自後每有奏報，輒引濟言。縣官無與種馬事，但責駒於民，遺母求子矣。初，邊臣請馬，太僕寺以見馬給之，自改徵銀，馬日少而請者相繼，給價十萬，買馬萬匹，邊臣不能市良馬，馬多死。太僕卿儲巏以為言，請仍給馬。又指陳各邊種馬盜賣私借之弊，語雖切不能從，而邊鎮給發日益繁。延綏三十六營堡自宏治十一年始，十年間發太僕銀二十八萬有奇，買補四萬九千餘疋，甯夏、大同、居庸關等處不與焉。至正德七年，遂開納馬例凡十二條。九年，復發太僕銀市馬萬五千于山東、遼東、河南及鳳陽、保定諸府。嘉靖元年，陝西苑馬少卿盧璧條上馬政，請督通負明印烙，訓醫藥，均地差，以救目前，而闢場廣蓄為經久計，帝嘉納之，自後言馬事者頗衆。二十九年，俺答入寇，太僕馬缺，復行正德納馬例，已稍增損之。至四十一年，遂開例至捐馬授職。隆慶二年，提督四夷館太常少卿武金言種馬之設專為孳生備用，備用馬既別買，則種馬可遂省。今備用馬已足三萬，宜令每馬折銀三十兩解太僕，種馬盡賣輸兵部，一馬十兩，則直隸、山東、河南十二萬匹可得銀百二十萬，且收草豆銀二十四萬。御史謝廷傑謂祖制所定，關軍機，不可廢。兵部是廷傑言，而是時內帑乏方，分使括天下逋賦，穆宗可金奏，下部議，部請養賣各半，從之。太僕之有銀也，自成化時始，然止三萬餘兩。及種馬賣銀日增，是時通貢互市所貯亦無幾。及張居正作輔，力主盡賣之議，自神宗九年始上馬八兩，下至五兩，又折徵草豆地租銀益多，以供邊營買馬及各邊之請，然一騸馬輒發三十金，而州縣以駑馬進其直，止數金，且仍寄養于馬戶，害民不減曩時。又國家有興作賞賚，往往借支太僕銀，太僕帑益耗。十五年，寺卿羅應鶴請禁支借。二十四年，詔太僕給陝西賞功銀，寺臣言先年庫積四百餘萬，自東西二役興，僅餘四之一，朝鮮用兵，百萬之積俱空，今所存者止十餘萬，況本寺寄養馬歲額二萬疋，今歲取折色，則馬之派徵甚少，而東征調兌尤多，卒然有警，馬與銀俱竭，何以應之？章下部，未能有所釐革也。崇禎初，核戶、兵、工三部借支太僕馬價至一千三百餘萬，蓋自神宗以來，罔政大壞，邊牧廢弛，既而遼東督師袁崇煥以缺馬，請于兩京州縣寄養馬內折三千匹價買之。西邊太僕卿涂國鼎言，祖宗令民養馬，專供京營騎操，防護都城，非為邊也。後來改折，無事則易馬輸錢，有警則出銀市馬，仍是為京師備禦之意。今折銀已多給各鎮，如并此馬盡折，萬一變生，奈何？帝是其言，卻崇煥請。蓋明世馬政始盛終衰，其故由草場興廢。太祖設草場于大江南北，復定北邊牧地，自東勝以西至甯夏、河西、察罕腦兒，以東至大同、宣府、開平，又東南至大甯、遼東，抵鴨綠江，又北千里，而南至各衛分守地，又至雁門關，西抵黃河外，東歷紫荆、居庸、古北，抵山海衛，荒閒平野，非軍民屯種者，聽諸王駙馬以近邊軍民樵採牧放，在邊藩府不得自占。永樂中，又置草場于畿甸，尋以順聖川至桑乾河百三十餘里水草美，令以太僕千騎，令懷來衛卒百人分牧，後增至萬二千疋。宣德初復置九馬坊于保安州，兵部奏馬大蕃息，以色別而名之，其毛色二十五等，其種三百六十。其後莊田日增，草場日削，軍民皆困于孳養。弘治初，兵部主事湯冕、太僕卿王霽、給事中韓祐、周旋、御史張淳皆請清覈，而旋言香河諸縣地占于勢家，霸州等處俱有仁壽宮皇莊，乞罷之，以益牧地。雖允行，而占佃已久，卒不能清。南京諸衛牧場亦久廢，兵部尚書張鎣請復之，以御史胡海言，遂止。京師團營官馬萬疋，與旗手等衛上直官馬皆分置草場，歲春末馬非聽用者坐營官領下場放牧，草豆住支，秋末回，給事御史閱視馬斃軍逃者以聞。後上直馬不出牧，而騎操馬仍歲出。嘉靖六年，武定侯郭勛以邊警奏免之，徵各場租以充公費，餘貯太僕買馬。于是營馬專仰秣司農，歲費至十八萬，戶部為詘，而草場益廢，議者爭以租佃取贏。浸淫至神宗，時弊壞極矣。

傳記

明 **雷禮《南京太僕寺志》卷一五《列傳》** 《傳》稱太上立德，其次立功、立言，均謂之不朽，豈才難自古爲然，苟可以托於世，不必責備如春秋者，非耶。留坰自設官以來，列在京崇樞，類不輕授，由之柄臺省入贊邦經者豈少也？雖氣化移易，各以其質，所就不可科彙，苟政事法理、文學議論槩之，不詭於大道，而流風餘韻，灼然在人，亦可以列於不朽之林矣。予是以著論云。

又 朱守仁，字元夫，直隸徐州人。幼有大志，好讀書，落落自豪，視輩行岸然，罕所推接。元末兵起，江淮鼎沸，應州辟，累獻奇謀，破羣盜，歷官至樞密同知，守舒城。甲辰年，王師攻廬州，守仁知天命有在，舉城附大將徐達，陞見太祖，嘉其朴茂無華，授中書斷事。乙巳，以袁州初附，命知郡事。值郡治新設，瘡痍未瘳，守仁禔身廉潔，撫字有方，始終恢廓無畦畛，民多德之。洪武二年，徵拜工部侍郎，越二年，代安然爲本部尚書，尋改北平行省叅政。又以餽餉不繼，謫蒼梧知縣。九年，進知容州，尋改知高唐州，俱有善政。十年以幹治聞，起四川布政使。時全蜀甫定，奸伏徼肱易煽，守仁威令簡嚴，錮酷吏，懲無良，郡邑化之，爭以惠利顯。未及一考，以疾致仕，十五年雲南平，改威楚、開南等路宣撫司，爲焚雄府。上念漢彝雜處，非得老成持重者不尼以鎮之，特起知府事。至則招集流移，授以田土，量民貧富，均賦徭，使無偏累，又肇建學校，隨才曲成，有強梗不馴者懲以漢法。歷九載，境內大治。及計績來朝，闔郡保留不獲，垂涕而送之。二十三年廷見，會監牧日蕃，太祖留心馬政，以守仁舊臣練達，特拜太僕寺卿，首奏准都督府等衙門各立草場，俱於江北湯泉、滁州等處牧放馬匹，所轄十四監，九十八羣，克舉職，孳息日盛，屢荷賞賚，有所獻納，無不俞受。上詔省天下寺觀，惟龍泉寺以守仁奏准，留二僧看守馬神廟，遵守至今。二十七年，聽致仕。永樂二年，因朝于京，遇疾卒。

又 程信，字彥實，徽之休寧人。以祖社壽洪武中謫居河間，遂中正統。辛酉順天府鄉試，明年第進士，授吏科給事中，有沈畧。己巳，英廟北征，偕廷臣上䟽諫止，不報。及師潰土木，虜遂南犯京師，承命守西城，上五事曰：新號令以振軍威，募勇敢以備警急，召勤王以遏南侵，設武備以防內變，養銳氣以備戰守，皆見采納。虜酋也，先自山西一帶進薄都城，都督孫鏜禦之失利，乞領衆入城，信堅不可，躬督諸軍自城上以火鎗砲石鼓噪，為鏜援虜引去。景泰紀元，陞左給事中。辛未九月，車駕還自迤北，居南宮，復上中興固本十事，曰：敬天、求賢、納諫、謹灾、節用、詳刑、選將、練兵、尚儉、隆師，而敬天一事則言天象屢變，請景帝隆孝友以答天心之仁愛，聞者壯之。壬申陞山東右叅政，總理遼東餉。巡撫都御史奏，倉官吏卒盜糧，石以上者死，乃造新斛，視舊加二寸付信，信立碎而火之，曰：『使彼真盜，死不足邮。今故爲此斛，置人於死地，豈情也哉？』遼卒至今能道其事。會以憂去，轉四川，分巡所至，問民疾苦。松潘夷人作亂，偕侍郎羅綺進攻，破其黑虎諸寨。天順丁丑，英廟復辟，奉表入賀。時方錄景泰間，上言之人遂留爲太僕卿。會遼東巡撫員缺，改僉都御史，以行守將海寧伯董興姻聯曹欽，一切裁之以正。又造戰車，創義倉，行贖罪法，設月輪簿凡百，號令一新。建州夷酋董山潛結朝鮮，乃使土官佟成授以成算，往廉之，得朝鮮授董山中樞院吏制書以還。上疏曰：『乘其未發，急遣二使問之，可伐其謀。』朝廷乃命一給事往朝鮮，一錦衣譯者往建州，兩酋初不肯承，出制書示之，咸相顧愕然，各貢馬謝罪。虜酋孛來聚衆欲入寇，自率師巡邊，營於境外者凡三月，始都指揮夏霖事多不法，與董興相結納，僉事胡鼎按其罪四十以聞，詔中官及錦衣郭指揮逮霖而籍之，不意中途受賂，乃奏虛實相半，都御史寇深因劾信聽胡僉事言，調南京太僕寺少卿。時正卿裁省，兵部方下私借騎坐官馬之禁，信寬嚴得體，民皆畏信不敢犯。雖務閒塵息，於馬政利害講諦，不至弛廢。踰年進刑部右侍郎，尋以憂還河間。憲宗即位，起復兵部，尋轉左成化丁亥。四川貴州山都掌蠻據大垻山箐之險，破合江以上九縣，勢甚猖獗，陞尚書，提督軍務，與襄城伯李瑾統番漢兵討之。比至永寧，自督大軍入金鵞池，又分四路兵期會大垻，將士依其方畧，用神銃勁弩攻賊，賊不能支，連破二千餘寨，獲銅鼓數十，斬首五千級，生擒二千餘，賊復走入深洞，又命軍士以土石窒其門，月餘賊死洞中，臭聞十餘里。又陰察九姓土獠之附于賊者，還師撲之，未及載都掌悉平。又布置衙門邊事以定凱還，進兼大理卿。辛卯春，上以雨雪不降求言，上疏兵事可更張者四，兵弊可伸理者五，詔下所司執政難之。未幾，三邊有事，悉如所料。南京缺叅贊軍務大臣，廷臣交章薦之。及至南京，彗出軒轅，與六卿會議，復上言興利除害三十餘事，多見諸行。他若汰貪縱脩，舊典可書者尚多。叅贊已四載，復疏乞休，上賜勑還鄉，有『疾若去體，其勿久安于家』之語，明年還休寧里第，又四年卒，贈太子少保，謚襄毅。

又　張撫，字世安，陝西鳳翔府寶雞縣人。【略】十四年，進南京太僕寺，概資簡潔，攻苦茹淡，雖留務多暇，惟執羣經，終日靜中，多所自得，不入義外一錢。

又　陳璧，字瑞卿，山西太原左衛軍籍，直隷揚州府高郵州人，舉成化壬辰進士，授嘉興縣知縣。【略】十五年，陞南京太僕寺卿，董牧事。馬政自兩京並設以來，留坰益安，常襲故堂宇廟，廡日就朽蠹甚，或傾圮不稱觀視，至則節縮帑餘，重修飭之。又建棲雲、環山二樓，分毫不累於民，而所履轍然。會邊鄙不聳，兩京歲取備用馬萬匹，南直隷止三分，多准折價，以便寄養。璧從容處分，州縣安輯無擾。尤與人信，不侵爲然，諸寮屬有過率指摘之，亦莫不委情輸素，若投醪然。

又　文林，字宗儒，湖廣衡山人，直隷長洲縣籍，成化壬辰進士。【略】政成擢南京太僕寺丞。滁地佳山水，歐陽文忠遺蹟所在多題詠，與李東陽、吳寬、莊㫤諸公寄贈倡和，幾百餘律。東陽有『夢中顏色見猶真』，并『儘有餘才供世劇』等句，所以期待者不小。時草場多被豪强侵占，具呈兵部清查畆數，給耕種課租，以助買馬支用。又因寺政廢弛，南京大小教場把總劉鐸、黑亮等將印烙馬匹虧欠累催，不行送印，并鳳陽等府同知等官翟聰等抗拒不服，故違事例，俱奏送法司，并巡按提問，於是各府州縣咸奉約束。

又　呂㦤，字秉之，浙江嘉興府嘉興縣人。【略】丙午，以薦擢南京太僕寺少卿，建白處置，操備馬匹，免徵苜蓿種子，諸四事以公務之京師。又上言立誠信，習禮樂，尊前王，表英靈，凡十有二事，多見采行。故事，太僕馬數不得爲人所窺，文卷例不刷浸，以磨滅登耗無所於考。㦤曰：『他官不相涉是也，太僕所掌何事，而可不與知乎？』乃建白凡馬政卷，許太僕官三年一照，刷以爲例。弘治中，改南通政，進太常寺卿，祀事多更張，卷牘浩穰，至或相牴牾，又采輯累朝沿革爲條例若干卷，事至按而行之，至今賴以無誤。正德丁卯致仕，大學士楊一清稱其志存澤物，而久官閒散，不克自展布其政事，終爲文學所掩云。

又　李應禎，字貞伯，直隷蘇州府吳縣人。【略】弘治六年，陞南京太僕寺少卿。明朗峭直，示人肺誠，有過面折之不輒隱。禮所當重，雖布衣延之上席，几椅稍傾倚，毅然止之。至於生員以青衣見者，即斥其違制，無恕色，故人皆服其方正，至於勇流急退，尤足以勵貪婪者云。

又　楊廉，字方震，江西南昌府豐城縣人。【略】正德二年，陞南京太僕寺少卿。時坰務多暇，貪清勝者類皆流連光景，攄幽發粹云爾。廉獨敦朋聚之樂，環滁諸生多執經其門，偏舉先儒異論，分剖是非，娓娓無倦容，尤謹椝度，崇廉恥。

又　王守仁，字伯安，浙江紹興府餘姚縣人。【略】癸酉，陞南京太僕寺少卿。值留坰多暇，專以良知之旨訓後學，隨方而答，必暢本原，恒語諸生曰：不患外面言謗，惟患諸生以身謗。拳拳以孝弟禮讓爲貴，即閭閻小豎，咸歆艷嚮慕，思有所表，則欲殊於俗，滁水之上洋洋如也。又因寺址距滁城二里，萑葦蔽埜，令軍民於馬場隙地自置房居住，設總小甲聯之。論丁巡警及流賊蝟起，復即滁城尼寺改爲寺倉，建官廳一所，而壁畫所遺，莫非遠慮。

又　劉瑞，四川成都府内江縣人，弘治丙辰進士。【略】十四年，陞南京太僕寺少卿。暇日作興學校，隨所詣爲之，是正出其悟。表會滁守陳璧建科第題名碑，爲之紀其事。

又　楊果，字實夫，直隸揚州府興化人。【略】嘉靖改元，以論薦起爲南京太僕寺卿，陳馬政便宜數事，從之。

明　張萱《西園聞見録》卷七一《馬政・往行》　黎福，字天與，號□□，樂平人，□□□□年□□歷官南京兵部左侍郎，宣德間為鎮江府知府。時民戶苦養馬歲課駒，駒復課駒，轉展無已，民破產而馬滋耗。公乃差戶為上、中、下，上牧牝，中牧駒，下則悉蠲之。牝一駒三為小群，群有首；牝十駒三十為大群，群有長。或有物故，各以類朋償之，馬政舉而民力省，至今以為法。

又　楊洪，字宗道，六合人，播州楊文廣之後也。曾祖政國初，從常遇春起義，積勞至百戶。父璟襲戰死。永樂初，洪襲父職。正統十三年，封昌平伯。公在邊時，軍士恆苦乏孳牡馬，有質子女以償官者，為積歲患。公為選軍中馬牝牡之良，縱牧于野，使自為合，數年馬大繁息，代償之餘，足以進充內廄。朝廷聞之，下其法于各邊，公私便之。

又　蕭稟，字可發，萬安縣人，嘉靖乙丑科進士。初援行人司，歷官至兵部侍郎，嘗為陝西苑馬卿。陝故有牧苑七，前使多私右之，至占邊氓土田數倍，而孳息加縮。公請以苑馬卿貳兼本地藩臬官，以絕偏右之弊，而盡核所浮額均賦之，歲贏萬七千金，而民牧稱兩利云。

紀事

明　何宜《題踏勘南直隸牧馬草場》《名臣經濟録》卷三五　成化二十三年二月初三日，兵部題為申明馬政事，據南京太僕寺寺丞文林呈，本部參照，寺丞文林呈，稱南直隸養馬府州縣各有牧馬草場，明載圖誌，多被勢豪之家侵占，不得實用。要行踏勘處置，以備馬政急用一節，合無本部行移南京轉行南京太僕寺，坐委分管寺丞督同各府州縣掌印并管馬官員親詣各該所屬州縣，嚴督當該官吏查照誌書、圖卷所載，并吊取賦役文冊到官，從公逐一查勘原額草場各若干，坐落某處，地名頃畝若干，堪以耕種并高阜低窪不堪各若干，遞年群長馬戶曾無在彼牧放馬疋，有無徵收子粒，何年項下之用，及曾否被近側豪强軍民侵占，務要從實踏勘丈量頃畝數目界至，明白埋立封堆，分別上中下等第，將高阜低窪止堪牧馬地土責付養馬人戶輪流管顧牧放，中間果有肥饒地土，即今空閑堪以開墾成田，照例看驗頃畝，撥與有力馬戶耕種，以後驗定等第，照依佃種官田事例，所收花利不拘銀穀，依時計估量納，別置倉庫收貯。其有曾經開墾成田耕種年久徵收子粒者，一體查清徵收；中間被人包占種作，或侵占界至等項，各許自首還官，免其問罪。如遇俵解馬疋，地方災傷，人戶逃移，無處湊買，并十分貧難出辦不前，斟酌停當，量為支給，以備足數。止許用助馬政緊急，不許別項支銷，待後養馬數多，停免耕種，照舊牧放。事完之日，將踏勘過頃畝等第數目造冊，徑自奏繳本部。左侍郎何等具題。奉憲宗皇帝聖旨：『是。欽此。』

明　馬昂《題憑駒多寡黜陟》《名臣經濟録》卷三五　成化二年八月初二日，兵部為區畫馬政事。一、馬舊例一年一駒，後因虧欠數多，改為二年一駒。近奉詔書，內開三年一駒。蓋所以寬民艱而恤民難也。原其所自，使管馬官得人，羣養以時，水草有節，則生息自然蕃多，國用自然充足。定例固不敢輕易，勸懲亦貴乎有法。合無今後騍馬仍照例三年一駒，管馬官員以一縣種騍馬為率，三年考滿為期，額內不虧者稱職，額外每馬又生一駒者，奏請旌異，額外又生二駒者，行移吏部不次陞用，不及額數者，百匹為率，遞相降級。太僕寺分管寺丞所隸地方，亦以州縣為度，如一府十縣，半能額外生駒者亦加旌異，全能生駒者不次擢用，如其不及額數，本部查出，轉送吏部降用。本部尚書馬等題奏。奉憲宗皇帝聖旨：『馬政多廢弛了，恁每區畫的皆准行。欽此。』

明　馬文升《題覆興舉馬政事》《名臣經濟録》卷三五　弘治二年七月二十五日，兵部題為興舉馬政事，該南京太僕寺卿秦崇等奏，要將各府州縣解俵馬疋行令除見解俵外，以後每年於起解備用之際，照依定去分數徵解。本部議得，合無行移南京兵部轉行南京太僕寺，將每年解京備用馬疋自弘治三年為始，鳳陽、廬州二府并滁、和二州，令其解本色馬七分，折價銀三分；

淮、揚二府所屬州縣并應天府所屬江浦、六合二縣，以十分為率，四分解馬，六分解銀，俱照舊例，每疋折銀十兩，其本色馬務要揀選以騎操四歲以上、七歲以下，折色銀兩亦要辨驗足色，各令依期委管馬官員解俵馬疋折銀事例，行之二三年，備用馬疋有無勾用，另行奏請定奪。具題。本部尚書馬等奏。奉聖旨：『准議，欽此。』

明 馬文升《題覆整飭馬政事》《名臣經濟録》卷三五 弘治三年四月初四日，兵部為整飭馬政思患預防事，該太僕寺卿王霽等奏，稱順天府所屬寄養備用馬匹消耗及倒失數多，要照比較京營事例，專差少卿一員請勑前去比較提督掌印管馬官員，馬數無虧，許令舉奏旌擢；耗損馬疋，住俸追補。若有別項情犯，五品以上官員聽其徑自提問，及今後倒失備用馬疋，務要追補，不在宥免之例。本部議得，合無行移太僕於見任少卿内專差一員請勑一道，令其賫捧，不時前去順天府所屬各州縣，將寄養馬匹常加點閘比較，仍督同該寺分管寺丞、該府管馬通判、各該州縣掌印管馬官員務要用心喂養，膘壯不致瘦損，倒失照依比較京營騎操馬疋事例，定限三箇月以裏報官陪償，若不報官陪償，如管馬判官縣丞等官照管隊官、如掌印知州知縣等官照把總官，馬疋瘦損倒失則例施行。内倒失馬疋，若是年終十分不完五分以上者，聽本官查筭明不必具奏，即將掌印管馬官及該府管馬通判住俸；追補五分以上，方許關支；未完數仍要責限完報。驢騾牛隻一體點視比較責成。其該寺分管寺丞及該府掌印官不行申嚴號令，以致瘦損數多，及縱容盜賣抵換并倒失至五千以上、買補不足及五分者，指實明白，照例奏請定奪，其管馬通判并州縣掌印管馬官員三年、六年、九年考滿，通查馬數完足，方許給由。各官中間果有能盡心所事、提調有方，馬無耗損，聽其指陳實跡，徑自具奏聞，量加旌異，或陞授職事，仍令管理馬政；若有貪污不職，馬政不脩，及贓私情弊、倒失馬數多者，亦聽本官應提問者拏送問刑衙門問罪發落，應參奏者徑自參奏拏問。其養馬人户若有將官馬盜賣、私騎、馱載、借撥、答應及老病瞎瘤等項馬疋，悉照本部原擬而行，其各年拖欠之數，查照見行事例，陸續追補。此外凡可以興舉馬政、禁革奸弊、甦息民困，及殷實大户權豪勢要隱慝人丁、不行養馬等項，奏内該載未盡者，聽本官推類而行。本官務要公勤廉慎，脩舉職業，以副委任；如或虛應故事，因循廢弛，責有所歸。一年滿日，照例更換，將該追未完之數明白交割接管官員一併整理，仍將比較過馬疋膘息分數及追補拖欠馬數造冊奏繳，仍造清冊一本送部以備查考。其稱今後倒失備用馬疋務要追補不在赦免之例，係朝廷莫大恩典，非臣等所敢定擬，伏乞聖明裁處。本部官具題。奉聖旨：『是。今後倒失馬匹追補不赦。欽此。』

明 馬文升《題覆振舉馬政事》《名臣經濟録》卷三五 弘治三年八月十七日，兵部題為振舉馬政事，該太僕寺少卿彭禮奏，稱永平府一州五縣先年因其種馬數多，歲取備用馬一千四百五十疋，雖量減其數，亦有一千上下。故馬既不堪，而拖欠之數又獨多於他處，要自弘治三年秋季為始，銀馬中半起解。本部議得，合無行移太僕寺今後分派備用馬疋，永平府再減去二百疋，派與地廣里多府分州縣，其永平府所屬見派馬匹，自弘治三年秋季為始，銀馬相兼，每馬仍折銀一十兩，其本色馬務要四尺上下，銀兩煎銷足色，一同起解，不許拖欠。責有所歸。本部尚書馬等奏。奉聖旨：『准擬。欽此。』

明 馬文升《會議寄養馬匹》《名臣經濟録》卷三五 弘治三年十二月十五日，兵部為修省事，該吏部等衙門、太子太保尚書王等會議得，一、在京原無寄養馬疋，自正統十四年北敵侵犯京師，一時缺馬騎操，該太僕寺奏准將順天府所屬人户孳牧馬疋分散保定等府人户領養，却于兩京太僕寺孳牧馬疋内每歲取馬二萬疋赴京，分送順天府所屬人户寄養備用。以十年論之，該馬二十萬疋，民户有限，馬疋太多，連年倒死者不止十數餘萬。及至追補，又告艱難，徒費民財，無益於用。若照前數行取，不無累及逃亡。今後合無將備用馬每歲暫取一萬疋，本色折色臨時具奏定奪。如果緊急用馬，照舊取用，或發銀收買。本部官題。奉聖旨：『准行。欽此。』

明 馬文升《題踏勘北直隸牧馬草場》《名臣經濟録》卷三五 弘治五年七月二十九日，兵部題為修舉馬政事，該御史潘楷奏，本部查得，保定、真定、廣平、順德、大名、河間等六府所屬州縣，洪武年間俱有分撥馬廠牧地，牧放官馬，自天順、成化年間以來，被權豪勢要之家、無籍之徒、軍民人等侵奪占種，收利肥家。節該巡撫保定等府地方都御史張等奏，行户、兵二部，差委會官同巡按御史，原額馬廠地土逐一清查明白，不分權豪勢要官員軍民人等，但有占種者盡數丈量見數，退出還官，給與養馬人户耕種，照例上納子粒，遇有馬疋倒死等項，將前子粒給與買補。等因本部覆奏，差署員外郎、主事馮良輔等會同巡按御史、太僕寺分管寺丞等官親詣各府，將前項草場除欽賜皇親并王府達官及民間先年占種遇例起科、辦納糧草等項地土聽其照舊耕種外，將踏過各府草場地共七百八十六處，各頃數不同，除給原耕之人承種，定其等第，肥饒者每畝出銀七分，中等者出銀五分，下等者出銀四分，自弘治六年為始，照數徵收完足，各府官庫收貯，聽候買馬支用。本部官題。奉聖旨：『准擬。』欽此。

明 馬文升《題覆應詔陳言馬政事》《名臣經濟録》卷三五 弘治六年六月二十六日，兵部題為應詔陳言馬政事，該太僕寺少卿彭禮等奏，本部會同英國公張懋等議得，民間種馬定為額數，再不搭配，則民困終不得甦，馬疋終不蕃盛，將來禍患有不可言。且如以十萬種馬為額，每馬二年騍駒一疋，十年之間該駒五十萬疋，縱使損失，亦得三十萬疋，再加十年，馬必至于七十餘萬矣。威敵制勝，取用無窮。但各該寺丞送到查勘文冊内開種馬之數，原額新增多有不明養馬之處，論糧論丁亦有不實。臣等難便定奪，欲再勘明處置，不無愈加遲延。合無北直隸地方并河南、山東等處六科差給事中，都察院差御史并本寺屬官各一員，南直隸、應天等府行移南京六科、都察院并兵部各差給事中、御史屬官各一員，共請勅二道，前往各該地方，布政司去處會同布、按二司分巡分守官，直隸去處督同本府掌印官，仍會同分管寺丞督同各該州縣掌印并管馬官員，從公查勘養馬地方何處論糧，何處論丁，論糧者要見免糧地畝實有若干，或一百畝，或五十畝，養種馬一疋，共該種馬若干；論丁者要見有力人丁實有若干，或十丁，或五丁，養種馬一疋，共該種馬若干，務要斟酌處置停當，既不可多以損民，亦不可太少以虧官。每騍馬四匹，照例搭配兒馬一疋，此數一定，永為定額，再不搭配增添。如有倒失，遇赦亦不蠲免。其耕種免糧地土人户不分是否原係養馬人數，但係承種過買地土者，及官員、監生、吏典之家，一體派與馬疋領養，不許畏避勢要，致令不均，有壞馬政。勘定畢日，即將見在種兒騍馬盡數查出，逐一揀選高大膘壯者存留作種，不堪之數責令變賣銀兩湊買好馬補數。大約以種騍馬十萬、兒馬二萬五千為率，北直隸、山東、河南該八萬七千五百，江南、江北、直隸府州縣該三萬七千五百，先儘免糧地畝，次及人丁家道，如各府州縣種馬揀選足數之外尚有多餘堪中作種者，却派與別府馬少去處領養作種額外，堪以騎操兒馬并兒駒，照數存留以作備用之數，其堪以作種騍駒，量留以備補用，其餘不堪之數，盡數變賣銀兩，以備買補備用馬疋。本部官題。奉聖旨：『准擬。欽此。』查得弘治六年内兵部題准，差官勘處得，河南開封、彰德、衛輝等三府，陳州等一十七州縣，山東兗州、濟南、東昌等三府所屬濟寧州等七十州縣，各論人丁，每五丁養兒馬一疋，每十丁養騍馬一疋，共該人丁四十三萬八千五百二十二丁，領養兒馬六千七百五疋，騍馬二萬六千八百二十疋。其直隸、真定、保定、永平、順德、廣平、河間、大名等七府所屬定州等九十二州縣，各論免糧地畝，每地五十畝養兒馬一疋，一百畝領養騍馬一疋，共該免糧地七萬七千四百九十一畝有零，領養兒馬一萬七百九十五疋，騍馬四萬三千一百八十疋，各照例兩年筭駒一疋，其餘人户收候領養孳生馬駒。其順天府所屬霸州等二十七州縣，亦論免糧地畝領養，各處解俵備用馬疋。

明 沈周《客座新聞》卷四《畜類相制》 弘治己酉，西畨貢獅子，其性怪險。一番人長與之相守，不暫離，夜則同宿于木籠中，欲其馴率故也。少相去，則獸眼異変，始作威矣。一人因視之，其舌畧粘面皮，已去一半矣。又畜二小獸，名曰吼，形類猊，兩耳尖，長僅尺餘，體獅作威時，即牽吼視之，獅畏伏不敢動。盖吼作溺着其体，肉即腐爛。吼猖獗，畏雄鴻，鴻引吭高鳴，吼亦畏伏，物類相制如此。

明 梁儲《牧馬地制》《廣東文選》卷一 初，秦王請陝之邊境，益其封壤，内交嬖臣江彬、朱寧，宦者張鋭，皆有賂，爲之請。武皇帝詔與之。兵曹臣奏曰：『祖皇帝有令，禁茲土不得卑藩封。』上不聽。兵科臣諫，又不聽。六科十三道臣各執諫，上曰：『朕念親親，與之勿距。』大學士楊廷和當草制，念曰：『若草制，恐貽後悔。不草，又恐忤旨。』遂引疾。大學士蔣冕亦引疾，儲曰：如皆引棄義與事，君上震怒，内臣督促草制，儲承命草上。武皇帝覽駭曰：『若是可虞其勿與。』制曰：『昔太祖皇帝著令曰：此土不卑藩封，非吝也。念此土廣且饒，藩封得之，多畜士馬，富饒而驕，奸人誘爲不逞，不利宗社。今王請祈懇篤，朕念親親，其卑地於王，王得地宜益謹，毋收聚奸人，毋多畜士馬，毋聽狂人勸爲不軌，震及邊方，危我社稷，是時雖念保全親親，不可得已，王慎之毋忽。』

明 王瓊《晉溪本兵敷奏》卷一三《爲換種馬以備寄養事》 看得太僕寺卿王承裕等奏，稱明年該派之馬春末夏初始有解到寄養馬匹，調兑將盡，所餘之馬多係老病不堪，倘若不時兑給，未免稱乏誤事。要將保定等七府種兒馬調取七千匹送寺發属寄養，以備緊急，與騸馬相兼兑給之用。着落各府掌印官公同管馬通判揀選身量高大齒少力强者交付管馬通判，定限本年九月十五日以前解寺俵發寄養，如有作踐成疾者，追陪好馬一匹。交兑之日，本寺即行給價，每兒馬一匹給銀十兩，責付管馬通判領回給付原養人户，各買兒馬，照舊搭配筭駒。等因。權宜通變，誠為有見。但既要揀選身量高大齒少力强馬匹，又拘定七千匹之數取足，於原額種兒馬一萬七百九十五匹之中，誠恐各處見在種兒馬内堪中數少，不堪數多，難以足數，及馬每匹給價十兩，誠恐虧損小民。合無通行保定等七府掌印管馬官，從公揀選見在種兒馬數内但係身量高大齒少力强堪以騎征者，不必拘數，盡數起解，不許將不堪馬匹一槩混解，到京退回，徒勞小民，亦不許將堪中馬匹容隱不解，以圖省便。如違，分管寺丞查出參問。其交中馬匹每匹給與價銀一十二兩，務要嚴限買完，不許遲悮。其餘事宜悉依所奏施行。正德十一年八月二十五日具題，奉聖旨：『是。欽此。』

又《爲陳言馬政以安地方事》 看得巡按直隸等處監察御史馬錄所奏馬政三事，皆恤民革弊之意，合就議擬開立前件，伏乞聖裁。正德十一年九月二十四日，具題，奉聖旨：『是。准議。欽此。』一、節愛備用官馬。前件查得先為軍務事，該撫寧侯朱永等奏，本部議擬，團營官軍騎操倒死馬匹，酌量馬隊官軍朋合出銀買補，每年止令六箇月，按月都指揮出銀一錢，千百户鎮撫出銀七分，旗軍出銀五分；倒死，馬主、都指揮出銀三兩，指揮出銀二兩五錢，千百户、鎮撫出銀二兩，旗軍出銀一兩五錢；走失、被盗馬匹各加銀五錢。照依年分，陸續買補等因。成化十三年七月十八日題，奉憲宗皇帝聖旨：『准擬。欽此。』又為區畫馬政事，該本部議得，勇士關領馬匹任情驅馳裝馱重物等項倒死者，初關倒死照例免陪，二次倒死合照例追陪等因。成化二年七月三十日題，奉憲宗皇帝聖旨：『是。欽此。』續為計處馬價銀兩以蘇軍困事，該右都督許泰奏，稱團營内選出西官廳官軍見在領馬，聽調征進與别項操軍干繫頗重，難再令其朋貼出銀；勇士四衛二營原無朋銀之例，馬匹遞年倒失等項數多，措備銀兩買補，終非常行事例，要查空閒地土科銀買馬領用。本部議得，今後西官廳倒死馬匹查勘是實，照例行太僕寺於順天等府寄養馬内選取給領騎操等因。正德十一年二月二十六日具題，節奉聖旨：『西官廳馬匹倒失的，該營查明，照例追樁銀送太僕寺收貯，寄養馬給與騎操，不必追收朋銀。欽此。欽遵。』外，今御史馬錄奏要將勇士官軍倒死馬匹行五城兵馬查勘，瘦損及作踐雇覔等項致死者，責令買補，似為有理。但專委兵馬司官查勘，誠恐益生弊端，况中間軍士貧苦甚多，一一責令買補，亦恐理勢難行。合無照舊通行該營禁約，不許尅減草料雇覔作踐，違者照例究治。一、禁革比較馬駒。前件查得先為早正種馬以免廢弛馬政事，該雲南道監察御史王濟奏，稱種馬每年科駒，民情不便，乞將種馬補足原額，給與原户領養，不必較其駒之有無，亦不必差官印烙，每年備用馬匹，止令一群之内各照丁田議和朋買大馬起解，每年季報比較，印烙之煩盡皆減省等因。該本部依議，於正德二年閏正月二十六日題，奉聖旨：『是。欽此。欽遵。』外，但法久弊生，不才官員巧立名色造冊追銀為擾害。今御史馬錄奏，要出榜禁革相應依擬。合無本部通行兩京太僕寺轉行各該分管寺丞查照舊例，再行申明，出榜禁約，嚴加察訪，若管馬官吏敢有仍蹈前非害人者，就便參提究問施行。一、責成分管寺丞。前件查得各處管河管倉并巡塩清軍御史各有住劄地方，俱係輪流差委，今要將太僕寺分管官照依前例，或一年一換，或三年一換，常川住劄，不許擅離地方，緣太僕寺寺丞已設有定員，彼此更換管理，並無空閒。若使常川在彼住劄，以後再無回京之期，似有難行。合無行令各官照舊往來督理，如遇馬匹未完，務要淸查督解，事完方許回寺。如有出巡怠惰廢弛馬政者指實參究。

又《爲減重并袪虚名以濟實用事》 看得寺丞牛綱奏，稱『順天等府所屬州縣倒失馬驢一萬七千有餘，冊有虚名，群無實數，乞行各該府州縣官據冊備查拖欠貧難各户，如例失三四者，朋買一匹，倒死六匹者，朋買二匹，量從遞減，衆輕易舉』一節，查得前項正德十一年，太僕寺卿何孟春奏，該本部議擬題准，正德十年以前倒失寄養馬，照弘治三年例，每匹追銀十兩；正德十一年以後倒失者，照弘治三年以前例，仍追馬匹。役該少卿楊一瑛奏准，將正德十年以前倒失馬，每匹該追銀十兩者，每三匹追納本色馬二匹，不必追銀；保定、河間二府倒失一匹該追補一匹者，每倒失十匹責令買補八匹。前項事例雖已從寬減免，未見遵行。正德十一年以前倒失馬七千餘匹，既未完報；正德十二年、十三年新俵寄養馬匹又倒失一萬餘匹。今寺丞牛綱奏，稱小民凍餓逃移，誅求不已，恐民窮盗起，要行據冊備查倒失馬匹係貧難人户，每三匹朋買一匹，固是優恤小民之意，即欲不准嚴加追補未兑，逼民逃竄。欲准寬減，又恐管馬官員并養馬人户因見不時寬免，作踐盗賣無所懲戒，將来官馬日見虚耗，失誤兑軍，關係非輕。况查先年寄養馬積至四十餘萬，喂養年久老病消耗，户少馬多，從宜寬減，理所當然。近年以来，原派發寄養馬不過二萬，又不時兑軍，在民間者常不過數千，又皆新解齒壯馬匹。今乃二年之間倒失一萬餘匹，究其所由，蓋是府州縣官不得其人，賣富差貧，以致累損；又法令不行，任其作踐盜賣，略無稽考；及太僕寺官止知建言以要虚名，全不奉行以求實效。馬政廢弛，俱難辭責。合無本部行文太僕寺專管寄養馬少卿并寺丞將順天等府寄養馬匹州縣分定地方，各親詣州縣，督同該府州縣掌印、管馬官將各年原發未兑寄養馬匹逐一清查點視，見在者責令用心喂養聽兑，老病瘸瞎倒失等項俱查照前項事例處署追陪，作弊人犯依律問罪，儘其財産變賣陪補。干礙職官六品以下就便提問，五品以上參奏定奪。中間該追倒失馬匹人户原有地糧轉賣與人，或被勢豪占種，就於見種地土之人名下追補，不服追陪者參奏處治。若養馬人户有因貧難不能養馬以致倒死，别無作弊，見無産業可以追陪者，保勘是實，暫且停追，開奏定奪，事畢之日，各備造文冊并將查處過緣由回京復命，各照舊施行。如或各官不行親詣查點處置停當，似常虚應故事，以致馬數消耗，失誤兑軍，本部臨時參奏究問。正德十五年正月二十五日具題，奉聖旨：『是。近来馬政好生廢弛，着太僕寺專管寄養官親詣各該地方督同掌印管馬官依擬查點處置，不許虚應故事。欽此。』

明 雷禮《南京太僕寺志》卷一《諭訓》 罷民户養馬榜文。洪武二十八年榜文内一欵，江南一十一户、江北五户共養馬一匹，皆係同鄉同里，丁力多寡，田産厚薄，彼此相知，富者助貧，貧者安業，不待官府號令，自能相勸，豈不人情和睦，風俗淳美？今有丁多之家倚恃豪强，欺壓良善，着令丁少人户一般輪流養馬，靠損小民，甚至畧無人心，着令幼兒寡婦、篤廢殘疾一槩出備用馬錢，有傷風化。榜諭之後，務要照依原編人户内，儘丁多之家做馬頭，養馬一匹之内，或兩三户人丁相等者，富實之家喂養並不許着令丁少人户輪流。設有倒損虧少，其餘人户止是津貼錢鈔買馬，其丁多大户敢有不行自養馬匹，仍前輪流靠損小民，及着令幼兒寡婦篤廢殘疾一槩出錢買馬，許諸人綁縛赴京，全家發邊衛充軍。

又 定兩年納駒詔。洪熙元年，詔各處孳生馬匹，舊例每年納駒一匹，中間多有駒不及數者，令其陪補，積累年久，貧無陪償者多致失所。今聽兩年納駒一匹，永爲定例。若兩年納駒兩匹，量爲賞鈔，以旌其勤。

又 宣宗章皇帝停差官督養詔。洪熙元年，詔各處孳生馬騾牛羊等畜，及北京所屬衛所見養永樂二十年征進所獲牛羊，自洪熙元年六月十二日以前倒死者，悉免追陪。其征進所獲牛羊，今後只令軍衛有司自行提督牧養。原差去管養官員人等，即便回京，毋致重擾軍民。

又 蠲虧欠倒死孳生詔。宣德三年，詔自宣德二年十一月十五日以前各處追陪孳牧，虧欠倒死馬騾驢牛羊等畜，官軍騎操領養馬騾驢牛羊隻倒死者，盡行蠲免。五年，詔宣德三年以前官員軍民有倒死官馬騾驢當追陪者，及軍民有虧欠孳生馬匹者，悉免追陪。八年，詔各處都司衛所并各太僕寺死馬，寺該追倒死虧欠孳牧馬騾牛羊驢匹，但係宣德七年十二月以前者，悉皆蠲免。

又 贖拖欠種馬詔。宣德七年，詔自宣德五年以前軍民有拖欠種馬，當陪償而未陪償者，如係秋收冬收去處，許令納米陪償，每馬一匹納米十石，就於所在官倉交納。不係豐熟去處，聽於今年秋收後納米陪償。

又 英宗睿皇帝停差官督養詔。宣德十年詔，各處孳牧馬騾驢牛羊等畜，及北京河間保定等處軍民見養征進所獲牛羊，詔書到日，即令軍衛有司提督牧養，原差去管養内外官員人等，即便回京，毋得托故在彼生事，重擾軍民。

又 蠲虧欠倒死孳畜詔。正統四年詔，倒死馬駝驢騾牛羊及虧欠馬駒孳生等畜，悉皆蠲免。六年詔，自正統六年十一月以前，軍民一應倒死虧欠，及被盜走失孳牧，寄養長生騎操等項，馬駝騾驢種馬馬駒牛羊猪牛犢等畜，悉皆蠲免。十四年詔，正統十四年六月二十一日以前，凡軍民一應倒死虧欠及被盜走失孳牧寄養長生騎操等項，馬駝驢騾種馬馬駒牛羊猪牛犢等畜，悉皆蠲免。天順元年詔，在京各營、在外各邊及各處軍衛有司，原養騎操孳牧并種馬馬駒，自景泰七年十二月終以前，一應倒死虧欠走失被盜，并查出埋没及逓年起解拖欠等項，盡行蠲免。七年詔，在京、在外軍民騎操孳牧，原養寄養馬匹、種馬、馬駒，自天順七年三月初一日以前，一應倒死虧欠走失被盜等項，盡行蠲免。

又 定三年收駒詔。成化元年詔，南北直隸并河南等處但係灾傷地方，凡倒死走失被盜等項，二應該追孳牧騎操馬匹，所司曾經具奏者，俱停。候次年收成，追補還官。今後各處孳生種馬，三年收用一駒，永爲定例。

又 查定種額勑。弘治七年勑，南京兵科等衙門給事中等官倪天民等，今命爾等前往江南、江北、直隸府州，會同分管寺丞親臨養馬地方，督同府州縣掌印并管馬官員查勘養馬，舊例何處論糧，何處論丁。論糧者，要見免糧地土實有若干，或一百畝，或五十畝養種馬一匹，該馬若干；論丁者，要見有力人丁若干，或十丁，或五丁養種馬一匹，共馬若干。務在斟酌停當，不可過多以損民，亦不可過少以虧官。照例孳牧，搭配臕壯，此數一定，永爲定額。額外雖有多餘，不增於内。遇有倒失，不在赦免，其耕種免糧地主人户但係見今承種過買地土者，據其實在，清查明白，照例派與馬匹領養。雖非自來養馬人數及官員監生人等，倒該優免之家，一體均分，不許畏避勢要，妨壞馬政。勘定畢日，先將見在兒騍馬匹盡數查出，選出高大臕壯者，存留作種，其不堪者，令其變賣銀兩，湊買堪中者，以補足其數，大約以種騍馬十萬，兒馬二萬五千爲率。除北直隸、山東、河南外，江南、江北、直隸府州縣數該三萬七千五百，先儘免糧地畝，次量人户丁産，如各州縣種馬揀選足數之外，尚有多餘堪中作種者，派與各府州縣馬少去處領養，其額外兒馬及駒堪以騎操者，照數存留，以作備用之數。其餘有不堪者，盡數變賣銀兩，以需買補備用馬匹。其養馬人户亦要審定上、中、下等第，將種馬派與上户領養，上户不足，次及中户。其餘收候領養孳生馬駒在弘治五年以前倒失虧欠，例不該免者，追本色，每大馬一匹追銀五兩，每駒一匹到失者追銀三兩，虧欠追銀二兩還官。如各處種馬不及勘定之數，就將前項銀兩收買高大良馬湊補，餘剩之數有餘，煎銷成錠，差人解部發寺收貯，以備發邊買馬之用。又南京太僕寺分管寺丞勘報，各府州縣養馬文冊，其中多有不開免糧數目者，如各該官吏仍前怠事，不行用心查勘，應提問者徑自提問，應条奏者条奏提問。宜行查吊遠年青黄二冊，嚴督官吏、里書人等盡數查出，勘定馬數，收報在冊。朕爲馬政因循日久，利少害多，今博采羣議，立定種馬之額，以爲徑久之計。首勑爾等親行查勘處置，宜詳計其數，量定其額，必有利無害，行之久遠而無弊。一應合行事宜，悉依勑内事理。而行事完之日，通將處勘過緣由造成黄册回奏，仍造青冊一本，送部備照。爾等尤宜盡心殫力，委曲周至，使國家得養馬之利，而小民得免馬之害。斯稱委任之意，爾等其慎之、勉之。

又 武宗毅皇帝蠲追徵馬匹草場銀兩詔。正德五年，詔各處軍衛有司虧欠倒失馬駒牛驢，例該追徵銀兩，并京營各邊官軍倒死騎操馬匹，例應買補徵收租銀，及備用馬匹草場租銀拖欠之數，自正德二年以前除已徵在官外，未徵之數，悉與蠲免。

又 查豁坍壓養馬地土詔。正德五年詔，各處免糧養馬地土内有水坍沙壓等項，負累人户包養，累經具奏者，令巡按御史查勘明白，具奏除豁。

又 今上查豁衝壓養馬地土詔。正德十六年詔，各處徵糧養馬地土内有水衝沙壓坍江等項，負累人户包養，累經具奏者，巡撫巡按官查勘明白，具奏除豁。

又 暫停追補種馬勑。嘉靖四年十月内，兵部奏，奉聖旨，順天、河間、保定三府密邇京師，百姓寄養備用馬匹，十分艱苦，今後你部裏并太僕寺每年扣筭，若常有二萬匹之數，再不必多派以累小民，各處每年該起俵馬駒，酌量地方豐歉，加派折色價銀，送太僕寺收貯，以備臨時買馬支用。

又 查議種馬詔。嘉靖六年詔，順天府論地養馬，近年以來地多歸於勢豪之家，其馬仍令本户喂養，瘦損倒失，責令追陪，甚爲貧民之累。應天府所屬論丁養馬，近因備解駒馬，每年止解備用馬價，所有種馬或有倒失，仍復責令買補，民亦不堪。着兵部通行議處，以蘇民困。

又 蠲倒死虧欠孳生詔。嘉靖十二年詔，在京各營、在外各邊并順天府、南北直隸、山東、河南各處軍衛有司騎操孳牧寄養馬騾驢牛，并種馬馬駒，近年以來虧欠倒失被盜等項，并有例停候買補者，悉與蠲免，以甦久困。若有已補在官者，照例押發，交収該管人員。若有通同欺隱作弊者，事發治以重罪。十五年，詔在京各營、在外各邊并順天府、南北直隸、山東、河南各處軍衛有司騎操孳牧寄養馬騾驢牛，近年以來虧欠倒失被盜等項，并有例停候買補者，悉與蠲免。二十年詔，南北直隸、山東、河南各該軍衛有司孳牧寄養馬騾牛驢并種馬馬駒，倒失虧欠等項，該追本色價銀，京營各邊官軍倒死騎操馬匹，該納樁頭朋銀。自嘉靖二十年四月初五日以前，除已徵外，未完之數悉皆蠲免。二十四年詔，在京各營、在外各邊并順天府、南北直隸、山東、河南各處軍衛有司騎操學牧寄養馬騾驢牛，委係倒失被盜，并有例停候買補者，俱准令蠲免。其已補在官者，照例發該管人員交收。若有乘機欺隱作弊者，事發治以重罪。

又 減徵草場租銀詔。嘉靖十二年詔，山東、河南、南北直隸各該牧馬草場子粒租銀連年災傷，以十分爲率，自十二年以前各免五分，以蘇民困。十五年詔，南北直隸各該牧馬草場子粒租銀連年災傷，以十分爲率，自十五年以前，各免四分。

又 蠲虧欠孳生租銀詔。嘉靖十七年詔，南北直隸、山東、河南各處軍衛有司騎操孳牧寄養馬騾驢牛，凡一應虧欠倒失被盜等項，該追價銀及買補者，各處牧馬草場子粒，凡被小民拖欠者，自嘉靖十七年十一月以前，除已徵已補在官，照例起解交收，其未完之數，悉與蠲免。

又 卷二《民牧例》 二十八年，革羣監官，令有司提調孳牧，江南十一户共養馬一匹，江北五户共養一匹，內丁多之家充馬頭，專一養馬，餘令津貼錢鈔，以備倒失買補之用。不許輪流，有仍前輪流及令孤寡殘疾一槩出辦者，發邊衛充軍。如馬頭家生畜不旺，許令於貼户家看養。凡兒馬一匹配騍馬四匹，為一群，立羣頭一人，五群立羣長一人，每羣長下選聰明子弟二三人，習學醫獸，看治馬匹。永樂十三年定例，每十五丁以下養馬一匹，十六丁以上養馬二匹。為事編發者，七户養一匹，除其罪爲良民。十五年，定南方養馬例，江北每五丁養馬一匹，江南十丁養馬一匹。凡種馬倒死孳生不及數，例應陪償，而遇灾荒，每群聽以三分之一納鈔入官。天順三年奏准，原編孳牧馬頭有消乏者，改作貼户。成化四年奏准，羣長每五年一替。十三年奏准，養馬人户每十年一次審編，先上户，次中户，單丁寡婦不許槩僉。弘治二年，兵部主事湯冕等奏，人户牧養不均，准行兩京太僕寺查勘免糧地方，要見免糧人户若干，論丁州縣要見上户若干，中户若干，下户若干，見養種兒騍馬各若干，必須論糧論丁，方得均平。每兒騍馬照依糧石丁數，均派領養。五年，御史潘楷奏驗地方以均傜役，準行兩京太僕寺轉行各該分管寺丞，從公審勘，將馬多户少去處馬匹，分撥與户多馬少去處，仍擬見編上、中、下等第。除有力者照舊充馬頭不動外，其中有消乏不堪充當馬頭者，就便改作貼户，另選下多殷實之家替養。其馬頭不許恃强逼令各户輪養，止許均貼草料，及馬有事故，管馬官員定與貼户，則例出錢買補。鴻臚寺少卿李鐩奏行各處養馬州縣，通查衝要繁難，州縣馬匹量派僻静簡易及自來未經養者，裁爲定額，勿再增添。六年，兵部會官差給事中御史等官，查勘奏定兩京太僕寺種馬額數，兒馬二萬五千匹，騍馬十萬匹，共十二萬五千匹。每二年照例納駒，其駒更不搭配於內揀選備用，及禮種馬之闕，其餘賣銀貯庫，遇備用不敷，量支買補。種馬每三年揀選一次，老病不堪者賣銀入官，撥駒補數。除北直隸七府論地，每五十畝領兒馬，百畝領騍馬各一匹，共兒馬一萬六百九十五匹，騍馬四萬二千七百八十匹。山東河南論丁，每五丁領兒馬，十丁領騍馬各一匹，共兒馬六千八百五匹，騍馬二萬七千二百二十匹，屬太僕寺外，南直隸應天、鎮江、太平、寧國、廣德五府州每十丁領兒馬一匹，十五丁領騍馬一匹，共兒馬一千九百九十九匹，騍馬七千九百九十六匹。鳳陽、揚州、淮安、廬州四府，滁、和二州，滁州一衛每田二頃，領兒馬一匹，三頃領騍馬一匹，內滁州衛遞加一頃，共兒馬五千五百一匹，騍馬二萬二千四匹。此數一定，再不增添。其耕種免糧地土，不分是否原養馬人數，但種過買地土者，及官員吏典監生之家，一體派與馬匹領養。九年，給事中韓祐等奏准，凡牧馬處所有田去馬存、丁消馬在者，應牧馬匹改給得業之人及丁多之人領養，逃絶免糧田地給與同羣管業，不許典賣與人。其一馬兩歲連生二駒者，除納官外，聽其自用。十二年，判官王輗奏每年馬匹倒死瘦損數多，蓋由馬頭亾慣光棍，侵尅草料，甚者私自耕雇作踐，不能生駒，題奉欽依，行原定養馬正户逐一查審，除平昔夲分養馬不動外，但係光棍刁潑害人者，就行革退，另選殷實之人代補養馬，將退下之人仍作貼户。敢有生事挾讐告官者，擬罪如律。十六年奏准，各養馬府州縣有副馬頭去處，一體革罷。正德八年，都御史趙璜奏行守巡官并各府掌印官，同太僕寺分管寺丞，將養馬人户吊册清查，消乏者開除，隱漏者增入，照依三等九則編僉，户高者充馬頭，户次者充貼丁，最下者免僉。先儘上户，次及中户，喂養中間，種馬若有倒失不堪，務令補足羣數。十三年，申明養馬。論地者，俱係免糧田地，別無差税，不許典賣與人。若有混買者，查照分數過割養馬，全買者全養。論丁者，俱照額數編定明立籍册，仍刊刷花欄小票，各用印押鈐記，每羣頭名下挨寫貼户姓名，如遇坐派起俵，馬匹到日，開寫本色或折色項下，某丁該銀若干，逐一開寫在內。論地者，每户給與一張，論丁者，每丁給與一張，務與籍册相同，不許額外多派人丁。羣頭執票，方許催徵貼户，亦要查照票印出辦。太僕寺卿何孟春奏，清查丁田以定養馬之數，該兵部題，行分管寺丞親詣該州縣出給告示，但有地賣馬存馬累丁乏者，許赴寺丞處陳告，查審是實，斷令承種養馬地土及有力之人替養，誣告者抵罪。及照養馬與納糧同例不優免。敢有勢豪之家不服寺丞斷理，阻壞馬政者，輕則送問，重則叅治。寺丞一年滿日，將查審改派過養馬人户緣由開報本寺，轉呈本部查考。十四年，御史虞守隨題准，時僉審以均馬户，自今年爲始，已後或照依黄册事例，十年一造，或五年一造，丁力有餘者分拆貼養，丁力相應者照舊喂養，丁力不足或盡絶者另行僉審，仍使一力養馬，別項科差並不干涉。嘉靖三十年，南京太僕寺少卿雷禮奏准，大江南北，坰野延袤，芻牧有餘，止因養馬人户以丁糧多寡輪養，故彼此相推，失於調喂，加之騎坐負載，生息日耗，縱有所産，卒多矮小，勢必朋買北馬以充歲額。今後各府州縣自嘉靖三十年爲始養馬人户不拘輪流，詳審丁糧，向上者專爲領養，不許推避。丁糧不及者令其津貼，毋致違誤。管馬官時常點驗，省令如法喂飼趂時羣，蓋定駒不拘兒駒、騍駒，俱要於季内報官，填註循環，依時調養。若孳生不蕃，瘦損倒失，照例問罪倍罰陪補。仍嚴禁官吏不許科擾。一衛牧例。一凡在京在外衛所，俱有孳牧馬匹以給官軍騎操之用，在京及南北直隸衛所，屬两京太僕寺，每衛委指揮一員，所千百户一員，專管孳牧，其搭配科駒、起解北較等項，悉照民間事例。洪武二十三年，令飛熊、廣武、英武等衛每五户養馬一匹。成化七年奏准，天下衛所孳牧馬匹有埋没者，俱照原額買步，令軍餘朋合領養。弘治十七年，御史周進隆奏准，各衛所官軍并見在種馬多寡，酌量增減，定處多者定與二羣，少者定與一羣。中間開豁盡絶者，各與附近馬多去處撥補。有兒馬無騍馬者，令其自相兑換搭配，俱各不過一羣。見在多餘種兒騍馬并駒，照倒失價例變賣，自後再不增減，俱令掌印官嚴督各軍，依時羣蓋，用心喂養，以圖孳生，不必另委管馬官員。自弘治十八年爲始，每種馬一匹照舊二年科駒一匹，内有上等堪以騎操兒駒，係在南北直隸衛所者，解太僕寺印烙寄養備用。

又《勸調養》 國朝洪武二十三年，立草場於江北湯泉、滁陽等處，牧放馬匹。二十五年，罷民間歲納馬草。凡軍官馬令自養，軍士馬令管馬官擇水草豐茂之所，屯營牧放。一省令如法定駒，凡兒馬春間羣牧時月，要如法加料喂養膘壯，照依原搭配定騍馬，依時羣蓋定駒，如果原關兒馬軟弱不堪，着令民人另尋好馬羣蓋，但是蓋過騍馬，止許原蓋兒馬羣蓋，不許將其餘兒馬混雜，花蓋難定，胎駒不便，如三歲兒駒羣蓋騍馬不得，即用大馬。一省令趂時羣蓋。每年正、二、三月，趂時羣蓋定駒，其騍馬生駒七日後者，兒馬羣蓋。夏天炎熱時月，須用天氣晴明，清晨晚天凉時羣蓋，過三五次却停歇，三五日再用兒馬羣蓋。若騍馬打踢，兒馬不受羣歇，方是定駒。仍五日一次，用兒馬照試。如果不受羣蓋，即是定駒。騍馬先須喫草，後方飲水，不許喂蕎麥稭黍穰雜糧，及將淘水泔一應惡水飲喫，落駒不便。一省令如法看養。養馬之家，務要置立馬房、馬槽，地下用磚石墊砌，常川掃除潔净，不許縱放雞鵞鴨等畜在馬槽、馬房内作踐，亦不許梳篦頭髮，馬若悮食生病。一省令如法喂飼。馬料豆熟，務要晾凉，多用料水與草拌匀，方可喂馬，不許熱料喂養。飲水畢，緩緩牽行回轉約五七里，然後拴在空閑沙地上，隨意睡卧，不許在槽邊拴繫不便。一省令如法牧放。春草發生時月，或馬十匹、二十匹、三四十匹，隨趂水草便利去處，晝夜牧放。如遇炎暑、蚊蟲、水發時月，務趂高阜無蚊蟲水滲去處牧放，辰時飲水一次，午時飲水一次，至晚飲水一次。每月二十日或半月一次，將塩喂啖，亦不許與牛拴繫一處。

又《補虧則》 國朝洪武二十八年，覈民户給養馬匹。若不行用心孳牧，致有虧欠倒死者，着令買補還官。洪武榜例，凡倒失馬匹，從民議和，或一縣，或三五羣長，輳價買補，三歲以上、八歲以下、高四尺以上堪中馬匹，還官聽候驗印作數。違錯及遲延者，一體追駒。景泰三年，申明買補種馬，除騍馬三歲以上、八歲以下，照洪武事例作數外，但兒馬八歲多係矮小駑鈍之材，今後兒馬定爲三歲以上、五歲以下方許補數。成化元年，令各處買補孳生馬駒，有司四匹，軍衛五匹，折買堪操騸馬一匹，以充備用。例後倒失者，騍駒三匹，兒駒二匹，各折買騸馬一匹，騾駒每二匹折買兒馬一匹。弘治三年，令寄養備用馬倒失買補，不及五分者，掌印管馬官俱住俸追補。六年，太僕寺卿彭禮應詔陳言，兵部會官題差給事中御史并本部屬官勘定，種馬共一十二萬五千外，每騍馬一匹，兩年科駒一匹，其倒失種馬兒馬，遇赦不蠲。每兒馬一匹追銀六兩，騍馬一匹追銀四兩，就將印烙好駒補數。以十分爲率，生駒不及八分者，府州縣管馬官員提問如律，分管寺丞本部叅究，見生馬駒每年奏差御史等官驗看堪中者印烙，聽候補種起俵，不堪者，變賣銀兩輳買馬。九年奏准，各處倒失馬駒應買補者，遇孳生蕃息之時，量徵價銀解京，以備各邊買馬之用。大馬一匹徵銀五兩，駒一匹倒失者徵銀三兩，虧欠者二兩。凡府州縣買補馬匹不及五分者，正官住俸一月，不及四分者兩月，不及三分者三月，京縣不拘多寡，止住一月。其管馬官不及五分者，全住。正德二年，御史王濟奏准，揀選種馬，如果高大膘壯、十歲以下堪作種者，仍令領養内有老瘦矮小漂沙不堪者，即令揀出賣價買補。其倒失之數，查係十七八歲以上者，免其陪償，官爲買補，不及歲數兼有别項情由者，立限棄令收買身高四尺、五歲以上、七歲以下堪中馬匹還官，補足原額，各令搭配成羣。八年，兵部題，孳牧之法係是祖宗舊制，止可隨時損益，以革蠹政之害，未敢盡廢以爲紛更之舉。今都御史趙璜奏要將種馬罷革，不行買補，亦恐馬政漸廢。准行各州縣掌印官員將養馬人户清查，中間種馬倒失不堪，務令買補足羣數。若果灾傷被盗，民力不堪，先將官軍兑下弱馬，并奪獲賊人見在喂養馬匹，及遺下孳生駒給與缺馬人户補完。如再不彀，或候秋收之後，或動支原獲賊贓并變賣死馬肉臟銀兩，通融處置，幇貼買補，務足原定額數。十三年，太僕寺寺丞牛綱奏，小民倒死馬匹，官既責限買補，却又追收皮張銀三錢，此外又有俵京備用南京騎操，或時買戰馬，科派繁擾。准照先年事例，明示榜禁，今後領養馬匹倒死，即令告官相剥其皮張，鬃尾肉臟，許民自賣，輳銀買馬陪官。嘉靖六年，兵部奉詔議，應天等府州縣孳生種馬逐一查勘，見在者責令相應人户照舊牧養，若係先年倒失未補者，候秋成之日陵續買補。十年，兵部奏准，種馬倒失虧欠，既係馬户自行買補，而又追其皮張等價，不無科徵太重。今後該屬除已徵在官銀兩，仍令起解，以後種馬倒死，悉聽相剥變賣輳銀買補，不許有司照舊朦朧追擾。十一年，南京太僕寺卿王崇獻奏，弘治九年事例，種馬年齒未老作踐倒死者，仍令馬頭陪償，但老馬倒死者不曾開載。查得弘治六年事例，凡騎操馬匹，原領者以承領日爲始，買補者以印烙日爲始，計在十五年外，許賣銀納官。另給免追樁頭銀兩，准今後馬頭倒死種馬年齒未老，照例追陪。若本馬領養十五年以外者，比照弘治六年寬免騎操馬匹事例，免其自陪，着令本羣人户，查照丁田，均匀輳價買補。

又 卷三《便寄養》 國朝正統十四年，令順天府所屬州縣寄養各處起解備用馬匹，照北直隸事例論糧分俵，其本府各州縣原領孳生種駒，改撥永平等府空閑人户領養。成化二年奏准，南直隸起解寄養備用馬有矮小不堪及不足數者，每匹徵銀十兩，解部發太僕寺收貯，以備收買。弘治元年，太僕寺卿李温題，順天所屬寄養馬匹因人民差役浩繁，照管不前，以致倒失數多，准將本年該派備用馬二萬匹除折色價銀照舊派解外，其本色馬匹暫留本處喂養，不必解京，仍令分管寺丞看驗，堪中備開毛齒造冊送寺備照，候順天府見在寄養馬取用交俵過若干，或遇有緊急缺用，移文調取，依限解京，不許遲悮。弘治二年以後銀馬，依例起解。三年，兵部題，征調馬匹每歲例該選取備用馬二萬匹於太僕寺，所屬取七分，南京太僕寺所屬取三分，以備京營并各邊不時領用騎操，後爲脩省事，該吏部等衙門尚書王恕等會官議得，順天府所屬人户寄養馬匹負累艱難，每歲暫取一萬匹，如果緊急用馬，照舊取用。凡寄養馬倒死告官，給印信文帖，相視開剥，如無文帖而開作倒死者，以盗賣論。五年，兵部會議題准，兩京太僕寺孳牧馬内歲取二萬匹赴京，送順天府寄養，因連年倒死數多，尚有三萬四千之上，太僕寺官庫亦有收貯馬價銀四十二萬餘兩，今後取本色、折色臨期奏奪，如果緊急用馬，照舊取用。十四年，太僕寺少卿王質呈南直隸解到備用馬匹多不堪給軍騎操，收則累順天等府寄養，退則解馬人户盤費艱難，該兵部題准，太僕寺看驗，果係堪騎操者，照例驗發寄養，不堪者退回變賣，并將各年拖欠未解馬匹，俱令每馬一匹出備價銀一十五兩，解部發寺，轉發開市買馬。寺丞照例收買好馬，以備征操。嘉靖十三年題准，各差管馬官員，凡本色馬匹，務揀選身高四尺以上兒馬五歲、騍馬八歲以下庶便寄養。

《續文獻通考》卷一六五《馬政》 太僕寺孳牧事例。凡太僕寺所屬十四牧監、九十八群專一提調牧養兹生馬騾驢牛，其養戶俱係近京民人，或五戶、十戶共養一匹，每騍馬歲該生駒一匹，若人戶不行用心孳牧，致有虧欠倒死，就便着令買補還官。每歲將上年所生馬駒起解赴京，調撥本寺。每過年終比較，或群監官員怠惰，或人戶奸頑，致有馬匹瘦損虧欠數多，依例坐罪。

又 民間孳牧事例。太祖洪武二十八年，革群監官，令有司提調孳牧，江南一十一戶共養馬一匹，江北五戶共養一匹，内丁多之家充馬頭，專一養馬，餘令津貼錢鈔，以備倒失買補之用，不許輪流。有仍前輪流及令孤寡殘疾一槩出辦者，發邊衛充軍。如馬頭家生畜不旺，許令於貼戶家看養。凡兒馬一匹配騍馬四匹為一群，立群頭一人，五群立群長一人，每群長下選聰明子弟二三人，習學醫獸，看治馬匹。凡補領或孳生三歲騍駒，每二年納駒一匹。成祖永樂十年，令北直隸土民領養孳生馬匹。十三年，定例每十五丁以下養馬一匹，十六丁以上養二匹。為事編發者七戶養一匹，除其罪為良民。十四年，令北方人戶五丁養馬一匹，免其粮草之半。每馬十匹立群頭一人，五十匹立群長一人。十五年，定南方養馬例，江北每五丁養馬一匹，江南十丁養馬一匹。凡種馬倒死、孳生不及數，例應陪償而遇災荒，每群聽以三分之一納鈔入官。二十二年，令民養官馬者二歲納駒一匹。宣宗宣德三年，奏準北直隸每三丁養騍馬一匹，二丁養兒馬一匹，免粮草之半。兒馬病，同群共治，死則均陪。若因走失及別故致死者，止追本戶。四年，令山東兖州、濟南、東昌三府領養孳生馬，每五丁養騍馬一匹，三丁養兒馬一匹，不在免糧之例。十一年，令河南彰德、衛輝、開封三府照例領養孳生馬匹。十四年，令順天府所屬州縣原領孳生種駒改撥直隸、永平等府空閒人戶。景皇帝景泰三年奏準，凡兒馬十八歲以上、騍馬二十歲以上，免其算駒。英宗天順三年奏準，原編孳牧馬頭有消乏者改作貼戶。憲宗成化元年，令孳生馬每三年騍駒一匹。三年奏準，人戶十年一次編審，先上戶，次中戶，单丁、寡婦不許槩僉。孝宗弘治六年復二年騍駒一匹，額外多餘者官為收買，別給空閒人戶。十三年奏準，養馬奏，定兩京太僕寺種馬額數，兒馬二萬五千匹，騍馬十萬匹，共十二萬五千匹。照例，兒馬一匹、騍馬四匹為一群，共二萬五千群。每二年照例納駒，其駒更不搭配，於內揀選備用，及補種馬之闕，其餘賣銀貯庫，遇備用不敷，量為買補。種馬每三年揀一次，老病不堪者賣銀入官，撥駒補數。北直隸河間、大明、保定、順德、廣平、眞定、永平七府免糧養馬，每地五十畝領兒馬一匹，百畝領騍馬一匹，共兒馬一萬六百九十五匹，騍馬四萬二千七百八十匹。山東濟南、兗州、東昌三府，河南開封、衛輝、彰德三府計丁養馬，每五丁領兒馬一匹，十丁領騍馬一匹，共兒馬六千八百五匹，騍馬二萬七千二百二十匹。南直隸應天、鎮江、太平、寧國、廣德五府州每十丁領兒馬一匹，十五丁領騍馬一匹，共兒馬一千九百九十九匹，騍馬七千九百九十六匹。鳳陽、揚州、淮安、廬州四府，滁、和二州，滁州一衛每田二頃領兒馬一匹，三頃領騍馬一匹，內滁州衛遞加一頃，共兒馬五千五百一匹，騍馬二萬二千四匹。武宗正德二年奏準，各處養在民間種馬，選四歲以上、十歲以下者存留，矮小老弱者賣補原數，太僕寺歲取備用大馬止照種馬定額，每群派取一匹，行各府州縣買解。其種馬生駒、起俵、變賣，悉聽自便。年終各府將種馬造册具奏，仍三年一次，差御史二員請勑領火印，公同寺丞將見在買補兒騍種馬查照印烙。十六年，令免糧地土但承種過買者，不拘官吏生員之家，一體派與馬匹。奏準，馬匹派上戶領養，中戶量貼草料，給與由帖，不許輪養，瘦損止罪馬頭，其因而倒死，亦於本犯名下追補。世宗嘉靖二年議準，凡群長照永樂十八年事例，馬五十匹立群長一人，一年方許更替一次。常川在鄉往來，調督群監。若有作踐，責令具呈究治。醫獸照洪武二十八年事例，每群長下選聰明子弟二三人習學醫獸定業，責成一人專看治馬。其市井無籍與輪流充當等項，一切革去，仍令各州縣止許朔望各點馬一次，群長責其呈報半月之中提調定駒及作踐馬若干，醫獸責其半月之中醫療過并倒死馬若干。已報駒而落胎者，罪其馬戶，作踐不曾舉呈而驗其春破者，罪及群長。醫獸療治無狀，更換。十年題準，每十年大造黄册成，南北太僕寺分管，寺丞督同州縣正官查驗人戶消長，定為養馬人戶，編造文冊二本，一本該縣收照，一本該寺查考。

又　牧馬草場事例。孝宗弘治九年奏準，差官踏勘各處牧馬草場，凡占種者俱令退出，內堪種地土佃與近場軍民耕種，每畝徵租上等七分，中等五分，收貯各府州縣庫，給民幇助買馬。不堪種地土，照舊放牧馬匹。十四年，以草場租銀太重，從科道官奏，減額徵銀，解太僕寺收貯，以備買馬支用。武宗正德十年題準，草場租銀量支幇補追併，不敷馬匹，其餘徵解太僕寺，以備各邊買馬支用。仍行兩京太僕寺轉行分管寺丞等官，將所屬租銀并養馬空閒地土銀嚴督追解造冊，送部查考。

又　軍衛孳牧事例。凡在京、在外衛所俱有孳牧馬匹以給官軍騎操之用，在京及南北直隸衛所屬兩京太僕寺在外屬各該行太僕寺、苑馬寺及都司委官提督，每衛委指揮一員，所千百戶一員，專管孳牧，其搭配、科駒、起解、比較等項，悉照民間事例。

又　京府寄牧事例。英宗正統十四年，令順天府所屬州縣寄養各處起解備用馬匹，照孳牧兒馬事例，論糧分俵，或遇法司送到贓罰入官馬牛驢騾驗堪用者，亦照此。孝宗弘治二年奏準，寄養馬倒死告，官給印信文帖，相視開剥。如無文帖而開作倒死者，以盜賣論。世宗嘉靖七年奏準，差太僕寺少卿督同該府州縣掌印管馬官查審寄養馬匹領養，年淺膘壯堪用者，遇調則先與交兑，派則後與俵領。其瘦弱不堪兑軍者，分別所養年分變賣，若七八年以上價銀八九兩，十數年以上六七兩，各從便招人交易。瘤瞎者亦量宜酌估，以後每十年一次，奏請施行，定為常例。

又　營衛放牧事例。太祖洪武二十五年，罷民間歲納馬草。凡軍官馬令自養，軍士馬令管馬官擇水草豐茂之所屯營牧放。成祖永樂以後，錦衣府軍等衛、五軍等營各置草場，於順天、保定等府，宛平、大興等縣牧放騎操馬匹，每歲春末夏初，各營馬匹除例該存留聽用外，其餘本部推舉坐營官一員，具奏請勑管領下各該草場牧放，至九月終回營。孝宗弘治十八年題準，在京在外金吾等衛所、牧馬草場除各衛所存留蓄草牧馬外，其勘定上、中、下等則田地，原有軍民佃種者，每畝上地徵銀五分，中地三分，下地二分。又令錦衣衛草場地畝徵租銀，許本衛收貯，貼補馬草。世宗嘉靖二十五年題準，團營及三大營公用銀於薊州草場子粒銀内截撥二千五百兩，聽各營徑自委官徵收。其撥剩之數及各衛所州縣應徵草場子粒銀，俱解户部，轉發太倉，另項收貯如例。該下場月分，遇有暫免，放青馬匹草料，於内支給。

《明會典》卷一五〇《民間孳牧》　洪武中，既廢牧監，始令民間孳牧，有司提調。其時養馬止江南江北，永樂中，始令北直隸領養。宣德以後，乃及山東、河南，後又以順天府屬寄養備用馬。原領種馬，改撥永平等府。是時，種馬未有定額，定自弘治間始，大略兩京太僕寺種馬共十二萬五千。其領養，北直隸七府及江北論地畝。河南、山東六府、及江南論人丁，馬數以是為差。計各府州種馬數目：北直隸保定府原額種馬七千九百四十五匹，河間府原額種馬五千三百六十匹，真定府原額種馬一萬七千六百三十五匹，順德府原額種馬三千七百一十五匹，廣平府原額種馬三千七百七十匹，大名府原額種馬一萬八百八十匹，永平府原額種馬四千六百七十匹，應天府原額種馬四千六百六十五匹，南直隸鳳陽府原額種馬九千四百三十五匹，鎮江府原額種馬二千三百四十匹，揚州府原額種馬五千二百二十匹，淮安府原額種馬五千九百八十五匹，廬州府原額種馬四千三百八十匹，太平府原額種馬一千四百六十五匹，寧國府原額種馬七百五十匹滁州原額種馬一千七十五匹，和州原額種馬六百三十五匹，徐州原額種馬七百五十匹，廣德州原額種馬八百匹，河南開封府原額種馬一千二百八十五匹，彰德府原額種馬一千一十五匹，衛輝府原額種馬四百一十五匹，歸德府原額種馬三十匹，山東濟南府原額種馬一萬三千三百四十匹，兗州府原額種馬一萬四千六十匹，東昌府原額種馬三千三百八十匹。

又　凡養馬戶丁。洪武二十八年，令江南十一戶共養馬一匹，江北五戶共養一匹。内丁多之家充馬頭，專一養馬，餘令津貼錢鈔，以備倒失買補之用，不許輪流。有仍前輪流，及令孤寡殘疾一概出辦者，發邊衛充軍。如馬頭家生畜不旺，許令於貼戶家看養。凡兒馬一匹配騍馬四匹為一群、立群頭一人。五群立群長一人。每群長下選聰明子弟二三人，習學醫獸，看治馬匹。永樂十年，令北直隸土民領養孳生馬匹。十三年定，每十五丁以下養馬一匹，十六丁以上養二匹。為事編發者，七戶養一匹，除其罪為良民。十四年，令北方人戶五丁養馬一匹，免其糧草之半。每馬十匹立群頭一人，五十匹立群長一人。十五年，定南方養馬例。江北每五丁養馬一匹，江南十丁養馬一匹。凡種馬倒死、孳生不及數，例應陪償而遇災荒，每群聽以三分之一，納鈔入官。宣德三年奏准，北直隸每三丁養騍馬一匹，二丁養兒馬一匹，免糧草之半。兒馬病，同群共治，死則均陪。若因走失及別故致死者，止追本戶。四年，令山東兗州、濟南、東昌三府，每五丁養騍馬一匹，三丁養兒馬一匹，不在免糧之例。正統十一，令河南彰德、衛輝、開封三府，照例領養孳生馬匹。十四年，令順天府所屬州縣原領孳生種駒，改撥直隸永平等府空閑人戶。天順三年奏准，原編孳牧馬須有消乏者，改作貼戶。成化十三年奏准，養百人戶十年一次審編，先上戶，次中戶，單丁寡婦不許概僉。弘治六年奏定，北直隸河間、大名、保定、順德、廣平、真定、永平七府免糧養馬。每地五十畝領兒馬一匹，百畝領騍馬一匹，共兒馬一萬六百九十五匹，騍馬四萬二千七百八十匹。山東濟南、兗州、東昌三府、河南開封、衛輝、彰德三府，計丁養馬。每五丁領兒馬一匹，十丁領騍馬一匹，共兒馬六千八百五匹，騍馬二萬七千二百二十匹。南直隸應天、鎮江、太平、寧國、廣德五府州，每十丁領兒馬一匹，十五丁領騍馬一匹，共兒馬一千九百九十九匹，騍馬七千九百九十六匹。鳳陽、揚州、淮安、廬州四府，滁、和二州、滁州一衛，每田二頃領兒馬一匹，三頃領騍馬一匹。内滁州衛遞加一頃，共兒馬五千五百一匹，騍馬二萬二千四匹。九年奏准，牧馬處所，或論地畝，或論人丁，其有畝去丁消而馬存者，應牧馬匹改給得業之人及丁多之家領養，逃絕免糧田地，給與同群管業，不許典賣與人。正德十三年題準，養馬不係雜差，不許濫免。十六年，令免糧地上，但承種過買者，不拘官吏生員之家，一體派與馬匹。又奏准，馬匹派上戶領養，中戶量貼草料，給與由帖，不許輪養。瘦損，上罪馬頭。其因而倒死，亦於本犯名下追補。嘉靖六年奏准，兩京太僕寺分管寺丞，於有力人戶内僉充馬頭，倒失責令陪補，不許無賴之徒營求充當，科害貧民。若編僉不公，參究原編官員。其有盜賣受財情弊，從實追究。九年議准，河南陳州等七州縣人戶，每十丁孳養種馬一匹，免其均徭雜差，原額均徭量改本省差輕州縣代辦。其項城縣民佃養馬地土，退出撥與養馬人戶牧放，通免徵解租銀。十年題准，每十年大造黄冊成，南北太僕寺分管寺丞，督同州縣正官，查驗人戶消長，定為養馬人戶，編造文冊二本，一本該縣收照，一本該寺查考。萬曆三年議准，馬戶每匹派徵草料銀六兩，照地照丁，編入備用馬價銀內帶徵，給正頭餧養。如有失，止於馬頭追補，不許累及貼戶。其孳駒給賞，亦不許貼戶侵分。

又　凡種馬騍駒。洪武二十八年定，凡補領或孳生，三歲騍駒，每二年納駒一匹。永樂二十二年，令民養官馬者二歲納駒一匹。景泰三年奏准，凡兒馬十八歲以上、騍馬二十歲以上，免其算駒。成化元年，令孳生馬每三年納一駒。三年奏准，復二年納一駒。額外多餘者，官為收買，別給空閒人戶。二十一年奏准，凡補領騍駒作種者，二年後方與算駒。弘治六年，奏定兩京太僕寺種馬額數，兒馬二萬五千匹，騍馬十萬匹，共十二萬五千匹。照例兒馬一匹，騍馬四匹為一群，共二萬五千群。每二年照例納駒，其駒更不搭配，於內揀選備用，及補種馬之闕。其餘賣銀貯庫，遇備用不放量為買補種馬。每三年揀選一次，老病不堪者賣銀入官，撥駒補數。九年奏准，凡一馬兩年連生二駒者，除納官外，聽其自用。正德二年奏准，太僕寺歲取備用大馬，止照種馬定額，每群派取一匹。其種馬生駒，起俵變賣，悉聽自便。萬曆元年議准，各種馬州縣督率餧養。二年之內果有一駒解俵，四家馬戶各出銀三兩，幫貼養駒之家。如孳駒不堪解俵，就令估價變賣，將價銀一半歸還四戶，扣買大馬解俵，一半給與原養駒家。其二年之內不生一駒者，量追收過草料銀八兩，扣充明買大馬解俵。年題准，養駒累民，令一年以上，即與發賣，半給養戶，半入官帑，收助解俵。

又　凡群長醫獸。成化四年奏准，群長每五年一替。八年奏准，各處醫獸，每州定設二名，每縣一名，歲終更替。弘治十六年奏准，南直隸養馬州縣，照例將群長五年一次揀選更換。其有副群頭去處，一體裁革。嘉靖二年議准，凡群長，照永樂十八年事例，馬五十匹立群長一人，一年方許更替一次，常州在鄉，往來調督群蓋。若有作踐，責令具呈究治。醫獸，照洪武二十八年事例，每群長下選聰明子弟二三人，習學醫獸，定業成一人，專看治馬。其市井無藉與輪流充當等項，一切革去，仍令各州縣止許朔、望各點卯一次。群長責其呈報半月之中提調定駒及作踐馬若干，醫獸責其呈報半月之中醫療過、並倒死馬若干。已報駒而落胎者，罪其馬戶。作踐不曾舉呈而驗其脊破者，罪及群長。醫獸療治無狀，更換。

又　凡種馬變價。弘治中，奏免徐州種馬。嘉靖間，免通州、泗州、興化縣、鳳陽、臨淮、盱眙三縣種馬不分見在倒失，皆變價解部，發貯太僕寺。通州、興化，每匹二十兩，鳳陽等三縣每匹十二兩，泗州八兩。每歲各應解備用馬匹，仍責令原編養馬人戶，照所坐本折數目徵解。隆慶二年題准，南北直隸、山東、河南各省種馬，通行變賣一半，每匹變銀十兩，每年徵草料銀二兩，仍將存留馬戶為正頭，變賣馬戶為幫頭，養則輪轉，徵則攤派。萬曆九年，以種馬累民，前變價及草料銀太重，議準將各處存留種馬盡行變賣，上等馬價無過八兩，下等五兩，賣完解部發寺，專備買馬，不得別項支用。每馬歲徵草料銀一兩。各州縣類總解部，惟徐、通、泗、興化等州縣，以先免種馬，草料亦免徵。

又《軍衛孳牧》　凡在京在外衛所，俱有孳牧馬匹，以給官軍騎操。在京及南北直隸衛所屬兩京太僕寺，在外屬各該行太僕寺、苑馬寺及都司委官提督。每衛指揮一員，所千百戶一員，專管孳牧。其搭配科駒起解比較等項，悉照民間事例。計各衛所種馬數目：在京龍驤等二十六衛，原額種馬共一百九十五匹，內龍驤、武成、神武右後、忠義右前、義勇左後、大寧前、羽林前、金吾左右等衛各十匹，忠義後、義勇右前、中蔚州左、會州、寬河、燕山前右左、濟陽、富峪、大寧中、大興左等衛各五匹。今義勇中左、神武後三衛俱改陵衛，免養。在外保定左等四十六衛，原額種馬共二百七十匹，內保定中、河間、瀋陽中屯、定州、真定、山海、神武中、定邊等衛，各十匹。保定左右前後、茂山、大同中屯、滄州守禦所、永平、東勝左右、盧龍、開平中屯、撫寧、通州左右、武清、涿鹿左中、薊州、鎮朔遵化、興州左屯、右屯、前屯、後屯、中屯、忠義中、營州前屯、後屯、左屯、右屯、中屯、寬河守禦所、武定守禦所、涿鹿、德州左、德州、沂州等衛，各五匹。洪武二十三年，令飛熊、廣武、英武等衛，每五戶養馬一匹。永樂十四年，令薊州、山海諸衛屯軍，每人養種馬一匹，免納子粒。正統六年，令征戰走傷馬匹，驗視明白，分給各衛守城官軍牧養，遇倒死埋瘞。成化七年奏准，天下衛所孳牧馬匹，有埋沒者，俱照原額買補，令軍餘朋合領養。正德十四年題准，各處行太僕寺並各邊都司衛所將五年一次變賣虧欠等項馬價銀兩，俱存留本寺並本都司軍，聽候明文支用，不必解京。

又《京府寄牧》　京府舊有種馬，無寄養馬，寄養始自正統間，詳見起解。中初止順天一府，後及保定、河間二府所屬，其照地編戶領養，略與種馬同。

又　凡寄養馬匹。正統十四年，令順天府所屬州縣寄養各處起解備用馬匹，照孳牧兒馬事例論糧分俵，或遇法司送到入官馬牛驢贏騐堪用者亦照此例。弘治七年，以順天府馬多丁少，令保定府所屬易州、新城、雄定、興容城、新安、淶水七州縣，河間府所屬靜海、任丘、青三縣照丁給養。

又 凡寄養馬户。舊例計地編户，户養一馬。初年五萬六百餘户，十年一編，嘉靖間改五年一編，減存三萬户，後又減止存二萬五千戸，近年止實編二萬一千八百五十八戸。嘉靖十三年議準，寄養馬匹地方查照原坐馬匹數目，先儘富戸地多者一人養一匹，其尤多者兼養二三四，地少者二人朋養一匹，務令不失原數。若編派不公，遺累貧户，許撫按官及印馬御史拏問重治。隆慶四年議準，寄養州縣各掌印官將養馬人户審別上中户領養單丁寡婦殘疾者，不得一槩僉派。六年題準，昌平州派養馬匹盡數豁免。萬曆二年，以霸州、永清等九州縣水灾，議準各邊題討馬匹，先將被灾州縣分別重輕調兑，其餘空户暫免俵發。又議準，於顧户二萬五千内將通州良鄉、涿州漷縣共減去一千四百户免發寄養，十年滿日仍舊，其應減見養馬匹每匹變價十兩解用。計各府寄養馬户數：順天府二十七州縣，原額寄養馬四萬一千一百六户，除嘉靖等年奏減外今實編一萬七千二百九十六户，内昌平州豁免，止二十六州縣。保定府七州縣，原額寄養馬六千四百七十六户，除嘉靖等年奏減外，今實編三十一百二户。河間府三縣，原額寄養馬三千三十六户，除嘉靖等年奏減外，今實編一千四百六十户。

又 凡查點寄養馬匹。隆慶二年題準，各府州縣寄養馬匹，每年止許查點十二次，兵備道以二月、八月，御史以四月或五月，少卿十月或十一月，凡四次，其餘月分該州縣掌印官自行點視，凡八次，通判等官不必再查。

又 凡變賣寄養馬匹。正德十六年，詔順天、保定、河間三府各州縣自正德三年以來寄養馬匹俱各年齒衰老節次兑軍，揀退不堪負累小民餵養，兵部行文太僕寺分管官督同該府州縣管馬官勘實，果係老馬變賣，價銀轉解太僕寺貯庫，輳補買馬支用。嘉靖七年奏準，差太僕寺少卿督同該府州縣掌印管馬官查審寄養馬匹，領養年淺，膘壯堪用者，遇調則先與交兑，派則後與俵領。其瘦弱不堪兑軍者分別所養年分變賣，若七八年以上價銀八九兩，十數年以上六七兩，各從便招人交易。瘸瞎者亦量宜酌估，以後每十年一次奏請施行，定為常例。

又 卷一五一《馬政二・營衛放牧》 京府舊有種馬，無寄養馬。寄養始自正統間，詳見起解中。初止順天一府，後及保定河間二府所屬。其照地編戶領養，略與種馬同。

又 凡寄養馬鑒。正統十四年，令順天府所屬州縣，寄養各處起解備用馬匹，照孳牧兒馬事例，論糧分俵。或遇法司送到入官馬牛驢騾，驗堪用者，亦照此例。弘治七年，以順天府馬多丁少，令保定府所屬易州、新城、雄、定興、容城、新安、淶水七州縣。河間府所屬靜海、任丘、青三縣。照丁給養。凡寄養馬戶。舊例計地編戶，戶養一馬。初年五萬六百餘戶，十年一編。嘉靖間，改五年一編。減存三萬戶。後又減止存二萬五千戶。近年止實編二萬一千八百五十八戶。嘉靖十三年議准，寄養馬匹地方，查照原坐馬匹數目。先盡富戶地多者，一人養一匹。其尤多者，兼養二三四。地少者，二人朋養一匹，務令不失原數。若編派不公，遺累貧戶，許撫按官，及印馬禦史，拏問重治。隆慶四年議准，寄養州縣各掌印官，將養馬人戶，審別上中戶領養。單丁寡婦殘疾者，不得一概僉派。六年題准，昌平州派養馬匹，盡數豁免。萬曆二年，以霸州、永清等九州縣水災，議准各邊題討馬匹，先將被災州縣，分別重輕調兑。其餘空戶，暫免俵發。又議准，於額戶二萬五千內，將通州良鄉、涿州漷縣，共減去一千四百戶，免發寄養，十年滿日仍舊。其應減見養馬匹，每匹變價十兩解用，計各府寄養馬戶數：順天府二十七州縣，原額寄養馬四萬一千一百六戶，除嘉靖等年奏減外。今實編一萬七千二百九十六戶，內昌平州豁免，止二十六州縣。保定府七州縣，原額寄養馬六千四百七十六戶，除嘉靖等年奏減外，今實編三十一百二戶。河間府三縣，原額寄養馬三千三十六戶，除嘉靖等年奏減外，今實編一千四百六十戶。

又 凡查點寄養馬匹。隆慶二年題准，各府州縣寄養馬匹，每年止許查點十二次。兵備道以二月、八月，禦史以四月，或五月，少卿十月，或十一月，凡四次。其餘月分，該州縣掌印官自行點視，凡八次。通判等官，不必再查。

又 凡變賣寄養馬匹。正德十六年詔，順天、保定、河間三府各州縣，自正德三年以來，寄養馬匹，俱各年齒衰老，節次兑軍，揀退不堪，□累小民餵養。兵部行文太僕寺分管官，督同該府州縣管馬官，勘實果系老馬，變賣價銀，轉解太僕寺貯庫，輳補買馬支用。嘉靖七年奏准，差太僕寺少卿，督同該府州縣掌印管馬官，查審寄養馬匹。領養年淺，膘壯堪用者，遇調則先與交兑。派則後與俵領。其瘦弱不堪兑軍者，分別所養年分變賣。若七八年以上，價銀八九兩。十數年以上，六七兩。各從便招人交易。瘸瞎者，亦量宜酌估。以後每十年一次，奏請施行，定為常例。洪武二十三年，令五軍都督府、錦衣、旗手、虎賁左右、興武、鷹揚、金吾前後、羽林左右、龍驤、豹韜、天策、神策、府君前後左右等衛，各置草場於江北湯泉滁州等處，牧放馬匹。二十五年，罷民間歲納馬草。凡軍官馬，令自養。軍士馬，令管馬官擇水草豐茂之所，屯營牧放。永樂十一年，令禦史同錦衣衛官，巡視官軍牧放馬匹。以後錦衣，旗手等衛，五軍等營，各置草場於順天等府。每歲春末夏初，各營馬匹，除例該存留聽用外，其餘兵部推舉坐營官一員，具奏請敕，管領下各該草場牧放，至九月終回營。其牧馬，每三日演習一次。下場之後，兵部行移該科及都察院，具奏差官點閘馬匹例死，官軍逃亡，領敕官按月造報。如有納賄賣閑，不行提督，致馬瘦損者，點閘官指實參奏。其在邊者，以四月中出牧，九月初回營。嘉靖九年議准，每年牧放馬匹。放操之時，下場者，科官官照舊查究。其在營者行內外提督大臣。在巡捕者，行巡捕提督通行查究。若把總官用心提督，倒失數少者，具奏旌賞。若全不用心。致令倒失數多，逕自參奏提問甚者，坐營者一體參究。二十二年奏准，團營並神機等營馬匹，量存操練，其餘並東西官廳馬匹，趁今放青之期，悉照舊例下場牧放。三十四年題准，京營除挑選聽征馬匹，照舊關支草料外。其餘瘦弱馬，暫委坐營官一員帶領，於近京隨便牧放。

明 張萱《西園聞見録》卷七一《馬政·往行》 雍公泰嘗為洮岷兵備，矜恤貧軍，言領馬騎操旗軍數多倒死，合編五人為伍，互相覺察飼餧。若減剋料草，非法騎馱死者，五人首告均賠問罪。若災疫暴死等項，量軍戶上下給助價銀一半，于朋合地畝銀內支取，或撥茶易馬匹亦可。

又 費文憲公當國日，太僕寺馬匹頗富，其寄養于列郡州縣者大為民累，而又不足以供武備，諸道之馬歲賦者如故。公因兵部之請，擬自今歲解馬及價各十之五，自是馬不缺而積有餘。

又 弘治十五年，劉忠宣言馬政廢壞，因薦楊公一清陞副都御史督馬，召請面闕授柄行。明年拜理茶馬、鹽馬，公條上茶鹽牧事宜，及易置馬吏奏請輒允，牧事有成，益開水草善地，起城堡廬舍，河湟、涼固間雲錦成群。

又 呂京兆言初為太平府通判，高皇帝起兵鳳陽，與太平諸郡接攘，詔減諸郡田租，然令戶飼馬，官就閲其駒，歲歲上之，民無所苦。其後政敝，諸郡民日貧，飼馬馬多死，率購他郡駒閲之官，官索賂弗得，則曰非良駒也，斥弗遣，必賂乃可。而京師遠數千里，復以其駒馳數千里，比至則困敗不任用，乃計其費，大率三致一耳，以故太平民竄匿不願飼馬，通判職專馬，乃宵旦經畫，行色勸勞如故事，每一令出，民必曰：新判令也便。于是竄匿者稍稍歸。君又嘗有馬政疏，其略曰：制不可更，法不可泥。今江南駒少，北地駒多，且良請令民輸銀上之太僕，太僕就京師購良馬，馬不困敗而費省十九，官民兩利。會君以繼母喪歸，不果上。

明 徐學聚《國朝典彙》卷一五七《兵部·馬政》 洪武八年二月，命刑部尚書劉惟謙申明馬政，諭曰：『馬政國之所重。近命設太僕寺，俾畿甸之民養馬，恐所司收養失宜，或擾害養馬之民，皆當告戒之。昔漢初一馬值百金，天子不能具鈞駟，及武帝時，衆庶街巷有馬，阡陌成羣，遂能北伐强胡，威服戎狄。唐初纔得隋馬三千，及張萬歲爲太僕，至七十餘萬。此非官得其人，馬政修舉故耶？爾其爲朕申明馬政，嚴督有司盡心芻牧，務底蕃息。有不如令者罪之。』上因試將士，諭之曰：『汝等知弓力乎？其力但能至百步，百步之外又加五步焉，不能入矣。故善射者求中於百步之内，則弓無敗折之患。馭馬亦然，其力能至百里，百里之外加十里焉，則馬力疲矣。故善馭馬者，常使其力有餘而不盡，則馬無蹶傷之失。况攻戰之際，馬功居多，平原曠野馳騁上下，無不從志，克敵追奔，所向無前，皆在馬力，若不善於調養，使其力乏則臨陣，必至敗事，無以成功。』因下令將士不得私乘戰馬及載他物，違者罪之。十八年十一月，勅諭岷州、河州、鞏昌、西寧、臨洮諸衛武將，但留己所乘馬，餘悉送官領價，每馬一匹，白銀三錠，若非有餘及有餘而駑弱者，皆勿送。二十年十二月，河間阜城驛馬户以孳生馬來進，上曰：『馬户芻豆之給，其費不輕，如常命户部榜諭，凡驛馬孳生，聽民出賣，今復來進者，豈朕言不信於民耶？無乃有司奉行之不至也。其卽還之。』二十三年，詔江北增養馬人户。初，江南以十一户養一馬，江南鳳陽、廬州等府，滁、和二州止一户養一馬，至是上念其勞佚不均，命江北增至五户養一馬，仍命太僕寺江南江北各存牝馬萬匹，爲孳生種馬，其餘悉發草地牧放。江北人每户再給鈔三百貫，别市種馬，孳生以補見缺之數；其正從馬二百匹，官止歲收一駒，餘聽民自鬻。其飛雄、廣武、英武三衛牧馬，亦如江北五户例。二十五年三月，罷民間歲輸馬草。凡軍官之馬，令自芻牧，各衛軍士馬匹，則令管馬指揮、千百户各擇水草豐茂之所，率所部卒及其妻子屯營牧養。永樂元年，諭兵部循洪武馬政故事，嚴督所司用心孳牧。七月，諭兵部曰：『比聞民間馬價騰貴，蓋民不得私畜也。漢文、景時，閭里有馬千百，爲羣民有，亦國之有。其榜諭天下，聽軍民皆畜馬，官府勿禁。』又曰：『三五年後，庶幾馬漸蕃息。』四年八月，上以甘肅、寧夏、山西皆近邊可畜馬，勑守將宋晟、何福、吳高等相擇牧地，計議以聞。六年十月，禮部尚書劉觀言：『各衛馬多恐有疾，宜豫市藥備醫療。』上曰：『唐時馬多至四十萬、七十萬，未聞有豫備之藥。善畜馬者但水草得時，牧養如法，自然無疾。今天下衛所及太僕之馬益多，若皆需藥，豈不大敝民力。爾徒知恤馬，不知恤人也。』九年正月，中軍都督同知蔡福坐私賣官馬，謫戍邊自效。七月，上謂兵部尚書方賓曰：『凡物遂其性，則生息蕃。往時北京軍士養馬散牧於野，順適其性，人不勞而馬蕃遁。聞置棚造坊縶維之，如此，牧養拂其性矣，安能使之生遂？朕常以此訓司牧者，皆不能遵用，爾部申飭戒之。』十年二月，山東左布政周璟言：『大同歲用馬草，皆合太原、平陽、澤潞運給，往復三千里，民用困乏。而大同所屬天城、陽和等衛，地皆平川，秋多青草，乞令以時採儲往給大同，以太原、平陽、澤潞諸郡縣草儲于旁近驛合。』從之。七月，諭兵部選達官閑居老成謹厚者教民畜馬，居永平、薊州、通州者就留本處，教民居眞定、定州者赴順天等府教民，但令教飲飼之宜，若孳息不及數者無預。八月，勑北京提督養馬官從公考驗軍士，有用心養馬孳生及數百，人賞鈔五錠，不可冒濫。其提督官若仍循舊弊，不悛改者，罪不赦。十三年十二月，諭尚書萬賓，行太僕卿楊砥曰：『北京論户養馬，其間丁有多寡，宜與户部計議均之。』賓等議以丁計爲均，諸十五丁以下養一馬，十六丁以上養二馬，遷發爲民種田者不論丁，七户養一馬。從之。十四年九月，楊砥言：『近日馬蕃息而少牧養之人，請令民五丁養種馬一，每十馬立羣頭一人，五十馬立羣長一人。養馬之家歲蠲租銀之半，而薊州以東至山海諸衛土地寬廣，水草豐美，其屯種軍士亦宜人養種馬一匹，歲子粒亦免其半。』上曰：『既責軍士孳牧，則不可復徵子粒，其悉蠲之。』餘從所言。十五年九月，再定應天、鳳陽、滁、和等府州養馬例。二十二年九月，仁宗諭兵部尚書李慶曰：『今太僕馬增倍，而畿民一夫或畜三匹四匹者，畢力於此，故有耕桑盡廢，衣食不給，甚可憐憫。其以分給諸衛所及臨邊戍卒，俾牧養兼習以待用，亦軍民兩便也。』洪熙元年正月，諭李慶等曰：『馬資於國用甚大。然嘗思之，當與民同其利，民有卽國家之有也。漢文、景時，閭巷有馬千百爲羣，蓋民生樂業，庶物咸殖，馬自蕃息。先帝嘗聽民間皆畜馬，然有司急於官馬孳息，故民不暇於其私。今宜寬恤之，使奉公之外，有餘力可以及私從容寬假之久，庶幾可望民安物阜。今後民間畜官馬者，令三歲納駒一匹，著爲令。』李慶言：『民間畜馬頗蕃，已散之軍伍，尚餘數千，請令朝覲官每員給一馬俾畜之，正官給牡，佐貳以下給牝，太僕、苑馬寺歲課其息，有虧罰與民同。』上令與蹇義、夏原吉商略可否以聞。二人奏如慶議。命下，士奇獨不可。慶忿甚，士奇遂密奏，謂朝廷以禮徵賢，上者授方而郡守，次者授百執事。今皆役之畜馬以蘇民，是貴民而賤官矣。時蹇、夏皆在侍，上曰：『士奇論當，慶固無識，兩人亦言其便，何也？』兩人對曰：『初慶與臣等言此，出陛下意，必欲行之，非謂出於慶也。』上曰：『幾誤朕矣。』顧士奇曰：『少頃卽批出罷此令。』明日而請，内批不報。明日又入對，請罷。上曰：『吾偶因事稽緩爾。今日必批出。』又明日復奏，上曰：『吾卽批出，不爽也。』午刻，上御思善門，召士奇諭曰：『内批豈眞忘之？初聞汝言，卽遣人觀李慶、呂震等意，渠輩交口忿爾，朕念爾孤立，慮爲衆所傷，因不欲因汝言而罷，此令今有名矣。』出示一章，乃陝西按察司陳智言按察使受太僕寺提督，是風憲受制於人，上曰：『爾就據此章勑止散馬。』士奇叩首對曰：『古人有言，陛下知臣，臣不孤矣。但馬已有領去者，望如何處之？』上曰：『已領者准洪武中官員乘馬例給之，不責生息，虧欠亦不責償。未領者悉止，未散之馬給邊軍操用。』上復顧士奇曰：『繼今令有未便惟密與朕言，此輩多不識大體，但皆先朝舊臣，未可遽退之耳。』宣德元年十二月，兵部尚書張本言：『國家馬益蕃息，北京軍民牧養艱難，宜分養於大名及山東、河南諸郡，請遣同太僕寺審覈軍民丁力及土地之宜分給。』從之。十一月，太僕寺請遣官閱孳生馬，上諭之曰：『馬畜於民間，必寬民力而後可責其成效。國家立法固有定規，其孳生不及數者亦屢下令免償。未嘗以馬傷民，蓋農民終歲勤動，以營衣食，又有償馬之費，甚可憫也。爾等但率舊典以示勸懲，民有貧難者，宜寬恤之。』正統十年，户部侍郎焦宏等奏：『臣同司禮監丞宋文毅等奉命踏勘壩上大馬房諸處草場，多被内官、内使人等侵占，私役軍士耕種，以致草場窄狹，馬多瘦損。請正其罪。』上曰：『朝廷設馬場，令内官監之，而乃作弊如此，論法當罪。

令姑寬貸，令速改過。其内官各賜地一頃，内使、浄軍各賜五十畝已，蓋寺廟者勿除，餘悉還官。都察院仍給榜禁約，每歲遣給事中、御史各一員巡視。敢蹈前非者，必殺不宥。』十四年十二月，令順天府所屬州縣寄養各處起解備用馬匹，照北直隸事例，論糧分俵。按：國初官馬養於各苑馬寺、各監院而已。永樂中，始以官茶易和林等處馬，養之民間，謂之茶馬。正統末京師有警，乃選取以備軍資，養於順天府近京屬縣，謂之寄養騎操馬。及京師無事，寄養之馬不復散去，至今遂爲故事。每歲孳生賠補之法，悉與各處茶馬無異，養馬之家雖云量免差糧，而賠補受累尤多，北方民力疲敝，此其大端也。天順二年正月，三營三大將石亨、曹欽等言：『太僕寺忽徵諸衛馬非便，請隸兵部。』太僕卿程信言：『太僕職專馬政，高廟有旨，馬數不許人知。今隸兵部，使馬之登耗太僕不與聞，脱有警而馬不給，孰任其責？』兵部俱以爲言，詔復其事歸太僕。五年，寧夏巡撫陳翌奏官軍缺馬徵操，請榜諭天下僧道未度者許人入一馬助邊，給與度牒。下兵部議，以僧道一年一度已有成命，翌不達事體，妄啟弊端，難允所請。上從之，降勅責翌。成化三年九月，給事中侯祥等奏：『各府縣管馬官既多非其人，其太僕寺官有經年不至所隸者，馬日益廢弛。』上曰：『馬政務在得人，今太僕寺丞員缺，吏部宜慎選有司廉能者授之。』五年十二月，暫停比較民間牧馬。舊制民間牧馬歲一凡較，責有司征解，兵部言馬政固不可緩，而民隱尤所當恤。今河南、山東、兩直隸多水旱，宜輕之以待來年。從之。六年三月，兵部言近給事中建言，欲暫停止河南、山東、北直隸虧欠馬匹以待豐年，上曰：『京營各邊缺馬數多，若必待豐年追捕，寧不誤事？爾兵部其行南北直隸并河南、山東巡撫等官及南北二太僕寺分管寺丞，將該俵馬匹仍起俵備用，其孳牧寄養該追捕者俱暫停止，俟秋成追買還官。』十五年六月，給事中劉昂等言京營牧放馬多倒失者，宜治監牧官罪。上曰：『牧馬官軍多弊爲端，法當究治，姑宥之，自後給事中等官不必遣，只令各營總兵等官點視，不許狥私作弊，有虧馬政。』二十二年正月，兵部覆議淮揚巡撫劉璋所奏，淮、揚、滁、和四處産馬小弱，許令納價；廬、鳳并徐州水草便利之地，宜仍令納馬。從之。時宣府龍門所火，焚官草五十七萬餘，有司獲縱火者以聞，命卽斬以狥，籍其家資以抵草數，不足則令經收看守官補之。弘治二年八月，太僕卿王霽言：『馬政十事：一、國初設行太僕寺及苑馬寺於邊方，當時每寺馬不下二三萬，未嘗仰給京師。自正統後，馬政日弛，邊方用馬不仰給於京師，必買括於民間。今太僕所儲馬價有限，邊方仰給無窮。宜行陝西、遼東、山西各巡撫嚴督苑馬寺、行太僕寺加意牧養，以復舊制。仍設法收買種馬，以圖蕃息。一、金吾等七十四衛所，舊制牧馬皆有草塲地土，當時各衛馬以萬計，凡有征操多取給焉。近年所存十無二三，宜行分管寺丞等官隨衛所大小給與數羣，兼同舊馬如法牧養，若衛所不聽約束，參奏住俸，年終照例决罰，庶官軍知警，而舊政可復。一、順天所屬二十七州縣寄養備用馬匹，其人户丁多者或得空閑，力乏者强令牧養，所以臕壯馬匹漸致瘦損物故，宜令分管寺丞等官審定上中下户，上户或養馬三四匹，中户次之，下户或二户共養一匹，貧難者優免。給俵之際，仍視縣之大小爲差，庶人心悦服，而每年一審法令可久。一、各處孳牧新收者少，物故者多，上下相蒙彼此姑息，亦坐分管寺丞權輕故耳。謂宜稍加優借，各州縣掌印并管馬官貪墨廢事者，許年終奏請住俸，仍具賢否揭帖報吏部，他日據以黜陟，其寺丞中問才行超卓者，但過二考一體旌擢，庶委任重而人知所警勸。一、順天所屬皆有備用孳牧之馬，請選留其良者以備征操，汰其老病漂沙者别用，仍三年一選，庶馬得實用，民免賠償之苦。一、國初令馬甲養馬，餘户助以芻豆。後各家輪養，致用心不專，馬多物故。宜命所司擇殷實之家爲馬甲，餘户以芻豆助之，如馬瘦損，專責之馬甲，其倒死者，馬甲償其七，餘户償其三。庶責任專而人知懼。一、各府州縣凡使客經過，輒令民以官馬迎送，馬斃則責民賠償，深爲可憫。宜行所司嚴加禁約，有借用者提問參奏，庶上下知所愛惜而馬無虧耗。一、法司贓罰官馬，其良馬多爲權豪减價買去，老病者乃寄養于民，至倒死亦要追陪。請今後止許賣其老弱瘦損者，價送内府供用，庶不累及貧民。一、南北直隸、陝西、遼東等處俱有牧馬草塲，歲月漸遠，多爲豪右侵占。請兩京各委科道官、陝西等處各行巡按御史閲實原額四至，樹封墩、植榆柳，立界以專牧放；如侵占之家已成水陸田地卒難更改者，令照例起租。遇有倒死，量支津貼。一、孳牧馬匹貴乎適均，各府所屬州縣有馬多而人户少者，勞逸不均，宜行分管寺丞候來年同各屬正官并管馬官酌量，以馬多地方派與馬少地方領養。下兵部覆奏。從之。八年九月，兵部奏定馬政，從之。差官勘處河南開封、彰德、衛輝三府，陳州等十七州縣，山東兖州、濟南、東昌等三府，濟寧等七十州縣，各論人丁，每丁養兒馬一匹，每十丁養騍馬一匹，共該人丁四十三萬八千五百二十三丁，領養兒馬六千七百五匹，騍馬二萬六千八百二十匹。其直隸眞定、保定、永平、順德、廣平、河間、大名等七府所屬定州等九十二州縣，各論免糧地畝，每地五十畝養兒馬一匹，百畝養騍馬一匹，共免糧地七萬七千四十九頃五十一畝有零，領養兒馬一萬七百九十五匹，騍馬四萬三千一百八十四匹。各照例，兩年算駒一匹，其餘人户收候領養孳生馬駒，其順天所屬霸州等二十七州縣，亦各論免糧地畝領養，各處解俵備用馬匹，至今行之。弘治十五年十月，以楊一清爲右副都御史，督理陝西茶馬。一清承命，徧訪朝野之人，得其利病，然後之任。行甚所知，復請擇材任使，旌别淑慝，故官勸政舉，宿弊以革。又處置收養茶馬鹽馬，實濟邊用。十月，給事中徐蕃疏蕃畜牧以威遠事，一曰併茶馬以期實用。言將巡茶御史暫取回，責成都御史楊一清整理，待成効之日差御史巡察，三年一换。一、清草塲以便畜牧。言追復曠野侵地，撫按無得干撓。一、清軍士以足牧丁。言勅本官將原額逋逃者清勾，户絶者僉補。一、崇分别以勸賢能。言將見任老懦者上聞黜退，政績著稱者量加旌揚。一、分委任以共事功。言勅本官選兩司官一二才幹以佐經理。下兵部議之。十六年十一月，楊一清清出荒佔牧地一十二萬八千四百七十三頃一十一畝有餘，本年奏准，每年於陝西按察司揀用憲臣一員，於臨洮府駐劄，巡禁茶馬，又選取都、布、按三司官三員，專候委任及塡簡鞏昌、平涼府同知官，不時聽委。十七年二月，一清奏陝西苑監多缺，城堡官無寓所，卒無營聚，馬亦露牧原野，遂至耗損。今相度各監苑地勢，其長樂、廣寧等十四營舊無城堡，宜創築；開城、黑水十八營城堡湮廢，宜增修；仍各於其内置廐以養馬，連屋以聚卒，建衛以寓官。兵部覆奏，上從之，即令一清及時提督整理，務期完固。五月，一清請支太僕寺馬價銀收買種馬，發各苑孳牧。下部議之，一清言開城、安定、廣寧、萬安堪爲中苑，黑水、清平止可爲下苑，除每歲給軍騎操外，可常牧馬三萬二千五百匹，足勾陝西三邊之用，但欠種馬七千匹，計支銀四萬二千兩。十八年二月，太僕卿儲巏疏馬政便民四事，一、官軍分爲三等，上等養馬，不足以中等補之。一、孳生馬册各衙門止須二本。一、減省寺丞，專委少卿。一、差少卿查考草塲租銀。下部議，行之。正德元年三月，儲巏奏：『本寺馬匹今備京營之用，不爲各邊之費。緣各邊各有行太僕寺、苑馬寺，所蓄馬匹足備征調。其後馬政廢弛，一遇警急，奏請紛然。查宣府、大同給銀買補不計其數，邊方官軍因見京師銀馬易求，不甚愛惜馬匹，及至倒死不行賠償，甚或侵欺買馬銀兩，如都督汪鑑追贓罷官，其弊難以盡言。今後邊方缺馬，止給本色，仍請差兵部郎中同本寺少卿前去各邊查勘原發銀、買馬實數，以杜侵欺。』下部知之。十月，南兵部尚書林瀚、給事中牧相交論南京御用監牧養馬驢九千匹，役軍四千名，費芻粟鉅萬。下兵部議之。二年二月，御史王齊疏請釐正種馬，下兵部議准，行之。齊具論各處將種馬補足羣數，每歲取備用一羣之内，各照人丁地畝議和朋約，本色或折色大馬一匹，共取二萬五千匹。太僕寺所屬取七分，南太僕寺所屬取三分。若解内有好駒堪以備用，聽從本羣人户幇價起俵，折色徵銀三十兩。其本色折色分數，本部仍臨時量酌奏請。設遇緊急，量爲增添，不拘此例。至今守之不失。嘉靖元年五月，户部言京營官軍倒損騎操馬數多，請查扣草料，申嚴牧養不如法之罪。上曰：『營操馬匹追賠買補，上科草料皆出小民脂膏，領馬官軍不行愛惜，牧養違法，半年之間死者三千三百餘匹，玩法甚矣。該管官員送問，降級住俸。各如議。行該部并各營提督官，今後務申嚴號令，關防嚴約，考較懲戒，巡視科道、太僕寺、五城兵馬司官俱宜加意督察，錦衣衛將軍、校尉及騰驤等衛勇士馬匹亦係民爲買補，官爲給養，宜一體禁諭，勿或因循怠視。』六年四月，兵部言祖宗制養馬在順天所屬論地派養，此外更無别利；種馬在應天所屬論丁派種，此外别無他役。如有倒失，雖赦不蠲。頃有司怠玩，漫不檢覈，或地歸豪右，而養馬累於細民，或丁多逃移，而種馬至於漸耗，馬政之廢，實由於此。宜令順天府屬覈地，應天府屬覈種，有地亡馬存者，即以其馬責佃主，其種馬昔有今亡者，俟秋成以漸買補，則數年之後，馬可蕃息。詔如議行。二十二年，御馬監太監麥福請免科道官巡視該監，給事中李綸以違例自便劾之。詔下户、兵二部議覆，以芻豆之出納在有司，馬匹之飼養在圉僕，是以瘦死有罰，歲用有考，巡視官員不爲徒設，請仍令科道稽查該監馬政如例。從之。二十五年八月，順天巡撫郭宗皋以各處水灾，請將居民所養馬盡數鬻賣，并以給軍。兵部覆，請給軍六百匹。上曰：『諸州縣寄養馬尚多，今取六百匹給軍，寡且不均，無補民困。』已之。三十三年三月，發太僕寺馬價并缺官柴薪銀三萬五十兩於河南，一萬五千兩於山東，買馬備各鎮用。七月，御史徐坤疏陳馬政，言：『寄養馬匹本以專備京操，故歲收二萬而用有餘。乃今各邊奏討頻仍，外圉空虛，專憑内廐，然則苑馬、太僕寺設於外者，豈皆虛設乎？請自京師之外，至宣、大極邊，遇有奏討，宜量給之，餘則勿許。各邊苑寺廢弛者亟行撫臣整理，先補種額以裕孳生之原，次查草場以清芻牧之地，又專任守巡一人時加稽察，則廐牧充於塞上，而內圉不至空虛。』詔如議行。於是陝西苑馬少卿盧璧條上馬政事宜，言宜督述負、明印烙、訓醫藥、均地差以救目前，而闢場圃、廣孳畜以爲久計。上皆嘉納之。四十二年二月，先是，昌平自罹庚戌虜變，停派諸寄養馬匹，已十三年。至是，太僕卿劉朝佐請復之。順天巡撫徐紳以昌平密邇京師、陵寢，地衝民困，宜永停不派。部議再停七年，許之。隆慶二年五月，太常少卿武金言：『種馬之設專爲孳生備用，今備用馬既以別買，則種可遂省。且種馬有編審之害，有雜役之害，有點視之害，有歲例之害，有交兌之害，有輪養之害，有賠償之害，重之以官吏之需索，里甲之影射，民日益勞，沿襲至今，滋弊尤甚。乞命兵部驗記每年應解之馬若干，某省若干，某州縣若干，俱照原數買馬，按季查解。如備用馬已足二萬，則令每馬折銀三十兩輸太僕寺，遇各邊缺馬，分發估買。一馬折價可買戰馬二匹，不必加賦而馬數自倍。且令各府州縣取前所養無用之種馬盡賣以輸兵部，如一馬定價十兩，則直隸、河南、山東十三府可得銀百二十萬，其草料令各府州縣每馬折銀二兩，計又得銀二十四萬。夫戰馬之數、解俵之丁，不變舊制而邊餉獲急用之資，百姓免無窮之害，足國裕民，無踰於此。』疏下兵部議，於是御史謝廷傑言：『孳生種馬，乃祖宗舊制，軍機所係，但當修法以除弊，不當因弊而廢法。萬一有警，無可調發，咎將誰歸？金議非是。』兵部主廷傑議，亦言金議不可行。上獨可金奏，謂：『備用馬久已買俵，種馬徒存虛名，百姓乃受實害，姑革其半以甦民困。合行事宜，兵部覆議以聞』。已而兵部言：『明旨賣種馬之半，其半尚存，猶資民牧，而養馬者廢費多，折徵者費少，恐有不均之歎。宜下南北直隸、山東、河南兩京太僕寺，令變賣其半，每馬價銀十兩，徵收草料銀二兩，如金言，其存留之馬户爲正頭，變賣之馬户爲幇頭，養馬則輪流，折徵則攤派，庶惠澤均而法可經久。』上從之。巡按直隸御史張價言：『大名、眞定二府計畝出糧以養馬，而今復有馬地餘銀之徵，蓋起於正德間，爲流賊之亂額外權立此名，徵銀市馬，其後遂因而不革，非經制也。請悉蠲之。』上命自嘉靖四十五年以前悉從蠲免，而下撫按官會勘餘地有無以聞。三年九月，給事中宋良佐言：『輦轂之下耗財甚衆，一謂牧軍勇士太濫，二謂商人估價過當，三謂草料侵冒太甚，四謂牧馬地租多逋。』御馬太監高相以良佐言非舊制，請仍舊爲便。户部以良佐言可行，上命悉如舊。兵部覆，御史顧廷對，條上馬政便宜：『一、保定等府各被灾傷，其起俵馬宜以差減徵折色，如完、唐、曲陽、靈壽、行唐、沂、費、郯、滕、嶧十州縣減十之四，滄、鹽、山安、慶都、邢臺、內丘、河沙、邯鄲、濵、蒲臺、霑化、海豐、新城、濟寧、汶上十五州縣減十之三，清苑、安肅、蠡、博野、定、平山、開、滑、內黃、灣武、安定十一州縣減十之二，每馬折價八兩解部，以蘇民困。一、有司貪縱，馬政廢弛，宜覈其瘦損分數以輕重議罪，朝覲之日，開報吏部，以待斥陟。一、兵備道所轄所有種馬州縣宜於勅中增入帶管馬政一事，每歲令查點二次，務舉實政，毋滋煩擾。一、孳牧種馬以公差借用多至瘦死，宜嚴行禁約。一、種馬人户宜如寄養事例，五年一編，務擇丁田相應之家編充馬頭，責令專養；其餘止充貼户，不得輪養，以致推誤倒損。』上皆允之。陝西巡按蕭廩言：『苑馬牧地欺隱滋多，寺監各官實專職守，宜飭其同心奉公，不得遠怨引嫌。仍許按臣一體奏劾，至於加賦之議，雖有成命，亦宜大寬文法，求所以便軍民可爲經久者行之。勿泥恒格。』兵部請從其議，報可。

明 沈德符《萬曆野獲編》卷二四《西苑豢畜》 余往年初應京兆試，暇日同戚畹郭小侯游西苑，見豢籠諸禽頗珍異，足爲耳目玩。至若虎豹之屬，無慮數十，俱貯檻中，腥風逆鼻，爪目可畏，意甚憎之。又有所謂虎城，全如邊外墩堡式，前後鐵門扃固，畜牝牡二於苑中，設一廳事，爲其避雨雪處，昂首上視，如訴飢狀，好事者多投以雞犬。雞無知，初尚啄其目，虎一噓氣，毛羽盡墮。狗初投下，即已悸而僵，任其糜啜而已。聞每一獸日給羊豕肉數十觔，似此不經之費，眞可省。十年來無心續舊游，聞上夢虎噬足，次日令人絕其食計，虎城中但存虎骨矣。

又《補遺》卷三《內府畜豹》 世宗初年，革內府鷹房諸鷹犬，令放縱幾盡矣。至嘉靖八年，鷹房內臣，又以祖廟獻新奏請存留，蓋以禋祀大典嘗上，仍溪壑其中也。上嚴旨不許，且命禮部查議獻新時物以聞。禮部言宗廟獻新，及奉先殿歲薦品味，不過鹿、雁、兔、豬、鵝、鴨、雞等物，載在《會典》，掌之太常，後因畜有鷹犬，或間以奉薦，然非例也，請一切罷之。上納其言，遂依《會典》罷去。至嘉靖十年，兵部覆勇士張升奏，西苑豹房畜土豹一只，至役勇士二百四十名，歲廪二千八百石，占地十頃，歲租七百金，其實皆典守內臣侵牟。請量留勇士四十人，餘還營差操，仍令該監核其奸利以報，上從之。按內廷鳥獸之畜，所費不貲，舉一豹而他物可知矣。餘近得遊苑中，見虎豹之檻者，及牡牝白額之在虎城者，不可枚舉，啗大官之奉，皆民膏血也。

明 徐日久《隲言》卷一六《京營馬》 成化十二年十二月，整飭遼東邊備馬文升奏，欲于永平府孳牧馬内選取牝馬千疋，分給永寧監官軍領養，三歲收其二駒，死則量加追償，惡則預爲調習，遼東軍士缺馬，則其奏選給之。下兵部議，尚書項忠等以爲良便，請推行陝西、山西苑馬寺，各措置牝馬千疋或二千疋，印監寺監軍，餘領養如例，二年算駒一疋，其孳生追償，聽巡撫比較。按此事至爲關係，推行于外，先宜實行于内。今太僕之馬變爲改折，京營之馬徒供佔用，而祖制原設養馬軍如四驤等衛，却又冗褋而不可復問，事之串錯無甚此者。則何如于三天營内每營量軍士多寡，畀馬十一爲差操調度，選其高大牝馬若干及壩上馬房原額馬若干，却將四驤軍盡數查出，量酌裡邊留用之數，其餘盡撥向壩上養馬，以兵部一司官督之，糧料俱于通州支給。如此，則不添設一官，不添費一錢，而占冒清、京儲省，牧養可孳，又去京咫尺，萬萬不虞缺用，似爲善策。

明 霍韜《霍文敏公文集・書畜鴨事復舊制》《明經世文编》卷一八八 香山順德番禺南海新會東莞之境，皆產一蟲，曰蟛蜞，能食穀之牙，大為農害，惟鴨能啖食焉，故天下之鴨，惟廣南為盛。以有蟛蜞能食鴨也，亦以有鴨能啖蟛蜞，不能為農稻害也。洪武、永樂、宣德年間，養鴨有埠，管埠有主，體統畫一，民蒙鴨利，無蟛蜞害焉。成化年間，韓都禦史不知鴨埠乃所以利農也，疑埠主為豪户侵牟小民之利者也，革去埠主，聽民自畜鴨焉，利細民也。細民聚黨駕船於曠莽之地，縱鴨踐食農民之稻，大為民厲。官司惡鴨之病民也，禁畜鴨。歲八九月，撫巡官督州縣官捕畜鴨之民，然而畜鴨之民以鴨為命，合黨並力，以拒官兵。或賄諸仕宦之家，為之淵藪主。官兵如獲畜鴨之民，則民無保家之望，如脫而不獲也，則遁而為盜，地方遂日多故矣。前守曹仲玉熟知積弊，因陳巡撫主議，復洪武間鴨埠之制定地為圖，法極詳密，百世可式者也。吳東湖與曹守不協，竟毀其法，為久大之利，宜復曹守鴨埠之法，曹守之法，洪武之法也。只查故籍舉行焉，自爾盡善，不須再講求也。曹守鴨埠主，選民有恆產者為之，謂其有恆產，斯有恆心也。又畜鴨之地皆曠漠波濤之境也，小民聚黨，頑不可制，非有恆產之民，頑民不可統馭也。曹守鴨埠之圖專以弭頑民之畜鴨者，大為農害，故凡農人之稼被鴨損食者，專責之埠主，埠主責之畜鴨之民。如畜鴨之民縱鴨傷稼，可按名責償，由埠有定主，田有定界，不出户庭，而頑民自不敢肆也。曹守鴨埠之圖，雖以保農稼，亦以禦海賊，故其令曰：凡海賊刼人財，搶人稻穀，各埠畜鴨之民協力擒捕，如不擒捕，治之罪。故鴨埠之法行，海賊亦小戢矣。惟有司時振紀綱，乃無流弊。

清 朱奇齡《續文獻通考補》卷四八《民牧》 洪武中二十八年，廢牧監，始令民間孳牧，有司提調其時，養馬止大江南北。永樂間，始令北直隸領養，宣德以後始及山東、河南，大約兩京太僕寺種馬共十萬五千，分各處領養。北直隸及江北論地畝，河南、山東及江南論人丁馬數，以是為差。凡户丁，洪武令大江南北各令養馬，見前丁多之家充馬頭，餘令津貼錢鈔，以備倒失買補之用。不許輪充，有輪及孤寡，一概出辦者，發邊衛充軍。如馬頭家生畜不旺，許令于貼户家看養。每兒馬一匹配騍馬四匹為一群，立群頭一人，五群立群長一人，群長下各選聰明子弟二三人習獸醫，治馬病。永樂令北方人户五丁養馬一匹，免其糧草之半，每馬十匹立群頭一人，五十匹立群長一人。南方人户江北五丁、江南十丁養一匹，其倒死或孳生不及數，例應陪償而遇災荒，每群聽以三分之一納鈔入官。宣德中，北直有三丁養騍馬一匹，二丁養兒馬一匹之例，仍免糧草之半；山東有五丁養騍馬一匹，三丁養兒馬一匹之例，不免糧草。天順中，有群頭消乏改作貼户之例，成化中有十年一次編審，先上户，次中户，單丁女户不僉之例，弘治中定令，或計地養馬，北直隸河間等七府每地五十畝養兒馬一匹，百畝養騍馬一匹；或計丁養馬，山東、河南各三府、應天等五府每五丁、北方。或十丁南方。領兒馬一匹，十丁北方。或十五丁南方。領騍馬一匹；或計田養馬，江北四府二州每田二頃領兒馬一匹，三頃領騍馬一匹。又令產去丁消而馬存者，改給得業及丁多之家，逃絕免糧地土給與同群。正德中，令免糧地土買者不拘官吏生員之家，一體派給。又令上户領養，中户量貼草料，仍不許輪充。嘉靖中，定馬頭于有力人户内僉充，不許無賴之徒營當。又定每十年大造黃册時，該管官同州縣官驗人户消長，僉充馬造册存查，一存本縣，一存該寺。萬曆中議準，貼户每匹派徵草料銀六兩，照地照丁編入備用馬價銀兩，帶徵給馬頭飼養。如有追賠，不累貼户。凡種馬，洪武中定騍馬牲馬每二年納駒一匹。景泰中奏準，兒馬十八歲以上、騍馬二十歲以上免其竿駒。成化中奏準，二歲納駒，亦有三年之例，外多餘馬匹，官為收買，別給空閒人户。弘治中奏準，種馬額數照例洪武，兒馬一配騍馬四為一群，每二年納駒于内揀選備用及補種馬之缺，其餘賣銀貯庫，以備買馬之費。仍三年一次，簡其老病不堪者賣銀入官，撥駒補數。又奏準一馬連生二駒者，除納官外，聽其自用。萬曆初議準，各種馬生駒解俵，四家馬户各出銀三兩幇貼養駒之家。如孳駒不堪解俵，就令估價變賣，將價銀一半歸還四户，扣買大馬，解俵一半給與原養駒家。其二年内不生駒者，量追收過草料銀八兩，扣充朋買大馬解俵。凡變價。弘治中，奏免徐州種馬。嘉靖中免者更多，始令變價解部，發貯太僕寺。價有不同，自二十兩至八兩止。每歲應解備用馬匹，仍責原編馬户照所坐本折徵解。隆慶初，始令各省種馬通行變賣一半，每匹變銀十兩，歲徵草料銀二兩，仍將存留馬户為正頭，變賣馬户為幇頭，養則輪流，徵則攤派。萬曆中，以種馬累民，徵銀太重，議準將各處種馬盡行變賣，上等馬價無過八兩，下等五兩，賣完解部，以備買馬。銀存該寺，不得别項支用。每馬歲徵草料銀一兩，各州縣類解。按：古者以田賦出兵，故車乘之供，民皆備之。《司馬法》曰：甸山長轂一乘，馬四匹，稍人之所掌者是也。三代以下，既已廢井田，聽民自為養矣，而且百役之費，一錢之歛，無不取之于民。若又分官馬以責民牧，民奚以堪？其弊始于漢武，窮兵急戰，車騎乏馬，因令民畜，縣官假馬母，三歲而歸，及息十一，此民牧之作俑也。後世因之，于是有户馬之法，熙寧令有保馬之法。至于明，法日益備，令日益繁，而民之困益甚矣。蓋洪武雖有江南北養馬之例，然不便者仍歸官牧，而養馬之家又給牧地，免徭役以優之。永樂中，始計丁養馬。成化中，又官收地租。嘉靖以後，漸有變賣輸銀之令，追徵子粒之條，而民困已極，且不用其駒而責之買俵，則不惟民受其病，而馬政亦因之以壞。王廷相嘉靖時人。論其弊甚悉，此修馬政者不可不深以為戒也。若官民並牧，雖歷代故事，要之民牧之法斷不可行必也。如唐人牧監之設，專擇人以總其成，而復忝以翁大立嘉靖時人。之議，選種馬若干匹，分給沿海沿邊將領，歲課其駒，詳下條。庶几其可哉。

藝文

明 李開先《李中麓閑居集》卷五《賀吾潭程尹馬政膺奬序》

世稱親民之官，莫如守令。太守猶有分屬，令則專治一邑，苟有愛民之心，旦發而民即旦被其澤，有不待日暮者。古來登上第者，亦必出知民事。在朝有志之士，每欲乞有司以自試，而樂間要者，顧憚於作令，以其分屬於守，更有監司，下又為百姓之所仰賴，六曹之事咸備焉。章為濟南近邑，虛負富庶之名。譬人有火病者，雖容色外華，而氣骨内銷，非一日矣。歲歉民貧，蠹殷務弛，上之責辦加多，下之仰賴尤甚。承積衰之後，此其為力愈難。吾潭程公，起家進士，觀政憲臺，選授為吾章令尹。卒以世宦，兼以積學，勤慎清脩，忠誠明決。履任迄今甫及八月，六事盡善，百廢皆興。雖急上之令，而實方以事上；雖振民之功，而實圓以馭民。大廵薦以賢能任淺，董太僕會同印馬徐公檄，以馬匹臕息，孳生蕃盛，以禮儀譏奬，以激勸東方。上知其賢，下咸喜其為上所知，事可破格，澤可久被，僚友又可藉以同心敷政，承委布公。公餘聯轡造予草玄之廬，徵文為賀，且以久傳其事。予惟仙鄉澶淵多文士，其颷友門婿以及親知，往往踐清華，有聲譽，拙文恐不能揚盛美，適以滋惶汗耳。雖然，文誠不佳，然即此有望焉，能無一言乎哉？夫以馬政膺奬，而其弊大之關一省，小之関一邑。國制：山東原額孳牧種馬二萬餘匹，六府均養，以圖生育，觧作備用。宣德年間，東府頑民，假以邊山瀕海，不便養馬。議者過聽，俱併扵西三府，殊不知其魚塩豊厚，草塲廣闊，正可飼養。每西府用馬，俱往彼處收買。馬市日網千，金馬牙日糊数口，利專於己，而害嫁於人。馬養於民，而不及扵官。又西有漕、黄二河，兼通兩京、諸省之衝，供用浩繁，差賦重大，至如閘壩、涝淺、鋪守、修築、接遞及樁草、柳稍之類，一切無名之征，不時之役，難以盡舉。近因邊警，戰馬有一年兩次者，而東府皆無之。此一省之弊，弊之大者也。吾章養馬九百三十匹，每年春秋二季，備用馬一百八十六匹。每匹價銀三十兩，共用正銀五千餘兩。并種馬草料，亦有五千之数。以三府七十餘州縣計之，獨累多矣。運糧二十八萬石，别倉卒色止加耗米八升，惟此正兑加耗四斗，改兑一斗有餘，吾章正改共一萬三千三百石，脚價薦草并加耗，多費銀五千餘兩。或遇恩詔，存留起運，俱蒙蠲免，而此以漕故，常不得實惠。又布鈔輕賫不來，而他處重糧久代，此一邑之弊，弊之小者也。小大不均之弊，必須題請查議，或復舊制，或酌時宜，或仍除歷城附廓，餘悉量地均攤。章以近省久困，止照他邑，或微加之而。已錢粮馬匹，實則一事相資，而馬其尤困者也。有種馬之名，無種馬之實，雖有孳生，堪作備用，例不給銀，無以為芻秣之費，而灰馬户之心久矣。每遇解俵，俱是人户封銀另市，若給之三十金，則備用取之種騍而有餘，後再遞減可也。

明　嚴怡《嚴石溪詩稿》卷二《官馬嘆》　羸瘦憐官馬，求無牧與芻。圉人踈畜養，驛使任馳驅。本自蹣跚䮉，元非汗血駒。傍觀三嘆息，我亦在泥裡。

市馬

論説

明　儲巏《柴墟文集》卷一二《題馬政利病》　近奉聖諭，痛加脩省，已將本衙門事當興革者開具上陳，數日以來，竊思邊方馬政關係尤重，稽之案牘，粗得其沿革利弊之槩。再行開具，伏俟聖裁。照得本寺歲收各處馬價銀兩，起自成化二年，為因南方一二府縣地不產馬，暫收折色。自後比例者衆，日漸加增，當時所積不多，各邊不曾指取。以後間有奏討，量與亦不盡從。緣各邊自有買馬之需，如宣府餘粮、陝西屯田等項銀兩是也。利源一開，潰不可塞。查得宣府，成化二十一年止奏討銀一萬兩，自弘治十四等年至今，則一十三萬兩矣。大同，成化二十年并二十二年止奏討銀二萬八千三十兩，自弘治十等年至今，則一十六萬五千兩矣。延綏，成化年間止共討銀三萬九千兩，自弘治九年至十八年，則一十萬二千一百九十五兩矣。寧夏，弘治十八年以前節次止討銀二萬十千一百三十兩，弘治十四年至今，纔及六年，則已七萬兩。陝西布政司等處止是成化二十二年取銀三千八百八十兩，自弘治元年至今，則節次共討過一十五萬九千兩有餘矣。他如甘肅、遼東、山西等處，各節次奏討過一十一萬五千三百七十二兩，皆數倍於前，可謂費出無經，糜費不貲矣。及照本寺寄養順天等府馬匹，起自正統十四年，爲因虜寇犯順，馬匹不敷，歲取南北直隸等處馬二萬匹俵養近圻，以便征調。然本意備京營之用，不專謂各邊之資。緣各邊各有行太僕寺，馬寺所畜馬匹足備征調故也。其後馬政廢弛，人心狃頑，一遇邊警，輒言馬少，張皇聲勢，奏請紛然，橫議一興，牢不可破。查得宣府自成化十一年至弘治十二年，止取馬一萬九千一百三十匹；弘治十四年至正德元年，七年之間，却取過馬二萬一千四百五十匹。大同自成化十一年至弘治七年，止取馬一千九百六十五匹，弘治十二年至正德元年，八年之間，却取過馬一萬一千八百三十一匹。除給銀買補者不計，已數倍於前矣。邊方官軍因見京師銀馬易以邀求，遂將騎操馬匹不甚愛惜，及至倒死，又不倍償。鎮巡大臣多闊畧文法，豈能一一覈實？把總等官惟乾沒貨利，豈能一一盡公？甚至貪黷之徒，如近年都督莊鑑侵欺買馬價銀，追贓罷官，亦其一也。其中弊病難以悉言，若不計處，國家之財物有限，邊方之請求無厭，歲復一歲，何以支持？臣等叨司馬政，恒切憂惶，然材識淺短，素無經畫，且事勢牽制，又難舉行，輒以愚見條陳，稍逭不職之罪。查得先年邊方討馬，兵部奏勘缺少是實，方行量給；其後不知緣何，不料邊情之緩急，不計内馬之盈虛，隨其奏討之數輒給與之，而又不復稽考，任其耗費。合無該部仍照先年良法，今後奏討者嚴加覈實，量為給與，庶幾邊方不敢妄求，朝廷不致徒費。彼知馬不易得，亦肯調養用心。又查得本寺未收折色以前，邊方止給馬匹，今給銀十萬，作馬萬匹，價少馬多，似利於官。殊不知馬價銀兩一入軍中，既為有司尅減，又為軍士花費，及至買馬，所餘幾何？價既不多，馬何從好？隨買隨死，終費官價；隨死隨討，終累朝廷。原其本心，非全為馬。合無今後邊方缺馬之時，仍給本色，以杜前弊。若謂寄養之馬不敷，聽臣等多方措置。又查得各邊俱有餘粮、屯田、草場、椿頭等項銀兩，以備買馬之費。先年不曾給與本寺銀馬邊無不足，今歲給益多，邊益不足，何歟？必查考，方得其詳。合無兵部奏差風力郎中一員與同本寺督理少卿前去各邊，查勘前項銀兩歲入若干，收貯若干，各該城堡騎兵若干，有馬者若干，該補者若干，近年本寺發去銀價買馬若干，餘銀若干，給過馬匹某城若干某堡若干，如有姦弊，聽其參究。事完之日，具數造冊收貯。兵部預知其盈虧多寡之數，臨期請給，易以酌量，若一時動衆興師暫添銀馬，不在此數。又查得邊方討馬，開稱馬死或生災病，或因馳逐，理或有之，然不應如是之多，其間豈無作踐瘦損偷賣私借之弊？並無一字聲說。況生病亦由於水草之下時，馳死亦由於作止之無節，要在得人專心牧養，豈可盡諉之馬哉？合無兵部行移鎮巡等官，各以暴殄天物為戒，愛惜國馬為心，選委寄馬官員督責養馬軍士，務要飲秣以時，蔭息有地，疾病者委之官醫，作踐者治以軍法。及照本寺奉勑督理少卿，止是每年到邊點閘一次，合無今後點閘二次，倒死者皮張鬃尾俱有，方准朋陪；買補者齒歲身材相應，方准印烙。但巡點之處，不及大同，緣大同銀馬一從本寺給與，既有相関，亦合查點。合無勑令兼管，庶幾人皆警畏，事可責成。又查得督理京營少卿奉有勑諭，內開比較百戶、指揮、都指揮等官瘦損倒失馬匹，或按月住俸，或奏聞區處，天語丁寧，俱有則例。然遐邇一體，內外一法，合無勑督理少卿宣府、大同各城堡等處，悉照京營則例遵守施行，使邊方將士惕然悚惧，知朝廷修舉馬政，法令嚴明，庶幾變其舊習，以圖後效。又查得陝西各邊因是地方曠遠，道途艱難，不來取馬，止是弘治十七年、十八年於平定州給與延綏馬共三千五百匹，其遞年奏討本寺馬價買補馬匹不下數十萬兩，及彼處餘粮、屯田、官地、椿頭各項銀兩亦合查究，前項京營住俸比較事例亦合通行，但原無本寺官員督理，乞勑兵部另行議處，或者所見謂邊方重地，鎮巡大臣閫外之事宜從寬大，若每事較量，多方綜核，邊方將士恐有不堪。臣等謂團营為京輔之屯，比之邊方尤重，提督極人臣之貴，比之鎮巡尤尊，朝廷慎重馬政，尚有科道點閘、少卿督理，況邊方乎？蓋鎮巡等官於軍士務結之以恩，臣等典牧之官正欲裁之以法，固並行而不相悖也。臣等愚昧，不能盡識時宜，伏乞勑下該部詳其可否，補其闕畧，晝為長策，為邊方久遠馬政之利。不勝幸甚。

明 徐蕃《威遠疏》《皇明疏議輯略》卷二六　臣等切惟威遠之策，莫先於修武備，而武備之修，莫要於蕃畜。牧臣見往者陝西茶法馬政提督未有專員，孳牧或兼於都堂，茶課則委之御史，體統病於分合之靡常，弊端滋於交承之不一。今我皇上專命都御史一員併付以茶馬之事，蓋欲盡復祖宗之良法，收監牧之實效。但恐舉於廢墜之後，非改絃易轍，終不足以成務，非權任專久，終不足以有為。謹以馬政切要，條為五事，其一併茶馬以期實用，切見茶馬招易，濟邊良策，但巡茶御史止是一年所定之馬解發於監苑者，雖有成數而不及查其虧耗，所督茶課積貯於官司者，雖有定額而不暇救其美惡。是非不肯用心，蓋緣職任不久耳。況先後交代，陞轉不常，稽考難行，事勢掣肘。伏望皇上念官多民擾，權分責輕，將巡茶御史暫且取回，而茶馬之事併付本官整理，待其事有成效，不須大臣之日，仍差御史巡茶照依清軍事例，三年一換，則久任成功矣。

明 何孟春《陝西馬政三》《皇明名臣經濟録》卷一四　兵部武選司郎中何孟春奏《增靈州塩課疏》曰：靈州塩課司，大小塩池自祖宗以來與茶法並為各邊馬匹支用，近該總制邊務馬政都御史楊一清於額外奏討塩引，召商納銀，商賈雲集。近日買馬數目助益邊方寔多，其轉移區處之宜，臣不能悉，竊以向日馬少，引常有餘，今日引多，塩不告乏，天地生財，本自無窮，顧人用之何如耳？臣過靈州花馬池，得聞二池之塩自來不費人力煎熬，夏秋晴暖，水凝而鹾，如雪如霜，隨取隨足。以今觀之，課仍舊額，傷於狹矣。又訪得鞏昌府漳西縣二縣亦有塩池額課，御史王愷曾要兆河珉州折銀易馬，其河西鎮番衛鎮夷所有塩池而無額課，除鎮塩池該驛公用外，鎮番境內外塩池數多，獨無可資於官者乎？臣愚乞勑楊一清即其已效，廣為永圖，前項塩池若是計引重煩，不如增額為便，即行計量近數年給引之數，斟酌時中之額，於雨暘旱潦之間，制多寡贏縮之節，大約可增至千萬引。塩既定，可計課銀，每一百引可得銀二十五兩，商人不問客人、土著，納銀二十五兩，得引百通，課引一年，當不下二三萬兩。如遇各邊缺馬，給發買補，鞏昌鎮番地方塩池應否照此定奪，其餘河階狄道魚河等處土塩各加禁約，不許興販，致壞課程，敢有權門勢族攙越，依律治罪，庶國用益充，邊軍可無缺馬也。

明 雷禮《南京太僕寺志》卷五《儲買》　蓋聞丘乘廢，而牧馬無善政久矣！三代盛時，於民常賦之外有餘畜者，則立官爲質，以備非時。凡以顯寧奠危，制勝之道得也。而後世則因變立法，官牧不足，始賦之於編民，民牧不足，又通之於外市，是不可以考世道升降之機耶？我朝於大江南北握襟帶之藪，計丁田養馬，又因牧放餘地，歛租貯買，其後支兊不敷，出帑銀易之於民，是貨不出國而馬有滋也。至於川陝、遼東雖與戎夷互市，蓋取諸羈縻土民以為濟用之策，若出馬榮身之令，旋行報罷，亦可以昭晰本末矣。故叙其事，併存之庶典，司者知所以慎微云。【略】按：宋人有言，官之馬多則不專責於民，中國之馬多則不專倚於戎狄。有味乎其言之也！三代以前尚矣，方漢、唐、宋之盛也，或布野無人牧，或價值一縑，或出內廐外市，及基衰也，民匿馬者有罪，馬出城者有禁，甚或中國不足，而倚之於戎狄焉，非牧政不脩其端使然哉？國朝置牧，自洪武至天順幾於百年，不聞其乏馬。至成化初，始以乏聞。及查弘治中歲取萬匹，亦不聞其乏馬。至正德以來，日以乏聞，而互市之，令歲不少靳焉。彼所市於民者，非食毛之民耶？此則蠲其傜賦，視養馬如棄市，彼不煩捶扑而樂市如嚮，是可以觀人心矣。而上下相蒙，狃於晏安，典牧者不以提調爲職，受牧者不以孳生爲業，至歲課不充，惟幸有互市之令在焉。萬一互市不足，其將何以應之？昔宋高宗有云：『牧馬孳生，為利甚博。朕於近地親令牧養，今已見效。每歲進呈馬駒，皆是好馬。若諸軍牧養如法，數年間可免綱馬遠來，且官無給賞之費。』夫高宗溺於偏安，尚知綱馬爲非，而况貴市於戎狄、賤棄於中國者乎？且市之於民，則商賈得以高價，豪猾因之專利，弊固甚矣。彼戎虜以騎射為長技，率以駑駘充數，又何緣而得此奇駿哉？語有之孳息耗而馬政亡，是故不務孳牧，而恃收買，非所聞矣。

明 方逢時《大隱樓集》卷一三《與兵科蔡龍陽論貢市夷馬書》 伏拜翰教，周悉深憂遠慮，隱然言表，讀之悚惻，區區庸陋，雖目擊時艱，真為無措，昨者之陳，惟冀少舒目前，敢自謂碩畫哉？承諭每年五百之數，乃貢馬也，此已有定規，不容多增一匹。今所多市馬也，蓋市馬原無定數，隨其來者受之，夷人貪利來者日增，年復一年，誠難俵散，故不得已而上請疏通，若蒙允行，則十年可無慮。蓋馬者，夷人之利也，布貨者，中國之利也。夷人捐利以與我，我亦捐利以易之，交利之計也。所以交利者，豈為馬哉？將以衛邊境而救民命也。故古之為市，有印皮驗骨而與值者，豈皆得已哉？以古准今，斷可識矣。夫虜非無事之人也，我拒其利，則當代受其害，又勢之必然者。且利害有大小之殊，吾人貴有審擇之智。昔虜之未服也，三鎮主客之餉不過五六十萬，一遇秋防，內外岌岌，朝不謀夕，三四年來，三鎮之積幾及五百萬，而司農之未發者不在其內，邊民婦子得相保守，遲之十年，生聚又不知其何如？此其為利不亦大乎？而歲捐十五萬之金以應酬之，即綽有餘裕，所謂捐小利而省大費，小民所得不與焉。此今日所以不惜此費而必以責之邊臣者，誠亦有見於是也。所願幸者，廟堂之上洞見事機，俯賜原督，少寬文法之誅，使得少展，以效尺寸，获可終此寧謐之績耳。不然，則封疆之臣不知死所矣。伏承諭及輙敢竭一得以仰贊訏謨萬一。

又《與宣府巡撫吴環洲論處市馬書》 天下事成於同心而壞於偏見，自古如斯。每考古人成敗，恒為怛然，不意今日乃身見之。貢市原係國家不得已之舉，衛邊境而救民命，賢於十萬師遠矣。今當事者執意見而分彼此，不復有同心為國主張，而好為危言臆說，以惑亂衆聽。杜預有云：朝臣言利害之形，亦不可得直，是計不出已，功不在身，恥前言之失，故守之耳。夫虜人捐馬以與我，豈真畏我哉？誘於利也。我得彼馬之利，不能出長策以自利，而徒曉曉為大言，以委責邊臣，其人非惟不智不忠，且不仁矣。他日敗壞在中國而不在夷狄，尊諭信然。往者亦曾書達執政即此意，而執政亦有不言而孚之意，其亦無奈羣議之紛紛何，甚至有一日去位，貢市立壞之說，則其心之憂憤尤可想見也。今在内惟執政，在外惟公與不才二人，静言思之，可為寒心。至於曉諭裁抑之云，談何容易？吾輩豈木偶人，坐受其來而不知為之加意？其中事情，誠如公教，彼若果以此責吾輩，則當避位，請其能者而行之。

又《上內閣張太岳論處市馬書》 諸市已畢，貢表俱進，邊陲無擾，臺下憂勞可少舒矣。將來之事，所慮者不在諸酋之難服，而在諸臣之異心；不患市價之不足，而患市馬之無處。昨者小疏，當事者又爾阻格，遂成畫餅。且廠塲既立，馬不發行，則日見其積矣。近者陳巡院有四議之疏，中間頗詳盡，可行者六七，當事者不念閫臣而憚科道，若能議行，亦一助也。中間惟專設憲臣司牧，似不必有，而請天語叮嚀諸酋之說，為必不可行。蓋諸酋非可以禮義訓，非可以法度齊，不過貪利而來耳。且彼草其搶掠之心，而服從於我，以饗衣食之利，惟恐所得之不多，而我委曲遷就者，亦度事機之難易，擇利害之輕重而為之。往者以數十壯士之命易一邊夷之首，且上下侈然以為功，今以數金得一馬，且保全數千百壯士之軀命，其利害輕重得失不待較而可知。楊雄所謂國家雖費，不得已者也。若惜此小費，不圖大慮，循書生之見，輕行曉諭，欲其裁抑，彼必不從，疑心頓起，恐將王言委之草莽，邊臣之罪益無所逃，而數年恩信適足以為謀亂胎禍之地矣。且彼素知朝廷之尊如天，而邊臣得藉威靈以為鼓舞彈壓之計，一旦無故，而輕降玉音，彼將亦直以辭來，復拒之則失信，受之則啓侮，漸不可長，尤所當慮也。不如將此一說，朝廷付之無聞，而惟聽邊臣如某輩者，俟今年頒賞之後，因機行計，微諷而操縱之，或可庶幾萬一至此成事可也，不必成亦可也，於國體夷情兩無所失。愚昧之見如此，伏惟裁擇。

明 張居正《張太岳先生文集》卷三〇《答薊遼總督梁鳴泉計處市馬》 辱華翰并別楮云云俱悉長昂事，前奉書未至，適蒙翰示，不知近已得要領。若二酋作祟非一日，然其諸部仰給於我久矣，豈肯捨其厚利而從彼爲逆乎？頃所以能惑之者，以彼近於宣府，雜在青酋部中，市馬獲厚利，頗爲饜飽，必誑其衆曰貢馬一也。何爲東西市價懸殊，我等今年且不貢，求加添賞賜，若不加賞，待土蠻青酋糾衆入犯，我等爲之嚮導，縱是薊鎮絶了撫賞，我等自去宣府賣馬，何賴于薊耶？犬羊愚計必出于此，以爲朝廷畏之，當曲從其請耳。然彼諸部久縻豢養，今雖暫爲所劫，終亦不能背爲公計者，當先之以文告，曉諭諸部，言爲逆者獨彼二人，汝等素受國恩，豈可一旦從彼作反，自失厚利。今朝廷聞汝等不貢，將絶其撫賞，舉兵加誅。又行文宣府，此後西虜入市，須一一盤詰，不計夾帶，土蠻及屬夷人若訪有長昂董忽力在彼即便縛來，薊鎮連年築臺練兵，正無試處，遼東人馬不過十餘萬，猶能將土蠻殺得七殘八敗，況我薊鎮雄兵有三十萬，車騎連雲，火器如山，土蠻入犯，却是送死。我先將土蠻殺敗了，然後將汝等屬夷頭目盡行誅戮，追了勅書，盡行驅逐出塞，那時汝等悔之無及。彼中聞此言，永有不懼者，然後計圖二酋，或潛兵掩取，或重賞以購致之無難也。若二酋能悔禍服罪，自致塞下，亦可待以不死，不必深治矣。昨本兵覆奏頗涉張皇，故擬旨從公等處置，此在公與威帥密圖之而已。

明 畢自嚴《度支奏議・新餉司》卷三《辨周夢尹借欠馬價疏》 題爲遵旨回奏借欠馬價以祈勅追明法事，專理新餉山東清吏司案呈，崇禎元年十月二十九日奉本部送戶科抄出，兵部車駕司王事周夢尹題，前事等因本年十月二十六日奉聖旨，馬價軍國急需，如何不奉明旨，竟自借發？這兵部三司借用銀四萬餘兩，查照本內事理，俱着扣還，其武庫司原設柴炭銀兩，因何不敷？該司掌□官查奏。順天府及南車駕司借用銀作速催補，勇士四衛管心紅弓矢銀兩，照天啓六年例給與。其戶、工二部自應給發，不許借諉太僕寺。該衙門知道，欽此。欽遵抄出到部送司，除事隸兵、工二部并順天府聽各該部府覆奏外，其加派安家相應摘覆，案呈到部，為照太僕馬價一項，該兵部主事周夢尹徹底清筭，亦節浮之深意也。第疏開天啓元年四月間，職方司準薊遼總督咨借動馬價五千五百五十七兩零八分，原議戶部□加派安家馬價銀到支還，乃戶部新加派銀，已到許久，而漫不扣償，應着戶部追還等語，臣茫不得其解，隨查安家一項，萬歷四十八年閒臣部覆會議疏，每畝加派七釐，再加二釐，為工部造器械併兵部募兵安家之用，自萬歷四十八年起，前項銀兩俱經兵部支銷，臣部未嘗過而問焉。然原議募兵完日歸還，臣部至天啓二年八月內始奉歸還之旨，則周主事所指元年咨借之馬價，尚在餉銀□□臣部之先有無清筭，止宜問之職方司，與臣部毫無于也。茲奉明旨，將借用銀兩照本內事理俱着扣還，臣不得不備悉始末，仰瀆宸聽。伏乞勅下兵部，將元年職方司所借馬價有無補還，自行清筭，免致以不相干之牽扯，成不結局之事件，臣部幸甚。既經具題，前來相應，覆請恭候命下，遵奉施行。崇禎二年二月初五日具題，本月初十日奉聖旨，這天啓元年咨借馬價，既在加派餉銀，未歸戶部之先，着職方司自行清楚，該部知道。欽此。

又 卷七《題覆袁督師請餉買馬疏》 題為馬匹不敷，分行兊買，仰懇聖裁事，專理新餉山東清吏司案呈，崇禎二年九月二十七日奉本部送準，督師尚書袁崇煥揭帖，前事內云買馬五千七百匹，每匹給二十兩，共該馬價一十一萬四千兩，往時買馬俱兵部出其價，但兵部止此冏寺，冏寺止在馬價，歲入不多，今又為插酋撫賞，何能為職？買馬無已則仰給於戶部新餉，固知新餉方在清楚，安得贏餘。然往歲之溢額百萬，戶部猶多方應之，今無溢額之待給戶部，遂為贏餘矣，則此十一萬必不為靳，或一時難於出辦，則半見，給半稍遲，以成此事。伏乞勅下該部，作速議覆，勿有推托，以僨時日等因，十月初一日隨接邸報，奉聖旨，東兵需馬甚急，中外文武各官當協力濟事，這所請各鎮帥分行收買，或兊給見馬，務膘壯堪用，各督撫還催驗速發馬價，即行措給，方可不悞。該部便看議具奏，欽此。又於本月初二日接督師尚書袁崇煥咨前事，內稱戰馬急需，一時市買難全，本部院議派各鎮分買，山西六百匹，宣府三百匹，大同六百匹，延綏九百匹，固原九百匹，臨洮九百匹，寧夏九百匹，甘肅六百匹每匹，價銀二十兩，共該馬價一十一萬四千兩，分為三運買解，已經具題動支新餉銀分發外，相應委中權中營參將劉定邦赴貴部領銀，前去分發，各鎮聽彼處撫道鎮查收，委官收買堪戰馬匹，督解前來驗發騎征外，為此合咨貴部堂煩為查照，速發馬價施行等因到部，通送司到部，案呈到部，該臣等看得買馬非臣部職掌，而新餉未有贏餘，督師已為臣部言之矣，臣無容言。惟是往歲溢額百萬，臣部猶多方應之之説，恐未可為今日律也。往歲內帑有餘，動輒希不可繼之恩，而今非其時矣。往歲額中之數雖缺，而額外之入如逆賍變產及改折搜括等項，無一不以益遼，而今亦非其時矣。往歲帶徵舊錢糧解運不絶，如天啓七年尚有解萬歷四十七八等年新餉者，積細成鉅，為用頗多，今天啓五年以前悉蒙聖恩蠲免，而帶徵有限矣。臣部即欲多方應，何能為無米炊也。臣等反覆思維，竊見皇上旰食宵衣，無刻不封疆是念，督臣厲兵秣馬，亦無事不恢復是圖，買馬急需，差官守候，臣部何敢以一日之匱乏，稽五年之成算也？合無俟外解到日，先於月餉內那發原數一半，給督師差官劉定邦先行分買，餘俟陸續找給，以竣此役。第恐外解不前，未能咄嗟辨此耳。臣非敢姑應之而復吝之也，蓋遼餉入額止有此數，臣部轉輸亦止有此數。夏秋以來，仗聖天子之威靈，省直諸臣呼吸應手，臣部隨到隨發，不敢纖毫停留，庶幾按月接濟，自入九月，外解零稀，方憂中斷，而皮襖之請繼至，皮襖甫派二萬，而馬價之請又至，別項那去一分則月餉定難一分，別項先支一日則月餉定遲一日，譬之寠人家素以浪費，朝不謀夕，突焉節省，稍贍饔飧，而復為鮮衣怒馬之謀，又至日中而晨炊不舉矣。此固時勢必然，事理昭然，非臣部故作艱危語也。伏乞勅下遵守施行。崇禎二年十月十一日具題，本月十四日奉聖旨，馬價那給具見急公協助，依議先後措給，務期濟用。欽此。

又 卷一三《覆兵部議關寧曠銀買馬疏》 題為恭報到任日期，併陳兵馬數目，仰祈聖鑒事，專理新餉山東清吏司案呈，崇禎三年九月初三日，奉本部送戶科抄出，兵部尚書梁廷棟題關寧兵馬缺額等緣繇，本年八月二十九日奉聖旨，關寧兵馬缺額數多，亟須買補，以資恢復，據奏欲緩募兵，以急買馬，計馬缺至三萬，兵缺至二萬三千有餘，節嗇虛曠，弁汰兵月，糧自足應用，豈待緩募？半年始可通融，着戶部即將前項銀兩查抵，冏寺舊欠不得爭執撥回援薊遼兵，俟秋防後另議，依議行。欽此。欽遵抄出到部送司，相應具覆案呈到部，該臣等看得給餉買馬各有職掌，缺餉責臣部，缺馬責冏寺，不待爭之而明也。今查關寧重地，兵缺至二萬三千有奇，自應陸續召補，馬騾缺至三萬，此自冏寺事，原無所謂馬乾買馬之說也。即有空月兵餉、草料銀兩例，應照數按月清查報部還官，此各鎮相沿之定例也。關寧空月馬乾之數創于袁崇煥，臣部初亦謂其即能滅奴，姑不爭執，以鼓恢復之志，不虞荏苒經年，而馬匹尚未完，馬乾尚日支也。今新撫丘禾嘉仍執舊說奏討馬乾，以備買馬之用，及查此項銀兩臣部屢經具題，已奉明旨充餉，即頃于八月二十七日臣部覆遼撫丘禾嘉疏，奉聖旨，王弘化兵既經兵部酌議，着即于寧鎮開餉，不必東江扣抵，其所缺額餉如數作速措發，勿得再延空月馬乾，奉旨裁革，知道了。欽此。臣部自奉旨後，屢行關寧申飭，亦已改作正餉矣。關寧之月餉尚有壓欠，而新餉之外解漸已稀少，原欲藉關寧之有餘以補薊永之不足，若執舊例以為額，而取其贏以市馬于關寧則得矣，如薊永之軍興何哉？且兵部原題驛遞節省銀兩，每歲以三萬為遼東買馬，已奉俞旨，即謂前銀尚少，不敷買馬之用，而驛遞之節省固未嘗不可以量增也。兵部覆疏，欲緩募缺兵半年，以為買馬之用。夫立知馬乾之裁革，已奉欽依王言，無反汗之理，不得已而出于此耳。乃聖旨又謂節嗇虛曠，并汰兵月粮，自足應用，着戶部即將前項銀兩查抵冏寺舊欠，夫所謂前項銀兩者，除遼撫所請馬乾外，止有兵部所請缺額兵餉一節，夫空月錢粮盡數還官，則又營伍定制從來已久，揔皆臣部正餉之數也。第念莫非王事，臣部不敢固執以煩聖慮，合無姑將清查過缺兵缺馬餘羨銀兩，量分五萬以供買馬之用，是于萬難措處之中委典□融，而臣部之以餉代冏者亦可謂竭盡心力矣。近據巡關御史張學周巡歷奏報一揭，內稱查馬兵舊例，每月一兩六錢，今缺馬甚多而猶□舊額，似屬浮費，應于每月省去二錢，俟有馬之日再行給發。果如其言，所裁亦復不貲，若扣馬兵之銀另項收貯，以充買馬之用，則于臣部無損而于馬兵有益，是亦可行也。惟在督撫鎮□調劑軍情，使其帖服無譁已耳。嗟乎！臣之所以為遼鎮買馬謀者，計止此矣。乃若臣部措餉□苦，誰則知之。宵旦而營，錙銖而筭，醫瘡剜肉，□支西吾本等職業，猶有窘匱之虞，又何能少餘為代辦之需乎？且元年袁崇煥以買馬借臣部撫賞銀十三萬兩，致缺賞額，臣部業已代償，其二年關內外自正月至九月止共扣銀二十一萬六十四兩，已經分給買馬用矣。何莫而非臣部之銀也？何莫而不可抵冏寺之借也？昔當無事之時而借冏寺之銀以充餉，今當多事之時而扣正餉之銀以還冏，恐非臣部所能辦也。□乞勅下臣部，移文關寧餉司，速查節曠兵馬粮草等項，五萬兩就便扣發買馬，無馬馬兵每月扣除月粮二錢，亦行買馬，仍聽督撫妥議舉行。其餘一切馬乾節曠銀兩，仍作臣部正餉支銷，俾臣部得專力措餉，而毋為代辦所苦，軍餉幸甚！臣部幸甚！臣等可任懇切待命之至。崇禎三年九月十七日具題，本月二十一日奉聖旨，這奏內節曠羨銀扣發五萬兩，并暫裁無馬兵粮每月二錢，以充買馬之用，既經該部酌妥，便移文關寧餉司遵行，欽此。

又 卷一五《覆遼撫請索豆價馬乾銀兩買馬疏》 題為關外空乏之已極，懇乞速發月餉功賞，并扣還去冬抵餉豆銀及空馬乾銀以救急需事，專理新餉山東清吏司案呈，崇禎三年十月三十日奉本部送戶科抄出，遼東巡撫丘禾嘉題前事等因，本年十月二十八日奉聖旨，月餉功賞着該部查明措給，其還豆價、借馬乾及扣餉存貯事宜，一併酌議具覆，欽此。欽遵抄出到部送司，除功賞聽兵部措發月餉該本部陸續措發外，所有還豆價、借馬乾及扣餉存貯事宜相應議覆，案呈到部，該臣等看得糧料雖分本折，要皆臣部軍餉，間有移緩就急，不過將臣部之物還供臣部之需，非從外借者也。去冬虜梗東道，遼餉難達，餉司王四聰那豆六萬五千五百七十九石，抵給兵餉二萬六千二百三十一兩六錢，以本色羨餘濟折色不足，通融銷算，不過一轉移間耳，安得移為修城雜項之用？是豆價一項，撫臣可不必取償於餉司也。空馬乾銀，先經臣部題允充餉，而買馬銀兩又例屬冏寺供辦，各有司存，不得一槩取盈。臣部惟是封疆事重，馬匹缺乏，臣部念切同舟，誼難坐視，昨該臣部議覆，撫臣丘禾嘉恭報到任疏，內議將查出缺兵缺馬銀兩量撥五萬以佐買馬之用，關內關外四六均分，關外應湊三萬，關內應湊二萬，亦委曲接濟之意也。今撫臣既於關外扣存空馬乾，內索去買馬銀一萬二千兩，此外仍聽關內關外兩地找支，以足五萬之數。前銀已經支銷，臣部大費設處，已經劄行兩地餉司遵照奉行矣。况兵部見議，扣解驛遞銀兩以供遼左買馬之用，又何必厚責於臣部乎？是馬乾一項，撫臣亦不必取償於餉司也。衹有騎營倒馬兵丁月扣二錢，原係臣部覆關院疏裁留，以供地方買馬之用，則臣部又何敢吝焉？委宜與朋合銀另扣貯存，以杜溷淆，以市騰驤，所當如議，聽令該撫酌給買馬冊報銷算者也。以上三事，皆臣虛心酌議，務求兩利並存，無使偏肥偏瘠，庶款項分明，錢糧清楚，可免彼此紛争之虞矣。既經撫臣具題，前來相應覆請，恭候命下，臣部移文兵部督撫，并各該餉司遵奉施行。崇禎三年十一月十六日具題，本月十九日奉聖旨，據奏豆價抵餉，俱屬該部，不必議償。馬乾節曠找足五萬，并無馬兵丁扣銀貯庫以供買馬，具見協心，俱依議行。欽此。

又 卷二五《覆關寧動支無馬兵粮買馬疏》 題為遵旨酌議關寧買馬銀兩事，專理新餉山東清吏司案呈，崇禎四年十一月初十日，奉本部送户科抄出，閣部孫承宗奏揭，內開關外馬匹正額原缺亡萬三千有奇，今陣失馬二千九百七十四匹，大凌馬四千有奇，今即不能盡補缺額，而見缺之數，除新馬二千外，尚且需六七千。今庫貯無馬，兵丁銀四萬有奇，計可買馬一千四百餘匹，當急為買補等因，本年十一月初九日奉聖，肯奏內所請，各該衙門酌議，具覆兵部知道。欽此。欽遵抄出到部送司，查得崇禎三年九月內該本部覆兵部尚書梁廷棟題，關寧缺兵缺馬，緣繇查據廵關御史張學周揭帖，內稱馬兵舊例每月一兩六錢，今缺馬甚多，而猶食舊額，似屬浮費，應于每月省去二錢，俟有馬之日再行給發，本部議將無馬馬兵每月扣除月粮二錢，即充買馬，除暫行扣發節曠料草等銀五萬兩抵充買馬外，以後一切馬乾節曠銀両仍作戶部正餉支給。本年九月二十一日奉聖旨，這奏內將節曠羨銀扣發五萬両，并暫裁無馬兵粮每月二錢以充買馬之用，既經該部酌妥，便移文關寧餉司遵行。欽此。今閣部所請相應具覆案呈到部，該臣等看得自袁崇煥空月馬乾之議興，而臣部始苦無馬之餉，客歲仰請明綸停罷馬乾，以節曠還官，歸臣部作正餉支銷，而餉務、冏政始各不相侵矣。惟無馬兵丁每月扣粮二錢另貯餉庫作買馬之資，雖亦出正餉，然自道鎮清查得來與其虛糜之兵，何如明還之官，因臣部所甘心願供市駿者也。今閣部奏稱見貯庫者四萬兩有奇，可買馬一千四百餘匹，奴氛正惡，及時動支以備衝突，當不煩再計者矣。既經閣部奏揭前來相應覆請，恭候命下，臣部移咨閣部，遵奉施行。崇禎四年十一月十二日具題，本月十三日奉聖旨，關寧需馬，依議將庫貯扣銀四萬兩動支買補，還須遴委的當，查收明白，毋虛冒不堪，即行與樞輔及監視衙門知道。欽此。

又 卷二八《議覆凌餉買馬製器疏》 題為凌兵餉乾，查扣已清，懇求具題以慰聖慮，以便銷筭事，專理新餉山東清吏司案呈，崇禎四年十二月二十八日奉本部送戶科抄出，山永廵撫丘禾嘉題前事，內稱凌圍三月終于失陷，其餉乾銀兩應扣何疑，惟是各官兵身雖困在凌城，而家口之散處衛所者嗷嗷待哺，一槩不放，是以死棄之矣。無論守土者不出諸口，恐聞之見在各兵，未有不傷其心者。然則查有家口全給，無家口截扣，非但權宜收拾人心，實亦體國恤軍之正道也。今據餉司扣數二萬四千八百九十五兩八錢七分二釐，雖與內部大槩計筭不同，而臣等與該司若心區處，天日可表，我皇上事事洞察幽顯，敢一毫涉欺乎？除據該司細數，另揭御覽外，伏乞勅下戶、兵二部查核等因，本年十二月二十六日奉聖旨，該部查覈具覆，欽此。又該寧錦廵撫方一藻題同前事，內稱凌城被困戍士枕戈，七、八、九月應得餉銀，各丁家口照額支領，似亦情理宜然者。內部以兵既被困，餉應扣留，議以三月餉銀六萬餘金充招練募丁併關外，招丁製器等用，綜核罔遺樽節，可謂良苦。今據餉司雷一鳳道臣陳新甲復加查核，其有家口應領者，奉旨應在議恤扣追，委非人情，各丁原無家口及馬乾應扣者，實計止二萬四千八百九十三兩八錢七分二釐，應撥招練營者止該五千兩，應存寧錦招丁製器者止該一萬九千八百餘兩，分核業已詳明，似應照數銷筭，頃繹明旨，皇上軫恤戍士，懷意睠睠，計內部自當仰體遵行，無庸別議。老至遼鎮無馬兵丁每月扣銀二錢，除七月以前給營買馬外，八、九兩月共該銀七千六百二十七兩零，原係扣除各丁為本鎮買馬之用，蓋亦委曲裁省，非得已者。今復議扣充餉，在計部所益僅止錙銖，在遼鎮買馬無資，即頻行籲請，解給維艱，於防禦實有大不便者。且給餉買馬，俱屬公需，宜該道汲汲議請等因，五年正月十二日奉聖旨，這查扣淩兵餉乾已有旨了，應否如數分給銷筭，其原議買馬一項，又改充餉，是何緣故？該部一併查核具奏。欽此。欽遵通抄到部送司，案查去年閏十一月初一日，奉本部送準薊遼總督曹文衡咨為軍務事，内開本年十月十五日準户部咨，為遵旨合奏事，奉聖旨，這南馬協濟銀買馬草料，存積銀兩充餉，既經二部酌定，俱依議行。欽此。欽遵抄出到部，除將南馬協濟銀兩仍歸兵部議充馬價外，其各邊鎮節存草料銀兩盡數查出，抵充缺額邊餉等因，隨該本部院劄行各餉司欽遵去後，今據前因，該本部院看得各鎮節存草料銀抵充年例，新奉明旨已行司道遵行，今該道以關外需馬甚急，欲以見在所扣馬乾之七千六百二十餘兩暫充買馬，非敢擅便依擬者，合行咨請，為此合咨貴部煩請查照咨内事理，希將關外現存八、九兩月馬乾銀七千六百二十七兩零或仍抵月餉，或暫充買馬，希裁酌咨，示以便行，令該司道遵奉施行等因到部，奉批南馬協濟買馬，在料存貯充餉，此為各邊節曠馬乾而言，非欲以無馬兵丁銀充餉也。原題自明，該餉司或偶未詳明耳。不必抵餉，以滋紛紜。奉此隨即呈堂咨覆去訖，今該撫臣丘禾嘉方一藻題，奉前旨相應議覆案呈到部，該臣等看得淩兵陷圍三月，臣部屈指兵數應扣存銀六萬餘兩，舉大數也。就中家口在寧，自應存恤，以堅敵愾，兵心觀望所係，固不容盡扣以灰士卒之心。今據山永撫臣丘禾嘉、遼東撫臣方一藻所奏，實在扣存者止銀二萬四千八百九十餘兩，照部議六萬，派撥之數為加減，欲以五千兩送關撫轉給招練營，為客冬募兵之用，尚餘一萬九千餘兩，貯存寧錦招丁製器。查臣部原未有留充招丁製器之説，豈其出自兵部乎？但衣冠各典，職掌原殊，且招練營兵向議移島餉餉之，今登、萊有事，征勦方興，島餉尚未可必，則就此二萬四千餘兩中，以一萬二千解赴關撫，為見在招練之餉，餘銀仍充該鎮兵餉為便，至買馬已有無馬兵丁，製器已有工部分餉，臣非好為争執，實不得不爭執也。至於無馬兵丁銀七千六百餘兩，扣充月餉，臣部原集此議，先該督臣曹文衡因户、兵二部酌議，南馬協濟銀聽兵部買馬草料，節存銀聽户部充餉，奉有俞旨，恐無馬兵丁銀亦在充餉之内，咨會到臣，臣即批令該司回咨云，南馬協濟買馬草料存貯充餉，指各邊鎮節曠馬乾而言，非指無馬兵丁而言也。今據遼撫所請，似臣部咨覆督臣之後轉行未到，而該道餉司尚守督臣前劄拘泥馬乾二字，故呈會撫臣，為此請也。臣部即苦乏餉，然成例具在，其借動無馬兵丁銀兩，當勒限相償，豈敢妄扣充餉，以滋紛嚚？相應聽撫臣照例動支買馬，苟利撻伐，則市駿猶之充餉矣。既經具題，前來相應覆請，恭候命下，臣部移文各該衙門遵奉施行。崇禎五年正月二十五日具題，本月二十八日奉聖旨，這無馬兵丁銀兩原充買馬，知道了。其查扣淩餉，招丁製器，卿部既無此議，該撫何據輒請分給銷筭？是否出自兵部，有無奉旨，還着查明奏來。欽此。

又 卷三三《覆關外豆折買馬疏》 題為酌裁料豆買補馬匹，用資勦禦，以固巖疆事，專理新餉山東清吏司案呈，崇禎五年九月十一日奉本部送户科抄出，寧錦巡撫方一藻題，前事議請豆折六萬兩買馬緣繇，本年九月初九日奉聖旨，該部酌議具奏。欽此。欽遵抄出到部送司，相應議覆案呈到部，該臣等看得關寧米豆自帶運截漕而外，勢須召買，乃召買一項，省直無不稱苦，故臣部與各鎮日講節存，日議量折，無非為減派計，俾地方少蘇困累，臣部少省價值耳。茲者突聞寧撫折價買馬之議，臣竊異馬夫撫臣憤驕虜之憑陵，釐綢繆之妙筭，其決策於市駿也饒有壯志，其轉移於豆折也益徵若心，臣部中外相成，似當勉效一臂，但近日新餉蠲留已多，冏牧度支各有畛域，臣部之苦，恐邊臣未必深知也。前津門預計疏開關外該豆二十六萬八百五十一石二斗，臣部已擬以此數派買矣。揆諸關外見在馬匹，此内仍有贏餘以待陸續買到馬匹之用，尚可求多於正額之外乎？六年豆折，臣部方議免派，以省葛藤，乃復請買馬，豈冏庫之藏可以扃鑰而委之臣部乎？且臣部代任關外買馬者不一而足，水兵裁汰歲留一萬七千兩買馬，三年為止，無馬馬兵每名月扣銀二錢，買馬歲約得銀四五萬，亦頗不貲，而今復索豆折六萬，從此各邊無庸冏庫之金錢矣。想寧撫謂此豆價原係缺額之數，非分外之索，不知新餉從來互有增減，難以預料，其增者臣部受之，其減者亦臣部受之，若處處取足而溢出者，何以四應則衰益之路斷而接濟之術窮矣。蓋折豆以秣馬，則可折豆以買馬，則不可寧。撫徒見臣部之有餘而不知臣部之不足，此議斷斷乎其不能從者也。既經該撫具題前來，相應覆請，恭候命下，臣部移文該撫遵照施行。崇禎五年九月十八日具題，本月二十二日奉聖旨，依議。欽此。

明 畢自嚴《度支奏議・邊餉司》卷五《覆節曠盡扣買馬壓欠終無補期疏》 題為節曠盡扣買馬，壓欠終無補期，懇祈聖明勅令存留餉庫，以充軍儲事，邊餉司案呈，奉本部送據巡按宣大監察御史胡良機揭，為謹陳嚴疆單匱之形等事，內稱查核過總兵董繼舒原疏事款逐一開列，一件原議買馬未用完題留鎮監樽節班價料草銀三萬九千三百四十四兩零，內除各路糧廳庫收貯料草銀六千三百六十八兩四錢二分零，各委官見收，鎮監題留樽節班價料草銀三萬二千九百七十六兩五錢五分零，買過馬騾駝一千七百八十六匹頭隻，各價不等，共銀二萬一千四十二兩八分二釐，見在銀一萬一千九百三十四兩四錢七分零。一件查出援遼防關入衛倒死陣失馬騾一萬九千四百餘匹頭隻，各營自本年正月起，外路各城堡自崇禎二年十一月起，俱扣至四月止，應扣存庫料草銀八萬一千八十八兩，業已議準買馬，見今於萬億庫領出買馬料草銀二萬二千七百三十三兩五錢二釐六毫，買過馬五百八十四匹，各價不等，共用銀七千七百四十三兩九錢八釐，見在銀一萬四千九百八十九兩六錢一分四釐六毫，俱係各委官收貯，另聽明示買馬，其餘銀五萬八千三百五十四兩四錢七分七釐四毫，見今在庫，並未承領等因，復奉本部據大同糧儲主事周維新稟稱，職自受事，隨查雲鎮凡放月餉，先大同，次陽和左衛，次極，次衝腹，相沿日久，該前任劉主事刻竪榜文，迄今未敢更易，至若節曠，除死馬料草□各營奉文領去買馬，與餉庫無預外，其逃故軍士還官查奉堂劄，另項收貯，以備閏月軍餉，其不敷之數仍在本鎮主客額餉之內通融消筭，此項歇役總在各該道府加意稽核，而虛冒自絕，餉司除按掛號冊籍查筭無差，計口授食，別無考覈之法等因，各到部送司案呈到部，該臣等看得馬價軍糈各有款項，不容假借，其來久矣。九邊買馬原隸兵部動支冏寺銀兩，近日又議動支驛遞節省銀兩，先是罪督袁崇煥初定關寧經制，議以虛懸馬騾預支實在料草，以為買馬價值之用，是其所層累而積者，俱臣部庫發之額餉也。臣部屢疏爭執，幸賴聖明鑒察，歸還臣部充餉，即遼撫丘禾嘉再疏，申請聖明，仍允臣部疏議，僅以五萬與之，未嘗聽其任意扣留也。今據御史胡良機揭中所云，革除冗役、冗匠，召募精壯補伍，督造軍火器械，修葺邊徼墩臺，一番整頓，壁壘改觀，宜雲旂幟，真足以寒奴揮之膽而制其命矣。惟是原議題留樽餘□價料草銀三萬九千三百四十四兩，內除買過馬騾駝等項共用銀二萬一千四十二兩八分二釐外，委官見收銀一萬一千九百三十四兩四錢七分二釐五毫，各路糧廳見收銀六千三百六十八兩四錢二分零，二項共實在銀一萬八千三百二兩八錢五分零，又於萬億庫扣存料草銀八萬一千八十八兩，已經領出二萬二千七百三十三兩五錢二分二釐六毫，內買馬共用銀七千七百四十三兩九錢八釐，見在銀一萬四千九百八十九兩五錢九分四釐六毫，二項共實在銀七萬三千二百四十四兩九分零。以上宣鎮通共存銀九萬一千五百四十餘兩，此宣鎮扣留買馬之銀，見於按臣胡良機之疏者也。至於大同亦扣倒馬料草買馬，見於餉司周維新稟中，而無銀兩數目，舉宣、大二鎮而山西可例推矣。臣等再三酌量騾馬之缺額，固當買補，而介胄之枵腹尤為可念，今各鎮動以呼庚呼癸苛責臣部，或言二三十箇月無餉，□部近議扣留節曠以補壓欠，每年帶支一兩月，臣等方懼帶支之不前，機軍之難俟也，而今俱改充買馬之用，臣部將復何所賴藉哉？恐此例一開，而邊餉愈苦，不給壓欠，終無可補之日矣。即如總兵孫顯祖督率家丁出防宣鎮，臣部先議於該鎮客兵銀內支餉，因宣撫楊述程屢疏稱其艱難，另索臣部新餉，臣部萬不得已，頃自十月二十一日起，至十二月二十一日止，月餉馬乾共支給七千二百八十一兩九錢，俱自太倉銀庫兗發，止令該鎮給發，監菜尚未知其能降心以相從否？夫以臣部之年例不為臣部用，俾令臣部剜肉醫瘡，權宜以應，而餘存之銀乃盡留以市馬，即令雲錦成群，如月餉之不繼何哉？夫舊餉原處其不足，即屢疏會議，未能補湊，臣與同官侍郎康新民日每攢眉相向，所望各鎮節曠之銀猶可藉以抵補壓欠，并閏月糧餉之用，而今概以買馬，縱令臣部嘔幾腔心血，費幾番經營，只須朦朧領去，一筆勾銷，其於度支寧有計可施哉？并餉司逐月報冊，俱屬夢中說夢，而查核總成故事矣。合無勅下臣部，行令該鎮督撫兵道動支正項銀兩買馬，每月兵糧料草俱照實數支領，不許朦朧以無為有，領出別用，庶幾壓欠閏月之餉漸次抵補有攸賴矣。臣等不勝悚息待命之至。崇禎三年十二月十七日具題，本月二十日奉聖旨，軍餉馬匹均屬急需，節曠扣買亦是權宜之計，據奏壓欠，無從抵補，領銷易致朦朧，還與兵部從長酌議合奏，周維新何故不具數報部，有無私弊，一併查來。欽此。

又 卷七《覆查核兵科印自備馬查寄庫銀疏》 題為例馬糜餉欲循例必須責實，謹攄册臚列，仰祈聖明勅令道臣按匹印烙，以求實用事，邊餉司案呈，崇禎四年四月初四日奉本部送户科抄出，查覈邊鎮兵馬兵科給事中馬思理題前事，內稱計各鎮報到之册多有自備馬之例，試數其自備有一百二十一匹者，東協也，有四百六十四匹者，中協也，有二百六十七匹者，西協也，有二百五十三匹者，團練鎮也，有二百四十六匹，雲南兵鎮也，有二百三十八匹者，西協之延綏營、甘肅營、雲南營也。他如關外遼東鎮則有三百八十五匹，關內山海鎮則有二百七十九匹，通州鎮則有八十七匹，昌平鎮則有一百五十三匹，宣府鎮則有八十九匹，寧夏鎮則有三百六匹，青州一營則有九十七匹，總此周環鎮轄，輪蹄可矚，今自備已三千八十餘匹，歲計餉至三萬八千三百餘金，萬一有是例，無是馬，在今日欲以折乾為養廉，在他日必以徙步而傳戰，是負朝廷，仍自負也。請自今伊始，專責道臣將該鎮官馬及自備馬分別印烙。乃臣又查大同册開陣失倒斃一項，除一萬一千三十三匹明註不支餉外，更有一萬五千九百七十九匹，據稱從餉庫中領出，寄交西路官庫，或都司官庫，聽候買馬支用。臣計其月餉共一萬三百七十六兩四錢，若以歲計之，又可貯十餘萬餉矣，不識此銀□領在庫否？但臣查各鎮扣軍有朋銀，有□□□，有年例銀，皆屬買補缺馬之需，今多此一項，未見馬額日增，徒見餉額日缺，聞該鎮七萬八千餘兵，缺餉幾一年餘矣，即不為通融裒益，亦當着落存留，臣不能不望皇上并責道臣清釐也。四月初二日奉聖旨，貪弁侵冒無厭，發一弊端，即生一狡計，虛伍糜餉，邊事何時得振？這所奏責成道臣另印自備馬匹，覈查寄庫餉銀，均屬清釐要務，該部便看了來說。欽此。欽遵抄出到部送司，案呈到部，該臣等查得各邊鎮之有自備馬也，相沿非一日矣。想朝廷立法之初意，豈漫無稽查哉？正望赳赳桓相之輩，盡皆干城腹心之儔，數馬以對，必能精索千牝牡驪黃之中求牧與芻，必能馴養其一夕千里之用，雖營廐充牣，終不敵自備之超乘也。不料貪弁侵冒，相習成風，開支干紙上，非不雲錦成群，實按于廐中，雖并駑駘，烏有案查，先該昌鎮督治侍郎侯恂條議，自備馬匹必經該道□過，方許開支草料，□有□□□□□□□部覆奉俞旨依議行矣，但尚未見遵行減削，尤恐托之空言已者。今查覈軍馬科臣馬思理直探弊源，請自今始責各邊兵道着實稽核，將該鎮官馬及自備馬分別印烙，較前部議法倍精詳，合無將前項開列營伍自備馬匹移咨各該督撫，責成□臣逐一點驗印烙，與督撫同城及遇出巡地方間，親行抽點有無馬而冒交者，亟行裁華□倩馬而代點者，即行摘發。其各官自備馬亦宜再加裁節，定為限制，完日申報，撫按具疏奏聞，斯亦實營伍而清虛冒之一大關鍵也。夫科臣以查覈軍馬為職者也，蒿目邊疆，痛心弁弊，思國計之空虛，惟清冒為可補，故計馬之虛而旋籌，夫缺馬之餉，虛兵之欠，而轉慮夫寄庫之銀，凛凛風裁，字字碩畫，不獨臣部藉以濟虛，則從此馬政軍儲胥賴之矣。疏內如大同一鎮册開陣失倒斃一項，除一萬一千三十三匹明註不支餉外，更有一萬五千九百七十九匹空月扣存銀，據稱從餉庫領出，寄交西路官庫，或都司官庫聽候買馬支用等情，委屬可駭。夫餉司為錢糧而設，則一應錢糧無鉅無細均當出入于餉庫，按月逐項奏報，而後臣部得執以銷筭，皇上可憑以覈查。若以空月扣存料草之銀，不繇餉司掌管，而分寄西路并都司等官庫，勿論侵□乾没等弊漫無稽查，而收支不清，奏報無據，則亦安用餉司為矣。案查崇禎三年十二月內，據大同餉司周維新稟□倒馬料草皆各營奉文領去買馬，與餉庫無與，並無銀兩數目到臣，隨該臣部備□于節曠，盡扣買馬之疏，入□奉聖旨，軍餉馬匹□屬急需，節曠扣買亦是權宜之計，據奏壓欠，無從抵補，領銷易致朦朧，還與兵部從長酌議合奏。周維新何故不具數報部，有無私弊，一併查來，欽此。復該臣部備劄，該餉司續據該司回稱，向來倒死馬匹空月料草銀兩解貯都司衙門買馬支用，在餉司據道府册領筭□□料草銀兩照數報部開銷，果爾是料草一項相沿成例，俱當問之撫道，不當問之餉司矣。然明係領去買馬支用者，又責該餉司向臣部筭作實放料草開銷，是無馬而有馬，不應支草料而妄支草料，則買馬與實放兩無着也。先該臣部移咨該撫漏查節催未報，茲讀科臣疏，欲為□融裒益，着落存留，臣細閱之，愧服無已，該鎮倒馬料草臣部以隔絕而不及知，餉司明知之而不敢問，向非科臣徹底覷破，其何以挽狂□□裨實用哉？除朋椿年例，向充買補缺馬之□□據科疏所稱，空月料草月可得一萬三百七十六兩零，歲計即可貯十餘萬，為數不貲，科臣□以補壓欠而慰軍心，臣等前覆宣府餉司萬□孚疏，意亦若此，而科臣從覈馬中覈餉一□□查和盤托出，夫買馬自營伍所急，獨計兵部□設有馬價有站銀，則不當用空月料草也。即□得已而用之，臣部亦走□各如客冬遼□□□助馬□五萬□□□□□□□□兩，但當告之聖明，從實支銷，庶便於稽查耳。且餉司于各鎮節□一一報部奏繳，乃其職掌，顧有格于往例，扼于牽制，不□□首舒眉，一吐胸中所欲言，則今日之為餉司□不亦難乎？仰祈皇上申飭督撫再將各鎮將領自備之馬定為限□，寧少無多，其例不應得者裁之，即應得而無□者，不經印烙即行住支，完日具疏奏聞，以後查照遵行，永為定例。其大同鎮西路官庫□都司官庫所寄空月料草銀各係若干，有無買馬，亦須查明入告。嗣後節曠銀兩不論多寡，均要收貯餉庫，或照□鎮近例，一半買馬，一半充餉，明明白白，具文□領，以防侵冒之弊，仍令餉司按月、按季備述奏報，以便查覈，不得依回含隱，致部發可問，節曠不可問，則百節通靈而周身之元氣浹洽矣。□因科臣之條議而併及之，恭候命下臣部移文各督撫，并咨都察院轉行按關御□及劄各該兵道餉司一體遵奉施行。崇禎四年五月二十五日具題，本月二十八日奉聖旨，將領自備馬匹，正欲騰奮衛堅，若不經清稽，□辨侵冒，今後着該道點驗印烙，方與開支，還須□時查聞，以求實數，不必執裁制之說，致滋減削。□同鎮寄庫銀咽有無買馬，着該督撫查明具奏，□後節曠銀着餉司按季開報，以便查覈支用，不□一任私領，徒飽婪欺，各邊俱着一體遵行，著為□，爾部通行傳飭。欽此。

又 卷九《覆宣撫議節省草料各半買馬允餉疏》 題為邊防不可無馬，馬價不可虛推，懇乞勑部，從實合奏，恪遵明旨，以無悞封疆事，邊餉司案呈崇禎四年閏十一月初一日，奉本部送戶科抄出，宣府巡撫沈棨題前事，內稱近因夷馬不入，慎選朴誠殷實□職將官遠道重賫，皇上又以缺馬速補頻催，而戶部復以南馬節存□却夫使協濟餘銀果足買馬，臣復何說。宣鎮銀【中闕】俟積存不知何年贏此二十萬，即以二十萬□派九邊，能分幾許于宣鎮？自此虛推宣馬，再□補法邊塞，以逐寇為雄，却步即為延敵，西北闢騎射為事，撤馬即同無兵，不及今買馬以收□卒之用，憂恐不獨在邊矣。果現有南馬節存，□兩堪抵此數，則草料應聽戶部別抵，不則扣□料銀，準今後仍充該鎮買馬之明旨，斷斷乎不可易也等因，十一月二十九日奉聖旨，宣鎮馬匹缺額買補亟需實銀，着該部確酌□覆，毋仍以虛言漫應，欽此。本年閏十一月十二日奉本部送戶科抄出，該撫題為經制不可意□，邊計不可虛銷，謹列鎮兵凍餒倉儲匱乏之因，乞聖明惻然憫念，早圖强兵固圉之實事，內稱竊惟寰鎮錢糧惟主餉、客餉二項，取足京民屯鹽四事，題準年例錢糧分毫不許短少，蓋無可增減之，為例節存，年復一年，餘歸閏餉，而不另發，更有節存則在召買以儲積備兵荒，非止備每歲兩月本色而已。自户部起，抵扣年例之說而項款溷淆，如扣還逃故等銀六萬四千餘兩，原應作閏餉也，而借名節省，抵四年年例矣。馬料價銀九萬五千餘兩，應充買馬也，而借名額外補給一月，其實按月壓欠原無額外已暗裁馬價之半，西兵、川黔兵援遼，暫駐宣鎮，應食新餉，而借支主餉八萬四千八百六兩，內三萬兩借名補□□□係還保定民運於京運之欠□涉也。昨歲奉旨量補，近年而分文不給，今歲奉旨，乘秋召買，而顆粒未收，宣馬歲支半料，入冬兩月未給，茲料價十一萬，合扣還逃故六萬，共十七萬以報節省，蓋宣鎮實無他節省，不過逃故扣還，前此因扣六萬四千為年例，又措八萬四千六百兩餉援遼之客兵，則此二項共銀十四萬八千六百兩，實係本年欠發京運在舊欠一百三十萬九千五百八十六兩之外者。如經制□□因閏十一拜【中闕】聖旨，該鎮召買及馬價已有旨了，這奏內事情□□部一併議覆，欽此。欽遵抄出到部，通送到司，□□買銀兩已經奉旨移咨劄行，該餉司動支五萬速行召買，去後閏□先已奉旨，將扣存空月草料銀充備閏之用，所有馬價□□布花月餉等項，相應遵旨酹議，一併速覆案呈到部，該臣等看得邊鎮設□以資捍禦，邊軍藉馬以鼓衝鋒，馬不應缺，缺宜亟補，此不待再計而決也。惟是九邊節曠糧料，原奉明旨，特設部科清查銷算，不過為節省計耳。先是遼左曾扣馬乾買馬，近經臣部具題停止，即大同一鎮扣銀另貯買馬，亦奉明旨勒令司道回奏未結，今原疏固在也。祇緣宣鎮缺馬數多，馬價無從設處，向多取給空月草料，案查崇禎四年三月內，該本部題為節□盡□□□壓欠絲□補期，懇乞聖明勑令存留餉庫，以充軍儲事，覆宣府巡撫沈棨題為謹陳嚴疆單匱之形，竭蹶修舉之略，仰懇天鑒，俯濟急需，蚤裨安攘事，內請節存空月料草銀及節曠還官銀緣繇，本年三月二十六日奉聖旨，這宣鎮扣存空月草料銀九萬五千餘兩，依議半充該鎮買馬，半充該鎮補欠各軍餉銀，俱準額外補支一月，餘充閏月之用。其節曠還官銀六萬四千餘兩，準抵四年，分年例還着該督撫餉司將買過馬匹、發過銀數從實奏繳，萬國孚節存數，多具見實心綜理，着吏部紀錄優叙，該衙門知道。欽此。隨即移咨遵行，是則臣部清查空月料草之繇也。又查崇禎二年五月內，臣部因邊餉缺額太多，公集廷臣會議二十款以補缺餉，內有南馬協濟一款，題奉欽依遵行已久，實在兵部扣解站銀之先，嗣因兵部謂南馬協濟係該部銀兩不肯歸臣部充餉，崇禎四年二月內該前任兵部尚書梁廷棟題為遵旨回奏事，本月二十日奉聖旨，據奏薊鎮缺馬，未能悉補，依議先補新營，後完舊額，應用馬價除已發續解外，草料存銀原係缺馬所積，着該部酌議措給，至南馬協濟，既抵報站銀，復題充舊餉，一事兩屬，將何適從？并議歸着以防影射，還合疏速奏，毋得互執，致妨邊計。欽此。臣等因邊鎮缺馬數多，每索臣部空月草料銀兩，既兵部欲以南馬協濟，留為各鎮買馬之用，則缺馬之價有所自出，各鎮餉內節省之銀可以盡歸臣部用矣。且以兵還兵，以戸還戸，錢糧各歸職掌，彼此可斷葛藤，雖會議已經宸斷，不敢不酌議上請也。隨咨會兵部去後，隨該兵部尚書熊明遇主稿，會同臣部題為遵旨含奏事，內酌議以南馬協濟仍歸兵部，買馬草料積存盡歸臣部充餉等因，本年九月二十八日奉聖旨，這南馬協濟銀、買馬草料存積銀充餉既經二部議定，俱依議行，欽此。又經移咨通行，今撫臣沈棨復申前請，正慮南馬協濟銀兩尚虛懸于四方，而餉內節曠贏餘已見存于該庫，馬須亟補，勢不得不取足于見價，撫臣一請再請，總為封疆起見，況奉明旨買馬，亟須實銀，毋以空言漫應，臣等又安敢固執兵部合奏之議而不通變立應耶？合應遵奉前旨，將該鎮新報節省草料銀十一萬兩，仍以一半買補缺額馬匹，一半抵充月餉缺乏，如買馬時聽撫臣自行請旨動用，買馬後仍據實造册報數以便餉庫開銷，即一半屬臣部充餉者，仍貯該庫，如遇召買布花等項急需，臣等請旨，方敢剳行支放，亦不抵充，現年年例以後，着為定規，庶該撫缺馬之價從此已有實落，亦不至備責臣部而屢于宸聽矣。若夫買馬，兵部事也，南馬協濟銀兩，兵部不欲充餉，原以備買馬之需。臣部議還南馬銀兩，亦謂此項雖去得節曠銀兩全還，又可抵舊餉缺額也。今臣部空月料草既已扣留買馬，不知節省站銀歸之何處，更有何用？臣部所讓南馬協濟復歸何處，亦有何用？合應仍遵前旨，另行撥給。臣部永充缺餉，似亦不待臣詞之畢矣。此外軍士布花馬匹半料該鎮年例之內，自有應發之數，餉司一意膠柱，遂至後時，此後悉聽撫臣，按時催給，餉司依期接濟，誠不得株守款項之成額，而坐致三軍之啼號也。查餉司萬國孚前報空月料草銀九萬五千餘兩，除一半買馬外，其餘仍為該鎮補欠之用。惟節曠還官銀六萬四千餘兩，扣抵年例。臣部當匱極之時，少資接濟，然亦不過以餉還餉耳。自茲以往，見年月餉，臣部惟有按季措發，不敢稽延，至壓欠積，逋相沿已久，皆皇上所洞鑒。若一旦責補于三空四盡之日，□□□以致神輸，更何法以謝邊鎮？即宣□厲色相告，臣終不能應也。宣鎮於天啓七年以前，壓欠數多，至臣任内完過，崇禎元年三年並無分毫短少，惟二年以虜儆少欠，宣撫試簡舊案，當自了然。至于川黔防宣官兵，臣部借二年之舊欠，與補還之民運，支持數月，惟鹽菜一項取給該□正為新餉，不能遍及舊餉，措發無門，宣鎮既過主兵單虛，而借資于客兵，不得不借主兵餘□以充客兵供億，總為那東補西之著，亦是剜肉醫瘡之謀。臣部前覆巡視科臣申為憲等疏，備陳苦情，已蒙聖鑒，臣不敢再贅也。既經該撫具題前來，相應覆請，恭候命下臣部，移文該撫并該餉司，一體遵奉施行。崇禎四年閏十一月十九日具題，本月二十二日奉聖旨宣，鎮扣庫銀兩買馬充餉及給發布花等項，俱依議，其南馬協濟銀仍遵前旨，速催買馬。該部知道。欽此。

又 卷一〇《覆晉撫議草料曠銀各半買馬充餉疏》 題為遵旨回奏營制，併請復截曠銀兩買補馬匹，以實營伍，以資捍禦事，邊餉司案呈，崇禎四年九月十七日奉本部送戸科抄出，山西巡撫宋統殷題前事，內稱除營制規則，兵馬細數不敢瑣贅，備造文册，先送部科查核外，惟就中軍有逃故馬，有倒損旋報□□悉聽餉司積作正項，然缺軍陸續招補復額，自易缺馬，買補無貲，措處實難。近奉新例，倒馬料草盡扣餉司作為正餉，止有朋合樁皮能有幾何，委不足用。若然，而三關重地遂無馬矣。請將三路倒馬料草銀兩免扣，餉司仍舊領出作為馬價，行令該道上緊買補等因，九月十五日奉聖旨，這所定營制着該部科詳覈具奏，倒馬料草虛冒，固應嚴查，若盡扣作正餉，缺馬作何買補，户部還從長酌議來說。欽此。又奉本部送戸科抄出，宣大總督張宗衡會題前事，九月十九日奉聖旨，已有旨了，該部知道。欽此。欽遵抄出到部，通送到司，除所定營制應聽兵部具覆，所有倒馬料草買馬事宜相應酌議，具覆案呈到部，該臣等看得司計司兵職掌原自殊途缺餉，缺馬料理自有專責，此亦事理之彰明較著者也。且以臣部所出之年例，偶遇缺曠節存，仍歸正項充餉，亦不過以餉還餉，似亦無待再計而决者。祇因□鎮日講飽騰，缺餉者同臣部索正額，缺馬者弁向臣部索節存，遂致各餉司所餘之金錢半去以為□□之用□部之苦，乃愈不可支矣。案查南□□濟一款，原集廷臣會議，以補邊餉缺額之數，續該兵部復，欲執留買馬，奉旨合奏，臣部不敢與爭，聽該部主稿議覆。崇禎四年九月二十八日奉聖旨，這南馬協濟銀買馬、草料存積銀充餉，既經二部酌定，俱依議行。欽此。臣等方謂南馬協濟既去，草料存積全來，亦足以補缺餉之不逮也。復該宣府撫臣沈棨恐南馬協濟銀尚屬虛懸，以草料節存銀現貯餉庫，仍欲留為買馬，具疏上請，備極呼籲。臣等仍從其議，以宣鎮餉庫存貯曠銀，照舊動支，一半買馬，一半充餉，且買馬既分節曠，則前南馬協濟銀應照會議復歸臣部充餉矣。覆奉聖旨，宣鎮扣庫銀兩買馬充餉及給發布花等項，俱依議，其南馬協濟銀仍遵前旨，涑催買馬。該部知道。欽此。欽遵在案。今晉撫宋統殷又復題請前來，臣部雖處捉襟露肘之時，然既奉有明旨，草料存積銀兩買馬、充餉各分其半，宣鎮已然，則山西不能兩視矣，合無照宣鎮例，查山西鎮餉庫所存草料曠銀若干，動支一半買馬，一半充餉，完日將買過馬匹、用過銀數據實造冊報部開銷，嗣後應遵新旨，凡各鎮買馬，自有樞部冏庫馬價驛站，又復益以南馬協濟等銀，自不難于市駿，慎勿再援為例，屢瀆天聽，而索之臣部也。既經該撫具題前來，相應覆請，恭候命下臣部移文各該鎮督撫按餉司一體遵奉施行。崇禎五年正月二十六日具題，本月二十九日奉聖旨，依議，還着將買過馬匹銀數造冊報部，以憑稽覈。欽此。

又卷一一《題覆朋合買馬節省製器疏》　題為謹悉保鎮設備之形，並繪軍役之苦，仰祈聖鑒加意整頓，急議拊循事，邊餉司案呈，崇禎五年五月初一日奉本部送戶科抄出，該本部題前事，內開節曠之銀原以備閏月之餉，此自從來舊制，而說者多欲借為他用，如總兵劉國柱則欲移以買馬，關臣王道直又欲移以製器，夫買馬則兵部任之，製器則工部任之，皆非臣部事也。至製止查朋合一項，例于臣部餉銀內扣除，臣部當申飭餉司，勉為措給耳。至製器之需，原與臣部無與，但查該道節省快壯工食等項，原非臣部正餉，以後該道所扣即以充地方製器之需，而臣部不必取之以充年例可也。總之，額有者臣部不敢節縮于額內，額無者臣部不必取資于額外，而臣部之能事畢矣等因，四月三十日奉聖旨，新軍按月給餉，依議，其朋合買馬、節省製器應否止，行保鎮併着通查各邊事例及二項錢糧有無定額來看。欽此。欽遵抄出到部送司，案呈到部，該臣等看得買馬製器，各有職掌，皆非臣部事也。然論者多取償於臣部，得無謂臣部為兵餉所自出，或當有贏餘乎？不知臣部兵餉年來每苦入不當出，至于舊餉尤稱匱乏，幾于襟捉肘露矣。臣部萬不得已而揭出朋合買馬、節省製器之說，亦聊自為解紛計耳。夫朋合之例，各鎮不同，大都舊設營伍，在在有之，每馬每月平時于馬乾內扣出三分、五分不等，以為遇有倒損幇補買馬之用，故名朋合。但向來或因循不扣，或扣而那用者，亦未必無。廼若馬匹既倒，則又有椿臟銀，自五錢、一兩以至二三兩不等，以領馬月日遠近為多寡，此又追之倒馬軍丁，亦備買馬之用。雖椿朋原無定額，而銖積寸累，俱買馬正項。近日云撫張廷拱採青空有其名一疏，內稱仍以椿朋銀兩責償於軍，此其一證也。節省之說，原因關臣王道直有此中製器造甲節曠可以借支一語，臣查易州先後道臣王弘祖、王繼謨共報節曠銀一萬三千九百餘兩，即在年例之內，臣部原留扣抵閏餉，惟二道又報無礙銀二千三百七十兩零，乃係快壯扣曠及該道積穀所得，不在額餉之內，臣部先是扣作正餉，今議如此等類，嗣後免扣年例，姑留餘地，以充製器之需，蓋以地方所樽節者，還為地方資捍禦也。但有無多寡，各鎮不同，亦無定額。然臣近見宣大巡按胡志藩一本為捐助事，奉聖旨，這捐助銀兩著移會督撫監視，即在本處繕備犒兵，具疏奏報，不必解部。今後邊鎮地方俱一體行。欽此。則節省之可用，又其一證也。以上朋椿買馬，節省製器，皆臣就事論事，自竭其愚，要不獨可行於保鎮，而實可行於天下者也。謹據實登對，伏惟聖明鑒督，申飭施行。崇禎五年六月十四日具題，本月十六日奉聖旨，近來邊鎮請討匹器械，殆無虛日，既各有朋椿節省等銀，何未見製買添補，着即會同兵、工二部，通飭一體遵行，仍着該撫按據實奏報，以憑查覈。欽此。

明　畢自嚴《度支奏議・山東司》卷一《題覆袁督師請發撫賞抵充馬價疏》　題為馬匹盔甲必不可少，不可遲，乞勅蚤覆蚤發，以張撻伐，以靖東隅事，山東清吏司案呈，本月二十四日閱邸報，該遼東督師兵部尚書袁崇煥題前事，二十三日奉聖旨，兵間相機調度，一應軍需當令充足備用，這所請馬價銀，朕面諭戶、兵二部議，定先措撫賞銀三十二萬一千兩，着即與斛發卿還擇用，委官務買堪用壯馬，不得充數，昌價盔甲，已有旨，着工部晝夜儧造，見完的先與速解，封疆事重，中外協力，□濟不得，仍前稽延該衙門知道。欽此。欽遵相應且覆案呈到部，該臣等看得遼東撫賞銀兩從前俱與臣部無與，始於天啓四年題增賞額，除樞部認發外，臣部分認虎墩撫賞銀六萬六千六十二兩五錢，又分認粆花撫賞銀五萬兩，遂沿為例。然原無額編之銀，一旦措辦，那東補西，誠不勝捉襟露肘之苦矣。頃督師袁崇煥欲以户兵未發撫賞，移以買馬，及查臣部自天啓四年秋季起，至崇禎元年止，除解發外，尚欠銀一萬五千八百八十四兩四錢，再以崇禎二年應發全數，計之又該一十一萬六千六十二兩五錢，此則臣部禾發撫賞之確數也。至於樞部應發銀數及節年拖欠銀數，臣不與知，想督師處必有確數矣。昨蒙皇上召對，諭臣部與樞部措處，臣敢不仰體聖意，即為措發，以應督師之手，以釋皇上宵旰之憂。謹將臣部兩年未發銀共該一十三萬一千九百四十六兩九錢俱於原設舊□□內盡行解發，而臣部之事完矣，臣部之力竭矣。即日先措發銀五萬兩，餘容陸續再解，務與樞部共完足三十二萬一千之數。此後或仍有未發撫賞及欲移發挿酋舊賞於宣雲，俱應樞部任之，於臣部無與也。臣部新舊餉額出浮於入，危急情形皆皇上所洞鑒者，實不能既竭蹶於東，而又馳騖於西也。伏惟勑下臣部遵奉，照數解發施行等因，崇禎二年二月二十七日具題，二十九日奉聖旨，卿前面奏認發撫賞銀十三萬一千九百餘兩，先發五萬，其餘即措處續發，亦不得遲延。欽此。

又 卷二《題覆袁督師續請馬價疏》 題為復遼必需戰具，屢請未見應手，謹再懇天語叮嚀，刻期給發，以速進取事，山東清吏司案呈，本年五月十七日奉本部送戶科抄出，遼東督師尚書袁題前事等因，五月十一日奉聖旨，前準督師奏戶、兵二部措給買馬銀三十二萬一千兩，解發曾否全完，及這本所請看通覈，議覆盔甲器械，作速打造，給發務確定數期，不得延緩，該部知道。欽此。欽遵抄出到部送司，除盔甲器械聽工部議覆外，所有買馬銀兩相應具覆案呈到部，該臣等看得督師前以戰馬不敷，請移撫賞以市戰馬，奉旨着戶、兵二部措發，臣部將崇禎元二兩年未發銀共一十三萬一千九百四十六兩九錢措以與之，合兵部應發之數，共為三十二萬一千也。及查臣部應發銀兩已差中書倪甫薩解厺五萬兩，于登仕解厺四萬兩，又據寧前道收過鹽商王時泰等撫貨抵充本部應發錄六千一百兩，今又差中書董永祉找解三萬五千八百四十六兩九錢，已於六月初七日起程，通完前欠一十三萬一千九百四十六兩九錢之數矣。今督師以三十二萬之中在樞部，已扣厺年請發馬價七萬二千兩，暨賞功銀五萬兩，而臣部續發之四萬兩，又留為拱喇撫賞之用，且謂虎酋西牧馬少價騰，故復有三十二萬兩欠數之請。夫馬價應係冏寺所出，無待再計，昨臣部之所發者，不過將應發撫賞那措解給，或作馬價，或□撫賞，一聽督師支用，前覆督師馬匹疏內曾云，此後或仍有未發撫賞，俱應樞部任之，於臣部無與，業蚤為題明，非于今日敢作推卸語也。臣部之銀既解，臣部之事已完，臣部之力已窮，其馬價之應增與否，樞部之完解與否，皆非臣部所得而知矣。恭候命下樞部查覈酌覆以聽聖明裁奪施行等因，於崇禎二年六月初八日具題，十一日奉聖旨，是。

又《山西司》卷二《覆議夷馬變價收估督催事宜疏》 題為遵旨會查撫賞事，山西清吏司案呈，崇禎五年二月初六日奉本部送戶科抄出，監視山西太監劉允中類前事，內稱查得大市、月市夷馬俱發三路營堡，估價變銀，大市馬銀解赴布政司，充作年例，市本銀七千二百四十兩之數，月市馬銀解赴西糧廳，充作偏關河保市口坐貢夷人口糧等項之用，此夷馬變價之例也。其監收估價之任，俱係雜職等官為之，其來已久矣。據西糧廳同知蘇為梯呈送夷馬冊，臣查得大市夷馬自萬歷四十一年起，至崇禎四年止，發過三路夷馬，共六千九百九十九匹，各估價不等，該銀九千四百一十九兩三錢一分，除布政司收過六千二百三十六兩二錢七分八毫外，未完銀三千一百八十三兩三分九釐二毫，未估馬三十八匹。月市夷馬自萬歷四十一年起，至崇禎四年止，發過三路夷馬，共一萬一千五十八匹，各估價不等，該銀一萬四千二百六十一兩三錢九分，除西糧廳收過七千一百九十兩八錢一分一釐四毫外，未完銀七千七十兩五錢七分八釐六毫，未估馬二百七十一匹。該臣看得大市、月市馬價錢糧亦云重矣，估價委於下職，解銀聽乎營官，非良法也。以故歷年拖欠至一萬二百餘兩，營□之乾沒，軍卒之用，殆不可知矣。且未估馬三百零九匹，係監收龔汝懋等之責，聽其離任徑去，歷年地方官槩置之，不一稽查，誤國事而縱侵漁，莫此為甚也。若非聖明洞燭撫賞情弊，遣臣監視查核，此項因循又付之於烏有，且將來冒濫亦無所顧忌，臣愚謂此後必西糧廳同知為之監收估價，而道臣為之督催收鮮，每一年之馬價務在本年完給，違者營官聽參重處。至於前項拖欠銀兩及未估馬匹，乞勑撫按務期查追完局，不得再為延縱等因，崇禎五年二月初四日奉聖旨，據奏該鎮市馬錢糧估解濫徇弁委，致歷年侵欠一萬餘金，併未估馬匹俱漫無稽覈，向來撫道所司何事，姑不深究，即着會同該撫按挨查，經手各官嚴行追補，不許延縱。今後收估督催事宜，該部即與議覆，該衙門知道。欽此。欽遵抄出到部送司，除侵欠銀兩併未估為匹，行該撫按嚴行追補外，所有收估督催事宜相應即覆案呈到部，該臣等看得夷馬變價仍以備市賞之需，變一馬即收一價，原無俟追徵之擾，自委用未得其人，致冒玩遂成錮習。今據監視清查，該鎮自萬歷四十一年起，至崇禎四年止，夷馬未完銀共一萬二百餘兩，未估馬共三百九匹，前後牽混清楚，無期奸委之侵漁，已著官司之追併猶緩，又況如龔汝懋等去留任意，漫無稽查，可勝慨哉！夫市賞錢糧固邊鎮一大關鍵也，彼營委者流不過覬變價為奇貨，雖剖腹藏珠，罔識利害，而又遑恤其敗乃公事耶？自茲以往，監收估價專委同知督催收解，總屬道臣，如監視所陳雖重事權，實嚴典守，所當急為責成者也。然臣等於撫臣更有望焉。大市充年例市本，月市作夷人口糧，此項變價金錢，俱屬喫緊邊務，撫臣雖不暇躬親，然綜核亦倍宜詳密，一歲之中發過夷馬若干，變過馬價若干，須勒令所司歲終細造清册，備加查核，則出入之欵莫能遁也。價已收而不解，乾没之罪固易知；馬已發而不估，稽遲之情更當問。須勒令所司馬發即酌估，既估即變價，一半馬價俱于本年解完，則前後之□莫能卸也。一綱總絜，萬目畢張，既釐營委之奸，并扼道廳之吭，尚復有他虞耶？如徒曰營委麾斥矣，道廳責成矣，倘出入不清，查覈無主，安知官更歲改，因循朦混之弊又不旋踵而至哉？去弊須防其漸，治法全在治人，是在撫臣加之意耳。既經監視，會同巡按御史具題前來，相應議覆合，候命下臣部轉行各該衙門遵奉施行。崇禎五年二月十二日具題，本月十五日奉聖旨，這市馬錢糧收估督催責在道廳，總挈嚴稽責在該撫，依議著實飭行，歲終仍造册報部，以憑查覈。如有侵隱朦溷，一體並論。欽此。

明　陳仁錫《無夢園初集·漫集一·紀馬》　大敵在前，用馬爲急，張家口、潘家口揷又嚴禁部落不許市我，是虜知重馬，戎心叵測，我惟有招買之一法耳。必大發駧牧之金，愼選勤幹之官，見買膘壯之馬，乘秋冬之便，俵給兵丁，始可以濟燃眉之用。若按成法，守公令則緩不及事，何以爲衝突之資？

明　楊嗣昌《楊文弱先生集》卷七《請定市馬茶布米麪疏》　哈情所重在茶布米麪而不在銀。此茶布米麪者，先年撫賞必用之物，仍以給我撫賞之人，原不為過。而茶布米麪產於中國，至自遠方，猶可源源不窮；銀兩得之艱難，一落外國，勢難再返。是則以銀易馬，不若以易茶布米麪而轉易之彼。彼得我茶布米麪，無幾時而盡，則又思得賣馬之利，必旋踵而來，予以易盡之物，收其不盡之馬。機括不獨在馬，即此可以制彼，使其就我。緣縱無有越思，則一迎機買馬間而已，遙繫插情，坐分敵勢矣。

明　盧象昇《盧公奏議》卷三《陳會剿大端并量請馬匹疏》　竊以臣之庸劣，獨蒙皇上破格用之，兩疏控辭，拜發未幾而會剿之明綸疊至，責成之天語頻頒，臣何敢再候前疏之得請與否，以蹈觀望之辜，惟有盡心盡力爲之而已。顧前此剿賊未能制勝，大率在於兵分，則今日宜急籌其合，而合正未易言也。毋論豫中主客之兵及關寧新調之兵各遠在數千里外，尚須移文撫按以講求，馳檄鎮將以會期，即就楚論，現在一萬八千之數，分駐鄖鎮及承襄、黄德，各有要衝，各備戰守，撤則虛空可慮，不撤則合剿何資。況郢中一塊土，關係祖陵，黄德、鄖襄皆其門户，防陵必須防楚，守兵即是戰兵。若盡攜之入豫，勢將以楚爲壑，臣於此開手便費躊躇矣。夫大寇縱横七年，奔突七省，經練已成勁敵，到處皆其熟窺，而黨類之多又實不止數十萬計，每分出以誘我師，倘從此一著再差，必至滿盤皆壞，故殺賊之心欲鋭，圖賊之計欲周，如醫家之治久病，望聞問切俱備，君臣佐使俱全，尤必深究其病之源，遞觀其病之積，且預防其病之變，再三詳審，然後以數十劑投之，方有起色。若甫入門而即便師心，未下手而先責成效，皆速斃之道也。臣雖至愚，赤腸自矢，日來深籌熟慮，妄意平寇之要有十，一辨餉，二籌兵，三用人，四任將，五設險，六定功罪，七明分合，八專責成，九以民攻賊，十以賊攻賊，十事備而賊庶幾可平矣。然此非一疏再疏得以詳陳，臣今督兵至豫境，一面料理兵食，相度情形，審視機宜，移商督撫，應力行者圖維而後入告，應入告者請旨而後力行，旬日後即將十事分爲十疏，明白奏聞，恭聽皇上下之廷議，取自聖裁，務求至當。目前剿賊急需營馬，楚向無兵，年來調集之羣率皆徒步之旅，於以當賊，十不及一焉，而況賊且百倍於我也。臣自治鄖以及撫楚多方設處買馬三百餘匹，約費三千六百餘金，未動絲毫公帑，留百匹以與新治，臣應用而以二百匹自備騎征，乃奔馳半年，亦多傷損，縱使二百皆壯騎，猶與無馬同，將何殺賊乎？臣身日在行間，即欲捐貲市駿，設處已窮，緩急無恃。頃者鎮臣秦翼明疏請馬匹，蒙皇上俯允，部議動支湖廣節裁驛站銀三千兩與之，臣身膺討賊之役，不敢多求，伏乞皇上敕部准再動前銀五千兩，所不足者，臣當另爲設法。臣標下若有馬騎八百，庶可供一臂之用，而備督剿之資也。謹題。崇禎八年九月二十六日。

又　卷六《酌議馬市疏》　謹照殺胡馬市雖在雲鎮，而京邊馬匹自當通融市買，以供撻伐之需。自去年冬月迄今，俱儘欽遣内臣市駿解京，各鎮未敢攙越。臣標奉旨新增募練缺馬三千餘匹，題允分買，已經三月有奇，三致公移於内臣郭尚禮、石竭，并行鎮道將領催買，前後買得六十餘匹，且俱買剩不堪之數，安能濟事？近日宣府、山西、薊遼、山海、通昌等處無不委官赴買，差使鱗集輻輳，而馬不來，間有百十騎至口，率高檯其價，平昔十餘金可售者，今勒至數十金，不啻三倍。各鎮委官又互相爭購，愈爭而價愈高。卜哈諸部知此情節，俱將劣馬零星營利，往來絡繹，致難稽查，殊非事體。夫設市原以收夷虜之長爲中國之利，若因爭買而使利歸各部，不可不酌議者一也。市口甚有關係，各處差來員役守候月餘，不得數馬，五方雜處，留滯居停，不可不酌議者二也。馬市在雲，雲之撫鎮道將擔許多利害，且係臣督屬臣亦有責任在身，乃請旨分買而終不得數千、數百爲本地方緩急之資，斯亦天地間大不平事，不可不酌議者三也。臣再三籌度，以一歲計之，除十二月至三月，地凍草枯，市馬不至，間有零售，要亦無多，自四月至十一月計八箇月，臣標與宣府、大同、山西等鎮應分買四箇月，薊遼、山海、通昌等鎮應分買四箇月，逢雙月則臣標與宣、大、山西等鎮委官赴市，逢單月則薊遼、山海、通昌等鎮委官赴市，各將應買馬匹及所攜馬價通盤打筭，均勻市買，臣督屬各鎮分買，雙月四箇月，臣已移會各撫監酌定，至各鎮分買單月四箇月，應聽兵部酌定，仍嚴禁爭攘，免爲各部所笑，并以杜意外之釁端，庶幾情平而理當。其應買月分，或有馬無馬，或馬貴馬賤，一聽各人之遭逢。至於買解内廄，簡練兵戎，固所以壯神氣、固腹心，然而禦寇門庭尤勝於禦寇堂奥，不宜使邊方缺馬，剿禦無資，致煩禁旅戒嚴，貽憂内地，尤在聖明裁察。即如先次解京馬匹已足供雲錦之羣，姑勅内臣暫緩買解，使各鎮得以從事，即不然，仍將各鎮分定單、雙等月，上半月儘内臣買解京邸，下半月聽分定各鎮市買，此又劑量咸宜之法。總在皇上睿裁，勅部確議畫一，遵奉施行者也。謹題。崇禎十年三月十八日。

又 卷八《酌請標營馬價疏》 謹照陽和節制五營額定經制，該馬騾駝六千匹頭隻，臣昨年到任時，止現在馬騾駝二千七十一頭匹隻，現缺馬三千八十五匹，現缺騾駝八百四十四頭隻，約略計之，需價八萬五千餘兩。該臣於本年正月十八日具疏題明在案，自正月至五月陸續買到市馬六百四十九匹，陸續買到騾二百九十一頭，俱經印烙發營，約用過價銀一萬七千餘兩，頗稱節嗇。又自本年五月至七月續買過殺胡、張家等口市馬一千二百二十匹，尚未驗烙，又該價銀二萬一千餘兩，比之往年遠市於西寧、洮河、水西等處省價强半，且緩急有濟於目前，殆天所以資窮鎮也。標營戰旅得此雲錦之羣，壁壘旌旗增色，尚該馬騾駝一千七百餘頭匹。近聞殺胡市馬有續到者，止患無銀，不患無馬，乃各鎮俱有年例買馬銀兩，而陽和獨無，去冬兵部原發種馬銀二萬兩，蒙樞臣楊嗣昌奉旨，已准動用，訖此外尚該銀六萬五千餘兩，分毫無措。微臣前次請以撫貨變價，而年久毁壞之物，商民既不肯承當，市夷又望而卻走，無可奈何，仍貯各路庫中，聽經承各官便宜變易，充餉一時，欲藉以市駿不能也。臣勢處其窮，萬不得已，懇祈皇上再給冏銀二萬兩，連前共四萬兩抵充買過馬騾價值，其餘不敷銀四萬餘兩，容臣另爲搜措，并於宣、雲各鎮年例馬價銀内酌量通融，庶不苦無米之炊，而戰兵足供馳驟矣。懇祈勅下兵部酌議，速覆施行。謹題。崇禎十年八月初六日。

又 《**議覆馬市疏**》 本年八月二十五日准兵部咨，該本部覆臣題前事，看得哈夷賣馬，明貪漢物而來，在我收之，實資征戰之利。張家口開市之始，該督陳卜哈之情，臣部覆議不啻詳且盡矣。今馬匹續到，閉關拒之，是驅征戰之利轉而助敵也。若本非拒絶而聊且稽留，臣恐市口奸人借端簧鼓，需索把持，致令哈夷猜阻，旋生他變，是爲捐利而買害，漢過實先，非夷人罪矣。該督所謂酌議妥確曉諭，先期勿失中國之信，意在斯乎？如果確有所見，馬不當市，口不宜開，不妨徑自奏聞，止將現馬買完，厚謝遣之，令歸并於大同市口，勿再詣宣，亦是一説，萬萬不宜若許若拒，致生意外釁端等因，奉旨，是，這續到哈馬著速市報竣，不得稽遲，致滋猜阻，以後市口應否歸并大同，著該督監、撫鎮確議具奏，欽此。欽遵備咨到臣，該臣隨即移文昌宣總監并宣府撫監確議去後，續准總監臣魏國徵手本，看得市馬一節，原爲中國之大利，東西並開，哈卜俱售，貴部院與樞部業有同心，已見先後奏議，即本監至愚一得，亦有同然。乃今以大眈眈思，逞恐有串合之謀，當事者非爲無見第，二十年來累年入口，己巳之犯大安，甲戌之進獨石，斯時並未有馬市也。即乙亥之入迎恩，丙子之犯鎮安，亦偏不繇張家口。夫如是則彼之犯不犯，全不在馬市之開不開明甚，而我之防不防不分宣鎮與大同更明甚。説者以爲張家口迫近陵園，殺胡口尚在遙遠，則彼既能不遠千萬里越三鎮以奔馳，寧肯惜跬步之蹀躞而匏繫，又以爲大同尚在隔屬，則總係大家封疆，亦不應以鄰國爲壑。即以兵力論，大同稍覺整肅，則宣鎮尢當思患而預防，振頹塌而成雄鎮，豈應獨示其弱，是以在我惟有訓練士卒，刻刻嚴防，使無隙可乘，則雖開馬市亦不患其衝突。不然，宣疆寥闊無涯，無深溝高壘足恃，縱無馬市，欲望其不來，未敢必也等因，又准宣府撫臣劉永祚咨稱，行據分守口北道右叅議賀鼎呈，照得今日爲各邊大患而征討不可少緩者，惟耳顧鬬力不如鬬智，凡可以伐之交、翦之翼者，自當竭蹷爲之，糜敖用哈總之同一機括，則開市之利實有不止於馬者。即以馬言，我既就近易馬，而夷即以重價易貨，馬與價俱未嘗出邊，利亦不少，則市之宜開宜閉，似不待智者而後决也。若因防而欲絶哈，則宣鎮頻年中未聞哈爲之導，是之入不入絶不係市之開不開，兵部及總督部院諸疏已詳言之，無庸更贅一語。惟是張家市口設立於款貢之年，其時規模闊大，未免失之太疎。近因哈夷求市，正當秋防戒嚴之時，日中開口，日昃閉口，或有夷人買賣未完卽鳴鑼罷市者，又未免失之太密。太疎固足以來意外之變，太密亦或以生遠人之心。究竟宣疆需馬甚急，今幸夷人送馬來助戰而拒之，萬無此理。若事權歸一，駕馭有方，此間尚有幾許機宜可以聽當事之操縱，宣、雲一體，安在殺胡口宜開而張家口宜閉乎？至馬市若久，監馬在所必需則分監所委内中軍現駐張家口堡軍民久已相安，似當卽以此事任之，不必更煩内遣，此卽雲鎮現行之例，或亦省官蘇驛之一端也等因到職。據此爲照，宣鎮馬市封閉已久，今哈夷投稟乞市，不便拒絕，已奉旨允開矣。在營伍收騰驤之利，在商民得貿易之資，而用哈制操縱在我，其應開不應閉也，明白易見，部議猶持兩端，不得不爲慎重，慮其有夾雜之謀，突逞之患耳。要之之頻入不在市口開閉，而邊備之當嚴又不在宣、雲之歸并也。既經該道呈議前來相應咨會等因，又准分守昌宣監臣鄭良輔手本，看得張家口原係舊市，因連年入口，恐其勾引哈夷，借市馬名色，乘機混搶，故啟關不敢輕率，豈謂馬不當市，口不宜開而拒絕之？實慎重之也。前春三月，哈夷到口講市，未必不爲而來，在我中國因其來而利導之，諭以朝廷撫綏德意，示以明信，厚其賞賚，哈夷亦既感恩懷惠，願留夷目交兒兔恰等四名爲質，在我亦差通官同往，以後令往來互市，彼此無猜，此固夷人乞市之本懷，實我開誠布公有以招來之耳等因，各會議到臣，該臣看得天下事無全利，無全害，宜從其大者籌之。中國之於夷狄，從來不廢羈縻，至於收其所長爲我之利，因彼所利用我之長，則馬市是也。宣市久廢，今歲始開，人情不免風鶴，論者亦多驚疑，實則頻年内窺，何嘗借市爲緣？邇來卜哈叩關，宣、雲並市，坐收雲錦，京邊賴之，此其應開不應閉也，明白易見，正恐各人意見不同，塞上訛言易起事前，事後調停不善，致啟釁端，是以請旨，再一確議。今撫監該道既已議論歸一張家口，宜照前開市，不必歸并殺胡，但向後夷馬若源源而來，須盡譏防撫馭之術，此當責成該道會同分監所委内中軍盧志德悉心料理，而宣之撫監仍不時往來防閑，庶可無意外之虞也。恭候皇上勑下該部覆議。謹題。崇禎十年九月二十二日。

又卷一〇《覆議卜夷市馬護塘疏》 本年七月二十五日准兵部咨覆臣題前事，奉聖旨，是，著該督監撫從長酌妥具奏，欽此。欽遵備咨到臣，隨經移會去後，八月初六日准大同撫臣葉廷桂回咨，内稱准總兵官王樸手本回稱，謹照部議所致慎於再商者，蓋以三千之定數，恐有年例之名，以市税之所入，難繼案時之索耳。然而馭夷原有活法，操縱貴乎因時，故我之所以約於卜者，必導馬源來，護哨無虞，每歲秋防寧謐燒荒畢，始有此賞，總在三千之數，以爲低昂。況馬來則有賞，亦謂馬來則有税耳。其原議市税不繼設處補足，正恐哈馬，或有中斷，而護哨則不容有中斷也。此本鎮初議確而且活是否妥便，在貴院所裁酌矣等因到職。准此看得市口量賞之議，原爲導引哈馬防護哨撥，此蓋因彼有所効而後施之者也。該鎮所據邊約無非哈馬，源來護哨無虞，秋防事畢，程其所効之勞，始有此賞。馬來則有賞，馬來亦有税，若萬一哈馬未至而護哨無虞，量有賞犒，不妨別爲措處，此亦操縱圓通之著也。擬合咨覆等因，本月初七日又准總監臣陳貴手本，内稱雲鎮口外塘報，如助馬右衛威遠三路責成卜部護哨，業經取有該酋認結在案，無容再議，惟是量賞一節，部議恐有年例之名及市税所入難繼之虞爲請，奉有從長酌妥具奏之旨，本監敢不詳籌確商務，求至當乎？但雲市卜夷導馬護哨，既欲程其効順之勞，自不得不議量賞以示撫馭之恩，此三千市税之賞斷不能少。斬然所以議動賞銀於税者，正謂護哨則邊安，邊安則市可永開而不閉，又謂導馬則哈馬來，馬來則市税常裕而不缺，是導馬、護哨相資並利者也。況給賞於秋防既畢之後，則一歲之中卜夷曾否導馬，果否護哨，可一一按其實績而給其賞。倘若導馬無功，護哨有誤，則操縱在我，又何年例之賞有無厭之求乎？且必明諭卜夷，欲各夷咸知此賞乃導馬、護哨而給，又何虞他夷生覬望之心乎？卽或馬來中斷，市税不足，護哨諸夷勢難絶賞，則酌量權變，臨時應有通達措處機宜在也。又准分監臣牛文炳手本，内稱爲照口外設撥所以明偵探也，責成護哨所以防不測也，議給賞銀所以權羈縻也。今日我之哨丁出入無恙，夷之市馬導賣不絶，則量賞加賞照常給與，一有不遵我令，則議罰議停，斷難少貸。如本酋真誠恭順，則每歲給賞三千，亦所不吝。如陰陽向背，借端要挾，則惟有閉市立威，加兵勦殺耳。今雖市馬不絶，護哨依然，能保其不中變乎？服舍叛討，操縱在我，樞部所謂馭夷，原是活法，難以目前之誠款，忘日後之戒備也。然而歸順則當量賞，馬多則當加賞，總不出市税之外可耳等因，備移在案，該臣象昇會看得卜部投誠而導馬，口外設塘以哨，此皆馭夷安邊喫緊之著也。但夷情向背無常，朝廷金錢不可輕與，今於市馬取税卽以市税賞夷，我中國每年買哈馬二三萬，比之表解及西寧遠市可省公帑二三十餘萬金。夫中國得二三十餘萬金之利，而以不費之惠三千金量賞卜部，借此少示羈縻，且是賞也不唯導引哈馬，更欲責成護哨安塘。若其哈馬不來，及我哨丁有失，我卽有辭於卜，議罰議停，我能與之，我能奪之，操縱機宜，莫善於此。明旨所謂從長酌妥，庶幾其有合矣。既經會議前來相應具奏，伏乞勅下該部議覆施行。崇禎十一年八月。

又《覆議卜夷市馬護塘疏》 本年七月二十五日准兵部咨覆臣題前事，奉聖旨，是。著該督監撫從長酌妥具奏，欽此。欽遵備咨到臣，隨經移會去後，八月初六日准大同撫臣葉廷桂回咨，内稱准總兵官王樸手本回稱，謹照部議所致慎於再商者，蓋以三千之定數，恐有年例之名，以市税之所入，難繼案時之索耳。然而馭夷原有活法，操縱貴乎因時，故我之所以約於卜者，必導馬源來，護哨無虞，每歲秋防，寧謐燒荒畢，始有此賞，總在三千之數，以爲低昂。況馬來則有賞，亦謂馬來則有税耳。其原議市税不繼，設處補足，正恐哈馬或有中斷，而護哨則不容有中斷也。此本鎮初議確而且活是否妥便，在貴院所裁酌矣等因，到職准此看得市口量賞之議，原爲導引哈馬防護哨撥，此蓋因彼有所効而後施之者也。該鎮所據邊約無非哈馬源來護哨無虞，秋防事畢，程其所効之勞，始有此賞，馬來則有賞，馬來亦有税，若萬一哈馬未至，而護哨無虞，量有賞犒，不妨別爲措處，此亦操縱圓通之著也。擬合咨覆等因，本月初七日，又准總監臣陳貴手本，内稱雲鎮口外塘報如助馬、右衛、威遠三路責成卜部護哨，業經取有該酋認結在案，無容再議，惟是量賞一節，部議恐有年例之名及市税所入難繼之虞，爲請奉有從長酌妥，具奏之旨，本監敢不詳籌確商，務求至當乎？但雲市卜夷導馬護哨既欲程其効順之勞，自不得不議量賞以示撫馭之恩，此三千市税之賞斷不能少，靳然所以議動賞銀於税者，正謂護哨則邊安，邊安則市可永開而不閉，又謂導馬則哈馬來，馬來則市税常裕而不缺，是導馬護哨相資並利者也。況給賞於秋防既畢之後，則一歲之中，卜夷曾否導馬，果否護哨，可一一按其實績而給其賞。倘若導馬無功，護哨有誤，則操縱在我，又何年例之賞有無厭之求乎？且必明諭卜夷，欲各夷咸知此賞乃導馬護哨而給，又何虞他夷生觀望之心乎？卽或馬來中斷，市税不足，護哨諸夷勢難絶賞，則酌量權變，臨時應有通達措處機宜在也。又准分監臣牛文炳手本，内稱爲照口外設撥所以明偵探也，責成護哨所以防不測也，議給賞銀所以權羈縻也。今日我之哨丁出入無恙，夷之市馬導賣不絶，則量賞加賞，照常給與，一有不遵我令，則議罰議停，斷難少貸，如本酋眞誠恭順，則每歲給賞三千，亦所不吝。如陰陽向背，借端要挾，則惟有閉市立威，加兵剿殺耳。今雖市馬不絶，護哨依然能保其不中變乎？服舍叛討，操縱在我，樞部所謂馭夷，原是活法，難以目前之誠款忘日後之戒備也。然而歸順則當量賞，馬多則當加賞，總不出市税之外可耳等因，備移在案，該臣象昇會看得卜部投誠而導馬，口外設塘以哨，此皆馭夷安邊喫緊之著也。但夷情向背無常，朝廷金錢不可輕與，今於市馬取税，卽以市税賞夷，我中國每年買哈馬二三萬，比之表解及西寧遠市，可省公帑二三十餘萬金。夫中國得二三十餘萬金之利，而以不費之惠三千金量賞卜部，借此少示羈縻，且是賞也，不唯導引哈馬，更欲責成護哨安塘，若其哈馬不來，及我哨丁有失，我卽有辭於卜，議罰議停，我能與之，我能奪之，操縱機宜，莫善於此。明旨所謂從長酌妥，庶幾其有合矣。既經會議，前來相應具奏，伏乞勅下，該部議覆施行。崇禎十一年八月。

綜述

明 黄瑜《雙槐歲鈔》卷五《馬政》 國朝馬政，掌於太僕。兩京畿及山東、河南，牧之於民，量免糧差，然陪補受累。山西、陵西、遼東各設苑馬寺，養以恩隊軍千餘人。然有名無實，政日秕矣。其與夷市易者，洪武初，於陝西洮州、河州、西寧各設茶馬司制，金牌四十一，上曰『皇帝聖旨』，左曰『合當差發』，右曰『不信者斬』。上號藏内府，下號降各番族，三年一差官齎往對驗。以茶易馬，上馬八十斤，中馬六十斤，下馬四十斤。私茶出境，犯人與把關頭目俱凌遲處死，家遷化外，貨物入官。駙馬都尉歐陽倫坐販私茶，賜死，其為厲禁可知也。永樂中，遣御史三員，巡督茶馬。然增給茶數至百斤，而禁亦少弛。正統十四年，停止金牌，惟令番族以馬來易而已。西番之族，以茶爲命。一背中國，不得茶，則病且死。故設法王國師以統領之，官民相承，以馬爲科差，我以茶爲酬價。故哈立麻輩見禮於文皇帝，時非利其術也，制西番以控北虜之良算也。乃若回回市馬償直，上馬絹四疋、布六疋，中馬絹三疋、布五疋，下馬絹二疋、布四疋，駒絹一疋、布三疋。陝西、慶陽、靈州、臨洮、鞏昌、延安鹽課，召商開中，上馬一匹鹽一百引，中馬八十引，下馬不與，此亦可行。然不如茶馬干係之大，萬世不能易也。惟是牧之於民者，宜倣監苑之法，擇水草之地立廄庌之所，順游息之性，定為牧式，教以降虜，尤必寬其追陪，以俟蕃息，民其或少紓乎！

明 雷禮《南京太僕寺志》卷三《通折價》 國初令各處起解折糧馬匹到部，須獸醫辨驗明白，具奏送御馬監交收。洪武中，各處土官衙門秋糧各依原認數目折納，馬匹有糧二十五石有餘，折馬一匹者有五十餘石。折馬一匹者，馬或不堪，責令差來土官陪納。成化二年，兵部尚書王復奏准，南直隸地方遞年起取餘剩兒馬，多矮小不堪征操。今後江南該解馬匹，其不堪不敷之數，每匹征銀十兩，類解收貯，隨時官買，寄養給操。十七年，兵部據直隸、徐州、豐縣知縣田良等奏，本縣拖欠各年馬匹數多，所産廋小，不堪解俵，乞照例折收價銀。題准通將江北府州縣自成化十二年起，至十五年終止，拖欠備用馬匹，俱折價收納。二十二年，都御史劉璋奏稱淮、揚二府，滁、和二州雖在江北，實與江南地方相去不遠，所産馬匹矮小不堪騎操，本年分暫照江南事例，每匹折收價銀十兩，解部秤收買馬。太僕寺丞劉鏞題准，南北直隸府州縣拖欠備用馬匹，自十六年至二十年止，各以十分爲率，一半照依江南事例，每馬一匹折銀十兩，解部發寺，聽給邊方買馬支用；一半照舊起解本等馬匹，其二十一年以後拖欠者，仍令買俵。二十三年，都御史周鼐、王克復各奏稱，廬、鳳二府所屬并應天府江浦、六合二縣所産馬匹矮小，准照灾傷，將弘治元年馬匹每匹收銀十二兩，以後照舊。弘治十五年，兵部派取備用馬一萬五千匹，太僕寺所屬七分，南京太僕寺所屬三分，於内折色一半，照舊徵銀十兩。其本色馬匹果係孳生馬駒，齒歲身量相應者，方許起解，不足之數不必重價買馬，每匹徵銀十五兩，解部發寺收貯買馬。十六年，都御史彭禮、禮科右給事中王績各奏應天府屬及太平、鎮江等府俱在大江以南，風土不産好馬，難備軍前應用，欲弛舊例，以圖實用。每年印烙馬駒，務要逐一點閘查審，不必拘於八分事例。果有孳生好駒，量與印烙，聽候補種取用。如遇倒失追陪，本色不堪之數不必印烙，每匹令其變賣銀三兩，倒死徵銀亦如其數，虧欠者徵銀六兩。敢有遷延過年不納，或虧欠揑作倒死，事發，各追銀十兩，備開數目解部發寺，買馬支用。以後每年起取備用馬匹，查照該派江南之數除豁，不必再似往年加派。正德八年奏准，每折色一匹，徵銀一十五兩，原係本色，改徵折色，每匹徵銀十八兩。十四年，應天府通判張海奏准，江浦、六合二縣原派本色馬四十八匹，暫改折色，每匹折銀一十八兩，解太僕寺買馬支用。十六年，南京工科給事中王紀等奏，南方水鄉所産馬匹不堪邊用，要免其牧養種馬，定立歲辦額數，量徵價值，解寺收貯，從便買用。該兵部議。寧國、太平、鎮江三府，廣德并徐州俱派折色，與奏相同，惟應天、淮、揚、廬、鳳五府，滁、和二州，雖有本色之數，亦有折色中半，必欲通將南直隸備用馬匹俱派折色徵解，誠恐邊方卒有警報，騎征官軍奏兊不給，縱使發銀收買，一時豈能濟事？仍照先年例，本折中半。兵部題，南直隸鳳陽等府地方解到馬匹俱各身量矮小，不堪俵兌，暫准嘉靖元年分備用馬匹，南京太僕寺所屬取三分，俱折色，原係折色者，每匹照舊徵銀一十八兩，原係本色者，每匹加銀二兩，共徵銀二十兩，起解收貯。嘉靖元年，兵部題准，地方灾傷行南直隸掛欠馬匹州縣自正德十六年以前曾經起解到部送寺，俵驗不堪，退回馬匹，聽從變賣，每匹照依南京太僕寺卿潘希曾所擬，徵銀一十八兩，解部發寺收貯，買馬支用。十五年，都御史周金題准，撫屬地方連年灾傷，民困至極，將淮、揚、廬、鳳四府，滁、和二州，嘉靖十六、十七年分該解備用本色馬匹暫准照例折價，以後年豐，照舊額本折中半。十七年，兵部題，本年分備用馬匹照常年該派二萬五千匹，但各處有水灾起解與喂養不前，若派不足，又恐調用不敷，准量派備用馬、擠乳馬共七千匹，其餘照先年題，則原係折色者每匹仍徵銀一十八兩，原係本色、今改折色者，每匹仍徵銀二十兩。三十年，兵部奏准，邊陲多警，北方乏馬收買，今後南直隸起解折色不分永改及暫改，俱徵銀二十四兩，解部發寺收貯買馬。

明 王世貞《弇山堂別集》卷八九《市馬考》 高帝時，南征北討，兵力有餘，唯以馬為急，故分遣使臣以財貨於四夷市馬。而降虜土目來朝，及正元萬壽之節，內外藩屏將帥，皆用馬為幣，自是馬漸充實矣。其互市之詳，《會典》與志皆不載，故記之。洪武七年，命刑部侍郎李浩及通事梁子名使琉球，國以文綺百疋，紗、羅各五十疋、陶器六萬九千五百事、鐵釜九百九十口，就其國市馬。九年，增給廣東馬價。先是，遣兵部員外郎程益、監察禦史閻裕往廣東市馬，民間馬少，率於蠻境市，以售於官，官雖償其直而道途往來甚費，民以為患。上聞之曰：『民為國本，馬資國用，柰何欲資其用而先傷其本乎？』命厚給其直。十一年，兵部奏市馬之數，秦、河二州及慶遠順龍茶鹽馬司所易馬六百八十六匹。又，秦河二州茶馬司以茶市馬一千六百九十一匹，慶遠裕民司以銀鹽市馬一百九十二匹。十四年，兵部奏茶、鹽、銀、布易馬之數，秦、河二州以茶易一百八十一匹；納溪、白渡二鹽馬司以鹽、布易二百匹；洮州衛以鹽易一百三十五匹；慶遠裕民司以銀、鹽易一百八十一匹。凡得馬六百九十七匹。兵部奏市馬之數：秦、河、洮三州茶馬司及慶遠裕民司市馬五百八十五匹，廣東、四川二布政使司市馬五百六十五匹。十六年，勅諭松州衛指揮僉事耿忠曰：『西番之民歸附已久，而未嘗責其貢賦，聞其地多馬，宜計其地之多寡以出賦，如三千戶則三戶共出馬一匹，四千戶則四戶共出馬一匹，定為土賦。庶使其知尊君親上，奉朝廷之禮也。』諸蠻夷酋長來朝者，悉獻其所乘馬，詔以鈔賞之。階州民王思聰、李朶兒進馬，各賜衣一襲、鈔二百錠。兵部奏定永寧茶馬司以茶易馬之價宜如河州茶馬司例，凡上馬每匹給茶四十斤，中馬三十斤，下馬二十斤。從之。十七年，詔戶部以綿布往貴州，命宣慰靄翠易馬，得馬一千三百匹。宣寧侯曹泰自貴州水西市馬還，得馬五百匹。命秦州、河州茶馬司以所市馬五百六十匹分給陝西騎士。貴州都司送所市馬四百匹至京師兵部。奏是歲四川碉門茶馬司以茶易馬騾五百九十六匹。十八年，太僕寺奏：滁陽八監是歲籍馬凡二萬五千九百一十五匹，秦州、河州茶馬司及敘南、貴州、烏撒、寧川、畢節等衛市馬六千七百二十九匹。十九年，行人冀忠往陝西市馬，還得馬二千八百七匹。遣虎賁左衛指揮僉事董觀、右衛千戶沈成、行人任俊以鈔三十九萬三千六百九十錠往陝西、河州等處市馬，給騎士操練。遣指揮僉事高嘉努等以綺段、布疋市馬於高麗，每馬【中闕】匹給文綺二疋、布八疋。二十年，高嘉努等市馬，高麗還言，高麗王表請不受馬直，上不聽，諭禮部曰：『朕待諸番國務以誠信，彼前聽約束，許其互市，故遣人市馬。今彼言不敢受直，豈其本心，蓋畏勢而已。以勢逼人，朕所不為爾。其以朕意咨其國王知之，仍令諭延安侯唐勝宗，俟其高麗馬至，擇其可用者以直償之，駑弱不堪者量減其直，仍報其王知之。』勅至遼東，適高麗送馬三千四十匹至勝宗，如敕償其直。既而暹羅國亦以馬來貢，詔如高麗償之。初，己亥之歲，遼陽瀋陽兵起，民因避亂，轉徙高麗，久未得還，及高嘉努徐質等往市馬，而故元降將約爾珠等以為言，上乃令高嘉努等就索之。至是，高麗因送所市馬，遂以遼瀋流民鼐爾都蘭博達等户四十五、口三百五十八來歸，四川雅州碉門茶馬司以茶一十六萬三千六百斤易馳馬騾駒百七十餘匹。二十一年，四川烏撒軍民府土酋葉原常獻馬三百匹，米四百石，於征南將軍西平侯沐英、靖寧侯葉昇以資軍用。先是，上命以白金於其境內市馬，故原常以是來獻，且言欲收集土軍從征，英等以聞，詔從之，并免其市馬。賽瑪爾堪駙馬特穆爾遣回回丹珠爾丹等五十九人來朝，貢馬三百匹，駝二隻，詔賜白金人六十兩，及鈔有差。故元國公哈喇章男伊特崇和爾托噶進馬二百一十三匹，詔賜鈔一千四百五十錠。故元新附番軍一百一十七人進馬八千四百八十四匹，給鈔償之。二十二年，四川巖州衛奏，每歲長河西等番商以馬於雅州茶馬司易茶，其疏由本衛經黎州始達茶馬司，茶馬司定價，每堪中馬十匹給茶一千八百斤，令於碉門茶課司支給，不惟番商往復路遠，實且給茶太多，今宜量減馬價，移置茶馬司於巖州，將碉門茶課司所貯茶運至於此，馬至則驗馬之高下，以茶給之。詔，茶馬司仍舊，唯定其價上馬一匹與茶一百二十斤，中馬七十斤，駒馬五十斤，番商有不願者，聽。二十三年，賽瑪爾堪回回實奇爾阿爾奇等以馬六百七十匹抵涼州互市，守將以聞，詔送實奇爾阿爾奇等至京聽自市鬻，賜雲南進馬土官鈔每馬一匹給鈔三十錠，陝西都指揮使聶緯以西安左右等衛所市馬七千六十匹送京師，以嘗命户部運鈔六十萬錠，往西寧岷州河州市易故也。是歲定例，上等馬茶百二十斤，中等七十斤，下品五十斤。二十四年，詔於高麗市馬一萬匹。八月，權國事王瑤遣判繕工寺楊天植等進所市馬一千五百匹至遼東，奏云：『今奉綸音，敢不竭力？但比年所産之馬，軀幹短小，懼無以副命。然禦倭致遠，負重耐寒，小邦賴之，敢先以獻，其餘以次奉進。』十一月，權國事王瑤遣其臣金之鐸等送互市馬二千五百至遼東，上命定遼衛指揮僉事張忠送廣寧中護等衛牧養。貴州新添長官司及金筑安撫使宋質德弟奉表貢馬及進歲辦馬一百一十匹。二十五年，尚膳監太監而聶等至河州，召必嚕諸番族，以勑諭之，諸族皆感恩意，爭出馬以獻，於是得馬萬三百四十餘匹，以茶三十餘萬斤給之，諸族大悅。而聶遣使入奏，命以馬分給河南、山西、陝西衛所騎士。二十八年，太僕寺上孳生馬駒之數，是歲凡九千四百七匹。二十九年，賽瑪爾堪遣回回扎嚕勒等一百九十一人來朝，貢馬一千九十五匹，詔賜鈔二萬五千一百九十錠。三十年，命右軍都督府遣鎮撫劉正於瀘州市綿布往西番易馬，凡用布九萬九千餘疋，得馬一千五百六十匹，命分給建昌、鹽井二衛軍士操養。三十一年，曹國公李景隆還自西番。先是，命景隆齎金符往西番茶易馬，凡用茶五十餘萬斤，得馬一萬三千五百一十八匹，至是還命，分給京衛騎士操養。永樂元年，哈密安順特穆爾遣使臣瑪哈穆特沙温都蘇等來朝，貢馬百九十匹。先是，上遣使臣齎詔撫諭，且許其以馬入中國市易。至是，因以馬四千七百四十匹來市易，上悉命償其直，選良者十匹入御馬監，餘以給守邊騎士。是年，湖廣、四川、雲南、廣西所隸宣慰使楊昇等并西北諸夷各遣人貢馬，上以其至，且舊所定馬直薄，命禮部第馬之高下增給之，上馬每匹鈔千貫，中馬八百貫，下馬五百貫。是年，烏梁海頭目哈拉固岱遣其部屬托郭斯等貢馬，命賜鈔幣襲衣，并償其馬直，上馬每匹鈔五十錠，中馬四十錠，下馬三十錠，每匹仍與綵幣表裏一。三年，立遼東開原、廣寧馬市，定價上上馬絹八疋，布十二疋，上馬絹四疋，布六疋，中馬絹三疋，布五疋，下馬絹二疋，布四疋，駒絹一疋，布三疋，其互市一於開原城南，以待遼東互市，一於開原城東，一於廣寧，以待朶顔三衛，各去城四十里。四年，烏梁海等處告饑，願以馬易米，命所司議其直，遂定上馬每匹米十五石，絹三疋，次上馬米十二石，絹二疋，中馬米十石，絹二疋，下馬米八石，絹一疋，駒米五石，布一疋。六年，肅王楧獻馬二千匹，賜綺羅紗絹二百六十疋，火者二十人。七年，遣中官黃儼以綵幣五十表裏賜朝鮮國王，令進馬。八年，朝鮮國王李芳遠獻馬萬匹，以助征討，上遣中官賜白金千兩，紗羅千疋，絹五百疋。鎮守河州衛陝西都指揮同知劉昭奏陸續收到河州衛各番族馬七千七百一十四匹，上馬每匹茶六十斤，中馬四十斤，下馬遞減之，共給茶二十七萬八千四百六十斤。已選肥牝馬千四百三十四匹，發陝西、甘肅二處苑馬寺孳牧。今以馬六千二百八十匹，送北京命太僕寺牧養。九年，定開平馬市價，上上馬一等絹五疋，布十疋，一等布十八疋，駒子布五疋。十年，指揮岳山等七十二人使北邊還，進馬四百四十七匹。上以其奉使勤勞，命禮部給絹鈔綿布償之，凡給鈔二萬八千三百九十錠，絹六百六十疋，綿布一千三百四十五疋。是年，令遼東缺馬官軍聽於各馬市照例收買。十五年，重定遼東互市馬價，上上馬一匹米五石，絹布各五疋，上馬米四石，絹布各四疋，中馬米三石，絹布各三疋，下馬米二石，絹布各二疋，駒米一石，布二疋。十八年，和寧王阿嚕台及額森托噶遣使臣貢馬九百匹，各賜鈔及文綺襲衣，并給馬直。宣德元年，兼兵部事行在工部尚書黃福奏，近大軍東征，皆給馬匹，民以馬赴太僕寺，各衛官兵理當赴官領馬，乃輒於城外迎候馬至，擇其善者徑馳去，民莫敢與爭。今民來訴者，計馬一萬七千餘匹，請令五軍管隊官挨究，但非經太僕寺關領者，悉送法司問罪，追馬還官。上曰：『彼時官軍爭取馬者，蓋以師出甚急故耳。姑勿行五軍，但揭榜曉示，令自首還官，不首許所管官旗及同隊之人首告，得實者追犯人鈔一千貫充賞，仍罪不首之人。』二年，賜朝鮮國王李裪白金一千兩，紗羅錦帛二百四十疋，令其進馬五千匹。八年，行在兵部奏北京行太僕寺所督直隸、河間等衛府、山東濟南等府五年、六年孳生馬騾駒一萬七千九百八十一匹，宜分給直隸、真定等府及應天所屬無種馬民户牧養，從之。正統三年，雲南總兵官太傅黔國公沐晟於平涼草場選其所有良馬送赴甘肅備用，上遣勑嘉勞，賜白金一百兩，綵幣十表裏，紗羅稱是。十年，增定邊等中鹽納馬則例，每上馬一匹，鹽一百二十引，中馬一匹，鹽一百引。先是，户部定上馬一百引，中馬八十引，鹽商以道路險遠，中納者少，總兵黃真以為言，故增之。十二年，兵部奏，舊例迤西迤北來歸人口帶到馬匹給軍騎操，中等賞鈔三千貫，下等賞鈔二千五百貫，各綿布五疋，綿花三斤，無馬者賞絹衣一襲，或鈔二百貫，綿布四疋，折准絹衣。今遼東總兵等官右都督曹義等奏稱鈔貫不敷，欲將帶到馬匹中等賞鈔二千貫，下等賞鈔一千五百貫，宜從所言。從之。景泰元年，朝鮮國王李裪遣陪臣李含等貢馬五百匹，奏曰：『有勑以北敵犯邊，令備馬二三萬赴京。臣念世蒙列聖恩澤，至深至厚，敢不盡心奉詔？但敝邦比因鄰境搆釁，邊警不絕，戍守馬匹騎坐馱載，踣斃耗損，十居六七，雖收拾中外大小官員有馬之家，未堪依數充辦。臣竊欲措辦五千匹以進，倘有餘力可為，安敢搆詞欺罔，伏惟聖慈垂憐。』帝曰：『邊警今稍息，王又措辦艱難，馬已至者受之，以銀三百兩，紵絲羅各三十疋，絹一百疋，償其直，未至者止勿貢。』仍命致知等齎勑并冕服冠服白金三百兩，紵絲三十疋，羅三十疋，絹四千四百三十一疋，綿布一千九百五十四疋，歸賜其王及妃。天順三年，勑慶王選馬二百匹給寧夏官軍，以銀四百兩，紵絲紗羅四十疋，綵絹二十疋，西洋布二十疋，高麗布二十疋賜之。洮州指揮使汪釗獻五明黑馬一匹，賜勑奬勵賞白金三十兩，織金綵叚二表裏，綵絹二疋。嘉靖三十年，詔給西番諸侯勘合。先是，二十八年，御史劉崘請復金牌勘合，以便各番納馬給茶。其洮州衛列市等河州衛子剛巴等西寧衛昝市等諸族大馬蕃給以金牌沖卜鸞單等一十七族，族小馬少者給以勘合，未受職事者與之職名，原授未襲者類奏承襲，嗣後有新撫之番，亦許附入，如例請給。至是，總督尚書王以旂等亦以為言，下兵部議，部覆國初制金牌信符，每副二面，頒降西番諸族，令鈐制其黨，納差發馬匹給以茶引，其後西海為北敵所據，套虜又歲加侵掠，諸番所領金牌散失，漸復遷徙內地密邇三衛，遂不復有賫符比號之事。今番族變詐不常，北敵抄掠無已，時脱給而再失，失而又給，而又失之，如國體何？夫金牌給番，本為納馬，番人納馬，意在得茶耳。各番以茶為命，不得茶，病且死矣。嚴私販之禁，則不撫自順，雖不給金牌，馬可集也。若私販盛行，則在我無以繫其心而制其命，雖給金牌，馬亦不至。今稱各番告給，寧以勘合與之，每歲以是為驗，使彼族屬無統者易於號召，而於文移則革去交易之名，使各効差發之誠，以正體統。至於授職承襲，必勘明類奏而後許之，則恩威兼濟，諸夷向風矣。詔如擬。侍郎史道奏大同馬市完并進敵謝恩馬九匹，番表一通，諳達賜大紅紵絲膝襴花樣衣一表裏，金頂大帽一，金帶一，托克托大紅紵絲一表裏，夷使伊德濟及虜濟雅呼喇濟等四人各青緑紵絲一表裏，總降勑一道，命史道遣官賫捧頒賜，仍加賜諳達彩幣四表裏。庚戌，宣府設馬市于新開口堡，虜酋巴圖爾卒愛勒巴雅爾巴朗台吉輝和爾實勒台吉凡五部入市，共易馬三千餘匹。隆慶五年，以虜王諳達上表稱貢，賞大紅蟒白澤紵絲衣各一襲，綵段十五表裏，妻大紅五綵紵絲衣二套，綵段四表裏，都督同知昆都埒赫杭台吉各綵段八表裏，五綵紵絲衣一套，絹二疋，布四疋，指揮使巴噶鼐濟綵段五表裏，金紵絲衣一套，絹二疋，布四疋，指揮同知千百户等官永實卜大成台吉等六十二員并濟納姪徹辰杭台吉各綵段三表裏，織金紵絲衣一套，絹一疋，布四疋，夷使徹伯爾博囉賓繖台巴等七十名各賞布幣有差。其貢馬進內者三十匹，每匹酧綵二表裏，絹一疋。留邊者四百七十九匹，發太僕寺銀五千兩解邊，酌量予之，以為定例。宣大總督王崇古報北邊互市事竣，大同得勝堡自五月二十八日至六月十四日，官市順義王諳達部馬千三百七十匹，價萬五百四十五兩，私市馬驘驢牛羊六千，撫賞費九百八十一兩。新平堡七月初三至十四日官市杭台吉巴延烏紳部馬七百二十六匹，價四千二百五十三兩，私市馬驘牛羊三千，撫賞費五百六十一兩。宣府張家口堡六月十三至二十六日，官市昆都埒赫永實卜大成部馬千九百九十三匹，價萬五千二百七十七兩，私市馬驘牛羊九千，撫賞費八百兩。山西水泉營八月初四至十九日，官市諳達多囉圖們輝和實部馬二千九百四十一匹，價二萬六千四百兩，私市馬驘牛羊四千，撫賞費千五百兩。市皆無擾。疏入，得旨，加崇古太子太保，賜之誥命，賞銀四十兩，紵絲二表裏，巡撫劉應箕陞俸二級，楊綵孟裏一級，總兵馬芳、趙岢，副總兵麻錦實職一級，副使申佐朱裳、參議崔鏞等、千戶鮑崇德等各陞賞有差。又以本兵及該科有經畫建議，勞賞尚書楊博、侍郎谷中虛及郎中王緝、給事中章甫端銀幣，緝仍候京堂缺推用，端陞俸一級。

《續文獻通考》卷一六五《馬政》　皇明高皇帝時，南征北討，兵力有餘，唯以馬為急，故分遣使臣以財貨於四夷市馬，而降虜土目來朝，及正元、萬壽之節內外藩屏將帥皆用馬為幣，自是馬漸充實。互市之詳，皆計于後。洪武七年，納溪、白渡等司進塩所易馬凡二百五十匹，命典牧所牧牧。命刑部侍郎李浩及通事梁子名使琉球國，以文綺百疋，紗羅各五十疋，陶器六萬九千五百事，鉄釜九百九十口，就其國市馬。九年，增給廣東馬價。先是，遣兵部員外郎程益、察御史閻往廣東市馬，民間馬少，率於蠻境轉市以售官，官雖償其直，而道途往來甚費，民以為患。上聞之曰：『民為國本，馬資國用，柰何欲資其用，先傷其本乎？』命厚給其直。十一年，兵部奏市馬之數，秦河二州及慶遠、順龍茶塩馬司所易馬六百八十六匹。又秦、河二州茶馬司以茶市馬一千一百九十一匹。慶遠裕民司以銀、塩市馬一百九十二匹。十四年，兵部奏茶、塩、銀、布易馬之數，秦河二州以茶易一百八十一匹，納溪、白渡二塩馬司以塩、布易二百匹，洮州衛以塩易一百三十五匹，慶遠裕民司以銀塩易一百八十一匹，凡得馬六百九十七匹。兵部奏市馬之數，秦、河、洮三州茶馬司及慶遠裕民司市馬五百八十五匹，廣東、四川二布政使司市馬五百六十五匹。十六年，勑諭松州衛指揮僉事耿忠曰：西番之民歸附已久，而當責其貢賦。聞其地多馬，宜計其地之多寡以出賦。如三千戶則三戶共出馬一匹，四千戶則四戶共出馬一匹，定為常賦，庶使其知尊君親上奉朝廷之禮也。諸蠻夷酋長來朝者，悉獻其所乘，詔以鈔賞之。階州民王思聰、李朶兒進馬，各賜衣一襲，鈔二百定。時兵部奏定永寧茶馬司以茶易馬之償，宜如河州茶馬司例，凡上馬每匹給茶四十斤，中馬三十斤，下馬二十斤，從之。十七年，詔戶部以綿布往貴州，命宣慰靄翠易馬，得馬一千三百匹。宣寧侯曹泰自貴州水西市馬還，得馬五百匹。命秦州、河州茶馬司以所市馬五百六十匹分給陝西騎士。貴州都司送所市馬四百匹至京師。兵部奏是歲四川碉門茶馬司以茶易馬騾五百九十六匹。十八年，太僕寺奏滁陽八監是歲籍馬凡二萬五千九百一十五匹。秦州、河州茶馬司及敘南、貴州、烏撒、寧川、畢節等衛市馬六千七百二十九匹。十九年，行人冀忠往陝西市馬還，得馬二千八百七匹。遣虎賁左衛指揮僉事姜觀、右衛千戶沈成、行人任俊以鈔三十九萬三千六百九十錠往陝西河州等處市馬，給騎士操練。遣指揮僉事高家奴等以綺段布疋市馬於高麗，每馬一匹給文綺二疋，布八疋。二十年，高家奴等市馬高麗還，言高麗王表請不受馬直，上不聽。諭禮部曰：『朕待諸番國務以誠信，彼前聽約束，許其互市，故遣人市馬。今彼言不敢受直，豈其本心，蓋畏勢而已。以勢逼人，朕所不為爾。其以朕意咨其國王知之。』仍令諭延安侯唐勝宗，俟高麗馬至，擇其可用者以直償之，駑弱不堪者量減其直，仍報其王知之。勑至遼東，適高麗送馬三千四十匹，至勝宗如勑償其直，既而躭羅國亦以馬來貢，詔加高麗償之。初，己亥之歲，遼陽、瀋陽兵起，民因避亂，轉徙高麗，久未得還。及高家奴、徐質等往市馬，而故元降將咬住等以為言，上乃令高家奴等就索之。至是高麗因送所市馬，遂以遼、瀋流民奈朶里不歹等戶四十五口三百五十八來歸。四川雅州碉門茶馬司以茶一十六萬三千六百斤，易馳馬騾駒百七十餘匹。二十一年，四川烏撒軍民府土酋葉原常獻馬三百匹，米四百石，於征南將軍西平侯沐英、靖寧侯葉昇以資軍用。先是，上命以白金於其境內市馬，故原常以是來獻，且言欲收集土軍從征。英等以聞，詔從之，并免其市馬。撒馬兒罕絹馬，帖木兒遣回回苔术丁等五十九人來朝貢馬三百匹，駝二隻，詔賜白金人六十兩，及鈔有差。故元國公哈剌章男玉出忽兒禿哈進馬二百一十三匹，詔賜鈔一千四百五十錠。故元新附番軍一百一十七人，進馬八千四百八十四匹，給鈔償之。二十二年，四川巖州衛奏，每歲長河西等番商以馬於雅州茶馬司易茶，其路由本衛經黎州始達茶馬司，茶馬司定價每堪中馬十匹給茶一千八百斤，令於碉門茶課司支給，不惟番商往復路遠，實且給茶太多，今宜量減馬價，移置茶馬司於巖州，將碉門茶課司所貯茶運至於此，馬至則驗馬之高下，以茶給之，詔茶馬司仍舊定其價，上馬一匹與茶一百二斤，中馬七十斤，駒馬五十斤，番商有不願者聽。二十三年，撒馬兒罕、回回、捨怯兒阿里久等以馬六百七十匹抵涼州互市，守將以聞詔送捨怯兒阿里久等至京，聽自市，鬻賜雲南進馬土官鈔，每馬一匹給鈔三十錠。陝西都指揮使聶緯以西安左右等衛所市馬七千六十匹送京師，以嘗命戶部運鈔六十萬錠往西寧、岷州、河州市易故也。是歲，定例上等馬茶百二十斤，中等七十斤，下等五十斤。二十四年，詔於高麗市馬一萬匹。八月，權國事王瑶遣判繕工寺楊天植等進所市馬一千五百匹至遼東，奏云：『今奉綸音，敢不竭力。但比年所產之馬軀幹短小，懼無以副命。然禦倭致遠，負重耐寒，小邦賴之，敢先以獻其餘以次奉進。』十一月，權國事王瑶遣其臣金之鐸等送互市馬二千五百至遼東，上命定遼衛指揮僉事張忠送廣寧中護等衛牧養。貴州新添長官司及金筑安撫使宋質德弟奉表貢馬，及進歲辦馬一百一十匹。二十五年，尚膳監太監而聶等至河州，召必里諸番族，以勑諭之，諸族皆感恩意，爭出馬以獻，於是得馬萬三百四十餘匹，以茶三十餘萬斤給之，諸族大悅。而聶遣使入奏，命以馬分給河南、山西、陝西衛所騎士。二十八年，太僕寺上孳生馬駒之數，是歲凡九千四百七匹。二十九年，撒馬兒罕遣回回箚魯剌等一百九十一人來朝，貢馬一千九十五匹，詔賜鈔二萬五千一百九十錠。三十年，命右軍都督府遣鎮撫劉正於瀘州市綿布往西番，易馬凡用布九萬九千餘疋，得馬一千五百六十匹，命分給建昌、塩井二衛軍士操養。三十一年，曹國公李景隆還自西番。先是，命景隆賫金符往西番茶易馬，凡用茶五十餘萬斤，得馬一萬三千五百一十八匹。至是還，命分給京衛騎士操養。成祖永樂元年，哈密安順帖木兒遣使臣來朝，貢馬百九十匹。先是，上遣使臣賫詔撫諭，且許其以馬入中國市易，至是因以馬四千七百四十匹來市易，上悉命償其直，選良者十匹入御馬監，餘以給守邊騎士。是年，湖廣、四川、雲南、廣西所隸宣慰使楊昇等并西北諸夷各遣人貢馬，上以其至，且舊所定馬直薄，命禮部第馬之高下增給之，上馬每匹鈔千貫，中馬八百貫，下馬五百貫。是年，兀良哈頭目哈兒兀歹遣其部屬脫忽思等貢馬，命賜鈔幣襲衣，并償其馬直，上馬每匹鈔五十錠，中馬四十錠，下馬三十錠，每匹仍與綵幣表裏一。三年，立遼東、開原、廣寧馬市，定價上上馬絹八疋，布十二疋，上馬絹四疋，布六疋，中馬絹三疋，布五疋，下馬絹二疋，布四疋，駒絹一疋，布三疋。其互市一於開原城南，以待海西女直；一於開原城東，一於廣寧，以待朶顏三衛，各去城四十里。四年，兀良哈等處告饑，願以馬易米，命所司議其直，遂定上馬每匹米十五石，絹三疋，次上馬米十二石，絹二疋，中馬米十石，絹二疋，下馬米八石，絹一疋，駒米五石，布一疋。六年，肅王楧獻馬二千匹，賜綺羅紗絹二百六十疋，火者二十人。七年，遣中官黄儼以綵幣五十表裏賜朝鮮國王，令進馬。八年，朝鮮國王李芳遠獻馬萬匹，助征北虜，上遣中官賜白金千兩，紗羅千疋，絹五百疋。鎮守河州陝西都指揮同知劉昭奏，陸續收到河州衛各番族馬七千七百一十四匹，上馬每匹茶六十斤，中馬四十斤，下馬遞減之，共給茶二十七萬八千四百六十斤，已選肥牝馬千四百三十四匹，發陝西、甘肅一處苑馬寺孳牧，今以馬六千二百八十匹送北京，命太僕牧養。九年，定開平馬市價，上上馬一等絹五疋，布十疋，一等布十八疋，駒子布五疋。十年，指揮岳山等七十二人使北虜還，進馬四百四十七匹。上以其奉使勤勞，命禮部給絹紗綿布償之，凡給鈔二萬八千三百九十錠，絹六百六十疋，綿布一千三百四十五疋。是年，令遼東缺馬官軍聽於各馬市照例收買。十五年，重定遼東互市馬價，上上馬一匹米五石，絹、布各五疋，上馬米四石，絹、布各四疋，中馬米三石，絹、布各三疋，下馬米二石，絹、布各二疋，駒米一石，布二疋。十八年，和寧王阿魯台及也先土干遣使臣貢馬九百匹，各賜鈔及文綺襲衣，并給馬直。宣宗宣德元年，兼兵部事行在工部尚書黄福奏，近大軍東征，皆給馬匹，民以馬赴太僕寺，各衛官兵理當赴官領馬，乃輒於城外迎候馬至，擇其善者徑馳去，民莫敢與争。今民來訴者計馬一萬七千餘匹，請令五軍管隊挨究，但非經太僕寺關領者，悉送法司問罪，追馬還官。上曰：彼時官軍争取馬者，盖以師出甚急故耳，姑勿行五軍，但揭榜曉示，令自首還官，不首，許所管官旗及同隊之人首告，得實者，追犯人鈔一千貫充賞，仍罪不首之人。二年，賜朝鮮國王李裪白金一千兩，紗羅錦帛二百四十疋，令其進馬五千匹。八年，行在兵部奏，北京行太僕寺所督直隸、河間等衛府，山東、濟南等府五年、六年孳生馬騾駒一萬七千九百八十一匹，宜分給直隸、真定等府及應天所屬無種馬民户牧養。從之。英宗正統三年，雲南總兵官太傅黔國公沐晟於平凉草塲選其所有良馬送赴甘肅備用，上遣勅嘉勞，賜白金一百兩，綵幣十表裏紗羅稱是。十年，增定邊等中塩納馬則例，每上馬一匹塩一百二十引，中馬一匹塩一百引。先是，户部定上馬一百引，中馬八十引，塩商以道路險遠，中納者少，總兵黄真以為言，故增之。十二年，兵部奏舊例迤西、迤北來歸人口帶到馬匹給軍騎操，中等賞鈔三千貫，下等賞鈔二千五百貫，各綿布五疋，綿花三斤，無馬者賞絹衣一襲，或鈔二百貫，綿布四疋，折準絹衣。今遼東總兵等官右都督曹義等奏稱鈔貫不敷，欲將帶到馬匹中等賞鈔二千貫，下等賞鈔一千五百貫，宜從所言。從之。景皇帝景泰元年，朝鮮國王李裪遣陪臣李含等貢馬五百匹，奏曰：『有勅以北虜犯邊，令備馬二三萬赴京。臣念世蒙列聖恩澤至深至厚，敢不盡心奉詔。但敝邦比因隣寇搆釁，邊警不絶，戍守馬匹騎坐馱載踣斃耗損十居六七，雖收拾中外大小官員有馬之家，未堪依數充辦。臣竊措辦五千匹以進，倘有餘力可為，安敢搆詞欺罔。伏惟聖慈垂憐。』帝曰：『虜寇今稍息，王又措辦艱難，馬已至者受之以銀三百兩，紵絲羅各三十疋，絹一百疋，償其直，未至者止勿貢。』仍命致知等賫勅并冕服冠服、白金三百兩、紵絲三十疋、羅三十疋、絹四千四百三十一疋、綿布二千九百五十四疋，歸賜其王及妃。英宗天順三年，勅慶王選馬二百匹給寧夏官軍，以銀四百兩，紵絲紗羅四十疋，綵絹二十疋，西洋布二十疋，高麗布二十疋賜之。洮州指揮使注釗獻五明黑馬一匹，賜勅奬勵賞白金三十兩，織金絲段二表裏，綵絹二疋。世宗嘉靖三十年，詔給西番諸族勘合。先是二十八年，御史劉崙請復金牌勘合，以便各番納馬給茶。其洮州衛列市等、河州衛子剛巴等、西寧衛昝市等諸族大馬蕃給以金牌，冲卜、鸗单等一十七族族小馬少者，給以勘合，未受職事者與之職名，原受未襲者，類奏承襲。嗣後有新撫之番，亦許附入，如例請給。至是，總督尚書王以旂等亦以為言下兵部議部覆。國初，制金牌信符，每副二面，頒降西番諸族，令鉗制其黨納差發馬匹，給以茶引。其後西海為北虜所擄，套虜又歲加侵掠，諸番所領金牌散失，漸復遷使内地密邇三衛，遂不復有賫符比號之事。今番族變詐不常，北虜抄掠無已，時脱給而再失，失而又給，而又失之，如國體何？夫金牌給番，本為納馬，番人納馬，意在得茶耳。各番以茶為命，不得茶，病且死矣，嚴私販之禁則不撫自順，雖不給金牌，馬可集也。若私販盛行，則在我無以繫其心而制其命，雖給金牌，馬亦不至。今稱各番告給寧以勘合與之，每歲以是為驗，使彼族屬無統者易於號召，而於文移則革去交易之名，使各效差發之誠，以正體統。至於授職承襲，必勘明類奏而後許之，則恩威兼濟，諸夷向風矣。詔如擬。侍郎史道奏，大同馬市完并進虜謝恩馬九匹，番表一通，俺荅賜大紅紵絲膝襴花様衣一表裏，金頂大帽一，金帶一，脱脱大紅紵絲一表裏，夷使丫頭知及虜質虎剌記等四人各青緑紵絲一表裏，總降勅一道，命史道遣官賫捧頒賜，仍加賜俺荅綵幣四表裏。庚戌，宣府設馬市于新開口堡，虜酋把都兒、卒愛、伯腰、卜郎台吉、委兀兒慎台吉凡五部入市，共易馬二千餘匹。穆宗隆慶五年，以虜王俺荅上表稱貢，賞大紅蟒白澤紵絲衣各一襲，綵段十五表裏，妻大紅五綵，紵絲衣二套，綵段四表裏，都督同知昆都力哈、黄台吉各綵段八表裏，五綵紵絲衣一套，絹二疋，布四疋，指揮使把漢那吉綵段五表裏，金紵絲衣一套，絹二疋，布四疋，指揮、同知、千百户等官永邵卜、大成台等六十二員并吉能姪切盡黄台吉各綵段三表裏，織金紵絲衣一套，絹一疋，布四疋，夷使撦布哱羅不、散台布等七十名各賞布幣有差。其貢馬進内者三十匹，每匹酧綵段二表裏，絹一疋，留邊者四百七十九匹，發太僕寺銀五千兩解邊，酌量予之，以為定例。宣、大總督王崇古報北虜互市事竣，大同得勝堡自五月二十八日至六月十四日官市順義王俺荅部馬千三百七十四匹，價萬五百四十五兩，私市馬贏驢牛羊六千，撫賞費九百八十一兩；新平堡七月初三至十四日官市黄台吉擺腰兀慎部馬七百二十六匹，價四千二百五十三兩，私市馬贏牛羊三千，撫賞費五百六十一兩；宣府張家口堡六月十三日至二十六日官市昆都力哈永邵卜大成部馬千九百九十三匹，價萬五千二百七十七兩，私市馬贏牛羊九千，撫賞費八百兩；山西水泉營八月初四至十九日官市俺荅多羅土蠻委兀慎部馬二千九百四十一匹，價二萬六千四百兩，私市馬贏牛羊四千，撫賞費千五百兩，市皆無擾。疏入，得旨：加崇古太子太保，賜之誥命，賞銀四十兩，紵絲二表裏，廵撫劉應箕陞俸二級，楊綵、孟重一級，總兵馬芳、趙岢、副總兵麻錦實職一級，副使申佐、朱裳、參議崔鏞等、千戶鮑崇德等各陞賞有差。又以本兵及該科有經畫建議，勞賞尚書楊博、侍郎谷中虛及郎中王緝、給事中章甫端銀幣緝，仍候京堂缺推用端陞俸一級。

明 楊時喬《馬政紀》卷三《買俵本折額數》 此見在實數：大名府二千一百六十九匹，外擠乳本色馬七匹；保定府一千四百六十一匹，外擠乳本色馬七匹；順德府七百三十八匹，外擠乳本色馬七匹；廣平府七百四十九匹，外擠乳本色馬七匹；真定府三千四百三十六匹，外擠乳本色馬七匹；河間府一千六十七匹，外擠乳本色馬七匹；永平府九百二十四匹，外擠乳本色馬七匹；河南開封府二百五十七匹，外擠乳本色馬七匹；彰德府二百三匹，外擠乳本色馬七匹；衛輝府八十三匹，外擠乳本色馬七匹；歸德府考城六匹；山東濟南府二千六百六十八匹，外擠乳本色馬七匹；兖州府二千七十八匹内有永改折色不起俵沂、費、郯三州縣馬七百三十四匹，總為二千八百一十二匹，外擠乳本色馬七匹；東昌府六百七十六匹，外擠乳本色馬七匹。以上本折馬一萬六千五百一十五匹，原係本色者徵銀三十兩，折色者徵銀二十四兩，每年各州縣照數徵收在庫，俟奉到本寺普派本折分數到日，即将原徵三十兩，内以二十四兩為馬價，六兩為路費草料，發馬戶買俵一匹。此外一槩俱作折色，以二十四兩數起解，其本折原徵收總數每年一萬六千五百一十五匹，該徵銀三十九萬六千三百六十兩，外加沂、費、郯三州縣永改折色馬七百三十四匹，每匹或二十兩，則徵銀一萬四千六十八兩，或一十八兩，則徵銀一萬三千二百一十二兩，總共銀四十萬五千七百九十三兩三錢九厘四毫三絲。如本年奉派買俵本色五分，折色五分，則各該本折一半，馬八千二百七十有零，銀二十萬有零，或派本色四分、三分，則折色亦以次遞減。每歲本寺查行本色買俵，併查實在折色，預行各府行各州縣起解，俱作春秋兩運，差官吏解至，或馬隨各州縣自解，兩運依期而至，銀或併一次或分二次俱隨各府舊例，或類解，或分解不等。按：攷本寺每歲全徵折色銀僅四十萬餘，歲派買本色或三分，或四分，萬一有事，必五分以外，一至三分則所徵銀已支去四十萬中之半矣，况五分以外則又支過於一半之外矣，即此僅能歲徵一十餘萬，合南直隸一十八萬有零，歲不過三十餘萬計爾。以此三十餘萬之入，應補各邊近日買馬年例，尚為匱缺，况如近日本寺及言官所疏興師十萬即以騎步中分，則五萬騎兵用馬五萬匹，如遇本寺有寄養馬，猶可征調，如一時缺少，則每疋以三十兩數計，約費銀一百五十萬，始足應此。今以所入三十餘萬總計之，當其時，將以此補各鎮年例乎？抑以之買馬以應五萬騎之需乎？至是計安所出？竊恐事變忽来，在民間非特無馬可賣，在本寺亦無銀可買，是兩窮矣。至是始責本寺，則本寺前此今此僅為職守庫藏，而于廐牧之議一皆係于兵部，並未預聞附議，雖欲于臨事責之無及亦無益也，是以僭有占前慮後之意，謹槩書于此。

又《南京太僕寺折俵馬》 此為南京太僕寺見解折色者。南京太僕寺舊解俵既而買俵起解，俱與太僕寺同。自成化二年始有折銀，然特一二縣爾。自隆慶二年半賣，萬歷九年全賣後，尚買解二百數十匹，猶有存羊之意，至萬歷十五年則盡去矣。自是後，本寺有銀無馬，惟歲将部寺移文行於各屬，督率徵收解銷已爾，此在承平可稱清署，民亦謂不擾，萬一有事需馬，其何以應緩急哉？語在《南太僕寺志》中。成化二年兵部奏准，南直隸府州縣養馬地方逓年起解兒馬来京，多矮小不堪征操，今後江南該解馬匹，其不堪不敷之數，每匹徵銀十兩，類解太僕寺收貯，隨時收賣寄養給操。成化二十三年，鎮江知府熊佑奏革種馬，盖為鎮江一府而奏，兵部尚書余子俊議，養馬騍駒，祖宗百年之成法，解徵價銀，官府一時之權宜。今若盡去種馬，歲出銀二千兩以抵馬價，然必有種馬乃可騍駒，既賣種馬，復徵馬價，是無田而徵租也。遂停止。弘治十四年，兵部奏南直隸各府州縣解到備用馬多不堪給軍騎操，收之則累順天府寄養之民，退之則解馬人户往来艱苦，請将驗中者仍發順天府寄養，不堪者退回變賣，併各年拖欠未解者，俱每匹徵銀十五兩解部，付太僕寺市馬，發府寄養。弘治十五年，兵部派取備用馬一萬五千匹，太僕寺所屬七分，南京太僕寺所屬三分，於内折色一半，照舊徵銀十兩。其本色馬匹果係孳生馬駒，齒歲身量相應者方許起解，不足之數不必重價買補，每匹徵銀十五兩解部發寺收貯買馬。弘治十六年，都御史彭禮、禮科右給事中王績各題稱，應天府屬及太平、鎮江等府俱在大江以南，風土不産好馬，難備軍前應用，欲弛舊例，以圖實用。每年印烙馬駒務要逐一點閘查審，不必拘於八分，果有孳生好駒，量與印烙，聽候補種取用。如遇倒失，追賠本色，不堪之數不必印烙，每匹令其變賣銀三兩，倒死徵銀亦如其數，虧欠者徵銀六兩，敢有遷延過年不納，或虧欠揑作倒死，事發各追銀十兩，備開數目，解部發寺買馬支用。弘治十七年，兵部據直隸徐州豐縣知縣田良等奏，本縣拖欠各年馬匹數多，所産瘦小，不堪解俵，乞照例折收價銀。題准通將江北府州縣自成化十二年起，至十五年終止，拖欠備用馬匹俱折價收納。弘治二十二年，都御史劉璋奏稱，淮、揚二府，滁、和二州雖在江北，實與江南地方相去不遠，所産馬匹矮小不堪騎操，本年分暫照江南事例，每匹折收價銀十兩解部秤收買馬。本年，太僕寺寺丞劉鏞題准，南北直隸府州縣拖欠備用馬匹自十六年至二十年止，各以十分為率，一半照依江南事例，每馬一匹折銀十兩，解部發寺，聽給邊方買馬支用；一半照舊起解本等馬匹，其二十一年以後拖欠者，仍令買俵。弘治二十三年，都御史周鼐、王克復各奏稱，廬、鳳二府所屬并應天府江浦、六合二縣所産馬匹矮小，准照災傷，每匹收銀十二兩，以後照舊。正德八年奏准，每折色一匹徵銀一十五兩，原係本色改徵折色，每匹徵銀一十八兩。正德十四年，應天府通判張海奏准，江浦、六合二縣原派本色馬四十八匹，暫改折色，每匹折銀一十八兩，解太僕寺買馬支用。正德十六年，南京工科給事中王紀等奏，南方水鄉所産馬匹不堪邊用，要免其牧養種馬，定立歲辦額數，量徵價值，解寺收貯，從便買用。該兵部議，寧國、太平、鎮江三府、廣德并徐州俱免。十六年，南京兵部議，應天、淮、揚、廬、鳳五府，滁、和二州雖有本色之數，亦有折色中半，必欲通将南直隸備用馬匹俱派折色徵解，誠恐邊方卒有警報，騎征官軍奏兊不給，縱使發銀收買，一時豈能濟事，仍照先年例，本折中半。嘉靖元年兵部題准，地方灾傷行南直隸掛欠馬匹州縣，自正德十六年以前曾經起解到部送寺俵驗不堪退回馬匹，聽從變賣，每匹照依南京太僕寺卿潘希曾所擬徵銀一十八兩，解部發寺收貯，買馬支用。嘉靖六七等年兵部題，南直隸、鳳陽等府地方解到馬匹俱各身量矮小不堪俵兊，暫准嘉靖元年分備用馬匹，南京太僕寺所屬取三分，俱折色，原係折色者每匹照舊徵銀一十八兩，原係本色者每匹加銀二兩，共徵銀二十兩，起解收貯。嘉靖十五年，都御史周金題准，撫屬地方連年灾傷，民困至極，將淮、揚、廬、鳳四府，滁、和二州嘉靖十六、十七年分該備用本色馬匹暫准照例折價，以後年豐，照舊額本折中半。嘉靖十七年兵部題，本年分備用馬匹照常年該派二萬五千匹，但各處有水灾起解與餧養不前，若派不足，又恐調用不敷，准量派備用馬、擠乳馬共七千匹，其餘照先年題例，原係折色者每匹仍徵銀一十八兩，原係本色今該折色者每匹仍徵銀二十兩。嘉靖三十年兵部題准，邊陲多警，北方乏馬收買，今後南直隸起解，折色不分永改及暫改，俱徵銀二十四兩，解部發寺收貯買馬。隆慶四年奏准，要將廬、鳳二府本色馬匹一體改徵折價，姑候五六年後再行議派。兵部題覆，看得太僕寺卿顧存仁所陳南北直隸馬匹矮小，不堪調用，要將廬、鳳府本色馬匹一體改徵折價，姑候五六年後再行議派，查得近該本部題，隆慶四年備用馬匹為因，南直隸上年解納者數多矮小不堪，仍全派折色起解，如遇本色馬少，發銀于就近去處收買兊用，已經題奉欽依，通行欽遵去後，今照本官所擬，大畧相同，相應悉如所擬馬價額派，買馬銀全給解户。萬歷十年以後各州縣悉照買俵舊額，一切徵銀照依九年所定例，輪年買馬。萬歷十五年，本寺以廬、鳳、滁、和等處所解大馬矮小不堪，又題覆免解止折銀三十兩，兵部議將此二百七十二匹折徵價銀三十兩，類解本寺貯庫候買馬。自後南太僕寺各府祇有銀無馬解寺。萬歷九年，種馬既草，鳳陽等府各屬州縣尚輪解大馬各數不等，至萬歷十五年本寺卿羅題照得南馬矮小，加以路途窵遠，俵解艱難，即如今歲虹縣盡數退回，其餘州縣亦皆大半不堪，不惟無裨軍興，且令貽累寄養，合無將前馬每匹折徵銀三十兩類解本寺，每歲即將此銀給發薊州，抵補馬價。萬歷二十二年題准，泗州水災將馬價自二十一年起至二十三年止暫免三年，少甦民困。萬歷二十二年，因北方災傷，寄養馬缺乏，將直隸、山、河各府多派本色發養，將給發薊鎮折色馬價一千匹，俱令鳳、廬、揚、應、鎮、寧、太七府派徵，內除淮安、徐州災重者暫免派。折俵本折額數：應天府本折馬八百三十四匹，外解南京兵部馬九十九匹，鳳陽府本折馬一千八百八十七匹，州府本折馬一千四十四匹，淮安府本折馬一千一百九十七匹，廬州府本折馬八百七十六匹，滁州本折馬二百一十五匹，和州本折馬一百二十七匹，徐州折色馬一百五十匹，廣德州折色馬一百四十二匹外解，南京兵部馬二十匹，寧國府折色馬一百三十四匹外解，南京兵部馬一十六匹，鎮江府折色馬四百一十六匹外解，南京兵部馬五十二匹，太平府折色馬二百六十一匹外解，南京兵部馬三十二匹。以上共本折馬七千三百八十三匹，亦係原派本色者徵銀三十兩，折色者徵銀二十四兩，其起解日，亦以二十四兩為例，七千三百八十三匹共該銀十八萬六千一百二十三兩六錢，內惟鳳陽一府為一年，廬州并滁、和二州為一年輪年，舊係買本色大馬二百八十三匹，今亦俱改折，祇令查將原徵三十兩數解寺抵充，薊州或有北方災傷，及歲派分數過多，難以抵補年分，即將薊州一千匹數分派各成熟府分，以原徵本色三十兩湊足一千匹，解寺抵充薊州全數，自此外一槩將前折色二十四兩數起解太僕寺，亦于歲前議普派本色、本折時一體呈部題覆，轉行南京太僕寺查明，各照各府州舊例類解太僕寺。按：考《南京太僕寺志》曰：國之大事在戎，而戎之所重在馬。周制六軍，車乘悉出於民，而校人所掌者，特給公家之用而已。當時不聞其乏馬，而馬之在民者亦未聞其為害。自秦人首開阡陌，歷漢、唐以下，兵車不取之田賦，戎馬各從官給，及宋罷監牧，改保甲出馬，遂為民病，豈古今土地生牧相遼絶哉？李覺云：養馬之卒有罪無利，是以駒子生乃驅令齅灰而死，盖餧養多而草料不貲，其害必至於破産，彼虧欠倒失賠罰不過數緡，孰肯肥公家以剥己膏耶？且户配一馬，分日而飼，縶之維之，其可以蕃息乎？此文潞公所以痛言於宋也。我朝賦牧於民，蠲其科傜，即復卒之遺意。初行江淮數郡，至永樂十九年都北京，則又行於山東、河南并北直隸七府，聖謨神筭，榜示利病，豈無懲於宋事耶？第承平日久，玩愒乘之，加以官吏點視刑責，科罰百端，害之所在，人所必避，故百姓惟恐息駒貽害，不謀為之隐諱，則謀為之銜落，所以生息日微。縱有所産，卒多矮小，卒不免宋人之弊者，勢則然也。而因噎止餐者，遂謂江淮不宜産，欲革去種馬，科戸出錢應買，是無田而責其租，為無名之徵矣，豈知聖祖藏賦於民之深意耶？况江淮自春秋以前，列國不相通，所用之馬皆取於本國而已。觀申公巫臣使吴教吴乘車釁楚，是吴亦自有馬也。又宋南渡以後，凡中國宜馬之地悉為金有，惟市於淮郡，而張、韓、劉、岳之出戰亦未聞其乏馬，則知牧馬之政修之由人不在於地，余靖已言之於宋矣。使必拘之地産，則錢氏置監於婺女，昔何號為馬海？彼衛騋牝三千，魯駉駉牡馬，至今又何寥如也？且起俵馬匹，類買於販徒，凡以得之民，民一也，甘於售馬販而不樂於為官養，是可不深求其故耶？雖前後建白，如通折價，便寄養，要亦因時灾傷，暫通其變，以宜民而已，於定制不敢改也。使孳牧有道，則田埜盡精騎，朝發而夕可至矣，又何必市之馬販，徒以罔民已哉？是在典牧者加之意而已。《南京太僕志》又曰：愚嘗讀書至武成王来自商，至于豐，乃歸馬于華山之陽，放牛于桃林之野，示天下弗服，然猶修周官牧圉之政，於岐豐鎬京等處以及井甸所至，莫不有馬，其所以制治於未亂者何其深且遠也！我聖祖龍飛淮甸，駐蹕滁陽，及天戈所向，殪漢踣吴，遂乘勝長驅，剗削羣雄，奄有四海，於是歸馬于滁陽，視歸馬華陽，與王至自豐者益焯有光矣。又括江淮為京輦神臯，修馬復令，豈不為萬年豐鎬圖耶？然諦觀形勝，北控魯魏，南盡吴越，東届海壖，西聯汝汴，自春秋以来世為争戰之地，如魯以車徒克淮夷，吴以偏乘滅鐘離，灌嬰以驍卒釁項羽於東城，謝玄以步騎敗苻堅於淝水，是江淮之地未始不以馬取勝，而或者謂非騎所能展奮，然則聖謨睿筭，其所以親定於滁至再至三者，果無見於此耶？且設立本寺，專司江淮牧政，實強幹弱枝之道，當時北直隸一帶不過以行太僕寺寄之，與今之遼東、山陝寺卿一也，及定鼎北京，守土者遂欲弛南牧，以要市於民，甚或管馬官員巧避本職，希誉别差，於牧政漫不講求，則此法可終罷哉？昔王禹偁云：宋自太宗繼業，天下一家，議者乃合江淮諸郡，撤武備三十餘年，萬一竊發，何以枝梧？嗚呼！今豈無禹偁之慮乎？以上二條乃嘉靖己酉以前所志，是時原額種馬如故，且言之如此。自隆慶二年、萬歷九年以後事，作志者未之見也。如其見之，則其所感慨又當何如也？今特採附之，以備稽往者一覽。

又《太僕寺買俵馬》 自此兩京太僕寺異，此為太僕寺見買本色，其餘解折色者。自萬歷九年盡賣種馬，後此為專徵銀買俵之始。以前兩太僕寺各俵分數買俵，南京太僕寺以所買者解至太僕寺交驗，至萬歷十四年盡行改折，惟有北直隸、河南、山東十四府之馬解寺，故此紀太僕寺專買本色馬，而南京太僕寺專解折色銀，分而紀之，于下以便稽考者。萬歷九年，始議盡賣種馬，徵銀買俵起解收發寄養，該兵部題准，各府州縣照原俵例，舊係本色者徵銀三十兩，係折色者徵銀二十四兩，每年派到本色，支原徵本色銀內，將馬價二十四兩，草料六兩，買馬一匹，起解至京，每年兵部題請劄行本寺，依分派各府若干，各府照依分派各屬若干，其內申明馬價二十四兩，草料六兩，俱要給與買解大户，仍禁各屬不得給平估之。時值假節，省之虚名，充侵尅之實囊，以致所買馬矮小瘦損，及奸頑馬户賫價赴京，交通醫販人等，收買騎傷攞臕鑽渠鞭花不堪馬匹，朦朧解入，違者俱行究治。萬歷十八年題准，其起俵馬匹不行用心揀選，任其瘦小不堪，聽憑積販包攬俵解者，寄養馬匹不行加意查驗以致瘠損倒死數多，或應買補不行追補，或任馬戶以小馬抵換原發大馬，或以生作死，私賣重價，希圖輕價買補者，通計其馬數以為分數，三分以上者罰俸五分，以上者住俸，候下次查驗，臕壯買補總計至八分以上始請開復。本部仍咨吏部將馬政修舉者行取擢用以示勸，牧事廢弛者附簿劣處以示懲。若州縣佐貳首領有科尅馬戶事發，有實跡者，聽該寺提問，至於解户各衙門需索，務裁損以省繁費，寄户鞍花鐙花量為寬禁以塞騙局，相應悉如議行。萬歷二十年題准，預派期俱于本年九月以内不再得過期，以致民累，該印馬御史樊玉衡、劉曰梧題，于秋運將終八九月之時，本寺即以議派本、折分數，該部題覆，轉行各屬，庶于各官民徵解皆便。萬歷二十年題准，内稱查得萬歷二年題准，將保定、順德、廣平、河間、永平、兖州、東昌、歸德八府與真定、大名、濟南、開封、衛輝、彰德六府各一年輪派本色，又查得萬歷六年本色四分，其三年六分五厘，十六年三分，十八年五分二厘，十九年五分九厘，各分數不等，已而又為幇派帶派，科條詳而弊愈滋。夫派無定數則小民以不均而受累，法無畫一則吏書得因緣而為奸，以故州縣往往加賦不止，撫按無所覈其數，有司不得明其守。方今邊境多事之時，正為馬政修舉之日，合無斟酌節年馬數，定為成規，通融于保定等十四府原額内普派本色三分，以後量年分災傷及兩路缺馬隨量行增減，自二分至四五六分以上，並臨時裁酌，本寺卿王汝訓題，該兵部尚書石覆議，依擬，以後年分俱照此行。萬歷二十一年題准，俵馬務要足二萬之數，于直隸、山東、河南三省，真定等十四府均派本色馬匹，其或災傷年分待各撫按衙門奏勘明白，兵部覆奉，行寺照依減派本色或折色，轉行各府屬分派各州縣，依舊例，頭二運俵解一頭，運直隸真定、保定、河間三府，俱限二月二十日以裏，順德、廣平、大名、永平四府俱限二月二十五日以裏，山東、河南所屬俱限二月初十日以裏。南直隸所屬府州縣折色馬價俱限五月終解寺，河南歸德府一府併作一運，亦限五月終解寺，二運俱限九月以前通行完報。如有俵解過限二個月以上者，呈部類叅。如至三個月以上至半年者，許指名叅奏。承批人員違限一個月以上，忝送問罪。其衛所折色亦照本府限期解納。如違，一照前限，將承批人役叅送問罪。其係千百户承批，雖過限亦須呈部類忝，以上近例過限或一個月，或二個月，或三個月者，照各部舊例，水程不便，行問究過，遠至三月外者，仍照例行。若係災傷重大年分，照依彼處撫按官奏題寬限緩徵，待各府州縣申文至日，查係的確，亦不究問限期，題准各違限違例每歲終太僕寺呈部查究，行各該巡按御史提問奏報，不許延至隔年，其不赴掣總通判及吏役遲慢等項，該寺徑行查處。萬歷二十二年題准，照萬歷二十年馬以十分為率，普派本色三分，折色七分定例，權于各府本色三分之内分別災傷輕重，極重者本色盡改折色，稍輕者少派本色，無災者多派本色，其河間等各府所屬各州縣災重者本色三分俱暫改折色，保定等七府所屬各州縣被災稍輕者派本色三分暫改折色一分，兖州、東昌二府被災又次者派本色三分五厘暫改折色五厘，永平、彰德、衛輝三府原係無災，仍量派本色三分。所派原係本色暫改折色者，每匹徵銀三十兩，其餘原額七分折色，每匹徵銀二十四兩，該保定巡撫劉題稱地方重災，欲將本色槩議改折，每匹徵銀三十兩，解寺貯庫，給各邊鎮，止用十五六兩可得中騎，二十兩可得上騎，軍不乏騎而民得稍寬，一分即受一分之益。查得萬歷十一年，該兵部題稱，備用馬係干軍需重務，歲豐則多徵本色，以備征戰，歲歉則酌量改折，以蘇民艱。祖宗立法盡善盡美，今歲各該地方飢饉荐臻，小民困苦，真定、大名等府俱盡派折色。萬歷十四年該前撫臣賈三近、御史劉霖因災題免備用本折馬匹一年，又將十五年折色馬匹量減二兩，遵行在卷，臣等屢徼天惠，不敢望行減免，只將本色馬匹折解一年，可實内庫，可寬民力，後照舊俵解，兵部行本寺議，民間災傷固所當恤，軍國大計尤所當重，合行撫按查各災傷重輕，酌派本折，庶民災與國計均益。撫按勘囬本寺再查，兵部覆奏，如議行。萬歷二十三年，為寄養缺乏，照額數題准保定等府普派本色四分，折色六分，以後年分普派三分或二分幾厘。又本年北直隸、山、河諸府派數甚多，民力難勝，乃將薊州折色馬餘二百八十三匹外，其七百餘匹暫派南直應鎮寧、太廬六府以示均平。萬歷二十二年議定，九月內本寺派定各府分數呈部，題奉欽依覆行，本寺轉行各府照奏內分數分派，各屬照舊如有分數內不足買一匹者，本府徑自議支原徵本色在庫者，湊足三十兩，令買一匹起解，仍預先申明，以便查收。萬歷二十四年題議俵馬見行該本寺卿楊題買俵者有伍始于起故，一曰起俵，自種馬革，議照地畝徵銀，僉大户買俵，每匹二十四兩，草料路費陸兩，價善矣宜得良馬。乃諸臣屡言州縣官一給平估之時值，一假節省之虛名，一充侵尅之實囊，三者清濁不同，虧少馬價則一，民因不敢養，限逼問諸販民，不從則強取之，不肯販遠商亦不至，再逼則遣俵戸買之，他所各奸販與積棍包攬者哄聲州縣，謂各方無馬，有必重價，乃有二三十兩至四五十兩者，而馬又未必良也。薊北馬羣即今真保，《衛詩》騋牝即今衛彰，『魯侯駉駉』即今濟兗間，皆馬鄉也，風土如故。邇聞東土小邑民家惟養驢騾，非有勢力不養馬，一養官必強取，且貽後累，此乃威民且驅馬有官，如此馬計由匱，屡經兵部申飭，今尚猶然。人言州縣官者以馬良不足為功最，不良不足為罪殿，故視泛常是在後欸舉劾嚴之爾。起在于解，故二曰解俵。解自州縣，申册內開解官、俵戸、獸醫姓名，馬尺寸、齒數、毛色。如皆正身守法者，則馬與申册相同，馬必良，或係積棍包攬，則馬與申册不同，馬必不良。又或州縣編頭户賣富差貧，臨時又以哄嚇限逼，預給一空文册與之，至本寺嘗驗硃上之墨，尺寸、齒色與册不同者，馬必不良。前寺卿唐堯欽疏言，不良則價賤得利多，良則無所牟利，年年此解役，年年此醫獸，內外交通，夥黨聯結，混然而收則喜，稍加別白，一換猶是，再換、三四換亦猶是，一縣猶是，兩縣、三四縣亦猶是，始哀鳴繼求，書終騰謗。況一換之間，此輩復與馬販朋謀，冒開費用價值，歸勒騙于各户，將憐其重費而不換馬，無俾戎用，它年不與調兊，是姑息于俵戸者，又重累于寄户也。解在於收，故三曰收俵。前臣謂有二弊，一在寺役通同。成化、弘治間問刑條例一欵，司府州縣起解，若有馬販交通官吏、醫獸人等兆攬作弊，俱問罪，枷號一箇月，發邊遠充軍，再犯、累犯者枷號一箇月，發極邊衛充軍。嘉靖間申飭，正德間，御史周鵷奏該寺醫獸人等多係積慣百計，瞞官作弊，本一馬今日關節未通，則稱老病不堪，以致退出，明日關節已通，則稱齒少無病，以致驗中又奸頑馬户齎價赴京，交通醫販人等，收買騎傷擸臕鑽渠鞭花不堪馬匹朦朧驗俵，寺官不行用心看驗，嚴行禁治，以致前弊益滋。合無令該寺遇解到即便查照原来文册逐一親驗，其揀退，查先例就於騌下用退字小印，以杜奸弊，此一也。一在勢豪囑托。正德間，南太僕寺卿楊琥題奉欽依，今後敢有仍前依勢兆攬囑托，及通同官吏、醫獸人等作弊浪估價銀，瞞官害民，在京送法司，在外聽撫按官照前項枷號，官軍俱調極邊，差操舍餘人等俱發邊衛充軍，官吏、醫獸人等一體治罪。干碍內外勢豪人員徑自具實奏請，治其擸哄。老病原馬驗退，仍還原主價銀。若勒掯不還，許陳告，枷號治罪，此一也。據此，凡寺役當重懲，若獸醫近取宛、大二縣皆素交通為弊者，以後如舊例別取附近州縣者至，則封閉不令與寺役交通，或有法外深奸，速察懲之。若勢豪囑托，如唐堯欽所謂求書者，本寺指實奏請治罪，乃警一戒百，有益寄户，而俵户亦省費干請。收在於印，故四曰印俵。俵馬，《會典》開載舊例，州縣各用印烙，始行起解，其後奏准，免用盖為擇退，即得變價別買，便于換易，以示寬恕也。惟本寺驗收不堪者，用退字小印於騌下，以妨奸弊，近亦不用，乃各官解醫獸交通本寺書吏人役，醫獸有驗不堪退出者復或借良者入驗，驗畢又將前退出者朦朧混入，得收印，以致俵戸無復于留心買良，衹圖儌倖，沿此故套。及查頻年收印有良，亦有類此者，即諸臣皆謂難覈可知也。惟是用小印于騌下，自不得混入，將使風行預戒，諸弊不生，後日有不待屡換可必得良者。乃州縣起解印亦當申請復用，或賢官，或取良起俵，中途無印，為解役醫獸私賣至京，恃沿朦朧故套，以致馬不良，官績不著，惟此印復用，庶免此弊。或以前免用為便賣換，詎知馬良不換，換必不良，不良者敢為欺罔，本寺又誣累州縣官，是何可始息隨其套中也。印在于發，故五曰發俵。凡俵户固難，但五年編買一年，後有數年安居，在養户當經數年、拾餘年。前馬纔兊，後馬復至，不免一家舉勞，或倒失賠償有費，似于尤難。誠得本寺驗發悉如式，齒無七歲外、尺無三尺七寸，又精神臕壯猶可，倘不如式，又非臕壯，本寺曲為俵發，又令原解及寺役送之，遂挾令州縣驗發，勒養戸收受，有力者亦不肯受，如柔懦及輪貼顧倩者惟苟圖小利，朋結哄受，有一月或一年即倒者，律坐問罪賠補，至痛備榜掠，絶産賣子，不能完償州縣，從寬聽賠，又非事體，誠收如式，發日又不用原解寺役，別行遣人發送，内有不堪，即許州縣申請，或令養户告換代請，倘有發果良，但路次因水草馳涉徵疵，亦令州縣醫治，愈日始發，不得勒受，庶無煩民賠累，安意餧養。

又《買俵本折額數》 此見在實數：大名府二千一百六十九匹，外擠乳本色馬七匹；保定府一千四百六十一匹，外擠乳本色馬七匹；順德府七百三十八匹，外擠乳本色馬七匹；廣平府七百四十九匹，外擠乳本色馬七匹；真定府三千四百三十六匹，外擠乳本色馬七匹；河間府一千六十七匹，外擠乳本色馬七匹；永平府九百二十四匹，外擠乳本色馬七匹；河南開封府二百五十七匹，外擠乳本色馬七匹；彰德府二百三匹，外擠乳本色馬七匹；衛輝府八十三匹，外擠乳本色馬七匹；歸德府考城六匹；山東濟南府二千六百六十八匹，外擠乳本色馬七匹；兖州府二千七十八匹内有永改折色不起俵沂、費、郯三州縣馬七百三十四匹，總為二千八百一十二匹，外擠乳本色馬七匹；東昌府六百七十六匹，外擠乳本色馬七匹。以上本折馬一萬六千五百一十五匹，原係本色者徵銀三十兩，折色者徵銀二十四兩，每年各州縣照數徵收在庫，俟奉到本寺普派本折分數到日，即將原徵三十兩，内以二十四兩為馬價，六兩為路費草料，發馬戶買俵一匹。此外一槩俱作折色，以二十四兩數起解，其本折原徵收總數每年一萬六千五百一十五匹，該徵銀三十九萬六千三百六十兩，外加沂、費、郯三州縣永改折色馬七百三十四匹，每匹或二十兩，則徵銀一萬四千六十八兩，或一十八兩，則徵銀一萬三千二百一十二兩，總共銀四十萬五千七百九十三兩三錢九厘四毫三絲。如本年奉派買俵本色五分，折色五分，則各該本折一半，馬八千二百七十有零，銀二十萬有零，或派本色四分、三分，則折色亦以次遞減。每歲本寺查行本色買俵，併查實在折色，預行各府行各州縣起解，俱作春秋兩運，差官吏解至，或馬隨各州縣自解，兩運依期而至，銀或併一次或分二次俱隨各府舊例，或類解，或分解不等。按：攷本寺每歲全徵折色銀僅四十萬餘，歲派買本色或三分，或四分，萬一有事，必五分以外，一至三分則所徵銀已支去四十萬中之半矣，況五分以外則又支過扵一半之外矣，即此僅能歲徵一十餘萬，合南直隸一十八萬有零，歲不過三十餘萬計爾。以此三十餘萬之入，應補各邊近日買馬年例，尚為匱缺，況如近日本寺及言官所疏興師十萬即以騎步中分，則五萬騎兵用馬五萬匹，如遇本寺有寄養馬，猶可征調，如一時缺少，則每疋以三十兩數計，約費銀一百五十萬，始足應此。今以所入三十餘萬總計之，當其時，將以此補各鎮年例乎？抑以之買馬以應五萬騎之需乎？至是計安所出？竊恐事變忽来，在民間非特無馬可賣，在本寺亦無銀可買，是兩窮矣。至是始責本寺，則本寺前此今此僅為職守庫藏，而于廐牧之議一皆係于兵部，並未預聞附議，雖欲于臨事責之無及亦無益也，是以僭有占前慮後之意，謹槩書于此。

又《軍衛折俵額數》 萬歷十八年，以萬歷九年裁革種馬，惟軍衛以種馬買俵者照舊不革，本年題准，今照舊改解折色，不得解馬，該本寺少卿唐堯欽題，七十二衛所馬匹既不堪兊應，令今年照例，馬價或貴，掌印官親解兵部，覆自十九年為始，俱令照例徵解折色，每匹照各衛所原派馬價銀數解部發寺收貯，以俻買馬支用。在京龍驤等衛各俵一匹，徵銀數如寬河等各徵銀三十兩，在外保定等四十六衛各俵一匹，徵銀如東勝右、忠義中、鎮朔、遵化、興州左俱各三十兩，營州右、營州前、興前、前州俱各二十四兩，興州中、涿鹿左、涿鹿中、涿鹿、定邊俱各二十二兩，營州中、營州後、營州左、興州後、武清俱各二十兩，通州右、通州左、神武中俱各十二兩，以上共折價銀一千六百七十七兩三分九厘四毫。

又《南京太僕寺折俵馬》 此為南京太僕寺見解折色者。南京太僕寺舊解俵既而買俵起解，俱與太僕寺同。自成化二年始有折銀，然特一二縣爾。自隆慶二年半賣，萬歷九年全賣後，尚買解二百數十匹，猶有存羊之意，至萬歷十五年則盡去矣。自是後，本寺有銀無馬，惟歲將部寺移文行於各屬，督率徵收解銷已爾，此在承平可稱清署，民亦謂不擾，萬一有事需馬，其何以應緩急哉？語在《南太僕寺志》中。成化二年兵部奏准，南直隸府州縣養馬地方遞年起解兒馬来京，多矮小不堪征操，今後江南該解馬匹，其不堪不敷之數，每匹徵銀十兩，類解太僕寺收貯，隨時收賣寄養給操。成化二十三年，鎮江知府熊佑奏革種馬，盖為鎮江一府而奏，兵部尚書余子俊議，養馬騍駒，祖宗百年之成法，解徵價銀，官府一時之權宜。今若盡去種馬，歲出銀二千兩以抵馬價，然必有種馬乃可騍駒，既賣種馬，復徵馬價，是無田而徵租也。遂停止。弘治十四年，兵部奏南直隸各府州縣解到備用馬多不堪給軍騎操，收之則累順天府寄養之民，退之則解馬人戶往来艱苦，請將驗中者仍發順天府寄養，不堪者退回變賣，併各年拖欠未解者，俱每匹徵銀十五兩解部，付太僕寺市馬，發府寄養。弘治十五年，兵部派取備用馬一萬五千匹，太僕寺所屬七分，南京太僕寺所屬三分，於内折色一半，照舊徵銀十兩。其本色馬匹果係孳生馬駒，齒歲身量相應者方許起解，不足之數不必重價買補，每匹徵銀十五兩解部發寺收貯買馬。弘治十六年，都御史彭禮、禮科右給事中王績各題稱，應天府屬及太平、鎮江等府俱在大江以南，風土不産好馬，難備軍前應用，欲弛舊例，以圖實用。每年印烙馬駒務要逐一點閘查審，不必拘於八分，果有孳生好駒，量與印烙，聽候補種取用。如遇倒失，追賠本色，不堪之數不必印烙，每匹令其變賣銀三兩，倒死徵銀亦如其數，虧欠者徵銀六兩，敢有遷延過年不納，或虧欠捏作倒死，事發各追銀十兩，備開數目，解部發寺買馬支用。弘治十七年，兵部擄直隸徐州豐縣知縣田良等奏，本縣拖欠各年馬匹數多，所産瘦小，不堪解俵，乞照例折收價銀。題准通將江北府州縣自成化十二年起，至十五年終止，拖欠備用馬匹俱折價收納。弘治二十二年，都御史劉璋奏稱，淮、揚二府，滁、和二州雖在江北，實與江南地方相去不遠，所産馬匹矮小不堪騎操，本年分暫照江南事例，每匹折收價銀十兩解部秤收買馬。本年，太僕寺寺丞劉鏞題准，南北直隸府州縣拖欠備用馬匹自十六年至二十年止，各以十分為率，一半照依江南事例，每馬一匹折銀十兩，解部發寺，聽給邊方買馬支用；一半照舊起解本等馬匹，其二十一年以後拖欠者，仍令買俵。弘治二十三年，都御史周鼐、王克復各奏稱，廬、鳳二府所屬并應天府江浦、六合二縣所産馬匹矮小，准照災傷，每匹收銀十二兩，以後照舊。正德八年奏准，每折色一匹徵銀一十五兩，原係本色改徵折色，每匹徵銀一十八兩。正德十四年，應天府通判張海奏准，江浦、六合二縣原派本色馬四十八匹，暫改折色，每匹折銀一十八兩，解太僕寺買馬支用。正德十六年，南京工科給事中王紀等奏，南方水鄉所産馬匹不堪邊用，要免其牧養種馬，定立歲辦額數，量徵價值，解寺收貯，從便買用。該兵部議，寧國、太平、鎮江三府、廣德并徐州俱免。十六年，南京兵部議，應天、淮、揚、廬、鳳五府，滁、和二州雖有本色之數，亦有折色中半，必欲通將南直隸備用馬匹俱派折色徵解，誠恐邊方卒有警報，騎征官軍奏兊不給，縱使發銀收買，一時豈能濟事，仍照先年例，本折中半。嘉靖元年兵部題准，地方灾傷行南直隸掛欠馬匹州縣，自正德十六年以前曾經起解到部送寺俵驗不堪退回馬匹，聽從變賣，每匹照依南京太僕寺卿潘希曽所擬徵銀一十八兩，解部發寺收貯，買馬支用。嘉靖六七等年兵部題，南直隸、鳳陽等府地方解到馬匹俱各身量矮小不堪俵兊，暫准嘉靖元年分備用馬匹，南京太僕寺所屬取三分，俱折色，原係折色者每匹照舊徵銀一十八兩，原係本色者每匹加銀二兩，共徵銀二十兩，起解收貯。嘉靖十五年，都御史周金題准，撫屬地方連年灾傷，民困至極，將淮、揚、廬、鳳四府，滁、和二州嘉靖十六、十七年分該備用本色馬匹暫准照例折價，以後年豐，照舊額本折中半。嘉靖十七年兵部題，本年分備用馬匹照常年該派二萬五千匹，但各處有水灾起解與餧養不前，若派不足，又恐調用不敷，准量派備用馬、擠乳馬共七千匹，其餘照先年題例，原係折色者每匹仍徵銀一十八兩，原係本色今該折色者每匹仍徵銀二十兩。嘉靖三十年兵部題准，邊陲多警，北方乏馬收買，今後南直隸起解，折色不分永改及暫改，俱徵銀二十四兩，解部發寺收貯買馬。隆慶四年奏准，要將廬、鳳二府本色馬匹一體改徵折價，姑候五六年後再行議派。兵部題覆，看得太僕寺卿顧存仁所陳南北直隸馬匹矮小，不堪調用，要將廬、鳳府本色馬匹一體改徵折價，姑候五六年後再行議派，查得近該本部題，隆慶四年備用馬匹為因，南直隸上年解納者數多矮小不堪，仍全派折色起解，如遇本色馬少，發銀于就近去處收買兊用，已經題奉欽依，通行欽遵去後，今照本官所擬，大畧相同，相應悉如所擬馬價額派，買馬銀全給解户。萬歷十年以後各州縣悉照買俵舊額，一切徵銀照依九年所定例，輪年買馬。萬歷十五年，本寺以廬、鳳、滁、和等處所解大馬矮小不堪，又題覆免解止折銀三十兩，兵部議將此二百七十二匹折徵價銀三十兩，類解本寺貯庫候買馬。自後南太僕寺各府祇有銀無馬解寺。萬歷九年，種馬既草，鳳陽等府各屬州縣尚輪解大馬各數不等，至萬歷十五年本寺卿羅題照得南馬矮小，加以路途窵遠，俵解艱難，即如今歲虹縣盡數退回，其餘州縣亦皆大半不堪，不惟無裨軍興，且令貽累寄養，合無將前馬每匹折徵銀三十兩類解本寺，每歲即將此銀給發薊州，抵補馬價。萬歷二十二年題准，泗州水災將馬價自二十一年起至二十三年止暫免三年，少甦民困。萬歷二十二年，因北方災傷，寄養馬缺乏，將直隸、山、河各府多派本色發養，將給發薊鎮折色馬價一千匹，俱令鳳、廬、揚、應、鎮、寧、太七府派徵，内除淮安、徐州災重者暫免派。折俵本折額數：應天府本折馬八百三十四匹，外解南京兵部馬九十九匹，鳳陽府本折馬一千八百八十七匹，州府本折馬一千四十四匹，淮安府本折馬一千一百九十七匹，廬州府本折馬八百七十六匹，滁州本折馬二百一十五匹，和州本折馬一百二十七匹，徐州折色馬一百五十匹，廣德州折色馬一百四十二匹外解，南京兵部馬二十匹，寧國府折色馬一百三十四匹外解，南京兵部馬一十六匹，鎮江府折色馬四百一十六匹外解，南京兵部馬五十二匹，太平府折色馬二百六十一匹外解，南京兵部馬三十二匹。以上共本折馬七千三百八十三匹，亦係原派本色者徵銀三十兩，折色者徵銀二十四兩，其起解日，亦以二十四兩為例，七千三百八十三匹共該銀十八萬六千一百二十三兩六錢，内惟鳳陽一府為一年，廬州并滁、和二州為一年輪年，舊係買本色大馬二百八十三匹，今亦俱改折，祗令查将原徵三十兩數解寺抵充，薊州或有北方災傷，及歲派分數過多，難以抵補年分，即将薊州一千匹數分派各成熟府分，以原徵本色三十兩湊足一千匹，解寺抵充薊州全數，自此外一槩将前折色二十四兩數起解太僕寺，亦于歲前議普派本色、本折時一體呈部題覆，轉行南京太僕寺查明，各照各府州舊例類解太僕寺。按：考《南京太僕寺志》曰：國之大事在戎，而戎之所重在馬。周制六軍，車乗悉出於民，而校人所掌者，特給公家之用而已。當時不聞其乏馬，而馬之在民者亦未聞其為害。自秦人首開阡陌，歷漢、唐以下，兵車不取之田賦，戎馬各從官給，及宋罷監牧，改保甲出馬，遂為民病，豈古今土地生牧相遼絶哉？李覺云：養馬之卒有罪無利，是以駒子生乃驅令齅灰而死，盖餧養多而草料不貲，其害必至於破産，彼虧欠倒失賠罰不過數緡，孰肯肥公家以剥己膏耶？且户配一馬，分日而飼，縶之維之，其可以蕃息乎？此文潞公所以痛言於宋也。我朝賦牧於民，蠲其科徭，即復卒之遺意。初行江淮數郡，至永樂十九年都北京，則又行於山東、河南并北直隸七府，聖謨神筭，榜示利病，豈無懲於宋事耶？第承平日夂，玩愒乗之，加以官吏黠視刑責，科罰百端，害之所在，人所必避，故百姓惟恐息駒貽害，不謀為之隐諱，則謀為之衝落，所以生息日微。縱有所産，卒多矮小，卒不免宋人之弊者，勢則然也。而因噎止餐者，遂謂江淮不宜産，欲革去種馬，科户出錢應買，是無田而責其租，為無名之徵矣，豈知聖祖藏賦於民之深意耶？况江淮自春秋以前，列國不相通，所用之馬皆取於本國而已。觀申公巫臣使吴教吴乗車轝楚，是吴亦自有馬也。又宋南渡以後，凡中國宜馬之地悉為金有，惟市於淮郡，而張、韓、劉、岳之出戰亦未聞其乏馬，則知牧馬之政修之由人不在於地，余靖已言之於宋矣。使必拘之地産，則錢氏置監於婺女，昔何號為馬海？彼衛騋牝三千，魯駉駉牡馬，至今又何寥如也？且起俵馬匹，類買於販徒，凡以得之民，民一也，甘於售馬販而不樂於為官養，是可不深求其故耶？雖前後建白，如通折價，便寄養，要亦因時灾傷，暫通其變，以宜民而已，於定制不敢改也。使孳牧有道，則田埜盡精騎，朝發而夕可至矣，又何必市之馬販，徒以罔民已哉？是在典牧者加之意而已。《南京太僕志》又曰：愚嘗讀書至武成王来自商，至于豐，乃歸馬于華山之陽，放牛于桃林之野，示天下弗服，然猶修周官牧圉之政，於岐豐鎬京等處以及井甸所至，莫不有馬，其所以制治於未亂者何其深且遠也！我聖祖龍飛淮甸，駐蹕滁陽，及天戈所向，殪漢踣吴，遂乗勝長驅，剗削羣雄，奄有四海，於是歸馬于滁陽，視歸馬華陽，與王至自豐者益焯有光矣。又括江淮為京輦神臯，修馬復令，豈不為萬年豐鎬圖耶？然諦觀形勝，北控魯魏，南盡吴越，東届海壖，西聮汝汴，自春秋以来世為争戰之地，如魯以車徒克淮夷，吴以偏乗滅鐘離，灌嬰以驍卒蹙項羽於東城，謝玄以步騎敗苻堅於淝水，是江淮之地未始不以馬取勝，而或者謂非騎所能展奮，然則聖謨睿筭，其所以親定於滁至再至三者，果無見於此耶？且設立本寺，專司江淮牧政，實強幹弱枝之道，當時北直隸一帶不過以行太僕寺寄之，與今之遼東、山陝寺卿一也，及定鼎北京，守土者遂欲弛南牧，以要市於民，甚或管馬官員巧避本職，希營别差，於牧政漫不講求，則此法可終罷哉？昔王禹偁云：宋自太宗繼業，天下一家，議者乃合江淮諸郡，撤武備三十餘年，萬一竊發，何以枝梧？嗚呼！今豈無禹偁之慮乎？以上二條乃嘉靖己酉以前所志，是時原額種馬如故，且言之如此。自隆慶二年、萬歷九年以後事，作志者未之見也。如其見之，則其所感慨又當何如也？今特採附之，以備稽徃者一覽。

又 卷六《京師買馬數》 非舊例，近始有之，京師初給銀買馬。萬曆十年題准，京營缺馬，查數呈部，行太僕馬價動支買補，與兊領寄養馬匹相兼給發騎操。十四年，議科道官請停止初議，再行查議，賣一二年另行停止，于七年科道官議，于原價共二十兩，兵部行寺發京營官軍兊領自買，科道兵部委官，本寺京營少卿驗印給發，至總督京營彰武伯楊某等議題，緣京師買馬有六利，兵部覆奉欽依，自萬曆十年為始，年終行令各營將領備查一年倒損數目，造册送部，題發馬價銀九千六百兩發營，照依今歲事例，選買壯馬六百匹，本部驗發太僕寺印烙，并調取寄養馬相兼騎操。其官軍朋銀准暫免一年。以後年分，俱於年終查筭。如果本年倒損不及一分，即將次年應扣銀題免如數。過一分之上，仍行追扣，以備買馬支用。萬曆十二年，該兵部覆議巡視京營科道條陳，内開京營缺馬，每年終備行太僕寺查，果寄養馬少，各營倒損數多，照例暫發營中召買。若寄養馬多，各營倒損又少，暫行停買，惟在臨時酌處。萬曆十三年，該兵部覆議巡視京營科道條陳，内召買一節，查得初議召買，公私稱為兩便，是以總協大臣題請舉行年例應扣朋銀盡行豁免，業有定議。若委官知為公家，不為身圖，盡以十六兩市買一馬，亦不稱苦。況營馬所需甚急，似難停止。萬曆十三年，應買馬匹已經行委副將督同各營將領等官關領馬價銀九千六百兩，於本年分陸續召買過馬六百匹完足，俱經呈驗印烙，兊給官軍騎操。餘剩銀三百八十二兩五錢，責令各官送部還官，訖萬曆十四年分，倒損馬匹不及一分，例應免徵朋銀，合行題請，又准兵部手本，前事准臣等手本前事等因，送司卷查萬曆十四年請停止召買馬匹，該巡視京營科道官田疇等條陳，内開停止召買一節，本部查得京營召買馬匹，先該總協大臣議有六利，題准舉行，今科道官備陳三不便之故，乞要亟行停止，自京軍領養之馬往於附近郡縣寄養，後因領兊不敷，建議者輙責之本營召買，且執四便之説以求逞，而自幸得通變之宜也。第行之未久而告苦踵至，何者今之買馬非買於外郡産馬之地，不過都城馬市所聚能復幾何？徒長市井小人乘機媒利之階，竟無補於追奔逐北之實。一歲買馬數百，定以官價，約以限期，至急矣。而姦商牙儈規利其間，以弱小之馬索壯大之價，始而隱有為無，繼而以多作少，故意掯勒，以為此馬不買，別無壯健，此處不買，更無他所。委官重違期限，不得已長價市之，固已虧損公帑矣。此其不便在國者一也。至於驗印，經旬守候，稽遲無名，需索使用百出，此其不便在官二也。夫州縣寄養之馬，上馬者三四十金，次則不下二十餘金，價髙馬壯給營軍，數年之間猶有羸瘠病弱之苦，召買之馬減其十分之四，市買之時已屬不堪，及入行伍，曾未數次而骨立待斃矣。此不便在軍者三也。或者猶謂其免俵解之勞，無養馬之費，此交彼易，轉手告完，而諸費可省矣，殊不知省而有益，省之為便，費省而無適于用，終亦必亡而已矣。臣等願乞敕下所司，行照往年事例，營馬缺于太僕寺給領騎操營中召買，亟行停止。如額馬多缺，寄養不敷，不妨間一舉行。萬曆十五年以後，凡有倒損馬匹，俱于太僕寺寄養馬匹内補給，暫停召買，復扣朋銀。本部仍於每年終查筭各營倒死數少，寄養馬多，即行停買。如額馬缺多，寄養不敷，仍行題請舉行。萬曆十七年題准，買馬二百，共買三百二十匹，因各市缺少，難以速完，仍俟六年補買。該京營戎政臨淮侯李言恭等題稱，召買萬曆十四年分馬六百，除五軍戰兵一營、二營，大營神樞戰兵一營、二營、六營，神樞戰兵一營、六營共買過馬三百二十匹，俱嘗驗准給軍領養外，尚有未買馬二百八十匹。。近因各市缺乏，一時難以速完之日，再行呈報。又兵部覆議，巡視京營科道官楊文煥等條陳一議買馬，看得科道官條議，備行戎政衙門，行令各營將官將先領馬價尚未買補者一槩催完，自萬曆十七年為始，每馬一匹於原議十六兩之外量增四兩，共銀二十兩，每歲戎政衙門將應補馬數報部，萬曆十四年應買馬六百匹，除已完三百二十匹，其未買二百八十匹委屬市店，缺乏一時遽難完報，若候買題請，恐營馬缺額，操防無賴，今據各官呈稱，要將十五年、十六年應補寄養馬三千三百九十九匹先行兊給，其兩年該買馬一千二百匹，遵照近議，關領馬價銀二萬四千兩，聽科道部寺衙門會同召買。萬曆二十年，真定巡撫請買俵馬，盡行改折，解部買馬。該兵部行太僕寺議覆，分別災傷輕重，量行改折，不得一槩盡行，以致買補，有妨戰守。萬曆十二年，本寺題買補事例，内稱買補舊時種馬取駒，俵寄得宜，不俟收買，惟邊關因緊急水旱災祲乃一議買，亦後例也。自兵部議覆，盡革種馬，乃曰變價徵銀，如遇俵馬不足，即將此銀分發邊處，官為收買，馬自雲集，堪充實用，此又後議也。近據各督撫奏，謂折色三十兩，即用十八九兩可得上駟，十五六兩可得中駟，是以一馬得二馬，且較俵寄尤良，此又新議也。顧此可暫行不可專倚。查得萬曆十三年京營馬缺，議欲自買，始而總協大臣稱陸利，議者亦稱兩便，該兵部覆行本寺給銀令買六百匹，乃初買僅得三百二十，尚遺二百八十，遂稱各市缺少，難以速完，且馬鮮良，京市亦擾，科臣遂稱三不便，請停止，此在京不能買者前年。遼東巡撫題畧言遼鎮兵創歲荒，商販不至，民間絶少，日加箠楚，終難補還，此邊關不能買者即此買補之難，明已當此承平，京邊安堵，乃遼東重鎮纔一防倭，未經戰陣，遂稱買難，則前革種馬時雲集之疏不效益明已，是以謂不可專倚而又不可塞，緣今種馬絶源，惟商販乃馬由得之流第，當隨時隨處通之爾。如執一馬得兩馬之説，或少派，或盡行改折，專買於一處，則商亦聚于一處，商平常則來，變則止，得利則來，失則止，近日京遼事可鑒也。惟不聚一處而令各州縣官撫俵民，即藉民招商，無分常變得失，朝發夕至，乃為便利。

明 申時行《大明會典》卷一五二《買補》 馬匹倒失，例合買補，其後有追納樁朋，及老病變賣，年久免追之例。

又 凡買補孳牧馬匹。洪武榜例，倒失者從民議和，或一縣，或三五群長，輳價買補三歲以上，八歲以下，高四尺以上，堪中馬匹還官，聽候驗印作數。違錯及遲延者，一體追駒。成化元年，令各處買補孳生馬駒，有司四匹，軍衛五匹，折買堪操騸馬一匹，以充備用。例後倒失者，騍駒三匹，兒駒二匹，各折買騸馬一匹。騾駒每二匹，折買兒馬一匹。弘治九年奏准，各處倒失馬駒應買補者，遇孳生蕃息之時，量徵價銀解京，以備各邊買馬之用。大馬一匹，徵銀五兩，駒一匹，倒失者徵銀三兩，虧欠者二兩。正德二年榜例，種兒騍馬年齒未老，作踐倒死者，責令馬頭陪償，其馬俱印烙，以便查考。十二年奏准，軍民原領孳牧並騎操馬，倒死告官相剝。其皮張鬃尾肉髒，許馬戶自賣，輳銀買補還官。

又 凡買補寄養馬匹。弘治二年奏准，寄養馬倒死，告官給印信文帖，相視開剝。如無文帖而開剝者，以盜賣論。三年，令馬齒未老而作踐成疾，不堪兌軍者，原領人戶，追罰銀二兩。又令寄養備用馬倒失，買補不及五分者，掌印管馬官，俱住俸追陪。嘉靖二年題准，各處倒失備用馬匹，分別年分遠近。系正德十年以前者，照舊每匹徵銀十兩。十五年以前者，每匹加銀二兩。十六年，並嘉靖元年以後者，俱追陪本色。其系正德十五年官員騎傷兌下弱馬，照正德十一年例，每匹追銀五兩。四十二年議准，領養十年以上倒失者，追銀十二兩。以下，追補合式大馬。其老病者，亦須領養十年以上，方許變賣。照倒失例追銀。四十五年議准，寄養馬不堪兌軍者，不必拘十年以上例，即照借兌次數，變賣價銀，及買補本色。其贓罰馬匹，止照時估變價。舊例借二次者，追銀十兩。三四次者，八兩。未經借兌者，追補合式大馬。隆慶四年議准，寄養馬倒失變賣者，各照議定限期。走失者，限三個月。變賣者，限六個月。倒死者，限一年之內，買補完足。凡借兌馬匹。嘉靖四十一年議准，防邊借兌寄養馬，果有瘸瞎損傷，餵養難痊者，另注一冊，以備照查。其冊內損馬，有臨時與中途倒死者，納皮張銀四錢。三月之內倒死者，納肉髒銀五錢。三月之外倒死者，納銀五兩。其臕息少減，不系瘸瞎者，不得概比。止查借騎月日久近，不拘何處借還，在三月之內倒死者，比保定例追銀十兩。借還過三月之外倒死者，比遼東例，追銀七兩。凡京營騎操馬匹。天順二年，令倒死者，告官相剝。坐營官責限該營軍朋合買補。走失被盜，一例追陪。成化十三年奏准，各營下場倒失馬匹，買補不及八分者，領敕及把總管隊官，住俸追買。不下場者，以五分為則。弘治二年奏准，買補騎操馬匹，須四歲以上，八歲以下，價自十二兩至十五兩。官軍自願添價收買者，聽。九年奏准，凡騎操馬匹，原領者，以承領日為始；買補者，以印烙日為始。計在十五年外，許賣銀納官另給。其未及十五年而病者，亦准賣。仍追本身樁頭銀，貼價買補。嘉靖二十八年議准，倒失者，坐營把總官，呈赴巡視科道，驗明掛號，赴本司決打。照年限遠近，扣算樁銀，給單發營追徵，解太僕寺收貯買馬。仍類行戶部，扣除草料。三十一年題准，京營馬查有老弱篤廢，揀選估計，變賣價銀，發太僕寺收貯，以備買馬。三十二年題准，倒死者，當日呈報本營將官驗剝。如三日不報，本軍送問。管隊軍並治，仍扣糧一月。該營將官，務在三日內，即差把總官，帶本軍赴車駕司決打，討單追樁起解。不許延緩。隆慶二年議准，京營軍士，選編上、中二等養馬。如該管官縱容貧軍冒領，以致倒失，不准追樁責令千把總本隊官，並本官買補。三年奏准，各營將官，嚴督官軍，務要用心餧養馬匹，以後遇有倒死，查果不系作踐，如領養一年以上者，比常量加追銀一兩；二年以上者，比常量加五錢；五年以上者，仍照例追樁凡京營家丁馬匹。隆慶二年議准，倒失者，免其追樁，令本馬家丁出銀三兩，其餘各丁有馬者出二錢，無者五分，朋輳買補。

又 凡巡捕馬匹。嘉靖三十七年議准，倒死者，止赴該管兵科報驗掛號，徑赴車駕司決打討單。該營追收樁銀起解。四十四年，令巡捕瘦馬，年終估驗，變價買補。萬曆二年議准，巡捕馬倒死或瘦損不堪，馬主稍有力者，責令買補，赴部驗准，送寺印烙，發營給軍騎巡。凡錦衣衛直差馬匹。隆慶二年議准，各該委官不許克減草料，及借雇與人騎坐。如有作踐倒失者，就於本名下，追買好馬還官。又議准，本衛將見在馬，備造原領官校姓名，並馬匹毛齒青冊一本，送兵部，行令該司各給勘合一張，備載領馬年月毛齒，以便查對。如有倒死，俱開送兵部該司查明，方許買補。其所補馬匹，亦赴該司驗中，送寺印烙，改給勘合。每年俱要赴寺印烙。差占者，候事完之日，仍行補銷。毛齒不對者，即不准印，定以抵換盜賣治罪。凡勇士營馬匹。成化二年，令勇士馬倒死二次者，不許重關，照京營例追捕。隆慶二年議准，倒死照四衛營例決打，分別年限，追納樁銀。

又 凡各衛軍餘馬匹。成化七年奏准，各衛軍餘關領馬匹倒死，以物力等第出銀，每馬一匹，上戶出銀三兩。中戶二兩。下戶一兩。餘以屯田子粒銀貼幇買補。凡樁朋銀兩。成化十三年奏准，京營馬倒失，其馬主系都指揮者，出銀三兩。指揮，二兩五錢。千百戶鎮撫，二兩。旗軍，一兩五錢。走失被盜者，各加五錢，謂之樁頭。又令各營馬隊官軍，每歲朋合出錢，歲以六個月為率，每月都指揮指揮出銀一錢。千百戶鎮撫七分。旗軍五分。遇馬倒失，貼助買補。在外各邊，悉照此例。弘治六年奏准，各營朋銀買馬不敷，每馬一匹，聽支草場租銀三兩貼助。嘉靖二十二年奏准，凡遇官軍倒死馬匹，領養一年者，旗軍追罰銀三兩。千百戶鎮撫四兩。指揮五兩。都指揮六兩。二年以上者，旗軍二兩，千百戶鎮撫二兩五錢，指揮三兩，都指揮三兩五錢。五年以上者，旗軍一兩五錢，千百戶鎮撫二兩，指揮二兩五錢，都指揮三兩。十年以上者，旗軍一兩，千百戶鎮撫一兩五錢，指揮二兩，都指揮二兩五錢。走失被盜者，各加五錢。按月追完，造冊解部稽查，發寺收候買馬支用。其領養十五年以上者，免追樁銀。二十九年題准，今後各營，遇支放糧料草束折色之時，預將應出朋銀官軍姓名，並朋銀數目，造冊送部，轉送戶部照數扣除。有餘方行給散。不足，下月補扣。其扣過銀兩，戶部印封送部，轉發太僕寺，收候買馬支用。四十二年題准，該營將倒死馬匹，盡數查出。有單者，照單徵樁。無單者，照新馬倒死事例，止追銀三兩。以後倒死馬匹，備呈巡視科道掛號，逕自赴車駕司決打給單，發營追樁。其太僕寺及別項比較掛號，並年終參奏，俱行停免。凡外營馬匹。嘉靖四十五年議准，保定各營馬倒死，於本軍名下，追銀三兩，本司隊朋出銀九兩，共十二兩買補。有願納樁銀者，聽。隆慶四年題准，增補昌平鎮馬匹。如有倒死，本軍追樁銀三兩。每月馬一匹，扣徵朋銀一錢，貯昌平州庫以備買馬。萬曆元年題准，通州參將營馬倒死，照張家灣備禦營例，呈報兵部，該司決打給單追樁。每年二次起解交納。凡各邊馬匹。嘉靖十五年議准，陝西苑馬寺，每年清查監苑牧養馬匹，年齒壯實可用者，造冊送巡按衙門備照。遇邊鎮官軍騎征馬倒死，或槽下倒死，行令各邊分巡兵備等道，及太僕寺查明給領。仍照舊嚴追樁銀收貯，以備買補。三十一年，以陝西各苑種馬數少。議准，給本省贓罰等銀四萬兩買補。以後缺少，止查苑馬二寺收貯地畝樁朋銀兩，題討買補。三十八年題准，山西鎮各營騎操馬倒失，行令各營朋合攤幇，並肉髒銀買補。三十九年議准，陝西各苑馬老病矮小，不堪作種給征者，各用退字火印，照依時估定價變賣。就將前賣過價銀，另買驃馬，分發各苑無馬軍丁領養。仍將賣過馬，騾，收過價銀造冊奏繳。每三年變賣一次。四十三年議准，山西鎮幇銀買馬，累軍不便。仍照例追納樁朋銀解，解行太僕寺收貯買馬。又議准，各邊官軍馬匹，對敵陣亡，及追賊走傷倒死者樁銀免追。出哨在途倒死，追肉髒銀五錢。拐馬在逃，務令緝獲。馬兌別軍，本軍問罪。隆慶二年議准，固原入衛官軍馬匹倒死，八年以裏者照近例行。以外，不論官軍，追納肉贓銀五錢。十年以外者，俱免。三年題准，陝西七苑不堪馬匹，查系牧軍陪補者，退令另買大馬。該寺量助贖銀三分之一。以後追補，必驗合式印牧。系茶易銀買者，變賣另買。仍行行太僕寺，將茶易銀買馬，點驗堪牧堪俵，方准印烙發苑。六年，以陝西歲課馬駒，每匹追銀三兩，利於納銀，虧欠數多。議准，將各苑種馬，嚴責孳駒。如有倒失虧欠，俱追補馬駒，不許納銀。又題准，薊鎮各營朋攤買馬困累，宜行禁革，發銀三萬兩買補。以後每年請討，給本色馬一千匹，馬價銀一萬八千兩。萬曆元年議准，遼東買補馬匹，無別項樁朋官價動支，及置買火器，缺乏騾頭馱載。動支行太僕寺馬價銀一萬七千兩。內將一萬兩分貯兩河。如遇馬匹臨陣倒失，免軍陪償，即委官赴市收買好馬給軍。再有倒失，方責本軍買補。其七千兩，買騾應用。二年議准，陝西苑馬寺缺少種馬，將該寺庫貯茶課等銀，歲解固原鎮二千兩，給軍自買。於年例應解該鎮馬二千匹內，扣留二百匹，在苑作種。三年題准，固原鎮朋合地畝銀，徵解陝西行太僕寺，路遠弊多。宜行該管各司道官，將本鎮官軍，每年應出朋銀，就於俸糧銀內扣留地畝銀兩，隨同屯田糧草，一體徵收，另行收貯，聽買馬支用，不許別項那借。其收支數目，監收官，每半年一次，開報行太僕寺類查。

又 凡邊驛站軍馬匹。隆慶五年議准，如領養一年倒死者，納樁銀五兩。二年者，四兩。三年者，三兩。四年者，二兩。追收在官，候缺馬之日，連銀解部，發寺關馬。五年以上倒死者，官為補給。

又 卷一五三《收買貢馬附》 國初各處土官衙門秋糧，各依原認數目，折納馬匹，有糧二十五石有餘折馬一匹者，有五十餘石折馬一匹者。起解到部，令醫獸辨驗明白具奏，送御馬監交收。馬或不堪，責令差來土官陪納。後土官糧馬，多就近輸納。或以折色，無復解京者。其四夷進貢馬匹，即於各衛所俵給缺馬官軍騎操。此外惟取給於收買。收買之法，或以茶，或以鹽，或以互市，或以價銀。洪武間，官給價鈔，於各處收買，并茶易到馬匹，或就彼給軍，或解京交納，令駕部知其數。及永樂初，乃開市於遼東。正統初，又中鹽於靈州，其流漸廣。今茶法通行，而互市亦不止遼東矣。凡西番茶易。洪武中，立茶馬司於陝西、四川等處，聽西番納馬易茶，降金牌信符，賜番族，以防詐偽。洮河西寧三衛番族，金牌四十一面，該納差發馬一萬四千五十一匹。上號在內府收貯。易時齎驗。每三年一遣廷臣，召各番合符，以應納差發馬，交納易茶。有以私茶出境者，斬。關隘不覺察者，處極刑。民間蓄茶，不得過一月之用。茶戶私鬻者，籍其園入官。二十三年，定茶易馬例，上等馬每匹一百二十斤，中等馬每匹七十斤，下等馬每匹五十斤。三十年令，朵干烏思藏長河西一帶西番，依舊將馬出來換茶，仍出榜禁約。通接西番經行關隘，偏僻小路，著都司差撥官軍三四層，嚴謹把守巡視。但有將茶私出外境，就便拏解赴官治罪，不許受財放過。必須窮究何處官軍地方放過，治以重罪。永樂十三年，遣御史三員，巡督陝西茶馬。正統十四年，停止茶馬金牌。後每歲遣行人四員，巡察私販。自潼關以西，至甘肅等處，通行禁革。成化十四年奏准，定差御史一員，領敕專理茶馬，每歲一代，遂為定例。其易馬須四歲以上，六歲以下，高大堪中者，方准收買。兒騸馬就彼給各邊騎操，騍馬送苑馬寺孳牧。如有縱容軍民，通同中賣老病馬匹者，御史同兵備及苑馬寺官驗視退回，仍指實參究。十五年，令巡茶御史，招番易馬，不拘年例，願來者，聽。弘治五年奏准，每年招易，毋多增馬數，坐派軍衛，逼令漢人代納，及收買不堪，以致倒死，累解送官捨補陪。八年議准，招易馬匹，兒騸馬要四歲以上，不必解寺，就給與各衛領養。騍馬亦要高大，發苑馬寺作種。瘦損倒失者，比較追陪。十年奏准，茶易馬，除就彼給軍外。其餘，差官陸續解赴苑馬寺，交割俵養。正德十年議准，領馬官軍，每年冊限三月以裏，齎赴巡茶御史驗撥，軍限八月以裏到彼交兌。違者，行該衛徑申巡撫都御史究治。限外，冊過兩月，軍一月不到，聽巡茶御史，參究各經該官吏。其洮河延寧馬匹，亦要隨時斟酌，通融派撥。嘉靖十一年議准，西寧洮河三茶馬司，貯庫商課茶斤，及西安等衛，並徽階等州，收貯私茶，俱送三茶馬司，不拘常例，麤細搭配，招易臕壯馬匹，開送總制衙門，給軍騎操。事完造冊奏繳，仍造青冊送部查考。三十年題准，改造勘合，分給諸番。每歲依期齎執前來，比號納馬，酬以茶斤。如有背違，調軍征勦。又題准，年例馬完，番有餘馬，司有餘茶，許其增中解牧，洮州增至一千二百五十匹，河州增至一千七百四十匹，西寧增至二千四百三十匹。三十一年題准，馬政茶法，二事相須，准令巡茶御史兼管馬政，督理二寺事務。三十七年，議令茶商收買民馬，抽稅給票，許其販賣，禁其夾帶。至四十年，仍禁止茶商販賣，民間馬匹，官為買用。四十一年議准，甘州建置茶馬司一所，照例招商中茶，招番易馬，仍將西寧舊額茶馬，甘州新開茶馬，俱招中，酌量地方遠近，通融給軍騎操。仍將四川折色課茶，改徵本色運用。四十三年題准，以後每年開茶，仍止五六十萬斤。商人以一百五十名為上，勒限買茶報中。又題准，禁約洮岷私馬，臨鞏馬，暫許通賣。隆慶三年題准，將四川課茶，改徵折色，解苑馬寺，易買種馬，於蘭州招商中茶，運赴甘州茶馬司，招陝西各茶馬司，中納官茶。又題准，四川巴州、通江、南江、廣元四州縣茶課，節年拖欠，及未徵者，以後照例改折，無分芽葉，每斤通徵銀一分八釐，類解陝西鞏昌府貯庫，聽甘肅巡撫衙門，差官支取，買馬騎操。四年議准，以後各茶司中馬，除年例馬數外。儘其調到番族好馬，以茶司見在茶篦，通融招易。毋拘定數，以病商番。又題准，將洮河西寧三茶司商人，照舊令其鬮分完報，於內擇節年完茶之多者，不拘名數，各報甘州茶一引，運至蘭州，責令稅課局官吏，帶管經收。就令管河臨洮府同知監收盤驗，查照三茶司事例，鬮分貯庫，立簿登報。其茶篦應該易馬者，量助腳價，遞運甘州茶司交割。應該給商者，令本商運至西寧等茶司貨賣，不許越境。五年議准，招商茶引，定限一年完者厚賞，二年量賞，三年免究，四年問罪，抽附茶一半入官。五年問罪，附茶盡數入官，不准再報。六年老引，照例問遣凡各處銀易。嘉靖十九年題准，各該撫按，遇太僕寺委官，解到買馬銀兩。坐委各該產馬地方掌印官，協同本寺委官，照原議價值，給散殷實人戶。其馬匹，看驗毛齒臕息堪用，即便收買。若承委官員通同作弊刁難勒掯者，許被害之人，徑赴該管上司陳告。一應積年攬頭經紀人等，有夤緣冒名領銀，將老弱瘦馬欺隱驗看等項情弊，許所在官司，徑自拏問治罪，枷號二箇月。豪強勢要之家，乘機挾要和買者，撫按並差去寺丞，參究重治。二十年議准，陝西三邊重地，所產馬匹宜備本處防虜，以後發銀買馬，不許分派該省。凡各邊互市。永樂三年，立遼東開原廣寧馬市。定價，上上馬絹八疋，布十二疋，上馬絹四疋，布六疋，中馬絹三疋，布五疋，下馬絹二疋，布四疋。駒絹一疋，布三疋。其互市，一於開原城南，以待海西女直；一於開原城東，一於廣寧，以待朵顔三衛，各去城四十里。九年，定開平馬市價。上上馬，一等絹五疋，布十疋，一等，布十八疋，駒子，布五疋。十年，令遼東缺馬官軍，聽於各馬市照例收買。十五年，重定遼東互市馬價。上上馬一匹，米五石，布絹各五疋。中馬，米三石，布絹各三疋。下馬，米二石，布絹各二疋。駒，米一石，布二疋。正統十四年，革朵顔三衛互市。隆慶五年，北虜納款，請開馬市。議准，宣大山西三鎮許各開市，每年請發兵部馬價，並本鎮椿朋，及節省客餉銀內，動支買貨備市，多寡斟酌請給。六年，山西鎮將市夷馬七百匹解京，發太僕寺寄養。萬曆元年議准，互市胡馬，揀選膘壯，就留本鎮給軍。如有餘剩，即發附近有司變賣，不必解京發養。其山西鎮，每年市馬一千九百餘匹，悉聽給發所屬州縣驛遞，照官價每匹一十二兩，解送本鎮備用。二年議准，將胡馬先調一千匹，兌給京營。以後漸次議增。京營原額馬缺，照舊取給寄養。如額外加多，方給夷馬。又以近來貢市馬匹，多老瘠不堪，且來數太多。令先期傳諭，使揀選良馬，常年量限數目，以示節制。又議准，薊鎮每年將兵部解發馬價，即解宣鎮，易買市馬一千匹，給軍騎操。三年議准，宣、大、山西三鎮互市夷馬，每年，大約宣府以一萬八千匹為率，用貨價銀一十二萬兩。大同以一萬匹為率，用銀七萬兩。山西以六千匹為率，用銀四萬兩。每年正月中，請發兵部馬價。宣大二鎮，各一萬二千兩。山西一萬兩。餘將本鎮椿朋，並客餉等銀輳用。又議准，各鎮買馬等銀務要定例依期請討，不得那借增益。以上宣、大、山西，餘詳見職方。凡鹽池開中。正統三年題准，靈州鹽課招商納馬。每上馬一匹，鹽一百引，中馬八十引。馬給軍騎征。四年奏准，靈州鹽課，照例收馬。候馬彀用，照依馬價折糧。天順四年奏准，延、寧二鎮，輪年循環，中納馬匹。成化二十三年奏准，慶陽府每歲委佐貳官一員，監支商人納馬官鹽。弘治九年奏准，每引一百道，折銀十五兩，給軍買馬。十八年奏准，陝西茶鹽易馬備邊，係是舊制，今後再不許別項奏討。正德元年題准，靈州大鹽池，增課一萬五千引。小池增課三萬引。新舊共五萬九千三百三十七引。每引納銀二錢五分，及收臥引銀一錢，共銀二萬七百六十餘兩。送固原慶陽收貯，買馬支用。凡各夷貢馬。成化五年題准，雲南，貴州，湖廣，四川，廣西等處，夷人進貢馬匹，行各鎮守總兵巡撫巡按等官，並布按二司，就彼辨驗等第毛齒，給軍騎操。如鎮總撫按出巡出邊，聽布按二司辨驗給軍，具奏給賞。嘉靖四十四年議准，遼東每年貢馬一千五百匹，將一千匹照舊分俵操軍，五百匹變價分發各該驛軍，幫買騾頭。

明 李化龍《平播全書》卷八《催買馬》 為軍務事，照得應買戰馬先據該司議價通詳，分行各州縣收買，及稱各馬到營之日，每馬每日給銀二分作草料工食等因，具報部院，已經久行，作速完報去後，止據雙流等縣申報買完，其餘並無音，耗事關軍機，合行查催，為此票仰四川布政司官吏，即便查照原詳議定事理，將各州縣承買馬匹剋期如數買完解驗，以便起發軍前應用，毋得再遲未便。

清 汪森《粵西詩文載・文載》卷一六《廣西馬政志》 廣西土官例有貢馬，嘉靖四年，奉勘合折銀貯庫以備買馬應用，田州府并恩城州、果化州下等馬十匹，上林縣下等馬十匹，忠州下等馬二匹，鎮安府下等馬四匹，向武州下等馬二匹，都康州下等馬二匹，思陵州下等馬二匹，奉議州下等馬二匹，龍州下等馬六匹，龍英州下等馬二匹，歸順州下等馬二匹，江州下等馬二匹，思同州下等馬二匹，茗盈州下等馬一匹，上下凍州下等馬一匹，東蘭州下等馬二匹，萬承州下等馬二匹，安平州下等馬二匹，佶倫州下等馬二匹，全茗州下等馬二匹，思城州下等馬二匹，每以上每匹折銀一十二兩。泗城州上等馬十六匹，每匹折銀二十四兩。南丹州中等馬一匹，折銀十八兩，下等馬一匹，折銀十二兩。那地州中等馬一匹，折銀十八兩，下等馬一匹，折銀十二兩。蘇濬論云：『粵不產馬，亦非用馬地也。宋時西北之駿不充內廐，不獲已而開馬市於邕。紹興間，所進多市之南詔，即雲錦為羣，亦安能與冀北渥洼之產競其馳驅哉？我國家天閑皆西極上乘，粵西土司貢馬，且易以朱提，留之粵藩而已。大都平原利騎兵，陵谷利步兵，粵諸猺獞據高岡伏深箐，徑可容足，即有驃騎神駿，無所用之矣。馬軍間有設者，今益零落。』

《明史》卷九二《兵志四》 馬市者，始永樂間。遼東設市三，二在開原，一在廣寧，各去城四十里。成化中，巡撫陳鉞復奏行之。後至萬曆初不廢。嘉靖中，開馬市於大同，陝邊宣鎮相繼行。隆慶五年，俺答上表稱貢。總督王崇古市馬七千餘匹，為價九萬六千有奇。其價，遼東以米布絹，宣、大、山西以銀。市易外有貢馬者，以鈔幣加賜之。初，太祖起江左，所急惟馬，屢遣使市於四方。正元壽節，內外籓封將帥皆以馬為幣。外國、土司、番部以時入貢，朝廷每厚加賜予，所以招攜懷柔者備至。文帝勤遠略，遣使絶域；外國來朝者甚眾，然所急者不在馬。自後狃於承平，駕馭之權失，馬無外增，惟恃孳生歲課。重以官吏侵漁，牧政荒廢，軍民交困矣。蓋明自宣德以後，祖制漸廢，軍旅特甚，而馬政其一云。

清 朱奇齡《續文獻通考補》卷四八《牧市》 洪武初，各處土官衙門秋粮俱依原認數目折納馬匹，有五十餘石折馬一匹者，起解到部，令獸醫辨驗具奏，送御馬監交收，或不堪者，責差來官陪納。後土官粮多，就近輸納，或以折色，無復解京者，其進貢馬即于各衛所俵給缺馬官軍騎操，此外惟取給于收買。收買之法，或以茶，洪武中設茶馬司于陝西、四川等處，與西番交易，詳見前。又令民間蓄茶不得過一月之用。嘉靖中，令茶商收買民馬，抽税給栗，許其販賣，禁其夾帶。未幾，仍禁止。或以塩，正統中，招商納馬給引。弘治中，定每百引折銀十五兩給軍買馬。正德中，定每引納銀二錢五分，及收卧引銀一錢，收貯支用，或以互市。永樂中，立遼東等處馬市，以米、布等物互易，或以價銀徵銀發買，其例不一。按：市馬之令，始于宋嘉祐中，南渡以後講之尤詳。洪武又有茶馬之設，而成、弘而下法愈備，弊愈滋矣。夫馬政之善，莫善于課駒，必不得已而收買，則招商中納，或塩或茶，令其解馬領引，亦兩利之術。至于番易之法，其弊無窮，斷不可行也。

清 閻鎮珩《六典通考》卷一六六《王政考·馬政》 茶馬司，洪武中立於川陝，聽西番納馬易茶，賜金牌信符以防詐僞。每三歲遣廷臣召諸番合符交易，上馬茶百二十觔，中馬七十觔，下馬五十觔，以私茶出者罪死，雖勛戚無貸。末年，易馬至萬三千五百餘匹。永樂中，禁稍弛，易馬少，乃命嚴邊關茶禁，遣御史巡督。正統末，罷金牌，歲遣行人巡察，邊氓冒禁私販者多。成化間，定差御史一員領敕專理。弘治間，大學士李東陽言金牌制廢，私茶盛，有司又屢以敝茶給番族，番人抱憾，往往以羸馬應，宜嚴敕陝西官司揭榜招諭，復金牌之制，嚴收良茶，頗增馬直，則得馬必蕃。及楊一清督理院馬，遂命并理鹽茶。一清申舊制，禁私販，種官茶，四年間易馬九千餘疋，而茶尚積四十餘萬觔。靈州鹽池增課五萬九千，貯慶陽固原庫以買馬給邊。又懼後無專官，制終廢也，於正德初請令巡茶御史兼理馬政，行太僕苑馬寺官聽其提調報可。御史翟唐歲收茶七十八萬餘觔，易馬九千有奇，後法復弛。嘉靖初，戶部請揭榜禁私茶，凡引俱南戶部印發，府州縣不得擅印。三十年，詔給番族勘合，然初制訖不能復矣。馬市者，始永樂間遼東設市三，二在開原，一在廣寧，各去城四十里。成化中，巡撫陳越復奏行之後，至神宗初不廢。嘉靖中，開馬市于大同，陝邊宣鎮相繼行。隆慶五年，俺答上表稱貢，總鎮王崇古市馬七千餘疋，為價九萬六千有奇，其價遼東以米布絹，宣大山西以銀市易外，有貢馬者以鈔幣加賜之。初，太祖起江左，所急惟馬，屢遣使市于四方。正元、壽節，內外藩封將帥皆以馬為幣，外國土司番部以時入貢，朝廷每厚加賜予，所以招遠懷柔者備至。文帝勤遠略，遣使絶域，外國來朝者甚衆，然所急者不在馬，自後狃於承平，駕馭之權失，馬無外增，惟恃孳生歲課，重以官吏侵漁，牧政荒廢，軍民交困矣。蓋明自宣德以後，祖制漸廢，軍旅特甚，而馬政其一云。

傳記

明 張萱《西園聞見録》卷七一《馬政·往行》 黄仕儁，字廷臣，富春人，正統戊午鄉試第一，壬戌進士。歷官刑部右侍郎，嘗為太僕寺左少卿。先是，馬多耗，每歲民鬻子女以償。公往鳳陽等府巡視孳生馬匹，見軍民以車載小口賣以買馬者相繼于道，即疏其可矜之狀，上為盡蠲所負。

紀事

明 雷禮《南京太僕寺志》卷一《謨訓》 革馬販令。弘治十三年《問刑條例》內一欵，司府州縣起解備用馬匹，各要經由分管太僕寺寺丞等官驗中起解，若有馬販交通官吏、醫獸人等，兜攬作弊者，俱問罪，枷號一箇月，發邊遠充軍。再犯、累犯者，枷號一箇月，發極邊衛分充軍。

又 卷五《平估值》 國朝成化二年，令江南起解馬匹，其不堪不敷之數徵銀貯寺，以備緊急買馬支用。正德八年，奏定折色馬每匹徵銀一十八兩，遇馬缺，太僕寺齎銀於出馬地方買解。十四年，御史虞守隨題太僕寺缺馬，官齎銀於出馬地方買解，其各府仍着養馬人户轉買，不勝紛擾。兵部奏准，勑巡按監察御史轉行各府州縣，嚴加禁約。凡遇本寺支銀買馬，令着上則大户輪流買解，毋累養馬人役。其馬匹任從四散買取，不許豪要并馬販等高擡低估，乘時徼利。如有仍前着令馬户買解者，官吏即行提問。藿要并馬販恣情作弊者，問發邊遠充軍。仍行太僕寺每買馬一匹，照依原解折色給銀一十八兩，不使陪賠。嘉靖六年，各邊不時奏缺馬，發銀收買，大同鎮一萬五千兩，山西三關一萬兩，宣府鎮一萬兩，寧夏四萬兩，薊州三萬兩，遼東鎮三萬兩。又發銀十二萬两赴保定等處收買戰馬。二十九年，北虜深入，動調官軍截殺，用馬數多，太僕寺兊給不敷，題准支給官銀十萬，分委寺丞等官赴各省收買戰馬。

又《開邊市》 國初，令凡官給價鈔，於各處收買，并茶易到馬匹，或就彼處給軍騎坐，或起解赴京交納，須知其數。洪武中，玄茶馬司於陝西四川等處聽西番納馬易茶，降金牌信符賜番族，以防詐僞。每三年一差官，召各番合符，以應納差發馬交納易茶。正統十四年，停止茶馬金牌。成化十四年奏准，定差御史一員領勑專理茶馬，每歲一代，其易馬須四歲以上、六歲以下高大堪中者方准收買，兒騸馬就彼給各邊騎操，騍馬送苑馬寺孳牧。以上西番茶易例，詳兵部。永樂三年，立遼東開原廣寧馬市，其立市一於開原城南，以待海西女直，一於開原城東，一於廣寧，以待朶顔三衛，各去城四十里。成化十四年奏准，遼東馬市聽海西并朶顔三衛夷人買賣，開原每月初一日至初五日一次，廣寧每月初一日至初五日一次，十六日至二十日一次，各夷將馬匹物貨赴官驗放，入市交易。以上遼東互市例，詳兵部。嘉靖三十年，咸寧侯仇鸞奏請開馬市，將本色馬匹每匹照例徵銀二十兩，在南直隸、河南、山東令其委官往南京、蘇、杭等處量爲易買段疋，北直隸俱解折銀，兵部差官轉發宣府、大同、延綏、寧夏每鎮約銀十萬兩，計買馬一萬匹。該兵部會官議，宣、大去京不遠，所費草料不多，官軍轉解馬匹猶可處給，若延、寧二鎮道路遙遠，不惟草料難給，亦恐倒死難陪。又各司府馬價令其易買段疋，則盤費脚價既未免重科於民，而事體不一，有司亦難於奉行。准三十二年分南京太僕寺馬，暫且改徵折色，其太僕寺馬匹將七分派徵，本色三分，改徵折色，每匹俱徵銀二十兩，起解赴太僕寺交收。每鎮合用銀兩，各儘見在地畝。椿朋馬價銀兩，盡充易馬之用。仍於大同發銀八萬兩，宣府發銀五萬兩，延綏發銀四萬兩，寧夏發銀三萬兩，先期解發，前去總督巡撫衙門先行多方收買，紬段布疋一應犒賞宴待等項之費，俱於馬價銀内支用，不許分毫科派貧軍，重生擾害。其民間有自願互市者，官為查驗，聽其如遼東、甘肅事體自行易買。弘治初，大學士丘文莊論牧馬之政云：自唐以來中國馬不足，往往與戎狄互市，然多費財用而實無益於用。宋南渡以後，失中原宜馬之地，而所資以爲戰騎者，求於西南夷，蓋有不得已焉者。今世全得中原之地，凡西北高寒之所宜馬之地皆爲吾所有。苟制置得宜，牧養有道，典掌得人，又何患乎無馬乎？患無其人耳。

又《裁時例》 國朝成化二年，令民納馬冠帶以榮終身。時兵部尚書王復奏准，兩京内外有富實之家願納上中馬十五匹者，就與冠帶榮身，在京赴通政使司告送本部上納，在外赴巡撫、巡按等衙門，聽從民便處告納，待地方稍寧，馬政勾用停止。正德十年十一年，開吏農陰陽醫官納馬事例二年之久，所得馬止五千餘匹。十四年，太僕寺卿汪玄錫題急缺馬兊用，乞令生員納馬入監，該兵部議，行本寺，止催各處未解馬匹，不准開納。

《續文獻通考》卷一六五《馬政》 市買事例。太祖洪武中，立茶馬司於陝西、四川等處，聽西番納馬易茶，降金牌信符賜番族，以防詐僞。每三年一差官，召各番合符以應納差發馬，交納易茶。有以私茶出境者斬，關隘不覺察者處極刑。民間畜茶不得過一月之用，茶戶私鬻者籍其園入官。二十三年，定茶易馬例，上等馬每匹一百二十斤，中等馬每匹七十斤，下等馬每匹五十斤。三十年，令朶干烏思藏長河西一帶西番依舊將馬出來換茶，仍出榜禁約，通接西番，經行關隘偏僻小路，着都司差撥官軍三四層嚴謹把守巡視，但有將茶私出外境，就便拿解，赴官治罪，不許受財放過。又須窮究何處官軍地方放過，治以重罪。成祖永樂三年，立遼東、開原、廣寧馬市，定價上上馬絹八疋，布十二疋，上馬絹四疋，布六疋，中馬絹三疋，布五疋，下馬絹二疋，布四疋，駒絹一疋，布三疋。其立市一於開原城南，以待海西、女直，一於開原城東，一於廣寧，以待朶顔三衛，各去城四十里。十年，令遼東缺馬官軍聽於各馬市照例收買。十五年，重定遼東互市馬價，上上馬一匹米五石，布、絹各五疋，中馬米三石，布、絹各三疋，下馬米二石，布、絹各二疋，駒米一石，布二疋。憲宗成化十四年奏準，遼東馬市聽海西并朶顔等三衛夷人買賣，開原每月初一日至初五日一次，廣寧每月初一日至初五日一次，十六日至二十日一次，各夷將馬匹物貨赴官驗放，入市交易，不許通事人等將各夷侮弄，虧少馬價及偷盜貨物，亦不許撥置夷人，以失物為由詐騙財物，敢有擅放夷人入城及縱容無貨人入市有貨者在内過宿，規取小利，透漏邊情者，俱問發兩廣烟瘴地面充軍，遇赦不宥。又奏準，定差御史一員領敕專理茶馬，每歲一代，其易馬須四歲以上、六歲以下高大堪中者方準收買，兒騸馬就彼給各邊騎操，騍馬送苑馬寺孳牧。如有縱容軍民通同中賣老病馬匹者，御史同兵備及苑馬寺官驗視退回，仍指實參究。穆宗隆慶元年二月，兵部覆御史顧廷對條上馬政便宜，一保定等府各被災傷，其起俵馬宜以差減徵折色，如完唐、曲陽、靈壽、行唐、沂、費、郯、勝、嶧十州縣減十之四，滄塩、山安、慶都、邢臺、内丘、沙河耶、鄆濵、蒲臺、霑化、海豊、新城、濟寧、汶上十五州縣減十之三，清苑、安肅、蠡、博野、定平、山開、滑、内黄、灤武、定十一州縣減十之二，每馬折價八兩解部，以蘇民困。一有司貪縱，馬政廢弛，宜覈其瘦損分數以輕重議罪，朝覲之日開報吏部，以待黜陟。一兵備道所轄有種馬州縣者，於敕中增入帶管馬政，每歲令查點二次，務舉實政，毋滋煩擾。一孳牧種馬，以公差借用，多至疲死，宜嚴行禁約。一種馬人戶宜如寄養事例，五年一編，務擇丁田相應之家編充馬頭，責令專養，其餘止充貼戶，不得輪養，以致偉諉倒損。上從之。十月，兵部以軍興缺馬，請量派各擀州縣加徵本色，惟南直隸全派折色。上從之。仍令太僕寺加意飼養見在馬匹，其有虧損誤俵兌者，聽本兵及印馬御史劾治。二年二月，從總督陳其學請發太僕寺馬三千五百匹，分給宣、大二鎮及標下官軍，仍發本寺銀三萬六百兩買馬。三月，南京兵部劉采等言，南京各營馬每歲三百匹，除江南原改解馬九十七匹，其二百三匹出於上江二縣馬戶，極為民累，乞用南京太僕寺議，於廬、鳳二府，滁、徐二州折色馬千六百餘匹内量改二十分之一為本色，可得馬八十三匹，發營每匹該折色銀十八兩，本部徑代解京，以補營用之數，餘一百二十匹仍令上、江二縣買納。上從之。五月，戶科陳行健等言，京營馬匹例損過半，由料價太少，宜比巡捕例，月給銀八錢五分，或以歷年扣存銀，或以牧地子粒、太僕椿朋銀增給，或汰其病損不堪者發賣收價。又祖宗時，牧馬草場在薊州、霸州、固安、新城、雄縣、香河等處，近為勳戚奏討侵没，存者無幾，宜視舊籍查復，且民間種地一畝，差徭租税出其中，而牧地皆膏腴，每畝税銀三分，太薄，宜如先朝屯田例，税外增一分以充料價。從之。太常寺少卿武金言種馬之設，專為孳生備用。今備用馬既別買，則種馬可遂省。且種馬有編審之苦，有雜役之害，有點視之害，有歲例之害，有交兌之害，有輸養之害，有賠償之害，重以官吏之需索，里甲之影射，民日益窮，沿襲至今，滋弊尤甚。乞命兵部驗計每年應解之馬若干，某省若干，某州縣若干，俱照原數買馬，按季查解。如備用馬已足二萬，則令每馬折價三十兩輸太僕寺。遇各邊缺馬，分發估價，買一馬折價可買戰馬二匹，不必加賦，而馬數自倍。且令各府州縣取前之所養種馬，盡賣以輸兵部。如一馬定價十兩，則直隸、河南、山東十三府可得銀一百二十萬，其草料令各府州縣每馬折銀二兩，計又得銀二十四萬。夫戰馬之數，解俵之丁，不更舊制而邊餉獲急用之資，百姓免無窮之害，足國民無踰於此。疏下兵部議，於是御史謝廷傑言，孳生種馬乃祖宗舊制，軍機所係，但當修法以除弊，不當因弊而廢法，萬一有警，無可調發，咎將誰歸？金議非是。兵部主廷傑議亦言金議不可行。上獨可金奏，謂備用馬久已買俵，種馬徒存虛名，百姓乃受實害，姑革其半，以甦民困。合行事宜，兵部覆議以聞。已而兵部言明旨買種馬之半，其半常存，猶資民牧，而養馬者費多，折徵者費少，恐有不均之嘆，宜下南北直隸、山東、河南及兩京太僕寺令變賣其半，每馬價銀十兩，徵收草料銀二兩，如金言，其存留之馬戶為正頭，變賣之馬戶為幇頭，養馬則輪流，折徵則攤派，庶惠澤均而法可經久。上從之。六月，發太僕寺寄養馬七百匹，兊給薊鎮、遵化遊兵，又發二百二十九匹兊給大同八衛遊兵。八月，從薊遼總督譚綸請，發太僕寺寄養馬七百七十匹兊給寧夏諸路八衛遊擊王國等兵。三年八月，御史李良臣言，甘州茶司之建，歲增馬六百匹，總給甘肅鎮官軍備邊，但四川徵茶轉運勞擾，又有虜掠之虞，害多利少，未為便計。若改折色，并扣原給脚價賞勞諸費，可買馬六百餘匹，足抵甘州馬數，而民得少甦，此官民兩便之法也。如謂番夷漸已納款，驟革互市，恐失其心，則甘州茶司尚有支剩茶三萬一千餘篦，可足三年易馬之費，請暫行招納三年，俟茶盡而止，部覆請，從之。九月，兵部覆巡按陝西李良臣奏請，以七苑馬匹不堪騎征者更責牧軍買補，本寺量助以紙贖，自後追徵，必齒歲尺寸中度，方準印牧。係茶易銀者仍加驗閱，必堪牧俵，印烙發苑，毋濫收以滋牧圉之弊。上然之。十一月，從撫臣沈應時請發太僕寺銀一萬二百兩給寧夏鎮，為買馬之費。四年二月，太僕寺卿顧存仁條上六事：一優恤種馬。謂近來種馬之家苦於官吏侵漁，惟恐息駒之貽害，定顯則謀為衝落，息駒則驅使齉灰，寧以納價朋鬻為便，於是權宜額派，專仰給馬販，而種馬遂廢矣。今已裁革解馬判丞，宜專責有司，重其選遷，使主課駒。凡民間報定顯、重駒者，即優恤寧家生駒之後，各為津貼，仍免徵草料銀兩，其可作種者留充額數，多生別駒即以與之，堪歲俵者通為印烙發寄，待俵無息者罰及正官。一責成寄牧。謂判丞既革，州縣正官或不能兼攝馬政，宜責管馬通判照舊出巡，其有損失者即令騭補，大馬印發別戶，以防奸僞。每年本寺卿佐出巡，得以賢否類呈，轉咨吏部為殿最。一隆重遷選。謂營馬官當擇廉平幹濟之人，責之久任，又勿許營別差以分職業，而府縣正官亦以此課其績，毋使玩視怠廢。一嚴督解運。謂各州縣解馬多被包攬倩身，中途侵換，宜嚴行禁革，而以職官及富厚義民充之，仍查追隆慶元年以後各處折色馬價京營子粒未完者。一議派改折。謂南直隸去京師遠，且非產馬之地，宜悉改徵折價。一慎貯卷籍。謂該寺文移卷籍關係非輕，而典守無責，舊多遺亡，請以餘閒舊倉改作架閣庫，命吏守之，兵部覆，從之。十二月，太僕寺卿王好問言，故事太僕備用馬歲派本色二萬匹，折色五十匹，若兌軍有餘，則又減派，蓋寄養戶籍定以二萬五千，而本色馬匹常以二萬，所以寛民力也。今歲例充馬率不滿萬，而見馬幾二萬，備用有餘，請減徵解折色每馬一匹納銀二十四兩，此可得二萬之儲餉邊，兵部乃請如隆慶元年例，派本色三分，折色七分。報可。五年八月，兵部覆給事中梁問孟等條陳馬政事宜：一太僕馬價銀，非邊情重大，不得輕發。一變賣種馬之半，每匹止徵草料銀一兩。一本寺常盈庫定以五年遣官一查，著為令。一專用新造法馬。一禁解納上下手之弊。報可。十二月，陝西巡按褚鈇條議茶馬五事：一甘肅州茶司倣洮河西寧事例，每歲以月開中所中之馬，以八百匹為率，不得用老弱充數。一招商引內，註定年限數額，委漢中府佐一員嚴行稽考。如有過期違限者，罪之。一將原兌甘鎮馬八百五匹仍舊徵解苑馬寺，并催積欠茶課銀。一併發苑孳牧軍領馬，當均其搭配。遇有生駒，不時籍記，以防侵匿。一各處產馬之所，專責兵備道緝捕私販，以絕番商交通之路。從之。

明 楊時喬《馬政紀》卷三《軍衛折俵額數》 萬歷十八年，以萬歷九年裁革種馬，惟軍衛以種馬買俵者照舊不革，本年題准，今照舊改解折色，不得解馬，該本寺少卿唐堯欽題，七十二衛所馬匹既不堪充應，令今年照例，馬價或貴，掌印官親解兵部，覆自十九年為始，俱令照例徵解折色，每匹照各衛所原派馬價銀數解部發寺收貯，以備買馬支用。在京龍驤等衛各俵一匹，徵銀數如寬河等各徵銀三十兩，在外保定等四十六衛各俵一匹，徵銀如東勝右、忠義中、鎮朔、遵化、興州左俱各三十兩，營州右、營州前、興前、前州俱各二十四兩，興州中、涿鹿左、涿鹿中、涿鹿、定邊俱各二十二兩，營州中、營州後、營州左、興州後、武清俱各二十兩，通州右、通州左、神武中俱各十二兩，以上共折價銀一千六百七十七兩三分九厘四毫。

明 張萱《西園聞見録》卷七一《馬政・往行》 高帝時南征北討，兵力有餘，唯以馬為急，故分遣使臣以財貨于四夷市馬，而降虜土目來朝，及正元、萬壽之節，內外藩屏將帥皆用馬為幣，自是為漸充實矣。洪武七年，命刑部侍郎李浩及通事梁子名使琉球國，以文綺百疋，紗羅各五十疋，陶器六萬九千五百事，寧釜九百九十口，就其國市馬。九年，增給廣東馬價。先是，遣兵部員外郎程益、監察御史閻裕往廣東市馬，民間馬少，率于蠻夷，轉市以售于官。官雖償其值，而道途往來甚費，民以為患。上聞之曰：『民為國本，馬資國用，奈何欲資其用而先傷其本乎？』命厚給其值。十六年，勅諭松州衛指揮僉事耿忠曰：『西番之民歸附已久，而未嘗責其貢賦。聞其地多馬，宜計其地之多寡以出賦，如三千戶則三戶共出馬一匹，四千戶則四戶共出馬一匹，定為常賦，庶使其奉君親上奉朝廷之禮也。』諸蠻夷酋長來朝者悉獻其所乘馬，詔以鈔賞之。階州民王思聰、李朵兒進馬各賜衣一襲，鈔二百錠。兵部奏定永寧茶馬司以茶易馬之價，宜如河州茶馬司例，凡上馬每匹給茶四十斤，中馬三十斤，下馬二十斤，從之。二十年，高家奴等市馬高麗，還言高麗王表請不受馬值，上不聽，諭禮部曰：『朕待諸番務以誠信，彼前聽約束，許其互市，故遣人市馬。今彼言不敢受值，豈其本心？蓋畏勢而已。以勢逼人，朕所不為爾。其以朕意咨其國王知之。』仍令諭延安侯唐勝宗俟高麗馬至，擇其可用者以值償之，駑弱不堪者量減其值，仍報其王知之。勅至遼東，適高麗送馬三千四十匹至，勝宗如勅償其值。既而耽羅國亦以馬來貢，詔如高麗償之。初己亥之歲，遼陽瀋陽兵起，民因避亂轉徙高麗，久未得還，及高家奴、徐質等往市馬，而故元降將咬住等以為言，上乃令高家奴等就索之。至是，高麗因送所市馬，遂以遼瀋流民奈朵里不歹等戶四十五、口三百五十八來歸。二十二年，四川巖州衛奏每歲長河西等番商以馬于雅州茶馬司易茶，其路由本衛經黎州始達茶馬司，茶馬司定價每堪中馬十匹給茶一千八百斤，令于碉門茶課司支給，不唯番商往復路遠，實且給茶太多，今值宜量減馬價，移置茶馬司于巖州，將碉門茶課司所貯茶運至于此，馬至則驗馬之高下，以茶給之。詔茶馬司仍舊唯定其價上馬一匹與茶一百二十斤，中馬七十斤，駒馬五十斤。番商不願者聽。二十四年，詔于高麗市馬一萬匹。

八月，權國事王瑤遣判繕工寺楊天植等進所市馬一千五百匹至遼東，奏云：『今奉諭旨，敢不揭力。但比年所産之馬騙幹短小，懼無以副命，然禦倭致遠，負重耐寒，小邦賴之。敢先以獻，其餘以次奉進。』十一月，權國事王瑤遣其臣金之鐸等送互市馬二千五百匹至遼東，上命定遼衛指揮僉事張忠送廣寧中護等衛牧養。永樂元年，湖廣、四川、雲南、廣西所隸宣慰使楊昇并西北諸夷各遣人貢馬，上以其至，且舊所定馬值薄，命禮部第馬之高下增給之，上馬每匹鈔千貫，中馬八百貫，下馬五百貫。又兀良哈頭目哈兒兀歹遣其部屬脫忽思等貢馬，命賜鈔幣襲衣并償其馬值，上馬每匹鈔五十錠，中馬四十錠，下馬三十錠。每匹仍與鈔幣表裏一。三年，立遼東開原、廣寧馬市，定價上上馬絹八疋，布十二疋；上馬絹四疋，布六疋；中馬絹三疋，布五疋；下馬絹二疋，布四疋；駒絹一疋，布三疋。其互市一于開原城南，以待海西、女直；一于開原城東，一于寧廣，以待朵顔三衛，各去城四十里。四年，兀良哈等處告飢，願以馬易米，命所司議其值，遂定上馬每匹米十五石，絹三疋；次上馬米十二石，絹二疋；中馬米十石，絹二疋；下馬米八石，絹一疋；駒米五石，布一疋。九年，定開平馬市價，上上馬一等絹五疋，布十疋；一等布十八疋，駒子布五疋。十五年，重定遼東互市馬價，上上馬一匹米五石，絹布各伍疋；上馬米四石，絹布各四疋；中馬米三石，絹布各三疋；下馬米二石，絹布各二疋；駒米一石，布二疋。

又 黔國公英平居無所嗜，惟有馬癖。嘗語人曰：『天用莫如龍，地用莫如馬。支遁一僧爾，猶愛其神駿而畜之，吾將也馳逐于兩陣之間，順吾驅策，與人一心，以立功者在良驥耳，是不可愛而他愛乎？』蕃息甚富，其良者以充歲貢，餘遇有征討，分給將校將之勇敢善戰者，所得多至十餘匹，然未嘗售于人以規利。

又 陶參政大年為南京駕部郎。駕部職船馬政，留都故有買馬戶，供三大營騎士用，兼隸兵垣及守備巨璫勳貴。故事，所市馬至，必以次傳閱，胥吏輩橫索錢，不得則駁不中選，所領軍人復藉口馬羸弱，百計窘之。公廉得其狀，則曰：我不能使民無出馬而不能與衆為政。為奏記大司馬白罷兵垣守備閱視，自駕部一驗肥瘠外，即給領騎，又檄管操把總同閱，以杜軍人口，歲省馬戶所費若干緡，至今著為令。

又 正統十年，增定邊等中鹽納馬則例，每上馬一匹鹽一百二十引，中馬一匹鹽一百引。先是，戶部定上馬一百引，中馬八十引，鹽商以道路險遠，中納者少。總兵黃眞以為言，故增之。景泰元年，朝鮮國王李陶遣陪臣李含等貢馬五百匹，奏曰：『有勅以北虜犯邊，令備馬二三萬赴京。臣念世蒙列聖恩澤至深至厚，敢不盡心奉認？但敝邦比因鄰寇構釁，邊警不絕，戍守馬匹騎坐馱載踣斃耗損十居六七，雖收拾中外大小官員有馬之家，未堪依數充辦。臣竊欲措辦五千匹以進，倘有餘力可為，安敢構詞欺罔？伏惟聖慈垂憐。』帝曰：『虜寇今稍息，王又措辦艱難，馬已至者受之，以銀三百兩，紵絲羅各三十疋，絹一百疋償其值，未至者止勿貢。』仍命致知等齎勅并冕服冠服白金三百兩，紵絲三十疋，羅三十疋，絹四千四百三十一疋，棉布二千九百五十四疋，歸賜其王及妃。嘉靖三十年，詔給西番諸侯勘合。先是，二十八年，御史劉崙請復金牌勘合，以便各番納馬給茶。其洮州衛列市等河州衛、子剛巴等西寧衛咎市等諸族大馬蕃給以金牌，冲卜、鸞單等一十七族族小馬少者給以勘合，未受職者與之職名，原授未襲者類奏承襲，嗣後有新撫之番，亦許附入，如例請給。至是，總督尚書王以旂等亦以為言，下兵部議，部覆國初制金牌信符，每副二面，頒降西番諸族，令鉗制其黨，納差發馬匹，給以茶引，其後西海為北虜所據，套虜又歲加侵掠，諸番所領金牌散失，漸復遷徙內地，密邇三衛遂不復有齎符比號之事。今番族變詐不常，北虜抄掠無已，時脫給而再失，失而又給，而又失之，如國體何？夫金牌給番，本為納馬，番人納馬，意在得茶耳。各番以茶為命，不得茶病且死矣。嚴私販之禁則不撫自順，雖不給金牌，馬可集也。苦私販盛行，則在我無以繫其心而制其命，雖給金牌，馬亦不至。今稱各番告給，寧以勘合與之，每歲以是為驗，使彼族屬無統者易于號召，而于文移則革去交易之名，使各效差發之誠，以正體統。至于援職承襲，必勘合類奏而後許之，則恩威並濟，諸夷可風矣。詔如擬。隆慶五年，宣大總督王崇古報北虜互市事竣，大同得勝堡自五月二十八日至六月十四日，官市順義王俺答部馬一千三百七十匹，價一萬五百四十五兩，私市馬贏驢牛羊六千，撫賞費九百八十一兩；新平堡七月初三至十四日，官市黃台吉擺腰兀慎部馬七百二十六匹，價四千二百五十三兩，私市馬贏牛羊三千，撫賞費五百六十一兩；宣府張家口堡六月十三至二十六日，官市昆都力哈永邵卜大成部馬一千九百九十三匹，價一萬五千二百七十七兩，私市馬贏牛羊九千，撫賞費八百兩；山西水泉營八月初四至十九日，官市俺答多羅土蠻委兀慎部馬二千九百二十一匹，價二萬六千四百兩，私市馬驘牛羊四千，撫賞費一千五百兩。市皆無擾，疏入，得旨，加崇古太子太保，賜之誥命，賞銀四十兩，紵絲二表裏；巡撫劉應箕陞俸二級，楊綵孟裏一級，總兵芳趙岢、副總兵麻錦實職一級，副使申佐、朱裳、參議崔鏞等、千戶鮑崇德等各陞賞有差。又以本兵及該科有經畫建議勞賞，尚書楊溥、侍郎谷中虛及郎中王緝、給事章甫端銀幣緝，仍候京堂缺推用，端升俸一級。

明 陳仁錫《無夢園初集》漫集一《紀關門市馬》 內開十五兩四錢者，直可十兩上下；十四兩六錢者，直可七八兩；十二兩者，直可六七兩耳。而且多有三四兩加涂馬之類者。及問其所委，則廣寧官也。其家人及其商伴皆云：『每馬以十兩、十一兩買者爲頭號，開十五兩四錢；八兩、九兩買者爲二號，開十四兩六錢；五六七兩買者爲三號，開十二兩。』再問商伴：『各號併原價亦不直者，何也？』答云：『此馬非與夷人對買者。凡夷馬一到，先儘本地營路及將官之販馬者揀去好的，餘始爲本地棍商以貨抬買。如馬一匹實直八兩者，本地商以貨抬算十兩、十一兩買之，因勒我等照抬算價，實實兌銀與渠轉買，而我亦多開十五兩四錢以領官價，其實直原只八兩而已耳。』嗟乎！本以彼地揀剩之下駟，復經幾層手，增幾番價，以騙我上駟之直，奸商即乘人之急而邀之，不應多冒至此。

明 徐日久《騭言》卷一六《補欠馬》 成化二十二年五月，詔以宣府團種糧仍給邊軍買馬，舊制沿邊官地聽軍士協力耕種，以所收租於官庫易銀買補倒死馬匹，邊軍賴之。後余子俊奏改以充邊食糧儲，歲止給三千石買馬，以故軍士償補不給，多至逃亡。戶部請仍舊為便，從之。按本朝之處置補馬，亦法制曲盡，但無如顧目前者不照管前後，互相反覆仍舊，所傷多矣。不知今邊上還有此項糧儲爲補馬計否也。後譚綸議：『兵之所恃者馬，馬之日耗繇於軍吏侵漁，議者患之。於是有追死馬樁銀之法，以領馬久近爲差，樁銀不足，於是有追棚銀之法，以自官及軍爲差，但歲終總奏，支以買馬。其後又以將官稽察無法，使馬日耗，於是又有參罰之法，以失亡多寡爲差，法至嚴矣，然將官懼罪之及己，馬死匿不以聞，而陰久其芻菽，責之本卒賠補，至有鬻妻子者，有以賂免追樁銀者，有卒不能賠且賂而逃者，以有巧避參罰立為均攤冷補之議者，衆有剋扣棚銀五分者，諸如此弊，臣已嚴行禁約。但馬須急補，而樁棚銀例不得輒用，待報稽緩，宜許隨便支買，歲終數奏。』按綸之言弊悉矣，後卒無處置法，止是將現成的要得便當取用，雖云禁約，弊固不能除也。此馬文升之議要在平時料理。宋時曹瑋令弓箭手較藝，勝者予田二頃，再經秋穫，始課市一馬。馬勝甲，然後籍之於官，加予田五十畝。又立馬社一家，馬死則衆出銀助之。

藝文

明 劉基《誠意伯文集》卷一〇《買馬詞》 驛官亭鼓鼕鼕打，驛使星馳買官馬。府官奔走群吏趍，呵叱縣官如使奴。一時立限限鄉役，馬價頓增無處覔。賣田買馬来納官，買時辛苦納時難。縣官定價府官減，驊騮也作駑駘看。歸来拊膺向隅泣，門前索錢風火急。

明 何景明《大復集》卷二四《聞望之買馬促装以詩留之》 聞君買馬衝宵發，正爲慈顏在遠京。已喜尺書前日至，不妨旌節隔年行。故鄉歲暮難爲別，長路天寒益繫情。擬辦盤飡留暫住，況逢風雪阻嚴程。

明 袁表《閩中十子詩》卷一七《送人奉使市馬》 使節向宛西，承恩出御堤。千金求駿骨，萬里得霜蹄。漢武思神驥，燕昭重駃騠。歸朝應早計，苜蓿苑中齊。

管理

論説

明 王臬《遲庵先生集》卷二《議處馬政》 爲議處養馬以便官民事，會同管馬通判胡議得，法久則弊生，古今鮮無弊之法。救弊之術但宜與時推移，不當膠柱鼓瑟。今十年一造馬册，册後負累貧難逃亡死徒，誠在在有之，然聽令消乏者，不拘年月，赴官陳告，就指其所知殷實空閑人丁，審明更替，則人人得以自言，時時可以救弊，吏胥不得緣以爲奸，官府省爲之勞費，又何必復於十年文册之外，隨均徭造小冊，爲此紛紛乎？若言丁有死存，戶有陞降，則朝聞夕死，昔是今非，又難以二年拘也。況今凶歉之餘民多捐瘠，與之守成，庶幾不擾，少有動調，未免勞民。若欲通融均派，法當審驗里排，如此則小民有聽候之難，吏書有酒食財物之索，膏澤未能下流，徒爲此輩多開數番騙局而已。古云有弊人無弊法，任法不如任人，誠使得數十元結輩參錯，置於州縣不沮撓之，非但馬政可坐而理也，本職抱痾伏枕，神往形留，本不當復干政議，但區區管蠡之見，未離地方，誠不心自默。

又《申請暫免審馬》 爲均馬戶以蘇民困事，據經歷司呈抄，蒙巡按御史劉案驗前事，仰司抄案行府，卽便選委廉幹府佐州縣正官分投前去各州縣，督同掌印官查吊新冊，拘集里鄰，將養馬人戶逐一審勘。家富子壯者定爲正戶，其不及者量貼而已。貧難者卽與除豁，間有役占者，矜要查果真正在官人數，方與優免一丁，其餘寄空名於官府者，不許一切混免等因，備蒙抄呈到府，皆灼見奸弊，切中事情，除通行遵守外，但委官拘集里鄰，逐一查勘一節，行之於今，似爲未宜。切照本府地方凶歉之餘，民多捐瘠，惟守成安靜，差可苟延，若少有動煩，未免勞費。竊料養馬人戶中間貧富不均，竄各優免者大約亦百中二三人而已。今若一槩重新拘集審勘，必須一月之前呼召點集，又須一月之後方得事完。卽今東作方興，農功伊始，小民有聽候之苦，里老有酒食之需，雖痛禁之而愚民無知有終，不能不被其惑誘者。況見在羣工，實心爲民者少，崇虛餙智者多，委之行事，不過取辦於簿書，受成於胥吏，未必果能除奸剔蠹，大勝前人，徒爲此輩開一番騙局而已。誠欲拯偏而救弊，不若止聽負累消乏者廩官陳告，就指其所知殷實空閒，不養馬人戶及不告優免而冒免者頂名更替，則人人得以自言奸弊而無所容，而貧富無不均之嘆矣。

又卷三《議處團操馬匹》 查得均徭則例內快手每年編派工食草料銀一十二兩，頭年又有正貼戶共輳買馬銀一十二兩，馬或倒死，又於聽差銀內支銀六兩幫給買補。其各道有馬民壯，每年編派工食銀六兩，無馬者每年工食銀四兩。切照有馬民壯與快手一體團操，而所得工食多寡頓異，快手馬死，許其幫給買補，而於民壯項下獨遺而未言。近據濰縣團操民壯韓景陽告稱馬死，欲令貼戶均陪，已該本道批允處給外，但法例未明，恐下難遵守，私自科斂貼戶之弊，難保必無。直欲責其陪償，則人情有所不堪。若不早爲處分，則此馬何從補給？今各處快手兩年一次審編姓名貫址，雖曰更新，人馬器械多仍其舊。況十年之馬，筋力未衰，五次均徭，白領價值，吏胥啚分其利隱而不言，有司未悉民艱，因仍其弊，此小民所以輕去南畝而游手者日衆也。且衆戶共買之馬，而退役之後，使歸於一人之手，非惟不均，抑且生弊。今若一槩拘馬還官，則中間馬有駑良，價有多少，似難執一。若聽其自得，則是歲歲歛小民以養游手，適以助其酒食娼賭之費耳。合無於原領馬價之數減免一半以償，其兩年執役之勞追還一半，以備買補民壯馬疋之用。其銀兩俱解赴本道，轉發萊州府收貯，聽候壯快馬或因公倒死者，相驗明白，隨時支給買補，各照馬之時值，不心拘以六兩之數，俱牽赴本道驗看印烙，將馬疋毛色、齒歲及買馬年月、價值備記冊籍，以防詐僞。後遇重審之年，查前項銀兩有餘，則止編工食草料，免編買馬價銀，庶小民得受一分之賜，而壯快不至功同而食異，官吏不能乾沒以爲奸矣。

又《議處走遞馬騾以寬里甲事》 據招遠縣縣丞李章揭帖開稱，査得本縣先年里長一年役滿，其走遞馬騾多被勢要之家虧價領去，卻令新役里甲添價轉買小民，甚是受害，欲將上年里長馬騾就付見年里甲喂養，走遞照依時價追收入官貯庫，作正支銷等因到道，爲照各處驛遞、走遞馬騾，俱係糧簽大戶出辦，今各該州縣因無驛遞，所以先年責令見年里甲衆共出錢買馬，答應上司往來，原非官物，一年役滿，自當歸主，聽從其便，凡江南偏僻州縣大抵皆然。今登、萊二府所屬州縣，不知先年何人創此厲階，但遇里長役滿之時，輒拘馬騾當官變賣，以致豪猾之徒減價買去，復增價賣與下年里長，負累小民，重併出錢，情實可惡。況所賣價銀多寡不一，官吏恣其侵欺，上司無從稽考，利歸私室，害及生靈，奸弊之滋，莫甚於此。此今本官欲將上年走遞馬騾就付見年里長喂養走遞，照依時價追收入官貯庫，作正支銷一節，雖可革豪猾賤買貴賣之奸，而於官吏侵漁之弊、小民逼迫之苦，則未免猶夫舊也。夫除惡務本，鉏草去根，而此弊亦恐不獨招遠一縣爲然，其登、萊二府所屬州縣俱有此弊，爲今之計，合無通行各該州縣，今後里長役滿，其走遞馬騾俱聽從自便，不許拘留變賣追價入官，及容令勢要之家抑買。如此，則小民得以少甦，里甲不至重累，而官吏侵漁、勢要豪猾之徒，不得乘時射利矣。

明 錢桓《驛傳困累已極敬陳節省事宜疏》《萬曆疏鈔》卷二八《屯馬類》 直隸巡按御史。萬曆十九年七月。國家設立驛遞，凡以通冠蓋之往來，恤馳驅之勞苦，故使車所至，則舘人飭廬，稾人致餼，涓人秣馬，何其隆重也！而可以濫及乎？迄於今則濫觴矣。驛遞以積累成疲，積疲而幾廢矣。乃驛遞之條陳，臺省諸臣亡慮數十疏，而尚不能釐其弊救其苦者，凡以法之不嚴而行之不力也。職奉命于畿南，已一載有半，見地方所最苦者莫過于驛遞，而于其情弊累害知之最悉。彼城狐社鼠之輩，恣意炰烋，到處若掃，卽擢髮難數其罪也。然而不止若輩已也，藉津要之勢，則奴隸無不金貂張牙爪之威，則官卒無不縲繫恣谿壑之欲，則各驛之銖無不囊橐，以是差使一過，有闔驛挈家以逃者，甚有驛官無措倉卒自甘雉經者，嗟嗟，彼雖么麼下吏乎，夫亦一生辛苦所致，何忍敝蓰其官而鴻毛其命也？蓋有萬不得已者迫之耳。及今不爲嚴禁力裁，恐差委之頻數日濫一日，無名之嚇索日多一日，奸僞之横行日盛一日，支應之困苦日甚一日，而驛事必至大敗極壞，不可收拾矣。驛事不可廢，必且以富家代之，富家不能支，必且遍及里甲，而地方騷然，不安其生矣。可坐觀其弊而不爲之除乎？臣熟思之，當今民窮財盡，不能于額外爲之議加，祇有救弊補偏，猶得于額内爲之議省。然欲議省，將何策而可？臣以爲當議革者，有當議節者，有當議處者，計凡八款，謹一一爲皇上陳之。一曰靡文之當革。夫坐馬與金鼓旗幟，特以侈耳目之觀聽，其何當於實用乎？不知一人一馬，每站約費銀二錢餘，值此驛遞困疲之秋，聞其愁苦之聲，見其窮迫之狀，稍有人心，且爲流涕，何忍椎貧驛之骨髓，以炫耀耳目也？是不可不盡行裁革者也。二曰索需之當革。夫廪給之設，原爲供給飯食，乃使客既有館餐，自不得再索廪給矣。其有索討者，或僕從無恥之故，必非使客本意。此後該驛遞凡供應館餐者，決不許復付廪給，卽造簿内不佳開銷，至於承舍承差，有騎馬、有包馬、有口糧，已至足矣，更索坐馬惜馬等錢以重累窮驛，敢有仍前需索生事者，許所在官司申詳撫按提究，其申報官司從重紀錄，仍于季冬報部，宜加優處，以爲任怨之勸。三曰携帶之當革。夫自來馳驛必真正公幹奉有勘合者，只許本官乘傳，豈容冒濫？乃今則一人公幹，挈帶多人，有原無家眷而轎至三四乘，夫至四五十名，馬至二十餘匹，此何爲者？非親戚，則故舊，不然卽山人墨客與星相醫卜之流也，顧亦冒焉。入驛飽公家之廪餼，揚揚然乘輿策馬而去也，驛遞安得不疲不逃？今而後奉委官員，止許相携家眷，若查出順帶閑人一名，許所在官司一面羈留，一面申報撫按參究。四曰牌票之當節。夫昔年關文濫行，改用勘合，今行有勘合，而復兼行牌票，乃牌票内不止脚力，且填註廪糧人夫，甚有數更溢于勘合常例之外者，是遵何名耶？今而後除本等公幹去處係所屬衙門該管地方，許酌量遣行牌票，亦許填廪給人夫；若係各省出境奏事者，原有請給、勘合何得混行牌票，俱不准應付。然不獨牌票，卽真正勘合火牌，但係年月隔遠者，亦宜禁止。且邇來奸宄肆行，假造洗改之數不一而足，尤當加意防察者也。五曰應付之當節。夫品秩有崇卑，而應付之多寡因之，《會典》開載甚明，今則混淆無辨矣。甚有卑秩而轎至數乘，夫百名，馬至三四一匹者，抑何無等之若此也？今後俱照秩定數，寧稍從寬，而數外不准應付，卽數内轎扛宜限定夫役，如官轎每乘不過八名，小轎每乘不過四名，扛每擡止許二名，此外不得多索一名，祇充前站之私囊而供扛頭之乾没也。六曰中火之當節。夫中火大約五六十里爲率，亦不至枵腹。每見三二十里舖店去處，亦設有中火，此不惟各驛供應之苦、搬運之勞，且亦滯使客行程，甚屬虛費，所當議裁。應設中火，亦須有限制，往往前站作踐驛遞，稍不厭欲，輒行撒潑毀壞器皿，見之令人髮豎。《詩》云：『人可以食鮮，可以飽語，饑歲也。』乃邇來到處洊饑，流亡載道，覩此景象，卽一菜一飯不能下咽，豈飽腹而外猶厭縱無忘耶？今而後中火品數葷素總不過六器，至多不過八器，米麵飯不得過二件，此外必不許多索。倘前站有放肆擾害驛遞者，所在有司申詳各該撫按究治。七曰協濟之當處。夫初時協濟原用人馬，後苦跋涉，改爲站銀。至于今乃年久玩生，累年不解，卽各驛差人守領，有併其人而餓斃他鄉者，此豈直窮驛之難堪，且亦非事體之平也。從長計議，不如照數免編爲便，倘以錢糧重務，南北編定，不便互更，亦宜着令各該撫按督責協濟州縣依期征比，盡數解發，母使驛遞徒冒虛名，虧損實額，以致疲累逃亡。若延捱日久，拖欠數多，卽隔省撫按得以自簡從事，庶人心知警，猶不至置之秦越不相關乎。八曰給發之當處。夫各該驛遞工料支應銀兩，屬府者則府給之，屬州縣者則州縣給之，然必須先期早給，庶可應其卒迫之用，而免其稱貸之苦。至於此中給發之弊，往例有每百兩明扣銀二兩三兩不等者矣，又有暗短銀一二兩有奇者矣。上下視爲固然無足怪，而竟不知此何名色，何面孔？其在驛所官又每百必扣銀十兩以爲常例，驛所吏皆以各衙書役役掛名，經年不一覿面，亦每百兩必扣銀兩許以爲食米，而一切跟官抄報廪米設酒等項尤出其外。然則煢煢諸役所得工料拾之六七耳，其何以撑持此疲苦也？此必一應繁費盡行汰去，工料按月給領，以月之初旬爲期，但使一錙一銖不敷貧役應領之數，撫按官從實廉訪，從重參究，庶發者不致愆期，而領者盡沾實惠，驛遞猶不至極疲乎。凡此數款，皆就中節省，不廢更張，但人情積玩洗刷爲難，弊習久沿祛除不易，臣與撫臣孫瑋曾再三出示嚴禁矣，但有司驛遞各官每每畏事不敢盡報，臣等亦何由盡知？則驛遞之受累呑聲者尚多也。臣于三十年告假南歸，見各驛中豎有奉聖旨裁革鋪陳石碑，而使客遂無有索鋪陳者，則臣所陳諸款，必藉明旨豎碑，各驛使客見之，當必凜凜知畏矣。雖然，此猶撫按官得藉皇上威靈以行之於地方者也，乃驛遞之所以愈淸愈濫，明旨之所以屢禁屢格，則又在源而不在流，在內而不在外。夫國家有重務，其不能不差官，勢也。然一事一差足矣，一事常至分爲數差，何故？一差一人足矣，一差常至分爲幾人，何故？彼貲郎輩不諳事務，又不能禁戢其下，所至如虎如狼，蹂躪無端。計一差之所管解幾何，催儹幾何，齎捧幾何，而迂道回籍，往返歲月，所費國家者業已不貲，則亦何取于若差爲也？誠使一事必併一差，一差必併一人，一切不甚關緊之務，止具文移催督，而至序班署丞等官在內不許差遣，在外不許應付，果爾，則差遣之用人既愼，而驛遞又何患其不淸耶？伏乞勑下兵部，查果臣言有裨驛遞，即覆議上請，遹行遵守，則人皆知明旨森嚴，無敢違越，由是弊蠹去而疲驛可以少蘇，驛遞蘇而灾民可以無擾，地方幸甚！臣等幸甚！

明　劉鉉《破格蠲恤邊民以固人心以安重鎮疏》《萬曆疏鈔》卷二八

兵科給事中。萬曆元年四月。臣聞《易》曰：『何以守位？曰人。何以聚人？曰財。』是帝王欲保盛治，莫要於得民之衆，而所以固結人心、奠安庶者，莫切於遂民之生，內地且然，況邊塞乎？今之籌邊者，孰不亟亟於城廓之堅、甲兵之利、芻馬之富，是謀是議也，臣竊以爲皆守邊之具也，而非其本也。《語》云：『效死之蒼生，堅於有形之保障。』則固人心者，夫非第一義乎？國家養兵，半藉屯田，而屯政之弊，獨甚於寧夏。屯爲養兵而設，獨寧夏之屯，今爲厲民之具矣。軍以得田爲願，獨寧夏之軍皆思棄而逃矣。此其故何也？額賦重而加派多也。臣請以額賦言之。查得寧夏一鎮，實徵田一萬五千二百五十七頃三十九畝，額徵粮一十七萬二千六百八十餘石，穀草二十二萬五千六百餘束，地畝銀一千三百三十餘兩，年例採打青草一百五十八萬七百有餘。較之各鎮，獨彼處其重矣。國初新丈田畝，奸弊未生，軍民衆多，水利疏達，辦此何難？百十年來，則黃河遷徙靡常，良田歲被衝汲，或淤沙奔壅，或水澤不通，人情好逸惡勞，不肯極力耕作，於是膏腴日甚荒蕪，發爲硝鹻之場，半成不毛之土，使視師者能隨時甦息，加意均停，俾得人心戀土而不忍去，地利徐可興也。奈何計末遺本，創法愈新，加派之行日甚一日。臣請以加派言之。額粮一石，以一斗二升爲科，法已不良；而穀草、地畝逐年增起。其河崩沙壓荒蕪硝鹻之土，及墩臺營堡占用之地，約粮五千餘石，穀草五千七百有零，地畝銀三十三兩有奇，重又照丁攤撒，令人望空賠納。至嘉靖四十年，蒙差憲臣淸理屯田，其時不肯悉心利病，祇憑吏書區畫，竟不履畝丈田，反以增粮爲務，於是該鎮獨議增可耕餘田一千三百七十餘頃，增粮四千，穀草三千六百，地畝銀照例，歲遂爲常。嘗聞說者謂寧夏額田存者十五，而寧夏額賦增者十二，是已。夫額賦既無可損之時，而加派則務盈其數，當官者皆爲一己殿最之謀，未及爲陛下赤子謀也。其他力役之征，千谿萬徑，尤未易更。僕用是軍苦於力屯，日見消耗，則藉餘丁以頂之；餘丁苦於併役，歲以逋亡，則按粮數以派之。殊不思頂田之令行，則在伍者愈耗，派田之法立，則餘丁愈逃。此先年總督王崇古疏云：『屯丁畏頂田而日逃，不盡不止；稅粮因丁貧而日逋，歲將莫支。』彼誠目擊其弊而言之甚肯綮也。當時司廟謀者以賦因於田，賦有額則田亦有額，故不肯輕議蠲減。殊不知桑田滄海古有成言，而琴瑟不調則當更張之矣。臣愚謂實在田畝其起科既重，則止令其辦納正粮，而穀草、地畝之徵所當議也。河崩沙壓、荒蕪硝鹻、臺堡占用一切無徵之田，止當量派穀草、地畝，而原冊一石二斗之額所當議也。所謂用其一緩其二，堯舜三王所不易也。匪是，則厲矣。至於四十年所增田粮，萬萬當革，凡有人心者所共知也。儻議者慮有奸豪隱占之弊，則該鎮田地與內地不同，內地軍民相雜，難以周知，鎮地悉係屯田，丈勘可以立見。合無行令彼中督撫大臣轉委廉明風力官員逐一丈勘見在實徵者若干，虛耗賠納者若干，見在正軍若干，餘丁壯丁堪以頂田者若干，必使有田而後有粮，有丁而後有役，上之不取盈以病民，下之不僞增以病國，亟罷派田之法，務求老弱之甦。使人人堅首丘之心，則全鎮有維垣之賴矣。及照該鎮原額併召選軍兵共三萬八千有奇，今聞逃折以過八千，而每年催科所得，僅完八分之數。是軍與餉俱不足原額矣。劑量之下，似足相當。又不必別增帑費。然則朝廷何獨吝此無徵之虛名，不一蠲去，而坐損在伍之士乎？臣愚書生，罔達國體，風聞所得，冒昧摘陳，乞勑該部詳議，如或可採，酌賜施行，仍備咨各邊閱巡總鎮諸臣一體仰承德意，銳意清查，務求損上益下，庶爲固本安民。事完造册奏報，該部覈實，著爲令甲，明示休養，邊氓幸甚！宗社幸甚！《語》云：『涓涓不塞，流爲江河。』是在任事者不可不慮也。又曰：『人主所恃者人心也，如木之有根，如燈之有膏也。』是在陛下不可不加之意也。臣不勝拳拳懇切待命之至。

明 佚名《民屯積逋邊餉日匱申飭參罰以足經用疏户部題疏》《萬曆疏鈔》卷二八 萬曆三十二年。貴州等清吏司案呈，照得九邊主客年例兵餉，俱有各省府州縣民運及各衛屯粮湊給，民屯一分之足，卽京運一分之省也。舊例，御覽册内開經管職名以嚴考成，年終有參罰之疏以示懲勸，立法至詳。萬曆二十五年間，各鎮拖欠數多，又該本部題，奉欽依，准行各餉司會同撫按查參未完，通行去後，至今祇事虛文，逋負益多，絶未見參罰一人，以致有司愈加玩愒。及今各鎮告匱之文，無日不投，中間或有上半年不足而預借下半年，今年不足而預借明年，卽各處民壯工食，原議歸農以爲濟邊之用，今有十年不解一分者，積弊如此，餉額安得不虧？呈乞照例題請，申飭施行等因。案呈到部，看得國家之制，一鎮之軍馬，自有一鎮之民屯。後來間發京帑，原爲一時權宜之計，以濟燃眉。奈相沿日久，疆埸之臣忘其初意，以京運爲應發之物，其視民屯拖逋漫不經心，則曰恃有京帑之可補耳，往在全盛之時，尚難虛内以事外，况當茲匱乏而尾閭泄之，無迺非策乎？且每年督撫會繳御覽文册，奏稱民屯未完者，聽其另疏參罰矣，而未見其疏也；管粮郎中有專任責成，會同參罰之例矣，而未見其會也。時艱若此，縱不能多方搜刮，別出他籌，豈於應解錢粮見行事例亦不能着實舉行，其於國計軍儲將安裨也？切照清理錢粮之數，責之餉司爲專，一方參劾之權，責之撫臣方重，相應題請申飭。恭候命下本部通行各處撫臣及管粮郎中等官，將本鎮額餉係各省府州縣衛所應解濟邊民屯等項錢粮，無論本折，悉行查出完欠數目，行會各省布政司、都司及北直隸、順天等府，備開經管職名，限每年六月内隨進御覽文册後，依照本部見行事例，撫臣及郎中等官將拖欠等處官員各具參奏前來，容臣部分別年分銀數多寡覆請酌量處分，毋以姑息之故托爲空言，毋以彼此之間各相推諉。自今太倉如洗，朝不及夕，國家隱憂，莫此爲甚。凢爲臣子，誼切公家兵食相須，原非二事，臣等自今題請之後，不得不計各鎮民屯原額，以扣見發之銀；倘拖逋仍前，參疏不至，異日邊儲有悮，亦得據事考成，疆埸之臣似難他諉其責。及今不言，臣等之罪，及今不行，諸臣之罪。統惟聖明軫念，天語叮嚀，則軍國之大計有裨，臣等之永憂釋矣。

明 佚名《再催各邊民屯疏户部題疏》《萬曆疏鈔》卷二八 萬曆二十一十年。貴州等清吏司案呈，查本年五月内，該本部題前事，奉聖旨：『從來邊餉倚辦民屯，後乃以京運接濟，如何任其拖欠不行，參罰職任安在？着各巡撫及管粮郎中照見行事例，着實行爾部還分別覆擬處治，不許狗私姑息，互相容隱推諉。欽此。欽遵。』通行去訖，今將各鎮已未完民屯細數分别案呈到部，該臣看得，國初九塞盡給民屯，後來間請京發，至今所增不啻數十倍之。乃各鎮狃視京發，以爲可常，而姑息民屯，以爲可緩。就中欠數甚多，使完至一半，亦可抵數年京發之資。不此之圖，而今日增兵，明日增餉，一切請之京運。至于薊、密等鎮，其未完民運又以京運補之。此尤各鎮之所無者。不思京運之金錢，亦各省之民運也，何地非人民，何處無災傷，豈各省以解京之故，則催徵如此之嚴，而該省以解邊之故，則拖欠如此之緩乎？此臣所未解一也。古者秦晉諸邦地養其兵，雄于天下，今關中雲、晉之賦不入于朝，又增以塩茶引目，而猶然全給京帑，得無地利之未盡乎？此臣所未解二也。内帑匱虛，于茲已極，凢有耳目，孰不知之？萬一庚癸興呼，脱巾致釁，豈有司之延緩顧可隱庇于下，而國家之隱憂乃任其釀成于上乎？此臣所未解三也。該臣備查欠數，在薊、密、永、昌、易五鎮，節年山東、北直隸各府州縣衛所未完粮六萬二千七百一十四石零，銀一十三萬八千五十八兩四錢零；遼東鎮，二十九、三十年山東布運二司、永平府未完銀一十六萬八千三百四十一兩三錢零；金、復、海、四衛，節年未完民運銀六萬八千七百餘兩；宣府鎮，自萬曆十八年起至二十九年止，山西布政司未完銀一萬二千四百四十九兩五錢零，山東布政司未完銀二十八萬九千六百二十二兩四錢零，北直隸七府未完銀九萬五千七百八十四兩八錢零，河南布政司未完銀三十三萬八千四百五十七兩七錢零；大同鎮，自萬曆十八年起至二十九年止，山西布政司未完銀三十四萬九千三百六十四兩七錢零，河南布政司未完銀一十萬九千四百二十兩九錢零，本鎮未完粮一十二萬七百五十石六斗八升零，未完銀一十八萬一千五百一十一兩一錢零；山西鎮，自萬曆二十年起至三十年止，未完粮二萬三千六百五十二石五斗零，未完銀五十一萬九千一百七十二兩九錢零，屯粮未完四千六百八十六石五斗零，銀未完一千三百一十七兩六錢七分零；陝西四鎮除延寧未經報到外，其甘、固二鎮，自萬曆二十一年起至二十九年止，未完民屯銀四十五萬零。該臣覽之，不勝駭愕。如以災沴爲辭，則何拖欠細數處處皆然？一處細數年年皆爾？其爲有司怠玩，弊屬顯然。乃原限六月查參之疏，至今半載，杳然罔聞。若非明旨申嚴，又成故事。伏乞皇上軫念邊儲重大、國計艱難，勅下臣部咨行各該督撫及咨都察院轉行各該巡按御史，嚴查各處未完民屯數多至此是何緣故，或係有司那移，即行參處，或係奸豪侵匿，即行照例問遣，仍遵奉明旨，每歲巡撫會同管粮郎中，將未完各官照例查參，俱限次年三月以裏到部，毋得仍前姑息遲緩。其各鎮邊郎每歲季報，將各省府州縣衛所民運屯田折色本色分項總撒，要見原額若干，已完若干，未完若干，并經管職名細造文册同季報投部，不許有總無撒，或有折無本，或此有彼無，致難稽覈。至於薊、密、永、昌、易五鎮，自萬曆三十一年爲始，比照山陜、遼東事例，京民二運分爲兩項，仍移文山西、陜西、山東、河南各布政司，北直隸各府，一體遵查。九州縣有司考滿，務以取獲管粮郎中實收批回在卷方准起送。本部以邊郎季報彼此磨對，違者定行駁處。其邊屯衛所附近有司者歸併有司徵解，其不近有司者，止照閲定經制數目題發京運，其民運未完者，自行催督，不許于京運内請補。該鎮司道封櫃發，各衛所徵收連解，毋落奸弁之手，併將各項民屯錢粮送户科，載入考成。每歲恭進御覽之時，容部科查比分别上請，其民屯數多抵扣京運者，疆埸之臣當優異其功；拖逋日積貽釁地方者，疆埸之臣亦不得全諉其責。各邊郎回部考覈，即以此爲殿最。本部仍咨吏、兵二部知會，則國計邊儲于兹永賴，其于祖宗設立民屯之意，不爲無小補矣。

明 王恕《王端毅公奏議》卷五《乞存留騎操馬匹奏狀》 據大小教場、神機營、新江口馬隊把總、都指揮僉事李虎等呈，照得天順年間，各營騎操馬匹常有一千匹存留下營，走陣差撥調用，尚且不敷；其後為存省京儲事，該南京户部奏，准每年止存六百匹在城騎操，餘皆下塲牧放。切緣存留騎操馬匹實是數少，非惟走陣不成行列，抑且不彀差撥應用，即今下塲牧放在邇，呈乞多存馬匹在城差操便益等因。據此，臣等會同南京守備太監安寧等議得，南京乃祖宗根本重地，守備不可不嚴，守備之道，莫先於軍馬粮草，京儲固不可不存省，軍威尤不可不振揚。近年存留在城騎操馬匹，委的數少，不彀差操，兼且即今京儲存省年久，蓄積頗多，如蒙乞敕該部計議，合無將南京各營見在馬匹每遇下塲之時，存留一千匹在城騎操聽調，照例支給草料喂養，皆要下塲牧放，庶使軍威振舉而緩急不致於悞事矣。緣係存留騎操馬匹動支草料事理，未敢擅便。具題。

明 丘濬《馬政議求牧地》《明經世文编》卷七五 唐人牧馬，置八坊四十八監，其牧馬在岐、豳、涇、寧間，即今陜西鳳翔府及西安之邠州、平涼之涇州、慶陽之寧州。其地也募民所耕以為芻秣者，其地止於一千二百三十頃，而用其地出以飼七十萬六千匹馬，而馬之直至以一縑易一匹。今其地固在，其中閑田民所不耕者，何止一千二百三十頃而已。本朝於此地立行太僕寺一，及苑馬寺一，以司蓄牧。而苑馬之所轄者，凡三十監，監皆有馬，然監之立，百年於兹矣，而其馬之蕃盛，畧不及唐人之一二，豈無其故歟？臣考唐制，始曰置八坊岐、豳、涇、寧間，其後又曰其始置四十八監也。據隴西、金城、平涼、天水，員廣千里，繇京度隴，置八坊為會計都領，其間善水草腴田皆肄之，由此以觀則其所牧之地，又若不專在岐、豳、涇、寧也，葢跨數州之地，凡其善水草膏腴之田，皆以為牧放之所，而又得人以司之，是宜其馬蕃盛至七十萬之多也。今其地固在，然皆齊民耕種納租之地，一旦奪之以為耕牧芻秣之所，其勢有不可者。然當唐之世，民皆不耕田納租乎？何養馬如此之多也？乞敕有司循唐人之故迹，文襄清理牧地，已多失其額矣，安能更行派改作牧地耶？然租入有限，而牧畜之利不貲，可損此以益彼也。由京兆度秦隴以求夫可放牧之地，必不奪之民，必不虧於官，然後行唐人監牧之政，萬一有可行者，其於馬政不為無助。

明 丘濬《修攘制禦之策》《皇明經濟文録》卷一三 臣按自古國都於其近邊，必有牧馬之所，其間必積蒭豆以爲飼秣之具。方無事時，資以牧育，固爲近便。然世道不能常泰，而意外之變不可不先爲之慮。金人犯宋京，奸人導之，屯兵於其近郊之牟駝岡，藉其蒭豆飼其馬，以為久駐之計。此往事之用遷也。矧今國都去邊伊邇，己巳之變，倉卒用言者計，焚棄蒭豆，何啻千萬！當時見者莫不悔惜，然事已即休，無復有以爲言者。竊惟都城東北鄭村壩二十四馬房，其倉塲所儲積者，如京如坻，請於無事之時，即其地築爲一城，以圍護其積聚，及移附近倉塲咸聚其中，就將龍驤等四衛官署軍營設於其中，特勅武臣一員於此守鎮，仍司群牧。四衛官軍不妨照舊輪該内直，下直回城屯住，是亦先事而備之一策也。伏惟聖明下其議於群有司，以決其可否。

明 劉大夏《論寺監牧馬事宜疏》《皇明經世文编》卷七九 馬政塩課皆國之大事，每以闒冗之吏任職，雖屢奉詔旨，改用清流，而卒格不行，何也？近年各卿佐員缺，多用謫逐官及有過累者，府衛下寮多易視之，故各官自待亦輕，政務因以廢弛，謂宜稍更其制。今後各行太僕苑馬寺官員缺少卿，則於布、按二司參議僉事內推補，如職務修舉，則視太僕寺卿佐升任。其監苑庶官，亦請於北人素日閑牧馬者任之，則官皆得人，而政可舉矣。

明　劉大夏《劉忠宣公遺集》卷一《陝西馬政疏》　看得徐蕃、夏璲等所言，皆詳備切要，深補本部原擬之文不足。大意俱欲加重本官之任，以成公家之事。緣都御史楊一清受命於馬政，廢墜之後，委的事體重大，責任難爲，況其所行俱於巡撫、巡按及都、布、按三司事相涉，若使人得沮撓，事或掣肘，縱有才能，亦難濟事。合無悉准科道所擬，備行本官，令其查照本部原行及各官所言參酌施行，仍敕將、撫、按衙門不得干撓馬政，都、布、按三司以下，悉聽節制委用等情增入敕內，以便行事。其論茶易馬匹，委係馬政一事。若併付本官管理，委的事體相須，易責成效。況茶、馬自先年停止大臣之後，止是行人撫諭巡禁。成化年間，因是行人輕職，難以革弊。該巡撫奏准暫差御史整理。今既有都御史兼理，若又差御史，在彼不無事權不一。合無將巡茶御史，行取回京，一應首尾，悉皆責成於楊一清。其原擬禁約處置事宜，亦皆增入本官。敕內待彼至日，或行茶地方遙遠，應該另添何等巡禁官員及茶法利弊，中間有應處、應奏事情，俱聽本官奏請定奪。

又《論寺監牧馬事宜疏》　近年各卿佐員缺，多用謫逐官及有過累者，府衛下寮多易視之，故各官自待亦輕，政務因以廢弛，謂宜稍更其制。今後各行太僕、苑馬寺官員缺少卿則於才、按二司參議僉事內推補，如職務修舉，則視太僕寺卿佐陞任，其監苑庶官亦請於北人素嫻牧馬者任之，則官皆得人，而政可舉矣。

明　彭澤《題覆救偏補弊以期裕馬政事》《名臣經濟録》卷三六　車駕清吏司案，呈奉本部，送兵科抄出，巡按直隸等處監察御史謝汝儀等題：『臣聞天下無無弊之法，法之不能不舉與弊之不可不救，皆勢也，因其勢救其偏、補其弊，以求於可久而宜於民，非時不可也。今之馬政，國家之大事。然天下之害者，亦曰馬政。則其沿積之弊，誠大矣。恭惟陛下聖明中興，百廢具舉，正可有為之時，此獨缺而不講，是豈萬全之治也哉？乃者不以臣卑鄙，獨勑追補點烙直隸、山東、河南等處種馬，并追解各年拖欠備用馬疋。臣深愧庸駑，過承任使，不患追補之難，而患追補之後無法以處之，其弊將益深者。故自受命以來，恐恐朝夕，懼無以仰答陛下之委任。所至州縣，博采輿言，詢之長老，得救時之務一焉，綜理之術九焉，脩舉之實亦一焉。一得之愚，謹用備陳，以塵睿覽。臣愚以為識其源斯可以救其弊，欲馬政之脩，當去其為害者，故每條之下各有立法之意。今日之弊與其所以處之之術事相應者，仍間出各條之下，弊至於此，而臣不詳言之，陛下又何以知民之苦而拯之哉？如蒙乞特勑所司酌定可否，因臣之言，推略以致詳，集衆之思，合異而致同，盡掃積年之弊風，維新祖宗之良法。此難得之時，不可令坐失者也。若失今不為，臣恐馬政終無可舉之期，害日以大，民日以窮，將世世為直隸等處之害者，不在於他，而在馬矣。陛下留神，斯民幸甚，緣係陳愚見，乘明時救偏補弊，以期修馬政事理，未敢擅便。』等因，題奉聖旨：『兵部知道。欽此。欽遵。』抄出送司，案呈到部，看得御史謝汝儀題稱今之馬政國家大事，博采輿言，詢之長老，得救時之務、綜理之術、脩舉之實，參以己見，條陳一十一事，稽之舊典，而不違酌之時宜而有據具，見本官奉命惟勤，采訪詳盡，合將所言議擬明白開列前件上請定奪，緣係陳愚見，乘明時救偏補弊，以期修馬政事，及奉欽：『此兵部知道。』事理未敢擅便等因，嘉靖二年七月日，兵部尚書彭等具題，奉聖旨：『是，准擬行。欽此。欽遵。』擬合通行為此除外，合劄本寺當該官吏照依本部題奉欽依內事理欽遵施行，須至劄付者。救時之務，一曰差御史以專督察。臣伏覩祖宗養馬之制，州縣有判官、縣丞或主簿一員以管理，每府有通判一員以總理，又量地方設太僕寺寺丞一員以分管比較法，誠備而善也。今之馬政日以就壞，何哉？正緣州縣管馬之官貪汙者多，利馬之死，不利馬之生，一遇倒失，按月收其常例，謂之令補。民苟目前，私圖便益，習染成俗，在在不免。如此而欲馬政之脩於州縣，難矣。府之通判較之州縣之官，識廉恥、顧行檢者尚多，其弊亦有二焉。懦弱無用者，恐點馬之起謗，愒日玩時，通不查理；知事而情深者，以無官專諉之，曰我盡心所事無復知者，專務諂悅上官，營求別委，或問理刑名，或追併錢穀，用以干名覬望旌奬，己之職業若秦人、越人，置肥瘠於度外，官以馬為名，謂之何哉？如此而欲馬政之脩於通判，難矣。乃若太僕寺寺丞之官責重而權輕，事多掣肘，行之不易，每年出巡比較兩運備用馬匹，恒不及之是懼，何暇復追種馬？勢固有不及也。況備用不完，年終有類參之例，種馬則無之。其喫緊於彼而優游於此，固宜耳，故倒死既多，一遇差官印烙之年，各該州縣同時比併買補，買者既多價值自貴，乘時射利之徒以致富，而百姓囊橐罄然一空，鬻及子女者有之；及印烙一過，上下帖然，以為無事，作踐者任伊作踐，倒死者利其倒死，凡此皆弊之在今日者也。臣愚以為民財可惜，邦本宜慮，為今之計，合無遵照成化初年事例，每年南北直隸各差御史一員，河南、山東添差御史一員，一年一次領勅，更替接管，協同各該太僕寺寺丞督理種馬、提調生駒，遇有倒死，既令馬户以時買補，惟是點烙，輪該年分之官請印照常點烙，如州縣官員仍前貪汙及管馬通判荒廢本業，與各條所言情弊逐一察訪禁約，應提問者提問，應參究者參究，庶馬有務而餧養之專，官吏有懼而奉法惟謹，為寺丞亦有所藉，無復掣肘。蓋實有所相濟而非有所相妨，此脩舉馬政第一義也。董子曰：『舉其偏以起其弊，所以濟之。』救之當如此也。若以成法不無少妨，憚於轉移，奪於異議，止以三年之期，差官點烙一次，臣恐歲月易過，廢墜如常，馬之追補無窮，民之財力有限，元氣日以耗，根本日以摇，徒成勞擾，可謂痛哭流涕長太息者此也。故曰救時之務，莫此為急。前件查得《大明會典》内開成化以來，每歲九月中請旨，差御史二員同該管寺丞分行印俵；弘治二年，奏准孳牧備用馬每三年一次差官印烙。今御史謝汝儀條陳前因，切中時弊，合無自嘉靖三年為始，遵照成化初年事例，於九月中具奏請旨，南北直隸差御史二員，河南、山東添差一員，各請勅一道，交付各官分投前去各該地方，公同該管寺丞查點種馬、馬駒，遇有倒失，即令馬户買補；作踐致死者，照例追陪；各年拖欠備用馬疋，逐一查究批回催督完解。其各府縣管馬官員内有盡心職業、馬政脩舉者一體旌奬，或貪懦不職及有諂悦上官、營求别委、荒廢本等職務，如謝汝儀所言，應提問者提問，應參奏者參奏施行，每遇三年之期，仍照常請印點烙，待後種馬蕃盛足勾原額，脩用馬疋不致拖欠，照舊停止。綜理之術九，一曰量解駒以示勸懲。臣伏惟種馬之養，正欲其羣蓋孳息，生駒起解，以備邊用。歷考祖宗之時，成化以前，每騍馬一疋，俱是每二年納駒一疋，數不及者，各該管馬官員俱有提問降級之例。時承平則法易湮，法易湮則官易怠，平日無提調之方，臨時為追罪之計，而紙上栽桑之弊興焉。如張三馬原未生駒，預行報生某駒，及駒生毛色不同，遂置無用，不免别買以務合册，民由是不堪，多作倒死。弘治六年，遂有倒失馬駒徵銀三兩、虧欠徵銀二兩之例。此例施而馬政壞矣。何者？每駒一疋而餧養三年方可起解，草料之費至少不下十兩，水草牧放又用一人主之，孰若納銀費少而事輕哉？故當羣蓋之時，將兒、騍馬分布别用，絶其生意，間或種馬有孕，百方衝落，求為虧欠，不過納銀二兩，或一生駒，致令倒失，納銀三兩。輪當點烙之年，官吏懼罪，逼迫小民臨時買駒，多是如豺如狗充數塞白，有駒之名無駒之實。正德二年，御史王濟奏，奉欽依，每年每馬一羣，朋合買備用大馬一疋起解，不必較其駒之有無，生有好駒起俵變賣，悉聽自便，所謂變而通之。此例之行，似甚便也。但自是以来，種備二馬判不相維，有司每年止是比較買馬起解，更不提調生駒，種馬若無用之物，無駒亦不查究，有駒任意作踐，故建議者有以不必養種馬言，有以但徵銀解部召商上納為言，此皆徒見末流之弊，而不考究其始，有乖祖宗立法之意，但勢至於此，而不有以處之。止計臣所點烙馬疋，共該八萬八千五十九疋，每日草料馬一分，歲用財三十一萬七千一十二兩四錢。況一倍再倍而不止者，烏可浚有限之脂膏，養此無用之贅物哉？此其弊之在今日者。臣愚以為州縣買解之馬，非從天降，非自地出，俱民間所養，豈私馬生駒而官馬獨無哉？昔之弊也在無駒為有駒，今之弊也在有種若無種，勸懲不明，民心日懈耳。為今之計，合無申明舊制，參照新例，請自嘉靖三年為始，嚴督各該管馬官員務要提調生駒，如三年之中一馬生有三駒者，内揀其一駒起俵，一駒給馬頭以賞其勞，一駒同貼户變賣。起俵之時，仍照例一户有馬三户幇價，馬頭眼同貼户，随丁田多寡分用。若止生二駒，一駒馬頭不必給駒，於變賣銀内随宜以多坐之，其起俵之駒仍照弘治九年事例，齒少力強不及四尺亦為准俵，以示優異。為勸如此，則民有養馬之利矣。三年之中一疋全不生駒者，其該幇各馬起解之價，務要一時追給。一羣全不生駒，買俵大馬務要四尺以上，稍不及亦不得為准。仍將羣頭、馬户各枷號一月，問擬發落，或罰空腹銀二兩為戒，如此則民知所懲矣。各該管馬官員申明提問降級之例，生駒不及，不許考滿并轉遷，若有前項紙上栽桑之病，許被害之人陳告。行之數年，生駒既多，流布民間，不惟買馬之易，祖宗良法美意亦庶幾復矣。前件查得《馬政條例》内開各處現在種兒騍馬，大約以種馬十萬、兒馬二萬五千為率，每騍馬二年著實科駒一疋，以十分為率，生駒不及八分者，將管馬官提問及將倒失、虧欠例不該免；種兒、騍馬并駒免追本色，每大馬一疋，追銀五兩，每駒一疋，倒失者追銀三兩，虧欠者追銀二兩還官。以後每年差去印馬御史，將孳生之駒逐一驗看，堪中者印烙，不堪者變賣。正德二年，印馬御史王濟奏稱：『切見直隸河間、衛輝二府孳生雖少，駒尚可觀；永平一府并山東兖州、東昌、濟南，河南開封、彰德二府，孳生既少，駒又次之；至於大名、廣平、順德、真定、保定等府，孳生不惟數少，駒皆矮小，甚有如豺如狼如狗者，所以只得照例變賣，通記各府，印記不及二分，堪望將來起俵十無二三；種馬養在民間，正欲孳生起俵以備邊用，今雖有種馬之額，無種馬之實，徒有孳生之名，而無孳生之用。且如養種騍馬孳生馬駒，起俵不出，養馬在名下，四年二駒，是為三疋，甚至積有四疋五疋者，費用草料不貲，官府點視，刑責科罰，百端害之，所以百姓惟恐一有孳生，百害叢至，故將種騍馬饑餓作踐瘦病致死，有駒則飲以涼水酸泔為之衝落，求為虧欠，不過納銀二兩；饑餓作踐，求為倒死，不過納銀三兩。又有管馬官畏懼比較，逼要陪買送官搪塞，求為變賣，不過納銀二兩或三兩。太僕寺歲取備用大馬，未免科民重買，因虧欠倒失變賣之例行，故將種馬作廢，若不因時制宜，圖為官民兩便之計，終無實用，下累百姓，上無補於朝廷。為今之計，種馬地土人民歲取已有定額，但有種兒、騍馬，揀選四尺以上、十歲以下高大者存留，矮小老弱者賣價區處，買補輳完原數，養在民間。府州縣官一年四次，太僕寺官一年二次，止是點視，務令膘壯，病瘦者依律問罪，倒失者就令陪補，永為定例。設有緊急，亦可調用。遞年有無孳生，不必追究。太僕寺歲取備用大馬，止照種馬定額，派行各府州縣買解，假如有十萬種騍馬，取歲備用馬二萬疋，只照五疋買馬一疋，衆輕易舉，百姓止養種馬，生有好駒，起俵變賣，悉聽自便。二三年間，孳生蕃息種馬壯盛，免官府印記之煩，絶管馬官吏書手人等科罰侵漁之弊，公私皆得其便等因。該本部尚書閻某等議得，御史王濟所奏參諸孳牧舊例，雖有不同，揆之官民事體，似稱便利。合無本部通行兩京太僕寺轉行各該分管寺丞，拘吊原養種馬人户簿册并馬疋到官，逐一點驗，堪以作種者仍令領養，不堪者揀出變賣，倒失買補，既足原額，各令搭配成羣。府州縣官一年四次，太僕寺一年二次點視，病瘦者痛為懲治，倒失者立限陪償，每馬百疋，病瘦、倒失十疋以上，管馬官員查提究問。其孳生之駒，亦如本官所擬，不必較其有無，亦不必印烙。每年備用馬匹，止令一羣之内各照丁田議派朋納本色或折色，大馬一疋，本色務要身高四尺、兒馬五歲、騍馬八歲以下者方許作數，折色者徵銀一十三兩煎銷足色成錠，俱令該管寺丞驗追徵完，各差管馬官吏依限起解。若羣内生有好駒堪以備用，聽從本羣人户幫價起俵等因。題奉欽依，通行訖。今奏別無依擬，合無申明舊例，今後種馬生有好駒者，聽其幫價起俵；其有無生駒，或矮小不堪者，參酌御史王濟所奏事例施行。以後各該州縣管馬官員但有捏報生駒、紙上栽桑，許被害之人陳告，該管寺丞處轉詳本部，以憑重治。二曰定羣臣以明法意。臣惟祖宗養馬之制，慮馬之多水草，羣蓋或不能皆以其時，騎使作踐，恐稽察之不及，於是乎量為多少，立有羣長，所以都其事而察其弊。又懼乎馬之病如人之病，其弊之多横死可惜也，於是乎羣長之下又立醫獸，所以責其往來治療馬疋。立法之意，如斯而已。今之有司，不能講求法意，羣長常川存留在縣，跟同里老人等朝暮打卯，中間一年一換者有之，半年一換者有之，甚至三月一換者有之，不才官吏因是利其交代，以為侵漁之計；醫獸人有一畨弓兵，各官分派役占，狡猾之徒因而營求差使為業，甚者看馬醫獸又有一番，額設醫獸又有一番，看馬者多市井無賴，額設者輪流應當，故小民里長之役方滿，羣長又及；羣長之歇未及，醫獸復來；往來奔命，皆馬而已。問其本業，茫然不知。有司亦不以其當為者責之，此其弊之在今日也。臣伏覩洪武二十八年事例，每馬五疋，立羣長一人，每羣長下選聰明子弟二三人習學醫獸看治馬疋。永樂十八年事例，每馬十疋立羣長一人。成化八年事例，各處醫獸每州定設二名，每縣一名，歲終更替，欽此。以臣所歷州縣查之，大約在直隸者每馬五十疋立一羣長，在山東者每馬五羣一羣長之處居多，惟直隸河間一府、河南開封三府最為參錯不齊，順德邯鄲一縣種馬止有五百九十五疋，羣長乃有二十九之多，至若醫獸，雖馬少州縣亦有四五六名，是成化八年之例未嘗行也。所以然者，州縣之大馬常至一千之上，槩以一二名限之，顧東失西，更濟何事？又況起解大馬，中途恒用一二醫獸解押看治，勢不可得而行也。為今之計，合無羣長遵照永樂十八年事例，通行有馬州縣，定為五十疋立解羣長一人，一年方許更替一次，中間參錯不齊者通行改正，使其常川在鄉往來調督各該馬户羣蓋以時，務要生駒，若有將馬耕田、耕地、使車、賃顧與人等項作踐，責其具呈州縣，從重究治。獸醫遵照洪武二十八年事例，每羣長下選其聰明子弟二三人習學醫馬，各羣定其業成者一人，專以看治馬匹，州縣多寡降殺。其市井無藉與輪流充當等項一切革去，仍勑各該州縣止許朔望點卯一次。於羣長也，責其半月之中提調羣蓋過定駒馬若干，各該作踐馬疋人户若干；於獸醫，責之半月之中醫過馬若干，致倒失馬若干，各該官員親筆填註卯簿。季點之時，若報定駒而致脱落者，罪及馬户，若未曾舉呈驗其瘠破觔傷者，罪及羣長，醫獸則以醫療之多寡，定其勤惰，能修其業，復其本身，若療無狀，另行更換。如此，則彼知本分之當為，而咸思勉矣。若州縣官吏仍常川拘留在縣役替等項，許被害之人陳告，問擬違制，庶幾業不妨，馬政可脩矣。前件依擬。三曰擬餘地以補逃絶。臣惟直隸養馬之例，每地五十畝養一兒馬，百畝養一騍馬，此外又有餘地、有白地。何謂餘地？假如一縣原有養馬地百頃，通以騍馬計之，算該領馬一百疋，若止養九十疋，其剩下十頃者，聽其養馬，餘地之謂也。何謂白地？直隸之地有例不起科者，以不起科之地通融養馬徵糧地内，故兒馬名為五十畝，百畝者有之，騍馬名為百畝，二頃三頃者有之，白地之謂也。使此地而俱存，馬何累哉？但編僉之時，各該官員假手吏書者多得過之家，營求撥為餘地，貧窮下户輳合養馬餘地之費，每年畝出銀一二分，若養馬一年，至少畝亦費銀一錢，又況餘地有徵銀之名，無解銀之實，而養馬草料日不可無，買馬坐派，歲不能免。故狡猾者束手傍觀，而小民日以累窮，迹此由耳。故一時追馬緊急，或將養馬地畝捏作白地出賣，或受累不過舉家逃移，有馬頭逃而累及貼户者，有貼户逃而累及馬頭者，往往皆然。故一馬之地見在者無幾。臣又訪得各處風土，多係村落自相排擠，如第一社原編馬五十疋，今雖户口消耗不得減少，又如第二社原養二十疋，今雖人户蕃息，不肯增多。夫州縣之馬故有額設，彼保烏常有一定哉？皆狡猾之徒以此藉口，恐嚇官吏，而苟禄少剛之徒，坐民之困，莫之省耳。此皆弊之在今日者也。臣愚以為見在之馬而民已不堪，烏可復加？棄餘地以贍之，濟時上策，無過如此。而司國計者恒以軍需為辭，又恐行之未易也。為今日之計，合無通行直隸養馬州縣逐一查勘原係養馬地土，至今逃絶共若干，即將見在餘地人户照數撥補，仍照此社不足，彼社得以補之，不得自相排擠，偏累靠損；而各該逃亡之地，仍編入餘地内，候逃户復業，照常徵銀解寺。或軍需緊急之時，暫令里甲陪納，亦輕少易辦。如此狡猾者不得以幸免，貧窮者不至於獨累，聽養之餘地自存，小民之貧困實蘇矣。前件照得，北直隸養馬論地，每地五十畝養馬一疋。今各該有司官員清查地畝、審編馬户，或買囑於富豪，或假手於吏書，徵糧養馬，通融無術，故每一州縣有餘地、有白地，或十四五頃，或一二十頃，影射富豪，規取地利，以致貧窮下户累及養馬，及有户口消耗馬疋仍存，人丁蕃息領馬照舊，誠有如御史謝汝儀所言者。合無本部劄付太僕寺轉行北直隸分管寺丞督同各該州縣正官，將徵糧養馬地畝逐一清查明白，將餘地、白地籍之於官，照畝撥補各羣逃亡人户，其有户口消耗及人丁蕃息去處，務要彼此相濟，不許偏害小民。事完各造册具奏送本部，該寺該府各本查考。四曰下缺。五曰謹里甲以防借撥。臣惟州縣立里甲之馬，所以應付使客接濟往來，故十年一次，輪流應役之時，各甲名下預行歛銀買馬，以備差撥，其來舊矣。自配立馬户，而有司視種馬為無用之物，里甲之馬多不查究，間復有貪汙官吏暗受偏手，故行賣放，專一將種馬輪流差撥，月無虚日，歲無虚月，或馱載雙人，或負重行李，救死不贍，奚暇生駒？況又賠辦草料，出差顧覓，一人跟馬，害有不可盡述者。一為跑走所傷，瘠破中風觔傷腿瘤，遂至倒死，又累馬户重行買補。玩法殃民，豈忍言哉？更不止此。有兵備地方調種以拿賊有之，府佐下縣勸種以擺導有之，官吏望風，莫敢誰何，但此之害有時，而里甲之馬不足，無時得休。此亦弊之在今日者也。臣查得弘治九年事例，借撥官馬至瘦損倒死，州縣五十疋、府二百疋以上，借者及管馬官各降一級，欽此。但借撥有多寡之異，致死有前後之殊，歲月既深，難於查考。禁約雖設，視為虚文。小民隱忍而含寃，官吏違犯而無忌。為今日之計，合無備行各該有馬府分嚴督府屬州縣，凡遇里長出役，各照前常年事例，務買馬走遞，以接濟往來，該府仍將督買里甲馬疋毛齒，每年開坐。該管寺丞處查考，如有前項侵欺賣放情弊，務要體訪，輕則問罪發落，重則指實參奏，仍為定法。州縣州官但借用種馬一疋，掌印官即以違例議罪。管馬官以廢職受罰，致損五十疋、二百疋以上者，照例送部降級。其兵備官與府佐出巡，擅行調用，一體禁約。庶幾上下有所持循，而馬可無借撥之擾也。前件查得先為會兵勦殺流賊，該太僕寺卿劉等題，稱擅調馬疋文武職官吏役，照依那移侵用錢糧問罪發落，仍著為定例，通行遵照等因，該部議擬，題奉欽依，『今後擅調寄養孳牧馬疋者，比照私借官畜産律調移自用借用或轉借與人，及借之者各笞五十，驗日追顧賃錢入官。若計顧賃者坐贓，論加一等，倒失者比毀失官物，坐贓追賠』等因通行訖。今御史謝汝儀條陳前因，深切時弊，合無本部通行南北直隸、河南、山東等處巡撫都御史轉行各該有馬州縣，督令應役里甲各買馬疋，答應官吏使客往來差使，不許擅動種兒、騍馬，違者許照本部前項題准，并弘治年間借撥官馬降級事例施行。本部每年點馬御史及該管寺丞查考。六曰立循環以省季報。臣惟洪武《榜例》，凡管馬官吏時常下鄉提調看驗馬疋，要見定駒若干、見駒若干，明白附寫，以候太僕寺官出巡比較。正月至六月報定駒，七月至十月報顯駒，十一月至十二月報重駒。凡季報，原領馬為舊管，買補孳生為新收，事故交俵等項為開除，季終為實在，徑送太僕寺類繳，欽此。但法久而廢，定駒、顯駒、重駒，官吏通不查驗，季報之册，書吏羣頭人等遂假此以為科斂之媒。册之費能幾何？而一馬或斂錢百文，或倍於此，而計所費亦不貲也。況其所開報舊管、新收、開除之數，俱是紙上彌文，千無一實。寺丞出巡，未聞查對。臣今點烙亦無底册可考。兩不相照，故民財徒費，誠為無用。正德二年，御史王濟題，奉欽依，每年季報之煩，盡皆減省，惟年終各府將種馬并解過備用馬疋數多寡造册具奏。而今之季報猶在，是此例未嘗革也。臣又訪得州縣官點馬造册，寺丞出巡造册，凡寺府管馬官廩給、柴炭、紙劄，俱出馬户，故養馬之費什一為馬，而費者恒什九，凡此亦弊之在今日者也。臣愚以為欲去其費，當去其名。而太僕寺專管馬疋，漫無稽考，亦於事體未宜。為今之計，合無酌量馬疋多寡，各府州縣動支無碍官錢，通置循、環文簿二扇，州縣簿用府印鈐記，各府簿用太僕寺印鈐記，循簿開寫春秋月分，環簿開寫冬夏月分。其在州縣之簿，通將印過馬疋毛齒馬頭姓名一様開造，一留本府，一發各州縣，務循去環來，按季查考。每季要見臕損若干，管馬通判輪該季點之時，府中領出存留之簿，前去點視比對，開報不實，責及官吏；瘦損倒失者責限追補，臕壯生駒者別行慰諭，明賞罰以示勸懲，脩舉馬政，誠為緊切。而寺丞出巡，亦止吊府簿查點，各將點過緣由親筆填寫附簿，俱不必另造，虛用民財。惟倒死馬疋，非寺丞不許收補。其各府之簿，不必開造毛齒姓名，止寫各州縣原額每季臕損、倒失、定駒等項畧節總目，一留太僕寺，一發各府，亦循去環來，按季查考。每三年印烙之後，方許改造一次。惟年終各府將買補過種馬并解過備用馬疋、生過兒騾駒數目照數造册具奏，季報之煩，各點馬册一切禁革，廩給、柴炭、紙劄等項俱行州縣，動支官糧備用，如此絶科斂之路，民財自省，有稽考之實，馬政可修矣。倘蒙賜之施行，臣當別為圖式以獻。然臣謂倒死馬疋非寺丞不許收補，亦有説焉。夫欲生好駒，必須種馬之良，州縣管馬官追補馬疋，非受囑容情，即通同馬販，故所補常老弱無用，旋補旋死，大為民病。臣欲以責之寺丞，蓋量其不至於此耳。前件查得《馬政條例》內開洪武年間欽定榜文，一季報實，領馬為舊管，孳生為新收，事故交俵等項為開除，季終為實在，務要依期造報，春季三月二十四五、夏季六月二十四五、秋季九月二十四五、冬季十二月二十四五，徑送本司查數。騍馬下仍開定駒、顯駒、重駒一，孳生馬駒，照依本寺例，按月按季開報。正德二年，該印馬御史王濟題，該本部覆題，准將孳生馬駒倒失、虧欠、變賣之例悉行除免，每年季報比較之煩盡皆減省，年終各府將種馬并解過備用馬疋數目造册具奏。今御史謝汝儀言，及今之季報猶在，則是州縣官員各該寺丞因循苟且，奉行未至耳。況一年四季費用紙劄不貲，羣長、馬户科歛財物無算，其為民害，可勝言哉！合無照依本官所擬，各府州縣官動支在官紙劄，置立文簿二扇，俱用各府印信鈐記，循簿開寫春秋月分，環簿開寫冬夏月分，馬匹毛齒馬頭姓名一様開造，仍備開臕損若干，有無生駒若干，倒死若干，買補若干，一留本府，一發州縣，循去環來，按季查考。管馬通判出巡吊取州縣簿，分管寺丞出巡吊取府簿，查對點視，其在各府并太僕寺簿籍，亦依所擬，循去環來，按季查考，再不許另造點册，科害小民。三年印烙之後，方許改造一次。其年終照例造册具奏繳部，不必更易；各該州縣倒死買補馬疋，通候分管寺丞按臨看驗印烙，收補本部。仍行御史謝汝儀造完圖式送部轉發太僕寺，通行各該州縣遵照施行。七曰下缺。八曰下缺。九曰慎坐派以憐交病。臣查得弘治三年會議，備用馬歲取一萬，以後加派漸多，民不聊生。正德十年，奏派二萬五千疋，似於民力少寬矣。比之舊規，尚加一倍又半也。故雖馬多本折中半派空年分，該徵本色馬一萬二千五百疋。臣訪得各州縣買解之馬，每疋用銀二十餘兩，中途草料日費銀一錢，計又用銀四五兩，若本逃亡數多，累一人陪買，一時力不能及，未免稱貸，或甚以取諸馬販，則所費又陪矣。此俵中者然也。萬一揀退，馬之草料，豈能復如前哉？致令瘦損轉賣與人，不能如值之半。典廬産賣子女，重行補俵，故解馬一次，中人之産蕩然。此外州縣買馬之受病者如此。解馬既多，寄養之人户數少，未免差及下户之人，所居不避風雨，馬從何地養之，未免露置於外，寒暑之欺凌，霜雪之侵薄，馬已病死，舉其産不足以償之。此尤可言。其甚者，一馬死一馬又來，曾未幾何，死者又繼，因而逃移，或累死於獄。此畿内地方寄養之受病也。如此積時累歲，倒死數多，有司難於追補通付，不省民無所忌，頑猾之徒因緣為奸，作踐致死，捏作倒失，而弊端百出矣。如豐潤一縣，前後發下馬一千八百一十餘疋，今見在者止一百七十有零。中間瘦病恒又半之，其他地方雖不盡然，槩可見矣。夫州縣買解之馬，皆竭民脂膏、割其骨肉以求充數，發其寄養，曾不及鵝鴨犬豕然，言之可傷心也。臣愚以為，民者國家之元氣，所係不小，中外受傷，彼此交病，似非常策，所宜憐處。此又今日弊之大者也。臣查得十一年，太僕寺清查過順天府所屬州縣免糧養馬地，實有二萬八千九百三十八頃有餘，每地五十畝寄養馬一疋，實編過寄養馬四萬一千五百六十疋，其剩下地土，今安在哉？根本之地，尤當注意者也。為今之計，寄養馬疋，合無斟酌緩急之宜，定為可常之數，查照原册，要見某州某縣清查過免糧地土各若干，原編過寄養人户各若干，今領養馬疋各若干，其餘下地土權行通融，灑貼各馬户，以濟目前之困，毋使勞者常勞。免糧地多，則馬户有人，擇其得過丁多之家定為馬頭，常川餧養。太僕寺造册存照，坐名發養，遇有取用，按籍而取之。若瘦損不堪免給，管馬官吏送問重治。下年坐派之數，止以今年所免多寡定為本。折免多，則照弘治初年歲取本色馬一萬疋，其一萬五千疋徵銀解部，發太僕寺收貯；折免少，量於本色一萬之中加作折色之半，其折色之價，更於定例之上復加二三兩，所省既多，民亦樂為之辦。凡州縣解到馬疋，務補取用之空。凡遇免軍，必調寄養解到馬疋，不得擅免中間寄養人户。馬有倒失，嚴限追補，補買未及，不復發領養。限外不完，馬户枷號，官吏照例住俸提問。若邊境無事，五年之內調免不及者，差官變賣其老弱。如此馬地既多，馬户又蕃，衆輕力齊，倒失易於追補，一也；管馬官吏時恐調及敗露獲罪，用心提督，馬可以臕，二也；銀貯太僕寺，緩急之際發銀以買馬，銀在而馬具存，官獲實用，三也；在外州縣數少易辦，減價解之，若寄養地方，不累下户，無追補之難，而元氣不致耗損，四也。倘蒙賜之施行，政之偏弊不無少補矣。前件查得《馬政條例》內開每季起俵備用馬二萬疋，以十分為率，太僕寺所屬取七分，南京太僕寺所屬取三分。弘治三年十二月日，為脩省事，該吏部等衙門尚書王恕等會議題准，備用馬每歲暫取一萬疋，本色折色，臨時具奏定奪。夫馬以備用為名，防奸禦侮之意也。京邊有事，免調頻繁，固宜多取之以足軍旅之用；京邊無事，不須免調，又當少取之以節吾民之財。今御史謝汝儀欲慎坐派，正此意也。其嘉靖三年派取備用馬疋，合無候命下之日，本部臨時斟酌事勢緩急，定以本折馬疋多寡，務監覆轍，不致濫派，重貽民困。其順天等府寄養馬疋地土已有册籍在官，本部行移太僕寺派轉行少卿張九叙，督令三府管馬通判將地多丁多得過之家編為領養馬頭，常川餧養，仍將編過姓名三府各造册一本送太僕寺存照，以後但有解到備用，坐名俵散，遇有免給，亦坐名行取，毋得仍前假手州縣官吏，賣富差貧，少卿仍具編定過總數揭帖送部查考。脩舉之實。一曰重委任以責成功。臣惟祖宗立管馬之官，欲其顧名思義，脩舉馬政耳。政之不脩，官之未得其人也。今欲馬政之脩舉，誠非得其人不可。得人之道，在於重委。任重之術無他，亦曰精銓注、專職業、崇廉幹而已。選之以例，苟且之徒一時用之，無益於政，有害於民；用之不專，靡歲月奔道路，於政則不暇；廉幹不崇，又無以作其為善之氣，而陰消貪墨之風。凡此雖謂之弊亦可也。臣愚以為，馬政之易汙，猶近朱之必赤，守之不定，鮮不為所移者。為今之計，合無凡遇府州縣管馬官員有缺，即查各該地方相應員內遞年撫按之官考語有廉謹字様者，改擬填註管馬，不復如前以例徑除，如此則銓註精矣。擇之既精，乃若春和者，萬物生育之候，馬之定駒，俱此時也。春季起解之馬，有官州縣免其部押，專一提調羣蓋，仍不許各所轄上司別行差委，如此則職業專矣。用之既專，由是奉行有不為所汙，生駒數多種無羣空者，不必九年、六年，即行陞擢，如此則廉幹崇矣。用之既無非人，職業有專，遷轉如意，不能者又有所歆動而勸焉。馬政之不脩如前，臣不信也。若太僕寺寺丞之官，亦當以是三者任之。臣訪得往年寺丞缺員，恩會監生等亦得濫與，故甚為馬政之玷。近年以來，非年深政績可紀知縣等官該部不行推陞，故各官多知自樹砥礪名節，銓註誠精矣。但其出巡無常期，勤者終歲碌碌，惰者深居不行，又三年考滿，地方更調，不竟所事，此職業之未專也。資格既深，例陞遠方知府，卓異者無分別白，顧慮前後，四體弗獲展布。中人以下者之所不免，是廉幹之未盡崇也。臣愚以為，寺丞者，府州縣管馬官員之綱，苟得其人，其為馬政之益不少。合無明立條例，寺丞每年二月出巡，查定駒、催解頭運備用馬疋，至六月方許回京；八月出巡，查顯駒有駒、催解二運備用馬疋，至歲終方許回京。考滿之後，仍照原管地方難易安遇所遇，不得如前更調，則職業庶乎其專矣。由是一考再滿之後，地方既難，功勳又著，清白之操始終弗渝者，在外量陞藩臬之官，在內或令本衙門加俸以昭優異。若地方既易，政績如常，雖所以無議，止以常格陞焉。則廉幹庶乎其崇矣。臣聞趨易避難，忠臣之所不為；賞善勸勤，帝王鼓舞天下之術。委任如此，而尤乏人，世豈有此理哉？臣既請差御史以督察矣，而復以脩舉之實歸之得人者，蓋利之當興，害之當去，御史可勉而興之、去之，至於綜理查算之類，奉行其法，利真及民而害是務去，非管馬皆得其人，勢有不及。故臣以此為脩舉之實，為是故也。前件照得各該州縣管馬官員廉能幹辦者固有，貪懦無為者寔多，太僕寺各該寺丞，勤者二季出巡一次，惰者苟祿戀家，誠有如御史謝汝儀所言，合無本部移咨都察院轉行點馬御史巡歷各該地方，務要訪察管馬官員賢否實跡，明白開具揭帖送部，再加訪察，移咨吏部，賢者務留久任俾舉馬政，不賢者照罷軟才力不及事例黜退調用，其各該分管寺丞，照依馬政條例，參謝汝儀所擬，每年二季出巡，春則催解頭運馬疋，秋則催解二運馬疋，并點視孳生馬駒，一應馬政事宜，不必頻數更換地方，使各官展其才能，以終所事。

明 楊一清《關中奏議》卷一《爲遵成命重卿寺官員以修馬政事》 竊惟修政於廢墜之餘者，當求變通之術；救弊于積習之久者，必有作新之機。故曰琴瑟不調，甚者必解而更張之，乃可鼓也。若徒安于故常，則未免因陋就簡，其何以成天下之大務哉？陝西馬政，其弊極矣！大抵人存而後政舉，任法不若任人，此古聖哲之明言，而歷千萬世莫之能違也。照得各處行大僕寺、苑馬寺卿、少卿等官，比與兩京大僕寺事體相同，在祖宗朝其選至重，故官得其人，馬政修舉。數十年來，士大夫重內輕外，又見兩寺衙門無權，多不樂為，用人者因而俯就之。凡遇缺員，苟取充數，積習既久，遂為遷人謫宦之地，人人得而輕之。成化年間，又令巡撫提督、巡撫不得親理其事，徒委之布、按二司巡守兵備官員，文移所及，每以督同該寺為詞，遂使卿寺之官若為二司統屬，纔得與府衛為偶。勢分既輕，職任愈廢，雖有才能，一就是職，終身不展，垂首齎志，坐待罷黜。夫事勢至此，中人之性欲其奮發有為，斯亦難矣。邇者皇上重念邊方多事，用馬為急，采納該部建議，講求孳牧事宜，以陝西苑馬之利獨優，簡命愚臣前來督理，肅清弊政，布置成規。愚臣事也，顧法立非難，行之為難。今天下良法美意，動為有司所遏，令出於上而隳于下者，以為恒患。使卿寺任非其人，臣雖罄竭駑鈍，一法立，一弊生，事事而求之，時時而驗之，亦不勝其繁瑣苛察之病矣。為今之計，慎擇卿寺官員最為急務。該本部題稱，今後凡遇各行太僕寺、苑馬寺缺少卿於各省參議僉事內、缺卿於各省參政副使及本寺少卿內，各推舉有才力者陞任。如果牧養有方，馬政興舉，照依太僕寺卿并少卿事例，推舉在京相應堂上官，或巡撫都御史。其餘各該監苑，亦要於北方少壯、素知養馬者選任。臣到陝以來，聞二司之於兩寺，輕忽如故，臣嘗行委二司官會同行太僕寺少卿李宗商，查處官軍騎操馬匹事務，其二司恥與之同事，不容並列。習俗之弊，至于如此！彼見先年亦嘗奉有成命，而卿寺之選格不加嚴體，勢不加重耳。目相襲以為宜然，未能遽革。今前項卿、少卿員缺，若不遵奉明旨，塩政、馬政皆以闒冗左官任之，故二事日至廢弛，文襄此疏最得起弊要策。照在京太僕寺官例推用，及照依兵部題奉欽依，於二司參政副使、參議僉事內推選陞任，則無以轉移人心，將來馬政難望修舉。及照兩京太僕寺卿員缺，多於在外按察使內推補，然則行太僕寺、苑馬寺官於參政副使等官內推任，亦正相應，且使二司之於兩寺，視如一體，不至輕侮沮撓，則府衛以下，官僚素所服屬于二司者，自然嚴憚奉行之不暇矣。論者或以為今之行太僕寺、苑馬寺卿求為參政而不可得，若將參政等官推任，恐於人情不堪，殊不知低昂輕重之機，正在用之何如耳。昔以遷謫視之，則其勢自輕，今以推擢視之，則其勢自重。正名分以作其氣，懸祿秩以待其成，人臣之分，隨所位任，豈敢有所擇，亦豈可狥人之情而聽其擇哉？伏乞敕吏部將陝西苑馬寺卿員缺於陝西及山西、河南附近布、按二司年淺素有才望參政副使、或年深曾經旌異參議僉事內推陞，其兩寺少卿員缺，亦于前布、按二司年淺素有才望參議僉事內推陞，令其到任管事，待有成効，聽臣奏保旌異，吏部查照在京太僕寺官事例，不次擢用，如此則耳目一新，士氣自倍，勢分繇此而尊，職任繇此而重，使人人得自展布，馬政不日可復國初之盛矣。

又《爲修舉馬政事》 兵部覆該督理馬政都察院左副都御史楊一清題，節該欽奉勅諭，陝西設立寺監衙門，職專牧馬。先年邊方所用馬匹，全藉於此。近來官不得人，馬政廢弛殆盡，今特命爾前去彼處，督同行太僕寺、苑馬寺官專理馬政。爾須查照兵部奏准事理，考究國初成法，親歷各該監苑，督委都布政三司能幹官員踏勘牧馬草場，果有侵占者，即令退還，查點養馬軍人果有逃亡者，即令撥補。見在種兒騾馬實有若干，設法增添，務足原額。倒失虧折馬駒，隨宜追補，量為分豁。布置已定，責令該管官員用心牧養。欽此。欽遵。臣章句迂儒，本無致用之地，伏蒙皇上簡擢，總理陝西馬政，揣分捫心，實深愧懼，誓竭駑鈍，以圖報稱。本年八月內，到於陝西地方奉宣德意，備行兩寺監苑官員，共修職業，以副委任。臣親詣兩監六苑，查得牧馬草場原額一十三萬三千七百七十七頃六十畝，見在各苑止存六萬六千八百八十八頃八十畝，其餘俱被人侵占。太祖時有恩軍，以免死之恩也，恩隊者沿斯號。原額養馬恩隊軍人一千二百二十名，見在牧馬止有七百四十五名。牧軍包攬代役及私回原衛，住坐挨拏未獲九十九名，逃故累行勾補未解三百七十六名，點視得見在牧養兒騸騍馬并孳生馬駒，止有二千二百八十匹。及查倒死虧欠馬駒，弘治六年起至弘治十三年九月止，該本寺卿李克恭奏，蒙兵部題准折買事例，該追折買馬七千八百匹八分三厘，俱各不曾追補。弘治十三年十月起，至弘治十六年六月終止，陸續倒死并被盜走失馬共三千二百八十三匹，虧欠駒三千七十三匹。馬政之廢，至此極矣。臣考究國初牧馬成法，行據該寺，回稱先年被火將文案燒燬，無從查考。查得永樂四年，兵部節奉欽依，開設甘肅、陝西苑馬寺衙門，每寺管六監，每監管四苑，各有分撥草場水泉地方坐落四至，上苑牧馬一萬匹，中苑七千匹，下苑四千匹，僉撥恩隊軍人牧養。恩軍將各處有罪人犯發充隊軍，於各衛丁多軍人內選撥。每軍一名養馬十匹，仍月支口糧六斗，俱係舊例。其後陝西苑馬寺不知何年將原設監苑裁省，止存長樂、臨武二監，管轄開城、廣寧、安定、清平、萬安五苑，後又革去甘肅苑馬寺衙門，將原發恩軍遷設黑水苑於平凉府開城縣地方，亦附長樂監管轄。前項裁革監苑，其地散在臨洮、鞏昌、延安、慶陽四府之間，各入軍民版籍，固未能盡復其舊。即今見在監苑觀之，土地廣衍，水草便利，使典牧得人，蓄養有法，豈有馬不蕃息之理？臣親閱安定、萬安諸苑，見養馬匹中間率多奮迅騰躍，不可控馭，始知西方畜產，土地所宜，而牧事頓廢，非法之過，乃人之罪也。臣曩為陝西按察司官，彼時馬政已稱廢弛，猶有馬七八千匹，每歲給軍騎操，猶可數百餘匹。邇年以來，該部屢經建白，朝廷注意修舉，奈何積習之弊難祛，頹靡之勢轉甚。查得該寺奏報冊內，弘治十五年終，實在馬三千八百一十四匹。臣今點查見在止有前數，則是半年之間，又少馬一千五百三十四匹。若皆委之天數，則本處官員軍民之家私養馬匹不聞消耗，若此典守非人，其責惡可辭哉！且今見在馬匹，除作種外，餘下兒騸馬不多，設遇有警，將何給軍？既無益於邊方，又焉用夫彼苑。幸賴皇上廟謨英斷，深念邦政之重，采納廷議，增置風憲重臣，委以便宜專制之柄，使圖興復。臣雖無狀，承乏而來，敢不夙夜孜孜，一新舊規，痛革宿弊，總率寺監各苑官僚勤考牧收駒之政，謹騰游調習之宜，務期馬匹蕃息，雲錦成羣，上紓九重宵旰之懷，下濟一方戎務之急，此臣之志也，亦臣之分也。顧興廢補敝之初，改絃易轍之際，事多干涉軍衛有司，必得委用都布按三司官員分理，乃能濟事。訪得陝西布政司右參政車霆、陝西按察司副使王寅，俱風力素著，練達有為，陝西都司都指揮僉事房懷，亦素稱勤幹，已經遵照敕旨，督委各官隨同臣遍歷各苑行事，將草場見奪者查出改正，軍人缺役者責限撥補。凡馬政一切興舉修復事宜，逐一經畫整理，務令上下相安，軍民兩便，不敢苛切以貽意外之憂，不敢因循以踵前車之失。待布置已定，然後責令該管官員，用心孳牧。至于事體重大，臣難擅專者，當次第條具以聞。乞下該部覆奏行之，使臣言聽計從，動無沮遏。如是而馬政不修，實効不著，臣甘從黜罰，無所辭避矣。為此今將查點過見在牧馬草場、恩隊軍人見養并倒死虧欠馬匹數目具本，該通政使司官奏，奉聖旨，該部知道，欽此。欽遵抄出送司，案呈到部，看得奏內所查監苑、草場、地畝、軍人、馬匹原額及今被侵逃亡消耗之數，興舉修復，俱有條理，將來孳牧之盛，計日可待。至於事體重大，次第奏請定奪者，必無沮遏，為此合咨前去，煩為徑自施行。

又《爲黜罷不職官員以修馬政事》 都察院为黜罷不职官员以修馬政事，准吏部咨，考功清吏司案呈，奉本部送吏科抄出，督理馬政都察院左副都御史楊一清題前事。節該欽奉勑諭：『各該寺、監官員有闒茸不職者，爾即具奏黜罷，或起送別用，另選才能，以充任使。欽此欽遵。』臣猥以庸愚，荷蒙皇上簡命，擢任今職。前來陝西地方，督同行太僕寺、苑馬寺官專理馬政。除親詣兩監六苑，將馬政一切事宜逐一查處整理，另行奏報外，臣聞政之興廢，存乎其人，得人則興，失人則廢。天下之事皆然，不獨馬政。仰惟國初開設陝西監、苑衙門，當時官得其人，馬匹蕃息，足供各邊之用。成化、天順年間以前原額牧養馬數，行據該寺回稱：先年被火，將文卷燒毁，無從查考。查得弘治二年為因種馬數少，兵部奏發太僕寺馬價銀一萬二千兩，收買種馬二千匹，發寺孳牧，依例科駒。又有節年西寧、洮、河等衛解到茶易馬匹，因是官不得人，倒失虧欠數多，孳生未見蕃息。弘治十三年間，本部奏差主事李源查點得實有見在馬、騾并駒七千九百四十三匹，新追補過馬一千一百一十四匹，共馬九千五十七匹。弘治十四年，本寺卿李克恭奏蒙兵部題準，將先年倒失虧欠馬匹分豁折買，彼時見養馬八千一百六十一匹，比與主事李源查報之數，已少八百九十六匹。本年被敵衆搶去馬、騾三千九百六十二匹、頭，餘下種兒、騍、騸馬四千一百九十九匹。及查得弘治十四年、十五年內，節次解到茶馬共八百六十匹，新孳生駒五百五十八匹，通原數共該馬五千五百六十三匹。臣今查點，見在止有種、兒、騍、騾、騸馬并駒共二千二百八十四，比之原數，該少馬三千二百八十三匹。見在者又多瘦損矮小，不堪作種、騎操。馬政廢弛，莫此為甚。夫解發孳生之馬有增於前，而實在馬匹愈少於昔。以銀買茶易，百姓膏血之餘，徒免該寺歲報倒失虧欠之數。典牧之設，無益有損；邊方之用，何所倚賴？興言及此，良可痛心。臣訪得本寺止是寺丞武戩頗勤職務，遞年前去各苑，點視追補馬匹，但官卑職輕，人不畏服，隨追隨亡，實效未著。其卿、少卿等官，俱不曾親歷監、苑。卿李克恭到任未及三年，倒失馬匹多至三千二百有餘，虧欠之駒亦如此數。例前折買者，既不追補；例後牧養者，愈加消耗。其稱倒失、被盜等項，查無告行相剝緝拏案，卷亦無追收騣尾、皮張、耳記。在官止憑該苑官軍報數，即與開除。多被姦巧之徒，將官馬盜賣與人，孳生官駒，匿為已物。又聽富豪軍人，將草場儘力侵占耕種。解到牧軍，任意包攬，得錢放回。月糧按月冒支，馬匹全不牧養。及縱容各苑貪官，指稱公私使用，科歛錢物數多，逼累軍人逃竄。即今查出告發，不止一端。前項馬政廢弛，雖非一歲之積，一官之責，而近年馬數消耗，姦弊愈滋，實由見任官不職所致。除事發圉長邢恭等送發究問外，糸照陝西苑馬寺卿李克恭，叨任卿寺正官，位高祿厚，正當勉盡職業，使馬匹蕃息，馬政修舉，以圖報稱。豈期本官因見衙門無權，事多掣肘，遂敢改節易行，無向進之心；縱欲任情，為歸老之計。聽其言似若有為，察其事全然未舉。貪聲大著，物議沸騰，以致監、苑官軍，視牧馬為虛文，以科歛為能事。强者因而脇持，弱者亦復玩慢，大壞馬政，重干國典。自知公論不容，却稱患病，已成痼疾，要得放回。雖經勘實終，涉推避駁勘未報。及照靈武監監正李謙，在京負欠人債，到任未久，需索借貸該管收軍錢物償還。以此牽制，難於行事。廣寧苑圉長衛昌，愚闇無識，懦弱無為。所據各官，俱係闒茸不職人數，相應黜罷。如蒙乞勑吏部合，無將李克恭、李謙、衛昌俱照不謹罷輭官員事例，黜罷放回，冠帶閒住，惟復將李克恭更加削奪，以為高官廢職者之戒。別選才能官員，以補前缺。如此，則宿弊可革，來効可圖，朝廷興舉馬政之意斯無負矣等因具本，該通政使司官奏。奉聖旨：『吏部看了來說，欽此欽遵。』抄出送司，案呈到部。看得督理馬政左副都御史楊一清題稱：陝西苑馬寺卿李克恭因見衙門無權，事多掣肘，遂改節易行，縱欲任情，貪聲大著，物議沸騰。靈武監監正李謙在京負欠人債，到任未久，需索借貸該管牧軍錢物償還。廣寧苑圉長衛昌愚闇無識，懦弱無為。所據各官，俱係闒茸不職，相應黜罷。要將各官照不謹罷輭官員事例，放回冠帶閒住，惟復將李克恭更加削奪，以為高官廢職者之戒一節。照得陝西苑馬寺卿李克恭、監正李謙、圉長衛昌，俱係職專馬政官員。既該都御史楊一清劾奏前項不職緣由，合無將各官照依朝覲考察官員不謹罷輭事例，放回冠帶閒住，惟復行令就彼回還原籍致仕。本部未敢擅便定擬伏乞聖裁。緣奉欽依『吏部看了來說』事理，弘治十六年十二月二十六日，少師兼太子太師、本部尚書馬文升等具題。本月二十八日奉聖旨：『是。馬政重事，管理須要得人。李克恭等都着冠帶閒住。堪任苑馬寺卿的，你每查照前旨，從公推舉素有才力兩員來看。欽此欽遵。』擬合通行除外，移咨前去，煩為轉行督理馬政都御史，照依本部題奉欽依內事理，行令苑馬寺等衙門卿等官李克恭等，欽遵就彼回還原籍，冠帶閒住。移咨前去，煩照該部題奉欽依內事理，欽遵施行。

又 卷二《爲修舉馬政事》 題為修舉馬政事。臣節該欽奉勑諭：『陝西設立寺、監衙門，職專牧馬。先年邊方所用馬匹，全藉於此。近來官不得人，馬政廢弛殆盡。今特命爾前去彼處，督同行太僕寺、苑馬寺官專理馬政。爾須查照兵部奏准事理，考究國初成法，親歷各該監、苑，督委都、布、按三司能幹官員，踏勘牧馬草場，果有侵占，即令退還；查點養馬軍人，果有逃亡者，即令撥補。見在種兒、騍馬，實有若干，設法增添，務足原額；倒死虧折馬駒，隨宜追補，量為分豁。布置已定，責令該管官員，用心牧養。各該寺、監等官，有闒茸不職者，爾即具奏黜罷，或起送別用另，選才能，以充任使。其有盡心職務，功績昭著者，具奏旌擢。欽此欽遵。』臣受命兢惕，不遑寧處。親詣兩監六苑，查得牧馬草場、原額一十三萬三千七百七十七頃六十畝，見在止存六萬六千八百八十八頃八十畝，其餘俱被人侵占。原額養馬恩隊軍人一千二百二十名，見在止有七百四十五名，其餘俱逃故年久，未曾勾補。點視得見在牧養兒、扇、騍馬并孳生馬駒，止有二千二百入十匹。竊歎馬政之廢，至於如此！欲作新興舉，非臣一人所能獨辦。訪得陝西布政司右參政車霆、陝西按察司副使王寅、陝西都司都指揮僉事房懷，俱堪委用。已經遵照勑旨，督委各官，隨同行事，節經具題外，續蒙聖恩，車霆陞任陝西苑馬寺卿。其後，副使王寅別有分巡等項差占，都指揮房懷改任守備去訖，止是車霆一人，常川幹理。今查得，各監、苑清出實有草場荒熟地共一十二萬八千四百七十三頃一十一畝八分九釐六毫，恩隊軍人補完，見在新舊共一千九十三名，招募新軍一千一百八十名。及查得弘治十八年十二月終，各苑見在牧養兒、扇、騍馬并駒共一萬一千六百二十匹、頭，修完馬營、城堡共一十九處，衙門、倉厫、營房、馬廐等項屋宇共四千一百餘間。又選設操丁一千名，委官提督操練，無事不妨牧馬，有警可備調用。前項事宜，臣愚不過總其大綱，至於經營布置，實多車霆之力。且天下之事，襲巳成者易為力，振久廢者難為功。當馬政興舉之初，羣咻衆閧，恐喝搖撼，無所不至。急之則他變或生，緩之則絃轍如。故車霆等不急不徐，寬嚴相濟，委曲開導，人情稍安。經今二年之上，復草埸於滅沒之餘，完牧軍於彫耗之後，保障有地，防守有人。孳牧之規，稽考之法，粗皆就緒，經久可行。將來官員守而無失，自足以收蕃息之効。查得先為一事權以修邦政事，該兵部節該題奉孝宗皇帝欽依：『今後行太僕寺、苑馬寺官有缺，照在京太僕寺官例，務推素有才望的簡用。待有成績，亦照太僕寺官陞擢。欽此。』續為正卿寺體統以修邦政事，該吏部等衙門會議，節該題奉欽依：『兩寺官員體統，都准議行，永為定制。各官果有政務修舉、功績顯著的，你每推舉，酌量陞用，不必拘定常例。欽此欽遵。』看得車霆原任陝西布政司右參政，以新例被簡命為苑馬寺卿。本官履歷中外，積有歲年；剛方有為，清苦無玷。年老而風節愈厲，官久而初心不改。節經撫按旌異，言官奏保，委的堪以重用。其隨臣整理馬政，修舉廢墜，委的盡心職務，功績昭著，相應旌擢。若止照常格陞用，無以激厲人心。必須仰遵先帝成命，照在京太僕寺官例，推任兩京相應堂上官或巡撫都御史，庶足以充其蘊。且今四方多事，用人為急。一時人才固多，然守法任事，不避艱險如車霆者，亦不易得。況本官年雖七十，精力未衰，若不早為甄拔，將來衰邁可惜。如蒙乞勅吏部，再為訪察，如果本官歷任年深，公論允協，合無查照新例，不次拔擢，大加委任，仍乞給賜應得誥命。使凡厥有位，知所感發興起，其於治道，實有補益。臣備員風紀，不敢蔽賢，干冒天威，無任悚懼。緣係修舉馬、政薦舉賢能官員事理，謹題請旨。

又 卷一七《爲薦舉監牧官員事》 題為薦舉監牧官員事，切照陝西苑馬寺，先年馬政久廢，名存實亡。弘治年間，荷蒙孝宗皇帝簡自上，命臣督理，大改弦轍，一新政令。彼時孳牧蕃息，卿寺改觀。二十年來，官員賢否不一，馬政興廢不常。臣近奉命提督軍務，駐節固原。兵馬既事體相關，監苑又臨莅之地。訪得苑馬寺卿周絅，久餘藩牧，老成詳慎；少卿郭震，昔任兵憲，英敏有為；寺丞蔡麟，拔自縣令，政務疏通。此三人者，皆能盡心職業，修舉廢墜，不失牧軍之心，可收藩息之効。如蒙乞勅吏部查訪，將各官酌其年勞，量為旌擢，庶使凡為臣工者，皆有所感發興起矣。緣係薦舉監牧官員事理，未敢擅便。為此具本，謹題請旨。

明 楊一清《爲防禦虜寇保障官馬事》《明經世文編》卷一一四 看得得陝西監苑之設，相離邊境不遠，常年以虜寇為憂，虜人所利者馬，馬之群聚益蕃，則虜之窺伺益急，縱有城堡，若無軍兵，安能捍禦。臣於舉事之初，固慮及此，近自去年十一月以來，傳報聲息，無日無之，馬匹拘收日久，各營星散，遠近不一，固原等衛，備冬官軍，其數不多，不能分布防禦。如萬安一苑，尤為孤懸，虜賊在螺山駐劄，一晝夜可到，節被搶殺，並無一軍一馬前來策應。況各營堡，俱憑高據險，不堪鑿井。馬匹未免下飲溪河，彼賊暗伏草莽，窺瞰侵掠，勢難周防。查得先年，亦曾設有操夫，正為防護官馬，但數少不敷，近年止是黑水苑遇冬操備，其餘苑分俱各廢而不講，今據副使王寅，會同該寺分管官，查驗揀選，新舊相兼，廣寧、安定二苑各一百名，開城、黑水、清平、萬安四苑各二百名，六苑共操丁一千名，平時不妨牧馬，遇警足資保障，各軍委皆生長邊方，耳目所習，聞虜不懼，然須有盔甲軍器披執，庶幾緩急可倚。及照監苑文官，不諳軍務，須委能幹知兵武臣一員。遇冬提督操練，及又查得各處招募民壯義勇舍餘，備冬之時，俱有行粮，前選操丁，既繫身於官，不得營辦衣食，亦合比例給與行粮，養其鋒鋭。乞敕該部計議，合無將各苑操丁一千名除舊領有盔甲軍器外，今次增選者，俱照數給與，每名盔甲、弓箭、腰刀各一副，每營堡仍各量給與火車、銃砲、圓牌、旗幟等項，以壯聲勢，俱行令陝西所屬各衛所查取給發，聽臣選委平涼固原等衛諳曉操練指揮一員，往來各苑，會同該監苑官提督操練，務令武藝精熟，不許虛應故事。每年二月至九月疏放，照舊牧馬，自十月初一日為始收操，照例給與行糧，于附近州縣關支。若大虜在套，雖夏秋時月，一體收操支糧，有警則與槩營軍人協力捍禦，賊必不敢逼城堡而攻。文襄善能用兵，即此数言，可見前項操丁雖為守護官馬而設，練之既久，未必不為克敵之兵，是于牧馬之中而得千軍之用，有備如此。非惟官馬有所保障，彼見我城堡碁布，旗幟羅列，軍器鋒利，或少弭其邪心，區區小虜，不敢窺伺深入，其于平涼鎮原一帶地方軍民，不為無補。至於大虜侵犯，勢須動調官軍截殺，此守臣之事，非臣所敢與聞。緣係防禦虜寇，保障官馬事理，謹題請旨。

明 儲巏《馬政疏》（冏寺馬政）《明經世文編》卷九六　一議養京營戰馬。竊見團營軍馬，內衛京師、外備征調，軍精馬壯，二者相資，乃可以壯威而禦侮也。近年以來，營中之馬日見消耗，告稱倒死無日無之，多者十數匹，少者四五匹，以有限之馬，供無窮之死，誠原其所以，蓋因軍士貪圖草料私賣，以養馬為累，倚恃朋銀買補，以馬死為幸；把總之官又多狗私派領，不恤貧軍；姦頑之徒又多延推比較，以覬恩宥。若不議處，弊壞愈深。臣等風聞團營官軍大約不下十萬，團營之馬大約不下三萬，以十萬之軍，豈無三萬之家衣食稍餘、產業稍足者哉？但恐揀閱不精，派養不當耳。如蒙乞敕提督大臣，各營選委忠實軍職一員，將所轄官軍，從一詢驗家產財力，分為三等，上等悉令養馬，不足以中等補之。其馬十四歲以下倒死，責令全賠，十四歲以上者止賠半價，二十歲以上者免賠。革去樁頭朋銀之例，絕其眾輕易舉之私，編成格眼文冊，兵部用印鈐縫，一本收貯營中，以備科道等官點驗，一本送太僕寺，以憑本寺少卿點驗。如有倒補轉換事故，各該官員就註冊眼為照。官軍養馬，既按月關支草料，又以時下場牧放，若處置有法，騎養得人，通年作踐瘦死之弊，亦可以漸保其無矣。議者必曰騎軍步卒，練習已久，若通行選閱，未免更張。臣等不知兵事，然考古兵法，騎亦可以為步，步亦可以為騎，非如天生兩不可易者，此論極透。若平時騎、步不能相通，臨敵決戰，何以出奇制變乎？查得本寺給與京營馬匹，除先年不開外，弘治十六年給馬三千匹，十七年一萬一千匹，十八年又一萬匹，內五千匹未領，每匹直銀二十餘兩，皆竭民膏血所得，一旦付之軍士，骨立槁死，暴殄可憐，積以歲月，八九匹中僅賠一二矮小老弱，國家何所賴哉？此臣所以痛心而言也。一議減馬政文冊。照得本寺所轄養馬地方，南北直隸及河南等處，各該府縣內外衛所及宣府等處各該城堡，每年各項文冊解造甚多，臣等揀看有舊有而今可省者，亦有新增而不可少者，有季報馬冊，一年四季開報舊管、新收、開除、實在數目者是也。有孳生馬冊，每年開報孳生馬駒，并馬戶姓名，本寺具數類冊，交與御史出差印記者是也。有備用馬冊，派取寄養馬未到，先繳一本，馬已到，隨繳一本，以憑查對者是也。又有點馬簿冊，少卿、寺丞等官按臨所在臨期投遞，以憑點閘者是也。以寄養馬冊計之，本寺一本，督理少卿一本，分管寺丞一本，該府通判一本，是一事而四本矣。以孳生馬匹計之，本寺一本，寺丞一本，印記御史一本，該府通判一本，是亦一事而四本矣。各項文冊，計其工食解送之費，加之官吏人等，因而科擾所費不貲，皆出於民。況其所造不過抄謄舊冊，略有增損，各該官員視為文具，亦不撿閱，勞民傷財，於事無益。臣等豈敢坐視不為之處？看得孳生馬冊，各該衙門每年止須二本，一留本處備照，一候御史寺丞會印之時投遞。每年三月以裏，止具總數，申文到寺，以憑轉報，他本可以盡免矣。備用馬冊亦止須二本，一留備照，一候解馬到寺之日，就同依准投遞，凡先繳文冊皆可免矣。點馬簿冊，本寺於寄養馬匹，行令各該衙門一體照式編造，可以常用。少卿一年滿日，交與接管少卿。寺丞三年滿日，交與接管寺丞。其餘點冊、點單、手本之類，可以盡免去矣。惟季報文冊，乃欽定條例所載，臣等昧死言之。若將一年四季，分併半年一造，一年止造二次，每造止二本，一留本處以備遺忘，一解本寺以備查照，則似於舊制無違，兼之民財亦損。但臣等不敢擅議，伏乞聖裁。各項文冊，如蒙准言，乞敕兵部通行各該衙門，并南京太僕寺永遠遵守，造冊差人，止許掌印正官動支無碍官錢，不許管馬官吏仍歛民財，督理分管官員非奉欽依，不許別生事端，擅令造冊，州縣屬府者本府類解，衛所屬都司者都司類解，如無所屬者，方徑解，違者各坐以罪，庶為便益。訪得各該衙門籍冊，亦多徒費無益，若推類行之，亦為民造福一端也。乞敕該部議處，幸甚。一議處管馬官員。照得順天等府所屬州縣，寄養兒騸馬匹，田有定額，戶有定丁，比之別處牧養孳生馬匹者，事體繁簡，大有不同。今該府馬政官員，既有本寺少卿提督，又有寺丞分理，又有各府通判專管，事少而官多，令煩而民擾，至於文移簿冊之費，迎送廩給之需，積少成多，皆為民累。查得少卿係奉敕督理官員，難以更改，合無將分管寺丞盡行減省，管順天府者改委別府，管保定、河間二府者止令管理孳生馬匹，至於寄養馬匹專委少卿，各府通判等官悉聽約束，如此則職專而可責成，民安而無多擾矣。再照宛平、大興二縣，先該欽差給事中等官王庭等奉敕查勘，宛平縣原額免糧養馬地一千一百七十九頃四十八畝有零，編養馬一千二百九十匹；大興縣地五百八十六頃五十三畝有零，編養馬五百二十六匹。大率計之，為田八九十畝養馬一匹，比之別縣止五十畝養馬一匹者，例已不同。編戶造冊，詳於舊法，民安事久，已為定規。續該順天府建言，要將宛、大二縣馬匹分派別縣寄養，管馬官員起送吏部別用，該部覆奏行移本寺。臣等看得民間種地，莫非王土，養馬者免糧，出税者免馬，此不易之道也。此皆勳戚寺宦隱占之故，今兩縣地土幾及二千頃，既不養馬，又不納糧，卻將馬匹加派别縣，揆之事理，可謂不均。况兩縣密邇輦轂，全無馬匹，緩急調用，何以應付？該府所言，可謂知其一，未知其二也。合無仍將管馬官吏，存留辦事，免糧人戶照舊領養，庶幾先事有備，民無不均。若謂京邑之民差使繁重，宜加優恤，許令原養二匹人戶共養一匹，則恩澤之施又加於他縣一倍矣。如兩縣管馬官員得留，本府管馬通判可以革去，議者必曰他府不革，獨革順天府可乎？蓋他府管孳生之馬，事多不可革，順天府止養之馬，事簡可革也。一議清塲畝租銀。近年法制更改，秪是徵納租銀，除真定等府，每年陸續解銀到寺，近又該兵部差官清查外，惟順天府所屬二十七州縣、永平府所屬六州縣、保定府易州、淶水、定興、新城、新安、容城、雄縣七縣、河間府青縣、任丘、静海三縣，每艸塲有一叚百十畝者，有數叚幾百頃者，每年租銀有三四十兩者，有五七十兩者，自弘治六年起例以來，各府徵收，並無分文解送到寺，既廢牧馬之舊規，又失徵租之常例，若不查理，其弊愈深。及照先該都御史洪奏將順天等府免糧養馬空閑地土，每年照畝徵銀，秪行二年，續該本寺奏准免徵，除例前已行給民買馬外，未給之數亦未清查，臣等切思前項銀兩，俱緣馬政而設，比與别項課税不同，既已徵收在官，又非小民拖欠可比，如蒙乞差本寺少卿一員遍歷所屬，督令各該掌印并管馬官員逐一清查，要見某處原設有牧養馬艸塲田土若干，自弘治六年起每年各收租銀若干，見在何衙門交收。其别項支費者，奉何衙門明文可據，及查免糧空閑地畝某處某年分該徵銀若干，已給與人戶者若干，見收在官庫若干，在官者悉令起解，該徵者立限催完。其各年徵收在官銀兩，或為官吏侵欺，或欺稱别項支費，查無明文憑據，悉聽差去官應拏問者拏問，應參奏者參奏。追徵清理完日，通將各處艸塲頃畝、坐落里至、佃種人戶花名，并每年該徵銀兩等則之數，造冊二本，一送兵部備照，一留本寺查考。如此，則不惟革官吏侵欺之弊，且可助邊方買馬之資，其於馬政亦為小補。

明　儲巏《馬政利病疏邊方馬**》**《明經世文編》卷九六　照得本寺歲收各處馬價銀兩起自成化二年，為因南方一二府縣，地不産馬，暫收折色。自後比例者衆，日漸加增，當時所積不多，各邊不曾指取，以後間有奏討量與，亦不盡從。緣各邊自有買馬之需，如宣府餘糧、陝西屯田等項銀兩是也。利源一開，潰不可塞。查得宣府成化二十一年止奏討銀一萬兩，自弘治十四等年至今則一十三萬兩矣。大同成化二十年并二十二年止奏討銀二萬八千三十兩，自弘治十等年至今則一十六萬五千兩矣。延綏成化年間止共計銀三萬九千兩，自弘治九年至十八年則一十萬二千一百九千五兩矣。寧夏弘治十八年以前，節次止討銀二萬一千一百三十兩，弘治十四年至今纔及六年，則已七萬兩。陝西布政司等處，止是成化二十二年取銀三千八百八十兩，自弘治元年至今，則節次共討過一十五萬九千兩有餘矣。他如甘肅、遼東、山西等處，各節次奏討過一十一萬五千三百七十二兩，皆數倍於前，可謂費出無經，糜費不貲矣。及照本寺寄養順天等府馬匹，起自正統十四年，為因虜寇犯順，馬匹不敷，歲取南北直隸等處馬二萬匹，俵養近圻，以便征調。然本意備京營之用，不專謂各邊之資，緣各邊各有行太僕寺、苑馬寺，所蓄馬匹，足備征調故也。其後馬政廢弛，人心狎頑，一遇邊警，輒言馬少，張皇聲勢，奏請紛然，横議一興，牢不可破。查得宣府自成化十一年至弘治十二年，止取馬一萬九千一百三十匹，弘治十四年至正德元年七年之間，卻取過馬二萬一千四百五十匹。大同自成化十一年至弘治七年，止取馬一千九百六十五匹，弘治十二年至正德元年八年之間，卻取過馬一萬一千八百三十一匹。除給銀買補者不計，已數倍於前矣。邊方官軍每邊鎮宜另設一養馬官員，并責以清收地征，屯糧以為養馬之費，而朝廷或少出金以助之，因見京師銀馬，易以邀求，遂將騎操馬匹，不甚愛惜，及至倒死，又不賠償。鎮巡大臣，多闊略文法，豈能一一覈實？把總等官，惟乾沒貨利，豈能一一盡公？甚至貪黷之徒，如近年都督莊鑑侵欺買馬價銀，追贓罷官，亦其一也。其中弊病，難以悉言，若不計處，國家之財物有限，邊方之請求無厭，歲復一歲，何以支持？查得先年邊方討馬，兵部奏勘缺少是實，方行量給，其後不知緣何，不料邊情之緩急，不計内馬之盈虚，隨其奏討之數，輒給與之，而又不復稽考任其耗費，合無該部仍照先年良法。今後奏討者，嚴加覈實，當先嚴邊方馬政，奏討自可漸減，量為給與，庶幾邊方不敢妄求，朝廷不致徒費，彼知馬不易得，亦肯調養用心。又查得本寺未收折色以前，邊方止給馬匹，今給銀十萬，作馬萬匹，價少馬多，似利於官，殊不知馬價銀兩一入軍中，既為有司剋減，又為軍士花費，及至買馬，所餘幾何？價既不多，馬何從好？隨買隨死，終費官價，隨死隨討，終累朝廷。原其本心，非全為馬，合無今後邊方缺馬之時，仍給本色以杜前弊。若謂寄養之馬不敷，聽臣等多方措置。又查得各邊俱有餘糧、屯田、艸場、椿頭等項銀兩，以備買馬之費，先年不曾給與本寺銀馬，邊無不足，今歲給益多，邊益不足，何歟？必須查考，方得其詳。合無兵部奏差風力郎中一員，與同本寺督理少卿前去各邊，查勘前項銀兩，歲入若干，收貯若干，各該城保騎兵若干，有馬者若干，該補者若干，近年本寺發去銀價買馬若干，餘銀若干，給過馬匹某城若干，某堡若干，如有姦弊，聽其參究。事完之日，具數造冊收貯。兵部預知其盈虧多寡之數，臨期請給，易以酌量。若一時動衆興兵，暫添銀馬，不在此數。又查得邊方討馬，開稱馬死，或生災病，或因馳逐，理或有之，然不應如是之多，其間豈無作踐瘦損，偷賣私借之弊？並無一字聲說。况生病亦由於水艸之不時，馳死亦由於作止之無節，要在得人專心牧養，豈可盡諉之馬哉？合無兵部行移鎮巡等官，各以暴殄天物為戒，愛惜國馬為心。選委管馬官員，督責養馬軍士，務要飲秣以時，蕃息有地，疾病者委之官醫，作踐者治以軍法。及照本寺奉敕督理少卿，止是每年到邊點閘一次，合無今後點閘二次，倒死者皮張騣尾俱有，方准朋賠；買補者齒歲身材相應，方准印烙。但巡點之處，不及大同，緣大同銀馬一從本寺給與，既有相關，亦合查照，合無敕令兼管，庶幾人皆警畏，事可責成。又查得督理京營少卿，奉有敕諭內開，比較百戶指揮都指揮等官，瘦損倒失馬匹，或按月住俸，或奏聞區處，天語丁寧，俱有則例，然遐邇一體，內外一法，合無敕督理少卿宣府大同各城堡等處，悉照京營則例，遵守施行，使邊方將士惕然悚懼，知朝廷脩舉馬政，法令嚴明，庶幾變其舊習，以圖後効。又查得陝西各邊，因是地方曠遠，道途艱難，不來取馬，止是弘治十七年、十八年於平定州給與延綏馬共二千五百匹，其遞年奏討本寺馬價，買補馬匹，不下數十萬兩，及彼處餘糧、屯田、官地、椿頭各項銀兩，亦合查究。前項京營住俸比較事例，亦合通行。但原無本寺官員督理，乞敕兵部另行議處，或者所見謂邊方重地，鎮巡大臣，閫外之事，宜從寬大。若每事較量，多方綜核，邊方將士恐有不堪。臣等謂團營為京輔之屯，比之邊方尤重，提督極人臣之貴，比之鎮巡尤尊，朝廷慎重馬政，尚有科道點閘，少卿督理，况邊方乎？蓋鎮巡等官，於軍士務結之以恩，臣等典牧之官，正欲裁之以法，固並行而不相悖。

明　儲巏《柴墟文集》卷一二《題馬政四事》　近者災變非常，聖心恐懼，詔令羣臣痛加脩省，各開具興革事宜。臣等皆以庸才備員太僕，馬政未舉，民瘼未除，召變致災，寔均有罪。陛下不即加責，為幸已多，且使人各盡言，又豈容默？謹以馬政四事開坐上陳，伏乞聖覽，仍勑該部議處施行，不勝甚幸。計開：一、議養京營戰馬。竊見團营軍馬，內衛京師，外備征調，軍精馬壯，二者相資，乃可以壯威而禦侮也。近年以來，營中之馬日見消耗，告稱倒死無日無之，多者十數疋，少者四五疋，以有限之馬供無窮之死，誠可嘆惜。原其所以，蓋因軍士貪圖草料私賣，以養馬為累，倚恃朋銀買補，以馬死為幸；把總之官又多徇私派領，不恤貧軍；姦頑之徒又多延捱比較，以覬恩宥。若不議處，弊壞愈深。臣等風聞團營官軍大約不下十萬，團營之馬大約不下三萬，以十萬之軍，豈無三萬之家衣食稍餘産業稍足者哉？但恐揀閱不精，派養不當耳！如蒙乞勅提督大臣各营選委忠實軍職一員，將所轄官軍從一詢，驗家産財力分為三等，上等悉令養馬，不足以中等補之，其馬十四歲以下倒死，責令全陪；十四歲以上者，止陪半價；二十歲以上者免陪。革去椿頭朋銀之例，絶其衆輕易舉之私，編成格眼文册，兵部用印鈐縫，一本收貯营中，以備科道等官點驗；一本送太僕寺，以憑本寺少卿點驗。如有倒補轉換事故，各該官員就註冊眼為照。官軍養馬，既按月關支草料，又以時下場牧放，若處置有法，騎養得人，遞年作踐瘦死之弊，亦可以漸保其無矣。議者必曰騎軍步卒練習已久，若通行選閱，未免更張。臣等不知兵事，然考古兵法，騎亦可以為步，步亦可以為騎，非如天生兩不可易者。若平時騎步不能相通，臨敵決戰，何以出奇制變乎？今團营提督皆奉命內外大臣，臣等豈敢與議？但職司馬政，不忍不言。查得本寺給與京营馬匹，除先年不開外，弘治十六年給馬三千匹，十七年一萬一千匹，十八年又一萬匹，內五千匹未領。每匹直銀二十餘兩，皆竭民膏血所得，一旦付之軍士，骨立槁死，暴殄可憐。積以歲月，八九匹中僅陪一二矮小老弱，比之原馬，真駑駘之易騏驥矣。國家何所賴哉？此臣等所以痛心而一言也。一、議減馬政文冊。照得本寺所轄養馬地方，南比直隸及河南等處各該府縣內外衛所，及宣府等處各該城堡，每年各項文冊解造甚多。臣等檢看，有舊有而今可省者，亦有新增而不可少者；有季報馬册，一年四季開報舊管新收、開除實在數目者是也；有孳生馬冊，每年開報孳生馬駒并馬户姓名，本寺具數類冊交與御史出差印記者是也；有備用馬派取寄養，馬未到先繳一本，馬已到隨繳一本，以憑查對者是也；又有點馬簿册，少卿寺丞等官按臨所在，臨期投遞以憑點者是也。以寄養馬册計之，本寺一本，大理少卿一本，分管寺丞一本，該府通判一本，是一事而四本矣。以孳生馬匹計之，本寺一本，寺丞一本，印記御史一本，該府通判一本，是亦一事而四本矣。各項文册，計其工食解送之費，加之官吏人等因而科擾，所費不貲，皆出於民，况其所造，不過抄謄舊册，畧有增損，各該官員視為文具，亦不檢閲。勞民傷財，於事無益。臣等豈敢坐視不爲之處？看得孳生馬册，各該衙門每年止須二本，一留本處備照，一候御史寺丞會印之時投遞，每年三月以裏止，具總數申文到寺，以憑轉報，他本可以盡免矣。備用馬册亦止須二本，一留備照，一候解馬到寺之日就同依准投遞，凡先繳文册皆可免矣。點馬簿册，本寺於寄養馬匹，行令各該衙門一體照式編造，可以常用。少卿一年滿日，交與接管少卿，寺丞三年滿日，交與接管寺丞，其餘點册點单手本之類可以盡免去矣。惟季報文册，乃欽定條例所載，臣等昧死言之：若將一年四季分併半年一造，一年止造二次，每造止許二本，一留本處以備遺忘，一解本寺以備查照，則似於舊制無違，兼之民財亦損，但臣等不敢擅議，伏乞聖裁。各項文册如蒙准言，乞勅兵部通行各該衙門并南京太僕寺永遠遵守，造册差人，止許掌印正官，動支無碍官錢，不許管馬官吏仍歛民財，督理分管官員非奉欽依，不許别生事端，擅令造册。州縣屬府者，本府類解；衛所屬都司者，都司類解；如無所屬者，方徑解。違者各坐以罪，庶為便益。臣等聞占人有言『生一事不如省一事，寬一分則民受一分之賜』，訪得各該衙門籍册，亦多徒費無益，若推類行之，亦為民造福一端也。乞勅該部議處幸甚。一、議處管馬官員。照得順天等府所屬州縣寄養兒扇馬匹，田有定額，戶有定丁，比之别處牧養孳生馬匹者，事體繁簡，大有不同。今該府馬政官員既有本寺少卿提督，又有寺丞分理，又有各府通判專管，事少而官多，令煩而民擾，至於文移簿册之費、迎送廪給之需，積少成多，皆為民累。查得少卿係奉勅督理官員，難以更改，合無將分管寺丞盡行減省，管順天府者改委别府，管保定、河間二府者止令管理孳生馬匹，至於寄養馬匹，專委少卿、各府通判等官悉聽約束。如此則職專而可責成，民安而無多擾矣。再照宛平、大興二縣，先年該欽差、給事中等官王廷等奉勅查勘，宛平縣原額免粮卷馬地一千一百七十九頃四十八畝有零，編養馬一千二百九十匹；大興縣地五百八十六頃五十三畝有零，編養馬五百二十六匹。大率計之，為田八九十畝養馬一匹，比之别縣止五十畝養馬一匹者，例已不同。編户造册，詳於舊法，民安事久，已為定規。續該順天府建言，要將宛、大二縣馬匹分派别縣寄養，管馬官員起送吏部别用，該兵部覆奏，行移本寺，臣等看得民間種地莫非王土，養馬者免粮，出税者免馬，此不易之道也。今兩縣地土幾及二千頃，既不養馬，又不納粮，却將馬匹加派别縣，揆之事理，可謂不均。况兩縣密邇輦轂，全無馬匹，緩急調用，何以應付？該府所言，可謂知其一未知其二也。合無仍將管馬官吏存留辦事，免粮人戶照舊領養，庶幾先事有備，民無不均。若謂京邑之民差使繁重宜如優恤，許令原養二匹人戶共養一匹，則恩澤之施，又加於他縣一倍矣。如兩縣管馬官員得留，本府管馬通判可以革去，議者必曰：『他府不革，獨革順天府，可乎？』他府管孳生之馬，事多不可革，順天府止寄養之焉，事簡可革也。一、議清塲畝租銀。照得各該養馬地方俱有牧馬草塲，无年事體歸一，專令牧養馬匹。近年法制更改，抵是徵納租銀陰，真定等府每年陞續解銀到寺。近又該兵部差官清查外惟順天府所屬二十七州縣，永平府所屬六州縣，保定府易州、清水、定儧、新城、新安、容城、雄縣七縣，河間府青縣、任丘、静海三縣，每草塲有一段百十畝者，有數段幾百頃者，每年租銀有三四十兩者，有五七十兩者，自弘治六年起例以來，各府徵收止無分文解送到寺，既廢牧馬之舊規，又失徵租之常利。若不查理，其弊愈深。及照先該都御史洪奏，將順天等府免粮養馬空閑地土每年照畝徵銀，秖行二年。續該本寺奏准，免徵除例前已行給民買馬伴，本給之數，亦未清查。臣等竊思前項銀兩俱緣馬政而設，比與别項課税不同，既已徵收在官，又非小民拖欠可比，如蒙乞差本寺少卿一員遍歷所屬，督令各該掌印并管馬官員遂一清查，要見某處原設有牧養馬草塲田土若干亩，弘治六年起每年各收租銀若干，見在何衙門交收，其别項支費者，奉西獨門明文可據；及查免粮空閑地畝某處某年分該徵銀若干，已給與人户者若干，見收在官庫若干，在官者悉令起解，該徵者立限催完。其各年徵收在官銀兩，或為官吏侵欺，或推稱别項支費，查無明文憑擄，悉聽差去官員應挐問者挐問，應參奏者參奏，追徵清理。完日通將各處草塲頃畝坐落里至、佃種人戶花名，并每年該徵銀兩等則之數，造册二本，一送兵部備照，一留本寺查考，如此則不惟革官吏侵欺之弊，且可助邊方買馬之資，其於馬政亦為小補。

又《題馬政利病》 近奉聖諭，痛加脩省，已將本衙門事當興革者開具上陳，數日以來，竊思邊方馬政關係尤重，稽之案牘，粗得其沿革利弊之槩。再行開具，伏俟聖裁。照得本寺歲收各處馬價銀兩，起自成化二年，為因南方一二府縣地不産馬，暫收折色。自後比例者衆，日漸加增，當時所積不多，各邊不曾指取。以後間有奏討，量與亦不盡從。緣各邊自有買馬之需，如宣府餘粮、陝西屯田等項銀兩是也。利源一開，潰不可塞。查得宣府，成化二十一年止奏討銀一萬兩，自弘治十四等年至今，則一十三萬兩矣。大同，成化二十年并二十二年止奏討銀二萬八千三十兩，自弘治十等年至今，則一十六萬五千兩矣。延綏，成化年間止共討銀三萬九千兩，自弘治九年至十八年，則一十萬二千一百九十五兩矣。寧夏，弘治十八年以前節次止討銀二萬十千一百三十兩，弘治十四年至今，纔及六年，則已七萬兩。陝西布政司等處止是成化二十二年取銀三千八百八十兩，自弘治元年至今，則節次共討過一十五萬九千兩有餘矣。他如甘肅、遼東、山西等處，各節次奏討過一十一萬五千三百七十二兩，皆數倍於前，可謂費出無經、糜費不貲矣。及照本寺寄養順天等府馬匹，起自正統十四年，爲因虜寇犯順，馬匹不敷，歲取南北直隸等處馬二萬匹俵養近圻，以便征調。然本意備京營之用，不專謂各邊之資。緣各邊各有行太僕寺，馬寺所畜馬匹足備征調故也。其後馬政廢弛，人心狃頑，一遇邊警，輒言馬少，張皇聲勢，奏請紛然，横議一興，牢不可破。查得宣府自成化十一年至弘治十二年，止取馬一萬九千一百三十匹；弘治十四年至正德元年，七年之間，却取過馬二萬一千四百五十匹。大同自成化十一年至弘治七年，止取馬一千九百六十五匹，弘治十二年至正德元年，八年之間，却取過馬一萬一千八百三十一匹。除給銀買補者不計，已數倍於前矣。邊方官軍因見京師銀馬易以邀求，遂將騎操馬匹不甚愛惜，及至倒死，又不倍償。鎮巡大臣多闊畧文法，豈能一一覈實？把總等官惟乾沒貨利，豈能一一盡公？甚至貪黷之徒，如近年都督莊鑑侵欺買馬價銀，追贓罷官，亦其一也。其中弊病難以悉言，若不計處，國家之財物有限，邊方之請求無厭，歲復一歲，何以支持？臣等叨司馬政，恒切憂惶，然材識淺短，素無經畫，且事勢牽制，又難舉行，輒以愚見條陳，稍逭不職之罪。查得先年邊方討馬，兵部奏勘缺少是實，方行量給；其後不知緣何，不料邊情之緩急，不計内馬之盈虛，隨其奏討之數輒給與之，而又不復稽考，任其耗費。合無該部仍照先年良法，今後奏討者嚴加覈實，量為給與，庶幾邊方不敢妄求，朝廷不致徒費。彼知馬不易得，亦肯調養用心。又查得本寺未收折色以前，邊方止給馬匹，今給銀十萬，作馬萬匹，價少馬多，似利於官。殊不知馬價銀兩一入軍中，既為有司尅減，又為軍士花費，及至買馬，所餘幾何？價既不多，馬何從好？隨買隨死，終費官價；隨死隨討，終累朝廷。原其本心，非全為馬。合無今後邊方缺馬之時，仍給本色，以杜前弊。若謂寄養之馬不敷，聽臣等多方措置。又查得各邊俱有餘粮、屯田、草塲、樁頭等項銀兩，以備買馬之費。先年不曾給與本寺銀馬邊無不足，今歲給益多，邊益不足，何歟？必查考，方得其詳。合無兵部奏差風力郎中一員與同本寺督理少卿前去各邊，查勘前項銀兩歲入若干，收貯若干，各該城堡騎兵若干，有馬者若干，該補者若干，近年本寺發去銀價買馬若干，餘銀若干，給過馬匹某城若干某堡若干，如有姦弊，聽其參究。事完之日，具數造冊收貯。兵部預知其盈虧多寡之數，臨期請給，易以酌量，若一時動衆興師暫添銀馬，不在此數。又查得邊方討馬，開稱馬死或生災病，或因馳逐，理或有之，然不應如是之多，其間豈無作踐瘦損偷賣私借之弊？並無一字聲說。況生病亦由於水草之下時，馳死亦由於作止之無節，要在得人專心牧養，豈可盡諉之馬哉？合無兵部行移鎮巡等官，各以暴殄天物為戒，愛惜國馬為心，選委寄馬官員督責養馬軍士，務要飲秣以時，蔭息有地，疾病者委之官醫，作踐者治以軍法。及照本寺奉勅督理少卿，止是每年到邊點閘一次，合無今後點閘二次，倒死者皮張騣尾俱有，方准朋陪；買補者齒歲身材相應，方准印烙。但巡點之處，不及大同，緣大同銀馬一從本寺給與，既有相關，亦合查點。合無勅令兼管，庶幾人皆警畏，事可責成。又查得督理京營少卿奉有勅諭，内開比較百戶、指揮、都指揮等官瘦損倒失馬匹，或按月住俸，或奏聞區處，天語丁寧，俱有則例。然遐邇一體，内外一法，合無勅督理少卿宣府、大同各城堡等處，悉照京營則例遵守施行，使邊方將士惕然悚懼，知朝廷修舉馬政，法令嚴明，庶幾變其舊習，以圖後效。又查得陝西各邊因是地方曠遠，道途艱難，不來取馬，止是弘治十七年、十八年於平定州給與延綏馬共三千五百匹，其遞年奏討本寺馬價買補馬匹不下數十萬兩，及彼處餘粮、屯田、官地、樁頭各項銀兩亦合查究，前項京營住俸比較事例亦合通行，但原無本寺官員督理，乞勅兵部另行議處，或者所見謂邊方重地，鎮巡大臣閫外之事宜從寬大，若每事較量，多方綜核，邊方將士恐有不堪。臣等謂團营為京輔之屯，比之邊方尤重，提督極人臣之貴，比之鎮巡尤尊，朝廷慎重馬政，尚有科道點閘、少卿督理，况邊方乎？蓋鎮巡等官於軍士務結之以恩，臣等典牧之官正欲裁之以法，固並行而不相悖也。臣等愚昧，不能盡識時宜，伏乞勅下該部詳其可否，補其闕畧，畫為長策，為邊方久遠馬政之利。不勝幸甚。

明 王瓊《爲告領馬匹事》《皇明經世文编》卷一〇九 看得山西鎮巡等官都禦史張禬等奏稱，見在官軍一萬五千餘員名，止有見在馬四千八百餘匹，奏要於太僕寺見在寄養馬内量撥四五千匹一節，查得太僕寺見在寄養馬數少，及查前項正德九年，山西三關有給銀買馬事例，合無本部於太僕寺收貯馬價銀兩，動支三萬兩，押運前去，仍行巡撫都禦史會同鎮守等官從長計議，或選委能幹官員，於出產地方收買，或給與缺馬官軍自行收買，務在處置得宜，毋致虧官損軍。所買馬匹，務須經由兵備副使逐一驗看堪中，轉送山西行太僕寺印烙，給軍騎操。如有高臺價值，侵克官價情弊，依律究問。和買馬匹不致坐派科擾，軍民方為兩便，不許分派州縣，逼民包賠。事完之日，將買過馬匹毛齒給過官軍姓名，並用過銀兩數目，備細造冊送部查考。及看得奏稱馬隊步隊官軍，委難通融調撥一節，臣等議得邊關官軍殺賊，人人有馬，委的便於馳驟。但欲令軍自養，多無空地可牧，欲官為支給，又無民草可供，所以往年召商買草，生弊百端，逼軍賠補，為害滋甚。山西三關在大同之南，頗有山險可據，山險宜用步，不利用騎，亦古法也。况古人防邊多有以步戰取勝者。近年都禦史孟春在宣府，列步陣以卻虜。去年總兵官王勳在應州，督軍下馬步戰，始能固守營壘，不為賊所蹂躪。若謂馬隊步隊，難以通融調撥，恐未喻本部建議之意，亦未知本邊不習步戰之弊也。合無再行都禦史張禬等從長計議，其欲傳報聲息，或追逐勢小達賊去處，多設馬軍，於虜眾必蹊，可以遏截阻剉賊鋒去處，多設步軍，務使奇正相倚，戰守並用，以保萬全，不必專恃馬力以求必勝。其有馬官軍，官立草場，以便夏秋牧放，預處草料以待冬春支給，務使馬無倒死，不頻奏討，期為得策。得旨，俱依擬行。

明 王瓊《晋溪本兵敷奏》卷一三《爲議處馬政大綱興革官民利病事》 看得太僕寺卿何孟春所言馬政根究事實切中時弊，俱應採納，令將所言開立前件，議擬明白，伏乞聖裁，及照奏内事件為因，查照前後事例，未免繁瑣重復，合無候命下之日，本部將應行事件撮取緊要略節，刪繁就簡，列為條件，再行奏請刋印榜文，通行給發，以便遵守。正德十三年五月二十五日具題，奉聖旨：是。這馬政利病興革的，恁每既議處停當，都依擬行。欽此。一清户籍。前件馬出於民，清查丁田，以定養馬之數，誠務本之論。但舊法一變，未免紛擾，條例太繁，畢竟難行。况當災傷農忙之際，差官清查，勢難遍歷，轉委官屬，未必得人，立限造冊，追呼勾集，遠近繹騷，勢非民便，合無只行太僕寺轉行分管寺丞親詣該管州縣，出給告示，但有地賣馬存馬累丁乏者，許赴寺丞處陳告，查審是實，斷令承重養馬地土及丁多有力之人替養。如有誣告者抵罪，及照養馬與納糧事體攸同，不係雜差，例不優免。敢有勢豪之家，不服寺丞斷理，阻壞馬政者，輕則拏送所在官司問罪發落，重則指實糸奏處治。寺丞一年滿日，將查審改派過養馬人户緣由開報本寺，轉呈本部查照，以考賢否。一正課額。前件查得先為早正種馬，以免廢弛馬政事，該雲南道監察御史王濟題稱，種馬、地亩、人丁歲取已有定額，但要種兒騍馬揀選四尺以上，十歲以下，高大者存留，矮小老弱者賣價，區處買補，輳完原數，照額養在民間。府州縣官一年四次，太僕寺官一年二次，止是點視，務令膘壯。有病瘦者，依律問罪，倒失者就令陪補，永為定例。有警亦可調用。遇年有無孳生，不必追究，歲取備用大馬，止照種馬定額派行各府州縣買解等因，本部議得合無亦依本官所擬，不必較其有無生駒，亦不必印烙每年備用馬匹，止令一群之内各照丁田議和朋納本色，或折大馬一匹，倒失虧欠變賣之例，悉行除免。每年季報比較印烙之煩，盡皆減省，惟年終各府備將種馬數目造冊具奏查考。本部仍三年一次，奏差御史二員，請勅關領火烙，分投前去各該地方，公同寺丞將見在并買補過兒騍種馬通行查點印烙，造冊奏稽等因，正德二年閏正月二十四日具題，二十六日奉聖旨，是。欽此。欽遵通行外，今太僕寺卿何孟春奏，要今後種兒騍馬州縣掌印并管馬官半月一點，該府管馬官三月一比較，立法固為嚴密，殊不知法立弊生，州縣官下鄉點視，未免帶領跟隨人役，必生求索科擾之弊，拘取赴縣點視，未免勞擾伺候之苦。點視既密，貽害必多，即今民力已竭，民財已盡，不務安養休息，而更立新法揀選，誠恐馬數未及完，而民數先已減耗矣。合無仍照先年御史王濟奏准事例，府州縣官一年四次，太僕寺官一年二次點視，但係曾經官驗印烙馬匹，俱令照舊餧養。倒失追陪者，照例施行。所生馬駒，止聽本群自用，不許擅撥別群。一選備用。前件查得先為經理馬政事，該吏科等衙門右給事中等官韓祐等奏內一件，慎起俵，備用馬匹，近來堪俵者少，不堪者多，往往朋合買補。況收買之際，價值頗高，多者或十六七兩，次者或十三四兩。至於路途草料之資，馬戶往來之費，計馬一匹，用銀二十餘兩。及其到京赴寺聽驗，十退四五，往來之程，動以千計，弱民羸馬，相向而泣。歸候來年再俵，勞費如前。若其齒歲稍過，終擯不用，又轉而求之他矣。民被俵馬之害，有何紀極。為今之計，此法最善。凡物料解部，皆宜如此。惟當精選於起俵之初，不當濫退於到寺之日，既到而退，在官則缺馬，在民則傷財，公私俱困等因，本部議照備用馬匹，例該兩京太僕寺分管寺丞，先期分投所屬州縣逐一驗看，身量高大，蹄腿端正，堪中者方許起解，矮小病弱者不許解俵。各府州縣仍備造文冊，開寫人戶姓名，并馬匹毛齒齎送赴部，轉發太僕寺。再驗堪中，方發寄養，以備取用。此乃見行事例，但行之年久，各該分管寺丞不肯親詣所屬驗看，以致馬多不堪。及照起解備用馬匹情弊，非止一端。或因管馬官員，聽受勢豪賄囑，將不堪馬匹朦朧收買解俵；或齎空白文冊，到京違例收買鑽渠老馬，意圖僥倖，致使看驗不中，負累馬戶。究其所以，皆因分管寺丞因循苟且，惟務偷安，不行親自揀選，以致如此。合無行令兩京太僕寺轉行各該分管寺丞，每遇行取備用馬匹之時，務要預先親詣各該州縣，將孳生兒駒并買補馬內，逐一揀選堪中者，照例造成小冊，備開人戶姓名，馬匹毛齒尺寸，責付管馬官員解赴本部發寺驗收。不許將不堪馬匹一槩濫解，往復煩難。各該寺丞，仍前不行親詣州縣，用心揀選者，到寺之日，每一百匹揀退三十匹以上者，本寺開報本部，以憑參奏拏問如律。若解到馬堪以收俵，毛齒尺寸，對冊無差，醫獸人勒索使用，亦是恒弊，該寺聽信醫獸人等妄言，一槩濫退，亦許該管寺丞或承委解馬人員，將揀退馬匹送部看驗，以憑定奪等因，弘治九年閏三月二十七日具題，本月三十日，奉聖旨准議，但各該寺丞，并管馬等官，因循日久，不肯用心嚴選，及該寺掌印官，每遇揀退馬匹數多，亦不行開報本部參究，以致前弊益滋。合無行分管寺丞，以後每年正月中出巡，選取頭運馬匹，四月中出巡，選取一運馬匹，務要偏歷各府州縣，督同各該掌印管馬官員，將派到備用馬照依時價，及解俵草料盤費查照人丁地畝，會計某戶該派銀若干，預先出給告示，使民遵守出辦，朋合收買。馬匹俱要三尺八寸以上，兒馬六歲以下，騸馬九歲以下，蹄腿周正，方准作數，就差管馬官員解俵。如有將不堪馬匹一槩濫收，解俵到寺之日看驗不堪，先將解馬人員送問，馬匹發回換補，州縣原驗馬官提問。驗退五十匹以上，將該府管馬官提問；一百匹以上，將該府掌印官，并分管寺丞俱住俸三箇月；一百五十匹以上，該府掌印官并寺丞俱提問。若齒尺相應，止是在途瘦損，將管解之人送問，以上該提問官在京寺丞奏行法司提問，在外官行巡按御史提問。一責管解。前件看得奏稱各府州縣遇有派取收買馬匹，買不完日，解府掌印官處照例看驗，齒歲尺寸果係堪中，好馬價值相當，方准倒解。查得起俵備用馬例，該寺丞并本府管馬通判親詣州縣驗看起俵，若將馬匹又行解府掌印官看驗，不惟重復勞擾，抑恐道路不便，往返艱難，合無俱不必解府該州縣，備將寺丞督同各官驗過堪中馬匹毛齒、尺寸造冊，送府倒文，該府備造印信文冊，責付管馬官賫部發寺驗收，其餘事宜，俱依擬施行。一平價值。前件馬匹高下自有不齊，各地方馬價亦難一定。今定每馬一匹悉以二十兩為率，恐有難行。合無行令分管寺丞催買備用馬匹，務要查照原行年齒尺寸相同，督同州縣掌印并各管馬官驗看，相應方准收買起解，其價值聽民隨時自便收買，不必官為之制。如有包攬收買，侵剋原價情弊事發，照依律例，從重治罪。一廣儲積。前件合無本部通行南北直隸并山東、河南巡撫都御史選委廉幹官員，親詣各府州縣，將正德十年起，至正德十二年止，該徵草場租銀，提調經收人役及卷冊到官，要見已徵已解銀兩有無完獲批迴，未獲者就便追併批收銷照，已徵未解者見在何處收貯，即便督令起解，未徵者逐一查審是何人户施欠，或應徵應免查照原行明文施行。若有侵欺及那移等項情弊，應提問者徑自提問，應叅究者叅究治罪。事完之日，通行造冊奏繳，仍造青冊一本，送部查考。本部仍行兩京太僕寺轉行分管寺丞，一體查照施行。一驗交納。前件查得前項禁例不為不嚴，但該寺醫獸人等多係積年久慣之徒，百計千方，瞞官作弊，本以一馬，今日關節未通，則稱老病不堪，以致退出，明日關節已通，則稱齒少無病，以致驗中。又有姦頑馬户齎價赴京，交通醫販人等，收買騎傷攏膔鑽渠，鞭花不堪馬匹朦朧驗俵，該寺官又不行用心看驗，嚴加禁治，以致前弊益滋，合無行令該寺掌印官，如遇解到備用馬匹，即便查照原來文冊，逐一親自看驗，務要齒尺相應，蹄腿周正，膔壯好馬，方與印俵。若是毛齒、尺寸不同，顯有抵換情弊，及揀退數多，具由呈部，以憑叅究。其揀退馬匹，查照先年事例，就於鬃下用退字小印，以杜姦弊。其出榜禁約等項事宜，悉依所擬施行。一取兑給。前件查得近為失誤兑軍馬匹事，該本部主事王臬呈，稱宣府頭撥領馬官軍一千四十九員，名到居庸關領兑馬匹，太僕寺寺丞李彦取到宛平縣寄養馬共二千五百二十匹，止兑馬五百零三匹，其餘馬匹俱各瘦損矮小不堪，宣府官軍不肯承領。及稱太僕寺原取馬二十五處，今解到者已將過半，兑中馬匹不能十分之一，恐妨邊務等因，本部議得寄養馬匹以備征戰，急切兑領之用，最為重務。弘治三年請敕少卿一員不時前去點閘比較，正德九年又奏准額外添設寺丞一員專管點視寄養馬匹，近日本部慮恐一時取兑馬匹内有不堪誤事，又奏行寺丞李彦親詣各州縣逐一看驗堪與不堪，限今年二月以裏造冊奏報。今年二月内，又因宣府鎮巡官奏討馬匹，本部因思徃年居庸關兑馬地方窄隘，官軍并馬户到有不齊或馬不堪兑，致令官軍久住壅滯，兩不便益。又經議奏定與寬限，及預先行文太僕寺掌印官不必挨次用心選取好馬六千一百八十四匹，差寺丞一員依限管解赴居庸關交兑前項兑馬事宜，預處周悉。題奉欽依，通行遵守。豈期太僕寺寺丞李彦等尸位素飡，怠職誤事，以致官軍遠離信地，赴關兑馬，坐守困弊，百姓到關送馬，不得完結，盤費草料，妨誤農種，軍民兩受其害；寺丞李彦過違二月限期，不行造冊奏繳；少卿張玠奉勑點閘寄養馬匹一年已滿，尚未造冊奏繳；及太僕寺卿何孟春亦不用心查取堪中馬匹，轉發交兑，通屬故違，俱各究問。但今宣府官軍在關久住，守候兑馬，合無將各官姑記其罪，本部行文太僕寺，但遇見解到馬匹并買有新馬儘數陸續押赴居庸關交兑，仍切責少卿張玠作急親詣各該州縣驗看好馬，取數依限差官押發居庸關交兑，不許似前再將不堪馬匹一槩混解。兑完之日，該府州縣有罪管馬官員并寺丞李彦、少卿張玠等本部通行查条明白，奏請定奪，庶使法足懲其既往，戒可垂於將來。倉卒軍機，不致失誤等因，具題外，今奏前因，合無本部先咨都察院轉行巡按御史將寄養馬匹，順天、保定、河間三府管馬通判并各州縣掌印管馬官吏俸粮俱各住支，及行太僕寺轉行提督少卿督令各府將寄養馬匹逐一清查，要見某年月原發若干，見在若干，臕息幾分馬若干，兑給宣府官軍若干，倒失若干，限六月以裏備造文冊賫部查照，候各官兑軍回日，查条明白，另行具奏定奪。其餘禁約追罰等項事宜，悉依所擬施行。一預稽覈。前件查得近年京營官軍關領馬匹勘合既已廢，格文冊亦不查造，該寺提督少卿又不行時常點閘比較，將見在倒失數目呈報本部查考，所以人心玩忽，馬匹倒死數多，日以數十計，月以數百計，年以數千計。今何孟春奏要嚴稽覈，誠為有見，合無本部行移太僕寺轉行提督京營少卿親詣各營，督同坐營官員查勘該營正德十年起，至正德十三年四月終止，原有馬若干，節年新收馬若干，要見某年月日關領若干，係某官軍倒失、被盜、拐逃各若干，已徵已解某年椿朋銀若干，未徵某年銀若干，實在馬匹要見在營騎操若干，某年轉交出征若干，舊管、新收、開除、實在各項俱查對明白，限在本年七月，以裏備細造冊奏繳，及造青冊送部查考，仍行各營以後奏討馬匹，先將已出過椿頭銀兩、官軍姓名造冊二本，送本部與該營，按季解送椿朋銀冊，查對官軍有無相同。一本送太僕寺提督少卿，先行公同該營坐營官查審官軍有無丁力領養馬匹，具數回報。本部以憑具奏調取馬匹，前来查照兑給。本部仍照舊例置立勘合，本部用印鈐記，交付兑馬，委官收領。每官軍關馬一匹，給勘合一道。公同該營坐營官員將官軍姓名、馬匹毛齒填寫在内，給付收執。如有官軍事故轉交，將馬并勘合送部轉付應領官軍，明白填註勘合簿内。若倒失等項賫執原領勘合赴部陳告，轉行該營查勘，照例追收椿頭銀兩，完日備將倒失馬匹總造冊連銀并勘合送部查筭明白，應兑馬匹本部具奏兑領其馬匹，相應挨次取撥，但係年歲臕息强壯別無殘傷老病等證，照例兑領，不許恃强揀選毛色及專占好馬，或別項刁難。如違，領馬强軍聽本部委官量情懲治，坐營把總官員不行鈐束，条究處治。若遇征進調兑馬匹，或邊方急缺戰馬，不拘次序，選取好馬交兑，不在此例。一酌緩急。前件查得京營官軍騎操馬匹，倒失被盜，九年俱令原領馬官軍買補馬匹，原不常支草料，官軍又多艱難，不能賠補，多累逃亡。成化十三年，始該撫寧侯朱永議奏，徵收椿朋銀兩，倒死馬主出銀，名曰椿頭，槩營官軍出銀，名曰朋銀。其銀該營收貯，自行收買。弘治四年，保國公朱永奏稱街市少馬，買補不及，要將奮勇等十二營見收椿朋銀兩，盡數交送太僕寺收庫兑給馬匹。本部題准將前銀查盤明白，每馬一匹，扣筭銀十兩，送寺收庫，行取寄養馬匹兑給官軍騎操。蓋先年官軍倒死馬匹，自買賠補，不兑寄養馬匹，所以寄養馬，日積月累，幾至數十餘萬，中間倒死盜失馬匹，至不可筭。馬數耗於民間，而虛數掛於籍冊，太僕寺官與寄養之民俱得安靜省事，固以為便，而京營官軍日剝月削，困於斂散，相繼逃亡，則不勝其疲敝矣。且官軍盜賣官馬，相應追賠，若老病倒死，貧軍豈能賠補？此不待智者而後知也。其後弘治四年，此法既行，京軍無賠買之費，民間疏積俵之累，軍民固為兩便也。始令倒死馬匹者得兑寄養馬匹，雖未免出銀之苦，而得自脱買馬之難。又寄養馬亦得疏通取用，不至積滯虚耗，視前逼軍賠補之法頗為通便。至於近年，本部為因流賊生發，虜寇犯邊，議奏發兵征討，若非取兑膘壯好馬，豈能追逐？其京邊官軍，率多貧困，不能自養，又積年倒死馬匹數多，若當急切用兵之際，必待追完官軍椿朋銀兩收買，然後兑軍。及取兑寄養馬匹，不論肥瘠老壯，必取先發寄養舊馬交兑，然後交兑新馬，不免膠柱鼓瑟，失誤軍機。今太僕寺卿何孟春奏稱順天等府寄養調取之數，從後較前，歲常倍蓰，東俵西交，不聞空闕，買馬價銀轉高，給軍勒要俵壯，新收不得存留，舊管不得發脱，奏要本部斟酌緩急，為之可否量分等第查奏等因，今欲斟酌緩急，以每年俵馬二萬五千匹計之，五年之間，可得寄養馬十二萬五千匹。又以每年兑軍一萬五千匹計之，五年止該兑給七萬五千匹，尚餘五萬匹寄於民間。軍得領兑之便，民無多養之累。况有不時發銀收買之馬，節其馬數之盈縮，以量出入之多寡，調停馬政，無有餘不足之時，計無出於此者。然此責在本部隨時制宜，非寺苑官所得預也。其奏稱近年以來，營邊騎操倒失之數，自今視昔，日有甚焉。出銀之人，不知何官，住俸之官，不知何人一節，緣查京營并各邊倒死馬匹，追收椿朋銀兩買補，不及八分官員俱經本部節年奏行住俸，催徵買補，並無寬縱。其查考追補之法，已於前項所奏預稽覈項下議擬明白，別無定奪。及照三大營官軍該徵椿朋銀兩，自買馬匹，不送太僕寺交收，近因前銀徵收不完，不時奏討兑馬，合無亦行點馬少卿照團營事例，查勘明白，具奏定奪。

又《爲開陳馬政便宜事》 看得巡按監察御史周鵷所奏馬政便宜三事，皆深切時務，不為空言。今將所言開立前件，議擬明白，伏乞聖裁，速賜施行，不勝幸甚。正德十二年五月二十六日具題，奉聖旨，是。准議，欽此。一比度時例以省冗濫之官。前件，看得所奏近年以來，例不徵駒，惟令出納備用，要將六安等州除革管馬佐貳官，則養馬人戶省一分科歛，建平等縣管馬主簿，一皆裁革，馬政悉統於掌印官，照滁州例，差該吏領解備用等因，似為相應。但奏內止開六安等州，建平等縣，不曾備開某州某縣，共幾處，相應裁革管馬官共幾員，難便定奪，合無本部移咨巡撫廬鳳等處都御史，查勘六安等州、建平等縣原額馬數多寡，相應照依滁州事例，合令掌印官管理，將添設該管馬主簿裁革，共幾州縣，該革主簿幾員，查議明白，具奏定奪。一計量財力以均坐派之數。前件，查得弘治十二年以前舊例，每歲派取備用馬二萬匹，續為修省事，該吏部等衙門太子太保、尚書等官王恕等，會議得順天府所屬人戶寄養備用負累艱難，合無每歲暫取一萬匹，正德二年閏正月內，為早正種馬以免廢弛馬政事，該雲南道監察御史王濟，奏要將種馬補足群數，每年一群之內，各照人丁地畝，議和朋納本色，或折色大馬一匹一年共取馬二萬五千匹，隨民買解。本部依擬覆，題奉欽依。正德二年以後年分，俱派取二萬五千匹。正德九年因各邊聲息警急，缺馬兑給，本部題准加派三萬匹。正德十年分，本部前官失於照詳，增派馬四萬匹，委屬過多，使民受害。正德十一年，該本部議得，先年每歲派取備用馬二萬匹，猶恐百姓寄養艱難，每歲止取一萬匹，近年增至二萬五千匹，比舊已多。去歲增派四萬匹，馬數驟加，則馬價亦必倍矣。不惟寄養之民被累，而小民買解尢甚艱難，已將本部備用馬匹，仍照御史王濟奏行事例，派取二萬五千匹。太僕寺所屬取七分，俱本色，南京太僕寺所屬取三分，本色、折色中半徵解外，正德十二年亦照上年事例，題准派取二萬五千匹。以後寄養馬不勾撥用，另行議處動支馬價銀兩，差官收買。今御史周鵷印烙馬匹，深知派馬利病，奏要將每年徵解備用馬匹，立為定例，悉照正德二年并正德十一年、十二年分數目坐派，每年積有餘馬，減本色，加折色，以便不時和買，亦官民兩便之計。於內量減本色，扣加折色，積有餘銀，以待用馬數多年分，作價收買，不致過濫多派，難於徵納一節，正與本部前議相同，但恐以後官員，意見不同，仍復更張，致為民害，合無本部將所奏案候每年派馬之時，務要遵守前例以為定矢？見如有任意改添者，聽兵科論奏改正。其要照戶部寬免税糧分數，將馬匹一體寬免一節，但馬終與税糧不同，難論分數寬免，合無除輕災不論外，如遇十分凶荒，百姓艱難，不能買馬，臨時巡撫官具奏定奪。一清舊額以濟通融。前件，看得御史周鵷奏稱鳳陽、清河、寶應等縣人戶消耗，不至如宣、徐等處之苦，要將宣城縣、徐州所屬四縣清查養馬丁田出辦備用折色馬價，照例解部，或將極累縣分畧與通融輕省一節，所言深為有理，非究心民隱者，未有此奏。查得先該南京太僕寺官反覆論議未定，本部又不果斷，含糊展轉，以致事久不决，俱難辭責。合無本部行文巡撫廬、鳳，并巡撫南直隸都御史，親自調查徐州并所屬四縣及宣城等縣戶口籍冊，詢訪地方豐歉，人戶貧富，從輕計筭，應派備用馬若干，卻查撫屬地方，如寶應、清河等縣，衝要貧瘠，應分豁買馬若干，照依御史周鵷原奏之意，通融派減，務得均平，查議明白。文書到彼，限三箇月以裏，具奏定奪。如仍似前含糊展轉，經年不決，誤事殃民，聽本部并該科參奏究問。一明新禁以懲欺玩。前件，依擬本部查照禁約，切要略節事宜，通行出榜，及行太僕寺翻刊印本，偏發曉諭。

又《爲推行馬政事》 看得太僕寺少卿何孟春所奏推行馬政三事，指陳利弊，切中事宜，合就開立前件，議擬明白，伏乞聖裁。正德十一年五月十七日具題，奉聖旨，是，准議。欽此。一審分派。前件，查得弘治十二年五月內，該本部議得，順天府所屬州縣寄養馬匹，人戶近年艱難，將地土轉賣，以致種地者多不養馬，養馬者多是無地。俵派馬匹之時，官司不行查審，槩令照舊領養，不惟民不聊生，亦且馬多瘦損，因循既久，積弊滋深。奏准差給事中等官王廷等前去，各該州縣，公同太僕寺分管寺丞，督令本府管馬通判，及州縣掌印管馬官員，吊取先年免糧地土文冊，逐一清查。將見種免糧地不曾養馬人戶，不分陵戶等戶，官員、監生、吏典之家，就將無地人戶馬匹，照例給與領養。如有多餘之地，造冊在官，聽候領馬。敢有倚恃權豪勢要陵戶等項，不行養馬者，參送法司問罪，仍令領養。此法更善，如有不願種地養馬者，將地退出，給與無地人戶養馬。後該各官查勘，得承種免糧地土人戶，不分官吏軍民人等，悉照舊例，每免糧地五十畝，派養馬一匹，地畝不足前數，以十分為率，量派分數，著令朋養。中間地土沙瘦等項，及承佃逃絕人戶地畝，并丁少貧難者，量與減輕，丁多并附餘地多去處，及得過人戶量為加重。其無地并馬多人戶見養馬匹，又各照例量給種地不曾養馬之人領養。及搭配相應人戶朋貼，共清出順天府所屬原額免糧養馬地二萬九千八百頃，成丁男子一十八萬九千四百二十四丁，編過寄養馬四萬三千九百九十八匹。今少卿何孟春奏稱，弘治十二年清審之後，年遠事異，定宜量為清查，到今十有七年，人戶死絕，冊未除名，地已賣盡，馬猶在戶，要差科道等官親詣審勘，誠為有理。但即今荒旱，百姓艱難，又係農忙之月，若差官一出，清查州縣三十七處，勢難親理，未免仍行州縣官先查，追呼勾擾，吏緣為姦，督責嚴峻，民益受害。合無不必差官，本部備行該管少卿、寺丞分投親詣寄養馬匹州縣，查勘養馬人戶，除見種地五十畝，及丁力相應人戶照舊不動外，果有人多死絕，冊未除名，地已賣盡，馬猶在戶者，就便改派買種地土之人領養。敢有倚勢不服者，拏問枷號，問罪通筭，州縣吏可改正從來坐派之弊。若一縣之內地多馬少，相應加派，或地少馬多，相應減除。及雖有地，沙薄拋荒，無人承佃領馬，俱查明白，造冊分豁，某州縣原額免糧地若干，應該養馬地若干，該養馬若干，應該除豁不養馬地若干，該除豁馬若干，逐一明白造冊奏繳。仍造青冊一本送部，查照奏請定奪。其各州縣務待太僕寺官親臨督同清查，不必求速紛擾，亦不許任意遷延，限至正德十一年終，不行完奏，本部參奏究問。再照先年舊例，近京地方寄養馬匹，專備京邊戰馬之用。每年寄養不過二萬匹，而又交兌有時，所以地力有餘，民不受累。後因加派備用馬匹數多，京邊交兌數少，以致寄積馬多，民不堪命。繇是觀之，得清本正原之論。清審編派，利弊雖係於有司，而通融斂散，得失全繇於本部。臣等去年奏派寄養馬不過二萬五千匹，漸復舊數，又交兌京營宣大等邊數多，民力漸寬。合無今後每年奏派寄養馬不過二萬匹，緩急勾用，若各年寄養馬匹，除兌給京邊之外，積有多餘，量再減派，務令馬少而膘壯得用，毋使馬多而羸瘦累民，庶幾政本得清，弊端自息。一嚴比較。前件，查得弘治十二年，該太僕寺卿王霽奏本部議擬題准行分管寺丞，揀選寄養馬內老病瞎瘸，不堪騎操，孳牧馬內，年齒十八歲以上，并漂沙等項，不能孳生者造冊奏請，或送光祿寺，或變賣銀兩湊買馬匹等因，本年又該太僕寺少卿唐章造冊開奏，本部議擬，行分管寺丞再行審實，果齒二十歲以上并瘸瞎桑癩等項不堪醫治，解寺奏請定奪，或送光祿寺，或變賣銀兩。續該少卿彭禮奏前項不堪馬匹，每匹追銀二兩，徑送太僕寺，不必具奏。弘治三年，該少卿彭禮奏，本部查得各年倒失寄養馬共四十四萬餘匹，議擬成化二十三年以前者，暫且停追；弘治三年三月以前者，每匹追銀五兩；弘治三年四月以後者，每匹追銀十兩，願賠本色者聽。又查得正德十年，本部題准，起解陝西馬匹。若有剋減草料，故不用心餧飼，以致瘦損。沿途倒死者，著落牽馬夫賠償，送馬官提問。通行欽遵外，今少卿何孟春奏要將寄養不堪馬匹，正德九年以前者，照依舊例揀選追罰，正德十年以後者，責令變賣添價買補，堪調治者責令調治，所言有理。合依所奏施行，及照各處解到備用馬匹，每匹賣銀三十餘兩，倒失止令賠銀十兩，事例輕重不一，則奸人生心，弊端日滋，不惟虧官，抑且使人不肯用心餧養，故令倒死以圖納銀省便。況舊例作踐官馬致死，分外追罰馬一匹，今寄養馬倒死，止令賠銀十兩，委的失之太輕。先年少卿彭禮奏行此例，為因拖欠馬四十餘萬，一時難以併徵，以此暫議從寬，實難經久。合無除正德十年以前寄養馬倒失，寄養倒失之多如此，民安得不困？照弘治三年例追補外，其正德十一年以後，寄養馬匹倒失，仍照弘治三年以前舊例，倒失備用馬匹，務要追補，不在宥免之例。其遼東并四衛勇士，及陝西交兑退回馬匹，除遼東馬匹曾經官軍騎征追賊退回，難比常例依擬，量追一半，其四衛勇士并陝西兑軍退回馬匹，仍照舊例追補。

又《爲清時弊以蘇民困事》 看得南京工科給事中殷雲霄所言賦繁役重，民不聊生，思欲變通以捄其弊，誠為有識之論。但中間事干規制，難擅定奪，今將所言開立前件，議擬明白。伏乞聖裁。正德十一年五月十七日具題。奉聖旨：『是，准議。欽此。』一曰舉馬政。前件查得各處養馬地方種馬、科駒各有定額，近京地方寄養馬匹，亦因其便，及兩京設立太僕寺官專管馬政，俱係祖宗舊制，遵行年久。今給事中殷雲霄奏，要於近京府城擇地房以為馬廐，買田除税以牧馬匹，專設大臣一員總理其事，固是變通之意，但係干制度，擅難改議。其所言民間養馬愁苦勞費，皆是實情，不可不處。查得今年該派馬匹，本部已因百姓艱難從省派俵及寄養馬匹，不過二萬五千匹，亦比常年減去一萬五千匹。合無今後本部派馬務從減省以蘇民困，如遇缺馬，差官收買及各處節年拖欠馬匹。見該南京太僕寺寺丞牛綱建言，本部奏准查勘，今仍行文督催作急勘報，至日果係小民拖欠馬匹，艱難不能陪補，臨時奏請通行蠲免，如此則不必變法，而民困亦得少甦矣。

又《爲劾奏廢壞馬政躭誤軍機官員事》 照得國家馬政最為重務，所以歲派馬匹解送太僕寺，轉發民間寄養，以備征戰之用。各府州縣除掌印官外，又各添設管馬通判、判官、縣丞專理馬政，其兩京太僕寺衙門職列三品，各設卿一員以綱維其事，在京太僕寺差少卿一員，奉勑專點各營騎操馬匹，一員奉勑專一比較寄養馬匹，南北各該地方又各有寺丞一員分管，近年又添設寺丞一員，專管順天等府寄養馬匹，立法不為不密，設官不為不多。參照各該拖欠、倒失馬匹府州縣掌印官員因循玩忽，馬政付之不問，管馬通判、判官、縣丞等官止知貪賍，不脩馬政，分管寺丞或才力不及被其欺誑，或通同納賄故縱為姦，以致寄養馬匹倒失至一萬之多，見在數内老病瞎瘸有三四千匹之數，今年二運該解本色馬匹，見今八月，尚有一萬一千餘匹未曾解到，其以前各年拖欠馬匹尚不在内。本部按其所報籍冊俱作見在調取，緊急兑軍，而有數無馬不堪兑軍，乃至一萬。見今遊擊將軍金輔、陳珣統軍出征，該兑正䭾馬幾至一萬，都指揮袁傑等又於團營整點騎兵一萬五千，亦該用馬數多似此。各官不職，廢壞馬政，若不重加懲治，見今躭誤軍機，誠非細故。及照兩京太僕寺卿職司總理，督察無方，亦合有罪。合無本部移咨都察院，轉行各該巡按御史，查勘拖欠并倒失馬匹各府州縣掌印官俱住俸，管馬官俱取具招由，革去冠帶，住俸，督令作急買補，陸續起解，限至本年九月終，不行解完者俱提問。內拖欠數多及訪察平昔貪懦無為官員，參奏罷黜監候，奏請定奪。再行兩京太僕寺，將各分管寺丞俱住俸，督令各照地方督催完解，候至九月終，通將催完馬匹該寺類總具奏本部，臨時查照數目多寡情罪輕重，及查各掌印卿并少卿曾否用心督理緣由，逐一明白參奏，寺丞送法司問罪，卿及少卿取自上裁。其金輔、陳珣該兑馬匹，先儘團營見在之數交兑，袁傑等該兑馬匹，候解到馬匹陸續交兑應用。正德十一年八月初十日，具題，奉聖旨：『是金輔等并袁傑等該兑馬匹，各依擬交兑。府州縣掌印管馬官并兩京太僕寺官該住俸提問參奏的，都依擬行。欽此。』

又《爲禁止借用馬價事》 照得太僕寺見在寄養馬匹數少，各處缺馬取兑數多，况今北直隸等處地方水災重大，停免又多，太僕寺收貯馬價銀，每十萬兩止可買馬五千匹。近日軍餉缺乏，各衙門官往往奏要借支馬價銀兩，不思戰馬急缺，又借何項銀兩收買？若不預行禁止，臨期缺馬，誤事非輕。合無本部申明舊例，通行户部并各邊巡撫都御史，今後遇有動支錢糧，不許擬奏借支馬價，及見在買馬價銀，不許擅便那移別用。如有故違律禁，擅自那移馬價別用、致誤軍機者，聽本部并兵科參奏究治。正德十二年十一月十四日具題，奉聖旨：『是。欽此。』

明 顧潛《静觀堂集》卷七《論馬政事宜疏辛酉七月**》** 謹題爲議處馬政以蘇民困事，臣惟馬之爲用，軍務所先。比歲以來，邊須尤夥，誠不可不加意也。邇者臣欽奉敕諭，前往直隸、山東、河南各府印記弘治十二年孳生馬駒。承命儆惕，惟恐弗克幹濟，有孤委托。故凡所歷之處，嘗切究心。竊見夫孳生之法廢而馬政日隳，陪買之費重而民力日困，若不早爲區處，圖善厥事，非惟將來馬之缺乏爲可憂，而民不聊生，相率流徙，亦非保固邦本之道。謹以臣所見聞，及得於咨訪者條析上聞。伏望皇上留神垂覽，倘蒭蕘可采，乞敕該部從長議處，俯賜施行，天下幸甚。緣係議處馬政以蘇民困事，理開坐，謹題請旨。計開：【略】一、嚴黜罰以厲曠職。臣惟天下之事，任得其人則日脩舉，苟非其人則日廢墜，《傳》所謂『爲政在人』是也。今日馬政之弊，亦由管理未盡得人故耳。臣近歷養馬地方，所接府州縣官員間有勤慎明敏者，所管馬駒必多可印；若其衰老頑鈍，其駒卽無可觀，不惟印記鮮堪，抑亦分數不足，蓋由此輩惟事苟圖，竊祿肥家，玩愒歲月，一涖此職之後，即以孳生爲故事，以朋買爲當然，罔知羣蓋之時與不時，不計牧養之善與未善；至於掌印正官，又謂馬政自有專掌，鮮肯任爲己責，小民無憚，誰復盡心？雖或孳生一駒，人户自相推捱，悋惜蒭料，餧養失時，甚有以之曳車犁田頓踣致死者矣。使官得其人，管理如法，寧復有是弊哉？伏望皇上俯察臣言，乞敕該部計議，合無今後差官印記馬駒於孳生分數之外，仍計其印記多寡，而以四分爲則，其孳生分數雖及而堪印不及四分，并孳生、印記俱不及分數者，即係罷軟無爲官員，罷黜閒住，具缺選補，其掌印官亦停俸半年。如此，庶幾人知儆懼，馬政漸舉。一、省繁文以革吏弊。臣惟文移之設，所以覈事變、稽物數，往來上下，固不可廢，若其無益於事、有害於民，秖以爲奸吏索騙之資者，則不若省之爲愈。訪得各府州縣每年四季攢造馬數文冊，申報太僕寺衙門，其紙札工食之用，以直隸、保定等七府并河南、山東二布政司所屬各府計之，每季費銀幾千餘兩，此豈吏書所自辦哉？皆取給於養馬人戸耳。及至解到該寺，堆案盈几，雖欲加省，茫然無緒。以小民財力所辦，徒委諸塵埃之中，而吏胥狡猾者多乃得緣此作弊，一遇解冊人役到寺，每州每縣索要銀兩，賄至則置而不檢，無者輒毛舉駁問。近年雖行令各府委差老人賚解，而府州縣吏畏其查駁，不免將銀附寄買求，此亦豈出於吏哉？吏歛於羣長，羣長又歛於人戸耳。小民受害，此亦一端。伏望皇上俯察臣言，乞敕該部議爲裁省，合無今後行令各府將一切馬駒、銀兩數目通於年終一次造冊申寺，以憑查理。其分管寺丞每年二次行歷地方，有司即將備細數目各另開報，亦不許差人賚送，以生弊端。如此，庶幾民財不費，吏弊稍革。

明　何孟春《何文簡疏議》卷二《馬政疏》　題為邊方馬政利病事，節該欽奉敕：『邊方武備莫急於馬，近來各邊官軍不思馬匹出民脂膏，罔肯用心餧養，每稱災病、追賊等項倒失數多，奏討關補。除本色馬匹外，連年發去價銀不知幾何，彼處又有餘糧、屯田、草塲、椿頭等項銀兩，管事人員不無玩法之徒，恣為侵尅之計。今特命爾前去陝西、延綏、寧夏、甘肅，公同各該行太僕寺官遍歷地方，將前項發去馬價并餘糧、屯田等項銀兩，自弘治十一年十一月二十一日敕後至弘治十八年終逐一備細清查，要見某年發去并本處收過銀若干兩，買過馬若干匹，給與某官某軍領養有無見存倒失領出未買銀若干兩，拖欠馬若干匹，及見存銀兩若干，是何衙門收貯，或有別項支用，就行追究下落，果有侵欺情弊，應提問者徑自提問，應奏請者指實奏聞處治。欽此。欽遵。』臣才本駑駘，志甘豆櫪，誤蒙差遣，不任驅馳。今經萬里有餘，將及一年之久，三邊馬政頗得摽聞，四鎮地方實歸遍歷，除公同各該行太僕寺官遵照敕内前項年分逐一清查太僕寺發到并本處收過銀兩買馬給軍備細緣由，及將拖欠、見在銀兩數目中間那移侵欺情弊追徵究問明白下落，另行造冊具奏處治外，臣採風無狀，復命有期，以馬名官，敢忘兵事之所重；攻車考牧，况乃職分之當為。謹因查勘之餘，妄有條陳之舉。伏望皇上將臣所言五事付諸督理大臣，推之各邊，未為無補。酌彼舊例，宜在可行。馬政既脩，何憂馬價？邊儲以足，不費京儲。騋牝三千，公車千乘，行載歌於西北矣。為此開坐具本，專差舍人陳聰齎捧，謹題請旨。計開：一、查得成化元等年為陳言邊務等事，節該兵部議行陝西各邊衛所屯田，除辦納外糧草外，每頃出銀壹錢，委管屯官徵收回衛，寄發有司倉庫收貯，如遇邊操官軍倒死，原領馬匹告相明白，令其尋要堪中好馬，將前貯官銀收買，給發騎操，不許那移別項支用。鎮巡等官每於年終備將收過銀兩、買過馬匹數目具奏。查考此例之行為日久，糧草額外實是加徵，獨於邊方有之，專為馬價而設，奈何法欠周防，事多虧弊，稽案勠籍，迄無可憑。查得陝西都司等衙門開具所屬屯田原額，與各衛所見徵數目多不相同，有一衛差至千百餘頃者，少亦不下數十頃畝。究其所以，不曰舊日抛荒，則曰遠年分豁錢糧積歲拖欠，文卷片紙不存，再行所司查勘，竟不能回報。此在衛徵銀者之無憑也。腹裏衛分，官軍多在各邊備禦，一衛常分數處，一處率是兩班，前項銀兩徵收在衛，領支在邊，各邊分守、守備、副參等官但知差人領銀，緣無印信、文書，又無銀兩數目，衛中之所取以附者委官領狀而已，衛所解邊銀兩印信、中文，邊上又不存以為案。管屯徵銀班操不得干涉該班買馬，衛所無由預知其買馬數目，問之分守、分備衙門，百不知一；問之把總、管操官員，不過關集識字人役，記憶揑凑，豈能得真？若事關下班，彼又得諉於不知矣。下班官軍或改按伏，或作遊奇，不在本邊，不歸原衛，逃亡事故，何由可查？遊奇按伏，暫委領軍官員回報無印公文，尤是不足信者。查勘之間，彼多此寡，人名差拗，年分乖違，弊則顯然，罪將誰執？此在衛在邊領銀買馬者之難憑也。陝西各衛腹裏者少，邊方者多，分派屯田，徵收糧草，每頃糧六石、草九束，而又額外出銀一錢以為馬價，殆非得已。官不得已而加徵，軍於額外而重出，苦寒之天，斥鹵之地，盡彼錙銖之積，莫非膏血所成。今不免被奸人之侵漁，入私室之囊橐，專罪則無所歸罪，槩誅則不可勝誅，蓋由事不皆出巡撫衙門，周防缺人，查考無地，而年終無憑具奏，具奏之數自不能致其詳故也。臣愚乞敕該部查照陜西屯田馬價事例，行移總制邊務兼督理馬政并各該巡撫官，各查所屬衛分原額屯田頃畝、每歲徵收馬價銀兩數目、腹裏衛分應該解銀兩各邊共有幾處、在邊備禦應該原衛領銀共有幾衛，今後各衛所管屯委官徵收前銀，在腹裏者俱要寄附近府州縣，在各邊者寄所在倉庫，有司衙門收貯，各置印信文簿，執掌在官。遇有本城騎操官軍倒死馬匹，把總、管操官開報巡撫衙門，獲有明文回衛，方許領出，照例支給；若係腹裏該解銀各邊及係備禦該原衛領銀，非奉明文不得擅行領解；腹裏解過銀兩，即取在邊官司領過印信文書；在邊領過銀兩，即取給軍衙門買過馬匹數目，各回申巡撫衙門查照，仍於原置簿内開註前件支銷明白，以俟弔查。若管屯官徵銀仍有違例，不寄有司倉庫，及該衛備禦各邊人員齎執白批稱作副參等官差委赴衛領銀，本衛掌印官仍前不行申達巡撫衙門，輒自取具領狀，將銀領出解發，通加究治以重罪。巡撫官仍照例於年終具奏，將所收屯田并朋合、樁頭銀兩備開某衛所原收若干、買過某處馬匹支銷若干、見收某處倉庫，或扣除糴糧銀准作前銀寄庫各若干，一同奏報，將拖欠、未完之數議擬比較，追徵施行，庶幾法不徒立，而弊可少祛也。一、查得成化十三等年為軍務等事，節該兵部議行，各邊騎操馬匹遇有倒失，酌量官軍朋合出銀買補，每年六箇月，按月都指揮出銀一錢，千百户、鎮撫七分，旗軍五分；倒死，馬主、都指揮出銀三兩，指揮二兩五錢，千百户、鎮撫二兩，旗軍一兩五錢；走失被盜，各加五錢，照依時價挨次買補。鎮巡等官每半年一次將放過銀兩并倒死馬匹已未買補數目奏報，所收銀兩有侵欺作弊者，聽巡撫官從重禁治。所買馬匹，各以十分為率，把總官買過八分者，免其住俸，責限補完；不及八分者，住俸完日，方許關支。此例雖稱見行，而各邊舉措實多不一。今查得陜西、延綏、寧夏、甘肅等處朋合銀有止徵馬者，有徵及步隊者，有不分官軍減徵皆一錢五分加徵至一兩者，有將月糧折色扣除在官者，有在操備地方徑自收放本衛全不預知者，大段視死馬之多寡，為徵銀之贏縮。此朋合之不一也。樁頭銀有以上中下户為等者，有不分官軍槩徵一兩五錢二兩、二兩五錢三兩者，有因公出外倒死與槽下倒死一體徵收者，有槽下倒死與走失被盜，第加五錢，謂之免責銀者，或掌之於衛，或收之於操，大段死馬官軍給有官馬，纔徵樁頭，無馬給之，多只責令備價自買，故陜西等處又有徵收者、全不徵者，此樁頭之不一也。腹裏領馬官軍常在各邊備禦，前二項銀兩在邊收放，該衛不得預知，吊到在邊簿籍，率該白頭故紙，夫徵銀不一，既於定例得以從違，稽案可疑，寧保委官不為欺弊？陜西都行二司邊務文册呈繳鎮巡等官奏報之數，又是紙上栽乘，有何根據？隍中覆鹿，誰與尋求？平、鞏、岷、洮在城操備，失徵朋合已數歲，而所司仍造徵過若干；莊、凉、固、靖各邊備禦，拖欠馬匹累百千，而原衛曾不開呈十一，責任實無，專理行移，徒具虛文，此近年以來各衛所官侵欺作弊者之所以無罪，已未買補不及分數者之所以無罰也。臣愚乞敕？該部再申前例，榜示各邊，今後朋合出銀毋令徵及步隊，蓋無馬者己田難舍，有馬者外厩可償，官軍為貴賤之分，階級是富貧之辨，出銀有等，立法甚明，倘不得已而加徵，不許混同而漫及。若樁頭之應徵與否，則聽總制邊務兼督理馬政及各該巡撫衙門斟酌處之。倒死馬匹，令官自買，必能添價以湊買到馬匹給軍同領，未必舉羣皆良，所貴稱物平施，損上益下之有道耳。追賊、燒荒等項因公死馬，舊例原免追陪，若查勘明白，即與除豁。槽下死馬，告明相剥，得自變賣皮毛肉臟。與走失、被盜馬匹，雖是旗軍，各令出銀三兩交官買馬，亦不為多。惟死馬告官之日，無所刁蹬，買馬給價之期，不致遲難，即困中受惠、貧不積債矣。在邊在衛，委官收過前項銀兩，俱準屯田馬價事例，收寄所在有司倉庫，并月糧折色扣銀在官者各另封號收貯。操備、把總等官一遇各軍倒死馬匹，即便開報巡撫衙門，行文查給，巡撫衙門仍行各該行太僕寺官比較，印烙回報，然後類奏施行，庶幾收銀買馬數目易清，欺弊無所容分數不能隱，而奏報之數在本部者亦可為據依也。一、查得弘治五等年為清查草場租銀等事，節該兵部議行，兩京并在外各邊巡撫等官及委官於各該衛所清查原額牧馬草場地土，若有被人耕為熟田者，各照地土肥瘠出銀逐年徵收完日；若係各邊衛所發都司官庫收貯，具數呈報巡撫、巡按知會，候官軍倒死騎操馬匹，量行支給貼助買馬，此例通行内外，各邊先年止據在京衛所并遼東、山西、大寧等都司衛所查過草場租銀買馬文册到部，其陜西等處除苑馬寺草場牧放、孳牧馬匹外，各衛所俱無造册回報。臣行據陜西都行二司，查得西安前衛草場六十二頃五十畝，每年徵銀買補騎操馬匹，其餘各衛所俱各查無草場徵銀買馬緣由，各具結狀呈繳前來。臣又查得弘治元等年為分豁虧免草束馬匹等事，該巡撫甘肅都御史羅明題稱，甘州城北草湖一所名曰餧馬房，遞年採草二十餘萬，賣銀二十餘兩，及又有葫蘆灣、黑河灘等湖，採草亦不下萬束，俱被本邊鎮守等官占為己業。該户部覆奏，轉行鎮守等官退出，一半給與無草湖人採納草束，一半變賣銀兩買補倒死馬匹。續因太監傅德奏討前項草湖，該部又經題，准將餧馬湖地内給與傅德二百頃，其餘與小葫蘆灣、大葫蘆灣、黑河灘俱退出與軍；迷黑湖地内給與總兵官一百五十頃，其餘亦給與軍；鴨子渠湖、居家湖共七頃一十八畝五分九釐給與副總兵，教場湖、鹻灘湖共七頃一十四畝一分七釐四毫給與監鎗各管業外，所據退出給軍。湖地每歲採草，或補納草束，或變賣銀兩買補倒死馬匹，係臣應查事理。行據陝西都指揮僉事陳瑄、甘肅行太僕寺卿陳寛、寺丞田美各呈，稱公同踏勘得餧馬房湖地止有九十餘頃，見在鎮守太監楊定下管業；迷黑湖地三十七頃二十五畝一分三毫九絲，見在總兵官劉勝下；鴨子渠湖、居家湖地二十三頃六十一畝四分一釐四毫，見在左副總兵白琮下，比原給地多一十六頃四十二畝八分二釐四毫；教場湖、鹻灘湖地八頃二畝五分三釐七毫五絲，見在監鎗左監丞王欣下，比原給地多八十八畝三分六釐三毫五絲；黑河灘等湖，除在官未丈外，相畔地四十二頃三十八畝九分七毫，總兵劉勝下；大葫蘆灣一十四頃二十九畝五分六釐七毫七絲，内五頃九十畝，副總兵白琮下，八頃三十八畝八分一釐七毫七絲并小葫蘆灣二頃三十九畝九分三釐七毫五絲，監鎗王欣下承管。各湖四至弓口，通為計筭明白，別無扶弊等，因將各官管業并給軍地土分別界限，置立峯堆，填畫圖式，取具各証親供，各具呈到。臣為照前項勘過湖地，除各官應得管業外，餘地七十六頃三十九畝五分九釐九毫七絲，係先年給軍採草、賣銀買補倒死馬匹之數，已經轉行巡撫甘肅、都御史曹元查照題准事理、定奪給撥去後，臣切惟各邊草場湖地在處有之，若必耕熟是求，則屯田之餘無可指者，官軍之所採納，不患無而患遠，鎮守之所占據，不貴遠而貴近，此事豈獨甘肅為然？特羅明行之於前，故臣得議之於後耳。臣愚乞勅該部計議，合無通行宣府、大同、遼東、山西、陝西、榆林、寧夏，并順天、保定等府有總制處總制衙門、無處巡撫巡按等官，各將沿邊一帶内外守臣原占空閑地土堪以採草、牧馬去處，逐一清查頃畝數目，明白撥與官軍採打草束，先儘賠補虧免事故軍人草數，餘剩賣銀，收貯在官，遇有官軍倒死馬匹與屯田朋合等銀，相兼支給買補，不許別項花銷。巡撫官仍於年終將收過銀兩、買過馬匹一體奏報施行，庶幾邊馬少助萬一，而前例草場之查，亦不為虚名也。一、訪靈州鹽課司大小鹽池，自祖宗以來，與茶法並為各邊馬匹之用，二池額課止有一萬三千九百餘引，先年延、寧二鎮遞互招商中馬，給軍騎操，每上馬一匹，給引一百道；中馬一匹，給引八十道。每引一道，該支鹽二百觔，百道即該鹽二萬觔，八十道該鹽一萬六千觔。常價一萬觔該銀二十五兩，以應支兩倍二十五兩、二十兩銀之鹽，易十兩、八兩銀之馬，子本如此，而引常有餘，馬常不足，萬車載去，俱入權門，數匹牽來，僅存毛骨，此利不在商人，亦不在公家也。弘治十三年内，邊臣建議改撥納銀用之買馬，其計始得。又值寧夏巡撫衙門借支二年修理河渠，功既未成，鹽亦浪費。近該總制邊務、兼督理馬政、都御史楊一清於額外奏討鹽引若干，召商納銀，一年之間商賈雲集，地方日效，其有鹽銀歲增數倍。臣因查各邊馬價，併知鹽銀近日買馬數目，助益邊方實多，其轉移之法，區處之宜，臣不能悉。竊以為此利在商人，故亦在公家也。向日馬少，引常有餘；今日引多，鹽不告乏，天地生財，本自無窮，顧人用之何如耳！臣過靈州花馬池，得聞二池之鹽自來不費人力煎熬，夏秋晴暖，水面皚皚，如雪如霜，隨取隨足，以今權之課引舊額，傷於狹矣。又訪得鞏昌府漳縣、西和縣亦有鹽池額課，御史王愷曾奏要發洮河、岷州折銀易馬，其河西鎮番衛鎮夷所有鹽池而無額課，除鎮夷鹽池該驛公用外，鎮番境内外鹽池數多，獨無可資於官者乎？臣愚乞勅該部轉行都御史楊一清，即其已效，廣為永圖，前項鹽池若是討引重煩，不如增額為便，即行計量近歲給引之數，斟酌異時中鹽之額，於雨暘乾潦之間，制多寡贏縮之節，大約可增至十萬引。引鹽既定，可計課銀。每一百引可得銀二十五兩，商人不問客行土著，納銀二十五兩得引百道，每引下池照鹽七石，運至行鹽地方，車脚盤費餘五之一，該銀五錢，百引得銀該五十兩。本利相侔，誰不樂從？其鹽又是當年支放，支不盡者次年聽其再支，舊三新七，兩無妨棄。二池所得課銀，一年當不下二三萬兩，俱寄附近平、涼、固慶府收貯，如遇各邊缺馬，鎮巡等官具奏，行移查照，給發買補，畢日造册奏繳。鞏昌鎮番地方鹽池應否照此定奪，亦要清查擘畫施行，其餘河階、狄道、魚河等處土鹽、小鹽及一應私鹽，各加禁約，不許採取興販，致壞課程。敢有權門勢族摻越商人多支鹽石，或別項奏討，無益浪費，俱依律例，從重治罪，庶幾將來國用益充，軍資有賴，庫積餘財，而邊軍自可無缺馬也。一、訪得洮州、河州、西寧三衛各茶馬司茶斤，洪武、永樂年間俱係差官起倩軍民夫役，於四川保寧府巴縣等處般運赴司交收，三年一次差京官選調各衛大勢官軍深入番境劄營，調集夷衆，比對金牌信符，將前茶斤給與各蔟徵納差發馬匹，如有拖欠，次年前去催收，俱給各邊官軍騎操，祖宗法制，非但可使邊方得馬濟用，抑又羈縻番夷，使知軍威，不敢為惡。後因地方多事，陝西夫役急於軍餉，無暇運茶，腹裏衛分官軍多赴甘寧等處征操，別無官軍可調，前例俱各停止，各茶馬司催取漢中等處民户納茶，及巡獲私茶充用。彼時或差堂上官，或止差行人巡視整理，續改御史巡禁私茶，一年一次，招番易馬。成化初年，三處易馬尚得萬匹，自是以來，一年所得僅足千數而已。弘治十八年，該督理馬政、都御史楊一清建議脩復茶馬舊制，曲盡撫馭安靖之道。本官奏内，要以弘治二十年為招番之期，乞遣廷臣齎捧上號金牌，會同本官及陝西、甘肅二處巡撫官督，同都、布、按三司官，在於三衛住劄，差委官員通事分投調取各番，各齎原降下號金牌牽趕馬匹前來上納，分別上中下三等，給與價茶，厚加賞勞，遣回本蔟。如有不敷原數，聽次年徵收補還，以後三年一次舉行，計其所言招番之期，即今日正德二年是已。臣過洮河等處，聽聞土人傳言，往年洮州招番，止是臨近納郎駝羅地方火把哈藏等蔟，河州亦止川下陸蔟乞台撒剌、并歸德中左所西番達子二州七站、及腹裏老鴉乩藏等熟番調來中馬給茶，其朶工等蔟近年楊都御史招調始出，往時與黑章咂上下哈加阿劄爾遠竹等蔟專一伏路搶殺過往官軍糧賞財畜，以為得計，致使中馬熟番累及馬匹數少。西寧地方自巴哇等十三簇外，曲先、阿端四衛邈不相通，而肅州所管葛羅黑巴等蔟時來為患，大抵番夷種類強硬生拗，累撫不聽，十居五六。今以廷臣齎捧金牌前到三衛，欲如舊制，選調大勢官軍深入番境，則我之舉措重有紛勞費，欲如今擬，只在三衛住劄，差官調番納馬，則彼中頑梗，未能一一聽從。臣愚乞勑該部行移本官再加審處，合無今年暫免差官齎領金牌，且於陝西三司行委才幹官員各赴洮河等處，會同守備官，各差該衛諳曉夷情的當指揮千百户各帶通事軍馬分投境外，撫調番蔟，或師禪師番官、指揮千百户、鎮撫、驛丞、頭目、番人各趕馬匹前來上納，分別上中下三等，給與價茶，比之往年有加無損，衣服、靴帽、酒食等物從宜犒賞，務要得其歡心而回，中間馬有不敷之數，聽於次年徵補，仍諭以朝廷恩威殺伐利害，使其歸語未來諸蔟，今後三年一次，朝廷必差近臣齎領金牌前來比對徵收原認差發馬匹，給領茶斤，各蔟敢有再不至者，定加誅勦，靡有孑遺。彼亦自有人心，寧不知感知畏？自今以後，又閱三年，誠使潼關以西、肅州以東、漢中以北，及四川碉門、黎雅等處私茶屏絶，巡禁之官有方，興販之徒無赦，則彼番蔟無茶，命懸於我，調之豈有不至者哉？如是而後，乞遣廷臣齎領金牌，舉行舊制，庶幾不為徒勞，而各番原認馬匹不患其不如數也。

正德二年三月二十八日。

又《馬政第二疏》 題為邊方馬政利病事，節該欽奉勑：『邊方武備莫急於馬，近來各邊官軍不思馬匹出民脂膏，罔肯用心餧養，每稱災病、追賊等項倒失數多，奏討關補，除本色馬匹外，連年發去價銀不知幾何，彼處又有餘糧、屯田、草場、樁頭等項銀兩，管事人員不無玩法之徒，恣為侵剋之計，歲月既久，姦弊多端，民力已窮，馬常不足。今特命爾前去陝西、延綏、寧夏、甘肅，公同各該行太僕寺官，遍歷地方，將前項發去馬價并餘糧、屯田等項銀兩，自弘治十一年十二月二十一日赦後至弘治十八年終，逐一備細清查，要見某年發去并本處收過銀若干兩，買過馬若干匹，給與某官某軍領養，有無見存倒失，領出未買馬銀若干兩，拖欠馬若干匹，及見存銀兩若干，是何衙門收貯，或有別項支用，就行追究下落，果有侵欺情弊，應提問者徑自提問，應奏請者指實奏聞處治。欽此，欽遵。』查得先為前事，節奉本部劄付，該本部題，該太僕寺卿儲巏等題，稱各邊節次奏討馬匹、馬價數多，及各處原有餘糧、屯田、草場、樁頭等項銀兩，要行奏差本部風力郎中一員，與同該寺督理馬政少卿前去查勘。本部議得遞年發下價銀馬匹并各邊前項銀兩其數既多，歷年頗久，除給領本色馬匹免查外，合無將各項銀兩俱自弘治十一年十二月二十一日大赦以後至弘治十八年止，宣府、大同銀兩，本部差風力郎中一員公同太僕寺督理少卿共請勑一道，陝西、延綏、寧夏銀兩，俱行彼處巡按御史公同陝西行太僕寺，甘肅、遼東、山西者，俱行彼處巡按御史公同本處行太僕寺堂上官，各請勑一道，前去親詣各該地方，備將前項銀兩逐一清查等。因奉聖旨：『是陝西等處也，各選差本部官一員去公同各該行太僕寺清查明白來說。欽此，欽遵。』又該本部題，稱各處地方中間亦有附近者或可兼理，所差官員必須素有才幹者始可委用，本部欲選差風力郎中二員，一員何孟春請勑一道，馳驛前去陝西、延綏、寧夏公同陝西行太僕寺，甘肅公同本處行太僕寺各堂上官，務要遍歷各該地方，照依原擬年分逐一清查明白，造册具奏，仍造一本送部查考等。因奉聖旨：『是。欽此，欽遵。』行間該臣等奏，稱所勘事情遍歷數鎮，中間偏僻去處，欲委彼處守巡等官先行勘報等。因節該，奉聖旨：『是。欽此，欽遵。』又該本部題，該太僕寺少卿于琂題，前事本部議得合無仍照郎中何孟春等原奏事理備行，各官請勑到彼之日，遇有應勘事情，行委布、按二司并所屬官員勘報等。因奉聖旨：『還著郎中等官躬親遍歷查勘，務要明白，不許展轉委託。欽此，欽遵。』備行到臣奉勑親詣陝西、延綏、寧夏公同陝西行太僕寺卿王琰等，甘肅公同本處行太僕寺卿陳寬等，遵照勑内并欽依内事理遍歷各該地方，行據陝西都、行二司并西安甘州左等衛、鳳翔古浪等所，各將弘治十一年十二月二十一日起至弘治十八年終止太僕寺發到馬價并本處原額屯田草場頃畝、官軍朋合椿頭等項收放銀兩數目文册，各具由另呈繳前來照案拘唤經收，委官屯甲操總知數人等到官逐一清查，得陝西、延綏、寧夏、甘肅前項年分太僕寺馬價并陝西布政司等衙門借支鹽糧贓罰及陝西都、行二司所屬衛所屯田、草場、朋合、椿頭等項銀共五十七萬五千九百七十兩三錢八分七釐二絲一忽，銅錢二百七十七萬九千五百七十五文，已支銀五十萬九千九百六兩八錢四釐八毫六忽六微，銅錢二百四十一萬六百九文，共買過馬八萬七千九百六十四匹，見在銀二萬四千二百六十四兩四錢二分三釐五毫四忽四微，銅錢三十六萬八千九百六十六文。今查追銀四萬二千七百九十九兩一錢一分九釐四毫一絲，追完銀三萬八千九百六十兩四錢八分一釐六毫八絲，立限并追銀二千八百三十八兩六錢七分七釐七毫三絲。除陝西等處西安左等衛所先年收放數目查無違碍，并今奉追徵已未完足各有明白下落，另行造册具奏及送部查考外，臣查得延綏，弘治十四年太僕寺發到銀一萬兩為急缺戰馬以防邊患事，除買馬外，銀三千五百五十八兩五錢四分，巡撫、右僉都御史陳壽不合不行查照係干京運馬價，本年將前銀給延安、綏德衛官軍藍海等准作俸月口糧、馬匹料草等項支用訖；弘治十六年十月内，又該本官為巡撫地方事，行委廣有倉守支副使袁聰跟隨東路出巡，將廣有庫收貯榆林衛弘治十二等年屯田馬價銀一百兩二錢三分六釐，并延安、綏德二衛解到弘治十六年分屯田銀一千九百五十五兩一錢六分四釐支領前去，除買馬外，銀九百一十五兩四錢，又不合違例混同該庫領出贓罰冠帶銀并銀牌、銀錢、段疋、大小紅絹俱作犒勞官軍等項支用訖，與前太僕寺銀兩俱各不曾補還。甘肅，弘治十四年太僕寺發到銀一萬兩為急募士兵以禦邊寇事，除弘治十五等年巡撫、右副都御史劉璋給軍買馬外，剩銀三千四百一十五兩七錢；弘治十八年，該右副都御史畢亨同借過贓罰駝價等銀共四千二百八十三兩九錢，解送莊浪等處給軍買過馬九百七十五匹，本官續奏為足邊馬以禦邊患事，不合妄稱暫借鹽糧等項銀共四千二百一十二兩，係准折軍糧賑濟饑荒之數，乞將太僕寺馬價銀内撥發補還，再發銀若干兩買馬等；因以致該部准信，奏行太僕寺於馬價内支出銀一萬兩解送到邊，本官又不合不行改正，劄付委官詣庫明開原支過買馬廣盈庫馬價銀三千四百一十五兩七錢、贓罰駝價并原奏外續支駝價課程銀共四千二百八十三兩九錢，仍令於足邊馬以禦敵患銀兩秤出前數，另鞘封號，准作折糧等項銀兩。固原衛，弘治十八年分屯田銀一百二十三兩三錢，本衛委官指揮同知申甫，朋合銀三百一十兩三錢八分指揮同知趙昶各徵完，不合不行發寄官庫；正德元年十月二十五日，掌印指揮使王爵呈繳馬價揭帖，不合代為捝報該年屯田、朋合銀共四百三十二兩四錢俱寄固原州庫收貯。後申甫等因見行州查盤，並無前銀追究，間本月三十日方行輳補送州，取具庫收繳照。平凉衛，弘治十六年分屯田銀一百五十兩，該本衛百户曹文領解備禦莊浪官軍買馬，不合將銀三兩送與本衛兵房典吏裴昭，不合接受將前解莊浪銀於申參將蘇泰文内止開載一百四十兩，連銀赴掌印指揮同知杜欽，不合不行仔細照看，將銀用印鈐記，申文僉押，付與曹文領出，私開官封，將前少開銀二十兩侵欺入己。泰州衛，弘治十二年分屯田銀一百三十兩一分，内七十五兩該千戶王詔、百戶孫鉞解送備禦莊浪，領軍指揮黃宰給與軍人孫哈都等買馬一十三匹，已行指揮使向泰班查明回報，該衛掌印指揮使吳繼政不合朦朧册開前銀一百三十兩一分俱王詔等莊浪買馬，行據署印指揮同知張賢重造手册内，開王詔等領解銀兩與向泰班册相同，餘銀五十五兩一分，又不合不行查究，却將靖北衛備冬軍人王吉等冒作支領前銀買馬二十五匹，查無解銀靖北委官，其王詔、孫鉞俱莊浪備禦人數，原卷亦無各官將銀分解靖虜領狀。鞏昌衛，弘治十二等年蘭莊備冬官軍指揮李能等下有馬官舍二十九員名，每名該朋合銀八兩七錢，掌印指揮同知种勛册開徵完，俱發鞏昌府寄庫收貯，内十二年李能支銀五兩，十五年指揮汪麟支銀四兩三錢五分，十七年汪麟并千戶陳欽、百户郭登各支銀四兩三錢五分，十八年銀八兩七錢，該千户侯宣等支領訖。扣筭見在銀，該二十五兩四錢五分隨弔，該衛節年庫收領狀俱各不全。行據鞏昌府經歷司呈，稱查得該衛牒送弘治十八年下半年官軍朋合銀四兩三錢五分到府寄庫，間正德元年七月内本衛支訖，再無寄庫銀兩，亦無該衛支過前項銀兩印信、領狀緣由在卷。岷州衛，弘治十三年分屯田銀五十六兩四錢，委官指揮僉事梅泰、千户虎威劉玉、龐鑑，各不合擅將截取十二年分屯糧通關。寧夏中護衛，弘治十二年分屯田銀一百八十八兩五錢七分，委官副千户湯新，不合擅折粟米六百三石四斗二升四合，於寧夏廣武、足用等倉上納。臨洮衛，弘治十七年分屯田拖欠銀八十二兩五錢，正德元年十二月内，本衛委官千户周雄、談經、田俊、費英，百户胥瀚、劉能、朱顯、鄒傑，因奉清查，各不合計同掌印指揮使晏欽不合捝作地土抛荒人户逃亡無徵具數開報。蘭州衛，原額備禦凉州官軍三百二十五員名，馬三百二十五匹。弘治六年，告蒙總制邊務、尚書秦紘准，令官軍掣回固原操守，遺下見在馬九十三匹，兑與洮、岷、河、臨、鞏五衛旗軍騎操已行，分守凉州副總兵把琮行委把總指揮楊威查明回報，該衛掌印指揮同知方琺先年凉州備禦，與副千户王進兩班帶回馬二百三十五匹，不合隱下前情、槩作就班，交兑洮、岷等衛備禦；千户郎宣等下軍人劉浦等騎操等，因開報在册。行據守備蘭州地方都指揮孫隆查勘，前馬回衛俱各倒死，不曾徵收朋合買補。并州中護衛，弘治十六年分屯田銀七十五兩六錢六分，掌印指揮周倫册開弘治十七年備禦凉州百户單諫領解給軍買馬，行據凉州單諫班，查得十七年止領原衛屯田銀二十五兩，給與軍人劉子山、郭勝先、孫旺、劉成各買馬一匹，餘銀五十兩六錢六分，並無到邊弔查。該衛并在邊俱無堪信文卷。莊浪衛，弘治十六年委放屯田并抛荒脚價副千户黄欽放過買馬銀二百六十兩，餘剩二兩八錢八分；十七年朋合、椿頭，委官百户張洪放過銀七百五十兩，餘剩一兩三錢九分；十八年屯田，委官百户鄭銘放過銀八十兩，餘剩三兩三錢六分；高臺守禦千户所，弘治十八年朋合委官百户劉英放過銀一百六十二兩，餘剩五錢四分，與黄欽、張洪、鄭銘各不合侵欺入己，黄欽等先據掌印指揮同知史鎮册開各名下各有餘剩銀兩，查出前情，發仰該衛追銀寄庫；黄欽又不合情囑史鎮亦不合依聽，獨與回呈銀已交庫收貯。又查得秦州衛，弘治十三等年指揮張誼、向泰，鞏昌衛十三年指揮使雷鳴，千户孫林、南寧、錢永、田英，百戸陶經，十五年指揮同知趙雲，千戶盧琺、陳英，百户武林、陶經，與鎮夷守禦千户所十五等年副千户鄒祺，各委收屯田銀，各不合不行用心防範，致被秦州衛屯甲馬得山等侵欺十三年分銀一十九兩二錢一分，王文全侵欺十四年分銀七兩，許亮等侵欺十五年分銀一十八兩九錢五分二釐五毫；鞏昌衛計糧知數張景花等侵欺十三年分銀一十三兩，屯甲杜文得等侵欺十五年分銀一十七兩，鎮夷所軍人丁玉侵欺十五年分銀七兩一錢三分六釐八毫四絲、十六年一十兩六釐八毫四絲、十七年一十兩二錢九分五釐三毫四絲，曾桂侵欺十八年分銀一兩七釐三毫九絲。平凉衛城操有馬舍餘戴秀等七名，臨洮衛城操有馬舍餘王英、邵羊家等二十五名，每名例該各出朋合銀三錢，平凉衛指揮杜欽不合故違前例，將戴秀等遞年朋合銀兩不行追徵。臨洮衛指揮僉事郝鎮亦不合不行比併原管朋合總甲舍餘王英與邵羊家等弘治十五年十六年該納銀兩不行上納，十七年郝鎮各邊征剿去訖，副千户聞英暫管城操，徵完本年分舍餘馬英等二十七名朋合銀八兩一錢，王英等八名各仍恃頑不納，聞英亦不合不行比併，就將前銀八兩一錢并自備椿頭銀三兩買馬一匹，印烙入官騎操；十八年正月内，本衛已故指揮周禎軍政，管操聞英前馬交與周禎騎操，王英、邵羊家等該納朋合又各不行上納，杜欽、郝鎮等各不合節將本衛城操舍餘未徵朋合銀朦朧俱作徵完之數開造陳言邊務文册。岷州衛，城操官軍弘治十二年指揮張溥、十三年許慶、十四年包永、十五年至十八年張玄，西南三路按伏十二年許慶、十三年李世□、十四十六年陳謨、十五年吉鏞、十七年張槩、十八年安鎮，蘭州備禦十二十三十七年楊誼、十五十六年龐壽，固原遊兵十四年龐壽、十五年至十八年楊誼，環慶遊兵十四年楊誼下官軍朋合，各不合不行徵收，掌印指揮僉事葉勳亦不合不行查照，却於邊務册内開稱十三年銀二百二十二兩三錢、十四年一百五兩二錢、十五年一百一兩五錢二分、十六年一百二兩一錢二分、十七年九十七兩六錢二分、十八年九十五兩八錢二分，俱收到衛。洮州衛，城操并東西北路按伏固慶等處遊兵指揮楊坤等弘治十二年共徵銀三百五十六兩五錢二分，十三年一百八十六兩，十四年一百八十八兩三錢，十五至十八年掌印指揮使張綸册開俱為維持治道、彌災、禦敵事例停徵，查得邊務册内，十五年收過銀三百六十八兩八錢二分，十六年一百八十三兩三錢六分，十七年三百兩四錢六分，十八年一百六十一兩七錢三分，本官先年亦不合妄報與平凉等衛俱蒙鎮巡衙門依憑類奏環縣管操、慶陽衛指揮使張隆，原領操守官軍、西固城所掌印、岷州衛千户虎威，該所屯田并官軍朋合、椿頭等項應徵銀兩。行據兵備衙門并衛回稱，節經弔查，俱無文卷送到，無從查報。及查得平凉衛典吏裴昭已役滿回籍，百户曹文散拘到官，并提到舍人戴秀，餘丁朱興、朱受後、文斌、王玘、楊小狗、孫智，俱發陝西行太僕寺。秦州衛屯甲馬得山、賈春、屈愷、夏友安、王文全、許亮、曾文、孔秀、劉緒，鞏昌衛計糧知數張景花、李雄、陳景春、李友信、陳廷秀，屯甲杜文得、梁梅、蔡彪、王禄、李英，俱發該衛。臨洮衛舍餘王英、邵羊家、卜牛兒、張斌、周曹家、陸進、孫千家、薛海、王鎖鎖、馬户保、孫回軍、劉昇、劉讓、張旺、門剳、石劉得、王俊、馬英、張義、朱得、林劉、牟子、王宏道、周凉州、沈茂、陶四巴、唐傑、張章家、柴能、霍四、安福、顧重喜、崔英、張成、岳劉家、李馬長，發陝西按察司巡茶。僉事李幾，莊浪衛散拘副千户黄欽，百户張洪、郭銘，發該衛。高臺守禦千户所散拘百户劉英，鎮夷守禦千户所軍吏丁玉、曾桂，俱發帶管西寧道。甘肅行太僕寺卿陳寛將曹文、馬得山等，張景花等，黄欽、張洪、鄭銘、劉英、丁玉等侵欺屯田等銀，戴秀等弘治十七、十八年，王英等弘治十四至十八年未收朋合銀，各照數追完寄庫，聽候買馬外，將曹文、黄欽、張洪、鄭銘、劉英外，戴秀等，馬得山等，張景花等，王英等，丁玉等，各問擬發訖。岷州衛截取弘治十二年屯糧通關銀，已行該衛查追補還。臨洮衛抛荒屯田，行據臨洮府經歷司呈，該僉事李機行題，該衛中等所餘丁孫原、馬文景、劉世傑、魏廷甫、葉鋭，各到官究問明白，追完弘治十七年分拖欠銀，與岷州衛補還銀各寄庫訖。秦州衛弘治十二年解莊浪查無銀五十五兩一分，鞏昌衛弘治十二等年寄鞏昌府查無銀二十五兩四錢，并州中護衛弘治十七年解凉州查無銀五十兩六錢六分，寧夏中護衛弘治十七年折米銀一百八十八兩五錢七分，岷州衛城操等項官軍朋合除過例蠲免外，弘治十七、十八年各有未徵銀兩，蘭州衛備禦凉州弘治十六年兩班帶回倒死馬二百三十五匹，與典吏裴昭接受曹文銀三兩，各案候行查追徵開報外，將查過文卷册籍發回各該衙門收架外，參照固原衛指揮申甫、趙彔各將已徵係官財物隱匿私家，指揮王爵妄指不曾到官錢糧寄收州庫，清查之後方始補還，收掌之間，寧無借貸？平凉衛百户曹文領解官銀預期尅減，莊浪衛千户黄欽，百户張洪、鄭銘，高臺守禦千户所百户劉英，放支馬價，輒隱羨餘，所得不多，在法難恕。莊浪衛指揮史鎮情受黄欽之囑，罪與王爵不殊。秦州衛指揮吳繼政、張賢，鞏昌衛指揮种勛，甘州中護衛指揮周倫，百户單諫，呈送文卷，一衛先後不倫，出納錢糧，一事彼此相戾，數目豈容破調侵欺？已得指歸，事干在邊備禦人員，合候下班，對理情罪。岷州衛指揮梅泰，千户虎威、劉玉、龐鑑，寧夏中護衛千户湯新，舉買馬之價銀，充入倉之粟粒，惟圖便利，罔恤那移；臨洮衛指揮晏欽，千户周雄、談經、田俊、費英，百户胥瀚、劉能、朱顯、鄒傑，因屯田銀兩各有拖欠，將地土人户揑報荒亡，事已勘明，法當懲戒；蘭州衛指揮方珤，千户王進，往歲掣回固原操守，實出姦謀，近年倒死馬匹失追，幸逢恩宥，方珤乃敢隱下帶回死馬，俱稱交兑在邊，豈惟朋合無處尋求，將致馬數亦皆湮没，為弊至此，其他可知；秦州衛指揮張誼、向泰，鞏昌衛指揮雷鳴、趙雲，千户孫林、南寧、錢永、田英、盧珤、陳英，百户武林、陶經，鎮夷守禦千户所千户鄒祺，委管屯田，罔修職業，額課不加計慮，催科一任胥徒，侵漁之事，雖出所屬，典守之責，難辭於己；平凉衛指揮杜欽，臨洮衛指揮郝鎮、千户聞英，岷州衛指揮葉勳、張溥、許慶、包永、張絃、李世胤、陳謨、吉鏞、張槩、安鎮、楊誼、龐壽，洮州衛指揮張綸，失徵朋合，已積歲年，苟具虚文，不復知有法例，因仍故事，遂至誑及朝廷。杜欽昔嘗見賣於猾胥，兹亦難辭於憲典；岷州衛千户虎威，又在西固城所掌印，與環縣管操，慶陽衛指揮張隆，各有地方之任，亦膺戎馬之司，屢奉弔查，不行回報，錢糧若果明白，文卷無事隱藏？公文既已無存，弊政何所不至？此不加罰，人將效尤！所據各官，俱合提問。延綏巡撫、都御史陳壽，行事得從便宜，立法盍思經久，俸糧之給，國有常經，軍國之需，制難輕費，顧乃耗兹京運，不補戎行，既非益彼邊儲，祇招物議，私恩非市，紛犒勞以何為？公道可嫌，况簿書之不備？甘肅巡撫、都御史畢亨，持己頗稱剛直，居官稍盡公勤，不圖舉奏之言，乃有謾欺之事，想當初慮，謂非借銀買馬，則該部未肯准行；及至後來，見已解銀到邊，則所司得為出納，以故委官詣庫，仍云另鞘，折粮遂非實愧賢者之所為，規利難保異時之無弊。所據各官，亦合究治。伏乞聖明裁處，緣陳壽、畢亨係在京堂上官，申甫、趙彔、王爵、曹文、黄欽、張洪、鄭銘、劉英、史鎮、吳繼政、張賢、种勛、周倫、單諫、梅泰、虎威、劉玉、龐鑑、湯新、晏欽、周雄、談經、田俊、費英、胥瀚、劉能、朱顯、鄒傑、方珤、王進、張誼、向泰、雷鳴、趙雲、孫林、南寧、錢永、田英、盧珤、陳英、武林、陶經、鄒祺、杜欽、郝鎮、聞英、葉勳、張溥、許慶、包永、張絃、李世胤、陳謨、吉鏞、張槩、安鎮、楊誼、龐壽、張綸、張隆俱軍職，及節該奉勅，指實奏聞處治，并欽依清查明白來說事理，為此具本，親齎謹題，請旨。正德二年四月日。

又卷三《推行馬政疏》 題為推行馬政事，節該欽奉勅：『順天等府所屬州縣寄養馬匹，歲久吏怠民玩，輕視作踐，倒失數多，倘遇緊急，誤事非細。茲特命爾前去該府，遍歷所屬地方，專一督理前項馬匹，或有禁革振舉良策，例不該載者，聽爾推類行之。一年滿日交割，接管官員一體整理。欽此。』除欽遵外，臣管窺有見，駕策不辭瓜期，今及一年，芹悃敢陳三事：一審分派，一嚴比較，一便查兑。分派之審，所以為嚴比較之階；比較之嚴，所以為便查兑之地。而查兑之便者，一皆分派比較之成功也。策雖未良，言則皆實。伏望皇上早賜推行，其於馬政，庶幾小補。臣干冒天威，不勝戰灼之至，為此具本，謹題，請旨。計開，一、審分派。今順天等府所屬近京三十七州縣，俱係寄養備用馬匹地方。舊例免糧地五十畝養馬一匹，順天等府共免糧地三萬五千七百餘頃，該編人戸養馬五萬五千九百餘匹。南北直隸、山東、河南各州縣歲解備用有定數，而各營各邊奏討兑給無常期。前項編過領養人戸，自弘治十二年科道等官清審之後，到今十有七年，權豪吞併，差使負累，人多死絶，冊未除名，地已賣盡，馬猶在戸。派來馬匹代領替養，愈多愈耗，愈久愈多。如涿州等州、上坡等里、靜海等縣、獨流等處，臨期點閘，率不得人到官，積歲倒失，豈能使馬足數？又如武清等縣，原編領養人戸二千有餘，見在馬匹不過九百有餘，而倒失馬匹乃至一千三百有餘，今年例解京馬匹陸續將到，若將空閑人戸前項縣分又當派領，其實領馬之人，無非倒失馬匹，該追人戸，此等人户舊馬賠償未能完足，有何事力更能養新馬乎？又如昌平等州里分，視前併省漷縣等縣，居民比昔逃亡已近三分之一，近京之地，堪領馬匹人户不曾領馬，不堪領馬人户代領至數匹者有之，管馬官吏往往庸懦不振，雖責有專任，而事多坐視。掌印官有用心者，不過為其拘集羣醫，遞互責打而已，不知將來何以善後？臣近出巡所屬地方，各該州縣倒失馬匹，俱經查追不到人戸，行查提問該管官吏照例比較外，竊念祖宗休息之政，當行於今日聖明之時，國家有用之財，乃投諸谿壑難填之地。痛心疾首，撫事奚勝？如蒙乞勅兵部計議，合無查照近日題准差官清審事例，行移兵科等衙門，選差科道等官同本部屬官前去順天、保定、河間三府寄養馬匹州縣，督同各該掌印等官弔拘原編免糧養馬冊籍人户，逐一審勘，某州某縣原該免糧地畝

若干，編過養馬人户若干，見今實有若干，人户逃亡若干，遺下地畝何人管業，地畝典賣若干，買主曾否承領馬匹。審勘明白，就將住居窵遠貧難人户得受免糧地畝與附近坊市得過人户地畝彼此兑換收除糧差，仍照近擬加地事例，再加與免糧地二十畝，將里分併省居民逃亡州縣原編領養多餘馬匹，照郵近民事例，分派鄰近州縣，使遂優郵。及行太僕寺通查前項倒失馬匹過多州縣所餘空閒人户，若係先年倒失馬匹見今追徵未完之數，今次解到馬匹暫免分派，其該州縣掌印管馬官吏，俱各住支俸糧，比較各户買補馬匹，以十分為率，補完及八分者，方許照舊關支；倒失馬匹人户，立限追徵已完，方行照舊領養馬匹。夫養馬人户附近，則在官易於點視；得過之家領馬，則倒失易為追補，今又加免糧地二十畝，共七十畝，則人亦易從，馬不為累，倒失馬匹過多州縣掌印管馬官吏俱各住俸，比較買馬，則馬有可完之期；馬匹人戸賠償事畢，方行領馬，則人無重抑之苦矣。臣所謂審分派者以此。一、嚴比較。今南北直隸、山東、河南解到備用馬匹，皆是孳牧地方監追人户，數人方得起俵一馬，虧欠馬駒數匹方得折買一匹。近歲兵部慮恐前馬營邊取用不敷，奏行差官齎銀買馬，官價定銀每馬十五六兩以上，民間派買每匹貼銀至五七兩有奇，往返路費一馬奚止用銀三十餘兩，其來甚不易也。二項馬匹，本寺驗過有膘無病，始發各該州縣寄養，曾幾何時，臣出巡點視，則已有倒失者，見在之中有腿腫、眼青、脊背成瘡傷者，彼倒失者或稱急證，事非得已；若腿腫、眼青、脊背成瘡，寄養人户稍知畏懼愛惜，豈遽至此？蓋由貧民無賴，恃頑玩法，知新馬挨次難便俵兑，因而恣意裝載馳驅，營幹生理，及將賃覔與人耕種走遞，遂致殘傷；殘傷不醫，倒失隨至。單夫寡婦，寧暇貴取賤棄，所耗已多況，又積年拖欠，豈不深可痛惜？此倒失之所當亟追而無貰者也。臣惟營操馬匹，官軍閒時不許帶鞍騎坐，及馱載物件、兩人共騎、并借人私騎，違者送問，追罰馬匹，借馬之人一體問罪罰馬。法禁嚴甚，然止行於京營，而不及民間。民間寄養馬匹，先年題准三年揀選事例，馬十八歲以上不堪騎操者，奏請或送光祿寺，或賣銀類解本寺。又量追罰事例，馬有瞎瘸等項不堪者，本馬人户名下追罰銀二兩，其銀同馬解寺。夫馬初發時法，無十歲上者，有膘無病無殘傷者，今使之至於老瘦瞎瘸，皆人户積年作

踐所致，而姑為之禁乃爾，罰不已太輕乎？臣又查得順義等縣俱有先年遼東等處兑換騎操馬匹，房山等縣俱有四衛勇士營退回馬匹，定興等縣俱有近日陜西交兑馬匹，遼東等處馬匹先奉揀選，變賣者不過銀二三兩而止，倒失者追銀八錢而止，今例後倒失數多，見在亦多老瘦不堪，此等馬匹，曾經官軍騎操，出征追賊，筋力勞憊，方纔換與人户寄養。勇士營馬匹，當時亦因不堪騎操，方纔退回，今亦倒失數多，與遼東等處馬匹似難深責。陜西交兑馬匹，有在彼鎮城守候日久倒失者，有在途得病倒失者，具告俵馬官處，割收耳記存。照該縣各因人户艱難，未得追補以上三項倒失馬匹，論馬則各不同，論情俱有可恕，今若比之初發騎養不動而倒失者，一槩追銀補馬，罰不已太重乎？此又倒失之所當遞減而量追者也。如蒙乞勅兵部計議，合無斟酌前例，行移本寺，轉行督理少卿、分管寺丞，今後馬匹倒失，例追本色，折銀照舊，比較追補老瘦瞎瘸等項，係正德九年以前者，仍照揀選及量追罰例奏請處置外，正德十年以後馬匹，有瞎瘸瘦損等項已成疾廢、不堪給軍騎操者，看驗明白，即與退印，責令變賣，將賣過銀照倒失例添銀買馬，及補完追折銀兩；有打破、迎鞍、斷梁、瘡傷等項不係痼疾、堪調治者，責令羣醫并人户加意餧養調治，仍將人户追究作踐情弊，或照營操罰馬，或止照量追罰例處置；若馬調治不痊，照依今例變賣追補。其有遼東等處兑換、勇士退回、陜西交兑倒失馬匹，州縣各分別先今年分定與等第，或量追銀一半，或重而三分之二，或輕而三分之一，使知遵守，不至差殊。以上議追各項馬匹銀兩已完未完，各該有司衙門俱要按月開數，年終造册送部查考。夫事例嚴，則馬不至於耗損；情法盡，則人不至於怨咨，革惠惡長奸之弊，行稱物平施之政，則官不虧而民不損矣。臣所謂嚴比較者以此。一、便查兑。今畿輔近地寄養馬匹，專一預備征調及京營各邊缺馬取用之數。舊例，凡遇取用，必挨次揀選交俵，蓋恐管馬人員將新到齒小馬匹一槩起俵，却將舊養齒歲稍大馬匹存留，貽累民間久養故耳。然新馬之中有齒歲大於舊馬者，舊馬之中有齒歲小於新馬者，必欲一一挨次選取，亦非通融之術，是以近日本寺凡遇取用馬匹，行移各該州縣，不論新到舊養，止開坐取數目。其各州縣掌印管馬官又多不能先事揀選，一遇取用，即差羣醫人等分投下鄉，將見在馬匹盡行催趕，各赴京邊，聽候選兑。初不暇計其馬有無臕息、堪否兑給，惟求不誤原定限期，足勾原取數目而已。馬之取用無常時，人之奔走無寧月，餧養不至，兑給不前，妨官病民，積弊非一。臣切惟馬有新舊，取用之際可不必論；而齒歲之大小，當以之為先後。馬齒大小，起俵之間或難盡拘；而臕息之有無，當視之為行止。蓋馬齒歲既大，例先起俵，馬無臕息，不堪兑給。坐取數少，則齒歲稍大、有臕舊馬亦可足數；坐取數多，則齒歲雖小、有臕新馬自不容於不行。若彼瘦損瘡傷不堪兑給馬匹，掌印管馬官平日既不加意督令愛惜餧養，今當取用，豈宜驅迫道途，徒勞往復，重增困苦？臣查得舊例，馬政册歲造二次，夏季以前為新册，秋冬以後為舊册，開報馬匹臕息分數，正要本寺以便弔取兑軍，不致泛取，勞衆費日。今法久事隳，州縣之所造報竟成文具，臨事無復稽據，遂至於此。臣近奉命出巡地方，已將造册馬數不明，及奉例俵馬不查堪否數目，致累馬匹人户漷縣、新城、任邱、文安等縣官吏住俸問罪外，如蒙乞勅兵部計議，合無今後馬政册造報，不必拘於新馬舊馬，如弘治三年事例，馬匹齒歲挨次選取，不必拘於兑馬八歲以上起俵、七歲以下存留，騙馬十歲以上起俵、九歲以下存留。如弘治七年事例，順天等三府所屬州縣前項寄養馬匹，掌印管馬每月各要查點二次，看驗臕息，每歲應該造報册籍，一以臕息分數為主，分別欵目，開具人户姓名、原領馬匹毛色齒歲某等，臕息若干，無臕瘦損若干，瘡傷調治若干，俱各實報在册，一樣二本，送部及太僕寺查考；其本寺督理少卿并分管寺丞按季出巡，查點比較，每月仍取具臕息升降多少總數行移本寺。凡遇京營并各邊方奏奉欽依取用馬匹，查照前項季報月報馬匹臕息分數，於三分以上臕息數内坐取，先儘舊馬，次及新馬，齒歲大小以次相繼，舊馬齒小不得以為舊馬而先之，新馬齒大不得以為新馬而後之；馬匹既至，本寺堂上并坐營等官各照弘治六年題准疏通兑軍馬匹事例，持公秉恕，當官唱名，以革揀占求換之弊。若管馬官吏解到馬匹，看無原報臕息分數不堪兑給，本寺官就將該管官吏痛加責治，仍行督理少卿照依勅書事例，住俸比較；若少卿等官出巡查點，二分臕息以下馬匹多於三分臕息以上之數，即係瘦損數多，將各該官吏住俸比較。庶幾法令互舉，官吏知畏，内外皆得點視，彼此不容規避，且使養馬人戸知馬有臕息，獲早兑給，庶無復久養之累，無臕馬匹免事奔走，亦得盡愛養之力矣。臣所謂便查兑者以此。正德十一年五月日。

明 王廷相《修舉團營事宜疏》皇明經濟文録卷一三　為修營務以振武備事，臣等切惟蓄威昭德，人主之大權；居重馭輕，立國之至計。仰惟京師宸居所在，實諸夏之根本，爲四海之會極，使無宅中制外之形，焉享久安長治之福？

洪惟我太宗文皇帝遷都之後，京師置七十二衛所，約官軍不下三十餘萬，畿內置五十餘衛所，約官軍不下二十餘萬，以外言之，括諸邊之兵不能過此數；以腹裡言之，括諸省之兵不能過此數。聖慮神謀，超唐軼漢，其爲居重馭輕之圖淵哉！邈矣而不可加也。但承平既久，兵政日弛，尺籍雖存而逃亡罔稽，諸營雖具而兵馬欠精，是以卒兩太減於國初之時，而逆盜竊發，反藉力於邊方之卒，居重馭輕，厥勢安在？言及於此，誠可寒心。臣等猥以庸虛，專茲營務，夙夜惕勵，恐負重託。謹以在營切要三事，謹題，請旨。一、選軍。伏覩《大明會典》營操事例，節開永樂初年立五軍，又有三千營以司寶纛令旗，神機營以司神鎗火器，是為三大營；又於中都、大寧、山東、河南附近衛所，摘撥官軍輪班上操，以內衛京師、外備四方征伐，俱屬五軍營操練。景泰初，選三大營精鋭分立十營，團操以備警急調用，是爲團營，每營官軍一萬員名。至成化三年，復分爲十二營，共該官軍十二萬員名。又查得弘治十三年十月內，為選軍給馬預備武備以防外患事，該兵部題，查得初選團營軍馬之時，京衛八萬，外衛八萬，其外衛分爲兩班，每班四萬，連京衛八萬共一十二萬，其三大營內外揀存官軍之數不與焉。臣等會勘得，即今團營內外官軍，雖有十二萬之數，而京衛撥去捕盜已該五千六百員名，外衛撥去各處工役及拽木等項，常不下二萬有奇，雖云暫時借用，而營伍終年空缺，其見操者，中間老弱疲羸不能執兵習藝者甚衆，校閱之際已不堪觀，倘有緊急邊情調遣，又焉望其投石超距，奮勇以禦虜哉？及今若不早爲設法精選，終是虛應故事，徒靡糧餉，於兵無益？臣等以爲營伍不能實，軍士不能精練，其大要者有三：軍無定用，一也；替役之難，二也；隱避之奸，三也。何謂軍無定用？夫軍在戰勝攻取，須平日養其鋭氣，精於武藝，不以雜役奪其操練，斯志一事專，奮發果敢，直前無敵矣。今團營軍士派之雜差，撥之做工，留之拽木，終歲不得入操，困苦以勞其身，而敵愾之氣縮，畚鍤以奪其習，而弓馬之藝疎。雖有團營聽征之名，實與田畝市井之夫無異。欲其戰勝攻取以張皇威，武夫何敢望？何謂替役之難？軍士類多貧難，吏胥無賄不行，文書到衛，衛吏刁難，文書到司，司吏掯勒。縱是真正子姪，亦須用財打點，方保無事。貧者度日尚難，安能辦此？是以終年累月老弱在營，苟且應役，而精壯子弟不得收操矣。何謂隱避之奸？團營軍士皆係大營挑選壯丁以聽征者，先年嘗有富豪奸猾之徒，畏懼營操出征之苦，買求該管人員，作爲不堪之數，揀存本營，未曾選出；貧者不能營幹，而常川操練，富者終歲安閑，而躲閃差操。由此三者，軍士所以不精也。臣等伏乞勑下兵部通行議取，差委本部驗軍官會同點軍科道官，將三大營并團營官軍查照各衛真正户口文冊，一一挑選委果年力精壯者方許留在團營，中間老病尫羸體貌委瑣不堪教練者盡行革退；有少壯子姪者即時摘牌替役，無子姪者發回三大營；其有老病逃故爲事、久不回營等項弟男子姪，亦要查出照冊，從公揀選，但係年力精壯、武藝頗習、在冊有名及先年欺隱不入冊者，即與收補。其外衛兩班輪操官軍上班之時，亦照例揀選，仍查照先年團營額數，內衛外衛共輳一十六萬，備造年貌籍貫文冊收照，不許各衛擅自更替。果有事故，方與另補。各營操演教習武藝，專備聽征之用，其團營雜項差役并各處做工拽木等項，止許於三大營揀存數內撥用，仍查照弘治十一年題准事例，團營軍士並不得差撥。如此則軍皆精壯而威武，無不振之患矣。一、惜馬。照得團營馬匹，乃朝廷武備大計所關，軍士領養之後，多致瘦損倒死。夫馬出自小民膏脂，今處之輕如草芥，誠爲可惜。臣等會看得，馬之瘦死，其故有三：草料不足，一也；給領失宜，二也；餧養無法，三也。何謂草料不足？查得團營馬匹有曰存操者，自四月起至九月終止，有料無草；有曰下場者，自四月起至九月終止，無料無草；惟十月入操之後，至三月終止，二項之馬俱有料，而所給之草又俱止三箇月。以一年計之，存操之馬俱有料而無草者九箇月，是料彀而草不足；下場之馬止得半年之料，而無草亦九箇月，是草與料皆為不足。夫馬給於官，非自己之物，自備草料，乃切身之苦，雖得過軍士猶不肯賠錢以養馬，況貧難之軍自給不暇，安能念及於公家之畜哉？無怪乎在營之馬日惟飢瘦而多斃矣。此情甚真，此理甚明，無難知者。而該部每以舊例止之。夫法難執一，事有時宜。祖宗以來，諸司之例隨時而變者亦多矣，即如下場之馬，弘治以前尚隨場牧放，今草場半爲田畝，而民間納租粮矣；營馬隨便牧放，而軍士不出京城矣。其牧馬之資，非軍士自備而何所出哉？此時猶執下場採青之例，豈非名實相背而近於膠柱之政乎？官以非事例而不肯給，軍以非着己而不肯賠，則夫無所足食之馬，惟日俟其斃而已，則馬之爲病，豈不冤哉且？一馬之價，小民解俵到京，所費無慮三四十兩，而乃吝此數月草料，以致瘦死，是所惜者一倍之利，而所失者數十倍之多，豈非顛越無算乎？蓋以掌馬者權不及財，掌財者意不及馬，各競其職以爲勝，故如是耳。使通作一家幹事，則草料馬匹皆切己之物，必酌量事體之輕重別利害之多寡而行之，豈有惜些少草料之費，而致傷數十兩之馬哉？伏乞勑下戶部再□，存操馬匹再添三箇月之草，按月給籌半根，六箇月共十二根，下場馬匹再添六箇月之料、三箇月之草，通融放給，庶可彀一年之用。再照兵部團營草場乃爲牧馬而設，今所收租銀以之養馬，乃其本等，今則收貯太僕寺為買馬之用，似為不倫。且以嘉靖七年題准之後至嘉靖十二年共該六年，每年租銀八千四百五十六兩，六年共該五萬七百三十六兩，至今並無分毫徵解到寺，豈非怠緩乾没，重傷國課乎？合無兵部再行計處，今後草場租銀，該部定委廉能官員會同州縣官依期徵收，完日通解户部，以備營馬草料不敷之用。臣等又查得薊、霸二州牧馬未開地土，薊州尚有地七百二十餘頃，霸州尚有地五千二百四十餘頃，若再通行召民佃納，每畝照舊收租銀三分二釐，一年共該租銀二萬六千三百四十餘兩，通為給軍養馬之數，亦足以助户部草料之費，似爲便宜。何謂給領失宜？軍士家道頗過，則居必有房屋，付之養馬，草料必不短少，頓置必不暴露。今各營軍士家道得過者以領馬爲累，賄賂人通百方買脱，僥倖差撥，務取輕閑。富者既不領馬，所領必□於貧，此等貧軍賃房而居，待糧而食，賃房則馬必無棲止而露地以居，露地則雨雪之來無以遮蔽，而馬苦矣；待糧則食必無餘而自養不足，則草料之資反以養人，而馬饑矣。馬苦而饑，欲其不瘦損而死也得乎哉？合無將三大營並團營軍士從公查審，但係得過之家，通行查出，即將貧軍所領之馬一一交與領養，如此庶馬皆得所，不致損傷矣。何謂餧養無法？軍士關出草糧，散在各處，從其自養，莫能稽考。中間畏法之人愛惜馬匹，餧以實草實料，其馬始終臕壯，無他病損。有等奸頑之徒，未關本色則已賣籌與人，關到折色徒爲自食之具，而馬惟啖以酒糟，切以酒槽性熱而味惡，性熱則馬生瘡而傷，氣味惡則不作臕而損力，雖强壯之馬，數月之後，即致羸病不堪騎操，甚者不能啖糟，因之而死，雖有比較肥瘦之令，終無以察其草料之實。若不制以餧養之法，終莫能救其害馬之弊。臣等查得在營每把總下所屬之馬有百匹者，有七八十匹者，中間有上臕者，有中臕者，有無臕者，除上臕、中臕聽其自養不計外，其無臕之馬，盡行揀出，不許在家調養，軍仍赴營操練，每一把總下各會集一處，或街或巷空地，申、酉二時把總官親至其處，一一點視，皆以熟草細料餧之，餧畢各散。臣等亦不時差人驗視，夜間聽其自養。一箇月之後，點軍科道官驗有臕息者免其會餧，其臕者科道官仍行嚴禁，不得餧以酒糟。若被地方四隣告發，或在營驗出者，皆送法司問罪。如此則瘦馬有處而軍士知警矣。再照聽征馬匹，所在邊情調遣，多不過二萬之數，再有馬匹存營操守，亦是彀用。倘事勢緊急，猶有各州縣寄養備用馬匹二萬隣近易取，若軍士堪養馬者數少，似亦不必濫給，仍將團營聽征馬匹擬爲定數若干，每遇事故倒失至五百匹以上，行太僕寺免給一次，以為常規。如此不但愛惜馬匹性命，而户部草料之費亦可以節省矣。

明 潘希曾《竹澗奏議》卷一《備用馬匹疏正德十四年三月初二日**》**

奏為備用馬匹事，據直隷和州申云云，及據直隷滁州申云云，案查前事，本寺遵奉兵部劄付，已經通派去後，今據前因，臣等照得滁、和二州災傷，委的不減廬、鳳、淮、揚等處，其土産馬匹矮小，委的不堪交俵，多致揀退。荷蒙皇上軫念地方，痛恤民隱，特從該部議擬，將今年廬、鳳等府、江浦等縣馬匹改徵折色，文移所至，萬口稱便。惟滁、和馬匹仍存本色，是以小民懷同仁之望，伸無盡之情。竊計二州應納馬匹，自朝廷視之，為數不多，自二州饑饉之民視之，其徵買解俵掛欠追賠之累，所係甚重。伏望皇上俯矜下情，特勑該部議處，合無將滁、和二州本色馬匹比照廬、鳳等處事例，暫改折色，不惟官得實用，抑且民免貽累，實為便益萬萬矣。

明 李開先《李中麓閑居集》卷五《賀東泉王二尹馬政膺奬序》

我朝設官之法，猶之治家然。家有長幼，縣有正佐。家事稟命於長，縣事受成扵正。家之僕從，即縣之吏胥。幼雖役僕從，佐雖督吏胥，然而不敢專焉，必稟受長、正，以其各有司存。家之司牧得其人，則六畜盛，縣之管馬得其人，則千馬强。至扵為經商，為農圃，職甲兵，職金穀，俱能稱是，而後家道昌，縣事理矣。吾章以程吾潭貞方之道，嚮應之才，為之正焉。而佐貳則又極一時之選，拔一方之尤，如王東泉其一也。東泉厚德不可量，清操不可緇，雖以馬政為職，而帶攝他政，則亦井井有條。太僕得其實，會同道長，移文稱奬，其詞曰：『馬匹肥壯，係是正佐官留心馬政。』夫心何與於馬也？觀百里奚心忘祿而牛以肥，魯僖公思無邪而馬斯臧，豈以心馬不相關，而古今或有異哉？縣貳雖佐治百里之封，然非提巨柄，操熱權，而能因正同奬，翔其聲於遠邇間，亦云難矣。然予所覬覦，不止扵是。今之為政者，能使百姓見面如見其父母，入縣如入其家庭乎？又能使官政如其家事，官馬如其家畜乎？自去歲印烙剔換太多，破者數家，死者數命，時則吾潭、東泉尚未抵任，且非太僕及道長之意也。此其責必有攸歸矣。繼今必極力拯救，方可蘇息。如但守殘保缺，則困瘁愈不可支。他日太僕及道長巡行至章，必將曰：『傷人乎？不問馬。』

明 雷禮《南京太僕寺志》卷二《孳牧》 記曰：問國君之富，數馬以對，則馬重于國，其來遠矣。古今馬政凡幾變。成周之時，國馬足以行軍，公馬足以稱賦。雖以民牧，而未嘗不養之于官。漢人牧于民而用于官，唐人牧于官而給于民。至于宋，始牧之在官，後則蓄之于民，又其後則市之于戎狄。我朝統一區宇，於洪武七年設羣牧監，隸本寺。二十四年定爲十四牧監，九十八羣。二十八年裁革，以其馬令有司提調孳牧。以後臣工建白，損益不同，要之清賦式，重責任，勤調養，時較烙補虧，則嚴禁約以求不失賦民之初意而已。故詳稽古今使典牧者，知所以取裁云。【略】按：古今牧馬之政，在官、在民二者而已，莫善於周而亦莫弊於宋。成周以民牧者，如丘甸歲取馬四匹之類，平時則官給芻牧，有警則民供調發。然觀《周禮》所載十有二閑，與夫六閑、四閑，則天子之都、諸侯之國、士大夫之家曷嘗不自蓄耶？漢初天子不能具驛駟，及命太僕掌輿馬，又勸民養馬者復卒而官不禁。至武帝初年，衆庶街巷有馬，阡陌之間成羣，乘牸牝者擯而不得會聚，其古意猶可想也。既征伐馬耗，行一切之令，自封君以下出馬，甚或假馬母歸息，至匿馬者有罪，卒之內郡不足，籍民馬以補，車騎邊郡不足，發酒泉驢駞負出玉門關。迨輪臺之悔，始修馬令，不亦晚乎！唐初得隋馬三千扵赤岸澤，徙之隴右，領以太僕。又得張萬歲、王毛仲以司之，故麟德、開元間諸軍戰馬動以數十萬計，將校亦備私馬，議者謂秦漢以來，唐馬最盛。其後以內外閑廐都使付之祿山，卒藉之以叛，而苑牧皆沒，是有唐盛衰之機，於是乎占矣？宋初，委羣牧司自春放秋歸，馬之出入莫不有法。至熙寧間，曾孝寬附王安石行保甲養馬之法，雖元老如文彥博言於神宗不見用，至元豐時，其弊乃見，始發有愧文彥博之嘆，是不可以永戒者耶？我朝初設監牧，至洪武二十八年省革，覈民户給養馬匹，令有司提調。以後惟遼東、山西、陝西、甘肅等處設官分牧，是雖兼用宋法，而中間責任禁約，以暨賦筭買補之例，調習較烙之方，求所以去其弊者，森然備具，而於擇種馬尤丁寧焉。凡以藏兵扵民，緩急取之猶外廐也，於此見規制益宏遠矣。百餘年來，官吏鼠穴其中，不復講求孳牧之法，以致民脂日竭，離其牝牡，飼以枯槁，是馬之生性滅矣，況求其良乎？目其弊者，僉議民牧不便，如大學士丘文莊、給事中殷雲霄等，前後建請監牧，而本兵終不敢輕議，豈無見耶？夫天下之法固有偏而未盡舉者，而斟時捄弊，要之求不失其初意而已。故監牧者如萬歲、毛仲，其人則麟德、開元之盛可再見。不然，使領雖重而不躬親，宋已明言之矣。使從民畜牧而官不爲害，則如烏氏橋桃居塞，致馬千羣，孰非牧之於民耶？故馬政之廢興，實在扵人，爲國遠慮者，求去其所以害民者得矣，毋輕於議變法為也。

又 卷三《征俵》 古者大事，必乘其產生其水土而知其人心，凡以服習其道，利戎行也。自井田廢而丘乘不講，所恃馬以威天下者，悉出於農。雖漢唐之盛，苑監實繁，而物數登耗，往往於民情休戚基之。況散馬責息以資戎，而不爲之極耶？將何以拔其良而用之耶？我朝兼用前制，於山、陝、遼東、甘肅則官牧以備邊，凡兩淮、江南與順天等府及山東、河南俱牧之，於民而科其息，其節年講究利病，如定課額，選備用，責管解，通折價，革包攬，便寄養，非不粲然明備，而酌變宜民，夫亦反其本而已矣。【略】按：國之大事在戎，而戎之所重在馬。周例六軍車乘悉出於民，而校人所掌者，特給公家之用而已。當時不聞其乏馬，而馬之在民者亦未聞其爲害。自秦人首開阡陌，歷漢、唐以下，兵車不取之，田賦、戎馬，各從官給。及宋罷監牧，改保甲，出馬遂爲民病，豈古今土地生牧相遼絶哉？李覺云：養馬之卒有罪無利，是以駒子生乃驅令麋灰而死，蓋喂養多而草料不貲，其害必至於破產，彼虧欠倒失陪罰，不過數緡，孰肯肥公家以剥已膏者耶？且户配一馬，分曰而飼，縶之維之，其可以蕃息乎？此文潞公所以痛言於宋也。我國家賦牧於民，蠲其科徭，即復卒之遺意。初行江淮數郡，至永樂十九年都北京，則又行於山東、河南并北直隸七府。聖謨神筭，榜示利病，豈無懲於宋事耶？第承平日久，玩愒乘之，加以官吏黠視，刑責科罰，百端害之，所在人所必避，故百姓惟恐，息駒貽害，不謀爲之隱諱，則謀爲之衝落，所以生息日微，縱有所產，率多矮小，卒不免宋人之弊者，勢則然也。而因噎止餐者，遂謂江淮不宜產，欲革去種馬，科户出錢應買，是無田而責其租，爲無名之徵矣，豈知聖祖藏賦於民之深意耶？況江淮自春秋以前，列國不相通，所用之馬皆取於本國而已。觀中公巫臣使吳，教吳乘車，蹙楚是吳，亦自有馬也。又宋南渡以後，凡中國宜馬之地悉爲金有，惟市於淮郡，而張、韓、劉、岳之出戰，亦未聞其乏馬，則知牧馬之政脩之由人不在於地，余靖已言之於宋矣。使必拘之地產，則錢氏置監於婺女，昔何號爲馬海，彼衛之『騋牝三千』，魯之『駉駉牡馬』，至今又何其寥如也。且起俵馬匹類買於販徒，凡以得之民也，民一也，甘於售馬販而不樂於爲官養，是可不深求其故耶？雖前後建白，如通折價，便寄養，要亦因時灾傷，暫通其變，以宜民而已於定制不敢改也。使孳牧有道，則田埜盡精騎，朝發而夕可至矣，又何必市之馬販，徒以罔民已哉？是在典牧者加之意而已。

又 卷四《關換》 自井田盛於三代，盈天下皆馬也。其戰陣士卒必與車乘相麗，平居則秉耜以耕，有事則輯乘以往。及兵農既判，而燕、趙、邊胡各以勁馬奔衝取勝。秦遂有騎卒，歷漢、唐以降，相沿不改。其行軍之馬，一出於公，或以監牧，或以民牧，於是古制日湮，不可復振矣。今江淮一帶孳牧，歲供京營宣大等鎮宫軍騎操，及一應緊急調用，其大小展謫陳慮，如驗兊納，急需征，專稽察，酌陪罰，凡求馬得其養，軍得其用，不失所以衛民者而已，故著兵農分合之由，以稽世變云。【略】按：馬者，國之大用，而兵所恃以取勝者也。周制，馬藏於民，謂之兵乘其馬，必安其處，所適其水草，節其饑飽，冬則温廐，夏則涼廡，刻剔毛鬣，謹落四下，戢其耳目，無令驚駭，習其馳逐，閑其進止，此吳起所謂人馬相親，然後可使者也。自嬴秦以降，科馬於民而配之於軍，民終歲勤動，破産輸官，而脂膏已竭，及配軍之後，類侵剋芻菽，食以蕪雜，處以汚穢，甚或雇賃輦載，坐視羸瘠倒死，恬不畏明，是嚴責於編民而輕棄於騎卒者也。兵法云：弱不攻强，徒不逐飛。昔晉人乘異産以從戎事，慶鄭知其必敗，今以不閑練之卒而御羸弱之異産，即馳逐數十里已呀然汗矣，況用之出塞，以禦奔風逐電之虜乎？雖本兵建請節年差官稽廵，責以追償，然一軍之産不滿十百，而一馬之直多踰數千，即遷徙相望，不足以償，其可恃為緩急矣乎？宋博士李覺嘗請於畜駒之將卒，增為月給，先大學士丘文莊又欲嚴同伍互償之禁，使知愛惜其馬，皆剴切事情，至於措置得宜，使軍民無害，而國收牧馬之利，豈無建萬世之長策者哉？

又 卷七《官寺》 按：坰臣自周伯冏以後世掌馬政，上下千數百年，執馭相禪者不知其有幾也。在漢如夏侯嬰、石慶以僕卿封侯入相，而牧政未聞。至唐馬最盛，其可稱者張萬歲、王毛仲財二人爾。於外求如萬歲、毛仲者，不一聞焉。豈牧政終不可振舉耶？謝枋得云：秉心塞，故事事朴實，不尚高虛之談；秉心淵，故事事深長，不為淺近之計。萬歲、毛仲高談雖不足，而猶忠實深厚，是宜其馬蕃盛，僅見於三代之後。而後之不及王、張者，無他，其心不誠而慮不遠也。國朝受命，布牧江淮，設坰寺董之。及永樂十九年定鼎于北，凡留都諸司官悉省其半，惟坰寺仍舊。至正德初年，始省寺丞三員，而卿亞以上全設至今，皆我列聖以誠實之心而爲深長之慮，豈徒具員已耶？而循常者顧視爲閑局，不然則巧緣節目，以徼聲稱，不爲根本遠計，柰之何牧政不日凌以廢也。孔子曰：爲政在人。嗚呼！豈惟馬政然哉！

又 卷八《屬轄》 愚嘗讀書至武城王來自商，至自豐，乃歸馬于華山之陽，放牛于桃林之野，示天下弗服，然猶脩周官牧圉之政，於岐、豐、鎬京等處以及井甸所至，莫不有馬，其所以制治於未亂者，何其深且遠也。我聖祖龍飛淮甸，駐蹕滁陽，及天戈所向，殪漢踣吳，使中原百年腥羶之運盡復冠裳，於是歸馬于滁，視爲華陽，與王至自豐者益焯有光矣。又括江淮爲京輦，神皋脩馬復令，豈不爲萬年豐鎬圖耶？然諦觀形勝，北控魯魏，南盡吳越，東届海壖，西聯汝汴，自春秋以來，世爲爭戰之地，如魯以車徒克淮夷，吳以偏乘滅鍾離，灌嬰以驍卒蹙項羽於東城，謝玄以步騎敗符堅於淝水，是江淮之地未始不以馬取勝，而或者謂非騎兵所能展奮，然則聖謨睿筭，其所以親定於滁，至再至三者，果無見於此耶？且設立本寺，專司江淮牧政，實强榦弱枝之道，當時北直隸一帶不過以行太僕寺寄之，與今之遼東、山陝寺寄一也。及定鼎北京，守土者遂欲弛南牧，以要市於民，甚或管馬官員巧避本職，希營別差，於牧政漫不講求，則此法可終罷哉？昔王禹偁云：宋自太宗繼業，天下一家，議者乃合江淮諸郡，撤武備三十餘年，萬一竊發，何以技捂？嗚呼！今豈無禹偁之慮乎？

又 卷九《規制》 夫建邦啓土，必列乎地利，所以據形制之勢，使天下知所歸也。滁爲江淮都會，其豐山起伏，北馳有類駟宿，識者已卜為孳牧之占。至我聖祖龍潛於此，因之肇創大業，遂設寺董牧，以據其勝，非地顯其靈若有所待者耶？今百有九十餘年，規畫所遺，而南征北伐，恒必賴之，誠足以繫萬年無疆之圖矣。居其地者，盍思所以重之，使地崇且昂哉？【略】予因次寺誌，讀歐陽文忠《豐樂亭記》云：滁於五代之際，用武之地也，及宋受命而四海一，百年之間民生不見外事，而孰知上之功德，休養生息，涵煦之深也。當元季繹擾，羣雄蝟起，宇内喘息，朝不能謀夕，自太祖身櫜鞬策馬于滁，爲民禱雨，以矢入泗者三，已有四海一家之心。及鉏類僣亂，親定牧寺于豐麓，使江淮盡隱戰馬，至今百有九十餘年，奸伏杜萌，即山中一泉一石，亦免震蕩之患，又豈特宋德已哉？予輩叨爲圉臣，居且食息于斯，視夫尺椽片瓦，莫非我太祖風纚露沐所經營者也，苟偷窳自怠，視爲傳舍，聖靈於赫威如斧鉞，能不惕然矣乎？

又卷一三《册籍》 典籍之有益於人國也尚矣！周官小宰聽閭里以版圖。又設司民掌登萬民之數。及三歲大比。獻其成。王拜受之，登于天府，所以重之如是其隆也。況兵以馬用，實軍國要機，其丁田地畝與夫孳生解俵等，則非册以紀之，則登耗升除、貿亂相承，而奸僞日滋，不可詰指矣。故即額造者特書之，庶執此而有得焉，則於孳牧之道，自不待於外求云。【略】按：典籍自丘索以來，世有更變，至於清戸口，稽額數，用杜姦僞，歷代未之有改也。今馬政之設，有十年大造，并三年例造，與夫歲報季報，所以酌貧富，稽登耗，燦然明備，第奉行匪，人久或弛廢，即耳目所睹，記有不勝其可慨嘆也。十年非不清戸丁矣，而巧避者飛洒百出，訛淆其籍，加以貪猾利其囊而售之强，取孱瘠，足其額，是大造者爲侵牟之囮，而欲貧富之盡均，不可得已。及領馬之後，已無固志，非竄易四方則彼此顧望，夫孰甘於愛卹其種以求孳生者耶？雖三年差官印烙，并按季比較其所載買補換易生息等項，十無七八，亦具條目以苟塞責而已，求其賴印烙而存種不缺，因循環而報駒以實，果有一於是乎？至於每年備用，非有司所得加損於丁田荒移者，無如之何勢必責見在包賠，及差官解俵，率空文倒換，輾轉歲月，常逋負，甚或重科於民，柰之何不曰阽於貧困也？若租銀之徵，尤爲舛戾，先年建議草場不便牧放，召佃納租，以備緊急，及幫助荒歉買馬，今則官吏鼠穴，年復一年，每遇清查，紛牘謾讕，不可詰按。即有存者，又托公以濟其私，是奪之於氓而又無裨乎？軍機所謂歲報者，果盡得其實用耶？昔盧多遜使江南，因得其籍，而知其弱狀。今無疆之業實賴於此，而四牡龐龐，駕言徂東，固今日事也，可爲多遜所窺耶？

又卷一四《俸傜》 先王制禄以養官，而又給之胥隷供使令焉，凡以正位署，辨等威，教之使為忠也。況坰臣自漢以來世列九卿，匪重禄食，而周其任使以優之，是夷上下之分不幾於蔑王章矣乎？今國朝禄秩不同於前，而坰寺俸傜額派，大江南北治其地而食其所入，其綏和休養不於是乎攸賴耶？廼即歲輸者書之，庶知敬事後食，不愧人臣之義云。

明 楊博《本兵疏議》卷一〇《覆北畿印馬御史吴守條陳馬政疏》

題爲敷陳愚見整飭馬政以裨重計事，車駕清吏司案，呈奉本部，送兵科抄出，巡按直隷監察御史吴守題，奉聖旨：『兵部看了來説。欽此。欽遵。』抄出送司，案呈到部，看得巡按直隷監察御史吴守條陳七事，均於馬政有益。合就開立前件議擬上請定奪。嘉靖四十二年二月初六日題，奉聖旨：『依議行。欽此。』

一、併差限以專督察。看得種馬寄養二事，印烙點驗本相關涉，今既兼統於印馬御史，乃復各另請給勑書，一在三年之後，一在一年之終。以致官守靡定，吏弊益滋。御史吴守欲要合為一差，共請勑書一道，繳勑復命，俱候三年。事體簡明，委可經久。合無備咨都察院轉行南北印馬御史，以後種馬備用不分本折照舊管理，大率以三年爲限，先期三月備呈都察院題請，新官到日，交代明白，方許回京復命。北印馬御史仍兼管寄養，各止用勑書一道，本部定擬責任，行移翰林院通行换給。

一、裁冗員以專責成。看得國家設立州縣管馬官員，專為種馬孳牧。正德元年，御史王濟建議謂雖有種馬之名，而無種馬之實；徒有孳生之名，而無孳生之用。本部覆，奉欽依，不必較其駒之有無，亦不必印烙，每年備用馬匹，止令一郡之内各照丁田議令朋納本色或折色大馬一匹，騍駒之責，佐貳官既無所與，備用之馬，掌印官自可責成。御史吴守謂寄養州縣管馬官多屬貪徒，百端需擾，要將管馬佐貳官裁革，悉令掌印官兼理其事。誠爲有見。臣等再三咨訪，不止寄養州縣，所據南北種馬州縣事體皆同，難以去彼存此。合無移咨吏部、都察院，將南北直隷、河南、山東種馬寄養地方，除各府管馬通判照舊存留以總其綱外，其餘州縣管馬官不分同知、判官、縣丞、主簿盡行裁革，送部别用。一切馬政，責令各掌印官兼理，止許點視種馬，不許騷擾騍駒。遇解俵之期，各州縣差能幹陰陽醫官一員、該吏一名管押或本或折赴該府通判處點驗，堪中足色，倒换府批，徑自解部。各府通判及州縣掌印官三年考滿，吏部移文本部查考，如有推諉廢弛者，查照弘治九年題准錢糧軍伍事例不許，考滿果能脩舉馬政，聽撫按、印馬御史旌薦陞用。

一、酌審編以便寄養。看得順天、保定、河間所屬州縣寄養之馬，原額四萬六千六十三匹，近以瘠地抛荒、窮民流移，以故州縣絶無上户派養，累及單丁。御史吴守欲要抛荒之地通融酌減，止派三萬匹，無非救濟時艱之意。合無聽北印馬御史會同各該撫按衙門，選委廉幹官員照依今議作速審編，大約總計止用三萬匹，此外不許多派。承委官員務要秉公持正，不許容情作弊，事完造册送部查考，以後該派折色本色，容臣等臨期酌量多派折色、少派本色，則寄養之馬自當漸減。一、選解俵以充備用。查得本部題准派馬事例，本色馬務要揀選身高四尺、兒馬五歲、騸馬八歲以下方許起俵。近年以來狡猾減價買抵，或權豪囑託換易，以致馬匹矮小，大半不堪。御史吴守謂與其驗退於到寺之日，不若精選於起俵之初，甚為有理。合無通行南北印馬御史會同各該撫按衙門行令各府州縣，以後起俵備用本色馬，每匹定銀二十七兩，内二十二兩買馬，五兩充爲路費。此外不許分毫科取，其馬務要中式。各該掌印官親驗停當，解部發寺交收。果有驗多中選且無虧欠者，少卿等官會呈本部，咨送吏部旌擢，仍襲前弊者參奏罷黜。至於兜攬抵易等弊，各該衙門以後通行嚴禁。一、蠲積逋以蘇民困。查得四十一年十月内，該太僕寺少卿劉朝佐條陳，要將各州縣倒失變賣馬價三十二年、三十三年全免，二十四年至三十一年量徵四分，三十四年至三十六年徵解六分，三十七年至四十一年屢歲豐收，仍議全徵。本部覆，奉欽依，照數徵解。去後御史吴守謂節年拖欠馬價數多，一時追併，民力不支，欲將二十四年至三十四年盡行蠲免，仍將三十五年至四十一年拖欠分為三分，每帶徵一分，三年之内陸續徵完。無非寛恤民窮之意。合無除四十二年該比拖欠不許怠緩，照依户部題准徵糧事例遵行外，其二十四年至三十四年通行蠲免，三十五年至四十一年拖欠分數每年帶徵一分，悉如所議施行。一、定群醫以袪夙弊。看得國家養馬，編立群長以司馬之牧，僉報獸醫以治馬之疾，當初立法未為不善，乃今無賴之徒營充群醫，以致奸蠹百出。御史吴守謂群醫之説無益有損，欲求專醫，各里僉定一名，按月稽察勤惰；至於群長，每里止編五名，每年每里一名，均切時弊，合無悉如所議施行。一、酌徵派以釐積弊。看得各該府州縣派取内府酒醋局驢銀、供辦太僕寺春秋馬祭，以至比較循環參提官吏取役、門隷點視罰贖等項，公用之數無幾，私斂之費十倍，蠹政殃民，莫此為極。御史吴守欲行省革，深中弊源。合無轉行印馬衙門會同撫按衙門并劄付太僕寺轉行各該府州縣，内局牛驢銀以後止許照價徵解；其太僕寺春秋供祭，除良鄉、涿州、宛平、大興、保定、香河、永淸、㶚縣等八處衝繁褊稀不派外，其餘通州、寶坻、密雲、順義、武清、三河、懷柔、玉田、固安、遵化、東安、豐潤、薊州、房山、覇州、文安、平谷、昌平、大城等十九州縣一如本寺卿唐寛近日議呈事理，每歲止輪一處赴寺給領庫銀置辦祭品；至於比較等項，悉照原議，俱從省便，違者聽本部參究治罪。

又 卷一一《覆太僕寺卿劉畿等條陳馬政疏》 題爲條陳馬政利弊懇乞聖斷以清弊源以責實效事，車駕淸吏司案，呈奉本部，送兵科抄出，太僕寺卿劉畿等題，奉聖旨：『兵部看了來說。欽此。欽遵。』抄出送司，案呈到部，看得太僕寺卿劉畿等條陳八事，委為馬政至計。合就開立前件議擬上請定奪。嘉靖四十二年九月二十二日題，奉聖旨：『准議行。欽此。』一、停冗官。大率謂本寺政務漸簡，見任寺丞三員足以任事，欲將見缺三員暫行停補，無非節財省官之意。合無依其所擬，移咨吏部，將寺丞見缺三員免行推補，以後事務若無甚繁，不必再議添設。一、禁科擾。大率謂本寺直堂皁隷欲要另行酌處。切緣舊規，皁隷或取之寄養州縣，或取之解俵州縣，既非徭役之正，實開科派之端，委當釐正。及查本寺原有直堂十名，直廳二名，合無斟酌所擬，比照通政使司事例，以後皁隷卿二十名，少卿十名，寄養少卿量加三名，寺丞五名。每名每年准銀十兩，自嘉靖四十三年為始，俱於各省解到缺官銀内動支雇人應役。該寺舊有直堂、直廳一十二名，通融轄用，不許重支。其原取皁役地方，通行除豁。有司如敢仍前科擾，聽該寺參呈本部，重加究治。一、淸紙贖。大率欲將紙贖立法稽查，貯庫買馬，就作本寺公用，一舉兩得，委為有益。合無依其所擬，咨行各該撫按衙門轉行各屬，將該寺并寄養紙贖通行查明置立循環文簿，一切倒換等項事宜悉照所擬施行；該寺并寄養少卿公用每年共該銀二百六十兩，自嘉靖四十三年為始，就於常盈庫紙贖銀内支用，年終備將支過數目呈部查考。一、專責成。大率欲要州縣掌印官專管馬政，無非委任責成之意。合無依其所擬，咨行各該撫按衙門嚴行各該掌印官，以後務要遵照近日題准事例，親管馬政，應解馬匹、馬價、子粒、租税、銀兩依期起解；如敢仍前違玩，及轉委他官，聽該寺指名呈部，照例參究。一、慎驗收。大率欲將本色馬匹必須揀選身高四尺、兒馬五歲、騸馬八歲以下方許起俵，每府各降官尺，令其依式製造，分發州縣驗買解俵，以省到寺駁回之費。如果驗退數多，查照馬政條例，將管馬通判州縣掌印官參究；如有權貴抵換及各該有司侵尅、群醫馬販交通作弊者，併行參究。簡易可行，公私均便，合無悉如所擬施行。一、嚴寄養。大率欲要查驗馬匹註册調兑，及嚴禁一應養馬奸弊，并令提督少卿巡歷比較、舉行獎勵，年終一行合用禮儀，毋擾馬户，委於寄養有益。合無通行撫按衙門嚴行寄養州縣掌印官，備將本處馬匹不時查點，堪兑不堪兑辨驗明白，雙月備造月報文册，送寺以憑調兑，如有造報遲違、開註不實，調兑之時退回數多者，聽本部及該寺參究。其餘禁革奸弊、少卿巡歷、舉行旌奬等項，悉如所擬施行。一、平出納。大率欲將本寺法子改造，其改折馬價，州縣止令僉取殷實馬户四名或二名管解，深於事體、民情兩為有益。合無依其所擬，轉行京營科道官同本部主事，將大倉本寺二庫法子面加較量輕重，如果不同，移咨工部另行改造給發，見貯在庫銀兩卽用新給法子逐一覆兑明白，徑自具題，以便出放。一面通行各府州縣以後起解馬價止于馬户内僉取家道殷實者，多則四名，少則二名，公同解馬官吏解納。一、均借兑。大率欲將借兑馬匹挨名派調，如果不堪，責令雇覓好馬抵借，及令河南、山東少助七府，或將七府馬匹量攤入河南、山東馬内，固是均平齊一之意；但備用馬匹額數已定，此減彼增，未免又成紛擾。況種馬調兑，出自一時權宜，原非舊例。合無斟酌所擬，以後七府種馬免其調用，每年止於寄養馬内題定數目，挨次借調，行令各府州縣務要勞逸適均，不許豪猾馬户夤緣脱免，以致偏累。

又 卷一七《覆北畿印馬御史顧廷對條議寄養馬政疏》 題為申紀法飭人心急釐極敝馬政以裨大計事，車駕清吏司案，呈奉本部，送兵科抄出，巡按直隸等處監察御史顧廷對題，奉聖旨：『兵部知道。欽此。欽遵。』抄出送司，案呈到部，看得巡按直隸監察御史顧廷對敷陳五事，太率皆爲寄養而發，救偏補弊，均於馬政有益。合就開立前件議擬上請定奪。嘉靖四十四年九月十二日題，奉聖旨：『是閻應武罰俸二箇月，邢元徹一箇月，劉文彬著送部降用。欽此。』一、時巡歷以稽成效。大率謂印馬御史該管地方濶遠，三年始巡一週，曠日持久，人心玩怠，欲要三年之内巡歷兩徧。具見恪脩職業以求實效之意。合無依其所擬，行令本官不拘種馬寄養，三年之内務要巡歷二次，案候新差御史命下之日，本部移文内府翰林院增入勑内，一體欽遵，以爲定例。一、嚴罰治以策怠玩。大率謂寄養馬匹地方有司玩愒，以致瘦損數多，欲要分等究治，無非肅法紀以懲時廢之意。合無依其所擬，將密雲縣知縣邢元徹量加罰治，順義縣知縣閻應武重加罰治，三河縣知縣劉文彬起送吏部降級別用，其餘未經巡莅州縣，但有怠玩如劉文彬者，聽其不時參奏；以後巡歷所至，先查比膘息之肥瘦，然後查比倒失之多寡，務要提綱挈領，以脩實政。一、復專官以備職守。大率謂寄養馬匹地方裁革管馬佐貳官，專責掌印正官，不惟事廢於兼攝之難周，亦且弊滋於轉委之未當，欲要照舊除選專官，但有貪污即行拏問。查得州縣管馬官員，先該印馬御史吳守具奏，本部覆，奉欽依，通行裁革，責成掌印官員。蓋一方之事全在知州知縣，若果得人，則無利不興，無弊不革，不得其人，即使六事各設一官，祇見繁擾。合無仍照本部原議，御史顧廷對前所款列，欲要謫罰正官，意已有見於此。責成知州知縣克修馬政者，指名薦奏，不行修職或大肆貪婪，應拏問者即便拏問，應參黜者指名參黜。一、慎俵納以清弊源。大率謂解納馬匹積弊多端，在民則聽其侵尅包攬，在官則失於濫收抵易，以致收俵之馬發之寄養，多不中用，欲要太僕寺驗收合式大馬，矮小不堪者即行追究，仍將馬匹補換一切侵攬抵易等弊通行嚴禁。查得本部題准事例，各處本色馬匹俱要揀選身高四尺、兒馬五歲、騸馬八歲以下方許起俵，乃今本官極陳弊源，欲行釐正。一時太僕又皆新任，勵精之初，合無依所擬行令該寺，以後驗收馬匹，務要遵照節題事理，揀選身高四尺、年齒相應方准收納，但有矮小不堪即追究原解人役，在京在外，果有積棍馬販包攬侵尅等弊，嚴行緝拏，參送法司，從重問罪；仍將馬匹退回補換，不得徇私聽囑。本官職司風紀，亦要將侵尅包攬之弊嚴加訪禁，各該衙門但有仍蹈前弊者，聽本部與本官徑自參奏。一、清户籍以杜虚耗。大率謂寄養人户編審無法，派養不均，以致馬多耗損，要將各該馬户立法審編，分定户則，酌量派養，不使偏累，無非體恤民隱以示均平之意。查得寄養州縣，先該御史吳守題，地土人户減少，領養馬匹數多，貧民受累，馬匹消耗，議將寄養馬匹減派二萬，養馬地土照數審編，不許多派。覆奉欽依，通行印馬御史會同撫按衙門審編去後，為月未久，弊復種種。此皆承委官員苟且完事之故。合無斟酌所擬，仍令本官會同各該撫按衙門選委廉幹掌印官，照依所議從實審編，通限兩月以裏，造册完報。如敢不行悉心仍前虚玩，本官即便指名參究。

又 卷二二《覆太僕寺卿王治等酌議馬政疏》 題為議舉馬政事，車駕清吏司案，呈奉本部，送兵科抄出，太僕寺卿王治等題，奉聖旨：『該部知道。欽此。欽遵。』抄出送司，案呈到部，看得太僕寺卿王治等總陳馬政治本之略，條陳馬政治標之目，除治本之略另行酌議，治標之目如嚴庫藏、一權衡二事，係隸工部掌行移咨徑自議覆外，所據惜財用、議徵解、專責成、革宿弊等四事，均於馬政有裨，合就開立前件議擬上請定奪。隆慶五年九月二十六日題，奉聖旨：『是。欽此。』一曰惜財用。大率謂本寺積貯馬價椿朋等項銀兩，專備買馬支用，不宜輕發。近該禮部題，討椿朋銀五千兩賞夷應用。乞要照數補還，仍行各邊臣處置戰騎，不得專靠内給、耗費國馬，無非慎重馬政之意。合無依其所擬，本部移咨禮部，查將原借椿朋銀五千兩速于賞夷應用動銀内照數補還，仍通行各邊督撫衙門，遇缺戰馬各要查照舊例，或取監苑孳牧，或動椿朋買補，多方處備，以資征戰，不得專靠内給，致滋耗費。四曰議徵解。大率要將明年各州縣折色馬價銀兩就於各府通行驗收，分委隔别府判眼同封貯，各府不許動支，以後但折馬價，每一年各府差州縣佐貳官一員類解本寺，次一年仍貯各府，而内外庫藏充實，萬一急用馬匹，聽内外各行買解，則馬不致騰貴，而折色賴以兼濟一節，為照本寺設立常盈庫，專為積貯馬價，以卿一人主之，少卿三人分理之，官吏更代，尚費勾考。若分貯各府，中外隔絶，未免益滋弊端。且地方去京各不甚遠，萬一收買馬匹，取之寺而發之府，浹旬可到。前項事宜，止應照舊。合無劄行該寺，將隆慶六年應徵折色馬價銀兩通行所屬，仍照欽限以定頭二運徵完，差委職官解部發寺貯庫備用，仍令各該掌印官并管馬通判嚴限催徵起解，不許遲延，如有違限者，悉聽該寺指名呈部以憑參治，以後年分本部酌量地方豐歛隨宜題派，決不致馬匹缺乏，重悮大事。五曰專責成。大率謂近來裁革寺丞并管馬官員，其馬政屬掌印正官俵解，使義民等官且各府管馬通判營幹别差，職務不修，年終不赴掣批，甚屬違玩。乞要將每年各府管馬通判分别勤惰臧否，特疏舉刺，惟求馬政脩廢，不妨寺院，薦劾互異，深得馬政要領。合無依其所擬，劄行該寺通行各府掌印并管馬通判，以後務要盡心職務，通判仍不許營幹别差，有妨馬政，遵照舊例，每年十月終親自赴部掣取總批，該寺年終分别勤惰特疏舉刺。然此止為馬政一事，雖與撫按異同，自不相碍。六曰革宿弊。大率謂養馬解馬，往年京師積年馬販、歇家醫獸、作弊人等已經盡行禁革，吏胥自難售其奸欺，若得種馬寄養州縣，正官編派均平，催徵得法，而馬户可以自肩。乞要今後將州縣正官除東西兩路少卿年終舉劾外，或有志肆政弛弊叢民怨者，悉□□官參論，其各省有馬政大壞去處，即便題差寺□□丞前去比較，無非重事權以飭馬政之意。合無依其□□所擬，劄行該寺通行各府種馬寄養州縣掌印正官□□，如有不盡心馬政致廢職業者，悉聽該寺卿戒飭參論，其馬政大壞去處，題差寺丞前去比較。

又 卷二一《覆右給事中梁問孟等議暫准折色馬疏》 題為酌議馬政事宜以裨邊儲以甦民困事，車駕清吏司案，呈奉本部，送兵科抄出，巡視京營户科等衙門右給事中等官梁問孟等題，奉聖旨：『兵部知道。欽此。欽遵。』抄出到部送司，卷查本部馬政條例，每年備用馬匹，額派本折色二萬五千匹，内取本色馬二萬匹，折色馬五千匹，本色相兼，緩急備用。今該前因，案呈到部，看得巡視京營户科等衙門右給事中等官梁問孟等具題前因，大率因市馬一事，因議備用馬、議寄養馬、議監牧馬，無非欲振飭馬政，蘇息民困之意，但監牧之制既卒難施行，寄養之法自遽難盡廢，惟北直隸、山東、河南三處連歲災傷，人不聊生，若使暫准折色一年，不惟常盈庫銀，可增百分之一，亦且閭閻小民得受一分之賜，况大同、宣府、山西三鎮各營軍士缺馬數多，相應通行酌處，合候命下，備咨北直隸、山東、河南巡撫都御史，將隆慶六年分應派備用馬匹俱准折色，每匹徵銀二十四兩，解部發寺收貯，以後年分仍聽本部酌量徵派，一面先於太僕寺動支馬價銀三萬兩，大同、宣府、山西各一萬兩，差官解送巡撫都御史劉應箕、孟重、楊綵處，收買膘壯好馬給軍騎征，事完各另造册奏繳青册送部查考，本部仍備咨總督尚書王崇古綜理稽查，以修邊政。隆慶五年七月二十五日題，奉聖旨：『是。欽此。』

又《覆巡撫保定都御史宋纁等議豁馬地餘銀疏》 題為議豁馬地餘銀以甦民瘼事，車駕清吏司案，呈奉本部，送兵科抄出，巡撫保定等府兼提督紫荊等關都察院右僉都御史宋纁、巡按直隸隸監察御史羅鳳翺題，俱奉聖旨：『兵部知道。欽此。欽遵。』抄出到部送司，卷查先該巡按直隸監察御史張櫝具題，本部議得，二府養馬餘地銀兩，十數年來撫按諸臣屢欲題豁而竟不果行者，亦以民困固為可恤，而國課亦恐有碍。今御史張櫝目擊民艱，乃為奏請，但巡撫都御史未見具奏。事干國課，合咨行保定巡撫都御史會同直隸巡按御史，將大名等府原徵餘地銀兩覆行審勘，要見先年丈量捥報緣何不即奏辯，必待順德府奏豁然後援例具奏，中間有無欺隱情弊，據實從長勘議停當，撫按官會奏，以憑議覆。又查得正德十五年十月内，為陳情乞恩分豁重徵馬地銀兩、追逼貧民以甦困苦事，該順德府内丘縣民吴聰具奏，該户部行巡按御史查勘，得府所屬邢臺等九縣俱無養馬餘地，該部題議，自正德十六年以後應徵餘地銀兩通行除免徵解，俱經題奉欽依，通行欽遵去後，今該前因，查呈到部，看得巡撫保定都御史宋纁、巡按直隸監察御史羅鳳翺各題，稱大名、真定二府養馬餘地銀兩，節經委官勘報實係額外之徵，且大名一府分毫未納，不過虛名，乞要比照順、廣二府事例，一體除豁一節，為照國家因地制賦，以為惟正之供，原無無地徵銀之理，畿南四府事同一體，所據餘地銀兩在順、廣二府則久蒙除豁，人情稱便，在真、大二府則屢經駁勘，民瘼不堪，巡撫都御史宋纁、巡按御史羅鳳翺交章會奏，誠非得已，相應通行依擬，合候命下，本部咨行巡撫保定都御史及咨都察院轉行直隸巡按、印馬各御史并劄行太僕寺，將真定、大名二府所屬各州縣原派養馬餘地銀兩，自隆慶六年以後盡行除豁，免其徵解，以蘇民困，其隆慶五年以前既稱分毫未徵，不必再徵，仍出給告示諭衆知之，以杖糧里姦人科索之擾。隆慶五年八月初六日題，奉聖旨：『是。欽此。』

明 高拱《掌栓題稿》卷五《議處馬政鹽政官員以責實效疏》 臣惟國家設官，各有所職而非故爲剩員也。若係剩員，則不設之矣！其用人也，乃使之各舉所職，而非徒以安置也。若所當安置者，則不用之矣。今行太僕苑馬寺專理馬政，戎伍所資。鹽運司專理鹽政，國用所賴。皆係緊關要職，非閒局也。而近來視之甚輕，即卿與使皆以考不稱職，有物議者陞之。夫安置其人，而名曰陞，是以棄之之道用之也。陞而實以安置，是以用之之道棄之也。棄之而用，則其任必不勝。用之而棄，則其政必不美。臣不知用人者，乃何以若此也！或曰考不稱職有物議者，將何以處？臣以爲不然，夫考課貴嚴，果不稱職有物議，直去之而已矣。獨奈何以此等衙門爲安置之所哉。既劣處之，使之靦顏，又姑容之，使之尸位。遂致政務廢弛，苟且狼籍，而奸貪之弊且多。祖宗之設此官意何爲者，而乃使若此哉！合無今後大破常套，凡卿使員缺，必以廉謹有才望者推補。而又議其階格，卿視布政司參，政使視按察司副使，待政成之後，視參政者，陞與參政同。視副使者，陞與副使同。如更優異，查照先朝故事，超等擢用，則其官自重矣。其官重則賢者樂就，必且盡心於所職。馬政，鹽政，當自修舉，而所利於國家者必多。非惟祖宗設官之意，可以無失。而用人之理，亦得之矣伏。望聖明裁斷，敕下吏部施行，不勝幸甚。疏入，得旨：卿所言是，馬政、鹽政國家重務，必重其官乃可責以實效，著實舉行。

明 高拱《高文襄公集》卷九《議處馬政鹽政官員以責實效疏》 臣惟國家設官，各有所職，而非故為剩員也，立議甚透，若係剩員，則不設之矣。其用人也，乃使之各舉所職，而非徒以安置也；若所當安置者，則不用之矣。此二者積輕之弊，究難抵起。今行太僕苑馬寺專理馬政，戎伍所資；鹽運司專理鹽政，國用所賴；皆係緊關要職，非閑局也，而近來視之甚輕。即卿與使，皆以考不稱職、有物議者陞之。夫安置其人而名曰陞，是以棄之之道用之也。陞而實以安置，是以用之之道棄之也。棄之而用，則其任必不勝；用之而棄，則其政必不美。臣不知用人者乃何以若此也？或曰：考不稱職、有物議者將何以處？臣以為不然。夫考課貴嚴，果不稱職、有物議直去之而已矣，獨奈何以此等衙門為安置之所哉？既劣處之使之靦顏，又姑容之使之尸位，遂致政務廢弛、苟且狼籍，而奸貪之弊且多。祖宗之設此官，意何為者？而乃使若此哉？合無今後大破常套，凡卿使員缺，必以廉謹有才望者推補，而又議其階格，卿視布政司參政，使視按察司副使，待政成之後，視參政者陞與參政同，視副使者陞與副使同，如更優異，查照先朝故事超等擢用，則其官自重矣。其官重，則賢者樂就必且盡心于所職，馬政、鹽政，當自修舉。而所利於國家者必多。非惟祖宗設官之意可以無失，而用人之理亦得之矣。奉俞旨，以馬政鹽政，國家重務，必重其官，乃可責以實效，吏部著實舉行。

明 章潢《圖書編》卷一二一《太僕庫藏説》 太僕寺掌馬政，而庫藏特為寺之大務，故有易銀變馬、草場餘地之租。凡賄之入，皆以馬也。馬不足則令市之民，常以地宜與年之豐凶而權之。而貨賄之出入，上其計于司馬，如勞軍繕城府營之製造，咸取給于寺，而大司農乏，亦時假諸寺。若御馬監邊屯馬不足來告，寺輒與之，或與馬，或賄與馬，一也。故寺之積特饒焉，而其出亦倍。夫苑馬之政不舉則邊馬不足，太僕不領內廐則內馬有限，故予于秦漢官制每有感焉。漢毋將隆，言武庫兵器天下公用，國家武備繕治造化皆度大司農錢，大司農錢自乘輿，不以給共養勞賜，一出少府，蓋不以本藏給末用，不以民力供浮費，别公私、存正路也。太僕寺專為國馬，其入又非大司農比，若為他給及貸用，非挈瓶之守矣。繫軍國大計，故特書焉。余考祖宗時不置司庫，蓋時寺顓主馬而積金少也。弘治初，始置官吏，豈非金溢于前耶？金日羨而馬羸矣，議者又言金便，如是不已，幾無馬矣。夫謂積金以市百萬之騎可立致，則內帑之金猶外廐之馬也，是不然。往者嘗捐金以購馬，當時猶謂擾民而不可行，一旦倉卒括民間馬可得耶？如倉庾無積谷而黃金珠玉不可食也。冀北之馬稱天下，今歲俵馬往往市之他郡，所謂外廐者，果安在烖？而邊兵之求索無厭，涓涓不足以盈尾閭之洩，是不可不為之長慮也。

明 楊時喬《馬政紀》卷六《兑馬六》 此以下馬之出于太僕寺者。兑馬者，以寄養者調之以兑團營騎操征伐者也。祖宗定制，本寺俵寄備用馬，乃給兑團營騎操、防守都城、拱護陵寢，有事征討入衛、應援勤王之用，不為各邊設，以各邊自有行太僕寺、苑馬寺、都司衛所種馬、市買邊馬在也。自種馬盡革而為買俵，馬政以壞，即所徵銀亦備買馬、資缺乏，不為各邊及各項設，以各有正賦及年例、椿朋、買補、支應者在也。本之，則先臣所謂蓄居重之威者是也，是以前馬政條例，今《會典》有關換、買補二欵，皆係兑給團營事例。其後有給各邊者，則非初制，猶為各防守計耳。若非防守而為別項借用，則為例外，非蓄威之道矣。且古者問國君之富，以馬對，觀今在廐數如此，年例調兑數如此，奏討加增數如此，又有例外所需如此，謂之富可乎？況於威乎？是當慎之。

又 卷一〇《政例十》 政例者，前今條例事宜行于户種俵寄買兑之間者也。《會典》、《南太僕寺志》本諸司職掌馬政條例所載，洪武榜例有議和買補騍駒孳牧文冊，官點期限丁粮則例諸欵，又有管轄、祀典、印俵、比較、禁約、蠲恤諸欵，今此紀管轄、祀典如舊，而凡議和買、補騍駒皆在印俵、比較、禁約、蠲恤四欵之内，皆列于各欵，不別為紀，顧其間前者曰革，後者曰異，或亦時勢所趨致然，乃革者紀之，所以明祖制異者，俟之所以示今法亦皆相時考勢者所欲覽鏡者也。

明 褚鈇《議處僕苑官員疏》《皇明疏鈔》卷六三 臣惟國之大事在兵，兵之急務在馬，而寺官之賢否、馬政之修廢關焉。臣以駑駘謬領巡視，夙夜兢兢，思欲振作，以求不負皇上任使之意。入境以來，見陝西行太僕、苑馬兩寺通無一官，印務皆平涼府署管，及閱邸報，見卿與少卿俱已推補，間多遷延不肯赴任。臣詢其故，自楊文襄清理馬政，奏改卿寺官皆用兩司賢者調補，馬政始清。楊公去任，後此官漸輕矣。□□序之清濁，事任之輕重，大勢如此。咸謂近年兩寺卿丞多以素有物議者調補，人之視彼既輕，彼之自待亦薄，志氣銷靡，不復展布。各衙門又搜求往過，肆相糾劾，旋到旋去，故人無固志不肯樂就。而寺丞係分路堂官，亦以歲貢援例及知縣素有物議者陞除，到任皆不自愛惜，需索常例，科害牧軍，且資格微而人不敬服，時常與各衙門爭禮，不遂便昂昂然徑自逃歸，如近年寺丞王文學、劉民準者是已。然寺監雖職專牧馬，而地界多與州縣相隣，原職任與有司不相統攝，故牧丁有逃回原籍或拐馬及畏追倒虧、潛入各州縣者，往往不能勾捕；附近軍民有侵占牧地、彼此相告者，亦歲久不得歸結。監正、錄事等官，俱監生吏貢銓補，此輩皆日暮途窮，甘心苟且，假以點驗科索，比寺丞尤甚。惟僕苑官不得人，此馬政所以廢弛，失今不為改絃易轍，則將來大壞極弊有不可勝言者。臣查得，弘治十七年，督理馬政、都御史楊一清題准，陝西僕苑寺卿員缺，於兩司中選素有才望者陞任，待有成效，照在京太僕寺官事例不次擢用，及奏准添註平涼等府同知張檄等二員，不時聽委等因，故一時官皆賢能，馬政修舉。又查得，隆慶元年，巡撫、都御史石茂華題准，將甘肅行太僕寺寺丞裁革，改設少卿，管理莊浪馬政，仍兼兵備僉事，見今威令易行，地方馬政俱為有益。今若比照前例，寺卿仍選賢能、寺丞改設少卿，各帶僉事職銜，專一督理馬政，監正亦添註府佐職銜，俸薪仍照監正支給，則僕苑兼風憲之名，勢分崇而人多愛惜；寺監兼有司之職，軍民服而驅使無難。如是而人不樂就事仍掣肘者，未之有也。是雖兼銜改設畧似更張，而輿皁俸薪原無增益，矧藉空名以圖實效，似亦無不可者。臣又查得，弘治年間，吏部尚書馬文升等題准，二寺官員賢否皆從督理馬政御史填註開報，巡撫巡按官通不干預，永為定例，不許阻撓紊亂。及臣見今欽奉敕諭内開『一切牧馬事宜悉聽爾從長計處，巡撫巡按等衙門不許干預爾職，寺監官聽爾提調約束，仍須以禮相待，功績顯著者具奏旌擢，闒茸不才者指實糾舉，不許各衙門肆行凌轄』，臣仰見我皇上慎重馬政、優崇寺官，至意夫何。邇年以來，間多干預凌轄，以致寺官參謁奔馳，職業隳廢。臣思馬政係邊防重務，豈可任其消耗而不為一整頓哉？伏乞勑下該部查覆節年題准例，如果臣言不謬，覆議上請，今後陝西行太僕寺、苑馬寺卿缺，于近省參政、副使内，少卿缺，于參議、僉事内，必選素有才望屢經旌薦者陞任，勒限前來；將兩寺寺丞三員裁革，改設少卿二員，并新任行太僕寺卿吳邦楨等俱兼僉事職銜，責令各分中、東、西三路點驗騎操孳牧馬匹，遵照祖宗點閘騍駒之成法，參罰降級之舊例，着實舉行。如功績顯著，與内寺一體陞擢。長樂、靈武二監監正俱以才幹優長舉人選授，仍添註平涼府同知或通判職銜，各照原轄苑分督率孳牧、追徵地畆倒虧銀兩。凡事務文移，州縣衛所官不許抗違。如牧事有成，同有司官一體保薦陞遷，部屬等官如先已陞授者起送改銓錄事。圉長亦選壯方年力精壯素知養馬者除授。則官皆得人，事不廢墜。再乞皇上申明勑諭，今後馬政事宜寺監官員，不許別衙門干預凌轄，如事當興革，聽臣從宜悉心經理，官有闒茸不才，聽臣糾劾拿問。庶事體不致紊亂，寺官皆得展布，而馬政不日亦可復國初弘治之舊矣。

明 張輔之《太僕奏議》卷四《循例舉劾以飭馬政疏》 題爲循例舉劾寄養地方官員以飭馬政事，臣惟祖宗慎重馬政，以寄養責之密邇畿輔有司，良有深意。我皇上又不以臣爲不才，使奉勑督理西路馬政。邇者巡歷順、保間，驗烙已畢，所有寄養地方官員例當舉刺，臣謹遵故事，准近例，會同印馬御史趙之翰、本寺卿南企仲詳加品隲，疏狀以聞。如宛平縣正官久缺，丞貳署篆，且例格京縣，而其他賢吏任不及期者不敢敘薦外，訪得通州知州高位操持履薄，臨深運用，駕輕就熟，孔道多艱，良工獨苦；霸州知州許從坤昂藏偉度，練達宏猷，政事勤若，理家民巖，畏同馭朽；易州知州孫大祚約己愛民，水旱勤思，撫恤當機，應卒礦稅，殫力調停；固安縣知縣官箴實事實心，眞才眞品，軫念悉災民至計，逾年騰慈母賢聲；定興縣知縣李瑾朗節高懸，銛材迅發，當衝劇而恢若刃遊，洞隱憂而明如燭照；保定縣知縣張四聰志趣高明，丰神整肅，興革當而百度維新，撫字勤而四民胥戴；新城縣知縣張聯芳品端質重，一眞常若無奇，意定神閒，百爲自爾底績；良鄉縣知縣錢一鶚守勵四知，政修三事，宦成志恒不怠，政善試輒咸宜；涞水縣知縣吳從衆雅度翩翩，規條井井，僻邑寧煩小試，康莊始展長材；香河縣知縣焦元卿力祛虛文，雅崇實政，撫摩眞赤子之愛，剸裁具老吏之猷。夫以上諸臣，其賢不盡於馬政，而總之多賢；既得則於馬政，均有裨焉。所當薦揚，以備擢用行取者也。又訪得漷縣知縣李汝祥貌既魁梧，辯亦爽朗，第性資易染，物論遂騰，馬户有草料，以點驗瘦損爲名扣之入官，非矣，而張化光等三十餘家每告輒遭罰贖，宜外縣之潛逃；各役有工食，以點查不到爲名重於追罰，非矣，而淺夫五十名去冬工食不給，宜苦役之重困。張仁等之走死馬匹，當罰也，槩及於徐謹之攤晒官街，濫將無及；徐二之打點衙門，當罰也，槩加於各役之護月不到，衆何以堪？況熊檢校被盜，境内幾隕九命，未聞念及傷人，彼將視寄養之倒死損傷習爲故常，又何暇於問馬？此一臣者，守既多疵，官非良牧，是不可不一創之以爲恣玩者戒也。伏乞勑下該部再覈，如果臣言不謬，將高位等擢用行取，李汝祥重加罰治，庶勸懲明而牧政修舉矣。臣不勝悚息待命之至。萬曆二十七年十二月十六日具題。聖旨。

又《舉劾種馬地方官員疏》 題爲循例舉劾種馬地方官員以重責成事，臣奉命分管西路馬政，則種馬州縣官員例與寄養，有司一體舉劾，但地方寥遠，聞見難周，謹會同印馬御史趙之翰、本寺卿南企仲詳加諮訪，得其梗槩，據實爲皇上陳之。訪得直隸景州知州馬朴雅能鎮俗，才足肩煩，政多節愛之聲，民受和平之福；定州知州張鎔翌翌小心，恂恂雅度，處糾紛應酬若暇，撫凋敝軫恤有方；邢臺縣知縣劉九光節凜清霜，才追紫電，疲邑忻逢良牧，衝途共識高賢；寧津縣知縣侯執蒲雅度渾然，處子英材，儼若神君化洽，輿瞽民歌愷悌；慶雲縣知縣周棟秉正絕無奔競，敷仁悉本肫純，豪右畏威，閭閻戴德；邯鄲縣知縣孟三遷愛民若保，應劇如流，才已徵於發硎，品當登乎照乘；永年縣知縣耿鳴雷眞心敷布，沛然四野春膏，潔己褆躬，皎矣一簾秋月；元氏縣知縣鄭三俊雅操冰競，英標玉立，神明六吏畏憚，父母百里謳歌；撫寧縣知縣孟召經術以飾吏治，渾厚不失精明，民戴二天，吏遵三尺；饒陽縣知縣翟燿氣度馴雅，才識融通，勤事必周細微，恤災寧甘勞苦；沙河縣知縣史與祿搏鵬壯志，市駿奇姿，征徭則萬井風恬，禁詰則四郊塵靜；山東德州知州陸敏捷豁達才宏，拮据心苦，閒暇當舟車之輻輳，痌瘝念氓庶之凋疲；濱州知州韓希仁心競馭朽，才利剸犀，撫字切而委巷皆春，刑罰清而圜扉不夜；寧陽縣知縣李沐民亭亭玉樹，奇姿皎皎，冰壺潔守恩敷，湛露令肅嚴霜；曹縣知縣成伯龍操絕纖塵，才雄八斗，風裁著而吏驚震雷，節愛流而民沾解澤；鄒縣知縣王一楨心猶赤子，事備大人，取予一介必嚴，搜剔諸奸盡掃；滋陽縣知縣楊明盧金精玉瑩，器品直逼古人，風動雲流，聲價共騰良吏；東阿縣知縣張光紀廉靜依然，儒習寬明，綽裕吏才一代，循良萬口召杜；金鄉縣知縣任時芳小心捧玉，大節飲冰，恤民不啻慈母之保嬰，裁冗眞同薙氏之刈草；聊城縣知縣劉文炳朝霞散采丰標，秋水凝波節操，民懷襁褓，氣奪貂璫；鄆城縣知縣武文達修偉如中天喬嶽，精光似出匣太阿，城社清夷，簷垓怙恃；淄川縣知縣鄭繼芳皭然不漬，蕩然惟公，時挹景星慶雲，民囿和風甘雨；章丘縣知縣游漢龍倜儻不羣，淡薄自守，安集式歌鴻鴈，德輝爭覩鳳鸞；壽張縣知縣馬時敘胸襟磊落，才具恢張，防患不忘積穀練兵，恤民惟務平徭息訟；定陶縣知縣楊克順心絕無欺，事求實際，衙宇風清弊絕，郊圻盜息民安；齊東縣知縣白鯤性資醇厚，操守清貞，委心雪覆盆之冤，殫力調時政之苦；樂陵縣知縣王文烱有用文章，無瑕操履，變豹已窺於芹水，祥鸞再見於花封；長清縣知縣宋明德勤課躬勤，於陌上可比甘棠，爰書立就，於手中何勞鉤距；

堂邑縣知縣勇愼聽斷如山，法不撓於强宗大族，洞觀若火，澤已遍於涸轍窮簷；河南磁州知州顧頣妙齡粹質，潔守雄才，滿腔惻隱常流，萬種經綸時運；湯陰縣知縣孫許潔若氷凝，直如弦急，法必行於豪横，惠常溥於善良。以上諸臣馬多上駟，運鮮後時。皆西路種馬之賢所當薦揚以備擢取者也。又訪得原任直隸阜城縣知縣田汝成，善狀無聞，穢聲頗著，徵糧加一，扣料加三，大户朱雲等乃其知証，布疋減價，逃户罰磚，地方霍學等是其守催，准狀不厭多詞，罰贖袛圖潤橐。山東利津縣知縣馮執中，雅好麯糵，厭棄簿書，縣門啟閉有時也，夜半尚不封門，則關防盡廢；吏胥門子至狡也，理詞時與商議，則窺竊滋多。旨酒之戒罔聞，劉伶之謡已播。此二臣者，執中短於才，汝成病於守，地方何庇，牧政奚裨？但才可原而守不可原，以彼罰治，亦自有重輕也。伏乞勑下該部，如果臣言不謬，將馬朴等循資擢取，田汝成等分别罰治，則奉職知勸，考牧有成，庶少補軍國之萬一矣。臣不勝悚息待命之至。萬曆二十七年十二月十六日具題，聖旨。

明　楊鎬《申定驛傳規例以便遵守疏》《萬歷疏鈔》卷二八　四川道監察御史。萬曆十九年三月。臣入仕籍後，覩中外以條上便宜者，靡不極口而譚，驛傳可以徹民德、啓天聽，大槩如斯矣。卽該部議覆，且亦不勝其煩。臣又何敢置喙？頃自范淶之奏一入，龔雲致之謫立至，則人情事勢，固有不嘿嘿者。爲向來議驛傳與行驛傳者，率以其名、不以其實耳。夫惟狥其名不要其實，凡絡繹皇華者，卽皆書劒衣囊，豈能不加於十夫之外？卽皆琴鶴圖籍，又豈能取足於兩馬之力？公舘可住，薪水可給，防護可撥，而行李何獨不供其乏困？陟岵望父，陟屺望母，陟岡望兄，而道里終難過禁其迂曲，蓋今之冠蓋相望總屬，上下相蒙，此所謂欺罔之習也。間有報其實以責其名，凡載馳載驅者，夫踰二十，卽大臣而亦呵止。安知舊李將軍馬踰二匹，卽淸銜而且待罪，誰不重足役？使莫非正事，居則無一日之積，行則無一夕之衛，豈不懷歸？不惟畏此簡書，又且畏此譴怒。蓋今之荆棘滿路，必多睚眦相傾，此所謂險薄之風也。欺罔成則近於亂，險薄滋則近於衰，曷若及今一定於實，體其必至之情，立爲不犯之法，而使上下相安，永久可行之爲得乎？周之《秩官》有之曰：『賔至，關尹以告，司理授館，膳宰致餐，司馬陳蒭，工人展車。』此昔以待異國之賔，而今以勞天子之使，驛傳之設，從來遠矣。儻使輔翼之臣誠利君國，法度之臣誠利社稷，封疆之臣誠利土宇，卽肩輿而入不爲過，四牡而出不爲華，去帷而行不爲侈，如其不然，有陽爲名高而陰覬厚利者，乘敝車策羸馬，絶不見有騷擾驛遞之名，其以單騎而走珠玉，扁舟而載千金，又誰知之？噫！殺青之戒薏之疑，徒以苦廉潔君子。彼頑鈍亡節而欲肥潤其身家者，卽從大夫之後，亦可以徒行矣。此皆名與實之推也。《語》云：『治道去其太甚。』今部例，假冒勘合有禁，隔省牌票有禁，折饋送有禁，公差護送有禁，金鼓旗幟有禁，果能堅此之令，所省不啻其然。驛遞站銀每歲徵派民間，卽多裁省，何曾蠲免？百姓衝途凍餒，全資走遞養贍，窮無所歸，勢且散爲盜賊，似此情形，非親民最久者不能習見、不以上聞也。若龔雲致者，用夫絶多十四名，計夫價僅僅一兩有餘，於郵舍不足爲攬頭之半菽，於國家不足爲太倉之一米，坐以不檢，黜落其官，無乃大輕耳目之臣乎？所謂牽牛以蹊人之田者，誠有罪也；而奪之牛，罰亦重矣。蓋自十數年以來，驛傳之令何日不申警於道路，而官謗屢至，刑書數煩，無亦人情所不能已者，卽聖人不能禁之。臣請勑下該部，無復隱諱，明以驛傳詳委，據實奏聞。或於勘合夫馬，各照舊目量行議增，度其足用，駐爲定數，其餘一切禁例，但有犯者無赦，庶足以宣示詔旨之重，使其無蹈於欺罔。至於官員赴任出差，既有程限，誰肯邅延？苟無勘合，自難騷擾。惟是絶裾非孝，捧檄爲親，聖王錫類，所宜寛假。其在御史銜命，有隻身萬里，有一去幾年，伴送家口，尤當明著一例，仍在舊限之中，不必援恤刑者爲比，庶足以間執纔慝之口，使其無效于險薄，此所謂議法者實奉去之實也。又何不可久常之有？臣又採輿論之公，龔雲致以有勘合御史，多用十四夫，而降雜職；范淶以無勘合副使，假名指揮，濫交布衣，至用夫四五十名而免議處，治以律文，豈淶曾出首可以免罪，曾檢舉可以不問乎？淶職掌驛傳，公然自犯，無異監守自盜，尤當加等治懲者，但揣摩窺探，既能陷人機穽，又能自脱網羅，第恐姦雄之心亦竊篾朝廷無人矣。况該省撫按會疏以參，不蒙賜察，亦豈皇上委託撫按，隆重事權之體乎？臣謂范淶似宜仍聽吏部奏請議處，以服人心，使天下後世仰皇上如天地之無私，如日月之照臨，臣不勝悚息待命之至。

明　彭而珩《蠲豁馬價疏》《皇明留臺奏議》卷一二　萬曆二十年六月上。臣奉命巡屯兼管馬政，往歲巡歷泗州，參謁祖陵，其時晴霽良久，而州治十九水渰，公署亦在沮洳，登陵眺望，萬頃滔天，茫無彼岸。因訪其人民日逃月竄，皆因田没糧存，力不能陪計，無復之故土。臣目擊景象，爲之心寒。

邇來聞彼中昏墊之苦，較臣巡歷之日更有甚焉。爲一想像，輒爲流涕。臣竊惟天下之患莫大乎無民，離散者，無民之漸也。在郡邑且不可，況泗州哉？泗人流離瑣尾，其命不絶如綫，欲爲招輯計，宜莫如蠲；若尋常之蠲，亦無當也，其必破格而後可乎？近該潁州兵備道副使王之猷條議，拯卹之策有三：一、馬價銀兩宜永蠲，一、漕糧改折量減，一、協濟河夫宜免派。此三議，均爲喫緊，均應允行。地方當事諸臣諒必有采其議以請者，惟是馬價一節，臣職掌在焉，安敢以無言？查得該州在國初時原無派養馬匹，宣德間，因江南高淳、溧水等縣水災，將彼中馬匹寄養於州，久假不歸，遂沿爲額。每年派納折銀二千七百五十兩，後又加至三千三百六十兩。隆慶二年，及派草料銀七百兩。夫原無額設，而陸續增之數逾四千，不可言少。藉令泗無水患，猶慮不堪，茲者桑田滄海，變遷異常，執續增之課而責水中之民以辦之，其勢必不能矣。萬曆十六年起至二十年止馬價，該撫按兩次請蠲，蒙恩允免，民困少甦。今限期滿矣，無何又開徵矣。彼流移之民畏此徵求，誰肯復還故土？其境内孑遺畏此徵求，又將散而之四方。則安可不及時圖之也？臣請將該州馬價草料銀兩永蠲勿徵，不然，則請自三十一年爲始，連蠲十年，俟限滿另議徵豁。臣非不知蕩恩不可以長徼，第念該州彈丸之地，在水中央，泛濫三災，慘不可言，目前行諸臣相度咨議，未有定策，則疏瀹之效猶未可以旦夕計也。議遷減議開河興大工必動大衆，則勞民息肩之日猶未卜也。異時險阻遠矣，汙萊開墾，豈宜一旦可望成熟耶？戶口消耗，豈一旦所能生聚耶？久病之夫，尫羸日甚，調理休息，非假以歲月不可，若遽責以負重，實速其斃，泗人亦然。則十年之蠲不言久也。聞太僕寺馬價積儲稍裕，不以區區一州之歲課爲盈詘，矧泗爲昭代豐鎬之地，祖陵在焉，以湯沐之故而永蠲之，亦不爲過。他處亦不得援以爲例。伏乞勑下兵部查議，如果臣言不謬，將該州前項錢糧破格蠲豁，庶瘡痍少甦，離散漸復，國家根本之地益固，而列祖在天之面益妥矣。

明 侯先春《清馬政以裨邊疆重務事》《明經世文编》卷四二九　臣奉命視師遼左，自入境以來，廣詢博訪，僉謂遼之最急者馬，而遼之最不堪用者亦馬，遼之最耗國儲者馬，而遼之最累軍士者亦馬。嘗與撫按諸臣蹙額而語，扼腕而嗟，思一為之釐正也久矣。近接兵部職方司手本，該本部題覆閱視山西科臣張貞觀疏，為孤鎮軍膏剝削巳極等事，內稱將官販易夷馬之蠹，軍士買補營馬之苦，通行酌議，應參將領，據實參治，仍訂為釐弊甦軍之法，另行題請等因到臣，該臣訪得向年遼東馬市，利止歸權勢，前撫臣顧養謙廉其弊而救之，用銀二萬兩，官買軍領，誠良術也。柰何一法立，一弊生，勢有必至，而腥不除，蛇不祛，物有固然。是故虜方傳箭，將入市也，正安堡遊擊，鎮靜堡守備，利其好馬，要于境外選買之。此其弊在本管官。虜既報箭，已入市也，則尊官貴戚，家人門胥，遴其好馬，搜于市場先買之，此其弊在權貴。自餘非老則病，不疲則羸，先儘正營諸將官二三十人，而後及富室。各將官所買，則發之右屯衛備禦撥軍牧放，多者百餘匹，少者數十匹。遇有軍或家丁倒失馬者，徑自給散，迨其解驗印烙，大者扣銀二十兩，小者扣銀十六兩，仍外索稍銀，此其弊在各將官。至于富室所賣，則撫臣委官一員，同廣寧備禦，闌不使出，照依原價買之，亦索稍銀，而委官不勝其私，賄囑紛然。度馬有利可別售者放而去之，無利衆所棄者擡價濫收，甚且以巳老弱私易壯健，此其弊在委官富室。夫私，公之蠹也；弊，害之府也。利于私必病于公，有其弊必有其害。是故上而國也，歲發太僕寺馬價銀一十一萬兩，其初則買貨委官扣侵者十之一二，其既則前項各官扣入者十之六七，馬隨補隨倒，銀歲耗，軍不得霑分毫，誠哉國之漏孔也，害國莫甚矣。下而軍也，馬纔領即有倒者，養二三月或數月倒者，即不倒而老弱，棄之不可，飼之無益，以有用芻粟，飯無用馬匹。甚且稍銀之加添，倍蓰官價，貧軍不勝勒索，有鬻妻易子以償者，有鬻妻子不足繼之以逃且死者，又有奸軍藉口索詐戶丁，并其戶丁鬻妻子而逃且死者，抑又民之陷穽也，害焉莫甚矣。是該部所稱將官販易夷馬之蠹，軍士賠補營馬之苦，遼中與各鎮同也。而所稱釐弊甦軍之法，則遼中有獨難者。將禁將官，而將官有所不能禁；將責司道，而司道有所不能行；將收良馬，而良馬必不能收；將革稍銀，而稍銀必不能革。臣何敢以虛文塞責也？蓋遼中事勢與各鎮迥別，隔遠関外，僻在海隅，武弁則如蜎如蟻，文官則如參如辰，真有軍中但聞將軍令、不聞天子詔者，故雖以撫臣之重，按臣之權，而法不能盡行之于下，情不能盡達之于上也。即臣奉命視師半載，而法亦不能盡行之于下，情亦不能盡達之于上也。故臣焦心蒿目，蚤夜以思，求所以為釐弊甦軍之法者，而卒不得其要領也，無已則有一焉，盖將官之得以販易夷馬而恣無忌憚者，雖由法令不行，亦以官買之馬少而所不買者多也。軍丁之所以買補營馬，而不勝苦累者，雖由處置之無法，亦以官給之馬少而所不給者多也。夷市之馬孰非朝廷之馬，柰何棄實利而甘受實害乎？邊境之軍孰非朝廷之軍，柰何給馬者十一，而給價者十九乎？且遼東每歲京運馬價凡一十一萬七千有奇，價非不足，而何有于一萬兩也？合無自今以後，款市後宣大亦有夷馬太多之患，然每發銀濟之，凡夷馬盡數官買之，將官富室不得私買一馬。有私買者，即以私出境外，走泄事情論。凡軍馬盡數官給之，將官富室亦不得私賣一馬。有私賣者，即以私賣戰馬論。此法行而後弊可革，弊革而利在其中矣。私買既禁，牧馬自良，利一。價無高擡，馬價自省，利二。馬少疲駑，操馬充實，利三。馬由官給，軍免稍銀，利四。倒死漸少，軍不賠償，利五。馬無私牧，軍不受累，利六。牧馬愈多，子銀愈積，利七。盖禁其買則富豪不得夤緣為奸，其不然者，不至要境外搜市場，以極于退壯健而收老弱，不止即百法懲之，其弊固在也。禁其賣則富豪不得借口索勒，其不然者，不至扣官價，索稍銀，令民鬻妻子而就逃亡。不止即百法革之，其弊固在也，由此則官與民兩利，由彼則官與民兩害。其大較可覩已。倘謂王者不盡意以遺民，不宜盡買夷馬，則臣未聞棄利而趨害，廢國法以利奸民也。且今内帑空虛，國用匱乏，方求生財節用之道。而遼東兵餉預支四十餘萬，皆由此輩耗損致然，尚可借寬大以濟奸貪耶？况充操馬惠貧軍，其利遼左生民更大，又有不止利國者耶。寧為將官拓外㕔，不為國家塞漏巵，寧為將官開利藪，不為貧民除陷穽，臣不忍也。臣聞治道去泰甚，語曰琴瑟不調，甚者必觧而更張之，乃可鼓，遼中馬市不調，且泰甚矣，去泰甚而更張，此其時乎？若謂不須更張，不必盡買夷馬，稍一禁約，夙弊頓清，是不過借革禁之虛文，掩一時之耳目，以欺皇上也，臣有死不敢也。臣窃謂不欲釐弊甦軍則已，誠欲釐弊甦軍，舍此更無別法也。但此法未行之先，害于國與軍甚大，而利于將官亦甚大。此法一行之後，利于國與軍甚大，而不利于將官亦甚大。是在朝廷之上，斷而行之耳。伏望敕下該部亟議施行，庶馬政清而戎務大有裨益也，臣不勝大願。

明 畢自嚴《度支奏議·新餉司》卷一二《覆請清核兵馬錢粮確數疏》

題為遵奉明旨，酌議清覈兵馬錢糧確數以釐弊蠹事，新舊二餉司案呈，崇禎三年八月十六日奉本部送户科抄出，該本部題覆薊遼總督張鳳翼題為亟請軍餉以濟時艱等事，本年八月十四日奉聖旨，據奏餉有新舊，兵有主客，必核其額數多寡，日月起止，以便銷筭。說得是，但該部何故從無清核確數。具奏又云，逐月無欠，惟壓欠者必難取償一時。今永餉所請，是否積年壓欠，燕建山石附餉關門自當以正月為始，緣何從去年八月找給冒領重支弊，正在此，可無一問？但諉不知鎮兵必餉到始能果腹。該部以發解即為實收，各鎮方求現欠，照數補解，該部反云，不得先期預支，内外呼應相左，總繇清核無法，今後須確定規則，各鎮餉司俱立一簡明清冊，具開原額主客兵馬若干，應餉若干，或某日添到某兵馬若干，增餉若干，減者亦如之。按月一報，不得混入細數，以致頭緒棼淆。即如奏内扣抵借支等項，亦只許餉司互行銷算，不得攙入簡明冊内。如有報數不確及不如期者，定行侵冒治罪。該部堂上官亦宜勵精率屬，着實遵以。這所欠永餉即如數措發，勿再延悞。欽此。除將所欠永鎮餉銀如數找發，另疏題知外，相應具覆案呈到部，該臣等看得計兵乃可措餉，按餉即可知兵，是臣部所憑以核多寡而酌緩急者也。各鎮向惟關寧立有經制餉司，每月具收放數目報部。自軍興始廢，今始漸復。關門始報至四月，寧遠始報至三月，皆有折色而無本色，逮於九邊臣部，但知有年例應發之數，而兵馬與食餉之額不知焉。臣部自去年以來，屢行文各鎮督催，而開報寥寥也。今皇上憐度支之匱乏，切責臣部未能清覈兵馬錢糧確數，誠洞見軍國之大計，臣等愚鈍之罪，又復何詞？然臣未始不清核也。臣於崇禎三年三月二十九日題覆，總理馬世龍為仰承天語，瀝血再陳一疏，奉聖旨，據奏薊餉解發無欠，且虛伍損額，俱未停支，如何輒稱餉缺，此必經管給放，或有他情，着何朝宗用心清查，務使軍霑實穪，將無借口，仍行督臣實開需餉兵數，明白奏來，以便該部按給。餘依議。欽此。臣即於四月初七日移咨薊遼督撫并劄薊州餉司，查取薊鎮兵馬確數，去後續於五月十五日行催，限五月終回奏，七月二十三日行催，限七月終回奏，八月初五日又復行催，已三次矣。前於七月初五日，據薊州餉司蔣範化造册一本，但開支施流水數并某營分而孰為新兵，孰為舊兵，孰為援兵，亦無數目，未見清楚，再行駁查，復於八月十三日又分造三冊送部，臣令兩司磨筭，乃係抄錄前任道臣賈克忠舊冊，新兵、舊兵、援兵雖各有數，然先後重復，且係四月、五月之數，而非現在之數，則未亦為確也。永平新舊兵丁多係招補，該道臣張春八月初四日造送臣部，共約官兵二萬四千八百八十六員名，此二冊者，臣部費幾許唇舌，始得此數，非易易也。臣又於六月二十三日題薊州餉司何朝宗為薊門餉額日增，臣部措處日難一疏，内稱各營領餉日期仍照前月領餉日期，以掛號冊到先後為餉司領銀先後，不得愆期，該司於出月五日即將上月支放過各營兵馬本折錢糧分別新舊餉銀，援兵鹽菜等項，造簡明流水清冊送部，以便逐款磨對，如有重支冒破等項，即行查駁，本部給發下月之餉，即以冊報上月之數為據，季終□造季報文冊，備將逐月支放并還官節曠等錄總算明白，以抵應發之數等因，奉聖旨，薊餉驟增，倍宜查核，着該督撫鎮道會同餉司嚴稽虛冒，如有節曠抵充，正額無徒，以掛號塞責，仍按月按季清冊報部，以憑磨勘。如有重支冒破等弊，該部即行駁參，經管官一體同罪。欽此。隨於六月二十九日行文薊遼督撫薊州司道巡關御史督催訖，已經二月而未報者如故也。至於九邊兵馬錢糧，案查崇禎二年五月十二日該直隸巡按葉成章題為謹陳九邊軍餉之數等事，奉聖旨，據奏該鎮本折額餉數逾往時，只因年來積欠致乏，然朕查客兵一項，邇年原無調發，及崇禎元年京運比前解發獨多，何故動稱缺餉？屯糧原額五十餘萬，止存一十一萬，歷年清墾何事，該部科確看來說。前有旨，但查虛兵不汰實兵，着巡按御史確查缺伍倒損冒支的數，宜挨營點閱，覈實詳聞，乃只據成數奏報，虛冒何時得清？葉成章還會同張宗衡速遵前旨，親行查閱再奏，不得支飾取罪，該部院知道。欽此。該臣備行九邊，止據延寧、固雲各奏到，而餘鎮未至也。謂臣習於怠玩，漫無綜稽，臣則何敢？惟是軍興孔急，徵調頻繁，各督撫非無事之秋，臣雖欲行糾參，實有所顧忌而不敢出耳。今蒙天語煌煌，責令立定規則，兵馬糧餉造簡明冊，是必覈主客兵馬之確數而後可以論糧餉，必得每月糧餉之確數而後可以論收放，恐餉司位卑權輕，其言不足信，其數或未確也。合無通行各鎮督撫查明各鎮營伍兵馬確數及每月食糧規則，責令據實奏報，務於九月通完，不完者有罰，如此則經制一定，而侵冒自消，然後按月開報之法始可行耳。餉司為錢糧出入之關，弊竇叢集，查京運錢糧近俱解，委兌支料無不足之患，至於民運錢糧有重無輕，不待言也。然各營伍支領兵餉多有輕短不如數者，則其為餉司之扣尅明矣。又如院丁、道丁、標兵等項，號為近水樓臺，多有已支又支，先期給領，而遠堡有數月不得領者，亦有各營賄通吏書，那移於先後之間，乘機而漁利者，從前庫折預支等弊，已經臣部申飭再三，不知果行滌除否？今擬掛號責成各兵備道再三查覈，有缺伍者即行扣除，不準支放，其破例預支者即行駁查，毋狥情面，然後將應支冊領掛號移會餉司，即以冊領投到之先後為發餉之先後，不許出於三日之內，亦不許一月而支二次，庶可免於稽遲預支之弊矣。乃若各營領邊餉司銀兩，即令該營委官解赴附近督撫兵道衙門抽驗大封，如有短少，督撫徑將餉司參究，兵道轉報督撫參究，庶可免於扣尅短少之弊矣。若夫支放錢糧，奉有按月一報之旨，以後每遇月終，餉司將收放過錢糧逐一照式開列明白，自行奏報，仍轉報撫院覆覈，會同總督具題下部磨勘具覆，方準開銷。但道里有遠近，錢糧有多少，其近者、多者如關寧、薊永、宣、大、密鎮等鎮，傷一月一奏，其遠者、少者如昌易、山西、延寧、甘固、通津、東江等處，俱三月一奏，所造兵馬錢糧冊務如欽定之式，不得糊塗塞責，即民屯錢糧亦附麗其中，始為全局，庶可免於重支虛冒之弊矣。現年支餉按月銷筭，原屬定例，其舊欠壓支，惟九邊為然，而關寧津通皆以下月支上月之餉，原未始有欠也，自有軍興，侵削正額，而亦漸有欠矣。若裁從前之支而但支現月之糧，彼歷過者其誰肯捨？若欲餉司仍前通融支給，又與按月奏報之數有礙，竊念外解有限，現支且難足數，一月而並支兩月之餉，萬萬不能。今欲清徹到底，惟有查某鎮某營壓欠若干，自某年某月起至某年某月為一年，亦按先後為給發次第，俟至年終，以其有餘補放前欠，一二月間有還官扣抵，亦作此項支用銷筭，奏繳如是而種種弊竇有不清楚者鮮矣。伏乞勅下督撫，先報兵馬及本鎮應支糧餉確數，務於當月內奏報，再督同餉司將收放糧餉確數仍分別遠近多少，按月按季奏報，釐積弊而清錢糧，國計幸甚！臣部幸甚！崇禎三年八月十九日具題，本月二十一日奉聖旨，軍餉收發在內部，支領在外鎮，必立定規制，交相清核，方可杜絕弊端，據奏屢催不報、有報不明，顯是欺玩，以後各鎮兵馬錢糧開列確數報部，責成該督撫查扣尅禁，預支節虛曠覈冊掛號移會餉司，責成各兵道并將民屯補壓等項俱載簡明文冊，月季奏聞，俱依議行，爾部亦須從長計算，量入制出，永絕耗竇，以裕軍需。欽此。

又卷一五《覆遼撫請索豆價馬乾銀兩買馬疏》　題為關外空乏已極，懇乞速發月餉功賞，并扣還去冬抵餉豆銀及空馬乾銀以救急需事，專理新餉山東清吏司案呈，崇禎三年十月三十日奉本部送戶科抄出，遼東巡撫丘禾嘉題前事等因，本年十月二十八日奉聖旨，月餉功賞着該部查明措給，其還豆價、借馬乾及扣餉存貯事宜，一併酌議具覆，欽此。欽遵抄出到部送司。除功賞聽兵部措發月餉該本部陸續措發外，所有還豆價、借馬乾及扣餉存貯事宜相應議覆，案呈到部，該臣等看得糧料雖分本折，要皆臣部軍餉，間有移緩就急，不過將臣部之物還供臣部之需，非從外借者也。去冬虜梗東道，遼餉難達，餉司王四聰那豆六萬五千五百七十九石，抵給兵餉二萬六千二百三十一兩六錢，以本色羨餘濟折色不足，通融銷算，不過一轉移間耳，安得移為修城雜項之用？是豆價一項，撫臣可不必取償於餉司也。空馬乾銀，先經臣部題允充餉，而買馬銀兩又例屬冏寺供辦，各有司存，不得一粟取盈。臣部惟是封疆事重，馬匹缺乏，臣部念切同舟，誼難坐視，昨該臣部議覆，撫臣丘禾嘉恭報到任疏，内議將查出缺兵缺馬銀兩量撥五萬以佐買馬之用，關内關外四六均分，關外應湊三萬，關内應湊二萬，亦委曲接濟之意也。今撫臣既於關外扣存空馬乾，内索去買馬銀一萬二千兩，此外仍聽關内關外兩地找支，以足五萬之數。前銀已經支銷，臣部大費設處，已經劄行兩地餉司遵照奉行矣。況兵部見議，扣解驛遞銀兩以供遼左買馬之用，又何必厚責於臣部乎？是馬乾一項，撫臣亦不必取償於餉司也。祇有騎營倒馬兵丁月扣二錢，原係臣部覆關院疏裁留，以供地方買馬之用，則臣部又何敢吝焉？委宜與朋合銀另扣貯存，以杜溷淆，以市騰驤，所當如議，聽令該撫酌給買馬冊報銷算者也。以上三事，皆臣虛心酌議，務求兩利並存，無使偏肥偏瘠，庶款項分明，錢糧清楚，可免彼此紛爭之虞矣。既經撫臣具題，前來相應覆請，恭候命下，臣部移文兵部督撫，并各該餉司遵奉施行。崇禎三年十一月十六日具題，本月十九日奉聖旨，據奏豆價抵餉，俱屬該部，不必議償。馬乾節曠找足五萬，并無馬兵丁扣銀貯庫以供買馬，具見協心，俱依議行。欽此。

又 卷二三《覆宋臺臣條陳召買并法馬利弊疏》

題為民困當甦，吏治宜飭，謹據見聞，確陳利弊，以暢聖政事，專理新餉山東清吏司案呈，崇禎四年七月初六日，奉本部送户科抄出，廣東道試監察御史宋賢題，前事條議召買俵解及吊銷新頒法馬三款，内開畿南近日稱苦者無如召買，而臣以為召買非苦也。米價每石一兩，豆價每石五錢五分，似於時值不敷，然止用津斗收解，大約比市斗小十分之二，則折筭已自不虧。況人□義切，急公何苦之有？所苦者官府扣尅，吏胥□鷸，既減價發銀，復大斗徵收，閭閻所以怨嗟，令餉臣議，令官買官解，誠有見於此苦心石畫。然官之米豆何處得來，計必仍派民間，而弊乃益滋，則不若勑部查照各州縣太倉雜項錢糧多寡，酌量分派，□令州縣即照民户錢糧多寡徵輸本色，仍刊示通衢，以津斗收納，則上不苦那借，下不苦扣尅，而民不樂於終事者，未之有也。又云更有莫大之害，為萬姓釀禍，為九重斂怨者，則無如新頒法馬。夫祖宗朝之有馬久矣，較若畫一，萬國攸同，上年臺省見解官銀數短少，添搭滋弊，於是疏欲較定法馬，鑿字起解，蓋為輕者，言意甚善也。其實銀之輕重，總緣兑時高下為奸，非關法馬之有大小也。乃部司預為耗羨之謀，墨吏競為尅剝之具，紛紛請給，不行較準，每一大錠比舊法馬有重四五錢者，有重一兩者，甚有重一兩七八錢□，則每百兩重三四兩，每萬兩重三四百兩矣。自畿南以推之天下，太倉一歲所入以千百萬□，則所重當有數十萬積餘。臣不知其作何公帑乎？抑入私囊也？我皇上軫恤民窮，嚴禁羨餘，有加耗二三分者即拏問追贓，今公然以三四分，訓是豈皇上懲貪獎廉之意乎？臣下何奉行之不善也。甚或張告示於通衢，準執照於解户，明為新頒法□委重三兩有奇，是使朝廷代貪官受耗蠹之名，而適以陰濟不肖之漁獵也。罪可勝誅哉？又聞州縣轉而傚尤，更相倍蓰，哀此窮黎，毛已盡，髓已枯矣。正供不前，加派無措，尚堪此無藝之誅求耶？是宜通查省直，凡頒過新法馬者亟為吊銷，俟府縣果有輕者，申明請鑄，較定再發可也等因，本年六月二十九日具題，七月初四日奉聖旨，朝廷念切恤民，乃立一法，輒為婪猾更滋一弊，眞可痛恨。這新頒法馬著各該撫按嚴行吊查果否，是係頒發該部，仍查頒發月日冊籍係何司官，據實明白具奏，不許狥庇欺飾，併召買俵解事宜，該部即與酌覆，欽此。欽遵查覆間，又該臺臣宋賢奏為法馬頒發有據，行查歲月難待，謹再懇聖明早賜吊銷一日以早救一日之民命事，内開臣令魏邑除京邊錢糧解京外，歲有兵餉驛站等銀分解各府，向皆舊法，馬徵收起解毫無短少，獨上年解户至眞定，回者慟哭呼號，哀稱此番每百兩賠費五兩，臣深訝之，乃出所抄告示，謂新頒法馬原與舊法馬不同，解役納户毋得短少云云，臣猶不信之，乃出執照以為憑，則眞定已經察處知府侯應琛所摽準者，臣讀其中法馬委重三兩有奇等語，不覺怒髮上指，□案而罵曰：『誰為鑄發，以害民蠹國！若此狗□不食其肉矣！』此有照見存，不俟吊查而可為確據者。其他廣平、順德、河間俱新頒法馬，或重七八錢，或重一兩，惟大名府原任知府、今陞道臣盧象昇才守兼優，廉能夙著，凡收併錢糧不入府庫，不取耗羨，故力寢其頒給，致書大司農，痛言其弊，聞司農亦悔之無及，重懲胥役，但司官朦朧頒發過半，勢難反汗，故因仍至今，民患未除耳等因，七月十九日奉聖旨，據奏頒行法馬，加耗剝民，實有確據，好生可恨。侯應琛着該部院參看來說，本内廣平、順德、河間等處即著該撫按速行查驗，不得縱容更換掩飾，言官每有條議，部覆一味狥從，即如法馬一項，既有如此情弊，該部當日何故不加詳審，輕易奏行，著即遵前旨查明，回奏該衙門知道。欽此。欽遵抄出到部送司，除俵馬事係兵部，法馬俟撫按查驗外，所有頒發法馬并召買事宜，相應查覆，案呈到部，該臣等看得年來兵餉孔亟，海内騷然，而畿南之召買為甚，臺臣身嘗其苦，舉為入告，第一義欲令民間徵輸本色，有司照津斗收納，官不煩收買，民不苦穀賤，計甚便也。臣部旱災末議十款中亦約略及之，而未暢其指，得臺臣一番洗發，而菽粟即為金錢，輸租不須糶糴，自是便民至計，惟是督餉御史吳煥近題有官買官解一法事，若互異而議實相成，仍俟酌議畫一另奏外，至於頒發法馬，原求輕而反得觭重，如臺臣所指，眞定重三兩有奇，廣平、順德、河間諸府或一兩，或七八錢，則眞咄咄怪事矣。先是臣部深知解役掛欠之苦，於蒙恩受事之初，即將新舊庫法馬親自驗較，銼磨平準，嗣是掛欠絶少，計新庫每一千三百兩減去三兩四錢，太倉每一千兩減去一兩，又定為解委兌支之法，以杜庫内入重出輕之弊，俱經奏聞在案。然竊念臣部之收於官者，臣得約束之，而天下之官所收於民者，臣安得而問焉？適户科給事中裴君賜有欽立錠式嚴勑速行一疏，奉有錠式，欽降法馬，著申明舊制之旨，臣遂具覆飭行，令省直將各法馬較勘明白，有輕重無度者申請另鑄，而豈料輕重參差，流弊至此，皇上責臣以言官每有條議部覆一味狗從法馬一項，不加詳審，輕易奏行，臣深愧慮疏計拙，果失駁正，然而言官意氣方新，鋒鋩正鋭，據其摘弊條便，一時言之鑿鑿，亦如今臺臣之熱腸冷面，而豈料奉行未久，破綻貽嘲也，則臣之愚也。臺臣云新頒法馬委重三兩有奇，該府官給示批照，應聽撫按查驗明確，自難錯貸，但部司預為耗羨之謀一語，則似未知臣部收放近例者，畿南原無加派新餉，自有海運以來，新舊兩庫不拘□項太倉銀兩俱坐召買米豆應用，各府間有存剩，亦彼此撥抵，毫無鮮部，其應解舊庫京糧馬草則巡青科道為政，其應解各邊民運邊糧俱止赴部倒文，部司不得收放，臺臣不云乎銀之輕重，秖緣兌時高下為奸，不關法馬之大小，信斯言也。無論部司之賢者，即不肖之尤亦自可如先年掛欠故智已耳，而况乎解領兌支銀不入庫，差滿之日禁不報羡，即有饕餮，無從染指，乃欲預借新頒之法馬坐收贏餘，無論内部不能得之外，恐外府亦不肯應之内也。大名府獨不請鑄，是或有見，而眞、保、順、廣、河間外請鑄者，固亦無幾，惟山東布政司、浙江布政司、江西布政司、四川布政司以年遠擦損，不便較兌，申請改鑄耳。就臺臣今日言之，則奉旨即請，奉旨即發，尚未免於率易，便當日科臣言之，奉旨不請，奉旨不發，恐尤未免於抗違矣。其頒發月日經承司官一一在案，但就畿南五府言之，崇禎三年二月初七日，眞定府請鑄法馬三個，四月初十日順德府請鑄法馬一個，劄行則福建司官成珍，鑄發則寶泉局主事米世發，較準則新庫主事陳觀陽，三年四月十八日，廣平府請鑄法馬一個，五月十五日，保定府請鑄法馬一副，七月初十日，河間府請鑄法馬二個，劄行則新餉司官薛邦瑞，鑄發則寶泉局員外米世發，較準則新庫主事陳觀陽。臣因詢當日較準司官陳觀陽，據稱寶泉局陸續送有鑄就法馬至庫較準，原無文移知會，但局役自持法馬到庫較閱，職亦不知是何處法馬，但較其多者，諭令磋磨少者論，令改鑄較訖持去，去後再未送驗，其曾否磋磨改正，職不得而知也。臣因再取福建新餉二司官劄行寶泉底案稽之，新餉司所劄河間廣平保定三府有鑄完送新庫較準呈部轉發等語，而福建司劄眞定順德二府無是語也。再取寶泉局印劄質對，而文移不異，又拘寶泉局鑄匠郝文元原差張安等面加訊問，原未有文移照會新庫，果眞臣始無解於司官成珍之劄發疏漏，米世發之鑄較潦草，彼領役乘機作奸汚吏，借口作祟，抑又何所忌憚矣。總之，臣等不能抗執條議，於先又不能發覺流弊，於後幸臺臣展蘊相告救過，猶蚤不然未領者，或再領去未請者，或再復請，如臺臣所云頒發過半，則臣部之負謗叢譏，將有不止於臺臣所指陳者矣。除司官薛邦瑞劄□□□陳觀陽未奉文移相□□議外，司官成珍、米世發各應量從薄罰示儆。或念畿南原無錢糧解部，司局止承行文案，耗羨多寡原不相涉，且歷俸已深，成珍已陞四川夔州知府，米世發已陞山東登州知府，惟聖明炤□而矜容焉。其發過法馬應聽撫按較勘明白，容令臣部吊銷其省直，司府各仍舊貫可矣。臣等與任，惶悚隕越之至。崇禎四年八月初五日具題，本月十一日奉聖旨，較頒法馬，原欲平準便民，何得漫不稽查，反至增重厲民，各司官好生疏玩，米世發鑄造違式，著降二級用；陳觀陽既委較準，何前後槩云不知，著降一級用；成珍劄發疏漏，罰俸一年。其曾經頒給處所，該撫按盡行吊查送驗，不許延緩改飾，併州縣行使各官俱據實參來，一體議罰。欽此。

又 卷三〇《與兵部合奏招練營馬兵餉額疏》 題為欽遵召諭合奏關門經制事，專理新餉山東清吏司職方清吏司案呈，奉本部送戶科抄出，該戶、兵兩部合奏前事，崇禎五年三月初四日奉聖旨，招練營二萬專備策應，務須盡成勁旅，前經屢旨駁議，何得復立三千標營名色，如此前後游移，何以責成？著再行奏明該鎮經制，雖定兵馬尚多缺額，還著該撫會同監視，查明給餉，仍作速設法買補，餘俱如議。欽此。欽遵抄部送司，隨即移咨各該衙門去後，隨於本月□九日奉本部送準，兵部咨職方清吏司案呈，奉本部送準戶部咨前事，內稱議立標營三千，每名本折二兩五錢，似為鼓舞精健之意，今明旨因立標營名色，云前後游移，希即再為明白移會到部，以憑確議，具□籌因到部送司，照得招練一營節奉明旨，須名名盡成勁旅，初議食餉比於前鋒會議之日，因戶部難之，止議標兵三千，每名本折二兩五錢，較別兵每名多五錢，該營兵至二萬，又登島夷漢烏合總兵，標下非有親信拔萃之兵，不能彈壓，如西協之衝鋒、中協之超等、前鋒之大糧，其食餉尚有過于是者。若餉與他營之常伍無異，而獨責其皆精，似乎未協明旨。駁議誠恐標兵立而非標者得以遊移，相應以所加標兵之五錢通加于馬兵一萬之內，每名加二錢，取數大略相當，而馬兵可以借厚糈甲於諸營，庶于遵成勁旅之意不悖也。相應回文戶部，以憑議覆，案呈到部，為此合咨貴部煩照來文事理，即將招練營標兵每名本折二兩五錢，比常伍加五錢者，通加于兵馬一萬之內，每名加二錢，步兵不得比例，議妥奏奪等因，回咨過部奉批據議，較前標兵三千加銀五錢者更有增益矣。該司查議酌題奉此，相應會同兵部確商合奏案呈到部，該臣等會同兵部尚書熊明遇等，看得招練一營原特設以備恢剿者，國將馬非上駟必不入厩，兵非超距必不入伍矣。臣等竊謂一軍之衆，亦須寓居重馭輕之勢，故議設大糧兵三千，分屬三標，而未料及厚薄之形，誠恐强弱之漸開，煩聖盧籌詢，臣等深愧知其一不知其二也。今再四商酌，招練歲費六十餘萬金，已載入經制，額數勢難頓減，欲將此一萬八千兩分加馬兵一萬名，每名月加二錢，以示鼓舞，似於盡成勁旅之意相符。然通筭一歲又經增餉六千兩，雖所增無幾，而伏繹明旨，云後有增減，止許於額內通融，不得濫溢。今議原加一萬八千兩分給萬兵外，不敷銀六千兩即取足於節曠還官銀內，無俟另加，其名為馬兵而尚未有馬，與原有馬而後或倒損者，俱扣除二錢，仍以本折二兩為例，庶經制六十餘萬之額未敢驟減，亦未有驟增，而每月二錢於以補芻秣之不足，儘可咨騰飽而養衝突矣。既經咨會前來，相應覆請，恭候命下，臣部移文各該衙門遵奉施行。崇禎五年三月十七日具題，本月二十日奉聖旨，這馬兵加餉取給節曠銀兩及除事例，既經兩部酌定，依議行，其通營仍著訓練精強，實裨恢剿。欽此。

又《邊餉司》卷七《覆查覈兵科印自備馬查寄庫銀疏》 題為例馬縻餉欲循例必須責實，謹攄册臚列，仰祈聖明勑令道臣按匹印烙，以求實用事，邊餉司案呈，崇禎四年四月初四日奉本部送戶科抄出，查覈邊鎮兵馬兵科給事中馬思理題前事，內稱計各鎮報到之册多有自備馬之例，試數其自備有一百二十一匹者，東協也，有四百六十四匹者，中協也，有二百六十七匹者，西協也，有二百五十三匹者，團練鎮也，有二百四十六匹，雲南兵鎮也，有三百三十八匹者，西協之延綏營、甘肅營、雲南營也。他如關外遼東鎮則有三百八十五匹，關內山海鎮則有二百七十九匹，通州鎮則有八十七匹，昌平鎮則有一百五十三匹，宣府鎮則有八十九匹，寧夏鎮則有三百六匹，青州一營則有九十七匹，總此周環鎮轄，輪蹄可矚，今自備已三千八十餘匹，歲計餉至三萬八千三百餘金，萬一有是例，無是馬，在今日欲以折乾為養廉，在他日必以徒步而傳戰，是負朝廷，仍自負也。請自今伊始，專責道臣將該鎮官馬及自備馬分別印烙。乃臣又查大同册開陣失倒斃一項，除一萬一千三十三匹明註不支餉外，更有一萬五千九百七十九匹，攄稱從餉庫中領出，寄交西路官庫，或都司官庫，聽候買馬支用。臣計其月餉共一萬三百七十六兩四錢，若以歲計之，又可貯十餘萬餉矣，不識此銀□領在庫否？但臣查各鎮扣軍有朋銀，有□□，有年例銀，皆屬買補缺馬之需，今多此一項，未見馬額日增，徒見餉額日缺，聞該鎮七萬八千餘兵，缺餉幾一年餘矣，即不為通融哀益，亦當着落存留，臣不能不望皇上并責道臣清釐也。四月初二日奉聖旨，貪弁侵冒無厭，發一弊端，即生一狡計，虛伍糜餉，邊事何時得振？這所奏責成道臣另印自備馬匹，覈查寄庫餉銀，均屬清釐要務，該部便看了來說。欽此。欽遵抄出到部送司，案呈到部，該臣等查得各邊鎮之有自備馬也，相沿非一日矣。想朝廷立法之初意，豈漫無稽查哉？正望赳赳桓相之輩，盡皆干城腹心之儔，數馬以對，必能精索千牝牡驪黃之中求牧與芻，必能馴養其一夕千里之用，雖營厩充牣，終不敵自備之超乘也。不料貪弁侵冒，相習成風，開支干紙上，非不雲錦成群，實按于厩中，雖并駑駘，烏有案查，先該昌鎮督治侍郎侯恂條議，自備馬匹必經該道□過，方許開支草料，□有□□□□□□□□部覆奉俞旨依議行矣，但尚未見遵行減削，尤恐杔之空言已者。今查覈軍馬科臣馬思理直探弊源，請自今始責各邊兵道着實稽核，將該鎮官馬及自備馬分別印烙，較前部議法倍精詳，合無將前項開列營伍自備馬匹移咨各該督撫，責成□臣逐一點驗印烙，與督撫同城及遇出巡地方間，親行抽點有無馬而冒交者，亟行裁華□倩馬而代點者，即行摘發。其各官自備馬亦宜再加裁節，定為限制，完日申報，撫按具疏奏聞，斯亦實營伍而清虛冒之一大關鍵也。夫科臣以查覈軍馬為職者也，蒿目邊疆，痛心弁弊，思國計之空虛，惟清冒為可補，故計馬之虛而旋籌，夫缺馬之餉，虛兵之欠，而轉慮夫寄庫之銀，凛凛風裁，字字碩畫，不獨臣部藉以濟虛，則從此馬政軍儲胥賴之矣。疏內如大同一鎮册開陣失倒斃一項，除一萬一千三十三匹明註不支餉外，更有一萬五千九百七十九匹空月扣存銀，據稱從餉庫領出，寄交西路官庫，或都司官庫聽候買馬支用等情，委屬可駭。夫餉司為錢糧而設，則一應錢糧無鉅無細均當出入于餉庫，按月逐項奏報，而後臣部得執以銷筭，皇上可憑以覈查。若以空月扣存料草之銀，不繇餉司掌管，而分寄西路并都司等官庫，勿論侵□乾没等弊漫無稽查，而收支不清，奏報無據，則亦安用餉司為矣。案查崇禎三年十二月內，據大同餉司周維新稟□倒馬料草皆各營奉文領去買馬，與餉庫無與，並無銀兩數目到臣，隨該臣部備□于節曠，盡扣買馬之疏，入□奉聖旨，軍餉馬匹□屬急需，節曠扣買亦是權宜之計，據奏壓欠，無從抵補，領銷易致朦朧，還與兵部從長酌議合奏。周維新何故不具數報部，有無私弊，一併查來，欽此。復該臣部備劄，該餉司續據該司回稱，向來倒死馬匹空月料草銀兩解貯都司衙門買馬支用，在餉司據道府册領筭□□□料草銀兩照數報部開銷，果爾是料草一項相沿成例，俱當問之撫道，不當問之餉司矣。然明係領去買馬支用者，又責該餉司向臣部筭作實放料草開銷，是無馬而有馬，不應支草料而妄支草料，則買馬與實放兩無着也。先該臣部移咨該撫漏查節催未報，玆讀科臣疏，欲為□融裒益，着落存留，臣細閱之，愧服無已，該鎮倒馬料草臣部以隔絕而不及知，餉司明知之而不敢問，向非科臣徹底覰破，其何以挽狂□□裨實用哉？除朋椿年例，向充買補缺馬之□□據科疏所稱，空月料草月可得一萬三百七十六兩零，歲計即可貯十餘萬，為數不貲，科臣□以補壓欠而慰軍心，臣等前覆宣府餉司萬□孚疏，意亦若此，而科臣從覈馬中覈餉一□□查和盤托出，夫買馬自營伍所急，獨計兵部□設有馬價，有站銀，則不當用空月料草也。即□得已而用之，臣部亦走□各如客冬遼□□助馬□五萬□□□□□□□□□兩，但當告之聖明，從實支銷，庶便於稽查耳。且餉司于各鎮節□一一報部奏繳，乃其職掌，顧有格于往例，扼于牽制，不□□首舒眉，一吐胸中所欲言，則今日之為餉司□不亦難乎？仰祈皇上申飭督撫再將各鎮將領自備之馬定為限□，寧少無多，其例不應得者裁之，即應得而無□者，不經印烙即行住支，完日具疏奏聞，以後查照遵行，永為定例。其大同鎮西路官庫□都司官庫所寄空月料草銀各係若干，有無買馬，亦須查明入告。嗣後節曠銀兩不論多寡，均要收貯餉庫，或照□鎮近例，一半買馬，一半充餉，明明白白，具文□領，以防侵冒之弊，仍令餉司按月、按季備述奏報，以便查覈，不得依回含隱，致部發可問，節曠不可問，則百節通靈而周身之元氣浹洽矣。□因科臣之條議而併及之，恭候命下臣部移文各督撫，并咨都察院轉行按關御□及劄各該兵道餉司一體遵奉施行。崇禎四年五月二十五日具題，本月二十八日奉聖旨，將領自備馬匹，正欲騰奮衛堅，若不經清稽，□辨侵冒，今後着該道點驗印烙，方與開支，還須□時查閘，以求實數，不必執裁制之說，致滋減削。□同鎮寄庫銀咽有無買馬，着該督撫查明具奏，□後節曠銀着餉司按季開報，以便查覈支用，不□一任私領，徒飽婪欺，各邊俱着一體遵行，著為□，爾部通行傳飭。欽此。

又《山東司》卷二《題差官解山海撫賞充馬價疏》 題為馬匹盔甲必不可少，不可遲，乞勑蚤覆蚤發以張撻伐以靖東隅事，山東清吏司案呈，三月初三日奉本部送戶科抄出本部題前事等因，二月二十九日奉聖旨，卿前面奏認發撫賞銀十三萬一千九百餘兩，先發五萬，其餘即措處續發，亦不得遲延。欽此。欽遵抄出到部送司，案呈到部，該臣等查得撫□銀兩自天啓四年秋季起，至崇禎元年止，除解發外，尚欠銀一萬五千八百八十四兩四錢，再以崇禎二年全數計之，又該一十一萬六千六十二兩五錢，共該一十三萬一千九百四十六兩九錢。今先措發銀五萬兩，餘容陸續再解，業經奉有明旨，欽遵在卷，合將先措銀五萬兩差官解發。今查本部司屬官少差多，業經題準，仍舊借差，查有武英殿中書舍人倪甫蕯在任空閑，堪以差委，相應具題，恭候命下。臣部劄太倉銀庫，先措發銀五萬兩，令本官押運至遼東督師衙門交收，仍取實收繳部查考，其差官應用廩給夫馬，臣部移咨兵部，照新例限定夫馬給發等因，崇禎二年三月十五日具題，十九日奉聖旨，是。欽此。

又卷三《題追遼鎮引價并查追馬價疏》 題為軍興日繁，餉額日詘，議復鎮引價以濟急需事，山東清吏司案呈到部，該臣等看得各邊開中塩引，令各商輸粟以充軍食，此舊例也。然有時窮勢異，不得不暫行改折，以濟急用者，則其權也。查遼東鎮每年額中，兩淮塩六萬三千九百二引二十斤，每引納價五錢，該銀三萬一千九百五十一兩零五分，山東塩六萬二千五百引，每引納價壹錢五分，該銀九千三百七十五兩，二項塩引共該引價四萬一千三百三十六兩零五分，當廣寧存日，原係各商上納糧料以充兵馬之用，與各邊無二，後因廣寧失守，移中山海，又因米豆價昂，改市撫賞，至去年三月内，該舊督師袁崇煥會同總督撫按題議，除天啓六年仍市撫賞外，欲將天啓七年及崇禎元年二年共三年塩引差官押商賫至齊淮之間，易銀買銅，以資鼓鑄，業經覆奉欽依，已將勘合部单咨送督師，轉行去訖。臣今展□思維，目今虜踞遵永，而豐玉之間裘帳相望，道途梗塞，豈能復運銅鉛，使之不脛而走，是今日之榆關，殆非開爐生息之時，買銅成鑄又屬牽纏不了之局。況督師就逮經手諸務，必致廢弛，萬一奸商以市銅為名，領銀入手，盡充私橐，則十餘萬之白鏹將付之逝波矣。今何時也？奴虜擾攘於蘇鎮，挿酋挾款於宣雲，東西並急，餉賞兩窮，安可以固有之金錢不為收拾以充然眉之用哉？合無行文淮蘆巡塩御史將遼鎮天啓七年并崇禎元二年引價着於内商名不□□徵，解臣部以濟軍興，盖以遼鎮之引還為遼鎮之用，無待計者也。臣於此而更有說焉。袁崇煥昔借撫賞以市戰馬，以致挿賞不敷，樞部徑欲扣關寧、東江之餉以抵之，幸蒙聖明洞鑒，奉有關寧、東江缺解月餉，應與援兵相權濟用，不得那移作賞之旨，大哉淵謨，超越臣表，無容臣部贅一詞矣！惟是挿賞闕□封疆，又須亟為措處，臣部計無可復，已將三年新賞那以應之，但轉盼秋間，即需新賞，而遼鎮原借買馬之銀自當急為追抵。臣聞前買馬匹有解到都門轉發各營者，亦有逗遛邊鎮乘機花費者，似當亟行樞輔及申飭宣、大、山、陜各該撫按，亟將領銀員役出示曉諭，着實清檢勾攝家屬，立限追比，有馬者解馬，無馬者還銀，務要確有着落，仍充正項之用。如侵欺者盡法懲究，則不惟壁壘充實，而樞部與臣部新賞亦可藉以接□□既經該司案呈前來相應題請，恭候命下臣部行文各該衙門遵奉施行。崇禎三年三月初十日具題，本月十二日奉聖旨，據奏塩引轉發已久，着速行查。如買有現銅，姑準解部，別資鼓鑄，未買的仍舊徵銀充餉，馬價近已有旨追償，都着上緊完結回奏，該衙門知道。欽此。

明 史學遷《條陳屯馬事宜疏》《萬曆疏鈔》卷二八　巡按直隷監察御史。

萬曆三十六年十月。臣承臺乏叨役屯馬，今且視事半歲餘矣，隨事稽覈，按部考察，頗得其梗槩。緣連年臺差缺人，代庖相遞，因循日滋，遂致積弊相仍十餘年來曾未有完差，而復命者亦安得有振刷之期乎？中有宜昔而不宜於今，亦有流弊而非其初意者，若不申明，終難修舉。臣抱狗馬之病，行將乞身，於皇上爲是條畫一二，先以上聞。伏乞勅下部院，逐款議覆。其於屯馬之政，豈無小補之哉！計開：一、並徵當議。照得前任御史王國議，謂在京管屯指揮、千户多侵漁錢糧，而經歷吏目出身吏途，精勤能幹，題將掌印管屯首領三官並徵屯糧，以杜弊端。意非不善，然首領未必盡賢，屯糧幾何而三官並徵乎？其帶領軍牢伴識不下三四十人，下鄉比追，雞犬靡寧，幾於一羊十虎矣。近日興州前屯衛經歷尹應嶽侵欺屯糧五六百兩，卽監斃，恐終不完。泰陵衛管屯指揮邢應春呈，稱三官下鄉軍不堪擾，已批昌平道查議，至今未報。蓋欲屯官專徵已非議，欲三人並徵則難爲。地方自今以後，合無專責管屯官之徵，比而屯官之侵匿花費則罪，坐掌印、首領扶同不舉之罪，而參罰之例，首領官亦與掌印同。伏乞聖裁。一、責成當專。照得民屯二糧等參罰耳，然而民完、屯不完者，以民糧專責州縣，屯糧不過責成該衛耳。此輩明知參罰之害小，侵漁之利大，何憚而不侵漁乎？不得已而有歸併附近州縣之議，但州縣既有本等民糧，終不免秦越視屯事，且府有同知、通判、管糧官，此外別無事事，奈何僅僅轉一空文，不以責成乎？除在京衛分屬臣衙門比責，或户部各司分比外，其在外衛分自今以後，合無專責成於管糧府官，申陵衛亦隷於昌平管餉廳，密鎮隷於密雲管餉廳，薊鎮隷於薊州管餉廳，霸州隷於揚村捕可廳，至永、保、河、真、順、廣、大，無不皆然。各官親自履衛，或親比，或督比，諸几置徵簿審糧頭之類，一切聽其便宜，照州縣催徵民糧行事，本官考滿，將此項填入文册，年終照州縣完欠事例一併查參。該衛印屯首領官照舊附尾，而臣覆命之日於三省，管糧管馬官另本舉劾。庶事有專責而政無不舉矣。伏乞需聖裁。一、比較當一。照得屯田之事係臣衙門專掌，故諸官以屯糧之完欠爲本年之查參，外衛屯糧惟取數於道府以爲參罰之責，因無專責，故多逋負。故臣另議歸於管糧餉之府官。惟是京衛之比，責出於多門，今查京衛有屯田者五十四處，户部近分隷於十三司，司各有屬，月各有比，比或五日，或十日，各衛既聽臣衙門之比責，又聽户部之比責，然屯地有坐落於真定、河間之間，去京五七百里，奔馳既無停足，比責又無停時，徵糧之日少，受比之日多，誠無異於九羊十牧者。況京中衙胥到處作梗，一番比責，一番需索，一番需索，一番打點，屯官亦稱苦矣。自今以後，除陵衛專隷於居庸管餉官外，不必入京赴比，而在京四十五衛分，合無專責户部分比。臣惟據實授以參罰，似爲妥便。或仍聽比於臣衙門，以守舊日之職掌。伏乞聖裁。一、管屯責專。照得京外衛所額設屯官一員，原爲督催錢糧，别無承委他務，各以徵納完欠爲殿最，侵匿不法，臣得執法從事。邇年以來，巡倉、存恤等衙門年終并復命，亦紛紛舉劾，或甫任方新而參摘忽至，或催科得法而彈章誤及，來去不常，彼此推諉一番，請託一番，侵欺一番，迎送一番，常例錢糧愈虧，軍膏益竭漫無歸着。自今以後各衙門不得以屯田之事漫爲舉刺，止聽臣每年照例查參，如有不稱職者，臣移文兵部武選司，另行選補；外衛亦聽臣衙門去留，各院不得參差黜陟，至于陞任革任，必候臣查算經手錢糧明白，方許離任。庶賢者得以久任，而錢糧不致推諉矣。伏乞聖裁。一、政當核。照得開墾荒田，係臣屯田職掌，而徵銀則例不齊，本折亦異，每年據開墾之多寡，以爲各官之舉刺，各官因希冀薦舉，遂捏報虚數，如武涉等縣、永平各衛所是也。因中有徵銀者解部濟邊，則填註長单，或托言無徵而侵匿，有徵穀豆者，名爲備荒，則長单不填，侵欺多端，莫可究詰。及至行查，動稱拖欠。夫名爲備荒，何施升合？自今以後，合無俱徵折色，每穀豆三升，折銀一分，填入長单，每年終盡數解部，臥批于臣衙門，驗收於户部太倉，而目前見在之穀豆，容臣卽行文通查。近各邊者解各餉司，以抵户部年例之數，遠者亦變價盡解太倉，虚詭自此可破矣。然開荒既屬臣專掌，而各省有報荒於縣，有報荒於府道，如永平又報荒於餉司，山東又報荒於防倭，則政出多門，事難稽覈，似當俱歸臣專掌者也。伏乞聖裁。一、點馬當勤。照得畿北之民其差之苦者，無如養馬一事。州縣官一番編馬頭之户，其户舉家欲逃欲死、若不欲生者，誠重役也。然亦有藉此以爲利者，如三河等縣寄養馬匹，俱覔脚走差耕田馱稾，臣視其馬，皆□破皮穿尫尫骨立，雖退之不勝退，究之不勝究，責之不勝責，是俵馬者，以四五千金之賈，徒滋此輩覔錢之用矣。國家有事，亦安能得一騎之力哉？所以然者，以太僕年終舉劾之權輕，卽重處不過罰俸數月已耳。自今以後，合無照臣另款條議，一年一差，一年一印，蓋印烙未幾，而復命白簡卽隨之，州縣官安得不兢兢勤視馬政哉？伏乞聖裁。一、差限當改。照得屯田、印馬原係兩差，因其事簡歸併一差。而《大明會典》開載正德三年，屯田御史一年領勑，一年更換。至嘉靖八年，因南京屯地廣濶，議三年，而北畿未及。然有一二年換者，有因事改差者，後來因循，遂亦至三年。然北畿幅員幾何，而三年始可巡歷乎？無論三年之久，中間陞遷、憂制、請告、罪謫，事故多端，數十年未能有一復命之期，如前御史趙之翰之條陳，而國初種馬最多不下十數萬，故巡歷印烙，必年餘可完。今種馬俱革，止有寄養馬户，僅僅萬有餘，點驗印烙，月餘卽可完事。而比較屯牧開荒諸事，亦不過二三月卽可遍歷三省之墟。况一差限以三年，則三年始當巡歷一遍，屯政馬得而修舉，馬政安得而稽考乎？屯馬之弊，正坐於此。屢經前任御史言之，至今尚未改正差斷，當以一年爲期者也。伏乞聖裁。一、舉劾當一。照得屯馬管轄，初止北直一省、河南四府、山東三府，餘俱不及也。自開荒隸臣職掌，而河南、山東遂通省入轄矣。然既一體人轄，則當一體舉劾。乃三年大計，而河南之懷河、汝南，山東之青、登、萊，若方面，若有司，無不纍纍投劾，而復命之舉薦卻不及焉，是豈畫一之道哉？况開墾荒田之舉劾既通行於三省，而復命之舉薦獨遺於七府，則於事體不妥之甚也。緣荒政方新而屢差，皆係代庖，故因循苟且，未及考究耳。自今以後，合無照巡鹽之差，一體復命，而地方多於巡鹽，因時再加酌議。伏乞聖裁。

明 王家彦《王忠端公文集》卷五《重中樞之選疏》

題爲欲修馬政宜重中樞之選事，竊照馬政筦於邦政，故《周禮·夏官》名曰司馬，審兵戎之所重也。我朝尚書兵部者代不乏賢，考其人，苟能懋安攘之勳，歸華夷之望，馬政未有不克舉者也。永樂間，尚書趙羾提督順聖川，試以太僕馬千匹，未及三年，遂大蕃息，分給懷、來、薊、宣等衛，則趙羾之能爲成祖司此馬也。宣德間，尚書張本請編排養户，及時孳牧，故一十九萬七千孳生之盛，别其毛色二十有五種，至動乘輿駐蹕臨閲，則張本之能爲宣廟司此馬也。成化時，鎮江知府熊佑奏革種馬，尚書余子俊力駁得寢，馬政不至中戹，則子俊之能爲憲廟司此馬也。弘治初，尚書馬文升定南北種額，計丁畝派養，而馬始再盛，厥後楊一清督理陝西茶苑，河、湟、凉、固間，雲錦成群，以爲一淸之能，而不知劉大夏始之，知人善舉，繼而增重事權，便其行事，而後一清得盡其能，則文升、大夏先後能爲孝廟司此馬也。正德間，山西都御史張檜請囧馬四五千匹，尚書王瓊謂古人防邊多以步戰取勝，未嘗專用馬力，於是邊臣始知練步，而京馬稍裕，則王瓊之能爲武廟司此馬也。嘉靖間，楊博久歷邊陲，入掌部事，益習馬政，卽至隆慶初年議變種馬，猶執舊制力争，則楊博之能爲世廟、穆廟司此馬也。皇上御極以來，發過馬價、馬匹不知其幾，所買、所討之馬今安在乎？曾以一騎奏戰勝乎？只爲司馬非人，邊種幾舉而旋廢，一阻於宋統殷，再阻於楊嗣昌，於是積習相承，請馬予馬，請價予價，如甘肅舊無冏價年例，近日總兵馬爌破例援請，儻非明旨嚴駁，該部柔面相狥，各鎮尤而效之，臣寺雖金如粟馬如羊，能堪此四應乎？今中樞業鄭重廷推，刻期陛見，必得其人如先朝馬文升、劉大夏諸臣，速簡受事，聽其舉能授職，分官兼理，責實力行，庶數十年廢政次第修舉，京邊可足馬矣。再照馬政原屬軍政，故臣寺歷來章疏，雖非密封，亦不敢發抄，但各衙門未經申飭，恐塘報概行抄傳，臣寺無從而知。伏乞一併嚴飭，俾知加意慎密，亦防泄漏之一端也。崇禎十五年八月十四日具題。

又《酌行清抵疏》 題爲陵京籲馬莫應本折兼支實難乞勅部酌行清抵杜邊臣之觀望以固根本事，竊照太僕一官處軍民之間，所司瑣而所關重，故繇來折色主之寺卿，本色分轄兩路。自臣受事之日，正京營額馬久缺之時，隨有禁旅南征需馬護陵之命，凣折色之屬操賞安犒等項，臣皆黽勉給發，不敢踰時，而無如本色日匱。究其故，則邊鎮之與陵京爭此馬也。按冏馬向不給邊，以各邊自有年例馬價可市馬也。皇上只爲夷情緊急，軍機呼吸間，或權宜給馬，而各鎮得價不以市馬，得馬不以征操，不知此價此馬皆歸何處？且其得馬既甚易，故師中視馬亦甚賤。太祖惜馬，有欽定榜文；成祖之勅諭官軍養馬，曰：『這馬是朝廷大氣力，如何故意要將馬來壞了？』今榜文不一寓目，勅諭不以惕心，倒損不聞報部，椿頭朋合不聞巾補，一味内籲，如追夙逋。近例每馬一匹，值銀五十兩，發撥馬數百，抵價當不貲。遠不具論，察薊鎮每年新增馬價六萬兩，年來額外撥本色馬二千匹，約可抵年例一年有餘；密鎮每年馬價一萬二千三百七十三兩，年來額外撥本色馬九百九十一匹，約可抵年例四年；山、永每年馬價二萬四千兩，年來額外撥本色馬四百六十二匹，約可抵年例一年；宣、大二鎮每年馬價四萬八千兩，年來額外撥本色馬五百匹，約可抵年例半年；遼鎮以寇患頻，仍每年新增馬價四萬兩，年來先後額外撥過本色馬七千六百匹，約可抵年例九年有餘。統計所抵之數，該價五十七萬七千餘兩，此皆俵民筋力之所出，臣寺歲額之所入，今若不於本折通融折算，聽其一往不返，每請輒給，恐邊未實而冏先虛，異時卽欲爲京營畱一騎、各邊備一價，豈可得乎？此非臣苛求於邊而危言之也。户部筦四海度支，給餉九邊，未嘗不本折相權；太僕僅僅支流出納，何獨不然？況目前宼亟者莫如護陵之旅，馬數未能取盈，師期豈容久滯？而京營缺馬，又奉有『速催兌給，不得延誤取咎』之旨，何可使根本重地以單弱聞也？伏乞勅部察明本色撥過諸鎮，除未經解收者俟年終彙報外，其已解已收者若何截算若何扣抵，仍明著爲令，此後發一馬卽抵一價，則各邊僥倖請馬之心自釋，不得不自行理馬，向日得馬甚易，故視馬亦甚賤，今既自行理馬，則不得不照榜文、勅諭以惜馬，多方備種以孳馬，摎椿朋以補馬，所領馬價卽欲如寧武許定國之侵没，自惕息於匱馬，而有所不敢。如是則僕臣治内專理京營之馬，邊臣治外專理各鎮之馬，職掌明而政自舉矣。崇禎十五年九月六日具題。

又《蠲江南北新增馬價議》 太僕寺爲滁和寇荒已極米豆萬難促徵謹冒昧瀝請仰乞聖鑒勅部酌議減免并罷私稅釐馬價以宣皇仁以保民生事，奉本部，送兵科抄出右通政金奏前事，奉聖旨：『該部察議具覆。欽此。』劄寺，卽將南直隸舊額新增馬價數目若干，其新增一項應否蠲免從長議妥，報部以憑酌覆施行。該本寺看得，馬價折色一項，累朝增減不一，然每匹未有過二十四兩之外者。察南牧折色，始於成化二年，猶止一二縣耳。自嘉靖七年，通派折色，其時每匹徵銀一十四兩。至萬曆十五年，盡行折徵。三十年，題准南直起解折色，不分永改暫改，俱徵銀二十四兩。南牧遂折至今矣。楊嗣昌亦知民苦本色，因稱以折色改俵，不若就折色議增。然亦止為原派本色地方言也。若南牧久折每匹折色者徵銀二十四兩，改折者徵銀三十兩，官以此示之民，民以此輸之官，百年來未之有改，非若北直、山東、河南每年本折之兼徵也，自難比而同之。察南直九府四州舊額馬草等銀二十三萬七百七十兩零，新增馬價一十七萬四千二百七十七兩零。今巢、含、舒、霍以至亳州、廬郡相繼淪陷，諸如未經寇蹂者亦久罹灾荒，措兵措餉日以干掫爲事，自十三年加徵之後，逋欠愈多，職前疏所稱『冒加泒之名，失舊額之實，祈皇上勅部分别殘荒，量爲蠲新循舊』，正此意也。通政金蒿目時艱，慨然於馬價之應釐民命之宜恤，其意不專爲桑梓請命。然南太僕所屬久不徵本色，加增折色，尤屬無名。合無依其所請，將九府四州概爲蠲新，責其完舊，不得仍前籍口逋欠，至邊鎮不時請討，職寺別無入孔，何從設法？惟在本部刻意樽節，力杜濫請，庶幾涓滴之入不至爲尾閭之泄。再若北直、山東、河南殘荒處所□之五六，新增之額應否并蠲，或量爲分别，勿畱虛額，便其逋欠，是在本部釐定出入之經外，審邊計内，察民情，俾民力可辨，國計不匱，尤本寺之所深願也。

又《新舊本折色額數議》 太僕寺爲禁旅久稽俵解不至祈請本部差官守催以資遄征事，奉兵部劄付，該本部題，據太僕寺西路少卿葛呈前事，奉聖旨：『禁旅南征，俵馬未至，着即嚴限速催，如再玩違，聽該寺指名參處。冏馬近爲各處請討甚多，亦非祖制居重之意，還着該部寺將新舊本折額數詳察來說。欽此。』劄寺確察。該本寺看得，馬爲軍中急需，非良不用，故俵者表其良也。稽洪、永、宣、正間，兩直、山東、河南遍地孳生，計種徵駒，有本色而無折色，且所徵之駒，仍搭配補種，未有解俵者。正統十四年，以馬散在民間猝難調發，于孳牧內歲取備用馬二萬匹寄養京府，是謂俵解之始。自解俵變爲買俵，於是有本色，又有折色。歷朝題派，或二分，至四五六分，多寡不等。除南馬久折外，北直、山東、河南每年原額馬一萬六千五百一十五匹爲十分，崇禎元年定爲本四折六，二年全折，三年復本四折六，計本色四分，年該馬六千六百零六匹。四年以後至今，除永平一府止派本色五分外，餘俱派本六折四，計本色六分，年該馬九千八百二十三匹。此本色新舊之額數也。至折色不分南北，每匹徵銀二十四兩，蠲其草料，歷朝相沿已久。崇禎十二年，因京營疏請增馬，部議始創照本色助俵例加增，於是連草料徵銀五十兩，而折色之價與買本色之價埒矣。計兩直、山東、河南十二年以前舊額折色馬草等銀四十九萬七千七百四十兩，而自十三年爲始，新增馬價三十七萬七千二百二十八兩零，此折色新舊之額數也。今以折色論，俵民所率循者惟舊額，而患苦者在新增，因新增之多并舊額俱逋，而殘荒地方有司甘心受罰，見今十四年南北全欠者至一百五十四州縣，此折色之難也。至本色之難，又更甚焉。往時用壯馬，猶購之內地，今改爲夷馬，則市之邊口矣；往時解職寺供營操，今遠而解關遼充邊騎矣。

明 陳仁錫《無夢園初集·漫集一·馬政議》 夫車兩價取之近畿，現取現給，而馬驢料價協濟之。南直、浙江、江西三省地隔三五千里，取經半年馬驢頭，鬻妻賣子，賠墊不足。先年，河南黄巡按請爲對支之法，時以地畝、驛傳、錢糧分屬户、兵兩部，不便通融抵對，未經部覆而止。後有任推官而力行之者，今協濟州縣代本地州縣解錢糧，而本地州縣代協濟州縣給馬驢價，每馬減貳拾兩，每驢減壹拾兩，以其所減免民之加泒，以其所抵對救驛之賠，累引而仲之，何必差討驛騷、題叅煩聒也。正德年來積有一千餘萬之馬價，自萬歷十八年借起，至天啓五年借盡，爲户部借者一千餘萬，爲工部借者八十餘萬，户、工兩部歲入以百千萬，馬價歲入止四十餘萬，乃反借馬價銀一千餘萬，久假不歸，至各鎮議馬價，復專責之兵部，而兵部復轉責之太僕寺，各鎮議撫賞，户部又責兵部，平給兵部原無絲毫錢糧，太僕寺又自給之不暇，而斷不能爲兵部代給致欽賞，擔誤邊兵，乘以鼓噪。祖宗設三大營，以操練巡捕營以備盜，四衛、勇士、通州、張灣、奠靖、旗手等營以固京城內外，軍十餘萬，隸職方、武庫等司馬，四萬餘隸太僕寺車駕司，軍糧馬料三十餘萬隸户部太倉。每歲馬缺補，隸山東、河南、北直三省，每歲馬到寄養，隸近畿富户，總謂京營，轄之總督，協理巡視科院，乃行之既久，冏寺職生馬俵寄烙兑，而糧料開住，不知駕司職，死馬驗割，給單開支，而椿朋銀支解扣給，月日不知，下糧廳職支給扣截，而以倒走變納之月日爲料草支住之參差，不知駕司馬政一官，職掌不修，一至于此。祖制各營馬匹，每年春秋季終歇操，太僕寺擇日會馬政，主事京營科院大烙，每年缺額補兑，以夏冬季終，太僕寺會馬政同烙，每倒走被盜買補，則馬政驗送冏寺，逐日零烙，今乃變春秋兩季之烙而爲年終之總烙，日久毛長，印没倒走無稽，故有臨烙而報倒者，有臨烙而報病瘦變賣者，准令大烙之制仍復春秋二季，而補烙之制仍以秋季。總督查題本部覆，補夏冬二仲太僕寺取馬，夏冬二季會部補兑，以爲春秋二操之用，准令馬政行每營置印信、循環簿二扇，以半月一轉，報銷前件，而倒後血皮定以三日驗割，驗割決打，責成馬政一人，各衙門俱以文移相報，使軍無所藉口軍貧冒領者，貴官官賄串隱者，扣糧匿皮不報者，不准題補。祖制，各營馬隊官軍每歲出朋，歲以六個月爲率，每月都指揮、指揮一錢，千百户、鎮撫七分，旗軍五分，遇馬倒失貼助買補，又一款各營。遇支放糧料折色之時，預將應出朋銀官軍姓名并朋銀數目造册過部，轉送户部，照數扣除。有餘，方行給散不足。下月扣除其扣過銀兩，户部印送過部，轉發太僕寺，收候買馬支用，蓋以匹馬百金，而量追朋銀互相覺察，而止追六個月者，又寓優恤于覺察之中，令户部扣解者又省侵尅于追徵出納之際也。至中軍、千把等官，原係衛官撥管，營事指揮、千百户、鎮撫以實職支俸薪于本衛，而不更以虛銜支馬於該營，又祖制也。乃點者捏指軍名，隱冒騎馬，而近復簧稾當事人給一馬，則又異矣。祖宗立法，令各州縣輸之，又令各軍選服習之，令冏寺催解養兑之，又令馬政十年換單稽覈之，以三十八年換單之馬，迄今十九年不換，而馬倒不報，徒蠹太倉草料。支料無凴，徒苦奸胥魚肉甚哉，換單之役不可以已也。乃向來換單者，或總發該營層累而下之，有一單而費至貳參兩者，或馬政親發，馬無所印記，有一馬而騙十餘單者。

又《紀仿京營核倒馬》 京中三大營每歲終查叅倒過一分將卽有罰，今不歲限一分卽月限一分，則二千餘馬一營亦止可倒至二十匹。然果月倒一分，不十月便倒盡耶。此後月限二釐，歲限二分，踰二分中千把百罰賠，至三分，將官罰革，不亦恕之甚乎？又三大營馬一年倒死者，軍買賠至三分，二年納樁四兩，五年納樁二兩五錢，十年一兩五錢，十五年納樁一兩，今卽不能如此倒賠，量以一年賠樁三兩，三年賠二兩，三年賠一兩，不亦恕之又恕乎？如此限制，亦使人稍有儆惕，然猶恐不數年而馬倒盡矣。至馬之不飽者何故？弊在尅芻料，則三大營亦有年終點烙打瘦馬之法。今按季烙之，印分上、中、下三臕，印上臕者免責，印中臕者責限下季改印上臕，印下臕者責卽押喂壯，一月復點，改印上臕，否卽要買賠。法雖嚴矣，然必買芻買料，運而給之，恐無飽期也，必須以屯濟其七八，以採佐其二三，五萬餘馬實可省餉百萬餘，未有既不進取，又不就地辦芻料，而坐困天下之理。馬之所以不堪用者何故？不練不堪用也。

明　羅明祖《羅紋山全集》卷一五《看申驛倒累襄文》 湖廣襄陽府襄陽縣爲漢呂之驛倒站累襄邑之受害無休事，本年十一月二十七日，據馬戶程、劉、朱等訴，稱漢江呂堰二驛額馬一百八十六匹，原係長、黃、衡、德四府人民免軍垜充走遞，後因彼逃，始議遠鄉之民不便就近，襄民代應。議妥，四府征銀解襄召募襄民代走，遵行到今。不意事久生變，逐序怠玩，先前年終拖欠工食數百兩，既而分文不解，遺累襄民幾絕。且今閣部督師從來未見，流寇屠戮，百姓逃亡，十無一一。又奉明旨，盡裁驛遞。且襄陽上衝之地，雖本縣脚馬內，馬戶樊尚冕家産變盡，懸樑自縊，呂相周刎頸將亡；安國華賣男投水，僅存殘馬數十匹，止供閣部塘報緊急軍情。哭思驛馬原係外府垜充之馬，工食乃是彼府工食，始初誰錯此端，致累襄民代伊頂苦？今又累及縣王，亦受此馬政之苦，不若申文院，道驛馬原係外府垜充，今又奉旨節裁，縣馬僅供塘報餘差，關乎會鄰縣，比照光化、南漳倒站彼此無應、庶勿越混等情，據此，該本縣知縣羅看得，襄邑馬政，縣馬一百四十八匹，共銀四千四百五十五兩八錢零，內裁一千一百二十八兩，除協濟漢江驛九匹、呂堰驛十二匹，僅存一百二十匹，此舊例也。今又撥去呂堰驛三十二匹，是縣馬只有八十八匹，則縣馬已屬不敷之廐矣。其餘一百六十五匹，該協濟銀五千二百九十兩八錢零，在襄屬之棗、南、光、穀之四縣一半，在外屬長、黃、衡、德之四府，亦一半。自崇禎八年起，共二萬零三百七十四兩有餘零分毫，莫解秦越異視，於襄邑馬戶之鞭笞、地方之賠貱，及上臺之公文緊急軍機塘護報餉遞運，槩置之弗問。夫縣之給驛者，不過支應銀兩而已，今支應而既革矣，以爲無驛耶？驛官尚在，何以縣官代驛官之役也？以爲驛屬縣設耶？則驛馬之需在四府四縣，不在襄縣也。夫馬之在縣者既茹節省之苦，而又代四府四縣之馬差，是自身捉衿見肘而又爲他人哺饑煨寒，天下之不平，有甚于是者乎？且走馬之役，其銀兩何自出耶？不過挪借京邊新餉均餉之正供急供，而起而課縣官之出入，卑職何以爲地方解也？回谿既失，桑榆不收，日長一長，含糊答應，此襄催征之愈多而欠款之愈甚，四府縣不能爲襄邑分咎，倘百姓生靈受無窮之黑苦，縣官造無窮之隱罪。卑職自履任以來，中夜徘徊，涕憤交集，寧可儘情供吐，不敢塗塞目前，俾襄民吞冤海底。伏乞上臺軫恤向隅，大施新恩，以二驛爲不可廢耶？則四府縣協濟不前除自解裁省外，卽批示將京邊新餉諸頃挪借代供其缺額，卽以四府縣之協濟代補；如以二驛爲不可廢，而只令卑縣每年辦五千二百兩之金，從何設處？第曰俟其補解可也，彼協濟之錢粮訖三□，或安望以久唾之餱以糊剜肉之孔？縱上臺責無馬于襄者，寧甘褫斥，不敢以應，恐煩苦百姓爲也。緣係申請郵政事理，卑職未敢擅便，擬合具繇申禀，爲此今備前繇，理合申，乞照詳施行，一申本府。崇禎十二年十一月二十八日申。

明　金光辰《金雙巖中丞集·冏寺封事·爲京營需馬甚亟俵解積欠不前謹據實察參仰祈聖鑒事》 臣駑駘下質，承乏冏丞，協理東路馬政，又兼少卿篆務，敢曰臣代庖也，可尸素滋媿乎？國家馬政最重，近因請討日繁，京營缺乏，心切憂之。各府俵額原定，但歲有稔歉，地有瘠饒，兵燹靡常，蠲折不一，完解雖多，欠復不少，功令俱在，若不實為清剔，將騰驤何日集，貔貅何日壯乎？臣自任冏丞，以批文混淆，關請疏分職掌，奉有俞旨，察多未銷批迴兩次，牒移少卿察覆。在案中有陸續完者，亦有已完而收管、實收未投、原批未銷者，當行管馬官察報。既膺署事，敢不矢念清理？因覈欠額察批未銷亦多，檄催不應，則何能已於糾察也？內除蠲留不開并十三年完欠另俟本年舉劾外，察得崇禎六七兩年分，嶧縣欠馬十二匹，又欠馬三十一匹；八年分，汶上等縣欠馬七十三匹；九年分，唐縣等縣欠馬一百六十一匹；十年分，趙州城武等縣欠馬三百四十四匹；十一年分，安州慶都等縣欠馬五百九十九匹；十二年分，祁州、蠡縣等州縣欠馬九百八十四匹。此逋數未解者也。更有已解驗中而私逃者，如唐縣十一年正月烙發俵馬九匹，寄豐潤，該縣申，稱不到輩文仕等馬五匹；蠡縣十一年九月烙發俵馬九匹，寄三河，該縣申，稱不到李芬等馬四匹；鹽山十一年十二月烙發俵馬二十二匹，寄大興，該縣申，稱不到張朝顯、閻坤等馬七匹；藁城十二年六月烙發韓國政馬一匹兑勇衛營，至今該縣實收不報，屢經前任少卿提催，至臣頻催，褎如充耳，止於本月初十日，有藁城申，稱馬候補兑，藉口原役遇口；蠡縣申，稱馬係另買，原役被口殺傷，其餘一任胥吏沈捺，官同木偶，則收管實收未投、原批未銷，可不問乎？近又有商河縣馬發平谷不到李景琚等馬二匹，深澤縣賈應龍馬責令兑營，將馬棄店潛逃，票行該縣察究，尚未回報。前少卿臣劉宗祥於冬參欠馬嶧滕等六縣，奉旨降級，欽限正月已內，雖後亦有撥兑，而完解無期，是又當遵旨另參重處者也。統乞聖鑒，勑部覆覈，將欠馬各州縣及管馬官分別處分，并行各該撫按察催嚴提各馬科吏書，詳究沈捺情弊具奏，庶俵解清而營伍實矣。崇禎十三年五月二十日具題，本月二十四日，奉聖旨：『兵部知道。』

又《爲中外請給無已冏馬匱乏可虞敬明職守并參欠額以肅馬政事》

切惟戎馬國之大事，隸在冏寺，原備神京根本之用，非為邊鎮設者。案察崇禎四年五月內，兵部覆準總兵鄧玘討馬二百九十二匹，該前太僕卿臣鄭宗周執奏數次，一、奉有冏馬例不給邊，與自後別鎮不得紛紛請討之旨；一、奉有各邊鎮還著設法措處市馬贍用，不得紛紛奏討，有妨冏政之旨，且曰外查不報，內請日繁，殊非經制。洋洋聖謨，有見於冏政專護陵京，為萬世根本計者，不深且遠乎？臣等涖任代篆以來，每事致詳，如俵解則勒限嚴催，寄養則巡烙必覈，且設簿以稽臕息，刊單以稽收管，復票行各州縣清查歷年批迴實收何以不銷不報，在臣等可徑飭者，自其本職，不敢贅陳。第額派俵馬，兩路數不滿萬，請討紛紛，大非舊制，不得不言，以信明綸，以重職掌。昔年敵警無聞，邊烽寧謐，發寄備用猶有餘。近來外孽蠢動，寇氛未平，請討日侈則不足，且被搶失倒死未補，朋償折價日煩，部議此皆消耗之原額也，殘破州縣蠲免本色二分十二年之缺數，若是而災荒郡邑分別寬限三冬十三年之愆期又然。節年拖欠不下數千，文散題催，何啻頴秃？如山東滕、嶧二縣，自崇禎六七年起各欠三四百匹有奇，幾經白備，奉旨撫按，嚴追具奏，前年少卿臣劉宗祥亦將滕、嶧等縣題參，欽限正月，雖亦有撥解者，其餘因循如故，牌行各馬政廳官轉催，匝月尚無以報。至連年督師扣留與夫近日勦寇外，兑河南空廐以予山東，撥去強半，再如薊、保督臣與眞、保督臣并各鎮臣等相繼請討，不一而足，將來之繼請者又不知其幾也。近奉兵部劄，付京營缺馬萬餘需用，急如星火。臣等日夜焦思苦，無以應。外實內虛，舍己芸人，經制職掌謂何？伏乞聖明垂念京師根本，勑下該部遵查，歷奉明旨，飭定畫一之規，至於拖欠馬匹，除臣等牌行馬政官外，備開兵部以憑核催，仍乞勑部察覆，將各拖欠州縣及馬政廳官分別多寡有無災疲議處，并前參滕、嶧等縣，何以違限數月竟無報完，重加處分施行。

明 王家彦《王忠端公文集》卷五《蠲江南北新增馬價議》 太僕寺爲滁、和寇荒已極，米豆萬難促徵，謹冒眛瀝請，仰乞聖鑒勑部酌議減免，并罷私稅，釐馬價，以宣皇仁，以保民生事，奉本部送兵科抄出，右通政金奏前事，奉聖旨，該部察議具覆，欽此。劄寺即將南直隸舊額新增馬價數目若干，其新增一項應否蠲免從長議妥報部，以憑酌覆施行。該本寺看得馬價折色一項，累朝增減不一，然每匹未有過二十四兩之外者。察南牧折色，始於成化二年，猶止一二縣耳。自嘉靖七年通泒折色，其時每匹徵銀一十四兩。三十年題准，南直起解折色不分永改、暫改，俱徵銀二十四兩。至萬曆十五年，盡行折徵南牧，遂折至今矣。楊嗣昌亦知民苦本色，因稱以折色改俵，不若就折色議增，然亦止為原泒本色地方言也。若南牧久折，每匹折色者徵銀二十四兩，改折者徵銀三十兩，官以此示之民，民以此輸之官，百年來未之有改，非若北直、山東、河南每年本折之兼徵也，自難比而同之。察南直九府四州舊額馬草等銀二十三萬七百七十兩零，新增馬價一十七萬四千二百七十七兩零，今巢、含、舒、霍以至亳州、廬郡，相繼淪陷，諸如未經寇蹂者，亦久罹灾荒，措兵措餉，日以干掫爲事，自十三年加徵之後，逋欠愈多，職前疏所稱冒加泒之名，失舊額之實，祈皇上勑部分別殘荒，量爲蠲新循舊，正此意也。通政金蒿目時艱，慨然於馬價之應釐，民命之宜恤，其意不專爲桑梓請命。然南太僕所屬久不徵本色，加增折色尤屬無名，合無依其所請，將九府四州概爲蠲新，責其完舊，不得仍前籍口逋欠，至邊鎮不時請討，職寺別無入孔，何從設法，惟在本部刻意樽節，力杜濫請，庶幾涓滴之入不至爲尾閭之泄。再若北直、山東、河南殘荒處所□之五六，新增之額應否并蠲，或量爲分別，勿留虛額，便其逋欠，是在本部釐定出入之經，外審邊計，内察民情，俾民力可辨，國計不匱，尤本寺之所深願也。

又《新舊本折色額數議》 太僕寺爲禁旅久稽俵解不至，祈請本部差官守催以資遄征事，奉兵部劄付，該本部題據太僕寺西路少卿葛呈前事，奉聖旨，禁旅南征，俵馬未至，着卽嚴限速催，如再玩違，聽該寺指名糸處。囧馬近爲各處請討甚多，亦非祖制居重之意，還着該部寺將新舊本折額數詳察來說，欽此。劄寺確察，該本寺看得馬爲軍中急需，非良不用，故俵者表其良也。稽洪、永、宣、正間，兩直、山東、河南遍地孳生，計種徵駒，有本色而無折色，且所徵之駒仍搭配補種，未有解俵者。正統十四年，以馬散在民間，猝難調發，于孳牧内歲取備用馬二萬匹寄養京府，是謂俵解之始。自解俵變爲買俵，於是有本色又有折色，歷朝題點或二分至四五六分，多寡不等，除南馬久折外，北直、山東、河南每年原額馬一萬六千五百一十五匹，爲十分，崇禎元年定爲本四折六，二年全折，三年復本四折六，計本色四分，年該馬六千六百零六匹。四年以後至今，除永平一府止派本色五分外，餘俱派本六折四，計本色六分，年該馬九千八百二十三匹，此本色新舊之額數也。至折色不分南北，每匹徵銀二十四兩，蠲其草料，歷朝相沿已久。崇禎十二年，因京營疏請增馬，部議始創炤本色解俵例加增，於是連草料徵銀五十兩，而折色之價與買本色之價埒矣。計兩直、山東、河南十二年以前舊額折色馬草等銀四十九萬七千七百四十兩，而自十三年爲始，新增馬價三十七萬七千二百二十八兩零，此折色新舊之額數也。今以折色論俵民所率循者惟舊額，而患苦者在新增，因新增之多，并舊額俱逋，而殘荒地方，有司甘心受罰，見今十四年，南北全欠者至一百五十四州縣，此折色之難也。至本色之難，又更甚焉。往時用壯馬，猶購之内地，今改爲夷馬，則市之邊口矣。往時解職寺，供營操，今遠而解關遼，充邊騎矣。解而得收，賠累猶廿一，或捐失瘦斃真有賣。

清 朱奇齡《續文獻通考補》卷四八《監牧》 洪武初設群牧監，後定太僕寺，所屬十四牧監、九十八群，專領牧養之事。其養户用近京人户，見前每騍馬歲課。至有虧欠倒死者，買補還官，歲終比較。又設行太僕寺于北方，永樂初設苑馬寺，視其地之廣狹分為三等，上苑牧馬萬匹，中苑七千匹，下苑四千匹。苑有圉長一人，率五十夫，每夫牧馬十匹。按：自漢以太僕掌輿馬，而唐因之，設牧監、副監領于太僕，明制盖本諸此。夫太僕，古者以之掌正服位，出入大命，侍從之臣也，使主馬政，固未盡善，况既有兵部專司，又設太僕，又設苑馬，不過為文吏遷轉之階而已，不已贅乎？修馬政者宜責成將領，詳後。而以兵部歲稽其孳生登耗之數，以殿最而賞罰之足矣。

綜述

明 劉惟謙《大明律》卷一六《兵律四・牧廄》 驗畜産不以實。凡相驗分揀官馬牛駝驘驢不以實者，一頭笞四十，每三頭加一等，罪止杖一百。驗羊不以實，減三等。若因而價有增減者，計所增減價坐贓論，入己者以監守自盜論，各從重科斷。

又 乘官畜脊破領穿。凡官馬牛駝驘驢乘駕不如法而脊破領穿，瘡圍繞三寸者笞二十，五寸以上笞五十。若牧養瘦者，計百頭爲率，十頭瘦者牧養人及群頭、群副各笞二十，每十頭加一等，罪止杖一百。羊減三等。典牧所官各隨所管群頭多少通計科罪。太僕寺官各減典牧所官罪三等。

又 官馬不調習。凡牧馬之官聽乘官馬而不調習者，一匹笞二十，每五匹加一等，罪止杖八十。

又 宰殺馬牛。凡私宰自己馬牛者，杖一百，駝驘驢杖八十，誤殺者不坐。若病死而不申官開剥者，笞四十，觔角皮張入官。若故殺他人馬牛者，杖七十，徒一年半。駝驘驢杖一百。若計贓重於本罪者，准盜論，謂故殺他人馬牛，估價計贓得罪重扵杖七十、徒一年半，駝驘驢價計贓得罪重扵杖一百者，並准竊盜斷罪。係官者准常人盜官物斷罪，並免刺，追價給主。若傷而不死，不堪乘用及殺猪羊等畜者，計減價亦准盜論，各追陪所減價錢。價不減者笞三十。減價謂馬牛等畜直錢三十貫，殺訖止直錢一十貫，是減二十貫價。損傷不死，止直錢二十貫，是減一十貫價，卽以所減價錢計贓，亦准竊盜斷罪。係官者亦准常人盜官物斷罪之類，仍扵犯人名下追徵所減價錢陪償。價不減者謂畜産直錢一十貫，雖有殺傷，估價不減，仍直錢一十貫，止笞三十，罪無所陪償。其誤殺傷者不坐罪，但追陪減價。爲從者各減一等。若故殺緦麻以上親馬牛駝贏驢者，與本主私宰罪同殺猪羊等畜者，計減價坐贓論，罪止杖八十。其誤殺及故傷者俱不坐，但各追陪減價。若官私畜産毁食官私之物因而殺傷者，各減故殺傷三等，追陪所減價。畜主陪償所毁食之物。若放官私畜産損食官私物者，笞三十，贓重者坐贓論，失者減二等，各陪所損物。若官畜産毁食官物者，止坐其罪，不在陪償之限。若畜産欲觸觝踢咬人登時殺傷者，不坐罪，亦不陪償。

又 畜産咬踢人。凡馬牛及犬有觸觝踢咬人而記號拴繫不如法，若有狂犬不殺者，笞四十。因而殺傷人者，以過失論。若故放令殺傷人者，減鬬殺傷一等。其受雇醫療畜産及無故觸之而被殺傷者，不坐罪。若故放犬令殺傷他人畜産者，各笞四十，追陪所減價錢。

又 隱匿孳生官畜産。凡牧養係官馬贏驢等畜所得孳生，限十日内報官。若限外隱匿不報，計贓准竊盜論。因而盜賣或抵換者，并以監守自盜論罪。其都羣所太僕寺官知情不舉，與犯人同罪，不知者俱不坐。

又 私借官畜産。凡監臨主守將係官馬牛駝贏驢私自借用，或轉借與人及借之者，各笞五十，驗日追雇賃錢入官。若計雇賃錢重者，各坐贓論加一等。

又 公使人等索借馬匹。凡公使人等承差經過去處索借有司官馬匹騎坐者，杖六十，驢贏笞五十。官吏應付者各減一等，罪坐所由。

明 應櫝《大明律釋義》卷一六《廐牧》 疏議曰：《唐律疏議》云：漢制九章創加廐律，魏以廐事散入諸篇，晉以牧事合之，名爲廐牧律。自宋及梁復名廐律，後魏太和改名牧産律，至正始又復名廐牧律。歷北齊、後周無改，隋開皇以庫事附之，更名廐庫律。唐因之。國朝分吏、户、禮、兵、刑、工爲六類，取庫事屬户律，以牧事合廐繫之兵律，改唐牧畜産課不充爲孳生馬匹，受官贏病畜産爲養療瘦病畜産不如法，畜産觝蹹嚙人爲畜産咬踢人，以官私畜損食官私物殺緦麻親馬牛二條繫宰殺馬牛條内，取其不類者，如大祀犧牲不如法則屬祭祀，乘官畜馱物則屬之郵驛，惟驗畜産不實、乘官畜脊破領穿、官馬不調習三條，則因其舊。又審其未備，增立公使人等索借馬匹、牧養畜産不如法、隱匿孳生官畜産三條，總名曰廐牧。

又 孳生馬匹。凡群頭管領騍馬一百匹爲一群，每年孳生駒一百匹。若一年之内止有駒八十匹者笞五十，七十匹者杖六十。都群所官不爲用心提調者各減三等，太僕寺官又減都群所官罪二等。釋義曰：民間養騍馬，以百匹爲一群，設群頭一名，每馬一匹歲生駒一匹。不及數者，蓋牧養不得其法故也，故罪。

又 驗畜産不以實。凡相驗分揀官馬牛駝騾驢不以實者，一頭笞四十，每三頭加一等，罪止杖一百。驗羊不以實，減三等。若因而價有增減者，計所增減價坐贓論，入已者以監守自盜論，各從重科斷。釋義曰：相驗者，相視其齒毛肥瘦者也。分揀者，分俵揀選以定其高下之等也。馬牛駝騾驢不以實，一頭笞四十，每三頭加一等，罪止杖一百。羊不以實減三等，一頭笞一十，每三頭加一等，罪止杖七十也。因不以實而致其價有應少而增、應多而減者，計所增所減之價坐贓論。若增減之價有入已者，則以監守自盜論。三罪須從重者論之。如不實之罪重從不實論，坐贓之罪重從坐贓論，自盜之罪重從自盜論，故曰各從重論。

又 乘官畜脊破領穿。凡官馬牛駝騾驢乘駕不如法而脊破領穿，瘡圍繞三寸者笞二十，五寸以上笞五十。若牧養瘦者，計百頭爲率，十頭瘦者，牧養人及群頭、群副各笞二十，每十頭加一等，罪止杖一百，羊減三等。典牧所官各隨所管群頭多少通計科罪，太僕寺官各減典牧所官罪三等。釋義曰：乘騎，坐也，駕以挽車也。騎坐不如法，故脊破，駕用不如法，故領穿。其瘡圍三寸者笞二十，圍五寸者笞五十，以上雖大不坐也。牧養瘦以百頭爲率，若馬牛駝騾驢瘦十頭者，牧養之人及群頭、群副各笞二十，每十頭加一等，罪止杖一百。羊瘦減三等，十頭減盡無科，必四十頭始笞二十，每十頭加一等，罪止杖七十也。典牧所官各隨所管群頭多少通計科罪，如管群頭五名，計馬牛駝騾驢共五百頭，瘦五十頭笞二十，每五十頭加一等，罪止杖一百。羊減三等，則五百頭内瘦五十頭減盡無科，瘦一百五十頭始笞一十，二百頭始笞二十，每五十頭加一等，罪止杖七十。又如管群頭十名，計馬牛駝騾驢一千頭，瘦一百頭笞二十，每十頭加一等，罪止杖一百。羊減三等，則一千頭内瘦一百頭減盡無科，須三百頭始笞一十，四百頭始笞二十，罪止杖七十也。太僕寺官又減典牧所官罪二等，蓋謂視典牧所官合得之罪減二等也。如典牧官罪止杖一百，太僕寺官止杖八十，典牧所官罪止杖七十，太僕寺官止笞五十也。

又 官馬不調習。凡牧馬之官聽乘官馬而不調習者，一匹笞二十，每五匹加一等，罪止杖八十。釋義曰：牧馬之官如典牧所牧馬所官之類，官馬聽其騎坐，欲以調習其步驟疾徐之節也，故馬不調習則治其官之罪。

又 宰殺馬牛。凡私宰自己馬牛者，杖一百，駝騾驢杖八十。誤殺者不坐。若病死而不申官開剥者，笞四十，觔角皮張入官。若故殺他人馬牛者，杖七十，徒一年半。駝騾驢杖一百。若計贓重於本罪者，准盗論，謂故殺他人馬牛，估價計贓得罪重於杖七十、徒一年半，駝騾驢價計贓得罪重於杖一百者，並准竊盗斷罪。係官者准常人盗官物斷罪，並免刺，追價給主。若傷而不死，不堪乘用及殺猪羊等畜者，計減價亦准盗論，各追陪所減價錢。價不減者笞三十。減價謂馬牛等畜直錢三十貫，殺訖止直錢一十貫，是減二十貫價，卽以所減價錢計贓，亦准竊盗斷罪。係官者亦准常人盗官物斷罪之類，仍於犯人名下追徵所減價錢陪償。價不減者，謂畜産直錢一十貫，雖有殺傷，估價不減，仍直錢一十貫，止笞三十，罪無所陪償。其誤殺傷者不坐罪，但追陪減價。爲從者各減一等。若故殺緦麻以上親馬牛駝騾驢者，與本主私宰罪同殺猪羊等畜者，計減價坐贓論，罪止杖八十。其誤殺及故傷者俱不坐，但各追隨減價。若官私畜産毁食官私之物因而殺傷者，各減故殺傷三等，追陪所減價，畜主陪償所毁食之物。若放官私畜産損食官私物者，笞三十，贓重者坐贓論，失者減二等，各陪所損物。若官畜産毁食官物者，止坐其罪，不在陪償之限。若畜産欲觸觝踢咬人登時殺傷者，不坐罪，亦不陪償。令曰：凡馬牛老病不堪爲用，告給判狀，方許宰殺，筋角納官，不告官者同私宰論，病死者申官開剥。釋義曰：牛以代耕，馬以致遠，而駝騾驢亦駄載之物，皆民生之不可無者。戕害多則生息少，而民用乏矣。故私宰者，雖其自有之物，馬牛亦杖一百，駝騾驢杖八十。病死而不申官開剥，則私宰者無所辨，故亦笞四十，而以其觔角皮張入官，故殺者謂有心於殺之也。爲從者係故殺者之從也，官私畜産毁食官私之物因而殺傷者，各減故殺傷罪三等。如減故殺馬牛杖七十，徒一年半，則杖九十也。減故殺駝騾驢杖一百，則杖七十也。若計贓重於杖九十、七十，亦從其重者論之。減故傷而不死及殺猪羊等畜計減價如一貫以下，准盗論減三等，則笞三十。係官者准常人盗論，則笞四十。一貫以上逓加之。

又 畜産踢咬人。凡馬牛及犬有觸觝踢咬人而記號拴繫不如法，若有狂犬不殺者，笞四十。因而殺傷人者，以過失論。若故放令殺傷人者，減鬬殺傷一等。其受雇醫療畜産及無故觸之而被殺傷者，不坐罪。若故放天令殺傷他人畜産者，各笞四十，追陪所減價錢。釋義曰：牛能觸，馬能踢，犬能咬人，狂犬又犬之惡者，皆足以傷人，故記號拴繫不如法，遇狂犬不殺者，皆笞四十。因而殺傷人者，以刑律過失殺傷律論之。故放令殺傷人者，則減鬬毆傷人罪一等。受雇醫療而爲畜産所殺傷，或畜主拴繫已如法而人自犯之，爲其所殺傷者，皆不坐畜主之罪。若故放犬令殺傷他人畜産者，各笞四十，各指殺與傷言。減價，註見殺馬牛條。

又 隱匿孳生官畜産。凡牧養係官馬騾驢等畜所得孳生，限十日内報官。若限外隱匿不報，計贓，准竊盗論。因而盗賣或抵换者，並以監守自盗論罪。其都群所太僕寺官知情不舉，與犯人同罪，不知者俱不坐。釋義曰：牧養係官馬駝騾驢之外如牛羊之類，亦是孳生，如羔犢駒之屬孳畜蕃息，國家之利，隱匿不報，其意何爲哉？故罪之。

又 私借官畜産。凡監臨主守將係官馬牛駝騾驢私自借用，或轉借與人及借之者，各笞五十，驗日追雇賃錢入官。若計雇賃錢重者，各坐贓論加一等。釋義曰：國家設官以養諸畜，所以備緩急之用也，豈臣下所得私哉？故監守自借或借與人及借之者，不論久近多少，卽笞五十，驗日追雇賃錢入官。如雇賃錢至一百五十貫，坐贓論，該杖六十，徒一年，是重於笞五十矣，則加坐贓一等，杖七十，徒一年半。餘以此推之，賃錢雖多，亦不得過其本價。

又 公使人等索借馬匹。凡公使人等承差經過去處索借有司官馬匹騎坐者，杖六十，驢騾笞五十。官吏應付者各減一等，罪坐所由。釋義曰：出使人員自有應乘驛馬，此借有司官馬驢騾，卽有司牧養之數者耳，故馬杖六十，驢騾笞五十。有司官吏應付各減一等，馬笞五十，驢騾笞四十。罪坐所由，謂同僚官吏止坐主意應付之人。

明 雷夢麟《讀律瑣言》卷一六《驗畜産不以實》 凡相驗分揀官馬、牛、駝、騾、驢，不以實者，一頭笞四十，每三頭加一等。罪止杖一百，驗羊不以實，減三等。若因而價有增減者，計所增減價坐贓論。入已者，以監守自盗論，各從重科斷。瑣言曰：相驗分揀，謂官司買賣馬、牛、駝、騾、驢，令人相驗，分揀美惡，以定其所值之價。而相揀之人，不以美惡之實報官者，計頭数論罪。羊減三等。因而致價有增減，以致虧損官民，各以所增減價值，坐贓論罪。若所增減之利入己者，以監守自盜論罪，各從其罪之重者科斷。問刑條例。一司、府、州、縣起解備用馬匹，各要經由分管太僕寺寺丞等官驗中起解。若有馬販交通官吏、醫獸人等，兠攬作弊者，俱問罪，枷號一箇月，發邊衛充軍。再犯、累犯者，枷號一箇月，發極邊衛分充軍。一大同三路官旗、舍人、軍民人等，將不堪馬匹，通同光棍，引赴內外官處，及管軍頭目收買私馬，詭令伴當人等，出名情屬各守備等官，俵與軍士，通同醫獸作弊，多支官銀者，俱問罪，官旗、軍人，調別處極邊衛所，帶俸食糧差操；民并舍餘人等，俱發附近充軍；引領光棍并作弊醫獸及詭名伴當人等，各枷號一箇月，發落。干礙內外官員，奏請提問。

又《乘官畜脊破領穿》 凡官馬、牛、駝、騾、驢，乘駕不如法，而脊破領穿，瘡圍繞三寸者，笞二十；五寸以上，笞五十。若牧養瘦者，計百頭爲率，十頭瘦者，牧養人及群頭、群副，各笞二十。每十頭加一等，罪止杖一百。羊減三等。典牧，所官各隨所管群頭多少，通計科罪太僕寺官，各減典牧所官罪三等。瑣言曰：乘官畜者，謂應乘之人，但其乘不如法，而致有脊破；駕不如法，而致有領穿，其穿破之瘡圍繞三寸者，笞二十五寸以上，笞五十止矣。若牧養不如法，而致有羸瘦，計百頭爲率，十頭瘦者，牧養之人，及該管群頭、群副，各笞二十，每十頭加一等，至九十頭杖一百止矣。羊減三等，至杖六十止矣。典牧所官，隨所管群頭多少，通計科罪。如管五群，則以五百匹爲率，每五十匹笞二十；管六群，則以六百匹爲率，六十匹笞二十。太僕寺各減典牧所官罪三等。問刑條例。一下班官軍，將原領馬匹兑與見操缺馬官軍領騎餵養。若有擅騎回衛者，問罪，罰馬一匹，解兵部給操。其原領馬匹倒失者，追陪。

又《官馬不調習》 凡牧馬之官，聽乘官馬而不調習者，一匹笞二十。每五匹加一等，罪止杖八十。

又卷一六《宰殺馬牛》 凡私宰自己馬牛者，杖一百。駝、騾、驢，杖八十。誤殺者，不坐。若病死而不申官開剥者，笞四十。觔角皮張入官。若故殺他人馬牛者，杖七十，徒一年半。駝、騾、驢，杖一百。若計贓重於本罪者，准盜論。謂故殺他人馬、牛，估價計贓得罪重於杖七十，徒一年半，駝、騾、驢價計贓得罪重於杖一百，並准竊盜斷罪。係官者，准常人盜官物斷罪。並免刺，追價給主。若傷而不死，不堪乘用，及殺猪羊等畜者，計減價，亦准盜論。各追陪所減價錢。價不減者，笞三十。減價，謂馬牛等畜直錢三十貫，殺訖止直錢一十貫，是減二十貫價；損傷不死，止直錢二十貫，是減一十貫價。即以所減價錢計贓，亦准竊盜斷罪。係官者，亦准常人盜官物斷罪之類。仍於犯人名下，追徵所減價錢陪償。價不減者，謂畜産直錢一十貫，雖有殺傷，估價不減，仍直錢一十貫。止笞三十，無所陪償。其誤殺傷者，不坐罪，但追陪減價。爲從者，各減一等。若故殺緦麻以上親馬、牛、駝、騾、驢者，與本主私宰罪同；殺猪、羊等畜者，計減價坐贓論，罪止杖八十。其誤殺及故傷者，俱不坐，但各追陪減價。若官私畜産，毀食官私之物，因而殺傷者，各減故殺傷三等。追陪所減價，畜主陪償所毀食之物。若放官私畜産損食官私物者，笞三十。贓重者，坐贓論。失者，減二等。各陪所損物。若官畜産毀食官物者，止坐其罪，不在陪償之限。若畜産欲觸觝踢咬人，登時殺傷者，不坐罪，亦不陪償。瑣言曰：馬能致遠，牛能代耕，壯用其力，老棄其身，不仁也。故凡民間私宰自己馬、牛者，杖一百。若駝、騾、驢，其爲用稍輕，私宰自己駝、騾、驢者，杖八十。其誤殺者，不坐。若病死而不告官，擅開剥者，笞四十。凡私宰、誤殺及擅開剥之皮張入官。若故殺他人馬牛者，杖七十，徒一年半；駝、騾、驢，杖一百。若計馬、牛、駝、騾、驢之贓，重於杖七十、徒一年半與杖一百者，准竊盜論罪。係官者，准常人盜官物論。曰『准』者，依名例至死減一等，亦罪止杖一百、流三千里。免刺，追陪全價還官主。若傷而不死，不堪乘用，及殺他人猪羊等畜者，並計殺傷後所減之價為贓，亦准盜論：私物准竊盜，官物准常人盜，各論罪。各追徵所減價錢。如馬牛等物本值一百貫，今被傷，不堪乘用，止值四十貫，則減價六十貫矣，即以六十貫科罪；如猪羊等畜本值三十貫，今殺訖，止值二十貫，則減價一十貫矣，即以一十貫科罪。於犯人名下追補價錢，并所殺傷之畜，通給還官主。其誤殺傷官私畜産者，原無殺傷之心，不科其罪，止令陪償減價。蓋殺死而皮肉猶堪變賣，亦足准其本價之一二，故但追陪所減價，亦以見其與故殺不同也。爲從者，各減一等，謂故殺、故傷他人畜産爲從者言也。若係官者，准常人盜官物論，則不分首從矣。若故殺內外緦麻以上有服親屬之馬、牛、駝、騾、驢者，與本主私宰同，馬、牛杖七十，徒一年半，駝、騾、驢杖一百；殺猪羊等畜者，計所減之價，坐贓論，一貫以下，笞二十，罪止杖八十。其誤殺馬牛等畜，及故殺傷而不死，不堪乘用者，俱不坐罪，但與故殺各追陪減價。在故殺者，問罪而追減價；誤殺及故傷者，不問罪，而追減價，與所殺傷之畜産，俱給親屬收領。此雖故殺，不追全價，以其異於他人之物也。若官私畜損食官私之物，因而殺傷者，各減故殺傷之罪三等，追陪所減價，給還畜主。又於畜主名下追陪所損食之物還物主。若故放官私畜産，損食官私物者，畜主笞三十。損食之物，計贓重者，坐贓論罪。雖官畜食私物，亦不減，私畜食官物，亦不加，以所損食者畜也。若無縱放之情，止是失於關防，以致畜産走出，因而損食官私物者，減二等。畜主笞一十。私物於畜主，官物於牧養之人名下，各追陪所損食之物，給與被害之人。若官畜産毁食係官之物者，止坐應該牧養之人笞三十、笞一十之罪，不在陪償之限。若畜産欲抵觸踢咬人，而人因制之登時殺傷者，不坐罪，亦不追贖畜價。非登時而邂逅殺傷，即故殺傷矣。問刑條例。一凡宰殺耕牛，并私開圈店，及知情販賣牛隻與宰殺者，俱問罪，枷號一箇月，發落；再犯、累犯者，免其枷號，發邊衛充軍。若盜而宰殺及貨賣者，不分初犯再犯，枷號一箇月，照前發遣。

又《畜産咬踢人》 凡馬牛及犬有觝踢咬人，而記號拴繫不如法，若有狂犬不殺者，笞四十，因而殺傷人者，以過失論。若故放令殺傷人者，減鬬殺傷一等。其受雇醫療畜産及無故觸之而被殺傷者，不坐罪。若故放犬令殺傷他人畜産者，各笞四十，追陪所減價錢。瑣言曰：故放令殺傷人者，係凡人減鬬殺傷一等，係親屬減親屬相毆一等，受雇醫療畜産而無控制之術，及畜産本無咬踢人之狀，而人無故觸之致被殺傷者，畜主俱不坐罪。

又《隱匿孳生官畜産》 凡牧養係官馬騾驢等畜所得孳生限十日内報官，若限外隱匿不報，計贓准竊盜論。因而盜賣或抵换者，並以監守自盜論罪。其都群所、太僕寺官知情不舉，與犯人同罪，不知者俱不坐。

又《私借官畜産》 凡監臨主守將係官馬牛駝騾驢私自借用，或轉借與人及借之者，各笞五十，驗日追雇，賃錢入官。若計雇賃錢重者，各坐贓論加一等。問刑條例：一在京坐營管操内外官并把總以下官，若將馬匹私占騎用及撥與人騎坐，至五匹者降一級，六匹以上降二級，其各邊分守、守備、把總、管隊等官將騎操并驛傳走遞官馬擅撥與人騎坐，及私用伺候等項，亦照前例問擬。一，官軍將所領官馬耕田走遞，馱載物件，或兩人共騎，或婦女騎坐者，問罪，俱罰馬一匹。若雇與人騎坐等項，枷號半箇月。及借與人者，各彼此罰馬一匹。

又《公使人等索借馬匹》 凡公使人等承差經過去處，索借有司官馬匹騎坐者，杖六十，驢騾笞五十。官吏應付者各減一等，罪坐所由。瑣言曰：公使人等應給驛者自有本衙門應付脚力，而又索借有司，係官馬匹騎坐者，杖六十，騾驢笞五十，官吏有聽行而應付者，各減一等，罪坐所由應付之人。

又《驗畜産不以實》 凡相驗分揀官馬牛駝騾驢不以實者，一頭笞四十；每三頭加一等，罪止杖一百。驗羊不以實，減三等。若因而價有增減者，計所增減價坐贓論。入已者，以監守自盜論，各從重科斷。瑣言曰：相驗分揀，謂官司買賣馬牛駝騾驢令人相驗分揀美惡以定其所值之價，而相揀之人不以美惡之實報官者，計頭數論罪，羊減三等。因而致價有增減，以致虧損官民，各以所增減價值坐贓論罪。若所增減之利入已者，以監守自盜論罪，各從其罪之重者科斷。問刑條例：一，司府州縣起觧備用馬匹，各要經由分管太僕寺寺丞等官驗中起解。若有馬販交通官吏醫獸人等兆攬作弊者，俱問罪，枷號一箇月，發邊衛充軍。再犯、累犯者，枷號一箇月，發極邊衛分充軍。一，大同三路官旗舍人軍民人等將不堪馬匹通同光棍引赴内外官處，及管軍頭目買私馬詭令伴當人等出名情屬，各守備等官俵與軍士，通同醫獸作弊，多支官銀者，俱問罪，官旗軍人調别處極邊衛所，帶俸食糧差操民并舍餘人等俱發附近充軍，引領光棍并作弊醫獸及詭名伴當人等各枷號一箇月發落，干礙内外官員奏請提問。

又《乘官畜脊破領穿》 凡官馬牛駝騾驢乘駕不如法，而脊破領穿瘡圍繞三寸者，笞二十；五寸以上笞五十。若牧養瘦者，計百頭爲率，十頭瘦者，牧養人及群頭、群副各笞二十；每十頭加一等，罪止杖一百。羊減三等。典牧所官各隨所管群頭多少，通計科罪。太僕寺官各減典牧所官罪三等。瑣言曰：乘官畜者謂應乘之人，但其乘不如法，而致有脊破，駕不如法而致有領穿，其穿破之瘡圍繞三寸者，笞二十；五寸以上笞五十止矣。若牧養不如法，而致有羸瘦，計百頭爲率，十頭瘦者，牧養之人及該管群頭、群副各笞二十；每十頭加一等，至九十頭杖一百止矣。羊減三等，至杖六十止矣。典牧所官隨所管群頭多少，通計科罪。如管五群則以五百匹爲率，每五十匹笞二十；管六群則以六百匹爲率，六十匹笞二十。太僕寺各減典牧所官罪三等。問刑條例：一，下班官軍將原領馬匹兑與見操缺馬官軍領騎餧養，若有擅騎回衛者問罪，罰馬一匹，觧兵部給操。其原領馬匹倒失者追陪。

又《官馬不調習》 凡牧馬之官，聽乘官馬而不調習者，一匹笞二十；每五匹加一等，罪止杖八十。

又《宰殺馬牛》 凡私宰自己馬牛者，杖一百，駝騾驢杖八十。誤殺者不坐。若病死而不申官開剥者，笞四十，觔角皮張入官。若故殺他人馬牛者，杖七十，徒一年半。駝騾驢杖一百。若計贓重於本罪者，准盜論。謂故殺他人馬牛，估價計贓，得罪重於杖七十、徒一年半，駝騾驢價計贓得罪重於杖一百，並准竊盜斷罪。係官者准常人盜官物斷罪，並免刺，追價給主。若傷而不死，不堪乘用及殺猪羊等畜者，計減價，亦准盜論，各追陪所減價錢。價不減者，笞三十。減價，謂馬牛等畜直錢三十貫，殺訖止錢一十貫，是減二十貫價。損傷不死，止直錢二十貫，是減二十貫價。即以所減價錢計贓，亦准竊盜斷罪，係官者亦准常人盜官物斷罪之類，仍於犯人名下追徵所減價錢陪償。價不減者，謂畜産直錢一十貫，雖有殺傷，估價不減，仍直錢一十貫，止笞三十，無所陪償。其誤殺傷者，不坐罪，但追陪減價。爲從者各減一等。若故殺緦麻以上親馬牛駝騾驢者，與本主私宰罪同。殺猪羊等畜者，計減價坐贓論，罪止杖八十。其誤殺及故傷者，俱不坐，但各追陪減價。若官私畜産毁食官私之物，因而殺傷者，各減故殺傷三等，追陪所減價。畜主陪償所毁食之物。若放官私畜産損食官私物者，笞三十，贓重者坐贓論，失者減二等，各陪所損物。若官畜産毁食官物者，止坐其罪，不在陪償之限。若畜産欲觸觝踢咬人登時殺傷者，不坐罪，亦不陪償。瑣言曰：馬能致遠，牛能代耕，壯用其力，老棄其身，不仁也，故凡民間私宰自己馬牛者杖一百。若駝騾驢其爲用稍輕，私宰自己駝騾驢者杖八十。其誤殺者不坐。若病死而不告官，擅開剥者，笞四十。凡私宰誤殺及擅開剥之皮張入官。若故殺他人馬牛者，杖七十，徒一年半。駝騾驢杖一百。若計馬牛駝騾驢之贓重於杖七十、徒一年半與杖一百者，准竊盜論罪。係官者准常人盜官物論。曰准者，依名例至死減一等，亦罪止杖一百，流三千里，免刺，追陪全價還官主。若傷而不死，不堪乘用及殺他人猪羊等畜者，並計殺傷後所減之價為贓，亦准竊盜論。私物准竊盜，官物准常人盜，各論罪，各追徵所減價錢。如馬牛等物本值一百貫，今被傷不堪乘用，止值四十貫，則減價六十貫矣，即以六十貫科罪。如猪羊等畜本値三十貫，今殺訖止值二十貫，則減價一十貫矣，即以一十貫科罪。於犯人名下追補價錢，并所殺傷之畜通給還官主。其誤殺傷官私畜産者，原無殺傷之心，不科其罪，止令陪償減價，蓋殺死而皮肉猶堪變賣，亦足准其本價之一二，故但追陪所減價，亦以見其與故殺不同也。爲從者各減一等，謂故殺、故傷他人畜産，爲從者言也。若係官者，准常人盜官物論，則不分首從矣。若故殺內外緦麻以上有服親屬之馬牛駝騾驢者，與本主私宰同，馬牛杖七十，徒一年半，駝騾驢杖一百。殺猪羊等畜者，計所減之價坐贓論，一貫以下笞二十，罪止杖八十。其誤殺馬牛等畜及故殺傷而不死，不堪乘用者，俱不坐罪，但與故殺各追陪減價，在故殺者問罪，而追減價。誤殺及故傷者不問罪，而追減價與所殺傷之畜産俱給親屬收領，此雖故殺不追全價，以其異於他人之物也。若官私畜損食官私之物，因而殺傷者，各減故殺傷之罪三等，追陪所減價給還畜主，又於畜主名下追陪所損食之物還物主。若故放官私畜産損食官私物者，畜主笞三十，損食之物計贓，重者坐贓論罪。雖官畜食私物，亦不減私畜食官物，亦不加以所損食者畜也。若無縱放之情，止是失於關防，以致畜産走出，因而損食官私物者，減二等，畜主笞一十。私物於畜主、官物於牧養之人名下各追陪所損食之物給與被害之人。若官畜産毁食係官之物者，止坐應該牧養之人笞三十，笞一十之罪不在陪償之限。若畜産欲抵觸踢咬人而人因制之，登時殺傷者，不坐罪，亦不追贖畜價，非登時而邂逅殺傷，即故殺傷矣。問刑條例：一，凡宰殺耕牛并私開圈店及知情販賣牛隻與宰殺者，俱問罪，枷號一箇月發落。再犯、累犯者，免其枷號，發邊衛充軍。若盜而宰殺及貨賣者，不分初犯、再犯，枷號一箇月，照前發遣。

又《畜産咬踢人》 凡馬牛及犬有觸觝踢咬人而記號拴繫不如法，若有狂犬不殺者，笞四十。因而殺傷人者，以過失論。若故放令殺傷人者，減鬬殺傷一等。其受雇醫療畜産及無故觸之而被殺傷者，不坐罪。若故放犬令殺傷他人畜産者，各笞四十，追陪所減價錢。瑣言曰：故放令殺傷人者，係凡人減鬬殺傷一等。係親屬，減親屬相毆一等。受雇醫療畜産而無控制之術，及畜産本無咬踢人之狀而人無故觸之，致被殺傷者，畜主俱不坐罪。

又《隱匿孳生官畜産》 凡牧養係官馬騾驢等畜所得孳生，限十日內報官。若限外隱匿不報，計贓准竊盜論。因而盜賣或抵換者，並以監守自盜論罪。其都群所、太僕寺官知情不舉，與犯人同罪。不知者，俱不坐。

又《私借官畜産》 凡監臨主守將係官馬牛駝騾驢私自借用，或轉借與人及借之者各笞五十，驗日追雇賃錢入官。若計雇賃錢重者，各坐贓論加一等。問刑條例：一，在京坐營管操內外官并把總以下官，若將馬匹私占騎用，及撥與人騎坐，至五匹者降一級，六匹以上降二級。其各邊分守、守備、把總、管隊等官將騎操并驛傳走遞官馬擅撥與人騎坐，及私用伺候等項，亦照前例問擬。一，官軍將所領官馬耕田走遞，馱載物件，或兩人共騎，或婦女騎坐者，問罪，俱罰馬一匹。若雇與人騎坐等項，枷號半箇月，及借與人者，各彼此罰馬一匹。

又《公使人等索借馬匹》 凡公使人等承差經過去處，索借有司官馬匹騎坐者，杖六十，驢騾笞五十。官吏應付者各減一等，罪坐所由。瑣言曰：公使人等應給驛者，自有本衙門應付脚力，而又索借有司，係官馬匹騎坐者杖六十，騾驢笞五十。官吏有聽行而應付者，各減一等，罪坐所由應付之人。

明 雷禮《南京太僕寺志》卷一《謨訓》 太祖高皇帝定太僕寺職掌。凡太僕寺所屬十四牧監，九十八羣，專一提調牧養孳生馬騾驢牛，其養户俱係近京民人，或五户、十户共養一匹，每騍馬歲該生駒一匹。若人户不行用心孳牧，致有虧欠倒死，就便着令買補還官。每歲將上年所生馬駒起解赴京，調撥夲寺，每遇年終比較，或羣監官員怠惰，或人户奸頑，致有馬匹瘦損虧欠數多，依例坐罪。

又 戒違慢官員勑。兵部欽奉聖旨，這箇衙門職專提調馬匹，比較孳生，但有虧欠作弊馬匹，許令本寺舉問。品職雖小，所掌事重。如同衙史出巡按治，敢有非理抗拒，許令本寺官聞奏拏問。

又 飭提調官勑。兵部欽奉聖旨，做委提調的官，不許推稱事故更換。若是不行用心提調孳牧，到那時來比較，若少了駒的、倒死馬的，與提調官都着實罪他不饒。

又 比較應天府屬諭。洪武二十九年，太僕寺奏准，應天等府州縣種兒騍馬倒死虧欠，理合比較。奉聖旨，都照例比較他。

又 成祖文皇帝蠲虧欠孳生詔。三十五年，詔山東、北平、河南府州縣人民有被兵不能種田者，並免三年差税。不曾被兵者，與直隸、鳳陽、淮安、徐州、滁州、揚州有洪武三十五年七月初一日以前軍民所養馬匹牛羊等項倒死，并欠孳生者，並免追陪。

又 仁宗昭皇帝寬追陪馬匹詔。永樂二十三年，詔各處軍民有爲事追陪孳生馬匹，受官府逼迫，不得已將男女妻妾典賣與人，以致流離困苦，莫能自存者，詔書到日，官司即爲贖還，毋得托故延緩。如子女年長已成婚者，不在此例。今後倒死孳生馬匹，只照洪武年間例追陪。

又 禁騎借劾。宣德四年，兵部官欽奉聖旨，舊制，官馬專一喂養操練，以備征戰，不許閑時帶鞍騎坐、往來馳逐，亦不許馱載物件，兩人共騎，并婦人騎坐，但是損傷倒死的，都追罰。近體知官軍人等不守法度，往往將官馬馱載糧食煤炭，并馱私塩等物貨賣，甚至賃借與人騎坐馱脚等項，并不愛惜，以致傷損倒死的多，那巡綽御史給事中每並不見捉拏來説論，他每的罪過都饒不得，恁兵部便出榜去張掛禁約，今後敢有故違號令的巡綽官，同錦衣衛着人拏送，兵部就追罰馬一匹入官，并將犯人送法司問罪，其該管頭目及不用心巡綽官員，一體都論罪不饒。

又 製太僕寺箴。宣德七年諭，軍國所用，馬爲之最。軍國之政，馬政亦大。肆予慎之，有駜如雲。既充内閑，亦渙其群。疇厥庶民，析之畜牧。司其政令，命爾太僕。政令攸宜，閱省以時。不愆不忘，乃蕃乃滋。蚩蚩之甿，國家之本。甿既阜豐，馬息斯奮。爾篤于民，毋侵毋刻。爾勤于職，必敬乃德。魯僖無邪，衛文塞淵。爾師古人，厥功茂焉。

又 寬買補孳畜詔。正統十一年詔，南北直隸并各布政司去歲被害去處，軍民倒死虧欠、被盜走失孳生寄養長生騎操等項，馬騾牛羊等畜俱候秋成買補。

又 景帝禁較烙科歛詔。景泰元年詔，凡官員公差出外印烙分俵，點視馬匹，不務馬政修舉何如，惟以需索財物爲務，今後馬不蕃息，臕不肥壯，並罪曾經印烙分俵點視之人，敢有科歛財物靠損養馬人户，必罪不宥。

又 蠲虧失孳生詔。景泰元年詔，順天并直隸各府及山西布政司所屬，自正統十四年九月初六日止，凡有一應倒死及被盜走失孳牧騎操等項，馬駝騾驢種馬馬駒等畜，悉與蠲免。七年詔，各營并各軍衛有司原寄養騎操孳牧長生脚力等項，馬騾驢但有虧欠、倒死、迷失，未曾買補還官者，勑書到日，悉皆停罷，免其追陪。

又 豁達賊搶虜孳牧詔。景泰元年詔，各處騎操孳牧馬騾牛羊，先被達賊搶虜，已行奏告，未除豁者悉與蠲免。其先不曾經奏告者，不在此例。

又 憲宗純皇帝蠲倒死虧欠馬匹詔。天順八年詔，在京、在外軍民騎操孳牧原養馬匹、種馬、馬駒，自天順八年正月二十二日以前，一應倒死、虧欠、走失被盜等項，悉皆免追。成化四年詔，南北直隸并山東、河南被灾去處，軍民孳牧寄養馬騾驢并駒，自成化四年九月二十六日以前倒失被盜虧欠等項，不能陪償者，所司查勘明白，悉與宥免。六年詔，在京各營、在外各邊騎操馬匹并順天、南北直隷、河南、山東被灾去處，軍民孳牧寄養馬騾并駒，自成化六年八月初一日以前，一應倒死、虧欠等項，并有例停候買補及遇倒失漏報者，所司查勘明白，悉與蠲免。九年詔，各處司府衛所被灾處所，一應寄養孳牧騎操馬騾驢牛，自成化九年四月以前倒失虧欠被盜等項，已報在官，例該追陪，并先次停止，折買未完者盡行蠲免，如已徵價值在官，不在此例。其走失被盜馬匹，日後得獲，照舊還官。十一年詔，在京各營、在外各邊及各處軍衛有司，原養寄養騎操孳牧走遞馬騾驢牛并種馬馬駒，自成化十年十二月以前，一應倒失虧欠被盜已報在官，并查出埋没等項，盡行蠲免。

又　停差官印烙諭。成化元年例該印記種馬，本年八月十六日兵部備由具奏，奉聖旨，這養馬地方多被灾傷，百姓艱難，且不必差官印記馬匹，待下年一發印記。

又　選寺丞諭。成化三年，禮科給事中侯祥奏爲振舉馬政事，兵部題，奉聖旨，是。馬政務在得人，今後太僕寺寺丞有缺，要選有司廉能相應的除授。

又　禁騎借官馬勑。成化六年十二月二十五日，兵部官欽奉聖旨，各營官馬專一喂養操練，以備征戰。近來有等管軍官員阿附勢要，將那官軍騎操馬匹撥送與人，或跟隨朝叅，或迎送往來，或假以聽事，并識字名目占騎，或終日把總等官門首侯候，致令喂養不時，傷損倒死，負累本軍陪補。況官軍閑時不許帶鞍騎坐，及馱載物件，已有禁例。恁兵部便出榜申明，通行禁約，敢有違了的，許巡馬給事中、御史并錦衣衛官校五城兵馬，連人拏送法司問罪，照例追罰馬匹入官，仍將原討撥官員叅奏究治。八年十二月，奉聖旨，舊制，官馬專一喂養操練，以備征討，不許閑時帶鞍往來馳逐，亦不許馱載物件，兩人共騎并婦人騎坐，但是傷損倒死的，都追罰。近體知官軍人等不守法度，往往將官馬馱載糧食煤炭私塩貨賣，甚至賃借與人騎坐馱脚等項，并不愛惜，以致損傷倒死的，恁兵部便出榜去禁約，今後敢有故違號令的，巡綽官同錦衣衛差人拏送兵部，追罰馬一匹入官，并將犯人送法司問罪。

又　折買虧駒詔。成化七年詔，各處官軍騎操馬匹并軍民孳牧養馬騾驢牛，自成化七年十一月十五日以前，一應倒死，已報在官者，悉皆蠲免，虧欠馬駒每四匹折買一匹。其先次查出漏報折買者，不在此例。

又　寬追陪虧失馬匹詔。成化二十一年詔，在京各營、在外各邊騎操馬匹，并順天、南北直隷、河南、山東被灾去處軍民孳牧寄養馬騾，并成化二十年以前一應倒失虧欠等項，并有例停候買補者，所司查勘明白，灾傷重處悉與蠲免，輕處自成化十六年十二月以前之數悉免追陪。其餘停候二十一年夏秋成熟，陸續徵解。如或該管上司及各府州縣管馬官吏交通作弊，事發俱坐贓罪。

又　孝宗敬皇帝蠲買補馬匹詔。成化二十三年詔，在京各營、在外各邊及各處軍衛有司騎操孳牧寄養走遞馬騾驢牛，并種馬馬駒四户馬，自成化二十一年十二月終以前，一應虧欠被盜埋没等項，并有例停候買補者，悉皆蠲免。若有已補在官者，照例起解交收。該管人員敢有交通作弊，事發治以重罪。

又　解俵違限諭。成化二十三年，兵部将各處本年解馬違例、違限、患病、托故不來等項官吏人等通查議擬，奏奉聖旨，這違限違例官吏人等，但馬完的，饒他，其餘提問。弘治元年，太子太保兵部尚書余子俊叅淮安等府、山陽等縣官吏，通判成桂等解馬匹折色銀兩過違限期，行各該巡按監察御史照例查提問罪，未完馬價，一體督令完報，數内未解者，怠事之甚，比與已解到者不同問罪。畢日，仍令住俸，將未解價銀嚴限解納，完足方許關支奏奉。聖旨，是。馬價已完違限的，且饒他。托故不到，并改委官吏的，各罰俸兩箇月。馬價未完，違限違例并未到的，都提問。

又　蠲倒失馬駒詔。弘治五年詔，在京各營、在外各邊并順天府、南北直隷、河南、山東各處軍衛有司騎操孳牧寄養馬騾驢牛并種馬馬駒，自弘治元年十二月以前一應虧欠倒失被盜埋没等項，并有例停候買補者，悉皆蠲免。若有已補在官，照例起解交收。該管人員敢有通同作弊者，事發治以罪。十一年詔，在京各營、在外各邊及各處軍衛有司騎操孳牧寄養馬騾驢牛并駒，自弘治五年十二月以前一應虧欠倒失被盜埋没等項，并有例停候買補者，悉皆蠲免。中間有該納價銀，已徵在官之數，照例起解。該管官吏敢有通同侵欺作弊者，治以贓罪。

又　禁盜賣騎操馬匹令。弘治十三年《問刑條例》内一欵，養馬人户將官馬盜賣與人，至三匹以上者，問擬盜官畜産罪名，發附近衛所充軍。

又　停追徵馬價詔。弘治十八年詔，順天、南北直隷、山東、河南州縣并内外衛所寄養孳牧馬牛驢倒失虧欠等項，該追本色價銀，京營各邊官軍倒死騎操馬匹，該追樁頭朋銀及各處牧馬草場地畒子粒銀兩，自弘治十六年十一月以前，除已徵外，未完之數，悉皆蠲免。

又 停差官印烙諭。正德八年八月，兵部題，奉聖旨，是。既地方連年多事，暫免差官，着各該巡撫都御史嚴督守巡等官公同分管寺丞責限買補，務足原額。

又 查豁搶劫征勦馬匹詔。正德九年詔，各處孳牧寄養馬匹先被流賊搶劫，曾經告官，勘實執有明文，并提督撫按等官兑與征勦官軍騎去不曾給還者，除已買補外，其未買之數，巡撫及太僕寺分管官勘實，悉與蠲免。不許捏故濫報，事發重治。

又 徵俵備用違限諭。正德十五年，御史王溱查原派正德十四年分解京備用馬匹，糸應天府府尹胡宗道、通判張海，并淮安府知府薛斌等違限，奉聖旨，是。各該官員不以馬政爲重，拖欠數多，好生悞事。且不提在京的，各罰俸三箇月，在外的五箇月。都着嚴限徵解，内有遷官去任的饒他。

又 卷二《清賦式》 國初都金陵，設太僕寺董牧事，以江北諸郡縣限于長江，馬至京難，又滁多曠土，饒薦草莽，水泉利可牧。洪武六年，建寺于滁，領滁陽等八監，驌驦等十八羣。令近京軍民户養母馬一匹，歲課息，蠲其科賦。洪武二十三年，增十四牧監，九十八羣。

又《重責任》 國朝馬政統於兵部，又設太僕寺專理，列在京從三品衙門。凡一應厩牧之政令，自司府而下皆禀行之。洪武榜例，凡倒失種馬，虧欠馬駒，俱在年終完備。如是不完，府州縣正佐首領官吏決杖二十，管馬官吏加等痛治。凡管馬官有闒茸貪污害民者，分管及所在掌印官開奏以除民害。景泰二年，應天府通判董貫奏稱，上司及府縣掌印等官多有將管馬官雜委別差，不得在任提督，該兵部題准，管馬官員專理馬政，常川提督比較孳牧，敢有仍前擅差，致妨馬政者，聽分管寺丞舉奏拏問。成化二年，兵部尚書王復奏奉詔書，内開三年一駒，虧欠必少，准今後管馬官以一縣種騍馬爲率，三年考滿爲期，額内不虧者稱職，額外生一駒者奏請旌異，又生二駒者移吏部陞用，不及額數者，百匹爲率，遞相降級。其分管寺丞所隸，亦以州縣爲度，如一府十縣，額外半生駒者旌異，全生駒者不次擢用，如額數不及，查送吏部降用。四年，太僕寺丞許顒題准，各衛所府州縣管馬官職專提調馬匹，不許撫按，及合干上司擅自差委，其管馬官亦不許違例營求。如違拏問。七年奏准，府州縣掌印首領官任内馬匹虧欠孳養不增者，九年不准給由，措置完日，與管馬官一體降用。衛所掌印官馬數不完，許分管寺丞與兵部委官一體比較。十四年，令應天、順天府尹、府丞係在京堂上官年終倒死虧欠等馬不完，止取招服，免其決打二十，照例納米贖罪。二十一年奏准，各該分管寺丞每二年一次呈部更換，將經管兒騍等馬已未完數目造册繳兵部，并該寺稽考。若年限未滿，無故在家延住一月之上，及已滿更替不即起程者，住俸半年，待後三、六、九年給由。本寺將已未完馬數備呈吏部，以考勤怠。弘治元年奏准，凡養馬府州縣正官推調不理馬政，俱照錢糧軍伍不准考滿事例，通行南北司府州縣掌印正官，務要司督府、府督州、州督縣，俱令管馬官着實興舉馬政。如管馬官有事故，俱令掌印正官帶管。違者或批收不完，聽兩京太僕寺糸究。御史杜忠奏行各處巡按，每遇年終查考，有馬州縣孳生馬駒除倒失等項不筭外，止筭着實生長成效數目，以十分爲率，一年生駒四分以上至五分者，作勤能官，開報吏部，候三、六年考滿，量加陞擢；三分以上者，作稱職留管事；不及三分者，作罷軟，就便黜退。分管寺丞亦於年終將分管地方孳生成效馬駒數目造册，送兵部查考，照前擬分數陞留。如不及三分者，聽兵部糸奏，降調外任。二年，申明兩京太僕寺，今後軍衛有司大小官員但有作弊虧欠馬匹，及非理抗拒者，許本寺并分管寺丞照依舊例舉問，糸奏治罪。太僕寺卿王霽等奏准，每二年差太僕寺少卿二員、南京太僕寺少卿一員，分督所管地方，將種馬照舊例着實兩年筭駒一匹，以十分爲率，如果所生不及分數，照京營事例住俸買補，於年終開具賢否，呈兵部轉送吏部訪察。六年之内無拖欠馬駒，即係能官，量加旌擢以外，虧損數多，照例黜罷。三年，御史凃昪奏行各處撫按，每年將各屬府管馬官考察，開送吏部照奪，如果馬政興修者，三年旌異，六年之上，量加陞擢。仍令管馬若三年之内貪污不職，馬政廢弛者，或降調邊任，罷歸田里。其各府州縣掌印正官如遇管馬官缺員，就便帶管。五年，銜史潘楷奏准，寺丞分管地方，不拘地方繁簡，經管三年，一體更替。中間有善於提督孳牧蕃息者，不拘九年兩考之例，就便擢用。其曠職不才者，歷任雖久，具奏罷黜。九年奏准，司府并分巡、分守官並不許差委管馬官員。如違，聽巡按御史并分管寺丞提問糸奏。其巡撫、巡按亦一體遵依，毋擅差委。十三年，禮科給事中寧舉奏馬政拖欠數多，准行兩京太僕寺查寺丞分管某處，或一二年，或三年之内一應馬政，已未完數目，以十分爲率，孳牧寄養不及五分以上者，及孳生馬駒不及七分，兵部照例將分管寺丞并管馬通判州縣掌印及管馬官員通行住俸，追及分數者，方許關支未完之數。責限半年不完者，另行条究追補。已完者，免其住俸，仍照見行事例，出巡督理馬政，不許在京久住。正德四年，兵部題准，管馬官有闒茸不才，妨廢職業者，該管寺丞即便条送本部，轉咨吏部，以憑黜退。其分管寺丞若有不職者，聽從本部条究。若有廉能官員奉行有效者，量加旌擢。十年，南京太僕寺卿楊褫題准，所屬州縣管馬并帶管掌印官遇三六年考滿，申呈本寺知會，候到吏部之日，仍送兵部查同，方准復職。若係九年馬無虧欠，具數開呈本寺，轉呈兵部查同，方准給由。未完者不許起送。十六年，御史王溱題准，今後管馬官員不職，許分管寺丞徑自条呈兵部具奏，如或知府等官故違，一體条究。嘉靖十年，太僕寺卿戴金題，各屬府州縣管馬官員三、六、九年考滿，近來多不經由部寺起送，以致馬政錢糧屢屢拖欠。准今後各官近考滿之期，備將歷任脚色，并經管馬匹錢糧完欠、馬户逃存數目造冊給文，於俵馬之時親齎赴寺查。果勤能稱職，别無粘帶不了事件，該寺將查過緣由轉呈兵部起送。若有仍前欺玩，不由本寺查理，呈部輒申隔别衙門起送者，聽本寺条劾治罪，仍咨吏部知會。十六年，南京太僕寺卿趙廷瑞奏准，寺丞有缺，須才力相應發身科第者以充。嚴限到任，仍查照舊規，每歲兩次巡歷，毋得經年不出，以致馬政廢弛。其管馬官員不許别項差委，如有未完事件，自知府以下不准給由。三十年，南京太僕寺少卿雷禮奏准，各該撫按衙門今後凡有公務，不許仍前差委管馬官員代理，致妨馬政。及行兩京太僕寺所屬管馬官，各務專理本等職業，不許營求别差。如違，年終從重類条，照例提解來京送問。若管馬官員缺，即行掌印官帶管，毋得推調，以致誤事。各官三、六、年考滿及陞遷等項，俱要申呈該寺查勘無礙，方許起送，赴部離任。違者，聽該寺条究。

又《嚴禁約》 國朝洪武榜例，各衛所府州縣管馬官職專提調馬匹，不許管署衛所府州縣事務，及别項差占。凡有司官吏不許拘集馬匹，赴州縣點視，直待農閒時月，委官指定某曰到某羣，親詣鄉村養馬去處點看。但有指以點馬拘集人户在城聽候，及牽馬州縣點視，妨悞農業，損壞馬匹，産落胎駒者，重罪。凡比較點馬文簿官吏，自備紙劄，不許科民，違者治罪。宣德四年，凡盗賣官馬者追罰馬二匹，知情和買、牙保、鄰人各罰馬一匹，宰殺及偷買官驢者亦照此例。首告者，於犯人名下追鈔五千貫充賞。凡巡馬官，每三月一换。天順四年，兵部奏准，出給榜文，行所屬養馬衛所府州縣於各處孳牧所，在常川張掛，今後養馬軍民若將官馬私借與人騎坐，或耕田拽碾，馱載糧草，并一應物件，與兩人共騎，并在京騎坐者，照依在京見行事例，送所在官司問罪追罰。上等馬一匹入官，所追馬匹附近去處，具由解部南京等處，就於所在太僕寺交割。弘治二年，兵部據太僕寺卿王霽奏准，移各處巡按御史及兩京太僕寺分管官員嚴加禁約，敢有似前借用寄養孳牧馬匹迎接使客等項，聽御史等官查訪提問参奏，照軍民借馬事例斟酌，每借馬二匹罰一匹，五匹者罰二匹。其官員追完日，方許復職管事。分管寺丞每於年終，將有無追罰馬匹數目緣由奏報。九年，吏科右給事中韓祐奏准，令兩京太僕寺轉行各該分管寺丞，時常親詣所屬州縣，將所養馬匹用心看驗，及密切訪察，中間果有仍前借撥官馬迎送，積至瘦損倒失，州縣五十匹、府二百匹以上者，指實条奏，將借馬官員各降一級。其民間私自馱軾，或借人騎坐，及官司借用二匹或四五匹者，仍照例問罪罰馬。正德元年，兵部題准，管馬官吏務要提督養馬人户依時羣蓋，如法喂秣，敢有逼令小民收買不堪馬駒，及受財作弊并捏報虚數者，事發，照依所擬問發及計數罰馬。十六年，申明今後坐派折色馬價到日，不許羣長人等下鄉擾民，止許羣長催羣頭，羣頭催貼户，羣頭同羣長當官交納，不許分外多收折銀錢，及指稱到京使用，并秤兑加耗等項銀兩，其一應帶買附餘帶徵陪補倒失，及扣作下年備用等項，名色一併禁革。如違，許被害之家指實陳告，從重坐贓究治。嘉靖二年奏准，各府州縣官動支在官紙劄，置立循環文簿二扇，按季查考，不許另造點冊，科害小民。太僕寺卿劉麟題稱，擅調寄養孳牧馬匹，比照私借官畜産律條倒失者，比依毁失官物，坐罪追陪。十三年，御史陳洙題，各該州縣止照太僕寺總數任意科派，每馬一匹納價至四五十兩者，仍於養馬地内每畝科錢五文，名曰白地銀。兩准行養馬地方，凡遇坐派馬價，掌印管馬官員公同會筭，本折色價銀若干，每畝均該出銀若干，照名刊刻，由票散給，馬頭依數辦納，不許額外科斂。如違，各從重究。三十年，南京太僕寺少卿雷禮奏准，各府州縣管馬官買多有貪饕恣肆，科索無厭，以致豪强賣馬，及羣頭侵尅，職此之由，今後各該撫按衙門并兩京太僕寺轉行所屬府州縣掌印管馬等官，務要奉公守法，體國恤民，毋得仍前科索小民，自干憲典。中間如果貪婪無忌者，許被害之人赴太僕寺陳告，以憑糸提究問。中間果有修舉馬政，賢能昭著者，聽撫按官遵例舉薦，以待擢用。該寺仍於每歲終將各該官員職名開造揭帖，填註賢否，考語送部，轉送吏部，以憑黜陟。

又《定課額》 國初，令軍民户養母馬，一歲課駒一匹。洪武二十八年欽定，凡補領或孳生三歲孳駒，每二年納駒一匹。永樂二十二年，令民養官馬者二歲納駒一匹。正統十四年，令備用馬歲取二萬匹，太僕寺取七分，南太僕寺取三分，俱限八月以裏解部發寺驗印給俵。景泰三年奏准，凡兒馬十八歲以上、騍馬二十歲以上免其筭駒。成化元年，令孳生馬三年取用一駒。二年，兵部尚書王復奏准，舊倒種騍馬每一匹兩年納駒一匹，其有兩年生兩駒者，許賣與本羣欠駒人户作正數。今三年取用一駒，虧欠必少，其有服勤牧養人户三年生三駒或兩駒者，悉令報官，將議和錢收買，另給空閑人丁領養騍駒，照例筭駒兒駒解部轉發，寄養備用。三年，太僕寺呈孳主馬匹。舊例一年一駒，後因虧欠數多，改爲二年一駒，今改三年一駒，恐日久馬耗，有悮軍機。該兵部奏准，復二年一駒。十七年，兵部尚書王恕題准，江南揀退不堪馬匹，既徵銀起解，又將不堪之馬令民領養，未免重累。今後江南去處，凡遇差官印記馬駒之時，除騍駒印記作種外，其兒駒内揀選堪中者，印記聽起解，并搭配騍馬羣蓋孳生。若矮小不堪起解者，不必印記，就令養户領回變賣，輳備價銀十兩起解。及有前項該追陪兒馬，亦免買補，照例出銀十兩，准作備用馬價起解。二十一年，兵部准都御史劉璋題奉欽依，各處原關騍馬委官驗看，二十歲以上者免科，駒新關騍馬停候二年，方與科駒。弘治三年，吏部等衙門尚書王恕等會議兩京太僕寺孳牧馬内歲取二萬匹，送順天府所屬寄養，准將備用馬每歲暫取一萬匹，除北直隸、河南、山東俱本色，并内永平府本折中半外，徐州所屬解本色，廬、鳳二府，滁、和二州解本色七分、折色三分，淮、揚二府、應天江浦、六合二縣解本色四分，折色六分。應天、上元等縣，鎮江、太平、寧國并建平俱解折色。如果緊急用馬，照舊取用。六年，太僕寺卿彭禮陳言馬政事，該兵部會議，准差給事中等官勘選各處見在種兒騍馬高大膘壯者存留作種，不堪之數責令賣銀輳買好馬，補數大約以種騍馬十萬、兒馬二萬五千爲率，每騍馬二年者實得駒一匹。以十分爲率，生駒不及八分者，就將管馬官提問，及將倒死虧欠，例不該免種兒騍馬并駒免追本色，每大馬一匹追銀五兩，每駒一匹倒失者追銀三兩，虧欠者追銀二兩還官。九年，令一馬兩歲連生二駒者，除納官外，聽其自用。十七年，兵部尚書劉大夏題准，各都司衛所種兒騍馬數目增減、兊换、撥補，俱令掌印官管理，嚴督各軍依時羣蓋，用心喂養，以圖孳生，不必另委管馬官員。自弘治十八年爲始，每種馬一匹照舊二年科駒一匹。十八年，太僕寺呈自弘治二年以後，每年備用馬止取一萬匹。十七年，爲因南直隸灾傷，停免三分，止派本寺所屬馬七千匹。今見在寄養馬匹數少，該兵部題准，將十八年再加派七千匹，共一萬四十匹，南京太僕寺三千五百匹，本寺止取馬三千五百匹。正德二年，御史王濟題下兵部奏准，各處將種馬補足羣數，每年歲取備用一羣之内，各照人丁地畝議和朋納本色或折色，大馬一匹共取二萬五千匹。太僕寺所屬取七分，南京太僕寺所屬取三分。若羣内生有好駒，堪以備用，聽從本羣人户幇價起俵，折色者徵銀十三兩，其本色、折色分數，本部仍臨時酌量奏請。設遇緊急，量爲增添，不拘此例。十年兵部題，地方多事，派馬四萬匹。太僕寺取七分，俱本色，南京太僕寺取三分，本折中半。十二年，御史周鵷奏，每年徵價備用馬匹立爲定例，悉照正德二等年數目坐派，每年積有餘馬，於内量減本色，扣加折色，積有餘銀存備。用馬數多年分，作價收買，不致泛濫多派，難於徵納。但恐以後官員意見不同，仍復更張，致爲民害，仍令每年派馬，務守前例。如有任意更添者，聽兵科論奏改正。嘉靖二年，監察御史謝汝儀奏准，今後種馬生有好駒者，聽其幇價起俵有無生駒，或矮小不堪，仍照御史王濟所奏事例施行。三十年，邊警乏馬，兵部題催本年分本折馬匹銀兩，限二月終及預借三十一年，分限七月初到部，該南京太僕寺少卿雷禮奏准，復舊制，擇丁以養馬，嚴限以課駒，行追陪倍罰之法，免徵銀買馬之擾。俟一二年之後，牧事蕃息，其兒駒膘壯如式者，即與起俵，其矮小不堪及騍駒一聽變賣，以備買馬之用。

又《選備用》 國朝洪武榜例，凡管馬官吏提督看驗馬匹，有生質奇異，與種馬不同者，明白申報。洪武定例，凡兒騍馬務要三歲以上、八歲以下高四尺以上，方許作數。成化十二年，兵部題准，每年該解備用馬匹，本寺預先照數分派，行令分管寺丞督同府州縣并管馬官員，於該年兒駒内揀選身量高大，齒歲相應者，解京備用。其矮小瘦弱不堪之數，悉留本處，聽候搭配補種。如揀選不敷，除江南照例折納銀兩外，其江北府分不該納銀者，就於倒失馬匹應該追補人户内量追價收買，堪中馬匹補數，不許仍前將不堪馬匹一槩起解。弘治九年，吏科右給事中韓祐等奏，起俵備用馬匹惟當精選於起俵之初，不當濫退於到寺之日，既到而退，在官則缺馬，在民則傷財，公私俱困。該兵部題行兩京太僕寺轉行分管寺丞，每遇行取備用馬匹，務預先親詣各該州縣，將孳生兒駒并買補馬内揀選堪中者，照例造成小冊，備開人户姓名，馬匹毛齒尺寸，責付管馬官員解部發寺驗收，不許將不堪馬匹一槩濫解，徃復人難。若各該寺丞不行親詣揀選到寺之日，每一百匹揀退三十匹以上者，本寺開報本部以憑叅問。若解馬堪俵毛齒尺寸對冊無差，該寺聽信醫獸人等妄言濫退，亦許該管寺丞或承委解馬官員將揀退馬匹送部看驗定奪。十八年，邊方有警，兵部照例添派，歲用馬一萬匹。太僕寺所屬取七分，南京太僕寺所屬取三分，内折色一半，悉照原擬兒騸大馬毛齒尺寸，務精選臕壯。北直隸、山東、河南俱限九月中，南直隸十月終，并折色銀兩，各差管馬官員依限解部發寺看驗，如式方准俵養聽用，不許違悮。正德二年，兵部題，孳生之駒雖稱種騍馬十萬，每年科駒五萬。奈近年各處養馬之家盡倒失虧欠，有名無實，准御史王濟所擬，不必較其有無，有亦不必印烙，每年備用，止令一羣之内各照丁田議和朋，納本色或折色大馬一匹，仍各將羣數隨其多寡分爲兩班，編成格眼，互相輪流。今年解本色，明年則解折色，除折色徵銀十三兩外，其本色務要身高四尺、兒馬五歲、騸馬八歲以下者方許作數，俱令該管寺丞驗看，各差管馬官吏依限起解。十三年，太僕寺卿何孟春奏准，每年備用馬匹令分管寺丞正月中出巡選取頭運馬，四月中出巡選取二運馬，務要遍歷，將派到備用馬照依時價，及解俵草料盤纏，查照人丁地畒，會計某户該派銀若干，預先出給告示，使民遵守出辦朋合。收買好馬，俱要三尺八寸以上，兒馬六歲以下，騸馬九歲以下，蹄腿周正，方准作數，就差管馬官解俵，如無管馬官，另差本縣相應官管解，不許順差别縣官帶解，以致責任不專，事有推調。申批内俱開寫寺丞某人，督同府州縣某官驗過。如到寺之日看驗不堪，先將解馬人員送問，馬匹發回換補，州縣原驗官提問。驗退五十匹以上，將該府管馬官提問；一百匹以上，將該府掌印官并分管寺丞俱住俸三箇月；一百五十匹之上，該府掌印官并寺丞俱提問。若齒尺相應，止是在途瘦損，將管解之人送問。以上該提問官在内寺丞，奏行三法司在外官行巡按御史提問。十六年，申明各處近年馬匹四尺以上者少，難以例責，今後騸馬三歲以上、八歲以下，兒馬三歲以上、五歲以下，雖不及四尺，而齒力相應者，亦許作數，但不許將矮小老弱不堪者一槩搪塞。嘉靖七年，太僕寺卿余瓚等題准，行府州縣掌印管馬官員自嘉靖八年爲始，每遇派取馬匹，該府管馬通判親詣各該州縣，督同掌印管馬官照例驗看，將堪中馬匹毛齒尺寸造册，候分管寺丞巡歷覆驗，堪中與册相同，方差管馬官起解。管馬通判造册二本，送府印出，給總部赴部，一本留備查照，一本轉發該寺查對驗收。如驗看不中，發回換補。十年，太僕寺卿戴金奏准，管馬官員有解俵馬匹俱臕壯高大，數多中選，並無虧欠者，聽該寺驗馬。少卿公同掌印官員并分管寺丞會呈兵部查同奏請奬勵，仍咨吏部量加陞擢。若貪汚作弊者，亦聽會同奏請罷黜。三十年，南京太僕寺少卿雷禮奏稱，江南、江北起解備用馬匹卒多矮小不堪，及解馬文冊空白，不填毛齒，多被積年馬頭人等每匹多科銀兩，通同解官，醫獸剋減肥已，却減價收買不堪馬匹抵數。今後各該州縣將歲派備用本色馬匹不狥孳牧收買，務要身各四尺，年齒相應，掌印官親驗合式，候分管寺丞驗中備造毛齒尺寸及馬户姓名文冊，用印鈐蓋倒文，解送本部，轉發太僕寺驗收，不許仍前縱容，積年馬頭、馬販通同解官醫獸人等兆攬侵剋，及用空白文冊虛文倒解等弊。違者，聽分管寺丞查究，照依律例問遣。

又《責管解》 國朝洪武初，令養馬户每歲將上年所生馬駒起解赴京調撥。天順二年，兵部題准，選取預備馬每年二萬匹，兩京太僕寺俱限八月以裏解部送寺，給養備用。如違原限，照例送問。四年，奏定各衛府州縣馬二十匹以上，差官管押。若有事故及二十匹以下，方許差吏。違者，照例叅送法司究問。成化十六年，太僕寺少卿吕雯奏，南直隸該俵備用馬匹，俱是管馬官吏貪圖賄賂，聽從馬里長大户人等通同馬販兆買瘸瞎老瘦不堪馬匹，及驗退遞年拖欠，不得完結，要令南京太僕寺官督俵，該兵部題准，南京太僕寺官員有限，勢難督俵。今後起解本色馬匹，要經分管寺丞驗中印烙，公文批文，文冊内務開寺丞某人驗解縁由，果有中途倒死者，即於所在官司告行，管印官相剥，許將肉臓變賣，以候買馬之用，皮張鬃尾就彼入官，取相剥公文，齎部發寺印記給養，非經官印，驗者不收。有洗改字樣，送刑部追問。二十一年，都御史劉璋題准，南直隸府州縣逐年買解備用兒馬止令照數選買起解，免令用印。倘遇揀退，以便變賣。正德十三年題准，每年起解備用本折色馬匹，各差管馬官員起解。若差吏并土官義民人等管押，以致中途抵換作弊誤事，就將承批官吏人等先行叅送法司究問，經該并托故官員年終類条。太僕寺卿何孟春奏准，該寺掌印官如遇解到備用馬匹，即便查照原來文冊，看驗齒尺相應，方與印俵。若是毛齒尺寸不同，顯有抵換情弊，及揀退數多，具由呈部，以憑条究。仍照先年事例，就於鬃下用退字小印，以杜奸弊。十四年，兵部題准，起解備用馬匹，南直隸頭運限四月終，二運限八月終解到，仍行印馬，御史不妨原委通查原派本年分解京馬匹。違限者，將各州縣掌印管馬官住俸，催解完者，方許關支。若違原限三箇月之外不行完解，將州縣管馬掌印官提問，照舊住俸催解。其各府掌印管馬及分管寺丞通計所管馬匹，以十分爲率，拖欠五分以下不完者，条奏提問。征南官軍缺馬，交兊兵部題行巡撫都御史，先將頭運不完府州縣掌印管馬官住俸，文書到彼一箇月以裏不完，就將府州縣各掌印官并各府管馬官提問，各州縣管馬官督令解馬到京之日送問，敢有托故不行，赴京解馬，希圖脫免，行提解京問罪，因而失誤軍期，本部臨時条究，依律治以重罪。其二運馬匹亦陸續徵完起解，如過違期限三箇月之外，不完照依頭運不完事例，一體提問，仍行太僕寺將分管寺丞各管馬匹拖欠違限不完分數查明，呈部另行条奏提問。內有欠馬數多，廢弛太甚，官員提問畢日，送吏部奏請降調外任。應天府通判張海奏，府屬上元等八縣折色馬價每年通計不滿二萬，本府管馬總部通判督同各縣有管馬官者，主簿一員，無官者吏一名，小縣者解户二名，管解赴部發寺交納，往復盤纏使用，皆出於民，准行令本府，每年將各縣官吏量爲輪流減差跟隨，總部管解。十六年兵部題，備用馬匹派正德十一年分二萬五千匹，太僕寺所屬取七分本色，南京太僕寺所屬取三分本折色中半，俱違限未到，見今聲息緊急，出征馬匹數多不敷兊給，行各該巡按御史查勘拖欠并倒失馬匹，各府州縣掌印官俱住俸，管馬官俱取招革冠帶住俸，督令上緊買補起解，限至本年九月終，不行解完，俱提問。內拖欠數多，及訪察平昔，貪懦無爲官員，条奏罷黜，監候奏請定奪，其兩京太僕寺將各分管寺丞俱住俸，督催完解，候至九月終，通將催完馬匹該寺類總，具奏本部，臨時查照，數目多寡，情罪輕重条奏。嘉靖十年，太僕寺少卿戴金奏准，各州縣起解馬匹，如遇管馬官員缺，即於本衙門以次官員，如無以次官員，方許隣境州縣委官，與同該吏代解裁革縣分，承行應差吏典，不許托故改差，候缺農民人等，仍於公文內備開掌印某官，管馬某官，或有丁憂事故，陞遷去任，明白開報。本寺年終查考，其南直隸限期仍舊以六月終，如在途，或有疾病事故，非力所及以致違限者，具夲處官吏人等保結明白，及馬銀完足，別無改差代解等弊，免其問罪。如有故違限期者，先將承批人員照舊忝問。十一年，御史王袞條陳各該州縣押運判官、主簿似爲太多，要止差管馬通判總部，或輪流各州縣佐貳首領官員總部分領，該兵部議，得各該州縣馬匹，有完欠先後不同，勢固非一時所能類齊，力又非一人所能兼管，准今後各州縣起俵馬匹，有管馬官處，遵照舊例，不許差吏并土官人等，其裁革幷缺官，州縣聽於所屬，或附近州縣俵馬官帶解二三處。都御史劉節題，每年馬價銀兩止責付本府州佐貳官一員總部，量帶羣長馬頭押解赴部，轉發交納，該兵部議南直隸所屬各州縣原係本色者，還該徵解本色馬匹。若止令各府州佐貳一員總部，恐各州縣買解前後不齊，未免掣肘悮事。今後如遇徵派折色銀兩年分，照依所奏鑿字印封，差夲府州佐貳官一員總部各羣馬頭，依限解納，不許轉委首領并縣佐等官代解。若係徵解本色馬匹年分，仍照近日題准事例施行，不許差吏并土官人等。三十年，南京太僕寺少卿雷禮奏准，兩京太僕寺歲派各處夲折馬匹，專爲供應京營、宣、大等鎮官軍騎征之用，解俵有限，違限有罪，立法本嚴，遵行年久，人心玩愒，往往故違限期，有誤急用。今後照先年題准，五月到部，定限起解。各該州縣管馬官員如有違限不完者，聽該寺徑行題問。若掌印官坐視，及過一月不解者，知府以下悉聽指名条究，其各府州縣管馬官不行親自總部者，候年終類条行巡按衙門提解來京送問，中間果能依限完解者，照例獎勵。

又《革包攬》 國朝令司府州縣起解馬匹，有馬販挑攬作弊者，發邊衛充軍。天順二年，令官軍人等强奪起解馬匹者問罪，罰馬一匹，仍枷號一箇月。成化十年奏准，各處解馬赴京有攬挑價值，將老馬攙雜驗印者，爭發俱問罪，發邊衛充軍。其起解馬除例應折納外，有齎價赴京，通同收買者問罪。十五年奏准，羽林前等衛千户姜聚等各人積年在於太僕寺門首挑攬各處馬匹，誆騙馬價，却買瘦弱及賊馬朦朧印烙補官，尅落銀兩肥已，但遇緝捉，就行逃躲，通同醫獸人等，虧損數多，送法司究問明白，枷號於夲寺門首示衆，滿日發遣邊衛充軍。弘治五年奏准，各邊軍民將不堪馬匹設計中賣，及管軍官以私馬俵與軍士，多支官價者，官軍調邊衛帶俸食糧，民及餘丁附近充軍，通司作弊者，枷號一箇月發落。八年，都御史侯恂奏准，今後軍民舍餘人等收買年老瘦小馬匹，通同權豪之家、醫獸人等作弊，收印比照太僕寺見行馬販包攬賣官馬事例，如係官軍，俱調極邊衛所差操，舍餘人等俱發附近衛所充軍，引領光棍、作弊醫獸并詭名伴當人等俱用一百斤大枷枷號一箇月，滿日照依常例發落，于碍內外勢要官員奏聞區處。正德十年奏准，敢有倚勢挽攬，囑託賣馬，及通同官吏、醫獸人等作弊，浪估價錢，瞞官害民者，俱用一百斤大枷枷號一箇月，滿日官軍俱調極邊衛所差操，舍餘人等俱發邊衛充軍，官吏、醫獸人等一體重治，干碍內外勢要人員徑自指實，奏請究治。其攙哄老病原馬驗退，仍還原主，所得價銀若揹勒不還，許披害之人陳告，一體枷號治罪。

又《驗兌納》 國制，凡官軍關撥馬匹操練，行移到司，須要該衛官吏保結關馬官軍原有馬匹下落，果係曾經征進慣戰人數及無馬匹，方纔具奏關撥。後有事故，該衛拘收還官，其官軍人等奉旨關撥馬匹，亦須備知數目。洪武間，凡各衛原關馬騾驢轉名銷號，如是典牧所、太僕寺關領之數，各府衛取勘明白，行兵部轉行太僕寺、典牧所銷號。永樂四年，令管步軍官告關馬者，不准有騍馬與兒馬，願換者聽。宣德四年，置給馬勘合，每關馬一匹給勘合一道，填寫齒色年月，付領馬之人收執。遇倒死等項，陳告註寫，應償者追視齒色，附簿開註，勘合與馬，如前收領。再有事故，照例償給。如領馬之人有故馬給勘合，從所管轉付應得之人收領。正統四年奏准，官軍領馬騎操，必行本衛造冊送部，并太僕寺外衛操備者，行該府造冊關領。天順二年奏准，官軍領馬太僕寺具俵過數目毛齒及官軍姓名、年月，行各衛造冊送部。如關領數多，開報數少，或倒失轉交隱匿不報者，許諸人首告拏問。成化二年，兵部尚書王復奏准，各營各邊該關馬匹務要把總管隊官員從實審勘，曾無關領馬匹，即今緣何缺馬，備造文冊，一樣二本，送部并太僕寺，各邊送巡撫官，并行太僕寺查考，不係重冒，方許關領。仍嚴令官軍用心飼養，春夏改騸牧放，秋深騎操。弘治元年奏准，南京官軍應關馬匹在江北者，赴南京太僕寺給領，在江南者，本寺委官一員赴南京給散。二年，南京太僕寺卿秦崇奏，南京大小教場見關馬二千八百七十七匹，准作備用各年拖欠之數。以後凡遇南京奏關馬匹，俱照此例。三年，都御史李昂奏准，直隸淮安府屬二州九縣，前官拖欠成化十一等遠年未獲批迴備用馬二千餘匹，因地方連年災傷，人民貧苦，將本年近年解俵過南京騎操馬六百九十匹，准折遠年拖欠備用馬匹，其不彀之數，從緩追解，存省民力。四年，南京兵部奏准，將營內見收在官樁頭朋合銀兩盡數查盤明白，每馬一匹扣筭銀十兩，每營委官一員管送太僕寺，公同本部委官秤收入庫，另項作數，聽候邊方買馬支用，該寺轉行所屬寄養馬內，挨次選取堪中騎操赴部，逐一看過，以定堪中之數，送太僕寺通類造冊，以憑照名，挨次給領。七年奏准，官軍應關馬匹兒馬自八歲以上、騸馬十二歲以上別無傷殘者，并准給領各衛及邊關，亦照此例。凡各邊缺馬騎操，奏關銀兩收買者，本部委官一員同太僕寺官於收貯馬價內照數支出，差官運赴鎮巡官處交收。嘉靖八年，南京兵部咨，南京各營騎操馬匹，遇有倒失被盜，照例支取地租樁頭等銀買補。行南京太僕寺選取寄養馬解部驗發，該兵部叅照南京各營，明知馬政國家重務，每有差派，非奉明旨，孰敢專行？今後各營倒失被盜馬匹，俱照京營事例追收樁朋銀兩，老弱瘸瞎者會官看驗。如果騎操十年以上，免追樁頭，照舊送應天府變賣銀兩，送該部收貯，與倒失馬俱量助租銀，每匹通以十二兩爲率。若此外別有緊急缺馬騎操，聽各官臨時奏請定奪。

又《急需征》 國朝正統十四年，虜犯都城，令南直隸選堪騎征者七千解俵。正德六年，都御史叢蘭奏，要將所屬該解馬匹存留交與官軍騎用，該兵部題，先因騎征殺賊，除廬、鳳二府解過一千外，其有未解未兌之數，將六年分馬匹俱准暫留在彼騎用，開數兵部查考，事寧之日，督屬照例起解。十四年，提督軍務總兵官左都督朱泰行文，要將征進瘦弱并倒失馬匹行南京太僕寺區處兌換，該兵部議查，南京太僕寺所屬本年未解備用折色馬五千四百五十四匹，准行南京太僕寺并南直隸各該巡撫都御史各差少卿、寺丞將前項本年未解備用折色馬價收買馬匹，聽候征南官軍補兌。如一時收買不敷，將相應種馬及正德十五年徵完備用本色馬匹輳數交兌。畢日，南京太僕寺備細造冊奏繳，及造清冊送部查考。兵部左侍郎王憲咨，各起官軍並進，誠恐騎征馬匹沿途倒死瘦弱，乞要議處具奏。行兩京太僕寺先期調取各項馬匹，各在經過府州縣俟候換補。該兵部議得各項征進官軍啓行之時，俱已兌有正馱馬匹，沿途不過恐有生病倒死，數亦不多，題行侍郎王憲會領軍官，沿途遇有倒死馬匹，就令所在官司相視收貯皮張，及有生病馬匹，亦就寄留所過官司喂養。各於所在官司取兌，不分備用種馬及里甲馬，俱准兌換。若所在官司馬不彀兌，聽於鄰近州縣取兌。畢日，各聽分管寺丞查明，備行兩京太僕寺造冊，繳部查筭開銷，仍將交兌過總數具奏，務要一馬兌換一馬，不許乘機混亂抵換盜賣。如違，聽各該巡按御史舉奏究治。南京太僕寺呈奉南京兵部劄付，調取馬三千匹，爲因地方有警，誠恐緩不及事，已行分派起解，□□□□京兵部既已一面行文調取，亦當具由奏聞。□□□南京兵部查勘原取馬三千匹毛齒，并交兑過□□姓名備造文冊，奏繳查考。事寧之日，發回領養。嘉靖三十年，調兵禦虜，奏准預借三十一年分本折馬匹銀兩，限七月初起解，不致違悞。

又《專稽察》 國朝永樂十一年，令御史同錦衣衛官巡視官軍放牧馬匹。宣德四年，禁官軍人等不許將官馬閑時帶鞍騎坐馱載物件，兩人共騎及婦人騎坐，違者，御史給事中同錦衣衛官拏送兵部罰馬一匹，仍送法司問罪。九年，命兵部官同御史給事中點視征操馬匹，借點及借與者共追馬一匹，馬無見在及隱瞞不報者查追，仍勘其冒支草料，加倍追納。成化二年，兵部尚書王復奏准，在京各營、在外各邊騎操馬匹，勑差太僕寺少卿一員，無太僕寺地方從巡撫并分巡官時常往來各營，并牧馬草塲點閘比較倸息查審倒失等項，備報在官，定限三箇月，以裹督令陪償，把總管隊官自都指揮以下定與馬數瘦損，并倒失不即報官，則例百户以瘦損二十匹，倒失十匹為則，三箇月以外者遞相住俸。若有別項情弊，干碍重職，奏聞區處。四年，令官軍勇士私賣官給草料，致馬匹瘦死者，巡綽官緝拏，并買主送問。十三年奏准，各營各邊每年四月、十月一次將原領事故買補馬匹數目具奏，以憑比較。

又《酌陪罰》 國制，官軍人等將官馬私騎馱載者，罰馬一匹，送法司問罪。天順二年奏准，各營騎操馬遇有倒死者，告官相剥，坐營官責限該軍朋合買補。走失被盜，一例追陪。成化元年，令下班官軍應兑馬匹而私自騎回者，罰馬一匹。二年，令勇士馬倒死二次者，不許重關，照京營例追補。六年，令管軍官將官馬撥送與人，跟隨迎送，或識字人騎占聽候，并賃借與人，致令傷死者，問罪，照宣德四年例，罰馬入官。在外各邊，並照此例。七年奏准，各衛軍餘關領馬匹倒死，以物力等第出銀，每馬一匹上户出銀三兩，中户二兩下户一兩，餘以屯田子粒銀貼凑買補。十三年，撫寧侯朱永奏准，京營馬隊官軍朋合出銀，遇馬匹倒失，貼助買補。凡馬主係都指揮者，出銀三兩，指揮二兩五錢，千百户鎮撫二兩，旗軍一兩五錢，走失被盜者各加五錢，謂之樁頭。其朋合每歲以六箇月爲率，每月都指揮、指揮出銀一錢，千百户鎮撫七分，旗軍五分，在外各邊悉照此例。凡各營下塲及各邊倒失買補馬匹不及八分者，領勑及把總管隊官住俸追買。其在京不下塲者，以五分為則。弘治二年奏准，官司借用寄養馬二匹者，罰一匹，五匹者罰二匹。年終，分管寺丞具有無追罰數目奏報。其買補騎操馬匹，須四歲以上、八歲以下，價自十二兩至十五兩，官軍自願添價收買者聽。三年，凡把總等官剋減官馬草料者，計贓滿貫，發邊衛，立功滿日，就彼帶俸。盜賣者發瞭哨，買至料豆十石以上者充軍。四年奏准，領馬官軍有不照次第，混亂争奪者，条送法司問罪，罰馬一匹，就給本身騎操，以後更不關給。六年奏准，各營朋合買馬銀兩不敷，每馬一匹聽支草塲租銀三兩貼助。九年，凡騎操每匹原領者，以承領日爲始，買補者以印烙日爲始，計在十五年外，許賣銀納官，另給其未及十五年而病者，亦准賣，仍追本身樁頭銀貼價買補。凡各營馬買補三分不完者，把總等官住俸一月，四分以上兩月，五分以上三月，坐營官通計三分，不完者住俸一月，五分以上兩月。十年，令管軍官撥借官馬馱載圍獵者，五匹以下罰馬一匹，以上罰二匹，十匹以上罰三匹，傷死者五匹，以下降一級，六匹以上降二級，馬各抵數追償。嘉靖二年兵部題准，今後追罰馬匹人犯，着令親管官旗人等查勘，有力者儘産變賣，買馬還官。如果貧難是實取具，各該官吏不扶結狀，免其追罰，軍調邊衛，民發附近衛所，永遠充軍，遇赦不宥。其各營把總各該地方分守，守備等官遇有操軍盜賣、和買官馬事，發到官三匹以上者降一級，五匹以上者罪止降二級。

又卷七《官寺》 夫太僕，周官也，初為下大夫，掌正王之服位，出入王之大命。至穆王置太僕正，以伯冏爲之，掌輿馬。秦因之。漢制，列九卿，多進爲三公。其職領五監六廏，皆有令。魏、晉、宋、齊不常置，梁太僕卿位視黄門侍郎。陳因之。後魏兼置少卿。隋煬帝加署少卿一人。唐初改為司馭，又改爲司僕，神龍初復舊，掌馭五路。景雲元年於少卿加一人，領乘黄、典廏、典牧、車府四署。宋初判寺事一人，以朝官以上充。元豐置卿、少卿、丞、主簿各一人。元祐二年，詔内外軍事專隷太僕，直達樞密院，不經尚書及駕部。中興後，廢寺併入兵部。明興，洪武六年在京置太僕寺，設卿、少卿、寺丞等官，專牧馬之事。三十年，於北平及遼東、山西、陝西、甘肅等處各置行太僕寺。永樂元年，陞北平爲北京行太僕寺，十九年定鼎，北京改稱太僕寺，於本寺加南京二字。洪熙元年復舊，於北京仍稱行太僕寺。正統六年復永樂十九年之制，故定為南京太僕寺云。

又卷八《屬轄》 馬政掌於太僕者，自漢始也，其屬官有大廏、未央、家馬三令，并車府等四令丞，及龍馬、承華等五監長丞。歷唐至宋初，重監牧，有牧監、副監等官，并乘黄等署，騏驥等院，其廐政皆禀太僕寺行之。我朝洪武初置羣牧監，隷本寺，二十八年裁革，以其馬令有司提調孳牧，各屬俱有專管馬政官，各府設通判、各州設判官、各縣設縣丞或主簿，俱一員，各衛委指揮、各所委千戸或百戸俱一員，及永樂十九年定鼎北京，設太僕寺，於是北直隷、河南、山東悉屬於北，而大江南北仍隷本寺。弘治十三年，各衛止委指揮一員，後又令附近州縣帶管。十八年，兵部建議孳牧種馬地方，北直隷、山東、河南以四百匹爲率，南直隷以五百匹爲率，不及數者，管馬官不必拘衝要偏僻，盡行裁革，今所領府衛州縣總八十二處，而提調責成則見於條例云。各牧監：洪武六年，設滁陽等八監，驌騻等十八羣。二十三年定爲十四牧監，九十八羣。監正各一員，正九品；監副各一員，從九品；錄事各一員，未入流；各羣羣長各一員，未入流。以上洪武二十八年裁省革除，中又設典廐、典牧二署，永樂初年反舊政。各府衛州縣：洪武二十八年，命有司提調孳牧，每歲寺丞分管江南北、淮東西，俱三年更代，督各府通判并州縣判官、縣丞、主簿等官比較各羣。弘治十八年，令無管馬官者俱掌印官帶管，其有管馬官者仍責掌印官提調，不許推托不理。至嘉靖十年裁冗官，查事簡，州縣俱革管馬官，責令額設佐貳管理。在京，應天府八縣。在外，江南直隷：鎮江府三縣，寧國府一縣，太平府三縣，廣德州一縣，以上屬一寺丞分管。江北直隷：鳳陽府五州十三縣，徐州四縣，以上屬一寺丞分管。揚州府三州六縣，淮安府二州九縣，以上屬一寺丞分管。廬州府二州五縣，滁州二縣，和州一縣，以上屬一寺丞分管。應天，禹貢揚州之域。周，春秋屬吴，後屬越，越敗屬楚，内置金陵，邑外置棠邑。秦始皇以金陵有都邑氣，改曰秣陵，屬鄣郡，外爲棠邑，屬廣陵郡，又於溧陽縣，凡三縣。漢，南爲秣陵、溧陽，又於句曲山西北置句容縣，俱屬丹陽郡，惟棠邑屬廣陵郡。吴，自京口徙都於此，改爲建業，屬縣因漢。晉，建興初改建康，於秣陵析置江寧縣，又置秦郡於棠邑，餘因吴。南朝，宋、齊、梁、陳因晉，惟秦郡屬後周，改爲六合縣。隋，置蔣州，省秣陵，入江寧，析溧陽，置溧水、句容，仍舊惟六合，屬江都，凡一州四縣。唐，至德初置江寧郡，因年號改江寧縣，爲上元，領句容、溧陽、溧水，惟六合屬揚州。五代，南唐析上元，後置江寧，餘因唐。宋，初爲昇州，仁宗陞爲江寧府，南渡後改爲建康府，各縣因南唐。元，天歷初爲集慶路，縣因宋。國朝，丙申陞京府，領縣八，内上元、句容、溧陽、溧水、高淳種馬俱五百匹以上，設管馬官，江寧、江浦、六合種馬不及數，奉例裁革，於掌印官带管。鎮江，周初屬吴，爲朱方邑，後又名谷陽。戰國屬越，後屬楚。秦始皇以谷陽地有望氣，使赭衣鑿京峴山以敗其勢，因名丹徒，又鑿雲陽、北岡，名曲阿，凡二縣，屬會稽郡。漢因秦。吴改丹徒爲武進，改曲阿爲雲陽，置京口鎮。晉，後爲丹徒，置毘陵郡，領曲阿。南朝宋爲南徐州治所，縣因晉。隋初改爲延陵鎮，開皇中置潤州於曲阿縣之金山鄉，置金山縣。唐天寶中改潤州爲丹陽郡，改曲阿爲丹徒縣，改金山爲金壇縣。五代因唐。宋初改鎮江軍，政和中陞爲府。元改鎮江路。國朝改路爲府，領丹徒、丹陽、金壇，種馬俱五百匹以上，設管馬官。太平，禹貢揚州之域。周本吴姑熟地鳩兹邑，後屬越，戰國時屬楚。秦屬鄣郡。漢屬丹陽，於鳩兹置蕪湖縣，以其地早蓄水而生蕪藻，因名，又置春穀縣。吴因漢。晉初析丹陽地置千湖縣，東晉以江北當塗於千湖僑立當塗縣，析春穀爲繁昌。南朝因晉。隋徙當塗于姑熟，以繁昌併入。唐初置南豫州於當塗，尋廢州，以縣屬宣州，以蕪湖爲鎮。五代南唐析當塗，置蕪湖、繁昌。宋改平南軍爲太平州，縣因舊。元陞太平路，縣仍舊。國朝改路爲府，領縣三，内當塗種馬五百匹以上，設管馬官；蕪湖、繁昌不及數，奉例裁革，於掌印官带管。寧國，禹貢揚州之域。周吴地，後屬越楚。秦同上。漢春穀縣地，屬丹陽郡。吴春穀縣地。晉孝武時改置陽穀縣，後併入蕪湖。南朝梁武帝始置南陵縣。陳屬宣州。隋屬宣州。唐因隋。五代因唐。宋陞宣州爲寧國府，縣仍舊。元改寧國路，縣仍舊。國朝改路爲府，縣仍舊，名南陵。成化元年，都御史劉孜奏革管馬官，將見任主簿带管。鳳陽，禹貢古揚州，爲塗山氏之國，又封禹爲夏伯，邑於虹。周初封霍叔於霍，春秋時爲鍾離，爲六蓼，楚遷都于此。又爲吴善道，爲胡子國，爲譙邑，爲宿國。戰國總屬楚。秦内置鍾離縣，外置曲陽、壽春，又置九东郡於壽春。漢内置鍾離，侯國外改曲陽爲東城，改壽春爲淮南國。又置夏丘、山桑、盱眙、汝陰、細陽、譙縣、猶入縣。三國魏置汝陰郡，并譙國，又置蘄城縣，餘仍舊。晉内復鍾離縣，外置壽陽郡，於安豊立霍丘城，改猶爲宿預縣，餘仍舊。南北，鍾離、霍丘、盱眙以南屬南朝，梁置定遠郡，於東城又置涇州，改壽陽爲豫州。蘄城夏丘以北屬北朝，後魏改山桑爲渦陽，改汝陰爲穎州，北齊置睢陽郡，於古宿預爲泗州，改譙爲亳州。隋置濠州於鍾離，改豫州爲壽州，改渦陽爲肥水，又置潁上縣，餘仍舊。唐以塗山省入濠州，改定遠郡爲縣，改夏丘爲虹縣，改肥水爲豪蒙城，改涇州爲天長，置宿州爲睢陽，餘仍舊。五代因唐。宋改蘄城爲懷遠軍，置五河縣，於河口置壽春府，於壽州置保静軍，於宿州析虹縣零璧鎮爲靈璧縣，置太和縣於細陽地，餘仍舊。元改臨濠府，餘因宋。國朝改中立府，定爲中都，洪武七年改爲鳳陽府，領州五、縣十三，内壽州、潁州、泗州、宿州、亳州，懷遠、靈璧、盱眙種馬俱五百匹以上，設管馬官；太和、臨淮、鳳陽、虹縣、天長、五河、潁上、蒙城、定遠、霍丘俱不及數裁革，於掌印官带管。廬州，禹貢内爲廬子國，外爲巢伯國，又爲六國封皋陶之後。周春秋屬舒與六蓼，戰國屬楚。秦屬九江郡，外置居巢縣。漢立廬江國，領合肥、龍舒、居巢，又置六安國，領六縣。三國屬魏，爲重鎮。晉屬淮南、廬江二郡，改六縣爲六安縣，餘仍舊。南北，宋改合肥爲汝陰，改龍舒爲舒城，梁改巢爲蘄縣，又析龍舒，置廬江縣，餘仍舊。隋改合州爲廬州，領合肥，置無爲鎮於巢地，析六合，置霍丘縣。唐州仍舊，於舒故城置舒城縣，又置巢州、霍州，尋改縣。五代置昭順軍。宋割廬江屬無爲軍，併霍山爲六合軍，餘仍舊。元改廬州路，餘仍舊。國朝改路爲府，領州二、縣五，内無爲、六安、合肥、舒城、廬江種馬俱五百匹以上，設管馬官；巢縣、霍丘俱不及數裁革，於掌印官带管。揚州，禹貢古淮海維揚地。周初屬吴，爲邗溝地，後屬越。戰國屬楚。秦屬九江郡，内置廣陵縣，外爲高郵亭。漢初爲淮南國，後改江都國。東漢爲廣陵郡，領江都縣。又置高郵、平安、海陵三縣。三國初屬魏，後屬吴，縣仍舊。晉屬廣陵郡，縣仍舊，又置如皋縣。南北，宋置南兖州，治廣陵，梁於海陵置郡，餘縣仍舊。後周又改吴州於廣陵。隋初改吴州爲揚州，後改江都郡，縣仍舊。唐内置揚州，治所析江都，置揚子縣，上元中以平安獲國寶，更爲寶應縣，餘縣因隋。五代南唐析海陵爲泰州、泰興、興化，後周析置通州、海門。宋内置大都督府，又置真州於揚子。政和中改郡曰儀真，陞高、廒應俱爲軍，餘仍舊。元改高郵路寶應縣，餘因宋。國朝初，置淮海府，壬寅改維揚，丙午年後爲揚州，領州三、縣七，内高郵、泰州、江都、泰興、興化種馬俱五百匹以上，設管馬官；儀真、寶應、如皋俱不及數裁革，於掌印官带管。淮安，禹貢揚州域，本夏邳國。周春秋屬吴，又爲郯子、鍾吾子二國地，後屬越，戰國屬楚。秦屬九江，都内爲射陽縣，地外置郯郡，領下邳、下相。漢屬廣陵郡，又置鹽瀆、厚丘、東海、睢陵縣。東漢陞下邳爲國。三國屬魏，爲臨淮、廣陵二郡地。晉於射陽地置山陽郡，又置襄賁縣，改下邳爲郡，餘縣仍舊。南北宋僑立青、冀二州於郯縣，又立僮縣。梁改郯縣爲東海郡，陳改鹽瀆爲鹽城縣，東魏改東海郡爲海州，改僮縣爲沭陽郡，改襄賁爲海安縣。隋置楚州，治於山陽，餘仍舊。唐天寶初改淮陰郡，乾元初復爲楚州，析東海置贛榆縣，又改下邳爲邳州，改下相爲宿遷，餘因隋。五代南唐陞順化軍。宋置淮安軍於山陽，析泗州清河地置縣，陞海安爲安東州，後睢陵設于金，改爲睢寧縣，餘仍舊。元改淮安路，析宿遷置桃源。國朝改路爲府，領州二、縣九，内邳州、海州、山陽、鹽城、沭陽、贛榆、宿遷、睢寧、安東種馬五百匹以上，俱設管馬官；清河、桃源不及數，俱正德四年都御史張縉奉例裁革，於掌印官带管，嘉靖十年革冗員，勘海、邳二州，山陽七縣令額，設佐貳管理。滁州，禹貢揚州之域。周春秋爲吴楚之交，後屬楚。秦屬九江郡，領全椒縣。漢初屬淮南國，後屬九江郡。三國屬魏。晉屬淮南郡，東晉於此僑置南譙郡。南北，北齊徒南譙州於新昌，又改北譙州爲臨滁郡。隋改南譙州爲滁州，因滁水而名，領全椒，又置清流縣。唐因隋，又析清流置永陽縣。五代南唐改永陽爲來安。宋屬淮南東路。元初爲滁州路，後復爲州。國朝初以清流、全椒、來安併入州，隸鳳陽府。洪武十四年復置全椒、夾安爲屬縣，直隸京師，種馬俱不及數，管馬官奉例裁革，於掌印官带管。和州，禹貢同上，周同上。秦置歷陽縣，屬九江郡。漢，西漢同上，東漢爲揚州刺史治所。三國屬吴。晉，東晉分置歷陽郡，又置龍亢縣。南北，宋置南豫州，治歷陽，後入北齊，改和州。隋因前。唐，州因隋，改龍亢爲含山。宋屬淮南西道。元陞州爲路。國朝初省歷陽、烏江二縣入州，洪武二年又改爲歷陽縣，隸廬州府，後改和州，直隸京師，領含山，種馬俱不及數，管馬官奉例裁革，於掌印官带管。徐州，禹貢砒徐州大彭氏國并萧國。周春秋時宋地，戰國屬楚。秦置彭城、楊、豊、沛四縣。漢分沛郡，立楚國，置徐州，改碭爲碭山，又置萧縣，餘同。三國屬魏。晉分淮北曰北徐州，縣仍舊。南北，宋改北徐州曰徐州，後魏於徐州立彭城郡。隋因舊。唐初復徐州，後陞武寧軍。五代因唐。宋因唐。元復改徐州。國朝初隸鳳陽，後直隸京歸，領萧縣、碭山、豊縣、沛縣，俱無種馬，未設管馬官，節年備用析價俱掌印官带管。廣德州，禹貢揚州之域。周春秋時屬吴，後屬越楚。秦鄣郡地，漢宣城郡地，三國屬吴，晉宣城地，南北宣州地，隋宣州地，唐改宣州置廣德縣，五代因唐，宋建廣德軍，析置建平縣，元因宋。國朝直隸京師，領建平，成化元年都御史劉孜奏革管馬官，將見任主簿带管。額吏附：各府州縣自設管馬官以來，酌地繁簡，置馬科吏，承行公移文冊等項，或二名或一名。應天府，本府二名，上元、江寧、句容、溧陽、溧水各二名，六合、高淳、江浦各一名。鎮江府，本府二名，丹徒、金壇、丹陽各一名。太平府，本府二名，蕪湖、當塗各二名，繁昌一名。寧國府，本府二名，南陵一名。廬州府，夲府二名，無爲、六安、合肥、舒城各二名，廬江、巢縣、霍山各一名。鳳陽府，本府二名，鳳陽、懷遠、定遠、潁州、潁上、太和、亳州、泗州、盱眙、壽州、臨淮、虹縣、霍丘、蒙城、宿州、靈璧各二名，天長、五河各一名。淮安府本府二名，海州、邳州、山陽、安東、清河、桃原、鹽城、沭陽、贛榆、睢寧、宿遷各二名。揚州府本府二名，高郵、通州、泰州、江都、儀真、泰興、寶應、興化各二名，如皋一名。滁州本州一名，全椒、來安各一名。和州本州二名，含山一名。徐州本州二名，豐縣、蕭縣、碭山、沛縣各一名。廣德州本州一名，建平一名。

又 卷九《規制》 國初定鼎金陵，稽古建官，設太僕寺總理牧事，以江北諸郡限于長江，馬至京難，洪武六年太祖巡狩幸滁，以其地夷曠，便於閱視，詔建太僕寺于滁城龍興寺東，擢唐元亨爲卿，董牧監。十一年，以其隘甚，改建城外西南三里，據豐山之陰。天順三年，少卿盧祥重修其廢墜。自為記云：我聖朝太祖高皇帝龍飛淮甸，駐蹕滁陽，天下既平定，首先馬政，於洪武六年夏四月十一日創建太僕寺於滁城龍興寺之東，設官司之。尋以其地隘，洪武十一年戊午改建於是。是寺所占，四面夷曠，校閱允宜，是蓋太祖聖明所親定也。所建正堂五間，前後廳及穿廊各三間，庫房、主簿廳在正堂，東西間亦如之。公廨吏舍環列左右，高明宏壯，深邃嚴密，今蓋八十二年矣。閱歲既乆，不能無弊，棟宇摧殘，榱題朽弊，簷楹卑隘，丹堊污染，廨宇之址淪入草莽，不幾爲荒涼之墟乎？景泰乙亥，前少卿鄭悠已嘗脩其後廳穿廊，未及訖工，以憂制去。天順戊寅，祥奉命來官，居止無所顧瞻之間，良可慨惜，乃於己卯春二月謀重葺之。鳩工庀材，務求其良，未嘗取之於民，築作之役，傭其貧者，不欲勞夫民也。凡所脩治，悉循其故，惟於其衺者正之，弊者去之，廢者舉之，缺者補之，卑隘者廠之令其高明，污柒者令其潔白，周以墻垣，防範嚴謹，庶幾不失乎舊規矣。或曰：『子之物備材贍，盍新改作以加崇美歟？』祥曰：『不然。觀夫是寺之制，不侈不陋，豐儉適宜，不可得而加損也。使能時加脩治，亦可以庇風雨，奚必崇侈靡以勞民傷財乎？若馬政，如祖宗之法極其詳備，無可議也，使能守而勿失，亦可以使民安馬蕃，奚必作聰明以亂舊章乎？』或人曰：『子之是言，乃爲政之道也。請書于壁，以告來者。』是爲記。成化十六年，本寺卿方漢立題名碑。自爲記云：居一官思以一官鳴，則能了所事稱厥職矣。夫官必有職，職必任事，事出於思而行之有道，則聲響鳴於是，欲事事者必先思而後行也，是故思以忠君，鳴也而後能責難陳言，思以愛民鳴也，而後能子惠元元，思以清廉鳴則潔身持己之操，堅思以勤能鳴則夙夜不懈之心，勵思以公道鳴，則持守禮法而不容私曲，思以正直鳴，則崇尚節槩而不鑽求阿媚，思以事功鳴，則務建功業而立善政，所謂思則行之，不思則不得也。思也者，心之所志也。職也者，任之所事也。有是心則有是志，有是志則有是思，有是思則有是行，有是行則了是事，事了則道行職稱，而足以承君之官矣。太僕之官，事在司馬，我太祖高皇帝龍飛淮甸，資馬以成，注意馬政，以滁爲龍興潛邸，地堪總司牧蓄，首設太僕於斯，重斯事也。法度憲章，舊典具在，迨今百有十年，受命官斯者百三十七人，未有裒而記之者。茲特檢錄名姓，壽諸堅珉，使觀者知某也爲斯之某官也，某也致馬之蕃盛也，某也致馬之弊耗也。或又因其名，指其生平實行而數之，曰某也公，某也廉，某也勤而能，某也有功於某事，某也貪而懦，狠而無為，某也憸壬而不實，怠某政，廢某事，壞某法，善則鳴，不善則不鳴，庶使人知有自省而謹思之。嗚呼！馬，政事之一端也，不可不謹如此，而况於執天下大政者哉？用書以告凡有官者。弘治十七年，本寺卿陳璧於正堂後作棲雲樓。南京戶部尚書鄭紀記云：乾以易知，坤以簡能，是天地之德，惟簡與易而已。日月風雲雷雨各以其職，奉其政令，則四時行，百物生，而天地之職亦舉矣。雲之為物，雖列於衆職，而實靈於衆職，如龍之興得霖雨潤物也，雲不從則無以神其靈，而不于歲有水旱，豐荒莫能先知而禱祀之。保章氏則觀其青、黃、赤、白、黑之五色而察其祲祥，以告于王。河陽、太行本不相接也，狄仁傑登太行而望河陽，忽見白雲之孤飛，是雲之出入卷舒，似乎無心，而人世之庶事萬物莫不資之以爲助焉。彼龍興而從，則龍爲主，而雲爲佐君臣之義勃如也。親舍在白雲之下，人子望之則思，親父子之恩藹如也。霖雨之澤萬物，仁之施也；氣色之察祲祥，知之别也。雲之德，其盛矣乎！子友南京太僕卿陳公瑞卿掌寺事，未三年，馬政大舉，既作環山樓於寺堂之東隅，爲登眺遊觀之所，蓋取歐陽公『環滁皆山』之義，匏菴學士既爲之記矣。又作棲雲樓於寺堂之退，居爲寢興休息之所，因其僚友林舜卿請記於予，予以雲之盛德衆善，有益於人世乆矣，今爲瑞卿公言之。公領鄉薦，對大廷，登進士，其從龍而起也。驄馬行春，憲臺兵備，洗冤澤物，息盗安民，其霖雨之潤也。茲主馬政于環山之中，山環而雲亦環，又作樓以棲之，時東方向明，羣牧出坰，公則興矣。與雲偕行，西方夕矣，雲既翕矣，公揮羣牧，與雲偕息，人望二樓之間，英英郁郁，不知孰爲雲而孰爲公也。開封邦伯登夷山而望滁陽，豈不曰親舍在其下乎？他日公起而總制邊疆，則可以知其何爲花葩，何爲賊祥，華夷之分已明，入而執政廟堂，可以因而調元贊化。俾雨暘時若，兵荒不作，天地以位，萬物以育，是天地之職，因雲而舉雲之職，又因公而舉公，豈徒棲之也哉？公明日見雲之來，幸謝之曰：汝非滁中物也，吾將棲汝于九重天上矣。抑不知公之僚友如夏、如陳、如林、如白、如施、如華數君子又肯相從乎否？是爲記。南京禮部右侍郎馬廷用記云：子友陳公瑞卿以監察御史擢山東按察司副使，尋改按察使，進南京太僕寺卿，既莅官，羣僚協恭，馬政脩舉，乃闢地築二樓爲燕息之所，其在署之左者扁曰環山，今禮部大宗伯匏菴吳公爲之記；其在署之後者扁曰棲雲，則屬予俾爲記之。夫滁爲山水奇勝之鄉，我太祖高皇帝駐兵于滁，值歲旱禱雨栢子潭，躍馬注矢于潭者三，果大雨。及渡江定鼎金陵，遂以滁地形平曠，水甘草豐，即其地設太僕寺，以便臨事。凡官於此者，治文書閱清峻之暇，輒相與僚佐俯仰登眺，但見瑯琊諸峯朗然盡在几案，歷歷可數，固有不待求於外而自適於中者矣。退而緬懷皇祖驅馳之蹟，仰窺當時畜牧之盛，其有悚然而恐，勃然而興者耶。或者以為天地間亘而爲日，散而爲風，潤而為雨，奮而爲雷，皆有資於物者，而雲漠然若無所預，瑞卿顧乃取諸彼以名乎此，不亦甚異乎？予謂不然。陰晴噓吸，變化不常，要皆有雲物乘之耳。方其觸石而出，膚寸而合，自耕者望之則思以施霖雨，行者望之則思蔽烈日，其功用豈在五行四時下。嗚呼！雲亦靈恠矣哉！且自有此雲山，則自有此情況。昔歐陽永叔守滁州，其作《醉翁亭記》，嘗曰：『雲歸而巖壑暝』。至於曾氏子固學歐陽者，其作《醒心亭記》，復有『羣山相環，雲烟相滋』之說。論者謂前輩寄興味於物表，置榮辱於度外，故其言如此。瑞卿以棲雲名樓之意，不昉於二公耶？抑予聞之士無心於去就，猶雲無心於出處，所遇不同故耳。當其或宿於巖，或依於木，則困於獨守其志之時也，及乎不崇朝而雨天下，則進而得行其道之時也。予謂士大夫出處之義，正類乎是，故并言之。世有歐、曾爲論，殆不止此，此則非予所敢道也。庸書此爲《棲雲樓記》，以告夫來者。**嘉靖二年，**

本寺卿潘希曾重立續題名碑。少卿汪玄錫記云：皇明洪武六年，詔建太僕寺於滁州，準古設官，總理馬政，其人惟賢是取，上之所親拔也。其地就夷曠，便於閱視，上之所親製也。牧養之法，約束之科，上之所親製也。猗歟休哉！□於儀門兩旁立石，刻諸執事之名氏，今南京禮部侍郎西蜀劉公來為少卿，間閱故牘，謂其尚有脫略，且近者未及登載，今主簿童君時詳加考訂，將復刻之。未幾，公有光禄之命，而去太卿，金華潘公遷奉常，始謀諸黄巖王公、寺丞瓊臺吳公、蘄陽劉公，促曰即工以卒公志，乃屬玄錫識其由，詔諸來者。予嘗登豐山之巔，覽龍潭之勝，讀御製碑，退而嘆曰：信哉我皇祖之有見於滁也。夫滁負山面江，左河右湖，四塞之國也。龍飛淮甸，駐蹕伊始，方其延攬豪傑，跨長江，下金陵，收江浙，殪僞漢，北定中原，混一區宇，天廐龍媒，左右神武，所向無敵，滁之産亦奇矣哉！迨文皇徙都幽燕，並建太僕寺，由是總理之數視昔加少，吏於兹者公退則相與尋。昔人王元之、歐六一寄興處於瑯琊山水間以自適，好事功者至目為閒局而不屑爲，然江淮列郡，凡有牧養之役，於斯而得之聞見之舊者，莫不竭力以供事而不敢後，凛然若我皇祖臨之在上者，固千載猶一日也。嗚呼盛哉！方今聖明在御，寤寐皇祖，聿隆治功，頃於馬政，注意尤切，故本兵之所申明，臺諫之所建白，符牒之下，不一而足。爲吾人者，際世運之亨嘉，飽江山之清暇，盍亦職思其憂，於以仰副我皇祖貽謀之始意，使上有裨於國，下不損於民生，庶幾免瘝曠之責。而題名之作，匪徒爲具觀也，願與圖之。**五年，本寺卿杭淮復撤堂庫而新之，易儀門土墻以磚，并立巡警舖，及創公署於寺東，以便官司居止。**

自爲記：太僕寺之建，我太祖高皇帝所親定於此，乃洪武歲之戊午也。閲八十二年爲天順己卯，少卿盧君祥一嘗葺之，迄于今嘉靖丙戌，又六十七年矣。正堂東西庫、主簿廳及後厦穿廊悉就傾圮，榱瓦朽腐脱落，至不蔽風雨。淮與少卿楊君欽、鄭君裕、寺丞劉君樽、許君濟時謀重葺之，乃於是鳩材事事，凡缺者補焉，敝者更焉，顛者歌者植焉，斷與離者緝焉，下而隘濕者起焉。又大門之内至儀門東西皆土墻，歲費築修，乃今易之磚，使可以久永。周圍寺墻之外，四角舊有舖，至缺其三，乃皆立之，使巡警有備焉。朔望州衛官來謁，至就街肆以伺，今爲之創公署三間於寺之南東，使居止有其所焉。工始于是夏之四月，凡百日而訖工，材用之費則皆取辦於官，工作餼廩之需則皆程日以給，至於經理區度之宜，出入節量之則，皆主簿王宗賢力也。考乎盧所記曰：『斯寺之制，不侈不陋，豐儉適宜，使時葺之，足以蔽風雨，何必改作以勞民傷財哉？』斯言也，能守祖宗之成者也。今是舉，亦惟因其舊而新之，增益其所未備焉耳。夫天下之事，其興與廢存乎人，後之來官於是者，使皆盧之庸心焉，則寺其無廢墜矣。三十年，本寺卿余徿緒再葺覆之，重立題名記，少卿雷禮記云：國朝馬政統於兵部，而復設太僕寺專理之，所以重事權、脩牧事也。先是，江北諸郡縣限於長江，馬至京難，又滁介江淮多山，山下故多曠土，饒薦草莽，水泉利可牧，故聖祖扵御極之六年，建寺于滁，領滁陽等八監，驌驦等十八羣。二十八年省牧監，屬有司，置管馬官，於是諸郡縣馬印烙點視悉至滁。及永樂以後，定都於北，天下大政悉從之，惟留坰如故。凡兩淮及江南北馬政則屬於南，其順天等府暨山東、河南馬政則屬於北，並無軒輊，其睿謨豈不淵深矣哉！自弘治四年，言者論其非便，馬遂不復至滁印烙，凡官寺者目爲閑局，點視陪補類習文具，民又憚廠不務孳息，至文學議論遂諉地不宜産，欲併去種課，止照丁畝朋銀買之於民，以充歲額，非聖祖赫然臨之，不幾於紊成憲耶？夫陰陽生生之道無處不然，我聖祖御龍媒，起淮甸，駐蹕滁州，及馬首所向，薙楚獮吳，汛掃胡氛，莫不震鑠乞命，孰非滁産也哉？既天下一統，巡狩幸除，親定寺址，擢唐元亨爲卿，至製裁條約，燦若琬琰，豈無見於滁耶？百餘年來，廢弛日久，不講尋其故以求孳生，至欲廢牧課銀買之於民，彼民間所産，類非天設地造，而豐於民嗇於官，可不深求其故乎？邇者三邊多警，北廐告乏，雖部檄交馳，徒推肌竭髓而不能償，是可以爲明戒矣。故禮等不自揣，既奏復舊制，又因玉厓余公屬同涂東坪熊賔陽詮次名氏爲一碑，庶官寺者知其顛末，脩舉牧事，非徒具冗員，寄興六一風度而已也，則於捍外衛内之道，未必無小補云。**又因東隅**

庫濕，歌闕培土植木，疏改水道，於是蓊鬱拱抱，方位不倚，而環滁之勝日增矣。今制，正廳五間，頭二門各三間，廳後爲堂，堂後爲穿廊，廊後爲雲錦堂，又其後爲正堂私衙，爲棲雲樓五間，堂東爲少卿私衙，其前爲寺丞私衙堂，西爲栢堂三間，爲對峯亭，爲活水亭各一所，其前爲少卿私衙二門，東爲吏舍，其前爲寺丞私衙，西爲主簿私衙，其前爲德星堂，為土神廟。司馬神廟，在本寺西隅。洪武六年六月初，太祖巡狩幸滁，學士宋濂扈從，二十二日，本寺卿唐元亨請置廟祀司馬神，制曰可。濂《扈蹕志喜》詩云：『承恩扈蹕幸中京，侍從鑾輿老亦榮。綵結千門迎左纛，帆飛萬軸引前旌。瑯琊山近浮龍氣，六一泉清瀉玉聲。宸翰喜觀新製作，南薰調古和難成。』十四年，重建之，祀以春秋仲月儀等社稷，祀司馬神及馬祖、馬社、馬步、先牧之神。其祭儀，滁州及全椒、來安二縣逓年均徭出辦。弘治十八年，本寺卿陳璧重脩，江西副使錢山記：南京太僕寺不在京而在滁者，滁爲我太祖高皇帝龍興潛邸，甞聞諸故老，本寺衙治，山脉行龍，有類房宿，蓋房爲天駟，司其馬也，故寺焉，以司馬政。寺西廼設廟焉，以祀馬神。廟西又設菴焉，以僧供灑掃，奉香火，重大事也。是皆我太祖龍飛駐蹕時所親定者，所以初雖設寺於城，不數載仍遷於此，乃建廟焉。是廟也，天下司馬神之始廟也，可不崇重而加敬乎？其廟自洪武癸丑至成化己亥，已百有餘年，雖太卿淳安方公孔殷重修，不過存可更否，聊且修葺，功不一月而成者，今又幾三十年，其棟梁椽桷，榱題節棁，俱以年遠腐朽，近又大經風雨，震凌攲斜，漸將顛覆，一木豈能支耶？太卿陳公瑞卿細慮夂矣，廼謀少卿夏公廷章、陳公明之、鄭公體元、寺丞林公舜卿、白公廷臣、施公亨甫、華公文光曰：『國之大事，祀與戎也。馬豈戎之外物哉？馬之蕃息與否，固我輩之責，至若所以蕃息與否，實有賴於神焉。廟貌若此，神靈何以安乎？神既不安，祀事雖嚴，吾恐感而不通，難僥默相之福。茲欲舉而修之，費無所出，申奏則煩其上，設法則損於下，欲行滁州查理本寺發下數年所積公帑若干，從權處置，擇委一官管理支銷，仍令本寺主簿路談董督查考，則上不煩而下不損，不知諸公以爲何如？』僉廼欣然以謂本寺所積，充夲寺之用，公而不私，以成大事，即權而得中之道，誠我公善處之術也，夫復何疑？若拘拘於小嫌，而見義不爲，豈大臣處大事之道哉？衆既樂從，公廼慨委義官李夲、范山經營估計，亦知悉心，而凡工料匠作與夫傭力之所需，深懼浪費，且數有稽考，工有程度，凡材木皆簡選而樸斵得法，磚瓦皆磨礱而砌瓦有方，規模雖仍其舊，損益咸得其中，故凡正殿兩廡儀門以及神厨宰牲齋宿等處四十四楹，高卑得宜，大小各稱，明爽而清潔，精緻而堅固，加以墨青丹粉之塗飾，一皆本於陳公調度，又得接管主簿呂鉉，精勤能幹，尤稱委任，遂爾煥然一新，完非苟完，美非苟美，而廟成矣。名雖重脩，實則重造。廟成而設，主神斯安矣。主設而嚴祀，神斯享矣，諸公之心亦於斯而盡矣。嗚呼！幽則神靈，明則人心，神靈之靈即人心之靈，人心之靈之誠既有所感，則神靈之靈寧有不應而默相其馬者哉？默相其馬則自然孳牧日盛，灾疫不生，而騏騮騧驪在在滋廣，南征北伐以服以驂，無徃而不資矣。龍種神駿，歲歲有增天閑，乘輿以足以动，無用而不可矣，豈直騋牝之多而已哉？由是觀之諸公忠君愛國之心，敬神恤民之念，可謂無負於朝廷，不愧於職守，將與神明脗合，我即神，神即我，無幽明，無彼此，以福生靈，以壯兵戎，以張天威，以肅邊鄙，以保億萬年無疆之休，厥功顧不偉與！雖然，公猶不自爲功，而不立紀也。滁之知州張鐩、判官董敏、吏目呂寰咸仰公之盛舉，始於弘治甲子之孟秋，成於乙丑之季春，興工凡八月餘，一毫不千於民，民亦不知而不識也。矧其事正吾有司所當修葺者，亦不容一力以助其功，是皆吾屬官與民之福也。吾徒若不表章志之於石，則公之盛德大業可垂永夂者，固不在是，而其所以修廟之故，後人孰得而考其詳哉？廼具事由來，請予紀。紀非記實不足以傳信，故以耳聞目覩者復之。福建僉事劉愷記：軍國之大利，莫先於馬，舉其政者在人，而資其盛者則神。前代統牧之方，具載版冊，我太祖高皇帝受命之初，酌古建制，以是用之，先且大也。洪武癸丑首建太僕寺於滁城通衢之西，甲子再遷豐山之東南，寺之西不一里復立馬神廟以司之。春秋有祀，朔望有儀，列聖相承，益爲訓飭，所以重戎示報也。初，其屬有羣官，尋置監，繼更牧監，乙亥裁革監羣，併其馬歸有司牧蓄，每歲分寺蒞屬，考閱條約甚周，百十年餘閑廐充牣，而廟經歲遠，土木傾敗，弘治壬戌秋，風雨大作，傾敗於前者，旋復震凌，極於大壞。未幾，太卿太原陳公由山東憲使簡擢適至，經覽之餘，慨謂棲神庇牧，各失所司，不假以營修，亡以稱上德意。少卿星沙夏公、盱眙陳公、任丘鄭公、寺丞莆田林公、毘陵白公、平湖施公、錫山華公、主簿懷慶路均、晉州呂均聞而韙之，議協先後檄支本寺發收公用價銀，易材募工，以法葺治，門垣殿廡以序告成，黝堊丹青輝聯内外，一材一力不取諸民。經始於甲子秋七月，訖工於乙丑春三月，州僚具其事狀，徵予文記之。惟馬牧之說，古今凡幾變矣。綂牧之術備於周，怠於漢，耗於唐，而振於宋，際我皇明聿崇是制，簡廷臣以率其屬，嚴考績以別其能，通廟祀以資其福，矧吾羣公道合志同，輸成協相，足以裨軍國而樹勳庸，格鬼神而慶蕃息，將見瘦羸復爲壯盛，駑駘化爲驊騮，內廄外閑，種餘六屬，天監塞苑，匹止縑騋，牝三千思馬斯徂之頌，不得專美於前矣，尚何怠與耗者之足慮哉？併書以俟，系之詩曰：巍巍神祠，閑廐是司。建自國初，聖祖雄麾。先臨六師，姑弛其餘。睠彼驊騄，用資軍國。匪地弗居，淮江南北。總屬畿域，莫勝於滁。設寺是因，命官惟寅。首奉公車，率玆監羣。揮驍嫗馴，勿淆魯魚。祠依岩谷，威靈孔肅。疫賴以祛，流光倏忽。經年滿百，不任椿樗。林秋始高，狂飈怒號。殿踣如苴，垣廡周遭。弗遺纖毫，欲成荒墟。陳公既惻，忍孤上澤。中心歉如，乃登同德。乃諗羣屬，乃輯其謂。復歸帑牧，畀之用俟。材木是儲，筮協遠謀。族工增修，無煩里閭。吏勤工善，晨昏靡倦。有衆來謂，曰廷曰殿。美輪美奐，從菑及畬。昔何歌傾，今乃峥嶸。神怈勃舒，月窟降精。龍媒毓形，旣永寧虛。衆牧斯碩，天閑以溢。公績可書，書藏石室。名流罔極，非公誰歟？龍泉菴，在馬神廟右。洪武六年六月二十二日本寺卿唐元亨等奏准建馬神廟，就設龍泉菴令僧人看守。二十三年九月二十四日，本寺卿朱守仁等早於奉天殿丹陛前奏，馬神廟原有兩箇僧人看守，如今要歸併寺院，合無仍存留他看守。奉聖旨，仍留兩箇僧人看守，欽此。至嘉靖二年，本寺少卿王爌等因守者缺人，買田給僧，俾之耕守。自爲記：龍泉之有菴，蓋我太祖高皇帝用太僕寺請，特建以守夫馬神廟者也。洪武季年，詔汰天下僧，而是菴仍留僧二人，以廟在也。但菴舊無常業，僧頗不樂居，故守者常缺人，而菴因以壞。今年滁有司白巡按劉君欒重新之功告成，予適署寺事，少卿汪君玄錫、寺丞吳君天挺、劉君樽及童主簿時咸謂予曰：『廟以菴守，菴以僧守，僧以産守，失今不爲之計，厥後將有如前日之復壞者。』予慨然之，遂以予分隷所積贖金在滁者給買民唐洪等水田若干畆，歸之菴，俾爲之僧者耕以守焉，授之牒以爲信，且戒勿失，庶不負我聖祖特建之至意，而廟亦永有所托，固吏于玆者，分内事也，果爲比丘圖哉？一水田一所，共三十坵，種七石，坐龍盤寺東南，東至泉永填，南至唐滸園，西至塘堰，北至袁寛，田一地泉一道，以資灌溉，一站糧一石。官廳，在本寺門東。嘉靖五年，本寺卿杭淮創建，凡廳三間，碑亭一座。官倉，在滁城南門內左所右。初為宋乾明尼寺，正德九年因流賊之變，本寺少卿王守仁廢寺爲太僕寺倉，建官廳一所，以備入滁憩息之地。牌坊，在本寺東南。正德十年本寺卿楊褫建，嘉靖十五年本寺卿趙廷瑞重修。新街，自本寺牌坊起，至孫家地止，又通全椒路一街俱牧監點馬舊地，薦苜蓿，正德七年流賊蝟起，本寺少卿王守仁因寺距滁城外二里孤懸，招集軍民二百餘家，自置房屋居住，立總小甲屬之，照戶按日巡警，防護本寺，免其地租。監廐棚厈營竈，在本寺左右前後坐落不等卷查洪武六年六月二十二日為起蓋馬神等廟事，本寺承准工部故牒，准兵部關二道，前事一道，准太僕寺牒呈爲照，本寺創蓋馬神等廟，并栢子龍潭王廟二所，見今興工起蓋，外據馬房二十間，止撥到一十間，木植到彼，其餘未見發來，牒上關請施行。一道太僕寺牒備木匠作頭任德名等呈，蒙將作司差撥德名同瓦匠土工一十三名前到滁州起造，爲見工程浩大，人匠數少，本州見發人匠三名到塲，止會箍桶，不能造作，彼處亦無匠，誠恐失悮，工程不便，開坐各匠數目，牒上關請施行，准此，行間又准太僕寺牒文二道，亦爲前事，照得先為欽依起蓋馬神等廟已經定擬，間架勘合龍江衛元收各衛公廨内撥付，正廳洎水廊屋外據馬棚於各衛公廨廊房木料撥付，一十間成造去訖，續據將作司申，巳將各項人匠責付作頭任德名收管，前去滁州蓋造，又經劄下滁州，更爲將本州槩管人匠差撥，與同差去官匠行移原委官提督并工攢造起蓋，先將工程次第申報前去，今准前因，再照上項馬房擬合劄下將作司計置成造，外據人匠一節，仍行本司添撥，爲此除劄下將作司差撥工匠前去併工蓋造，及計置馬房一十間物料成造外，合行故牒可照驗催促原委官更爲添撥工匠人等，蓋造施行，至正德九年少卿文森查出刻石存後，今馬房俱廢為空地，係看守獸醫人等種植，除年久被軍民侵占不可詰究外，其查見存地土凡十五段，一坐落寺東墻外，大小三十坵，計二十七畆零一釐，及菜圃二片，計五畆二分，東至官地住民傳家園柳堤行路，南至官地何千户墳所，并醫獸王彦朝居民武欽等官地住屋，西至官廳并冷舖及本寺大墻，北至水溝及傳家墳地。一坐落寺後，寛一十一畆三分八釐，東至水溝，南至本寺大墻，西至冷舖及民李家地，北至白指揮黄義官地溝塹。一坐落寺前西，計一畆五分五釐八毫，及田畔北菜土計三畆二分，旱地計一十二畆七分二釐五毫，東至官廳及行路，南至官地岡子集塲，西至官地居民楊成屋前地埂，北至本寺前街。一坐落寺前右大路上，計一十六畆三分四釐，東至官地住人孫鳳屋前田塍，西至官地住民陳鸞地埂，南至栢子林大路，北至馬神廟大路。又地三段，計一十五畆八分八釐六毫，東至寺墻，南至水溝，西至龍泉寺僧人種地，北至岡子并李家空地。一坐落寺前橘西，計二坵，約二畝五分六釐，東至寺前石橋，西至官地民劉弼種地，南至大路，北至水溝。一坐落馬神廟前，計二坵約一畝九分八釐三毫，并地五段，約三十九畝四分，東至官地住民楊成屋前地埂，南至栢子林大路，西至官地軍餘陳良園塹，北至太路下水溝。一坐落寺前岡子下官地市民趙選等住屋後，計二段，約寬一十九畝八分，并地畔田三坵，計二畝六分二釐四毫，東至官地盧家園及瓦窑，西至本寺田地埂，南至水溝，北至官地住人趙選等住屋。一坐落本寺東南，計三段，約一十八畝五分，并田三坵，約二畝六釐二毫，東至本寺田塍地埂，南至水溝及民胡明田，西至胡明胡賓田，北至盧家墳官地。一坐落寺西買干家地，計二十三畝，東至寺，西至馬神廟，北至行路，南至翁家墳。牧馬山場，坐落不等，除年久被人侵占外，今見存可稽者凡十處。一坐落龍潭上，地名萬丈坑，東至王越山地及神仙洞，南至王越及醉翁亭後山脊，西至豐山頂，北至王越山脊。一坐落瑯琊寺下隅，東至山脊舊城及窩内土門，南至廣武衛山脊，西至瑯琊寺中窩小田塍，北至回馬門并瑯琊寺山脊。一坐落栢子龍潭上，東至王老四田地并山，南至王老四山，西至豐山頂，北至龍潭上直抵豐山頭窩。一坐落醉翁亭上隅，東至窩溝，南至過嶺行路，西至孫家柴山，北至本寺山。一坐落醉翁亭上去瑯琊路，東至醉翁亭窩路，南至回馬門瑯琊山脊，西至過坳路，北至溝。一坐落醉翁亭上右邊，東至醉翁亭柴山，南至窩溝，西至孫家柴山，北至本寺山脊。一坐落醉翁亭上左邊，東至窩溝，南至本寺山脊，西至過嶺坳路，北至本寺山脊。一坐落醉翁亭上右邊，東至醉翁亭柴山，南至窩溝，西至孫家柴山，北至本寺山脊。一坐落醉翁亭下左邊，東至石家墳空地，南至行路，西至醉翁亭中窩，北至王越并本寺山脊。一坐落醉翁亭下右邊，東至軍人李家山，西至醉翁亭柴山，南至本寺山，北至窩路水溝。飲馬池，在豐山之陽，世俗妄傳漢高祖曾飲馬於此。國朝以山麓爲畜牧之場，别鑿池飲馬，仍揭以舊名。

又卷一三《册籍》 大造丁田冊。自洪武令有司督牧以來，凡各府州縣原額種兒騍馬或論人丁，或田糧，或丁糧相兼，編僉内丁糧向上者爲馬頭，次下爲貼戶。至成化十三年奏准，十年一次攢造戶口黄冊，後即行審編養馬文冊内消乏者除豁，丁糧向上者編換，事完備造舊管、新收、開除、實在，文冊齎報本寺查對無差，准行造報。至正德十六年，条政趙維藩因見七年審造馬冊，本府委官憚於更張，便於因襲，止照舊冊謄造，以塞故事，田糧無所開收，馬頭無所令換，用致買田富戶收租賣田，貧民養馬四時向買田之家取要，買補倒折及鮮俵備用馬價，喂馬草料或公差跟馬人盤纏計筭分毫，交爭互訟，彼此騷然，深為未便，奏准行牧養官馬地方，目今大造黄冊之後，即將馬冊照例審編田糧，務須推收明白，馬頭務須僉點富戶，仍嚴行禁約，官不得雜差，民不許擅用。至嘉靖十年，太僕寺卿洗光查得所屬馬冊有三年、五年一編造者，又有十數餘年、二十年一編造者，又遠近不同，消長不明，加以官吏怠玩，里書飛詭，其弊豈可勝言，題准行各該掌印管同官員將黄冊開收一定，就令原經里書照依實在數目明白編造，以後仍俱以十年爲期，隨同黄冊舉行。今所屬各府州縣定造四本，一本齎寺，一本兵部，一本南兵部，一本存各州縣備照。

又 季報循環冊。自洪武降定季報實領馬爲舊管，買補孳生爲新收，事故交俵等項爲開除，季終爲實在，每春季三月、夏季六月、秋季九月、冬季十二月各二十四五徑送本寺類數騍馬下，仍開定駒、顯駒、重駒數目。至正德元年，太僕寺卿儲巏奏准，減造孳生備用文冊及省編點馬簿冊手本，并將季報文冊併造每半年止造二次，每次止許二本送寺并留本處，以備遺忘。後巡按御史謝題通行各府州縣置立格眼循環文簿，送寺印發，仰各掌印官嚴督管馬官吏不時下卿點視，於格眼内填註馬數、臕齒、瘦損、倒死、被盜、買補、生駒數目，按季差人齎報。倒換種牛亦如之，造冊同循環齎報。至嘉靖六年，御史張衮題准，立爲格眼文冊，每一板一面竪爲五行，横爲六行，第一行以兒馬提頭，而隨之以騍馬，四匹是爲一群，某甲某民領養某馬，各於格眼内開註備細，其後地去丁乏，種馬猶存，令將買地人戶有力人丁即與更替。第二、第三行分爲春秋月令，繫以考驗之法，馬之臕損、駒之有無，寺丞得以註於是，府通判得以註於是，下而縣丞、主簿得以註於是，而賞罰行焉。第四行復以見馬提頭，而餘法並如之。春秋爲循，夏冬爲環，一留本寺，一留該縣，循環吊查，互相覺察。今各州縣遵立二簿，按季倒換。

又 印烙種馬冊。凡印馬，舊例兵部請旨差公侯伯或駙馬一員，并兩京御用監太監會同寺丞印烙，至正統二年奏准，添差御史烙俵，景泰間革去公侯伯等官，天順初復差，成化元年仍革公侯伯等官，止差御史同寺丞將各府州縣原額種兒騍馬并犍母牛隻烙俵，弘治二年奏准，每三年一次，差御史一員，會同本寺分管寺丞親詣各該州縣邱烙點視，有不堪、不足者退換買補，及查追三年備用夲、折馬匹數目，事完各另造册奏繳。嘉靖二十三年起，至二十五年止，該都察院題，南北直隸地方連年災傷，民困未蘇，查照刷文卷事例，准暫免差官劄行，各該巡按御史帶管覺察通行，南京太僕寺將所屬地方邱烙買補起俵馬匹等項逐一舉行，續又題，奉欽依，看得印烙馬匹既有兩京太僕寺專管，各該巡按御史事務重多，若又逐一印烙，不惟有妨專政，恐致煩擾，又題行該寺徑自印烙，各該御史如遇出巡，不時查驗，訪究姦弊。二十六年至二十八年，又差御史同寺丞烙俵，今額造奏啓本册，并兵部、太僕寺各一本，南兵部一本，本寺一本備照。

又 造備用册。本寺所領江淮馬匹，專爲供應京營宣、大等鎮官軍騎征之用。舊例，每年兵部劄本寺轉行分管寺丞親詣所屬府州縣，督同各該掌印管馬官將坐派該年備用馬匹依期徵買解部，轉發該寺馬匹驗俵，寄養銀兩收貯備用，限夲年十月以裏完報，仍將已未完解數目差人齎繳本部，類開揭帖，進呈御覽。至正德二年題准，每年奏派備用馬二萬五千匹内取本色馬二萬匹，緩急備用，折色馬五千匹，每匹徵銀一十八兩。若各年寄養馬匹除兑過京邊之外，積有多餘，量再減派，務令馬少而膘壯得用，毋致馬多而羸瘠累民。至嘉靖四年題奉聖旨，順天、保定、河間三府密邇京師，百姓寄養馬匹十分艱苦，今後你部裏并太僕寺每年扣筭，若常有二萬之數，再不必多派以累小民。至二十八年題准，將二十九年分額該本色者俱照馬政條例，原係本色今改折色者，每匹徵銀二十兩，原係折色者每匹徵銀一十八兩。其本色馬匹務要揀選身高四尺，兒馬五歲，騸馬八歲以下方許起俵，南直隸所屬俱限五月終作一運，務要依限解俵，俱責差管馬官員解部發寺寄養，折色銀兩貯庫，以備買馬之用。若有違限、改差、托故等項，除年終照例類条外，先將承批人員送問管馬官一面提解來京，掣批問罪，該府州縣掌印官并分管寺丞查照驗退匹數，住俸提問，其總部官年終不行親自赴部掣總者，俱照例提解來京，送法司問罪。各寺仍將派過府州縣本色馬匹、折色銀兩數目先行開呈查考，今每年遵依，各該府州縣將徵完馬匹銀兩具由給批差官赴寺掛號，定與期限，責令解部仍將督解過馬匹銀兩數目、日期并部解人員職名逐一備造文册，差人齎繳兵部，類開揭帖，進呈御覽，兵部、太僕寺各一本，南兵部一本，起關齎册，本寺一夲備照。

又 歲報場租册。夫草場本爲牧放馬匹而設，至成化二十三年，本寺寺丞文林因見場地被勢豪侵占，奏准除荒窪照舊牧放外，其開墾成田者量收花利以備災傷逃移，量給補湊。每遇年終，分管寺丞收支并見在數目造册繳部，待養馬數多，照舊牧放。至弘治四年御史潘楷等、七年都御史張瑋各因草場有偏在一隅，不便牧放，奏准差給事中、御史等官勘定等則，召軍民佃種。上等七分，中等五分，下等四分，每年終照例奏報一次，以憑稽考。至十三年，户部等衙門會同兵部議擬，題奉欽依，徵解太僕寺收貯，以備買馬支用。分管寺丞照比較馬政事例，嚴督各該州縣掌印管馬等官以十分爲率，年終三分不完者住俸，寺丞與知府、管馬通判照分管州縣，以十分為率，四分不完者一體住俸，完日關支。至嘉靖八年，本寺卿王崇獻奏，要將南直隸草場租銀照依弘治六年事例，收貯州縣官庫，幫助馬戶買馬，免其解部，該兵部題准，廬、鳳、淮、揚四府，滁、、徐和三州，自嘉靖十年爲始，應天、鎮江、太平、寧國四府，廣德州建平縣自嘉靖十一年爲始，免其解部。至九年巡視草場，御史張心勘定荒熟頃畝三等則例科收，并各該被災州縣地方災傷分數不等，照依民糧事例減免。至十二年，兵部因王崇獻具奏，題照成化二十三年事例，將前項草場地土高阜低窪、逓年抛荒、止堪牧馬者租銀即與除豁，責令養馬人户輪流管顧牧放，其肥饒成熟者悉照近日勘過頃畝，不拘馬戶自種并近場軍民承佃，照依原定三等則例辦納租銀。每該解俵馬一百匹留銀一百兩，其馬多銀少者則盡數收貯官庫，以備地方災傷、人戶逃移，無從湊辦，并十分養難出辦不前者，量爲支給足數，其餘并無馬去處租銀，悉照舊例解部，轉發太僕寺收貯，以備買馬支用。如遇災傷年分，仍照民糧事例減徵。今本寺每年終遵行各府州縣將應徵數目造册，差人齎繳兵部，類開揭帖，進呈御覽，并兵部、太僕寺各一本，南京兵部一本，本寺一本備照。

又 照刷文卷例。本寺備用馬匹文卷，先年遵奉成祖文皇帝聖旨，馬的數目不要與人知，欽此。至弘治八年，兵部議得前項文卷一向不曾照刷，以致各該府衛所州縣馬匹自成化三年起，至弘治六年止，拖久數多，近方查出因在革前揆厥所由，皆因文卷不行送刷之故，合無本部行移各該養馬衙門，將一應馬政文卷俱自弘治五年爲始，盡數整點送刷卷，御史照刷，題奉孝宗皇帝聖旨，是。欽此。至今遵依送刷弗違。

又 卷一四《俸徭》 俸鈔：官員俸糧，洪武間本色、折色兼支，分數從前，損益不常。永樂十九年，始令南京文武官一品至九品二分米，八分鈔。正統二年，令添給南京六品以下本色三分、折色七分，又令南京文武官五品以上原二八分支者，每月添本色米一石，六品以下各增一石。弘治十四年，定每米一石折銀七錢，至今爲例。夲寺每年本色俸米五百四十石，坐派寧國府宣城等縣徵觧折色米九百九十六石，折鈔一萬九千九百二十貫文，滁州税課局輸納。卿，從三品，一員，每年本折色俸米三百一十二石，內本色俸米七十四石四斗，每月六石二斗，折銀四兩三錢四分，其折色俸米二百三十七石六斗，共折鈔四千七百五十二貫文。少卿，正四品，二員，每員每年本折色俸米二百八十八石，內夲色俸米六十九石六斗，每月五石八斗，折銀四兩零六分，其折色俸米二百一十八石四斗，共折鈔四千三百六十八貫文。寺丞，正六品，二員，每員每年本折色俸米一百二十石，內本色俸米三十六石，每月三石，折銀二兩一錢，其折色俸米八十四石，共折鈔一千六百八十貫文。主簿，從七品，一員，每年本折色俸米八十四石，內本色俸米三十一石二斗，每月二石六斗，折銀一兩八錢零二分，其折色俸米五十二石八斗，共折鈔一千五十二貫文。令典、令史，六名，每年本折色俸米一百四十四石，內本色俸米五十七石六斗，每名每月俸米八斗，折銀五錢六分，其折色俸米八十六石四斗，共折鈔一千七百二十八貫文。典吏六名，每年本折色俸米七十二石，內本色俸米五十七石六斗，每名每月俸米八斗，折銀五錢六分，其折色俸米一十四石四斗，共折鈔二百八十八貫文。食鹽：本寺關支戶口食鹽例奉南京戶部劄付，取勘官吏及隨住男婦大小丁口，應納該年食鹽鈔貫，照依題准事例，每鈔一貫，折銀一釐一毫四絲三忽，通行徵完，差人觧送本部交納，通將納過鈔貫折銀數目并男婦大小丁口，該關鹽斤備造文冊，一樣三本，仍送本部查對無差，類行運司收候，差委官吏到司查對，相同行所關支。如有不敷，仍行該場關支囬還。給散完日，將運司照鹽批文依限送繳，類發查銷。官六員，男婦九十口，該納鈔一千八十貫，共折銀一兩二錢三分四釐四毫四絲，該支鹽一千零八十斤，每官員下男婦十五口，該納鈔一百八十貫，折銀二錢五釐七毫四絲，該支鹽一百八十斤。令典一十二名，男婦八十四口，該納鈔一千九百二十四貫，共折銀一兩五分六釐一毫三絲二忽，該支鹽一千九百二十四斤。每吏男婦七口，該納鈔八十四貫，折銀九分六釐一絲二忽，該支鹽八十四斤。柴薪：國初，諸司皂隸主騶從而已。永樂以來，始有放皂隸歸耕使給薪芻者。至宣德四年，右都御史顧佐被吏訴大學士楊士奇，言京官禄薄遂不之禁，名曰柴薪銀。天順以來，始以官品隆卑定立名數，本寺額設柴薪，自裁革寺丞二員外，實歲額三十二名，坐派六安州七名，無爲州四名，和州二名，泰州六名，通州三名，全椒縣五名，來安縣三名，合肥縣一名，興化縣一名，俱於均徭內編僉。卿一員，每年一十名。少卿二員，每員每年六名，共一十二名。寺丞二員，每員每年四名，共八名。主簿一員，每年二名。雜役。直堂：每年共十名，內和州三名，泰州二名，通州一名，六安州一名，全椒縣二名，如臯縣一名，俱於均徭內編派。門庫斗級鋪兵：每年共十名，內滁州三名，全椒縣五名，來安縣二名，俱於均徭內編派。輿隸：弘治中本寺爲脩舉馬政，以稗聖治事，卷查先該總督漕運兼巡撫鳳陽等處地方右副都御史張縉劄付，准南京兵部咨前事備劄本寺，照依後開府州皂隸，如遇解到即便收役，至今通行，每年於八月更替內，鳳陽府三名，淮安府三名，揚州府三名，廬州府二名，徐州二名，滁州一名，和州一名，均於均徭內編僉。醫獸：洪武二十八年，令每群選聰明子弟二三人習學醫獸，看治馬匹。成化八年，順天府府尹李裕題准，各府屬州縣人戶內選僉通曉□□之人，每州定與二名，每縣一名，一年一替，其餘盡數退聞。至弘治三年，兵部題准羣長湏僉相應之人，一年一替，如役至三二年不替，或復營充者，聽點馬少卿提審，果有埋没馬匹，作弊送問監追至。嘉靖六年，御史張衮奏群長立為定制，三年一换，醫獸非有衰病不許擅替，該兵部題羣長羣盖牧放聽點觧俵，無不責備。若使三年一换，非爲民力不堪，抑恐久生他弊，相應仍照舊例，一年一替。其醫獸非多歷年所，鮮知醫病，准行羣內精通醫業者常川看治，用藥不許擅替，仍免本身徭役。額充四十三名，本寺洪武二年額充看馬軍七名，內山西太原府陽曲縣一名，淮安府桃源縣二名，宿遷縣一名，揚州府泰州二名，太平府當塗縣一名。又額編各府屬三十六名，內六合縣十二名，江浦縣三名，全椒縣二名，來安縣三名，和州五名，含山縣二名，無爲州一名，廬江縣一名，巢縣一名，繁昌縣一名，鳳陽縣一名，臨淮縣一名，懷遠縣一名，盱眙縣一名，高郵州一名。歲派十名，本寺坐派八府四州，內應天、寧國、太平、鎮江、廬鳳、淮揚每年各一名，徐、滁、廣德、和州每年輪派二名，俱於均徭內編派。

明 歸有光《震川集》卷四《馬政職官》 周禮：「太僕，下大夫二人。」漢百官表：「太僕，秦官，掌輿馬。其屬有六廄，及龍馬、閑駒、槖泉、駒駼、承華諸監，邊郡六牧師苑皆屬之。」後漢志：「太僕，掌車馬。天子出，奉駕上鹵簿。用大駕，則執馭。其屬有考工、車府、未央廄。」而漢故時六廄，省為一廄。後置左駿令，別主乘輿禦馬。故牧師苑分在河西六郡者皆省，唯漢陽有流馬苑，以羽林郎監領。永初初，越嶲置長利、高望、始昌三苑，益州置萬歲苑，犍為置漢平苑。晉太僕或置或省。宋、齊惟郊祀權置太僕，執轡。事已，即罷。梁置太僕卿，與太府少府為夏卿。太僕，漢為中二千石，梁列為十二卿，至後魏第二品，最高品矣。後與九卿並第三品。大氐以後品皆第三。時南北二朝，南朝有廢置，北朝無廢置。隋煬帝省太僕驊騮署入殿內省尚乘局。漢以來太僕置官本末，今述其略，其詳具諸史。唐六典載太僕卿之職：「掌邦國廄牧車輿之政令，總乘黃、典廄、典牧、車府四署，及諸監牧之官屬。少卿為之貳。凡國有大禮，大駕行幸，則供其五輅屬車之屬。凡監牧所通羊馬籍帳，則受而會之，以上於尚書薦部，以議其官吏之考課。凡四仲之月，祭馬祖、馬步、先牧、馬社。」六典定於開元中，其書訪周官，敘太僕三職為詳。別有尚乘局，亦具六典及百官志。宋初，有飛龍廄、天廄坊、騏驥院。後置羣牧司，廄牧之政，皆出於羣牧，而太僕但掌天子五輅屬車，後妃王公車輅。元豐改官制，羣牧之職，並歸太僕。元祐初，令內外馬軍專隸太僕，直達樞密院，不由尚書省。崇寧初，詔太僕寺不治外事，如舊制。渡江後，省寺入兵部。其詳具宋史。元太僕寺掌阿塔思馬，又有尚牧監、尚乘寺，具元史。餘觀漢表志及唐六典：太僕不徒奉乘輿，自天子之六閑，外至諸苑皆隸之。武帝別置奉車駙馬都尉，始分乘輿之事。唐因隋尚乘局，內廄別設官。本朝太僕寺統羣牧監，後廢監，令民養馬，而太僕專領之。內廄自有禦馬監。惟或乏馬，於太僕取之。而鹵簿儀仗陳設大駕，駕部與環衛司也，皆不復關於太僕。南京太僕寺故留京，若行太僕寺、苑馬寺亦並建，無所統一。遼東、山西、陝西有行太僕，遼東、陝西又有苑馬，甘肅有行太僕，而舊亦有苑馬。苑馬之設，遼東則有永寧監清河苑、深河苑。陝西長樂監則有開盛、安定、廣寧苑，靈武監清平、萬安苑。皆前代善水草之地，邊於北狄，苑馬之設最盛。唯不領於太僕，與古異。今具洪武以來官制職分於後。

又《馬政蠲貸》 昔先王之制法，一稟於律，其意蓋使人毫釐不可犯。而法之所不能行，亦時有縱舍，故「君子以赦過宥罪」，如天地之解。使法一定而不易，則人將無所措手足，其勢必至於法不勝。法不勝而法窮，故聖人通之以赦。至於取民亦然。今曰使民有常供之賦，而必其一無所逋，亦無有也。亦姑以為之法，而其終求於天下常有不盡之意，使人無已往之顧，則累輕而可勉為後圖，此王者之道也。國家責財賦於東南，先皇帝在位十年，閑時有赦，百姓安生樂業，而積逋亦少。自後迄三十餘年不赦，而積逋反多。使積逋多而不赦，雖戶誅之，不能盡也。天子新即位，詔書蠲逋已責，天下鼓舞若更生。而奉行者猶加誅求，鉤校愈密，生民不能無觖望，而積逋終不能以有得，是何不為之名以予民乎？祖宗令民戶養馬，其初為法至嚴也。豈不欲其馬之善，而度不能以盡如其法，每下詔書，必加蠲貸。豈非勢之不得不然，然亦有以見天子仁愛之意，終不以馬而病民。餘故為采歷年蠲令，悉著之。

又《馬政庫藏》 太僕寺掌馬政，而庫藏特為寺之大務，故有易銀變馬，草場餘地之租，凡贖之入，皆以馬也。馬不足，則令市之民，常以地之宜，與年之豐凶而權之。而貨贖之出入，上其計於司馬。如勞軍繕城，府營之製造，鹹取給於寺。而大司農乏，亦時時假諸寺。若禦馬監邊屯馬不足，來告寺，輒予之；或予馬，或予賄，賄與馬一也。故寺之積特饒焉，而其出亦倍。夫苑馬之政不舉，則邊馬不足；太僕不領內廄，則內馬無限節。故餘於秦、漢官制，每有感焉。漢毋將隆言：「武庫兵器，天下公用。國家武備繕治造作，皆度大司農錢。大司農錢，自乘輿不以給共養，共養勞賜，一出少府。」蓋不以本藏給末用，不以民力共浮費，別公私，示正路也。太僕寺顓顓為國馬，其入又非大農比，若為他給及貸用，非挈缾之守矣。系於軍國之大計，故特書焉。餘考祖宗時不置司庫，蓋時寺顓主馬，而積金少也。弘治初，始置官吏，豈非金溢於前 耶？金日羨而馬口羸矣。議者又言征金便。如是不已，幾無馬矣。夫謂「積金以市，百萬之騎可立致，則內藏之金，猶外廄之馬也」。是不然。往者嘗捐金以購馬，當時猶謂擾民而不可行，一旦倉卒括民間馬，可得耶？如倉庾無積穀，而黃金珠玉，饑不可食也。冀北之馬稱天下，今民歲俵馬，往往市之他郡，所謂外廄者果安在哉？而邊兵之求索無厭，涓涓之流，不足以盈尾閭之泄，是不可不為之長慮也。

《續文獻通考》卷一六五《馬政》 起解事例。凡各府州縣衛所種馬騍駒，舊例每歲起解赴京調撥，後印發京府寄養備用。英宗正統十四年，令備用馬歲取二萬匹，北直隸、河南、山東取七分，南直隸三分，俱限八月以裏解部，發太僕寺驗印給俵。憲宗成化二年奏準，南直隸起解備用馬有矮小不堪及不足數者，每匹徵銀十兩解部，發太僕寺收貯，以備收買。孝宗弘治三年議準，備用馬每歲取一萬匹，北直隸、河南、山東并南直隸徐州所屬，俱解本色，内永平府折色、本色中半，廬州、鳳陽二府、滁、和二州解本色七分，折色三分，淮、揚二府、應天江浦、六合二縣解本色四分，折色六分，應天府上元等縣、鎮江、太平、寧國所屬俱解折色，以後派取分數及本折色，歷年事例不同。世宗嘉靖元年奏準，歲徵備用馬匹照歷年事例，應該本色、折色俱管馬官依限解部發寺，驗俵寄養，貯庫支用，不許差吏及改差土官義民人等管押，以致中途作弊。若違限，年終類參州縣掌印管馬官，俱提問罰俸。四年，令每年扣算寄養備用馬匹，若常有二萬之數，再不必多派以累小民，其該起俵馬駒，酌量地方豐歉，加派折色價銀，送寺收貯，以備臨時買馬之用。八年，以順天等府見在衍養馬共有三萬四百餘匹。題準，九年分備用馬，山東沂州等六州縣仍派折色，其餘太僕寺所屬地方量派本色馬三千匹，餘馬一萬四千五百匹，并南京太僕寺所屬俱派折色，原係折色者每匹徵銀十八兩，係本色改折色者每匹二十兩。二十二年奏準，揚州府所屬通州，原額種馬八百五十匹，不分見在倒失，每匹變銀二十兩，差官解部，轉發太僕寺收候買馬。其每年應解本、折馬匹，責令原養馬人戶照舊例徵解。

又　印俵事例。凡孳生備用騎操折易并進納馬匹，俱印烙以防奸弊，其孳生及賠納馬駒應交俵者，印訖，差官照依地方日期，將空閒增出人丁俵散領養，造册具奏，各處印中備用馬匹徑解本部，發太僕寺交納，以憑俵散。凡孳生馬駒，洪武舊例，江南馬每年三月初一日赴南京牧馬千戶所印俵，江北馬每年三月十五日赴南京太僕寺印俵，俱用云字小印，俵散作種者用大印，給軍騎操者再用云字印。宣宗宣德八年奏準，江北賠補馬駒俱從南京太僕寺印烙。孝宗弘治六年，令孳生兒駒看驗不堪及騍駒多餘者俱免印烙，從其變賣，以充買補備用之數。世宗嘉靖二年議準，自三年為始，遵照成化初年事例，於九月終奏請御史二員，山東、河南添差一員，各請勑一道，交付各官，分投前去各該地方，公同分管寺丞查點種馬。遇有倒失，即令馬戶買補，作踐致死者照例追賠。各年拖欠備用馬匹逐一查追批迴，催督完解。其各府州縣管馬官員内有盡心職業，馬政修舉者，一體旌獎，貪懦不職，諂悅上官，營求別委，荒廢本職，應提問者提問，應參奏者參奏。每遇三年之期，仍照常請印點烙，待後種馬蕃盛，足勾原額，備用馬匹不拖欠，照舊停止。

又　買補事例。太祖洪武榜例，凡例失馬匹從民議和，或一縣，或三五群長湊價買補。三歲以上、八歲以下、高四尺以上堪中馬匹還官，聽候驗印作數，違錯及遲延者一體追駒。英宗天順二年奏準，各營騎操馬遇有倒死者，告官相剥，坐營官責限該營軍朋合買補，走失、被盜一例追賠。憲宗成化十三年奏準，京營馬隊官軍朋合出銀，遇馬匹倒失，貼助買補，凡馬主係都指揮者出銀三兩，指揮二兩五錢，千百户、鎮撫二兩，旗軍一兩五錢，走失被盜者各加五錢，謂之樁頭。其朋合每歲以六箇月為率，每月都指揮指揮出銀一錢，千百户鎮撫七分，旗軍五分，在外各邊悉照此例。孝宗弘治六年奏準，各營朋合買馬銀兩不敷，每馬一匹聽支草場租銀三兩貼。九年奏準，各處倒失馬駒應買補者，遇孳生蕃息之時，量徵價銀解京，以備各邊買馬之用。大馬一匹徵銀五兩，駒一匹倒失者徵銀三兩，虧欠者二兩。凡騎操馬匹，原領者以承領日為始，買補者以印烙日為始，計在十五年外，許賣銀納官另給。其未及十五年而病者，亦準賣，仍追本身樁頭銀貼價買補。凡各營馬買補三分不完者，把總等官住俸一月，四分以上兩月，五分以上三月。坐營官通計三分不完者住俸一月，五分以上兩月。凡府州縣買補馬匹不及五分者，正官住俸一月，不及四分者兩月，不及三分者三月。京縣不拘多寡，止住一月，其管馬官不及五分者全住。世宗嘉靖十五年議準，陝西、山西、遼東行太僕寺每年春秋二季點視官軍騎操馬匹，如遇倒失，照例追收樁朋銀兩買補，仍將倒死馬并追完銀兩買補數目造册奏繳，送本部查考。如該寺分管官員不行按季點視，以致追補數少，聽撫按指名具奏，本部年終類參罰罪，仍咨吏部候朝覲年考察黜退。又議準，陝西苑馬寺每年清查監宛牧養馬匹，年齒壯實可用者造册送巡按衙門備照，遇邊鎮官軍騎征馬匹倒死，或槽下倒死，行令各邊分巡兵備等道及太僕寺查明給領，仍照舊例，嚴追樁銀收貯，以備買補馬匹。二十二年奏準，凡遇官軍倒死馬匹，領養一年者，旗軍追罰銀三兩，千百户鎮撫四兩，指揮五兩，都指揮六兩；二年以上者，旗軍追銀二兩，千百户鎮撫二兩五錢，指揮三兩，都指揮三兩五錢；五年以上者，旗軍追銀一兩五錢，千百户鎮撫二兩，指揮二兩五錢，都指揮三兩；十年以上者，旗軍追銀一两，千百户鎮撫一兩五錢，指揮二兩，都指揮二兩五錢。走失被盜，各遞加五錢。按月追完造册，解部稽查，發寺收候買馬。二十九年題準，今後各營遇支放粮料草束折色之時，預將應出朋銀官軍姓名并朋銀數目造冊送部，轉送户部，照數扣除，有餘方行給散，不足下月補扣。其扣過銀兩，户部印封送部，轉發太僕寺收候買馬支用。

又　馬政禁約。宣宗宣德四年，令凡盗賣官馬者追罰馬二匹，知情和買牙保、隣人各罰馬一匹，宰殺及偷賣官騾者亦照此例。首告者於犯人名下追鈔五千貫充賞。凡廵馬官，每三月一換。孝宗弘治三年奏準，管軍内外官私占官馬及借撥與人者，五匹以下降一級，以上降二級，俱發邊衛立功，借者一體論罪。十三年奏準，凡司府州縣起解備用馬匹，各要經由分管太僕寺寺丞等官驗中起解。若有馬販交通官吏、醫獸人等挑攬作弊者，俱問罪，枷號一箇月，發邊衛充軍。再犯、累犯者枷號一箇月，發極邊衛分充軍。又令凡在京坐營管操内外官并把總以下官，若將馬匹私占騎用，及撥與人騎坐者，五品以下降一級，以上降二級。其各邊分守、守備、把總、管隊等官將驍操并驛傳走遞官馬擅撥與人騎坐，及私用伺候等項，亦照前例問擬。武宗正德二年，令凡養種馬府州縣官一年四次，太僕寺一年二次點視病瘦，量為懲治。倒失者立限賠償，病瘦倒失十匹以上，管馬官查提究問。世宗嘉靖十二年議準，存操廵捕并錦衣旗手等衛馬匹，一年以百匹為率，倒失十匹以上送問，七匹以上罰治，不及數者免究，全無者量加犒賞。原管數少而倒失不多及全無者，不在此限。十七年議準，各營凡遇各軍倒失馬匹，從實開報領馬年月，粘連原領票帖，赴司告理，候年終比對兑馬冊文，果領十年以上倒死者，把總官員免參，十年以下者仍以百匹為率，二十匹以上把總官送問，十匹以上罰治，不及數者免究，仍行太僕寺少卿詣營點驗，舊印糢糊者許令重印，不必一槩盡烙，致有傷損。

又　比較事例。太祖洪武榜例，凡管馬官吏時常下鄉提督看驗馬匹，要見定駒若干，顯駒若干，重駒若干，明白附寫，以俟太僕寺官出巡比較。正月至六月報定駒，七月至十月報顯駒，十一月至十二月報重駒。凡季報原領馬為舊管，買補孳生為新收，事故交俵等項為開除，季終為實在。春季三月二十四五，夏季六月二十四五，秋季九月二十四五，冬季十二月二十四五，徑送太僕寺類繳。其有生質奇異，與種馬不同者，明白申報。凡比較點馬文簿，要開原領孳生兒騍馬數，分豁該筭駒者若干，不該筭駒者若干，已生未及生者若干，原馬齒色及所生駒毛色逐一開報。凡倒失種馬、欠馬駒，俱在年終完備。如是不完，府州縣正佐首領官吏决杖二十，管馬官吏加等痛治。凡管馬官有闒茸貪污害民者，分管及所在掌印官開奏，以除民害。憲宗成化二年奏準，凡京營及各邊騎操馬匹，專差太僕寺少卿一員，無太僕寺去處，從巡撫并分巡官比較。如有倒失，限三月以裏督令賠償。孝宗弘治三年奏準，順天府所屬寄養馬匹專差太僕寺少卿一員比較。世宗嘉靖二年議準，凡各府州縣官置立循環文簿二扇，用印鈐記，循簿開寫春秋月分，環簿開寫夏冬月分，各馬匹毛齒，馬頭姓名，仍備開膔損有無，倒死買補若干，一留本府，一發州縣，循去環來，按季查考。管馬通判出巡吊取州縣簿、分管寺丞出巡吊取府簿查對點視，其各府并太僕寺簿籍用太僕寺印鈐，循去環來，按季查考，不許另造點冊，科害小民。至三年印烙之時，方許改造一次。七年題準，各營提督内外大臣委各坐營等官，將見在馬隊官軍逐一查審，除有力堪以喂養者照舊不動外，其餘貧難单丁不能養者，將原領馬匹兊與有力官軍餧養，以後關領馬匹亦要照前查給，敢有容情扶同，故行私領单丁貧軍，意圖侵尅草料，致有倒失數多，查參治罪。十年奏準，各該州縣管馬官員於起俵之時，備將經管種馬備用馬并折色及草場子粒已未徵定馬戶、見在逃移數目造冊，赴太僕寺查比，管馬通判於年終掣總之日，備將各州縣馬匹錢粮等項如前造冊，并將各管馬官員公同掌印官填註考語，親齎送寺本寺掌印官參酌停當，填註賢否，呈送兵部，轉送吏部查考。中間若有貪污不法，以致民逃馬耗者，即行舉劾。

明　楊時喬《馬政紀》卷三《俵馬》　俵馬者，以種馬騍駒表其良者，起解以備用者也。《會典》《太僕志》載，國初種馬騍駒俱搭配補種，餘即變價入官，以俟湊補給賞，置廐之用，未有解俵者。正統十四年，以邊警取馬，一時不至，難應猝變，始于孳牧内歲取備用馬二萬匹寄養京輔三府，以備不時調兊，是為起解之始。正德二年，專于買俵，猶係就種馬額數出銀買者，至隆慶二年半賣，萬曆九年全賣之後，則一槩將丁糧均派徵銀在官，給馬户買俵矣。其俵解又令各府州縣每歲將應解馬匹隨數多寡，分春、秋二運。《會典》載舊例不蠲免，自成化以来多所蠲免，或全免，或量免，或緩徵，或永改折，或暫改折，定以分數年限，各視其災之輕重以為等。紀俵馬三俵者表識之，謂以種馬騍駒表識其内之良者，即以此起解，謂之俵解。又以俵解俵用騎操折易，併進納俱印烙以防姦弊，謂之印俵。其孳生及賠納駒應交印者謂之交俵，差官各地將空閑增出人丁俵散領養謂之俵散。俵散者，即寄民間餧養者。嘗考古無俵字，蓋即表字後旁加亻為俵，以亻表識良馬備用為義，此蓋近增字，今通用。

又《兩京太僕寺額派備用俵馬》　此太僕寺，南京太僕寺，並同者。

正統十四年，令歲取備用馬二萬匹，北直隸、河南、山東取七分，南直隸取三分，俱限八月以裏解部發太僕寺驗印給俵，後增減分數、本色、折色、節年不等。成化四年，議備用馬，太僕寺取七分，南京太僕寺取五分，差官吏管解。兵部題每歲備用馬匹太僕寺取七分，南京太僕寺取五分，俱限八月以裡解部，各府州縣解馬二十匹以上差官解管，二十匹以下及有事故等項，方許差吏，違限者照例忝送法司。以後解馬違限并違例差人及一年之上不來完馬取批者，一體照例究問。奉旨，是。成化二十一年奏准，南京太僕寺所屬地方備用馬匹從各府州縣徑解北京交俵，如有拖欠及補完之數，仍行南京太僕寺照查。弘治三年題准，暫取備用馬一萬匹，兵部題覆，該吏部等衙門尚書王等會議，得在京原無寄養馬匹，自正統十四年北方侵犯，京師一時缺馬騎操，該太僕寺奏准，將順天府所屬人户孳牧馬匹分散保定等府人户領養，却於南京太僕寺孳牧馬匹内每歲取二萬匹赴京，分送順天府所屬人户寄養備用。以十年論之，該馬二十萬匹，民户有限，馬匹太多，連年倒死者不止十數餘萬，及至追補，又告艱難，徒費民財，無益于用。若照前數行取，不無累及逃亡。今後合無將備用馬每歲暫取一萬匹，本色、折色臨時具奏定奪。如果緊急用馬，照舊取用，或發銀收買。奉旨准行。弘治五年題准，備用馬每歲止取一萬匹，北直隸、河南、山東并南直隸、徐州所屬俱解本色内，永平府折色、本色中半，廬州、鳳陽二府，滁、和二州解本色七分，折色三分，淮陽二府、應天江浦、六合二縣解本色四分，折色六分，應天府上元等縣，鎮江、太平、寧國所屬俱解折色。舊例每匹折銀十兩，其本色馬務要揀選堪以騎操，四歲以上、七歲以下，折色銀亦要辨驗足色，各令依期，委管馬官負解俵馬匹折銀事例行之。二三年備用馬匹有無勾用，另行奏請定奪。弘治七年題准，每歲止取備用馬一萬匹，北直隸各府定限八月以裏，南直隸各府定限九月以裏，解部兵部題覆，御史潘楷奏，要將每歲備用該解馬匹一萬，并令與解馬人員地方遠近、到京日期，本部議得合無行南京太僕寺轉行各該養馬府州縣，自弘治六年為始，俱照奏准事例，今後每歲止取備用馬一萬匹，其管解人員直隸、保定及山東、河南等府州縣每歲定限八月以裏，南直隸、應天、鎮江并鳳陽等府州縣每歲定限九月以裏解部，如果緊急用馬，仍照舊例取用。奉旨准擬。弘治九年，令孳生馬齒少力強而不及四尺以上者，亦聽印俵。兵部題，該吏科右給事中韓祐等奏，本部議得合無兩京太僕寺轉行各該管寺丞查照先行事理，每遇行取備用馬匹，務要預詣各州縣將孳生兒馬駒并買補内逐一揀選，堪中者造用印信冊鈐記，管馬官員解赴本部發寺驗收，如孳駒内齒生少，身力強壯，止是尺寸畧有不及，亦聽選，不必拘取於四尺之上。各該寺丞仍前不行親詣州揀選，每縣馬一百匹揀退三十匹以上者，本寺開報，本部忝究拿問如律。若解到馬匹堪以收俵，毛齒尺對冊無寸差，該寺聽信醫獸人等妄言揀退，許管寺丞或委解馬人員將揀退馬匹送部看驗定奪具奏。奉旨，是。正德二年奏准，太僕寺歲取備用大馬止照種馬定額，每羣派取一匹，其種馬生駒、起俵、變賣悉聽自便。正德二年奏准，派取各處備用馬二萬五千匹，太僕寺所屬七分俱本色，南京太僕寺所屬取三分，本、折色中半，北直隸、山東、河南限六月終，南直隸限七月終各差管馬官解俵。正德十一年奏准，今後奏派寄養馬不許更改加添，積有餘馬，作價收買，不致泛濫多派，難以徵解。該御史周鵷奏，要將每年徵解備用馬立為定規，悉照正統二等年數坐派，積有餘馬，作價收買，不致泛濫多派，難以徵納。但恐各官意見不同，仍復更張，致為民害，本部每年派馬之時，務要遵守前例，以為定規。如有任意更改加添者，聽兵科論奏改正。題奉旨，是。正德十二年奏准，備用馬除沛縣免派外，徐州止派六十匹，蕭縣三十匹，碭山縣四十匹，豐縣二十匹，俱先儘上、中户内人丁，每四十五丁歲朋出馬一匹，折徵銀十五兩，其寶應清河縣各於原派數内減派二十五匹，興化縣、高郵州各減派二十匹，邳州、江都、宿遷、鳳陽、桃源等縣各減派一十匹，俱先儘極貧無産下户。本年題准，每年備用馬匹額派本、折色二萬五千匹，内取本色馬二萬匹，折色馬五千匹，本折相兼，緩急備用。若各年寄養馬匹除已充過各邊關營之外，積有多餘，量再減派。馬政條例，每年徵解備用馬匹立為定例，坐派二萬五千匹，上年積有餘馬，下年量減本色，扣加折色，積有餘銀存留，用馬數多年分，作價收買，不致泛濫。兵部奏准馬政條例，一近京地方寄養馬匹專備京邊戰馬之用，舊例每年寄養不過二萬匹，而又交兊有時，所以地方有餘，民不受累，加派備用馬匹數多，京邊交兊數少，以致寄養尚多，民不堪命，清審編派，利病雖係有司通融斂散，得失全由本部。正德十年奏，派馬二萬五千匹，漸復舊規，又交兑京營宣大等邊數多，民力漸寬，今後每年奏派備用馬二萬五千匹，内取二萬匹緩急穀用，折色馬五千匹，每匹徵銀一十八兩。若各年寄養馬匹除兑給京邊之外積有多餘，量再減派，務令馬少而膘壯得用，毋使馬多而羸瘦累民。嘉靖四年，令扣筭寄養備用馬匹，歲常有二萬之數，不必多派，以累小民。其起俵馬駒，酌量地方豐歉，加派折色送寺收貯，以備臨時買馬。嘉靖七年題准，以地方災傷，山東沂州、魚臺、郯、單、滕、費等六州縣備用馬俱派折色，其餘太僕寺所屬地方量派本色馬三千匹，餘馬一萬四千五百匹亦徵折色。每匹徵銀一十五兩，均作二運。南京太僕寺所屬通派折色，每匹徵銀一十四兩，俱作一運。嘉靖八年題准，見在寄養馬數多將歲派本色、折色俱照七年例，原係折色者每匹徵銀十八兩，本改折者每匹二十兩。嘉靖三十三年題准，北直隸、山東、河南災傷，將預徵七分馬匹改派，災重者改折色三分，仍徵本色四分，次災者改折色二分，仍徵本色五分，每折色一匹徵銀二十四兩。嘉靖三十七年題准，南直隸各府州縣備用馬匹以後俱派折色，内原係折色者徵銀二十四兩，本改折者徵銀三十兩，本部題奉欽依内事理，將南直隸各府州縣應徵馬匹照舊全派折色，查照節年事例，原係本色者徵銀三十兩，原係折色者徵銀二十四兩，北直隸、山東、河南暫改折色者俱徵銀二十四兩，各照數催督徵完，依限解部發寺備用。其永平府被兵地方，該寺備細查勘，實經被害去處，審實人户一體全派折色，以示甦息，馬價毋得漫假。本年又議准，沂、費、郯、滕、嶧五州縣備用馬以後俱改折色。嘉靖四十二年題准，各州縣起解備用馬匹，每匹徵銀二十七兩，内二十二兩給馬户買馬，五兩充為路費，務要看驗合式。兵部覆該御史吴守題，本部查得題准派馬事例，本色馬務要揀選身高四尺，兒馬五歲、騸馬八歲以下方許起俵，近年以来，或狡猾減價買抵，或權豪囑託換易，以致馬匹矮小，大半不堪。御史吴守謂與其驗退於到寺之日，不若精選於起俵之初，合行南北印馬御史會同各該撫按衙門行令各府州縣以後起俵備用本色馬，每匹定銀二十七兩，内二十二兩買馬，五兩充為路費，此外不許分毫科取。其馬務要中式，各該掌印官親驗停當，解部發寺交收，果有驗多中選且無虧欠者，少卿等官會呈本部咨送吏部旌擢，仍襲前弊者忝奏罷黜，至於兜攬抵易等弊，各該衙門以後通行嚴禁。嘉靖四十五年議准，寄養馬大約總計止用三萬，此外不許多派俵。隆慶元年題准，各處起解備用馬匹每匹徵銀三十兩，全給馬户買解，不許扣留。隆慶四年議准，本年備用馬北直隸、山東、河南一萬七千五百匹，内本色八分，折色二分。南直隸七千五百匹，全派折色。其本色馬俱要揀選，方許起俵。折色照例不分南北，每匹徵銀二十四兩。萬歷元年題准，北直隸、山東、河南備用馬本、折均配，真定、大名、濟南、開封、衛輝、彰德六府為一半，保定、順德、廣平、永平、河間、東昌、兖州、歸德八府為一半，年半輪派，一半徵解折色，一半徵解本色。萬歷六年議准，南京、廬州、滁、和為一年，鳳陽為一年輪派，如北方例。萬歷七年題准，南京、廬鳳、滁、和舊徵本色七分者，今減為六分。萬歷九年，種馬既革，鳳陽等府各屬州縣尚輪解大馬，各數不等，共二百二十三匹。萬歷十四年題准，北直隸、南直隸各災傷地方于折色二十四兩曾減二兩，未免者皆全徵。萬歷十五年，鳳陽、廬、滁、和各屬州縣輪解大馬二百二十三匹，盡行改折銀三十兩，該本寺卿羅題照得南馬矮小，加以路途窵遠，俵解艱難，即如今歲虹縣盡數退回，其餘州縣亦皆大半不堪，不惟無裨軍興，且至賠累寄養，合無將前馬每匹折徵銀三十兩，類解本寺，至今止有派徵薊鎮馬改折銀兩，類解薊州。各府州縣每輪解俵備用馬每歲額數：正統十四年，于種馬内起解備用馬數，以春秋二運起解，直隸、大名府二千一百七十六匹，内擠乳馬七匹，保定府一千五百八十九匹，内擠乳馬八匹，順德府七百四十三匹，内擠乳馬五匹，廣平府七百五十四匹，内擠乳馬五匹，真定府三千五百二十七匹，内擠乳馬五匹，河間府一千七百二匹，内擠乳馬五匹，永平府九百三十四匹，内擠乳馬十匹，河南開封府二百五十七匹，彰德府二百三匹，衛輝府八十三匹，歸德府考成縣六匹，山東濟南府二千八百一十二匹，東昌府六百七十六匹。軍衛解俵馬數：在京龍驤等原二十六衛，後將義勇、中左、神武後三衛俱改陵衛，免養不解俵外，共二十三匹，在外保定等四十六衛，各解俵一匹，共四十六匹。南太僕寺解俵本折馬額數：應天府各縣并帶徵滁州衛共九百三十一匹，後減七匹，止九百二十四匹，本色四十八匹，折色八百八十四匹，舊零八分；直隸鳳陽府各州縣共一千八百八十六匹，内本色馬一千五百五十五匹，折色三百三十一匹；揚州府除海門外九州縣共一千四百四十五匹，内本色五百四十一匹，折色五百四匹；淮安府各州縣共一千一百九十七匹，内本色六百八匹，折色五百八十九匹；廬州府除英山縣外七州縣共八百六十七匹，原内本色七百九十一匹，折色一百五十一匹；滁州并各縣又帶徵滁州衛共二百一十五匹，内本色一百七十五匹，折色四十匹；和州并含山縣共一百二十八匹，内本色一百四匹，折色二十四匹；徐州并蕭碭、山豐三縣共一百五十匹，俱折色共一百五十匹；廣德州建平縣一百六十匹，俱折色一百六十匹；寧國府南陵縣一百五十匹，俱折色一百五十匹；鎮江府各縣共四百六十八匹，俱折色四百六十八匹；太平府各縣共二百九十匹，俱折色二百九十匹。

又卷六《調兑京營馬》　關換，《會典》：一官軍騎操聽征，例應關撥馬匹，其事故及不能養者則令轉兑，如征操缺馬數多，則於寄養等馬内調兑，又有關領馬價，自行收買，例各不同。

又　凡關撥馬匹。洪武二十六年，定凡官軍關撥馬匹操練，行移到司，須要該衛官吏保結關馬官軍原有馬匹下落，果係曾經征進慣戰人數及無馬匹，方纔具奏關撥。後有事故，該衛拘收還官。其軍官、軍人等奉旨關撥馬匹，亦須備知數目。又例，凡各衛原關馬贏驢轉名銷號，若係御馬監關領者，諸府各衛自具手本赴監轉名銷號，如是典牧所太僕寺關領者，各府衛取勘明白，行本部轉行太僕寺典牧所銷號。永樂四年，令管步軍官告關馬者不准有騾馬與兒馬，願換者聽。宣德四年，置給馬勘合，每關馬一匹給勘合一道，填寫齒色年月，付領馬之人收執。遇倒死等項，陳告註寫，應償者，視齒色，附簿開註勘合與馬，如前收領。再有事故，照例償給。如領馬之人有故馬，及勘合從所管轉付應得之人收領，凡應償者，追視御馬監印烙，然後給與。正統四年奏准，官軍領馬騎操，必行本衛造册送部，并太僕寺外衛操備者，行該府造册關領。天順二年奏准，官軍領馬太僕寺，具俵過數目、毛齒及官軍姓名、年月，行各衛造册送部。如關領數多，開報數少，或倒失轉交隱匿不報者，許諸人首告挐問。弘治元年奏准，南京官軍應關馬匹，在江北者，赴南京太僕寺給領，在江南者，本寺委官一員赴南京給散。二年，令騎操馬老病當關給者，原馬送光禄寺支用。四年奏准，領馬官軍有不照次第混亂爭奪者，忝送法司問罪，罰馬一匹，就給本身騎操，以後更不關給。七年奏准，官軍應關馬匹，兒馬八歲以上，騸馬十二歲以上，別無傷殘者，並准給領，各衛及邊關亦照此例。正德八年奏准，直差官旗校士將軍原領馬匹殘疾老弱不堪，直差者送光禄寺交収本部，照數行太僕寺於順天府所屬寄養馬内收取，及行，該衛委官赴御馬監印烙，撥給領養直差。嘉靖二十二年議准，將軍關換馬匹，務要用心餧養，不許違例顧借騎馱，剋減草料。若致倒失照，例於本主名下追買堪中好馬補還。四十三年，令將京營勘合從新印換，仍通行各邊鎮一體編置給軍。隆慶二年議准，京營馬軍各填給勘合一張，以便查對。如有倒死病瘦，報部查明。七八年以上方許交送另補，以下不准交送。倒死責令賠償，仍赴司驗印。又議准，錦衣衛老病馬年終送光禄寺者，先執勘合，赴兵部，該司查其年限，如領馬七八年以上殘病者，方許交送，另行關補，以下仍令餧養，不准送寺，倒死即令賠償。

又　凡轉兑馬匹。天順元年奏准，各營外衛官軍原領騎操馬匹，下班之日，兑與在京官軍，該管官造册送部。嘉靖七年題准，各營提督、内外大臣委各坐營等官將見在馬隊官軍逐一查審，除有力堪以餧養者照舊不動外，其餘貧難单丁不能養者，將原領馬匹兑與有力官軍餧養，以後關領馬匹，亦要照前查給，敢有容情扶同，故行私領单丁貧軍，意圖侵剋草料，致有倒失數多者，查忝治罪。三十三年題准，凡兑馬事故，轉兑者該管官即呈巡視科道，於原額勘合填註年月、官軍姓名，仍送該司查照，將原兑馬冊亦改註明白，用印鈐蓋。如有官軍私換馬匹，事發送問，該營官容隱不行呈報者，聽巡視科道官忝究。四十二年題准，各營轉兑馬匹務要遵例赴司，告填印鈐，以憑查考，敢有仍前私兑，查照新馬椿銀追納凡調兑馬匹。天順元年題准，如在各營、在外各邊官軍缺馬騎操，總鎮等官具奏關領，兵部議擬，行移太僕寺，於順天府所屬寄養本色馬内選取給領兵部，定限調軍候兑。京營於太僕寺委司官會同少卿兑給，宣府於居庸關，大同於紫荆關，薊州、保定於適中地方，委司官會同寺丞前去兑給。其餘各邊入衛在薊准討補本色，餘俱不准。嘉靖三十年題准，以上此係邊軍入衛，應援勤王相兑之例。嘉靖十三年題准，團營聽征馬匹多不過二萬之數，再有萬匹存營操守，猶有寄養馬匹二萬，鄰近易取，若軍士堪養馬者數少，亦不必濫給，將聽征馬匹擬為定數若干，每遇事故倒失五百匹以上，行太僕寺兑給一次，以為常規。嘉靖三十三年題准，兑馬先儘寄養，如果不敷，方兑種馬。

又《買補》　凡京營騎操買補馬匹。天順二年奏准，各營騎操馬遇有令倒死者，告官相剥，坐營官責限該營軍朋合買補，走失被盜一例追賠。成化十三年奏准，各營下埸倒失馬匹買補，不及八分者領勅，及把總管隊官住俸追買，不下埸者以五分為則。弘治二年奏准，買補騎操馬匹須四歲以上、八歲以下，價自十二両至十五両，官軍自願添價收買者聽。九年奏准，凡騎操馬匹，原領者，以承領日為始，買補者以印烙日為始。計在十五年外，許賣銀納官另給。其未及十五年而病者，亦准賣，仍追本身樁頭銀，貼價買補。嘉靖二十八年議准，倒者坐營把總官呈，赴巡視科道驗明掛號，赴本司决打，照年限遠近，扣筭樁銀，給单發營追徵，解太僕寺收貯買馬，仍類行户部扣除草料。三十一年題准，京營馬查有老弱篤廢，揀選估計變賣，價銀發太僕寺收貯，以備買馬。三十二年題准，倒死者當日呈報本營將官驗剥，如三日不報，本軍送問，管隊軍併治仍扣糧一月，該營將官務在三日内即差把總官帶本軍赴車駕司决打討单，追樁起解，不許延緩。隆慶二年議准，京營軍士選編上、中二等養馬，如該管官縱容貧軍冒領，以致倒失，不准追樁，責令千把總本隊官并本官買補。三年奏准，各營將官嚴督官軍務要用心餵養馬匹，以後遇有倒死，查果不係作踐，如領養一年以上者，比常量加追銀一両，二年以上者比常量加追銀五錢，五年以上者仍照例追樁。凡京營家丁馬匹，隆慶二年議准，倒失者免其追樁，令本馬家丁出銀三兩，其餘各丁有馬者出銀二錢，無者五分，朋輳買補。

又 凡巡捕馬匹。嘉靖三十七年議准，倒死者止赴該管兵科報驗掛號，徑赴車駕司决打討單，該營追收樁銀起解。四十四年，令巡捕瘦馬，年終估驗，變價買補。萬曆二年議准，巡捕馬倒死或瘦損不堪，馬主稍有力者責令買補，赴部驗准，送寺印烙，發營給軍騎巡。

又 凡錦衣衛直差馬匹。隆慶二年議准，各該委官不許尅減草料及借顧與人騎坐，如有作踐倒失，就於本名下追買好馬還官。又議准，本衛將見在馬備造原領官校姓名并馬匹毛齒清冊一本送兵部，行令該司各給勘合一張，備載領馬年月、毛齒以便查對。如有倒死，俱開送兵部該司查明，方許買補。其所補馬匹亦赴該司驗中，送寺印烙，改給勘合，每年俱要赴寺印烙。差占者候事完之日仍行補銷，毛齒不對者即不准印定，以抵换盜賣治罪。

又 凡勇士營馬匹。成化二年令勇士馬倒死二次者不許重開，照京營例追補。隆慶二年議准，倒死照四衛營例决打，分别年限，追納樁銀。

又 凡各衛軍餘馬匹。成化七年奏准，各衛軍餘關領馬匹倒死，以物力等第出銀，每馬一匹上户出銀三両，中户二兩，下户二兩，餘以屯田子粒銀貼輳買補。成化十三年奏准，各邊將屯田積銀貼補軍人買補。馬巡視真定侍郎葉盛奏，今日民間量田養馬，舊例牝馬一匹歲課一駒，當時馬足而民不擾者，以芻牧地廣，民得以為生，馬得以自便也。後豪右庄田漸多，養馬日漸不足。洪熙元年改兩年一駒，成化元年又改三年一駒，馬愈削而民愈貧，然馬不可少，於是又復兩年一駒之例。夫納馬有數，用馬不貲，雖有智者無善處之術。方今京營各邊缺馬取給民間，孳牧所缺之馬雖亦責賠於軍，而軍多艱苦，又不能償，仍復給之，於是馬愈不足，民愈不堪。為今之計，欲寬民間之馬，必有以處軍中之馬，然後其弊可除也。請以宣府一處言之，往年以馬死未賠，將步隊軍之孱弱空閒者領種官田，用其餘粮易銀，山西買馬，一年得馬一千九百餘匹，馬皆精壯，軍免追賠，而民間亦得以寬舒，此已行之成效也。諸邊風土雖各有所宜，然隨處盡心，自有良法，請勑各邊會議，隨其土俗所宜，凡可以買馬足邊，免追賠於軍，關領於民者，聽其便宜處置。果有成效，具實奏聞，仍勑廷臣會議，通查遠年近日各項庄田，權其輕重，量與處分，還民復業。及令各營總兵等官一體會議處置，所貴裨益馬政，稍紓民力。該兵部尚書馬文升議，今在邊分給種馬，仍於各衛餘丁牧養，宜行誼等，斟酌定例，或令三年，或一年一更，馬有虧空，設法追賠，庶馬政修舉。巡撫陝西都御史馬文升議行，令陝西布政司茶課易買折色銀及棉花等物，并官銀共三千兩遣官領送河南、湖廣市茶，運赴西寧等茶馬司，移文巡茶官同守備分巡官市易番馬，俵給甘涼操備，并固原、靖樂、慶陽等衛缺馬官軍，仍行甘肅、寧夏、延綏總兵巡撫等官覈缺馬官軍數，亦如前例行之。文升又以葉盛建議欲諸邊陳馬政利便上言，今日邊軍之苦莫甚於賠補，是以馬不及償，人已逃伍，雖嘗給錢貼助，惠不能周，惟屯田軍士有田多丁少而不領馬者，有田少丁多而領馬者，槩均其田，事體未易，但每人見田百畝約獲五十餘石，以六石輸官之外，所存尚多，可令歲納銀一錢，一衛計田三千五百頃，可得銀三百五十兩，足以貼助買補欠馬軍士，雖有消長，而屯田則無增減，事可常行。若屯軍積銀既足，又可分諸邊城貼買如例。然復恐專恃買補，不復加意飼養，虧損反多，宜按領馬軍丁名册豫為審勘，分上、中、下三等，凡買馬一匹，上等出銀三兩，中等二兩，下等一兩，餘價不足，乃以田銀給之，是亦古者以田賦馬之意也。下兵部，從其議。八年，先是御馬監太監錢喜以隨朝馬披甲馬少，奏行陝西、山西、遼東買補，馬文升言陝西已買二百七十八匹，費公帑銀五千五百兩有奇，今敵騎擾邊，公私匱乏，乞暫停免，有旨特免，山西、陝西而遼東仍舊。

又　凡樁朋銀兩。成化十三年奏准，京營馬倒失，其馬主係都指揮者出銀三兩，指揮二兩五錢，千百戶鎮撫二兩，旗軍一兩五錢，走失被盜者各加五錢，謂之樁頭。又令各營馬隊官軍每歲朋合出銀，歲以六箇月為率，每月都指揮指揮出銀一錢，千百戶鎮撫七分，旗軍五分。遇馬倒失，貼助買補，在外各邊悉照此例。弘治六年奏准，各營朋銀買馬不敷，每馬一匹聽支草場租銀三兩貼助。嘉靖二十二年奏准，凡遇官軍倒死馬匹領養一年者，旗軍追罰銀三兩，千百戶鎮撫四兩，指揮五兩，都指揮六兩；二年以上者，旗軍二兩，千百戶鎮撫二兩五錢，指揮三兩，都指揮三兩五錢；五年以上者，旗軍一兩五錢，千百戶鎮撫二兩，指揮二兩五錢，都指揮三兩；十年以上者，旗軍一兩，千百戶鎮撫一兩五錢，指揮二兩，都指揮二兩五錢；走失被盜者，各加五錢。按月追完造冊，解部稽查，發寺收候買馬支用。其領養十五年以上者，免追樁銀。二十九年題准，今後各營遇支放糧料草束折色之時，預將應出朋銀官軍姓名并朋銀數目造冊送部，轉送戶部照數扣除，有餘方行給散，不足下月補扣。其扣過銀兩，戶部印封送部，轉發太僕寺收候買馬支用。四十二年題准，該營將倒死馬匹盡數查出，有單者照單徵樁，無單者照新馬倒死事例，止追銀三兩，以後倒死馬匹備呈巡視科道掛號，徑自赴車駕司決打給單，發營追樁。其太僕寺及別項比較掛號并年終奏，俱行停免。萬曆某年題准，新例至令通行一年以上者，旗軍追樁四兩，千百戶鎮撫五兩，指揮六兩，都指揮七兩，該杖責三十板；二年以上者，旗軍例追樁銀二兩五錢，係官各遞加五錢，例該杖責二十五板；五年以上者，旗軍追樁銀一兩五錢，係官各遞加五錢，例該杖責一十五板；十年以上者，旗軍追樁銀一兩，係官各遞加五錢，例該杖責一十板；十五年以上者，樁銀俱免追免責。今京營樁朋照此例行，其各邊亦同，亦有隨地方變更，今照《會典》及近所損益者書之。

又　凡外營馬匹。嘉靖四十五年議准，保定各營馬倒死，於本軍名下追銀三兩，本司隊朋出銀九兩，共十二兩買補，有願納樁銀者聽。隆慶四年題准，增補昌平鎮馬匹如有倒死，本軍追樁銀三兩，每月馬一匹扣徵朋銀一錢，貯昌平州庫以備買馬。萬曆元年題准，通州將營馬倒死，照張家灣備禦營例，呈報兵部，該司決打給單追樁，每年二次起解交納。

又　京營原額馬數，附各邊原額。《會典》載天順成化間，奮武等十二營原額種馬一十三萬八千九百一十九匹，此為十二團營初年出邊征伐之時所給種馬之數。又載弘治間五軍營原額馬九千五百六匹，神樞營原額馬四千四百六十四匹，神機營原額馬一萬五十四匹，此自十二營改為三大營出邊操練之時所給種馬之數。按：查前此名為十二營之時有騎操馬，及征調日悉起寄養馬，或兼用種馬，一軍一馬，隨調出征，歸即還寺發還種寄，是以至十餘萬盖舉騎操馬、種馬、俵寄全數而言，非十二營中有是數也。後此改為三營之時，至于二萬五千有餘者，亦以騎操馬併征調時兼種馬解俵寄養者而言，並非三營中原有此數也。所以然者，乃前營軍屢次出征遠守，步騎兼支，騎軍非馬不可行，故悉數徵之。近《會典》所載，乃查報者未詳冊籍如此，槩以謂營中有此數，今據冊籍考正如此，即以始數十三萬、再數二萬有餘而觀，則馬之蕃庶有足徵者，乃今者三大營及各營衛所騎操巡捕不過二萬，以今考往，可覽計已。

又　各營馬數，此馬嘉靖以後所續增者。三大營馬，隆慶元年題准，正兵共三十枝，內戰兵每營給馬一千匹，車兵每營給馬二百匹，城守每營給馬五十匹。備兵三枝，每營給馬二百匹。執事營一枝，給馬五百匹。隨征官軍給馬一千匹，各營選鋒給馬五千匹。

又　京營家丁馬。隆慶元年題准，共給五百匹，勇士營、四衛營共約一千餘匹。四衛營者，宣德八年以騰驤左右、武驤左右軍四衛養馬軍士及革去神武前衛官軍開設，共為一營，總名四衛營，其坐營等官於四衛指揮等官推選。勇士營者，宣德九年令凡迤北走回軍餘民人俱收充御馬監。勇士別為一營，名勇士營。以上四衛、勇士二營俱從御馬監官操練，分作東西二營。《大明會典》恃有四衛營而未載勇士營，今備其缺畧于此，正其內所稱買馬投充，則二營皆有之。成化、弘治年間清查冒濫，收補軍士四衛營，以騰驤四衛應存留者，勇士營以迤北囬還親生子孫限無違碍者替代，其餘詭名冒籍，四衛進充勇士，俱行革退。正德十年、嘉靖八年又議准，騰驤左等四衛官旗勇士軍人行點軍科道官，照例點閘。三十年議准，將四衛營軍士通行查勘，有影射占使盡數退出，赴營操備，詭名冒粮者悉行裁革。有馬軍人倒失馬匹，照三大營軍士一體追納樁朋銀兩。錦衣衛，原額一千八百五匹，旗手衛，原額四十四匹。以上京營各衛馬，通州守禦操備捕盜四百七十五匹。奠靖所，嘉靖二十一年初設，屬鞏華城守備，下防護行宮。二十二年議准，給馬一百匹。巡邏張家灣備禦營，嘉靖四十三年初設，本營議准兊給馬五十匹，四十五年又增給馬五十匹。三河守禦營，嘉靖三十七年以本營路當衝要，准給本縣寄養馬一百匹，專備護哨緝盜傳達邊報等役。通州、遵化、昌平、三河、密雲、涿州、薊州、永平等八城鎮邊等三區，嘉靖四十年議准各給一百匹，專備捕盜。

又　見在印烙馬數，此萬曆二十年後數。五軍營七千六百三十一匹，神樞營五千七百一十八匹，神機營五千七百六十九匹，勇士營八百三十五匹，四衛營四百一十九匹，巡捕營五千二百九十七匹，錦衣衛一千九百五十五匹，旗手衛四十六匹，張家灣一百匹，奠靖所一百匹，通州營一百匹。萬曆二十二年本寺題為兌軍等事，兵部覆奉欽依，依擬行兌軍，其議有五：始于取，故一曰取兌。凡二說，一主臕息。本寺舊例，嘉靖七年奏准，凡領養年淺，臕壯堪用者，遇調先與交兌，則後于俵領。。至今兩路少卿遵行，巡驗日冊註上臕者為堪兌，聽候調取，次臕者為備兌，責令餧養，盖由軍領與養戶同，必臕息，庶便騎操。如係瘦損，亦有倒失追補之苦，此體恤兌軍之意，如能餧養成臕，則次年即註上臕取充，不至如瘸病等項，此又激勸養戶之意。一說也。一主挨順年月，則近該御史樊玉衡劉曰，梧奏取兌，惟論臕壯，不論年分，至有老死無用，徒費錢糧，況馬有用，全在壯健，而肥瘦次之，壯者即瘦，觔力自在，況兵家只論膂力，過肥則難驟馳，合度以後取兌，先論年分，次論臕息，庶無坐視老死之弊。又一說也。臣謂二說各有見而實相成，詳酌之，請于調兌日即據各州縣冊報挨查，年月先發者先行取兌先取，中一據本寺少卿巡驗冊開挨查，上臕先兌，次臕令餧養以待下次，不得越年次專取後至，庶寄戶兌軍皆得所，無歎偏累。又稱用藥發臕之說，誠為今弊。聞南方有以藥發臕，可經二三月者，過此瘦損倒死，亦云有藥可解，然雖存無氣力，難負重。今不禁之，則俵戶以之貽害養戶，養戶以之貽害兌軍，是在州縣初俵及取寄加意，又在本寺印發及取兌日詳察加禁。取在于交，故二曰交兌。本寺取兌軍有揀退十之半或三四者，乃與養戶每相競其間，各有是非，如養戶實餧養瘦損不堪，不能負重戰陳，如近年團營劉繼祖等告換者，此其非在養戶有故意留難刁蹬需索，如寄養雖年深，齒數尚可兌，亦揀退者，此其非在營軍，要在本寺戎政衙門察懲之。其或有倒死賠補不合式，解縣官曲為收送者濫也。連歲饑寒，草料缺乏，自致消損者疲也。寄養馬歲精神不前者老也，取時行路傷蹄羣小拔取鬃尾者損也，又水草不時偶沾時患者病也，又在本寺酌處濫者換之，疲者餧之，老者賣之，損者病者醫治之，必養戶兌軍，兩無所失，此其兌營軍者。近歲遼東征，請討各將官留難養戶，雖良馬至，亦預畏阻。隆慶三年議准，調兌京邊官軍馬務照次第關領，果係不堪，方准抵換，敢有故意刁蹬及倚勢混爭，聽該寺忝送問罪。此在部寺凡遇調兌行日，請賜申飭，此其兌邊軍者。又查先年凡俵至驗訖查發營軍，若近鎮領騎不必發寄，其後因營軍或于中途揀擇，或恃強擅兌，天順間令凡官軍人等強奪起俵馬匹者問罪，罰馬一匹，枷號一箇月，遂停止。惟以俵者發養，以養者發兌乃便，而或事可通權，當運至日查取營軍當給者，即以兌之，亦省貽擾養戶，然必數日後乃兌，不得亟發，以防通同之弊。兌交不敷，故三曰借兌。隆慶間，本寺少卿鐘沂奏寄養馬出百姓膏脂，乃最為蠹累者，借兌是也。嘉靖間奏行禁止。後因邊報緊急復開，有由本寺借者，有由巡撫徑借者，其所屬地方者該兵部覆奉欽依禁止。果係軍需緊急，不得已借兌，事畢日不必交還，即給彼處缺馬官軍騎操；如果馬不缺乏，勢必退回者，行令原委部寺各官前去逐一驗收，查係曾經出征瘦損者，准照舊例行。若未經征戰退回者，以十分為率，損傷一分該營將領等官量行罰治一分，上重行罰治；二分上以次降級，責令追賠印補，著為定例。如巡撫衙門仍前不由部寺，徑自借兌者，聽本部忝奏究治，遂止。其後各邊又以緊急奏請調用，借端復開。近西征，該總兵官借團營馬三百匹，囬日量交多非原馬，內惟二十匹，又征東復有借八十共一百匹，今正月僅還二十二匹，內損傷難以給軍，該部寺方行酌議變賣。又該各將官奏討三千三百匹，遊擊官三次七百五十匹，未經發還，總計兩年將萬匹，且各邊奏討無涯，本寺額數日減，自此雖欲借，得乎？近日薊遼保定督撫議征東倒死，欲于寄養馬內補給，兵部覆題馬少園空，另行別處，是當以此例示知各邊，庶其止于未請之先而早圖之也。兌不可借，或變而請添，故四曰添兌。夫馬從種、寄、俵三者來，今既減削，兌亦當如之。顧有日增添，如京營加兌，各營還鋒五百匹，標兵營五百匹，該本寺卿王汝訓等奏，欲減去以防比例，兵部酌議，准作下年應兌之數，仍行戎政，衙門毋得再請。此前年事，今馬數耗極，以後乞敕戎政諸臣慎初勿題兵部，亦慎初勿與，乃可強友。兌不可添而事勢窮則當備，故五曰備兌。洪永間種馬徵駒約數十萬，弘治後額定十二萬餘，于時又有備用二萬五千，團營四五千，約共十七八萬。隆慶二年，種馬半賣，後僅五萬，餘猶併備寄團營亦如前數，約十萬餘。萬曆九年，種馬盡賣，後至今僅十年間，除團營外，惟寄養厘萬。今兩年間總兌過京營與東西征討薊遼一萬四千六百餘，舊年秋二路查厘存九千，秋運收俵二千，共一萬一千餘。近少御李化龍巡驗查點，冊開騰息堪兑馬二路共七千二百餘，備兑者二千餘。再查俵數，除南直隸盡改折，保定等府原額陸續亦減去，沂、費、郯三州縣亦永改折，今實俵戶一萬六千五百一十五匹，前年厘三分，派已少，舊年各巡撫開報灾傷厘派二分，與二分五釐，合二千餘，總前數約厘萬，見有團營當兑，又有倒失者亦兑，兑後則以千計矣。況前東西征討，尚係兩腋，設腹心有警，將取諸俵戶實難，即盡取寄戶，又多近京輔繁難細小之邑，目今已為強支，有警彼將自護其生不暇，亦或以本地方守禦藉口且貧難負之而逃，未可知者，將欲如前議買用，則必得二三十兩乃良，或加倍則必至四五十萬始得萬騎。雖有折銀在庫，安得常繼，此非職所敢知。惟今據見在酌之，請俵戶地方以伍分、陸分為率，積有多餘，再查減派，災傷則四分、三分為率，災傷地少者兑多寄少，熟稔地多者兑少寄多，斯為厘支。且各處有因其矮小亦行改折者，竊謂馬隨地產高下，大小不同，當隨產而收，善餧之亦可騰息，即真矮小，亦可備負載糗粮之用。至南直隸舊有大馬，近俱改折，此以災傷故，誠當然不可因之遽止，蓋種馬既革，留此百中之一，俾各地方知俵解急公之役，庶有警可令勤王，乃因一時遽止，詎可哉？近議者因馬不足，乃議減騎益步，兵家有騎有步，豈能減益？邊臣之覆有非泛者，要之今已無馬，不得不為減益。

《明會典》卷一五〇《馬政一》 國朝馬政，有太僕、苑馬寺專理，而統於兵部。按諸司職掌，其目有四：曰廄牧，曰關換，曰折糧，曰收買，而廄牧中有孳牧、有寄牧、有放牧。孳放之處，各有草場。類列其事，則關換外，如起解、印俵、買補、禁約、比較以及收買，皆馬政之大凡也。今折糧不行，略附收買條下，又種馬盡革，例多不同，謹存其概，以備參考。若內廄馬匹，則領於禦馬監，部寺不得與云。凡廄牧。洪武七年，初設群牧監。十三年，增滁陽等五牧監。二十三年，定為十四牧監。二十六年定，凡太僕寺所屬十四牧監、九十八群，專一提調牧養孳生馬騾驢牛，其養戶俱系近京民人。或五戶、十戶共養一匹，每騾馬歲該生駒一匹。若人戶不行用心孳牧，致有虧欠倒死，就便著令買補還官。每歲將上年所生馬駒，起解赴京調撥，本寺每遇年終比較。或群監官員怠惰，或人戶奸頑，致有馬匹瘦損虧欠數多，依例坐罪。二十八年，廢牧監，始令民間孳牧。三十年，設北平及遼東、山西、陝西、甘肅、行太僕寺。永樂四年，始設苑馬寺。凡苑，視其地廣狹為三等，上苑牧馬萬匹，中苑七千匹，下苑四千匹。苑有圉長，一圉長率五十夫，每夫牧馬十匹。計開：太僕寺所屬，見本衙門。南京太僕寺所屬，見本衙門。遼東行太僕寺所屬，定遼左衛、定遼右衛、定遼中衛、定遼前衛、定遼後衛、鐵嶺衛、東寧衛、瀋陽中衛、海州衛、蓋州衛、金州衛、復州衛、義州衛、遼海衛、三萬衛、廣寧左屯衛、廣寧右屯衛、廣寧中屯衛、廣寧前屯衛、廣寧後屯衛，廣寧衛，廣寧左衛，廣寧右衛，廣寧中衛，寧遠衛。遼東苑馬寺所屬，永寧監、清河苑、深河苑。山西行太僕寺所屬，太原左衛、太原右衛、太原前衛、平陽衛、鎮西衛、汾州衛、安東衛、振武衛、朔州衛、潞州衛、保德州千戶所、山陰千戶所、沁州千戶所、寧化千戶所、馬邑千戶所。陝西行太僕寺所屬，平涼衛、慶陽衛、秦州衛、固原衛。陝西苑馬寺所屬，長樂監，開城苑、安定苑、弼隆苑、廣寧苑、黑水苑、靈武監，清平苑、萬安苑、定邊苑、慶陽苑、同川監，以下四監俱革，天興苑、永康苑、嘉靜苑、安勝苑、威遠監武安苑、隴陽苑、保川苑、泰和苑，熙春監康樂苑、鳳林苑、香泉苑、會寧苑，順寧監雲驥苑、昇平苑、巡寧苑、永昌苑。甘肅行太僕寺所屬，甘州左衛、甘州右衛、甘州中衛、甘州前衛、甘州後衛、永昌衛、涼州衛、莊浪衛、鎮番衛、山丹衛、西寧衛、肅州衛、古浪千戶所、鎮夷千戶所、莊浪千戶所。甘肅苑馬寺所屬，以下俱革，甘泉監廣牧苑、麒麟苑、溫泉苑、紅崖苑、祁連監西寧苑、大通苑、古城苑、永安苑，武威監和寧苑、大川苑、寧番苑、洪水苑，安定監武勝苑、永寧苑、青山苑、大山苑，臨川監暖川苑、岔山苑、巴山苑、大海苑，宗水監清水苑、美都苑、永川苑、黑城苑。

又 卷一五二《印俵》 凡印馬差官。舊例，兵部請旨點差公侯伯或駙馬一員，本部委官一員。景泰間，革去侯伯等官，差禦史二員，同兩京太僕寺分管寺丞印俵。天順初，復差公侯伯，及禦馬監內官一員。成化初，革去內官侯伯，每歲九月中，請旨差禦史二員，同該管寺丞，分行印俵。嘉靖二年議准，自三年為始，遵照成化初年事例，於九月終奏差禦史，請敕分投前去各該地方，公同分管寺丞，查點種馬。遇有倒失，即令馬戶買補。作踐致死者，照例追賠。各年拖欠備用馬匹，逐一查追批回，催督完解。其各府州縣管馬官員，內有盡心職業，馬政修舉者，一體旌獎。貪懦不職，諂悅上官，營求別委，荒廢本職，應提問者提問。應參奏者參奏。每遇三年之期，仍照常請印點烙。待後種馬蕃盛，足勾原額備用馬匹，不致拖欠，照舊停止。近例，並差禦史一員印馬。今種馬變賣，印烙不行。

又 凡印烙馬駒。舊例孳生備用騎操折易，並進納馬匹，俱印烙以防奸弊。其孳生及陪納馬駒，應交俵者，印訖，差官照依地方日期，將空閒增出人丁，俵散領養，造冊具奏。各處印中備用馬匹，徑解兵部，發太僕寺交納，以憑俵散。洪武間，令孳生馬駒，江南每年三月初一日，赴南京牧馬千戶所印俵，江北每年三月十五日，赴南京太僕寺印俵。正統四年奏准，應天、鳳陽等處孳生陪補馬駒，南京太僕寺官同南京兵部委官及禦史，分投印俵。九年奏准，鎮江府所屬於本府，太平、寧國府、廣德州所屬於太平府印俵。成化十六年令，凡馬非經官印驗者，不收。弘治四年奏准，凡印烙馬匹，民馬照舊印左，給軍則印右。如京營邊關馬無右印，即系盜買民間官馬，追究問罪。九年，令孳生駒，齒少力強，而不及四尺以上者，亦聽印俵。

又 凡印馬字樣。洪武中孳生駒，用雲字小印。俵散作種者，用大印。給軍騎操者，再用雲字印。嘉靖三十五年議准，寄養馬，印官字。五軍等營，印五字、樞字、機字、巡字。隆慶五年，寄養馬，印寄字。錦衣衛、勇士營、四衛營印衣字、士字、四字。

又 凡免印馬匹。成化二十一年奏准，買補備用馬免其用印，止令起解，以備選擇。弘治六年，令孳生兒駒看驗不堪及騾駒多餘者，俱免印烙，從其變賣，以充買補備用之數。

又 凡贓罰馬匹。舊例刑部追買本色，送部發寺寄養。隆慶五年，改撥京營給軍騎操。萬曆二年議准，軍犯應罰馬匹，刑部追銀送部，發營責買膘馬，仍送驗印給軍。

又 卷一五三《馬政四・比較》 國初比較，止於孳牧馬駒，以倒失虧欠行罰。其後各府寄養京邊騎操之馬，皆有稽查，事悉領於太僕，法例滋備矣。

又 凡比較馬匹則例。洪武間定，凡管馬官吏，時常下鄉提督看驗馬匹，要見定駒若干，顯駒若干，重駒若干，明白附寫，以俟太僕寺官出巡比較。正月至六月，報定駒七月至十月，報顯駒。十一月至十二月，報重駒。凡季報原領馬為舊管。買補孳生為新收。事故交俵等項為開除。季終為實在。春季二月二十四五，夏季六月二十四五，秋季九月二十四五，冬季十二月二十四五，徑送太僕寺類繳。其有生質奇異，與種馬不同者，明白申報。凡比較點馬文簿，要開原領孳生兒騍馬數，分豁該算駒者若干，不該算駒者若干，已生及未生者若干，原馬齒色，及所生駒毛色，逐一開報。凡倒失種馬，虧欠馬駒，俱在年終完備。如是不完，府州縣正佐首領官吏，決杖二十。管馬官吏，加等痛治。凡管馬官，有闒茸貪汙害民者，分管及所在掌印官開奏，以除民害。嘉靖二年議准，各府州縣官，置立循環文簿二扇，用印鈐記，循簿開寫春秋月分，環簿開寫夏冬月分，各馬匹毛齒，馬頭姓名。仍備開臕損，有無倒死買補若干。一留本府，一發州縣，循去環來，按季查考。管馬通判出巡，吊取州縣簿，分管寺丞出巡，吊取府簿，查對點視。其在各府並太僕寺簿籍，用太僕寺印鈐，循去環來，按季查考。三年印烙，改造一次。六年議准，府州縣掌印官，原有提調責任。裁減衙門，亦係兼管馬政。管馬官員，職專管馬，不許別項差委。各該分管寺丞，每年終，將各府管馬官，並州縣正官，及管馬官員，從公考察，開具賢否揭帖呈部，轉送吏部施行。十年奏准，各州縣管馬官員，於起俵之時，備將經管種馬備用馬，並折色及草場子粒已未徵完，馬戶見在逃移數目，造冊赴太僕寺查比。管馬通判，於年終製總之日，備將各州縣馬匹錢糧等項，如前造冊，並將各管馬官員，公同掌印官，填註考語，親齎送寺。本寺掌印官，參酌停當，填註賢否，送兵部，轉送吏部查考。凡比較孳牧馬匹。成化二年奏准，管馬官三年任內，孳生不虧者，稱職。額外多生者，量加旌擢。不及額至百匹者，降用。分管寺丞，以所屬課額虧增，遞為黜陟。七年奏准，府州縣掌印首領官，任內馬匹虧欠，孳養不增者，九年不准給由。措置完日，與管馬官，一體降用。弘治二年奏准，每二年，差太僕寺少卿二員，南京太僕寺少卿一員，分往北直隸、河南、山東、南直隸地方，比較該納馬駒。每歲終，分管寺丞具管馬官賢否呈部。六年之內，馬匹無虧者，量加旌擢。以外，虧損數多，照例黜罷。九年奏准，府州縣買補馬匹，不及五分者，正官住俸一月，不及四分者兩月，不及三分者三月。京縣不拘多寡，止住一月。其管馬官不及五分者，全住。凡比較寄養馬匹。弘治三年奏准，順天府所屬寄養馬匹，專差太僕寺少卿一員比較。正德十三年奏准，差少卿一員，比較寄養馬匹。如有倒失，照京營騎操馬匹事例，限三箇月以裏，報官陪償。如年終不完五分以上者，將州縣掌印管馬官，及各府管馬通判，住俸追補。隆慶元年議准，寄養馬匹，罰治例輕。定擬分數匹數罰俸降級。倒失者，馬少州縣至三十匹，中等州縣至四十匹，馬多州縣至五十匹以上，瘦損者，馬少州縣至四十匹，中等州縣至六十匹，馬多州縣至八十匹以上，各掌印官降一級，調用。各府通計倒失至三百匹，瘦損至六百匹以上，管馬通判降一級。掌印官奏聞區處。二年議准，每年防秋調兑之後，計馬數多寡，以一百匹為率，三十匹不堪者，降級。加至五十匹以上者，降調。四年議准，各該州縣以後寄養馬匹倒失變賣者，各照議定限期。走失者，限三箇月。變賣者，限六箇月。倒失者，限一年，俱各補完。如積至三十匹不補者，住俸。四十匹者，罰俸。五十匹者，降級。凡比較衛所馬匹。永樂三年，令衛所孳牧騎操馬匹，每三年一次造冊，管馬官齎執赴京比較。成化七年奏准，衛所掌印官，馬數不完，許分管寺丞，與兵部委官，一體比較。弘治四年奏准，衛所騎操馬，免比較。其有孳牧去處，照例每三年，委官赴部比較。凡虧欠埋沒違限等項，參奏提問。凡比較京邊騎操馬匹。成化二年奏准，京營及各邊騎操馬匹，專差太僕寺少卿一員。無太僕寺去處，從巡撫並分巡官比較。如有倒失，限三月以裏，督令陪償。十三年奏准，各營各邊，每年四月十月二次，將原領事故買補馬匹數目具奏，以憑比較。弘治九年奏准，各營馬買補三分不完者，把總等官，住俸一月。四分以上，兩月，五分以上，三月。坐營官，通計三分不完者，住俸一月。五分以上，兩月。嘉靖十二年議准，存操巡捕，並錦衣旗手等衛馬匹，一年以百匹為率，倒失十匹以上，送問。七匹以上，罰治。不及數者，免究。全無者，量加犒賞。原管數少，而倒失不多，及全無者，不在此限。十七年議准，各營凡遇各軍倒失馬匹，從實開報領馬年月，黏連原領票帖，赴司告理。候年終，比對兑馬文冊，果領十年以上倒死者，把總官員免參。十年以下者，仍以百匹為率，二十匹以上，把總官送問。十五匹以上，罰治。不及數者，免究。仍行太僕寺少卿。詣營點驗，舊印糢糊者，許令重印。不必一概盡烙，致有傷損。四十二年議准，專委兵部司官一員，管理倒失馬匹。仍聽巡視科道，兼管查驗倒失馬數。年終一體查參。四十三年議准，京營巡捕勇士四衛等營，騎操馬匹。每年終巡視京營科道官，查將倒失馬數，遵照本年定例，分別題參。後又令各官，倒死馬數雖多，原管馬數實少者，免降級，止罰俸。提督少卿，於每年印烙馬完日，將臨印不到馬匹，並查有拐逃隱匿等項，各把總官軍題參。又議准，京邊倒失馬匹，以一百匹為率，倒失五匹者，為上等，免究。十四至十五匹為二等，千把總罰俸兩月。副參遊守等官，罰俸一月。二十五匹者為三等，千把總降一級。副參遊守等官，罰俸三月。三十匹以上者為下等，千把總降二級。副參遊守等官，罰俸半年。仍查追完樁銀，八分以上，方准開俸。總兵官以一千為率，倒死一百匹為上等，免究。一百至一百五十匹者為二等，罰俸一月。二百五十匹者為三等，罰俸三月。三百匹以上者為下等。罰俸半年。亦查追完樁銀，八分以上，方准開俸。隆慶二年題准，薊昌宣府各鎮，將騎操馬匹，置立循環文簿，送太僕寺提督馬政少卿，倒換稽查。每年終，聽少卿點閘一次。宣府永平山海等處，地方懸遠，聽行各兵備道，就近點閘。有倒失數多者，該管將領，聽其參究。凡比較京府馬政。成化十四年奏准，比較馬政，兩京府尹府丞，聽納米贖罪。凡查比苑僕馬政。弘治四年奏准，遼東陝西苑馬寺孳牧馬匹，每三年一差官點閱。其各行太僕寺苑馬寺，於內府關領精微文簿，將騎操孳牧馬匹，逐一填寫繳部，送內府交收。嘉靖十五年議准，陝西山西遼東行太僕寺，每年春秋二季，點視官軍騎操馬匹。如遇倒失，照例追收樁朋銀兩買補。仍將倒死馬並追完銀兩，買補數目，造冊奏繳，送部查考。如該寺分管官員，不行按季點視，以致追補數少。聽撫按指名具奏，本部年終類參罰治。仍咨吏部，候朝覲年考察黜退。三十一年題准，陝西苑馬寺，令巡茶禦史督理各監苑倒失馬匹，虧欠馬駒，將寺卿丞，並監苑各官查參。陝西巡茶一年一次。遼東巡撫都禦史，三年一次。各題參到部，覆行原參衙門，照例提問罰俸。隆慶元年議准，陝西各苑馬，如孳生虧欠五分，倒失又多過一分者，照買補例，分等罰俸提問。其孳生多而虧欠少者，雖未買補。亦酌量免罰。孳生少而倒失虧欠多者，雖已買補，仍加究治。寺監官吏，亦准通算究治。計開每年比較地方：太僕寺所屬，南京太僕寺所屬，三年比較地方，遼東苑馬寺所屬，山西行太僕寺所屬，陝西行太僕寺所屬，陝西苑馬寺所屬，甘肅行太僕寺所屬，南京應天衛，南直隸宣州衛，山東濟南衛，平山衛，登州衛，寧海衛，成山衛，鰲山衛，靈山衛，安東衛，威海衛，大嵩衛，濟寧衛，臨清衛，靖海衛，奇山千戶所，寧津千戶所，海陽千戶所，膠州千戶所，諸城千戶所，東平千戶所，肥城千戶所，浙江磐石衛，海寧衛，江西袁州衛，饒州千戶所，廣東雷州衛，廉州衛，四川成都右衛，成都中衛，建昌衛，建昌前衛，寧番衛，越嶲衛，會川衛，鹽井衛，湖廣武昌衛，武昌左衛，靖州衛，五開衛，沅州衛，九溪衛，長沙衛，清浪衛，黃州衛，銅鼓衛，永定衛，蘄州衛，平溪衛，永州衛，衡州衛，辰州衛，嶽州衛，沔陽衛，常德衛，鎮遠衛，偏橋衛，施州衛，荊州衛，荊州右衛，顯陵衛，瞿塘衛，襄陽衛，承天衛，房縣千戶所，竹山千戶所，枝江千戶所，長寧千戶所，澧州千戶所，夷陵千戶所，德安千戶所，忠州千戶所，雲南雲南左衛，雲南右衛，雲南中衛，雲南前衛，雲南後衛，雲南衛曲，靖衛六涼衛，平夷衛，越州衛，臨安衛，楚雄衛，洱海衛，大理衛，大羅衛，蒙化衛，景東衛，瀾滄衛，金齒衛，騰衝衛，楊林千戶所，馬龍千戶所，木密關千戶所，宜良千戶所，安寧千戶所，易門千戶所。

又 卷一六七《刑部九・廐牧》 驗畜産不以實。凡相驗分揀官馬牛駝贏驢不以實者，一頭笞四十，每三頭加一等，罪止杖一百。驗羊不以實，減三等。若因而價有增減者，計所增減價坐贓論，入己者以監守自盜論，各從重科斷。一，州縣起解備用馬匹各要經由該管官驗中起解，若有馬販交通官吏醫獸人等兜攬作弊者，問罪，枷號一箇月，發邊衛充軍；再犯、累犯者，枷號一箇月，發極邊衛分充軍。一，大同三路官旗舍人軍民人等將不堪馬匹通同光棍引赴該管官處，及管軍頭目收買私馬，詭令伴當人等出名情囑各守備等官俵與軍士通同醫獸作弊，多支官銀者，俱問罪，官旗軍人調別處極邊衛所，帶俸食糧差操，民并舍餘人等俱發附近充軍，引領光棍并作弊醫獸及詭名伴當人等各枷號一箇月發落，干礙各官奏請提問。

又 乘官畜脊破領穿。凡官馬牛駝贏驢乘駕不如法而脊破領穿，瘡圍繞三寸者笞二十，五寸以上笞五十。若牧養瘦者，計百頭為率，十頭瘦者，牧養人及群頭、群副各笞二十，每十頭加一等，罪止杖一百。羊減三等。典牧所官各隨所管群頭多少通計科罪，太僕寺官各減典牧所官罪三等。一，下班官軍將原領馬匹兌與見操缺馬官軍領騎餧養，若有擅騎回衛者，問罪，罰馬一匹，解兵部給操。其原領馬匹倒失者，追陪。

又 官馬不調習。凡牧馬之官聽乘官馬而不調習者，一匹笞二十，每五匹加一等，罪止杖八十。

又 宰殺馬牛。凡私宰自己馬牛者，杖一百，駝贏驢杖八十。誤殺者不坐。若病死而不申官開剝者，笞四十，筋角皮張入官。若故殺他人馬牛者，杖七十，徒一年半。駝贏驢杖一百。若計贓重於本罪者，準盜論，謂故殺他人馬牛，估價計贓得罪重於杖七十、徒一年半，駝贏驢價計贓得罪霊於杖一百者，並準竊盜斷罪。係官者準常人盜官物斷罪，並□□追價給主。若傷而不死，不堪乘用及殺豬羊等畜者，計減價，亦準盜論，各追陪所減價錢。價不減者，笞三十，減價謂馬牛等畜直錢三十貫，殺訖止直錢一十貫，是減二十貫價，損傷不死止直錢二十貫，是減一十貫價，即以所減價錢计贓，亦準竊盜斷罪。係官者亦準常人監官物斷罪之類，仍於犯人名下追徵所減價錢陪償。價不減者，畜産直錢一十貫，雖有殺傷，估價不減，仍直錢一十貫，此笞三十，罪無所陪償。其誤殺傷者不坐罪，但追陪減價。為從者各減一等。若故傷緦麻以上親馬牛駝贏驢者與本主私宰罪同殺豬羊等畜者，計減價坐贓論，罪止杖八十。其誤殺及故傷者，俱不坐，但各追陪減價。若官私畜産毀食官私之物因而殺傷者，各減故殺傷三等，追陪所減價，畜主陪償所毀食之物。若放官私畜産損食官私物者，笞三十，贓重者坐贓論，失者減二等，各陪所損物。若官畜産毀食官物者，止坐其罪，不在陪償之限。若畜産欲觸觝踢咬人登時殺傷者，不坐罪，亦不陪償。一，凡宰殺耕牛并私開圈店及知情販賣牛隻與宰殺者，俱問罪，枷號一箇月發落。再犯、累犯者，免其枷號，發附近衛充軍。若盜而宰殺及貨賣者，不分初犯、再犯，枷號一箇月，照前發遣。

又 畜産咬踢人。凡馬牛及犬有觸觝踢交人而記號拴繫不如法，若有狂犬不殺者，笞四十。因而殺傷人者，以過失論。若故放令殺傷人者，減鬬殺傷一等。其受雇醫療畜産及無故觸之而被殺傷者，不坐罪。若故放犬令殺傷他人畜産者，各笞四十，追陪所減價錢。

又 隱匿孳生官畜産。凡牧養係官馬贏驢等畜所得孳生，限十日内報官。若限外隱匿不報，計贓準竊盜論，因而盜賣或抵換者，並以監守自盜論罪。其都群所太僕寺官知情不舉，與犯人同罪，不知者俱不坐。

又 私借官畜産。凡監臨主守將係官馬牛駝贏驢私自借用，或轉借與人及借之者，各笞五十，驗日追雇賃錢入官。若計雇賃錢重者，各坐贓論加一等。一，在京坐營管操内外官并把總以下官若將馬匹私占騎用，及撥與人騎坐至五匹者，降一級，六匹以上降二級，其各邊分守、守備、把總、管隊等官將騎操并驛傳走遞官馬擅撥與人騎坐，及私用伺候等項，亦照前例問擬。一，官軍將所領官馬耕田走驛馱載物件及雇與人騎坐，問罪，俱罰馬一匹。

又 公使人等索借馬匹。凡公使人等承差經過去處，索借有司官馬匹騎坐者，杖六十，驢贏笞五十。官吏應付者各減一等，罪坐所由。

明 舒化《大明律附例》卷一六《驗畜産不以實》 凡相驗分揀官馬

牛駝騾驢不以實者，一頭笞四十，每三頭加一等，罪止杖一百。驗羊不以實，減三等。若因而價有增減者，計所增減價坐贓論，入已者以監守自盜論，各從重科斷。集解：損傷病死則相驗，選用則分揀，不實如損傷作病死。病死作損傷本好作惡，以惡作好之類，皆未及價直，故罪止此。若價有增，咸坐贓論。《會典》：天順二年，令官軍人等强奪起解馬匹者問罪，罰馬一匹，仍枷號一箇月。十六年奏準，各處解馬赴京，有兜攬價直，將老馬攙雜驗印者，問發邊衛充軍。其起解馬除例應折納外，有齎價赴京通同收買者，問罪。問刑條例：一，司府州縣起解備用馬匹，各要經由分管太僕寺寺丞等官驗中起解。若有馬販交通官吏、醫獸人等兜攬作弊者，俱問罪，枷號一箇月，發邊衛充軍。再犯、累犯者，枷號一箇月，發極邊衛分充軍。一，大同三路官旗舍人軍民將不堪馬匹通同光棍，引赴内外官處，及管軍頭目收賣私馬，詭令伴當人等出名情囑，守備等官俵與軍士通同醫獸作弊，多支官銀者，俱問罪，官旗軍人調别處極邊衛所，帶俸食粮，差操民并舍餘人等俱發附近充軍，引令光棍并作弊醫獸及詭名伴當人等名，枷號一箇月發落，干礙内外官奏請提問。

又《乘官畜脊破領穿》　凡官馬牛駝騾驢乘駕不如法而脊破領穿，瘡圍繞三寸者，笞二十，五寸以上笞五十。若牧養瘦者，計百頭爲率，十頭瘦者牧養人及群頭、群副各笞二十，每十頭加一等，罪止杖一百。羊減三等。太僕寺官各減典牧所官罪三等。集解：凡畜總設典牧所官下有群頭、群副與牧養人以牧養爲事者，其養馬特設都群所，官下有群頭以孳生爲事者，俱太僕寺官掌之。附考：一，故將操騎馬匹餓損倒死及朦朧侵欺草料入已，犯該徒罪以上者，俱改調邊衛總，小旗仍充原役，將軍人等充軍。

又《官馬不調習》　凡牧馬之官聽乘官馬，而不調習者，一匹笞二十，每五匹加一等，罪止杖八十。

又《宰殺馬牛》　凡私宰自己馬牛者，杖一百，駝騾驢杖八十。誤殺者不坐。若病死而不申官開剥者，笞四十，觔角皮張入官。若故殺他人馬牛者，杖七十，徒一年半，駝騾驢杖一百。若計贓重於本罪者，准盜論。謂故殺他人馬牛，估價計贓得罪重於杖七十，徒一年半，駝騾驢價計贓得罪重於杖一百者，並准竊盜斷罪。係官者准常人盜官物斷罪，並免刺，追價給主。若傷而不死，不堪乘用及殺猪羊等畜者，計減價，亦准盜論，各追陪所減價錢。價不減者笞三十。減價，謂馬牛等畜直錢三十貫，殺訖止直錢一十貫，是減二十貫價。損傷不死，止直錢二十貫，是減一十貫價。即以所減價錢計贓，亦准竊盜斷罪。係官者亦准常人盜官物斷罪之類，仍於犯人名下追徵所減價錢陪償。價不減者，謂畜産直錢一十貫，雖有殺傷，估價不減，仍直錢一十貫，止笞三十，罪無所陪償。其誤殺傷者，不坐罪，但追陪減價。爲從者各減一等。若故殺緦麻以上親馬牛駝騾驢者，與本主私宰罪同。殺猪羊等畜者，計減價坐贓論，罪止杖八十。其誤殺及故傷者，俱不坐，但各追陪減價。若官私畜産毀食官私之物因而殺傷者，各減故殺傷三等，追陪所減價。畜主陪償所毀食之物。若放官私畜産損食官私物者，笞三十。贓重者坐贓論，失者減二等，各陪所損物。若官畜産毀食官物者，止坐其罪，不在陪償之限。若畜産欲觸觝踢咬人，登時殺傷者，不坐罪，亦不陪償。問刑條例：一，凡私宰耕牛并私開圈店及知情販賣牛隻與宰殺者，俱問罪，枷號一箇月發落。再犯、累犯者，免其枷號，俱發邊衛充軍。弘治十二年九月初一日文節該，欽奉聖旨，私宰耕牛屢有禁例，近來人多玩法，不行遵守。都察院便出榜申明禁約，今後違犯的照例治罪，每宰牛一隻還罰牛五隻。

又《畜産咬踢人》　凡馬牛及犬有觸觝踢咬人而記號拴繫不如法，若有狂犬不殺者，笞四十，因而殺傷人者，以過失論。若故放令殺傷人者，減鬬殺傷一等。其受雇醫療畜産，及無故觸之而被殺傷者，不坐罪。若故放太令殺傷他人畜産者，各笞四十，追陪所減價錢。集解：故放殺人者，出於有意，今云減鬬殺一等，其有犯尊長卑幼者，各依尊卑相毆條減等利罪。若傷者，仍作他物保辜二十日，此本唐律。

又《隱匿孳生官畜産》　凡牧養係官馬騾驢等畜所得孳生，限十日内報官，若限外隱匿不報，計贓准竊盜論。因而盜賣或抵换者，並以監守自盜論罪。其都群所太僕寺官知情不舉，與犯人同罪，不知者俱不坐。《會典》：凡盜賣官馬者，追罰馬二疋。知情和買、牙保、鄰人各罰馬一匹。宰殺及盜賣官驢者，俱照此例。首告於犯人名下追鈔五十貫充賞。凡巡馬官，每三月一换。凡寄養馬除年老外，其餘作踐成疾、不堪給軍者，原領人户追罰銀二兩。盜賣三匹以上者充軍。知情和買者民發擺站，軍方嘹哨。四年奏准，凡印烙馬匹民馬照舊印左，給軍則印右，如京營邊關馬無右印，即係盜買民間官馬，追究問罪。

又《私借官畜産》 凡監臨主守將係官馬牛駝騾驢私自借用，或轉借與人，及借之者，各笞五十，驗日追雇賃錢入官。計雇賃錢重者，各坐贓論加一等。集解：坐贓重於笞五十則加一等，雇賃錢不得過其本價。借官畜而死，依毀棄物係官者論，在塲公然牽去，依常人盜論。《會典》：一，奏准官司借用寄養馬二匹者，罰一匹，五匹者罰二匹。年終，分管寺丞具有無追罰數目奏報。一，奏准管軍内外官私占官馬及借撥與人者，五匹以下降一級，以上降二級，俱發邊衛立功。借者一體論罪。一，令管軍官撥借官馬馱載圍獵者，五匹以下罰馬一匹，以上罰二匹，十匹以上罰三匹，傷死者五匹以下降一級，六匹以上降二級，馬各抵數追償。問刑條例：一，官軍將所領官馬耕田走遞馱載物件，或兩人共騎，或婦女騎坐者問罪，俱罰馬一匹。若雇與人騎坐等項，枷號半箇月，及借與人者，各彼此罰馬一匹。一，下班官軍將原領馬匹兌與見操缺馬官軍領騎餧養，若有擅騎回衛者問罪，罰馬一匹。解兵部給操原領馬匹倒失者追陪。一，在京坐營管□内外官并把總以下官恭將馬匹私占騎用及撥與人騎坐者，五匹以下降一級，以上降二級。其各邊分守、守備、把總、管隊等官將騎操并驛傳走遞官馬擅撥與人騎坐及私用何候等項，亦照前例問擬。增例：一，軍職役占軍伴委滿五名，及將官馬私占騎用，或撥與人騎坐者，委滿五匹之數，方照例降一級，不及此數，照常發落。

又《公使人等索借馬匹》 凡公使人等承差經過去處，索借有司官馬匹騎坐者，杖六十，驢騾笞五十。官吏應付者各減一等，罪坐所由。集解：謂無明文者。

明 王士琦《三雲籌俎考》卷四《馬政事規》 戰馬在未款之先，歲請太僕寺馬匹，本折不等以備征戰。既款之後，緣有互市夷馬，請發之例漸矣。各營死馬樁朋肉臟銀兩盡充市本，而胡馬給軍不堪騎操，凡倒斃，責令軍賠，殊爲苦累。該總督方、巡按吴先後題議，共請發兵部馬價銀三萬兩抵充市本，各營樁朋肉臟銀兩，准留買補缺馬，以甦軍累。始議每馬價以十二兩爲則，騾以八兩爲則，近來販馬番夷甚多，惟計馬匹之高下，定價值之多寡，至將領併奸商通同收買，遇有缺補，散派各軍，弊竇百出，稽覈倍當嚴矣。各道遵行，條議開列于左：分巡道分屬正兵營、北東路并各營路城堡倒死馬匹，俱各照舊朋買，惟本院標下并神機營倒死及缺馬軍士，每遇買補，於該營收貯樁臟朋合、并變賣不堪騎操老馬價銀、及節月死馬老馬料草銀兩動支買補，呈解本道驗印騎操。其未買者，候收有前銀接續買補。大同道分屬各路并各城堡買馬事規，俱與奇兵相同。凡倒死并缺馬軍士買補，俱坐營守操官動支原收朋合樁臟、及變賣不堪老馬價銀、并節月死馬料草銀兩，督軍先將馬騾買完呈解本道，就請討馬價，該道將馬驗印詳定價值，批行西路通判覆查明白。該營該堡方照定數開銷馬價，每馬一匹有十二兩，或十一兩上下，亦有八九兩者，騾一頭八兩，或七兩上下，各價不等，於各收貯前項銀内動支。陽和道分屬東路并新平各堡倒死及缺馬軍士，每遇買補，俱於本路庫貯或該營收貯樁臟朋合、并變賣不堪騎操老馬價銀、及死馬老馬節月料草銀内動支買馬，每匹給價一十二兩，騾一頭給價八兩，督軍尋買壯大馬騾，解赴本道驗印騎操。分守道分屬西路井坪二路城堡凡遇倒死馬匹，將本軍料草不必還官，限三箇月買完，其價以十兩爲度，除給三個月草料外，仍令合隊每軍出銀七分，其不敷之數，令本軍幇湊。應追樁銀則例。萬曆二十七年，巡撫房定議，凡倒死營馬，每匹肉臟大約估變七錢，應該當月即完，如一年之内倒死者，例該樁銀三兩，除肉臟外，仍該銀二兩三錢，每月扣銀三錢，内未一月扣銀二錢，計八箇月可完；二年以上倒死者，例該樁銀二兩，除肉臟外，仍該銀一兩三錢，每月扣銀三錢，内未一月扣銀一錢，計五箇月可完；五年以上倒死者，例該樁銀一兩五錢，除肉臟外，仍該追銀八錢，每月扣銀二錢，計四箇月可完；十年以上倒死者，例該樁銀一兩，除肉臟外，仍該銀三錢，一月扣完；十五年以上倒死者，例該皮肉銀六錢，即以肉臟銀當月追完。倘若不敷，就令本軍添湊完納解庫。其有營馬缺額，例當買補，而所徵死馬樁臟無幾，不足以充補馬之價，凡有馬軍士遇雙月，每名扣糧銀五分，名曰朋合，湊充買馬之用。查參倒死戰馬例。嘉靖四十三年，兵部題准，各營將領倒死馬匹，以百匹爲率，倒失五匹者爲上等，免究；十匹至十五匹者爲二等，千把總等官罰俸兩箇月，副參遊守等官罰俸一箇月；二十五匹者爲三等，千把總等官降一級，副參遊守等官罰俸三箇月；三十匹以上者爲下等，千把總等官降二級，副參遊守等官罰俸半年，仍查追樁銀八分以上者，方准開俸。每年正月内各道將所屬上年馬匹樁朋等銀數目，分别舊管、新收、開除、實在四款造冊，備呈督撫衙門，數造青冊咨部，照例參究。萬曆二十年巡撫邢以造冊費擾，軍民滋苦，題裁馬政文冊，上於年終，督撫分别舉刺，將倒死馬匹并應追樁銀備由咨部，以爲查參。

明 范景文《戰守全書》卷五《戰部・惜生口》 凡車行牛行十里一

歇，仍制口鼻，三十里一歇，飼□。凡軍下營訖，司騎及佐卽分行巡視馬驢，有疾者醫，有瘡者剪剔傅藥，有傷□申送營，主量事决罰。諸軍下營訖，司騎及佐分頭巡隊，□驗驢馬羣先有脊破卽令剪毛洗瘡，傅藥療救，不許連絆。如新打破作瘡腫并有繫絆，卽將所繇人領過，主量事决罰。凡應乘官馬，非警急不得輒奔走致馬汗及打磨傷破，並論如軍律。已上量輕重科罪，平居則輕，臨陣則重。凡非時不得乘官馬遊獵及回換軍司六畜，若借人乘用，並論如軍律，因簡較而行者不坐。《武經總要》曰：凡士卒乘馬皆本軍將較遞爲簡轄，令謹切愛護，以時飲飼。又曰：凡馬軍未見賊，騎十里，步十里，事非警急，不得輒馳走，以損馬力。永樂十二年，令各營馬驢須愛惜馱載，該管時常點閲。《李靖兵法》曰：諸營除六馱外，大别遣買驢一頭，有病疹，擬用搬運，如病，人有偏併，其驢先均當隊馱，如當隊不足，均抽此隊比營。

明 徐日久《隲言》卷一六《禁抽兑》 各路參將有馬官軍，多被鎮守官掣入鎮城自衛，及家丁恃强，每從各堡兑騎，致有疲損乃還，本軍困苦賠累，無可控訴。宜嚴加查禁，各路各堡俱酌量衝緩，定設戰馬若干，哨馬若干，鎮守官毋得變亂掣入，家丁出邊止許自乘己馬，或本營馬不得兑騎各堡馬匹。違者問罪。

又《查牧地》 我朝設立草場地畝，專爲牧放京營馬匹，每年四月下場，十月歸營，馬既膘壯，足以備征。而在官草束，又得存省。後以寬濶荒蕪可惜，乃丈量立界，除爲軍民租種外，每營存留五十五頃，奮勇等十二營存留六百六十七頃九十二畝，以資牧放。不知此地得如數在否？嘉靖元年，御史李儼疏。

清 顧炎武《日知録之餘》卷二《禁牝馬》 永樂元年七月丙戌，上諭兵部臣曰：『比聞民間馬價騰貴，蓋民不得私畜故也。漢文景時閭里有馬，千百爲羣，民有卽國家之有。其榜諭天下，聽軍民皆畜馬，官府不得禁。』又曰：『三五年後，庶幾馬漸蕃息。』

《明史》卷九二《兵志》 明制，馬之屬內廄者曰御馬監，中官掌之，牧於大壩，蓋仿《周禮》十有二閑意。牧於官者，為太僕寺、行太僕寺、苑馬寺及各軍衛，即唐四十八監意。牧於民者，南則直隸應天等府，北則直隸及山東、河南等府，即宋保馬意。其曰備養馬者，始於正統末，選馬給邊，邊馬足，而寄牧於畿甸者也。官牧給邊鎮，民牧給京軍，皆有孳生駒。官牧之地曰草場，或為軍民佃種曰熟地，歲征租佐牧人市馬。牧之人曰恩軍，曰隊軍，曰改編軍，曰充發軍，曰抽發軍。苑馬分三等，上苑萬，中七千，下四千。一夫牧馬十匹，五十夫設圉長一人。凡馬肥瘠登耗，籍其毛齒而時省之。三歲，寺卿偕御史印烙，鬻其羸劣以轉市。邊衛、營堡、府州縣軍民壯騎操馬，則掌於行寺卿。邊用不足，又以茶易於番，以貨市於邊。其民牧皆視丁田授馬，始曰戶馬，既曰種馬，按歲征駒。種馬死，孳生不及數，輒賠補。此其大凡也。初，太祖都金陵，令應天、太平、鎮江、廬州、鳳陽、揚州六府，滁、和二州民牧馬。洪武六年，設太僕寺於滁州，統於兵部。後增滁陽五牧監，領四十八群。已，為四十監，旋罷，惟存天長、大興、舒城三監。置草場於湯泉、滁州等地。復令飛熊、廣武、英武三衛，五軍養一馬，馬歲生駒，一歲解京。既而以監牧歸有司，專令民牧。江南十一戶，江北五戶養馬一，復其身。太僕官督理，歲正月至六月報定駒，七月至十月報顯駒，十一、二月報重駒。歲終考馬政，以法治府州縣官吏。凡牡曰兒，牝曰騍。兒一、騍四為群，群頭一人。五群，群長一人。三十年，設北平、遼東、山西、陝西、甘肅行太僕寺，定牧馬草場。永樂初，設太僕寺於北京，掌順天、山東、河南。舊設者為南太僕寺，掌應天等六府二州。四年，設苑馬寺於陝西、甘肅，統六監，監統四苑。又設北京、遼東二苑馬寺，所統視陝西、甘肅。十二年，令北畿民計丁養馬，選居閑官教之畜牧。民十五丁以下一匹，十六丁以上二匹，為事編發者七戶一匹，得除罪。尋以寺卿楊砥言，北方人戶五丁養一，免其田租之半，薊州以東至南海等衛，戍守軍外，每軍飼種馬一。又定南方養馬例：鳳、廬、揚、滁、和五丁一，應天、太、鎮十丁一。淮、徐初養馬，亦以丁為率。十八年，罷北京苑馬寺，悉牧之民。洪熙元年，令民牧二歲征一駒，免草糧之半。自是，馬日蕃，漸散於鄰省。濟南、兖州、東昌民養馬，自宣德四年始也。彰德、衛輝、開封民養馬，自正統十一年始也。已而也先入犯，取馬二萬，寄養近京，充團營騎操，而盡以故時種馬給永平等府。景泰三年，令兒馬十八歲、騍馬二十歲以上，免算駒。茶馬司，洪武中，立於川、陝，聽西番納馬易茶，賜金牌信符，以防詐偽。每三歲，遣廷臣召諸番合符交易，上馬茶百二十斤，中馬七十斤，下馬五十斤。以私茶出者罪死，雖勳戚無貸。永樂中，禁稍弛，易馬少。乃命嚴邊關茶禁，末年，易馬至萬三千五百餘匹。正統末，罷金牌，歲遣行人巡察，邊氓冒禁私販者多。成化間，定差禦史一員，領敕專理。弘治間，大學士李東陽言：「金牌制廢，私茶盛，有司又屢以敝茶給番族，番人抱憾，往往以羸馬應。宜嚴敕陝西官司揭榜招諭，復金牌之制，嚴收良茶，頗增馬直，則得馬必蕃。」及楊一清督理苑馬，遂命並理鹽、茶。一清申舊制，禁私販，種官茶。四年間易馬九千餘匹，而茶尚積四十餘萬斤。靈州鹽池增課五萬九千，貯慶陽、固原庫，以買馬給邊。又懼後無專官，制終廢也，於正德初，請令巡茶禦史兼理馬政，行太僕、苑馬寺官聽其提調，報可。禦史翟唐歲收茶七十八萬餘斤，易馬九千有奇。後法復弛。嘉靖初，戶部請揭榜禁私茶，凡引俱南戶部印發，府州縣不得擅印。三十年，詔給番族勘合，然初制訖不能復矣。

清　朱奇齡《續文獻通考補》卷四八《印俵》　洪武以後通例，孳生馬駒，馬二歲曰駒，俱印用云字小印。烙俵散作種者，用大印。給軍騎操者，再用云字印，以防奸弊。或御史，或太仆主之，應交俵者令空丁俵散領養，造册具奏各處備用馬印，中解兵部，發太僕寺俵散。按：印烙之法，不惟防弊，以之辨馬質，正馬選，亦良法也，修馬政者宜著為令。凡馬既報駒，本軍主將軍牧之法各辨其質，分為三等，曰戰馬可教戰者，曰色馬可充天廄北乘輿之色，曰備馬雜用，即行印烙三等印法，仍養于本群。三歲成駣，乃撥給騎軍戰馬教習之。其牝者另印為種，以滋蕃息。色馬、備馬，惟其所用可也。

又《關換》　官軍騎操聽征，例有關撥馬匹。洪武中，嚴保勘之令，查其原給馬匹。永樂中，令步軍有馬，聽其兑換。宣德以後，始置勘合關馬，備慎齒色年月付領馬之人收執。如征操缺馬數多，則于寄養等馬内調兑。又有關領馬價自行收買者。按：軍之領馬，猶領器械，此將領之事，豈必動關朝廷紛紛文移勘合為哉？法莫若定制，凡騎兵缺馬，即于本營主將處給单，其單如腰牌式，備寫馬齒及色，并缺馬緣由，關領歲月，付本軍收執。馬病或死，則繳此單關領，本官即將此单類造文册，報部存案。馬死則入其耳，繳單，老病則報，然後另給。

《續通典》卷七三《馬政馬祭附》　明太祖洪武四年，置羣牧監，隨水草利便立官署，專司牧養。後改為太僕寺，有卿、少卿，掌牧馬之政，以聽於兵部。少卿一人佐寺事，一人督營馬，一人督畿馬。其山西等處行太僕寺，掌各邊衛所營堡之馬政，以聽於兵部，以時督察，三歲一考比，布、按二司不得與。有瘠損則聽兵部參罰。成祖永樂中，置苑馬寺於北直隸等處，有卿一人，少卿一人，掌六監二十四苑之馬政，而聽於兵部。凡苑視廣狹為三等，上苑牧馬萬匹，中苑七千，下苑四千。凡馬駒，歲籍其監苑之數上於兵部。其御馬監以宦官掌之。其祭馬祖，始自洪武二年，命祭馬祖、先牧、馬社、馬步之神，築壇後湖。禮官言：『春祭馬祖，天駟星也；夏祭馬牧，始養馬者；秋祭馬社，始乘馬者；冬祭馬步，乃神之災害馬者。隋用周制，祭以四仲之月。唐宋因之。今定春秋二仲月甲戊庚日遣官致祀為壇，四樂用時，樂行，三獻禮。』四年，蜀明昇獻良馬十，其一白者長丈餘，不可加羈勒。太祖曰：『天生英物，必有神司之。』命太常以少牢祀馬祖，囊沙四百斤壓之，令人騎而遊苑中，久之漸馴，帝乘之，以夕月於清涼山，北還，大悅，賜名飛越峯，復命太常祀馬祖。五年，并諸神為一壇，歲止春祭。永樂十三年，立北京馬神祠於蓮花池，其南京馬神則以南太僕主之。

傳記

明　雷禮《南京太僕寺志》卷七《官寺》　卿：自漢、唐、宋以下並爲九卿，班大理寺上。今列在京從三品，授亞中大夫，陞授中大夫，加授大中大夫，資治少尹。唐元亨，□□□□人，洪武初入仕，六年任。趙名重，□□□□人，洪武初薦舉，八年任。商暠，□□□□人，故元中書省平章入仕，洪武十年由御史中丞改任，後改大寧都督僉事。商敬，□□□□人，洪武初薦舉，十九年任。朱守仁，直隸徐州人，故元樞密院同知入仕，洪武二十三年由工部尚書降北平条政陞任。翁銘，直隸壽州人，洪武中薦舉，二十七年任。戴希文，□□□□人，永樂初鄉舉，二十二年任。趙次進，浙江天台人，永樂中鄉舉，洪熙元年由廣東条政陞任。楊應春，四川長壽人，永樂中鄉舉，宣德十年由雲南左条政陞任。仲昌，直隸沭陽人，永樂甲申進士，正統五年由刑部郎中陞任。王榮，浙江錢塘人，永樂中鄉舉，景泰二年由本寺少卿陞任。鄭悠江，西南城人，宣德癸丑進士，成化四年由本寺少卿陞任。劉俊，陝西寶雞人，正統乙丑進士，成化十一年由南京祭酒轉通政陞任，遷南京工部右侍郎。方漢，浙江淳安人，正統中鄉舉，成化十五年由通政司左条議陞任。張謙，直隸清苑人，成化丙戌進士，十八年由尚寶司卿陞任。秦崇，山東單縣人，天順庚辰進士，弘治二年由南京光祿寺卿改任，陞應天府尹。張賁，四川成都前衛人，成化丙戌進士，弘治八年由本寺少卿陞任。張撫，陝西寶雞人，成化壬辰進士，弘治十四年由雲南左布政陞任，官至南京刑部左侍郎。陳璧，山西太原衛人，成化壬辰進士，弘治十五年由山東按察使陞任，遷巡撫順天副都御史。王珩，直隸趙州人，成化乙未進士，弘治十八年由光禄寺卿改任，陞南京户部右侍郎。魏玒，順天大興人，成化丁未進士，正德二年由通政司右通政陞任。夏昂，直隸吳縣人，成化甲辰進士，正德二年由陝西右布政陞任，官至工部右侍郎。南鏜，陝西商州人，成化甲辰進士，正德四年由山西左布政陞任。郭紳，江西宜春人，成化乙未進士，正德五年由□左布政陞，任官至南京刑部右侍郎。鄭宗，仁直隸任丘人，成化丁未進士，正德六年由太常寺少卿陞任，官至户部尚書。余深，浙江新昌人，成化乙未進士，正德六年由雲南左布政陞任，官至南京工部右侍郎。于鳳喈，山東萊陽人，成化辛未進士，正德七年由太僕寺少卿陞任遷南京大理寺卿羅欽忠，江西泰和人，弘治己未進士，正德八年由左通政陞任，官至總理糧儲右副都御史。楊褫，湖廣武陵人，弘治丙辰進士，正德九年由右通政陞任。韓荆，山東陽信人，弘治己未進士，正德十一年由太常寺少卿陞任，官至南京工部右侍郎。毛珵，直隸吳縣人，成化丁未進士，正德十三年由鴻臚寺卿陞任，遷撫治鄖陽右副都御史。潘希曾，浙江金華人，弘治壬戌進士，正德十六年由本寺少卿陞任，官至兵部左侍郎贈尚書。邊貢，山東歷城人，弘治丙辰進士，嘉靖二年由太常寺少卿陞任，官至南京户部尚書。楊果，直隸興化人，弘治壬戌進士，嘉靖三年由右通政陞任，官至南京户部右侍郎。杭淮，直隸宜興人，弘治己未進士，嘉靖四年由河南左布政陞任，遷總理糧儲右副都御史。蘇民，陝西儀衛司人，弘治乙丑進士，嘉靖六年由太常寺少卿陞任，官至刑部右侍郎。葛浩，浙江上虞人，弘治丙辰進士，嘉陞六年由山東左布政陞任，遷大理寺卿。錢如京，直隸桐城人，弘治壬戌進士，嘉陞七年由山西左布政陞任，官至刑部尚書。顧珀，福建晉江人，弘治己未進士，嘉靖七年由江西左布政陞任，官至南京户部右侍郎。張羽，陝西南鄭人，弘治乙丑進士，嘉靖八年由貴州左布政陞任，官至南京工部右侍郎。王崇獻，山東曹縣人，弘治丙辰進士，嘉靖八年由太常寺少卿陞任，改巡撫寧夏左僉都御史。劉棟，浙江山陰人，正德辛未進士，嘉靖十二年由河南左布政陞任，官至南京兵部右侍郎。胡鐸，浙江餘姚人，弘治乙丑進士，嘉靖十三年由順天府尹調任。趙廷瑞，直隸開州人，正德辛巳進士，嘉靖十五年由謄黄通政陞任，官至兵部尚書。衛道，河南葉縣人，正德甲戌進士，嘉靖十七年由山西左布政陞任，官至南京刑部右侍郎。屠楷，廣西桂林人，嘉靖癸未進士，十八年由謄黄右通政陞任，今官南京吏部尚書。王禎，陝西乾州人，嘉靖丙戌進士，十九年由順天府丞陞任，改巡撫順天右僉都御史。田濡，山東聊城人，嘉靖己丑進士，二十二年由本寺少卿陞任。婁志德，河南項城人，正德丁丑進士，嘉靖二十三年由福建左布政陞任，遷巡撫山東副都御史。張忠，直隸任丘人，嘉靖己丑進士，二十四年由謄黄通政陞任，改光禄寺卿。嚴時泰，浙江餘姚人，正德辛未進士，嘉靖二十六年由四川左布政陞任，官至南京工部右侍郎。趙汝濂，雲南太和人，嘉靖壬辰進士，二十六年由南京通政陞任，今官南京都察院副都御史。陳儒，錦衣衛人，嘉靖癸未進士，二十九年由太僕寺少卿陞任，今官南京户部右侍郎。謝蘭，山西振武衛人，嘉靖丙戌進士，三十年由兵部右侍郎調任。余胤緒，湖廣應城人，嘉靖丙戌進士，三十年由太僕寺少卿陞任，今陞南京大理寺卿。張舜臣，山東章丘人，嘉靖乙未進士，三十一年由太僕寺少卿陞任。

又 少卿：自後魏兼置以後止一人，隋、唐並加二人，宋鄉掌車輅廄牧馬政之令，少卿爲之貳，各一人。洪武初，定二人，正四品，初授中順大夫，陞授中憲大夫，加授中議大夫，贊治尹。孫英，□□□□人，洪武八年任。高興，□□□□人，洪武八年任。潘德，直隸華亭人，洪武初薦舉，十年任。竹祥，□□□□人，洪武十二年任。蕭韶，□□□□人，洪武十二年任。陳懋，□□□□人，洪武十五年任。陳龔，□□□□人，洪武二十二年任。祝孟獻，江西德興人，洪武初薦舉，二十二年任。彭權，□□□□人，洪武二十四年任。李俊，湖廣孝感人，洪武初軍功，二十八年由指揮使陞任。喻良，四川高縣人，洪武中鄉舉，二十八年任。彭中，□□□□人，洪武二十九年任。孫廣，□□□□人，洪武三十二年任。党理，陝西貞寧人，洪武丁丑進士，永樂四年任。樊彧，山西聞喜人，洪武中歲貢，永樂十二年由福建副使陞任。甄實，直隸沛縣人，永樂初鄉舉，十三年任。王文貴，四川中江人，洪武甲戌進士，永樂十三年由司直郎陞任。蘇實，□□□□人，洪熙元年任。麗壎，四川南充人，永樂甲申進士，宣德元年任。鄭復言，□□□□人，宣德九年任。白素，直隸徐州人，國子生，正統六年任。楊亨，直隸山陽人，□□□□進士，正統七年由刑部郎中陞任。王榮，詳卿，正統八年由吏科都給事中陞任。鄧浩，湖廣華容人，國子生，正統十一年由户部郎中陞任。翟敬，順天大興人，正統壬戌進士，景泰三年由工科左給事中陞任，官至南京大理寺右少卿。鄭悠，詳卿，景泰四年由兵科左給事中陞任，七年丁憂，天順五年再任。國盛，山東淄川人，正統戊辰進士，景泰五年由左通政調任。盧祥，廣東東莞人，正統壬戌進士，天順二年由禮科都給事中陞任，遷巡撫延綏右僉都御史。程信，直隸休寧人，正統壬戌進士，天順四年由僉都調任，官至南京兵部尚書，卒謚襄毅。魯崇志，浙江天台人，景泰甲戌進士，天順八年由工科給事中陞任，遷應天府尹。蔣敵，應天江寧人，正統戊辰進士，成化十年由尚寶司卿陞任。于冕，浙江錢塘人，以少保肅愍蔭，成化十五年由祠祭司郎中陞任，遷應天府尹。雷澤，山西定襄人，天順甲申進士，成化十八年由刑科都給事中陞任，遷南京光禄寺卿。李温，順天潞縣人，天順甲辰進士，成化二十年由行太僕寺少卿陞任，官互户部左侍郎。唐章，直隸獻縣人，成化己丑進士，二十一年由禮科左給事中陞任，遷太僕寺卿。吕裳，浙江秀水人，成化辛卯鄉舉，二十二年由主客司郎中陞任，官至太常寺卿。林鳳，浙江樂清人，成化丙戌進士，弘治二年由兵部郎中陞任，官至工部左侍。張賁，詳卿，弘治四年由南京通政司叅議陞任。李應禎，直隸吴縣人，成化間鄉舉，弘治六年由尚寶司卿陞任。李鐩，河南湯陰人，成化壬辰進士，弘治七年由鴻臚少卿陞任，官太子太保、工部尚書，謚恭敏。張泰，廣東順德人，成化丙戌進士，弘治十年由浙江道御史陞任，官至南京户部尚書。胡諒，河南靈寶人，成化戊戌進士，弘治十一年由監察御史陞任，官至工部侍郎。夏崇文，湖廣長沙人，成化戊戌進士，弘治十三年任，遷南京右通政。陳大章，直隸盱眙人，成化甲辰進士，弘治十七年由兵部郎中陞任，改太僕寺少卿。鄭宗仁，見卿，弘治十七年由尚寶司卿陞任。侯觀，直隸雄縣人，成化戊戌進士，弘治十八年由户部郎中陞任，官至户部尚書。楊廉，江西豐城人，成化丁未進士，正德二年由光禄少卿陞任，官至南京禮部尚書，謚文恪。王彦奇，四川雲陽人，弘治庚戌進士，正德二年由陝西叅政陞任，遷巡撫遼東右僉都御史。張淳，直隸合肥人，成化丁未進士，正德四年由四川副使陞任，官至巡撫保定右副都御史。石椽，直隸滁州人，弘治庚戌進士，正德四年由山東叅政陞任，調順天府丞。謝綬，山東朝城人，成化甲辰進士，正德五年由四川副使陞任，遷巡撫大同右僉都御史。蔣恭，四川巴縣人，成化丁未進士，正德六年由驗封司郎中陞任，官至南京戸部右侍郎。何棐，直隸泰興人，弘治壬戌進士，正德七年由副使陞任。文森，湖廣衡山人，成化丁未進士，正德七年由監察御史陞任，遷提督南贛右僉都御史。王守仁，浙江餘姚人，弘治己未進士，正德七年由考功郎中陞任，官至南京兵部尚書，封新建伯。吕元夫，直隸無錫人，弘治丙辰進士，正德九年由通政司叅議陞任。潘希曾，見卿，正德十一年由工科都給事中陞任。曹倣，直隸丹徒人，弘治乙丑進士，正德十二年由監察御史型任。劉瑞，四川内江人，弘治丙辰進士，正德十六年由浙江提學副使陞任，官至南京禮部右侍郎。王爟，浙江黄巖人，弘治壬戌進士，正德十六年由刑科都給事中陞任，官至南院右都御史。汪玄錫，直隸婺源人，正德辛未進士，十六年由兵科都給事中陞任，官至户部左侍郎，贈尚書。牛鳳，河南葉縣人，正德辛未進士，嘉靖二年由考功司郎中陞任，官至南京太常寺卿。陳逵，福建閩縣人，弘治乙丑進士，嘉靖三年由武選司郎中陞任，遷巡撫山西右僉都御史。楊欽，直隸合肥人，弘治壬戌進士，嘉靖四年由光禄寺少卿陞任。鄭裕，四川内江人，弘治壬戌進士，嘉靖四年由南京尚寶司卿陞任，改南京鴻臚寺卿。劉天和，湖廣麻城人，正德戊辰進士，嘉靖六年由陝西提學副使陞任，官至太子太保兵部尚書。張英，順天三河人，正德戊辰進士，嘉靖六年由監察御史陞任。王學夔，江西安福人，正德甲戌進士，嘉靖六年由文選司郎中陞任，官至南京兵部尚書。徐鈺，湖廣興國人，弘治庚戌進士，嘉靖六年由陝西叅政陞任，以皇親遷四川左布政使。夏尚朴，江西永豐人，正德辛未進士，嘉靖八年由山東提學副使陞任。劉穆，山西臨汾人，正德丁丑進士，嘉靖十年由太常寺少卿改任。穆孔暉山東棠邑人，弘治乙丑進士，嘉靖十年由尚寶司卿陞任，遷南京太常寺卿，謚文簡。鄧尚義，湖廣永興人，正德甲戌進士，嘉靖十一年由文選司郎中陞任。張珩，山西石州人，正德辛巳進士，嘉靖十二年由河南道御史陞任，官至户部尚書。周文興，浙江江山人，正德戊辰進士，嘉靖十二年由光禄寺少卿陞任，改南京鴻臚寺卿。王以旂，應天江寧人，正德辛未進士，嘉靖十二年由提學御史陞任，今官太子少保兵部尚書。姜清，江西弋陽人，正德辛未進士，嘉靖十三年由光禄寺少卿陞任。吴仲，直隸武進人，正德丁丑進士，嘉靖十四年由湖廣右叅政陞任。崔桐，直隸海門人，正德丁丑進士，嘉靖十四年由湖廣提學副使陞任，官至禮部右侍郎。鄭本公，山西朔州人，正德甲戌進士，嘉靖十四年由大理寺丞陞任，遷六理寺少卿。朱廷立，湖廣通山人，嘉靖癸未進士，十六年由提學御史陞任，官至禮部右侍郎。田濡，詳卿，嘉靖十六年由刑科都給事中陞任。陳侃，浙江鄞縣人，嘉靖丙戌進士，十七年由光禄寺少卿陞任。戴金，湖廣漢陽人，正德甲戌進士，嘉靖十八年由僉都御史調任官至兵部尚書。傅炯，江西進賢人，嘉靖癸未進士，十九年由南光禄寺少卿陞任，官至南京刑部尚書。趙元夫，山東東平人，嘉靖己丑進士，二十二年由河南道御史陞任。胡奎，江西峽江人，正德辛巳進士，嘉靖二十二年由光禄少卿陞任，官至巡撫雲南副都御史。汪宗元，湖廣崇陽人，嘉靖己丑進士，二十四年由尚寶司卿陞任，今官總理河道副都御史。高澄，順天固安人，嘉靖己丑進士，二十四年由光禄寺少卿陞任，今官巡撫河南右副都御史。扈永通，山東曹縣人，嘉靖壬辰進士，二十六年由兵科都給事中陞任，今陞南京光禄寺卿。鄭曉，浙江海鹽人，嘉靖癸未進士，二十八年由南京尚寶司卿陞任。余徿緒，見卿，嘉靖二十九年由南京通政司右条議陞任。雷禮，江西豐城人，嘉靖壬辰進士，二十九年由浙江提學副使陞任。章煥直隸長洲人，嘉靖戊戌進士，三十年由考功司郎中陞任。

又 寺丞：秦漢設兩人，後漢一人，魏晉因之，或省或置。梁復設，陳因之。後魏、北齊俱一人，隋三人，唐因之。宋一人。洪武初設四人，正六品，初授承直郎，陞授承德郎，革除中陞正五品，永樂初復舊，弘治十八年省二人。洪武時，職名存而事籍漏者凡三十人：李從義，直隸定遠人，七年任；李時，八年任；張元壽，十二年任；馬亮，十二年任；劉弼，十三年任；何廣，十五年任；汪源，十五年任；游巨禮，十六年任；高旺，十六年任；李宗，十六年任；薛思道，十六年任；馬公權，十七年任；趙友文，河南武陽人，洪武初薦舉，十八年；任阿剌帖木兒，蒙古人，洪武初入仕，十八年任；莊大本，十九年任；屈仲彬，十九年任；栢士榮，二十二年任；李秉彝，二十二年任；何文正，二十二年任；吴士達，二十四年任；孫德，二十七年任；喬矼，二十七年任；孫岩，二十七年任；蔡貴，湖廣善化人，洪武初以軍功進百户，二十八年陞任；楊顯，山東日照人，洪武初以軍功進百户，二十八年陞任；高士耕，三十一年任；吴鑑，三十四年任；馬文達，三十五年任；李敬初，山西文水人，洪武中薦舉，三十五年任；李英，直隸徐州人，洪武中薦舉，三十五年任；丁維南，江西豐城人，洪武中薦舉，三十五年任。永樂時，職名存而事籍漏者，凡十三人：吴護，四年任；張傑，四年任；談達，善湖廣德安人，薦舉，四年任；張光大，直隸建德人，歲貢四年任；聶順，十二年任；高逺，山西臨縣人，鄉舉，十二年任；郭斌，山東汶上人，鄉舉，十三年任；吉在中，十四年任；李善，十四年任；李源，十四年任；趙敬，十七年任；王綱，山西絳州人，鄉舉，十七年任；楊文達，湖廣藍山人，吏員，十七年任。洪熙時，職名存而事籍漏者，凡三人：徐真，元年任；孫暠，元年任；宋載，元年任。宣德時，職名存而事籍漏者，凡四人：朱惠，四年任；劉璧，五年任；韓進，山東長清人，監生，八年由大理寺右評事陞任；崔盱，九年任。正統時，職名存而事籍漏者，凡八人：夏清，山西昌樂人，進士，元年任；馮珪，保定安肅人，監生，五年任；盧文政，湖廣江夏人，監生，五年任；吴獲，江西德興人，監生，九年由推官陞任；嚴曾，河南安陽人，監生，九年由推官陞任；張傑，江西吉水人，進士，十年由中書舍人陞任；潘延，應天句容人，監生，十三年由大理寺右評事陞任；俞僩，浙江諸暨人，進士，十三年由主事改任。景泰時，職名存而事籍漏者，凡四人：賀宗，湖廣湘鄉人，進士，元年由大理寺右評事陞任；蔡吉，湖廣公安人，監生，四年由刑部主事改任；韓瑾，四年任；李杲，五年任。天順時，職名存而事跡不詳者，凡五人：阮璠，交阯清潭人，四年任；劉泰，交阯富良人，監生，五年任；葉藻，直隸華亭人，監生，五年任；劉恕，廣西馬平人，監生，七年任；邵敬，浙江淳安人，八年任。成化時，職名存而事跡不詳者，凡十二人：劉純，山東歷城人，監生，元年任；朱凱，五年任；李廷芝，直隸宜興人，監生，七年任；吴篪，河南永寧人，監生，七年任；羅珪，浙江新城人，監生，八年任；陳灝，山東濟寧人，進士，八年任；馬駉，廣東新會人，進士，十二年任；堯卿，四川安樂人，進士，十二年任；劉翥，陝西宜川人，舉人，十四年任；蕭惠，江西廬陵人，進士，十七年任；蕭□，直隸清縣人，進士，二十年任。文林，湖廣衡山人，成化壬辰進士，二十一年任，陞温州府知府。張寅，江西安福人，成化辛丑進士，弘治二年任。汪瀚，四川開縣人，成化辛丑進士，弘治七年任陞光禄寺少卿。白晟，直隸武進人，成化中鄉舉，弘治八年任。林堪，福建莆田人，成化辛丑進士，弘治十年任，陞曲靖軍民府知府。華泉，直隸無錫人，弘治丙辰進士，十三年由給事中降本寺主簿陞任，官至福建左布政。施震，浙江平湖人，弘治癸丑進士，十七年任，陞石阡知府。徐聰，浙江西安人，弘治丙辰進士，正德元年任，陞南京刑部員外郎。紀世梁，陝西榆林人，監生，正德二年由太常寺丞改任，陞南京工部員外郎。單麟，四川巴縣人，弘治中鄉舉，正德五年任，陞曲靖軍民府知府。陳璣，山東臨清人，弘治壬戌進士，正德五年由太僕寺丞改任。章瑞，直隸績溪人，弘治己未進士，正德九年由御史謫都事陞任，官至陝西副使。牛綱，直隸涿州人，儒士，正德八年由中書舍人陞任，改太僕寺丞。何宇，浙江新昌人，以太子太保兵部尚書鑑蔭，正德十一年任。陸槐，直隸宣城人，弘治中鄉舉，正德十三年任。李彦，江西豐城人，正德戊辰進士，十三年任，陞鹽運使。潘塤，直隸山陽人，正德戊辰進士，十五年由都給事中謫同知陞任，官至巡撫河南副都御史。吳天挺，廣東定安人，正德中鄉舉，十五年任，陞雲南僉事。許濟時，河南□縣人，成化甲辰進士，正德十六年任。劉樽，湖廣蘄州人，正德甲戌進士，嘉靖二年任，陞曲靖軍民府知府。方昇，直隸婺源人，正德辛巳進士，嘉靖六年任，官至福建巡海副使。楊珮雲，南太和人，正德辛巳進士，嘉靖七年任，陞衡州知府。韓邦奇，陝西朝邑人，正德戊辰進士，嘉靖七年由右春坊右庶子降任，官至南京兵部尚書。王清，浙江永嘉人，監生，嘉靖十年任。胡瀹，河南洛陽人，嘉靖癸未進士，十一年任，陞鳳翔知府。張讓，山東諸城人，嘉靖癸未進士，十三年任，改太僕寺丞。吳世賓，廣東翁源人，監生，嘉靖十四年任。朱同芳，浙江餘姚人，嘉靖中鄉舉，十六年任，陞兩淮運同。王橋，湖廣京山人，嘉靖丙戌進士，十八年由御史謫判官陞任，今官廣西叅政。鮑龍，浙江臨安人，嘉靖乙未進士，十九年任，今官山東僉事。王侹，浙江永嘉人，以禮部侍郎瓚蔭，嘉靖二十年任，陞南京工部郎中。陳光明，福建莆田人，鄉舉，嘉靖二十四年任。石永，直隸威縣人，嘉靖壬辰進士，二十六年由御史謫判官陞任，今官陝西叅政。王交，浙江慈谿人，嘉靖辛丑進士，二十七年曲給事中謫知縣陞任。劉洵，江西鄱陽人，嘉靖戊戌進士，二十七年由給事中謫知縣陞任，今官廣東僉事。胡寘，河南光州人，嘉靖壬辰進士，二十七年由給事中謫州判陞任，今官山西僉事。潘恩，直隸上海人，嘉靖癸未進士，二十九年由山東副使謫推官陞任，今官江西副使。涂鉉，江西豐城人，嘉靖甲辰進上，二十九年由禮部員外郎謫州同陞任，今官南京刑部郎中。鳳儀，湖廣京山人，嘉靖辛卯鄉舉，二十九年任。顧應陽，直隸華亭人，以南京禮部尚書清蔭，嘉靖三十年任。

又 首領官主簿一員。梁置一人，北齊因之。隋增二人，唐因之。宋一人，洪武初因之，定從七品，初授從仕郎，陞授徵仕郎。洪武時，胡彬六年任，陳英，十一年任。盧子壽，十二年任。王友直，十二年任。樊實榮，十四年任。張翼，十八年任。寧謙，二十年任。胡喜，二十六年任。孫彦文，山東泰安人，二十九年任。曾堅，直隸吳江人，三十三年任。永樂時，蘇儼，陝西洛南人，二年任。蕭敬所，十二年任。翁福，十四年任。宣德時，舒伯治，江西南昌人，二年任。正統時，阮論，二年任。胡鼎，江西泰和人，十二年任。天順時，石堅，廣西藤縣人，監生，三年任。成化時，宋福，八年任。李應奎，河南寧陵人，監生，九年任。睢讓，直隸滑縣人，監生，十六年由知縣調任。吳訥，浙江青田，監生，十八年任。弘治時，王庭，浙江台州人，舉人，四年任。華杲，見寺丞，十一年由給事中調任。路談，□□人，舉人，十四年任，陞西安府通判。正德時，吕鉉，直隸晉州人，監生，三年任，陞州同知。童時，江西鄱陽人，以南京禮部尚書軒蔭，十年任陞荆州府通判。今嘉靖，王宗賢，山東沂州人，以太子太保左都璟蔭，三年任。金仲賢，湖廣通山人，監生，七年任。呉龍，浙江歸安人，監生，十三年任。鄔宗源，直隸安慶衛人，監生，十七年任，陞大名知縣。寧志學，山東寧陽人，監生，二十三年任。陳士貞，江西新淦人，以南京刑部尚書壽蔭，二十四年任。下缺。

紀事

明 楊士奇《东里文集・别集》卷中 永樂二十二年十二月，兵部尚書李慶言于上曰：『今歲北方之民畜馬頗蕃，皆送至京，已散軍伍操用，尚餘數千，欲散民間畜，則民甚弊，不可重困之。今遠近方面郡縣朝覲官皆集，請每員給一馬俾畜，可散一千餘匹。正官給牡，佐貳以下給牝，太僕苑馬寺歲課其息，有虧，罰與民同。』上令與蹇義、夏原吉商略可否以聞。二人奏，如慶議。命已下，臣士奇聞之，與慶言必不可行。慶忿甚，不納。臣士奇遂詣扆前，力陳不可。曰：『朝廷以禮徵賢，上者授方面郡守，次者授百執事，今皆役之畜馬以甦民，是貴民而賤官者矣。』時蹇、夏皆在侍。上曰：『士奇論當。慶固無識，汝兩人亦言其便何也？』兩人對曰：『初慶與臣等言，此出陛下意，必欲行之，非謂出于慶也。』上曰：『幾誤朕矣。』顧臣士奇曰：『少頃即批出，罷此令』明旦復奏：『陛下許臣罷散馬之令，豈遂中止？必如欲行此令，天下懷抱才德者，自此誰肯出仕？蓋虧損一馬，必責陪償，破家廢産，累及子孫。且所散不及三千，而朝廷負此名，於天下後世，誠非佳事。』上曰：『吾偶因事稽緩耳，今日必批出。』又明旦復奏：『內批出兩日不出，兵部已督責朝覲官多領馬矣。且今所領多生駒，初受羈絡，南方之人怯軟不能控制，立視其奔逸，有號泣衢路者矣。臣恐將來遠慮者非但不願仕，亦無志學問，此令之失非小。』上曰：『吾即批出，不爽也。』午刻御思善門，召士奇諭曰：『內批豈真忘之，初聞汝言，即遣人觀李慶、呂震等意，渠輩交口忿爾，朕念爾孤立，慮為衆所傷，固不欲因汝言而罷此令。今有名矣。』出示一章，乃陝西按察使陳智言畜馬風憲受制，上曰：『爾就據此草勑止散馬。』臣士奇叩首，對曰：『古人有言，陛下知臣，臣不孤矣。但馬已有領去者，望如何處之？』上曰：『已領者，准洪武中官員乘馬例給之，不責生息，虧欠亦不責償。未領者悉止。未散之馬給邊軍操用。』上復顧臣曰：『繼今，令有未便，惟密與朕言，此輩多不識大體，但皆先朝舊臣，未可遽退之。』

《明會典》卷一五二《關換》 官軍騎操聽征，例應關撥馬匹。其事故及不能養者，則令轉兌。如征操缺馬數多，則於寄養等馬內調兌。又有關領馬價，自行收買者，例各不同。

又 凡關換馬匹。洪武二十六年定，凡官軍關撥馬匹操練，行移到司，須要該衛官吏保結。關馬官軍原有馬匹下落，果系曾經征進慣戰人數，及無馬匹，方才具奏關撥。後有事故，該衛拘收還官。其軍官軍人等，奉旨關撥馬匹，亦須備知數目。又例，凡各衛原關馬騾驢，轉名銷號。若系禦馬監關領者，該府各衛，自具手本赴監轉名銷號。如是典牧所、太僕寺關領者，各府衛取勘明白，行本部轉行太僕寺典牧所銷號。永樂四年，令管步軍官告關馬者，不准。有騍馬與兒馬願換者，聽。宣德四年，置給馬勘合。每關馬一匹，給勘合一道，填寫齒色年月，付領馬之人收執。遇倒死等項，陳告，注寫應償者，追視齒色附簿，開注勘合與馬，如前收領。再有事故，照例償給。如領馬之人有故，馬及勘合，從所管轉付應得之人收領。凡應償者，追視禦馬監印烙，然後給與。正統四年奏准，官軍領馬騎操，必行本衛造冊送部，並太僕寺。外衛操備者，行該府造冊關領。天順二年奏准，官軍領馬，太僕寺具俵過數目毛齒，及官軍姓名年月，行各衛造冊送部。如關領數多，開報數少，或倒失轉交，隱匿不報者，許諸人首告拏問。弘治元年奏准，南京官軍應關馬匹，在江北者，赴南京太僕寺給領。在江南者，本寺委官一員，赴南京給散。二年，令騎操馬老病當關給者，原馬送光祿寺支用。四年奏准，領馬官軍，有不照次第混亂爭奪者，參送法司問罪，罰馬一匹，就給本身騎操。以後更不關給。七年奏准，官軍應關馬匹，兒馬八歲以上，騸馬十二歲以上，別無傷殘者，並准給領。各衛及邊關，亦照此例。正德八年奏准，直差官旗校士將軍，原領馬匹殘疾老弱，不堪直差者，送光祿寺交收。本部照數行太僕寺，於順天府所屬，寄養馬內派取，及行該衛委官赴禦馬監印烙，撥給領養直差。嘉靖二十二年議准，將軍關換馬匹，務要用心餵養，不許違例雇借騎馱，克減草料。若致倒失，照例於本主名下，追買堪中好馬補還。四十三年，令將京營勘合，從新印換。仍通行各邊鎮，一體編置給軍。隆慶二年議准，京營馬軍，各填給勘合一張，以便查對。如有倒死病瘦，報部查明，七八年以上，方許交送另補。以下，不准交送。倒死責令陪償，仍赴司驗印。又議准，錦衣衛老病馬，年終送光祿寺者，先執勘合赴兵部該司，查其年限。如領馬七八年以上殘病者，方許交送，另行關補。以下仍令餵養，不准送寺，倒死即令陪償。

又 凡轉兌馬匹。天順元年奏准，各營外衛官軍，原領騎操馬匹。丁班之日，兌與在京官軍，該管官造冊送部。嘉靖七年題准，各營提督內外大臣，委各坐營等官，將見在馬隊官軍，逐一查審。除有力堪以餵養者，照舊不動外。其餘貧難單丁，不能養者，將原領馬匹，兌與有力官軍餵養。以後關領馬匹，亦要照前查給，敢有容情扶同，故行私領，單丁貧軍，意圖侵克草料，致有倒失數多者，查參治罪。三十三年題准，凡兌馬事故轉兌者，該管官即呈巡視科道，於原額勘合，填注年月官軍姓名，仍送該司查照。將原兌馬冊，亦改注明白，用印鈐蓋。如有官軍私換馬匹，事發送問，該營官容隱不行呈報者，聽巡視科道官參究。四十二年題准，各營轉兌馬匹，務要遵例赴司告填印鈐，以憑查考。敢有仍前私兌，查出比照新馬樁銀追納。

又 凡調兌馬匹，如在各營，在外各邊官軍缺馬騎操，總鎮等官具奏關領，兵部議擬題准，行移太僕寺，於順天府所屬寄養本色馬內，選取給領。兵部定限調軍候兌，京營，於太僕寺，委司官會同少卿兌給。宣府於居庸關，大同於紫荊關、薊州、保定於適中地方，委司官會同寺丞前去兌給，其餘各邊入衛，在薊、准討補本色，餘俱不准。嘉靖十三年題准，團營聽征馬匹，多不過二萬之數，再有萬匹存營操守，猶有寄養馬匹二萬，鄰近易取。若軍士堪養馬者數少，亦不必濫給。將聽征馬匹，擬為定數若干，每遇事故倒失，五百匹以上，行太僕寺兌給一次，以為常規。二十九年題准，各邊兵調，赴薊鎮春秋兩防，遇馬缺乏，俱借兌孳牧寄養馬騎征，事畢仍還馬戶。三十三年題准，兌馬先盡寄養，如果不敷，方兌種馬。隆慶三年議准，調兌京邊官軍馬，務照次第關領。果系不堪，方許抵換。牧有故意刁蹬，及倚勢混爭，聽該寺參送問罪。

又 凡奏討馬價。弘治七年奏准，凡各邊缺馬騎操奏關銀兩收買者，兵部委官一員，同太僕寺官，於收貯馬價內，照數支出，差官運赴鎮巡官處交收。隆慶五年題准，各邊奏討，果系十分緊急，方准給發馬價。別項濫討，即與停寢。舊額各營各邊並錦衣衛騎操馬數：五軍營原額馬九千五百六匹，神樞營原額馬四千四百六十四匹，神機營原額馬一萬五十四匹，奮武等十二營原額馬一十三萬八千九百一十九匹，宣府原額馬四萬五千五百四十三匹，大同原額馬四萬六千九百四十四匹，延綏原額馬二萬二千二百一十九匹，甘肅原額馬二萬六千五百六十匹，陝西原額馬一萬六千一百八十三匹，寧夏原額馬一萬九千五百九十五匹，山西三關原額馬九千六百六十五匹，遼東原額馬四萬六千六十八匹，薊州鎮原額馬二萬二千七百七十四匹，通州守禦操備捕盜馬四百七十五匹，守備真定等處原額馬一百匹，守備德州原額馬一百四十二匹，守備紫荊關原額馬四百七十七匹，守備三河等城原額馬一百三十七匹，分守密雲古北口原額馬三千一百六十七匹，錦衣衛原額馬一千八百五匹，旗手衛原額馬四十四匹。嘉靖以後續增各處馬數：三大營馬。隆慶元年題准，正兵共三十枝，內戰兵，每營給馬一千匹。車兵，每營給馬二百匹。城守，每營給馬五十匹。備兵三枝，每營給馬二百匹。執事營一枝，給馬五百匹。隨征官軍，給馬二千匹。各營選鋒，給馬五千匹；京營家丁馬。隆慶元年題準，共給五百匹；奠靖所馬。嘉靖二十一年初，設奠靖所，屬鞏華城守備下防護。行宮二十二年，議準給馬一百匹巡邏昌平鎮馬。嘉靖四十年以本鎮為護陵重地，永安營馬僅二百餘，准照鞏華營例，調取寄養馬八百匹。四十一年又議准，選補軍二百名，給馬一百匹，以把總統領，兩班巡邏。隆慶四年，又增補前馬，共二百匹。是年又給天壽山巡邏官軍馬三十匹，張家灣備禦營馬。嘉靖四十三年，初設本營，議准兌給馬五十匹。四十五年，又增給馬五十匹。三河守禦營馬。嘉靖三十七年，以本營路當沖要，准給本縣寄養馬一百匹，專備護哨緝盜，傳達邊報等役。保定各營馬。嘉靖四十三年議准，保定標兵營補足馬三千匹。四十四年，保定，定州，達軍二營，奇軍一營每營各給五百匹，正兵營一百匹。隆慶二年，增給達軍二營各三百匹，常川騎征，不許借兌。萬曆二年，保定西關一帶，設立車騎二營。其馬，將真定等府庫貯各項軍需等銀，一萬一千五百一十兩，照數動支，行令收買膘壯馬騾，印烙給發。薊鎮入衛馬。嘉靖二十九年，各邊兵入衛缺馬討補以為常。隆慶六年議准，除在途不補，在薊倒死者，如每營正馱馬二千餘匹，倒死二百匹以下者准補，過二百匹之上，止量給二百匹，以為限制。通州、遵化、昌平、三河、密雲、涿州、薊州、永平等八城，鎮邊等三區馬，嘉靖四十年議准，各給一百匹，專備捕盜。宣大二鎮各城堡馬。萬曆四年，以二鎮援兵迎送夷使疲苦。議准，將互市馬，及各路老家營軍，撥給大同新平、得勝二堡馬各三百匹，軍各二百名；平遠、保平、鎮羌、弘賜等四堡馬各二百匹，軍各一百名。其沿邊每城堡各一百匹，老軍餵養。宣府驛馬二百匹，中路趙川堡馬六十匹，北路龍門等四城堡馬各五十匹。上西路三城堡馬各五十匹，膳房等八堡各三十匹，懷安城五十匹。每馬撥一軍餵養，專一供應夷使。

又 洮河各營馬。隆慶二年題准，河州參將營，歲給茶易馬五十匹，椿朋銀買馬五十匹。洮州歲給茶易馬二百匹，內裁減一百匹，解苑牧養。固原、延綏、寧夏三鎮馬。嘉靖三十五年議准，陝西苑馬寺孳養馬匹，每年准給固原、延綏、寧夏三鎮，共馬二千匹，內一千五百匹專給固原，五百匹延、寧二鎮分年輪給。

又 甘肅軍士買馬。隆慶三年議准，每匹定給椿朋銀十兩。凡親王出府，關馬一百匹。及倒死補給，例於太僕寺寄養馬內選取，送禦馬監印烙給軍。

又《禁約》 凡管馬官員。洪武榜例，各衛所府州縣管馬官員，職專提調馬匹。不許管署衛所府州縣事務，及別項差占。弘治十四年奏准，凡司府州縣，並分巡分守官，並不許差委管馬官員。如違，聽巡按禦史，及分管寺丞糾舉，應提問者提問，應參奏者參奏，撫按官亦要一體遵依，毋擅差委。凡軍衛有司大小官員，但有作弊虧欠馬匹，及非理抗拒者，聽本寺並分管寺丞，遵照太祖高皇帝聖旨，應舉問者舉問，應參奏者指實具奏定奪。正德二年題准，養馬府州縣正官，推調不理馬政，俱依錢糧軍伍例，不准考滿。司督府，府督州，州督縣，各令管馬官著實舉行。管馬官有故，則掌印正官帶管。違者，聽兩京太僕寺堂上分管官參究。凡養種馬，府州縣官一年四次，太僕寺一年二次點視。病瘦，量為懲治。倒失者，立限賠償。病瘦倒失十匹以上，管馬官查提究問。凡私用官馬。宣德四年，令官軍人等，不許將官馬閑時帶鞍騎坐，馱載物件，兩人共騎，及婦女騎坐。違者，禦史給事中同錦衣衛官拏送本部，罰馬一匹，仍送法司問罪。成化六年，令管軍官將官馬撥送與人跟隨迎送，或識字人騎占聽候，並賃借與人，致令傷死者，問罪，照例罰馬入官。在外各邊，例亦如之。弘治二年奏准，官司借用寄養馬，二匹者罰一匹，五匹者罰二匹。年終分管寺丞，具有無追罰數目奏報。三年奏准，管軍內外官私占官馬及借撥與人者，五匹以下降一級，以上降二級，俱發邊衛立功。借者一體論罪。九年，令凡借撥官馬至瘦損倒死，州縣五十匹、府二百匹以上，借者及管馬官各降一級。十年，令管軍官撥借官馬，馱載圍獵者，五匹以下罰馬一匹，以上罰二匹，十匹以上罰三匹。傷死者，五匹以下降一級，六匹以上降二級。馬各抵數追償。十三年奏准，凡官軍將所領官馬，耕田走遞，馱載物件，或兩人共騎，或婦人騎坐者，依宣德四年禁例問罪，俱罰馬一匹。若雇與人騎坐等項，枷號半個月。及借與人，各彼此罰馬一匹。凡在京坐營管操內外官，並把總以下官，若將馬匹私占騎用，及撥與人騎坐者，五品以下降一級，以上降二級。其各邊分守守備把總管隊等官，將騎操並驛傳走遞官馬，擅撥與人騎坐，及私用伺候等項，亦照前例問擬。嘉靖二十三年議准，有將官馬雇借騎馱者，照例追問。仍將追罰馬匹，每匹折銀十兩，送太僕寺交納，以備買馬之用。又議准，京營管操把總等官，占馬及送馬與人騎坐，除照例降一級外，其有勢要求迫者，亦照例治罪凡擅調官馬。嘉靖二年奏准，在外各該衙門，未經奏准，輒於所屬擅調寄養孳牧馬匹者，比私借官畜產律，私自借用，或轉借與人，及借之者，各笞五一，追雇工賃錢入官。若計雇賃錢重者，坐贓論，加一等。倒失者，比毀失官物坐罪。違者，許太僕寺執奏，兵部參究治罪。

又　凡盜賣官馬。宣德四年，令追罰馬二匹。知情和買牙保鄰人，各罰馬一匹。宰殺及偷賣官騾者，亦如之。首告者，於犯人名下追鈔五千貫充賞。凡巡馬官，每三月一換。弘治間奏准，養馬人戶，盜賣官馬至三匹以上者，問擬盜官畜產罪名，發附近衛所充軍。其盜賣寄養馬者，亦如之。知情和買者，民發擺站，軍發邊方了哨。嘉靖二年奏准，盜賣騎操官馬，及照例罰馬人犯，盡產變賣，買馬還官。如果貧難，免其追罰，軍調邊衛，民發附近衛所，永遠充軍，遇赦不宥。其各營把總，地方守備等官，遇前操軍盜賣和買官馬，三匹以上者降一級，五匹以上者罪止降二級。

又　凡借點馬匹。宣德九年，令兵部官同禦史給事中，點視征操馬匹。借點，及借與者，共追馬一匹。馬無見在，及隱漏不報者，查追。仍勘其冒支草料，加倍追納。凡下班馬匹。宣德七年，令外衛官軍，原領騎操馬匹，下班之日，不許帶回。弘治十三年奏准，下班官軍將原領馬匹兌與見操缺馬官軍，領騎餧養。若有擅騎回衛者，問罪罰馬一匹，解兵部給操。其原領馬匹，倒失者追賠，與成化元年例同。

又　凡起解馬匹。天順二年令，官軍人等，強奪起解馬匹者，問罪罰馬一匹，仍枷號一個月。成化十年奏准，各處解馬赴京，有兜攬價值，將老馬攙雜驗印者，俱問罪，發邊衛充軍。其起解馬，除例應折納外。有齎價赴京，通同收買者問罪。弘治十三年奏准，凡司府州縣起解備用馬匹。各要經由分管太僕寺寺丞等官，驗中起解。若有馬販交通官吏醫獸人等，兜攬作弊者，俱問罪，枷號一個月，發邊衛充軍。再犯累犯者，枷號一個月，發極邊衛分充軍。嘉靖二十年題准，各該解馬人員，不赴部寺投文，通同馬販醫獸人等，旋買馬匹作弊者，聽部寺及該城禦史密切訪拏送問，用大枷枷號一個月，發極邊衛分永遠充軍。凡中賣馬匹。弘治五年奏准，各邊軍民，將不堪馬匹設計中賣。及管軍官，以私馬倩與軍士，多支官價者，官軍調邊衛，帶俸食糧。民及餘丁，附近充軍。通同作弊者，枷號一個月發落。凡大同三路官旗舍人軍民人等，將不堪馬匹，通同光棍，引赴內外官處。及管軍頭收買私馬，詭令伴當人等出名，情囑各守備等官，倩與軍士，通同醫獸作弊，多支官銀者，俱問罪，官旗軍人調別處極邊衛所，帶俸食糧差操，民並舍餘人等俱發附近充軍。引領光棍並作弊醫獸，及詭名伴當人等，各枷號一個月發落。幹礙內外官員，奏請提問。正德十六年奏准，有倚勢兜攬囑託賣馬，及通同官吏醫獸人等，作弊估價，瞞官害民者，俱用百斤大枷，枷號一個月，滿日，官軍俱調極邊衛所差操，舍餘人等俱發邊衛充軍，官吏醫獸人等一體重治，幹礙內外勢要人員指實奏治。

又　凡克減草料。成化四年令，官軍勇士，私賣官給草料，以致馬匹瘦死者。巡綽官緝拏，並買主送問。弘治三年奏准，把總等官克減官馬草料者，計贓滿貫，發邊衛立功，滿日，就彼帶俸。盜賣者，發了哨。買至料豆十石以上者，充軍。十四年奏准，官軍關支馬料，委官一員管領。若縱容盜賣者，發邊衛立功，滿日，就彼帶俸。買者，問罪畢日，枷一個月發落。

明 張萱《西園聞見録》卷七一《馬政・往行》 宣德元年，兼兵部事、行在工部尚書黄福奏，近大軍東征，皆給馬匹，民以馬赴太僕寺，各衛官兵理當赴官領馬，乃輒于城外迎候馬至，擇其善者徑馳去，民莫敢與爭。今民來訴者，計馬一萬七千餘匹。請令五軍管隊官挨究，但非經太僕寺關領者，悉送法司問罪，追馬還官。上曰：『彼時官軍爭取馬者，蓋以師出甚急，故且姑勿行軍，但揭榜曉示，令自首還官，不首許所管官旗及同隊之人首告，得實者追犯人鈔一千貫充餉，仍罪不首之人。』

明 朱國禎《湧幢小品》卷三一《牛禁》 宣武門外多回夷聚居，世以宰牛爲業。巡城楊御史四知榜禁之，衆皆鼓譟。諸大臣知狀，弛其禁，乃定。此戊子年事，蓋禁殺牛自美事，而京師不可行，想各邊亦當然。韓晃以賊非牛酒不嘯結，乃禁屠牛，以絶其謀。犯令者，誅及鄰伍。涀特禁屠，以盜賊為名可重共罰，此機變也。

清 朱奇齡《續文獻通考補》卷四八《起解》 明初，種馬課駒，俱搭配補種，餘即變賣入官，未嘗解俵。正統中，始于孳牧内歲取備用馬二萬匹，北七分，南三分，限八月解部，發太僕寺驗印給俵，後增減分數，本色、折色節年不同，寄養京府，照地編户，如養種馬，以備不時調兑。成化中，定南馬不堪用及不足數者，每匹徵銀十兩，以備收買。弘治中，定歲取一萬匹，有俱解本色者，（北直、河南等處。）有俱解折色者，（應天、鎮江等處。）有本折中半兼收者，（永平有本折三七，盧鳳等府或四六，淮揚等處兼收者。）至正德中，數增至二萬五千匹，少者二萬，價徵至每匹十五兩，照丁科派，民愈不堪。嘉靖以後，頗酌豐歉笑傷，多所寬宥，然折色有徵銀十八兩至二十七兩，本色改折色有徵至三十兩者，備馬以三萬為額，或全折，或半折，民甚苦之。按：洪、永間種馬之法雖不免累民，然而寬徭復役，猶多優恤之令，而馬亦因以蕃息。自課駒變而解俵，解俵變而折銀，于是因丁起税，視産均徵，民不必有領養之馬而攤派之銀無從豁免，害民甚矣，而馬政亦廢，其弊皆起于額取備用馬解京也。昔漢世牧馬之盛，史稱衆庶街巷有馬，阡陌之間成群，則知馬之牧于民者，民皆得而有之矣，豈嘗規規焉責之額辦因而浚其利乎？故民不以為苦。如明之法，則民牧者毒民之政也，至于天閑之選，宜養之畿郡，而仍以軍牧之分別等次，如《周禮》馬量三物之意，別其良駑，歲課其駒以備用，可也。

又《買補》 洪武榜例，倒失者聽民轃價買補還官，驗印作數，違遲者一體追駒。弘治中，始令應買補者，遇生息之時徵價銀，大馬一匹銀五兩，駒一匹倒失者三兩，虧欠者二兩，解京以備各邊買馬之用。正德中，令軍民原領孳牧及騎操馬匹倒死，告官驗剥，其皮張尾肉許馬户自賣，買補還官。餘凡寄養馬，即備用馬、借兑馬、防邊騎操馬、京營家丁馬、巡捕馬、直差馬、錦衣衛軍勇士馬、各邊馬、外營馬，驛站倒死者，俱有報驗買補徵銀之例，累朝大同小冀。凡椿朋。自成化中定馬倒失者，其馬主係職官都指揮以下出銀三兩至二兩，旗軍一兩五錢，走失被盜者加五錢，謂之椿頭。又令各營馬隊官軍每月朋銀都指揮以下每月一錢，千百户以下七分，旗軍五分，貼助買補。在外各邊悉照此例。弘治中，令買馬不敷，聽支草場租銀三兩貼助。嘉靖中，又有追罰官軍領養馬倒死，在一年内者，軍罰三兩，官罰四兩至六兩；二年以上，軍二兩，官二兩五錢至三兩五錢；五年以上，軍減五錢，官遞減；十年以上，軍又減五錢，官遞減。走失被盜者，各加五錢，按月追完；十五年以上者免追，扣除各營支放粮草，折色之時，將應出朋銀扣補，方行給放等例。凡禁約。自宣德中，嚴私用官馬，閒時騎坐馱載及借人者，罰馬入官，及盜賣犯者罰二匹，知情和買及宰殺者罰一匹，借點征操馬借人罰一匹之罰。其後列朝所定，有下操歇操馬不許帶回，起解馬不許更换，及擅調官馬者坐律，炤私借官畜，令中賣官馬者，將不堪馬設計中賣治罪，尅減草料者或官或軍計贓等例。按：《周禮》馬質掌質平也，馬凡受馬于有司者，書其齒毛與其賈，馬死則旬之内更償也，旬之外入馬耳，以其物更，以皮肉筋骨來償，不計價，其外十日之外否，并皮肉亦不取。由此觀之，則償馬之令自古有之。蓋養馬者或飼秣不以時，畜牧不以法，則無蕃息之理。用馬者或疲苦之，戕賊之，甚者私賣之，窃食之，則有倒失之虞，是皆不可無法以為之禁制，此買補之例所由設也。然古者償馬，惟旬以内，是法雖立而意嘗寬，後世乃至無馬不償，則在民在軍無不並受其毒矣。而且立為椿朋之法，設為追罰之條，全不以養馬為先，而惟以輸銀為急，可平哉？修馬政者宜略倣古法，令凡領養種馬者三月以内倒死，買馬償官，一歲以内入其耳與其皮，量罰肉臟之費，多不過銀一兩，歲以外免罰入耳與皮，有駒者入其駒，本管類報兵部，仍給馬領養。其私賣私宰責償之外，更罰之如所償之價。若夫軍士所受征操之馬，官仝病死，聽執耳報官，本管委官驗視埋之。如係故意損傷及放失者，責償馬價之半。臨敵戕馬避戰，則治以軍法。私賣私宰，如種馬令。如此，則馬政舉而受馬者不苦，其擾作奸者亦無所容矣。

又《**比較**》 洪武中，歲遣太僕寺出巡比較孳牧馬匹，以倒失虧欠行罰。其後各府寄養京邊騎操之馬皆有稽查比較事例，悉領于太僕。按：洪永以後，馬政比較事例甚煩且碎，養馬者苦之。如以軍牧，則稽查比較，責成將領可矣。

藝文

明 莊昶《**莊定山集**》**卷四**《**旱禾爲官馬食踐殆盡**》 山田幾月全無雨，抱甕安能坐老夫。粥食已安今歲減，馬羣誰遣一禾無。眼昏口燥真欺得，天遠山深可用呼。且直區區餘事裏，坐擕書卷看河圖。

明 吴寬《**家藏集**》**卷二九**《**題西戎獻馬圖贈楊應寧都憲督理陝西馬政**》 烏騅曉度黄河來，蹴踏萬里風沙開。四蹄垂銕不可鑿，拳毛繞腹非凡材。戎人牽過蕭關下，毳衣氊帽胡爲者？不辭馳獻到關西，聞道楊公來主馬。平涼極望水草新，監苑重開列圉人。此疋眞爲渥洼種，隱起龍文猶滿身。馬復令行如詔旨，蕃恩應看錦雲比。唐家莫説惟毛仲，秦世徒傳有非子。內地養馬連長槽，輭水莝草民何勞。楊公一來壯兵氣，萬騎逐北天山高。羯胡夜撤穹廬遁，馬政既成公入覲。還將此疋獻天閑，不是按圖空索駿。

明 劉春《**東川劉文簡公集**》**卷二二**《**題遂庵體國堂以都御史督理陝西馬政奉勅有志存體國之語揭以名堂故云**》 天語昭回莅政堂，仰懷德意獨深長。地鄰虎落居衝要，任寄烏臺重激揚。舊典百年新復振，窮邊萬里可爲防。華山矗矗秦關上，見説公名直與方。又 許國丹心不負初，胸中何止五車書。烽烟會欲消殘盡，雲錦纔看出緒餘。冰蘗稜稜横節操，絲綸赫赫照清虚。從來功業非空建，名世何人學術踈。

明 嚴怡《**嚴石溪詩稿**》**卷二**《**官馬嘆**》 羸瘦憐官馬，求無牧與芻。圉人踈畜養，驛使任馳驅。本自蹣跚蹩，元非汗血駒。傍觀三嘆息，我亦在泥裡。

明 馮琦《**宗伯集**》**卷五**《**送李汝培侍御視關中馬政**》 群山北折擁遐荒，道路爭看繡斧光。不獨驊騮稱國馬，坐教魑魅避神羊。桃林渺渺春多雨，栢府沉沉夜有霜。誰向龍門堪御李，惟應漢署憶馮唐。

明 崔世召《**秋谷集**》**卷下**《**祝文柔大行出使山西查馬政歸浣**》 向來消息邈天涯，少壯恩深刺史家。召伯久留棠作芨，阿咸今喜筆如花。霜寒邊塞安胡牧，秋淨鄱湖泛漢槎。潦倒一官重握手，為君灑酒頌皇華。

明 馬世奇《**澹寧居詩集**》**卷中**《**送王秀里侍御視關中馬政二首**》 豸節乘春日載陽，家傳聲久重青箱。平看蜀道當車穩，清引秦川入座涼。十八盤疑雲作御，三千錦映繡爲裳。聖朝無事歌天馬，魯頌今賡駉四章。又 西去皇華勝概偏，行行止處半疑仙。馬分御史青驄色，書受神人《黑玉篇》。地帶雍梁隨柱後，天連蕃漢在床寿。見高試聽胡琴弄，應有南薰韵五絃。

馬祭

論説

明 歸有光《**震川集**》**卷四**《**馬政祀祠**》 周禮：「春祭馬祖，夏祭先牧，秋祭馬社，冬祭馬步。」馬祖，天駟也。房為龍馬。又周禮：夏「禁原蠶。」天文，辰為馬精，龍與馬同氣。古之聖人，非通天地萬物之理，其孰能與於此？是以制祭祀而國家受福，百物皆昌也。祭以剛日，用少牢，皆於大澤。具隋志及唐開元儀。祝皆曰：「天子遣某官某昭告」云。余觀秦趙史記，自益為朕虞，佐舜調馴鳥獸，其後費昌、仲衍世為禦有功，列為諸侯。而造父幸於周穆王，得驥、溫驪、驊騮、騄耳之駟，獻之穆王。穆王使造父禦，西巡見西王母，樂之忘歸。而徐偃王反，造父禦穆王，日馳千裏以歸，造父由此封於趙城。其後奄父為宣王禦，而非子以善養馬，孝王封之犬丘。豈以栢翳為虞，而子孫世世善禦能息馬哉？上古聖賢，皆神靈通於萬物，不可以後世測度也。穆王、造父之事奇矣。夫社祀以勾龍，稷祀以棄，若造父、非子，豈今所謂先牧耶？太僕秦官，主奉車，又掌馬事，意秦制蓋有所本，抑周禮軼而不備，不然，何前世禦者皆能善馬也？太僕職兼奉車與馬，其出於古，非秦官明矣。洪武六年，太祖幸滁，學士宋濂從。太僕寺卿唐元亨請置廟，祠於滁。永樂間，北京太僕寺在通州，故建祠如滁。其神曰先牧，曰馬祖，曰馬社，曰馬步，曰司馬，凡五神位。每歲春秋，天子遣太僕少卿主其祭。而天下凡養馬處，處皆有祠，遂為通祠。弘治二年，學士王鏊為建廟記，其文曰：「國家大祀，郊祭外則社稷。社祭土，稷祭穀，皆民所恃以生。國之大事在戎，戎政之大在馬，馬之生養蕃息在人，而亦有人力所不及，則馬神祀固宜居社稷之次。天文：房為天駟，辰為馬。詩云：『既伯既禱。』周禮：『春祭馬祖，夏先牧，秋馬社，冬馬步。』皇明建都古冀，馬之所生。而通州為地高寒平遠，泉甘草豐，彌望千里。世傳太宗靖難，與南軍戰於此，若有相焉者，因詔作馬神廟於其地。在今通州之北，地曰壩上，鄉曰安德。旁為禦馬苑，凡二十所。春秋二仲，則太僕少卿往主祀事，其辭曰：皇帝命某官某致祭。往必陛辭，返必廷復，其嚴如是。歷歲滋久，梁桷坼陊，藩級蹶圮，沮洳穢翳，人畜不禁。行禮至結茅以蔭，已乃撤去。風露橫侵，星月仰見，心虔跡褻，相顧惋歎。而皆重於改作。弘治八年，太僕卿臣禮始具以聞，且乞立方題名，以示永久。詔可。以屬役於通州等二十五州縣，財因歲登，力因農隙，始九年之三月，十年二月皆成。湧殿穹堂，長廊邃廡，齋廬庖湢，完舊增新。周垣外繚，重門中閎，啟閉以時，過者祗肅。是役也，始前太僕卿臣禮、臣鉞，成之者，今太僕卿臣琮，而少卿臣質、臣珩、臣纓實相之。寺丞臣珪、縣丞臣鐸，實敦其事。禦馬監太監臣春等實佽其費。於是翰林侍讀學士臣鏊，再拜稽首，書其事於碑。古者王畿千里，出車萬乘。國初，賦地於民而牧之，國與民蓋兩利焉。及今百有餘年，其地固猶在乎，然則取之於民則為擾，牧之於民則又擾，是何哉？方今聖人在位，百度具舉，而尤垂意馬政，琮等多協力以崇神祠，則在人者其將次第而修復乎？銘曰：「駪駪國馬，於甸之野，渙焉如雲，騈焉如雨，有廟言言，在潞之陽，始誰作之，自我文皇。敢有不虔，天駟煌煌！瞻彼雲漢，造父、王良。有崇有圮，其自人始。神斯降祥，人維致喜。昔在衛文，亦有魯僖，心維塞淵，思亦無期。功以才興，亦以惰毀。琢石鑱詞，爰告無止。」世宗虔事上玄，嘉靖中，四時遣祭，皆以卿行。今上自如常祀，馬神祠在通州北四十利安德鄉鄭村壩。今太僕寺中亦有馬神祠，寺官到任及朔望，始土地祠致拜而已，無祭禮。祭則於通州壩上。壩上諸房養馬，禦馬監掌之，以挏乳，天子之玉食資焉。餘既述祠祀如前。後問知皇朝故事者，謂洪武二年，築壇於後湖，先是詔禮官考定其儀，曰：「周官以四時分祭馬祖、先牧、馬社、馬步。先牧，始養馬者，其人未聞。馬社，始乘馬者，世本曰：『相士作乘馬。』馬步，神之災害馬者也。隋因周制，祭以四仲月，唐、宋不改。今定春秋二仲月甲戌庚日，於是遣官行禮。為壇四。壇用羊一、豕一、幣一，其色白；籩豆各四；簠、簋、登、象尊、壺尊各二。樂用時樂。獻官齋戒公服，行三獻禮。祝曰：『維神始於天地之物，而馬生於世。牧養蕃息，馭而乘之，閑廄得所。歷代興邦，戡定禍亂，鹹賴戎馬，民人是安。朕自起義以來，多資於馬，摧堅破敵，大有功焉。稽古按儀，載崇明享。爰伸報本，以昭神功。』」永樂十三年，行太僕卿楊砥請立馬神祠於蓮花池，上命翰林院考古今儀式。翰林院言：「古者春祭馬祖，夏祭先牧，秋祭馬社，冬祭馬步之神，國朝南京止祭司馬之神。」於是設馬祖及司馬五神位。每位用羊豕帛各一。儀制准南京。洪武本祭四神，而永樂儒臣乃謂南京止祭司馬之神，不應失考如是。疑後湖蓋始議，至滁陽而復改，尚未有考也。天順五年，天子復於壩上馬房，命別自建祠，而以元旦冬至及聖節遣內侍主其祭，光祿寺具品物，不領於祠官。

明　黃克纘《數馬集》卷六《冰雹異常擊死人畜請乞修省以回天意疏萬曆三十九年五月》

題爲異常冰雹擊死人畜甚多，懇乞聖明遇災脩省，以回天意事，據青州府安丘縣申稱，本年四月二十日暴雨冰雹狀如雞卵，勢若拋石，自未至亥，平地冰水橫發，五穀盡傷，冰雹擊死、渰死各社居民李洪等家牛七十四隻，驢三十一頭，羊四百四十六隻，又民人王雷有雇工人劉邦守等六名，在地名龍王窪內鋤田，忽被冰雹暴至，山水驟漲平地二尺，將劉邦守等五名打渰身死，仍有一名宋才打傷未死，又有居民李君佩在坡牧牛，亦被擊死，所傷地畝計長八十餘里，闊約三十餘里等因，申報到臣，除批行青州道查勘，另議賑恤外，臣會同巡按山東監察御史馮窺看得冰雹之災，歲所嘗有，然未有打死人畜若此之甚者也。臣等考之經史，春秋僖公二十九年秋，大雨雹，昭公三年大雨雹，未言殺人畜也，而聖人皆書於經，其垂戒深矣。至漢宣帝地節四年，山陽、濟陰雨雹如雞子，殺二十人，蜚鳥皆死，是歲霍氏以謀反誅。安帝元初四年六月，郡國三大雨雹如雞子，殺六畜。《古今証》引《京房占》曰：『夏大雨雹，天下兵大作。』獻帝初平四年六月，右扶風雹如拳，殺人。袁山松書曰：『前後雨雹，此冣爲大。』時天下潰亂。唐咸亨二年四月，大雨雹，震電落，則天門鴟尾三先儒以為雹者，陰脅陽也，又曰：『人君惡聞其過，抑賢用邪信讒，殺無罪，則雹下毀瓦、破車、殺牛馬。』太和五年六月，濮州雨雹如拳，殺人三十六，牛馬甚衆。宋靖康五年十月，秀州華亭縣雨雹大如荔枝，實壞舟仆屋，此載在漢、唐、宋史册者。其餘未至殺人畜者，則臣等不勝引也。大抵陰陽之氣和而散則爲雨，不和而散則爲雹。雹之大，至人畜被殺數多，此異常之變，非細故也。乃於臣屬地方見之，臣等不能宣布德意，調和風雨，罪應罷斥，何敢自文？然欲求所以消弭災異，為民請命，則又不能無望於皇上也。蓋聞之《洪範》論云：『陽之專氣爲雹』，陽專而陰脅之不能相入，則轉而爲雹，猶臣意不合於君心也。臣等職守在外，不敢言及内事，惟以地方之事言之。山東三歲旱災，臣等具疏請勘請賑，而疏竟不報，又念地方赤子流離，商賈不至，請蠲減稅銀，而疏亦留中。夫臣言之不入於君心若此，則其致此災異，豈無故哉？伏望皇上惕然修省下臣等勘災減稅二疏，以寬恤災民，挽回天意。又即此推之，凡臣子之言有逆於心者，悉以道求之，翻然聽從，如是而災異不消、太平不臻者，臣等請伏欺詐之罪。

紀事

明 雷禮《南京太僕寺志》卷九《規制》 司馬神廟，在本寺西隅。洪武六年六月初，太祖巡狩幸滁，學士宋濂扈從，二十二日，本寺卿唐元亨請置廟祀司馬神，制曰可。濂《扈蹕志喜》詩云：『承恩扈蹕幸中京，侍從鑾輿老亦榮。綵結千門迎左纛，帆飛萬軸引前旌。瑯琊山近浮龍氣，六一泉清瀉玉聲。宸翰喜觀新製作，南薫調古和難成。』十四年，重建之，祀以春秋仲月儀等社稷，祀司馬神及馬祖、馬社、馬步、先牧之神。其祭儀，滁州及全椒、來安二縣遞年均徭出辦。弘治十八年，本寺卿陳璧重脩，江西副使錢山記：南京太僕寺不在京而在滁者，滁爲我太祖高皇帝龍興潛邸，嘗聞諸故老，本寺衙治，山脉行龍，有類房宿，蓋房爲天駟，司其馬也，故寺焉，以司馬政。寺西廼設廟焉，以祀馬神。廟西又設菴焉，以僧供灑掃，奉香火，重大事也。是皆我太祖龍飛駐蹕時所親定者，所以初雖設寺於城，不數載仍遷於此，乃建廟焉。是廟也，天下司馬神之始廟也，可不崇重而加敬乎？其廟自洪武癸丑至成化己亥，已百有餘年，雖太卿淳安方公孔殷重修，不過存可更否，聊且修葺，功不一月而成者，今又幾三十年，其棟梁椽桷，榱題節棁，俱以年遠腐朽，近又大經風雨，震凌欹斜，漸將顛覆，一木豈能支耶？太卿陳公瑞卿細慮夂矣，廼謀少卿夏公廷章、陳公明之、鄭公體元、寺丞林公舜卿、白公廷臣、施公亨甫、華公文光曰：『國之大事，祀與戎也。馬豈戎之外物哉？馬之蕃息與否，固我輩之責，至若所以蕃息與否，實有賴於神焉。廟貌若此，神靈何以安乎？神既不安，祀事雖嚴，吾恐感而不通，難僥默相之福。茲欲舉而修之，費無所出，申奏則煩其上，設法則損於下，欲行滁州查理本寺發下數年所積公帑若干，從權處置，擇委一官管理支銷，仍令本寺主簿路談董督查考，則上不煩而下不損，不知諸公以爲何如？』僉廼欣然以謂本寺所積，充卒寺之用，公而不私，以成大事，即權而得中之道，誠我公善處之術也，夫復何疑？若拘拘於小嫌，而見義不爲，豈大臣處大事之道哉？衆既樂從，公廼慨委義官李夲、范山經營估計，亦知悉心，而凡工料匠作與夫傭力之所需，深懼浪費，且數有稽考，工有程度，凡材木皆簡選而樸斵得法，磚瓦皆磨礱而砌瓦有方，規模雖仍其舊，損益咸得其中，故凡正殿兩廡儀門以及神厨宰牲齋宿等處四十四楹，高卑得宜，大小各稱，明爽而淸潔，精緻而堅固，加以墨青丹粉之塗飾，一皆本於陳公調度，又得接管主簿吕鉉，精勤能幹，尤稱委任，遂爾煥然一新，完非苟完，美非苟美，而廟成矣。名雖重脩，實則重造。廟成而設，主神斯安矣。主設而嚴祀，神斯享矣，諸公之心亦於斯而盡矣。嗚呼！幽則神靈，明則人心，神靈之靈即人心之靈，人心之靈之誠既有所感，則神靈之靈寧有不應而默相其馬者哉？默相其馬則自然孳牧日盛，灾疫不生，而騏騮騧驪在在滋廣，南征北伐以服以驂，無往而不資矣。龍種神駿，歲歲有增天閑，乘輿以足以动，無用而不可矣，豈直騋牝之多而已哉？由是觀之諸公忠君愛國之心，敬神恤民之念，可謂無負於朝廷，不愧於職守，將與神明脗合，我即神，神即我，無幽明，無彼此，以福生靈，以壯兵戎，以張天威，以肅邊鄙，以保億萬年無疆之休，厥功顧不偉與！雖然，公猶不自爲功，而不立紀也。滁之知州張鐩、判官董敏、吏目吕寰咸仰公之盛舉，始於弘治甲子之孟秋，成於乙丑之季春，興工凡八月餘，一毫不千於民，民亦不知而不識也。矧其事正吾有司所當修葺者，亦不容一力以助其功，是皆吾屬官與民之福也。吾徒若不表章志之於石，則公之盛德大業可垂永夂者，固不在是，而其所以修廟之故，後人孰得而考其詳哉？廼具事由來，請予紀。紀非記實不足以傳信，故以耳聞目覩者復之。福建僉事劉愷記：軍國之大利，莫先於馬，舉其政者在人，而資其盛者則神。前代統牧之方，具載版冊，我太祖高皇帝受命之初，酌古建制，以是用之，先且大也。洪武癸丑首建太僕寺於滁城通衢之西，甲子再遷豐山之東南，寺之西不一里復立馬神廟以司之。春秋有祀，朔望有儀，列聖相承，益爲訓飭，所以重戎示報也。初，其屬有羣官，尋置監，繼更牧監，乙亥裁革監羣，併其馬歸有司牧蓄，每歲分寺涖屬，考閱條約甚周，百十年餘閑廄充牣，而廟經歲遠，土木傾敗，弘治壬戌秋，風雨大作，傾敗於前者，旋復震凌，極於大壞。未幾，太卿太原陳公由山東憲使簡擢適至，經覽之餘，慨謂棲神庇牧，各失所司，不假以營修，亡以稱上德意。少卿星沙夏公、盱眙陳公、任丘鄭公、寺丞莆田林公、毘陵白公、平湖施公、錫山華公、主簿懷慶路均、晉州吕均聞而韙之，議協先後檄支本寺發收公用價銀，易材募工，以法葺治，門垣殿廡以序告成，黝堊丹青輝聯内外，一材一力不取諸民。經始於甲子秋七月，訖工於乙丑春三月，州僚具其事狀，徵予文記之。惟馬牧之說，古今凡幾變矣。統牧之術備於周，怠於漢，耗於唐，而振於宋，際我皇明聿崇是制，簡廷臣以率其屬，嚴考績以別其能，通廟祀以資其福，矧吾羣公道合志同，輸成協相，足以裨軍國而樹勳庸，格鬼神而慶蕃息，將見瘦羸復爲壯盛，駑駘化爲驊騮，内廄外閑，種餘六屬，天監塞苑，匹止縑駷，牝三千思馬斯徂之頌，不得專美於前矣，尚何怠與耗者之足慮哉？併書以俟，系之詩曰：巍巍神祠，閑廄是司。建自國初，聖祖雄麾。先臨六師，姑弛其餘。睠彼驊騄，用資軍國。匪地弗居，淮江南北。總屬畿域，莫勝於滁。設寺是因，命官惟寅。首奉公車，率茲監羣。揮騕嫗駠，勿淆魯魚。祠依岩谷，威靈孔肅。疫賴以抾，流光倏忽。經年滿百，不任椿楧。林秋始高，狂飈怒號。殿踣如苴，垣廡周遭。弗遺纖毫，欲成荒墟。陳公既惻，忍孤上澤。中心歉如，乃登同德。乃諗羣屬，乃輯其謫。復歸帑牧，畀之用俟。材木是儲，筮協遠謀。族工增修，無煩里閭。吏勤工善，晨昏靡倦。有衆來謂，曰廷曰殿。美輪美奐，從菑及畬。昔何歌傾，今乃崢嶸。神忡勃舒，月窟降精。龍媒毓形，既永寧虛。衆牧斯碩，天閑以溢。公績可書，書藏石室。名流罔極，非公誰歟？龍泉菴，在馬神廟右。洪武六年六月二十二日本寺卿唐元亨等奏准建馬神廟，就設龍泉菴令僧人看守。二十三年九月二十四日，本寺卿朱守仁等早於奉天殿丹陛前奏，馬神廟原有兩箇僧人看守，如今要歸併寺院，合無仍存留他看守。奉聖旨，仍留兩箇僧人看守，欽此。至嘉靖二年，本寺少卿王熑等因守者缺人，買田給僧，俾之耕守。自爲記：龍泉之有菴，蓋我太祖高皇帝用太僕寺請，特建以守夫馬神廟者也。洪武季年，詔汰天下僧，而是菴仍留僧二人，以廟在也。但菴舊無常業，僧頗不樂居，故守者常缺人，而菴因以壞。今年滁有司白巡按劉君欒重新之功告成，予適署寺事，少卿汪君玄錫、寺丞吳君天挺、劉君樽及童主簿時咸謂予曰：『廟以菴守，菴以僧守，僧以産守，失今不爲之計，厥後將有如前日之復壞者。』予慨然之，遂以予分隸所積贖金在滁者給買民唐洪等水田若干畝，歸之菴，俾爲之僧者耕以守焉，授之牒以爲信，且戒勿失，庶不負我聖祖特建之至意，而廟亦永有所托，固吏于茲者，分内事也，果爲比丘圖哉？一水田一所，共三十坵，種七石，坐龍盤寺東南，東至泉永塤，南至唐滸園，西至塘堰，北至袁寛，田一地泉一道，以資灌溉，一站糧一石。

清 閻鎮珩《六典通考》卷一六六《王政考・馬祭》 明洪武二年，建祭馬祖、先牧、馬步、馬社之神，初命築壇於後湖，祀馬祖諸神。禮官奏言，周官牧人掌天馬之屬，春祭馬祖，夏祭先牧，冬祭馬步。馬祖，天駟星也。《孝經說》云：房為龍馬。先牧，始養馬者，其人未聞。馬社，始乘馬者，《世本》曰：相土作乘馬。馬步，謂神之災害于馬者。隋用周制，祭以四仲之月，唐宋因之。擬春秋二仲月甲戌庚日為宜，於是遣官行禮，為壇四壝，用羊一，豕一，幣一，其色白，籩豆各四，簠簋登象尊、壺尊各一，用時樂，獻官齋戒，公服，行三獻禮。祝文曰：『維神始於天地之初，而司馬於世。牧養蕃息，馭而乘之。閑廄得所，歷代興邦，戡定禍亂，咸賴戎馬，人民是安。朕自起義以來，多資於馬，摧堅破敵，大有功焉。稽古案儀，載崇明享，爰伸報本，以昭神功。謹以制幣，牲齊式陳，明薦尚享。』自後定於春秋仲月十五日遣兵部官祭，歲以為常。四年，蜀明昇獻良馬十，其一白者長丈餘，不可加羈勒。太祖曰：『天生英物，必有神司之。』命太常以少牢祀馬祖，囊沙四百斤壓之，令人騎而遊苑中，久之漸馴。帝乘之以夕月於清涼山，比還，大悅，賜名飛越峰，復命太常祀馬祖。五年，并諸神為一壇，歲止春祭。永樂十三年，立北京馬神祠於蓮花池，其南京馬神則南太僕主之。弘治九年三月，詔修通州馬神祠，祠在治之北，地名壩上安德鄉也。初，文皇帝靖難兵起，戰其地，覺有神相之，因詔作馬神祠。久之，祠廢，至是順天府尹彭禮等修之。嘉靖二十八年，以先牧廟建自永樂，歲久頹弊，修之。歸有光曰：天文辰為馬精，龍與馬同氣，古之聖人非通天地萬物之理，其孰能與於此？是以制祭祀而國家受福，百物皆昌也。余觀秦趙史記，自益為朕虞佐舜，調馴鳥獸，其後費昌仲衍世為御，有功列為諸侯，而造父幸於周穆王，得驥温驪驊騮騄耳之駟，獻之穆王，穆王使造父御西巡，見西王母，樂之忘歸，而徐偃王反，造父御穆王曰馳千里以歸，造父由此封於趙城。其後奄父為宣王御，而非子以善養為孝王封之犬邱，豈以柏翳為虞而子孫世世善御能息馬哉？上古聖賢皆神靈通於萬物，不可以後世測度也。穆王造父奇矣。夫社祀以句龍稷祀以棄，若造父、非子，豈今所謂先牧耶？太僕，秦官，主奉車，又掌馬事，意秦制蓋有所本，抑《周禮》軼而不備，不然，何前世御者皆能養馬，太僕職兼奉車與馬，其出於古，非秦官明矣。

其他

論説

明 雷禮《南京太僕寺志》卷六《寬恤》 昔人謂農事弗擾則馬政自脩，蓋民爲邦本，王賦以之爲盛衰，外夷視之爲向背者也。故英君誼辟相與講武備，數軍實以勤馬政，而未始不篤厚於民，是以上下之情同而富彊之業基矣。後世知隱兵於農，而不求所以固其本，則馬政未必脩，而民日耗，豈樹牧之程固如是哉？故備悉坰政而採其宜民者次之，使經國者知有金城焉，不獨備戎事而已也。【略】予因稽查歷年條議馬政，守土者主於省種課，掌兵者主於急徵俵，是何其務以職勝而不於大道者耶？夫馬之登耗，兵勢强弱係焉；民之安危，國脉休戚係焉。使違道去種課，是征伐可偃於天下也。況種兒騍馬起於丁田，設有定額，凡倒損虧欠，遇赦不蠲，令典具在，孰敢違之？但兵資於馬，凡以衛乎民也。今廬、鳳、滁、和一帶荒榛遍埜，物力大屈，盡江以南極，揚淮以北，瀕海枕河，巨浸茫然，加之水旱相仍，歲爲氓患，其見於愬告者不下百十餘疏，使灾傷重大，而忍心追併，是操其刀而剜之也。至於死亡，謂是爲得富彊之術，又孰知無民矣而用馬，以誰衛哉？是故衛民者亦求其所以衛之之道，斯善矣！

明 畢自嚴《度支奏議・新餉司》卷一〇《恭進戰馬疏》 題為欽奉聖諭，恭進戰馬，以備征勦事，本月十一日恭奉御扎傳總提協，目今各軍需馬甚急，外解不至，爾等可傳示勲戚文武諸臣，如有堪用戰馬駝騾，不拘匹數，速交内監，分發軍前急用，事平敘賚。欽此。又司禮監續傳聖諭，勳戚文武進馬騾還，傳他速連鞍轡齊來，欽此。欽遵，該臣等照得犬羊匪茹深入犯順，大兵既集，殄滅可期，但虜之長技在騎，必須馬軍乃足制其死命，睠兹新募之營，原無額設之馬，冏寺既空於徵發，外解又阻於途梗，徒步操戈，何能取勝？皇上為各軍圖萬全之計，示諸臣以急公之誼，苟抱同仇，敢愛髮膚？惟是京城營馬之外，所蓄私馬無多，緣城門之既扃，致市販之維艱，即有家廐下駟，亦鮮堪充戰陣。臣與倉場督臣及左右三侍郎率各司官殫厥心力，各捐已貲，多方招買，僅得馬三十一匹，騾三頭，鞍轡俱全，雖愧望雲錦之群，亦聊佐軍興之乏，蓋一念狗馬之心，不容自已，非敢儌恩於敘賚為也。所有進馬官員姓名，開列疏後，伏惟聖明勑下該監查收施行，計開：太子少保戶部尚書畢自嚴進馬四疋，總督倉場戶部尚書孫居相進馬二疋，戶部左侍郎錢春、戶部右侍郎曹珍、户部右侍郎康新民，以上各進馬一疋。浙江司郎中吳鳴虞，山東司郎中范鑛，山西司郎中王肇生，河南司郎中黃道敬，湖廣司郎中董為，福建司郎中成珍，廣西司員外米世發，雲南司員外林一柱，山西司主事邢泰吉，雲南司主事馮世熙，河南司主事劉鎬，江西司主事陳觀陽，山西司主事李蓁，河南司主事戴金，湖廣司主事宋治寧，山西司主事劉賜桂，浙江司主事李不伐，山東司主事□文郁，雲南司員外鄭抱素，雲南司主事張堪，雲南司主事竇星，雲南司主事朱萬年，以上各進馬一匹。廣西司郎中王復興，雲南司主事趙建極，廣東司主事王國祚，以上各進驘一頭。通共馬三十一疋，驘三頭。崇禎二年十二月十五日具題，本月十八日奉聖旨，卿等率屬助進馬驘鞍轡，具見念切急，公着該監查收給發。欽此。

又 卷一二《覆遼撫請發額餉馬乾疏》 題為急請額餉馬乾以濟然眉，併設法議妥東江新到之兵以資進取事，專理新餉山東清吏司案呈，崇禎三年八月二十日奉本部送，蒙御前發下紅本，該遼東巡撫丘禾嘉題前事等因，奉聖旨，這缺餉及馬乾銀兩着戶部查明，即與措發，王弘化兵餉應否扣抵，并會同兵部作速具覆，欽此。欽遵蒙發到部，當即移會兵部查議，去後随準兵部咨開，東江屬登，關寧屬遼，分地分餉，各不相借。東江王弘化之調而歸遼，與關寧盛忠之調而歸登，一也；盛忠兵歸登即食登餉，王弘化兵歸遼即食遼餉，亦一也。各有缺兵，自各有存餉，以缺兵之存餉餉新補之兵，可不煩擬議，計遼兵缺額者已至萬，外而何憂，弘化之四百無措，欲扣東江餉以餉之哉？本部以為遼撫原未增兵，當不愁增餉也，為此合咨貴部煩照明旨内事理，即將崇禎二三年缺餉塩菜馬乾銀□行查明措給，王弘化兵既在遼，應給遼餉，希勿以東江餉銀扣抵，祈賜從長酌確具奏等因，移會到部，送司案呈到部，該臣等看得關寧之師日仰給臣部者，惟加派是賴，年來或支用不足，或外解中斷，追遡崇禎元年八月間，臣蒞任初，缺餉至五月未給，臣日夜摧儹抵補前欠，嗣是轉運稍稍如期。去年秋冬之時，猶壓欠一月有半，大都以下月而支，歷過上月之銀，要亦未始多欠也。今日之欠，自軍興浩費，運道阻塞，奪正額而供援兵，始有兩月餘之壓欠矣。據該撫稱，臣部欠寧遠鎮二年自九月起至年終月餉馬乾銀共四十六萬七千五百六十七兩一錢三分，又班軍鹽菜銀一萬一百五兩一錢三分，通共欠銀四十七萬七千六百七十二兩二錢六分，今查該餉司去年冬季積有三個月馬乾，并還官二項銀，據郎中王四聰所報，共得銀三萬五千四百二十一兩七錢一分五釐四毫，已扣抵前欠之數，所欠止四十四萬二千二百五十兩五錢四分四釐六毫矣。又據該撫稱，正月起至七月終止，共該正餉八十三萬九千一十九兩五錢六分六釐，實收到鎮者正餉銀共八十二萬五千兩，及查臣部自二月起至八月初六日止，前後發過九十四萬五千兩，內有七月二十四日委官趙萬學解五萬兩，八月初二日委官張士傑解二萬兩，初六日委官傳尚謙解五萬兩，共一十二萬兩，係起解在途之餉，該撫入告之時猶未到也。今八月二十二日遵奉明旨，又復發銀十萬兩，附寧前道陳新甲以行，則所稱四十三萬有奇之舊欠除，前後發過者實欠正餉二十三萬六千三百七十兩一錢一分六毫，而關外援薊兵馬按月支餉，臣部者不與焉。盖以關兵素稱梟悍，與九邊各鎮不同，臣部不敢截作舊欠，是以通長打算，先儘去冬而以未完者留作新欠，今該鎮以解到者已按月給發矣。細查去冬之餉，該鎮有借之商民者，有借之別項者，至今未償，是以仍作舊欠耳。今時已入仲秋，則臣部之缺額亦僅兩月餘，該鎮或軫念度支屢空，通融接濟，勉為支撑，則臣部之幸，若欲頓取償於一時，臣心願之而力實不能也。至於空月馬乾一項，無馬而索草料，此從來營伍所不經見者，臣部屢經題請，奉有明旨，裁革充餉，不惟裒多益寡，少濟軍興然眉之急，抑且汰冗黜浮，大節濫觴無名之供，此銀久已知會免解，不謂撫臣又索之臣部也。無論買馬出自冏寺，各有司存，即臣部按月應發之正餉尚自不能如額，而猶能舍己耘人者乎？查去年自正月至九月，寧遠各營支過空月馬乾七萬九千八百三十兩，既已發散各營，臣部不便扣抵作餉，聞多買馬未至，顧獨不可按圖而索驥耶？况兵部近於驛遞節省銀內題留三萬，歲為關寧買馬之用，盖亦明知非臣部所應發矣，似無煩再議也。王弘化兵馬雖係東江之旅，然地有衝緩，餉有厚薄，勢難比而同之。今既附麗寧錦，自應照兵部議，即於該鎮開餉，以作召募補伍之數，亦無庸扣抵為也。若果東江之餉，因減兵而有餘，則另議裁節可矣。既經遼撫具題及兵部移會前來，相應覆請，伏乞勑下移文兵部，遼撫一體遵奉施行。崇禎三年八月二十四日具題，本月二十七日奉聖旨，王弘化兵既經兵部酌議，着即於寧鎮開餉，不必東江扣抵，其所缺額餉，如數作速措發，弗得再延空月，馬乾奉旨裁革。知道了。欽此。

又 卷二六《覆關門馬匹本折銷算册報餉院疏》 題為酌定本年冬春關門馬草束數目，祈勑乘時發銀料理買運，以便芻秣，以資撻伐事，專理新餉山東清吏司案呈，崇禎四年十一月二十九日，奉本部送户科抄出，津部翟鳳翀題前事，內開臣職司督餉馬，缺料草則預計派買，不敢後時，催督轉輸不遺餘力，至於數目多寡則皆以閣部咨定之額為準，蒙皇上詰問馬匹缺額太多，向來作何買補，立何程限，聖慮淵微，孰知衝鋒破敵之不可無馬，而又欲設法買補之，及期所為邊疆計甚周。據道臣楊嗣昌詳稱，馬匹缺額，市買艱難，搜括關庫馬價朋椿等銀萬兩，要遣官赴西寧等處易買，又以倥偬無暇，想此番救凌之役，戰馬損失愈多，特請馬價，特遣專官，勢不容緩，應聽遼撫奏請施行，微臣不敢越俎。而與若夫本折支銷，應如道臣議，按季冊報餉院查覈，因馬以知草數，復因草以知馬數，兩無虛冐之弊矣。臣謹會同督餉御史吳煥合詞回奏等因，本年十一月二十七日奉聖旨，該部酌議具覆，這本內楊嗣昌所說買馬事情頗為詳明，據稱宣、大馬畜被插茵禁遏，以致遠買西馬，殊多不便，今插既就撫，自當遵順中國，如何番商馬市，歷來舊例，輒敢阻格，着該撫嚴飭王世忠設法諭譬，仍復前規，兵部即行傳知。欽此。欽遵兵科外抄到部送司，案查本年八月初四日，該本部題覆，督餉御史吳煥、天津部院翟鳳翀會題前事議覆關門召買草束緣繇，本年八月初七日奉聖旨，邊鎮索補馬匹輒稱缺額甚多，及文給料價，每欲全額取盈，此係相沿習弊，亟宜清釐，關門冬春草料依議據見在馬數再加寬算，發銀三萬六千兩給該餉司轉發，其查核欺冒、追比舊欠等事，俱如議飭行，以後該鎮買到馬若干，需料若干，通着陸續奏明，以憑查給，本內缺馬、悮缺焉改正行。欽此。通行遵照在案，今該津部囬奏前因，除買馬事情一節聽兵部奉行外，所有管伍本折支銷季報餉院事宜，相應議覆案呈到部，該臣等看得關門馬草就見在馬騾三千九十六匹頭隻，計之買草一百萬束，除折乾放青，尚多餘草。臣部因道臣楊嗣昌以草待馬之議，又加買二十萬束，題發銀三萬六千兩，及時平買，可無缺秣。即使市補盈㢊，而目下嘗山損失者，又有餘草以待之矣。惟是買草莫非餉銀，即發銀亦經餉臣掛號而本折銷算，餉臣應得與聞，今如道臣議，每月收支本折俱造册送督餉御史查覈，一如兵餉查覈科例，至道臣所云無馬兵丁銀自三年九月至四年七月止該銀二萬有奇，内邯發餉逾期，該司那用未補，即餉司林玄任内册報二萬四千七百七十三兩二錢者是也。查此項那用銀兩，該司已于我補餉銀内盡數扣還，貯存關庫，以備買馬之用，則道臣所望急救燃眉者，慮無不應手矣。既經具題前來，相應覆請，恭候命下，臣部移文各該衙門遵奉施行。崇禎四年閏十一月十六日具題，本月十八日奉聖旨，馬匹本折銷算，按季册報督餉御史查覈，依議，其林玄扣抵無馬兵丁銀兩是否見貯，有無買馬，着關撫會同監視查明具奏。欽此。

明 王忬《王司馬奏疏·請給官銀收買羸畜以便轉運疏》《明經世文編》卷二八三 准戶、兵二部咨，該本部等衙門覆題，為鑒往失、嚴備禦、以圖後效事，内稱京通薊州三倉，每倉造車一百輛，裝運糧餉，每車百輛，撥軍一千五百名，以都指揮等官統領挽運等因，題奉欽依，備行通倉管糧員外主事等官翟澄等，打造車輛，及行臣撥軍護挽，並選官統領。臣隨即案行通州分守胡宗舜，選撥計議去後，今據本官呈稱，會查新造車一百輛，原議用軍一千五百名，都指揮等官統領挽運，職等從長議算，每車一輛，於上裝糧一十二石，該軍一十五名挽運，空車尚亦艱難，加之重載，何以前進？臨邊道路，多遇崎嶇，或遭淋雨泥濘，津渡阻礙，人之精力有限，未免沿途躭延失事。平昔使車之家，每輛用騾十頭，仍令慣熟二三人驅使，所曆坑險尚有傾跌不前之患，豈可以一車十五人為之挽運？為今之計，合無請給在官銀兩，設法易買騾頭，分派富庶之家用心餧養。倘遇軍情緊急，即時驅運，日可行百里之餘，方克有濟。其管押人員，於本城指揮等官内，選委帶領軍兵，在於所管地方，沿途防護，如此則調度得宜軍需有備，而無疏虞之愆等因，備呈到臣，臣恐各衛官護惜軍夫，捏詞推避，駁行該州從長再議，據報相同，臣尤恐不的，公同員外主事翟澄於錦等，拘集匠作軍夫，將前項車輛逐一試驗得，車制不大，中可容糧料一十二石，若用軍夫十五人，盡力牽挽，行步甚艱，計遇險阻，必有進退兩難之患。若騾畜五頭，兩人駕馭，馳騁若飛，計遇險阻，尚有堅耐不乏之力。軍夫縱使加添，日行三四十裏，倉卒飛督，何能濟事，較之騾畜之運，難易葢已曉然。臣謂糧餉之由車運，車輛之由雇募，此舊規也，可以備平時之用者也。以官錢造車，以軍夫挽載，此新制也，可以佐緊急之用者也。該部因該科建議題覆成造，誠為豫防至慮，但創建之制難以遙度，工作之費貴於適用，即今通州、薊州車輛俱將造完，顧所以用之者何如耳。大約車二百輛共用騾一千頭，每騾一頭計價銀一十二兩，共用銀一萬二千兩。莫若照數給發官銀，酌派本地殷實之家，買騾餧養。遇有警急轉輸，聽臣取用。候事寧之日，仍令變價還官。其每車一輛，止派軍三名管領，其統押官豫行定委其護送軍候，臨時量數撥遣，為遷就酌量之詞以周旋建議者耳，其實大意謂車運不如騾運之省便也。如值陡絕之地，車力不前，即以幹騾馱運，亦免缺乏，此一舉兼得之法也。或疑寄養民間，恐致騷擾，殊不知近京地方，人貨流通，絡繹不絕，貿易馱載之直，自足以當芻末之費。況富家行使，可省己畜，亦何至病民哉？若如前議，通州百輛之車，該坐撥挽運軍一千五百名，防護軍更須得五百名，則通州四衛已成空伍，何以責其戰守？推之薊州，寧免此病？督餉既已責臣，臣既得於親見，又安敢以虚文塞責，而不為陳建便利哉？伏乞敕下戶部，速行議請，發下前銀，收買騾頭，以便轉輸，庶車造不費於無用，而臨敵倖免於缺乏矣。

綜述

明 雷禮《南京太僕寺志》卷六《寬恤》 國初，令養馬人户不許將孤寡殘疾出辦。天順元年，令各處軍衛有司原養孳牧馬騾驢牛并種馬馬駒犢乳牛隻等畜，自天順元年七月十二日以前一應倒死、虧欠、走失、被盜，幷查出埋沒及遞年起解拖欠等項者，盡行蠲免。五年，令在京各營、在外各邊及各處軍民騎操孳牧原養寄養馬匹，種馬馬駒自天順五年七月初二日以前，一應倒死虧欠走失被盜等項，盡行蠲免。成化元年，都御史陣泰奏稱鳳、淮、廬、揚并徐、滁、和府州縣人民被水灾傷，准將該追馬匹停侯豐年買補。都御史劉孜奏，應天并鎮江、太平三府及寧國府南陵縣、廣德州建平縣各處水灾艱難，准令將拖欠馬匹暫行停追，待侯豐年買補。都御史劉孜又奏，應天府江浦縣路當衝要，今年又被水灾，人民艱難。查得洪武、永樂年間原有三十六里，原領養種馬一千三百九匹，附餘馬一百八十四匹，自後逃亡死絶，止有二十里，中間消耗亦多。景泰五年加添種馬四百四十五匹，即今種馬多而人丁少，有一家併養馬四五匹者，有一户併養八九匹者，乞要查勘分減。該兵部題，同南京太僕寺委官查勘廬州、滁州等府州縣何處馬少丁多，就便從公改俵。二年，兵部尚書王復奏准，勇士關領馬匹除二次倒死者追陪外，初關倒死免陪。十四年，令孳牧寄養馬匹貧難丁少者准免二分，該解備用馬匹未完之數，不分本色、折色，俱停俟以蘇民困。弘治六年，都御史張瑋奏，直隸州府所屬高郵、江都、儀真、泰興、如皋一州四縣原養附餘馬匹如遇派取騎操大馬，令養户買陪堪中兒騸馬解京交納，除此附餘之名，止令喂養孳牧馬牛，以免重併，准行分管寺丞查勘的是，附餘馬不係作種科駒之數，令原養人户買陪堪中馬匹作數，解京備用，附餘之名就與除豁。十二年，南京兵部會官奏稱，南北直隸等處所養孳牧馬匹弘治五年以前倒失虧欠例追價銀，因各處灾傷人民凋敝，前項馬價虧欠數多，以後倒失該追，准將五年以前倒失虧欠未徵者暫且停止，俟豐稔之年另行奏奪，其六年至九年倒失虧欠者，免追本色，每兒馬一匹追銀六兩，騍馬一匹追銀四兩,每駒一匹倒失者追銀二兩，虧欠者追銀一兩五錢,解發太僕寺收貯,以備各邊買馬支用。十七年，兵部題准，應天并直隸、鳳、廬、淮、揚等府，滁、和等州自弘治十五年以前倒失虧欠馬價并草場子粒銀兩，除已徵外，未徵之數盡行蠲免。正德四年，兵部題，南北直隸、河南、山東府州縣并京外衛所成化、弘治、正德等年間各有棄批拖欠馬匹，欲便通查追究，但恐成化到今歷歲既久，官吏又多死亡，人民不無逃故，兼且文卷未刷，累在革前，縱使查追，恐徒勞擾，准自弘治四年以前者免追，五年以後至正德四年止行御史鄺約、周奎逐一查出，立限追完，就令給批起解，以憑發寺驗收。有罪之人徑自依律問擬發落。八年，兵部題准，地方連年多事，暫免差官，着各該巡撫都御史嚴督守巡等官公同分管寺丞責限買補，務足原額。十一年，水患異常，兵部奏准，兩京太僕寺各行分管寺丞查勘有灾無灾緣由，明白出給告示曉諭，正德十一年以前拖欠寄養馬匹并拖久備用馬匹俱暫且停徵，敢有故違逼徵者治以重罪。中間若有已徵在官未解者，照舊起解，不許乘機捏作未徵侵尅。其今年未解備用馬匹，無灾州縣仍要催督依限徵解，以備緊急，不許遲悞。有灾州縣除已徵完本色馬匹外，有願納價者每匹徵銀十五兩起解。南京太僕寺寺丞牛綱奏准，查勘各處節年拖欠馬價果係小民拖欠馬匹，艱難不能陪補，臨時奏請，通行蠲免。十二年，南京太僕寺卿韓荆等奏，直隸、廬州等府，滁、和等州縣解俵揀退不堪馬匹，自正德十一年以前掛欠之數，准行估價變賣銀兩，解部發寺，收貯買馬，以蘇民困。十三年，給事中王紀等奏勘人户流亡及地方所産不堪者，免其牧養種馬，定立歲辦額數，量徵價值，每年類解太僕寺收貯，其從便買用，該兵部題查，得南北直隸、河南、山東額定，該養種馬數目係干舊制，擅難更改，但地方灾傷准行分管寺丞會同印馬御史查勘，淮、揚二府所屬灾傷處州縣原養種馬如有虧欠，暫且停買，待後豐年買補印烙。十四年，南京太僕寺寺丞牛綱奏，要將廬、鳳、淮三府，滁、和二州正德十二年以前倒死馬匹已徵皮張銀一千餘兩給民，幫買十四年分備用馬匹，其拖欠未徵者蠲免，該兵部題，行將徵完皮張銀兩盡數解部送寺交收，買馬支用，仍行分管寺丞親詣查勘未完皮張銀兩，如果小民拖欠，別無已徵，捏作未徵情弊，通行蠲免。十五年，兵部據御史王溱奏，淮、揚二府拖欠種兒騍馬五千一百餘匹，所欠數多，卒難停追，但地方灾傷，又路當衝要，差役浩繁，相應寬恤，准行南京太僕寺查照今拖欠種兒騍馬多寡，斟酌地方豐儉，定與寬限，陸續買補，印烙給領，以備孳生，仍具數回奏。其拖欠種兒騍馬内有兌軍者，准於該解備用馬内兊補，及查該追折色馬匹相應減除種馬者，亦准照數減。嘉靖元年，南直隸、應天等府水灾重大，兵部題准，行有馬被灾州縣，不分灾傷輕重，將嘉靖元年草場子粒銀兩該徵五分者内再免三分，其本年派取本色馬每匹加銀二兩，該銀二十兩咸去二兩，照依折色每匹一十八兩，以後年分，照舊徵納。二年，南京户部尚書年績奏，要將應天、滁州等處灾傷地方，嘉靖二三年馬駒皮張寬停，該兵部題，孳生馬駒已行折銀，係元年冬季坐派，二年春夏季徵完之數，俱在灾傷之前，難以寬停，其倒死孳牧馬匹皮張准將應天、滁州有灾地方嘉靖二三年查免一次，以後照舊施行。四年，巡按御史王溱題准，安海州、揚州、高郵等州并各縣連年遭水灾，各有虧欠種馬，追補不前，准候豐年陸續買補，印烙給領，以備孳牧。五年，都御史高友璣題稱，徐州豐縣黄河爲害，民居盡淹，悉爲湖蕩，見今改遷縣治，灾傷重大，人民困極，准將嘉靖三四五年分未徵馬價俱免徵。七年，兵部准，都御史唐龍查海州地方連年被灾重大，馬户貧乏逃亡，虧欠種馬二百二十一匹，題行該州掌印管馬官將逃亡貼户召審新丁補湊，其抛荒田地給與耕種，量免賦役，一二年以後，責令見在馬頭議和照依丁田朋出銀兩陸續積價收買，期於五年内買完，如限内仍有不足，巡撫官自應設法計處，或查發該州贓罰，或撥支無碍官錢通融會合幇助，務取足原數，其歲取備用夲部，下年派馬之時多議折色，量減價銀，以恤馬户。都御史唐龍奏，泗州淮、汴、沙、陡等河節年爲患，田畝淤没，人民流離，乞照徐州事例通改折色，該兵部議，泗州每年坐派夲、折該馬一百四十匹，其地方係祖陵重地，原無開載養馬免糧丁田等項，實與他處不同。准將種馬照舊喂養候外，但遇每年坐派備用馬匹，原係本色者該一百一十五匹，每匹照例徵銀二十兩，原係折色者該二十五匹，每匹徵銀一十八兩，定為則例，照數徵完，解部收貯，以備買馬。其別府州縣，不許援例奏擾。兵部奏准，南北直隸額養種馬，每年奏差御史二員前去各該府州縣印烙點閘比較，倒失追補，今地方蝗蝻、水旱相仍，人民疲困，將前項見在種馬點視印烙於内倒失者，姑免比較追陪，待豐稔年歲，責令朋户各量丁糧多寡，陸續集價，或送州縣倚庫，或推殷實馬頭收掌，遇有相應買補，期於三五年間取足原額。都御史唐龍題，徐州豐縣嘉靖六年夏秋水旱，蟲蝻疊見，本年分原派備用折色馬二十匹，因災未解，要仍照嘉靖五年事例，再免追徵，該兵部議，馬政錢糧，額有定數，例無蠲免，准暫停，止候豐收之日，每年陸續帶徵三分，限三四年完足。十年，都給事張潤身奏，各處種馬及寄養馬有田去馬，存丁消馬，在者另給與丁多得業之家領養，寄養中間有老病廋損不堪者，聽照嘉靖七年事例，估計變賣，毋得虛應故事，重遺民害。候年終，將賣過數目造冊奏繳。十六年，南京太僕寺卿趙廷瑞奏准，會同御史將嘉靖十五年以前夲、折色馬匹價銀逐一清查，除已徵解完獲有批迴外，其未完之數，已徵者嚴限起解。若官吏人等通同解户侵欺及那移昔貸等項情弊，照依律例，從重問發。小民拖欠之數，如果地方灾傷，酌量挨年帶徵，及倒失種馬草場租銀，務要清查明白，責令追補起解，事完之日，通行造冊，送部查考。二十九年，淮安府知府趙大綱奏稱，坐派本府所屬州縣本折馬每年一千一百九十七匹，計馬徵銀折色十八兩本色二十兩，然地方濕熱，原非産馬去處，每遇起俵，前往河南、山東等處收買，加以四兩草料，又且水草不調，疾疫易生，倒死必令陪償，瘦損不無驗退，欲將本府所屬州縣馬匹或比照泗州事例俱解折色，或照海州事例暫改折色。該兵部議，灾傷切於民弊，固宜寬恤，而馬政係干武備，尤慮更張。惟贛榆、清河、桃源、宿遷四縣近因灾傷重大，民多逃移，地方疲敝，查與海州事頗相同，除嘉靖二十九年分派已定難以輕改外，俱自嘉靖三十年爲始，至三十二年止，通行暫改折色三年，以示寬恤。

《明會典》卷一五三《内府供應》　凡壩上諸馬房，各有乳馬，以供上用膳羞。如有老疾倒死，兵部奏行太僕寺撥補。永樂間，每歲於陝西茶易馬及孳生馬内選取堪中騍馬，送御馬監，分送各馬房領牧取乳。天順元年，歲選孳牧騍馬五百匹。成化九年，定取初生騍馬歲百匹。弘治九年奏准，歲取五十匹，遂為定例。凡内府供應乳牛。嘉靖五年議准，每隻連犢折價銀六兩，解部轉送光祿寺收用。凡御馬監備用騾頭。嘉靖八年議准，每頭定價銀七兩，順天府派取送部，發太僕寺收貯，聽其支取，自行收買。又御馬監供用庫酒醋麵局，合用驢頭牛隻，遇有缺少瘦損，開數奏行到部，行順天府於所屬州縣照數派取，送各監局應用。其不堪牛驢，領出發屬收養。四十四年議准，御馬監驢，每頭價銀八兩五錢，供用庫，酒醋局。牛驢，每隻頭價一十二兩，免派民間，動支太僕寺馬價銀，發各州縣收買，解寺轉送。又議准，御馬監、酒醋局各用牛驢，仍解本色，准供用庫，改解折銀。

清代馬政分部

總論

論説

清　顧九錫《經濟類考約編》卷下《馬政略》　物有雖微而寔係國家之重計者，豈非馬哉？養馬得所以備武事，武事備所以安國家壯王室，非細故也。竊稽古來馬政，漢人牧於民而用於官，唐人牧於官而給於民，至於宋朝始則牧之於官，後則畜之於民，又其後則市之於邊。其間或盛或衰，不容殫述。大約今日所謂馬政者三，其在内之御馬監，掌天子十二閑之政，以供乘輿之用者，其一也；其官府迎送置郵而傳命者，驛馬也；其衝鋒破敵突逸於疆場者，所謂戎馬也。古人養馬處處皆有牧馬之地，蓋耕墾之地所以授農，而不耕之地所以養馬，昔人所謂農事不擾而馬政自修也。明季以來，如京師之地有鄭村等草場，其餘各府州縣水草聚處俱有牧馬官地。從來言馬政者，莫不謂當清出以作牧馬之資，此無容置議矣。第養馬之策，則有説焉。有如在内之御馬監，掌天子乘輿出入之用者，不過数百匹已足耳。周人戎馬之外，天子十二閑之制，共計得馬二千五百餘匹，是知先王之意，不僅足供車駕，所以備非常虞意外，至深遠也。今國家戎馬之盛甲於今古，然恐太平日久，馬政漸弛，切宜嚴勅太僕等官加意牧養，不拘數限，以滋息日盈課其殿最，此馬政根本之計也。至於疆場之馬，所貴人馬相習，不宜群牧於草場者，又當日給芻粒，而不可與滋生之馬同其比例。若夫驛遞之馬，日夜奔馳，亦難牧於水草之所，又當嚴勅各府州縣有司，俾其清查歷來草場群地，凡爲豪强所隱占者悉令還官，聽民佃種，收其籽粒，以供飼秣。每縣用馬若干，每馬草豆若干，驛馬芻粒之外，所餘籽粒彙解藩部，以充戎馬月糧。此滋息之馬所不同於疆場之馬，疆場之馬所不同於驛遞之馬也。上不虧國，下不病民，法制備而馬政修，馬政修而國計勝矣。枝分派别，指顧間經済井然。

清 楊潮觀《治平彙要》卷九《馬政》 武備不修，無以壯國威；車騎不飭，無以制戎敵。東南利于舟，西北利于馬，馬蕃則兵强，馬少則兵弱，古人以司馬命官，是知馬之為用大矣。成周馬政，立法為詳，丘甸之中所出者國馬也，校人以下所掌者公馬也。國馬養于民而不以供官，丘出戎馬一匹，甸出戎馬四匹，王畿千里，出戎馬四萬匹。是則無地不供馬，于以備行軍之調取足矣。公馬養于官而不以擾民，天子十有二閑，馬六種；邦國六閑，馬四種；家四閑，馬二種。是則無家不畜馬，于以給公家之御用足矣。言其職事，校人掌差擇乘養之法，馬質掌入價聽訟之事，趣馬齊其飲食，巫馬治其疾病，牧師主其牧地，廋人閑其政教，圉師辨其居治，圉人掌其飼放，以至僕夫、皁師，亦皆員選，此馬之所以與人相宜，而無衰耗之虞也。言其政令，禁原蠶使勿傷其氣，祭馬神使時禦其災，書齒毛以辨其類，綱惡馬以制其群。佚特教駣，攻駒散耳，則皁圉皆有政；射充椹質，茨墻翦闔，則閑廐皆有具；執駒攻特，臧僕講馭，則乘習皆有法；除蓐釁廐，庌馬獻馬，則寒暑皆有宜；孟春焚牧，中春通淫，則蕃息得其性；毛馬齊色，物馬齊力，則材任適其均；以至遊牝别群，復頒月令，此馬之所以與法相宜而無減失之患也。當是時，主馬者不必善御盡如造父、善牧盡如秦非也，而人安地廣，草茂泉甘，蕃滋嫗育，有不獨在華陽、汧渭間者。其後宣王中興，振《車攻》吉日之風聲；嬴氏開基，詳駟鐵小戎之孔阜。即至魯、衛雖弱，而僖公坰牧之盛，文公牡牝之多，想亦周官遺法未即淪亡，而繼世賢君更能增修而補救之也。漢世之初，勸民養馬，養馬一匹，復卒三人。于是内郡之盛，則阡陌成群，邊郡之盛，則分三十六苑，至孝武而稱極盛矣。然以屢次開邊，出師乏馬，爰有假母三歲歸息什一之令，又有封君而下以次出馬之令，故内郡不足，則藉民馬以補車騎，邊郡不足，則發酒泉驢駝以負糧餉。蓋不過兵興一切之令，而非國家常久之規。固宜其不久而罷也。光武嘗省併諸廐官，和帝又減省諸苑馬，而東漢之世馬亦萬匹。魏晋以後，天下多故，兵雖亟用，馬政未聞。惟魏起秦、凉以西，馬稱大蕃。至唐承喪亂之餘，馬為寖富。麟德中，馬至七十餘萬，于時天下匹縑易馬，蓋得張萬歲為之太僕也。開元中，馬至四十三萬，牧養有法，雲錦徧野，蓋得王毛仲為之廐使也。且于朔方互市，又得胡馬若干。迨至天寶以來，戰馬不啻萬計，無何隴右牧馬盡沒于吐蕃，水草腴田旋給諸百姓，而其勢不能以復振矣。宋時坊監廢為曾孝寬之户馬，户馬又更為王安石之保馬，保馬又變為蔡京之給地牧馬，蓋自熙豐變法以至崇宣，小人在位，亟復亟變，迄無善政，而宋隨以亡。渡江而後，頗置牧監，而江南水田牧放非便，民或受其害，而馬皆不可用，遂不能不專資互市矣。曰劵馬、曰省馬，皆不得已之為也。而市馬有二，其一戰馬生西陲，良健可用，羈縻馬産于西南諸蠻，短小不及。夫南宋僻在東國，公私本無馬也，即有馬亦非宜也，至于立社市馬、編户括馬，豈非無聊之極思歟？嘗考林駉言以摘山之利而易充廐之良，則互市可行矣，而李覺之所謂貴市於戎狄而賤棄于中國者，其意尤大也。王安石言京畿投牒，非出驅迫，則保馬可行矣，而文彦博所謂馬死責償，恐非民願者，其意尤切也。曾布言馬多于舊，費省於官，則給牧可行矣，而陳次升所謂牧地所值不多，而失亡所償過倍者，其意尤深也。元起朔方，混一天下，沙漠萬里，牧養蕃息，太僕之馬不可數計。蓋其牧人則父子相承，牧地則水草轉逐，是其盛也固宜。有明在内設御馬監、太僕寺，在外設行太僕寺、苑馬寺。内地則散之于民，即宋人户馬之令也；邊地則牧之于官，即唐人監牧之制也；而于川陜又有茶馬之設，即唐宋互市之法也。然邊地草場或為諸王駙馬所占，西方市易或為私茶越境所阻，而内地畿郡之間，本養馬也而責其折色，本牧地也向徵其子粒，本課駒也而使之俵買，此武備之所以日弛，而兵威之所以日壞也。總之古今馬政，周人牧于官而兼牧于民，其法有善而無害；漢人牧于民而用于官，唐人牧于官而給于民，至宋明始則牧于官，後則牧于民，又其後則市于夷狄，皆有利有不利焉。此其大較也。今者略倣明制，官則太僕寺所屬十四監九十八群，專一提調收牧；民則俱係近京人戶，或五戶共養一匹，十戶共養一匹，令其用心孳養，倒斃馬匹有責，隱匿駒匹有責，官馬不調習有責，至于六廐之蕃滋，八旗之驍騰，馹站之應付，營騎之坐摻，各有成例，較勝先朝。蓋嘗思之牧馬之政，大要有三：曰吏、曰地、曰法。吏非馬之所宜，其害馬一也；地非馬之所宜，其害馬二也；法非馬之所宜，其害馬三也。古者大費能馴獸，劉累能豢龍，而唐朝張氏三代典牧，唯其繼世而專掌之，乃能馴習而教擾之。試觀羌童蕃兒，項髾徒跣，隨逐水草，與馬適安，惟其習也。今令牧正以下悉世其官，視其息耗，核其能否，于以課功簡賢，則馬無不得其人矣。昔者秦馬盛于犬丘，漢馬盛于玄池，唐馬盛于沙苑，而元魏所以尤盛于唐者亦在隴西，蓋馬性宜高不宜下，宜寒不宜暑，宜壙不宜拘，宜水草不宜磽瘠。河北之人驍健，冀北之馬强肥，古所稱遷其地不能為良也。夫喜則交頸相靡，怒則分背相踶，遊騰四騁，原隰奔馳，此馬之眞性；適其水草，節其饑餓，冬則温廐，夏則凉蕪，此牧之成規。反是而行，必多所失。西北高寒地方曠野，其有牧地、草埸為人侵占者，咸復之；其有空閑原野不害民居者，咸墾之；於以置監立苑，則馬無不得其地矣。昔者猗頓畜牸，富且無算，卜式牧羊，利至不貲，而漢時橋姚以致馬千匹，富埒王公，況以天下之馬而生之息之，猶患其缺用乎？大凡馬之生也，牝馬四匹一乘，必得牡馬一匹；馬之息也，牝馬二萬，一歲可收駒馬一萬。而其牧之也往來踐食，凡馬一匹，占地五十畝；其供之也薪芻草料，養馬一歲，為錢二十七千有奇。苟游牝去牡必順其時，騰放調養各有其法，俵散關換咸定其規，于以生養滋息，則馬無不得其法矣。左氏所稱生其水土，知其人心，安其教訓，豈非古今御馬之善政以三言而盡之者哉？如宋世吳奎等所陳陝西三利，亦此意也。夫人君苟能不失其宜，則苑馬可也，簡太僕之任而麟德之盛臻矣；戶馬可也，卹編户之甿而烏倮之富臻矣；市馬亦可也，修金牌之制而渥洼之産臻矣。雖然，寺監之庫藏，尤為馬政之大務。苟出入不節，或他用是充，以至尾閭一泄，預備為難，又所宜慎也。當事者可謂太平有象，戎政可弛，區區惜一日之費，而忘國家之大事乎？

清 畢沅《陝省農田水利牧畜疏》乾隆四十七年陝西巡撫 《清經世文編》卷三六

竊臣接准部咨，欽奉上諭，以原任刑部侍郎任克溥前後條陳各事宜，皆關係士習民風官方吏治，現在有無似此未經整頓者，著大學士九卿科道，及各督撫直攄所見，據實奉聞。欽此。臣跪讀之下，仰見我皇上整飭官方，勤求民隱，睿慮旁周，竊惟國家大計，不過民生吏治二端，而建官之本意，則以勤民為主，勤民之要，終以足食為先。百餘年來，生齒日繁，而天地生財，只有此數，是以民間逐末，日事營求，不過此絀彼贏，生計所資，終未優裕。臣矗覽載籍，竊見民生衣食之源，大率農民為要，畜牧次之。因土之宜而盡民之力，以收自然之利。其在西北等省施之，尤當而易行。即如陝西，古稱四塞雄封，地大物博，唐虞以來，厥田稱上，迨及成周，尤以稼穡為重，豳風無逸所陳，至今猶可想見其遺意。惟司牧者，以其事無近功，不復為之措意，以致小民失業者多，往往流為惰窳。臣載撫關中，先後十有餘年，郡邑巡行所至，竊見漢中興安商州各府州屬，延南山，水土饒益，邇年楚蜀隴豫，無籍窮黎，扶老攜幼，前來開墾者甚眾，但疆里綿邈，高原下隰，閒曠尚多。近者山南一帶添設府廳佐貳等官，以資控制，將來擬即令其詳加相度，廣勸耕屯，以無業之民，而闢可耕之土，若成熟後，按夫計畝，全活自多。即如乾隆四十三四等年，兩湖偶被水祲，小民流徙，絡繹前來。臣彼時閱兵漢南，目擊情形，督率有司，妥為安插，分令就地開荒，男婦不下十餘萬人，俱得安然樂業，遂成土著，此地利之宜開墾者一也。至西安、同州、鳳翔三府，邠、乾二州，沃野千里，實為陸海奥區。臣近加體察，民間耕讀相，素鮮貯藏，殷實之戶，十不得一。緣其平時所恃，不過農田，而秦中地厚水深，山澤之氣不通，每有恒暘之咎，夫黃河為數省患。惟甯夏一府，引水灌田，五邑並蒙其利，涇陽龍洞一渠，為關內膏腴之最，秦漢至今，民沾渥澤。前因年久淤塞，灌田僅一萬餘畝，臣因奏請重加疏濬，今已灌田十萬有餘，可知民間利病，果能悉心經理，未有不收其美利者。伏思關右大川，如涇渭灞滻灃滈潦潏河洛漆沮汧汭等水，流長源遠，若能就近疏引，築堰開渠，到處可行水利，無如司事者，意計所在，既不與民瘼相關，小民心知其利，又復道謀築室，不潰于成，即向來本有渠道地方，亦多廢而不舉，以致泥滓淤積，水流旁溢，大者逼窄，小者斷流，是以偶值暵乾，便成荒歉。臣現擬督率司道，飭查各屬，將境內形勢，高下川原，細加量度，何處可以開渠幾條，其渠可以灌田幾畝，其舊時所有渠堰，向日灌田若干，現在灌田若干，一一據實具報。倘有不敷挹注者，當即為之籌酌，或勸民自為疏濬，或酌借公項，代為辦理，則以時蓄洩，自無水旱之虞，而瘠土變為良田，三農自獲倍收之利。三秦為中土上游，大川半在其地，若分為溝洫，蓄作陂池，則入黃之水，其勢並可少殺，于事理不無裨益，此水利之宜疏蓄者二也。他如省北延安、榆林二府，以綏德、鄜州地多砂礫，每以邊境高寒，雨澤少愆，西成即憂歉薄。臣竊見古來雲中北地五原上郡諸處，畜牧為天下饒，至以谷量牛馬，即唐時開元年間隴右牧政考成，不過數年，馬至四十三萬，牛至五萬，羊至二十八萬。茲者地土依然，水草猶在，倘能經畫得宜，安知今不如古。臣于七月間巡防所至，見沿邊水草，尚為豐茂。若飭令各屬有司，詢問鄉堡，每邑計其成數情形，畜牧者約有若干人，駝馬牛羊約需若干匹，由府彙報到司，酌籌購買，分給民間，令其試養，並雇覓善于長養之人，教民喂飼，每屬酌派佐雜等官，查核經理，候次年孳生後，除交還官項外，餘即賞給本人，以為資本。嗣是孳生羊十取其一，馬駝牛十五取其一，其餘除資本外，聽民自為販賣，則邊民生計，可望漸臻饒裕。其腹地沿山傍水，如終南、太白、汧渭、沙苑之間，係歷代畜牧之所，亦可徐徐籌辦。倘數年後果有成效，將來新羌各路，屯兵民戶，俱可倣而行之，令其耕作與畜牧相兼，緣耕作所入，只敷本戶供支，畜牧工本無多，而休養蕃息，日見充盈，則民力漸裕，兵力愈強，實邊土無窮之利。此畜牧之宜講求者三也。至州縣為親民之官，所關最要，得其人則一邑之民享其利，不得其人則一邑之民受其害。如病在貪酷，則日事誅求，而良善難安生業，病在因循，則聽從胥吏，而閭里鮮得安居。其中稍有才具者，又復以酬應為能，不以地方為事，此等病民之官，又當隨時釐剔，大示懲創。再一州一縣，大者不過數百里而遙，近有在任數年，而四鄉未嘗一至者，所謂司牧者謂何？臣現擬飭屬，嗣後于本境四鄉，或一歲之內，或一季之內，務須輕車簡從，周遍歷行，按查保甲，稽查游惰。如有利病所關，應行應革事宜，具稟上官，以便隨時查辦。至春秋祈報，宣講聖諭，朔望行香，雖係事屬儀文，然小民日事觀瞻，自有隱相維係之故，故下情易于上達，而匪僻難以潛滋。編氓目見耳聞，共知法紀所在，未始不可化莠為良。地方郡吏，皆當實力奉行，不得以為無關考成，視為具文。以上各件，若就目前而論，雖無小效近功，然月計不足，歲計有餘，行之既久，則戶慶盈甯，人歌樂利，官方士習未有不蒸蒸日上者。至大吏為閤屬視效所關，自當以聖主愛民之心為心，以足民之事為事，損上益下，潔己奉公，董率監司牧守，講求實政，化導士民，俾衣食足而知禮義。此臣等守土之責，尤所當隨事隨時，共相勗勵者也。

《清續文獻通考》卷二三五《兵考三十四·馬政》 臣謹案，馬者軍事之要需也。我朝自太宗文皇帝平察哈爾，謂地宜畜牧，用是廣闢牧場；逮定鼎後，復設太僕寺、上駟院，馬之孳息日以繁夥，與夫八旗營馬、各省營馬，皆厚給養料，闕少有罰，疲瘦有罰，規制燦然。無何承平久，馬無所用，例乾所入，率飽私橐，群無留良焉。髮難起，內外爭以整頓馬政請，時殊勢易，恐今之馬非馬，尚安問政乎？

綜述

《清通典》卷五九《馬政馬祭附》 臣等謹按《杜典》有『馬政』一門，旁注馬祭，附其所述馬政。祇《周禮·夏官》數條，而以隋唐馬祭附後，凡歷代之沿革得失，均未及焉。伏考我朝馬政之善，為從古所未有。如上都、達布遜諾爾、達里綱愛、大凌河各牧場，則上駟院掌之；張家口外左右兩翼各牧場，則太僕寺掌之；加以分給蒙古諸部落滋牧者，其數共二十萬有奇，歲有孳生，隨時增額；至於滿漢各營及各省驛遞塘站，皆月給馬乾銀，各就所在分飼，其數亦二十萬有奇，均資實用。凡皆以時損益，立定科條，詳見《兵典》，茲不具綴。謹仿《杜典》之例，敬稽《欽定大清會典》首載上駟院所掌內外諸廄以供御用者，政悉具焉，蓋即《周官》校人所謂王馬及十有二閑之制也；次太僕寺所掌諸牧場均齊賞罰之政，亦即所謂趣馬贊正良馬之制也；次附以禂馬之禮，又即甸祝之掌，所謂為馬禱無疾者也，以《杜典》條制相合故仍其名焉。國朝定制，設上駟院，掌在京內廄外廄及邊外各牧場之政，內廄設於皇城，凡御馬廄一、副馬廄一，俱隨時增減，無定額；仗馬廄一，馬三十匹；川馬廄一，無定額；公馬廄五，馬各二百匹；駕車馬騾廄二，馬各五十匹，騾各五十匹。其應差馬三十匹附各廄，駝百匹，附公馬五廄。外廄設於南苑，御馬、內馬，備御馬之選及充皇子乘騎。廄六，無定額，其應差巡羣馬附各廄，各三十匹；河公馬廄一，馬二百匹，凡御馬中有不馴者汰入公馬廄。上乘御馬闕，以內廄御馬補；內廄御馬闕，以外廄御馬補；外廄御馬闕，簡內馬之良者奏補；仗馬及祭神受釐四色馬闕，行取大凌河良馬充補；川馬闕，行崇文門稅務；駕車、羸闕，行户部轉行左右翼稅各監督買補；駕車馬闕，以公馬補；公差及應差馬闕，彙數行各牧羣總管取補。京城各廄每年於四月朔，以公馬四百匹就草張家口外，限九月望回廄。先一月，奏遣侍衛二人率廄長、廄副經理出入，南苑六廄內巡羣馬，即於南苑就草，出入期如之內廄。駝以五十匹，就草上都，出入期亦如之。內扎薩克、蒙古王、貝勒、貝子、公台吉、及喀爾喀、厄魯特、青海、朝鮮等處歲貢馬駝，由理藩院具奏，送上駟院，行知掌試御馬大臣、侍衛會同選驗，不入選者交理藩院給還，入選者行廣儲司如例給賞。駝發內廄、馬發南苑六廄牧養，又喀爾喀哲卜尊丹巴、胡圖克圖歲貢馬駝，陝西岷州衛二十四寺番僧歲貢馬，均由理藩院咨送發各廄芻秣，應管之大臣率本院侍衛詣廄驗試，驗御馬、內馬、公馬之屬，列其等次以聞。乾隆二十二年以後，哈薩克、巴達克山、愛烏罕諸部先後遣使貢馬，其尤者則御定嘉名，餘皆分入各廄，每日供直，以內廄御馬四匹齊其毛色，具鞍轡列於院門外；駐蹕圓明園，以六匹豫備如前。每歲秋獮，豫於春月驅馬至喀喇河屯牧養備用。聖駕啟鑾日，以十馬備上乘御，由掌御馬大臣奏請，於御馬、內馬中簡其尤良者以從。其需用駕車馬、公馬及橐駝之數附疏以聞，由院奏遣卿及侍衛各一人、掌御馬侍衛一人沿途監視支放芻菽。凡扈從之尚茶、尚膳各執事官役及內監所乘之馬，由所司行院，如數以公馬撥給；回日繳院，如不足，具數行兵部，以八旗官馬撥給。遇皇子公行，撥給官役應乘公馬如之。每歲四孟月敬神，各用青白馬二，敬畢交會計司變價。皇子分封，初祭神，薦以馬；婚禮以馬充賞。公主下嫁給馬，生子彌月，以馬充賞。設太僕寺，掌左右兩翼牧場之政，左翼四旗牧場在張家口外東北一百四十里拉拉尼敦井，右翼四旗牧場在張家口外西北三百十里齊齊爾罕河，各該翼騍馬、騸馬遊放其中，彼此各有定界，不得侵越，亦不許私自墾種，定為牧課，騍馬羣每三年均齊，時比原額滋生多者有賞，少及缺額者有罰；騸馬羣均齊，時倒斃少者有賞，倒斃多者有罰；其馬駒內得調習馴良者進御廄備用。禂馬之禮，順治年間，定每歲春秋二季禱馬於神，第一日，早以絳帛繫御馬鬣尾，凡七十匹，乾隆四年減定三十匹；晚以青帛送大凌河騸馬羣，繫三十匹。次日早以絳帛、晚以青帛，送大凌河牝馬羣，繫絳帛者千三百匹，青帛者二百七十六匹。

又 卷七九《馬政》 臣等謹按，我朝馬政遊牧有所，飼育有方，太和翔洽，物遂孳生，凡天閑、良驥特立專司，皇城、南苑諸處分設有內厩外厩；其掌於太僕寺者，左右兩翼各牧場；掌於上駟院者，上都、達布遜諾爾等處。各牧場馬數計二十萬有奇，又八旗官馬、直省牧馬、營馬數亦二十餘萬有奇，每歲孳息之數更不可量，迥非《唐志》之侈稱無實者所可同年而語。我皇上天威震疊，式廓新疆，泉甘土厚，畜牧日繁，哈薩克諸部落亦歲歲貢馬求市，洵伊古以來未有如今日之蕃庶者也。至若馬數日盈，或分往屯田，或撥給緣邊營伍，俾均歸實用。伏讀御製新樂府《陰山道》篇，煌煌聖言，真足昭垂萬古。

《清文獻通考》卷一九三《馬政》 臣等謹按，《周禮・夏官》自校人至圉人，凡辨馬、頒馬、阜馬、養馬諸制靡不備舉，誠以軍政之莫重於馬也。顧馬政之得失，首視乎牧場。唐宋及明或用官牧，或用民牧，及其究也，坊地日削，軍民困於孳養，於是歲費不支而流弊遂不可問。我朝考牧之政，為從古所未有。自太宗文皇帝既平察哈爾，謂地宜畜牧，遂分置各牧場，逮定鼎以來，又增設總管各官為之經理。其掌于太僕寺者，則有左翼四旗、右翼四旗牧場；其掌於上駟院者，則有大凌河及張家口、獨石口外諸處牧場，草肥土衍，雲錦成羣，歲之蕃衍孳息者以千萬計，而內地初無養馬之煩。至于諸蕃慕化，歲獻驪黃，遠至東西哈薩克諸部，入貢天閑，儼同內廄，尚不在常數之內。猗歟盛哉！視騋牝駉牡、歌風獻頌已遠過之，彼蒲梢天馬之侈陳更無論矣。若夫八旗營馬與各省營馬之政，又皆以時損益，定立科條，馬政之善，洵蔑以加已。至馬端臨于《馬政》中附載祭馬祖禮，蓋祀天駟房星之神，由來已舊。前纂《五朝續考》，亦仍其舊題，敬稽《欽定大清會典》有《禂馬》一門，即周官甸祝之長，所謂為馬禱無疾者也，故亦附見焉。

藝文

清 屈復《弱水集》卷八《寄友人監牧塞外》 閉門涼滿榻，露墜葛衣心。沙磧艸應白，帝城秋更陰。天孤嘶馬澗，風急旅鴻喑。同是未歸客，遙情何處深。

又 卷九《送友人出塞監牧馬場四首》 芸窗風雨夜飛螢，一夕丹書出禁廷。彩鳳池頭差玉牒，盧龍塞外有天駉。雲從騏驥騰時黑，草向貔貅起處青。記得漢家尊石室，九重虛席待傳經。

又　行厨萬卷擅風流，長夏霓旌出塞遊。纔得雪消寧受暑，近聞花發似初秋。氊高駝背懸徐榻，月照龍堆上庾樓。莫以羣空輕冀北，從來此地有驊騮。

又　太平乘傳向金微，不用横刀掛鐵衣。玉殿筆曾千氣象，皇華車更有光輝。氷開野緑高牙駐，沙覆空青萬馬飛。多少長安韋帶士，遥從北斗望君歸。

又　一麾天駟總千羣，暂出開平戀聖君。白草南看惟白日，黄花北望盡黄雲。箭香漫飲數奇羽，筆夢休書求試文。春去秋來隨雁影，能知時節是將軍。

養馬

論説

清　韓世琦《撫吴疏草》卷二九《覆冏寺順治十六七八年馬政錢粮疏》　題爲欽奉恩赦事，康熙四年六月初七日，准太僕寺手本，奉兵部劄付前事，內開車駕清吏司案，呈奉本部，送准户部咨前事等因，到部奉批駕庫司查照，送司奉此，准户部咨開，題覆康熙四年三月初五日恩赦一款內開：『一、直省順治十六、十七、十八年催徵不得各項舊欠錢粮，着照蠲免十五年以前錢粮一體蠲免；前侵盗庫銀不赦，今俱着併免；其鹽課積逋催徵不得者，着察明亦准酌量蠲免。欽此。』案查順治十六、十七兩年所欠錢粮限一年內全完，順治十八年未完銀兩亦有舊定考成則例，各府州縣務須各有續完銀兩，或徵收在庫未經申報撫司者，或已解藩司未經報部者，若不徹底清查，貪官汚吏乘機必行侵隱之弊。相應請勅各督撫嚴行確查順治十六、十七、十八三年某項錢粮續完若干，實在未完若干，官役侵盗某年某項錢粮若干，備查清冊具題，仍取司府州縣完欠數目印結送部，以憑查核，題覆蠲免等因，奉有依議之旨，欽遵。咨移到部，查咨直省拖欠本部項下順治十六、十七、十八三年未完錢粮，俱經行文各督撫確查明白造冊具題，以憑查核題覆，遵奉恩詔蠲免等因。呈堂奉批，各照咨送司。奉此，相應劄行，案呈到部，擬合就行，爲此合劄該寺照劄事理施行等因。到寺，奉此擬合就行，爲此合用手本前去，煩爲查照文內事理，轉行司府州縣，即將順治十六、十七、十八年分馬政錢粮限內續完若干、小民拖欠若干、未完若干逐細按年按款開列造冊取具，司府州縣官不致扶隱印結，依限送寺查核，以憑酌奪施行等因。到臣，准此備行該布政司嚴查去後，今據右布政使佟彭年覆稱云云等情前來，據此，該臣看得，江蘇等郡馬政錢粮順治十六年分業經照額解寺，順治十七、十八年分係總督臣郎題留造船，亦准另案報銷，已俱全完無欠矣。兹准冏寺欽遵恩赦，移查續完拖欠取具册結，臣復轉行藩司確核，今據呈，稱並無拖欠可造，具覆前來相應題明。伏乞睿鑒勅寺銷件施行。康熙四年六月二十日題，奉旨：『該部知道。』

清　姚延啓《馬政便宜》《國朝名世宏文》卷六　臣辦事垣中，切見刑部遵諭敬陳內一款，禁民養馬以塞盗源。據陳，馬乃兵家急需，販馬者射利于盗賊，肆行狂騁，為害匪輕。今禁民乘馬，則良惡自分，行城司并禁，乃詰奸銷萌之苦心也。但恐因噎廢食，矯枉過中，將以弭盗而盗愈張，欲以靖民而民愈困耳。臣請詳晰，為皇上陳之。夫北方之需馬，猶南方之賴舟楫也。民間往來，道路跋涉，險阻非馬不便。若慮盗賊乘馬并禁民間，則南方之盗乘風駕帆者何嘗不用舟楫？亦當并民間之舟楫而禁之矣。此非但絕其往來，并絕其命也，民有坐而待斃矣。且云除官員、兵丁及應捕人役照常乘馬，民間一概禁止，凡有馬者刻期行賣。夫民間既不許用馬，雖欲售賣，誰為交易？將必賣之于官員兵丁及應捕人役乎？近來盗賊之輩每假冒官員兵丁捕人色，莫可辯别，乘機巧計，善價收買，切恐民間之馬必盡歸盗賊，從此盗賊生發，劫掠鄉堡，則民尚無馬不能抵當；劫掠行旅，則民皆徒步不能追逐，盗賊益無忌憚，而百姓束手無措，此所謂籍寇兵而傅虎翼也。不但此也，民間輸將粮草，負重致遠，全以騾頭為命，今禁不畜馬則騾無孳生，止憑車牛，民力有限，餽運愈艱。又不但此也，蒙古西番販馬入市，雲錦成群，旂下無不爭先貿易，其騸馬可以壯將士征戰之威，其騍馬可以資民間蕃息之利，不患耗財折閲，今若禁民乘馬，則驊騮騄駬者寥寥，將來公私俱病，官民交詘，更有大不便者矣。夫來牝三千，見國家豐豫之象，若馬種既少，則氣象亦覺蕭肰。此所關在大體，非止井閭凋敝已也。伏憶皇上親政以前，曾有建議禁民畜養馬匹并持弓挾矢以清盗源者，其後行之未久，盗賊反多壯馬器械，而良民空拳窮步，一無所恃，大為民害，遂將前禁停罷，即此亦可推類也。我皇上神明遠見，必有斟酌。

清　劉于義《請設馬廠疏》《清經世文编》卷七三　雍正十二年，署陕西總督。伏以國家馬政，為武備之要，連歲西路軍需，調解馬匹，陝、甘兩省購覓甚難，俱從北路歸化城等處解送。不惟糜費錢糧，且長途遠涉，難免疲乏瘦損之弊。況語云：『地用莫如馬。』即將來大兵凱旋，邊防要區，原宜多為畜養，以備應用。考漢時廣置廐苑，設立牧師苑監，分別河西六郡。北魏時，以河西為牧地，滋息馬二百餘萬匹。唐時置八坊，為四十八監。自貞觀至麟德年間，畜馬七十餘萬匹，是河西諸郡，水草豐善，原係前代畜產馬匹之所。臣留心體訪，聞西寍擺羊戎地方可設牧廠，隨委原任西寧府知府黃澍前赴查勘。黃澍稱擺羊戎周圍約二百四十五里，其閒荒地甚多，且饒水草，可牧馬六七千匹。又肅州嘉峪關外之花海子、湃帶湖一帶，周圍約二百餘里，水草富餘。至甘州之大草灘、涼州之黃羊川，水草尤屬豐裕，皆可設廠牧放。臣請於擺羊戎、花海子、大草灘、黃羊川地方，各設馬廠一處，每廠且先採買騍馬一千匹、兒馬二百匹。查兒、騍馬，西寍口外及陝甘、內地尚易購覓。騍馬每匹約需銀八兩，兒馬每匹約需銀十二兩，即可採買，以為收放孳生之用。其擺羊戎馬廠，即交西寍鎮經理。大草灘馬廠，即交甘提標經理。黃羊川馬廠，即交涼州鎮經理。花海子湃帶湖馬廠，雖係安西鎮所屬地方，但去安西甚遠，離嘉峪關止二百里，應就近交肅州鎮經理，令安西鎮防護。每廠各派遊擊一員總理其事，其牧長、牧副即用本營千、把，牧丁即派本營兵丁，亦毋庸額外多費錢糧。每年以孳生馬匹之多寡，即定各提鎮之殿最。如此經理數年，馬匹蕃息，於邊疆防守，永遠有益矣。

清 尹會一《健餘先生撫豫條教》卷四《飭借倉穀畜牛》 宰殺耕牛，例有明禁，但恐水災之後，愚民無知，止圖目前之食用，遂忘力田之本計，輕售屠户，濫行宰烹，迨至來春耕作，倍覺艱難，地畝荒蕪，半由於此。昔林僉事《荒政叢言》深用為戒，良有以也。該司通飭各屬一體嚴禁，如有私宰耕牛者，立即嚴拏，照例治罪，毋得寬縱。其無力畜牛者，即行借給倉穀，令其飼養，以資耕作，俟麥熟時照例免息還倉可也。

清 王心政《論馬政》《清經世文編》卷七三 馬，兵國之必需，矧今西番啟釁，來此一路之馬，至者少而用者多。使非及時畜聚，臨用缺乏，欲望兵强而威振，得乎？然如唐人監牧之制，可行而難得其人；如宋保馬之法，則累民而無益於事。為今之計，弛一切馬禁，飭令兵官旗員興大小有司合商販馬於邊，以自為利，除先揀足限定合養數目牡六牝四自畜外，餘者不狗牡牝，發市變賣，民閒私販亦復不禁，亦並不取其稅。庶幾養者多，馬且盛；販者多，馬價賤。將三五年間，官皆有馬，不惟可為捐納紀錄之用，亦且可取以為利，補用之不足。民皆養馬，不惟可供騎耕之用，亦且可得滋生騾馬之資，可畜牡以備國家之購耳。比來陝西於側妄狡寇跳梁之始，其初四五年聞，馱載之騾盡出本省，陝中官員捐助之馬，半出民間，而無有不足者，蓋由二十年來，陝西畜馬之多也。今則公私之騾馬蕩然矣。邊兵未已，西路阻隔，可無急圖歟？然已寄馬於官民，若更能籌畫一監牧之良法，馬得自養於公，則取用愈便，資用不窮，如唐人監牧之法，亦正今日所宜搜講而實行之也。

清 曾國荃《請暫停晉省東南各府州縣應徵牲畜稅片》光緒五年《清經世文續編》卷三八 晉省自遭大祲以來，各郡牛馬宰殺倒斃一空，耕作無資，地畝有荒蕪之患。前經臣奏明籌款，派員赴各處分投採辦，並在歸綏七廳設局勸捐，以便協濟。南路因思官辦牛馬只能散及貧民，其稍有力者應令自行購買，惟各處商販因沿途喂養維艱，且須照例納稅，所費不資，無利可圖，遂皆歇業。往歲各處市集牲畜頗多，如省南平陽府屬之堯廟會，省北五臺縣屬之臺山會尤為牲畜聚集之所，今歲來者寥寥，民間有錢無市，購覓尤難，自應設法招徠，以資徧及。查晉省十九府州並所屬應徵正額盈餘牲畜稅每季約收銀二三千兩不等，為數無多，現當牲畜缺乏，不得不量予體恤，理合籲懇天恩，俯准將晉省東南之太原、汾州、潞安、澤州、平陽、蒲州六府，遼州、沁州、平定州、解州、絳州、霍川、隰州七州並所屬各州縣，自光緒四年十月初一日起，至五年六月底止停止，應徵牲畜稅正餘銀兩，實於農事大有裨益，從五年七月起仍舊照額徵收。幸蒙俞允，臣即當出示曉諭廣招牲販，冀紓商賈之力，藉濟農民之窮。

綜述

清 凌銘麟《律例指南》卷七《兵律廐牧類》 牧養畜產不如法贅言。律說：每頭笞三十，專指馬牛駝言。羊減馬三等，四頭笞一十，每三頭加一等過，杖一百，每十頭加一等，罪止杖七十，徒一年半。驢騾減馬駝一等，一十笞一十，每三頭加一等過，杖一百，每十頭加一等，罪止杖八十，徒二年。死損不除，着令賠償抵數還官。本條止言牧官，未言牧養人戶。有犯者，牛馬駝問杖，驢騾羊問笞，仍將死損失之畜照數于養畜人戶名下追賠還官。

又　孳生馬匹條贅言。律説：都羣所官，即今府州縣之管馬佐貳官是也。太僕寺官，即分管少卿、寺丞及所屬十四牧監、九十八羣者是也。在邊曰騎操馬，在京府曰寄牧馬，在外府衛曰孳牧寄操馬。一年生八十四匹以上，雖不及百數，准免笞罪。七十匹以下即杖六十。都羣不用心提調，致孳生不及數者，減等論罪，太僕寺又減二等，計七十匹者笞一十，八十匹者減盡無刑。

又　驗畜産不以實條贅言。律説：官司買賣六畜，令人相驗美惡，以定價，有損傷病死令人驗其虚實，如損傷作病死，病死作損傷，選用本好作惡，本惡作好，便爲不實。價銀增減，以增減之價坐贓罪，止杖百，徒三年。相驗分揀者，相驗其美惡而分揀選以定高下也。增價則虧官，減價則損民。入已者，謂將多餘之價入已，就所增減計贓，以監守科但係坐贓，擬還職入已，引例爲民追原侵畜價入官，不實者改正。從重科斷者，如不實之罪重從不實，自盜之罪重從自盜。第一條例説：備用馬匹乃供京操及陝西操之用者，俱由太僕寺驗解。交通官吏獸醫馬販問行求官吏問枉法，或相驗不實，或價有增減，坐贓論。作弊者，如無行求問違制。如通同分價入已，以監守自盜科。第二條例説：大同三路乃猪兒窩、紅塘溝、鐵裹門是也。將不堪馬匹問行求光棍問過錢多支問常人盜。該管官受財問枉法文職引附近例守備官引立功例無贓，止問囑託聽從事，已施行杖百，不在調衛充軍之限。俱問罪，兼指官旗舍人軍民言。

又　養療瘦病畜産不如法贅言。律説：養療就官畜産言。不如法不計頭數。羊不如法，減盡無科，致死一隻笞一十，三隻加一等，罪止杖七十。

又　乘官畜脊破領穿贅言。律説：典守官畜者以瘡圍大小定笞多寡，其乘官畜之人，亦應並坐。若牧養瘦者，十頭坐笞，每十頭加等，罪止杖百。典羊減三等，亦計百頭爲率，三十頭不坐，四十頭瘦笞二十，罪止杖七十。典牧所官以牧養爲事，都羣所官以孳生爲事，俱太僕寺官主之。通計科罪，如羣頭五名計以五百頭爲率，若五十頭瘦者笞二十，每五十頭加一等，罪止加杖一百。如管羣頭五十名，計羊五十頭爲率，若未千頭瘦者減盡無科，至千頭笞一十，罪止杖七十。太僕寺官各減典牧所官罪三等，馬瘦至百五十頭，方笞一十，罪止杖七十。羊瘦至三千隻，方笞一十，罪止笞四十，是爲各減。

又　官馬不調習條贅言。律説：牧馬之官，即今典牧所牧馬者也。聽乘者，謂聽候乘騎也。

清　朱軾《大清律集解附例》卷一六《牧養畜産不如法》　凡牧養官馬牛駝贏驢羊，並以一百頭爲率，若死者、損者、失者各從實開報，死者即時將皮張鬃尾入官，牛觔角皮張亦入官。其管牧牧長、牧副每馬、牛、駝一頭各笞三十；每三頭加一等過，杖一百；每十頭加一等，罪止杖一百，徒三年。羊減馬三等，四頭笞一十；每三頭加一等過，杖一百；每十頭加一等，罪止杖七十，徒一年半。驢贏減馬牛駝二等，一頭笞一十，每三頭加一等過，杖一百；每十頭加一等，罪止杖八十，徒二年。若胎生不及時日而死者，灰醃並年老而自死者，看視明白，不坐。若失去賠償損傷不堪用，減死者一等坐罪。其死損數目，並不准除。註：此嚴牧養之失職也。牧長、牧副即司牧之人，凡牧養官馬牛駝贏驢羊等畜並以一百頭爲率，若每項内有牧養不如法以致倒斃並損傷失去者，俱從實赴官報明，以憑追賠坐罪。死者將倒斃牲畜皮張並馬之鬃尾、牛之觔角即時入官。其牧長、牧副於所牧養馬、牛、駝有死者，計頭數加罪，罪止杖一百，徒三年。羊死者減馬三等，一頭至三頭減盡無科。贏驢死者減馬牛駝二等。若牲畜胎生不及時日而殰死，及年老而自死者，並送官看視明白，不坐以罪。若有失去而照數賠償與損傷而不堪乘用者，各減牲畜倒斃之罪一等科斷。其死損數目，並令買補還官，不准除豁。增例：一，口外騍馬匹如有倒斃，將皮張令沿途地方官員按站解送太僕寺查驗數目，咨送工部揀選留用。其朽爛破壞者，變價咨送戶部。

又《孳生馬匹》　凡牧長管領騍馬一百匹爲一羣，每年三羣孳生駒一百匹。若一年之内止有駒八十匹者，笞五十；七十匹者，杖六十。典牧官不爲用心提調者，致孳生不及數，各減三等；太僕寺官又減典牧官罪二等。註：此重馬政之考成而期於蕃息也。凡各牧長領管騍馬以百匹爲一羣，每年三羣内應孳生駒一百匹。若一年之内於數不足，牧長計匹加罪，典牧官有提調之責，不爲用心，以致缺數者，各減牧長罪三等。太僕寺有統轄之責，又減典牧官罪二等。如有駒八十匹，則減盡無科。止言八十匹，則八十匹以上皆不坐罪。增例：一，凡上駟院、太僕寺所管遊牧馬羣每三年整頓一次，不論騍馬、兒馬、馬駒每三匹内合算，當孳生馬一匹，除合算正額外，多孳生一百六十匹以上者爲頭等，八十匹以上者爲二等，一匹以上者爲三等，牧長、牧副分別給賞。若合算正額内少孳生五十匹以下者，牧長罰馬五匹，牧副各笞四十；一百匹以下者，牧長罰馬七匹，牧副各笞五十；一百匹以上者，牧長罰馬九匹，牧副各杖六十。騸馬羣倒斃少者賞，多者罰，相半者免議。賞罰之數視騍馬羣第三等例，其各馬羣賞罰相半者，總管官免議。賞多者按羣給賞，罰多者按羣受罰。

又《養療瘦病畜產不如法》 凡養療瘦病官馬牛駝贏驢不如法，無論頭數，笞三十。因而致死者，一頭笞四十，每三頭加一等，罪止杖一百。羊減三等。註：此言養療畜產宜加謹也。凡官馬牛駝贏驢有瘦病者，醫飼人役能盡心養療則不致倒斃。若醫飼不如法，不論頭數多寡，笞三十。因而致死者，計頭數加等，罪止杖一百。飼羊不如法致死者，減三等。未致死者，減盡無科。

又《乘官畜脊破領穿》 凡官馬牛駝贏驢乘駕不如法而致脊破領穿，瘡圍繞三寸者，笞二十；五寸以上笞五十。並坐乘駕之人。若牧養瘦者，計百頭爲率，十頭瘦者，牧養人及牧長、牧副各笞二十；每十頭加一等，罪止杖一百。羊減三等。典牧官各隨所管牧長多少通計科罪。太僕寺官各減典牧官罪三等。註：此言應乘官畜之人不加愛護，而並治牧養不謹之罪也。官畜乘駕不如法，驗傷加笞牧養人等，養瘦者計十頭加等，罪止滿杖，羊減三等。典牧官各隨所管牧長多少通計科罪，太僕寺官各減典牧官罪三等。前牧養不如法條有失去損傷罪牧長、牧副之律，此條言牧養瘦病者，牧養人及牧長、牧副、典牧官、太僕寺官之罪，蓋互相備也。增例：一，車駕行幸所需馬匹、車輛及校尉等所乘馬匹，俱令該管職事人員親身關領，嚴行約束。若校尉當差人役趕車步軍將馬匹不按時飲水喂草，私自濫行馳驟，或在沿途，或到處所倒斃走失者，各杖一百，躦病損傷者減二等。

又《官馬不調習》 凡牧馬之官，聽乘官馬而不調習者，一匹笞二十；每五匹加一等，罪止杖八十。註：此欲馬性之調良以適駕馭也。凡牧馬之官，聽許乘坐官馬，蓋欲其習馳驟、閑進止也。若素不調習，則難以適用，故計匹加罪，罪止杖八十。

又《隱匿孳生官畜產》 凡牧養係官馬贏驢等畜所得孳生，限十日內報官。若限外隱匿不報，計所隱匿之價爲贓，准竊盜論，止杖一百，流三千里。因而盜賣，或將不堪孳生抵換者，並以監守自盜論，罪不分首從。併贓至四十兩，雜犯斬。其典牧官、太僕寺官知情不舉，與犯人同罪。不知者，俱不坐。買主知情，以故買盜贓，科匿賣抵換之物還官。註：此言官畜不得私匿也。隱匿、盜賣、抵換，俱計所隱所盜所換之價爲贓，分別治罪。典牧及太僕寺官知情不舉，各與同罪。不知者不坐。增例：一，凡屯莊居住旂人莊頭畜養馬匹，各用該旂印烙，無印烙者，察出，將馬入官，養馬之人杖一百。屯領催不行察出者，笞五十，首報免罪。一，口外羣內馬匹盜賣抵換，照監守自盜律科罪。若將有太僕寺滿字印烙馬匹明知故買者，與犯人同罪。

《清律例》卷二一《兵律厩牧》 牧養畜產不如法。凡牧養官馬牛駝贏驢羊並以一百頭為率，若死者、損者、失者各從實開報。死者即時將皮張鬃尾入官，牛觔角皮張亦入官。其管牧牧長、牧副每馬牛駝一頭各笞三十，每三頭加一等過，杖一百，每十頭加一等，罪止杖一百，徒三年。羊減馬三等，四頭笞一十，每三頭加一等過，杖一百，每十頭加一等，罪止杖七十，徒一年半。驢贏減馬牛駝二等，一頭笞一十，每三頭加一等過，杖一百，每十頭加一等，罪止杖八十，徒二年。若胎生不及時日而死者，灰醃並年老而自死者，看視明白，不坐。若失去賠償損傷不堪用，減死者一等坐罪。其死損數目，並不准除。

又 孳生馬匹。凡牧長管領騍馬，一百匹為一羣，每年三羣孳生駒一百匹。若一年之内止有駒八十匹者，笞五十，七十匹者杖六十。典牧官不爲用心提調者，致孳生不及數，各減三等。太僕寺官又減典牧官罪二等。條例：一，凡上駟院、太僕寺所管遊牧馬羣，每三年整頓一次，不論騍馬、兒馬、馬駒，每三匹内合算當孳生馬一匹，除合算正額外，多孳生一百六十匹以上者為頭等，八十匹以上者為二等，一匹以上者為三等，牧長、牧副分別給賞。若合算正額内少孳生五十匹以下者，牧長罰馬五匹，牧副各笞四十；一百匹以下者，牧長罰馬七匹，牧副各笞五十；一百匹以上者，牧長罰馬九匹，牧副各杖六十。騸馬羣倒斃少者賞，多者罰，相半者免議。賞罰之數視騍馬羣第三等例，其各馬羣賞罰相半者，總管官免議。賞多者按羣給賞，罰多者按羣受罰。

又 驗畜産不以實。凡官司相驗分揀，相驗其美惡而分別揀選，以定高下。官馬牛駝贏驢不以美惡之實者，一頭笞四十，每三頭加一等，罪止杖一百。驗羊不以實，減三等。若因驗畜不實而價有增減者，計所增虧，官減損民價坐贓論，入己者以監守自盜論，各從重科斷，不實罪重從不實，坐贓自盜罪重從自盜坐贓。條例：一，州縣起解備用馬匹，各要經由該管官驗中起解。若有馬販交通官吏醫獸人等兆攬作弊者，問罪，枷號一箇月，發近邊充軍。

又 養療瘦病畜産不如法。凡養療瘦病官馬牛駝贏驢不如法，無論頭數，笞三十。因而致死者，一頭笞四十，每三頭加一等，罪止杖一百。羊減三等。

又 乘官畜脊破領穿。凡官馬牛駝贏驢乘駕不如法而致脊破領穿，瘡圍繞三寸者笞二十，五寸以上笞五十，並坐乘駕之人。若牧養瘦者，計百頭為率，十頭瘦者，牧養人及牧長、牧副各笞二十，每十頭加一等，罪止杖一百。羊減三等。典牧官各隨所管牧長多少通計科罪，亦以十分為率，太僕寺官各減典牧官罪三等。條例：一，車駕行幸所需馬匹車輛，及校尉等所乘馬匹，俱令該管職事人員親身闕領，嚴行約束。若校尉當差人役趕車步軍將馬匹不按時飲水喂草，私自濫行馳驟，或在沿途、或到處所倒斃走失者，各杖一百，躦病損傷者減二等。

又 官馬不調習。凡牧馬之官聽乘官馬而不調習者，一匹笞二十，每五匹加一等，罪止杖八十。

清 伯麟《兵部處分則例》卷二四《八旗馬政》 **拴**養官馬。一、兵丁拴養官馬，如有疲瘦不堪者，鞭五十。公罪。該管佐領、驍騎校罰俸三個月。公罪。參領、副參領罰俸一個月。公罪。若竟不拴養，冒領錢糧者，鞭一百。私罪。革退，將冒領銀兩追繳，該管佐領、驍騎校罰俸一年。公罪。參領、副參領罰俸六個月。公罪。一、官員佺養官馬，如有疲瘦不堪者，罰俸六個月。公罪。該管佐領罰俸三個月。公罪。參領、副參領罰俸一個月。公罪。若竟不拴養，冒領錢糧者，革職。私罪。將冒領銀兩追繳，該管佐領罰俸一年。公罪。參領、副參領罰俸六個月。公罪。查驗牧場馬駝分別賞罰。一、八旗馬駝於出場之時，各造具毛齒清冊送兵部存案，俟回京日，按冊查驗印烙，統轄、副都統以該翼之馬駝覈算，兼管官以兼管之馬駝覈算，專管官以專管之馬駝覈算。如十分之內其疲瘦各不及三分者，免其議處；若疲瘦至三分者，罰俸九個月。公罪。兵丁鞭五十。公罪。四分以上者，罰俸一年。公罪。兵丁鞭六十。公罪。五分以上者，降一級留任。公罪。兵丁鞭七十。公罪。六分以上者，降二級留任。公罪。兵丁鞭八十。公罪。七分以上者，降三級調用。公罪。兵丁鞭九十。公罪。以上疲瘦分數，俱就副都統及兼管官、專管官各名下詳細分別，不准將在廠之馬駝通融攤算。如官兵等希免處分，將馬駝彼此頂換，疲瘦俱不至三分者，係職官降三級調用。私罪。兵丁鞭九十。私罪。兼管官失察，降一級留任。公罪。副都統罰俸一年。公罪。一、派往馬場之察哈爾官員，果能加意牧放，無有損傷，驗收時如一羣馬匹較勝於別羣者，將該羣牧放官員紀錄一次；如一翼馬匹肥壯無有損傷，將該翼大臣等紀錄二次。

又 圍差馬駝倒失賠補定限。一、八旗出差官兵所領馬駝，如有倒失者，照定例價銀如數賠補，兵丁於應得錢糧內每月扣銀一兩，官員限兩個月，交與本旗彙總送交戶部。如逾限未交，即行參奏，係職官罰俸一年。公罪。兵丁鞭八十。公罪。催追不力之大臣官員，罰俸六個月。公罪。領催鞭五十。公罪。如有沿途及行在各處倒斃者，該管官員查驗明確，出結報部，倘有圖得好馬好駝開報倒斃，該管大臣官員知情者，照徇庇例，降三級調用。私罪。止於失察者，降三級留任。公罪。本人從重治罪。至回圍後，若有呈報倒斃多者，該管大臣官員交部察議，如恭逢巡幸地方，程期稍遠，中途有馬更替者，亦照此例辦理。

又 馬駝踐食田禾。一、出青馬駝不行管束，沿途縱食田禾者，兵丁鞭八十。私罪。專管官罰俸九個月。公罪。兼管官罰俸六個月。公罪。副都統罰俸三個月。公罪。領催鞭六十。公罪。若不在牧場牧放踐食田禾者，兵丁鞭一百。私罪。革退。專管官罰俸一年。公罪。兼管官罰俸九個月。公罪。副都統罰俸六個月。公罪。領催鞭八十。公罪。其踐食田禾，俱追糧賠償地主。至强派民人代看馬駝，及勒索酒食擾害生事者，本人交刑部治罪，專管官知情故縱者降一級調用。私罪。如失於查察者，降一級留任。公罪。兼管官罰俸一年。公罪。副都統罰俸九個月。公罪。領催鞭一百。公罪。其駐防及各處牧場有踐食田禾生事擾害者，俱照此例分別議處。

又 塔爾巴哈台牧場官員功過。一、塔爾巴哈台牧場馬匹牲畜，每年查驗，若臕分在三分以上、倒斃不逾定額者，由該處辦事大臣奏明，將領隊大臣、總管、副總管、牧場佐領俱准，其紀錄二次，兵丁記名，遇揀選處列名。如倒斃雖未逾額，而臕分在三分以下者，毋庸議敘。倘臕分平常，倒斃過多者，將領隊大臣、總管、副總管、牧場佐領一併參奏議處，仍將倒斃過多之牲畜著落賠補，兵丁重責。

又 伊犁等處解送馬牛妥協議敘。一、伊犁等處派員解送烏嚕木齊等處馬牛妥協，解送之員准其加一級。

又 卷二五《綠營馬政》 不扣朋銀。一、巡捕五營及直省各營副將以下官員兵丁應扣朋銀并賠樁銀兩，以備各營買馬之用，如官兵不扣朋銀者，該管官罰俸一年。公罪。提督罰俸六個月。公罪。如無提督省分，總兵罰俸六個月。

公罪。

又　尅扣朋銀。一、購買營馬，不許短價侵漁，如本官有尅扣攤派等，該將軍、總督、巡撫、提督題參，將本官革職。私罪。計贓治罪，若任聽兵丁以不堪營馬充數者，該管官降三級調用。私罪。

又　朋馬奏銷限期。一、直省總督、巡撫、提督、總兵、標營朋馬奏銷，限於次年五月內，由該總督、巡撫題報，甘肅省有烏嚕木齊等營，道里較遠，限於次年十月內，由該總督具題。如各標營遲延不申或已申而總督、巡撫不即送部，以致逾限者，照營衛各官造送錢糧冊結遲延例議處。

又　豫備軍需馬駝疲瘦。一、官員將豫備軍需馬駝如牧養不善以致疲瘦者，降三級調用。公罪。

又　挑選出師馬匹。一、奉派出師官兵應需馬匹，在於各鎮營內挑選，如將不堪備用之馬濫挑充數，將承辦挑選之員降三級調用。私罪。未經飭駁更換之，該管上司降一級調用。公罪。提督、總兵降一級留任。公罪。如係提督、總兵自行挑選，即將提督、總兵降三級調用。私罪。如能挑選妥善差使無誤者，准其加一級。

又　解送軍營馬匹倒斃。一、武職官員解送軍營馬匹，每一百匹准其倒斃三匹，如倒斃至四五匹者，罰俸六個月。公罪。六七匹者罰俸一年。公罪。八九匹者降一級留任。公罪。十匹、十一匹者降一級調用。公罪。十二匹、十三匹者降二級調用。公罪。十四匹、十五匹者降三級調用。公罪。十六匹至二十匹者革職。公罪。二十匹以上者革職。公罪。分別治罪。如有盜賣別情，交刑部從重治罪。其總理督解之員，覈其督解總數，按其倒斃多寡，亦照此分別議處治罪。一、軍營撤回，馬匹解回原營，及新疆臺站馬匹，如有倒斃逾額，均照解往軍營馬匹倒斃之例，減等分別議處。

又　解送軍需馬騾議敘。一、各省辦解軍需馬騾，如果足數，膘肥由該總督、巡撫奏明請旨議敘，將解送之員准其軍功加一級。

又　直隸省領餧旗馬分別議敘議處。一、直隸省領餧旗馬三千一百八十八匹，每年於秋間歸營餧養，至次年立夏時交察哈爾牧放。出青時由提督驗明膘分，分列等第造冊，由總督察覈送部，如列爲一等者，給予紀錄一次；列爲二等者，毋庸議敘議處；列爲三等者，罰俸一年。公罪。如有餧養不善以致馬匹疲瘦不堪乘騎者，即據實參奏，將經管之員降一級留任。公罪。馬匹仍著落賠補。

又　甘肅牧場官兵功過。一、甘肅提標西寧鎮各處牧場所牧馬匹，不論兒、騍馬，每三匹取孳生馬一匹，如應取駒千匹者，以百匹爲一分，十匹爲一釐；應取駒百匹者，以十匹爲一分，一匹爲一釐；三年內若于額取之外多孳生一釐以至一分者爲三等賞，牧長加一級，牧副紀錄二次，牧兵每名賞銀一兩；多孳生一分一釐以至二分者爲二等賞，牧長加二級，牧副加一級，牧兵每名賞銀二兩；多孳生二分一釐以至三分者爲頭等賞，牧長、牧副俱以應陞之缺陞用，牧兵每名賞銀三兩；多孳生三分以上者，牧長、牧副俱以應陞之缺即用，牧兵每名賞銀四兩。若于額取之內少孳生二分以下者，罰馬四釐，牧長、牧副、牧兵各責二十棍；少孳生四分以下者，罰馬八釐，牧長、牧副、牧兵各責三十棍；少孳生六分以下者，罰馬一分二釐，牧長、牧副、牧兵各責四十；少孳生八分以下者，罰馬一分六釐，牧長、牧副、牧兵各責五十棍；少孳生十分以下者，罰馬二分，牧長、牧副、牧兵各責六十棍。如于原牧數內缺少者，牧兵斥革，牧副革退，牧兵綑責八十棍，除照頭等罰分賠外，所缺原牧馬匹，仍著落牧長賠補二成，提督、總兵、遊擊分賠八成，賠交馬匹仍歸原羣，扣限取孳。其五羣得賞之遊擊加二級，提督、總兵加一級；四羣得賞、一羣得罰之遊擊加一級，提督、總兵紀錄二次；三羣得賞、二羣得罰之遊擊、提督、總兵俱免處分；二羣得賞、三羣得罰之遊擊降一級留任。公罪。提督、總兵罰俸六個月。公罪。一羣得賞、四羣得罰之遊擊降一級調用。公罪。提督、總兵罰俸一年。公罪。五羣全罰之遊擊革職。公罪。提督、總兵降一級調用。公罪。如於原牧數內缺少者，除將千總、把總罰出馬數補入外，其餘著落遊擊、提督、總兵各半分，賠至，官兵未滿三年者，毋庸議賞議罰。一、巴里坤東場西場三場牧放馬匹，不論兒、騍馬，每三匹取孳生馬一匹，如應取駒千匹者，以百匹爲一分，十匹爲一釐，應取駒百匹者，以十匹爲一分，一匹爲一釐，三年內若于額取之外多孳生一釐以至一分者爲三等賞，牧長加一級，牧副紀錄二次，牧兵每名賞銀一兩；多孳生一分一釐以至二分者爲二等賞，牧長加二級，牧副加一級，牧兵每名賞銀二兩；多孳生二分一釐以至三分者爲頭等賞，牧長、牧副俱以應陞之缺陞用，牧兵每名賞銀三兩；多孳生三分以上者，牧長、牧副俱以應陞之缺即用，牧兵每名賞銀四兩。若于額取之內少孳生二分以下者，罰馬四釐，牧長、牧副、牧兵各責二十棍；少孳生四分以下者，罰馬八釐，牧長、牧副、牧兵各責三十棍；少孳生六分以下者，罰馬一分二釐，牧長、牧副、牧兵各責四十棍；少孳生八分以下者，罰馬一分六釐，牧長、牧副、牧兵各責五十棍；少孳生十分以下者，罰馬二分，牧長、牧副、牧兵各責六十棍。如于原牧數內缺少者，牧長斥革，牧副革退，牧兵綑責八十棍，除照頭等罰分賠外，所缺原牧馬匹，仍著落牧長賠補二成，提督、總兵、遊擊分賠八成，賠交馬匹仍歸原羣，扣限取孳。其五羣得賞之遊擊、都司、守備俱加二級；四羣得賞、一羣得罰之遊擊、都司、守備俱加一級；三羣得賞、二羣得罰之遊擊、都司、守備俱免處分；二羣得賞、三羣得罰之遊擊、都司、守備降一級留任。公罪。一羣得賞、四羣得罰之遊擊、都司、守備降一級調用。公罪。五羣全罰之遊擊、都司、守備革職。公罪。其巴里坤鎮統轄東場西場三場如十五羣得賞者加一級，十四羣、十三羣、十二羣得賞者紀錄二次，十一羣、十羣、九羣得賞者紀錄一次，八羣、七羣得賞者免其處分；九羣、十羣得罰者罰俸半年。公罪。十一羣、十二羣、十三羣得罰者罰俸一年。公罪。十四羣、十五羣得罰者降一級調用。公罪。如於原牧數內缺少者，除將千總、把總罰出馬數補入外，其餘著落遊擊、都司、守備、總兵各半分賠至，官兵未滿三年者毋庸議賞議罰。

又 牧駝均齊。一巴里坤□□牧場所牧駝隻，每母駝一百隻，每五年取孳生駝四十隻，如多孳生一隻以上者，千總、把總紀錄二次外，委紀錄一次，兵丁每名賞銀一兩；多孳生十一隻以上者，千總、把總紀錄三次外，委紀錄二次，兵丁每名賞銀二兩；多孳生二十一隻以上者，千總、把總加一級，紀錄一次外，委加一級，兵丁每名賞銀三兩。如少孳生一隻以上者，千總、把總罰俸六個月。公罪。外委兵丁各責四十棍。公罪。少孳生十一隻以上者，千總、把總罰俸九個月。公罪。外委兵丁各責五十棍。公罪。少孳生二十一隻以上者，千總、把總罰俸一年。公罪。外委兵丁各責六十棍。公罪。經理守備如牧長、牧副得頭等賞者，紀錄三次，得二等賞者，紀錄二次，得三等賞者紀錄一次。牧長牧副得一等罰者罰俸一年。公罪。得二等罰者罰俸九個月。公罪。三等罰者罰俸六個月。公罪。若孳生更有多寡，照此按等增減定議，至官兵未滿五年者，毋庸議賞議罰。

又 伊犁牧場官員功過。一、伊犁牧場馬匹於年終查明，如膘分肥壯，倒斃不逾定額者，官員紀錄二次，兵丁記名，於揀選時列名；若馬匹疲瘦倒斃過多者，著落賠補外，將官員參奏議處，兵丁責懲。

又 新疆管理臺站馬匹官弁分別賞罰。一、烏嚕木齊所屬臺站馬匹膘壯足額、差使無誤者，管臺官員紀錄二次，委署筆帖式等官准於應陞之處列名，兵丁賞給一月鹽菜銀兩；如馬匹疲瘦倒斃逾額者，除馬匹著落分賠外，仍將該管官員參奏議處，委署筆帖式及弁兵等一體責懲。

又 屯田馬牛倒斃節省官員議敘。一、烏嚕木齊、伊犁、庫爾喀喇、烏蘇、精河、濟木薩營、吐魯番等處屯田兵丁遣犯應需牲畜如馬匹驢騾倒斃不及三分、牛隻倒斃不及一分五釐，將該管各官記功；其馬匹驢騾倒斃不及二分、牛隻倒斃不及一分者，該管各官紀錄一次。

又 伊犁等處解送馬牛妥協議敘。一、伊犁等處派員解送烏嚕木齊等處馬牛妥協，解送之員准其加一級。

《清會典則例》卷二三《吏部・馬政》 一、馬場。康熙十七年，議準每旗分設騸馬場各一場，騍馬場各五場，設立員外郎八員，專管馬場，將騸馬場分作十分，馴練不熟不堪用一分以上者，將該管員外郎罰俸三月，二分以上者罰俸六月，三分以上者罰俸九月，四分以上者罰俸一年，五分以上者降一級留任，六分以上者降二級留任，七分以上者降三級調用。再將騍馬場亦共分作十分，若於原給數闕額一分以上者罰俸一年，二分以上者降一級留任，三分以上者降二級留任，四分以上者降三級調用，五分以上者降四級調用。雍正七年，議準馬羣官員除正額馬外，如有孳生至十匹以上者，將總管官員紀錄一次，四十匹以上者紀錄二次，七十匹以上者紀錄三次，自百匹至百二十匹者準加一級。騍馬羣若比原給數目闕至一分以上者，將該管官罰俸一年，闕二分以上者降一級留任。又養什木管騸馬羣官員如一年百匹馬內不至倒斃者準加一級，倒斃自一匹至四匹者紀錄二次，自五匹至八匹者紀錄一次，自九匹至十二匹者毋庸議處議叙，倒斃自十三匹至二十匹者罰俸一年，倒斃自二十一匹至三十匹者罰俸二年，倒斃自三十一匹至四十匹者罰俸三年，倒斃自四十一匹至五十匹者降一級留任。如有倒斃數目再多者，照倒斃數目計算降級。一、解馬。順治初，定解送軍前馬匹官員如病瘦三匹以下者免議，十匹以下者罰俸三月，二十匹以下者罰俸六月，三十匹以下者罰俸九月，四十匹以下者罰俸一年，五十匹以下者降一級留任，六十匹以下者降一級調用，比此數多者革職。康熙五十四年，覆準各省運米馬羸，如原購州縣不加意餧養以致疲瘦者，皆照解送軍前馬匹病瘦例議處，嗣後如疲瘦五十匹以上者，將該管道府官罰俸三月，百匹以上者罰俸六月，百五十匹以上者罰俸九月，二百五十匹以上者降一級留任，三百匹以上者降一級調用。

又 卷一一九《兵部・馬政》 一、八旗牧馬。原定八旗及內府三旗佐領下額設馬駝，每年由部酌定留京並出場各數，繕摺奏聞，並開列副都統職名，每翼各簡用二人，於立夏後四日，率領官兵陸續趕赴口外牧場擇水草豐茂之處加意牧放，若照管不周致有闕少，著落副都統以下各官賠補；其實繫殘廢倒斃者，馬扣存三月錢糧，駝扣存四月錢糧買補；如價有不敷，準於公用銀內動支。至出場官兵均聽副都統管轄，在場馬駝亦聽副都統分撥，官兵牧放進口日期，統於八九月間，該副都統豫行報部。又定八旗出場馬駝內，每站各給空草一束，回日進口，每站仍各給空草一束，均由部移咨户部委司官一人監給。康熙二十六年，議準八旗出場馬駝沿塗不加管束踐食田禾者，兵鞭八十，專管官罰俸九月，兼管官罰俸六月，副都統罰俸三月，領催鞭六十；出口並不在場牧放致有縱逸侵擾者，兵鞭一百，專管官罰俸一年，兼管官罰俸九月，副都統罰俸六月，領催鞭八十，照馬駝侵擾之數賠償地主，至兵丁强令他人代為牧放及勒索酒食擾累生事者，交刑部治罪，專管官降一級調用，兼管官罰俸一年，副都統罰俸九月，領催鞭一百，革退。雍正三年，議準八旗馬駝前往牧場，該參領官員及驍騎校等果加意牧放，無有損傷，令出牧之副都統點驗如一，參領下馬駝較勝別參領者，將該參領下各官及驍騎校各紀錄一次；如一旗馬駝肥壯無有損傷，該參領紀錄二次，各官及驍騎校各紀錄一次。又奏準八旗出場馬駝，所有在場各官遇切近喪事，該副都統即令回京，有患病者副都統驗實，亦令回京，均移咨該旗補人前往；至於婚嫁之事告假者，準給一月之限，行咨該旗，於事竣催令前往。若馬駝於一月二十日之間將次進口，其回京之人均不必赴場；若告假各官逾限不赴場者，罰俸一年，副都統不察明給假者，罰俸六月。又奏準八旗各官奉委出場牧放，若逗遛觀望不即前往，及到場潛回者，皆革職。十三年議準八旗馬駝於出場之時，各造具毛齒清册送部存案，竢回京日，按册點驗印烙，統轄副都統以該翼之馬駝覈算，兼管官以兼管之馬駝覈算，專管官以專管之馬駝覈算。如十分之內疲瘦各不及三分者，免議；若疲瘦至三分者，官罰俸九月，兵鞭五十；四分以上者，官罰俸一年，兵鞭六十；五分以上者，官降一級留任，兵鞭七十；六分以上者，官降二級留任，兵鞭八十；七分以上者，官降三級調用，兵鞭九十。以上疲瘦分數，均就副都統、兼管官、專管官各名下詳細分別，不準將在場馬駝通融攤算，如官兵希免議處，將馬駝彼此頂換，使疲瘦皆不至三分者，官降三級調用，兵鞭八十，兼管官降一級留任，副都統罰俸一年。乾隆五年，奏準八旗出場馬駝進口日期不必拘定八月九月，令兩翼副都統等視天時冷暖及草枯遲早公同酌定，豫行報部。十六年，奏準八旗牧養官馬共二萬七百七十三匹，每匹月給馬乾銀三兩。近因京城豆價皆昂，所支銀不敷購買，應暫為通融籌辦，請於所牧官馬內酌撥萬匹在京外牧養，熱河撥給馬千匹，近京各莊頭撥給馬二千匹，此外七千匹交直隸各標營牧養。其熱河及各莊頭草料銀由該副都統、內務府會計司官赴户部支領，按月給發；直隸各標營就近於藩庫動支。如有減剋料草以致疲瘦者，該管官交部議處，兵丁、莊頭嚴行治罪；或有倒斃，照八旗之例，於馬乾銀內按月扣存買補，並請特簡大臣均匀搭配，不得槩以疲馬充數；如有不肖兵丁乘便將殘廢馬匹私行抵換者，一經察出，即將本人從重治罪，佐領及都統等一并交部嚴加議處。十七年，奏上年因京師草豆價昂，八旗牧養官馬每月所支馬乾銀不敷購買，經大學士等遵旨議，奏將八旗官馬撥出萬匹，交與直隸各標鎮營並熱河副都統及近京莊頭分領牧養，竢次年草豆價平，仍分與八旗官兵牧養。察目下京師草豆較上年價直已減，此項馬匹或仍交直隸等處牧養，或遵照原奏留京牧養。奉旨：『此項官馬前經交直隸各標營牧養，驃分既屬充足，且聞於該兵丁等亦屬有益，著不必交熱河副都統及各莊頭，竢回鑾後，撥出萬匹皆交與直隸總督，仍前分撥牧養。』又奏準八旗出場馬駝，令兩翼副都統等加意牧養，竢水草乾枯應進京時，一面奏聞，一面將馬駝陸續趕赴進口。十九年，奏準八旗官駝，照官馬例，交與直隸總督，分給各標營牧養。一、各省牧馬。乾隆元年，議準陝西、甘州提標、涼州、西寧、肅州三鎮標各設馬場一處，每場牝牡馬千二百匹，以游擊一人為總統，每場分為五羣，每羣牡馬二百匹、牝馬四十匹，以千把一人為牧長，外委千把一人為牧副，兵十名為牧人，三年均齊一次，届期由總督委官逐場察驗，敘明賞罰具題，仍將各場原牧及孳生馬數與應賞應罰之處並各場官兵姓名詳造一册，咨部察覈。牧馬兵丁每月給銀三錢，於司庫扣貯提鎮建曠項下動支，報明户部；需用鍋帳，於存營項下撥給。所牧馬匹不論牝牡，每三匹取孳生馬一匹，三年內一羣之馬多孳生一匹以上者為三等賞，千把總加一級，外委紀錄二次，兵每名賞銀一兩；多孳生八十匹以上者為二等賞，千把總加二級，外委加一級，兵每名賞銀二兩；多孳生一百六十匹以上者為一等賞，千把總、外委均以應升之官即用，兵每名賞銀三兩。所賞銀亦於建曠項下動支，呈報户部。如少孳生二十匹以下者為三等罰，千把罰馬五匹，外委及兵各責四十；少孳生四十匹以下者為二等罰，千把罰馬七匹，外委及兵各責五十；少孳生八十匹以下者為一等罰，千把罰馬九匹，外委及兵各責六十；如於原牧數内闕少者，千把革職，罰馬十八匹，外委革去頂帶，仍各責八十，兵責八十，所罰之馬歸入馬羣覈算。其提鎮、遊擊統計五羣以為賞罰，五羣得賞之遊擊加二級，提鎮加一級；四羣得賞、一羣得罰之遊擊加一級，提鎮紀錄二次；三羣得賞、二羣得罰之遊游擊、提鎮無庸議賞議罰；三羣得罰、二羣得賞之遊擊降一級留任，提鎮罰俸六月；四羣得罰、一羣得賞之遊擊降一級調用，提鎮罰俸一年；五羣全罰之遊擊革職，提鎮降一級調用；若於原牧數内闕少者，除將千把罰出馬數補入外，餘著落遊擊、提鎮各半分賠。四年，議準江南地方潮濕，夏秋之際，馬繫於槽，熱氣薰蒸，易致疲瘦，必得閒空之地以飼水草，今江寧駐防八旗督標中左、安徽撫標左右、提標中左右前後、安徽游兵、潛山徽州寧國蕪采廣德廬州泗州江寧城守左右、松江劉河金山柘林青村泰興京口八旗、京口協左、漕標中左右、廟灣鹽城小關海州淮安城守、東海河標中左以上各營，均繫舊有牧地，不必別設，只須再為勘定界址，毋令越占。其奇兵瓜洲青山溧陽池州蘇州城守右、南匯黄浦平望江陰靖江楊舍孟河掘港三江京口水師、佃湖蕭營以上各營，實在騎操馬均在四十匹以下，或在槽餧養，或就近牧放，無庸設立場地。又蘇州撫標左右、福山常州揚州河標右等營馬匹雖在四十匹以上，或該處並無曠土，或分汛差撥難以聚牧，應毋庸設立場地。其浦口六安亳州壽春鎮標中左右、蘇州城守中左、川沙吳淞太湖左右、鎮江崇明鎮標中左右、並奇兵營、狼山鎮標中左右、京口隨旗左右、京口協右、泰州以上各營，實在騎操馬均在四十匹以上，向無牧場，均應擇地設立；内中浦口崇明鎮標中左右、並奇營，係夏秋半支料乾之營，應酌量每馬一匹給草地一畝，以供芻秣，其餘均係長年全支料乾之營，原無藉放青，不過於夏秋酷暑時，使其安閑散適，應酌量五馬給草地一畝，其所需之地，均準於各營官基内撥給，如無官基，即擇民地於朋扣銀内按價買給，豁免租糧，其肯賣與否，聽從民便。飭令地方官毋得短價抑勒，仍將所撥官基並擇買民地畝數及豁免租糧造册報户部。至舊有新設牧地，均令四圍栽柳編籬，只留一門出入，或四圍掘溝，令兵看守，仍四圍堅立限碑。倘兵丁牧放越界踐食田禾，不論多寡，旗軍鞭一百，營兵責四十；若踐食過多，應依毀伐稼穡者計贓，準竊盜律，分別治罪，仍革伍。所食田禾追賠給主，該管旗營各官失於覺察者，罰俸六月，如不能禁飭以致兵丁馬匹越界踐食田禾者，降一級調用。倘有心縱容，該管旗營各官革職。至江蘇等屬有牧馬草場岡地租及省衛項下羣牧田畝名色、見屬民業、非係牧地者，仍遵照舊例辦賦，各營不得倚占。十三年，議準甘州提標、涼州、西寧、肅州三鎮標各設駝場一處，每處牝牡駝二百為一羣，每羣以千把總一人為牧長，外委千把總一人為牧副，兵九名為牧人，仍委守備一人督率經理，以五年均齊一次，牧駝兵丁每月給鞲鞋銀三錢，均準於司庫建曠項下動支，呈報户部，所需鍋帳準於存營項下撥給，千把總、外委、兵丁因邊地游牧較内地不同，五年均齊，為期久遠，應酌定議賞以示鼓勵。每牝牡駝百，於五年内孳生四十者，無庸議賞；於額數之外多孳生一駝至十駝者為三等賞，千把總紀錄二次，外委紀錄一次，兵每名賞銀一兩；多孳生十一駝至二十者為二等賞，千把總紀錄三次，外委紀錄二次，兵每名賞銀二兩；多孳生二十一駝以上者為一等賞，千把總加一級，紀錄一次，外委加一級，兵每名賞銀三兩。所賞銀由總督於均齊之年酌動何項於疏内聲明覈給。每牝牡駝百，於五年内倒斃二十駝者，毋庸議罰；若倒斃逾二十駝之額，不論多寡，總以續得孳生抵補，其餘再計孳生，如少孳生一駝以上者為三等罰，千把總罰俸六月，外委及兵各責四十；少孳生十一駝以上者為二等罰，千把總罰俸九月，外委及兵各責五十；少孳生二十一駝以上者為一等罰，千把總罰俸一年，外委兵丁各責六十。至經理守備，如千把總、外委得一等賞者，準其紀錄三次；得二等賞者，紀錄二次；得三等賞者，紀錄一次。如千把總、外委得一等罰者，經理守備罰俸一年；得二等罰者，罰俸九月；得三等罰者，罰俸六月。每屆五年均齊之期，由總督委官前赴各處牧場印烙，將數目及牧放官兵姓名分晰造册，叙明賞罰具題。至孳生牡駝於五年均齊之後，照例配搭孳生，其餘牡駝騸割別牧以備撥用。再孳生駝内，如有老弱不孳生者，準其據實呈驗變價，所有空闕，在於孳生駝内頂補，仍算入孳生之數，以定功過。一、直省營馬。順治年間，定各省營馬闕額，該督撫、提鎮或就近買補，或報部撥給。六年，題準官員騎坐馬皆繫自備，名曰例馬，每月照數支領草料，提督準例馬十有五匹，總兵官十有二匹，副將八匹，參將、遊擊各六匹，都司、守備各四匹，千總、把總各二匹，至兵丁騎操馬，酌量各營情形，或馬步各半，或馬四步六，或馬三步七，或馬二步八，或馬一步九，或不設馬，皆於奏銷案内照各營實在數目開造報部察覈，知照户部銷算草料。八年，題準副將以下、把總以上每月於應支銀内扣二錢，馬兵扣一錢，步兵扣五分，守兵扣三分，名曰朋扣，存貯營中以備買馬之用，若有餘剩，由部覈明，於奏銷本内題，交户部充餉。又題準營馬對敵及追盜賊損失者，免其賠補，走脱被竊失者，著落本人賠補，若倒斃者，每馬以十兩為額，令其賠補，名曰賠樁。每年遞減一兩，至十年者免其賠樁，準動支朋扣銀購買。十六年，題準官員例馬，提督準二十匹，總兵官十有六匹，副將十有二匹，參將八匹，遊擊以下仍各照舊數。又覆準將軍、督撫、提鎮買營馬者，將應買數目報部，副將以下買營馬者，呈明該管之督撫提鎮報部。康熙三年，議準江南、江西、福建、浙江、湖北、湖南、四川、廣東、廣西、雲南、貴州等省營馬，以三年賠樁，過三年者免；直隸、山東、山西、河南、西安、甘肅以五年賠樁，過五年者免。四年，題準三年賠樁之省，一年倒斃，本兵賠銀七兩，合隊二兩，本管官一兩；二年倒斃，本兵賠銀六兩五錢，合隊一兩七錢，本管官八錢；三年倒斃，本兵賠銀六兩，合隊一兩四錢，本管官六錢；三年以後免其賠樁，動支朋扣銀買補。五年賠樁之省，一年倒斃，本兵賠銀七兩，合隊二兩，本管官一兩；二年倒斃，本兵賠銀六兩五錢，合隊一兩七錢，本管官八錢；三年倒斃，本兵賠銀六兩，合隊一兩四錢，本管官六錢；四年倒斃，本兵賠銀五兩五錢，合隊一兩，本管官五錢；五年倒斃，本兵賠銀五兩，合隊七錢，本管官三錢；五年以後免其賠樁，動支朋扣銀買補。又題準廣東地方潮濕，馬易倒斃，賠樁準照十兩減半，一年倒斃，賠銀五兩；二年倒斃，賠銀四兩五錢；三年倒斃，賠銀四兩；三年以後免其賠樁。五年，題準廣西地方瘴濕，馬易倒斃，賠樁照廣東之例。又題準營馬倒斃，如符年限者，準用朋扣銀買補；若年限不符，除照例賠樁外，亦準用朋扣銀買補。其價直隸每匹九兩，山東十兩，山西八兩，河南八兩五錢，江南十有三兩九錢七分，江西十有六兩八錢二分四釐，福建二十二兩，浙江十有六兩，湖北、湖南十有五兩，西安八兩，廣東二十一兩九錢，廣西二十兩，雲南二十一兩八錢，貴州二十兩二錢二分有奇，甘肅、四川除貢馬抵補外，其不敷之馬，甘肅每匹給價八兩，四川每匹給價十有二兩。十一年，題準官兵不扣朋銀者，該管官罰俸一年，提督罰俸六月，無提督之省，總兵官罰俸六月。又題準直省營馬朋樁奏銷，有總督之省由總督題報，無總督之省由巡撫題報，在京巡捕營由該參將呈報，本部察覈奏銷。又題準將軍、督撫、提鎮標下各官請買例馬者，不得過四百匹。十六年，題準營馬倒斃不報，照常支領草料，將該管官議處。二十四年，題準山西、河南、湖北、湖南、西安、四川等省營馬闕額，開數報部，移咨甘肅巡撫，將招中茶馬撥給，無庸動支朋扣銀。招中茶馬，舊於甘肅設洮岷、河州、西寧、莊浪、甘州五茶馬司及開城、安定、廣寧、黑水、清平、萬安、武安七監，歲遣御史一人經理，康熙七年歸甘肅巡撫兼理，至四十四年，停止招中茶馬。三十七年，覆準四川營馬倒斃，停其牽領茶馬，準用朋扣銀買補。四十四年，覆準山西、河南、湖北、湖南、西安營馬倒斃，原繫朋扣銀買補，於康熙二十四年令牽領茶馬補額，見今招中茶馬已經議停，所有各該省營馬倒斃，仍準用朋扣銀買補。四十五年，覆準直省營馬倒斃遞年加增，必致朋扣不敷買補，嗣後如倒斃過多，實有冒銷情弊，該督撫、提鎮即行題參。四十七年，題準營馬倒斃，該管官驗明耳尾，將倒斃日期出結，詳報督撫、提鎮，一面動朋扣銀買補，仍將新馬價直毛齒領騎兵丁姓名按季造册報部，仍於年終奏銷，由部察覈題覆。五十五年，議準營馬朋樁等册按季造報繁冗擾累，甚屬無益，嗣後統於一年奏銷案内造報一次。雍正元年，題準江南、江西、福建、浙江、湖北、湖南、四川、雲南、貴州等省營馬騎過三年倒斃者免其賠樁，廣東、廣西二省減半賠樁，騎過三年倒斃者亦免賠樁，直隸、山東、山西、河南、西安、甘肅等省營馬騎過五年倒斃者，免其賠樁，均準動支朋扣銀買補。七年，覆準官兵朋扣銀，有經督撫、提鎮題奏撥修船及軍裝器械並賞號公務差遣等事之用者，均入於奏銷案内，由部察照，準其開銷。又覆準山西、河南、西安、甘肅四省營馬開報倒斃，不得過十分之三。十一年，議準直隸、山西、河南、西安、甘肅馬價在十兩之内，山東亦僅十兩，均未便以十兩賠樁，應以七兩為額，如騎一年倒斃賠樁七兩，二年倒斃賠樁六兩，以下按年遞減。若騎過年限，免其賠樁準，動支朋扣銀買補。又覆準福建營馬五千七百七十一匹，每年準開報倒斃九百三十五匹。十二年，議準營馬除口外差遣及在軍前倒斃者皮臟免其變價外，江南督標每匹變價一兩五錢，提標一兩，安徽撫標一兩二錢，蘇松撫標九錢二分有奇，湖北、湖南一兩，其餘直省均五錢，發給馬價時，將皮臟變價扣除，於奏銷册造報察覈。又議準買補營馬遵照定價發給，不得短少分釐，所買之馬果繫膘壯方準收營，如有扣剋擾累，該管官革職計贓治罪；若任兵丁以不堪用之馬充數者，該管官降三級調用。又議準四川營馬，照驛馬之例，給價八兩。又覆準廣東營馬五千二百六十六匹,每年準開報倒斃九百二十一匹。又奏準福建、廣東營馬開報倒斃，每年各有定數，山西、河南、西安、甘肅每年不過十分之三，至直隸、山東、江南、江西、浙江、湖北、湖南、四川、雲南、貴州開報倒斃數無一定，嗣後均不得過十分之三，額外浮開者減去，不準開銷。又議準四川營馬既將原價減去四兩，照驛馬給以八兩，所有賠椿銀，應照直隸等省之例，以七兩為額，按年遞減。乾隆元年，議準武職大小官給有親丁名糧以為養廉，此内有馬糧者，若令其備馬，則養廉不沾實惠，遇草料昂貴，且多賠墊公用，反致拮据。嗣後親丁之馬無庸實備，止支領草料，以補用度之所不足；但此馬原係營中額數，竟不籌及，一旦調遣需用，難免闕乏，應令各官弁照本身應得親丁馬若干匹備價存營，竢有需用之時，再行購買。二年，議準親丁之馬既備價存營，則官弁並無實馬餧養，嗣後開報倒斃，止將兵丁見有之馬按額開銷；如以存價溷入實在營馬額内捏報倒斃者，降一級調用，若存價已經買馬，準其照例開報倒斃。九年，議準外委千總把總原領之馬即供騎操，原未令其存價，遇有倒斃，統入營馬數内開報倒斃，動支朋扣銀購買。十五年，覆準廣東馬價因營中公費不足，每匹扣存三兩，補公費之所不足，應即照扣存之數，嗣後將原價減去三兩，以十八兩九錢作為定價報銷，至公費别籌酌增。又奏準廣西馬價每匹減去三兩，以十七兩報銷。是年奏銷營馬：直隸九千六百六十八匹，山東三千三百七十七匹，山西五千二百五十五匹，河南二千百有一匹，江南五千六百三十八匹，江西一千三百八十九匹，福建四千九百八十三匹，浙江三千六百三十四匹，湖廣四千四百三十八匹，陝西四萬五千二百九十八匹，四川五千五百九十九匹，廣東五千二百六十七匹，廣西一千五百十有一匹，雲南五千六百二十五匹，貴州三千八百十有一匹。十六年，諭：『滇省各營騎操馬匹，定例三年以外，準報倒十分之三，其額外溢倒之馬，從前該督提等皆於朋扣等項内通融買補，並未著賠嗣。據該督察出奏聞，仍請從寬免其賠椿，經軍機大臣等議，令照例按數賠補，但念邊方水土餧養馬匹，與他處情形不同，自來通融籌辦，相沿已久，今若復令賠椿，兵丁未免拮据。嗣後滇省馬匹，除額定十分倒三按例分别年限著賠外，其溢額倒斃馬匹，著加恩免其賠補椿銀，仍照從前通融辦理，以示軫邮兵艱之意。若兵弁等因有此旨，或致餧養失宜溢倒過多者，該督提等嚴行參處。欽此。』二十年，議準營馬價直，除直隸、山東、山西、河南、江蘇、安徽、江西、西安、甘肅、四川等省或僅在十兩以内，或據該督撫察覈實無浮冒無庸議減，福建酌減三兩，準以十九兩報銷，浙江減二兩，準以十四兩報銷，湖北、湖南減一兩，準以十四兩報銷，廣東再減九錢，準以十八兩報銷，廣西再減一兩，準以十六兩報銷，雲南減三兩八錢，準以十八兩報銷，貴州減二兩二錢，準以十八兩報銷。

《清通典》卷七九《馬政》 太僕寺馬政。太僕寺卿，滿漢各一人，少卿，滿漢各一人，掌兩翼牧場均齊賞罰之政。左司員外郎，滿洲、蒙古各一人，主事，滿洲、蒙古各一人，掌馱載幔城網城之駝隻以備巡幸；右司員外郎，滿洲、蒙古各一人，主事，滿洲、蒙古各一人，掌察驗牧場馬匹盈虧以時印烙。主簿，滿洲一人，掌章奏文移；筆帖式，滿洲、蒙古各八人，掌繙譯。

又 牧場。太僕寺左翼四旗牧場，在張家口外東北一百四十里哈喇尼敦井，東西百五十里，南北百三十里，東以布奎布拉克為界，西以察罕齊老台為界，南以都什山為界，北以呼什呼蘭台山巴延托羅該為界。太僕寺右翼四旗牧場，在張家口外西北三百十里齊齊爾漢河，東西百五十里，南北三十二里，東以庫努克托羅該努克圖溝為界，西以珠爾台烏克爾齊老為界，南以格根達巴敦達哈喇為界，北以布爾噶蘇台河南岸為界。

又 司牧官役。統轄兩翼牧場總管一人，兩翼牧場總管二人，副管一人，防禦二人，翼領四人，驍騎校三人，護軍校八人，協領十人，護軍三百十四名，馬羣牧長、牧副每羣各一人，牝馬羣每羣牧丁八名，牡馬羣每羣牧丁十四名。

又 牧課。歲春季，本寺滿堂官一人往口外將馬駒騐騸，秋季往口外分撥騸過三歲之駒入羣，三年均齊一次，届期列名，奏請欽點前往。員外郎歲春季往口外稽察孳生倒斃各數並訓練馬駒逐一印烙，秋季往口外驗視肥瘠並訓練馬駒，有未印烙及印烙糢糊者補印烙。牝馬羣計三年之内，每三馬應孳生一駒，於孳生額數外多至一百六十匹者為上等，八十匹以上者次之，八十匹以下者又次之；其於孳生額數内少至一百匹、或少五十匹以上、及五十匹以下者亦分為三等，牧長、牧副、牧丁以是各定其賞罰。牡馬羣以在場見牧之數區為十分，視其馴習及斃損之多寡以定賞罰，至該管協領以上各官統計所管馬羣得賞受罰之等次，核計有差。

又　上駟院。馬政兼管院事大臣。無定員，由特簡。院卿二人掌在京內厩外厩及邊外各牧場之政。左司郎中一人，侍衛、員外郎各二人，主事一人掌均齊賞罰。右司侍衛、員外郎各二人，主事一人掌各馬厩馬場之俸餉芻菽堂。主事二人掌章奏文移。筆帖式二十五人掌繙譯。侍衛二十一人掌侍直內，以八人兼試御馬司。鞍長二人，司鞍八人，司轡二十人，皇子每位司鞍二人，司轡八人。

又　內厩外厩。內厩設於皇城，御馬及副馬、川馬各一厩，均無定數；仗馬一厩，七十匹；公馬五厩，厩各二百匹，附橐駝十匹；駕車、馬贏二厩，厩各馬五十匹，贏五十匹，其應差巡羣馬附各厩。外厩設於南苑，御馬及內馬共六厩，內挏馬一羣，騰馬四、牡馬三十六，餘無定數；安河公馬一厩，二百匹，其應差巡羣馬附各厩。凡御馬中有不馴者汰入公馬厩。日值御馬闕，以內厩御馬補；內厩御馬闕，以外厩御馬補；外厩御馬闕，簡內馬之良者奏補；仗馬及祭神受釐四色馬闕，行取大凌河良馬充補；川馬闕，行崇文門稅務；駕車、贏闕，行户部轉行左右翼稅務各監督買補；駕車馬闕，以公馬補；公馬及應差巡羣馬闕，彙數行各牧羣總管取補。

又　內外厩司牧官役。牧長五人，副牧長五人，牧副十人，牧丁一百名。內外厩每厩厩長各一人，厩副各二人，川馬厩以公馬厩厩長兼管，厩丁各二十名，草夫御馬厩三十六名，副馬厩二十八名，仗馬厩三十二名，川馬厩十四名，公馬五厩各四十四名，駕車、馬贏二厩各三十二名，南苑六厩各二十八名，安河公馬厩二十四名，共五百八十六名。內設百總六人，外郎十六人，駕車、馬贏二厩各設驍騎四十人，醫長蒙古二人，醫師蒙古十八人，癩醫六人，獸醫漢十六人，主醫馬駝之疾，由院行所司支取藥物，歲終會計，於次年二月奏銷。

又　內外厩牧課。凡考牧內外各厩，院卿歲閱一次，三年奏遣官察驗一次，各具息耗實數以聞。惟苑厩挏馬歲閱，積三歲具奏，不議賞罰。其各厩孳生統三歲計，以牝馬三生駒一為額，數浮者為一等，平者二等，闕者三等，疲瘠及斃損每歲以百匹內核計，以數少、數平、數多分三等，各定賞罰有差。其出牧，歲四月朔以內外厩、公馬四百匹就草張家口外，限九月望前視天時涼暖豫奏日期回厩，遣侍衛二人率厩長、厩副經理出入，餘俱於南苑就草，出入期如之內厩。駝每百匹以五十匹存厩，餘就草上都，出入期亦如之。

又　口外牧場。上都達布遜諾爾牧場在獨石口外，達里岡愛牧場在獨石口外，大凌河牧場在盛京、錦州府北口外。

又　口外司牧官役。上都達布遜諾爾牧場，掌關防總管一人，副管一人，翼領五人，署翼領九人。古筆帖式七人，効力筆帖式三人，騸馬羣牧副每羣各二人，牝馬羣牧副每羣各一人，駝馬牧丁十名，馬羣七名。達里岡愛牧場□上都牧場兼轄翼領二人，署翼領三人，効力筆帖式二人，馬羣牧長每羣各一人，牧丁七名。大凌河牧場總管一人，翼領二人，効力筆帖式二人，馬羣牧長每羣各一人，副牧長各一人，牧副各一人，騸馬羣牧丁各二十名，牝馬羣牧丁各十五名。

又　口外牧課。上都達布遜諾爾等各牧場馬羣，每三年奏遣官察閱一次，牝駝羣每六年奏遣官察閱一次，議賞罰。大凌河牧場亦如之。馬羣每百匹倒斃之數，自一匹至四匹、與五匹至八匹者皆賞，九匹至十二匹者免議，十三匹至十六匹及十七匹以上者罰有差。其孳生之數，每三年，牝馬五匹額生駒二，如孳生馬浮額，百六十匹以上者賞最優，八十匹以上者賞次之，一匹以上者量加其缺額，百匹以上、與五十一匹以上、五十匹以下者分三等行罰。上都達布遜諾爾馬羣，每三年牝馬三匹額生駒一，計匹分等議賞罰，與大凌河同。達里岡愛駝羣每六年內牝駝五匹額生駝二，額外孳生二十匹以上者給一等賞，十一匹至二十匹給二等賞，一匹至十匹給三等賞，如孳生缺額，計匹分三等，罰如之。其各總管、副管、翼領、牧長、牧副應行賞罰，均照例行。凡牧場馬羣，每年於四月朔為始，迄九月望，以騸馬、牝馬全羣就草。

又　八旗牧馬。順治初年，定八旗及內府三旗佐領下額設馬駝，每年由兵部酌定留京並出場各數奏聞，每翼簡用副都統二人，於立夏後四日率領官兵陸續趕赴口外牧場，擇水草豐茂處加意牧放。若照管不周以致馬闕匹少，著落副都統以下各官賠補；其實係殘廢倒斃者，馬扣存三月錢糧，駝扣存四月錢糧買補；如價有不敷，准於公用銀內動支。至出場官兵均歸副都統管轄，在場馬駝亦由副都統分撥官兵牧放，其進口日期，每年於八九月間豫行報部。又定八旗出場馬駝口內，每站給空草一束，回日進口，每站仍各給草束，均由兵部移咨户部委司官一人監給。康熙二十六年，定八旗出場馬駝沿途不加意照管踐食田禾者，專管及兼管官分別議罰，領催及兵鞭責有差；出口後並不在場牧放，致有縱逸侵擾者，官議罰，兵鞭，責均加重，仍照馬駝侵擾之數賠償地主；至兵丁强令他人代為牧放及勒索酒食生事者，交刑部治罪，專管兼管官降罰從嚴，領催革退。三十四年，諭議政王大臣、八旗都統等：『朕觀京城八旗兵卒已熟練，器械亦整齊，惟馬匹少缺，前命滿洲、蒙古、漢軍各佐領下拴馬一半給草豆錢粮。軍行以馬為重，今可令衆兵槩置馬一匹，春冬則給草豆錢糧，自四月起發一半，放青一半拴餧，至九月驅回照常拴餧。此所置馬匹，令兵丁各自小心餧養，交與該管官嚴行稽察。設怠玩從事，致羸瘦誤公者，將該管大臣從重治罪，其參領以下、撥什庫以上及拴馬之人，俱照軍法治罪。俟噶爾丹事畢之日，仍照養馬一半，可通行曉諭。』四十四年，諭扈從大學士馬齊、張玉書、陳廷敬等：『宋明時論馬政者皆無善策，牧馬惟口外為最善。今口外馬廠孳生已及十萬，牛則六萬，羊則二十餘萬，若將此馬與牛羊驅入內地牧養，則日費萬金不足，口外水草肥美，不費絲毫之餉，而馬畜自然孳息。』因定額以馬十萬、牛六萬、羊二十一萬為限，向年疫氣盛行，蒙古馬畜多倒斃，而官場與彼同在一處毫無損傷，前巡行塞外時，見牲畜彌滿山谷間，歷七八日，猶絡繹不絕也。雍正十三年，定八旗馬駝於出場時造具毛齒清冊送部存案，回京日按冊點驗印烙。統轄副都統以該翼之馬駝覈算，兼管官以兼管之馬駝覈算，專管官以專管之馬駝覈算，如十分之內疲瘦各不及三分者免議，若疲瘦三分及五分至七分以上者，官降罰，兵鞭責有差。乾隆五年，奏准八旗出場馬駝進口日期，不必拘定八九月，令兩翼副都統等視天氣冷暖及草枯遲早公同酌定，豫行報部。十六年，奏准八旗牧養官馬共二萬七百七十三匹，每匹月給馬乾銀三兩，近因京城草豆價昂，銀不敷買，應暫為通融，請酌撥萬匹在京外牧養，熱河撥千匹，近京各莊頭撥二千匹，此外七千匹交直隸各標營。其熱河及各莊頭草料銀，由副都統、內務府會計司官赴户部支領，按月給發，直隸各標營就近於藩庫動支，如有減尅料草致疲瘦者，該管官議處，兵丁、莊頭治罪；或有倒斃，照八旗例，於馬乾銀內按月扣存買補，並請特簡大臣均匀搭配，不得槩以疲馬充數。如兵丁乘便將殘廢馬匹私行抵換者，察出從重治罪，佐領及都統等交部嚴加議處。十七年，奏上年將八旗官馬撥出萬匹交直隸各標營並熱河副都統及近京莊頭分領牧養，議俟次年草豆價平，仍分與八旗官兵，目下京師草豆較上年價值已減，此項馬匹或仍交直隸等處，或應留京牧養，奉旨：『此項官馬前交直隸各標營牧養，膘分既屬充足，且聞於該兵丁等亦屬有益，著不必交熱河副都統及各莊頭，俟回鑾後，撥出萬匹，皆交與直隸總督，仍前分撥牧養。』十九年，奏准八旗官駝照官馬例交與直隸、宣化府屬分給牧養。二十八年，定八旗每年出場牧放馬匹，派京城副都統二人，左右兩翼察哈爾總管各一人、侍衛各一人管轄，其京城官兵停止派往。每馬一千匹編作三羣，每羣派察哈爾官一人、兵二十名預期來京領馬出口，每馬一百匹准倒斃十匹，其倒斃止六匹者，官交部議叙，兵酌量獎賞；如倒斃逾額，著令官兵賠補；至例應倒斃者，於省派京城官兵路費銀內買補。三十年，奏准八旗官馬原係給與官員兵丁拴養，因官兵內或將錢糧糜費以致官馬疲瘦併有空缺，又值前數年草豆價昂，是以將官馬改交直隸牧養，旋因八旗前鋒、護軍暨親軍等乏官馬當差，已奉旨加恩，於直隸牧養官馬內撥出四千五百匹交給各該處設立官圈喂養，分給兵丁乘騎。今查八旗所有印房章京、參領、佐領、閑散官，滿洲每旗一百餘員，蒙古每旗五十餘員，左右兩翼所有前鋒章京、前鋒侍衛四十員，八旗滿洲火器營所有鳥鎗營長、護軍、參領六十四員，八旗護軍營所有護軍、參領二百八十員，學習、閒散官約計一百員，伊等當差不能自養馬匹，請再於直隸牧養官馬內撥出二千匹給與三營前鋒、護軍、章京等，每人各拴養一匹外，八旗滿洲每旗一百匹，八旗蒙古每旗五十匹，除兼管文職官員外，旗員每人分給馬一匹；其所存三百餘匹交與前鋒、護護軍統領等，將各營學習、閒散官暨當差出力之護軍校每人分給馬一匹，各令其拴養，仍令該都統及前鋒統領、護軍統領等隨時查核。諭：『每年出派察哈爾侍衛前往牧場，時以伊等熟知水草、諳練牧，放於馬匹有益。今聞得察哈爾侍衛至牧場後，但看水草，於馬匹事務總不管理，甚屬非是。著交巴祿傳諭派出察哈爾侍衛等，嗣後察哈爾侍衛至牧場時查看水草外，務令馬匹肥壯，不致膘欠之處，俱令同章京等量其有益妥協辦理，永著為例。著出場大臣通行曉諭出場章京兵丁知之。』臣等謹按，八旗官馬中有官圈馬，有官員拴養馬，有傳事拴養馬，遇出青時，官圈馬全行出場牧放，官拴馬減半出場，傳事馬概不出場，每年以為定例。

又 外省牧馬。乾隆元年，定甘肅提標、西寧鎮標各設馬場一處，以遊擊一人統率，每場牝牡馬千二百匹，分五羣，每羣牡馬二百匹牝馬四十匹，以千把總一人為牧長，外委千把總一人為牧副，兵十人為牧丁，三年均齊一次，屆期總督委官察驗，叙明賞罰具題。所牧馬不論牝牡，每三匹取孳生馬一匹，三年内一羣中多孳生八十匹以下、及八十一匹以上、至一百六十匹以上者分三等，官議叙陞用，兵給賞有差；如少孳生額數二十匹以下者，官兵即議罰責；若於原牧額數缺少者，官兵責革罰賠。其提鎮遊擊統計五羣之數以定賞罰。十三年，定甘肅涼州、西寧、肅州三鎮各設駝場一處，每牝牡駝一百六十為一羣，每羣以千把總一人為牧長，外委千把總一人為牧副，兵九人為牧丁，仍委守備一人督理，五年均齊一次，千把總外委兵丁邊地較内地不同，五年期遠，應議賞以示鼓勵。每牝牡駝百，五年内孳生四十隻者，無庸議賞，於額數外多孳生一至十者、及至二十、與二十一以上者，官議叙，兵加賞有差；其五年内准倒斃二十隻，若倒斃逾額，不論多寡，以續得孳生抵補，其餘再計孳生之數，如少孳生一以上、與十一以上、至二十一以上者，官兵分别罰償。督理之守備，其賞罰亦隨額數上下以為準。每屆五年均齊之期，由總督委官赴場印烙，將各數目及牧放官兵姓名造册，叙明賞罰具題。至孳生牝駝，於五年均齊後照例配搭，孳生其餘牡駝騸割别牧，以備撥用。四十年，定巴里坤東西三馬場牧放馬匹，以遊擊、都司、守備各一人統率，每場馬分五羣，每羣以千把總一人為牧長外委一人為牧副，按馬二十四匹派兵一名牧放，三年期滿，總督委員逐場查驗分晰馬數，叙明賞罰具題，所牧馬不論牝牡，每三匹取孳生馬一匹，三年内一羣中除孳生額數外，其浮額一百七十六匹以下、與一百七十七匹以上、及三百五十三匹以上分三等，官議叙陞用，兵給賞有差；如缺額二十匹以下、及四十匹以下、至八十匹以下，亦分三等行罰，至統率各官應議賞罰，均照各馬場例核計。其孳生盈餘馬匹，除分給伊犂各該處足用外，仍撥解内地以供協濟。

又　直省營馬。順治三年，定緑旗兵馬一匹，每月給料豆六斗、草六十束。六年，定官員騎坐馬皆自備，名曰例馬，每月照數領草料，提督准例馬十五匹，總兵官十二匹，副將八匹，參將、遊擊六匹，都司、守備四匹，千總、把總二匹，至兵丁騎操馬，酌各營情形，或馬步各半，或馬四步六，或馬三步七，或馬二步八，或馬一步九，或不設馬，皆於奏銷案内照實數報兵部察核，行知户部銷算草料。八年，定副將以下、把總以上每月於應支銀内扣二錢，馬兵扣一錢，步兵扣五分，守兵扣三分，名曰朋扣，存貯營中以備買馬之用。若有餘剩，由兵部覈明，於奏銷題交户部充餉。又定營馬係對敵及追捕盜賊損失者，免其賠補，走脱被竊失者，著落本人賠補，若倒斃者，每馬以十兩為額，令其賠補，名曰賠樁。每年遞減一兩，至十年者免賠，准動支朋扣銀買補。十六年，定提督例馬二十匹，總兵官十六匹，副將十二匹，參將八匹，遊擊以下仍各照舊數。康熙三年，定江南、江西、福建、浙江、湖北、湖南、四川、廣東、廣西、雲南、貴州等省營馬，以三年賠樁，過三年者免；直隸、山東、山西、河南、西安、甘肅以五年賠樁，過五年者免。四年，定三年賠樁之省，一年倒斃，本兵賠銀七兩，合隊二兩，本管官一兩；二年倒斃，本兵賠銀六兩五錢，合隊一兩七錢，本管官八錢；三年倒斃，本兵賠銀六兩，合隊一兩四錢，本管官六錢；三年以後免其賠樁，動支朋扣銀買補。五年賠樁之省，自一年倒斃至三年倒斃之分，賠均如三年賠樁之省；其四年倒斃，本兵賠銀五兩五錢，合隊一兩，本管官五錢；五年倒斃，本兵賠銀五兩，合隊七錢，本管官三錢；五年以後免其賠樁，動支朋扣銀買補。又定廣東地方潮濕，馬易倒斃，賠樁准照十兩減半，一年倒斃，賠銀五兩，二年倒斃，賠銀四兩五錢，三年倒斃，賠銀四兩，三年以後免其賠樁。五年，定廣西地方瘴濕，馬易倒斃，賠樁照廣東之例。又定營馬倒斃，如符年限者，准用朋扣銀買補。其定價，直隸每匹九兩，山東十兩，山西八兩，河南八兩五錢，江南十三兩九錢七分，江西十六兩八錢二分四厘，福建二十二兩，浙江十六兩，湖北、湖南十五兩，西安八兩，廣東二十一兩九錢，廣西二十兩，雲南二十一兩八錢，貴州二十兩二錢二分有奇，甘肅、四川除以貢馬抵補外，其不敷之馬，甘肅每匹給價八兩，四川每匹給價十二兩。七年，定各省朋樁銀兩歲底兵部查核，除應扣外，咨户部撥餉，如有營馬闕額，開送戸部購買。四十五年，定直省營馬倒斃遞年加增，必致朋扣不敷買補，嗣後如倒斃過多，實有冒銷情弊，該督撫提鎮即行題參。四十七年，定營馬倒斃，該管官驗明耳尾，將日期出結詳報督撫提鎮，一面用朋扣銀買補，仍將新馬價直毛齒領騎兵姓名按季册報，仍於年終奏銷，由部察覈。雍正元年，定江南、江西、福建、浙江、湖北、湖南、四川、雲南、貴州等省營馬騎過三年倒斃者，免其賠樁；廣東、廣西二省減半賠樁，騎過三年倒斃者，亦免其賠樁；直隸、山東、山西、河南、西安、甘肅等省騎過五年倒斃者，免其賠樁，均准動支朋扣銀買補。七年，定官兵朋扣銀有經督撫提鎮題奏撥修舡料及軍裝器械並賞號公務之用者，均入於奏銷案内，由部察照，准其開銷。又定山西、河南、西安、甘肅四省營馬開報倒斃不得過十分之三。十一年，定直隸、山西、河南、西安、甘肅馬價在十兩之内，山東亦僅十兩，均未便以十兩賠椿，應以七兩為額，如騎一年倒斃賠椿七兩，二年倒斃賠椿六兩，以下按年遞減；若騎過年限，免其賠椿，准動支朋扣銀買補。十二年，定營馬除口外差遣及在軍前倒斃者，皮臟免其變價外，江南督標每匹變價一兩五錢，提標一兩，安徽撫標一兩二錢，蘇、松撫標九錢二分有奇，湖北、湖南一兩，其餘直省均五錢，發給馬價，時將皮臟變價扣除，於奏銷冊造報察覈。又定廣東營馬每年開報倒斃，每百匹只准倒十五匹，廣西准十七匹，其直隸、山東、江南、江西、浙江、福建、湖北、湖南、四川、雲南、貴州開報營馬倒斃數無一定，嗣後均不得過十分之三。又定四川營馬將原價減去四兩，照驛馬例，給以八兩，所有賠椿銀應照直隸等省例，以七兩為額，按年遞減。乾隆元年，議准外委千把總領馬即供騎操，原未令其存價，如遇倒斃，入營馬數内開報，動支朋扣銀買補。十五年，定廣東馬價每匹減三兩，以十八兩九錢作定價報銷，廣西馬價每匹減三兩，以十七兩報銷。十六年，諭：『滇省各營騎操馬匹，定例三年外准報倒十分之三，其額外溢倒馬，從前該督提等皆於朋扣等項内通融買補，並未著賠，嗣據該督察出奏聞，仍請從寬免其賠椿，經軍機大臣等議，令照例按數賠補，但念邊方水土餧養馬匹與他處情形不同，自來通融籌辦，今若復令賠椿，兵丁未免拮据，嗣後滇省馬匹除額定十分倒三按例分别年限著賠外，其溢額倒斃馬匹，著加恩免賠，若兵弁等因有此旨，或致餧養失宜溢倒過多者，該督提等嚴行參處。』二十五年，議准營馬價值，除直隸、山東、山西、河南、西安、甘肅、四川等省或僅在十兩以内，或據該督撫察覈實無溢冒，無庸議，減福建准以十九兩，浙江、江蘇、安徽准以十四兩，江西准以十六兩，湖北、湖南准以十四兩，廣東准以十八兩，廣西准以十六兩，雲南、貴州准以十八兩報銷。

《清文獻通考》卷一九三《馬政》　太僕寺馬政。太僕寺卿，滿、漢各一人，少卿，滿、漢各一人，掌兩翼牧場之政，均齊賞罰。左司員外郎，滿洲、蒙古各一人，主事，滿洲、蒙古各一人，掌駄載幔城網城之駝隻以備巡幸；右司員外郎，滿洲、蒙古各一人，主事，滿洲、蒙古各一人，掌察驗牧場馬匹盈虧以時印烙。主簿，滿洲一人，掌章奏文移。筆帖式，滿洲、蒙古各八人，掌繙譯。順治元年，設太僕寺，掌兩翼牧場之政，以直隸、山東、河南、江南額徵馬價銀六十餘萬兩解太僕寺貯庫，歲終覈銷。是年十二月，裁太僕寺，以馬價折徵銀兩歸併户部。九年，復設太僕寺衙門。乾隆六年，分設太僕寺左右二司。

又　牧場。太僕寺左翼四旗牧場，在張家口外東北一百四十里哈喇尼墩井，東西百五十里，南北百三十里；太僕寺右翼四旗牧場，在張家口外西北三百十里齊齊爾漢河，東西百五十里，南北三十二里。國初設太僕寺兩翼牧場於張家口外，乾隆八年，議准兩翼馬場原各有一定處所，恐日後溷淆，立界以垂久遠。左翼四旗，東以布濩衣布拉克為界，西以察罕齊老臺為界，南以都什山為界，北以虎什呼蘭臺山巴顔托羅垓為界；右翼四旗，東以庫努克拉羅垓努赫圖溝為界，西以朱魯臺赫赫爾老為界，南以克衣格達瓦都得衣哈喇為界，北以布爾噶蘇臺河南岸為界。各該翼騍馬、騸馬游牧其中，彼此不得侵越，並不許私自墾種。

又　司牧官役。統轄兩翼牧場總管一人，兩翼牧場總管二人，副管一人，防禦二人，翼領四人，驍騎校三人，護軍校八人，協領十人，護軍三百十四名。馬羣百九十二，每羣牧長、牧副各一人，牝馬羣百六十，每羣牧丁八名，牡馬羣三十二，每羣牧丁十四名。國初定口外兩翼，騍馬羣每羣設牧長一人，牧副一人，牧丁十名，騸馬羣每羣設牧長一人，牧副一人，牧丁十二名，均于蒙古内按各該旗選補。牧長等所需鞍轡，每人各一副，秣馬所需木槽鍁钁钂杓等，每羣各二件，均五年一次咨工部給發，兵部撥車運送到場，若增設馬羣，牧丁每羣各二名。康熙三十三年，增騸馬羣牧丁，每羣各二名。四十四年，設左右兩翼總管各一人，三年更代，届均齊時，太僕寺堂官往口外察驗該員經管之馬，分别孳生及倒斃多寡，交部議叙議處。又兩翼各設騍馬羣翼領一人，騸馬羣翼領一人。四十五年，定兩翼馬場牧長、牧副、牧丁月給銀一兩，三年連閏共三十七兩，一次總給。雍正元年，議准牧長、牧副、牧丁月銀停總給，每年春秋二季由寺咨户部照數支領。又增設兩翼副管共一人，兩翼防禦共一人，驍騎校共三人，護軍校共八人，護軍共三百十四名。每翼各以護軍五十名專司捕盜，其餘入於牧長等内當差。凡牧長有年久勤慎者選授為協領，每翼騍馬羣協領四人，騸馬羣協領一人，兩翼共十人。又定兩翼總管、副管、防禦、翼領、協領俱賞給半俸，世爵銜大者食大銜俸，護軍月給銀二兩，並牧長等月給銀，由總管造册送寺覆覈，咨户部給發。八年，裁騍馬羣牧丁，每羣各二名。十年，定馬場官員照八旗察哈爾之例賞給全俸。

乾隆十三年，定兩翼馬場照上駟院馬場有副都統職銜總管一人統轄之例，增設太僕寺馬場兩翼統轄總管共一人。十五年，定兩翼總管令其在騍馬、騸馬羣適中之地居住，騍馬、騸馬兩羣翼領令其各在所管馬羣適中之地居住，協領于該旗適中之地居住，各就近約束，加意牧放，兩翼副管及防禦、驍騎校、護軍校各於本翼本旗不時巡察，遇牧丁人等偷馬私賣及私與人騎者，立即拿報，由總管覈明，將能察拿多者報部，官給紀録。護軍記名，俟有應陞官先補；若漫不巡察被別處拿報者，官罰俸三月，護軍鞭四十。

又　牧羣。康熙初，定兩翼牧場統計見有之馬均勻分酌，定為騍馬四十羣、騸馬八羣。二十三年，增騍馬二十四羣。嗣後以次遞增，隨時添設羣數。乾隆五年，奏准兩翼馬場騍馬一百五十二羣、騸馬十六羣。向来在場馬羣足在四萬匹外，將孳生者奏明，從前因軍營用八旗官馬，即將孳生多餘撥補，今八旗官馬足額，又無別用，見在兩翼除四萬匹外，孳生多餘七千二百二十四匹，騍馬一千五百二匹，分八羣，統計騍馬一百六十羣；騸馬五千七百三十二匹，分十六羣，統計騸馬三十二羣，兩翼均分各在該管場内牧放。

又　牧騍。歲春季，本寺滿堂官一人往口外將馬駒騐騸，秋季往口外撥騸過三歲之駒入羣，三年均齊一次，届期奏請欽點前往。至員外郎歲春季往口外稽察孳生倒斃各數並訓練馬駒逐一印烙，秋季往口外騐視肥瘠並訓練馬駒，有未印烙及印烙糢糊者補印烙。順治年間，定騍馬羣每三年均齊，時比原額孳生多者有賞，少缺及額者有罰；騸馬羣均齊，時倒斃少者有賞，倒斃多者有罰。其馬駒内得調習馴良者進御廐備用。又定馬場賞罰，于題奏奉旨後，委司官、筆帖式會同該總管頒給懲治，應罰之馬照數追交入羣。康熙十七年，定太僕寺官員不許擅騎羣内之馬，又定騸馬羣訓練不熟不堪騎用在一分以上者，該管官罰俸三月；在二分以上者，罰俸六月；在三分以上者，罰俸九月；在四分以上者，罰俸一年；在五分以上者，降一級留任；在六分以上者，降二級留任；在七分以上者，降三級調用。至牧長、牧副、牧丁等訓練不熟不堪騎用，在五匹以上至二十匹者，牧長鞭一百，牧副、牧丁鞭八十；在二十匹以上者，牧長鞭一百，降為牧丁，牧副、牧丁鞭一百。若訓練純熟皆堪騎用者，牧長賞豹皮端罩一件，毛青布十疋，牧副、牧丁各賞毛青布十疋。四十一年，定騍馬羣三年之内每三年應孳生一匹，于應孳生額外多孳生一百六十匹以上者，賞牧長毛青布六十疋，牧副四十疋；多八十匹以上者，賞牧長毛青布四十疋，牧副二十疋；多一匹以上八十匹以下者，賞牧長毛青布二十疋，牧副十疋。於應孳生額内缺五十匹以下者，牧長、牧副、牧丁各鞭四十，牧長仍罰牲畜一五；缺百四十下者，牧長、牧副、牧丁各鞭五十，牧長仍罰牲畜一七；缺百匹以上者，牧長、牧副、牧丁各鞭六十，牧長仍罰牧畜一九；若于原均齊時，所給數内闕少者，將牧長、牧副、牧丁各鞭八十，牧長仍罰牲畜二九；至該管翼領統計所管馬羣，如七羣八羣得賞者，賞翼領緣領羊皮緞袍一件、毛青布二十疋；九羣十羣得賞者，賞狼皮或狐皮端罩一件，毛青布二十疋；十一羣十二羣以上得賞者，賞狼皮或狐皮端罩一件，緣領羊皮緞袍一件，毛青布二十疋。如七羣八羣受罰者，翼領罰牲畜一九；九羣十羣受罰者，罰牲畜二九；十一羣十二羣以上受罰者，罰牲畜三九；若所管馬羣賞罰各半者，翼領無賞無罰。雍正元年，定協領所管之馬，如十二羣至十四羣得賞者，賞毛青布十疋；十五羣以上得賞者，賞毛青布二十疋；十羣至十四羣受罰者，鞭五十；十五羣以上受罰者，鞭六十。三年，定總管所管馬羣，除騸馬羣並兼入騸馬羣、騍馬羣之小馬騍馬馬駒外，孳生以五百匹為一分，闕少原額以二百為一分，孳生一二分者存案，三分者加一級，三分以上者，按其分數存案加級；闕少不及一分者免議闕，少一分者罰俸六月，二分者罰俸一年，三分者降一級留任，四分以上者革職。又定馬場蒙古有犯罪，應罰馬者改為罰牛。又議准兩翼騸馬、騍馬以一百六十八羣為定額，騸馬十六羣，不過五千匹，騍馬一百五十二羣，不過三萬五千匹，共以四萬為止。四萬之外多餘者，奏明請旨。四年，定每年由寺稽察馬場，照例具奏，仍交兵部詳覆覈奏。五年，定協領所管十八羣内，十二羣以上得賞者，賞毛青布十疋，若皆得賞者，賞毛青布二十疋；有因馬羣受罰，應鞭五十六十者均停其鞭，責罰牲畜一七。八年，定騸馬羣將原交之數作為十分，一年内止倒斃一分者，仍准賞給，牧長賞毛青布二十疋，牧副十疋；倒斃二分者，無賞無罰；倒斃三分者，牧長罰馬一五入于馬羣，牧副鞭四十；若倒斃過多，牧長、牧副、牧丁各鞭一百，牧長降為牧丁，仍罰馬三九入于馬羣。十三年，定統轄總管統計兩翼之馬孳生，以千匹為一分，闕少原額以四百匹為一分，其多孳生及闕少者賞罰如三年所定例。乾隆十五年，定場内馬駝有病者，該管協領加意調治，若係齒老殘傷倒斃者，騐明印烙，剥取其皮註冊，十日内報翼領，翼領報總管，總管報統轄總管，于夏冬二季造冊報寺察覈。

又　上駟院馬政。兼管上駟院事大臣，無定員，由特簡。上駟院卿二人，掌在京内廄外廄及邊外各牧場之政。左司郎中一人，侍衛、員外郎各二人，主事一人，掌均齊賞罰。右司侍衛、員外郎各二人，主事一人，掌各馬廄馬場之俸餉芻菽。又主事二人，掌章奏文移。筆帖式二十五人，掌繙譯。又侍衛二十一人，掌侍直内，以八人兼試御馬。司鞍長二人，司鞍八人，司轡二十人。又皇子每位司鞍二人，司轡八人。順治初年，設御馬監掌各廄之政令。十八年，改御馬監為阿敦衙門，以大臣侍衛管理，均無定員。康熙十六年，改阿敦衙門為上駟院，以管理大臣掌之。三十三年，分設上駟院左右二司。乾隆十四年，定上駟院卿二人，由侍衛内務府官各簡授，仍以大臣兼管院事。

又　内廄外廄。内廄設於皇城，凡御馬及副馬、仗馬各一廄，川馬一廄，公馬五廄，駕車、馬驘二廄，其應差馬附各廄。外廄設於南苑，御馬及内馬共六廄，又安河公馬一廄，其應差馬附各廄。

又　内外廄司牧官役。京師各廄均設廄長一人，廄副二人，廄丁二十名。其草夫，御馬廄三十六名，副馬廄二十八名，仗馬廄三十名，川馬廄十四名，公馬五廄各四十四名，駕車馬、驘二廄各三十二名，南苑六廄各二十八名，安河公馬廄二十四名，各草夫内共設百總六人，外郎十六人，駕車、馬驘二廄各設驍騎四十名。設醫長蒙古二人，醫師蒙古十八人，癩醫六人，獸醫漢十六人，主治馬駝之疾，由院行所司支取藥物，歲終會計，于次年二月奏銷。雍正元年，裁川馬廄廄長、廄副各一人，廄丁十名，以駝廄廄長兼管。乾隆十七年，定京師各廄牧羣共設牧長、副牧長各十一人，牧副二十二人，牧丁二百二十名。今牧羣既裁減，止留牧長、副牧長各五人，牧副十人，牧丁百名，充本院備馬等差，餘仍食原餉，撥奉宸苑充役。十八年，改駝廄為公馬廄，其川馬廄即以公馬廄長兼管。

又　内外廄牧羣。康熙年間，定紫禁城内設御馬及走馬各一廄，俱隨時增減，無定額，御馬廄附應差公馬五匹；設仗馬一廄三十匹，附應差公馬十匹；東安門内設公馬四廄，各二百匹，設駕車馬一廄七十匹，驘三十匹；西安門内設川馬一廄，無定額，駝一廄百匹，附應差公馬十五匹；南苑御馬及内馬、備御馬之選及充皇子乘騎共六廄，無定額，每廄附巡羣馬三十匹；設甕山公馬一廄二百四十匹。雍正元年，定每廄公馬二百四十匹。乾隆二年，定紫禁城内走馬一廄改為皇子乘馬。五年，改内管領所管駕車、驘歸院管理，設廄于西安門内，馬三十匹、驘七十匹。十一年，定南苑六廄内設挏馬一羣，騰馬十、牝馬八十，以備取湩之用。十六年，移甕山馬廄于安河。十八年，改駝廄為公馬廄，並大有莊公馬一廄、京城公馬四廄共馬千二百匹為六廄，廄各二百匹，其駝百匹分養于京城公馬五廄，廄各二十，其附養馳廄之應差馬十五匹，以十匹附仗馬廄，以五匹附皇子乘馬廄。又裁挏馬羣内騰馬六匹、牝馬四十四匹，又減安河廄馬四十匹。十九年，定西安門内駕車馬廄增養驘十匹。二十年，定駕車馬二廄，各設馬五十匹、驘五十匹，應差巡羣馬二百十匹附各廄。凡御馬中有不馴者汰入公馬廄。上乘御馬闕，以内廄御馬補；内廄御馬闕，以外廄御馬補；外廄御馬闕，簡内馬之良者奏補；仗馬及祭神受釐四色馬闕，行取大凌河良馬充補；川馬闕，行崇文門税務，駕車、驘闕，行户部，轉行左右翼税務各監督買補；駕車馬闕，以公馬補；公馬及應差巡羣馬闕，彙數行各牧羣總管取補。

又　内外廄牧課。康熙年間，定京師各廄歲察閲一次，三年奏遣上駟院官考其息耗，以内外公馬五廄為一班，南苑六廄巡羣馬為一班，按倒斃數少者一等、數平者二等、數多者三等，各加賞罰。公馬廄一等者賞廄長緞一疋，廄副彭緞一疋；二等免議；三等廄長罰俸三月，廄副鞭三十。巡羣馬一等者賞廄長毛青布六疋，廄副三疋；二等免議；三等廄長罰俸兩月，廄副鞭二十。又定凡京師各廄每年於四月朔，以公馬五百匹，乾隆十四年減百匹，就草張家口外，限九月望回廄，豫月奏遣侍衛人率廄長、廄副經理出入，南苑六廄巡羣馬即於南苑就草，出入期如之。内廄廄餘就草上都，出入期亦如之。又定凡京師各廄所需黑豆穀草，均令各莊輸納食米，行會計司呈堂轉行户部羊草行、奉宸苑，各如數支取，如豆不敷用，於户部支取如之；猶不敷用，由院委官彙計實數行會計司轉行廣儲司支銀和買；穀草不敷用，由院和買如之。豆米穀草歲於季秋、羊草於季冬，各豫計一年應用之數，行取分給各廄。廄長月三次以馬駝增減之數報院，歲終彙具已用見存芻菽各數，行會計司覈銷。各廄麩麨薪炭雜項皆照例領給。又定凡京師各廄所出馬駝皮革，用左司印記交武備院每月彙數咨覈。雍正十年，定京師各廄御馬、公馬每年百匹内殘疾止一二匹者，賞廄長毛青布六疋，廄副三疋；三四匹者免議；五六匹者，廄長有官者罰俸兩月，無官者鞭四十，廄副鞭二十；六匹以上者，令該廄長、廄副賠補。乾隆二年，奏准御馬、内馬歲一察閲，分三等以定賞罰，照定例行。五年，定京師內外廐公馬及南苑六廐內巡羣馬歲一次議賞罰。六年，定各廐所養川馬、應差馬、駕車、贏、橐駝皆照例，每年考一次議賞罰。十五年，奏准內外廐馬定例，每年百匹內倒斃十二匹者，不議賞罰，今請於不隨圍之年仍照定例，如遇隨圍至一月以上者，將倒斃十二匹之數減二匹入隨圍馬數內核算，以倒斃四匹為額；兩月以上者，以六匹為額；如倒斃過額者，仍令該廐長、廐副賠補。十八年，定各廐長、廐副等，在廐三月以內不議賞罰；三月以上，如例行，其應鞭責之廐副交慎刑司懲責。

又 口外牧場。大凌河牧場在盛京、錦州府、北口外，上都達布遜諾爾牧場在獨石口外，達里岡崖牧場在獨石口外。

又 口外司牧官役。順治年間，設上都達布遜諾爾牧場掌關防總管二人，翼領三人，蒙古筆帖式五人，効力筆帖式三人。牝馬每羣牧長一人，牧副二人，牧丁七名；騸馬每羣牧副一人，餘與牝馬羣同；駝每羣牧丁二十名，餘與騸馬羣同。康熙八年，定大凌河牧場由內務府奏遣上駟院侍衛一人、司官一人前往直年管理其騸馬，每羣各設牧長一人，牧副二人，牧丁十五名。三十五年，裁上都牧場總管一人，增翼領二人。三十七年，設大凌河牧場掌關防總管一人，副管一人。三十九年，以上都牧場總管兼管達里岡崖牧場事，設達里岡崖翼領二人，蒙古筆帖式三人，効力筆帖式二人，馬每羣設牧長、牧副各一人，牧丁七名；駝每羣設牧長、牧副各一人，牧丁十名，即以上都翼領二人撥入達里岡崖。四十一年，上都設牧場蒙古總管一人。四十五年，由上都牧場撥入達里岡崖牧場翼領一人，增設上都署翼領六人，又增設達里岡崖翼領一人，署翼領三人。四十七年，增設上都牧場翼領一人。五十五年，增設上都牧場走馬一羣，設牧長、牧副各一人，牧丁七名。雍正二年，裁大凌河牧場副管一人，增設五六品牧長，署副管二人。四年，定上都牧場內選牧長三人，牧副六人，牧丁六十名，專司緝捕盜賊。五年，改大凌河牧場署副管為翼領，裁達里岡崖牧場翼領一人。七年，增設上都牧場翼領一人。十年，裁大凌河牧場騸馬每羣牧副一人，增設副牧長一人，署牧副一人，署牧副在牧丁額內。十三年，裁大凌河牧場牝馬每羣牧副一人，增設副牧長一人，署牧副一人。乾隆三年，增設上都牧場翼一人，署翼領三人，增蒙古筆帖式二人，又定自軍營撤回之護軍以二百八十名兼充牧丁，以六十名專司緝捕。十四年，定達里岡崖牧場照上都例，以護軍四十名兼充牧丁，以六十名專司緝捕。十五年，定大凌河牧場總管隸盛京將軍統轄。十九年，定大凌河牧場原設牧丁每二十五名內裁去五名，又裁上都牧場牧副四人，牧丁七名。

又 口外牧羣。順治年間，初定上都達布遜若爾牧場設牧馬二十羣，騸馬六羣，又設牝駝十羣，騸駝二羣，嗣後以次遞增，隨時添設羣數。康熙八年，初設大凌河牧場牝馬十羣。十八年，以盛京馬二羣入大凌河牧場牝馬羣，別分騸馬二羣，嗣後以次遞增，隨時添設羣數。三十九年，初設達里岡崖牧場牝馬三羣及駝一羣，又移上都牧場牝馬五羣於達里岡崖牧放，嗣後以次遞增，隨時添設羣數。四十四年，選大凌河牧場牡馬、牝馬三千七十一匹，作五分，給土默特二處、喀喇沁三處牧養，歲報孳生倒斃數於理藩院，三歲具奏存案。四十六年，選在京騸駝六羣，內百匹存廐，其餘交上都牧場分四羣牧放，共騸駝六羣，每羣百匹至二百匹不等，嗣後以次遞增，隨時添設羣數。雍正五年，以喀喇沁孳生馬一分，仍歸大凌河牧放。十三年，以南苑廐牝馬十羣移於大凌河牧放。乾隆六年，移上都牧場牝馬二十羣於達里岡崖牧放，留上都牝馬二百二十四羣、騸馬四十羣、走馬一羣，每羣三百至五百不等，其達里岡崖共牝馬六十羣，每羣三百至五百不等。十二年，定大凌河牧場牝馬三十六羣，共一萬九千七百匹，內撥五千匹交哲里穆盟長親王，五千匹交上都總管牧放孳生，餘齒老殘病之馬，照例變價，留牝馬八千匹，分二十羣，每羣三百至五百不等。十九年，議准楊樫木牧場騸馬二羣分於大凌河牧場騸馬羣內，又以牝馬六羣改為四羣，亦移大凌河牧放。

又 口外牧課。康熙年間，定上都達布遜諾爾牧場騸駝羣每三年奏遣官察閱一次，達里岡崖牧場牝駝羣每六年奏遣官察閱一次，議賞罰。大凌河牧場，騸馬羣每百匹止倒斃一匹至四匹者，賞牧長蟒緞緣領袖袍一件，緞一疋，牧副粧緞緣領袖袍一件，毛青布十疋；倒斃五匹至八匹者，牧長、牧副賞緞布如之；倒斃九匹至十二匹者免議；倒斃十三匹至十六匹者，牧長罰俸六月，牧副鞭四十；倒斃十七匹以上者，牧長罰俸一年，牧副鞭八十。牝馬羣每三年牝馬五匹孳生馬駒二匹，如額外多孳生一百六十匹以上者，賞牧長皮端罩、羊皮緞袍各一件，一等牛一頭，牧副羊皮緞袍一件，毛青布十疋，一等牛一頭；多八十匹以上者賞牧長羊皮緞袍一件，一等牛一頭，牧副毛青布十疋，二等牛一頭；多一匹以上者，賞牧長毛青布十疋、二等牛一頭，牧副二等牛一頭；如應孳生額內缺百匹以上者，牧長罰俸九月，牧副鞭六十；缺五十一匹以上者，牧長罰俸六月，牧副鞭五十；缺一匹以上者，牧長罰俸三月，牧副鞭四十；如羣内缺原額，牧長罰俸一年，牧副鞭八十。其掌關防總管、翼領等除騸馬羣不議賞罰外，牝馬、牡馬、馬駒彙計總数，於額外多孳生五百匹者為一分，如多一二分者註冊；多三分者，該總管、翼領各加一級；多三分以上者，照分加級。如孳生缺額未至二百匹者，免議；缺二百匹者為一分，該總管、翼領各罰俸六月；缺二分者，罰俸一年；三分者，降一級留任；四分者，革職。上都達布遜諾爾馬羣，每三年牝馬三匹額生馬駒一匹，計匹分等，與大凌河同，多一百六十匹以上者，賞牧長毛青布六十疋，牧副四十疋；多八十匹以上者，賞牧長毛青布四十疋，牧副二十疋；多一匹以上者，賞牧長毛青布二十疋，牧副十疋。缺百匹以上者，牧長罰牲一九，牧副鞭六十；缺五十一匹以上者，牧長罰牲一七，牧副鞭五十；缺一匹以上者，牧長罰牲一五，牧副鞭四十；如羣内缺原額者，牧長罰牲二九，牧副鞭八十。其各羣倒斃馬匹計其多寡定為三等，一等者議賞，二等免議，三等議罪，均照牝馬孳生第三等賞罰例行。其該羣翼領計其所管馬羣數目，不拘多寡，共折作十二羣，如賞罰均者免議；七羣八羣得賞者，賞翼領緣領羊皮緞袍一件，毛青布十疋；九羣十羣得賞者，賞皮端罩一件，毛青布二十疋；十一羣十二羣得賞者，賞皮端罩、羊皮緞袍各一件，毛青布二十疋；如七羣八羣得罰者，翼領罰牲一九；九羣十羣得罰者，罰牲二九；十一羣十二羣得罰者，罰牲三九；騸駝羣每年百駝内倒斃一匹至四匹者，賞牧長毛青布六十疋，牧副四十疋；五匹至八匹者，賞牧長毛青布三十疋，牧副二十疋；九匹至十二匹者免議；十三匹至十六匹者，牧長鞭八十，牧副鞭六十；至十七匹以上者，牧長鞭一百，牧副鞭八十；該羣翼領賞罰與馬羣例同。達里岡崖牝駝羣，每六年内牝駝五匹額生駝二匹，額外孳生二十匹以上者，給一等賞；十一匹至二十匹，給二等賞；一匹至十匹，給三等賞；如孳生缺額，計匹分三等，罰如之。其該總管、翼領、牧長、牧副應行賞罰，均照上都牝馬羣賞罰例行。又定凡牧場馬羣，每年於四月朔為始，迄九月底，以騸馬、牝馬全羣就草。又定凡牧場所需芻菽，均由在場各總管掌其支取。又定凡牧場所出馬駝皮革，上都牧場由總管咨張家口稅務監督送上駟院，大凌河牧場由總管咨錦州城守尉送上駟院，均轉交武備院覈收備用。雍正十年，定大凌河牧場騸馬羣每年百匹内殘疾五六匹以上者，令翼領、牧長、牧副賠補，其殘疾馬匹交盛京將軍賞給兵丁。乾隆三年，定上都達布遜諾爾、大凌河等處牧羣内孳生倒斃馬駝數目，令上駟院比照上年多寡之處具奏。四年，定大凌河牧場牝馬、牡馬、馬駒每三年考核一次，於額外多孳生三分者，該總管照例加級，翼領等停其加級，由院註冊，俟下次考牧時，額外孳生仍多者，六年期滿換回，陞一級補用。其孳生平等者，換回仍照原品補用。如闕額者，照例分別治罪。四十二年，奏准達里岡靉陽牧場值年侍衛停止每年派往該衙門，相間數年請旨出派侍衛前往查看。四十九年，奏定出青馬匹俱係八旗拴養膘壯之馬不應報有口老殘疾，致滋弊竇，嗣後出青馬匹請交派出之兩翼副都統、察哈爾總管侍衛等查看，如有口老殘疾者，責令該旗營賠補，管棚大臣官員兵丁等交部分別治罪。至駕進木蘭時，在右匣地方拏馬回圍至京城官兵等交馬時，蒙古兵丁等不無有將老口殘疾者頂換口輕好馬之弊，嗣後若在石匣拏馬有口老殘疾者，放馬大臣等查出，即行奉奏，將該牧場副都統、察哈爾總管等交部議處，回圍官兵交棚馬時，除有膘欠迎鞍者向准收拏仍循其舊外，如有鼻濕眼瞎口老殘疾者，概不准收拏，令原拏官兵等照數賠補。

又 八旗牧馬。順治初年，定八旗及内府三旗佐領下額設馬駝，每年由兵部酌定留京並出場各數奏聞，每翼簡用副都統二人，於立夏後四日率領官兵陸續趕赴口外牧場，擇水草豐茂處牧放，若照管不周以致馬匹闕少者，著落副都統以下各官賠補。其實係殘廢倒斃者，馬扣存三月錢糧、駝扣存四月錢糧買補，如價有不敷，准於公用銀内動支。至出場官兵均歸副都統管轄，在場馬駝亦由副都統分撥官兵牧放。其進口日期，每年於八九月間豫行報部。又定八旗出場馬駝，口内每站給空草一束，回日進口每站仍給草束，均由兵部移咨户部委司官一人監給。康熙二十六年，定八旗出場馬駝沿途踐食田禾者，兵鞭八十，專管官罰俸九月，兼管官罰俸六月，副都統罰俸三月，領催鞭六十；出口後並不在場牧放致縱逸侵擾者，兵鞭一百，專管官罰俸一年，兼管官罰俸九月，副都統罰俸六月，領催鞭八十，照馬駝侵擾之數賠償地主，至兵丁强令他人代為牧放及勒索酒食生事者，交刑部治罪，專管官降一級調用，兼管官罰俸一年，副都統罰俸九月，領催鞭一百革退。三十四年，諭議政王大臣、八旗都統等：『朕觀京城八旗兵卒已熟練，器械亦整齊，惟馬匹少缺，前命滿洲、蒙古、漢軍各佐領下拴馬，一半給草豆錢糧。軍行以馬為重，今可令衆共槩置馬一匹，春冬則給草豆錢糧，自四月起發一半，放青一半拴餧。至九月驅回，照常拴餧。此所置馬匹，令兵丁各自小心飼養，交與該管官嚴行稽察，設怠玩從事，致羸瘦誤公者，將該管大臣從重治罪。其參領以下、撥什庫以上及拴馬之人俱照軍法治罪。俟噶爾丹事畢之日，仍照養馬一半，可通行曉諭。』三十七年，諭大學士等：『今承平無事，八旗所飼馬，每佐領下或留六騎，或留七騎，其餘四月發往牧地，九月初旬來京，每歲如此，則錢糧不致虛耗，而羸馬亦得以蕃息矣。其更代監視，每旗副都統一人、參領二人量領官員兵丁於水草佳處遊牧。』四十四年，諭扈從大學士馬齊、張玉書、陳廷敬等曰：『宋明時論馬政者皆無善策，牧馬惟口外為最善，今口外馬場孳生已及十萬，牛則六萬，羊則二十餘萬。若將此馬與牛羊驅入內地牧養，則日費萬金不足，口外水草肥美，不費絲毫之餉而馬畜自然孳息。』因定額以馬十萬、牛六萬、羊二十一萬為限，向年疫氣盛行，蒙古馬畜多倒斃，而官場與彼同在一處，毫無損傷，前巡行塞外，時見牲畜彌滿山谷間，歷七八日，猶絡繹不絕也。雍正三年，定八旗馬駝往牧場，令出牧之副都統點驗，如一參領下馬駝較勝別參領者，將該參領下各官及驍騎校各紀錄一次，如一旗馬駝肥壯無有損傷，該參領紀錄二次，各官及驍騎校各紀錄一次。又定八旗各官奉委出牧，若逗留觀望不即前往，及到場潛回者，革職。又定八旗兵所養馬駝，如有疲瘦不堪用者，鞭五十，該佐領、驍騎校罰俸三月，參領、副參領罰俸一月；若並不餧養冒領錢糧者，鞭一百，革退，錢糧追繳，該佐領、驍騎校罰俸一年，參領、副參領罰俸六月。十年，奉上諭：『顥俊懦弱兩營兵二千，欲其馬上嫻熟，故給馬二百匹，令其學習。今聞兩營兵有騎射可觀者，亦有騎射雖生疎而馬上尚能發矢者，則學習至一二年後，可以嫻熟矣。八旗演兵，雖令學習步射、鳥槍、走遠等技，但滿洲兵以馬上嫻習為要，著計八旗滿洲兵數目，每十名給馬一匹，即於旗下餧養官馬撥給，此所給馬令小心秣飼，勿致損傷，並將如何拴養之處，著八旗演兵大臣等會議具奏。』尋議覆，八旗演兵每旗需馬一百六十匹，八旗共需馬一千二百八十匹，合弘昇等演兵二千需馬二百匹，共需馬一千四百八十匹，應於各旗官馬內撥給。此項馬係兵丁輪騎之馬，請於各營練兵之官員頭目擇其善拴養者，酌量每人分派二三匹不等，臣等仍不時稽察，如致損傷者，即指參治罪，交兵部於年底查明肥瘦奏聞。從之。十三年，定八旗馬駝於出場時，造具毛齒清冊送部存案，回京日按冊點驗印烙，統轄、副都統以該翼之馬駝核算，兼管官以兼管之馬駝覈算，專管官以專管之馬駝覈算，如十分之內疲瘦各不及三分者，免議；若疲瘦至三分者，官罰俸九月，兵鞭五十；四分以上者，官罰俸一年，兵鞭六十；五分以上者，官降一級留任，兵鞭七十；六分以上者，官降二級留任，兵鞭八十；七分以上者，官降三級調用，兵鞭九十；如有將馬駝彼此項換，使疲瘦皆不至三分者，官降三級調用，兵鞭八十，兼管官降一級留任，副都統罰俸一年。乾隆五年，奏准八旗出場馬駝進口不必拘定八九月，令兩翼副都統等視天氣冷煖及草枯遲早公同酌定，豫行報部。十六年，奏准八旗牧養官馬兵共二萬七百七十三匹，每匹月給馬乾銀三兩，近因京城草豆價昂，銀不敷買，應暫通融，請酌撥萬匹在京外牧養，熱河撥千匹，近京各莊頭撥二千匹，此外七千匹交直隸各標營，其熱河及各莊頭草料銀，由副都統、內務府會計司官赴户部支領，按月給發；直隸各標營就近於藩庫動支。如有減剋料草致疲瘦者，該管官議處，兵丁、莊頭治罪，或有倒斃，照八旗例，於馬乾銀內按月扣存買補，並請特簡大臣均勻搭配，不得槩以疲馬充數，如兵丁乘便將殘廢馬匹私行抵換者，察出從重治罪，佐領及都統等交部嚴加議處。十七年，奏上年將八旗官馬撥出萬匹，交直隸各標營並熱河副都統及近京庄頭分領牧養，議竢次年草豆價平，仍分與八旗官兵。目下京師草豆較上年價直已減，此項馬匹或仍交直隸等處，或應留京牧養。奉旨：『此項官馬前交直隸各標營牧養，脿分既屬充足，且聞於該兵丁等亦屬有益，著不必交熱河副都統及各庄頭，竢回鑾後，撥出萬匹皆交與直隸總督，仍前分撥牧養。』又奏准八旗出場馬駝，令兩翼副都統竢水草乾枯應進京時一面奏聞，一面將馬駝陸續趕赴進口。十九年，奏准八旗官駝照官馬例，交與直隸、宣化府屬分給牧養。二十八年，定八旗每年出口牧放馬匹，派京城副都統二人、左右兩翼察哈爾總管各一人、侍衛各一人，以專管轄，其京城官兵停止派往。每馬一千匹編作三羣，每羣派察哈爾官一人、兵二十名，預期來京領馬出口，每馬一百匹，准倒斃十匹，其倒斃止六匹者，大臣官員交部議敘，兵丁於節省銀內酌量獎賞；如倒斃逾額者，令大臣、官兵等賠補；例應倒斃者，於少派京城官兵路費銀內買補。三十年，奏准八旗官馬原係給與官員拴養，因官兵內或將錢糧靡費以致官馬疲瘦併有空缺，又值前數年草豆價昂，是以將官馬改交直隸牧養，旋因八旗前鋒、護軍暨親軍等乏官馬當差，已奉旨加恩，於直隸牧養官馬內撥出四千五百匹交給各該處設立官圈喂養，分給兵丁乘騎。今查八旗所有印房章京、參領、佐領、閑散官，滿洲每旗一百餘員，蒙古每旗五十餘員，左右兩翼所有前鋒章京、前鋒侍衛四十員，八旗滿洲火器營所有鳥槍營長、護軍參領六十四員，八旗護軍營所有護軍參領二百八十員，學習、閑散官約計一百員，伊等當差不能自養馬匹，請再於直隸牧養官馬内撥出二千匹，給與三營、前鋒、護軍章京等每人各拴養一匹外，八旗滿洲每旗一百匹，八旗蒙古每旗五十匹，除兼管文職官員外，旗員每人分給馬一匹，其所存三百餘匹交與前鋒護軍統領等，將各營學習、閑散官暨當差出力之護軍校每人分給馬一匹，各令其拴養，仍令該都統及前鋒統領、護軍統領等隨時查核。三十四年，諭：『每年出派察哈爾侍衛前往牧場，特以伊等熟知水草諳練牧放，於馬匹有益。今聞得察哈爾侍衛至牧場後，但看水草，於馬匹事務總不管理，甚屬非是。著交巴禄傳諭派出察哈爾侍衛等，嗣後察哈爾侍衛至牧場時查看水草外，務令馬匹肥壯不致臕欠之處，俱令同章京等量其有益妥協辦理，永著為例。著出場大臣通行曉諭出場章京、兵丁知之。』臣等謹按，八旗官馬中有官圈馬，有官員拴養馬，有傳事拴養馬，遇出青時，官圈馬全行出場牧放，官拴馬減半出場，傳事馬概不出場，每年以為例。

又　各省牧馬。順治三年，定綠旗兵每月一馬給料豆六斗、草六十束。康熙三年，定官員解送軍前馬匹，若疲瘦三匹以下者免議，十匹以下者罰俸三月，二十匹以下者罰俸六月，三十匹以下者罰俸九月，四十匹以下者罰俸一年，五十匹以下者降一級留任，六十匹以下者降一級調用，六十匹以上者革職。又定州縣官餧養軍需馬匹疲瘦者，照解送軍前馬匹例計數議處。三十四年，覆准古北口綠旗兵人才壯健，但無馬匹，難以遠行。查古北口鎮標綠旗馬兵一千五百二十名，二人共拴馬一匹，需馬七百六十匹；馬步兵共一千九百名，五人共拴騾駝一隻，需騾駝三百八十隻，夏秋令其放青，春冬照營馬例支給草料。五十四年，定餧養馬匹向例專責州縣，其道府並未議及，嗣後如馬匹病瘦五十匹以上者，將道府罰俸三月，一百匹以上者罰俸六月，一百五十匹以上者罰俸九月，二百匹以上者罰俸一年，二百五十匹以上者降一級留任，三百匹以上者降一級，罰俸一年。乾隆元年，定陝西、甘州提標、涼州、西寧、肅州三鎮標各設馬場一處，每場牝牡馬一千二百匹，以遊擊一人為總統，每場分五羣，每羣牡馬二百匹、牝馬四十匹，以千把總一人為牧長，外委千把總一人為牧副，兵十人為牧丁，三年均齊一次，屆期總督委官察驗叙明賞罰具題。牧馬兵丁月給鞥鞋銀三錢，於司庫扣貯提鎮建曠項下動支報部。其需用鍋帳，於存營項下撥給，所牧馬不論牝牡，每三匹取孳生馬一匹，三年内一羣中多孳生一匹以上者，千把總加一級，外委紀録二次，兵每名賞銀一兩；多孳生八十匹以上者，千把總加二級，外委加一級，兵每名賞銀二兩；多孳生一百六十匹以上者，千把總、外委均以應陞官即用，兵每名賞銀三兩，所賞銀亦於建曠項下動支報部。如少孳生二十匹以下者，千把總罰馬五匹，外委及兵責四十；少孳生四十匹以下者，千把總罰馬七匹，外委及兵責五十；少孳生八十匹以下者，千把總罰馬九匹，外委及兵責六十；如於原牧數闕少者，千把總革職，罰馬十八匹，外委革去頂帶，仍責八十，兵責八十，所乏馬歸入羣覈筭。其提鎮、遊擊統計五羣為賞罰，五羣得賞之遊擊加二級，提鎮加一級；四羣得賞、一羣得罰之遊擊加一級，提鎮紀録二次；三羣得賞、二羣得罰之遊擊、提鎮無庸議賞罰；三羣得罰、二羣得賞之遊擊降一級留任，提鎮罰俸六月；四羣得罰、一羣得賞之遊擊降一級調用，提鎮罰俸一年；五羣全罰之遊擊革職，提鎮降一級調用。若於原牧數闕少者，除千把總罰出馬數補入外，餘著落遊擊、提鎮各半分賠。四年，議准江南地方潮濕，馬匹易致疲瘦，必得閒空之地以飼水草，今江寧駐防八旗督標中左、安徽撫標左右、提鎮中左右前後、安徽遊兵、潛山徽州寧國蕪采廣德廬州泗州江寧城守左右、松江劉河金山柘林青村泰興京口八旗、京口協左、漕標中左右、廟灣鹽城小關海州淮安城守、東海河標中左各營均舊有牧地，不必別設，止須再勘定界址，毋令越占；其奇兵瓜州青山溧陽池州蘇州城守右、南滙黄浦平望江陰靖江楊舍孟河掘港三江京口水師、佃湖蕭營各營騎操馬均四十匹以下，或在槽餧養，或就近牧放，無庸設場；又蘇州撫標、左右、福山常州揚州河標右等營馬雖在四十匹以上，或並無曠土，或分汛差撥難以聚牧，毋庸設場；其浦口六安亳州壽春鎮標中左右、蘇州城守中左、川沙吳淞太湖左右、鎮江崇明鎮標中左右、並奇兵營、狼山鎮標中左右、京口隨旗左右、京口協右、泰州各營騎標馬均四十匹以上，向無牧場，均應擇地設立，内惟浦口崇明鎮標中左右並奇兵營、係夏秋半支料乾之營，應酌馬一匹給草地一畝，以供芻秣，其餘均係長年全支料乾之營，無藉放青，不過夏秋酷暑時，使其安閒散適，應酌五馬給草地一畝。其所需之地，准於各營官基撥給，如無官基，即擇民地於朋扣銀内買給免租，至舊有新設牧地，均四圍栽柳編籬，只留一門出入，或四圍掘溝，令兵看守，仍四圍豎立限碑，倘牧放越界踐食田禾，不論多寡，旗軍鞭一百，營兵責四十；若踐食過多，依毀伐稼穡者計贓，准竊盜律論罪，仍革伍；所食田禾追賠給主，該管旗營各官失於覺察者分別降罰，有心縱容者革職。十三年，定甘州提標、凉州、西寧、肅州三鎮標各設駝場一處，每牝駝一百六十為一羣，每羣以千把總一人為牧長，外委千把總一人為牧副，兵九人為牧丁，仍委守備一人督理，五年均齊一次，牧駝兵丁月給鞰鞋銀三錢，又准於司庫建曠項下動支報部。所需鍋帳，准於存營項下撥給千把總、外委、兵丁，邊地較内地不同，五年期遠，應議賞以示鼓勵。每牝牡駝百，五年内孳生四十者無庸議賞，於額數外多孳生一至十者，千把總紀錄二次，外委紀錄一次，兵每名賞銀一兩；多孳生十一至二十者，千把總紀錄三次，外委紀錄二次，兵每名賞銀二兩；多孳生二十一以上者，千把總加一級，紀錄一次，外委加一級，兵每名賞銀三兩。所賞銀由總督於均齊之年酌動何項疏明覈給。每牝牡駝百，五年内准倒斃二十，若倒斃逾二十之額，不論多寡，以續得孳生抵補，其餘再計孳生，如少孳生一以上者，千把總罰俸六月，外委及兵責四十；少孳生十一以上者，千把總罰俸九月，外委及兵責五十；少孳生二十一以上者，千把總罰俸一年，外委及兵責六十；督理守備，如千把總、外委得一等賞者，紀錄三次，得二等賞者紀錄二次，得三等賞者紀錄一次；如千把總、外委得一等罰者，罰俸一年，得二等罰者罰俸九月，得三等罰者罰俸六月。每届五年均齊之期，由總督委官赴各牧場印烙，將數目及牧放官兵姓名造册，叙明賞罰具題。至孳生牡駝，於五年均齊後，照例配搭孳生。其餘牡駝騸割别牧，備撥用，再孳生駝内有殘廢不孳生者，准其據實呈騐變價，所闕在孳生駝内項補，仍算入孳生數，以定功過。

又　直省營馬。順治三年，定各省營馬闕額，督撫、提鎮或就近買補，或報部撥給，尋定各營馬缺開數報部，本部於各營撥給。六年，定官員騎坐皆自備，名曰例馬，每一月照數領草料，提督例准馬十五匹，總兵官十二匹，副將八匹，參將、遊擊六匹，都司、守備四匹，千總、把總二匹，至兵丁騎操馬，酌各營情形，或馬步各半，或馬四步六，或馬三步七，或馬二步八，或馬一步九，或不設馬，皆於奏銷案内照實數報兵部察核，行知户部銷算草料。七年，定營馬係對敵及追盜賊損失者，免其賠補；走脱被竊失者，著落本人賠補；若倒斃者，每馬以十兩為額，令其賠補，名曰賠樁，每年遞減一兩，至十年者免賠，准動支朋扣銀買補。八年，定副將以下、把總以上每月於應支銀内扣二錢，馬兵扣一錢，步兵扣五分，守兵扣三分，名曰朋扣，存貯營中以備買馬之用，若有餘剩，由兵部覈明，於奏銷題，交户部充餉。十二年，停止營馬季報之例，令督撫將實數於歲底彙册報部。十六年，定提督例馬二十匹，總兵官十六匹，副將十二匹，參將八匹，游擊以下仍各照舊數。又定將軍、督撫、提鎮買營馬者，將數目報部，副將以下買營馬者，呈明該管之督撫提鎮報部。康熙三年，定江南、江西、福建、浙江、湖北、湖南、四川、廣東、廣西、雲南、貴州等省營馬以三年賠樁，過三年者免；直隸山東、山西、河南、西安、甘肅以五年賠樁，過五年者免。四年，定三年賠樁之省一年倒斃，本兵賠銀七兩，合隊二兩，本管官一兩；二年倒斃，本兵賠銀六兩五錢，合隊一兩七錢，本管官八錢；三年倒斃，本兵賠銀六兩，合隊一兩四錢，本管官六錢；三年以後免其賠樁，動支朋扣銀買補。五年賠樁之省自一年倒斃至三年倒斃之分賠，均如三年賠樁之省；其四年倒斃，本兵賠銀五兩五錢，合隊一兩，本管官五錢；五年倒斃，本兵賠銀五兩，合隊七錢，本管官三錢；五年以後免其賠樁，動支朋扣銀買補。又定廣東地方潮濕，馬易倒斃，賠樁准照十兩減半，一年倒斃賠銀五兩二年倒斃賠銀四兩五錢，三年倒斃賠銀四兩，三年以後免其賠樁。五年，定廣西地方瘴濕，馬易倒斃，賠樁照廣東之例。又定營馬倒斃如符年限者，准用朋扣銀買補，若年限不符，除照例賠樁外，亦准用朋扣銀買補。其價，直隸每匹九兩，山東十兩，山西八兩，河南八兩五錢，江南十三兩九錢七分，江西十六兩八錢二分四釐，福建二十二兩，浙江十六兩，湖北、湖南十五兩，西安八兩，廣東二十一兩九錢，廣西二十兩，雲南二十一兩八錢，貴州二十兩二錢二分有奇，甘肅、四川除以貢馬抵補外，其不敷之馬，甘肅每匹給價八兩，四川每匹給價十二兩。七年，定各省朋樁銀兩歲底兵部查核，應扣銀兩咨户部撥餉，如有營馬闕額，開送户部購買。十一年，定官兵不扣朋銀者該管官罰俸一年，提督罰俸六月，無提督之省總兵官罰俸六月。又定將軍、督撫、提鎮、標下各官請買例馬者，不得過四百匹。二十四年，定山西、河南、湖北、湖南、西安、四川等省營馬闕額開數報部，移咨甘肅巡撫，將招中茶馬撥給，毋庸動支朋扣銀。臣等謹按，招中茶馬舊於甘肅設洮岷、河州、西寧、莊浪、甘州五茶馬司，及開城、安定、廣寧、黑水、清平、萬安、武安七監，歲遣御史一人經理，蓋沿明制之舊也。明時設御史一人專理馬政、茶法二事，康熙七年，始歸甘肅巡撫兼理，然尚行招中茶馬之法，至四十四年乃並停之。三十七年，定四川營馬倒斃，停其牽領茶馬，准用朋扣銀買補。四十年，定四川買補營馬，照四川土司進貢例，每匹價銀十二兩。四十四年，定湖北、湖南營馬倒斃，亦停其牽領茶馬，准用朋扣銀買補，每匹十五兩。又定山西、河南、西安仍准支朋扣銀。四十五年，定直省營馬倒斃，遞年加增，必致朋扣不敷買補，嗣後如倒斃過多，實有冒銷情弊，該督撫、提鎮即行題。四十七年，定營馬倒斃，該管官驗明耳尾，將日期出結，詳報督撫、提鎮，一面用朋扣銀買補，仍將新馬價直毛齒領騎兵姓名按季册報，仍於年終奏銷，由部察覈。六十年，定川省新設滿兵駐劄差使甚繁，馬匹應准其買補，倒斃十分之內，不許過三分，其價亦照茶馬例，每匹給銀八兩。雍正元年，定江南、江西、福建、浙江、湖北、湖南、四川、雲南、貴州等省營馬騎過三年倒斃者，免其賠樁；廣東、廣西二省減半賠樁，騎過三年倒斃者，亦免其賠樁；直隸、山東、山西、河南、西安、甘肅等省騎過五年倒斃者，免其賠樁，均准動支朋扣銀買補。七年，定山西、河南、西安、甘肅四省營馬開報倒斃，不得過十分之三。十一年，定直隸、山西、河南、西安、甘肅馬價在十兩之内，山東亦僅十兩，均未便以十兩賠樁，應以七兩為額，如騎一年倒斃賠樁七兩，二年倒斃賠樁六兩，以下按年遞減，若騎過年限，免其賠樁，准動支朋扣銀買補。又定福建營馬五千七百七十一匹，每年准開報倒斃九百三十五匹。十二年，定營馬除口外差遣及在軍前倒斃者皮臟免其變價外，江南督標每匹變價一兩五錢，提標一兩，安徽撫標一兩二錢，蘇松撫標九錢二分有奇，湖北、湖南一兩，其餘直省均五錢，發給馬價時，將皮臟變價扣除，於奏銷册造報察覈。又定四川營馬照驛馬例給價八兩。又定廣東營馬五千二百六十六匹，每年准開報倒斃九百二十一匹。又定直隸、山東、江南、江西、浙江、湖北、湖南、四川、雲南、貴州開報營馬倒斃數無一定，嗣後均不得過十分之三。又定四川營馬既將原價減去四兩，照驛馬給以八兩，所有賠樁銀，應照直隸等省例，以七兩為額，按年遞減。乾隆元年，議准武職官給親丁粮以養廉，内有馬糧者，若令備馬，則養廉不沾實惠；遇草料昂貴且多賠墊，反致拮据。嗣後親丁馬毋庸實備，止支領草料，以備用度之不足。但此馬原係營中額數，一旦調遣，難免闕乏，應令照本身應得親丁馬若干匹備價存營，俟需用時購買。二年，議准親丁馬既備價存營，嗣後倒斃，止將兵丁現有之馬按額開銷，如以存價溷入捏報者，降一級調用，若存價已給買馬，准其照例報銷。九年，議准外委千把總領馬即供騎操，原未令其存價，如遇倒斃，入營馬數内開報，動支朋扣銀買補。十五年，定廣東馬價每匹減三兩，以十八兩九錢作定價報銷；廣西馬價每匹減三兩，以十七兩報銷。是年奏銷營馬：直隸九千六百六十八匹，山東三千三百七十七匹，山西五千二百五十五匹，河南二千一百一匹，江南五千六百三十八匹，江西一千三百八十九匹，福建四千九百八十三匹，浙江三千六百三十四匹，湖廣四千四百三十八匹，陝西四萬五千二百九十八匹，四川五千五百九十九匹，廣東五千二百六十七匹，廣西一千五百十一匹，雲南五千六百二十五匹，貴州三千八百十一匹。十六年，奉上諭：『滇省各營騎操馬匹，定例三年外准報倒十分之三，其額外濫倒馬，從前該督提等皆於朋扣等項内通融買補，並未著賠。嗣據該督察出奏聞，仍請從寬免其賠樁，經軍機大臣等議，令照例按數賠補，但念邊方水土餧養馬匹與他處情形不同，自來通融籌辦，今若復令賠樁，兵丁未免拮据。嗣後滇省馬匹除額定十分倒三、按例分别年限著賠外，其溢額倒斃馬匹，著加恩免賠。若兵弁等因有此旨，或致餧養失宜溢倒過多者，該督撫等嚴行參處。』二十年，議准營馬價，除直隸、山東、山西、河南、江蘇、安徽、江西、西安、甘肅、四川等省或僅在十兩以内，或據該督撫察覈，實無溢冒毋庸議減，福建酌減三兩，准以十九兩；浙江減二兩，准以十四兩；湖北、湖南減一兩，准以十四兩；廣東再減九錢，准以十八兩；廣西再減一兩，准以十六兩；雲南減三兩八錢，准以十八兩；貴州減二兩二錢，准以十八兩報銷。三十一年，兵部核存巡捕三營及直省駐防馬、綠旗營經制馬數目：巡捕三營經制馬一千四百四十匹。直隸、保定駐防馬二百五十匹，實拴。滄州駐防馬一百五十匹，實拴。熱河駐防馬九百二十二匹，實拴。圍場總管處駐防馬五百二十四匹，實拴。青州駐防馬四千三百五十九匹，内存價二千一百七十一匹，實拴二千一百八十八匹。德州駐防馬二百五十匹，實拴。綏遠城駐防馬三千六百一十四匹，内官兵共存價一千四十一匹，官兵共實拴一千七百八十九匹兵，拴駝三百九十二隻，抵馬七百八十四匹。右衛駐防馬三千五百一十一匹，内官兵共存價一千二百六十四匹，官兵共實拴一千一百九十五匹，兵拴駝五百二十六隻，抵馬一千五十二匹。河南駐防馬二千五百八十六匹，内存價一千二百匹，實拴一千三百八十六匹。江寧駐防馬九千三百三十三匹，内存價六千七十八匹，實拴三千二百五十五匹。京口駐防馬三千七百有一匹，内存價二千四百一十一匹，實拴一千二百九十匹。福州駐防并水師駐防馬五千一百八十一匹，内存價三千四百八十二匹，實拴一千六百八十八匹。杭州駐防馬五千五百六十六匹，内存價三千六百三十四匹，實拴一千九百三十二匹。乍浦駐防馬一百八十五匹，内存價七十四匹，實拴一百一十一匹。荆州駐防馬一萬三千一百九十八匹，内存價八千匹，實拴五千一百九十八匹。西安駐防馬一萬八千二百四匹，内存價六千三百六十二匹，實拴一萬一千八百四十二匹。凉州駐防馬一千三百四十四匹，實拴。莊浪駐防馬四百二十二匹，實拴。寧夏駐防馬五千二十一匹，實拴。成都駐防馬五千三百四十七匹，内存價一千六百匹，實拴三千七百四十七匹。廣州駐防馬九千六百二十八匹，内存價六千匹，實拴三千六百二十八匹。直隸經制馬九千三百七匹。山東經制馬三千三百七十九匹。山西經制馬四千九百三十九匹。河南經制馬二千九十九匹。江南督標經制馬四百八十七匹。江南提標經制馬二千八百五十三匹。京口經制馬三百五十八匹。江蘇撫標經制馬一百四十六匹。安徽撫標經制馬九十六匹，漕標經制馬四百九十六匹，河標經制馬四百五十二匹。河東、河標經制馬四百四匹。江西經制馬一千三百八十八匹。福建經制馬五千五百六十八匹。浙江經制馬三千六百一十三匹。湖北經制馬一千八百七十三匹。湖南經制馬二千五百四十七匹。陝西經制馬一萬二千五百九十五匹。甘肅經制馬三萬一千六百二十一匹。四川經制馬五千五百四十二匹。廣東經制馬五千二百二匹。廣西經制馬一千五百十一匹。雲南經制馬五千五百四十一匹。貴州經制馬三千七百三十六匹。

清 薛允升《讀例存疑》卷二三《兵律廐牧·牧養畜産不如法》 凡牧養官馬牛駝驘驢羊，並以一百頭爲率，若死者、損者、失者，各從實開報。死者卽時將皮張鬃尾入官，牛筋角皮張亦入官。其管牧牧長、牧副每馬牛駝一頭，各笞三十，每三頭加一等過，杖一百，每十頭加一等，罪止杖一百，徒三年。羊減馬三等，四頭笞一十，每三頭加一等過，杖一百，每十頭加一等，罪止杖七十，徒一年半。驢驘減馬牛駝二等，一頭笞一十，每三頭加一等過，杖一百，每十頭加一等，罪止杖八十，徒二年。若胎生不及時日而死者，灰醃並年老而自死者，看視明白，不坐。若失去賠償損傷不堪用，減死者一等坐罪。其死損數目，並不准除。此仍明律，牧長、牧副原係羣頭、羣副，無並年老而自死者句，雍正三年增修進呈黄册，時奉硃簽，羣頭、羣副俱改牧長、牧副，其小注係順治三年添入。條例：一，解送軍營馬匹倒斃，其分起解送之文武各員照軍營賠補馬匹之數，每百匹准其倒斃三匹，如倒斃三匹以上至二十匹者，交部照例分别議處；二十匹以上者，杖一百；三十匹以上者，杖六十，徒一年；三十五匹以上者，杖七十，徒一年半；四十匹以上者，杖八十，徒二年；四十五匹以上者，杖九十，徒二年半；五十匹以上者，杖一百，徒三年。如有盜賣别情，計贓以監守自盜論。至總理督解之員合其督解總數，按其倒斃多寡，亦卽照此分别議處治罪。若知盜賣之情而故縱者，罪同。此條係乾隆三十六年欽奉上諭，軍機大臣會同兵部、刑部酌議定例，嘉慶六年改定。謹按：解送軍營馬匹，事關軍機，敢於盜賣玩法已極，僅照監守自盜計贓科罪，未免太輕。處分則例：四五匹罰俸六箇月，六七匹罰俸一年，八九十匹降一級留任，十一二匹降一級調用，十三四匹降二級調用，十五匹以上降三級調用，二十匹以上革職，三十匹以上革職治罪。中樞政考，四五匹、六七匹及八九匹與處分例同，十匹、十一匹者降一級調用，十二、十三匹降二級調用，十四、十五匹降三級調用，十六匹至二十匹革職，二十匹以上者革職，分别治罪。

又《孳生馬匹》 凡牧長管領騍馬，一百匹爲一羣，每年三羣孳生駒一百匹。若一年之内止有駒八十匹者，笞五十；七十匹者，杖六十。典牧官不爲用心提調者，致孳生不及數，各減三等。太僕寺官又減典牧官罪二等。此仍明律，雍正三年修改，其小註係順治三年添入。條例：一，凡上駟院、太僕寺所管遊牧馬羣，每三年整頓一次，不論騍馬、兒馬、馬駒，每三匹内合算當孳生馬一匹，除合算正額外，多孳生一百六十匹以上者爲頭等，八十匹以上者爲二等，一匹以上者爲三等，牧長、牧副分别給賞。若合算正額内少孳生五十匹以下者，牧長罰馬五匹，牧副各笞四十；一百匹以下者，牧長罰馬七匹，牧副各笞五十；一百匹以上者，牧長罰馬九匹，牧副各杖六十。騸馬羣倒斃少者賞，多者罰，相半者免議。賞罰之數視騍馬羣第三等例，其各馬羣賞罰相半者，總管官免議。賞多者按羣給賞，罰多者按羣受罰。此條係康熙年間太僕寺增定之例，牧長、牧副原係阿墩大、阿墩副，雍正三年進呈黄册，奉硃簽改正。謹按：律專言騍馬例，則兼及兒馬、馬駒律，專言不足額之罪，例則兼及多孳生者，分别給賞。律一年内三羣責孳生駒一百匹，例則三年内三匹責孳生馬一匹，是較律爲尤寛矣。惟共計若干羣内孳生一百六十匹之處，尚未明晰，是否即指三百匹而言，記考。中樞政考：一，太僕寺左右兩翼牧廠孳生馬匹，由察哈爾都統每年查驗一次，將牧廠用存馬匹數目造冊報部備查，於三年均齊之期，由太僕寺奏派堂官一員赴廠查驗，造冊送部兵部，將此三年原牧、新添、動用、現存馬數按冊查核，具題其孳坐多寡，應行賞罰之處，俱由太僕寺核算具題，知照兵部查核註冊，應與此例參看，上駟院例文最詳，此例祇云倒斃少者賞、多者罰，然事隸內務府，故外間均不能悉其詳細也。

又《驗畜産不以實》 凡官司相驗分揀，相驗其美惡而分別揀選以定高下，官馬牛駝贏驢不以美惡之實者，一頭笞四十，每三頭加一等，罪止杖一百，驗羊不以實，減三等。若因驗畜不實而價有增減者，計所增虧官減損民價坐贓論，入己者以監守自盜論，各從重科斷。不實罪重從不實，坐贓自盜罪重從自盜坐贓。此仍明律，順治三年添入小註，乾隆五年增修。條例：一，州縣起解備用馬匹各要經由該管官驗中起解，若有馬販交通官吏醫獸人等兜攬作弊者，問罪，枷號一箇月，發近邊充軍。此條係前明問刑條例，乾隆五年刪定。箋釋：種馬騍駒俱搭配補種，餘即變價入官，又令種馬府州縣每歲將應解馬匹隨數多寡，分春秋二運驗解，官吏獸醫有受財問枉法，馬販問行請兜攬，得財問誆騙，無贓俱問違制。集解：備用馬匹乃供京操及陝西騎操之用，今不行矣，尚仍明例。謹按：現在並無此事，似應刪除。

又《養療瘦病畜産不如法》 凡養療瘦病官馬牛駝贏驢不如法，無論頭數，笞三十；因而致死者，一頭笞四十，每三頭加一等，罪止杖一百。羊減三等。此仍明律，順治三年添入小註。

又《乘官畜脊破領穿》 凡官馬牛駝贏驢乘駕不如法而致脊破領穿，瘡圍繞三寸者笞二十，五寸以上笞五十，並坐乘駕之人。若牧養瘦者，計百頭爲率，十頭瘦者，牧養人及牧長、牧副各笞二十，每十頭加一等，罪止杖一百。羊減三等。典牧官各隨所管牧長多少通計科罪，亦以十分爲率，太僕寺官各減典牧官罪三等。此仍明律，雍正三年修改，其小註係順治三年添入，乾隆五年增修。條例：一，車駕行幸所需馬匹車輛，及校尉等所乘馬匹，俱令該管職事人員親身關領，嚴行約束。若校尉當差人役趕車步軍將馬匹不按時飲水餧草，私自濫行馳驟，或在沿途、或到處所倒斃走失者，各杖一百，蹧病損傷者減二等。此條係康熙十六年題准定例，雍正三年刪定。謹按：枉道馳驛，因而走死驛馬，見多乘驛馬，擬杖七十之外，仍追償馬匹還官。此處似應添此一層，處分例亦有此條，較爲詳明，應參看。

又《官馬不調習》 凡牧馬之官聽乘官馬而不調習者，一匹笞二十，每五匹加一等，罪止杖八十。此仍明律。

清 沈家本《大清現行新律例・案語廄牧・牧養畜産不如法》 原律：凡牧養官馬牛駝贏驢羊，並以一百頭爲率，若死者、損者、失者各從實開報，死者即時將皮張鬃尾入官，牛觔角皮張亦入官。其管牧牧長、牧副每馬牛駝一頭各笞三十，每三頭加一等過，杖一百，每十頭加一等，罪止杖一百，徒三年。羊減馬三等，四頭笞一十，每三頭加一等過，杖一百，每十頭加一等，罪止杖七十，徒一年半。驢贏減馬牛駝二等，一頭笞一十，每三頭加一等過，杖一百，每十頭加一等，罪止杖八十，徒二年。若胎生不及時日而死者，灰醃並年老而自死者，看視明白，不坐。若失去賠償損傷不堪用，減死者一等坐罪。其死損數目，並不准除。臣等謹按：此仍明律，雍正三年增修，順治三年添入小註。律內笞杖照章罰金，應依數分等處罰，徒罪附杖應節刪，謹將修改律文律註開列於後。修改：凡牧養官馬牛駝贏驢羊，並以一百頭爲率，若死者、損者、失者，各從實開報。死者即時將皮張鬃尾入官，牛觔角皮張亦入官。其管牧牧長、牧副，每馬牛駝一頭各處三等罰，每三頭加一等過，十等罰，每十頭加一等，罪止徒三年。羊減馬三等，四頭處一等罰，每三頭加一等過，十等罰，每十頭加一等，罪止徒一年半。駝贏減馬牛二等，一頭處一等罰，每三頭加一等過，十等罰，每十頭加一等，罪止徒二年。若胎生不及時日而死者，灰醃並年老而自死者，看視明白，不坐。若失去賠償損傷不堪用，減死者一等坐罪。其死損數目，並不准除。

又 原例：一，解送軍營馬匹倒斃，其分起解送之文武各員，照軍營賠補馬匹之數，每百匹准其倒斃三匹，如倒斃三匹以上至二十匹者，交部照例分別議處。二十匹以上者，杖一百；三十匹以上者，杖六十，徒一年；三十五匹以上者，杖七十，徒一年半；四十匹以上者，杖八十，徒二年；四十五匹以上者，杖九十，徒二年半；五十匹以上者，杖一百，徒三年。如有盜賣別情計贓，以監守自盜論。至總理督解之員合其督解總數，按其倒斃多寡，亦即照此分別議處治罪。若知盜賣之情而故縱者，罪同。臣等謹按：此言解送軍營馬匹倒斃分別議處治罪之法，查職官杖一百，罪名向係交部議處，例內二十匹以上杖一百一層可節删，徒罪附杖亦應照章節删。謹將修改例文開列於後。修改：一，解送軍營馬匹倒斃，其分起解送之文武各員，照軍營賠補馬匹之數，每百匹准其倒斃三匹，如倒斃三匹以上至二十匹者，交部照例分別議處；三十匹以上者，徒一年；三十五匹以上者，徒一年半；四十匹以上者，徒二年；四十五匹以上者，徒二年半；五十匹以上者，徒三年。如有盜賣別情計贓，以監守自盜論。至總理督解之員，合其督解總數，按其倒斃多寡，亦卽照此分別議處治罪。若知盜賣之情而故縱者，罪同。

又《**孳生馬匹**》　原律：凡牧長管領騍馬一百匹爲一羣，每年三羣孳生駒一百匹。若一年之内止有駒八十匹者，笞五十；七十匹者，杖六十。典牧官不爲用心提調者，致孳生不及數，各減三等。太僕寺官又減典牧官罪一等。臣等謹按：此仍明律，雍正三年修改，順治三年添入小註。律內笞杖照章罰金，應依數分等處罰。至太僕寺現已歸併陸軍部，應改爲該管衙門，以示渾括。謹將修改律文開列於後。修改：凡牧長管領騍馬一百匹爲一羣，每年三羣孳生駒一百匹。若一年之内止有駒八十匹者，處五等罰，七十匹者處六等罰。典牧官不爲用心提調者，致孳生不及數，各減三等，該管衙門官又減典牧官罪二等。

又　原例：一，凡上駟院、太僕寺所管遊牧馬羣每三年整頓一次，不論騍馬、兒馬、馬駒每三匹內合算當孳生馬一匹，除合算正額外，多孳生一百六十匹以上者爲頭等，八十匹以上者爲二等，一匹以上者爲三等，牧長、牧副分別給賞。若合算正額內少孳生五十匹以下者，牧長罰馬五匹，牧副各笞四十；一百匹以下者，牧長罰馬七匹，牧副各笞五十；一百匹以上者，牧長罰馬九匹，牧副各杖六十。騸馬羣倒斃少者賞，多者罰，相半者免議。賞罰之數視騍馬羣第三等例。其各馬羣賞罰相半者，總管官免議。賞多者按羣給賞，罰多者按羣受罰。臣等謹按：各處牧廠在大凌河、張家口、獨石口外者隸上駟院，在察哈爾左右翼者隸太僕寺，本條原係康熙年間太僕寺例，前年裁太僕寺，以兩翼牧場隸陸軍部，本例所稱太僕寺之處，自應照改。笞杖罪名，照章罰金，應依數分等處罰。謹將修改例文開列於後。修改：一，凡上駟院、陸軍部所管遊牧馬羣，每三年整頓一次，不論騍馬、兒馬、馬駒，每三匹內合算當孳生馬一匹。除合算正額外，多孳生一百六十匹以上者爲頭等，八十匹以上者爲二等，一匹以上者爲三等，牧長、牧副分別給賞。若合算正額內少孳生五十匹以下者，牧長罰馬五匹，牧副各處四等罰；一百匹以下者，牧長罰馬七匹，牧副各處五等罰；一百匹以上者，牧長罰馬九匹，牧副各處六等罰。騸馬羣倒斃少者賞，多者罰，相半者免議。賞罰之數，視騍馬羣第三等例。其各馬羣賞罰相半者，總管官免議，賞多者按羣給賞，罰多者按羣受罰。

又《**官馬不調習**》　原律：凡牧馬之官聽乘官馬而不調習者，一匹笞二十；每五匹加一等，罪止杖八十。臣等謹按：此仍明律，笞杖罪名照章罰金應依數分等處罰。謹將修改律文開列於後。修改：凡牧馬之官聽乘官馬而不調習者，一匹處二等罰，每五匹加一等，罪止八等罰。

又《**隱匿孳生官畜産**》　原律：凡牧養係官馬贏驢等畜所得孳生，限十日内報官。若限外隱匿不報，計所隱匿之價爲贓，准竊盜論，止杖一百，流三千里。因而盜賣或將不堪孳生抵換者，並以監守自盜論，罪不分首從，併贓至四十兩，雜犯斬。其典牧官、太僕寺官知情不舉，與犯人同罪。不知者俱不坐。買主知情，以故買盜贓，科匿賣抵換之物還官。臣等謹按：此仍明律，雍正三年修改，順治三年添入小註。註內流罪、附杖照章應删，斬應改絞。太僕寺現經歸併陸軍部，應改爲該管衙門，以示渾括。謹將修改律文開列於後。修改：凡牧養係官馬贏驢等畜所得孳生，限十日内報官。若限外隱匿不報，計所隱匿之價爲贓，准竊盜論，止流三千里。因而盜賣或將不堪孳生抵換者，並以監守自盜論，罪不分首從，併贓至四十兩，雜犯絞。其典牧官及該管衙門官知情不舉，與犯人同罪，不知者俱不坐。買主知情，以故買盜贓，科匿賣抵換之物還官。

又　原例：一，口外羣内馬匹盜賣抵換，照監守自盜律科罪。若將有太僕寺滿字印烙馬匹明知故買者，與犯人同罪。臣等謹按：此例前一層盜換馬匹，自係指經管之人而言，應於例首添叙明晰。後一層專指太僕寺官馬而言，現官制已改，應將此層改爲印烙有字官馬，以便通引。修改：一，口外羣内經管馬匹之人盜賣抵換，照監守自盜律科罪。若明知故買印烙有字官馬者，與犯人同罪。

又《**乘官畜脊破領穿**》　原律：凡官馬牛駝贏驢乘駕不如法，而致脊破領穿瘡圍繞三寸者，笞二十；五寸以上笞五十，並坐乘駕之人。若牧養瘦者，計百頭爲率，十頭瘦者，牧養人及牧長、牧副各笞二十，每十頭加一等，罪止杖一百。羊減三等。典牧官各隨所管牧長多少通計科罪，亦以十分爲率。太僕寺官各減典牧官罪三等。臣等謹按：此仍明律脊破領穿一項，沿唐律之舊，乃本條正文自牧養瘦者以下則明時添入，查《集註》云：前牧養不如法條，有失去損傷罪牧長、牧副之律，此條言牧養瘦病者，牧養人及牧長、牧副、典牧官、太僕寺官之罪蓋互相備也等語，原以補前律所不及，惟太僕寺現歸併陸軍部，應改爲該管衙門，咎罪照章罰金應依數分等處罰。謹將修改律文開列於後。修改：凡官馬牛駝贏驢乘駕不如法，而致脊破領穿瘡圍繞三寸者，處二等罰；五寸以上處五等罰，並坐乘駕之人。若牧養瘦者，計百頭爲率，十頭瘦者，牧養人及牧長、牧副各處二等罰，每十頭加一等，罪止十等罰，羊減三等。典牧官各隨所管牧長多少通計科罪，亦以十分爲率。該管衙門官各減典牧官罪三等。

又 原例：一，車駕行幸所需馬匹車輛，及校尉等所乘馬匹，俱令該管職事人員親身關領，嚴行約束。若校尉當差人役趕車步軍將馬匹不按時飲水喂草，私自濫行馳驟，或在沿途、或到處所倒斃走失者，各杖一百。躦病損傷者減二等。臣等謹按：此條係康熙十六年定例，杖一百罪名照章罰金應改爲處十等罰。謹將修改例文開列於後。修改：一，車駕行幸所需馬匹車輛，及校尉等所乘馬匹，俱令該管職事人員親身關領，嚴行約束。若校尉當差人役趕車步軍將馬匹不按時飲水喂草，私自濫行馳驟，或在沿途、或到處所倒斃走失者，各處十等罰。躦病損傷者減二等。

又《養療瘦病畜產不如法》 原律：凡養療瘦病官馬牛駝贏驢不如法，無論頭數，笞三十。因而致死者，一頭笞四十，每三頭加一等，罪止杖一百。羊減三等。臣等謹按：此仍明律，順治初年添入小註，律內笞杖照章改爲罰金，均應依數分等處罰。謹將修改律文開列於後。修改：凡養療瘦病官馬牛駝贏驢不如法，無論頭數，處三等罰。因而致死者，一頭處四等罰，每三頭加一等，罪止十等罰。羊減三等。

《清史稿》卷一四〇《兵志》 清初沿明制，設禦馬監，康熙間，改為上駟院，掌禦馬，以備上乘。畜以備禦者，曰內馬；供儀仗者，曰仗馬。禦馬選入，以印烙之。設蒙古馬醫官療馬病。上巡幸及行圍，扈從官弁，各給官馬。以副都統或侍衛為放馬大臣，主其事。上謁祖陵，需馬二萬三千餘匹，東西陵需馬四千三百餘匹，悉取察哈爾牧廠馬應之。迨乾隆時，每扈從用馬匹輒二萬餘。嘉慶中，物力漸耗，停木蘭秋狝。十二年，減額馬之半。道光九年，如盛京謁陵，額馬視乾隆時，約略相等，計取給廠馬暨各盟長所進，蓋二萬六千餘匹云。順治十五年定軍馬，親王出征，馬四百匹，郡王三百，貝勒二百，貝子百五十，鎮國公百匹，輔國公八十，不入八分鎮國公七十，輔國公六十五，將軍八十，副將軍七十，護軍統領、前鋒統領、副都統皆六十，其下各有差，最少者護軍、領催各六匹。康熙三十五年，敕出征兵一人馬四匹，四人為伍，一伍主從騎八匹，馱器糧用具亦八匹。是歲，征噶爾丹，以兵丁馬瘦，褫兵部尚書索諾和職。五十一年，覈定軍中職官馬數，大學士、尚書、左都禦史十六匹，侍郎以下遞減，經略、大將軍各二十五匹，副將軍以下遞減。乾隆十六年，八旗牧官馬二萬七千七百餘匹，以萬匹於都城外牧養，熱河千匹，各莊頭二千匹，餘者分畀直隸標營。圈馬之設，始乾隆二十八年，從都統舒赫德請也。滿洲八旗，旗養馬二百匹。蒙古八旗，旗百匹。洎五十九年撤圈，分給各兵拴養。嘉慶十二年，諭成親王永星議複圈馬，大學士戴衢亨等會議，立章程十條，圈馬仍舊。道光末，軍興遂廢，後亦不復籌矣。同治元年諭曰：『馬政廢弛，積弊已深，以致軍馬羸瘠。牧廠大臣等應妥實整頓，差功罪以挽頹風，著為令。』溯自世祖入關，迄於康、乾之際，盛京、吉林、黑龍江、直隸、江南、浙江、廣東、福建、湖北、四川、陝、甘、山東、山西諸省設駐防滿洲營，馬凡十萬六千四百餘匹，惟福建水師駐防僅數十匹。乾隆季年，定西藏兵制，前藏供差營馬六十匹，後藏二十匹，舊塘四十三，共塘馬二百二十匹，新設番塘二十四，共番馬九十八匹。黑龍江兵向無額馬，道光十六年，從哈豐阿請，始設置之。天聰時，征服察哈爾，其地宜牧，馬蕃息。順治初，大庫口外設種馬廠，隸兵部。康熙九年，改牧廠屬太僕寺，分左翼右翼二廠，均在口外。是時，大淩河設牧廠一，邊牆設廠二，曰商都達布遜諾爾，曰達裏岡愛，隸上駟院。尋分設牧廠五，曰大淩河牧群馬營，曰養息牧哈達牧群馬營，曰養息所邊外蘇魯克牧牛羊群，及黑牛群牧營，曰養息牧邊外牧群牛營，並在盛京境。凡馬牡曰兒，牝曰果，不及三歲曰駒，及壯擇割其牡曰騸。別其騍騸以為群，率騍馬五配兒馬一，群無過四百匹。騍馬及羊三年一平群，牛六年，騍馬群三歲以息補耗，三馬而取一駒，騸馬群歲耗其十一。置牧長、牧副、牧丁任其事，轄以協領、翼長、總管，官兵皆察哈爾、蒙古人充之。飼秣所需木槽鏇鑊鑹杓，每群各二，五年一給之。總管三年番代。二十四年，定牧群牲畜歲終彙報增減數目，視其贏絀，以第賞罰。二十六年，令八旗豢馬，春夏驅赴察哈爾牧放，曰出青，秋冬回圈，曰回青。四十四年，將軍楊福請市馬給兵丁，上不許，諭曰：『朝廷屢以太僕寺廠馬並茶馬給各兵丁，故無賠馬之苦。曆觀宋、明議馬政，皆無善策。牧馬惟口外最善，水草肥美，不縻餉而孳生甚多。如驅入內地牧之，即日費萬金不足矣。』雍正三年，定在廠馬以四萬匹為率。至乾隆五年，足額外，溢七千餘匹。兩翼牧廠，共騍馬百六十群，騸馬十六群，令分在兩翼廠牧放。八年，敕牧界毋許侵越。先是甘、涼、肅三州及西寧各設馬廠，分五群，群儲牝馬二百匹，牡四十。尋改甘州廠屬巴裏坤。二十五年，伊犁設孳生馬駝廠，畀錫伯、察哈爾、索倫、厄魯特四營牧之。三十二年，定牧廠官屬所需馬，視內地驛傳例，按官品給之，不得逾額。嘉慶中，從都統慶溥言，撤回厄魯特人牧廠。初，富俊建言，撤大淩河牧廠，分歸東三省，仁宗嚴諭斥之。迨道光七年，上經杏山東閱馬廠，見河岸馬群壯整。因諭是間牧廠寬闊，水草蕃滋，馬恃以生息，若輕議裁，則散之甚易，聚之甚難。再有率為此請者，以違制論。咸丰四年，科爾沁親王僧格林沁剿撚，檄取察哈爾戰馬六百匹，不堪乘用，奏聞。上大怒，嚴諭都統慶昀整頓，蓋馬政漸衰弛矣。光緒九年，太僕寺言兩翼騍馬騸馬一百十四群，並孳生馬五群，駝亦五群，較乾隆時群數大減。嗣是穆圖善練兵，至黑龍江求馬無良，愀然曰：『地氣其盡乎！』迨於末葉，厲行新法，舊時牧政益廢不講，豈非時勢使然歟？

又 卷一四一《兵志》 清初定現任官得養馬，餘悉禁之。尋許武進士、武舉、兵丁、捕役養馬。康熙元年，禁民人養馬。有私販馬匹，為人首告者，馬給首告之人。其主有官職，予重罰。平民荷校鞭責。十年，令民人仍得養馬。二十六年，定出廠馬、駝，或踐食田禾，或縱逸侵擾，兵鞭責，官罰俸有差。其兵丁強人代牧，乃勒索擾累者，兵發刑部，官降調。凡牧馬斃，則驗其皮，踣斃例須賠抵，有一九、一七之罰。應取駒千匹者，以百匹為一分，百匹者以十匹為一分。雍正十三年，定馬、駝出廠時，毛齒皆有冊，回日覈驗，如疲瘠十不及三，免議，否則兵鞭責，官罰俸有差。乾隆初，禁牧丁等盜馬私售，及與人乘，峻其科罰。十六年，嚴牧馬減克料草之罪。二十八年，官馬出青，每百匹准倒十匹，逾額勒其買補。嘉慶十一年，行圍木蘭，查獲私販馬匹諸犯，重懲之。因諭：『我朝講武時巡，扈從均給官馬。大臣祿入較優，給馬較少。官員兵丁，視差務之繁簡，定馬數之多寡，少者一、二匹，多至五匹，事竣原馬還官。如踣斃，呈驗耳尾，仍按價折交。收放時，命王大臣督察。乃官兵等竟私鬻官單，察哈爾官兵收馬利，其折銀易於買補。積弊日深，大妨馬政。自後設有賣單及折收者，一體科罰。私買之馬販，從嚴問擬。大臣等其妥議定章以聞。』凡營馬或走脫竊失，責令賠補，謂之賠椿，年遞減十之一，至十年悉免之。應敵傷損者免賠。騎至三年踣斃者亦免。其餘一年或二三年內踣斃，賠額視其省而異，以十金為最多。同治二年，定古北口盤獲私馬逾三十匹者送京，不及三十匹賞與兵丁，著為令。

清 沈書城《則例便覽》卷三三《馬政》 馬場。一每旗分設騸馬各一場，騍馬各五場，設立員外郎八員，專管將騸馬，分作十分，馴練不熟不堪用一二三四分以上者，將該管員外郎罰俸三六九個月一年；五六分以上者，降一二級留任；七分以上者，降三級調用。將騍馬場亦共分作十分，若於原給數缺額一分以上者，罰俸一年；二三分以上者，降一二級留任；四五分以上者，降三四級調用。

又 喂養馬羸疲瘦。一運米馬羸，如原購州縣不加意喂養，以致疲瘦，三匹以下者免議，十二、十三、十匹以下者罰俸三六九個月，四十匹以下者罰俸一年，五六十匹以下者降一級留任調用，比此數多者革職。該管道府五十匹、一百匹、一百五十匹以上者，罰俸三六九個月，二百匹以上者罰俸一年，二百五十匹以上者降一級留任，三百匹以上者降一級，罰俸一年，三百五十匹以上者降一級調用。

紀事

清 許梿《刑部比照加減成案》卷五《兵律廐牧》 牧養畜產不如法。江西司嘉慶二十五年，內務府奏虎城走失虎隻一案，查園戶德泰係是日看守虎城正班之人，雖鐵幪數朽，曾經稟報該管苑副等查勘，但未趕緊稟請修理，是夜又不加意防守，致有走失，並現經齧斃人命，實由該園戶等疎忽所致。且虎城近在禁園，所關匪細，若僅照拴繫不如法因而殺人律，准過失殺收贖，固屬輕縱。比照牧養官馬損失律，滿徒加等擬流尚不足以示懲，應將德泰枷號兩個月，發吉林當差。奉旨加恩，免其發遣，着加枷號兩個月。

清　祝慶祺《刑案匯覽》卷一二《牧養畜產不如法》　內務府奏虎城走失虎隻，查園戶德泰係是日看守虎城正班之人，雖鐵幪□朽曾經稟報，該管苑副等查勘，但未趕緊稟請修理，是夜又不加意防守，致有走失，現經齧斃人命，實由該園戶等疎忽所致。且虎城近在禁園，所關匪細，若僅照拴繫不如法因而殺人律，准過失殺收贖，固屬輕縱，即比照牧養官馬損失罪，止滿徒律加等擬流，尚不足以示徵，應將德泰枷號兩個月，發吉林當差。奉旨加恩，免其發遣，著枷號兩個月等因，欽此。嘉慶二十五年江西司現審案。

清　杜文瀾《古謠諺》卷二七《溧陽馬政謠》　《天下郡國利病書》卷二十五《江南十》引《溧陽縣志》：溧陽國初惟人丁多者養馬，故有云云之謠。至嘉靖二十一年，知縣姜博始議民糧每石出銀二分六釐，減丁之數而裒足之。近因邊方多事，兵馬急緊，至一歲而預征二年之入又加之。大工進銀，咸取給於備用，則馬一匹增其三分之一矣。糧逐水田逐馬。

《清續文獻通考》卷二三五《兵考三十四・馬政》　嘉慶二年，奉旨：『見在出青馬九千餘匹，今既停止進哨，著將此項馬內撥出一千三十七匹趕赴熱河備用，其餘馬八千匹，即著解赴河南軍營。』四年，議準前調赴軍營馬八千匹內，直隸餧養馬五千三百九十七匹，暫緩撥補；其八旗官拴馬二千六百三匹，交察哈爾都統由牧場內撥出解京，分給八旗拴養，以歸原額。奉諭：『兵部議覆額勒登保等所奏嗣後恭逢巡幸，兩翼前鋒營、八旗護軍營派出官兵，請照健銳、火器兩營成案，準其將各本營所拴之馬自行擬給各官兵乘騎，俾免交收之繁一摺，所議非是。健銳、火器兩營日須操演，該官兵等均實有拴養馬匹，是以準令各騎本營之馬，自不虞其缺乏。至兩翼前鋒、八旗護軍營官兵，平日多有不拴馬匹、虛領馬銀者，迨至車駕巡幸，經部調取馬匹時，始行湊數交納。此等弊竇，朕在藩邸時素所稔悉，但既設有調馬交納章程，該官兵等臨時自當按照交官，即間以駑駘充數，亦不敢過於廢弛，舊例應循，豈可輕易？今若準令將本營所拴馬匹給與乘騎，則漫無稽覈，該官兵等視為具文，平素全不拴養馬匹，至派出隨扈時必致有徒步從行者，尚復成何事體？所有議準額勒登保等奏請將前鋒營、護軍營官兵領騎本營馬匹之處，著不準行。』十五年，諭：『兵部奏議覆福州將軍慶成請酌裁駐防馬匹，即以節省馬乾銀兩添設養育兵月餉一摺，福州駐防額馬五百六十匹，既據該將軍奏地十蒸溼，馬匹易於受病，若合棚餧養，恐致傳染。今酌留四百匹足敷操演，分給兵丁拴餧，亦可專心照料，係為調劑馬政起見，著照所請辦理。至旗兵生齒日繁，度日未免拮据，今既有裁減馬乾，若以之添設養育兵，俾資養贍，亦於八旗生計有益。著加恩，亦照所請添設養育兵一百六十名，每旗各添二十名，作為定額，即以此項酌減馬乾抵充月餉，所有減馬添兵各事宜，即著該將軍妥議具奏。』十六年，諭：『前經兵部議駁青州副都統納海奏請裁減駐防兵丁、餧養馬匹一摺，已降旨依議，尚恐有借裁減為掩飾空缺情弊，復諭令同興將該駐防見拴馬匹逐細點查是否足額，茲據同興奏稱，查點該駐防馬匹照額計短三百九十八匹，係因上年六月買馬以後至本年五月陸續倒斃，較之上年報斃數目尚少，並非常年空缺、借裁減為掩飾地步等語，各營額設馬匹，原為兵丁等操演乘騎之用，何得漫議更張？乃該副都統納海輒以近年草豆較貴，藉名體恤兵丁，遽議裁減，不獨於武備大有關繫，亦非調劑兵丁之道，實屬冒昧。納海著交部議處。嗣後該駐防馬匹，著照同興所請，每年於倒斃馬匹並買補足額時一面咨部，一面移會該撫委員查驗，以杜盧混挪掩之弊。』二十四年，諭：『盛京、吉林、黑龍江三省，自國初以來本無官拴馬匹，上年朕親詣陪都，亦未見該處有缺馬情形。迨回京後，經誠安奏稱，伊率使吉林與賽沖阿、松甯會商東三省馬匹短少，欲懇請添設官馬以裕差操，賽沖阿等未及具摺，伊特於召對時面陳。其時適有年班到京之將軍德甯、阿祿成等，或生長其地，或莅官其省，經朕詳加詢問，並向籍隸東三省之侍衛等逐加體訪，或以為應行加設，或以為無庸增添，其說不一，隨降旨令賽沖阿、富俊、松甯三人酌議。嗣據賽沖阿奏，請盛京各城添設馬一千匹，松甯奏請黑龍江添設馬二千匹，富俊奏稱吉林兵丁皆有孳生馬匹，打牲為業，並無不能騎馬之人。朕以三省所議兩歧，令富俊再議。富俊始有裁撤大淩河馬群分撥各處之議，察富俊之意，亦明知大淩河馬群為不可裁，强為此說，其意仍主於無庸增設。因交軍機大臣與英和、松筠、和甯會同兵部妥議具奏。茲據托津等十二人會議奏，稱東三省添立官馬，惟有添至數萬匹，庶可布置周妥，而經費有常，斷難輕議；若但抽添三四千匹，兵多馬少，實屬無益，不若仍循其舊。朕因明亮、和甯俱曾任東三省將軍，且歷練營務，復加而詢。伊二人俱以為添馬事屬難行，即戴聯奎、曹師曾亦面奏不如仍舊，惟栓筠單銜奏請盛京添棚馬一千匹，吉林添棚馬六百匹，黑龍江添棚馬四百匹，較賽沖阿等請添馬數更少，亦於操練何裨？朕辦理庶政，執兩用中，善鈞從衆，所有東三省官拴馬匹一事，竟可無庸辦理，仍循舊章，以安本俗。』又諭：『成格奏鎮標馬場水革不敷牧放，請賞給入官地畝一摺，山西、大同鎮及得勝、助馬二路營馬，舊有牧場，近年長草不能暢茂，以致馬匹未能一律臕壯。見既查有豐鎮廳所屬廸北龍王保佐領下承安入官地畝三百餘頃，水草豐茂，堪作牧場。著照所請，即將此項地畝賞給大同鎮六營作為馬場，俾資牧放。其拒牆堡口外舊場，交地方官另行招墾，照例升科。』道光元年，諭：『昨經降旨，將八旗圈馬可否裁撤之處交八旗都統妥議具奏，茲據英和等會同奏請移拴裁撤，又據托津等六人及文孚各具摺奏請仍循舊制，向來交議事件，原期集思廣益，今伊等各抒所見，不隨同唯諾，朕深嘉悅，甚合特交會議之旨。朕將各摺詳加披閱，自復設圈馬以來，原係因時制宜，不可徒有其名，終無實濟。自應隨時變通，以歸簡易。為是著照英和等所議，將見設滿洲、蒙古圈馬二千四百匹內酌撥一千匹分給前鋒營，每翼馬一百匹，八旗護軍營，每旗馬一百匹；酌撥一千匹交察哈爾永遠牧放，以備調遣；餘馬四百匹令八旗滿洲分左右翼，每年四旗輪流圈養，其騎操備差交代賠補以及蒙古圈馬房間改修出租各事宜，均著照所議辦理。』二年，諭：『軍機大臣等議駁誠安奏請添設東三省官馬一摺，東三省向無官拴馬匹，誠安等曾於嘉慶二十四年奏請添設官馬，當交大學士托津等會議，以事屬無益，業經奉旨飭駁。茲該都統復請於江寧等處駐防及江浙等八省綠營抽撥馬匹，交東三省立棚餧養，江浙等省陸路差防亦資馬力，舊制本屬無多，加以近年屢經議減，豈可復議裁撥？至荊州等駐防兵丁，皆係滿洲、蒙古舊設馬匹，即無敷餘，若遽行抽撥，該兵丁轉無以備騎操之用。至東三省前鋒馬甲不下四萬餘名，向係自行立馬當差，今若僅添官馬數千匹，散交各城，不惟分布難周，且恐無馬之兵遇差推卸，如專在省城合棚餧養，各城散處兵丁取給未便，仍於馬操無益。且餧養馬匹，若不設立專營，添派管轄官員，則事無專責，諸弊叢生，於馬政必致有名無實。該都統所奏，著毋庸辦理。』又諭：『徐錕覆奏改買馬匹章程一摺，西安滿營歷年赴歸化城購買馬匹，每致倒斃缺額，衆兵扣銀過多，未免苦累。茲據查明，嘉慶年間節次赴寧夏等處買補之馬，經久尚耐操乘，該處程途既近，水草亦便，自應隨時變通辦理。著照所請，嗣後西安滿營買補額馬，改就寧夏府、洮州、岷州等處採買，務期臕壯足額，以裨戎政。其一切納税查驗之處，仍照舊例行。八年，諭：『齊慎奏請撤回場馬過冬以重馬政等語，所奏是。直隸古北口中左右三營騎操馬匹，向於立夏後以一半牧場出青，節省乾銀，貼餧存槽一半馬匹。至霜降後，全馬歸槽。前經楊芳奏準，三成歸場過冬，節省乾銀，貼餧在槽七成馬匹。茲據齊慎查明，馬匹在場過冬，從前未見起臕，近年以來冬寒雪大，多致瘦斃，且過冬在場買草及牧馬弁兵口食諸多糜費，節省所賸無幾，不能貼餧在槽之馬，自應量為變通。所有該處馬匹，著即停止在場過冬，全數歸槽；如例支乾銀不敷餧養，著照所議，於領到銀兩時，差派妥幹弁目以見銀購買，乘草豆價賤之時採辦，不致昂貴。兼之夏秋照舊一半牧青，計所省乾銀足敷貼餧。俾春冬全馬在槽，可期操練得力。』九年諭：『成格等奏額魯特呈交牧場，請酌給該總管等馬乾銀兩一摺，熱河額魯特官兵自移駐伊犂以後，該處人丁稀少，遞年節省銀兩已多，各官員等徒步當差，並無騎馬，業將牧廠場呈交，自應量為調劑。著照所請，準其照熱河駐防旗員本身拴養官馬每月每匹支給乾銀二兩之例，總管一員，拴馬四匹；副總管、參領各一員，各馬三匹；佐領二員，各馬二；驍騎校並六品頂帶養應、頭目共三員，各馬一匹。按照馬數每月支放乾銀，以資當差。所有此項銀兩，除每年夏季照例出青分別扣給外，統計每年需銀二百七十二兩，由戶部照數給領，按月支放。』十一年，諭：『前據給事中托明奏調劑馬政一摺，當交軍機大臣會，同兵部議奏。茲據查明覆奏，八旗原設圈馬，每年實需銀五萬七千六百餘兩，見今分拴，乾銀尚為節省；若仍復舊制，交八旗照例餧養，勢必另立官圈搭棚餧養，所費又屬不貲。該給事中所請將圈馬仍行撤回八旗之處，著毋庸議；惟從前八旗圈馬係各都統按月稽查，迨後散交左右兩翼前鋒營、八旗護軍營、及步軍統領衙門、巡捕五營分拴餧養，該管官約束稽查，立法已為周備。嗣後著再責成前鋒統領、護軍統領、步軍統領等嚴飭所屬官兵妥為餧養，務期臕壯足額，並隨時派員逐一嚴密稽查；倘有空拴疲瘦等弊，除著落賠補外，即行據實嚴參懲辦，以肅馬政。』十五年，諭：『奕經奏請賞借閒款添設操演馬匹一摺，盛京八旗兵丁操演攸關緊要，所需馬匹若動項購買，需用實屬浩繁，自應籌款辦理，著照所請，準其在於庫貯閒款制錢三十七萬七千餘串，內賞借制錢三十萬串，分交各城殷實當商每年按一分生息，計得利錢三萬六千串，先儘內城六十六佐領，每佐領下添設馬十匹，共計六百六十匹，分交各旗兵丁妥為拴養。每馬匹一月支馬乾制錢三串，即先儘半年馬乾作為馬價，統限半年置買齊全，歸槽支乾餧養。如有倒斃，亦照此例買補。至每年所得利息，除支馬乾外，餘錢一萬二千二百四十串，暫緩歸款，仍作本生息，每年計得利息制錢一千四百餘串，每年添馬四十匹，仍照內城之例陸續分撥各外城，以備兵丁演習之用。仍俟五六年後，察看情形，再行奏明，分別歸款。至此項動借三十萬串外，各城仍見存七萬餘串，再遞加以每年搭放所餘，數年後，著該將軍通盤合計，如果敷用，應否酌添兵丁差馬再行奏明辦理。』十六年，諭：『哈豐阿等奏請借款添設旗兵馬匹一摺，黑龍江兵丁向未設立馬匹，茲據該將軍等查明，黑龍江分駐八旗，遇有調遣皆以馬隊取勝，請借銀設立馬匹。著照所請，準其在於本年扣還積欠糧銀內動支銀一萬六千兩，分撥齊齊哈爾、黑龍江、墨爾根、呼蘭、布特哈五處，查明無馬兵丁，每名借給銀八兩，自行置備馬匹，官驗烙印，責令各旗佐領實力稽查。此項借銀，齊齊哈爾等四處分限四年，布特哈分限八年，按季扣還，以清隸項，仍著每年造册咨部查覈。』三十年，諭：『琦善奏參疏防馬匹被搶之遊擊一摺，甘肅甘州城守營參將、鎮標左營遊擊汪存魁，大馬營遊擊王玉汝疏防，孳場馬匹被賊番搶掠至二千餘匹之多，均屬庸懦無能，著一併革職，俟查明被搶實在情形及搶失確數，再行分別。覈辦提督羅應鼇未能督飭營員豫為防範，亦有應得之咎，著交部照例議處。至被搶馬匹，著即照議著落提督暨疏防司牧各員弁分成賠繳。』咸豐三年，諭：『訥爾經額奏江南淮、徐一帶見當炎夏，察哈爾馬匹於內地水土素所未習，且覈計日需，費用甚鉅，請停止調往，即由江南各糧臺就地採買等語，該督所奏自係實在情形，此次所調察哈爾馬匹，著即無庸調赴軍營，仍留口外牧放，聽候調用。如軍營馬匹見在不敷，即著陳啟邁、鄭敦謹派委妥員於河南、山東等處就近購買，毋誤軍行。』又諭：『陳啟邁等奏稱河南、山東等處素非產馬之區，一時難以購辦，請於直隸、山西兩省額設營馬內共調五千匹解赴軍營備用等語，軍營急需馬匹既難購買，山東、河南防剿喫緊，亦難抽調，自應於就近直隸、山西等省酌量撥用，著訥爾經額、哈芬於接奉此旨後，迅即調選膘壯營馬，直隸三千匹，山西二千匹，共五千匹，委員星速解赴江南徐州糧臺，以應急需。該督等務即遵旨妥辦，不必再行請旨，以免遲延。至各該省應補馬匹，亦關緊要，或即以察哈爾捐備之馬挑選膘壯者照數撥補，或由各該省購買若干匹補足額數，著該督撫等自行籌酌辦理。』四年，諭：『賡福奏陝甘省綠營每年應補馬匹，向由伊犂等處調取轉運，請變通辦理一摺，陝甘每年補缺馬一千五六百匹，向由該督移咨伊犂、塔爾巴哈台調取，運至烏嚕木齊，轉運至巴里坤牧放，再運至肅州赤金湖地方，由口內各營派撥弁兵分領，據稱道里相距五十餘站之遙，帶牧帶解，耽延幾至一年，中途經歷多係沙漠戈壁，及運至赤金湖，倒斃損傷者不少。領馬官弁恐于賠補，往往就地變價，帶回買補，輾轉解送，徒費鹽糧兵力，而所缺馬匹仍係變價買補。該都統擬將此項馬匹即由伊犂、塔爾巴哈台隨地出變，令各營領價自行買補，自係為節省運費起見，但口外如何變價，口內如何買補，亟應酌立章程，無滋流弊，方為妥善。著奕山、易棠迅就該都統所奏體察情形，妥議具奏。』五年，諭：『英桂奏河南省缺額馬匹業已就近買齊，請免赴口購買等語，該省缺額馬匹自應照例委員出口買補，惟據奏稱，見辦防堵差遣乏人，且業經買齊，勢難變價，自係實在情形，所有河南省缺額馬匹既已就近買補，著免其變價另買，俟下屆再行照例委員赴口購買。』六年諭：『前因德勝奏調赴曹、單之土默特蒙古官兵並無拴養官馬，當諭令崇恩挑補膘壯馬四百匹分給乘騎，嗣據崇恩奏稱，已飭隨營備辦，不致貽誤，見在土默特官兵應用馬匹，仍由德勝採買齊全，解赴山東。本日據德興阿奏，揚州從征馬隊其馬匹倒斃甚多，買補未能足額，請飭撥給等語，著崇恩即將備辦士默特官馬四百匹派員全數解往德興阿軍營，以備官兵乘騎。此時揚營待用甚亟，務當嚴飭管解之員趕緊趲行，毋得稍有遲誤。』又幫辦軍務、少詹事翁同書條奏：『伏思馬匹為武備之要需，牧場為邊防之重務，承平日久，百弊叢生。馬政之廢弛，未有甚於今日者也。定例額設馬兵，即應騎官馬一匹，近雖奏議裁汰，而例設之馬尚多，其馬皆飼於官槽，實則徒存册籍之空文。設令數馬以對，寥寥無幾。聞甘肅一省存營之馬不及其半，該省係產馬之區，尚且如此，他省可知。大抵各省之馬乾多入不肖營員之手，一遇征調，則各營馬兵皆徒步就道，衆怨沸騰。軍營缺馬，高價購買，兵丁益形拮据。是額設之馬無補於軍興，而徒飽私橐可為痛恨。如是，今縱不能盡汰其浮冒，亦當於額設營馬之中量減二三成，稍減芻秣之費。如是，則一省每歲所撙節，殆以數萬，計合各直省計之，可成鉅款，而軍實亦昭其綜覈矣。』七年，諭：『前因察哈爾馬隊需用馬匹，諭令崇恩挑選營馬二百五十匹解赴徐州，並將缺額之馬酌量買補。本日據該撫奏稱，各標存馬通省覈算尚不足二百五十匹之數，覽奏實堪詫異。兵丁差操，馬匹最關緊要，山東為南北衝途，當此鄰省多事之秋，早知營馬缺乏，何不急籌買補？所需馬價能值幾何？而斤斤以經費短絀為詞，尤屬藉端諉卸。除此次所調馬匹已諭由江蘇購備外，所有山東缺額營馬，即著崇恩趕緊籌款，次第買補。嗣後遇有調撥，若再藉詞推諉，惟該撫是問。』又諭：『崇恩奏陳明馬政情形，並查無冒銷情事，懇請免議一摺，山東省額缺營馬，向係就地買補。道光年間，兵部纂改則例，行令按年赴口購買，旋即奏明停止。所有該省營馬，仍著按照歷屆成案，就地買補，無庸出口購買。至棚馬報銷數目，既據該撫查明實無冒銷情事，買馬一節又係循照舊章，所有登州、兗州、曹州三鎮總兵，均著免其議處。兵部於該省馬政並不查明成案，仍令赴部領票辦理，殊屬草率，著兵部堂官明白回奏。』九年，諭：『前因天津海口需兵防堵，諭令侍順於大淩河挑選膘壯馬匹以備官兵乘騎，本日據僧格林沁等奏，據山海關帶兵副都統格綳額呈，稱吉林頭二起官兵大淩河所領馬匹均係疲瘦矮小，騍馬懷駒者甚多，是以三四起官兵均未領取，已由該大臣行文該副都統另行揀選解往，著侍順即揀選膘壯騸馬一千匹，迅速解赴山海關交副都統格綳額，以資乘騎。其前此挑選馬匹不慎之員，並著侍順查明參奏，以示懲儆。』十年，諭：『慶昀奏欠交馬匹收全時應否解京請旨等語，錫林果勒馬一千匹，除挑出堪供調用及留牧息養外，餘馬七十二匹不堪留牧，業經該署都統咨行理藩院行令補交，並著慶昀即行知照該盟長，飭令迅速備齊，不準以羸弱充數。此項馬匹收全時，著即派員緩程解赴天津大營應用。』同治元年，諭：『有人奏大淩河牧場日蹙，馬政日弛，補飭查辦一摺，近來馬政廢弛，積弊日深，以致調赴各路軍營率多疲瘦，總由該牧羣官員舞弊營私所致，若如所奏，侍順昏憒無知，受人挾制；烏雲泰巧詐跋扈，任意把持。馬政之壞，伊於胡底恩合見署錦州副都統，牧羣歸其統轄，且到任伊始，無所用其回護，著即按照所參各款破除情面認眞查辦，據實具奏。』臣謹案，大淩河牧場在盛京、錦州府北口外，康熙八年，定由內務府奏遣上駟院侍衛一人、司官一人前往直年管理，其騍馬每群各設牧長一人、牧副一人、牧丁十五名。乾隆十五年，定大淩河牧場總管隸盛京將軍統轄。列聖經畫，何其詳且盡也。承平久弊，溷不勝詰，雖有名馬，亦與駑駘等，或駢死於槽櫪之閒而已。又諭：『兵部奏請整頓馬政以利軍需，並酌擬章程等語，軍營馬隊最為得力，然必須膘壯精良方能制勝。近來馬政廢弛，積弊日深，以致調赴軍營馬匹時多疲瘦，若不認眞整頓，何以蒐軍實而挽頹風？著照該部所擬，責成各牧場大臣等官妥為照料，年終將實在情形據實具奏。如調用時或儽疲不堪，將原奏大臣嚴加議處，監牧等官從重治罪；若一律膘肥，均準從優議敘，並由各該軍營大臣於解到時查驗具奏。其軍營調取馬匹，著責成該場大臣督率監牧等官認眞挑選，派委妥弁解送，並先期知照經過地方官廣設棚房，寬儲草料，馬乾一項準照例酌加十分之二，地方官不得任意剋扣，解馬官亦不準額外需索，違則從重治罪。至途中報倒，例有定數，沿途馬乾業已酌加，不得藉口例價不敷餧養，如有例外報倒者，照數追賠，數多者照例分別治罪。其京外各營、各直省驛站額設馬匹，支應操差及接遞公文，均關緊要，並著各該管大臣確切查覈，年終具奏，如查有缺額及疲乏等弊，即著從嚴參辦。經此次訓飭之後，各該管大臣等務當力求整頓，俾馬政日有起色，以利軍需。』二年，諭：『前因兵部奏請整頓馬政並酌擬章程，當經諭令各處牧養馬匹責成各牧場大臣年終具奏，如調用時儽瘦不堪，即將原奏大臣嚴加議處，監牧等官從重治罪。茲據恩合奏稱，整頓大淩河牧養馬政，請將衰病之牧長勒令休退，並明定章程，牧群翼領無庸與副都統並銜畫稿各等語，向來牧場考比，馬政止論孳生之多寡，不論馬匹之肥瘦，以致疲殘羸瘦充數塞責；且孳生倒斃數目均有向章例限，牧馬等官無從甄別，甚至衰老之員戀棧充數，若不嚴行懲辦，不足以資整頓。著照該副都統所擬，其年已七十以上之牧長嘎爾炳、阿常、福興、德西、倫達、成阿，副牧長福隆、額佛、英額，即著勒令休致。嗣後牧群升途，以該群孳生之馬數較多兼能膘壯者以次揀補，如有馬匹疲瘦等弊，即將該翼領等嚴行參處，牧長以下等官即於查驗馬匹之時分別責懲參革。』又諭：『兵部奏遵議京城地面馬匹不準外閒採買一摺，各直省軍營需用馬匹，例應赴口採買，至於京城地面馬匹無多，且非產馬之區，向無準令外閒採買之例，第恐日久禁令稍疏，各路軍營委員或有於近畿地面採買者，甚至有私販影射等弊，亟應嚴行禁止。嗣後京城地面馬匹概不準外閒採買，以符舊制。該部即嚴行申令，行知各該地方官一體遵照辦理。其各路軍營採買馬匹委員，著令赴部領票，於出口時由該部行知步軍統領衙門、順天府查照，如採買經過地方查無兵部文票，即照私販馬匹例辦理，以杜弊混。』三年，諭：『綿森、吳廷棟奏請飭整頓馬政等語，國家設立牧群豢養弁兵，原以備臨時徵調，緩急可以應用，乃近年以來該總管等並不認眞牧放，遇有徵調，往往馬匹疲乏不堪挑選，因而扣餉購馬，累及兵丁，甚至將馬駒變價，孳生日少，百弊叢生，殊堪痛恨。見在軍務未竣，需用馬匹尤多，豈容任意廢弛？著察哈爾都統等力加整頓，嚴飭總管、翼長等認眞牧放，隨時查驗，務期馬匹全無疲乏，馬駒覈實歸群，以祛積弊而收實效。如遇有徵調，必須添買及籌備供應各項，並著該都統等通籌全局，悉心妥議，奏明辦理。其攢扣兵餉、馬駒變價及挑缺令兵丁出銀添補馬群一切積弊，務須全行革除，各衙門陋規及餽送查群大臣程儀等項名目，並著永遠裁革，毋得再蹈從前積習。』臣謹案，泰西視馬為軍人所託命，衣之食之，殆不以馬視也。甚至獸醫具有專學，蹏鐵亦設學堂，惟人與馬習，故能範我馳驅，與人一心，成大功。方其人馬相得，幾乎人通馬語，馬亦通人語者，整頓之效如是，始足言馬政乎？四年，諭：『長善奏籌款添設官馬並請飭整頓釐捐各摺片，山海關當東三省之衝，地方最關緊要，該處旗營官兵自應熟習騎射，講求技勇，以備巡緝盜賊之用。茲據長善奏稱，山海關五處駐防，向未設立官馬，其旗兵朋養之馬，又因無力籌備，有名無，該副都統擬籌款添設官拴馬四百匹，教練技勇，自為因時制宜起見。本日業經諭令神機營、理藩院將蒙古捐輸馬匹如數籌撥備用。長善所請借用山海關贏余稅銀作為馬價，除製備鞍轡之八百兩準其提用外，其餘馬價銀三千二百兩，業已撥有官馬，即著毋庸動用。長善見已補授山海關副都統，於旗營操防事宜責無旁貸，俟此項馬匹到後，即著督飭所屬認眞訓練，以期技藝嫻熟緩急可管，毋得徒託虛言，日久稍形懈弛。所稱馬乾銀兩每年約需九千六百兩，擬於臨榆釐捐項下支放，並贏餘銀兩發商生息各節，均著照所請辦理。』又諭阿克敦布等選牧群官馬暨蒙古捐馬四百匹，解天津練習。六年，諭：『裕瑞奏遵旨採辦馬匹因時變通一摺，據稱春令青黄不接之時，購馬實難，庫儲支絀，馬價亦難籌畫，擬於官群内選馬一千匹，由蒙古各旗捐馬一千匹，再行移咨福興等或買或捐採辦一千匹，分起解京等語，官群馬匹膘分不齊，設或勉强湊數，必至貽誤事機，著裕瑞詳加選擇，務須膘分一律肥壯方堪應用，蒙古各旗捐輸之馬，亦須認眞挑選，不得以疲羸充數。此項馬匹，俟吉林礮手行過京師，即著分起解交該營總帶往左宗棠軍營，毋許延誤。所短之馬，著福興、桂成趕辦膘壯戰馬一千匹，無論或捐或買，總期迅速辦理，至由歸化城進殺虎口解交該營，自比張家口較為便捷，即著福興等購辦齊全時，自行驗明，解交吉林營總驗收，毋庸轉由裕瑞點驗，以免紆折。至官群馬匹亦關緊要，著左宗棠將馬價解交察哈爾，由裕瑞買馬一千匹，以補官群之額。左宗棠著仍遵前旨，一面先期赴陝，不必坐候新籌馬隊，以致久延。』八年，諭：『奕榕奏查明牧場準領地畝有礙牧放，請仍照例封禁，並將牧長革職訊辦一摺，大淩河西牧場以老河身為界，前因旗人胡拉布等呈請領墾三河套舊河底地二千八百餘畝，經盛京戶部覈準升科，見據奕榕覆行查勘，該處開墾地畝日久，恐侵場地，實於牧政大有關礙，自應仍行封禁。著戶部查明，將該旗人等領地升科之案即行註銷，所墾之地一律平毀，並著該將軍、府尹飭令旗民地方官照例將馬場界限挑空濠溝，重整封堆，自舊河底以西不準再行領墾，以重牧政而杜奸萌。牧長卓金當承墾時，派往查勘，據稱不礙牧馬，此次覆查出結，又復獨執一詞，意存回護，顯有營私情弊，著即革職，嚴行訊辦。』光緒十六年，陝甘總督楊昌濬奏：『甘省各營馬場自經回亂搶掠一空，馬政久廢。迨光緒十二年，經前督臣譚鍾麟咨商提督臣周達武，籌款購馬四百八十匹，分為二群，甘州設馬一群，涼州設馬一群，試辦孳生。俟三年後察看孳生蕃庶，再行推廣辦理，業經隨時奏明在案。茲查甘、涼試辦孳生馬場，自光緒十二年七月初一日設場起，至十五年六月底止，三年期滿，經臣委員逐廠場查驗印烙，並令分晰造册去後，準甘肅提督臣周達武咨，將甘、涼各場孳生兒騍馬匹數目、並牧養官兵姓名照例聲明賞敘，造册咨送，核辦前來。臣查定例，孳生馬匹派員經理牧放，不論兒騍馬駒，三年三匹取孳生馬駒一匹，此外多孳少孳，應視每場牧馬之多寡，定孳生分釐之成數。如應取駒百匹者，以十匹為一分，一匹為一釐，若於額取之外多孳生三分以上者，牧長、牧副俱以應升之缺即用，牧兵賞銀四兩，至各員弁等應行議敘及兵丁給賞之處；如已滿三年，仍照例辦理，其未滿三年者，照歷來均齊成案，應請免議等因。甘、涼兩標各新設孳生馬二百四十匹，自光緒十二年七月初一日立群之日起，至十五年六月底止，三年均齊，甘州提標共獲孳生兒騍馬駒一百二十一匹，涼州鎮標共獲孳生兒騍馬駒一百二十三匹，内除依額各應孳生兒騍馬駒八十匹外，計甘標多孳生兒騍馬駒四十一匹，涼標多孳生兒騍馬駒四十三匹，照例合算均在三分以上，此次事同初創，經理牧養弁兵不無微勞可錄，除將應行敘賞弁兵開單咨部，分別核辦，其甘肅提督周達武稽查已滿三年，涼州鎮總兵閃殿魁雖未滿三年，屢赴馬場稽查，甚為認眞，應否議敘，伏候聖裁。總理孳生俄卜嶺遊擊王有才已滿三年，應請飭部從優議敘，以昭激勸。牧兵例給賞銀，在於司庫建曠銀內動用，至取獲馬駒，應俟三年期滿，再行照例辦理。」三十年，署成都將軍蘇嚕岱奏：『成都滿營額設騎操馬匹，除接準部咨行令裁減，暨兩次奏明裁馬添兵、節乾充餉外，八旗實拴馬四百五十匹，其中如有口老疲瘦倒斃，即準均照奏準成案，變價節乾，隨時補買足額，每年報部查核在案。茲於光緒二十九年底，奴才將成都滿營實拴馬匹逐一點驗，均屬膘壯足額，差操得力，仍嚴飭協佐等官督率兵丁加意餧養，留心照料，總期不誤差操，以仰副聖主整頓之至意。』又直隸總督袁世凱奏：『北洋添練各軍需馬甚多，亟應及時購辦以資操防，擬即委派留直補用參將陳永禄、遊擊倪芳、補用知縣王敦銘前往張家口外產馬之區，採購膘壯高大戰馬二千匹，相應請旨勅下兵部發給照票，並請勅理藩院轉行各該旗盟長，俟該買馬委員到時，妥為照料，公平交易，勿許任意刁難，撩價居奇，俾資採購。』又河南巡撫陳夔龍奏：『豫省常備軍擬添練馬隊一營，以期戰守靈活，業經附奏，聲明在案，惟應需馬匹為數甚多，本省無從採購，動用銀兩，糧餉局一時無款可籌，飭由支應局先行湊撥，派委常備軍左翼右營管帶、補用遊擊李輔勳，候補知縣吳兆熊等，前赴張家口一帶，選購高大膘壯戰馬二百五十匹解豫應用。』三十一年，塔爾巴哈台參贊大臣、伊犂副都統春滿奏：『此次選購口輕膘壯兒騍馬五百匹，計自光緒二十七年九月起，截至三十年八月底止，三年屆滿均齊，照例取孳生三歲二歲一歲馬駒一百六十六匹六釐六毫三絲三忽，見已遵照奏定成例，挑騸兒馬駒二十九匹撥入備差場暫備乘騎；仍自三十一年起按年撥騸，均照伊犁章程，每歲以六釐報倒，不準絲毫溢額，庶期日久而利裕。至哈薩克租馬，截至光緒二十七年止，舊存兒馬二十四匹，騍馬一百一十匹，計自二十八年起，至三十年止，共收騸馬三百八十四匹，照舊變價支發管理租馬各員役津貼銀兩，其兒騍馬四百一十匹，連舊存一百三十四匹，除按年三分倒斃一百九十八匹五釐八毫八絲外，實存兒騍馬三百四十五匹四釐一毫二絲，統歸下屆辦理。』又河南巡撫陳夔龍奏：『豫省見擬添練常備軍馬隊、礮隊各一營，由支應局撥款購買馬匹以資備用，惟此項戰馬多至五六百匹，本省無從採購，應派遊擊衡儘先、都司馬永德、儘先千總馮占元前赴張家口一帶，從速購辦挑選管解回豫。』又直隸總督袁世凱奏：『京旗常備軍見經奏準，添練改編陸軍，需馬既多，而年例更換填補馬匹亦須籌備，亟應及時採購，以資操防。擬即委派北洋買馬委員留直補用參將陳永祿、遊擊倪方等在張家口外達賴缸改外扎薩克喀爾喀車臣罕部落、圖什業圖罕部落各旗添購紅、黑、棗騮三色膘壯口輕高大戰馬六百匹，並添派京旗馬隊參謀官、五品頂戴劉廷傑隨同照料運送。』又奏：『據統領練軍馬步各營、大名鎮總兵洪永安稟，稱該軍馬隊前營見需更換膘壯戰馬一百匹，派員赴張家口外採買，解回營用。』又兩江總督周馥奏：『兩江遵照新章，於步兵之外試練礮馬、工程、輜重各標營，應用馬匹甚多，照試練一鎮核計，已需馬騍一千餘匹，需款較鉅，未易驟籌，擬先購馬一千匹，擇要配用，餘俟來年續購。』又奏：『江寧駐防八旗官兵朋馬報銷，自光緒十年起至二十六年止，均由江寧藩司按年造冊奏銷在案。茲據江寧藩司照案，將光緒二十七年分八旗朋馬造冊詳請具奏前來。臣查光緒二十七年正月起至十二月止，江寧駐防八旗舊管官額馬四百四十匹，內實拴馬二百三十二匹，兵額馬五千三百五十二匹，內實拴馬一千七百八十四匹；新收官額馬五十匹，內實拴馬二十六匹，兵額馬九十六匹，內實拴馬三十二匹；開除官額馬三十匹，內實拴馬十六匹，兵額馬九十六匹，內實拴馬三十二匹；實在官額馬四百六十匹，內實拴馬二百四十二匹，兵額馬五千三百五十二匹，內實拴馬一千七百八十四匹。冊報均屬相符，覆覈無異。』又署山東巡撫楊士驤等奏青州駐防擬酌裁額馬，省出乾銀，添練馬步各隊摺，略稱：『伏查青州駐防制兵額馬一千四百六十匹，每馬一匹月支乾銀一兩五錢，裁馬八百匹，每月節出乾銀一千二百兩。又變價銀三千一百九十五兩四分，裁存馬六百六十匹，每匹每月加津貼銀一兩，共津貼銀六百六十兩。』三十三年，河南巡撫張人竣奏：『河南陸軍上年添練馬、礮隊各營，需用馬匹較多，其時正值回省會操，各鎮皆添購馬匹，價值增昂，是以未能購備足額。見因各營馬匹閒有倒斃，且老病之馬必須挑換，不能不趕籌買補。節經飭局籌款委員赴口採買戰馬七百匹，以備各營補換之用。』又東三省總督徐世昌奏：『奉軍中路經前任將軍趙爾巽添練過山礮隊一營，因新購之礮未到，一切裝械馬匹亦未購齊。見據奉軍中路統領王懷慶呈，稱前購過山礮見已運奉，應需礮馬，除該營原有膘壯尚堪擇用外，應再添購馬一百四十六匹。又因東三省地方多係山岡沙阜，馬匹力量未能載遠，添購馱騾一百頭，以期適用。稟請派員赴昌圖府屬之鄭家屯一帶地方，按格分別選購，俾資操練等情，經臣等給發護照，飭往照購。』三十四年，察哈爾都統誠勳等奏：『察哈爾太僕寺左右兩翼牧群，前奉諭旨歸併陸軍部兼轄。奴才於上年到任之初，訪聞左翼馬匹虧缺，當即飭知騸馬群協領傳齊各群牧長按日在公所，眼同該總管、翼長將騸馬七群逐匹烙印，共一千八百十一匹，內大騸馬一千二百四十七匹，有眞好馬十之五，餘則毛片雜色臕分上等者十之六，按册虧馬一千三百二十四匹。司員於左翼烙印後，即會同總管、翼長乘騎至各旗地面，按群查驗騍馬、騲馬、馬駒，共止五千一百十三匹，照册虧短二萬三千三百四十三匹，見在各馬毛片臕分上等者十之六，大騍馬懷駒者十之六七。查畢後，即馳赴右翼，照前將騸馬四群先行查驗，見實存馬一千一匹，內大騸馬五百九十六匹，餘皆毛片雜色臕分在中下之間，眼同該總管等逐匹烙印，按册虧馬八百四十五匹。詢知騍馬亦多懷駒，均未烙印，統俟春融產駒，與左翼一體補烙，藉保胎駒。復與總管、翼長遍歷各群逐一查驗騍馬、騲馬、馬駒，見止二千八百二十四匹，照册虧短九千二百五十三匹。按之該翼報册騸馬一項，左翼七群例額三千一百三十五匹，見在實存一千八百十一匹，虧短一千三百二十四匹；右翼四群例額一千八百四十六匹，見存一千一匹，虧短八百四十五匹。已據該總管等各具切結願認，於三年內悉數賠補足額，限內如奉調取，均由該總管等立時承應，決不誤差等情。司員覆查光緒三十三年檔册，左翼設騍馬六十一群，例數大小馬二萬三千三百四十三匹，見查實存五千一百十三匹，虧短一萬八千二百三十匹；右翼騍馬四十二群，例數大小馬一萬二千七十七匹，見查實存二千八百二十四匹，虧短九千二百五十三匹。又各扎薩克捐輸分群牧放騍馬，左翼三群共二千二百四十四匹，右翼二群共一千四百匹，見已虧缺無存。惟兩翼所虧大小騍馬實有二萬七千四百八十三匹之多，似此鉅數，實駭聽聞。竊思時局艱難，蒙情困苦，兩翼所虧騸馬，業據該總管等出具印結認限，於三年內照數賠補，似尚可如其請。惟所虧騍馬數逾二萬七千四百餘匹之多，賠價三十餘萬兩之鉅，各該總管均莅任未久，即據核實查報，若遽著令認賠，則為數既多，固屬力有未逮，設竟加以嚴譴，而馬數已難足額，仍無補於牧政；倘任其於十五年內陸續籌補，閱時又覺過緩。見據一再稟求變通賠補，懇請借領官兵五年俸餉銀兩一半存公，分年請補，益以孳生私畜，認限五年，全數補足；所借俸餉，仍請勻分十年，於應領俸餉內按數扣還，庶虧馬可期速補，而蒙情亦藉可體恤。能否準如所請，奴才未敢擅擬。如蒙恩施俞允，仍當責令妥議分年買補及整頓章程，另行奏咨辦理。至各札薩克捐輸分群牧放馬匹，據稱從前驗收之時，皆會具有遠來疲乏、慮難過冬之結，旋均陸續倒斃，當時未敢呈報，以致沿習至今。應否準免著賠之處，出自逾格鴻慈，下陸軍部議奏。』又理藩部奏：『錫林郭勒盟長呈報，將該盟內十旗扎薩克王、貝勒、貝子、台吉等大淩河牧群，自光緒三十年原存馬二萬二千二百三十二匹，至光緒三十三年計三年內，共孳生馬五千三百七十二匹，倒斃馬五千三百六十一匹，見在實存馬二萬二千二百四十三匹，報部覈辦。』又署直隸總督楊士驤奏：『北洋陸軍第二、第四兩鎭需馬既衆，而倒斃馬匹亦須遵章籌備更補，均非及時採購，不足以資應用。擬派副將陳永祿前往張家口外西林果爾盟所轄各旗，均勻採購臕壯高大戰馬一千三百匹。』又上駟院會奏：『楊士驤等奏，稱留牧長一名、牧兵十二名經理阿敦馬匹等語，查臣院例載，乾隆二十三年，奉上諭：木蘭圍場內成做酸奶，必需騍馬，著將商都達布遜諾爾牧群總管兒騍馬一百匹交與圍場總管扎世泰加意牧放孳生，以備擠乳成做酸奶，此項馬匹孳生、倒斃數目，著該總管三年一次報上駟院查核等因。上年十一月間臣院接準熱河都統文，稱木蘭圍場裁撤，見有擠奶馬五百十二匹，應如何安置，可否變價之處，由臣院查覆以憑辦理等因。當經臣院以此項馬匹乃欽奉諭旨特交之馬，未便據咨照準，應由該都統就近酌核情形，奏明辦理，行知該都統去後。今既經直隸總督等奏準，將圍場總管裁撤，擬留牧長一名、牧兵十二名經理此項馬匹，自應準如所請，其牧長、牧兵餉項以及牧馬應留牧場官地應如何整頓之處，仍請由熱河都統就近體察情形奏明辦理，至每年馬匹孳生倒斃數目，圍場總管既經裁撤，擬請即由該都統欽遵前旨，三年一次咨報臣院，照章辦理。』又諭：『陸軍部奏兩翼牧群積弊太深，擬請變通以資整頓一摺，牧政關繫重要，亟應及時籌辦，藉儲軍備，張家口外左右兩翼牧群，著派副都統崑源為統轄總管，於兩翼適中地方擇要駐紮，認眞經理，仍著陸軍部隨時考察，以期牧政日有起色。』

又 卷二三六《兵考三十五・馬政》 宣統元年，陸軍部奏，議覆御史趙炳麟奏稱，廣西自馬平以西至慶遠所屬荒土斥斥，水草豐美，可興牧政。近年雖開辦墾務，該省民窮財困，墾土者究屬寥寥，擬請飭令該省巡撫派員勘查荒地，有可闢為牧場之處，務將界址開清繪圖貼說奏明辦理，倘可興馬政，應請飭令陸軍部覆勘，由國家籌款興辦，豫備西南各省陸軍之用等語，廣西自馬平以西至慶遠所屬，既據稱可興牧政，擬先行調查究竟能否適用，再行核辦，相應請旨飭下廣西巡撫派員勘查該處地方縱横廣袤共若干里，距邊地遠近若何，山坡平原川泉草木各類是否合宜，能容馬匹若干，並勘明四至繪圖貼說咨明，臣部酌核情形，奏明辦理。又度支部會奏，覈覆科布多辦事大臣奏，稱『阿爾泰哈薩克性情剽悍，譎詐異常，光緒三十二年奏請歲收租馬四百匹，曾經聲明試辦在案，兩年以來，該哈目等尚知向化，如數交納。茲據行營營務處呈報，計光緒三十二、三兩年共收租馬八百匹，內除照章分撥土爾扈特親王一成馬八十匹，新設南路驛站馬九十匹，變賣口老疲瘦馬一百二十匹，報倒馬二百三十一匹餘四釐外，實存租馬二百七十八匹餘六釐。其兩年變賣馬匹，每匹按例價八兩，共收湘平銀九百六十兩。又三十二年報倒馬匹內，以三分定例核算，計逾額倒斃馬四匹，責令該管人員賠繳例價銀三十二兩，兩項共收銀九百九十二兩，內除照章動支兩年收馬員役津貼銀七百二十兩外，實存湘平銀二百七十二兩，另款存儲等因。當經批飭，將所存馬匹酌撥草場妥為牧放，以備撥補驛站例倒之馬。其報倒馬匹，擬照塔城辦法，飭令繳驗皮張存備各屯補修農具之用。此項租馬見已試收兩年，毫無窒礙，懇恩作為定額，飭部立案，嗣後應否加增，隨時酌量情形奏明辦理。每年均限於八月內收齊，扣至次年八月底，屆滿一年，核計例倒並撥賣數目，造冊報部，並照伊犁章程，每年派員稽查勤惰，倒斃不逾定額者，官員議敘，兵丁記名；若疲瘦倒斃逾額者，著落補賠外官員參處，兵丁責懲，以重馬政』等語。度支部查阿爾泰所屬哈薩克游牧賽里山陰、薩普山陰及阿爾泰山一帶，每歲應收租馬，前於光緒三十二年，據科布多辦事大臣錫恆奏，稱『上年額魯特領隊大臣扎拉豐阿因交割借地到阿，面與哈薩克公等酌定，每年呈交租馬一千匹。迨扎拉豐阿回塔後，該公等迭訴所定馬匹力難呈繳，嗣經宣布朝廷德意，委婉開示，據該公等呈，稱情願每年交納租馬四百匹，應自光緒三十二年為始，每年即以四百匹暫為定額，俟試辦一年再行據實報部，此項租馬酌提一成賞給土爾扈特親王，其餘九成分飭認真牧放以備需用，遵照定例，每年每百匹內報倒三分不準逾額，查有口老殘廢者，悉數變價，另款存儲。每年派收此項租馬人員共支津貼口分新紅紙燭等項湘平銀三百六十兩，遇閏加支十八兩，即由馬匹變價項下開銷』等語，奏奉俞允在案。茲據該大臣奏報，光緒三十二、三兩年共收租馬八百匹，內除分撥土爾扈特親王一成馬八十匹，新設南路驛站馬九十匹，變賣口老疲瘦馬一百二十匹，報倒馬二百三十一匹四釐外，實存租馬二百七十八匹六釐，兩年變賣馬匹，每匹按例價八兩，共收湘平銀九百六十兩；又三十二年逾額倒馬四匹，賠繳例價銀三十二兩，兩項共收銀九百九十二兩，內除動支兩年收馬員役津貼銀七百二十兩外，實存湘平銀二百七十二兩。前項租馬變價暨逾額倒馬賠繳價值，均按每匹八兩計算，核與例價相符；每年開支收馬員役津貼銀三百六十兩，亦與該大臣奏準之案符合，應準開銷，實存銀兩應令專款存儲，入於下案查核。其分撥報倒馬匹，陸軍部查分撥土爾扈特親王馬匹一節，光緒三十二年，該大臣奏請在歲收哈薩克租馬內酌提一成撥給土爾扈特親王，業經奉旨允準在案，此次奏報光緒三十二、三十三兩年共收租馬八百匹，分撥土爾扈特親王一成馬八十匹，核與奏定應撥數目相符。又分撥南路驛站馬匹一節，光緒三十三年，該大臣奏阿新接設驛站參內稱，應驛馬及常年倒馬皆於試收薩哈克租馬內撥用，並準咨稱南通新疆驛站九處，每驛設馬十匹各等因在案，此次奏報分撥新設南路驛站馬九十匹，核與奏咨各案相符。又報倒馬匹一節，查道光十年，奏定成案哈薩克租馬每年每百匹內準其報銷三分，此次該大臣奏稱光緒三十二年分報倒馬一百一十二匹，按照歲收馬四百匹，除撥給土爾扈特親王馬一成四十匹外，下餘馬三百六十匹，以三成計算，應報倒一百八匹，今逾額四匹，據稱已責令承牧人員賠繳價銀；三十三年分報倒馬一百一十九匹餘四釐，按照三十二年舊管馬一百八匹，是年新收馬四百匹，除撥給土爾扈特親王馬一成四十匹、又變價七十四匹外，下餘馬三百九十八匹，以三成計算，報倒數目核與成案相符。以上分撥、報倒兩項馬匹均準照辦。其實存馬二百七十八匹餘六釐，應由該大臣責成承牧之員妥為牧放，入於下案查核。至原奏所稱此項租馬試收兩年，毫無窒礙，懇恩作為定額一節，度支部查《欽定新疆識略》內載，哈薩克附近伊犁、塔爾巴哈台一帶游牧者，每遇冬季邊外雪大，許其附近卡倫牧放牲畜，暫為度冬，每馬百匹，例收租馬一匹等語，此次阿爾泰所屬哈薩克應交租馬，初議歲收一千匹，並據該大臣奏明各鄂拓克內馬群數目，按照每馬百匹抽收租馬一匹章程，定以千匹，原不為多等因。是該處徵收租馬，本不限於見收四百匹之數，惟念該哈薩克綏輯方新，宜加撫恤，擬請準如所奏，即以歲收四百匹為額，仍令諸大臣隨時體察情形，如果該哈薩克游牧水草生計較饒，再行酌量加增，奏明辦理。又署江北提督王士珍片奏：『江北十三協編練礮馬、工程、輜重等營，應用馬匹甚多，派員前往張家口喇嘛廟等處，選購膘壯口輕合格戰馬四百匹，以便回浦配用。』又都統鳳山奏：『陸軍各鎮需購馬匹，擬派員出口採買，請飭部發給照票，俾免稅放行。』又張家口兩翼牧群統轄總管崑源奏：『張家口外兩翼牧群，地勢沃衍，厥號名揚，乃經牧之人積久叢弊，因派員赴各旗群調查，復親赴履勘並點驗馬匹兵丁，計兩翼騍馬群見存馬七千九百八十四匹，虧額二萬七千四百三十五匹；騸馬群見存馬二千二百六十六匹，虧額二千七百十五匹口；輕膘壯者不過十之三四。至兵丁之缺額及老弱充數者，右翼較左翼為甚，官長之疲玩，亦如之。旋徧歷兩翼各旗群，考其地勢，計左翼東西約一百二十里，南北約一百三十里，地形缺其西北，面積約八千五百餘方里，其草地以騍馬群之鑲白、正藍兩旗及騸馬群為上，騍馬群之鑲黃、正白兩旗次之；右翼東西約九十餘里，南北約百二十餘里，地形銳其南，面積約六千六百餘方里，其草地以騍馬群之正黃、鑲紅、鑲藍三旗為上，騍馬群之正紅旗及騸馬群次之。山原為芻牧之上腴，證以陸軍部上年原繪地圖，復據各該協領等指稱，左翼鑲黃、鑲白兩旗及騸馬群，右翼正黃、正紅、鑲紅各旗界内有毗連之蒙古王公游牧及察哈爾牛群游牧佔領或放墾地段，左翼之正藍旗、騸馬群有官私開墾地段，其官放者，係光緒二十八九年間設墾務局及光緒三十二、三年間設推廣墾務局給領，由多倫、獨石兩廳升科納糧，當時各放若干，無案可稽，以故官私越墾，無從分悉。右翼正藍旗場地，則北洋馬場據其半，五十家子臺站據其半。查右翼牧場本較左翼窄狹，又因前墾務大臣貽穀等會奏，放墾右翼騸馬群之博羅柴濟地方，將該騸馬群移併騍馬群牧地，割正紅、正黃兩旗各一段界之，右翼牧場遂益局促。旋據各員續將調查事報來，竊謂牧群勢成積重，有亟須及時整理者，有須商陸軍部籌辦者，有須會商合籌始舉者。查亟須及時整理者，曰歸併群牧。兩翼馬虧鉅額，計見馬僅萬餘匹，雖部議準借款購馬孳補，將來購到合原馬共計亦不及二萬匹，而騍編乃仍分百十四群牧放，馬少群多，既乖事實，更糜丁餉；已飭減半，歸併兩翼，共併為五十七群，其見馬二三百匹者仍自為一群，馬少僅百匹、或不及百匹者，併兩群或三四群為一群，並為酌定牧長、牧副、牧丁各名額，均飭挑選精壯職役，除見定名額外，餘悉裁革。並令各群中分晰馬匹毛片，毋任羼雜。曰整飭牧養。兩翼地處朔荒，冬令倒斃滋多，已飭各該群各築馬圈息養，並令夏秋多割肥草儲待。左翼泉多鹻性，不利馬飲；右翼之河遠且莫致，已飭各群務多掘井汲飲，並補醫藥以療病馬，禁取乳以保幼駒，就原有護軍編練馬巡以資警衛，禁民畜牧放以重官羣。須商陸軍部籌辦者，曰添設屬官。原有之總管以下各官，仍舊以專責成，若研究進步，則應另設祕書官、總核官及文牘、牧養、會計、庶務等四科，各科科員量事繁易定員多寡，由奴才選擇調用，應須錄事、差遣、員弁、馬醫、官兵及應用夫役等，定當量為設置。曰開辦兩翼牧群學堂。兩翼經牧官丁能漢語、通漢文者少，學堂以漢文為普通科，以牧務為專科。曰設立模範群。歐西馬匹高大壯實，日本亦以輸入西洋佳種而馬精良，擬就各群挑選高大膘壯馬，特設模範一群，用資視傚。曰酌加總管以下各官弁兵丁津貼。往日俸餉太薄，而馬之為官為私，又混淆莫別，兵丁之老弱空額，馬積鉅虧，未始不由於此。既將從前陋規裁革，責以實力，任事不能不籌其身家，並擬咨商陸軍部，除業經準借領兩翼官兵五年俸餉銀十二萬兩購馬孳補應仍照案辦理外，所需添設屬官及兵夫等薪餉、公費學堂、模範群各項用項，並酌加官兵津貼等，核定每年籌撥經費若干，俾得次第舉辦。至於牧場之官私墾佔，並毗連游牧之界址侵越，北洋馬場之畫撥，正其經界，免滋糾葛，此則應由陸軍部分別咨行、會籌釐定者矣。又直隸總督端方奏：『北洋需用軍馬，向赴張家口外草地一帶採購，長途跋涉，類皆疲瘦不堪，宜在口外擇地一區牧養膘壯，始收任重致遠之效。是以前督臣袁世凱派員在多倫附近逐處審度，勘得商都河以東牧地水草豐美，堪作牧場，咨商察哈爾都統畫撥在案，於是北洋馬場基址始能成立。當以辦理尚未就緒，未經具奏。奴才蒞任後，查該場實存馬匹數目清册，據署多倫諾爾協副將、兼官馬政陳永祿稟報，共計七群，實存駃騍騸馬二千六百五十七匹，所有新生幼馬，光緒三十三年不過三十五匹，三十四年不過四十五匹，本年六月已至三百二十二匹，從此認眞整頓，三四年間生息日繁，即無須購自口外，足敷二、四兩鎮戰馬之用，兼可節省經費以裕軍儲。查東西各國育馬之所，官私林立，其不惜重資以經營牧場者，類因產馬事業，必以爭競力劇，始能進步改良。是欲整頓馬政，不得不多設坰牧，以為考驗改良地步，北洋馬場自經畫撥商都河以東地段作為基礎，歷年講求渡種扈養之方，日有起色。將來辦有成效，可與左右兩翼牧群互相比較，藉資改良。至兩翼牧群見既特簡大員專理應有統轄之權，所有三年屆滿均齊一次，北洋馬場應請與兩翼一律遵辦。』又陸軍部奏：『臣部應編三十六鎮轉瞬成立，自宜多設牧場以資應用，特以需費浩繁，勢難同時並舉，不得已而思其次，先就原有左右兩翼牧場入手整飭，藉補萬一。該副都統原請籌撥各項開辦常年經費，比諸講求馬政各國，省嗇已多，若更加裁制，誠恐諸事棘手，無從展布；至借領兩翼官兵五年俸餉銀十二萬兩，係曾經奉旨允準之案，尤宜從速撥給，俾得及時購馬。詳核該牧群總管所稱各項經費，無可再減，請仍照原請數目籌撥。惟有將前項開辦常年經費，權其緩急，勻分四年請領，如開辦經費內，第一年擬請籌撥模範群建設費銀三萬八千餘兩，第二年籌撥統轄總管公署建設費銀九萬兩，第三年籌撥兩翼牧群學堂建設費銀一萬八千餘兩，第四年籌撥兩翼公所並病馬醫療舍建設費銀四萬餘兩；其常年經費內，津貼暨薪餉兩項均請減成發給，逐年遞加，薪餉至第四年始照原請數目支領，津貼至第五年始照原請數目支領。計常年各項經費，第一年需銀四萬一千五百九十七兩二錢四分，第二年需銀九萬一千五百三十五兩四錢四分，第三年需銀十萬零七千八百七十六兩四錢，第四年需銀十一萬六千二百十七兩三錢六分，第五年始加足原請十二萬兩之數。如此則經費既易於籌措，牧務亦尚無妨礙。至領俸餉銀十二萬兩應需甚急，擬請儘於今明兩年如數撥給，以便整理馬籍。懇飭度支部按年照數籌撥，俾儲軍備。』又度支部奏：『查兩翼牧場經費，前由陸軍部議覆副都統崑源整頓牧群辦法摺內，請領開辦、常年經費及借領俸餉計共四十三萬兩。經臣部核議，擬撥給開辦經費銀六萬兩，常年經費銀六萬兩，業經奏明在案；茲復據陸軍部奏請，分四年支領，在陸軍部講求馬政不能不寬籌的款以備擴充無，如臣部財力異常支絀，雖係分年支付，仍屬無可騰挪，前擬撥給之款，較諸察哈爾都統兼管時所增已鉅，果能分別緩急，核實動支，亦足漸圖整飭。該兩翼牧場開辦、常年兩項經費，擬仍照臣部前議辦理，以紓財力。』二年，陸軍部奏改良馬政辦法，約計須有軍馬分監七處，惟事體重大，需款浩繁，擬請於分監七處之中，先設南北監，北分監就兩翼牧場改設，南分監見擬創辦，其開辦常年經費，□□部轉行各□省按照應編鎮數均勻□撥，儘於本年整備試辦。陸軍部奏準擬訂採購軍馬資格、年限規則。一、軍馬資格須依照左列各項注意採購。一、額宜平闊；二、耳宜削直；三、月宜凸長；四、鼻宜平直，鼻孔宜大；五、上唇宜厚，下唇宜垂；六、頭宜小而仰；七、頭宜修細而活潑；八、前胸宜挺滿寬闊；九、前足上截宜長，下截宜短，其隔離宜開，至少以一尺為限；十、後足宜長而細，其隔離宜隘；十一、蹄宜圓厚堅固，其斜直須在垂線直角斜度三十度左右；十二、行走時，宜以後蹄進蹴前蹄跡印為佳；十三、鬃宜纖長而緜薄；十四、膀格宜寬；十五、鞍剖宜稍彎；十六、腰幅宜廣，從側面視，自前腹至後腰須成一長方形，十七、臀部上端宜高而方，其左右宜圓削；十八、尾骨宜高；十九、關節宜大而有力；二十、全身以柔活短壯為良。二、前條但就普通軍馬資格示其標準，至分別騎、礮、輜重三項馬匹資格，可依左列各項注意採購。甲、騎馬資格：一、富有悍威者；二、頭輕而正，眼大而活，並耳締良好者；三、頸長而有力，又其傾斜適度者；四、鬐甲之發育良好，而不突起者；五、肩斜長而運動活潑者；六、背直而廣且有力者；七、腰短而强，其前後之結合適良者；八尻長而廣，又稍傾斜者；九、尾有力而附著得宜者；十、胸前發育適度，又肋骨豐圓者；十一、四肢之長短適度者；十二、腱鮮明而堅牢者；十三、繫之長度及傾斜適良者；十四、筋肉緊縮，又發育良好者；十五、步樣輕廣而正者；十六、體高約在部尺四尺七寸以外、五尺一寸以內者。乙、駕礮馬資格：一、有悍威者；二、背稍長而有力者；三、腰廣而有力者；四、尻長而廣且有力者；五、胸前開闊者；六、步樣廣而正者；七、體高約在部尺四尺七寸以外、五尺三寸以內者。丙、輜重馬資格：一、體幅廣者；二、鬐甲豐厚而不突起者；三、背短而有力，又背線不突起者；四、步樣穩實者；五、體高在部尺四尺五寸以外、四尺七寸以內者。三、採購軍馬，如概照前兩條規定資格或有為難之處，採購員臨時可酌選相當之資格，總以適於用役為宜，仍將其理由情形報告臣剖部。四、採購軍馬須避左列各項。一、有各種疾病者；二、頭大而俯又呈凹隘者；三、兩耳如羊下垂而厚大者；四、眼盂深陷者；五、鼻狀如羊又鼻孔緊小者；六、眼皮起有稜角又毛過長者；七、頸短而粗者；八、前胸瘦隘者；九、前肘突出者；十、腕節短羸者；十一、蹄如熊掌又過於跛斜者；十二、鞍部過彎或反上凸者；十三、腰部瘦細或過長者；十四、骨格平扁者；十五、後足短直者。五、採購軍馬，其毛色須以左列各項為合格：棗騮，黑色，紅色，紫色，栗色，鼠灰，火灰，甘草黃煙薰，海騮，鐵灰，鐵青，油色，花鵲青。六、採購北地馬匹，其體高約須在部尺四尺五寸至五尺以外；採購西口、伊犂等處馬匹，其體高約須在部尺四尺七寸至五尺以外。七、滇黔土駒體裁短小，或由山地利用，暫行採購該處馬匹。其體尺不能概照第二、第六兩條規定之處，屆時可酌定適當之尺寸，注意選購，仍咨明部查核辦理。八、採購軍馬，年齡須以五歲至六歲為合格，臚分須在七成以上。九、採購馬匹，撥充軍隊以後，應即由各該鎮按照左列表式詳細填注，造具清册，報告臣部查核。十、以上各條係暫就見時各鎮採購軍馬酌量擬訂，至將來軍馬分監馬匹足敷補充以後，自應將各項詳細規則重加籌訂，俾臻完密，屆時再行奏明辦理。又江西巡撫馮汝騤奏：『江西陸軍馬隊，前於光緒三十三年照章選購馬匹編練成營，經前撫臣瑞良奏報在案。嗣因口馬水土不宜，倒斃頻仍，上年兵備處詳請變通，改買土駒。經臣咨商陸軍部核覆照準，旋派員赴湖內及袁州府屬一帶採買，以馬少價昂，毛色軀幹均難及格，致未照購。伏查馬隊為偵探、衝鋒、拖駕、載運必要之需，關繫甚重。江西省舊有馬匹已逾三年，既經陸續倒斃，改買土駒又難合格，而陸軍部近議於廣西設立牧場分監，尚無端倪，緩難濟急。值此新軍成協，正斯切實訓練，加以新添陸軍警察等營需馬尤多，未便因噎廢食，自應暫行照購口馬，並倣照北洋軍隊參用馱騾以資策馭，當經飭司籌款，一面札委候補知府胡文驌、補用知縣周銘忠遴帶獸醫前赴直隸、北口一帶選購驃壯戰馬四百七匹，馱騾三十六匹，妥速運江應用。』又蒙古副都統崑源奏：『兩翼見存騍騸騲馬共一萬一千五百四十匹，內計上年暨本年孳生馬駒共三千二百七十二匹，除倒斃一千六百九十五匹不計外，較上年實增多馬駒一千五百七十七匹，以兩翼騍群騍騲馬七千餘匹計算，孳息約在二成以外。除禁衛軍暨陸軍各學堂節次調用馬六百餘匹，比較上年尚增多馬九百餘匹。查驗各馬驃分可觀者十居六七，良由場丁勤務，豢飲適宜，畜牧生機，因而漸暢。但年久弊深，各群中口老無用馬匹計將近千，此項老馬既無蕃息之望，徒滋瘦斃之虞。茲令揀選售換新駒，數年之後，蕃息之數必不止此。見經商承陸軍部察核，妥籌辦法以期孳息漸蕃。又查各群中青白雜色馬匹實居多數，將來渡種羼雜，積而愈滋，並擬漸行售換，取其毛色多合軍用。此查驗兩翼牧群馬匹之實在情形也。上年陸軍部發場英種殖馬一匹，比經在於左翼各群挑選精壯騍馬如法配孳；又發伊犂騲騾馬二百匹，亦經發交左翼加意扈養。所有英馬、渡種之騾馬已另編隸左翼正藍旗第七群，伊犂馬二百匹則另自為一群。臣復於上年六月間派員在北境邊界採購俄種黑騲騾馬三匹、黄棗騮騾馬一匹，發交左右翼選騍渡種，即將該騍馬編隸右翼正黄旗第六群場，俾毋雜英俄及伊犂殖馬配渡。豢養一切，均另專派妥員照料。見查驗英種息駒九匹，伊犂息駒五十七匹，俄種息駒三十二匹，該息駒骨格軀幹並皆高大壯實，已覺成效可覩，水土氣候，均甚合宜。俄馬產自寒帶，尤為相習。惟查度支部撥發常年經費已形支絀，所有俄馬購價飼養之需，當時既未籌及，見實無可挹注。臣為改良馬種起見，應商承陸軍部酌核辦理，此馬種改良孳息之實在情形也。臣上年因馬少群多酌量歸併群數，並規復牧長、牧副、牧丁各名額，汰弱留强，不準仍蹈空額濫竽之弊，隨時察看。該長丁等尚能實力從事，一改從前錮習，進步漸臻。本屆均齊，經臣將孳多驃壯各群牧長分別等次賞給銀牌衣料，孳少驃劣之群擇尤記過摘頂，以昭賞罰而示勸懲，猶有疲弱不振者，尚欲再加淘換，惟查兩翼蒙丁缺乏，經上年選補之後，今已無可再選。擬查照舊例，咨取察哈爾八旗壯丁來翼充補，以期一律精壯。至編練馬巡隊二百名，經派員按照馬隊操法認眞教練，咨撥鎗械、製備、衣裝，軍容一律整齊，操法亦有可觀。蒙人馬術素嫻，是以取效較易，以資警衛，大有裨益。此查驗兩翼兵丁之實在情形也。見在陸軍部奏設軍馬分監，擬就兩翼牧場為北方分監基礎，一俟定期開辦，再當遵照辦理。』又察哈爾都統溥良等奏：『今屆應行委員週查之年，據該委員等結稱，查得商都達布遜諾爾、達哩崖崗二處騍騸馬二百二十二群，共有大小騍騸馬五萬八千八百二十匹，牧青馬二千一百三十六匹；騍騸駝五十七群，共有大小騍驅駝六千一百三十九隻；三旗牛四十群，見有牛一萬二千一百七十七頭；三旗達哩崗崖羊二百二十群，內連格迪羊、巴達克善羊共有二十四萬二千四百四十一隻。以上二群四項牲畜，均與原報册開數目相符，並無虧短。』又青州副都統秀昌奏：『德州額設馬二百五十匹，臣路過德州點驗馬匹，僅有四十六匹，當即查詢。始據城守尉奎岱將呈前任副都統之稟面呈，內稱因咸豐三年以後奉調江南等省出師兵官騎出，陣傷遺失殆盡，迨後雖經補立，迄未足額。又兼支領馬乾為數甚微，豆草昂貴，不敷餵養。此馬匹缺額之實在情形也。統計一年實領馬乾銀一千二百八十三兩餘，每馬每月合銀四錢二分，餘以之餵養，不敷甚鉅。擬請就見有之馬四十六匹，即為定額，懇恩俯念事非一時，官非一任，以出師傷斃遺失之馬賠償，難責後任，即以四十六匹為定額，免其補立。』三年，熱河都統誠勳奏：『德州原馬二百五十匹，見有四十六匹，虧馬二百零四匹，約虧八成以上。熱河原有六百匹，見有四百四十匹，虧馬一百六十匹，約虧在二成有零。德州馬若倒斃，既領價銀，見又每馬月給乾銀二兩二錢有零。熱河駐防前由各圈撥入常備軍馬二百匹，已由財政局另行加至三兩六錢外，有掌鐵韁繩銀二錢八分，亦有倒斃成數，獨駐防馬乾每月只領一兩八錢有零，各圈每年僅有修補棚槽銀十餘兩，此外別無津貼。是同一馬匹，視德州虧數固少，價亦不同。即揆之陸軍見章，亦屬顯分軒輊。查熱河駐防報銷馬乾成案，除官員支食馬乾向與各圈無涉不計外，各圈每年自四月十五日起至八月十四日止，馬匹出青，趕赴海騮圖牧放，各圈共留馬一百二十匹，備齎公文、摺報等差，每馬仍月支實銀一兩八錢八分，若遇閏月更行覈窘。此四個月共領馬乾實銀九百零二兩四錢；其不出青之八個月，四百匹應領實銀六千零一十六兩。以上二項，全年共銀馬乾二兩平折實庫平銀六千九百一十八兩四錢。逢建作扣，遇閏照加。此熱河駐防馬乾銀兩之向章也。見查德州每馬月支實銀加至二兩二錢五分六釐，已經奉旨允準，本應仿照辦理，但口外與內地情形不同。熱河近年諸物異常昂貴，不能不因地制宜，以期實事求是。該旗佐所請將熱河見有馬四百四十匹，除撥入常備軍二百匹不計外，擬就見有之二百四十匹作為定額，騰出餘乾作為津貼，尚屬核實。查全年各圈共領馬乾實銀六千九百一十八兩四錢，就見在之二百四十匹，八個月乾銀並一百二十匹四個月乾銀酌盈劑虛，均勻攤算，每馬月支實銀在二兩八錢八分二釐零，雖視德州支數似覺稍優，但熱河各圈並無倒馬價銀，亦無各項雜費，差務殷繁，需馬孔多，挹彼注茲，當得情理之平。既據和盤托出，無稍隱飾，似可準其照辦。』又火器營奏：『內火器營官拴馬七匹，兵拴馬八十匹，外火器營官拴馬二十二匹，兵拴馬一百二十八匹，此內外兩營原設馬匹之數目也。當年每匹每月應支餧養銀三兩，已有不敷之虞。自咸豐年間開放二成，每匹月支銀六錢；至光緒庚子後，又改為開放一成，每匹月支銀三錢，以之餧養，實又不敷甚鉅。是以未能全數拴養之情形也。又例載倒斃一匹，存銀四個月補立，疲瘦出殘，每匹存銀三個月補立等語，若以減成支領馬乾計算，非存三四年，不足以敷倒價。況今昔馬價懸殊，賠償尤鉅，因之官兵即以馬乾為車資供差。此係歷年變通之原委也。迨至光緒三十三年四月，準陸軍部議覆旗營官員展緩軍政摺內，聲明應需演放馬鎗馬匹，即於各該處官拴馬匹內籌備等語，查本營馬乾見放一成，不敷拴養，按照各旗十成馬乾開放辦理，當此糧草昂貴，餧養猶難。計所領兩馬之乾，僅敷一馬之用，且馬價既今昔懸殊，亦不能以舊例相繩。擬以兵拴馬匹數目所領馬乾合計，內火器營拴養技藝馬三十二匹，馬夫十二名，外火器營拴養技藝馬四十八匹，馬夫二十四名，馬價每匹銀四十兩；內外餧養掌鐵韁繩等銀，每匹月支銀六兩，馬夫工食每名月支銀四兩，其餘銀兩留備置買鞍韂等項之用。此見在內外火器營實拴馬匹之數目也。至官拴馬，向由內外兩營翼長等自行拴養，嗣因馬乾減成，百物昂貴，自不能拴養。即以所領馬乾作為車資。今內外火器營三四五品各員所領減成俸銀，以月計之，每月不過四五兩，且無津貼補助，似此清苦異常，故不得不因時變通。擬請以各官每月所領馬乾仍為車資，此見變通辦理之實在情形也。今既蒙恩俯準，聲明原委，臣等曷敢稍為隱飾？惟有據實直陳，擬請就內火器營兵拴馬三十二匹，外火器營兵拴馬四十八匹，作為定額，官拴馬匹作為各官津貼車資，如此變通辦理，似屬名實相符。』又圓明園八旗奏：『圓明園八旗、包衣三旗原拴額設馬五百匹，遵照神機營奏定章程，以銀三兩養馬一匹，共計歸併馬一百匹，分給官兵拴養，以備承差之用。查此項馬匹向分差馬五十匹、技藝馬五十匹，所有演習馬鎗、挑補兵缺以及預備軍政，均賴此項馬匹承應。惟見在芻糧昂貴，今昔情形不同，若仍以例支乾銀，實係不敷喂養。擬暫取馬三十匹月領乾銀，隨時幫貼技藝馬匹並修補鞍轡等項之用，見在實養馬七十匹，分擬八旗營總護軍、參領暨包衣營總各一匹，餘擬當差辛勤弁兵拴養，以供一切要差。至馬匹倒斃，例無報領，馬價向由本營存乾補立，請照從前辦理，以昭核實。今即蒙恩準，聲明原委，臣等曷敢稍事隱飾？擬請此次量為變通，馬匹數目暫作定額，照章月支乾銀三百兩，仍於年終奏銷咨部備查，以符定制。』又陸軍部奏：『查核八旗會奏，稱八旗滿洲每旗官拴馬四十五匹，兵拴馬三十七八匹不等，蒙古每旗官拴馬二十二匹半，兵拴馬十一二匹不等，漢軍每旗官拴馬七匹半，兵拴馬六七匹不等。當年每匹每月應支喂養銀三兩，自咸豐年間開放二成。迨至光緒三十三年四月，準陸軍部議覆旗營官員展緩軍政摺內，聲明應需演放馬鎗馬匹，即於各該處官拴馬匹內籌備等語，經臣等將八旗馬乾不敷拴養，陳請按照十成馬乾開放，奉旨：「依議，欽此。欽遵。」在案，當此糧草昂貴，計所領兩馬之乾，僅敷一馬之用，擬以兵拴馬匹數目所領馬乾合計，滿洲每旗拴馬十匹，馬夫八名，蒙古每旗拴馬三匹，馬夫二名，漢軍每旗拴馬二匹，馬夫一名，喂養等銀每匹月支六兩，馬夫工食每名月支四兩。至官拴馬，向由各旗印務參領等自行拴養，擬以各官每月所領馬乾仍為車資，並請就各旗兵拴馬作為定額等語。查各旗營拴養馬匹，原備差操之用，應領乾銀，前因辦理軍政官兵演練鎗枝，始由各該旗奏請，按照十成給發。原其初意，既使無忘武備，亦以體恤兵艱。乃承行日久，馬匹漸多缺額，即乾銀不啻虛糜，是以臣部於前次議覆德州駐防虧短馬匹情形摺內，奏請將各旗營見有馬匹數目自行奏報，意在就見存之實數，將來毋再積虧，初非使其輾轉通挪，以例支之乾更移作他項之用。此次該旗會奏，請將官拴馬改為車資，兵拴馬裁減幾及四分之三，且又添出馬夫一項。在各該旗都統等或以旗營困苦，挹注無資，不惜曲予通融破除成例，惟案之定制及從前加給乾營之案，均有未符；與臣部奏令據實聲報之意，似亦不無誤會。請旨可否飭各該旗仍遵前旨，確切查明見在實有馬匹數目，另行奏明辦理。抑或照此次所奉諭旨辦理，出自聖裁。』得旨：『著八旗都統會同陸軍部妥議具奏。』又新疆巡撫袁大化奏：『新疆馬政弊深，巴里坤一廠，經臣將該署鎮總兵李克常撤任，委員前往會同馬廠前後任遊擊李捷榮、王長發逐細查驗，另訂章程，亟謀整頓。奏奉硃批：「該部知道。」茲據查馬印委各員赴廠查點，按上年王長發接收李捷榮移交馬廠五千一百四匹內，實點見騍騾騸馬四千四百六十二匹，計短馬六百四十二匹，稟報前來。見擬於該廠另立馬政局，派管理員、庶務、書記、查馬長馬醫生等專司其事。馬群改定足六百匹為一群，取孳視舊例酌加兩倍，挑變倒斃亦視舊例酌予變通，烙印選種力求精密，薪餉公費撙節酌定，均齊仍照舊例年限。』

藝文

清　孫士毅《百一山房詩集》卷八《官馬行》　官馬行，行何遲，馬老不足供鞭笞。官馬行，行何瘦，肥馬多在胥吏廐。稭一束，豆一升，草頭一口如飛鷹。歸來髀，肉皸生，蠅蝨在槽馬在野。長官飛帖，驛丞驚，明日看花要快馬。

市馬

論說

清　宋徵輿《林屋詩文稿・文稿》卷一四《馬政事宜疏》　爲敬陳馬政事宜以申職掌事，臣等辨事冏寺，備查明朝折色馬價銀兩節年存留本寺庫內，專爲收買馬匹以供征討之用；或各部缺乏，欲借用本寺馬價銀兩，必先經題明，然後准借，其後必照數補還，所以重馬政而資軍實也。本朝自定鼎以來，至順治七年，馬價錢糧始歸本寺。查核各屬解到銀兩，俱收貯兵部大庫。臣寺每歲止據收數摘參未完。今查原額銀八十萬零，除圈占荒亡外，每年實徵銀約四十餘萬兩，不爲不多。伏見國家用兵全仗馬力，即當無事之日，尚須預備，況今山海未靖，王師屢出，正在用馬之時。又每次出兵，各旗下兵丁甚苦買馬。臣等竊思冏寺衙門耑爲馬政而設，則馬價錢糧相應耑用買馬，今或差部官，或差本寺官賫銀前往口外收買馬匹，仍養口外兵部馬場地方。遇出兵之時，每披甲一名或給二疋，或給三疋，奏凱還旗。除倒失馬匹許赴本牛録告明免繳外，所領官馬仍交兵部馬場牧養。此法若行，則官馬日多，便于出兵，而各旗下亦可免買馬之苦。即朝廷撫養披甲壯丁之恩政也。臣等從馬政職掌起見，敬陳末議，伏祈睿鑒採擇，下部詳議施行。

清　南天祥《陳買馬利弊疏》《清經世文編》卷七三　雍正十一年，江南提督。一、江省買馬之宜畫一，以杜偏累也。伏查江省非產馬之地，向例照原定每匹十四兩與十三兩八錢之價，支領司扣朋銀，每年一次，核定數目，請部給單，委員赴口買補。計每匹價費與定額不相上下，法甚善也。但惟將軍、督、撫等標，及臣標沿海各營為善外，蘇、狼兩鎮、標，尚或另請購買。其餘各協營，並無赴口買馬之例，亦不附各標營帶買，或就當地購覓，或從行販轉買。以致每匹價值多至二十一二兩或二十三四兩不等。所領司庫朋銀不敷所用，不得不各兵自行捐補。是同一江省買馬，事不畫一，遂有偏累之處。而不肖營員，且有通同行販，於中取利者矣。臣察知此弊，除令附近臣標營分應補馬匹俱附臣標，照數帶回，其餘上下江各協營，向不赴口買馬者，仰請敕下將軍、督、撫、鎮臣等，無論親轄外轄，俱準附帶朋銀，赴口買馬，回日按數分給補額。庶兵丁得免捐賠之累，而將弁亦無滋弊之端，於營伍實有裨益者也。一、買補營馬之宜調劑，以免私朋也。竊照各省營馬，每年照額報倒，俱因地制宜，定有成數。或遇倒斃過多之年，額領朋銀不敷買補，兵丁互相私朋。此雖出自各兵情願，並非抑勒，然仰體皇上惠恤戎行之至意，所當亟為調劑者也。臣思武職養廉，蒙聖恩照品級之大小，賞給隨糧，使得馬步兼支，各敷其數，且自備例馬，亦得照支草乾銀兩，則凡隨丁馬匹亦有倒斃，自應捐資買補，而以額領司庫朋銀留充營伍買馬不敷之用，方為潔己愛兵之道。雖向來操守廉潔之員，未必領之入已，然不著為令，其間容有藉口營私者矣。臣查江南地土潮溼，倒馬尤多，兵丁私朋，向所不免。為之悉心調劑，惟有將隨糧倒馬額領朋銀，通融辦理。前據臣標中軍參將循例將臣涖任後應報隨糧例馬補額朋銀呈繳，臣以率屬必須正己，當即明白曉諭，飭發存貯充公。但未經請旨，不敢擅便檄行。仰懇聖明恩準，嗣後無論大小武職，隨糧倒馬，俱令自行捐資買補。仍將每年額領司庫朋銀，照數扣存各該中軍衙門，以補營伍買馬不敷之用。庶官弁無或利己，官兵得免私朋。并祈敕部通行直隸各省營分一體遵行，則皇仁公普，而軍政畫一矣。

清　師範《滇馬》《清經世文編》卷七三　南中民俗，以牲畜為富，故馬獨多。春夏則牧之於懸崖絕谷，秋冬則放之於水田有草處，故水田多廢不耕，為秋冬養牲畜之地。重牧而不重耕，以牧之利息大也。馬、牛、羊不計其數，以群為名，或百為群，或數百及千為群。論所有，輒曰：『某有馬幾何群，牛與羊幾何群。』其巨室幾於以谷量馬，牛凡夷俗無處不然。馬産幾徧滇。而志載：某郡與某某郡出馬，何其褊也？夷多牲畜，而用之亦甚費。疾病不用醫藥，輒禱神，椎牛屠羊輒十百計；巨室喪事來弔，但驅牛羊成群，設帳幙於各山，牽牛詣靈位三帀而割之以成禮，仍歸所割於各寨，計費牛羊亦不可勝計。故祿勸縣雖僻處，而鼠街所出之皮革幾半滇，由用之多也。《范志》：『蠻馬出西南諸蕃，多自毗那、自杞等國來。』自杞取馬於大理，古南詔也，地連西戎，馬生尤蕃。大理馬為西南蕃之最。彼時所謂大理國者，蓋統全滇而言之，非大理一郡也。桂林，故靜江也。宋時於靜江府設馬政，以茶易西蕃之馬，故《范志》自謂：『余治馬政，今滇馬雖多，未有鞭韁，估客驅而成群，販以出境者，但供腳人馱運，驛號收買而已。至緬甸軍興，反驅天下之馬牛以入滇，死者不可勝計，道路臭穢，幾不可行無，濟於軍興，徒為靡費，豈非不考之故哉？』傳云：『古者大事必乘其産，安其水土，而知其人，心隨所向，無不如志。』夫以鄭駟尚敗晉戎，況驅天下之馬，萬里入滇，道死已過其半，迨抵軍前，馬已盡矣。不得已，潛買滇馬以充之，滇馬值遂高。夫內地之馬，撒蹄而馳，於平原廣地便；滇馬斂蹄，於歷險登危便。古稱越賧之西多莎草，産善馬。世謂越賧駿始生若羔，歲中紐莎縻之，飲以米瀋，七年可御，日馳數百里。又夷人攻駒，縻駒崖下，置母巖顛，久之，駒戀其母，縱駒銜崖，奔上就母，其教之下崖亦然。膽力既堅，則涉峻奔泉，如履平地。此滇馬之可用於滇，而入內地，技亦窮矣。南渡偏安，於靜江易馬，終不聞賴西蕃之馬以濟軍政，想亦徒為煩費矣。

《清續文獻通考》卷二三六《兵考三十五·馬政》　又浙江巡撫增韞奏：『浙省綠營馬匹近已多年未經買補，存營馬匹查僅二百二十餘匹，且例定馬價銀十二兩，採買時實不敷用。向由藩庫於例價外每馬一匹另借給銀八兩，再由該兵應領餉銀內分期扣還。見綠營既裁此項馬匹，自應撥歸新軍輜重、工程等隊之用。但各兵所墊馬價銀兩，即應給還，而馬匹運送到省，道路遠近不一，需費甚鉅。若馬齒過大，即不合用。爰先派員率同馬醫分往各屬，將裁存各馬細加查驗，合用者烙印帶省，給還馬價，不合用者將馬給兵抵銀八兩，總計可用之馬不過十成之一二而已。』

又　又東三省總督趙爾巽奏：『見查陸軍第二十鎮暨第二混成協馬匹缺額甚多，共須添補六百九十餘匹。茲擬選派委員前赴張家口外一帶地方照數選購。又新疆巡撫袁大化奏，新疆原係産馬區域，而巴里坤牧場尤巨。惟聞歷年辦理，未盡得法，致牧政迄無起色。當經電飭署巴里坤鎮總兵李克常，囑於大道經過地方，將馬群就近擇一水草便處暫時牧放，俾臣得順道察閱，以便酌籌改良。詎四月間，臣抵哈密，該鎮並未遵辦，僅於途次面遞手摺一，扣聲稱見存馬匹較接收時點驗之數短少五百九十一匹。檢查前案悉，該鎮係上年十二月底始申，據署古城左營遊擊王長發摺報，接收前任遊擊李捷榮移交前項孳生官馬大小兒騍騸馬五千一百四匹，牘內曾聲明，眼同點驗，並有印收在案。相距未及四月，何至短少數百匹之多？是該鎮有心朦混，情弊顯然。正須試辦軍馬，似此任意玩視，若不切實查辦，何以肅牧政而儆效尤？見已將該署鎮撤任，札委縣丞曾坤楨、同知銜武衛軍畢業生曹用愚，會同王長發、李捷榮前往逐細查驗，俟稟覆到日，再行察酌情形，另訂章程，奏咨辦理，期收實效。』

綜述

清　葉鈞《明紀編遺》卷一《市馬大略》　按《會典》，馬政太僕寺、苑馬寺專理，衛所屬太僕，監苑屬苑馬，而統於兵部。其見於諸司職掌者有四，曰廄牧，曰關換，曰折糧，曰收買。廄牧有民間孳牧，軍衛孳牧，京府寄牧，營衛放牧。諸條關換，凡官軍關撥馬匹操練，該衛官吏保結關領，有騍馬與兒馬，願換者聽。折粮乃各土官秋粮願折納馬匹，起解到部，令獸醫辨驗明白，送御馬監交收。馬或不堪，責令差來土官陪納收買。凡官給價鈔於各處收買，并茶易到馬匹，或就彼處給軍騎坐，或起解赴京交納，各記其數，事例詳矣。若夫互市之法，《會典》不載，故略言之。太祖南征北討，兵力有餘，惟以馬爲急。江北雖孳養民間，立羣頭，羣牧免其地丁而取之歲月，未能數馬以對，故分遣使臣，以財貨於各邊市馬，而降服土目來朝，及正元萬壽之節，內外藩屏將帥皆用馬爲幣，自是馬漸充實矣。時兵部奏定永寧茶馬司以茶易馬之價，宜如河州茶馬司例，凡上馬每匹給茶四十觔，中馬三十觔，下馬二十觔，從之。又敕諭松州衛指揮僉事耿忠曰：『西番之民歸附已久，而未嘗責其貢賦。聞其地多馬，宜計其地之多寡以出賦，如三千戶則三户共出馬一匹，四千户則四户共出馬一匹，定爲常賦，使其知尊君親上，奉朝廷之禮也。』高家奴等市馬高麗，還言高麗王表請不受馬直，上諭禮部曰：『朕待諸番，務以誠信。彼前聽約束，許其互市，故遣人市馬。今彼言不敢受直，豈其本心，蓋畏勢而已。以勢逼人，朕所不爲爾，其以朕意咨其國王知之。』仍諭延安侯唐勝宗俟高麗馬至，擇其可用者以直償之，駑弱不堪者量減其直，敕至遼東，適高麗送馬三千四十匹至勝宗，如敕償直。既而耽羅國亦以馬來貢，詔如高麗償之。四川巖州衛奏，每歲長河西等番商以馬於雅州茶馬司易茶，其路由本衛經黎州始達茶馬司，往復路遠，今宜移置茶馬司於巖州，定價上馬一匹與茶一百二十觔，中馬七十觔，駒馬五十觔，從之。永樂之初，兀良哈頭目哈兒兀歹遣其部屬脫忽思貢馬，命賜鈔幣襲衣，并償其馬直。又立遼東開原、廣寧馬市，定價上上馬絹八疋，布十二疋，上馬絹四疋，布六疋，中馬絹三疋，布五疋，下馬絹二疋，布四疋，駒絹一疋，布三疋。未幾，兀良哈等處告饑，願以馬易米，命所司議直，亦以馬上、中、下給米絹多寡之數。正統增定邊等中鹽納馬則例，每上馬一匹鹽一百二十引，中馬一匹鹽一百引。先是，戶部定上馬一百引，中馬八十引，鹽商以道路險遠，中納者少。總兵黃平以爲言，故增之。時京師有警，取馬匹養於順天府近京屬縣，謂寄馬、直操馬。及京師無事，寄養之馬不復散去，養馬之家雖云量免粮差，而賠補餘累不鮮。夫國以民爲本，若因馬而疲民，非善政也。嘉靖年間，兵部言，祖制養馬在順天所屬論地派養，此外更無別科，種馬在應天所屬論丁派種，此外別無他役。因有司怠玩漫不檢覈，或地歸豪右，而養馬害及細民，或丁多逃移，而種馬漸至損耗，內地馬政之廢，實繇於此。夫善言馬者，宜復洪、永牧馬之政，而仇鸞不知也，啓遣家丁時義結俺答義子脫脫使貢馬互市，又令史道主市，不以前代馬直先期議定，而彼部曲以羸馬索厚直，弗與輒譁。大同市則寇宣府，宣府市則寇大同，甚者朝市暮寇，并羸馬亦掠去。而彼常往來，動稱互市，垣堡踐踏，難以固圉，關外馬政之廢實繇於此。萬曆、天啓時，邊臣緘口不敢言互市，而苑馬寺奉裁，太僕又不修馬政，中原安得有戰馬哉？

清 伯麟《兵部處分則例》卷二四《八旗馬政》 旗人私販馬匹。一、旗人私往外省販馬，係正戶將該佐領、驍騎校罰俸一年。公罪。領催鞭五十。公罪。係家僕，伊主職官罰俸一年公罪。平人鞭一百。公罪。該管佐領等免議，於販子名下追銀十兩，給拏首之人。一、在外駐防官不呈明該將軍等移咨到部，私差家人來京買馬者，罰俸一年。私罪。

又 私賣馬駝。一、將官馬官駝私行變賣者，係職官革職。私罪。兵丁鞭一百。私罪。革退。該管官失於查察者，罰俸六個月。公罪。該管大臣等罰俸三個月。公罪。

又 卷二五《緑營馬政》 私買進貢馬駝。一、蒙古進貢馬駝之外，途間有願賣者聽其貨賣，若有通曉蒙古語言之人與蒙古交結，前往邊界迎買駝牛馬匹者，交刑部治罪，所買牲畜入官，守口官員私放出口者革職。私罪。其蒙古到館後未進貢之先，有入館私買貢馬貢駝者，係職官降一級留任，罰俸一年。私罪。係平人鞭一百。私罪。如有搶奪偷盜者，交刑部治罪。

又 營驛私買馬匹。一、營驛各官需用馬匹不詳請總督、巡撫、提督、總兵咨呈兵部，私差人來京買馬者，罰俸一年。私罪。

又 兵丁販馬。一、屯丁兵丁違禁販馬不嚴行察出者，將衛千總、營千總、把總各罰俸一年。公罪。衛守備、守禦所千總、營都司、守備各罰俸九個月。公罪。遊擊、參將、副將等官罰俸六個月。公罪。將軍、提督、總兵各罰俸三個月。公罪。總督、巡撫交吏部議處。

又 偷賣牧廠馬匹。一、牧場馬匹除口老殘傷應行變價者撥出官賣外，如有將在場牧放之馬偷賣與貿易人等，一經查出，或被首告，將偷賣之人係官革職。私罪。係兵丁杖一百，革退。私罪。將私買之人送部從重治罪，馬匹交入原場，仍於賣馬人名下追出馬價，一半入官，一半賞給首告之人。其失察之該管官罰俸六個月。公罪。兼轄統轄官罰俸三個月。公罪。

又　私販馬匹。一、凡私自出口販買馬匹，及各省差來買馬弁役領票出口，於票填數目之外，有夾帶進口者，責成守口員弁稽查盤獲，將馬入官人犯送刑部治罪；倘各口暨沿途經過地方失於查拏，以致偷越，將守口及經過地方之該管官罰俸一年。公罪。

清　顏世清《約章成案匯覽·乙篇》卷二五下《外務部咨俄員到蒙旗買馬應轉飭查禁文光緒三十年》　為咨行事，光緒三十年二月初八日，準北洋大臣電稱，據新民府探，稱俄員一格蘭往庫倫採買馬匹，當經地方官告以蒙古王旗已奉行知查禁，應無庸前往，伊竟置若罔聞，次日起身北去，請咨理藩院行文防範等語，查正月二十日，本部曾將刷印中立條規並鈔錄俄使照送所認禁貨全單咨行查照，轉行各蒙旗遵守在案，茲準北洋大臣電，稱前因相應咨行貴院查照，迅即轉行庫倫一帶各蒙旗，如該俄員前來採買馬匹，應按照禁貨各例不得售給，以符局外中立之義，並妥為防範，免生事端為要，須至咨者。

清　沈書城《則例便覽》卷三三《馬政》　領票買馬。一民人無票私販馬匹，暗通牙子，將馬匹接賣州縣官，不行查出，罰俸一年。典史、吏目、驛丞并該管知府、同知、道員各罰俸六個月，該督撫各罰俸三個月。一官員奉差買馬，於號票之外多帶，及假借號票帶買販賣者，革職。所過地方官不行盤驗查拿，俱罰俸一年。狥情縱放者革職，受賄者革職提問。其差委員役買馬溢數多帶者，將差委之官罰俸一年。一營驛各官不詳請督撫，咨明兵部，私自差人來京買馬者，罰俸一年。

又　馬販派索。一馬販人等暗結將軍、督撫、提鎮子弟，將疲憊不堪之馬坐索高價，道府營守代爲壓派，甚至無驛站之州縣管步兵之頭目一概索屬官勉强收受，將不行約束子弟之將軍、督撫、提鎮降一級調用，知情縱容者革職，勒派之道府降二級調用，被勒收受之員降一級調用。上司各官狥庇不行揭參，降三級調用。

又　解馬倒斃。一解送軍營馬匹，每百匹准其倒斃三匹，如倒斃至四五六七匹者，罰俸六個月；一年八九匹者，降一級留任；十匹、十一匹、十二三匹、十四五匹者，降一二三級調用；十六匹至二十匹者革職，二十匹以上者革職，杖一百；三十、三十五、四十、四十五匹以上者，杖六、七、八、九、十，徒一年、一年半、二年、二年半；五十匹以上者，杖一百，徒三年。如有盜賣別情，從重治罪。至總理督解之員合計總數，亦照此分別議處治罪。

紀事

清　獨逸窩退士《笑笑録》卷二《市馬》　故事，邊郡入粟授官。有王某者以厚價市駿馬，猶不如意，每以爲恨。嘗騎遇醫工李生，李善謔，謂曰：『君馬價幾何？』曰：『百五十千。』李盛稱壯建，以爲價賤，王怪問之，李曰：『馱得三千石穀，豈非壯健？』

清　那彦成《那文毅公奏議》卷五〇《勅察馬政》　嘉慶十九年二月初七日，會同直隸提督文公寧奏，爲查明古北口營馬虧短、旗馬未能照例拴養情形分別擬議事：『竊臣奉旨查辦署古北口提督臣文寧所奏馬政廢弛一案，遵於二月初四日馳抵古北口，傳集署中軍參將盧銘中及各營將備暨經管庫項之把總馬清龍等詳加訊問，據將備等僉稱，四營例養營馬六百九十匹，歷年陸續虧缺，截至十八年十月底，共缺馬二百四十一匹，俱經扣存領到馬乾收貯提署庫內，計銀二千四百一十兩。十八年十一月初旬，用銀二千兩，買補馬一百六十一匹，尚缺馬八十匹未及買補，是實等語，隨飭委員點驗馬匹數目並存用馬乾賬目，尚屬相符。此營馬虧短、扣馬乾爲馬價並已補未補之實在情形也。又訊旗馬全不喂養一款，據將備等僉稱，歷年旗馬俱係提督於領馬交馬時現派員弁承辦，四營將備未曾經手，只求向經管賬目之把總馬清龍訊問，就得明白。訊據馬清龍供稱，嘉慶十三年以前提督色克通阿任内辦理營旗馬匹、動用銀兩款項，業經提督薛大烈參辦結案；自十三年至十七年古北口應領旗馬一項，俱係折存馬價積存馬乾，每年春季買馬交差交牧，所餘銀，俱經歷任提督辦公動用；至十八年秋季應領旗馬四百一十匹，亦係循照歷年辦法折變價銀，同冬季領到旗馬乾銀現俱存庫，並未動用等語，隨飭開單呈閲，與文寧所奏各款無異；弔查歷年底賬總數、散數亦屬相符，應即就此定案。查定例，營馬未滿五年倒缺者，按年分多少賠補。今古北口營馬虧缺，歷年遞積至二百四十一匹之多，雖經買補，皆係動用扣存馬乾，並未賠價，殊屬不合。應將未經買補馬八十匹並動用馬乾買馬銀兩，均著落歷任提督、將備等照數賠補，容臣文寧查明，著追辦竣後，仍分別報部。至該員等相沿陋習，未諳定例，既經著賠，應請免其置議。至旗馬一項，自嘉慶十三年至十七年折變馬價、支領馬乾，共計銀四萬九千一百二十四兩四錢五分七釐，內除秋季領馬、春季買馬交差一切費用銀三萬一千五百六十一兩九錢三分，又除貼補各營喂養營馬共銀八千六百五十三兩八錢一分八釐，二共四萬零二百一十五兩七錢四零九釐，請按各任所用銀兩數目，著落賠繳，不准請限。其馬瑜任內業經補還銀七百兩，仍飭貯庫，俟歷任賠繳全完之日歸入旗馬乾項下，作正支用。至歷任正署提督福長安、薛大烈、積拉堪、喜明均有動用，細查卷賬，各該員所私自借用者不過十餘兩至數十兩不等，爲數無多，然究係動用公項未便，因其以公濟公，業經著賠，遂免置議，仍請旨分別將用銀較少之福長安、積拉堪交部察議，薛大烈、喜明二人用數過多，雖均非私侵入己，究有不合，應請將該二員交部議處。至十八年應領旗馬未經拴養，本年一屆立夏，例應交察哈爾放青，臣文寧現卽飭各營將備先將積存馬價、馬乾銀兩上緊購辦，所有銀兩著落馬瑜賠繳，作爲喂養旗馬之用。至上年秋季領馬之際，正值馬瑜奉命出差，未能兼顧，業經著賠，應請旨免其交部議處。再臣那彥成拜摺後，卽於初七日起程回京覆命，謹奏。』嘉慶十九年二月初八日，奉上諭：『那彥成等奏查明古北口營馬虧短、旗馬未能照例拴養情形分別擬議一摺，古北口營馬歷年虧短，扣存馬乾買補並未賠價，所有未經買補馬八十匹並動用馬乾買馬銀兩，著歷年提督、將備等照數分賠。其旗馬一項，自嘉慶十三年至十七年折變馬價支領馬乾銀兩，除辦理馬匹事件動用各款免其著賠外，歷任正署提督辦公賞兵各有動用之項，殊屬不合，積拉堪用過銀二百兩，著交部察議；福長安用過銀四百七十餘兩，伊係棄瑕錄用之人，又私行挪用公項，著交部議處；薛大烈用過銀二千七百餘兩，喜明用過銀四千八百餘兩，均著交部嚴加議處。伊四人所用銀兩，仍著照數賠繳，不准分限。餘俱照所議完結，該部知道。』

藝文

清　葉承宗《濼函》卷二《訪張覺斯值其入市買馬》　津梁提携荷旬餘，何事迴驂不蹔徐。過市自求千里馬，到門索寄萬金書。故鄉烽火傳來急，旅邸裳衣即漸疎。此去康莊馳駿足，客牕凉月獨愁余。

清　陳廷敬《午亭文編》卷九《買馬》　買馬黄金事已非，青驄門外繫斜暉。玉關別後嘶風遠，苑路騎來汗血微。顧影自驚髀肉老，喜心翻覺羽書稀。渥洼空有騰驤步，踼徧秋城草未肥。

清　湯貽汾《琴隱園詩集》卷一一《買馬》　卅年髀肉磨出血，百十花驄擲銅歷。出塞經行萬里程，黄皮鞾穿踏不得。雁群不收是誰馬，垂頭屹立長城下。昨日新來別短轅，明知不是驍騰者。鄙夫欣然牽入櫪，飼以長稭數盈把。嘆然意足騁步徐，圉人輕之笑嘲嘲。嗚呼世無薛公田，子方相馬只知驪與黄。迴翔合度勝騰踔，爭先安用追風驃。即今地上豈有眞騏驎，但有錦幪金絡來驚人。

清　姚瑩《後湘詩集・二集》卷四《買馬歌送郡都尉》　將軍年年買官馬，騅驪駰駱盈階下。玉門關外又如雲，萬里閩南催使者。官符夜下朝不留，千金馬價木蘭舟。歸日定知黄白盛，問君竟得騰驤不。本朝寰宇竟西北，廄牧名駒皆汗血。日黄纔渡崑崙沙，月明已踏蘆溝雪。如今海內風塵靖，天閑絶足空神駿。惟有長楊羽獵時，射狐逐兔猶馳騁。可憐垂轡嚮南中，金羈玉勒徒悤悤。應官夜聽牙前鼓，過嶺朝穿石上松。爲語健兒莫歎惜，將軍愛馬必能識。買得騏驎逐電回，來年貢使猶堪及。

清　潘江《木厓集》卷一〇《買馬行》　頻年遨遊大河北，歸時買馬壯行色。雖不善騎愛神駿，輕騎乘風直瞬刻。今者言歸自山東，十金買馬連銜勒。初謂此地馬直廉，豈知我買反不實。背骨隆起如駝峰，肉疏筋緩老無力。稍加鞭策輒騰跳，即復緩行亦顛蹄。舊鞍破碎敗且薄，雙髀擁腫與馬逼。中夜肢體生楚酸，驚覺欠伸難轉側。因思去年客彭城，蔞亭李子性若偶相識。是時我亦遊興闌，君遊較我意更亟。見我騎驢赴歸途，賣馬僅許酬半直。雖受半直猶愧惶，更贈以鞍情無極。自言苟非歸無資，解驂脫贈明胸臆。君方鄉舉未為官，駿馬雕鞍難可得。感此古道不能忘，一路清風誦明德。馬馴不蹶亦不驚，十日安驅到鄉國。一年遊橐輸一年，去年馬亦令人憶。

管理

論説

清　王登聯《釐革驛害疏》《清經世文編》卷七三　直隸巡撫，畿輔之驛，衝煩實甚，各州縣稱疲告匱者，申文日至。然其中應付艱難之事，勢所必有，而叢弊為害者，亦復不少。臣身在地方，聞見既眞，謹將驛站之害晰陳之。一曰越站之害。凡緊急軍務飛報捷音，若逢疲玩驛遞，馬匹羸瘦，勢不能不越站者有之矣。如平常差使按程接替，乃積年驛卒躲避支吾，不行應付，令其越站。至已越矣，或有倒斃馬匹，不肯償還者；認賠工料，復行揹賴者。直省交接之處，每每爭訟。除支應稽遲，强騎過站者，臣訪實重治外。察火牌刊字，原有『不許越站』之語，但習慣忽略，慢不經心。請敕兵部將火牌稍寬其紙，另刊一『奉旨不許越站，違者糸處』之木記，印於火牌之首。該州縣驛遞照牌應付，越站者，申報督撫題參。如州縣驛遞，誤於應付者，察明參處。斯亦除越站之一術也。一曰枉道之害。凡奉差復命，赴任進京，自宜取水陸一定之程。乃或訪親友，或圖近便，輒爾枉道。在州縣不該應付而應付，分外騷擾，有驛而滋驛之累者，繞道是也。未設夫馬而用夫馬，攤派雇覓，無驛而有驛之苦者，便道是也。臣雖出示嚴禁，仍請敕該部，察照水陸一定經由路程刊為一書，分發中外，俾曉然通知，自京出者，或由某處至某省；自外入者，或由某處至京，必趨正路。如枉道者，察明參奏。若飛報軍情，不在此例。斯亦禁止枉道之一術也。一曰濫費之害。驛馬自草豆而外，工食自驛卒看司而外，有鞍轡、醫藥、柴薪、燈燭等項。該州縣驛遞，照牌應付。越站者，申報督、撫題糸，如該州縣驛誤於應付者，察明參處。斯亦除濫費之一術也。一曰朦混之害。驛遞差有繁簡，故錢糧額有多寡。其衝要之地，閒有一差用馬數十匹者，一日數差俱到者，應付自是艱難。然未必日日如是，差差如是也。以少擬多，通融接濟，亦可截長補短。乃驛猾奸書，朋比侵漁，一年正額之外，多開長墊銀兩，竟有將應解項款，擅請留抵者。夫額設之銀本多，何為復有長墊？蓋恐奏銷時不準其冒破，必致駁減追扣，故先倡長墊之說。縱不允撥給，而彼之開銷亦冀或免駁追耳。如此狡計，臣已燭其隱，其長墊之請概不準行，伏望敕部臣嚴為飭禁。斯亦治除朦混之一術也。一曰假公之害。明季養馬當差，責之民閒，立有槽頭。充斯役者，傾家蕩產。本朝洞鑒其弊，改為官喂，始覺甦息。然工料閒有未足，倒斃必令買補。少有設處，保無積年驛棍，兵房撥置印官，暗行灑派草豆於里下者乎？保無託言疲苦，糾集紳衿共議公費、欒輪名色者乎？臣恐州縣蹈此等弊端，已嚴行禁示，仍請敕部通飭，犯者立加重處。斯亦屏除派費之一術也。

清　田六善《禁馬之議》《國朝名世宏文》卷六　題為禁馬之議已行，敬陳未盡之義，以廣皇仁、以善新令事，切惟禁馬一款，臣思百姓之馬，皆百姓之財也，或為騎坐，或為耕田，或為行車。騎坐者或富民出其財之有餘也，至於耕田、行車皆窮民萬不得已，不知幾費籌躇，幾費心力，而後能積此財以有此馬也。今禁馬之令一下，天下孰敢不遵？不知前此有馬者當納諸官乎？棄諸野乎？抑賣諸見任官員與兵丁乎？納諸官，臣知國用匱乏，斷不能償其價值，是納諸官不可也。棄諸野，百姓以積累之財而後有此萬不得已之馬，何肯一旦委棄？是棄諸野不忍也。賣諸見任官員與兵丁，則官員之騎坐有限，兵丁之錢糧有限，百姓以必不可存之馬賣之，未必肯買之人，雖欲少得些微之價，不能也。今天下甚大，合天下良鈍之馬，不啻數萬也；合天下之馬而計百姓所費之財，又不啻數百萬也。一旦令其納諸官不可，棄諸野不忍，賣諸見任官員與兵丁不能，不亦惜乎？且推禁馬之深意，或者為盜賊自此無馬矣。夫盜賊不畏殺人之令，豈畏禁馬之令？或有借兵丁旗下牌印而騎乘者，如何禁緝？或謂戰馬從此易購矣。夫馬之良駑不一，未必皆可騰驤，或有不可以戰止可以耕者，如何發落？且產馬諸國素沐皇恩之寬大，今馬一禁，健馬當盡積於邊外矣，如何疏通？且南服未靖，船有餘而馬不足，今馬一禁，奸人或乘間以圖利矣，如何防範？統祈勅下該部從長計議，務使朝廷獲禁馬之利，天下無禁馬之害，而部臣條議庶幾有濟，如或利少害多，伏祈皇上睿斷，再酌施行。

清　張汧《禁携重以恤驛馬議》《清經世文編》卷七三　一、禁攜帶重物。畿南孔道，皇華繹絡，馬瘏夫困，剜肉難瘳。錢糧領發，上下交侵，疲敝倒置，隱忍莫告。是驛站之壞，未有甚於今日者。禁多索，嚴騷擾，天語憲令，不啻再三，奉差官役，近亦知所畏憚矣。而多騎驛馬之弊，尚有不能盡革者。不在火牌勘合之明索，而在背包馱搭之暗加。如賫本馳奏，止用夾板一付，或背包一座，已足盛貯奏章，打疊行李。至各衙門奉差員役，所攜不過公文數角，衣被一囊而已。何至往來攜帶，任彼增添？以致所乘馬疋，不求多而自多。驛官馬夫，見其囊重包多，乘載不起，只得另撥副馬分馱。此為不多索之多索，不騷擾之騷擾。是天語所不及，而憲令所未申者也。況有馱包不止一二件，甚至南北貨物裝載盈箱，任其攜帶射利者。以致棱棱馬脊，擁疊如山，竭蹷不前，加之鞭蹬，此倒斃缺乏之所由來也。或購買增添，終歸於盡，望有起色，寧可得乎！職愚以為此種積弊，非止憲禁宜頒，尚應具疏請旨。凡齎本員役，止用夾板裝盛。其一切無名之馬與，無馬之駝包，概為禁絕。齎奏且然，況其他乎！則多索騷擾之弊，不求絕而自絕矣。

清 那彦成《那文毅公奏議》卷九《調撥哈密馬匹》 嘉慶九年九月十六日，奏爲調撥哈密供差馬匹恭摺奏聞事，竊查哈密每年應需供差馬三百匹，向在巴里坤牧場馬匹内撥給，兹查原任督臣惠齡案，准哈密大臣來咨，該處撥用嘉慶七年供差馬匹，截至嘉慶九年二月止實存馬四十六匹，不敷供差，請將巴里坤扣留嘉慶九年備撥馬三百匹照數撥解，以資應用等情前來，臣接任後詳加查核，哈密供差馬匹自嘉慶七年撥解馬三百匹之後，截至嘉慶九年二月尚存馬四十六匹，則嘉慶八年應撥馬三百匹自可毋須重撥。臣現在飛飭巴里坤總兵撥馬三百匹，作爲嘉慶九年分例撥馬匹，即令選派兵役迅速解往哈密交收以資供差；其巴里坤廠場所存應撥哈密嘉慶八年分差馬三百匹，既已無須解往，自應設法疏通，以免在場擁擠。查肅州甘州、永固、涼州、西寧等提鎮營嘉慶十年春夏二季均有應行領價買補馬匹，且該處均有馬場可以留牧，且距肅州較近，不致長途疲乏，應將前項馬三百匹留爲肅州等營十年分春夏二季合例倒馬補缺之用，庶馬場不致有擁擠之患，而各營亦可省買補之煩，於帑項亦爲節省。再查巴里坤存馬除分撥外，尚有出羣騸馬九百三十二匹，足備嘉慶十年分撥給哈密供差並各營季額倒馬之用。謹奏。奉硃批：『所辦是。知道了。』

清 魯九皋《翠巖雜稿》卷三《禁商販縱放牲畜居民倚衆攔截示》 爲嚴禁商販縱放牲畜，踐食麥苗，居民倚衆攔奪，致滋擾害事，照得西北居民類多畜牧爲生，過往客商半係販牲爲業，牛羊騾馬物類無知，見青則食，何別草苗，惟在商販等於所經之處，遇有麥地蔬圃，小心防閑，不致無知之物越路踐食，致被糾纏；而村庄居民所有田地麥菜，偶被牲畜踐食傷殘，只宜向商販平情理處驗明所食多寡，酌令賠償，斷不許倚衆恃强，混牽私罰，動輙争毆，致滋擾害。今本縣臨莅兹土，甫經旬餘，而民間因羊隻踐食麥苗，倚衆恃勢，擅將商販牲畜截留，混行恣意詐索，遂至忿争，互相鬥毆，扭結來稟者，不一而足，皆非安分良民，言之殊堪痛恨。除現在呈稟之案質訊明確，按法懲治外，合行出示嚴禁，爲此示仰闔邑各村庄居民及過往各商販知悉，嗣後爾等居民各宜自守本分，毋許倚衆攔截牲畜，私罰忿爭，該商販等亦不得縱放牲畜踐食田地，自取愆尤。自示之後，倘敢不遵，仍蹈故轍者，立即拘拿，按法重究，斷不姑寬，各宜凛遵毋違。特示。

又《嚴禁縱羊殘害田地》 爲嚴禁縱羊残害田地，以全民食，以衛民生事，照得民間禾麥，國課攸關，即菜蔬亦衛民食，此皆農民本業，豈容牲畜恣残。乃爾羊販之徒不念農爲國本，食乃民天，只圖一己之利，販買羊隻，伯什成羣，日則縱其踐踏田地，夜則縱其恣食麥菜，以致庄民目覩心傷，從而邀截責償，爾等不服，因而打架，動持金刃，互致損傷。本縣莅任甫及一月，庄民羊販彼此訐訟者不一而足，覩此情形，殊堪痛恨。前經出示嚴禁，諭令各安本分，毋得彼此鬬争，仍恐患民無知，謂其姑恕羊販，而爾羊販藉此得志，任意縱羊残害田地，合再明白曉諭，爲此示仰各羊販知悉。爾等販買羊隻所過地方，行則引之大路，毋令越過田界，止則收之歇舖，不許一隻在外。倘有仍前縱放羊隻殘害田地，許令鄉地庄民指名稟報本縣，定即立拿重處，斷不姑寬。爾等庄民亦不得藉端肇衅，致干察究，各宜凛遵毋違。特示。

清 李鴻章《李文忠公奏稿》卷三八《霆軍請撥官馬摺》光緒六年八月十二日 奏爲霆軍應需馬匹現已采購不及，請撥給察哈爾牧羣官馬以免貽誤，恭摺仰祈聖鑒事。竊臣欽奉八月初八日寄諭，鮑超所稱霆軍向有馬隊三千名，著在原募二十三營内酌量改設，毋庸添募。其需用馬匹鞍韉，著李鴻章派員采購等。因欽此遵，查馬匹産於塞外，采購必須及時。夏令草茂畜壯，到處成羣，采購自易。現已八月中旬，賣者次第收場。塞外嚴寒，九月即有大雪，派員前往計已過時，且所需至三千匹之多，勢難於收場後零星搜索，餉需又極支絀，亦無從籌墊巨資，惟有撥給官馬之一法。查察哈爾牧羣官馬本備國家征調之需，自内地軍務告竣，孳生日夥，是以上屆直屬災歉儘有餘力撥濟貧農。今霆軍爲畿境海防策應之師，需用戰馬孔亟，自可如數調派，俾得迅速成軍相應。仰懇天恩，敕下察哈爾都統分飭商都太僕寺牧羣各總管，即於孳生官馬項下，趕備能戰騸馬三千匹。向來軍營請調官馬，口老疲瘦者居多，此次係海防要需，未便稍有含混。臣於奉旨後，擬派素習馬政之記名提督楊安典馳往口外牧羣，會同各該總管，認眞挑選，不必拘定。商都挑幾成，太僕寺挑幾成，務須合併揀擇，一律口輕膘壯，足經戰陣，以期得力而免誤事。並飭楊安典一面挑選，一面即分起派弁押送進口，以便陸續撥給鮑超成營操練。該軍馬隊如可酌減，則下餘之數，臣部各營正缺戰馬亦可藉以撥補，應需領解馬匹、委員、兵夫、盤費、口分等項，由臣匀籌撥給。仍令沿途州縣照章餵養，妥爲照料，以利遄行。其鞍韉一項，另再籌酌采辦。所有霆軍應需馬匹請撥給牧羣官馬緣由，理合恭摺。由驛具陳，伏乞皇太后，皇上聖鑒，訓示施行，謹奏。

《清續文獻通考》卷二三六《兵考三十五·馬政》 又東三省總督錫良奏：『東省陸軍各鎮協營應用馬匹，每年遵照定章，按三成倒斃數目核計購補。向在江省呼倫貝爾一帶地方按格選買，運回補額。歷經辦理在案，見查各鎮協以及講武堂陸軍、警察隊各處馬匹缺額甚多，自上年九月起扣至本年九月底止，按三成倒斃計算，共應添購一千四百三十四匹之譜。且第三鎮正在預備校閱期內，所有缺額尤未便任其虛懸。擬仍援照歷次購馬成案，派員前往呼倫貝爾產馬地方照數採買，分起運回，以資操防而重軍乘。』

綜述

（康熙）《延綏鎮志》卷二《馬政》 鎮馬原額，常操、輪班、備禦、官軍騎操馬四萬七千一百八十七匹，皆取足於茶馬、鹽中馬、免糧馬、陣獲馬、互市馬、苑馬，而買補之價，則以京運地畝給之，乃又設以樁朋，嚴以馬禁，其制固詳且密矣。國朝茶馬仍設，但鎮兵既減，闔營額馬僅二千九百，取之內地而已足，故西寧領馬歲止數十匹；苑廄之牧以實郵傳，而池鹽互市等項盡行罷革，惟樁朋與馬禁俱沿明制。茶馬，洮、岷、西寧各設茶馬司，召番易馬。巡撫項忠題請三邊照年輪領，後楊一清以西寧距鎮太遠，請以洮河馬專給延寧，而西寧歸甘肅。嘉靖初，巡撫張宏因套兵日彊，奏請破格給賜額外茶馬二千匹，間歲一領。從之。苑馬，設鹽寺臣主之，駐牧平凉以西，本鎮唯嘉靖中撫臣張宏奏討苑馬三千九百餘匹給軍。鹽中馬，天順中每中馬一匹，給鹽八十引，計兩池歲課四萬五千引，每該馬四百五十餘匹。尋以所中馬不堪征操，奏準折價每引一百道中銀五十兩，計二馬之引可充三馬之費，每歲解鎮。後池為寧夏所借，正統中復歸本鎮。然鹽政大壞，徒存空名而已。免糧馬，始自成化九年余子俊題免土兵本戶税糧二十石以下，幷其差役，專買本軍馬匹牧養，共軍四千八百六十八名，免糧六萬四千九百三十八石，該馬四千八百六十八匹。至萬曆四十三年，巡按沈涵奏請免糧買馬不若徵銀給價，始令土兵每糧一石，徵銀三錢三分，延、慶二府徵解榆林，以管糧通判司之。凡土兵買馬，每匹領銀十二兩。然其後弊竇漸滋，鎮城軍丁非土兵而往往冒領，東西二路雖土兵不得給價。及巡撫鄭汝璧嚴覈，着令鎮城土兵仍給價十二兩，而三路土兵各給五兩焉。陣獲馬，嘉靖以前，凡奪獲馬匹盡行給賞，未幾擇騙馬給軍伍，而騍馬駝牛與本軍。其後幷取變賣充撫賞費，而士氣衰矣。互市馬，始自嘉靖中仇鸞奏許馬市，計節次易馬六千匹，分給軍士。及萬曆末，吉能乞款，每歲除貢馬三百四十匹外，互市之馬不滿二千，膘壯者給軍，老羸者變價充賞。京運馬價，正統初年軍伍缺馬，奏發内帑銀六萬兩買馬給軍。嗣是無定額，惟遇馬缺，巡撫奏討，或三五萬，或六七萬。嘉靖十一年至十萬後，更以畿甸馬兼給。弘治中，陳壽奏討四戸馬三千匹。正德中，兵部咨給保定寄養馬二千四百匹，陳璘奏討紫荆關馬三千匹。嘉靖時，張宏又奏討紫荆關四戸馬三千匹。凡募軍俱有奏討馬價，每匹給價十二兩，與樁朋每匹十兩者不同。地畝馬價，成化六年，兵部議馬價不足，於屯田内每頃出銀一錢，屯官徵收解鎮，收買戰馬給軍，不許那移，年終奏報。計榆林衛五百五十九兩三錢，綏德衛二百九十六兩九錢一分，延安衛五百九十八兩八錢七分，慶陽衛三百三兩六錢，共一千七百五十八兩六錢八分。至萬曆末年，水旱連欠，加以侵漁，歲貯不滿三百金矣。樁朋，成化十三年，兵部議行各邊凡馬匹遇有倒失，酌量官軍朋合出銀買補。每年遇雙月，都指揮出銀一錢，千百戸、鎮撫七分，旗軍五分，走失、被盜者各加五錢，扣存官軍，照時買馬。約一年應扣五千餘兩，鎮巡官半年一奏報。評曰：盜與馬何與哉？天下有盜而無馬者矣。馬之待盜乎？盜之待馬乎？馬與盜果相輔而行乎？何馬禁甚嚴，而盜猶如故也？此與壽王挾弓矢之對同然，無有一人為上言者，可歎已。使非朝廷洞然而池其禁，則陝西、四川、貴州民間之苦，將何所告愬哉？嗚呼！民之種馬、養馬、俵馬之弊極矣，至本朝而始革。今又與民同其利，則塞之斥也，亦何難致橋姚之富耶？

清 凌銘麟《律例指南》卷七《兵律廄牧類》 宰殺馬牛條贅言。律説：准盜論者，如係官物，准常人盜官物論，免刺追價。減價者，如馬牛本值錢三十貫，殺訖止值錢二十貫，即以所減十貫計贓，准盜論罪也。故殺傷私畜，分首從；若以盜官物論者，不分首從。故殺問罪而追減價，誤殺及故傷不問罪，而追減價，葢雖故殺不追全價，以親屬異于他人之物也。贓重坐贓論者，謂損食之贓重計物價坐贓論罪，一貫以下笞二十，罪止杖百，徒三。

各賠所損物，指故放與失防言。官畜食官物者，指坐牧養之人笞三十。畜產傷人，如牛觸馬踢犬咬之類。附記：凡馬牛老病不堪乘用，告結判狀，方許宰殺，觔角入官。不告者同私宰論。病死者申官開剝，違者治罪。例說：私宰耕牛，固有枷號充軍者律，若盜販者能自首，亦得免罪。販賣與宰殺及盜殺貨賣，俱追觔角皮張入官。

又 產畜唆踢人贅言。律說：駝騾驢有犯，並依馬科。以過失論者，如鬬殺條科罪收贖也。若殺傷尊屬，依過失殺傷尊長各律論。如放惡犬嚇死父祖，依過失殺父祖論。故放犬殺傷人者，如係凡人，減鬬毆殺傷，係親屬各依尊卑相毆條罪上減之。傷者仍立他物傷人保辜。各笞四十，指殺與傷言。

又 隱匿孳生官畜產條贅言。律說：十日外不報，計孳生所值爲贓，准竊盜論。若將駒盜賣，計駒所值，以監守盜論。監守盜不分首從，併贓至四十兩，問祿斬。買者知情，以故買盜贓科。其匿賣換之物，仍追還官。第一條例說：追銀者，馬銀三兩，騾銀二兩，驢銀一兩。

又 私借官畜產條贅言。律說：監臨主守，指牧養官吏。借與及借者，不問久近多寡。驗日追僱錢，每日六十文，僱錢雖多，不得過其本價。借官畜騎死，依毁棄官物。在塲公然牽去，依常人盜。第一條例說：占用及私借撥與人除轉借俱依違制，若計也錢重者坐贓加等。第二條例說：走驛，是包當應差及顧與人走遞者。俱除監守私借依違制，若計顧錢重者坐贓加等。

又 公使人等索借馬匹條贅言。律說：既爲公使，自應有脚力索借者，謂其並無明文而私自索討也。罪坐所由，謂主張應付之人。

清 朱軾《大清律集解附例》卷一六《驗畜產不以實》 凡官司相驗分揀，相驗其美惡，而分別揀選，以定高下。官馬牛駝贏驢不以美惡之實者，一頭笞四十；每三頭加一等，罪止杖一百。驗羊不以實，減三等。若因驗畜不實而價有增減者，計所增虧官減損民價坐贓論，入己者以監守自盜論，各從重科斷。不實罪重從不實，自盜罪重從自盜。註：此槩言官司驗揀畜產不實之罪也。官用馬牛等畜不足則收買，有餘則變價，皆須官吏醫獸人等相驗美惡，分別高下，以實開報。如本美而稱惡，置之下等，本惡而稱美，置之高等，是爲不實。計頭加等，罪止杖一百。驗羊不以實者，減三等，以致價有增減，計所增所減之數坐贓論。若將增減之價入己者，以監守自盜論。原例：一，州縣起解備用馬匹，各要經由該管官驗中起解。若有馬販交通官吏醫獸人等挑攬作弊者，問罪，枷號一箇月，發邊衛充軍。再犯、累犯者，枷號一箇月，發極邊衛分充軍。

又《宰殺馬牛》 凡私宰自己馬牛者，杖一百，駝贏驢杖八十，觔角皮張入官。誤殺及病死者，不坐。若故殺他人馬牛者，杖七十，徒一年半。駝贏驢杖一百，官畜產同。若計贓重於本罪者，准盜論，追價給主，係官者准常人盜官物斷罪，並免刺。若傷而不死，不堪乘用及殺猪羊等畜者，計殺傷所減之價，亦准盜論，各追賠所減價錢完官給主。價不減者，笞三十。其誤殺傷者，不坐罪，但追賠減價。爲從者，故殺傷各減一等，官物不分首從。若故殺緦麻以上親馬牛駝贏驢者，與本主私宰罪同，追價賠主。殺猪羊等畜者，計減價坐贓論，罪止杖八十。其誤殺及故傷者，俱不坐，但各追賠減價。若官私畜產毁食官私之物因而殺傷者，各減故殺傷三等，追賠所減價還畜主。畜主賠償所毁食之物還官主。若故放官私畜產損食官私物者，笞三十。計所食之贓重於本罪者，坐贓論，罪止杖一百，徒三年。失防者減二等，各賠所損物還官主。若官畜產失防毁食官物者，止坐其罪，不在賠償之限。若畜產欲觸觝踢咬人登時殺傷者，不坐罪，亦不賠償，兼官私。註：此分別人己之畜產以定殺傷之罪也。凡私宰自己馬牛者，杖一百，駝贏驢杖八十。不當宰而宰，故將觔角皮張入官。如係誤殺及病死者，聽其開剝，不坐私殺之罪。若故殺他人馬牛者，杖七十，徒一年半，駝贏驢杖一百。以生時之價計之，贓重於本罪者，准竊盜論。若傷而未死，不堪乘用，及殺他人猪羊等畜者，計殺傷所減之價，亦准竊盜論，仍追賠減價。官畜則還官，民畜則給主。若雖殺傷而估價不減者，止笞三十。其誤殺傷者不坐罪，但追賠減價。以上故殺傷他人之馬、牛、猪、羊，爲從者各減一等。若故殺緦麻以上親之馬牛駝贏驢者，與本主私宰罪同，仍追價給主。殺猪羊等畜者，計殺死所減之價，坐贓論，至六十兩以上，罪止杖八十。其誤殺及故傷者俱不坐罪，但各追賠減價。若官私畜產毁食官私之物，物主因而殺傷者，仍分別馬牛駝贏驢各減故殺傷罪三等，追減價以賠畜主，仍著畜主賠償所毁食之物還官給主。減罪盡者無科。若故放官私畜產損食官私之物者，俱笞三十，贓重於笞者，坐贓論。若失防官私畜產損食官私之物者，俱減故放罪二等，各追償損食之物還官給主。若失防官畜產毁食官物者，止坐牧養人減二等之罪，笞一十，不在賠償之限。若官私畜產欲傷人而登時殺傷者，不坐罪，亦不賠償，仍責令畜主領回，以人重物輕故也。增例：一，康熙三十一年九月，内奉上諭，以後一應馬匹不許宰殺貨賣，著永行禁止，交與步軍統領五城嚴察。如有殺馬賣者，拏送刑部，從重議罪。一，凡屠戶將堪用牲畜買去宰殺者，雖經上稅，仍照故殺他人駝驘律，杖一百。若將竊盜所偷堪用牲畜不上稅買去宰殺者，與竊盜一體治罪。欽定例：一，盜牛一隻，枷號一箇月，杖八十；二隻，枷號三十五日，杖九十；三隻，枷號四十日，杖一百；四隻，枷號四十日，杖六十，徒一年；五隻，枷號四十日，杖八十，徒二年；五隻以上者，枷號四十日，杖一百，徒三年。再犯者，杖一百，流三千里。累犯者，發邊衛充軍，仍俱照竊盜律刺字。十隻以上者，絞監候。窩家知情分贓者同罪，不分贓者杖一百；若窩竊牛之犯至三人、牛至五隻者，杖一百，徒三年；若人至五人、牛至十隻者，發邊衛充軍。其宰殺耕牛，并私開圈店及販賣與宰殺之人，初犯俱枷號兩箇月，杖一百；再犯，發附近；累犯，發邊衛，俱充軍。盜殺及盜賣者，初犯枷號一箇月，發附近；再犯，枷號一箇月，發邊衛；累犯，枷號一箇月，發烟瘴地方，各充軍。殺自己牛者，計隻照盜牛例治罪。故殺他人牛者，仍照律杖七十，徒一年半。若計隻重於本罪者，亦照盜牛例治罪。俱免刺，罪止杖一百，流三千里。其殘老病死者勿論。

又《**畜產咬踢人**》 凡馬牛及犬有觸觝踢咬人而畜主記號拴繫不如法，若有狂犬不殺者，笞四十。因而殺傷人者，以過失論，各准鬬毆殺傷收贖給主。若故放令殺傷人者，減鬬毆殺傷一等。親屬有犯者，依尊卑相毆殺傷律。其受雇醫療畜產無制控之術，及無故人自觸之而被殺傷者，不坐罪。若故放犬令殺傷他人畜產者，各笞四十，追賠所減價錢給主。註：此專責畜產之主宜加控制以防傷人也。凡馬牛犬有觸觝踢咬人者，畜主須嚴加防制。若記號拴繫不如法，及有狂犬而不殺，雖未傷人，俱笞四十。如因而殺傷人者，不分凡人、親屬，俱以過失論，准鬬毆殺傷罪收贖給主。若故放馬牛狂犬縱使殺傷人者，係凡人減鬬毆殺傷一等，係親屬照尊卑相毆律科斷。若獸醫受雇爲人療畜而控制無術，及人自觸之而被殺傷者，皆與畜主無涉，不坐畜主之罪。若故放犬令殺傷他人畜產，不論殺與傷，各笞四十，追賠減價給主。

《**清會典**》**卷六六**《**兵部·馬政**》 凡牧馬，八旗馬每歲季春由部以出牧之數具奏，並列副都統名，請每翼簡用一人掌出牧事，每旗視馬多寡，撥委官兵陸續領赴口外馬場，擇水草豐茂處牧養，聽副都統管轄調度。歸牧之期以八九月為率。在場禁縱逸，在塗禁踐踏田禾。回京由部察驗肥瘠，副都統及官兵議叙議處有差。出牧橐駝亦如之。陝西、甘州、涼州、西寧、肅州各設牧馬場，以游擊為總統，場分五羣，各以千把總為牧長，外委為牧副，兵為牧丁。羣各牧馬二百四十匹，歲課孳生之數，通計三馬得一匹，至三歲均齊，計其盈虧為賞罰，差以三等，由總督報部察覈，具各官功過以聞。橐駝牧場，五歲均齊，官兵賞罰如馬場例。江南營馬有牧場者，依界植柳編籬，或掘溝為限，越境及蹂躪禾稼者，兵論如律，本管官弁分別降罰。

又 凡直省營馬，提督二十匹，總兵官十有六，副將十有二，參將八，游擊六，都司、守備各四，千總、把總各二，兵由馬步各半，至馬一步九，各按營制，歲終奏銷芻秣之數，具冊報部察覈。官兵每月朋扣俸餉存營，馬闕，動支買補。直省營馬報斃，各限以數。福建歲準九百三十五匹，廣東九百二十一匹，直隸及餘省均不得過十分之三。報斃之馬，定以年限，江南、江西、福建、浙江、湖北、湖南、四川、廣東、廣西、雲南、貴州三年，直隸、山東、山西、河南、陝西、甘肅五年，未及期斃者責賠。其買補，按省按年各定價有差，直省由督撫，京城巡捕營由參將，各具冊報部察覈題銷。

又 凡馬禁，官馬飼秣失宜、致有疲瘦，因公領騎、事竣交還不如數、及私賣官馬者，皆劾論。該管官議處有差。直省購買營馬，至口外者咨部，至鄰省者咨該地督撫，均按數印烙給照，令所過地方官弁察驗。若於照外多買及將私馬附入照内者，罪之。文武官有以自畜之馬及受商販行賄以不堪騎乘之馬抑勒營汛、驛站並所屬官索取高價者，從重治罪，督撫不糾參者並論。失察商販賣馬與賊者，論如法。拏獲者議敘有差。盜竊官馬營汛追捕不力者論。收獲逸馬者，不得隱匿，報官俟失主認領。外夷貢使不得私買内地馬攜歸有犯，並通事皆治其罪。

《**清律例**》**卷二一**《**兵律廐牧**》 宰殺馬牛。凡私宰自己馬牛者，杖一百，駝驘驢杖八十，觔角皮張入官。誤殺及病死者不坐。若故殺他人馬牛者，杖七十，徒一年半。駝驘驢杖一百。官畜產同。若計贓重於本罪者，准盜論，追價給主。係官者，准常人盜官物斷罪，並免刺。若傷而不死，不堪乘用及殺猪羊等畜者，計殺傷所減之價，亦准盜論，各追賠所減價錢，完官給主。價不減者，笞三十。其誤殺傷者不坐罪，但追賠減價。為從者，故殺傷各減一等，官物不分首從。若故殺緦麻以上親馬牛駝驘驢者，與本主私宰罪同，追價賠主。殺猪羊等畜者，計減價坐贓論，罪止杖八十。其誤殺及故傷者俱不坐，但各追賠減價。若官私畜產毀食官私之物因而殺傷者，各減故殺傷三等，追賠所減價還畜主，畜主賠償所毀食之物還官主。若故放官私畜產損食官私物者，笞三十，計所食之贓重於本罪者坐贓論，罪止杖一百，徒三年。失防者減二等，各賠所損物還官主。若官畜產失防毀食官物者，止坐其贓罪，不在賠償之限。若畜產欲觸觝踢咬人登時殺傷者，不坐罪，亦不賠償，兼官私。條例：一，凡屠戸將堪用牲畜買去宰殺者，雖經上稅，仍照故殺他人駝贏律，杖一百。若將竊盜所偷堪用牲畜不上稅買去宰殺者，與竊盜一體治罪。一，宰殺耕牛並私開圈店及販賣與宰殺之人，初犯俱枷號兩個月，杖一百。若計隻重於本罪者，照盜牛例治罪。再犯發附近充軍。殺自己牛者，枷號一個月，杖八十。故殺他人牛者，杖七十，徒一年半。若計隻重於本罪者，均照盜牛例治罪，免刺，罪止杖一百，流三千里。其殘老病死者勿論。一，開設湯鍋宰殺堪用馬，一二匹者，枷號四十日，責四十板；三四匹者，杖六十，徒一年；五匹以上，每馬四匹遞加一等，至三十匹者，杖一百，流三千里；三十匹以上者，發雲、貴、兩廣烟瘴少輕地方，交與地方官嚴行管束。若旗人有犯，亦計匹論罪，一匹至四匹者，俱枷號四十日；五匹以上，每四匹遞加一等，加枷號五日；至三十匹以上者，發黑龍江當差牙行。及賣馬之人知情者，照數各減宰馬人罪一等，至三十匹以上者，均發附近充軍。其徒罪以下，再犯及知情賣與者俱不計匹數，均發近邊充軍。失察之地方官，按數分別議處。一，凡失察私宰耕牛之地方官，照失察宰殺馬匹例，交部分別議處。若能拿獲究治者，免其處分。一，附京州縣及京汛地方有馬窩子宰剝馬匹者，發往黑龍江給索倫兵丁為奴。失察之官弁，照例議處。

又 畜產咬踢人。凡馬牛及犬有觸觝踢咬人而畜主記號拴繫不如法，若有狂犬不殺者，笞四十。因而殺傷人者，以過失論。各准鬬毆殺傷收贖給主。若故放令殺傷人者，減鬬毆殺傷一等。親屬有犯者，依尊卑相毆殺傷律。其受雇醫療畜產無制控之術，及無故人自觸之而被殺傷者，不坐罪。若故放犬令殺傷他人畜產者，各笞四十，追賠所減價錢給主。

又 隱匿孳生官畜產。凡牧養係官馬贏驢等畜所得孳生，限十日内報官。若限外隱匿不報，計所隱匿之價為贓，准竊盜論，止杖一百，流三千里。因而盜賣，或將不堪孳生抵換者，並以監守自盜論罪，不分首從，併贓至四十兩，雜犯斬。其典牧官太僕寺官知情不舉，與犯人同罪，不知者俱不坐。買主知情，以故買盜贓科，匿賣抵換之物還官。條例：一，凡屯莊居住旗人莊頭畜養馬匹，各用該旂印烙。無印烙者察出，將馬入官，養馬之人杖一百，屯領催不行察出者，笞五十，首報免罪。一，口外羣内馬匹盜賣抵換，照監守自盜律科罪。若將有太僕寺滿字印烙馬匹，明知故買者，與犯人同罪。

又 私借官畜產。凡監臨官吏主守之人將係官馬牛駝贏驢私自借用，或轉借與人及借之者，不論久近多寡，各笞五十，驗計借過日期追雇賃錢入官。若計雇賃錢重於笞五十者，各坐贓論加一等。雇錢不得過其本價。官畜死，依毀棄官物。在場牽去，依常人盜。

又 公使人等索借馬匹。凡公使人等承差經過去處除應付脚力外索借有司官馬匹騎坐者杖六十驢贏笞五十官吏應付者各減一等，罪坐所由應付之人。

清 伯麟《兵部處分則例》卷二四《八旗馬政》 濫行乘騎官馬。一、官馬每年出場牧放，其留京之馬，原備緊要差遣，必待兵部印文方准撥用。若官員將跟班傳事查堆等項動用留京肥馬者，罰俸九個月。私罪。

又 收留遺失馬駝。一、收留行營遺失馬駝不行報部，私下騎馱者，照在行營隱匿官馬例，交刑部治罪。

又 走失馬駝。一、官員解送官馬官駝有走失者，罰俸一個月。公罪。領催鞭三十。公罪。兵丁鞭五十。公罪。走失馬駝，著落官賠一半，兵丁分賠一半。若於看守處走失者，將看守官兵亦照此例處分。

又 追緝盜馬。一、八旗官兵屯莊牧養之馬被竊，失主即時報明該地方營弁，該營弁即帶所屬兵丁追緝到伊所屬交界地方，與連界地方官弁接續追緝，緝獲，營弁紀錄一次，將偷馬之賊每匹追銀一兩賞給兵丁。若呈報，本汛營弁不即派兵緝拏，連界營弁不行接續追緝者，每案將官員降一級留任，罰俸一年。私罪。兵丁責二十棍。私罪。

又 錦州庫貯馬皮糟爛。一、錦州存貯大凌河牧廠倒斃馬匹皮張，由該副都統特派官兵看守，毋致蟲蛀糟爛，於年底送京，交武備院備用。如有蟲蛀糟爛，看守官員各罰俸一年。公罪。無論數之多寡，即著落看守官員等賠補，牧場翼長、協領各罰俸六個月。公罪。副都統罰俸三個月。公罪。

又卷二五《緑營馬政》 營員追緝旗屯盜馬。一、八旗官兵屯莊牧養之馬被竊，失主即時報明該地方營弁，該營弁即帶所屬兵丁追緝到伊所屬交界地方，與連界地方官弁接續追緝，緝獲，營弁紀錄一次，將偷馬之賊每匹追銀一兩，賞給兵丁；若呈報，本汛營弁不即派兵緝拿，連界營弁不行接續追緝者，每案將官員降一級留任，罰俸一年。私罪。兵丁責二十棍。私罪。

《清通典》卷七九《馬政》 用馬。每歲四孟月敬神，各用青白馬二，敬畢交會計司變價。皇子分封，初祭神，薦以馬。婚禮以馬，薦幣給乘。固倫公主、和碩公主釐降，薦幣以馬駝，生子彌月，以馬充賞。分封王、貝勒、貝子，各給馬駝，分封公給馬。

清 梁他山《讀律琯朗·厩牧》 宰殺馬牛杖八十，畜生傷人四十笞。因而殺人過失論，收贖給主罪應知。

清 薛允升《讀例存疑》卷二三《宰殺馬牛》 凡私宰自己馬牛者，杖一百，駝羸驢杖八十，筋角皮張入官，誤殺及病死者不坐。若故殺他人馬牛者，杖七十，徒一年半。駝羸驢杖一百。官畜產同。若計贓重於本罪者，准盜論，追價給主。係官者准常人盜官物斷罪，並免刺。若傷而不死，不堪乘用及殺猪羊等畜者，計殺傷，所減之價亦准盜論，各追賠所減價錢完官給主。價不減者笞三十。其誤殺傷者，不坐罪，但追賠減價。爲從者，故殺傷各減一等。官物不分首從。若故殺緦麻以上親馬牛駝羸驢者，與本主私宰罪同，追價賠主。殺猪羊等畜者，計減價坐贓論，罪止杖八十。其誤殺及故傷者俱不坐，但各追賠減價。若官私畜產毀食官私之物因而殺傷者，各減故殺傷三等，追賠所減價還畜主，畜主賠償所毀食之物還官主。若故放官私畜產損食官私物者，笞三十，計所食之贓重於本罪者坐贓論，罪止杖一百，徒三年。失防者減二等，各賠所損物還官主。若官畜產失防毀食宮物者，止坐其罪，不在賠償之限。若畜產欲觸觝踢咬人登時殺傷者，不坐罪，亦不賠償，兼官私。此仍明律，順治三年删定。條例：一，凡屠户將堪用牲畜買去宰殺者，雖經上税，仍照故殺他人駝羸律，杖一百。若將竊盜所偷堪用牲畜不上税買去宰殺者，與竊盜一體治罪。如竊盜罪名輕於宰殺者，仍從重依宰殺本例問擬，免刺，不得以盜殺論。此條係康熙年間現行例，嘉慶十六年改定。謹按：價買他人牲畜與賤買偷竊牲畜宰殺本有分別，此處依宰殺本例問擬，是將二層併而爲一矣。再上層依故殺他人駝騾律，杖一百，明其非馬牛也。下層從重依宰殺本例問擬，而宰殺例文有耕牛而無駝騾，又似統耕牛在內。查原定例文，堪用牲畜本無牛馬在内，故照殺他人駝騾律問擬滿杖。嘉慶年間，因雷順故買贓牛宰殺一案，擬軍，罪名較重，改照私宰例，擬以枷號兩箇月，杖一百，遂與原定之例互相參差，上層專言駝騾，下層兼及耕牛，以致不能明晰。一，凡宰殺耕牛私開圈店及販賣與宰殺之人，初犯俱枷號兩箇月，杖一百。若計隻重於本罪者，照盜牛例治罪，免刺，罪止杖一百，流三千里。再犯，發附近充軍。殺自己牛者，枷號一箇月，杖八十。其殘老病死者勿論。失察私宰之地方官，照失察宰殺馬匹例，分别議處。若能拏獲究治，免其處分。此例原係二條，一係前明舊例，雍正五年欽定盜牛例，將此條併入，乾隆五年删定。按語云：例内盜牛及盜殺、盜賣之例應移入刑律盜馬牛畜産條下，又按宰殺耕牛，再犯即發附近充軍，而例内又有累犯一層。若軍所有犯自有徒流人，又犯罪本律若追究從前積犯，恐啟鍛鍊之弊，其累犯發邊衛句應删，二十一年修改。一係乾隆十三年湖廣總督賽楞額條奏定例，乾隆五十三年删併。謹按：此例者句係價買他人牛隻而殺者，第二句係將牛隻販賣與宰殺之人者，均非竊盜而殺也。若盜賣與宰殺之人及故買竊盜之牛宰殺例無明文，以上條例文科斷，則仍滿杖枷號兩箇月矣。上條例末數語，係因雷順之案添入，即此例之枷號兩月，杖一百也。此例本係别於故買贓牛而言，而故買贓牛宰殺，又援照此條科罪，以致前後諸多參差，應與盜牛門條例參看，查盜牛十隻以上滿流，二十隻以上擬絞，此云罪止滿流，謂計隻雖多，不與竊盜一體擬絞也，彼此已覺歧異。至盜牛賣與宰殺之人，及知情故買，有盜殺及盜賣，發附近充軍之文，故不復敘也。後賊盜門内將盜賣一層删去，止留盜殺二字，似係指盜而又殺者言。若盜賣而未宰殺，及宰殺而非竊盜，則不問充軍矣。盜牛一隻賣給宰殺之人，按盜牛本例，止應枷號一箇月，杖八十，較販賣而非竊盜者擬罪反輕至數等，販賣與宰殺之人初犯，枷號兩箇月，杖一百，私開圈店宰殺者亦然，似非例意。價買他人牛隻而殺，雖一隻亦擬滿杖，枷號兩月，故買竊牛殺宰不應治罪反輕，竊盜門内例似應酌加修改，觀乾隆五年修例按語，益知彼門删去盜賣二字之誤。嘉慶年間又添入，從重依宰殺例治罪，益混淆不清矣。再查盜牛例内枷號至四十日爲止，四隻以上則由杖入徒，此云計隻重於本罪者，照盜牛例治罪，是三隻仍枷號兩箇月，杖一百；四隻則枷號四十日，徒一年矣，科罪亦屬參差。私宰自己牛律係杖一百，此例雖加枷號一月，而改滿杖爲杖八十，殊覺無謂。原例有殺自己牛者照盜牛例計隻治罪之語，盜牛一隻，枷號一月，杖八十，此例卽係仿照此語科罪，後將此語删去，便不分明。如宰殺二三隻以上，卽難援引科斷。再價買他人牛隻販賣與宰殺之人統計在十隻以上，卽應擬流，宰殺者亦應擬流。若節次偷竊牛隻，均非一主，每次或二三隻，同時並發，統計已至十隻，應否照販賣例擬流，亦係以一主爲重，計隻科罪之處存以俟參。一，開設湯鍋，宰殺堪用馬一二匹者，枷號四十日，責四十板；三四匹者，杖六十，徒一年；五匹以上，每馬四匹，遞加一等；至三十匹者，杖一百，流三千里；三十匹以上者，發雲、貴、兩廣煙瘴少輕地方，交與地方官嚴行管束。若旗人有犯，亦計匹論罪，一匹至四匹者，俱枷號四十日；五匹以上，每四匹遞加一等，加枷號五日；至三十匹上者，發以黑龍江當差。牙行及賣馬之人知情者，照數各減宰馬人罪一等；至三十匹以上者，均發附近充軍。其徒罪以下，再犯及知情賣與者俱不計匹數，均發近邊充軍。失察之地方官按數分別議處。此條係雍正九年例，乾隆十六年改定，三十二年修改。謹按：宰殺耕牛與宰殺馬匹相等，而罪名亦有不同，殺馬一二匹較殺牛一二隻少枷號二十日，似殺馬之罪輕於殺牛矣。乃殺馬三匹卽擬徒一年，殺牛三隻仍係枷號兩箇月，滿杖，四匹、四隻均徒一年，而殺牛則多枷號四十日，殺牛十隻以上卽擬滿流，而亦罪止滿流，殺馬三十匹則擬滿流，三十匹以上則應充軍，殺牛五隻以上者枷號四十日滿徒，殺馬五匹以上者僅擬徒一年半，輕重殊覺參差。私宰牛馬律無分別，例則分列兩條罪名，遂有參差之處，似應將故殺自己及親屬旁人牛馬牲畜列入此門，盜殺盜賣及故買竊盜牲畜宰殺移入賊盜門內，庶不致彼此互異。一，附京州縣及京汛地方有窩藏偷竊馬匹，開設馬窯子宰剝者，實發雲、貴、兩廣極邊煙瘴充軍，失察之官弁照例議處。此條係乾隆二十二年大學士兼管修改，嘉慶十七年改定。謹按：是否不計匹數，應與上條參看□專指附京地方，其餘似不在內。然究以何處爲界限，尚未明晰。因係窩藏竊盜馬匹宰殺，故擬罪獨嚴，猶故買竊盜之牛宰殺也。此開馬窯子與略人門開窯誘取婦人子女參看。

又《畜産齩踢人》 凡馬牛及犬有觸觝踢齩人而畜主記號拴繫不如法，若有狂犬不殺者，笞四十；因而殺傷人者，以過失論，各准鬬毆殺傷，牧贖給主。若故放令殺傷人者，減鬬毆殺傷一等。親屬有犯者，依尊卑相毆殺傷律。其受雇醫療畜産無制控之術，及無故人自觸之而被殺傷者，不坐罪。若故放犬令殺傷他人畜産者，各笞四十，追賠所減價錢給主。此仍明律，順治三年添入小註。

又《隱匿孳生官畜産》 凡牧養係官馬贏驢等畜所得孳生，限十日內報官。若限外隱匿不報，計所隱匿之價爲贓，准竊盜論，止杖一百，流三千里。因而盜賣或將不堪孳生抵換者，並以濫守自盜論，罪不分首從。併贓至四十兩，雜犯斬。其典牧官、太僕寺官知情不舉，與犯人同罪。不知者俱不坐。買主知情，以故買盜贓科，匿賣抵換之物還官。此仍明律，雍正三年修改，其小註係順治三年添入。條例：一，凡屯莊居住旗人莊頭畜養馬匹，各用該旗印烙，無印烙者察出，將馬入官，養馬之人杖一百，屯領催不行察出者，笞五十，首報免罪。此條係康熙年間現行例。謹按：此係遠年舊例，專指屯莊居住旗人而言，民人似不在內。一，口外羣內馬匹盜賣抵換，照監守自盜律科罪。若將有太僕寺滿字印烙馬匹明知故買者，與犯人同罪。此條係康熙年間太僕寺例。謹按：此係指經管馬匹之人而言，如賊盜門內所稱養馬人戸之類，似應添改明晰，與盜馬牛畜産門內各條及兵部處分例偷賣牧廠馬匹一條參看，私賣戰馬門內一條亦應參看。

又《私借官畜産》 凡監臨官吏主守之人將係官馬牛駝贏驢私自借用，或轉借與人及借之者，不論久近多寡，各笞五十，驗計借過日期，追雇賃錢入官。若計雇賃錢重於笞五十者，各坐贓論加一等，雇錢不得過其本價。官畜死，依毁棄官物。在場牽去，依常人盜。此仍明律，順治三年添入小註。

又《公使人等索借馬匹》 凡公使人等承差經過去處，除應付脚力外，索借有司官馬匹騎坐者，杖六十，驢贏笞五十。官吏應付者各減一等，罪坐所由應付之人。此仍明律，順治三年添入小註。

清　沈家本《大清現行新律例・案語廐牧・驗畜産不以實》 原律：凡官司相驗分揀，相驗其美惡而分別揀選，以定高下。官馬牛駝贏驢不以美惡之實者，一頭笞四十，每三頭加一等，罪止杖一百。驗羊不以實減三等。若因驗畜不實而價有增減者，計所增虧官減損民價坐贓論，入已者以監守自盜論，各從重科斷。不實罪重從不實坐贓，自盜罪重從自盜坐贓。臣等謹按：此仍明律，順治初年添入小註，乾隆五年增修。律內笞杖照章罰金，均應依數分等處罰。謹將修改律文開列於後。修改：凡官司相驗分揀，相驗其美惡而分別揀選，以定高下，官馬牛駝贏驢不以美惡之實者，一頭處四等罰，每三頭加一等，罪止十等罰。驗羊不以實，減三等。若因驗畜不實而價有增減者，計所增虧官減損民價坐贓論，入己者以監守自盜論，各從重科斷。不實罪重從不實坐贓，自盜罪重從自盜坐贓。

又《宰殺馬牛》 原律：凡私宰自己馬牛者，杖一百，駝贏驢杖八十，觔角皮張入官。誤殺及病死者不坐。若故殺他人馬牛者，杖七十，徒一年半，駝贏驢杖一百。官畜産同。若計贓重於本罪者，准盜論，追價給主。係官者准常人盜官物斷罪，並免刺。若傷而不死，不堪乘用，及殺豬羊等畜者，計殺傷所減之價，亦准盜論，各追賠所減價錢完官給主。價不減者，笞三十。其誤殺傷者，不坐罪，但追賠減價。爲從者，故殺傷各減一等。官物不分首從。若故殺緦麻以上親馬牛駝贏驢者，與本主私宰罪同，追價賠主。殺豬羊等畜者，計減價坐贓論，罪止杖八十。其誤殺及故傷者俱不坐，但各追賠減價。若官私畜産毀食官私之物，因而殺傷者，各減故殺傷三等，追賠所減價還畜主，畜主賠償所毀食之物還官主。若故放官私畜産損食官私物者，笞三十，計所食之贓重於本罪者，坐贓論，罪止杖一百，徒三年。失防者減二等，各賠所損物還官主。若官畜産失防毀食官物者，止坐其罪，不在賠償之限。若畜産欲觸觝踢咬人登時殺傷者，不坐罪，亦不賠償，兼官私。臣等謹按：此仍明律，順治三年刪定，律内笞杖照章罰金應依數分等遞罰，徒罪、附杖及小註『並免刺』三字，均應節刪。至爲從者各減一等，係專承故殺傷而言，小註雖已叙明，與前節究覺隔斷，似不如將此句移入誤殺傷之上，將註語『故殺傷』三字節去，并刪去一圈，以免悮會。謹將修改律文律註開列於後。修改：凡私宰自己馬牛者，處十等罰，駝贏驢處八等罰。觔角皮張入官，誤殺及病死者不坐。若故殺他人馬牛者，徒一年半，駝贏驢處十等罰。官畜産同。若計贓重於本罪者，准盜論，追價給主。係官者准常人盜官物斷罪。若傷而不死，不堪乘用，及殺豬羊等畜者，計殺傷所減之價，亦准盜論，各追賠所減價錢還官給主。價不減者，處三等罰。爲從者各減一等。官物不分首從。其誤殺傷者，不坐罪，但追賠減價。若故殺緦麻以上親馬牛駝贏驢者，與本主私宰罪同，追價賠主。殺豬羊等畜者，計減價坐贓論，罪止八等罰。其誤殺及故傷者俱不坐，但各追賠減價。若官私畜産毀食官私之物因而殺傷者，各減故殺傷三等，追賠所減價還畜主，畜主賠償所毀食之物還官主。若故放官私畜産損食官私物者，處三等罰。計所食之贓重於本罪者，坐贓論，罪止徒三年。失防者減一等，各賠所損物還官主。若官畜産失防毀食官物者，止坐其罪，不在賠償之限。若畜産欲觸觝踢咬人登時殺傷者，不坐罪，亦不賠償，兼官私。

又 原例：一，凡屠戶將堪用牲畜買去宰殺者，雖經上稅，仍照故殺他人駝贏律，杖一百。若將竊盜所偷堪用牲畜不上稅買去宰殺者，與竊盜一體治罪。如竊盜罪名輕於宰殺者，仍從重依宰殺本例問擬，免刺，不得以盜殺論。臣等謹按：此條係康熙年間現行例，原例堪用牲畜本無牛馬在内，故照殺他人駝贏律擬杖。嘉慶十六年，以雷順故買贓牛宰殺一案，部議照盜牛本例轉輕於宰殺之罪，改依私宰耕牛例辦理，旋於修例時纂入，遂與原例不無參差。應將上層添入別項二字，下層所偷下添入馬牛及別項五字，以免誤會。至杖一百，即包於故殺他人駝贏本律之中，似無庸復叙，應改爲科罪，例末從重依宰殺本例一語應改爲依宰殺本罪較爲賅括。免刺二字應節刪。謹將修改例文開列於後。修改：一，凡屠戶將別項堪用牲畜買去宰殺者，雖經上稅，仍照故殺他人駝贏律科罪。若將竊盜所偷馬牛及別項堪用牲畜不上稅買去宰殺者，與竊盜一體治罪。如竊盜罪名輕於宰殺者，仍從重依宰殺本罪問擬，不得以盜殺論。

又 原例。一，凡宰殺耕牛，私開圈店及販賣與宰殺之人，初犯俱枷號兩個月，杖一百。若計隻重於本罪者，照盜牛例治罪。免刺，罪止杖一百，流三千里。再犯，發附近充軍。殺自己牛者，枷號一個月，杖八十。其殘老病死者勿論。失察私宰之地方官，照失察宰殺馬匹例，分別議處。若能拏獲究治，免其處分。一，開設湯鍋宰殺堪用馬一二匹者，枷號四十日，責四十板；三四匹者，杖六十，徒一年；五匹以上，每馬四匹遞加一等，至三十匹者，杖一百，流三千里；三十匹以上者，發雲、貴、兩廣煙瘴少輕地方，交與地方官嚴行管束。若旗人有犯，亦計匹論罪，一匹於四匹者，俱枷號四十日；五匹以上，每四匹遞加一等，加枷號五日；至三十匹以上者，發黑龍江當差。牙行及賣馬之人知情者，照數各減宰馬人罪一等；至三十匹以上者，均發附近充軍。其徒罪以下再犯及知情賣與者，俱不計匹數，均發近邊充軍。失察之地方官，按數分別議處。臣等謹按：以上二例言宰殺牛馬，開設圈店湯鍋之罪，應修併爲一，查盜牛計隻之例。臣等此次以例文錯雜，改爲計贓，上條『計隻』二字，亦應照改。惟牛價貴賤不同，通商口岸有一牛值百金者，若准竊盜論罪，是殺一牛而擬流，與正律罪名相去太甚。考唐律，故殺官私牛馬者徒一年半，贓重者計減價准盜論。今律殺豬羊等畜，亦計減價准盜論，擬卽參照修改。至販賣與人宰殺，究與自行宰殺者有別，下條宰殺馬匹知情賣與者減宰馬人罪一等，宰牛宰馬情事相類，定罪未便兩歧，擬請比照酌減。其再犯充軍之處，竊盜本例自有再犯專條，擬請節去。枷杖一項，既已計贓科斷，亦毋庸另立罪名。惟宰殺自己耕牛，無坐贓論罪之理，而刪除枷號又轉較正律爲輕，有犯自當仍依本律定擬，此處應節刪。地方官失察私宰耕牛處分則例，本有專條，例内照失察宰馬例議處，徒滋淆混，亦擬節刪。宰殺牛馬律無區別，下條宰殺罪名應與上條改歸一例，其計匹科罪及分別旗人有犯之處，一概刪除。謹將修併例文開列於後。修併：一，凡宰殺耕牛，私開圈店及開設湯鍋，宰殺堪用馬匹，俱計減價，贓重於宰殺本罪者，准竊盜論，罪止流三千里。將耕牛販賣與宰殺之人，及牙行或賣馬人知情而賣者，俱減一等。其殘老病死者勿論。失察之地方官照例分別議處。刪除：一，附京州縣及京汛地方有窩藏偷竊馬匹，開設馬窰子宰剝者，實發雲、貴、兩廣極邊煙瘴充軍，失察之官弁照例議處。臣等謹按：此條係乾隆二年定例，爲禁止宰馬窰子而設，現在尚無此等情弊，本例無關引用，擬請刪除。

又《**私借官畜產**》 原律。凡監臨官吏主守之人將係官馬牛駝贏驢私自借用，或轉借與人，及借之者，不論久近多寡，各笞五十。驗計借過日期，追雇賃錢入官。若計雇賃錢重於笞五十者，各坐贓論，加一等。雇錢不得過其本價。官畜死，依毁棄官物。在場牽去，依常人盜。臣等謹按：此仍明律，笞五十罪名照章罰金應改爲處五等罰。謹將修改律文律註開列於後。修改：凡監臨官吏主守之人將係官馬牛駝贏驢私自借用，或轉借與人，及借之者，不論久近多寡，各處五等罰。驗計借過日期，追雇賃錢入官。若計雇賃錢重於處五等罰者，各坐贓論，加一等。雇錢不得過其本價。官畜死，依毁棄官物。在場牽去，依常人盜。

又《**公使人等索借馬匹**》 凡公使人等承差經過去處，除應付脚力外，索借有司官馬匹騎坐者，杖六十，驢贏笞五十。官吏應付者各減一等，罪坐所由應付之人。臣等謹按：公使人等索借有司官馬匹騎坐，及官吏應付等情，郵驛門各律例已足資引用，此律似嫌重復，擬卽刪除。

清 沈書城《則例便覽》卷三三《馬政》 馬羣官員議敘議處。一管養息牧馬羣官員除正額馬外，如有孳生至十匹、四十匹、七十匹以上者，將總管官員紀錄一二三次，自百匹至一百二十匹者，加一級哈岱。管騸馬羣官員如一年一百匹馬内保全不致倒斃，准加一級；倒斃自一五匹至四八匹者，紀錄一二次；自九匹至十二匹者，無庸議處議敘；倒斃自十一二十一三十一匹至二三四十匹者，罰俸一二三年；自四十一匹至五十匹者，降一級留住。再有多者，照倒斃數目計算降級。騍馬羣缺一分二分，照馬場騍馬缺額例議處。

又 扈從官員倒傷馬匹。一皇上行幸各處，各部院衙門取用馬匹内倒失躦病損傷一二匹五以下匹者，將該執事領去，章京官員罰俸六個月，十五匹以下者罰俸一年，八匹十五匹以下者降一級留任，十一二十匹以下者降二級調用，十四匹二十五匹以下者降三級調用，十七三十匹以下者降四級調用，至十八三十一匹以上者革職。至騎驛馬，内閣、中書、欽天監、太醫院等官所騎馬數既少，不過三四匹，如將所騎馬匹躦病損傷倒失一二匹者，罰俸六個月，一年三四匹者，罰俸一年，降一級留任。以上馬匹倒傷等項，如該管官情願賠補者，免其處分。

又 喂養馬贏疲瘦。一運米馬贏，如原購州縣不加意喂養，以致疲瘦，三匹以下者免議，十二、十三、十匹以下者罰俸三六九個月，四十匹以下者罰俸一年，五六十匹以下者降一級留任調用，比此數多者革職。該管道府五十匹、一百匹、一百五十匹以上者，罰俸三六九個月，二百匹以上者罰俸一年，二百五十匹以上者降一級留任，三百匹以上者降一級，罰俸一年，三百五十匹以上者降一級調用。

又 販賣馬匹。一奸人圖利，將馬匹在接壤處所販賣與賊，該管官知情故縱者，以同謀論，拿交刑部治罪；如不知情，州縣官革職提問，府道降五級調用，督撫降三級留任。其販賣之人由本汛拿獲，各官俱免罪。拿獲之官照拿獲興販硝磺例議敘，見《海防門》。

又 失察宰殺馬匹。一地方官失察宰殺堪用馬一二三四匹十五匹以上者，罰俸三六九個月；一年三十匹以上者，降一級留任。宰殺病死馬匹，照律不坐。

又 拿獲竊馬議敘。一官員拿獲竊馬者，每案紀錄一次。其偷竊馬匹，經過地方各官免議。

《大清刪除新律例》卷上《兵律廄牧》 驗畜産不以實。一，州縣起解備用馬匹，各要經由該管官驗中起解。若有馬販交通官吏醫獸人等兜攬作弊者，問罪，枷號一箇月，發近邊充軍。

紀事

《大清會典則例》卷二三《吏部・馬政》 一、偷販馬匹。康熙五年，題準直隸各省民人或違禁販馬，或私作馬牙，將馬匹接賣說合評價，州縣官不行察出，罰俸一年，典史、吏目、驛丞並該管知府、同知、道員各罰俸六月，該督撫各罰俸三月。十五年，題準官員奉差買馬，於部發號票之外多帶馬匹及假藉號票帶買販買者，革職；所過地方官不行盤詰拏獲者，皆罰俸一年，若徇情縱放者革職，受賄者革職提問，其督撫差委官役買馬於馬數之外多帶者，將所差買督撫罰俸一年。三十九年，遵旨議準，凡姦徒偷盜馬匹經過地方官員職名，著免其行察，其州縣各官拏獲偷盜馬賊者，每案紀錄一次。五十三年，覆準馬販人等暗結將軍、督撫、提鎮子弟，將疲憊不堪之馬坐索高價，而不肖道府營守代為壓派、甚至無驛站之州縣管步兵之頭目一槩派索，其所屬之官勉強收受那墊應差，應行令將軍、督撫、提鎮嚴行禁止，若有此等暗結壓派那墊等弊，即行指參，分別議處；上司各官徇庇不行題參者，應照徇庇例議處。又議準，該管地方官所屬境内除宰殺病死馬匹照律不坐外，如有失察宰殺堪用馬一二匹者，罰俸三月，失察宰殺三四匹者罰俸六月，失察宰殺五匹以上者罰俸九月，失察宰殺十匹以上者罰俸一年，失察宰殺三十匹以上者降一級留任。

又卷一一九《兵部・馬政》 一、馬禁。順治五年，定見任文武官及兵丁準其養馬，其餘人等不許養馬。七年，議準蒙古馬來京，不許商販私買，違者治罪。十二年，議準蒙古馬來京，如有商販私買者，旗人責成該管官、民人責成五城司坊官嚴行察緝。又議準蒙古進貢馬駝之外，有多帶願於塗間賣者聽；若有通曉蒙古語言之人前往邊界與蒙古交結、並遠相迎接買其馬駝者，交刑部治罪，所買馬駝入官，守口官私放此等人出口者革職；至蒙古到館之後、未進貢之先，有入館私買貢馬貢駝者，係官降一級，罰俸一年，常人鞭一百。如有搶奪偷盜者，無論官民，皆交刑部治罪。十五年，題準文武官、武進士、武舉、兵丁、捕役等準養馬，以備乘騎，均令印烙。十六年，題準民人聽其養馬，無庸察禁。康熙元年，題準除滿洲、蒙古、漢軍及漢文武官、武進士、武舉、兵丁、捕役外，其民人違禁養馬者，仍照例治罪。三年，題準民人違禁養馬者責四十板，失察之該管官罰俸一年。又覆準官員解送軍前馬匹，沿塗應加謹餧養，不許漫不經心，以致疲瘦。若疲瘦三匹以下者，免議；十匹以下者，罰俸三月；二十匹以下者，罰俸六月；三十匹以下者，罰俸九月；四十匹以下者，罰俸一年；五十匹以下者，降一級留任；六十匹以下者，降一級調用；六十匹以上者，革職。又題準軍需馬匹有交與州縣餧養者，若有疲瘦，照解送軍前馬匹例，計數議處。十年，題準民人仍準養馬，無庸察禁。十二年，題準民人養馬，仍行禁止。又議準在京旗人私往外省販馬，係正户，將該佐領、驍騎校罰俸一年，領催鞭五十；係僕人，伊主有官者罰俸一年，常人鞭一百，該管佐領等免議，於馬販名下追銀十兩，給拏首之人，仍交部治罪。至在外駐防各官不呈請該將軍、都統等移咨本部，私遣家人來京買馬者，罰俸一年。十五年，題準大小官弁將自畜馬匹勒令營伍收買多取價直者，照貪官例革職提問。又題準親王出征，準帶馬四百匹，郡王三百匹，貝勒二百匹，貝子百五十匹，鎮國公百匹，輔國公八十匹，不入八分鎮國公七十匹，輔國公六十匹，將軍八十匹，副將軍七十匹，護軍統領、前鋒統領、副都統各六十匹，署護軍統領、署前鋒統領、署副都統各四十匹，前鋒參領、護軍參領、驍騎參領、署護軍參領、署驍騎參領、一等侍衛護衛各三十五匹，散秩官、前鋒侍衛、二等侍衛護衛各二十五匹，委署官、三等侍衛護衛各十有八匹，護軍校驍、騎校各十有二匹，署護軍校、署驍騎校各八匹，護軍領催各六匹，驍騎各四匹，内閣學士與副都統同，侍讀學士與參領同，侍讀與散秩官同，筆帖式與驍騎校同，多帶者不準。又題準督撫、提鎮差遣官役買馬，若於票外多買及攜帶商販私買者，許經過地方官察拏，不察拏者降一級留任，差遣之督撫、提鎮罰俸一年。十六年，議準姦匪圖利將馬在賊境接壤販賣與賊者，不論官兵民人，各照律治罪，該管官兵知情故縱者，以同謀論，失察者，文職州縣官、武職專汛官皆革職提問，道府及兼轄官皆降五級調用，該管總兵官降三級調用，督撫、提鎮降三級留任。若販馬之人由本汛拏獲，文武各官皆免罪，將拏獲之官議叙，十名以上者紀錄一次，多者照數紀錄，五十名以上者加一級，百名以上者加二級；其不係本汛，有能盤獲十名以下者紀錄一次，十名以上者加一級，二十名以上者加二級，三十名以上者加三級，四十名以上者加四級，五十名以上者不論俸滿即升，百名以上越升一級即用。拏獲販馬之人，將所獲之馬盡行賞給。二十九年，題準民人養馬，無庸察禁。三十一年，奉旨：『一應馬匹永行禁止宰殺貨賣，交與步軍統領及五城司坊官察拏。』又議準偷盜八旗官兵馬者，分別匹數治罪；其牧馬之人自行盜賣者，亦照偷馬賊治罪；至屯莊居住旗人賣馬者，令上稅準賣；民人既準養馬，彼此買賣皆所不禁，或驛站買用，或兵民買用，令報明本處地方官，上稅準其買賣，不上稅者照例處置。又覆準八旗官兵屯莊牧養之馬被偷，失主即時報該營汛官兵帶領兵丁追緝，到交界地方交與鄰近營汛官弁接遞追緝，獲賊官每案紀錄一次，兵於賊名下每匹追銀一兩給賞；若失主呈報，該營汛官弁不即領兵追緝，鄰境不即接遞追緝者，官每案降一級，罰俸一年，兵責二十板。又覆準向來各省買馬，均先在部領票，經過地方文武官驗票放行，如有姦匪將私馬附入票内影射行走難於稽察，嗣後各省將軍、督撫、提鎮等若須買馬，令豫先報部，本部暫停給票，聽其往各口及京城照數購買。買到之日，由部印烙，然後給票，票内注明馬數並所往該省路徑，令經過地方文武官將票内馬數及本部印烙驗明放行，若無本部印烙及馬比票内數多者，察拏治罪。如經過文武官不行察拏，文官交吏部議處，經過地方之專汛官罰俸一年。又議準京城内外旗民收獲逸失馬駝者，不許隱匿變賣，即日呈報該管官送部，由部交館所監督餧養，仍移咨八旗並牌行五城，有認領者，開明逸失日月及毛色口齒，係旗人，取具佐領印結，係民人，取具地方官印結，由部察對毛色口齒相符，準其認領；如過一月無人認領，交館所監督變價，解交户部。三十二年，覆準買賣馬匹者，止令買馬之人上稅，地方官計價收納，至於州縣買補驛馬、兵丁買補營馬，雖為公用，其中恐有影射，亦令照例收稅，其收過稅銀歲終造入奏銷册内，報部察覈。三十五年，覆準直省購買營驛馬匹，除赴各口及京城者由部印烙給票外，若赴鄰境省分就近購買，該督撫、提鎮豫行移會赴買地方之督撫，地方官照例收稅，仍印烙給與照票，以憑沿塗稽察。三十九年，覆準偷盜之馬經過地方，該官弁無從知係偷盜之馬，所有職名免其察參，該官弁能拏獲偷馬賊者，每案紀錄一次，拏獲之人每匹向賊追銀一兩給賞。四十二年，奏準八旗官兵因公事領騎官馬，宜申明禁令，令加意照看，不許倒斃遺失，但不立定章程辦理，恐難畫一。嗣後領騎，各該處先將官兵及佐領姓名並應領馬數造册送部，由部照册編立印單，注明給馬旗分，領馬時，各該處出具印領，交該管官赴部親投，由部察對相符，給與印單，照數領騎；回京時，領馬官兵將馬交還原給旗分，如有未交還者，該旗將領馬官兵及佐領姓名開明咨部，由部行文各該處，限兩月交還；若馬有倒斃遺失逾兩月之限尚未賠補，由部參奏，將倒斃遺失馬匹之人係官罰俸一年，兵鞭八十，不催追之都統等及該管各官罰俸六月，領催鞭五十，仍著本人賠補；倘再逾兩月仍不賠補，將倒斃遺失之人係官降三級留任，完日開復，兵鞭一百，都統及該管各官罰俸一年，領催鞭八十，仍著本人賠補。其因公事領用官駝者，亦照此例行。又奏準八旗官兵因公事領騎官馬，給馬旗分該佐領別作記號印烙，於回京交還時，照原印烙記號驗收；若領騎之宫兵欲將好馬留用，詐稱倒斃遺失賠補，後其原印烙記號之馬經本人認出，將領騎官兵照偷馬例治罪。五十三年，覆準各省販馬人等暗結將軍、督撫、提鎮親屬，將疲瘦不堪用之馬坐索高價，不肖文武官弁代為壓勒，甚至無驛站之州縣並管步兵之頭領亦行勒索，應令將軍、督撫、提鎮嚴察禁止；若有此等情弊，即指名題參，從重議處；倘徇隱不參，經部察出，或被科道察出，將該將軍、督撫、提鎮一并從重議處。五十四年，覆準餧養軍需馬匹，疲瘦五十匹以上者，將府道罰俸三月；百匹以上，罰俸六月；百五十匹以上，罰俸九月；二百匹以上，罰俸一年；二百五十匹以上，降一級留任；三百匹以上，降一級，罰俸一年。雍正三年，奏準八旗兵丁所養馬駝，如有疲瘦不堪用者，鞭五十，該佐領、驍騎校罰俸三月，參領、副參領罰俸一月。若並不餧養冒領錢糧者，鞭一百，革退，冒領錢糧追繳，該佐領、驍騎校罰俸一年，參領、副參領罰俸六月。八年，議準騍馬聽民人畜養，無容察禁；至騸馬為營驛之所必需，除八旗人等及漢文武見任候選候補官、文武進士舉人、生員、武童準其畜養外，其餘民人一例察禁；見在畜養之騸馬，各令變賣，近京二百里以内者，由户部照時價收買，撥與八旗畜養，二百里以外及各省地方，由州縣官照時價收買，以補營驛闕額，均不許假察禁之名，留難扣尅，以致擾累民人。九年，諭：『前據旗臣奏請，禁止民間畜養騸馬，比時發與大學士、九卿會議準行。頃聞不許畜養騸馬，民間有不便之處。著不必禁止，仍照舊畜養。該部即通行曉諭並行文各省知之。欽此。』十年，題準八旗馬駝有私賣與人者，繫官革職，兵鞭一百，革退，該管官不能察出罰俸六月，該管都統等罰俸三月。十三年，覆準八旗馬駝，每年出場牧放，其佐領下留京之馬原備緊要差遣，必待本部印文方準撥用；若官員以私事乘騎駝載者，罰俸九月。乾隆三年，覆準八旗官兵因公事領騎馬駝，宜令大員監看察禁弊端。嗣後於給馬駝時，該旗副都統一人前往稽察。六年，奏準大小官員將自畜馬匹抑勒營伍收買多取價直，若經營驛據實詳揭，該督撫、提鎮不題參者，照徇庇例議處，詳揭之營官以應升之官即用，督撫、提鎮失察者罰俸一年。十二年，奏準盛京地方嚴禁朝鮮收買大馬，原有深意。今朝鮮國人來京，往往私買大馬帶回。應令左右兩翼嚴禁，不許朝鮮購買，並令山海關等口嚴行察拏。若通事人等圖利代為購買，察出一并治罪。十四年，奏準京城八旗所需馬全在兩翼購買，關口官弁遇商販人等持有兩翼印票者，立即放行，毋得禁阻。

《清文獻通考》卷一九三《馬政》 用馬。順治年間，定每歲四孟月敬神，各用青白馬二，敬畢交會計司變價。皇子分封，初祭神，薦以馬；昏禮以馬充賞。固倫公主、和碩公主下嫁給馬駝，生子彌月，以馬充賞。分封親王、郡王、貝勒、貝子，各給騸馬二百匹，牡馬牝馬六百匹，牡駝牝駝三十匹，騸駝四十匹，分封公給馬二十匹。又皇子每位給公馬二十匹以供乘騎。乾隆十八年，定皇子俟娶福晉後，給馬十匹，未娶福晉以前，凡有行走，將廐内馬通融騎坐。

又 馬禁。順治五年，定見任文武官及兵丁准其養馬，其餘人等不許養馬，武舉、生童等許各養馬一匹。七年，諭户、兵二部：自今喀爾喀、厄魯特來市馬，凡章京以下、披甲人以上無駝馬願往市者，每次准買一匹，多買者馬入官，問以罪；己身不買，以他人頂己名買者，俱論罪，馬入官；每旗選章京二監買賣，即將買馬人造册，一本送户部照驗，一本自收備察。賣馬處執册呼名放入，不許强占預計，違者章京罰銀，兵丁鞭責。販子、買賣人及不係披甲者概不許買，如犯此禁，鞭一百，駝馬入官。居庸關以内官吏軍民等不得沿途迎買，著官役搜索，被獲者以賊律罪，所差官役有私買者及通問縱買之人，亦按賊律罪。十二年，定蒙古馬來京，如有商販私買者，旗人責成該管官，民人責成五城司坊官嚴行察緝。十五年，定出征駐防將軍以下、披甲人以上馬額，親王馬四百匹，郡王三百匹，貝勒二百匹，貝子百五十匹，鎮國公百匹，輔國公八十匹，不入八分鎮國公七十匹，輔國公六十匹，將軍八十匹，副將軍七十匹，護軍統領、前鋒統領、副都統六十匹，署護軍統領、署前鋒統領、署副都統四十匹，前鋒參領、護軍參領、驍騎參領、署護軍參領、署驍騎參領、一等侍衛護衛三十五匹，散秩官、前鋒侍衛、二等侍衛護衛二十五匹，委署官、三等侍衛護衛十八匹，護軍驍騎校十二匹，署護軍校、署驍騎校八匹，護軍領催六匹，驍騎四匹。内閣學士與副都統同，侍讀學士與參領同，侍讀與散秩官同，筆帖式與驍騎校同，多帶者不准。是年又定文武官、武進士、武舉、兵丁、捕役等准養馬，均令印烙拴帶木牌，民間乘馬永行停止，違者責四十板，馬入官。十六年，又定民人聽其養馬，毋庸察禁。康熙元年，又定除滿洲、蒙古、漢軍及漢文武官、武進士、武舉、兵丁、捕役外，其民人養馬者仍照例治罪。三年又定民人違禁養馬者責四十板失察之該管官罰俸一年。又定違禁販買馬匹被出首者，馬給出首之人，價入官家；僕出首者，准其開户交該都統於本佐領内酌量調撥。不論馬販、馬牙，俱處絞，其主係官，罰銀一百兩，係平人，枷一月，鞭一百；該管官不嚴察，佐領罰銀五十兩，驍騎校罰銀三十，兩領催鞭八十。五年，定直省民人或違禁販馬，或私作馬牙被出首者，價給出首之人，馬入官，其失察各官罰俸有差。七年，定旗人在外省販賣馬匹者處絞，牙子係旗人，枷兩月，鞭一百；係民人，責四十板，流三千里。又定在京民人違禁養馬被出首者，首人係旗人，即以馬給賞；係民人，刑部動支庫銀五兩給賞；馬入官。直省民人違禁養馬被拿出首者，該地方官動支貯庫贓罰銀五兩給賞，馬入官，充驛遞用。十年，定民人仍准養馬，毋庸察禁。十一年，定駐防官來京買馬回省者，該都統開寫馬數印文，咨部給與照驗，又駐防官不呈明該將軍等報部，私差家人來京買馬者，罰俸一年。十二年，又定民人養馬仍行禁止。又定在京旗人私往外省販馬，係正户，該佐領、驍騎校罰俸一年，領催鞭五十；係僕人，伊主官罰俸一年，平人鞭一百，該佐領等免議，於馬販名下追銀十兩，給拏首之人，仍交部治罪。十五年，定大小官弁將自畜馬勒營伍收買多取直者，照貪官例，革職提問。又定督撫、提鎮差遣官役買馬，若於票外多買及攜帶商販者，許經過地方官察拏，不察拏者降一級留任差遣之，督撫、提鎮罰俸一年。十六年，定奸匪圖利將馬在賊境接壤販賣與賊者，不論兵民照律治罪，該管官故縱者以同謀論，失察者，文職州縣官、武職專汛官革職提問，道府及兼轄官降五級調用，該管總兵官降三級調用，督撫、提鎮降三級留任。若販馬人由本汛拏獲，文武官皆免罪，將拏獲之官議叙，十名以上紀錄一次，多者照數紀錄，五十名以上加一級，百名以上加二級；其不係本汛有能盤獲，十名以下紀錄一次，十名以上加一級，二十名以上加二級，三十名以上加三級，四十名以上加四級，五十名以上不論，俸滿即陞，百名以上越陞一級即用。拏獲販馬之人，將所獲之馬盡行賞給。十八年，定凡往各省販馬者，令於該旗呈明地方，並馬數印文咨兵部給印票，經過地方官驗票放行；若擾害百姓者，將伊主一併嚴加治罪。十九年，定不領印票販馬者，旗人枷兩月，鞭一百，民人責四十板，流三千里，馬入官。二十五年，覆准販買馬匹因用兵起，見今各處俱已平定撤兵，嗣後馬販子往各省販馬，永行禁止。二十九年，又定民人養馬，毋庸察禁。三十一年，奉上諭：『一應馬匹永行禁止宰殺貨賣，交與步軍統領及五城司坊官察拏。』又題准偷八旗馬者分別匹數治罪，牧馬人自盜賣者照偷馬賊論罪，屯莊居住旗人賣馬者，令上税准賣；民人既准養馬，彼此買賣不禁，或驛買，或兵買，報地方官上税准買賣，不上税者例處。又覆准八旗官兵屯莊之馬被偷，失主即行報，該營汛領兵追緝，到交界地方交與隣近營汛接遞追緝，獲賊官每案紀錄一次，兵於賊名下每匹追銀一兩給賞，若失主報，該營汛不即領兵追緝，鄰境不即接遞追緝者，官每案降一級，罰俸一年，兵責二十板。又覆准向來各省買馬，先在部領票，經過地方官驗票放行，若有奸匪將私馬附入票内，難於稽察，嗣後各省將軍、督撫、提鎮等買馬先行報部，本部暫停給票，聽其往各口及京城照數買到，由部印烙，然後給票註明馬數並所往各省路徑，令經過地方官驗放，若無印烙及比票内數多者，察拏治罪；如不察拏，文官交吏部議處，專汛官罰俸一年。又議准京城内外旗民收獲逸失馬駝者，即日報該管官送部，由部交館所監督餧養，有認領者開明逸失日月由毛色口齒，係旗人，取具佐領印結，係民人，取具地方官印結，由部察對相符，准其認領。如過一月無人認領，交館所監督變價解户部。三十二年，定買賣馬匹，止令買馬人上税，地方官計價收納，至於州縣買補驛馬、兵丁買補營馬，雖屬公用，恐有影射，亦令照例收税，歲終入奏銷冊，報部察覈。三十五年，定直省購買營驛馬，除赴各口及京城由部印烙給票外，若赴鄰省，該督撫、提鎮預移會赴買之地方官照例收税，印烙給票，以憑沿途稽察。三十九年，定偷盜之馬經過地方官弁無從知之，免其察。四十二年，奏准八旗官兵因公事領騎官馬，嗣後該處將官兵及佐領并應領馬數造冊送部，由部立印單註明給馬旗分，領馬時，該處具印領交該管官赴部親投，由部察對相符，給印單照數領騎。回京時，將馬交還原給旗分，如有未交還者，該旗將領馬官兵及佐領開明咨部，由部行文該處，限兩月交還；若倒斃遺失逾兩月限尚未賠補，由部參奏，官罰俸一年，兵鞭八十。不追催之都統等及該管各官罰俸六月，領催鞭五十，仍著本人賠補；倘再逾兩月仍不賠補，將倒斃遺失之人官降三級留任，完日開復，兵鞭一百，都統及該管各官罰俸一年，領催鞭八十，仍著本人賠補。其因公事領用官駝者照此例行。又定八旗官兵因公領馬，該佐領別作記號印烙，於回京交還時驗收，若將好馬留用詐稱倒斃、遺失賠補，後其原馬認出，照偷馬例治罪。五十三年，定各省販馬人暗結將軍、督撫、提鎮、親屬，將疲瘦不堪用之馬索取高價，不肖文武官代為壓勒，甚至無驛站之州縣、管步兵之頭領亦行勒索，令將軍、督撫、提鎮嚴禁，若有此等情弊，即指參，從重議處。雍正八年，議准騸馬為營驛所必需，除八旗人等及漢文武見任、候選、候補官、文武進士、舉人、生員、武童准其畜養外，其餘民人畜養騸馬，各令變賣，近京二百里以内，由户部照時價收買，撥與八旗畜養；二百里以外，各省由州縣官收買，以備營驛闕額，均不許假察禁名留難扣尅，致累民人。九年，奉上諭：『頃聞不許牧養騸馬，民間有不便之處，著不必禁止，仍照舊畜養。該部即通行曉諭並行文各省知之。』十年，定八旗馬駝有私賣與人者，官革職，兵鞭一百革退。該管官不能察出，罰俸六月，該管都統等罰俸三月。十三年，定八旗馬駝出場牧放，其佐領下留京之馬原備緊要差遣，必待本部印文方准撥發，若以私事騎載者，罰俸九月。乾隆六年，定大小官弁將自畜馬勒營伍收買多取價直，若經營驛詳揭，該督撫、提鎮不題參者，照徇庇例議處，詳揭之官以應陞即用，督撫、提鎮失察者罰俸一年。十二年，奏准盛京地方嚴禁朝鮮收買大馬，今朝鮮國人来京往往私買大馬帶回，應令左右兩翼嚴禁，並令山海關等口察拏，若通事人等圖利代為購買，察出一并治罪。十四年，奏准京城八旗所需馬全在兩翼購買，關口官弁遇商販人等持有兩翼印票者，立即放行，毋得禁止。

清　許槤《刑部比照加減成案》卷五《兵律廄牧》　宰殺馬牛。山東司道光二年，東撫咨，吕傻子等行竊騾馬案内之韓讓等明知吕傻子所賣騾頭係屬竊贓，輒敢圖利故買，夥開湯鍋，先後宰殺贓騾三頭，若僅依屠戶將竊盜所偷牲畜不上税買去宰殺，與竊盜一體治罪律擬杖，似覺情浮于法，應將韓讓等比照開設湯鍋，宰殺堪用馬三匹例，杖六十，徒一年。江蘇司嘉慶二十四年，提督奏楊四開設湯鍋，宰殺堪用馬九匹案内之王三明知楊四宰賣馬匹，代買馬七匹，按五匹以上計算，尚未及四匹加等之數，將王三比照牙行及賣馬之人減一等例，於宰殺堪用馬四匹徒一年例上減一等，杖一百。

又　畜産咬踢人。陝西司道光二年，陝撫咨，吴保娃因趕驢馱炭，與文黄氏撞遇，路途窄狹，文黄氏僱工劉世湖喊令讓避，該犯仍驅策前進，並非耳目所不周，思慮所不及，將吴保娃比照畜主故放令殺傷人者，減鬭殺一等律滿流。

清　許槤《刑部比照加減成案續編》卷四《兵律廄牧》　畜産齩踢人。四川司道光四年，川督咨，陳二娃驅牛犁田，本有防制之責，乃因牛隻不肯下水，輒用鞭揚打，以致牛隻拖翻犁耙驚跑，撞傷傅三娃左太陽身死，雖非該犯意料所及，究屬疎忽，惟查律例内並無牛隻被打，連耙驚跑以致殺傷人者，作何治罪，明文自應比律問擬，陳二娃應比照馬牛拴繫不如法因而殺人者，以過失殺人論收贖。

又　河南司道光八年，河撫咨，光州陳卯畜養猴猻齩斷繫繩逸出，齩傷幼女李二妮身死，查猴猻性本不馴，正與馬牛諸畜相等，陳卯應比照馬牛及犬拴繫不如法因而殺人者，以過失殺論，過失殺人准鬭殺罪收贖律收贖，追銀給領營葬。

清　祝慶祺《刑案匯覽》卷一二《宰殺馬牛》　東撫咨劉世倌私宰牛隻並窩留竊賊一案，查例載盗牛殺者枷號一個月，發附近充軍。又律載竊盗窩主若不造意，但分贓而不行者，仍爲從論。又例載宰殺耕牛，私開圈店，初犯枷號兩個月，杖一百，若計隻重於本罪者，照盗牛例治罪。又盗牛十隻以上，杖一百，流三千里各等語，此案劉世倌因張二秃子起意糾竊，囑該犯窩留分贓，該犯應允，並令其子劉臣跟隨張二秃子等竊得午驢，牽至該犯家内，將牛宰賣，得錢分用。該犯旋又私開圈店，陸續買得耕牛十餘隻宰賣。查劉世倌係聽從窩留分贓，並非造意，應以爲從論，按盗牛宰殺爲從之罪，止應滿徒，惟該犯私開圈店，宰殺耕牛至十餘隻之多，應從重照盗牛十隻以上例科斷。該省將該犯依宰殺耕牛，私開圈店，計隻重於木罪者，照盗牛例治罪，盗牛十隻以上，擬杖一百，流三千里，與例相符。至劉臣於伊父私開圈店，宰殺耕牛，明知不首，係律得容隱，固可免議。惟該犯先跟隨張二秃子竊牛，牽至伊父家内宰賣，雖宰牛出於伊父之意，第盗牛宰殺係侵損於人，律庸依凡人首從論，按例罪應滿徒，今該省將該犯依盗牛一隻爲從例，擬以枷杖，是將宰牛之罪獨坐伊父而僅科該犯以盗牛爲從之條，殊未允協，應交司另行改擬。嘉慶十八年說帖。

又　提督奏送楊四開設湯鍋，宰殺堪用馬九匹案内之王三明知楊四宰賣馬匹，代買馬七匹，按五匹以上計算，尚未及四匹加等之數，將王三比照牙行及賣馬之人減一等例，於宰殺堪用馬四匹徒一年例上減一等，擬杖一百。嘉慶二十四年江蘇司現審案。

又　直隸司嘉慶二十三年正月二十三日，奉上諭，方受疇奏審擬馬販妥女興縱馬踐食麥苗，被村民驅逐失散一案，已交刑部議奏矣。農畝禾苗，攸關民食，朕每遇巡幸地方，恐隨扈人等乘馬踐踏青苗，特派員查禁，違者照例懲治，原以保護農民生計。乃販馬奸商輒將馬羣晝圈夜行，縱令踐食田禾，大爲閭閻之害，著該督等出示徧行曉諭，嚴禁馬販人等不准縱馬夜行。如有不遵禁令，帶領馬羣乘夜行走，踐食麥千者，該村民即行報官追拿。除將馬販照例治罪外，其所販馬匹由營縣衙門拿獲，即報明該管上司全行入官，以充營驛公用。欽此。應行文各督撫欽遵辦理，照通行錄。

清　潘文舫《新增刑案匯覽》卷六《盗牛馬畜産》　豐大臣等奏盗竊馬匹及私造城門鑰匙人犯張幗慶等一案，訊明擬結除各犯先後盗馬不及十匹，係屬輕罪不議外，自應從重者論，惟各該犯等夥竊碾子山地方野牧大馬十七匹，核實作價，每匹估銀八兩，共計銀一百三十六兩，請將各犯分別科斷。張幗慶即詹老疙疸供認爲首，照盗牛雖在二十隻以下，計贓至一百二十兩以上者，仍照律絞監候。詹老疙疸一犯除起意私造城門鑰匙，比照盗京城門鑰律罪，止擬流輕罪不議外，合依竊盗贓至一百二十兩以上絞監候律，擬絞監候。從犯小喜吉凌阿應由首犯絞罪上減一等，擬杖一百，流三千里，面刺『竊盗』二字。劉四前經犯竊，刺臂開釋，後復糾夥迭竊、獨竊數至八次之多，照積匪猾賊例擬辦。劉四玉一犯除商同康瘸子私造城門鑰匙，不分首從，罪只擬流輕罪不議外，合依積匪猾賊爲害地方，不論曾否刺字，改發雲貴兩廣極邊烟瘴充軍例，擬改發雲貴兩廣極邊烟瘴充軍，左面刺『積匪猾賊』，右面刺『改發』字樣。光緒四年案。

又　卷三八《失察圍場内偷盗木植牲畜》　修改：一，圍場總管有拿獲盗伐木植、偷打牲畜人犯，即會同該州縣等查辦，將失察之該管地方州縣都守、千把等官，三案以上，每案罰俸六個月；失察至四案以上者，自第四案起，每案降一級留任。該管道府副將所屬失察未至降級者，免其處分。若屬員例應降級者，將該管道府副將照失於查察例，罰俸一年。至察哈爾蒙古人等犯有偷砍打牲之事，將該佐領暨捕盜官亦照地方文武員弁例議處，該總管照道府副將例議處，該扎薩克罰俸三個月，協辦、台吉等各罰俸兩個月，無俸者各罰牲畜二匹。地方官有能拿獲隣境偷砍打牲人犯，每一案紀錄一次。該管地方官弁并蒙古本佐領及捕盜官自行拿獲偷砍打牲人犯，每二案紀錄一次。

清　祝慶祺《刑案匯覽》卷一二《畜産咬踢人》　黑龍江將軍咨旗丁司幗安與磬保爭奪丢失馬匹，致磬保被馬拉踢身死一案，查律載馬牛觸觝踢人，若故放令殺傷人者，減鬬殺傷一等，又鬬殺者，絞監候各等語，此案司幗安因誤認磬保圈内拴繫馬駒爲伊家丢失馬駒，欲牽拉報官，磬保不依，彼此爭奪。司幗安見馬駒跳躍，起意縱放，冀圖跑至伊家，隨即鬆手，向馬駒恐嚇，詎磬保將韁繩在腰間繫扣，以致馬駒驚跑，將磬保踢拉身死。該將軍聲明，司幗安或照故放馬牛殺人律擬流，抑或照鬬殺律擬絞，聽候部議等因，查司幗安與磬保僅止爭奪馬駒，並非與磬保鬬毆，迨磬保被馬駒踢拉致斃，已在該犯鬆手縱放之後，且原止冀圖馬駒跑至伊家，尤與互鬬不同，自未便科以鬬毆殺人之罪。第該犯既見馬駒跳躍，故行縱放恐嚇，以致馬駒跑走，拉踢磬保身死，雖據供不知磬保將韁繩在腰間繫扣，而磬保之死究由該犯縱放馬駒所致，該司將司幗安依馬牛觸觝踢人，若故放令殺人者減鬬殺一等律，擬杖一百，流三千里，尚屬允協，應請照辦。道光元年奉天司説帖。

又《私借官畜産》　浙撫題已革外委林得陞誤聽夏沛玉誣竊之言，昌昧差查，被該管都司潘凱查明詳革，輒摭砌多款混行誣揭一案，除林得陞依屬員誣揭上司，照例坐誣加等擬流外，兵部查將備等官於所管營伍理宜認眞整頓，庶不致積習相沿，漸弛營制。今該署都司事守備潘凱購買草觔，並不詳詢時價，短發錢文，致令屬弁賠補，已屬不合，至營中馬匹供應差操尤關緊要，乃該員竟將營馬雇紹武童騎射收受科銀七十八兩有零，史屬玩視營務，不得以所收銀兩未經八已稍從末減，應將潘凱比照私用驛遞夫馬例革職，並通行各省，一體禁革。嘉慶七年題准案。照所見集錄。

又　卷一八《盜馬牛畜産》　廣西司查律載盜民間犬者，計贓以竊盜論等語，細釋律意，誠以犬爲畜産之一，若在事主家内，或引至門外偷竊，自應依律以竊盜論，如在曠野漫地被人捉取，即不得謂之竊盜。蓋犬自往來曠野，與器物之在曠野需人看守者不同，乘此就便捉取，在取者並不知爲何人之畜。若有殺傷，遽行擅殺定擬，非所以慎重人命，轉開濫刑之漸。檢查舊案，並無在曠野竊犬即援無人看守之器物定擬者。此案蒙勝漢因楊及梁在村外曠野漫地將伊家狗隻捉住殺死，見而喝駡，楊及梁負狗跑逃，蒙勝漢取挑追戳，致傷楊及梁右腿肚，逾時殞命，是楊及梁捉宰狗隻，係在村外曠野，非在家内引至門外可比，蒙勝漢見而追戳致斃，衡情定讞，仍應以鬬殺本律定擬。該撫遽以楊及梁偷殺無人看守之犬隻與需人看守之器物相提並論，措詞即屬不倫，引律亦屬未協，蒙勝漢應改依鬬殺律擬絞監候。嘉慶八年説帖。

又　山西司查律載馬牛之類須出闌圈乃成爲盜，已成盜者依律以得財科斷。又竊盜已行不得財條内，集註云：在事主家謂之財，入賊手謂之贓，賊人棄財途中而去，被他人拾得，亦以得財論，蓋盜雖未得贓，而事主之財已失矣。惟事主拾回方是不得財等語，詳繹律義，蓋分别已未成盜之文，係指事主當時知覺人贓並獲者而言，若竊去之後始行查知，則應按事主所失之財爲賊犯所得之贓計算科罪，不得概以成盜爲得財致坐虚贓爲實罪也。此案尹亮等行竊事主扎免牛五隻、馬二匹，趕至半路，牛一隻、馬一匹自行跑回，是事主扎免實止失去四匹，該撫將尹亮等依偷竊牲畜三匹至五匹例分别首從定擬，核與集註相符，該司援引已成盜者以得財科斷之律，改依六匹至九匹例問發，似未允當。可否照覆，仍候鈞定。乾隆五十四年説帖。

又　理藩院咨，據庫倫辦事大臣名稱，凡有行竊五歲牛隻作爲大牛、六歲馬匹作爲大馬辦理，惟駱駝至幾歲口方作大駝辦理之處，請示前來，查乾隆五十年十二月，曾同刑部定擬，口外偷羊四隻作大牲口一隻，嘉慶九年本院定議，牛犢馬隻亦照羊隻辦理，奏准載入蒙古律内。惟駝隻一項，並未分别大小，前經行查各處咨報，亦未盡一。既據請示本院公同商定，駱駝歲口仿照馬匹六歲口駝隻作大駝一隻、五歲口以内作爲小駱駝一隻，已於木年題准，應行知照等因，相應傳知，直隸等司抄録通行各該處。嘉慶十四年山西司説帖。仍查對蒙古則例。

又　理藩院片商察哈爾都統咨烏舍爾等偷竊趙文顯、馬德良二家牛隻，應否各主分計科罪一案，查刑律載，竊盜贓以一主爲重，又二罪俱發，罪各等者，從一科斷各等語。又上年十月熱河都統咨拿獲攔搶匪犯王文成等，擬遣請示案內，經本部聲明，嗣後偷竊四項牲畜之犯概行遵例刺字等因，通行在案，是竊盜各主之贜，以一主爲重，並從一科斷，律文木屬明晰。此案准理藩院片稱，烏舍爾等偷竊大牛四隻，小牛三隻，係兩事主之畜，每事主被竊大牛二隻，令該都統合計大牛四隻科斷，似未允協，應否分計定罪之處，並無辦過成案等因到部，查事主趙文顯與馬德良被烏舍爾等各竊大牛二隻，罪名相等，既據理藩院聲明，蒙古例內並無分晰一主、各主之文，自應照刑律從一科斷。該都統將首犯烏舍爾發遣湖廣等省，從犯車淋發遣山東等省，均未允協。烏舍爾應改依偷竊蒙古四項牲畜一二匹爲首例，發山東等省，交驛當差，車淋改依爲從鞭一百，俱分別刺字。烏舍爾親老准其留養，並通行各該處嗣後凡有同時偷竊各主牲畜，照蒙古例定擬之案，應以一主爲重，並從一科斷，以昭畫一。仍由理藩院載入蒙古例內，以便遵守。嘉慶二十四年直隸司説帖。

又　理藩院咨稱，先准察哈爾都統咨報，台吉濟克莫特夥同貢楚克達什等偷竊馬匹駝隻一案，該都統將台吉濟克莫特擬以革去，台吉不准開復，其貢楚克達什等五人照例擬以鞭責刺字，經木院會同刑部核覆，將台吉濟克莫特擬革，台吉不准開復，其貢楚克達什等照例鞭責發落，毋庸刺字等因，題准咨行去後，今該都統咨稱，前於嘉慶二十四年間准刑部咨，凡民人蒙古番子人等偷竊四項牲畜，除在內地犯事照刑例治罪刺字外，其在蒙古地方并番地偷竊，應照蒙古例，定擬之犯概行遵例，各按竊盜本例刺字，以昭畫一等因，此案貢楚克達什等擬以鞭責，奉文覆准毋庸刺字，嗣後何等竊犯刺字，何等毋庸刺字，請候核示前來。查本院新定條例內載各案首、從賊犯應發遣者均照例刺字，交驛當差，應鞭責者，蒙古照例鞭責，民人折責發落等語，是例意以蒙古人等向不諳悉刺字，且與內地相距窵遠，因徵細罪名咨送內地刺字，徒勞往返，有失柔遠之道，是以應鞭責人犯均係其刺字，此例業經呈覽，尚未頒行，茲准前因，相應咨覆該都統，即將擬以鞭責之貢楚克達什等照依新定之例毋庸刺字，並咨刑部查照。道光六年案。

又　熱河都統咨阿薩爾圖等偷竊騾馬牛驢請示一案，查蒙古偷竊牲畜定例，係專指牛馬駝羊四項而言，前據直隸總督以蒙古四項牲畜不及騾驢，應否將騾頭照大馬按匹併計，驢頭照馬駒折算科斷，抑或計贜論罪之處，咨請部示，當經本部以偷竊蒙古牲畜科罪各條事隸理藩院，將原咨送理藩院核辦，嗣據理藩院文稱，蒙古例內惟有偷竊駝馬牛羊四項牲畜，分別口齒大小，計匹科罪之條，並無偷竊騾驢作何治罪專條，亦無偷竊牲畜計贜論罪明文，該督咨請偷竊騾驢作何辦理之處，本院無憑可稽，礙難率覆，應仍由刑部酌覆等因，咨覆在案，茲復據熱河都統咨稱，偷竊蒙古牲畜，若騾頭照大馬按匹併計，驢頭照馬駒折算科斷，其間首從罪名大關出入，前奉刑部咨送理藩院查議，迄今未奉行知，應咨請議覆遵辦等因到部，查蒙古偷竊牲畜治罪各條，均應依蒙古例辦理，既據理藩院咨稱，蒙古例內惟有偷竊駝馬牛羊四項牲畜計匹科罪之條，並無偷竊騾驢治罪專條，亦無偷竊牲畜計贜論罪明文等語，是偷竊騾驢作何辦理之處，在理藩院既無例案可稽，在本部更難以臆斷，況加減匹數，關罪名生死由入，甚至有首從多人同入，情實者尤不容輕議更章，應仍將該都統原咨送理藩院核議，咨覆該都統遵辦。該都統又稱蒙古偷竊等案，亦宜隨時變通，酌量問擬，雖外藩與內地士俗似有不同，而究其擾害閭閻，本無二致，此等積猾之蒙古賊犯可否援照刑律，照積匪猾賊例，擬發雲、貴、兩廣極邊烟瘴充軍，抑或仍照蒙古例計贜科罪，或計牲口匹數定擬之處，應一併咨請部示等因，查蒙古例辦理案件與刑律迥不相同，有蒙古例重而刑律輕者，亦有蒙古例輕而刑律重者，因地制宜，不容牽混。即如竊盜一門，蒙古例內並無分別初犯、再犯、三犯科罪及計贜擬以流徒各罪名，即無從分別已免併計未免併計及流徒在配逃回釋回按計次數，照刑律科以積猾擬軍，及量減擬徒各條，且竊盜與搶劫其情節輕重懸殊，未便因民人在蒙古地方有犯搶劫之案，應照刑律問擬，即將有犯竊盜之案概依刑律科斷。如果以該處五方雜處，生齒日繁，今昔情形不同，情重法輕，不足以示懲儆，亦應山理藩院詳查例案，明立專條，奏定通行，本部無憑率覆，援照刑律，酌量問擬，於罪名諸多窒礙，應咨送理藩院一併核辦。嘉慶二十三年直隸司説帖。

又　直隸司查乾隆二十三年軍機大臣會同議覆上駟院條奏，偷竊官馬發往黑龍江爲奴，係專指牧丁偷竊官馬而言，其常人偷竊蒙古官馬，雖例無專條，向來俱照蒙古偷竊四項牲畜辦理。至旗下家奴逃後行竊，向來俱係逃罪重則科逃罪，竊罪重則科竊罪。又檢查五十八年直隸司核咨逃奴那旺聽從車凌棍布行竊蒙古牲畜六匹，將那旺除逃罪不議外，照爲從例，發湖廣等省在案。此案車琳係廂黃旗格隆阿喇布坦家奴，偷竊有印官馬四匹，該都統誤照牧丁之例問擬，經該司改依偷竊蒙古四項牲畜本例辦理，自係合法。惟原稟內所引五十九年巴圖偷竊馹站官馬二匹，加一等發湖廣等省一案，查巴圖因偷竊官馬被獲後，扭鎖脱逃，按犯罪被禁脱逃律，應於本罪上加逃罪二等，與現在車琳逃後行竊者不同，車琳一犯應倣照那旺成案，除逃罪不議外，照偷竊蒙古牲畜三匹至五匹本例，發湖廣等省充軍，毋庸加一等定擬。至牧丁偷竊官馬一項，應俟下届修例時纂入例册，以便遵辦。嘉慶二年説帖。牧丁偷官馬已纂例。

又 山西司查蒙古例載，官員平人夥衆强劫什物，未傷人，將起意一人擬絞監，候秋審減等放出時，並妻子僉發河南、山東交驛充當苦差。又刑例載，偷竊蒙古牲畜三十匹以上，不分首從，擬絞，秋審入實；二十匹以上至三十匹，首從擬絞，秋審爲首入實，爲從入緩；十匹至二十匹，爲首擬絞，秋審入實。推原例義，蒙古以牲畜爲重，故偷竊至十匹以上，爲首即擬絞候，入於情實原屬，因地制宜，惟强劫什物之案内有搶得牲畜至十匹以上，向來辦理有照强劫什物本例擬絞，秋審即照例入緩者，亦有照偷竊牲畜十匹以上擬絞，秋審照例入實者，在蒙古地方强劫什物，固未便與内地盜劫同科，然較尋常鼠竊爲重，其强劫什物内有午馬羊隻數多之犯，若照强劫什物定擬，秋審不爲分晰，概入緩決，與偷竊牲畜十匹以上爲首之犯概入情實者相提並論，似覺輕重失倫。且刑律竊盜逾貫，無論贓數多寡，止將首犯擬絞，秋審時未至五百兩者，人於緩決，至五百兩以上始入情實。蒙古偷竊馬匹則十匹以上及二十匹以上，爲首均擬絞入實，三十匹以上，不分首從，擬絞入實。查蒙古馬匹價值總比内地爲輕，十匹以上約計不過數十金，或百數十金，三十匹以上其價亦未必即至五百兩，蒙古素以畜牧爲生，定例偷竊至十匹以上擬絞，歷久遵循，自難遽議更改，惟辦理秋審時分別實緩，在刑律竊贓一百二十兩以上擬緩，五百兩以上入實，而蒙古偷馬十匹至二十匹以上，首犯即均擬實，三十匹以上即不分首從入實，其出入太覺懸殊，未爲平允。應請嗣後偷竊牲畜十匹以上之首犯，仍照向例擬絞監，候秋審時擬以緩決，爲從亦仍照舊例擬遣。二十匹以上及三十匹以上之首從各犯，亦俱仍照向例擬絞監，候秋審時將首犯擬入情實，從犯俱擬緩決。其夥衆强劫未傷人之犯，如祇係强劫什物，或搶得牲畜在十匹以下者，仍照向例擬絞，均入緩決，從犯發河南、山東等省驛地當差。倘什物内搶有牲畜在十匹以上者，即照刑律，一罪並發，從其里者論，照偷竊蒙古牲畜例，按其匹數分別首從，擬以實緩，二十匹以上，從犯本應擬絞入緩，秋審減等時仍照向來章程減發山東、河南驛地當差，十匹以上首犯及三十匹以上從犯係由情實改爲緩決未便，與原擬緩決之二十匹以上從犯一律減發，應俟秋審減等時即照偷竊牲畜十匹以上爲從同行分贓之例，發遣雲、貴、兩廣交驛充當苦差，俱毋庸僉妻發配。道光二年八月會同理藩院奏准通行已纂例，嗣於道光三年十一月理藩院奏改新例，將搶奪牲畜在十匹以上者，爲首擬斬監候，糾夥至十人以上者，無論傷人與否，擬斬立決，爲從均擬絞監候，秋審時核情定以實緩，則强劫什物案内搶有牲畜者，應查照蒙古新例核辦。

又 直隸司查例載，偷竊蒙古牲畜三匹至五匹者，首犯發湖廣、福建等省，一二匹者首犯發山東河南交驛充當苦差等語，又嘉慶二十五年據察哈爾都統咨稱，蒙古烏舍爾等偷竊趙文顯、馬德良家牧放大牛四隻，小牛三隻一案，該都統將烏舍爾等所竊名贓併計科罪，經臣部以烏舍爾等所竊之贓計，每事主被竊大牛二隻贓數相同，罪名相等，蒙古例内既無併計之文，自應照刑律從一科斷，並聲明纂入理藩院則例在案，此案張泥兒行竊蒙古泥嗎大馬一匹，依拉齊大馬二匹，古魯充大馬一匹，小馬一匹，雖係夥同牧放，究屬各主之贓，與從前烏舍爾等偷竊牛隻之案情事相同，依例以一主爲重，前據直隸總督審擬，將張泥兒所竊牧馬五匹併計論罪，依偷竊蒙古牲畜三匹至五匹例，擬發湖廣等省交驛當差等因咨部，臣等尚未核覆，即據該都統覆行審明，改擬具奏，並聲明嘉慶二十五年通行將該犯依例以一主爲重等因，臣等詳加酌核，與例相符，應如該都統所奏，張泥兒合依偷竊蒙古牲畜一二匹例，發山東河南交驛充當苦差，仍而刺竊盜二字，所有直隸總督原擬發湖廣等省之處，係屬錯誤，應毋庸議。該犯事犯在道光十二年五月二十三日清理庶獄恩旨以前，係偷竊牲畜，毋庸查辦。道光十二年説帖。

又 福建司查例載，盜多羅馬者枷號六個月，發邊遠充軍，又罪人拒捕，如毆所捕人至殘廢篤疾，罪在滿徒以上者，依律擬以絞候，其但係刃傷，仍照律加本罪二等問擬各等語，此案賊犯霍亮於五更時在熱河麗正門西檔木外行竊多羅馬一匹，贓經現獲，該犯因營兵馬義安等往拿，輒用順帶破鞘鐵劍回毆，致鐵劍透刃傷及馬義安偏左，旋經平復。查霍亮於偷馬後用劍拒捕，僅係刃傷，並去至殘廢篤疾，自未便照拒捕至殘廢篤疾例擬絞，研訊該犯偷竊多羅馬，固屬犯時不知，追復料係官馬，仍敢騎出圖賣，實與知係多羅馬而偷盜無異，即該犯拒捕時，因官兵馬義安等改裝易服，不知係屬官兵，而所傷適係應捕之人，應即以罪人拒捕加等科斷。該犯以疊竊匪徒，前經另案遞籍，時用石毆傷解役逃走，復敢在麗正門外偷竊多羅馬，拒傷管兵，若僅照盜多羅馬加拒捕罪二等例，於本罪邊遠充軍上加二等，發極邊烟瘴充軍，尚覺輕縱。霍亮應從重改發黑龍江，給披甲人爲奴，照例刺字，仍照本例，先行枷號六個月，再行發配。嘉慶二十三年説帖。

又 安徽司審擬王奎等盜馬宰殺一案，職等查此案主奎與陳二屢次偷竊馬匹，宰剝賣錢，分用肉□奉聽糾，偷竊海子馬騾二次，該犯又糾同陳二偷竊海子馬匹一次，查海子係屬官地，非民間牧放馬匹之所，該犯等所竊是否官馬，應請行查，奉宸苑再行分別辦理。嘉慶十八年説帖。

又 山東司查律載，犯罪事發而逃走，於本罪上加二等等語，此案徐明亮糾竊事主南玉墀家牛兩隻，被獲解審，因病取保脱逃，係事發到官逃走，按律應加二等，該撫將該犯僅依盜牛二隻，例杖九十，枷號三十五日，係屬錯誤，應即更正。徐明亮合依盜牛二隻，枷號三十五日，杖九十例上加逃罪二等，擬杖六十，徒一年。雖事犯到官在恩詔以前，惟係竊盜，毋庸查辦，仍照例刺字充配。道光九年説帖。

又 北撫咨雷順故買贓牛宰殺，將雷順照盜殺例擬軍，該司駁令改擬枷杖，並請通行一案，奉諭交館，當經職等查核，該司所擬均屬相符，惟雷順一犯情罪已確，請即由本部改擬枷杖，毋庸往返駁飭，免致日久淹禁，繕具説帖呈覆，奉批果然合例，自以改爲是。但細核本案駁改，尚是憑己見獨斷，必能查出確切條款，方爲妥協等因，職等伏查該司所議，均係申明例文，推原例意，尚非出自臆撰外省之錯擬，實由誤會所致。并查十四年八月間，盛京刑部咨張天得故買贓牛宰殺，將張天得依盜殺例擬軍，亦經本部照例改枷杖，與本案事同一例，似可循照辦理。所有雷順一犯，仍請由部改擬枷杖，以省拖累。嘉慶十六年説帖。此案後又駁審改正，通行錄後。

又 扎撫咨張三兒等行竊牛隻並雷順故買贓牛宰殺一案，緣張三兒先於乾隆五十八年夥竊，擬徒，恭逢嘉慶元年大赦釋放，又於五年行竊一次，仍照初犯杖責刺臂，又於七年行竊數次，照積匪猾賊例，量減擬徒刺面，限滿釋回。十一年十月二十一日，張三兒會遇張奉，張奉起意，糾同張三兒竊得周奇玉家大小水牛二隻，一同趕回，途遇雷順問知竊情，雷順希圖賤價買回，宰殺賣錢獲利，稱欲買去喂養，許給價錢六千文。張三兒等應允，將牛交給雷順牽回，各散。次日，雷順將兩牛宰剝，牛肉賣錢花用，審將雷順依盜牛殺者枷號一個月，發附近充軍，面刺，竊盜張三兒於再犯刺面，後復竊，應以三犯論，雖從前犯案均在十一年正月初四日恩旨以前，係已經得免，併計一次之犯，不准再免，併計應依竊盜三犯銀不及十兩例，擬流刺字。張奉起意盜牛，依盜牛二隻，枷號三十五日，杖九十，刺臂等因，本部詳核案情，雷順與張三兒等素本認識，張三兒係屢次破案賊犯，該犯一經撞逼，即向買受竊贓，所買必不止此一次。且張三兒等竊牛行走適在黑夜，該犯何以適與撞遇張三兒等，亦即告以竊情，將牛賣給，顯有窩夥同行情事，如果僅止一次故買贓牛宰殺，則應與竊盜一體治罪，即應照盜牛本例科斷。該撫照實犯盜牛宰殺例擬軍，更屬錯誤，咨駁去，後旋據覆審無異，援引擬軍成案，將雷順、張三兒仍照原擬，惟張奉因病取保脱逃，將保人許貴照徒罪，以下人犯患病保出疎脱者減一等，例於張奉枷號三十五日，杖九十罪上減二等，擬杖七十咨部，本部詳繹例文，屠戶將竊盜所俞堪用牲畜不上税買去宰殺，係指明與竊盜一體治罪，並非與盜殺者一律同科，且接買强竊盜贓，若馬贏等畜至二頭匹以上，不分初犯、再犯，例止枷號一個月，買贓之人本不與竊盜同科，因其私買宰殺，是以與竊盜一體治罪。若按照盜牛本例，計隻轉輕於私宰之罪，仍各從其重者論，較之接買而不宰殺者辦理，已屬從嚴，若竟照盜殺例擬軍，不惟與自行盜牛宰殺者無所區別，且與盜牛正賊罪名輕重倒置，不足以昭平允。今該撫以買贓私宰與盜牛而殺無異，實屬誤會。查雷順一犯明知竊牛收買宰殺，應照例與竊盜一體治罪，惟盜牛二隻，本例罪止枷號三十五日，杖九十，轉較宰殺耕牛爲輕，應將雷順改依私宰耕牛初犯例，枷號兩個月，杖一百，免刺。張三兒等情罪相符，均應如所咨完結，至該撫查出十三年審擬黎亭獻郭爲成擬軍二案，亦屬舛錯，恐該省尚不止此二起，應令詳細查明，彙核妥擬，報部辦理。嘉慶十六年通行。

又 盛京刑部咨外結徒犯馬狗子等竊牛二隻，趕至關小兒家内，聽從關小兒將牛宰殺，其分牛肉，將馬狗子、馬七十三均照盜牛宰殺爲從減一等例，各杖一百，徒三年。關小兒明知馬狗子等偷竊牛隻，起意宰殺分肉，應照宰殺耕牛例，枷號兩個月，杖一百。嘉慶二十五年奉天司案。

又 吉林將軍咨，狄萬倉獨竊牛隻，起意宰殺，應依盜牛宰殺例，枷號一個月，發附近充軍。宋添桂知情，幫宰牛隻，賣肉分錢，計贓在一兩以上，依知竊盜後而分贓律，擬杖六十。嘉慶二十五年奉天司案。

又 湖廣司查例載，竊盜自首律該減等擬罪者俱免刺等語，此條係前明舊例，經國朝纂入例內，遵行已久。今湖廣省王之仁盜牛宰殺，聞拿投首照律減等，擬徒，該撫聲明依例刺面，與例不符，該司改爲免刺，係屬照例辦理。至竊盜併計次數科罪律，以曾經刺字爲坐，王之仁此次既已免刺，將來如再犯竊，自應仍照初犯計贓科斷。乾隆五十三年説帖。

又 卷一一《私賣戰馬》 提督奏馬添路等私充牙行買賣馬匹一案，提訊各犯據供伊等在德勝門外賣馬，俱由外館納税，給有印票，彼處並無牙行，係伊等私自買賣，並無漏税情事，核與原奏不符，臣等以騸馬有關營務，是否違禁，並德勝門外查訪有無私開馬匹牙行，及外館是否兩翼税局，分查去後，一面逐加審訊，據馬添路供於上年九月，在德勝門外黑寺地方買騸馬一匹，拴車度日，因草料價貴，欲將馬出賣，其原買税票久經遺失，本年十一月十三日在德勝門外路遇山西人王金壽，因鄉親張學斯欲同原籍回伊買馬議明京錢四十吊，在外館用税錢五百四十文，給有税票，票内註明平陽府張買馬一匹字樣。又據何大供伊在達子館販馬營生，本年九月二十四日，在達子館買疲瘦騸馬五匹，當卽納税，給有外館税票，將瘦馬四匹拉回喂養，内挑好馬一匹牽賣。十一月十三日，在德勝門外賣給山西汾州府張姓，議明京錢十五吊，又在外館納税給錢五百四十文，付有税票。又馬興隆供於本年七月十九日在張家口馬萬順號買得騸馬四匹，在張家口下埠收税廳上起有税局京票一張，票内註明順天府馬買馬四匹字樣。七月内到京，在德勝門外馬店旋被拿獲。又范金柱供路遇伊弟范老兒，因伊主内務府員外郎長清有病馬一匹，交伊代賣，尚未找主，卽被拿獲。此各犯等先後被獲之原委也。臣等以德勝門外並無官設馬行經紀，該犯等何以在彼販賣馬匹，難保非偷賣漏税，其所賣馬匹恐亦不止此數。况馬匹税課攸關，該犯等雖俱有票爲憑，而檢閲起到税票，並未註明毛片，誠恐該犯等現呈之票，未必卽係現獲之馬，另有影射別情。復行查外館印票月日是否相符，旋據兩翼税務衙門覆稱，飭查外館税局，係兩翼公所相間給票，該犯等印票是眞，查對相符。其張家口買馬亦係起有口票來京，又據兵部覆稱，本年十一月二十四日有會同戸部議奏私販騸馬一摺，將原奏及恭奉諭旨一道抄錄送部，並據北城指揮查明，德勝門外並無私設牙行，申報到部，復提馬添路等嚴訊，據供德勝門外向無馬市，近來居民多在該處賣馬，伊等隨同售賣，實不知始自何人，總以税票爲憑，外館既准納税，亦明知係在德勝門外買賣馬匹，給予税票，相沿日久，並無牙行。票内向不註明毛片，止憑年月，稽查其所買馬匹，如或轉賣，卽須換給新票，伊等馬票俱係本年秋間所領，實無影射漏税情事。所買騸馬委不知係例禁等語，究詰不移，查律載城市諸色牙行私充者杖六十，又客商匿税不納課程者笞五十，若買頭匹不税契者罪亦如之各等語，又本年十一月二十四日，戸、兵二部會議私販騸馬一摺，恭奉上諭，前因私販騸馬一摺，據兵部查明進口章程，與戸部兩歧，申明馬政例禁，請旨當經飭令戸、兵二部會同核議，兹該部等會議具奏。向來騸馬有關營務，不准民間私販，兵部節次嚴禁，以防流弊，而戸部徵收税則，凡商民在歸化城换買耕駄騍騸馬匹，又准山殺虎口經過定例本屬兩歧，現在查明商民往歸化城换買馬匹，其各省營驛及左右兩翼購買騸馬進口，均照例納税，官不民販，既徵一體微收税課，自應酌改，以昭畫一著，照所議於戸部例載商民准往歸化城换買耕駄騍馬外，添官買騸馬字樣，俾馬禁税務兩不相妨，至山西省現私販騸馬案犯，念係尚在未經定議之先，著將所獲馬匹照例入官，其應得罪名加恩准其寛免。欽此。在案。此案馬添路、何大馬興隆買賣騸馬内馬，興隆係赴張家口買得騸馬四匹，尚未出賣，何大係在達子館買騸馬五匹，已賣一匹，馬添路係在德勝門外買騸馬一匹，亦已出賣。查該犯等買賣騸馬，有違禁令，其犯案在十一月二十四日奉旨以前，核與山西省現獲私販騸馬案犯事同一例，其應得罪名自亦應准其寛免，其所買馬匹現在查明均經納税，亦無隱漏情事，惟查京城買賣馬匹向來均應在左右兩翼官設馬市買賣，馬添路、何大輒在德勝門外並無牙行處所私行交易，自應酌量比照私允牙行律杖六十。馬興隆由張家口買馬四匹，尚未售賣，范金柱係代伊主賣馬，伊主内務府員外郎，係例得畜養騸馬之人，王金壽係代張學斯買馬，應均毋庸置議。張學斯等並免傳質，何大等所買馬匹業經上税，應免入官。再查民人私販騸馬，於馬政課程均有關繫，臣部祇有商民匿税治罪之例，並無私販騸馬作何治罪專條，現既恭奉諭，直自應酌定章程，以昭遵守。惟查私賣究與私販不同，私販係出口販賣，百十成羣，至私賣則係内地鄉愚，或舊養騸馬，因貧乏出賣，或彼此互相交易，其馬不過一二匹，如紛紛查禁，恐致胥役藉端擾累之弊，且恭繹現奉論旨，原係專指出口私販者而言，果能禁絶私販騸馬，均歸官用，即以杜私賣之源。臣等公同悉心酌核應請，嗣後民人私行出口販賣騸馬，一經查出，按其匹數分别治罪，如數在三十匹以下，照遠制律杖一百；三十匹以上至四十匹，加枷號一個月；四十匹以上至五十匹，枷號兩個月；五十匹以上，杖六十，徒一年。每十匹加一等，一百匹以上加至徒三年爲止。所販馬匹入官。如蒙俞允，臣部通行直隸、山西、陝西、甘肅等省一體查照。至德勝門外館既係兩翼公所，而該處向無馬市牙行，自應仍歸左右兩翼牙行經理交易，以杜影射。所有該處民人私行買賣馬匹，應如何設法禁止，外館所給稅票應如何互相糾察之處，咨行兩翼稅務衙門妥立章程，以肅馬政，而重稅課等因，道光二年十二月二十日奉旨，依議。欽此。奉天司通行已纂例。

《清史稿》卷一四一《兵志》　順治初，陝西設洮岷、河州、西寧、莊浪、甘州茶馬司，及開成、安定、廣寧、黑水、清平、萬安、武安七監，歲遣禦史一人專理之。七年，喀爾喀、額魯特來市馬，諭令自章京監察之販客及賈人，與不系披甲者，概不許購，違者鞭一百，馬入官。蒙古攜馬來京，不許商販私買，胥役私購者罪之。康熙七年，裁茶馬禦史，以馬政歸甘肅巡撫。三十四年，諭遣師中等往蒙古諸旗購馬，歸化城、科爾沁各二千匹，餘定額有差。乾隆十二年，禁朝鮮買馬。二十五年，敕烏魯木齊市易哈薩克馬百三十餘匹歸巴裏坤。旋以五吉等言，選哈薩克所易馬撥往巴裏坤，遂停購買。阿桂言伊犁易來哈薩克馬漸成大群，敕書嘉予。二十八年，定江寧、浙江、福建駐防馬匹出口采買例。三十二年，以伊犁易哈薩克馬累積至多，擇巴裏坤善地牧放。尋烏裏雅蘇臺馬缺，亦以哈薩克馬換易之。陝、甘營馬，例調自伊犁轉補，道遠耗時。鹹豐四年，用賡福請，由伊犁、塔爾巴哈臺隨地變價，令各營自購。七年，並敕山東缺額馬，亦就近買補云。　貢馬昉於國初，歸化城土默特二旗，每歲四時貢馬百匹。順治十三年，吐魯番貢三百二十四匹，嗣減令貢西馬四匹，蒙古馬十匹。康熙八年，以邊外蒙古貢馬，沿途抑買，諭嚴禁之。三十年，諭土謝圖、車臣俱留汗號，貢白駝一、白馬八如初，自餘毋以九白進。三十五年，喀爾喀蒙古獻駝馬，多不可計，感聖祖破噶爾丹，得歸原牧地也。四川各土司例貢及折徵馬，各營少者一、二匹，最多十二匹。甘肅唐古特七族西喇古兒例貢馬匹，各營最多者八十二匹，少者遞減至二、三匹。

乾隆元年，諭四川土司折價馬每匹納銀十二兩，通省營馬改從驛馬例，納銀八兩，永著為令。三十年，哈薩克沁德穆爾等獻馬。敕其餘馬赴伊犁，毋於喀什噶爾諸地貿易。尋令沙拉伯爾遊牧之哈薩克，與沙拉伯爾一體貢馬。嘉慶元年，停葉爾羌進馬。十六年，諭烏裏雅蘇臺將軍等貢馬及備用馬選取之。又諭伊犁進馬，材具佶閑，足供御用，令正備貢各五匹，有私帶者，以違制論。道光二年，從那彥成奏，青海屬玉樹番族歲納貢馬，據丁口數，依二十壯丁貢馬一匹例，按數遞裁。涼州屬番族歲仍納馬一匹。初內外蒙部多貴戚，每征伐，爭先輸馬、駝，漢、唐以來所未有也。康熙初，察哈爾親王、郡王、貝勒等，聞三藩叛，各獻馬匹佐軍。道光九年，章佳胡圖克圖捐馬百匹，收其半。二十三年，察哈爾蒙旗捐馬千九百七十匹。鹹豐初，哲布尊丹巴等捐馬千匹，喀爾喀土謝圖等二千匹，錫林果勒盟長等三千匹，帝以其多，卻之。嗣聞已在途中，令擇善地牧以待用。自是三音諾顏部等，以軍事輸馬、駝，旋捐馬二千一百，錫林果勒盟等千二百，或留或否。七年，各部落蒙古王等捐馬六千四百匹，詔納之。時粵、撚擾畿東，利於用騎也。同治間，黑龍江將軍德英於呼倫貝爾各城勸捐軍馬。光緒初，豐紳托克湍辦海防，時昭烏達盟郡王捐馬六百匹，因請踵行推廣勸諭，以助軍實云。驛置肇自前漢，歷代因之。清沿明制，設驛馬，為額四萬三千三百有奇。各省驛制，定於康熙二年，凡賫奏官驛馬之數，各藩馬五匹，公、將軍、提督、督、撫三匹，總兵、巡鹽禦史二匹，從兵部侍郎石麟請也。邊外之驛，定於九年，凡明詔特遣，及理藩院飭赴蒙古諸部宣諭公務，得乘邊外驛馬。三十五年，征噶爾丹，設邊外五處驛站，用便車糧運輸。又從理藩院言，自張家口外設蒙古驛。其大略也。驛傳在僻地者，僅供本州縣所需，亦曰遞馬，額不過數匹。沖繁州縣，置驛或二或三，額馬至六七十匹。驛差大者，皇華使臣，朝貢蕃客，餘如大臣入覲、蒞官、視鹺、監稅皆是。若賫奏員役，呈奉表冊，其小者也。要者，如星馳飛遞，刻期立赴之屬。若閔勞恤死，允給郵傳，其散者也。驛政弊壞，張汧嘗極言之。越數誅求，橫索滋擾，蠹國病民，勢所必至。已定例諸驛額馬，每年十踣其三，循例買補。鹹豐中，粵氛孔熾，湖、湘境為賊據，劫失驛騎，焚毀號舍，往往有之。各州縣或買馬填補，或賃馬應差，其有失驛未設，即雇夫代馬。甘肅舊設馬額六千餘，亦以軍興廢弛。光緒九年，軍務既平，驛遞漸簡，所留馬視前減三分二，而驛政亦無所妨。十一年，新疆南路設驛。

是時，綜通國驛站歲費，約三百萬餘金。二十九年，劉坤一、張之洞條陳新法，謂驛站耗財，不如仿外人之郵政。郵政遞信速，驛政文報遲。弊由有驛州縣馬缺額，又複疲瘦，驛丁或倚為利藪，因致稽延。請設驛政局，推行郵政，俾驛鋪經費專取給郵資，即三百萬歲耗可以省出矣。時韙其言。已而驛馬漸裁，嗣是驛遂廢不用。順治初，建常盈庫，凡車駕司朋椿站銀，武庫司馬值，太僕寺馬價皆儲之。康熙初，改常盈庫儲歸戶部。乾隆十六年，敕雲南營馬除十踣其三按例應賠外，其逾額踣斃者免賠椿銀。二十七年，定給留圈馬乾，每匹視綠營稍優異。三十八年，又令雲南買補馬價，每匹減銀三兩。初馬乾歲費約四十四萬有奇。道光中，從載銓等言，裁八旗官拴馬半額，以節出之費補兵餉焉。

藝文

清　孫士毅《百一山房詩集》卷八《官馬行》　官馬行，行何遲，馬老不足供鞭笞。官馬行，行何瘦，肥馬多在胥吏廄。稭一束，豆一升，草頭一口如飛鷹。歸來髀，肉皸生，蠅芻在槽馬在野。長官飛帖，驛丞驚，明日看花要快馬。

清　劉嗣綰《尚絅堂集》卷四〇《官馬過》　官馬過，馬牌踉蹌馬兵臥，官來傳，令馬前。駈馬不前使馬鞭，馬不能言馬牌哭。官減馬糧入官腹，年年養馬常苦饑。一朝用馬馬所悲，嗟嗟馬敢愛死力，但使官家無害馬，馬死長途亦不惜。

其他

綜述

清　蔡士英《撫江集》卷九《咨總督條議馬政》　爲再酌馬步經制事，照得如右，一省雖居南土，實非澤國，部頒馬二步八，永為遵守，此已酌量形勢而後行也。即內有通融裒益之說，不過量爲增減，挹彼注茲耳。故前院會商督鎮司道，止以鄱湖、南康、南湖三營面江背湖，無事馳騁，裁馬壹百壹拾捌匹，而益之於衝煩要地之廣昌、永豐、永新、龍泉四營，此外毫無損益。蓋亦上遵部行，下觀地利，計無出此矣。今虔院部復有馬三之請，而部議於江省內通筭那移。夫南贛要道，馬固宜增，但計其所增之數至玖百叄拾有奇，而欲槩取之於在在需馬之地，恐萬萬不能者也。揆形度勢，是在內部另為裁酌耳。既經督鎮司道會議前來，合就咨覆，爲此合咨貴部院，煩請查照轉覆施行。順治玖年拾月貳拾伍日。

《清通典》卷七九《馬政》　貢馬。蒙古索倫歲貢馬駝，由理藩院具奏，送上駟院，行知掌試御馬大臣、侍衛奏，會本院官公同選驗，不入選者罷還之，選受者行廣儲司如例給賞。駝發內廄，馬發南苑六廄牧養。又歸化城兩旗蒙古歲貢馬，喀爾喀哲卜尊丹巴、胡圖克圖歲貢駝馬，陝西岷州衛二十四寺番僧歲貢馬，均由理藩院咨送發各廄芻秣，應管之大臣率本院侍衛詣廄驗試，辨其堪供御馬、內馬、公馬之屬，列其等次以聞。乾隆二十三年之後，西域哈薩克、巴達克山諸部先後投誠，遣使貢馬，其尤者則御定嘉名，餘皆分入各廄，至哈薩克貿易之馬尤夥，每年無定額，於烏嚕木齊及伊犁廣設牧羣，以為新疆駐守各兵之用，其贏餘仍撥補內地各標營額缺。

又　供直馬。日以內廄御馬四匹，齊其毛色，具鞍轡列於院門外；凡駐蹕圓明園，以御馬六匹立園門右如之。直班侍衛、司鞍、司轡咸侍。恭遇車駕巡幸，日以十馬備上乘御，由掌御馬大臣奏請，於御馬、內馬中簡其尤良者以從，其需用駕車馬、公馬及槖駝之數附疏以聞，由院奏遣卿及侍衛各一人、掌御馬侍衛一人沿途監視支放馬駝芻菽。其扈蹕之尚茶、尚膳各執事官役以及內監所乘之馬，由所司行院，如數以公馬撥給，回日繳院，如不足，具數奏行兵部，以八旗官馬撥給。皇子出行，撥給官役應乘公馬亦如之。凡因公出使者，大臣應乘馬十匹，侍衛六匹，筆帖式四匹，廄牧長各五匹，廄牧副各三匹，廄丁、牧丁二人共馬三匹，均於公馬中撥給，廄長記所給馬數於冊，月申院。卿每三月彙數以聞，行該管官覈對。其馬有途次病斃者，歲終彙數奏銷。如調治失宜致疲瘠及遺失者，有罰。凡直省駐防將軍、都統、副都統、總督、巡撫、提督、總兵及朝鮮國使臣来京朝覲、各給馬乘騎，均由所司行院，於公馬中選撥。

清　師範《滇馬》《清經世文編》卷七三《兵政四》　南中民俗，以牲畜為富，故馬獨多。春夏則牧之於懸崖絕谷，秋冬則放之於水田有草處，故水田多廢不耕，為秋冬養牲畜之地。重牧而不重耕，以牧之利息大也。馬、牛、羊不計其數，以群為名，或百為群，或數百及千為群。論所有，輒曰：『某有馬幾何群，牛與羊幾何群。』其巨室幾於以谷量馬，牛凡夷俗無處不然。馬產幾徧滇。而志載：某郡與某某郡出馬，何其徧也？夷多牲畜，而用之亦甚費。疾病不用醫藥，輒禱神，椎牛屠羊輒十百計；巨室喪事來弔，但驅牛羊成群，設帳幙於各山，牽牛詣靈位三帀而割之以成禮，仍歸所割於各寨，計費牛羊亦不可勝計。故祿勸縣雖僻處，而鼠街所出之皮革幾半滇，由用之多也。《范志》：『蠻馬出西南諸蕃，多自毗那、自杞等國來。』自杞取馬於大理，古南詔也，地連西戎，馬生尤蕃。大理馬為西南蕃之最。彼時所謂大理國者，蓋統全滇而言之，非大理一郡也。桂林，故靜江也。宋時於靜江府設馬政，以茶易西蕃之馬，故《范志》自謂：『余治馬政，今滇馬雖多，未有鞭韁，估客驅而成群，販以出境者，但供腳人馱運，驛號收買而已。至緬甸軍興，反驅天下之馬牛以入滇，死者不可勝計，道路臭穢，幾不可行無，濟於軍興，徒為靡費，豈非不考之故哉？』傳云：『古者大事必乘其產，安其水土，而知其人，心隨所向，無不如志。』夫以鄭駟尚敗晉戎，況驅天下之馬，萬里入滇，道死已過其半，迨抵軍前，馬已盡矣。不得已，潛買滇馬以充之，滇馬值遂高。夫內地之馬，撒蹄而馳，於平原廣地便；滇馬斂蹄，於歷險登危便。古稱越睒之西多莎草，產善馬。世謂越睒駿始生若羔，歲中紐莎縻之，飲以米瀋，七年可御，日馳數百里。又夷人攻駒，縻駒崖下，置母巖顛，久之，駒戀其母，縱駒銜崖，奔上就母，其教之下崖亦然。膽力既堅，則涉峻奔泉，如履平地。此滇馬之可用於滇，而入內地，技亦窮矣。南渡偏安，於靜江易馬，終不聞賴西蕃之馬以濟軍政，想亦徒為煩費矣。

紀事

《清文獻通考》卷一九三《馬政》　禂馬之禮。順治年間，定每歲春秋二季禱馬於神，第一日早以絳帛繫御馬鬛尾，凡七十匹，晚以青帛送大凌河騸馬羣繫三十匹。次日早以絳帛、晚以青帛送大凌河牝馬羣，繫絳帛者凡千三百匹，繫青帛者凡二百七十六匹。乾隆四年，減定御馬繫絳帛者三十匹。

又　貢馬。順治年間，定四十九旗內扎薩克、蒙古王、貝勒、貝子、公台吉、塔布囊及喀爾喀、厄魯特、青海、朝鮮國等處歲貢馬駝，由理藩院具奏送上駟院，行知掌試御馬大臣侍衛奏，會本院官公同選驗，不入選者交理藩院給還，入選者行廣儲司如例給賞。駝發內廐，馬發南苑六廐牧養。又喀爾喀澤卜尊丹巴、胡圖克圖歲貢駝馬，陝西岷州衛二十四寺番僧歲貢馬，均由理藩院送發各廐芻秣。應管之大臣率本院侍衛詣廐驗試，辨御馬、內馬、公馬之屬，列其等次以聞。乾隆二十二年以後，西域哈薩克、拔達克山諸部先後投誠，遣使貢馬，其尤者則御定嘉名，餘皆分入各廐，其哈薩克貿易之馬尤夥，每年無定額，於烏嚕木齊及伊犁廣設牧羣，以為新疆駐守各兵之用，其贏餘仍撥補內地各標營額缺。

藝文

清　塞爾赫《曉亭詩鈔》卷二三《戊戌春杪郯城屈悔翁自千七百里辱訪頗遂平生余尋有上都監牧之役須殷遇疎可勝扼腕賦此志別兼訂後期二首》　渭北詩人郯子國，春風拂面總塵埃。平生那得一言重，何事勞從千里來。謝客清談飛玉屑，蔣家荒逕已蒿萊。深杯祇恨春宵促，重與論文牧馬回。

又　索解連朝蘭不芳，大言應見古遺狂。有懷泛我如萍梗，無計因君築草堂。剩水殘山隨意得，落花飛絮為誰忙。也知未遠相逢日，惆悵雲間鴈一行。

清　屈復《弱水集》卷九《送友人出塞監牧馬場四首》　芸窗風雨夜飛螢，一夕丹書出禁廷。彩鳳池頭差玉牒，盧龍塞外有天駉。雲從騏驥騰時黑，草向貔貅起處青。記得漢家尊石室，九重虛席待傳經。

又　行厨萬卷擅風流，長夏霓旌出塞遊。纔得雪消寧受暑，近聞花發似初秋。氊高駝背懸徐榻，月照龍堆上庾。樓莫以羣空輕冀，北從來此地有驊騮。

又　太平乘傳向金微，不用橫刀掛鐵衣。玉殿筆曾千氣象，皇華車更有光輝。冰開野綠高牙駐，沙覆空青萬馬飛。多少長安韋帶士，遙從北斗望君歸。

又　一麾天駟總千羣，暫出開平戀聖君。白草南看惟白日，黃花北望盡黃雲。箭香漫飲數奇羽，筆夢休書求試文。春去秋來隨雁影，能知時節是將軍。

清　陳文述《頤道堂集》卷四《贈同年凌泊齋鳴喈兵部即題其馬政疏盤溪歸釣圖二首》　國事非徒馬，當官盡所言。自知千吏議，畢竟荷君恩。名實求邦本，清忠見道存。吾曾議海運，翦燭待君論。

又

茫茫人海裏，羡爾白鷗飛。歸去盤溪上，煙波好釣磯。蘋花秋後老，蒓葉雨中肥。我憶南湖棹，何年許息機？

狩獵部

獵

題解

清　厲荃《事物異名録》卷九《獵户》　獸臣　《正字通》虞人曰獸臣，左傳獸臣司原敢告僕夫。

又卷一〇《獵祭》　貙膢　《漢書音義》：貙以立秋日祭獸，王者亦以此日獵獸祭宗廟，故曰貙膢，一作貙劉。又冀州北方八月作飲食為膢，其俗曰膢臘。

又卷一八《四時獵》　蒐、苗、獮、狩《爾雅》：春獵為蒐，夏獵為苗，秋獵為獮，冬獵為狩，疏此四時田獵之名也。蒐搜索取不任者，苗為苗稼除害，獮順殺氣也，狩得獸，取之無所擇也。《公羊傳》曰：春曰苗，秋曰蒐。《穀梁傳》曰：春曰田，秋曰蒐，皆與禮異。

又《夜獵》　獠　《爾雅》：宵田曰獠。疏：夜獵名獠。今江東亦呼獵為獠，諸獵具。

羅、罝、罦、罬　《爾雅》：鳥罟謂之羅，兔罟謂之罝，麋罟謂之罦，彘罟謂之罬。

槎桎　《庶物異名疏》：槎桎檻獸之具。蘇則從魏文帝行獵，槎桎拔，失鹿。

空帿　《侯鯖錄》：空帿取狗器也。

清　王引之《經義述聞》卷二六《蒐摟聚也》　郭曰：『春獵為蒐，蒐者，以其聚人衆也。』邵曰：『蒐者，成十六年《左傳》云：蒐乘補卒。襄二十四年傳云：齊社蒐軍實，言聚而閱之也，摟者，《說文》云：摟曳聚也，或作婁。《小雅·角弓》云：式居婁驕。鄭箋，婁斂也。疏引《釋詁》云：婁斂，聚也。家大人曰：釋天春獵為蒐。』郭云：『搜索取不任者，則蒐非聚衆之謂，且苗獮狩皆聚衆之事，不獨蒐也。《左傳》之蒐乘蒐軍實，皆謂簡閱之，非謂聚之。』郭邵所引，皆非確證。予謂：『《魯頌·泮水》篇，束矢其搜搜者，聚束之貌。故毛傳云，搜衆意也，搜與蒐古字通。桓四年《穀梁傳》：秋曰蒐。釋文蒐麋氏本又作捘。《漢書·刑法志》春振旅以搜。《玉篇》《廣韻》竝云：搜聚也，即用《爾雅》之文。又案《角弓》篇，式居婁驕。婁，古屢字也。故《荀子·非相》篇作式居屢驕。王肅訓婁為數，是也。鄭訓婁為斂，謂斂其驕慢之過，似於義未安。予謂：《孟子·告子》篇五霸者，摟諸侯以伐諸侯者也，摟諸侯即聚諸侯。故郭云：「摟，猶今言拘摟聚也。」《史記·天官書》婁為聚衆，義方同也。』

論説

《晏子春秋·晏子春秋内篇諫下第二·景公獵休坐地晏子席而諫第九》　景公獵休，坐地而食，晏子後至，左右滅葭而席。公不說，曰：『寡人不席而坐地，二三子莫席，而子獨搴草而坐之，何也？』晏子對曰：『臣聞介胄坐陣不席，獄訟不席，尸坐堂上不席，三者皆憂也。故不敢以憂侍坐。』公曰：『諾。』令人下席曰：『大夫皆席，寡人亦席矣。』

《晏子春秋·晏子春秋内篇諫下第二·景公獵逢蛇虎以爲不祥晏子諫第十》　景公出獵，上山見虎，下澤見蛇。歸，召晏子而問之曰：『今日寡人出獵，上山則見虎，下澤則見蛇，殆所謂不祥也？』晏子對曰：『國有三不祥，是不與焉。夫有賢而不知，一不祥；知而不用，二不祥；用而不任，三不祥也。所謂不祥，乃若此者。今上山見虎，虎之室也；下澤見蛇，蛇之穴也。如虎之室，如蛇之穴，而見之，曷爲不祥也！』

漢　郅惲《上光武諫獵書》惲爲上東城門侯，帝出獵夜還，惲拒關不開，從東中門入。明日惲上書，賜布百匹，貶東中門侯》《東漢文紀》卷六　昔文王不敢槃于游田，以萬人為憂。而陛下遠獵山林，夜以繼晝，其如社稷宗廟何。暴虎馮河未至之，戒誡小臣所竊憂也。未至之戒，漢紀作可為至戒。

晋　杜預《春秋釋例》卷三《蒐狩例第十七案此篇見永樂大典惟篇目佚今補**》**

釋例曰：以不教民戰，是謂棄之。故傳曰：春蒐、夏苗、秋獮、冬狩，皆于農隙以講武事也。三年而治兵，習戰備也。入而振旅，治兵禮畢，整衆而還也。歸而飲至，告于廟也，所以數軍實，昭文章，明貴賤，順少長，辨等列，習威儀也。晉侯登有莘之墟以望，曰：少長有禮，此之謂也。田狩必有三驅之禮，以備四時之祀，鳥獸之肉不登于俎，骨角毛羽不登于器。則君不舉，出必告于廟，獲必用于廟，于是乃書。椒舉稱寡君屬有宗祧之事于武城，此事之謂也。凡天子諸侯田狩皆于其封內，傳曰：鄭之有原圃，猶秦之有具囿，不越國而取諸人。隱公觀魚于棠，棠實他境，故傳云遠地。案隱五年正義引釋例云，舊説，棠，魯地，據傳，公辭欲畧地，則非魯境也。今釋例無此文，恐有脱佚。河陽實已屬晉，非王狩所在，故言非其地也，且明德也。義在隱其召君之闕也，邱明之為傳，所以寫仲尼之意也，而河陽之狩，越盾之弒，泄冶之罪，于此三事特稱仲尼者。危疑之理，須聖言以明之，聖人之辭可能使人信之，賢者之辭則不能，此其義也。三王異正朔，而夏數為得天，雖在周世，于言時舉事，皆據夏正，故公以春狩于郎。而傳曰：書時，禮也。焚咸邱，魯地，非蒐狩常處。經不言蒐狩。但稱焚咸邱，言火田盡物，非蒐狩之義也。紅之蒐，傳言革車千乘，所以示大蒐也。而經不書，大諸事同而文異，傳不曲言經義者，直是時史之闕畧。仲尼畧而從之，春秋不可錯綜經文，此之類也。劉、賈、潁云：蒐于紅不言大者，言公大失權在三家也。十一年蒐于比蒲，經書大蒐。復云：書大者，言大衆盡在三家，隨文造意，以非例為例，不復知其自違也。案紅之蒐下，永樂大典無之，從昭八年正義所引釋例補入。

唐 吳兢《諫畋獵表》玄宗開元五年 《文苑英華》卷六二〇 臣兢言：伏見明制，來年五月五日幸東都。道路皆以陛下至長春宮及沙苑，當有畋獵之事。今東土耆艾，關河士女，莫不欣躍舞忭，翹望帝車，延頸企踵，所思者德。伏願陛下舉無失禮，動則有章。詩云：『敬慎威儀，惟民之則。』愚臣以山陵始畢，甫及逾年，陛下縗服雖除，心喪未已，四海之內，八音尚遏，豈可遽將犬馬為娛，鷹隼是務？必或如此，則恐傷人子之道，虧天地之經，欲令萬方，何所取則？況《禮經》云：『三年之喪，自天子達之。』陛下既俯順當時之請，唯行易月之制，奈何更盤于遊畋，以徇從禽之樂？豈可謂明王之孝理天下乎？而望德教加於百姓，必不可得也。昔魯侯觀魚于棠，《春秋》尚列其戒，陛下若既葬而獵，後代豈不為刺？且馳騖山澤之間，經過林薄之下，水谷之危未遠，銜策之變不恒。伏願陛下重慎防微，須為社稷自愛。老子曰：『我無為而人自化，我無欲而人自朴。』《詩》云：『爾之教矣，民胥效矣。』由是觀之，居上者必慎所好。愚臣職居待問，兼掌史筆，竊以君舉必書，位一作法在無隱，既聞衆所流議，實恐有玷聖猷。區區之誠，惟在於一作為此，輒敢冒死上陳，伏願留神省察，恕此狂斐之罪。云云。

宋 桂萬榮《棠陰比事》卷下《承天議射廷尉訊獵》 宋劉毅鎮姑熟嘗出行，而鄢陵縣吏陳滿射鳥，誤中鎮帥，雖不傷，處法棄市。何承天議曰：『獄貴情斷疑則從輕，漢時有驚文帝馬者，張釋之劾以犯蹕罪止，罰金。明其無心於驚馬也，故不以乘輿之重加以異罰。今滿意在射鳥，非有心於中人律過，誤傷人，三歲刑況不傷乎，罰之，可也。舊出南史本傳。

魏高柔爲廷尉時，獄法甚峻。宜陽典農劉龜竊，於禁內射兎，其功曹張京詣校事言之。帝匿京名收龜付獄，柔表請告者名。帝怒曰：『劉龜當死，何復請告者主名。』柔曰：『廷尉天下之平安得，以至尊喜怒而毀法乎？』重復為奏帝，意寤乃下京名即還訊之各當其罪。

鄭克評曰：『按法有誣告，反拷若人，所以息姦省訟也。安得匿告者名乎，柔可謂飳執法矣。』出魏志本傳。

宋 佚名《三國文類》卷一四《崔琰諫獵書》字季珪，傅文帝于鄴世子，仍出獵，變易服乘，志在驅逐，琰上書諫》 蓋聞盤于游田書之所戒，魯隱觀漁，《春秋》譏之。此周、孔之格言，二經之明義。殷鑒夏后，詩稱『不遠』；子卯不樂禮，以為忌。此又近者之得失，不可不深察也。袁族富強，公子寬放，盤游滋侈，義聲不聞，哲人君子俄有色斯之志，熊羆壯士墮於吞噬之用。故所以擁徒百萬，跨有河朔，無所容足也。今邦國殄瘁，惠康未洽，士女企踵所思者德。況公親御戎馬上下，勞慘，世子宜遵大路，慎以行正，思經國之高略，內鑒近戒，外揚遠節，深惟儲副以身為寶，而猥襲虞旅之賤服，忽馳騖而陵險，志雉兔之小娛，忘社稷之為重，斯誠有識，所以惻心也。唯世子燔翳捐褶以塞衆望，不令老臣獲罪於天。

宋 佚名《三國文類》卷一四《鮑勛諫獵疏字叔業文帝將出游獵勛停車上疏》 臣聞五帝三王，靡不明本立教以孝治天下。陛下仁聖，惻隱，有同古烈。臣冀當繼蹤前代，令萬世可則也，如何在諒闇之中，修馳騁之事乎？臣冒死以聞，唯陛下察焉。帝手毀其表，而竟行獵。中道頓息，問侍臣曰：『獵之為樂，何如八音也？』侍中劉曄對曰：『獵勝於樂。』勛抗辭曰：『夫樂上通神明，下和人理。隆治致化，萬邦咸乂，故移風易俗，莫善於樂。況獵暴華，蓋於原野傷生育之至理，櫛風沐雨，不以時隙哉？昔魯隱觀漁於棠，《春秋》

譏之。雖陛下以為務，愚臣所不願也。』因奏劉曄佞諛，不忠阿順，陛下過戲之言，昔梁丘據取媚於遄臺曄之謂也。請有司議罪以清皇朝。帝怒作色罷，還即出勛為右中郎將。

宋 佚名《三國文類》卷一四《王朗諫獵疏時帝頻出游獵，或昏夜還宮，朗上疏諫**》** 夫帝王之居，外則飾周衛，內則重禁門。將行則設兵，而後出幄，稱警而後踐墀張弧，而後登輿清道，而後奉引遮列，而後轉轂靜室，而後息駕，皆所以顯至尊，務戒慎垂法教也。近日車駕出臨捕虎，日昃而行及昏而反，違警蹕之常法，非萬乘之至慎也。帝報曰：『覽表雖魏絳稱虞箴以諷晉悼相如，陳猛獸以戒漢武，未足以喻。方今二寇未殄，將帥遠征，故時入原野，以習戎備。』至於夜還之戒，已詔有司施行。

宋 何郯《諫獵宋仁宗慶曆七年殿中侍御史何郯十奏**》**《右編》卷五 臣竊以古者天子具四時之田，所以講威武而勒遠略，不徒事遊戲而翫小娛，載之策書，具有典法。前日伏聞法駕將獵近郊，中外之人，聽者頗惑。良以去歲車駕已當出畋，群臣抗言，隨即停罷，忽茲載舉，未諭聖心。伏以陛下繼統以來，動遵法度，不喜弋獵，不數豫游，恭儉之風，足邁前古。而今之舉事，固必有因。豈陛下以宇內有年，方隅無事，故於農隙以講武經，欲為都邑游觀之盛乎？抑有獻議者謂田獵之事具有禮文，行之以時，蓋舉墜典，則嚮者諫止之言不足顧乎？若聖意果然如是先定，則非愚臣之所敢議也。然其中事有切於利害者，尚可得而言焉。恭自真宗皇帝即位之後，遂下詔書，罷放五方鷹鶻，獵事不講，踰四十年。校聯之籍，率非宿將，士卒久不便習其事，官司又不素詳其仪，倉卒而行，必多曠闕。竊聞去歲乘輿之出，往返甚勞，一日之間，殆馳百里。而又兵衛不肅，警蹕不嚴，從官不及侍行，有司不暇供億，逮於暮夜，始入都門。此豈非士不習其事、官不詳其儀而致然歟？而况以騎乘而有疾馳之勞，在原野而弛嚴衛之備，或御者蹉跌，變生銜橜，愚民迷誤，犯及車塵，臣子之罪，將何贖焉！雖則仁聖之資固有神靈之衛，然不可不備非常。且西北二隅，變故難測，豈無姦偽雜於稠人廣衆之中？由是而言，益可深慮。《傳》曰：『千金之子，坐不垂堂』，矧於萬乘之尊乎？賈誼曰：『射獵之娛與安危之機孰急？今不獵猛敵而獵田彘，不搏强寇而搏蓄兔，翫細娛而不圖大患，非所以為安也。』伏望陛下罷省出游，無重過舉，遵烈考詔書之旨，念前人警誡之規，優游養神，樂過從獸，拱揖在御，慮無乘危，則宗廟生靈，實有慶賴。臣職當言責，理合開陳，罔逃嚴誅，責少云補。

宋 江公望《諫獵徽宗時左司諫江公望上奏**》**《右編》卷五 臣邇日傳聞道路之言，有姓賈中貴人臂鶻鶻入後苑，捕逐禽鳥，臣未之信。豈有禁御之中，雖是近習之人敢肆猖獗，一至於此？徐思之，必偵得聖意然後敢爾。再思之，陛下未應至此，然後疑而不釋也。陛下所以得天下者，以仁而已，豈有仁者之君而務遊畋者乎？又况陛下即政方踰年，未明求衣，日昃不食，刻意勵志，好賢樂善，聽言從諫，期底于道，尚恐負宗廟社稷之靈，無以慰天下蒼生之望，豈復有暇逐禽獸為樂乎？春蒐、冬狩特重於祭祀之禮，毀卵拆巢尤戒於生誕滋育之時，豈有仁者之君不因奉先祭祀，而於生誕滋育可戒之時為毀卵折巢之虐乎？千金之子，尚有垂堂之戒；萬乘之主，豈無犯車之虞？和鸞而節，清道而行，猶意於銜橛之變，况馳騁驅逐，與禽獸争道於萬死一生之地，豈不殆哉！豈有仁者之君不自愛重，而為虞人之所為乎？得一禽則喧呼號欢，分賜金帛，不恤其費。豈有仁者之君輕自性之膏血，以重微禽之軀乎？臣以此揆之，陛下必不然也。雖然，以其後事而引悔，孰若先事而知戒？此臣所以不惜萬死，雖得之傳聞之不審，亦為陛下道而不敢隱也。《五子之歌》曰：『內作色荒，外作禽荒，有一於此，未或不亡。』老聃曰：『馳騁田獵，令人心發狂。心狂志荒，何事不亡？』莊周曰：『用志不分，乃凝於神志。分於外，神亦隨之。神志不一，何事不失？』王者之治，斷可識矣。夫鳥托深林，獸育豐草，魚鱉不亂於網罟，草木不夭於斤斧，人不苦於苛政，斯乃仁者之君所以治天下之道也。昔文王有靈德，故麀鹿、白鳥在其囿，而有濯濯翯翯之態，魚在其沼，而得充牣跳躍之樂。陛下不大苑囿之奉，數畝之地蠢動飛走，恃陛下天地之仁德，依陛下日月之末光，生誕滋育得性之樂，不異於文王之囿。今反張喙横羽，延喘假息於馳騁，啅噪之間，碎首决心，飛毛灑血於猛鷙爪翮之下。數畝之地，依陛下尚不得保全其生。况四海九州山林川澤之廣遠，何以逃無辜夭折之禍哉？蠢動雖微，與人同一性也；生植雖遠，與人同一理也。以強並弱，以貴吞賤，以其不能告訴，殺之若無罪，豈不思《易》所謂信及豚魚、《詩》之仁及草木？果何理也。嘗聞荆文公得如黄之狗，箘簬之矰，畋於雲夢三月不反，聽葆申之諫，受束矢之笞，務治乎荆，兼國三十。非師保之訓，則國亡矣。唐玄宗嘗獵苑中，必睞左右曰：『宰相韓休知否也？』而疏輒至，非宰相之言，則社稷計已矣。司馬相如賦《上林》

以諷漢武帝，楊雄作《羽獵》以諫成帝。言近而旨遠，詞婉而意迫。孰謂詞臣無補於國也？《詩》有刺，《虞》有箴，皆以游畋之無益於治，祇取亂亡爾。今陛下師保不陳訓，宰相不抗疏，詞臣不獻賦，《書》無歌，《詩》無刺，虞人無箴，所賴以知過失者，諫臣爾。臣或不言，陛下如宗廟社稷何，如天下蒼生何？臣言縱不實，亦足以為異日之鑒。唐高祖喜走馬射帖，孫伏伽進諫，以謂此直少年諸王務爾。既為天子，尚行之乎？齊威公以酒腐於俎，得無害霸乎？管仲以此固非善，然無害霸也。夫從禽正少年諸王務也，陛下一日為之，未足以害政，第以天子為諸王少年之務，何自輕乃爾。非萬乘取重於天下之道也。《傳》有之耕道而得道，獵德而得德。臣願陛下驅騖於仁義之場，游觀於六經之囿，網多士弋，群凶天宇，掃清王道，砥平天下之望也。社稷宗廟之福也。上干天威。自速誅戮。陛下矜其以諫為職。少貸狂。易天下幸甚。

宋 劉敞《春秋傳説例・蒐狩例》 春田曰蒐，因以振旅。夏田曰苗，因以茇舍。秋田曰獮，因以治兵。冬田曰狩，因以大閲。不得其地則書之，不得其時則書之。桓公大閲不得其時也。莊公治兵亦不得其時也。大蒐者，大比也。

宋 魏了翁《春秋左傳要義》卷四《左氏蒐苗獮狩之名與穀異》 《周禮・大司馬職》：『中春教振旅』，『遂以蒐田』；『中夏教茇舍』，『遂以苗田』；『中秋教治兵』，『遂以獮田』；『中冬教大閲』，『遂以狩田』。其名亦與此同。鄭玄解苗田與此小異，言『擇取不孕任者，若治苗去不秀實者。』孫炎亦然。桓四年《公羊傳》曰：『春曰苗，秋曰蒐，冬曰狩。』三名既與《禮》異，又復夏時不田。《穀梁傳》曰：『四時之田，皆為宗廟之事也，春曰田，夏曰苗，秋曰蒐，冬曰狩。』皆與《禮》異者，良由微言既絶，曲辨妄生。丘明親受聖師，故獨與《禮》合。漢代古學不行，明帝集諸學士作《白虎通義》，因《穀梁》之文為之主説：『雖名通義，義不通也。故先儒皆依《周禮》《左傳》《爾雅》之文而為之説。』

明 王思《諫獵虎疏》《皇明名臣經濟録》卷五 臣聞臣之於君，猶子之於父，休戚利害本同一體，此臣所以昧死流涕而獻其愚也。臣竊惟孝宗敬皇帝之子，惟陛下一人，上賴以承宗社之統，下賴以啓萬世之傳，不可一日不致其謹也。近者道路傳言。虎逸于押騖及聖躬，臣聞之且駭且疑。豈有陛下聖神文武而不為宗社萬世自重也哉？臣竊觀陛下即位以來，於茲九年，朝宁不勤政，太廟不親享，兩宮曠於問安，經筵倦於聽，講揆厥所自。蓋由二端曰：嗜酒而荒其志，好勇而輕其身，由是戒。懼忘于縱欲，好惡由於喜怒，威柄移於左右，政令出於多門，紀綱日弛，國是不立。志氣摧折人心，危疑上天示戒，日食、地震、宗社之憂，凜若朝夕今勇不可好，陛下薄有所懲矣。至於酒不可嗜，臣請得而言焉。夫荒志廢業，惟酒為甚，而天下一日萬幾尤當有節。書曰：酣酒嗜音，峻宇雕墻，有一於此未或不亡，其末流之禍如此。陛下露處外宫，日湎于酒，厮養雜侍，禁衛不嚴，其荒志廢業，已足深戒更或變起，倉卒何以備之，此臣所以大憂也。伏望陛下以天命為可畏，以祖宗為可法懲，創往事克謹嗜欲，預防外患，還蹕深宫，又必親享太廟，孝養兩宫，總攬乾綱，緝熙聖學，使俄頃轉移之問，德業極其盛大，豈不善哉。

明 樂天大笑生《解慍編》卷一一《諫獵》 谷那律爲諫議大夫，永徽中，嘗從高宗出獵，途中遇雨，上問：『油衣若爲得不漏？』對曰：『能，以瓦爲之不漏。』盖寓意諫獵，欲人君深居高拱也，上悟，嘉賞焉，賜帛二百疋。

明 李賢《古穰集》卷九《獵説》 予在庠時，聞獵而喜未之覩也。尋於郭外覩之，而好未之遂也。時則思其布置之勢，得獸之狀，可愕可喜，欲獵之心愈不可制。逢歲之暮，例得休暇，庠之友聚而往獵焉。予即欣然以隨出，乾方過湍流，數里有村，村之北曰張氏，其背之地，盛茅衆，曰此中有藏，可獵矣。布置於下風，縱火以驅果，見獐兎三五，驚馳至罝躍而脱之，莫獲，其一衆以為不利復，收罝以西不知其茅擅。於張氏見其火盡，家人持梃來追，衆皆徐行，待其至予獨懼謂至，則必相毆擊，衆以予怯。令挾一罝奔，而西張氏子望，見舍衆以追予進至村家，得理機者護之，梃不可施怒猶未巳。主人固解，始免予畏，其毆擊心膽戰慄，不能自持，已而同行者，亦至相與憮然，初興皆沮以歸，予自是好獵之心遂絶。既而思之張氏，子我師也勢，雖不同而理，則一縱使嚴師，以賈楚臨之，又何加焉？作《獵説》。

明 王罃《群書類編故事》卷一三《因獵聞諫》 梁君出獵，見白鴈群，下轂弩欲射之，道有行者，梁君謂行者止，行者不止，白鴈群駭，梁君怒，欲射行者，其御公孫龍止之，梁君怒曰：『龍不與其君，而顧他人。』對曰：『昔宋景公時大旱，卜之，必以人祠乃雨，景公下堂頓首曰「吾所以求雨，為民也。今必使吾以人祠乃雨，將自當之」言未卒而大雨，何也，為有德於天而惠於民也，君以白鴈故而欲射殺人，無異於豺狼也。』梁君乃與龍上車，歸呼萬歲，曰：『樂哉，人獵皆得禽獸，吾獵得善言，而歸。』《莊子》今載新序。

明 蕭大亨《北虜風俗・耕獵》 論者咸曰夷人肉食，不藿食也，又曰不火食也。此在上古或然耳，今觀諸夷耕種，與我塞下不甚相遠，其耕具有牛有犂，其種子有麥，有穀，有豆，有黍，此等傳來已久，非始於近日，惟瓜、瓠、茄、芥、葱、韭之類，則自款貢以來，種種俱備。但其耕種惟藉天，不藉人。春種秋斂，廣種薄收，不能胼胝作勞，以倍其入。所謂耕而鹵莽，亦鹵莽報予者非耶。且也腴田沃壤，千里鬱蒼，厥草惟夭，厥木惟喬，不似我塞以內山童川滌，邈焉不毛也。倘能深耕溉種，其倍入又當何如。彼中松栢連抱，無所用之，我邊氓咸取給焉。則互市之開，其於材木不可勝用矣。若夫射獵，雖夷人之常業哉，然亦頗知愛惜生長之道。故春不合圍，夏不群蒐，惟三五為朋，十數為黨，小小襲取，以充饑虗而已。及至秋風初起，塞草盡枯，弓勁馬强，獸肥隼擊，虜酋下令，大會蹛林。千騎雷動，萬馬雲翔，較獵陰山，十旬不返。積獸若丘陵，數衆以均分，此不易之定規也。然亦有首從之別。如一獸之獲，其皮毛蹄角，以頒首射，旌其能也；肉則瓜分，同其利也。其亡矢遺簇，無人竊匿，恐罹重罰。其控弦鳴鏑，悞傷本夷，以致於死者，惟償以一奴，或償一駝。不然，則償馬二匹而已。即陣中亦依此例，俱不入故殺之科也。

明 丘濬《大學衍義補》卷一二六《嚴武備》 《穀梁傳》曰：因蒐狩以習用武事，禮之大者也。艾蘭香草以為防田之大限，置旃旃旗之名以為轅門卬車以其轅表門也，以葛或作褐覆質質椹也以褐覆其椹，以為槷門中闑也，流房握謂兩車轊頭各去門邊空握四寸，御轚挂也者不得入，車軌塵謂車不得入門車軌之塵不出轍，馬候蹄發足相應，揜禽旅揜取衆禽，御者不失其馳，然後射者能中。過防弗逐，不從奔之道也。面傷不獻，不成禽不獻。禽雖多，天子取三十焉。其餘與士衆，以習射於射宮，射而中，田不得禽則得禽；田得禽而射不中，則不得禽。是亦知古之貴仁義而賤勇力也。

臣按：古者因蒐狩以習用武事，非徒以習戰，以行禮也，非徒以尚勇力，以表仁義也。假艾蘭之草以為防，置通帛之旃以為門。以毛布覆門闑，恐傷其馬足也；車之入門則礙之以車軸，以驗其能御也。車轍之塵，則欲其不遠；馬行之蹄，則欲其相應；禽之羣隊，則欲其不遺。若是者，非御者不失其馳不能也。御者不失其馳，則射者闟弓命中矣。獸之過防者不許逐，是則戰之不逐奔走也。獸之面傷者不許獻，是則戰之不殺迎降也。獸之不成者不許獻，是則戰之不戮幼稚也。田雖以得禽為上，而戰則以能射為先，故於頒禽之際，又以射為去取焉。古昔盛時，因蒐狩以習用武事，是以三軍之衆，耳目之所濡染，手足之所運動，見聞貫熟，心意流通，一旦臨於戰陳之間，進退取舍，咸中其節。是以軍旅所至，無不成功，由教閱之有素也。

清 易棠《請招募獵户防堵番賊疏》《清經世文續編》卷七九 竊臣前因甘肅沿邊一帶，連年番賊滋擾，恃其槍馬便捷，善於伺伏，官兵追捕往往失利。惟獵户一項較為得力，經臣移行提鎮諄飭各屬，多雇獵户教練兵丁，勤習鳥槍，一有番賊窺伺，即探明要隘設伏，攻擊，曾將辦理情形於上年三月內附片奏明，在案嗣準甘肅提督臣索文來函，以提屬察漢俄博營所管之，亦斯們沁為番賊往來扼要之區擬。招募獵户一千名。責成營員管轄，令其遠探近防，以固甘涼後路，並令獵户試采金砂，以資口食。臣當以招募獵户堵禦番賊，令其試采金砂，自食山谷之利，無須另籌經費，尚屬可行。惟事屬刱始，必須籌計萬全，方免別滋流弊，函覆提臣囑，令責成營員認眞辦理，不準閒雜人等混行闌入，並囑妥議章程移覆酌辦。旋準提臣酌議咨覆，惟請由臣出示，嚴禁商販運糧出卡，經臣照議繕給告示，咨覆試辦嗣，復準提臣索文咨稱亦斯們沁安。設獵户一千名，邊疆驛路悉臻安靜擬，再於附近之野牛溝、沙金城二處，各招募獵户一千名連前共三千名，一半淘穵金砂，一半防堵番賊。以采獲之金砂，濟獵户之口食。俟試采一年後，如果金苗旺盛，再由文員議請升科等情臣查野牛溝一帶，道光初年曾為漢奸盤踞，藉穵金砂為名，句引野番乘隙搶掠，經前督臣那彦成奏明，封禁原不應輕議開采。惟利之所在，小民趨之若鶩，節年雖經查禁，而奸民之偷穵，興兵役之包庇仍所在不免。且十餘年來，番匪猖獗，日引月深，皆由武備積弛，自堕藩籬初非盡由私穵金砂之人句結指引。現值軍需浩繁，度支竭蹶，經户部奏明令各省開礦以盡地利，並欽奉諭旨令各督撫力籌變通濟急之策，自不應拘泥原案。以天地自然之利，置諸無用之地。今議請招募獵户，堵禦番賊，試采金砂以資口食，係為因時變通起，見惟利弊每相倚伏，全在權其輕重。設為制防庶操縱在我，不致有末流難制之患，所有亦斯們沁前募獵户千名是否實止，此數有無閒雜游民混跡，現議野牛溝、沙金城添設獵户各千名是否尚可裁減，如何設立頭目、稽查鈴束、游民混迹，如何防範金苗衰歇，如何散遣及現需口食，如何購買稽查均宜先事預籌，以免滋弊。當即遴委西甯鎮總兵雙銳升任兩廣鹽運使，甘涼道李恩慶、西甯道毓科會同提臣詳細履勘妥議具覆以便核辦去。後茲據提臣索文會同該鎮道等覆稱，於本年二月初五日，會詣亦斯們沁等處逐一勘明緣察漢俄博營等處，卡外南山與甘涼邊界中隔一山，形如扇面，山南自涼州屬之。平番縣至甘肅嘉峪關止，僅長六七百里。較之山北大路，由平番抵嘉峪關，計程一千三百餘里，頗為便捷。亦斯們沁及迤西之野牛溝，迤東之沙金城，均係山南要隘，相距三百餘里。前於亦斯們沁安設獵户，僅可防堵甘涼二州之扁堵口等口隘二十七處，其餘各口隘勢難兼顧。今議沙金城安設獵户堪以，堵禦涼州屬之一顆樹等口隘三十處，野牛溝安設獵户堪以堵禦甘涼肅州所屬之，大磁窰口等隘十八處與亦斯們沁聲勢聯絡，須每處安設一千以一半專司堵禦，一半淘空金砂作為口食。所需獵户山南即招，西甯、大通、河州三處户民責成，大通縣軍功藍翎從九品文生孔廷俎總管，山北即招張掖、山丹、東樂、撫彝、高臺五處户民責成，山丹縣文生李凌霄總管。均擇其素習射獵，兼務農業者，分為兩翼，按名給予腰牌，註明姓名、年貌、藉貫，其外來游民及無家室者，槩不準濫收，仍遴選家道殷實老成服衆之獵户，作為練總，每人管轄獵户一百名，每一練總名下分設小頭人十名，各分管獵户十名。官為製給旗號、槍、礮、刀、矛器械由該總管及練總人等督率，團練儻有弊，寳惟皆總管是問。至亦斯們沁一帶，地氣嚴寒，不産五穀，獵户所需米麪計口授食，止準由扁都口運出，其餘各口概行封禁山北責成，永固協副將山南責成。永安營游擊互相稽查，俾口糧不得私販入山，遊民無從得食自可禁絶。儻金礦日久衰，歇該獵户俱有身家，可以不遣自散。並據聲明前，在亦斯們沁安設獵户一千名，均經按予腰牌責成，頭人管束由察漢俄博營都司按月結報。提督衙門查覈委無閒人混跡之事等情，復經臣檄飭藩臬兩司確覈妥議去後，茲據藩司段大章臬司常績，覈明所議，均由邊防有裨詳請具奏。前來臣查防番之道，全在該提鎮等督率沿邊將弁實力偵探，先事提防，一有番賊窺伺，立即督兵掩捕，自不致深入滋擾。至獵户生長山谷，素以打牲為業，鳥槍較準，且路徑孰悉，履險如平素，為番賊所憚，實足輔兵力之不逮。上年西甯一帶番賊雖屢有窺伺，均經兵獵人等隨時擊退，奪護贓物割取首級，未能得利而去，較從前之動輒深入者，頗覺有閒。甘涼一帶亦俱靜謐，提臣索文上年於亦斯們沁地方安設獵户，並無番賊滋擾，似已贏有成效。今議請於野牛溝、沙金城二處，各安設獵户一千名，連亦斯們沁獵户共三千名，以一半淘金砂，以一半防禦番賊，既可慎固邊防，亦免另籌經費，似屬一舉兩裨。所議設立總管練管，人以資約束分給腰牌，以免混冒稽查口糧，以杜閒雜亦俱妥協。惟采護金砂必須官為稽覈，應令該總管按日登記，確數除散給獵户人等口糧外，餘俱按月繳官，以杜隱混所有總管及練總人等儻有弊混，及經理不善。即行隨明更換，分別懲處至升科一節，該提督原議試采一年升科嗣。經該鎮道等會議，以一年為期太促，請照開地墾畝之利，以三年後升科臣。甘甘肅、安西州、敦煌縣開彩金砂均係按定課，每年解京備用，現在試采伊始，所有采護金砂應由該提督按季册報臣，衙門於一年限滿造册，照部仍俟試采一二年後，察看情形，應如何酌定課額，另行覈辦。再據該提督聲稱所募獵户，均各有身家，如礦苗衰歇，可以不遣自散等語。臣查礦苗衰旺，皆由積漸而然應令。該提督隨時察看，如日久礦微，即將所募獵户陸續減撤，毋致聚集滋事。相應奏懇聖恩，俯念邊防緊要準其招募獵户試行開采，所有未盡事宜仍由提臣索文詳晰籌議，由臣督同兩司悉心酌定責成，該提督率營員認辦理，毋致稍滋流弊。

清 何絜《晴江閣集》卷一七《獵説》 南山之嵎有猛虎，山主人畜驢、馬、犬、豕、麋、兎無算惕惕懼、虎搏取也。延獵者逐虎，虎初搏，取驢、馬、犬、豕、麋、兎亦惕惕懼。獵者逐已以其搏取之，餘餌獵者。獵者利其餘任虎搏取，竟不逐虎，虎與獵者遂日相狎。主人所畜殆將盡，庸詎知獵者因虎以爲利也，且猶尊禮獵者弗衰噫獵者之猛其倍于虎哉。

清 和瑛《易簡齋詩鈔》卷四《冬獵雜詩·馬上口占》 蹋雪興隆阪，罷駑斗上坡。年開第八秩，努力傚廉頗。

又《鐵嶺有懷高且園畫虎》 先生畫虎不畫鼠，陶鑄山君超凡侣。黑章黄質尚皮相，電眼風毛乃機杼。定遠能飛少師病，克肖厥相絶千古。論畫不以形似論，天虎人虎豈同語。我聞龍華裴軍使，射虎山前遇老父。竟日纔斃三十彪，眞虎一吼栗雙股。公從何處覘雄態，百里威生手指五。吁嗟世少眞虎多，黠鼠黠鼠習見畫。不數試倩先生畫，虎手畫鼠要令鼠變虎。

又《出威遠堡》 狩典熙朝重，初冬肅氣揚。豐碑傳蹟古，邊外二十里，有碑刻班達山神之位。密樹護營長。振武原常習，從禽豈任荒。爲充三品貢，班達鎮巖崗。行圍官兵至此祭神插血畢，然後入山。

又《勒福得恩初圍拜賜鮮麋脯》三驅仰木蘭，九月上幸木蘭，恩賜鹿肉。敢辭擐甲老，孰與枕戈寒。辛酉，予由西藏告赴川楚軍營上，以臣年過六旬，未許。呷醋容人易，封羊擇客難。邠豐肩鉅任，一德勉同官。

又《哈蘇爾罕博業二圍》百里圍堅重，和門一面開。《周禮》大司馬，以旌爲左右和之門。山君銜月去，仙客戴星來。細柳軍容肅，長楊聖武恢。《通志》：太祖太宗每歲行圍之地，將軍世守此典。萬方猛巧服，狐兔漫相猜。

又《得奇三圍》雪霽旃門曉，傳呼獻五豝。是日獲野豬五孱丁單殺恥，驍卒疊雙誇。

又《愛新尼雅木招四圍》芟舍靡常所，圍兼易險謀。驅之雲幕合，得也毳帷收。直使熊難蟄，何妨鹿有由。呂温由鹿賦言縶一鹿至由此鹿可以致羣鹿也。一朝殲百十，切莫逞虔劉。

又《賡克依五圍》午夜重申令，銜枚越嶺東。任酣無量酒，爭卻不周風。五校威儀整，千夫苦樂同。割鮮歡此日，是日大饗軍士。纘武竟叨功。

又《察庫蘭六圍》老健穹廬興，貪搜鹿豕羣。馬迴菜野雪，旗捲凍山雲。未滿安懷願，難堪飢溺聞。省城西南間有偏災。將軍不負腹，腹肯負將軍。

又《石人溝拔營》半世功名路，全憑天馬行。梵城冰作毯，濛地土爲羹。崖畔有石人南向立，高丈餘。見獵心情喜，裁詩意氣平。石人終不語，應笑老書生。漢丞相衣冠兩手以劒拄地。

又《年班入觀冰上過巨流河》驀地淩銀漢，兢兢履凍紋。神皐回首望，古郡此河分。即古遼河以此分遼東遼西。蔀屋迷宵雪，煙樓破暮雲。寒暄聊一割，前路愛斜曛。

又《一齒落有感》脱盡羅千賓，方參不露鋒。自甘牛齝豆，卻勝鼠穿墉。豁白何堪恥，昌黎落齒詩云豁白殊可恥。齠齻豈再逢。老饕艱肉食，饘粥且從容。

清 弘曉《明善堂詩文集・詩集》卷二四《將獵塞垣喜獲良馬》五花蹀躞四蹄驕，逐兔何愁山徑遙。今歲蒙恩隨豹尾，坡陀直上看騰超。

騰驤六尺被銀韉，試控金羈踏九邊。搏獸身輕若飛鳥，驊騮原自不須鞭。

清 姚鼐《惜抱軒九經說》卷一七《孔子獵較說》天子、諸侯祭，而田以爲乾豆者禮也，大夫祭而田非禮也。大夫而拜上，其亡君也，不待充類，至義之盡而著矣，是以孔子違衆而從。下田而較禽多寡，以祭其亡君也，必充義而後著也，是以孔子不違衆而獵。較魯君微政在季氏，孔子卑賤季氏，少知之，而假以權爲見行可之仕。非如子産爲鄭正卿，又有子皮授以政，而躬率以聽其得鄭之專也。豐卷祭而請田，子産不許曰：『惟君用鮮，衆給而已。』卷猶授甲，非子皮力持之，則子産不容於鄭矣。而況孔子之在魯乎？且魯臣之大罪在僭八佾雍徹之事，既不能猝而盡去之矣，則獵較其小者，姑與衆同可也。雖與衆同，過于此而固簿，正祭器於彼，待其久，祭器不僭。而獵較自息矣，欲速則不達，夫子言之，然而其效不成者，魯卿無子皮其人也。

清 周炳中《四書典故辨正》卷一八《獵較》獵較之說，趙氏、張氏不同。王罕皆謂較奪禽獸以祭，正與下正祭器相應，自從趙義爲長，愚謂不特此也。《周禮》獲禽者取左耳及弊田，植虞旗，致禽而珥焉。言致禽于旗下，取耳以較所獲之多少。則獵而較獲，正禮之所有，不得爲弊俗，故趙說爲長。楊文采曰，獵較之解。張說爲長還與盧令齊俗也猶，但以便捷輕利相稱，譽魯俗重禮教，君戾泮官，而無小無大，從公于邁猶有先王之遺風焉。何至公行攘奪，曾齊俗之不若乎《左傳》，晉厲公田與婦人先殺，而飲酒後，使大夫殺郤至奉豕寺人張孟奪之郤至，射而殺之，未幾，難作君臣俱斃，魯之後亡。以猶秉周禮也必不至此，極其意蓋在貴四方之異物，所得之多且異者，則於獻禽時誇耀於衆，謂人莫已若耳。非獨較多寡亦較珍異也，愚按楊說亦自近理然，孟子引此正以較奪禽獸，與取非其有一例，故舉以相形若作比較，解則與取民猶禦毫無干涉下文，不當云獵較猶可況受其賜矣。嘗推求獵較之，故大抵出於魯之三家，非田獵之百姓相較奪也。《襄三十年》傳鄭豐卷將祭，請田。子産弗許曰：『惟君用鮮，衆給而已。』是因祭而獵，惟諸侯得行之，而大夫不與焉。魯自三家僭竊，禮則擬於君，祀則豐於昵，務以多品異物爲觀美。於是有田獵較奪之事，孔子不禁，而先簿正祭器，蓋陰以禮裁之也。若謂魯人之習俗如是，則孔子爲政能使市不飭賈，塗不拾遺，而獨不能變此陋習乎？且庶民有何祭器，庶民之祭豈得用四方之食而煩孔子之簿正耶？知此則無疑於趙氏較奪之說矣。

綜述

唐 虞世南《北堂書鈔》卷一四《蒐狩四十九》大田簡衆。《周禮》今案見周禮·春官大宗伯文。蒐狩習武。《左氏》今案見隱五年。君臣田獵以講武事。毛。王者田獵以戒不虞。《五經要義》云建大麾。《周禮》今案見巾車職。下大綏。《禮記》今案見王制。田則張幕。《周禮》今案天官掌次。田則設席。《周禮》今案掌次職云：田則設重案，注云：重案，牀重席也，是永興設席二字，用《周禮》注文。天子不合圍。《禮記》今案見王制篇。春田不澤圍。《禮記》今案近本曲禮作圍澤，惟本鈔體仁篇引作澤圍，與此條脗合。遏防不逐面傷，不獻刈蘭，以爲防置，旌以爲門。《春秋》今案穀梁昭八年傳，遏作過旌，作旍門上有轅字。虎落三峻以爲司馬，圍經百里而爲殿門。楊雄孫氏校山葰改峻，殷改殿，今案百三家本楊雄羽獵賦，及《文選》皆作虎路。李善注引晉灼曰路音落落壘也，本鈔虎作虞，孫未校出。禦自汧渭經營酆鎬。楊雄今案見《羽獵賦》。掩長楊而連五柞，繞黄山而款牛首。張衡孫氏校祚改柞，疑作隸。今案《文選》《西京賦》連作聯。命荆州使起鳥詔梁野而驅獸。班固今案見《文選》《西都賦》陳本鳥誤爲。荷垂天之畢，張竟野之罘。今案見《文選》揚雄《羽獵賦》立歷天之旗，曳捎星之旃。楊雄今案《文選》《羽獵賦》旗作旂，陳俞本删此二句，改引靡日月二句殊謬。屬車轇轕，羽騎騰驤。應瑒今案張溥百三家集脱。選徒嚻嚻。毛今案見《小雅·車攻》選徒萬騎。司馬相如今案見《文選》《子虚賦》駕言行狩。毛今案見《詩·小雅·車攻》旂車載旌。《周禮》今案見春官司常陳俞本及本鈔，旂作旆。載翠冒，倚金鞍。張衡孫氏校冒改帽，今案宋刻《文選》《西京賦》正作冒，冒古帽字，陳俞本作胄，非也。乘鏤象，馭玉虬。司馬相如今案俞本同《文選》《上林賦》馭作六，餘同本鈔及陳本，虬作門。駕雕六駮。張衡今案《西京賦》同駕雕軫六駿駮二句。乘雕輅，駟飛黄。應瑒今案嚴輯應瑒集《西狩賦》同。文王所以大蒐。今案見《左傳·昭十五年》成有岐陽之蒐。春秋嚴氏校云見昭四，今案見左氏昭四年傳同。大蒐於岐陽。帝王世紀今案俞本删大字，非也。御覽八十四引與本鈔同。獵於滲澤。《穆天子傳》孫氏校滲改漆，從陳俞本也。今案《初學記》廿二引滲亦作漆，惟平津館本作滲，與舊鈔合。升彼大阜。毛今案見《小雅·吉日》。獵于陘山。《穆天子傳》今案平津館本陘作鈃，注内引錢辛楣説井鈃即井陘，宋鈃即宋牼，蓋古讀鈃如陘，今陘山作鈃山，亦其一證也。獵長楊。《漢書》今案見卷八十七下《揚雄傳》。歷下蘭。班固今案見《西都賦》。悉率左右。今案見《詩·小雅·吉日》。漆沮之徒。毛今案見《小雅·吉日》。四獵三品。易今案陳俞本獵作獲。一發五豝。毛今案見《詩》周南騶虞。逐禽輒十里，馳射常百步。今案見張溥百三家本魏文帝典論自序。弓燥手柔，草淺獸肥。並典論孫氏校操改燥黄改典，又補草字，今案張溥百三家本柔作搖惟御覽九十四引與舊鈔合。背夏涉冬。司馬相如今案《上林賦》夏作秋。

《太平御覽》卷八三一《獵上》

《周禮·地官》曰：鄉師，凡四時之田，前期，出田法于州里，簡其鼓鐸、旗物、兵器，脩其卒伍。田法，人徒及所當有。及期，以司徒之大旗致衆庶，而陳之以旗物；辨鄉邑，而治其政刑禁，巡其前後之屯，而戮其犯命前者，斷其爭禽之訟。

又曰：迹人，掌邦田之地政，爲之厲禁而守之。凡田獵者，受令焉。

又曰：小司徒，凡起徒役，毋過家一人，以其餘爲羨；唯田與追胥竭作。鄭司農云：羨，饒也。田謂獵也。追寇賊也，竭作，盡行。

又《夏官》曰：大司馬之職：中春，遂以蒐田。有司表貉。誓民；鼓，遂圍禁，火弊，獻禽以祭社。春田爲蒐。有司，大司徒也，掌大田役，治徒庶之政令。表貉，立表而貉祭也。誓氏，誓以犯田法之罰也。中夏，遂以苗田，如蒐之灋，車弊，獻禽以享礿。夏田爲苗，釋取不孕任者，若治苗去不秀實者云。車弊，驅獸之車止。中秋，遂以獮田，如蒐田之法，羅弊，致禽以祀祊。秋田爲獮。獮，殺也。羅弊，罔止也。秋田主用罔，中殺者多也，皆殺而罔止。中冬，遂以狩田，以旌爲左右和之門，羣吏各帥其車徒以叙和出，左右陳車徒，有司平之；旗車卒間以分地，前後有屯百步，有司巡其前後；險野人爲主，易野車爲主。冬田爲野，言守取之，無所擇也。軍門曰和，今謂之壘門，立兩旌以爲之。叙和出，用次第出和門也。旗，軍吏所載。分地，調其部曲疎數。前後有屯百步，車徒異羣相去之數也。險野人爲主，人居前。易野車爲主，車居前。既陳，乃設驅逆之車，有司表貉于陳前。驅，驅出禽獸，使趨田者也。逆，逆要不得令走，設此車者，田僕也。中軍以鼙令鼓，人皆三鼓，羣司馬振鐸，車徒皆作。遂鼓行，徒銜枚而進。大獸公之，小禽私之，獲者取左耳。

又曰：田僕，掌馭田路，以田以鄙；田路，木路也。田，田獵也。鄙，循行縣鄙。掌佐車之政，佐亦副。設驅逆之車；驅，驅禽使前趨獲，逆衙還之，使不出圍。令獲者植旌，以告獲也。植，樹也。及獻比禽。田弊，獲者各獻其禽。比，種物相從次數之。

《禮記·月令·仲冬》曰：山林藪澤，有能取蔬食、田獵禽獸者，有司教導之。又《季冬》曰：乃教田獵，以習五戎。

又《曲禮》曰：國君春田不圍澤，大夫不掩羣，士不取麛卵。生乳之時，重傷其類。

又《王制》曰：天子、諸侯，無事則歲三田，一爲乾豆，二爲賓客，三爲充君之庖。三田，夏不用。無事而不田，曰不敬；田不以禮，曰暴天物。天子不合圍，諸侯不掩羣。天子殺，則下大綏；諸侯殺，則下小綏。綏，當爲緌。緌，有虞氏之旌旗也。大夫殺，則止佐車。佐車止，則百姓田獵。佐車，驅送之車。

獺祭魚，然後虞人入澤梁。豺祭獸，然後田獵。鳩化爲鷹，然後設罻羅。草木零落，然後入山林。昆虫未蟄，不以火田，取物必順時候。不麛卵，不殺胎，不殀夭，不覆巢。覆，敗。

《左傳・文公上》曰：宋華御事逆楚子，勞且聽命，時楚欲誘呼宋共戰，御事華元父。遂道以田孟諸。孟諸，宋大藪也，在梁國睢陽縣東北。宋公爲右盂，鄭伯爲右盂，孟，田獵陳名。期思公復遂爲右司馬，復遂，楚期思邑公，今弋陽期思縣。子朱及文之無畏爲左司馬。將獵，張兩甄，故置二左司馬。然則右司馬一人當中央。命夙駕載燧。燧，取火然者也。又《襄四年》曰：昔周辛甲之爲太史也，命百官，官箴王闕。辛甲，周武王大史。闕，過也。使百官各爲箴辭戒王過。於《虞人之箴》虞人，掌田獵。曰：『芒芒禹迹，畫爲九州，芒芒，遠貌。畫，分也。經啓九道。啓開九州之道。民有寢廟，獸有茂草，各有攸處，德用不擾。人神各有所歸，故得不亂。在帝后羿，冒于原獸，冒，貪也。忘其國恤，而思其麀牡。言，但念獸。武不可重，重猶數也。用不恢于夏家。羿以好武，雖有家而不能恢大之。獸臣司原，敢告僕夫。』獸臣，虞人。僕夫，不取斥守。虞箴如是，可不懲乎？於是晉侯好田，故魏絳及之。及后羿事。

又《襄十七年》曰：衛孫蒯田于曹隧，越竟而獵。孫蒯，林父之子。飲馬于重丘，重丘，曹邑。毀其瓶，重丘人閉門而詢之，詢，罵也。曰：『親逐其君，爾父爲厲，厲，惡鬼。林父逐君在十四年。是之不憂，而何以田爲？』

又《襄三十年》曰：鄭豊卷將祭，請田焉，弗許。田，獵也。田唯君用鮮，鮮，野獸。衆給而已。衆臣祭以芻豢爲足。

又《昭公》曰：齊侯田于沛，言疾愈行獵。沛，澤名。招虞人以弓，不進。虞人，掌山澤之官。公使執之。辭曰：『昔我先君之田，旃以招大夫，弓以招士，皮冠以招虞人。臣不見皮冠，故不敢進。』乃舍之。仲尼曰：『守道不如守官，君招當往，道之常也。非物不進，官之制也。君子韙之。』韙，見也。

又《定公上》曰：魏獻役於韓簡子，及原壽過，簡子韓起孫不信也，原壽過周大夫。而田於大陸，焚焉。《禹貢》大陸在鉅鹿地，嫌絶遠。疑此田在汲郡呉澤荒蕪之地，大田并見燒也。《爾雅》：廣平曰陸。還，卒於甯。甯，今修武縣，近澤。范獻子去其柏椁，以其未復命而田也。范獻子代魏子爲政，去其柏椁，示貶之。

又《哀公下》曰：西狩於大野，叔孫氏之車子鉏商獲麟。大野，在高平鉅野縣東北大澤是也。車子微者，鉏商之名。以爲不祥，以賜虞人。時所未嘗見，故怪。虞人，掌山澤之官。仲尼觀之，曰：『麟也。』然後取之。言魯史所以得書獲麟之也。

《穀梁傳・昭公》曰：秋，蒐于鴻，正也。蒐狩以習用戎事，禮之大者也。艾蘭以爲防，置旃以爲轅門。禽雖多，天子取三十焉，其餘与士众。射於宮，射而中，田不得禽，則得禽；田得禽射而不中，則不淂禽。以是知貴仁義而賤勇力也。

《毛詩・鵲巢》曰：《騶虞》，《鵲巢》之應也，《鵲巢》之化行，人倫既正，朝廷既治，天下純被文王之化，則庶类蕃殖，蒐田以時，仁如騶虞，則王道成也。彼茁者葭，茁，出也。葭，蘆也。記蘆始出者，著春田之早晚也。一發五豝，虞人翼五豝，以待公之發。于嗟乎騶虞！騶虞，義獸，有至信之德則應。彼茁者蓬，蓬，草。一發五豵，豕，一歲曰從。于嗟乎騶虞！

又《緇衣・叔于田》曰：叔于田，巷無居人；不如叔也，洵美且仁。

又《雞鳴》曰：《還》刺荒也。襄公好田獵。從禽獸而無厭。國人化之。遂成風俗，習於田獵謂之賢。閑於馳遂謂之好焉。子之還兮，遭我乎猛之間兮。並驅從兩肩兮，揖我謂我儇兮。從，逐也。獸三歲曰肩，儇，利也。

又《雞鳴・盧令》曰：《盧令》，刺荒也。襄公好田獵畢弋，不脩民事，百姓苦之，故陳古以風焉。盧令令，其人美且仁。

又《嘉魚》曰：《吉日》，美宣王田也。吉日維戊，既伯既禱。田車既好，四牡孔阜。升彼大阜，從其羣醜。吉日庚午，既差我馬。獸之所同，麀鹿麌麌，漆沮之從，天子之所。

《周易》曰：《比卦》，王用三驅，失前禽也。

《尚書・五子之歌》曰：太康尸位，以逸豫，滅厥德，黎民咸貳。乃盤遊無度，畋于有洛之表，十旬弗反。

《尚書歸藏》曰：穆王獵于戈之壄。

《韓詩内傳》曰：春曰畋，夏曰狻，秋曰獮，冬曰狩。天子抗大綏，諸侯小綏，辟小獻禽其下，天子親射之旍門。夫田獵，因以講道，習武，簡兵也。

《爾雅》曰：春獵爲蒐，郭璞注曰：搜，索。取不任者。夏獵爲苗。爲苗稼除害也。秋獵爲獮，鮮少者，從殺氣也。冬獵爲狩。得獸取之，無所擇。宵田爲獠，《管子》曰：獠獵畢弋。今江東亦呼獵爲獠，音爲遼。或曰：即今夜獵，載鑪照也。火田爲狩。放火燒草獵亦爲狩。

《史記》曰：西伯將畋，卜之曰：『所獲非熊非羆，霸王之輔。』西伯果遇呂望釣于渭濵，遂載歸，號太公望。

又曰：任安，字少卿，邑中人民俱出獵，安常爲人分麋鹿雉兔，部署老小劇易，衆人皆喜。

又曰：今上爲膠東王時，韓嫣與上學書相愛。及上爲太子，愈益親。嫣善騎射，上即位，欲事代匈奴，而嫣先習胡兵，以故益尊貴。嫣常與上卧起。江都王入朝，有詔得從入獵上林中，天子車駕馬未行，而先使嫣乘副車，從數十百騎，馳鶩視獸。江都王望見，以爲天子，避從者伏謁道旁，嫣驅不見。既過，江都王怒，爲皇太后泣，請得歸國，入宿衛，比韓嫣。太后由此嫌嫣。

《戰國策》曰：魏文侯與虞人期獵。是日飲酒樂，天雨文，侯將出，左右曰：『今日飲酒樂，天又雨，君焉出？』文侯曰：『吾與虞人期獵，雖樂，豈可不壹會期哉？』乃往。

《漢書》曰：李廣被黜，與故潁陰侯屏居藍田，南山中射獵。嘗夜從一騎出，從人田間飲，還至亭，霸陵尉醉，呵止廣。廣騎曰：『故李將軍也。』尉曰：『今將軍尚不得夜行，何故也。』宿廣亭下。

《魏志》曰：夏侯淵之子稱年十六，淵與之畋，見奔虎，執楯驅馬逐之，禁之不可，一箭而中，名聞太祖。太祖把其手，喜曰：『我得將矣！』

又曰：文帝將出遊，獵鮑勛停車上䟽曰：『五帝三王，靡不明本立教，以孝治天下。柰何在諒闇之中，脩馳騁之事乎？』毀其表而竟行獵。中道頓息，問侍臣：『獵之與樂，何樂八音也？』侍中劉曄對曰：『獵勝於樂。』勛抗辭曰：『夫樂上通神明，下和人理。故移風易俗，莫善於樂。況獵暴華盖於原野！』因奏劉曄佞諛不忠。

又曰：苏則從文帝獵。蹉跮失鹿。帝大怒。踞胡床拔刀。悉収督吏。將斬之、則稽首曰：『臣聞古之聖王，不以禽獸害人。今陛下方隆唐堯之化，而以獵戲多殺羣吏，愚臣以爲不可，敢以死請。』帝曰：『卿直臣也。』遂皆赦之。

又曰：清河令徐季龍使人行獵，令管輅筮其所得。輅曰：『當獲小獸，復非食禽，雖有爪牙，微而不彊；雖有文章，蔚而不明。非虎非雉，其名曰貍。』獵人暮歸，果如輅言。

《魏末傳》曰：初帝以母廢，未立爲嗣。文帝與俱獵，見子母鹿，文帝彎弓射其母，令帝復射其子。帝置弓泣曰：『陛下已殺其母，臣不忍殺其子。』帝曰：『汝語動人心。』遂定爲嗣也。

《吳志》曰：孫權每日獵，常乘馬射虎，虎嘗突前，攀持馬鞍。張昭變色而前曰：『將軍何有當尔？夫爲人君者，謂能駕御英雄，驅使羣賢；豈謂馳逐於原野，校勇於猛獸者乎？如有一旦之患，柰天下笑何？』權謝曰：『年少慮事不過，遠以此慙君。』然猶不能已。

《江表傳》曰：曹公與孫權書曰：『兵者奉辭伐罪，旍麾南指，劉琮束手。今水軍八十萬衆，與將軍會獵於吳。』

王隱《晉書》曰：魏舒，字陽元。少工射，着韋衣，入山澤，每獵大獲。

《南史》曰：宋衡陽王義季鎮荆州，嘗大蒐於郊。有野老帶苫而耕，命左右斥之。老人擁耒對曰：『昔楚子盤遊，受譏令尹。今陽和扇氣，播厥之始，一日不作，人失其時。大王馳騁爲樂，驅斥老夫，非勸農之意！』義季止馬曰：『此賢者也。』命賜之食。

《齊書》曰：王僧達爲宣城太守，性好遊獵。而山郡無事，僧達肆意馳騁，或三五日不歸。受辤辯訟，多在獵所。人或逢，不識，問府君所在，僧達報曰：『在近。』

《梁書》曰：曹景宗幼善騎射，好畋獵。常與少年數十人澤中逐麞鹿，每衆騎趂，鹿馬相亂，景宗於衆中射之，人皆懼，中馬足，應弦輒斃，以此爲樂。後景宗爲楊州刺史，出行，常欲褰車帷幔，左右輒諫以位望隆重，人所重瞻，不宜然。景宗謂所親曰：『我昔在鄉里，騎快馬如龍，與年少輩數十騎拍弓弦作霹靂聲，箭如餓鴟叫。平澤中逐麞，數助射之，渴飲其血，饑食其胃，甜如甘露漿覺耳後風生，鼻頭出火，此樂使人忘死，不知老之將至。今來楊州作貴人，動轉不得路行開車幔，小人輒言不可；閇置車中，如三日新婦，此邑邑使人無氣！』

《南史》曰：宋臧熹常與溧陽令阮崇獵。遇猛獸突圍。獵徒並散。熹射之。應弦而倒。

崔鴻《十六國春秋·後趙録》曰：石虎遣司農中郎將費霸帥工匠四千，於東平罡山造獵車千乘，轅長三丈，高丈八尺；格虎車四十乘，立級行樓二層於其上。自靈昌津南至滎陽，東極陽都而還。使御史監司，其中禽獸，有犯者罪至大辟。

又曰：石虎命太子宣行祈山川，遊獵藪澤，乘大輅，羽葆華蓋，建天子旌旂，十有六軍，戎卒八萬。出金明，馳逐終夕，所在陳列行宮，四面各以百里爲度。驅圍禽獸，皆暮集行宮。文武跪立，圍守重行，烽炬星羅，光燭如晝，勁騎百餘，馳射其中。宣與顯德美人乘輦觀之，嬉娛忘反，獸殫乃止。禽獸奔逸，當之者坐，有爵者奪。

又《奉録》曰：姚興性好遊田，頗損農要。京兆杜延以左僕射齊難無匡輔之益，著《豊草詩》以箴之，難具以聞。馮翊相靈作《德獵賦》以風焉。興皆覽而善之。賜以金帛。然終不能改也。

《後魏書》曰：于栗磾隨新安公道武田於白登山，見熊將數子，顧栗磾曰：『能搏之乎？』對曰：『若搏之不勝，豈不虚斃一壯士？自可驅致御前而制之。』尋皆擒獲，帝顧而謝之。

又曰：宿石常從獵，文成親欲射猛獸，石叩馬諫，引帝至高原上。後猛獸騰躍殺人，詔褒美其忠許，後有犯罪，宥而勿坐。

又曰：來大千常從明元校獵，見獸在巖上，持矟直刺之，應手而死。帝嘉其勇壯。《北史》曰：齊元恒，字集和。自言寧三日不食，不能一日不獵。

又曰：齊崔子植位冀州別駕，走馬從禽，髮掛木而死。

《後周書》曰：達奚震，武之子也。少驍勇，便騎射。太祖嘗於渭北校獵，時兎過太祖前，震與諸將競射之，馬倒而墜，震足不傾躓，因步走射之，矢發中，顧馬纔趨，遂廻身騰上。太祖喜曰：『非此父，不生此子。』乃賜震雜綵百段。

《唐書》曰：武德七年十二月庚辰臘，上曰：『臘者，獵也，膢臘以供宗廟。朕當躬親其事，以申孝享之誠。』於是出狩於鳴犢泉。

又曰：蘇世長拜諫議大夫，嘗從幸涇陽校獵，至高陵合圍。是日大獲，陳禽獸於旌門，上入御營，顧謂朝臣曰：『田畋樂乎？』世長進曰：『游獵薄廢萬機，不滿十旬，未爲大樂。』上色變，既而笑曰：『狂態發也。』又對曰：『爲臣私計則狂，爲陛下國計則忠矣。』

又曰：『唐儉授民部尚書，從太宗於洛陽苑射猛。見羣豕突出林中。太宗引弓，四發殪四豕。有一雄彘及馬鐙，儉懼，將搏之。太宗拔劒斷豕頭，笑曰：『天策長史，不見上將擊賊耶？何懼之甚！』儉對曰：『漢高祖以馬上得之，不可以馬上理之。陛下以神武定四方，豈復逞雄心於一豕？』太宗納之，因罷獵。

又曰：貞觀十四年，太宗欲親幸同州遊獵，櫟陽縣丞劉仁軌上疏曰：『四時蒐狩，前王恒典；事有沿革，未必因循。今年甘雨應時，秋稼甚盛，盡力收穫，月半猶未畢功。貧家無力，禾下始擬種麥。直據尋常，料喚田家，以有所妨。今既祇供頓事，兼之修理橋道，縱謂大簡，動費一二萬工，百姓收歛，實爲狼狽。臣願陛下少留萬乘之尊，垂聽一介之說。退延旬日，收刈揔了，則盡閑暇，家得康寧；鑾駕徐動，公私交泰。』上降璽書勞之。

又曰：太宗謂高昌王麴文泰曰：『丈夫在生，樂事有三：天下太平，家給人足，一樂也；草淺獸肥，以禮田狩，弓不虚發，箭不妄中，二樂也；六合大同，萬方咸慶，張樂高宴，上下歡洽，三樂也。今日王可從禽，明日當飲讌耳。』

又曰：高宗狩于陸渾縣六日，止飛山顛。高宗親御弧矢，獵四鹿及兎數十頭。晚次御營，望見太官烹宰，欲供百官之膳。因問侍中許圉師曰：『朕目擊彼羊，在於格下，見其無罪就戮，非無憫惻之情，今欲以死獸易之，可乎？』圉師對曰：『昔者宋文侯見人欲將牛釁鍾，因曰：吾觀此牛觳觫，似無罪而就死也。乃不釁鍾，陛下取已死之鹿代欲封之羊，則堯舜之用心也。』遂釋其羊不殺。九日，又於山南布圍。大順府果毅王萬興以輙先促圍集衆，欲斬之，上謂侍臣曰：『軍令有犯，罪在不赦，恐外人謂我翫好畋獵，輕斷人命。』又以其從征遼有功，特令放免。

又曰：高宗出獵，在路遇雨，因問諫議大夫谷那律曰：『油衣若爲不漏』對曰：『瓦爲之，必不漏矣。』上大悅，因此不復出獵。

又曰：高宗駕幸自九成宫，還宫仍西狩校習，自麟遊西北，遶岐梁，歷普潤，止雍，爲兩圍。殿中侍御史杜易簡、賈言忠監圍，山阜懸危，杖策不得蹔停，凡五日而合。劾奏將軍劉玄意黄河上等斷圍，玄意抵罪黄河上，圍曰：軍容齊整，詔特原之。

又曰：吳王恪好畋獵，損居人田苗，侍御史柳範奏彈之。上因謂侍御臣曰：『權萬紀事我兒，不能匡正，其罪合死。』範進曰：『房玄齡事陛下，猶不能諫止畋獵，豈可獨非萬紀？』

又 卷八三二《獵下弋、羅、罝、罦、罿、罻、畢、罕、罥、羉、磻、繳、獵下》《王孫子》曰：趙簡子獵於晉陽之山，撫轡而歎。董安于曰：『主君歎，敢問何故？』簡子曰：『汝不知也，吾厩養食穀之馬以千數，官養多力之士日數百，欲以獵獸也，恐隣國養賢以獵吾也。』

《庆子》曰：趙簡子田，鄭龍爲右。有一野人，簡子曰：『龍下射彼，使無驚吾鳥。』龍曰：『昔吾先君伐衛免曹，退爲踐土之盟，不戮一人；吾今一朝田，而曰必爲我殺人，是虎狼殺人。』故將救之。簡子愀焉。曰：『不愛其身以活人者，可無從乎？』環車輟田，曰：『人之田也得獸，今吾田也得士。』

又曰：梁君出獵，見白鴈羣，下車，彀弩欲射之。道有行者不止，白鴈羣駭。梁君怒，欲射行者。其御公孫龍撫轡曰：『今主君以因白鴈故而欲射殺人，無異於虎狼。』梁君援其手與歸，呼萬歲曰：『樂哉！今日獵也，人皆得獸，吾獨得善言。』

《尸子》曰：宓羲氏之世，天下多獸，故教民以獵也。

《韓子》曰：孟孫獵得麑，使秦西巴持之，其母隨而呼之。秦西巴不忍，而與其母。孟孫適至，求麑，對曰：『予不忍，而與其母。』孟孫大怒，逐之。居三月，復召爲其子傅，曰：『夫子不忍於麑，且忍吾子乎？』又曰：魏文侯與虞人期獵。明日，會天疾風，左右止侯，侯不聽，曰：『不可，疾風失信，吾不爲。』遂犯風往，而罷虞人也。

《穆天子傳》曰：天子東田于澤，至于重壁之臺，盛姬告病。

又曰：天子獵于滲澤，於是得白狐、玄貉焉，以祭于河宗。以將事於河宗，獲比，故用。

又曰：天子大饗王公諸侯王，勤七萃之士。勤，猶勞也。于羽陵之上，乃奏廣樂，六師之人翔畋于曠原。得獲無疆，鳥獸絶羣。六師之人大畋九日，乃収皮效物，是載羽車。

《國語》曰：晉趙簡子田于螻，螻，晉君囿。史黯聞之，以犬待于門。黯，晉大夫史墨，時爲簡子史，以田犬門君囿門也。簡子見之，曰：『何爲？』曰：『有所得犬，欲試之茲囿。』茲，山簡子曰：『何爲不告？』對曰：『君行，臣不從不順。言從，法臣從君。主將適螻，而麓不聞，麓，主君苑囿之官。曰：山林之木，衡麓守之。臣敢煩當日？』當日，直日也。言主將之君囿，不煩麓以告君，臣亦不敢煩主之直日自白也。簡子乃還。

《吕氏春秋》曰：齊有好獵者，从不得獸。所以不得，狗惡故也。欲得良狗，則家貧。乃還耕，則家富，則求良狗，則數得獸矣。非獨獵，事皆然。

《春秋後語》曰：魏信陵君嘗與王共博，於是北境舉烽火，傳言趙寇至。王釋博，欲召大臣議之。信陵君曰：『趙王獵耳，非爲寇也。』復博如故。王恐，心不在博。居有頃，復從北方傳言：『趙王獵耳，非爲寇也。』王大驚曰：『公子何以知之？』對曰：『臣之客有能探趙王陰謀者，趙王所爲，客輒以報臣。臣以此知之。』

《六韜》曰：文王畋于渭陽，見吕尚坐弟以漁。

《太公金匱》曰：紂常以六月獵於西土，發人逐禽。民諫曰：『天務覆施，地務長養。今盛夏發民逐禽，而元元命懸於野，民踐之，百日不食。』紂以爲妖，殺之。

《新序》曰：晉文公出田逐獸，入大澤，迷不知所，爲漁者送文公出澤。漁者曰：『鴻鵠乃保大海之中，厭而徙之小澤，則必有矢矰之憂。黿保於深淵，厭而出之淺渚，則必有羅網之憂。今君逐獸，碭入至此，何行之太遠也？君歸國，臣亦反漁所。』

又曰：晉文逐鹿而失之，問農夫老者曰：『吾鹿何在？』老者以足指曰：『如是行往。』公曰：『寡人問子，子以足指，何也？』老者振衣而起曰：『不意人君至此。虎豹之居也。厭閑而得近。故人得之；魚鼈之居也。厭深而得淺。故人亦得之；諸侯厭衆而亡其國。唯鵲有巢，唯鳩居之。今君不歸，人將居之。』於是文公恐而歸。《新序》曰：晉文公畋於虢。還，見一老問曰：『虢亡，何也？』對曰：『虢君斷，則不能用人也。』文公輟畋而歸。趙襄子曰：『其人安在？』公曰：『吾與來。』襄子曰：『君聽其言，不用其身。』文公乃召，賞之。

《說苑》曰：楚莊王獵，大夫諫之，王曰：『吾就獵，求士也。榛薄刺虎，知其勇也；搏犀獲兕，知其勁也；罷畋而分所得，知其仁也。由此道得三士，可乎？』

又曰：晉平公有馳逐之車，錯以羽芝，會羣臣觀焉。田差三過不顧。

《白虎通》曰：王者、諸侯所以田狩者，何也？爲田除害，上以供宗廟，下以簡集士衆也。

蔡邕《月令章句》曰：季秋之月，天子乃教于田獵，閑肆五兵，因以順時取禽。其礼，將軍執晉鼓，師率執提，旅率執鼙，以教坐作進退徐疾之節。

《璅語》曰：范獻子卜獵，占之曰：『君子得黿，小人遺冠。』獻子獵，無所得，而遺其冠。

《潛夫論》曰：昔有司原氏獵於中野，鹿東奔，司原從而譟之。西方之衆有逐豨者，聞司原之譟，竟舉音而和之。司原反覆追之，乃得大豨，喜以爲瑞。

《陸子》曰：欲水之清則勿涉，欲草之茂則勿獵。

杜夷《幽求》曰：獵者嗜肉，不多於不獵；及其陵岡峦，赴溪嶺，而有遺身之志。《語林》曰：夏少明在東國，不知名。聞裴逸民知人，乃裹糧寄載，入洛從之。未至家少許，見一人着黃皮袴褶，乘馬將獵，問曰：『裴逸民家遠近？』荅曰：『君何以問？』夏曰：『聞其名知人，故從會稽來投之。』裴曰：『身是逸民，君明可更來明。』徃，逸民果知之，用爲西明門候，於此遂知名也。《石勒別傳》曰：冬十一月大雪，平地三尺。勒主簿程朗諫，勒不從。出獵墜馬，顧左右曰：『不從主簿之言，而致墜馬。』賜朗絹百疋，以旌忠亮。

《續搜神記》曰：晉中興後，譙郡周子文家在晉陵。少時喜射獵，嘗入山。忽山岫間見一人，長五丈許，提弓箭，箭鏑頭廣二尺許，白如霜雪，忽出喚曰：『阿鼠！阿鼠！』子文小字子文不覺應曰：『諾。』此人牽弓滿鏑向子文，子文便失魂厭伏。

又曰：吳末，臨海人入山射獵，爲舍住。夜中有一人長一丈，着黃衣白帶，來謂射人曰：『我有讎尅，明日當戰，君可見助，當厚相報。』射人曰：『自欲助君，何以相報？』荅曰：『明日食時，君可出溪邊，敵從北來，我南徃應。白帶者我，黃帶者彼。』射人許之。明出，果聞岸北有聲，狀如風雨，草木四靡。視南亦尔，唯見二大虵，長十餘丈，於溪中相遇，白虵勢弱，人即引弩射之，黃虵即死。日將暮，復見前人來辞謝，云：『住此一年獵，明年慎勿復來，來必爲禍。』射人曰：『善。』遂停一年獵，所獲甚多，家致巨富。數年後，憶先山多肉，忘前言，復更徃獵。見先白帶人語之言：『我語君勿復更來，不能見用。讎子已大，今必報君，非我所知。』射人聞之，甚怖，便欲走。乃見三烏衣人，皆長八尺，俱張口向之，射人即死。

《異苑》曰：慕容皝出畋，見一老父，曰：『此非獵所，王且還也。』皝明晨復去，值有白兎，馳馬射之，墜石而卒。

《世說》曰：孫盛爲庾公記室条軍，從獵，將其子齊莊行。庾公不如，忽於獵場見齊莊，時七八歲，庾謂曰：『若亦復來耶。』應聲荅曰：『所謂無小無大，從公于邁。』

又曰：桓南郡好獵，騁良馬馳擊若飛。雙飄所指，行陣不整。麏兎騰逸，参佐無不被擊。

《吳地記》曰：長洲在姑蘇南，大湖北岸，闔閭所遊獵處也。吳主遣徐詳至魏，魏太祖謂詳曰：『孤比老，願濟橫江之津，與孫將軍遊姑蘇之上，獵長洲之苑，吾志足矣。』詳對曰：『若越橫江而遊姑蘇，是蹕亡秦而躡夫差，恐天下之事去矣！』太祖大笑曰：『徐生無乃逆詐乎？』

《鄴中記》曰：石虎少時好遊獵。後體壯大，不復乘馬，作獵輦。二十人擔之，如今之步輦。上安徘徊曲蓋，當坐處安轉關牀。若射鳥獸，直有所向，關隨身而轉。虎善射，矢不虛發矣。

《襄陽耆舊記》曰：楚王好遊獵之事，揚鑣馳逐乎華容之下，射鴻乎夏水之濵。

明 彭大翼《山堂肆考》卷一四四《獵人》

《爾雅》：春獵為蒐，夏獵為苗，秋獵為獮，冬獵為狩。注云：蒐為搜索，取不任者；苗為苗稼除害；獮為順殺氣；狩為得獸，取之無所擇。

用三驅

周易王用三驅，失前禽。

習五戎

《禮·月令》：季秋之月，天子乃教於田獵以習五戎。

東都搏獸

《詩·小雅》：宣王會諸侯于東都，因田獵而選車徒焉。《詩》曰：之子于苗，選徒囂囂。建旐設旄，搏獸于敖。

西狩獲麟

左哀十四年，西狩于大野。叔孫氏之車子鉏商獲麟，以為不祥，以賜虞人。仲尼觀之曰：『麟也。』然後取之。

發豝殪兕

《詩·小雅》：悉率左右，以燕天子。既張我弓，既挾我矢。發彼小豝，殪此大兕。此美宣王田也。

射麋格麟

《子虛賦》：駕車千乘，選徒萬騎，畋於海濱，列卒滿澤，罘網彌山，掩兔轔鹿，射麋格麟。

詫楚

司馬相如《子虛賦》：楚使子虛於齊，齊王悉發車騎，與使者出畋。畋罷，子虛過詫烏有先生，而亡是公存焉。坐定，烏有先生問曰：『今日之畋，樂乎？」子虛曰：『樂。』『獲多乎？』曰：『少。』『然則何樂？』曰：『僕樂王之欲誇僕以車騎之衆，而僕對以雲夢之事也。』烏有先生曰：『足下不遠千里，來既齊國：王悉發境内之士，備車騎之衆，與使者出畋，乃欲戮力致獲，以娛左右，何名為誇哉？今足下不稱楚王之德厚，而盛推雲夢以為高，竊為足下不取也。』

誇胡

揚雄《長楊賦》序：明年，上將大誇胡人以多禽獸，秋，命右扶風發民入南山，西自褒斜，東至弘農，南敺漢中，張羅網罝罘，捕熊羆豪豬虎豹狖，玃狐兔麋鹿，載以檻車，輸長楊射熊館。以網為周阹，縱禽獸其中，令胡人手搏之，自取其獲，上親臨觀焉。注云阹遮禽獸圍陣也。

襢裼暴虎

《詩·鄭風》：襢裼暴虎獻于公所。

詭遇獲禽

王良曰：吾為之範我馳驅，終日不獲一；為之詭遇，一朝而獲十。

十旬弗反

《夏書》：太康尸位，以逸豫滅厥德，黎民咸貳，乃盤遊無度，畋于有洛之表，十旬弗反。

三月不返

《説苑》：荆文王得茹黄之狗，箘簬之矰，以畋于雲夢，三月不返。保申諫曰：『王之罪，當笞。』王曰：『願請變更。』而無笞，保申曰：『臣承先生之命，不敢廢。』王曰：『敬諾。』王伏保申束細箭五十，跪而加之，王背如此者，再保申趨出欲自沈，王曰：『此不穀之過也，保將何罪？』王乃變行從，保申殺茹黄之狗，折箘簬之矰。

漆澤

《穆天子傳》：天子獵於漆澤，得白狐，玄狢以祭于河宗。

金郊

張協《七命》：白商素節，月既授衣，天凝地閉，風厲霜飛，將因氣而致殺臨金郊而講師。

焚萊

《周禮·夏官牧師》凡田事贊焚萊，又冬，官山虞若大田獵，則萊山田之野。注云：萊，謂除其草，萊也。

踐稼

唐莊宗嘗畋中牟，踐民稼，中牟令當馬前諫曰：『陛下為民父母，奈何毀其所食，使轉死溝壑乎！』按莊宗，即李存勗也。

弋昭華

《韓詩外傳》：齊景公弋昭華之地，顔鄧聚主鳥而亡之，景公怒欲殺之。晏子曰：『鄧聚有死罪，四請數而誅之，為吾君主鳥而亡之一罪也；使吾君以鳥之故，而殺人罪二也；使四國諸侯聞之以吾君重鳥而輕士，罪三也；天子聞之必將貶絀，吾君危其社稷，罪四也。此四罪者故當殺無赦。』景公曰：『止此亦吾過矣，願夫子為寡人敬謝焉。』

獵伊闕

唐莊宗獵于伊闕，命從官拜梁太祖墓，涉歷山險，連日不止。或夜合圍，士卒墜崖谷，死傷甚衆。

獻子遺冠

《瑣語》：范獻子卜獵，占之，繇曰：『君子得黿，小人遺冠。』獻子獵而無得，遺其豹冠。

石虔拔箭

見勇敢。

西巴放麑

韓子曰：孟孫獵得麑，使秦西巴持之，其母隨而呼之，西巴不忍而與其母。孟孫適至求麑，對曰：『余不忍而與其母。』孟孫大怒逐之，居三月復召為其子，《傳》曰：夫子不忍麑，又且忍吾子乎？

唐儉搏豕

見納諫。

飛鳥翔噪

唐張武仲子直方好弋獵，洛陽飛鳥皆識之，見必翔噪。

老麇哀請

見風。

將兒從獵

晉孫盛為庾公記室參軍，從獵，將其第三兒齊莊俱行。庾公不知，忽於獵場見齊莊，時七八歲，厦公謂曰：『小兒亦復來乎？』齊莊應聲答曰：『所謂無小無大，從公于邁。』

將兒出射

《冥驗記》吳唐，廬陵人。少好驅媒獵射，家以致富。後春月將兒出射，正值麀鹿將麑。母鹿覺人氣，呼麑，麑不知徑前就媒。唐射麑死，鹿母悲鳴不已，唐乃藏草中，出麑置浄地。鹿母直來前，俯仰頓伏，絶而復起。唐又射鹿母，應弦而倒。至前邑，復射一鹿，箭反激還中唐子，唐擲弩，擁子而哭，聞空中，呼曰：『吳唐，鹿之愛子，與汝何異？』

常帶絳繩

《世說》：桓南郡玄好獵，每田狩，車騎甚盛，五六十里中旌旗蔽隰，騁良馬馳擊若飛，雙甄所指不避陵壑，或行陣不整，麏兔騰逸，參佐無不被繫束。桓道恭玄之族也。時為賊曹參軍，頗敢直言，常自帶絳綿繩，著腰中。玄問此何為，答曰：『公獵，好縛人士，會當被縛，手不能堪芒也。』玄自此小差。

常載罝網

唐單王元吉喜鷹狗，出常載罝網三十車，曰：『我寧三日不食，不可一日不獵。』

上疏諫獵

見總諫官。

獻詩諷獵

唐魏知古景雲末為侍中，玄宗初卽位，獵于渭川，知古從駕。因獻詩以諷，其略曰：『嘗聞夏太康，五弟訓禽荒。我后來冬狩，三驅盛禮張。順時鷹隼擊，講武事功揚。此欲誠難縱，茲遊不可常。子雲陳羽獵，僖伯諫魚棠。得失鑒齊楚，仁恩念禹湯。』上悅，手詔褒美，賜帛五十段。

宋 沈棐《春秋比事》卷一〇《蒐狩總論》 古者春蒐、夏苗、秋獮、冬狩皆有常禮，故周制大司馬之職，各以其時候農隙而講。行之春秋以來，干戈相尋，諸侯日弊於征伐。蒐狩之事，雖未必盡廢，然當時疆場有難，朝不及夕，何暇於待。時王綱弛墜，僭逼日甚何暇於顧禮，故有師次而治兵者，有踰禮而大閱者，其僭分失時，殆未可盡責也。

蒐

觀經書蒐者，五皆在昭定之間，說者謂：昭八年秋蒐于紅譏其失時，十一年夏大蒐于比蒲，二十二年夏大蒐于昌間定，十三年夏大蒐于比蒲，十四年秋大蒐于比蒲，蓋譏其僭禮。嗚呼！以是度聖人之意，蓋亦淺矣，必曰五蒐所書，意在明禮謹時，則自隱至襄歷九君，無慮數百年，豈無可譏者乎？左謂紅蒐革車千乘，十一年比蒲之蒐，以當齊歸之薨為非禮。《公羊》例以為罕，書穀以紅之蒐為得，正昌間之蒐諸務而用春事，皆不書褒貶之論者，又謂按成元年作邱甲，使邱出甲士一人以見當時兵寡勢弱，其賦役不得不蹙也速。襄十一年始作三軍，三家分公室以專其權，民愈勞而兵威愈不振矣。故循沿以至昭定之間，軍旅困弊，日虞干戈，雖屢舉大蒐之禮，耀威鄰國，名侈實違迺，所以見其弱耳是說。雖未甚合經然頗勝前説，蓋嘗思而得之。當昭公時，國柄專以季氏，定公時國柄移於陽虎，故昭公之蒐三，定公之蒐二，時書於春秋異於他公者。聖人之意以謂當二公在位，君不得有其國而奪於大夫，大夫不得專其政而制於陪臣，各恃兵威以為強，使國人莫敢睥睨，終致於不可制馭區，區錄此於簡冊者，蓋傷二君之削弱，而疾二臣之強橫也。夫自古背叛之初，其初未嘗不收攬兵權盡歸於己待其威聲迫脅，足以陵轢天下，是以賊君亡國，敢為逆亂，無復顧憚季氏之逐，昭公陽虎之竊寶器。豈非以兵威自專，故其流至此耶，然則有國家者，慎無以兵柄與人。

狩

狩，冬田也。天子、諸侯四時必田者，蓋謂治安不忘危亂，所以講武經而教民戰也。豈徒肆盤遊逐禽獸，而已哉然先王之制。田必以時不妨于農，殺必以禮不殄天物，故此禮一行而講武，重農愛物三德備焉。《春秋》書狩者三惟，桓四年獨書公狩于郎，至莊四年公及齊人狩于禚，則為齊人書，哀十四年西狩獲麟則為獲麟。書為齊人書者，蓋以彭生之難、桓公見殞於齊、莊公之與齊，侯義不戴天，不能雪恥報怨，迺連車結軌縱馳逐之樂，不以為醜其惡甚矣。故公穀皆以為齊人者，齊侯也，其稱人者，《公羊》謂諱與讐狩穀，謂卑公之敵刺，不復讐而釋怨也。二說皆可取，而穀梁之説最為詳明，然則經於莊書狩，豈非主於齊人乎？為獲麟書者，蓋孔子當周之季，傷聖王不作中國，淪胥文武之道掃地，而麟雖嘉瑞出非其時，是以哀傷而絶筆，焉聖人之意以謂，定哀之前尚冀王道之復，振麟為時出猶可以為祥。至定哀末年，夷狄暴横，權臣僭竊，世道交喪不可復興，而麟方見獲不足以為瑞，是重可哀。而已故經於狩未有言，其所獲至此，獨書獲麟且絶筆也，豈非主於獲麟乎？至于桓公書狩于郎，則地非越境禮，非過時筆削之意，自有深意。《左氏》以為禮，《公羊》以為遠，夫既合於禮，則《春秋》不書，若以為遠，則郎蓋魯地聖人未應重責也，先儒則以謂不時。夫周之正月，蓋夏之十一月，則於此而狩正其時也，安得為不時哉。紛紛之論，皆不足以盡聖人之意，以桓公簒弒自立身負大惡，自虞諸侯之討，已每欲阻兵，安忍自為威强，以耀武於鄰國聲威於國人，使人莫敢睥睨。故經書太閱一及此，郎之狩皆在桓公，他無書焉，然則所書之旨，果可考矣。

清 閻鎮珩《六典通考》卷一五八《蒐閱》

《司馬法》曰：天下雖安，忘戰必危。天下既平，天子大愷，春蒐、夏苗、秋獮。諸侯春振旅，秋治兵，所以不忘戰也。《爾雅》出為治兵，入為振旅。出則使勇力者犯難，入則使尊老者居前。故告于廟，習于巷，雖名講武而禮義行焉。《賈誼新書》曰：王者諸侯所以田獵者何？為田除害，上以供宗廟，下以簡集士衆，故聖人作名號而事義可知也。春曰蒐，夏曰苗，秋曰獮，冬曰狩，百姓皆出，不失其馳，不抵禽，不詭遇，逐不出防，此蒐苗獮狩之義也。周之王業肇于公劉，豳風之詩曰：一之日于貉，取彼狐狸，為公子裘。二之日其同，載纘武功，言私其豵，獻豜于公。釋者曰豕，一歲曰豵，二歲曰豜，所謂大獸公之，小禽私之是也。其後成有岐陽之蒐，宣有東都之狩，《國語》載仲山父之言曰：王治農於藉，蒐於農隙，獮於既蒸，狩於畢時，皆習民數者也。及管仲相齊，首制三軍，有中軍之鼓，有國子之鼓，有高子之鼓。春以振旅，秋以治兵，故卒伍整于里，而軍旅整于郊，蓋猶得周禮遺意。自《公羊》、《穀梁傳》、《春秋》稱天子無事歲三田，一為乾豆，二為賓客，三為充君之庖，是直以饁禽獲獸供膳宰刀匕之需，而非古人三時務農一時講武之義也。故自秦漢以降，人主廣開苑囿，馳騖東西。如上林、長楊之屬，專以校獵，誇示胡人，其于整軍經武，或有所未暇焉。若夫臨戰習戎是為權禮，則與《周官》所云師田簡稽者各不相蒙，蓋其判然為兩事久矣。今取大司馬之文，總合經傳為蒐，閱考而以史家所述，大閱禮次之，其田役聯事別在官聯考。

大司馬，中春，教振旅，司馬以旗致民，平列陳，如戰之陳，以旗者，立旗期民於其下也。春習振旅，兵人改衆，專於農。平，猶正也。以教坐作進退疾徐疏數之節，習戰灋。遂以蒐田，有司表貉，誓民，鼓，遂圍禁，火弊，獻禽以祭社。春田為蒐。有司，大司徒也。表貉，立表而貉祭也。誓民，誓以犯田法之罰也。誓曰：『無干，车，自後射。』立旌，遂圍禁。旌弊争禽而不審者，罰以假馬。禁者，虞衡守禽之厲禁也。既誓令鼓而圍之遂，蒐田火弊火止也，春田主用火，因焚萊除陳草皆殺，而火止。田止，虞人植旌，衆皆獻其所獲禽焉。中夏，教茇舍，如振旅之陳。群吏撰車徒，讀書契，辨號名之用。帥以門名，縣鄙各以其名，家以號名，鄉以州名，野以邑名，百官各象其事，以辨軍之夜事。其他皆如振旅，茇舍、草止之也。軍有草止之法。撰讀曰：算，謂數擇之也。讀書契，以簿書校錄軍實之凡要。號名者，徽識所以相別也。鄉遂之屬謂之名，家之屬謂之號，百官之屬謂之事。在國以表朝位，在軍又象其制而為之，被之以備死事。帥謂軍將，及師帥旅師至伍長也，以門名，所被徽識如在其門所樹者也。古者軍將蓋為營治於國門，魯有東門襄仲，宋有桐門右師，皆上卿為軍將者也。縣鄙謂縣正，鄙師至鄰長也。家謂食采地者之臣也。鄉以州名，亦謂州長至比長也。野謂公邑大夫百官以其職從王者，門則襄仲、右師明矣，鄉則南鄉甀、東鄉為人是也。其他象此云某某之名、某某之號、某某之事而已。夜事，戒夜守之事。遂以苗田如蒐之法，車弊獻禽以享礿。夏田為苗，擇取不孕任者，若治苗去不秀實者云。車弊，驅獸之車止也。夏田主用車，示所取物希，皆殺而車止。礿，宗廟之夏祭也。中秋，教治兵，如振旅之陳，辨旗物之用，王載大常，諸侯載旂，軍吏載旗，師都載旜，鄉遂載物，郊野載旐，百官載旟，各書其事與其號焉。其他皆如振旅，軍吏，諸軍帥也。師都，遂大夫也。鄉遂，鄉大夫也。郊謂鄉遂之州長、縣正以下也；野謂公邑大夫、載旐者，以其將羡卒也、百官、卿大夫也。載旟者，以其屬衛王也。凡旌旗，有軍旅者畫異物，無者帛而已。書當為畫，事也，號也，皆畫以雲氣。遂以獮田，如蒐田之法，羅弊，致禽以祀祊。秋田為獮，獮，殺也。羅弊，罔止也。秋田主用罔，中殺者多也，皆殺而罔止。祊當為方，秋田主祭四方，報成萬物。中冬，教大閱大，閱簡軍實，凡頒旗物以出軍之旗，則如秋以尊卑之常，則如冬司常佐司馬時也。前期，群吏戒衆庶，修戰法，群吏鄉師以下。虞人萊所田之野，為表；百步則一，為三表，又五十步為一表，田之日，司馬建旗於後表之中，群吏以旗物、鼓鐸、鐲鐃，各帥其民而致，質明，弊旗，誅後至者，乃陳車徒，如戰之陳，皆坐，萊芟除可陳之處，後表之中，五十步之中央。表所以識，正行列也。四表積二百五十步，左右之廣當，容三軍步數，未聞致致之司馬弊仆也，皆坐當聽誓。群吏聽誓於陳前，斬牲以左右徇陳曰：不用命者斬之。陳前南面鄉表也，斬牲者，小子也。凡誓之大略，甘誓湯誓之屬是也。中軍以鼙令鼓，鼓人皆三鼓，司馬振鐸，群吏作旗，車徒皆作，鼓行，鳴鐲，車徒皆行，及表乃止。三鼓，摝鐸，群吏弊旗，車徒皆坐。群吏既聽誓，各復其部曲。中軍之將令鼓鼓，以作其士衆之氣也。鼓人者，中軍之將，師帥，旅帥也。司馬，兩司馬也。作，起也。既起，鼓人擊鼓以行之，伍長鳴鐲以節之。伍長一曰公司馬。及表，自後表前至第二表也。三鼓者，鼓人也。掩上振之為擨，擨者，止行息氣也。又三鼓，振鐸，作旗，車徒皆作，鼓進，鳴鐲，車驟徒趨，及表乃止。坐作如初，趨者，赴敵尚疾之漸也。及表自第二前至第三。乃鼓，車馳徒走，及表乃止。自第三前至前表。鼓戒三闋，車三發，徒三刺，鼓戒，戒攻敵。鼓一闋，車一轉，徒一刺，三而止，象服敵。乃鼓退，鳴鐃，且卻，及表乃止，坐作如初。軍退，卒長鳴鐃以和衆，鼓人為止之也。退，自前表至後表，鼓鐸則同習戰之禮。遂以狩田，以旌為左右和之門。群吏各帥其車徒，以叙和出，左右陳車徒，有司平之。旗居卒間以分地，前後有屯百步，有司巡其前後，軍門曰和，今謂之壘門，立兩旌以為之。叙和出，用次第出和門也。左右或出而，左或出而右。有司平之，鄉師居門，正其出入之行列也。分地，教其部曲疏數。前後有屯百步，車徒異群相去之數也。車徒畢出和門，鄉師又巡其行陣。險野人為主，易野車為主。險野人居前易野車居前既陳，乃設驅逆之車，有司表貉於陳前，驅，驅出禽獸，使趨田者也。逆，逆要不得令走。設此車者，田僕也。中軍以鼙令鼓，鼓人皆三鼓，群司馬振鐸，車徒皆作，遂鼓行，徒銜枚而進。大獸公之，小禽私之，獲者取左耳，群司馬，謂兩司馬也。軍法止語為相疑惑也，進行也。大獸輸之於公。小禽以自畀也。獲得禽獸者，取左耳，當以計功。及所弊，鼓皆駴，車徒皆譟，至所弊之處，出所當於止也。天子諸侯蒐狩有常，至其常處，吏士鼓譟，象攻敵剋勝而喜也。疾雷擊鼓曰駴。譟，讙也。徒乃弊，致禽饁獸于郊。入，獻禽以享烝。徒乃弊，徒止也。冬田主用衆物多衆得取也，致禽饁獸于郊聚所獲，因以祭四方神于郊，入又以禽祭宗廟。

孔潁達曰：獮者，大芟殺野草以為防，限作田獵之場，或復止舍其中，設周衛而立門焉。以織毛褐布纏通帛旃之竿為門，之兩傍門，南開為二門。用四旃四褐，又以裘纏椹質為門，中之閑闌車軛之裏兩邊，約車輪者。其門之廣狹兩軸頭去旃竿之間各容一握，握人四指為四寸，是門廣於軸，八寸也。以教戰試其能否，故令驅焉。若驅之，其軸頭擊著門傍旃竿，則不得入罰不正也。天子六軍，同舍防內，分為左右，屬左者之左門，屬右者之右門。

司常國之大閱，贊司馬，頒旗物：王建大常，諸侯建旂，孤卿建旜，大夫士建物，師都建旗，州里建旟，縣鄙建旐，道車載旞，斿車載旌。仲冬教大閱，司馬主其禮。王畫日月，象天明也。諸侯畫交龍，一象其升朝，一象其下復也。孤卿不畫，言奉王之政教而已。大夫士雜帛，言以先王正道佐職。六鄉六遂大夫。謂之師都，都，民所聚也。畫熊虎者，鄉遂出軍賦，象其守猛莫敢犯也。州里、縣鄙、鄉遂之官，互約言之。鳥隼象其捷勇也，黿蛇象其扞難避害也。道車，象路也，王以朝夕燕出入。斿車，木路也，王以田以鄙。全羽、析羽五色象其文德也。小子，凡師田，斬牲以左右徇陳。示犯誓必殺。田僕掌馭田路，以田以鄙。鄙循行都鄙掌佐車之政，設驅逆之車。驅，驅禽使前，趨獲逆銜還之使不出圍。凡田，王提馬而走，諸侯晉，大夫馳。《月令》季秋之月，天子乃教於田獵，以習五戎，班馬政。因田獵之禮教民以戰法也。命僕及七騶咸駕，載旗旐，授車以級，整設于屏外。僕戎，僕及御夫也。七騶，謂趣馬主為諸官駕說者也。級，等次也。整，正列也。設，陳也。屏所田之地，門外之蔽。司徒搢扑，北而誓之，誓，衆以軍法也。天子乃厲飾，執弓挾矢以獵，厲飾謂戎服尚威武也命主祠祭禽于四方。以所獲禽祀四方之神也孟冬之月，天子乃命將帥講武，習射御，角力。為簡習之仲冬之月，飭死事。飭軍士戰，必有死志。《郊特牲》：季春出火，為焚也。謂焚萊也。然後簡其車賦，而歷其卒伍，而君親誓社，以習軍旅，左之右之，坐之起之，以觀其習變也。君親誓社誓吏士以習軍旅既而遂田以祭社也此是仲春之禮《詩・小雅》：《吉日》，美宣王也。吉日維戊，既伯既禱。田車既好，四牡孔阜。升彼大阜，從其群醜。吉日庚午，既差我馬。獸之所同，麀鹿麌麌。漆沮之從，天子之所。瞻彼中原，其祈孔有。儦儦俟俟，或群或友。悉率左右，以燕天子。既張我弓，既挾我矢。發彼小豝，殪此大兕。以御賓客，且以酌醴。

《車攻》宣王復文武之境土，修車馬，備器械，復會諸侯於東都，因田獵而選車徒焉。我車既攻，我馬既同。四牡龐龐，駕言徂東。田車既好，四牡孔阜。東有甫草，駕言行狩。駟驖，美襄公也。始命，有田狩之事，園囿之樂焉。駟驖孔阜，六轡在手。公之媚子，從公於狩。奉時辰牡，辰牡孔碩。公曰左之，舍拔則獲。遊於北園，四馬既閑。輶車鸞鑣，載獫歇驕。

魯隱公五年，臧僖伯曰：春蒐、夏苗、秋獮、冬狩皆於農隙，以講事也。三年而治兵，入而振旅，歸而飲至，以數軍實。昭文章，明貴賤，辨等列，順少長，習威儀也。鳥獸之肉不登於俎，皮革齒牙、骨角毛羽不登于器，則君不射，古之制也。《公羊傳》春曰田，夏曰苗，秋曰蒐，冬曰狩。《穀梁傳》春曰田，夏曰苗，秋曰蒐，冬曰狩，四時也，四用三焉。

秦蕙田曰：《周禮》、《左傳》四時皆田，《公羊》注夏時不田，《周禮》蒐、苗、獮、狩歲歲皆行，《左傳》治兵振旅，三年一舉。《周禮》、《左傳》以蒐、苗、獮、狩分春、夏、秋、冬，《公羊》春苗、秋蒐，《穀梁》春田、秋蒐，《賈誼書》亦謂夏不田，何也？曰：天地陰陽盛長之時，猛獸不攫，鷙鳥不搏，蝮蠆不螫，鳥獸蟲蛇且知應天，而況人乎哉？說似近理，然《周禮》明有夏苗，則亦不足據，當以《左傳》為正。

桓公六年秋八月壬午，大閱。魯人懼齊，故以非時簡車馬。《公羊傳》大閱者，何簡車徒也，何以書？蓋以罕書也。比年簡徒，謂之蒐三年。簡車，謂之大閱五年大蒐。車徒，謂之大蒐。《穀梁傳》大閱者何？閱兵車也。修教明諭，國以道也。平而修戎事，非正也。平，謂不因田獵無事而修之。莊公四年冬，公及齊人狩于禚。《公羊傳》公曷為與微者狩？齊侯也。齊侯則其稱人何？諱與讎狩也，前此者有事矣，後此者有事矣，則曷為獨於此焉？譏于讎者將一譏而已。故擇其重者而譏焉，莫重乎其與狩也。于讎者則曷為將一譏而已？讎者無時焉可與通，通則為大譏，不可勝說，故將一譏而已，其餘從同同。《穀梁傳》齊人者，齊侯也。其曰人何也？卑公之敵，所以卑公也。何為卑公也？不復讎而怨不釋，刺釋怨也。八年春，王正月，師次于郎，以俟陳人、蔡人。甲午，治兵。治兵於廟，習號令將以圍郕。《公羊傳》祠兵者何？出曰祠兵，將出兵，必祠於近郊，陳兵習戰殺牲饗士卒。入曰振旅，五百人曰旅其禮一也，皆習戰也。何言乎祠兵，為久也。曷為為久？吾將以甲午之日，然後祠兵於是。《穀梁傳》出，曰治兵習戰也，入，曰振旅習戰也。治兵而陳蔡不至矣。師次于郎，以俟陳蔡。兵事以嚴終，故曰善陳者不戰，此之謂也。善為國者不師，善師者不陣，善陣者不戰，善戰者不死，善死者不亡。　昭公八年，秋，蒐于紅。紅魯地沛國縣西有紅亭《公羊傳》蒐狩不書，必違禮，而後書，于是蒐于紅。自根牟至於商衛，革車千乘皆王家之師也。自是而屢蒐三家，所以耀武焉，爾是故桓莊之狩必言，公昭定之蒐不言公矣，《穀梁傳》正也。以後比年大蒐失禮，因此以見正。因蒐狩以習用武事，禮之大者也。艾蘭以為防，防，為田之大限。置旃以為轅門，旃，旌旗之名。轅門，印車以其轅表門。以葛覆質以為槷，質，椹也。槷，門中臬葛，或為褐。流旁握，御轚者不得入。流旁握，謂車兩轊頭，各去門邊空握。握，四寸也。轚挂則不得入門。車軌塵，塵不出轍。馬候蹄，發足相應，遲疾相投。揜禽旅，揜取衆禽。御者不失其馳，然後射者能中。過防弗逐，不從奔之道也。面傷不獻，不成禽不獻。禽雖多，天子取三十焉。其餘與士衆以習射於射宮。取三十以共乾豆、賓客、君之庖。射而中，田不得禽則得禽；射而不中，田得禽則不得禽。是以知古之貴仁義而賤勇力也。十一年五月，大蒐於比蒲。二十二年春，大蒐於昌間。定公十三年夏，大蒐於比蒲。夏蒐非時。哀公十四年春，西狩獲麟。冬獵曰狩，大野在魯西，故曰西狩。《穀梁傳》引取之也。言引取之解經，言獲也。狩地不地，不狩也。非狩而曰狩大獲麟，故大其適也。適猶之也。晉文公蒐於被廬，晉常以春蒐禮改政令敬其始也，被廬晉地。作三軍使郤縠將中軍郤溱佐之，使狐偃將上，軍讓於狐毛而佐之，使欒枝將下，軍先軫佐之。晉蒐於清原，作五軍以禦狄。河東聞喜縣北，有清原。晉蒐於夷舍，二軍。夷晉地前年四卿卒，故蒐以謀軍帥。晉侯蒐於緜，上以治兵，為將命軍帥也。新軍無帥，將佐皆遷。晉侯難其人使其什，吏率其卒乘官屬，以從於下軍禮也。

楚子將圍宋，使子玉治兵于睽，治兵習號令也，睽楚邑。終朝而畢，不戮一人。子玉復治兵于蔿，蔿，楚邑。終日而畢，鞭七人，貫三人耳。楚子使然，丹簡上國之兵且撫其民，使屈罷簡東國之兵于召陵，兵在國都之東者。亦如之。鄭人簡兵，大蒐將為蒐除。治兵于廟城內地，迫故除廣之。

據《周禮》、《左傳》四時皆田，而何休注《公羊》則云夏不田。至鄭康成說《春秋》緯又謂四時田者周制，三時田者夏殷制，孔子欲改周制，不敢顯露陰書于緯而于春秋，仍用周制其說，穿鑿義無足取夫四時，皆有農隙，皆可講武第。夏苗方盛于田，非宜故王制，亦有歲三田之文。自周衰，列國交爭，其非時而蒐閱者多矣，曷嘗盡與田事相關。《公羊傳》云蒐狩不書違禮，而後書然則經之所不書者，可勝既乎。

漢制：常以立秋後，郊禮，畢斬牲於東門，以薦陵廟。肄孫吳兵法，六十四陣，每十月都試金革騎士，各有員數。元鼎中，天子行獵，新秦中以勒邊兵而歸。新秦中或千里無亭徼，於是誅北地太守以下。元封元年冬，十月詔曰：南越、東甌咸伏其辜，西蠻、北裔頗未輯睦，朕將巡邊陲，釋兵振旅，躬秉武節，置十二部將軍，親帥師焉。行自雲陽北歷上郡、西河、五原出長城，北登單于臺，至朔方，臨北河勒兵十八萬騎，旌旗徑千餘里。又議古者先振兵釋旅，然後封禪，遂北巡朔方。勒兵十餘萬騎，還祭黃帝冢，橋山釋兵涼如。地名。

後漢初，立秋之日，自郊禮畢，始揚威武，斬牲於郊東門，以薦陵廟。其儀：乘輿御戎輅，白馬朱鬣，躬執弩射牲。牲用鹿麛。太宰令、謁者各一人，載以獲車。馳驛送陵廟。還宮，使者齎束帛以賜武官。肄兵，習戰陣之儀、斬牲之禮，名曰『貙劉』。貙劉之禮，祠先虞，執事告先虞已，烹鮮時，有司告，乃逡巡射牲。獲車畢，有司告事畢。兵、官皆肄孫、吳兵法六十四陣。既還，公卿以下陳雒陽街，乘輿到，公卿已下拜，天子下車，公卿親識顏色，然後還宮。靈帝中平五年，以天下黃巾賊起，大發四方兵，講武耀兵于平樂觀。下起太壇上十二重五采華蓋，高十丈。壇東北為小壇，復建五采華蓋，高九丈。列步騎軍士數萬人，結營為陣。天子親出臨軍，駐大華蓋下；大將軍何進駐小華蓋下。禮畢，帝躬擐甲、介馬，稱『無上將軍』。行陣三匝還。建安二十一年，有司奏：『古四時講武。漢西京唯十月都試金革，今兵戈未偃，士衆素習，可無四時講武，但以立秋擇吉日，大朝車騎，號曰閱兵。上合禮名，下承漢制。』是冬閱兵，魏王曹操親執金鼓以令進退。延康元年，曹丕嗣魏王。是年秋，閱兵於東郊，公卿相儀，王御華蓋，親執金鼓之節。

魏文帝踐祚頗出遊獵，司空王朗上疏曰：『近日車駕出臨捕虎，日昃而行，及昏而反，違警蹕之常法，非萬乘之至，慎也。』帝報曰：『今二寇未殄，將帥遠征，故時入原野以習戎備。』太和元年十月，閱兵于東郊。

晉武帝太始四年九月，咸寧元年，太康四年、六年冬，皆自臨宣武，親大閱習衆軍，然不自令進退。武帝校獵北芒下，侍中王濟著布袴褶騎馬執角弓在輦前，猛獸突出，帝命濟射之應弦而倒。自惠帝以後，其禮遂廢。元帝詔左右衛及諸營教習，依大習儀。成帝咸和中，詔内外諸軍戲於南郊之場，故其地因名鬭場。自後蕃鎮桓、庾諸方伯，往往閱習，然後朝廷無事焉。

宋文帝依故事肄習衆軍，兼用漢魏之禮。元嘉二十五年，閏二月，大蒐於宣武場。主胄列奏申攝，剋日校獵，百官備。設行宮殿便座於武帳幕府山南岡，王公百官便座幔省如常儀。設南、北、左、右四行，旌門建旗以表獲車，殿中郎一人典獲車。主者二人收禽，吏二十四人配獲車十二兩。校獵官著袴褶，有帶。三品以上權乃備鞘罨幡，三品以下帶刀，皆騎乘。將領部曲先獵一日，布圍。領軍將軍一人督右甄；護軍將軍一人督左甄；大司馬一人居中，董正諸將，悉受節度。殿中郎率獲車部曲，在大司馬之後。尚書僕射以下諸官曹令吏等，至日，會於宣武場，列為重圍。皇帝若親射禽，變服戎服，如校獵儀。内外從官及武賁悉變服，鈒戟抽鞘，以備武衛。黄麾内官，從入圍裏。列置部曲，廣張甄圍，旗鼓相望，銜枚而進。甄周圍會，督甄令史奔騎號法施令曰：『春禽懷孕，蒐而不射；鳥獸之肉不登于俎，不射；皮革齒牙骨角毛羽不登于器，不射。』甄會。大司馬鳴鼓蹙圍，衆軍鼓譟警角，至宣武場止。大司馬屯北旌門；二甄帥屯左右旌門，殿中中郎率獲車部曲入次北旌門内之右。皇帝從旌門入射禽。謁者以獲車收載，還陳于獲旗之北。王公以下以次射禽，各送詣獲旗下，付收禽主者。事畢。大司馬鳴鼓解圍復屯，殿中郎率其屬收禽，以實獲車，奉車奉充庖廚。正厨置鐏酒俎肉于中逵，以犒饗校獵衆軍。此條間有芟節互見《儀衛考》。大明七年春正月，詔剋日于元武湖大閱水師。并巡江右，講武校獵。二月，有司奏鑾輿，巡蒐江左，講武校獵獲肉先薦太廟章太后廟，并設醢酒。公卿行事及獻妃陰室室長行事兼太常丞庾蔚之議蒐狩禮久廢今講武教人又虔供乾豆先薦二廟禮情俱允社主土神司空土官故祭社使司空行事太廟宜使上公參議三殺之禮曠廢已久太宰令謁者擇上殺奉送先薦廟社二廟依舊以太尉行事詔可

齊永明四年閏月，車駕幸宣武堂，詔曰：今親閱六師，少長有禮，領馭邵師，可量班賜。

梁陳並依宋儀。其異者，置行殿於幕府山南岡，并設王公百官幕。先獵一日，遣馬騎布圍。左領軍將軍督左，右領軍將軍督右，大司馬董正諸軍。獵日，侍中三奏，一奏槌一鼓，為一嚴，三嚴訖，引仗為小駕鹵簿。皇帝乘馬戎服，從者悉絳紗幘，黄麾警蹕，鼓吹如常儀。獵訖，宴會享勞，比校多少，戮一人以徽亂法，會畢，還宮。

後魏皇始元年，春正月，大蒐于定襄之虎山。永興元年，九月十月之交，親行貙劉之禮。和平三年，因歲除大儺，遂耀兵示武。更為制，令步兵陳於南，騎士陳於北，各擊鐘鼓，以為節度。其步兵所衣，青赤黑黄，別為部隊。楯稍矛戟相次周迴轉易，以相赴就。有飛龍騰蛇之變，為函箱魚鱗四門之陣，凡十餘法。跪起前卻，莫不應節。陣畢，南北二軍皆鳴鼓角，衆盡大譟。各令騎將六千人去來挑戰，步兵更進退以相拒擊，南敗北捷，以為威觀，自後以為常。四年七月詔曰：『朕每歲以秋日閒月，命群臣講武，平壤所至必立宮壇勞費，非一宜仍舊貫，何必改作。』

北齊春蒐禮：有司規大防，建獲旗，以表獲車。前一日，命布圍。領軍將軍一人，督左甄；護軍將軍一人，督右甄；大司馬一人，居節制諸軍；天子陳小駕，服通天冠，乘木輅，詣行宮；將親禽，服鈒戟者皆嚴。武衛張甄圍，旗鼓相見，銜枚而進。常開一方，以令三驅。圍合，吏奔騎令曰：『鳥獸之肉不登于俎者，不射；皮革齒牙骨角毛羽不登於器者，不射。』甄合，大司馬鳴鼓促圍，衆軍鼓譟鳴角，至期處而止。大司馬屯北旌門，二甄帥屯左、右旌門。天子乘馬，從南旌門入，親射禽。謁者以獲車收禽，載還，陳於獲旗之北。王公以下以次射禽，皆送旗下。事畢，大司馬鳴鼓解圍，復屯。

殿中郎率其屬收禽，以實獲車。天子還行宮。命有司每會擇取三十，一日乾豆，二日賓客，三日充君之庖。其餘即於圍下量犒將士。禮畢，改服，鈒者韜刃而還。夏苗、秋獮、冬狩禮皆同。河清中定令，每歲十二月半後講武，至晦遂除。二軍兵馬，右入千秋門，左入萬歲門，並至永巷南下，至昭陽殿北，二軍交。一軍從西上閤，一軍從東上閤，並從端門南，出閶闔門前橋南，戲射並訖，送至城南郭外罷。季秋，皇帝講武於都外有司先芟萊野為場為三軍進止之節輿駕停觀。遂命將教衆，為戰場之法。凡為陣，少者在前，長者在後；其還，則長者在前，少者在後。長者持弓矢，短者持旌旗。勇者持鉦鼓、刀楯為前行，戟槊者次之，弓箭為後行。

將帥先教士目，使習見旌旗指麾之踪，發起之意，旗臥則跪。次教士耳，使習聽金鼓動止之節，聲鼓則進，鳴金則止。次教士心，使知刑罰之苦，賞賜之利。次教士手，使習持五兵之便，戰鬭之備。次教士足，使習跪起及行嶮泥之塗。前五日皆請兵嚴於場所，依方色建旗為和門。都墠之中及四角，皆建立五綵牙旗，應講武者，各集於其軍。戒鼓一通，軍士皆嚴備。二通，將士擐甲。三通，步軍各為直陣，以相俟。大將各處軍中，立旗鼓下。有司陳小駕鹵簿，皇帝武弁，乘革輅；大司馬介冑乘，馬奉引入行殿。百司陪列位定，二軍迭為客主。先舉為客，後舉為主。從五行相勝法，為陣以應之。

後周仲春教振旅，大司馬建大麾於萊田之所。鄉稍之官，以旗物鼓鐸鉦鐃，各帥其人而致。誅其後至者，建麾於後表之軍中，以集衆庶。質明，偃麾，誅其不及者。乃陳徒騎，如戰之陣。大司馬北面誓之。軍中皆聽鼓角，以為進止之節。田之日，於萊之北，建旗為和門。諸將帥徒騎序入其門，有司居門，以平其人。既入而分其地，險野則徒前而騎後，易野則騎前而徒後。既陣，皆坐，乃設驅逆騎，有司表禡於前。以太牢祭黃帝軒轅氏，於狩地為墠，建二旗，列五兵於座側，行三獻禮。遂蒐田，致禽以祭社。仲夏教茇舍，遂苗田。仲秋練兵，獮田。仲冬大閱，遂狩。其致禽祀礿教習之儀，並如古周法。

隋大業三年，煬帝在榆林，突厥啟人及西域、東胡君長，並來朝貢。帝欲示以甲兵之盛，乃命有司陳冬狩之禮。詔虞部量拔延山南北周二百里，並立表記。前狩二日，兵部建旗於表所。五里一旗，分為四十軍，軍萬人，騎五千匹。前一日，諸侯各帥其軍，集於旗下。鳴鼓，後至者斬。詔四十道，並揚旗節，分申畋令，即留軍所監獵。布圍，圍闕南面，方行而前。帝服紫袴褶、黑介幘，乘闟豬車。車飾如木輅重輞縵輪，九龍繞轂，漢謂獵車。駕六黑騮。太常陳鼓、笳、鐃、簫、角於帝左右，各一百二十。百官戎服騎從，鼓行入圍。諸將並鼓行赴圍。乃設驅逆騎千有二百。闟豬停軔，有司斂大綏；王公以下，皆整弓，陳於駕前。有司又斂小綏，乃驅獸出，過於帝前。待詔，再驅過，備身將軍奉進弓矢。三驅過，帝乃從禽，鼓吹皆振，左而射之。每驅必三獸以上。帝發，抗大綏。次王公發，抗小綏。次諸侯發射，則無鼓，驅逆之騎乃止。然後四夷百姓皆獵。凡射獸，自左膘而射，達於右腢，為上等。達右耳本，為次等。自左髀達於右䯚，為下等。群獸相從，不得盡殺。已傷獸，不得重射。又逆向人者，不射其面。出表者不逐之。田將止，虞部建旗於圍內。從駕之鼓及諸軍之鼓俱振，卒徒皆譟。諸獲禽者，獻於旗所，致其左耳。大獸公之，以奉宗廟，使歸腊於京師，小獸私之。

唐皇帝狩田之禮，亦以仲冬。前期，兵部集衆庶修田法，虞部表所田之野，建旗于其後。前一日，諸將帥士集於旗下，質明，弊旗，後至者罰。兵部申田令，遂圍田。其兩翼之將皆建旗。及夜，布圍，闕其南面。駕至田所，皇帝鼓行入圍。鼓吹令以鼓六十陳於皇帝東南，西向；六十陳於西南，東向。皆乘馬，各備簫角。諸將皆鼓行圍，乃設驅逆之騎。皇帝乘馬南向，有司斂大綏以從。諸公王以下皆乘馬，帶弓矢，陳於前後。所司之屬又斂小綏以從。乃驅獸出前。初，一驅過，有司整飭弓矢以前；再驅過，有司奉進弓矢；三驅過，皇帝乃從禽左而射之。每驅必三獸以上。皇帝發，抗大綏，然後公王發，抗小綏。驅逆之騎止，然後百姓獵。凡射獸自左而射之，分上、次、下為三等，如隋制。群獸相從，不盡殺。已被射者，不重射；不射其面，不翦其毛。出表者不逐，田將畢，虞部建旗於田內，乃雷擊駕鼓及諸將之鼓，士從譟呼。諸得禽獻旗下，致其左耳。乃命有司饁獸於四郊，以獻告至於廟。李靖曰：校獵一人，守圍地三尺。量人多少，以左右兩將為交頭。其次左右將各主士伍為行列，皆以金鼓旗為節制，其初起圍張翼，隨山林地勢無遠近部分，其合圍地虞候先擇定訖以善弧矢者，為圍中驍其步卒槍幡守圍有漏獸坐守圍吏。仲冬之月，講武於都外。前期十有一日，所司奏請講武，兵部承詔，遂命將帥簡軍士。除地為場，方一千二百步，四出為和門。又為步、騎六軍營域，左右廂各為三軍，北上。中間相去三百步。立五表，表間五十步，為二軍進止之節。別墠地於北廂，南向。前三日，尚舍奉御設大次於墠。前一日，講武將帥及士卒集於墠所，建旗為和門，如方色。都墠之中及四角皆建五采牙旗、旗鼓甲仗。大將以下，各有統帥。大將被甲乘馬，教習士衆。少者在前，長者在後。其還，則反之。長者持弓矢，短者持戈矛，力者持旌，勇者持鉦、鼓、刀、楯為前行，持稍者次之，弓箭者為後。使其習見旌旗、金鼓之節。旗臥則跪，旗舉則起。講武之日，未明十刻而嚴，五刻而甲，步軍為直陣以俟，大將立旗鼓之下。六軍各鼓十二、鉦一、大角四。皇帝乘革輅至墠所。兵部尚書介冑乘馬奉引，入自北門。黃門侍郎請降輅。乃入，大次。吹大角三通，中軍將各以鞞令鼓，二軍俱擊鼓。三鼓，有司偃旗，步士皆跪。諸軍將立于旗鼓之南。北面，以聽大將誓。左右三軍各長史二人，振鐸分循，諸果毅各以誓詞告其所部。遂聲鼓，有司舉旗，士衆皆起行，及表，擊鉦，乃止。又擊三鼓，有司偃旗，士衆皆跪。又擊鼓，有司舉旗，士衆皆起，驟及表，乃止。東軍一鼓，舉青旗為直陣；西軍亦鼓，舉白旗為方陣以應。次西軍鼓，舉赤旗為銳陣；東軍亦鼓。舉黑旗為曲陣以應。次東軍鼓，舉黃旗為圜陣；西軍亦鼓，舉青旗為直陣以應。次西軍鼓，舉白旗為方陣；東軍亦鼓，舉赤旗為銳陣以應；次東軍鼓舉黑旗為曲陣；西軍亦鼓，舉黃旗為圜陣以應。凡陣，先舉者為客，後舉者為主。每變陣，二軍各選刀、楯五十人挑戰，第一、第二挑戰迭為勇怯之狀，第三挑戰為敵均之勢，第四、第五挑戰為勝敗之形。每將變陣，先鼓而直陣，然後變從餘陣之法。既已，兩軍俱為直陣。又擊三鼓，有司偃旗，士衆皆跪。又聲鼓舉旗，士衆皆起，騎馳、徒走，左右軍俱至中表，相擬擊而還。每退至一行表，跪起如前，遂復其初。侍中跪奏『請觀騎軍』，承制曰：『可』二軍騎軍皆如步軍之法，每陣各八騎挑戰，五陣畢，大擊鼓而前，盤馬相擬擊而罷。遂振旅。每歲季冬，折衝都尉校閱兵馬之在府者，置左右二校尉位，相距百步。每校為步隊十、騎隊一，皆卷稍幡，展刃旗，散立以俟、角手吹大角一通，諸校皆斂人騎為隊；二通，偃旗稍，解幡；三通，旗稍舉，左右校擊鼓，二校合譟而進。右校擊鉦，隊少，卻左校進逐。至右校立所，左校擊鉦，隊少，卻右校進逐。至左校立所，右校復擊鉦，隊還。左校復薄戰，皆擊鉦，隊各還。大角復鳴一通，皆卷幡攝矢，弛弓匣刃；二通，旗稍舉，隊皆進；三通，左右校皆引還。顯慶二年十一月，講武於滍水之南，行三驅禮，上設次於尚書臺觀之。時許州長史封道弘奏言：『後漢南郡太守馬融講尚書於此，因為名，今請改為講武臺。』從之。五年三月，又講武於并州城北，上御飛閣召群臣臨觀，左衛大將軍張延師為左軍，左、右驍武等六衛左羽林騎士屬焉，左武侯大將軍梁建方為右軍，左、右威領武侯等六衛右羽林騎士屬焉。一鼓誓衆，再鼓整列，三鼓而交，前左為曲直圓銳之陣，右為方銳直圓之陣。三挑而五變，步退而騎進，五合而各復位。聖歷二年，欲以季冬講武，有司延入孟春王方慶上疏曰：『謹按《禮記·月令》孟春之月，天子命將帥講武、習射、御角力，孟春之月不可稱兵。兵者，干戈甲冑之總名。兵，金也，金性剋木。春盛德在本，金氣以害，盛德逆生氣。今孟春講武是以陰犯陽氣，害發生之德。臣請至明年孟冬教習以順天道。』從之。先天二年，十月，元宗講武於驪山之下，徵兵二十萬，戈鋋金甲照耀天地，列大陣於長川，坐作進退以金鼓之聲節之上，親擐戎服持大鎗立於陣前，兵部尚書郭元振以虧失軍容坐於纛下，將斬之宰臣劉幽求張說詭諫言，元振翊戴上皇有大功，雖違軍令不可加刑，乃捨之配流新州。給事中知禮儀唐紹以草，軍儀有失，斬之。禮畢，召軍帥薛訥等慰勞，賜從官物有差。

梁太祖閱騎兵於繁臺，顧諸將曰：『使霍存在，豈勞吾親閱耶？』它日語又如此。

晉天福二年，勑習戰講武，歷代通規，選士練兵其來舊制，宜以每年農隙時講武，仍準令式處分。《南唐近事》烈祖輔吳，四方多壘，一騎一卒必加姑息。然群校多從，禽聚飲近野，或搔擾民庶。上欲糾以法，而方藉其材力問於嚴求，求曰：『易耳請敕泰興海鹽諸縣罷採鷹鸇，可不令而止，從其計期月禁校，無復游墟落者。』

論曰古者四時田狩，隨事異名，豈惟資人主耳目之戲娛哉。將以修武備，而戒不虞也。周宣王復文武之舊，成中興之功，治兵東都遂以畋獵，詩人大其事而美之曰『徒御不驚』，有聞無聲言其士衆銜枚而進，有若聞而無諠譁也。又曰：悉率左右，以燕天子，謂驅禽，順有左右之宜，以安待王射也。是知大綏將下，而禮固寓其間焉。自周衰迄于漢唐，人主盤于畋遊，惟務多殺不暇審禮。故魏絳虞人之箴，相如諫獵之書章在傳記，播為美談。暨李唐一代，忠藎之臣規納尤多，武德有蘇世長之諫，永徽有谷那律之對，先天有魏知古之諷，崔向抗疏于明皇，居易獻詞于穆宗，匡違裨闕情文並美至武宗，聞太后之教而容受群臣章奏，遂斥遠武忭小兒等罷其横，賜亦可謂誼主矣。後唐莊宗既滅梁而有天下，遂日從劉皇后及諸皇子縱獵馳騁以亡其國，殆與齊後主三堆之事無以異，故躭禽荒之樂而忘銜橜之憂，所謂已先自棄，其禮而欲冀人之致，禮於我難矣。

清　閻鎮珩《六典通考》卷一五九《蒐閱》　宋太祖建隆二年，始校獵于近郊。先出禁軍為圍場，五坊以鷙鷹細犬從。帝親射走兔三，從官貢馬稱賀。其後多以秋冬或正月田于四郊。太宗將北征，閱武獵近郊，禁盜獵狐兔者，有衛士奪人獐，當死。帝曰：『若殺之，後世必謂我重獸而輕人。』特貰其罪。帝常以臘日校獵，諭從臣曰：『臘日出狩，順時令，緩轡從禽非荒也。』回幸講武臺，張樂，賜群臣飲。其後，獵西郊，親射走兔五。詔以古者蒐狩，以所獲之禽薦享宗廟，斯禮久廢，今可復之。遂為定式。慶歷五年，兵部員外郎李東之言：『祖宗校獵，所以順時令，而訓戎事陛下臨御未嘗講修此禮。願詔有司草儀，注擇日命殿前、馬步軍司互出兵馬從獵于近郊。』詔樞密院討詳先朝校獵制度。十月，御內東門，賜從官酒三行，奏鈞容樂，幸瓊林苑門，賜從官食。遂獵於楊村，殿遣使以所獲麞兔馳薦太廟。既而召父老臨問，賜以酒食茶絹，及賜五坊軍士銀絹有差。六年，復獵于城南東韓村。自玉津園去輦乘馬，分騎士數千為左右翼，節以鼓旗。合圍場徑十餘里，部隊相應。帝按轡中道，親挾弓矢，屢獲禽焉。是時，道傍居人或畜狐兔鳧雉驅場中。帝謂：『田獵以訓武事，非專所獲也。』悉縱之。免圍內民田一歲租。其後以諫者多，罷獵近甸。自是，終靖康不復講。其閱武之制，太祖、太宗征伐四方，親講武事，不盡用定儀，眞宗詔有司，擇地含輝門外之東武村為廣場，馮高為臺，臺上構行宮。前夕三鼓，殿前侍衛馬步諸軍分出諸門。詰旦，帝乘馬，從官並戎服，賜以窄袍。至行宮，諸軍陣臺前，左右相向，步騎交屬亘二十里，諸班衛士翼從于後。有司奏成列，帝升臺東向，御戎帳，召從臣坐觀之。殿前都指揮使執五方旗以節進退，又於兩陣中起候臺相望，使人執旗如臺上之數以相應。初舉黃旗，諸軍旅拜。舉赤旗則騎進，舉青旗則步進。每旗動則鼓騗大譟，聲震百里外，皆三挑乃退。次舉白旗，諸軍復再拜呼萬歲。遂舉黑旗以振旅。軍左者略右陣還，由臺前出西北隅；軍右者略左陣還，由臺前出西南隅，并凱旋以退。熙甯五年，以蔡挺教陣隊法頒行諸路。其法：五伍為隊，五隊為陣，陣橫列，騎兵二隊亦五伍列之。其出皆以鼓為節，束草象人而射，中者有賞。前三行槍刀，後二行弓弩，附隊以虎蹲弩、牀子弩各一，射與擊刺迭出，皆聞金即退，預籍人馬之疆者隱於隊中，遇可用，則別出為奇。建炎元年，頒樞密院教閱法：神臂弓日給箭二十，射親去垛百二十步，刀長丈二尺以上，氈皮裹之，引鬬五十二次，不令刀頭至地。每營選二十人閱習，經兩閱者五十人為一隊，教習分合，隨隊多少，分隸五軍。每軍各置旗號，前軍緋旗，飛鳥；後軍皁旗，龜；左軍青旗，蛟；中軍黃旗，神人。別以五色物號制招旗、分旗。舉招旗，則五軍以旗相應，合而成陣；舉分旗，則五軍以旗相應，分而成隊。左右前卻，或分藏為伏，或分出為奇，皆舉旗為號。更鳴小金、應鼓，備瞻望不及者。豫約伏藏之所，緩鳴小金即止，急鳴應鼓即奇兵出陣趨戰，急鳴小金即伏兵出。其春秋大教，依格推賞。乾道二年十一月，車駕幸白石教場閱兵。三衙率將佐等導駕，至登臺，三衙統制、統領官等起居畢，舉黃旗，諸將皆三呼萬歲。三衙管軍奏報取旨，馬軍上馬打圍教場。舉白旗，三司馬軍首尾相接；舉紅旗，向臺合圍，聽一金止。軍馬各就圍地，作圓形排立。射生官兵隨鼓聲出馬射獐兔，一金止。疊金，射生官兵各歸陣隊。舉黃旗，射生官兵就御臺下獻所獲。帝慰勞，賜賚諸將有差。四年十月，度江岸東茅灘上營作教場修築將臺車。駕至灘上親閱。前一日，諸軍皆戎裝于教場東列幕宿營。至日，三衙管軍與各軍統將佐並金裝從駕，上自祥曦殿戎服乘馬，護聖駕馬軍八百騎，分執槍旗弓矢軍器。駕入教場，升幄殿。殿帥執撾奏：『諸司人馬排立齊。』舉黃旗，招諸軍向御殿呼拜者三。殿帥奏取旨，鳴角發嚴。上御甲冑，登臺，復鳴角戒嚴。殿帥奏取旨，馬步軍簇隊成以備教戰。連三鼓，馬軍上馬，步人起旗搶，分東西為應敵之勢。舉白旗教方陣，黃旗變圓陣，皂旗變曲陣，青旗變直陣，緋旗變銳陣，緋心皁旗作長蛇陣緋，心白旗作伏虎陣。兩陣各遣將挑戰，變八圓陣。疊鼓舉旗，左馬軍戰右步軍，右馬軍戰左步軍。再疊鼓交旗，擊刺三疊金。諸軍相屬，魚貫斜列，前利後張為衝敵之形。殿帥奏教陣訖，取旨人馬排列，鳴角以俟放教。重鼓三，馬軍下馬，步人齪落旗槍，皆應規矩。將士射生官進獻獐鹿。上更戎服，賜宰臣以下。

秦蕙田曰：建隆之獵，先出禁軍為圍場，或幸騏驥院，因以射獵。凡親近以從，諸軍皆從獵之軍也，又數罷五坊諸人，安有鷹犬小兒隊長之紛紛哉。又曰：宋初所重者禁軍、廂軍，訓練必精士兵，鄉兵備數而已。自韓魏公刺陝西義勇，而鄉兵日增，至王安石行保甲法一切募荷鋤農氓遊手無賴之徒為之而鄉兵，之冗甚矣。於是或立集教法、或立團教、或頒教閱新法或、遣提舉、或遣近臣內侍長為保長，丁為保丁。元豐四年祇就河北東、陝西路會校保甲都保凡三千二百六十六、正長、壯丁凡六十萬一千九百四十五。其時綜計義勇保甲及民兵七百一十八萬三千二十八人，歲費緡錢幾百萬，又有銀楪賞錢之賜，皆在常額外，此非熙豐之弊政而何。

遼四時隨水草畋漁，各有行在，所謂之捺鉢。春：曰鴨子河濼。皇帝每至，侍御皆服墨綠色衣，各備連鎚一柄，鷹食一器，刺鵝錐一枚，于濼周圍相去各五七步排立。皇帝冠巾，衣時服，繫玉束帶，于上風望之。有鵝處舉旗，探騎馳報，遠泊鳴鼓。鵝驚騰起，左右圍騎皆舉幟麾之。五坊擎進海東青鶻，拜授皇帝放之。鶻擒鵝墜，勢力不加，排立近者，取錐刺鵝，取腦以飼鶻。救鶻人例賞銀絹。皇帝得頭鵝，薦廟，群臣各獻酒果，更相酬賀，插鵝毛于首以為樂。賜從人酒，徧散其毛。弋獵網鈞，春盡乃還。夏捺鉢：無常所，多右吐兒山。四月中旬起牙帳，五月末旬、六月上旬至。居五旬。與北、南臣僚議國事，暇日遊獵。七月中旬乃去。秋捺鉢：曰伏虎林。七月中旬起牙帳，入山射鹿。伏虎林在永州西北五十里。嘗有虎據林，傷害居民畜牧。景宗領數騎獵焉，虎伏草際，戰慄不敢仰視，上舍之，因號伏虎林。每歲車駕至，皇族而下分布濼水側。伺夜將半，鹿飲鹽水，令獵人吹角效鹿鳴，既集而射之。謂之『舐鹻鹿』又名『呼鹿』。冬捺鉢：曰廣平淀。地饒沙，冬稍煖，牙帳多於此坐冬，與北、南大臣會議國事，時出校獵講武，其常獵以十二月辰日。前期詔司獵官選獵地。其日，皇帝、皇后焚香拜曰畢，設圍，命獵夫張左右翼。司獵官奏成列，皇帝、皇后陞轝，敵烈麻都以酒二尊、盤飧奉進，北南院大王以下進馬及衣。皇帝降輿，祭東畢，乘馬入圍中。皇太子、親王率群臣進酒，分兩翼而行。皇帝始獲兔，群臣進酒上壽，各賜以酒。至中食之次，親王、大臣各進所獲。訖賜群臣飲，還宮。應歷元年冬，漢遣使來賀，自是歲以為常儀。統和中罷之初，太宗時，侍中崔窮古言：『晉主聞陛下數遊獵，意請節之。』上曰：『朕遊畋非徒縱樂，所以練習武事也。』乃詔諭之。會同三年五月、六月分閱步騎兵于南郊。《五禮通考》遼本紀所載國主自臨閱者，皆禁衛之軍，其宮衛騎軍當使提轄司，臨閱首領部族軍，當使招討司統軍司部署，司兵馬司臨閱。金世宗善騎射常以九月秋獵，十月冬獵，十二月獵於近郊。所獲薦山陵。帝嘗欲幸金蓮川，梁襄上疏諫曰：『臣聞陛下于合圍之際麋鹿充牣圍中，壯而大者纔取數十以共宗廟，餘悉縱之不欲多殺，議者謂前世守文之主，生長深宮。畏見風日，彎弧上馬，皆所不能，筋力惰柔，臨難束手。陛下監其如此，不憚勤身，遠幸金蓮，至於松漠，名為坐夏打圍，實欲服勞講武。臣愚以為戰不可忘，獵不可廢即，欲習武不必度關，涿、易、雄、保、順、薊之境地廣又平，且在邦域之中，獵田以時，誰曰不可？』帝嘉納，遂罷行。《癸辛雜識》北客云：『北方人打圍，用數萬騎，各分東西而往，行月餘而圍始合，蓋不啻千餘里矣。既合，則漸束而小之，圍中獸皆悲鳴相弔。獲獸凡數十萬，虎、狼、熊、羆、麋鹿、野馬、豪猪、狐狸之類皆有之，特無兔耳。獵將近，則闔一門，廣半里許，俾餘獸逸去，不然則一網打盡，來歲無遺種矣。』又曰：『未獵前，隊長去其頭帽，於東南方開放生門。如隊長復帽，則其圍復合，衆始獵耳此，亦湯王祝網之意也。』大定二十六年十月上謂宰臣曰：『西南、西北兩路招討司地隘，猛安人戶無處圍獵，不能閑習騎射。委各猛安謀克官依時教練，其弛慢過期及不親監，視並決罰之。』《金史》兵志無大閱文，大約兵之訓練，責成于招討安撫二司。

元制自御位及諸王，皆有昔寶赤，蓋鷹人也。春冬之交，天子或親幸近郊，縱鷹隼搏擊，以為遊豫，謂之飛放。故鷹房捕獵，皆有司存。而打捕鷹房人户，多取析居、放良及漏籍索蘭奚、還俗僧道與凡曠役無賴者，及招收亡宋舊役等戶為之。至順元年樞密院事燕不憐請依舊制，全給鷹坊芻粟，使無貧乏。帝曰：『國用皆百姓，所供當量入為出，朕豈以鷹坊重困吾民？不從。』元代最重田事史，所紀御位下打捕鷹房官至一千二百餘户，諸王位下打捕鷹房官幾千戶，約計天下州縣獵户幾三萬三千餘戶，姦民多寄食其間，以擾害民。延祐元年十月，監察御史請命樞密院設法教練士卒，軍官襲職事，試以武事而後任之，詔可。泰定三年十二月，御史言：『比年以衛軍供役，廢武事。請遵世祖舊制，教習五衛親軍，以備扈從。』不報。元校閱之事在外元帥府統軍司主之，或宣慰使及都元帥在內，或特遣人如泰定三年遣乃馬台，四年遣燕帖木兒是也。

明南苑在京城南二十里，方一百六十里，中有按鷹臺，臺旁有三海。自成祖定都因元之舊，闢四門，繚以周垣。獐、鹿、雉兔甚多，設海戶千餘守視。歲時蒐獵於此。永樂二十年五月，車駕度偏嶺，命將士獵於道傍山下。上顧從臣曰：『朕非好獵，顧士卒隨朕征討，唯畋獵可以馳馬揮戈，激揚武士，俾作其氣耳。』天順二年十月上校獵南苑，親御弓矢，命勳戚武將馳射，獲輒獻之。既畢，賜酒饌，以所獲分賜從臣而歸。明史不詳田獵事，大約侍衛上直軍及四衛營皆從獵之軍。大閱儀前期一日，皇帝常服告於內殿，如出郊儀，司設監設御幄於將臺上，總協戎政大臣、巡視道督率將領軍兵預肅教場。至日，遣官祭旗纛之神。三大營官軍俱甲仗，將官統馬兵扈駕。科道印官及禮兵二部，司官糾儀監射、御史鴻臚寺供事官，武臣都督以上，錦衣衛南鎮撫司掌印僉書官，俱大紅便服，闕領扈從，牙牌懸帶，先詣教場。皇帝常服乘輦由長安左門出，官軍導從，鉦鼓振作。出安定門，總協戎政官率大小將佐戎服，序立將臺下北向。駕進閱武門，中軍舉號礮三，各營鉦鼓振作，皇帝降輦兵部官導入行宮。鳴金止鼓，候升座。扈從官行一拜禮，出降臺下東西序立。兵部官奏請大閱。駕登臺，舉礮三。京營將士叩頭畢，東西侍立。總協戎政官列於扈從官之北，諸將列從官之南。臺上吹號笛，麾黃旗，總協戎政及將佐等官各歸所部。兵部尚書奏請閱陣，舉礮三。馬步官軍演陣，如常法。演畢，復吹號笛，麾黃旗，將士俱回營。少頃，兵部尚書請閱射。總協戎政官以下及聽射公、侯、駙馬、伯、錦衣衛等官，俱於臺下較射。馬三矢，步六矢，中的者鳴鼓以報，御史、兵部官監視紀錄。把總以下及家丁、軍士射，以府部大臣并御史、兵部官於東西廳較閱。鎗刀火器等藝，聽總協戎政官量取一隊，於御前呈驗。兵部奏大閱畢，臺下舉號旗。總協戎政官及諸將領俱詣臺下，叩頭禮畢，駕回行宮。皇帝升輦。中軍舉礮三，各營皆鼓吹，鹵簿及馬兵導從如來儀，鉦鼓與大樂相應振作。鹵簿、大樂至午門外止。駕仍，詣内殿參謁，如前儀。兵部以將士優劣及中箭多寡、教練等第奏聞。越二日，皇布御皇極門，賜敕勉勵將士。總協戎政官捧至彩輿，將士迎導至教場，開讀行禮如儀。是日，行賞賚并戒罰有差。初太祖定鼎金陵，置五軍營，設大教場在都城外南二里。小教場在國子監之右望，皇城迤西。文皇即位，五駕北征六，師嘗自較閱。又勅秦、晉、周、肅諸王各選護衛軍五千，命官督赴真定操練，陝西、甘肅、甯夏、大同、遼東諸守將，及中都留守、河南等都司，徐、宿等衛，遣將統馬步軍分駐真、德州操練，候赴京閱視。宣德四年十月，帝將閱武郊外，命都督府整兵，文武各堂上官一員、屬官一員扈從。正統元年十月，閱武内苑，公侯以下皆騎射，英國公張懋，三發連中，上大喜錫鈔千貫、白金五十兩、金帶一束。尋命掌中軍都督府事、提督五軍營。嘉靖十四年設池河演武場在定遠縣東二十里。十五年詔改大興隆寺為講武堂，禮部尚書夏言上奏曰：『周禮大司馬，四時仲月，教武惟冬，則大閱。漢有會都平樂觀之講，唐有都外驪山之講，宋有近郊西郊之講，歷代各倣古周制，思患預防未始有二。太祖高皇帝經理淮甸，親閱試將士。太宗靖難之後，亦時加簡練，故國初名將疊出，皆文武兼資，韜略素習，漢、唐、宋所未有及。今百七十餘年，承平日久，武備漸弛，將驕卒惰，講修武事誠不可緩。』上嘉納之。隆慶二年，大學士張居正言：『祖宗時有大閱禮，乞親臨校閱。』兵部引宣宗英宗故事請行之。命於明年八月舉行。穆宗從給事中吳時來請命戚繼光練兵薊門，薊兵精整者數十年。繼光著《練兵實紀》一曰，練伍，首騎，次步，次車，次輜重，先選伍，次較藝，總之以合營。二曰，練膽氣，使明作止進退及上下統屬、相友相助之義。三曰，練耳，使明號令。四曰，練手足，使熟技藝。五曰練營陣，詳布陣起行結營及交鋒之正變。終之，以練將。

秦蕙田曰：明太祖初即位命元勛宿將，如馮勝、傅友德輩，分道練兵，但未有定制。至洪武二十一年下操練法，俾遵行。不如法及不嫻習者，罰。景泰初，始立十團營，給事中鄧林進軒轅圖，即八陣法。因用以教軍。成化間增團營為十二，命月二次會操。起仲春十五日，止仲夏十五日。秋冬如之。嘉靖六年，申其制。隆慶初，命各營將領以教練軍士分數多寡為黜陟。全營教練者加都督僉事，以次減不教練者降祖職一級，革任回衛。三年内教練有成，操協大臣獎諭恩錄；無功績者議罰。於是操練特重于京營矣。其衛所兵操練之，制史略而不言。及其末造，京營兵力衰弱不振，蓋規制雖立而將卒惰，媮操演徒為具文故耳。

清 張英《淵鑒類函》卷一五九《蒐狩一》

原毛詩曰：《騶虞》《鵲巢》之應也。《鵲巢》之化行，人倫既正，朝廷既治，天下純被文王之化，庶類蕃殖，蒐田以時。仁如騶虞，則王道成也。班固《白虎通》曰：王者、諸侯所以田狩者，何也？為田除害，上以供宗廟，下以簡集士衆也。故《爾雅》曰：春獵為蒐，夏獵為苗，秋獵為獮，冬獵為狩。郭璞注云：『蒐爲搜索，取不任者；苗為苗稼除害，獮為順殺氣；狩為得獸取之無所擇。此則為田除害之義。』增《易》曰：即鹿無虞，以從禽也。又曰田獲三品；又曰田獲三狐；又曰王用三驅失前禽也；又曰庖犧氏之王天下也。結繩而為網，罟以佃以漁，蓋取諸離。《史記·殷本紀》湯出見野張網四面，祝曰：『自天下四方皆入吾網。』湯曰：『嘻盡之矣，乃去其三面。』祝曰：『欲左左欲右右。不用命乃入吾網。』諸侯聞之曰：『湯德至矣及禽獸。』《詩》曰：田車既駕，四牡孔阜，東有甫草，駕言行狩。之子于苗，選徒嚻嚻，建旐設旄，搏獸于敖。又曰：奉時辰牡，辰牡孔碩。公曰左之，舍拔則獲。又曰：徒御不驚，大庖不盈。《毛詩》傳不盈盈也。自左膘而射之，達於右腢。為上殺射右耳夲，次之，射左髀，達於右，鶻為下殺。面傷不獻。踐毛不獻。不成禽不獻。禽雖多，擇取三十焉，其餘以與士大夫，以習射于澤宮。中則取禽。鄭箋云：『射右耳卒，射當為達。』又曰：『既張我弓，既挾我矢，發彼小豝，殪此大兕。』原《周禮》曰：大司馬仲春教振旅，遂以蒐田。仲夏教茇舍，遂以苗田。茇草舍止也。軍有草止之法。仲秋教治兵，遂以獮田。仲冬教大閱，遂以狩田。《禮》曰：須禽隆諸長者，而悌達乎獀狩矣。又曰：田獵有禮，故戎事閑也。增《禮》曰：天子諸侯無事，則歲三田，一為乾豆，二為賓客，三為充君之庖。三田者，夏不田。無事而不田，曰不敬；不以禮曰暴天物。天子不合圍。諸侯不掩羣，天子殺則下大綏，諸侯殺則下小綏，大夫殺則止佐車。佐車止，則百姓田獵。獺祭魚，然後虞人入澤梁。豺祭獸，然後田獵，鳩化為鷹，然後設罻羅。草木零落，然後斧斤入山林，昆蟲未蟄，不以火田。不麛，不卵，不殺胎，不殀夭，不覆巢。《周禮》不以禮曰暴天物。天子不合圍。諸侯獸於郊，遂頒禽。又曰：獸人掌罟田獸，辨其名物。冬獻狼，夏獻麋，春秋獻獸物。時畋，則守罟。又曰：甸祝掌四時之田，師甸致禽於虞中。又曰：大司馬狩田，大獸公之，小禽私之，獲者取左耳。又曰：太宰職八日田役，以馭其衆。又曰：小司徒起徒役，無過家一人，其餘為羨惟田與追胥竭作。又曰：獸人弊田，令禽注於虞中。又春官司徒，凡甸，冠弁服。肆師凡四時之大甸獵，祭表貉，則為位。司几筵甸役則設熊席，右漆几。甸祝掌四時之田表貉之祝號。又翨氏掌攻，猛獸各以其物為媒而掎之。又曰：鄉師凡四時之田，前期，出田法於州里，簡其鼓鐸、旗物、兵器，脩其卒伍。及期，以司徒之大旗，致衆庶而陳之。以旗物辨鄉邑，而治其政令、刑禁，巡其前後之屯，而戮其犯命者。斷其爭禽之訟。原《左傳》曰：春蒐、夏苗、秋獮、冬狩，皆於農隙以講武事也。增傳曰：已有三牲必田狩者，孝子之意，以為己之所養，不如天地自然之牲，逸豫肥美。禽獸則傷五穀，因習兵事，又不空設，故因以捕禽獸，所以共承宗廟，不忘武備，又因以為田除害。又曰：苗者謂何曰：苗者毛也，取之不圍澤，不掩羣，取犬禽不麛不卵，不殺孕。重者，春蒐者，不殺小麛及孕重者，冬狩皆取之，百姓皆出，不失其時，不抵禽，不詭遇，逐不出防，此苗獮蒐狩之義也。故苗獮蒐狩之禮，簡其戎事也；故苗者毛取之，蒐者搜索之，狩者守留之。夏不田，何也？曰，天地陰陽盛長之門，猛獸不攫，鷙鳥不搏，蝮蠆不螫，鳥獸蟲蛇且知應天，而況乎人哉？是以古者必有豢牢。其謂之畋何？聖人舉事必反本，五穀者，以奉宗廟，養萬民也，去禽獸害稼穡者，故以田言之，聖人作名號而事義可知也。原《穀梁》曰：秋，蒐於紅，以習用武事。增又曰：士衆習射，射而中，田不得禽，則得禽；田得禽而射不中，則不得禽。以知貴仁義賤勇力也。《左傳》昔周辛甲之為太史也，命百官，官箴王闕。于《虞人之箴》曰：茫茫禹迹，畫為九州，經啓九道。民有寢廟，獸有茂草，各有攸處，德用不擾。在帝夷羿，冒于原獸，亡其國恤，而思其麀牡。武不可重，用不恢於夏家。獸臣司原，敢告僕夫。宣王料民於太原，仲山甫諫曰：『民不可料也！夫古者不料民而知其少多，司民協孤終，司商協名姓，司徒協旅，司寇協姦，場協入，廩協出，則是少多、死生、出入、往來者皆可知也。於是乎又審之以事，王治農於藉，蒐於農隙，耨穫亦於藉，獮於既蒸，狩于畢時，是皆習民數者也，又何料焉？不謂其少而大料之，是示少而惡事也。臨政示少，諸侯避之；治民惡事，無以賦令。』《漢書》司馬相如傳上讀子虛賦而善之，召問相如，相如曰：『此諸侯之事，未足觀。請為天子游獵之賦。』相如以為子虛，虛言也，為楚稱；烏有先生者，烏有此事也，為齊難；亡是公者，亡是人也，欲明天子之義，故藉此三人為辭，其卒章歸之於節儉，因以諷諫。元鼎中，天子行獵新秦中，以勒邊兵而歸。元帝永光元年，行幸甘泉，禮泰畤。禮畢，因留射獵。五年，上幸長楊射熊館，布車騎大獲。成帝元延二年冬，行幸長楊宮，從胡客大校獵，宿萯陽宮。後漢明帝永平十六年，冬車駕校獵上林苑。安帝延光二年十一月，校獵上林苑。順帝永和四年十月，校獵上林苑。歷函谷關而還。桓帝延熹元年，校獵廣成，遂幸上林苑。靈帝光和五年，校獵上林苑、函谷關遂巡狩於廣成苑。宋文帝元嘉二十五年閏二月，大蒐於宣武場。主司列奏申攝，尅日校獵，百官備。設行宮殿便坐於武帳岡，王公百官便坐幔省如常儀，梁陳並依宋儀。其異者，置行殿於幕府山南岡，并設王公百官幕。先獵一日，遣馬騎布圍。領軍督左，右軍將軍督右，大司馬董正諸軍。獵日，侍中三奏，一奏搥一鼓為一嚴，三嚴訖，引仗為小駕鹵簿。皇帝乘馬戎服，從者悉絳衫幘，黃麾警蹕，鼓吹如常儀。獵訖，宴會享勞，比校多少。戮一人以懲亂法。會畢，還宮。北齊春蒐禮：有司規大防，建獲旗，以表獲車。前一，命布圍。領軍將軍一人，督左甄；護軍將軍一人，督右甄；大司馬一人，居中，節制諸軍。天子陳小駕，服通天冠，乘木輅，詣行宮。將親禽，服戎服，鈒戟者皆嚴。武衛張甄圍，旗鼓相見，銜枚而進。甄常開一方，以令三驅。圍合，吏奔騎令曰：『鳥獸之肉，不登於俎者不射。皮革齒牙，骨角毛羽，不登於器者不射。』甄合，大司馬鳴鼓促圍，衆軍鼓噪鳴角，至期處而止。大司馬為屯北旗門，二甄師屯左、右旌門。天子乘馬，從南旌門入，親射禽。謁者以獲車收禽，載還，陣於獲旗之北。王公以下以次射禽，事畢，大司馬鳴鼓解圍，復屯。殿中郎中率其屬收禽，以實獲車。天子還行宮，命有司每會擇取三等，一曰，乾豆；二曰，賔客；三曰，充君之庖；其餘即於圍下量犒將士。禮畢，改服鈒者韜刃而還。隋大業三年，煬帝在榆林，突厥啓人及西域、東胡君長並來朝貢。帝欲示以兵甲之盛，乃命有司陳冬狩之禮。詔虞部量拔延山南北周二百里，並立表記。前狩二日，兵部建旗于表所。五里一旗，分為四十軍，軍萬人，騎五千匹。前一日，諸將各率其軍，集于旗下。鳴鼓，後至者斬。詔四十道，並揚旗節，分中迴令，即留軍所監獵。布圍，圍南西。方行而前，帝服紫袴褶、黑介幘，乘闟豬車，駕六黑驑。太常陳鼓笳鐃簫角於帝左右，各百二十。官戎服騎從，鼓行入圍，諸軍並鼓行赴圍。乃設驅逆騎千有二百。闟豬軔，有司斂大綏；王公以下，皆整弓，陳於駕前，有司又斂小綏。乃驅獸出，過於帝前。待詔再驅過，至備身將軍奏進弓矢。三驅過，帝乃從禽，鼓吹皆振，左而射之。每驅必三獸以上。帝發，抗大綏。次王公發，抗小綏。次諸侯發射，則無鼓，驅逆之騎乃止。然後四夷百姓皆獵。唐高祖武德五年十二月，上幸涇陽之華池校獵。謂朝臣曰：『今日畋樂乎？』蘇世長對曰：『陛下游田，薄廢萬幾。不滿十旬，未見大樂。』上色變，既而笑曰：『狂發也。』世長曰：『為臣私計，則狂；為陛下私計，則忠。』八年十月，校獵於周氏陂。謂侍臣曰：『獵以供宗廟，朕當躬其事，以伸孝享之誠。』太宗貞觀五年，大蒐於昆明池，夷落君長從。十一年，狩于濟源之陵山，上曰：『古者先驅以供宗廟，今所獲鹿，宜令所司造脯醢以充薦享。』十六年十二月，狩於驪山。高宗龍朔元年十月，狩於陸渾縣。六日，至飛山頓，帝親御弧矢，獲四鹿及兔數十頭。總章二年，駕自九成宮還京，仍西狩校習，自麟遊西北，遶岐梁，歷普潤，為兩頭。明皇先天元年十月，幸新豐，獵於驪山之下。開元三年，大蒐於鳳泉。德宗貞元十一年十二月臘日，畋於苑中。止其多殺，行三驅之禮。武宗會昌元年十月，車駕幸咸陽校獵。二年十月，校獵於太白原。宋太祖建隆二年十一月，始狩於近郊，賜宰相、樞密使、節度觀察防禦團練使、統軍、侍衛諸軍校，皆錦袍。親王以下射中者，賜馬。太宗太平興國五年十二月，畋於近郊。雍熙二年十一月，詔曰：『三田之制，其一曰乾豆，謂腊之以供祀也。近以率遵時令薄狩郊畿，既親射以獲禽，宜奉先而登俎，其以畋獵親獲獸，付所司薦享太廟，仍著于令。』端拱元年十月，詔自今非時朕不於近甸遊獵，其五方所畜鷹犬並放之，仍令諸州不得以鷹犬來獻。淳化五年臘日，命諸王田獵近郊。真宗咸平三年十二月，以獵獲狐、兔薦廟之餘，賜中書、樞密院。大中祥符三年，詔令教駿所養鷹鶻，除量留十餘以備諸王從時展拜禮外，其餘並去其羈紲，縱之山林。自景德四年後，上不復出獵。天禧初，又詔禁圍草地，許民耕墾。仁宗慶歷五年，兵部員外郎、直集賢院李東之言：『祖宗校獵之制，所以順時令而訓戎事也。陛下臨御以來，未嘗講脩此禮，願詔有司草儀注，擇日命殿前馬步軍司互出兵馬，以從獵於近郊。』詔樞密院討詳先朝校獵制度。十月，御內東門，賜從官酒三行，奏鈞容樂幸瓊林苑門，賜從官食。遂獵於楊郚，燕幄殿，奏教坊樂。遣使以所獲麞兔馳薦太廟。既而召父老臨問，賜以飲食茶絹，及賜五坊軍士銀絹有差。六年十一月，復獵於城南韓郚。自玉津園去輦乘馬，分騎士數千為左右翼，節以旗鼓。合圍場徑十餘里，部隊相應。天子按轡中道，親挾弓矢，而屢獲禽。是時，道傍居民或畜狐兔梟雉驅于場中。因謂輔臣曰：『畋獵所以訓武事，非專所獲也。』悉令縱之。原文子曰：『先王之法也，不焚林而狩，昆蟲未蟄，不以火田也。』增又曰：『豺未祭獸，罝網不通於埜；鷹隼未擊，羅網不張於谷。』《莊子》梁君出獵，見白鴈羣，下轂弩欲射之，道有行者，梁君謂行者止，行者不止，白鴈羣駭，梁君怒，欲射行者，其御公孫龍止之。梁君怒曰：『龍不與其君而顧他人。』對曰：『君以白鴈故，欲射殺人。主君譬人無異於豺狼也。』梁君乃與龍上車，歸呼萬歲。曰：『樂，哉人獵皆得禽獸，我獵得善言而歸。』《晏子》景公田，十有八日不反，晏子徃見，而衣冠不正，公望見晏子下車，急曰：『夫子何遽，得無有故乎。』對曰：『國人皆謂君安野而好獸，無乃不可乎。』公曰：『寡人有吾子，猶心之有四肢，也有四肢，故心得佚。』晏子曰：『若心有四肢而得佚，則可令四肢無心乎。』公乃罷田而歸。

又《蒐狩二》附示仁 非禮 禽荒

原講武，習戎，《東都賦》若乃順時節而蒐狩，簡車徒以講武，則必臨之以《王制》教之以《風》、《雅》。《禮記》季冬之月，天子乃教田獵，以習五戎，注五戎，戈、殳、戟、弓、矢。搏獸，大蒐。上詳《蒐狩一》魏文帝《校獵賦》，高宗征於鬼方兮，黃帝有事於阪泉。慍蜀備之作戾兮，忿吳夷之不藩。將訓兵而講武兮，因大蒐乎田隙。竦戎，講旅，揚雄《長楊賦》平不肆險，安不忘危。乃時以有年出兵，整輿竦戎。振師五柞習馬長楊，簡力狡獸，校武剽禽。王粲《校獵賦》遵古道以遊豫兮，昭勸助乎農圃；用時隙之餘日兮，陳苗狩而講旅。秋田，冬狩。司馬相如《子虛賦》秋田乎青丘，彷徨乎海外。吞若雲夢者八九，于其胷中，曾不蔕芥。下詳前。建大麾、《周禮》下大綏、《禮記》獵長楊、《漢書》歷上蘭，班固載翠冑倚金鞍。張衡乘鏤象、馭玉虬、司馬相如乘雕輅、駟飛黃，應瑒大田簡衆，周禮蒐狩習武。左氏選徒萬騎，司馬相如駕雕六駮，張衡背夏涉冬，司馬相如施車載旌。《周禮》岐陽之蒐，春秋成有岐陽之蒐漆沮之從，蒐於岐陽，《帝王世紀》獵於七澤，《穆天子傳》升彼大阜，《詩》獵於陘山。《穆天子傳》弓燥手柔，草淺獸肥。《典論》歲之暮春，勾芒司節，和風扇物。弓燥手柔，草淺獸肥，與族兄子丹獵於鄴西，終日手獲麞鹿九、雉兔三十。屬車轇轕，羽騎騰驤，應瑒過防不逐，面傷不獻。《穀梁》秋，蒐於紅，禮之大者也。艾蘭以為防，置旃以為轅門，過防弗逐，不從奔之道也。面傷不獻，不成禽不獻。禽雖多，天子取三十焉，其餘與士衆。示禮，《傳》曰：成有岐陽之蒐，所以示諸侯禮也，諸侯所由用命也。示汰，商紂為黎之蒐，所以示諸侯汰也，諸侯所由棄命也。驅害，詳《蒐狩一》用鮮。子産曰：『惟君用鮮。』注取鮮禽以祭。簡車賦，習軍旅，禮郊特牲，季春出火，為焚也。然後簡其車賦，而歷其卒伍，而親誓社，以習軍旅，左之右之，坐之起之，以觀其習變也。而流示之禽，鹽諸利，以觀其不犯命也。求服其志，不貪其得。講戎事，纘武功，增縣貊。射麋，即鹿；從禽從禽于外，上無逸飛，下無遺走。獻禽。傳以歲之非時，獻禽之未至。饁獸，獻獸。詳《蒐狩一》分禽，《史記》任安為亭長，邑人俱出獵。任安常為分禽麋鹿。部署老少皆喜曰：『任少卿分別平也。』收禽。《文選》會衆收禽論功賜也。給鮮《傳》獸人無乃，不給於鮮。計鮮。《七命》虞人數獸，林衡計鮮；論最考功。公獸，詳蒐狩一私豵，詳《蒐狩一》指蹤，漢高曰：『追殺獸者狗也，指示蹤者人也。』犄角。《左傳》捕鹿也四時，三品。詳《蒐狩一》獵禁，禁俗，掌部格西京五百里內，宜禁捕獵，犯者王，公以下錄奏痛決一頓。獵較。詳《蒐狩一》御衆斷爭，詳《蒐狩一》竭作，禮詳《蒐狩一》時畋張羅，詳《蒐狩一》施弋。《文選》鷹隼未發，短弋不施於谿隧。東津，魏文帝詩巾車出鄴宮，校獵東橋津，重置施密網，罘罼飄如雲。南圃，後漢張衡《羽獵賦》皇上感天恩之繆烈，思太昊之觀虞。虞人表林麓而廓萊藪，翦荊棘而夷榛株。於是鳳凰獻歷，太僕駕具，蚩尤先驅，雨師清路，山靈護陣，萬神蹕御。羲和奉轡，弭節西征，翠蓋葳蕤，鸞鳴瓏玲。山谷為之澹淡，丘陵為之簸傾。於是皇輿綢繆，遷延容與。抗天津於伊洛，夐遥集乎南圃。大詔獵者，競逐長驅。輕車飈厲，羽騎電騖。霧合雲集，波流雨注。馬蹂麋鹿，輪轔雉兔。弓不妄彎，弩不虛舉。鳥驚挂網，獸與矢遇。黃涔見二虞條紫陌，王粲《獵賦》濟漳浦而橫乘，倚紫陌而並征。四校，二虞。《上林賦》孫叔奉轡，衛公驂乘，扈從橫行，出乎四校之中。應瑒《校獵賦》乃命有司，巡士周巡。二虞萊埜，三扈表禽。北彌大陸，南厲黃涔。九井，晉中興書桓石秀豁第二子也，不以榮爵，嬰心惟以弋釣為事，游覽樂足一丘。桓沖嘗與石秀共獵登。九井山獵徒甚盛，觀者傾坐，石秀未嘗屬盼，嘯詠而已。雙川。魏文帝《校獵賦》披高門而方軌，邁夷途而直駕。長鎩糺電，飛旗拂天；部曲按列，什伍相連；峙如叢林，動若奔山。超崇岸之層崖，厲障溢之雙川。列翠星陳。戎車方轂；風迴雲轉，埃連飈屬。雷響振天地，譟聲蕩山岳。遂躪封豨，藉麈鹿，捎飛鳶，接鶩鷘，聚者成丘陵，散者填谿谷，流血赫其丹埜，羽毛紛其翳目。考功較績，頒賜有序。獸人，禮獸臣。《虞箴》曰：獸臣司原。山虞，澤虞，皆掌田獵之事有禮詳《蒐狩一》順時，詳《蒐狩一》獲三狐，易告介麋。獵長洲，歷上蘭。前期出法，農隙講武，不逐不獻，《穀梁》詳《蒐狩一》未蟄不火。文子詳《蒐狩一》宗祧之事，傳楚子曰：『屬有宗祧之事於武陵，言田獵為宗祧。』祭禽之禮，獵得禽獸，以供祭祀。獲而植旌，《夏官》田僕令獲者植旌獻則比禽。《夏官》田僕及獻比禽御貫乃獲，《左傳》射中則得，穀梁《詳蒐狩》一獵得王佐，文王將獵而飛熊入夢，占之曰：『所獲非熊、非羆、非虎、非貔所得伯王之佐』獵得善言。莊子詳《蒐狩一》原講一時之武《國語》三時務農，一時講武。遵三畋之文。禮王者一歲三田詳《蒐狩一》宋公載燧，爰分左右之盂。楚子田孟諸。宋公為右盂，鄭伯為左盂。令夙駕載燧，宋公違命，無畏抶其僕以狥。夏官建旗必殊險易之主，險野人為主，易野車為主，大司馬職云。增因氣致殺，張協七命白商素節，月既授衣，天凝地閉，風厲霜飛，將因氣而致殺臨金郊而講師。順時取禽。蔡邕《月令章句》季秋之月，天子乃教田獵，習五戎。班馬政。其出，以順時取禽；其禮，將軍執晉鼓，師率執提，旅率執鼙，以教坐作進退疾徐之節。田則張幕，田則設席。禮禦自汧渭，經營酆鎬。揚雄天子不合圍，春田不圍澤，刈蘭以為防，置旌以為門，見前荷垂天之罼，張竟埜之罘，靡日月之朱竿，曳彗星之飛旗。並《揚雄賦》逐禽輙十里，馳射常百步。掩長楊而連五柞，繞黃山而疑牛首。命荊州使起鳥，詔梁野而驅獸。班固君臣田獵以講武事，王者田獵以戒不虞，虎落三峻以為司馬。圍徑百里而為殿門，揚雄建旗於表置旗於門。講事必在於有儀，鹽利取觀於不犯。示仁原禁毒矢，禮禁麛卵，與其毒矢射者，注謂：其失物且害心多。禁沈澤，《禮》謂以毒藥沈水中，令魚蟲盡死。不殺胎，禮無探卵，宣詔曰：毋得春夏探卵，彈射飛鳥。不殫物，以昭仁無藥獸，月令三月餧獸之藥，無出國門。射不剪，謂向已者取以道。田不夭殀無麛無卵董仲舒曰：『禮不麛不卵，巴西取麑違命皆非禮也。』不綱不宿，孔子三驅之禮，一面之仁。畋既以時，殺亦中禮，苟不導其生成，則何殊於暴殄。慕天乙之仁且開羅網，卜渭濵之獵不在熊羆。鑒五子之戒無及於荒，考三驅之文不專於殺。畋雖中禮不取於蚳蝝，殺亦有仁無及於麛卵。蒐狩以時合騶虞之神化，胎卵盡取是竭澤之淫風。非禮原射鴻，《左傳》衛獻公戒孫文子、甯惠子食，日旰不召，而射鴻於囿。二子怒，詳鴻矢魚又曰公。矢魚。于棠非禮也，注矢陳也陳捕魚之器。身剪《禮》曰：凡有血氣之類，不身剪，剪殺也。時殺。又曰：禽獸不以其時殺，非孝也。魏獻子田，《傳》曰：魏獻子合諸侯城周田于大陸，而卒范獻子出其柏槨，以其未復君命而田也。晉厲公田，又曰：晉厲公田使婦人先殺而飲酒，而後大夫殺，注先婦人後卿佐。苟或違於禮經則何殊於暴物。《禮》天子諸侯歲三田，田不以禮，曰暴天物。禽荒原心狂，老子曰：馳騁田獵，令人心發狂。志荒，武公之志荒矣好弋，曹伯陽恒畋。恒於遊畋時謂淫風太康尸位，書畋于有洛，十旬不返。有窮后羿距于河，五子咸怨述大禹之戒以作歌。長沙削縣，漢長沙王建德獵縱火燔，民九十家坐棄市，宣詔捨之削八縣。習於田獵。習於田獵謂之賢，閑於馳逐謂之好。淫于原獸，思其麀鹿並后羿獲胎拾卵，《文選》蚳蝝盡取割鮮染輪，《文選》欲既犯時。欲無犯時殺而盡物心苟發狂，敝斯亂政，不軌不物，謂之亂政。武功載績雖聞七月之詩，遊田為恒須憚三風之戒。長楊觀獵，漢武命輸獸長楊宮令人手搏之，自取其獲。上親臨觀焉。灞陵夜獵，舊時將軍詩刺盧令，《詩・盧令》刺荒也，齊襄公好畋獵，從禽獸而無厭，國人刺之盧犬名。禮稱羅氏，《禮》羅氏致鹿與女曰：好田，好女者，亡其國也，戒諸侯也。羅氏掌鳥獸者。作《長楊賦》。楊子雲作《長楊賦》以諫漢帝獵也上廣成頌，馬融，字季長。為校書時，人以文德可興，武德宜廢，遂寢蒐狩之禮，息戰陣之法，融以文武之道，聖賢不墜，故上廣成頌諫之。虞人之箴，戒田獵也樊氏之戒，楚莊王好畋，樊夫人為之不食禽獸之肉，三年，王為之自戒也。罔遊于逸，罔淫于樂禹戒無淫于田，書周公作無逸曰：『文王不敢盤于遊田嗣王，其無淫于觀、于逸、于遊、于田也。東方諫止，武帝令吾丘壽王舉籍。河南提封頃畝，欲除為上林，東方朔諫乃止。舉籍謂舉數其籍也。戴陵獲罪。魏長水校尉戴陵諫上獵，減死一等。

又 卷一五九《蒐狩三》 原賦魏應瑒《西狩賦》曰：伊炎漢之建安，飛龍耀乎天衢。皇宰奕而陶運，樹匡翼而大摹。盪無妄之氛穢，揚威靈乎八區。開九土之舊迹，暨聲教於海隅。時霜凄而淹野，寒風肅而川逝。草木紛而摇蕩，鷙鳥别而高厲。既乃擇吉日，練嘉辰。清風矢戒，屏翳收塵。於是魏公乃乘雕輅，駟飛黄，擁簫鉦，建九斿。按轡清途，颯沓風翔。於是圍網周合，雷鼓天震。千乘辰羅，萬表星陳。雙翼抗旌，八校組分。長燧電舉，高煙蔽雲。爾乃徒輿並興，方軌連質。驚飇四駭，衝禽驚溢。騁獸塞野，飛鳥蔽日。爾乃赴玄谷，陵崇巒，俯掣奔猴，仰捷飛猿。雲幕被於廣野，京燎照乎平原。醴炰充給，洪施普宣。

增疏漢司馬相如諫長楊獵疏曰：臣聞物有同類而殊能者，故力稱烏獲，捷言慶忌，勇期賁、育。臣之愚，竊以為人誠有之，獸亦宜然。今陛下好陵阻險，射猛獸，卒然遇逸材之獸，駭不存之地，犯屬車之清塵，輿不及還轅，人不暇施巧，雖有烏獲、逢蒙之技不得用，枯木朽株盡為難矣。是胡越起於轂下，而羌夷接軫也，豈不殆哉！雖萬全而無患，然夲非天子之所宜近也。

且夫清道而後行，中路而馳，猶時有銜橛之變。况乎涉豐草，騁丘虛，前有利獸之樂，而内無存變之意，其為害也不難矣。夫輕萬乘之重不以為安，樂出萬有一危之塗以為娱，臣竊為陛下不取。

蓋明者遠見於未萌，而知者避危於無形，禍固多藏於隱微而發於人之所忽者也。故鄙諺曰：『家累千金，坐不垂堂。』此言雖小，可以喻大。臣願陛下留意幸察上善之。

傳記

宋 洪邁《夷堅志・夷堅乙志》卷一八《休寧獵户》 休甯張村民張五，以弋獵爲生，家道粗給，嘗逐一麑。麑將二子行，不能速，遂爲所及。度不可免，顧田之下有浮土，乃引二子下，擁土培覆之，而自投於罔中。張之母遥望見，奔至罔所，具以告其子。即破罔出麑，并二雛皆得活，張氏母子相顧，悔前所爲，悉取罝罘之屬焚棄之，自是不復獵。休甯多猴，喜暴人稼穡。民以計籠取之，至一檻數百，然後微開其板，纔可容一猴。呼語之曰：放一枚出，則釋汝，羣猴共執一小者推出之。民擊之以椎，即死檻中，猴望而號呼，至於墮淚。則又索其一，如是至盡乃止。士人云：『麥禾方熟時，猴百十爲羣，執臂人立，爲魚麗之陣。自東而西，跳踉數四，禾盡偃，乃攫取之。餘者皆捽踏委去，丘中爲空，故惡而殺之，然亦不仁矣。』朱晞顔説

《太平廣記》卷四四一《蔣武》 寶曆中，有蔣武者，循州河源人也。魁梧偉壯，膽氣豪勇，獨處山巖，唯求獵射而已。善於蹶張，每賷弓挾矢，遇熊羆虎豹，靡不應弦而斃。剖視其鏃，皆一一貫心焉。忽有物叩門，甚急速。武隔扉而窺之，見一猩猩跨白象。武知猩猩能言，而詰曰：『與象叩吾門何也。』猩猩曰：『象有難，知我能言，故負吾而相投耳。』武曰：『汝有何苦。請

話其由。』猩猩曰：『此山南二百餘里，有嵌空之大巖穴，中有巴蛇，長數百尺，電光而閃其目，劒刃而利其牙，象之經過，咸被吞噬。遭者數百，無計避匿。今知山客善射，願持毒矢而射之。除得此患，衆各思報恩矣。』其象乃跪地，灑涕如雨。猩猩曰：『山客若許行，使請挾矢而登。』武感其言，以毒淬矢而登。果見雙目，在其巖下，光射數百步。猩猩曰：『此是蛇目也。』武怒，蹶張端矢，一發而中其目。象乃負而奔避，俄若穴中雷吼，蛇躍出蜿蜒，或掖或踴，數里之內，林木草芥如焚，至暝蛇殞。乃窺穴側，象骨與牙，其積如山。於是有十象，以長鼻各捲其紅牙一枝，跪獻於武。武受之，猩猩亦辭而去。遂以前象負其牙而歸，武乃大有資產。出《傳奇》

宋 蘇軾《獵曾詩序》《古今小品》卷四　雷勝，隴西人，以勇敢應募得官，爲京東第二將。武力絶人，騎射敏妙。按閲於徐，徐人欲觀其能，爲小獵城西。又有殿直鄭亮，借職繆進者，皆騎而從，弓矢刀槊，無不精習，而駐泊黃宗閔，舉止如諸生，戎裝輕騎，出馳絕衆客。皆驚笑樂甚，是日，小雨甫晴，土潤風和，觀者數千人。曹子桓云建安十季，始定冀州，濊貊貢良弓，燕代獻名馬。時歲之春，勾芒司節和風扇物，弓燥手柔，草茂獸肥。與兄子丹獵於鄴西，手獲獐鹿九、狐兎三十。馳騁之樂，邊人武吏，日以爲常。如曹氏父子，横槊賦詩以傳於世，迺可喜耳。衆客既各自寫其詩，因書其末，以爲異日一笑。

王納諫云：借曹子桓語代已敘意，不復自措一語，遂覺趣足。此法惟東坡得之。

明 汪砢玉《珊瑚網》卷二五《唐張戡獵騎圖》　張戡居近燕山，得胡人形骨之妙，畫戎衣鞍轡之精，故入神品。此卷非戡不能到，余甚愛之宜什襲珍藏。　吳興錢選舜舉。

一犬前移五馬隨，赭袍公子跨烏騅。壯遊却憶飛狐北，正是清秋出獵時。文水高若鳳。

戎王小隊獵秋野，豹尾弢弓金絡馬。蒼髯奚官喜追逐，隔馬相呼意閒暇。鞭梢生風箭飛雨，烏騅如龍犬如虎。沙平草淺狐兔肥，穹廬月寒歸未歸。晉安林泉生。

張戡者，朔方人也，當五季之世，與胡瓌父子、李贊華、房從真，俱以善畫番部人之屬名于時。其畫以狼尾製筆，蓋必有所取焉。今觀戡所畫《獵騎圖》一卷，其間人物犬馬弓矢服飾之類，毫分縷析，曲盡其妙，觀其攬轡疾馳，宛然有沙漠萬里之態，于是知戡畫法精絶，與胡李輩不相上下也。吳郡沈石識。張戡妙筆最能寫，寫出胡沙好人馬。赭衣壯士挾弓矢，清秋出獵山之下。山林霜後百草枯，走犬前驅愁兔狐。斯人往矣不可見，撫時懷古披斯圖。王庭松謹題。

燕角斜弢虎韔中，將軍騎氣正驍雄。前鋒縱有韓盧技，指示猶居第一功。東南生謹題。

清 許奉恩《里乘》卷六《獵人某》　池陽獵人某，素性暴逆。母年五十許，奴畜之。常以烹鹿蹄失飪，撻幾死。妻賢，每以規勸並遭箠楚。一日，網得生兔，命母飼養，繩弛逸去，母懼，伏匿積薪中。某求兔不得，拔劍向妻問母所在，妻不以告，某怒曰：『老畜得毋匿積薪中？待搜得，當殺卻！』母聞而大懼，亟出狂奔。某見往追，妻哭，力攬其襟，某奮不得脱，益怒，殺妻，並斷其手。複追母，母過關聖廟，大聲哭且呼曰：『關爺救命！關爺救命！』某剛至廟門，聖帝座前泥塑周將軍驀馳出，以木刀腰斬某倒地上。遠近聞而來觀，見神像一足立戶外，瞪目望屍，鬚眉奕奕，若有餘怒，刀上血猶淋漓滴瀝也。衆乃舁去某屍，拭淨血迹，醵資延道士禮醮三日；率其母刑牲禱，祭妥神歸廟。自是不孝者聞之，皆悚然改輒，不敢再忤其親矣。

里乘子曰：世傳周將軍靈異不少，陳延祚《三國志》竟不載其名；惟元人《關聖廟碑》有『乘赤兔兮從周倉』之語，自有所本，必非杜撰。或謂昔吳亭關聖麾下一偏將，持大刀，攬魯肅袂厲聲責之，即是將軍，惜史氏失載耳。木刀殺人，奇甚！如獵人之暴逆，脱不遇將軍，則母休矣。天下有理之所無、而事之所有者，況亂臣賊子，人人得而誅之，豈有神武如將軍，血食一方，而忍漠視不顧者乎？吾願世之爲人子者，聞將軍之風，皆當加警矣。

清 閻爾梅《白耷山人詩文集·詩集》卷四《玉峰獵有序》　川北楊總戎，十月既望，獵於閬中之玉峰，招余往觀，將以騎射犬鷹示武於遠人也。圍令而復移者，三竟日，無雙蹄片羽，楊不樂。余作此歌志之時，同楊猶龍、孫黃中、離指和尚。

錦屏冬曉花光奭，日映江嵐浴金碧。一夜寒飈霜樹刑，鷙鳥欲搏鼓其翼。將軍下令獵郊南，錦馬貂裝綠玉鐔。健兒高呼耑指示，綵旗如豆搖峰尖。栝矢雕翎魚貫入，弦響毛紅飛不及。山鬼有靈先告之，千林如埽無蹄迹。鼉絲嶺北黃柑村，天童老衲揖將軍。此村遭亂三十載，居民殺盡絕鷄豚。虔劉者多子遺少，山澤幾曾有餘珍。願為鳥獸乞微生，將軍且有無敵名。百戰百勝事尋常，何如不戰而屈人之兵。將軍擲弓催田鼓，自云射楊兼射虎。終朝獵不獲一禽，英雄安所用吾武。蕉鹿夢蝶影茫然，漁歌歸去扣沙舷。臥龍祠西海棠川，鐵笛横吹離堆烟，浮橋風夜水濺濺。離堆山在蒼谿縣城北。

紀事

唐 陸淳《春秋集傳纂例》卷六《蒐狩例第二十》 昭八年，秋蒐于紅。非時也。

十一年夏，大蒐于比蒲。

二十二年春，大蒐于昌間。

定十三年夏，大蒐于比蒲。

十四年秋，大蒐于比蒲。已上譏失禮而大為之。

啖子曰：『蒐閱車馬逐田獵，示威武也。』《公羊》曰：蒐簡車徒是也。蒐狩合禮者，常事不書。非時及越禮而為之，則書，以示譏也。或曰：言春包今之正月，言夏包今之二月、三月皆不失時也。書春秋者非時也。

桓四年春正月，公狩于郎。《公羊》云譏遠也。

莊四年冬，公及齊人狩于郜。與鄰國臣狩，非禮也，況仇國乎。

僖二十八年冬天，王狩于河陽。為晉文避召天王之名也，三傳意同。

哀十四年春，西狩獲麟。西狩常事為麟，故書之。

趙子曰：『四時之田，其事各殊，其名亦異。春以閱武，擇材故以蒐為稱。夏以為苗，除害故以苗為名。秋則順天時，以殺物，故以獮為義。冬則因守禽獸以習戰，故以狩為目。』《左氏》曰：春蒐、夏苗、秋獮、冬狩是也。《周禮》《爾雅》並同，此說《公羊》則曰：春曰苗；秋曰蒐；冬曰狩。《穀梁》則曰：春曰田；夏曰苗；秋曰蒐；冬曰狩。《公羊》《穀梁》冬狩、秋蒐並同。而苗則《公羊》在春，《穀梁》在夏，《公羊》則夏時無名，《穀梁》則春曰田者，四時獵之總名，不當專在於春，故非也。《公羊》之義，夏時務農，不苗，然則自非警急及有獸害苗，則不苗也。

唐 吳兢《貞觀政要》卷一〇《畋獵第三十八凡五章》 秘書監虞世南以太宗頗好畋獵，好，去聲。上疏諫曰：『臣聞秋獮冬狩，蓋惟恒典，獮，音蘇，《周禮》大司馬仲秋教治兵，以獮田，致禽以祀祊。仲冬教大閱，以狩田，致禽以享烝。射隼從禽，備乎前誥。射食亦切，隼荀尹切，禽也。伏惟陛下因聽覽之餘辰，順天道以殺伐，將欲摧班碎掌，親御皮軒，田獵之車也。窮猛獸之窟穴，盡逸材之林藪。夷兇翦暴，以衛黎元，收革擢羽，用充軍器，舉旗効獲，式遵前古。然黃屋之尊，金輿之貴，八方之所仰德，萬國之所繫心，清道而行，猶戒銜橜。斯蓋重慎防微，為社稷也。為，去聲。是以馬卿直諫於前，司馬相如字長卿，漢武帝時為郎。嘗從帝獵長楊，帝好自擊熊豕，馳逐野獸，相如上疏諫帝，從之。張昭變色於後，張昭字子布，彭城人。為吳主孫權軍師，權嘗乘馬射虎，昭變色而諫之。臣誠細微，敢忘斯義？且天弧星，畢音畢，網也所殪已多，殪，音翳，殺死也。頒禽賜獲，皇恩亦溥。伏願時息獵車，且韜長戟，不拒芻蕘之請，降納涓澮之流，袒裼徒搏，任之群下，則貽範百王，永光萬代。』太宗深嘉其言。

愚按傳曰：春蒐夏苗，秋獮冬狩，皆於農矶以講武也。王制天子無事則歲三田，周禮大閱之制，獨為詳備。則畋獵固古禮也，何外作禽荒，見於大禹之訓而。不敢盤于遊田，乃為文王之德。正以畋獵雖古制，有因是而勞師耀武妨農害民者。矣況後世萬乘之動，供給之繁，徵求之夥乎？太宗身親行陣，剋捷奏功，其於遊獵，固其好，尚必有不遵制而病民者，宜世南懇切之諫有以動上之聽矣。

谷那律魏州昌樂人，貞觀中累遷國子博士，後遷課議大夫，淹識群書，褚遂良稱為九經庫。為諫議大夫，嘗從太宗出獵，在途遇雨，太宗問曰：『油衣若為得不漏？』對曰：『能以瓦為之，必不漏矣。』意欲太宗弗數遊獵，數音朔。大被嘉納。賜帛五十段，加以金帶。按《通鑑》此事係在高宗永徽元年九月癸亥，與此異。而新舊唐書則同。

唐氏仲友曰：『谷那律淹識羣書，褚遂良嘗稱為九經庫。油衣瓦為不漏之對，可見質直蓋淹識之士，難乎質直，故三益之友得一已善，而況兼之者乎。』

愚按家語記孔子之言曰：『忠臣之諫君有五義焉，其五曰諷諫，惟度主以行之。吾從其諷諫乎！』夫所以諷諫者，假他事引援而諫者也。谷那律以儒學之臣，居諫議之職，以瓦為衣之對，雖過於質直，其諷諫之謂乎太宗悅其直而賞賚之，是亦從諫之美也。

貞觀十一年太宗謂侍臣曰：『朕昨往懷州，今懷慶路隸腹裏有上封事者云，何為恒差山東衆丁於苑内營造？即日徭役，似不下隋時。懷、洛以東，殘人不堪其命，而田獵猶數音朔，驕逸之主也。今者復來懷州田獵，忠諫不復至洛陽矣復音缶。四時蒐田，蒐音搜，春曰蒐，夏曰苗，秋日獮，冬曰狩。既是帝王常禮，今日懷州，秋毫不干於百姓。凡上書諫正，自有常準，臣貴有詞，主貴能改。如斯詆毁，有似呪詛。』侍中魏徵奏稱：『國家開直言之路，所以上封事者尤多。陛下親自披閱，或冀臣言可取，所以僥倖之士得肆其醜。臣諫其君，甚須折衷，從容諷諫。』從，即容切漢元帝名奭嘗以酎祭宗廟，酎音紂，三重釀酒也，味厚，故以薦宗廟。出便門，御樓船。御史大夫薛廣德字長卿，沛郡人。當乘輿免冠曰：『宜從橋，陛下不聽臣言，臣自刎，以頸血汙車輪。汙去聲。陛下不入廟矣。』元帝不悦。光禄卿張猛進曰：『臣聞主聖臣直，乘船危，乘，平聲，後同。就橋安。聖主不乘危，廣德言可聽。』元帝曰：『曉人不當如是耶！乃從橋。以此而言，張猛可謂直臣諫君也。』太宗大悦。

愚按魏徵不取廣德之直，言而取張猛之直諫，不過順太宗之意而言耳。盖嘗聞先儒之言曰：諫者之委曲，君德未信於人也。諫者之剴切，君德已信於人也。其遜其忤言者之得失則二，在人主爲進德之驗則一而已。由此觀之，諫書詆毁有似詛，呪此正太宗君德信於人之驗也。若以張猛之諷諫為是，則是以漢元之昏庸期，太宗耳豈責難之道乎。

貞觀十四年，太宗幸同州今仍舊隸陝西沙苑，親格猛獸，復晨出夜還。音旋，後同。特進魏徵奏言：『臣聞《書》美文王不敢盤于遊田，《周書》曰：文王不敢盤于遊田，以庶邦惟正之供。《傳》述《虞箴》稱夷、羿以為戒。傳，去聲。《左傳》魏絳告晉侯曰：昔虞人之箴曰，在帝夷羿，冒于原獸，虞箴如是，可不懲乎。昔漢文臨峻坂欲馳下，袁盎楚人，漢文帝時為中郎將。攬轡曰：「聖主不乘危，乘平聲，不儌幸，今陛下騁六飛馬名馳不測之山，如有馬驚車敗，陛下縱欲自輕，柰高廟何？」文帝從霸陵上，欲西馳下峻坂。袁盎諫，帝曰：『將軍怯邪？』盎曰：『臣聞千金之子不垂堂，百金之子不倚衡』云云，帝乃止。孝武好格猛獸，好，去聲，後同。相如進諫：力稱烏獲，秦武王力士，舉龍文鼎者。捷言慶忌，吴王僚之子，射能捷矢。人誠有之，獸亦宜然。猝遇逸材之獸，駭不存之地，雖烏獲、逄蒙之伎逄，音龐。逄，蒙古之善射者。不得用，而枯木朽株盡為難矣。雖萬全而無患，然而本非天子所宜。事見首章注孝元帝郊泰時，郊祀之壇曰：時。因留射獵，薛廣德字長卿，沛郡人，時為長信少府御史大大。稱：竊見關東困極，百姓離災。今日撞亡秦之鍾，歌鄭、衛之樂，士卒暴露，從官勞倦，從，去聲。欲安宗廟社稷，何憑河暴虎，未之戒也？臣竊思此數帝，心豈木石，獨不好馳騁之樂？音洛，後同。而割情屈巳，從臣下之言者，志存為國，為，去聲，後同。不為身也。臣伏聞車駕近出，親格猛獸，晨往夜還。以萬乘之尊，闇行荒野，踐深林，涉豐草，甚非萬全之計。願陛下割私情之娱，罷格獸之樂，上爲宗廟社稷，下慰群寮兆庶。』太宗曰：『昨日之事偶屬塵昏，非故然也，自今深用爲誡。』愚按魏徵諫獵之辭，援古監今，惓惓忠篤，比虞世南奏疏尤爲墾至切到，足以儆動其君之聽，塵皆之語太宗烏得不爲之感悟哉！若魏徵者可謂能引君於道矣。

貞觀十四年，冬十月，太宗將幸櫟陽，櫟，音藥，櫟陽今爲咸寧縣屬。奉元路遊畋，縣丞劉仁軌字正則，汴州人。初爲陳倉尉部人，魯寧爲折衝都尉。豪縱犯法縣莫敢屈，仁軌榜殺之。太宗召詰責，仁軌曰：寧辱臣，臣故殺之。帝以爲剛直擢咸陽丞，累遷給事中，武后時拜僕射。以收穫未畢，非人君順動之時，詣行所，上表切諫。太宗遂罷獵，擢拜仁軌新安令。新安，縣名，今仍舊，隸河南府路。

按史傳太宗校獵同州，仁軌諫曰：『今茲澍澤霑足，百穀熾茂，收才十一。常日贇調，已有所妨。又供獵事，繕橋治道，役雖簡省，猶不損數萬。少延一旬，使場圃畢勞，陛下六飛徐驅，公私交泰。』上璽書褒納，拜新安令。

愚按劉仁軌一縣丞耳，而能效一言之忠，動萬乘之聽，其忠君愛民之心有侍從之。臣所未能者，可不謂難乎哉！盖仁軌嘗為陳倉尉，太宗以其剛直擢咸陽丞，則其受知於太宗，有由来矣。然非太宗有從諫之美，樂善之誠，則仁軌雖有剛直之操，將安所施哉，適足以獲罪而已。矣仁軌官由州縣而致宰相，善致聲譽，得吏民懽心，為史傳所稱美，出宰百里者，可不知所效法邪。

唐 李隆基《褒魏知古諫獵渭川手詔先天元年**》**（乾隆）《西安府志》卷七〇

朕頃向温泉，觀省風俗，時因暇景，掩渭而畋。方開一面之羅，式展三驅之禮，躬親校獵，聊以前禽，豈意卿有箴規，輔予不逮。今賜物五十叚，用申勸奬。

宋 陳則通《春秋提綱》卷九《魯蒐狩例》 桓四年春正月，公狩于郎。

七年，焚咸丘。

莊四年，公及齊人狩于禚。

昭八年秋，蒐于紅。

十有一年夏，大蒐于比蒲。

二十有二年夏，大蒐于昌間。

定十有三年夏，大蒐于比蒲。

十有四年，大蒐于比蒲。

哀十有四年春，西狩獲麟。

嗚呼！春秋兵制，襄公以前未聞也，至襄公而三軍之名作春秋。蒐法，昭公以前未聞也，至昭公而大蒐之名立。國之大事在祀與戎，故諸侯歲以三田為禮。吾攷襄昭以来，兵制壞而蒐狩之制壞，魯之公室遂壞而不可復拯矣，豈無故而然邪。狩郎犯非地之戒，狩禚忘不天之之仇，罪之輕重不可以槩，雖然斯時也，蒐狩之制未壞也。按僖公之頌，公徒三萬其人，公車千乘，其賦即位三十餘年，豈蒐狩之禮未嘗一講。《春秋》不書，大抵得時與地之故。成公以後，非三家不帥師此，乃兵權旁落之，漸三軍魯之舊制。襄十一年書作三軍者，版籍缺落，三家各毁，以充三軍之數。昔為公室有，今為三家有，《春秋》書作不宜作也，斯時公室三矣而猶未也。昭之五年，舍中軍季氏擇二，二子各一，公室於是乎四，紅之蒐舍中軍之三年也。自根牟至于商衛，革車千乘，不知誰為公室之民乎。自後三蒐比蒲，一蒐昌間，俱以大名。夫大蒐天子之法也，而夏官司馬之司也。魯兵制壞而蒐狩之制壞，三家之僭且及此矣，豈特失時與地之為可。譏哉！《春秋》於桓莊之狩，言公而昭定，以後不言公公不與蒐也。定之十四年，公雖在蒐猶，無公也。公不與蒐，國不顧君，西狩大野，叔孫氏之賤者，且獲其非常矣，《春秋》安得不止於獲麟。

《唐會要》卷二八《蒐狩》　武德元年六月二十四日，萬年縣法曹孫伏伽上書曰：『陛下龍舉晉陽，天下響應，計不旋踵，大位遂崇。陛下勿以唐得天下之易，不知隋失天下之不難也。陛下貴爲天子，富有天下，動則左史書之，言則右史書之，既爲竹帛所拘，何可恣情不慎？凡有蒐狩，須順四時，既代天理物，安得非時妄動？』

五年十二月九日，諫議大夫蘇世長從幸涇陽之華池校獵，上謂朝臣曰：『今日畋樂乎？』世長曰：『陛下遊獵，薄廢萬機，不滿十旬，未為大樂。』高祖色變，既而笑曰：『狂態發耶？』世長曰：『為臣私計則狂，為陛下國計則忠矣。』

八年十月二十日，校獵于周氏陂，秦王文學褚亮以寇亂漸平，每冬畋狩。遂上疏諫曰：『陛下旰食思政，廢寢憂人。用農隙之餘，遵冬狩之禮。獲車之所遊踐，虞旍之所涉歷。網惟一面，禽止三驅，縱廣成之獵士，觀上林之手搏，斯固畋弋之常規，而皇王之壯觀。至于親迫猛獸，臣竊惑之。何者？筋力驍悍，爪牙輕健。勁弩一發，未必挫其凶威；長戟纔揮，不能當其憤氣。猝然驚軼，事生慮外。如或奔近林藂未填坑谷駭屬車之後乘犯官騎之清塵小臣怯懦私懷悚慄。陛下以至聖之姿，垂將來之教，降情納下，无隔直言。敢緣天造，冒陳丹懇。』上納之。其年十二月高祖謂侍臣曰：『蒐狩以供宗廟，朕當躬其事，以申孝享之誠，于是狩于鳴犢泉之野。』

貞觀五年正月十三日，大狩于昆明池，蕃夷君長咸從。上謂高昌王麴文泰曰：『大丈夫在世，樂事有三：天下太平，家給人足，一樂也；草淺獸肥，以禮畋狩，弓不虛發，箭不妄中，二樂也；六合大同，萬方咸慶，張樂高宴，上下歡洽，三樂也。今日王可從禽，明當歡宴耳。』

其年十月二十日，上將逐兔于內苑。左領軍執失思力諫曰：『天授陛下，為華夷父母，何得自輕。儻使萬一馬有顛躓，將若之何。上顧而異之，又將逐兔，思力乃脫帶巾。跪而固請，上為止焉。』

十一年十月，射猛獸洛陽苑，群豕突出林中。上引弓四發，殪四豕，有雄彘突及馬鐙。民部尚書唐儉投馬搏之，上拔劍斷豕。顧笑曰：『天策長史，不見上將擊賊耶，何懼之甚。』對曰：『漢祖以馬上得之，不以馬上理之。陛下以武定四方，豈復逞雄心于一獸。』上納之，因為罷獵。特進魏徵上表諫曰：『臣聞漢孝武帝好格猛獸，司馬相如諫曰：力稱烏獲，捷言慶忌，人誠有之，獸亦宜然。卒然遇逸材之獸，駭不存之地，雖烏獲、逢蒙之伎不得用，而枯木朽株盡為難矣。雖萬全而無患，然本非天子所宜近也。臣伏聞車駕近出，親格猛獸，晨趨夜還。以為萬乘之尊，闇行荒野，踐深林，污豐草，甚非萬全之計。願陛下割私情之娛，罷格獸之樂，則天下幸甚。』至十一月十五日狩于，濟源之陵山。上曰：『古者先驅以供宗廟，今所獲鹿，宜令所司造脯醢，以充薦享。』祕書監虞世南諫曰：『陛下因聽覽之餘辰，順天道以殺伐，將欲躬摧班掌，親御皮軒，窮猛獸之窟穴，盡逸材之林藪。夷凶翦暴，以衛黎元，收革擢羽，用充軍器，舉旗校獲，式遵前古。然黃屋之尊，金鼙之貴，八方之所仰德，萬國之所係心，清道而行，猶戒銜橛。斯蓋重慎防微，為社稷計也。是以馬卿直諫于前，張昭變色于後，臣識微末，敢忘斯義？且雕弧星畢，所殪已多，頒禽賜獲，皇恩亦溥。伏願時息獵車，且韜長戟，不拒芻蕘之請，降納涓澮之流，袒裼徒搏，任之群下，則貽範百王，永光萬世。』

十六年十二月二十三日，狩于驪山，時寒陰晦冥，圍兵斷絕。上乘高望見之，欲捨其罰，恐虧軍令，乃迴轡入谷以避之。

永徽元年高宗出獵，在路雨因問諫議大夫谷那律曰：『油衣若何，為得不漏？』對曰：『能以瓦爲之，必不漏矣。』上悅，因此不復獵。

龍朔元年十月五日，狩于陸渾縣。六日，至飛山頓。高宗親御弧矢，獲四鹿及雉兔數十頭。晚次御營，望見大官烹羊，欲供百官之膳。因問侍中許圉師曰：『朕目擊彼羊，在于格下，見其無罪就戮，非無惻怛之情，今欲以死獸易之可乎？』圉師曰：『昔齊宣王見人欲將牛以釁鐘，因曰我觀此牛觳觫，似無罪而就死地，乃不釁鐘。陛下取已死之鹿，代欲封之羊，則堯舜之用心也。』遂釋其羊，不殺。九日，又于山南布圍，大順府果毅王萬興，以輒先促圍，集衆欲斬之。上謂侍臣曰：『軍令有犯，罪在不赦，但恐外人謂我翫好畋獵，輕棄人命，又以其曾從征遼有功，特令放免。』上于是製冬狩詩。

總章二年九月，車駕自九成宮還京。仍西狩校習，自麟遊西北，遶岐梁，歷普潤至雍，爲兩圍。殿中侍御史杜易簡、賈言忠監圍，山阜懸危，躡蹻杖策，不得蹔停，凡五日而合。劾奏將軍劉元意，黄河上等處斷圍。元意竟抵罪，黄河上圍日，軍容齊整，詔特原之。

先天元年十月七日，幸新豐，獵于驪山之下，至十一月三日。侍中魏知古上詩諫曰：『常聞夏太康，五子訓禽荒。我后來冬狩，三驅盛禮張。順時鷹隼擊，講事武功揚。奔走未及去，翾飛豈暇翔。非熊從渭水，瑞翟想陳倉。此欲誠難縱，兹遊不可常。子雲陳羽獵，僖伯諫漁棠。得失鑑齊楚，仁恩念禹湯。雍熙諒在宥，亭毒非多傷。辛甲令爲史，虞箴遂孔彰。』手制曰：『卿所進獵渭濱十韻，三復研精，良增歎美。予向温湯，觀省風俗，時因暇景，掩渭而畋，開一面之羅，展三驅之禮，無情校獵，偶慕前禽，卿有箴規，輔予不逮。合賜物十五段，以申勸獎。』

開元三年十月二十四日，大蒐于鳳泉湯。制曰：『今四方無事，百穀有成，因孟冬之月，臨右輔之地，戒兹五校，爰備三驅，非謂獲多，庶以除害。昨日長圍已合，大綏未舉，而夜間朔風，天降微雪。狐裘且御，未免祁寒，鶉衣不充，寧堪凍露。朕爲父母，育彼黎元，中宵耿然，明發增惕。其圍兵並放散，各賜布二端，綿一屯。』

七年十月，右補闕崔向上疏曰：『臣聞千金之子坐不垂堂，百金之子立不倚衡。況居大寶之位也哉！陛下宜保萬壽之體，副三禮之望，安可輕出入、重盤遊乎？天子三田，前古有訓，豈惟為乾豆、賓客、庖廚者哉？亦將以閲兵講武，誡不虞也。《詩》美宣王之田，徒御不驚，有聞無聲，謂畋獵時，人皆銜枚，有善聞而無讙諠也。又曰：悉率左右，以燕天子，為悉驅禽，順其左右之宜，以安待王射也。則知大綏將下，亦有禮焉。側聞畋于渭濱，有異于是，六飛馳騁，萬騎騰躍，衝翳薈，蹴蒙籠，越嶃險，靡榛藂，紅塵坐昏，白日將暗，毛群擾攘，羽族繽紛，左右戎夷，並申勇敢，攢鏑亂下，交刃霜飛，而降尊亂卑，爭捷于其間，豈不殆哉！夫環衛而居，暴客攸待；清道而出，行人尚驚，如有墜駕之虞，流矢之變，獸窮則搏，鳥窮則攫，陛下何以當之哉？静言思之，臣深為陛下戰慄也。』《書》曰：不畏入畏。又曰：從諫則聖惟陛下深思遠慮以誡後圖，則天下孰不幸甚。

貞元十一年十二月臘日，畋于苑中，止其多殺，行三驅之禮。軍士無不知感。畢事，幸神策軍左廂，勞饗軍士而還。

元和三年七月，上謂宰臣曰：『朕昨因閲秋稼，行至苑東，祇以鷹犬自隨。本非畋獵，于時雖覺行人聚觀，亦無傷稼之意。而諫官在外，章疏頗煩，不解何爲。卿等知否？』李吉甫對曰：『陛下軫念黎元，親問禾黍，察閭里之疾苦，知稼穡之艱難，此則聖主憂勤，天下幸甚。但以弧矢前驅，鷹犬在後，田野縱觀，見車從之盛，以為萬乘校獵，傳説必多。諫諍之臣，義當守職，既有聞見，理合上諫。拱默則懷尸素之慙，獻言又懼觸鱗之禍，果決以諫，實謂守官，正當嘉尚，非足致詰。夫蒐狩之制，古今不廢，必在三驅有節，無馳騁之危，戒銜橛之變。既不殄物，又不數行，則禮經所高，固非有害。然逐兔呼鷹，指顧之樂，忘危履險，易以溺人，故老氏譬以發狂。昔賢以為至誡，陛下每與臣等討論古昔，追踪堯舜。固當棄常俗之末務，詠聖祖之格言，顧以徇物為心，克己為慮，則昇平可致。聖祚無疆，群臣異議，不禁自息。』上曰：『卿言是也，朕亦深悟矣。』

五年十一月，上頻出遊畋。吏部郎中柳公綽，欲因事諷諫。乃獻醫箴一篇曰：天布寒暑，不私于人。品類既一，崇高以均。惟人謹好，愛能保其身。清淨無瑕，輝光以新。寒暑滿天地之間，浹肌膚于外；好愛溢耳目之前，誘心志于內。端潔為隄，奔射猶敗，氣行無間，隙不在大。睿聖之姿，清明絶俗；心正無邪，志高寡欲。謂天高矣，氛蒙晦之；謂地厚矣，横流潰之。聖情超越，萬方賴之。飲食所以資身也，過則生患；衣服所以表德也，侈則生慢。惟過與侈，心則隨之，氣與心流，疾則伺之。聖心不惑，孰能移之？畋游恣樂，流情蕩志；馳騁勞形，叱咤傷氣。天下之重，從禽為戲。不養其外，前修所忌。聖心非之，孰敢違之。乘氣而生，嗜慾以萌，氣離有患，氣凝則成。巧必喪貞，智必誘情，去彼煩慮，在此誠明。醫之上者，理于未然，患居慮後，防處事先。心靜樂行，體和道全，然後能德施萬物，以享億年。聖人在上，各有攸處。庶政有官，群藝有署。臣司太醫，敢告諸御。帝深嘉納之。

長慶四年三月赦文，鷹犬之流，本備蒐狩，委所司量留多少，其餘勒州府，更不得進來。

會昌元年十月，車駕幸咸陽校獵。

二年十月，校獵于太白原。諫議大夫高少逸，于閣內論奏曰：『陛下校獵太頻，出城稍遠，萬機廢弛。晨去暮歸況方用兵師，尤宜停止。』上改容勞之，少逸退。上謂宰臣曰：『諫官甚要，朕時聞其言，庶幾減過也。』

《册府元龜》卷一一五《蒐符》 夫春蒐，夏苗，秋獮，冬狩是謂禮之大者。非徒順四時之令，除五穀之害，蓋所以爲宗廟而習軍旅焉。其事歌於《詩》，列於《書》，載於《易》，著於《戴記》，載於《左氏》，論於《公穀》而取詳於《周禮》。王者奉而行之，簡車徒脩卒伍，命肆師以表貉，俾田僕而馭路，然後三驅乎，中軌塵馬候蹄既戒其馳騁不合圍，不殫物，又禁其暴殄。故曰：『以戰則克，以祭則受福，此其義也。』然而太康無度，五子之怨興文王以時騶虞之詠，作去彼取此，乃可以爲萬代法。

周文王出獵，遇太公于渭之陽。

成王歸自奄，大蒐於岐山之陽。岐山在扶風美陽縣西北。

宣王能修政事，外攘夷狄，復文武之境土，脩車馬備器械，復會諸侯於東都，因田獵而選車徒。

漢武帝建元三年，南獵長楊。

元帝永光五年冬，幸長楊，射熊館，布車騎大獵。

成帝元延二年冬，行幸長楊宮，從胡客大較獵。較謂以木自相貫穿爲蘭較耳。較有職云，六廐既較，則以遮攔，爲義也。較獵者，大爲蘭校以遮禽獸而獵取也。軍之幡旗雖有較名，本因部較，此無豫也。宿萯陽宮，賜從官。楊雄稱成帝將大誇胡人，以多禽獸。秋，命右扶風發民入南山，西自褒、斜，東至弘農，南敺澤中，張網羅罝，捕熊、羆、豪猪、虎、豹、狖、狐、戄兔、麋鹿，載以檻車。輸長楊射熊羆，以網爲周阹，縱禽獸其中，令胡人手捕之，自取其獵，上親臨觀焉。

後漢明帝永平十五年冬，車騎較獵上林苑。

安帝延光二年十一月甲辰，較獵上林苑。

順帝永和四年十月戊午，較獵上林苑，歷函谷關而還。

桓帝永興二年十一月甲辰，較獵上林苑，遂至函谷關而還。賜所過道旁年九十以上，錢各有差。

延熹元年十月，較獵廣成遂，幸上林苑。

六年十月丙辰，較獵廣成遂，幸函谷關，上林苑。

靈帝光和五年十月，較獵上林苑，歷函谷關，遂巡狩于廣成苑，十二月還宮。

魏文帝黄初二年正月甲戌，較獵至原陵。

四年八月辛未，較獵于滎陽。

後魏道武皇始元年春正月，大蒐于定襄之虎山，因東幸善無北陂。

天興六年七月戊子，北巡築離宮于犲山，縱士較獵東北踰嶺出合代谷。

天賜三年正月甲申，北巡幸代山宮，較獵至孤山。

明帝永興四年七月，東巡已卯，大獮于石會山。戊子臨去畿陂觀漁。庚寅，至于濡源，西巡，幸北部諸落，賜以繒帛。八月庚戌還宮。壬子，幸西宮，臨版殿，大饗羣臣，將吏以田獵所獲，賜之。

五年六月，西幸五原，較獵于骨羅山，獲獸十萬。

神瑞二年四月，北巡。五月丁亥，次於參合東幸大甯。丁未田于四碑山。六月戊午幸去畿陂觀漁。辛酉，次于濡源築立蚌臺，射白熊於頽牛山，獲之。

泰常元年六月，北巡。七月，自白鹿陂西行，大獮於牛川。

二年五月，西巡至於雲中，遂濟河田於大漠。十二月庚申，田於西山，癸亥還宮。

四年正月壬辰朔，臨河大蒐于犢渚。癸卯還宮。四月庚寅朔，觀漁于灅水。已亥還宮。復一年租賦。十二月癸亥，西巡至雲中，踰白道北獵野馬於辱孤山，至于黄河從君子津西渡大狩於薛林山。

六年七月，西巡獵于柞山，親射虎，獲之。遂至於河，八月庚子，大獮于犢渚。

大武神䴥元年四月壬子，西巡。戊午，田於河西，大赦。十一月行幸河西，大較獵。十有二月甲申，還宮。

二年十一月，西巡田于河西，至柞山而還。三年春，正月庚子還宮。

三年八月，行幸南宫，獵于南山。

四年十月幸漠南，十一月丙辰，北部敕勒莫弗庫若于率其部數萬騎，驅鹿數百萬，詣行在所。帝因而大符以賜從者，勒石漠南以記功德。十二月丁丑，還宮。太延元年七月，田稠陽。十一月乙丑，行幸冀州，己巳較獵於廣州。

二年八月，較獵於河西。

太平眞君五年八月，田於河西。

九年二月，幸長安，存問父老。丁亥，幸昆明池，遂田於岐山之陽。

十年三月，蒐于河西。庚寅，還宮。

十一年二月，大蒐於梁川。六月，北廵陰山。八月辛丑，田于河西。

文成太安元年六月戊寅，畋於犢倪山。甲申還宮。

三年正月壬戌，畋於崞山。戊辰還宮。五月庚申，畋於松山，己巳還宮。

四年二月，幸信都，畋游於廣川。三月丁未，觀馬射於中山。六月丙申，畋於松山。八月丙寅，遂畋于河西。獻文皇興元年十月，田于郍男池。

二年二月癸未，田于西山，親射虎豹。五月乙卯，田于崞山，遂幸繁時。辛酉還宮。十月，田於冷泉。

三年四月丁酉，田于崞山。

後周武帝保定元年十一月丁巳，狩于岐陽。十二月壬午，至自岐陽。

建德五年正月癸未，幸同州。辛卯行幸河東，涑川，集關河東諸軍較獵，甲午還同州。

隋煬帝大業三年六月辛巳，獵於連谷。隋制軍人每年孟秋閲戎俱，仲冬教戰法。是年冬，煬帝在榆林，突厥啓民及西域、東胡軍長，並來朝貢。帝欲誇以兵甲之盛，乃命有司陳冬符之禮。詔虞部近出南北周圍二百里，並立表記。前狩二日，兵部建旗于表所。五里一旗，分爲四十軍，軍萬人，騎五千匹。前一日，諸將各率其軍，集旗下。鳴鼓，後至者斬。詔十三道使，並楊旌建節，分號申令，即晋所監獵。布圍，圍厥南面，方行而前。帝服紫袴褶、黑介幘，乘闟猪車，其飭如木輅，重軔漫輪，蚪龍繞轂，漢東京鹵薄所謂獵車者也。駕六黑驍。太嘗陳鼓笳鐃簫角于帝左右，各百二十。官戎服騎從，鼓行入圍。諸將並鼓行赴圍。乃設驅逆騎千有二百。闟猪停軔，有司斂大綏，王公以下，皆整弓矢，陳于駕前。有司又斂小綏，乃驅獸出，過帝前。初驅過，有司整御弓矢以前，待詔。再驅過，備身將軍奉進弓矢。三驅過，帝乃從禽，鼓吹皆振，左而射之。每驅必三獸以。帝發，抗大綏。次王公發，則抗小綏。次諸將發射之，無鼓，驅逆之騎乃止。然後三軍四夷百姓皆獵。凡射獸，自左而射之，達于右腢，爲上等。達右耳本，爲次等。自左腢達于右髃爲下。羣獸相從，不得盡殺。已傷之獸，不得重射。又逆向人者，不射其面。出表者不逐之。田將止，虞郁建旗于圍內。從駕之及諸軍鼓俱振，卒徒皆噪。諸獲禽者，出獻于旗所，致其左耳。大獸公之，以供宗廟，使歸，薦腊于京師。小獸私之。

五年四月己亥，大獵於隴西。

唐高祖武德九年十二月乙酉，幸周氏陂過故莊。丙戌，較獵，置酒高會，極歡而罷，賜錢絹各有差。

二年十月，幸華陰。十二月，狩於華山。

三年正月，較獵於渭汭。十二月甲辰，臘較獵於渭北，即日還宮。

四月閏十月壬戌，較獵於好時。乙丑，較獵於九嵏山。丁卯，較獵於仲山。戊辰，較獵於清水谷，遂達三原。十二月庚辰，臘較獵於杜陵原，即日還宮。

五年十一月癸卯，較獵於富平之北原。十二月丙辰，較獵於華池之萬壽原，白鹿見，帝親御弧矢，射而獲之。

六年二月戌午，較獵於驪山，獲白鹿。十月己未，幸華陰。庚申，較獵於白鹿原，十一月丁亥，較獵於華山之陰。十二月甲寅，至自華陰。

七年十二月丁卯，幸躍龍宮，戊辰，較獵於高陵。

八年四月甲申，幸鄠縣，獵於甘谷。丙戌，至自鄠縣，十月辛巳，周氏陂，較獵於北原。壬午，幸躍龍官。十一月辛卯，幸宜州，較獵於西原。癸未，較獵於華州池之北原。十二月庚辰，臘。帝曰：『臘，獵以供宗廟。朕當躬其事，以申孝享之誠。於是車駕出廵，狩於鳴犢泉之野。』是日，宴從官，賚物綵帛各有差。

太宗貞觀四年十月辛丑，較獵於貴泉谷，賜將士帛，有差。甲辰，較獵於魚龍川，親自射鹿，獻於太安宮。十二月甲辰，臘狩於鹿苑，見野人多，藍縷遺侍中王珪賑賜貧人焉。乙巳，至自鹿苑。

五年正月癸酉，大蒐於昆明池，蕃夷君長咸從，帝謂呂王麴文泰曰：『丈夫在世，樂事有三耳。天下太平，家給人足，一樂也；草淺獸肥，以禮田狩，弓不虛發，箭不妄中，二樂也；六合大同，萬方咸慶，張樂高宴，上下歡洽，三樂也。今日王可從禽，明當歡讌耳。』丙子，至自昆明池，親獻禽于太安宮。十二月正月，幸溫湯。癸卯，較獵於驪山。

七年十一月丙辰，狩於少陵原。戊午，至自少陵原。

十一年二月壬午，較獵於鹿臺，嶺三月。辛亥，大蒐于廣成澤。十一月乙未，狩於濟源之山，親御弧矢，帝曰：『古者先驅，以供宗廟。今所獲鹿，宜令有司，造酺醢以充薦享。」

十二年十月，狩于始平。

十三年二月，幸長春宮。乙亥，蒐于河濵。十二月壬辰，臘狩於咸陽。癸巳，至自咸陽。

十四年閏十月甲辰，幸同州，狩於堯山。庚戌，輿駕還宮。十二月壬辰，臘，較獵於樊川，遇大雪，其夜觧圍，乙巳，輿駕還宮。

十五年十月辛卯，較獵於伊闕。辛丑，輿駕還宮。

十六年十一月丙辰，輿駕西狩于武功。壬戌，大較獵于岐山之陽。十二月甲辰，狩于驪山，帝登山頂，見圍斷顧，謂從官曰：『此山險絶，馬蹄不通，緣危越澗，人亦勞止，若依軍令，闕圍有罪，朕爲萬乘主，不可登高就下察，人之過，乃廻馬避之。」

十八年十月甲寅，輿駕幸雒陽宮。巳巳，狩于澠池縣天池。十一月壬申，至雒陽宮。

二十二年二月巳卯，蒐于華原。

高宗顯慶二年十月，幸許州狩於滍水之南。行三驅之禮，設次於尚書臺，以觀之許州，長史封道弘奏言：『尚書臺本因漢南郡太守馬融講尚書於此，因以爲名。今陛下親降此臺，以觀較習，請改爲講武臺。」從之五年八月甲寅，幸許州。十二月辛未，較獵於長社之安樂川。

龍朔元年冬十月，狩于陸渾縣。戊辰，較獵於韭山上。自射禽獸，獲鹿及雉兔數十，令代官厨應烹之，羊盡放令長生焉。

總章三年九月巳亥，幸九成宮。壬寅，停華林頓，大蒐于岐。

咸亨二年十二月，車駕幸許州。癸酉，陳冬狩之禮，因較獵于許州華縣，昆水之陽。

五年十一月丙午，朔車駕，發京師，幸東都。巳酉，畋于華山之曲武原。

中宗神龍元年十月乙丑，幸新安畋游而還。

玄宗光天元年十月癸卯，太上皇幸新豐，獵於驪山之下，命從官宴設樗蒲焉，賜帛各有差，十二月癸卯，帝幸新豐之温湯，便獵於渭川。

二年十月甲辰，畋于渭川。

開元三年十月，制曰：昔周有岐陽之蒐，漢有扶風之命，或講師習武，跨胡曜威，故王者狩，必以時。虞人招之以禮，時則遠矣。朕自祇應圖籙于今，四年每巡幸郊畿，不出百里，且愛力而節用，豈盤遊而好樂間者。四方無事，百穀有成，因孟冬之月，臨右輔之地，戒兹五較，爰備三驅，非謂獲多。庶以除害，一昨長圍，巳合大綏未舉，而夜間朔風，天降微雪，狐裘且御，未免祁寒。鶉衣不充，寧堪凍露，朕便截較獸，要輕禽。以此游娱。孰云矜恤，況爲之父母，育彼黎元，中宵耿然，明發增惕，其圍兵並放散。各賜布一端，綿一屯，圍將賜物三十段，副使二十段，押官十段，岐州兵馬於此給付，餘兵馬至京請受。

八年十月辛巳，幸長春宮，壬午，畋于下邽。

十年冬十月甲寅，幸壽安之故興泰宮，畋于宜川。庚申，至自故興泰宮。

十四年，幸壽安于方秃川。

十七年十二月乙丑，較獵渭濵。

代宗大曆七年冬十月壬子，畋于禁苑，一發連中二兔，遣使出示宰臣，仍賜之宰臣等，拜舞稱慶。

德宗貞元八年十二月甲辰，臘畋于城南。

十年十二月，臘令諸衛將軍畋于南城。

十一年十二月戊辰，臘畋於苑中，止多殺行，三驅之禮，軍士無不知感，畢事，幸左神策軍營，勞軍饗士而還。

穆宗元和十五年十二月庚辰，臘畋于城南，左右中尉策六軍等使並扈駕。長慶二年十月巳卯，帝繇複道出城，狩于咸陽，即日還宮。十一月癸酉，幸華清宮，遂狩于驪山，即日還宫。武帝會昌六年十一月，幸涇陽，較獵白兔原。

後唐莊宗天祐十一年，平燕薊還。正月至衡唐，巳亥，帝與趙王，王鎔畋於衡唐之西，至界而別。

同光元年十月庚子，帝畋於汴水之陽，際夜還宮。

二年八月庚午，車駕，幸西苑，試鷹以畋。甲申，畋於西苑。九月癸卯，畋於西北近畿。癸亥，田於石橋。十一月癸亥，田於石橋。戊申，田於西北近甸，至瞑還宮。十二月戊辰，幸西苑，較獵。庚申，輿駕出開化門，較獵至夕還宮。巳丑，輿駕幸龍門，較獵於彭婆店。癸卯，大畋於伊闕，侍衛金搶馬，萬餘騎，從帝一發强大鹿。從臣稱慶，是夜，駐蹕於張全義之別墅。甲辰，涉歷山川，六軍衛士，獲禽者衆。帝皆勞以繒帛或錦袍銀帶，是夜，駐蹕伊闕縣。乙巳，自伊闕分環衛，諸軍騎士，馳鹿山谷間，暮未合圍。夜二鼓，駐御營於湛澗。是夜，騎士有顛墜崖谷而斃，及折傷手足者甚衆。丙午，復分衛兵分獵，殺獲數萬計。是夜，二鼓一籌，歸京城。街市火炬，如晝丁未，百官赴中興殿，問起居，賜羣臣鹿肉。

三年，車駕在鄴，辛酉，帝出崇明門，試鷹犬。日暮還宮。癸亥，帝出北門，至王莽河射鴈，日晚還宮。丁亥，帝出北門較獵，至夜還宮。乙亥，駕出北門，至王莽河射雁。乙酉，帝出北門，射鴨於郭泊，至夜還宮。庚寅，帝出北門射雁。九月丁巳，帝出師子門，射雁於尖山，至晚還宮。十二月庚辰，大雪，帝以臘辰，狩於白沙。

四年二月，帝出西師子門，至冷泉較獵，至晚還宮。

明宗天成元年十二月壬辰，帝出畋，自定鼎門供頓於甘水亭，晡晚還宮，臘辰也。

二年十二月甲辰，臘狩於東郊，圍合萬騎，賜宰臣學弓矢，爲從禽之樂，迨暮歸內。

三年十二月甲辰，臘狩於近郊，一鼓歸內。

四年十一月甲戌，車駕出近郊，試夏州所進白鷹。十二月甲辰，車駕畋於龍門，南至夜，還宮臘辰故也。

長興元年十月，車駕出師子門，畋於近郊。十二月丙辰車駕出金耀門，獵於西山下，臘辰故也。至晚還宮。二年十二月乙卯，帝出金耀門，獵于西郊。

三年十二月戊辰，帝獵于京西南圍合親，射中走鹿。從臣皆賀，宴於梁村，申時還宮。

晉少帝天福八年十二月臘，詔陝府節度使，畋於近郊。

開運元年十二月巳亥，朔幸皐門，射中白鹿。

二年十月戊寅，帝行硯臺，射中伏兔，隨行節度使進馬慶之。至暮還宮。巳巳，帝出京城，巡幸西北，至皐門村，射中二兔，幸沙臺，賜從官酒食，至晚還宮。

周世宗顯德五年十月壬辰，帝出長慶門，獵於近郊，宰臣及江南两浙進奉使皆從焉。十一月甲子，出迎秋門，薄狩於近郊。十二月甲午，出迎春門，薄狩於近郊，上親射雉兎共三隻。

金 元好問《續夷堅志》卷三《獵犬》 泰和五年，道陵獵雲龍川。興州羣犬，宗室咬住進數犬，云：『可備射虎。』因上令試之。犬見虎，一前出誘之，虎奔逐，衆犬羣起，或前或後，左古伺便搏嚙。㞕艱於周旋，或怒躍一二丈，意欲逸去，而群犬隨及，虎既困而卧，衛士前射之，竟斃於羣犬。

元 佚名《元典章・兵部》卷五《捕獵》

打捕

【休賣海青鷹鶻】至元五年二月，中書右三部，承奉省劄欽奉聖旨：『打著海青好鷹鶻，休教賣了。賣了底人，有罪過者；買底人，有罪過者。』欽此。如有打到海青好鷹鶻，如法收養，本処官司相驗，是實申慶，本管官司呈省施行。

【禁捕鶖鵓鵝鶻】至元八年十一月，尚書省劄付：該先欽奉聖旨，節該：『打捕鷹房民戶，天鵝、鶖、老、仙鶴、鴉、鶻休打捕者。私下賣的，不揀誰，拿住呵，賣的人底媳婦、孩兒每，便與拿住的人者。』欽此。已經依上禁約去訖。今月十二日準中書省咨該：『欽奉聖旨「天鵝、鶖、鵓、鴉、鶻好生禁斷者。除這的以外，鴨、鴈其餘飛禽，諸人得打捕者。」欽此。』

【打捕鷹房影蔽差役】至元十六年六月，宣慰司承奉中書省劄付：該欽奉聖旨內一款：應管打捕鷹房人匠官，多將各処富強人戶，不問是否打捕鷹房人匠，妄以入數，影蔽差役。據已收戶內若有從來不係此色人，不閑此等藝，即仰分付合屬為民。違者治罪。

【打捕鷹鶻擾民事】至元三十一年六月二十三日奏，月的迷失在前欽奉先皇帝聖旨：打捕的鴉、鶻、黃鷹、角鷹、雙鳻：好底，差人將上來者；歹底，他那裏飛放著。麼道，聖旨有來。奏呵，奉聖旨：依著先皇帝聖旨者。麼道，聖旨了也。欽此。又於七月十八日，昔搏赤木發剌傳奉聖旨：荅剌罕將來底鴉鶻歹有，月的迷失根底說者，他不錯了有？將鴉鶻來者。差好人將上來者。麼道，欽此。

【禁打捕禿鶖】中書省大德三年七月十八日，奏過事內一件：『楊州、淮安管著地面裏，生了蝗蟲呵，止打的其間，五千有餘禿鶖飛將來。不怕打蝗蟲人每，啗喫了蝗蟲，飽呵，卻吐了，再喫。飛呵，一処飛起來，教翅打落，都吃了有。與將圖子有。看了圖子奏呵，百姓每道是「麼道聖旨有呵，自來不曾聽得這般勾當，皇帝洪福也者。」這般說有。』奏呵，奉聖旨：『您行文書，這飛禽行休打捕者。好生禁了者。』欽此。

圍獵

【捕虎皮肉充賞】至元二十一年八月，行御史臺據監察御史呈：『若有虎獸害民去処，召募獵戶慣熟射虎人等，用心捕殺。獲虎一隻，照依行省體例，年銷錢內官給賞鈔三十兩。捕虎不廠，取招斷罪。』為此，荊湖行中書省移準中書省咨，送兵部議得：『如依行臺監察御史所呈，殺虎一隻，官給賞鈔三十兩，切恐一等小民生貪賄之心，不閑此藝，反傷其命。參詳：如有虎害去處，擬令本處官司嚴行督勒官兵及打捕之人，多方捕殺。如或不係應捕之人，自願設機捕獲者，皮肉給付本人以充賞賜，似為相應。』都省詳呈，咨請照驗施行。

【大大蟲休將來】至元二十三年二月，行省準中書省咨：十一月二十五日準蒙古文字譯該，脫亦納、帖哥言語，奉聖旨：『今後蠻子田地裏，大大蟲休將的來者。雖將來的呵，那裏的省官人每休交來者。』麼道，聖旨了也。欽此。

【收拾石虎皮】中書省大德十一年十二月初六日，特奉聖旨：『「蠻子田地裏，似八兒思、烈納的皮子一般，石虎兒皮子出有。」麼道。如今你提調，各処行了文字，尋者呵，鋪馬裏與將來者。』麼道，聖旨了也。欽此。

【禁治圍獵擾民】至元二十二年正月，行御史臺準御史臺咨該：照得諸路大小官員人等，不時管內飛放圍獵，引領無賴子弟，所至取索飲食及馬匹料草，今百姓橫被搔擾。今後內而監察御史，外而各道按察司，嚴行糾察，仍許諸人告首，如有違犯之人，取問是實，將所食用過民間物色計贓坐罪，亦革去擾民之一端。本臺除外，咨請照驗施行，合屬糾察禁治施行。

【漢兒人不得懸帶弓箭圍獵】延祐三年正月，御史臺咨承，奉中書省劄付：延祐元年十二月初一日，拜住怯薛弟二日，奏過事內一件：『去年為漢兒人執把弓箭圍獵的上頭，衆達達官人每一同商量了，定下罪犯，行下文書來。如今又漢兒人執把弓箭圍獵的多有，問呵，推稱是漢軍。側近有的各衛翼漢軍每的弓箭，只這裏各營裏收拾，著當身役出去呵，給付與它每也者。各州縣官的漢兒軍人每的弓箭有呵，交奧魯官每提調收拾著，當身役呵，交給付與它每。除捕盜弓兵外，其餘但是漢兒百姓人每的有呵，交側近管民官提調著拘收了，報將數目來者。今後漢兒人執把弓箭圍獵的有呵，依在前立定來的罪犯之上，加一等要罪過呵，怎生？又貴赤、呵速、兀理養罕、探馬赤等各枝兒人每，為與漢兒人每一処交參住的上。』

飛放

【鷹鶻顏色捽皮】中書省劄付：至元二十一年十一月二十一日，鷹房子撒的迷失說稱：『俺為上位的鷹鶻失了，與諸人的鷹鶻分辨不得上，奏呵，奉聖旨：「百姓的諸人鷹鶻每，腳上拴繫的捧皮，使用黑色皮子者，休用紅紫雜色皮子。」欽此。』

【禁鴉鶻帶哨子】至元二十四年五月，準中書省咨：傳奉聖旨：『鴉鶻休帶哨子，行文字禁斷者。』欽此。咨請欽依禁斷施行。

【有體例飛放打圍】至元二十九年，福建行省準中書省咨：御史臺呈：至元二十九年二月十七日，奏過事內一件：『「牙亦迷失省得底，和官人每奏。」麼道，奏呵，讀著他底文書聽呵，內一件：「蠻子田地裏，飛放打圍底多有。損壞了軍每底馬，百姓每也生受有。依這裏底聖旨體例裏，有體例飛放打圍底，交脫歡分間了。無體例底根底罷了呵，軍民得濟有。」』麼道，奏呵，不索尋思，那般者。麼道，聖旨了也，欽此。

【軍官休飛放】御史臺準樞密院咨：至元三十年二月初九，聖旨：有時分，火兒赤等有來。『不憐吉歹將鷹鶻進呈呵，今後軍官每，軍人每，休飛放者。中與不中的鷹鶻休將來者。沿路百姓生受有。好鷹鶻拿住呵，將來者。這般道了呵，飛放的軍官，每軍人每，要罪過者。麼道，聖旨了也。欽此。

【禁擾百姓】御史臺承奉中書省劄付：大德二年五月初十日，奏過事內一件：『先出去山後放鷹的昔寶赤每的馬疋，在先這裏與四五日的料，負帶將出去來。去年有收成時節，部官每憑孛可孫的文字，「宿頓去處與草料者」麼道，行文字呵，十里、二十里沿著村店宿睡，百姓每根底要草料，多搔擾百姓每來。山後並口子裏住底百姓每，從秋裏俺根底告到，「如今去年收了些小田禾底上頭，當的過來；今年不曾收田禾，如今又似去年呵，俺當不過。」麼道，說有。俺商量來，在先這裏與他每草料，負帶將去來。如今休交百姓每処強索要，斟量著宿頓，與十日草料錢，沿路教他每罪者。俺也差人教休究。只兒哈郎那的每根底也說與，教他每也整治著出去呵，怎生？』奏呵，奉聖旨『那般者。教百姓每生受呵，著落您每，麼道，只兒哈郎根底說與者。』欽此。

【題名放鷹】中書省咨：大德三年三月初三日，速古兒赤等奏：『「外頭放鷹的多有。共省官每一處商量了，說者。」聖旨有來。行省官每內平章每，宣慰司官內為頭兒的一個，放鷹。除那的每之外，題名兒道來的，放鷹也者。』其餘的，不教放鷹呵，怎生？』奏呵，『依您商量來的，教放鷹者。』聖旨了也。重喜在先放鷹來那無？問呵，『放鷹有。』奏呵，『數放鷹者。』聖旨了也。又賽典赤教：『俺根腳裏是昔博赤。來我的兄弟鳥馬兒在福建省裏有。放鷹的，交奏有。』奏呵，『教放鷹者』聖旨了也。又不忽術交奏：『小飛禽兒於我的病證得濟有來。鶻子、籠朶放那，怎生？教奏有奏。』呵，『教放鶻子、籠朶者。』麽道，聖旨了也。塔出也著放鷹者。聖旨了也。欽此。

【禁採鵰鵓事】中書省大德十一年十二月初六日，特奉聖旨：『「春秋天鵝、鶖、鵓所在前落的少。」磨道。如今你親自去有。蠻子田地裏自由飛放的、使叉的、使網，索拿的，你提調各処行文書禁著。』麽道，聖旨了也。欽此。

【昔寶赤擾民】至大四年八月□，無具體日期日。福建廉訪司承奉行臺劄付：準御史臺咨，承奉中書省劄付：至大四年四月初九日，特奉聖旨：『昔寶赤愛馬裏，休教漢兒人行者。這般宣諭了呵，他每的頭目影占著那般人每都行的，事發呵，斷沒他底一半家私者。有告首出末的呵，與賞者。河間等路所管地面裏昔寶赤每，時常於百姓人家房子裏掛著鷹掉頭，搔擾百姓有。如今你那路分裏每，委付有紀綱，好生拿住這般人每，似鷹掉頭一般，將他每吊著者。』麽道，聖旨了也。欽此。

【禁約飛放】延祐三年五月，江浙行省準中書省咨：蒙古文字譯該：『中書省官人每根底，完者知院、禿堅不花院使、即列、買閭院使言語：薛禪皇帝時分，自正月初一日為頭，麞、鹿、野豬、獐兔等不揀甚麽走獸，放鷹犬的人每禁斷有來。如今雖是禁斷呵，放鷹犬的、射的，也多有。如今省裏交行文書，依在先體例，自正月初一日，為頭，麞、鹿、野豬、獐兔等，不揀甚麽走獸裏，放鷹犬的、射的人每根底，交住罷著。若有殺走獸的、放鷹犬的、射的人每根底遇著，當日騎的鞍馬、穿的衣服、弓箭、鷹犬他每的，要了，打六十七下呵，怎生？奏呵，「那般者。省裏教行文書，各路、各縣裏省會著，嚴切整治者。」麽道，聖旨了也。』欽此。

違例

【禁地圍場奴告主者為良】至元七年六月，尚書刑部承奉尚書省劄付該：準中書省咨：欽奉聖旨：『今後禁地內除狼、虎、野狐外，如有圍獵底人，若奴婢首告出來，斷為良者。』欽此。

【蒙古軍圍獵不斷鞍馬】至元七年九月，尚書省據刑部呈：『順天路申：捉獲禁地內圍獵俺赤官人下達達脫忽赤三人，斷訖罪犯，奪到馬疋、弓箭、衣服等。乞發落事。』省府照得近為河間路興濟縣武生簿拿獲蒙古軍人塔刺海、伯眼察兒等六人禁地內射死野雞五個，欽依聖旨，行下樞密院歸斷。回據本院呈：『照得至元三年十二月十八日奏奉聖旨：「軍人圍場，休要馬疋、衣服、弓箭，教打者。」欽此。未審犯人馬疋、衣服，合無奪要。』移準中書省咨：『如塔刺海等六人委係蒙古軍人，欽依已降聖旨事意，除馬疋、衣服、弓箭免追外，據罪犯，依理歸斷施行。』省府除外，仰照驗，如脫忽赤三人委係蒙古軍人，欽依聖旨事意，將斷到馬疋、衣服等物回付各人收管施行。

【禁地內放鷹】至元十年九月，中書兵刑部承奉中書省劄付該：斡忒哥、撒裏蠻傳奉聖旨：『斷事官、達魯花赤官人每：回回、漢兒諸色人等，今後折麽諸般鷹鶻，都休放者。東至灤州，南至河間府，西至中山府，北至宣德府，已前得上司言語來底，休放者。若有違犯底人呵，將他媳婦孩兒每、頭疋、事產，都斷沒也者。』欽此。

【禁治飛放】元貞三年二月，建寧路承奉行省劄付：檢會到先欽奉聖旨：『蠻子田地裏有的行中書省、行樞密院、行臺為頭勾當裏但行踏官人每根底，通事每根底，民戶每根底，您每行閑雜飛放有。道。如今咱每行飛放的不曾道的上頭，別個勾當裏但行的官人每根底別、個通事每，揀麽是誰飛放呵，鷹拘每行他每的，合收的拘收者，道了。這般宣諭了，私下擅自飛放的行拿著呵，依在先聖旨體例裏，那箇日頭裏騎的鞍馬、弓箭、鷹狗行，那箇日頭裏穿的襖了、衣服他每的，要了，打七下者。聖旨俺的。』欽此。已經遍行各處欽依去訖。今體知得各路府州司縣並宣使亦不刺金說稱：『一等不務營生、遊手好閑破落戶人等，聚集群黨，所到去處，詐稱官豪勢要之家養放鷹鶻昔博赤並放馬人等，以鷹食馬料為名，百般索要酒食頭牲，搶奪錢物。倘若不從，便行打拷，使被害平民無所伸訴。及過往軍人，亦搔擾百姓。若不嚴行禁治，深為未便。』省府合下，仰照驗施行。

【禁地打野物】元貞三年正月，御史臺咨：奉中書省劄付該：『準都省議得：今後禁地內私打野物之人，巡警官親獲者，約會有司歸斷。諸人告指，月日懸遠，別無顯跡，準擬革撥。』承此。本臺照得即係為例事理，咨請依上施行。至大四年三月十八日，登寶位詔書內一款：百姓禁地內打捕野物者，仰管圍場官與各処有司一同斷罪，毋得似前斷沒家產。

【禁治打捕月日】大德元年二月十八日，欽奉聖旨節該：昔兒哈剌教奏：『在前，「春裏夏裏，不揀是誰，休打捕者。」麼道，薛禪皇帝行了聖旨來。如今外前的百姓每哏打捕野物有。』麼道，奏來，『在前正月為攘羔兒時分，至七月二十日，休打捕者。打捕呵，肉瘦，皮子不成用，可惜了性命。野物出了踏踐田禾。麼道，依在先行了的聖旨體例，如今正月初一日為頭，至七月二十日，不揀是誰休打捕者。打捕的人，每有罪過者。』道來，聖旨。欽此。

【禁治打捕兔兒】大德元年五月十八日，欽奉聖旨：『大都週迴外前有底城子等處，打捕著兔兒，街上賣的多有。』麼道，說有。咱每飛放行時分，比在前哏希少了有。如今自大都八百里以裏，休打捕兔兒者。打捕鷹房子每，『許令交飛放』道來的人每，於各各標撥到的地面裏，合打捕的時分，打捕者。徐這的每外，不揀是誰，休打捕者。既這般宣諭了呵，八百里以裏打捕兔兒的人每，有罪過者。道來，聖旨。雞兒年三月十八日，荅蘭不剌有時分寫來。

【禁肉打死獐兔】大德七年五月，行臺準御史臺咨：據江北淮東道廉訪司申：『淮東淮西屯田打捕揔管府牒呈：「桃源縣民戶朱伴舊等狀招：於大德六年六月初四日，因飲牛，於黍子地內根趕起野豬一口，為王課僧、高福等一同將野豬打死。及安東州判托普化駈忻都狀招：大德二年六月廿一日，忻都放馬疋，與李午兒等於鳳皇敦打死水滰獐子二隻、滰死羔兒四個、兔子二隻罪犯。」會驗欽奉聖旨節該：「如今正月初一日為頭，至七月二十日，不揀是誰休打捕野物者。打捕的人每有罪過者。」欽此。看詳：高福等罪犯，即與私偷圍場不同，及非禁斷地面，若便量情斷罪，慮恐差池。』呈奉省劄：『送刑部照擬，回呈：「議得：高福、朱伴舊等所因情罪，若以私偷圍場一體斷沒，即非故犯。止據各人不應罪犯，量擬為首決一十七，下為從笞七下。仍令合屬官司照勘合禁圍場地內，指定四至邊界，毋致人民違犯相應。」都省議得：忻都等所犯，量擬為首決二十七下，為從一十七下，元奪物件追給本主。餘準部擬。仰依上施行。』

清　高士奇《左傳紀事本末》卷一四《城築蒐狩因事別見者不更載**》**

隱公元年夏四月，費伯帥師城郎。不書，非公命也。新作南門。不書，亦非公命也。七年夏，城中丘。書，不時也。九年夏，城郎。書，不時也。桓公十六年冬，城向。書，時也。莊公二十八年冬，築郿，非都也。凡邑，有宗廟先君之主曰都，無曰邑。邑曰築，都曰城。二十九年春，新作延廄。書，不時也。凡馬，日中而出，日中而入。冬十二月，城諸及防。書，時也。凡土功，龍見而畢務，戒事也，火見而致用，水昏正而栽，日至而畢。僖公二十年春，新作南門。書，不時也。凡啓塞從時。文公十二年，城諸及鄆。書，時也。宣公八年，城平陽。書，時也。成公九年，城中城。書，時也。十八年，築鹿囿。書，不時也。襄公十三年冬，城防，書，事時也。於是將早城。臧武仲請俟畢農事，禮也。昭公九年冬，築郎囿。書，時也。季平子欲其速成也，叔孫昭子曰：詩曰：經始勿亟，庶民子來。焉用速成，其以勦民也？無囿猶可，無民，其可乎？定公十五年冬，城漆。書，不時告也。以上城築。桓公四年春正月，公狩於郎。書，時，禮也。六年秋，大閱，簡車馬也。昭公八年秋，大蒐於紅，自根牟至於商衛，革車千乘。以上蒐狩。

臣士奇曰：千仞之山，跛羊能陵之，以其迤也；數仞之牆，雖有賁、育，猝莫能越，以其峻也。城以保民，奈之何其可廢哉？顧城本為民防患於未然，而使之疲於工築，棄本業而起愁歎，則未然之患猶紓，而目前之困已劇矣；況登丘之呼，亦足動衆；梁伯之好，適以資敵。無城猶可，無民，將誰與國乎？是以先王之愛城，常不如愛民力。一歲之中，用民不過三日，而又必以農隙之時，使之手足寬然，得以縁南畝，仰事俯育，兩無所憾，而後本固邦寧也。春秋，凡用民，無論時之合否皆書，重民力也。魯之城中丘、城郎，皆以盛夏興役；而延廄之新，又當大無之後，其為草菅民命，全莫省憂，昭昭簡策，若夫襄十三年城防，昭九年築郎囿；皆在隆冬，於時合矣。而當時一欲早城，一欲速成，而臧武仲與叔孫昭子獨能為民請命，不亦仁人之心乎？然用民必書，而費伯城郎不書，新作南門不書，左氏求其說而不得，則皆曰：『非公命也』，竊謂不然。隱公之始年，猶未失政，安有非公命而擅興大衆以城者？至作南門，近在國都，而公弗知，隱其充耳乎？聖人削之，當自有故，不可求矣。若乃春蒐、夏苗、秋獮、冬狩，先王所以寓軍政於四時之田，而作其果敢之氣，使之嫻於步伐止齊，諳於鼓鐸鐃鐲，而蓄其威怒也。然必有常時，有定所，如魯狩大野，而郎則非所；蒐為春事，而紅則非時，並非所。且以紅之蒐考之，是時公室衰微，魯國兵權半歸季氏，自根牟至於商衛，革車千乘，掃境内以為此役，季實主之，於昭公何與？違天時，易地利，悍然直行其意之所欲，以為凡可以非禮動民，卽用以犯上作亂而莫敢忤，有如此蒐矣。故先儒以此為季氏履霜之漸也。吁！城築民力所繫，蒐狩軍政所關，力當留餘於下，政當操之自上，其可不加之意哉。

清 馬驌《左傳事緯》卷一二《蒐狩》 桓公四年春正月，公狩于郎，書，時，禮也。六年秋，大閲簡車馬也。昭八年秋，大蒐于紅，自根牟至於商、衛，革車千乘。

蒐苗，獮狩四時之田，獵所以教武習戰也。故振旅而蒐，茇舍而苗，治兵而獮，大閲而狩，三驅從禽，乾豆充庖之需，蓋國有常時，有常地，違者必書，以示戒焉。若郎、禚及紅、比蒲、昌間，皆非國内之地也。夏秋而蒐，秋而大閲，皆非時也。正月之狩，不違夏時，故傳曰禮，然而猶書者，郎非地矣。春秋之蒐狩多矣，何以不盡書？春秋之苗獮蓋亦有矣，何以絶不書？其書皆譏也，不書無譏也。國内之獵地有常，常則不書，故西狩以獲麟書，而不書大野，此其義云。

清 莊存與《春秋正辭》卷四《蒐狩》 春正月公狩於郎桓公四年

隱觀魚以五，桓狩以四，以位爲樂，日引月長，意廣心逸，見於此矣。以仲冬狩，非不時也，則何以書？狩不以地也。諸侯之狩有常所矣，郎，近郊邑也，三郊之田爲民恒産，下地猶當以牧實倉廩、脩武備，以爲民也。爲田驅獸曰田，反致獸於田，俄且以稼穡之地爲禽獸之地，築臺焉，築囿焉，卒恣爲佚游，取近於國而朝夕徃焉。郎不遠也，倣於桓之狩，淫於莊之臺，卒於昭之囿，而魯之國恤孰經營之乎？春秋之義行，則庶士交正，禹之明德也。非聖人誰能脩之！

春二月己亥焚咸邱。桓公七年。

焚林而田，暴天物也，誠痛之，而志之。且志其日焉，惡成矣。昆蟲草木，無不欲得其所，乃不仁如此哉。定火災者，軒轅氏，其人也，春田主火萊也，火弊，而田止，不移晷立，已何乃乘栗烈之氣，虐而焚。諸上帝之大禁也，難以免身時，不具矣。二百四十二年，不再見也，其可忽諸。

春八月壬午大閲。桓公六年。

八月，實李夏不時也，農事方盛，覿武乎哉。日以重之天殃加焉，妨神農之事，夫既自作孽矣，不可以不之重也，曷爲或言閲，或言蒐，備具而數之國，尚强也，闕壞而補之，國寖弱矣。舉國之衆而爲之曰：大非僭也，大蒐地，大閲，不地，非一地也。國之門營軍，軍壘焉。各就其軍壘，閲之，同日畢事焉。

藝文

漢 揚雄《揚子雲集》卷五《羽獵賦并序》 孝成帝時羽獵，雄從。以為昔在二帝三王，宫館臺榭、沼池苑囿、林麓藪澤，財足以奉郊廟、御賓客、充庖厨而已。不奪百姓膏腴穀土桑柘之地，女有餘布，男有餘粟，國家殷富，上下交足。故甘露零其庭，醴泉流其唐，鳳凰巢其樹，黄龍遊其沼，麒麟臻其囿，神雀棲其林。昔者禹任益虞而上下和，草木茂；成湯好田，而天下用足。文王囿百里，民以為尚小；齊宣王囿四十里，民以為泰大。裕民之與奪民也。武帝廣開上林，南至宜春、鼎湖、御宿、昆吾、旁南山；西至長楊、五柞；北繞黄山，濱渭而東，周袤數百里。穿昆明池，象滇河。營建章、鳳闕、神明、馺娑、漸臺、太液，象海水周流方丈、瀛洲、蓬萊，遊觀侈靡，窮妙極麗。雖頗割其三垂，以贍齊民。然至羽獵，甲車戎馬、器械儲偫、禁籞所營，尚泰奢麗誇詡，非堯、舜、成湯、文王三驅之意也。又恐後世復脩前好，不折中以泉臺，故聊因校獵賦以風之。其辭曰：或稱羲農，豈或帝王之彌文哉？論者云否，各亦並時而得宜，奚必同條而共貫？則泰山之封，焉得七十而有二儀？是以創業垂統者，俱不見其爽，遐邇五、三，孰知其是非？遂作頌曰：麗哉神聖，處於玄宫。富既與地乎侔訾，貴正與天乎比崇。齊桓曾不足使扶轂，楚嚴未足以為驂乘。狹三王之阨僻，矯高舉而大興。歷五帝之寥廓，涉三王之登閎。建道德以為師，友仁義與之為朋。於是玄冬季月，天地隆烈，萬物權興於内，殂落於外。帝將惟田於靈之囿，開北垠，受不周之制，以終始顓頊、玄冥之統。乃詔虞人典澤，東延昆鄰，西馳閶闔。儲積共偫，戍卒夾道：斬叢棘，夷野草。禦自汧渭，經營酆鎬。章皇周流，出入日月，天與地沓。爾迺虎路三嵕，以為司馬，圍經百里，而為殿門。外則正南極海，邪界虞淵。鴻濛沆茫，碣以崇山。營合圍會，然後先置乎白楊之南，昆明靈沼之東。賁育之倫，蒙盾負羽，杖鏌鋣而羅者以萬計。其餘荷垂天之畢，張竟壄之罘。靡日月之朱，竿曳彗星之飛旗。青雲為紛，虹蜺為繯，屬乎崑崙之墟。涣若天星之羅，浩如濤水之波，淫淫與與，前後要遮。欃槍為闉，明月為候，熒惑司命，天弧發射。鮮扁陸離，駢衍佖路，徽車輕武，鴻絧緁獵。殷殷軫軫，被陵緣坂，窮夐極遠者，相與列乎高原之上；羽騎營營，昈分殊事，繽紛往來，轠轤不絕，若光若滅者，布乎青林之下。於是天子乃以陽鼂，始出乎玄宮。撞鴻鐘，建九旒，六白虎，載靈輿，蚩尤並轂。蒙公先驅。立歷天之旗，曳捎星之旃。霹靂烈缺，吐火施鞭。萃從沇溶，淋離廓落，戲八鎮而開關。飛廉雲師，吸嚊潚率，鱗羅布列，攢以龍翰。啾啾蹌蹌，入西園，切神光，望平樂，徑竹林，蹂蕙圃，踐蘭唐。舉烽烈火，轡者施技，方馳千駟，狡騎萬帥。虓虎之陳，從橫膠轕，猋拉雷厲。驞駍駖磕，洶洶旭旭，天動地岋。羡漫半散，蕭條數千萬里外？若夫壯士忼慨，殊鄉別趣，東西南北，騁嗜奔欲。拕蒼狶，跋犀犛，蹶浮麋，斮巨狿，搏玄猨，騰空虛，距連卷，踔夭蹻，嬉澗間：莫莫紛紛，山谷為之風猋，林叢為之生塵。及至獲夷之徒，蹶松柏，掌蒺藜，獵蒙蘢，轔輕飛，履般首，帶脩蛇，鉤赤豹，摼象犀，跇巒阬，超唐陂。車騎雲會，登降闇藹，泰華為旒，熊耳為綴。木仆山還，漫若天外；儲與乎大浦，聊浪乎宇內。於是天清日晏，逢蒙列眥，羿氏控弦。皇車幽輵，光純天地，望舒彌轡，翼乎徐至於上蘭。移圍徙陣，浸淫蹵部，曲隊堅重，各案行伍。壁壘天旋，神抶電擊，逢之則碎，近之則破。鳥不及飛，獸不得過，軍驚師駭，刮野掃地。及至罕車飛揚，武騎聿皇，蹈飛豹，羂嘄陽。追天寶，出一方，應駍聲，擊流光。野盡山窮，囊括其雌雄，沇沇溶溶，遙噱乎紘中。三軍芒然，窮冘閼與，亶觀夫剽禽之紲踰，犀兕之抵觸，熊羆之挐獲，虎豹之凌遽？徒角槍題注，蹷竦讋怖，魂亡魄失，觸輻關脰。妄發期中，進退履獲，創淫輪夷，丘累陵聚。於是禽殫中衰，相與集於靖冥之館，以臨珍池。灌以岐梁，溢以江河，東瞰目盡，西暢亡涯，隨珠和氏，焯爍其波。玉石嶜崟，眩燿青熒，漢女水潛，恠物暗冥，不可殫形。玄鸞孔雀，翡翠垂榮，王雎關關，鴻鴈嚶嚶。羣嬉乎其中，噍噍昆明；鳧鷖振鷺，上下砰磕，聲若雷霆。乃使文身之伎，水格鱗蟲，凌堅冰，犯嚴淵，探巖排碕，薄索蛟螭，蹈獱獺，據黿鼉，抾靈蠵入洞穴，出蒼梧，乘鉅鱗，騎京魚。浮彭蠡，目有虞。方椎夜光之流離，剖明月之胎，珠鞭洛水之宓妃，餉屈原與彭胥。於茲乎鴻生鉅儒，俄軒冕，雜衣裳，脩唐典，匡雅頌，揖讓於前。昭光振耀，蠁曶如神。仁聲惠於北狄，武誼動於南鄰。是以旃裘之王，胡貉之長，移珍來享，抗手稱臣。前入圍口，後陳盧山。羣公常伯楊朱、墨翟之徒，喟然並稱曰崇哉乎德！雖有唐、虞、大夏、成周之隆，何以侈茲！夫古之觀東嶽，禪梁基，舍此世也，其誰與哉上猶謙讓而未俞也，方將上獵三靈之流，下決醴泉之滋，發黃龍之穴，窺鳳凰之巢，臨麒麟之囿，幸神雀之林。奢雲夢，侈孟諸，非章華，是靈臺。罕徂離宮，而輟觀遊，土事不飾，木功不彫。承民乎農桑，勸之以弗怠，儕男女使莫違。恐貧窮者不偏被洋溢之饒，開禁苑，散公儲，創道德之囿，弘仁惠之虞。馳弋乎神明之囿，覽觀乎羣臣之有亡。放雉兔，收罝罘，麋鹿芻蕘，與百姓共之。蓋所以臻茲也。於是醇洪鬯之德，豐茂世之規，加勞三皇，勗勤五帝，不亦至乎！乃祗莊雍穆之徒，立君臣之節，崇賢聖之業，未遑苑囿之麗，遊獵之靡也！因迴軫還衡，背阿房，反未央。

漢 揚雄《揚子雲集》卷五《長楊賦并序》 明年，上將大誇胡人以多禽獸。秋，命右扶風發民入南山，西自褒斜，東至弘農，南敺漢中，張羅網罝罘，捕熊羆豪豬、虎豹狖玃、狐兔麋鹿。載以檻車，輸長楊射熊館。以網為周阹，縱禽獸其中，令胡人手搏之，自取其獲，上親臨觀焉。是時農民不得收斂，雄從至射熊館，還，上《長楊賦》聊因筆墨衍成文章，故藉翰林以為主人，子墨為客卿以諷。其辭曰：子墨客卿問於翰林主人曰蓋聞聖主之養民也。仁霑而恩洽。動不為身、今年獵長楊。先命右扶風。左太華而右褒斜。椓嶻嶭而為弋。紆南山以為罝。羅千乘於林莽。列萬騎於山隅，帥軍踤，阹，錫戎獲胡。搤熊羆，拖豪豬，木擁槍纍，以為儲胥，此天下之窮覽極觀也。雖然，亦頗擾於農人。三旬有餘，其廑至矣，而功不圖。恐不識者，外之則以為娛樂之遊，內之則不以為乾豆之事，豈為民乎哉！且人君以玄默為神，澹泊為德，今樂遠出以露威靈，數摇動以疲車甲，本非人主之急務，蒙竊惑焉。【略】今朝廷純仁，遵道顯義，并包書林，聖風雲靡。英華沈浮，洋溢八區，普天所覆，莫不沾濡。士有不譚王道者，則樵夫笑之。意者以為事罔隆而不殺，物靡盛而不虧，故平不肆險，安不忘危。乃時以有年出兵，整輿竦戎，振師五柞，習馬長楊，簡力狡獸，校武票禽。乃萃然登南山，瞰烏弋，西厭月蜎，東震日域。又恐後代迷於一時之事，常以此為國家之大務，淫荒田獵，陵夷而不禦也。是以車不安軔，日未靡旃，從者彷彿，骫屬而還。亦所以奉太尊之烈，遵文、武之度，復三王之，田反五帝之虞；使農不輟耰，工不下機，婚姻以時，男女莫違；出愷悌，行簡易，矜劬勞，休力役；見百年，存孤弱，帥與之同苦樂。然後陳鐘鼓之樂，鳴鞀磬之和，建碣磍之虡，戛擊鳴球，掉八列之舞。酌允鑠，肴樂胥，聽廟中之雍雍，受神人之福祜。歌投頌，吹合雅。其勤若此，故真神之所勞也。方將俟元符，以禪梁父之基，增泰山之高，延光於將來，比榮乎往號。豈徒欲淫覽浮觀，馳騁秔稻之地，周流梨栗之林，蹂踐芻蕘，誇詡衆庶，盛狖玃之收，多麋鹿之獲哉！且盲者不見咫尺，而離婁燭千里之隅客徒愛胡人之獲我禽獸，曾不知我亦已獲其王侯。

《文選・楊雄〈羽獵賦并序〉》 孝成帝時羽獵，雄從。以爲昔在二帝三王，善曰：服虔曰：『士負羽也。』《高唐賦》曰：『傳言羽獵。』應劭曰：『堯、舜、夏、殷周也。』《春秋説題辭》曰：『《尚書》者，二帝之迹，三王之義，所以推期運，明命授之際。』向曰：『羽，箭也。言使士卒負箭而獵。從謂從成帝也。』宮館臺榭，沼池苑囿，林麓藪澤，財足以奉郊廟，御賓客，充庖厨而已。善曰：『財與纔同。』毛萇《詩傳》曰：『御、進也。』《禮記》曰：『天子無事，歲三田：一為乾豆，二為賓客，三為充君之庖也。』銑曰：『雄以為五帝三王之時池，臺林澤財幣，亦足可奉郊廟，禮賓客，充庖厨，何必羽獵也。』【略】又恐後世五臣作葉復脩前好，不折中以泉臺，故聊因《校獵賦》以風之音諷，五臣無之字。善曰：服虔曰：魯莊公築臺，非禮也。至文公毀之。《公羊》譏云：『先祖為之而毀之！勿居而已。今楊雄以宮觀之盛，非成帝所造，勿脩而已，當以泉臺為折中也。』韋昭曰：制或為折也。七略曰：《羽獵》，永始三年十二月上。校獵。李奇曰：『以五校兵出獵也。』濟曰：『後葉、後代也，前好、謂武帝奢侈之事。』向同善注。【略】田于靈之囿，開北垠，受不周之制。善曰：孟康曰：『西北為不周風，謂冬時也。』濟曰：『帝、成帝也，惟、思也。言將思田獵之事於靈囿也。』『垠、涯也。』冬尚北故云：『開北垠。』『不周，西北方之風。其風殺物，故王者取之以為制法也。』【略】徽揮車輕武，鴻胡弄絧徒弄緁五臣作捷獵。善曰：服虔曰：『鮮扁，戰鬪軍陣貌也。駢衍，軍壘駢衍也。』晉灼曰：『佖，滿也。徽，疾貌也。』《廣雅》曰：『武，健也。鴻絧，相連貌也。緁獵，相次貌也。』良曰：『徽，廣也。鮮扁，陸離陳列貌。駢衍，壘壁相連貌。佖路，言多也。謂疾車輕武之徒相連次也。』【略】獲夷之徒，蹶松栢，掌蒺藜，獵蒙籠，轔者輕飛。善曰：服虔曰：『獲夷狄者。蹶蹋也。掌擊之也。』《爾雅》曰：『茨蒺藜。』《孫子兵法》曰：『草樹蒙籠，輕飛，輕獸飛禽也。』翰曰：『獲夷，古之壯士也。能脚摧松栢，手掌蒺藜，蒙籠草樹，繁密處也。轔轢也。輕飛，謂禽之善飛也。』【略】至於上蘭，移圍徙陣，浸七心淫蹵七六部，曲隊徒内堅重，各案行故郎伍。善本作五善曰：晉灼曰：『上蘭觀，在上林中也。部，軍之部伍也。』毛萇《詩傳》曰：『蹵促也。蹵，古字通。』翰曰：『翼，羣盛貌，上蘭，宮名。蹵，促也。謂移獵圍，促部伍，使曲隊重而堅窬，各據行伍之次也。』【略】及至罕車飛揚，武騎聿皇，蹈飛豹，羂工犬嗥古堯陽。善曰：『罕，畢罕也。聿皇，輕疾貌。嗥陽，即狒狒也。』《西京賦》曰：『摣狒猬，狒、房沸切。』向曰：『罕車，獵車也。蹈踏，羂擊也。飛豹，嗥陽，獸也。』追天寶，出一方，應駍普萌聲，擊流光，野盡山窮，囊括其雌雄。善曰：應劭曰：『天寶，陳寶也。』晉灼曰：『天寶鷄，頭而人身。』如淳曰：『陳寶，神來下時，駍然有聲，又有光，精應下時，窮極山川天地之間，然後得其雌雄也。』大康記曰：『秦文公時，陳倉人獵，得獸若彘，而不知其名，道逢二童子，曰：此名為攢弗述，糟弗述亦語曰：彼二童子名為寶雞，得雄者王，得雌者霸。陳倉人，舍糟弗述，逐二童子，化為雉，雄止陳倉，化為石，雌如楚，止南陽。糟，浮謂切。』銑曰：『天寶，陳寶神也。其形似雌雞。言今追之，出於一方。其神來，聲如雷，有光如流星，故云應駍聲，擊流光。其神有雌雄，併而執之，故云：囊括其雌雄。』【略】仁聲惠於北狄。武誼動於南鄰，是以旃裘之王，胡貉之長，移珍來享，抗手稱臣。前入圍口，後陳盧山。善曰：『南鄰，南方之邑。』如淳曰：『以物與人曰移。』《周禮》曰：職方掌九貉。鄭司農曰：北方曰貉。揵為，舍人《爾雅》注曰：獻珍物曰珍，獻食物曰享。毛詩曰莫敢不來享。爾雅曰：享，獻也。抗手、舉手而拜也。孟康曰：單于庭南山。向曰：仁聲，仁惠之聲也。武誼，武事。言此化及於比狄南鄰也。翰曰言：胡貉之君長聞仁惠之風，皆奉珍來享稱臣於我王也。圍口，獵營之門也。盧小單于庭山也。前來入營門後，猶陳列於盧山言多也。【略】上猶謙讓而未俞也，方將上獵三靈之流，下決醴泉之滋。善曰：張晏曰：俞，然也。如淳曰：三靈，日月星垂象之應也。服虔曰：受福流也。賈逵國語注曰：獵，取也。銑曰：上，天子也。言天子謙讓而未然也。三靈天地，人之靈也。方將脩德為獵，以取天地人之福祥，決醴泉之囿。滋，湧也。【略】放雉兎，收罝罘，麋鹿芻蕘，與百姓共之，蓋所以臻茲也。善曰：毛萇《詩傳》曰：芻蕘，采薪者也。濟曰：雉兎不獵，故云放。罝罘不用，故云收。麋鹿芻蕘，皆與百姓共有，不爲禁禦，言至於此也。於是醇洪鬯五臣作暢之德，豐茂世之規。加勞三皇，勗勤五帝，不亦至乎。善曰：鬯與暢，同暢通也。良曰：醇，原；洪，大；豐，廣；勗，勉也。言原大通之德，廣茂世之法，勉爲勤勞，過三皇五帝，亦爲至矣。乃祇莊雍穆之徒，立君臣之節，崇賢聖之業，未遑苑囿之麗，遊獵之靡也！善曰：祇，敬也。雍，和也。銑曰：祇，莊敬也。美，穆也。言和美恭敬之徒，可以崇立君臣賢聖之業。遑，暇也。未暇。爲苑囿之麗，遊獵侈靡之事。因迴軫還衡，背阿房，反未央。向曰：軫，車也。衡，車前横木也。謂聞此道，因從獵所迴還而歸也。

《文選・楊雄〈長楊賦并序〉》 明年，上將大誇胡人以多禽獸。秋，命右扶風發民善無發民字入南山。善曰：明年，謂作羽獵賦之明年，即校獵之年也。班欲敘作賦之明年。《漢書成紀》曰：元延二年冬，幸長楊宮，縱胡客大校獵，是也。《七略》曰：《羽獵賦》，永始三年十二月上。然永始三年去校獵之前，首尾四載，謂之明年，疑班固誤也。又《七略》

曰：《長楊賦》，綏和元年上。綏和在校獵後四歲，無容元延二年校獵。綏和二年賦，又疑《七略》誤。蔡邕曰：上者，尊位所在。吕忱曰：誇，大言也。《説文》曰：誇，誕也。冬將校獵，故秋先命之也。《爾雅》曰：命，告也。《漢書》曰：武帝以右内史更名右扶風。扶風，在涇州界。南山，終南山也。濟曰：上，主上也。謂成帝言：明年將誇胡，今年秋則發人入山捕禽，獸明歷時廢農也。西自褒斜以嗟，東至弘農，南歐五臣作驅漢中。善曰：褒斜，谷名。《梁州記》曰：萬石城泝漢上七里有褒谷，南口曰褒，北口曰斜，長四百七十里。《漢書》：有弘農郡，武帝置；又有漢中郡，秦置。翰同善注。張羅網罝罘，捕熊、羆、豪豬虎、豹、狖弋又、玃九縛、狐兔、麋鹿。善曰：《山海經》曰：竹山有獸，其狀如豚白毛毛，大如笄而黑端，以毛射物，名豪彘也。廣雅曰：狖，蜼也，尾長四五尺。郭璞爾雅注曰：玃，似獼猴。豹，形如虎而圓文。鄭玄曰：鳥罟曰。羅良曰：皆獸名。載以檻車，輸長楊射熊館。善曰：劉熙。《釋名》曰：檻車上施欄檻，以格猛獸，亦因禁罪人之中也。《漢書音義》曰：或曰檻車，有封檻也。《三輔黄圖》曰：長楊宫有射熊館，在盩厔。銑曰：曰檻車，載獸車也。長楊宫名射，熊館名載，獸輸納於此也。以網爲周阹祛，縱禽獸其中，令胡人手搏之，自取其獲，上親臨觀焉。善曰：李奇曰：阹，遮禽獸圍陣也。服虔曰：令胡客自取其得也。廣雅曰：搏擊也。向曰：阹，圍陣也。言以網周圍放縱禽獸於其閒。銑曰：搏執也。其執獲者，任取而歸之，是時主上自臨望之。是時，農民不得收斂。雄從至射熊館，還，上《長楊賦》聊因筆墨之成文章，故藉翰林以為主人，子墨為客卿以諷。善曰：韋昭曰：翰，筆也。翰林，文翰之多若林也。《詩大雅》曰：有壬有林，君也。此云林即文翰林，猶儒林之義也。胡廣云：博士，為儒雅之林，是也。説文曰：毛長者曰：翰濟曰：人皆驅獸，不得收稼穡也。翰曰：言林，比其茂也，子者，男子之通稱，借以為主客而諷焉。藉，借也。其辭曰：子墨客卿問於翰林主人曰：蓋聞聖主之養民也，仁霑而恩洽，動不爲身，今年獵長楊，先命右扶風，左太華而右褒斜。善曰：顏監曰：動不為身，言憂百姓也。《山海經》曰：松梁之山西六十里曰太華山，今在弘農縣華陰西也。長安東，故言左。高五千仞，廣十里。《西都賦》曰：表以太華，終南之山。向曰：扶風，郡名，太華，山名，言命數郡人驅擁禽獸也。椓卓巀截嶭五結而為弋，紆南山以為罝。善曰：服虔曰：巀嶭，山名也。孟康曰：在池陽北。顏監曰：巀嶭，即今謂嵳峩也。《説文》曰：弋，橜也。又曰：紆，詘也。嶭音。畱良曰：紆，屈也。罝，網也。言椓巀嶭為繫網，橛取南山周屈為網，明獵場。廣，遠也。羅千乘於林莽，列萬騎於山隅，帥軍踤五臣作萃阹音祛，錫戎獲胡。善曰：《漢書音義》曰：踤，聚也。顏監曰：踤，足蹴也。錫戎獲胡言，以禽獸賜戎，令胡自獲之。胡、戎一也，變文耳。踤，音萃。方言曰：踤，蹴蹋也。向曰：乘，車也。騎兵，騎也。萃，聚也。阹，圍陣也。錫，賜也。戎，亦胡也。皆羅列於山林之閒，帥軍士聚爲圍陣，胡人所獲禽獸，皆以賜之。搤厄熊羆，拖徒可切，五臣作拕，音他豪豬。善曰：《説文》曰：捉，搤也。搤與扼古字通。於責切。又曰：拖，曳也。銑曰：熊、羆、豪豬皆獸名。木擁槍纍壘，以為儲胥。善曰：顏監曰：胥，須也。高其儲畜以待所須也。蘇林曰：木擁柵其外，又以竹槍纍為外儲。胥也韋昭曰：儲胥，蕃落之類也。槍，七羊切。纍，力委切。濟曰：槍纍，作木槍相累爲柵也。藩，籬也。擁禽獸使不得出也。【略】數摇動以疲車甲，本非人主之急務。蒙竊惑焉，善曰：《周易》曰：蒙者，蒙也。韓康伯曰：蒙昧，幼少之象也。前年獵長楊故言數。濟曰：蒙，謙稱也。客卿設疑惑而問也。【略】遂躐五臣作獵乎王庭。善曰：孟康曰：匈奴王庭王逸。《楚辭》注曰：獵，踐也。銑曰：遂北至于匈奴王之庭以獵也。【略】故平不肆險，安不忘危。善曰：顏監曰：肆，放也。不放心於。險也。孫卿子曰：平則慮險，安則慮危。良曰：肆，弃也。言戒慎之甚，今所以獵長楊非徒然而已。【略】又恐後代迷於一時之事，常以此爲國家之大務。淫荒田五臣作畋獵，陵夷而不禦善曰：顏監曰：禦，止也。《漢書》張釋之曰：秦陵夷至于二世，天下土崩。韓詩曰：無矢我陵。薛君章句曰：四平曰：陵。爾雅曰：禦，禁也。向曰：言主上既出獵，欲以示兵於外國，乃一時之事耳。又恐後代子孫迷惑不知，反以國之大務，荒淫畋獵，遂至陵夷而不能禁禦，此雄微諷之詞矣。

《文選·司馬相如〈上書諫獵〉》

司馬長卿向曰：是時天子方自擊熊逐獸，相如因上疏諫之。臣聞物有同類而殊能者，故力稱烏獲，捷言慶忌，勇期賁、育。善曰：史記曰：秦武王有力士烏獲、孟説。皆至大官。《吕氏春秋》曰：吴王欲殺王子慶忌，謂要離曰：吾嘗以逐馬之江上而不能及。《説苑》曰：勇士孟賁，水行不避蛟龍，陸行不避狼虎。《戰國策》范雎曰：夏育之勇焉而死。翰曰：孟賁，夏育也。臣之愚，暗竊以爲人誠有之，獸亦宜然。今陛下好陵阻險，射猛獸，卒然遇軼才之獸，駭不存之地，犯屬車之清塵。善曰：《漢書音義》曰：大駕屬車八十一乘車。塵言：清尊之意也。濟曰：軼，才過於衆也。駭，驚也。不存，謂勢不可以存也。屬車，從車。言犯清塵，不敢指斥之也。輿不及還轅，人不暇施功，雖有烏獲、逢蒙之伎，力不得施善本無施字用，枯木朽株盡爲難矣。善曰：《吴越春秋》陳音曰：黄帝作弓，後有楚狐父以道傳羿，羿傳逢蒙也。是胡越起於轂下，而羌夷接軫也，豈不殆哉！良曰：起轂接軫，有如戎狄不遠矣。軫，車後横木。雖萬全無患，然本非天子所宜近也。且夫清道而後行，中路而馳，猶時有銜橛渠月之變善曰：張揖曰：銜，馬勒也。橛、騑馬。長銜也。家語子曰：汎掃清路，行者必止。莊子伯樂曰：我善調馬，前有飾橛，而後鞭策之威。銑曰：馳行，橛勒也。而況乎涉豐草，騁丘墟善曰：《毛詩》曰：湛湛露斯，在彼豐草。《吕氏春秋》吴爲，丘墟也。向曰：豐茂，騁馳也。前有利獸之樂，而內無存變之意，善曰：鄭玄《禮記》注曰：利，猶貪也。其爲害也不亦難矣！夫輕萬乘之重不以爲安，而樂出萬有一危之塗以爲娛，臣竊爲陛下不取也。翰曰：萬乘，天子也。蓋聞明者遠見於未萌，而智者避危於無形，善曰：《太公金匱》曰：明者見兆於未萌，智者避危於無形。向曰：萌，始形見也。禍故善作作固字多藏於隱微而發於人所忽者也。銑曰：忽，輕也。故鄙諺曰：家累千金，坐不垂堂，善曰：張揖曰：畏櫚瓦墮中之也。銑曰：懼瓦，墮而傷之也。此言雖小，可以喻大。臣願陛下留意幸察。

三國魏 王粲《羽獵賦》《漢魏六朝一百三家集》卷二九　濟漳浦而橫陣，倚紫陌而並征。樹重罝於西址，列駿騎乎北垧。遵古道以游豫兮，昭勸助乎農圃。因時隙之餘日兮，陳苗狩而講旅。相公乃乘輕軒，駕四駱，拊流星，屬繁弱。選徒命士，威興竭作，旌旗雲擾，鋒刃林錯揚。輝吐火曜，野蔽澤。山川於是乎搖蕩，草木為之摧落。禽獸振駭，魂亡氣奪。舉首觸絲，搖尾遇撻。陷心裂胃，潰頸破頰。鷹犬競逐，奕奕霏霏。下韝窮緤，搏肉噬肌。墜者若雨，僵者若坻。清野滌原，莫不殲夷。

三國魏 應瑒《西狩賦》《歷代賦彙》卷五八　伊炎漢之建安，飛龍耀乎天衢。皇宰奕而陶運，樹匡翼而大摹。盪無妄之氛穢揚，威靈乎八區。開九土之舊迹，暨聲教於海隅。時霜淒而淹野，寒風肅而川逝。草木紛而搖蕩，鷙鳥別而高厲。既乃擇吉日，練嘉辰，清風矢戒，屏翳收塵。於是魏公乃乘彫輅，驅飛黃，擁簫鉦，建九斿，按轡清塗，颯沓風翔。於是圍網周合，雷鼓天震。千乘辰羅，萬表星陳。雙翼伉旌，八校祖分。長燧電舉，高煙蔽雲。爾乃徒輿並興，方軌連質。驚飈四駭，衝禽驚溢。騁獸塞野，飛鳥蔽日。爾乃赴玄谷，陵崇巒，俯掣奔猴，仰捷飛猿。雲幕被於廣野，京燎照乎平原。醴炰充給，洪施普宣。

晉 夏侯湛《獵兔賦》《漢魏六朝一百三家集》卷四四　爾乃乘露箱，御良馬，盾戈接於廣漠，弓矢連於曠野。端眺蒿萊，摘盱榛穢。落日攢慨，傍窺蓊。薈視毚兎之所隱，乃精望而審發。弦絶箭激，驚伏並斃。搜陵危險，覓歷岡阜。留罾挂於重林，疎罝結於通藪。密鶩視於草間，暫見之於蒙茸。擬以鋭殳，規以良弓。覩毫末而放鏃，乃殪之於窟中。或紛欻赫以驚騖，影跳竦而揚白。擢輕足之犖犖，振遊形之躍躍。弓不暇彎，罝不及幕。爾乃鷹鷂翻以飄揚，勁翼譔而下猘；馬釋控以長騁，鬱騰空而陵厲。翕習於迴阻之間，繚繞於山澤之際。盤紆遊田，其樂泄泄。心既倦兮日遷，命輿駕兮將還。息徒蘭圃，秣驥華田。目送歸鴻，乎揮五絃。優哉游哉，聊以永年。

晉 潘岳《射雉賦有序》《歷代賦彙》卷五八　余徙家於琅琊，其俗實善射，聊以講肄之餘暇，而習媒翳之事，遂樂而賦之。

涉青林以遊覽兮，樂羽族之羣飛。聿采毛之英麗兮，有五色之名翬。厲耿介之專心兮，奓雄豔之姱姿。巡丘陵以經略兮，畫墳衍而分畿。

於是青陽告謝，朱明肇授。靡木不滋，無草不茂。初莖蔚其曜，新陳柯擖以改舊。天泱泱以垂雲，泉涓涓而吐溜。麥漸漸以擢芒，雉鷕鷕而朝雊。眄箱籠以揭驕，睨驍媒之變態。奮勁骹以角槎，瞵悍目以旁睞。鶩綺翼而赬撾，灼繡頸而袞背。鬱軒翥以餘怒，思長鳴以効能。

爾乃攀場拄翳，停僮蒽翠。綠柏參差，文翮鱗次。蕭森繁茂，婉轉輕利。衷料戾以徹鑒，表厭躡以密緻。恐吾游之晏起，慮原禽之罕至。甘疲心於企想，分倦目以寓視。何調翰之喬桀，邈疇類而殊才。侯扇舉而清叫，野聞聲而應媒。褰微罟以長眺，已踉蹡而徐來。摛朱冠之赩赫，敷藻翰之陪鰓。首葯綠素，身拕黼繪。青鞦莎靡，丹臆蘭綷。或蹶或啄，時行時止。斑尾揚翹，雙角特起。

良遊呃喔，引之規裏。應叱愕立，擢身竦峙。捧黄間以密彀，屬剛挂以潛擬。倒禽紛以迸落，機聲振而未已。山鷩悍害，姦迅已甚。越壑陵岑，飛鳴薄廩。擎牙低鏃，心平望審。毛體摧落，霍若碎錦。逸羣之儁，擅場挾兩。櫟雌妒異，倏來忽王。忌上風之餮切，畏映日之儻朗。屏發布而累息，徒心煩而伎懩。伊義鳥之應機，啾擭地以厲響。彼聆音而徑進，忽交距以接壤。彤盈窻以美發，紛首頹而臆仰。

或乃崇墳夷靡，農不易壠。稊菽叢糅，翳薈蘩茸。鳴雄振羽，依于其冢。捌降丘以馳敵，雖形隱而草動。瞻挺穟之傾掉，意淰躍以振踊。瞰出苗以入場，愈情駭而神悚。望麛合而翳畾，雉脥肩而旋踵。欣余志之精鋭，擬青顱而點項。亦有目不步體，邪眺旁剔，靡聞而驚，無見自鷩。周環迴復，繚繞盤辟。戾翳旋把，縈隨所歷。彳亍中輟，馥焉中鏑。前剔重膺，旁截疊翮。

若夫多疑少決，膽劣心狷。內無固守，出不交戰。來若處子，去如激電。闚閭藹葉，幎歷乍見。於是算分銖，商遠邇。揆懸刀，騁絶伎。如轅如軒，不高不埤。當咮值胷，裂膆破觜。夷險殊地，馴麤異變。昃不暇食，夕不告勸。昔賈氏之如皋，始解顏於一箭。醜夫為之改貌，憾妻為之釋怨。彼遊田之致獲，咸乘危以馳騖。何斯藝之安逸，嗟禽從其已豫。清道而行，擇地而住。尾飾鑣而在服，肉登俎而永御。豈唯皁隸，此焉君舉！

若乃眈盤流遁，放心不移。忘其身恤，司其雄雌。樂而無節，端操或虧。此則老氏之所誡，而君子之所不為。

晉 陸雲《答车茂安書》《漢魏六朝一百三家集》卷五〇　季冬之月，牧事既毕，严霜陨而蒹葭萎，林鸟祭而罻罗设，因民所欲，顺时游猎，结罝绕堽，密网弥山。放鹰走犬，弓弩乱发。鸟不得飞，兽不得逸。

南朝陳 張正見《和諸葛覽從軍游獵》《漢魏六朝一百三家集》卷一〇六　治兵耀武，節縱獵駭畿封。迅騎馳千里，高罝起百重。騰麏斃馬足，饑鼯落劍鋒。雲根飛燒火，鳥道絶禽蹤。方羅四海俊，聊以習軍戎。

北周 庾信《庾子山集》卷三《見征客始還遇獵》　貳師新受詔，長平正凱歸。猶言乘戰馬，未得解戎衣。上林遇逐獵，宜春暫合圍。漢帝熊猶憤，秦王雉更飛。故人迎借問，念舊始依依。依河邊一片石，不復肯支機。

北周 庾信《庾子山集注》卷三《見征客始還遇獵》　貳師新受詔，長平正凱歸。猶言乘戰馬，未得解戎衣。《史記·大宛傳》言：拜李廣利為貳師將軍，伐宛。期至貳師城取善馬，故號『貳師將軍』。《衛青傳》云：封青為長平侯。《周禮》曰：王師大獻，則合奏愷樂。鄭注云：大獻，獻捷於祖也。《左氏傳》曰：振旅凱入于晉。《吳都賦》云：迄可休而凱歸戎衣者。《周禮》司服云：凡兵事，韋弁。鄭注云：韋弁，以韎韋為弁。又以為衣裏也。杜預《左傳》注曰：戎服，軍旅之衣也。上林遇逐獵，宜春暫合圍。三輔黃圖曰：上林苑中養百獸，天子秋冬射獵取之。《史記》曰：上至長楊獵。相如上疏諫之，還，過宜春宮。漢帝熊猶憤，秦王雉更飛。《漢書·孝元馮昭儀傳》曰：上幸虎圈鬬獸，熊佚出圈，攀檻欲上殿。左右貴人皆走。馮婕妤當熊而立。左右格殺熊。上問：何故當熊？婕妤曰：猛獸，得人而止。妾恐至御座，故身當之。帝嗟嘆，以此倍敬重焉。《太康記》曰：秦文公時，陳倉人獵得獸，若彘而不知其名，道逢二童子，曰：此名為糟弗迷，糟弗迷亦語曰：彼二童子名為寶雞，得雄者王，得雌者覇。陳倉人舍糟弗迷，逐二童子。化為雉。雄止陳倉，化石。雌止南陽。故人迎借問，念舊始依依。河邊一片石，不復肯支機。蘇武詩曰：思心常依依。李善注曰：依依，思戀之貌也。荊楚歲時記曰：張騫使大夏，尋河源經月而至一處，見城郭如州府，室内有一女織，又見一丈夫牽牛飲河。織女取支機石與騫而還。言得見故人，述其思婦之情也。

唐 常袞《春蒐賦》以畋狩得時獻禽合禮爲韻》《歷代賦彙》卷五九　上方究心政理，惕慮遊畋，順時而行，仁育之恩克洽；酌古取則，春蒐之義攸先。所以示軍容於有衆，發號令於初年。時惟仲春，景則清晝，列武卒於天仗，選龍媒於御廐。野有鳴鹿，爾則食君之苹；巷無居人，我亦從王於狩。其儀可覩，其理可究，春者蠢也，象其動以宣威；蒐者求焉，薄於求而在宥。固將明其校閲，非取樂於馳驟，想熊羆之士，必在於求賢；驅貔豹之師，寧惟於逐獸。夫其將陳於野，先訓於國，執鐃備卒伍戰陣之教，執鐲盡進退疾徐之則，六軍之節制可觀，三畋之禮文斯得。而原其初也，勅司馬，致高旗，行火弊，薙畬。菑彎良弓而發彼，破脩皆以斃之，擇可取而克成舊事，捨將孕而用表深慈。雖四海乂清，禮且崇於國典；三冬尚隙，役無奪於農時。然後算其獲否，以行賞勸，皆賈藝以求功，必極忠而上獻。若然者，豈徒倒逸材之獸，落翰飛之禽，大發以彰其武力，小殺以亘其道心，事且載於《周禮》，跡寧誡於《虞箴》。夫如是，子雲無以諷其《羽獵》，相如未足言其《上林》。於是天旋景從，飆軼電雜，皮冠且進，虞人之守斯存；綵仗前驅，天子之圍不合。有司乃申誓人之詞，具表貉之禮，獻禽以報其生植，充豆以遵其孝悌。君子謂是蒐焉，足觀國家之大體。

唐 裴度《三驅賦》以蒐畋以時網去三面爲韻》《歷代賦彙》卷五九　古之畋獵，自天子達諸侯，秋則獮，春則蒐，非有情於殺戮，固無取於盤遊。蓋以除時稼之所害，示軍容之克修。故王者有三驅之禮也，職此之由。夫生殺之柄，主之於天。生誠有之，殺亦宜然。是乃張我武，出于畋。植靈旗以準的，應晉鼓以周旋。兵作於後，獸馳於前。背主而去者以其逆而必殺；委質而來者，以其順而必全。是知從禽之中，有古義焉。何哉？三驅之義，我則有以。且以驅為名，至三而止。驅者以無合圍之道，三者以有知足之理。蓋以明上帝之心，見聖人之旨。初其擇吉日，戒師期。既逐獸以禮，亦使人以時。不如追軍，詎設左右之翼。有異捕鹿，寧分犄角之師。夫堯舜而來，殷周以往。皆順時而行令，非害物以示養。無違者不殺，知有異於焚林；犯德者取之，固無間於漏網。故知樹德務滋，除惡務去。所以欲萬國之畏威，使四方之即叙。柔者來服，則必解其罻羅；挺而背走，則必烹於鼎俎。若然者，必沮其彊梁，而銷其旅拒也。逮乎大漢，遊盤是恣，馳騁是眈。崇苑囿而大開，里寧止百；取庖廚之饜飫，畋豈惟三。不然者，何以子雲有《長楊》之諷，相如有『亡是』之談。我國家修古典，斥游宴。狩不奪於三時，網惟留於一面。大田多稼，聊會獵以長苗；四海無虞，徒因蒐而教戰；美矣哉！三驅之禮，因茲而又見。

唐 佚名《開三面網賦》以仁聖之道開三面爲韻》《歷代賦彙》卷五九　湯既有殷，聖德日新。敬畋遊必因於無事，取禽獸不為乎資身。於是設無私之網，當去殺之辰。加一日而雖期於用，開三面而蓋取諸仁。乃言曰：遂爾之性，啓予有聖。悲羅者之所重傷，詔虞人悉除其令。恢恢雖設，不為四校之防；蕩蕩無疑，必遂三驅之命。是用施諸大麓，祝以嘉辭。舉數隅而罔煩曲取，當直道而豈假周維？故得獸安狂顧，鳥釋危疑。弗慮弗圖，自樂已生者足矣。若亡若存，不用吾命者縶之。當夫蒐狩有常，稼苗是賓。將遂乎驅逐，豈煩乎窮討。所以釋從禽之利，以絶一源；解竟野之罟，欲窮諸道。遂得行無所阻，物不懷猜。念羣生而東西必遂，嘉衆路而遠近咸開。弱羽飛空，未見觸絲之患；微行走地，曽無縶足之哀。故曰聖道克美，深仁及此。雖有畋獵而無荒，雖有罝罟而必弛。所以冠百王而不怍，歷萬祀而無慙。正其德而惟守一，用其網而必去三。芳隨事遠，化與恩覃。則里革斷罟之心，庶修遺美；西乙放麛之感，足繼清談。今天子意在蒐田，志清郊甸。庖羲之網屢設，成湯之心未變。已焉哉，誰能述三代之所。興，庶可垂永於南面。

《初學記》卷二二《獵第十》

【敘事】《易》曰：庖犧氏之王天下也，結繩而為網罟，以佃以漁，蓋取諸離，此其始也。《白虎通》曰：王者、諸侯所以佃狩者，何也？爲田除害。上以供宗廟，下以簡集士衆也。故《爾雅》曰：春獵爲蒐，夏獵爲苗，秋獵爲獮，冬獵為狩。郭璞注云：蒐為搜索取不任者，苗為苗稼除害，獮為順殺氣，狩為得獸取之无所擇，此則為田除害之義。又《禮記》曰：古者天子諸侯无事，則歲三田。一為乾豆，二為賓客，三為充君之庖。无事而不田曰不敬，田不以禮曰暴天物。天子不合圍，諸侯不掩羣。天子殺則下大綏，諸侯殺則下小綏，大夫殺則止佐車，佐車止則百姓田獵。獺祭魚，然後虞人入澤梁。豺祭獸，然後田獵。鳩化為鷹，然後設罻羅。草木零落，然後入山林。昆蟲未蟄，不以火田。不麛，不卵，不殺胎，不妖夭，不覆巢。又曰：季冬之月，天子乃教田獵，以習五戎。鄭玄注曰：田獵之禮，教人以戰法，此則上供宗廟下以簡集之義。蔡邕《月令章句》曰：獵，捷也，言以捷取之。獵，亦曰狩。狩，獸也。鄭玄《詩箋》言田獵，搏獸也，亦曰畋。畋，田也，則《爾雅》為田除害之義，此獵之異名也。【事對】講武習戎班固《東都賦》曰：若乃順時節而搜狩，簡車徒以講武，則必臨之以王制，教之以風雅。《禮》記：曰：季秋之月，天子乃教於田獵，以習五戎。注云：五戎謂五兵，弓、矢、殳、矛、戈也。三驅一面《周易》曰：王用三驅，失前禽。皇甫謐《帝王世紀》曰：成湯出，見羅者方祝。湯問之曰：『爾之祝何也？』羅者曰：『從天下者，從地出者，從四方來者，皆入吾網。』湯聞曰：『嘻，盡之矣非桀其孰能為？』乃令解其三面，留其一面。搏狩大蒐《毛詩》曰：田車既駕，四牡孔阜；東有甫草，駕言行狩。之子于苗，選徒嚻嚻；建旐設旄，搏狩于敖。魏文帝校獵賦曰：高宗征于鬼方兮，黃帝有事于阪泉；慍賊備之作戾兮，忿吳夷之不藩。將訓兵于講武兮，因大蒐乎田隙。四校二虞司馬相如《上林賦》曰：前皮軒而後道游，孫叔奉轡，衛公參乘，扈從橫行，出乎四校之中。應瑒《校獵》賦曰：乃命有司，巡士周尋，二虞萊野，三扈表禽。竦戎講旅揚雄《長揚賦》曰：平不肆險，安不忘危。迺時以有年出兵，整輿竦戎，振師五柞，習馬長楊，簡力狡獸，校武剽禽。王粲《校獵賦》曰：遵古道以游豫兮，昭勸助乎農圃；用時隙之餘日兮，陳苗狩而講旅。晉鼓虞旗蔡邕《月令章句》曰：季秋之月，天子乃教于田獵，以習五戎，班馬政。其出，以順時取禽；其禮，將軍執晉鼓，師率執提，旅率執鼙，以教坐作進退徐疾之節。《周禮》曰：山虞掌山林之政令，若大田獵，則萊山田之野及弊田，植虞旗于中，致禽而珥焉。東津南圃魏文帝詩曰：巾車中鄴宮，校獵東橋津；重置結密，網罜羃飄如雲。張衡《羽獵賦》曰：於是皇輿綢繆，遷延容與；抗天津於伊洛，夐遙集乎南圃。大詔獵者，競逐長駈；輕車飈厲，羽騎電騖。黃洿紫陌應瑒《校獵賦》曰：乃命有司，巡士周尋，二虞萊野，三扈表禽，北彌大陸，南厲黃洿。王粲『獵賦』曰：濟漳浦而横陣，倚紫陌而並征；樹重圍於西阯，列駿騎乎東坰。金郊石室張協《七命》曰：白商素節，月既授衣，天凝地閉，風厲霜飛；將因氣而致殺，臨金郊而講師。越《絶書》曰：樂理者，越之弋獵處也。大樂故謂之樂野，其上山石室者，勾踐所休謀。詫楚誇胡司馬相如《子虛賦》曰：楚使子虛於齊，齊王悉發車騎，與使者出田。田罷，子虛過詫烏有先生，而无是公存焉。揚雄《長楊賦序》曰：明年上將大誇胡人以多禽獸，秋命右扶風發民入南山，西自褒斜，東至弘農，南駈漢中，張羅網罝罘，捕熊羆豪豬，虎豹狖玃，狐兔麋鹿，輸長楊射熊館。秋田冬狩司馬相如《子虛賦》曰：秋田于青邱，彷徨乎海外。吞若雲夢者八九，于其胸中，曽不芥蔕。冬狩見敘事。九井雙川何法盛《晉中興書》曰：桓石秀，豁第二子也。不以榮爵嬰心，唯以弋釣為事，游覽樂足一丘。桓冲嘗與石秀共獵，登九井山，獵徒甚盛，觀者傾坐。石秀未嘗屬眄，嘯詠而已。魏文帝《校獵賦》曰：披高門而方軌，邁夷途而直駕；超崇岸之曾崖，厲漳滏之雙川。田渭陽獵漆澤太公《六韜》曰：文王田于渭之陽，見吕望坐茅以漁。《穆天子傳》曰：天子獵于漆澤，得白狐玄貉焉，以祭于河宗。發彼小豝殪此大兕《毛詩》曰：吉日，美宣王田也，悉率左右，以燕天子。既張我弓，既挾我矢，發彼小豝，殪此大兕。【賦】後漢張衡《羽獵賦》皇上感天威之慘烈，思太昊之觀虞；表林麓而廓萊藪，剪荊梓而夷榛株。於是鳳皇獻歷，太僕駕具；蚩尤先駈，雨師清路；山靈護陣，萬神蹕御羲。和奉轡弭，節西征；翠蓋葳蕤，鸞鳴玲瓏。山谷為之淡泊，丘陵為之簸傾，於是皇輿綢繆，遷延容與；抗天津於伊洛，夐遥集乎南圃。大詔獵者，競逐長驅；輕車飈厲，羽騎電騖。霧合雲集，波流雨注；馬蹂麋鹿，輪轔狐兔。弓不妄彎，矢不虛舉；鳥驚網羅，獸與矢遇。魏王粲《羽獵賦》相公乃乘輕軒，駕四駱，拊流星，屬繁弱。選徒命士，咸與竭作；旌旗雲擾，鋒刃林錯；揚輝吐火，曜野蔽澤。山川於是乎搖蕩，草木為之以摧落；禽獸振駭，魂忘氣奪。舉首觸網，搖足遇撻；陷心裂胃，潰腦破頰。鷹犬競逐，奕奕霏霏；墜者若雨，僵者若坻。清野滌原，莫不殲夷。【詩】唐太宗文武聖皇帝《出獵詩》楚王雲夢澤，漢帝長楊宮；豈若因農暇，閲武出轘嵩。三驅陳銳卒，七萃列材雄；寒野霜氣白，平原燒火紅。雕戈夏服箭，羽騎綠沉弓；怖獸潛幽壑，驚禽散翠空。長烟晦落景，灌木振嚴風；所謂除民瘼，非是悅林叢。又《冬狩詩》烈烈寒風起，慘慘飛雲浮；霜濃類廣隰，冰厚結清流。金鞍多上苑，玉勒騁平疇；旌旗四望合，罝羅一面求。楚培爭兕殪，秦巴角鹿愁；獸蛇投密樹，鳥鷩起樂州；騎斂原塵靜，戈迴嶺日收；心非洛汭逸，意在渭濱游。禽荒非所樂，撫轡更招憂。周王褒《和張侍中看獵詩》上林冬狩返，田中講射歸；還登宣曲觀，重獵黃山圍。嚴冬桑柘燥，寒霜馬騎肥，緤盧隨兔起，高鷹按翟飛。吁嗟來遠客，辛苦倦邊衣。陳張正見《和諸葛覽從軍游獵詩》持兵曜武節，縱獵駭畿封；迅騎馳千里，高罝起百重。騰麋斃馬足，飢鼯落劍鋒；雲根連燒火，鳥道絕禽蹤。【書】漢司馬相如《諫獵書》臣聞物有同類而殊能者，故力稱烏獲，捷言慶忌，勇期賁育，臣之愚竊以為人誠有之，獸亦宜然。今陛下好凌險阻，搏猛獸，卒然遇軼材之獸，駭不存之地，犯屬車之清塵，輿不及旋轅，人不暇施巧，雖有烏獲逢蒙之技不得用；枯木朽株，盡為難矣。是胡越起於轂下，而羌夷接軫也，豈不殆哉。雖萬全無患，然本非天子之所宜近也。且夫清道而後行，中路而後馳，猶時有銜橛之變，而況乎涉豐草，騁丘墟。前有利獸之樂，而內无存變之意，其為害也，不難矣。夫輕萬乘之重，不以為安樂，出萬有一危之塗以為娛，臣竊為陛下不取也。蓋明者遠見於未萌，而智者避危於无形；禍故多藏於隱微，而發於人所忽也。故鄙諺曰：家累千金，坐不垂堂。此言雖小，可以喻大。臣願陛下留意幸察。

唐 褚亮《褚亮集·諫獵表》 臣亮言臣聞堯豉納諫，舜木求箴，茂克昌之風，致升平之道。伏惟陛下應千祀之期，拯百王之弊，平壹天下，劬勞帝業，旰食思理，廢寢憂民，用農隙之餘，遵冬狩之禮。輅車之所遊踐，虞旗之所涉歷，網唯一面，禽止三驅。縱廣成之獵士，觀上林之手搏。迴玉鑾而藉豐草，引金陣而滿平原。盡心目之娛，翫罝罘之樂。發雕弓而迫狡兔，飛勁矢而摧高鳥。斯固畋弋之恆規，而皇王之壯觀。至於親逼猛獸，臣竊惑之。何者？筋力驍悍，爪牙輕捷。强弩一發，未必挫其凶心；長戟纔撝，不能當其憤氣。雖復孟賁在左，夏育居前，卒然驚竄，事生慮表。如或近赴林藂，未塡坑谷，駭屬車之後乘，犯宮騎之清塵。小臣怯懦，私懷戰慄。陛下以至聖之姿，垂將來之教，降情納下，無隔直言。臣明逢明代，遊宦藩邸，身漸榮渥，日用不知，敢緣天造，冒陳丹懇，上觸宸嚴，伏增戰越。

唐 杜牧《樊川集·樊川外集·贈獵騎》 已落雙鵰血尚新，鳴鞭走馬又翻身。憑君莫射南來鴈，恐有家書寄遠人。

唐 馮贄《雲仙雜記》卷四《獵蠅記室》 盧記室多作脯腊，夏則委人，於十步内，扇上塗錫以撲蠅，脯以青紗障，隔塵土。時人呼爲『獵蠅記』。室金溪記

唐 韓偓《翰林集》卷一《從獵三首》 獵犬諳斜路，宮嬪識認旗。馬前雙兔起，宣示羽林兒。

小鐙狹鞦韒，鞍輕妓細腰。有時齊走馬，也學唱交交。

蹀躞巴陵駿，碒磂碧野雞。忽聞仙樂動，賜酒玉偏提。

又 卷四《邊上看獵贈元戎》 繡簾臨曉覺新霜，便遣移厨較獵場。燕卒鐵衣圍漢相，魯儒戎服從梁王。搜山閃閃旗頭遠，出樹班班豹尾長。贊獲一声連朔漠，賀杯環騎舞優倡。軍回野静秋天白，角怨城遥晚照。黄紅袖擁門持燭炬，解勞今夜宴華堂。

又《北齊二首》 任道驕奢必敗亡，且將繁盛悅嬪嬙。幾千奩鏡成樓柱，六十間雲號殿廊。後主獵回初按樂，胡姬酒醒更新粧。綺羅堆裏春風畔，年少多情一帝王。

神器傳時異至公，敗亡安可怨怱怱。犯寒獵士朝頻戮，告急軍書夜不通。并部義旗遮日暗，鄴城飛焰照天紅，周朝將相還無體，寧死何須入鐵籠。

唐 馬戴《射鵰騎》《佩文齋咏物詩選》卷四二九 蕃面將軍著鼠裘，酣歌衝雪在邊州。獵過黑山猶走馬，寒鵰射落不回頭。

唐 黃滔《黃御史集·唐黃先生文集卷一·魏侍中諫獵賦》 我太宗之啓聖崇基，魏侍中之推誠輔時。恐羽獵以失德，採風騷而屬詞。瞻仰皇情，欲止畋遊之事。激揚丹懇，爰陳諫諍之詩。當其內則雍熙，外無攻討。閒憶擒飛而逐走，靜乃搜林而索草。殺傷有度，雖知不損於仁心。獮狩非時，或慮微妨於帝道。於是傾素節，揣深衷，何以闡禹湯之誡，莫如刪周召之風。願開三面之仁，上行君聖。遂取二南之義，下効臣忠。爾乃揮以綵毫，流于紗墨。文高而簡牘增煥，思苦而煙霞動色。莫不大磬箴規，堅持讜直。輝珠耀玉，面陳丹陛之前。諷古諭今，袖獻紫宸之側。錯落淸唱，錚鏦雅言。敘獲獸爭禽之理，述好生惡殺之源。之補玄化，輕裨至尊。字字而請休馳騁，

篇篇而乞罷驅奔。非不能繼子雲操賦而進，非不能續司馬裁書以論。蓋以詩也中律鏘金，成章璨綺。掬山川氣象於彼，載帝王興衰于此。以之刺上，則上或風從。以之化下，則下皆草靡。所以摛此章句，依於典墳。希一覽而恩覃羽族，冀再觀而惠及毛羣。庶幾六藝之妍，終資睿鑒。當使三驅之禮，不越明文。然後甲馬休飛，騂弓莫控。俾百獸以率舞，致四夷之入貢。故其旌逸調，賞清詞，錫綵繒而甚衆。

唐 李白《李太白集》卷三《行行游且獵篇》 邊城兒，生年不讀一字書，但將遊獵誇輕趫。胡馬秋肥宜白草，騎來躡影何矜驕一作可憐驕。金鞭拂雪揮鳴鞘，半酣呼鷹出遠郊。弓彎一作彎弧滿月不虛發，雙鶬迸落連飛髇。海邊觀者皆辟易，猛氣英風振沙磧。儒生不及遊俠人，白首下帷複何益。

又 卷一七《秋獵孟諸夜歸置酒單父東樓觀妓》 傾暉速短炬，走海無停川。冀餐圓丘草，欲以還頹年。此事不可得，微生若浮煙。駿發跨名駒，雕弓控鳴弦。鷹豪魯草白，狐兔多肥鮮。邀遮相馳逐，遂出城東田。一掃四野空，喧呼鞍馬前。歸來獻所獲，炮炙宜霜天。出舞兩美人，飄颻若雲仙。留歡不知疲，清曉方來旋。

又 卷二五《大獵賦並序》 白以為賦者古詩之流，辭欲壯麗，義歸博遠。不然，何以光贊盛美、感天動神？而相如、子雲競誇辭賦，歷代以為文雄，莫敢詆訐。臣謂語其略，竊或褊其用心。《子虛》所言，楚國不過千里，夢澤居其太半，而齊徒吞若八九，三農及禽獸無息肩之地，非諸侯禁淫述職之義也。《上林》云：左蒼梧，右西極。考其實地，周袤才經數百。《長楊》誇胡，設網為周阹，放麋，鹿基中，以博攫充樂。《羽獵》於靈台之囿，圍經百里而開殿門。當時以為窮壯極麗，迨今觀之，何齷齪之甚也？但王者以四海為家，萬姓為子，則天下之山林禽獸，豈與衆庶異之，而臣以為不能以大道匡君，示物周博，平文論苑之小，竊為微臣之不取也。今聖朝園池遐荒，殫窮六合，以孟冬十月，大獵于秦，亦將曜威講武，掃天蕩野，豈淫荒侈靡，非三驅之意耶？臣白作頌，折中厥美。其辭曰：粵若皇唐之契天地而襲氣母兮，粲五葉之葳蕤。惟開元廓海宇而運斗極兮，總六聖之光熙。誕金德之淳精兮，漱玉露之華滋。文章森乎七曜兮，製作參乎兩儀，括衆妙而為師。明無幽而不燭兮，澤無遠而不施。慕往昔之三驅兮，須生殺于四時。若乃嚴冬慘切，寒氣凜冽；不周來風，玄冥掌雪。木脫葉，草解節；土囊煙陰，火井冰閉。是月也，天子處乎玄堂之中，餐八水兮休百工，考王制兮遵國風。樂農人之閑隙兮，困校獵而講戎。乃使神兵出於九闕，天仗羅於四野；征水衡與林虞，辨土物之衆寡。千騎飆掃，萬里雷奔；梢扶桑而拂火雲兮，刮月窟而搜塞門。赫壯觀於今古，業搖盪於乾坤，此其大略也。而內以中華為天心，外以窮髮為海口；豁咽喉以洞開，吞荒裔以盡取。大章按步以來往，誇父振策而奔走；足跡乎日月之所通，囊括乎陰陽之未有。君王於是撞鴻鐘，發鑾音；出鳳闕，開宸襟，駕玉輅之飛龍，曆神州之層岑；游五柞兮瞰三危，挾細柳兮過上林。攢高牙以總總兮，駐華蓋之森森。於是擢倚天之劍，彎落月之弓；昆侖叱兮可倒，宇宙噫兮增雄。河漢為之卻流，川嶽為之生風；羽旄揚兮九天絳，獵火燃兮千山紅。乃召蚩尤之徒，聚長戟，羅廣澤；河雨師，走風伯。棱威耀乎雷霆，烜赫震於蠻貊；陋梁都之體制，鄙靈囿之規格。而南以衡、霍作襟，北以岱、常作袪。夾東海而為塹兮，拖西冥而流渠。麾九州之珍禽兮，回千群以坌入；聯八荒之奇獸兮，屯萬族而來居。雲羅高张，天網密佈；罝罘綿原，峭格掩路。蠛蠓過而猶礙，蟭螟飛而不度；彼層霄與殊榛，罕翔鳥與伏兔。從營合技，彌巒被崗。金戈森行，洗晴野之寒霜；虹旗電掣，卷長空之飛雪。吳驂走練，宛馬蝶血；縈衆山之聯綿，隔遠水之明滅。使五丁摧峰，一夫拔木；下整高頹，深平險穀。擺椿栝，開林叢，喤喤呷呷，盡奔突於場中。而田疆、古冶之疇，烏獲、中黃之党，越崢嶸，獵莽倉。喑呼哮？鬫風旋電往；脫文豹之皮，抵玄熊之掌。批狻手猱，挾三挈兩。既徒搏以角力，又揮鋒而爭先。行甝虢以鴞睨兮，氣赫火而敵煙。拳封豨，引巨狿；梟羊應叱以斃踣，猰貐亡精而墜巔。或碎腦以折脊，或歕髓以飛涎。窮遐荒，蕩林藪；扼土狛，殪天狗。脫角犀項，探牙象口；掃封狐於千里，捩雄虺之九首。咋騰蛇而仰吞，拖奔兕以卻走。君王於是峨通天，靡星旂；奔雷車，揮電鞭。觀壯士之效獲，顧三軍而欣然，曰夫何神狹鬼栗之駭人也。又命建夔鼓，勵武卒；雖躪轢之已多，猶拗怒而未歇。集赤羽兮照日，張烏號兮滿月。戎車轞轞以陸離。彀騎煌煌而奮發。鷹犬之所騰捷，飛走之所蹉蹶。攫麀麖之咆哮，蹂豺貉以掛格。膏鋒染鍔，填岩掩窟；觀殊材舉逸辟，尚揮霍以出沒。別有白猸、飛駿，窮奇、貙貙；牙若錯劍，鬣如叢竿。口吞殳鋋，目極槍櫓。碎琅弧，攫玉弩。射猛彘，透奔虎。金鏃一發，旁疊四五。雖鑿齒磨牙而致伉，誰謂南山白額之足睹。總八校，搜四隅；馳專諸，走都盧。趫喬林，撇絕壁；抄獑猢，攬貂。

獮囚鼬鼯於峻崖，頓㲄玃于穹石。養由發箭，奇肱飛車；巧聒更羸，妙兼蒱且。墜鸐鳿于青雲，落鴻雁於紫虛。捎鵁鶄，漂鸕鷀。彈發盧，與神居。斬飛鵬於日域，摧大鳳於天墟；龍伯釣其靈鼇，任公獲其巨魚。窮造化之譎詭，何神怪之有餘？所以噴血流川，飛毛灑雪。狀若乎高天雨獸，上墜於大荒；又似乎積禽為山，下崩于林穴。陽烏沮色于朝日，陰兔喪精于明月，思騰裝上獵於太清，所恨穹吴于路絕。而忽也莫不海晏天空，萬方來同，雖秦皇與漢武兮，複何足以爭雄？俄而君王茫然改容，愀然有失；于安思危，防險戒逸。斯馳騁以狂發，非至理之弘術。且夫人君以端拱為尊，玄妙為寶；暴殄天物，是謂不道。乃命去三面之網，示六合之仁；已殺者皆其犯命，未傷者全其天真。雖剪毛而不獻，豈割鮮以焠輪？解鳳皇與鸑鷟兮，旋騶虞與麒麟。獲天寶于陳倉，載非熊於渭濱。於是享獵徒，封勞苦；軒行庖，騎酌酤。韜兵戈，火網罟。然後登九霄之台，宴八紘之圃；開日月之扃，辟生靈之戶。聖人作而萬物睹，覽搜敖與狩岐，何宣、成之足數？哂穆王之荒誕，歌白雲之西母。曷若飲人以淡泊之味，醉時以淳和之觴；鼓之以雷霆，舞之以陰陽？虞乎神明，狃于道德；張無外以為罝，琢大樸以為杙。頓天網以掩之，獵賢俊以禦極。若此之狩，罔有不克。使天人宴安，草木蕃植；六宮斥其珠玉，百姓樂於耕織。寢鄭衛之聲，卻靡曼之色；天老掌圖，風后侍側。是三階砥平，而皇猷允塞。豈比夫《子虛》《上林》《長揚》《羽獵》，計麋鹿之多少，誇苑囿之大小哉？方將延榮光於後昆，軼玄風于邃古。擁嘉瑞，臻元符，登封於太山，篆德於社首，豈與乎七十二帝同條而共貫哉？君王於是回霓旌，反鑾輿；訪廣成於至道，問大塊之幽居。使罔象掇玄珠於赤水，天下不知其所如也。

唐　劉長卿《劉隨州集》卷九《獻淮寧軍節度李相公》　建牙吹角不聞喧，三十登壇衆所尊。家散萬金酬士死一作死事，身留一劍荅君恩。漁陽老將多迴席，魯國諸生半在門。白馬翩翩春草細，郊原一作少陵西去獵平原。

唐　劉禹錫《劉夢得文集》卷五《連州臘日觀莫傜獵西山》　海天殺氣薄，蠻軍部伍囂。林紅葉盡變，原黑草初燒。圍合繁鉦息，禽興大旆搖。張羅依道口，嗾大上山腰。猜鷹屢奮迅，驚麏時踴跳。瘴雲四面起，臘雪半空銷。箭頭餘鵠血，鞍傍見雉。

唐　釋貫休《禪月集》卷二一《村行遇獵》　獵師紛紛走榛卉，女亦相隨把弓矢。南北東西盡殺心，斷燒殘雲在圍裏。鶻拂荒田兔成血，竿打黃茅雉驚起。傷嗟箇輩亦是人，一生將此關身已。我聞天地大德之曰生，又聞萬事皆天意皆天意，何遺此人又如此。猶更願天公一丈雪，深山麋鹿盡凍死。

唐　王建《王司馬集》卷八《御獵》　青山直遶鳳城頭，滻水斜分入御溝。新教内人唯射鴨，長隨天子苑東遊。

唐　温庭筠《温庭筠詩集》卷三《獵騎》　早辭平扆殿，夕奉湘南宴。香免抱微烟，重鱗疊輕扇。蠶飢使君馬，雁避將軍箭。寳柱惜離絃，流黄悲赤縣。理釵低舞鬌，換袖迴歌面。晚梆未如絲，春花已如霰。所嗟故里曲，不及青楼宴。

唐　姚合《姚少監詩集》卷一〇《臘日獵》　健天結束執旌旗，曉渡長江自合圍。野外狐狸搜得盡，天邊鴻鴈射來稀。蒼鷹落日飢唯急，白馬平川走似飛。蜡節畋遊非為已，莫驚刺史夜深師。

唐　張祜《張承吉文集》卷一《獵》　殘獵渭城東，蕭蕭西北風。雪花鷹背上，冰片馬蹄中。臂挂捎荆兎，腰懸落箭鴻。歸來逞餘勇，兒子乱彎弓。

唐　張祜《戲顏郎中獵》《萬首唐人絶句詩》卷四三　忽聞射獵出軍城，人着戎衣馬帶纓。倒把角弓呈一箭，滿川狐兎當頭行。

唐　于邵《代人作昭應獵謝賜弓箭狀》《文苑英華》卷六三四　右中使某至伏，當賜前件弓箭，跪捧殊私抃躍無地。伏以彤弓出韔，利鏃離方，月滿星流，皆承御物，摧剛服猛，便假天威，虪無矯控之，能庶盡追擒之，狀無任云云。

唐　于邵《進打獵口味狀》《文苑英華》卷六四〇　右伏以平野未春寒山餘雪。陛下俯令畋獵，遥借寵靈。豐狐難脱於重寰，狡兎莫遺於三窟。觀同將帥，藝角偏裨。况節號嘉平，時兼蜡祭。承威禀命，恩已貸於戎臣；登俎充庖，味宜先於君上。雖八珍豐衍，六禽填盛，輒傾誠於金鼎，庶慕義於野芹。前件品味，謹隨狀進。

唐　虞世南《諫太宗畋獵疏》《文苑英華》卷六九四　臣聞秋獮冬狩，盖為恒典。射隼從禽，備乎前誥。伏惟陛下因聽覧之餘辰，順天道以殺伐。將欲摧班碎《舊唐書》作躬推班掌，親御皮軒。窮猛獸之窟穴，盡逸材之林藪。夷凶剪暴，以衛黎元。收革擢羽，用充軍器《貞觀政要》作實。旌旗較獵《唐書》作舉旗校獲，式遵古典《唐書》前篇作前古。然黄屋之尊，金輿之貴。八方之所仰德，萬國之所係心。清道而行，猶戒銜撅。斯盖慎重《唐書》作重慎防微，為社稷計也。是以馬卿直言《唐書》前篇作諫於前，張昭變色於後。臣誠微賤《唐書》作微賤會要作徵末前篇作未察，敢忘斯義。且夫弧矢畢陳《會要》作且夫弧矢星畢唐書且夭弧星畢，所殪已多。頒禽賜獲，皇恩亦溥。伏願特前篇作息獵車，且韜長戟。不拒蒭蕘之請，降納涓澮之流。袒裼徒傳，任之群下。貽範百王，永光萬代。

唐 和凝《題鷹獵兔圖》《題畫詩》卷九四 雖是丹青物，沉吟亦可傷。君誇鷹眼疾，我憫兎心忙。豈動騷人興，惟增獵客狂。鮫綃百餘尺，爭及製衣裳。

唐 許敬宗《文館詞林》卷六六六《宋孝武帝春蒐大赦詔一首》 門下：朕受天慶命，十一年於兹矣，憑七廟之靈，獲上帝之力，禮横四海，威震八荒。方巡三湘而奠衡嶽，夕九河而檢岱宗，今談臥功成，優遊政化，雲至鶼降，省風畿外。兼觀臺六合之首，蒐校長洲之表，命荆江而起翮，詔兖豫而馳足。摇嶽盪海，騰沙飛礫。蕺晉合序，鐃提協節。入獻祀典，餂獸填郊。故張樂楊宫，饗戎星樓，敬舉王公之觴，廣納士人之壽。八風修通，卿雲叢聚。盡天罄瑞，率宇竭歡，思散太極之泉，以福無方之元。可大赦天下。行幸所經，無出今歲租布。其逋餘責負勿復收。賜人爵一級，女子百户牛酒，邦守邑宰及人夫役從蒐者，普加霑賚。

宋 丁謂《大蒐賦有序**》**《歷代賦彙》卷五九 司馬相如、揚雄以賦名漢朝，後之學者多規範焉，欲其克肖，以至等句讀，襲微引。言語陳熟，無有已出。觀《子虛》《長楊》之作，皆遠取旁索靈奇瑰怪之物，以壯大其體勢。撮其辭彩，筆力恢然，飛動今古，而出入天地者無幾。然皆人君敗度之事，又於典正頗遠。今國家大蒐，行曠古之禮，辭人文士不宜無歌詠，故作《大蒐賦》。其事實本之於《周官》，歷代沿革制度參用之，以取其麗則。奇言逸辭，皆得之於心，相如、子雲之語，無一近似者，彼以好樂而諷之，此以勤禮而頌之，宜乎與二子不類。辭曰：

仲冬，天子嚴祀事，答神祐，佇農隙，謹蒐狩，踵教本，稽典舊。禮容左右，武事前後。等尊第卑，上長下幼。人民豐穰，物色繁富。蓋亦閱軍實於介胄，非徒恣遊畋於禽獸者哉！前期，命虞人以采莽蒼，芟擁遏。草木裸潔，原隰砥闊。視軍衆寡，度地本末。高表四立，坦場中豁。限田防而闌織，志轅門而旌揭。青龍白虎擁護乎行在之所；左罕右畢分張乎侍衛之列。風蕭蕭而野鳴，雲陰陰而晝結。麇鹿狼狽以投林，狐狸踉蹌而遷穴。由是司馬舉職，羣吏咸秩。各有司存，皆給名物。備小駕而六龍集，開武庫而五兵出。輅車金玉，旂章日月。戟牙刺舉，旄頭雪密。畫蚩尤於旆顛，匣干將於劒室。騠駃妥貼以負輒，驌驦徘徊而轉軼。召佽飛以前導，命玄武而殿卒。目恍羅列，神驚比櫛。師勅戰法，帥董戎律。始建旗以誓衆，亦斬牲而戒失。所畋之野，備物咸畢。外事尚剛，戊日惟吉。

上乃乘七騶。擁六軍。白旄方下於北極。黄纛已搴於應門。服章天地，車駕風雲。日隨月侍，嶽走川奔。列鉠收聲而聽蹕，豐隆鼓力以扶輪。隊仗乎八百諸侯，殿呼乎七十二君。煙霞錯雜以垂地，河漢顛倒而失源。靈祇慴慄，怪物騰騫。顓帝蒼黄而廢職，玄冥倏閃以馳寬。儼方離於大内，盛已列於平原。禡表云已，銜杖而前。虵陣翼張，虎賁環匝。鼓以三闋，圍不四合。律戎索以濟濟，飭軍威而烨烨。鐶再振而鐃再鳴，弓斯張而矢斯挾。爾乃驅百獸，當一人，弓工操軒轅之弧奉御，羅氏設商湯之網擁羣。熊羆之爪距摧折，虎豹之心肝分裂。射必三獸，發則五豝。雹逆毛羽，星飈角牙。肉墮庖丁之刀，血濺魯陽之戈。諸侯卒事以儼雅，百姓突圍而交加。上方斂緌以慘愴，衆乃靡旗而諠譁。圍開一方，懼盡殺也。舍順取逆，彰懷來也。出表不顧，恥逐奔也。等别三殺，貴宗廟也。得匪上以顯孝思，下以不偺乎！鳥獸之肉，不登器者無取；貔虎之士，罔用命者有誅。警進退於鉦鼓，習威儀於卒徒。戎事同，鑾輅迴。軍聲振而萬國聳立，天仗指而九門洞開。郊餂獸而禮之勤也，廟獻禽而神其享哉！以勞飲至，以能策勳，刑必加於共棄，爵乃及乎衆尊。如是則不曰暴天物，不曰教民戰，於以辨名號而訓仁，義於以昭文章而明貴賤也。

下臣竊詳三代之書，頗究二王之典。大閱之制，昭然義見。軍旅之事，闕教則失利；祭薦之制，非理則不獻。施信賞，率怠倦，使夫民知方，兵識變，莫若示蒐畋而敦大勸也。後之王者，反禮叛經，荒樂誅殺，放懷蕩情。借如漢武，於古詳明。博搜聖書，廣召文英。講評謨訓，華飾聲明。凡曰大樂，闕焉不行。乃窮畋極獵，誇國耀兵。隔蜀羅設，跨秦戈横。麛卵夭死，猵狘愁聲。以至欺猛狂而手格，喜暴惡以力爭。豈殘忍之足恥，唯豪勇之所京。下垂歷代，不能變更。魏晉而下，離合寰瀛。咸局促以僅守，曷禮樂之能興！粤抵李唐，時惟會昌。彼文、明二帝，實驅馳百王。大畋之義，猶或廢亡者。若陛下，自膺寶命，臨萬方，動必法度，舉皆故常。緝羲、軒之絶緒，新姬孔之舊章。郊焉而五帝肅肅，享焉而百神洋洋。九年三月，升於紺壇。十有三年，躬耕藉田。心以民本，事由禮先。謫王滿嗜慾乎馳騁，斥帝徹瞽瞶乎神仙。故天地不能藏祥而祕瑞，日月無以示譴而戒愆。甘露降而區宇澤，景星燭而氛祲蠲。總治本，操化源。措慮寂爾，存神泊然。是以發狂之心，無自入焉。下臣以為，大蒐之典，周公制於往古，陛下行於今兹。中間數千餘祀，咸杳昧而不知。彼唐漢之士，修崇禮儀。封禪之徵誕，明堂之說奇。此數事不詳於堯、舜、文、武之書，臣寧敢狂斐而陳諸？所以賦大蒐而歌盛禮也，俾千古知至德之巍巍。

宋 姜夔《金神夜獵圖二首》六言《江湖小集》卷五六 夜半金神羽獵，奔走山川百靈。雲氣旂旗來下，颯然已入青冥。後宮嬋娟玉女，自鞚八尺飛龍。兩兩鳴鞭爭導，緑雲斜墜春風。

宋 陳造《江湖長翁集》卷九《從王守獵》 生世能忘塵外趣，官居定作車中婦。男兒胸次萬斛寬，不著塵埃著詩酒。虎頭起秀屹雙高，層城更是干青霄。使君領客凌縹緲，天風颯颯摇旌旄。吳嶠魯山青未了，眇視平淮衣帶繞。艶歌濃笑碧雲深，聲下人間却驚鳥。不妨卷障下煙霏，翠袖紅粧旋打圍。杯行飛瀑亂歌吹，蜚霧暗香俱在衣。詩翁得興飛綵筆，銅丸脱手初無迹。酒酣登車接䍦倒，馬上梁州霜月白。

又 卷一二《次韻章守獵》 身著邦君小隊中，縱觀虎將萬旗紅。目光注射鷹窺草，電影騰凌馬弄風。忽有清詩驚破竹，更憐蜚翼墮抨弓。南歸又苦車中婦，夢憶分鮮一醉同。

宋 韓琦《安陽集》卷六《試獵》 試獵秋原亦治戎，飄然豪氣滿西風，飢鷹猘犬爭為用，不在人知指縱功。

宋 洪咨夔《平齋文集》卷一〇《題西岳降獵圖》 君玉以《宮車》《遊獵》圖二寄示，共七紙，韔箙前驅，嬪御紛從，來輿去馬，蹴踏雲氣。其精妙瑰怪，縱横變化，出天入神，嘆非龍眠莫能作。而不能名之，轉似都官。隆山李成之曰：《西岳降獵圖》也。吾家絹本得之康節孫邵公濟家，人物部分與此無一不合，獨第七節前多馬上美人四。因合二圖爲一，次第其先後以復，得非兩家所藏同出一時之筆，紙其創，絹其成歟。絹壽止五百年，紙壽千年。君玉倒黄河以洗研，挹玉井以濡翰，醉攬風露，吸金天之晶而賦之必，有與此畫相爲壽者。紹定癸巳立秋日，於潛洪某舜俞書于繡山堂。

《太平廣記》卷四三三《潯陽獵人》 潯陽有一獵人常取虎為業，於徑施弩弓焉，每日視之，見虎跡，而箭已發，未曾得虎。舊說云人為虎所食，即作倀鬼之事。即于其側樹下密伺。二更後，見一小鬼，青衣髡，髮齊眉，蹴躄而來弓所，撥箭發而去，後食。頃有一虎來履弓而過。既知之，更携一隻箭而去，復如前狀。此人速下樹下，架箭而登樹覘之。少頃，虎至履弓箭發，其虎貫脇而死。其倀鬼良久却回，見虎死，遂鼓，舞而去也。出《原化記》。

又 卷四四一《安南獵者》 安南人以射獵為業，每藥附箭鏃，射鳥獸，中者必斃。開元中，其人曾入深山，假寐樹下，忽有物觸之。驚起，見是白象，大倍他象，南人呼之為『將軍』，祝之而拜。象以鼻捲人上背，復取其弓矢藥筒等以授之。因爾遂騁行百餘里，入邃谷，至平石，迴望十里許。兩崖悉是大樹，圍如巨屋，森然隱天。象至平石，戰懼，且行且望，經六七里，往倚大樹以鼻仰拂人。人悟其意，乃攜弓箭，緣樹上，象于樹下望之。可上二十餘丈，欲止，象鼻直指，意如導令復上，人知其意，逕上六十丈，象視畢走去。其人夜宿樹上，至明，見平石上有二目光。久之，見巨獸，高十餘丈，毛色正黑。須臾清朗，昨所見大象，領凡象百餘頭，循山而來，伏于其前。巨獸躩食二象，食畢，各引去。人乃思象意，欲令其射，因傅藥矢端，極力射之，累中二矢。獸視矢吼奮，聲震林木，人亦大呼引獸。獸來尋人，人附樹，會其開口，又當口中射之。獸吼而自擲，久之方死。俄見大象從平石入，一步一望，至獸所，審其已死，以頭觸之，仰天大吼。頃間，羣象五六百輩，雲萃吼叫，聲徹數十里。大象來至樹所，屈膝再拜，以鼻招人，人乃下樹，上其背。象載人前行，群象從之。尋至一所，植木如隴，大象以鼻揭楂，群象皆揭，日旰而盡，中有象牙數萬枚。象載人行，數十步內，必披一枝，蓋示其路。訖，尋至昨寐之處，下人於地，再拜而去。其人歸白都護，都護發使隨之，得牙數萬，嶺表牙為之賤。使人至平石所，巨獸但餘骨存。都護取一節骨，十人舁致之，骨有孔，通人來去。出《廣異記》。

又《淮南獵者》 張景伯之為和州，淮南多象，州有獵者，常逐獸山中。忽有群象來，圍獵者，令不得去。有大象至獵夫前，鼻絞獵夫，置之於背。獵夫刀仗墜者，象皆為取送還之。於是馱獵夫徑入深山。群象送於山口，而返入山五十里，經大磐石，石際無他物，盡象之皮革餘血肉存焉。獵夫念曰：得無於此啗我乎。象負之，且過去石五十步，有大松樹。象以背依樹，獵夫因得登木焉。弓墜於地，象又鼻取仰送之。獵夫深怪其故。象既送獵夫訖，因馳去。俄而有一青獸，自松樹南細草中出，毳毛鬃鬣，爪牙可畏，其大如屋，電目雷音，來止磐石，若有所待。有頃，一次象自北而來，遙見猛獸俯伏膝行，既至，磐石恐懼戰慄。獸見之喜，以手取之，投於空中，投已接取，猶未食噉。獵夫望之嘆曰：畜獸之愚，猶請救於人，向來將予於山，欲予斃此獸也。予善其意，曷可不救，於是引滿縱毒箭射之，洞其左腋，獸既中箭，來趨獵夫。又迎射貫心。獸踣焉，宛轉而死。小象乃馳還。俄而諸象二百餘頭，來至樹下皆長跪。展轉獵夫下。前所負象，又以背承之負之出山。諸象圍繞喧號，將獵夫至一處，諸象以鼻破阜而出所藏之牙，焉凡三百餘莖。以示獵夫又負之至所遇處，象又皆跪謝恩而去。獵夫乃取其牙，貨得錢數萬。出《紀聞》。

又 卷四五七《海州獵人》 海州人以射獵爲事，曾於東海山中射鹿。忽見一蛇，黑色，大如連山，長近十丈，兩目成日，自海而上。人見蛇驚懼，如不免死，因仗念佛。蛇至人所，以口銜人及其弓矢，渡海而去，遙至一山，置人於高巖之上。俄而復有一蛇自南來，至山所，狀類先蛇而大倍之。兩蛇相與鬬于山下，初以身相蜿蟺，久之，口相噬。射士知其求己助，乃傳藥矢欲射之。大蛇先患一目，人乃復射其目。數矢累中，久之，大蛇遂死，倒地上。小蛇首尾俱碎，乃銜大真珠瑟瑟等數斗。送人歸至本所也。出《廣異記》。

宋 劉子翬《屏山集》卷一二《劉兼道獵》 劉侯好獵親馳逐，指呼雙犬如奴。僕朝衝唐石亂雲來，暮聽潭溪流水宿。何如着鞭走大梁，我亦與子同翱翔。今年獵叛醢彭越，明年獵胡羓德光。

宋 樓鑰《攻媿集》卷七四《跋秦王獨獵圖》 山谷《題摹燕郭尚父圖》云：往時李伯時為余作李廣奪胡兒馬，挾兒南馳，取胡兒弓，引滿以擬追騎。觀箭鋒所直，發之，人馬皆應弦也。伯時笑曰：使俗子為之，當作中箭追騎矣。余因此深悟畫格，此文皇《獨獵圖》唐小李將軍之筆。建炎間內府宣取于宗室家，奏以非所敢惜。但以前射一豕。而上生于亥，故不敢進。復令取之，亟摹一本，而以真者進御。三馬一豕，皆極奔驟。弓既引滿，而箭鋒正與豕相直，豈山谷龍眠，俱未見此畫耶。

宋 陸游《劍南詩稿》卷四《十月十九日與客飲忽記去年此時自錦屏歸山南道中小獵今又將去此矣》 去年縱獵韓壇側，玉鞭自探南山雪。今年痛飲蜀江邊，金盃却吸峨嵋月。竹枝歌舞新教成，凄怨傳得三巴聲。城頭築觀出雲雨，峨嵋正與闌干平。酒酣詩就擲盃去，醉蹋玻瓈江上路。懸知幽磵斷橋邊，已有梅花開半樹。

宋 陸游《劍南詩稿》卷八《九月十日如漢州小獵于新都彌牟之間投宿民家》 適從邛州歸，又作漢州去。天低慘欲雪，遊子悲歲暮。十年辭京國，疋馬厭道路。野火炎高岡，江雲暗空戍。角弓寒始勁，霜鶻飢更怒。邂逅成小獵，尺箠聊指呼。北連武侯祠，南竝稚子墓。合圍蹙窮鹿，設伏截狡兎。壯哉帶箭雉，耿介死不顧。吾寧暴天物，戰法因得寓。黃昏過民家，休馬燎裘袴。割鮮盛燔炙，毛血灑庭戶。老姥亦復奇，汛掃邀我。駐丈夫儻未，死千金酬此遇。

又 卷八《獵罷夜飲示獨孤生》 客途孤憤只君，知不作兒曹怨別離。報國雖思包馬革，爱身未忍價羊皮。呼鷹小獵新霜後，彈劍長歌夜雨時。感慨却愁傷壯志，倒瓶濁酒洗餘悲。

又 闕輔何時一戰收，蜀郊且復獵清秋。洗空狡穴銀頭鶻，突過重城玉腕騮。賊勢已衰真大慶，士心未振尚私憂。一樽共講平戎策，勿為飛鳶念少游。

又 白袍如雪寶刀橫，醉上銀鞍身更輕。帖草角鷹掀兎窟，憑風羽箭作鴟鳴。關河可使成南北，豪傑誰堪共死生。欲疏萬言投魏闕，燈前攬筆涕先傾。

又 卷一六《曉出遇獵徒有作》 出門萬瓦粲晨霜，忽憶行軍起裹創。賣劍買牛身已老，搴旗斬將夢猶狂。奇才古有潛屠肆，豪氣今誰寓獵場？狐兔草間何足問，合留長箭射天狼。

又 卷二七《癸丑重九登山亭追懷頃在興元常以是日獵中梁山下樂甚慨然賦詩予于是生六十有九年矣》 生年六十九重陽，轍遍秦吳歲月長。南鄭從戎嗟尚壯，中梁縱獵最難忘。離披雉拂雕鞍墮，倔倲狐穿古冢藏。夢斷酒醒今萬里，亦逢佳節正悲傷。

宋 蒲積中《歲時雜咏》卷六《人日獵城南者十人以身輕一鳥過槍急萬人呼爲韻得鳥字》 兒童笑使君，憂愠長悄悄。誰拈白接䍦，令跨金騕褭。東風吹濕雪，手冷怯清曉。忽發兩鳴髇，相趂飛蝱小。放弓一長嘯，目送孤鴻矯。吟詩忘鞭轡，不語頭自掉。歸來仍脫粟，鹽豉煮芹蓼。何似雷將軍，兩眼霜鶻皎。黑頭已為將，百戰意未了。馬上倒銀瓶，得兎不暇燎。少年負奇志，蹭蹬百憂繞。回首英雄人，老死已不少。青春还一梦，余年真过鸟。莫上呼鹰台，平生笑刘表。

宋 石介《徂徠石先生全集》卷四《獵》 騎士千人集，綏旍四面張。凝陰慘羣物，殺氣結飛霜。雉守一節死，兎緣三穴藏。石麃羊質見，狐嘆虎威亡。獸困猶思鬬，鴻驚不亂行。惟當縱猛鷙，盡使食貪狼。意務除田害，誰言事外荒。非熊得呂望，祝網遇成湯。近念魏知古，深思夏太康。吾君戒馳騁，凡事合經常。

宋 舒岳祥《閬風集》卷九《老獵》 少壯登山腳似飛，張弓安肯擬狐狸。老來猶向兒孫話，話著南山射虎時。

宋 司馬光《温國文正公文集》卷二《春獵》 小苑微寒春鴈飛，石闕宫外草萋萋。漢家旌旆連圍合，秦國山川入望低。花色纔臨珠綴發，柳陰欲傍金隄。齊韓嫣承恩来視，獸飛塵遥出建章西。

宋 宋祁《景文集》卷二四《對獵》 黄山横騖曉成，圍後騎蕭蕭。萬弩隨當路豺，狼宜一發不須。回首問狐狸。

宋 蘇過《斜川集》卷二《海南多鹿豨士人捕取率以夜分月出度其要寢則合圍而周阹之獸無軼者余寓城南户外即山林夜聞獵聲且有饋肉者作夜獵行以紀之》 霜風肅肅陵寒柯，海月瀲瀲翻秋河。空山無人柴徑熟，豨肥鹿飽眠長坡。山夷野獠喜射獵，腰下長鋏森相摩。平沙䴥鬣見遺跡，踴躍不待張虞羅。均呼夜起山谷應，披抉草木窮株窠何。人得雋喜叫絶將，脟割未羨青丘多。今年歲惡不可度，竹間有米田無禾。耕牛日欲登鼎俎，野獸脱命理則那。朝來剥啄誰有饋，愧爾父老勤弓戈。一言願子不我忽，暴殄天物神所呵。

宋 蘇軾《蘇文忠公全集・東坡集》卷二《司竹監燒葦園因召都巡檢柴貽勗左藏以其徒會獵園下》 官園刈葦歲留槎，深冬放火如紅霞。枯槎燒盡有根在，春雨一洗皆萌芽。黄狐老兔最狡捷，賣侮百獸常矜誇。年年此厄竟不悟，但愛蒙密爭來家。風迴焰卷毛尾熱，欲出已被蒼鷹遮。野人來言此最樂，徒手曉出歸滿車。巡邊將軍在近邑，呼來颯颯從矛叉。戍兵久閒可小試，戰鼓雖凍猶堪撾。雄心欲搏南澗虎，陣勢頗學常山蛇。霜乾火烈聲爆野，飛走無路號且呀。迎人截來砉逢箭，避犬逸去窮投罝。擊鮮走馬殊未厭，但恐落日催棲鴉。弊旗仆鼓坐數獲，鞍挂雉兔肩分麚。主人置酒聚狂客，紛紛醉語晚更譁。燎毛燔肉不暇割，飲啗直欲追羲媧。青丘雲夢古所咤，與此何啻百倍加。苦遭諫疏說夷羿，又被賦客嘲淫奢。豈如閒官走山邑，放曠不與趨朝衙。農工已畢歲云暮，車騎雖少賓殊佳。酒酣上馬去不告，獵獵霜風吹帽斜。

又 卷七《和梅户曹會獵鐵溝》 山西從古説三明，誰信儒冠也捍城。竿上鯨鯢猶未掩，近臯數盜草中狐兔不須驚。東州趙叟飲無敵，南國梅仙詩有聲。向不如臯閒射雉，歸來何以得卿卿。是日惟梅趙不射。

又《祭常山回小獵》 青蓋前頭點皂旗，黄茅岡下出長圍。弄風驕馬跑空立，趁兔蒼鷹掠地飛。回望白雲生翠巘，歸來紅葉滿征衣。聖朝若用西涼簿，白羽猶能效一揮。

又《東坡續集》卷八《獵會詩序》 雷勝隴西人，以勇敢應募得官，為京東第二將。武力絶人，騎射敏妙。按閱於徐，徐人欲觀其能，為小獵城西。又有殿直鄭亮、借職繆進者，皆騎而從，弓矢刀槊，無不精習；而駐泊黄宗閔，舉止如諸生，戎裝輕騎，出馳絶衆。客皆驚笑樂甚。是日小雨甫晴，土潤風和，觀者數千人。曹子桓云：建安十年始定冀州，濊貊貢良弓，燕代獻名馬。時歲之春，勾芒司節，和風扇物，弓燥手柔，草茂獸肥，與兄子丹獵於鄴西，手獲獐鹿九，狐兔三十。馳騁之樂，邊人武吏，日以為常。如曹氏父子，横槊賦詩以傳於世，乃可喜耳，衆客既各自寫其詩，因書其末，以為異日一笑。

宋 蘇舜欽《蘇學士集》卷一《獵狐篇》 老狐宅城隅，涵養體豐大，不知窟穴處，草木但掩藹。秋食承露禾，夏飲灌園派，暮夜出窮舍，雞畜遭横害。晚登埤塊鳴：呼吸召百怪，或爲嬰兒啼，或變豔婦態。不知幾十年，出處頗安泰。古語比社鼠，蓋亦有恃賴。邑中年少兒，耽獵若沈瘵，遠郊盡雉兔，近水殲鱗介，養犬號青鶻，逐獸馳不再。勇聞此老狐，取必將自快，縱犬索幽邃，張人作疆界。兹時頗窘急，迸出赤電駭，羣小助呼嘷，奔馳數顛沛。所向不能入，有類狼失狽，鉤牙作巨顙，髓血相潰沫，喘叫遂死矣，爭觀若期會，何暇正丘首，腥臊滿蓬艾。數穴相穿通，城堞幾隳壞，久縱此凶妖，一旦果禍敗。皮爲榻上藉，肉作盤中膾，觀此爲之吟，書以爲警戒。

宋 蘇轍《欒城集》卷二《和子瞻司竹監燒葦園因獵園下》 駿馬七尺行馮馮，曉出射獸霜爲冰。荻園斫盡有枯枿，束茅吹火初如燈。乍分乍合勢開展，蒼煙被野風騰騰。黄狐驚顧嘯儔侶，飛鳥先起如蒼蠅。須臾立旆布行伍，有似脩蟒横岡陵。蒼蠅猛犬出前後，缺處已掛黄麻罾。回風忽作火力怒，平地一卷無疆塍。商辛不出抱寶死，曹瞞逸去燋其肱。投身誤喜脱灰燼，闖首旋已遭侵凌。何人上馬氣吞虎，狐帽壓耳皮蒙膺。開弓徐射疊雙兔，擁馬驩叫驚未曾。舉鞭一麾百犬進，擊鼓再發箭啓棚。去如飛宝中如電，獲若兩獸膏流蠅。肉分麾下飽壯士，皮與公子留縑繒。縱横分裂惠村塢，尚有磊落載後乘。吾兄善射久無敵，是日斂手稱不能。憑鞍縱馬聊自適，酒後醉語誰能鷹。健兒擊搏信可樂，主將雄猛今誰勝。胸中森列萬貔虎，嗟世但以文儒稱。安得強弓傳長箭，使射蔽日垂天鵬。

又 卷九《次韻子瞻人日獵城西》 將賢士氣振，令肅軍聲悄。晨登戲馬臺，一試胡騣裊。城空巷無人，里社轉相曉。吾公庶無疾，但恐園囿小。荆榛一焚蕩，雉兔皆驚矯。翩翩白馬將，手把青絲挑。少小事邊徼，斬刈輕荼蓼。殿前賜鞍勒，珂月明皎皎。自言得所事，强暴無不了。廟筭本詩書，下策禁焚燎。當令百鍊剛，甘就一指繞。低回未嘗試，坐被世人少。秋霜一朝下，凌厲見鷙鳥。爲君整驕惰，重立穰苴表。

宋 王邁《臞軒集》卷一二《獵者原注見方雷桂子直言其事**》** 山中有獵者，設網張四隅。稚麞爲所絓，性命懸庖厨。母麞至網外，躑躅相悲呼。明知獵者意，於己併覬覦。柰愛不可割，投網與子俱。獵者偶省悟，攢眉發長吁。縱之與偕活，長揖謝獵徒。焚網毀毒矢，放鷹逐韓盧。人物强非類，天性元不殊。愛母寢皮猿，惜子喬腹魚。人均作此念，可廢佃與漁。獵者仁孝心，洞然貫體膚。彼爲中國穽，愧見此獵無。

宋 蕭立之《蕭冰崖詩集拾遺》卷上《客有談淮士縱獵之樂因爲之歌》 雪雲厭天尋丈低，將軍觀兵出打圍。彎弓數肋射走鹿，刀槊不減并州兒。盤空健鶻皆欲裂，落日洗空狐兔穴。將軍白馬錦貂褕，奏凱歸来清夜月。

宋 徐天麟《東漢會要》卷九《獵車》 獵車其飾皆如之重，輞縵輪繆龍繞之。一曰闟豬，車親校獵乘之。

宋 張耒《張右史文集》卷一一《塞獵》 十月北風燕草黄，燕人馬飽弓力強。虎皮裁鞍鵰羽箭，射殺陰山雙白狼。青氊帳高雪不敢，擊鼓傳觴打令急。戎王半醉解貂裘，昭君獨抱琵琶泣。

宋 張鎡《南湖集》卷二《渭川獵》 鳴冬朔風聲披靡，原樹莽蒼枯欲死。出門四望來無人，何許翁閒守寒水，胷中百萬總活法，閉口不言心自喜。姓名絶念公侯前，草野畊夫畧相比。一朝千乘從空來，照天戈甲光皚皚。罶羅不為彲羆設，果應龜墨收奇才。鷹揚元勳塞兩儀，遺爾後嗣恢宏基。魯公如棠但射魚，縱得齒革何能為。

宋 章樵《古文苑》卷七《羽獵賦》 《摯虞文章流別論》云：建安中魏文帝從武帝出獵，賦，命陳琳、王粲、應瑒、劉楨並。作琳爲《武獵》，粲爲《羽獵》，瑒爲《西狩》，楨爲《大閲》。凡此各有所長，粲其最也。此賦首尾有缺文，以粲集補。

濟漳浦而横陣，清濁二漳水，皆出上黨，合流過魏郡。曹公攻袁尚，嘗決漳水以灌鄴城。倚紫陌而並征。樹重罝於西址，列駿騎乎北坰。遵古道以游豫兮，《孟子》：一游一豫，爲諸侯度。昭勸助乎農圃。因時隙之餘曰兮，陳苗狩而講旅《左傳》：春蒐，夏苗，秋獮，冬狩，皆於農隙，以講事也。相公乃乘輕軒，相公，指操時粲爲丞相掾。輕軒輶車也。駕四駱，白馬，黑鬣曰駱。《詩》：駕彼四駱拊流星矢名屬繁弱弓名，力重千斤，周武王之戎弓也。選徒命士，威興竭作。《周禮》：小司徒，凡起徒役，唯田與追胥，竭作。旌旗雲擾，鋒刃林錯。揚輝吐火，曜野蔽澤。山川於是乎摇蕩，草木爲之摧落。禽獸振駭，魂亡氣奪，舉首觸絲，摇足遇撻，陷心裂胃，潰頸破頰粲集作□，音遏。鷹犬競逐，奕奕霏霏。下韝窮緤，搏肉噬肌。墜者若雨《子虛賦》：獲，若雨，獸去声。僵者若坻。《詩》：如坻如京，鄭氏箋：坻，水中之高地也。清野滌原，莫不殲夷。

宋 趙鼎臣《竹隱畸士集》卷三《子莊獵于近郊志康聞之盛贊如臯之舉且督分鮮之餉再以詩徃而子莊不報夫踐霜雪跨陵谷以從禽荒之游樂則樂矣然未必賢伉儷之所喜也不然鮮胡爲而不至哉故余再次來韻以索其情》 愛君談兵如趙涉，徃與西人鋒刃接。尊前或詆次公狂，市上頗疑韓信怯。忽然結束變軒昂，駑馬自驅千騎獵。狐狸博碩正吾須，鳥雀細微誰女懾。風馳白羽欻驚飛，火點紅旗時一睫。將叔無狃戒其傷，君足正應防婦躡。千金之子不垂堂，坐使顰眉羞美靨。徑當去劍釋皮冠，腥血淋漓休使喋。賢如孟光不與謀，搏獸於原毋乃輒。聞君三日靜思愆，謝過莫如吾訃捷。熊膰兎首速分張，好客庶幾閭里俠。歸家一笑定卿卿，止獵之書猶滿篋。

又《再次前韻戲志康》 賈侯少日規原涉，酒徒劒客交相接。官成忽綰縣令章，文墨能令豪士怯。滿庭牒訴若沈迷，過眼詩書聊領獵。發狂正爾不能堪，大叫赫然胥吏懾。西城曉出頗怱怱，日射圍場光有睫。鹿傷鶴膝畏鵰盤，兎中鶻拳愁犬躡。獲多意解始開顔，暗覺微渦生兩靨。逡巡下令釋前禽，尚恐流殷人競喋。不知誰忽遺君知，佐饔而嘗心頗輒。新詩不減子虛篇，喜意似書城濮捷。更因乞肉苦譏嘲，句險詞夸終類俠。莫嗔令尹少須之，報聘已裝珠一篋。

宋 周紫芝《太倉稊米集》卷九《題趙周賓家夜獵圖》 翰林作醉石，偶似蒼於菟。龍眠見之笑，為作匹馬彎彫弧。云是將軍出夜獵，上有仇池行草書。雲沙蒼茫日欲下，道逢伏虎南山隅。心知是虎不是石，雙弦急控皆盧兵。明朝白羽飲頑石，摩挲欲盡金僕姑。君不見賜累千金新垣平，連佩六印欒將軍。致君大畧豈在爾，封侯細事不到君。先生言語妙天下，瘴海七年皮肉皴。邂逅英物數蕤李，曹蜍如生亦如死。龍眠有眼識天人，異世同成一奇事。君當什襲勿漫摹，此人此畫人間無。

宋 韓駒《題蕃騎圖》《題畫詩》卷五七 塞上漠漠黃雲秋，黃鬚胡兒騎紫騮。一馬攙前弄風走，胡兒掣轡空驤首。迴鞭慎莫向南馳，漢家將軍方打圍。奪弓射汝猶可脫，奪汝善馬何由歸。

宋 洪适《盤洲集》卷二九《周成王蒐岐陽頌》 周公既返政，成王始親萬幾。於時宇內雍熙，朝廷豫暇。適當春田之際，草木榮茂，禽獸殖繁，王迺命大司馬整六師，馭六飛，發鎬京，幸岐陽，望岐下而税止。駐蹕南山，翠華臨幸，豎青鳳之旗，伐靈鼉之鼓，懸湯網，設機阱，蒐禽獸之不孕字者，擒焉殲焉。所獲之多，上殺者半，中下而生獲者則有物焉，白虎黑文，生物不食，生蟲不踐，厖然不經於耳目。召康公拜稽首於王前曰：都俞王之仁風，遠被騶虞，應瑞而生也。羣臣咸呼萬歲而獻頌曰：

茁彼蒼葭，青陽所育。林鳥不驚，鹿羣不觸。王在中田，張羅挾矢。網解三面，箭發雙至。載蒐載擒，弋其不孕。王恩所播，澤及飛走。王仁所感，騶虞忽有。於戲仁恩，緜基裕後。垂曆之多，卜年永久。【下缺】

金 元好問《遺山集》卷六《獵城南》 翩翩游俠兒，白馬如疋練。朝出城南獵，暮趁軍中宴。北平有真虎，愛惜腰間箭。

金 李獻能《從獵口號》《佩文齋詠物詩選》卷一三〇 閶闔傳符啟九關，一聲清蹕駐南山。虎賁先導三千士，天馬初離十二閑。其二

爛爛龍旗捧日旂，從臣遥認赭紅衣。天王清曉親弧矢，初合今冬第一圍。

金 李獻能《從獵口號》《佩文齋詠物詩選》卷四一二 的皪金鎞墮曉星，晴天霹靂應弦聲。風毛雨血燕雲在，未要草間狐兔驚。

元 貢性之《南湖集》卷下《較獵圖》 黑河流繞李陵臺，邊使蕃王日往來。共説漢家天子盛，貢將騏驥敢凡材。

元 何中《知非堂稿》卷四《題五馬獵歸圖》 秋野肅肅，秋草萋萋，天空雁度呼鷹時。一馬前行四馬隨，前者回顧相指揮。最後兩人俱下馬，一人拱手俯聽之，一人挈麞毛色肥。角弓在弢箭在房，人馬意態何遲遲？知從底處射獵歸，莫是營州少年并州兒，閒中貌此知為誰？筆力精勁妙莫窺。我疑此畫有似汲塚古書出，蠹簡殘逸有缺遺。不須完足自可寶，古人日遠何由追？嗚呼古人日遠何由追。

元 黃鎮成《秋聲集》卷三《昭武圖經載天子岡越王駐獵之地樵牧時得古瓦有羅紋鴈翅之狀堅緻如石以時考之数千百年感而賦之》 北平山上越王城，獵騎如雲此駐兵。瓦礫不隨塵土化，市朝空逐海田更。鴻泥雪點深無跡，鴈翅羅紋碎有聲。訪古獨來舒望眼，萬峯浮翠入天明。

元 劉秉忠《藏春集》卷四《獵騎》 三驅長是失前禽，四合應難免上林。坐不垂堂太驕惰，國家何啻有千金。

元 劉詵《桂隱詩集》卷三《雪林獵虎》 朔風曉寒天地白，將軍打圍千騎列。南山老獸工避人，穿崖蔽木蹤不滅。地窮怒躍戟亂衝，十丈瑤峯盡成血。却懸馳背歸入城，不見斕斒見白額。

元 王惲《秋澗集》卷八《春溪小獵行》 經略史公子明春溪小獵，九公子有詩以紀其樂，索予同作，至元庚辰三月三日五夜燈下走筆賦此。

春風兩岸春草碧，漫漫溪流野鳧集。花邊高塚卧麒麟，拜掃歸來見豪習。一聲畫鼓警鳧飛，霜鶻翻空看橫擊。離披五色墮馬前，血灑平蕪驚半濕。野橋淡淡夕陽低，回風颯颯溪神泣。不愁歸具衆賓須，紅燭金盤快鮮食。將軍往歲東西征，苦竹崖傾江島赤。高勲烈烈在雲臺，婉戀龍姿見平昔。平生得意在戰酣，州郡徒勞非我職。明時政有逐禽樂，醉聽清商還自適。鼻端出火耳生風，夢裏弦聲聞霹靂。君不見姚崇奉詔趨新豐，徑入長圍吐奇策。呼鷹縱犬少年事，大拜曾從指蹤得。君侯逸興浩無邊，老作獵師三萬日。帕車過市奄新婦，此事終爲景宗叱。自憐白髮兩眼昏，矻矻窮年大玄筆。君王有夢渭濱畋，苦恨非熊深自惜。

又 卷一三《火獵自歸德以東皆用此法**》** 緑竹連罝遠，蒼烟蔽野昏。兩傍羅草伴，一火趁羣奔。從乎遮麞鹿，張弓得艾豚。縱觀思獵較，積柴散燒痕。

元 許謙《白雲集》卷一《城東南有虎群行有司命獵者捕其二以獻》

陰風曀晴空，群虎不畏逐。豈惟牛與羊，亦有山婦哭。昨日當道行，今作机上肉。群兇未盡去，何以慰荼毒。

長林肉醉後，怒目方負隅。何人奮強弩，一矢糜其軀。舊聞裴將軍，日斃三十餘。何如弘農郡，負子不待驅。

市人何喧喧，縛虎入闤闠。前驅挾弓矢，炳蔚尚光彩。操刀競屠割，童穉亦稱快。平生百步威，狼藉今何在。世事無不然，聞者足以戒。

元 許有壬《至正集》卷一六《左大夫獵得兔》 大夫銜命下天墀，小試元戎短窄衣。風日半寒人半醉，山川如畫馬如飛。四圍逺勢周遭合，一片歡聲得俊歸。小校成擒何足道，豺狼多少緩明威。

元 耶律楚材《湛然居士集》卷一〇《扈從羽獵》 湛然扈從狼山東，御閑天馬如遊龍。驚狐突出過飛鳥，霜蹄霹靂飛塵中。馬上將軍弓挽月，脩尾蒙茸卧殘雪。玉翎猶帶血模糊，騄駬嘶鳴汙微血。長圍四合匝數重，東西馳射奔追風。鳴鞘一震翠華去，滿川枕藉皆豺熊。自笑中書老居士，擁鼻微吟弓矢廢。向人忍恥乞其餘，痩兎瘸獐紫駝背。吾儒六藝聞吾書，男兒可廢射御乎？明年准備秋山底，試一如皐學射雉。

又《狼山宥獵》 扈從車駕，出獵狼山。圍既合，奉詔悉宥之，因作是詩。

君不見武皇校獵長楊裏，子雲作賦誇奢靡；又不見開元講武驪山旁，盧陵修史譏禽荒。二君所為不足法，徒令千載人雌黃。吾皇廵狩行周礼，長圍一合三千里。白羽飛空金鏑鳴，狡兎雄孤應弦死。翠華駐蹕傳綵綸，四開湯網無掩羣。天子恩波沐禽獸，狼山草木咸忻忻。

元 耶律鑄《雙溪醉隱集》卷四《小獵詩》 翠華東出萬安宮，獵獵旌旗蔽碧空。鸜鵒林停縱金勒，鷫鸘裘袒控鵰弓。塞鴻驚帶鵝毛雪，野馬塵飛羊角風。萬騎耳邊驚霹靂，一聲鳴鏑暮山紅。

翠華十月獵川中，馬上書生自不窮。濟濟威儀周制度，番番人物漢英雄。一封雲漢飛金詔，萬國君王朝玉宮。四合相連幾千里，熊羆封入我牢籠。

又 卷五《小獵詩》 虎落入長圍，期門突似飛。烏號驚霹靂，白額藉忘歸。

又 卷六《大獵詩二首》 營表交馳突騎過，射聲雲布已星羅。詔官點檢貔貅數，奏比年來百萬多。

網絡周阹萬里疆，幅員都是禁圍場。傳言羽獵將來到，有詔唯教靜虎狼。禁地園場，自和林南越沙地，皆浚以塹，上羅以繩，名曰扎什，實古之虎落也。比歲大獵特詔，先殄除虎狼。文田案金史地理志西京路桓州金蓮川亦有扎實，當據此注以釋彼文。

元 張之翰《西巖集》卷四《題秋山獵豹圖》 霜風烈烈百草枯，鼓山山頭日向晡；石頭高低路崎嶇，荒林叫狸號妖狐。有物突出驚前驅，大于雄彪小于菟；繡衣將軍臂彫弧，霹靂一發金僕姑。金團袍裂一大呼，老涎淋漓血模糊。從兒載錦滿後車，迴頭隱霧空巖隅。英雄歸来膽包軀，快如勍敵力驅除。鼓笳宴酣得意餘，眼高四海空江湖。看君他年笑平吳，淩煙千秋認眉鬚，未必志在秋山圖。

又 卷一〇《雪山捕獵圖》 水滿深溪雪滿岡，獵人休笑捕魚郎。粟膚龜手寒如許，總為區區口腹忙。

元 張翥《蛻庵詩》卷二《題長孫皇后諫獵圖》 黄門曉出西清仗，秋色滿天鷹大王。虎落遥連渭水南，鸞旗直渡河橋上。日邊雲氣五色文，虬鬚天子真天人。羽林猛士森成列，六氣不驚清路塵。太平無征帝神武，豈爲禽荒將按旅。已知哲后佐興王，不數樊姬能覇楚。從容數語即罷田，六宮迎笑花如烟。蹕回那待外廷疏，聽諫由來同轉圜。天寶神孫隳大業，錦繡五家爭蹀躞。可憐風雪驪山宮，政與真妃同射獵。

元 趙文《青山集》卷七《獵户嘆》 江南冬前蟲未蟄，獵師篝火熏穴急。山中玉面何處藏，供奉期程如束濕。茅簷十日無炊米，蓬鬢鶉衣瘠如鬼。但教得狸何顧爾，易牙奉君尚烹子。

元 朱德潤《存復齋文集》卷三《雪獵賦并序**》** 至治二年春，二月既望，時雪初霽，天子大蒐於柳林。還幸壽安山，命集賢大學士泰思都、學士臣頼哥識律、功德副使臣三旦班，召使臣朱德潤圖而賦之。因考《禮》經謂乾豆、賓客、充庖三曰之義。漢儒雄詞麗藻，可謂形容盡之。至扵偃武偹文之説，亦略見於篇中。皇元受命，四海來格，游獵之盛，武簡粲然，所以明國家之制，天備矣。臣德潤謹援筆墨，圖成《雪獵》，而并陳其賦曰：

顓頊司序，玄冥駕冬。屏翳扇飈，馮夷灑凍。霜堅冰扵沍澤之底，霰急雪乎蒼冥之中。迷漫六合，飄飖太空。混玄黄而暴白，始胚腪於鴻蒙。忽焉山川不夜之境，盎然草木長春之叢。化瑶瑰不瑳之巧，布珠琲莫擷之工。有自强者奮然而唶曰：天地既肅，風雲已凉。獸戕獺而畢祭，士弓矢胡永服。可以振威警於下土，門武備於非常。乃選車徒，淬精礪剛。陋蕭君之不出，牡桓虔之高矖。旄孤麾而騎集，韝乍脱翼鷹場。旗纛翩翻，鈴鳶鏗鏘。銛矛大槊，鈎戟長槍。烏號繁彊，莫邪干將。兵氣含輝，偉列其旁。扵是雷師撾皷，山靈棒鞬。王良執御，羿氏控絃。封豕中機，貪狼就剸。縱離朱之明睫，步章亥之宏趻。窮罅擣穴，絡野經原。飲羽則飛將視石，調矢則由基號猿。箭双鵰扵一鏃，殪兩兕扵孤鞭。盧令令而狐踣，鶻皎皎而駕顛。至若鴻雁鴳鵲，鵜鶻鶖鸛。麢豣媿，羱羊貄貆。伯益之所未錄，爾雅之所未刊。飛走之屬，并墜其前。血頷其濡，貫翎其聯。數實登載，振旅告旋。又何止易堂下之一牛，窺管中之一班哉。故相如拳獵扵上林，子雲校獵扵甘泉。以至長楊五柞，渭水黄山。皆前人轍迹之所蹈，文辭之所傳。得則為敬天順時之義，失則有縱樂從禽之愆。東吳小臣，渡江泝河，過魯適燕。瞻兩都京闕之巨麗，揖中州士子之多賢。曩曾逐公子王孫之後塵，而聞諸塞上之翁曰：我聖朝神武之師，常以虎賁之众，際八埏而大圍。驅獸蹄鳥跡之道，為烝民粒食之基。燎火田於既蟄，入山林而不麋。胎不殀夭，巢不覆枝。講春蒐秋狝之舉，臨夏苗冬狩之期。效成湯祝網之三面，思文王蒐田之以時。所以豐稼而除害，所以致敬而受釐。收其齒革羽毛，咸工需扵民用。潔其犧牲腊脯，盛禮筵於賔儀。論功賜賑，錫胙臨墀。太常薦新扵廟祀，太官供味扵庖腑。捄棘匕其膏膋，鐪篕飱其肉麋。侑以元醴，享以醇醨。宰臣調其鹹甘，學士和其雍熙。皇恩浹，上澤施。武事講，文教馳。遂乃四方皷舞，萬里䑀航。邠人祝粟，無遠弗屆，玄菟黑獠，致禮其邦。斥候盡職貢之道，象胥講獻納之方。故众姓之人間鐘皷管籥，雖三尺之童携簞食壺漿。然後知曠百王天人之感事，啓億萬年大元之方昌。今聖天子，礪精圖治，寬裕有容。紹祖宗鴻熙之運，體上帝好生之功。將以仁義為基，道德為宗，詩書禮樂為治，政刑法度為公。正以納羅俊乂，駕馭英雄。則鳳凰鸑鷟不足以為貴，騶虞白澤不足以為崇。豈特西旅之獒，太宛之龍。芝房未扉之歌，寶鼎白麟之誦。盖將息牧野之如虎如貔，獲渭濵之非羆非熊。聞一善以為訓，明一藝無不庸。國家有基命宥密，君臣有同寅協恭。躋生民仁壽之脈，迴太古淳庬之風。臣愚戅貌材，草萊陋質。愧不足以潤色皇猷，宣揚盛世。裁前賢錦繡之文，鐫經金石之字。倣雅頌之作興，表德澤之流洩。他日庶幾河圖洛書，龜龍負瑞。先以寫臣方寸丹衷，諂壽安獻賦之意。

元 **程鉅夫《雪樓集》卷二五《西岳降獵圖》** 玄雲蓊薈，中車一乘，南轅駕牛三，策而輓者二人。前有二女子騎，後有輦舁而可見者四人。女子騎而從者八，前馬及執器物者十一人，執仗導以北。車之前儀衛繽紛而南者，其隊八，一人手弓箙矢而趍騎，二韔弓而持矛，三女子騎，一臂隼驅犬于馬前。執琴、執器、臂隼者男子五，少前女子騎者十有四，其一以孺子載，其不騎而從者亦五。二騎最先啓行，並張弓挾矢而馳，紲犬、臂鷹隼而隨者各一。其次一貴人騎，從者十有三，壺矢、彈麾、竿杖各有執也。鷹四、隼二、犬一，擾龍者一人。旗六，繼之以蛇戲者一人。騎四又繼之，首騎秉角以吹，怪獸如狻猊者二，從者如騎之數而加其三。有介者，有矛者，有盖者，有雲中半隱半見者，不能了也。嗚呼，此豈屈子騷經遠遊之所賦者乎？及觀平齋洪公跋語，則曰《西岳降獵圖》也，嗚呼異哉。評畫者率謂狗馬難，鬼神易，以其茫昧不可致詰故。此固茫昧不可致詰之事也，而所畫狗、馬、鷹隼、器服、人物一一皆世間所有，精緻絶倫，有目者類能辨之，非名家其孰能馳騁筆意如此？嗚呼，屈子以所有而託之於所無，此畫以所無而實之以所有。無有，有無，一道也。世有誑而不信者乎？嗚呼，盲者固無以與乎諔詭之觀也。至元三十一年歲在甲午暮春之初，遠齋程某書于三山憲司繡綵堂。

元 **郯韶《題女真獵騎圖二首》**《元詩選・二集》卷二一 白草原頭聞鴈聲，黄沙磧裏馬蹄輕。舉頭忽見邊城月，倒著絲鞭不肯行。

塞上秋鴈白雪飛，濺濺生血灑毛衣。日斜却過輪臺下，爭看紅妝獵騎歸。

元 **于立《題張戡獵兔圖》**《元詩選・三集》卷一六 八月九月天雨霜，北風吹沙邊草黄。騂弓白羽黄金鏑，虎皮棠鞍懸兩狼。契丹小兒頭半禿，生來湩飲常食肉。彎弓射獵不遺鏃，阿䨥但遣韓盧逐。解鞍野食仍割鮮，止息還依沙草邊。同唱胡歌作胡語，醉來却枕穹廬眠。嗟哉爾䨥良獨苦，致身三月如何補。縱然用作管城君，秦人少恩棄如土。

元 **虞集《金人出塞圖》**《題畫詩》卷五七 海風吹沙如捲濤，高為陁磧深為壕。築壘其上嚴周遭，名王專居氣振豪。肉食湩飲田為遨，八月草白風颼飀。馬食草實輕骨毛，加絃試弓復置櫜。今日不樂心慅慅，什什伍伍呼其曹。銀黄兔鶻明繡袍，鶡鴶小管隨鳴鞉。背孤向虛出北皋，海東之鷙王不驕。錦韝金鏃紅絨絛，按習夂蓄思一超。是時晶清天翳絶，駕鵞東來雲帖。帖去地萬仞天一，瞥離婁屬望自力。竭微如聞音鷙一掣，束身直上不回折。遂使孤飛一片雪，頃刻平蕪灑毛血。爭誇得雋頓足悦，挂兔縣狼何足說？旌旗先歸向城闕，落日悲風起蕭屑。煙塵滿城鼓微咽，大酋要王具甘歠。王亦欣然沃焦熱，閼支出迎騎小蠘。琵琶兩姬紅顴頰，歌舞迭進醉燭滅。穹廬斜轉氈毹月。

元 **楊允孚《灤京雜咏》**《佩文齋咏物詩選》卷一三〇 羽獵山陰射白狼，太平天子狩封疆。峰巒頻轉丹樓稳，輦輅初停白晝長。

其二

月出王孫獵兔忙，玉驄拾矢戲沙場。皮囊乳酒鑼鍋肉，奴視山陰對角羊。

元 傅若金《傅與礪詩集》卷六《春蒐和賀伯更》 行殿千旗拂紫宮，臂鷹年少喜遭逢。子雲賦好誰能薦，司馬才高不得從。天外帛書無過雁，苑邊雲氣盡成龍。金輿早晚還雙闕，闕體尋常慎九重。

鷹隼晨飛馬正驕，駕鵝春過雪初消。鳴鞘捷應金韉脱，薦鼎肥勝玉筯挑。朱袖拂雲歸苑近，翠華吹雨度山遥。即今誰入非熊兆，空使愁心似柳條。

元 釋善住《谷響集》卷二《春蒐圖》 酸風射眼路迢遥，斜跨銀鞍度渭橋。野外翻身捎勁鋥，雲間灑血落盤雕。犬循荒磧威偏壯，獸困重圍力易消。什伍相將歸細柳，亨羶釃酒醉春宵。

元 揭傒斯《文安集》卷一《京城閒居襍言八首其四**》** 朝從獵城南，暮從獵城北。白馬喻飛翰，輕裘如膏泽。塵起知獸駭，風高驗鳥疾。隻箭落叟鶩，千金出俄刻。歸來拜恩寵，梁飲過一石。僮奴增意氣，賓客改顏色。常恐文法士，輕薄多瑕擿。高門臨廣衢，秋風上荆棘。

明 貝瓊《清江詩集》卷四《胡虔雪獵圖為徐復初賦**》** 太古天驕宅幽朔，平沙四面無城郭。生兒豈識種禾黍，走狗呼鷹共為樂。北風颼颼大雪濕，越塹凌岡馬蹄急。弓開滿月不虛彂，赤豹玄熊號且立。日暮兩狼歸掛鞍，燕支勸酒左右弹。一時快意良不惡，金刀割鮮行玉盤。君不見漢家天子獵四海，塞下將軍歸奏凱。青丘雲夢何足誇，猛虎長鯨肉俱醢。

明 陳孝逸《癡山集》卷五《塞胡獵》 秋風高，秋馬走，銅焦鳴，角弓吼。骨都兒，部落赳，騎虎驃，牽駿狗，臂海青，圍山溲。麞數觔，血一豆，鼓琵琶，上阿母。夜月寒，好飲酒，唱虜歌，擁胡婦。

明 陳堯《虛舟集・楚王獵于雲夢》 楚王獵于雲夢之野，龍旃在前，鑾車在後，冠舄雲從，虞人奏功。有鹿方乳其子，楚王援弓射之中其毋，其毋忍痛作嗚嗚聲，乳其子不輟，頃之，踣地，子亦甜其毋面，戀戀不肯去。楚王曰：『寡人國雖小，豈無脯醢燔炙以羞先王、讌賓客，柰何殺仁獸乎？聞之順天者昌，逆天者亡。殺仁獸者，逆天，寡人不願為也，于是下令罷獵。不舉樂者三日，群臣皆頓首。』賀虛舟子曰：『楚鬻熊氏之遺也，其國始甚小，數世而後，拓地千里，甲士如林，黄池之會偃然南面稱王，威加列國，何其興之？暴也。豈非射鹿之事仁心所致歟？蓋國君好仁，未有不興者於，戲蠻夷尚然而況于中國乎。』

明 孫巖《曉行遇獵》《新安文獻志》卷五二 搜山炬火縱横飛，百獸猝起驚且馳。出明入暗眼光亂，强者或脱弱者悲。兒郎洶洶山精匿，殺氣隨風撼松櫟。宋浞韓獹不盡縱，翾索騰陵求赴敵。清霜屢降草莽衰，相與即禽真汝時。跳坡驀澗殊未已，扶桑東面推紅曦。大稍將軍山下住，摧頹畧記銜枚路。觀汝角逐心悠悠，風梟旌旆何時休。

明 程敏政《篁墩集》卷九一《題罷獵圖》 沙磧風高樹鳴葉，馬放平原人罷獵。解裝散出青草間，兩兩胡姬映桃頰。酪漿滿注金叵羅，侑飲似唱陰山歌。雪鷹離絛犬噬肉，穹廬到處皆行窩。大旆揚揚出烟表，不覺殘陽過林杪。健兒自許力未疲，翻身欲射雲中鳥。打圍之樂樂未央，挽弓握矢心茫茫。嶺陰直接賀蘭道，馬上終老單于鄉。當今聖人制諸夏，八方無塵羽書寡。但願常常似畫中，莫近三邊古城下。

明 程通《貞白遺稿》卷五《較獵》 赫赫王師整且齊，奮揚威武保黔黎。三山日馭六龍背，百道風塵萬馬蹄。士氣雄飛王氣合，陣雲高壓塞雲低。明朝得儁回營去，金鼓一聲遼海西。

又 卷五《較獵》 草深春暖馬初肥，較獵平原曉合圍。聲振乾坤雷萬鼓，影摇山嶽火千旂。蒼鷹攫兎林間下，野雉驚人馬首飛。擊射競誇誰得儁，凱歌齊向月中歸。

明 方逢時《大隱樓集》卷四《開平道中獵》 疊巘凝雲白，平沙落日黄。降酋欣伏草，壯士巧穿楊。逐鹿争趨險，從禽獨擅場。因知觀獵意，到此未能忘。

明 馮惟訥《古詩紀》卷一二三《和張侍中看獵》 上林冬狩返，回中講射歸。還登宣曲觀，更獵黄山圍。嚴冬桑柘慘，寒霜馬騎肥。緤盧隨兎起，高鷹接雉飛。獨嗟來遠客，辛苦倦邊衣。

又 卷一二五《見征客始還遇獵》 貳師新受詔，長平正凱歸。猶言乘戰馬，未得解戎衣。上林遇逐獵，宜春正合圍。漢帝熊猶憤，秦王雉更飛。故人迎借問，念舊始依依。河邊一片石，不復肯支機。

明 何景明《大復集》卷一四《胡人獵圖歌》 邊沙蕭蕭天北風，高林晝屯鞍馬雄。胡人裝束身手健，真與此圖形貌同。冬寒獵傍長城窟，城下平原日將没。呼鷹放犬無不為，數騎彎弓競馳突。月高琵琶海西城，拂廬雪乾氈毹輕。金錘虜酒亦易醉，玉踠胡騮驕不行。白髮老胡黄戰裙，抽箭仰視天山雲。衆中若認射鵰手，漢家誰是李將軍？

明 胡廣《胡文穆公文集》卷七《扈從再獵武岡》 諸峰路轉上苕蕘，獵火依微入望遙。樹杪旌旗明曉日，雲邊笳鼓近層霄。羽林衛士兵争捷，光禄行庖肉旋燒。賜宴歸來天向晚，馬蹄聲裏從鑾鑣。

萬騎飛騰不動塵，□風晴日勝陽春。金盤厭浥盛甘露，御手親分賜近臣。曾見上林夸巨麗，今逢四海沐皇仁。太平况是多祥瑞，沼有□龍野有麟。

又《冬日扈從獵陽山》 陽山近繞帝據東，校獵晨驅萬馬同。雲裏孤峯開玉帳，架前七校控琱弓。蕭蕭落木淸霜下，渺渺重闈遠火紅。侍從小臣才淺薄，慚無詞賦擬揚雄。

又卷八《隨獵隆慶州》 重関複壁壯京都，渺渺長城控北胡。雲散千峯連黑峪，川回一道出飛狐。西風萬騎鳴寒草，落日孤城噪晚烏。惟有彤霞兼瑞靄，氤氳五色護鑾輿。

又《隨獵懷來遇大風寒甚》 西風塵起晝漫漫，關外因連塞北寒。裋褐自憐鞍馬慣，布衣深恤僕夫单。空山落木鳴黄葉，遠戍孤峰出翠峦。浪説楊雄誇羽獵，從知詞賦古今難。

又卷二〇《滕縣隨獵觀犬噛虎》 隨獵入深山，山深多乳虎。虎見人來却，負嵎人一，向之號而怒。群犬聞虎聲，競趍至虎傍，下口亂咋虎，莫當犬視噛虎如噛羊。須臾犬散，虎即死。虎本啗犬，犬乃爾駮食虎、豹、貍，伏師子。吁嗟！猛悍不可恃，失水鱣鯨制，螻螘昔聞泰山有虎相馳逐，尼父駐遊車，下問婦人哭。嗚呼，安得此犬在當時，盡驅猛虎食其肉更啗貪殘噬苛酷。

又《獵後蒙恩賜鹿》 萬馬翩翩看合圍，旌旗閃閃近雲飛。侍臣賜得中庖鹿，正是吾皇祝網歸。

明 胡儼《頤庵文選》卷下《和胡學士扈從獵陽山》 曉隨萬乘出城東，列校分屯部伍同。雲裏六龍移綵仗，風前一鴈落彤弓。露凝松柏垂垂白，日暎旌旗獵獵紅。遥見下綏傳令發，將軍飛騎總英雄。

又《和胡學士扈從再獵武岡》 武岡蒼翠鬱岧嶢，日上千林曙色遥。馳道鳴鑾聞澗谷，期門立表近雲霄。角弓飛鏑寒偏勁，獵火依山晚更燒。萬騎前頭笳鼓發，長歌吉日喜聯鑣。

霜清輦路淨無塵，甘露凝珠萬樹春。曠野飛鷹騰獵騎，行宫舉𦈢錫詞臣。仲冬大閲昭時典，此日三驅仰帝仁。莫道角端曾應瑞，中山今已見麒麟。

明 金幼孜《金文靖集》卷四《九月十八日扈從車駕出居庸關外較獵》 羽士如林亦壯哉，長風萬里蹴飛埃。琱弓射鴈雲中落，錦臂韝鷹馬上來。絶壁重重圍網近，高峰獵獵竪旗開。從臣載筆長楊裏，謭薄慚無獻賦才。

明 金幼孜《扈從狩陽山次韻答胡學士》《佩文齋咏物詩選》卷一三〇 鑾輿曉出五城東，從狩儒臣載筆同。日下蒼龍隨玉仗，道前寶馬載琱弓。苑松承露枝皆白，島樹經霜葉盡紅。向晚笳聲催疊鼓，軍門校獵氣偏雄。

明 柯暹《東岡集》卷六《題秋山獵騎爲章弘度》 木落陰山放獵回，馬駝雜踏起塵埃。當年圖畫于今翰，道是羌胡入貢来。

明 李夢陽《空同集》卷二一《張將軍塞獵歌》 將軍堂堂七尺軀，虎頭昂藏紫虬鬚。據鞍笑撚金僕姑，弦鳴仰墮雙飛烏。南平川漢北割鮮，飲燔真斯須劒蕪。朔風吹霜塞草落，馬騰士奮于狩作。將軍夜令晨步同，磧沙黄黄日色薄。部下游擊五千人，競時爭能各有神。驅飛翼走入我網，千隊萬隊何駪駪。氣酣前赴逞一決，零亂旌旗倏明滅。殺氣上回靈武雲，火烈直透天山雪。張公覩此翻逡巡，紅衣白馬如神人。衣也蟠蟒金麒麟，朝廷所賜榮功臣。攔頭報捷者誰子？手提禽獸血滿身。生截羆豹纍雉鶉，中軍小校額抹巾。見之一騎風起塵，左射奔鹿右斃豕。更追狡兎趫窮榛，張曰於乎奚用是。昊天肅殺存至仁，撳金按節止中野。燖腷炰鮮燕蒐者，禮樂行軍分自嚴。賞罰正簿誰能假，何地真收吐谷駝。一卒乃獲大宛馬，長城窟氷胡鴈稀。輕鼙緩吹諸部歸，懸戟慘淡鴉鳥委。垂鞍磈磥熊兕肥，少年猶忿殺獲微。翻身彀弩追雲飛，我聞蒐狩古侯禮。三驅六御今何以，纘武雖存于貉文。戒荒合避長楊侈，將軍秣馬厲部士，為防西北烽烟起。

明 凌雲翰《柘軒集》卷一《鬼獵圖》 飛鷹走狗獵山坡，狐兎全驅入網羅。不有唐家鍾進士，人間魑魅更應多。

誰遣馗翁作鬼雄，形容彷彿記唐宫。山林川澤今無此，轉憶先王鑄鼎功。虚耗驅除若羽毛，開元天子賜藍袍。空令鬼物持戎器，不管雄狐向窟嗥。

又卷三《鬼獵圖》 終南進士乃好武，野魅山精皆部伍。蒐田也欲從四時，作氣恍如聆一鼓。銅鉦先鳴地欲裂，皁蓋後張風為舉。蹇驢足跛不受鞭，良犬尾摇何用組。錦絛未許縱蒼鷹，鐵絙猶能縛玄虎。跳踉衆鬼為卒徒，矍鑠一翁作謀主。或為狼顧背扳鎗，或作猱升前試斧。鵋鳴口應已張弓，蛇偃肩擔來彀弩。身憑大盾宛轉遮，手弄飛槌高下舞。坐作擊刺衆莫當，進退起驤孰敢侮？猙獰似覺口吐牙，輕捷渾疑臂生羽。逐禽不假御車輿，獲獸何勞施網罟。亦如塵世有司存，頗類神仙足官府。畫工後輩效前人，戲筆何年追舊譜？已無吳生名擅場，復有顏輝好奇古。周易取象車載一，韓子送窮名數五。如斯情狀不易知，更欲形容亦良苦。且須留取作歲除，爆竹一聲春滿宇。

明　劉繪《嵩陽集・冬夜宿山中獵家》　千里紅塵拂客衣，喜從借宿到荆扉。山中氣暖還居洞，銀燭傳杯雪兔肥。

明　劉嵩《槎翁詩集》卷二《獵犬篇》　晨起同出獵，跳梁相叫嘷。歲久識主情，指顧能周遭。山石穿我蹄，荆棘罥我毛。為主逐肥鮮，不辭奔走勞。窮深抉幽險，狂狡焉得逃。咂血不顧餘，一飽隨所遭。主人獲雋歸，意氣方盛豪。纍然妥其尾，偃卧牆東蒿。

又　卷八《題雪中歸獵圖》　鷹犬蕭蕭得雋囘，獨騎瘦馬下崔嵬。南山風雪黄斑出，不見將軍縱獵來。

明　劉永之《劉仲修先生詩文集》卷四《題金人獵騎圖》　昔者金源起東北，萬馬南馳蹴中國。青蓋趨燕艮嶽推，殺氣如雲暗吳越。天旋日轉息戰争，裹草包兵交玉帛。翔南無事號太平，頗習華風變夷貊。既尊儒術尚文事，立進畫圖供玩閲。是時張戡畫韃馬，尺素流傳擅聲價。此圖彷彿戡所作，似貌燕山馳獵者。秋高露白葭葦黄，隱約寒山接平野。虎韉崔轡赤茸韂，騎影聯翩意閑稚。龍媒振鬣望空濶，足若奔暑汗流赭。前驅後逐争豪雄，左旋右轉若回風。駕鵞驚飛百獸駭，蒼鷹脱臂騰高空。策馬數獲落日紫，金盤行炙饜奴僮。當時觀者徒歎忽，寫入丹青真國工。古愚先生最好事，錦標細束紆鸞龍。郡齋展玩當清畫，驚颷颯颯吹簾櫳。白頭書生幽薊客，不覺涕泪沾膺胷。百年興廢恍如夢，苜蓿蕭蕭迷古宫。

明　盧柟《蠛蠓集》卷四《冬日獵射畢同艾瑞泉從子擢挈酒藉草坐飲醉後作》　寒風吹林薄，白日愴以黄。呼鷹登高臺，走馬硊石岡。狡兔起草間，裂腦厲秋霜。割鮮青山隅，藉草傳羽觴。落葉入我杯，細細波悠揚。平楚正蕭瑟，感此情彌長。雲中恣天驕，邊塵暗邊疆。殺將屠我城，主辱臣未僵。徒令哂千秋，何以慰遐荒。合當捐微軀，雪耻左賢王。

明　陸楫《古今説海・洛京獵記説淵二十三》　咸通庚寅歲，盧龍軍節度使檢校尚書左僕射張直方，抗表請修入覲之禮，優詔允焉。先是張氏世湓燕土，民亦世服其恩，禮燕臺之嘉賔，撫易水之壯士，地沃兵庶。朝廷每姑息之。洎直方之嗣事也，出綺紈之中，據方岳之上，未嘗以民間休戚為意。而酣酒於室，淫獸於原，巨賞狎於皮冠，厚寵襲於緑幘。暮年而三軍大怨，直方稍不自安，左右有為其計者，乃盡室西上至京。懿宗授之左武衛大將軍，而直方飛蒼走黄，莫親徼道之職。往往設呵殿於通衢，則犬彘絶跡，臧獲有不如意者，立殺之。或曰：『輦轂之下，不可專戮。』其母曰：『尚有尊於我子乎？』則僭軼可知也。於是諫官列狀，請收付廷尉。天子不忍置於法，乃降為王府司馬，俾分務洛師焉。直方至東京，既不自新，而慢遊愈亟。洛陽四旁，翥者走者；見之必羣噪長嘷而去。有王知古者，東諸侯之貢士也。雖薄涉儒術，而數奇不中春官選，乃退處於三川之上，以擊鞠飛觴為事，遨遊於南隣北里間。至是有聞於張，直方延之，覩其利喙贍辭，不覺前席，自是日相狎。壬辰歲冬十一月，知古嘗晨興，則僦舍無煙，愁雲塞望，悄然弗怡，乃徒步於直方第。至則直方急趨，將出畋也，謂知古曰：『能從乎？』而知古以祁寒有難色，直方顧小僮曰：『取短皂袍來。』請知古乃上加麻衣焉，遂聯轡而去。出夏門則凝霰始零，由闕塞而密雪如注。乃渡伊水而東南，踐萬安山之陰麓，而鞲弋之類甚夥。傾羽觴，燒兔肩，殊不覺有嚴冬意。及乎霞開雪霽，日將夕焉，忽有封狐突起於知古馬首，乘酒馳之，數里不能及，又與獵徒相失。須臾，雀噪煙暝，莫知所如。隱隱聞洛城暮鐘，但徬徨於樵徑古陌之上。俄而山川黯然，若一鼓將半，試長望有炬火甚明，仍作依積雪光而赴之。復若十餘里，至則喬林交柯，而朱門中開，皓壁横亘，真北闕之甲第也。知古及門下馬，將徙倚以待旦。無何，小駟頓轡，閽者覺之，隔闔而問阿誰，知古應曰：『成周貢士太原王知古。也今旦有友人將歸於崆峒舊隱者，僕餞之伊水濵，不勝離觴。既摻袂，馬逸，復不能止，失道至此耳。遲明將去，幸無見讓。』閽曰：『此乃劒南副使崔中丞之莊也。主父近承天書赴闕，郎君復隨計吏西征，此惟閨幃中人耳，豈可淹久乎。某不敢去留，請聞於内。』知古雖怵惕不寧，自度中宵矣，去將安適？乃拱立以俟。少頃，有秉蜜炬自内至者，振管闢扉，引保母出。知古前，知古仍述厥由。保母曰：『夫人傳語，主與小子皆不在家，於禮無延客之道，然僻居與山藪接軫，豺狼所嘷，若復固拒，是見溺而不援也。請舍外廳，翊日可去。』知古辭謝，乃從保母而入。過重門。門側廳，事欒櫨宏敞，帷幕鮮華。張銀鐙，設綺席，命知古坐焉。酒三行，復陳方丈之饌；豹胎魴腴，窮水陸之美者。保母亦時來相勉。食畢，保母復問知古世嗣宦族，及内外姻黨，知古具言之。乃曰：『秀才軒裳華胄，金玉奇標，既富春秋，又潔操履，斯實淑媛之賢夫也。小君以鍾愛稚女將及笄年，嘗託媒妁，為求佳對久矣。今夕何夕，獲遘良人，潘楊之睦可遵，鳳凰之兆斯在。未知雅抱何如耳？』知古斂容曰：『僕文愧金聲，才非玉潤；豈室家為望，惟泥塗是憂。不謂寵及迷津，慶逢子夜；聆好音於魯館，逼佳氣於秦臺。二客遊神，方茲莫及；三星委照，唯恐不揚。倘或託彼強宗，睎以佳偶，則生平所志，畢在斯乎。』保母聞言譃浪而入白。復出致小君之命曰：『兒自移天崔門，實秉懿範；奉蘋蘩之敬，如琴瑟之和。惟以稚女是懷，思配君子；既辱高義，乃叶夙心。上京飛書，路且不遥；百兩陳禮，事亦非賖。忻慰孔多，傾矚而已。』知古磬折而荅曰：『某蟲沙微類，分及湮淪，而鍾鼎高門，忽蒙採拾。有如白水，以奉清塵；鶴企鳧移，准待休命。』致詞畢，保母戲曰：『他日錦雉之衣欲解，青鸞之匣全開；貌如月暈，室若雲迷。此際頗相念否？』知古謝曰：『以凡近仙，自地登漢；不有所舉，孰能自媒？謹當誓彼襟靈，志之紳帶；期於没齒，佩以周旋。』復少時則燎沈當庭，良夜將艾，保母請知古脱服以休。既解麻衣而皂袍見，保母詵曰：『豈有逢掖之士，而服從役衣邪？』知古謝曰：『此乃假之於與遊所熟者，固非己有。』又問所從，荅曰：『乃盧龍張直方僕射所借耳。』保母忽驚叫仆地，色如死灰。既起，不顧而走入宅。遥聞大叱曰：『夫人差事，宿客乃張直方之徒也！』復聞夫人者叫曰：『火急斥出，無啓寇讐！』於是婢子小豎輩羣出，秉猛炬，曳白梃而登階。知古恇儴，走於庭中，四顧遜謝，罵言狎至，僅得出門。纔出，已横關闔扉，猶聞諠譁未已。知古愕立道左，自怛久之。將隱頹垣，乃得馬於其下，遂馳走。遥望大火若燎原者，乃縱轡赴之。則輸租車坊飯牛附火耳。詢其所，則伊水東，草店之南也。復枕轡假寢，食頃而震方洞然，心思稍安，乃揚鞭於大道。比及都門，已有直方騎數輩來跡矣。遂至其第，既見直方，而知古憤懣不能言。直方慰之，坐定，知古乃述宵中怗事。直方起而撫髀曰：『山魑木魅，亦知人間有張直方邪？』且止知古。復益其徒數十人，皆射皮飲羽者，享以巵酒豚肩，與知古復南出。既至萬安之北，知古前導，雪中馬跡宛然。直詣栢林下，則碑板廢於荒坎，樵蘇殘於茂林。中列大塚十餘，皆狐兔之窟宅，其下成蹊。於是直方命四周張羅，彀弓以待；内則束緼荷锸，且掘且薰。少頃羣狐突出，焦頭爛額罝罹，罥掛者，應弦飲羽者，凡狐大小百餘頭，以其尸歸之水。人曰：『嗟乎！王生，生世不諧而為狐貉所侮，況其大者乎！向若無張公之皂袍，則強死穢殪之穴矣。』余時在洛敦化里第，於庠集中博士渤海徐公讜為余言之。豈曰：『好怪以摭近事故傳之焉。』

明 倪岳《青溪漫稿》卷二《題胡騎縱獵圖四首》 清霜落盡塞草黃，驚飛山鵲東南翔。飄然棲息自有適，海天一色秋茫茫。紫袍白馬者誰子？王鞭半綰青絲韁。自遠望之重太息，雖有矰繳安能將。

黃沙漠漠吹西風，高原草樹交深叢。嗟哉狡兔自三窟，失身何處潛其蹤。獵人手挽明月弓，追逐更騁胡青驄。眼中得喪君莫訝，歸來欲慰君庖充。

野澗天空雲影孤，白沙淺水經霜枯。聯翩何處起雙雁，稻粱謀遠思江湖。忽然見此虯髯胡，雕弓滿控金僕姑。何當健翮快高舉，莫遣朔風吹綠蕪。

胡兒匹馬明玄霜，臂韝正立孤鷹蒼。舉頭雙影夕陽外，野鴨相呼雲水鄉。蒼鷹欲奮鴨驚逝，披圖不覺增慨慷。天生萬物貴得所，同類相殘徒自傷。

明 倪宗正《倪小野先生全集》卷四《獵鶻歌》 西風灑灑醒飛鶻，角弓月滿弦正急。平原側掠猊麋驚，左哨右哨爭馳突。睥睨蒼毛甘戀韝，盤飛絶險勢轉遒。馬前一片錦雲落，連擒雙雉韓彭縛。回騅細踏翠玉聲，寶刀倚誚清霜生。共誇將軍射如破，犒享狼藉俎豆□。

明 錢宰《臨安集》卷一《題雪獵圖》 胡兒善騎射，出獵古戰場。白雪日夜飛，蕭蕭朔風涼。黃草蔽沙磧，馬肥弓力強。小隊出漢南，十騎如龍驤。前驅逐猛虎，後騎接飛獐。翻身激羽箭，疊中兩羚羊。玄熊何前卻，猛氣赤跳粱。南行顧長戟，北走脱飛鎗。聯鑣愈奮捷，性命不得將。自謂足馳騁，意氣何揚揚。寧思漢廷將，英勇際武皇。去年出雲中，置郡定朔方。今年戰高闕，夜團右賢王。小勇何足矜，萬里開邊疆。

明 唐之淳《唐愚士詩》卷一《獵騎》 汗血淋漓濕霧駿，聲嘶眼疾四蹄風。追鷹逐兎渾閒事，曾與將軍立大功。

明 屠隆《由拳集》卷六《打獵篇》 幽并八月天荒涼，平原無人秋草長。帝子王孫齊出獵，少年一一皆戎裝。甲光耀日千金鎖，袍繡盤花五綵妝。雕鞍玉勒紛來往，千騎萬騎披草莽。出匣泉流寶劍號，控弦風急琱弓響。蒼鷹亂擊百鳥呼，將軍仰射金僕姑。文鶬錦鷄馬前墮，紛紛毛血灑平蕪。炰烋獵犬風雨迅，黃狐玄兔一時盡。塵沙四起天地昏，猛虎亦驚山谷震。山前逐鹿莽縱横，關外蕭蕭胡馬鳴。少年彎弓挾飛騎，直過秋風古北平。富貴豪華事遊佚，玉葉金枝詩慓疾。繡旂画戟列長雲，白馬紅袍驕落日。須臾偃息人馬閑，臂鷹牽大紅斑斑。遠出不知原野闊，歸來但見車輪殷。長安大道人如蟻，争看王孫出獵還。

明 王伯稠《王世周先生詩集》卷八《冬獵詞》 天寒雪盡空原色，千林葉落千崖出。馬蹄踏雲輕若風，收盡空青張網弋。老麋長號碧煙中，一箭已蹶蒼岩空。韓盧騰空快秋隼，廷來雙兔霜毛茸。解鞍歡呼共相賞，割炙傾醪横留響。醉後還眠寒野中，明朝上馬投烟莽。

明 王恭《白雲樵唱集》卷四《秋獵》 獵馬向風飛，琱弓白錦衣。平明射鵰去，日暮五陵歸。

又 卷五《冬獵》 摇落霜天百草空，羽林年少灞陵東。彎弓射殺平原鹿，笑入呉姬酒館中。

明 王世貞《弇州四部稿》卷一一《季生夜獵不獲一鮮賦此嘲之》 翩翩季公子，被服何輕蹻。騎從若浮雲，行獵至我郊。是時冬始仲，日暮黄雲高。罝網布原坻，左右建重茅。瞑立負玄霜，令嚴寂不囂。老狐饒先知，狡兔遠伏逃。雖欲縱羣驍，争先安所操。俄從灌莽間，稍辨東方鼂。人馬無光輝，饑犬顧我號。東隣少年兒，竿杪置黏膠。戢身一指顧，百羽遂充庖。日入胡姬館，炙鮮奏醇醪。公子誠豪鶩，兹役不得驕。

明 王英《王文安公詩文集・詩集》卷五《題胡人歸獵圖二首》 獵罷陰山薄暮歸，繞鞍雉兔馬行遲。風高不敢鳴笳鼓，只恐防秋漢將知。馳馬謾誇弓力强，斜飛白羽射黄羊。旃裘一去龍沙遠，惟見西風塞草黄。

明 王志慶《古儷府》卷一〇《揚雄羽獵賦》 荷垂天之罼，張竟野之罘。靡日月之朱，竿曳彗星之飛旗。涣若天星之羅，浩如濤水之波，淫淫與與，前後要遮。立歷天之旗，曳捎星之旃，霹靂列缺，吐火揚鞭。車騎雲會，登降闇藹。泰華為旒，熊耳為綴。木仆山還，漫若天外。於是鳥不及飛，獸不得過。軍驚師駭，刮野掃地。禽殫中衰，相與集於靖冥之館，以臨珍池。灌以岐梁，溢以江河，東瞰目盡，西暢亡涯，隨珠和氏，焯爍其陂。方椎夜光之流離，剖明月之胎珠。

又《魏王粲羽獵賦》 旌旗雲繞，鋒刃林錯；揚輝吐火，曜野蔽澤。山川於是搖蕩，草木為之摧撥；禽獸振駭，魂亡氣奪。舉首觸網，搖足遇撻；陷心裂胃，潰腦破頰。鷹犬競逐，奕奕霏霏；下韝窮緤，搏肉噬肌。墜者若雨，僵者若坻。清野滌原，莫不殲夷。

明 夏原吉《夏忠靖集》卷四《和胡學士扈從獵陽山詩韻》 陽山遠在上林東，原隰匀匀獸所同。萬乘時田親閱騎，六師曉從競腰弓。霜飛玉盾連營白，日照龍旂夾仗紅。較藝場中誰最勝，駕前英衛萬夫雄。

又《又次胡學士扈從獵武岡山詩韻》 六龍曉駕不驚塵，林壑先生草木春。道上迎鑾田舍叟，輦前獻賦玉堂臣。致禽自合三驅典，愛物同推一視仁。臏喜太平多瑞應，騶虞出後更麒麟。

又 卷六《隨侍獵高唐》 曉獵高唐露未乾，紛紛雉兔出林間。龍孫舍矢真如破，鷹犬相看愧素餐。

明 徐渭《徐文長文集》卷九《丁卯六月十六日五鼓夢一憲公更訊予獄，予頗懇乞且歷數古人事，憲公乃取片紙，手畫一白犬從雪中獵，作題且曰汝賦得十韻即止，予賦得十二句而憲公逡巡起，予亦覺半忘矣今續成之夢中所記者，秦雪覺無據，鷹呼二句亦強真夢中語也**》** 太白高秦雪，材官選漢都。西獒非遠物，冬狩是雄圖。冰溜蹄兼滑，花銷毿結酥。逐方餘狡兔，烹豈遽韓盧。羽搏紛迷素，毛焊糝共疎。一聲非口吠，萬壑徧鷹呼。馳影爭飛霰，蹲身即守株。窮搜寒愈急，凍尾煖微濡。固取矜獝猲，還宜解網罟。莫教將耿雉，文錦碎模糊。

明 楊慎《升庵集》卷五三《獵兔賦》 夏侯湛獵兔，賦息徒蘭圃，秣驥華田。目送歸鴻，手揮五弦。優哉優哉，聊以永年。其語與嵇叔夜同嵇與夏侯同時，其偶同耶？其相取耶？嵇詩作華山，夏侯作華田。田字覺勝，蓋魏都在鄴，不應言華山，當是華田音花，言華，茂之田也，亦是奇語。

明 楊士奇《東里集・詩集》卷二《滁州陪獵次林光禄韻》 日華朝暎彩雲西，紅樹青山望不迷。罝網合圍笳鼓振，戈矛分隊羽旄齊。歡呼春動三軍色，騰踏風輕萬馬蹄。侍從如雲陪樂事，郊原霜浄不霑泥。

明 楊巍《存家詩稿》卷五《古城看獵因至黄龍渚》 古城城畔斷蓬飛，日壓平原正合圍。才短豈能為獵賦，年衰猶未息兵機。即看滿目寒雲起，忽憶邊頭羽騎歸。欲把雄心弔前代，秋風吹上釣魚磯。

明 佚名《六朝詩集・庾開府集》卷上《見征客始還遇獵》 二師新受詔，長平正凱歸。猶言乘戰馬，未得解戎衣。上林遇逐獵，宜春暫合圍。漢帝熊猶憤，秦王雉更飛。故人迎借問，念舊始依依。河邊一片石，不復肯支機。

明　**尹昌隆《尹訥庵先生遺稿》卷八《金神爲獵圖》**　颯颯陰風滿翠旗，金神羽獵暮方歸。前駈飛崆雲生足，後輩牽惟露濕衣。神女忽來回部曲，山靈獨爲獻仙肥。至今華岳祥峰下，樹木瀟瀟日色微。

明　**于慎行《穀城山館詩集》卷五《獵兔歌》**　南山獵兔如獵虎，萬騎合圍晝伐鼓。壯士齊闞十石弧，王孫自撥千鈞弩。兎走入窟窟草平，長林落日讙人聲。銛戟利劒不得刺，汗流蹋足空屏營。君不見北山老翁手握矢，臂解一鶻狡兎死。

明　**袁表《閩中十子詩》卷一四《題天山罷獵圖》**　雪淨沙場獵騎歸，解鞍相對語寒暉。左賢又獵天山道，正是天山雪片飛。

又　**卷一九《秋獵》**　獵馬向風飛，琱弓白錦衣。平明射鵰去，日暮五陵歸。

明　**張鳳翼《處實堂集·續集》卷七《獵》**　非熊遇渭川載，牽犬出上蔡門。禍福無不自已，榮枯莫問乾坤。

又　**《後集》卷三《題獵騎圖》**　秋風拂地起邊塵，何事長楊校獵頻。可惜龍駒千里足，解鞍間逐臂鷹人。

明　**張寧《方洲集》卷一二《廣寧諸屯衛騎士皆以獵犬自隨所至有獲戲作畜犬詞》**　舂米莫棄糠，湾釜莫棄漿。飼喂須教飽，驅逐毋令傷。營中畜犬勝畜羊，晨將犬出暮烹獐。邊城無盜不須吠，明日燒荒出城去。

明　**趙時春《浚谷集·詩集》卷三《曹兵憲胡人大獵圖歌》**　春陽無事獨飲酒，有客扣門圖在手。云是驃騎陶將軍，近逐條侯來細柳。幕下握籌廉訪君，从司屬國招五部。熟胡要領得胡情，視胡猶兒胡父母。胡工自寫出獵圖，千隊胡雛随鷹徇。坐中颯颯寒風生，壁上紛紛介馬走。沙平草白氊穹高，呼韓首揷漢旌旄。月如彎弓腰繫刀，箭羽流星聲怒號。宛轉雙輪下皁鵰，翻身接翅洒赤幖。偠貐内曩厜騰跳，碧眼黃鬚誇最梟。兩拳如杵身騎腰，闕支玉甆來相邀。笑酌凉州新蒲萄，共撥琵琶紅壓槽。獻䧟割鮮従所招，金縷寶校雙朱鑣。負熊擬薦未央朝，天子不好長楊獵。此曹忠順烽塵消，丹青想像絶嵎谷。煙雲黯淡凌招摇，夫君名位等南仲。披圖指點心神動，皇輿十萬過唐宋。狼鹿競入職方貢，勸君更作王會圖。吾力能賡殷武頌。

明　**鄭善夫《少谷集》卷八《羽獵謡三首》**　君王自擁鸕鷀裘，獵騎翩翩盡貴遊。歸來錫宴傳封拜，狗監雞坊十二侯。

羽林十萬是親軍，漁陽鐵騎天下聞。廐馬長留太白壘，胡天驚散犬羊羣。今年天子又行邊，勅報旄頭照酒泉。乘輿自領驃姚部，内使宣頒九府錢。

明　**鄭之珍《目連救母勸善戲文》卷下《打獵見犬　净丑**手下　**小**公子**犬生罗卜》**　【卜算子】【净丑】三軍奮武威，四海爾豪貴。臂鷹馳馬出郊西，勢焰真無敵。自家鄭公子手下的便是，今日公子遊山打獵只淂伺候。

【小】豪氣吐虹霓，世籍叨勳戚。三千珠履日相隨，結就風流會。臂鷹駕霧沖長陌，縱犬和雲入舊山。壯氣老懷長劍古，醉胸横淂太行寬。自家兵部鄭尚書公子是也，俺爹爹身居相位，職掌兵權，事君能尽其忠，訓子更詳其法。以古者寓兵，扵農寓陣於獵，故因獵以訓軍旅。示之武以威天下，取物以祭宗廟示之孝，以順天下。兵農兼舉，資于獵者。匪輕、戎祀交修，頼于獵者，最重今當大閲之時咨爾。有衆听吾号令，【丑净應介】毋参差以乱陣；【介】毋怠惰以偷安；【介】毋諠譁以惑衆；【介】毋詭遇而獲禽；【介】毋放縱以擾民；【介】毋焚林而害物。【介】違吾令者，軍法施行。【介】各帶鷹犬，就此起程。【介】【丑】告禀公子：淂知數日之前，老犬生下小犬，方纔九日，其大類母，今見群犬將行，小犬向前去了。【小】且自由他。

【點絳唇】俺爹爹貴顯當朝，見超物表。訓兒曹逸莫忘勞，文武湏兼造。【混江龍】這番獵較，籍鷹犬演習着豹畧龍韜。手下，可臂着蒼鷹白鷂，可牽着黄犬青獒。赳赳的都騎上戰馬，閃閃的都掛着征袍。湏帶着良弓勁弩，利劍鋒刀，雷轟金皷，電掣旌旄。軍過處好似半空飛雨雹，巨海湧風濤。【丑】告禀公子淂知，獵所將近【小】衆軍的弓上弦来刀出鞘，將獵犬放開了金鎖，把海青鮮散了絨條。

【油葫蘆】那海青翀上了碧雲霄，那獵犬走遍了荒郊。山禽都不見，野獸盡皆逃。又即見那海青飛過樹林稍，驚起了一陣天鵝在天邊旋遶。天鵝陣似白雲團，海青疾似流星過。天鵝天鵝咕哩咕嚹咕哩咕，嚹戰兢兢有翅也難飛，意慌慌無計能藏躲，急煎煎怎柰海青何。

【天下樂】海青爪住那天鵝，把天鵝頭眼都爪破，鮮血如澆，一時間滚落在沙塲草。前驅急急拿，後隊呵呵笑，一齊喝彩喊声高。

【里迓皷】又則見犬走下平坡，猛然間過却山坳。三匝蓬蒿，搜動那獸羣驚擾。高材疾足，各逞雄驍。馬似龍飛，箭如蝟落。一時間人兒又鬧，犬兒又呌，獸兒又跑。這獸群呵，若不是趕倒，多應是射倒。

【元和令】衆軍卒唱凱歌，金鐙兒玉鞭敲。欣欣喜色而相告，不知者道我是遊山打獵逞英豪，知之者道我為乾豆賓客與充庖。又誰知我只在與民同樂，將貔猴陰向獵巾操。操練貔猴，所以壯国家之神氣；與民同樂，所以培国家之元氣。內順治，外威嚴。指日裏為皇朝，把萬里烽塵都盡掃【叠】【尾】手下，可將鷹犬都收了，【丑】鷹犬收明，只是那小犬兒又走向前去了。【小】既然如此，你把弓箭刀鎗各繫腰，跨上金鞍帰去蚤。【吊】

【鎖南枝】【生上】因救母，苦萬千，撇離鄉井十六年。到十殿問根源，知我娘已變犬，昨蒙观音娘娘許到清溪渡口，高石岩前，必遇我母。来至此間，果好一座高石岩，岩有師尹之氣象，隱隱有观音之儀形。娘娘，伏望賜周全，早使娘相見。

【犬上介】

【生】忽見犬聲叫，喧頭搖尾擺似乞憐。犬耶，莫是我娘親来會孩兒面？你若是我母，聽我言，揞住我叫三聲，對着我把頭三點。罷了！此犬扯着我衣，點頭連叫，分明是我娘了。

痛得我，珠淚漣。犬耶，分明是我娘所變。幸得偶相逢，感淂天憐念。娘！須跟我返故園，容孩兒又追薦。前面人馬来淂甚緊，且將袈裟盖着此犬，待他过去。【衆上】因獵較，奏凱旋，猛然小犬奔向前。須索緊加鞭，免教他去遠。【丑見生云】原来犬在此，【生】這是我老娘。【丑】分明是我小犬怎説是你老娘，告公子淂知，和尚用袈裟藏了小犬在高石岩下。【小】原来是野和尚，歪肆纏，敢大膽將小犬来藏掩。和尚載我之人与盜我之犬一同，可綑將过来以軍法施行。【丑綑介】【生行法介】【丑】禀公子淂知，和尚有法拿不淂他。【净】這厮該打，和尚是箇光頭，又説有髮，有髮何不扯將过来。【小】這厮没用，你可綑將过来。【净綑介】【净】禀公子淂知和尚頭上無髮，肚裏有法。【小】這厮都不濟事，待我下馬自拿。【介】【小】呵原来和尚果有妙法，手下的衆軍先回，親隨數人跟我在此，高石岩前請禅師一拜。【介】敢問禅師妙法何處？孝来要我此犬何用一一説来。

【風入松】【生】望將軍俯聽訴原因，這犬兒是我娘親。【小】如何我犬説是你娘。【生】説時無柰喉咽哽，這緣由山高海深，我父親積善為根本，朝念佛暮看經。【小】你父親好善，母親也當好善了。【生】他夫妻立誓告神明，共持齋永不開葷。【小】既然如此都該好了。【生】豈知老父身纔殞，老娘呵听讒言，遣孩兒經營遠行，他開葷殺害牺牲命。【小】他又開葷違誓愿也。【生】他違誓愿不思忖。【小】他不思忖後来何如。【生】他一朝凶死事堪驚，七孔裏鮮血淋淋，可憐見孤兒枉抱終天恨。我只得將母屍化焚，挑經挑母往西天奔，見活佛救娘親。【小】你可去否

【生】我到西天親謁世尊門，感世尊教我煉性修真，指示我尋娘自徃陰司問。【小】你可去否？【生】我曾到地獄裏訪尋。我跟一殿，娘去一殿，直將地獄都遊盡。到那十殿，知我娘变犬到紅塵。【小】何獨認我之犬是你的娘。

【生】白忙忙走遍幾鄉村，静悄悄全没箇踪。影忽然此犬来相認，他牽我裾叫不住聲。娘耶，你跪着將軍同訴此情。【犬跪介】【小】此犬听他説話，分明是真。【生哭唱】卑人非敢相欺，隱望賜開天赦發慈心。【丑】此事是假，豈有人变為犬。【小】你那曾曉得！嘗聞，齊女為蟬，宋女化燕。况高辛時宮中有一婦人，曾化為犬。躭耴吳將軍之頭以滅戎。人变物類，自古有之。【丑】呵若有此事，犬你起来對着公子大叫三声。【犬起叫介】【丑】分明是了。【小】我聽尚人哀告，犬哀鳴，不由人珠淚沾襟。論人生都受了爹娘蔭，哀哀父母，生我劬劳。欲報深恩昊天罔極，誰報淂罔極厚恩。這禅師，救娘不憚身勞困，詩云『永言孝思孝思惟則』當為天下法，萬年遵。

【生】卑人稽首告將軍，望將軍轡下生春，容卑人買犬還鄉井。若淂我娘脱化、瞻天仰聖。這都是將軍盛情。我知有自報無垠。

【小】尚人受我一礼。念卑人有母喪幽冥。我從三歲丧了我母，今年一十六歲了。愧未能超度他靈魂。禅師，你躭救母登仙景，須是錫爾類，超我母把天堂共登，不枉了這迴相遇聆清訓。你能超度你的令堂，又能超度我的老母，使人各親其親，然後不獨親其親。你的慈悲念滿乾坤。【生】將軍有此孝心，謹當拜領。【小】此犬禅師領去敢問家住何村？【生】卑人祖居南耶王舍城是也。【小】容當專拜。

生　今朝幸喜遇娘親，
小　親爾親来及我親。
生　惟有感恩并積恨，
合　千年萬載不生塵。

明　朱芾煌《文嘻堂詩集》卷中《途中見獵兔者》

晴郊霜氣起冬温，圍合三驅共逐奔。十里臂韝飛日落，一羣走馬動雲屯。血腥枯草分平隴，酒指高旗過遠邨。為笑秦庭丞相府，空思上蔡出東門。途遇同年某偶談閹臣薛事

明　鄒迪光《始青閣稿》卷六《秋原看田人放獵》

時豐多逸豫，田畯也豪華。劍室纏纖草，弓衣織熟麻。彌天張巨旱，匝地布長罝。刋木轟如雹，燒山爛似霞。梁原非灞岸，青坂卽黄沙。殪鹿崩其角，摧狼折厥牙。三驅

擒數兎，一發貫雙犯。胎卵生難護，蚳蝝命可嗟。羽毛紛墜葉，膏血洒蒸葩。剪殺誰傳教，程鮮各浪誇。智誰先宿石，仁總後西巴。委肉爭田犬，流膻噪墓鴉。席苫如列俎，擊缶當鳴笳。野獵官無禁，虞羅税有加。收禽若算龤，秉炬喜還家。

明 高啓《戎王追㲋圖》《題畫詩》卷五七 前騎脱兎奔，後騎驚鴻急。火燒秋草獵場空，一㲋窮追勢難及。大小當戸左右賢，單于勇鋭鬨支妍。雕戈白羽漫爭發，衆中得雋知誰先。君不見，天策將，真天子，馳一馬，殪四豕。

明 商輅《獵騎圖春夏秋冬四首**》**《題畫詩》卷五七 林松濕露翠華重，仙桃醉日凝香夢。芳草叢生緑樹陰，落花盡補蒼苔空。完顔躍馬當青年，戎袍照日何鮮妍。玉鞍錦韉黄金勒，紅纓紫鞚珊瑚鞭。雕弓滿張面如赭，氣捲黄河掌中瀉。仰天一箭中飛禽，委翅欲逐迴風下。角鷹鉤爪目如電，利吻淬若龍泉劍。畨鞲掣斷緑絲韁，狡兔妖狐膽驚顫。羣駝露出紫茸峰，金鈴繫犬奔長風。旌纛摇紅日光薄，鴈門金鼓聲鼕鼕。君臣演武飽韜略，範我馳驅在獵較。要知見者舉欣欣，庶幾與民能同樂。遠山近山翠欲滴，溪柳沙柳青如織。薫風扇凉自南來，旌旆遥撼邊雲濕。羽林征馬鳴蕭蕭，角弓在手箭在腰。畫戟煌煌輝白日，黄沙漠漠連青霄。海東之青偏豪爽，鐵作毛衣金作掌。聳身跨霧轉招摇，鴛鴦灑血隨草莽。紫衣控著白玉鞭，萬騎馳突相後先。貔貅仰視復拍掌，歡呼動地聲駢闐。香騰雞舌煙縹緲，飛入鮫綃輕裊裊。紫塞關頭日欲晡，賀蘭山下天還曉。胡笳一曲興未足，帳裏葡萄酒新熟。齊宣邈矣不可追，推恩始自牛觳觫。薊門霜落悲秋草，葉飛滿地無人掃。鑾輿曉出明光宫，揚鞭走馬關東道。天閑十二分鴈行，虎蹲豹躑争低昂。戎袂吹風日杲杲，陣雲横塞天茫茫。兔奔鹿馳何迫速，長劍短戟相追逐。肅肅響徹雲影寒，呦呦鳴透空山緑。野雉嘎嘎原頭飛，錦毛五色光陸離。翻身抽矢將欲射，巧力恐逐冰絃移。丹青一幅監前代，幾度桑田變滄海。靈囿靈沼尚可徵，金城湯池將安在。東龍行日西龍雨，乾坤已屬大明主。當今偃武更修文，世際雍熙侔舜禹。連日同雲陰匝地，陽烏濕翅飛不起。翠華遥指太行山，獵騎悉渡漳江水。君王獨控玉花驄，欲動不動偏豪雄。冰絃雕弓白羽箭，精神炯炯明雙瞳。將軍呼獒躑躅來，左右咆嘷聲如雷。山羊野鹿紛交馳，俛首落膽鳴悲哀。勇士持挺擊奔兔，壯氣如山力如虎。扶桑樹折玉關開，宇宙颯颯寒風度。貂裘斜擁半酣醺，轅門撾鼓聲殷殷。笳吹遥翻瀚海波，旌旗遠蔽天山雲。嗟哉成湯恩浩蕩，仁愛及物見祝網。贏得芳名照汗青，至今千古令人仰。

明 申時行《題清秋出塞圖》《題畫詩》卷五七 生不識醫無閭，夢不到狼居胥。瞥然示我出塞圖，令我目眩心神徂。憶昔籌邊贊廟謨，桓桓司馬傑丈夫。帝授節鉞臨玄菟，高憑熊軾佩虎符。榆關九月沙草枯，霜鷹下擊秋原蕪。煙荒雲慘天模糊。惟兹遼左僻海隅，頻年侵擾無寧都，射雕躍馬彎强弧。司馬申令陳師徒，指揮鐵如意，翫弄金僕姑。揚旌督戰親援枹，萬卒超距爭先驅。奔狼突豕皆就俘，凱歌入奏天顔愉。司馬讓功歆若無，但云將士多勤劬。何以勞行役？請蠲幕府租。何以恤飢疲？請發司農儲。人人挾纊齊歡呼！自從司馬歸江湖，遼人茹苦若菫荼。荷戈不解甲，輓粟仍飛芻。羽檄徵材官，絡繹在道塗。震鄰之恐非剥膚，騷動根本何為乎？安得再起司馬登戎樞，坐紓長策銷隱虞，國威震疊邊人蘇。

明 詹同《題松鶴蔡生家藏李伯時西嶽降靈圖前二人騎行，後三人徒步，狀若馳獵者。其最後則有雲氣神人居中。嗟夫！禹鼎象姦，齊諧志怪，世或有之，但恨無胥臣之多。聞子産之博物歷覽，載籍未遑，夷考模寫畫像為作短篇，以俟知者**》**《題畫詩》卷六六 龍眠居士畫入神，展畫冥搜畫中意。白日杲杲人出畋，長風蕭蕭雲拂地。前有一匹雪色騅，次有一匹玄花驄。兩人冠服何其雄，若非將相應王公。繁纓寶鞍金叵匝，各持羽箭懸雕弓。後有三人總徒步，蒼鷹黄犬行相從。雲中欻見光燦爛，玉輅瑶輿下霄漢。不駕紫鳳白麒麟，海犀天馴多奇玩。鸞旌虎節旋低昂，星仗霞幢互繚亂。無乃朝辭太華峰，得非曉過雲臺觀。輦中坐者真天人，冕殊龍衮儼昭煥。金童玉女繽往來，慶雲為馭天為階。長眉刷翠面如月，知有道骨無塵埃。令人可望不可及，恍惚雲中相出入。衣霑玉井碧蓮香，旗翻仙掌露華濕。我識泰山封禪書，不識此畫當何如人。言西嶽降靈圖西，嶽或有人間無。

明 凌雲翰《鬼獵圖》《題畫詩》卷六六 終南進士乃好武，野魅山精皆部伍。蒐田也欲從四時，作氣恍如聆一鼓銅。鉦先鳴地欲裂，皁蓋後張風為舉。蹇驢足跛不受鞭，良犬尾摇何用組。錦絛未許縱蒼鷹，鐵絙猶能縛玄虎。跳踉衆鬼為卒徒，矍鑠一翁作謀主。或為狼顧背拔鎗，或作猱升前試斧。鴟鳴口應已張弓，蛇偃肩擔來彀弩。身憑大盾宛轉遮，手弄飛槌高下舞。坐作擊刺衆莫當，進退超驤孰敢侮？猙獰似覺口吐牙，輕捷渾疑臂生羽。逐禽不假御車輿，獲獸何勞施網罟。亦如塵世有司存，頗類神仙足官府。畫工後輩效前人，戲筆何年追舊譜？已無吳生名擅場，復有顏輝好奇古。周易取象車載一，韓子送窮名數五。如斯情狀不易知，更欲形容亦良苦。且須留取作歲除，竹爆一聲春滿宇。

明 薛蕙《駕幸南海子》《佩文齋咏物詩選》卷一三〇 詔幸芙蓉苑，傳言羽獵行。三驅陪上將，四校出神兵。列戟圍熊館，分弓射虎城。風雲日暮起，偏繞漢皇營。

明 楊慎《雲中十二韻》《佩文齋咏物詩選》卷一三〇 天子雲中狩，將軍久未還。律吹元兔塞，旗繞白狼山。風火燒荒急，星辰過隊閒。燕支留馬首，蘇絡醉龍顏。清樂千門動，黃金萬鎰頒。雪深懷纊絮，月滿憶刀鐶。牙鳥嚴宵仗，宮鴉捲曉班。奏回青鎖闥，捷報紫金關。膂力休明鎧，歡聲洽禁闤。功牌銀爍爚，賀障錦斒斕。日轉虞巡外，春流鎬宴間。戢戈行有頌，神武徧人寰。

明 賀復徵《文章辨體彙選》卷三八四《秋蒐于紅》 正也。因蒐狩以習用武事，禮之大者也。艾蘭以為防，置旃以為轅門，以葛覆質以為槷，流旁握，御轚者不得入。車軌塵，馬候蹄，揜禽旅，御者不失其馳，然後射者能中，過防弗逐，不從奔之道也。面傷不獻，不成禽不獻。禽雖多，天子取三十焉。其餘與士衆，以習射於射宮，射而中，田不得禽則得禽；田得禽而射不中，則不得禽。是以知古之貴仁義而賤勇力也。

明 沈堯中《沈氏學弢》卷六《蒐苗獮狩》 國之大事，惟祀與戎。戎，兵凶器也，有軍禮存焉。春秋伯主欲用其民亦必大蒐，使之知禮。漢以來，惟詐是尚而治兵閱武之事。蒐苗獮狩之禮，萬乘少親御焉，或十月而一行，數十年而一講，如馳射上林、講武驪山者，遂爲希代之曠典，于是先王制禮之意微矣。且蒐苗獮狩周禮皆曰：田。田者，獵也。蓋戎事無所試，故試之于田。爲田以殪，獸亦猶爲。中國以殲夷狄，不獨爲祭祀而已。此車攻吉日，所以爲復古也歟。

明 吴稼竳《玄蓋副草》卷一《名都篇》 名都何佳麗，俠少殊縱橫。束身蛟螭錦，匕首霜雪明。縹囊盛赤丸，白馬懸珠纓。寶鞭遶樹長，驅獸無留行。勁弓張明月，迅矢突繁星。猛悍一時斃，慘慘陰氣生。毛血灑郊原，春草不得青。獵徒咸辟易，嘆息如雷聲。餘興過當壚，胡姬跪相迎。兎肩出玉盤，豹髓瀝金罌。衆歡合若一，安知非弟兄。青樓接垂楊，嘯呼奪輪鳴。黏竿猶翹翹，飛雀顧且驚。白日飄西山，直視黃雲平。揮手逐塵趨，詰朝會東城。

明 謝榛《四溟集》卷三《武皇巡幸歌》 神武驅兵日，南征氣赫然。射蛟江水上，立馬石城邊。羽檄飛三楚，霓旌拂九天。功成凱歌夜，月色送樓舩。齊魯巡遊地，蒼生見紫微。晴雲隨鷁舫，春水照龍衣。柳畔千官擁，沙邊七校圍。觀魚移白日，鼓吹月中歸。玉輦銜寒色，蕭蕭八駿鳴。兎河水上過，狐嶺雪中行。撫劍羣胡遁，彎弓百獸驚。當年赤帝子，空到白登城。年少羽林郎，嚴冬較獵忙。旌旗開御道，劍戟擁長楊。飛去五花馬，射來雙白狼。中官傳賜酒，甲胄拜君王。

清 寶廷《偶齋詩草·外集》卷一《冬獵行》 北風捲樹寒山鳴，黃沙白草連天平。虎狼怒吼兔狐泣，火光逼日烟塵腥。攀巖越嶺重圍合，弓刀燦爛人聲急。風毛雨血亂寒空，馬作龍飛獸人立。縱橫馳驟窮林藪，凍雲莽莽迷前後。驕鷹逐兔挾風飛，怒犬衝人穿火走。健兒攘臂爭豪雄，須臾蹴踏寒山空。驚禽逸獸自相搏，血流凋壑層冰紅。將軍大笑投弓起，返旆旋城士卒喜，日落天寒暮山紫。

清 斌良《抱冲齋詩集》卷二二《香禪欲寫巴林雪獵圖詩以趣之》

醉舞昆吾酒氣麤，監州七載客飛狐。短衣射虎平生志，好寫巴林雪獵圖。

兔毛河上雪花狂，縱轡彎弧下大荒。圖未寫成詩已就，風光句裏細斟量。

清 蔡新《緝齋詩稿》卷五《恭和御製雨獵元韻》 秋山截業何佳哉，合圍帶雨六飛來。陰雲漠漠初作陣，前驅風伯為之媒。須臾淅瀝飄復止，山容水態畫難擬。馬前既逐鹿斯奔，草間又見狐兔起。一矢麗龜觀者喜，前偏後伍隨所指。習勞原具訓練心，詎因晴雨分張弛。仰承祖武不敢康，悉率左右良在此。

清 曹寅《楝亭詩文鈔·詩別集》卷一《鹿苑朝獵歌》 紅霞冠日清風生，千峰凝翠森相迎。黃塵忽分雁羣遠，平郊正曉晴無聲。千乘萬騎從東來，旗奮馬怒弓正開。選肥擇肉心合手，空皮摧翮眞良材。豺狼滅跡天顏喜，計能賞巧山呼裏。上林長楊何足期，草茅願獻車攻詩。

清 陳昌圖《南屏山房集》卷四《程太守夢元雪獵圖》 騂弓白羽下平皐，獵火初紅興最豪。蹴踏馬蹄千帳外，雪花亂打鸊鵜袍。

二千石是古諸侯，觱栗驚心關塞秋。知有壯懷消不得，珊瑚寶帶佩吳鉤。

清 陳大章《玉照亭詩鈔》卷七《秋獵》 大獮行金令，圍場面面同。寶弰弓偃月，珠勒馬跑空。狡兔藏無穴，蒼鷹掠有風。袒衣爭割炙，讙徹暮雲中。

清 陳恭尹《獨漉堂詩文集·詩集》卷六《秋獵》 無事空騰飽，秋田且合圍。鷹盤霜野擊，馬逆朔風飛。甲帳毛爲雨，歸人血點衣。好憑誅異類，原獸已知威。

清 陳美訓《餘慶堂詩文集》卷七《獵騎》 騎射三千冠隴州，林深野潤騁驊騮。長揚扈從尋常事，天子頒禽絡馬頭。

清 陳夢雷《松鶴山房詩文集·詩集》卷五《扈從獵塞外應制》 塞垣紅葉曉霜催，櫜鞬嚴裝護蹕來。滿月琱弓飛鷲羽，嘶風鐵騎震龍堆。曉峯雲擁千旗合，夜火星聯萬帳開。秋獮聖朝循故事，非熊還載後車回。

又 卷六《春仲扈駕水獵》 嘉節當如月，芳辰入仲陽。書雲占瑞應，獻種卜時康。遠岫峯含翠，長堤柳綻黃。省耕循令典，舉趾驗農祥。武備春蒐舉，軍客水陣張。聲齊同步伐，勢合列舟航。浪湧千鱗集，雷轟萬羽翔。四靈看竝畜，聖化與天長。

又《扈蹕秋獵出塞》 聖朝文教洽，武備更修明。爰屆清商令，重爲秋獮行。六龍齊法駕，七萃肅神兵。雲捲朝移幕，星羅夜列營。金風承豹尾，玉露浥霓旌。列缺揚鞭護，豐隆灑道迎。臨關占瑞氣，出塞耀軍聲。既奏三驅禮，猶欣百穀成。謳歌歡野老，報賽慰村氓。翠蓋旋畿輔，鸞輿入禁城。八荒同保定，九有共昇平。喜起明良會，長稱萬壽觥。

又《秋獵》 壽星躔正應，南呂律方吹。玉露凝西灝，金風度朔陲。有秋觀歲事，大獮順天時。虎旅屯三輔，鑾輿總六師。雨餘蟬噪疾，天迥鴈飛遲。南極初澄曜，夜光已滿規。亭亭蟾影靜，冉冉桂輪馳。銀漢微雲澹，璇霄列宿移。秋山橫薄黛，霜葉點踈枝。氣肅鷹神旺，寒輕馬力宜。五豵聊示巧，兩牡亦矜奇。宋鵲爭蹄疾，韓盧躡影追。摧林翻雉兎，擣穴碎熊羆。賈勇爭呈技，含毫共賦詩。經支兼緯武，觀德亦修詞。願進無疆祝，年年貢玉巵。

清 陳文述《頤道堂集·詩選》卷四《獵騎》 繡旗風急圍揚圓，金鈐玉鏃走滿川。蝟毛壯士健身手，馬上拗折珊瑚鞭。赤驃獨出掠飛燕，雪中亂點桃花片。左射駕鵝右射周，燕支血染白翎箭。南山猛虎千年强，木葉吹落秋林黃。琥珀入地倀鬼哭，小隊朱纓殺虎槍。

清 陳僖《燕山草堂集》卷五《劉大尹西來招同姚給諫岱麓吴孝廉憲侯較獵西郊》 麃麃振旅出郊垧，突騎紛紜逐電霆。獵犬未驅雄子白，鞲鷹先試海東青。弓懸虎韔敓金鏃，劍佩龍鱗錯玉玲。漫道生平無壯事，鐃歌博得一時聽。

清 陳兆崙《紫竹山房詩文集·詩集》卷五《獵人獻雕虎時駕至房山前一日也擬進一篇》 房山，山頂深，如房亂峯遶塔圍堵，牆榛荒樹，老莽陰翳招致猛獸多。於羊山腰草屋横雙帶雞、狗，人民此焉在爲誰儲肉待其飢？千百攢頭吁可怪乃者。詔遣殺虎，軍虞官，戰汗獵戶奔分宜，掃野候車駕，詎可以此煩。王人連獲一黑又一白，謂皆其次，非驍桀。文衣老醜善遁藏，求之積年，況倉卒。山風吹沙，午徹寒，仗馬，辟易人聲讙當，堦鬚爪勢。欲動舁以巨木徽三纏，已爲鎗斃猶若伏地作勢者。然凡獸傷人耳棱缺一，缺一人從古說驗之左七，右且三貫盈罪，惡當殲滅，王鈇利器亦偉哉。所至號令驅風雷，昇平百事，諱興革一朝蹶起，由天威修垣浚渠，國之紀除暴安良，道相倚。房山虎死，民樂生，孰謂巡遊可得已。

又 卷八《哈連爾圍場獲子母虎恭紀用癸酉歲房山獵人獻雕虎韻》 兹山獸穴如蜂房，藤梢棘刺爲垣墻。比日獲禽以千數，虎狼未得安問羊。凌晨封狼腸似帶，流血所到豺狗在。既斃一狼拾矢者，於狼側得兩豺狗。手捉以獻旋聞虎，嘯卻無縱莫是山。精逞靈怪山坳突，出駭一軍磨牙蹲。爪怒不奔驀地徑，從人頂過觸槍槍。折還嚙人口倏流，紅矢飛白疾過呼。盧得梟桀。天弧神技獨開先，衆共乘之特其卒。風回洞口生餘寒，手搏三子聲譁讙。一死二生生亦暫如，彼纓縶駢頭纓時。方追捕大小和卓木，兄弟故以相喻，我欲從之認耳，缺毛深血涴不可識，和門横臥，八尺長魂歸空山。聽佛說重陽之月生明哉，華裔共覩騰歡雷。岳軍難撼視將勇，蔡平餘蘖由君威。仁義互用事之紀，殺活在手焉，有倚如彼魯麑良，可哀委而去之亦可已。

清 程晉芳《勉行堂詩集》卷二三《題畢樹滋塞獵圖》 籠鷹手挽射雕弓，踏徧胭脂塞土紅。此是左司年少事，異時詩句擬陶公。細馬明裝擁固姑，邊秋唱徹小單于。晚來軟語氍毹帳，藥玉盞兒飲得無。

清 儲方慶《儲遯庵文集》卷一一《大獵二十韻》 王制稽冬狩，軍容命夏官。六師臨上苑，千騎發長安。馳道東方直，屯營北地寒。虞衡戒修表，輔弼儆游盤。玉輅乘時令，金飇肅伏奸。陽廻天象迴，陰始地維寬。驅逐靡衰草，登臨景陟巒。皇情怡騁望，士氣競羣讙。飇颮爭風雨，蕭蕭落羽翰。雕弓彎碧月，駿馬藉香蘭。許少施儇巧，秦成事割剸。軼材奇獸獲，接翼衆禽殫。賜胙論功次，充庖定禮繁。烹鮮惟埜食，騰酒必傳餐。肥兔華筵列，機鷹寶架看。逍遥歸帳殿，容與集椽欒。講武徵軍實，于畋結主懽。長楊思載筆，吉日聽鳴鑾。賈勇宜超乘，吟詩可踞鞍。文臣偕虎旅，齊拱五雲端。

又《擬大獵應制》東郊講武六龍來，千騎交馳帳殿開。衛士彎弓屯虎旅，從臣載筆選鴻才。射雕欲落寒雲影，逐兔時過曲水隈。聞道于畋曾度磧，迴鑾還上晾鷹臺。

清 單隆周《雪園詩賦·初集》卷一五《會城見軍人獵》半醉都軍黃戰裙，波斯栢直偏丘墳。紛紛雉兎懸歸馬，衣錦城頭有暮雲。

清 鄧廷楨《雙硯齋詩鈔》卷一《歸獵圖》長風吹積雪，飛過大蓬山。一騎出林疾，孤禽銜羽還。寒雲壓裘重，新月趁弓彎。去去尋歸路，鳧洲鶴渚間。

清 丁丙《松夢寮詩稿》卷三《沙苑獵》七月七日長生殿，鈿合金釵會相見。九月九日沙苑雁，西蜀十年重遇箭。此箭何不射殺安祿山，翠華奚致歷險艱。花萼樓中協雁序，比翼在天諧鳳侶。

清 汪由敦《秋郊大獵賦謹序》《皇清文穎續編》卷三七 乾隆十有四年秋，皇帝狩獮於塞上。七月初吉，奉皇太后鑾輿，發軔於京師，諸皇子皆扈從。經熱河，抵木蘭，蒙古諸王公鱗集迎覲。率徒衆，簡精鋭，以從事於行圍。三驅禮成，獮月旋軫。臣叨侍清蹕，獲覩羽獵之盛。竊伏思在昔長楊、上林，近在畿甸之内。動稱殷天動地，野盡山窮。故或恐啟後葉之侈靡，或恐農民不得收斂。此相如、揚雄之徒，所爲雍容諷諭，冀覺寤於一得也。令獲生於今日，仰覩我皇清之拓迹垂統，聖天子之丕揚光烈。將必睠焉失所，舌撟而不能下。臣才孱不足揚厲鴻休，彰明其所以，顧遭逢之幸，不可以默。敬獻賦曰：歲在屠維，月惟夷則。白精莅辰，金官奉職。天子順時節而布令，馬比物而士齊力。七萃洸趪以前驅，招摇襂纚而直北。時則禾黍鋪菜，嘉穀被隴。薿薿彧彧，挃挃幪幪。彌平疇而無際，蔚雲合而濤湧。一莖九穗，未足陳太史之瑞兮，實穎實栗，老農幾不名其種。亘高原下隰而不可辨兮，由郊圻以達乎邊陲。戒衛士之蹂躪，引騑馬而避之。紛萬寶之在目，雖野袨錦縠，谷塡瓌璣，無足以喻其絢爛而陸離。宜乘輿之按節而神怡也。爾乃歷黃圖，經赤縣，次離宮，卽行殿。仍衢室之前規，安樸素而戒營繕。度古北之雄關，朗天門之四扇。襄羊乎避暑之清都，弭翠華而息宴。寥宇廓，清露漙，馬蹻蹻，士桓桓。林衡翹首而待命，典澤戒事而服官。長矛萃從，迾卒澶漫。天子乃韔唐夾而御騕褭，星陳天行，以幸乎木蘭。伊並塞之名王，襲衣冠者累百。奉湯沐而親肺腑，蒙累朝之醲液。燀神武之健行，震天威之赫奕。匪徵發期會，而奔走來庭，會青城而有繹。貢飛黃而效賫，驅虓虎而執役。益以索倫狡騎，期門禁旅，追風迅發，開石飮羽。按轡如怒，控弦如舞。左旋右抽，忽仰忽俯。恒擇肉而命中，苟横騖其必取。爾迺申之以軍律，聯之以編伍。越重岡，陵深阻，超澗壑，躪榛楛。衆屬目乎前旌，肅進止其有序。少焉，呼聲歡，重圍合，四轟馳，千騎帀，首尾應，遠近接。驞駍膠輵，沸渭迨遝。封狼跳躑而竄突，黃羊騰希而競捷。元熊睒賜而贔屓，顧兔狡脫而輕躡。麠麇麞麐之屬，總總樽撙，拄角交項，踼趹而困慴。迺抽荆蒲，彎天弧，麗龜決脰，自膘達髃。試應弦於一發，殪猛虎於負嵎。將以示威容於讋御，肆僄伇於公徒。故埡視嶄巖，塊睨岩㟧，而未嘗不範我之馳驅。已迺他他藉藉，充仞周阹。念效獲之孔多，命弛圍而舍諸。符解網於天乙，邕惠風於騶虞。聿計鮮而頒禽，紛馳載而車輸。迺知竦戎校武，異夫從獸之爲娱也。昭仁秩禮，異夫竭澤而不留其有餘也。

間從掌故，竊聞夫木蘭之所自焉。南襟灤江，北枕興安，左控巴林，右引柰曼。翁牛特喀喇沁諸蕃部之環繞而碁布者，儼拱衛於畿寰。其山則崮崒峼嶙，巀嶭巑岏。有宫有霍，有岌有峘，巃嵸乎龍堆千疊之崇巓。其水則汩漉滭沸，湲淢瀆湏。爲沮爲澤，爲瀾爲汍，濳演乎羊腸百折之廻川。凡毛角蹄迒之儦儦俟俟者，胥蕃字衍息乎其間。木則樺靡留皮，松仍落葉。黃榆望秋而飄霄，丹楓經霜而炫睫。其他交柯而挺榦，與夫蒙茸薈歲者，復蓼莭而莅獵。其陽則紫菊金蓮，揚葩含芬，敷隰緣濆。其陰則巖霜莪冰，慘凜凌兢，白草鬅鬙。蓋數百里之内，旬日之中，氣候判乎其不同。倐片雲兮散漫，灑凍雨兮溶濛。或密霰兮交加，更飛雹兮相攻。菑畬不可冀其有穫，井里不可卽其田功。是以界以虎落，殊其疆索。匠氏不營，司空弗度。殆扶輿融結以供靈囿之表貉，緬維聖祖之長駕遠馭，荒高山於天作。於鑠哉，我皇之紹休繩武，拓戶牖於大漠，撫列藩而浹之以霶洋，咸鳧趨而雀躍。且方今㷭燧銷聲靈熗，賨僰革心，候尉謹約。梯航納賫，肖翹咸若。安可以履泰而忘危，懷安而示弱。仰聖蹟之孔彰，煥遺徽其如昨。故不憚涉埃壒而席戎鞍，冒風霜而勤旃幕。卽麟趾之振振，且豫教以習勞而恢之以雄畧。不然，夫豈不知九重之爲安，而端拱之足樂也。況夫奉安輿，侍左右，日靡間於定省，佳辰屆而上壽。視膳給鮮，以笑以侑。至於勅幾政，披章奏，先晨鐘而求衣，遲葳蕤於夕漏。通萬里於指掌，固八荒之在宥。洵王者之無外，沙磧不殊乎宮囿。更復飛豪拈韻，颷翔雲驟。翩若遊龍，炳若縟繡。雖游藝之餘閑，有以知神功之日懋。尙復進角觝而決勝，張畫侯而志彀。蓋濬哲文明，乃天縱而時敏，而健行不息，則純嘏之多益而單厚。由是觀之，丕闡鴻模，顯號也。承歡慈豫，篤孝也。垂裕少成，至教也。綏懷屏翰，宏造也。載纘武功，要道也。行慶頒賚，優勞也。一舉而諸善備焉，此其爲聖天子之大獮，而翰林子墨者流，固不啻持螢爝而當曦曜也。頌曰：廣甸膴膴，皇武履兮，麀鹿虞虞，紛若跂兮。我士孔武，徯以竢兮。躬桓藩輔，執鞭弭兮。式歌且舞，惟天子使兮，湛露斯溥，胥燕喜兮。內訓外撫，具衆美兮。嗣服仁祖，後先一揆兮。昭兹來許，多受祉兮。

清 蔣溥《秋郊大獮賦謹序》《皇清文穎續編》卷三七　記稱教田獵，習五戎。周禮中，秋教治兵，遂以獮田。非徒七澤，四校侈車騎，賦巨麗而已。乾隆十四年秋，皇帝朔巡塞上，奉皇太后鑾輿出古北口。所過稌黍倍豐，戒蹂躪，免租稅。駐蹕避暑山莊，賜讌從臣，白露出，哨於木蘭。蒙古諸部落迓道以從既行圍。親射命中日頒禽有差。乙夜批章頻灑宸藻。文武仁孝之德光被中外，洪惟聖祖仁皇帝御宇六十一年嘗歲舉秋獮於兹。皇帝順天道，講武事，恊藩情，省農稼，用以繩祖武，而昭示萬年。臣隨輦恭覩紀實爲賦其辭曰：皇帝聖武法祖，時巡示貙，膢之禮揚，騶虞之仁犬，獮朔塞遠撫藩賓。金颷翔乎，曠甸赤曜霽乎。高旻蓋以是歲之春，蜀藩歸化，振大清之天聲。秉德威於中夏撫一家，而恬熙順三農之休暇。爰習軍旅，爰選車徒，孟秋吉日，發軔皇都。怡怡翼翼，祇奉慈輿丹雲，轂夾紫鳳輪，扶翠華遙，拂鸞轡晨驅，雙纛則日月樹其表，八旗則正鑲握其樞。王公卿士軍裝以騶，期門佽飛，十萬箭笴止則周廬，行則戒塗，別館鮮丹雘之飾，雄關扼尉侯之區。黍穗漫山，倍稔蕎花綴雪紛鋪，咏屢豐以周覽，禁蹂躪而蠲租。遂莅山莊負開行殿，熱河一曲，雲山四面。紹皇祖之遺規，闢佳園如內甸。奏鈞樂、啟芳讌，泛蓬池、薦珍饌、嘉蔭蟠、樛瑶葩、葱蒨豫色笑以凝。庥慶賡揚以集彥時，則明月四五，白露濃瀼，鴻南正秋，漠北已霜。豈獸肥而弓燥，不雷動而罘張。乃簡獵士、乃清獵場；則若肆師、則若翟氏；或掌卡路、或掌圍疆。玉環犬白金鏑鷹，蒼射雕之，手殺虎之，鎗莫不瓏瓏鞭轡。肅肅襟裳，行營萬帳，曉移夜屯，市販鱗集，部落車奔。其地，山則達陰烏桓，界乎興安鉤折回盤。水則羊腸千灣，伊遜一源洑流激湍。草則金蓮翠雀秀出，蒿藋靡谷不蕃。木則樺榆楓櫟叢生，巖岫曳烟若村。此蹄角毛羽之族，所以依蔚而棲樊。於是每旦天碧，早駕星明，虎賁電舉珠勒，龍乘一校，中建輝輝。黃旃四校，雙引白旃、藍旃，蓋用蒙古騎千有二百而益以索倫勇士、滿洲禁兵。其始也，如鳥翼之振，左翼、右翼翩翩以興；其繼也，若魚隊之貫，前隊後隊尾尾以行。恢恢乎邇及遐兮，拓規外之勢綽綽乎，疏得密兮。收環中之精森森乎，寓止齊不愆之法。矯矯乎章首尾相應之形，旣撥霧披烟以並進，亦穿林入莽以相迎。岡巒則高馳，而旁瞰澗壑則俯涉，而仰縈將齊兮，四羅聚影乍合兮，一線傳聲。搜蒙蘢使畢出，獲飛走而潛偵。束勢漸小，匝圍甫成。斯時天清而日麗，慈輦臨觀於幔城，乃駐天馬爰施，天伐中必疊，雙矢無虛發。翰惟前墮，足不旁突，令士搏格奏勇，迅烈指蹤響，翕命處猋歘。非山是籠，非野是刮，於以承光儀、贊歡悅、誕宣皇威，載昭師律。詎惟除害田，而云不殫物於焉，萃從官而頒禽於焉，御細旃而弭節蓋。我聖祖仁皇帝歲舉秋獮於兹，以其地水草雖善，人民故稀，耕稼曠而未及，牧放肥而亦宜。且錯入乎四十八藩之境，而截長補短，則方千里以逶迤用取，是爲甌脫以控馭，而柔綏且以閑，戎事且以利軍資。方今述家法、纘武功、隆孝德、暢華風，諸藩上壽禮樂雍容。矧夫堯文煥舜歌，作六藝林囿。三才揮霍布仁義，爲罼罝統車書而包絡岐陽之鼓。斯鳴天乙之網，斯廓夫固曰：鳥獸草木，上下咸若，先天下而憂，後天下而樂。

清 謝敦源《秋郊大獮賦謹序》《皇清文穎續編》卷四一　皇帝御極之二十有六年歲，在辛巳秋七月駕幸木蘭行圍，修舊典也。是年恭逢皇太后七旬萬壽，蕃部君長鱗集。仰流內面，向化瞻望，乘輿奔走，恐後。皇帝躬奉慈寧啟途出塞，獻鱻上壽，成禮而還。聖孝光昭神武，敷布中外，遐邇無不鼓舞，懽忭頌揚休烈，臣沐浴清化，仰睹鴻規名，言莫罄。謹拜手稽首撰賦以進其詞曰：

惟皇帝之乘乾統八荒，而在宥撫邊圉以敉。寧集賨琛而輻輳，南規溟渤以爲池，北指天山而作囿。耕屯相望，繩行索度之區。按堵無驚鷺，晝狼煙之堠固已。軒昊不足爲其馳驅，伊皐不足爲其左右，然且文教宣武功，茂合車書一尉候。謂戎備之必修，率典章而由舊爰。車攻兮，馬同遂駕言兮，行狩時也。蓐收執矩，大丙陪車，草枯鴈磧，雨洗龍沙，林霜纈雪，原火燒霞。波羅交流而瀰瀰，穆納直走而衙衙。獨石當關一帶，峰螺巀嵲，穹廬蓋野，四圍天幕週遮行宮。啟兮曼且碩，牙帳列兮靜無譁儲，層岏其高峙，梐枑設而義牙沐膏澤者，復株纍負弓弩者。呼韓邪臨廣野而除道，擁御路而鳴笳，喁喁焉，遂遂焉。延頸舉踵而望幸者，蓋四十有八家。皇帝乃備法駕奉安輿乘騏驥駿騊，駼擢倚天之長劍，佩落月之琱弧，迴卒三千環金根而奕奕。軌方十二翊翠輦，以徐徐叱飛。廉以清道兮，鞭列缺以先驅。呼蒙公使參乘兮，載秦仲於後車。琱戈兮，夾路大旆兮，彌塗大綏兮，小綏左盂兮，右盂員爲蓋而方爲輿。司南有鼓，赤如日而白如月，配地成圖，時則未射獵於克勒巴林之俗，而已震疊于烏闌白海之都。爾其平掩七澤，高埒三襃。埸開逐獸，館啟射熊，圓文之豜、斑題之貜、三虪犀猛、九尾狐。雄都郭生生而嘯雨，州靡費費而嚎風。與夫史林尊耳區陽鷩封喻冠禺禺，獨鹿卭卭，莫不牙張距舞，怒目電瞛。他他藉藉充牣乎其中，于是招虞人，集羅者，天網鋪，雲罕下。籠山絡澤，掩月兎于九天，蕩谷摎林，殪星狼于四野。仰聖主之指麾，咸厲兵而秣馬。已而走嶔岑穿林薄，持之如搏，收之如攫，坐者摝鋒，行者鳴鐲，不啻六伐七伐之兎起，而鶻落也。衣短後纓，曼胡走者于于，趁者躍躍，三發其車，三刺其徒。不啻爲鸛，爲鵝之箕張而翼舒也，馬逸不能收，鼓揭不能止。繁弱之弓强，黄間之箭，駛韓盧突怒以爭先，蒼鷹攫拏而四起。駭倰遌而駊騀，倏怔營而披靡，鳥失穴而襹褷，獸奔羣而駓騃。或碎掌以摧斑，或摩頂以扱齒，或歕髓以濡輪，或飛涎以觸軌，雖蹂躪其十二三猶扨怒而未已。帝曰：止之，不可究武。欲左左，欲右右開一面以明恩，爲乾豆爲賓客，用三驅以法古。反旆還轅，卷旗息鼓于焉，計鮮于焉，獻傷小如猿狖，大則麕麞，紈牛露犬，爗羝嗛羊，章亥之所不能算，伯益之所不能詳。終軍未識之于爾雅，子雲未賦之于長楊。積若邱陵，服猛堪資，其牙爪量以山谷掌皮可飾。其文章咸輦輸于天府，將校賞於君王。皇帝出和門、坐天閶，顏穆穆，德明明，摛睿藻，勑賡颺，呼鷹之臺，大啟掆馬之宴。高張露浥堯樽，廣樂奏千人之帳，珍調禹膳兕觥稱萬壽之觴。望慈顏而有喜，祝景命以無疆，則有東樓之裔，西雝之賓，木客星杠之衆，羊腸鳥道之人，秦漢之所未服，唐宋之所未臣，咸陸讋而水慄競。奔走以來庭歌奏，白狼向星盧而觀禮，位充青馬入幄殿，而承恩淵乎，穆乎，蓋醲粹之化浹而歆誦之。音聞矣，且我皇上之御宇也。揚駿烈定神謨，失前禽而不誡，遇逆命則有誅，一發而長鯨翦，再射而封豕屠。德靡遠而不格，信何地而不孚，蓋武事之是飭，豈搏獸之爲娛方。將七政是齊四靈爲府，從容于仁義之途，休息于詩書之圃。問安視膳以天下之養養親，旰食宵衣以萬世之法法祖。豈與夫漢賦五柞、周詩十鼓問答于東主、西賓。鋪陳於憑虛安處，然後足以昭麗洪之湛恩揚，紛紜之威武也哉。乃作頌日聖皇凝籙治八垓，東及若木，西桃槐清，秋講武駐，龍堆天衢。詄蕩帝車輦，千乘萬騎羽林排，吞吐日月驅風雷。擊鼉鼓兮坐層臺，如澠之酒夜光杯，屬車豹尾集鄒枚。宸章雲漢爭昭回，擊鮮獻壽成禮迴，占風候，月紛然，來皇綱，舉兮八紘恢，東鶼西鰈光徘徊，貞符上瑞，占泰階於，萬斯年治象開。

清 永瑢《巴顏溝大獵歌》《皇清文穎續編》卷六九

熙朝重經武，中外咸欽風，包荒喻阨塞，秋獮頻年同。蕃王欵關獻，甌脫隰臯延。衮豐草豐蘭中磐，桓亘千里，巖巒峭崒，風雲通入柵，遙流分九派。阻險全憑崖口隘，駝鈴牛鐸武剛車，侵曉喧豗屯卡外，數程六日至巴顏。巴顏鄂落千峯環。遮羅百獸富，媼力不數鹿麐狐貉熊羆斑，五更千二百騎投深山，撒圍寧憚嚴霜寒，此皆擴騎一敵萬。四十九旗選，徒各各從戎鞍。幔城望見傳聲至，左右青旗齊縱轡，周阹四面密於荼。朱縞凌風動幡幟，旋拱中央大纛黄，兩甄八部如鱗萃。我皇親乘玉踠騮，豫遣前驅三十騎，佽飛較射分兩行。天弧初發諸臣次。棻薄披蒙籠，列岫迷青翠，風毛雨血灑平蕪，遺走伏飛盡羅致。慓佼摧剛中疊雙，鏤錫稽首頻再四。炮炙頻將炬火然，圖經默以峰巒誌。隱隱周廬透旭光，他他籍籍陳廣場。寒烟宋歷羃灌莽，野花爛漫開芬芳。和門大啟誇宴設，葡萄石榴行羽觴，控弦虎士醉酣湑。氊裘燕譬同來王，上殺爭馱次第獻，選將甘旨供蘭膳，分嘗下逮及羣僚，禁臠分擕拂廬偏。車攻吉日著陳編。賡颺隨輦多時彥，短衣匹馬學從軍，鳴盛無能愧且羨。

清 錢大昕《恭和御製雨獵元韻》《皇清文穎續編》卷七五

木蘭校獵何雄哉，羽林萬騎如雲來。批熊拉虎尋常耳，况乃鹿友與雉媒。六飛乘秋一莅止，長楊上林何足擬。乍覺雲頭冉冉迎，有時雨脚垂垂起。草柔沙軟彌可喜，發縱只如臂使指。周官大獮典所詳，王道由來無懈弛。即看一矢射天狼，魚海洗兵兆應此。

清　奕純《南苑習獵》《皇清文穎續編》卷七九　文囿城南古，由來肄武風。彎弓明月似，走馬鬮雲同。草茂當春碧，旗張映日紅。歸鞭吟詠處，爐篆裊香融。

清　戴衢亨《恭和御製塞山大獵元韻》《皇清文穎續編》卷八九　千屯萬騎擁旄頭，獮塞平臨八月秋。大纛中權星野闊，周阹列陣旭烟浮。恩均藩衛循前軌，典涉梁鄒寄遠猷。詎數長楊誇獻獲，頒禽日荷尚方稠。

清　綿恩《擬秋郊大獵詞・出塞》《皇清文穎續編》卷九九　塞上風雲勝槩收，新秋肄武控驊騮。百靈河嶽懷柔肅，七校旌旗擁衛周。又《早發》　爽氣初浮杳靄中，揚鞭早發日曈曨。森森綵仗凝寒露，漠漠天香逐曉風。

又《晚宿》　計程緩策轡從容，行幄開時日下舂。萬騎連營羅宿衛，幔城一帶紫烟濃。

又《合圍》　枰列星羅大合圍，龍驤雷動壯軍威。平沙十里鳴鐃震，只用三驅解網歸。

又《射生》　星如飛鏑月如弓，畫角齊鳴作氣雄。靈囿于今歌壹發，半空鵰鶚墮雲中。

又《課獲》　掣兩牽三馬後捎，風毛飄灑遍秋郊。期門校獲旌餘勇，不為肥鮮滿大庖。

清　董平章《秦川焚餘草》卷四《大府奉廷寄調河西獵户入衛通州因召募不及改派緑營射士以應海東帆守府任膺統領賦贈以壯其行》　鳳詔承聞下紫闈，水犀精選赴戎機。將軍入援勤王事，射士長驅向帝畿。弓矢手調皆中鵠，旌旗氣壯不停騑。酬君夙昔封侯願，奏凱行看肘印歸。

清　法若真《黃山詩留》卷三《龍山獵虎二首時張撫軍留任**》**　路轉龍眠斷，山荒虎嘯空。連村驚社鼓，班馬獵秋風。諸吏承天渥，新恩留相公。白衣橫截網，朱笠閃雕弓。電發南山下，雲屯落照中。葉黃枯草勁，雪緑寶刀工。用詐兵神速，以愚掠戰攻。合圍懸上賞，敢殺論奇功。超距魚龍異，高呼江漢同。翻翻延世胄，藹藹戴文翁。解甲從鈴閣，止戈執上宮。應知余闕檄，何計避江東。余闕元人官安慶總管。

又　鎮周多美政，曙海再登臺。兼有請賢力，不驚大將摧。一呼山谷合，百戰野屯開。負柉懸秋草，禾刀蔽帳隈。群聲飛畫角，寶羽响殷雷。怒吼乘風礮，叢翳掣電迴。柔能勝暴虐，藏以待羸尫。批卻惟農子，短兵亦異材。停戈較出没，解甲問鹽梅。切肉平家宰，養賢出上台。愧無興雨力，敢負出雲材。祝網餘三面，銘功偃八垓。龍山一片石，獻賦自徘徊。時張撫軍以生虎贈，故末句及之。

又卷一五《周翰先索畫聞其鞲鷹肆獵即乞獲鵵以飽之戲爲口號寄贈》　蜺骨原分仙子才銀，鞲錦鎖帶霜開縱。追東郭空饞腹會，射中山放紙苔。破窟不妨爭狡伎，逐盧何處問龍堆。老年早避非熊夢，莫惜頻敲獵馬來。

清　范承謨《忠貞集》卷四《冬獵篇》　朔氣森冽天地愁，層巒徹夜電光流。捲書拭劍水盈溝，呵手敲氷飲紫騮。曉霜光裏寒凝目，四野垂天星斷續。初日沈沈上大荒，高旗歷歷翻山曲。黃雲慘壓鼓隆隆，健兒舒臂鳴弴弓。弦迸風高天色酸，馬蹄蹀地響聲乾。癡鷹忽怒犬跳躑，飛走羽毛無一完。獸急人忙各顛倒，血肉淋漓洿枯草。倉皇虎豹出林彎，按轡拈弓閒更好。烝徒增增後且前，鋒鏑參差明復鮮。古人蒐苗獮狩，皆寓武，一生一殺寧徒然。孔子釣弋亦獵較，湯雖一面之網，仁心豈能全。

清　費錫璜《掣鯨堂詩集》卷八《獵》　海色風吹斷，秋聲葉帶歸。盡日從鷹背落，塵拂馬頭飛。草淨狐難伏，原空兎不肥。前山未深入，更合一重圍。

清　傅占衡《湘帆堂集》卷二〇《獵犬》　獵犬健如龍，隨人歸亂峰。甘間逐兎手，專爲絕狐踪。不厭貧無餌，休憎吠弗工。勞臣誰似此，草入殿當中。

清　高士奇《高士奇集・苑西集》卷九《題大金御前應奉黃謁寒原獵騎圖》　塞上風高秋氣涼，葭菼露白山蒼蒼。行圍較獵奮徒旅，迴飈掣電紛翱翔。馬馳蕭薄越灌莽，虎鞲鶻轡金銜黃。駕鵝驚飛百獸駭，羽箭欲發雕弓張。平原草枯望空闊，大漠隱約連崇岡。白日將頹榆塞紫，歸鞍閒雅捎雉獐。練素當年擅圖繪，御前應奉筆力彊。流傳廟市埒彝鼎，錦標釧束鸞綾裝。我時乞休苦未遂，杜門長夏聊徜徉。客齋展翫恣眠臥，簾櫳爽颯添新涼。疇昔扈從適春夏，記長十八開花房。塞外草花有名，長十八者，短衣跨馬隨豹尾，親見七校騰龍驤灤河，湯湯松亭北，至今景物猶微茫，爐香椀茗說舊事，怳同毳幙燒黃羊。

又《隨輦集》卷六《從獵》　蒼山萬疊雨初晴，從獵朝看塞上清。月兔射來誇技絕，星狼追得鬬身輕。班聯翡翠翎中坐，隊入鵝黃褶裏行。十二羽林皆健將，只容款段一書生。臣班在親隨侍衛之列。

又《歸田集》卷一《題張吉友柳陰罷獵圖》 誰染生綃動紫煙，風流張緒勝當年。青岑百艤花間醉，黄石三篇圯上傳。草色嫩披韓嫣彈，柳絲低拂許公韉。展圖記得回中事，曾賦長楊豹尾前。予屢扈從射獵故云。

清 韓騏《補瓢存稿》卷一《題傅生馳獵圖》 君不見五陵俠客氣絶倫，騎馬日踏長安塵。有時一箭定區宇，便令叱咤生風雲。又不見杜陵布衣守環堵，飢餓不能出門户。壯心要逐李將軍，日看南山射猛虎。丈夫處世貴有功，焉能跼蹐随飛蓬。况君七尺甚雄偉，才略定與軀幹同。狂風日日黄沙積，今歲江南似江北。君心已逐塞塵飛，試把丹青寫胸臆。青絲絡馬弓出橐，相逐儘有吳門豪會。湏鷹犬一時放，看彼狐兔何能逃。壯哉傅生洵奇士，山林亦寓封疆志。細雨聞雞五夜愁，朔風射雁三秋思。可憐我志不如君，敗屋數椽眠夕曛。長鑱劚藥直鈎釣，除此鳥獸無同羣。意欲從君看馳獵，踈狂又恐才力拙。題詩爲報籌國人，未應湖海無豪傑。

清 郝浴《中山集詩鈔》卷二《獵滹陽》 天壤騰兵氣，胡爲鷹狗間。僕姑猶羽翼，汗血自斑斕。雨作朱衣夢，心飛青海灣。何曾逐狡兎，風雪每愁還。

清 胡文學《適可軒詩集》卷一《上獵回駐蹕次早啓奏》 金輿蒐罷海西頭，玉勒宸回萬騎收。龍氣遥蟠屯月夜，鸞聲初駐捲雲秋。旌旗尚映青山繞，鈴鐸猶傳碧宇留。敢爲甘泉能作賦，懸知諫獵聽如流。

盛唐節奏

清 華嵒《離垢集》卷五《題溪鳥獵魚圖》 秀木横交柯，寒竹相幽鬱。水禽獵春江，逐魚穿龍窟。

清 黄本驥《三長物齋詩略》卷一《題李筤亭震寒漁雪獵圖》 丈夫得志走萬里，安能鬱鬱爲窮死！匹馬晝獵陰山寒，短衣夜涉桑乾水。酒酣耳熱歌嗚嗚，戲挈江湖作杯七。不然拗折紅珊瑚，秋江把釣蘆花裏。彫胡飯熟鱸魚肥，篷牕細嚼蓴須紫。一聲欸乃滄浪清，跳入龍淵捉龍子。中州李君人中豪，少年意氣差如此。曾遊昆海弋鵾鳶，又到湘江擷蘭芷。片帆飽挂洞庭風，收拾烟濤入行李。曾聞寶郟賊跳梁，一日射盡房中矢。殲除小醜安枌泉，鄉里相恃爲壁壘。胡爲潦倒誤儒冠，頓使英雄肉生髀。卜居秖合築糟邱，醉鄉誰復呼庚癸。讀君畫同爲君歌，一夜東風江上起。

清 黄石麟《半蕪園集》卷一五《獵人》 今朝射虎北山頭，呼酒澆神南市樓。但顧桃花多食肉，不隨飛將取公侯。

清 紀邁宜《儉重堂詩餘・冬赴津門張體存約會獵不果夜遣伎至詞以謝之調賀新郎》 我是呼鷹侣。恰霜天、故人情重，徵徒豪舉。倚醉弓絃鳴霹靂，小隊黄羊潑乳。算平昔，雄豪自許；見獵心中雖狂喜，柰新來落拓多愁緒。空立馬，叮嚀語。 伎筵移就渾難沮。選雕輪、送來姝麗，纖纖眉嫵。茗話清宵風致甚，俗煞楚雲巫雨。憑借問，鶯花誰主。自古惺惺解相惜，况憐才劇有紅樓女。贏別後，魂抛與？

清 紀昀《紀文達公遺集・詩集》卷一《恭和御製雨獵元韻》 秋山寵嵸氣佳哉，山嵐蒸潤山雨來。珍珠迸灑風倒捲，彎弓依舊趁雉媒。騄駬驊騮騰不止，挾雨蛟龍差可擬。驚弦響雜霹靂鳴，激矢燿隨飛電起。斗然巧中呼聲喜，雨血風毛一彈指。旌旗雖濕步伐齊，軍政從知無懈弛。文侯遇雨罷虞人，節制焉知能若此。

清 蔣士銓《忠雅堂文集》卷一七《鍾進士獵虎夜歸圖》 鍾馗食鬼常苦飢，心厭鬼瘦貪虎肥。虎能充庖鬼色喜，奮勇去合南山圍。衆鬼猙獰搏一虎，進士能文鬼能武。欣然按劒騎馬歸，鬼卒後先分隊伍。神鐙挂入梅花枝，一鬼前導雙手持。主人攬轡三鬼隨，分荷杖笠巾卷扇。笏相纍纍一鬼負，弩何盱睢，三鷹一犬，四鬼司鷹，閒犬逸徒。爾爲執挺之鬼，竚以嘻一鬼鳴，鉦壯鬼膽，五鬼揚威誇勇，敢張弧舉槊弄刀斧。十目視虎防虎噉，鬼雄勒虎殿厥最。虎力鬼力相進退，虎嘯一聲鬼向背。黑月無光向西墜。我聞畫鬼易肖畫虎難。鍾馗狀貌誰？曾看將軍善射，無侯骨不若閻羅死姓韓。

清 蔣士銓《忠雅堂文集》卷二七《御製九月十七日雪獵元韻恭和》 颯颯金風翦，飄飄玉屑霏。霜嚴秋欲盡，冷重雪呈輝。簇樹銀花綻，横空素鶴飛。千崖敷立粉，萬幕綴明璣。卷絮朝揚旆，融冰晝合圍。廣場藩部集，馳道御鞭揮。馬汗消寒力，人歡豁凍威。錦翻驚雉墮，羽没駿熊肥。險隘平谿壑，巖阿錮石扉。霓旌迴獵騎，還擁六龍歸。

清 蔣湘南《春暉閣詩選》卷三《城南縱獵》 生平鹿鹿愧周處，不能為患鄉里苦，又不能手殺南山白額虎。男兒須到古長安，簡齋句。談兵説劍風雷寒。道逢圍獵忽心喜，鼻端出火真無難。一怒突奔花叱撥，雪灑金鞭四蹄熱。片月落壕只一瞥，射倒元熊飲其血。狐兎何足污吾刀，饑鷹側目蒼天高。

旁人私論燕頷相，封侯誰為龍頷豪。昨聞將軍耀旌鉞，鏑聲半死天山月。胡姬裹抱金粟糟，珠帷酒暖鴛鴦活。書生大言學東方，不但章句如粃糠。張充儻蕩豈足算，要在決策平邊疆。噫嘻！黃麞歌好誰肯聽？解鞍歸注陰符經。

清 樂鈞《青芝山館詩集》卷一《獵者謡》 駿馬挾雕弧，風鳴金僕姑。不因狐兔發，大澤有於菟。

清 李調元《童山集·詩集》卷一八《聖駕幸南海子大獵恭紀》 一聲警蹕露臺高，萬馬來圍靜不囂。猿臂健兒腰紫電，龍鞍天子佩烏號。趂來月兔鷹初放，追去星狼犬競嘷。最是小臣慚獻賦，長楊不敢筆輕操。

清 李富孫《校經廎文稿》卷三《送錢郎中扈獵木蘭兼以留別》 塞垣八月草凋枯，禮始秋田命選徒。時□□上車駕，初幸木蘭。華省詞臣曾扈蹕，樞廷仙吏又彎弧。黃沙木葉盤雕鶻，白日寒煙走兔狐。定識據鞍吟彩筆，豈如司馬說虛無。

羈棲幸許到平津，滿架藤陰語最親。歷阪自慚輸逸足，賦材終歎伍勞薪。天涯遲暮憐芳草，馬首新涼動客塵。此日蘆溝橋畔去，依依回望朔雲頻。

清 李祖陶《國朝文録續編·松東文録·秋塞大獵賦》 乾隆十有四年秋，皇帝獮狩於塞上。七月初吉，奉皇太后鑾輿，發軔於京師，諸皇子皆扈從。經熱河，抵木蘭。蒙古王公額駙台吉，鱗集迎覲。率徒衆，簡精鋭，以從事於行圍。三驅禮成，彌月旋軫。臣叨侍清蹕，獲覩羽獵之盛。竊伏思在昔上林、長楊，近屬畿甸之內。動稱殷天動地，野盡山窮。故或恐啟後葉之侈靡，或恐農民不得收斂。此相如、揚雄之徒，所為雍容諷諭，冀覺悟於一得也。令獲生於今日，仰覩我皇清之拓迹垂統，聖天子之丕揚光烈。將必瞲焉失所，舌撟而不能下。臣才孱不足揚厲鴻休，彰明其所以。顧遭逢之幸，不可以默。謹獻賦曰：歲在屠維，月惟夷則。白精莅辰，金官奉職。天子順時節而布令，馬比物而士齊力。七萃洸穮以前驅，招摇襂纚而直北。時則禾黍鋪棻，嘉穀被隴。蕤蕤彧彧，挃挃幪幪。彌平疇而無際，蔚雲合而濤湧。一莖九穗，未足陳太史之瑞兮，實穎實栗，老農幾不能名其種。亘高原下隰而不可辨兮，由郊圻以達乎邊陲，戒衛士之蹂躪，引騑馬而避之。紛萬寶之在目，雖野袨錦縠，谷填瓌璣，無足以喻其絢爛而陸離，宜乘輿之按節而神怡也。爾乃歷黃圖，經赤縣，次離宮，卽行殿。仍衢室之前規，安樸素而戒營繕。覽古北之雄關，朗天門之四扇。襄羊乎避暑之清都，弭翠華而息晏。寥宇廓，清露溥，馬蹻蹻，士桓桓。林衡翹首而待命，典澤戒事而守官。長矛萃縱，迾卒澶漫。天子乃韔唐夾而御腰褭，星陳天行，以幸乎木蘭。伊竝塞之名王，襲衣冠者累百。奉湯沐而親肺腑，荷累朝之醲液。燀神武之健行，震天威之赫奕。匪徵發期會，而奔走來庭，會靑城而有繹，貢飛黃而效賫，驅虓虎而執役。益以索倫狡騎，期門禁旅，追風迅發，開石飲羽。按轡如怒，控弦如舞。左旋右抽，忽仰忽俯。恒擇肉而命中，苟横騖其必取。爾乃申之以軍律，聯之以偏伍。越重岡，淩深阻，超凋壑，躪榛楛。衆屬目乎前旌，肅進止其有序。少焉，呼聲讙，重圍合，四轟馳，千騎車，首尾應，遠近接。驞駍轇轕，沸渭澮遝。封狼跳躑而竄突，黃羊騰希而競捷，元熊睒睗而贔屭，顧兔狡脫而輕躡。麕麖麞麐之屬，總總撙撙，拄角交項，踢趹而困懾。乃抽荆蒲，彎天弧，麗黿決脰，自膘達髃。試應弦於壹發，殪猛虎於負嵎。將以示威容於詟御，肆僄佼於公徒。故垤視嶄巖，塊睨岸崿，而未嘗不範我之馳驅。已乃他他藉藉，充牣周陆，念効獲之孔多，命弛圍而舍諸。符解網於天乙，邕惠風於騶虞。聿計鮮而頒禽，紛駝載而車輪。夫乃知練戎校武，異夫從獸之為娛也。昭仁秩禮，異夫竭澤而不留其有餘也。

間從掌故，竊聞夫木蘭之所自焉。其地也，南襟灤江，北枕興安，左控巴林，右引奈曼。翁牛特喀喇沁諸番部之環繞而碁布者，儼拱衛於畿寰。其山則崮崒岩嶙，巀嶭巑岏。有宮有霍，有岌有峘，巃嵸乎龍堆千疊之崇顛。其水則汩淈滭沸，溭減湏。為沮為澤，為檻為氿，潛演乎羊腸百折之廻川。凡毛角蹄迒之儦儦俟俟者，莫不蕃字衍息於其間。木則樺靡留皮，松仍落葉。黃榆望秋而飄賫，丹楓經霜而眩睫。其他交柯挺幹，與夫蒙茸薈蔵者，復蓼莿而莅獵。其陽則紫菊金蓮，揚葩含芬，敷陘緑濆。其陰則嚴霜峩冰，慘廩凌兢，白草髗髻。蓋數百里之內，旬日之中，而氣候判乎其不同。倏片雲兮散漫，灑涷雨兮溶濛。或密霰兮交加，更飛雹兮相攻。菑畬不可冀其有獲，井畂不可卽其田功。是以界以虎落，殊其疆索。匠氏不營，司空弗度。殆扶輿融結之奧區，故外藩不敢私有而以供靈囿之表貉。緬惟聖祖之長駕遠馭，荒高山於天作，於鑠哉，我皇之紹休繩武，拓户牖於大漠，撫列藩而浹之以霶洋，咸鳧趨而雀躍。且方今熢燧銷，聲靈爚。賨焚革心，候尉謹約。梯航琛賮，肖翹咸若。安可以履泰而忘危，懷安而示弱。仰聖蹟之孔彰，焕遺徽其如昨。故不憚涉埃壒而席戎鞍，冒風霜而勤旃幕。卽麟趾之振振，且豫教習勞而恢之以雄略。不然，夫豈不知九重之爲安，而端拱之足樂也。況夫奉安輿，侍左右，日靡間於省覲，佳辰届而上壽。視膳給鮮，以笑以侑。至於勅幾政，披章奏，先晨鐘而求衣，遲葳蕤於夕漏。通萬里於指掌，固八荒之在宥。洵王者之無外，沙磧曾不殊於宮囿。更復飛毫拈韻，颷翔雲聚。翩若游龍，炳若縟繡。雖游藝之餘閒，有以知神功之日懋。尙復進角觝而決勝，張畫侯而志彀。蓋睿哲文明，信天縱而時敏，而健行不息，則純嘏之多益而單厚。由是觀之，丕闡鴻模，顯號也。承歡慈豫，廣孝也。垂裕少成，至教也。綏懷屏翰，洪造也。載纘武功，要道也。行慶頒賚，優勞也。一舉而諸善備焉，此其爲聖天子之大獵，而翰林子墨者流，固不啻持誉爝而當曦曜也。頌曰：廣甸膴膴，皇武履兮。麇鹿麌麌，紛若跂兮。我士孔武，徯以俟兮。躬桓藩輔，執鞭弭兮。式歌且舞，惟天子使兮。湛露斯溥，胥燕喜兮。内訓外撫，具衆美兮。嗣服仁祖，後先一揆兮。昭茲來許，多受祉兮。

此賦體倣班揚而命意各別，蓋彼侈陳景物而近于風，此則抒寫謀貽而歸于頌也。洵足斧藻，羣言潤色，鴻業後有，作者亦不能出其範圍。

清 林昌彝《衣讔山房詩集》卷八《獵歸縱飲圖爲遂溪陳一山孝廉桂林賦》 我昔嘗繪射鷹驅狼圖，腰間横挂金僕姑。書生好事胡爲乎，歸來割鮮命釂醉倒紅氍毹。世人笑我荒田獵，至今鷹狼遍地，鷹無人射狼亦無人驅。英道傍下馬攬君袪，見君揚眉懸琱弧。把臂爲君立斯須，韝來隼眼捋虎鬚，英英羣從如梟趨，嚼黑鴟肉倒金壺，飲黃麞血傾銀觚。十人大醉十人呼，此樂當爲天下無。對酒不用歌烏烏，籲天快事眞吾徒。深喜吾道今不孤，明日相約持銅符，收復海上千萑苻。

清 林直《壯懷堂詩初稿》卷一《獵户曲二首》 四山獵火夜紛紛，旌旆摇天散作雲。一騎灞陵風雪裏，無人知是故將軍。

曾奉清塵侍屬車，漢皇威武近何如。九麞十雉尋常事，不讀揚雲諫獵書。

清 林直《壯懷堂詩・三集》卷一二《爲人題張都督晚獵圖》 百戰功成日，將軍獵塞前。平原秋草合，大磧暮雲連。酒熟呼鷹至，風腥射虎旋。試將好身手，他日繪凌烟。

清 凌廷堪《校禮堂文集》卷二九《李問原秋郊小獵圖序丁酉》 夫褰裳而臨碧海，未必逢照乘之珠；命駕而適藍田，未必獲連城之璧。娱耳目，樂心意，若此其難；從車騎，建旌旄，談何容易！惟問諸楮墨，則無涯之願立償；倩彼丹青，則有象之觀悉致。故三山浩渺，嚮壁能遊；五嶽崚嶒，閉門可躡。然則閒居嘯詠，苟容高揖長康；匡坐鼓歌，但解乞靈道子。蓋不待效辭人之設論，文士之大言，固已赤管恢奇，須眉改色，素屏颯爽，顧盼生姿矣。於是深林大澤之旁，廣隰平原之表，涼颷卷地，萬樹皆秋；夕照浮天，千峰盡霽。沙平似雪，見駭獸之群奔；煙淡於霜，指驚禽之亂起。於斯時也，邀五陵公子，帥六郡良家，呼潘黨使彎弧，叱王陽為驂乘。脱韝俊鶻，奮玉爪以摩空；解縶生駒，壓金鞍而逐影。墮雲邊之白鵠，中必疊雙；殪草際之黃麞，鈞能開六。桃花嘶過，下峻阪而疑飛；楊葉穿來，越顛厓而自喜。據韝送酒，妖姬競撥琵琶；覆盾割鮮，猛士爭傾鑿落遂。使空堂咫尺，雨血風毛；斗室肅條，星流霆擊。可謂極淋漓之逸興，盡慷慨之雅懷者矣。抑吾聞之，鍾鼎之念不起於江湖，介胄之容不生於琴瑟。今以東方一士，南畝諸生，驅瘦犢於溝塍，策疲驢於道路，吟成擁鼻，跧伏蓬蒿，讀罷低頭，含咀藜藿。乃忽短衣射虎，望雁磧而朶頤；長鋏思魚，對鵝溪而撫掌，毋乃強歡者不暢，僞怒者無威乎？然而桓子過屠門，何妨大嚼？屈平適樂國，未礙空談。爰借荒唐，用資唱噱。是以子虚出使高文，大抵多夸；都尉從軍雜體，聊為擬古。枚生七發，鋪張馳騁之豪；班氏兩都，遐想游畋之盛。譬之任公釣鼇於海上，蓋皆虚搆其辭；鄭人覆鹿於隍中，何必實求其事。矧夫秦府十八學士，僅留貌像於瀛洲；漢家四七元勲，惟剩雲臺之圖畫。寄形骸於紙上，暫洩雄心；假面目於毫端，少抒壯志。聞雞起舞，姑為半夜之先鞭；躍馬論功，好作他年之左券。

清 劉大紳《寄庵詩文鈔・詩鈔續附》卷六《獵人圖》 短刀插在腰，虎豹遇之無處逃。長戟持在手，熊羆見之誰敢走？腥血汙刄羞，凡庸麞麅麕兔眼。未有是何，獵人乃如此。高家司冦墨染指，鬚髯蝟如睛漆。如英風颯颯起，生紙掀衣帊，首身何輕草。韡蹴踏山靈驚，左袖長垂示，閒暇不露手。腕撫刀杷，蒼天，若使生斯人，國家又見褒鄂臣。黄金鎧甲赤弓箭，重與結束增精神。司冦閒情戲弄慣，張家留作耳目玩。我今如見摩厲時，欲食虎肉寢虎皮。更藉驅除衆鬼魅，千村萬落同清夷。

清 劉逢禄《劉禮部集・附録・南苑春獵詞》 羲和馭曰珊瑚鞭，潛虯海底春無眠。一刻一鏤殷紅塡，籙衣倒挂仁虞前。羽林騎士何褊襹，金支秀采龍蜿蜒。大駕鹵薄南山畋，上林園令聞雷駢。七萃霧合彎神弦，風雲鳥虎屹不旋。忽然拆裂冰腹堅，天出地入耕瓊煙。霹靂旝動校獵傳，虯螭齊足白蹢騠。夏服勁羽明月弰，三驅壹發來春田。奔戎驍衛植髮鬖，綠韝錦臂戍削揎。手扼哮虎足猳挺，雉兎麕鹿熊羆豜。青青雙柳園東偏，排雲來下金骨僊。跪進神藥長生篇，送神西去華陽顛。羽觴瑤爵玳瑁筵，寶刀夜洗清泠淵。

清 劉正宗《逋齋詩・二集》卷一《述獵》 有客塞外來，爲我述獵美。及夏義有合，聞之亦生喜。六師雄且媚，兆鍪白于水。馮淩出郊關，大纛視所指。笳鳴雜鼓鼙，合圍數百里。幽巖與叢薄，禽獸于焉止。魄驚走復翔，矰繳瀰遠邇。壯士盡彎弓，注目六飛矢。一發墮雕鶚，再發殪鹿豕。將軍受大黃，别隊逐虎兕。角力俄頃間，奏獲未旋趾。牙爪寧不威，攫搏喪厥恃。矯矯熊羆儔，徒手亦格抵。狐兎何足云，馬上各罨畾。兼載掣駱駝，飛走半生夗。摐金建九斿，萬仞指顧裏。毳幕遏高雲，俯瞰亂山紫。炰炙競割鮮，酪漿介繁祉。彩罽坐紅妝，繁絃發皓齒。峰峻背曦光，積雪傳太始。六月失貂温，寒暑豈恒理。遊豫古所歡，此樂誰與比。振旅過天山，威聲撼邊鄙。由來步伐嚴，何物敢干紀。顧兹混一時，罄地空軍壘。夭喬亦若生，况忍胎卵毁。願見講武餘，山澤禁靡弛。

又 卷三《駕幸西苑小獵恭紀四首》 晴開禁苑煖浮烟，仗外遥鳴七寶鞭。自脫臂韝騰健翮，侍臣鵠立玉驄前。連朝桂楫蕩中流，又見從禽樂事稠。不用射聲驂左乘，已驚燕雀靜林陬。皇情慶豫際芳辰，馬埒全柔樹色新。不爲宴遊忘啓事，親將起艸命儒臣。西清亭古嗣豳風，此日宸遊盛事同。御筆新裁憂雨詔，應知戒蹕念田功。

又 卷四《三月望日奉召南海子觀兵隨獵馬上恭紀》 大蒐肇舉及春晴，萬隊貔貅屢合營。映日甲光隨角動，倚天劍影帶雲横。應知飲至閒樽俎，敢惜從禽逐旆旌。注目六飛驚一發，上林校獵陋西京。

清 盧錫晋《尚志館文述》卷七《獵回》 宿昔自矜許，他人怵我先。食古久如蠹，同學方少年。旦夕據清要，裘馬其新鮮。棄置不復道，鬱悒誰與言。冬令何融和，背隼出郊原。我馬元以黃，安能逐狡㕙。歸矣樂西囿，晴雪看餘妍。

清 陸嵩《意苕山館詩稿》卷八《題李季方琮大令見獵心喜圖》 畫馬昔推曹將軍，遭逢太平奉至尊。寫盡沙苑監中馬，各具意態無比倫。後來韓幹稱入室，卻遇海内多風塵。致使驊騮氣凋喪，風鬉霧鬣無精神。知君所師定何在，絹素横披氣慷慨。一馬白比玉花驄，一馬黑類拳騧喙。髣髴沙場遇敵時，怒辟凡馬氣猛鋭。想其吮毫揮灑初，豈但委棄感長隊。自從東海苦用兵，殺氣直逼金陵城。金陵城中盡奔駭，達官無策陳犧牲。獨君午夜矢憤切，寶刀自向腰閒横。故作此圖寓深意，局促轅下生悲鳴。君不見天寶當年杜陵老，喪亂歸來不自保。硉兀徒爲病馬傷，飛騰尚欲黄埃埽。君雖抑鬱志未得，倜儻權奇世知寶。愼勿長懷櫪悲，空思射獵南山好。卽今海寓猶烽，屯雄姿健，足方需君回思戰艦連江日，愧我低頭老屋人。

清 潘德輿《養一齋集》卷四《題春獵圖》 幽州莽蒼古獵場，秋山鬱鬱秋雲黃。春田百倍富景色，風輭不礙琱弓彊。貂裘一脫攬絲鞚，楊葉新生矢百中。萬點桃花傍馬來，紅綴春旗露華重。牙旗舒舒狐兔逃，半空乂蔟纏風毛。青骹韓盧逐回旆，酒車春色酣蒲桃。吾輩嬉春何足數，騎馬京華怯沙雨。縱使攜柑聽早鶯，何如插羽禽雕虎。將軍麟孫今英儒謂伊猗君，高詞犖淩九衢佗年珥筆扈。秋獮更寫天山大獵圖。

清 彭而述《讀史亭詩文集・文集》卷一八《記獵》 壬辰臘月十五日，完鎮張奎菴移節穰州率虎士萬人，羽獵東郊。飛石走馬，兔起雉雊，殷殷轟轟，但聞霹靂。晝喧金鍉亂，沸將雲夢不足髣髴，豈甘泉之所能賦予。時宿醉未解，拉友東皋作而歎曰：人生貴適志耳，風毛雨血耳，後火出有以也，繼此遊者何日乎。

清 彭孫貽《茗齋集》卷五《獵師捕得巨獺子服駿孫二弟噉之至飽調以長句》 曲池旱作龜字，坼蛙蠙陸居無瀦宅。獵師咋犬躍枯塘，捕得秋風祭魚伯野貛，失勢狐貉，愁魴鯉安枕。林塘幽玄，毫脩尾欝蒼霧雪，距銀牙鎣鐵鉤。一朝墜網困鷙，勇鸞刀巳作盤中羞。吾家二豪動食指涎滴，空鐺滑于水巨鸞，未爛香已生，繞釜週遭千百趾。須臾戎鹽點蜀雪，酷裂岔椒醬，醅紫銅盆，對嚼風雨鳴葉掃春蚕雪融滓。茗齋居士長齋餘夜雨山厨，只刈蔬無妻鮮點粧額髓，有僻躭列陳書魚君家貍，奴千片炙何似鴟羹一尺芋，今年射麋定相餉，獺殘不待漁人漁。

又 卷一六《獵者詞》 風號北原上，月黑鬼嗚嗚。持乂衝虎立，恥搏貛與狐。壯士非其時，寶刀血咽枯。張罝大澤間，赤乎豺貙途。青兕奔我前，老熊避道呼。縣官市犀革，懸募諸博徒。脫手變名去，焉能賣雄麄。

清 祁寯藻《䜊䜭亭集》卷一〇《南苑從獵與季高聯句五十韵呈詩

舲舍人》　帷幄籌兵日，郊原肄武場。西山來爽氣，嵩年。南苑肅清霜。仙仗千官擁，嵩藻下各以二句遞聯。期門七萃行。稼收知野潤，騎遠見林長。望幸春蒐久，迎鑾海戶忪。青旗曾布煖，玉宇此乘涼。文囿恢無禁，堯宮築匪康。九門開詄蕩，五海匯汪洋。辟惡獅仍猛，涵春柳不僵。艾蘭成栍栢，薙草出垣牆。往者仁虞院，徒爲馳騁狂。官衙森棨戟，禁旅衛貂璫。豈有芝爲圃，幾同豹作房。盤游前代侈，制度後人防。臺尙來鷹隼，河還號鳳凰。支流歸巨壑，疏濬肇先皇。入淀消潢潦，營田利稻粱。農功時有暇，武備誡毋忘。聖主親弧矢，高秋駕驌驦。三驅王制合，九伐陣圖詳。從騎皆玆白，關弓盡大黄。應弦殲狡兔，飛鏃仆驚麞。避繳蘆銜雁，投鞭石叱羊。欻聞虓虎逸，敢逞負嵎强。赫怒於斯震，棱威不可當。周阹多猛士，戢虓有神槍。並列豵豣獻，無煩檻穽張。子應探穴得，皮待倒戈獘。藪澤包涵徧，芻蕘出入常。始知於牣樂，不是作禽荒。解網恩原大，非羆夢亦祥。離宮才信宿，乙夜尚仿偟。闔外兵符發，關西羽檄鶣。雪初迎塞馬，星已射天狼。游豫無非事，勤勞總未遑。差同周石鼓，肯效漢長楊。太史曾推籀，詞臣詎慕揚。來從香案側，陪侍屬車旁。列帳依行殿，分庖出上方。粉餈隨膳賜，鹿脯許鮮嘗。憶昔聯芹藻，於今共玉堂。論文雙管下，從獵兩驂襄。快睹梁鄒制，榮分校隊光。茁葭知德澤，甫草頌君王。徙陣臨宣曲，還衡指未央。金錢頒九府，玉粒溢千倉。輦路煙猶馥，山椒菊正芳。懽聲連近甸，佳節轉重陽。欲獻登高賦，慙非織錦章。祇應蓉闕下，投贈紫薇郎。末三句嵩年。

清　錢陳群《香樹齋詩文集・文集》卷一《秋郊大獵賦以天人同澤上下交歡爲韻并序**》**　是歲八月十日己酉，上閱武至準烏拉代地方，道右之圍既合，車駕詣行宮，有旨，明日駐蹕于此，修道左圍。及晨，上乘馬出和門。從官之執事圍中者，咸先期儲偫。臣與大學士、臣查郎阿等侍立門右，仰瞻雲日。霽色順時，魚須之旍既導，雕玉之輿既隨。行未數里，遣侍郎臣傅恒傳諭臣等綴筆為賦，以紀斯典。臣惟大閱載于春秋，教田垂于月令。周宣内修政事，外攘夷狄。復文武之境土，會諸侯于東都，以講武事。其時詩人為之賦車攻，賦吉日，以書其美。弧矢以來，玆為近古。後世子虛、上林、羽獵諸篇，鋪陳過實，君子譏之。他若華林之舉非其時，元武之局于其地，庾信、張說擒摛揚厲，亦無取焉。我皇上法祖勤民，興仁興孝，恩澤所覃，沾溉庶類。乃以安不忘危，有備無患。四年冬，舉大閱禮；六年秋，修大獵事；八年幸盛京，恭謁祖陵。蠲租賜赦，進從官階一級，中外震疊，歌咏明盛。今年七月下浣，恭奉慈闈，復修田事。凡行圍所過之地，皆聖祖當日三至、五至之區。塞農野老林立道旁，得睹天顔，無異為兒童時仰覲神堯也。而番部名王之率衆來迎者，亦相望于途。維時山川效靈，風雨和會。臣陳群備員禁近，得隨輦路末行，旃帳濡毫，不文是恧，謹拜手稽首而作賦曰：

蓐收乘令，少皥司天，禱申房伯，道指燕然。選車徒者數萬，號賁育者三千。揚祖烈于龍沙，平移華蓋；奉慈顔于黄屋，廣列細旃。肅馬政以訓五戎，既閑既好；遵秋原以瞻百穀實栗實堅。下令師中，禁蹂躪于長路；沛恩畿近，賜田租之半年。夜雨知時潤庶草而征衣不濕；秋山如畫，罨衆卉而鈴旆自姸。于時鎻鑰元戎，屏息凜節；穹廬君長，抗手獻珍。負弓弩者，備東樓之裔；通膏沐者，列西鼪之賔。拖貑之矛，非假淬而後利；射熊之館，不待移而自陳。規延袤以星羅，路方千有餘里；偭爽塏以枰列，圍設一十五巡。肅慎悉暈重圓聖乎又縱；烏號自呈滿月，天也非人。于是八部分行，視前旌以為導；兩翼競進拱大纛而居中。人影環山，揮袂雲連靉靆；馬蹄踏草，風來香染芎藭。迎鷹窠之千嶺，審虎蹟于三峻。洵無幽而不入，亦靡奥之弗通。凡玆經鳥道而用命者莫不因田事而抒忠。則見驚群彯獸，窟不能營；挂罾文禽，木不能擇。鹿麌麌而緣崗，兔爰爰而越陌。黄羊之起殷殷，斑雉之飛彳彳。狐失冰聽，豹迷霧澤，狼雖顧而離披，熊欲申而狼藉。虓虎迎天弧以就殲，大兕嬰地羅以自搤。或迸石而墜崖，或獲雙于射隻。縱突圍其延喘，終魄褫而神虢。爾其角力既敵于群材，獻絕復及于衆養。髯官遞嗾，天狗猙獰。奚奴指頤，海青迅往。隼脫鞲而奮擊，犬帶令而直上。小試則似石壓卵，大受則如獅搏象。中必要害，來必惝恍。乍飈發于雲間，仍馴伏于御仗。況復德稱乎駟，力優于馬。獸多若陵亘，禽墮如雨下。實既登籍，矢猶盈把。按轡于截嶂之峰，馳驟于廣莫之野。于以見軍旅之止齊，而餘勇之可賈也。衆志懌矣，皇情寫矣。召墨卿而灑翰，何揚風而扢雅。爰整七校，爰建長旓，序涉凉候，歷徧秋郊。解湯網之恢廓，箴顯比之象爻。簡左膘之上等，進慈寧之嘉肴。貴冑公孤，頒以肥脆；羽林鵷鷺，逮以燔炮。豈惟示雨露之均，亦以定上下之交。是役也，發軔流火，迴軫初寒。深谷長松，迢遞盡乎遼土；鐵漿芹菜，館舍覽夫契丹。應氣而行鉅典，撫景而得大觀。示禦攘，課繕完，威武耀，磐石安。惟德車之遠馭，占玉衡之長端。賦成紀實，歌以志歡。歌曰：於鑠皇旅，則時邁兮；仁育義正，敷天對兮；祖烈重光，威無外兮；日未靡旃，無已太兮。又歌曰：率左右兮從群醜，還宸居兮薦嘉卣。天祿申兮昭受，式下武兮萬壽！

清　欽璉《虚白齋詩集・初稿上・余行山中止獵者家獵者獲兔欲烹以餉因嗤兔之狡終受禍也乃作此詩》　有兔狡而走，乃爲獵者獲。方其未獲時，變詐思遁迹。一旦遭束縛，行將受炮炙。伏地鳴悲哀，三窟非其宅。世間險捷人，百計竟何益。網罟羅當途，禍患生衽席。巧者嘗死巧，每爲拙者惜。所以君子心，機械非所藉。吾道原坦坦。不憂世路窄。

清　裘曰修《裘文達公詩集・恭和御製詩》卷三《恭和御製雨獵元韻》　長林豐草何遼哉，平時獵騎不敢來。奔狐擾鹿叢虎跡，館熊窟兔驕雉媒。大獮乘秋行至止，鵝鸛魚麗安可擬。左縈右拂射疊雙，毛驚角駭圍中起。挽水天河真兆喜，雨脚垂垂近堪指。弦鳴彌覺點聲麤，弓勁不愁膠力弛。須知師律寓行圍，號令如山今見此。

清　屈大均《翁山詩外》卷一三《獵詞》　日落沙場鐵騎飛，人人意氣射生歸。美人渴飲黃麞血，更請君王殺一圍。

清　沈赤然《五研齋詩文鈔・詩鈔》卷六《冬日城南小獵》　鼕鼕衙鼓早，小隊出郊圻。殘月曉猶在，寒塵凍不飛。犬獰持兔力，鷹飽得禽稀。却喜跑空馬，嘶風未肯歸。

又《冬日西郊小獵因作鷹犬行》　郊原十月寒欲雪，駿馬驕行蹄踣鐵。三三五五左右馳，小隊分來亦成列。健兒左臂凌霄君，三尺烏龍右牽掣。鳴鞭四望角弓開，鴉肉腥臊彈不屑。村童好事遮道迎，導余更往西南行。遥看沙際果躍躍，脱韝鷹閃金眸明。側翎疾落爪觜健，解制要害先啄睛。犬因乘弊逞狂喙，齒牙所咋安得生。須臾殺兔已四五，鷹犬皆疲日卓午。長官惻隱惡多殺，傳語撤圍無太苦。快刀割兔啖鷹飽，啄腐吞腥暴如虎。回看彼犬獨枵然，一臠難分不敢怒。犬饑鷹飽豈有私，此理吾猶能説之。鷹性凶殘嗜生物，糠糜飼犬當有時。況鷹迅疾犬不逮，論功行賞亦有差。爾犬爾犬毋乃癡，助鷹爲虐不免饑，嗚呼！助鷹爲虐不免饑。

清　沈壽榕《玉笙樓詩録》卷一〇《罷獵行有引》　設弩兩旬，已得九虎，意謂盡矣。二十六日刀丕文牒報，先於初六日在鐵廠河獲一虎、一豹；十六日在八排格界得一虎，剖腹得胎三，先後綜計之共十六虎矣。農事將興作罷獵行以告塗人。

兩旬未終殺虎九，或云已無或云有。潛形未必化神龍，發蹤豈屑稱功狗。土人來告音諵諵，驚言虎視猶耽耽。須臾土官投牒至，兩虎一豹名為三。神奇臭腐皆如此，剖胎毛血斑斑紫。民今而後得反之，醜類雖多其滅矣。行人且行歌且歌，開林斬棘煩斧柯。畏途已見作安土，遷客仍遠尋舊窩。我初立法如疑陣，誰敢操權期必勝。雞蟲得失皆偶然，豚魚感格中孚信。君不見昨日清明生曉煙，家家負郭有腴田。短衣射罷笑歸去，且逐兒童放紙鳶。

清　施補華《澤雅堂詩二集》卷四《張朗齋軍門曜賀蘭小獵圖》　錢唐將軍揮白羽，身長九尺天人侶。濡毫曉掣碧海鯨，關弓夜射藍田虎。嵩陽百戰殄流賊，河北千軍破驕虜。邊風烈烈賀蘭陰，三年不惜防秋苦。天圍大漠沙飛揚，河繞穹廬浪掀舞。留屯已喜靜烽煙，會獵無端催部伍。旌旗四合紫騮馳，雲霄一點蒼鷹舉。小隊初登麥垛山，前驅直度磁窑塢。元熊赤豹窟宅傾，狐兔紛紛那堪數。縱誇大獲比邱陵，未免哀鳴向刀俎。將軍行獵軍士奮，冬狩秋獮意猶古。要令身手便弓刀，無忘耳目隨旂鼓。如臨敵陣知將略，歸譜邊聲成樂府。即今鹽澤張軍鋒，尚賴蘭山充獵戶。我觀此圖識師律，況有雄文如勁旅。公自爲序世事還，勞用斧斨此才終。合登台輔千秋遺，憾及公平絳灌能文隨陸武。

又　卷六《文殊山會獵作》　文殊山頭搥戰鼓，文殊山下趨獵户。獵户前導官軍隨，十人爲隊五人伍。旌旗忽過山之陬，平沙百里圍場開。祈連積雪壓天半，曉日烘作紅玫瑰。官軍左右如牆立，聲呼相聞勢相及。腰刀試斫石火飛，臂槍欲爇銅丸急。龍眠將軍老更雄，戰馬怒出官軍中。塵埃不見萬蹏蹴，但驚兩耳風蓬蓬。萬蹏倏作迴飆轉，狐兔狂奔臏殘喘。避人顛倒投人叢，迎以刀槍復誰免。仰天槍作霹靂鳴，雙雉墮落羣喧爭。更射黃麞走墟莽，窮搜赤豹穿巖扃。行軍司馬最文弱，緩轡歸來汗如濯。燎毛炙肉羅酒漿，呼取將軍恣大嚼。王師西定崑崙山，島酋海族仍冥頑。荒園狐兔那足數，健兒身手猶難閒。將軍慷慨聞我語，酒闌脱劍還起舞。要當碧海捕奔鯨，肯學藍田殪哮虎。

清　孫承澤《天府廣記》卷四三《金幼孜隨駕獵南海子》　暖日融融靜鼓鼙，條風拂拂動旌旗。柳間飲馬春泉細，花裏聞鶯晝漏遲。近苑獵迴猶賜饌，行宮廟罷更題詩。晚來獨向都城望，雲擁蓬萊五色垂。

又《何景明駕幸南海子》　詔幸芙蓉苑，傳言羽獵行。三驅陪上將，四校出神兵。列戟團熊館，分弓射虎城。風雲日暮起，偏遠漢皇營。

清　吴汝綸《冬獵行》《道咸同光四朝詩史·甲集》卷四　北風捲地寒山鳴，黄沙白草連天平。虎狼怒吼兎狐泣，火光逼日煙塵腥。攀崖越嶺重圍合，弓刀燦爛人聲急。風毛雨血亂寒空，馬作龍飛獸人立。縱横馳驟窮林藪，凍雲莽莽迷前後。驕鷹逐兎溯風飛，怒犬銜人穿火走。健兒攘臂爭豪雄，須臾蹴踏荒山空。鷙禽駭獸自相搏，血流凋壑層冰紅。將軍大笑投弓起，返旆旋城士卒喜。日落天寒暮山紫。

清　陳與冏《題張朗齋中丞賀蘭小獵圖》《道咸同光四朝詩史·乙集》卷五　毅皇初政尚神武，南定吴楚東青齊。滇黔逋誅亦蕩殄，淨洗兵甲安耕犂。朔方健兒屢反覆，關隴殺氣滋羌氐。堅踞甯夏作窟穴，西征十載靡倉稊。中丞張公誓滅賊，力辦一旅殲鯨鯢。鼓角奔騰暗雨雪，旌旗慘澹干虹霓。犂庭猛⿰阝幾闞虓虎，士馬勇决爭驕嘶。心識常勝不可狃，防秋校獵驅千蹏。射生志不在禽獸，蒐簡卒乘防顛躋。天山自昔限夷夏，賀蘭卷石封丸泥。近聞俄羅覬拓土，耽視漸及高句驪。琿春銅柱亦爾爾，尺地未許牽牛蹊。法蘭頡利與犄角，歐洲一矢誰先齎。互市義亦羈勿絶，備邊時論輕朱提。樓船組練事創始，横海名號斜封題。朝廷新有濮園戚，蕩寇之望于公傒。將星迭隕楚材盡，養士險不資山雞。安得邦伯如公輩，鞭撻服猛如犬雞。古來在治不忘亂，蒐苗獮狩禮可稽。書生弓馬了未習，垂白厭聽喧征鼙。短衣且逐李廣去，看射猛虎崆峒西。

清　孫岳頒《佩文齋書畫譜》卷八一《唐李昭道秦王獨獵圖》　山谷題摹燕郭尚父圖云，往時李伯時為余作李廣奪健兒馬，挾兒南馳，取健兒弓引滿，以擬追騎觀。箭鋒所直，發之，人馬皆應弦也。伯時笑曰使俗子為之，當作中箭追騎矣。余因此深悟畫格。此文皇獨獵圖，唐小李将軍之筆，建炎間内府宣取於宗室，家奉以非所敢惜。但以前射一豕而上，生於亥故不敢進，復令取之，亟摹一本而以真者進。御三馬一豕皆極奔驟，弓既引滿而箭鋒正與豕相直，豈山谷龍眠俱未見此畫邪。《攻媿集》

清　孫枝蔚《溉堂集·前集》卷八《傷鹿爲獵人所獲》　每聽鳴聲食野餘，只言千歲壽難如。深山不隔將軍騎，落日空存羽客車。竟遇長弓失奔走，誰逢綺席更欷歔。可憐仙駕無迎送，却把瓊花餵白驢。

清　鐵保《梅庵詩鈔·詩鈔》卷六《木蘭從獵雜詩》　行營十里曉雲紅，毳帳氊廬百不同。早起宫門白封事，衣冠鵠立萬山中。

綿綿行帳結爲城，旗幟森嚴插御營。五夜峯頭回首望，一川燈火夜無聲。

夢裏駝聲促上圍，曉烟和霧濕征衣。羊腸河外羊腸路，一線梯雲到翠微。

刮面嚴霜曉未晞，朔風如箭透氊衣。須臾日出千山紫，散作一天嵐氣飛。

縹緲雲峯大纛懸，迷離天外認炊烟。書生自顧無長技，也挂銜名蒼翠邊。

沿溪跨嶺騎如雲，爭挽强弓趕鹿羣。瑟瑟腥風吹馬過，長林深箐起山君。

半空飛雁穿雲落，隔嶺驚麋帶箭來。瞥眼白雲紅樹裏，盤盤蟻磨簇龍媒。

健兒健足眞無敵，電激星飛上半天。直跨十尋抱生鹿，一齊賈勇至尊前。

滃空毛血下飛雨，鳴鏑聲聲落雉羣。萬馬奔嘶山谷動，一哇驚散半天雲。

看城近處路康莊，獵騎雲屯侍上方。笑掣烏號貫雙鹿，馬前萬壽祝無疆。

清　鐵保《梅庵詩鈔》卷八《九日小獵》　巖疆不負登高約，白髮猶存見獵心。萬里山川供遠眺，一城風雨助孤吟。安驅網已開三面，詭遇人難獲十禽。却笑書生籬菊畔，題糕無句覓知音。

又成一律

重陽事小獵，短後御征衣，怒馬翻雲入，飢鷹貼草飛。塞風吹絮帽，原樹掛斜暉。他日題糕詠，陰山紀合圍。

清　汪瑔《隨山館稿·猥稿》卷八《獵夫謡》　獵夫挾弓矢，出門見狐貍。發矢洞腋負，以歸路人語。獵夫胡舍豺狼，爲豺狼與虎狎狐貍。亦相依，一朝幸舍去，吾乃引弓而射之。獵夫誠大黠，狐貍誠大癡。從來城社有憑藉，柰何輒與豺狼離。狐貍語獵夫，事尚未可知，不見豺狼逐猛虎，此時尚在南山嬉。

清　汪士鋐《秋泉居士集》卷一〇《題布使君將獵圖》　右雪霽將獵圖一卷，通州布使君屬友戲作也。從古皆作出獵圖以誌其獲禽獮獸之樂，而未有作將獵圖者。觀其出自閨房，立於中庭，其後堂姬妾之盛有敲枰而對奕者、有揮弦而撫琴者、有折梅而插於瓶者、有並坐者、有同行者、近前則有執爵而將酒者、有具食者、有捧劍者，雖金鉞十二不是過也。其伺候於門者如雲，僕從抱弓矢操鞭鐙、或牽犬而坐、或臂鷹而立，儼如軍人之嚴肅，當夫雪霽天，清想其人慄寒威馬求原野，思各效其能，各呈其用，其意氣之盛可謂壯哉。余嘗爲使君之祖鎮南將軍表墓隧之碑，知其積有陰德，不殺降、不掠民宜子孫必有昌者，今使君爲將軍，冢孫將種也。具有文武才，自王府護軍遷參領，改文班爲吏部郎，今又出使通州，管坐糧廳事，治漕無缺，上官交章薦之，其辦事勤而敏。又通州爲車駕出入之所，每歲水圍祇役供職，有理漕之正務，有王府之雜役，雖有其長才，猶懼其日夜之竭力不足以供，豈有餘閒擁姬妾之盛，陳車駕之雄。如斯圖之繪乎，無其實而有其樂，此其圖之所以爲戲也。新正使君來都，既屬枉顧復寓書於予，持以見示并請題其後以明其志，云系之以詩：

使君出獵天下雄，平原雪淨士馬豐。雉兎滿郊狐遍野，韓盧疾走鷹眼紅。使君不繪割鮮樂，繪此將獵圖最工。披衣欲出中庭立，侍女進酒奴執弓。使君負氣性豪俠，豈屑狎昵帷房中。長矛大戟承祖烈，建帳樹羽旗翻風。惟將英武報聖主，還思搏獸將從公。

清 汪繹《秋影樓詩集》卷五《和傅濟庵侍御草橋秋獵》 匹馬西風朔氣哀，角弓一石手親開。山中狐兔紛無數，學射還應射虎來。

清 汪由敦《松泉集・詩集》卷一〇《巴顔溝望獵》 選徒縱大獵，曠望平野迴。前旌越層巒，後騎包諸嶺。高低隨地勢，視遠惟辨影。進止令夙嫻，遲速變俄頃。魚麗遞相屬，肅肅暇以整。騫騰巧鬭捷，贔屓示服猛。負嵎虎徒搏，是日復殺一虎。走險鹿斯鋌。呼鳴山谷應，輻輳衆心警。控縱疾於飛，駿足有餘騁。禮成旦三驅，誇胡非所逞。還歸日始晡，悠悠大旗静。

又 卷一六《恭和御製獵元韻》 雨沐秋原分外清，龍驂大獮喜新晴。人從密樹林中出，馬向層巒峭處行。兩翼箕張森六纛，重規壁立拱雙旌。佽飛獻技呈餘勇，解網深仁軫睿情。待圍摛藻吐奇芬，即目成吟自可欣。耳後生風鼻出火，行間垂露硯飛雲。長楊賦就難争捷，石鼓詩傳邁所聞。數獲偏教叨賜渥，挽强多愧羽林軍。

又 卷二五《恭和御製雨獵元韻》 羽林校獵何雄哉，千峯送雨忽復來。塞外山靈擅神異，不藉屏翳列缺先為媒。軍令分明嚴作止，魚貫雁行差可擬。石滑鹿奔帶箭倒，草濕雉驚衝馬起。聞呼振策衆情喜龍，行雲中隱現莫能。指名王番長懾天，威唐弓一彀不可。弛區區佔畢笑豎儒，魏文守信正如此。

又 卷二六《恭和御製雪獵元韻》 去年曾讀雨獵詩，神筆九霄落珠王。今年雪獵景更好，突過嗛山圖一軸。赳赳迾騎勇且賢，短衣穿袂不覺寒。有時屹立堅不動，斯須橫逞飛銀轆。是時瓊霙正霏灑，高疊層巒低覆野。散花頓着枯樹開，落墨難將粉本寫。一聲圍合何雄哉！萬馬齊蹴冰稜皚。從臣相顧各驚詫，身上羣王峯頭來。

清 王鴻緒《橫雲山人集》卷一一《冬日駕幸獵南苑恭紀限微韻》 畫角開南苑，金輿下紫微。山川迎豹仗，雲日護龍衣。沙凍燒痕淺，林長翳網稀。季冬司肅殺，萬國仰皇威。

其二 禁籞期門發，戈鋋散曙暉。三驅橫獵陣，七校合行圍。碧漢星鵰健，香巖月兎肥。君王巡幸地，岩谷滿光輝。

其三 馳道黄金埒，離宫白玉扉。兕裘千隊列，毳帳五雲依。田犬銜鈴去，銀麞帶箭飛。始知冰雪候，靈囿息芳菲。

其四 羽獵乘農隙，金鉦入帝畿。日光摇鎖甲，雲影曳珠旗。聖武垂千葉，宸遊洽萬幾。寧如瑶水上，空擁白狼歸。

清 王士禛《帶經堂集》卷六四《大獵圖三首》 風高弓勁馬初肥，千帳傳呼大合圍。新試鶻窠鷹背犬，草頭一點疾如飛。

天籠朔野似穹廬，雪下西樓草木枯。旋割黄羊醉挏酪，滚塵驕馬亂平蕪。

紅妝小隊驀山來，霹靂鳴弓月樣開。一笑雲中飛鳥落，蠕蠕公主按鶻迴。

清 王士禛《池北偶談》卷二六《小獵犬》 八座某公未第時，夏日常晝卧。忽見一小人騎而入，人馬皆可寸餘，腰弓矢臂鷹，鷹大如蠅，繼至一人亦如之，牽獵犬大如巨螘。二人繞屋盤旋久之，甲士數千沓至星旄雲罕，繽紛絡繹分左右，盂合圍大獵室中蚊蠅，無噍類其，伏匿者輒緣壁隙抉出之，一朱衣人下輦坐別榻，衆次第獻俘獲已，遂上輦肅隊而出，甲士皆從如煙霧而散。起視一無所覩，惟一小獵犬徬徨壁間，取置篋中，馴甚飼之不食。卧則伏枕畔見蠅蚋輒齧去之，事見蒲秀才松齡《聊齋志異》，又宋中丞牧仲犖曾於柏鄉魏相國座間見一小鹿長二寸許，雙角嶄然與大鹿無異，見中丞《筠廊偶筆》。

清 王鉞《世德堂集・詩集》卷四《擬御掠鷹臺大獵還宫》 十里旌旗照野明，掠鷹臺畔列金鉦，三驅教戰非從獸，一面施羅為好生。馬健霜蹄秋草碧，鶻翻錦翅暮雲平。歸來一路鐃歌細，瑞應陳倉協聖情。

又 卷四《擬駕幸京南大獵御舟入湖觀漁畢入覲慈寧宫》 帝德如天原好生，應時網罟一怡情。將軍自射山中虎，聖主親收海上鯨。自有獸羅煩一解，都無舫罶問參橫。歸來大孝思何極，歌祝聲中奉壽寧。

清　梁清標《郊獵篇》《百名家詩選》卷五　朔風獵獵吹原野，小隊射獵東城下。健兒身手捷如飛，少年錦裘紫騮馬。沙黄日白霜草枯，仰視鴻雁浮雲徂。笑彎角弓擬霹靂，溪邊驚起雙飛鳧。合圍馳逐二十里，遥見空天皂鵰起。狐狸絶跡林烏稀，纍纍一騎黄塵裏。太行積雪如瑶宫，斷橋冰裂響流水。翻身欲入邯鄲城，舉鞭笑指新豐市。市中有酒瀉葡萄，相逢皆稱邯鄲豪。解鞍覓石敲新火，入肆開鮮試寶刀。丈夫不能佩斗印，且須落拓飲醇醪。醉歸連轡炬明滅，夜看星辰太白高。

清　梁清標《冬日從獵南苑》《百名家詩選》卷五　烏號鳴曉日，霜沒鐵連錢。天子眞神武，羣公半少年。緤鷹脱臂疾，雪騎印沙圓。古禮稱冬狩，君王豈好畋。

白日照霓旌，迢迢接鳳城。離宫雲乍斂，甲帳火微明。四野氷霜色，中宵鼓角聲。炊烟千縷上，夜飯羽林兵。

南郊望不極，驅馬雪中來。日饗熊羆士，寒添乳酪杯。雙旌飛鳥避，一騎按鵰迴。解網知明聖，無煩諫獵才。

清　吴偉業《聖駕幸南海子遇雪大獵》《百名家詩選》卷八　君王羽獵近長安，龍雀刀鐶七寶鞍。立馬川原千騎擁，賜錢父老萬人看。霜林白鹿開金彈，春酒黄羊進玉盤。不向回中逢大雪，無因知道外邊寒。

清　佟鳳彩《春獵》《百名家詩選》卷一二　邊靜蠻煙息，春閒塞馬肥。和風吹畫鼓，芳草映龍旂。北顧黿沙近，東馳楚水依。歌詩崇聖教，演射壯軍威。疑虎彎弓疾，非熊卜夢微。山深孤樹直，日煖凍花稀。去自靈泉過，還從振武歸。巡行垂野甸，田獵挂鶉衣。

清　范承謨《冬獵篇》《百名家詩選》卷二五　朔氣森洌天地愁，層巒徹夜電光流。捲書拭劍水盈溝，呵手敲冰飲紫騮。曉霜光裏寒凝目，四野垂天星陛續。初日沈沈上大荒，高旗歷歷翻山曲。黄雲慘壓鼓隆隆，健兒舒臂鳴弴弓。弦迸風高天色酸，馬蹄躒地響聲乾。癡鷹忽怒犬跳躑，飛走羽毛無一完。獸急人忙各顛倒，血肉淋漓洿枯草。倉皇虎豹出林巒，按轡拈弓閒更好。一生一殺寧徒然，徒崚嶒後且前，鋒鏑参差明復鮮。古人蒐苗獮狩，皆寓武。一生一殺寧徒然，烝孔子釣弋亦獵較，湯雖一面之網，仁心豈能全。

清　竇遴奇《獵》《百名家詩選》卷四五　洛陽多遊冶，結交誇金張。三河募勇士，名將出其鄉。英風同李廣，淮右掃欃槍。秋高戰馬肥，牽黄復臂蒼。驌驦啣珠勒，鶻鵜膏魚腸。玉轡赤狨鞦，琫珌鞢鞶囊。一劍擊狡兔，三箭射天狼。空中羽毛落，荒郊猛獸藏。書生不善騎，檢廐得調良。高原看合圍，燔肉復飲觴。獵畢帶禽歸，戎車亦彭彭。意氣頗自得，觀者立道傍。

清　文昭《紫幢軒詩集·松風塵餘集》卷上《題北谷平沙歸獵圖二首》　金笳小隊出郊坰，射虎猶聞兩袖腥。雲外雪消天宇濶，錦絛放出海東青。

飛控郊原賭射生，平沙雪盡馬蹄輕。拈弓日暮不歸去，猶向寒蘆尋雁聲。

清　翁方綱《復初齋詩集》卷三一《裕軒學士從獵泛舟二圖卷》　宋生寫二圖，同遊釣臺涘。但對泛舟翁，那追從獵始。是日艸堂開，秋藹帀灣沚。荷露傾人衣，破板舟初艤。宋生據船頭，畫藁蘸篙水。同人共索笑，先生復莞爾。爲言廿載前，磨墨亦如此。秋策濼河騎，曉逐塞山磿。僮兒挾筆研，手自櫜弓矢。峯巒與旌纛，前望若尺咫。豈知今看山，覓句葭蘆裏。歲月倏已改，形容蓋難似。我記先生言，琅琅猶在耳。今忽道山歸，仙者同杖履。九霞空洞中，睠此廛與市。定復笑指説，下界聊如是。少壯在詞館，馳驅豪可喜。晚歲悟禪悦，流行坎自止。前後合一觀，誰喻馬與指。我輩癡鈍人，矻矻執碑誄。得兎蹏未忘，刻舟劒空擬。海上孤月來，飛光照窻几。

清　翁方綱《復初齋外集·詩》卷二二《宋雲亭雪獵圖二首》　射虎南山紫電馳，呼鷹宿莽氣淋漓。餓鴟箭激瑚弓響，神似龍蛇落墨時。

氈笠梅花夢憶歸，凍雲颫瑟滿征衣。鄉園卻笑文徵仲，不見天山雪打圍。

清　吴騏《顧領集·海濱獵者見雲際有鳥縱鶻搏之徊翔而下乃鶴也或賣之養于庭中懊恨不食數日而死賦一律傷之》　鶩鳥方仄目，良禽寧自全。羽儀誰見重，搏擊且相先。松栢春秋減，蓬萊夢寐牽。景純眞國士，兵解至今憐。

清　吴騏《顧領集·有持一鶻一鷹獵者鷹已得雉鶻往擊鷹死》　春隴麥苗柔，蒼鷹始下韝。乍看摧綵翼，何意碎金眸。同室還相妬，功高不自謀。憑誰語文雉，已報郅支讐。

清　吴綺《林蕙堂全集》卷二一《秋日大獵》　白露凉風轉素商，紫微星宿動文昌。戎車吉日周王制，羽士期門漢蹶張。天外金鉦屯細柳，花間玉輅動長楊。三驅共仰飛龍駕，七萃新開射雉塲。武庫神兵通太乙，天閑上駟映東房。鍾山建翮多貞白，楚澤修翿有茹黄。都護戈矛森鶴膝，將軍弩矢號魚腸。翔烏始見征塵溢，搏虎仍觀列炬揚。武帝輿徒連瀰澨，荆人羅罻徧衡湘。雲霞亂雜旌旗色，山水平分劍戟光。木落銀緐堪縱擊，沙平珠絡好騰驤。執殳猛氣曾無敵，出轂雄威定莫當。並羡騶虞能赴節，早驚㲋兔已迷方。丹毛灑墜雕弧下，繡翅離披翠輦傍。遂使龍顔輕一笑，轉憐猿臂擅諸長。止綏任駭公孫鴈，飲至還羞穆滿狼。親向璇宫調玉膳，重臨寶幄賜三漿。中林貔虎吞雲夢，後乘熊羆託渭陽。再見鎬京歌燕喜，寧煩洛汭刺禽荒。相如諫牘空千古，虞舜垂裳自九章。

清 吴偉業《梅村家藏稿》卷一一《雪中遇獵》 北風雪花大如掌，河橋路斷流澌響。愁鴟饑雀語啁啾，健鶻奇鷹姿颯爽。將軍射獵城南隅，軟裘快馬紅氍毹。秋翎垂頭西鼠煖，鴉青徑寸裝明珠。金鵝箭褶袍花濕，挏酒駝羹馬前立。錦靴玉貌撥秦箏，瑟瑟鬟多好顔色。少年家住賀蘭山，磧裏擒生夜往還。鐵嶺草枯燒堠火，黑河冰滿渡征鞍。十載功成過高柳，閑卻平生射鵰手。漫唱千人勅勒歌，只傾萬斛屠蘇酒。今朝彷彿李陵臺，將軍喜甚圍場開。黄羊突過笑追射，鼻端出火聲如雷。回去朱旗滿城闕，不信溝中凍死骨。猶有長征遠戍人，哀哀萬里交河卒。笑我書生裋褐温，蹇驢箬笠過前村。卽今莫用梁園賦，扶杖歸來自閉門。

清 吴偉業《吴詩集覽》卷一三上《恭紀聖駕幸南海子過雪大獵》 《畿輔通志》南海子在外城永定門外，物産充牣，爲遊獵之地。元曰飛放泊明，永樂中擴，其地本朝因之時命禁旅行圍，以肄武事。自此以後爲梅村官木朝時詩。

君王羽獵近長安，龍雀刀鐶七寶鞍。立馬山川千騎擁，賜錢父老萬人看。【原註】賑饑霜林白鹿開金彈，春酒黄羊進玉盤。不向回中逢大雪，無因知道外邊寒。『近長安』三字最佳，見非遠地也。三四在大獵以前，五六在既獵以後，『回中與』『近長安』相應。揚子雲有《羽獵賦》《史記·司馬相如傳》注。郭璞曰：飛廉龍雀也，刀爲龍雀大鐶。號曰大夏龍雀。《天寶遺事》唐明皇在蜀以七寶鞍，賜張后、李泌請分賜將士。《杜詩》花邊立馬簇金鞍又千騎擁霓旌《南史·梁武帝紀》少長數千人，各賚錢二千，霜林見送孫令修。《上林賦》轊白鹿捷狡兎《李義山詩不收金彈拋林外《詩》爲此春酒黄羊見，雪中遇獵玉盤。見海户曲後。漢書郡國志右扶風。有回城名，曰回中。《一統志》回中宫在鳳翔府，隴州西北百四十里。《漢武帝瓠子歌》不封禪兮安知外《吴子華詩》無人知道外邊寒。

陸雲士曰：旨原夏諺調，合唐音。有諷有規，最爲得體，教忠堂評，頌揚中不失箴規。此惟唐人有之。

清 吴兆騫《秋笳集·後集》卷七《獵後再贈昭令》 金笳馬上北風哀，獵罷爭傳鸚鵡杯。愛射黄羊重插羽，欲呼蒼隼却登臺。邊雲壓地霜旌捲，營火連山雪帳開。明日沙林還逐兔，酒酣更起刷龍媒。

清 蕭惟豫《但吟草》卷七《避暑浮丘劉毓恒朝夕相從聞其近日不復好獵更得賢内助故語中及之》 壯志隨時盡，重逢非少年。秋鷹不翻臂，獵馬但耕田。大道門無二，長生息至千。清齋閒自適，賴有孟光賢。馮大木曰：三四盤，空硬語。

清 姚文田《邃雅堂集》卷六《恭和御製塞山大獵元韻》 曉張行幄對圍場，記取豳風第四章。聖主宣威真有赫，雄藩獻技各殊常。野狐驚竄魂猶悸，駿馬驕嘶首重驤。應是仁恩無盡殺，淡林求索莫遑遑。

清 姚燮《復莊詩問》卷二八《獵虎曲》 獵虎獵虎子無強弩，子有强，弩虎有距。不愁虎生距，但愁狐假威。髑髏截面秋蘿衣，擁蓬作髻低壓眉。山鬼啾唧行相隨，子無弩，弗獵虎，狐狸吹火虎張舞，高楸陰陰鬼相語，白日當天照淒雨。

清 永瑆《詒晉齋集》卷五《題宋人秋林獵騎圖》 折膠時節泬寥天，結束輕行小隊先。隔嶺相呼紅葉合，出林稍轉皂旗偏。蹄間雪盡新羈馬，耳後風生劇少年。最是平生射雕手，赤翎斜插塞雲邊。

清 俞樾《春在堂詩編·癸丁編·賀蘭山小獵圖爲張朗齋軍門曜題》 張朗齋軍門。奉詔出關剿回部，駐師賀蘭山，繪賀蘭山小獵，圖萬里詒書，乞余題辭，余適在西湖，詁經精舍，因作此詩交同年蒯士香廉訪，轉寄軍門，時乙亥三月也。

春晴正向湖樓坐，喜鵲隨函天外墮。開椷瑤碧燦成行，尚有甘涼雲氣裹。書言轉戰西出關，旌旗遥指賀蘭山。元昊宫前沙漠漠，奢延水上流漫漫。是時寇蹤已無迹，屯軍待掃鼪鼯穴。健兒身手不能閒，日日雕弓飛霹靂。賀蘭山，高嵯峨，上有千年萬年之積雪，下有一曲二曲之黄河。元戎小隊平明出，恰好草枯鷹眼疾。伐狐擊兔耀兵威，振鐸作鐃肄軍律。北平射虎飛將軍，若論遭際終輸君。君以壯歲成奇勳，隨陸能武絳灌文。承流宣化何足云，高牙大纛生風雲。君初官河南布政使有言：君不識字者，改總兵。無邊秋色葫蘆水，獵罷歸來暮烟紫。張鐙虎帳譜鐃歌，瀉洒駝囊酬戰士。我本烟波一釣徒，綠蓑青笠狎鷗鳧。願君百戰功成後，來共清游西子湖。

清 袁枚《新齊諧》卷四《獵户除狐》 海昌元化鎮，有富家臥房三間在樓上。日間，人俱下樓理家務。一日，其婦上樓取衣，樓門內閉，加楲焉。因思家中人皆在下，誰爲此者？板隙窺之，見男子坐於床，疑爲偷兒。喚家人齊上，其人大聲曰：『我當移家此樓，我先來，家眷行且至矣。假爾床桌一用，餘物還汝。』自窗間擲其箱篋零星之物於地。少頃，聞樓上聚語聲。三間房內老幼雜遝，敲盤而唱曰：『主人翁，主人翁，千里客來，酒無一鍾。』其家畏之，具酒四桌，置庭中。其桌即憑空，取上食畢。複從空擲下，此後亦不甚作惡，富家延道士爲驅除，方在外定議，歸樓上，人又唱曰：『狗道狗道，何人敢到。』明日道士至，方布壇若，有物捶之，踉蹌奔出。一切神像法器皆撒門外，自此日夜不寧。乃至江西求張天師，天師命法官某來，其怪又唱曰：『天師天師，無法可施。法官法官，來亦枉然。』俄而法官至，若有人捽其首而擲之，面破衣裂。法官大慚曰：『此怪力量大，須請謝法官來才可。』謝住長安鎮某觀中，主人迎謝，來立壇施法怪，竟不唱。富家喜甚，忽紅光一道，有白須者從空中至樓。呼曰：『毋畏謝道士，謝所行法，我能破之。』謝坐廳前，誦咒，擲缽於地，走如飛周廳，盤旋欲飛，上樓者屢矣，而終不得上。須臾，樓上搖銅鈴，琅琅聲響，缽遂委地，不復轉動。謝驚曰：『吾力竭，不能除此怪。』即取缽走，而樓上歡呼之聲徹牆外，自是作祟，無所不至，如是者又半年，冬暮大雪，有獵戶十餘人來借宿其家，告以借宿不難，恐有擾累。獵戶曰：『此狐也，我輩獵狐者也。但求燒酒飲醉，當有以報君。』其家即沽酒，具殽饌，徹內外，燃巨燭，獵戶轟飲大醉，各出鳥槍，裝火藥，向空點放，煙塵障天，竟夕震動，迨天明雪止，始去其家，方慮驚駭之。當更作祟，乃竟夕，悄然又數日，了無所聞，上樓察之，則群毛委地，窗槅盡開，而其怪遷矣。

又卷一九《代州獵户》 代州獵戶李崇，南郊外馳射，見鴿成群，發火槍，擊之正中，其背負鉛子而飛。李大驚，追逐至一山洞，鴿入不見。李穿洞而進，則石室甚寬，有石人數十，雕鏤極工，頭皆斫去。各以手自提之，最後一人枕頭而臥，怒目視李，睛閃閃如欲動者。李大怖，方欲退出，而帶鉛子之鴿率鴿數萬，爭來咬撲，李持空槍且擊且走，不覺墜入池內，水紅熱如血，其氣甚腥，鴿似甚渴者，爭飲于池，李方得脫逃出洞，衣上所染紅水鮮明無比，夜間映射，燈月之下有火光照灼，終不知此山、此鴿究屬何怪。

清 允禮《靜遠齋詩集・癸巳詩集・水獵》 乘春宜水獵，氷泮野禽來。圍合千舟集，鎗鳴萬火催。碧霄翻落羽，大地起奔雷。日夕回橈處，湖光鏡面開。

又《從獵槖駝嶺》 霜凋草樹露前山，扈蹕郊原數往還。武騎馱熊形磊砢，名王射虎色斕班。偶因鞠旅行秋獮，更爲觀風出漢關。曳篲捎星旌羽盛，朔雲如雪壓游環。

又《乙未詩集・恭擬西淀水獵應制》

一 春光瀲灧暖氷開，鳳艒龍舟入淀來。白叟黃童齊下拜，呼嵩願上萬年杯。

二 鳶飛魚躍喜晴和，風伯清塵水靜波。萬棹使船如使馬，琱弓響處落天鵞。

三 綠波如鏡漾清蘋，鰋鯉鱨魦逐隊新。四面黃頭齊掠網，滿船撥剌紫金鱗。

四 隔港蒲芽點水清，綠楊絲軟拂舟輕。蟹簾魚網連村舍，雞犬依依總不驚。

五 海晏河清近百年，主恩如水浩無邊。牙檣到處民爭挽，匝地驚歌勝管弦。

六 春蒐已罷報回鑾，日暖風和聖意歡。最是六龍縹緲處，萬民翹望五雲端。

又《秋日憶昔從獵》 風高雲淡晚秋涼，塞外遙知布獵場。猶記弢弓隨紫蓋，曾教飛羽射黃麞。錦禽彩落天顔喜，玉勒星馳朔氣揚。此日殷勤懷往事，寸心依戀聖人旁。

清 曾畹《曾庭聞詩》卷一《同劉止一獵》 飯牛終任國，射鈎曾相齊。十年志不遂，修途日棲棲。將軍愛敬客，呼我狩郊西。郊西平如水，萬馬躡霜蹄。白日不得下，獸啼風凄凄。飛鞚耀素節，氈帶約金鞮。馳騁各十里，戈甲屯雲霓。青鳥雲中滅，韓盧磧中迷。虎士怒飛揚，挽弓鳴山蹊。左落梟與雁，右獲麞與犀。歸來薦鸞刀，毛血灑鼓鼙。

清 曾燠《賞雨茅屋詩集》卷一八《題明人畫羽獵圖》 沙黃草白風滿天，電光倏霍萬馬顛。蜿旋豹罕紛飄翩，何代人主茲遊畋。子虛烏有不足言，往時屬車從木蘭。親見純皇御槖鞬，四十九旗若雲烟。來供指使爲鷹鸇，忽看羣鹿奔馬前。文孫疊射倒應弦，純皇顧之爲開顔。維時上甫就傅年，名王台吉皆愕然。讙呼神武真家傳，豈如勝國躭晏安。中葉以後忘戎旃，畫家摹寫長楊篇。以託微諷宜有焉。

又 卷二〇《元人大獵圖》 斡難河上大戈壁，殺氣如雲慘風色。怯薛傳呼昔寶赤，今日頭鵞看誰得。連營列幕人無譁，惟聞萬馬爭踏沙。或從兩狼或五豝，馬後捆載紛如麻。是時海東青在人拳上架，寂然不動神閑暇。儵忽攫身騰向天，一團飛雪從空下。頭鵞已得人讙呼，吹笳擊鼓還上都。明日御筵供玉食，貴於鹿尾牛羊酥。祖宗開國臂鷹始，家法相傳固如此。中原逐鹿何驍騰，馬上治之終未能。

清 詹應甲《賜綺堂集》卷二《獵人行》 昨日佈穽，今日張羅，鳥獸有時盡，獵人將奈何。

清 張岱《陶庵夢憶》卷四《牛首山打獵》 戊寅冬，余在留都，同族人隆平侯與其弟勳衛甥趙忻城貴州楊愛生，楊州顧不盈，余友呂吉士、姚簡叔，姬侍王月生、顧眉、董白、李十、楊能。取戎衣衣客，并衣姬侍。姬侍服大紅錦狐嵌箭衣、昭君套，乘欵段馬。韝青骹，紲韓盧。统箭手百餘人，旗幟棍棒稱是，出南門，校獵於牛首山前後，極馳驟縱送之樂。得鹿一、麂三、兎四、雉三、猫狸七。看劇於獻花巖，宿於祖塋。次日午後獵歸，出鹿麂以饗士，復縱飲於隆平家。江南不曉獵較爲何事，余見之圖畫戲劇。今身親爲之，果稱雄快。然自須勳戚豪右爲之，寒酸不辨也。

純生氏曰：『李昌夔荆州打獵，大修裝飾，錦韉繡襖，女隊二千人，玆雖不及，其盛而豪氣過之。』

清 張廷樞《崇素堂詩稿》卷一《從獵口號》 蓮燭金紗簇簇齊，宮槐籠曉尚凄迷。景陽鐘罷聽殘漏，萬馬銜霜不敢嘶。

清 愛新覺羅·胤禛《大獵》《皇清文穎·卷首》卷九 五校琱弓勁，三秋野獸肥。乘時講武事，大獮振兵威。狡兎寧藏跡，封熊悉入圍。獵歸數軍實，落日照龍旗。

清 愛新覺羅·胤禛《塞外秋興二首》《皇清文穎·卷首》卷九 路出關山外，秋空日漸高。清霜凝曉旆，寒色透征袍。風勁飛鷹捷，川長獵騎豪。皇威揚四遠，邊徼戢弓刀。

其二 駐蹕依林麓，風多野水鳴。旌旗飄暮靄，鐃吹咽邊聲。雞塞霜逾白，龍沙月更清。卻看行殿外，諸部盡歡迎。

清 梁詩正《秋郊大獵賦》《皇清文穎》卷五〇 惟聖作覲，乃文乃武，智勇天錫，遠邁前古。道洽化淳，覃敷下土，繼志述事，遹追皇祖。緬惟謨烈之垂，於鑠蒐苗之舉。乘農隙而詰戎兵，歷周原而臨津圃。時廵經五十餘年，賓服暨四十八部。匪徒樂乎從禽，實以資乎講旅。爾其寒蟲作語，殘蟬咽鳴。域中氣爽，塞上秋清。開廣野而百里，聳疊嶂之千層。露點山楓，丹黄成幄；潦收石澗，清洌無聲。草淺獸肥，則儦儦而俟俟；風高馬健，斯龐龐而駉駉。撫涼晨之方届，應令典之時行。天子迺簡爾卒徒，卜焉允吉。六師載陳，萬乘以出，旌幟飛揚，騂騏走馹。循一逕以逶迤，喜百昌之茂實。雄闗瞻眺，則馬上賦詩；廣陌諮諏，則林間駐蹕。戒金吾之漫驚，無害我田禾；詔賦額之量蠲，克知吾民恤。遂乃縈紆沙磧，攀陟巃嵸。飈凌百谷，霧隱三嵕。奮一人之神武，擁千衛之羆熊。左右賢王，負弓弩者，從公於邁，渥洼名産，效服襄者我駕既同，行聨雁翅，勢總鴻綱，森鸛鵝陣之圖法，嚴赤白羽之軍容。綺霞耀色，皜日臨空，壯赳桓於七萃，訖聲敎而四通。則見夫野豕連羣，黄羊彌陸，雉兎星流，麞麀波屬。始則環林箐以成圍，繼乃驟岡巒而爭逐，任駭獸之馳奔，臨至尊而懾伏。惟時我皇，佩烏號，挾夏服。澤射麋，林即鹿，蹂躪封豨，捎接鷩鷟。鷹逞攫拏，盧供呼蹴。風翎掣耳，霜鋒睒目。灌莽叢摇，飛鳥頸縮。看一發之威張，仍三駈之恩渥。受殪者流血朱殷，逸圍者驚魂觳觫。用循狩野之文，藉供登俎之肉。陋上林於漢武，嗤七澤於周穆。於是大綏罷抗，上殺紛馱。計鮮數獸，牲牲孔多。兩牡之從莫比，三狐之獲奚過。特賞聿酬乎虎旅，餘恩兼逮夫鷹坡。刀割火燔，鱗次駢羅。厥儀以備，其禮則那。此聖主載覲耿光，非侈雄風之賦；而從臣欣傳盛事，欲賡吉日之歌者也。夫聖烈克善繼繩，大孝尤垂永久。有事武功，敬將文母。黍禾低拂，扶輦膝間；幕殿高張，問安門右。升幔城而怡色笑，既豫以康；視御膳而晉肥鮮，維旨且有。方閱秋中，冉經重九。受琛呈艾納之香，介壽薦菊花之酒。雖大漠其偶臨，徵尊養之彌厚。臣職司橐筆，行効服裝。數奉清塵於豹尾，獲瞻偉績於龍驤。力乏策鞭，彌慙短馭；才非作賦，雅慕長楊。不諳釋氏之經，未嘗止殺；曾讀相如之疏，頗鑒垂堂。竊綢繆於未雨，願儆戒乎作荒。凜登危之明誡，懷御朽之良方。永為後式，廸惟前光。亂曰：時畋兮奉祭祀，戒不虞兮習戎矢。考舊典兮禮經，煥新猷兮天子。仰丕烈之於昭兮，奉慈顏之有喜。涼風戒塗兮，法駕北指。

雲罕兮輕移，塞垣兮戾止。羽林夾扈兮連鑣，畬部来同兮結軌。大圍兮周環，沿谿谷兮邐迤。屹如山兮逝如水，百獸匿兮深林裏。月弓星礮兮，惟君之使。落飛鳶兮殪大兕，法湯仁兮網迺弛。大庖充兮娛慈寧，旌門錫兮勞將士。簡軍實兮柔遠邇，苞桑永固兮千萬紀。

清 趙良澍《肖巖詩鈔》卷五《巧嶺山中忽來群虎居人苦之醵錢會獵有衛翁者連斃其二雲起以書邀余往觀因寄以詩》 巖關蜿蜒環羣峯，枯槎敗葦成深叢。白日欲落颯微風，於兎引子爭來宮。熊豕麞鹿食且竆，饑腸忍以人爲充。野夫結伴還相攻，火鎗毒矢兼勁弓。剪除荆棘開蒙茸，欲取虎子虎穴中。欻然突出高凌空，觀者股栗無人容。吁嗟馮婦不復逢，誰其攘臂角兩雄。有善搏者衛老翁，挺鎗舉火洞厥胸。振林一吼衆耳聾，灑血空山殘雪紅。五日以内斃二蟲，寢皮食肉春酒濃。阿弟見獵心猶童，作書招我扶枯笻。我卧閉户久疎慵，豈能與衆攀龍。縱何況履尾咥人，凶或傷厥元喪其軀。時有觀獵而爲虎所斃者。哀哀寡婦號蒼穹，天壤乃有使君封。

清 趙翼《甌北集》卷六《木蘭較獵恭紀》 余貔令肅正新涼，路指周陆較獵場。夜火千屯山氣紫，秋風萬騎塞塵黄。清時邊備無傳警，絶徼軍威正撤防。自爲昇平勤肄武，豈徒搴麗侈長楊。

行闕嵯峩倚翠屏，名王俱入宴彤。廷賞新螯蟹勝淮，『白魚』名見《楊誠齋集》奏捷頭鶱有海青。酒醉瓊漿清暑殿，香霏金粟廣寒庭。欲知湛露恩深處，璈管鈞天十日聽。行宫大宴十日過中秋，即入木蘭。啓蹕旌麾肅隊齊，舌人添譯玉關西。鑾調八駿皆宛馬，刀帶千牛有霫奚。哈薩克進八駿馬，降夷多備宿衛。霜信遲猶留嫩草，潦痕退已少輕泥。木蘭好片清秋景，黄葉青山百鳥啼。

千三百騎布圍成，番部簽來歲踐更。拂鐙鞭追飛兎影，鳴髐箭作餓鴟聲。烽烟前代防邊地，裘褐中朝保塞兵。最是獲禽頒賞處，滿營膜拜頌恩榮。

三驅卓午正晴暉，黄繖從容下翠微。魚麗已看排疊陣，鹿奔猶想突重圍。俄驚雨血塗山赭，或有風翎帶箭飛。行樂不忘娛聖母看，城早設在林霏。合圍處爲皇太后設看城

哨鹿三更帳殿開，隨行數騎盡銜枚。地如深入於菟窟，物有相招鷵雉媒。獲雋呼燈山外火，割鮮行酒馬前杯。相如何用憂銜橜，天子曾經殺虎來。上哨鹿手殺一虎，有御製虎神槍歌紀事。

十丈穹廬朶殿圓，名王進食敞瓊筵。佩刀親薙茸茸草，箏柱齊搊切切絃。花映猩紅名十八，饌來熊白路三千。笑他一个呼韓侍，可及熙朝萬部聯。蒙古諸王設幄殿進膳

獵罷歸程馬首東，諸蕃曉送繡旗紅。路分塞外龍堆雪，秋入關南雁陣風。黍熟市低沽酒價，犂閒人課索綯功。宸遊别有欣然處，繡甸年年慶屢豐。

清 周長發《賜書堂詩鈔》卷七《恭和御製雨獵元韻》 素秋爽氣何佳哉，羽林插笴懸弧來。雨絲俄見霏微散，呼鷹掠雉雉有媒。先從步伐規齊止，吉日車攻差可擬。銀麞縞鹿仆應弦，滃鬱空山白雲起。疊雙命中天顔喜，翼開圍合復親指。從來七縱與七擒，道在一張兼一弛。詎因群友大庖盈，簡練戎行良在此。

清 周壽昌《思益堂集・詩鈔》卷五《南苑侍獵恭紀》 環衛周廬接禁垣，六師列仗到紅門。羽林先日清馳道，萬騎無聲擁至尊。行宫規制仿西湖，水木清華異上都。二十四園何處覓，環山蒼翠萬千株。射生十五選奇材，行帳都環玉幄開。日卷黄旗天尺五，侍臣先集晾鷹臺。白旆黄旗列兩行，圍場兩哨，前隊白旗，兩協黄旗，中軍用鑲黄旗，餘五旗以次列，左右不敢先也。馳將鹿兎與黄羊。彎弓射獻邀宸賞，第一擒生蒙古王。虎賁角射競穿楊，鹿母隨兒吮箭傷。自是聖心憐觳觫，即時傳詔徹圍場。團河九十四成川，二十三疏一畝泉。海户賜居千六百，畝分廿四仿營田。我朝弓矢重綫餘，秋狩春蒐仰屬車。奮武功成廑聖慮，不煩諫獵用相如。飛放泊中秋草鮮，老兵望幸倍愴然。自從宣廟回鑾後，不見天咸近卅年。

清 朱方增《求聞過齋詩集》卷一《長楊羽獵詞》 羽林十五擁紅旌，四野秋風箠策鳴。不是君王好游獵，邊才先校百蠻兵。

清 朱黼《畫亭詩草》卷一一《黄軍營會獵余以事赴東鎮不與明日石倉貳尹惠以斃兎賦謝一首》 見獵原心喜，于田我自東。已虚從獸樂，何幸割鮮同。八竅毫仍拔，三驅窟盡空。燔炮歌有酒，聊得報羣公。

清 朱倫瀚《閑青堂詩集》卷七《丁卯秋日重得扈從駕幸熱河回憶當年隨獵時已將四十載矣恭紀一律》 四十年來感歲華，漫嗟雙鬢雪頻加。恩膏雨露兼中外，耕鑿漁樵遍邇遐。重見羽林騰獵騎，更隨豹尾按征車。時以副都統奉勅，經管行營車馱。近臣笑指龍鍾客，載筆囊弓老畫家。

清 朱孝純《海愚詩鈔》卷六《得劉慕堂冀州消息想見郵亭夜獵意氣殊壯作詩寄之》 烟靄遼西接塞長，城頭畫角晚淒涼。野狐山下沙如海，哨

馬營邊月似霜。老去雄心今尚在，獵歸醉尉謾相妨。邊風夜黑聞腥血，截虎當年百戰場。

又卷八《秋獵述懷四首》　少小陰山夜合圍，餓鴟眞見入雲飛。椎牛大野風生帳，截虎平川雪滿衣。可惜壯懷隨日老，不禁舊夢與心違。最思渴飲黃獐血，憔悴人間新婦幃。

憶昔長楊萬騎回，許鋪丹碧上瀛臺。秋毫拂素翻瀾寫，宮錦承恩對日裁。賦筆何人于氣象，弓衣漫自共徘徊。射場老卻盤鵰手，慚愧金壺灑墨來。

感激臨淮知遇存，謂温阿兩將軍。三年羽箭謁軍門。一籌未獻平蠻策，百戰空牽羈客魂。行見琱戈銷塞壘，秖今甲士尚雲屯。角聲雜沓邊風起，上馬時時念國恩。

節使行圍寵遇全，屢分珍異出麾前。天廚仙鹿金函尾，海國神鷹鐵鑄拳。時中丞分賚鷹鹿。路近鶡鶏寒落日，雲馳韡韎擁連錢。臂弓强挽三千石，分付天狼早避弦。

清　陳慶鏞《籀經堂類稿》卷六《擬常衮春蒐賦》以政狩得時獻禽合禮爲韻　龍樓日霽，虎幄雲連。上方功歌九叙，禮重三田。布政教于明堂，文德之敷單洽；集冠裳于王會，武功之義攸先。所以行大蒐而訓簡，飭春仲以遊畋。惟春也，得仁之行；惟蒐也，得義之就。仁則昭其長人，義則取乎搏獸。聲金節鼓，喜逢鳴鹿之辰；建纛張旌，更遇射鵰之候。其典可觀，其功可奏。歌騶虞而典樂，我澤如春；載鸞輅以行旌，之子于狩。惟掄雅于羣材，匪馳情于苑囿。奉時辰牡，熊羆之士聯鑣；修我甲兵，虎豹之師介冑。其始則訓戎行，申警惕。耀羔裘，揚虎韔。初伐鼓以鼘鼘，更鳴鉦而得。得麗五花之寶鉸，氣飈譯騠；建七萃之高牙，風雄邛㚘。三驅之典攸昭，五較之文爰式。其繼則登岏崱，陟嶔巇。飄落花與芝蓋，植葆羽與金支。左千將之雄勁，右夏服之奔馳。震羽檄于榆關柳塞，耀旌旄于雪嶺雲祠。帝乃淸風伯，飭雨師。拉猿狖，截蛟螭。摧鶯鶯，觸鶖鶖。驅之乎駟鐵，駕之乎雲輜。宣威于鄭圃周田，止戈為武；簡衆于秦封漢峙，使民以時。第見箭落星飛，花然草蔓。翠蓋雲籠，青旓雨噴。網開三而羅張，甲蹲七而骨健。麟角呈祥，豹文獻瑞。既驅我馬，開虎圈以罝羅；亦有懸貆，出熊圍而賞勸。惟校獵兮精專，豈争能于尺寸。然後昭其獲選，著其虞箴。轂流旁握，算釋前禽。莫不車迴旆卷，駕引軒臨。錢收騁埒，蓋偃迎陰。揚子無所誇其羽獵，長卿無所侈於上林。陡見雲罕傎顚，戎輣沓駁。獸走草茸，鳥啼花匝。旗耀日以繽紛，鼓鳴春而鞳鞜。駕息七騶，德牟六合。犒師于以珽弓，飲酎于焉奉榼。有司乃拜手稽首而頌曰：天以唐克肖其德，奉天時，昭典禮。靡橈旃，飲凱醴。帝將雲興，王師雨洗。君子謂是蒐焉，足以耀邊疆而揚殿陛。

清　樊增祥《樊山續集》卷二二《三臺　二月十六七日偕萩軒方伯陪中丞春蒐士馬雲從槍械靈捷坐次望終南積雪皚皚如玉第一日春陰更重雨絲間作旗仗微濡步伐益整用詞隱自度腔紀之》　正東風芳草盡綠，戟轅曉鳴笳鼓。導碧幢、絡繹會華林，大旗捲靈龍雕虎。行都建、政事中書主，左右丞、雙參開府。據横榻、花簇金狨，試關中、健兒材武。

萬貔貅星彈，競發藥煙，更縈絲雨。想薊州、新令肅南塘，立三日、浙兵無語。銀鎗隊、把滑青泥路，梐楯郎、曾何足數。罥芝蓋、密點飄花，舉青旂、晚雲堆絮。對南山千尺積雪，鐵衣竟忘寒沍。看五千、貂錦賽雲霞，兼暉映、瑤臺琪樹。盤馬借平地、萬柳垂金縷，怕暮寒、梨花猶舞。報天子、羆臥關門，奏鐃歌、一篇朱鷺。

清　弘晝《稽古齋全集》卷六《春蒐賦》　武備文事，治法相聯，獨武備而聲教多缺，獨文事而威令未宣。是以義無取乎偏廢，事必舉夫，大全考古出治之主，恒究心於政理，布德行仁之世，每惕慮於遊畋。此兵戎之克詰，而春蒐之攸先也，時則和風扇瑞，新柳縈絲，囿滿麋鹿，仗具威儀，雖名蒐求，而校獵實捨，孕而流慈。一則供俎豆之獻，二則習行陣之規，此事不可以人試，徒借獸以載馳。若夫勁弓良弩，電車利箭，僕夫是從，羽旄必選，發中五豝，網開三面。無奪農時，必待未耕之隙，用以觀德務，集從公之彥，卒伍順其疾徐，行列同夫陣戰，所謂制必遵乎，湯仁迹迺陟乎禹，甸者也吁。獵亦政也。而不可過於樂，畋亦典也，而不可荒於禽。太康盤遊五子，有思禹之戒武帝遊畋。相如有上林之箴，荒亡流連。孟氏以之垂儆，或過三驅，魏徵以之格心，春蒐之典，《周禮》可尋野人之賢兔，罝是吟用，作春蒐之賦，以明爲國者，所當欽。

清　王嗣槐《桂山堂詩文選・文選》卷一〇《春蒐賦有序**》**　禮中春教振旅。傳曰皆于農隙以講事，數軍實也。岐陽之蒐，于以示禮，前史稱焉。國家承天受命，神武安攘。一代兵制，度越前古。止若岳峙，動如決川。反側蕩平，威行風偃。陋秦魏之伎擊，本湯武之仁義。偃革辭軒，修文尚祀。

乃者西南蠢動，王師四討。舞干之化自格，推轂之禮頻行。夫揆文奮武者，夏后之教也。一張一弛者，文武之道也。順時蒐狩，又烏能已哉？于時日在營室，夾鐘協律。勞農之典方畢，講武之制斯舉。天子乃命元戎，簡車徒，辨旗物，蘭防虎落，各有表位。蒐于南苑，修教明諭，國之善經也。由是師出以律，行天誅而威不軌。豈徒習流以沼吴，鑿昆明以殲南越，方厥武功而已哉？賦曰：

於鑠隆朝，繼天洪覆。奮迹東隅，奄有九有。騷除六幕，偃厥武怒，而射乎騶虞貍首。天生五材，誰能去兵。安不忘危，陂或在平。屯營碁置，以衛神京。卜宅建都，天險上游。左擄太行孟門之險，右環析津滄海之流。倚居庸而北峙，襟河濟而南浮。邦畿千里，規中日月。崇庸萬雉，樓櫓崒嵂。峨峨禁門，躭躭寢闕。金馬蹻踊，銅鳳雙揭。承露落星，其高抑末。萬國攸同，九門洞闢。乃有南苑，麗于正陽。邐迤陂陀，原隰莽蒼。榆柳映蔚，松杉列行。結根竦幹，延阪被岡。陂澤淼漫，汨淢洗瀁。蕩雲沃日，島嶼若藏。委如歸墟，維海是伉。葭菼揭揭，鱣鮪喣沫。吮藻唼蔓，鳧鵠游戲。百獸挺逐，環丘填隧。嶮嶮嶽嶽，蚺蛟猛噬。訓旅大田，于是乎在。皇帝將有事于講武也，曰君舉必書。書而法也，胡弗舉焉。爰先時以警戒，乃申令于圻父。建大旗而招之，遂北面以誓旅。斯天子之于狩，讋聲靈以禦侮。惟鞭七而貫三，若蒐蔿以治汝。剪蒿艾以作埒，表林麓其如堵。簡吉日，練嘉辰。展貉祭，遵舊文。飭鹵簿，詔戎臣。均服振振，羽騎駪駪。于是金根整駕，豹尾飭車。九斿雲罕，翠蓋華芝。千乘萬騎，髦頭先驅。飛廉卷舌而塵偃，赤松灑涑而清逵。金吾奉引，太僕捧輿。騎吹填山谷，而止輦以大菰。于是天子升行殿，憑玉几。日角斗胸，天顏如咫。睿智聰明，總百神而承大事。司馬既冑，輔臣襄禮。執戎旃而奔轃，殆不可以數指。乃瞻紫幄，鬱律柱礎。有晾鷹之高臺，以迎風而延佇。倚西山之盤陀，帶浩瀚之巨瀦。兵法所為倍山阻水，以教攻戰進退者乎？大司馬立軍門，仗戎麾。車徒皆噪，三鼓合圍。動天駭地，啖發礮飛。士怒馬逸，捷若應機。飈騰沃蕩，如轉石萬壑，排江河而決隄。牙旂蔽日，鳥旟殷天。螢弧摩壘，姑蔑横搴。越劍五百，蜀刀三千。鑄以雷橐，淬以錦川。麾高城而頭白，出冶監而光寒。若乃金鈴雄戟，神鋒勁弩。雙投而猛虎驚，一發而萬人俯。龍虎交牙，臯通遺矩。垓下則千鈞折弦，小沛則一枝没羽。雕戈重英，黑稍林立。衝若鶻起，迅如鵰襲。日返魯陽，喉春長狄。繁若鉅黍之弓，金僕忘歸之箭。引遠的如車輪，穿石菟而末見。挾十耦以翼飛，洞七札而麗轅。狡獸拊木而虛號，驚禽應響而墜翰。軍行按曆，必察五火。燧象吴奔，連鷄羌墜。發蘊焚林，散礮裂輠。流雹掩暉，迅霆失步。爾乃疊鼓沸川，鐃鉦蕩谷。吹角崩沙，拊鞞應木。鐵冑兜鍪，兕函縲鋈。鮫革百隊，犀渠萬族。左踦右踣，求敵矜獲。懸魚門以旌武，積熊耳以耀目。戎車四牡，如輕如軒。伏弩斷後，長戟驅前。二廣迭乘，羽葆爛焉。進則偏廂轉單，退則武剛自環。天閑龍騋，十二畢駕。延頸怒鬣，萬里騰跨。如雲如荼，馳坂上下。象列宿以成行，躡流景而汙赭。士與騎而一心，輪與蹄而整暇。承累世之積威，仰列宗之雄霸。蒐被廬而旅集，狩漆沮而次舍。誰則干紀亂行，而不講于進退坐作。大司馬三令周麾，憑高而望之，蒙盾而前者伏也。荷戟而趨，挾矛而走者，方員互犄也。彎弧左旋，揮劍右合者，牝牡殊軌也。直來方應，方來鋭應。鋭來曲應，曲來圓應者。五行還相剋也。商人白虎，羽人玄武，徵人朱雀，角人青龍者，四獸迭為踦也。舒者翼耶？張者箕耶？背水者魚麗，依山者鶴列耶？連衡者，率然支離者，鋸齒者，將以迫而軼之耶？雁耶鸛耶？羊腸耶？虎翼耶？鳥翔耶？龍騰耶？彭蠡閃鑠，若滅若没，不可臆測耶？遠而矚之，若縈帶而九械莫攻；廹而察之，若燃葦而萬角奔跌。自非究由余之外篇，窮蚩尤之怪藉，披八陣于石壘之圖，展一卷于容區之策，其孰能與于此哉？雖然，古者以時蒐狩，所以訓士卒，而不廢掩禽搏獸也。洛表遊盤，黄陂馳驟。南有長楊五柞，西有鼎湖御宿。子雲以誇胡為非，曼倩以籍隄為繆。今皇帝飭車馬，纘武功，非南山之校獵。豈皮弁而射鴻。鮮不給于獸人，維大武之攸崇。于斯時也，穆穆青郊，遲遲春日，夭桃吐花，王睢鼓翼。風拂沼而莎披，山泄雲而樹拆。日未西靡，鳴鐃止革，士歸于伍，旆反于壁。進止無聲，出人以律。皇帝顧而樂之，曰：大田之禮，失古久矣。吾聞蒐紅以習戎事，春秋是之。朕與子大夫奏凱旋之歌，行飲至之禮。于是南轅反旆，鼓吹按部。黄鳥降于飛旌，紫雲罩于牙櫓。越百世而希覯，膺萬年之篤祜。

蘊孝先之經，笥寫征南之武庫典，贍高雅覺《長揚》《羽獵》徒以世次推之，亦未為通論也。

清 吴偉業《吴詩集覽》卷九下《南苑春蒐應制》 南苑見海戸曲注，《左傳》隱五年春蒐。師古《漢書注》：天子之命制書應制。見吾谷行。

詔閱期門旅，鐃歌起上林。風雲開步伍，草木壯登臨，天子三驅禮，將軍百戰心。割鮮親讌罷，告語主恩深。此首層次分明，與七律五七言絶句之同題者，皆一時作也。期門見殿上行【古今樂錄】漢鼓吹鐃歌十八曲，上林見海戶曲【牧誓】不愆于六步七步，乃止齊焉。【大全呂氏曰】大司馬之法，伍兩卒旅各有其長，使止齊之者，使其步伍之長各自止，其止齊其齊也。登臨見送志衍。【易疏】三驅之禮，三面著人驅禽也。【本義】天子不合圍，故開一面之網。用三驅也。【劉文房詩】當時百戰，心割鮮見，海戶曲主恩深見，壽龔芝麓。

清 徐寶善《壺園賦鈔》卷上《南苑春蒐賦以題爲韻**》** 上章攝提格春天，子有事於南苑，而舉大蒐焉。禮也。緊晨曦之曈曈兮，散重雲之曇曇。回寒律於斗北兮，迓春陽於郊南，地咫尺於飛放泊兮，海環五而渾涵。陆百二十里而垣繚兮，瀦九十四派而泉甘。臺晾鷹而龍嵸兮，池飲鹿而趍[illegible]。惟我皇之靈囿兮，揚大武而驅三。於以詰戎兵而肆武備兮，非以騁游畋於樂耽也。其中則鳳河淵瀠，龍岡蜒蜿。果蓏崔錯，林木總搏。珍禽巢林，鷙獸伏圈。陳迒籍籍，逸翮宛宛。極穴氏之所攻，服不之所綣。盖莫不殷殷闐闐，蕃育於斯苑。則見銜青莖，蹴紫菀。翳蓊薈，席苿蕁。戲春日而藟敷，舞春色之婉娩。於是七校雲屯，萬騎雷輥。敵乃鋒鋋，纚乎旂斿。山川絢縟，原野赫烜。期門集而圍幄張，士氣騰而馬足踠。斯時法駕猶未莅乎苑中也，而威稜已讋慄乎近遠。若夫飭騄駬，策騏驎。棽麗葩，瑤邐迤。城闉于三十里，細草鋪茵。天子至止，炳炳麟麟。九門洞闢，八旗列陳。六伐七步，三令五申。鳥翼魚麗，或屈或伸。燕犀冀馬，或猛或馴。鶡冠魚服，鶚視鷹瞵。星流箭激，電發鎗神。罥巃踢跃，狋狋齗齗。突麔駁瞿，縰縰莘華。爰刀殪甝虪，縝麇麚。腦封豨，腳飛獍；挂密罽，罹修罠。風毛雨血，拉摞轔軺。倏韜大綏以止殺，仰至德之如春。爰櫜弓矢，爰戢戈矛。頒禽舉爵，充庖薦羞。地不數黃山之苑，禮無殊岐陽之蒐。聖情愉悅，旋旆鳴騶。桃並緋兮叱撥，柳一色兮旌。斿浪油油兮新麥，翠剡剡兮春牟。天顏顧而色喜，年更卜乎豐收。而駕鵝鴰鴰之翼翼，麐麚麂麌之呦呦。仍游翔於仁宇，而非盡畀乎虞劉。則請為衛士之頌曰：紫電青霜，耀武庫兮。黃幄翠旗，嚴陛枑兮。我皇時邁，舉玉步兮。田不掩群，恩溥濩兮。更請為海户之頌曰：千六百人，樂豐裕兮。耕田鑿井，蠲租賦兮。惟皇春田，效馳騖兮。於萬斯年，和鑾駐兮。

清 朱黼《畫亭詩草》卷六《南苑春蒐恭紀》 南苑晴曦羽仗開，君王先上晾鷹臺。蒐兵春甸逢三月，習武熙朝備五材。殺虎好蕃仁囿畜，搏熊新試佽飛才是日殺二虎二熊。金門自有尚書筆，應待相如奏賦來。

清 朱彝尊《曝書亭集》卷一《春蒐賦》 皇帝御宇，十有八年。握金鏡，運玉璇。超百王之聖域，漱六藝之神淵。德無遠而勿屆，聲有濯而彌宣。舞兩階之干羽，靖萬里之戈鋋。雨洗炎洲之瘴，波澄閩海之煙。聿將秩祀，衡岳厎定。巴滇猶克，嚴夫武事，洵無逸而有虔。乃命僕臣，乃召司馬。選烝徒以大蒐，諏吉日於《小雅》。晉鼓則百二咸陳，虞旌則東西來下。車鏤象以斒爛，駟飛黃而白赭。風清紫陌之塵，天闊黃圖之野。於是乎駕六駮，從百官；建九斿，總三單；經長楊，陟上蘭；遵路直，從橋安。歷平原之膴膴，瞻秀木之丸丸。雲霏霏兮五色，山磊磊兮層巒。斯時也，穀雨新晴。暮春之序，劒乍捧乎金人，觴甫浮於鶴羽。亞繁杏兮山郵，舒崇桃於野圃。藥苗則的的依闌，菖葉則青青被渚。粉飀鳳子之衣，緑潤桐孫之乳。雉角角兮晨飛，烏啞啞兮晚翥。兔趯趯兮淺草之叢，鹿呦呦兮平林之塢。爾乃刷霧鬣，騰風髮；擊鷙鳥，搏殺蟲；落鷩雌，駭高雄。輕裘兮不御，暄景兮方融。釋其一面之網，射以九和之弓。三驅兮四牡，一發兮五豵。於焉斂綏章，徹表貊；張幔城，羅藻帟。息蔭乎高林，容與乎秀澤。數獸計鮮，犒勤讚獲。大庖不盈，乾心有懌。用訓儉而昭仁，豈丘崇而山積；調六膳而作甘，飲三漿其如液。則有飛龍之舸，鳴鶴之舟，梁排雁齒，水漲鴨頭。和迴波之妙曲，詠在藻於中流。沙停振鷺，櫂起眠鷗。白魚湧躍，黃鵠翔留。勝昆明之習戰，與華林之泝遊。於是川后效珍，河宗輸寶。山出醴泉，地生朱草。鑴十鼓於岐陽，列三山於蓬島。天子師湯文之裕民，法軒轅之訪道。省四野之耕農，問百年之耆老。照華薄以春曦，浹恩膏於靈沼。爭擊壤兮康衢，永銷兵兮海表。在昔成王繼序，四征弗庭。既巡侯甸，萬國咸寧。暨漢文帝邊宇肅清，猶選良家於六郡。躬戎服而治兵。稽春蒐之盛禮，允治世之大經。豈其賔客是燕，乾豆是營？惟居安而必慮斯坐，致夫太平。敢擬《廣成》之頌，用垂休美之聲！

清 寶鋆《文靖公遺集》卷八《春蒐舊亦從事今讀醖邸佳什慨念塵勞何勝悵惘結尾二句有慨乎其言之矣》 習習和風漾九斿，貔貅萬竈野煙稠。暫踈紫禁金門鑰，試策青郊玉腕騮。吉夢驅羊懷力牧神，功馴虎羨暈猷。何人獨占春光好，紅杏花中笛倚樓。

清 德保《樂賢堂詩鈔》卷中《恭和御製塞上秋蒐奉皇太后自圓明園啓蹕六韻元韻》 時巡頒彌典，上塞麗新秋。帝本光前烈，人欣播遠猷。晴暉延日馭，温綍遞星郵。共識慈顔霽，頻聞穡事諏。出關開勝境，荷筆奉宸游。睥睨千山拱，風雲傍馬頭。

清 汪由敦《松泉集·詩集》卷二〇《恭和御製塞上秋蒐奉皇太后自圓明園啓蹕元韻》 時田巡近塞，命駕及新秋。色養承家法，懷柔裕遠猷。層巒勤日馭，坦道達星郵。厘切郊原稼，親從輦路諏。山莊擅形勝，天趣洽飛游。遥指稱觴處，蓬壺最上頭。

清 法若真《黄山詩留》卷五《擬南苑大蒐十二韻用王金章年兄韻**》** 御園萬騎接晴烟，鐘鼓遙傳洛水篇。問道銅龍停曉輅，談兵涿鹿走春畋。咸陽馬隊聲廻舞，王會屏開花影翩。自是穹廬分絕塞，何須綸羽問籌邊。白雲雙嶽連秦楚，青海三山護薊燕。天子登臺華蓋出，上卿慣射羽林穿。湖光十晦含星動，甲擁千官破陣先。繞樹旌旂催綻蘂，合圍虎豹喜烹鮮。珠文貝錯黄金縷，曲艷梨香紫袖錢。古定津南鴻欲渡，受降城北雪初濺。得親禮樂貞觀日，不改文章侍從年。尚賴諸臣成聖德，早歸獵馬視經筵。

清 方苞《春秋通論》卷四《蒐狩》 經書狩二蒐，五大閲治兵各一桓。四年春，狩于郎非地也；六年秋，大閲非時也；莊八年春，治兵，非時非地，且不以其事也。昭定間之蒐，或時或不時，皆以非地書也。蓋蒐狩有常地，自昭以前，非其地者。獨郎之狩與治兵耳，知然者以大閲得其地，則不地也。至中軍既毁，三桓擅國，不獨軍制變，而蒐田之地，亦惟其所便。而不主故常矣，但書蒐者，選徒約也。曰：大者，境内畢作也。書公者，公之私行也。不書公者，國政也。惟及齊人狩于禚，則志公忘讐而義不在于狩也。治兵亦不地，而曰以非地書者，前書師次于郎以俟，陳人蔡人後書師還，則治兵于郎，不待言矣。

清 傅維鱗《四思堂文集》卷七《順治十三年仲春上駐蹕南苑閲武行蒐禮召廷臣四品以上同詞臣恭視賜宴行宫各賦五言律七言律五言絶句七言絶句每體一首應制》 扈蹕登高阜，晴川四望開。甲光分日氣，旗影淨風霾。鳳羽旋雲舘，龍彝舉栢臺。承恩歌既醉，作賦愧鄒枚。

又 卷八《順治十三年仲春上駐蹕南苑閲武行蒐禮召庭臣四品以上同詞臣恭視賜宴行宫各賦五七言律五七言絶每體一首應制》 星羅千隊擁離宫，盛世君臣樂事同。苑草多隨龍馬綠，林花早向御筵紅。天威雷動山河壯，聖澤雲敷雨露濃。何幸乘時陪鎬宴，偏承温煦感皇風。

清 龔元玠《周禮客難》卷六《蒐苗獮狩》 客曰：大司馬四時之田畿，内皆與大都，去王城五百里，一歲四時就國，教閲不幾，擾民乎？曰：非也。春蒐不及六遂之外，以道遠不欲以往來。妨其農務也。夏苗兼鄉遂及家邑，不及都邑。秋獮兼鄉遂及都邑，不及家邑。冬狩歲晚，務間於四時之田，爲特盛。始合畿内皆與，大約六鄉百里，内一歲四田，六遂稍遠，歲三田家邑都邑。又遠歲各二田細玩經文，自瞭然耳。曰：金鼓號名，旗物之辨，各以時異。何也？曰：亦不然，只春蒐專係六鄉，人少禮略，不辨號名，以帥之門，鄉之州所素習也。不辨旗物，以雜帛之物所熟識也。夏苗辨號名。又曰：其他皆如振旅，則兼辨金鼓矣。秋獮辨旗物。又曰：各書其事，與其號焉。其他皆如振旅，則兼辨金鼓號名矣。惟冬狩三者，皆辨故不言，所辨安在其各以時異也。曰此經所載旗物，與司常不同，何也？曰：無不同者，師都大都小都也。司常師都建旗大小，都之長也。此之軍吏載旗，即大小都之長。司常孤卿建旜，諸侯之孤卿，并大小都之卿也。此之師都載旜，即大小都之卿。司常大夫士建物王朝之大夫，士并鄉遂之大夫也。此之鄉遂載物，即鄉遂之大夫，司常、縣鄙、建旐郊外，六遂中之縣正鄙師也。此之郊野載旐，即郊外六遂中之縣正、鄙師、司常，州里建旟州長以下之百官也。此之百官載旟，即州長以下之百官，反覆詳玩，無不脗合王明，齋心粗反。以此經爲誤，豈知文異而實不異哉。曰：『古制四時農陳講武，都家一歲二田，不亦畧乎？都家在本處，亦自有四時之田，蓋講武獵獸人所同，欲都家四時之田外，并就國教閲，一歲計六田，人君常田之外，臨祭取鮮，則鄉遂之民，亦不止四田三田耳。』

作者所著各經，客難皆實。從先王制度及本經，細心紬釋而出，從無一字強經，從我卽大司馬，兵制王畿兵賦實數。及此篇觀之，其他可以類推。

盛水賓。

清 劉正宗《逋齋詩·二集》卷三《上駐蹕南苑閲武行蒐禮召廷臣四品以上同詞臣恭睎賜宴行宫應制四首》 春日存蒐禮，聯鑣奉屬車。陣雲深幄殿，獵騎簇鑾輿。威動彎弧後，歡成飲至餘。長楊仍許賦，珥筆媿才疎。

其二上林暖日映晴空，天子臨戎士馬雄。組練千羣驚掣電，旆旌幾隊歛長虹。仁沾飛走涵春象，氣肅千城振武功。濫竊和羹虚報稱，喜隨鵷鷺飽離宫。

其三柳變春條，風和獵馬。驕天威歸，不殺舉觶。奏簫韶。

其四霓旌鼉鼓動郊原，萬馬奔圍靜不喧。喜起于今稱盛事，觥傳深殿駐戎軒。

清 全祖望《續耆舊》卷八七《仲春侍從南苑大蒐賜宴應制》 皇圖當脱劍，聖主正垂衣。歲閱群觀禮，春田不合圍。角弓隨月滿，楛矢帶星飛。侍從長楊晚，還歌湛露歸。

清 魏憲《百名家詩選》卷六《春日扈從南海子觀大蒐》 上苑回春馭，傳呼夜漏催。六龍雲裏下，八陣日邊開。細草鳴鸞地，雄風買駿臺。應知宸筭遠，不為詰戎來。

清 魏象樞《寒松堂全集》卷七《癸丑正月二十日扈從南苑觀八旗品官大蒐賜宴恭紀》 萬國車書一戰中，太平諸將尚彎弓。從知聖主崇文德，還念高皇重武功。甲胄煌煌雲共白，旌旗閃閃日分紅。廟堂元有經邦略，慚愧儒生賦大風。

清 吴偉業《梅村家藏稿》卷一五《上駐蹕南苑閱武行蒐禮召廷臣恭視賜宴行宫賦五七言絶句每體一首應制》 露臺吹角九天聞，射獵黄山散馬羣。練甲曉懸千鏡日，翠旗晴轉一鞭雲。奇鷹出架雕弓動，新兔登盤玉饌分。最是小臣慚獻賦，屬車叨奉羽林軍。

清 吴偉業《吴詩集覽》卷一三上《上駐驛南苑閱武行蒐禮召廷臣恭視賜宴行宫賦五七言律詩五七言絶句每體一首應制》〈左傳〉隱五年春蒐〈穀梁傳〉春曰田，秋曰蒐〈高澹人扈從西巡日録〉南海子春蒐、冬狩，巡幸以講武事也》 露臺吹角九天聞，射獵黄山散馬羣。練甲曉懸千鏡曰，翠旗晴轉一鞭雲。奇鷹出架琱弓動，集作雕非。新兔登盤玉饌分。最是小臣慚獻賦，屬車叨奉羽林軍。仿初唐應制諸作三四工鍊。《王詩》漢主離宫接露臺，吹角見松山哀。《漢書·郊祀志注》九天者，謂中央鈞天，東方蒼天，東北旻天。北方元天，西北幽天。西方皓天，西南朱天。南方炎天，東南陽天也。《賈誼論時政疏》夫射獵之娱，黄山見海户曲。《韓非子》秦得韓之都，而驅其練甲。《史記·李斯傳》建翠鳳之旗一鞭見，臨淮老妓行奇鷹，見雪中遇獵。《唐太宗詩》琱弓寫明月《陸務觀詩》迎霜新兎美玉饌見膾殘《漢書·揚雄傳》從上甘泉還奏《甘泉賦》，以諷屬車見讚。佛詩注：羽林見雒陽行。

清 張尚瑗《三傳折諸·公羊折諸》卷一《春曰苗秋曰蒐冬曰狩》 《周禮大司馬》：仲春蒐田，仲夏苗田，仲秋獮田，仲冬狩田。穀梁公狩于郎，傳稱春曰田，夏曰苗，秋曰蒐，冬曰狩，亦稱四時之田。獨公羊止列三田，何休注：不以夏田者，飛鳥未去拎巢，走獸未離拎穴，恐傷害幼稚，故拎苑囿中取之。王制天子、諸侯無事，則歲三田，與傳文合康，成駁之云。四時皆田。夏殷之禮詩云：之子于苗，選徒囂囂。夏之有田明矣，公羊三時田，取于運斗樞之文也。

又 《説苑》曰：苗者，毛取之。蒐者，搜索之。狩者，守留之。夏不田，何也？曰：天地陰陽，盛長之時，猛獸不攫，鷙鳥不摶，蝮蠆不螫，鳥獸蟲蛇，且知應天。

清 愛新覺羅·弘曆《春蒐賦》《皇清文穎·卷首》卷一八 文武之道，一弛一張，政以則乎四季，令如焕乎三光。其禮則備，其文則詳。雖寓意乎簡卒，亦致戒乎禽荒。故當春氣之始和，行蒐禮而如常。盖所以開三面，儀萬方，豈云魚必殲其鯤鮞，獸必索其麑羊者哉？于斯時也，東作未興，猶是三農之隙。孳尾未接，豈妨百獸之生。春，蠢也，爰宣威以象動。蒐，求也，乃法古以考成。進退疾徐，固將明其紀律。勾擊搏刺，亦莫過乎縱横。藉以整軍，豈惟逐獸，六軍之節制可觀，三畋之儀文斯究。安不忘危兮，經國之典斯存。用而有節兮，胞與之仁在宥。乃足賓筵，用供乾豆，此以見國家之大體，可以比先王之蒐狩。不然者茍非黷武，即屬從禽。于是乎有風人之刺，禹甸之箴，子雲所以賦羽獵，相如所以諷上林，又豈君人者之以天地之心為心者哉？

清 愛新覺羅·弘曆《秋蒐雜記詩五首》《皇清文穎·卷首》卷二三 歲長九月有青蕪，共道常年似此無。盛京早寒，今歲過閏猶暖，誠異事也。霧飲馬頭山逼面，霜凝谷口樹粘鬚。射熊何慮先升木，待兎焉勞更守株。赳赳羽林羣命中，詼談却笑紀昌弧。

長白遥看數點青，鷄翹五色韻旗鈴。騰驤八駿來天廄，環供羣峯據地靈。黄艷鶩兒新剪褶，緑輝孔雀側拖翎。朝家武備千秋獨，太僕空傳效展軨。

峯標木葉欝崔嵬，水漲松花浄洍洄。萬騎雲屯随豹尾，三秋風景異龍堆。周詩底用誇麋友，晉賦無勞藉雉媒。更剪銀檠吟七字，屬車賡和有鄒枚。

連雲峯影自婆娑，雨後新看矗黛螺。黄幄背風依樹障，朱旄面日出巖阿。合圍麋鹿愁飛羽，出隊狐貍駭獵猧。薄暮旌門鐃吹奏，海青雲裏捉天鵞。曲名旌門鼓吹常奏此。

虎韔騂弓越勁秋，平岡草淺騁驊騮。雁行狗監牽絲鞚，馬上鷹師臂繡韝。風漾鈴聲金替戾，雪開峯面玉雕鎪。批麻丙夜斟民事，距為從禽蹔解憂。

清 李紱《穆堂類稿・初稿》卷八《七校三驅奉》 至尊大庖恩，賜遍期門歸。來共說輕車，便樊鵠纓懸。一色純棨戟，都將黻繡韜。層層亞字雜，旌旄周廬夜。靜誰何緩，明月如霜，北斗高。

清暑年年出塞居，高秋校獵未容虛。卽今輦道經行熟，不用司南記里車。

揮毫拜手有臯夔，共說賡歌喜起時。中使又傳停鼓吹，便輿隱鄀正吟詩。

侍衛都依日月光，青鉦黃鉞隊堂堂。相如諫獵渾閒事，神弩崢嶸二十張。

君王臣妾萬方同，部落諸蕃總侍中。塞外防秋眞底用，熱河今作九成宮。

清 陸圻《威鳳堂文集・名都篇 褋曲歌詞**》** 名都多艷婦，長安好俠遊。南市買鞍韉，東市買轡頭。腰中櫑具劍，鞬服被綠鞲。出身羽林郎，依倚富平侯。臂挽繁弱弓，手持雙長矛。野獸傍地走，烏鳶聲啾啾。一縱落兩禽，再刺獲犛牛。餘勇倘得賈，趫捷衆所求。觀者稱蒲且，自許慶忌儔。歸塗由新豐，大路臨青樓。美酒一千鍾，金盤奉庶羞。惡戲作鄗陽，六愽成梟牟。主人既送客，促坐還獨留。傍有邯鄲倡，當風揚清謳。妖冶實傾城，儀態潛綢繆。樂莫樂斯夜，會獵歸長楸。丁叔范曰：鮮妍可愛，而造質彌撲，若令比肩陳思，當無媿色。

清 陸燿《切問齋集》卷一六《塞上雜紀十首》 旗纛晴曛展四門，氈廬置頓室餘溫。圍場六膳先登雉，進哨始日例，先射雉謂之野雞圍。碧椀調羹奉至尊。

白掛人持丈二矛，每尋虎穴占先籌。旋看豹尾班中立，賜著鵝黃作隊頭。

霜風吹剪月磨鐮，佈置方圓兩翼監。飛騎弓刀千二百，夜深蓐食上巉嵒。

讙聲四合跡難藏，但見虛弓已仆僵。鬬獸不緣奇猛極，等閒那肯放神鎗。征途牽掣駿蹄塵，功狗還因見兔神。力盡不曾教下咽，肯收餘怒遠隨人。樂府歌傳雉子班，臂鷹斜掣態餘閒。毬場帶箭難爭較，幾見容渠活草間。

山頭雲錦下營盤，十二鳴鐘響御鞍。鞍内嵌自鳴鐘，響十二點則為午正，例得收圍。超洱踰蔥并賜號，龍媒來自愛烏汗。

數獲慚叨割炙分，内人傳勑更趨聞。庖珎徧逮封疆吏，謝摺應披四六文。

帳外跳珠白雨來，嶺邊野火淨飛埃。花翎快馬團成陣，又向重崖格獸回。

幔城開處突黃麞，身手無勞問蹶張。投筆也能擒逸足，給鮮持獻上公嘗。同人手縛一麞以饋上相。

清 錢謙益《列朝詩集・丁集》卷五《武皇巡幸歌四首》 神武驅兵日，南征氣赫然。射蛟江水上，立馬石城邊。羽檄飛三楚，霓旌拂九天。功成凱歌夜，皓月送樓船。

齊魯巡遊地，蒼生見紫微。晴雲隨鷁舫，春水照龍衣。柳畔千官擁，沙邊七校圍。觀魚移白日，鼓吹月中歸。

玉輦沖寒色，蕭蕭八駿鳴。兔河冰上過，狐嶺雪中行。撫劍群胡遁，彎弓百獸驚。當年赤帝子，空到白登城。

年少羽林郎，嚴冬較獵忙。旌旗開禦道，劍戟擁長楊。飛去五花馬，射來雙白狼。中官傳賜酒，甲胄拜君王。

清 桑調元《弢甫集・弢甫五嶽集華山集》卷上《圃田行》 陂塘水激激，蒲葦秋冥冥。緬昔中興主，周宣振皇靈。江漢六月揚天兵，淮濆太原歸經營。纘承文武正區夏，股肱方召存典型。明堂整頓還舊觀，四征方岳無不庭。天王翊戴偏荒服，珪瑁合符趨彤廷。岐陽籀篆鐫獵碣，康侯侍從瑲璁珩。東都車馬來滔滔，雍容和鸞革垂鞗。會同王城勢舄奕，行狩甫草聲超遥。左右三驅橫鞬櫜，中原禽獸羅俟儦。射夫如雲弓矢調，割鮮呲嗟盈大庖。桓桓七萃盡猛士，尚聞故跡遺虎牢。飂空秋霖莽瀟瀟，原田蕪沒連蘅臯。黍禾貿貿郵墳高，白兎撲朔黃狐嗥。列子臺前雁影下，僕射陂中蓮葉凋。此間講武，無人識躑躅，懷古心忉忉。

清 湯鵬《海秋詩集》卷一三《連州行二章》 鳥飛不下弓可揜，猛獸難馴劍可斬。怪哉連山數十寨，坐與楚猺相還往。村落不成鷄犬空，東蹂西躪狐鼠雄。烏虖戎機未蘇息，物情悲駭何終極。

楚猺頑梗尚可導，粵猺生獰難與校。赤崖閉寨無地天，白晝攖人如虎豹。帝念四遠無不臣，敕編猺户蘇猺民。摘環薙髮歌康衢，永無兵刃臨汝軀。

清 張英《文端集》卷二《扈蹕西山至南苑紀事詩四十首其二六》 涼風習習捲龍旂，碧草叢中獸正肥。親挽琱弓頻射得，千聲虎拜頌天威。南苑合圍上親射每發必中。

其三一 宮使頻看驛騎催，遥從長樂問安回。寶弓親射林中鹿，為進慈寧御饌來。上親射鹿進太皇太后。

雜録

唐 張說《張燕公集》卷一三《皇帝馬上射贊》 第一，甘泉頓，射飛野雞一隻，走狐二，走兔十四，不隔箭連中五隻。

一面昭仁，三驅示武。走則發射，伏則不取。

第二，中鷹前兔。

寒兔滅沒，疾鷹逞巧。鳴鏑洞飛，失儁亡狡。

第三，福陽頓同日中狗前兔。

狡兔儁大，力奔勢迫。持圓束飛，捨拔先獲。

望贇頓，停日射高飛鴈一隻，走麞二，走兔三十六，不隔箭連中五隻。

獸殪山豪，鳥落雲儁。貫三疊兩，血不濺刄。

望贇頓中獯狐。

夜鳴之鳥，是謂獯狐。除人之惡，應箭而鋪。

望贇頓，隔馬射中麞。

趯趯牙麞，寒草同色。隔馬百步，一縱而側。

第四，仙遊頓，中麞一，走狐三，走兔十八，不隔箭連中八隻。

天子省斂，薄守岐湯。躬射五十，以奉蒸嘗。

第五　文山頓，射麞不隔箭，連中二，走狐一，走兔二十一隻。

我將獻鮮，從禽於野。一日百中，以威天下。

武停頓，而後射走兔，其中射兔十九隻，不隔連中十一隻，走狐三，走麞二。

霜兔斗迴，雲龍騰過。天旋月滿，舍矢如破。

飛林頓，分駿射野狐中。

有芃者狐，起帝之祐。分駿遠發，應踣于。手鷂子搦鴟不着，飛過在後，箭發應弦而落。

驚鳶上飛，鷙集橫搏。矯箭争中，紛然旋落。

一箭中兩虎，橫貫走，五十餘步方倒。

雙鹿並去，一箭橫連。上思陵寢，以獻時鮮。

是日，還宮苑。內用大箭射，走四十口，分賜諸王郡王及從人等。

帝入靈囿。數百麀鹿。射其四十，頒諸群后。

宋 謝維新《事類備要・前集》卷五一《獵者》

事類捷取獵捷也言以——之亦曰：狩狩，獸也。《月令》章句。**為獠**宵曰——注《管子》曰：獵獠畢弋江東，亦呼獵為獠。《爾雅》**除害**春獵為蒐，夏獵為苗，秋獵為獮，冬獵為狩。郭璞注：蒐為搜索，取不任者，苗為苗稼。——獮為順殺氣狩，謂得獸。取之無所，擇皆為田。——之義。《爾雅》**充庖**古者天子諸侯無事則歲三田，一為乾豆，二為賓客，三為充君之庖。無事而不田曰不敬，田不以禮曰：暴天物天子不合，圍諸侯不掩羣，獺祭魚，然後漁入澤梁豺祭獸。然後田獵鳩化為鷹，然後設罻羅，草木零落，然後入山林，昆蟲未蟄，不以火田。不麛不卵，不殺胎，不殀夭，不覆巢。《禮記》**中林武夫**肅肅兔罝施于——赳赳——公侯干城肅肅，兔罝施于中，林赳赳武夫，公侯腹心。《毛詩》**上蘭行伍**逢蒙列眥，羿氏控弦，皇車幽輵，光純天地，望舒彌轡，翼乎徐至於。——移圍徙陣，浸淫蹵部，曲隊堅重。各案——壁壘天旋，神扶電擊，逢之則碎，近之則破。鳥不及飛，獸不得過。軍驚師駭，刮野掃地。揚雄《校獵賦》**蒐必以時**文王蒐田以時，仁如騶虞，則王道成也。**獵不失期**魏文侯與虞人期獵，且以飲酒樂。天雨，文侯將出，左右曰：今日飲酒樂，天雨君將焉之？文侯曰：吾與虞人期獵，雖樂，豈不一會期哉。乃往自罷之，魏於是始强。《戰國策》**西狩獲麟**魯哀公——于大野叔孫氏之車子鉏商——以為不祥，以賜虞人。仲尼觀之曰：麟也然。後取之左。**東都搏獸**宣王會諸侯——因田獵而選車徒焉，田車既好，東有甫草。駕言行狩，之子于苗，選徒囂囂，建旐設旄。——于敖詩車**攻發犯殪兕**既張我弓，既挾我矢。—彼小——此大—吉日**射麋格麟**駕車千乘，選徒萬騎，畋於海濱，列卒滿澤，罘網彌山，掩兔轔鹿。——射中獲多，矜而自功。出《子虛獵賦》。**袒裼暴虎**鄭太叔——獻于公所，將叔無狃，戒其傷女。**跪遇獲禽**昔者趙簡子使王良與嬖奚，乘終日，而不獲一禽。嬖奚反命曰：天下之賤工也。或以告王良。良曰：請復之彊，而後可一朝而獲十禽。《孟子》**獵得善言**梁君出獵，見白雁羣下，彀弩欲射之。道有行者，梁君謂行者止，行者不止，白雁羣駭，梁君怒欲射行者。其御公孫龍止之，梁君怒曰：龍不與其君，而顧他人。對曰：昔宋景公時大旱，卜之必以人祠，乃雨景公下堂頓首曰：吾所以求雨，為公也。今必使吾以人祠，乃雨。將自當之言，未卒而大雨。何也？為有德於天，而惠於民也。君以白雁故，而欲射殺人。無異於豺狼也。梁君乃與龍上車，歸。呼萬歲曰：樂哉。人獵皆得禽獸吾。——而歸。《莊子》**歸載老師**西伯將獵，卜之曰：非龍非彲，非虎非羆，所穫伯王之輔。於是果遇太公，於渭之陽。載與俱歸，立以為師。《史書》**以兒從獵**孫盛為庾公記室參軍，從獵。將其第三兒齊莊俱行，庾公不知。忽于獵場見齊莊時七八歲，庾公謂曰：小兒亦復來乎？應聲答曰：所謂無小無大，從公于邁矣。**與君言獵**唐元宗獵渭濵，召見姚崇帝曰：公知獵乎？對曰：幼所習也。臣年二十，居廣成澤，以呼鷹逐獸為樂，少為獵師，老而猶能。帝悅與俱馳逐，緩速如旨。《本傳》**老麋哀請**晉州刺史蕭至忠將以臘，月畋游。有樵者於霍山見一。——於黃冠者，黃冠曰：若今滕六降雪，巽二起風，則蕭君不獵矣。薪者回：未明風雪，竟日蕭不復。出《幽怪録》**羣豕突前**唐太宗獵於洛陽苑，有羣豕突出林中，上引弓四發，殪四豕，有豕突前及馬鐙，民部尚書唐儉投馬搏之。上笑曰：天策長史，不見上將，擊賊耶？何恨之甚。對曰：陛下神武，豈復逞雄，心於一獸乎。上大悅為之罷獵。**石虔拔箭**晉相石虔，小字鎮惡，在荆州於獵圍中。見猛獸被數箭而伏，諸將素知其勇，戲令拔箭，石虔因急，往拔得一箭，猛獸跳石虔，亦跳高於猛獸。伏復拔一箭而歸，從桓温入闕，威震敵人，時有病瘧者謂：桓石虔來，以怖之多愈。

秦巴放麑孟孫獵得麑，使西秦巴持之。其母隨而呼之，西秦巴不忍，而與。其母孟孫適至求麑對曰：余不忍而與，其母孟孫大怒，逐之。居三月，復召為其子，傳曰：夫子不忍麑，又且忍吾子乎。《韓子》

詩集鷹疾風勁角弓鳴，將軍獵渭城。草枯|眼|雪盡馬蹄輕。忽過新豐市，還歸細柳營。回看射鵰處，千里暮雲平。王維

馬驟曉出鳳城東，分圍淺草中紅。旗開向日白，||迎風。背手抽金鏃，翻身控角弓。萬人齊指處，一鴈落寒空。張祐

宋 陳暘《樂書》卷一九九《蒐狩》 梁陳田獵之制，前期遣馬騎，布圍，領軍督左右、軍將、軍督、右大司馬董正諸軍。獵日，侍中三奏，一奏槌，一鼓為一嚴，三嚴。訖引仗，為小駕鹵簿。皇帝乘馬戎服，從者悉絳衫幘，黄麾警蹕，鼓吹如常儀。既事宴會，享勞比校多少。戮一人以懲亂法，亦追古之制也。

宋 祝穆《事文類聚・前集》卷三七《獵者》 《羣書要語》：春獵為蒐，夏獵為苗，秋獵為獮，冬獵為狩。郭璞注：蒐為搜，索取不任者。苗為苗稼除害。獮為順殺氣。狩謂得獸，取之無所，擇皆為田。除害之義。《爾雅》：古者，天子諸侯無事則歲三田，一為乾豆，二為賓客，三為充君之庖。無事而不田，曰不敬。田不以禮。曰：暴天物。天子不合圍，諸侯不掩羣，獺祭魚，然後漁人入澤，梁豺祭獸。然後田獵鳩化為鷹，然後設罻羅，草木零落，然後入山林，昆蟲未蟄，不以火田，不麛，不卵，不殺胎，不殀夭，不覆巢。又曰：季冬之月，天子乃教田獵，以習五戎。《禮記》

古今事實

蒐田以時

文王蒐田以時，仁如騶虞，則王道成也。

發豝殪兕

宣王既張我弓，既挾我矢，發彼小豝，殪此大兕。

西狩獲麟

魯哀公西狩于大野，叔孫氏之車子鉏商獲麟，以為不祥，以賜虞人。仲尼觀之曰：麟也，然後取之。

袒裼暴虎

鄭太叔袒裼暴虎獻于公，所將叔無狃戒其傷汝。

因獵聞諫

梁君出獵，見白鴈羣下，彀弩欲射之，道有行者，梁君謂行者止，行者不止，白鴈羣駭，梁君怒欲射行者，其御公孫龍止之，梁君怒曰：龍不與其君，而顧他人。對曰：昔宋景公時大旱，卜之必以人祠，乃雨。景公下堂頓首曰：吾所以求雨，為民也。今必使吾以人祠，乃雨。將自當之言，未卒而大雨，何也？為有德於天，而恵於民也。君以白鴈故而欲殺人。無異於豺狼也，梁君乃與龍上車，歸。呼萬歲曰：樂哉。人獵皆得禽獸，吾獵得善言而歸。《莊子》

放麑與母

孟孫獵得麑，使西秦巴持之，其母隨而呼之，西秦巴不忍而與其母，孟孫適至求麑，對曰：余不忍而與其母。孟孫大怒逐之。居三月，復召為其子。傅曰：夫子不忍麑，又且忍吾子乎。《韓子》

不失獵期

魏文侯與虞人期獵，且以飲酒樂。天雨，文侯將出。左右曰：今日飲酒樂，天雨。君將焉之？文侯曰：吾與虞人期獵，雖樂，豈不一會期哉。乃往自罷之，魏於是始強。《戰國策》

詭遇獲禽

昔者趙簡子使王良與嬖奚乘，終日而不獲一禽。嬖奚反命曰：天下之賤工也。或以告王良，良曰：請復之強，而後可，一朝而獲十禽。

馮媛當熊見熊門

諫帝射雉見雉門

以兒從獵

孫盛為庾公記室，參軍從獵，將其第三兒齊荘俱行。庾公不知，忽於獵場見，齊荘時七八歲。庾公謂曰：小兒亦復來乎？應聲答曰：所謂無小無大，從公于邁矣。

拔猛獸箭

晉桓石虔小字鎮惡，在荆州，於獵圍中，見猛獸被數箭而伏。諸將素知其勇，戲令拔箭，石虔因急往，拔得一箭，猛獸跳石，虔亦跳，高於猛獸，獸伏復拔一箭。而歸，從桓温入闕，威震敵人，時有病瘧者，謂桓石虔來，以怖之多愈。

豕突帝馬

唐太宗獵於洛陽苑，有群豕突出林中。上引弓四發，殪四豕，有豕突前

及馬鐙。民部尚書唐儉投馬搏之。上笑曰：天策長史不見上將擊賊耶。何懼之？甚對曰：陛下神武，豈復逞雄，心於一獸乎。上大悦為之罷獵。

匿鷂于懷見鷂門。

田獵懼諫

憲宗嘗田苑中，至蓬萊池。曰：李絳嘗以此諫我，今可返也。帝嘗獵苑中，或大張樂稍過差，必視左右曰：韓絳知否，已而蹤輒至。

不可不獵

唐單王元吉喜鷹狗，出嘗載罝網三十車，曰：我寧三日不食，不可一日不獵。《本傳》

宋 李如篪《東園叢説》卷上《王用三驅失前禽》 易比卦九五曰：顯比王用三驅，失前禽，講易之家，解釋三驅之義，或以祭祀賓客，充君之庖，為三驅。或以湯網三面為三驅。非惟不曉，三驅之義，并與一爻之義，曖昧而不明矣。夫三驅之義，見於《周官》：大司馬而説者未之詳也。大司馬四時之田立，表者四。第一表五十步，又立一表，是第二表，去第二表一百步，又立一表，是第三表，去第三表一百步，又立一表，是第四表。車徒之屬，皆集於第一表之中，皆坐鳴鐃振鐸，而作驅逐，奔驟至第二表而止，皆坐是一驅也。鳴鐃振鐸，又作驅逐奔驟至第三表而止。皆坐是二驅也。又鳴鐃振鐸而作，驅逐奔驟至第四表而止。皆坐是三驅也。此王者田狩三驅之義也。比卦九五，取此為言者，蓋比卦五，爻皆陰惟，九五一爻，是陽又處尊位，為羣陰之所附，是天下顯然。比之者也。考其象，則坤為輿衆，陰為徒坎，為豕坎之變，為離離，為飛鳥，以車徒而逐禽。豕即有三驅之象，王用三驅，失前禽者，蓋上六一爻，居前獨後，於衆陰，又坎為險，是衆陰，比於九五，惟此一爻。恃險而不附以三驅之義，言之是在前，逆而飛去之禽也。夫禽之迎而來者，順也順則，取之背而飛去者逆也。逆則舍之，夫聖王在上天，下皆比附其間，有不服者，聖王豈肯。強之而必欲，其比附哉。置之度外，從其自去而已。故曰：舍逆取順，失前禽也。比卦上六一爻，即虞氏之三苗也。

宋 項安世《周易玩辭》卷二《失前禽邑人三驅使中》 古者田獵之法，逆己而來者舍之，故无面傷者；順己而去者射之，故自膘達肩爲上。失前禽，即舍逆也。《春秋傳》：服則舍之，舍，置也。不必用上聲讀。前禽之不射，與邑人之不誡同意，禽既來則不必取，人既親則不必誡矣。以田獵言之，初六在下爲左，六四在上爲右，五自後驅之，是爲三驅。六二正中，向五而來，是爲前禽，兩中相比，相和親，是爲邑人。以中使中，不謀自合。故爲不誡。使字與師卦六五使字同，師五使三不當，故凶；比五使二得中，故吉。使民之道有二，出而爲師，則使之於戰陳；入而爲比，則使之於田獵。使之以中，則民順之；不中，則民違之。故師之二，亦以中爲吉。

元 汪克寬《經禮補逸》卷七《蒐田禮》 大司馬中春教振旅，遂以蒐田，有司表貉，誓民鼓遂圍禁，火弊，獻禽以祭社，大司徒、大田役以旗致萬民，而治其徒庶之政令。縣正若將用野民師田行役移執事，則帥而至，治其政令。既役則稽功會事而誅賞。鄉師凡四時之田，前期出田法于州里，簡其鼓鐸、旗物、兵器，修其卒伍，及期，以司徒之大旗致衆庶，而陳之以旗物；辨鄉邑，而治其政令刑禁；犯命者斷其争禽之訟，稍人若有師田行役之事，則以縣師之法作其同徒輂輦，帥而至，治其政令，以聽於司馬。小宗伯若大田，則帥有司，而饁獸于郊，遂頒禽肆師。凡四時之大甸，獵祭表貉，則為位。遂師軍野民，掌其禁令，比敘其事，而賞罰遂人，師田作野，民帥而至，掌其政治禁令，《甸祝》：掌四時之田，表貉之祝號，禂牲掌其祝號。《小宰》：以法掌朝覲會，同賓客之戒，具軍旅田役，亦如之。令百官府共其財，用治其施舍，聽其治訟，小子凡師田斬牲，以左右徇陳。巾車掌王之五路木路，前樊鵠纓，建大麾以田，田僕掌馭田路，以田以鄙，掌佐車之政，設驅逆之車令，獲者植旌，及獻比禽。凡田王提馬而走，諸侯晉大夫馳。《校人》：田獵則帥驅逆之車。《幕人》：田役，共其，帷幕，幄帟，綬掌，次師田，則張幕，設重帟，重案司几筵。凡田役，則設熊席右漆几。司常凡軍事，建旌旗田，亦如之。大僕凡軍旅田役，贊王鼓，鼓人軍動，則鼓其衆，田役，亦如之。《司弓矢》：殺矢、鏃矢，用諸田獵獸。人掌罟田，獸辨其名，物冬獻狼，夏獻麋，春秋獻獸，物時田則守罟，及弊田，令禽注于虞中。凡田獸者，掌其政令，山虞若大田，獵則萊山田之野，及弊，田植虞旗于中。致禽而珥焉。澤虞若大田獵，則萊澤野，及弊，田植虞旌，以屬禽。迹人凡田獵者，受令焉。禁麛卵者，與其毒矢射者，郊特牲季春出，火為焚也。然後簡其車賦，而歷其卒伍，而君親誓社，以習軍旅。左之右之，坐之起之，以觀其習變也。而流示之禽，而鹽諸利，以觀其不犯命也。鹽讀，為豔歆，豔於利也。《曲禮》：國君春田不圍澤，大夫不掩羣，士不取麛卵。詩吉日既張，我弓既挾，我矢發彼，小豝殪此大兕。盧令刺荒于田也。春秋傳魯昭公八年，蒐于紅艾蘭，以為防置，旃以為轅門，以葛覆質，以為槷流旁握，御轚者不得入。車軌塵，馬候蹄，揜禽旅御者，不失其馳，然後射者能中，過旁弗逐，下從奔之道也。

愚案艾蘭以為防，以大艾草為防營也。置旃以為轅門旃，旗名謂植旗，以為門轅門，是植車以為門。舍其五十步，後表之中謂君表也。覆纏質椹槷門闑也，以毛裘纏質之上以為門闑也。流旁握，握四寸，謂車與門之廣狹，相值差偏，以寸則轚，挂於槷騙，而不得入矣。車軌塵，塵不出轍，馬候蹄，發足疾遲相應也。案詩傳朱子謂葛作褐，即裘纏質，流旁握，即閒容握，文義相同，攷之車之制，具見於考工記。輪人輿，人之治，御之名，僅見於保氏，五御之目。是制莫難於車，御莫難於人。習莫難於戰，所謂以不教民戰，是謂棄之也。此故因田車之御，以閱軍旅之車，習民於變，為戰之備，所謂教於田獵，以習五戎是也。夫羣卒伍之衆，局熊虎之氣，三鼓振鐸，當車徒驟趨禽獸，流崩之時，騎射驅逐之際，苟御之不以其道。勘失之寸，則車挂馬，潰駭而莫之，為射不及中，而犯命之罰，及之習之為易乎。噫！御車節奏之法，其難如此，則夫御人之道，又何如哉？

又《苗田禮》 大司馬中夏教茇舍，遂以苗田，如蒐之法，車弊，獻禽以饗礿。王制天子殺則下大綏，諸侯殺則下小綏，大夫殺則止佐車，佐車止則百姓田獵。殺獲也，下偃仆之也。綏旌旗之屬，佐車即周禮逆驅之車也。

又《猕田禮》 大司馬中秋教治兵，遂以獮田，如蒐田之法，羅弊，致禽以祀，祊肆師獮之日，涖卜來歲之。戒春秋莊公八年春，甲午，治兵。月令季秋天子乃教於田獵，以習五戎。五戎，謂弓矢、殳、矛、戈、戟之五兵也。

又《狩田禮》 大司馬中冬教大閱，遂以狩田，以旌為左右和之門，羣吏各帥其車徒，以敘和出。左右陳車徒，有司平之，旗居卒間，以分地，前後有屯百步，有司巡其前後。險野，人為主；易野，車為主。既陳，乃設驅逆之車，有司表貉于陳前。中軍以鼙令鼓，鼓人皆三鼓，羣司馬振鐸，車徒皆作。遂鼓行，徒銜枚而進。大獸公之，小獸私之，獲者取左耳。及所弊，鼓皆駴，車徒皆譟，徒乃弊。致禽饁獸于郊。入，獻禽以享烝。詩車攻田，車既好駕言行狩。春秋桓公四年春正月，公狩于郎。

愚案郎非國内之狩故書地譏遠也

明 馮夢龍《古今譚概》卷九《好獵》 齊王元吉嘗言我寧三目不食不可一日不獵。

李衞公弟客師喜馳獵，所居處鳥鵲，皆識之從，而翔噪人，謂之鳥賊。

明 胡纘宗《鳥鼠山人小集・後集》卷二《見獵有喜心論》 喜情也，有是心性也。蓋欲發而未發也。見獵於外，存獵於內，則獵之欲將萌獵之理未擴，程伯子之省察之也，獵細事也。見而喜，喜而遏，情未發，性朱動，而可有是心乎。知其不可喜而喜，恐復發也。及見周子，周子曰：『初不當喜，今不當發，固知其伏於內耳。故擴其理，遏其欲，則將不復發矣。此克已復禮之功也。此而不絕之則之，其所不可喜而喜，而喜不中節矣。而可乎？』程伯子，聖人之徒也，此蓋未見周子而戒慎，既見周子，而存養故體之驗之，如此此顏子之未見，其止子思之，必慎其獨也。其嚴哉，夫程子應五星聚奎，而生大縣，君養于家，大中公養于庭，資既純，學復正，初喜獵，偶然耳未聞其或畋也。情苟發，性未動，如是而覺，如是而存，其惟日不足，終日乾乾之心也乎。大中公知公兄弟不徒生也，有見於茂叔，聞道早明，道誠欲，二子亦學聖也。特令游於其門，而授受之傳習之二子，遂厭科舉之業，而奮求道之心於太極圖之奧。通書之蘊，風月無邊，庭草交翠之致，咸有得焉。故其歸也。有吟風弄月，吾與點也之趣。然伯子龍德正中揚休山，立有叔子所不及處，然河洛之顏閔也。□□見獵而喜，為一階梯，必其今不復喜，後不復發，而後情無動，性自定也。蓋從此而登聖域，得若趨步矣。於乎其善學矣哉。故端坐如泥塑人，及至，接人則渾，是一團和氣，其行純，其道明，元氣之會，大道之行，和風甘雨，景星慶雲，孟子、非子孰續，周子、非子孰授，孔門、非顏曾孰，衍吾道，非子孰承故。學者非顏子、程伯子弗學，非禮弗視，非禮弗動，非卓爾弗，立學必學孔子也。學孔子也，可不自程，伯子入哉，而豈衆人見獵而趨，賢者見獵而嬉者，比哉漢，第五倫視諸子疾夜十起，寢安。視子疾不一起，寢不安。乃特以語人，亦程伯子之，告周子，其亦知己之當克者也。

明 槐鼎《樂府遏雲編》卷下《扑獵》 【上小樓】俺只待呼鷹逐犬半，酣初有的那羽箭，共金戈，俺只見彤雲靉靆，瑞雪婆婆，千似玉鎖，萬岫似銀鋪，俺只見急騰騰，俺只見急騰騰，馬蹄兒點得瓊花破，碌碌喇喇，綵輪推，過見幾個趫，輕兒見幾個趫，輕兒鳴鞘，已向前村路，一隊隊，玉勒鞚嬌娥。【撲燈蛾犯】影輝輝，刀鎗耀，雪明光瑩瑩，劍戟透雲過。血淋淋，狡兔藏，深窟影，翩翩雙鴿兒輕墮，咽咽的猿啼，古渡見對對，獐犯入山窩，麋麋的狐傷，九尾亂紛紛，山梁錦雉去如梭。

明 佚名《演禽通纂》卷下《鑒形賦》 弓箭獵人走獸，宜乎夜誕。弓箭獵人走獸，所畏若春夏則無此類。若在秋冬，夜生亦無所傷。

清 陳元龍《格致鏡原》卷四八《諸獵具》 事物紺珠黐，竿粘烏具弋。磻射烏，箭庶物異名疏槎枑，檻獸之具。蘇則從魏文帝行獵，槎枑拔失鹿。侯鯖錄空，喉取狗器也。

清 戴大昌《駁四書改錯》卷八《獵較集注趙氏以爲田獵相較奪禽獸以祭張氏以爲獵而較所獲之多少也**》** 毛氏曰：此則趙氏，是而張氏錯者，集注不識，典禮而引。張氏說：以絫之不知，田獵禽獸必較多少謂之較獲，未有虞田供祭，而不較獲者，葢獵禽供祭，其餘尚較射于澤宮，而分取之。豈獻獲時，而反不較錯矣。

大昌按毛氏以趙說爲是固然矣，但趙說有可疑處，而毛氏未能申釋也。又難解尤在孔子亦獵較，句而毛氏亦未之及也。葢祭，惟君用鮮衆給而已，是惟天子諸侯有因祭，而獵之禮大夫不與焉故。鄭豐卷將祭，請田子産，弗許，或謂時魯三家僭行此禮，而孔子亦爲之。曾謂孔子不如子産乎。此所謂拜上則爲，泰孔子有必不從者矣。然但如舊解謂孔子不禁，魯人之獵，較非自爲獵較，則于下文，獵較猶可，而况受其賜乎，語無着落，故知舊解之非也。葢王制言：天子不合圍，諸侯不掩羣，下曲禮則言，國君春田不圍澤，大夫不掩羣，兩說岐異。按孔疏國君諸侯也。馬氏晞孟曰：諸侯在國則全乎君，朝于天子則全乎臣。王制所言，諸侯會王，田獵之禮也。下曲禮所言，諸侯在國之禮也，據此則天子獵統乎，諸侯諸侯獵統乎，大夫此言，魯人獵較，當是魯君，因祭而獵，諸大夫從之。其家衆各爲大夫，較奪禽獸，以祭趙岐，所謂時俗，所尚以爲吉祥，孔子亦聽其家衆爲之，所以小同于俗。如此，則趙氏之說方可從，而毛氏未見及也。

清 洪頤煊《筠軒文鈔》卷七《揚子雲上甘泉羽獵長楊三賦年月辨》 《漢書・揚雄傳》：孝成帝時，客有薦雄文似相如者，上方郊祀，甘泉泰畤，汾陰后土，以求繼嗣，召雄待詔，承明之庭，正月從上甘泉還奏。《甘泉賦》以風其三月將祭，后土上迺，率羣臣横大河，湊汾陰，還上河東賦以勸。其十二月羽獵，雄從。聊因校獵賦以風。明年，上將大誇胡人，以多禽獸。秋，雄從，至射熊館，還上《長楊賦》。李善《文選》注引七畧云甘泉賦。永始三年正月，待詔。臣雄上《羽獵賦》。永始三年十二月，上《長楊賦》，綏和元年上。李善駁之曰：漢書永始四年正月，行幸甘泉，三年無幸甘泉之文，疑《七畧》誤也。明年謂作《羽獵賦》之明年，卽校獵之年也。漢書成紀曰：元延二年冬，幸長楊宮，縱胡客大校獵。永始三年，去校獵之前，首尾四載，謂之明年，疑班固誤也。綏和在校獵後四歲，無容元延二年校獵。綏和二年賦，又疑《七畧》誤。頤煊案漢書成帝紀永始三年十月庚辰，皇太后詔有司復甘泉泰畤，汾陰后土。四年春正月，行幸甘泉郊，泰畤三月，行幸河東，祠后土。元延二年春正月，行幸甘泉，郊泰畤，三月行幸河東，祠后土。冬行幸長楊宮，從胡客大校獵，雄《甘泉賦》作于永始四年正月。其年十二月校獵，雄又作《羽獵賦》上之成紀，不書者畧也。《七畧》作永始三年，當由後人傳寫之誤，班固作雄傳，據雄賦自序連綴成文。其云明年者非卽作《羽獵賦》之明年也，以《七畧》證之，當在綏和元年秋，《七畧》作于劉歆，歆與雄同時，所書當不誤成紀，但書元延二年冬，行幸長楊宮，從胡客大校獵。綏和元年秋，不書者以非常大獵，但書其最初一次餘從省也。且雄傳贊云初，雄年四十餘，自蜀來至游京師，大司馬車騎將軍王音，奇其文雅，召以爲門下史，薦雄待詔，歲餘，奏《羽獵賦》，除爲郎給事黄門。年七十一，天鳳五年，卒。王音之薦雄待詔，與客之薦雄，文似相如者，是兩時事。客者，卽雄荅，劉歆書所云：『雄先作縣邸，銘王佴，頌階闥，銘及成都城四隅，銘蜀人。有楊莊者爲郎，誦之於成帝，成帝好之以爲似相如，雄遂以此得外見是也。』班氏以楊莊人微故，稱曰：『客事當在永始二三年間，故贊云歲餘，奏《羽獵賦》也。』戴東原以王音，薨於成帝永始二年丙午正月，設雄至京師卽在前一年，乙巳。下至王莽天鳳五年戊寅，凡三十四年，時雄年三十八，不得云。年四十餘，始自蜀來至傳序，《甘泉賦》《河東賦》《羽獵賦》爲一年所作，斷屬元延二年庚戌，其實雄自蜀來至京師，先王音召爲門下史。音薨，又爲楊莊所薦待詔承明之庭。皆一二年間事，永始四年正月上《甘泉賦》，時雄年四十一，贊云年四十。餘始自蜀來至者，是連後作賦時約言之，若改從元延二年，則《羽獵》《長楊》并在一時，與傳所云明年者不合矣，至或疑雄天鳳五年卒，時不止七十一。《北堂書鈔》卷九十二引楊雄家諜子云：以甘露元年生，天鳳五年卒，葬安陵阪。上卷九十四又引楊雄冢錄子云：以甘露元年正月戊寅鷄鳴生，天鳳五年四月癸丑晡卒。葬安陵阪。

上年月分明謬悠之說，不足論也。嘉慶戊辰十月六日。

清 胡文炳《折獄龜鑒補》卷五《寬犯獵罪》 元史 韓若愚，字希賢，保定滿城人，累擢吏部郎中。仁宗卽位，故事。凡潛邸官吏，不次遷轉，若愚以歲月定其資品，遂著爲令尋，擢中書左司郎。中初有議禁民畋獵犯者，抵死若愚。曰：齊宣王之囿方四十里，殺其麋鹿者，如殺人之罪，孟子非之衆，以爲然，遂減其刑。

清 李佐賢《書畫鑒影》卷二〇《元人歸獵圖軸》 絹本高五尺四寸，寬三尺八寸，七分著色，兼工帶寫，上作山坡古木，下作平地。一獵人乘馬向左行，著綠衣上，加狐腋半臂，帶弓矢劍器並兎，人馬俱奕奕有神，無欵畫境筆力，非元以後人所能到也。

上左朱文御用監太監韋氏□□方印

清 李賡芸《炳燭編》卷一《三驅》 比卦王用三驅失前禽，邑人不誡。鄭康成注：驅禽而射之，三則已。發軍禮也。失前禽者，謂禽在前，來句不逐而射之句，傍去又不射，唯背去者，順而射之不中則已，虞翻注：則以為驅下三陰，與鄭誼不同，《漢書・揚雄傳》：非堯、舜、湯、文王三驅之意也。顔師古注云：三驅古射獵之等，一曰籩豆，二為賓客，三為充君之庖，小顔用馬融誼，見釋文非也。禮記王制云：諸侯無事，則歲三田，一為籩豆，二為賓客，三為充君之庖，三田非三驅也。

清 陸次雲《尚論持平》卷一《王用三驅失前禽》 易比爻辭王用三驅失前禽，古注云：軍禮失前禽，謂禽在前，來者不逆，而射示降者不殺也。旁去者不射，示奔者不禁也。惟其走而前去者，射之。示服叛取亂也。今本義似背，此且來者不拒，去者不追，爲設教者言之。非謂田獵也。田獵之禮，即寓兵，威若去者，不追何以聯屬天下乎。審如此，則舜征有苗，啓征有扈，皆違去者，不追之意矣，洪文敏之説也。

狩獵

紀事

《清文獻通考・大狩》 臣等謹按承平之時，不忘武事，天下所以久安長治也。我皇上智勇天錫，臨御五十餘年以來，秋獮大典歲歲舉行。誠以順時布令，協天道之嚴威，柔遠綏來紹祖功之駿肅，是以平西域奠金川師，惟以整而以暇，將皆知守而知攻，無不有勇。知方膚功立奏者，良由臨事之機，宜亦緣平時之訓練也。臣等備員扈從每歲，皇上巡幸木蘭，躬行較獵。白藩服以至兵民，罔不震慴天威，欽瞻神武仰見聖朝，家法懲宴，安習勞苦，作士氣靖疆隅，永成鞏固之業云。

乾隆六年七月，上幸木蘭行圍。是歲二月，監察御史叢，洞奏皇上，念切武備，巡幸行圍，誠安不忘危之至意，第恐侍從以狩獵為樂，臣工或以違遠天顔，漸生怠。安所關匪細方，今紀綱整肅，營務罔弛，伏祈漸息，行圍頤養天和。得旨古者，春蒐、夏苗、秋獮、冬狩皆因田獵以講武事。我朝武備超越前代，當皇祖時屢次出師，所向無敵。皆因平日訓肄嫻熟，是以有勇知方人。思敵愾若平時將狩獵之事，廢而不講，則滿洲兵弁習於宴安，騎射漸至生踈矣。皇祖每年出口行圍，於軍伍最為有益，而紀綱整飭，政事悉舉。原與在京無異至巡行口外，按歷蒙古諸藩加之恩意，因以寓懷遠之畧，所關甚鉅，皇考因兩路出兵，現有徵發。是以暫停，圍獵若在撤兵之後，亦必舉行。況今昇平日久，弓馬漸不如前，人情狃於安逸，亦不可不加振厲。朕之降旨行圍，所以遵循祖制，整飭戎兵，懷柔屬國，非馳騁畋遊之。謂至啟行時，朕尚欲另降諭旨，加恩賞賚，令其從容行走，亦不至苦累兵弁。朕性躭經史至今，手不釋卷，遊逸二字，時加警省。若使逸樂是娛，則在禁中縱所欲，為罔恤國事，何所不至，豈必行圍遠出耶？朕廣開言路，叢洞胸有所見即行，陳奏意亦可嘉，但識見未廣，將此曉諭知之。三月，工部奏今次大駕，進哨行圍，經由橋梁道路，應飭地方官，如式修墊其口外，橋梁道路。向係各蒙古修墊者，令理藩院，轉飭遵行，得旨。國家武備不可廢弛。朕於本年秋月，出口行圍，原以訓練兵丁，仿古獮狩之禮。昔我皇祖，每歲舉行所經由道路及一切事宜，俱有章程。朕今歲踵行，悉遵舊制，但恐歷年已久，地方官員或借端派累隨從之人，或有恣意需索，及强買物件。不按時價者，著總督孫嘉淦，不時查參，毋得容隱。七月戊子上奉皇太后，啟行降旨，免所過州縣今年額賦十分之三，嗣後每年出口行圍，蠲免例並同。壬辰出古北口，八月辛丑入圍塲，九月回鑾，王公大臣等恭迎如儀。

臣等謹按木蘭者，圍塲之總名也。周一千三百餘里，南北相距二百餘里，東西相距三百餘里。周遭設卡倫守之。每歲白露後，鹿始出聲而鳴，效其聲呼之，可至謂之哨鹿。《國語》謂之木蘭，今即為圍場之通稱矣。凡圍場之名，曰塔里牙圖，曰永安莽喀，曰巴顏喀喇，曰威遜格爾，曰温都里花，曰額爾滾果，曰巴顏布爾哈蘇台，曰巴顏溝，曰岳樂，曰朱勒，曰巴顏木墩，曰得爾吉，曰達顏得爾吉，曰必圖舍里，曰阿濟格鳩，曰多們，曰厄勒素西那，曰額倫索活圖，曰庫爾圖察罕，曰西拉得布僧，曰厄爾吉圖察罕，曰永安拜色欽，曰巴顏圖庫馬，曰鄂爾吉呼哈達，曰永安拜，曰英圖，曰哈里牙拉，曰喀拉馬拉喀，曰赤老圖得爾吉色欽，曰明安阿巴圖，曰得勒格楞歸鄂博，曰孟魁色欽，曰巴顏托羅海，曰布克，曰漢特木爾，曰庫庫哈達，曰愛里色欽，曰喀喇楚古素，曰克勒，曰古爾板西那，曰察罕札布，曰西那腦海，曰噶海圖，曰布歸圖，曰莫爾根烏里雅素台，曰胡魯蘇台，曰巴拉圖，曰色拉，曰扎喀烏里雅素台，曰都呼代，曰哈達圖扎布，曰土門索各圖，曰們都阿魯，曰坡賴，曰莫爾根精奇尼，曰古爾板古爾板，曰森吉圖，曰布都里，曰朱爾噶代，曰哈朗歸，曰和來果爾，曰搜吉，曰空果勒鄂博，曰阿魯布魯克，曰巴顏莽喀，曰沙爾當，曰圖爾根衣扎爾，凡六十餘。所每歲車駕大獮，或十八九圍，多或二十圍，蓋於講武中寓好生之德，與成湯三面解網之意，同一揆也。

九月庚寅，諭諸王大臣等曰：朕行圍回京之後，恭讀太宗皇帝實録。內載昔太祖時，我等聞，明日出獵，即豫為調鷹蹴毬，若不令往，泣請隨行。今之子弟，惟務出外遊行，閒居戲樂。在昔時，無論長幼，爭相奮勵，皆以行兵出獵為喜。爾時僕從甚少，人各牧馬鞁鞍析薪自爨，如此艱辛，尚各為主，効力國勢之隆。非由此勞瘁而致乎，今子弟遇行兵出獵，或言妻子有疾，或以家事為辭者，多矣。不思勇往奮發，而惟躭戀室家偷安習玩，國勢能無衰乎？此等流弊，有關於滿洲風氣是以。蒙太宗皇帝諄切訓諭，朕此次行圍，諸王大臣中竟有躭戀室家，託故不願隨往者。朕已為姑容，亦不必明指其人。夫行圍出獵，既以操演技藝，練習勞苦。尤足以奮發人之志氣，乃滿洲等應行勇往之事，若惟事偷安，不知愧恥，則積習相沿，實於國勢之隆。替甚有關係嗣後，倘有不知悛改，仍蹈前轍者，朕斷不輕為寬宥，可偏行傳諭，諸王大臣及官兵等知之。

七年三月庚辰，諭曰：御史叢洞奏稱，請停修理熱河一帶行宮，以節帑金，而昭聖德等語。夫熱河等處行宮，為當年皇祖巡幸駐蹕之所。雍正年間，皇考未經出口行圍，是以各處行宮皆置之閒。曠然亦未嘗不署為繕補，以免傾圮，今朕仰承祖制，欲舉臨邊講武之禮。舊日所有行宮酌加修葺，此亦事理之不得不然者。我朝土木之工甚少，偶有興作，亦皆不煩編户之差，徭不動司農之經費，斷不至於勞民傷財，為盛德之累。但念人主一心於土木上多一分，即於政治上減一分。此理甚明，乃朕時用以省察者，修葺不比營造，雖難盡廢其工作有可緩者，著該管官此時緩之。

十二年七月，更定隨圍蒙古王貝勒貝子公等，賞賜之例。凡親王、郡王賞，上用蟒緞一疋，大緞二疋，彭緞二疋，貝勒、貝子公賞官用蟒緞一疋，大緞一疋，官用緞二疋，額駙賞官用蟒緞一疋，官用緞二疋，扎薩克台吉塔布囊等賞，官用蟒緞一疋，官用緞一疋。御製避暑山莊，百韻詩勒石，於永佑寺御製。避暑山莊百韻詩序云：我皇祖建此山莊於塞外，非為一已之豫遊。蓋貽萬世之締構也，國家承天命，撫有中外於古，未有之地盡入版圖，未服之國皆受封爵。而四十八旗諸部落屏蔽塞外，恭順有加，每歲入朝，錫賚燕享，厥有常典。但其人有未出痘者，以進塞為懼延頸舉踵，以望六御之臨，覲光欽德之念，有同然也。我皇祖，俯從其願歲避暑於此，鱗集仰流而來者，無不滿志以歸，且也三代以上無論矣，三代以下，享國最久者，莫如漢唐宋明。然四姓皆一再世而變亂生焉，是豈天心之怠眷，亦人事之偷惰，實致之。我皇祖有鑒於此，故自三逆底定之後，即不敢以逸豫為念，巡狩之典或一歲而二三舉行。耗財勞衆之論，夫豈不慮，然而凜天戒鑒，前車察民，瘼備邊防，合內外之心，成鞏固之業。習勞苦之役，懲宴安之懷，所全者大，則其小者，有不必恤矣。使誠以遊冶，是尚即深居九重，厭見百辟恣聲色怠政事，誰其禁之，而必往來沙塞風塵，有所不避，飲食或致不，時以是為樂，固未見其樂也。予小子自十二歲，蒙皇祖恩養育，宮中侍奉左右。扈蹕至此，親見皇祖高年鬚白，允宜頤養，尚且日理萬幾，暇則校射，習網閱馬合圍。雖天心之健，自强不息，亦聖度之恢，與時偕行也。故繼序以來，敬惟昔日時巡之意，更值四方寧謐之時，實不敢使文恬武嬉，以隳聖祖之家法。而每駐蹕山莊，羹牆之見，雲日之瞻。惻然有不能自已者，敬成百韻，畧識皇祖眷阿之遺志，并申孫臣孺慕之悃誠云爾。

十六年十月甲辰，申諭各省陸路，提鎮於冬月，照例行圍。諭兵部曰：

四川提督岳鍾琪奏稱，向來直省督撫提鎮，均有行圍之例，擬於冬三月，內農事已畢之時，查照往例，於成都附郭，不近田園之地帶領官兵前往圍獵，往返數日，親加訓練等語。直省營伍，操演武藝，不過拘泥成法。於安營住宿之道，馳騁奔走之勞，無從肄習於行陣，未有實濟。惟行圍可使將弁士卒，練習勤勞。岳鍾琪所奏，甚為有益，著通行各省陸路提鎮，仍照舊例，每歲冬季，輪派標兵，親身督率實力舉行，務使嫻熟，嚴整以裨實用。但既令出圍，若仍復按期操演兵丁，未免過累，著於行圍之時，酌量停止操演，日期以示體恤，并嚴加約束，不得蹂踐田圍，佔宿廬舍，致滋騷擾，並不可日久復致廢弛，該部即遵諭行。

十七年七月，上幸木蘭行圍。御製行圍，四詠塞山萬壑，糾獵士，五更行。蒙古管圍諸王公，每以五更率獵士，先往撒圍。撒陣常衝黑成行始質明，鼉叢度袛席魚麗辨徽旌曾不言勞苦，嘉哉奉上情。右撒圍。兩旗合帳殿，設布城為看圍，所奉皇太后觀覽兩翼，首旗各馳，至此為始，合則衆騎，以次徐進云。千騎列雲涯，試看止齊勢端稱左右宜彌縫，休欲速磬控尚需時，勒馬平岡待斐然立就詩。右待圍。周陸笑繁重善御，信何稱豈有車從，獸何殊屠。命僧詭馳，我所戒連中，衆多能佗藉，無須亟留，資歲歲仍右合圍。地不傷農，事情還聯衆歡，陳牲蔽芳甸頒獲逮儒冠。漢大臣隨圍者，頒獲每及之。習武毋忘業，暢遊亦戒盤，控弦教憇息西日在槍竿。右罷圍。御製虎神鎗，記勒石於岳，樂圍場。御製記曰：虎神鎗者，我皇祖所貽，武功良具用以殪猛獸者也，國家肇興東土，累洽重熙惟是詰戎揚烈之，則守而弗失。皇祖歲幸木蘭行圍，諸蒙古部落雲集景從。予小子雖不敏，纘承之志，其敢弗薆。故數年以來，巡狩塞上，一如曩時，蒙業藉靈四十九旗，及青海喀爾喀之仰流而來者，亦較前無異焉。若輩皆習射重武，使無以示之非所以繼先志也。圍中有虎，未嘗不親往射之，弓矢所不及，則未嘗不用此鎗，用之未嘗不中。壬申秋於岳樂圍場中獵，人以有虎告，而未之見也一。蒙古云虎，匿隔谷山洞間，彼親見之相去，盖三百餘步。朕約畧向山洞，施鎗意以驚，使出耳。乃正中虎，虎咆哮而出，負嵎跳躍者，久之復入，復施一鎗，則復中之。遂以斃焉。盖向之發，無不中，乃於谽谷叢薄目所能見之地，斯已奇矣，而兹岳樂所中則隔谷幽洞，並未見耽耽闞如之形，於揣度無意間覆焉，深入不移時，而殪猛獸則奇之最奇。其稱為神良，有以也。夫萬乘之尊，詎宜如孟克特庫之流，誇一夫之勇哉。孟克喀爾沁蒙古人，特庫滿洲今為內大臣。皆能獨搏猛獸如馮婦者。而習武示度必資神器，以效奇而愉快則是鎗也與兌戈和弓同為宗社法守不亦宜乎二十年八月，上幸木蘭行圍時大兵平定準噶爾綽羅斯台吉噶爾藏多爾濟等入覲賜觀圍。

二十一年八月，上幸木蘭行圍時，都爾伯特台吉伯什阿噶什來覲，及土爾扈特台吉敦多卜達什之使臣吹札布，入貢皆賜觀圍。

二十二年七月，上幸木蘭行圍時哈薩克汗阿布賴使臣肯集哈拉等，入貢賜觀圍。

二十三年七月，上幸木蘭行圍時，布魯特使臣車里克齊等，先後入貢皆賜觀圍。上以西域諸部降附來朝。自乙亥、丁丑、戊寅三年，皆適會於布呼圖口，地靈佳兆，若有神異，改其地名曰伊綿峪，伊綿者，國語會極歸極之義也。

十二月癸丑，朔副都御史孫灝，奏請停止，巡幸索約爾濟。上諭曰：孫灝奏請停止。明年巡幸，索約爾濟一摺。朕初閱其辭，以為無知罔識事體，付之不問而已，繼思。孫灝此奏，其所關於本朝家法，及我滿洲風俗人心者，甚大有不得，不明白宣諭者。我皇祖聖，祖仁皇帝臨御六十一年，惟恐八旗之衆，承平日久，躭於安樂，不知以講武習，勞為務是以省，方問俗較獵行圍之典。歲頻舉行，聖壽既高，猶不肯稍自暇逸，其所以為萬世子孫計者，意至深遠迨。我皇考世宗憲皇帝十三年中，朕與和親王等，日聆庭訓每諄諄以皇祖之定制，貽謀永當效法，而深以未遑舉行為憾，朕臨御以來，思紹前徽早，夜兢兢罔敢少懈。如比年來，戡定準夷兩路用兵，我滿洲大臣官兵等，皆能踴躍。奉命克奏膚功，亦由躬親整率，習之有素。是以臨事，赴機人思，自効即此，亦其明驗矣。如徒以恭己養安藉口於文恬武嬉之説，朕豈少御園，別館足供覽憩，而必親御鞍馬時勤弓矢轉，以此為自娱計耶。朕今日適閱聖祖仁皇帝實録，有天下雖太平，武備斷不可廢，如滿洲身歷行間，隨圍行獵，素習勞苦，故能服勞。若漢人則不能矣，雖由風土不同，亦由平日好自安逸所致之。諭恭讀之，餘凜然悚惕，豈敢一日忘之。今孫灝摺內以為，索約爾濟地在京師直北，遠與俄羅斯接界，一似輕車前往不無意外之慮者，此語尤為笑柄。今額駙色布騰巴爾珠爾及喀爾沁，貝子呼圖靈阿扎拉豐阿，俱在朕前試問，索約爾濟非即伊等之部落，家室耶伊等，非國家教養之子孫臣僕耶，以伊等恭誠望幸迎請猶恐不及，而謂有意外之慮，當亦夢囈所不應出此者矣。摺内乂稱索約爾濟非江浙勝地可觀等語，其言更為荒誕，且南巡之舉豈僅為山水觀覽之娱？上年，朕臨徐邳淮泗沮洳之地，為之相視求瘼疏洩修防，次第興舉。今歲農事倍收，孫灝寧不聞之乎，且果如孫灝所言，南方為勝賞之地，則索約爾濟之習勞練武所，為固勝於彼益不可中止矣。至稱隨從侍衛官員人等，長途費重，生計艱難，則從前皇祖時獮狩之典，歲率二三舉行。彼時大臣中，或有外來之助至於侍衛兵丁，何嘗不以為苦。然正所以教之節，用知艱也。且今預借俸餉，額外賞給較昔實厚，豈至苦累轉甚於前者。若如孫灝之意，將使旗人盡忘淳樸服勤之舊俗，而惟漸染漢人陋習。人人頽廢，自安，文既不文，武亦不武。如此而後快於孫灝之心，則其心為何心乎？至近年來，朕每秋獮木蘭，恭奉聖母皇太后安輿，竊念聖躬或致勞勤懇，請駐輦山莊，猶未蒙慈允且屢垂懿，訓示以大義。謂祖制不可少，違安逸不可少。圖惟恐朕之稍有廢弛，此亦諸王大臣所共知者。而孫灝顧以長途往返，藉詞緣飾謂足聳動衆聽耶。孫灝以上書房行走之員，而識見舛謬害事如此。若侍諸皇子教讀耳濡目，染豈獨貽悮養正之功而已哉。副都御史職佐風紀，斷非謬妄之人所可濫竽，孫灝著以三品京堂，改用將此旨，通行曉諭知之。

二十四年三月，諭今歲暫行停往索約爾濟，諭曰朕今歲，將幸索約爾濟行圍已於上年降旨，令所司預備馬匹牲畜事宜，嗣因將軍兆惠等，進勦逆回相持固守逆渠和卓木等，尚未授首。今年正當厚集兵力，一舉勦滅方。欲暫停巡幸，專事軍儲乃當宵旰等，維未頒明旨，而孫灝不知從何處得此信，遂以停止巡幸。索約爾濟瀆奏夫索約爾濟乃蒙古部落，習勞講武之地，朕躬巡幸亦為加恩，衆蒙古及簡習兵丁，校閲材藝計耳。孫灝不知大體，妄謂勞民動衆，往可畏之地。朕轉定欲今歲前往者，以此近據。科爾沁親王，阿拉布坦奏到該處圍場，曾被野燒。因遣額駙色布騰巴爾珠爾等前往看視，今據奏稱圍場雖有被焚之處，青草繁蕪無恙。蒙古等望幸甚，殷惟圍場野獸不無因火逸出稀少等，語往索約爾濟本為行圍今圍場牲畜既少，則轉不如木蘭之可以肄習蒐獮矣。今歲可停往索約爾濟俟，一二年後酌量降旨，秋時前往木蘭，照例預備，所省牲畜，用濟軍需亦覺有益。此非返顧却慮依孫灝所奏也，將此通行曉諭知之。建濟爾哈朗圖行宫，自波羅河屯入圍場有二道東道由崖口西道，由濟爾哈朗圖每歲行圍多從崖口出入至是建行宫於濟爾哈朗圖二十七年復於濟爾哈朗圖之北，建阿穆呼朗圖行宫，制俱朴素，取其道里適均往來駐頓不煩供億也。嗣後車駕行圍若由崖口入，則回鑾由濟爾哈朗圖若由濟爾哈朗圖入，則回鑾由崖口率以為例。

二十五年八月，上幸木蘭行圍時哈薩克汗阿布賚使臣都勒特赫勒等，入覲賜觀圍御製塞宴四事詩。

詐馬。詐馬為蒙古舊俗。今漢語俗所謂跑等者，是也。然元人所云，詐馬，實咱馬之誤。蒙古語謂掌食之人，為咱馬。盖呈馬戲之後，則治筵以賜食耳所云。只孫乃馬之毛色即今蒙古語所謂積蘇者，是亦屬魯魚兹扎薩克於進宴時，擇名馬數百列二十里外，結束鬉尾去羈韉馳，用幼童皆取其輕捷致遠，以鎗聲為節遞施傳响則衆騎齊騁驫駛山谷，騰躍争先不踰晷刻而達掄其先至者，三十六騎優賚有差所以柔遠人講武事也。名王詐馬存遺風，獻筵備陳表敬恭。廿里以外列駿驄，置郵傳命聽發縱。宣教施銃星火紅，連聲遞令頃刻通。砰磕萬雷忽落空，翩若驚鴻逸若龍。雲屯飈欻倒吕洪，旁唐閃霍復春容。振陵駭谷躪阜㚇，平沙草軟净壒㙅。駃騠束尾纚其鬉，輕方致遠騎以童。捷足獨出傑且雄，選三十六惟良駥。按第行賞務從豐，只孫古俗想像中，和樂還因寓詰戎。

什榜。什榜，蒙古樂名，用以侑食，今俗所謂十番。或因此。楊萬里詩有全番長笛横腰鼓，一曲春風出塞聲之句。盖樂曲名番本塞外語，而傳譌耳，其器則笳管箏琶絃阮大不思之類。將進酒輒於筵前鞠躋，奏之鼓喉而歌穌囉赴節有太古之遺音焉。平原擇向圓幕張，駱酥乳酒湘黄羊。名王捧觴起上壽，較漢公卿禮數詳。渾撥四，火不思，曲長朔管如鞭吹，鳴羽發徵氣内運，叩角動商響外披。初奏《君馬黄》，大海之水不可量。曲首句。繼作《善哉行》無貳無虞，式穀友朋。誰云朔漠無古樂，絶勝鄭衛為新聲，我惟中外一家用聯上下情，亦不侈談有虞氏，四裔之樂舞於庭。

相撲。相撲之戲，蒙古所最重，筵宴時必陳之。國朝亦以是練習健士，謂之布庫，蒙古語謂之布克。脱帽短襩，兩兩相角，以搏踤仆地决勝負。勝者勞以巵酒。厄魯特則袒裼而撲，雖蹶不釋，必控首屈肩至地，乃為勝彼。嘉其壯賜之羊臛，則拱臂探掬，顧盼呿吞，聲若飲歡。其舊俗如此，因以示惠云。健兒揎袖短後衣，席前相撲呈雄嬉。捭拖拗拉矜拚掑，跮蹉踞蹋躧且蹥。乘間伺怠出以奇，恧然躓蹶力不支，勝者賜酒跽飲之，别有厄魯均新附，其撲法乃異舊部，露身赤脚惟著袴。撇捩跐踔空拳赴，失計忽撲伏地據。騰跳翻作康王跨，兩肩著地頸倒豎。方得謂之决勝負，勝者揚揚意實歡。負者反求惟靦顏，宣傳典屬呼來前，上方肥羊出厨盤。長胾大臛如舉山，七箸不設俾恣餐，誰識不足君所言，快哉大嚼真壯觀。豈對屠門空望懸，跪振雙臂攫且摶。左哆右噏直下咽，倏似長鯨吸百川。意氣自若殊昂軒，均令染指異腹便。小哉食肥張齊賢，是盖衛拉舊俗傳。示恩奬勇一試旃，食罷命前面詢焉，弗如兹食閲十年。據云準噶爾，自喇嘛達爾扎搆釁以來，日就凋敝不得，如此飽啖者，十年於兹矣。

教駣。教駣攻駒，《周禮》全載，然後世僅知攻駒，而不知教駣。蒙古則熟習其法，謂之騎額爾敏達。騬馬三歲以上曰達騬，額爾敏則未施鞍勒者也。每歲扎薩克於所部，驅生馬多羣至宴所，散逸原野，諸王公子弟雄傑者，執長竿馳縶之，加以羈鞴，始則怒騁騃趯，或豨突人立，嘶齧靁殷，馭者騰踔而上，控掣自如，須臾調良，率得良馬。一歲為駒不勝鞍，三歲為駣始堪。教夏官庾人早失傳，未若朔漠存古調。扎薩獻宴必備觀，分羣別色陳平原。氊廬賜食較撲罷，按轡一覽同名藩。名藩子弟皆吉服，上馬執竿好結束。馭生馬者，必馳騎逐之。襭衣綰帶，持尋文竿，繫革絙其上。以為控縶，俗云套馬竿。敺來萬錦欻披前，光采陸離紛奪目。薄言駉者有驈皇，騂騏驒駱駰騢黄。縶之維之取傑驁，絏絆未及先跳踉。齕草飲水本天性，韉鞚乍拘自覺病。驚軼狂擲詎能無，處之以暇堪力勝。牽來蹀躞人争騎，驀跨那待羈馽施。擢足軒立忽落地，翻身騰蹻捷于飛。盡態極變不可狀，騬突雄驅若翻浪。毛龍逸虎旋就馴，人有餘閒據馬上。馳驟寧供耳目娛，駃騠騄耳中掄諸。憑閲考牧悟至理，不教而成事所無。

二十七年七月，上幸木蘭行圍。是歲，哈薩克汗阿布賚遣陪臣蘇爾統都勒特赫勒等，入覲賜觀圍。

三十二年八月，上幸木蘭行圍。時哈薩克陪臣公品級杜勒克勒等，入覲上宣見賜以櫜鞬裘服，并令隨圍從觀。

三十五年八月，上幸木蘭行圍。時喀爾沁郡王拉特那錫第等於行營南門外，設大氊廬進上膳。

三十七年八月，上幸木蘭行圍。是年，定圍場數為十五。

臣等謹按恭逢皇上大獮，或十八九圍，或二十圍。馳射之事，所以示衆蒙古也。今圍場定為十五。九月朔已獮十圍，恭讀御製有曰：減期。圖速返臨樂戒淹留仰見聖壽已逾六旬，恭承皇太后懿旨，不復久駐，行圍聖孝性成真越千古矣。

三十八年八月，上幸木蘭行圍。上自行營度，齊爾伯庫嶺甫七里即停，蹕傳膳因賜扈從近臣及隨圍蒙古王公，并入覲之。土爾扈特等，朝餐饔入調味親為指授，劑和俾皆饜飫御製，恭題皇祖御用，韘恭録御製序，我朝家法相承，肄勤尚射。皇祖神勇，天錫臨御。六十一年秋獮，冬狩之典，歲必舉行，往往親御威弧殪禽服猛鑠乎偉哉余髫年，蒙被恩眷養育宮中，幸得隨侍木蘭行圍。仰瞻聖武，追念祖德迄今不敢忘，兹恭閲舊藏御用韘十有二，或革或角，規制樸堅。撫思鉤弦闓體之精，想見壹發參連之妙。夫書策手澤所存尚，且守而弗斁矧為法。先詒後之良，謨勵繼繩而彰赫濯其寶重。更當何如，敬合弆篋衍什襲用珍，并係長言以識永久，今和闐歲貢嘉玉中韘材者，不一而足。雖琛賮徠遐瑞符延喜詎，若此觀德示儉之昭，垂萬世哉。

四十年九月，上幸木蘭行圍。凡近崖口處獸尚少，是時，上初入崖口祗射一箭即中一麅，駐行營後適將軍阿桂等奏，至現已合圍勒。烏圍指日可克，既批答諭示，即以所射之麅賜阿桂，豐昇額明亮俾均愷恵，是年皇曾孫，奕純，九歲即隨圍。四十一年八月，上幸木蘭行圍。

臣等謹按上幸木蘭，向無乘輿之事，近因聖壽已逾六旬，數年來自行營至看城始。乘肩輿以避曉凉，若上圍則仍乘馬如前，扈獵諸藩部同聲歡忭，真千古所未有也。御製蒐苗獮狩説，傳論春蒐、夏苗、秋獮、冬狩各具時義，言固引而未發。至所稱皆於農隙，以講事，吾不能無疑焉。夫秋冬或有農隙，至於春夏，則自播種，以至刈穫，其間耘耨灌漑，較晴量雨，炙背胝足，苦哉！耕夫盖無一時之安心息力，而謂之有農隙可乎？嘗思，蒐苗，從草，獮狩，從犬，古人制字，盖有深意。杜注苗為苗除害是矣，而所云蒐索擇取不孕者。猶未免以辭害義，夫禽獸固族聚而類處使擇牡，而驚其牝則孕者，不能無傷豈育物之仁哉，則所為蒐索者，亦以蒐索其害苗為當。至於獮狩，皆從犬，則誠守而取之，順殺氣而獮之，是則春夏之取獸，繫乎田秋冬之取獸繫乎，獸而義明矣。雖然更有説焉，古時地廣人稀，故田或游獸，而有蒐苗之事，以除其害。今及腹裏以及邊壤地無不耕，安得有禽獸害苗之事乎？若夫圍場之地，原自不耕則所為。

蒐索其不孕而肥者，與夫初生如苗者，以嘗新繹其義亦未嘗不通，而實非古人所解者矣。

四十五年五月，諭曰：今年，係朕七旬，萬壽辦理，班禪額爾德尼前來熱河，朝覲筵宴念經等事，過朕萬壽後，始念濟爾嚕經俟，念完時再行進哨未免太遲。

今歲不必進哨，將此曉諭各該處所有進哨俱著停止。

四十六年八月，上幸木蘭行圍。

臣等恭讀御製雜詠，注云從獵蒙古王公，內扎薩克四十九旗，又喀爾喀四部，及四衛拉特再青海等部落，各扎薩克不下百餘旗，仰見我朝中外一家，實史冊所未睹云。

又《木蘭行圍儀》 凡秋獮設圍場於古北口外，曰木蘭。以總管掌其地政，歲遇皇帝行圍，既奉旨總理行營，王大臣奏請嚮導官一人先莅圍場，於鑾輿所經之地，除道清軌，行文所司儲備。宗人府內閣部院奏請，欽命扈從王公各官八旗護軍統領，請命統領一人營總三人其叅領以下及護軍，由八旗酌委奏，聞先期由兵部行文駐防將軍都統，副都統各選所屬官兵，材藝優長者，分班遣赴京師，隨圍學習。理藩院行文扎薩克王公等，選獵士一千二百五十人從。喀喇沁翁牛特共一千名，敖漢五十名，科爾沁一百名，巴林克西克騰共一百名，又喀喇沁派圍場夥計槍手六名，隨圍槍手六名，哈嘛爾三十名，打鹿槍手四十名，喀喇沁土默特翁牛特派嚮導一百名，長槍手一百二十名。蒙古諸王公台吉應隨圍請安者，令其至波羅河屯祗竢。先期一日遣官祗告奉先殿，至日，皇帝御征衣乘馬出宮，翊衛諸臣前，引後扈百官采服。跪送均如巡幸儀，行營駐蹕護軍，統領營總各一人。率護軍叅。領護軍校。護軍先涖其地，度地廣狹，以立御營禁。隨駕官兵，踐禾稼，擾吏民營，總巡警嚴譏察止。夜行違者，論如法既至行在兵部，頒行圍禁令。欽命統圍大臣數人，先涖圍場。按旗為隊分兩翼，斜行成列，各建纛以為表。前哨左右用藍，兩協左白右紅，中軍用黃。前哨馳而進，則後隊以次，隨發繞圍場，蟬聯環匝。由遠而近，毋差池，毋間斷。行圍之日，五鼓管圍，諸王公率獵士先往撒圍，所司設幔城於圍。所奉皇太后觀覽，皇帝臨圍場，親御弓矢，圍合獸突。皇帝發矢殪之，御前大臣侍衛皆射軼於圍，外者，從官追射，遇大獸虎鎗官兵從之，既獲獸各比次其類，以獻駕還行營，以所獲獸。分頒扈從諸臣大獮，禮成賜宴賞賚有差南苑行圍，儀凡田於近郊，設圍場於南苑，以奉宸苑領之統圍。大臣督八旗統領等，各率所屬官兵，先莅圍場，布列鑲黃、正白、鑲白、正藍四旗，以次列於左，正黃、正紅、鑲紅、鑲藍四旗以次列於右，兩翼各建纛以為表，兩哨前隊用白，兩協用黃中軍用鑲黃駕至圍，場合圍校獵與前制，同巡幸所至行圍儀。凡巡幸所至各備圍場，車駕東巡，由兵部移文盛京等處，將軍經行蒙古諸部，由理藩院行知扎薩克王等，各率所屬官兵以從。命統圍大臣，分翼合圍均如前制。蒙古王公等隨圍。例凡內扎薩克四十九旗王貝勒貝子，公台吉塔布囊分三班，每年輪班，朝賀後，仍往木蘭。隨圍御前行走之，貝子公等乾清門行走之，公台吉額駙等分兩班，每年輪班朝賀後，仍往木蘭，隨圍閒散行走之。額駙分三班，每年輪班隨圍木蘭後，即入京朝賀。喀爾喀青海汗王、貝勒貝子、公台吉，分四班來京，其未出痘者，祗往木蘭請安。未分班之厄魯特王公等，聽其自行來京，或往木蘭請安。又喀爾喀四部內未出痘之王公，每年以十人隨圍。由定邊左副將軍，酌派駕幸木蘭行圍外藩進宴儀。凡車駕行圍木蘭，蒙古卓索圖召烏達二盟長例進宴一次。設蒙古帳房六座白駝，十八鞍馬，十八騸馬，一百六十二牛，十八羊，一百六十二酒，八十一罈食品，二十七桌，撲跌人二十名，歌蒙古曲人九名，生駒一千匹，騎生駒人二十名，賽跪馬二百五十匹。屆先期呈行在理藩院，奏聞並列各蒙古王公職名，具奏，請旨派一人進爵。屆期武備院官將所進蒙古帳房設一架於皇太后，看城內餘設行營月牙城內，所進駝馬牛羊等，俱列於道傍，駕至理藩院。官引蒙古王公台吉等，在月牙城外跪迎。駕陞帳殿寶座，理藩院官引帳殿內，應坐之。蒙古王公等，入列坐於左右，其餘分坐於兩旁，所設帳房內，皇帝進茶，諸王公等俱興行一叩禮，次賜諸王公茶復叩，飲畢坐。皇帝進，膳有司恭捧御爵，實酒進爵者，出班跪接。爵恭進，御座前退復位跪，一叩衆皆跪，叩進爵者，興詣御座前受虛爵，退有司承旨賜進爵者酒，進爵者跪飲，畢復叩首，興復於原坐處。賜蒙古王公台吉等食，侍衛等分遞酒於蒙古王等，各以次徧。是時，綽爾濟人及歌蒙古曲人，以次入，侑皇帝進膳畢獻茶，乃陳相撲之戲次觀蒙古王公子弟，騎生駒。宴畢，皇帝還行宮。諸王公台吉等於原接處跪送如儀。

又《御製哨鹿賦有序》 賦者古詩之流，詩以言志，其有不能盡言之志，則賦可以申之。我皇祖昔喜哨鹿，朕冲齡隨侍，習聞其事，年來乃親試為之，喜其有合於聖經，顧古人無賦之者，故不愧無文，其辭曰：伊白露宵中之候，正伊尼孳之時。生不息焉，洪鈞運而誰測；物雖蠢也，氣機至而咸知。故三序春夏冬 則牝牡，各從其類謂牝隨牝羣牡逐牡侶，惟中去聲秋斯，牝牡各媲其妃謂牝各分羣而匹牡。 強有力者，不為挾兩而累十；弱無能者，或乏獨匹以相隨。或依林而命侶，或據嶺而分畿，或悍害而傲衆，或謹守而自持，或豪敓而攘彼，或竊取以私其。萬態紛其，莫窮一以音而宣之。于是虞人善因聲以察情，爰體情以斆聲。喜金風之颯爽，值玉宇之晶明。霜重而不言其冷，霧濃而那覺其零。陵嶮巇而如登衽席，冒蒙茸而不異戶庭。慮吾遊之宴起，虞原獸之怠鳴 。鹿迨晨則懶鳴，哨亦不進，故哨鹿者，恆于未曙前即往夙戒僕而奚從，欣戴月而披星。舍從寬衣，宜茲短服。荷長哨于左肩以木為哨鹿之具，呦呦以鳴，出象首于右簏象鹿之首人戴之則鹿不疑。躐嶒陟峻，沿溪穿谷。攀蘿兮豈辭胼手，履石兮何妨尰足。蓋以暢茲心神，詎惟饕其口腹。於焉躉乎，崔嵬軼彼嵾嵳。上干丹楓之巘，下視白雲之隈。上風飧切之避忌，楊林晃耀則紆迴。就叢薄之蔽翳，及獺裘而毰毸。眾絛理焉畢，會乃得傑雄之。爭匹者，呦踉蹌而徐來。角八乂兮嶷嶷，耳雙聳兮溼溼。挺強項兮莫攖矗，靈鼻兮善。始嚇侶兮自嫺，乃妒異兮矜急。既縱縱兮疾赴，復兮少戢。蓋屢試兮絕猜，遂銳志兮直入。爾其動林無形，匪風有響。適其將至，撇爾懼往。奮角思觸，瀏睨爭長。則在夫能哨者，善達變以隨機，比用中而執兩。或激其怒兮使進，或示以弱兮令放。惟察情之喜怒，乃應聲為低仰。蓋用心於既專，斯通靈而不爽。既然矣，無動無慮，不徐不遽。驀驫合之前陳，陡應叱而少住。屏營收息，量卑揣高，傍斗窺星槍上施星斗所以審高低，度分以毫，審度發機，馥焉中膏命處，擇肥登于大庖。若夫多疑旁剔，既進中止，膽劣心狷，狐猜狼視，未交戰而長跳，毆叢樾而如駛。則亦比之窮寇之莫追，又何必焚林而盡取哉？蓋嘗研精哨鹿之理，而知五德焉。取一以新，匪二以頻，仁也；逆者斃之，去者寘之，義也；爰登篁篋，爰嘏福履，禮也；招之即至，獲之即遂，智也；呼哨以進，射宿凜訓，信也。如是者，蓋有合于聖人之洪道，而又豈潘岳躭盤流遁之所誡，相如《子虛》《上林》之所嘲也哉。

又《御製後哨鹿賦》 或問哨鹿之時、之法、之義，蓋已蘊賅前賦矣。若夫冒凜冽之霜晨，衝棠翳之林薄。踐岝崿之巉峯，涉沮洳之幽壑，十哨未必一來，十來未必一獲。獲乃心忻，失斯興索。多見其勞，鮮聞其樂則何？不張堂堂之圍，按徐徐之度。收藉藉之富，免皇皇之謔，而故為是寒征，而曉作者何哉？曰：吁！是何言耶？是何言耶？見土障葛燈而嗤為已過者，非忘其先也耶。逸則淫而勞則思，季氏之婦猶聞之，固可弛其惕乾耶？或曰：惕乾者蓋不若是矣。意者慎大寶，居法宮，屏九御，接三公，劭農政，熙天工豈，謂當即鹿於隍中耶：曰：子知其一，未知其二。坐，吾語汝，賦以見茲。若夫高談堯舜，深處廊廟，文恬武嬉，內弱外强，孰不喜夫逸體，而庸詎知其頹綱也哉。且也身歷其難者，告之以人之難，而知而不知人之餒者，方謂何不食肉糜也。是以神區天闢後法，先垂詰戎，習衆謹度，節時圍以示正哨以出奇得之。艱者趣斯永躬，其勞者樂亦隨，盖理境之當窮，可絜矩而深思也。於是秋本蕭長，塞猶淒所，宵風定兮林靜，曉月上兮山岨。儦儦者姤羣，俟俟者攜侶。遵彼之蹊如，或殷殷而佇，吹長哨以通情，似應聲而答語。去亦弗追，來亦弗拒。則有強者捍掠，弱者趦趄，猜者飄瞥，怯者踟躕，忼慨者悍性，昏瞀者模糊，雖人情之萬態，亦奚有以異諸。緣轃物來，獲一勝百，其來也亦惟去之，是慮其獲也夫。何失之足昔，去與來固難期之，儻然失與獲亦無定之，屢易吾因以參如幻於現前，愛景光而為適也。爾其問夜宵衣，據鞍策馬，萬帳燈明，七萃聲寡，是則始出營而覽離，奇晃耀之狀也。若夫炬影漸遠，夜色猶暝，峰嶺纔分，林樹未形，乍如夢遊玉樓，十二仙人京羽。其曉蟾初吐，或半或圓，隔葉瀲露，度水翻瀾。又如虹橋可躡徑，欲造廣寒，高山出雲，雲去山在。變幻頃刻，步步觀改，則何異夫黃山之海，赤烏扶桑，露歛氛開，攻瑰鞢鞈，熊熊回回。又奚數、其初陽之臺於焉，入深樾凌崇巒，密容單騎，疏見線天，千年落葉，鱗裓谷填，色作黃金，風吹不翻，臭如沉水，履若罽氈。徊乎靜真乎忽訝。夫身入布地之園，而伊尼之羣，方且左右前後與人周旋。失兮獲兮，勞兮樂兮。率已相忘於無，何有之禪矣，問者茫然，不知所謂。懡踻蹭，唯唯而退。

臣等謹按哨鹿之法，於古未聞，遼史營衛志秋捺鉢曰：伏虎林，每歲車駕至皇族而下，分布濼水側，伺夜將半鹿飲鹹水。令獵人吹角，效鹿鳴，既集而射之。謂之舐鹻鹿，又名呼鹿殆即其遺法歟。我朝歲舉校獵之典，而哨鹿亦兼行之圍場，稱木蘭者因哨鹿而得名也。會典未載哨鹿之法，恭讀御製哨鹿二賦，體鹿情之聚散狀哨法之精微，至理之該括靡遺。辛苦之形神，曲繪發宣祖德，如見宵衣問夜之勤雅。合聖經，不忘文恬武嬉之戒，大哉！王言蔑以加矣，謹載於篇，以昭典故焉。

藝文

北周 庾信《庾子山集注》卷四《冬狩行四韻連句應詔》 三川羽檄

馳六郡良家選，韋昭曰：三川，河伊洛也。《史記・陳豨傳上》曰：吾以羽檄徵天下兵注云魏武奏事曰：今邊有少警，輒露檄插羽飛羽檄之意也。裴駰曰推此言，則以鳥羽檄，書謂之羽徵，取其急速若飛鳥也。《後漢書・百官志》曰：羽林郎掌宿衛侍從常選漢陽隴西安定北地上郡，西河凡六郡，良家補本武帝，以便馬從獵還宿殿陛巖，下室中故號『巖郎』。觀兵細柳城校獵長楊苑三輔黃圖曰：細柳觀在長安西北，《三輔舊事》云：漢文帝，大將軍周亞，夫軍於細柳，今呼古徼是也，又黃圖曰：射熊館在長楊宮，武帝好自擊熊，司馬相如從上林作賦，諫揚雄亦作長楊賦。驚雉逐鷹飛騰猿看箭，轉鳴笳河曲還猶憶南皮返。《爾雅》曰：河百里一小曲，千里一曲，一直漢書渤海郡南皮縣魏文帝，與吳質書曰：時駕而遊北遵河，曲從者鳴笳以啓路文學記乘於後車。又曰每念昔日，南皮之遊誠不可忩，謝靈運擬鄴中詩曰：念昔渤海時，南皮戲清沚。今復河曲遊，鳴笳汎蘭汜。是也。呂向曰：魏近河故云河曲篗笛也，『笳』《說文》作『篗』字同。

又《和王內史從駕狩》王內史，王褒也。〈周書・王褒傳〉曰：保定中，除內史中大夫》

冬狩，出離宮還過獵武功。《左氏傳》曰：春蒐、夏苗、秋獮、冬狩。杜預曰：狩，圍守也。冬物畢成，獲則取之，無所擇也。《漢書》賈山曰：起咸陽而西至雍離宮，三百。師古曰凡言離宮者，皆謂於別處置之不常居也。《漢書・地理志》曰：右扶風武功，縣太壹山古文以為終南垂山，古文以為敦物皆在縣東。澗橫偏礙馬，山虛絕響弓。更羸承落雁，韓盧鬬鷙熊。《博物志》曰：更羸謂魏王曰：臣能射為虛發而下鳥。王曰：然，試可於此乎，聞有鳥從東來羸，虛發而下之也。事出《戰國策》，鳥雁也。《國策》作雁又《國策》曰：韓盧天下之駿犬也。淮南子曰：熊羆蟄藏毛詩草木，蟲魚疏云熊，能攀緣上樹，見人則顛倒自投地，而下冬則入穴而蟄，始春而出，脂謂之熊白，羆有黃，羆有赤，羆大於熊，其脂如熊白，而麤不如熊白美也。猶開三面網，誰肯一山重。《呂氏春秋》曰：湯見網置，四面拔其三面，置其一面。祝曰：欲高者高，欲下者下，吾取其犯命者，漢南聞之歸者，四十國。

唐 李世民《冬狩》《全唐詩》卷一

烈烈寒風起，慘慘飛雲浮。霜濃凝廣隰，冰厚結清流。金鞍移上苑，玉勒騁平疇。旌旗四望合，罝羅一面求。楚踣爭兕一作麇殪，秦亡角一作解鹿愁。獸忙投密樹，鴻驚起礫洲。騎斂原塵靜，戈迴嶺日收心。非一作悲洛汭逸，意在渭濱游，禽荒非所樂，撫轡更招憂。

唐 杜甫《杜詩鏡銓》卷一〇《冬狩行》原注時梓州刺史章耆兼侍御史留後東川》

君不見東川節度兵馬雄，校獵亦似觀成功。夜發猛士三千人，清晨合圍步驟同。見兵法訓練。禽獸已斃十七八，殺聲落日迴蒼穹。犢用魯陽揮戈返日意。幕前生致九青兕，駞駝即駱駝，嵬落猥切。峞五毀切垂元熊。嵬峞富貌。東西南北百里間，髣髴蹴踏寒山空。有鳥名鸜鵒，禽經鸜鵒剔舌而語。力不能高飛逐走蓬，肉味不足登鼎俎，何為見羇虞羅中。亦是借言取此無益之物，不如乘時以建大功也。春蒐秋狩侯得同，趙注蒐狩本天子事，而諸侯得行之。使君五馬一馬驄。謂兼侍御。況今攝行大將權，謂為留後。號令頗有前賢風。飄然時危一老翁，十年厭見旌旗紅。喜君士卒甚整肅，為我迴轡擒西戎。草中狐兔盡乃益，天子不在咸陽宮。時吐蕃陷京車駕出幸陝州。朝廷雖無幽王禍，史記申侯典犬戎攻殺幽王於驪山之下。得不哀痛塵再蒙。前元宗幸蜀今代宗幸陝。嗚呼！得不哀痛塵再蒙。王洙曰：『是時，詔徵天下兵，程元振用事，無一人應者，故章末感激言之。』

張上若云：『以流寓一老，正詞督强鎮為敷愾勤王之舉，真過人膽力，真有用文章。』

宋 羅大經《鶴林玉露》卷五《冬狩行》

自古夷狄交侵，中國衰微，必人主真有哀痛之誠，將帥真有憤切之志，然後可以言恢復杜陵。冬狩行草間狐兔盡何益？天子不在咸陽宮，規警將帥也。又曰：朝廷雖無幽王禍，得不哀痛塵，再蒙規警人主也。然人主者本也，人主果有興衰撥亂之志，其誰敢不從？故又曰：烏乎！得不哀痛塵再蒙，所以深規警人主也。

元 耶律楚材《湛然居士集》卷一〇《扈從冬狩》

癸巳，扈從冬狩，獨予誦書，于穹廬中因自譏云。

天皇冬狩如行兵，白旄一麾長圍成。長圍不知幾千里，蟄龍震慄山神驚。長園布置如圓陣，萬騎雲屯貫魚進。千群野馬雜山羊，赤熊白鹿奔青麞。壯士彎弓殞奇獸，更驅虎豹逐貪狼。御閑有馴豹縱之，以搏野獸獨。有中書倦游客，放下氈簾誦周易。

明 吳節《吳竹坡先生詩集》卷八《冬狩行》

朔風亂捲紅雲開，轘轅雪後無塵埃。傳道君王將羽獵，水衡都尉奔如雷。旌旗繽紛去千里，翠華初出黃金臺。方瞳俊駒搖綠耳，縱轡燕山驟風雨。獵火晨飛萬壑紅，軍容暝合千崖紫。倚天長劍標星虹，銛矛快戟如攢峰。勢撼五嶽欲傾倒，網羅大野無西東。生禽猰貐礫犀兕，紛紛進入葡萄宮。羌胡愁絕不敢望，六龍駐在天山上。何用長城衛古今，每將威德宣空曠。風沙不動舊邊除，三驅已示回金輿。鸞旂屬車擁前後，中有夜光照乘之。明珠論功飲至彤，墀裏殿上氤氳卿。雲起鈞天九奏日，迎長孝祀初陳夜。猶未入荒一統咸，歸王垂衣拱手同。虞唐周王不用侈，黃澤漢武豈必誇。長楊後車賢才盡，登用靈臺已見多。麟鳳倘鐫石鼓紀，崇勳載筆鑾前獻歌頌。

清 孫宗彝《愛日堂詩文集·詩集》卷一《冬狩接駕和吴梅村太史韻》 崔嵬旌旆轟山齊，玉輅粼粼聽鼓鼙。壁壘精心無燕雀，遊觀古意在鳧鷖，春盤競薦雲中雁。曉仗驚追雪後蹄，臘盡莫言田躍晚。翠華臨處有雲霓。

清 王鉞《世德堂集·詩集》卷四《冬狩二十韻**》** 飛騎出長楊，銅魚啟未央。天風横輦路，木葉下河梁。駝背縈金索，象身被錦裝。三成陳卒鋭，七萃列材良。帳殿寒更肅，氊城夜柝長。地形龍虎踞，陣伍鳥蛇張。月照窮邊白，雲生大漠黄。楚陵圍一合，漢苑獵三方。怖獸林中伏，驚禽物外翔。雪前鷹眼碧，霜後兔毛蒼。羽箭無虚發，琱戈不再創。割鮮方錫賚，獻馘更傳觴。玉仗聯軿闐，銀壺貯酪漿。晴川冬晶晶，燎火夜煌煌。雨霽開幽塞，天低接建章。祥烟通日氣，清路暗塵芳。鐃吹聲同切，凱歌樂既康。四山聞觱篥，上漢絕欃槍。害馬師軒帝，兆熊學姬昌。田遊豈所樂，攬轡更徬徨。

清 沈德潛《歸愚詩鈔》卷二《右群蕃朝一章二十一句》 文德貴綏懷，武備戒休燕。一人韎韐作，六師獮狩合圍。還教戰鳥蛇翔赴箕翼舒。張霧連雲散陣分圓方止齊兮堵墻。跳盪兮飛揚，弓滿月兮戈，雪霜剽禽狡獸，難遁藏荼火。日月威疆埸，下大綏收壁壘。四校呼七萃喜悉率左右，燕天子海隅。清晏纘武功，祖宗王業由此起。

又 卷二〇《題狩獵圖》 五石雕弓滿月開，沙場忽聽響晴，雷左賢倘欲知名姓，曾射南山猛虎來。

驕馬騰空並鳥飛，失林窮獸那能歸。披圖更憶隨龍馭，萬騎漁陽雪打圍。乙丑正月從駕過薊州事。

綜述

《清會典》卷六一《大狩》 凡狩田設圍場於古北口外，曰木蘭。以總管掌其地，政歲遇皇帝行田，既奉旨，總理行營王大臣，奏請鄉道官一人先蒞圍場，於鑾輿所經之地，除道清軌，行文所司儲備，宗人府内閣部院奏請欽命扈從王公各官，八旗護軍統領請命。統領三人，營總三人，其參領以下及護軍由八旗酌委奏。聞先期由部行文駐防將軍都統，副都統，各選所屬官兵。材藝優長者，分班遣赴京師，隨圍。學習。先期一日遣官，以狩田祇告奉先殿。至日，皇帝御征衣乘馬出宮，翊衛諸臣前引，後扈百官采服跪送，均如巡幸儀。詳見禮部行營駐蹕護軍，統領營總各一人率護軍，參領護軍，校護軍先蒞其地，度地廣狹，以立御營禁。隨駕官兵，踐禾稼擾吏民，營總巡警嚴譏察。止夜行，違者論如法，既至行，在兵部頒行圍禁令，欽命統圍大臣數人先蒞圍場。按旗為隊分兩翼斜行成列，各置旃以為表，前哨左右用藍，兩協左白、右紅、中軍用黄。前哨馳而進，則後隊以次，隨發繞圍場蟬聯環匝，由遠而近，毋差池，毋間斷。皇帝臨圍場，親御弓矢圍，合獸突。皇帝發矢殪之，御前大臣侍衛，咸射軼於圍外者，從官追。射遇大獸，虎槍，官兵從之，既獲獸各比次，其類以獻駕還行，營以所獲獸分頒，扈從諸臣大狩禮成，賜燕賞賚有差。

凡巡幸所至各備圍場，車駕東巡，由部移文盛京等處。將軍經行蒙古諸部，由理藩院行知扎薩克王等，各率所屬官兵，以從命統圍，大臣分翼合圍，均如前制。

凡田於近郊設圍場於南苑，以奉宸苑領之統圍。大臣督八旗統領等，各率所屬官兵先蒞圍場，布列鑲黄、正白、鑲白、正藍四旗，以次列於左。正黄、正紅、鑲紅、鑲藍、四旗以次列於右。兩翼各置旃以為表，兩哨前隊用白，兩協用黄，中軍用鑲黄。駕至圍場合圍較獵與前制同〇每歲孟冬，八旗都統，統領奉天吉林黑龍江及直省駐防將軍都統，提鎮各率所屬官兵於郊原，曠野習田獵，毋蹂躪民田，毋曠延時日，格而不舉者論。

射獵

論説

漢 薛廣德《上書諫射獵》《秦漢書疏·西漢書疏》卷三 上幸甘泉郊泰畤禮畢，因留射獵廣德上書曰：『竊見關東困極，人民流離。陛下日撞亡秦之鍾，聽鄭衛之樂。臣誠悼之。今士卒暴露，從官勞倦，願陛下亟反宮，思與百姓同憂樂，天下幸甚，上即日還。

南朝齊 蕭子良《諫射雉啓世祖好射雉子良啓諫**》**《南齊文紀》卷二 鑾輿亟動天，蹕屢巡陵犯。風煙驅馳野，澤萬乘至重，一羽甚微從，甚微之懽，忽至重之誡，頃郊郛以外科禁嚴，重匪直芻，牧事罷，遂乃窀掩殆廢，且田月向登。桑時，告至士女。呼嗟！易生噂議棄民，從欲理未可安嚢時。巡幸必盡威，防領軍景先詹事，赤斧，堅甲，利兵左右屯衛。今馳騖外野，交侍疎濶。晨出晚還，頓遺清道。此實愚臣最所震迫，狡虜玩威，甫獲欵關，二漢全富。猶加曲待如聞，使臣頻亦怨望，前會東宮遂形言色。昔宋氏遺使舊列階下，劉纘銜使始登朝殿。今既反命宜賜優禮。伏謂中堂雲構，實惟峻絶櫓。陛深嚴事隔涼暑而別為一室，如或有疑，邊帯廣途訛言孔熾毀立之易過於轉圜。若依舊制，通敞實，允觀聽，頃市司，驅扇租，估過刻，吹毛求瑕，廉察相繼，被以小罪責以重備。愚謂宜敕有司，更詳優格。臣年方朝賢，齒未相及，以管窺天，猶知失得廊廟之士，豈闇是非？未聞一人開一說為陛下。憂國家非但面從，亦畏威耳。臣若不啓，陛下於何聞之？諫射雉，又一啓在釋部。

南朝齊 蕭子良《諫武帝射雉啓》《釋文紀》卷一七　忽聞外議伏承當更射雉，臣下情震越心懷憂悚，猶謂疑妄事不必然。伏度陛下以信心明照，所以傾金寶於禪靈，仁愛廣洽，得使禽魚養命於江澤，豈惟國慶民懽，乃以翱翔致樂，夫衛生保命，人獸不殊，重軀愛體，彼我無異，故《禮》云，聞其聲不食其肉，見其生不忍其死，且萬乘之尊，降同匹夫之樂，夭殺無辜，傷仁害福之本。菩薩不殺壽命，得長施物，安樂自無。

宋 陳亮《蘇門六君子文粹》卷五四《賈山諫文帝射獵》　今方正之士，皆在朝廷矣。又選其賢者，使爲常侍諸吏與之馳驅射獵，一日再三出。臣恐朝廷之解弛，云云陛下親自勉，以厚天下。是以元年膏雨降，五穀登。此天之所以相陛下也。刑輕於他時，而犯法者寡衣食多於前年，而盜賊少。此天下之所以順陛下也。今從豪俊之臣，方正之士，直與之日日獵射，擊兎伐狐，以傷大業。臣竊悼之。

《右賈山傳》第二十一論，周以九州之民，養千八百國之君。君有餘財民有餘力而頌聲作。秦以千八百國之民，自養馳騁弋獵之娛，天下弗能供也。自謂至言其言可謂至矣。夫天下之大生物至夥，豈但足以奉一君，蓋以天下之財力養天下之萬衆，本自不乏。而人君縱欲有一於，此則力罷不能勝，其役財盡不能供其求。夫財力之盈虧，固豈難知可四言而盡也。曰節以制度而已矣，以文帝之恭儉身衣弋綈，夫人衣不曳地，愛中民十家之産，其視天下如恐傷之。雖山亦自以謂，帝親自勉以厚天下者，何至荒於射獵一日再三出哉？儻其所好，未免乎此時，時有之而山憤悱，愛君不自知，其論之已甚至。借秦爲喻，無所不至。嗟乎！使山遇武帝窮侈其獻言，當何如哉？《傳》以謂山善指事意，文帝終不加罰。夫古之人君，能以小過受大諫。惟文帝爲不可及也。

清 趙翼《廿二史札記》卷一二《南朝以射雉爲獵》　南朝都金陵無蒐狩之地，故嘗以射雉為獵。宋明帝射雉至日中，無所得，甚慚曰：『吾旦來如皋，遂空行，可笑。』褚炫對曰：『今節候雖適而雲霧尚凝，故斯翬之禽驕心未警。帝意解，乃於雉場置酒。《宋書・褚炫傳》帝至巖山射雉，有一雉不肯入場。日暮，將返，留晉平王休祐待之，令勿得雉勿返，休祐便馳去。上令壽寂之等追之，蹴令墜馬死。《休祐傳》齊武帝，永明六年，邯鄲超諫射雉，上爲之止，久之，超竟誅。後又將射雉。竟陵王子良又諫止，《子良傳》東昏置雉場二百九十六處，翳中帷幛皆紅綠錦為之，有鷹犬隊主翳。隊主等官齊紀。

清 周春《遼詩話》卷下《題遼人射獵圖》　元，李孝光，字季和，樂清人。官秘書丞題，《遼人射獵圖》云：美人貂帽玉，驄馬誰其從之，臂鷹者，沙寒草白天雨霜，落日馳獵遼城下，塞南健婦方把鉏，丈夫戍邊官索租。元詩選

綜述

宋 葉廷珪《海録碎事》卷二二下《射獵門》

雙鵠

列子，蒲子之弋，連雙鵠於青雲之際。

飛土逐肉

古人彈歌曰，斷竹續竹，飛土逐肉。

彀者

《漢書》發似飛彀者，注謂能張弩者。

忘歸

左攬繁弱，右接忘歸，繁若弓名，忘歸矢名。嵇叔夜

罻羅

寄言罻羅者，寥廓已高翔，罻音尉所以，張捕。謝玄暉

馳馳

馳馳未能半，雙兔過我前。曹子建

接飛鳶

餘巧未及展，仰手接飛鳶。曹子建詩

輕繳

高鳥未挂於輕繳，注繳，矰射也。曹子建表

飛羅修罠

音旻網也，布飛羅施修罠。《七命》

毛林丹薄

藪為毛林，隰為丹薄，言田獵殺多也。《七命》

解勞

韓偓出獵歸詩，紅袖擁門，持燭炬解勞，今夜宴華堂。

贊獲

贊獲一聲連朔漠，賀柸環騎無優倡。韓偓

射雉翳

掃掠走馬路，整頓射雉翳。平聲李義山詩

走狗塘

走狗塘鶴陂，墟豨巷皆吳。王田獵之地。《平江圖經》

鶴陂墟見上

雙鶬

射詩，雙鶬摧孔雀，一矢殞貪狼。

九規

射詩，百步望雲立，九規看月張。叙神堯皇帝之射。

龍臂

龍臂勝猿臂，星芒起箭芒。

銀鏑

薛逢獵詩，金鞍俯鞚塵開處，銀鏑離弦中瑟聲。

打圍

山谷謝獐肉，果然口腹為灾怪，夢去呼鷹雪打圍。

素支

赭白馬賦，歷素支而氷烈，注云，射的也。

寧不食

後魏咸陽王坦，好田獵，曰：『吾寧三日不食，不能一日不獵。』

聞弦虛墜

折翮翻飛隨轉蓬，聞弦虛墜下霜空。李白

行圍

江沙橫獵騎，山火繞行圍。李白

五茸

陸魯望詩，三茆凉波魚絶動，五茸春草雉媒嬌。注：陸士衡對晉武帝，三茆，冬温夏凉。五茸，吳王獵所。

射雉塲

東昏置射雉塲二百九十六處，翳中帷帳及步障，皆袷以緑紅金銀鏤弩，牙瑇瑁帖。箭

獲車

田獵收所得禽，以實獲車。

獲旗

田獵建獲旗

射侯制

射侯制上廣下狹，取象於人也。張臂八尺，張足下六尺。

梁鄒

制同乎梁鄒義，合乎靈囿。東都賦，天子田獵地名也。《毛詩傳》曰：古有梁鄒者，天子之田也。

割鮮染輪

《子虛賦》割鮮染輪言田獵，其血染車輪也。

垂天罼

荷垂天之罼，張竟野之罘。羽獵賦

媒翳

潘安仁射雉賦，因講肄之餘，而習媒翳之事。

兩禽連
左挽因右，發一縱兩禽連。曹子建
東津南圃
魏文帝詩校獵東橘津，又張衡《羽獵賦》曰：敻遥集乎南圃。
弋高雲
弋下高雲之鳥餌，出深淵之魚。應休璉書
矰繳
矰繳，繳之若反。矰矢射也，亦作繳。曹子建曰：『高鳥未挂輕繳上，音曾下音酌。鄭玄曰：『結繳于矢謂之。矰，矰高也。』

《太平御覽》卷九一七《射雉》《左傳》曰：『賈大夫，賈大夫。大夫也。娶妻而美，三年不言不笑，御以如臯爲妻御也之。臯，澤也。射雉而獲之，其妻始笑而言。』

《魏書》曰：『太祖才力絶人，於南皮一日射雉，獲六十三頭。』

《江表傳》曰：『孫權數射雉，潘濬諫權。權曰：「時時暫出耳，不復如往日。」濬曰：「天下未定，萬機務多。射雉非急弦絶括破，皆能爲害。濬乃手自徹壞雉翳，權由是遂絶，不復射雉。』

《吴志》曰：『孫休銳意於典籍，欲畢覽百家之言。大好射雉春夏之間，常晨出夜還，唯此時捨書。』

《宋書》曰：『孝武帝常出射雉。值雨，侍中沈懷文諫曰：「非止千乘失容，亦乃聖躬櫛沐。」』

沈約《宋書》曰：『明帝與晉平王休祐於岩山射雉。有一雉不肯入場，日暮，將反，留休祐射之。語云，不得雉勿歸。因遣壽寂之等，諸壯士追之。日已，欲闇與休祐相及，遂拉殺之。

又曰到撝與蕭道成同。從宋明帝射雉郊野，渴倦撝得早，青瓜與上，對割食之。

《齊書》曰：『武帝好射雉，竟陵王子良啓諫。先是左衛殿中將軍邯鄲超諫射雉，武帝爲止久之。永明末，上將射雉子良復諫又曰：「蕭景先轉中領軍車駕，躬射雉郊外景。先常申仗從廉察左右。」』

又曰：『蕭敏爲新安太守，好射雉，未甞在郡。辭說者遷於畋焉，後張弩損腰而卒。』

又曰：『桓僖伯，少負氣，豪俠，妙解射雉，尤爲武帝所重。』

又曰：『張欣泰，爲河東内史，召還都屏。居家巷，置宅南岡下面，接松山。欣泰負弩射雉，姿情閑放。』

又曰：『袁彖爲侍中，形皃充肥，異衆。每從射雉郊野，數人持扶，乃能從步。』又曰：『褚炫從宋明帝射雉。帝至日中無所得，甚羞。召問侍臣，吾且來如臯，遂從空行，可笑。』座者莫荅，炫獨曰：『今節候雖適而雲霧尚凝，故斯翬之禽，驕心未驚，但得神駕猶豫，羣情便可載懽。帝意解，乃於雉場置酒。』

《南史》曰：『齊東昏侯在位，置射雉場二百九十六處，翳中帷帳及步障，皆袷以緑紅金銀鏤弩牙瑇瑁帖。箭每出，輒以鷹犬隊主，徐令孫媒翳隊主，俞靈韻齊馬而走左右，爭逐之。又曰：「武帝親拜陵蔡，興宗負璽，陪乘及還上，欲因以射雉興宗正色曰。今致虔園陵，情敬兼重，從禽猶有餘日，請待他辰。」』

《陳書》曰：『新安王伯，固性好射雉，叔陵好發冢，出遊田野，必與偕行。』

清　包世榮《毛詩禮徵》卷五《射禮》

【總叙】通典自黄帝有天下建萬國，爰至夏商，及于周氏，雖更相吞滅而不改舊規。周初，諸侯尚千八百國，所以崇三射之制，立五善之目。於兹，選士由此封侯，本在戢敵實寓大政，周衰禮多亡失，重以秦滅典墳天子之禮，無聞諸侯二篇而已。誠與今異，此略存古制焉。周制天子之大射，司裘供虎侯、熊侯、豹侯，設其鵠射。人以射法理射，儀王以六耦射三侯，三獲三容，樂以騶虞九節五正，諸侯以四耦射二侯，二獲二容，樂以狸首七節三正狐。卿大夫以三耦射一侯，一獲一容，樂以采蘋五節二正。士以三耦射豻侯，一獲一容，樂以采蘩五節二正。若王大射，則以狸步張三侯。冬官梓人為侯，廣與崇方三分其廣而鵠居一焉。上兩个，與其身三；下兩个，半之。上綱與下綱出舌尋，緭寸焉。綱所以繫侯于植者也。上下有出舌一，尋者亦人，張手之節也。緭，讀為竹，中皮之緭舌，維持侯者。凡侯、天子、熊侯、白質諸侯、麋侯、赤質大夫、布侯畫以虎豹。士布侯畫以鹿豕，司弓矢掌六弓四弩八矢之法。仲春，獻弓弩。仲秋，獻矢箙。及其頒之王弓，弧弓以授射。甲革椹質者，夾弓庾弓，以授射豻侯鳥獸者。唐弓、大弓以授學射者，使者勞者其矢箙，皆從其弓。凡弩夾庾利攻守唐大利車戰、野戰。凡矢枉、矢絜、矢利，火射用諸守城車戰。殺矢、鍭矢用諸近射。田獵矰矢、茀矢用諸弋射，恒矢、庳矢用諸散射。天子之弓，合九而成規，諸侯合七而成規，大夫合五而成規，士合三而成規。勾者謂之弊，弓諸侯大射之，儀君有命，戒射前射三日。司馬命量人，量侯道與所設乏，以狸步狸之伺物每舉足者，止視遠近為發必中也，是以量侯道取中焉。大侯九十，糝七十，豻五十，巾車張三。侯，大侯之崇。見鵠于糝，糝，見鵠于豻，豻不及地武不繫，左下綱，設乏西十，北十，容，謂之乏。所以為獲者之禦矢。凡乏用革鄉射鄉大夫各掌其鄉之政，正月之吉，受教法于司徒，退而以鄉射之禮，五物詢衆庶。一曰和，二曰容，三曰主皮，四曰和容，五曰興舞。君國中射，則皮樹中，以翿旌獲白羽與朱羽，糅於郊。則閭中以旌獲於境，則虎中以龍旜大夫兕中，各以其物獲士，鹿中翿旌以獲。唯君子有射於國中，其餘否箭籌八十長尺有握，握素楚朴長，如笴刊本尺。楅長如笴博三寸厚，寸有半龍首，其中蛇交韋當。

《說》曰：『射有三焉。一曰大射，天子將有郊廟之事，與其來朝諸侯及畿內諸侯、王之子弟、卿大夫、士及諸侯、所貢之士行之。三公將有宗廟之事，與其卿大夫、士及公之子弟、卿大夫，所選鄉中之俊者行之。孤卿大夫將有已宗廟之事，亦率其家臣而行之。二曰賓射，謂列國諸侯來朝于王，或諸侯自相朝聘，或孤卿以下禮賓，而射謂之賓射，皆行之於朝。或行于廟。三曰燕射，天子諸侯無事之日，燕息縱適。或燕勞來朝聘使之賓。或復自與已臣，共相勞息。若天子、諸侯之射，則先行燕禮以明君臣之義。卿大夫則先行鄉飲之禮，以明長幼之序。夫三射者，貴其容體比于禮，其節合于樂。故謂之禮射。

【賓之初筵】左右秩秩《箋》云：秩秩，知也。先王將祭必射，以擇士大射之禮，賓初入門，登堂即席，其趨翔威儀甚審，知言不失禮也。射禮有三，有大射、有賓射、有燕射。

鐘鼓既設《箋》云：鐘鼓于是言既設者，將射改縣也。大侯既抗，弓矢斯張。《傳》大侯，君侯也。抗舉也有燕射之禮。《箋》云：將祭而射謂之，大射下章言烝衎烈祖，其非祭乎。射夫既同獻爾發功《箋》云：射夫，衆射者也。獻猶奏也。既比衆耦，乃誘射。射者，乃登射各奏，其發矢中的之功。

發彼有的以祈爾爵。《箋》云：發，發矢也。射者與其耦拾發發矢之時，各心競。云我以此求爵，女爵射爵也。射之禮勝者，飲不勝，所以養病也。故《論語》曰：『下而飲其爭也，君子。』

【行葦】舍矢既均《箋》云：周之先王，將養老。先與群臣行射禮，以擇其可與者，以為賓。

正義云養老與祭相類，而亦射以擇賓，則亦為大射。

序賓以賢《傳》言賓客次序，皆賢。孔子射于矍相之圃觀者，如堵牆射。至于司馬使子路執弓矢出。延射曰：『奔軍之將亡。國之大夫與為人後者不入，其餘皆入。蓋去者半，入者半。又使公罔之裘序點揚觶而語公罔之裘揚觶而。《語》曰：『幼壯，孝弟耆耋，好禮不從流俗，修身以俟。死者不在此位，蓋去者半，處者半，序點又揚觶。而《語》曰：『好學不倦，好禮不變。耄勤稱道不亂者，不在此位也。蓋僅有存焉。《箋》云：序賓以賢，謂以射中多少為次第。

正義云自孔子射于矍相之圃，以下皆射義文。孔子此射蓋為大夫時也。大夫射禮有五大射，賓射、燕射、鄉射、主皮之射。此射先行飲酒之禮，則孔子用鄉射禮。右大射

【賓之初筵】大侯既抗《傳》大侯，君侯也。抗舉也《箋》云：舉者，舉鵠而棲之于侯也。《周禮》梓人張皮侯而棲鵠天子諸侯之射，皆張三侯。故君侯謂之大射，大侯張而弓矢，亦張節也。

其湛曰：『樂各奏爾，能賓載。手仇室人入又。《傳》，手取也，室人、主人也。主人請射于賓。賓許諾自取其匹而射，主人亦入于，次又射以耦賓也。

正義云大射、司射請于公。鄉射、司射請于賓，則射法立。司射以請之，非主人自請。此云主人請射于賓，賓許諾者，以詩之所陳略舉大綱，非如記注禮儀曲言節數，又射禮耦者，有司所比不是賓自取之。云賓自取匹者，雖配之，由于有司其技藝敵與不敵，亦强弱素定，自相牽引而為耦也。

酌彼康爵，以奏爾時。《傳》酒所以安體也，時中者也。

正義云：毛意賓主射畢而有勝否，乃酌彼安體之養爵以奏進于汝之。射中者，令以飲其不中，而行罰也。

右燕射

【猗嗟】射，則臧兮。《箋》云：臧，善也。

射則貫兮，四矢反兮，以禦亂兮。《傳》貫中也，四矢乘矢。《箋》云：貫習也，反復也。禮射三而止。每射四矢，皆得其故處。此之謂復射，必四矢者，象其能禦，四方之亂也。

按上章不出正兮。疏云大射則張皮侯，而設鵠賓射，則張布侯。而畫正此云，

不出正，則是賓射也。

右賓射

【大叔于田】叔善射忌。

【女曰鷄鳴】將翺將翔弋鳧與雁《傳》閒于政事，則翺翔習射。

右田獵之射

附射器

【芃蘭】童子佩韘《傳》韘玦也，能射御則帶韘。《箋》云：韘之言沓，所以彄沓手指。

《正義》云：『《傳》云玦者，以《禮》及《詩》言決拾。』《車攻·傳》曰：『決，鉤弦也。』《繕人·注》云：『玦，挾矢時所以持弦飾也，拾，一名遂，以韋為之，著于左臂，所以遂弦，與玦別。鄭以《禮》無以韘為玦者，故易之為沓。』《士喪禮》曰：『纊極三。』《注》云：『極猶放弦也，以沓指放弦，令不挈也。生者以朱韋為之而三，死用纊又二，明不用也。』知生用朱韋而三者，《大射》云：『朱極三。』《注》云：『以朱韋為之，食指、將指、無名指。小指短，不用。』此是彄沓手指也。《車攻》云：『決拾既次。』《箋》云：『手指相比次。』亦謂巨指既著玦，左臂加拾，右手指又著沓而相比次也。

【大叔于田】抑釋掤忌抑鬯弓忌《傳》掤所以覆矢鬯弓弢弓

正義云：昭二十五年，《左傳》云：『公徒執冰而踞，字雖異音義同，服虔云冰櫝丸，蓋鬯者盛弓之器，鬯弓謂弢弓，而納之鬯中。』

【女曰鷄鳴】弋鳧與雁《箋》云：弋，繳射也。

正義云：『司弓矢矰矢茀矢用諸。弋射注云結繳于矢，謂之矰。矰，高也。茀矢象焉，茀之言，刜也。二者皆可以弋飛鳥，刜羅之也。

【猗嗟】終日射侯，不出正兮。《傳》二尺，曰正。《箋》云：正所以射於侯中者，天子五正諸侯，三正大夫，二正士一，正外皆居其侯，中參分之一焉。

正義云：『鄭于周禮考之，以為大射，則張皮侯而設鵠，賓射則張布侯而畫正。正大如鵠三分侯，廣而正居一焉。侯身長一丈八尺者，正方六尺，侯身一丈四尺者，正方四尺六寸。大半寸侯身一丈者，正方三尺三寸，少半寸。正以綵畫為之，其外之廣。雖則不同其內皆方二尺，毛于正鵠之事，唯此言二尺曰正耳。既無明說可以同之，鄭焉鄭于射人注云畫五正之侯者，中朱次白次蒼次黃元居外三正者，損元黃二正者，去白蒼而畫以朱綠，其外之廣，皆居侯中三分之一。

【駟驖】舍拔則獲傳，拔矢末也。

【小戎】虎韔鏤膺交韔二，弓竹閉緄縢。《傳》虎虎，皮也。韔弓室也。膺馬帶也，交韔交二弓於韔中也。閉紲緄繩縢約也。正義云，既夕記說明器之弓云有。柲注云柲弓檠也弛則縛之于弓裏備損傷也以竹為之引詩云竹閉緄縢然則竹閉一名柲也言閉紲者《說文》云：『紲繫也，謂繫弓柲裏以繩紲之，因名柲為紲。』

【采僞】象弭魚服《傳》象弭，弓末也。所以解紒也。魚服，魚皮也。《箋》云：弭弓反末彆者，以象骨為之，以助御者，解轡紒宜滑也。服矢，服也。【彤弓】彤弓，弨兮傳。彤弓，失弓也。以講德習射弨弛貌。

《正義》云，周禮無彤弓之名。言講德習射則彤弓。《周禮》當唐弓，大弓也。

【車攻】決拾，既佽弓矢，既調。《傳》決鉤弦也，拾遂也，佽利也。《箋》云：佽謂手指相次比也，調謂弓强弱，與矢輕重相得。

【賓之初筵】發彼有的《傳》的，質也。

正義云，司裘注說皮侯之狀，云以虎、熊、豹、麋之皮飾其側，又方制之以為質，謂之鵠是。鄭意以侯中所射之處為質也。傳不言質之，大小不必同於諸儒四寸六寸也。且的者明白之言。若廣纔四寸不足，以為明矣。蓋亦為所射處與鄭同也。【角弓】騂騂角弓，翩其反矣。《傳》騂騂調和也，不善紲檠巧用，則翩然而反。正義云，弓人以六材為弓，謂幹角筋膠絲漆也。又云角之中，恒當弓之隈杜子春云隈謂弓之淵角之中央，與淵相當。如彼文弓有用角之處，不得即名，角弓此言角弓，蓋別有角弓。如今白狄所用者，於古亦應有之，但弓人所不載耳。【行葦】敦弓既堅，四鍭既鈞。《傳》敦弓畫弓也，天子敦弓、鍭矢參亭，已均中藝。【箋】藝，質也。

正義云，冬官，弓人為弓。唯言用漆不言畫，則漆上又畫之。彼不言畫文，不具耳。參亭謂三分矢一在前，二在後，輕重鈞停，四矢皆然。故言四鍭既鈞，矢而謂之鍭者，釋器云金鏃，剪羽謂之鍭。

敦弓既句，既挾四鍭。《傳》天子之弓合九而成規。《箋》云：射禮，搢三挾一个，言已。挾四鍭則已徧釋之。

【泮水】角弓其觩，束矢其搜。《傳》觩弛貌五十矢為束，搜衆意也。《箋》云：角弓觩。然言持弦急也，束矢搜然言勁疾也。

正義云：『大司寇云，入束矢于朝。』注云：『古者一弓百矢，其百箇歟則鄭意以百矢為束。此箋不易傳者，百矢為束，亦無正文以《尚書》及《左傳》所言，賜諸侯以弓矢者，皆云彤弓一彤矢百，以一弓百矢。故謂束矢當百箇，而在軍之禮重，弓以備折壞。或亦分百矢以為兩束，故不易傳也。』

清 郝懿行《晉宋書故·射雉》 魏晉以還，從禽卽麓，捨業嬉遊，射雉一事，孫休嘗所措意，見《世說箴規》篇。潘安仁遂以作賦，風靡所漸。乃至日，有萬幾而馳騖擊場。晨出莫反，白龍魚服，蓋不足言矣。徐爰注：『潘賦而云晉邦過江，斯藝乃廢歷代，迄今寡龍厥事，斯不然也。』案《晉書・武帝紀》咸寧三年，帝將射雉，慮損麥苗而止。《職官志》太康末，武帝常出射雉，逼暗，乃還。又《周訪傳》訪於陳後射雉，以安衆心。三事之外，闃其無聞。至於宋世，君臣耽槃流蕩，娛樂忘歸。徐長玉身居恩倖，自當靡役不從，而云歷代迄今，寡能厥事。蓋欺飾之諛言，或以主多忌諱掩過，遂非豈脩辭立誠之通論哉？嘗讀宋書備記，其事以實其欺焉。文九《王休仁傳》云：『吾春中多期射雉，每休仁清閒多往雉場中，又云休祐死時，日已三晡。吾射雉，始從雉場出，休仁從騎在右伏野中。』《休祐傳》云：『七年二月，車駕於巖山射雉。有一雉不肯入場，日暮將反。令休祐射之。語云，不得雉，勿歸。《沈懷文傳》：『時游幸無度懷文與王景文，每陳不宜亟出後，同從坐松樹下。風雨甚驟，江智淵臥草側，俄而，被召俱入雉場。《阮佃夫傳》：『元徽五年，春，帝欲往江乘射雉，然則宋之君臣，終日操媒原禽在目，舉可知也。』徐注乃云，寡能厥事，又云嘗覽茲賦昧而莫曉，豈由衷之言哉？《恩倖載傳》：『泰始三年，詔曰：「徐爰任算設數取合人主，故歷事七朝，白首全貴有以也。」』

紀事

明 黃瑜《雙槐歲鈔》卷七《南苑射獵》 京城南有苑，苑中有按鷹臺。臺旁有三海，皆元之舊也。本朝稍增治之。自太宗定都以來，歲時蒐狩于此。天順戊寅，孟冬，朔旦，朝退駕出。既入苑上，由中道從臣分道，由左右會於臺下。時日加午矣。長圍漸合，羽毛畢集，上見御弓，矢命中。勳戚武將應詔馳射，獲輒獻之。既畢賜酒饌以所獲分賚，從臣命之。先歸上御飛轎，後至是日天氣明霽風埃，不驚歸途見月馬。騰人樂學士劉定之詩云：『聖明天子中興年，大閱軍容，故卜畋射雁得書，卑漢武貫魚入詠，邁周宣追風玉勒，從晨出吹月金笳。及暮旋有獲，應爲王者佐屬，車命載着先鞭。』

《明會要》卷一六《大射》 洪武三年五月丁未，詔行大射，禮定制。凡郊廟、祭祀，先期行之，命工部製射侯定以七鵠天子虎鵠。皇太子熊鵠親王豹鵠文武一品同三品，至五品、糝鵠六品至九品，狐鵠文武子弟及士民俊秀，皆布鵠，采自五采，以下有差，布鵠無采其司、正司射等官，皆仿古射禮增損用之上。又以先王射禮久廢，弧矢之事，專習於武夫而文士多未解詔。國學及郡縣生員，皆習射頒大射儀於天下。朔望，則於公廨或閒地習之。《春明夢餘錄》

二十五年，令遇朔望習射於射圃，樹鵠置位。初三十步累加至九十步，每耦二人各挾四矢，以次相繼，長官主射。射畢，中的飲三爵，中采二爵。《會典》

永樂十一年，五月五日。幸東苑擊毬射柳，聽文武羣臣四夷朝使，及在京耆老聚觀分擊毬官爲兩朋。自皇太孫而下，諸王大臣以次擊射賜中者，幣帛有差。《通典》

藝文

晉 潘岳《射雉賦》《古文辭類纂》卷七〇 涉青林以游覽兮，樂羽族之羣飛。聿采毛之英麗兮，有五色之名翬。厲耿介之專心兮，奓雄豔之姱姿巡。邱陵以經略兮，畫墳衍而分畿，於是青陽告謝，朱明肇授靡木不滋，無草不茂。初莖蔚其曜，新陳柯棫以改，舊天泱泱以垂雲，泉涓涓而吐溜。麥漸漸以擢芒，雉鷕鷕而朝雊。眄箱籠以揭驕，睨驍媒之變態，奮勁骹以角，搓瞵悍目以旁睞，鸎綺翼而䞓撾灼，繡頸而衮背，鬱軒翥以餘。怒畏長鳴以效能爾，乃擊場拄翳停僮，蔥翠綠柏，參差文翮，鱗次蕭森，繁茂婉轉，輕利衷料，戾以徹鑒表厭躡以密緻，恐吾游之晏起，慮原禽之罕至，甘疲心於企想，分倦目以寓視，何調翰之喬桀，邈疇類而殊才，候扇舉而淸叫，野聞聲而應媒褰，微罟以長眺，已踉蹡而徐來。摛朱冠之赩赫，敷藻翰之陪鰓。首葯綠素身，拖黼繪青鞦，規莎靡丹臆蘭綷。或蹶或啄時行時，止斑尾揚翹雙角，特起良游呃喔引之，裏應叱愕立，擢身竦峙，捧黃閒以密轂，屬剛挂以潛擬，倒禽紛以迸落，機聲振而未已。山鷩悍害猋迅已甚，越壑淩岑飛鳴薄廩，擎牙低鏃心平望，審毛體摧落霍。若碎錦逸羣之儁，擅場挾兩櫟雌妒，異儵來忽往忌上，風之餮切畏映日之儻朗屏發布而累息徒心煩而伎懩，伊義鳥之應敵，啾擭地以厲響，彼聆音而徑進，忽交距以接壤。彤盈窗以美發，紛首頏而臆仰，或乃崇墳夷靡農，不易壠稊菽叢，糅翳薈菶茸，鳴雄振羽依於其蒙，捫降邱以馳敵。雖形隱而草動，瞻挺穟之傾，掉意淰躍以振踊，噉出苗以入場，愈情駭而神悚，望靡合而翳皛，雉腴肩而旋踵。佽余志之精銳，擬青顱而點項，亦有目不步體，邪眺旁剔，靡聞而驚，無見自鷩，周環迴復，繚繞盤辟，戾翳旋把，縈隨所歷彳亍中輟馥焉。中鏑前列，重膺傍截疊翮。若夫多疑少決，膽劣心狷，內無固守，出不交戰，來若處子，去如激電，闐閭稍葉，螟歷乍見，於是算分銖。商遠邇，揆懸刀，騁絶伎，如輊如軒，不高不埤，當咮值胸，裂膆破觜，夷險殊地，馴矗異變，昃不暇食，夕不告勸。昔賈氏之如皋，始解顔於一箭，醜夫爲之改貌，憾妻爲之釋怨，彼游田之致獲，咸乘危以馳騖，何斯藝之安逸？嗟禽從其已豫清道，而行擇地而住尾，飾鑣而在服，肉登俎而永御，豈唯皂隸此焉？君舉若乃耽盤，流遁放心，不移忘其身恤，司其雄雌樂而無節端，操或虧此，則老氏之所誡，而君子之所不爲。

《文選·潘岳〈射雉賦〉》 潘安仁善曰，《射雉賦序》曰：『余徙家于琅邪，其俗實善射，聊以講肄之餘暇，而習媒翳之事，遂樂而賦之也。濟曰：岳既徙琅，邪其俗，善射雉因賦之，終以自戒也。媒者少養雉子，長而狎人，能招引野雉翳者，所以隱射也。』

徐爰註爰曰：『晉邦過江，斯藝仍廢歷代。迄今寡能厥事，甞覽茲賦昧而莫曉，聊記所聞，以備遺忘。』

涉青五臣作清林以游，五臣作遊覽兮，樂羽族之羣飛。爰曰：『樂羽翮之類，或羣或飛，飲啄恣性也。』善曰：『《七發》曰：游涉乎雲林。薛君《韓詩章句》曰：青，静也。《鸚鵡賦》曰：羽族之可貴者。良曰：涉，經也。清林，清浄之林。羽族，鳥之族類也。樂其得性也。聿采毛之英麗兮，有五色之名翬。爰曰：聿，述也。述序羽族之中，采飾英麗，莫過翬也。翬，雉也。英者，雄果之目。名者，聲聞之稱也。一聿作偉。善曰：《爾雅》曰：伊洛而南，素質五彩皆備成，章曰翬。郭璞曰：翬亦雉屬。言其毛色光鮮。翰同爰注。厲耿介之專心兮，奓五臣作侈雄豔之姱苦瓜姿。爰曰厲，嚴整也。奓，豐也。姱，好也。美色曰豔，言雉嚴整其不羣之性，奮揚其雄豔之皃，見敵必戰，不容他雜，此之謂英麗也。奓，赤氏切。善曰：薛君《韓詩章句》曰：雉，耿介之鳥也。銑曰：厲，嚴厲也，耿介專一之心也。侈，豐也。氣雄而色豔，若此之好容姿也。巡丘陵以經略兮，畫墳衍而分畿。爰曰：，巡，行也。言周行丘陵，因其墳衍，以爲彊界分。而護之不相侵越也。青、幽之間，土高且。大者，通之曰墳，雉一界之内，要以一雄為主，餘者雖衆，莫敢鳴雊也。此以上言雉之形性也。善曰：《左傳》楚無宇曰：天子經略。《廣雅》曰：巡略，行也。孔安國尚書傳曰：分其圻界，圻與畿同。濟同爰注。於是青陽告謝，朱明肇授。爰曰：時四月也。善曰：《爾雅》曰：春為青陽，夏為朱明。《楚辭》曰：青春受謝。王逸曰：謝，去也。良曰：春為青陽告，謝為春終也，夏為朱明。肇，始也，始授謂夏初也。靡木不滋，無草不茂。爰曰：草木具榮，濟曰：靡，亦無也。初莖蔚其曜新，陳柯擸所革以改舊。爰曰：蔚然，初生之莖，曜其新暉，擸然陳宿之柯，變其舊色，言新舊咸茂也。擸，彫柯貌也。向曰：莖，草苗也。蔚初生貌光曜而新也。陳，故也。柯，樹枝也。擸然而落改舊枝，為新也。天泱泱烏朗以垂雲，泉涓涓而吐溜。爰曰：涓涓，清新之色。泱，音英。涓，古玄切。善曰：《毛詩》曰：英英白雲。毛萇曰：英英，白雲貌。泱與英古字通。《家語》，金人銘曰：涓涓不壅，終為江河。溜，水流貌也。翰曰：泱泱雲貌，涓涓水流聲。麥漸漸子廉以擢芒，雉鷕鷕以少而朝雊。善作鴝古候反。爰曰：漸漸，含秀之貌也。微子曰：麥秀漸漸。鷕鷕，雉聲也。又云：雉之朝鴝，尚求其雌。雌雉不得言鴝。顔延年以潘為誤用也。案：詩有鷕雉鳴，則云求牡。及其朝鴝，則云求雌。今云鷕鷕朝雊者，互文以舉雄雌皆鳴也。此以上序節物氣候，雉可射之時也。良曰：漸漸，麥芒貌。擢，拔也。雊，鳴也。眄箱籠以揭驕，睨五計驍古堯媒之變態。爰曰：揭驕，志意肆也。箱籠竹器，盛媒者也。凡竹器，箱方而密，籠員而疎，盛媒器。籠形者，養鳥宜負也。箱密者，不欲令見明也。言感辰景之韶淑，樂山梁之榮茂，悟翬雉之奮逸，思騁藝之肆志，顧視箱籠詳察驍媒，姿睢揭驕，意願得也。楚辭揭驕字作拮矯。揭，居桀切。善曰：《楚辭》曰：意恣睢以拮矯。王逸曰：縱心肆志，所意願高也。濟曰：揭驕，驍健皃。眄，視也。箱籠之中，見驍健之，雉，媒。變，熊之狀也。奮勁骹苦交以角槎，善作槎。倉何反。瞵，憐悍。汗目以旁睞。音賴。爰曰：骹，脛也。角，邪也。槎，斫也。悍，戾也。瞵視，貌睞視也。奮其堅勁之脛，以利距邪；瞵其剛戾之目，以旁視其敵也。瞵，力新切。善曰：曹植鬬雞詩曰：悍目發朱光。銑曰：骹足，搓邪也。言媒雉奮堅勁之足角邪而立瞵怒目皃言怒悍戾之目以旁顧視睞視也。鶩綺翼而䞓朸貞反善。作䞓。摑都瓜灼繡頸而衮背。爰曰：漳，文章貌也。詩云：有鶯其羽，翼如綺文。䞓則赤也。摑，朏也。灼，盛貌也。頸毛如繡，背如衮章，言五采備也。善曰：朏音陛濟曰摑髀也灼明也言翼如綺之文章髀帶赤色頸如繡采之明背若衮服。鬱軒翥以餘怒思長鳴以效能音耐協韻。爰曰：鬱暴怒也。軒起望也，方言云：翥舉也。鬱然暴怒軒，舉長鳴思，見野敵，效其才能也。此以上言媒之形勢。向曰：軒翥將飛皃言鬱然將飛而有餘怒思為長。嗚呼！其野敵爾，乃䔩婆善作，擎揚拄翳停僮，葱翠緑栢參差，文翮鱗次，蕭森繁茂，婉轉輕利。衷五臣作裏料戾以徹鑒表厭。伊輒躡以密緻。陳二反。爰曰：擎者，開除之名也。今傖人通有此語，射者聞有雉聲，便除地為場，拄，翳於草，停僮，翳貌也。葱翠，翳色也。拄拄庾切，翳上加木枝衣之以葉上，則蕭森。下則繁茂而實。綢繆，輕利也。婉轉綢繆之稱料戾，小而徹也。厭躡，重而密也。翳外觀密緻，與草木無別，内視洞徹，多所覩見也。此以上序翳之形飾。善曰：廣雅曰：擊除也。翰曰：乃除其場，拄其翳，以待野雉。停僮葱翠翳形皃揷以栢葉，使參差文如鳥翮，又似魚鱗之相，次望之者，若草樹森茂，執之則婉弱輕利。料戾，小窓隙也。厭躡，重布也。其裏則有小隙，可以徹鑒於外其表，則以重布密緻不見其内也。恐吾游五臣作遊之晏起慮原禽之罕至。爰曰：遊，雉媒名。江、淮閒謂之遊，遊者，言可與遊也。言既芰場拄翳，又恐媒起不早，野雉希至。原禽，雉也。雉不處下濕，故曰原禽也。銑曰：晏，晚也。原禽，野雉也。罕，希也。言立其翳，恐媒雉晚起而鳴，野雉希少而至也。甘疲心於企想，分倦目以寓視。爰曰：企想雉出，專視草際，心為之疲，目為之倦也。此以上言拄翳之後。遲獲之意也。善曰：説文曰；企，舉踵也。《左氏傳》楚子玉曰：得臣與寓目焉。杜預曰：寓，寄也。濟曰：由此甘分疲倦，心目企想，寄視以待之。何調翰之喬桀，邈疇五臣作儔。類而殊才。候扇舉而清叫，野聞聲而應媒。爰曰：調翰，謂媒也。媒性調良，故謂調翰。喬桀，俊逸也。言邈絶疇類，殊異才氣也。扇，布也。形如手巾。叫，鳴也。將欲媒雊，振布令有聲，媒便清叫，野雉聞即應而出也。善曰：何疑問之辭也。向曰：扇，布巾也。故使媒鳴，即振巾言媒雉一何俊逸邈然與儔類不同候我。振巾而叫，野雉聞而果應之也。褰微罟以長眺，已踉亮蹡七醬而徐來。爰曰：褰，開也。罟，網也。古者當以細網，掩翳窓上，視外處，其制未聞也。今則以板矣。言聞野雉應媒之聲，知其必出，開翳户長視，已見踉蹡徐來也。踉蹡，乍行乍止，不迅疾之貌也。善曰：踉蹡，欲行也。《廣雅》曰：蹡走也。《良》曰：罟翳隙上網也。踉蹡雉行，皃言褰開窻隙上之網，以望之已見野雉，徐行而來也。摛勑知朱冠之赩許力赫，敷藻翰之陪鰓。蘇來反。爰曰：赩赫，赤色貌。陪鰓，奮怒之貌也。善曰：廣雅曰：摛，舒也。藻翰，翰有華藻也。向曰：摛，發也。雉幘朱色。故曰朱冠敷布藻文也。布文章之羽翰，陪鰓怒皃。首葯握緑素身拕五臣作扡黼，輔繪爰曰：方言曰：葯，纆也。猶纆裹也。言雉首緑色頸。葯，素也。黼，繡也。繪，畫文也。身采如繪也。翰。曰扡曳也。青鞦秋莎靡，丹臆億蘭綷。音最。爰曰：鞦夾尾閒也。莎，草名。楚辭曰：青莎雜樹，則莎色青也。言雉尾閒青毛如莎草之靡也。臆，膺也。膺色如秋蘭之色也。綷，同也。宋、衛之閒，謂混為綷也。善曰：小雅曰：雜。采曰：綷。銑曰：青如莎草之偃靡，臆當匈前也。丹與鞦蘭之同色。或蹶或啄時行時止。爰曰：皆得意之形容也。《善》曰：賈逵曰蹶走也。鄭玄曰：蹶行遽皃字。林曰啄鳥食也。莊子曰：『澤雉十步一啄，百步一飲也。蹶居衛切，《周易》曰：『時止則止，時行則行。』《廣雅》曰：『蹶踶跳濟曰野雉之來。若此斑尾揚翹，雙角特起。』《爰》曰：『雄壯之勢也。』此以上言野雉之狀貌也。善曰：《説文》曰：翹尾之長毛也。《翰》曰：翹舉也，言揚舉其斑彩之尾首，上有兩毛成角，特達而起。良遊呃厄喔握引之規裏。爰曰：良遊，媒也。言媒呃喔其聲，誘引令入，可射之規内也。向同爰注。應叱愕立擢身竦峙。《爰》曰峙立也。既入可射之内來迅不止，因便叱之，雉聞叱即驚，竦身而立者也。善曰：杜子春。《周禮注》曰：愕，驚也。《濟》曰：『言野雉望媒，雉來迅不止，恐失於規度，故叱之則愕然而立動，身驚竦而止也。擢動，峙，止也。捧黄閒以密彀搆屬，剛挂善作罫，古買切。以潛擬。《爰》曰：『捧舉也。』黄閒，弩名也。張衡云：黄閒，機張，一名黄肩。《善曰》：《説文》曰：彀張弓，弩也。屬謂注矢於弦也。剛罫弩矢鏃也，以鐵爲之形，如十字各長，三寸方似剛罫。故曰罫焉。良曰彀彎也。剛挂矢名言捧弩屬矢密彎潛以擬之倒禽紛以迸落機聲振而未已。爰曰：射，應也。禽被箭躍起而反落弩聲，猶未歇言其來疾也。濟曰：禽，雉也。迸，猶反也。山鷩鼈悍汗害猋。五臣作飇迅已甚。爰曰：鷩雉似山雞，而小冠背毛，黄腹下赤，項緑色。其性悍戾憨害，飛走如風之猋也。《爾雅》曰：『扶摇謂之猋謂暴風從下上也。』善曰：字書曰：憨，愚也。呼，甘切。銑曰：山鷩，雉名。其性悍戾，而害也。聞媒雉之聲，其來甚於風飇之迅疾。越壑淩岑，飛鳴薄廪。爰曰：鷩性悍憋，聞媒聲，便越澗淩岑且飛且鳴遥。來翳前也。廪翳中盛飲食處，今俗呼翳，名曰倉也。善曰：薄，至也。方言曰：憋，惡也，禄列切。翰同。爰注：鯨。五臣作擎。牙低鏃，心平望審。爰曰：鯨當作擎舉也。舉弩牙，低矢鏑，以射之。善曰：《禮記》曰：心平體正，持弓矢審，固也。向曰：雉既近，故擎弩牙低矢鏃以就之，用心和平下望審定也。毛體摧落，霍若碎錦。爰曰：雉，尚不止於飛中射之，毛體披散如錦之分碎也。銑曰：又，中也。彩毛飛落，霍然若錦之碎。逸羣之儁擅場挾兩。爰曰：逸群儁異之雉，不但欲擅一場而已，又挾兩雌也。善曰：《東京賦》曰：秦欲利觜，長距終得擅場。説文曰：擅，專也。濟同爰注櫟歷雌妬異倏來忽往。爰曰：櫟，擊搏也。聞他雄鳴擊搏其雌，倏忽往來，無時蹔止也。善曰：《楚辭》曰：荷衣兮蕙帶倏而來兮，忽而逝六韜，曰倏然而往，忽然而來。良曰：聞有雉之聲，則妬之。而擊搏其雌偶倏來，忽往來與媒，雉，鬬也。忌上風之餮。吐切。切畏映日之儻朗。爰曰：餮切微動之聲，儻朗不明之狀，言其忌聲而畏光也。濟曰：顧此而畏忌之是，多疑之雉也。屏發布而累息，徒心煩而伎懩。音養。爰曰：屏除其布不敢，散氣意者，恐微有所聞，便驚而逝。既無由使媒鳴，欲射則紛紜不定空心煩，而伎懩有伎藝欲逞曰伎懩也。善曰：難蜀父老。曰：心煩於慮應劭風俗。通曰：高漸離變，姓易，名庸，保於宋子之家，乆作苦。聞其家堂，客擊筑伎，養不能。毋。出言也。翰曰：恐此多疑之雉，覺有人，故屏巾布，不敢發累，息細喘息也。無使媒有聲而心煩悶，其射伎復懩不可忍，欲射之無便也。伊義鳥之應敵。五臣作機。啾擭五臣作攫，音钁。地以厲響。爰曰：義鳥，媒也。為人致敵，故名曰：義媒。見野雉紛紜難中，啾然擭地，而鳴引令來鬬埤。蒼曰：擭，地瓜持也。三蒼曰：啾聲也。銑曰：伊惟也，義鳥，媒雉也。惟媒雉能應我心機，拏攫於地，啾然厲其音響也。彼聆音而逕進，忽交距以接壤。爰曰：彼野雉聞媒聲，便逕來鬬，交距蹶地土壤相接。善曰：《廣雅》曰：壤，塵也。向曰：彼聽媒雉之聲逕進於前，忽然已交其瓜，距接其所立之地也。聆聽壤地也。彤盈窻以美發紛首頳而臆仰。爰曰：彤，赤也。盈，滿也。言其光彩滿當於窻美，取其意而發矢。又曰：既與媒戰形當，翳窻發弩，極美正射其頸，首頳，向後臆仰却斃也。良同爰注。

或乃崇墳夷靡農，不易去壠。爰曰：墳大防，今呼為塘也，夷靡頹弛也，易脩也。農不脩壠，此言田塘荒廢也。善曰：《毛詩》曰：禾易長畝濟，同爰注。稊蹄菽叢糅。女又翳薈烏會蓁蒲動茸如勇反。爰曰：稊，稗類也。菽，豆也。謂勞豆之屬，野生也。田既荒廢，雜草繁茂，翳薈蓁茸深概貌。善曰：《孫子兵法》：曰林木翳薈。《西京賦》曰：莽蕁蓁茸濟。曰稊草名菽野豆叢雜糅積於其閒也翳薈蓁茸深概皃言雉隱於此中也鳴雄振羽依于其冢爰曰冢，山巔也。《爾雅》曰：山頂曰冢，言野之雄。雉振其羽，翼鳴雊高墳之上。善曰：《毛詩》曰：莎雞振羽。《翰》曰：言雄雉振羽翼，依止其山頂也。冢，山頂也。摑尸黿降丘以馳敵，雖形隱而草動。爰曰：摑疾，貌也。言雉雊於高丘之頂，摑然降下向。敵不見其形，而見草動也。摑一本或作攌字，而專切。善曰：《尚書》曰：是降丘宅土。銑曰：降，下也。摑然下高丘馳奔於媒雉。雖形體隱蔽，覺其草動也。瞻挺廷毱遂之傾掉廷了意淰五臣作朱冉切。躍失藥以振踊。爰同翰注，翰曰：挺毱草莖也。掉動言瞻，草莖傾動，知雉將至意，躍不定而振踊也。暾土溫出苗以入場，愈情駭而神悚。爰曰：《楚辭》曰：暾將出兮，東方向覩草動冀，雉當至暾。然而出果其所願，情神愈驚動。向曰：暾漸出貌言漸出，草苗以入射場。我情彌驚駭神彌悚動。恐射之不中。黶五臣作壓烏減切合而翳晶胡了雉胦許刧肩而旋踵。爰曰：言，雉出。苗望諸處黶然闇合唯翳晶。然獨顯仍歛翼旋反也。人歛身謂之胦肩黶於簟切。善曰：《說文》曰：晶，顯也。漢書公孫玃曰：脅肩低首。吕氏春秋管仲曰：車不結軌，士不旋踵。良曰：胦肩歛身也。踵，足也。言雉既入場，望草木皆黶。暗而合其翳，晶然獨異。其心疑之，乃歛身却還，其足也。倣五臣作欣余志之精銳，擬青顱盧而點項。爰曰：雉既反歸，乃從後射。正中項也。顱，頭也。倣，音欣也。濟曰：青顱頭也，點中也。自倣我志專精銛銳，擬射其頭而中於項也。亦有目不步體，邪眺旁剔。土歷反。爰曰：目不步體，視與體違也。邪眺旁剔視瞻，不正常驚惕也。善曰：國語單襄公曰：晉侯目不在體，而足不步目。說文曰：惕，驚也。剔與惕古字通。濟曰：視與體相違，目邪望足旁剔也。靡聞而驚無見自鷩音脉。爰曰：鷩亦從脉。方言云：脉俗謂黠為鬼脉，言雉性驚鬼黠。翰曰：鷩，猶疑也。靡，無也。此多驚疑之雉也。周環迴復繚繞盤善作磐字辟音闢。爰曰：皆迴從往復，不正之貌也。善曰：《漢書》曰：何武所舉者盤辟雅拜。向曰：周迴不止皃戾零結翳旋把縈隨所歷爰曰：戾，轉也。把翳內所執處也。言轉翳旋回隨雉所趣，取其便也。向曰：把，柄也。戾翳之柄，縈曲隨雉之行，使不見已。彳丑石亍恥録中輟馥披逼焉中鏑。爰曰：彳亍，止貌也。輟，止也。鏑，矢鏃也。馥中鏃，聲也。善曰：今本並云彳亍中輟。張衡舞賦曰：蹇兮宕往彳亍中輟以文勢，言之，徐氏誤之。銑曰：彳亍行皃中少留也。輟，止也。馥中，聲也。鏑，箭也。前列力結重膺傍截疊翮。爰曰：正橫，射也。列，割也。前割重膺，傍斷兩翮也。濟曰：列，割也。膺，胷也。前列貫于胷傍，截斷于翮。重疊言毛厚也。若夫多疑少決，膽劣心狷古縣反。爰曰：雉性怯而多疑，膽劣而心戾者。善曰：說文曰：狷，急也。翰曰：狷，怯也。復有此雉也。內無固守出不交戰。爰曰：內，心也。固，堅也。心無堅守，外無鬬意也。善曰：管子曰：民無恥，外不可以應敵，內不可以固守。賈逵《國語》注曰：交，共也。濟曰：欲鬬而懼。來若處子，去如激電。爰曰：處子，處女也。莊周云：藐姑射之，山有神人居，綽約若處子來，若處女之畏人。去若激電之迅疾也。善曰：司馬兵法曰：始如處女。荅賓戲曰：風颮電激。向曰：處子，處女也。畏人者也。言來遲而去速。闃閴勑吉廉玄。葉悓覓善作悓。歷乍見。胡練反。爰曰：麥，稍也。謂在麥田中，葉間闃閴於外。乍見乍隱，不敢出場也。善曰：與稍並同，古玄切。翰曰：麥也。闃閴於葉下悓，歷然乍隐乍見。於是筭分銖商遠邇爰曰：分銖弩牙，後刻畫定矢。所至遠近之處也，雉既不出將就草射之，故計其分銖商其遠近也。濟曰：為其遠故筭其分，銖商量遠近邇近也。揆懸刀騁絶伎爰曰：懸刀弩牙後刀也。一名機揆度也。籌量可發而發，故言騁絶伎也。善曰：釋名曰：弩牙外。曰：郭下曰：懸，刀其形然也。《西京賦》曰：妙材騁伎薛君，韓詩章句騁施也。良同爰注。如轋竹二切如軒不高不埤貧美反。爰曰：言至平也。善曰：毛詩曰：如輊如軒，輊與轋同。鄭玄周禮注：埤，短也。埤與庳，古字通。翰曰：如轋如軒輕重得所也，不高不埤正可發也。當咮竹秀值胷裂膆素破觜爰曰：射面也。膆喉，受食處也。觜，喙也。裂喉破喙也。《字書》曰：咮，鳥口也。良曰：咮，觜也。膆，胷也。箭發與此相當，故破裂也。至此凡射六雉也。夷險殊地馴麤異變爰曰：地有平險之殊，雉有馴麤之異，隨變而應不可為一准也。濟曰：夷，平也。言所射之地有平險不同，雉有馴擾麄踈變態亦異也。昊不暇食夕不告勌五臣本作倦爰曰：言幾之者忘飢倦也。銑曰：所以日昊不暇食，及夜不告倦，由用心取中也。昔賈氏之如臯，始解顏於一箭。五臣作之一笑醜夫爲之改貌，憾胡暗妻爲之釋怨。爰曰：妻所以愁恨者，怨其夫之醜也。今見獲雉而言笑，則是斯藝能使醜夫變皃，恨妻釋忿者也。善曰：左氏傳曰：昔賈大夫惡取妻三年不言不笑，御以如臯射雉獲之。其妻始笑始言。《列子》曰：列子師老商氏，五年之後，夫子始一解顏而笑也。翰同善注。彼遊田之致獲咸乘危以馳騖，何斯藝之安逸，嗟禽從其已豫爰曰：騖疾也。田獵也，言遊獵馳車騁馬，飛鷹走犬陵山越澗，常乘危險也。善曰：言斯藝安從禽最逸，豫言禽來就己故，豫不勞。向曰：凡遊獵所獲者，皆乘危險以馳騖車馬，獨我此射之藝。既安且逸雉自隨我，取豫樂嗟歎也。清道而行擇地而住爰曰：人多則雉驚，故僻除人從清道而行，擇善地而住，為場也。善曰：司馬相如上疏曰：清道而後行。班固漢書贊曰：馮參鞠射履，方擇地而行。良曰：選清閑之道，而行擇可止之地而住。尾飾鑣悲苗而在服肉登俎，而永御豈唯皁隷此焉？君舉音據協韻。善曰：《說文》曰：鑣馬銜也。董巴輿服志曰：馬並以黃金爲乂，髦插以翟尾。先多用雉尾。《周禮》王后六服有褕翟闕翟，《儀禮》上大夫庶羞，有雉兔鶉鴳。《左氏傳》臧僖伯曰：鳥獸之肉不登於俎，則公不射。若夫山林川澤之實，皁隸之事，非君所及。又曹劌曰：君舉必書。銑曰：得其尾可以飾馬，鑣為服得其肉，可以登俎。器而食，此事安閑，豈獨皁隸賤人所為，亦可使君王舉而為之也。若乃耽盤流遁、放心不移，忘其身恤，司其雄雌樂而無節端操，或虧此則老氏之所誡，而君子之所不爲。爰曰：盤，樂也。恤，憂也。司，主也。《老子》曰：馳騁畋獵，令人心發狂。善曰：東京賦曰：若乃流遁忘返，放心不覺也。左氏傳虞人箴曰：忘志國恤，思其麀牡也。東京賦曰：樂而無節。楚辭曰：內惟省以端操。歸田賦曰：感老氏之遺，誡孫。卿子曰：此小人之所務，而君子之所以不為也。向曰：岳於是自戒也。言若耽樂自放，忘其身憂。但主心於禽獸之雄雌，而求獲之。既無節度端直之操，或便虧損。此老氏垂誡且君子之亦不為也。

南朝梁　沈約《爲皇太子謝賜御所射雉啓》《梁文紀》卷七　齊文惠太子居東宮，約為步兵校尉，管書記，遷太子家令。

輕鑾徵動，宻翳徐張，黄閒所轂，矢無虛發。南皮之獲，未足稱工，臣任惟守器，事隔陪奉，天慈曲降。賜物頒禽。

南朝陳　蕭有《射雉》《古詩紀》卷一一七　二月春暈動，曹王挾姤媒。插翳依花合，芰塲向野開。隔田聞雉近，橫溪見影來。弦明青壓碎，箭落錦衣摧。今日如臯路，能將巧笑迴。

北周　庾信《三月三日華林園馬射賦有序》《歷代賦彙》卷五九　臣聞堯以仲春之月，刻玉而遊河，舜以甲子之朝，披圖而巡洛。夏后瑶臺之上或御二龍周王玄圃之前，猶驂八駿。我大周之創業也，南正司天，北正司地，平九黎之亂，定三危之罪。雲紀御官，鳥司從職。皇王有秉歷之符，玄珪有成功之瑞，豈直天地合德，日月光華而已哉？皇帝以上聖之姿，膺下武之運，通乾象之靈，啓神明之德。夷典秩宗，見之三禮。夔為樂正，聞之九成。克已備於禮容，威風總於戎政。加以卑宫菲食，皁帳綈衣。百姓為心，四海為念。西郊不雨，即動皇情，東作未登，彌迴天眷。兵革無會，非有待於丹烏。宫觀不移，故無勞於白燕。銀甕金船，山車澤馬，豈止竹葦兩草，共垂甘露。青赤二氣，同為景星。雕題鑿齒，識海水而來王，烏弋黄皮，驗東風而受吏。於時玄鳥司歷，蒼龍御行，羔獻氷開，桐華萍合。皇帝幸於華林之園。玉衡正而泰階平，閶闔開而勾陳轉，千乘雷動，萬騎雲屯。落花與芝蓋同飛，楊柳共春旗一色。乃命羣臣，陳大射之禮。雖行祓褉之飲，即用春蒐之儀。止立行宫，裁舒帳殿。階無玉璧，既異河間之碑，户不金鋪，殊非許昌之賦。洞庭既張，承雲乃奏。騶虞九節，貍首七章。正飾五彩之雲，壺寧百福之酒。唐弓九合，冬幹春膠。夏箭三成，青莖赤羽，於是選朱汗之馬，校黄金之埒。紅陽、飛鵲、紫燕、晨風。唐成公之驌驦，海西侯之千里。莫不飲羽銜竿，吟猿落鴈。鐘鼓震地，埃塵漲天。酒以罍行，餚由鼎進。彩則錦市俱移，錢則銅山合徙。太史聽鼓而論功，司馬張旃而賞獲。上則雲布两施，下則山藏海納。實天下之至樂，景福之歡欣者也。既而若木將低、金波欲上。天顔惟穆，賓歌惟醉。雖復暫離北闕，聊宴西城。即同酆水之朝，更是岐山之會。小臣不舉陽，月在大梁，其日上已，其時少陽。春史司職，青祇效祥。徵萬騎於平樂，開千門於建章。屬車醴酒，複道焚香。皇帝翊四圍於帝閑，迴六龍於天苑。對宣曲之平林，望甘泉之長坂。華蓋平飛，風烏細轉。路直城遥，林長騎遠。帷宫宿設，帳殿開筵。傍臨細柳，斜界宜年。開鶴列之陣，靡魚鬢之旃。行漏抱刻，前旌載鳶。河湄薙草，渭口澆泉。堋雲五色，的暈重圓。陽管既調，春絃實撫。總章協律，成均樹羽。翔鳳為林，靈芝為圃。草銜長帶，桐垂細乳。鳥囀歌來，花濃雪聚。玉律調鐘，金錞節鼓。於是咀銜拉鐵，逐日追風。并試長楸之埒，俱下蘭池之宫，鳴鞭則汗赭，入埒則塵紅。既觀賢於大射，乃頒政於司弓。變三驅而畫鹿，登百尺而懸熊。繁弱振地，鐵驪踏空。禮正六耦，詩歌九節。七札俱穿，五豝同穴。弓如明月對堋，馬似浮雲向埒。鴈失羣而行斷，猿求林而路絶。控玉勒而摇星，跨金鞌而動月。乃有六郡良家，五陵豪選。新迴馬邑之兵，始罷龍城之戰。將軍戎服，來參武讌。尚帶流星，猶乘奔電。始聽鼓而唱籌，即移竿而標箭。馬噴沾衣，塵驚灑面。石堰水而澆園，花乘風而繞殿。熊耳刻杯，飛雲畫罍。水衡之錢山積，織室之錦霞開，司筵賞至，酒正杯來。至樂則賢乎秋水，歡笑則勝上春臺。既而日下澤宫，筵闌相圃，悵徙蹕之留歡，眷迴鑾之餘舞。欲使石梁銜箭，銅山飲羽。横弧於楚水之蛟，飛鏃於吳亭之虎。況復恭已無為，南風在斯，非有心於蜓翼，豈留情於戟枝。唯觀揖讓之禮，蓋取威雄之儀。

唐　路季登《皇帝冬狩一箭射雙兔賦以題上六字爲韻》《歷代賦彙》卷五九　大矣哉我唐之盛兮，七葉重光。襲文明以為德，表武烈而稱皇。於是行冬令，稽舊章，當清風之戒節，建玄律之司方。時因展狩，禮備肅將，信不差於王道，豈取樂於禽荒者哉？若乃整鈎陳，嚴羽衛，星旄燭野，雲旗拂曀。周長楊而為阹，屬甘泉以為綴。騁六龍而電發，顧雙兔而飆逝。性毚狡而不恭，足輕迅而靡制，爰從聖射，乃觀神藝。鑾鑣卻轉，引柘月而隨圓；

金鏃斜飛，疊霜毫而俱斃。既絶系而達臆，亦洞胷而裂眥。岐陽之美，不獨稱於周王；上林之雄，未可論於漢帝。觀夫歲聿暮，時既冬，采吉日，詠車攻。或備鮮於乾豆，或薦芬於祖宗。匪合圍而縱獲，諒閱武而觀農。且箭協陽爻，兔唯陰獸。柔而不犯，信爾類之可全；强以多猜，信我網之不漏。伊省括而一發，紛應弦而雙仆。所以章聖武於無窮，表靈誅於薄狩。至如馳騕褭，跨深密，追捷蹤，騰勁質，飄勇氣於蒼旻，抗稜威於白日，激流電而指顧，躡奔星而迅疾。疊穿兮彼兔則雙，舍拔兮我矢惟一。足使百蠻膽喪，萬人股慄，遐哉邈乎，不可談悉，彼更嬴之絶藝，蒲且之妙術，曾何足以擬議焉。於是殺氣肅英，風扇信合，美於三驅，實挺奇於一箭。然後迴雕輦，御金殿，或畀台階，或歸鼎膳。乃知我皇之盛德，眇萬古之罕所聞見者也。

唐　陸贄《聖人苑中射落飛鴈賦以題爲韻次用》《歷代賦彙》卷五九　於穆我皇，受天明命；與乾坤而合德，配唐虞而齊盛，成功斯著，射中九霄之禽，文教已宣，道應千年之聖。想彼禽矣，雝雝可珍；配玉帛於前禮，齊山木於至人。棲必擇處，翔無失倫，候律南徂，洞庭之芳草猶碧；順時北向，上林之繁花已春。苟應弦以啓聖，同殺身以成仁。爾乃雲收遠天，水落上苑；風蕭蕭而勁夕，日杳杳而低晚。於是聖人悦年豐，修武功；有直斯矢，有弨其弓；因肅殺之侯，遊苑囿之中。彼鴈于飛，斜當禁掖；帶輕雲之微素，映遥天之晴碧。雖逢蒙之絶藝，莫敢措心；固離婁之明眸，其纔能覿。我弓斯張，我矢斯射。算分數之遠近，則舍拔而應鏑。質毛紛其已墜，弦聲振猶未釋。聞之者足蹈手舞，覩之者目駭心惕。彼貫心稱妙，穿葉無作；一則三年而後發，一則百步以為約。豈如料必中於飛動，騁絶伎於寥廓。鴈以遠而矢發，矢既中而鴈落。異哉！莫高者天，戾天者飛。彼搏空之逸翰，尚無所違。矧荒服之逆命，曷不咸歸？則知皇聖有作，夷夏無間。鄙楚莊之戲猿，笑晉平之失鷃。固將威九埏而清八荒，豈直落翔雲之一鴈！

唐　獨孤及《和李尚書畫射虎圖歌》《題畫詩》卷五七　飢虎呀呀立當路，萬夫震恐百獸怒。彤弓金鏃當者誰，鳴鞭飛鞚流星馳。居然畫中見真態，若務除惡不顧私。時和年豐五兵已，白額未誅壯士恥。分銖遠邇懸，不中不發思全功。拾矢如破石可裂，應絃盡敵山為空。殺氣滿堂觀者駭，颯若崕谷生長風。精微入神在毫末，作繢造物可同功。方叔秉鉞受命新，丹青起予氣益振。底綏靖難事可擬，嗟歎不足聲成文。他時代天育萬物，亦以此道安斯民。

唐　王建《王司馬集》卷二《射虎行》　自去射虎得虎歸，官差射虎得虎遲。獨行以死當虎命，兩人相疑終不定。朝朝暮暮空手廻，山下緑苗成道徑遠。立不教汚箭鏃，聞死還來分虎肉。惜留猛虎著深山，射殺恐畏終身閑。

唐　張祜《張承吉文集》卷八《射虎詞》　高山路傍射虎兒，執弓走箭如星馳。一夫中虎人所畏，萬夫圍虎人不知。崗頭少年羞弓箭，從此誓心休射虎。更使山頭白額來，萬金懸賞如泥土。

唐　韋莊《南陽小將張彦硤口鎮税人場射虎謌》《文苑英華》卷三四五　海内昔年狎太平，横目穰穰何崢嶸。天生天殺豈天怒，忍使朝朝餵猛虎？關東驛路多丘荒，行人最忌税人場。張彦雄特制殘暴，見之叱起如叱羊。鳴弦霹靂越幽阻，往往依林猶旅拒。草際旋看委錦茵，腰間不更一作見抽白羽。老饕已斃衆雛恐，童稚揶揄皆自勇。忠良効順勢亦然，一劍猜狂敢輕動？有文有武方為國，不是英雄伏不得，試徵張彦作將軍，幾箇將軍願策勳！

唐　李翰《裴旻將軍射虎圖贊并序》《唐文粹》卷二四　世稱裴將軍射虎而不及，見駕部郎中兼侍御史滎陽鄭公，博物好古，旃能尚藝，于裴氏子得其先人射虎圖傳，以示予壯哉！古今之未有倫也。夫弧矢之用，所以服猛除暴而威戎狄，故士生則以蓬矢射，四方君立，則以五侯選諸侯。五侯之正，皆飾以熊虎猛獸之皮象，而射之也，昭除暴不若也。《周官》曰：『張五侯則遠國屬。』射而中之，威不庭也。昭昭乎除暴威遠之義。蓋射之大端。若殺不加有罪，威不及不庭。雖有百中之功，而無一發之矢，彀弓鳥下，拾矢猨號。工則工矣，是射之末節。開元中，山戎寇邊，玄宗命將軍守北平州，且充龍苑軍使，以捍薊之北門。公嘗率偏軍，横絶漠，策匹馬，陷重圍，摇轆轤而百萬洞開，驅橐駞而沙場一掃。聲振北狄，氣慴東胡，稜威大矣。而北平連山廣野，地實多虎，擇肉於人，如有飛翼，荐食邊鄙，甚於戎夷。羣老憂而請焉。公於是屏車徒，去矛鎩曰：『賈予餘勇，挺身以餌之。』眈眈虘虓，烈烈騰逝。當其威怒也，百獸以伏，萬夫莫亢。而公馳單騎，彀白羽，挑之使來，翼之而迴。從容返視，咫尺旋翫。心即其度，手張其機，左射右拂，縈之疊四。中皆没羽，倒必應弦，毛紛血灑，腋洞心穿。或叱之而弭伏，或箠之而卻走。將威有所勝，氣有所全，精專於中，志正於内，故能以一人之力，戰羣虎之命使，鋸牙鉤爪，戢而莫措；雷聲電視，消而不揚，猛摧於柔，衆怯於獨，其爲易也。若獵狐兔，聯鶩鶬。雖有矯牙冠羣，亦垂頭榻尾，應鏑而斃，如此者凡三十有一矣。其餘竄匿，不敢復出。大漠之南，千里罷扃。鳥獸咸若，山川以寧。胡人服藝，畏威不敢南牧。願充麾下者，五百餘人。茲所謂剛猛除暴而戎夷格。昔漢飛將軍亦爲北平守，擊胡有困辱之事，射虎有騰傷之患，其與將軍神勇，非爲侔矣。鄭公旣寫其圖，俾予贊之，詞曰：憬彼山戎，噬我封略。有羣者虎，載肆騰搏。邊甿懔懔，若崩厥角。將軍出塞，屏黜車騎。進馬前當，挺身以餌。威有所服，精有所聚。氣全以雄，力果而取。震驚矍矍，虎反如鼠。威武恒恒，人反如虎。勁弓雷霹，長矢電激。中口穿胷，貫心洞腋。視如空皮，劃若破的。應發連斃，紛紜枕藉。據鞍遥叱，揮箠逆擊。閉目沈冥，喪精擗易。三軍駭呼，萬靈動魄。海波爲騰，塞草皆赤。卞莊侯鬭，方聞兩獲。漢將如飛，幾爲所扼。將軍神勇，冠世超昔。號猨未工，飲羽非敵。弧矢之設，以威四方。羣虎既夷，狄人來降。收闔罷扃，山川以寧。至今北荒，猶畏其靈。』

唐　儲光羲《儲光羲詩集》卷一《射雉詞》　曝暄理新翳，迎春射鳴雉。原田遥一色，臯陸曠千里。遥聞咿喔聲，時見雙飛起。羃䍥踈蒿下，毰毸深叢裏。顧敵已忘生，爭雄方決死。仁心貴勇義，豈能復傷此。超遥下故墟，迢遰囬髙畤。大夫昔何苦，取笑歡妻子。

唐　韋應物《韋刺史詩集》卷八《射雉》　走馬上東岡，朝日照野田。野田雙雉起，翻射斗迴鞭。雖無百發中，聊取一笑妍。羽分繡臆碎，頭弛錦鞘懸。方將悅羈旅，非關學少年。弢弓一長嘯，憶在灞城阡。

唐　浩虛舟《射雉解顔賦以藝極驚愁顔變喜爲韻**》**《文苑英華》卷一三八　昔賈氏兮，其容似鄙，伊室家兮，中心莫喜，將非匹以為念，懼無能而是恥。自初笄之歲，終日低眉，因獲雉之辰，有時見齒，原夫他室是託。芳華正春，謂妖容之可恃，顧陋質以難親，自西自東，每棲棲而反目，不言不笑，常脉脉以凝神，爾乃釋憾無方。從權有計，因如臯以肆望，逞若神之絶藝，執弓挾矢，期應手以無遺，果志愜心，冀迴眸之一睇，以一作已而健馬蹄疾。中原草平，想媞媞之未悅，聆戛戛之初鳴。花顔惝怳以徐駭，錦翼翩翻而忽驚，遲迴而滿月將發，眄睞而横波以青。由是執轡情專，馳神望極，星走白羽，綺張丹臆，陋容蹙縮以興憤，慢臉㛹娟而改色。彩毛迸落，初莞爾以難持，飛鏃洞穿，遂嫣然而不息。及夫廣陌將暮，征途既還，鳴弰勁挺以風響，澡翰毰毸而血殷。盼幺麽之凡姿，於焉改貌，散低廻之鬱志，由是開顔，向使恨蓄兩心，功虧一箭，終悄兮而莫釋，寧咥其之可見，委絲蘿之弱性，没齒而難忘。慘桃李之穠華，終天而不变，是知陋不足恥，藝誠可優，嘉五善之殊妙，解三年之積愁。然後知一笑之難得，豈止千金而是酬？

唐　劉商《賦得射雉歌送楊協律表弟赴婚期》《文苑英華》卷二八五　昔日才高容貌古，相敬如賓不相覩。手奉蘋蘩喜盛門，心知禮義感君恩。三星照户春空盡，一樹桃花竟不言。結束車輿强遊往，和風霽日東臯上。鸞鳳參差陌上行，麥苗縈隴雉初鳴。修容盡餙将何益，極慮呈材欲導情。六藝從師得機要，百發穿楊含絶妙。白羽風馳碎錦毛，青娥怨處嫣然笑。楊生詞賦比潘郎，不似前賢貌不揚。聽調琴弄能和室，更解彎弧足自防。秋深為爾持團扇，莫忘魯連飛一箭。

宋　范成大《石湖詩集》卷二五《題張戡蕃馬射獵圖》　陰山磧中射生虜，馬逐箭飛如脱兔。割鮮大嚼飽何求，荐食中原天震怒。太乙靈旗方北指，掣轡逃歸莫南顧。猖狂若到殺胡林，郎主猶羓何況汝。

宋　李廌《濟南集》卷三《作塞上射獵行》　塞雲委地如潑墨，惡風吹沙沙黄黑。紫髯將軍柳葉甲，銀騣護闌白玉勒。鐵林子弟八九千，飲馬渡橋過河北。沙漠黕地古戰場，寸草不生地皮赤。將軍指呼令鼓鼙，旌旆悠悠動堅壁。壯夫露股挾纊温，蕃馬鞘脚寒有力。龜手荷戈指欲墜，氣結冰陵滿須厤。首驅蕭蕭近林翳，軍聲業業震金革。恠狐跳梁罔兩避，虎豹驚駭喪膽魄。山根淺草枯槎枒，隐隐葉下見兎跡。武夫張罝四散逐，雙兎雌雄中金鏑。自云舍矢不失馳，手持雙兎有德色。凱旋如殪大兕歸，喜非詭遇無所獲。常聞武功貴時習，忘戰必危欲定國。蒐田以時選車徒，士卒素練務嚴翼。季冬物成農事休，民閒庶類亦蕃殖。泮上虎臣獻俘馘，淮夷攸服遠人格。悲夫王澤寖熄多，鬼蜮蒙恬，白起爲民賊，君不見長平鬼哭萬人塚，擊破秦坑，髑髏白。

宋　周紫芝《射鹿行》《宋百家詩存》卷一八　白羽紅旗遶山麓，爭向山前射奔鹿。獵夫舉網常苦辛，誰寢其皮食其肉。腹中著子初成斑，梅花碎點真珠圓。雙桃壓髻玉簪短，去作誰家頭上冠。貴家金多逐時好，尚蹙蛾眉嫌不蚤。一皮可值千萬錢，競作苞苴當珍寶。大者有茸膽有紋，舉無遺族如何冤。玉纓瓊弁者，誰子始作此俑，知非賢。

宋　洪邁《夷堅支志・己》卷八《呼延射虎》　韓蘄王督兵淮楚，領背嵬軍獵於郊。道逢羣虎下山，下令打圍。甲士環合，各以神臂克敵，弓射之。凡斃三十餘，其一最雄鷙，目光如鏡，毛茸皆紫，色銳頭豐，下爪距異常羽鏃不能入跳勃，咆哮萬衆辟易。大將呼延通奮怒，馳馬與相當，誓必取之。伺其張口，發大羽，箭正中舌上，虎雷吼山立，宛轉而死。命從騎四輩舁歸，剥皮爲鞍韉，一軍壯其勇。

宋 游子明《畫虎圖》《佩文齋咏物詩選》卷四〇一　平生射虎裴將軍，馬獰如龍弓百鈞。手撚白羽旁無人，注虎使虎不敢奔。須臾叢薄斑斕出，人馬不知俱辟易。矢如蓬蒿弓減力，將軍得歸幾敗績。徐行爪牙元不露，眈眈垂頭若微顧。尾剪霜風林葉飛，倏忽山頭日光暮。包家畫出真於菟，我尚不敢編其鬚。昔人作詩譏畫圖，吁嗟，畫圖今亦無。

宋 趙孟堅《彝齋文編·彝齋文編補遺·題顧德謙畫唐中宗射鹿圖》赭袍玉帶虬髯怒，人似眞龍馬如虎。英風猶似天可汗，肯信昏孱困韋武。上林草綠閒呦呦，飛鞚霹靂捎長楸。畫旗圍合晚不休，後庭雙陸誰能籌。追游不記房陵辱，五王朅來勢猶獨。空誇大明飛絶谷，不射妖狐射生鹿。畫圖令人生感嗟，天寶同首飄胡沙。仲宣早解習祖勢，不遺御筆空中花。

宋 劉敞《公是集》卷八《題賈大夫射雉圖》　控弦誰家子馳射，落名翬傾城絶代。女巧笑揚脩眉覽，古按圖畫悵然增。我唏壯士不擊賊，顧從兒女嬉威弧。無用世反事禽荒，為嘿嘿千歲後，正為來者嗤。

金 李俊民《莊靖集》卷一《宣差射虎十二月初九日**》**　北原風勁霜草枯，草間出沒藏於菟。眈眈來此被誰驅，不防邂逅馮婦車。將軍瞻氣勇有餘，手中笑撚金僕姑。等閒如射兎與狐，兩眼錯莫精光無。深山大澤失所居，或撩汝頭編汝鬚，可憐肉食無遠圖，伎倆不及黔之驢。

金 元好問《元遺山詩集箋注》卷一〇《射虎》　虎跡騣騣近九關，豈知飛將乃黃間。弦弧霹靂應手破，從騎斕斑載錦還。得意雲雷捲勍敵，回頭藜藿但空山。寢皮食肉男兒事，未分書生袖手閒。

黃間《南都賦》黃間機張寢皮《左傳》莊公為勇爵，殖綽郭最，欲綽焉州。綽曰：二子者，譬若禽獸。臣食其肉，而寢處其皮矣。

金 趙秉文《滏水集》卷七《射虎》　眼花百步透林寒，抵死嗔人守九礶只。道草中藏白額豈，知吿上有黃間。才聞父老愁三害，倏見䑽羆寢一斑。寄謝咸陽嘆黃犬，何如霧豹隱南山。

金 馮延登《射虎得山字》《佩文齋咏物詩選》卷四〇一　田翁太息論三害，獵騎俄驚見一斑。涎口風生雷吼怒，角弓寒勁月痕彎。柳營共許千人敵，魚服仍餘一矢還。我欲殘年賞神駿，短衣匹馬夢南山。

元 陳旅《安雅堂集》卷一《題金人射獵圖》　肅慎川原盡海隅，秋風梟騎日馳驅。空聞陳國銘金櫝，竟向梁園用石砮。

又卷三《題遼人射獵圖》　美人貂帽玉驄馬，誰其從之臂鷹者。沙寒草白天雨霜，落日馳獵遼城下。塞南健婦方把鋤，丈夫邊戍官索租。

元 李孝光《遼人射獵圖》《題畫詩》卷五七　美人貂帽玉驄馬，誰其從之臂鷹者。沙寒草白天雨霜，落日馳獵遼城下。塞南健婦方把鉏，丈夫戍邊官索租。

元 盧琦《圭峰集》卷上《題射獵圖》　滿目西風塞上塵，五花驄馬轉精神。憑君莫射雙飛燕，恐有音書寄遠人。

元 盧琦《射獵圖》《題畫詩》卷五七　倦飛鳥十年藺足，愁山川安得千金。購神駿攬轡，欲盡東南天。

元 蒲道源《閑居叢稿》卷八《題張湛張堪射獵圖》　一為馮翊一漁陽，漢傳東京數二張。畫史何從傳此本，却將射獵掩其長。又自古通材擅美稱，射居一藝不難能。試看卷内閑馳意，馬慢弓櫜矢釋掤。

元 王沂《伊濱集》卷一二《金人射獵圖》　驚沙獵獵北風寒，馬上呼鷹塞草乾。壯士還家散如霧，只今餘得畫圖看。

元 許有壬《至正集》卷一七《偕監州諸君獵》　山川談笑了官程，射獵銷閒喜得朋。日薄寒清人力健，草茸坡慢馬蹄輕。老狐脱網還逢犬，狡兎傷弓尚避鷹。政恐名藩無此樂，燎毛燔肉醉班荆。

元 虞集《道園學古録》卷三〇《射獵圖》　羽獵長年從翠華，合圍八月度龍沙。蕭蕭徒御圖中見，猶想君庖賜滿車。日莫推車力已疲，道逢猛虎快饑飢。負嵎何待要馮婦，弱婦嬰兒未可欺。

元 雅勒呼《題周昉明皇水中射鹿圖》《題畫詩》卷五七　開元天子奮神武，一矢成功定寰宇。飛騎營中墮牝雞，妖皇散落紛如雨。邇來校獵渭城東，姚崇發縱指顧中。馬前十論效驅策，君王已賀獲雋功。波濤澒洞真龍立，應見波間老蛟泣。畫師盤礴筆有神，千載英姿如昨日。君不見天寶年來，事事非。宮中行樂晝遊稀，可憐野鹿銜花去，猶向樽前按舞衣。

元 王沂《伊濱集》卷一一《李早畫金人射鹿》　故家鞍馬亦豪雄，

弦箭如詩數助工。只恐平原麋鹿盡，角弓原不耐霜風。

元 **虞集《道園學古録》卷二一《陳閎畫中宗射鹿圖》** 昭陵石馬立殘陽，曾見騰驤逐鹿場。馳射銜波夸獲雋，故知英氣似前王。

元 **雅勒呼《題周暘明皇水中射鹿圖》**《乾坤清氣集》卷四 開元天子奮神武，一矢成功定寰宇。飛騎營中墮牝雞，妖星散落紛如雨。邇來校獵渭城東，姚崇發蹤指顧中。馬前十論効驅策，君王已賀獲雋功。波濤澒洞真龍立，應見波間老蛟泣。畫師盤礴筆有神，千載英姿如昨日。君不見天寶年來，事事非，宮中行樂晝游稀，可憐野鹿銜花去，猶向樽前按舞衣。

元 **張弘範《射虎》**《元詩選·二集》卷四 黑風萬騎卷空山，怒吼巖林出錦斑。得意將軍飛鐵鏃，忽驚一點草梢殷。

元 **劉鶚《惟實集》卷六《射虎》** 弓強矢勁馬初肥，獵得南山白額歸。勢力頓窮甘就戮，爪牙雖具果何為。深山百獸應無恐，絶壑幽狐莫假威。笑取髑髏橫作枕，壯哉殊足快當時。

元 **程鉅夫《南陽太守射虎圖》**《題畫詩》卷五七 一箭何妨一害除，使星歸進兩玄珠。欲知太守忠勤事，請看南陽射虎圖。

元 **艾性夫《剩語》卷上《射虎行贈張生》** 深村落日啼寒烏，中有十數黃於菟。飽呑猘狗未足醉，時失行客驚相呼。蒼髯老翁百夫勇，蹶張強弩金僕姑。潛機夜半發乘矢，黃髯白額殲其渠。寢皮食肉爭賞快，入穴取子無留餘。嗚呼！山中猛虎今已無，人間苛虎誰驅除。老翁負弩先辟易，此虎咆哮角而翼。

元 **郭鈺《靜思集》卷五《射虎行贈射虎人》** 昨日射虎南山巔，悲風蕭蕭眼力穿。今日射虎北山下，虎血濺衣山路夜。朝朝射虎無空歸，家人望斷孤雲飛。度嶺踰山弓力健，虎肉共分不辭遠。府司帖下問虎皮，高枕髑髏醉不知。虎昔咆哮百獸走，一死寧知在君手。鼻端出火耳生風，拔劍起舞氣如虹。昨夜空村見漁火，牛羊不牧犬長卧。作詩贈君毛髮寒，煩君為我謝上官。君不見，昔日劉昆稱長者，虎北渡河不須射。

元 **郝經《陵川集》卷一二《彭城李師射虎行》** 偃林風色號驚烏，山殘樹老虎負嵎。將軍躍馬翻雕弧，飛電一點金僕姑。赤羽飲肉血滿鬚，勁欲一撲垂霜顱。谷神不靈啼且愚，山靈儧死悲狸狐。十年一逕無樵蘇，一日便使為通衢。虐政既革虎害除，郡人咄唶為嗟吁。歸來猛氣慘不舒，勇無所用將賈餘。舉杯側坐紅氍毹，玉鞭擊碎青珊瑚。意欲一舉開八區，櫜弓却馬還隆儒。作詩問君能從無，當路先去入於菟。

元 **納新《金臺集》卷二《答禄將軍射虎行》** 答禄將軍世為奈曼部主，歸國朝，拜隨穎萬戶。平金有功，事載國史。其出守信陽射虎之事，尤偉曾孫與權，舉進士為祕書郎，官與余雅善間，言其事，因徵作歌。

將軍部曲瀚海東，三千鐵騎精且雄。久知天命屬眞主，奮身來建非常功。世祖神謨涵宇宙，坐使英雄皆入彀。十年轉戰淮蔡平，帳下論功封太守。信陽郭外山嵯峨，長林大谷青松多。白額於菟踞當道，城邊日落無人過。將軍聞之毛髮豎，拔劍誓天期殺虎。彎弓走馬出東門，傾城來看誇豪武。猛虎磨牙當路嗥，目光睒睒斑尾搖。據鞍一叱雙眥裂，鳥飛木落風蕭蕭。金銷瑂弓鐵絲箭，滿月絃開正面。箭翎射没錦毛摧，厓石崩騰腥血濺。萬人讙譟聲震天，剖開一鏃當心穿。父老持杯馬前拜，祝公耆壽三千年。丈夫立功期不朽，奇事相傳在人口。可憐李廣不封侯，却喜將軍今有後。承平公子祕書郎，文場百步曾穿楊。咫尺風雲看豹變，鳴珂曳履登朝堂。虎既剖箭鏃，正貫于心中。

元 **蒲道源《閑居叢稿》卷二一《題鄧州宣差射虎圖時貢虎睛》** 猛虎在深山，藜藿爲不採。編鬚履尾非人能，託喻而言至危殆。況欲決眼取其睛，無乃未得先醢伻。來責貢將何如，南陽太守膽滿軀。山間勇往蒐索，見馬上注矢彎雕。弧一聲霹射，命中怒踊即仆挾。乙無雙珠入手，電光滅獻於君所。供藥需願侯無狃，此一舉褒鄂龔黃，當自許用之敵愾，與除苛立，收奇勳，報明主。

元 **任士林《松鄉集》卷八《劉將軍射虎行》** 半濕新蹄山徑曉，於菟夜渡海中島。百夫鼓譟屋瓦震，將軍彎弓白日皎。地形平露草不長，狂嘯無風威欲倒。玄翎一中洞心膂，坐據木牀脱鬚爪。胃中白骨誰家魂，紅肉已供人醉飽。人生意氣不下堂，車鐸當當馮婦老。

元 **沈夢麟《花溪集》卷三《浙江儲都尉射虎卷》** 將軍膽氣拂青雲，朝閱孫呉晚好文。可但奇功詩一虎，會看大節冠三軍。雕弧白矢開妖霧，雨血風毛灑夕曛。斬却樓蘭應有日，丹心好答聖明君。

元 **同恕《榘庵集》卷一三《射虎圖》** 過客常憂性命危，將軍除害有神機。雷號怒吻千山裂，血迸深瘡一箭飛。草樹淒淒空野色，旌旗獵獵捲風威。酒杯斫取頭顱用，載錦傳呼得儁歸。

元　楊奐《還山遺稿》卷上《射虎記》　吾友隴東康揖，来乞射虎記。問其故，為鄜尉曹侯設也。吁！人之所欲詳，誠吾之所欲畧。子徒知其去虎之虎，焉知其去非虎之虎且多乎哉！夫虎之殺人也，見於跡。人猶得而避之，其害細。所謂非虎之虎殺人也，藏於心，使人不知其所避，必狎而就之，其害巨一攫之後無地無之，奚獨鄜也哉？若夫嘯兇嗥醜，伏晝伸夜禁，緩則跳踉勢，窮則騰躑者，盜虎也，氣吞一邑，塊祝四鄉，逞貪婪之欲，啗孤羸之利者，豪虎也。矇昏冒昧誣下罔上掉難折之，舌吐無證之辭者，訟虎也。假威官府，擇肉墟落，志在攫拏情，忘畏愓者，此吏虎也。爪牙為名，意氣自若，倚事以下，鄉幸賍以中人者，此兵虎也。又若鈎距成性，搏擊充已，攄案弄威，攘權護失者，同僚之虎也。公御上檄，私争已忿，擁妖抱妍，醉醲飽鮮者，過客之虎也。人謂鄜有曹侯，則盜者遁，豪者懾，訟者弭，吏為之縮手，兵為之歛跡，同僚服廉而退讓，過客憚正而引避，綱而舉之，其政亦足知矣。宜乎邑之民途，不掇遺寢，不閤户。熙熙然，坦坦然，各保其性命。子以射虎為虎，則漢豈無李廣，唐豈無裴公，勇於政斯，可矣。裴李世聞其射而未聞其政，如曹侯可謂兩得之矣。然吾不以去虎之虎為賢，而以去非虎之虎為賢者，鄙意實在。玆侯名大中，字時正，隆安人。家世官職。孔臨洮嘗載之，皆不書。子袖此以歸，其告鄜人。既去，而思當涙吾文。

元　楊維楨《樂府補》卷六《小萬尸射虎行美慶元鎮帥金駒兒也**》**　邊城秋氣勁折膠，草枯燎發風蕭蕭。將軍校射出細柳，馬上箭落雙飛鵰。須臾吼地窮獸急，將軍匹馬電弗及。疾蹄迸落衝虎過，白羽穿喉虎人立。將軍身不六尺强，一怒萬夫無敢當。先皇賜名名拔突，部下材官争蹶張。畫工親見編鬚勇，急陣梢岡浩呼汹。目光落地已化石，將軍生氣毛髮動。君不見，桃花島皁樹，洋乳孫哺子，人為糧。將軍一死不可生，東海黄公愁夜行。

元　耶律鑄《雙溪醉隱集》卷三《獵北平射虎》　飛控遺風獵，北平澹陰平。野草青青南，山白額威何。振東海黄公，厭不行徑捷。鳴髇延滿月，奄驚繁弱激。流星由來一，片爛斑錦别。在神機，霹靂聲。

元　虞集《道園遺稿》卷二《射虎歌》　州人布矢之蒿蓬，半夜射殺南山雄。捲皮帶雪送官府，割肉大嚼千夫同。前日東家牛盡啗，犬豕無遺人落膽。不知世有李將軍，擊鼓報神聲坎坎。

元　同恕《榘庵集》卷一一《題蓟國公射虎圖》　父老談奇偉，公乎凛若生。弓强山可破，獸猛葉如輕。户不春風閉，人今落日行，崔嵬北平石，終恨不成名。

明　方勉《漢將射獵》《新安文獻志》卷五七　將軍意氣自豪雄，驍騎翩翩入塞中。頑石向來猶没矢，肯教真虎匿荒叢。

明　劉繪《嵩陽集·聞許八丈默齋射獵號西山中》　遥傳貴公子校獵黄河湄，十年。心復動西逐白雲，馳山驛寒更暗嚴。闒宵柝遲星軺連，夜發同醉碧川巵

又《暮春射獵銅井山中》　風落谿囊河柳青，煙消火井澗花零。片月掛虜掩銀鏡，雜雲飛来披繡屏。繡屛開，翠帳起，畋兒摇鋏山凝紫，罘維彩霧中雕騎。香埃裡，古冶裂，玄魷中黄批文兕。草頭一點鳴鏑来，蛇弓抱月肹筋開。紅帕盖馬養由去，白羽摧風蒲子面。手柔弓燥花間騁，灑毛濺血金鞍冷。崖前錦雉墮飛翎，天邊白雁無留影。更有雄鷹攄上韝，白雀黄頤月兎愁。月兎愁，素霓收，春星散林壑，夜渚帶山樓。樵童牧竪歡相顧，野魅封狐嗔不留。竹籬層結臨丹壁，旋旆笙歌縟川澤。解腥燔豹醉獵徒，臥夢長揚子虛客。

明　馬中錫《東田漫稿》卷五《李將軍射獵圖》　山早霜秋草，白猿臂將軍。來射獵。大黄持满殪於菟。一飲田間過一石，帰來日落灞陵城。醉尉訶人亭已扃，將軍奮髯怒不已。明日應詔謁天子，重剖銅符守北平。單于十萬遥相驚，如何不取，封侯貴，卻乃先誅灞陵尉。

評云：□□老□可驚可愛亦以自兄。

明　王恭《白雲樵唱集》卷四《書王孫射鴈圖》　錦袍朱帽緑弓絃，却射飛鴻灞水邊。不識柳林闗外路，白狼黄鼠滿秋田。

明　趙彦復《梁園風雅》卷一八《觀許八丈射獵》　曉天霜氣斂，獵騎縱山圍。碧漢風鷹急，黄沙月兔肥。雕弓花外滿，玉勒草頭飛。向暮歸程遠，旌旗映落暉。

明　陸深《題李蒲汀學士所藏趙千里射熊圖》《題畫詩》卷五七　王孫藻思錦繡紋，點染青山縈白雲。避鴈霜高錦樹出，射熊風勁角弓聞。似是西原獵場下，公子翩翩齊騁馬。捷如流電氣十倍，滿懷明月神瀟灑。沙平草淺石徑長，左馳右突不可當。直前一發遂得雋，豈但百步能穿楊。古來妙傳誇絶藝，此幅摩挲今幾世。周詩藹藹歌夢祥，漢館離離是何處。蒲汀學士人中龍，勘畫披圖最有工。致身本在霄漢上，雅興時落山林中。武功文事亦素具，細

認丹青有奇趣。尚父曾聞載後車，宣尼尚且供先簿。試看更兆掌中珠，雄風駿骨頭角殊。他年隔座屏風裏，喚取良工搨此圖。

明　高啓《題李德新中宗射鹿圖》《題畫詩》卷五七　赭袍玉帶虬髯怒，人如真龍馬如虎。英風猶似天可汗，肯信昏孱困韋武。上林草緑聞呦呦，飛鞚霹靂梢長楸。畫旗圍合晚猶獵，後庭雙陸誰行籌。追遊不記房陵辱，五王謫來勢猶獨。空誇大羽發無虛，不射妖狐射生鹿。畫圖令人生感嗟，天寶田首飄胡沙。神孫早解習祖藝，不遣銜出宮中花。

明　李東陽《題趙子昂射鹿圖》《題畫詩》卷五七　秋高出獵長城下，碧眼胡兒騎剗馬。弓如月滿箭星流，已向千山毛血灑。馬前逸兎或可脱，山下老麇身欲赭。彼貪但為口腹謀，不見巴西放麑者。吴興王孫燕薊客，酒酣興發時潑墨。極知紈綺足風流，忘却河山限南北。噫吁嚱！薛郎未挂天山弓，披圖仰面來天風。

明　管時敏《蚓竅集》卷五《射鹿行》　雲夢澤中冬信早，十月清霜凋宿草。此地猶存古獵場，周遭百里青山繞。吾王一歲一遊田，麝香名馬青連錢。紫絲垂轡黄金勒，紅錦裁鞍白玉鞭。騎来獵場世稀有，馬首忽驚山鹿走。老麋皷勇獨當前，群麇甡甡總随後。彤弓滿引與月同，白羽出挿生腥風。廻身連發踣雙鹿，左膘右髀毛血紅。妙手穿楊古無比，嘖嘖懽聲溢人耳。林深伏虎莫敢行，木末窮猿號不已。笳皷喧闐催解圍，千萬人中得雋歸。行庖吹香出翠釜，從官縷割誇鮮肥。大府分封鎮荊楚，農隙年年須講武。太平武備不可無，萬載千秋作藩輔。

明　羅貫中《三國演義》卷四《曹孟德許田射鹿》　曹操劍下，玄德攀住臂膊。雲長跪於面前。玄德曰：『此等赤心之人，正可容留。』雲長曰：『關某素知文遠忠義之士，吾以性命保之。』操擲劍大笑曰：『我亦知文遠忠義之士，故相戲之耳。』此是曹公奸雄處。曹操親自釋遼之，縛自與衣穿曰：『縱使殺吾妻子，亦不記讐。』遼遂降，操拜遼為中郎將，賜爵，關内侯使張遼招安臧霸。霸聞吕布已死，張遼投降，遂引本部軍數百人來降操。操皆賜金帛衣服。臧霸亦招安，孫觀、吴敦、尹禮來降，獨有昌狶未肯歸順。操封臧霸為瑯琊相，孫觀等各各加官，令守青徐沿海地面。操將吕布妻小并貂蟬載回許都，盡將錢帛分犒三軍。操離下邳，還許都。路過徐州，百姓焚香遮道，請留劉使君為牧。操曰：『劉使君功瑩大，必當面見君，畢回來未遲。』百姓叩謝。操馬上顧，玄德曰：『待公朝畢還徐州未遲。』玄德稱謝，操喚車騎將軍車冑權領徐州大軍回許昌，出征人員各各封官賜賞，留玄德在相府。左近宅院歇之，次日獻帝設朝，操引玄德見帝。玄德具朝服拜舞於階下，帝宣上殿。操奏前功。帝曰：『卿祖何人？』玄德不覺淚下。帝驚問曰：『卿何傷感？』玄德曰：『適蒙聖問，因此傷感。先祖臣乃中山靖王之後漢景帝，閣下玄孫，劉雄之孫，劉弘之子也。先祖劉貞封涿鹿縣陸城亭侯，因此家緣流落。臣有辱先祖，所以下淚。帝教取宗族世譜檢看，令宗正卿宣讀譜有曰：『漢景帝生十四子，第七子乃中山靖王劉勝。勝生陸城亭侯劉貞，貞生沛侯劉昂。昂生漳侯劉禄。禄生沂水侯劉戀。戀生欽陽侯劉英，英生安國侯劉建。建生廣陵侯劉哀，哀生膠水侯劉憲。憲生祖邑侯劉舒，舒生祁陽侯劉誼。誼生原澤侯劉必，必生潁川侯劉達。達生豐靈侯劉不疑，不疑生濟川侯劉惠，惠生東郡范令劉雄。雄生劉弘，弘不仕，劉備乃劉弘之子也。』

帝排世譜，乃帝之皇叔也。帝亦下淚，請入偏殿叙叔姪之禮。帝暗思曹操弄權，國務大事分毫不由朕主。今得此英雄之叔皇，天指路矣。帝設宴待之，令曹操議定官職。操拜玄德左將軍之職，封宜城亭侯。玄德拜謝恩。畢，出朝。自此皆稱為劉皇叔。操回府荀彧等一班兒謀士入見，操曰：『今天子認劉備為皇叔，恐無益於主公乎？』操答曰：『玄德與吾結為昆仲，安肯外向耶？』劉曄曰：『吾觀玄德世之傑士，非池中之物也。』操曰：『好亦交三十年，惡亦交三十年。好惡吾自有主意，於是操與玄德，出則同輿，坐則同席，美食相分，恩若兄弟。程昱入説，操曰：『今吕布已滅天下，震動可行王霸之機乎？』操曰：『不可，朝廷股肱尚多，未宜輕舉，吾且請帝田獵以觀動静。昱曰：『丞相之意，深可見矣。』一日操揀選良馬、名鷹、俊犬、弓矢俱備，先令聚兵城外。操入，請天子田獵。帝曰：『田獵，恐非正道乎？』操曰：『古之帝王，春蒐音搜，夏苗，秋獮，冬狩，四時出郊，以示武於天下。今四海擾攘之時，若出田獵，其利有四。陛下久深宫，神力疲倦，馳騁音逞於弓馬之間，爽神暢體，其利一也。耀武揚威，以示四方，其利二也。軍閑則困，困則生疾，奔走無逸，其利三也。自天子至於公卿，不可不習射以生力，其利四也。帝即上逍遥馬，帶雕弓、金鈚、箭排、鑾駕出城，玄德、關、張各彎弓插箭内穿掩心甲，各持兵器引數十騎，隨鑾駕出。許昌百姓見關、張跟在背後看了人馬兵器無不稱奇。操騎爪黄飛電馬，引十萬之衆與天子獵於許田地名。操令軍士週迴排二百餘里，操與天子只爭一馬頭，背後都是操的心腹之人。文武百官遠遠侍從，誰敢近前，各帶一付弓箭。惟天子可帶雕弓雕弓赤色泥金弓也，壺中所插之箭，各有號帖。惟天子用金鈚箭箭頭嵌金也，當日獻帝馳馬到許田，劉玄德起居道傍。帝曰『朕要看皇叔今日射獵。』玄德謝畢上馬，忽見草中趕起一兎，帝令玄德射之一箭正中其兎，帝亦稱賀，玄德拜謝上馬，轉過土坡，忽見荊棘叢中趕出一隻大鹿正衝而來，帝連射三箭不中。帝覷，操曰：『卿射之，』操就討天子雕弓、金鈚箭，扣滿正中鹿背，倒於草中。衆羣臣將校，皆謂天子射中，踴躍而來，同呼萬歲，曹操縱馬而來遮於天子之箭，以迎當之，衆皆失色。玄德背後，雲長大怒，剔起卧蚕眉、睜環丹鳳眼，提刀拍馬便出，要斬曹操。玄德會其意，摇首送目，不肯令出。關公乃仁義之人，見兄如此，便不敢動、操獨視玄德，玄德慌欠身，稱曰：『丞相神射，世之罕及。』操笑曰：『是天子洪福耳。』馬上與天子賀罷，不還雕弓就懸帶之。老臣無不嗟呀，圍塲已罷，宴於許田。天子促歸，於是駕回許都，各自歸歇。玄德與雲長曰：『雉，今日何躁暴也？』雲長曰：『欺君罔上之賊。某實難容耳，欲與國家除害。兄何止之？』玄德曰：『投鼠忌器耳，操起姦計，自奏天子出許都圍獵將帝，時時窺視與帝，相離一馬之地，其他心腹之人，週迴遠近圍侍爾，豈不知也？吾觀弟怒，急止之，何也？乃見操心腹之賊，牙爪數多，倘失大事而未成功，有傷天子罪反作我等也。吾故止之。』雲長曰：『今日不殺姦雄操賊，大哥你看後必有禍矣。』玄德曰：『慎宜秘之，不在話下。』却説，漢獻帝駕還許都歸宫室至晚泣訴與伏皇后曰：『可憐朕自即位以來，姦雄並起。先受董卓之殃後，遭傕汜之亂。常人不受之苦，吾與汝輩當之得見。曹操以為重扶社稷之臣，今獨專國政，此賊節生，姦計多端，專權弄國，分毫不由朕。躬殿上見之，有若芒刺。今在圍塲上，自迎呼譟，早晚圖謀必奪天下，欲至臨期。吾夫婦未知死於何處也。』伏皇后曰：『公卿子孫四百餘年乃食漢祿者，就無一人效股肱之力而救國難乎？』言訖夫婦共哭於宫中，未畢，忽一人自外而入殿曰：『帝與后目下休憂，吾舉一人與帝誅賊除害，以安國家以保社稷。』帝視之，乃是伏皇后之父皇，丈伏完也。帝掩淚而問曰：『皇丈知朕腹中之事也。』完曰：『許田射獵之事，雖不見操賊有奪天下之心，真乃是趙高也。』帝曰：『滿朝之人，非操宗族，則出門下誰肯盡忠而討賊耶？』完曰：『若非國戚不敢相告，老臣無權，難舉此事。車騎將軍國舅董承可也。』帝曰：『舅氏多赴國難，朕躬素知可宣入內，共議大事。』完曰：『陛下左右，皆操賊心腹，倘有一泄為禍不輕。臣有一計可令董國舅盡力保駕，其計如何？且聽下回分解。

明　王伯稠《王世周先生詩集》卷七《唐中宗射鹿歌》　咸陽南苑千年鹿，矯若遊龍越崕谷。雪毛蒙茸兩耳紅，角挺珊瑚雙電目。春風日煖鳴呦呦，快意長林豊草緑。翠旗千隊獵苑中，捎雲蕩野搜林谷，鹿也驚躍出草間，材官祖跣空相逐。虬鬚帝子氣自豪，王驄寶帯龍錦袍。笑拓雕弓滿明月，金鏃一發隨長飈。斯須射死雪色鹿，血灑白日沾林臯。空中百鳥不敢度，麋兔奔走争驚嗥。千人歡呼萬人賀，割肩分肉分脅醪。深宫妖狐招九尾，艶笑嬌啼弄天子。遂使宫幃亂群豕，胡不射此妖狐死，青天萬里雲霾洗，區區射鹿安足齒。

明　楊慎《射虎圖爲笤溪都憲題》《吴興藝文補》卷五七　錢選好手工。白描粉墨丹青色，沮喪細逸跡迥不。俗氣骨深穩形蕭，放中丞此圖開似我行遊獵極殊狀。漢家昔日李將军，生射猛獸天下聞，彎弓半夜没白羽，飛鞚晴晝生黄雲，今之圖畫無乃是。披卷似覺陰風起，積雪慘淡長白山，草木蒼乾松漠間，將軍身乘大宛馬，從騎亦是驍雄者，合圍射虎虎帶箭。相持不肯遽相下，虎鬬馬驟兩若飛。咆吼欲震長平瓦，東海黄公魯卞莊。裴旻舞劒相頡頏，古來英英者數子。繪事簡册傳芬芳，何物少陵愁杜甫，短衣南山思射虎。老驥伏櫪悲鳴苦，壯士哀歌淚如雨。天狼煌芒直威弧，安得此輩西滅胡，卻走馬蹄報神都，爲獻單于欵塞圖

明　管時敏《蚓竅集》卷八《射虎行》　鄂城之南山，有虎為害。其威暴甚獵者，咸莫敢攖。

王聞之挽弓上馬，一發斃之。民皆稱慶，禦災捍患古。

明　柯潛《竹巖集》卷二《鐘山射虎圖》　壯哉！非熊亦非羆，胡爲來此鐘山陲舉頭為城，尾為旂向人。一嘯陰風悲金陵。年少不敢射萬騎，聞聲俱辟易中。貴覃公勇無敵，眼中見虎如見石。獨騎生馬出林梢，笑挽強弓發雙鏑。一發中其胸，再發中其腋，須臾虎死負虎歸。道傍觀者猶動色，昔時射虎裴將軍。意氣高薄秋天雲，公今繼之號雄武。讀書況復能知文，安得如公千百輩，萬里横行清塞氛。

明　劉基《誠意伯文集》卷一〇《射虎詞》　長戈如林夾弓弩，言向

深山射猛㡜。獠児蒙鶡走如風，所過犬羊皆為空。紛紛散入人家宿，丁男上山婦女哭。前行聞㡜心先畏，一㡜當頭萬夫棄。折弓墜刃委如土，却向人前作威武。

明 陸深《儼山集》卷四《射虎行》 海壖饒稻粱，日夕滿牛羊。忽傳虎南下，遠見目炬光。腥風獵獵振，林木前村驚，走後村哭南，衙仙尉滇南。才白馬彫弓，美如玉太平。寺西日卓午一箭，殺虎如殺鼠，長官迎勞吏，歡呼負嵎，長嘯今何處，君不見，南山白額長橋蛟，眼中此尉，人中豪。

明 沈鍊《青霞集》卷五《射虎行》 問君何為好射虎，虎能食人人受苦。人家積粟養牛羊，牛羊食粟喂虎狼。食羊猶尚可食人，愁殺我牙爪夾妖。魔貪嗔急於火人，失智虎有威說着。射虎人驚疑有客，驅車過山麓力高。卞孟心機足張弧，挾矢設網羅，虎亦聞之生觳觫。嗟哉！嗟哉！虎本愚，天帝念之為愁。吁虎若不食人，客亦無所嗔。

明 孫蕡《西庵集》卷三《射虎詞》 射羊得羊食，射虎被虎傷。始知學射虎，不如學射羊。村前村後腰我弩，但願逢□划□虎。

明 王謍《群書類編故事》卷一四《射虎乃石》 楚熊渠子夜行，見寢石以為伏虎，彎弓射之，没金飲羽，下視知其石也。因復射石，矢摧無跡。渠子見其誠心，金石為之開，而况於人乎。韓詩外傳李廣為右北平太守，出獵見草中石以為虎而射之，中，没鏃。視之，石。因復射之，終不復入。廣所居郡，聞有虎自射之，及居右北平射虎，虎騰傷廣。廣亦竟射殺之，廣為人長大猿臂，其善射亦天性也。史李遠出獵見叢薄中，以為伏兔射之，旋入寸餘，細視之，乃石。北史

明 吴節《吴竹坡先生詩集》卷八《射虎行》 鐘山龍蟠朝輦轂，猛虎何由據其麓。平明道上欺行人，薄暮村中取黄犢。五軍壯士如雲屯，荷戈挾矢來紛紛。一人當前被生攫，萬夫辟易驚心魂。桓桓中貴勇且力，上馬彎弓若神捷。僕姑一發中臕喉，三矢絫連洞雙脇。初來射虎懾虎威，須臾虎死負虎歸。鼓鼙揚聲震天地，長安道上香塵飛。聖朝從來重威武，好選軍容制驕虜。佇看一箭定天山，永與皇家保疆土。

明 謝肅《密庵詩文稾·密庵稾乙卷·射虎行》 伏勁弩操長矛，壯士射虎南山阺㡜應弦奔俄自踣。目睛猶烱爍，不自追愆尤向來，牙爪森鋸刅，一怒能摧萬人陣，飛行絶險。忽㷞休崖石翻崩，林木振朝，餒吞鹿豕暮飢啗牛羊狼狐駭遁貙伏藏又拉人充飽腸，天生萬物，人最智虎，雖恃力焉，足畏是何？頭骨能瑰奇，毒矢穿之。終莫避此時，中矢勢益雄。馮陵大叫跑，曽空風悲雲起，助狂視卞馮，不敢當其衝。啞啞林烏噪虒，甃林西嶠黄，質羅黒章奪日光炳耀，哈示虒兮，何不從軒皇戰殺蚩尤綏萬方不然百獸同率舞使虞朝治道之彌光胡乃山村肆饕口野窟畜圈皆踐蹂自矜威武非衆侔，豈想豪横落人手。君不見漢家飛將勇且獰，彎弓射夗不射生。又不見周公一去今幾代，猛獸還貽中國害，設陷阱張閑機，人始與獸角殘害，紛相持虎欲食人，人射虒虎强人弱，何以支以智鬭力。斯獲之食虎肉兮，寢虎皮。吁嗟，壯士知為誰。

明 徐學詩《石龍庵詩草》卷五《射虎行贈龍川先生》 藍田山南有猛虎，磨牙殺人人共苦。昨見射虎山下郎，彎弓欲發身先傷。行人畏途衹爲虎，昂頭白面多威光。邯鄲少年負豪氣，楊鞭爲問山南事。人言畏虎我則殊，下馬偏袒衣短褕，翻身一箭入虎窠，虎縱噬我奈我何，歸來飲酒邯鄲下，拔刀斫膾仍高歌。君不見，没羽石中，今所聞，今人猶說飛將軍。

明 孫蕡《西庵集》卷三《射雉詞》 春雉巢草中，子毋不相離。時時引子嬉，翅短還隨地。□弓落箭不射之，深山大澤從汝飛。

明 王伯稠《王世周先生詩集》卷一五《射雉場》 萬騎射雉來，箭作餓鴟叫。雙墮錦襴褷，偏供玉奴笑。

明 夏原吉《夏忠靖集》卷六《隨侍太孫殿下回南京途中觀射雉》 野雉驚飛入半空，皇孫馳馬試琱弓。一聲金鏑雲間響，五色離披墮曉風。

明 朱曰藩《山帶閣集》卷九《射雉曲》 端門不聞鼓漏聲，湖北埭上鷄始鳴。宮人嚴妝度中夜，隊主新翳移空城。草烟羃歷雙媒起，花采毰毸一箭明。立馬至尊催獻賦，蘭英文筆劇縱横。

明 童軒《清風亭稿》卷三《觀内相素軒錢公射鳥因賦鄙韻用呈》 勝日良讌會，逍遥雲水鄉。佳賔列四座，繁吹促飛觴。時維秋序晚，穲稏垂田疆。覩兹農事成，歡樂殊未央。高柳蔭虛亭，殘荷薦餘香。有鳥類山雀枝上，止且鳴叶左右紛射之烏號竟虛張，公起挾一矢疾發，如流星叶翩然中，修尾遠墮池水旁，衆賔競稱賞此巧奪。穿楊方今西北境，獫狁來狂勦，安得我公輩，强弓用其長，一箭退勍敵。摧北如驅狼，坐令四海間，至治成虞唐。

明 王謍《群書類編故事》卷二四《射牛不中》 賈堅彎弓三石餘，烈祖以堅善射，故親試之，乃取一牛置百步，上召堅射，曰：能中之乎？堅曰：

『少壯之時能令不中，今已年老而可中？之恪大笑，射發一矢拂脊，再一矢磨腹，皆附膚落毛上下，如一恪曰能復中乎？堅曰：『所貴者以不中為奇，中之何難？一發中之，觀者咸服其妙。崔鴻《十六國春秋》燕語。

明　唐之淳《唐愚士詩》卷三《射狼曲》　甲士重重旗簇簇，一色晴原春草緑。將軍小隊出嶧陽，健如飛鷹不可當。馬人傳令弓人受，騂弓在前箭在後。士雄馬肥弓力強，膽落北山雙白狼。呂梁洪邊鼓聲起，毛血斕斑狼墮水。

明　邱濬《瓊臺會稿》卷二《題李將軍四時行樂圖其四》　凍雲不飛朔風直，野獸畏寒出遠没。角弓鳴髇趂蟲飛，霜鍔吐芒驚鬼哭。將軍自控五花驄，翩翩雲騎爭追從。射殺南山白額虎，碧油幢底夜論功。冬野行圍。

明　吴稼竳《玄蓋副草》卷一《名都篇》　名都何佳麗俠少，殊縱橫束身蛟螭。錦匕首霜雪明縹，囊盛赤丸白馬懸。珠纓寶鞭遶樹長，驅獸無留行勁弓。張明月迅矢突繁，星猛悍一時斃慘。慘陰氣生毛血灑，郊原春草不得青。獵徒咸辟易嘆息，如雷聲餘興過當。壚胡姬跪相迎，兎肩出玉盤豹髓。瀝金罍衆歡合若一，安知非弟兄青樓。接垂楊嘯呼奪輪，鳴黏竿猶翹翹飛。雀顧且驚白日飄，西山直視黃雲平。揮手逐塵，趨詰朝會東城。

明　鄭善夫《少谷集》卷三《天津同王劉二子較射西營因賦長歌》　病夫平生滄海情，南征喜得王時行。天津橋邊秋氣清，邀我醉遊劉伯耕。投壺叫白意未已，乃復較射城西營。劉君膂力信莫當，控弦運肘固所長。王郎生長在南方，亦能左挽五石強。調弓坐使猛獸伏，矯矢豈有飛禽翔。當場角勝不相降，神臂拍張人堵墻。伶人考鼓輿臺走，白日冉冉廻精光。鋒翎衝撞氣益揚，觀者顔色欻沮傷。熊渠以上合比數，拔勝之輩斯尋常。病夫雖然力不足，見爾誰能分碌碌。騰身即把忘歸接，引手轉被繁弱搨。沉思重自咎百罰，敢辭辱忽憶先皇。時此技何曾録承，平却作凶器比喪。亂始識文事蹋乾坤，比年氛祲厚幽豫。青徐虎狼吼專城，將軍習逃走遂令。死者十八九，至今楚蜀猶未夷，六軍雖衆能者，誰轅門衣冠更寬博，教場藜莧成町畦，吁嚱王劉學孔子，反有餘力從事此。幸須為國收多壘，吾聞茲藝德之輔。匪直區區為閱武。君不見，矍相圃公罔之裘，揚觶語衛昌蒙羿巧弗取，射乎，射乎，吾愧汝。

清　百齡《守意龕詩集》卷三《偕許都閫城南射獵遂游季氏芥園即席索賦》　秋容不動天宇寬，長林落葉秋風寒。潁水東南蔡水北，將軍出獵軍聲歡。小隊華旃色相向，霜原十里平如掌。駿馬纓驂撾地來，蒼鷹側目拏雲上。啾啁鳥雀驚雷硠，韓盧駃犴狐兔藏。迴身更試射鵰手，羽箭一一能穿楊。城南迤邐林巒現，細柳軍容動秋甸。傳呼行炙廚煙飛，名園對酒成高宴。四圍寒碧松竹清，紅梅幾樹欹軒楹。主人相見脫常調，懷抱氷雪神晶瑩。我來吟眺增躑躅，如此溪山足浣俗。斜陽照眼明殘霞，一聲鼓角催歸促。

清　斌良《抱冲齋詩集》卷二八《夢中射獵醒紀以詩》　連宵雨橫更風狂，驚起聞雞志激昂。垂老雄心未消歇，夢抽弧矢射封狼。

清　查嗣瑮《查浦詩鈔》卷八《題李竹西廷尉射獵圖》　淨掃邊沙入坐隅，碧筠亭外控誰區。落鵰御史風流在，閒倚金弧教騎奴。君方視鹺維揚故用高千里事。玉枕犀庭骨相奇，英雄儒雅爾兼之。他年調鼎姚丞相，曾是呼鷹舊獵師。

清　單隆周《雪園詩賦・初集》卷三《射獵夢》　銅壺沉沉宮漏泣，千門下鑰愁雲濕。青詞顯禿燭淚寒，香葉冠欹紗影澁。小臣孤憤抱愁眠，精魄夜蜚獵馬急。御史弓節推矢肩，隨少師角復掎不。射高山射培壘，培壘既倒，火燎原龍。僵牛踣，獵方止，試問東樓倒澥水。

清　顧汧《鳳池園詩文集・詩集》卷二《射獵篇》　貝子蘇將軍以宗英鎮守。奉天威，愛兼施，四境寧謐。維時官弁協和，旗民安集。每歲冬，躬擐弓矢射獵於北原。獲禽獸無算。然後于歲杪。還朝，請安，禮也。前期閱武於西郊教場，練甲兵、習火器、較射角、力選徒、蒐乘大饗，將士以明賞罰，乃徧集部府，諸卿會宴于幕下。汧備員府，丞得與其列。諦瞻盛典，為作長歌，以紀其事。

帝念陪京根本地，暫畀親支心膂寄。奉將威德播邇遐，年復一年罔更替。將軍久勞益恪勤，屬夷慴伏無祲氛。六塔烏龍鼎峙立，謂寧古塔黑龍江。海天夜靜笳聲聞，遼民近亦好雀角。大半流風尚淳樸，農安隴畝商居市。屢慶豐登天澤渥，秋高已見雪如拳。草枯鷹鶻競摩天，徂冬鳥獸都肥毳。山藪虞人宜獻豜，戟門令出摇川岳。齊赴郊原聽畫角，五花組練耀朝暾。萬馬不嘶靜金鐲，元老按部閱止齊。旌旗獵獵島雲低，帳前射藝分隊進。穿楊貫札驚鯨鯢，韜弓卷旗各歸伍。鸞刀割烹散肉雨，賜酺愛士敢不飽。賓佐擎杯進酪乳，斜陽角力更絶儔。新養蒙古氣食牛，百不一選搏虎手。入山欲令豹彪愁，以茲選士搜林原。珍禽異獸堆朱轓，獵罷廻車報天子。稔知上將親櫜鞬。儒生但解畫射籌，何如覩止開雙眸。叨陪饗宴歸染翰，猶覺兩腋風颼飂。

清 顧于觀《瀣陸詩鈔》卷九《題射獵圖》 禽荒何必不清狂，玉雪精神萬里長。石路馬蹄秋雨送，一聲弦響貫雙狼。

清 胡承珙《求是堂詩集》卷四《題趙仲穆射獵圖》 吾愛李北平，短衣射虎南山行。又愛曹景宗，鼻端生火耳後風。披圖陡覺神為王，淺草平原劇遼曠，朔方健兒好身手，五騎聯翩試飛放，結束鑾韉紅袴袜，躍馬彎弧重一發。仰觀鵰鷸各有神，風毛雨血紛出没。集賢公子吳興居，何由貌此雄俊徒。當時國故重田事，近郊歲歲張周阹。從茲打捕遍天下，鷹房獵户無地無。却思故國定愁絶，五坊南渡從來歇，换劫紅羊行復休，渡江白鴈誰能射。王孫家世空淒涼，藝苑風流那堪說。我因愛此丹青工，題成筆底生長風。讀書射獵堪終老，一卷韜鈐兩石弓。

清 華喦《離垢集》卷五《題射鵰兒》 馬去若奔龍，弓開似環月。要射雲上鵰，勁鏑無虛發。

清 紀昀《紀文達公遺集·詩集》卷一三《蕃騎射獵圖》 白草粘天野獸肥，彎弧愛爾馬如飛。何當快飲黃羊血，一上天山雪打圍。

清 廖志灝《燕日堂録七種》卷一《射獵》 端臺端静主人公，喜與王良博射雄。獵較無妨先薄意，呵呵一笑壓花驄。

清 陸繼輅《崇百藥齋文集》卷四《鍾進士射獵圖》 富貴神仙兩無分，黃金那屑閻羅印。横行鬼部作鬼雄，手擲毛錐佩霜刃。夜來大獵張鬼軍，鬼馬蹴踏不動塵。搏虎聊償使君虐，縛豕識是彭生魂。擊鮮一飽徧鬼羣，絶勝乞食盂蘭盆。青燐兩行夾歸騎，前驅徑嗅酆都門。吁嗟乎！朝露晞侯骨朽，李廣得封亦何有？如君此樂真足豪，只恐泉臺乏醇酒。劉柳州方桐廬，愁魂怨魄歸來乎。鍾君貽汝金僕姑，死不快意生何辜？

清 陸錫熊《篁村集》卷三《春郊射獵圖爲蔣蟠猗賦》 紅杏花明玉勒驕，平蕪草暝麥烟消。綠波微雨江村路，柳外垂鞭渡板橋。

少日論兵絶嶂頭，滄浪歸弄釣魚舟。白登春草調鷹地，重向江南憶舊遊。

松花硯古墨雲香，清晝疏簾寫硬黃。卻向郊原鬥身手，柘弓親臂射生麞。

清 毛奇齡《西河集》卷一六一《射獵歌爲金公子敬敷作》 汝南公子好射生，天寒射獵城東行。申陽一關跨九塞，招來游俠俱有名。平原積雪滿叢薄，上蔡新羅縱搜索。黃帝祠前雉漸肥，白牙岡上桑初落。雙韝壓臂掣皂雕，桃花叱撥嘶來嬌。銀翎割就穿珠箙，碧血凝將淬寶刀。鞭梢倒挿如蘆管，新織罽衣偏後短。腰帶横垂海貝寒，指環細夾霜貂煖。虛彎明月過雁驚，忽然箭落秋雲平。青天毛血灑如雨，韓盧宋鵲空營營。枯蓬爇肉當寒燒，地冽沙冰阻長道。望得黃熊驅不前，擲却琱弓自調笑。斜陽入地馬若飛，懸禽帶獸盈金鞿。歸來但索駝酥飲，醉卧花前金地衣。

清 夢麟《大谷山堂集》卷四《趙文敏天山射獵圖爲曹來殷作》 生不識醫無閭夢，不到狼居胥壯哉。此樂吾不圖，非苗非獮非春蒐。用桓元事。祁連水草枯畢辜，黃沙獵獵彫夫須。鶬毛亂點山模糊，雄狐跳梁招短狐。黃羊觸突黃蒿居，羒羠播羥羚羱羭。後有從者麛麠麚，麕麞麀麃朋相呼。麗兎八窾追貘貙，犇冡卻走狼跋胡。鴔鵽翬鷩紅錦襦，有鶩其羽走者豬。阹原絡澤山作罘，毛羣合遝供翦屠。帷車幔蓋嗟非夫，其來者誰形睢盱。斑襴纓帽黃短鬚，綠睛鶻突不可摹。繡幡雙揭紛前驅，峰盤逕轉有入無。孤塗葉護搴高旗，黑貂繁飾花襜褕。爛煸辮髮編羊珠，虎皮綷縩韉不絇。忘歸右插左控弧，九花朝秣貪龍芻。脫柑嚼嚙驕不舒，蕃奴周擁何紛挐。九區騰蹴馳滿隅，如拗如怒相友于。一一健者非白徒，曼胡颯纚紆丹朱。右肱左啟張兩盂，按節弗假金鐞錞。翻身盤馬各騁殊，張皇不暇成圈模。紅腥血洗金鍱錞，飛者走者殪者徂。提肩電掃風翻蒲，鹽腦啐血潛嗜膚。獫猇鷹背氣猛麤，重鐶掣斷風頭趨。扼喉折顙如摧枯，投罝觸矢號呀吁。鷹遮犬嗾抛其拏，肩廲挂兎歡極娛。血甜如露毛可茹，六甲無事張行厨。雪清白酪羊凝酥，漿一氣翻百觚酒，酣遝倒罽賓毺王。孫點筆哀哉踈過，江白雁啼西烏山。川灑淚愁吳姝冬，青夢冷秋風菰蘆。絲煙篆炳不渝作，詩一笑，飛急符，壯心直過崑崙墟。

清 彭孫貽《茗齋集》卷一六《射鳥詞》 射雉高原上草枯，雉不肥挾彈負弩。出暮隨歸鳥歸晨，興悦朝噉嗷嗷禽。鳴飢畏飯散林莽，不忍終發機人生。困衣食常與素心，違青山繞宅舍亂。後生事微呼童斸，蹲鴟傾筐露沾衣。

清 彭元瑞《恩餘堂輯稿》卷四《聞大駕罷獵》 春嫩秋光老天高，况上蘭鹿羣隨草。減馬骨畏泉寒諸，部咸成覲三秋早。迓鑾乘，時行節令，總計萬民安。

清 錢陳群《香樹齋詩文集·詩集》卷一《爲蔡繡罍題秋冬射獵圖用昌黎劉生詩韻》 生不願學阮與劉，妄想欲致神仙儔。惟願千里提劍遊，小隊簿領西涼州。涼州雪色滿山陬，狐啼虎嘯寒壑幽。從軍未厭十年留，第如滇池集江洲。明鋒利弩魚膓浮，毒氣殺草驚潛虬。鎩翮廢足群嬉愁，蠻靴躍馬矜名流。危陂絶磴不可由，捲旗掩旆愁雲收。未敢一笑輕廻眸，軍中立信紅顔酬。豈肯娓娓私綢繆，寒雲蔽天輪臺秋。奇勳須縛單于頭，長揖為謝東諸侯。拖豬作膏糜作羞，曼姬闘捷爭猿猴。我亦對此筆欲投，安能閉户攻文修。急抛殘書釋鋤耰，許作後勁圍三周。應弦踢跳如雨稠，没石飲羽矢力優。歸來一室且小休，持此意氣酬恩讐。

清　錢大昕《潛研堂集·詩集》卷九《題姚和伯射獵圖三首》　寶馬茸裘態甚都，車中閉置哂非夫。不看南部烟花記，却擬東丹射獵圖。

詭遇休誇獲十禽，參連白矢法重尋。由來射御無非學，見獵何妨儒者心。

逐兔呼鷹一隊偕，雨餘天闊淨于揩。江鄉那有寬平地，姑妄言之亦復佳。

清　阮葵生《七録齋詩鈔》卷八《題裘超然秋原射獵圖》　涼秋山色圍平蕪，寒空獵獵嚴飈呼。沙埸草白林葉枯，丹楓幾點摇霜株。短衣快馬誰者徒，眼中之人風骨殊。龍文虎氣古称羡，此客無乃其選與。玉花雪色龍梭駒，杏韉寶玦鞭珊瑚。蹴雲逐電自空下，頓轡徐抽金僕姑。六鈞不張意何暇，射熊搤豹徒區區。擇肉待尋九青兕，彎弧藝殪叟於菟。平生自負射鵰手，横槊雄視金馬廬。出入兵欄直楯陛，雞翹豹尾從容趨。叠叟命中今所無，雲白山青傳画圖。披圖嘖嘖掀吟鬚，齷齪自咲樊籠拘。上林賦獵讓君等，蹇驢風雪吾非夫。

清　湯貽汾《琴隱園詩集》卷二三《吴松巖太守射獵遺照爲其曾孫向亭參軍作》　琱戈羽騎鳴空谷，細網高罝四山伏。長圍蹴踏元雲平，山魅潛形倀鬼哭。太守農閒試講武，颯爽英姿勇堪賈。星狼月兔敢遁逃，草枯葉脱風蕭蕭。絃聲霹靂馬蹄急，血洒平蕪錦袍溼。掃除毒害去荆榛，太守豈真愛田獵。當年德政邁龔黄，比户安樂勤耕桑。猛虎渡河鹿夾轂，至今蔀屋思循良。天心福善本至理，後世簪纓耀閭里。即今三鳳競飛騰，萬石家聲誰共比。倦翮投林急景催，畫圖讀罷重低佪，雄心此日銷除盡，誰識南山射虎來。

清　唐仲冕《陶山詩録》卷一六《題刁錫齋副將隆太**射獵圖》**　久解青絲絡，曾鳴紫玉珂。搴旗隨李廣，健飯憶廉頗。飲横蒼兕開，樽卷白波年。過釣磻叟髭鬚，尚無皤。

清　汪由敦《松泉集·詩集》卷七《題射獵圖》　蒼鷹掠地馬跑空，想見當場意氣雄。憶得景宗豪快語，鼻尖出火耳生風。

不羡長楊作賦才，明駞駿馬蹴氛埃。横行合具封侯相，底向如皋射雉來。

清　王嗣槐《桂山堂詩文選·文選》卷六《顔吏部射獵圖贊》　征南武庫，射不穿札。子幹護羌，挍書東閣。方其燕閒，處女綽約，及奮威名，龍攄虎攫。神王氣充，風雲噴簿。頰毫欲傳，猶嗤腕弱。先生天才，栖志澹泊。心齋冥契，坐忘寥廓。丰采盎如，器量靡度。是誰妙手，虎頭再作。繪貌得神，寫照遐託。身跨金鞍，白馬名駱。左帶雙鞬，右抽姑僕。巖郎健兒，前驅後跋。巨黍載車，明駝闒闒。高柳風鳴，長松月落。俛仰秋空，逾沙越漠。似扈輦行，如畋沮澤。野曠天低，心喜見獵。矢集六麋，弦驚雙鶻。翩彼輕裘，顔如丹渥。而從于畋，豈曰贊獲。在昔子牙，將動愚色。世皆皮相，匪誤落墨。

寫吏部雄心如生龍活虎，不可捉縛，傳神手也。

又《詩選》卷一一《秋郊射獵》　大火流西陸涼飈，振北原牙旌臨樂。野金埒拓山園歕，玉馳飛駿懸犀御。小軒韓盧騰坂捷，迅鶻接雲翻白羽。星流鏑烏弓月掛，鞬破山鳴叠鼓拂。日動高旝猛氣寒，郊溢雄心碧漢騫。横戈殪嘯虎展臂，落吟猿過鳥雲垂。翼奔禽林絓蹯蒲。苴工未絶養叔巧，難論逐肉輕珠彈。烹鮮染畫轓從容，歸引爵，慨慷賦高言。

清　吴偉業《吴詩集覽》卷一三上《上駐驆南苑閱武行蒐禮召廷臣恭視賜宴行宫賦五七言律詩五七言絶句每體一首應制〈左傳〉隱五年春蒐。〈穀梁傳〉春曰田，秋曰蒐。〈高澹人扈從西巡日錄〉南海子，春蒐冬狩，巡幸以講武事也**》**　露臺吹角九天聞，射獵黄山散馬羣。練甲曉懸千鏡曰，翠旗晴轉一鞭雲，奇鷹出架琱弓動。集作雕非。新兔登盤玉饌分，最是小臣慚獻賦。屬車叨奉羽林軍仿初唐應制諸作三四工鍊○《王詩》漢主離宫接露臺，吹角見松山哀。《漢書·郊祀志注》九天者，謂中央鈞天、東方蒼天、東北旻天、北方元天、西北幽天、西方皓天、西南朱天、南方炎天、東南陽天也。《賈誼論時政疏》夫射獵之娱，黄山見海户曲。《韓非子》秦得韓之都，而驅其練甲。《史記李斯傳》建翠鳳之旗，一鞭見臨淮。老妓行奇鷹，見雪中遇獵。《唐太宗詩》琱弓寫明月《陸務觀詩》迎霜新兎美玉饌，見膾殘。《漢書揚雄傳》從上甘泉還奏甘泉賦，以諷屬車見讃。佛詩注羽林見雒陽行。

清　嚴長明《嚴東有詩集·歸求草堂詩集》卷二《題曹來殷所藏趙文敏天山射獵圖》　有足不跨追風駒，有手不挽射日弧。誰何貌此跨壯圖，置我身到狼居胥。狼居胥出天山塗，俗緣水草安厥居。下者當户長骨都，率以弓矢爲櫌耡。秋交八月沙草枯，因山作櫓河作阹。前茅後勁烝其徒，黃雲隴畔爭傳呼。在師中想爲單于，後有從者蒼虬鬚。東頭西頭隊各殊，左射右射矢不拘。長縧野鷹重環盧，封狼生羆羆生貙。鬬如虓虎攸鹿麌，來逢交乂去入罘。風毛雨血相糢糊，幻成雪海紅濤驫。四邊伐鼓鼓嚨胡，中軍頓轡趨穹廬。地衣紅作流霞鋪，琵琶小伎清而姝。長裾半韠貂襜褕，金鐺細點封駝酥。挽鬚醉倒愁難扶，樂哉此樂真丈夫。王孫點筆工描摹，鷗波池館當明湖。陸梁狀此何爲乎，人生有志誠難渝。北人射獵南詩書，嗟君與我皆東吳。山有蕨薇園有蔬，隰有鳬雁水有魚。。有經可畋史可漁，網羅放逸蒐藏儲，稱心弋獲佳有餘。圖中之原將何需，他年縱復如相如。上林左右隨三驅，再賦貍首歌騶虞，用效子墨誇子虛。

清 嚴繩孫《秋水集》卷三《秋郊射獵》 專城今見冠軍雄，講武清秋校獵同。令出盡如司馬法，名高何謝畫麟功。弓開陣月三更白，旗簇霜林萬樹紅不似五陵游俠客，雙鵰懸馬醉新豐。

清 張符升《蘇門山人詩鈔》卷二《射獵圖爲王臨宣作》 太原公子氣吐虹，馳騁藝苑推文雄。腰如束素撐玉骨，深衣緩帯含雍容。牙籤玉軸一萬卷，冥蒐幽討塗魚蟲。赤文緑字充秘笈，陽水李斯稱書傭。尊罍敦彝光射眼，奇踪徑欲窺鴻蒙。阿誰位置圖畫中，黃驄直跨東原東，錦衣繡帽鳴雕弓。發矢命中腥血風，鷹未掣韝犬未放，已令狐兔藏餘蹤。平沙襯草軟茸茸，樹根黯黯山花紅。喜君逸氣羅心胸，俊邁不與佔畢同。讀書射獵兩快意，誰能束縛窮秋冬。丈夫有志須用世，弓矢要當銘鼎鐘。鑽研故紙久無功，我亦三十嗟途窮。詩囊硯匣塵久封，為君作歌驚頑聾。

清 愛新覺羅・弘曆《射獵南苑即事六首》《皇清文穎》卷二四 鞢韐櫜鞬列羽林，當秋文囿偶經臨。承平詎肯忘戎事，萬戶饑寒更惕心。

翼翼堆場皆早稑，纍纍懸架足秋壺。豳風底用丹青筆，十里煙郊入畫圖。

北紅門裏仲秋天，爽氣游絲拂錦韉。行過鴈橋人似畫，踏来芳甸草如煙。

南苑宜秋宜獵時，禾香風滿赤鸞旗。少年熟讀相如疏，每至歡娛鑒在兹。

榆槐黃染野花殷，策渡時過水一灣。千朶青蓮萬章錦，却教人憶塞中山。

省耕省斂古曾聞，望處西成意亦欣。漫把豐年容易看，幾多憂慮廑宵分。

清 張問陶《船山詩草》卷一〇《題沈硯畦昭興**射獵圖》** 我初識君在錦里，拍肩一笑稱知己。醉後同彎雨石弓，指示同輩誇英雄。興酣直欲走天外，妄語譋言都可愛。縛袴還思作騎兵，顛狂不是書生派。前年將相征西番，從軍戈馬爭喧闐。萬人裹糧向西走，天空日落風蕭然。是時君年二十六，陰符一卷埋頭讀，逼人英氣不可當，擬執番酋食其肉。幕府何人薦酒徒，不飛不躍居成都。雄心頗似昇平將，遣興聊爲射獵圖。今年攜圖過燕市，都人咄咄驚豪士，曹霸丹青亦可傳，鬚眉不似神情似。拂紙嶄然見頭角，爽于九月摩天鶻。馬後蠻奴結束奇，揮鞭一過山魈伏。君不見，丈夫窮達皆天意，肯將一世供游戲，頗怪尋常眼底兒，儒書滿口無生氣，方今四海同一天，太平不用圖凌煙。君身自有封侯骨，珍重囊中寶劍篇。

又 卷一五《題彭井南昭麟**校官秋林射獵圖時選廣東陽春縣即以贈別庚申四月七日》** 連年羣盜蹂川北，豺虎如麻擒不得。南江鄉縣古難江，大小巴山九逼賊。泮宮先生非腐儒，推書夜起摩頭顱。手麾士兵出黌序，毛錐一擲持軍符。臂弓腰箭騎生馬，指點旗矛氣瀟灑。赴急聊分將帥權，酬功敢望丹青寫。是時賊勢猶初鬨，果有神機謀必中。至今遺恨方山坪，連營坐守甘心縱。書生有才合無命，重圍不死非天定。一隼摩雲衆鳥驚，沙場終仗人謀勝。解甲歸來苜宿寒，經師論俸偶遷官。珠江南下銅章好，重撫良民定不難。征袍舊染血糢糊，九天清問曾傳呼。逢人那更談軍旅，聊寫秋林射獵圖。嗟予落拓依京輦，伏枕思鄉愁不展。惡氣旋胸裂有聲，夢中蛇鳥憑空演。嘉陵涪江西復西，春來處處增危機。家山破碎親朋少，忍送雙鳬海上飛。

清 張雲章《樸村詩集》卷八《題廷尉李公射獵圖四首》 臂弓腰箭落鶻鶩，首蓿初肥騁紫騮。錯認關西風氣在，唐堯大理正其儔。

一九曾奉至尊威，殿上鳴梟敢載飛。國士到門還輟洗，幾多光價及寒微。

颯爽英姿幹事臣，桐陰出孔技如神。知公國士封侯相，白額駒生記此辰。

李魚川上李公騎，弧矢相隨秋草黃。若遺麗人添一箇，飛烏斜射更生光。

清 李調元《童山集・詩集》卷一八《射虎行》 春草叢茸瀰陰縣，玉輿初駐南海甸。爭傳天子射虎來，繞場肩擁萬人看。虎圈放虎將出圈，四圍甲士如組練。手中丈八勃盧矛，各各排列如欲戰。人妨虎亦虎□□，欲出眈眈先顧盼。摘縧旅獒環相嗾，羽林飛矢如□□。忽聞一聲吼山裂，奔出六軍皆色變。是時吾皇馭□鑣，千騎如雲下行殿。一箭横穿洞胸腑，長殺如麻槊交攛。須臾先後斃三虎，血濺平郊互噴噀。天為不風地為肅，萬衆無聲手猶顫。如兹惡類盡剪除，君王神武眞希見。為語吾皇非好娛，除暴安良去民患。卽看烏圍亦負嵎，掃平不讓天山箭。冉駹雜種俱蕩夷，巨魁就縛無一竄。何況區區傅翼徒，何不彼羨萬此羨。

清 毛奇齡《西河集》卷一六一《金公子射虎詞》 蔡州城東夜飛雪，公子朝裝絡寒韉。錦柙抽將練影長，角弓開處霜膠折。平皐木落狐兔稀，風吹淺草蒼鷹飛。近前雪窖有猛虎，暮寒攫雀嘗苦饑，中原神物應樞運。樵採年年不相問，豈是將軍在北平？只因太守為南郡，圍場突出公子豪。從來豢虎將終驕，同行雄帥伏強弩。獨遺健兒燔枳毛，般般三獸起鬭格。吼入深林蟄雷坼，觀時朱亥尚倉皇。射得張昭動容色，長楊羽獵會有時，汝南公子真雄姿。請君暫息長鯨飲，聽我為歌射虎詞。

清 曹楙堅《曇雲閣集·詩集》卷二《射虎行》 射虎先射狐，虎昂首直頸，不能蜷局四顧。惟汝爲之前驅射虎，莫射倀。虎攫人如攫羊，吮皮剔爪，魂守其旁，替身弗得長。踽踽涼涼輩廉戒，彳亍侍側，雌羆咆哮老猴匿。山神乃命虎曰：『汝其晝巡，毋唯人是食。』虎睢睢盱盱，饞涎流臆，目睛睒睗。山中來腥風，倒捲黃埃。遇見惡兒欲揮老拳，虎乃帖耳搖尾，作狗態乞憐。惟此鳩形鵠面，鶉衣鳶肩。朝食苜蓿，莫食藿芄。腸不肥，腦不完，那得飽汝一餐？飛將軍聞之大怒，束爾矢，張爾弩，猛虎縱橫，將軍莽鹵驚砂，欻翻白日灑雨。狐狸遯逃倀鬼哭，雷公下觀失雷鼓。虎喪精淪魄，酸脛慄股，一鏃中目，再中頷，倒縛南山白額祖班奴。班奴爾，謂山神命爾於爾何辜？噫吁嚱！爾罪難悉數，吾弗拔汝須，剝汝膚，置汝座隅，汝以臆對可乎？昨叩帝閽，見汝突出當門，蹲敦朊參目，張口欲吞，九關深閉，百獸絕迹。汝與元蜂赤蟻索，彼騷人、羇客、忠臣、烈婦之游魂使我雷淵爛上招不得。卷舌入喉，弗出一言。又不見封使君李家翁喜汝毛質化。汝躬頓令宣城南，郡有碧血無蒼穹。將軍髮指虎氣折，寶劒出鞘飛電掣。竊恐爾族大小，一一如爾饕餮。殺爾豈足塞我責，爾歸好與山神說。

清 陳廷敬《午亭文編》卷三《射虎行》 北平太守飛將軍，城南射獵天風昏。射虎中石沒羽箭，至今石戴霜花痕。蕭關昔日良家子，結髮從軍動邊鄙。寂寞南山憶夜行，霸陵亭尉醉呵止。一朝飛盖來北平，三邊夜無刁斗聲。將軍善射出天性，射敵欲盡兼射生。虎也騰傷上猿臂，將軍意氣輕搏刺。怒形威振萬物伏，精爽足可貫厚地。我來訪古盧龍傍，廣不逢時吾黯傷。吹簫屠狗有異表，時來起作諸侯王。

又 卷三八《射虎記》 樊山上有虎，自吾居山中避，去數月，已又復來，有跡可視。獵夫且伏弩射之，或曰虎有知能避伏弩，或曰虎非有知也。阡東五里外，農家有牛，晨出暮歸，歸則喘汗且卧。農察其狀有異，晨尾牛之野，見虎來與之鬭。虎不勝而逸。明日，農縛刃牛角而縱之。虎中牛角刃，立死。農剸虎，張虎皮於石。明日牛視之以為虎也。復與鬭角觸石，牛亦死。虎夜騎人屋，明日人穴其所騎處，虎夜復來，則下其一蹄穴中。人以鐵鉤引虎蹄，而縋以巨石乘屋擊虎。虎斃人燃，火炙虎蹄，蹄收縮，知其佯斃也。遂復乘屋大擊之，虎乃死。老婦人攜其二子遇虎於道，婦人被虎嚙，大兒搏虎不勝，小兒以馬箠中虎睛。虎痛，摩其眼。婦人與兩兒得脫去，虎痛定追上山。山上人轉石壓虎，虎死。余在山中所見聞如此，虎卒不勝人。蓋徒以其氣力爪牙異於百獸耳，非果有知也。今有貌人而虎行者，豈得謂為無知也哉？然鮮有虎行而能自解免於人禍者，則亦終歸於無知而已矣。其可哀也，後數日，果伏弩射殺二虎。

清 愛新覺羅·永珹《射虎行》《皇清文穎續編》卷六九 秋風蕭蕭秋雲薄，凌晨整裝陟巖壑。鸛魚分隊穿深林，猛虎一聲萬葉落。隔嶺傳呼集佽飛，須臾行伍森包絡。麏麚騰倚不復論，鼓勇爭先期翦惡。箭飛赤羽鏃星流，鎗閃綠沈尖鐵削。失勢猶思負嵎便，横哮那肯從人縛。妥行徐冀突圍去，四望弓稍排柞鄂。忽然人立勢上騰，長戟舂喉巧相著。垂死何能仗爪牙，曳林已見穿齗齶。爾方伺鹿人爾擒，徇欲忘軀此其畧。生時猛氣伏貙羆，倉卒仍難免盧猎。歸來負以一橐駝，血點斑斑染霜鍔。和門校獲萬人歡，大旆風高淨天幕。明朝列騎更搜山，無使深林藏不若。

清 高景芳《紅雪軒稿》卷五《射虎圖》 雪霽南山百草枯，腥風撲面見於菟。落鵰都護身强壯，勒馬彎弓問近無。

清 高士奇《高士奇集·隨輦集》卷六《射虎行并序》 十六日平明巡徼者，報夜來虎，至營中傷一驪馬，尚在山前。上率侍衛往，射殪之恭紀。

皇輿蕩蕩界蒙古，玉輦時巡歷兹土。迴岡巨壑叢棘多，陰森林木不知午。千騎萬乘排空來，夜張行殿山之塢。月上忽聞群馬驚，傳道山前出猛虎，曉看一馬果摧折，血肉淋漓去兩股。龍鑣飛鞚陟層崖，禁林衛士挾弓弩。摻巖剔藪無幾時，一箭横貿洞肺腑。遠人手額復戰栗，跽言此虎為患苦。道傍白日每捕人，傷殘行旅莫可數。幸兹惡劣得剪除，當代君王果神武。從來射虎多耳聞，何似臣今得目覩。因歎蠢頑本不靈，貪饕無厭乃自取。不然長林豐草間，餐眠何畏施網罟。殺人安人王者心，即此推之澤自普。

清 弘曉《明善堂詩文集・詩集》卷一〇《射虎行》 山深圍廣路阨塞，鬱蔥林木高百尺。人馬橫衺雁翅排，嵐氣迎眸寒威逼。仰看衆岫羅如星，層巔俯視曦輪昇。合圍未畢方前進，忽聞一陣寒風腥。縱目遙看咸住步，言是山君當岐路。掉尾張牙正負嵎，馬怯人驚面相顧。猛獸不殲人必殘，獵士賈勇如林攢。相持搏擊兩不讓，巖頭立馬眞奇觀。我皇親自率禁旅，一箭横胸洞肺腑。從茲惡劣得剪除，扈從諸臣齊蹈舞。昔人射虎但耳聞，何似隨鑾目見眞。聖君神武本天縱，盛事應當記史臣。

清 黄本驥《三長物齋詩略》卷四《書呂麗堂太守恩湛**射虎事》** 朐陽太守仁且武，柔亦不茹剛不吐。何物耽耽敢予侮，負嵎乃有蠻山虎。齒牙如鋸眼如炬，黑月深林憑險阻。腥風颯颯毛髮竪，倀鬼呷嗄學人語。攫取孱氓當肥羜，血肉狼籍濺邨土，太守聞之赫然怒，糾集丁壯成部伍，疾馳快馬挾勁弩，紛紛毒矢下如雨，一矢殺虎如殺鼠，狂吼聲猶撼林樹。前有李廣後周處，不若太守勇可賈。民害既除傷者拊，頓使荒郊成壽宇。獵罷歸來日卓午，不羨龔黄與召杜，請以鋤強為治譜。

清 黄任《秋江集》卷五《題許子遜南山射虎圖》 横槊曾誇少壯時，桓桓上馬傅修期，只今五字長城下，誰與文房作貳師。鼻端出火耳生風，猿臂能彎十石弓。如此雄心好標格，不知何苦事雕蟲。渡河往事舊知聞，没石猶教到十分。傳語武溪諸子弟，披圖來認故將軍。子遜前爲武平令。馳騁壇場老此身，庾郎不怕有春塵。歸來舐筆秋燈下，還是南窻繡虎人。

清 黄師憲《夢澤堂詩文集・詩集》卷一《射虎行》 湖湘楚俗尚鬼巫，家家奉有乞靈符。神頭寶馬如傀儡，中堂血食未有已。道上復有小神祠，手執開山兩利斧。詢之神名梅山祖，神能封山射貍虎。因有鬼巫射虎人，禱祀作法廢農務。結伴不獨盈三五，善能登山當毒霧。深山大澤有龍蛇，更有猛虎張怒牙。鬼巫聞之興欲瀉，先期山下禁牛馬。結艸爲隊書神符，勿令狂走逸中野。人持長鋋及箭弩，口作神號與鬼吼。山鬼陰靈助雨風，足凌荆棘忘崿嶁。更有蠻弓毒箭鏃，纔入膚理死亾速。遠徑迂曲俱藏弓，猛獸彷徨入檻中。一發便能捋虎鬚，不勞餘力加三矢。蒼兕乳麑俱嬰鋒，幺麼狐兎勿論已。須臾舁虎出平岡，飲血茹毛宴鬼王。虎文斑駁獻公府，惟有筋骨售胡賈。賈人得之邀厚鏹，和藥煑酒筋力爽。自此籬落虎患寍，巫師神術鬼効靈。三時防農不出獵，巫鬼無食爲禍揵。湖湘射虎術如許，無言猛將韓擒虎。如何南山尚有白，額獸十年，不一逢周處。

清 黎簡《五百四峰堂詩鈔》卷二二《射虎圖歌》 猛虎得人秖數尺，將軍昨夜箭入石。山風偃木鏃鏃戟，將軍眼睛如虎綠。目光電交倚一鏃，鏃弗應弦則手搏。後有陡削前絶趨，虎進不已人負嵎。人虎不得少踟蹰，欲急已遲擬卽失。將軍氣盛體若櫪，肘如枯枝杯不溢。彼何人斯李廣真，誰其寫之曹將軍。不爾安得妙入神，我欲短衣馳匹馬。今人旁觀汗猶瀉，况迺左右匍伏者。

清 李世熊《寒支集・二集》卷一《射虎行》 黄雲落深山，淡荒蹊幾載。行人斷山中虎，老久不驅虎。有兒孫擄山隅城南，少年治弓矢鐵幹，鶥翎决稊米銀鈎，偃綠韔底約伴，大踏空山裏虎，过風生十里，寒少年，彍弩向虎看一箭，弦鳴白額倒乳虎，以次相摧殘，盡捲班皮剔鬚爪，嚼肉醉酒回邯鄲陰，沙晝晦榛林雨，虎向食人絶人侶，衰艸茫茫任爾爲城南，豈謂無周處？

清 劉嗣綰《尚絅堂集・詩集》卷三五《射虎圖》 彎弓未肯挂扶桑，飲羽來尋亂石岡。可惜山南好身手，不教天上射貪狼。

清 劉墉《劉文清公遺集》卷三《射虎行》 南山有虎憑其威，白晝舐掌擇人肥。灞陵夜獵無人知，彎弓馬上注忘歸。殪之不殊溷中豨，唾手小試未足奇。猿臂將軍不遇時，聞道平城正合圍。

清 龍啓瑞《浣月山房詩集》卷一《題呂麗堂太守恩湛射虎圖》 昭陵山中有真虎，道旁過者無敢語。何來太守勇且英，麾騎叱咤山神驚。長風捲松百谷動，霹靂應手雕弓鳴。一矢貫吭僵不伏，目睛入地光猶綠。當年只遇射彪手，怪爾横行到山麓。宏農太守今所稀，封邵食人疑是非。安得使君射虎箭，坐使巖谷收雄威。卽今畫虎陳空迹，想見探穴神奕奕。歸來卻笑李將軍，醉餘空射南山石。

清 陸嵩《意苕山館詩稿》卷六《射虎行》 翩翩少年誰家子，挾彈操弓過都市。自言膂力能絶人，射虎不數李將軍。南山獵獵風沙狂，林木摧振天昏黄。吁嗟白額何處藏，訓狐作人踞匡牀。據鞍顧盼徒旁皇，勸君且歸釋弓弩。今但有狐，那有虎。

清 彭孫貽《茗齋集》卷一七《射虎行康熙十年九月大蒐闗外一日獲虎二十爲賦

射虎行》 開原塞外移幕庭，千里蕩蕩稀人畊。黄羊野鹿作隊行，豺貙相啖為糜羹。鸞旃攬絶漠飛，渡黑龍江水涸重遊。故林帝荒度戍守，無人閒卧柝狼。矢穿宫空黑帝宫，獸蹄决破金人幕。行宫駐蹕命材官，百里長圍偃月寬。豹尾並驅蝦子隊，旄頭卓立御營盤。三驅親自麾玉斧，萬鏃飛蝱蹶强弩。雲氣成龍赫神武，健兒跳盪生縛虒，二十戾蟲在掌股。麏麚熊豕積如山，雉兎貛狐安足數。只今四海無伏戎，臺灣鼠跡巫夔空。安不忘危勤遠略，馳射尚復親彤弓。虒茂莫矛予，雄檻汝縶汝犬豕，同騶虞幡舉帝止，殺猛士無煩，詠大風。

清 邵長蘅《邵子湘全集·青門簏稿》卷三《射虎行爲黄州別駕宋牧仲先生賦驅使壯麗**》** 黄州城南萬山赤，巉巖巃嵸樹蕭槭。猛虎嚙人人晝哭，朔風怒搖山石割。少年弓箭空在腰，往來山頭看虎蹟。冬十二月沙草枯，侯騎白馬撚僕姑。駪駪突騎驅郊坰，蒼山日澹黄雲平。餓鴟應手霹靂鳴，霜蹄蹴踏奔飛星。突豕駭鹿紛逡巡，黄鬚健兒紅抹巾。鼻尖出火煙吐脣，生縛兩虎蹻若神。歸來血洗金韝韥，觀者嘖嘖傾城夸。憶侯陛戟明光日，先皇恩遇曾第一。翠華巡幸侯得從，輦前飛鞚捷追風。抽筆更賦羽獵作，絳灌隨陸徒庸庸。自從顧墮飛龍去，一麾出卧滄江渚。江光寒淬吕虔刀，壯心石没李廣羽。前者召客開金尊，坐皮問毛驚我魂。回頭恍惚睛閃爍，至今倀鬼啼荒村。丈夫許國應爾爾，致身努力麒麟裏。豺狼狐狸敢欣喜，會須澄清報天子。黄州婦子家晏眠，黄州山高江泚泚。

清 沈欽韓《幼學堂詩文稿·詩稿》卷一五《陰山射虎圖》 千人帳外吹頭髦，白道稱娖金狼韜。南河北河冰正合，鳴鏑萬騎馳搜牢。百獸搶地先乞死，驚風裂石黄斑嗥。虎聲風聲戈戟偃，一箭噴血殷林皋。虎僵不倒迴鞭鞘，仰天復落雙鵰高。黑虎最猛帶箭逃，撞翻七列誰敢鈔。翩然躍馬弓且弢，長槍揭起肩連尻。怯薛共詑好身手，罟姑丱妙解甲絛。燎毛割炙伏突刀，琵琶圍坐聲嘈嘈。槖駝滿載腥與臊，角鷹銜肉涎猊獒。胡兒寢皮寒不號，殺戮代耕彼天驕。漢氓命若狐兔麈，豈如本朝制六合。區脫不復烽然橰，谷量牛羊貢九白。賀邵山北皆官曹，一矢不敢向南射，嗟爾畫師慎拈毫。

清 吴嵩梁《香蘇山館詩集·古體詩鈔》卷一六《吕麗堂太守射虎歌》 吾手能射虎，吾心惟愛民。太守與民同一身，為民除害若有神。吾民嗟何辜，不幸葬虎腹，一日三咥人，虎罪當顯戮。有民不救心死灰，有罪不討非雄才。太守一怒髮上植，號令疾發如春雷。健兒快馬飛騰出，山靈助戰倀鬼泣。挺而走險追者及，勁矢貫胸虎人立。撲地山傾吼猶急，斑毛離披血腥溼。是時野曠霜風生，白日慘慘青山青。馬前羅拜壽酒擎，萬口歡呼同一聲。太守之勇勇如此，太守之仁可知矣。有害民者皆虎耳，殺之安能貸其死。前爲周處後宋均，畏威懷德虎亦馴。

清 吴仰賢《小匏庵詩存》卷二《射虎行》 壯士射虎羞射彪，紅翎白鏃風颼颼。一呼卻走千貔貅，昨游狹斜過城市，胯下羣兒盡朱紫，珥貂不足續狗尾，歸來大笑語酒徒，十千一擲沽玉壺，醉眠尚枕金僕姑。

清 吴重憙《石蓮闇詩》卷四《敬題醇邸所藏趙仲穆射虎圖》 漢家猿臂李將軍，世以授射垂聲聞。草閒疑是於菟卧，天驚石破風霆奔。隴西家世重千古，虎縱騰傷終殺虎。數奇絶技竟誰傳，後人難繼前人武。吴興公子玉堂仙，能以六法承家傳，不寫鷗波清遠地，乃以黄沙白草圖，祁連一騎前奔，汗流沫一騎迴身。箭在筈兩騎追蹤，勢莫遏一手控弦。一箭脱最後一騎，轉山陬牢握鞭絲，作指撥虎氣呴哮，馬沸騰五人紙上鬚，眉活我聞枚馬擅詞場，工賦羽獵賡長楊。須知聖人賤異物，夏書有戒嗟禽荒。曷不圖畫豳風繪，無逸鄭俠或點流。民筆丹青千古重，璆琳禹拜臯颺陳。勿密又聞我朝騎，射家法垂居安，不敢忘艱危況。乃弧矢利天下。六合萬世揚神威，臣子咸當體斯義，負韊腰鞬膺重寄。燕息休教髀肉生，武備乃以襄文事。從知畫工手可代，天工霹靂如聽彎。雕弓勒石心胸請，纓志披圖萬里來長風。

清 謝元淮《養默山房詩稿》卷一〇《斬蛟射虎行》 將軍來射南山虎，木葉亂飛腥風怒。彎弓發石飲羽虎兮，虎兮不如鼠。將軍去斬長橋蛟，魍魎走避河伯逃，霹靂無聲電光死，赤血夜漲長溪濤。英雄那作鄉里害，擲刀一笑青天高，將軍之才兼文武，蟻賊紛紛何足數，殺賊不同殺蛟虎，將軍遺恨留千古。老龍潭水空復空，荆南山色空濛中。於今試劍山頭石，寒先夜夜爲白虹。

清 姚燮《復莊詩問》卷一四《題江開深山射虎圖》 短衣健臂氣如雷，匹馬蕭蕭蹴地來。未肯低頭逐羊豕，從今知爾不凡才。

清 佚名《清凉山志》卷五《射虎川》 西來聖蹟仰依前，領谷重經射虎川。榛薄鼠如真不啻，寺樓麟楦尚居然。至今其虎尚楦置臺懷寺中。三驅弧矢羆平野。承平日久墾闢，率無隙地，不似康熙初年。此地尚有野獸，可行圍也。萬戶耕桑遍大田，稍可弗孤前烈者，秋圍一試示于闐。去秋木蘭行圍，嘗一日射殪二虎。時回部郡王霍集斯等及哈薩克，赴覲陪臣並扈從與觀。

清　余縉《大觀堂文集》卷五《射虎行》　幽州老將射鵰手，千金買駿衝風走。格殺南山自額彪，百獸震栗稀藏藪。少年都護出金城，一夜寒聲變刁斗。單騎追鋒潰敵圍，鞭笞勁賊如摧朽。腰間大羽箭百笴，一鏃能貫名王肘。歸來受賞不封侯，此事坎坷莫須有。常挾奚僮獵灞陵，搏取虎豹易美酒。醉來搔首作羌歌，猶駭熊羆噤雄吼。夜還都闕道忽迷，巨物獰蹲兀相守。偉挽強命中飲彼頷，平旦馳之石爲偶。長翎穿楊已示奇，矧茲堅壁如蒲柳。偉哉將軍孔武風，淨掃漁陽直小醜。渺渺千祺誰嗣踪，吾嘆吹簫併屠狗。

清　張澍《養素堂詩集》卷一八《題射虎圖》　深山月黑虎嘯風，短衣壯士挽琱弓。一發摧胷飛毛血，麇鹿相呼出林叢。願君留心殪倀鬼，白日纔能不履尾。

清　張澍《養素堂詩集》卷二六《李廣射虎》　老矣閒居賦，雄心未倦勤。霸陵逢醉尉，成紀舊將軍。草淺蹲雕獸，鴟飢叫碧雲。弓彊展猨臂，地曲騁蘭筋。尚爾山嵎負，居然鼻觀焚。大黄摧錦臆，殘血濺魚文。寥落秋風曲，飛騰羽獵勳。至今北平上，片石臥斜曛。

清　愛新覺羅・玄燁《射虎行》《皇清文穎・卷首》卷二一　鬱葱萬木森虧蔽，豁開大澤天無際。朝嵐忽捲峰烟樹，色山光鬬蒼翠初。來沛里，拜橋山，便途較獵。遵先制鴈行兩翼圍密合，貔旅八旗各標幟，太平久經息兵革，進退號令習軍事。日未移時肩已倦，他他饒獲麇麅類。乍見白額出林叢，鼻頭出火人思刺。期門佽飛驟驊騮。驅之草淺平川地，四圍重排雪鋒鎗。負嵎空憶難迴避，唐弓夏箭出櫜鞬。命中已決眈眈眥，詎與漢將思爭勇。歷艱祖訓期無愧，耳食書生未目覩。横議涉險鮮防備，我笑羽林備過多，壹發於菟，却先斃。

清　周長發《賜書堂詩鈔》卷四《射虎川》　萬仞臺山高，岧嶂鬱五嶺。六月雪未消，陰崖閟陽景。仁廟昔西巡，車徒嚴且整。道出龍泉關，峩峩冰壑冷。負嵎忽嘯風，爪牙勢欲逞。羽衛競彎弧，控弦各奮猛。天子神武姿，意氣獨凝靜。一矢發韔房，山君殪俄頃。技非誇趫健，意在奠鄉井。遂名射虎川，曰徇兆民請。文孫繩祖武，名山復臨幸。百神護前驅，草薙莽不梗。徘徊對川流，尚覺光耿耿。雍熙際太平，大文方蔚炳。廣覃九有膏，式慶萬方靖。體此安民心，用以發深省。

清　汪學金《静厓詩稿・初稿》卷七《射熊行》　南山老熊作人立，歔雨哮風横去出，入朝攫黄麞，暮逐麋咀嚼。毛血充腸饑，我皇聞之赫。斯怒期門敕選中，黄赴中鏑眞看穿。札驚騰空未肯隨，弦仆須臾火器環，而攻霹靂列缺飛。晴空抗我顏行殺，無赦殲戮直與天。誅同洞胸決脰膏，鑕斧一馳之力羿。弗舉專車竟等射，侯常獻獲非因蹯。掌取在昔周文傳，渭畋後車曾載飛。熊賢漢家築館盛，夸誕詞賦已陋長。楊年我皇神武古，莫比除凶服猛威弧矢。君不見，蓬婆之師，亦如此。時大兵征剿金川逆酋指日奏捷。

清　汪由敦《松泉集・詩集》卷二三《恭和御製射熊元韻》　湓衆前敷席，宜男載弄璋。身當雄漢殿，占夢兆周祥。中比侯穿札，批來玉截肪。留皮傳武庫。熊羆皮，皆紀其歲月，留貯內庫。聖射震顏行。

清　顧宗泰《月滿樓詩文集・詩集》卷五《題雪中射鹿圖》　一奚飛按蒼鷹呼，一奚魚箙垂雕弧。一奚衩衣馬前去，搜原剔野爭先驅。少年玉面裘貂狐，花驄躞蹀搖環瑜。控鞍曉出平陵道，射獵身手辟萬夫。是時林臯秋草枯，北風凜凜寒裂膚。天高曠野雪片麤，千山萬山雲糢糊。雄狸狡兎皆鼠伏，揚鞭突羽追逃逋。麗龜生致山南鹿，驅迴噳噳鳴前途。憶昔渠黄夾道趨，菹臺狎獸淩烟蕪。鹿是山中舊仙客，銅牌掛角疑有無。歸來寫出于田圖，專場意氣風雲俱。我亦校射海東隅，披圖一笑從吾徒。

清　弘曉《明善堂詩文集・詩集》卷三二《題射鹿小照》　向生下筆好奇古，紅葉秋深風亂舞。精神恍惚攝其中，豈僅得吾之眉宇竭。來四十未能文欲，挽六鈞慚不武武。不兼人文又疎吾，生忽忽誠何補。教育欽承帝澤長，宥徭飽德恩難數。春和賡句侍虞庭，秋日大蒐從鹵扈。此圖猶憶壬午秋，圍合風毛麗血雨。金鈴一响鶻争飛，草枯霜老厓頭樹。中林有鹿衝人來，一矢殪之貫其腑。我僕櫜弓增笑容，歸營罷獵日卓午。兔走烏飛已四秋，静思此事誠靦縷。君恩未報慚素飡，靈臺日日循繩矩。

清　蔣士銓《忠雅堂文集》卷一三《射鹿圖》　讀書射獵過生平，攬鏡披圖亦可驚。乞我黄麞三斗血，爲君重唱少年行。

清　劉墉《劉文清公遺集》卷五《子昂射鹿圖》　吴興山水何清遠，不見塞北雲沙長。筆端朔氣何颯颯，割鮮便擬燔炮香。金僕姑撚曉霜滑，驚麐跳越青石梁。獵餘挍獲被原野，明日炳蔚看施牀。圖中寫意不形似，想見白羽生風凉。天水王孫甚都雅，高冠玉佩青霞裳。丹青綺麗不可忘，東丹二妙留千霜。

清　王士禎《帶經堂集》卷三五《東丹王射鹿圖念東先生席上作》　人馬勢逸不可當，開圖素練生風霜。奇哉落筆如挽強，誰其作者東丹王。東樓西樓二千里，乘秋出獵淩窮荒。沓部紅靴鐵裲襠，左射右射必疊雙。鑿蹄驕馬如風檣，三花翦鬣紛怒張。俊鶻初變爲正鵠，蒼鷹塌翅隨馬韁。雄狐狡兔皆遁藏，射麋麗龜走且僵。東丹昔日稱人皇，扶餘開國鄰扶桑。秋冬射獵海東磧，頭鵝燕罷傳醺漿。跨海南歸大梁苑，時時夢憶穹廬鄉。往往丹青自遊戲，寸縑尺素如琳琅。宣和壓架六千軸，東丹九幅千金裝。艮岳灰飛玉匣散，此圖豈不關興亡。蠟炬如椽照空廊，雄談劇飲累百觴。東丹丹青遠擅場，蹊田奪牛語堂堂，令人千載悲同光。

清　張九鉞《紫峴山人全集·詩集》卷一六《題戴參軍西園射鹿圖》　寒風獵颯生堂隅，素祿彌望宿草枯。是誰妝束英姿殊，修眉廣顙鬚鬚鬚。錦兜鍪壓黑雲□，□□琱弓金僕姑。五色怒鬣騰飛菟，壯上爭舞繡蝥弧。人荒清淮青模糊，飢鷹突掣催韓盧。駭鹿追蕎藏無區，砉然鳴鏑貫厥顱。曰此書生偉丈夫，胸儲武庫雄訏謨。從軍慷慨膽氣麤，欲提手中丈八殳。殺賊直過伊吾廬，翻身一躍龍沙呼。下馬露布磨盾書，依然文采鉤珊瑚。俗儒睒睗見此無，丹青炯炯人何如。十年不遇黃公壚，使我灑涕看茲圖。

清　鄭虎文《吞松閣集》卷九《題松巖福將軍射鹿圖》　昔公官上都公暇，試破竹雹散風蹄。輕羽飲石虎伏雄，心快麗龜妙繪傳。射鹿念公富文章，壇坫推老宿況時。稽職司堆案只部，牘乃不忘馳驅走。馬捷飛鏃運甓同，此心白羽豈徒肉。以茲重主知南顧，咨頗牧初鎮得白。門移節駐黃木我，時後公來握手傾。素蓄披圖看從頭，英氣眉宇撲緬懷。古名臣將相無定，目世降才益庸文。譽聊自粥戎機未，身嫺射義徒口熟。惟我熙朝賢文武，藝兼服卽今征西。師沙漠蕩平陸赫，赫傅兆動衛霍命。奴僕當其翔廟廊，裘帶何雍睦一朝。秉戎麾萬里効神，速自非豫所事事。及良朒縮方知躭，晏安鮮不嗤覆餗。習勞托從禽公意，寓卷軸詎自矜穿。楊庶克副推轂文也，呫嗶儒見獵心爲，逐縛袴願從遊貫，蝨差可卜約公春，草肥學射黃麖麓。

清　周春《遼詩話》卷下《東丹射鹿圖》　新城王尚書東丹王射鹿圖詩云：『人馬勢逸不可當，開圖素練生風霜。奇哉落筆如挽强，誰其作者東丹王。東樓西樓二千里，乘秋出獵凌窮荒。番部紅韡鐵裲襠，左射右射必叠雙。鑿蹄驕馬如風檣，三花翦鬣紛怒張。俊鶻初變爲正鵠，蒼鷹塌翅隨馬韁。雄狐狡兎皆遁藏，射麋麗龜走且僵。東丹昔日稱人皇，扶餘開國隣扶桑。秋冬射獵海東磧，頭鵞燕罷傳醴漿。跨海南歸大梁苑，時時夢憶穹廬鄉。往往丹青自游戲，寸縑尺素如琳琅。宣和壓架六千軸，東丹九幅千金裝。艮岳灰飛玉匣散，此圖豈不關興亡。蠟炬如椽照空廊，雄談劇飲累百觴。東丹丹青遠擅場，蹊田奪牛語堂堂，令人千載悲同光。』《漁洋精華錄》。

清　曹寅《楝亭詩文鈔·詩鈔》卷一《射雉詞》　少年十五十六時，關弓盤馬百事隳。不解將身事明主，惟愛射雉南山陲。山南麥熟不得實，青黃初接已生摘。山田久旱無人耕，老雞叫媒白晝行。隴頭䎗䎗行且舞，隴下絳冠力如虎。不惜二雄爲雌死，但言新試銅牙弩。

清　程晉芳《勉行堂詩集》卷五《射雉場歌》　平原草細綠毯齊，雜花茸茸飛古堤。射場二百九十六，錦棚繡柱黃金題。爭趨隊主韝鷹出，珠絡銀韉耀朝日。鐵弩齊開矢未加，坐看彩翼飛來疾。老媒特立雙眼紅，長鳴羅罟生雄風。揚翹聳角怒相敵，丹臆忽墜如飛蓬。君不見，南皮角藝，曹吉利，三十六頭誇絕技。又不見紫髯男兒人中豪，撤場壞翳從臣曹，游心騁獵等閑事，恐防殿址生蓬蒿。臺城月上烏啼柳，返轡鳴鞘望鍾阜。市令宮中一笑迎，割鮮更爲君沽酒。

清　李紱《穆堂類稿·初稿》卷七《射雉爲郎梅莽賦》　草淺霜枯獵事宜，平原野雉出無時。總教鄴下風流在，豈直如皋宴笑爲。天上九重終譽命，馬前五色已離披。隴西射學今荒落，漫續昌黎帶箭詩。

清　潘高《南村詩稿·詩卷》一二《射雉詞》　麥田黃桑田綠雉，尾離離聲喔喔。雄雉決起蓬蒿間，雌雉還向窠中宿。稚子射雉將雉歸，雌雉引雛初學飛。飛飛不得上丘隴，日暮待哺空依依，射雉，射雉，胡爾爲。

清　任端書《南屏山人集·詩集》卷二《雪中射雉》　已憐春隴雊斑斑，煙草嬌媒隔曉樊。凍合山梁飛乍起，寒封篁竹鬪初黐。尾花嗡羽當風墜，翎錦攢霞帶雪繁。聊與安仁更成賦，如臯郈耴聽笑嬋媛。

清　阮元《揅經室集·四集》卷一《擬潘安仁射雉賦》　挾良弧以游騁兮，從文翰之原禽。睇飛翬於高隴兮，聽鷕鳴于平林。思逐羽而捷獲兮，嫺雄技以愉心。伊茲禽之英麗備，采藻于修翎。秉離象而耀爛，璣衡之星精。賦鶡鷩之殊質，審鶅鳪之異聲。性専棲以驕處，雄護界其必爭。爾乃秋草乍衰，枯桑競落，鶩沙暮飛，晨霜猶薄。凜寒色於坰野，燎宿莽于既穫。始奔群以迅竄，勢將集而更躍。稟肅氣以耿介，勵狡力而虛蹻。畫地開場，度阡分壤。盤馬獨出，奮臂右攘。始讋殺而求穴，繼蹶衝而直上。關淵蕭以擬脰，弦激括而成響。頓驚盼以值鋒，墜錦毛于十丈。若乃黄泉潛沸，微陽肇回，山明積雪，地伏鳴雷。感震聲而始雊，勾采頸以群來。交斑臆之離褷，振繡翼之陪鰓。紫間滿操，黄肩巧控。機商偏正，手權輕重。意決一發，疊雙必中。重翮同摧，兩膺並洞。及其熙熙春陽，陶陶孟夏，麥垂機以迎秋，泉度畎而微瀉，恐宴圝之失禽，瞻晨星而夙駕。登崇邱以周覽，揆懸刀以調翰。雖咿喔之驟應，猶猜狷而盤桓。曳黼繪于衮背，峙頳赫之赤冠。步踈趾而彳亍，舒藻翼之斕斒。顧影聳角，驚聲睞視，斂翮善藏，捽首未起，禾穎駭動，尚露脩尾。俯青疇而低瞰，彀銛鏑以下擬。乍仰臆而戛鳴，已決眥而裂觜。若夫大夫既娶，未聞笑言，如皋親御，輕馳鶴軒，巨黍鳴兮飛鏃，雉子獲兮摧斑，藉一矢以嘗巧，解三年之錮顔。又若瑯琊舊族，近徙茂陵，春田設翳，曉壟分堋，篘箱馴翼，茅障隱矰，舉巾誘媒，發音清激。挾兩紛至，或雗或翟，群調狎而擾嫺，復怒妬而跳趯。悍屏息以勵鮭，窺寶鐕而命的。至如南皮輕騎，江表貴游，輪輿微動，紘蓋平流，矯白羽以振笴，準翠鸕以點眸，終撤翳而從諫，又何論夫焚裘。懿彼名翬，雄桀見戕，嶽嶽避株，紛紛采囊，縱入秦而化石，慮歸楚而誤皇。孰若折榦破樊，啄飲壇場，所以嗅季氏之供具，嘆時哉于山梁。

清　允禮《静遠齋詩集・癸巳詩集・題趙松雪射雉圖》　可是如皋賈大夫，控弦那用雉媒呼。不知繡羽繽紛後，博得紅顔一笑無。

清　秦松齡《蒼峴山人集》卷三《澤口射兔》　澤口多平原，草黄兔所窟。射獵非吾長，因人興飛越。呼僮具弓矢，結伍明賞罰。潛行入深莽，奔走出林樾。一兔起我前，持滿不及發。分曹逐其類，呼噪聲不歇。水際幾得之，復疑草中没。前途馳一兔，其狀益飄忽。鳥逝何翩翩，人立乃兀兀。倔强竟不終，一矢洞毛骨。持歸且相賀，緩步林間月。

清　顧宗泰《月滿樓詩文集・詩集》卷一《射鳥辭》　啞啞烏飛，引弓射之，雲路遨遊，惕於所微。

清　彭孫貽《茗齋集》卷一六《射鳥詞》　射雉高原上，草枯雉不肥。挾彈負弩出，暮随歸鳥歸。晨興悦朝暾，嗷嗷禽鳴飢。裹飯散林莽，不忍終發機。人生困衣食，常與素心違。青山繞宅舍，亂後生事微。呼童斸蹲鴟，傾筐露沾衣。

雜録

清　段汝霖《楚南苗志》卷六《射獵》　猺人煎熬毒藥塗矢，射虎豹即斃，先用一人張弩于要路，餘衆持利鎗名老虎鎗。緣崖以逐，若履平地驅虎豹至弩處，發矢中之。每年冬月出獵，二月乃止。

圖表

《清會典圖》卷九七《武備七弓箭四　弩附》　鈚箭之制有十三，皆楊木為笴，長二尺九寸。惟遵化長鈚箭長三尺，鐵鏃長三寸五分、闊五分，形如梅鍼箭，笴首飾黑桃皮，皁鵰羽，括髹朱，旁裹白樺皮，軍事用之，亦用以宿衛，鋭可貫札。一曰索倫鈚箭，鐵鏃長二寸八分、闊五分，形如鈚箭而微狹，笴首飾黑桃皮花鵰羽，括髹朱，軍事用之，亦可射熊及野豕。一曰大鈚箭，鐵鏃長二寸五分、闊一寸五分，笴首飾黑桃皮皁鵰羽，羽間髹朱及黑旁裹緑繭，挽强中有力，以射虎熊及牡鹿。一曰小鈚箭，鐵鏃長二寸四分，形如鈚箭而微小，羽間朱，旁裹白樺皮，餘俱如大鈚箭之制，射獸為良。一曰鏽鐵鈚箭，鐵鏃長二寸六分、闊一寸四分，形如鈚箭，鏽澀不磨，笴首飾紅桃皮，旁裹黑樺皮，射獸創大不，能逸。一曰射虎鈚箭，鐵鏃長一寸五分、闊九分，圭首後修，鏽澀不磨，笴首飾黑桃皮，以射卧虎能及遠。一曰齊鈚箭，鐵鏃長一寸七分、闊一寸二分，鏃端横平，後以次剡，笴首飾黑桃皮，羽微曲，旁裹緑繭，射獸，其鋒莫禦，墮能卓地。一曰月牙鈚箭，鐵鏃長一寸五分，前徑一寸三分，形如月牙鏟，笴首飾黑桃皮，羽微曲，旁裹白樺皮，射獸，左右莫禦。一曰燕尾鈚箭，鐵鏃長二寸五分，前闊一寸五分，歧兩刃如燕翦形，鏽澀不磨，笴首飾黑桃皮，旁裹緑繭，夏獵以射灌叢中獸。一曰梳脊鈚箭，鐵鏃長一寸九分、闊二寸一分，三角而鋭，後形如梳脊，笴首飾桃皮，旁裹白樺皮，射鹿麑為良，創大而箭不墮。一曰抹角鈚箭，鐵鏃長二寸、闊如之，三角兩旁剡，笴首飾黑桃皮，旁飾以角，射猛獸，中而不墮，皆皁鵰羽括髹朱。一曰尖鈚箭，鐵鏃長二寸三分、闊一寸四分，圭首後剡，括旁不加飾，餘俱如齊鈚箭之制，以射諸獸皆宜。一曰叉鈚箭，鐵鏃長一寸、闊七分，如魚尾形，下接樺木一寸三分，前狹後豐，花鵰羽括髹朱，旁裹白樺皮，射麞兔黃羊，鋭能透骨。

遵化長鈚箭圖

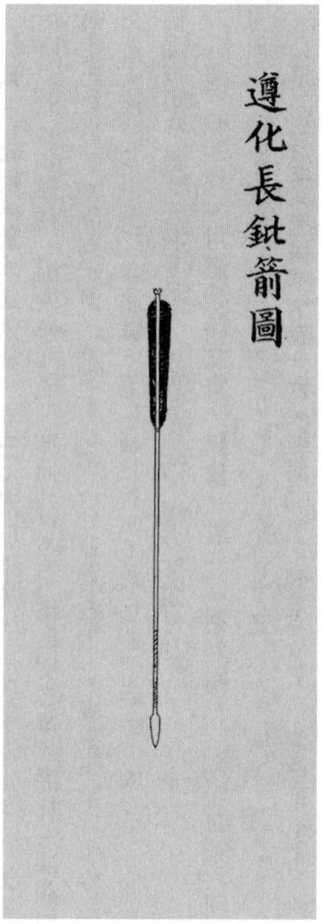

索倫鈚箭圖

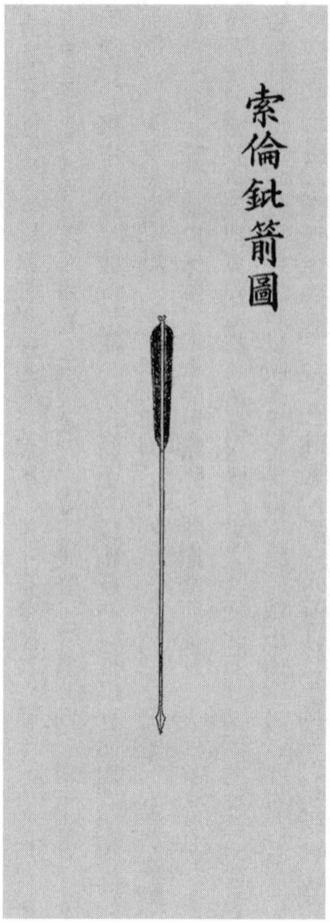

大鈚箭圖小鈚箭鏞鐵鈚箭附見

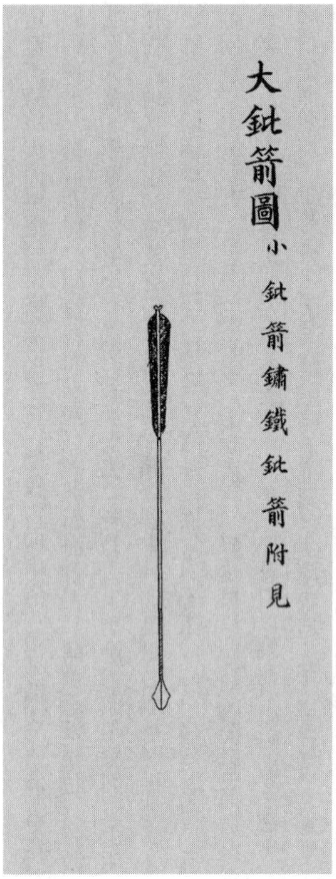

射虎鈚箭圖

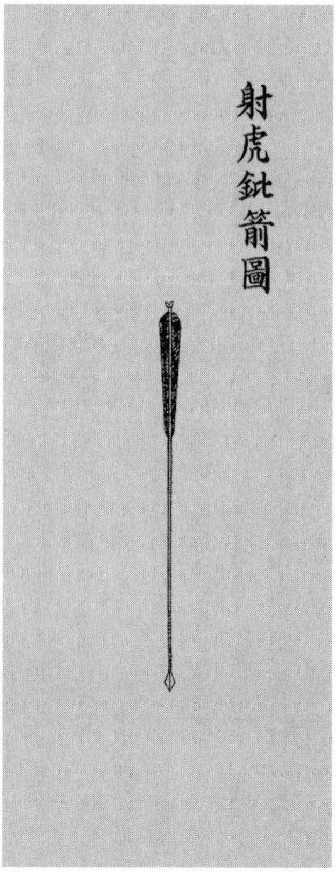

齊鈚箭圖

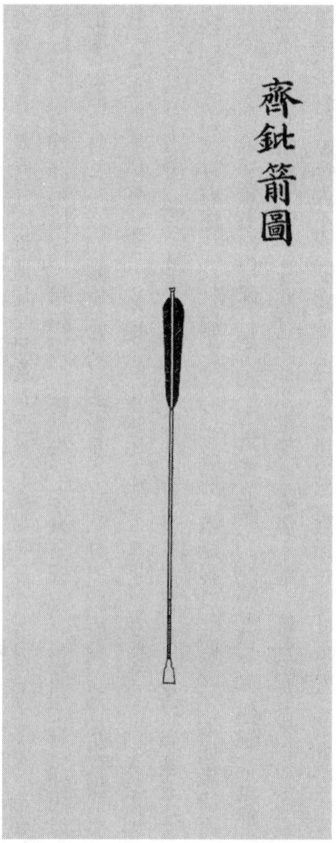

月牙鈚箭圖

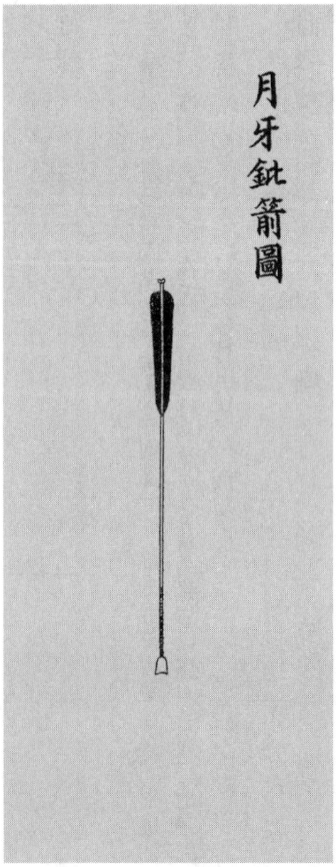

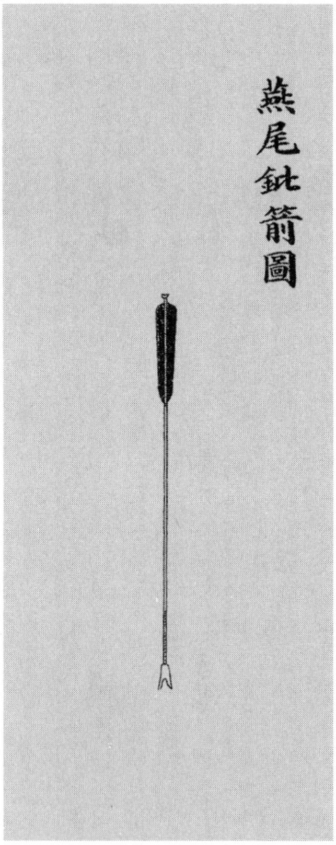

燕尾鈚箭圖

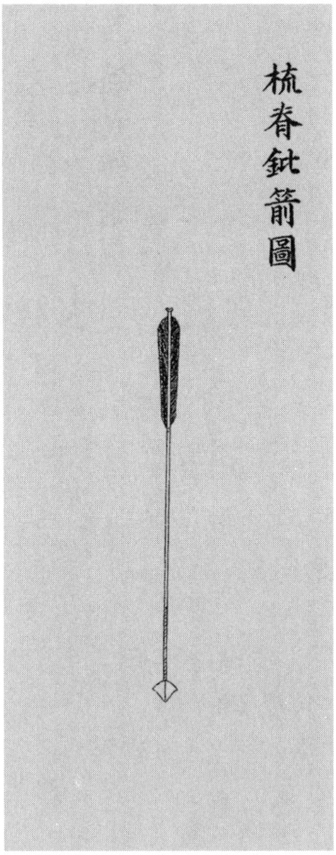

梳脊鈚箭圖

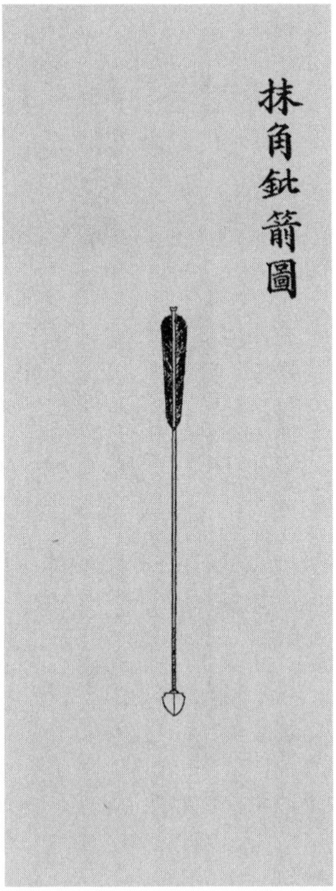

抹角鈚箭圖

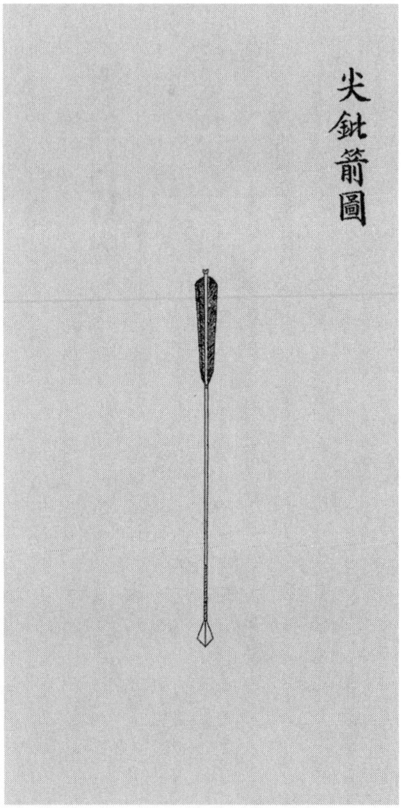

尖鈚箭圖

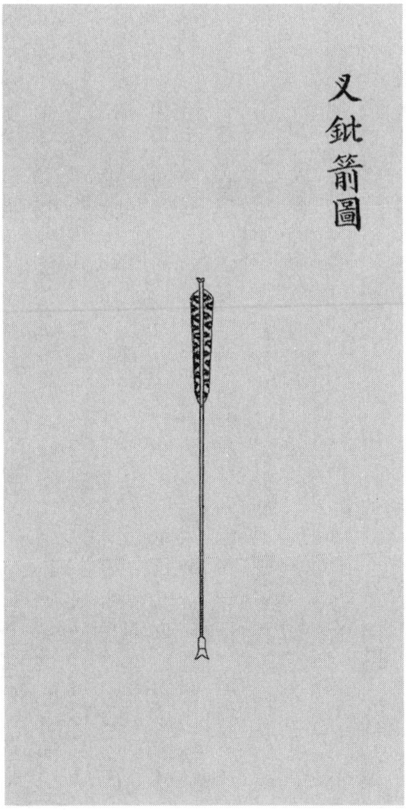

叉鈚箭圖

梅鍼之制有三，一即梅鍼箭，樺木為笴，長二尺八寸，鐵鏃長三寸二分、闊四分，笴首飾黑桃皮皁鵰羽，羽閒朱括，髹朱，旁裹黑樺皮。一曰齊梅鍼箭，鏃端橫平，餘俱如梅鍼箭之制，可穿鏁子甲，皆軍事用之。一曰額魯特梅鍼箭，楊木為笴，長二尺九寸，鐵鏃長一寸九分、闊四分，後微短，笴首飾黑桃皮皁鵰羽括髹朱，射能及遠。

梅鋮箭圖

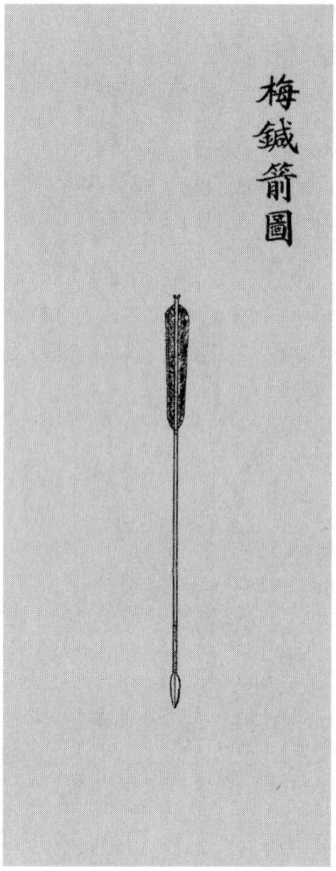

齊梅鋮箭圖

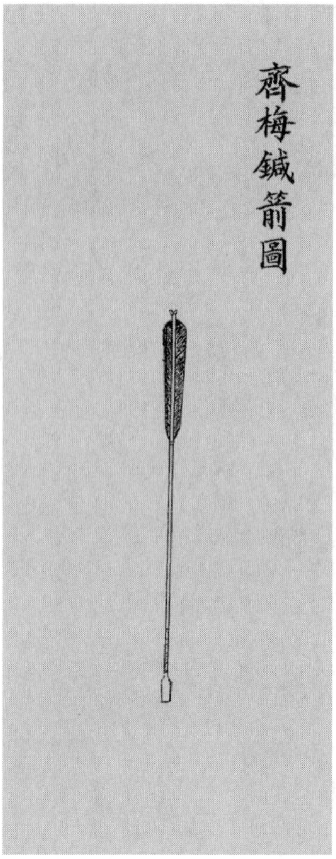

額魯特梅鋮箭圖

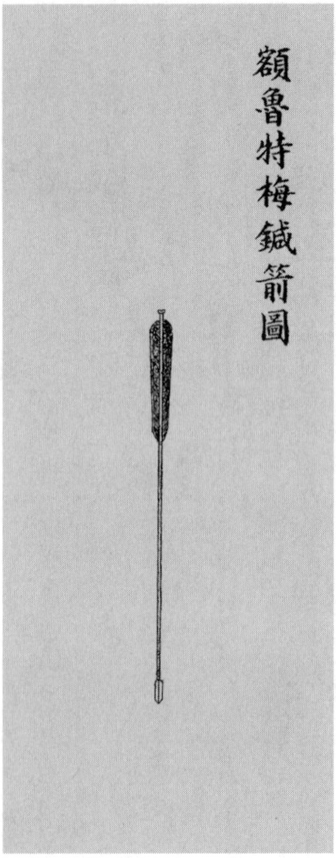

哨箭之制十，皆楊木為笴，皁鵰羽括，髹朱，骹銜，鐵鏃。一曰索倫哨箭，笴長二尺八寸，骨骹微扁，長一寸五分，環穿四孔銜□，鐵鏃長一寸七分、闊二寸二分，音利而清，以射諸獸。一曰角哨箭，笴長二尺八寸，角骹長一寸八分，環穿四孔銜，鐵鏃長一寸二分、闊一寸八分，前鋭後平旁剡，括旁裹白樺皮，以射麞麅。一曰方哨箭，角骹長一寸五分，中微方而扁，環穿四孔銜，鐵鏃長二寸闊如之，形如鈚，以射諸獸皆宜。一曰鴨觜哨箭，骹長一寸三分，前絅後豐微扁，環穿四孔銜，鐵鏃長一寸八分闊如之，形如鈚，括旁裹緑繭，射鹿及諸獸，其勢勁直。一曰合包哨箭，笴長二尺九寸，角骹長一寸，環穿四孔銜，鐵鏃長二寸一分、闊一寸五分，形如鈚，羽間髹朱及黑，括旁裹緑繭，以射近鹿。一曰齊哨箭，笴長二尺九寸，鐵骹長八分，環穿四孔銜，鐵鏃長一寸七分、闊一寸四分，形如齊鈚箭，鏽澀不磨，射鹿麅麞狐狼諸獸，其鋒莫禦，墮能卓地。一曰圓哨箭，角骹長九分，環穿三孔銜，鐵鏃長二寸、闊一寸九分，形如鈚，括旁裹白樺皮，以射鹿麅，利而易入。一曰長哨箭，角骹長二寸，前修後圓微扁，四孔銜，鐵鏃長一寸、闊一寸五分，三角兩旁剡，括旁裹白樺皮，聲清而遠，以射諸獸皆宜。一曰榛子哨箭，角骹長三分，形如榛子，環穿三孔銜，鐵鏃長二寸、闊一寸五分，以射諸獸，其鋒易入。一曰榛子哨鈚箭，鐵骹長三分，形如榛子，鋄金環鏤，三孔銜，鐵鏃長二寸、闊一寸七分，射鹿為良。

索倫哨箭圖

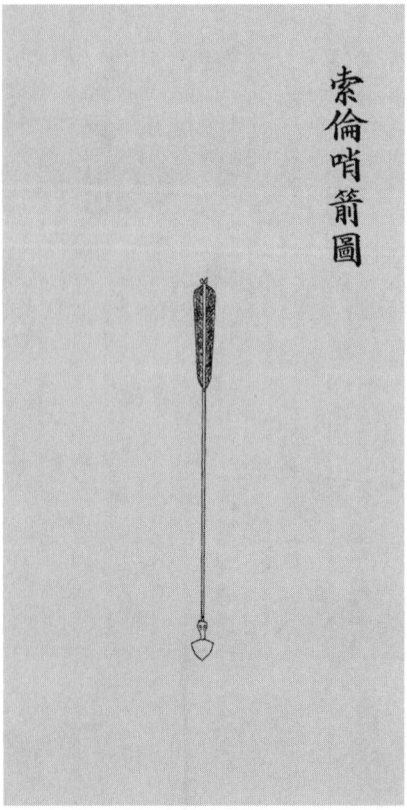

角哨箭圖

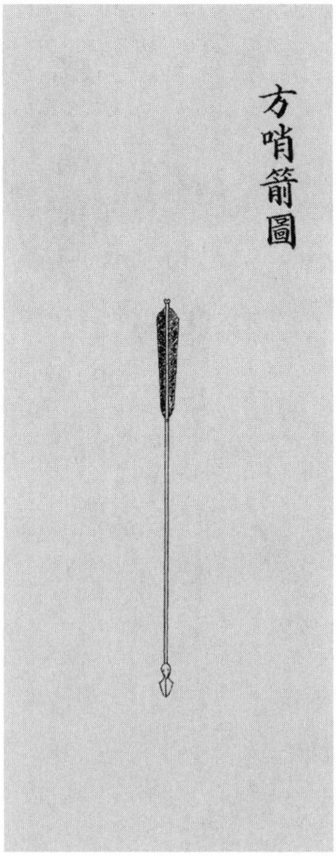

方哨箭圖

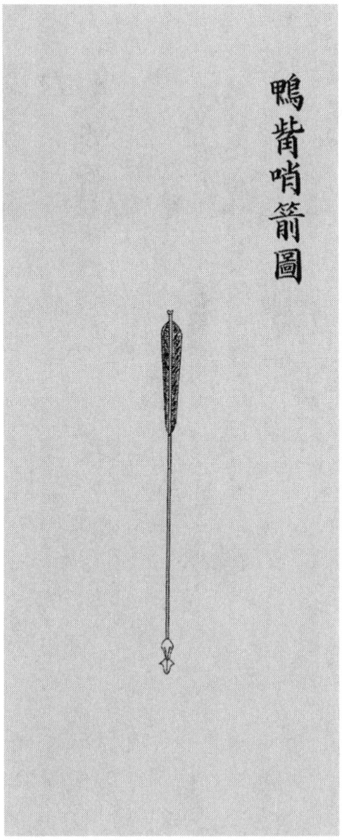

鴨觜哨箭圖

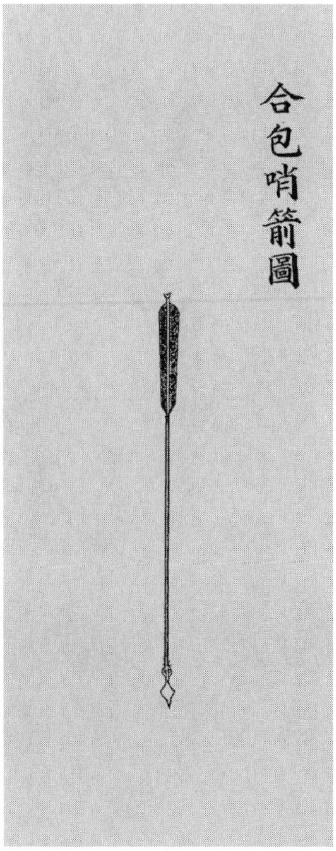

合包哨箭圖

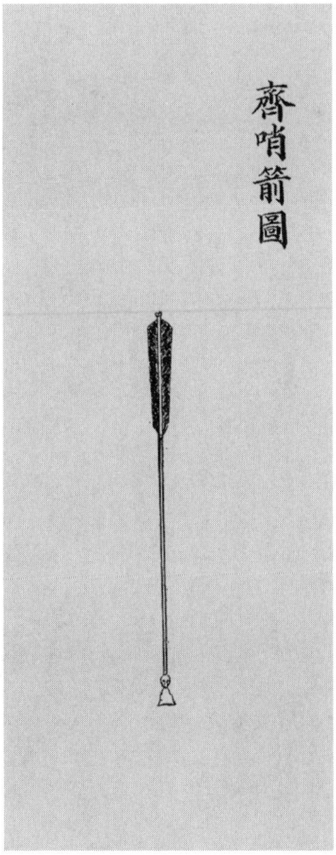

齊哨箭圖

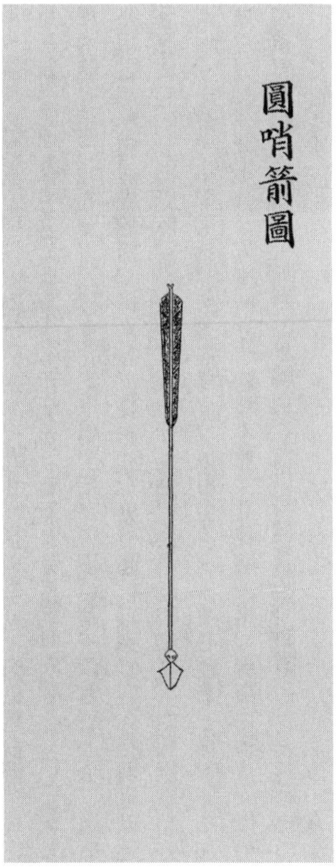

圓哨箭圖

長哨箭圖

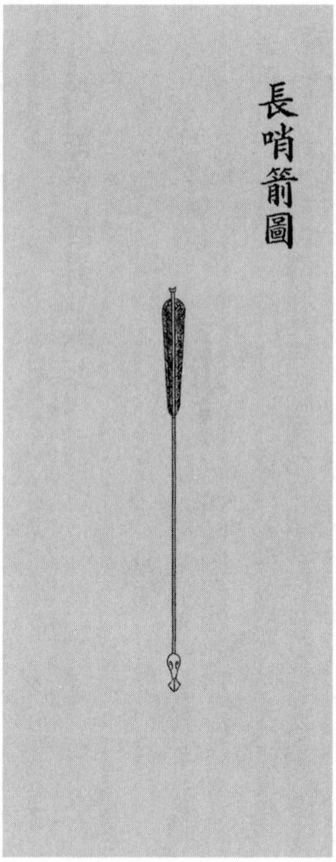

榛子哨箭圖

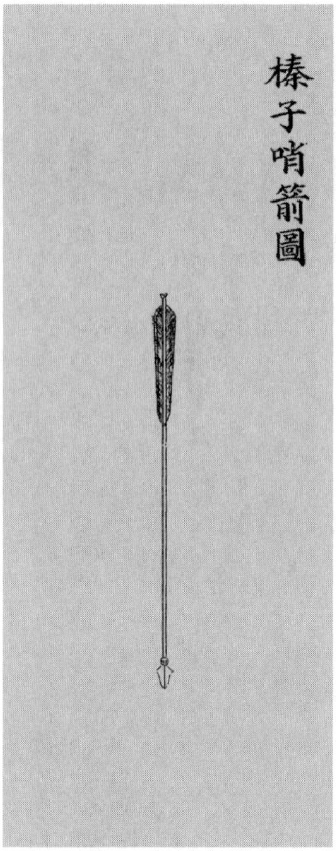

榛子哨鈚箭圖

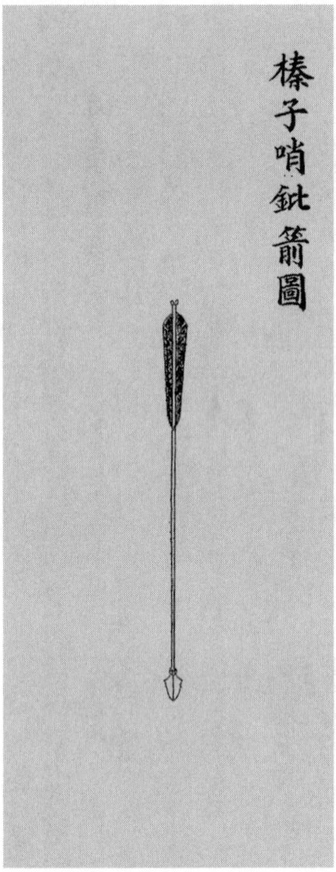

骲箭之制五，皆楊木為笴，長二尺九寸，括髤朱。一曰尖骲箭骲，長三寸三分，前骨後角，五稜環穿，十孔斑文，鵰羽射兔，鋭而能洞。一曰方骲箭，樺木骲，長一寸九分，四稜穿孔，皁鵰羽括，旁裹緑藺，以射石上兔，馬射亦用之。一曰射虎骲箭，樺木骲，長一寸七分，起稜環穿，四孔花羽，以逐臥虎使起。一曰齊骲箭，角骲，長一寸九分，其半起稜環穿，四孔端平，方廣一寸一分，皁鵰羽括，旁裹白樺皮，以射兔。一曰實心骲箭，樺木骲端加象皮，長一寸七分，方廣一寸，起稜不穿，孔花鵰羽括，旁裹白樺皮，以射飛雀，鵪鶉。擪翎箭不加鏃，皁鵰羽，備以易骲箭之笴折者。

尖骲箭圖

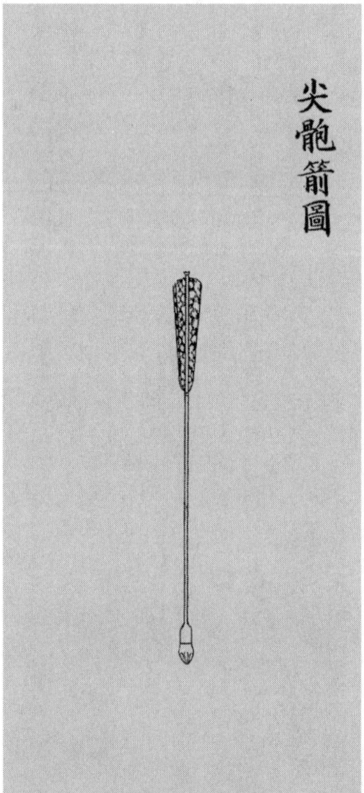

方骲箭圖

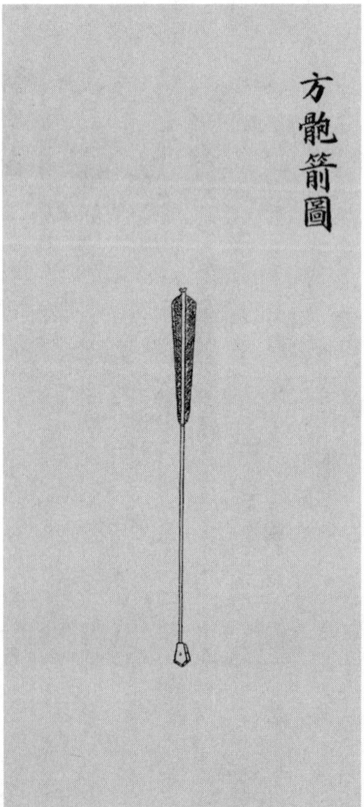

射虎骲箭圖

齊骲箭圖

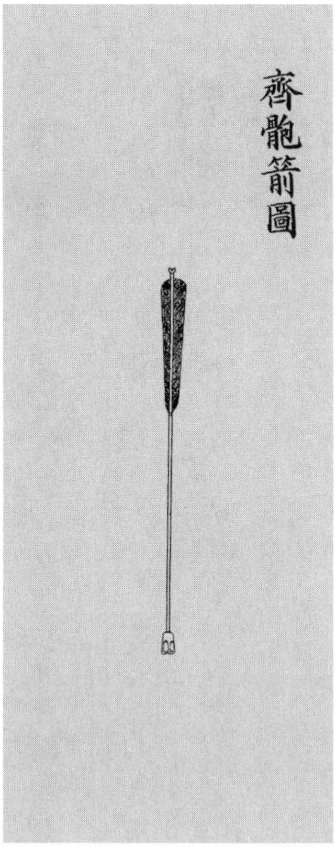

擰翎箭圖

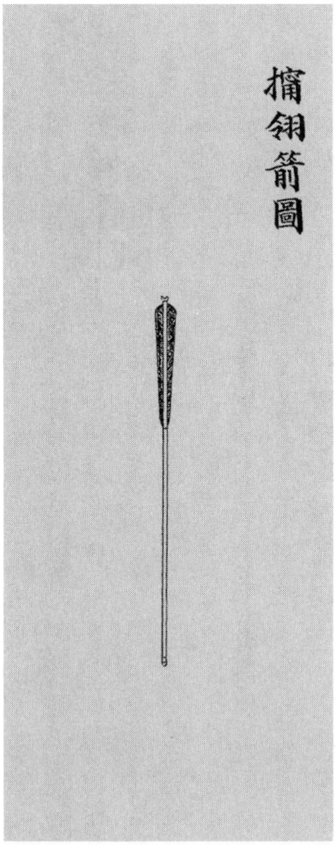

槍頭箭，楊木為笴，長二尺九寸，鐵鏃長三寸、闊四分，形如槍刃，笴首飾黑桃皮，皁鵰羽，羽閒朱括髤朱，旁裹白樺皮。角頭箭，角鏃長三寸五分，形如梅鍼。火燎竿箭鐵，鏃長二寸二分，笴炙以火，耐陰溼，餘均如槍頭箭之制，皆軍事用之。

槍頭箭圖

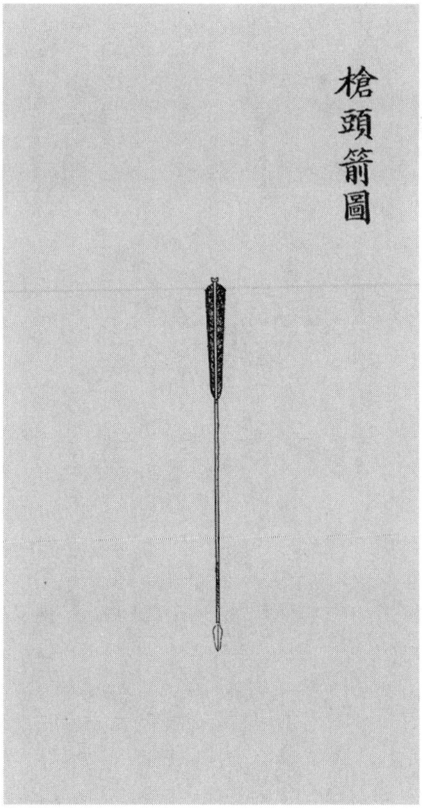

角頭箭圖

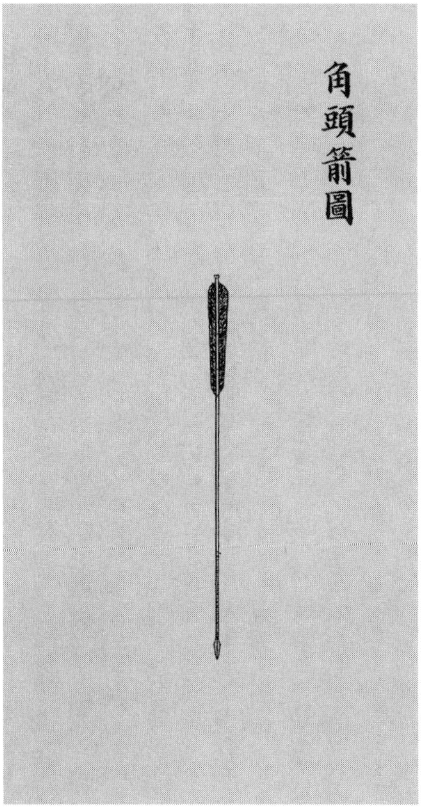

火燎竿箭圖

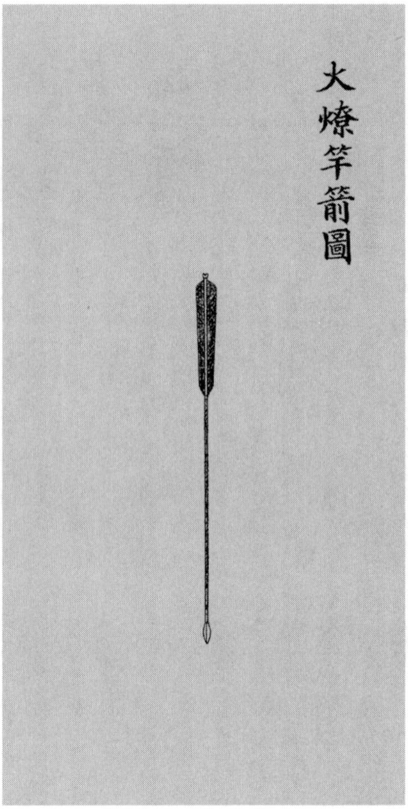

尖頭箭，楊木為笴，長二尺九寸，鐵鏃長一寸一分，如梅鍼而短，笴首飾黑桃皮，孔雀羽括髹朱旁裏緑繭，應弦而速。快箭，鏃鏃長一寸一分、闊四分，前如鈚箭而小，後如梅鍼雉羽，餘如尖頭箭之制，以射飛禽能及遠。墩箭，樺木為笴，長二尺九寸，笴首微大而平，不加鏃雉羽括髹朱，以射石上禽，習射亦用之。

尖頭箭圖

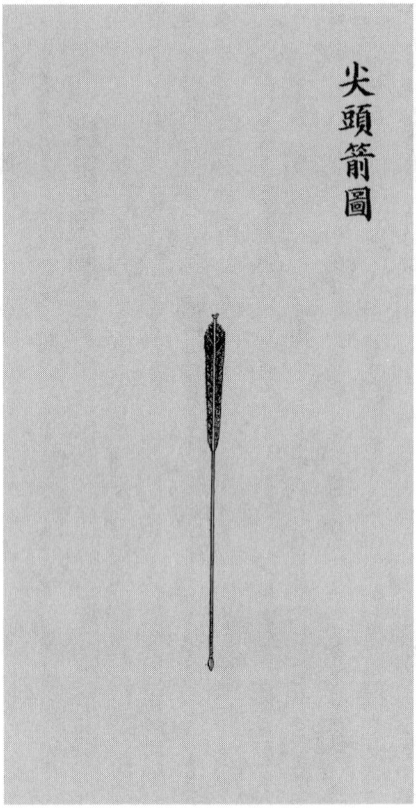

快箭圖

墩箭圖

兔叉箭二，鐵兔叉箭，楊木為笴，長二尺九寸，鐵鏃長二寸五分，端為四棱，雲葉中為圓椎，後週施鐵齒四，長一寸四分，末斝倒鉤向外，笴首飾黑桃皮皁鵰羽括髹朱，以射雉兔，易於探取。木兔叉箭，樺木加象牙，鏃長七寸，前銳後脩四棱，施鐵齒四，為二重上齒長一寸三分，下齒長一寸九分，

括旁裹白樺皮，餘俱如鐵兔叉箭之制，用亦同。

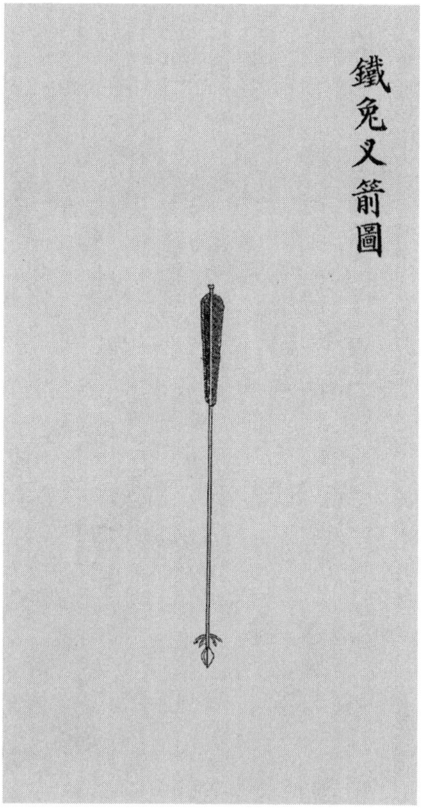

鐵兔叉箭圖

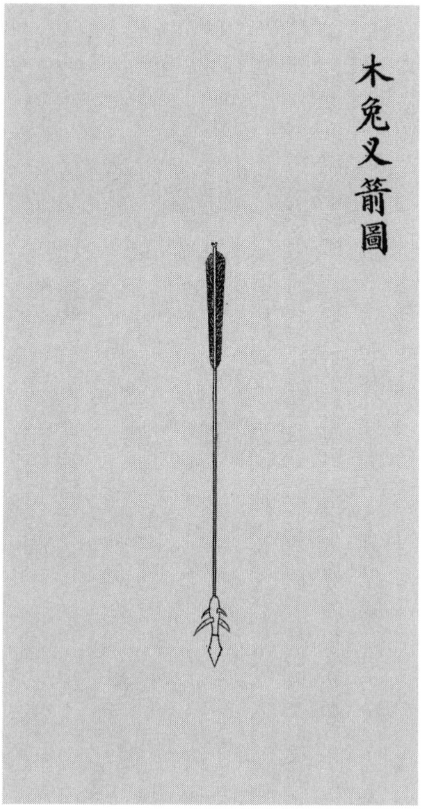

木兔叉箭圖

鴨觜箭，樺木為笴及鏃，通長二尺九寸，首微豐八棱端如鴨觜形，笴通塗以油花鵰羽括髹朱，旁裹白樺皮。水箭楊，木為笴，長二尺九寸，梨木骲長一寸如骲箭而不穿孔加，鐵鏃長五分、闊七分，形如鏟，笴通塗以油，皁鵰羽四出括髹朱，皆以射鴨。魚叉箭亦楊木為笴，長二尺九寸，鐵鏃如鈀，五齒橫一寸四分、縱一寸九分，末挈倒鉤，笴首飾黑桃皮雁云羽，閒塗黃油，括旁亦飾黑桃皮，以射魚。

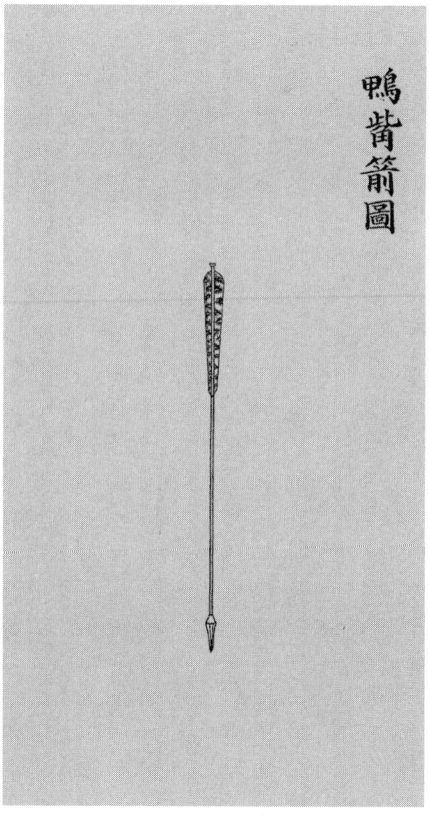

鴨觜箭圖

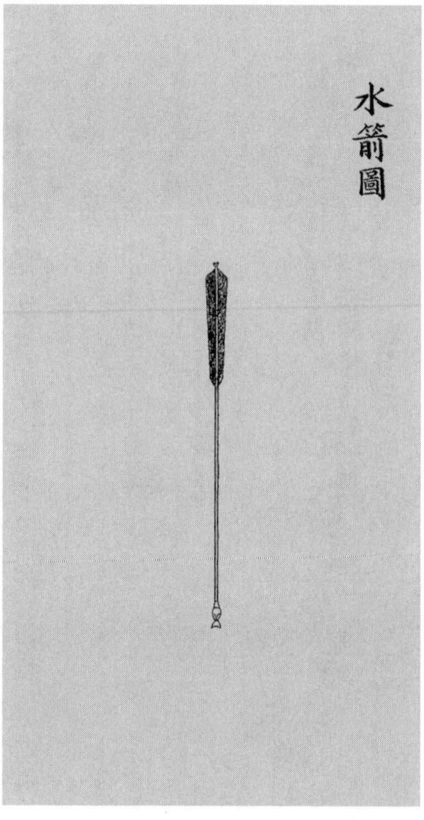

水箭圖

魚叉箭圖

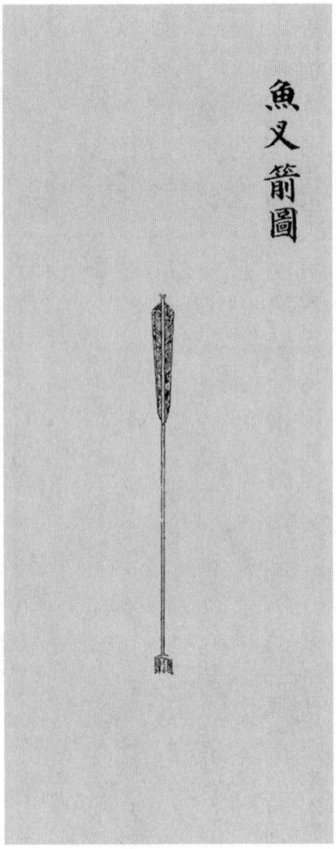

如意弩，木弓，傅角背飾紅樺皮，兩弰圓曲，朱絲弦徑五寸三分，弦中施扣臂，以灘鸂木為之，通長一尺二寸四分，面平末俯，首飾象牙，微凹，弩牙及機俱以鐵，中以鐵鍱束弓之弣，弣向内，別以鐵鉤著，扣挽弦加於牙上，注矢入括矢，當臂中撥機發之，鉤長二寸五分，下施圓木横二寸四分。

如意弩圖

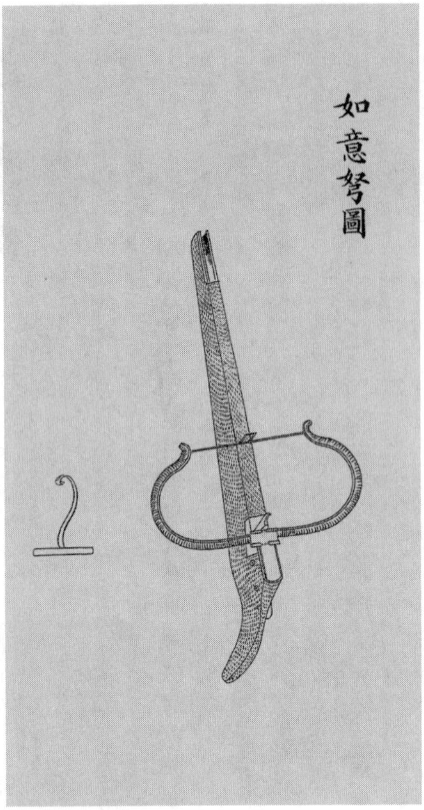

雙機弩，木弓，傅角，背飾紅樺皮，兩弰飾角，弦牀以骨白絲弦，徑三尺四寸，臂以樺木為之，背飾椿皮，通長二尺四寸七分，面平末俯弩牙，鋄金鏤花左右各一，旁飾瑇瑁素鐵，機前飾象牙鐫四力半。雙機弩，清漢文臂，面通凹端，亦飾象牙，以革束弓之弣，弣向外，手挽弦加於牙上，注矢入括撥機發之。雙機貫皃神弩，牙前鐫五力，雙機貫皃神弩，清漢文，餘俱如雙機弩之制。

雙機弩圖

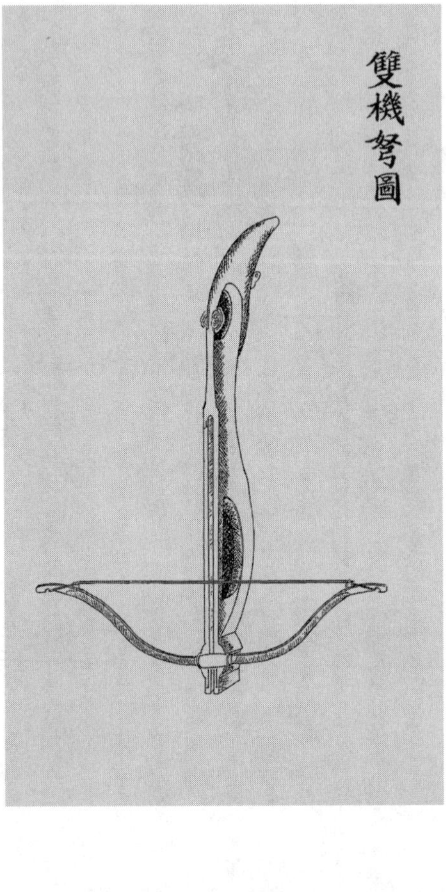

雙機貫皃神弩圖

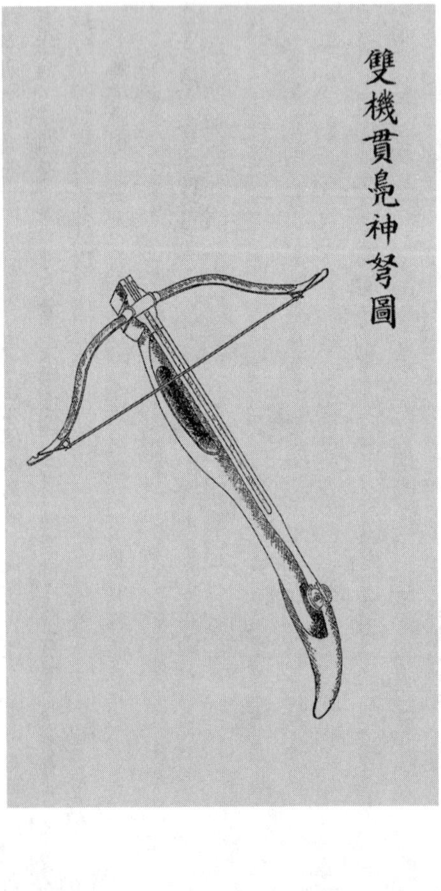

射虎弩弓，如雙機弩弓之制，臂以㭎木為之，長三尺二寸二分，面平通，凹背空半，以限弓弣向外後，開孔橫笴貫之，以木片扣弦入括，置地覆葦，繫繩為機，觸之則發。臂下平衡，直木前後，設樁如凳式。

射虎弩圖

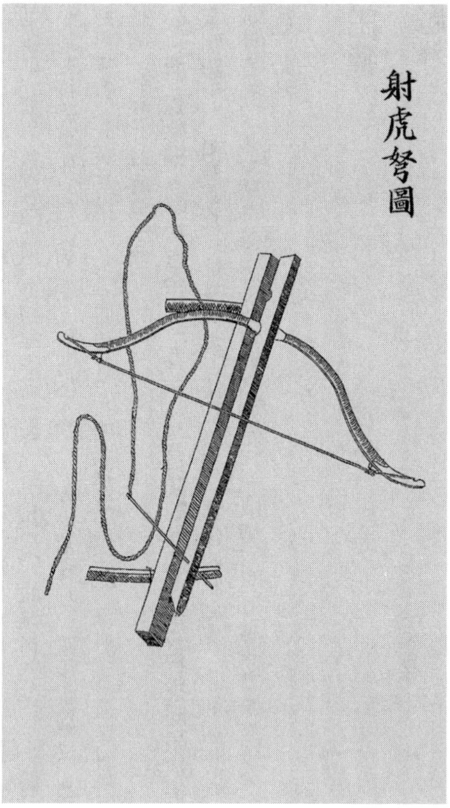

弩箭之制凡三，皆笴首飾黑桃皮皁鵰羽，左右相對。一曰如意弩箭，樺木為笴，長七寸八分，鐵鏃長六分，如鈚箭之制，羽閒書一錢兩字漢文，括髹黑。一曰弩鈚箭，楊木為笴，長二尺一寸四分，鐵鏃長一寸二分，圭首後脩，鏽澀不磨。一曰弩骲箭，骨骲長九分，環穿五孔，餘俱如弩鈚箭之制。

如意弩箭圖

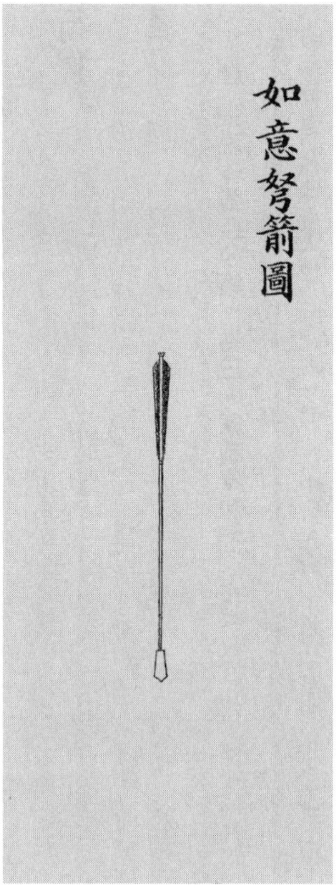

弩鈚箭圖

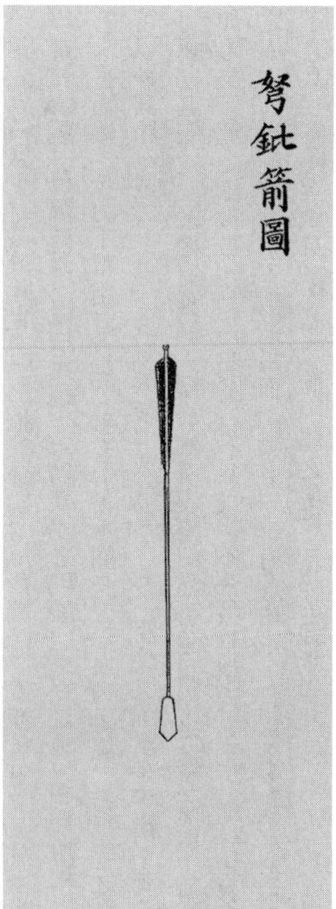

弩骲箭圖

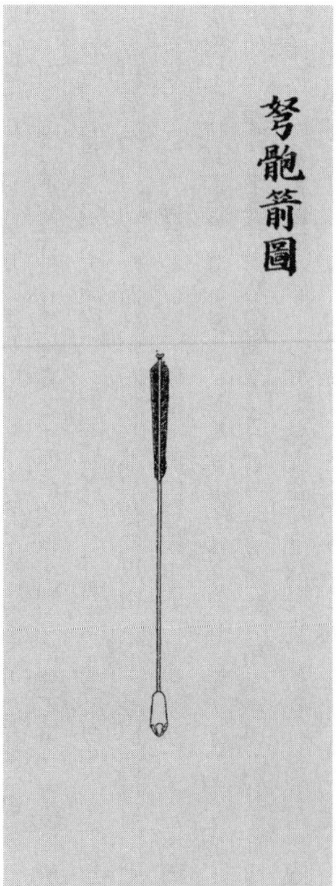

射虎弩箭，樺木為笴，長二尺九寸，鐵鏃長三寸，前微圓後為兩卻刃如燕尾，笴首飾黑桃皮皁鵰羽，左右相對括髹朱。

射虎弩箭圖

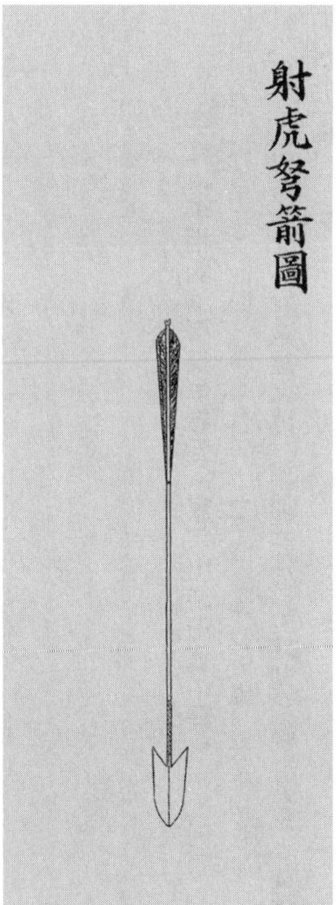

行獵

藝文

唐 張説《張燕公集》卷三《應制奉和》 文教資武功，郊畋閲拜正。不知仁育乆，徒看禽獸盛。夜霰氛埃滅，朝日山川静。綽仗飛走繁，抨弦筋角勁。帝射參神道，龍馳合人性。五豝連一發，百中皆先命。勇爵均萬夫，雄啚羅七聖。星為告符老，雪作豐年慶。喜聽行獵詩，威神入軍令。

清 陳昌圖《南屏山房集》卷六《劉比部秉栓**行獵圖》** 淺草平岡好打圍，家山樂事近來稀。誰云第五甦驃騎，君行五爲，竹軒，制府，令弟。看取當年短後衣。鼻端出火耳生風，射虎南山散綠□。我亦未除豪氣在，從君要借鐵胎弓。

清 德保《樂賢堂詩鈔》卷下《爲埍伊春臺題行獵小照》 武備重國朝騎射，羣思奮矧兹天潢。賢隆準盡豪儁春，臺吾快埍。岐嶷由天分。早歲襲榮封肘後將軍印，侍從豹尾，傍咫尺天顔。近常從上林獵，躍馬雷霆迅，控絃無虛發。一笑承清問，妙手爲傳神。按轡氣遒進，英姿何颯爽，駕馭無神駿，披圖一欣然，叔寶眞玉潤。

清 魏象樞《寒松堂全集》卷六《冬日聞鄭侯同牛參戎行獵暖泉次倫宣明韻》 絕塞雲荒，地接天水，濱行獵響，潺湲鳴弦到處。君開綱作賦，成時我在，田野樹高梁飛，騎度斜陽古道，土人傳：定知雞犬無驚夜安樂。窩中記丑年。

田獵

題解

宋 羅壁《識遺》卷九《田獵》 春蒐、夏苗、秋獮、冬狩，四時之獵皆曰田，字與田畒之田同，王昭禹釋，《周禮》云：『缺為人刈與穫利，於田同為之圍，與疆理同犄角，鳥獸與耘同度，可殺而不可亂，所以獵亦曰田也。』

論説

唐 李絳《李相國論事集》卷五《憲宗出游田獵中罷》 上因暇，欲近出畋獵，行至蓬萊池西，謂左右曰：『李絳嘗諫我畋獵，云虧損政事。今雖不遠，近出苑中，必有章疏上陳，不如且休。』遂却罷歸。其思理從諫，如是之至也。

清 俞樾《賓萌集・補篇六・田獵説》 昔周公之戒，成王也曰：『無淫于觀、于逸、于游、于田，而周辛甲爲虞人之箴，亦以忘其國，恤思其麀牡，爲戒。然則田獵之事，可以已矣。乃周禮大宗伯所掌，則有大田之禮，大司馬之職，則又詳言蒐田、苗田、獮田、狩由之制。若是者，何也？教戰也。』孔子曰：『以不教民戰，是謂棄之。而欲教戰，則非田獵不可。』後世所謂教戰者，吾見之矣。大將坐戎，幄建旗鼓，騎兵若干，步兵若干，環而伺下。一令曰演某陣，則旝動而鼓，左旋右抽，捷於風雨。下一令曰演弓箭，則樹鵠百步，外射者持弓矢，審固以期，其中一矢中的，鼓聲填然。下一令曰演火器，則排列而發，聲如萬雷，煙塵坌起，不可諦視，演刀矛、演干盾，無不如是。諸技畢奏，鼓吹鳴礮，大將回車，觀者雜遝。須斌相與動容而歎曰：『美矣！』哉軍威之盛乎，不知此戲劇也，非教戰也，何也？無强敵以臨其前也。無强敵以臨其前，則雖以孫武爲之，將鼓之，而有笑者矣。雖然平居無事，安得强敵之臨其前乎？先王知其然也。故以猛獸爲之，强敵不觀。楊子雲之言『獵乎，其於陸也。』曰拖蒼狶跋，犀犛蹶浮，麋斮巨狿，其於水也。曰索蛟螭蹈，獱獺據黿，鼉抾靈蠵，夫以軼才之獸駭，不存之地，相如所謂『雖有烏獲逢蒙，伎力不得用者也』。獵者，奮不顧身，以血肉之軀，當爪牙之利，可以鍊其膽。或攻其前，或擊其後，或襲其左右。務使矢不虛舍，鋋不苟躍，可以鍊其智。獵於陸有獲焉，獵於水有獲焉，然則他日用之陸戰水戰，無不如志矣。此先王教戰之妙術也。古者兵民，不分披堅執鋭之士，卽春耕夏耨之人，而所向有功，不致聞風而奔潰者，恃有此術也。自田獵之禮，廢而天下之兵，皆不習戰矣。嗚呼！此中國之所以日趨於弱歟。

綜述

《通典》卷七六《天子諸侯四時田獵周 宋 梁 陳 北齊 後周 隋 大唐》

周制，天子諸侯無事，則歲行蒐苗獮狩之禮。仲春教振旅，司馬以旗致民，平列陳，如戰之陳。以旗者，立旗期民於其下也。兵者凶事，不可空設，因蒐狩而習之。凡師，出曰治兵，入曰振旅，皆習戰也。四時各教民以其一焉。春習振旅，兵入收衆，專於農。平猶正也。王執路鼓，諸侯執鼖鼓，軍將執晉鼓，師師執提，旅帥執鼙，卒長執鐃，兩司馬執鐸，公司馬執鐲，《鼓人職》曰：『以路鼓鼓鬼享，以鼖鼓鼓軍事，以晉鼓鼓金奏，以金鐃止鼓，以金鐸通鼓，以金鐲節鼓。』『提謂馬上鼓。有曲木提特鼓立馬髦上者，故謂之提。杜子春云：『公司馬謂五人為伍，［伍］之司馬也。』鄭玄謂：『王不執鼖鼓，尚之於諸侯也。伍長，謂之公司馬者，雖卑，亦同其號。』鼖音墳。以教坐作進退疾徐疏數之節。習戰法。遂以蒐田，有司表貉，誓民，鼓，遂圍禁。火弊，獻禽以祭社。春田為蒐。有司，大司徒也，掌大田役，治徒庶之政令。表貉，立表而貉祭也。誓民，誓以犯田法之罰也。誓曰：『無干車，無自後射。』立旌遂圍禁。火弊，火止也。春田主用火，因焚萊除陳草，皆殺而火止。獻猶致也。田止，虞人植旌，衆皆獻其所獲禽焉。《詩》云：『言私其豵，獻肩于公。』春田主祭社者，土方施生也。貉讀為禡。仲夏教茇舍，如振旅之陣。羣吏撰車從［徒］，讀書契，辨號名之用。帥以門名，縣鄙名以其名，家以號名，鄉以州名，野以邑名。百官各象其事，以辨軍之夜事。其他皆如振旅。茇舍，草止之也，軍有草止之法。讀書契，以簿書校錄軍實之凡要。號名者，徽識所以相別也。鄉遂之屬謂之名，家之屬謂之號，百官之屬謂之事。在國以表朝位，在軍又象其制而為之，以備死事。夜事，戒夜守之事。遂以苗田，如蒐之法。車弊，獻禽以享礿。夏田為苗，擇取不孕任者，若治苗去不秀實者云。車弊，驅獸之車止也。夏田主用車，示所取物希，皆殺而車止。礿，宗廟之夏祭也。冬夏田主於祭宗廟者，陰陽始起，象神之在內。仲秋教治兵，如振旅之陣。王載太常，諸侯載旂，軍吏載旗，師都載旜，鄉遂載物，郊野載旐，百官載旟，各書其事與其號焉。其他皆如振旅。軍吏，諸軍帥也。師都，遂大夫也。鄉遂，鄉大夫也。或載旜，或載物，衆屬軍吏，無所將也。郊謂鄉遂之州長、縣正以下也。野謂公邑大夫。載旐者，以其將羡卒也。百官，卿大夫也。載旟者，以其屬衛王也。凡旌旗，有軍衆者畫異物，無者帛而已。書當為畫，皆畫以雲氣。遂以獮田，如蒐田之法。羅弊，致禽以祀祊。秋田為獮，獮，殺也。羅弊，網止也。秋田主用網，中殺者多也，皆殺而網止。祊當為方。秋田主祭四方，報成萬物。《詩》云：『以社以方。』仲冬教大閱。春辨鼓鐸，夏辨號名，秋辨旗物，至冬大閱，簡軍實。虞人萊所田之野，為表，百步則一，為三表；又五十步為一表。田之日，司馬建旗於後表之中，羣吏以旗物鼓鐸鐲鐃，各帥其民而致。質明弊旗，誅後至者。乃陳車徒如戰之陣，皆坐。虞人萊所田之野，芟除其草萊，爲可陣之外。後表之中，五十步表之中央。表，所以識正行列也。四表積二百五十步，左右之廣當容三軍，步數未聞。致，致之司馬。質，正也。弊，仆也。皆坐，當聽誓。羣吏聽誓於陣前。斬牲以左右徇陣曰：『不用命者斬之。』羣吏，諸軍帥也。陣前，南面鄉表也。《月令》：『季秋，天子教於田獵，以習五戎。』司徒搢扑，北面以誓之。此大閱禮，實正歲之仲冬，而說季秋之政，於周為仲冬，為《月令》者失之矣。斬牲者，小子也。凡誓之大略，《甘誓》《湯誓》之屬是也。中軍以鼙令鼓，鼓人皆三鼓，司馬振鐸，羣吏作旗，車徒皆作。鼓行鳴鐲，車徒皆行，及表乃止。三鼓摝鐸，羣吏弊旗。車徒皆坐。中軍，中軍之將也。天子六軍，三三而居一偏。羣吏既聽誓，各復其部曲。中軍之將令鼓鼓，以作其士衆之氣。鼓人者，中軍之將、師帥、旅帥也。司馬振鐸以作衆。作，起也。既起，鼓人擊鼓以行之，伍長鳴鐲以節之。伍長一曰公司馬。及表，自後表前至第二表也。三鼓者，鼓人也。摝讀如涿鹿之鹿。掩上振之為摝。摝者，止行息氣也。《司馬法》曰：『鼓聲不過閶，鼙聲不過闒，鐸聲不過琅。』閶音吐剛反。闒音吐答反。又三鼓，振鐸作旗，車徒皆作。鼓進鳴鐲，車驟徒趨，及表乃止，坐作如初。趨者，赴敵尚疾之漸。《春秋傳》曰『先人有奪人之心』。及表，自第二前至第三。乃鼓，車馳徒走，及表乃止。及表，自第三前至前表。鼓戒三闋，車三發，徒三刺。鼓戒，戒攻敵也。鼓一闋，車一轉，徒一刺、三而止，象服敵。乃鼓退，鳴鐃且卻，及表乃止，坐作如初。鐃所以止鼓也。軍退卒長鳴鐃以和衆。鼓人為止之。退，自前表至後表。鼓鐸則同，習戰之禮，出入一也。異者，廢鐲而鳴鐃。遂以狩田；以旌為左右和之門，羣吏各帥其車徒以敍和出，左右陳車徒，有司平之。旗居卒閒以分地，前後有屯百步，有司巡其前後。險野，人為主；易野，車為主。冬田為狩，言守取之無所擇也。軍門曰和，今謂之壘門，立兩旌以為之。敍和出，用次第出和門也。左右，或出而左，或出而右。有司平之，鄉師居門，正其出入之行列也。旗，軍吏所載也。分地，調其部曲疏數。前後有屯百步，車徒異羣相去之數也。車徒畢出於和門，鄉師又巡其行陣。鄭衆云：『險野，人為主，人居前。易野，車為主，車居前。』既陣，乃設驅逆之車，有司表貉於陣前。驅，驅出禽獸，使趨田者也。逆，逆要不得令走。設此車者，田僕也。中軍以鼙令鼓，鼓人皆三鼓，羣司馬振鐸，車徒皆作。遂鼓行，徒銜枚而進。羣司馬，兩司馬也。枚狀如箸。銜之，有繣結項中。軍法止語，為相疑惑也。天子殺則下大綏，諸侯殺則下小綏。綏，有虞氏之旌旗也。下謂弊也。大夫殺則止佐車，佐車止則百姓田獵。佐車，驅逆之車。大獸公之，小禽私之，獲者取左耳。鄭衆云：『大獸公之，輸之於公；小禽私之，以自畀也。』獲得禽獸者，取其左耳，當以計功多少。及所弊，鼓皆駴，車徒皆譟。及所弊，至所弊之處。田所當於止也。天子諸侯蒐狩有常，至其常處，吏士鼓譟，象攻敵剋勝而喜也。疾雷擊鼓曰駴。譟，讙也。《書》曰『前師乃鼓𫓧譟』，亦謂喜也。駴音駭。𫓧音符。徒乃弊。命致禽饁獸於郊，入獻禽以享烝。徒乃弊，徒止也。冬田主用衆，物多，衆得取也。致禽饁獸於郊，聚所獲禽，因以祭四方之神於郊。《月令·季秋》『天子既田，命主祠祭禽於四方』是也。入又以禽祭宗廟。

說曰：天生五材，人並用之，廢一不可，誰能去兵。歷代以來，禍亂之作，非武不定，是以君子習之。孔子曰：『不教民戰，是謂棄之。』《王制》曰：『天子諸侯無事而不田，曰不敬。田不以禮，曰暴天物。』《左氏傳》曰：『春蒐、夏苗、秋獮、冬狩，皆於農隙以講武事。三年治兵，入而振旅，歸而飲至，以數軍實。昭文章，明貴賤，辨等列，順少長，習威儀也。』《穀梁傳》曰：『因蒐狩以習用武事，禮之大者也。艾蘭以為防，蘭，香草也。防，為田之大限。置旃以為轅門，旃，旌旗之名，通帛為旃。轅門，昂車以其轅表門。以葛覆質以為槷，質，椹也。槷，門中臬也。葛或為褐。槷，五結反。流旁握，御轚者不得入。流旁握，謂車兩轊頭，各去門邊容握。握，四寸也。轚持則不得入門。車軌塵，塵不出轍。馬候蹄，發足相應，遲疾相投。掩禽旅，掩取衆禽。御者不失其馳，然後射者能中。不失馳騁之節。過防弗逐，不從奔之道也。戰不逐奔之義。面傷不獻，嫌誅降。不成禽不獻。惡虐幼小。禽雖多，天子取三十焉。一為乾豆，謂自左膘而射，達於右腢，為上等。腢，膊前骨也，音虞，又五口反。二為賓客，謂射右耳本，為次等。三為充君之庖。謂射左髀達於右䯚，爲下等。其餘與士衆以習射於射宮。取三十以供乾豆、賓客、君之庖。射宮，澤宮。射而中，田不得禽則得禽；射而不中，田得禽則不得禽。是以知古之貴仁義而賤勇力也。』射以不爭為仁，揖讓為義。

宋文帝元嘉二十五年閏二月，大蒐於宣武揚。主司列奏申攝，剋日校獵，百官備辦。設行宮殿便座武帳於幕府山南岡，設王公百官便座幔省如常儀，設南北左右四行旌門。建旗以表獲車。殿中郎一人典獲車，主者二人收禽，吏二十四人配獲車十二兩。校獵之官著袴褶，有帶。二品以上擁刀，備槊麾幡，三品以下帶刀。皆騎乘。將領部曲先獵一日，布圍。領軍將軍一人督右甄；護軍將軍一人督左甄；大司馬一人居中，董正諸將，悉受節度。殿中郎率獲車部曲，在大司馬之後。尚書僕射以下諸官曹令史等，督攝糾司，校獵非違。至日，會於宣武場，列為重圍。設留守填街位於雲龍門外，內官道北，外官道南，以西為上。設從官位於雲龍門內，大官階北，小官階南，以西為上。設先置官位於行上車門外，內官道西，外官道東，以北為上。設先置官還位於廣莫門外道之東西，以南為上。

校獵日平旦，正直侍中奏嚴。上水一刻，奏『槌一鼓』，為一嚴。上水二刻，奏『槌二鼓』，為再嚴。殿中侍御史奏開東中華雲龍門，引仗為小駕鹵簿。百官非校獵之官，著朱服，集列廣莫門外。留守填街後部從官就位；前部從官依鹵簿；先置官先行。上水三刻，奏『槌三鼓』，為三嚴。上水四刻，奏『外辦』。正次直侍中、散騎常侍、給事黃門侍郎、散騎侍郎、軍校，劍履進夾上閤。正直侍中負璽。通事令史帶龜印中書之印。上水五刻，皇帝出。著黑介幘單衣，乘輦。正直侍中負璽陪乘，不帶劍。殿中侍御史督攝黃麾以內。次直侍中、次直黃門侍郎護駕在前。又次直侍中佩信璽、行璽，與正直黃門侍郎從護駕在後。不鳴鼓角，不得喧嘩，以次引出，警蹕如常儀。車駕出，讚陛者再拜。皇太子入守。車駕將至，威儀唱引先置前部從官就位，再拜。車駕至行殿前迴輦，正直侍中跪奏：『降輦。』次直侍中稱制曰：『可。』正直侍中俛伏起。皇帝降輦登御座，侍臣升殿。直衞鈒所立反戟武賁，毛頭文衣鶡尾，以次列階。正直侍中奏：『解嚴。』先置從駕百官還便座幔省。

皇帝若親射禽，變服戎服，如校獵儀。內外從官及武賁悉變服，鈒戟抽鞘，以備武衞。黃麾內官，從入圍裏。列置部曲，廣張甄圍，旗鼓相見，銜枚而進。甄周圍會，督甄令史奔騎號法施令曰：『春禽懷孕，蒐而不射；鳥獸之肉不登於俎，不射；皮革齒牙骨角毛羽不登於器，不射。』甄會。大司馬鳴鼓蹶圍，衆軍鼓譟警角，至宣武場止。大司馬屯北旌門，二甄帥屯左右旌門，殿中中郎率獲車部曲入次北旌門內之右。皇帝從南旌門人射禽。謁者以獲車收載，還陳於獲旗之北。王公以下以次射禽，各送詣獲旗下，付收禽主者。事畢，大司馬鳴鼓解圍復屯，殿中郎率其屬收禽，以實獲車，奉車奉充庖厨。正厨置罇酒俎肉於中逵，以犒饗校獵衆軍。

至晡，正直侍中量宜奏嚴，從官還著朱服，鈒戟復鞘。再嚴，先置官先還。三嚴後二刻，正直侍中奏：『外辦。』皇帝著黑介幘單衣。正次直侍中、散騎常侍、給事黃門侍郎、軍校進夾御座。正直侍中跪奏：『還宮。』次直侍中稱制曰：『可。』正直侍中俛伏起。乘輿登輦還，衞從如常儀。大司馬鳴鼓散屯，以次就舍。車駕將至，威儀唱引留守填街先置前部從官就位，再拜。車駕至殿前迴輦，正直侍中跪奏：『降輦。』次直侍中稱制曰：『可。』正直侍中俛伏起。乘輿降入。正直次直侍中、散騎常侍等從至閤。正直侍中奏：『解嚴。』內外百官拜表問訊訖，罷。

梁陳並依宋儀。其異者，置行殿於幕府山南岡，並設王公百官幕。先獵一日，遣馬騎布圍。左領軍將軍督左，右領軍將軍督右，大司馬董正諸軍。獵日，侍中三奏，一奏搥一鼓，為一嚴，三嚴訖，引仗為小駕鹵簿。皇帝乘馬戎服，從者悉絳衫幘，黃麾警蹕，鼓吹如常儀。獵訖，宴會享勞，比校多少。戮一人以懲亂法。會畢，還宮。

北齊春蒐禮：有司規大防，建獲旗，以表獲車。前一日，命布圍。領軍將軍一人，督左甄，護軍將軍一人，督右甄；大司馬一人，居中，節制諸軍。天子陳小駕，服通天冠，乘木輅，詣行宮。將親禽，服戎服，鈒戟者皆嚴。武衛張甄圍，旗鼓相見，銜枚而進。甄常開一方，以令三驅。圍合，吏奔騎令曰：『鳥獸之肉不登於俎者，不射；皮革齒牙骨角毛羽不登於器者，不射。』甄合，大司馬鳴鼓促圍，衆軍鼓譟鳴角，至期處而止。大司馬屯北旌門，二甄帥屯左右旌門。天子乘馬，從南旌門入，親射禽。謁者以獲車收禽，載還陳於獲旗之北。王公以下以次射禽，皆送旗下。事畢，大司馬鳴鼓解圍，復屯。殿中郎率其屬收禽，以實獲車。天子還行宮，命有司每禽擇取三十，一曰乾豆，二曰賓客，三曰充君之庖。其餘即於圍下量犒將士。禮畢，改服，鈒者韜刃而還。夏苗、秋獮、冬狩，禮皆同。

後周仲春教振旅，大司馬建大麾於萊田之所。鄉稍之官，以旗物鼓鐸鉦鐃，各帥其人而致。誅其後至者。建麾於後表之軍中，以集衆庶。質明，偃麾，誅其不及者。乃陳徒騎，如戰之陣。大司馬北面誓之。軍中皆聽鼓角，以為進止之節。田之日，於萊之北，建旗為和門。諸將帥徒騎序入其門，有司居門，以平其人。既入而分其地，險野則徒前而騎後，易野則騎前而徒後。既陣，皆坐，乃設驅逆騎，有司表禡於前。以太牢祭黃帝軒轅氏，於狩地為壝，建二旗，列五兵於座側，行三獻禮。遂蒐田，致禽以祭社。仲夏教茇舍，遂苗田。仲秋練兵獮田。仲冬大閱，遂狩。其致禽享礿教習之儀，並如古周法。

隋大業三年，煬帝在榆林，突厥啟人及西域、東胡君長並來朝貢。帝欲示以甲兵之盛，乃命有司陳冬狩之禮。詔虞部量拔延山南北周二百里，並立表記。前狩二日，兵部建旗於表所。五里一旗，分為四十軍，軍萬人，騎五千匹。前一日，諸將各帥其軍，集於旗下。鳴鼓，後至者斬。詔四十道使，並揚旗建節，分申佃令，即留軍所監獵。布圍，圍闕南面，方行而前。帝服紫袴褶、黑介幘，乘闟豬車，車飾如木輅，重輞縵輪，虯龍鐃轂，漢東京鹵簿所謂獵車。駕六黑騮。太常陳鼓笳鐃簫角於帝左右，各百二十。百官戎服騎從，鼓行入圍，諸將並鼓行赴圍。乃設驅逆騎千有二百。闟豬停軔，有司斂大綏；王公以下，皆整弓，陳於駕前，有司又斂小綏；乃驅獸出，過於帝前。初驅過，有司整御弓矢以前，待詔。再驅過，備身將軍奉進弓矢。三驅過，帝乃從禽，鼓吹皆振，左而射之。每驅必三獸以上。帝發，抗大綏。次王公發，抗小綏。次諸將發射，則無鼓驅逆之騎乃止。然後三軍四夷百姓皆獵。凡射獸，自左膘而射，達於右腢，五口反。為上等。達右耳本，為次等。自左髀達於右䯊，為下等。羣獸相從，不得盡殺。已傷獸，不得重射。又逆向人者，不射其面。出表者不逐之。田將止，虞部建旗於圍內。從駕之鼓及諸軍鼓俱振，卒徒皆譟。諸獲禽者，獻於旗所，致其左耳。大獸公之，以供宗廟使歸腊於京師。小獸私之。

大唐高祖武德五年十二月，幸涇陽之華池校獵。謂羣臣曰：『今日畋樂乎？』諫議大夫蘇代長進曰：『陛下遊獵，薄廢萬機，不滿十旬，未為大樂。』高祖色變，既而笑曰：『狂發耶？』代長曰：『為臣私計，即狂；為陛下國計，即忠。』貞觀十六年十二月，狩於驪山。時陰寒晦冥，圍兵斷絕。上乘高遥見之，欲捨其罰恐，虧軍令，乃迴轡入谷以避之。

永徽元年冬，出獵，在路遇雨。因問諫議大夫谷那律曰：『油衣若為得不漏？』對曰：『能以瓦為之，必不漏矣。』上大悅。因此不復出獵。

先天元年十一月，獵於驪山之下。侍中魏知古上詩諫曰：『嘗聞夏太康，五弟訓禽荒。我后來冬狩，三驅盛禮張。順時鷹隼擊，講事武功揚。奔走未及去，翾飛豈暇翔。非熊從渭水，瑞翟想陳倉。此欲誠難縱，兹遊不可常。子雲陳《羽獵》，僖伯諫漁棠。得失鑒齊楚，仁恩念禹湯。雍熙諒在宥，亭毒匪多傷。《辛甲》今為史，《虞箴》遂孔彰。』手制曰：『所進十韻，三復研精，良增歎美。予時因暇景，為苗而畋，開一面之羅，展三驅之禮。無情校獵，但慕前禽。卿有箴規，輔予不逮。今賜物五十段，以申勸獎。』開元三年十月，大蒐於岐州鳳泉湯。屬夜雪天寒，其圍兵並放散，各賜布一端，綿一屯。其蒐狩之制，具《開元禮》。

《藝文類聚》卷六六《田獵》

《禮記》曰：天子諸侯無事，則歲三田，

一曰乾豆，二曰賓客，三曰充君之庖。』三田者，夏不田。無事而不田，曰不敬。田不以禮，曰暴天物。天子不合圍，諸侯不掩羣。天子殺則下大綏，諸侯殺則下小綏。緌當為綏，有虞氏之旗也。大夫殺則止佐車，佐車止，則百姓田獵。佐車驅逆之車。又曰：『獺祭魚，然後虞人入澤梁，豺祭獸，然後田獵鳩化為鷹。然後設罻羅草木零落，然後入山林，昆蟲未蟄，不以火田，不麛不卵，不覆巢。

《毛詩》曰：騶虞，鵲巢之應也。鵲巢之化行，人倫既正，朝廷既治，天下純被文王之化。庶類蕃殖，蒐田以時，仁如騶虞，則王道成也。

《六韜》曰：文王卜田于渭陽，將大得。非熊非羆，天遺汝師以之佐，昌施及三王，大吉。王乃齋三日，乘田車，駕田馬于渭之陽，見呂尚坐以漁文王，勞而問焉。

《穆天子傳》曰：天子獵于漆澤，得白狐玄貉，以祭河宗。

《晏子》曰：景公田十有八日不反，晏子往見，而衣冠不正。公望見晏子下車，急曰：『夫子何遽，得無有故乎？』對曰：『國人皆謂君安野而好獸，無乃不可乎？』公曰：『寡人有吾子，猶心之有四支也。有四支，故心有佚。寡人有吾子，故寡人佚也。』晏子曰：『若心有四支，而得佚，則可令四支無心乎？公乃罷田而歸。』

《莊子》曰：梁君出獵。見白鴈羣，下轂弩欲射之。道有行者，梁君謂行者止，行者不止，白鴈羣駭。梁君怒欲射行者，其御公孫龍止之。梁君怒曰：『龍不與其君而顧他人。』對曰：『昔宋景公時大旱，卜之必以人祠乃雨。景公下堂頓首曰，吾所以求雨，為民也。今必使吾以人祠乃雨，將自當之言。未卒而大雨。何也？為有德於天而惠於民也。君以白鴈故而欲射殺人，主君譬人無異於豺狼也。』梁君乃與龍上車歸，呼萬歲曰樂哉。人獵皆得禽獸，吾獵得善言而歸。

《韓子》曰：孟孫獵得麑，使西秦巴持之，其母隨而呼之。西秦巴不忍而與其母，孟孫適至求麑。對曰：『余不忍而與其母孟孫。』大怒逐之，居三月復召為其子。《傅》曰：夫子不忍麑，又且忍吾子乎？

《戰國策》曰：魏文侯與虞人期獵，且以飲酒樂。天雨文侯將出，左右曰：『今日飲酒樂，天雨君將焉之。』文侯曰：『吾與虞人期獵，雖樂，豈不一會期哉？』乃往自罷之魏，於是始强。

《史記》曰：田叔為魯相，魯王好獵，相常從苑中。王輒休相就館，舍相出，常暴坐，待王苑外。王數使人請相休，終不休。曰：『我王暴露苑中，我獨何為就舍？』魯王聞之不大出遊。

《魏志》曰：文帝將出獵，鮑勛上疏諫，帝手毀其疏，而竟行中道，頓息問侍臣曰：『獵之為樂何？與八音也。』侍中劉曄對曰：『獵勝於樂。』勛抗辭曰：『夫樂，上通神明，下和人理，隆治致化，萬邦咸乂。故移風易俗，莫善於樂，況獵暴華，蓋於原野。』因奏曄佞諛不忠。《江表傳》曰：曹公與孫權書云，近者奉辭伐罪，旌麾南指，劉琮束手，今水軍八十萬衆，方與將軍會獵於吳。

王隱《晉書》曰：魏舒，少生財，著韋衣入山澤，每獵大獲。

《世說》曰：孫盛為庾公，記室參軍，從獵。將其第三兒齊莊俱行，庾公不知。忽於獵場見莊時，年七八歲。庾公謂曰：『君兒亦復來乎？』應聲荅曰：『所謂無小無大從公于邁。』

《吳地記》曰：長洲在姑蘇南太湖北岸，闔閭所遊獵處也。吳先主使徐詳至魏，魏太祖謂詳曰：『孤願越橫江之津，與孫將軍遊姑蘇之上，獵長洲之苑，吾志足矣。』

《詩》周王褒和張侍中看獵，《詩》曰：上林冬狩，反回中講射歸還，登宣曲觀，更獵黃山圍，嚴冬桑柘慘，寒霜馬騎肥，緤盧隨兎起，高鷹接雉飛，獨嗟來遠，客辛苦倦邊衣。

陳張正見和諸葛覽從軍遊，詩曰：治兵耀武，節縱獵駭，畿封迅騎，馳千里高，罝起百重，騰如《子虛賦》曰：楚使子虛使於齊，齊王悉發境内之士，備車騎之衆，與使者出田，田罷，子虛過詫烏有先生，而亡是公存焉。先生曰：『今日田樂乎？』子虛曰：『樂。』『獲多乎？』曰：『少。』『然則何樂？』曰：『僕樂王之欲誇僕以車騎之衆，而僕荅以雲夢之事也。』曰：『可得聞乎？』子虛曰：『可。』王駕車千乘，選徒萬騎，田於海濵。列卒滿澤，罘網彌山，掩兎轔鹿，射麋腳麟。鶩於鹽浦，割鮮染輪。射中獲多，矜而自功。顧謂僕曰：『楚王之獵，孰與寡人？』僕對曰：『臣聞楚有七澤，嘗見其一，未覩其餘也。臣之所見，蓋特小，小者耳，名曰雲夢。雲夢者，方九百里，其中有山焉，其山則盤紆岪鬱，岑崟參差，日月蔽虧，交錯糺紛，上干青雲。其東則有蕙圃衡蘭，茝若射干，芎藭菖蒲，茳蘺蘼蕪。其高燥則生葴菥苞荔，薜莎青薠。其卑濕則生藏莨蒹葭，東蘠彫胡，其西則有涌泉清池，激水推移；外發芙蓉菱華，內隱鉅石白沙。其北則有陰林巨樹，楩枏豫樟，桂椒木蘭，檗離朱楊，其上則有鵷雛孔鸞，騰遠射干。』楚王乃駕馴駁之駟，乘雕玉之輿，靡魚須之橈旃，曳明月之珠旗。陽子驂乘，奸阿為御，按節未舒，即陵狡獸。蹴蛩蛩，轔距虛，軼野馬，轊騊駼，乘遺風，射遊騏。弓不虛發，中必決眥，洞胷達腋，絶乎心繫。於是鄭女曼姬，被阿緆，投紵縞，雜纖羅，垂霧縠。飛襳垂髾。扶輿倚靡，錯翡翠之葳蕤，繆繞玉綏。眇眇忽忽，若神仙之髣髴。於是乃相與獠於蕙圃，掩翡翠，射鵔鸃，怠而後發，遊于清池。浮文鷁，揚旌栧。張翠帷，建羽蓋。網瑇瑁，鉤紫貝。樅金鼓，吹鳴籟。榜人歌，聲流喝。涌泉起，奔揚會。礧石相擊，硠硠礚礚，若雷霆之聲，聞乎數百里之外。於是楚王登陽雲之臺，泊乎無為，淡乎自持，不若大王終日馳騁，曾不下輿，臣竊觀之，齊殆不如。烏有先生曰：『是何言之過也！且齊東渚鉅海，南有琅邪；觀乎成山，射乎之罘；浮渤澥，遊孟諸；邪與肅慎為鄰，右以湯谷為界。秋田乎青丘，彷徨乎海外。吞若雲夢者八九於其胷中曾不蔕芥。然在諸侯之位，不敢言遊戲之樂，苑囿之大先生又見客，是以王詞不復，何為亡以應哉！』又《上林賦》亡是公听然而笑，曰：『楚則失矣，而齊亦未為得也，且齊楚之事，又焉足道乎？君未覩夫巨麗也，獨不聞乎天子之上林乎？左蒼梧，右西極。丹水更其南，紫淵徑其北。終始灞、滻，出入涇、渭；酆、鎬、潦、潏，紆餘逶迤，經營乎其內。蕩蕩乎八川分流，相背而異態。於是乎蛟龍赤螭，鮔鰽漸離，鰅鰫鰬魠，禺禺魼鰨，揵鰭掉尾，振鱗奮翼，潛處乎深巖。明月珠子，的皪江靡，蜀石黃碝，水玉磊砢，鴻鷫鵠鴇，駕鵞屬玉，羣浮乎其上。泛淫泛濫，隨風澹淡，與波搖蕩，奄薄水渚，深林巨木，巉巖參差。九嵕巀嶭，南山峩峩，掩以綠蕙，被以江蘺，糅以蘼蕪，雜以留夷。布結縷，攢戾莎，揭車衡蘭，稾本射干，茈薑蘘荷，葴橙若蓀，鮮支黃礫，蔣芧青薠，布濩閎澤，延蔓太原，於是離宮別館，彌山跨谷，高廊四注，重坐曲閣，華榱璧璫，輦道纚屬，步櫚周流，長途中宿。俛杳眇而不見，仰攀橑而捫天，奔星更於閨闥，宛虹拖於楯軒。於是乎盧橘夏熟，黃甘橙楱，枇杷橪柿，楟柰楊梅，櫻桃蒲萄，隱夫薁棣，揚翠葉，抗紫莖，發紅華，垂朱榮，煌煌扈扈，燭燿鉅野。背秋涉冬，天子校獵。乘鏤象，六玉虬，拖蜺旌，靡雲旗，前皮軒，後道遊；孫叔奉轡，衛公驂乘，江河為阹，太山為櫓，車騎雷起，殷天動地，生貔豹，搏豺狼，手熊羆，足野羊。箭不苟害，解脰陷腦；弓不虛發，應聲而倒。然後侵滛促節，儵夐遠去，流離輕禽，蹵履狡獸。擇肉後發，先中命處；拂鷖鳥，捎鳳凰，捷鵷雛，掩鷦鵬。躔石闕，歷封巒，過鳷鵲，望露寒，下棠梨，息宜春。西馳宣曲，濯鷁牛首，登龍臺，掩細柳。於是遊戲懈怠，置酒乎顥天之臺，張樂乎膠葛之寓。撞千石之鐘，立萬石之虡，建翠華之旗，樹靈鼉之鼓，奏陶唐氏之舞，聽葛天氏之歌。千人唱，萬人和，巴俞宋蔡，淮南干遮，文成顛歌，族居遞奏，金鼓迭起，鏗鎗闛鞈，洞心駭耳。荊、吳、鄭、衛之聲，《韶》、《濩》、《武》、《象》之樂，陰滛移衍之音，鄢、郢繽紛，《激楚》、《結風》，若夫青琴、宓妃之徒，絶殊離俗，妖冶閑都，靚粧刻飾，嫵媚孅弱，皓齒燦爛，宜笑的皪，色授魂與，心愉於側。』酒中樂酣，天子曰：『嗟乎！此太奢侈！』於是歷吉日以齋戒，襲朝衣，乘法駕，建華旗，鳴玉鑾，遊於六藝之囿，馳騖仁義之途，脩容乎禮園，翱翔乎書圃。

漢揚雄《羽獵賦》曰：武帝廣開上林，東南至宜春、鼎湖、御宿、昆吾，傍南山；西至長楊、五柞；北繞黃山，濵渭而東，周袤數百里。聊因校獵以風，玄冬季月，天地隆烈，乃詔虞人典澤，東延昆鄰，西馳閶闔，儲積共峙，戎卒夾道，斬叢棘，夷野草，禦自汧、渭，經營酆、鎬。營合圍會，先置乎長楊之南，昆明靈沼之東。荷垂天之畢，張竟壄之罘。靡日月之朱竿，曳篲星之飛旗。渙若天星之羅，浩如濤水之波。滛滛與與，前後要遮。立歷天之旗，曳捎星之旃。霹靂列缺，吐火施鞭，車騎雲會，登降闇藹。泰華為旒，熊耳為綴。木仆山還，漫若天外。於是鳥不及飛，獸不得過。軍驚師駭，刮野掃地。禽殫中衰，相與集於靖冥之館，以臨珍池。灌以岐梁，溢以江河，東瞰目盡，西暢亡涯，隨珠和氏，焯爍其波。方椎夜光之流離，剖明月之珠胎，於茲乎鴻生鉅儒，修唐典，匡《雅》、《頌》，揖讓於前，昭光振耀，響忽如神。仁聲惠於北狄，武誼動於南鄰。後漢張衡羽獵賦曰：『皇上感天威之繆烈，思太昊之觀虞，虞人表林麓而廓萊藪，翦荊棘而夷榛株，於是鳳皇獻歷，太僕駕具，蚩尤先驅，雨師清路，山靈護陣，方神蹕御，羲和奉轡，弭節西征，翠蓋葳蕤，鸞鳴瓏玲，山谷為之澹淡，丘陵為之籔傾。於是皇輿綢繆，遷延容與，抗天津於伊洛，敻遙集乎南圃。大詔獵者，竟逐長驅。輕車颷厲，羽騎電騖，霧合雲集，波流雨注。馬蹂麋鹿，輪轔雉兎。弓不妄彎，弩不虛舉，鳥驚絓羅，獸與矢遇。』魏文帝校獵賦曰：『長鎩糺霓，飛旗拂天，部曲按列，什伍相連，跱如叢林，動若崩山，超崇岸之曽崖，厲障澨之雙川，列翠星陳，戎車方轂，風迴雲轉，埃連飈屬，雷響震天地，譟聲蕩川岳，遂躙封豨，籍麈鹿，捎飛鳶，接鶩鶩，聚者成丘陵，散者闐溪谷，流血赫其丹野，羽毛紛其翳日，考功較績，班賜有叙，授甘炰，飛酌清酤，割鮮野烹，舉爵鳴鼓，鑾輿促節，騁轡迴翔，望爵臺而增舉，涉幽塹之花梁。』

魏王粲《羽獵賦》曰：『相公乃乘輕軒，駕四輅，駙流星，屬繁弱，選徒命士，咸與竭作，旌旗雲橈，鋒刃林錯，揚暉吐火，曜野蔽澤，山川於是摇蕩，草木為之摧撥，禽獸振駭，魂亡氣奪，興頭觸系，摇足遇樘，陷心裂胃，潰腦破頼，鷹犬競逐，弈弈霏霏，下韝窮緤，搏肉噬肌，墜者若坻，清野滌原，莫不殲夷。』

魏應瑒《西狩賦》曰：『伊炎漢之建安，飛龍躍乎天衢，皇宰弈而陶運，樹匡翼而大摹，盪無妄之氛穢，揚威靈乎八區，開九土之舊迹，暨聲教於海隅，時霜凄而淹野，寒風肅而川逝，草木紛而摇蕩，鷙鳥别而高厲，既乃揀吉日，練嘉辰，清風矢戒，屏翳收塵，於是魏公乃乘彫輅，駟飛黄，擁簫鉦，建九幢。按轡清途，颯沓風翔，於是圍網周合，雷鼓天震，千乘長羅，萬表星陳，雙翼伉旌，八校祖分，長燧電舉，高煙蔽雲，爾乃徒輿並興，方軌連質，驚飈四駭，衝禽驚溢，騁獸塞野，飛鳥蔽日，爾乃赴玄谷，陵崇巒，俯掣奔猴，仰掍飛猿，雲幕被於廣野，京燎照乎平原，醴炰充給，洪施普宣。』

又《馳射賦》曰：『於是陽春嘉日，講肆餘暇，將逍遥於郊野，聊娱遊於騁射，延賓鞠旅，星言夙駕，樹應鞞於路左，建丹旗於表路，羣駿籠於衡首，咸皆騕褭與飛菟。爾乃結翻侔，齊倫匹，良樂授馬，孫臏調駟，籌筭克明，班次均壹，左攬繁弱。右接湛衛，控滿流睇，應弦飛碎，擔動鼓震，譟聲雷潰，重破累礫，流景倏忽，紛紜絡驛，次授二八，驊騮激騁，神足奔越，終節三驅，矢不虚發，進截飛鳥，顧摧月支，須紆六鈞，口彎七規，觀者并氣息而傾竦，咸側企而騰移，爾乃縈迴盤厲，按節和旋，翩翩神厲，體若飛仙，弈弈騂牡，既佶且閑，揚驪沛艾，蠖略相連。』

晉夏侯湛獵兎賦曰：『爾乃乘露箱，御良馬，楯义接於廣漢，弓矢連於曠野，端眺蒿萊，摘盱榛穢，落日攢慨，傍窺蓊薈，視㲋兎之所隱，乃精望而審發，弦絶箭激，驚伏並斃，搜鱗危險，覔歷岡阜，留罾挂於重林，蹠罝結於通藪，寥驚視於草間，暫見之於蒙，擬以鋭殳，規以良弓，覩毫末而放鏃，乃殪之於窟中，或紛欻以驚騖，影跳竦而揚白，擢輕足之尩尩，振遊形之躍躍，弓不暇彎，罝不及幕，爾乃鷹鷂翻以飄揚，勁翼謏而下猘，馬釋控以長騁，鬱騰虚而陵厲，翕習於迴阻之間，繞繚於山澤之際，盤迂遊田，其樂泄泄，心既倦兮日遷，命輿駕兮將還，息徒蘭圃，秣驥華田，目送歸波，手揮五絃，優哉遊哉，聊以永年。』

晉潘岳《射雉賦》曰：『涉青林以遊覽，樂羽族之羣飛，聿彩毛之英麗，有五色之名翬，厲耿介之專心，張猛毅之媱姿，於時青陽告謝，朱明肇授，靡木弗滋，無草不茂，天泱泱以垂雲，泉涓涓而吐溜，麥漸漸以擢芒，雉鷕鷕而朝雊，鬱軒翥以餘怒，思長鳴以効態，爾乃俟扇舉而清叫，野聞聲而應媒，摛朱冠之赩赫，敷藻翰之陪鰓，或靨或啄，時行時止，班尼揚翹，雙角特起，應叱愕立，躍身竦峙，捧黄間以寥彀，屬剛挂以潛擬，山鷩悍害，猋迅已甚，擎牙低鏃，心平望審，毛體摧落，霍若碎錦，逸羣之儁，擅場挾兩，櫟雌妬異，倏來忽往，於是筭分銖，商遠邇，揆懸刀，騁絶伎，當咮值胷，裂膆破觜，若乃耽盤游道，放心不移，樂而無節。端操或虧，此老氏之所誡，而君子之所不為。啓梁沈約為皇太子謝賜御所射雉啓曰：「輕鑾微動，寥翳徐張，黄間所彀。矢無虚發，南皮之獲，未足稱工，臣任惟守器，事隔陪奉，天慈曲降，賜物頒禽。」』

唐 白居易《白氏六帖事類集》卷二五 凡二十一門，内十二門附。

【畋獵第一】三畋。《禮》，天子、諸侯，無事則歲三田，一為乾豆，二爲賓客，三爲充君之庖。不畋。《禮》，無事而不畋，曰不敬田，不以《禮》，曰暴天物。《禮》曰：畋獵有禮，故戎事閑也。蒐田以時詩。薄狩于敖。春蒐，夏苗，秋獮，冬狩，皆於農隙，以講事也。《傳》不狩不獵，胡瞻爾庭有縣貊兮，鶉兮，特兮。從禽，逐獸。從禽于外，上無逸飛，下無遺走。好樂無荒，德用不擾，夜獵春田。校獵，豺祭獸，文子曰：先王之法也。豺未祭獸，罝網不通，於野鷹隼未擊，羅網不張於谷。順祭獸之時。展從禽之禮。宗祧之事，《傳》曰：楚子曰，屬有宗祧之事於武城。言田獵爲宗祧。及時之畋。中禮之殺。講戎事，纘武功。講一時之武，《國語》三時務農，一時講武。遵三畋之文，時田《周禮》爭禽之訟，《周禮》斷其爭禽之訟。頒禽。頒，賜。脩祭禽之禮。獵得禽獸，以供祭祀。火田。《禮》曰：豺祭獸，然後田獵，鷹化爲鳩，然後設罻，羅昆蟲未蟄，不用火田，弟達於蒐，狩矣。《禮》曰：頒禽隆於長者而。弟達於蒐狩矣。隆，多也，老者多賜。獲獸爭禽。《易》曰：田無禽。恒非其位，雖勞無獲。即鹿無虞，以從禽也。田獲三狐。狐者，隱藏之物。田獲三品，乾豆，賓客，君庖。前禽，王用三驅失前禽也。給鮮㲋兎。

《詩》：趯趯毚兔，遇犬獲之。發彼小豝，登此大兕。射麋麗龜，弋鳧與鴈，兩狼並驅，從兩狼兮。御衆。《周禮》太宰八財，田役以御其衆。竭作，小司徒，役無過，每家一人，其餘為羡，唯田與追胥竭作。鄉師，掌四時之田。先期簡衆，修卒伍也。山虞，澤虞。皆掌田獵之事。饁獸，小宗伯若大甸，則屬有司，饁獸于郊，注：饁，饋也。以饋四郊之神，有司，大司馬也。遂頒禽獸。仲春，教振旅。遂以蒐田。有司表貉。五表而貉祭，云云。仲夏教茇舍。遂以苗田茇草，舍，止也，軍有草止之法。仲秋教治兵，遂以獮田。仲冬教大閱，遂以狩田並大司馬之職。有田獵禽獸者，有司教導之。月令十一月。季春出，火為焚。然後蘭其車，賦而歷其卒，伍而親誓社以習軍旅，左之，右之，坐之，起之，以觀其習變也，而流示之禽而鹽，諸利以觀其不犯命也。求服其志，不貪其德。介麋，迹人告曰：逢澤有介麋。譬如田獵，射御慣，則能獲禽，若未嘗登車射御，則敗績，壓覆是懼何暇思獲爭禽。穀梁蔡人殺陳佗也，陳侯淫獵于蔡，與蔡人爭禽，而殺之。與揚祥事皆云云穀。梁秋蒐于紅，以習戎事。禮之大者，艾蘭為防注，防為田之大限，置旃為轅門云云，車軌塵馬候蹄掩旅。掩，取衆禽也。御者不失其馳，然後射能中，過防不逐不從奔也。亡面傷不獻，嫌誅降也。禽雖多，天子取三十。餘與衆士也。漢高曰：追殺獸者，狗也。指示蹤者，人也。鷹隼未發，矰弋不施，於蹊隧，既順時取物，然猶山不槎蘖妄發期中進退履獲。《文選》因農隙。纘武功。宋公載燧爰分左右之孟，夏官建旗必殊險易之主。險野人為主易野車為主大司馬職云云。建旗于表置旌于門。田得禽，而射不中。《穀梁》田而習射，射中而用不得禽，則得禽射不中。而曰：得禽，則不得貴仁義賤勇力。講事必在於有儀。鹽利取觀於不犯。並驅兩牡。一發五豝。司原，虞箴曰：獸臣司原。忘蹄，結網。不狩不獵，以畋以漁。奉是辰牡，辰時，也言及時。馳逆之車。掎角，捕鹿。翟氏昌氏反。掌攻猛鳥各以其物為媒而掎之。禁俗虞部格西京五百里內，宜禁捕獵犯者，王公已下，錄奏痛決一頓。禽荒附《書》曰：外作禽荒。暴天物田不以禮，曰暴天物。習於田獵，謂之賢。閑於馳逐，謂之好焉詩序。欲無犯時，淫于原獸。思其麀鹿並后羿。虞箴虞人之箴，戒田獵也。擭胎拾卵蚳蝝盡取《文選》。取樂今日遑恤我後，發狂，老子曰：馳騁田獵，令人心發狂。灞陵夜獵舊時將軍盤游無度，十旬不返。《書》：曰太康尸位以逸，豫乃盤游無度，田于有洛之表，十旬不返，有窮后羿距于河，五子咸怨，述大禹之戒，以作五子之歌。恆于畋游時謂淫風。心苟發狂物斯暴殄，外作之荒既暴於物，內憂之禍必及其身，荒矣武王之志荒矣。獵較較，爭也。孟子曰：魯人獵較孔子，亦獵較不違俗也。燔人家漢長沙五建德獵，縱火燔人九十家，坐棄市宣詔，捨之，削八縣也。武功載纘，雖聞七月之詩。遊田為恆須憚三風之戒。曹伯陽好弋，割鮮。染輪《文選》櫛風沐雨魏鮑勛叔業曰：

獵暴華蓋於原野，傷生育之理，櫛風沐雨而不以時隙。焚林文子先王之法也，不焚林而狩昆蟲未蟄，不以火田也。欲既犯時殺而盡物。規諫附刺荒旋，刺荒也。齊襄公好田獵，從禽獸而無厭，國人刺之。諫獵楊子雲作長楊賦以諫漢帝獵也。好畋，晉侯好畋，故魏絳陳，獸臣之箴取監於后羿。觀漁魯侯矢魚于棠，遂觀之，矢陳也。陳捕魚之器，臧僖伯諫之。虞人之箴見上，羅氏之戒禮羅氏致鹿與女曰：好田好女者，亡其國也。老氏之戒見上，發狂注云云。樊氏之戒楚莊王好田，故魏樊夫人為之不食禽獸之肉三年，王為之自戒也。罔游于逸罔淫于樂禹戒。無逸之戒尚書周公作無逸曰：文王不敢盤于游田，嗚呼無淫于觀于逸于田于游也。羅氏致鹿戒諸侯也，羅氏掌鳥獸者，戒見上注。相如諫獵書力稱烏獲健言慶忌人誠有之，獸亦宜然。卒遇逸群之獸，駭不存之地，輿不及還轅，人不暇施巧，是胡越起於轂下，而羌夷接軫也。銜橛之變諫獵書云。漢武除地為上林帝令吾丘，壽王舉籍河南隄，封頃畝欲，除為上林，東方朔諫乃止之。舉籍謂舉數其籍也。獲罪魏長水校尉，戴陵諫弋獵，減死一等。獵勝八音，魏文侯獵，中道問侍臣曰：獵之樂，何如？八音，劉曄曰：獵勝。鮑勛曰：樂上通神明，下和人理。況獵暴華蓋於原野，傷生云月之至性，因奏曄佞而阿順云云。廣城頌馬融季長為校書，時人以文德可興武德，宜廢遂寢蒐狩之禮。自戰陣之去，故使猾賊從横融以文武不墜，故上廣城頌諫之。露坐諫見諫爭門，裨諶草創吳孫策好獵，虞翻仲翔諫策，《策》曰：君言是也。然時有所思，端坐悒悒，有裨諶草，創之計是以行也。天子畋，附示禮。《傳》曰：成有岐陽之蒐，皆所以示，諸侯禮也。諸侯所，由用命也。示汰商紂為黎之蒐，東陵之所以示諸侯汰也。諸侯所畋，棄命也。三畋，禮曰天子無事，則歲三田。驅獸無害五穀無大田獵。孟夏不合圍，天子禮王用三驅失前禽，《易》楚畋雲夢之澤。漢獵長楊之宮。羽獵六師既陳駟馬乃駕，當在鎬之年天子無事，順于敖之狩虞人有儀，周文有渭濱之畋。卜曰：所獲非熊非羆得太公也。薄狩于敖宣王詩，大綏《禮》天子殺則下大綏，綏大旗名殺獸也。吉日宣王畋獵之詩徒御不驚，大庖不盈德至禽獸，湯見張羅，去三面，祝之云云，諸侯聞之曰：湯德至禽獸。諸侯田附三畋《禮》曰：天子諸侯無事，則歲三畋，不掩群諸侯禮，不圍澤國君春田云云，小綏小綏諸侯旗名殺則下小綏禮，楚田於夢禮既失之，魯狩于郎書其時也。楚子田孟諸宋公為右盂，鄭伯為左盂，盂，陣名。令夙駕載燧宋公違命，無畏抶其僕，以徇盧令刺荒齊襄公好田獵，盧犬名詩。射鴻于囿衛獻公戒孫文子甯，惠公子從公不釋皮冠與之言云云。子產唯君用鮮取鮮禽以祭。示仁附無麛無卵，畋既以時殺亦中禮，不殺胎不夭殀，不覆巢禮不射宿子釣而不綱弋不射宿，欲無犯時，殺不盡物，射不剪謂向已者，不殫物以昭仁。解綱見上注，慕天乙之仁且開羅網，卜渭濱之獵不在熊羆，取之以道田不夭殀。蒐狩順時合騶虞之仁化。胎卵盡取，是竭澤之淫風。鑒五子之戒，無及於荒。考三驅之文不專於殺。好生惡殺，《周禮》禁麛卵與其毒矢射者謂其矢物，且害心多。餧獸之藥無出國門。《月令·三月》畋雖中禮不取於蚳蝝。殺亦有仁無及於麛卵。苟不遂其生成則何殊於暴殄，沉澤《周禮》禁沉澤謂以毒藥，沉水中令魚虫盡死。無得春夏探卵，彈射飛鳥。宣詔曰：三驅之禮一面之羅。求服其志不貪其得。放麛孟孫獵得麛，使秦已西，以歸其母，隨而哀鳴，西不忍放之，孟孫怒已云云，乃赦之後託子已西，曰：不忍殺麛可託也。董仲舒曰：禮不麛不卵取，麛違命皆非禮也。非禮附未復命，《傳》曰：魏獻子合諸侯，城周田於大陸，而卒范獻子去其栢椁，以其未復命而田也。矢魚《傳》曰：魯侯矢魚干棠非禮也，藏僖伯諫曰：鳥獸之肉不登于俎，皮革齒牙骨角毛羽不登于器，則公不射古之制也，公不聽之，不軌不物謂之亂政。身剪《禮》曰：凡有血氣之類不身剪，剪，殺也。時殺《禮》曰：禽獸不以其時，殺非孝也。有禮《禮》曰：田獵有禮，故戎事閑。畋既有時殺其中禮，弟達於蒐狩須禽隆於長者，而弟云云。苟或達於禮經則何殊於暴物，《傳》曰：晉厲公田，使婦人先殺而飲酒，而後大夫殺。厲公先婦人，後卿佐。

【功課第二】獻禽附收禽論功，《文選》會衆收禽論功賜也。數課衆寡，又曰：收禽舉觜數課衆寡。《傳》曰：獸人無乃，不給於鮮數獸計鮮七命曰：虞人數獸林，衡計鮮論最犒功。禽獸謂獻禽獸周禮。虞中周禮小宰禽，注於虞中。注云令得禽者，置之虞人之旗中，而後獻給焉。大獸公之，小獸私之。獲者取左耳以計，功大司馬職云。獻獸于公。致禽《周禮》獵，孟子曰：魯桓公獵獸而祭孔子亦獵不違衆也較爭多也。以歲之非，時獻禽之未至，言私其豵，獻豜于公。《詩》獻獸小宰獸人掌綱罟田獵，辨其名物，冬獻麋，夏獻鹿，春秋獻，獸物時皆畋，則守罟注備獸觸。分禽平任安少卿為亭長邑，人俱出獵，任安常為分禽麋鹿部署，老少皆喜，曰：任少卿分列平也。

【陷穽第三】《周禮》曰：寘人為穽擭以攻猛獸，以靈鼓歐之。靈鼓大面鼓也，歐使趨穽擭也。又曰：凡害於國稼者，春令為穽擭秋塞穽杜擭。害稼為禽獸也，擭為柞樗也，設於穽中秋塞之謂，其傷人也。《書》曰：杜乃擭斂乃阱塞之，《禮》曰：人皆曰予智，驅而納諸罟擭陷阱之中，而莫之知避。虎兕出於柙柙，檻也。猛獸在於陷穽，則搖尾而求食。擭獸利人，除害犯暴，摽幟，律云於深山作陷穽者，須明立摽幟恐陷人也。鷙獸禁暴伏猛。

【綱罟罝羅第四】肅肅兎罝《詩》，伏羲氏作綱罟以畋，以漁蓋取諸離《易》，小宰獸人掌，罟畋獸辨其名物。驅而納諸罟擭陷穽之中，而莫之知避。記言人不知禮。羅氏掌羅鳥蜡，則供羅襦冥氏掌設弧張弧張罿罦之屬，以扃絹禽獸也。田獵罝罘羅綱，畢翳餧獸之藥，無出國門。《月令·三月》鷹化爲鳩，然後設罻羅。楚人以弱弓微繳，加歸鴈之上，雖有矰繳安所施戚夫人歌。豺獺未祭罝綱，不布於梁澤鷹隼未發，矰弋不施於蹊隧。罝罘玉篇云罝兔，罝罘覆車也。忘筌忘蹄，魚綱之設鴻則離之。施罛濊濊音豁，九罭魚綱，一面見下畢之，羅之。周禮守罟，備獸觸也罟罶。禁罝羅罜麗，罜，音毒。良罟罕革斷罟公曰：良，罟也。鳥亂於上莊子畢弋機變，多則鳥亂於上，釣餌罟矰笱多，則魚亂於下。削革羅落罝罘多，則獸亂於澤。《莊子》魚不畏綱，而畏鵜鶘以網無情故也。虎豹在囊檻，漢以網爲周祛祛，遮禽獸國陣。湯羅祝網《史記》湯出見野，張網四面，曰：天下四方，皆入吾網，嘻盡之矣，乃去三面。祝之曰：欲左者左欲，右者右不用命者，入吾網諸侯聞之曰：湯德及禽獸矣。

【射第五】男子之事禮，既張我弓又挾我矢，以威天下聖人弦木，爲弧剡木，爲矢弧，矢之利以威天下，蓋取諸睽。有志《尚書》若射之有志，有志則中。善射五射《周禮》六藝三曰：吾射注云白矢參連剡注襄尺井儀，射法法亦禮也，習射上功習鄉上齒言功多者居上藝成而下。貫革徹札養由基蹲田而射徹七札，并夾取矢《周禮》，危弓，安矢具弓矢門，引強周勃云云，決拾《儀禮》司射適堂西，袒決，遂取弓于階，告賓弓矢既具有司，請注云決猶開也，以象骨爲之著，左臂鉤弦，開體遂射以韋爲之所，以絃非射時則爲之拾，謂斂也，福《儀禮》射曰：司馬出于左，物之南立于所設楅之南，命弟子設楅猶楅所以承齊矢也。乃設福於中廷南當洗東，肆東肆繼於賓也。楅長如笴破的奠豐，棲鵠啼猿，君使士射不能則辭以疾，曰：某有負薪之憂，和客，正志射戲李廣與人居則畫地爲軍陣，闊狹以飲射，戲求踈密持酒飲不勝者，專以射爲戲也。禮射附，昭誠心射以禮成賓由賢序，射侯終日射侯，不出正兮，君子無所爭必也射乎，揖讓而升，下而飲其爭也。君子主皮子曰：射不主皮，爲力不同科古之道也。射有五善一曰和志，二曰和容，三曰主皮，四曰和頌，五曰興舞。決拾既佽，君臣合射，大侯既抗射矢斯同，行以燕禮以明君臣之義，射於澤宮以觀禮樂之節，將觀盛德必慎令儀，燕以序賓射而選士射而觀德，三侯文子，五正爲節天子以騶虞爲節，諸侯以貍首爲節，大夫以采蘋爲節士，以采蘩爲節，故明其節之志，以不失其事，則功成而德行立也。《禮記》飾以禮樂，其容體比於禮其節比於樂，盡志於射，繹己之志射之爲言，繹也。繹者，各繹己之志也，心平體正，持弓矢審固，然後可以言中。各射己之鵠動而中禮，發必循聲，發彼有的以祈爾爵，失正鵠者反求諸身，合射以禮序賓以賢，射者進退，周旋必中禮內志，正外體直。孔子射於矍相之圃，觀者如堵牆。百中五善，四鍭如樹，言中考繹志之文不專貫革，稽和容之善寧在主皮，君子必爭賢者不失，發必循聲既合采蘋之節，中而破的何慙穿葉之能，三年之妙雖貫蝨心，五善之容何乖貍首，賓射之禮《周禮》射矢既同，《周禮》凡射，王以六耦射三侯三容，樂以騶虞九節五正諸侯以四耦射，二侯，二獲二容，樂以《貍首》，七節二正，大夫三耦射一侯，一獲一容，樂以《采蘋》五節二正。士以三耦射豹侯，一獲一，容樂以《采蘩》五節二正，容者之也節樂之節也。豣獸名獲弊也。以燕以射《詩》三耦四分四分既挾，《周禮》司裘供射侯設鵠鵠，小鳥。而難中是以中之，爲擕。大射大射者，謂祭祀時主將有郊廟之事，以射擇諸侯及羣臣與鄉國所貢之士，可以與祭者，射謂三公及王子弟，封畿內者，與衆臣射者也。考功梓人張五采侯，此五正之侯也，五正者，中朱、次白、次蒼、次黃、次玄、居三正，去黃、玄二正，白蒼而畫，朱緑其外之廣，皆居侯中。三分之二，與士射以犴皮飾侯也。肆懸懸磬，乘矢四矢，順羽而興儀禮執矢之禮。記曰：大夫與公士爲賔不敢使鄉人加尊於人，大夫故取公士。不宿戒不戒而習之，其牲烹狗于堂東方祖陽氣之在左。立德行者莫若射故聖人務焉，禮諸侯貢士於天子天子試之射宮中多與祭而君，有慶少者不與祭，而君有讓慶則益地，讓則削地。是以諸侯君臣盡志於射，以習禮樂。父鵠子鵠為人父者，以爲父鵠，爲人子者，以爲子鵠，言志各思念己之，鵠而射之中，則得父子之道。横弓却手《儀禮》決拾，并夾，楅見上注。太守行禮韓延壽為東郡守，春秋鄉射，陳樂揖讓。習射獲罪後漢劉昆桓公，教授五百餘人，每春秋鄉射，常備典儀，以素木瓠葉而爲俎豆桑弧蒿矢以射菟首，縣宰率親屬觀之，王莽以昆聚徒，私行大禮，儹上乃繫昆及家屬莽敗，乃免。善射附，彀中，射麋麗，射則臧兮，舍拔則獲。弓矢既調，將軍射虎以宣威大夫射雉，而取笑。六鈞顔高之弓，六鈞三十斤爲一鈞。七札養由基蹲甲而射，徹七札。飲羽李廣見石以爲虎，射而飲其羽。弦不再控矢不虛發。百步穿楊葉養由基，矯矢猿啼由基，引弓鴈落庾嬴，中九烏羿，弓不虛發李廣，控絃而獸伏屬羽而鳥下，貫蝨心於三年穿楊葉於百步，藝出常倫絶倫，引猿臂控烏號，敏手支左，屈右見下，如拒如附射者手也。發彼有的，應弦李廣爲將，射見敵非十步之內，度不中不發，發則應弦而倒，用此奇將兵國數辱也。善息史養由基射楊葉，百發百中，人皆曰善。有一人曰可教矣。由基怒曰：子必能教我？曰：非能教子引左屈右也。夫百步中楊葉而不善息少焉，氣襄力倦，弓撥矢鈎，一發不中百發盡息。人不知晉魏舒爲後將軍盧毓，每與參佐射常爲畫籌後，遇朋人不足以舒，滿數毓初不知其善，射容範閑雅，發無不中，舉坐莫有敵之者。賭牛王凱有牛，名八百里，駮常瑩其蹄角，王濟與對射賭之，凱矜恃其能令濟先射一發破的，因據胡牀叱左右令探心來一割便去。不中附《禮》曰：射有似乎君子失諸，正鵠反求諸身。反求身，不怨人。不得爲諸侯天子之射謂之射中，中則得爲諸侯，射不中則不得為諸侯。不與於祭天子射於射宮，射中，則與於祭，不中則不得與於祭，不得與於祭者，有讓削於地，得與於祭者，有慶益於地進爵，黜地是也。故發不中則反求諸己而已矣。若夫不肖之人，則彼將安能以中，一發不中則棄前功出征云云。循聲既爽於采蘩發矢遂乖於楊葉。君使士射，不能則辭以疾，曰：某有負薪之憂。可教見上門善息注，有負薪之憂無穿楊之妙，射不主皮。矜恃附恃射傳后羿恃其善射，不修民事，而淫于原獸。辱國，死藝《傳》曰：潘黨與養由基，蹲甲而射之，徹七札焉。以示楚王曰：君有三臣，如此何憂？於戰王怒曰：大辱國詰朝，爾射死。藝注云：賤其不尚智謀矜射，言必當以藝死也。羿善射，不得其死焉。一矢復命楚王召養，由基與之兩矢，使射吕錡中項伏致，一矢復命傳。

【侯第六】祭侯附《周禮》梓人爲侯廣與崇崇，高也。方參分其廣而鵠居焉器以支爲之各以其侯居中三分之一也。兩介與其身三下兩介半之兩介謂布可以維持侯者，上幹下幹皆謂舌，或謂舌取其出而左右也，侯制上廣下狹，蓋取象於人張臂八尺長六尺也。上綱與下綱，出舌尋絹寸焉綱所以繫侯於植者，上下皆出舌一尋，尋一人張臂之節，綱謂繩絹籠綱舌維持侯。張皮而棲鵠，則蠢以功儀。《禮》大射曰：天子熊侯白質，諸侯麋侯赤質。大夫布侯，畫以虎豹，士布侯，畫以鹿豕。此謂獸侯，燕射則張之，鄉射及賔射當張采侯二正，而亡。天子侯燕射之，禮各以鄉射之禮而張此侯也。又曰乃張侯下綱，不及地武。武人跡也中人之跡，一尺二寸。祭侯《周禮》射人祭侯為位，注服，不氏以祭，其爲位服，不氏受獻之。祭侯之禮，以酒脯醢謂司馬實爵而獻獲者，於侯薦脯折俎獲者，執以祭。其辭曰：惟若寧侯彊飲彊食語，爾子孫諸侯百福謂爾子孫後世爲諸侯。《儀禮》司馬洗爵升賔之，以降獻獲者，于侯薦脯醢折俎與薦皆三祭三祭，侯處獲負侯中也。北面拜受爵，司馬拜送爵受爵於侯，薦之於位。獲者執爵，使人執其薦與俎從之左，介設薦俎籩在西，豆在東。是以獻俎，當其北獲者，以爲功也，南面坐，執爵祭脯醢，執爵興取胏坐，祭遂祭主中者若神在中，俠以明之《書》二侯。

【中第七】《周禮》射鳥氏凡射事，飾中舍筭執其禮事中以盛筭舍謂設筭於中，以侍射而取之中，則釋之。射禮君於國射皮樹中，於郊閭中，於境虎中，士鹿中天子之中，未聞。儀禮鄉射記國中射則皮樹樹，獸名。國中，城內也。中則翿旌獲尚父，白羽與朱糅於郊謂主皮也。又王制曰：在郊閭中閭中，獸名，似牛一角。各以其物，獲士鹿中，翿旌似獲。

【獲第八】《儀禮》獲者生而獲射者，則言大獲，獲，得也。講武田之類，是以獲中爲獲也。舉旌以宮，偃旌以商宮爲君，商爲臣聲和律，律相生。獲而未釋其筭獲者，執旌許諾聲不絶，以旌負侯而俟俟，弟子取矢以旌指教之。卒射釋獲者，遂以所執餘獲于中，西興共而俟司射復位，釋獲者進，遂取賢獲勝黨之筭。司射視筭，司馬又命獲者，執旌于侯中，為當負侯也。又命獲者，執旌以負侯。欲命射者見侯，與旌深有志於中。

【筭第九】《儀禮》曰：司馬去侯者，許諾司馬，降釋弓反位司射猶挾一介去扑，與司馬交於階前，司射北面，曰：不貫不釋釋，筭也。不貫，不中也。上射揖司射反位釋獲者坐，而釋獲每一介釋一筭上射於右，下射於左，有餘筭，則反委之禮尚曲也。司馬降釋弓反位命弟子委如初，大夫之矢，則兼束之釋獲者，東面于中而坐，先數右獲二筭爲純純，全耦也。一純以取實于左手，十純則縮縮，縱也。十爲蹙，而委之有餘，純則横於下一筭爲奇奇，則又縮之純下又縱之。《禮》曰前籌八十八十者，各以十爲耦爲正全數其有衆禽，從實也。長尺有掘掘，夲所據處。

宋 陳祥道《禮書》卷八〇《田獵》

周禮大宰田役以馭其衆，小宰田役之聯事聽，師田以簡稽獸人掌罟田獸，辨其名物，時田則守罟及弊田，令禽注于虞中。凡田獸者掌其政令，幕人田役共其帷幕、幄帟、綬掌，次師田，則張。幕設重帟重案。諸侯師田，則張幕設案。大司徒，大田役，以旗致萬民，而治其徒庶之政令。鄉師凡四時之田，前期出田灋于州里，簡其鼓鐸、旗物、兵器，修其卒伍，及期，以司徒之大旗，致衆庶而陳之。以旗物辨鄉邑，而治其政令刑禁。巡其前後之屯，而戮其犯命者，斷其爭禽之訟州長。若國作民而師田行役之事，則帥而致之，掌其戒令與其賞罰。黨正，凡作民而師田行役，則以其法治，其政事族師若作民而師，田、行役，則合其卒伍，簡其兵器，以鼓鐸旗物帥而至掌，其治令戒禁刑罰，縣師若將有軍旅會同田役之戒，則受法于司馬，以作其衆庶，及馬牛車輦，會其車人之卒伍，使皆備旗鼓兵器，以帥而至，遂人以歲時登其夫家之衆寡，及其六畜車輦，辨其老幼癈疾，與其施舍者，以頒職作事，以令師田。凡事致野役，而師田作野民，帥而至，掌其政治禁令，遂師軍旅田獵平野民掌其禁令，比叙其事而賞罰。縣正若將用野民師田行役，移執事，則帥而至，治其政令，稍人若有會同師田行役之事，則以縣師之法，作其同徒輂輦，帥而至治，其政令，以聽於司馬，山虞若大田獵，則萊山田之野，及弊田，植虞旗于中，致禽而珥焉。澤虞若大田獵，則萊澤野，及弊田，植虞旌以屬禽。迹人凡田獵者受令焉，大宗伯大田之禮，簡衆也；小宗伯，若大甸則帥，有司而饁獸于郊，遂頒禽。凡王之會，同甸役之禱祠肆儀為位肆師，凡師甸，用牲于社宗，則為位，凡四時之大甸獵，祭表貉，則為位。獮之日，涖卜來歲之戒司几筵。甸役，則設熊席右漆几。司服凡甸冠弁服，甸祝掌四時之田，表貉之祝號。師甸致禽于虞中，乃屬禽。及郊，饁獸，舍奠于祖禰，巾車木路，前樊鵠纓，建大麾，以田，司常凡軍事，建旌旗，及致民置旗弊之甸，亦如之大司馬中春教振旅。司馬以旗致民，平列陳，如戰之陳，辨鼓鐸鐲鐃之，用遂以蒐田，有司表貉，誓民鼓遂，圍禁火弊，獻禽以祭社中，夏教茇舍，如振旅之陳，遂以苗田，如蒐之法。車弊，獻禽以享礿。中秋教治兵：如振旅之陳。遂以獮田，如蒐田之法，羅弊，致禽以祀祊。中冬教大閱：前期羣吏戒衆庶，修戰法；虞人萊所田之野，為表：百步則一，為三表，又五十步為一表。田之日，司馬建旐于後表之中，羣吏以旗物鼓鐸鐲鐃，各帥其民而致。質明，弊旗，誅後至者。乃陳車徒，如戰之陳。皆坐，羣吏聽誓于陳前，斬牲以左右徇陳，曰：『不用命者斬之！』中軍以鼙令鼓，鼓人皆三鼓，司馬振鐸，羣吏作旗，車徒皆作。鼓行，鳴鐲，車徒皆行，及表乃止。三鼓，摝鐸，羣吏弊旗，車徒皆坐。又三鼓，振鐸，作旗，車徒皆作。鼓進，鳴鐲，車驟徒趨，及表乃止，坐作如初。乃鼓，車馳徒走，及表乃止。鼓戒三闋，車三發，徒三刺。乃鼓退，鳴鐃且郤，及表乃止，坐作如初。遂以狩田，以旌為左右和之門，羣吏各帥其車徒，以叙和出。左右陳車徒，有司平之，旗居卒間，以分地，前後有屯百步，有司巡其前後。險野，人為主；易野，車為主。既陳，乃設驅逆之車，有司表貉于陳前。中軍以鼙令鼓，鼓人皆三鼓，羣司馬振鐸，車徒皆作。遂鼓行，徒銜枚而進。大獸公之，小禽私之，獲者取左耳。及所弊，鼓皆駴，車徒皆譟，徒乃弊。致禽饁獸于郊。入，獻禽以享烝。田僕掌馭田路以田，以鄙掌佐車之政，設驅逆之車，令獲者植旌及獻；比禽；凡田，王提馬而走，諸侯，晉大夫馳。司弓矢、夾矢、庾矢，以授射豻侯，鳥獸者。殺矢、鍭矢用諸近射、田獵。曲禮曰：國君春田不圍澤，大夫不掩羣，士不取麛卵。王制曰：天子諸侯無事，則歲三田，一為乾豆，二為賔客，三為充君之庖。三田者，夏不田蓋夏時也。無事而不田曰『不敬』。田不以禮，曰暴殄天物，天子不合圍，諸侯不掩羣，天子殺則下大綏，諸侯殺則下小綏，大夫殺則止佐車，佐車止則百姓田獵。獺祭魚，然後魚人入澤梁。豺祭獸，然後田獵。鳩化為鷹，然後設罻羅。草木零落，然後入山林，昆蟲未蟄，不以火田，不麛，不卵，不殺胎，不妖夭，不覆巢。季春之月田獵罝罘，羅網畢翳餧獸之藥，毋出九門。夏之月，毋大田獵。季秋之月，天子乃教田獵，以習五戎班馬政。五戎謂五兵，弓矢、殳、矛、戈、戟也。命僕及七騶咸駕，載旌旐與，授車以級，整設于屏外。屏所田之地，門外之蔽。司徒搢扑，北面而誓之。天子乃厲飾，執弓挾矢以獵。厲飾謂戎服，尚威武也。命主祠，祭禽于四方，郊特牲曰季春，出火為焚也。然後簡其車賦，歴其卒伍，而君親誓社，以習軍旅。左之右之，坐之起之，以觀其習變；而流示之禽，而鹽諸利，以觀其不犯命也。求服其志，不貪其得，大羅氏，天子之掌鳥獸者也，諸侯之貢屬焉。草笠而至，尊野服也。羅氏致鹿與女，而詔客告也。以戒諸侯曰：好田、好女者亡其國。仲尼燕居，曰以之田獵有禮，故戎事閑也。大叔于田曰：叔在藪，火烈具阜。還，刺荒也。哀公好田獵，從禽獸而無厭，盧令刺荒也。襄公好田獵，畢弋而不修民事，駟鐵美襄公也。始命，有田狩之事。《詩》曰：公曰：左之舍拔則獲。左之者。從禽之左，射之也。舍拔則獲言公善射。《豳》詩曰：一之日于貉，取彼狐貍，為公子裘。二之日其同，載纘武功。言私其豵，獻豜于公。大獸公之，小獸私之。《車攻》詩曰：徒御不驚，大庖不盈。不驚驚也，不盈盈也。一曰乾豆，二曰賔客，三曰充君之庖，故左膘而射之，達于右腢為上殺；射右耳本次之；射左髀，達于右骼下殺，面傷不獻，踐毛不獻，不成禽不獻。禽雖多，擇三十焉，其餘以與大夫、士，以習射於澤宮，田雖得禽，射不中不得取禽。田雖不得禽，射中則得取禽。古者以辭讓取，不以勇力取。吉日美宣王田也，吉日維戊，既伯既禱。戊剛日也。吉日庚午，既差我馬。外事以剛日。差，擇也。公羊桓四年春，公狩于郎。狩者何？田狩也。春曰苗。苗，毛也。明當毛物，取未懷任者。秋曰蒐。蒐，簡擇也。簡擇，幼稚取其大者。冬曰狩。狩，猶獸也。冬時禽獸長大，遭獸可取。不以夏田者，春秋之制也。諸侯曷為必田狩，一曰乾豆，一者，第一之殺也。自左膘射之，達于右腢中心，死疾鮮潔，故乾而豆之薦于宗廟。二曰賔客，二者，第二之殺也，自左膘射之，達于右髀，遠心死難，故以為賔客。三曰充君之庖。三者，第三之殺也。自左膘射之，達于右骼中，腸胃汚，泡死遲，故以充君之庖厨。已有三牲，必田狩者，孝子之意，以為已之所養不如天地自然之牲，逸豫肥美。禽獸多則傷五穀，因習兵事，又不空設，故因以捕禽獸，所以供承宗廟，示不忘武備。又因以為田除害。莊四年冬，公及齊人狩于郜，公曷為與微者狩？齊侯也。齊侯則其稱人何？諱與讐狩也。穀梁桓四年春，公狩于郎。四時之田，皆為宗廟之事也。春曰田，夏曰苗，秋曰蒐，冬曰狩。四時之田用三焉，唯其所先得，一為乾豆，二為賔客，三為充君之庖昭。八年秋，蒐于紅。正也因蒐狩以習用武事，禮之大者也。艾蘭以為防，置旃以為轅門，以葛覆質以為槷，流旁握，御轚者不得入。車軌塵，馬候蹄，揜禽旅，御者不失其馳，然後射者能中。過防弗逐，不從奔之道也。面傷不獻，不成禽不獻，禽雖多，天子取三十焉。其餘與士衆以習射於射宮。射而中，田不得禽則得禽，田得禽而射不中，則不得禽。是以知古之貴仁義而賤勇力也。

《春秋傳》曰：惟君用鮮衆給而已，是天子諸侯，有四時田獵之禮，大夫士不與焉。故鄭豐卷將祭請田，而子産止之。周官四時之田，春蒐以教振旅，夏苗以教茇舍，秋獮以教治兵，冬狩以教大閲。鄉師於凡田前期，出田法于州里，簡其兵器，修其卒伍。山虞萊山田之野，澤虞萊澤野而大，閲之禮為表，百步則一表，為三表，又五十步為一表，田之日，司馬建旗于後表之中。羣吏以旗物帥民而致，質明，弊旗，誅後至者；羣吏聽誓于陳前，教以坐作進退之節，遂以狩田，以旌為左右和之門，羣吏各帥其車徒，以叙和出，左右陳車徒，有司平之既陳，乃設驅逆之車，有司表貉于陳前。中軍以鼙令鼓，銜枚而進獲者，取左耳。然則虞人所萊之野，穀梁所謂艾蘭，以為防是也。毛氏曰：艾草以為防，以旌為左右和之門。穀梁所謂置旃旝，以為轅門，葛覆質為槷是也。毛氏曰：褐纏梅為門，裘纏質以為槷。其未田也，教戰于此，及田，則驅禽以入。天子發則抗大綏，諸侯發則抗小綏，諸侯發，然後大夫士發，置虞於其中，以致禽焉。小宗伯帥有司，而饁獸于郊，遂頒禽，則饁獸于郊者，月令所謂『既田，命祠祭禽四方是也』。頒禽詩傳及穀梁所謂擇取三十焉，其餘以予大夫士是也。田之服則冠弁服，車則木路，旗則大麾，弓則夾弓、庾弓，矢則鍭矢、殺矢，其出也，用牲于社宗，而載之行，其止也，張幕，設重帟，重案而，於是臨誓。先王之於田，宜社造廟祭，馬祖繼之以饁于郊，慎之至也。《詩傳》言天子諸侯發則抗大綏小，綏殺之時也。王制言下大綏小綏，既殺之時也。曲禮國君春田不圍，澤大夫不掩羣諸侯在國之禮也。王制天子不合圍，諸侯不掩羣。諸侯從王，蒐之禮也。周官司服，凡田冠弁服，月令，季秋天子乃厲飾，蓋周秦之禮異也。

《玉海》卷一四四《講武田獵上》 《春秋傳》曰：春蒐握旅，夏苗茇舍，秋獮治兵，冬狩大閲，皆於農隙以講單，三年而治兵，入而振旅，歸而飲至，以數軍實。昭文章，明貴賤，辨等列，順少長，習威儀也。

夏殷四時田

王制天子、諸侯無事則歲三田：一爲乾豆，二爲賓客，三爲充君之庖注。三田者，夏不田，蓋夏時也。疏案：《穀梁傳》春曰田，夏曰苗，秋曰蒐，冬曰狩。何休云：運斗樞曰，夏不田，穀梁有夏田，於義爲短。鄭玄釋之云：四時皆田，夏殷之《禮》、《詩》云：之子于苗，選徒囂囂，夏田明矣。公羊既見，緯文故以爲三時田，又鄭釋廢疾云歲三田，謂以三事，爲田卽：一曰乾豆之茅，大綏小綏是夏殷之法，秋冬皆用綏，異於周也。夏不田，蓋夏時也，夏生長之時，禹以仁得天下故。不田，月令季秋之月，天子乃教於田獵，以習五戎。教於田粗四教民，曰戰法也。孟冬講武注，凡田之禮，唯狩最備。《夏小正》：『十一月王狩。』《左傳》：春蒐，夏田，秋獮，冬狩。疏《公羊》春曰：苗，秋曰蒐；冬曰狩。《穀梁》春曰：田，夏曰苗，秋曰蒐，冬曰狩，皆與禮異。丘明獨與禮合《白虎通義》，因《穀梁》爲之説，王者，諸侯所以田獵。何爲苗除害。上以共宗廟，下以簡集士眾。春田，夏苗，秋蒐，冬狩，四時之田總名，爲田。云云雖名通義，義不通，先儒皆依，《周禮》、《左傳》、《爾雅》之文每年常四時講武，三年而一大習。詩采邑疏，征伐之時，出軍而對陳用治兵禮，戰止至還歸用長旅法，名異而禮同也。唯公羊以治兵爲祠兵。

易比九五，日王用三驅，失前禽。馬氏云：一乾豆，二賓客，三君庖。周四時田法。

地官鄉師月，四時之田，前期，出田法于州里，簡其鼓鐸、旗物、兵器，修其卒伍，及期，以司徒之大旗致眾庶，而陳之以旗物；辨鄉邑，而治其政令刑禁；巡其前後之屯汪田法，人徒及所當有。前後屯車徒異部也大司馬有司平之注云：鄉師居門正，其出入之列。春官甸祝掌四時之田，表貉之祝號。賈誼新書不抵禽，不詭遇，逐不出防。此苗獮蒐狩之義也。苗者，毛取之；蒐者，搜索之；狩者，守留之；夏不田，何也？天地陰陽，盛長之時。《爾雅》春獵爲蒐。注：搜索取不任者。夏獵爲苗，爲苗稼除害。秋獵爲獮，順殺氣也。冬獵爲狩、得獸取之氣所擇。宵田爲獠，《管子》曰：獵獵畢弋。火田爲狩。

周中冬大閱振旅陳虞人表

《夏官·大司馬》：『中春，教振旅。』司馬以旗致民平列陳如戰之陳。注：凡師出，曰治兵。入，曰振旅。皆習戰也。四時各教民以其一焉。春習振旅，兵入收衆，專於農。平，猶正也。辨鼓鐸鐲鐃之用：王執路鼓，諸侯執賁，鼓軍將執晉鼓，師帥執提，旅帥執鼙，卒長執鐃。兩司馬執鐸，公司馬執鐲，以教坐作、進退、疾徐、疏數之節，習戰法。遂以蒐田，有司表貉，誓民，鼓。遂圍禁火弊，獻禽以祭社。春田爲蒐，有司，大司徒也。立表而貉，祭誓以犯，出法之罰，誓曰：無于車，無自後射。火弊，火止也。春田，主用火。田止，虞人捕旌，眾皆獻所獲禽。中夏教茇舍，如振旅之陳，羣吏撰車徒，讀書契，辨號名之用。帥以門名，縣鄙各以其名，有以號名，鄉以州名，野以邑名，百官各象其事，以辨軍之夜事。其他皆如振旅。注：茇舍，草出也軍有草止之法。夜事，戒夜守之事。草止者，慎於夜，草舍未有營壘，當爲夜事之備遂。以苗田，如蒐之灋。車弊，獻禽以草礿。夏田爲苗，車弊驅獸之車止也。夏田主用車。中秋，教治兵，如振旅之陳，辨旗物之用。王載大常，諸侯載旂軍，吏載旗師，都載旜，鄉遂載物，郊野載旐，百官載旟，各書其事，與其號。其他皆如振旅，遂以獮田，如蒐田之法，羅弊致禽，以祀祊。秋田，爲獮獵殺也。羅弊，罔止也。秋田，孟用罔。中冬教大閱，春辨鼓鐸，夏辨號名，秋辨旗物，至冬大閱，簡軍實備軍禮。前期，羣吏戒眾庶修戰法，虞人萊所田之野爲表。百步則一，爲三表，又五十步爲一表，田之日，司馬建旗于後表之中，羣吏以旗物、鼓鐸、鐲鐃，各帥其民而致，質明弊旗，誅後至者，乃陳車徒如戰之陳皆坐。注：後表之中，五十步表之中央表，所識正行列也，四表積積，百五十步左右之廣，當容三軍步數未開。疏曰：謂從南表至北表，東西不言步數。羣吏聽誓于陳前，斬牲以左右，狥陳曰：不用命者，斬之。注：陳前南而鄉表也，月令：秀秋，天子帥田獵，以習五戎。司徒搢扑，北面以誓之。此大閱禮，實正歲之中冬，而説季秋之政，於周爲仲冬爲月令者，失之矣。疏曰：皆據夏法，周雖難，子爲正，及行事，皆用夏之正歲。中軍以鼙令鼓，鼓人皆三鼓，司馬振鐸，羣吏作旗，車徒皆作。鼓行，鳴鐲，車徒皆行，及表乃止。三鼓摝鐸，羣吏弊旗，車徒皆坐。中軍，中軍之將也。天子六軍，三三而居一偏，及表自後表前至第二表也。又三鼓，振鐸作旗，車徒皆作。鼓進鳴鐸，車驟徒趨，及表乃止，坐作如初。及表自第二前至第三。乃鼓，車馳徒走，乃表乃止。及表自第三前至前表。鼓戒三闋，車三發，徒三刺。戒攻敵三，而止象服敵。乃鼓退，鳴鐃且卻，及表乃止，坐作如初。退自前表至後表，習戰之禮出入一也，異者路鐲而鳴鐃。遂以狩田。冬田爲狩。以旌爲左右和之門，軍門曰和。羣吏各帥其車徒，以敘和出。左右陳車徒，有司平之，旗居卒間，以分地，前後有屯百步，有司巡其前後。隙野，人爲主；易野，車爲主。注：鄉師又巡其行隙既陳，乃設驅逆之車，有司表貉干陳前。驅驅出禽獸，使趨田逆，逆要不得令，走設此車者，田僕也。中軍以鼙令鼓，鼓人皆三鼓，羣司馬振鐸，車徒皆作。遂鼓行，徒銜枚而進。大獸公之，小禽私之，獲者取左耳。及所弊，鼓皆駴，車徒皆噪，徒乃弊。致禽饁獸千郊。入，獻禽以享烝。徒乃弊，徒止也。冬田主用眾，春之振旅，夏之茇舍，秋之治兵，以至鼓鐸、鐲鐃，號名旗物之用，倅兼舉並，習是爲軍禮之備。故曰：教大閱，必用四表者，所以寓王者紀律之師，大武之四表，實象之樂。記言大武周家寓兵之良法，易氏曰：惟中冬大閱，合教三時不盡調發，皆以人類遞教稍人注曰：凡用役者，不必一時皆偏皆人數調之，使勞逸遞焉。此遞教之明證。田僕掌馭田路，設驅逆之車，令獲者施旌，及獻比禽。凡田，王提馬而走，諸侯晉，大夫馳。

天官獸人，及外田，令禽注于虞中置虞人所立虞旗中地官山虞，大田獵，則萊山田之野。及弊田，植虞旗于中，致禽而珥。澤虞萊澤野，弊田植虞旌以屬禽春官，大宗伯，大田之禮，簡衆也。因田，習兵閱車徒之觀。小宗伯，若大甸，則帥有司，而饁獸于郊，遂頒禽。肆師四時之大甸獵，祭表貉則爲位。甸祝掌四時之田，表貉之祝號。田者，習兵之禮，故亦禡祭。師甸，致尙于虞中，乃屬禽。及郊，饁獸，舍奠于祖禰，及斂禽。師曰：謂起大衆以田。禂牲禂馬，掌其祝號，司服。凡甸，冠弁服。田，獵也。司常及國之大閱，贊司馬頒旗物。注：大閱王乘戎路建大常官府各象其事，州里各象其名，家各象其號。注：徽識所以題別，衆臣樹之於位朝，各就焉。今大閱禮象而爲之。左傳昭二十一年宋廚人濮曰：揚徽者，公徒也。凡幂事，建旌旗，及致民，置旗，弊之。甸亦如之。《月令》：孟冬天子乃命將師講武，習射御角力。注：爲仲冬，將大閱簡習之，凡田之禮，唯狩最備。《夏小正》十一月王狩。《周語》仲山父曰：蒐于農隙，獮於既烝，狩於畢時。齊語：春以蒐，振旅；秋以獮，治兵。《詩》軍攻注：田者，大艾草以爲防。或舍其中褐纏，旃以爲門裘纏，質以爲槸閒容握，驅而入擊，則不得入。左者之左，右者之右，然後焚而射焉。天子發，然後諸侯發，諸侯發，然後大夫士發，天子發，抗大綏；諸侯發，抗小綏；獻禽於其下，故戰不出頃，田不出防，不逐奔走，古之道也。《穀梁傳》昭八年秋大蒐，于紅正也。因蒐狩以習武事，禮之大者也。艾蘭以爲防，置旃以爲轅門，以葛覆質以爲槷。流旁握，御轚者不得入。車軌塵，馬候蹄，揜禽旅，御者不失其馳，然後射者能中。過防弗逐，不從奔之道也。面傷不獻，不成禽，不獻禽。雖多天子，取三十焉。一爲乾豆，二爲賓客，三爲充君之庖。其餘與士衆。習射於澤宮，射而中，用不得禽，則得禽得；禽而射不中，則不得禽。是知古之貴仁義，而賤勇力也。《左傳》桓六年大閱，簡車馬也。司馬法天下既平，天子大愷，春蒐秋獮，諸侯春振旅秋，治兵所以不忘戰也。《爾雅》出爲治兵，尙威武也。入爲振旅，反尊卑也。孫炎，日出則幼賤在前，貴房力也。入則尊老在前，復常法也。《公羊傳》出曰：祠兵，入曰：振旅，其禮之一。

大司徒、大田役，以旗致萬民，治其徒庶之政令，鄉師、見後小司徒會萬民之卒伍，以作田役。小宰聽師田以簡稽，掌次師田，則張幕設重帟重案，司凡筵甸役，則設熊席，右漆凡注：祭表貉所設席迹人，凡田獵者受令焉，巾車木路，建大麾以田。

文王田渭陽

《六韜·文師》篇文王齋三日，乘田車，駕田馬，田於渭陽，見太公載與俱歸。《史記》周西伯將出獵，卜之，曰：所獲非龍非螭，非虎非羆，所獲霸王之輔。於是西伯獵，遇太公於消之陽。《左傳》昭十五年王曰密須之鼓，與其大路文，所以大蒐也。注：密須，姞姓，國文。王伐之，得其鼓，以蒐詩騶虞文王蒐田以時。選注《魯詩》傳曰：梁騶天子，獵之田也。

周武王狩

周書世俘第四十，武王狩禽虎二十有二，貓二，麋五千二百三十五，犀十有二，氂七百二十有一，熊百五十有一，羆一百一十有八，豕三百五十有二，貉十有八，麈十有六，麝五十，麋三十，鹿三千五百有八。

周成王蒐岐陽

《左傳》昭四年六月丙午，楚椒舉曰：夏啟有鈞臺之享，商湯有景亳之命，周武有孟津之誓，成王有岐陽之蒐。注：周成王歸自奄，大蒐於岐山之陽。岐山在扶風美陽縣，縣北疏書序云：成王歸自布在宗周，誥庶邦作多方云。告爾四國多方，於時諸侯大集，故謂岐陽之蒐，在此時。康有酆宮之朝，穆有塗山之會，齊桓有召陵之師，晉文有踐土之盟，六王二公之事，皆所以示諸侯，禮也。諸侯所由用，命也。定四年衛祝佗曰：成王分康叔，云云取於相土之東都，以會王之東蒐。《書》正義《左傳》言：會東蒐王者，因會諸侯，或亦獵以教戰。晉語叔向曰：昔成王盟諸侯于岐陽，楚爲荊蠻，置茅蕝，設望表，與鮮牟。東夷國。守燎故，不與盟。帝王世紀，王乃大蒐於岐陽，東伐淮夷。韓愈《石鼓歌》：周綱陵遲四海沸，宣王憤起揮天戈。大開明堂受朝賀，諸侯劍佩鳴相磨。蒐于岐陽騁英俊，萬里禽獸皆遮羅。石鼓文云：左驂播播，右驂驩驩，季弓時射。

周宣王田獵

《詩》：車攻，宣王復古也。復會諸侯於東都。因田獵而選車徒。疏云：因會而獵。田車既好，四牡孔阜，東有甫草駕言行狩。之子于苗選徒囂囂。建旐設旄搏獸于敖。駕彼四牡，四牡奕奕，赤芾金舄，會同有繹，決拾既飲，弓矢既調，射夫既同，助我舉柴，四黃既駕，兩驂不猗，不失其馳，舍矢如此，蕭蕭馬鳴，悠悠旆旌，徒御不驚，大庖不盈，疏東都之界自廣大之草，可就而田獵，鄭以甫草，爲圃田之草，圃田在東都畿內，此時宣玉爲夏沮也。夏獵日田。云行狩者，是獵之總名。首章致會同之意，二三章致田獵之意，四章言諸侯來會，五章言田罷之後，射餘獲之禽，六七章言男獵之事，歎美之。八章，章四句。《吉日》，美宣王田也。田車既好，四牡孔阜，悉率左右，以燕天子，發彼小豝，殪此大兕，以御賓客，且以酌醴。四章，章六句。

《穆天子傳》：天子獵于鈃山之南西阿，獵于滲澤得，白狐立狢。天子西遊，射于中，命虞人掠林，有虎在於葭中，天子將至，七萃之士高奔戎生捕虎而獻之天子，命之為柙，畜之東虞，是曰虎牢。天子筮獵苹澤，其卦遇訟逢公，占之，賜之駿馬十六，絺紵三十篋。

晉大蒐魯蒐狩

《左傳》僖二十七年，晉『蒐于被廬。作三軍。謀元帥』。晉常以春蒐禮改政令，敬其婦也。晉侯教其民大蒐，以示之禮。順少長，明貴賤。文六年，蒐于夷，舍二軍，改蒐于董，易中軍，襄十三年，蒐于緜上治兵，使士匄將中軍。注：比年餙徒，謂之蒐二年，簡車謂之大閒五年，大簡車徒謂之大蒐。

《穀梁》疏書狩有四：桓四年，郎莊四年，郜僖二十八年，河陽哀十四年。西獲麟，言蒐有五昭：八年，紅十一年，比蒲二十二年，昌閒定十三年，比蒲十四年，比蒲。

漢都試

通興漢設南北軍，命天下選能引强蹷張、材力武猛者，以爲輕車、騎士、材官、樓船，立秋後，隸孫吴兵法，六十四陣。每十月，都課試金革騎士，各有員數。漢承秦制，十月幸長安，水南門，會五營士，爲入陣進退。高紀十一年注：材官騎士，習射御騎馳戰陣，常以八月，太守、都尉、令、長、丞會都試，課殿最，水處則習樓船，邊郡將萬騎行障塞，光武時省。光武見翟義反，隗囂叛，皆以秋試，勒車騎，誅守長。曰：起事建武六年，罷郡國都試。燕王旦、傳將軍都郎羽林，注張晏曰：都試也，師古曰：謂大會試之漢，光祿挈令，諸當試者，不會都所免之。燕王旦云：非教士，不得從。韓延壽傳守東都，及都試講武、設斧鉞、旌旗，習射、御之事，試騎士。又傳云：坐射室，注曰：都試，射堂也。王莽傳大司馬董忠、方講兵都肄李通、傳光武相約結期，以材官都試騎士日，劫前隊大夫及屬正。注：漢注以立秋日都試騎士，謂課殿最也。東郡太守翟義誅王莽，以九月都試日勒車騎材官士是也。耿弇傳常見郡尉試騎士，建旗鼓，肄馳射，由是好將帥之事。續志建武六年，省諸郡都尉，并職太守，無都試之役。古今法曰：六年八月省都尉官。應劭漢官曰：自郡國罷材官騎士之後，官無警備，實啟寇心，魏有司秦漢惟十月都講，唐人杜佑謂立秋肄孫吴十月課都試，而漢官儀以謂在八月，翟義傳以九月都試，都試不詣試所者必免都試，僭上者必誅。

漢講武場

《史記正義》功臣表。《括地志》云：故平縣城在洛州偃師縣西北二十五里，有漢祖講武揚。《水經注》：平縣有高祖講武場

哀紀贊時覽卞射武，獻甘延壽傳試，卞爲期門。蘇林曰：手搏爲卞，角力爲武戲。

漢勞軍細柳

《文帝紀》：後六年冬匈奴三萬騎入上郡雲中。烽火通於甘泉長安。以中大夫令免爲車騎將軍屯飛狐，故楚相蘇意爲將軍。屯句注，將軍張武屯北地，河内太守周亞夫爲將軍，次細柳，注：服虔曰：在長安西北。如湻曰：長安細柳倉在渭北，近石徼。張揖曰：在昆明池南，今有柳市是也。師古曰：匈奴傳云置三將軍，軍長安西，細柳消北棘門灞上。此則細柳不在渭北明矣。當如揖説在昆明池之南者也。《史記索隱》曰：按三輔故事細柳在直城門外，阿房宫西北。揚雄書云：驍三將車屯綱柳霸上，以備之數月乃罷。《周亞夫傳》宗正劉禮爲將軍，次霸上，祝茲侯徐厲爲將軍，次棘門，上自勞軍至霸上，棘門軍直馳入。已而之細柳軍天子先驅至不得入軍門。都尉曰：聞將軍令，不聞天子詔，居無何上，至不得入。上使使持節詔將軍曰：『吾欲勞軍亞夫傳言開壁門。』壁門士講車騎曰：『軍中不得驅馳，上乃按轡徐行，至中營。』亞人揖曰：介胄之士不拜，請以軍禮見天子。爲改容式車，使人稱謝：皇帝敬勞將軍。成禮而去，上曰：嗟乎！此眞將軍矣。曩者灞上棘門若兒戲，耳其將可襲而虜也。至於亞夫可得而犯耶。稱善久之。《續郡國志》：長安有細柳聚前書，周亞夫所屯處。《元郡志》：細柳營在萬年縣東北三十里，《相傳》云周亞夫屯軍處，今按亞夫所屯，在咸陽縣西南二十里，書在此非也。細柳原在長安縣西南三十三里，別是一細柳，非亞夫屯軍之所，細柳倉在咸閱縣西南二十里，漢舊倉也。亞夫軍次細柳郎，此是也。張揖云：在昆明池南，恐爲疎遠。馮韓漢文帝幸細柳營，賦戈鋌有耀壓，灞水之波瀾。士馬無聲悄，轅門之風日，《上林賦》掩細柳。細柳觀在昆明池南。紀文帝十四年冬，匈奴寇邊，遣三將軍，軍隴西北地上郡中，爲周舍，爲衛將軍，郎中令張武爲車騎將軍，軍渭北，車千乘騎，卒十萬人。上親勞軍，勒兵甲教令，賜吏卒。自欲征匈奴，後漢取弇傳，建武五年，車駕至臨淄，自勞羣臣大會。

漢上林校獵講習戰陳校獵廣成

司馬相如傳請爲天子游獵之賦，相如欲明天子之義，以推天子諸侯之苑

囿。其辭曰：天子之上林，云云。背秋涉冬，天子校獵。師古曰：以森相貫穿，總爲閑校，遮止禽獸而獵取之。乘鏤象，六玉虯，拖蜺旌，靡雲旗，前皮軒，後道游。孫叔奉轡，衛公參乘，扈從橫行，出乎四校之中。闌校之四面也。鼓嚴薄，縱獵者，江河爲阹，太山爲櫓。阹獵者，圜陳遮禽獸也；櫓，望樓也。車騎雷起，殷天動地，手熊羆，足野羊。蒙鶡蘇，絝白虎，追怪物，出宇宙，彎蕃弱，滿白羽。射游梟，櫟蜚遽。擇肉而後發，先中而命處，同車而還，歷石闕歷，封巒過鳷，鵲望露寒，下堂梨息，宜春西馳，宣曲濯鷁，牛首登龍，臺掩細柳，它它藉藉掩乎彌澤。於是置酒顥天之臺，張樂膠葛之寓，解酒罷，獵命有司曰：地可墾闢，悉爲農郊，以瞻氓隸，射貍首，兼騶虞，弋玄鶴，舞干戚，載雲罕，掩羣雅四海之內，靡不受獲。匈奴傳贊文帝，中年赫然發憤，遂躬戎服，親御鞍馬，從六郡良家材力之士，馳射上林。講習戰陳，聚天下精兵軍於廣武，顧問馮唐與論將帥，喟然嘆息，思古名臣。六郡，隴西、天水、安定、北地、上郡、西河也。其安定、天水、西河，武帝所置史追言之。韓嫣傳江都王入朝，從上獵，上林中，天子車駕趕通未行，先使嫣乘副車，從數十百騎，馳視獸。《史記・平準書》：武帝北出蕭關，從數萬騎，獵新秦中，以勒邊兵。揚雄傳成帝時，十二月羽獵，雄從。以爲羽獵，田車戎馬，器械儲時，禁禦所營，尚泰奢，麗誇詡，非堯、舜、成湯、文王三驅之意也。故因校獵賦以風。文選云《羽獵賦》七略曰：羽獵，永始二年十二月上。曰玄冬季月，帝將田于靈之圃。乃詔虞人典澤，東延昆鄰，西馳閶闔。爾乃虎路落三嵕，以爲司馬，圍經百里，而爲殿門。營合圍會，然後先置虖白楊之南，昆明靈沼之東，資育之倫。蒙盾負羽，杖鏌邪而羅者以萬計。其餘荷垂天之畢，張竟野之罘，靡日月之朱竿，曳彗星之飛旗。於是天子乃以陽鼂始出，虖玄宮撞鴻鐘，建九旒六白，虎載靈輿，蚩尤並轂，蒙公先驅，立歷天之旂，曳梢星之旃，辟歷列缺，吐火施鞭，入西園，切神光，望平樂，徑竹林，蹂蕙圃，踐蘭唐。舉烽烈火，轡者施披，方馳千駟，校騎萬師，虓虎之陳，從橫膠輵，天動地岌，於是天清日晏，逢蒙列眥。羿氏控弦，望舒彌轡，翼乎徐至於上蘭，壁星天旋，神抶電擊，罡車飛揚，武騎聿皇，進退履獲。丘累陵聚，禽殫中衰，相與集靖冥之館，以臨珍池。文身之技，水掐鱗蟲，仁聲惠於北狄，武義動於南鄰，發黃龍之穴，窺鳳凰之巢，臨麒麟之囿，幸神雀之林。奢雲夢，侈孟諸。非章華，是靈臺。創道德之囿，弘仁惠之虞，馳戈乎神明之囿，醢洪鬯之惠，農茂世之規，《西都賦》盛娛遊之壯，觀奮大武於上囿，因以威戎夸狄，曜威靈，講武事，命荆州使起鳥，詔梁野而臨獸。毛羣內闐，飛羽上覆，集禁林而屯聚。水衛虞人，地其營表。罘罔連紘，籠山絡野。列卒周匝，星羅雲布。乘鑾輿，備法駕，六師發逐，百獸駭殫，收禽會眾，論功賜胙，陳輕騎以行炰，騰酒車以斟酌。《西京賦》振天維，衍地絡。鳥畢駭，獸咸作。虞人堂焉，爲之營域，焚萊平場。槎木剪棘，結置百里，远杜蹊塞。迴卒清候，武士赫怒，緹衣韎韐，睢盱跋扈，置互擺牲，割鮮野饗，東平王蒼傳，永平四年春，車駕近出，觀覽城第，尋聞當遂，校獵河內，蒼上書諫曰：惟陛下因行田野，循視稼穡，至秋冬，乃振威靈。整法駕，備周衛，設羽旄，帝卽還宮。紀明帝永平十五年冬，車騎校獵上林苑。《周禮》校：人掌王，田獵之，馬故曰校獵。安帝延光二年十一月甲辰，校獵上林苑，順帝永和四年冬十月戊午，校獵上林苑，歷函谷關而還。桓帝永興二年冬十一月甲辰，校獵上林苑，遂至函谷關。延熹元年十月，校獵廣成，遂幸上林苑，六年十月丙辰。同上，是歲，陳蕃諫曰：皋陶戒舜，無放逸遊，周公戒成王，無盤遊田，詳見苑歷。靈帝光和五年十月，校獵上林苑，歷函谷關，遂狩干廣於苑，東都賦順時節，而蒐狩簡車，徒以講武，懸騶虞，覽駟職，嘉車政，采吉日。集干中囿，陳師按屯，樂不極盤，殺不盡物，張衡《羽獵賦》山靈護陳，方神蹕御。輕車飈厲，羽騎電騖，馬踩麋鹿，輪轔雉兔，車軌塵，馬候蹄，既戒其馳騁，不合圍，不殫物，又禁其暴殄，命肆師以表貉，俾田僕而馭路，文帝馳車，袁公止轡，孝武好田，相如獻規。

漢長楊大獵

紀文帝永光五年冬，幸長楊，射熊館布車騎，大獵。薛廣德傳，元帝幸甘泉，郊泰畤，禮畢，因留射獵，廣德上書，上卽日還。成帝元延二年冬，行幸長楊宮，從胡客大校獵。宿萯陽宮，《揚雄傳》上將大誇胡人以多禽獸，秋，命右扶風發民入南山，西自褒斜，東至弘農，南敺漢中，張羅罔罝，采捕熊羆豪豬虎豹狖玃狐兔麋鹿，輪長楊，射熊館，以罔爲周阹，縱禽獸其中，令胡人手搏之，自取其獲，上親臨觀。雄《上長楊賦》以諷曰：時以有年出兵，整輿竦戎，振師五莋，習馬長楊。簡力狡獸，校武票禽，乃萃然登南山，瞰鳥弋，西厭月，蜎東震日。域車不安軔，日未靡旃，從者彷彿，骫屬而還。亦所以奉太宗之烈，遵文武之度，後三王之田，反五帝之虞。《司馬相如傳》爲郎，嘗從上至長楊獵。冊府元龜武帝建元三年，南獵長陽。天子好自擊熊豕，馳逐壄獸，相如上疏諫，是胡越超於轂下，而羌夷接軫也。清道而後行，中路而馳，猶時有銜橜之變。況涉豐草，騁丘虛，前有利獸之樂，内無存變之意，上善之。長楊宮在盩厔。

漢貙劉乘之貙膢

《禮儀志》：立秋之日，迎氣，禮畢，如揚威武，斬牲於郊東門，以薦陵廟。其儀乘輿物戎路，白馬朱鬣，執弩射牲。牲以鹿麛，太宰令、謁者各一人，載獲車，馳駟送陵廟。還宮，遣使齎束帛以賜武官。武官肄兵，習戰陣之儀、斬牲之禮，名曰貙劉。兵、官皆肄孫、吳兵法六十四陣，名曰乘之。貙劉之禮：祠先虞，詳見祠壇類。執事告先虞以，烹鮮時，有司，乃遼巡射牲，獲車畢有事告事畢。古今主曰：永平元年六月乙卯，初令百官貙膢。《風俗通》稱韓子書：山居谷汲者，膢臘而寅木。又曰：嘗新始殺食，曰貙膢。武帝紀太初二年三月，行幸河東，祠后土。令天下犬酺五日，膢五日，祠門户比獵。注伏獵曰：膢，音劉殺也。蘇林曰：膢，祭名也。貙虎屬。常以立秋祭獸王者，亦以此日出獵，還以祭宗廟，故有貙膢之祭。師古曰：獵者，冬至後祭百神也。如湻曰：漢儀注：立秋，貙膢。師古曰：續漢書作貙劉，膢、劉義各通。陳蕃傳延熹六年，車駕幸廣成校獵。上疏諫曰：人君有事於苑囿，惟仲秋西郊，順時講武，殺禽明祭。以厚教敬。輿服志注：《漢舊儀》曰秋貙劉，服緗幘。《魏書》建安二十一年三月，有司奏古者，四時講武於農隙，漢取秦制，三詩不講。唯十月都試車駕，幸長安水南門，會五營士爲八陣進退，名曰乘之。今兵甲未偃，士民素習，可無四時講武，但以立秋擇吉日大朝車騎，號曰治兵，上合禮名，下承漢制。又漢禮志注又晉志。是冬治兵，文選注云：二十二年十月甲午治兵，魏王親執金鼓，以令進退。晉志漢貙劉，既還公卿以下陳雒陽前街，乘輿到，天子下車。古語曰：在車下車，惟此時施行。周禮注。射人，祭祀。則贊牲注。今立秋有貙劉，疏漢時苑中有貙劉，監鐵論月令，涼風至，殺氣動，蜻蛚鳴衣，裘成天子，行微刑，始貙、膢以順天令。後魏永興五年以九月十月之交，親行貙劉之禮。

漢大間西園

《文選·東京賦》：文德既昭，武節是宣，三農之隙，耀威中原，歲惟仲冬。大閲西園。注：上林苑也。中平五年人月初，置西園八校尉。虞人拳焉，先期戒事，悉率百禽，鳩諸靈囿。獸之所同，是謂告備。乃御小戎。撫輕軒。中敗四牡，既佶且閑。戈矛若林，牙旗繽紛。迄于上林，結徒爲營。敘和樹表，司鐸校鉦。坐作進退，節以軍聲。三令五申，示戮斬牲。陳師鞠旅，教達禁成。火烈具舉，武士星敷。鵝鶴魚麗，箕張翼舒。軌塵掩迒，匪疾匪徐。馭不詭遇，射不剪毛。升獻六禽，時膳四膏。馬足未極，興徒不勞。成禮三驅，解罘放麟。不窮樂以訓儉，不殫物以昭仁。慕天惭之弛罟，因教祝以懷人儀。姬伯之渭陽，失熊羆而獲人。澤浸昆蟲，威振八寓。好樂無荒，允文允武。蒲狩于敖，既璝瑣焉。岐陽之蒐，又何足數。《古文苑》，張衡《羽獵賦》：鳳凰獻歷，太僕駕具，蚩尤先驅，雨師清路，山靈護陳，方神鐸御，羲得奉繼，弭節西征，翠蓋威甤，鸞鳴玲瓏，抗天津於伊洛，夏遙集乎南圃。大詔獠者，競逐長貙，輕車飈，厲羽騎，雹鶩、馬蹂、麋鹿、輪轔、狐兔、王符。《羽獵賦》曰天，乘碧瑤之雕軫，曳曜天之華旗。

漢講武平樂觀

靈帝紀：《師進傳》。中平五年十月甲子，詔大發四方兵，講武千平樂，觀下起大壇。建十二重五采華，蓋高十丈，東北爲小擅，復建九重華，蓋高九丈。引步兵騎士數萬人結營，爲陳天子親出臨軍，駐大華蓋下。何進駐小華蓋下，禮畢，帝躬擐甲介馬，自稽無上將軍，行陳三匝而還，詔進領兵屯觀下。六眾有天子將兵事。《史記·平準書》：武帝北出蕭陽，從數萬騎，獵新秦中，以勒邊兵。

魏閲兵東郊

晉禮志魏延康元年六月辛亥立秋，閲兵東郊，公卿相儀，王御華蓋，親令執金皷之節。文帝爲魏王魏志明帝大和元年十月丙寅，閲兵一云治兵於東郊魏都，賦大閲以義舉。備法駕，理秋御，顯文武之壯觀，邁梁騶之所著。

魏校獵

魏志文帝黄初二年正月甲戌，校獵至原陵，四年八月辛未，校獵于滎陽。文帝有《校獵賦》，應瑒《校獵賦》曰：二虞萊野，二扈表禽。

晉宣武觀大閲雁羽仗

紀武帝泰始九年十一月丁酉，臨宣武觀大聞諸軍，甲辰乃罷。十年十一月庚午，帝臨宣武觀大閲諸軍。威寍元年十一月癸亥，大閲於宣武觀。至于己巳三年十一月丙戌，帝臨宣武觀大閲。至於壬辰太康四年十二月庚午，大閲於宣武觀。六年十二月甲申，大閲於宣武觀，旬日而罷。《禮》志武帝泰始四年九月，咸寍元年，太康四年六年冬，皆日臨宣武觀大閲眾軍，然不自令進退也。元帝大興四年，詔左右衛及諸營教習，依大習儀作雁羽杖。成帝咸和中，詔内外諸軍戲兵於南郊之場，故其地因名鬬場。《山濤傳》：吴平之後帝詔天下罷軍役，州郡悉去兵，大郡置武吏百人，小郡五十人。帝嘗講武子宣武場，濤乘步輦，從因論用兵之本，以爲不宜去州郡武備。其論甚精于時，咸以濤不學孫吴，而暗與之合。帝曰：天下名言也，而不用王。其傳年六七歲於宣武場觀戲，猛獸戎立，不動魏明帝於閣上，見而奇之。秦獻王東傳，武帝嘗幸宣武場，以三十六軍兵簿，令東科校之《水經注》，南望天淵池，北嘱宣武場。

晉南郊大閲

成帝紀咸和元年十一月壬子，大閲於南郊。自後諸方伯閲習。宋大蒐宣武場講武宣武堂玄武館閲武

宋書文帝元嘉五年正月甲申，玄武館閲武。十六年正月戊寅，北郊閲武。二十五年閏二月己酉，大蒐於宣武場。三月庚辰，校獵。文帝肄習衆軍，兼用漢魏之禮。其後以時講武於宣武堂，孝武孝建二年九月丁亥，於宣武場閲武。宋儀領軍督右甄、護軍督左甄大司馬居中。

齊永明四年正月戊午，幸宣武堂講武。六年九月壬寅，於瑯琊城講武，習水步軍。九年九月戊辰，又奉梁。大同四年九月，閲武樂遊苑。陳天嘉元年八月，幸正陽堂閲武。

唐講武都外五陣

《禮》志仲冬之月，講武于都外。前期十一日，所司奏請講武。兵部承詔，遂命將帥簡軍士，除地爲場，方一千二百步，四出爲和門。又爲步、騎六軍營域，左右廂各三軍，立五表，表間五十步，爲三軍進止之節。前一日，講武將帥及士卒集於墠所，建旗爲和門，如方色。都墠之中及四角建五采牙旗，大將被甲乘馬，教習士衆。講武之日，步軍爲直陣以俟，大將立旗鼓之下。皷三嚴，諸衛各督其隊與鈒戟入，陳於殿庭。皇帝乘革輅至墠所，兵部尚書介胄乘馬奉引入，謁者引諸州使人，鴻臚引蕃客，立大次東西及北，觀者立於都墠騎士仗外四周，然後講武。吹大角三通，中將軍各以鼙令鼓，三鼓，有司偃旗，步士皆跪。長史、振鐸分循，諸果毅各以大將誓詞告於其部。遂聲鼓，有司舉旗，士衆皆起行，及表，擊鉦，乃止。爲東西軍，乃舉青白赤黑黄旗，爲方、圓、曲、直、鋭陣。几陣先舉者爲客，後舉者爲主，每變陣，各選三十人挑戰，迭爲勇怯之狀，敵均之勢，勝敗之形，騎馳徒走，左右軍俱至中表相擬擊而還。二軍騎軍皆如步軍之法，每陣各八騎，挑戰五陣畢，大擊鼓而前，盤馬相擬擊而罷，遂振旅侍中，跪奏禮畢乃還。

唐狩田禮

禮志狩田之禮，亦以仲冬前，其十日，兵部集衆庶修田法，虞部表所田之野，建旗於其後。前一日，諸將帥士集於其下，賨明幣旗，後至者罰。兵部申田令，遂圍田，其兩翼之將，皆建旗至田所。皇帝鼓行入圖，鼓吹令，以鼓六十陳於皇帝。東南西向六十，陳於西南東向，皆乘馬，各備簫角，乃設驅逆之騎。皇帝乘馬，南向有司斂，大綏以從。諸王公以下皆乘馬，帶弓矢，陳於前，後所司之屬，又斂小綏以從。乃驅獸，出三驅，過皇帝，乃從。禽左而射之，皇帝發抗大綏，然後公王發抗小綏，驅逆之騎止，然後百姓獵，田將止，虞部建旗於田内，乃雷擊駕鼓及諸將之鼓，士從譟呼。諸得禽獸旗下，致其左耳。乃命有司饁獸於四郊，告至於廟。

唐講武同官武德大閲

高祖紀武德元年十月辛丑，大閲。八年十一月十日庚子，講武於同官會要。元年十月四日，詔殺氣方嚴宜，順天時耀成武可大，集諸軍，朕將臨校閲。八年十月二十日，校獵。周氏跛，褚亮上疏諫：十一月十日，講武於同官縣，陳校獵莫府，山虞世基講武。賦曰：上林從幸，相如頌德，長楊校獵，子雲爲賦，選羽林於七郡，詔敕張於五營，命司馬以示法，帥掌園而清甸，導旬始以前驅，伏鈎陳而後殿。抗鳥旌於驍雄。步軍爲雄武，並隸侍衛親軍。通典武德五年十二月九日丙辰，幸逕陽之華池，校獵。謂羣臣曰：今日畋樂乎！蘇世長進日，不滿十旬，未爲樂也。

唐高祖獵謂濱

高祖紀武德二年十二月兩申，獵于華山。通鑑十一月庚申。三年正月己已，獵于渭濱。四年閏月壬戌，獵于好時。乙丑九虔丁卯仲山戊，長清水五年十一月癸卯，獵干富平北原。十二月丙辰，獵于萬壽原。六年二月干子，獵于驪山。十月庚申，獵于白鹿原。十二月辛卯，獵于沙苑。丁酉，獵于伏龍原。七年十月辛未，獵于鄠南。校獵，丁鄠之南山。庚寅，獵于圍川。戊辰，獵于高陵。八年四月甲申，如鄠獵于甘谷。十月辛已，如周氏陂獵于北原。十一月辛卯，如宜州獵于西原。癸丑，雔于華池北原。十二月庚辰，獵于鳴犢泉。辛已還宫。舊紀武德五年十一月丙申，幸宜州簡閲將士。十二月丙辰，校獵於華池。十一月，校獵於沙苑。白鹿見帝射獲之。六年二月辛亥，一作戊午。校獵於驪山。獲白鹿。

丁亥，校獵於華陰。七年十一月，一云十二月。戊辰，校獵於高陵。八年十月辛已，幸周氏陂校獵，實錄武德。元年十二月乙酉，幸周氏陂週故莊。丙戌，校獵置酒高。會二年十二月，狩於華山。三年正月，校獵渭汭。十二月甲辰，校獵渭北。四年閏十月壬戌，校獵好時。乙丑，校獵九嵕。丁犯校獵仲山。戊辰，校獵清水谷。十二月丙辰，校獵杜陵原。五年十二月癸卯，校獵富平北原。六年十月己未，幸華陰。庚申，校獵白鹿原。八年十一月辛卯，幸宜州校獵西原。癸未，校獵華池之北原。

唐狩鳴犢野　冬狩詩

《會要》武德八年十三月，詔侍臣曰：獵以告宗廟，朕當躬其事，以申孝亨之誠。於是狩于鳴犢之野幸己。宴從官貞觀十六年十二月二十三日甲辰，狩驪山，時陰寒晦冥，圍兵斷絶。上欲捨其罰，恐虧軍令，迴轡入谷以避之。龍朔元年十月五日，狩于陸渾。高宗親御弧，矢獲鹿兔，上製冬狩詩。咸亨二年十二月，幸許州癸西陳，冬狩之禮因校獵昆水之陽。

唐太宗獵魚龍，用獵伊闕獻，獲大安，營大蒐廣成澤，獵岐陽。太宗紀貞觀四年十月辛丑，獵于貴泉谷。甲辰，獵于魚龍川，獻獲于大安宮。十二月甲辰，獵于鹿苑。五年正月癸酉，獵于昆明池。丙子獻獲于大安宮。十二月癸卯，獵于驪山。七年十二月甲寅，幸芙蓉園。丙辰，獵于少陵原。一云校獵八年十二月丁卯，從太上皇閱武于城西。十一年二月壬午，獵于鹿臺嶺。三月辛亥，獵于廣成澤。舊紀云大蒐於廣成澤。十一月乙未，獵狩濟源麥山。十二年二月乙亥，獵于河濱一云蒐。十月己卯，獵于始平一云畋。十三年十二月壬辰，獵于咸陽一云狩。十四年閏十月乙未，如同州。甲辰，獵于堯山。十二月己卯，獵于樊川一校云獵。十五年十月辛卯，獵于伊闕。一本云大閱，一云校獵。壬辰，如洛陽宮。十六年十一月丙辰，獵于武功。壬戌，獵于岐山之陽。十二月甲辰，獵子驪山。十八年十月己已，獵于天池澠池縣。十九年二月癸丑，射虎于武德北山。二十二年二月己卯，獵于華原實錄。十一年十一月乙未，狩于濟源之陵山，親御弓矢，以所獲鹿薦廟。十月，獵于洛陽苑。唐儉諫罷獵。十六年十二月壬辰，畋于成陽。

《太宗出獵詩》：三驅陳鋭卒，七萃列林雄。琱戈夏服箭，刑騎緣沉弓。

《冬狩》詩心非洛濱逸，意在渭濱遊。

唐顯德殿習射

見射類。

唐大蒐昆明池校獵

《會要》貞觀五年正月十三日癸酉，大蒐於昆明池，夷落君長從。甲戌宴羣臣。政要祕書監虞世南諫獵田，摧班碎掌，親御皮軒，舉旗效獲，式遵前古。然馬卿直諫於前，張昭變色於後。天弧星畢，所殪者多，頒獸賜獲，皇恩亦溥。願息獵車，韜長戟，祖裼徒搏任之羣下。貞觀十四年，幸同州沙苑，親格猛獸，晨出夜還。魏徵諫十月將幸櫟陽遊獵，縣丞劉仁軌上表切諫，乃罷。獵通鑑貞觀十六年十一月丙辰，上校獵武功。壬戌，校獵岐陽，因幸慶善宮，召武功故老宴賜，庚午還京師。

唐閱武城西

紀貞觀八年十二月丁卯，從太上皇閱武于城西，《會要》貞觀八年十二月二十九日乙卯，皇帝從太上皇，閱武於城西，高祖親視，勞將士而還。置酒未央宮，《通鑑》七年十二月戊午，帝幸芙蓉園，校獵少陵原，從上。皇置酒，故漢未央宮命頡利起舞，又遣南獵酋長馮智戴賦詩，既而嘆曰：胡越一家，自古未有帝奉觴上壽。

唐高宗獵滍南滍水講武尚書臺，觀講武，講武臺講武，新鄭講武城西并井州。

高宗紀顯慶二年十一月戊戌，如許州。乙已，獵于滍南。壬子，講武于新鄭，赦鄭州，免一歲租賦。五年正月甲子，如并州。三月己酉，講武于城西。十一月甲寅，如許州。十二月辛未，獵于安樂川一云校獵。龍朔元年十月丁卯，獵于陸渾一云狩。戊辰，獵于非山。一云校獵，一云辛未，狩於南山。總章，二年九月壬寅，如岐州。《實錄》云：大蒐於岐山。咸亨二年十二月癸酉，獵于昆陽。三年四月壬申，校獵于洛水之陰上元元年，十一月丙午一作朔，如東都。己酉，獵于華山曲武原一作畋。會要顯慶二年十一月二十一日，講武滍水之南。行三驅禮，設次於尚書臺以觀之。志在許州臨潁縣。許州長史封道弘奏臺本，漢南郡太守馬融講尚書於此，因以爲名。今陛下親降此臺，以觀教習，請改爲講武臺。從之。五年三月二十八日己酉，講武并州城北。紀云城西。上御飛閣，左衛將軍張延師爲左軍領，左右驍武六衛，左羽林騎士屬焉。右武候將軍梁建方爲右軍領，左右威衛六衛，右羽林騎士屬焉。一鼓而誓眾，再鼓而整列，三鼓而交前。左爲曲、直、圓、鋭之陣，右爲方、鋭、直、圓之陣，三挑而五變，步退而騎進，五合而各復其位。許敬宗奏曰：延師整而堅，建方敢而鋭，皆良將也。志太原府，晉陽縣西北五十里。有講武臺，飛閣顯慶，五年築。

唐講武邙山翔鸞閣觀大閱合元殿大閱

《紀》又《實錄》高宗麟德二年四月丙寅二十五日，講武邙山之陽御北城樓觀之。肅宗至德二載八月癸巳，大閱御鳳翔府門。三載正月庚寅乾元元年時未改元，大閱諸軍於含元殿上，御翔鸞閣觀之。《會要》云：御翔鸞閣習武。代宗寶應元年九月壬寅，大閱明鳳門街。武宗會昌二年七月，幸左神策軍，閱武。大中五年五月，敕諸道擇明兵法，能弓馬鎗弩筒射，軍將二人爲教練，使分番閱試。

唐講武驪山

紀太宗貞觀五年十二月癸卯校，獵驪山。十六年十二月甲辰，狩驪山。睿宗先天元年十月辛卯，獵于驪山。玄宗開元元年十月己亥，幸温泉一云湯。癸卯，講武于驪山。免新豐來歲税，賜從官帛，《會要》先天二年十月十三日元龜云癸亥，講武于驪山之下。發兵二十萬，旌旗亘五十餘里，戈鋋金甲，耀照天地，列大障於長川，坐作進退，以金鼓之聲節之，三軍出入號令如一。親擐戎服，持沉香，大鎗立於陣前，派兵部尚書郭元振斬禮儀使唐紹虧，失軍容故也。衆以帥及禮官得罪諸部，頻失敘。唯薛訥及解琬軍不動。上令輕騎召之至軍門，不得入。禮畢，特加慰勞。《儀衞志》開元元年十月癸卯，講武于驪山，既三令，帝親鼓之。朔方大總營代國公郭元振遽奏，禮畢，帝怒，軍合不整，將斬之。劉幽求張説跪於前，諫曰：元振有大功於社稷，不可殺。乃流斬，州斬典儀唐紹于□下。甲辰，獵于渭川。一本云：二年十月甲辰，畋渭川。三年十月，制曰：周有岐陽之蒐，漢有扶風之命，閒者因孟冬，臨右輔戒五校，備三驅，其散問兵，各賜綿布。其禮除地爲壇，干二百步四出爲和門爲步，騎六軍營域，立五表皇帝革路入大次，然後講武步騎，各出陣，遂振旅，又建武采牙旗，長者執弓矢，短者執矛戟，力者執旌，勇者執金，鼓刀楯爲前行，持矟次之，弓箭爲後。旗臥則跪，旗舉則起，未明十刻而嚴，五刻而甲，步軍爲直陣，以俟大將。立旗鼓之，下二刻三嚴，諸衞各督其隊，與鈒戟以次八陣於殿庭旗。具五方之色，陳有方、員、曲、直、鋭，其挑戰或迭爲勇怯之狀，或爲均敵之勢，或爲勝負之形，騎軍盤馬相擬擊而罷。遂振旅，侍中跪奏，畢而龍。已見《禮樂志》《會要》開元八年八月詔曰：五材並用，誰能去兵，四方雖安，不可忘戰。故周禮以軍禁糾邦國，以蒐狩習戎旅，不教人戰。是謂棄之宜遣，使於兩京諸州教練辨其旗物，簡其車徒，習攻取進退之方，陳威儀貴賤之等。俾少長有禮，疾徐有節，《姚崇傳》徙同州刺史，先天二年玄宗講武，新豐故事天子行，幸郡守。在三百里者，得詣行在。時帝亦密召崇，崇至，帝方獵渭流，卽召見帝曰：『公如獵乎？』對曰：『居廣成澤，以呼鷹逐獸，爲樂少，爲獵師老，而知能帝悦，與俱馳逐，緩急如旨。』

唐獵渭川

《魏知古傳》先天元年，爲侍中。從獵渭川，獻詩以諷。《呂向傳》天子數校獵道川，向獻詩規諷。會要先天元年十月七日紀幸卯，幸新豐獵于驪山之下。十一月三日，侍中魏知古上詩諫十韻。子雲陳羽獵，僖伯諫漁棠，得矢監齊楚，仁恩念禹湯。手制曰：時因暇景，掩渭而畋開。一面之羅，展三驅之禮，暘物五十段。開元十七年十二月乙丑，校獵渭濵。

唐校獵太原

《會要》開元三年十月二十四日，大蒐於鳳泉湯。紀甲子，如鳳泉湯。二十年冬，校獵太原。紀十一月辛丑，如北都。玄宗紀開元八年十月辛巳，如長春宮壬午獵于下邽華州。十年十月甲寅，如興泰宮獵于上宜州。十四年十月己巳，如東都。十二月丁巳，獵于方秀川辛壽安。十五年十一月丁卯，獵于城南。校獵義成，逢大雪。題九詠，示羣臣。李白大獵賦序，孟冬十月大獵于秦。唐畋禁苑

《實錄》代宗大歷七年十月壬子，畋于禁苑。一發連二兔，宗宰臣仍賜之。癸丑上言漢武有獲蛟之歌，魏祖有南皮之事，開元中，蒐岐陽有百中之捷，請付史官。紀大曆四年十一月辛未，禁畿内弋獵。德宗貞元八年十二月甲辰，畋城東。畋紀作獵，下同。十一年十二月戊辰，畋苑中幸左神策勞軍。憲宗元和九年十一月戊子一云丙子，罷京兆府，獵獻狐兔。穆宗元和十五年十二月庚辰，畋城南。長慶二年十月己卯，狩咸陽。十一月癸酉，幸華清宮狩于驪山狩紀作罷。武宗開成五年十一月癸酉，朔幸雲陽校獵。會昌元年十月，幸咸陽校獵。二年十月，校獵太白原。十一月，獵白鹿原。四年十二月，獵雲陽。紀十月，獵于鄠縣。六年十二月，幸涇陽，校獵白鹿原。宣宗大中八年九月，獵于苑也。問樵夫，以涇陽令李行言之政。

袖中之鷂耻魏徵之見苑中之避畏韓休之聞

又 卷一四五《講武田獵下》 建隆便殿講武大閱西郊

五代承唐衞兵，雖衆未嘗訓練，太祖首議教閱，或召近臣觀陣伍，幸

殿前班馬射所過池苑。多令衛士射雕截柳，其後常加訓習，弓力有至一石三斗，以引强平射爲上等。難於引滿及選懦者，差爲下等。量才遷肄。《會要》至道元年有挽强一石五斗，連二十發，而有餘力者，常語左右。今宇內阜安材武間出弧矢之妙，亦近罕有也。又令騎步兵各數百，東西列陣，挽强弩視其進退發矢如一，容止中節。上曰：『此殿庭間數百人爾，猶兵威可觀，況堂堂之陣數萬成列乎！』《會要》並《實錄》建隆三年帝御便殿，講習戰士，是年十一月七日辛酉，又以殿前侍衛、諸軍及京都兵，從駕出元化門，大閱西郊。《實錄》十一月辛酉，講武於近郊。十日甲子，講武于近郊。紀作辛酉大閱西郊，《實錄》甲子。又大閱于西郊。先是晉漢以來衛兵浸廣至數十萬，罕加訓練，至太祖臨御書，按籍閱兵，親校擊、刺、騎、射之藝。有選懦者，咸黜去之。至是始，大講武事。謂近臣曰：『頃禁兵雖多，未嘗訓練，朕昨蒐去冗弱，遂爲精兵，故因順時令，而教習。』開寶八年三月二十九日，詔契丹使於講武殿，觀騎士習射。九年正月，幸左飛龍院，觀衛士射，遂幸北苑，令衛士典契丹使騎射。八月幸控鶴營，觀騎射。十月出元武門，幸西教場，觀飛山兵。按砲開寶通禮，有四時講武儀，國初四方，未盜多親，臨閱兵亦無常，所按砲角射，軍儀精鋭，近世無有也。

太祖一駕而下潞，再矢而定，楊三揖而納荆潭，四指而收蜀虜，五征而平江南，七臨幸教船池，兩大閱西郊。

建隆岳臺習騎射

建隆三年十月己亥，幸岳臺，命侍衛諸軍習騎射，遂幸玉津園。二年二月丙寅，幸飛出軍營，閱砲車。

建隆玉津圃閱騎射城西觀騎射

建隆四年四月乙已，幸玉津國，閱近衛諸軍騎射。乾德四年二月十六日癸未，幸閱士卒騎射，張樂賜從官飲。九月十四日乙已，幸觀衛兵騎射。五年二月一日，幸城西觀衛兵騎射。

建隆校獵近郊乾德校獵

建隆二年十二月十九日己卯，始獵于近郊，賜宰臣至諸軍都校錦袍，帝親御弧矢中兔三，從官稱賀，召近臣賜飲。十二月十日，出元化門校獵。三年十月二十七日辛亥，十一月二十六日己卯，四年十月二十一日己亥，三十日戊申，乾德元年十一月二十六日乙亥，並校獵于近郊。二年十一月二十日，校獵西郊。十二月人日，校獵于陽武。十九日，校獵北郊。四年正月，命賜南雄，覇嬴莫州，領所部兵大獵于幽州，以耀北鄙。一本云詔關南監軍及雄，覇瀛莫州，刺史勒所兵，校獵于幽州之境，以耀威武。五年九月二十一日，十一月五日，六年十月十一日，十五日，開寶二年正月五日，十一日，十三日，十二月，朔三年十月二十四日，十二月十日，同年十二月十一日，五年十二月四日，八年九月三日，並校獵近郊。八年九月，畋上因逐兔馬蹶而墜，因刺馬殺之。悔曰：吾爲天下主而輕事，畋違非馬之罪，自是不復獵。

乾德講武殿閱兵

乾德三年九月己已，御講武殿，閱諸道兵，得萬餘人，以騎軍爲驍，雄步軍爲雄武，並屬侍衛司。眞宗時亦再駕，講閱柳承平，不忘武備者也。太平典國講武臺太閱觀射連弩

紀太平興國二年九月辛亥二十日，講武臺大閱，《實錄》先是太宗紹服之初，一意事戎，思有舊邊，備振天威，侮朝罷卽，於便殿或在後苑，親閱禁卒，取其伉健者，肄親軍罷，軟老弱分配外州，自是審衛之卒，益精詔築臺於千秋城西。門外之楊村因名曰講武臺，是日大閱，上與大臣從官登臺，觀焉千乘萬騎，雷動雲合，甲兵之盛，近代無比。一云南北，綿亘二十餘里，建五色旗井，金鉦鼓架，於中央天武，左廂都校崔翰親執旗鼓，每援旗指縱，六師如一，軍容甚整，鼓以麾兵，兵乃大合，周旋數四擊金退，軍上甚悦。一云先以殿前，楊信董其事，帝以信，病痘不能言。命崔翰分布土伍南北，綿亘云云，同上千乘萬騎，周旋如一。甲兵之盛，近代無比，因謂左右，晉朝之將，必無如。崔翰者言，晉將不習，人而軍政墮褻也。內辰，上始狩於近郊，作詩賜羣，臣令和。興國二年十二月二十四日乙丑，幸講武臺，觀飛山卒，發機石，射連弩，上將有事於晉陽。一云將有事於太原。習武事也。明年述平河東。六年十二月己卯，畋近郊還，幸講武臺，賜從臣飲。七年閏月丙申，幸重賜飲。九年四月甲午，幸金明池，習水戰。上御水心殿，召近臣觀之，因幸講武臺，閱諸軍都試軍中之絶技者，遞加錫賚登瓊林苑樓，樓前百戲皆作能。熙元年四月甲子，幸觀衛二馳射。涫化二年正月，改二舞名一變象登臺講武。

太平興國校獵西郊畋近郊閱武近郊御製獵詩

興國三年十月庚午，車駕校獵於西郊。一年十二月庚午，車駕畋於近郊。一云上觀狩於西郊。親王、宰相、翰學、節察、防園、刺史及劉鋹李煜，渤海泥國使皆從上。親馳射中走兔二回，幸金鳳國張樂，賜從臣飲。四年十一月己丑，校獵近郊。十二月丁卯，畋近郊。五年九月壬戌，校獵近郊。十二月甲

戌，畋因以閱武賜軍，校衛士襦袴。六年十二月己卯，校獵近郊，親射中走兔，四顧閑從臣曰：『獵日出狩，以順時令，緩轡從禽，且非荒也。』回幸講武臺，張樂期從官飲。七年閏十二月丙申，校獵近郊，中兔二回，幸講武臺。二年十月己巳，幸京城西北隅，觀親衛士與契丹使馳射，又宴射内園。會要太平興國二年九月二十八日丙辰，校獵于近郊，帝御弧矢，射走兔四。相己御製獵詩二章，羣臣屬和。丑年三月，先是令有司定打毬儀，戊子用其儀，召羣臣會鞠於大明殿，上獲多筭。

端拱元年十月癸未，詔曰：『洛汭之歌，上林之諷明鑒不遠，朕惟好生之德，解綱之仁，今後順時行禮，非時更不於近甸。』遊獵五坊，鷹犬放之諸州，不得來獻。

太宗教諸軍舞劍

太平興國四年四月壬申，上幸太原城南，射振甲，問督諸，將麾兵發機石，玫城先是上有取太原之意，乃選諸軍勇士數百人，教以舞劍，皆能擲劍於空中。躍其身左右承之妙，絶無比會。北戎遣使修貢，上宴其使於後殿，因出劍舞，士數百人袒裼鼓貳揮刃而入，跳、擲、承、接，霜鋒雪鍔。飛鐸滿空，戎使見之恐形於色，及親征太原，必令爲前導，賊衆喪膽，九月己亥，幸新城西南，闕觀鉄林軍射强弩。八年三月庚申，幸御龍直班院閱武。

太平興國閱將校名籍

九年二月壬午朔，上御崇政殿，親閱將校，自都指揮使已下至百夫長，皆按名籍，參驗勞績而升，降凡數日而畢。既而謂近臣曰：『朕選補將校，先取循謹，能馭下者，武勇次之。』

雍熙薦獲太廟

雍熙二年十一月壬午，詔日顧時蒐狩禮，有舊章，非取樂於畋遊。將薦誠於宗廟。今舊狩近郊，爰遵時令，其以所獲禽獸，付所司薦饗太廟，永以爲式。初上獵于西郊，射中走免五，謂宰相曰：『蒐狩之事，舊于興禮，古者以所獲之禽薦，享宗廟。其禮久廢，今可復之。』遂下是詔四年十二月庚戌，狩于四郊，行次近甸，命近臣飲。謂論學宋白等曰：『可各賦臘辰從獵詩，至行宮以詩，上親獲雉免五，可有司，以備宗廟薦享。』

至道親閱武士崇救殿試射

太平興國九年二月壬申朔，上御崇政殿，閱諸軍校，而升黜之凡，數日畢。自是率循其制，至道元年四月，御崇政殿，殿前指揮使并布陣騎射於庭，人馬皆被甲。立射欄於西序，閱射在二月，皆引滿急馳矢。凡三發，次命弩射，亦如之。俄遣執盾者數十人，伏於射欄之前，弓弩齊發，飛矢如甫，次引諸班，弓弩手入，復布隊步射，几數千人，麟差而立，且行且射，皆望鼓鳴鉦節。其進退次，命諸班闕槍御龍官，翘不闕盤城槍於前，有重百三十斤者，《實錄》至道元年三月己巳，上御崇政殿，殿前指揮使御龍，官數百輩試射。語銀州牙校張滿觀之。弓皆力及一石六斗以上，問浦：「戎人，敢敵否？」浦奏：「蕃部弓弱矢短，豈敕拒敵。」

至道閱武便殿

至道元年十一月己未十七日，上閱武便殿，衛士挽弓，有及一石五斗者，矢二十發，而綽有餘力。因謂近臣曰：『事有奇異，驚聽者此是也。方今寰海無事，美才間出，悉在我彀中矣。朕向於行伍中，選氣質端謹勇而知禮進退有度者，授以挽强之法，俾相講教。所以弧矢之妙，夐古無比。』又令騎步兵各數百，東西列陣，發矢如一，容止中節。上曰：『數百人猶兵威可觀，況堂堂之陣，數萬成列者乎！』

至道崇政殿閱騎射

眞宗至道三年十一月己卯己卽位未改元，上御崇政殿，閱殿前指揮使，内殿直騎射鬬。槊，擢精鋭者十餘人，遷職。當時，彎弓二百斤，傅夏箭者，謂之大弓箭，止能步射。有王貴，言能挽而馬射，馳鞚引滿，綽有餘勇，賜以緡錢。十二月命殿前指揮使王超，引金槍直，騎士至殿庭，分左右。鳴鼓節，進退數合而罷，又觀東西班殿，侍騎射。有數騎挾兩旗，建雕盤於上，引灌仰射，皆中。又試强弓勁弩。咸平三年正月甲申，并代鈐轄李允正引廣鋭騎士數百人，對行宫前殿，上與輔臣國觀，命允正屯邢州。時駝鐸天雄。

咸平東武村大閱賦

《實錄》咸平二年八月丙寅十六日，大閱諸軍，先是詔有司擇地於東北郊，距都二十里。得東武村度，形勢闢爲廣場，又凴高築臺，臺上設幄，建行宫于西北隅。命殿前都指揮使王超爲左右廂，教陣都總管龍神衛四順，都指揮使張進副之。是日，殿前司侍衛司步諸軍二十萬，自夜三鼓初分出諸門，遲明乃絶詰且上，按轡出東華門，諸王輔臣至給舍上。將軍等並賜戎服，以從上頓于行宮，諸軍陳于臺前。左右相向，步騎交屬，綿亘二十里，諸班衛士奕侍于臺。後軍機整肅，天氣爽霽，有司奏成列，上升臺東向，御戎幄召，從臣坐而觀之。王超執五方旗，以進退，又以行列，遐遠號令，所不能及。遂於兩陣中起，候臺相望，使人執旗如臺上。招之初舉黄旗，則諸軍旗拜。舉赤旗，則騎進。舉青旗，則步進。每旗動，則鼓作，而士譟之聲振千百里。皆三挑，而後退，次舉白旗，則諸軍復拜，呼萬歲者三。有司奏軍堅而整，士勇而厲，欲再舉之。上曰：『可，止矣。』遂舉黑旗以振旅，軍於右者略左陣以還。由臺前出西南隅。軍於左者略右陣而還，由臺前出西北隅，並凱旋而入，旌旗戈戟，照耀原野，士民老幼，觀者坌集，上顧王超曰：『七衆嚴整，戎行練習，卿之力也。』退御幄殿，召從臣宴飲，回御東華門，闞諸軍。還營鈞容，奏樂於樓下。丁卯賜近臣飲於中書，諸軍將校於營中，衛士飲於殿門外。詔大賜所踐民田蠲某租上作，大閱五言詩，令屬和儒臣梁顥，曾致堯盛，元綱鐇楊嵎等，各上大閱，賦頌銘詔，付史館。十二月辛亥，詔巡北邊甲子，次大名府上，御鎧甲於中軍。三朝訓監屬云治兵振旅，有邦令典。先帝纘治之初，邊未靖，注意征伐，乃閱師場，合禁圍。因時以講事，卽田以訓戎，有韓威靈震壘，無外不止於順。秋令正武節，蓋有儆於因鄙矣。曾鞏云：興國，有楊村之閱。咸平有東武之蒐，太平興國，後築臺楊村，備大閱之禮。成平中，又闢鬬場於東武原，發卒會射。其後再幸飛山教場，躬親謂韓，不忘武備丁謂作大蒐賦。

咸平便殿閱兵

咸平三年四月辛酉十四日，上於便殿閱兵，神騎副兵馬使傷遲，自稱善盤鐵果舞，於馬上往復如飛命，遷軍使是年五月辛卯上閱兵於便坐。四年八月壬子，幸御龍營，闞躲勑弓，賜緡錢，遂觀穆北郊，幸含芳園宴射。十一月庚寅，畋近郊宴從臣。咸平崇政殿閱教戰

咸平三年十一月壬午五日，上御崇政殿，閱捧日天武右廂第一指揮使教戰前列，騎士步卒次之。舉赤旗，則騎進；青旗，則步進。弓弩齊發，矢下如雨，復以金鼓，節其進退。權射御超倫者，遞補軍職。十二月丁已，幸殿前指揮使班院。閱馬射，又召挽弓至百斤者，射於御前。引滿命中。上悦宰臣曰：『陛下以神武訓兵，士旅精鋭，近古未有。』遂宴射後苑上，七中的。五年二月丁卯，朔草澤，楊傑游，仲宣自陳，素習武藝，召試便殿，命爲三班借職。六年二月戊寅，幸飛山教場，觀發機石運弩，移幸潛龍園宴射。十一月己亥，御崇政殿，閱捧日軍教三陣。景德元年二月，御宗政殿，觀前虎翼軍，習鞭箭，及令弩手蹶張，挽强鬬槍刀以角勝。

咸平校獵近郊

咸平二年十一月三十日己亥，狩于近郊。朱遷順三年十二月五日戊申，校獵近郊。習日有司，以所獲狐兔薦于太廟，餘賜輔臣。四年十一月二十二日庚寅，校獵近郊，至棘店頓宴從臣。十二月丁未，右贊善宋貽序獻大閱賦。

景德校獵近郊

景德元年十一月甲子，上校獵于近郊，至于陶村，見民舍有驢類室漏者，因幸之賜錢免役調。時將幸澶淵，親征從官，獲免者，第賜馬。三年十二月乙酉，校獵近郊射免薦廟。

景德崇政殿觀神勇軍酉戰

會要景德二年七月，一云戊戌朔，一云丁未明。戌午土御崇政殿，觀神勇軍習戲，初入殿庭，北向成列，一鼓再拜，二鼓引而西向。旗槊在前，弓弩次之，三鼓授矢再射，分爲五隊，互出而射，復成列。鼓作而進，一步一發，矢凡四發，金作而退。如是者三行，陣整肅觀者增氣復簡，武藝超絶者，引强弓勁，弩鬬槊祈，刀角力策，賜羊酒緡錢，遷小校隊長者，十有餘人。

祥符便殿觀習戰飛山雄武場習戰

祥符元年二月戊申，上御便殿，召輔臣觀捧日軍士習戰，設金鼓于西階，一鼓下馬，再拜，鼓成列，又鼓之東向，馳射凡三發金作而退。又射者，再又鼓之，善槊矛者，復東向馳射，三發金作而退，卽槊矛擊刺。步兵出千騎，步成列。一鼓傳，矢引滿，再鼓，而發，三鼓，而止。騎士復進，如是五六，乃畢。部伍整肅，進退如一，上復召挽强用稍者十餘人，又召龍御騎士騎驍弩手，習射。上謂王欽若等曰：『拳勇出人者，可錄記于籍，以次遷用。』八年正月，觀驍騎、雲騎兩軍習戰于殿庭。天禧二年四月戊子，幸彰化橋北飛山雄武營，教場駐蹕，幄殿命諸軍衛士，發殿石習，戰陣藝精者四十四人遡，擢寫從臣。兩朝志仁宗卽位十有二年，欲漸修武備，始幸安肅教場，觀飛山雄武發砲，又命上四軍，虎奕爲戰陣之法。

天聖崇政殿閱騎射習軍陣

天聖元年二月戊戌，御承明殿閱試衛士遷補有差。四年四月癸丑，御崇政殿，閱騎射。五年五月丙午，御崇政殿，閱諸班騎射。九月庚戌十三日，御崇政殿，臨軒召輔臣。閱龍衛神勇軍，列射于庭中，習戰陣之狀，先騎射，

次步射。進退節以鉦鼓，頗極精妙。七年十月壬寅，閲虎翼武，騎習軍陣。皇祐五年四月壬申，御崇政殿，觀蕃落騎兵。

景祐安肅門閲習戰

紀景祐二年八月甲戌，幸安肅門砲場，閲諸軍習戰，遂燕從官康定。元年七月庚午九月辛己，閲諸軍習戰二月乙丑閲虎奕軍習戰，慶曆二年六月丙申，閲蕃落將士騎射。三年三月壬申，閲衛士武技。至和元年十月戊午，幸城北砲場，觀發砲燕，從臣賜衛士緡錢。

康定延和殿習陣法天聖慶曆見前

康定元年七月十五日庚午，御延和殿，閲諸軍習陣法詳見陣法類。慶曆三年三月壬申，御延和殿，閲衛士武校。

慶曆校獵

《稽古錄》慶曆五年八月，直集賢院李東之言，講武不可廢。十月庚午，上始校獵于楊村，慶曆五每八月九日壬戌，仁宗謂輔臣曰：『先帝封禪後，不得田獵，玉坊之職，廢而放鷹犬於山林，朕以四時之田。』蓋因農陳而講武云云，詔密院討祖宗校獵制度以聞。是歲十月十七曰庚午，獵于楊村，上親射鹿及雉免，遣使馳薦太廟，燕幄殿奏教坊樂。既而召父老臨，問賜飲食茶綵，而退宰臣昌朝等，語陛下順時畋獵。登廟俎以昭孝，閲軍實以講武，飲者年以養老，賜田夫以勸農。一出而四美，具望宣付史館從之。六年冬十一月二十九日，獵城南之東韓村，初至玉津園十一月辛丑，降輦乘馬，分騎士數千，爲左右翼，節以旌鼓，合圍揚徑十餘里。部隊相屬，上按轡，中道親筴月矢，而屢穫禽，至棗店御帳殿，召父老問，以子孫供養幾何？上地種植宜否？慰勞久之詔免所過民田程還次近郊。遣衛士吏奏技千前，皆兩兩相當，掉鞅挾槊以相決勝，謂輔臣曰：『此可以觀材勇也。』時交趾李德政遣使獻馴象，久未及見上，特召見使觀焉。於是羣臣爭獻賦頌，有以田獵爲戎者，明年有司復以請上曰：『罷之，吾不復獵也。』七年三月二十一日詔：自今罷獵，于近甸一本。云七年三月乙亥，將復出諫者甚眾，御史何郯及王疇上疏諫，是日詔罷獵。

慶曆校獵圖

六年二月朔左屯衛將軍趙振上

治平閲武

治平元年十月，閲諸軍班直，將校武藝，懼授有差論，天武都指揮使王秀曰：『爾有戰多，以爲正剌史，論散直都。』虞候胡從曰：『爾治軍齊，肅以爲内園使，命殿帥郝質戒諸軍，勤習武藝。』四年十二月，御延和殿試親從長行武藝，遷補者百五十二人。

監窋頒河北教閲法

熙窋元年十月，詔頒河北諸軍，教閲法，凡弓分三等。九斗爲第一，八斗爲第二，七斗爲第三。弩分三等，二石七斗爲第一，二石四斗爲第二，二石一斗爲第三。本營教閲外遂州輪兵官，提舉訓練，凡州有五指，揮日輪官，教於教場，當輪人不得以窠坐占留步軍。先射三等弓弩槍刀手，亦以高下分三等，置籍錄等，第藝精者，給以例物，藝下並別置籍抄記，乃委兵官居常檢閲。自九月一日至二月，各分蕃於城外，洗馬委兵，馬司或隊伍部分就寬廣處，習戰射，其籍記姓名，人經年教，習不進委，長吏體量，如老疢羸弱，卽減充小分。壯者充槍刀手，教復不進孥總管司降，置廂軍以上。都總管檢察，提教兵官，如不職，卽日以名聞。是日差陝西河東佽臣等，往河北教閲。定州路三人，高陽關路在人，大名府路二人，眞定府二人，都總管司無得他使，專以新法教習騎軍。如朝廷他時遣官點檢，武藝不進，其教軍隊使臣并本路兵官，當次第劾斷，若使臣等用心，教習藝精，都總管司保驗，以聞當議旌賞。二年四月二十四日，命郭慶并賀於京，東西捉舉，教閲如河北法。五年四月庚戌朔，立殿前馬步軍，春秋教試，殿最法偏，賜以鼓舞之。

熙窋閲武後殿

六年十月十八日，親閲軍校，兵士試武藝，賜銀有差。上厲精武事訓肄有法，每旬一御後殿程，能否而勸沮之，不數月兵氣一新。

熙窋宮城荆家陂大閲

九年初以八月丁已，大閲於宮城荆家陂，以樞密副承旨曾孝寬董視。元豐四年四月六日，御延和颺閲試保甲。六年正月乙已二十九日，御崇政殿，閲殿侍七十人，熙達所肄習各步，射弓一石四斗，又加射一石七斗。與三班借職，賜袍笏銀帶。

元豐教閲格紹興内數乾道射鉄簾

元豐二年九月壬辰，内出教閲，格行立步，射執弓蒙矢，運手舉足，移步及馬，射馬上使蕃槍野戰，格鬬步用標耕皆有法，凡千餘言，使人人諸之其後中書密院，請使勇保甲，皆誦教法從之。三年閏九月辛丑，詔府界、河北、河東、陂西提舉保甲官，各給内降教閲圖格一本。《汴都賦》：連營百將，帶甲萬伍，控弦貫右，動以千數，其營則龍衛神勇，飛山雄武，奉節拱聖，忠靖宣效，吐渾金吾，擲颺萬勝，渤海廣備，雲騎武肅，才能蹶張，力能挾輈，投石超距，索鉄伸鈎，水執鼉鼊，陸拘貔貅。於是訓以鸛鵝魚鹿之形，殺敵擊刺之法。

建炎元年七月十四日，尚書省奏振華軍，教閲格法。八月六日，詔御營使副大閲五軍士馬。紹興四年十一月二十五日，御内殿按閲神武中軍，將校及效，用一千四百七人，賞賚有差。十一年二月二日，謂輔臣曰：『武備不可弛。』欲親臨閲武。十一月甲子，即宫中閲試，將士藝精者，錫賚。自是歲以冬，月行之號内教。十八年十月十日上日，内教藝極精挽强者，又加百人。隆興元年二月五日，詔祖宗御便殿，閲衛士，蓋以嚴宿衛練爪士，以備征討。命管軍且訓練法，以閲。二年五月十七日，幸教場，引三衙出，戍四軍勞。賜之以遇雨止。乾道三年三月二十日，宣殿前選鋒等軍馬，軍九百，騎入内射。四月九日，宣馬軍五百八十二人，車二十四，兩入内教。四年四月十三日九月七日，亦如之。十一月二日，内中馬射鐵盆。五年正月二十九日，選鋒等軍入内射。五月十八日又射。七年二月一日，寡步軍弓箭手，於四日入内，射鉄簾，賞賚有差。四月十五日，選鋒弓箭手入内射。八年三月十二日凡三。九年二月六日，上曰：『前日内閲忠鋭軍，射藝可觀。』十八日命左右軍弩手入内，一百步射鐵簾各六箭。

建炎大閲五軍

建炎元年八月癸亥，命御營使副大閲五軍人馬。自是執政，皆有親兵。紹興四年三月壬申，神武右軍都統制張俊大閲將士。上聞之，賜俊白金萬兩，錢三萬緡，爲激賞之費。

乾道白石茅灘大閲　淳熙龍山大閲

乾道二年丙戌十一月二十四日甲子，幸曰石大閲時，大陰曀迨出，郊風日開，齊諸軍歡騰，觀者山時，皇帝登臺。舉黄旗，諸軍皆拜；舉白旗，三司馬畢首尾相接；舉紅旗，向臺合園；舉黄旗射，生兵獻獲，上以衣裝整肅，衰陳敏師律，整嚴襄王琪有數將，獨手運太刀數十觔，錫賚將士，有差四年。戊子十月十六日甲辰，幸茅灘大閲，前一日於教場東列幕宿營，皇帝登臺。舉黄旗，諸軍呼拜者三；舉白旗，變方陣爲備敵之形；舉黄旗，變屬陣爲自環内固之形；舉赤旗，變鋭陣諸軍魚貫斜列爲衝敵之形；舉青旗，變直陣。上親御甲胄，指授方略，六師歡呼，犒賞有加焉。上謂王逵曰：『軍律整肅，卿之力也。』六年庚寅十二月三日戊申，幸白石如四年之儀。淳熙四年丁酉十一月乙亥、戊申，幸茅灘，大閲殿帥王友直。舉旗五陣畢，舉白旗，變小方陣，又變四頭八尾陣，次變大方陣；次舉黄旗，變閲陣次；舉皁旗，變曲陣；舉青旗，變直陣；緋旗，變鋭陣。宣太子執政使相管軍宴飲，侍從於御臺下，關陌上皇於都亭驛，設簾帷以觀，邀上入幄中，謝畢，導駕還内。十二年乙巳，《會要》作十年十一月甲辰。復大閲於龍山管軍。舉青旗，變三直陣，鼓音作分六行；舉白旗，聚爲四陣；舉緋旗，爲二陣；舉皁旗，爲一陣，繼又散爲六行高，一鼓，變品字作三陣。自乾道至淳熙，凡五大閲，各射響箭三。慶元丙辰，嘉泰壬戌，兩幸龍山，大閲如故事。先是乾道四年十月四日，令三司祇備教場殿前，司相視龍王堂北江岸東茅灘，可作教場。修築將壇，馬步軍先赴教場俟駕，升臺，升臺聽金鼓畢，變陣教閲。前一日於赭山打圍，射獐鬼俟，教陣畢至御臺下進獻從之。淳熙十年，幸龍山教場，東四二百十二步，南北一百九十二步，用馬軍二千四百人，騎步軍四萬五千五百三十六人。十六年，幸候潮門外大教場，東西三百五步，南北二百九十五步，用馬軍一萬二千四百人。

孝宗人閲千曰：『石者二，于茅津者二，于龍山者一，凡大閲者五。』

淳熙選德殿觀擊毬

興國五年三月，有司定儀戊子會鞠于犬明殿，上獲多算。己丑，製擊毬五七言詩，詔近臣屬和。見上。淳化五年十二月九日，改打毬務爲擊鞠院。嘉祐二年三月五日乙亥，延和殿。七年二月十一日己丑，崇政屬觀教駿軍士擊毬。淳熙四年九月九日，命閤門稽太宗朝擊毬典故，參以今事具儀以進，仍先習儀。既而選定，上之詔並戎服十三日，詔擊毬御朋打北門是日三少，使相執政已，下各分朋侍立。二十二日，召羣臣入東華門選德殿，觀擊毬上擊過毬門，回服御殿皇太子，以下稱賀使，相執政升殿，進酒羣臣，皆賜酒饌。

漢霍光傳穿城蹋鞠，《史記正義》徐廣云穿地爲營域，按蹵鞠壽，有域説篇，卽今之打毬也。黄帝所作戰國時程武士，知其材力，若講武漢志兵技巧家，蹵蹵二十五篇。蹵以韋爲之實以物蹵蹋之，以爲戲陳力之事，附於兵法。

孝宗當時平無事，不忘武備蒐卒於白石，閱藝於選德，以進士習射，以武舉從軍，又命士卒射鉄簾，勸以官，賞人人奮勵。

慶元嘉泰閱武

慶元二年丙辰七月十七日，上欲幸茅灘殿，帥郭果等言茅灘潮汐不時，徒費修治，於是改幸大教揚。候潮門外龍山。十月二十九日，閱兵。按閱馬軍一千六百人，騎步軍一萬八百人。嘉泰二年壬戌十二月二十日，又幸教場，按閱諸軍。

先王寓軍政於四時之田，而戒眾庶，修戰法，獨詳於仲冬之大閱。以鼓則，王執路鼓；以旗則，王建太常以穀，則王下大綏；凡簡徒選士，王必親莅，其閒故閱，以大言以見軍禮之盛，戎容之詳也。春秋書大閱僅一見漢用五膜之制，唐行三驅之典，僅見太初。顯慶閒，古者以言不相聞，故爲金鼓，視不相見，故爲旌旗，所以一人之耳目，耳目既一，則勇者不得獨進，怯者不得獨退，勇怯並用出生入死，誰與我敵哉。

龍翔鳥飛，上下其勢，行陣整也。霆激電騖，欻忽若神，車徒奮也。萬鏃俱發，角射藝也。六軍罷拜，效嵩呼也。車攻簡徒，載記于雅，講武類禡，詩人頌之，士閑而鋭求，欲鞭七貫，三示以薄，徼而不可得。一旦與舜羽千周旋鉞比，視上林之射，昆明之試，驪山之講，侈於名而實不副者，殆不可几庸同語，一天威肅臨，踞虎指兕，萬目一弣，萬馬齊耳，俞騎聘路，指南司方，出車檻檻，被練鏘鏘，巾玉輅軺，驌騮旂魚，須常重光，攝鳥號佩，千將擬北，落而植表，唏壘壁以結營，旂旄茷茷，鸞厄楚楚，貝冑朱英，犀甲粲組。

祈羽飾魚，文於被練，革軒按轡，五虬齊鞅，屯左矩以啟行，擊石鍾而傳響，御太一之玉堂，授軍令於紫房，蘊龍韜之妙算，誓虎振於戎場，鋭金顏於庸蜀，躪鐵騎於漁陽，曳紅旗之正正，振夔鼓之鏜鏜，投石扛鼎，超乘挾輈，衞冠聳劒，鉄盾銅頭，九攻既決，三略已周，鳴鐲振響，風卷電收，登燕山而戮封豕，臨翰海而斬長鯨，貝冑雍弧之用，犀渠闞鞏之殷。

陛戟百重，彤庭如砥，扛鼎翹關之雄，落鵰穿楊之技，影纓鳴劒之鋭，並效其能，賞春罰秋，風動營壘，犀兕其威，貙豻其勇，蒙輪超乘，縵胡突鬢，旄頭前驅，黃屋徐動，從以橫吹，烈響穿雲，斬牲禡野，補卒蒐器，風揮電旋，萬旅一指，劒躍長虹，弓翻滿月，蛇陣奕張，虎賁環匝，僄校課才，勁勇程氣，應變蛇擊，蹈厲鷹揚，聊七縱於孟獲，乃兩禽於下莊，颯沓吳鉤，參差夏箭，劒起沉犀，弓問伏石，總秦人之鋭士，兼荆尸之廣卒，雕弓偃月，行馬流星。

國朝講武有殿教戰有池，或幸玉津園閱兵，或御崇政殿觀射幸飛山，營以習陳幸北敬揚以校軍。

聖人爲弧，矢取諸睽重門擊，材取諸孫萃之象，日飛不虞，坎之象冂，習教事，先王寓兵於農，習武以田，其兼得諸此乎。習之四時，無不教棄民之患，寓之屢井，無久蓄不用之憂，言私其縱，獻豜于公，致禽之禮也。悉率左右，以燕天子奉上之誠也。彼茁者葭，一發五豝，憂物之仁也。國人壘作，而考者優，壯者獲禽，而長者厚，而孝弟逹乎蒐狩矣。振放先長，治兵先壯，自王至庶人，禮有等差。自牧伯至諸侯，時有疏數，而上下之分明矣。田車既好，則狩于甫，草選徒囂，囂則苗于敖，而險易之利盡矣。鳥獸孳尾，則蒐五穀，既殖，則苗獮于既烝，狩于畢時，合圍掩羣，在所不忍，而對時育物之道得矣。大有宣造，小有伯禱，前有表貉，後有饁獸，社礿祊烝，各順其時，而成民致力之義彰矣。厥後快心，從禽如詩人盧令之刺安意僭禮，如春秋蒐閱之書，則周公之典壞矣。列八陣之形，申三令之語，肅將帥嚴，部伍頗牧，授之以方略，韓彭進之以旗鼓，彼上林之馳射驪山之講武，豈可同日而語哉。車攻美，宣羽獵，箴漢魏絳，稱虞箴以諷晉相如練猛獸以戎漢。

解圍三面，殺不殄羣，逐奔不過百步，縱綏不過三舍，不合圍，不掩羣，不射宿，不涸澤，列卒滿澤，罘罔彌山。掩兔轔鹿，射麋格麟，騎所蹂若乘遺風，射游騏倦。散毛族揞，羽羣飛鋌，電激流矢，雨墜華蓋，承辰天畢，前驅千乘，雷動萬騎，龍趨陳虎，旅於飛廉正壘壁於上蘭，列卒清侯，武士赫怒，縱衣靺韐，睢盱跋扈，中黃之士，有獲之儔，風毛雨血，洒野蔽天，駕雲龍之飛駟，飾玉輅之繁纓，垂宛虹之長綏，抗招搖之華旍，捷忘歸之矢，秉繁弱之弓，緑山置罝，彌野張罘，批熊碎掌，拉虎摧班。臨金郊而講師，列輕武整戎剛，建雲髦，啟雄芒，駕紅陽之飛燕，驂唐公之驌驦，藪爲毛林，隰爲丹薄。卷旆收鳶，虞人數獸，林衡計鮮。論最犒勤，息馬韜弦，肴駟連鑣，泗駕方軒，干鍾電釂，萬騎星繁，靡魚須之撓旃，曳明月之珠旗，建干將之雄戟，左烏號之雕弓，右夏服之勁箭，羽旄揚對，雄戟曜道，貝冑象弭，織文鳥章六軍，均服四騏龍驤，鷹瞵鶚視，軒車飛揚，武騎書王。攙搶爲闉明月，爲候熒惑，司命天弧發射甫基發射花氏施，御弦不踶，禽轡不詭，遇江河爲陸，泰山爲稽，車騎雷起，動地，蒙鶡綺虎，轊鹿捷蒐，緹衣金介武士。

虞人萊野，有植斯表，弊旗有令，斯鼓迾卒，結徒示之，以三驅这法開之，以一面之綱，風伯扶道，書公筴輈，旝動金光，鏡野武旗，骨蜕五營，月合八陣，雲連肅法，駕理秋御，燕犀冀馬之雄，斬蛟擊黿之勇，白羽日野，朱旗霞山，網罟有制，罻羅有時，田獵有候，弋射有規，不枉殺以戕其生，不過用以存其類。地祇衛蹕，山靈捧靶狩，不奪於三時，網惟留於一面，里革斷罟，西巴放麛，清風先戎，屏翳收塵，戎車方轂，風回雲轉，掉倚天之劒，彎落月之弓，羽旄揚兮九天，絳獵火烶兮千山。紅建夔鼓勵武卒，集赤羽兮照日，張烏號兮滿月，膏鋒染鍔，養由發箭，奇肱飛車，頓天網以掩之獵，賢俊以御極虞。自獻秋獮之儀，司馬奏梁騶之典，逢蒙列階，蚩尤並轂，中石之箭，駐日之戈，商飇獵草，電火驅霜，援戈揮日，杖劒決雲，一舉剞鯨，空拳搏虎，雲羅四掩，霜鋒交集，相如壯上林之觀，揚雄聘羽獵之辭。系以隤墻塡塹，亂以收置解眾，駷鐸鳴鼓，收旌弛旆，俯倚金較，仰撫翠蓋，丹旗燿野，機不虛發。中必飲羽，叩鉦數校，舉應旌獲，飛黃奮鏡，賁石逞技，用民以訓，軍旅示武，而威天下。取物以祭宗廟，示孝而順天下，蚩尤蹕路，風弭雨停，乘輿啟行，鸞鳴幽軋，虎賁采騎，飛象珥鶡，鍾鼓鏗鏘，簫管嘈喝，平林滌藪，張羅萬里，盡其飛走，魏氏發機，養基撫弦，慶忌孟賁，蹈谷超巒，頓熊扼虎，蹴豹搏貙，氣有餘勢。負眾而趨，獲車所載，虞旗所歷，網惟一面。禽止三驅，下列鋏於騰鞭，起豐隆於驃轂，林兵護野，方神啟路，元甲映野，金鉦疊山，鳳角響而，風生龍牙，指兩星集。

掩月兔，射天狼，箭麗六慶，弓警九虎，迹，人所罕，究猛氏所不觸，解圍頓網日晏。天箭萬表，星陳乘驥，子服魚文，鉦鼓疊山，火烈熛林，閱宣場之儀，觀莘墟之禮，挂旆天山，封泥函谷，神旂電舒，威弧雨發。

《西漢會要》卷一八《田獵》

文帝時，賈山言治亂之道曰：『今方正之士，皆在朝廷矣。又選其賢者，使為常侍，諸吏與之馳驅射獵。一日再三出，臣恐朝廷之解弛，百官之墮於事也。今從豪俊之臣、方正之士，直與之日。日射獵擊兔伐狐，臣竊悼之願少衰射獵。』《賈山傳》

賈誼上疏曰：『夫射獵之娛，與安危之機，孰急？今不獵猛敵，而獵田彘；不搏反寇，而搏蓄兔。翫細娛而不圖大患，非所以為安也。』《本傳》

武帝召見司馬相如，請為天子游獵之賦。上令尚書給筆扎，相如以子虛虛言也。為楚稱烏有先生者，烏有此事也。為齊難，亡是公者亡是人也。欲明天子之義，故藉此三人，為辭其卒章，歸之於節儉，因以風諫。《司馬相如傳》

武帝建元三年南獵長楊。《東方朔傳》

司馬相如嘗從上至長楊獵。是時天子方好自擊熊豕，馳逐壄獸。相如因上疏諫其辭曰：『臣聞物有同類，而殊能者，故力稱烏獲，捷言慶忌，勇期賁育。臣之愚，竊以為人誠有之。獸亦宜然。今陛下好陵險阻，射猛獸卒。然遇逸材之獸，駭不存之地，犯屬車之清塵，輿不及還。轅人不暇施巧，雖有烏獲逢蒙之技，不得用枯木朽株，盡為難矣。是胡越起於轂下，而羌夷接軫也。豈不殆哉。雖萬全而無患，然本非天子之所宜近也。且夫清道而後行，中路而馳，猶時有銜橛之變况乎。涉豐草騁邱虛，前有利獸之樂，而內無存變之意，其為害也。不難矣。夫輕萬乘之重，不以為安，樂出萬有一危之塗，以為娛。臣竊為。陛下不取，盖明者遠見。於未萌而知者，避危於無形。旤固多藏於隱，微而發於人，之所忽者也。故鄙諺曰，家絫千金，坐不垂堂。此言雖小，可以諭大臣，願陛下留意，幸察上善之。』《相如傳》

元鼎中，天子行獵新秦，中以勒邊兵，而歸新秦中，或千里無亭徼，於是誅北地太守以下。《食貨志》

元帝永光元年正月，行幸甘泉郊，泰畤禮畢，因留射獵，薛廣徳上書曰：『竊見關東，困極人民流離，陛下日撞亡秦之鐘，聽鄭衛之樂，臣誠悼之。今士卒暴露，從官勞倦，願陛下亟反宮。思與百姓同憂樂。』天下幸，甚上即日還。《本傳》

永光五年冬，上幸長楊射熊館，布車騎大獵。《本紀》

成帝元延二年冬，幸長楊宮，從胡客大校獵，宿萯陽宮，賜從官。《本紀》其十二月羽獵，揚雄從。以為昔在二帝三王，宮館、臺榭、沼池、苑囿、林麓藪澤，財足以奉郊廟、御賓客、充庖厨而已。不奪百姓膏腴穀土，桑柘之地。女有餘布，男有餘粟，國家殷富，上下交足。故甘露零其庭，醴泉流其唐，鳳凰巢其木，黃龍遊其沼，麒麟臻其囿，神爵棲其林。昔者禹任益虞而上下和，草木茂。成湯好田，而天下用足；文王囿百里，民以為尚小；齊宣王囿四十里，民以為大；裕民之與奪民也。武帝廣開上林，南至宜春、鼎胡、御宿、昆吾，旁南山而西，至長楊、五柞。北繞黃山，瀕渭而東，周袤數百里。穿昆明池。象滇河；營建章，鳳闕、神明、馺娑、漸臺、太液象海水，周流方丈、瀛洲、蓬萊。游觀侈靡，窮妙極麗，雖頗割其三垂，以贍齊民。然至羽獵、田車戎馬、器械儲偫，禁禦所營，尚太奢、麗誇詡，非堯、舜、成湯、文王三驅之意也。又恐後世復修前好，不折中以泉臺，

故聊因校獵賦以風。《揚雄傳・上》

明年，上將大誇胡人以多禽獸。秋，命右扶風發民入南山，西自褒斜，東至弘農，南敺漢中，張羅罔罝罘，捕熊羆豪豬虎豹狖玃狐菟麋鹿，載以檻車。輸長楊射熊館，以罔為周阹，縱禽獸其中，令胡人手搏之。自取其獲，上親臨觀焉。是時農民不得收斂。雄從至射熊館，還上長楊賦，聊因筆墨之成文章，故藉翰林以為主人，子墨為客卿以風。《揚雄傳・下》

宋 鄭居中《政和五禮新儀》卷一六〇《皇帝田獵儀上》

時日

仲冬之月，太史擇日，皇帝田獵於近郊。獵以剛日

祭告

皇帝將獵，遣官告於宗廟社稷，如常告之。儀有司禡祭於田所設黃帝神位，南向建矟於神位之後，置甲冑弓矢於神位之側。設制幣籩豆尊，坫篚羃，並如命將出征，禡祭之儀。

陳設

前期户部尚書治徒，庶侍郎會卒伍，虞部萊所田之野，量地之廣狹，以旌為和門，殿中監帥其屬尚舍，設御幄殿於近北南向，設東西閤於殿後之左右，殿上前楹施簾儀鸞司，文武羣官，次於幄殿門外之左右，量地之宜典儀設侍獵，羣臣位於和門内之左右，又設王公以下從。獵位於和門内之東南，與侍獵羣臣班稍却重行異位西向，北上又設百姓位。於王公從獵位之南，少東隨地之宜前，獵一日，未明兵部尚書。建旗於所田之後，諸將以鼓鐸、鐲鐃，帥士徒集於旗下，毋得諠譁，質明幣旗，罰後至者，兵部侍郎分，申田令禁，麛卵者與，毒駕鹵簿，仗自宣德，門外以次，排列如式。

車駕詣田獵所

前期，殿中監帥其屬尚舍，設御幄於大慶殿後殿上，前楹施簾，儀鸞司設導駕等官次於殿門之外，大晟設宫架於宣德門外稍南，北向如式。其日未明二刻，諸侍衛之官各服其器服，乘黄令進木輅於宣德門内，南向，設千牛將軍一員位於輅前，北向，門下侍郎一員位於左輔之前，贊者二人位又在其前。通事舍人分引樞密院事以下，詣垂拱殿立班，如常儀，東上閤門，附内侍進班齊牌。垂拱殿簾降，皇帝乘輦出殿上，少駐，輦官迎駕自殿常起居，宣贊官上殿，簾卷，鳴鞭行，門禁衛諸班親從迎駕，自贊常起居。次舍人先贊知内侍省官以下常起居，次樞密以下通班常起居。贊祇候引駕，樞密知客省事以下至簽書東上閤門，官分左右立，六部尚書局應奉官祇應通事大夫以下、武功大夫以上並先退。次管軍臣僚宣名常起居，贊祇候引駕，分左、右前導輦降東階垂拱殿門外，禁衛諸班親從自贊常起居。皇帝至大慶殿後閤降輿入西閤，導駕官以下就次，各易其服，少頃東上閤門，御史臺、太常寺分引左輔門下侍郎、太僕卿、乘黄令詣大慶殿西階下立，東向，乘黄令位其後。次引導駕官在其後，分東、西相向立定以俟命奉迎，前導禮直官、通事舍人引左輔奏請中嚴。凡左輔、門下侍郎奏請，皆禮直官、通事舍人引。少頃，又奏外辦，皇帝服武弁之服，乘輿以出，降自西階，稱警蹕，如常儀。宣贊舍人贊左輔以下常起居，次導駕官常起居，已起居者止奏聖躬萬福。太僕卿出詣木輅所，攝衣而升，正立執轡，導駕官前，導帝出大慶殿門外至木輅所，千牛將軍前跪執轡，左輔進詣輿前，俯伏，興，跪奏左輔具官臣某言請皇帝降輿升輅，奏訖，俯伏，興，退復位，凡左輔奏請準此。乘黄令稍前東向進木輅，皇帝降輿升輅，太僕卿立授綏，導駕官分左右前導，門下侍郎進當輅前，俯伏、跪奏。門下侍郎具官臣某言請車駕，進發奏訖，俯伏興退復位。凡門下侍郎奏請，準此。協律郎跪，俯伏，舉麾興工鼓柷，奏采茨之樂。凡樂皆協律，郎舉麾興工鼓柷，而後作偃麾，戛敔而後止，車駕動稱警蹕。左輔先詣宣德門内以俟，門下侍郎及贊者夾以出，千牛將軍夾輅而趨。車駕將及宣德門，至侍臣上馬所，門下侍郎奏『請車駕少駐，勅侍臣上馬。』左輔前承旨，退稱曰『制可』，門下侍郎傳制稱『侍臣上馬，贊者承傳勅侍臣上馬，諸侍衛之官各督其屬左、右翊駕在黄麾内，行寶郎奉八寶前導，殿中監後部從導，駕官夾侍，侍臣上馬。』門下侍郎奏請車駕進發，車駕動，稱警蹕。樂止，鼓吹振作，小駕鹵簿前導詣田。所車駕將至田，所北和門兵部尚書，戎服乘馬，奉引東上閤門御史臺，分引文武侍獵官諸方客，使禮直官贊者引從，獵官俱詣門外立班，再拜奉迎，訖退内已，起居者止，奏聖躬萬福，車駕入門少駐，文武侍臣皆下馬，導駕官步導入門，車駕動千牛，將軍夾輅，而趨至幄殿西階，回輅南向，導駕官分左右立千牛，將軍立於輅左左，輔奏請皇帝降輅乘輿，尚輦奉御進輿，於輿後，皇帝降輅乘輿，入幄殿，侍衛如常儀，皇帝降輿，歸後西閤。簾降通事，舍人承旨，勅羣臣各還次，以俟田獵。

又卷一六一《皇帝田獵儀下》

田獵

皇帝將獵，御史臺先引殿中侍御史入就位，次禮直官通事舍人等分引，侍獵羣官就位，內侍傳宣王公以下從獵官，並賜旋襴韡子。次引王公以下服，所賜俱入幄殿，門內分班立定。太僕進田馬於御幄之西階，尚輦奉輿於殿後西閣，近東南向。左輔奏中嚴少頃，又奏外辦簾卷，皇帝乘輿以出，警蹕，侍衛如常儀，至殿上，少駐通事舍人贊隨駕，從獵官奏聖躬萬福，訖又贊謝恩拜，王公以下再拜，訖左輔詣輿前，俯伏、跪奏請皇帝降輿乘馬。太僕卿授綏，兵部尚書戎服步導，將至幄殿門，門下侍郎詣駕前，俯伏、跪奏請皇帝少駐，勑從。獵官上馬，左輔前承，旨退稱曰：『制可。』門下侍郎傳制，從獵官上馬，贊者承傳，勑從獵官上馬。王公以下從獵官俱乘馬，從後兵部尚書乘馬奉引，至圍前，皇帝鼓行赴圍。鼓吹令，以鼓六十，陳於駕前，東南西向六十於西南東向。皆乘馬，各備簫角，次將士皆馳，入圍。乃設驅逐之百有二十分左右相向，皇帝乘馬，南向，太僕卿斂大綏以從。王公以下皆帶弓矢，陳於駕左右，所司之屬又斂小綏以從。遂驅獸出於駕前，近侍整飭，弓矢以進，皇帝受弓矢，從禽左而射之。每射中狐兎，王公以下並下馬，再拜賀門下。侍郎詣駕前，俯伏、跪奏請皇帝觀獵，奏訖皇帝乘馬南向，王公以下各以序射，若射中狐兎，即下馬，再拜謝。射訖，乃止驅逐之騎，驅逐之騎止，然後百姓獵，田虞部建旗於圍內，從駕之鼓，及諸軍之鼓，俱振卒徒譟呼，得禽者獻於旗下，以備宗廟，賓客庖厨之實，其餘還以饋田家。

賜射餘獲

前期殿中監帥其屬尚舍，設御幄殿，於射所南面，又設東西閣，於殿後。有司設王公以下射席位於幄殿前之東，又設釋弓矢席位於殿門外之左右，俱北上田將畢。張獸皮於御幄殿之南，量地遠近，陳所獲之禽，於幄殿下已南少東田。既畢，門下侍郎奏請皇帝觀射，奏訖皇帝至自田所，王公以下並持弓矢分左右，前導皇帝升幄，侍衛警蹕如常儀。王公以下至幄殿門，皆跪，釋弓矢於位禮直官舍人，入以序列於庭門下，侍郎奏請王公以下射，左輔前承旨退稱曰：『制可。』贊王公以下再拜，訖出詣門外位跪。取弓矢入就，射而中者，立於東階西面，依踈密為序；不中者，立於西階，其序依品，並北上立定。贊者曰：『拜在位者。』皆再拜，訖所司，以次授於中者，授訖。俱復位，贊者曰：『拜在位者。』皆再拜。左輔詣御座前，跪奏禮畢，退。皇帝乘輿歸殿後，東閣簾降左輔，奏解嚴禮，直官舍人引王公以下次出。

車駕還内

前期殿中監帥其屬尚舍，設御幄於大慶殿門外之東南向，其日，皇帝觀射，訖還幄殿後，東閤所司，轉仗衛鹵簿於還塗；如來儀文武百官客，使等並先詣宣德門外，就次以俟。立班奉迎，乘黃令進木輅於幄殿門外，南向。千牛將軍一員，執長刀立於輅前，尚輦奉御進輿於殿後閣，導駕官俱詣幄殿下奉迎。左輔奏請中嚴少頃，又奏外辦簾卷。皇帝服武弁服，乘輿以出應。導駕官等並迎駕，奏聖躬萬福，訖步導出門外，太僕卿先詣木輅所攝衣而升，正立執轡，皇帝乘輿，降自西階至木輅所，左輔奏請皇帝降輿升輅，有司仍具文輦若乘輦。即奏云降輿乘輦，太僕卿正立授綏，千牛將軍馭駕如來儀門下。侍郎奏請車駕進發，車駕動警蹕。侍衛如常儀將至，侍臣上馬，所門下侍郎奏請車駕少駐，勑侍臣上馬，左輔前承旨退稱曰：『制可。』門下侍郎傳制稱侍臣上馬，贊者承傳，勑侍臣上馬，門下侍郎奏請車駕進發，車駕動警蹕，鼓吹諸軍樂，振作車駕，將至宣德門外，文武百官立班，再拜。奉迎車駕至宣德門外，少駐文武侍臣皆下馬，步導千牛將軍降立於輅右，車駕動，千牛將軍夾輅而趨大樂。正令奏采茨之曲，入門，樂止。車駕至御幄前，左輔奏請皇帝降輅乘輿，若乘輦，即奏云：『降。』輦皇帝降輅乘輿以入，至大慶殿後閣，左輔奏解嚴，通事舍人承旨，勑羣官還次，將士各還其所。

《通志》卷四四《田獵》 周制天子諸侯無事，則歲行蒐苗獮狩之禮。漢晉以来有閱兵之制，而史闕田獵之儀。宋元嘉二十五年二月，大蒐于宣武場，其法置行軍殿於幕府山南岡，并設王公百官幕。先獵一日，遣馬騎布圍，右領軍將軍督右，左領軍將軍督左，大司馬董正諸軍。獵日，侍中三奏，一奏，搥一鼓為一嚴，三嚴訖，引仗為小駕鹵簿。皇帝乘馬戎服，從者悉絳彩幘，黃麾警蹕，鼓吹如常儀。獵訖，宴會享勞，比校多少。戮一人以懲亂法。會畢，還宮。梁陳因之北齊，春蒐禮，有司規大防建獲旗以表獲，車前一日命布圍領軍，將軍一人督左，甄護軍將軍一人督右，甄大司馬一人居中，節制諸軍。天子陳小駕，服通天冠乘木輅。詣行宮；將親禽，服戎服，鈒戟者皆嚴武，衛張甄圍，旗鼓相望，銜枚而進，甄常開一方，以令三驅。圍合，吏奔騎令曰：『鳥獸之肉，不登於俎者不射。皮革齒牙骨角毛羽，不登於器者不射。』甄合，大司馬鳴鼓促圍，衆軍鼓譟鳴角，至期處而止。大司馬屯北旌門，二甄帥屯左右旌門。天子乘馬從南旌門外親射禽，謁者以獲車收禽載，還陳於獲旗之北。王公以下以次射禽，皆送旗下，事畢。大司馬鳴鼓解圍復屯，殿中郎中率其屬收禽，以實獲車，天子還行宮，命有司每禽擇取三十。一曰乾豆，二曰賓客，三曰充君之庖。其餘即於圍下量犒將士。禮畢，改服，鈒者韜刃而還。夏苗、秋獮、冬狩，禮皆同。後周仲春教振旅，大司馬建大麾於萊田之所。鄉稍之官，以旗物鼓鐸鉦鐃，各帥其人而致。誅其後至者。建麾於後表之軍中，集衆庶。質明，偃麾，誅其不及者。乃陳徒騎，如戰之陣。大司馬北面誓之。軍中皆聽鼓角，以為進止之節。田之日，於萊之北，建旗為和門。諸將帥徒騎序入其門，有司居門，以平其人，既入而分其地，險野則徒前而騎後，易野則騎前而徒後。既陣，皆坐，乃設驅逆騎，有司表禡於陣前。以太牢祭黄帝，於狩地為墠，建二旗，列五兵於坐側，行三獻禮。遂蒐田，致禽以祭社。仲夏教茇舍，遂苗田。仲秋練兵遂獮田。仲冬大閲，遂狩田，其致禽礿祀享烝教習之儀，竝如古周法。隋大業三年，煬帝在榆林，突厥啓民及西域、東夷君長竝来朝貢。帝欲示以甲兵之盛，乃命有司陳冬狩之禮。詔虞部量拔延山南北周二百里，竝立表記。唐高祖武德五年十二月，幸涇陽之華池，校獵。謂羣臣曰：『今日畋樂乎？』諫議大夫蘇世長進曰：『陛下遊獵，薄廢萬機，不滿十旬，未為大樂。』高祖色變，既而笑曰：『狂態發邪？』世長曰：『為臣私計，即狂；為陛下國計，即忠。』貞觀十六年十二月，狩于驪山。時陰寒晦冥，圍兵斷絶。上乘高遥見之，欲捨其罰，恐虧軍令，乃廻轡入谷以避之。永徽元年冬，出獵，在路遇雨。因問諫議大夫谷那律曰：『油衣若為得不漏？』對曰：『能以瓦為之，必不漏矣。』上大悦，因此不復出獵。先天元年十一月，獵於驪山之下。開元三年十月，大蒐于岐州鳳泉場。屬夜雪天寒，其圍兵竝放散，各賜布一端綿一屯。蒐狩之制，具《開元禮》。

《文獻通考》卷一一〇《田獵》 商湯見祝網者置四面，其祝曰：『從天墜者，從地出者，從四方來者，皆離吾網。』湯曰：『嘻！盡之矣。非桀其孰為此？』湯乃解其三面，置其一面，更教云祝曰：『昔蛛蝥作網，蛛，音朱蝥，莫侯反。今之人循序，欲左者左，欲右者右，欲高者高，欲下者下，吾取其犯命者。』其憚害物也如是。漢南之國聞之，曰：『湯之德及鳥獸矣。』四十國歸之。

周制天子諸侯無事，則歲行蒐苗獮狩之禮。仲春教振旅，司馬以旗致民，平列陳如戰之陣，以旗者立旗，期民於下，兵者凶事，不可空設，因蒐狩而習之。凡師出曰治兵，入曰振旅，皆習戰也。四時各教民以其一焉。春習振旅，兵入收衆，專於農平猶正也。王執路鼓，諸侯執賁鼓，軍將執晉鼓，師帥執提，旅帥執鼙，卒長執鐃，兩司馬執鐸，公司馬執鐲。鼓人職曰以路鼓，鼓鬼享以賁鼓，鼓軍事以晉鼓，鼓金奏以金鐃，止鼓以金鐸，通鼓以金鐲，節鼓提謂馬，上鼓有曲木，提持鼓立，馬髦上者，故謂之提，杜子春云：公司馬謂五人為伍，伍之司馬也。鄭元謂王不執賁鼓，鼓尚之於諸侯也。伍長謂之公司馬者，雖卑亦同其號。以教坐作進退疾徐，疏數之節。晉戰法遂以蒐田，有司表貉，誓民，鼓。遂圍禁。火弊，獻禽以祭社。春田為蒐，有司大司徒也。掌火田役，治徒庶之政令。表貉，立表而貉祭也。誓民，誓以犯田法之罰也。誓曰：『無干車，無自後射。』立旌遂圍禁。火弊，火且也。春田主用火，焚萊除陳草，皆殺而火止。獻猶致也。田正，虞人植旌，衆皆獻其所獲獸焉。詩云：『言私其豵，獻豜於公。』春田主祭祀者，土方施生也，貉讀為禡。仲夏教茇舍，如振旅之陳。羣吏撰車徒，讀書契，辨號名之用。帥以門名，縣鄙各以其名，家以號名，鄉以州名，野以邑名，百官各象其事，以辨軍之夜事。其他皆如振旅。茇舍，草止之也，軍有草止之法。讀書契，以簿書校錄軍實之凡要。號名者，徽識所以相別也。鄉遂之屬謂之名，家之屬謂之號，百官之屬謂之事。在國以表朝位，在軍又象其制而為之，以備死事。帥謂軍將及帥，帥至伍長也。以門名者，所被徽識，如其在門所樹者也。凡此言以也象也，皆謂其制同耳。軍將皆命鄉古者，軍將蓋為營治於國門，魯有東門、襄仲；宋有桐門、右師，皆上卿為軍將者也。縣鄙師至鄰長也，家謂食采地者之臣也。鄉以州名，亦謂州長，至比長也。野謂公邑大夫百官，各以其職。從王者，此六者，皆書其官與名氏焉。門則襄仲、右師明矣。鄉則南鄉，甀東鄉為人是也。其他象此云某某之名，某某之事而已。未盡聞也，夜事戒夜守之事遂。以苗田如蒐之法，車弊獻禽以享礿。夏由為苗，擇取不孕任者，若治苗，去不秀實者。云車弊，驅獸之車止也。夏田主用車，示所取物希，皆殺而車止。礿，宗廟之夏祭也。冬夏出主於祭宗廟者，陰陽始起，象神之在内也。仲秋教治兵，如振旅之陳。王載太常，諸侯載旗，軍吏載旗，師都載旜，鄉遂載物，郊野載旐，百官載旟，各書其事與其號焉。其他皆如振旅。軍吏，諸軍帥也。師都，遂大夫也。鄉遂，鄉大夫也。或載旜，或載物，衆屬軍吏，無所將也。郊謂鄉遂之州長、縣正以下。野謂公邑大夫。載旐者，以其將羕卒也。百官，卿大夫。載旟者，以其屬衛王也。凡旌旗，有軍衆者畫異物，無者帛而已。書當為畫，皆畫以雲氣。遂以獮田，如蒐田之法。羅弊，致禽以祀祊。秋田為獮，獮，殺也。羅弊，罔止也。秋田主用罔，中殺者多，皆殺而罔止。祊當為方。秋田主祭四方，報成萬物詩。云『以社以方。』仲冬教大閲。

春辨鼓鐸，夏辨號名，秋辨旗物，至冬大閱，簡軍實。虞人萊所田之野，為表，百步則一，爲三表；又五十步為一表。田之日，司馬建旗於後表之中，群吏以旗物鼓鐸鐲鐃，各帥其民而致。質明弊旗，誅後至者。乃陳車徒如戰之陳，皆坐。虞人萊所田之野，芟除其草萊，為可陣之處。後表之中，五十步表之中央。表，所以識正行列也。四表積二百五十步，左右之廣當容三軍，步數未聞。致，致之司馬。質，正也。弊，仆也。皆坐，當聽誓。羣吏聽誓於陣前，斬牲以左右徇陳曰：『不用命者斬之。』羣吏，諸軍帥也。陣前南面鄉表也。《月令》：『季秋天子教於田獵，以習五戎。』司徒搢扑，北面以誓之。此大閱禮，實正歲之仲冬，而説季秋之政，於周爲仲冬，為月令者失之矣。朝牲者，小子也。凡誓之大略，甘誓、湯誓之屬是也。中軍以鼙令鼓，鼓人皆三鼓，司馬振鐸，群吏作旗，車徒皆作。鼓行鳴鐲，車徒皆行，及表乃止。三鼓摝鐸，群吏弊旗，車徒皆坐。中軍，中軍之將也。天子六軍，三三而居一偏。羣吏既聽誓，各復其部曲。中車之將令鼓鼓，以作其士衆之氣。鼓人者，中軍之將、帥帥、旅師也。司馬振鐸以作衆。作，起也。既起，鼓人繫鼓以行之，伍長鳴鐲以節之。伍長一曰公司馬。及表，自後表前至第二表。三鼓者，鼓人也。摝讀如涿鹿之鹿。掩上振之爲摝。摝者，止行息氣也。司馬法曰：『鼓聲不過閶，鐸聲不過琅。』閶音吐剛反。答反。又三鼓，振鐸作旗車，從皆作。鼓進鳴鐲，車驟徒趨，及表乃止，坐作如初。趨者，趨敵尚疾之漸。《春秋傳》曰『先人有奪人之心。』及表，自第二前至第三表。乃鼓，車馳徒走，及表乃止。及表，自第三前至前表。鼓戒三闋，車三發，徒三刺。鼓戒，戒攻敵也。鼓一闋，車一轉，徒一刺，三而止，象服敵。乃鼓退，鳴鐃且卻，及表乃止，坐作如初。鐃所以止鼓也。軍退，卒長鳴鐃以和衆。鼓人為止之。退，自前表至後表。鼓鐸則同，習戰之禮出，入一也。異者，廢鐲而鳴鐃。遂以狩田，以旌為左右和之門，群吏各帥其車徒以敘和出，左右陳車徒，有司平之。旗居卒間分地，前後有屯百步，有司巡其前後。險野，人為主；易野，車為主。冬田為狩言，守取之無所擇也。車門日和，今謂之壘門，立兩旌以爲之。敘和出，用次第出和門也。左右，或出而左，或出而右。有司平之，鄉師居門，正其出入之行列也。旗，軍吏所載也。分地，調其部曲數疏。前後有屯百步，車徒異羣相去之數也。車徒畢出於和門，鄉師又巡其行陣。鄭衆云：『險野，人為主，人居前。易野，車為主，車居前。』既陣，乃設驅逆之車，有司表貉於陳前。驅，驅出禽獸，使趨田者也。逆，逆要不得令走。設此車者，田僕也。中軍以鼙令鼓，鼓人皆三鼓，群司馬振鐸，車徒皆作。遂鼓行，徒銜枚而進。群司馬，兩司馬也。校狀加箸。銜之，有繣結項中。軍法止語，為相疑惑也。天子殺則下大綏，諸侯殺則下小綏。綏，不虞氏之旌旗也。下謂弊之。大夫殺則止佐車，佐車止則百姓田獵。

佐車，驅逆之事。大獸公之，小獸私之，獲者取左耳。鄭衆云：『大獸公之，輪之於公；小獸私之，以自畀也。』獲得禽獸者，取其左耳，當以計功多少者也。畀，音必，二反。及所弊，鼓皆駴，車徒皆譟。及所弊，至所弊之處。田所當於止也。天子諸侯蒐狩有常，至其常處，吏士鼓譟，象攻敵剋勝而喜也。疾雷擊曰駴。譟，讙也。《書》曰『前師乃鼓䥽譟』，亦謂喜也。駴音駭，䥽音符。徒乃弊。致禽饁獸於郊，入獻禽以享烝。徒乃弊，徒止也。冬田主用衆，物多，衆得取也。致禽饁獸於郊，聚所獲禽，因以祭四方之神於郊。《月令》季秋『天子既田，命主祠祭禽於四方』是也。入又以禽祭宗廟。中車木路，前樊鵠纓，建大麾以田前，音翦。樊，步干反。本路不輓，以革漆之而已。前讀為鍣翦之翦。淺，黑也。本路無龍，勒以淺黑，飾韋為樊鵠色。飾韋為纓，不言就數，飾與革路同，大麾不在九旗中，以正色言之，則黑夏后氏所建，用四時田獵。田僕掌馭田路，以田以鄙。田路，木路也。田，田獵是也。鄙，巡行都鄙。掌佐車之政，佐，亦副。設驅逆之車。驅，驅禽使前趨，獲逆御還之，使不出圍也。令獲者植旌，以告獲也，植樹也。及獻比禽，田弊獲者各獻其禽，比種物也，從次數之。凡田王提馬而走，諸侯晉大夫馳提，猶舉也。晉猶抑也，使人扣。而舉之，抑而止之，皆止。奔也，馳放而不扣。《司几筵》：『甸役，則設態席右漆几。』甸，音田。謂王甸有司祭表貉所設席。迹人掌邦由之地政為之厲禁而守之田之地，若今苑也。凡田獵者，受令焉。令，謂時與處也。禁麛卵者，與其毒矢射者。謂其夭物，且害處必多也，麛鹿，鹿子。《肆師》：『凡師、甸用牲於社宗，則爲位。』甸，音田。社，軍社也。宗，近宇也。甸祝掌四時之帥田，致禽於虞中，乃屬禽。及郊，饁獸，舍奠。於祖禰，乃斂禽。禂牲、禂馬，皆掌其祝號。屬，音燭。舍童釋。禂，音誅。祝，之秀反。師田謂起大衆，以田也。致禽於虞中，使獲者各以其禽來致，於所表之處屬禽，別具種類，饁饋也。以所獲禽，饋於郊薦，於四方羣兆，入又以奠於祖禰。薦，且告反。斂禽謂取三十入腊人也。天子諸侯無事，則歲三田。三田者，夏不田，蓋夏時也。《周禮》：春曰蒐、夏曰苗、秋曰獮、冬曰狩。一為乾豆，二為賓客，三爲充君之庖。君尊宗廟、敬賓客，故先人而後己，取其下也。又分別殺之，二等故。自左膘而射之達過於右肩髃，為上殺。以其貫心死疾，肉最潔美，故以爲乾豆也。射右耳，《本箋》云：射，當為達。亦自左射之達。右耳本而死者爲次殺，以其遠心，死稍遲，肉已微惡，故以爲賓客也。不言目左者，蒙上文可知。射左股髀而過，於右脅者為下殺，以其中脅死最遲，肉又益惡，充君之庖也。凡射獸，皆逐後從左廂而射之，達於右髃者，獨言射左髀，則上殺達於右腢，當自左脅也。次殺右耳本當自左肩髃也。不言自左，舉下殺之射左髀，可推而知也。無事而不田曰不敬，田不以禮曰暴天物。不敬者，簡祭祀，略賓客天。子不合圍，諸侯不掩群。爲盡物也。天子殺，則下大綏，諸侯殺則下小綏。綏，耳佳反。綏，當為緌，緌，有虞氏之旌旗也。下，謂弊之。大夫殺則止佐車，佐車止則百姓田獵。佐車，驅逆之車。國君春田不圍澤，大夫不掩群，士不取麛卵。生乳之時重傷其類。獺祭魚，然後虞人入澤梁；豺祭獸，然後田獵；鳩化為鷹，然後設罻羅；草木零落，然後入山林。昆蟲未蟄，不以火田，罻，音尉。取物必順時候也。梁，絕水取魚者。罻，小網也。昆，明也。明蟲者得陽而生，得陰而滅。不麛，不卵，不殺胎，不殀夭，殀，於表反。夭，烏老反。重傷未成物殀，斷殺少長日夭也。不覆巢。覆，敗也。王制。田者，大艾草以爲防，艾，音又。言川獵者必大芟殺草木以為防限，作田獵之場，擬殺圍之處。或舍其中，舍，音赦。民復止舍其中，謂未田之前，誓士戒眾，故教示戰法當在其閒上舍其舍。防之廣狹無文。褐纏旃以爲門，旃，諸延反。既爲防院，富設周衛而立門焉。乃以織毛褐布纏通帛旃之竿以爲門之兩旁，其門蓋南開，並爲二門，用四旃四褐也。喪纏質以為，摯，魚列反。又此以喪纏椹質以為門中之闑，闑，車軌之裏兩邊鉤車輪者。驅而入，繫則不得入，其門之廣狹，兩軸頭去旃竿之閒。各容一握。人四指為四寸，是門廣於軸八寸也。入此門，當馳走而入，不得徐也。以教戰，試其能否，故令驅焉。若驅之，其軸頭擊著門旁旃竿，則不得入也，所以罰不工也。左者之左，右者之右，然後焚而射焉。以天子六軍分爲左右，雖同舍防內，令三軍各在一方，取左右相應。其屬左者之左門，屬右者之右門，不得越離部伍，以此故有二門也。教戰既畢，士卒出，士卒出，和戶分地為屯。既陳車驅卒，奔驅禽內之防，然後焚燒此防草，右中而射之。天子發，然後諸侯發。諸侯發，然後士大夫發。天子發，抗大綏；諸侯發，抗小綏；獻禽於其下，抗，苦浪反。綏，耳佳反。發，謂發矢射之也。其天子發，則先抗舉其大綏；諸侯發，則舉其小綏；必舉此綏為表。天子、諸侯殺時，因獻其禽於其下也。抗綏謂既鞬舉之因置虞旗於其中受而置禽拜。受禽獵止則弊之，故王制曰：『天子殺，則下大綏；諸侯殺，則下小綏。』注云：下謂弊之。是役禽已訖，田止而弊綏也。名舉始終之一，故與此不同也。故戰不出頃田不出防，不逐奔走，古之道也。戰不出所期之頃，田不出所芟之防，不逐奔走，謂出於頃防不逐之，古之道也。《詩·車攻》『東有甫草』注疏云。《傳》曰：已有三牲，必田狩者，孝子之意，以爲已之所養，不如天地自然之牲，逸豫肥美，禽獸多則傷五穀，因習兵事，又不空設，故因以捕禽獸，所以共承宗廟，示不忘武備，又因以為田除害。鮮者何也？秋取嘗也。鮮，音仙，取禽嘗祭。秋取嘗何以也？習鬭也。習鬭也者，男子之事也。然而戰鬭，不可不習，故於搜狩，閑之也。閑之者，貫之也。貫之也者，習之也。已祭取餘，獲陳於澤。搜，所留反。澤，射宮也。然後卿大夫相與射，命中者雖不中取也，命不中者雖中不取，中，丁仲反。何以也？所以貴揖讓之取，而賤勇力之取也。鄙之取於國中，勇力之取也；今之取於澤，揖讓之取也。魯隱公將如棠觀魚者，臧僖伯諫曰：『凡物不足以講大事，臧僖伯，公子彄也，僖謚也。大事，祀與戎。其材不足以備器用，則君不舉焉。材，謂皮革、齒牙、骨角、毛羽也。器用，軍國之器。君將納民於軌物者也！』故講事以度軌量謂之軌，取材以章物采謂之物。不軌不物謂之亂政。亂政亟行，所以敗也。度，徒各反。亟，欺冀反，言器用眾物不入法度，則為不軌不物，亂敗之所致。故春蒐、夏苗、秋獮、冬狩，獮，息典反。狩，手又反。蒐，索，擇改不孕者。苗，為苗除害也。獮，殺也，以殺為名，順秋氣也。狩，圍守也。冬物畢成，獲取之則無所擇也。皆於農隙以講事也。各隨時事之閒。三年而治兵，入而振旅，雖四時講武，猶復三年而大習。出曰治兵，始治其事；入曰振旅，治兵禮畢，整眾而還。振，整也。旅，眾也。歸而飲至，以數軍實。數，色主反。飲於廟以數車待器械及所獲也。昭文章，車服旌旗。明貴賤，辨等列，等列，行伍。順少長，少，詩照反。長，丁丈反。出則少者在前，還則在後，所謂順也。習威儀也。鳥獸之肉，不登於俎，俎，祭宗廟器。皮革齒牙，骨角毛羽，不登於器。謂以飾法度之器。則公不射，古之制也。若夫山林、川澤之實，器用之資，皂隸之事，官司之守，非君所及也。射，食亦反。夫，音扶。皂，才早反。士臣皂，皂臣輿，輿臣隸，言取此雜猥之物以資器備，是小臣有司之職非諸侯之所親也。隱五年。昔周辛甲之為大史也，命百官，官箴王闕。大，音泰。箴音針。下同。辛甲，周武王大史闕，過也。使百官各爲箴辭戒王過。於虞人之箴，虞人掌田獵。曰：『茫茫禹迹，畫爲九州，畫，胡麥反。茫茫，遠貌。畫，分也。經啟九道，啟開九州之道。民有寢廟，獸有茂草，各有攸處，德用不擾。人神各有所歸，故德不亂。在帝夷羿，冒於原獸，羿，五計反。冒，貪也。亡其國恤，而思其麀牡，麀音憂。言但念獵。武不可重，重，猶數也。用不恢於夏家，恢，祜回反。羿以好武雖有夏家，而不能恢大之。獸臣司原，敢告僕夫。』獸臣，虞人。告僕夫，不敢斥尊。左襄四年。宣王料民於太原。料，數也。太原，地名。仲山甫諫曰：『民不可料也！夫古者不料民而知其少多，司民協孤終，甫音父。夫音扶。司民掌登萬民之數，自生齒以上皆書於版。協，合也。無父曰孤。終，死也。合其民籍，以登於王也。司商協名姓。司商，掌賜族受姓之官。商，金聲清。謂入始生，吹律合之，定其姓名。司徒協旅，司徒掌合師旅之眾也。司寇協姦，司寇，刑官，掌合姦民，以知死刑之數。場協入，場人掌場圃，委積珍物，斂而藏之也。廩協出，廩，力錦反。廩人掌凡穀出用之數也。是則少多、死生、出入、往來者皆可知也。於是乎又審之以事，事謂因籍田與蒐狩以簡知其數也。王治農於籍，籍，籍於千畝田也。搜於農隙，搜，所留反。春田曰搜。搜，擇也。禽獸懷妊未著搜而取之也。

農隙仲春既耕之後。隙，閒也。耨獲亦於籍，耨，奴遘反。獲，户郭反。言王亦至，於籍考課之。獮於既烝，獮，息典反。秋田曰獮。獮，殺也。順時始殺也。烝，升也。《月令》：孟秋乃升穀，天子嘗新。既升，於仲秋也。狩於畢時狩手又反冬田曰狩，圍守而取之畢時，時務畢也。是皆習民數者也又何料焉習簡習也不謂其少而大料之，是示少而惡事也。惡，烏路反，下同。言王不謂其眾少而大料數也，是示以寡少，又厭惡政事，不能修之意也。臨政示少，都侯避之。示天下寡弱，諸侯將避遠王室，不親附也。治民惡事，無以賦令。』言厭惡政事，無以賦令也。治周語。《傳》曰：春曰蒐，蒐，所留反。下並同。夏曰苗，秋曰獮。獮，息典反，下同。冬曰狩。狩，手又反，下同。苗者謂何？曰：『苗者，毛也。』取之不圍澤，不掩群，取大禽不麛，音迷。下同。殺孕重者，春蒐者不殺小麛及孕重者，冬狩皆取之，百姓皆出，不失其時，不抵禽，不詭遇，詭，古委反。逐不出防，此苗、獮、蒐、狩之義也。故苗獮蒐狩之禮，簡其戎事也。故苗者毛取之，蒐者搜索之，狩者守留之。夏不田何？曰：天地、陰陽盛長之時，猛獸不攫，鷙鳥不搏，鷙音至。搏音博。蝮蠆不螫，螫音釋。鳥、獸、蟲、蛇，且知應天，而況乎人哉！是以古者必有豢牢。豢音患。其謂之畋何？聖人舉事必反本，五穀者以奉宗廟養萬民也，去禽獸害稼穡者，故以田言之，聖人作名號而事義可知也。《禮》：『聖主之於禽獸也，見其生不食其死，聞其聲不嘗其肉，隱弗忍也；故遠庖廚，仁之至也。不合圍，不掩群，不射宿，不涸澤，豺不祭獸，不田獵；獺不祭魚，不設網罟。鷹隼不鷙，眭而不逮，不出罻羅；草木不零落，斧斤不入山林，昆蟲不蟄，不以火田。不麛不卵，不刳胎，不夭，夭，烏老反。魚肉不入廟門，鳥獸不成毫毛不登庖廚，取之有時，用之有節，則物莫不多。』

漢武帝建元三年南獵長楊

帝召見司馬相如，請爲天子游獵之賦。上令尚書給筆札，相如以為『子虛』。虛言也，為楚稱；『烏有先生』者，烏有此事也；為齊難，『亡是公』者，亡是人也。欲明天子之義，故藉此三人為辭。其卒章歸之於節儉，因以諷諫。相如嘗從上至長楊獵，是時天子方好繫熊豕，馳逐埜獸，相如因上疏諫。其辭曰：『臣聞物有同類而殊能者，故力稱烏獲，捷言慶忌，勇期賁育。臣之愚，竊以爲人誠有之，獸亦宜然。今陛下好陵阻險，射猛獸，卒然遇逸材之獸，駭不存之地，犯屬車之清塵，輿不及還轅，人不暇施巧，雖烏獲、羿蒙之技不得用，枯木朽株盡為難矣。是胡越起於轂下，而羌夷接軫也，豈不殆哉！雖萬全而無患，然本非天子之所宜近也。且夫清道而後行，中路而馳，猶時有銜橜之變。況乎涉豐草，騁邱墟，前有利獸之樂，而內無存變之意，其為害也不難矣！夫輕萬乘之重不以為安，樂出萬有一危之塗以爲娛，臣竊為陛下不取也。蓋明者遠見於未萌，而知者避危於無形，旤固多藏於隱微而發於人之所忽者也。』故鄙諺曰：『家纍千金，坐不垂堂。』此言雖小，可以喻大。臣願陛下留意幸察上善之。

元鼎中，天子行獵新泰中，以勒邊兵而歸。新泰中或千里無亭徼，於是誅北地太守以下。

元帝永光元年正月，行幸甘泉，禮泰畤。禮畢，因留射獵。五年，上幸長楊射熊館，布車騎大獲。

成帝元延二年冬，行幸長楊宮，從胡客大校獵，宿萯陽宮，萯音倍。賜從官。其十二月，羽獵，揚雄從。以為昔在二帝三王宮室、臺榭、沼池、苑囿、林麓、藪澤財足以奉郊廟，御賓客充庖廚而已，不奪百姓膏腴穀土桑柘之地。女有餘布，男有餘粟，國家殷富，上下交足，故甘露零其庭，醴泉流其塘，鳳凰巢其木，黃龍遊其沼，麒麟臻其囿，神爵棲其林。昔者禹任益虞而上下和，草木茂；成湯好田而天下用足；文王囿百里，民以爲尚小；齊宣王囿四十里，民以為大；裕民之與奪民也。武帝廣開上林，南至宜春、鼎湖，御宿、昆吾、旁南山而西，至長楊、五柞，北繞黃山；瀕渭而東，周袤數百里。穿昆明池象滇河，營建章、鳳闕、神明、馺娑、漸臺、泰液象海水周流方丈、瀛州、蓬萊。游觀侈靡，窮妙極麗。雖頗割其三垂以贍齊民，然至羽獵田車戎馬器械儲峙禁禦所營，尚泰奢麗誇詡，非堯、舜、成湯、文王三驅之意也。又恐後世復修前好，不折中以泉臺，故因《校獵賦》以風。

明年，上將大誇胡人以多禽獸。秋，命右扶風發民入南山，西自褒斜，東至弘農，南歐漢中，張羅網罝罘，捕熊熊豪猪虎豹狖玃狐免麋鹿，載以檻車，輸長楊射熊館。以網為周阹，縱禽獸其中，令胡人手搏之，自取其獲，上親臨觀焉。是時，農民不得收斂。雄從至射熊館，還，上長楊賦，聊因筆墨之成文章，故藉翰林以為主人，子墨爲客卿以風。

後漢明帝永平十六年冬，車駕校獵上林苑。

安帝延光二年十一月，校獵上林苑。

順帝永和四年十月，校獵上林苑，歷函谷關而還。

桓帝延熹元年，校獵廣成，遂幸上林苑。

靈帝光和五年，校獵上林苑、函谷關，遂巡狩於廣成苑。宋文帝元嘉二十五年閏二月，大蒐於宣武場。主司列奏申攝，剋日校獵，百官備辦。設行宮殿便座於武帳國，王公百官便座幔省如常儀，設南北左右四行。旍門建旗出表護車，殿中郎一人典護車。主者二人收禽。吏二十四人配獲車十二兩。校獵之官著袴褶，有帶二品以上擁刀，備鞘麾幡，三品以下帶刀，皆騎乘。將領部曲先獵百，布圍。領軍將軍一人督右甄，護軍將軍一人督左甄；大司馬一人居中迴董正諸將，悉受節度。殿中郎率護軍部曲，在大司馬之後。尚書僕射以下諸官曹令史等，至日，會於宣武場，列為重圍。設留守填街位於雲龍門之外，在內官道北，外官道南，以西為上。設從官位於雲龍門內大官階北，小官階南，以西為上。設先置官位於行上車門外，內官道西，外官道東，以北為上。設先置官還位於廣莫門外道之東西，以南為上校獵日平旦，正直侍中奏中嚴。上水一刻，槌一鼓，為一嚴。上水二刻，奏槌二鼓，爲再嚴殿中侍御史奏開東中華雲龍門，引仗為小駕鹵簿。百官非校獵之官，著朱服，集到廣莫門外。留守填街後部從官就位；前部從官依鹵簿；先置官先行。上水三刻，奏槌三鼓，為三嚴。上水四刻，奏外辦。次正直侍中、散騎常侍、給事黃門侍郎、散騎侍郎、軍校，劒履進來上閤。正直侍中負璽，通事令史帶龜印中書之印。上水五刻，皇帝出。著黑介幘單衣，乘輦。正直侍中負璽，陪乘不帶劒。殿中侍御史督攝黃麾以內。次正直侍中、次正直黃門侍郎護駕在前。又次正直侍中佩信璽、行璽，與正直黃門侍郎從護駕在後。不鳴鼓角，不得喧譁，以次引出，警蹕如常儀。車駕出，讚陛者再拜。皇太子入守。車駕將至，威儀唱引先置前部從官就位，再拜。車駕行至殿前迴輦，正直侍中跪奏：『降輦。』次正直侍中稱制曰：『可。』正直侍中俛伏起，皇帝降輦登御座，侍臣升殿。直衛鈒所立反戟虎賁，毛頭文衣鶡尾，以次到正階。正直侍中奏：『解嚴。』先置從駕百官還便座幔省。皇帝若親射禽，變服戎服，如校獵儀。內外從官及虎賁悉變服，鈒戟抽鞘，以備武衛。黃麾內官，從入圍裏。列置部曲，廣張甄圍，旗鼓相見，銜枚而進。甄周圍會，督甄令史奔騎號法施今曰：『春禽懷孕，蒐而不射。鳥獸之肉不登於俎，不射；皮革齒牙骨角毛羽不登於器，不射。』甄會，大司馬鳴鼓蹶圍，衆軍鼓譟警角至宣武場止。大司馬屯北旍門，二甄師屯左右旍門，殿中中郎率候車部曲入次北旍門內之右。皇帝從南旍門入射禽。謁者以獲車收載，還陳於獲旗之北。王公以下以次射禽，各送詣獲旗下，付禽主者。事畢，大司馬鳴鼓解圍復屯，殿中郎率其屬收禽，以實獲車，奉車奉充庖廚。正廚置罇酒俎肉於中逵，以犒饗校獵衆軍。至晡，正直侍中量宜奏嚴，從官還著朱服，鈒戟復鞘。再嚴，先置官先還。三嚴後二刻，正直侍中奏：『外辦。』皇帝著黑單介幘單衣。次正直侍中散騎常侍給事，黃門侍郎軍校進夾御正直侍中跪奏還宮，次正直侍郎稱制曰：『可。』正直侍郎俛伏起。乘輿登輦還，衛從如常儀。大司馬鳴鼓散屯，以次就舍。車駕將至，威儀唱引留守填街先置前部從官就位，再拜。車駕至殿前迴輦，正直侍中跪奏：『降輦。』次直侍中稱制曰：『可。』正直侍中俛伏起。乘輿降入。正直次侍中、散騎常侍等從至閤。正直侍中奏：『解嚴。』內外百官拜表問訊訖，罷。

梁陳並依宋儀。其異者，置行殿於幕府山南岡，并設王公百官幕。先獵一日，遣馬騎布圍。領軍督左，右軍將軍督右，大司馬董正諸軍。獵日，侍中三奏，一奏搥一鼓，為一嚴，三嚴訖，引仗為小駕鹵簿。皇帝乘馬戎服，從者悉絳衫幘，黃麾警蹕，鼓吹如常儀。獵訖，宴會享勞，比校多少，戮一人以懲亂法。會畢，還宮。

北齊春蒐禮：有司規大防，建獲旗，以表獲車。前一日，命布圍。領軍將軍一人，督左甄；護軍將軍一人，督右甄；大司馬一人，居中，飾制諸軍。天子陳小駕，服通天冠，乘木輅，詣行宮。將親禽服，鈒戟者皆嚴。武衛張甄圍，旗鼓相見，銜枚而進。甄常開一方，以令三驅。圍合，吏奔騎令曰：『鳥獸之肉不登於俎者，不射；皮革齒牙骨角毛羽不登於器者，不射。』甄合，大司馬鳴鼓促圍，衆軍鼓譟鳴角，至期處而止。大司馬為屯北旗門，二甄師屯左右旍門。天子乘馬，從南旍門入，親射禽謁者以獲車收禽，載還，陳於獲旗之北。王公以下以次射禽，皆送於下，事畢，大司馬鳴鼓解圍復屯。殿中郎中率其屬收禽，以實獲車。壬子還行宮，命有司每會擇取三田。一曰乾豆，二曰賓客，三曰充君之庖。其餘即於圍下量犒將士。禮畢，改服，鈒者韜刃而還。夏苗、秋獮、冬狩禮皆同。

後周仲春教振旅，大司馬建大麾於萊田之所。鄉稍之官，以旗物鼓鐸鉦鐃，各帥其人而致。誅其後至者。建麾於後表之軍中，以集衆庶。質明，偃麾，誅其不及者。乃陳徒騎，如戰之陳。大司馬北面誓之。軍中皆聽鼓角，以爲進止之節。田之日，於萊之北建旗為和門。諸將帥徒騎序入其門，有司居門以平其人。既入而分其地，險野則徒前而騎後，易野則騎前而從後。既陣，皆坐，乃設驅逆騎，有司表禡於前。以太牢祭黃帝軒轅氏，於狩地爲墠，建二旗，列五兵於坐側，行二獻。禮遂蒐，田致禽以祭社。仲夏教茇舍，遂苗田。仲秋練兵獮田。仲冬大閱，遂狩。其致禽享礿教習之儀，並如古周法。

隋大業三年，煬帝在榆林，突厥啟人及西域、東胡君長，並來朝貢。帝欲示以兵甲之盛，乃命有司，陳冬狩之禮。詔虞部量拔延山南北周二百里，並立表記。前狩二日，兵部建旗於表所。五里一旗，分為四十軍，軍萬人，騎五千匹。前一日，諸將各率其軍，集於旗下。鳴鼓，後至者斬。詔四十道，並揚旗節，分中迴令，卽留軍所監獵。布圍，圍南西，方行而前。帝服紫袴褶、黑介幘，乘闟猪車車飾如木各，重輞漫輪，蚪龍繞轂，漢東京鹵簿所謂獵車。駕六黑騂。太常陳鼓笳鐃簫角於帝左右，各百二十。官戎服騎從，鼓行入圍。諸軍並鼓行赴圍。乃設驅逆騎千有二百。闟猪軔，有司斂大綏，王公以下，皆整弓，陳於駕前。有司又斂小綏，乃驅獸出，過於帝前。待詔，再驅過，至備身將軍奏進弓矢。三驅過，帝乃從禽，鼓吹皆振，左而射之。每驅必三獸以上。帝發，抗大綏。次王公發，抗小綏。次諸侯發射，則無鼓，驅逆之騎乃止。然後四夷百姓皆獵。凡射獸，自左而射，達於右腢五回反，為上等。達右耳本，為次等。自左髀達於右髃為下等。羣獸相從，不得盡殺。已傷戰，不得重射。又逆向人者，不射其面。出表者不逐之。田將止，虞部建旗於圍內。從駕之鼓及諸軍鼓俱振，卒徒皆譟。諸獲禽者，獻於旗所，致其左耳。大獸公之，以供宗廟，使歸，腊於京師。小獸私之。唐高祖武德五年十二月，上幸涇陽之華池校獵。

上謂朝臣曰：『今日畋樂乎？』諫議大夫蘇世長對曰：『陛下游獵，薄廢萬機，不滿十旬，未見大樂。』上色變，既而笑曰：『狂發也。』世長曰：『為臣私計，則狂；爲陛下國計，則忠。』

八年十月，校獵於周氏陂。

上謂侍臣曰：『獵以供宗廟，朕當躬其事，以伸孝享之誠。』

太宗貞觀五年，大蒐於昆明池，夷落君長從。

十一年，狩於濟源之陵山。上曰：『古者先驅以供宗廟，今所獲鹿，宜令所司造脯醢以充薦享。』

十六年十二月，狩於驪山。

時陰寒晦冥，圍兵斷絕。上登山望見之，顧謂左右曰：『吾見其不整而不刑，則隳軍法；刑之，則是吾登高臨下以求人之過也。』乃託以道險引轡入谷以避之。

高宗龍朔元年十月，狩於陸渾縣。六日，至飛山頓。帝親御弧矢，獲四鹿及兔數十頭。

總章二年，車駕自九成宮還京，仍西狩校習。自麟遊西北遶岐梁，歷普潤為兩頭。

殿中侍御史杜易簡、賈言忠監圍。山阜懸危，躡蹻杖策，不得暫停，凡五日面合。劾奏將軍劉元意，黃河上等處斷圍，元意竟抵罪。黃河上圍日，軍容齊整，詔特原之。

元宗先天元年十月，幸新豐獵於驪山之下。

開元三年，大蒐於鳳泉。

右補闕崔向上疏曰：『臣聞天子三田，若古有訓，豈惟為乾豆賓客庖廚者哉？亦將以閱兵講武；戒不虞也。詩美宣王之田，徒御不驚，有聞無聲，謂畋獵時，人皆銜枚，有若聞而無讙譁也。』又曰：『悉率左右，以燕天子，謂悉驅禽，順有左右之宜，以安待王射也。則知大綏將下，亦有禮焉。側聞獵於渭濱，有異於是，六飛馳騁，萬騎騰躍，衝翳薈，蹴蒙籠，越嶃險，靡榛蘩，紅塵坐昏，白日將暗，毛羣擾壤，羽族繽紛，左右戎夷，並伸驍勇，攢鏑亂下，交刃霜飛，而降尊亂卑，爭捷於其間，豈不殆哉！夫環衛而居，暴客攸待，清道而出，行人尚驚，如有墜駕之虞，流矢之變，獸窮則搏，鳥窮則攫；陛下復何以當之哉？惟深思後慮，以誡後圖，天下幸甚！』

德宗貞元十一年十二月臘日，畋於苑中，止其多殺，行三驅之禮。

武宗會昌元年十月，車駕幸咸陽校獵。

二年十月，校獵於太白原。

唐開元禮

皇帝田狩儀

仲冬狩田之禮。前期十日，兵部徵眾庶，循田法，虞部量地廣狹，表所田之野。前狩三日，本司建旗於所田之後，隨地之宜。前一日未明，諸將各帥士徒集旗下，不得諠譁。質明，弊旗，後至者罰之。兵部分申田令，遂圍田。

其兩翼之將皆建旗，及夜布圍訖，若圍廣，或先期二日、三日。圍闕其南面。且據南面。及狩隨地所向。駕出以剛日。其發引、次舍如常。將至田所，皇帝鼓行入圍。鼓吹令鼓六十陳於皇帝東南，西向；六十陳於皇帝西南，東向，皆乘馬。各備蕭角。諸將皆鼓行赴圍，乃設驅逆之騎百有二十。既設驅逆，皇帝乘馬南向，有司斂大綏以從。諸公王以下皆乘馬帶弓矢陳駕前後，所司之屬又斂小綏以從。乃驅獸出皇帝之前。初一驅過，有司整飭弓矢以前；再驅過，本司奉進弓矢；三驅過，皇帝乃從禽左而射之每驅必三獸以上皇帝發抗大綏皇帝既發然後公王發王發抗小綏諸公既發以次射之訖，驅逆之騎止，然後百姓獵。凡射獸，自左而射之，達於左腢，為上財；達左耳本為上射，達右耳本為次射，左脾達於右髃，為下射。羣獸相從，不盡殺，已被射者，不射；又不射其面，不翦其毛。其出表者不逐。將止。虞部建旗於田內，乃擂鼙駕鼓及諸將之鼓，士徒譟呼。諸得禽者，獻於旗下，致其左耳。大獸公之，小獸私之，其上者以供宗廟，次者以供賓客下者以充庖廚。乃命有司餂獸於四郊，以獸告至於廟社。其因講武以狩，則先設圍亦如之也。

宋太祖皇帝建隆二年十一月，始狩於近郊，賜宰相、樞密使、節度觀察防禦團練使、統軍、侍衛諸軍校，皆錦袍。其後從臣皆賜窄袍并靴。自是多以秋冬或正月畋於四郊，先出禁車為圍去聲場。五萬以鷙禽細犬從出城，每行數里，或召從官飲，至頓賜食。上每中禽。諸從官貢馬稱賀，親王以下射中者，賜馬。

太宗太平興國五年十二月，畋於近郊。

雍熙二年十一月，詔曰：『三田之制，其一曰乾豆，謂腊之以供祀也。近以率遵時令，薄狩郊畿，既親射以獲禽，宜奉先而登俎，其以畋獵親獲獸，付所司薦享太廟，仍著於令。』

端拱元年十月，自今非特朕不於近甸游獵，其五方所畜鷹犬並放之，仍令諸州不得以鷹犬來獻。

淳化五年臘日，命諸王田獵近郊。

真宗咸平三年十二月，以獵獲狐、兔薦廟之餘，賜中書、樞密院。

大中祥符三年，詔令教駿所養鷹鶻除量留十餘，以備諸王從時展拜禮外，自餘並去其羈紲，縱之山林。

自景德四年後，上不復出獵。天僖初，又詔禁圍草地，許民耕墾。

仁宗慶曆五年，兵部員外郎、直集賢院李柬之言：『祖宗校獵之制，所以順時令而訓戎事也。陛下臨御以來，未嘗講修此禮，願詔有司草儀注，擇日命殿前馬步軍司互出兵馬，以從獵於近郊。』詔樞密院討詳先朝校獵制度。十月，御內東門，賜從官酒三行，奏鈞容樂，幸瓊林苑門，賜從官食。遂獵於楊村，燕幄殿，奏教坊樂。遣使以所獲麞兔馳薦太廟。既而召父老臨門，賜以飲食茶絹，及賜五坊軍士銀絹有差。

六年十一月，復獵於城南東韓村。自玉津園去輦乘馬，分騎士數千為左右翼，節以旗。鼓合圍場徑十餘里，部隊相應。天子按轡中道，親挾弓矢，而屢獲禽。是時，道傍居民或畜狐兔鳧雉驅於場中。因謂輔臣曰：『畋獵所以訓武事，非專所獲也。』悉令縱之。至棘店，御帳殿，召問所過父老子孫供養之數，土地種植所宜，且歎其衣食麤糲而能享壽，人加恩勞。還次近郊，遣衛士更奏技駕前，兩兩相當，掉鞅挾槊以決勝。又謂輔臣曰：『此亦可觀士之才勇。』免所過民田在圍內租稅一年。時交趾李德政適遣使獻馴象，未見，特石預觀，賜紫袍塗金帶。七年三月，詔罷出獵，以諫者多故也。

明 黃道周《博物典彙》卷三《田獵》 《周禮・甸祝》：掌四時之田，表貉之祝號。迹人掌邦田之地政，為之厲禁而守之，凡田獵者受命焉。禁麛卵者與其毒矢射者。田僕掌馭田路，以田以鄙，掌佐車之政，設驅逆之車。《詩》序：車攻宣王復古也。宣王能內修外，攘因田獵，而選車徒焉。其第七章曰：蕭蕭馬鳴，悠悠旆旌，徒御不驚，大庖不盈。

《朱子》曰：古者田獵獲禽，面傷不獻，踐毛不獻，不成禽不獻；擇取三等，自左膘而射之，達于右腢為上殺。以為乾豆奉宗廟，達右耳本者次之，以為賓客。射左髀達于右䯒為下殺，以充君庖，每禽取三十焉，每等得十。其餘以與士大夫習射於澤宮中者取之，是以獲雖多而君庖不盈也。春秋魯桓公四年春正月，公狩于郎。胡安國曰：『戎祀，國之大事，狩所以講大事也。用民以訓軍旅，所以示之武，而威天下。取物以祭宗廟，所以示之孝。而順天下故。』中春教振旅，遂以蒐。中夏教茇舍，遂以苗。中秋教治兵，遂以獮。中冬教大閱，遂以狩。然不時則傷農，不地則害物，如鄭有原圃，秦有具囿，皆常所也。違其常所，犯害民物，而百姓苦之，以非其地，而必書是，春秋謹於微之意也。左傳隱公元年，魯臧僖伯曰：『春蒐、夏苗、秋獮、冬狩，皆於農隙，以講事也。鳥獸之肉不登于俎，皮革齒牙骨角毛羽不登于器。則公不射，古之制也。若夫山林、川澤之實，器用之資，皂隸之事，官司之守，非君所及也。』王制：無事不田，曰不敬，田不以禮。曰暴天物，天子不合圍，諸矦不掩群。天子殺則下大綏，諸矦殺則下小綏，大夫殺則止佐車，佐車止，則百姓田獵。獺祭魚，然後虞人入澤梁，豺祭獸，然後田獵；鷹化爲鳩，然後設罻羅；草木零落，然後入山林；昆虫未蟄，不以火田。不麛，不卵，不殺胎，不殀夭，不復巢。

清 包世榮《毛詩禮徵》卷五《田獵》

【總叙】《通典》：周制天子諸侯無事，則歲行蒐苗獮狩之禮，仲春教振旅，凡師出曰治兵，入曰振旅，皆習戰也。司馬以旗致民，平列陣如戰之陣。王執路鼓，諸侯執蕡鼓，軍將執晉鼓，師帥執提，持鼓立馬髦上者，故謂之提。旅帥執鼙，卒長執鐃，兩司馬執鐸，公司馬執鐲，以教坐作，進退疾徐，疏數之節，遂以蒐田，有司表貉，誓民鼓。貉師祭也，于所立表之處，為師祭，祭，造軍法者。遂圍禁。穴弊，獻禽以祭社。仲夏教茇舍：草止之也，軍有草止之法。如振旅之陣。群吏撰車從，讀書契，辨號名之用，師以門名，縣鄙各以其名，家以號名，鄉以州名，野以邑名，百官各象其事，以辨軍之夜事。其他皆如振旅，遂以苗田，如蒐之法。車弊，獻禽以享礿。仲秋教治兵：如振旅之陣，王載太常，諸侯載旂，軍吏載旗，師都載旜，鄉遂載物，郊野載旐，百官載旟各。書其事與其號焉。其他皆如振旅。遂以獮田，如蒐田之法。羅弊，致禽以祀祊。仲冬教大閱：虞人萊所田之野，為表：百步則一，為三表，又五十步為一表。田之日，司馬建旗於後表之中，群吏以旗物鼓鐸鐲鐃，各帥其民而致。質明，弊旗，弊仆也。誅後至者。乃陳車徒，如戰之陣。皆坐，群吏聽誓于陣前，斬牲以左右徇陣，曰：『不用命者斬之！』中軍以鼓令鼓，鼓人皆三鼓，司馬振鐸，群吏作旗，車徒皆作。鼓行，鳴鐲，車徒皆行，及表乃止。三鼓，摝鐸，掩振上之為摝。群吏弊旗，車徒皆坐。又三鼓，振鐸，作旗，車徒皆作。鼓進，鳴鐲，車驟徒趨，及表乃止，坐作如初。乃鼓，車馳徒走，及表乃止。鼓戒三闋，車三發，徒三刺。乃鼓退，鳴鐃且卻，及表乃止，坐作如初。遂以狩田，以旌為左右和之門，軍門曰和，群吏各帥其車徒，以敘和出。左右陳車徒，有司平之，旗居卒間，以分地，前後有屯百步，有司巡其前後。險野，人為主；易野，車為主。既陳，乃設驅逆之車，驅驅出禽獸，使趨田者也。逆逆要不得，令走。有司表貉于陣前，中軍以鼓令鼓，鼓人皆三鼓，群司馬振鐸，車徒皆作。遂鼓行，徒銜枚而進。天子殺則下大綏，諸侯殺則下小綏，大夫殺則止佐車，佐車止，則百姓田獵。大獸公之，小禽私之，獲者取左耳。及所弊，鼓皆騶，車徒皆譟，徒乃弊。命致禽饁獸于郊，入，獻禽以享烝。

《魚麗》魚麗于罶《傳》古者不風不暴，不行火。草木不折不芟，斧斤不入山林。豺祭獸然後殺，獺祭魚然後漁，鷹隼擊然後罻羅設。是以天子不合圍，諸侯不掩群，大夫不麛不卵，士不隱塞，庶人不總罟，罟必四寸，然後入澤梁，故山不童，澤不竭，鳥獸魚鼈皆得其所然。

《正義》云：士不隱塞者，為梁止可為防于兩邊，不得當中皆隱塞。《車攻》我車既攻，我馬既同，四牡龐龐，駕言徂東。《傳》攻堅同齊也，宗廟齊毫尚純也，戎事齊力尚强也，田獵齊足尚疾也，龐龐充實也東洛邑也。

田車既好，四牡孔阜，東有甫草，駕言行狩。《傳》甫，大也。田者大芟草以為防，或舍其中。褐纏旃以為門，裘纏質以為槸，間容握，驅而入，擊則不得入。左者之左，右者之右，然後焚而射焉。天子發然後諸侯發，諸侯發然後大夫士發，天子發抗大綏，諸侯發抗小綏，獻禽于其下，故戰不出頃，田不出防，不逐奔走，古之道也。《箋》云甫草者，甫田之草也。鄭有甫田。

《正義》云：其防之廣狹無文。既為防限，當設周衛而立門焉。乃以織毛褐布纏通帛旃之竿，以為門之兩旁，其門蓋南開，並為二門，用四旃四褐也。又以裘纏椹質以為門中之闑，闑，車軌之裏兩邊約車輪者。其門之廣狹，兩軸頭去，旃竿之間，各容一握，握人四指為四寸。是門廣于軸，八寸也。入此門，當馳走而入，不得徐也。以教戰試其能否，故令驅焉。若驅之，其軸頭擊著門旁旃竿，則不得入也。所以罰不一也。以天子六軍，分為左右，雖同舍防內，令三軍各在一方，取左右相應。其屬左者之左門，屬右者之右門，不得越離部位，以此故有二門也。此屬夏苗之田也。《周禮》：『仲夏，教茇舍。』鄭云：『茇舍，草止也。軍有草止之法。』此苗田即草止，明茇草止其中焉。或舍其中也。

之子于苗，選徒囂囂，建旐設旄，搏獸于敖。《傳》之子有司也，夏獵曰苗，囂囂聲也，維數車徒者，為有聲也，敖地名。

射夫既同，助我舉柴。《傳》柴積也《箋》云：既同。已射，同復將射之位。也雖不中，必助中者，舉積禽也。

四黄既駕，兩驂不猗，不失其馳，舍矢如破。《傳》言：御者之良也，言習于射御法也。

蕭蕭馬鳴，悠悠旆旌，徒御不驚，大庖不盈。《傳》言不讙譁也，徒，輦也。御御馬也。不驚驚也，不盈盈也，一曰乾豆，二曰賓客，三曰充君之庖。故自左膘而射之，達于右腢，為上殺；射右耳本次之，射左髀達于右膘為下殺。面傷不獻，踐毛不獻，不成禽，不獻禽，雖多擇取三十焉，其餘以與大夫，士以習射于澤宮。田雖得禽，射不中，不得取禽；田雖不得禽，射中，則得取禽。古者以辭讓取，不以勇力取。

《吉日序》美宣王田也。能慎微接下，無不自盡以奉其上焉。

田車既好，四牡孔阜，升彼大阜，從其群醜。《箋》云：醜衆也，田而升阜從禽獸之群衆也。

獸之所同，麀鹿麌麌，漆沮之從，天子之所。《傳》鹿牝曰：麀麌麌衆多也，漆沮之水，麀鹿所生也。從漆沮驅禽而至天子之所。《箋》云：同猶聚也。麕牝曰：麌麌，復麌言多也。

瞻彼中原，其祁孔有。儦儦俟俟，或群或友，悉率左右，以燕天子。《傳》祁大也，趨則儦儦，行則俟俟，獸三曰群，二曰友，驅禽之左右，以安待天子。《箋》云：祁，當作麎。麎，麋牝也。中原之野甚有之率循也，悉驅禽順其左右之宜，以安待王之射也。

發彼小豝。殪此大兕、《傳》殪，壹發而死。言能中，微而制大也。右天子田獵

《騶虞》彼茁者葭，壹發五豝，于嗟乎騶虞。《傳》茁，出也，葭，蘆也。豕牝曰：豝虞人翼五豝，以待公之發，騶虞，義獸也，白虎黑文，不食生物，有至信之德，則應之。《箋》云：記蘆始出者著，春田之早晚。君射一發而翼五豝者，戰禽獸之命。必戰之者，仁心之至。

壹發五豵《傳》一歲曰豵。《箋》云豕生，三曰豵。

《叔于田》叔于田，《傳》田取禽也。

《叔于狩》《傳》冬獵曰狩。

《大叔于田》太叔于田。《傳》叔之從公田也。

叔在藪，火烈具舉。《傳》藪，澤，禽之府也。列列具俱也。《箋》云：列人持火，俱舉，言衆同心。

袒裼暴虎，獻于公所。《傳》袒裼，肉袒也。暴虎，空手以搏之。抑縱送忌。《傳》發矢曰縱，從，禽曰送。

《還序》刺荒也。哀公好田獵，從禽獸而無厭。國人化之，遂成風俗，習于田獵謂之賢，閑于馳逐謂之好焉。

《盧令序》刺荒也，襄公好田獵畢弋而不修民事，百姓苦之，故陳古以風焉。

盧令令，其人美且仁。《傳》盧田犬令令，纓環聲，言人君能有美德，盡其仁愛。百姓欣而奉之，愛而樂之；順時遊田與百姓共其樂，同其獲，故百姓聞而説之，其聲令令然。

盧重環《傳》重環，子母環也。

盧重鋂《傳》一環貫二也。

《駟鐵序》美襄公也。始命，有田狩之事，園囿之樂焉。公之媚子，從公于狩。《傳》能以道媚于上下者，冬獵曰狩。

奉時辰牡，辰牡孔碩。公曰：左之舍拔則獲。《傳》時，是辰時也。冬獻狼，夏獻麋，春秋獻鹿豕群獸。拔矢末也。《箋》云：奉是時，牡者謂虞人也。時牡甚肥，大言禽獸，得其所左之者，從禽之左射之也。拔括也。舍拔則獲，言公善射。

輶車鸞鑣，載獫歇驕。《傳》輶，輕也。獫歇驕，田犬也。長喙。曰：獫短喙。曰歇驕。《箋》云：輶車，驅逆之車也，置鸞于鑣，異于乘車也。載，始也。始田犬者，謂達其搏噬始成之也。此皆遊于北園時所為也。

右諸侯田獵

《還》子之還兮，遭我乎峱之間兮。並驅從兩肩兮，揖我謂我儇兮。《箋》云：子也，我也，皆士大夫也。俱出田獵，而相遭也。並併也。子也我也，併驅而逐禽獸，子則揖耦我，謂我儇，譽之也。譽之者，以報前言還也。子之茂兮，遭我乎峱之道兮，並驅從兩牡兮，揖我謂我好兮。

子之昌兮，遭我乎峱之陽兮。並驅從兩狼兮，揖我謂我臧兮。

右大夫士田獵

《野有死麕》野有死麕。《傳》野有死麕，群田之獲。而分其肉。

《七月》一之日于貉，取彼狐狸，為公子裘。二之日其同，載纘武功。言私其豵，獻豜于公。《傳》于貉謂取狐狸皮也，狐貉之厚，以居孟冬，大子始裘，纘繼功事也豕。一歲曰豵，二歲曰豜，大獸公之，小獸私之。《箋》云：于貉往搏貉，以自為裘也。狐狸以共尊者，言此者，時寒，宜助女攻。其同者，君臣及民因息兵，俱出田也。不用仲冬者，亦豳地晚寒，也豕生三曰豵。

《正義》云：孟冬已裘，而仲冬始搏獸者，為來年用之。

右庶人田獵

清 陳立《白虎通疏證》卷一二《田獵》

王者諸侯，所以田獵者何？爲田除害，上以共宗廟，下以簡集士衆也。自此至冬曰狩，據《左傳》：隱五年疏御，覽八百三十二，補公羊桓四年注：必田狩者，孝子之意，以為己之所養，不如天地自然之牲，逸豫肥美。禽獸多則傷五穀，因習兵事，又不空設，故因以捕禽獸。所以共承宗廟，示亦防武備，又以為田除害也。故續漢志引蔡邕《月令》章句。寄戎事之教于田獵，武事不空設，必有以誡故，寄教于田獵，閑肄五兵焉。春謂之田，何春歲之本，舉本名而言之也。桓四年《穀梁》注：取獸于田。左傳隱五年周禮大司馬並以春田名蒐，與此異。夏謂之苗何？擇去其懷任者也。周禮大司馬遂以苗田，注夏田為苗，擇取不孕任者，若治苗去不秀實也。《爾雅・釋天》：夏獵為苗。《左傳疏》引孫炎注，與鄭注周官，同郭氏謂為苗，除害也。案四時之田，皆為田。除害何必專為夏獵之名也。秋謂之蒐何？蒐索肥者也。《公羊》桓四年注：蒐，簡擇也，簡擇幼穉，取其大者。《穀梁》注：蒐擇之，舍小取大。冬謂之狩何？守地而取之也。大司馬注言守，取之無所擇也。國語周語云：狩于畢。注：狩圍守而取之。《爾雅・釋天》：冬獵為狩。《詩》疏引李注：圍守，取之無所釋也。四時之田，總名爲田何？爲田除害也。《春秋》、《穀梁》傳曰：春曰田，夏曰苗，秋曰蒐，冬曰狩。《公羊》桓四年注：田者，蒐狩之總名。古者肉食，衣皮服。捕禽獸故謂之田。《易》曰：結繩網，以田魚，以四時之田，皆爲佃取禽獸。故總名爲田。又兼爲田除害之意也。所引《穀梁傳》桓四年文案，公羊無夏田之制，彼注云：夏不田者，春秋制也。以爲飛鳥未去于巢，走獸未離于穴，恐傷害于幼穉，故于苑囿中，取之故禮。疏引何休廢疾云運斗樞，曰夏不田。《穀梁》有夏田，于義為短。鄭釋之云：四時皆田。殷周之禮《詩》云：之子于苗，夏田明矣。孔子雖有聖德，不敢顯然改先王之法。若所欲改，則陰書于讖緯，以傳後世。《穀梁》：四時田者，近孔子故也。公羊正當六國之亡讖緯見讀，而傳為三時田。作傳有先後，不足以繼《穀梁》也。按《禮記・王制》云則歲三田。注謂夏不田也，蓋夏時。然則夏時不田者，夏制。孔子作春秋欲垂爲後王法古，變周從古也，此用穀梁家說，故依而釋之也。王者祭宗廟，親自取禽者何？尊重先祖，必欲自射，加功力也。自此至制也。據《書鈔》八十九、《御覽》五百二十六補：穀梁桓四年，傳禮宗廟之事，君親割。夫人親春。又《周語》曰：天子禘郊之事，必自射其牲，王后必自舂粢。諸侯宗廟之事。必自射牛刲羊擊豕，夫人必自舂其盛。此謂祭射。所用大牲王侯必親割，詳見祭統諸篇，其禽物亦必親取，故王制天子諸侯，無事則歲三田。一曰乾豆，二曰賓客，三曰充君之庖，又《穀梁》桓四年傳曰：四時之田，用三焉。一曰乾豆，二曰賓客，三曰充君之庖。《公羊注》一者：第一之殺也，自左膘射之，達于右髃，中心死疾，鮮潔，故乾而豆之中，薦于宗廟也。《韓詩》内傳羣小獻禽其下，天子親射之於澹鈴門也。禽者何？鳥獸之總名，明爲人所禽制也。爾疋釋鳥云二足而羽，謂之禽四足而毛，謂之獸是別。而言之飛者曰鳥，走者曰獸，《曲禮》疏云：禽者。擒也。言鳥力小，可擒捉而取之。獸者，守也。言其力多不易可禽，先須圍守是也。散則禽獸通稱。考工記梓人天下之大獸，五脂者，膏者，贏者，羽者鱗者，是羽者，亦稱獸也。易比王用，三驅失前禽，說文禽走獸總名也。《月令》命主祠祭禽于四方，大司馬小禽私之，未必專指羽鳥也。是走獸亦得通謂之禽也，禽獸本可通稱，曲禮疏謂鳥不可曰獸，非也。水畜亦謂之禽，《國語・魯語》：使水虞登川禽。韋注：鱉蟹之屬是也。王者不親取魚。據《詩潛正義》補：《左傳》隱五年，公矢魚于棠，臧僖伯諫曰：『若夫山林、川澤之實，器用之資，皁隸之事，官司之守，非君所及也。』又云《書》曰：『公矢魚于棠，非禮也。』是諸侯且不得親取魚，則王者不親，可知矣。』《禮記・月令》：季冬乃命漁師始漁。《周禮》：漁師云：掌以時漁春獻王鮪。《國語・魯語》云：古者大寒降，土蟄發，水虞于是講罛罶，取名魚。《禮記・月令》：天子始乘舟，薦鮪于寢廟，明薦廟始親行也。蓋玉者田獵，必躬親之本，為講武治兵，若親自取魚，嫌與下民爭利也。囿天子百里，大國四十里，次國三十里，小國二十里。自此至圃，草據周禮，闇人疏補。《詩・大雅・靈臺》云：王在靈囿。《毛傳》云天子百里，諸侯四十里。《毛傳》舉天子百里，以證靈囿，則文王之囿百里。而《孟子・梁惠王》下云：文王之囿，方七十里者。考揚雄《羽獵賦》云：文王囿百里，民尚以為小齊，宣王囿四十里，民以為大。袁宏《後漢紀・樂松》云：宣王之囿四十里，民以為大文王百里，民以為小唐。陸贄奏罷瓊林庫狀云：周文王之囿百里，時患尚小，齊宣王之囿四十里時，病其太大。然則文王百里古有此說，蓋先秦之世，說者不一故，七十里、百里不同也。臧氏琳經義雜記云：案袁范漢書皆言，文王囿百里，宣王囿五十里。楊疏引《毛傳》：諸侯三十里，三卽五字之訛。古本《孟子》蓋作文王之囿方百里，寡人之囿方五十里，故毛公據之以分天子、諸侯之制，疑唐人所見孟子已作七十，故孔氏、楊氏疏李賢《漢書注》引孟子並作七十里也。案孟子：宣王自言寡人之囿方四十里，正是大國諸侯之制。故《毛傳》定爲諸侯四十里，楊氏引作三十里，自是四字之誤。臧氏乃據樂松之語，改楊氏三字為五，并改毛傳孔疏之本，亦作五十里果。何據定為五十里？與樂松作五十里者，亦約言之耳。王楙《野客叢書》云：僕觀世說舉樂松之語，曰齊五十里，乃知非五里也。史又千五字下脫一十字，蓋七十里，近于百里。四十里，近于五十里。樂松舉其大綱耳，王氏之說是也。閻氏若璩釋地云：從來說者，皆以文王七十里之囿，為疑三輔。黄圖云靈，囿在長安縣西四十二里，王伯厚以文王之囿方七十里，注于下。余謂今鄠縣東三十里，正漢地里志所謂文王作豐，有鄠杜竹林南山檀柘，號稱陸海為九州膏腴者。文王當日弛以與民，恣其芻獵以往，但有物以蕃界之，遂名之曰囿云爾。誠如是說，則文王卽百里，七十里亦未可，實定其地域之數也。齊爲大國既四十里，則次國、小國地既狹小，則其囿亦宜差降。故班氏定為次國三十，小國二十也。公羊成《十八年傳》注云：天子囿方百里，公侯十里，伯七里，子男五里，疏以為孟子文，司馬法亦云，今孟子無其文或孟子外篇語也，其說與《白虎通》及諸書又不同，蓋以天子方千里，故以百里爲囿，公侯地方百里。故以十里爲囿，伯七十里，故以七里為囿。子男五十里，故以五里為囿。或據夏制言也，焦氏循孟子正義云意者，《公羊傳》注所指為離宮，《毛詩傳》白虎通所指為御苑義或然也。苑囿所以在東方何？苑囿養萬物者也。東方物所以生也。一作苑囿在東方，所以然者何？非也。《說文・艸部》云苑，所以養禽獸也。口部云囿苑有垣也。一曰禽獸曰囿。《淮南子》本經訓云：侈苑囿之大高，注：有牆曰苑，無牆曰囿，《一切經音義》引吕，忱字林同。《吕覽》重已篇。高注畜禽獸所，大曰苑，小曰囿，二注同出高誘之手。當云大曰囿，小曰苑，以大故無牆，小故有牆也。《說文・言苑》有垣明囿無，垣互文以見義也。天官閽人囿游亦如之注囿御苑也，游離宮也。《地官・囿人》注：囿，今之苑，又云囿，游囿之離宮，小苑觀處也。養鳥獸以宴樂觀之，然則苑囿對，文異，散則通也，東方所以生者。《禮記・鄉飲・酒義》東方者春，春之為言蠢也，產萬物者也。《詩》云：東有圃草。《文選注》引韓詩云：東有圃草，圃，博也。有博大之茂，艸也。則此所用者，韓詩說也。《後漢書》注引韓詩，作東有囿艸，義亦同。《水經注》王逸《楚詞注》引詩並作圃草，則亦用韓詩也。毛詩作甫草，《毛公傳》云：甫，大也。田者大芟草，以為防或舍其中，褐纏旃以爲門，裘纏質以為槸，閒容握，驅而出擊則不得入。左者之左，右者之右，然後焚而射焉。是不以圃草為地名也。《鄭箋》云：甫田者，甫田之草也。鄭有甫田，則鄭氏亦據韓詩，以訓毛詩也。鄭所據者，《爾疋・釋地文》郭注：今熒陽、中牟縣西，圃田澤是也。《漢書》地志河南郡中牟縣圃田澤，在西豫州藪。西周時屬于周，在東都之地。故《詩》云：東有圃草，東遷後，屬于鄭，故僖三十二年《左傳》：鄭之有原圃，釋地云鄭有圃田是也。鳥所以飛何？鳥者，陽也，飄輕，故飛也。據《御覽》九百十四補：自囿天子百里至此，莊氏皆附雜錄案。此應屬《田獵篇》，易旅鳥焚其巢，集解引虞注：離為鳥象，傳其義焚也。集解引侯果注離為鳥。《左傳》昭五年云：日之謙當鳥。杜注：離爲日，為鳥是鳥，為陽也。故南方之獸謂之朱鳥。《周禮・小師》疏引通卦驗，注云：鳥為大火，成數七，生數二，《書・堯典》日中是鳥是也，淮南地，形訓鳥魚，皆生于陰，陰屬于陽故鳥，魚皆卵生魚，遊於水鳥，翔於雲也。

清 秦蕙田《五禮通考》卷二四二《田獵上》 蕙田，案田獵之禮起於皇，古《傳》曰：古者聖人舉事必反本，五穀者以奉宗廟養萬民也。禽獸多則害稼穡，故田獵以共承宗廟，示不忘武備，因以為田除害也。是以師之六五，取象於田有禽。程子以為，寇賊姦宄為生民之害。若禽獸入於田中侵害稼穡，於義宜取，則獵取之其義精矣。至於順天時，因地利，備賔祭，蒐軍實，習勞懲怠辨尊明卑，舉一事而衆善皆備者，此也。自秦漢以下，每代皆有田獵之事。今折衷於周官考其沿革，以類相附焉。

易繫辭，包犧氏作結繩而為網，罟以佃，以漁蓋取諸離。屯卦六三，即鹿无虞，惟入于林中。君子幾不如舍往吝。《象》曰：即鹿无虞，以從禽也。君子舍之，往吝窮也。

趙氏汝楳曰：田者，必夷其險阻。虞人設驅逆之車，使禽趨田，然後有獲，无虞不驅禽，即我我反從禽，故曰：即鹿也。

師卦六五，田有禽利，執言无咎。

何氏楷曰：於師言田者，古人一歲三田，所以習武事也。班孟堅云：禽者，鳥獸之總。名言為人所禽制也。

比卦九五，顯比王用三驅失前禽，邑人不誡，吉。

《程傳》：先王以四時之畋，不可廢也。故推其仁心，為三驅之禮，乃禮所謂天子不合圍也。成湯祝網是其義也，天子之畋，圍合其三面前開一路，使之可去，不忍盡物，好生之仁也。只取其不用命者，不出而反入者也，禽獸前去皆免矣。故曰：失，前禽也。王者顯明，其比道天下自然來比來者，撫之罔不煦煦然，來比於我若田之三，驅禽之去者，從而不追來者，則取之也。

恒卦九，四田无禽。

《朱子》曰：以陽居陰久，非其位，故為此象。

解卦九二，田獲三狐，得黃矢貞。吉。

《朱子》曰：大抵此爻為卜田之吉占。

錢氏一本曰：獲三狐，小人狐媚之險，至二而無不解得黃。矢君子中直之道，至二而無不行。

巽卦六四，悔亡田獲三品。

折中曰：四居高當位，載續武功，而田害悉去。解獲三狐，而此獲三品，所獲者多矣。

周禮春官大宗伯，大田之禮簡衆也。注：古者因田，習兵閱其車徒之數。

王氏昭禹曰：坐，作進退。不講則不知，刺伐擒縱不習，則不能春以振旅，夏以茇舍，秋以治兵，冬以大閱，此所以簡其能也。

又曰：攻鬬而冒矢石，人情之所不欲，馳騁而逐禽獸，人情之所同。欲以人情之所不欲者，寓于所同欲之間，此人情樂為之，用而四時教戰，所以皆寓于田。

天官太宰以八則治都。鄙八曰：田役，以馭其衆。

王氏昭禹曰：田以簡衆役以任衆。

禮經會元，春蒐，夏苗，秋獮，冬狩。雖云農隙以講事，然以四時講武，使民奔走服役之，不暇終身擾擾，不得休息，豈先王使民之政乎？大抵成周致軍其於六鄉六遂之民本不盡用也。雖曰：田與追胥竭作必隨遠近之地，而遞征之何嘗一一盡，致於司徒而聽教於司馬也。辨鼓鐸則有軍將師帥旅，帥卒長兩司馬公。司馬之屬辨號令，則有羣吏百官帥家縣鄙鄉野之屬，辨旗物則有諸侯羣吏帥都鄉遂郊野，百官之屬四時必隨其地之遠近，帥屬而遞教之矣。大司馬於四時之田，亦姑總其大綱言之，爾如此盡舉畿内之民，而教之吾恐，所田之野，四表相去才三百五十步，爾雖容百官，且不足況，六軍乎都鄙去王城五百里，雖一年調發，且不可況四時乎。

蕙田，案葉氏此條，得古人馭衆之意。

小宰，以官府之六聯，合邦治，五曰：田役之聯事。

禮經會元，成周田獵之制，見於他官，如大司徒，則以旗致民；小司徒則會卒伍以作田役；鄉師則前期出田法簡，其鼓鐸兵器修其卒；伍州長則帥民而致之；黨正則作民而治其政事；族師則合其卒伍簡其兵器，以鼓鐸旗物，帥而至；縣師則受法于司馬，作其衆庶、牛馬車輦、會其卒伍、旗鼓兵器、帥而至；遂人則作野民，帥而至；遂師則平野民；縣正則用野民，帥而至；稍人則以縣師之法，作其同徒，輂輦帥而至；以聽於司馬鼓人，則掌六鼓四金以正田役司，常則贊司馬，頒旗物及致民，置旗弊之。此田獵致民之禁，令見於他官者，然也。山虞則萊山田之野，及弊田。植虞旗于中致禽而珥焉，澤虞則萊澤野及弊田植虞旌以屬禽迹人，則掌邦田之地，為厲禁而守之，牧師則贊焚萊，獸人則時田守罟，及弊田令禽注于虞中，小宗伯則帥有司，而饁獸于郊遂頒禽，肆師則四時田獵，祭表貉則為位甸，祝則致禽于虞中，乃屬禽及郊，饁獸合奠，于祖禰乃頒禽，田僕則設驅逆之車，小子則斬牲，左右徇陳。此田獵致禽之禁令見於他官者，然也。成周田政必分掌於六官之屬，以其皆預田也。而四時教法，則大司馬實總之，是以仲春而教振旅，平列陳辨鼓鐸鐲鐃之用，遂以蒐田祭社，仲夏而教茇舍撰車徒讀書契辨號名之用，遂以苗田以享礿中秋而教治兵辨旗物之用，遂以獮田以祀祊中，冬而教大閱則合三時之所辨者，而皆辨之遂以狩田以享烝，則大司馬因講武以寓田，因致禽以修祀其禮然也。

蕙田，案葉氏此條，實所以發明田役聯事之意。

觀承案田獵之禮大矣。古者寓兵於農，亦即寓戰於獵蓋戰不可試也。惟因為田除害且可供祭祀待賓客，故教民田獵，即於此，簡車徒練軍實辨鼓旗備，行陣所以教其坐作進退之方，馳驅控縱之節已，無不周至，而其民惟知踴躍鼓舞，以及時趨赴，各有所得，而反不知其戰陣之法已熟練，於平素而無不精矣。此古禮之妙，所以使人悦而忘勞者也。

禮記仲尼燕居以之田獵有禮故戎事閑也。

陳氏禮書，周官四時之田，春蒐以教振旅，夏苗以教茇舍，秋獮以教治兵，冬狩以教大閱鄉，師於凡田前期出田法於州里，簡其兵器，脩其卒伍山虞萊山，田之野澤虞萊澤野而大閱之禮為表百步則一表為三表，又五十步為一表，田之日，司馬建旗于後表之中。羣吏以旗物，帥民而致質明，弊旗誅後至者，羣吏聽誓於陳，前教以坐作進退之節，遂以狩田以旌為左右和之門，羣吏各帥其車徒以叙和出左右陳車，徒有司平之既，陳乃設驅逆之車，有司表貉于陳前中軍以鼙令鼓銜枚而進獲者，取左耳然。則虞人所萊之野，穀梁所謂艾蘭，以為防是也，以旌為左右和之門，穀梁所謂置旃，以為轅門，以葛覆質，以為槷是也。其未田也，教戰於此及田則驅禽以入，天子發則抗大綏，諸侯發則抗小綏，諸侯發然後大夫士發，置虞於其中以致禽焉，小宗伯帥有司，而饁獸於郊，遂頒禽，則饁獸于郊者，月令所謂既田命祠祭禽四方是也頒禽詩傳及穀梁所謂擇取三十為俎，其餘以予大夫士是也，田之服則冠弁服，車則木路，旗則大麾，弓則夾弓，庾弓矢則鍭矢，殺矢其出也，用牲于社宗，而載之。行其止也，張幕設重帟、重案，而於是臨誓先王之於田，宜社造廟祭馬祖繼之，以饁獸于郊慎之至也。

蕙田，案陳氏此條叙田獵，始終儀節，正記所云，有禮者也。

王制無事而不田，曰不敬，田不以禮，曰暴天物。

《春秋》隱公五年，《左氏傳》臧僖伯曰：春蒐，夏苗，秋獮，冬狩，皆於農隙以講事也。三年而治兵，入而振旅，歸而飲至，以數軍實昭文章，明貴賤，辨等列順少長，習威儀也。鳥獸之肉，不登於俎皮革齒牙骨角毛羽，不登於器，則君不射古之制也。疏爾雅釋，四時之獵，名與此同。周禮大司馬，職中春教振旅中，夏教茇舍中，秋教治兵中，冬教大閱其名亦與此同。桓四年，《公羊傳》曰，春曰苗，秋曰蒐，冬曰狩，三名既與禮，異又復夏時不田。《穀梁傳》曰四時之田，皆為宗廟之事也。春曰田，夏曰苗，秋曰蒐，冬曰狩，皆與禮異者良。由微言既絶，曲辨妄生，丘明親受聖師故獨與禮合明帝集諸學士，作《白虎通義》，因《穀梁》之文為之説。曰王者諸侯所以田獵，何為苗除害，上以共宗廟，下以簡集，士衆也。春謂之田，何春者，歲之本。以本名而言之也，夏謂之苗，何擇其懷任者也，秋謂之蒐，何蒐索肥者也，冬謂之狩，何守地而取之也，四時之田總名為田。何田除害也，案苗非懷任之名，何云擇去懷任秋獸盡皆不瘦，何云蒐索取肥雖名通義義不通也，故先儒皆依周禮，謂之獵者，蔡邕《月令》章句曰獵者，捷取之名也。

蕙田案經傳所說四時之田，異說甚多。《周禮》《左傳》四時皆田公羊注，夏時不田其異一。《周禮》蒐苗獮狩，歲歲皆行。《左傳》治兵振旅三年一舉其異，二《周禮》《左傳》以蒐苗獮狩分春夏秋冬。《公羊》，春苗秋蒐，《穀梁》，春田秋蒐，其異三。案大宗伯言，大田之禮，則田者總名何故專屬之春。賈誼新書，亦謂夏不田何也。曰天地陰陽，盛長之時，猛獸不攫，鷙鳥不搏，蝮蠆不螫，鳥獸蟲蛇，且知應天，而況人乎哉？此說似亦近，理然《周禮》明有夏，苗則亦不足據也。餘三說，亦當以左傳為正。

賈誼《新書》王者諸侯所以田獵者，何也？為田除害，上以供宗廟，下以簡集，士衆也。蒐苗獮狩之禮，簡戎事也，苗者毛取之蒐者，搜索之狩者，守留之。謂之畋。何去禽獸害稼穡者，故以田。言之孝子已有三牲，必田狩者，以為己之所養，不如天地自然之牲逸豫肥美也。

劉向《說苑》謂之畋何？聖人舉事，必反本。五穀者，以奉宗廟養萬民也，去禽獸害稼穡者，故以田。言之聖人作名號而事義可知也，《傳》曰，春曰蒐，夏曰苗，秋曰獮，冬曰狩，百姓皆出不失其，馳不抵禽，不詭遇逐，不出防此蒐，苗獮狩之義也，故蒐、苗、獮、狩、之禮，簡戎事也。

右，田獵名義。

《春秋》桓公四年，《公羊傳》春曰田，夏曰苗，秋曰蒐，冬曰狩。

蕙田案何休以《公羊》夏苗，但去害苗，而不田獵。

《穀梁傳》春曰田，夏曰苗，秋曰蒐，冬曰狩，四時也。四用三焉。

蕙田案此即夏不田之說，《傳》意謂有此禮，而不常用也。可與月令，孟夏毋大獵相發明。

《禮記・月令》季春之月，田獵罝罘羅網畢翳餧獸之藥，毋出九門。注為鳥獸方孚乳傷之逆天時也。獸罟曰罝罘，鳥罟曰羅網。小而柄長，謂之畢翳射者。所以自隱也。凡諸罟及毒藥禁其出九門，明其常有時不得用耳，天子九門者，路門也。應門也，雉門也，庫門也，臯門也，城門也，近郊門也，遠郊門也，關門也，疏路門，內有者不得出路門應門內有者不得出應門。舉此可以知之。孟夏之月，驅獸毋害五穀毋大田獵。

陳氏澔曰：夏獵曰苗，正為驅獸之害禾苗者，與三時大獵自不同。

季秋之月，天子乃教于田獵，以習五戎班馬政。注教于田獵因田獵之禮，教民以戰法也。五戎謂五兵，弓、矢、殳、矛、戈、戟也。馬政謂齊其色度，其力使同乘也，校人職曰，凡軍事物馬而頒之。

仲冬之月，山林藪澤有能取蔬食田獵禽獸者，野虞教道之，其有相侵奪者罪之不赦。

王制獺祭魚，然後虞人入澤，梁豺祭獸，然後田獵，鳩化為鷹，然後設罻羅。注取物必順時候也，梁絶水取魚者，罻小網也。疏案月令正月，獺祭魚孝經緯云獸蟄伏，獺祭魚則十月中也，是獺一歲再祭魚。此下文鳩化為鷹，草木零落交相連接。則獺祭魚謂十月時，魯語里革云鳥獸孕水蟲成，于是乎禁置罜羅網然。則正月雖獺祭魚虞人不得入，澤梁月令九月豺乃祭獸。夏小正十月豺祭獸，則是九月末，十月之初。豺祭獸後可以田獵，鳩化為鷹者，謂八月時，但鳩化有漸。故月令季，夏云鷹乃學習孟秋云鷹乃祭鳥其化為鷹。則八月也，以月令二月鷹化為鳩，則八月鳩化鷹也。《周禮・司裘》云，中秋獻良裘，鄭司農云。中秋鳩化為鷹是也設。罻羅者說文云：罻，捕鳥網也。又《爾雅》云：鳥罟，為羅罻。羅總是捕鳥之網。

蕙田案玩此條知古人田獵，重於秋冬春夏。雖有其制，而不備也。考之經傳，謂四時，皆田者，《周禮》《左傳》，《穀梁傳》也。謂夏不田者，《公羊傳》，何休注及春秋緯，運斗樞也。何休竟以夏無田獵譏，《穀梁》為短，固屬非是。鄭康成則以緯書為孔子所作，四時田者，周制三時。田者，夏殷制。孔子欲改周制，不敢顯露陰書于緯。而于春秋，則仍用周制，其說穿鑿而害道，皆未細玩。月令季，春羅網毋出孟夏毋大田獵，及《穀梁》四用三焉之義。觀王制獺，祭魚云云亦專指秋冬。又云天子諸侯無事則歲三田，即《周禮》所載儀節。亦惟治兵大閱特詳于振旅，茇舍古聖人順天時以取物，因農隙以講武。春夏生長之候，決不肯多殺以擾民也。然四時皆有農隙，而武備不可以不時肄。故斟酌于四時之中，而有詳畧之別，焉其義精矣。

觀承案周禮四時，皆田以四時，皆有農隙，則乘其隙而行之可也。然王制已有，天子諸侯無事則一歲三田之文，蓋夏禾方盛於田獵。原不甚相宜因思宣王車攻詩特標出之子，于苗句此與六月之詩，同意蓋宣王非無事之時，既盛夏興師又行夏苗之禮。以習軍陣也則平日之田，不必四時，皆行故周禮，尤詳大閱之禮，而《豳風》：『一之日于貉，二之日載纘。』武功亦總在冬時，然則田雖備，四而行之，當酌其宜要，惟秋冬為重也。

右田獵時令。

《周禮》天官獸人掌罟田獸，辨其名物。注：罟，網也。以網搏所當田之獸，疏名物者，謂獸。皆有名號。物，色也。案夏官四時田獵，春用火，夏用車，秋用羅，冬用徒，四時各以其一為主，無妨四時兼有網也。

冬獻狼，夏獻麋，春秋獻獸物。注：狼，膏聚，麋，膏散。聚則溫，散則涼。以救時之苦也，獸物，凡獸皆可獻也。及狐狸疏內則狐去首，狸去正脊，二者並堪食之物。

凡田獸者，掌其政令。

王氏曰：畋狩有時，王制獺祭魚，然後虞人入澤。梁云云：是也。取獸有法，如不麛，不卵，不殺胎，不殀夭，不覆巢踐毛，不獻不成禽，不獻是也。田獵有地，如東有甫草，駕言行狩是也。及夫辨其死生鱻薧之物，當公當私之宜，斷其爭禽之訟，皆所謂政令也。

地官迹人，掌邦田之地，政為之厲禁，而守之。注：田之地，若今苑也。疏迹人主迹禽獸之處，有禽獸處，則為苑囿，以林木為籓羅，使其地之人遮獲，而厲守之。

凡田獵者，受令焉。注：令，謂時與處也。疏時謂仲春，仲夏，仲秋，仲冬。處謂山澤也。其受令者，謂夏官，主田獵者。

《禮記》郊特牲大羅氏，天子之掌鳥獸者也。諸侯貢屬焉草笠，而至尊野服也。羅氏致鹿與女，而詔客告也，以戒諸侯曰：好田、好女者，亡其國。

蕙田案以上官守職掌。

《周禮·天官·小宰》以官府之八成經邦治，二曰：聽師田以簡稽。注：簡猶閱也，稽猶計也計其士之卒伍，閱其兵器，為之要簿也。

孟子，孔子之仕于魯也。魯人獵較孔子亦獵較奚獵較也。孔子先簿正祭器，不以四方之食供簿正。注：先為簿書以正其宗廟祭祀之器，即其舊禮，取備于國中，不以四方珍食供，其所簿正之器。

蕙田案以上田獵，簿錄會計。

《周禮·春官·巾車》木路前樊鵠纓，建大麾以田。注：木路不輓，以革漆之而已。前讀為緇翦之翦，翦淺黑也。木路無龍，勒以淺黑，飾韋為樊，鵠色飾韋為，纓不言就數飾與革路同大麾不在九旗中，以正色言之則黑，夏后氏所建。田四時田獵疏趙商，問大司馬職曰，四時皆建大常。今又云，建大麾以田，何答曰，麾夏之正色，雖習戰春夏尚生其時，宜入兵夏本，不以兵得天下，故建其正色。以春田秋冬出兵之時，乃建大常。

夏官田僕，掌馭田路，以田以鄙。注：田路，木路也。田，田獵也。鄙循行縣，鄙疏縣鄙，在六遂之中，王巡六遂縣鄙，則六鄉州黨巡之可知，舉遠以明近也。

鄭氏鍔曰：王田必乘木路者，蓋木德盛於東方，仁也。王者之田不合圍，仁也，然以田以鄙，或以為都鄙王者，無循行縣鄙，親自省耕之理，然則或田于三田之地，或田于縣鄙之地而已。

王氏曰：王行在鄙，則去飾，故乘木路。

蕙田案木路之解，以王氏去飾之說，為確鄭氏東方木德之說。太鑿以鄙之解，以鄭氏田於縣鄙之說，為確注疏解。為巡行縣鄙案此官名田僕，其下文所言皆是田事巡行事，無據況國中及六鄉公田都鄙皆不見有巡行之文，舉遠見近究曲說也。

掌佐車之政。注：佐亦副疏少儀，注云：朝祀之副曰貳戎獵之副，曰佐案王制云大夫殺，則止佐車，佐車止則百姓田獵。

鄭氏鍔曰：田必有佐車掌其政令使當田者，則田當止者則止，所以全人君之仁。

設驅逆之車。注：驅，驅禽獸。使前趨獲逆銜還之，使不得出圍。鄭氏鍔曰：自後驅禽使之，就獲自前逆禽使不出圍。

令獲者植旌。注：以告獲也，植樹也。

鄭氏鍔曰：獲者，植旌使人望其旌而知其獲，禽不獨為己有也，山虞，植虞，旗澤，虞植，虞旌為屬，禽設此則令，獲禽者自植以告獲也。

《禮記·月令》季秋之月，命僕及七騶咸駕，載旌旐授車。注：僕，戎僕及御夫也。七騶，謂趣馬主為諸官駕說者也。既駕之，又為之載旌旗。司馬職曰：仲秋教治兵，如振旅之陳，辨旗物之用，王載大常諸侯，載旂軍吏，載旗司都，載旜鄉遂，載物郊野，載旐百官，載旟是也。

《周禮·春官·司常》凡軍事建旌旗及致民置旗弊之，甸亦如之。注：始置旗以致民，民至仆之誅其後至者。

蕙田案以上田獵，車馬旌旗。

地官山虞若大田獵，則萊山田之野。注：萊除其草，萊也。疏謂大田獵，謂王親行也，萊山田之野，謂於防南，擬教戰之處芟去草萊，南北二百五十步，東西步數未聞，廣狹可容六軍三三，而居一偏。

地官澤虞若大田獵，則萊澤野。

王氏曰：澤野所謂藪也。

蕙田案澤中之獵，不見於大司馬，《春秋》內外傳所載如棠觀魚濫於泗淵之類，又皆失禮之事居多。然地官山虞澤虞，並有大田獵之文，則其事可以意會，其從署者，殆以周官之時，舟師未備，故講武亦詳，山而畧澤歟。

詩毛傳田者大艾，草以為防或舍，其中褐纏旃以為門，裘纏質以為槸，槸，魚列反。間容握驅而入，轚則不得入，左者之左，右者之右，然後焚而射焉。

孔穎達曰：田獵者，必大芟殺野草，以為防限，作田獵之場，擬殺圍之處，或復止。舍其中謂未田之前，誓士戒衆，故教示戰法，當在其間止舍也。既為防限，當設周衛而立門焉，乃以織毛褐布纏通帛旃之竿，以為門之兩旁，其門蓋南開，並為二門用四旃四褐也。又以裘纏椹質以為門中之闑，闑車軏之裏，兩邊約車輪者其門之廣狹，兩軸頭去旃竿之間，各容一握，握人四指為四寸，是門廣。於軸八寸也，入此門當，馳走而入，不得徐也。以教戰試其能否？故令驅焉，若驅之其軸頭擊著門旁，旃竿則不得入也，所以罰不正也，以天子六軍分為左右，雖同舍防內令三軍，各在一方，取左右相應。其屬左者之左門，屬右者之右門，不得越離部伍，以此故有二門也。

《春秋》昭公八年，《穀梁傳》因蒐狩以習用武事，禮之大者也。艾蘭以為防，置旃以為轅門，以葛覆質，以為槷流，旁握御轚者，不得入。注：蘭，香草也。防為田之大限，旃，旌旗之名，《周禮》通帛旃轅門卬車，以其轅表門質椹也，槷門中臬葛。或作褐流旁握謂車兩轊頭各去門邊空握握四寸也。轚挂則不得入門，疏置旃以為轅門，謂以車為營舉。轅為門又建旃以表之，以葛覆質，以為槷質者，中門之木椹。謂恐木椹傷馬足，故以葛草覆之，以為質葛，或為褐者，謂以毛布覆之。流旁握御轚者，不得入徐邈云流至也。門之廣狹，足令車通至車兩軸去門之旁，邊一握握四寸也。轚謂挂著若車挂著則不使得入，以恥其御拙也。

《禮記月令》季秋之月，命僕以級整，設于屏外。注：級，等次也。整，正列也。設陳也，屏所田之地，門外之蔽，疏戎僕等，以馬駕車，又載旌旐既畢，以其尊卑等級，正其行列，設于軍門之外，東西廂以為行陣。于是司徒在兩行之間，北面誓之，或者屏之，外左右六軍嚮南而陳，司徒于陣前，北面誓之也。云屏所田之地，門外之蔽者，案《詩傳》云，褐纏旃以為門，驅而入槷則不得入，既門外驅車，則不得有屏。此內外之屏者，蓋車入之時，則去屏，無事之時則設屏也。

《周禮・天官》幕人凡田役共，其帷幕幄帟綬。注共，之者。掌次，當以張。掌次師田則張，幕設重帟重案。注不張幄者，于是臨誓衆王，或回顧占察。

蕙田案田獵之前，必先治其止舍之處，以為防限是以，山虞澤虞既已，先期芟除草萊，而臨時則又有戎僕等為之設，其轅門正其行列，然後掌次幕人等，共其幄帟而規制周密矣，若毛詩傳疏所言，即今之圍場也，《穀梁》、《月令》及《周禮・天官》，所言即今之帳房也，考《史記・五帝本紀》黃帝，以師兵為營衛，遷徙無常處，此即古者營，盤壘砦之遺制，蓋其所從來者遠矣。

又案月令以級整設於屏外，雖專為季秋言之。然車攻之，《詩》云之，子于苗本為夏狩，而毛鄭亦以艾蘭為防之説，解之則知此制，固通于四時也。

又案以上田獵場地陳設。

《禮記・月令》季秋之月，司徒搢扑北面誓之。注：誓衆以軍法也，疏司徒職云：施十有二教八曰以誓教恤，則民不怠誓，民誓，以犯田法之誓也。誓曰：無下車，無自後射案，于經注，則司徒主誓，今田獵出軍，亦于所獵之地，而搢扑北面誓，之也，搢揷也。

蕙田案以上田獵之前，誓衆。

《周禮・春官》司几筵甸役，則設熊席右漆几。注：謂王甸有司祭，表貉所設席。陳氏曰：大田簡衆，大役任衆，涖之不可以。無威故席以熊皮，設之或曰：右几武事，尚右也。

蕙田案以上田獵，几席。

司服凡甸冠弁服。注：甸，田獵也。冠弁委貌，其服緇布衣，亦積素以為裳。諸侯以為視朝之服，疏士冠禮。及郊特牲，皆曰委貌。周道鄭注：士冠云委猶安也。言所以安正容貌，故云委貌若以色，言則曰，玄，冠也。云其服緇布衣，亦積素以為裳者，士冠禮云，主人玄冠，朝服緇帶素韠。注云衣不言色者，衣與冠同，裳又與韠同色。是其朝服，緇布衣亦如皮弁，積素以為裳也。言凡甸冠弁服，據習兵之時，若正四時，則當戎服。是以《月令・季秋》天子乃教於田獵，以習五戎司徒搢扑北面，以誓之天子。乃厲飾執弓挾矢。以獵注云，厲飾謂戎服尚威武也。以此觀之，習五戎司徒誓之，不戎服著冠弁可知。

王氏應麟曰：兵事韋弁服眂，朝則皮弁服，甸則冠弁服。《左傳》衛獻公不釋皮冠，則皮弁韋弁同但色異耳。是正田，用韋弁也，援神契云，皮弁素積軍旅也。軍士之服，通皆韋皮坊記。注云：在軍同服，《左傳》均服振振，郝氏敬曰：冠弁即爵弁，以繒帛為之。古冠制小用緇布，玄繒後世用為弁。故曰：冠弁明與韋皮二弁異猶冕之言，弁冕也。曾子問云：尸弁冕而出。鄭謂：委貌非也，委貌冠耳。

蕙田案以上田獵冠服。

夏官司弓矢、夾弓、庾弓、以授射鳥獸者，注：往體多來體。寡曰夾庾射鳥獸，近射也。近射用弱弓。

凡矢、殺矢、鍭矢、用諸近射田獵矰矢，茀矢用諸弋射。注：殺弓，所用也。鍭弩，所用也。殺矢，言中則死。鍭矢象焉鍭之言候也。二者皆可以射，禽獸前尤重中深，而不可遠也。結繳于矢，謂之矰，矰高也。茀矢象焉茀之言，刜也。二者皆可以，弋飛鳥刜羅之也。前于重又微輕行不低也。

蕙田案以上，田獵弓矢。

又案田獵所用之器物，非先時而為之，備則事不濟，以上所列，皆豫備事也。先車馬旌旗次場地者，《月令》七騶咸駕，然後及整設車馬，旌旗田獵之所，首重。無此，則不能立止舍之處也，場地之下即次誓衆者，《月令》疏整設屏外，司徒誓衆於其中故也。自是而几席冠服弓矢，至鼓鐸車旗器物，則錯見於鄉師以下。徵發諸條，其先後條理可以意會也，詩我車既攻，田車既好，詠車也。我馬既同，四牡龐龐，四黄既駕，兩驂不倚，詠馬也。建旐設旄，悠悠旆旌，詠旌旄也。決拾既佽，弓矢既調，詠兵器也。車攻吉日，二篇之所陳，蓋畧備矣。

天官獸人時，田則守罟。注守謂備獸觸攫也。疏時田，謂四時田獵。

右田獵官司戒具。

周禮地官大司徒，大田役以旗致萬民，而治其徒庶之政令。注：旗，畫熊虎者也。

史氏曰：軍旅所以用衆大田，所以簡衆，衆之所聚，政令行焉。不有旗表，其觀視何所趨向哉？

易氏祓曰：大司徒以旗致民，致之于比閭族，黨州鄉之聯也。大司馬以旗致民，致之于平列陳之際也。

徽衆刻日，樹旗期民於其下，疏凡軍旅田獵，所用民徒，先起六鄉之衆。

鄉師凡四時之田，前期出田灋于州里，簡其鼓鐸旗物兵器，修其卒伍。注：田灋，人徒及所當有。

魏氏校曰：簡者豫為閲計修者，豫為配當古之勇，好以整又好以暇。及期，以司徒之大旗致衆庶，而陳之以旗物辨鄉邑而治其政令，刑禁巡其前後之屯而戮其犯命者，斷其争禽之訟。注：司徒致衆庶者，以熊虎之旗，陳之以旗，物以表正其行列，疏鄉師為司徒，致衆庶故。還用司徒之大旗，辨鄉邑者，四時六鄉之衆，與公邑之民皆在焉。各分别為陣也。

黄氏度曰：鄉師致衆庶，各致其鄉之民也。將田先閲于其鄉，而以司徒之旗，致之使知，有所統也。

高氏愈曰：古者因田以講武其事，至重故鄉師特主治之。

州長若國作民而師田行役之事，則帥而致之掌其戒令與其賞罰。注：致之，致之于司徒也，掌其戒令賞罰，則是于軍為師帥疏田，謂田獵。

黄氏度曰：六鄉之軍，聽于王主，于司徒平居常自為六軍之教，故六鄉徵發則稱國言，有天子之命也。獨見之于州長，州長承其命也。帥而致之軍旅，致之于小司徒役，致之于鄉師小司徒鄉師各以其事，帥之而致于大司徒。

黨正凡作民而師田行役，則以其灋治其政事。注亦於軍因為旅帥。

鄭氏鍔曰：師田行役，衆庶所聚，非致嚴以馭之，不可也。以法而治，其政事又異乎平日之教以禮事矣。

族師若作民而師田行役，則合其卒伍，簡其兵器，以鼓鐸旗物，帥而至掌，其治令戒禁刑罰。注：亦於軍因為卒長疏帥，而以至者帥，至于鄉師，以致于司徒也。

鄭氏鍔曰：一旅之衆居，則有比閭之聯，而卒伍猶未之合。有耒耜之用，而兵器或未之精，至于作之而師田行役，族師遂為一卒之長，欲其師行之有統，則必合為卒伍，欲其攻戰之必勝，則必簡其兵器，合則使之聯而不散簡，則使之精而無敝，又用鼓鐸旗物率之。至于師田行役之所猶，恐其不肅，復掌其治令戒禁刑罰，孰敢不率哉。

縣師若將有軍旅田役之戒，則受灋于司馬以作其衆庶，及馬牛車輦會其車人之卒伍，使皆備旗鼓兵器，以帥而至。注：受灋於司馬者，知所當徵衆寡。

黄氏度曰：司馬主兵，其令不得直行，必有縣師關節。此先王微意，兵皆民也，發民為兵，而主兵之官不應全不知故，使其屬行司馬之法，作起也。起其衆庶馬牛車輦，而後會其車人卒伍邦國都鄙，卒伍鄉法雖素定，而車人不相須，甸稍縣都野法車人相須，而縣鄙居民未嘗為卒伍。故於此皆以司馬之法，會之五人為伍，百人為卒，離則皆伍，聯則皆什百人為卒，鄉為四閭野，為四里車徒，異部多少稱事。

遂人若起野役，則令各帥其所治之民，而至以遂之大旗致之其，不用命者，誅之。注：役謂師，田遂之大旗，熊虎疏令各帥其所治之民，而至者，謂令縣，正以下遂人遂大夫合用鳥隼之旗致衆。今遂人掌衆與大司徒同故，致衆得用熊虎為旗也。凡事致野役而師田作野民，帥而至，掌其政治禁令。

鄭氏鍔曰：國有功役之事，又有師田之事，功役則用當役之人，師田則衆民竭作。故於事言野役於，師田言野民當役之人，則致之。使自至衆力竭作則其事大有以作而起之，遂人帥而至掌政治禁令，以齊一之則，衆雖繁不亂矣。

遂師軍旅田獵，平野民掌其禁令，比叙其事而賞罰。注平，謂正。其行列部伍也鄭司農云：比讀為庀，疏野民謂六遂之民，比叙者校，比次叙其行伍而行賞罰。《周禮》云比者後鄭皆為校，比先鄭皆為庀，庀為具得通一義，故引之在下也。

魏氏校曰：未至師，遂師先以軍法部署而行賞罰，帥而至，則賞罰一聽於大司馬及大司徒。

縣正若將用野民，師田行役移執事，則帥而至治其政令。注：移執事，移用其民，鄭司農云謂轉相佐助。

稍人若有師田之事，則以縣師之法，作其同徒輂。輂帥而以，至治其政令以聽於司馬。注：有軍旅田役之戒，縣師受灋于司馬。邦國都鄙，稍甸郊里，惟司馬所調以其法作其衆庶及馬牛車輦，會其車人之卒伍，使皆備旗鼓兵器。以帥而至是以書令之耳，其所調若在家邑、小都、大都，則稍人用縣師所受司馬之法作之。帥之以致，於司馬也同。徒司馬所調之，同凡用役者，不必一時，皆偏以人數調之。使勞逸遞焉，疏稍人屬縣師，縣師屬大司馬。大司馬得王進止縣師即受法於司馬，縣師既得法，稍人又受法于縣師。故云以縣師之法，作其同徒也，既作同徒，乃致與大司馬。故云以聽于司馬也。

蕙田案起徒役之事，惟田與追胥竭作，則是田獵起徒較他事獨衆。凡經文師田連言者，今於出師門內，不復分析兩載總入田獵內，可以互見云。

又案六鄉之鄉，師州、長族、師黨正等官，六遂之遂人，遂師縣正等官，皆平日治民之官也。及其有師田之事，則凡起徒致民之政令，皆以屬之。遞相統率，以致於大司徒，因以屬于大司馬，惟比長閭師鄰長里宰鄰長鄙師諸官所轄者少。故不復詳，但於閭胥云：凡春秋之役，政聚衆庶，則讀法鄙。師云：凡作民則掌其戒令，酇長云：若作其民而用之，則以旗鼓兵革，帥而至里。宰云：掌比其邑之兵器以待有司之政令，如是而已。

又案出師之制，先發六鄉為六軍，次發六遂，為十二軍。自近而遠，各有差等，田獵亦宜。然故經於六鄉之官言師田者，四六遂之官，言師田者三。若稍人不過一條，而縣畺則無文。蓋六遂已，不常發稍地。則所發尤稀，縣畺則其地益遠，田獵徵發，未必及之。此經之所以畧也，然又有説者。大司徒，地官之長。固無所不統矣，而縣師之所掌，亦兼邦國都鄙稍甸郊里之地域，則是從六鄉以外，及於邦國無不統轄。又遂人掌邦之野，鄭云：此野，為甸稍縣都。則遂人於畿內，亦無不統轄。遂師云經牧其田野疏，遂人兼掌采地。采地有井田法，故此經云，經牧其田，野則遂師，於畿內亦，無不統轄，其各條內，所言師田，蓋連稍縣畺亦并包在內。此皆經外之意，可以推而知也。

《國語・周語王》治農於藉，搜於農隙耨穫，亦於藉獮於既烝狩於畢時是皆習民數者也。

右田獵徵發政令

《周禮・春官・小宗伯》凡王之旬役之禱，祠肆儀為位。注：肆，習也。為位，小宗伯主其位。

肆師凡四時之大甸，獵祭表貉，則為位。注：貉，師祭也。於所立表之處，為師祭。造軍法者禱氣勢之倍增也。其神蓋蚩蚘，或曰黄帝。甸祝掌四時之田，表貉之祝號。注：杜子春云：貉，兵祭也。《爾雅》曰：是類是禡，師祭也。元謂田者，習兵之禮，故亦禡祭禱氣勢之什百而多獲。《詩・小雅・吉日》吉日維戊，既伯既禱。注：伯，馬祖也。重物慎微，將用馬力，必先為之，禱其祖禱。禱，獲也。疏言王以吉善之日，維戊也於馬祖之伯。既祭之，求禱矣以田，祖謂之伯。伯者。長也。鄭云馬祖天駟釋天云。天駟。房也。孫炎曰龍為天，馬故房四星謂之天駟。鄭亦引《孝經》説曰：房為龍馬者是也，

何氏楷曰：既伯，既禱田祭也。伯通作貊，亦作貉。鄭司農讀為禡王制禡。於所征之地，孔叢子云：已克敵，使擇吉日，復禡於所征之地。鄭玄云禡師祭也。為兵禱其禮，亡其田獵之祭，則名之為貉。周禮蒐苗獮狩，有司皆表貉於陳前。鄭注：謂貉讀為千百之百，於立表處，為師祭。祭造軍法者，其神蓋蚩尤或曰黄帝。杜子春讀亦同云貉，兵祭也。田以講武治兵，故有兵祭。禱氣勢之十百而多獲，邢昺云貉之言百祭祀，此神求獲百倍也。愚案貉貊本是一字，以百解貊，無乃強解，讀貊為百，亦未必然。又有言祭貉，以導獸者，要皆附會。以愚意揣之，政繇古人讀貊與禡同音，遂訛禡為貊耳。禡，祭名也。故字從示，其意馬諧聲，義必有取或殺馬為牲，或以馬者國之大事克敵，必藉焉。故為馬祈福，亦未可知。師田皆行軍之事，其同有禡祭焉，宜也。觀《説文》既伯作既禡可證今韻，會中伯字亦有禡音，蓋繇伯貊相訛。而然無足疑者，此既伯即田獵之日，表貉之祭也。《毛傳》以伯為馬，祖案《周禮》校人職云春祭。馬祖鄭以為天駟，天駟房也。晉《天文志》云天駟，為天馬，主軍駕。南星曰：左驂次，左服次，右服次，右驂亦曰：天廄孔云馬與人異，無先祖可尋。故取《孝經》説房為龍馬，是馬之祖。一云行神四時之祭，各有所為，未聞田獵有馬祖之祭。亦從未聞馬祖有伯之稱也。祖者，始也。伯者，長也。二義懸殊，何得以伯當祖乎？祈福曰：禱，毛以為禱獲是也。戰必禱克，田必禱獲。《説文》作禂，云禱，牲馬祭也。案禱，牲馬祭，分為二。事《周禮》甸，祝職云禂牲禂馬皆掌其祝號。杜子春注云為田禱多，獲禽牲為馬禂無疾。觀此禂牲，即貉祭。所禱禂馬，即校人。四時之祭所禱皆名為禂也，此《詩》既伯既禱乃甸，祝所職也。《爾雅》以為馬祭似誤以禂牲為禂馬耳。

《周禮・春官》肆師舍奠于祖廟禰，亦如之。注：舍，讀為釋。釋奠者，告將時田，若將征伐。鄭司農云禰父廟疏非時，而祭曰，奠。

王氏曰：舍奠有牲，而無尸，所謂造於祖也。

鄭氏鍔曰：將出田必行釋奠之禮。以告于廟乃載，遷廟之主以行其載，以祖為主，故舍奠，于祖廟，禰則但。祭而不載，亦如之，謂舍奠也。

右田獵祭祀。

夏官大司馬中春教振旅。注：兵者，守國之備。孔子曰：以不教民戰，是謂棄之。兵

者，凶事，不可空設。因蒐狩而習之，凡師出曰治兵，入曰振旅，皆習戰也。四時各教民以其一焉，春習振旅，兵入收衆，專于農疏。《爾雅》云出為治兵，尚威武也，入為振旅，仄尊卑也。反尊卑者，出則壯者在前，老弱在後，入則壯者在後，老弱在前。

孔氏穎達曰：《春秋》振旅者，以陽氣方長，兵宜止息也。

黄氏度曰四時之田，先教振旅，王者之兵，出於萬全。

司馬以旗致民，平列陳如戰之陳。注：以旗者，立旗。期民於其下，疏熊虎之旗。

鄭氏鍔曰司徒於大軍旅，大田役以旗，致六鄉之民，遂人於起野役，以遂之大旗，致六遂之民。民之目熟於熊虎之狀久矣，及是時鄉，遂之官致之而來。司馬，亦以旗致之，因民之所習熟者，使之易知耳。

王氏昭禹曰田獵，所習無非軍事。故平列陳，如戰之陳，平者高下如一之謂。雖如戰之陳，而平列陳，則無事於戰矣。

辨鼓鐸鐲鐃之用，王執路鼓，諸侯執賁鼓，軍將執晉鼓，師帥執提，旅帥執鼙，卒長執鐃，兩司馬執鐸，公司馬執鐲。鼓人職曰以路鼓，鼓鬼享以鼖鼓，鼓軍事以晉鼓，鼓金奏，以金鐃止鼓，以金鐸通鼓，以金鐲節鼓。鄭司農云提謂馬上鼓，有曲木，提持鼓立馬髦上者，故謂之提。杜子春云：公司馬，謂五人為伍，伍之司馬也。

鄭氏鍔曰：春陽用事雷始出地，於卦為震。而鞸人冒鼓必于起蟄之日，教以此時。從其類也軍將者，卿六各為一軍之將，提使，師帥執之者五百人之衆。左提右挈在掌握之意，旅帥視師帥為卑，故執鼙鼓之小，而卑者也百人之卒長。知其當止，則止故使執鐃。兩司馬知其當進則進，故使執鐸以通鼓五人之長。曰公司馬，軍制自五人始，人之寡不能節制，則衆皆無節。故使執鐲以節鼓，其職至卑，其名乃同於司馬，欲重其權，以服人也。

黄氏度曰：有節制，而後能勝金鼓，所以節制也。故於教振旅辨之王，雖親征六卿分將，而元帥居乎其中。

蕙田案王不執鼖鼓，而執路鼓者。鄭康成謂，尚之於諸侯也。鄭剛中亦謂，王道之大，無所不通，以道統衆，不必自執軍中之事。諸侯從王欲，使軍將以下皆聽命。故尚之於諸侯，今考鼓人職軍事，宜執鼖鼓，而路鼓非軍事所宜用。但以其有四面象人君聲教當四達，無間而已。則侯之執鼖，非所以尊尚之，而使衆聽命也。王志長謂諸侯入朝佐王，田獵不敢以桴鼓之事上煩天子，故代王執鼖鼓，以鼓軍事，此說得之。

又案賁鼖古字通用，蔡氏宸錫欲改賁為鼖，亦不必。

以教坐作進退疾徐，疏數之節。注：習戰法，疏坐作進退疾徐，疏數之節，大閱具言，於此畧說。

李氏嘉會曰：兵事，宜尚威武敏捷，必以進退疾徐，疏數教民者。觀武王伐商六步，七步，乃止齊焉兵，在於結陣之固，進退之齊，武侯八陣，進則皆進，止則皆止。所以不可破齊之技，擊魏之武卒，秦之鋭士，終不可以當。桓文之節制者，由此而已。

蕙田案坐作進退，等皆戰之事。四時之田，雖皆為教戰，而設然所專於戰者秋之大閱耳。餘春夏從畧，而春教振旅，主於蔵兵不用則尤畧之，賈疏最得經意。

遂以蒐田有司，表貉誓民，鼓遂圍禁，火弊獻禽以祭社。注：春田曰蒐，有司，大司徒也。掌大田役，治徒庶之政令，表貉，立表而貉祭也。誓民，誓以犯田法之罰也。誓曰無干車，無自後射，禁者，虞衡守禽之厲禁也。既誓令鼓而圍之，遂蒐田。火弊，火止也。春田主用火因焚萊，除陳草皆殺。而火止，獻猶致也。屬也田止，虞人植旌，衆皆獻其所獲禽焉，《詩》云言私其豵，獻豣于公。春田主祭，社者土方。施，生也。疏，蒐搜也。春時鳥獸字乳搜，取不孕者。誓曰無干車，云云。此據漢田律而言，無干車謂無干犯他車，無自後射象戰陣不逐奔走。誓民即大閱羣吏聽誓於陣。前鼓者，即中軍以鼙令鼓，鼓人三鼓以下此祭社。因田獵而祭，非月令仲春祭社也。

鄭氏鍔曰：雖教之有素，一旦出田，野臨干戈，安得不三令五申之。此司馬所以誓之也，又曰月令仲春之月，毋焚山林。大司馬乃用火田者，盖春而焚萊，將以田也。春而焚山，林傷生意也，所以有無焚之令。

王氏曰社者，土示也。

蕙田案有司表貉。鄭康成謂大司徒，鄭剛中以為，肆師甸祝王平仲删翼，載王氏說亦以為甸，祝考肆師。大田獵祭表貉，則為位甸祝掌四時之田，表貉之祝，號若大司徒總率，鄉遂諸官恐不必以表貉事屬之。當以剛中及王氏說為正。春官肆師凡師甸用牲于社宗，則為位。注：社軍，社宗遷主也。疏肆師，為位祭也。

孔氏穎達曰：春時，四方施生，獵則祭社為主。

蕙田案表貉之祭，四時田獵之所同也。社宗之祭，春蒐之所獨也。

《春秋》昭公八年，《穀梁傳》因蒐狩，以習武事，車軌塵馬，候蹄揜禽旅御者，不失其馳，然後射者能中。注車軌塵，塵不出轍。馬候蹄發足，相應遲疾，相投揜禽旅揜取衆禽不失其馳，不失馳騁之節。

蕙田案此田獵命中之法，蒐狩並稱，故附于此。

右春蒐。

周禮夏官大司馬，中夏教茇舍如振旅之陳。注：茇舍草止之也。軍有草止之法，疏草字釋茇止字釋舍。

孔氏穎達曰：夏教茇舍者，以草木茂盛，故教以草舍。

鄭氏鍔曰：《詩》曰召伯所茇，又《左傳》言晉大夫茇舍從之，凡言茇者，皆草舍也。教茇舍者教以草止之法，軍行而草止未有營壘之所，草止之地防患尤嚴，防患之道夜事尤急，教之無素，則是以衆予敵矣，教茇舍獨于中夏以月令考之孟春草木萌動季春生氣方盛，惟夏之時生於春者，至是益長長于春者，至是益茂，軍屯其中患生不虞，又況莫夜之時。

羣吏撰車徒讀書契。注撰讀曰算，算車徒謂數擇之也。讀書契以簿書，校録軍實之凡要，疏羣吏謂軍將至伍長各有部分，皆選擇其甲士步卒之等。蕙田案康成以撰為數擇書契，為簿録即師，田以簡稽也。天官小宰言之，蓋在平日大司馬，則在臨期，彼此互見耳。

辨號名之用，帥以門名縣鄙各以其名家以號，名鄉以州，名野以邑，名百官各，象其事以辨軍之夜事。注：號名者徽識所以相別也，鄉遂之屬，謂之名家之屬，謂之號百官之屬，謂之事在國。以表朝位在軍，又象其制而為之，被之以備死事帥謂軍將及師，帥旅帥及伍長也。以門名者，所被徽識如其在門所樹者也。古者軍將蓋為營治于國門，魯有東門襄仲，宋有桐門右師，皆上卿為軍將者也。縣鄙，謂縣正、鄙師至鄰長也。家，謂食采地者之臣也。鄉以州名，亦謂州長至比長也。野，謂公邑大夫。百官，以其職從王者也。此六者皆《書》云某某之名，某某之號，某某之事而已。夜事，戒夜守之事。草止者，慎于夜。於是主別其部職黄氏度曰號名為夜事。今軍夜有號康成，以為徽識，被之以備死事。夫徽識綴于膊上夜事將何以辨。

鄭氏鍔曰：帥為六軍之帥。公邑間田謂之縣，小都謂之鄙，大夫謂之家，鄉謂六鄉，野六遂也。或以門，或以號，或以邑，或各以其名，皆有一定之稱。為主將者，名號若此，為卒伍者，從而稱之。耳聞而心知，心存而意屬莫夜之間亦識所從矣。帥以門名，蓋門者人之所由，以出入，帥者人之所由，以進退取象猶門也。縣與鄙，一為天子之吏，一為公卿王子弟。故各以其名，所以別異，其為某縣，某鄙之人。大夫用號者，則為美稱也。鄭謂公卿大夫其身在朝，其臣在采地，若公山弗擾之，類是以家號為名也。六鄉有六州長，鄉之軍法至州而成，故以其州之名，名之言某州之師也。六遂於鄰長言邑中之政，於里宰言掌比其邑之衆寡。於遂大夫言凡為邑者，此六遂為邑之證也，故言某邑之師。

王氏與之曰茇舍之教乃下寨法專以辨軍之夜事，盖休兵偃師之時，宿火而寢目固無見也。銜枚而處耳固無聞也，將以鼓鐸而聲之，則所聞必亂，將以旗物而徽之。則所見必昧於是專以號名，為尚而號名又必外假者。所以防姦細及間諜等，事先儒不知夜事與夜戰不同，多以管仲內政之作使之，書戰目相視夜，戰聲相聞，引證司馬夜事在於休兵管，仲夜戰所以用兵，豈可同日語。

蕙田案康成謂號名為徽，識以備死事說，太迂遠。但黄氏即以號名為夜事，則非也。夜事仍當為戒夜守之事，方與茇舍義合次點王氏下寨之説，得其旨矣。

又案帥縣鄙家鄉野等名。鄭剛中説與康成注有異，今考康成説，則以縣鄙為六遂之長，家為三等采地之長，鄉為六鄉之長，野為四處公邑之長，而帥則六軍之帥統之者也。其説整齊，該括剛中以縣，屬公邑又添閑田，已覺支離又以鄙屬，小都則三等采地。僅舉其一豈，不挂漏家，為大夫亦與遂大夫、鄉大夫相混不如康成説之，的確矣。

又案州長黨正等名，據平日治民而言，軍將師帥伍長等名，據出師臨陣，而言其實一也。然則帥以門名，已統縣鄙等，項在内辨號名也者，如欲稱帥則以門欲稱縣鄙則各以其名，亦其實一耳。

其他皆如振旅。

王氏昭禹曰：若平列陳與，夫以教坐作進退疾徐，疏數之節皆然。遂以苗田如蒐之法，車弊獻禽以享礿。注：夏田為苗，擇取不孕任者，若治苗，去不秀實者，車弊驅獸之車止也，夏田主用車，示所取物，稀皆殺而車止。王制曰：天子殺，則下大綏，諸侯殺，則下小綏，大夫殺，則止佐車，佐車止，則百姓田獵，礿宗廟之夏祭也。冬夏田主于祭宗廟者，陰陽始起，象神之在内，疏車行遲，故取獸少引王制者，據始殺而言、《毛詩傳》云：天子發抗，大綏，諸侯發抗，小綏，據始殺而言也。

鄭氏鍔曰：礿以飲為主四時之享，皆用孟此中。夏而享礿，非常祭也。蓋因田而享也，田已得禽，則歸。而享祀猶戰而得雋，則歸而告廟也。

蕙田案周四時宗廟之祭，用仲夏此一確證，剛中以為因田而享，謬矣。

右夏苗。

中秋教治兵如振旅之陳，辨旗物之用，王載大常，諸侯載旂，軍吏載旗，師都載旜，鄉遂載物，郊野載旐，百官載旟，各書其事，與其號焉，其他皆如振旅。注：軍吏，諸軍帥也。師都，遂大夫也。鄉遂，鄉大夫也。郊謂鄉遂之州長，縣正以下也。野謂公邑大夫，百官卿大夫也。凡旌旗有軍旅者，畫異物無者，帛而已書。當為畫疏凡。兵出曰治，兵入曰振旅。春以入兵為名，尚農事。秋以出兵為名，秋嚴尚武故也。軍吏者，從軍將以下至伍長，皆是軍吏。各書其事，與其號者，即是仲夏百官。各象其事，及號名之等，秋雖不具辨號名，亦畧舉之見。四時皆有此物也。

孔氏穎達曰：秋教治兵者，以殺氣方盛，則匿邪惡，故教兵。

王氏昭禹曰：旗物以作戰也，故於治兵辨旗物之用。

鄭氏鍔曰：旗曰常，曰方，曰旜，曰物之類其義不一。自王而下，以至百官分而載之，各寓意義於其間，非苟然也。得天而久，照者日月之常。治兵載大常，以見王者有常德，而立武事之意，凡旗之畫，皆二物旗獨畫龍相交非也，交與蛟同諸侯於國，有君道龍之象也，入朝有臣道蛟之象也，所以載蛟龍之旂，熊虎之噬，百獸畏之，軍吏者，六軍之帥，當以威武為先，載熊虎之旗使將卒畏威而趨令也。通帛則不畫他物，純而不雜也。師都則公卿大夫，王子弟之在都鄙者也。爾身在外，乃心罔不在王室，所以載通帛之旜，此言鄉遂，又言郊野。則師當為都鄙之吏，明矣，雜帛為物，則雜而不一也。鄉之分而為六，其民散而為比閭，族黨之名遂之分而為六，其民散而為鄰里都鄙之號可謂雜而不一矣。所以載雜帛之物，龜有甲以自衛，蛇有盤以毒人，皆北方之屬也。天地之氣始于北方幽陰之所聚。而龜蛇者，至幽陰之物，畫之于旐，以示夫殺氣之所始也。先能自衛者，然後可以殺敵，所以載龜蛇之旐。《書》曰：我則鳴烏，不聞謂鳳也。隼之物，為掔宮而貪殘之鳥也。《詩》云：鴥彼飛隼，其飛戾天。《易》云：公用射隼于高墉之上，彼乃鷹鸇之類，安可與鳳為伍耶？此言鳥隼説者，皆以為鳳及隼。疑當為鷹隼也。與隼共文，不可謂之鳳明矣。交龍取其能變化，熊虎取其有威，龜蛇取其能自衛，則鷹隼取其勁疾矣。百官者，六卿之屬，欲其臨事之勁疾，所以載鳥隼之旟。凡行左青龍，而右白虎，前朱雀，而後玄武。謂此四者，然軍法正成于鄉遂，而鄉遂大夫乃不預四旗之列，而載物者説者，謂其象已屬于軍吏，已無所將故也。凡旗皆謂之載者，言載之于車上，也既有旌旗，又有小徽識，之上各書其事，與號以為別識也。司常謂之畫，此謂之書，王安石謂書詳於畫，既書又畫，使人易辨而已。余以為司常，指大閱而言。此指治兵而言，大閱畫治兵書，各有所主，不一法也。

蕙田案仲春之師，帥旅帥卒長兩司馬。公司馬即仲夏之縣鄙家鄉野也。而此諸官亦即仲春之所謂軍帥。仲夏之所，謂帥也。仲春不言百官，則有詳畧之異耳。由今思之大司馬，言四時之制，則自鄉遂以達於采地宜悉舉之，詎有諸侯從獵之制，咸在而反。遺於畿内者，仲秋治兵尤重。於春夏則官當尤備，鄭康成以軍吏為諸，軍帥是矣。而以師都為遂大夫，以鄉遂為鄉大夫，郊為州長，縣正以下，野為公邑大夫其中尚缺采地，則不得不以百官為卿大夫。試思仲夏之百官既解為各以其職，從王者至仲秋之百官而忽異其解，已屬不確。況夏苗猶備百官豈，秋獮獨無之乎？竊以康成之言，未是惟鄭剛中之辨，最為精確。蓋剛中據司常大閱之文，以軍吏為即大閱之孤，卿與芆舍之帥，以百官為即大閱之大夫。士與芆舍之百官以師都為即大閱之師，都與芆舍之縣，鄙以鄉遂為即大閱之州里縣鄙與芆舍之鄉及野以郊野，為公邑閑田之吏。與鄉遂之郊野，異如此。則整齊包括處處皆通矣。其辨芆舍之縣鄙與司常之縣鄙，名同而實異尤精。

王氏應電曰：案司常王建大常諸侯建旂正與此同。此外所載皆異，夫司常于國之大閱贊。司馬頒旗物，則凡祭祀賔客會同軍旅，並當以之為準。惟安營出戰則旗法與此不同。若其初至不當，又有所更置。蓋旌旗以一人之耳目，豈得數易以亂之，此盖誤文也。

蕙田案王昭明以旗旜等有誤文蔡宸錫亦謂此節。旗旜物旟四字顛倒，誤寫旗當為旜，旜當為旗，物當為旟，旟當為物。宜以司常職之文為定此説，精確當從之。

遂以獮田如蒐之法，羅弊致禽以祀祊。注：秋田為獮，獮殺也羅弊罔止也。秋田主用罔中，殺者多也，皆殺而罔止。祊當為方聲之誤也。秋田主祭，四方報成萬物。詩曰：以社以方，疏鄭以祊。為誤者祊是廟門之外，惟祭宗廟及繹，祭乃為祊祭。今因秋田而祭，當是四方之神。

鄭氏鍔曰：秋氣肅殺，故田以殺為主。

王氏昭禹曰：以物成于秋，所取者衆故也。王制曰鳩化為鷹，然後設罻羅則秋用羅宜矣。

又曰：春物始生，故為民祈而祭社。秋物既成，故為民報而祀祊。

《春官》肆師獮之日，涖卜來歲之戒。注：秋田為獮，始習兵戒，不虞也。卜者問來歲兵寇之備。

鄭氏鍔曰：君子除戎器，戒不虞故，知戒為禁備之事。

陳氏暘曰：先王之時，必預戒來歲之事者，欲先事為備也。

春秋時鄭石㚟言於子囊曰：先王卜征五年而歲習其祥。祥習則行，不習則增。修德而改，卜則是卜不吉必修德而豫戒，然後為治世之事。

蕙田案書卜三龜，一習吉。又朕夢協朕，卜襲于休祥，即《傳》所云祥習則行也。

又案涖卜來歲於秋獮，而春夏冬不卜者，秋狩則專於治兵也。

《禮記・月令》季秋之月天子乃厲，飾執弓挾矢以獵。注：厲飾謂戎服，尚威武也。疏厲飾謂嚴厲武猛飾謂容飾也。熊氏云戎服者，韋弁服也。以秋冬之田，故韋弁服若春夏則冠弁服，故司服云凡甸冠弁服義或然也。

陳氏祥道曰：周官司服凡田冠弁服，《月令》季秋天子乃厲飾，盖周秦之禮異也。

命主祠祭禽于四方。注：以所獲禽祀，四方之神也。司馬職曰：羅弊致禽以祀，祊疏謂獵竟也。主祠謂典祭祀者也。四方有功于方之神也，四時田獵皆祭宗廟而分時各以為主也。此天子獵既畢因命典祀之官，取田獵所獲之禽，還祭于郊，以報四方之神也。鄭注秋獮祀方，云秋田主祭，四方報成萬物。《詩》曰：以社以方，下云方迎。四方氣於郊也。鄭又云秋祭社與四方，為五穀成熟報其功也。

右秋獮。

《周禮・夏官》大司馬中冬教大閱。春辨鼓鐸，夏辨號，名辨旗物，至冬大閱簡軍實。

孔氏穎達曰：冬教大閱者，以冬閑無事備，習威儀。故因其田獵，教以簡閱也。

王氏詳説春辨鼓鐸鐲鐃之用，夏辨號名之用，秋辨旗物之用，至冬則戒衆庶修戰法。而及於旗物鼓鐸鐲鐃，要之辨鼓鐸者未始，無旗物所謂，以旗致民是也。辨旗物者未始，無號名所謂，各書其事與其號也。三時之田，各以其所辨者，為主耳。

前期羣吏戒衆庶修戰法。注：羣吏鄉師以下疏鄉師。四時之田，前期出田法於州里，簡其鼓鐸旗物兵器，修其卒伍，以下則若州長作民而師田行役之事。則帥而致之掌其戒令，與其賞罰黨正。凡國作民而師田行役，則以其法治其政事，族師若作民，而師田行役則合其卒伍，簡其兵器以鼓鐸旗物帥而至。

虞人萊所田之野為表，百步則一為三表，又五十步為一表。注虞人萊所田之野芟，除其草萊，令車得驅馳。《詩》曰：田卒汚萊。

易氏祓曰表以步度之，步長六尺，百步則一為三表，是三表相去二百步。又五十步為一表，則四表為二百五十步矣。大閱必用四表，所以寓王者節制之師，而大武之四表實象之。盖周都西南一表，在南所謂武始，而北出夾振之。而駟伐則有振鐸作旗之義歷二表三表而至四表則再始，以著往者也。商都東北四表在北，所謂四成而南國是疆復亂以飭歸，則有鼓退鳴鐃，且郤之義歷三表二表而復于一表，則樂終而德尊者也。大閱亦然，賈氏乃謂後表在北，士卒由後表以至南表，復回身向北以至後表，與樂記之言不合，樂記言大武則周家一代寓，兵之良法當以樂記為正，或謂三表相距各百步，每表各六十。大何以容大，閱之衆若，以開方論，其勢誠窄若據虞人萊所田之野則迴。野左右何有紀極，鄭氏謂左右之廣，當容三軍。此指一旁而言，若左右兩旁，當容六軍。又云步數未聞，則六軍分行，左右開張，取其容六軍之衆，不以步數拘也。如此則地勢廣袤豈止容六軍而已。

田之日司馬建旗于後表之中，羣吏以旗物鼓鐸鐲鐃，各帥其民，而致質明弊旗誅。後至者乃陳車徒，如戰之，陳皆坐。注：質，正也。弊，仆也。皆坐，當聽誓。

李氏嘉會曰：四表止于二百五十步，坐作進退步行。趨驟為力不勞軌範，易習民之左右顧瞻，皆其鄉黨鄰里，自然情親勢一敵不可乘，此古人結陳堅固也

易氏祓曰：及田之日，司馬建熊虎六斿之旗于虞人所誤後表之中據樂記舞而言則後表當是在南一表，於是羣吏，如鄉師以下，以其旗物及鼓鐸鐲鐃等，各帥其民而致于大司馬。

羣吏聽誓於陳前，斬牲以左右徇，陳曰：不用命者，斬之。注：羣吏諸軍，帥也。陳前，南面鄉表也。《月令》季秋司徒搢扑北面，誓之。疏使司徒誓者，此軍吏及士本是六鄉之民，今雖屬司馬，猶是己之民。故使司徒誓之也。

易氏祓曰：衆庶已集，命之皆坐于南之一表，羣吏聽誓，則自軍帥而下，皆南面向，表誓于陳前。

鄭氏鍔曰：坐而聽誓，斬牲以徇，所謂三令五申也。今見于司馬法，曰：夏后氏誓于軍中，欲民先其慮也。商誓于軍門之外，欲民先意以待事也。周将交刃而誓之，以致民志也。車徒皆坐，使羣吏聽誓者，羣吏各帥其衆。有誓而羣吏聽之，則傳達于所統之衆簡，而易知無敢不從矣。

中軍以鼙令鼓，鼓人皆三鼓。司馬振鐸羣吏作旗，車徒皆作鼓，行鳴鐲車徒皆行及表乃止三鼓，摝鐸羣吏弊旗車徒皆坐。注：中軍，中軍之将也。天子六軍，三三而居一偏，羣吏既聽，誓各復其，部曲中軍之将令鼓，鼓以作士衆之氣也。鼓人者，中軍之将。師帥，旅帥也。司馬，兩司馬也。鼓鐸以作衆作起也。既起鼓人擊鼓以行之伍長，鳴鐲以節之，及表自後表前至第二表也。三鼓者，鼓人也，掩上振之為摝摝者，止行息氣也。又三鼓振鐸作旗車徒皆作鼓進鳴鐲車驟徒趨及表，乃止坐作如初。注：趨者赴敵尚疾之漸也。春秋傳曰先人有奪人之心。

乃鼓車馳徒走，及表乃止。注：及表自第三，前至前表。

鼓戒三闋，車三發，徒三刺。注：鼓戒，戒攻敵。鼓一闋，車一轉，徒一刺，三而止象服敵。

鄭氏鍔曰：每鼓一闋，則車一發，而徒一刺，至三而止，是謂節制之兵三發。即書所謂不愆于六步七步，乃止齊焉。三刺即書所謂不愆於四伐、五伐、六伐、七伐，乃止齊焉之意。

乃鼓退鳴鐃，且郤及表，乃止坐作如初。注：鐃所以止鼓軍退卒，長鳴鐃以和。衆鼓人為止之也。退自前表至後表，鼓鐸則同習，戰之禮出入一也。異者廢鐲而鳴鐃，疏乃鼓退者，謂至南表軍吏及士卒回身，向北更從南為始也。

遂以狩田以旌，為左右和之門。羣吏各帥其車，徒以叙和。出左右陳車，徒有司平之旗居卒間，以分地前後有屯百步，有司巡其前後。注：冬田為狩，言守。取之無所擇也。軍門曰和今謂之壘門，立兩旌以為之叙。和出，用次第出和門也。左右，或出而左或出而右，有司平之鄉師居門正其出入之，行列也旗軍吏所載，分地調其部曲疎數，前後有屯百步。車徒異羣，相去之數也。車徒畢出和門，鄉師又巡其行陣疏。軍門曰和者，《左氏傳》云師克在和，

不在衆。立兩旌者，昭八年《穀梁傳》云秋蒐于紅正也。又云刈蘭以為防置。旃以為轅門是其車也。車徒異羣者，出軍之時一車甲士三人步，卒七十二人，車徒同羣，臨陣則車徒異羣，故車人有異。

險野人為主，易野，車為主。注：險野人為主，人居前易野。車為主，車居前。禮庫曰先王車戰不求大勝，求為不可敗而已。鄭莊欲驅馳中原，始為儌利之名，故鄭莊始用徒兵自中行穆子，乃毀車以從卒。自左師展始乘馬，自趙武靈王始用騎，先王兵制敗壞，而不可復實，自莊公始。

既陳乃設驅逆之車，有司表貉於陳前。

鄭氏鍔曰：驅則自後驅之使出，逆則自前迎之。使入驅其後，則獸無所逃，逆其前雖欲出防而不可得。

中軍以鼙令鼓，鼓人皆三鼓。羣司馬振鐸車徒皆作遂鼓，行徒銜枚而進，大獸公之小禽，私之獲者取左耳。注：羣司馬，謂兩司馬也。枚如箸銜之，有繣結項中，軍法止語，為相疑惑也。鄭司農云大獸公之輸之于公，小獸私之以自畀也。《詩》云：言私其豵，獻豣于公。一歲為豵，二歲為豝。三歲為特，四歲為豣，五歲為慎玄。謂慎讀為麎。《爾雅》曰：豕生三歲曰豵，豕牝曰豝，麋牡曰麎。獲，得也。得禽獸者，取左耳，當以計功。

易氏祓曰：中軍以鼙令鼓，鼓人皆三鼓，如習戰之時，則師田之法一焉。王氏昭禹曰：不專取左耳，則効功者疑于獲。一而効二取左耳以効，功所以謂之馘也。

及所弊，鼓皆駴，車徒皆譟。注：鄭司農云及所弊，至所弊之處，玄謂至。所弊之處，田所當止也。天子諸侯蒐狩，有常至其常處，吏士鼓譟象，攻敵尅勝而喜也。

易氏祓曰：駴如馬之駴，譟如鳥之譟，以示勝敵。

徒乃弊，致禽饁獸於郊，入，獻禽以享烝。注：徒乃弊。徒，止也。冬田主用衆物，多故得取也，致禽饁獸于郊，聚所獲禽，因以祭四方神于郊。《月令季秋》天子既田主祠，祭禽四方是也。入又以禽祭宗廟。

孔氏穎達曰：冬時萬物衆多，獵則主用衆，物以祭宗廟而亦報于物，有功之神，于四方也。

蕙田案《月令》季秋祭四方，《正義》謂秋時萬物以成，獵則以報，祭社及四方為主也。乃司馬冬狩云致禽饁獸于郊。入，獻禽以享烝。鄭云致禽饁獸于郊，聚所獲禽因以祭四方神于郊也。《月令·季秋》天子既田，命主祠祭四方是也。入又以禽祭宗廟，鄭借季秋之禮，以釋冬狩之義者。蓋秋祭雖以四方為主，亦兼祭社冬祭，雖以宗廟為主，亦兼四方，故互相證之耳。

黃氏度曰：徒取禽車列陳不動，雖戰亦然，至此，徒止遂獻禽。

易氏祓曰：春社，夏礿，秋祊不言入獻禽，而冬烝獨言之者，以外行致，禽饁郊之禮，然後獻禽于宗廟，故謂之入。

鄭氏鍔曰：此戰勝而歸獻捷于廟社之意也。郊言饁獸，烝言獻禽，豈用大于郊而用小于廟別而言之。則禽獸有大小之殊，合而言之，獸亦可謂之禽也。

右冬狩。

天官獸人及弊，田令禽注于虞中。注：弊，仆也。仆而田止。鄭司農云：弊田謂春火弊，夏車弊，秋羅弊，冬徒弊。虞中謂虞人萊所田之野，及弊田植虞旗于其中，致禽而珥焉。獸人主令田衆得禽者，置虞人所立虞旗之中，當以給四時社廟之祭。故曰：春獻禽以祭社，夏獻禽以享礿，秋獻禽以祀祊，冬獻禽以享烝。人曰：大獸公之，小禽私之。公之，謂輸之于虞中珥焉者。取左耳以致功，若斬，首折馘。故春秋傳曰：以數軍實，疏注猶聚也。

春官甸祝師甸致，禽于虞中乃屬禽。注：師甸謂起大衆以田也。致禽于虞中使獲者，各以其禽來致于所表之處。屬禽別其種，類疏獵山，山虞植旗獵澤，澤虞植旌是為所表之處。

鄭氏鍔曰：田畢虞人，植旌旗于所表之處，令獲者各致禽其中。甸祝則禽而屬之，使禽獸以類相從也。

地官山虞及弊田植虞旗于中，致禽而珥焉。注：弊田，田者，止也。植，猶樹也。田止樹旗令獲者，皆致其禽。而校其耳，以知獲數也。山虞有旗以其主山，得畫熊虎，其仞數則短也。鄭司農云珥者取禽，左耳以効，功也。大司馬職曰：獲者取左耳，疏禮緯，旌旗之杠天子九仞，諸侯七仞，大夫五仞，士三仞。山虞是士雖有熊虞為旗，仞數則短宜三仞。

易氏祓曰：弊田植旗獸人所謂令禽，注于虞中。是已致禽而珥之，如小子珥于社稷之類，田畢而祭也。鄭氏謂珥當為衈，取其左耳以効功。故曰：衈蓋取字之偏旁。以為左耳其説，未為不善，如肆師小子羊人言祈珥。鄭氏亦曰珥當為衈，羽牲曰衈，且引襍記之言成廟則釁之，與此効功之言。不同人取左耳，為毛牲謂羽。牲曰衈，其文自相背馳，況大司馬言，致禽以祀祊，致禽饁獸于郊，皆行祭禮。于致禽之後，不應致禽之後，方取左耳以效功。劉執中釋肆師之。職曰：珥當為弭字之誤也。弭謂小祝之弭，兵災蓋田獵所以訓。兵弭災正田獵之事，肆師于狩之日，涖卜來歲之戒，亦弭兵災之意。

蕙田：案珥字之義，或云取左耳効功，或云祭名，或云弭兵災也。三説不同，但取左耳與致，禽事屬相聯于文義，尤合祭以弭災説。似迂遠且，又非山虞所當掌也。

夏官田僕，及獻比禽。注田弊獲者各獻其禽比種物相從次數之。鄭氏鍔曰：及田者，獻禽校次而比之，則大小各從其類，然後大獸可得而公，小獸可得而私。

《地官澤虞》及弊田，植虞旌以屬禽。注：屬禽，猶致禽而珥焉。澤虞有旌，以其主澤，澤鳥所集，故得注析羽。疏山虞致禽謂輸之于公，當致之于虞旗之中，而珥焉以効功，此云屬禽。謂百姓致禽，訖虞人屬聚之別。其等類每禽取三十焉，則致與屬不同，而鄭云猶致禽者，欲明山虞澤虞文，皆不足互見為義耳。

王氏昭禹曰：山虞以旗致禽，則熊虎，乃山物也。澤虞以旌，屬禽則鳥羽，澤物也。

春官小宗伯若大甸則帥，有司而饁獸于郊，遂頒禽。注：甸，讀曰田。有司，大司馬之屬，饁饋也。以禽饋四方之神于郊，郊有羣神之兆，頒禽謂以與羣臣。詩傳曰：禽雖多擇，取三十焉，其餘以與大夫士，以習射于澤宮而分之。

甸祝及郊，饁獸舍奠于祖，禰乃斂禽禂牲，禂馬皆掌其祀號。注：饁，饋也。以所獲獸饋于郊，薦于四方羣兆入，又以奠于祖禰。薦，且告反也。斂禽謂取三十入腊人焉。杜子春云禂，禱也。為馬禱無疾，為田禱，多獲禽牲。《詩》云：既伯既禱。《爾雅》曰：既伯既禱，馬祭也。玄謂禂讀如誅。今侏大字也，為牲祭求，肥充為馬祭，求肥健疏羣神之兆。皆在四郊，還國過羣，兆遂薦之案，王制一為乾豆，二為賓客，三為充君之庖。此入腊人者，案上殺者乾之，以為豆實，供祭祀，據重者而言。

劉氏彝曰：禱牲，禱馬者。又因斂禽以祭牲牢之神，求其博碩肥腯也。以祭馬祖之神，求其六閑四種。孔皁奕奕也。《詩》曰：吉日惟戊，既伯既禱。其是之謂乎。

禮記王制天子諸侯無事，則歲三田，一為乾豆，二為賓客，三為充君之庖。

陳氏澔曰：無事無征，伐，出行喪凶之事也。歲三田者，謂每歲田獵，皆是為此，三者之用也。乾豆腊之，以為祭祀之，豆實也。

《春秋》桓公四年，《穀梁傳》四時之田，皆為宗廟之事也。佳其所先得一為乾豆，二為賓客，三為充君之庖。

昭公八年《穀梁傳》禽雖多天子取三十焉，其餘與士衆以習射于射宮，射而中田，不得禽。則得禽田，得禽而射，不中則不得禽。是以知古之貴仁義，而賤勇力也。注：取三十以共乾豆賓客之庖，射宮澤宮射以不争為仁，揖讓為義。

《禮經》會元天子無事則歲三田。一為乾豆，二為賓客，三為充君之庖。若然則田獵，特為三事講也。今觀大司馬四時之田，皆因田，而講武豈徒，為賓客庖豆之奉而已哉。葢王制特為獲禽設也，非為講武言也，周禮非區區於獲禽，而實拳拳於講武也。然知古人因田事，而講武而不知古人，因武事而寓田，講武本非古人之得已，而殺禽亦豈古人之本心哉？古人不以無事，而講武亦不以無事而殺獸。是以因振旅茇舍治兵大閱之教，而寓蒐苗獮狩之儀，因蒐苗獮狩之田，而為社礿祊烝之祭，如此則講武為有名，而殺獸為有禮也。

《周禮・天官》獸人凡祭祀，喪紀賓客，共其死獸生獸。注：共其完者。凡獸入于腊人。注當乾之。皮毛筋角入于玉府。注：入玉府給作器用。

右頒禽供祭。

天官掌次諸侯師田，則張幕設案。注：謂諸侯，從王師田者。

禮記王制天子殺，則下大綏，諸侯殺，則下小綏，大夫殺，則止佐車，佐車止則百姓田獵。

陳氏澔曰：綏旌旗之屬也，下偃仆之也。佐車即《周禮》驅逆之車，驅者逐獸使趨于田之地，逆者要逆其走，而不使之散亡也。此言田獵之禮，尊卑貴賤之次序。

蕙田案詩《毛傳》天子發，然後諸侯發，諸侯發，然後士大夫發，天子發，抗大綏諸侯發，抗小綏抗即下也。亦即《周禮》大司馬之所謂弊也。

陳氏禮書天子諸侯發，則抗大綏小綏殺之時也。王制言下，大綏小綏既殺之時也。

《周禮・夏官》田僕凡田王提馬而走，諸侯晉大夫馳。

鄭氏鍔曰：此三者，皆行馬之節。然後尊卑之分定矣，田獵雖從禽之樂，君臣不可並驅，必有先後遲速之等。乃所以為田禮，先儒以為提遲于馳，皆取尊者體促之義深知經者也。

王氏曰：提節之晉，進之馳則亟進之尊者，安舒卑者戚速。

蕙田案以上，諸侯從天子田獵。

《春秋》桓公四年《公羊傳》，諸侯曷為必田狩，一曰乾豆，二曰賓客，三曰充君之庖。

蕙田案以上諸侯自行田獵。

右諸侯田獵。

《史記・孟孫獵得麑使西》，秦巴持之，其母隨而呼之。西秦巴不忍而與其母，孟孫適至求麑。對曰：『余不忍而與其母。』孟孫大怒，逐之居三月復召為其子。《傳》曰：夫子不忍麑，又且忍吾子乎？

陳氏祥道曰：《春秋傳》曰：惟君用鮮衆給，而已是天子諸侯有四時田獵之禮。大夫士不與焉，故鄭豐卷將祭請田，而子産止之。

蕙田案陳用之謂大夫無田獵之禮，此說非是考賈誼新書，論諸侯田獵之禮。云已祭取餘獲陳於澤，然後卿大夫相與射禽。是大夫明有從國君田獵之事，《周禮》田僕王提馬諸侯晉大夫馳，王制天子殺下大綏，諸侯殺下小綏，大夫殺止佐車云云，則大夫並有從天子田獵之禮矣。王制又有大夫不揜羣云云，則大夫又明有自行田獵之禮矣，其禮錯見他門可以互考。

右大夫田獵。

《詩·小雅·車攻》，徒御不驚，大庖不盈。

《朱子詩傳》大庖，君庖也。不盈，謂取之有度。不極欲也。蓋古者，田獵獲禽面傷不獻踐毛，不獻不成禽，不獻自左膘而射之，達于右腢為上，殺以為乾豆，奉宗廟達右耳，本者次之以為賓客射左髀，達于右䯚為下，殺以充君庖，每禽取三十焉。每等得十其餘以與士大夫，習射於澤宮，中者取之，是以獲雖多，而君庖不盈也。

《周禮·地官》迹人禁麛卵者，與其毒矢射者。注：為其夭物，且害心多也。麛，麋鹿子。疏案《月令》，孟春云不麛不卵，又王制云，國君春田不圍澤，大夫不掩羣，士不麛不卵者，彼以春時先乳特禁之。其《月令》季春云餧獸之藥毋出九門。

《禮記》王制不麛、不卵、不殺胎、不殀夭、不覆巢。

天子不合圍，諸侯不掩羣。

陳氏澔曰：合圍，四面圍之也。掩羣者，掩襲而舉羣取之也。

曲禮國君春田不圍，澤大夫不掩羣，士不取麛卵。

劉向説苑苗者毛也取之，不圍澤，不掩羣，取禽不麛卵，不殺孕重者，春蒐不殺小麛，及孕重者，冬狩皆取之。

陳氏禮書曲禮國君春田不圍澤，大夫不掩羣，諸侯在國之禮也。王制天子不合圍，諸侯不揜羣，諸侯從王蒐之禮也。

《春秋》昭公八年《穀梁傳》過防弗逐，不從奔之道也。面傷不獻，不成禽不獻。注過防弗逐戰不逐奔之義。面傷嫌誅，降不成禽，惡虐幼小。

《詩·毛傳》戰不出頃，田不出防，不逐奔走，古之道也。

蕙田案防謂田獵之塲，防限也。

國語韋昭註禮聖主之於禽獸也。見其生不食，其死聞其聲，不嘗其肉，隱弗忍也。故遠庖厨仁之至也。不合圍，不掩羣，不射宿，不涸澤，豺不祭，獸不田獵。獺不祭魚，不設網罟，鷹隼不鷙，睦而不逮，不出頴羅，草木不零，落斧斤不入山林，昆蟲不蟄，不以火田，不麛，不卵，不刳胎，不夭魚肉，不入廟門，鳥獸不成毫毛，不登庖厨，取之有時，用之有節，則物莫不多。

右田獵取物之仁。

《書五子之歌》太康，畋於有洛之表。

賈誼《新書》商湯見祝網者置四面其祝曰：『從天墜者，從地出者，從四方來者，皆離吾網。』湯曰：『嘻！盡之矣。非桀，其孰為此？』湯乃解其三面置，其一面，更教之祝曰：『昔蛛蝥作網，今之人循序欲。左者左欲，右者右欲，高者高欲，下者下。吾取其犯命者，其憚害物也如是。』漢南之國聞之，曰：『湯之德及鳥獸矣。』四十國歸之。

《詩·豳風·七月》序：陳王業也，周公，陳后稷先公風化之所由，致王業之艱難也。

一之日，于貉取彼狐狸為公子裘。注：于貉謂取狐狸皮也，孟冬天子始裘。

二之日，其同載纘武功言私，其豵獻豜于公。注：纘繼，功事也。豕一歲曰豵，三歲曰豜，大獸公之，小獸私之，疏至二之日之時，君臣及其民俱出，田獵則繼續，武事年常習之，使不忘戰也。戰鬬不可以不習，四時而習之，兵事不可以空設。田獵蒐狩以閑之故，因習兵而俱出，田獵也美，先公禮教備矣。

《書·無逸》文王不敢盤于遊田，以庶邦，惟正之供。

《史記·西伯将出獵》卜之曰所獲非熊，非彲，非虎，非羆，所獲伯王之輔。于是周西伯獵果遇太公于渭之陽，與語大悦曰，自吾先君。太公曰當有聖人適周，周以興子，真是耶？吾太公望子久矣，故號之曰：太公望載與，俱歸立為師。

《詩·召南》彼茁者葭，彼茁者葭，壹發五豝，于嗟乎騶，虞彼茁者，蓬壹發五豵于嗟乎騶虞。

《朱子》曰：南國諸侯承文王之化，修身齊家以治其國。而其仁民之餘恩，又有以及於庶類。故其春田之際，草木之茂，禽獸之多至於如此。而詩人述其事而美之。

《春秋》昭公四年，《左氏傳》成王有岐陽之蒐。注：成王歸自奄大蒐于岐山之陽。

通鑑前編成王五年，蒐于岐陽，因盟諸侯。

《詩·小雅·車攻》我車既攻，我馬既同。四牡龐龐，駕言徂東。

田車既好，四牡孔阜。東有甫草，駕言行狩。

《朱子詩·傳》宣王復文武之境土，脩車馬，備器械，復會諸侯於東都。因田獵而選車徒焉，故詩人作此，以美之。

《詩》説《車攻》宣王大閲于東都，諸侯畢會，史籀美之賦也

吉日序吉日美，宣王田也。

吉日維戊，既伯既禱。田車既好，四牡孔阜。升彼大阜，從其羣醜。吉

日庚午，既差我馬。獸之所同，麀鹿麌麌。漆沮之從，天子之所。傳：漆，沮之水。麀，鹿所生也。從漆沮驅禽，而致天子之所。瞻彼中原，其祁孔有。儦儦俟俟，或羣或友。悉率左右，以燕天子。傳：祁，大也。趨，則儦儦。行，則俟俟。獸三曰羣，二曰友，驅禽之左右以安待天子。既張我弓，既挾我矢。發彼小豝，殪此大兕。以御賓客，且以酌醴。疏虞人既驅禽待天子，既以張我天子所射之弓，既挾我天子所發之矢，發而中彼小豝，亦又殪此大兕也。既殺得羣獸以給御諸侯之賓客，且以酌醴，與羣臣飲時為俎實也。

通鑑前編宣王八年，巡狩東都朝會諸侯，因以田獵，講武鄭風叔于田。序叔于田，刺莊公也。叔處于京繕甲治兵，以出于田，國人說而歸之。疏國人注心于叔説之如此，而公不知禁，故刺之。叔于田巷無居人豈，無居人不如叔也，洵美且仁叔于狩巷，無飲酒豈無飲酒不如叔也。洵美且好叔適，野巷無服馬豈無服馬不如叔也，洵美且武。

大叔于田序，大叔于田刺莊公也。叔多材而好勇，不義而得衆也。叔于田，乘乘馬，執轡如組，兩驂如舞，叔在藪，火烈具舉。襢裼暴虎，獻于公所。將叔無狃，戒其傷女。叔于田，乘乘黄。兩服上襄，兩驂雁行。叔在藪，火烈具揚，叔善射忌，又良御忌。抑磬控忌，抑縱送忌。叔于田，乘乘鴇。兩服齊首，兩驂如手。叔在藪，火烈具阜。叔馬慢忌，叔發罕忌。抑釋掤忌，抑鬯弓忌。

蕙田案段不義而得衆莊公養成，而後處之是弟慢其兄實，兄絶其弟。序言刺莊公者得之，叔不足道也。

齊風還序還刺荒也，哀公好田獵，從禽獸而無厭，國人化之，遂成風俗。子之還兮，遭我乎猺之間兮。並驅從兩肩兮，揖我謂我儇兮。子之茂兮，遭我乎猺之道兮。並驅從兩牡兮，揖我謂我好兮。子之昌兮，遭我乎猺之陽兮。並驅從兩狼兮，揖我謂我臧兮。

張氏叙曰：讀此而齊之泱泱，表海富強莫敵者，可見而其急功利，喜夸詐之習，亦不掩矣，詩可以觀，豈不信哉。

盧令序盧令刺荒也。襄公好田獵，畢弋而不修民事，百姓苦之，故陳古以風焉。盧令令，其人美且仁，盧重環，其人美且鬈。盧重鋂，其人美且偲。

秦風駟驖序駟驖，美襄公也。始命有田狩之事，園囿之樂焉。駟驖孔阜，六轡在手。公之媚子，從公于狩。奉時辰牡，辰牡孔碩。公曰左之，舍拔則獲。遊于北園，四馬既閑。輶車鸞鑣，載獫歇驕。

春秋桓公四年春正月，公狩于郎。左氏傳春正月，公狩于郎。書時禮也，公羊傳常事不書此，何以書譏，何譏爾遠也。

莊公四年冬，公及齊人狩于禚，公羊傳公曷為與微者，狩齊侯也。齊侯則其稱人何諱與讎狩也。前此者有事矣，後此者有事矣，則曷為獨于此焉。譏于讎者將一譏，而已故擇其重者，而譏焉莫重乎其與讎狩也。于讎者則曷為將一譏，而已讎者無時焉可與通，通則為大譏，不可勝説。故將一譏而已其餘從同，同穀梁傳齊人者，齊侯也。其曰人何也，卑公之敵，所以卑公也。何為卑公也不復讎，而怨不釋刺，釋，怨也。

昭公八年，秋蒐于紅。注：革車千乘不言大者，經文闕也。紅，魯地沛國縣西有紅亭。左氏傳秋大蒐于紅，自根牟至于商衛革車千乘。注：大蒐，數軍實，簡車馬也。根牟魯東界瑯，瑯陽都縣有牟鄉，商宋地魯西竟接宋衛也，言千乘明大蒐，且見魯衆之大數也。公羊傳蒐狩不書必違，禮而後書，于是蒐于紅。自根牟至于商衛革車千乘皆王家之師也，自是而屢蒐三家所以耀武焉，爾是故桓莊之狩必言，公昭定之蒐不言公矣，穀梁傳蒐于紅正也，因蒐狩以習用武事禮之大者也。

十一年五月大蒐于比蒲。

二十年左氏傳冬十二月，齊侯田于沛，招虞人以弓不進。公使執之辭曰：昔我先君之田也，旃以招大夫弓，以招士皮冠，以招虞人臣不見皮冠，故不敢進乃舍之仲尼曰：守道不如守官，君子韙之。

二十有二年春，大蒐于昌間。

定公十有三年夏，大蒐于比蒲。注：夏蒐，非時。

十有四年秋，大蒐于比蒲。

哀公十有四年春，西狩獲麟。注：冬獵曰狩，大野在魯西，故言西狩。左氏傳春西狩于大野，叔孫氏之車子鉏商獲麟以為不祥，以賜虞人，仲尼觀之曰：麟也。然後取之。

《國語·魯語》宣公夏濫於泗淵，里革斷其罟而棄之。曰：古者大寒降，土蟄發，水虞於是乎講罛罶，取名魚，登川禽，而嘗之寢廟，行諸國，人助宣氣也。鳥獸孕，水蟲成，獸虞於是乎禁罝羅。矠魚鼈，以為夏犒，助生阜也。鳥獸成，水蟲孕，水虞於是乎禁罝罜，設穽鄂，以實廟庖，畜功用也。且夫山不槎櫱，澤不伐夭，魚禁鯤鮞，獸長麑麌，鳥翼鷇卵，蟲舍蚳蝝，蕃庶物也。古之訓也，今魚方別孕，而又行網罟，貪無藝也，公聞之，曰：吾過而里革囯我，不亦善乎，是良罟也，使有司藏之，使吾無忘諗。師存侍，曰：藏罟不如寘里革於側之不忘也。

右經傳田獵之事。

清 秦蕙田《五禮通考》卷二四三《田獵下》

《漢書・司馬相如傳》嘗從上至長楊獵，是時天子方好擊熊豕，馳逐埜獸，相如因上疏諫。其辭曰：臣聞物有同類而殊能者，故力稱烏獲，捷言慶忌，勇期賁育。臣之愚，竊以為人誠有之，獸亦宜然。今陛下好陵阻險，射猛獸，卒然遇逸材之獸，駭不存之地，犯屬車之清塵，輿不及還轅，人不暇施巧，雖烏獲，羿蒙之技不得用，枯木朽株盡為難矣。是胡越起於轂下，而羌夷接軫也，豈不殆哉？雖萬全而無患，然本非天子之所宜近也。且夫清道而後行，中路而馳，猶時有銜橛之變；況乎涉豐草，騁丘虛，前有利獸之樂，而內無存變之意，其為害也不難矣！夫輕萬乘之重，不以為安，樂出萬有一危之塗以為娛，臣竊為陛下不取。蓋明者遠見于未萌，而知者避危於無形，既固多藏于隱微，而發于人之所忽者也。故鄙諺曰：家絫千金，坐不垂堂。此言雖小，可以諭大。臣願陛下留意幸察。上善之文獻通考元鼎中天子行獵新秦中，以勒邊兵而歸，新秦中或千里無亭，徼於是誅北地太守以下。

《漢書・元帝本紀》：永光五年冬，上幸長揚射熊館布車騎大獵。成帝本紀元延二年冬，行幸長楊宮大校獵宿萯陽宮。

揚雄傳十二月羽獵，雄從，以為昔在二帝三王，宮室臺榭沼池苑囿林麓藪澤財足以奉郊，廟御賓，客充庖厨而已，不奪百姓膏腴穀土桑柘之地。女有餘布，男有餘粟，國家殷富，上下交足，故甘露零其庭，醴泉流其唐，鳳凰巢其樹，黃龍遊其沼，麒麟臻其囿，神爵棲其林。昔者禹任益虞而上下和，草木茂，成湯好田而天下用足；文王囿百里，民以為尚小；齊宣王囿四十里，民以為大，裕民之與奪民也。武帝廣開上林，南至宜春，鼎湖，御宿，昆吾，旁南而西，至長楊，五柞，北繞黃山，瀕渭而東，周袤數百里。穿昆明池象滇河，營建章，鳳闕，神明，馺娑，漸臺，泰液象海水周流方丈，瀛洲，蓬萊。游觀侈靡，窮妙極麗。雖頗割其三垂以贍齊民，然至羽獵田車戎馬器械儲偫禁御所營，尚泰奢麗誇詡，非堯舜成湯文王三驅之意也。又恐後世復修前好，不折中以泉，臺故因《校獵賦》以風。明年，上將大誇胡人以多禽獸。秋，命右扶風發民入南山。西自褒斜，東至宏農，南毆漢中，張羅罔罝罘，捕熊羆豪豬，虎豹狖玃，狐菟麋鹿，載以檻車，輸長楊射熊館，以罔為周阹縱禽獸其中，令胡人手搏之。自取其獲，上親臨觀焉。是時，農民不得收斂。雄從至射熊館，還，上《長楊賦》聊因筆墨成文章，故藉翰林以為主人，子墨為客卿以風。

《後漢書・禮儀志》：立秋之日，自郊禮畢，始揚威武，斬牲于郊東門，薦陵廟其儀乘輿御戎路。白馬朱鬣，躬執弩射牲。牲以鹿麛。太宰令，謁者各一人，載獲車，馳駟送陵廟。還宮，遣使者齎束帛以賜武官。武官肄兵，習戰陣之儀，斬牲之，禮名曰貙劉。兵，官皆肄孫，吳兵法六十四陣，名曰乘之。立春，遣使者齎束帛以賜文官，貙劉之禮，祠先虞，執事告先虞已，烹鮮時，有司，告乃逡巡射牲，獲車畢，有司告事畢。

野王二老傳，初，光武貳於更始，會關中擾亂，遣前將軍鄧禹西征，送之於道。既反，因於野王獵，路見二老者即禽。光武問曰：禽何向？並舉手西指，此中多虎，臣每即禽，虎亦即臣，大王勿往也。光武曰：苟有其備，虎亦何患。父曰：何大王之謬耶，昔湯即桀于鳴條，而大城于亳，武王亦即紂于牧野，而大城於郏鄏彼二王者，其備非不深也。是以即人者，人亦即之，雖有其備，庸可忽乎！光武悟其旨，顧左右曰：此隱者也。將用之，辭而去，莫知所在。

東平憲王蒼傳，蒼拜驃騎將軍，位在三公上。永平四年，春車駕近，出觀覽城第，尋聞當遂校，獵河內蒼，即上書諫曰：臣聞時令盛春農事，不聚衆興功。傳曰：田獵不宿，飲食不享，出入不節，則木不曲直，此失春令者也。臣知車駕今出，事從約省，所過吏人諷誦甘棠之德，雖然動不以禮，非所以示四方也。

惟陛下因行田野，循視稼穡，消揺仿佯弭節，而旋至秋冬乃振威靈，整法駕備，周衛設羽。《毛詩》云抑抑威儀，惟德之隅臣不勝憤懣伏，自手書乞，詣行在所極陳至誠，帝覽奏即還宮。

明帝本紀永平十五年冬，車騎校獵上林苑。

安帝本紀延光二年十一月，校獵上林苑。

順帝本紀永和四年冬十月，校獵上林苑。

桓帝本紀永興二年十一月，校獵上林苑。

延熹元年冬十月，校獵廣成遂幸上林苑。六年冬十月丙辰，校獵廣成遂幸函谷關上林苑。

靈帝本紀光和五年冬十月，校獵上林苑歷函谷關，遂巡狩于廣成苑。

右漢。

《魏志·文帝本紀》：黄初二年春正月甲戌，校獵。

王朗傳文帝踐阼，朗為司空。時帝頗出游獵，或昏夜還宫。朗上疏曰：夫帝王之居，外則飾周衛，内則重禁門，將行則設兵而後出幄，稱警而後踐墀，張弛而後登輿，清道而後奉引，遮列而後轉轂，静室而後息駕，皆所以顯至尊，務戒慎，垂法教也。近日車駕出臨捕虎，日昃而行，及昏而反違警蹕之常法，非萬乘之至慎也。帝報曰：覽表雖魏絳稱虞箴以諷晉悼，相如陳猛獸以戒漢武未足以喻方今二寇未殄，將帥遠征，故時入原野以習，戎備至於夜還之戒，已詔有司施行。

蘇則傳則為侍中，從行獵槎桎拔失鹿，帝大怒，踞牀拔刀悉收督吏將，斬之，則稽首曰：臣聞古之聖王，不以禽獸害人，今陛下方隆唐堯之化，而以獵戲多殺羣吏。愚臣以為不可，敢以死請。帝曰：卿直也，遂皆赦之然以此見憚。

吴大帝紀漢建安二十三年十月，權將如吴親射虎於庱亭，馬為虎所傷權投以雙戟虎却廢常，從張世擊以戈獲之。

右三國。

晉書楊濟傳濟有才藝，常從武帝校獵北芒下，與侍中王濟俱著布袴褶騎馬執角弓，在輦前猛獸突出，帝命王濟射之，應弦而倒，須臾復一出，濟受詔又射殺之，六軍大叫稱快。

右晉。

《宋書·文帝本紀》：元嘉二十五年三月庚辰，車駕校獵。

《禮志》：元嘉二十五年閏二月，大蒐於宣武場，主胄奉詔列奏申攝，剋日校獵，百官備辨。設行宫殿便坐武帳於幕府山南岡，設王公百官便坐幔省如常儀，設南北左右四行旌門，建獲旗以表獲車，殿中郎一人典獲車，主者二人收禽，吏二十四人配獲車，備獲車，十二兩。校獵之官著袴褶，有帶武冠者，脱冠者上纓，二品以上擁刀，備鞘，麾幡，三品以下帶刀。皆騎乘。將領部曲先獵一日，遣屯布圍。領軍將軍一人督右甄，護軍一人督左甄，大司馬一人居中，董正諸軍，悉受節度。殿中郎率護軍部曲，在大司馬之後。尚書僕射，都官尚書，五兵尚書，左右丞，都官諸曺郎，都令史，都官諸曺令史幹，蘭臺治書侍御史，令史諸曺令史幹，督攝糺司，校獵非違。至日，會於宣武場，列為重圍。設留守填街位於雲龍門外内官道北，外官道南，以西為上，設從官位於雲龍門内大官階北，小官階南，以西為上，設先置官位於行止車門外内官道西，外官道東，以北為上。設先置官還位於廣莫門外道之東西，以南為上，校獵日平旦，正直侍中奏中嚴。上水一刻，奏搥一鼓。為一嚴。上水二刻，奏搥二鼓，為再嚴。殿中侍御史奏開東中華雲龍門，引仗為小駕鹵簿。百官非校獵之官，著朱服，集列廣莫門外。應還省者還省。留守填街後部從官就位，前部從官依鹵簿，先置官先行。上水三刻，奏搥三鼓，為三嚴。上水四刻，奏外辦。正次直侍中，散騎常侍，給事黄門侍郎，散騎侍郎，軍校劍履進夾上閤。正直侍中負璽，通事令史帶龜印中書之印。上水五刻，皇帝出，著黑介幘單衣，乘輦。正直侍中負璽陪乘，不帶劍。殿中侍御史督攝黄麾以内，次直侍中，次直黄門侍郎，護駕在前，又次直侍中佩信璽，行璽，與正直黄門侍郎從護駕在後。不鳴鼓角，不得諠譁，以次引出，警蹕如常儀。車駕出，騶讃，陛下再拜。皇太子入守，車駕將至，威儀唱，引先置前部從官就位。再拜，車駕至行殿前迴輦，正直侍中跪奏，降輦。次直侍中稱制曰：可。正直侍中俛伏起，皇帝降輦登御座，侍臣升殿。直衛鈒戟虎賁，毛頭文衣，鶡尾，以次列階。正直侍中奏，解嚴，先置從駕百官還便座幔省。皇帝若親射禽，變御戎服。内外從官及虎賁悉變服，如校獵儀。鈒戟抽鞘，以備武衛。黄麾内外，從入圍裏。列置部曲，廣張甄圍，旗鼓相望，銜枚而進。甄周圍會，督甄令史奔騎號法施令曰：春禽懷孕，蒐而不射，鳥獸之肉不登于俎，不射，皮革齒牙骨角毛羽不登於器，不射。甄會。大司馬鳴鼓蹴圍，衆軍鼓譟警角，至宣武場止。大司馬屯北旌門，二甄帥屯左右旌門，殿中中郎率護軍部曲入次，北旌門内之右。皇帝從南旌門入射禽。謁者以獲車收載，還陳於獲旗北。王公以下以次射禽，各送詣獲旗下，付收禽主者。事畢，大司馬鳴鼓解圍復屯，殿中郎率其屬收禽，以實獲車，充庖厨。列言統曺正厨，置罇酒俎肉于中逵，以犒饗校獵衆軍。至哺，正直侍中量宜奏嚴，從官還著朱服，鈒戟復鞘再嚴先置官，先還三嚴，後二刻。正直侍中奏，外辦。皇帝著黑介幘單衣。正次直侍中，散騎常侍，給事黄門侍郎，軍校進夾御坐。正直侍中跪奏，還宫。次直侍郎稱制曰，可，正直侍中俛伏起。乘輿登輦還，衛從如常儀大司馬，鳴鼓散屯以次，就舍車駕將至威儀唱引留守填街先置，前部從官就位，再拜車駕，至殿前迴輦，正直侍中跪奏，降輦，次直侍中稱制曰，可。正直侍中俛伏，起乘輿降入正直，次直侍中散騎常侍，給事黄門侍郎，散騎侍郎，軍校從至閤，亦如常儀。正直侍中奏，解嚴。内外百官拜表問訊如常儀，訖，罷。

《宋書・孝武帝本紀》：大明七年春正月癸酉，詔曰：春蒐之禮，著自周令講事之語書于魯史，所以昭宣德度示民軌，則念歲稔氣榮中外寧晏當因農隙葺是舊章可克日于玄武湖大閱水師，并巡江右講武校獵二月丁巳車駕校獵於歷陽之烏江己未車，駕登烏江縣，六合山十月己巳，車駕校獵于姑孰。

《禮志》：大明七年二月丙辰，有司奏，鑾輿巡蒐江左，講武校獵，獲肉先薦太廟，章太后廟。并設醢酒，公卿行事，及獻妃陰室，室長行事。太學博士虞龢議，檢周禮，四時講武獻牲，各有所施。振旅春蒐，則以祭社，茇舍夏苗，則以享礿，治兵秋獮，則以祀方，大閱冬狩，則以享烝。案《漢祭祀志》：唯立秋之日，白郊事畢，始揚威武，曰貙劉。乘輿入囿，躬執弩以射，牲以鹿麑。太宰令謁者各一人，載獲車馳送陵廟。然則春田薦廟，禾有先准。兼太常丞庾蔚之議，龢所言是蒐狩不失其時，此禮久廢。今時龢表晏，講武教人，又虔供乾豆，先薦二廟，禮情俱允。社主土神，司空土官，故祭社使司空行事。太廟宜使上公，參議蒐狩之禮，四時異議，禮有損益，時代不同，今既無復四方之祭，三殺之儀，曠廢來久。禽獲牲物，面傷剪毛，未成禽不獻太宰令謁者擇上殺奉送，先薦廟社二廟，依舊以太尉行事。詔可。

蕙田案以上宋。

《隋書・禮儀志》：古者三年練兵，入而振旅，至于春秋蒐獮，亦以講其事焉。梁、陳時，依宋元嘉二十五年蒐宣武塲。其法，置行軍殿於幕府山南岡，并設王公百官幕。先獵一日，遣馬騎布圍。右領軍將軍督右，左領軍將軍督左，大司馬董正諸軍。獵日，侍中三奏，一奏搥一鼓為嚴，三嚴訖，引仗為小駕鹵簿。皇帝乘馬戎服，從者悉絳衫幘，黄麾警蹕，鼓吹如常儀。獵訖，宴會享勞，比校多少。戮一人以懲亂法，會畢，還宮。

《陳書・後主本紀》：禎明二年冬十月，輿駕幸幕府山大校獵。

蕙田案以上梁陳。

《魏書・道武帝本紀》：登國九年春三月帝北巡夏五月田於河東，皐始元年春正月，大蒐於定襄之虎山因東幸善無北陂。

天興六年七月，車駕北巡築離宮，於犲山縱士校獵東北踰羂嶺出參合代谷。天賜三年春正月，車駕北巡幸犲山宮校獵至屋孤山。明元帝本紀永興四年春正月，登虎圈射虎，賜南平公長孫嵩等布帛，各有差秋。七月大獮於石會山，臨去畿陂觀漁至於濡源西巡，幸北郊諸落賜以繒帛。八月車駕還宮壬子幸西宮，臨板殿大享羣臣將吏以田獵所獲賜之，命民大酺三日。五年六月，西幸五原校獵於骨羅山，獲禽十萬。

神瑞二年五月丁亥，次于參合，東幸大甯丁未田於西岬山，六月戊午幸去畿陂觀魚辛酉次于濡源築立蟀臺，射白熊于頹牛山獲之。

泰常元年六月丁巳，車駕北巡，秋七月甲申，帝自白鹿陂，西行大獮于牛山，登釜山臨殷繁水而南觀，于九十九泉戊戌車駕還宮。二年五月，車駕西巡至于雲中遂濟河田于大漠。四年正月，朔車駕臨河大蒐于犢。渚冬十有二月，西巡至雲中踰白道北獵于辱孤山，至于黄河從君子津西渡大狩于薛林山。六年夏六月乙酉，北巡至蟠羊山，秋七月，西巡獵于祚山親射虎獲之遂至於河。八月大獮于犢渚，九月車駕還宮。七年九月己酉，詔太平王率百國以法，駕田于東苑車乘服物，皆以乘輿之副。八年三月，帝田于鄴南韓陵山，幸汲郡至于枋頭。

《太武帝本紀》：神䴥元年夏四月，西巡田于河西。冬十月，北巡田于牛川。十有一月，行幸河西大校獵。二年十有一月，西巡狩田于河西，至祚山而還。三年八月，行幸南宮獵于南山。

太延元年秋七月，田于棝楊。十有一月乙丑，行幸冀州己巳校獵于廣川。二年八月，帝校獵于河西。

太平真君七年二月，幸雍城田于岐山之陽。

《文成帝本紀》：太安二年秋八月甲申，畋于河西。三年夏五月庚申，畋于松山，己巳還宮。秋八月，畋于陰山之北，己亥還宮。四年二月，南幸信都畋遊于廣川六月畋于松山。

和平二年三月，發并肆州五千人治河西獵道。三年二月，畋于崞山遂觀魚于旋鴻池。四年夏四月癸亥，上幸西苑，親射虎三頭，壬寅行幸陰山。秋七月壬午，詔曰朕每歲以秋日閒月，命羣官講武平壤所幸之處，必立宮壇糜費之功勞，損非一宜，仍舊貫，何必改作也。八月丙寅，遂畋于河西。詔曰朕順時畋獵而從官殺獲過度，既殫禽獸乖不合圍之義，其勑從官及典圍，將校自今以後不聽，濫殺其田獲皮肉，別自頒賚。

《獻文帝本紀》：皇興元年十月癸夘，畋于邦南池。二年五月乙夘，畋于崞山，遂幸繁畤。冬十月，畋于冷泉。三年夏四月丁酉，畋于崞山。

《出帝本紀》：永熙二年十有二月丁巳，車駕狩于嵩陽，己巳遂幸溫湯，丁丑車駕還宮。三年二月辛巳，幸洪池陂遂遊畋。《周書·文帝本紀》魏大統八年冬十二月，魏帝狩于華陰，大享將士太祖率諸侯朝于行在所。

《魏書·孝静帝本紀》：武定元年春正月己巳，車駕蒐于邯鄲之西山。冬十有車駕狩于西山。

《尒朱榮傳》：榮之将討葛榮也，軍次襄垣，遂令軍士列圍大獵。有雙兔起於馬前，榮乃躍馬彎弓而誓之曰：中之則禽葛榮，不中則否。既而並應弦而殪，三軍咸悦。及破賊之後，即命立碑於其所，號雙兔碑。榮性好獵，不舍寒暑。至於列圍，而進必須齊一雖，遇阻險不得回，避虎豹逸圍者，坐死。其下甚苦之，太宰元天穆從容謂榮曰：大王勳濟天下，四方無，事惟宜調政養民，順時蒐狩。何必盛夏馳逐，傷犯和氣。榮便攘肘謂天穆曰：太后女主，不能自正，推奉天子者，此是人臣常節。葛榮之徒，本是奴才，乘時作亂妄自署假，譬如奴走，擒獲便休。頃來受國大寵，未能開拓境土，混一海内，何宜今日，便言勳也？如聞朝士尤自寬，縱今秋欲共兄戒，勒士馬校獵嵩原，令貪汚朝貴入圍搏虎仍出,曾陽歷三荆悉擁生蠻北鎮回軍之際,因平汾胡明年，簡練精騎，分出江淮，蕭衍若降，乞萬户侯如其不降，徑度數千騎便往縛取，待六合寧一，八表無塵，然後共兄奉天子巡四方，觀風俗，布政教。如此乃可稱勳耳，今若止獵，兵士懈怠安可復用也。

蕙田案以上北魏。

《隋書·禮儀志》：後齊春蒐禮，有司規大防，建獲旗，以表獲車。蒐前一日，命布圍。領軍將軍一人，督左甄，護軍將軍一人，督右甄。大司馬一人，居中。節制諸軍，天子陳小駕，服通天冠。乘木輅，詣行宮。將親禽，服戎服，鈒戟者皆嚴。武衛張甄圍，旗鼓相望，銜枚而進。甄常開一方，以令三驅。圍合，吏奔騎令曰：鳥獸之肉不登于俎者，不射。皮革齒牙骨角毛羽不登于器者，不射。甄合，大司馬鳴鼓促圍。衆軍鼓譟鳴角，至期處而止。大司馬屯北旌門，二甄帥屯左、右旌門，天子乘馬，從南旌門入，親射禽。謁者以獲車收禽，載還，陳于獲旗之北。王公已下以次射禽，皆送旗下，事畢，大司馬鳴鼓解圍，復屯。殿中郎中率其屬收禽，以實獲車。天子還行宮，命有司每禽擇取三十，一曰乾豆，二曰賓客，三曰充君之庖。其餘即于圍下量犒將士。禮畢，改服，鈒者韜刀而還。夏苗，秋獮，冬狩，禮皆同。河清中定令每歲十二月半後，講武至晦遂除二軍兵馬，右入千秋門，左入萬歲門，並至永巷南下至昭陽殿，北二軍交一軍，從西上閤一軍，從東上閤，並從端門南出閶闔門，前橋南戲射並訖送至城南郭外罷。

《北齊書·神武本紀》：興和二年十二月，阿至羅别部遣使請降神武帥衆迎之，出武州塞不見大獵，而還。

《文宣帝本紀》：天保四年春正月，巡三堆戍大狩而歸，五月庚寅，帝校獵于林慮山戊子還宮。

《後主本紀》：武平四年九月，校獵于鄴東。七年冬十月丙辰，帝大狩于祈連池。

《暴顯傳》：顯少經軍旅善於騎射，曾從魏孝莊帝出獵一日之中手獲禽獸七十三。

《元坦傳》：坦為冀州刺史，性好畋漁，無日不出。秋冬獵雉兔，春夏捕魚蟹鷹犬常數百頭。自言寧三日不食，不能一日不獵。

《北史·馮淑妃傳》：周師之取平陽帝獵于三堆，晉州亟告急。帝將還，淑妃請更殺一圍，帝從其言。

蕙田案以上北齊。

《隋書·禮儀志》：後周仲春教振旅，大司馬建大麾于萊田之所。鄉稍之官，以旗物鼓鐸鉦鐃，各帥其人而致。誅其後至者，建麾于後表之中，以集衆庶，質明偃麾誅其不及者，乃陳徒騎如戰之陣，大司馬北面誓之。軍中皆聽鼓角以為進止之節，田之日，于其所萊之北，建旗為和門。諸將帥徒騎序入其門。有司居門，以平其人。既入而分其地。險野則徒前而騎後，易野則騎前而徒後。既陣，皆坐，乃設驅逆騎，有司表貉于陣前。以太牢祭黄帝軒轅氏，於狩地為墠，建二旗，列五兵於坐側，行三獻禮。遂蒐田致禽，以祭社。仲夏教茇舍，如振旅之陣，遂以苗田如蒐法致禽，以享礿。仲秋教練兵如振旅之陣，遂以獮田如蒐法致禽以祀方。仲冬教大閲如振旅之陣，以狩田如蒐法致禽以享烝。

《周書·武帝本紀》：建德五年春正月辛夘，行幸河東涑川集關中河東諸軍校獵。

蕙田案以上北周田獵儀式規仿周官，頗為近古，蓋盧辯輩所潤色也。

右南北朝。

《隋書・煬帝本紀》：大業三年六月辛巳獵于連谷。

《禮儀志》：大業三年，煬帝在榆，林突厥啟民及西域東胡君長並來朝貢，帝欲誇以甲兵之盛，乃命有司陳冬狩之禮。詔虞部量拔延山南北周二百里，並立表記前，狩二日。兵部建旗於表所五里一旗，分為四十軍，軍萬人，騎五千匹。前一日，諸將各帥其軍集於旗下，鳴鼓，後至者斬。詔四十道，使並揚旗建節分申畋令，即留軍所監。獵布圍，圍南面方幘而前，帝服紫袴褶黑介幘，乘闟豬車，其飾如木輅，重輞縵輪，虯龍繞轂。漢東京鹵簿所謂獵車者也，駕六黑騲。太常陳鼓笳鐃簫角於帝左右各一百二十百官，戎服騎，從鼓行入圍。諸將並鼓行越圍，乃設驅逆騎千有二百騶，豬停軔有司斂大綏王公以下，皆整弓矢。陳於駕前有司又斂小綏，乃驅獸出過於帝前。初驅，過有司整御弓矢以前待詔。再驅，過備身將軍奉進弓矢，三驅過帝，乃從禽鼓吹皆振坐而射之，每驅必三獸以上，帝發，抗大綏，次王公發，抗小綏，次諸將發，則無鼓驅逆之騎，乃止。然後三軍，四夷，百姓皆獵，凡射獸自左膘而射之達于右腢五口反。為上等，達右耳本為次等，自左髀達于右髃為下等，羣獸相從不得盡殺已傷之獸，不得重射，又逆向人者不射，其面出表者不逐之，畋將止虞部，建旗於圍內。從駕之鼓，及諸軍鼓俱振，卒徒皆譟。諸獲禽者獻於旗所致其左耳，大獸公之，以供宗廟，使歸薦腊于京師，小獸私之。

右隋。

《唐書・禮樂志》：皇帝狩田之禮，亦以仲冬。前期，兵部集衆，庶修田法，虞部表所田之野，建旗于其後。前一日，諸將帥士集於旗下，質明，弊旗，後至者罰。兵部申田令，遂圍田，其兩翼之將皆建旗。及夜，布圍，闕其南面。駕至田所，皇帝鼓行入圍。鼓吹令以鼓六十陳于皇帝東南，西向，六十陳于西南，東向，皆乘馬，各備簫角。諸將皆鼓行圍。乃設驅逆之騎。皇帝乘馬南向，有司斂大綏以從。諸公王以下皆乘馬，帶弓矢，陳于前後。所司之屬又斂小綏以從，又驅獸出前。初，一驅過。有司整飭弓矢以前，再驅過，有司奉進弓矢，三驅過，皇帝乃從禽左而射之每驅必三獸以上，皇帝發，抗大綏，然後公王發，抗小綏，驅逆之騎止。然後百姓獵，凡射獸自左而射之達于右腢為上，射達右耳為次，射右脾達于右髃為下，射羣獸相從不盡殺已，被射者不重射，不射其面，不剪其毛，凡出表者不逐之田，將畢虞部建旗于田內乃雷擊駕鼓及諸將之鼓士從譟呼諸得禽獸旗下致其左耳大獸公之小獸私之其上者供宗廟次者，供賓客下者充庖厨，乃命有司饁獸于四郊，以獻告至于廟。開元禮畧同。

《通典》：李靖曰：校獵一人，守圍地三尺量，人多少以左右兩將為交，頭其次左右，將各主士伍為行列，皆以金鼓旗為節制。其初起圍張翼，隨山林地勢無遠近，部分其合圍地虞候先擇定訖，以善弧矢者為圍，中騎其步卒槍幡守圍，有漏獸坐守圍吏大獸公之，小獸私之，以觀進止斯，亦教戰一端也。

唐書高祖本紀武德三年正月己巳，獵于渭濱。四年閏月己未，幸舊墅壬戌獵於好時，乙丑獵于九嵕，丁夘獵于仲山，戊辰獵于清水谷。五年十一月癸卯，獵于富平北原十二月丙辰，獵于萬壽原。六年二月壬子，獵于驪山十月庚申，獵于白鹿原十一月辛夘，獵于沙苑，丁酉獵于伏龍原。七年十月辛未，獵于鄠南庚寅獵于圍川，十二月戊辰，獵于高林。八年十月辛巳，如周氏陂獵于北原。十一月辛夘，如宜州獵于西原庚子講武于同官。癸丑獵于華池北原，十二月獵于鳴犢泉。

巢刺《王元吉傳》：元吉為并州總管，劉武周畧汾晉詔遣右衛將軍，宇文歆助守。元吉喜鷹狗，出常載置罔三十車。曰：我寧三日不食，不可一日不獵。夜潛出，淫民家府門不閉，歆驟諫不納乃顯表於帝曰，王數出與竇誕縱獵蹂民田，縱左右，攘敓畜産為盡每射于道，觀人避矢以為樂，百姓怨不可與共守。

《蘇世長傳》：世長拜諫議大夫從獵，涇陽大獲帝入旌門詫左右曰：今日畋樂乎？世長曰：陛下廢萬機事，遊獵不滿十旬未為樂也。帝變色，既而笑曰：狂態發邪？曰為臣計則狂，為陛下計則忠矣。時武功鄜新經，突厥寇掠鄉，聚凋虛，帝將遂獵武功世長。諫曰：突厥向盜刼人，陛下救恤之言未出口，又獵其地，殆百姓不堪，所求，帝不聽。

《呂向傳》：向以起居舍人從帝東巡，帝引頡利發及蕃夷酋長入仗內，賜弓矢射禽。向上言，鴟梟不鳴，未為瑞鳥。豺虎雖伏，弗曰仁獸。況突厥安忍殘賊，莫顧君父，陛下震以武義，來以文德，勢不得不庭，故稽顙稱臣，奔命遣使。陛下引內從官，陪封禪盛禮，使飛矢于前，同獲獸之樂，是狎昵太過。或荆卿詭動，何羅竊發，逼嚴蹕，冒清塵，縱醢單于，汙穹廬，何以塞責？帝順納，詔蕃夷出仗。

《唐儉傳》：儉為民部尚書，從獵洛陽苑，羣豕突出于林，帝射四，輒殪四豕。一豕躍及鐙，儉投馬搏之。帝拔劍斷豕，顧笑曰天策長史不見上將擊賊耶，何懼之甚。對曰漢祖以馬上得之，不以馬上治之。陛下神武定四方，豈復快心于一獸，帝為罷獵。

《褚亮傳》：高祖獵，親格虎亮懇悃致諫帝禮納其言。

《唐書・高宗本紀》：顯慶二年十一月乙巳，獵于滍南壬子講武于新鄭。五年十二月辛未，獵于安樂川。

《舊唐書・高宗本紀》：總章二年九月己亥，發自九成宮，壬寅停，華林頓大蒐于岐。

龍朔元年十月丁夘獵于陸渾戊辰獵于非山。

《唐書・高宗本紀》：咸亨二年十二月癸酉，獵于昆陽。四年閏五月丁夘，禁作簺捕魚營圈取獸者。

上元元年十一月乙酉，獵于華山回武原。

《通典》：高宗永徽元年冬，出獵。在路遇雨，因問諫議大夫谷那律曰：『油衣若為不得漏？』對曰：『能以瓦為之，必不漏矣。』上大悅，因此不復出獵。

《唐書・中宗本紀》：神龍元年十月癸亥，幸龍門。乙丑，獵于新安。《通典》睿宗先天元年十一月，獵於驪山之下。侍中魏知古上詩諫曰：『嘗聞夏太康，五子訓禽荒。我后來冬狩，三驅盛禮張，順時鷹隼擊，講事武功揚奔。走未及去，翾飛豈暇翔。飛熊從渭水，瑞翟想陳倉。此欲誠難縱，茲遊不可常。子雲陳《羽獵》，僖伯諫漁棠。得失鑒齊楚，仁恩合禹湯。雍熙諒在宥，亭毒匪多傷。辛則令為決，虞箴遂孔彰。』手制曰：『所進十韻，三復研精，良增歎美。子時因暇景，為苗而畋，開一面之羅，展三驅之禮。無情校獵，但慕前禽。卿有箴規，輔予不逮。今賜物五千段，用以勸奨。』

《唐書・玄宗本紀》：開元元年十月甲辰，獵于渭川。

《文獻通考》：明皇開元三年，大蒐于鳳泉。石補闕崔向上疏曰：『臣聞天子三田，若古有訓，豈惟為乾豆，賓客庖厨者哉。亦将閱兵講武，戒不虞也。詩美宣王之田，徒御不驚，有聞無聲，謂畋獵。時人皆銜枚，有若聞而無讙譁也。』又曰悉率左右，以燕天子，謂悉驅禽，順有左右之宜，以安待王射也。則知大綏將下，亦有禮焉。側聞獵于渭濵，有異於是。六飛馳騁，萬騎騰躍，衝翳薈蹴，蒙籠越巘，險靡榛蓁，紅塵坐昏，白日將暗，毛羣擾攘，羽族繽紛，左右戎夷，並伸驍勇，攢鏑亂下，交刄霜飛，而降尊亂卑，爭捷於其間，豈不殆哉！夫環衛而居，暴客攸待，清道而出，行人尚驚，如有墜駕之虞，流矢之變。獸窮則搏，鳥窮則攫，陛下復何以當之哉。惟深思後慮，以誡後圖，天下幸甚！《唐書・吳兢傳》開元十三年，帝東封泰山道中，數馳射為樂。兢諫曰：『方登岱告成，不當逐狡獸。使有垂堂之危，朽株之殆。』帝納之。

《玄宗本紀》：十四年十二月，獵于方秀川。十五年十一月，獵于城南。

《舊唐書・玄宗本紀》：開元十七年十二月，校獵渭濵。

《唐書・代宗本紀》：大歷四年十一月，禁畿内弋獵。十三年十月，禁京畿持兵器捕獵。

《德宗本紀》：貞元三年十二月，獵于新店。八年十二月，獵于城東。十年十二月，獵于城南。

《舊唐書・德宗本紀》：貞元十一年十二月戊辰，上獵苑中，戒多殺止。行三驅之禮，勞士而還。

《唐書・憲宗本紀》：元和九年十一月戊子，罷京兆府，獵獻狐兔。穆宗本紀元和十五年正月，即皇帝位。十二月庚辰，獵于城南。壬午，擊鞠于右神策軍，遂獵于城西。甲申，獵于苑北。

長慶二年十月己夘，獵于咸陽。十一月庚午，皇太后幸華清宮，癸酉，迎皇太后，遂獵于驪山。

《白居易傳》：居易知制誥：『穆宗好畋游，獻續虞人箴』以諷曰：唐受天命十有二聖，兢兢業業，咸勤厥政，鳥生深林，獸在豐草，春蒐冬狩，取之以道。鳥獸蟲魚，各遂其生，民野君朝，亦克用寧。在昔元祖，厥訓孔彰，馳騁田獵，俾心發狂。何以效之曰：羿與康，曾不是誡，終然覆亡，高祖方獵，蘇長進言，不滿十旬，未足為懽上心。既悟為之輟畋降及，宋璟亦諫玄宗溫顏聽納，獻替從容，璟趨以出，鷂死握中。噫！逐獸于野，走馬于路，豈不快哉。銜橛可懼，審其安危，唯聖之慮。

《文宗本紀》：太和四年三月癸卯，禁京畿弋獵。

開成元年二月乙亥，停獻鷹鳥畋犬。

《舊唐書・武宗本紀》：會昌二年十月，帝幸涇陽，校獵白鹿原。諫議大夫高少逸、鄭朗等于閤內論陛下，校獵大頻，出城稍遠，萬幾廢弛，星出夜歸，方今用兵且宜停止，上優勞之諫官出，謂宰相曰：『諫官甚要，朕時聞其言，庶幾減過。』四年十月，獵于鄠縣。十二月，獵于雲陽。

《唐書・憲宗懿安皇后郭氏傳》：武宗喜畋游，擇五坊小兒，得出入禁中，他日問后起居，后曰：『諫臣章疏宜審覽度，可用，用之有不可，以詢宰相。毋拒直言。』帝再拜，還索諫章閱之。往往道游獵事，自是畋幸希小兒等不復橫賜矣。

右唐

《五代史・唐莊宗本紀》：同光元年十二月壬辰，畋于伊闕。二年十一月癸卯，畋于伊闕。丙午，至自伊闕。三年十二月己夘，畋于白沙。

《家人傳》：莊宗方與后荒。于畋游。十二月己夘，獵畋于白沙。后率皇子、后宮畢從，歷伊闕，宿龕澗，癸未乃還，何澤傳莊宗好畋獵，數踐民田澤，乃潛身伏草間伺莊宗，當馬諫曰：『陛下未能一天下以休，兵而暴斂疲，民以給軍食，今田將熟，奈何恣畋遊，以害多稼，使民何以出租賦，吏何以督民耕，陛下不聽言，願賜臣死于馬前，使後世知陛下之過。』莊宗大笑，為之止獵。

《伶官傳》：莊宗好畋獵，獵于中牟，踐民田，中牟縣令當馬切諫，為民請。莊宗怒叱縣令，去將殺之。伶人敬新，磨知其不可，乃率諸伶走，追縣令，擒至馬前，責之曰：『汝為縣令，獨不知吾天子好獵耶？奈何縱民稼穡，以供稅賦，何不飢汝縣民，而空此地，以備吾天子之馳騁？汝罪當死。』因前請亟行刑，諸伶共倡和之。莊宗大笑，乃得免。

《明帝本紀》：天成二年十二月甲辰，畋于東郊。

《宋史・符彥卿傳》：清泰中彥卿改易州，兼領北面騎軍，賜戎服、介胄、戰馬，嘗射獵遂城鹽臺淀，一日射麞、彘、狼、兔四十二，觀者神之。

《晉出帝本紀》：天福八年十月壬子，畋于近郊。

開運二年三月丁未，畋于戚城。十二月丁丑，畋于近郊。

《南唐近事》：烈祖輔吳，四方多壘，雖一騎一卒，必加姑息。然羣校多從禽聚飲近野，或搔擾民庶。上欲糾之以法，而方藉其材力，思得酌中之計。問於嚴求，求曰：『無煩繩之易絶耳，請敕泰興，海鹽諸縣，罷採鷹鸇，可不令而止。』烈祖從其計，期月之間，禁校無復，游墟落者。

右五代

《宋史・太祖本紀》：建隆二年二月己夘，禁春夏捕魚射鳥。十二月庚戌，畋于近郊。

《禮志》：建隆二年，始校獵于近郊。先出禁軍為圍場，五坊以鷙鷹細犬從。帝親射走兔三。從官貢馬稱賀。其後多以秋冬或正月，田于四郊。從官或賜窄袍，煗鞾。親王以下射中者，賜以馬。

《太祖本紀》：建隆三年十月辛亥，畋近郊。十一月己夘，畋于近郊。乾德元年冬十月己亥，田近郊。十一月己亥，畋近郊。二年十一月壬辰，畋近郊。

開寶元年冬十月己未，畋近郊。二年十月戊子，畋近郊。十一月甲寅，畋近郊。五年十一月己亥，畋近郊。八年九月壬申，狩近郊，逐兔馬，蹶墜地，因引佩刀刺馬殺之，既而悔之曰：『吾為天下主，輕事畋獵，又何罪馬哉？』自是遂不復獵。九年五月己巳，幸飛龍院，觀漁金水河。

《太宗本紀》：太平興國二年九月丙辰，狩近郊，十月辛巳，畋近郊，十二月庚午，畋近郊。三年夏四月丙辰，禁民自春及秋，毋捕獵冬。十月庚午，畋近郊。十二月庚午，畋近郊。四年二月戊寅，次澶州，觀魚于河。十一月己丑，畋近郊。十二月丁夘，畋近郊。

《禮志》：太宗將北征，因閱武獵近郊，以多盜獵狐兔者，命禁之。有衛士奪人獐，當死。帝曰：『若殺之，後世必爲我重獸而輕人。』特貰其罪。帝常以臘日校獵，諭從臣曰：『臘日出狩，以順時令，緩轡從禽，是非荒也。』回幸講武臺，張樂賜羣臣飲，其後獵西郊，親射走兔五。詔以古者蒐狩，以所獲之禽薦享宗廟，而其禮久廢。今可復之，遂為定式。帝雅不好弋獵，詔除有司行禮外，罷近甸遊畋，五方所畜鷹犬並放之，諸州不得以鷹犬來獻。已而定難軍節度使趙保忠獻鶻一，號『海東青』，詔還賜之。獵日，但命諸王畧畋近郊，而五坊之職廢矣。

《太宗本紀》：太平興國五年三月丙午，幸水磑，因觀魚。九月壬戌，畋近郊。十二月庚辰，發大名府，因校獵。六年十二月己夘，畋近效。七年十二月丙申，狩近郊。

《李燾長編》：太宗雍熙二年十一月，詔曰：『三田之制，其一田乾豆，謂腊之以供祀也。近以率遵時令，薄狩郊畿，既親射以獲禽，宜奉先而登俎。其以田獵親獲獸，付所司薦享太廟，著于令。』

《太宗本紀》：雍熙四年秋七月丙寅，幸講武池觀魚。冬十二月庚戌，畋于近郊。

端拱元年冬十月癸未，詔罷遊獵，五坊所畜鷹犬並放之，諸州毋以為獻。

淳化五年十二月丙戌，命諸王畋近郊。

《真宗本紀》：咸平三年十二月戊申，狩近郊，以親獲禽獻太廟。

《文獻通考》：三年十二月，以獵獲狐兔，薦廟之餘，賜中書樞密院。

《宋史・真宗本紀》：咸平四年十一月庚寅，畋近郊。

景德三年十二月乙酉，狩近郊，以親獲兔，付有司，薦廟。大中祥符三年二月己亥，禁方春射獵，每歲春夏，所在長吏申明之。

《禮志》：真宗詔教駿所養鷹鶻量留十餘，以備諸王從時展禮。禁圍草地，許民耕牧。

仁宗本紀五年十月庚午，幸瓊林苑，遂畋楊村，遣使以所獲馳薦太廟，召父老，賜以飲食、茶帛。

《文獻通考》：慶歷五年，兵部員外郎、直集賢院李東之言：『祖宗校獵之制，所以順時令而訓戎事也。陛下臨御以來，未嘗講修此禮。』願詔有司草儀注擇日，命殿前、馬步軍司互出兵馬以從獵于近郊。詔樞密院討詳先朝校獵制度，十月，御內東門，賜從官酒三行，奏鈞容樂，幸瓊林苑門，賜從官食。遂獵於楊村，燕幄殿，奏教坊樂，遣使以所獲麞兔馳薦太廟。既而召父老臨問，賜以酒食茶絹，及賜五坊軍士銀絹有差。

《宋史・仁宗本紀》：六年十一月辛丑，畋東韓村，乘輿所過及圍內，田蠲租一年。

《禮志》：六年，復獵于城南東韓村，自玉津園去輦乘馬，分騎士數千為左右翼，節以鼓旗，合圍場徑十餘里，部隊相應。帝按轡中道，親挾弓矢，屢獲禽焉。是時，道傍居人或畜狐兔凫雉，驅場中。帝謂田獵以訓武事，非專所獲也。悉縱之，免圍內民田一歲租。仍召父老勞問，其後以諫者多罷獵近甸，自是終靖康不復講。

《仁宗本紀》：慶歷七年三月，罷出獵。

《高宗本紀》：紹興二十年二月庚戌，禁民春月捕鳥獸。

蕙田案《宋史・兵志》：不及田獵事，然考其經制，如禁兵以殿前侍衛二司總之，而建隆之獵，先出禁軍為圍場，或幸騏驥院，因以射獵。則凡親近，扈從諸軍皆從獵之軍也。又數罷五坊諸人，安有鷹犬小兒隊長之紛紛哉！蓋宋懲、五代、唐莊宗弊政，故田獵之事，簡便務實，有可取者，南渡以後，史志闕如，蓋亦無復開國規模矣。

右宋

《遼史・營衛志》：遼國盡有大漠，浸包長城之境，因宜為治，秋冬違寒，春夏避暑。隨水草就畋漁，以為常。四時各有行在之所，謂之巴納。春曰鴨子河濼。皇帝正月上旬起牙帳，約六十日方至。天鵝未至，卓帳冰上，鑿冰取魚。冰泮，乃縱鷹鶻捕鵝雁。晨出暮歸，從事弋獵。鴨子河濼東西二十里，南北三十里，在長春州東北三十五里，四面皆沙堝，多榆柳杏林。皇帝每至，侍御皆服墨綠色衣，各備連鎚一柄，鷹食一器，刺鵝錐一枚于濼周圍相。去各五七步排立，皇帝冠巾，衣時服，繫玉束帶，于上風望之。有鵝之處舉旗，探騎馳報，遠泊鳴鼓。鵝驚騰起，左右圍騎皆舉幟麾之。五坊擎進海東青鶻，拜授皇帝放之。鶻擒鵝墜，勢力不加，排立近者，舉錐刺鵝，取腦以飼鶻。救鶻人例賞銀絹。皇帝得頭鵝，薦廟，羣臣各獻酒果，舉樂。更相酬酢，致賀語，皆插鵝毛于首以為樂。賜從人酒，徧散其毛。弋獵網鈞，春盡乃還。夏巴納無常所多在圖爾山。道宗每歲先幸黑山，拜聖宗興宗陵賞金蓮，乃幸子河避暑，圖爾山在黑山東北三百里，近饅頭山黑山在慶州，北十三里上有池，池中有金蓮子河，在圖爾山東北三百里，懷州西山有清涼殿，亦為行幸避暑之所。四月中旬，起牙帳，卜吉地為納涼所。五月末旬六月上旬，至居五旬，與北南臣僚議國事，暇日遊獵，七月中旬，乃去秋巴納，曰伏虎林。七月中旬，自納涼處起，牙帳入山，射鹿伏虎，林在永州西北五十里，嘗有虎據林傷害居民畜牧。景宗領數騎獵焉。虎伏草際戰慄不敢仰視，上舍之因號『伏虎林』。每歲車駕至，皇族而下，分布濼水側。伺夜將半，鹿飲鹽水令獵人吹角效鹿鳴，既集而射之，謂之舐鹻鹿。又名呼鹿。冬巴納曰廣平淀，在永州東南三十里，本名白馬淀，東西二十餘里，南北十餘里，地甚坦夷，四望皆沙磧。木多榆柳，其地饒沙，冬月稍煖，牙帳多于此坐冬，與北、南大臣會議國事，時出校獵講武，兼受南宋及諸國禮貢。皇帝牙帳，以槍為硬寨，用毛繩連繫，每帳下黑氈傘一，以芘衛士風雪。槍外小氈帳一層，每帳五人，各執兵仗為禁圍。南有省方殿，殿北約二里曰壽寧殿，皆木柱竹榱以氈為蓋，彩繪韜柱，錦為壁衣，加緋繡額，又以黃布繡龍為地障，牕槅皆以氈。為之傳以黃油絹基高尺餘，兩廂廊廡亦以氊，蓋無門戶。省方殿北有鹿皮帳。帳次北有八方公用殿，壽寧殿北有長春帳，衛以梗寨。宮用契丹兵四千人，每日輪番千人，祗直禁圍外，卓槍為寨，夜則拔槍移卓御寢帳。周圍拒馬，外設鋪傳鈴宿衛，每歲四時，周而復始。

《禮志·獵儀》：獵十二月辰日前期一日，詔司獵官選獵地。其日，皇帝皇后焚香拜日畢，設圍，命獵夫張左右翼，司獵官奏成列，皇帝皇后陞轝，多囉倫穆騰以酒二尊、盤飧奉進，北南院大王以下進馬及衣。皇帝降輿，祭東畢，乘馬入圍中。皇太子、親王率羣臣進酒，分兩翼而行。皇帝始獲兔，羣臣進酒上壽，各賜以酒至中食之。次親王大臣各進所獲，及酒訖，賜羣臣飲還宮。應歷元年冬，漢遣使來賀，自是歲以為常儀，統和中罷之。

《太祖本紀》：天贊三年十月，獵約囉山。獲野獸數千，以充軍食。十一月，射虎于烏蘭實呼山，抵霸室山六百餘里，且行且獵，日有鮮食，軍士皆給。

《太宗本紀》：會同三年九月庚午，侍中崔窮古言：晉主聞陛下數遊獵，意請節之。上曰：『朕之遊畋，非徒縱樂，所以練習武事也。』乃詔諭之。

《郭襲傳》：景宗即位，數游獵。襲上書諫曰：『昔唐高祖好獵，以蘇世長諫罷，史稱其美。伏念聖祖創業艱難，修德布政，宵旰不懈，穆宗逞無厭之欲，不恤國事，天下愁怨陛下繼統海內。翕然望中興之治十餘年間，征伐未已，而寇賊未除，年穀雖登而瘡痍未復，正宜戒謹，修省以懷，永圖側聞，恣意遊畋，萬一有銜橜之變，搏噬之虞，悔将何及。況南有彊敵，伺隙而動，聞之得無生心乎。伏望陛下節從禽酣飲之樂，為生靈社稷計，則有無彊之休。』上覽而稱善。

《聖宗本統》：統和十四年正月，漁于潞河。十一月詔諸軍官毋得非時田獵妨農。十五年八月，獵于平地松林，皇太后誡曰：『前聖有言，欲不可縱，我兒為天下主，馳騁田獵，萬一有銜橜之變，適貽予憂，宜深戒之。』

《興宗本紀》：重熙十七年閏正月，射虎于哈爾喜。

右遼

《金史·太祖本紀》：收國元年三月辛未，獵于寥晦城。二年九月己亥，上獵近郊。

《熙宗本紀》：皇統二年正月己亥，上獵于來流河。十二月壬申，上獵于哈雅愛滿路癸未還。四年九月乙酉，上如東京。壬子，獵于沙河，射虎獲之。十一月己酉，上獵于海島。九年十一月癸巳，上獵于和囉和屯。

《世宗本紀》：大定三年八月，勅殿前都點校唐古德温，重九出獵，國朝舊俗。今扈從軍二千。不無擾民，可嚴為約束，仍以錢萬貫分賜之。九月秋獵，十月冬獵，十二月獵于近郊，所獲薦山陵，自是歲以為常。九年三月，尚書省定網，捕禽獸法。或至徒上曰：『以禽獸之故，而抵民以法。是重禽獸而輕民命也，自今有犯可杖而釋之。』十年七月，秋獵放圍。役夫詔扈從糧食並從官給，又勅扈從人縱畜牧蹂踐禾稼者，杖之，仍償其直。二十五年十月，禁止上京等路大雪及含胎時採捕。十一月詔：豺未祭獸，不許採捕。冬月雪尺以上，不許用網及蘇克蘇呼，恐盡獸類。

《梁襄傳》：世宗将幸金蓮川，襄上疏極諫曰：『陛下神武善騎射，舉世莫及，銜橜之變，猛摯之虞，姑置勿論。設于行獵之際，烈風暴至，塵埃漲天，宿霧四塞，跬步不辨，以致翠華有崤陵之避、襄城之迷，百官狼狽于道途，衛士參錯于隊伍，當此宸衷寧無戒悔。臣又聞陛下于合圍之際，麇鹿充牣圍中，壯而大者，纔取數十以奉宗廟，餘皆縱之，不欲多殺。是陛下恩及禽獸，而未及隨駕衆多之臣庶也。議者謂前世守文之主生長，深宮畏見風日，彎弧上馬皆所不能。志氣弱懦，筋力拘柔，臨難戰懼，束手就亡。陛下監其如此，不憚勤身，遠幸金蓮。至於松溪，名為坐夏打圍，實欲服勞講武。臣愚以為戰不可忘，獵不可廢，宴安鴆毒不可懷，然事貴適中，不可過當。今過防驕惰之患，先蹈萬有一危之途，何異無病而服藥也。況欲習武不必度關，涿、易、雄、保、順、薊之境地廣又平，且在邦域之中，獵田以時，誰曰不可，伏乞陛下，發如綸之音，回北轅之轍，塞鷄鳴之路，安處中都，不復北幸。宗社無疆之休，天下莫大之願也。』世宗嘉納，遂為罷行。

《章宗本紀》：大定二十九年正月癸巳，即皇帝位。六月辛卯，修起居注完顔烏哲、知登聞檢院孫鐸，皆上書諫罷圍獵，上納其言。九月丙子，獵于近郊。戊寅，監察御史焦旭劾奏太傅克寧，右丞相襄，不應請車駕田獵。上曰：『此小事，不須治之。』十月丙申，冬獵。

明昌元年春正月丁巳，制諸王任外路者許遊獵五日，過此禁之，仍令禁約人從，毋擾民。六月丙申，遣諸王。凡出獵毋，越本境。八月丁未，獵于近郊。十月丁未，獵于近郊。十一月丙子，冬獵。十二月壬午，免獵田今年稅。二年十二月甲申，獵于近郊。三年二月甲戌，朔勅明安穆昆許于冬月，率所屬户田獵二次，每出不得過十日。丁酉，獵于近郊。九月己夘，如秋山免圍場，經過人户，今歲夏秋租稅之半。曾當差役者，復一年。十月己巳，獵于近郊。四年正月癸巳，諭點檢司行宫外地，及圍獵之處悉，與民耕種，禁地聽民，持農器出入。丙申，東京路副使王勝進鷹，遣諭之曰：『汝職非輕，民間利害，官吏邪正，畧不具聞，而乃以鷹進，此豈汝所職也！後毋復爾。』二月癸丑，獵于桃村淀。十二月丙辰，獵于近郊。五年六月己亥，出獵。登呼圖巴山，酹酒再拜，曺王永升以下進酒，七月戊辰，獵于和齊寬，一發貫雙鹿，是日，獲鹿二百二十二，賜扈從官有差，辛巳，次羅袞呼實布，是日，上親射獲黄羊四百七十一。閏十月乙亥，獵于近郊。

永安元年八月己酉，獵于近郊。三年八月辛未，獵于近郊。癸酉，獵于香山。九月乙巳，獵于近郊。十月庚午，獵于近郊。十一月甲寅，冬獵。十二月甲子，獵于酸棗林。大風寒，罷獵，凍死者五百餘人。四年八月己巳，獵于近郊。壬申，獵于香山。丁丑，獵于近郊。五年七月甲戌，獵于近郊。十月丁未，獵于近郊。

泰和元年正月辛未，上以方春，禁殺含胎兔，犯者罪之，告者賞之。十二月壬寅，獵于近郊。二年十月丙戌，獵于近郊。十二月戊寅，冬獵。三年七月庚辰，獵于近郊。十一月丁丑，冬獵，以獲兔薦山陵。五年七月丙子，定圍場誤射中人罪。　六年十月甲子，獵于近郊。七年二月己未，獵于近郊。九月丙戌，獵于近郊。十月丙辰，獵于近郊。十一月甲午，獵于近郊。衛紹王本紀大安二年十一月，獵于近郊。

《宣宗本紀》：貞祐二年九月戊子，禁軍官圍獵。三年九月丁夘，以秋稼未獲，禁軍官圍獵。

元光元年十月甲申，上獵于近郊。詔免百官迎送，且勿令治道，以勞百姓。二年十月乙亥，制行樞密院及元帥府，農隙之月分番巡徼校獵，月不過三次。丁丑，上獵于近郊。乙酉，上獵于近郊。

《哀宗本紀》：正大四年十月壬戌，外臺監察御史諫獵，上怒，以邀名賣直責之。十一月丁酉，獵于近郊。六年十二月，罷附京獵地百里，聽民耕稼。

癸辛，雜識北客云：『北方人打圍，凡用數萬騎，各分東西而往，凡行月餘而圍始合，蓋不啻千餘里矣。既合，則漸束而小之，圍中之獸皆悲鳴相弔。獲獸凡數十萬，虎、狼、熊、羆、麋鹿、野馬、豪猪、狐狸之類皆有之，特無兔耳。獵將竟，則開一門，廣半里許，俾餘獸得以逸去，不然則一網打盡，來歲無遺種矣。』又曰：『未獵之前，隊長去其頭帽，於東南方開放生之門。如隊長復帽，則其圍復合，衆始獵耳，此亦湯王祝網之意也。』

右金

《元史・兵志》：元制自御位及諸王，皆有實保齊，蓋鷹人也。是故捕獵有户，使之致鮮食以薦宗廟，供天庖，而齒革羽毛，又皆足以備用，此殆不可闕焉者也。然地有禁，取有時，而違者則罪之。春冬之交，天子或親幸近郊，縱鷹隼搏擊，以為遊豫之度，謂之飛放。故鷹房捕獵，皆有有司存。而打捕鷹房人户，多取析居、放良及漏籍布哷齊、還俗僧道，與凡曠役無賴者，及招收亡宋舊役等户為之。其差發，除納地稅、商稅依，例出軍等六色宣課外，並免其雜泛差役。自太宗乙未年，抄籍分屬御位下及諸王公主駙馬各投下。及世祖時，行尚書省嘗重定其籍厥，後永為定制焉。

《太宗本紀》：二年庚寅，春帝與圖類，獵于烏爾罕河。四年壬辰冬十一月，獵于納琳齊拉袞之野。五年癸巳，秋八月，獵于伯蘛之地。六年甲午，冬獵于托卜罕地。九年丁酉，春獵于齊齊克察罕之澤冬。十月，獵于野馬川。十年戊戌，夏帝獵于齊齊克察罕之澤。十一年己亥，春復獵于齊齊克察罕之澤。十三年辛丑，春二月，獵于齊齊克察罕之澤。十一月丁亥，大獵齊克察罕。

《定宗本紀》：元年丙午，冬獵黄羊於野馬川。

《憲宗本紀》：三年癸丑，春正月，帝獵于齊齊克察罕之地。四年甲寅，春帝獵于齊齊克察罕之地。夏幸伊爾穆爾齊之地。冬，大獵于額默根哈爾察海之地。八年五月，皇子阿蘇岱因獵獨騎，傷民稼。帝見讓之，遂撻近侍數人士，卒有拔民葱者，即斬以徇。由是秋毫不敢犯。

《世祖本紀》：中統三年冬十月乙丑，禁京畿田獵。

至元元年秋七月，陝西獵户移獵商州。冬十月乙巳，禁上都畿内捕獵。二年四月戊子，禁北京平灤等處人捕獵。三年十月申，禁京畿畋獵。四年十一月申，嚴京畿畋獵之禁。七年七月，命達嚕噶齊，烏蘭濟達給上都，扈從畋獵糧。九年冬十月己亥，敕，自七月至十一月，終聽捕獵，餘月禁之。十年正月己未，禁鷹坊擾民。九月辛巳，遼東飢弛獵禁。戊子，禁京畿五百里内射獵。己丑，勅自今秋獵鹿豕先薦太廟。十二年二月，勅輝和地，春夏毋獵孕字野獸。十月辛丑弛北京義錦等處獵禁。十四年八月，車駕畋於上都之北。冬十月辛酉，弛蓋州獵禁。十七年春正月丁夘，畋近郊。十八年春正月丁未，畋於近郊。五月，禁高麗全羅等處。畋獵擾民者。九月癸亥朔，畋于近郊。十九年春正月丙子，車駕畋于近郊。三月丙戌，禁益都東平沿淮，諸郡軍民官捕獵。冬十月庚寅，以歲時不登聽諸軍捕獵於汴梁之南。二十二年春正月丙申，帝畋于近郊。七月癸酉，詔禁捕獵。二十三年十一月，敕禽獸字孕時無畋獵。二十四年二月甲午，畋于近郊。乙未，禁輝和地禽獸孕孳時畋獵。閏二月乙丑，畋于近郊。二十五年春正月，弛遼陽漁獵之禁，惟毋殺孕獸。丙午，畋于近郊。二月，敕江淮勿捕天鵞、弛魚濼禁。三月甲午，禁捕鹿羔。二十七年三月乙巳，中山畋户飢給。六十日糧。九月申，嚴漢人畋獵之禁。二十八年十一月，武平、平灤諸州飢，弛獵禁，其孕字之時勿捕。二十九年二月丁夘，畋于近郊。戊子，禁杭州放鷹。

《成宗本紀》：大德元年三月癸酉，畋于柳林。丁亥，禁正月至七月捕獵，大都八百里內亦如之。五月丁丑，禁民間捕鬻鷹鶻。八月丁未，命諸阿濟格，自今出獵，悉自供具，毋傷民力。十一月癸亥，詔自今畋獵，始自九月。閏十二月，弛湖泊之禁，仍聽正月捕獵。二年二月己巳，畋于漷州。五年冬十月丙戌，以歲飢禁釀酒，弛山澤之禁，聽民捕獵。七年二月，真定路飢，賑鈔五萬錠，仍諭諸王小薛及鷹師等，毋于真定近地縱獵擾民。

《武宗本紀》：至大元年十一月辛巳，罷益都諸處哈喇齊等狩獵。三年秋七月，立河南打捕鷹坊、魚課都提舉司，秩正四品。八月甲子，獵於瑪固諸爾之地。十一月，以益都寧海等處連歲飢，罷鷹坊縱獵。其餘獵地，並令禁約，以俟秋成。

《仁宗本紀》：至大四年三月，仁宗即位，四月禁鷹坊擾民。九月復置中宮位下齊哩克昆諸色民匠打捕鷹坊都總管府，秩正三品。十二月禁人持弓矢兵器田獵。

皇慶元年五月諸王托果斯哈、雅默色以農時出獵擾民，敕禁止之，自今十月方許出獵。二年七月諸被災地並弛山澤之禁，獵者毋入其境。

延祐二年四月乙巳，車駕幸上都，宣徽院以供尚膳遣人獵于歸德，敕以其擾民，特罷之。三年春正月，以真定、保定薦飢禁畋獵。三月鷹坊博囉等擾民於大同，敕拘還所奉璽書。禁天下春時畋獵。五年三月庚午立諸王鄂囉木烏遜部打捕鷹坊，諸色人匠齊哩克昆總管府秩從四品。六年十一月中書省臣言：『曩賜諸王阿濟格鈔三萬錠，使營子錢以給畋糜膳，毋取諸民。』今其部阿勒呼木等出獵，恣索於民，且為姦事，宜令宗正府、刑部訊鞫之，以正典刑。制曰：『可。』

《英宗本紀》：至治元年二月丁巳，畋于柳林。三年二月癸酉，畋于柳林。

《泰定帝本紀》：泰定二年春正月乙未，以畿甸不登，罷春畋。三年八月甲午，以災變罷獵，辛丑次中都畋于翁果察圖之地。四年二月壬午狩于漷州。

致和元年正月乙夘，帝将畋獵。柳林御史王獻等以歲飢諫帝，曰：『其禁衛士毋擾民家，命御史二人巡察之。』

《文宗本紀》：天歷二年正月癸酉，敕罷，今歲柳林畋狩。十一月甲子，止鷹坊，毋獵畿甸。

至順元年二月庚寅，立諸色民匠，打捕鷹坊，都總管府秩正二品。十一月，知樞密院事雅克布琳請依舊制，全給鷹坊，芻粟使毋貧乏。帝曰：『國用皆百姓所供，當量入為出。朕豈以鷹坊失所重，困吾民哉。』不從戊戌立打捕鷹坊紅花總管府於遼陽行省秩正四品。十二月癸酉，詔宣忠扈衛親軍都萬户府。凡立營司境内所屬山林川澤，其鳥獸魚鱉，悉供内膳，諸獵捕者坐罪。甲戌，賑遼陽行省，所居鷹坊户糧一月。二年八月丁巳，命邠王巴延特穆爾，圍獵于撫州。

《順帝本紀》：至元三年春正月戊午，帝獵于柳林，凡三十五日。秋七月癸夘，車駕出獵。四年二月庚午，車駕獵于柳林。

《蕙田案》：元代最重田事史志所紀御位下，打捕鷹房官，至一千二百餘户。諸王位下，打捕鷹房官，幾至千戶，約計天下州縣所設獵户，幾三萬三千餘户，既非隸籍之兵，又非屯田之卒。姦民未免寄食于其中，以擾害閭閻矣。

《明大政紀》：永樂二十年五月乙酉，車駕度偏嶺。命将士獵于道傍山下，上顧從臣曰：『朕非好獵，顧士卒隨朕征討，道中唯畋獵可以馳馬揮戈，振揚武士，作其驍勇之氣耳。』

《明史・宣宗本紀》：宣德四年十月甲午，閱武于近郊。乙未，獵于峪口。戊戌還宮。五年十月丙子，巡近郊，己夘，獵于坌道。丙戌，至洗馬林，偏閱城堡兵備。壬辰還宮。九年九月癸未，自将巡邊。乙酉，度居庸關。丙戌，獵于坌道。丁酉，至洗馬林，閱城堡兵備。己亥，大獵。冬十月丙午，還宮。

王圻《續通考》：明英宗天順二年十月，上校獵南苑，苑在京城南二十里，方一百六十里。苑中有按鷹臺，臺旁有三海，皆元之舊也。本朝闢四門，繚以周垣，獐鹿雉兔甚多，設海户千餘守視。自永樂定都以來，歲時蒐獵於此。亦所以訓武也，是日，上親御弓矢，命中，勳戚武将，應詔馳射，獲輒獻之。既畢，賜酒饌，以所獲分賜従臣，而歸。

《大政紀》：正德十二年正月，上獵南海子。九月二十七日，上獵大同陽和衛城，天雨雹，軍士有死者，是夜，又星隕明日，駕赴大同。十三年四月，上親詣天壽山，祭告六陵。遂往黄花鎮、密雲等處遊獵。

《明史・武宗本紀》：正德十四年春二月丁丑，大祀天地於南郊，遂獵于南海子。冬十一月乙巳，漁於清江浦。

《蕙田案》：明史兵志不載田獵事，《本紀》亦不詳。禮志復不及之，蓋有明一代惟宣宗、孝宗頗有志講武者。由今考之侍，衛上直軍及四衛營，其皆從獵之軍歟。

右明

《周禮・夏官・大司馬》：仲春教振旅，遂以蒐田。火弊，獻禽以祭社。

注：火弊，火止也。春田主用火，因焚萊除陳草。皆殺而火止。疏火弊者，謂田止也。

司爟掌行火之政令，時則施火令。注：焚萊之時。野焚萊則有刑罰焉。注：野焚萊民，擅放火疏野焚萊有罰者，大司馬仲春田獵云：火弊，鄭云春田主用火，因除陳生，新則二月後，擅放火則有罰也。

《蕙田案》：施火令謂昆蟲既蟄，以後刑焚，萊謂春田，火弊以後也。

牧師，凡田事贊焚萊。注：焚萊者山澤之虞。疏山虞二月，焚萊除陳生新。

《禮記・王制》：昆蟲未蟄，不以火田。注：謂未十月之時十月則得火田。故《羅氏》云：蜡則作羅襦。注云：今俗放火張羅。從十月以後，至仲春，皆得火田。若陶鑄之火，則季春出火，季秋内火。案：《春秋傳》：三月，鄭人鑄刑鼎。士文伯曰：火未出，而作火。鄭其有災乎！刑鼎，則陶鑄也。

《蕙田案》疏云：十月至仲春，皆得火田。此正司爟修火令之時也。與季春出火，季秋内火無涉。

《月令》：仲春之月，毋焚山林。

方氏慤曰：毋焚山林，主田者言之也。

《蕙田案》孔疏：十月至仲春，皆得火田。此云毋焚山林者蓋已，在日夜分，之後春蒐，火弊獻禽，已畢司爟。所謂野焚萊者，有罰時也。

郊特牲季春出火，為焚也。注謂焚萊也，凡出火，以火出。然後簡其車賦，而歷其卒伍，而君親誓社，以習軍旅，左之右之，坐之起之，以觀其習變。注：君親誓社，誓吏士以習軍旅。既而遂田，以祭社也。言祭社則此是仲春之禮也。仲春以火田，田止，弊火，然後獻禽。至季春，火出，而民乃用火。今云季春出火，乃後誓社，記者誤也。疏祭社，既用仲春，此出火為焚，當在仲春之月。今云季春者，以季春之時，民始出火。遂以為天子諸侯用焚，亦在季春，故誤為季春。當為仲春也。出火，以火出者。案：春秋火出，為夏三月。此出火者，謂陶冶之火。故《左氏》昭六年鄭人鑄刑，書火未出，而用火。士文伯譏之：若田獵之火，則昆蟲蟄，後得火田，以至仲春也。案：司爟云：季春出火，民咸從之。作記之人謂為焚萊，祭社，故稱季春。

《春秋》：桓公七年春二月乙亥，焚咸丘。注：焚，火田也。咸丘魯地譏盡物。故書疏：以火焚地，明為田獵，故知焚是火田也，不言蒐，狩者以火田，非蒐狩之法，而直書其焚，以譏其盡物也。《禮記・王制》云：昆蟲未蟄，不以火田，則是已，蟄得火田也。又《爾雅・釋天》云：火田為狩，似法得火田，而譏其焚者。説爾雅者，李巡孫、炎皆云：放火燒草，守其下風。周禮羅氏蜡則作羅襦。鄭云襦細密之羅，此時蟄者，畢矣。可以羅網，圍取禽也。今俗放火，張羅其遺，教然則彼火田者。直焚其一叢一聚，羅守下風，非謂焚其一澤也。禮天子不合圍，諸侯不掩羣，尚不盡取。一羣豈容并焚一澤知其譏盡物故書也。沈氏以《周禮・仲春・火弊》謂：夏之仲春，今周之二月，乃夏之季冬，故譏其盡物，義亦通也。

《蕙田案》：疏解火田之説是。

《爾雅・釋天》：火田為狩。注：放火燒草，獵亦為狩。疏與冬獵同名，故云亦也。

《蕙田》：案冬獵曰狩，火田在昆蟲既蟄之後，亦冬獵也。狩不必皆火田，而火田常在冬時，故二者同名。春秋書焚咸丘于春二月，於夏時為季冬，非譏其不時，譏其盡物也。

《陳氏禮書》：建辰之月，鶉火見于南方，則令民出火，所謂季春出火是也。建戌之月，火伏于日下，故令民納火，所謂季秋納火是也。司烜仲春修火禁以火，未出而不可以作，火故也。《王制》：昆蟲未蟄，不以火田，以火伏而后蟄者，畢故也。然孟春啟蟄，而《周禮》中春之田有火弊者，焚圃草以田，可也。焚山林以田，不可也。《月令》：仲春禁焚禮也。《郊特牲》：季春出火，為焚。非禮也。春秋之時，楚子田使齊侯載燧，此火田之所用者歟。

《蕙田案》：《周禮》司爟，四時變國火，此鑽燧之火。順陰陽之衰旺，以為變改之宜，所以平飲食也。季春出火，季秋內火，此陶冶之火。視心星之伏見，以為出。內之候，所以利器用也。王制昆蟲未蟄，不以火田。《爾雅·火田》曰：狩此田獵之火，視昆蟲之動蟄，以為焚萊之節。所以仁庶物也。鑽燧之火，四時不廢，陶冶之火，用於夏至，季秋而納之，田狩之火，用於冬至，中春而禁之，三者各為一事，全不相涉。火田之令，自孟冬閉蟄而始，至中春蒐田而止，大司馬云：『火弊。』火弊者，火止也。火止，則焚山林，有禁矣。《月令》之文與周官互相發明郊特牲，云：季春出火，為焚也。蓋誤合出火，與焚萊而一。之鄭注駁之。最是陳氏禮書於此處似未明晰，故其言多鶻突。後世如遼道宗清寧二年詔曰：方夏長養鳥獸。孳育之時。不得縱火於郊、其有合於昆蟲未蟄，不以火田之義者矣。

右火田附

清 張英《淵鑑類函》卷二〇九《田獵一》

增《爾雅》曰：春獵為蒐，搜，索取不任者。夏獵為苗，為苗稼除害。秋獵為獮，順殺氣也。冬獵為狩，得獸取之無所擇。宵田為獠，《管子》曰：獠獵畢弋今，江東亦呼獵為獠。或曰即今夜獵載鑪照也。火田為狩，放火燒草獵，亦為狩。原《初學記》曰：易曰庖羲氏之王天下也，作結繩而為網罟，以佃以漁，蓋取諸離。此其始也。蔡邕《月令》章句曰：田獵，搏獸也。亦曰：畋，畋田也。則《爾雅》為田除害之義，此獵之異名也。《易》曰：王用三驅，失前禽，象曰：舍逆取順，失前禽也。孔穎達《正義》曰：三驅之禮，先儒皆云三度驅禽而射之也。三度則已褚氏，諸儒皆以為三面著人驅禽。《傳》曰：先王以四時之田，不可廢也，故推其仁心為三驅之禮，乃禮。所謂天子不合圍也，成湯祝網是其義也。天子之畋圍，合其三面，前開一路，使之可去，不忍盡物，好生之仁也。只取其不用命，不出而反入者也。禽獸前去者皆免矣。故曰：失前禽，又曰以向背而言去者，為逆來者為順，故所失者，前去之禽也。又曰：田獲三品。本義三品，一為乾豆，一為賓客，一以充庖。《周禮》：山虞，若大田獵，則萊山田之野及弊田，植虞旗於中，致禽而珥焉。萊，除草萊也，弊田，田者止也。植猶樹也。田上樹旗，令獲者皆致其禽而校其耳，珥者取禽左耳以効功也。澤虞若大田獵，則萊澤野，及弊田，植虞旌以屬禽。屬禽，猶致禽而珥焉。增又大宗伯，大田之禮，以簡衆也。因田習矣。閱其車徒之數。又師甸：致禽於虞中，乃屬禽。及郊，饁獸，舍奠於祖禰，乃斂禽。師甸謂起大衆以田也。致禽於虞中，使獲者各以其禽來致，於所表之處屬禽。別其種類，饁饋也。以所獲獸饋於郊，薦於四方，羣兆入又以奠於祖禰。斂禽謂取三十入腊人焉。又曰：僕掌馭田路，以田以鄙，掌佐車之政，設驅逆之車，令獲者植旌，及獻比禽。凡田，王提馬而走，諸侯晉，大夫馳。《月令》曰：孟夏驅獸，毋害五穀，毋大田獵，農乃登麥原。又曰：季秋，天子乃教於田獵，以習五戎，班馬政。命僕及七騶咸駕，載旌旐、授車以級，整設於屏外。司徒搢扑，即夏楚二物，北面誓之。天子乃厲飾，執弓挾矢以獵，命主祠祭禽於四方。王制曰：天子諸侯無事則歲三田，一為乾豆，二為賓客，三為充君之庖。歲三田者，謂每歲田獵，皆是為此三者之用也。無事而不田曰不敬，田不以禮曰暴天物，天子不合圍，諸侯不掩羣，天子殺則下大綏，諸侯殺則下小綏，大夫殺則止佐車。佐車即周禮驅逆之車，驅者，逐獸使趨于田之地。逆者，要逆其走而不使之散亡也。佐車止，則百姓田獵，獺祭魚，然後虞人入澤，豺祭獸然後田獵，鳩化為鷹然後設罻羅，草木零落然後入山林，昆蟲未蟄，不以火田，不麛不卵，不殺胎，不殀夭，不覆巢，增《晉書·天文志》曰：畢八星主邊兵，主弋獵。《唐書·禮樂志》曰：皇帝狩田之禮，以中冬前期，兵部集衆庶，脩田法，虞部表所田之野，建旗於其後，前一日，諸將帥士集於旗下，質明，弊旗，後至者罰。兵部申田令，遂圍田其兩翼之將皆建旗。及夜，布圍，闕其南面。駕至田所，皇帝鼓行入圍，諸將皆鼓行圍，乃設驅逆之騎。皇帝乘馬南向，有司斂大綏以從。諸公王以下皆乘馬，帶弓矢，陳於前。後所司之屬又斂小綏，以從乃驅獸出前。初，一驅過，有司整飾弓矢以前。再驅過，有司奉進弓矢。三驅過，皇帝乃從禽，左而射之，每驅必三獸以上。皇帝發抗大綏，然後公王發抗小綏，驅逆之騎止。然後百姓獵，凡射自左而射之，達於右腢為上射，達右耳本為次。射左髀，達於右䯚為下射。羣獸相從不盡殺，已被射者不重射，不射其面，不剪其毛。凡出表者，不逐之，田將止諸得禽獸。旗下致其左耳。大獸公之，小獸私之，其上者供宗廟，次者供賓客，下者充庖廚。乃命有司饁獸於四郊，以獸告至於廟社，李筌《太白陰經》曰：古之諸侯田獵者，為田除害。上所以共承宗廟下，所以閑習武事。太古之時，人食禽獸之肉，衣禽獸之皮，後代人數寖多衣食不足，於是神農教其植穀，導以紡績，自是之後，禽獸盈山林，下平土害禾稼，為人之苦。於秋冬無事，則畋獵。閑習兵革，奮揚武威，以備戒非常。季冬之月，臘日太陰用事，萬物畢成，蟄蟲以伏，乃具卒乘，從禽於山澤，以教部分進退之儀。

又《田獵二》

原《六韜》曰：文王卜田於渭陽，將大得，非熊非羆，天遣汝師，以之佐昌，施及三王，大吉，王乃齋三日，乘田車，駕田馬，于渭之陽，見呂尚坐茅以漁，文王勞而問焉。增左傳陳侯、鄭伯會楚子於息，遂及蔡侯，次於厥貉，將以伐宋，宋華御事，乃逆楚子勞且聽命，遂導以田，孟諸宋公為右，孟鄭伯為左，孟期思公復遂為右，司馬子朱及文之無畏為左，司馬命夙駕載燧，宋公違命無畏，抶其僕以狥。御事華元父，孟諸宋大藪也。孟田，獵陳名。將獵張兩甄，故置二左司馬，然則右司馬一人，當中央燧取火者。原《莊子》曰：梁君出獵，見白雁羣下，彀弩欲射之，道有行者，梁君謂行者止，行者不止，白雁羣駭，梁君怒欲射行者。其御公孫龍止之，梁君怒曰：『龍不與其君，而顧他人。』對曰：『君以白雁故欲射殺人。主君譬人，無異於豺狼也。』梁君乃與龍上車歸，曰：『樂哉！人獵皆得禽獸，吾獵得善言而歸。』韓子曰：『孟孫獵得麑，使西秦巴持之。其母隨而呼之，西秦巴不忍，而與其母。』孟孫適至求麑，對曰：『余不忍而與其母。』孟孫大怒，逐之居三月，復召為其子。《傅》曰：夫子不忍麑，又且忍吾子乎？《戰國策》曰：魏文侯與虞人期獵，且以飲酒樂。天雨，文侯將出，左右曰：『今日飲酒樂，天雨，將焉之？』文侯曰：『吾與虞人期獵，雖樂，豈不一會期哉？』乃往，自罷之。魏於是始强。增《史記・平準書》曰：元鼎中，天子始巡郡國，北出蕭關，從數萬騎，獵新秦中，以勒邊兵，而歸新秦中，或千里無亭徼。於是誅北地太守，以下，而令民得畜牧邊縣。《晉書》曰：羊祜為平南將軍，每會衆江沔遊獵，常止晉地，若禽獸先為吴人所傷，而為晉兵所得者，皆封還之。《北史》曰：賀若弼平陳後，撰其書策。上之謂為御授平陳七策，其一使兵緣江時獵，人馬喧噪，及兵臨江，陳人以為獵也。《冊府元龜》曰：唐高祖武德八年十二月庚辰，臘。帝曰：『臘，獵以供宗廟，朕當躬其事，以申孝享之誠。』於是車駕出巡，狩於鳴犢泉之野。《文獻通考》曰：宋仁宗慶歷六年十一月，獵於城南東韓村。自玉津園去輦，乘馬分騎，士數千為左右翼節，以旗鼓合圍場，徑十餘里。部隊相應，天子按轡，中道親挾弓矢，而屢獲禽。是時，道旁居民或畜狐兔凫雉，驅於場中。因謂輔臣曰：『畋獵，所以訓武事，非專所獲也。』悉令縱之至棘店，御帳殿，召問所過父老子孫供養之數，土地種植所宜，人加恩勞，還次近郊，免所過民田租税一年。《續文獻通考》曰：金熙宗皇統九年十一月，帝獵于哈勒琿山，時右諫議大夫程寀上疏曰：『比見陛下校獵，凡羽衛從臣，無貴賤，皆得執弓矢馳逐，而聖駕崎嶇沙礫之地，加之秋木叢鬱，易以迷失。』楚田雲夢漢獵長楊，皆大陳兵衛，以備非常，陛下奈何，獨與數騎，出入林麓，沙漠之中，前無斥堠，後無羽衛，甚非肅禁，禦意也。陛下若復獵，當預戒有司，圖上獵地，具其可否，然後下令，清道而行。擇衝要稍平之地，為駐蹕之所簡，忠義牙爪之士，統以親信腹心之臣。警衛左右侯，麋鹿既來，然後馳射，仍先遣搜閱林藪明立幖幟，為出入之馳道，帝嘉納之。又曰：『明永樂二十年，上親征阿魯台，車駕度偏，嶺命將士獵於道旁山下，上顧從臣曰：朕非好獵，顧卒隨朕征討道中，惟畋獵可以馳馬揮戈，振揚武事，作其驍勇之氣耳。』

又《田獵三》

原用三驅 留一面。上詳田獵一皇甫謐《帝王世紀》：湯出，見羅者方祝。湯問曰：爾之祝何也？羅者曰：『從天下者，從地出者，從四方來者，皆入吾網。』湯聞曰：『嘻！盡之矣。非桀，其孰能為？』乃令解其三面，留其一面。以四時獲三品。《周禮》鄉師：掌四時之田，前期簡其鼓鐸、旗物、兵器，脩其卒伍，下詳田獵。一執晉鼓，植虞旗。上詳講武，一下詳田獵一。田渭陽獵漆澤。竝詳田獵二。發小豝殪大兕。《詩》吉日發彼小豝，殪此大兕，獲三狐，從兩狼。《易田》獲三狐，得黃矢貞，吉。《詩》：竝驅從兩狼兮，揖我謂我臧兮。攻猛獸，奉辰牡。《周禮・翨氏》：掌攻猛獸，各以其物，為媒而掎之詩，奉時辰牡，辰牡孔碩。注云：辰，時也。告介麋，獲毚兔。《傳》迹人告曰：『逢澤有介麋。』詩趯趯毚兔，遇犬獲之。厲黃涔倚紫陌。應瑒《校獵賦》乃命有司，巡士周尋。二虞萊野，三扈表禽。北彌大陸，南厲黃涔。王粲《獵賦》濟漳浦而横陣，倚紫陌而竝征。樹重圍於西阯，列駿騎乎東坰。山虞，澤虞。竝掌田獵之事，詳田獵一。獸人，獸臣。周禮獸人掌罟田獸，注：罟，網也。以網搏所當田之獸，虞人之箴曰：獸臣司原。二虞，四校。上詳厲，黃涔注下見司馬相如《上林賦》。雙川，九井。上見魏文帝《校獵賦》、何法盛《晉中興書》桓石秀，豁第二子也。桓沖嘗與共登九井山獵，徒甚盛，觀者傾坐，石秀未嘗屬盼，嘯詠而已。樂野，金郊。《越絶書》樂野，越之弋獵處也。大樂，故謂之樂野。張協《七命》：白商素節，月既授衣，天凝地閉，風厲霜飛，將因氣而致殺，臨金郊而講師。即鹿，從禽。易即鹿無虞，以從禽也。從禽於外，上無逸飛，下無遺走。獻禽，饁獸。《傳》：以歲之非時，獻禽之未至。《周禮》若大田則帥有司，饁獸於郊。遂頒禽。注：饁，饋也。以饋四方之神于郊頒，謂以予羣臣。獻獸致禽。《周禮》：獸人冬獻狼，夏獻麋，春秋獻獸物，下詳田獵一。私豵獻豜。《詩》：言私其豵，獻豜于公。縣貆，表貉。《詩》：不狩不獵，胡瞻爾庭，有縣貆兮。《周禮》：有司表貉。注云立表而貉祭。射麋弋雁。《左傳》：射麋麗龜。詩弋凫與雁。給鮮，計鮮。《傳》獸人無乃不給于鮮？《七命》：虞人數獸，林衡計鮮，論最考功。御衆，斷爭。《周禮》太宰八曰：田役以御其衆，又鄉師，斷其爭禽之訟。犄角，指蹤。《左傳》譬如捕鹿晉人角之，諸戎犄之，與晉踣之，漢高曰：追殺獸者，狗也。指示蹤者，人也。張羅，施弋。文子曰：先王之法也。豺未祭獸，罝網不通于野，鷹隼未擊，羅網不張于谷。《文選》：鷹隼未發，短弋不施于谿隧。春畋，夜獵以畋以漁，不狩不獵。上詳田獵一，下詳縣貆注。壹發五豝竝驅兩牡竝詩。御慣則獲射中則得。《左傳》譬如田獵射御，慣則能獲禽，若未嘗登車射御，則敗績壓覆是懼，何暇思獲。《穀梁》：《傳》士衆習射，射而中，田不得禽則得；禽田得禽而射不中，則不得禽。貴仁義，而賤勇力也。宗祧之事，祭祀之禮。《傳》楚子曰：屬有宗祧之事於武陵，言田獵為宗祧，獵得禽獸，以供祭祀。及時之畋，中禮之殺，駕七騶，張兩甄。上詳田獵一，下詳田獵二。設重帟，建大麾。《周禮·掌次》：師田，則張幕，設重帟，注重帟，謂兩重之帟，又巾車木路，建大麾，以田，注：木路不輓以革，漆之而已。會東都，集南圃。《車攻》詩注：宣王復文武之境土，修車馬，備器械，復會諸侯于東都，因田獵而選車徒焉。下見張衡《羽獵賦》振天維刮月窟。上見張衡《西京賦》，下見李白《大獵賦》掩月兔，下星狼。上見劉孝威行行且遊獵詩，下見唐明皇校獵義成逢雪詩。長楊賦，慶歷圖。漢揚雄《長楊賦》宋慶歷六年二月朔左屯衛將軍趙振上，慶歷校獵圖。射熊館，鳴犢泉。上見揚雄《長楊賦》序，下詳田獵二。蹂蕙圃，踐蘭塘，奢雲夢，侈孟諸。竝見揚雄《羽獵賦》不覆巢，不涸澤。上詳田獵一，玉海不射宿，不涸澤。馳千駟，校九嵕。上見揚雄《長楊賦》，《唐實録》武德四年閏月，校獵九嵕。入旌門，燕幄殿。唐蘇世長從獵涇陽，大獲帝入旌門詫，左右曰：從獵樂乎？世長曰：陛下廢萬幾事，遊獵不滿十旬，未為樂也。宋仁宗慶歷五年十月，幸瓊林苑，門賜從官食，遂獵于楊村燕幄殿。賜錦袍，披翠裘。宋建隆二年十二月，始獵于近郊。賜宰臣。至諸軍都校錦袍。見《玉海虞集·寄海南故將軍》詩：海上風來五月秋，晚涼應上木蘭舟。期門舊識將軍面，從獵還披翠羽裘。格獸，收禽。司馬相如《子虛賦》其下有白虎元豹，蟃蜒貙犴，乃使專諸之倫手格此獸。下見班固《西都賦》射鵰，呼鹿。《北史》：斛律光嘗從文襄于洹橋校獵，雲表見一大鳥射之正中，其頸形如車輪，旋轉而下，乃鵰也。丞相屬邢子高曰：『此射鵰手也。』《續文獻通考》遼穆宗應歷十四年八月，如磑子嶺呼鹿射之。助我舉柴，與民同樂。詩決拾既佽，弓矢既調，射夫既同，助我舉柴，下見孟子。艾草為防出表不逐。詩：東有甫草。注疏云：田百夫艾草以為防，下詳田獵一。非招不往，非時弗獵。上見《孟子》，宋端拱元年十月，詔曰：洛汭之歌，上林之諷，明鑒不遠，朕惟好生之德，解網之仁，今後順時行禮，非時更不於近甸遊獵，見《玉海》。籠山絡野，搜林蕩川。上見班固《西都賦》，下見頻喻畋獲非熊賦。結罝彌藪，積禽為山。上見張華《遊獵詩》，下見李白《大獵賦》。批狻手猱，風毛雨血。上見李白《大獵賦》下見班固《西都賦》。割鮮染輪，飛毛灑雪。上見司馬相如子虛賦下見李白《大獵賦》。平不肆險，樂不至荒。上見揚雄《長楊賦》，下見白居易《續虞人箴》。簡力校武，訓儉昭仁。上見揚雄《長楊賦》，下見張衡《東京賦》。草淺獸肥，氣豪馬健。唐太宗貞觀五年正月，大蒐于昆明池，帝謂高昌王麴文泰曰：『丈夫在世，樂事有三。天下太平，家給人足，一樂也。草淺獸肥，以禮田狩，弓不虛發，箭不妄中，二樂也。六合大同，萬方咸慶，張樂高宴，上下歡洽，三樂也。下見韓琦答孫太傅後園宴射詩。』義成逢雪，渭川獻詩。唐明皇校獵義成喜逢大雪，率題九韻，以示羣臣，《唐魏知古傳》：先天二年，從獵，渭川獻詩以諷，詩並見田獵五。飛鷹走犬，流情蕩志。柳澤上書曰：『今貴戚飛鷹走犬，盤遊藪澤。陛下誕降謀訓，觀以學業，示之以好惡，陳之以成敗，則長享福禄矣。』憲宗數出遊獵，柳公綽奏太醫，箴以諷曰：『遊畋恣樂，流情蕩志，馳騁勞形，叱咤傷氣。』竝孔帖。農興臥馬下諫焉，稼成伏草間拒之。潘好禮兼邠王府司馬，農興日，王出獵，家奴羅列，好禮遮道諫，王初不許，乃臥馬下譟曰：『今農在田，王何得非時暴禾稼，以損下人？要先踐殺司馬，然後聽所為！』王還五代，何澤為洛陽令唐莊宗好畋獵，數踐民田，澤乃潛身伏草間，當馬而諫莊宗為之止獵。竝孔帖。握中之鷃恥宋璟之見，苑中之獵畏韓休之聞。上見白居易《續虞人箴》：韓休峭鯁，時政得失，言之未嘗不盡。帝獵苑中，或大張樂，稍過差，必視左右曰：『韓休知否？』已而疏輒至見孔帖。

又《田獵四》

增盤於遊田。《書》：周公曰：『文王不敢盤于遊田，以庶邦惟正之供。』注：以衆國所取法則當正道供待之故。聽師田以簡稽《周禮小宰》：以官府之八成經邦治，二曰聽師田以簡。稽注：云簡閱也。稽，計也。計其士之卒伍，閱其兵器為之要簿也。原竭作。又小司徒役，無過家一人，其餘為羨，惟田與追胥竭作。增厲禁。又迹人，掌邦田之地政。為之厲禁而守之。凡田獵者，受令焉。注田之地，若今苑也。原大獸公之。見田獵一。增野虞道之。《月令》：仲冬，山林藪澤，有能取蔬食田獵禽獸者，野虞教道之。其有相侵奪者，罪之不赦。兩驂如舞。《詩》：叔于田乘，乘馬執轡，如組兩驂如舞。原安野。《晏子》曰：景公田十有八日不反。《晏子》往見，曰：國人皆謂君安，野而好獸，無乃不可乎？魯相暴坐苑外。《史記》：田叔為魯相王好獵，相常從苑中。王輒休相就館舍，相出，常暴坐待王苑外。王數使人請相休，終不休。曰：『我王暴露苑中，我獨何為就舍！』魯王聞之不大出遊。增貙膢。《漢書·武帝紀》太初二年三月，行幸河東祠后土。令天下大酺五日，膢五日，祠門戶，比臘。伏儼曰：『膢，音劉，殺也。』蘇林曰：『膢，祭名。貙虎屬。常以立秋祭獸王者，亦以此日出獵，還以祭宗廟，故有貙膢之祭。』先使視獸。又《韓嫣傳》：武帝時江都王入朝，從上獵。上林中，天子車駕，趕道未行，先使嫣乘副車，從數十百騎馳視獸。原長洲苑。《吳地記》：長洲，在姑蘇南，太湖北岸，闔閭所遊獵處也。罘罼如雲。魏文帝詩：巾車出鄴宮。校獵東橋津。重罝施密網，罘罼飄如雲。獵之為樂，何如八音。魏志文帝將出獵，鮑勛上疏諫，帝手毀其疏，而竟行中道，頓息問侍臣曰：『獵之為樂，何如八音。』侍中劉暐對曰：『獵勝於樂。』勛抗辭曰：『夫樂，上通神明，下和人理，隆治致化，萬邦咸乂，故移風易俗，莫善於樂。況獵暴華，蓋於原野，傷生育之至性，櫛風沐雨，而不以時隙。』因奏暐，佞諛不忠。韋衣入山澤。王隱《晉書》：魏舒性好射，著韋衣入山澤，每獵大獲。無小無大從公于邁。《世説》：孫盛為庾公記室參軍，從獵，將其二兒俱行。庾公不知，忽于獵場見。齊莊時年七八歲，庾謂曰：『君兒亦復來耶？』應聲答曰：『所謂無小無大，從公于邁。』增邁梁騶之所著。左思《魏都賦》：顯文武之壯觀，邁梁騶之所著。任之羣下。唐《政要》虞世南諫獵曰：『願息獵車韜長戟，祖裼徒搏，任之羣下。』公私交泰。《唐書》：貞觀十四年，校獵同州。時秋斂未訖，劉仁軌諫曰：『今茲澍澤霑足，百穀熾茂，收纔十二。常日贊調，已有所妨。又供獵事，繕橋治道，役雖簡省，猶不損數萬。少延一旬，使場圃畢勞，陛下六飛徐驅，公私交泰璽書褒納。』獵罷乃咨天下事。又姚崇徙同州刺史，先天二年明皇講武新豐。密召崇，崇至，帝方獵渭濱，即召見，帝曰：『公知獵乎？』對曰：『少所習也。』帝悦，與俱馳逐，緩速如旨，帝歡甚。既罷，乃咨天下事，滾滾不知倦。獲各入其人。又《兵志》每歲季冬，折衝都尉率五校兵馬之在府者，置左右二校尉位，相距百步。每校為步隊十，騎隊一，右校擊鉦，隊少却，左校進逐至右校立所；左校擊鉦，少却，右校進逐至左校立所；右校復擊鉦，隊還。左校復薄戰，皆擊鉦，隊各還。是日也，因縱獵，獲，各入其人。從獵洛陽苑。孔帖唐儉為民部尚書從獵洛陽苑。羣豕突出於林，帝射四矢，輒殪四豕。一豕躍及磴，儉投馬搏之。帝拔劍斷豕，顧笑曰：『天策長史不見上將擊賊耶，何懼之甚？』對曰：『漢高祖以馬上得之，不以馬上治之。陛下神武定四方，豈復忺心于一獸？』帝為罷獵。人業射獵，又呂元膺傳鄧號，川谷深曠。人業射獵而不務農。飛鳥皆識。又張直方好馳獵，後居東都，弋獵尤甚，洛陽飛鳥皆識之，見必羣噪。臘辰從獵。《玉海》：宋雍熙四年十二月，狩于西郊，行次近甸，命近臣飲，謂諭學。宋白等曰：『可各賦臘辰從獵詩。』至行宮以詩獻。禁鷹犬之獻。《文獻通考》宋端拱元年十月，令諸州不得以鷹犬來獻。夏不得縱火于郊。《續文獻通考》遼道宗清寧二年四月，詔曰：『方夏長養，鳥獸孳育之時，不得縱火于郊。』麛失母不射。又遼道宗大康二年八月，獵于秋山，遇麛失其母，憫之不射。萬有一危之途。見司馬相如《諫獵書》。南苑。又明英宗天順二年十月，校獵南苑，苑在京城南二十里，方一百六十里，苑中有按鷹臺，臺旁有三海，皆元之舊也。今闢四門，繚以周垣，獐鹿雉兔甚多，海戶千餘守視，自永樂以來，歲時蒐獵於此，亦所以訓武也。

又《田獵五》

增詩晉張華《遊獵篇》曰：歲暮凝霜結，堅冰沍幽泉。元雲睫孰合，素雪紛連翩，鷹隼始擊鷙，虞人獻時鮮。嚴駕鳴儔侶，攬轡過中田。輿徒既整飭，容服麗且妍。武騎列重圍，前驅抗脩旃。倏忽似回飈，絡繹若浮煙。鼓噪山淵動，衝塵雲霧連。輕繒拂素霓，纖網蔭長川。游魚未暇竄，歸鳥不得還。由基控繁弱，公差操黃間。機發應弦倒，一縱連雙肩。僵禽正狼藉，落羽何翻翻。積獲被山阜，流血丹中原。馳騁未及勌，曜靈俄移晷。結罝彌藪澤，罾聲振四鄙。鳥驚觸白刃，獸駭挂流矢。仰手接游鴻，舉足蹴犀兕。如黄批狡兔，青骹撮飛雉。鶻鷺不盡收，鳧鷖安足視。日宴徒御勞，賞勤課能否。野饗會衆賓，元酒甘且旨。珍羞墜歸雲，纖肴出淥水。人生忽如寄，居世遽能幾。榮辱渾一門，安知惡與美？遊放使心狂，覆車難再履。伯陽為我誡，檢跡投清軌。原周王褒和張侍中《看獵詩》曰：上林冬狩反，田中講射歸。還登宣曲觀，共獵黄山圍。嚴冬桑柘慘，寒霜馬騎肥，緤盧隨兔起，高鷹接雉一作按翟。飛獨嗟來遠客，辛苦倦，邊衣增。梁劉孝威，《行行且遊獵詩》曰：之罘講射所，上林娛獵場，選徒驕楚客，召狩誇胡王。罕車已戒道，風鳥復起行。佽飛具矰繳，材官命蹶張。高罝掩月兔，勁矢射天狼。蹠地不遑逸，排虚豈及翔。日暮勾陳轉，風清鐃吹颺。歸來宴平樂，寧肯滯禽荒。原陳張正見《和諸葛覽從軍遊獵詩》曰：治兵耀武節，縱獵駭畿封；迅騎馳千里，高罝起百重。騰麏斃馬足，飢烏落箭鋒；雲根飛燒，火烏道絶禽蹤。方羅四海俊，聊以習軍容，一作戎。唐太宗《出獵詩》曰：楚王雲夢澤，漢帝長楊宮。豈若因農暇，閲武出轘嵩。三驅陳鋭卒，七萃列林雄。寒野霜氣白，平原燒火紅。瑀戈夏服箭，羽騎綠沈弓。怖獸潛幽壑，驚禽散翠空。長煙晦落景，灌木振嚴風。所謂除民瘼，非是悦林叢。增明皇《校獵義成喜逢大雪詩》曰：弧矢威天下，旌旗遊近縣。一面施鳥羅，三驅教人戰。暮雲積成雪，曉色開行殿。皓然原隰同，不覺林野變。北風勇士馬，東日華組練。觸地銀麞出，連山縞鹿見。月兔落高矰，星狼下急箭。既欣盈尺兆，復憶磻谿便。歲豐將遇賢，俱荷皇天眷。張説《奉和聖製校獵義成喜逢大雪詩》曰：文教資武功，郊畋閲邦政。不知仁育乆，徒看禽獸盛。夜霰氛埃滅，朝日山川靜。綽仗飛走繁，抨弦筋骨勁。帝射參神道，龍馳合人性。五豝連一發，百中皆先命。勇爵鈞萬夫，雄圖羅七聖。星為吉符老，雪作豐年慶。喜聽行獵詩，威神入軍令。李白《觀獵詩》曰：太守耀清威，乘閑弄晚輝。江沙横獵騎，山火繞行圍。箭逐雲鴻落，鷹隨月兔飛。不知白日暮，歡賞夜方歸。王維《觀獵詩》曰：風勁角弓鳴，將軍獵渭城。草枯鷹眼疾，雪盡馬蹄輕。忽過新豐市，還歸細柳營。迴看射鵰處，千里暮雲平。張祜《觀獵詩》曰：殘獵渭城東，蕭蕭西北風。雪花鷹背上，冰片馬蹄中。臂挂捎荆兔，腰懸落箭鴻。歸來逞餘勇，兒子亂彎弓。又《觀徐州李司空獵詩》曰：晚出郡城東，分圍淺草中。紅旗開向日，白馬驟迎風。背手抽金鏃，翻身控角弓。萬人齊指處，一雁落寒空。劉禹錫《連州臘日觀莫猺獵西山詩》曰：海天殺氣薄，蠻軍步伍嚻。林紅葉盡變，原黑草如燒。圍合繁鉦息，禽興大旆摇。張羅依道口，旋犬上山腰。猜鷹慮奮迅，驚鹿時跼跳。瘴雲四面起，臘雲半空消。箭頭餘鵠血，鞍傍見雉翹。日暮還城邑，金笳發麗譙。劉長卿《觀校獵上淮西相公詩》曰：龍驤校獵邵陵東，野火初燒楚澤空。師事黄公千載後，身騎白馬萬人中。笳隨曉吹吟邊草，箭没寒雲落塞鴻。三十擁旄誰不羨，周郎少小立奇功。杜牧《贈獵騎詩》曰：已落雙鵰血尚新，鞭走馬又翻身。憑君莫射南來雁，恐有家書寄遠人。宋蘇軾《祭常山回小獵詩》曰：青蓋前頭點皁旗，黄茅岡下出長圍。弄風驕馬跑空立，趁兔蒼鷹掠地飛。回首白雲生翠巘，歸來紅葉滿征衣。聖朝若用西涼簿，白羽猶能効一揮。又《司竹監燒葦園因召都巡檢柴貽勗左藏以其徒會獵園下詩》曰：官園刈葦歲留槎，深冬放火如紅霞。枯槎燒盡有根在，春雨一洗皆萌芽。黄狐老兔最狡捷，賣侮百獸常矜誇。年年此厄竟不悟，但愛蒙密爭來家。風迴焰捲毛尾熱，欲出已被蒼鷹遮。野人來言此最樂，徒手曉出歸滿車。巡邊將軍在近邑，呼來颯颯從矛叉。戍兵久閑可小試，戰鼓雖凍猶堪撾。雄心欲搏南澗虎，陣勢頗學常山蛇。霜乾火烈聲爆野，飛走無路號且呀。迎人截來砉逢，箭避犬逸去窮投罝。擊鮮走馬殊未厭，但恐落日催棲鴉。弊旗仆鼓坐數獲，鞍挂雉兔肩分麚。主人置酒聚狂客，紛紛醉語晚更譁。燎毛燔肉不暇割，飲啗直欲追羲媧。青丘雲夢古所吒，與此何啻百倍加。苦遭諫疏説夷羿，又被賦客嘲淫奢。豈如閒官走山邑，放曠不與趨朝衙。農工已畢歲云暮，車騎雖少賓殊佳。酒酣上馬去不告，獵獵霜風吹帽斜。元張翥《題長孫皇后諫獵圖詩》曰：日邊雲氣五色文，虬髯天子真天人。羽林猛士森成列，六氣不驚清路塵。太平無征帝神武，豈為禽荒將按部。已知哲后佐興王，不數樊姬能霸楚。從容數語即罷田，六宮迎笑花如煙。蹕回那待外庭疏，聽諫由來同轉圜。天寶神孫驟大業，錦繡五家爭蹀躞。可憐風雪驪山宮，正與真妃同射獵。

原賦漢司馬相如《子虛賦》曰：楚使子虛使於齊，齊王悉發車騎，與使者出田。田罷，子虛過詫烏有先生，而亡是公存焉。先生曰：『今日田樂乎？』子虛曰：『僕樂王之欲誇僕以車騎之盛，而僕對以雲夢之事也。王駕車千乘，選徒萬騎，田於海濱。列卒滿澤，罘網彌山。掩兔轔鹿，射麋脚麟。鶩於鹽浦，割鮮染輪。射中獲多，矜而自功。』顧謂僕曰：『楚王之獵，孰與寡人？』僕對曰：『臣聞楚有七澤，嘗見其一，未覩其餘也。臣之所見特小，小者耳，名曰雲夢，方九百里，楚王乃駕馴駮之駟，乘雕玉之輿，靡魚鬚之橈，旃曳明月之珠，旃建干將之雄戟，左烏號之雕弓，右夏服之勁箭，陽子參乘，纖阿為御。按節未舒，即凌狡獸。蹵蛩蛩，轔距虛，軼野馬，轊騊駼，乘遺風，射遊騏，倏眒倩浰，雷動猋至，星流霆擊，弓不虛發，中必決眥，洞胸達掖，絶乎心繫，獲若雨獸，掩草蔽地。於是鄭女曼姬，蜚襳垂髾，扶輿倚靡，錯翡翠之葳蕤，繆繞玉綏，眇眇忽忽，若神仙之髣髴。乃相與獠於蕙圃，掩翡翠，射鵕鸃，微矰出，纖繳施，雙鶬下，元鶴加怠，而後發遊乎清池。浮文鷁，揚桂枻，張翠帷，建羽蓋。網玳瑁，鉤紫貝，摐金鼓，吹鳴籟。榜人歌，聲流喝，水蟲駭，波鴻沸，湧泉起，奔揚會。礧石相擊，硠硠磕磕，若雷霆之聲，聞乎數百里之外。於是楚王登雲陽之臺，泊乎無為，淡乎自持，不若大王終日馳騁，曾不下輿，脟割輪焠，自以為娛。』於是齊王無以應僕也。烏有先生曰：『是何言之過也！』今足下不稱楚王之厚德，而盛推雲夢以為高，奢言淫樂而顯侈靡。竊為足下不取也。且齊觀乎成山，射乎之罘，浮渤澥遊，孟諸邪與。肅慎為鄰，右以暘谷為界。秋田乎青丘，傍偟乎海外，吞若雲夢者八九於其胷中，曾不蔕芥。然在諸侯之位，不敢言遊戲之樂，苑囿之大，何為無以應哉！又《上林賦》亡是公听然而笑曰：楚則失矣。而齊亦未為得也，獨不聞天子之上林乎！左蒼梧，右西極，丹水更其南，紫淵徑其北。九嵕巀嶭，南山峨峨，視之無端，察之無崖，於是乎背秋涉冬，天子校獵，乘鏤象，六玉虬，拖霓旌，靡雲旗，前皮軒，後道游，孫叔奉轡，衛公參乘，扈從横行，出乎四校之中，鼓嚴簿，縱獠者，江河為阹，泰山為櫓，車騎靁起，殷天動地，生貔豹，搏豺狼，手熊羆，足埜羊。凌三嵕之危，下磧歷之坻，徑峻赴險，越壑厲水，箭不苟害，解脰陷腦，弓不虛發，應聲而倒，於是乎乘輿弭節，徘徊翱翔，往來睨部曲之進退，覽將帥之變態，然後侵淫，促節倏敻，遠去流離，輕禽蹵，履狡獸，追怪物，出宇宙，擇肉而後發，先中而命處。然後揚節而上浮，凌驚風，歷駭猋。乘虛無，與神俱，躪元鶴，亂昆鷄，遒孔鸞，促鵕鸃，拂翳鳥，捎鳳凰，捷鵷雛，掩焦明。道盡塗殫，回車而還。

觀士大夫之勤略，均獵者之所得獲。徒車之所躪轢，步騎之所蹂踐，人臣之所蹈藉，與其窮極倦谻，驚憚讋伏，不被創刃怖而死者，佗佗藉藉，掩平彌澤。於是乎遊戲懈怠，置酒乎昊天之臺。張樂乎膠葛之寓，所以娛耳目樂心意者，麗靡爛熳於前，靡曼美色於後。於是酒中樂酣，天子曰：『嗟乎，此太奢侈！朕以覽聽餘閒，無事棄日，順天道以殺伐，時休息於此，恐後葉靡麗，遂往而不返。非所以為繼嗣創業垂統也。』乃解酒罷獵歷吉日以齋戒，襲朝服，乘法駕，游乎六藝之囿，馳驅乎仁義之塗，覽觀《春秋》之林，射《貍首》，兼《騶虞》，弋元鶴，舞干戚，修容乎《禮》園，翱翔乎《書》圃，述《易》道，放怪獸，登明堂，坐清廟，次羣臣，奏得失，四海之內靡不受獲。如此，故獵乃可喜也。若夫罷車馬之用，抏士卒之精，費府庫之財，而無德厚之恩。則仁者不由也。由此觀之，齊楚之事，豈不哀哉。揚雄《羽獵賦》史臣序之曰：孝成帝時羽獵，雄從。以為昔在二帝三王宮館臺榭，沼池苑囿、林麓藪澤，財足以奉郊廟，御賓客，充庖廚而已。不奪百姓膏腴穀土桑柘之地。武帝廣開上林，周袤數百里，遊觀侈靡，窮妙極麗，雖頗割其三垂，以贍齊民。然至羽獵，甲車戎馬、器械儲偫，禁籞所營，尚泰奢麗誇詡，非堯、舜、成湯、文武三驅之意也。又恐後世復修前好，不折中以泉臺，故聊因《校獵賦》以諷之。曰元冬季月，天地隆烈，帝將惟田於靈之囿。乃詔虞人典澤，東延昆隣，西馳閶闔。儲積共偫，戎卒夾道，斬叢棘，夷野草。禦自汧渭，經營酆鎬。爾乃虎落三嵕，以為司馬，圍經百里，而為殿門。營合圍會，先置乎白楊之南，昆明靈沼之東。賁育之倫，蒙盾負羽，杖鏌鋣而羅者以萬計。其餘荷垂天之畢，張竟野之罘。靡日月之朱竿，曳彗星之飛旗。渙若天星之羅，浩如濤水之波。淫淫與與，前後要遮。於是天子乃以陽晁，始出乎元宮。六白虎，載靈輿。蚩尤竝轂，蒙公先驅。立歷天之旗，曳捎星之旃。霹靂烈缺，吐火施鞭。蹂蕙圃，踐蘭唐。方馳千駟，狡騎萬帥。虓虎之陳，縱橫膠轕。猋拉雷厲，蕭條數千里外。若夫壯士忼慨，殊鄉別趣。東西南北，騁嗜奔欲。拖蒼豨，跋犀犛，蹶浮麋，斮巨狿，莫莫紛紛。山谷為之風猋，林叢為之生塵。及至獲夷之徒，蹶松柏，掌蒺藜，獵蒙籠，轔輕飛，車騎雲會，登降闇藹。泰華為旒，熊耳為綴。木仆山還，漫若天外。儲與乎大浦，聊浪乎宇內。於是天清日晏，逢蒙列眥，羿氏控弦。皇車幽輵，翼乎徐至於上蘭。移圍徙陣，各按行伍。壁壘天旋，神抶電擊，逢之則碎，近之則破，鳥不及飛，獸不得過，軍驚師駭，刮野埽地，及至罕車飛揚，武騎聿皇，蹈飛豹，羂嘄陽。追天寶，出一方，野盡山窮，囊括其雌雄，沇沇溶溶，遥噱乎紘中。三軍芒然，窮允闕與，亶觀乎熊羆之挐攫，虎豹之凌遽。徒角搶題注，蹶竦讋怖，魂亡魄失，觸輻關脰。妄發期中，進退履獲，創淫輪夷，丘累陵聚。於是禽殫中衰，相與集於靖冥之館，以臨珍池。灌以岐梁，溢以江河，東瞰目盡，西暢無涯。乃使文身之技，水格鱗蟲，探巖排碕，薄索蛟螭。蹈獱獺，據黿鼉，乘鉅鱗，騎鯨魚，浮彭蠡，目有虞。方椎夜光之流離，剖明月之胎珠，鞭洛水之宓妃，餉屈原與彭胥。於茲乎鴻生鉅儒，俄軒冕，雜衣裳，脩唐典，匡《雅》《頌》，揖讓於前。仁聲惠於北狄，武誼動於南隣。是以旃裘之王，移珍來享，抗手稱臣。前入圍口，後陳盧山。羣公常伯喟然竝稱曰：『崇哉乎德！唐、虞、大夏、成周之隆，何以侈茲！覩東岳，禪梁基，舍此世也，其誰與哉？』上猶謙讓而未俞也，方將上獵三靈之流，下決醴泉之滋，發黃龍之穴，窺鳳凰之巢，臨麒麟之囿，幸神雀之林。奢雲夢，侈孟諸，非章華，是靈臺。罕徂離宮，而輟觀遊，創道德之囿。弘仁惠之虞，麋鹿芻蕘，與百姓共之，於是醇洪鬯之德，豐茂世之規，加勞三皇，勗勤五帝，不亦至乎！

增又《長楊賦》序曰：上將大誇胡人以多禽獸，農民不得收斂，雄從。至射熊館，還上《長楊賦》以諷。曰：子墨客卿問於翰林主人曰：『今年獵長楊，先命右扶風，左太華而右褒斜。椓嶻嶭而為弋，紆南山以為罝，羅千乘於林莽，列萬騎於山隅。帥軍踤阹，錫戎獲胡，搤熊羆，拖豪豬，木擁槍纍，以為儲胥，此天下之窮覽極觀也。雖然亦頗擾於農人，三旬有餘，其廑至矣。而功不圖。恐不識者外之則以為娛樂之遊，內之則不以為乾豆之事，蒙竊惑焉。』翰林主人曰：若客所謂知其一未覩其二，見其外不識其內也。今朝廷純仁，尊道顯義，并包書林，聖風雲靡，英華沉浮，洋溢八區，意者以為事罔隆而不殺，物靡盛而不虧，故平不肆險，安不忘危。迺時以有年出兵，整輿竦戎，振師五莋，習馬長楊簡力狡獸，校武票禽。迺萃然登南山，瞰烏弋，西壓月，東震日域，又恐後代迷於一時之事，常以此為國家之大務，淫荒畋獵，陵夷而不禦也。是以車不安軔，日未靡旃，從者彷彿，骩屬而還；亦所以奉太尊之烈，遵文武之度，復三王之田，反五帝之虞。使農不輟耰，工不下機，婚姻以時，男女莫違，豈徒欲淫覽浮觀，馳騁秔稻之地，周流梨栗之林，蹂踐芻蕘，誇詡衆庶，盛狖玃之收，多麋鹿之獲哉！後漢班固《西都賦》曰：命荊州使起鳥，詔梁野而驅獸。毛羣內闐，飛羽上覆，接翼側足，集禁林而屯聚。水衡虞人，理其營表，種別羣分，部曲有署。罘網連紘，籠山絡野，列卒周匝，星羅雲布。於是乘鸞輿，備法駕，帥羣臣，披飛廉，入苑門。遂繞酆鄗，歷上蘭，六師發逐，百獸駭殫。震震爚爚，雷奔電激，草木塗地，山淵反覆，蹂躪其十二三，乃拗怒而少息。爾乃期門佽飛，列刃攢鍭，要趹追蹤，鳥驚觸絲，獸駭值鋒。機不虛掎，弦不再控，矢不單殺，中必疊雙。颮颮紛紛，矰繳相纏，風毛雨血，灑野蔽天，平原赤，勇士厲，猨狖失木，豺狼懾竄。爾乃移師赴險，竝蹈潛穢。窮虎奔突，狂兕觸蹶，許少施巧，秦成力折。掎僄狡，扼猛噬，脱角挫脰；徒搏獨殺，挾獅豹，拖熊螭，曳犀犛，頓象羆，超洞壑，越峻崖，於是天子乃登屬玉之館，歷長楊之榭，覽山川之體勢，觀三軍之殺獲。原野蕭條，目極四裔，禽相鎮壓，獸相枕藉，然後收禽會衆，論功賜胙，陳輕騎以行炰，騰酒車以斟酌，割鮮野食，舉烽命爵。又《東都賦》曰：若乃順時節而蒐狩，簡車徒以講武，則必臨之以《王制》，考之以《風》《雅》。歷《騶虞》，覽《駟驖》，嘉《車攻》，采《吉日》，禮官整儀，乘輿乃出。山靈護野，屬御方神。雨師泛灑，風伯清塵。千乘雷動，萬騎紛紜。元戎竟野，戈鋋彗雲。羽旄埽霓，旌旗拂天。吐焰生風，欲野歕山。日月為之奪明，丘陵為之搖震。遂集乎中囿，陳師按屯。駢部曲，列校隊，勒三軍。誓將帥。然後舉烽伐鼓，申令三驅，輕車霆激，驍騎電騖。由基發射，范氏施御，弦不睼禽，轡不詭遇，飛者不及翔，走者不及去。指顧倏忽，獲車已實，樂不極盤，殺不盡物。馬踠餘足，士怒未渫，先驅復路，屬車按節。於是薦三犧，效五牲，禮神祇，懷百靈。又張衡《東京賦》曰：文德既昭，武節是宣，三農之隙，曜威中原。歲惟仲冬，大閱西園。虞人掌焉，先期戒事。悉率百禽，鳩諸靈囿。獸之所同，是謂告備。乃禦小戎，撫輕軒，中畋四牡，既佶且閑。戈矛若林，牙旗繽紛，迄於上林，結徒為營。次和樹表，司鐸授鉦。坐作進退，節以軍聲。三令五申，示戮斬牲。陳師鞠旅，教達禁成。火烈具舉，武士星敷。鵝鸛魚麗，箕張翼舒。軌塵掩迒，匪疾匪徐。馭不詭遇，射不剪毛。升獻六禽，時膳四膏。馬足未極，輿徒不勞。成禮三驅，解罘放麟。不窮樂以訓儉，不殫物以昭仁。慕天乙之弛罟，因教祝以懷民。儀姬伯之渭陽，失熊羆而獲人，澤浸昆蟲，威振八寓。好樂無荒，允文允武。薄狩于敖，既璅璅焉。岐陽之蒐，又何足數！又《西京賦》曰：爾乃振天維，衍地絡，蕩川瀆，簸林薄，鳥畢駭，獸咸作。草伏木棲，寓居穴託，起彼集此，霍繹紛泊，在於靈囿之中，前後無有垠鍔，虞人掌焉，為之營域。焚萊平場，槎木剪棘，結罝百里，迒杜蹊塞，麀鹿麌麌，駢田偪仄。天子乃駕雕軫，六駿駮，弧旌枉矢，虹旃霓旄，華蓋承辰，天畢前驅，千乘雷動，萬騎龍趨，屬車之簉，載獫猲獢。匪惟玩好，迺有秘書，從容之求，實俟實儲。陳虎旅於飛廉，正壘壁乎上蘭。燎京薪，駭雷鼓，縱獵徒，赴長莽。迾卒清候，武士赫怒，緹衣韎韐，睢盱跋扈。光焰燭天庭，嚻聲振海浦，河渭為之波盪，吳嶽為之陁堵。百禽㥄遽，騤瞿奔觸，喪精亡魂，失歸忘趨，投輪關輻，不邀自遇。飛罕潚箾，流鏑雹㩧，矢不虛舍，鋋不苟躍，當足見蹍，值輪被轢，僵禽斃獸，爛若磧礫。若夫遊鷮高翬，絕阬踰斥，毚兔聯猭，陵巒超壑，比諸東郭，莫之能獲。乃有迅羽輕足，尋影追括，鳥不暇舉，獸不得發，青骹摯於韝下，韓盧噬於緤末。及其猛毅髬髵，隅目高眶，威懾兕虎，莫之敢伉。乃使中黄之士，育、獲之儔，朱鬘鬣髽，植髮如竿，袒裼戟手，跬踽盤桓，鼻赤象，圈巨狿，摣狒、猬，批窳、狻，揩枳落，突棘藩，於是鳥獸殫，目觀窮，遷延邪睨，集乎長楊之宮。收禽舉胔，數課衆寡。割鮮野饗，犒勤賞功。皇恩溥，洪德施，徒御悦，士忘疲。巾車命駕，迴旆右移，儴佯乎五柞之館，旋憩乎昆明之池。登豫章，簡矰紅，蒲且發，弋高鴻，挂白鶴，聯飛龍，於是命舟牧，為水嬉，浮鷁首，翳雲芝，釣魴、鯉，纚鰋、鮋，搤水豹，馽潛牛，澤虞是濫，何有《春秋》！逞欲畋斂，乾池滌藪，上無逸飛，下無遺走。唐梁獻《大閱賦》曰：惟聖有作，羣動咸遂，猶且脩干羽，除戎器，懿文德，恢武備。大閱之禮，所謂簡車徒一，謀元帥。以虞以度，習無不利。故冬令有典，夏官是司。擇元辰於仲月，得剛日於斯時。然後萊田立表，斬牲狗陣，駢馳翼驅，旅退旅進。鉦鐸鐲鐃之數，物有攸施；坐作疾徐之節，教無不順。才實天生，用猶日慎。遵蘭防而合禮，罷艽野而作鎮。戎士趫夫，呈才逞武。將攖戾以雄入，顧振旅而盡取。公之私之，有倫有矩，崇七德之豐禁，邁三驅而誇詡。暨乎整衆而入，軍容翕習。哤聒騰驤，天動地岌。亦取睽而致用，誡猶火之不戢。又胡瑱賦曰：乾坤設象，帝出乎震。文經邦而遐邇安，武禦寇而上下順。厥二道之可久，同五材而皆進。故軒轅出涿鹿之戰，顓頊列共工之陣。雖八荒有截，而七德是崇。塞外馬肥，寧控弦而習戰；漢家農隙，且講事而威戎。於是簡車徒，命將帥，崇文物，設武備，旌旗裔裔而風飛，士馬嚻嚻而雲萃。竟澤彌谷，殷天動地。銜枚無聲，擊鼓作氣。琱弓月滿，寶刀霜利。中前驅，誅後至。為三表而有節，歷千古而不墜。長楊草落，鄠杜霜明。抱木之猿，見矯矢而遥泣，傷弦之雁，聞虛弓而已驚。且夫設席張幕，蒙盾負羽。獸之大小，既公私而殊獲；野之險易，亦人車而各主。豈即鹿而無虞，誠獻禽而後取，此非以田獵縱天下之極觀，亦因之簡衆而習武。原魏文帝《校獵賦》曰：披高門而方軌，邁夷途而直駕，長鎩糺電，飛旗拂天，部曲按列，什伍相連，峙如蘽林，動若崩山。超崇岸之曽崖，厲障澨之雙川。列翠星陳，戎車方轂，風廻雲轉，埃連飈屬。雷響震天地，譟聲蕩山岳。遂躪封狶，藉麈鹿，捎飛鳶，接鷩鷩。聚者成丘陵，散者填溪谷。流血赫其丹野，羽毛紛其翳日。考功効績，班賜有叙，分授甘炰，飛酌清酤，割鮮野享，舉爵鳴鼓，鑾輿促節，騁轡迴翔。望雀臺而增舉，涉幽壍之花梁。又王粲《羽獵賦》：相公乃乘輕軒，駕四駱，拊流星，屬繁弱。選徒命士，咸與竭作。旌旗雲繞，鋒刃林錯。揚輝吐火，曜野蔽澤。山川於是搖蕩，草木為之摧撥。禽獸震駭，魂亡氣奪。舉首觸網，摇足遇撻。陷心裂胃，潰腦破頰。鷹犬競逐，奕奕霏霏。下韝窮緤，搏肉噬肌。墜者如雨，僵者若坻。清野滌原，莫不殲夷。增晉左思《蜀都賦》曰：若夫王孫之屬，郤公之倫。從禽於外，巷無居人。竝乘驥子，俱服魚文。元黄異校，結駟繽紛。西踰金隄，東越玉津。朔别晦期，匪日匪旬。蹵蹈蒙蘢，涉寥廓。鷹犬倏眒，罻羅絡幕。毛羣陸離，羽族紛泊。翕響揮霍，中網林薄。屠麖麋，剪旄麈，帶文蚍，跨雕虎。志未騁，時欲晚。追輕翼，赴絶遠。出彭門之闕，馳九折之坂。經三峽之崢嶸，躡五屼之蹇嵯。戟食鐵之獸，射噬毒之鹿。拍貙氓於葽草，彈言鳥於森木。拔象齒，戾犀角。鳥殺翮，獸廢足。殆而竭來相與，第如滇池，集乎江洲。試水客，漾輕舟，娉江斐，與神遊。罨翡翠，釣鰋鮋。下高鵠，出潛虯。騰波沸涌，珠貝氾浮。若雲漢含星，而光耀洪流。將饗獠者，張帟幕，會平原。酌清酤，割芳鮮。飲御酣，賓旅旋。車馬雷駭，轟轟闐闐。若風流雨散，漫乎數百里之間。又《吴都賦》：露往霜來，日月既除，草木節解，鳥獸腯膚，觀鷹隼，誡征夫，坐組甲，建祀姑。命官帥而擁鐸，將校獵乎具區。烏滸、狼䰫，夫南、西屠。儋耳黑齒之酋，金鄰象郡之渠。䮖雪警捷，先驅前途。俞騎騁路，指南司方。出車檻檻，被練鏘鏘。吴王乃巾玉輅，軺驌驦，攝烏號，佩干將。羽毛揚蕤，雄戟耀鋩。六軍袀服，四騏龍驤。峭格周施，罿罻普張。罼罕瑣結，罠蹏連綱。陸以九疑，禦以沅、湘。輶軒蓼擾，彀騎熠煌。鉦鼓疊山，火烈熛林。飛爓浮煙，載霞載陰。菈擸雷硠，崩巒阤岑。鳥不擇木，獸不擇音。驀六駮，追飛生。彈鸞鵕，射猱狿，白雉落，黑鴆零。陵絶嶚嶕，聿越巉嶮。封狶葹，神螭掩，剛鏃潤，霜刃染。於是弭節頓轡，齊鑣駐蹕，徘徊倘佯，寓目幽蔚。覽將帥之拳勇，與士卒之揚抑。羽族以觜距為刀鈹，毛羣以齒角為矛鋏。皆體著而應卒，所以挂扢而為創痏，衝踤而斷筋骨；雖有石林之岝崿，請攘臂而靡之；雖有雄虺之九首，將抗足以跐之。顛覆巢居，剖破窟宅。仰攀鵔鸃，俯蹴豺貘。刦剞熊羆之室，剽掠虎豹之落。猩猩啼而就擒，巂巂笑而被格。輕禽狡獸，周章夷猶。狼跋乎紭中，忘其所以睒睗，失其所以去就。魂褫氣懾而自踢跌者，應弦而飲羽。形僨景僵者，累積而增益，雜襲錯繆。傾藪薄，倒岬岫，巖穴無豜豵，翳薈無麢鷚。思假道於豐隆披。重霄而高狩。籠烏兔於日月，窮飛走之棲宿。又夏侯湛《獵兔賦》曰：爾乃乘露箱，御良馬，盾戈接於廣漠，弓矢連於曠野。端眺蒿萊，摘盱榛穢。落日攢慨，傍窺翳薈。視毚兔之所隱，乃精望而審發。弦絶箭激，驚伏竝斃。搜陵危險，覓歷岡阜。留罝挂於重林疎，罝結於通藪密鶩，視於草間，暫見之於蒙茸，擬以鋭殳，規以良弓，覩毫末而放鏃，乃殪之於窟中，或紛歘赫以驚鶩，影跳踈而揚白。擢輕足之犖犖，振遊形之躍躍，弓不暇彎，罝不及幕。爾乃鷹鶻翻以飄揚，勁翼謖而下猘；馬釋控以長騁，轡騰空而陵厲。翕習於迴阻之間，繚繞於山澤之際，盤紆遊田，其樂泄泄。心既倦兮日遷，命輿駕兮將。還息徒蘭，圃秣驥華田，目送歸鴻，手揮五弦。優哉悠哉，聊以永年。唐李白《大獵賦》曰：嚴冬慘切，寒氣凜冽，不周來風，元冥掌雪。木脱葉，草解節，是月也，天子處乎元堂之中，樂農人之間隙兮，因校獵而講戎。乃使神兵出於九闕，天仗羅於四野。徵水衡與林虞，辨土物之衆寡。千騎飈埽，萬乘雷奔。捎扶桑而拂火雲兮，刮月窟而搜寒門。赫壯觀於古，今業搖蕩於乾坤。君王於是駕玉輅之飛龍，歷神州之層岑，遊五柞兮瞰三危，挾細柳兮過上林。擢倚天之劒，彎落月之弓，河漢為之却流，川嶽為之生風。羽旄揚兮九天絳，獵火燃兮千山紅。乃召蚩尤之徒，叢長戟，羅廣澤，呵雨師，走風伯。稜威耀乎雷霆，烜赫震乎蠻陌。陋梁騶之體制，鄙靈囿之規格。而南以衡霍作襟，北以岱恒作袪。夾東海而為壍兮，拖西溟而流渠。麾九州之珍禽兮，為千羣以坌入；聯八荒之奇獸兮，屯萬狀以來居。雲羅高張，天網密罝，罝罘緜原，峭格掩路。彼層霄與殊榛，罕翔鳥與伏兔。吴驂走練，宛馬蹀血。縈衆山之聯綿，隔遠水之明滅。使五丁摧峰，一夫拔木。而田强古冶之儔，烏獲中黃之黨，超崢嶸，獵莽蒼。喑呼哮，風旋雷往。脱文豹之皮，抵元熊之掌。批猨手猱，挾三犎兩。既徒搏以角力，又揮鋒而爭先。行虩號以鶚睨兮，氣赫火而歊煙。拳封豨，肘巨狿。梟羊應叱以斃踣，猰貐亡精而墜巔。窮遐荒，蕩林藪，扼土狛，殪天狗。脱角犀頂，拔牙象口。埽封狐於千里，捩雄虺之九首。咋騰蛇而仰吞，拖奔兕以却走。君王於是峨通天，靡星旃，奔雷車，揮電鞭。觀壯士之效獲，顧三軍而欣然。曰：夫何神扶鬼摽之駭人也！又命建夔鼓，厲武卒。雖躪躒之已多，猶扨怒而未歇。集赤羽兮照日，張烏號兮滿月。戎車轞轞以陸離，彀騎煌煌而奮發。則有白猸、飛駿，窮奇、貙貓。牙若錯劍，鬣如叢竿。口呑殳鋌，目極槍櫓。碎琅弧，攫玉弩，射猛彘，透奔虎。金鏃一發，旁疊四五。雖鑿齒磨牙而致伉，誰謂南山白額之足覩？總八校，搜四隅，馳專諸，走都盧。窮造化之譎詭，何神怪之有餘？所以噴血流川，飛毛灑雪，狀若乎高天雨獸，上墜於大荒；又似乎積禽為山，下崩於林穴。陽烏阻色於旭日，陰兔喪精於明月。思騰裝上獵於泰清，所恨穹昊之路絶。而忽也，俄而君王茫然改容，愀然有失，於是居安思危，防險誡逸，斯馳騁以狂發，非至理之弘術。乃去三面之網，示六合之仁。雖剪毛而不獻，豈割鮮以染輪。解鳳凰與鸑鷟兮，旋騶虞與麒麟。獲天寶於陳倉，載飛熊於渭濱。於是享獵徒，封勞苦。軒行庖，騎酌酤。韜兵戈，火網罟。然後登九霄之臺，宴八紘之圃。開日月之扃，闢生靈之戶。聖人作而萬物覩，覽蒐岐與狩敖，何宜成之足數？哂穆王之荒誕，歌白雲於西母。若飽人以淡泊之味，醉時以醇和之觴，鼓之以雷電，舞之以陰陽。虞乎神明，狃於道德。張無外以為罝，琢大朴以為杙。頓天網以掩之，獵俊賢以御極。若此之狩，罔有不克。豈比夫《子虛》、《上林》、《長楊》、《羽獵》，計麋鹿之多少，誇苑囿之大小哉！又裴度《三驅賦》曰：古之畋獵，自天子達諸侯。秋則獮，春則蒐。非有情於殺戮，固無取於盤遊。蓋以時稼之所害，示軍容之克修。是乃張我武，出于畋。植靈旗以準的，應晉鼓以周旋。兵作於後，獸驅於前。背主而去者，以其逆而必殺；委質而來者，以其順而必全。是知從禽之中，有古義焉。何乎哉三驅之義，我則有以。且以驅為名，至三而止。驅者以無合圍之道，三者以有知足之理。蓋以明上帝之心，見聖人之旨，初其擇吉日，戒師期。既逐獸以禮，亦使人以時。不如追軍，詎設左右之翼。有異捕鹿，寧分犄角之師。夫堯舜而來，殷周以往。皆順時而行令，非害物以示養。無違者不殺，知有異於焚林。犯德者取之，固無間於漏網。逮乎大漢遊盤是資，馳騁是躭。崇苑囿而大開，里寧止百；取庖廚之饜飫，畋豈惟三。我國家修古典，斥遊宴。狩不奪於三時，網唯留於一面。大田多稼，聊會獵以長苗；四海無虞，徒因蒐而教戰。又頻喻《畋獲非熊賦》曰：畋者，所以講武，賢者所以輔弼。能順時以弘閱，逢命世之間出，得賢於蒐狩之場，効獲乎霸王之術。是以賦車攻，練吉日，駕駟牡之既閑，儼七騶以齊蹕。於是列卒滿路，張罟竟天，傾藪刮野，搜林蕩川，小殷湯之教祝，同周文之獵賢。治國之規，必聞獻可，從禽之樂，寧假獻豜，如斯則沃心之期乎説啟，乃入夢之知夫兆先。觀夫獵車未貫，大綏將弭，得賢之繇既符，非熊之姿宛是。馬足不及，皮軒遽迴，解雲羅之周布，廣天仗以全開，用割鮮之能，我則曾事於屠釣，誇染輪之味，我則將和於鹽梅。且夫博採為聖，旁求斯盛，寧知校獵之遊，更展弓旌之命，白駒皎皎，無煩空谷之維，束帛戔戔。不待中園之聘馳，鶩乎道德之囿，故逸飛之遺走，將賢能之是擇，在麋鹿而何有。十旬失位，悲夫洛汭之歌，三品充庖，詎比渭濱之叟。

增箴《左傳》曰：昔周辛甲之為太史也，命百官，官箴王闕。於虞人之箴曰：茫茫禹迹，畫為九州，經啟九道，民有寢廟。獸有茂草，各有攸處，德用不擾，在帝夷羿，冒于原獸，亡其國恤，而思其麀牡，武不可重用，不恢于夏家，獸臣司原，敢告僕夫。

原書漢司馬相如《諫獵書》曰：臣聞物有同類而殊能者，故力稱烏獲，捷言慶忌，勇期賁、育。臣之愚，暗竊以為人誠有之，獸亦宜然。今陛下好陵險阻搏一作，射猛獸，卒然遇軼才之獸，駭不存之地，犯屬車之清塵，輿不及旋轅，人不暇施功，雖有烏獲、逢蒙之技，力不得用枯，木朽株盡為難矣。是胡、越起於轂下，而羌、夷接軫也，豈不殆哉！雖萬全無患，然本非天子所宜近也。且夫清道而後行，中路而馳，猶時有銜橛之變，而況乎涉豐草，騁丘墟，前有利獸之樂，而內無存變之意，其為害也。不亦難乎。夫輕萬乘之重不以為安，而樂出萬有一危之途以為娱，臣竊為陛下不取也。蓋明者遠見於未萌，而智者避危於無形，禍固多藏於隱微，而發於人所忽也。故鄙諺曰：『家累千金，坐不垂堂。』此言雖小，可以喻大。臣願陛下留意幸察。

紀事

《續文獻通考》卷一二五《田獵》 遼　遼制，以十二月辰日，前期一日，詔司獵官選獵地。其日，皇帝、皇后焚香拜日畢，設圍，命獵夫張左右翼。司獵官奏成列，皇帝、皇后陞輦，敵烈麻都以酒二尊、盤飧奉進，北南院大王以下進馬及衣。皇帝降輿，祭東山畢，乘馬入圍中。皇太子、親王率群臣進酒，分兩翼而行。皇帝始獲兔，群臣進酒上壽，各賜以酒。至中食之次，親王、大臣各進所獲。及酒訖，賜群臣飲，還宫。應曆元年冬，漢遣使來賀，自是歲以為常儀。統和中，罷之。

太祖九年十月，釣魚于鴨綠江。神冊四年正月，射虎東山。天贊三年十月征吐渾等部，獵寓樂山，獲野獸數千以充軍食。十一月射虎于烏剌邪里山抵霸室山六百餘里，且行且獵日有鮮食軍士皆給。

太宗天顯三年三月乙卯，東蒐。癸亥，獵殺㺚山。乙丑，獵松山。四月己卯，祭麃鹿神，丁亥于獵所縱公私取羽毛革木之材。丙申，獵三山。五月丙午，獵刺索山。四年六月，選輕騎數千獵近山。十一月，觀漁三叉口。七年八月，捕鵝于沿柳湖，風雨暴至，舟覆，溺死者六十餘人，命存恤其家，識以為戒。八年五月，獵獨牛山。九年正月，漁於土河。十年七月，獵南赤山。十一年正月，釣魚于土河。會同元年，正月獵松山。二年三月，畋于裹潭之側。十二月，釣魚于土河。三年三月，獵水門獲白鹿。七月，獵猾底烈山。侍中崔窮古言：『晉主聞陛下數遊獵，意請節之。』上曰：『朕之遊畋，非徒縱樂，所以練習武事也。』乃詔諭之。八年七月，獵平地松林。

穆宗應曆二年九月獵炭山。十一月獵于近郊。三年二月觀漁于神德湖。七年十月獵于七鷹山。八年七月獵于拽剌山。十一年四月射不視朝。十二年秋如黑山赤山射鹿。十三年四月獵于潢河。八月幸近山呼鹿射之，旬有七日而後返。十一月獵飲于虞人之家，凡四日。十二月射野鹿賜虞人物有差。十四年五月射舐鹻鹿于白鷹山至于浹旬。十二月獵于玉山竟月忘返。八月如磑子嶺呼鹿射之，獲鹿四賜虞人女環等物有差。遼法，麛岐角者，惟天子得射。時秋獵，善鹿鳴者呼一麛至，命夷獵葛射，應弦而踣。上大悅，賜金、銀名馬及抹眞地。十五年二月以獲鴨，除鷹坊刺面、腰斬之刑。三月虞人沙剌迭偵雁失期，加炮烙、鉄梳刑而死。十六年三月庚午獲鴨，甲申獲鵝酣飲達旦。十七年九月自丙戌朔獵于黑山赤山至于月終。十八年五月獲鴨于述古水，野飲終夜。七月獵獲熊，又獵于西京諸山。十九年正月如懷州獵獲熊，飲醉還宫，為近侍所弑。史臣曰：『穆宗荒耽于酒，畋獵無厭，賞罰無章，嗜殺不已，變起肘腋宜哉。』

景宗保寧六年七月，獵于平地松林。七年十月，釣魚土河。九年十二月，獵于近郊。十年，南院樞密使兼政事令郭襲上書諫田獵曰：『昔唐高祖好獵，以蘇世長諫罷，史稱其美。伏念聖祖創業艱難，修德布政，宵旰不懈。穆宗逞無厭之欲，不恤國事，天下愁怨。陛下繼統，海内翕然望中興之治。十餘年間，征伐未已，而寇賊未除。年穀雖登，而瘡痍未服。正宜戒謹修省，以懷永圖。側聞恣意遊畋，萬一有銜橜之變，搏噬之虞，悔將何及？況南有強敵，伺隙而動，聞之得無生心乎？伏望陛下節從禽酣飲之樂，為生靈宗社計，則有無疆之休。』上覽而稱善。帝嘗獵頡山，豪猪突駕，御者驚避，耶律幹獵射而斃之。後獵赤山角，鹿突前垂犯蹕，亦賴幹獵以免。　乾亨四年八月獵于祥古山。

聖宗統和元年八月獵赤山，遣使薦熊肪、鹿脯于慶陵凝神殿。十一月觀漁撻馬濼。十二月皇太后觀漁于玉盆灣，辛丑觀漁于濬淵。二年正月朝皇太后，太后因從觀獵于饒樂川。四年正月觀漁土河。六年十二月田于沙河。七年五月獵桑乾河，十一月獵于好草嶺，十二月禁止網捕兔。十年十二月獵儒州東川。十二年十月獵可汗州之東山。十四年正月獵于潞河，十一月詔諸軍官毋得非時畋獵妨農。十五年八月獵平地松林，皇太后誡曰：『欲不可縱，萬一有銜橛之變，適貽予憂，其深戒之！』十九年十一月觀漁儒門濼。二十三年十一月觀漁桑乾河。二十七年正月釣魚土河獵于瑞鹿原。二十九年秋獵于平地松林開泰。二年七月釣魚曲溝十月畋麃井之北。三年正月畋黃河濵壬子帝及皇后獵瑞鹿原。四年正月戊子，命詳穩抜姑濬水瑞鹿原，以備春蒐。丁酉，獵馬蘭淀。八月射鹿秋山至于九月，復自癸丑至辛酉，連獵于有栢、碎石、大保、響應、松山諸山。五年五月皇弟南京留守，秦晉國王隆慶來朝，上親出迎勞于實德山，因同獵于松山。七月獵於赤山。六年十月獵鏵子河。太平元年二月獵高柳林。七月賜從獵女直人秋衣，是月獵潢河。二年正月如納水釣魚。三年正月如納水釣魚，七月獵赤山。四年二月獵撻魯河。五年七月獵平地松林。

七年四月獵黑嶺。八年七月獵平地松林。

興宗景福元年十一月縱五坊鷹鶻。重熙元年二月大蒐。四年六月獵于黑嶺。五年九月獵黃花山獲熊三十六，賞獵人有差。六年四月獵野狐嶺。七年四月獵白馬堝。八年七月如混同江觀漁。庚戌，又漁于率没里河。十年九月皇太后射獲熊，上進酒為壽。癸亥，上獵馬孟山，草木蒙密，恐獵者誤射傷人命取律廸姑各書姓名于矢以志之。丙寅，以石磚砦太保郭三避虎不射。免官。十三年正月獵兀魯館岡。十五年九月禁置網捕狐免。十六年自七月至九月日獵于楚不溝石塔諸山。十七年閏正月射虎于侯里吉時，有虎奮怒，左右辟易，陳昭衮捉虎兩耳騎之，伺便拔刀殺虎。十八年正月獵霸特山。十九年七月獵侯里吉。二十一年十月射虎于南撒葛栢。二十三年正月獵雙子淀，又獵盤直坡，四月獵合口。忽里九月獵，遇三虎縱犬獲之。二十四年八月以疾大漸縱五坊鷹鶻焚釣魚之具。

道宗清寧二年四月詔曰：『方夏長養鳥獸孳育之時，不得縱火于郊。』四年正月如鴨子河釣魚，七月獵于黑嶺。五年十一月禁獵。七年四月禁吏民畜海東青鶻。咸雍元年七月，以皇太后射獲熊賞賚百官有差。十月幸醫巫閭山，以皇太后射獲虎，大宴群臣，令各賦詩。二年正月御安流殿釣魚。四年正月獵炭山。七年獵黑嶺。六年七月獵于合魯攝，持十二月禁漢人捕獵。七年八月以置佛骨于招仙浮圖，罷獵，禁屠殺。八年閏七月射熊于羖羊山。九年七月獵大熊山。大康元年二月以獲鵝，加鷹坊使耶律楊六為工部尚書。七月獵平地松林。二年八月獵于秋山，遇麞失其母，憫之，不射。五年三月以宰相耶律仁傑得頭鵝，加侍中。七月獵夾山。六年四月獵炭山，七月獵沙嶺。九年七月獵馬尾山。九月射熊于白石山。大安二年七月獵沙嶺。三年七月獵黑山，越日以大雨罷獵。四年十月獵遼水之濵，五年四月獵北山。七年八月以霖雨罷獵。八年四月獵西山，七月獵沙嶺。九年四月獵西山。十年七月獵赤山。壽隆元年七月獵沙嶺。三年七月獵黑嶺。四年四月以雨罷獵。

天作帝乾統二年六月以雨罷獵。七月獵黑嶺時，以獵人多亡嚴立科禁。四年正月獵水嶺。七月獵南山。五年四月射虎炭山。六年獵鹿角山。七年正月釣魚于鴨子河，十月獵醫巫閭山。八年七月以雨罷釣。九年七月獵于侯里吉，八月雪罷釣。天慶三年正月獵狗牙山，大寒獵人多死。五年七月獵于特禮嶺東。五年七月獵秋山。七年七月獵秋山，八月獵狘斯那里山，九月獵子山。八年七月獵秋山。九年七月獵南山。十年秋獵沙嶺。保大元年七月獵炭山。

遼之春獵或于鴨子河，或于延芳淀，至時侍衛皆服墨綠色衣。各備連鎚、鷹食、刺鵝錐于河濼周圍。相去各五七步排立。皇帝冠巾衣時服，繫玉束帶，于上風望。有鵝之處舉旗，探騎馳報，鳴鼓驚鵝，左右皆舉幟麾之。皇帝親放海東青，鶻搏鵝，鵝墜恐鶻，力不勝。在列者急舉錐刺鵝，取其腦飼鶻，救鶻人例賞銀絹。皇帝得頭鵝，薦廟，群臣各獻酒果，舉樂。更相酬酢，致賀語，皆插鵝毛于首以為樂。賜從人酒，遍散其毛。戈獵網釣，春盡乃還。

金太祖收國元年三月獵于寒晦城，九月獵于近郊。

熙宗皇統二年正月獵于來流沙，十二月獵于核耶呆米路。四年九月畋于沙河射虎，獲之。十一月獵于海島三日之間親射五虎獲之。九年十一月獵于忽刺温渾山時，右諫議大夫程寀上疏略曰：『殿前點檢司，古殿巖環衛之士，所以肅禁禦，尊天子、備不虞也。臣宰得近清光，從天子觀時田之禮比。見陛下校獵，凡羽衛從臣，無貴賤皆得執弓矢馳逐，而聖駕崎嶇沙礫之地，加之秋木叢欝，易以迷失。是日自卯及申，百官始出沙漠，獨不知車駕何在。瞻望久之，始有騎來報，皇帝從數騎已至行在。竊惟天子出入警蹕，清道而行。至于楚田雲夢，漢獵長楊，皆大陳兵衛，以備非常。陛下膺祖宗付託之重，柰何獨與數騎出入林沙漠之中，前無斥堠，後無羽衛，甚非肅禁禦意也。臣願陛下熟計之，後若復獵，當預戒有司，圖上獵地，具其可否，然後下令清道而行。擇衝要稍平之地，為駐蹕之所，簡忠義牙爪之士，統以親信腹心之臣，警衛左右。俟麇鹿既來，然後馳射。仍先遣搜閱林藪，明立幖幟，為出入之馳道。不然，後恐貽宗廟社稷之憂帝嘉納之。』

海陵天德三年正月，上出獵，宰相以下辭于近郊，上駐馬戒曰：『朕不惜高爵厚禄以任汝等，比聞事多留滯，豈汝等苟圖目前不以民事自念耶？朕將察勤惰以為賞罰，其各勉之。』十二月獵于近郊。四年五月獵于立列只山，賜獵士人一羊；八月獵于途爾山。貞元元年八月禁中都路捕射麋鹿。二年九月獵于近郊，乙亥復獵于近郊。三年九月獵于流沙河，親射麞以奉梓宮。十一月獵于近郊。正隆四年十月獵于近郊。六年正月詔，自中都至河南府所過州縣，調從獵騎士二千。二月禁扈從縱獵擾民。六月次温湯獵，奔鹿突至，墮馬嘔血數日。

世宗大定三年八月勑殿前都點校唐括、德温、重九出獵，謂國朝舊俗，從人甚寡，今扈從軍二千，不無擾民，可嚴為約束，仍以錢萬貫分賜之。九月獵于近郊。十月、十二月如之，以所獲薦山陵，自是歲以為常。四年二月獵千高陽之北；十月獵于密陽縣；十一月冬獵；十二月獵于近郊。五年九月秋獵；十二月獵于近郊。六年六月自西京獵于銀山；八月獵于望雲之南山。八年七月獵三义，口諭點檢司曰：『沿路禾稼甚佳，其扈從人少有蹂踐，則當汝罪。』九年三月尚書省定網捕禽獸法，或至徒上曰：『以禽獸之故而抵民以法，是重禽獸而輕民命也，自今有犯可杖而釋之。』十年七月獵于柳河川，放圍場役夫，詔扈從糧食並從官給，又勑扈從人縱畜牧蹂踐禾稼者，杖之，仍賞其直。十一年十二月冬獵。十二年十一月獵于近郊。二十二年十二月獵于近郊。二十五年五月平章政事完顏襄、奉御平山等射懷孕兔，杖平山三十，召襄戒勑之，遂下詔禁射兔。六月獵近山，見田壠不治，命笞田者。二十五年十月，禁上京等路大雪及含胎時採捕。十一月詔，豹未祭獸不許採捕，冬月尺雪以上，不許用網及速撒海。時薛王府掾梁襄諫田獵疏略曰：『陛下神武善騎射，舉世莫及，銜橜之變，猛摯之虞，姑置勿論。設于行獵之際，烈風暴至，塵埃漲天。宿霧四塞，跬步不辨，以致翠華有殽陵之避、襄城之迷，百官狼狽于道途，衛士參錯于隊伍，當此之時宸裏寧無戒悔。臣又聞陛下于合圍之際，麋鹿充牣圍中，壯而大者，纔取數十以奉宗廟，餘皆縱之，不欲多殺。是陛下恩及于禽獸，而未及隨駕困斃之臣庶也。議者謂，前世守文之主，生長深宮。畏見風日，彎弧上馬，皆所不能，志氣銷懦，筋力拘柔，臨陣戰懼，束手就亡。陛下監其如此，不憚勤身，遠幸金蓮，至于松漠，名為坐夏打圍，實欲服勞講武。臣愚以為戰不可忘，獵不可廢，宴安鴆毒不可懷，然事貴適中，不可過當，今過防驕惰之患，先蹈萬有一危之途，何異無病而服藥也。況欲習武不必度關，涿、易、雄、保、順、薊之境地廣又平，且在邦域之中，獵田以時，誰曰不可？伏乞陛下發如綸之音，回北轅之轍，塞鷄鳴之路，安處中都，不復北幸，宗社無疆之休，天下莫大之願也。』世宗則嘉納罷之。二十九年九月章宗已即位，獵于近郊。監察御史焦旭劾奏太傅克寧、右丞相襄不應請車駕田獵。上曰：『此小事，不須治之。』十二月諭有司，女直人及百姓不得用網捕野物，亦不得放群鶻枉害物命，亦恐女直人廢射也。

章宗明昌元年正月，制諸王任外路許遊獵五日，過此禁之，仍令戒約人從，毋擾民。二月遣諭諸王，出獵毋越本境。二年二月許猛安謀克戸于冬月率所屬戸田獵二次，每出不過十日。丁酉獵于近郊。三年十二月獵于近郊。五年六月，如冰井獵。登胡土白山。酹酒再拜。曹王永陞以下進酒。七月獵于豁赤火，一發貫雙鹿。是日，獲鹿二百二十二，賜扈從官有差。辛巳，次魯溫合失不。是日，上親射，獲黃羊四百七十一。承安三年十二月獵于酸棗林，大風寒罷獵，凍死者五百人。泰和元年正月以方春禁殺含胎兔。

宣宗貞祐三年九月以秋稼未獲，禁軍官圍獵。元光元年十月獵于近郊，詔免百官迎送，且勿治道以勞百姓。

元太宗五年秋八月，獵于必兀思地。以阿同葛等充宣差勘事官。九年丁酉春，獵于揭揭察哈之澤。冬十月，獵于野馬川。幸龍庭，遂至太祖行宮。

憲宗四年甲寅春，帝獵于怯蹇义罕。夏，幸月兒滅怯之地。冬，大獵于也滅干哈里义海之地。忽烈還自大理，入覲於獵所。七年五月，皇子阿速帶因獵獨騎傷民稼，帝見讓之，遂撻近侍數人。士卒有拔民葱者，即斬以狥。由是秋毫不敢犯。

世祖至元十年詔自今秋獵鹿豕薦太廟。十七年畋近郊每歲如之。

成宗大德元年畋于柳林。三年畋于漷州。

武宗至大三年八月甲子獵于昂兀腦兒之地。

仁宗皇慶元年詔曰：『今歲不登，民何以堪？春蒐其勿令供。』億是年五月禁諸王毋得以農時出獵擾民，至十月方許獵。

英宗至治元年三月帝畋于柳林。三年二月帝畋于柳林泰定帝。

泰定二年正月以畿甸不登罷春畋。三年八月次中都，畋于注火察禿之地。致和元年春正月，帝將畋柳林，御史王獻等以歲饑，進諫帝曰：『其禁衛士毋擾民家，御史二人巡察之。』

順帝至元元年春正月，帝將畋于柳林，御史臺臣諫曰：『陛下春秋鼎盛，宜思付托之重，致天下于隆平。況今赤縣之民，供給繁勞，農務方興，而馳騁冰雪之地，倘有銜橜之變，柰宗廟社稷何！』遂止。三年春正月帝獵于柳林，凡三十五日。監寮御史丑的、宋紹明進諫，帝嘉納之，贈以金、幣。丑的等固辭，帝曰：『昔魏徵諫，唐太宗未嘗不賞，汝其受之。』是年七月車駕出獵。四年二月庚午帝畋十柳林。

皇明英宗天順二年十月上校獵南苑，苑在京城南二十里，方一百六十里。苑中有按鷹臺，臺旁有三海，皆元之舊也。本朝闢四門，繚以周垣。獐、鹿、雉、兔甚多，海戶千餘守視。自永樂定都以來，歲時蒐獵于此，亦所以訓武也。是日上親御弓矢，命勳戚武將應詔馳射，獲輒獻之。既畢，賜酒饌以所獲分賜從臣而歸。

武宗正德十二年春正月上獵于南海子

《續通典》卷七二《天子諸侯四時田獵》唐 五代 宋 遼 金 元 明

唐德宗貞元十一年十二月，上獵苑中，戒多殺止，行三驅之禮，勞士而還。穆宗長慶二年獵於咸陽，又獵於驪山。會昌二年十一月獵於白鹿原。

後唐莊宗同光中屢畋於伊闕。明宗天成二年畋於東郊。

晉高祖天福八年畋於近郊。出帝開運七年畋於戚城。

宋太祖建隆二年，始校獵於近郊。先出禁軍為圍場，五坊以鷙禽細犬從，帝親射走兔三，從官貢馬稱賀。其後多以秋冬或正月田於四郊，從官或賜窄袍煖韡，親王以下射中者賜焉。太宗將北征，因閱武獵近郊，以多盜獵狐兔者，命禁之。有衛士奪人獐，當死，帝曰：『若殺之，後世必謂我重獸而輕人。』特貫其罪。帝嘗以臘日校獵，諭從臣曰：『出狩，以從時令，緩轡從禽，是非荒也。』四幸講武臺，張樂，賜羣臣飲。其後，獵西郊，親射走兔五。詔以古者蒐狩，以所獲之禽薦享宗廟，而其禮久廢，今可復之。遂為定式。真宗時詔教駿所養鷹鶻，以備諸王從時展禮。仁宗時臣僚言校獵之制所以順時令、訓戎事，請修此禮。於是詔樞密院奏定制度。獵日五鼓，帝御內東門，賜從官酒三行，奏鈞容樂，幸瓊林苑門，賜從官食。遂獵於楊村，宴於幄殿，奏教坊樂。遣使以所獲馳薦太廟。既而召父老臨問，賜以飲食茶絹，及五坊軍士銀絹有差。宰相賈昌朝等曰：『陛下暫幸近郊，順時田獵，取鮮殺而登廟俎，所以昭孝慎也；即高原而閱軍實，所以講武事也；問耆老而賜飲食，所以養老也；勞田夫而賜惠，所以勸農也。乘輿一出，而四美皆具。伏望宣付史館。』從之。明年，復獵於城南東韓村。自王津園去輦乘馬，分騎士數千為左右翼，節以鼓旗。合圍場徑十餘里，部隊相應。帝按轡道中，親挾弓矢，屢獲禽，仍召父老存問。欽宗靖康後不復講。

遼國俗以畜牧射獵為業，獵無常時，地無定所。太祖七年，次烏林觀漁。九年射魚於漠北。神冊中射虎於東山；射龍於伊喇山陽水。上天贊中獵於雅爾鼐都勒斡山；觀漁於烏勒呼河。天顯中障鷹於近山，蒐於潢水之曲。會同以後如射柳、射鹿、射鴨、釣魚每歲舉行焉，四時各有行在之，所謂之巴納春：曰鴨子河濼。皇帝正月上旬起牙帳，約六十日方至。天鵞未至，卓帳冰上，鑿冰取魚，冰泮，乃縱鷹鶻捕鵞雁。晨出暮歸，從事弋獵。鴨子河濼東西二十里，南北三十里，在長春州東北三十五里，四面皆沙渦，多榆柳杏林。皇帝每至，侍御皆服墨綠色衣，各備連鎚一柄，鷹食一器，刺鵞錐一枝，於濼周圍相去各五七步排立。皇帝冠巾，衣時服，繫王束帶，於上風望之。有鵞之處舉旗，探騎馳報，遠泊鳴鼓，鵞驚騰起，左右圍騎皆舉幟麾之。五坊擎進海東青鶻，拜授皇帝放之。鶻擒鵞墜，勢力不加，排立者，舉錐刺鵞，取腦以飼鶻。救鶻人例賞銀絹。皇帝得頭鵞，薦廟，羣臣各獻酒菓，舉樂。更相酬酢，致賀語，皆插鵞毛於首以為樂。賜從人酒，徧散其毛。弋獵網鈎，春盡乃還。夏巴納：無常所，多在圖爾山。道宗每歲先幸黑山，拜聖宗、興宗陵，賞金蓮。乃幸子河避暑。圖爾山在黑山東北三百里，近饅頭山。黑山在慶州北十三里，上有池，池中有金蓮。子河在圖爾山東北三百。里懷州西有清涼殿，亦為行幸避暑之所。四月中旬起牙帳，卜吉地為納涼所，五月末旬、六月上旬至。居五旬。與南、北臣僚議國事，暇日遊獵。七月中旬乃去。秋巴納：曰伏虎林。在永州西北五十里，嘗有虎據林，傷害居民畜牧。景宗領數騎獵焉，虎伏草際，戰慄不敢仰視，上舍之，因號伏虎林。每歲車駕至。皇族而下，分布濼水側，伺夜將半，鹿飲鹽水，令獵人吹角效鹿鳴，既集而射之。謂『舐鹻鹿』又名『呼鹿』。冬巴納：曰廣平淀。在永州東南三十里，本名白馬淀。東西二十餘里，南北十餘里。地甚坦夷，四面皆沙磧，木多榆柳。其地饒沙，冬月稍暖，牙帳多於此坐冬，與南、北大臣會議國事，時出校獵講武，兼受南宋及諸國禮貢。皇帝牙帳以槍為硬寨，用毛繩連繫。每帳下有黑傘，以庇衛士風雪。槍外小氊帳一層，每帳五人，各執兵仗為禁圍。又定獵儀於十二月辰日。前期一日，詔司獵官選獵地。其日，皇帝、皇后焚香拜日畢，設圍，命獵夫張左右翼。司獵官奏成列，皇帝、皇后升輿，車多囉倫穆騰以酒二尊盤飧奉進，北南院大王以下進馬及衣。皇帝降輿，祭東畢，乘馬入圍中。皇太子、親王率羣臣進酒，分兩翼而行。皇帝始獲兔，羣臣進酒上壽，各賜以酒。至中食之次，親王、大臣各進所獲。及酒訖，賜羣臣酒，還宮。其服飾，皇帝幅巾，擐甲戎裝，以貂鼠或鵞頂、鴨頭為杆腰。蕃漢諸司使以上並戎裝，皆左衽黑綠色。

金世宗大定三年十二月獵於近郊，所獲薦山陵，自是歲以為常。章宗明昌元年制諸王，任外路者許遊獵五日，過此禁之。又遣諸王出獵，毋越本境。其從獵之服，春水以鶻捕鵞，雜花卉為飾，秋水以熊鹿山林為文。

元制自御位及諸王皆有鷹人，是故捕獵有戶，使之致鮮食以供宗廟天庖，而齒革羽毛，又皆足以備用。然地有禁，取有時，而違者則罪之。春冬之交，天子或親幸近郊，縱鷹隼搏擊之，以為遊豫之度，謂之飛放。故鷹房捕獵，皆有司存。世祖中統三年，禁京畿田獵。至元元年禁上都畿內捕獵。七年七月命達嚕噶齊烏蘭哈達給上都扈從畋獵糧。十年九月遼東饑弛獵，禁戊子、禁五百里內射獵。己丑敕，自今秋獵鹿豕先薦太廟。成宗大德元年禁民間捕鷹鶻，命諸阿濟格自今出獵悉自供具，毋傷民力。

明成祖永樂十年十月獵於城南武岡。二十年五月車駕度偏嶺，命將士獵於道傍山下。上顧從臣曰：『士卒隨朕征討，道中唯畋獵可以馳馬揮戈，振揚武士作其驍勇之氣。』宣宗宣德四年獵於谷口。英宗天順二年上校獵南苑，苑在京城南二十里，苑中有按鷹臺一名晾鷹臺。臺旁有三海，皆元之舊也。

《續文獻通考》卷九一《田獵》 遼太祖神冊四年正月射虎東山。天贊三年十月朔獵寓樂山。獲野獸數千，以充軍食。十一月射虎於烏蘭實呼山抵巴克實山六百餘里，且行且獵。日有鮮食軍士皆給。

臣等謹按帝紀又載九年十月釣魚於鴨緑江。神冊五年五月射龍於伊喇山陽水上；考古者畋漁並稱，馬端臨亦載春秋矢魚於棠事，然其意在論田獵不在魚也，遼頭魚、頭鵞不異於射虎、射鹿，故釣魚事並附録之。若射龍則已見於物異考矣，又遊幸表載田獵事不可勝書，今俱從畧。

太宗天顯三年三月東蒐獵羖羱山及松山。四月祭麃鹿神，遼俗好射麃鹿，每出獵必祭其神，以祈多獲。於獵所縱公私取羽毛革木之材，又獵三山，五月獵索曬山。四年六月西巡選輕騎數千獵近山。八年五月獵獨牛山。十年七月獵南赤山。會同元年二月獵松山。二年三月畋於褭潭之側。三年三月獵水門。七月獵哈達拉山。八年七月獵平地松林。臣等謹按帝紀天顯四年十一月觀漁三义口。七年八月捕鵞於沿柳河。九年正月漁於土河。十一年正月釣魚於土河。會同二年十二月亦如之。附録於此。

穆宗應歷二年九月獵炭山。十二月獵於近山。七年十月獵於七鷹山。八年七月獵於伊喇山，迄於九月射鹿諸山。十一年四月射鹿。十二年如黒山、赤山射鹿十。三年四月獵於潢河，八月幸近山呼鹿射之，旬有七日而後返。十一月獵，飲於虞人之家，凡四日。十二月射野鹿。賜虞人物有差。十四年五月射舐鹻鹿於白鷹山。至於浹旬。六月朔獵於玉山竟月忘返。八月如磑子嶺呼鹿射之。獲鹿四，賜虞人女瓌等物有差。十七年九月朔獵於黒山、赤山至於月終。十八年秋獵於西京諸山。九月獵熊。十九年二月如懷州獵獲熊，歡飲方醉馳還行宮。

臣等謹按帝紀應歷十五年有獲鴨除刑，復徭，偵鴨失期加刑事，詳刑考。又十六年獲鴨、獲鵞，觀野鹿入馴鹿羣。十八年獲鵞於碩格水，俱有歡飲事，史謂畋獵無厭，賞罰無章、嗜殺不已，變起肘腋，此皆不可為典禮，故闕而不録。

景宗保寧六年七月獵於平地松林。九年十二月獵於近郊。以所獲祭天。

時耶律斡拉為護衛，車駕獵頡山，適豪豬伏叢莽，帝射中之，豬突出，御者圖們捨轡而避，廄人和拉翼之，斡拉射豬斃之。帝嘉賞。及獵赤山，適奔鹿奮角突前，路隘不容避，垂犯蹕。斡拉以身當之，鹿觸而顛。帝謂曰：『朕因獵，兩瀕於危，賴卿以免，遷護衛太保。』按遊幸表，帝獵頡山係十年三月事。

乾亨元年十一月，南院樞密使兼政事令郭襲上書諫畋獵，帝嘉納之。

襲諫書略云：『昔唐高祖好獵，蘇世長言不滿十旬未足為樂，即日罷，獵史稱其美。伏念太祖創業艱難，修德布政，宵旰不懈。穆宗逞無厭之欲，不恤國事，天下愁怨。今海內翕然望中興之治，十餘年間，征伐未巳，而寇賊未弭；年穀雖登，而瘡痍未復。正宜戒懼修省，以懷永圖。聞恣意遊獵，甚於往日。萬一有銜橛之變，搏噬之虞，悔將何及？況南有強敵，伺隙而動，聞之得無生心乎？伏望節從禽酣飲之樂，生靈社稷有無疆之休。』帝覽而稱善。

四年九月獵於祥古山。

聖宗統和元年八月獵赤山。二年二月獵於長樂川。五年七月獵平地松林。六年十二月畋於沙河。七年五月獵桑乾河，十一月獵於好草嶺。十年十二月獵儒州東川。十二年十月獵汗州之西山。二十七年正月獵於瑞鹿原。

臣等謹按帝紀十五年八月復獵於平地松林。皇太后誡曰：『前聖有言，欲不可縱。汝為天下主，馳騁田獵，萬一有銜橛之虞，適貽予憂。其深戒之！』然自後二十九年秋，太平五年七月，八年七月，俱有獵於平地松林事。

開泰元年正月獵於曷哈哩嶺。二年十月朔畋麃井之北。三年正月畋潢河濱。越數日，又有及皇后獵瑞鹿原事。明年正月又命詳袞巴古濟水瑞鹿原，以備春蒐。四年正月獵馬蘭淀，七月幸秋山，自八月射鹿，至於九月復自癸丑至於辛酉，連獵於有栢、碎石、太保、響應、松山諸山。五年九月帝同皇弟隆慶獵於松山。南京留守秦晉國王隆慶來朝，帝親出迎勞於實得山因同獵焉。六年十月獵鏵子河。

臣等謹按王圻續通考載，興宗景福十七年秋大獵，帝射虎以馬馳太速，矢不及發，虎怒奮勢將犯蹕。左右辟易，時敦睦宮太保兼掌圍場事，陳昭衮捨馬，捉虎兩耳騎之。虎駭，且逸。帝命衛士追射，昭衮大呼止之，虎雖軼山，昭衮終不墮。伺便，拔佩刀殺之。輦至帝前，慰勞良久。即日設燕，悉以席上金銀器賜之，特加節鉞，遷圍場都太師，賜國姓，命張儉、吕德懋賦以美之。今考遼史陳昭衮傳乃開泰五年事，王圻續通考誤也。

太平元年二月幸鈹河獵高柳林，七月賜從獵女直人秋衣，是月獵潢河。四年二月獵塔魯河。

臣等謹按帝紀，自是獵平地松林者二，五年七月，八年七月。獵黑嶺者二，六年七月，七年四月。又統和元年十月觀漁塔瑪濼。十二月漁澮淵。四年正月觀漁土河。七年十一月釣魚於沈子濼。十四年正月漁於潞河。十五年十二月釣魚土河。二十三年十一月觀漁桑乾河。二十七年正月釣魚土河。開泰二年七月釣魚曲溝。太平二年正月如納水釣魚。三年正月復如之俱附録焉。

興宗重熙元年二月大蒐，七月獵平地松林。四年七月朔獵於黑嶺。五年九月獵黄花山。獲熊三十六，賞獵人有差。次月幸南京，御元和殿以日射三十六熊，賦幸燕詩賜進士。六年四月獵野狐嶺。閏四月獵龍門縣西山。七年四月獵白馬堝，射鹿新淀井，又獵金山。十三年正月獵烏爾衮岡。

時翰林都林牙兼修國史蕭罕嘉努每見帝獵，未嘗不諫。會有司奏獵秋山，熊、虎傷死數十人，罕嘉努書於冊。帝見，命去之。罕嘉努既出，復書。他日，帝見之曰：『史筆當如是。』帝問罕嘉努：『我國家創業以來，孰為賢主？』罕嘉努以穆宗對。帝怪之曰：『穆宗耆酒，喜怒不常，視人猶草芥，卿何謂賢。』對曰：『穆宗雖暴虐，省徭輕賦，人樂其生，終穆之世，無罪被戮，未有過今日秋山傷死者，臣故以為賢。』帝默然。

臣等謹按遼史蕭罕嘉努傳，不載年月，今以滸幸表考之十四年七月獵黑嶺，九月獵平山殆其時也。

十六年自七月至於九月日射獵於楚布溝錫喇、錫倫、石塔諸山。十七年閏正月射虎於哈里吉。十八年正月獵拜塔山。二十一年射虎於南薩哈巴。二十二年四月獵鶴淀。二十三年正月獵雙子淀，又獵盤直淀，四月獵哈喇噶扎爾，九月獵。遇二虎縱犬獲之。

臣等謹按帝紀重熙八年正月如混同江觀魚，復乂魚於實默里河。十年七月詔諸帳郎君等於禁地射鹿，決三百，不徵償；小將軍決二百以下；及百姓犯者，罪同郎君論。九月皇太后射獲熊，帝進酒為壽，獵馬盂山草木叢密，恐獵者誤射傷人命，耶律德古各書姓名於矢，以志之。附録於此。

道宗清寧四年七月獵於黑嶺。八年七月射熊於爰實拉。

臣等謹按帝紀二年四月詔，方夏長養鳥獸孳育之時，不得縱火於郊。七年四月禁吏民畜海東青鶻，又遊幸表。十年七月獵赤山，以皇太后射獲大鹿，梁王濬遇十鹿射之得九，帝大喜，設宴者二。今以宗室傳考之，濬六歲封梁王，明年從獵矢連發三中，又射十獲九，正與之合此可補紀所未載。

咸雍元年七月以皇太后射獲熊，賞賚百官有差。先是四月清暑圖古勒當即其地。十月幸毉巫閭山，皇太后射獲虎大宴羣臣。令各賦詩。四年正月獵炭山。六年七月獵於和羅努克特。八年閏七月射熊於羖羊山。九年七月獵大熊山。太康元年七月獵平地松林。二年八月獵。遇麛失其母，憫之不射。五年七月獵夾山。六年七月獵沙嶺。七年八月射鹿赤山。九年七月獵馬尾山。九月射熊於白石山。大安四年十月獵遼水之濱。五年四月獵北山。八年四月獵西山。

臣等謹按帝紀獵黑嶺炭山、西山，不一而足，尤以沙嶺為最多，今不備載。自後壽隆年間，所獵處皆屬重見，故亦闕焉。又若清寧四年如鴨子河釣魚。咸雍三年正月如鴨子河御安流殿釣魚。太康元年以獲鵞加鷹坊使耶律揚魯工部尚書。五年三月以宰相耶律仁傑獲頭鵞加侍中。姑附録之。

天祚帝乾統二年七月獵黑嶺。以霖雨給獵人馬，明年以獵人多亡，嚴立科禁。四年正月獵木嶺，七月獵南山。五年四月射虎炭山。六年七月獵鹿角山。七年十月獵毉巫閭山。九年七月獵於哈爾吉。十年四月獵於北山。天慶元年七月獵。二年九月獵獲熊燕羣臣。三年正月獵狗牙山。大寒獵人多死。四年七月射鹿於慶州。五年七月獵於托里嶺東。

臣等謹按帝紀天慶四年射鹿慶州時，金兵攻寧江州，帝畧不介意。今以列傳考之，先是幸混同江界外酋長在千里外者，以故事朝行在，適頭魚宴。帝臨軒命次第起舞為樂，獨阿古達辭以不能，再三諭之不從，帝怒。謂樞密使蕭奉先曰：『跋扈如此，可托邊事誅之。』奉先謂殺之傷向化心，乃止。

其弟烏奇邁納罕呼遜等嘗從獵，能呼鹿、刺虎、搏熊，帝喜，輒加官爵。金太祖歸遂舉兵，又其時殿前副檢點蕭呼圖克從天祚東征，凡隊伍皆以圍場名號之，見好游畋，每言從禽之樂，以逢帝意，悅而從之。故自五年至十年及保大元年無歲不獵，然不足為典制無庸書矣。

臘獵儀

穆宗應歷二年臘以十二月辰日，前期一日，詔司獵官選獵地，其日皇帝、皇后焚香拜日畢，設圍；命獵夫張左右翼。司獵官奏成列，皇帝、皇后升轝，多囉倫穆騰以酒二尊、盤飧奉進，北、南院大王以下進馬及衣。皇帝降輿，祭東畢，國俗凡祭皆東向曰東祭。乘馬入圍中，皇太子、親王率羣官進酒。分兩翼而行，皇帝始獲兎，羣臣進酒，上壽各賜以酒。至中食之次，親王、大臣各進所獲。及酒訖，賜羣臣飲，還宮。自是遂以為常儀統和中罷之。

四時巴納儀

春：曰鴨子河濼。濼東西二十里，南北三十里在，長春州東北三十五里，四面皆沙堝，多榆、柳、杏林。皇帝正月上旬起牙帳，約六十日方至。天鵞未至，卓帳冰上，鑿冰取魚。冰泮，乃縱鷹鶻捕鵝鴈。皇帝每至，侍御皆服墨綠色衣，各備連鎚一柄，鷹食一器，刺鵞錐一枚，於濼周圍相去各五七步排立。皇帝冠巾，衣時服，繫玉束帶，於上風望之。有鵞之處舉旂，探騎馳報，遠泊鳴鼓。鵝驚騰起，左右圍騎皆舉幟麾之。五坊擎進海東青鶻，拜授皇帝放之。鶻擒鵝墜，勢力不加，排立近者，舉錐刺鵞，取腦以飼鶻。救鶻人例賞銀絹。皇帝得頭鵞，薦廟，羣臣各獻酒果，舉樂。更相酬酢，皆插鵞毛於首以為樂。賜從人酒，遍散其毛。弋獵網鈞，春盡乃還。歲時鈞魚得頭魚，亦置酒張宴，與頭鵝宴同。

夏無常所，多在吐兒山。道宗每歲先幸黑山，拜聖宗，興宗陵，賞金蓮，乃幸子河避暑。吐兒山在黑山東北三百里，近饅頭山。黑山在慶州北十三里，上有池，池中有金蓮子。河在吐兒山，東北三百里，懷州西山有清涼殿亦為行幸避暑之所。四月中旬起牙帳，卜吉地為納涼所，五月末旬、六月上旬。居五旬。與北、南臣僚議國事，暇日遊獵。七月中旬乃去。

秋：曰伏虎林。林在永州西北五十里，嘗有虎據林傷害居民、畜牧。景宗領數騎獵，焉虎在草際戰慄，不敢仰視，帝舍之因號伏虎。七月中旬自納涼處起牙帳，入山射鹿及虎。每歲車駕至，皇族而下分布濼水側。伺夜將半，鹿飲鹽水，令獵人吹角效鹿鳴，既集而射之。謂之『舐鹻鹿』又名『呼鹿』。

冬：曰廣平淀。在永州東南三十里，本名白馬淀。東西二十餘里，南北十餘里。地近坦夷，四望皆沙磧，木多榆柳。其地饒沙，冬月稍暖，牙帳多於此坐冬，與北、南大臣會議國事，時出校獵講武，兼受南宋及諸國禮貢。

牙帳之制

以槍為硬寨，用毛繩連繫。每槍下黑氈傘一，以庇衛士風雪。槍外小氈帳一層，每帳五人。各執兵為禁圍。南有省方殿，殿北約二里曰壽寧殿，皆木柱竹椽，以氈為蓋，彩繪韜柱，錦為壁衣，加緋繡額。又以黃布繡龍為地障、牕、槅皆以氈為之，傅以黃油絹。基高尺餘，兩廂廊廡亦以氈蓋，無門户。省方殿北有鹿皮帳，帳次北有八方公用殿。壽寧殿北有長春帳，衛以硬寨。官用契丹兵四千人，每日輪番千人祇直。禁圍外卓槍為寨，夜則拔槍移卓御寢帳。周圍拒馬，外設舖，傳鈴宿衛。每歲四時，周而復始。

金太祖收國元年三月朔，獵於寥晦城。二年九月獵近郊。

熙宗皇統二年正月獵於來流河。十二月獵於和約爾瑪勒路。四年九月畋於沙河。射虎獲之。十一月獵於海島。六年正月獵於梅稜，是月如春水。帝從禽導騎悞入大澤中，帝馬陷，因步出，亦不罪導者。九年十一月獵於塔爾琿屯。

時右諫議大夫程寀上疏畧曰：『殿前點檢司，古殿巖環衛之任，所以肅禁籞，尊天子、備不虞也。臣幸得近清光，從天子觀時畋之禮。比見羽衛，從臣無貴賤，皆得執弓矢馳逐，而駕乃崎嶇沙礫之地，加之林木叢鬱，易以迷失。是日自卯及申，百官始出沙漠，獨不知車駕何在。瞻望久之，始有騎來報，皇帝數騎已至行在。竊惟古天子出入警蹕，清道而行。至於楚畋雲夢，漢獵長楊，皆大陳兵衛，以備非常。今膺祖宗付託之重，奈何獨與數騎出入林麓沙漠之中，前無斥堠，後無羽衛，甚非備不虞之意也。願預戒有司，圖上獵地，具其可否然，後下令。擇衝要稍平地，為駐蹕所，簡忠義爪牙之士，統以親信腹心之臣，警衛左右。俟麇鹿既來，然後馳射。仍先遣搜閱林藪，明立幖幟，為出入馳道。不然，恐貽宗廟社稷之憂。』帝嘉納之。至八年閏八月，宰臣以西林多鹿請獵，帝恐害稼，不允。

海陵天德三年正月帝出獵，二月還宮。十二月獵於近郊。四年五月獵於伊拉齊山，賜獵士人一羊。八月朔獵於札紐山。貞元元年十月獵於良鄉。正隆六年三月次河南府因出獵，四月次温湯獵。奔鹿突之，墮馬嘔血數日。

臣等謹按海陵紀獵近郊者，凡五。如十二年既獵近郊矣。貞元二年九月癸亥、乙亥。三年十一月辛未。正隆四年十月乙亥。俱獵近郊。又貞元元年八月禁中都路捕射麞鹿。五年十二月禁中都、河北、山東、河南、河東、京兆軍民網捕禽獸及畜養雕隼者。六年正月詔自中都至河南府所過州縣調從獵騎士二千，二月禁扈從縱獵擾民。附録之。

世宗大定二年九月獵於近郊。三年九月秋獵，十月冬獵，十二月臘獵於近郊。以所獲薦山陵，自是歲以為常。四年二月獵於高陽之北。十月朔獵於密雲縣。六年六月獵於銀山，八月獵於望雲之南山，十月如安肅州冬獵。十年七月獵於柳河川。放圍場役夫勑扈從人縱畜牧蹂踐禾稼者，杖之，仍償其直。十一年九月獵於橫山。十四年八月獵於瑪哩布。十九年十一月如河間冬獵。二十五年六月獵近山。見田隴不治，命笞田者。二十九年時章宗已即位六月以修起居注，完顔烏哲、知登聞檢院孫鐸皆上書諫罷圍獵，納之。十二月諭有司女直人及百姓不得用網捕野物及放羣鶻枉害物命，亦恐女直人廢射也。

《金史・焦旭傳》曰：『二十九年九月獵於近郊，監察御史焦旭劾奏太傅克寧、右丞相襄不應請車駕田獵，帝慰諭之，為罷獵。』

臣等謹按《帝紀》自三年秋獵、冬獵，臘獵後，自是歲以為常故，不悉書。又三年八月勑殿前都點檢唐古德、温重九出獵，國朝舊俗今扈從軍三千，不無擾民，可嚴為約束，仍以錢萬貫分賜之。九年三月定網捕走獸法，帝命犯者杖而釋之。十六年正月帝按鷹高橋，見道側醉人墮驢而卧命，左右扶而乘之，送至其家。二十五年五月平章政事襄、奉御平山等射懷孕兎，帝怒杖平山三十，召襄誡勑之，遂詔禁射兎。十月禁上京等路大雪及含胎時採捕。十一月朔詔豺未祭獸不許採捕，冬月雪尺以上，不許用網及蘇克蘇呼，恐盡獸類。附録於此。

章宗明昌元年十月獵於近郊，十一月冬獵。免獵地今年租。三年九月獵秋山。亦有免稅等事，已見巡狩門。四年二月獵於姚村淀。五年六月自冰井出獵。登呼圖哩巴山酹酒再拜。七月又獵於和濟格爾。一矢貫雙鹿，是日獲鹿二百二十二，賜扈從官有差。又次隆和薩巴帝親射獲黄羊四百七十一。承安三年八月獵於香山。十二月朔獵於酸棗林。大風寒罷獵。泰和三年十一月冬獵。以獲兎薦山林。

臣等謹按《帝紀》，明昌元年正月制諸王任外路，者許遊獵五日，過此禁之，仍令戒約人從，毋擾民。二月遣諭諸王凡出獵，毋越本境。三年二月勑明安穆昆許於冬月率所屬户畋獵二次，每出不得過十日。六年二月勑有司行宮側及獵所有農者勿禁。泰和元年正月以方春禁殺含胎鹿。五年七月定圍場誤射中人，罪所宜。附録若獵於近郊，則歲以為常不贅録矣。

又按章宗勑有司行宮側及獵所，有農者，勿禁恭繹。

《御批通鑑輯覽》曰：『章宗以圍獵之地悉與民耕，則講武因之而廢。觀帝平日措施，都以典章文物為急，未免近於好名，而於詰戎肄武之道棄之。如遺遂盡變金源舊風，國勢日就孱弱，子孫不能承祖父基，緒致家法因之而隳，雖有善政，奚足道哉。此可為守成之主垂戒矣。』

衛紹王大安二年十一月獵於近郊。

宣宗元光元年十月獵於近郊。

先是貞祐二年九月禁軍官圍獵。三年九月以秋稼未穫，亦如之。至是詔免百官送迎且勿令治道以勞百姓。二年十月制行樞密院及元帥府，農隙之月，分番巡徼，校獵月不過三次。

哀宗正大四年十一月獵於近郊。

六年十二月罷附京獵地百里聽民耕稼。

元太宗五年八月獵於額伯蘓地。九年春獵於齊齊克察罕之澤。十月獵於野馬川。幸龍庭遂至行宮。

憲宗四年春獵於齊齊克察罕，冬大獵於哈喇諾海之地。

七年五月皇子阿實達因臘獨騎傷民稼，帝見讓之，遂撻近侍數人，由是秋毫不敢犯云。

世祖至元十四年八月，車駕畋於上都之北。十八年九月朔畋於近郊。

臣等謹按《帝紀》自此獵近郊，每歲如之，若禁京畿田獵，則自中統三年十月始嗣是至元元年、三年、四年俱申嚴之。九年十月勑自七月至十一月終聽捕獵餘月禁之。十年九月禁京畿五百里内射獵。十六年三月詔禁歸德亳壽臨淮等處田獵，六月禁巴延徹爾等峪寨捕獵。十八年五月禁高麗全羅等處田獵擾民者。十九年三月禁益都東平沿淮諸郡軍民官捕獵。二十二年七月詔禁捕獵。二十三年十一月勑禽獸字孕時毋畋獵。二十四年正月禁輝和爾地禽獸孕孳時田獵。二十五年二月勑江淮勿捕天鵞，三月禁捕鹿羔。二十七年九月申嚴漢人田獵之禁。二十八年九月禁宣德府田獵，十月詔嚴益都、般陽、泰安、寧海、東平、濟寧田獵禁。二十九年禁杭州放鷹是也。若聽捕獵則自至元十年九月遼東饑弛獵禁始，旋勑自今秋獵鹿豕先薦太廟嗣是。十二年十月弛北京、義錦等處獵禁。十四年八月弛蓋州獵禁。十九年十月以歲事不登聽諸軍捕獵於汴梁之南。二十五年正月弛遼陽漁獵之禁，惟毋殺孕獸。二月弛漁濼禁。二十八年四月弛杭州西湖禽魚禁聽民網罟，十一月武平、平灤諸州饑弛獵禁，其孕字之時勿捕是也。今類記之。

成宗大德元年三月畋於柳林。二年二月畋於漷州。

臣等謹按《帝紀》大德元年三月禁上都。正月至七月捕獵大都，八百里内亦如之。八月命諸王阿濟格自今出獵悉自供其，無傷民力。十一月詔自今田獵始自九月、閏十二月，以淮東饑弛湖泊禁，仍聽正月捕獵。五年十月以歲饑聽民捕獵。七年五月禁諸王班布爾實部於般陽等處圍獵擾民。十一月命鷹師圍獵毋得擾民。

武宗至大三年八月獵於昂哈淖爾之地。

臣等謹按《帝紀》多禁田獵，如至大元年七月禁鷹坊於大同、隆興等處縱獵擾民。十月禁奉符、長清、泗水、章邱、霑化、利津、無棣七縣民田獵。十一月罷益都諸處合勑赤等狩獵。三年十一月以益都、寧海等處連歲饑，罷鷹坊縱獵，其餘獵地並令禁約，以俟秋成皆其事也。

又按《仁宗紀》至大四年帝已即，位十二月詔曰：『今歲不登民，何以堪春蒐，其令勿供，億又申禁漢人持弓矢兵器田獵。』皇慶元年五月諸王托斯和默色以農時出獵擾民，勅禁止之，自今十月方許出獵。延祐二年四月駕幸上都，宣徽院以供尚膳遣人獵於歸德，勅以其擾民特罷之。三年正月以真定、保定薦饑禁畋獵，三月禁天下春時畋獵，史稱帝澹然無欲，不事遊畋，豈不信歟。

英宗至治元年二月畋於柳林。三年二月亦如之。

泰定帝泰定三年八月次中都畋於翁果察圖之地。

先是二年正月以畿甸不登罷春畋。至致和元年正月將畋柳林御史王獻等以歲饑諫帝曰：『其禁衛士毋擾民家，命御史二人巡察之。』

臣等謹按《文宗紀》天歷二年正月詔罷今歲柳林田狩，餘無田獵事可見。

順帝至元三年正月帝獵於柳林。

先是元年二月將畋於柳林，御史臺諫曰：『陛下春秋鼎盛，宜思付託之重，致天下於隆平。況今赤縣之民，供給繁勞，農務方興而馳騁冰雪之地，倘有銜橜之虞，奈宗廟社稷何！遂止。』至是獵其地凡三十五日，監察御史實迪、宋紹明進諫帝嘉納之，賜金幣固辭。帝曰：『昔魏徵進諫，唐太宗未嘗不賞，汝其受之。』四年二月復獵於柳林。

臣等謹按帝將畋於柳林，因臺諫而止恭繹。

《御批通鑑輯覽》曰：『蒐苗獮狩，古所不廢，況田獵足以肄。』

武在元時亦其國俗所尚，順帝春秋方盛，正當因此習勞，而車駕所經並可以周知民隱，於政務又何妨乎？臺垣狃於書生庸瑣之見，借名諫獵以弋取直聲，帝聞言即止，蓋其心本好逸而惡勞，適臺諫有言遂陽以博納善之稱，而陰以遂便安之計，其後賜實迪等金幣，且欲妄擬貞觀，益可見其意所假托然，亦何救其內多欲而覆宗社哉。

睿論所及不獨直揭順帝，晏安酖毒之失其所以為。

萬世人主訓者至深遠矣。

明成祖永樂十年十月獵城南武岡。十三年十月獵於近郊。二十年五月獵於偏關。時以親征阿嚕台至其地。

宣宗宣德四年十月獵於峪口。五年十月獵於坌道。九年九月度居庸關，自坌道至洗馬林大獵。

英宗天順二年十月獵南海子。

苑在京城南二十里，方一百六十里，苑中有按鷹臺，臺旁有三海皆元之舊也。明闢四門，繚以周垣，獐、鹿、雉、兔甚多，海户千餘守之。自永樂定都後，歲時蒐獵於此，亦所以訓武也。是日帝親御弓矢，命勳戚武將應詔馳射，獲輒以獻，既畢，賜酒饌以所獲，分賜從臣而歸。

武宗正德十二年正月，南郊遂獵於南海子。夜中還御殿受朝賀。

次年正月至自宣府罷南郊致齋。越三日大祀，遂獵於南海子。明年二月亦如之。

臣等謹按《帝紀》十四年十一月漁於清江浦。十五年九月漁於積水池，舟覆救免。附録於比史氏謂耽樂嬉游難免訾議是也然是，後自嘉靖至崇禎凡百有二十餘年，絶無田獵事，可見則又非古者農隙講武之遺意矣。

又卷一一七《田獵》 唐玄宗開元十七年十二月校獵渭濱。德宗貞元十一年十二月帝獵苑中，戒多殺行，三驅之禮勞士而還。武宗會昌二年十月帝幸涇陽校獵白鹿原，諫議大夫高少逸等於閤內論校獵太頻，出城稍遠，萬幾廢弛且宜停止，帝優勞之。

後唐莊宗同光三年十二月已夘獵於白沙，皇后及太子後宮畢從，歷伊闕宿龕澗，癸未乃還。明宗天成二年十二月畋於東郊。晉出帝天福八年，時未改元故仍稱天福。十月畋於近郊。開運二年三月畋於戚城。十二月臘畋於郊。宋太祖建隆二年始校獵於近郊，先出禁軍為圍場，五坊以鷙禽細犬從帝，親射走兔三，從官貢馬稱賀，後多以秋冬或正月田於四郊。從官或賜窄袍煗鞾，親王以下射中者賜以馬。開寶八年九月狩近郊，逐兔馬蹶墜地，引佩刀刺馬殺之。既而悔曰：『吾為天下主，輕事遊畋，又何罪馬哉。』自是遂不復獵。太宗將北征，因閱武獵近郊，以多盜獵狐兔者禁之，有衛士奪人獐，當死，帝曰：『若殺之，後世必謂我重獸而輕人，特貰其罪。』帝常以臘日校獵諭從臣曰：『臘日出狩以順時令，緩轡從禽，非荒也。』後獵西郊親射走兔五，詔以所獵禽薦宗廟，遂為定式。帝雅不喜弋獵，詔除有司行禮，外罷近甸游畋，五坊所畜鷹犬悉放之。臘日，但命諸王略畋近郊。真宗時復詔教駿所養鷹鶻量留十餘，以備諸王從時展禮。仁宗慶歷五年言者請修校獵之制，以習戎事，於是命樞密院討論制度。十月御內東門賜從官酒三行，奏鈞容樂，幸瓊林苑門，賜從官食。遂獵於楊村，宴於幄殿，奏教坊樂遣使以所獲麞兔馳獻太廟。明年復獵於城南東韓村，時道旁居人或畜狐兔鳬雉驅場中。帝謂田獵以訓武事，非專所獲也，悉縱之免圍內民田一歲租，仍召父老勞問，其後以諫者多罷獵，近甸自是以。後不復講。

遼國盡有大漠包長城之境，因宜為治，秋冬違寒，春夏避暑，随水草就漁畋，以為常行。在之所謂之捺鉢，春：曰鴨子河濼。正月上旬起牙帳，約六十日方至。天鵝未至，卓帳冰上，鑿冰取魚。冰泮，乃縱鷹鶻捕鵝雁。皇帝每至，侍御皆服墨绿色衣，各備連鎚一柄，鷹食一器，刺鵝錐一枚，於濼周圍排立。皇帝冠巾，時服，繫玉束帶，於上風望之。有鵝之處舉旗，探騎馳報，遠泊鳴鼓。鵝驚騰起，左右圍騎皆舉幟麾之。五坊拜授海東青鶻，皇帝放之鶻擒鵝墜，勢力不加，排立近者，舉錐刺鵝，取腦以飼鶻。皇帝得頭鵝，薦廟，羣臣各獻酒果，舉樂。更相酬酢，致賀，弋獵網鈞，春盡乃還。夏巴納無常所，多在托爾山。四月中旬起牙帳，卜吉地為納凉所，五月末旬，六月上旬至。與北、南臣僚議國事，暇則遊獵。七月中旬乃去。秋捺鉢：曰伏虎林。七月中旬自納凉處起牙帳，入山射鹿。皇族而下分布濼水側。伺夜將半，鹿飲鹽水，令獵人吹角郊鹿鳴，既集而射之。謂之『舐鹻鹿』，又名『呼鹿』。冬捺鉢：曰廣平淀。其地稍暖，牙帳於此坐冬，時出校獵講武。穆宗應歷元年臘，獵前期一日，詔司獵官選獵地，其日皇帝、皇后焚香拜日畢，設圍，命獵夫張左右翼，司獵官奏成列。皇帝、皇后升轝，多囉倫穆騰以酒二尊，盤飧，奉進北、南大王以下進馬及衣。皇帝降輿祭東畢，乘馬入圍中，皇太子、親王率羣臣進酒分兩翼而行。皇帝始獲兔，羣臣進酒上壽，各賜以酒，中食之次。親王、大臣各進所獲。及酒訖，賜羣臣飲，還宮，自是遂為常儀，聖宗統和中罷之。金世宗大定三年八月敕殿前都點檢唐古德、温重九出獵，國朝舊俗，案《大金國志》載金都、會寧四時皆獵，海陵遷燕後以都城外皆民田，三時無地可獵，候冬月則出，與史所載重九出獵互異。今扈從軍二千，不無擾民。可嚴為約束，仍以錢萬貫分賜之。十二月獵於近郊所獲薦山陵，自是歲以為常。

元制自御位及諸王皆有實保齊，注鷹人也，御位下打捕鷹房，官至千二百户，諸王位下幾至千户。是故捕獵有户，使之致鮮肉以薦宗廟，供天庖，而齒革羽毛，又以備用，然地有禁，取有時而，違者則罪之。春冬之交，天子或親幸近郊縱鷹隼搏擊，以為遊豫之度，謂之飛放。

明成祖定都北京，歲時校獵於南苑。宣宗宣德四年十年獵於峪口。五年十月巡近郊已夘獵於坌道。英宗天順二年十月獵南苑，帝親御弓矢，命勳戚武將應詔馳射，獲輒獻之，既畢，賜酒饌，以所獲分賜從臣。至武宗畋遊無度，非訓農講武之意矣。

《明會要》卷一六《田獵》　永樂十年十月戊辰獵城南武岡。

十三年十月甲申獵於近郊。

二十年五月乙丑獵於偏嶺。

宣德四年十月乙未獵於峪口。

五年十月己卯獵於坌道。

九年九月丙戌獵於坌道。丁酉至洗馬林，閲城堡兵備，己亥大獵。已上本紀。

正統十年十月丙午獵南海子。《大政記》。

天順二年十月甲子獵南海子。

正德十二年正月己丑大祀天地於南郊，遂獵於南海子。

十三年正月庚戌大祀天地於南郊，遂獵於南海子。已上本紀。

清　沈家本《歷代刑法考·律令八·獵禁》　世祖紀至元二年九月申禁京畿畋獵。

十二年十月弛北京義錦等處獵禁。

十六年三月詔禁歸德亳壽臨淮等處畋獵。

二十七年八月申禁漢人田獵之禁。

按元之獵禁慮擾民也，其禁漢人則仍是不得執弓矢之意，以弱漢人也。

二十八年十月詔嚴益都、般陽、泰安、甯海、東平、濟甯、畋獵之禁，犯者没其家資之半。

成宗紀大德元年三月禁正月至七月捕獵，大都八百里内亦如之。

仁宗紀延祐三年三月禁天下春時畋獵。

藝文

唐 頻喻《畋獲非熊賦》以有開必先，是膺明盛爲韻》《歷代賦彙》卷五九 畋者所以講武，賢者所以輔弼。能順時以弘閱，逢命世之間出。得賢於蒐狩之埸，効獲乎霸王之術。且以展時巡之明義，昭至化之陰騭。將入林之有期，寧即鹿而無必哉！是以賦車攻，練吉日。駕駟牡之既閑，儼七騶以齊蹕。於是列卒滿路，張罟竟天。傾藪刮野，搜林蕩川。小殷湯之教祝，同周文之獵賢。治國之規，必聞獻可；從禽之樂，寧假獻豣。如斯則沃心之期乎說啓，乃入夢之知夫兆先。觀夫獵車未貫，大綏將弭。得賢之繇既符，非熊之姿宛是。馬足不極，皮軒遽迴。解雲羅之周布，廣天仗以全開。用割鮮之能，我則曾事於屠釣；誇染輪之味，我則將和於鹽梅。且夫博采為聖，旁求斯盛。寧知校獵之遊，更展弓旌之命。白駒皎皎，無煩空谷之維，束帛戔戔，不待中園之聘。薄狩有隙，畋遊有恒。陳虞箴以炯戒，得呂望以光膺。馳騖乎道德之囿，故逸飛之遺走。將賢能之是擇，在麋鹿而何有。十旬失位，悲夫洛汭之歌；三品充庖，詎比渭濱之叟。此威容兮，我武既成。彼非熊兮，惟時之英。來儀則邁種靡怨，佐理則日月宣明。盛哉！三驅之致用也，永代垂聲。

唐 李咸《田獲三狐賦以田獲三狐，吉無不利爲韻 有序》《歷代賦彙》卷五九 客有都尉崔公，嘗以投筆筮仕，遇解九二爻應無，何而立功成名，遂之來，相與遊遠，而獲三狐。公以為應徃者之兆，遂為《田獲三狐賦》余因應云：

放心而適者，其在乎遊田！徒御自肅，鐶鋂相牽，指東郊以按轡，乘北風以鳴鞭。風威初厲，鷹隼斯擊，英寮訟閒，農人務隙，分曹命侶，縈隨所歷。未濟之狐，欻起荒陌，多疑膽捐，虛驚心惕。趫材競逐，良弓可射，算分銖商遠近，乃舍拔而則獲。於是長舒遠引，自北徂南，遇豐草而必陟，逢虎穴而爭探。車輕輪高，羣足趁□，將使蹂躪，其十二三。爾乃出林莽，踐平蕪，歷歷爾見，綏綏有狐。莫赤其色，又脂其膚，各挾爾之矢，先張爾之弧。雖羅空三面，而人合四隅，終見加其一目，遽生擒於僕夫。更有七擒七縱，乍奔乍逸，忽投足於舊丘，且守之而勿失。俄而獵父餤熾，蘊祟煙鬱，知隱伏之無所，動險中之瞰出。搏噬交亂，竿投揘臂，罔解狐之終凶，符六二之貞吉，得理中之道，偕枉直之實。且夫平原廣衍，何有何無？獨茲狐之見獲，應君子之筮蓍，君子云誰？其惟崔公。筮蓍伊何？當入其仕乎！固欲知蔡澤之躍馬，而問詹尹以泛鳧。公侯干城，則四方壯士；文章經國，則一代英儒。我章斯銀，我綬斯朱，安比夫求魚靡餌，即鹿無虞哉？已而日低嵐岫，煙生寒柳，鬯弓釋掤，割鮮縱酒。是田也，蓋以集彼戎事，從其羣醜第，吾人之讙謡，則郢中之能不？豈徒焚林竭澤，乾池滌藪？況夫天誡其馳騁，御難其枯朽，雖俟俟儦儦，或羣或友，皆棄之而不受。嘻茲狐之無知，何雖獸而似智？當其七雄分勢，遇楚相以申威；九尾來儀，感魏君而呈瑞。又若腋入珍裘，肉登俎味，在物斯賤，與人為利。利之者以此，載詠歌而無愧。

明 李開先《李中麓閑居集・詩》卷二《雪劇道逢田獵者》 獵徒收兔罝歸路，阻而差晨霧瓊英。亂隨風玉樹斜挽，迴青帝駕故逼艷。陽花虞濕酒旗，捲逢人問酒家。

又《獵户》 控弦搼走犬，驕馬向風嘶。路險身能健，草深眼欲迷。縱鷹忙解索，得免不忘蹄。搏獸如先虎，豺狼免夜啼。

明 李夢陽《空同集》卷一六《獵雪曲》 日光摇白雪，黄雲片片裂。狐裘誰家郎，駿馬如電掣。馳騁復徊徘，掉臂角弓開。一發中雙貍，笑上梁王臺。

其二

荒荒凍日白，出門雪一尺。爰爰道左兎，意態一何適。我弦纔一鳴，不見彼行迹。寄言遊獵人，姑待春草碧。

明 姚舜牧《詩經疑問》卷四《小雅》 既張我弓，既挾我矢。發彼小豝，殪此大兕。以御賓客，且以酌醴。

詩序美宣王田也。

首章，致祭以備田，獵之具次章，擇地以為田，獵之所三章，悉力以趨田，獵之事四章。則從事于田獵，以共賓客之禮，總見王者不輕于獵，而非苟為口體之奉也。當參前篇大庖不盈看。

此章專為田獵而作，故首祭馬祖以致禱。

《曲禮》云：外事以剛日，內事以柔日，田獵外事也，故用戊、用庚。獵與狩皆賴車牢馬健，以為用故車攻吉日，皆有田車，既好四牡。孔阜句。升彼大阜，從其羣醜。言有此車馬之善，可用之以為獵也。未便是獵的事。漆沮之從天子之所言，此水之旁，禽獸最多，非侯甸采邑，為天子閑空之地。天子之所宜獵者，故云漆沮之從天子之所西漢射獵，蹂躪稼穡，若相如所形，于蹴草蓋異于此詩之旨矣。

瞻彼中原，其祁孔有。有說祁是中原地名，大有禽獸可獵者，非也。中原即漆沮之中原也，其祁孔有即照上。獸之所同，麀鹿麌麌。說見其地誠多獸而可獵耳。左右從王者之左右也。凡王者蒐狩必親執路鼓以御衆，從王者不率左右以從事，其何以愜天子之心，故曰悉率左右以燕天子。既張我弓，四句方實事于獵，而得獸之多以御賓客二句。言獵之所得維共諸此也。

天子以賓客御諸侯，有燕，有饗饗必酌，醴不獨云：以御賓客。又云：且以酌醴。見此禽獸之得，所以共燕饗之需，所以蒐狩之不可已也。

王者巡狩之獵，以祭為重，故車攻之。《詩》曰：助我舉柴。大庖不盈。蒐狩之獵，以賓客為重，故吉日之。《詩》曰：以御賓客，且以酌醴。

嘗讀六月采芑，車攻吉日之詩。見宣王之命將出師巡狩田獵一時之精神，振刷真有赫。然其可以復古者，故推中興者，其稱首焉。迨其後稍懈弛也，不籍千畝而拒虢公之諫，料民太原而違山甫之言，伐羌戎而王師敗績，此一人之身而若二轍，何為哉？乃知精神不可一日而不奮，而靡不有初之訓，萬世之所當拳拳也。

清　韓菼《今王鼓樂于此　何以能田獵也》《四書文・國朝文》卷一〇

樂與獵猶今也，而民色喜矣。夫猶是民也，猶是鼓樂田獵之王也，而民喜何耶？豈今之樂亦可喜耶？且夫甚可思者為民情矣。無端而忽憂，亦無端而忽喜，雖然，憂祇為其身耳家耳，而喜則專有所甚幸於其君，而忘乎其身與家焉。臣得侈言其盛，而王試察其所以然。夫疾首蹙頞之民，非以王鼓樂田獵故耶？斯時必有諫王者曰：毋鼓樂，敖辟之戒謂何，其尚為新聲之聽。又必曰：毋田獵，銜橛之憂謂何，其不圖萬乘之安。夫必毋鼓樂而後可，則是鐘鼓之懸必輟於崇牙，管籥之音不競於繁會也；必毋田獵而後可，則是車乘不御，僕夫不駕，而孑孑羽旄之盛，不馳驟於藪之薪蒸也。而民必將曰：嘻，甚矣憊我王。或者其有宿夕之憂以至斯極與？不然，何自苦為也？斯時也，王獨居深念，必悽愴悲懷，愀然不樂。而臣亦見王之民氣結而不揚，中抑鬱而若有亡也。夫王之民固甚念其父母兄弟妻子之民也，然亦有時若忘乎其父母兄弟妻子，而甚愛我王。且不惟此而已，更愛我鼓樂之王，田獵之王。今夫野人相勞苦，嗚旦暮歡，猶歌呼嗚嗚，擊甕拊缶，而又以其間獵貕豣，具伏臘，奉公上。況王泱泱表海，土風固雄，且羽毛齒革地實生焉，其不惟君之所辱。王今日者，請仍命鼓師召太常鼓瑟之，忌進絕纓之髳侍，相與抗曼聲娛長夜，如是者不改。王今日者，請仍馳軨獵之車，馭騄耳之駿，靡橈旃，樹珠旗，以射乎之罘，覩乎成山，如是者亦卒不改。民或者驚相告，曩者鼓樂田獵之王復然矣，而孰意不爾也。王試採風而聽，憑軾而觀，其有首額疾蹙者乎？曰：無有也。其有念而父母兄弟妻子者乎？曰：不聞也。其舉欣欣然色動者，何也？曰：喜也。走相告語，何也？曰：其庶幾吾王之無疾病也，何以知吾王之無疾病也？曰：以王之鼓樂田獵也。斯時也，臣固見王之樂，未及終闋，而父老已願須臾毋死，思見德化之成也。臣又見王之遊，未及還轅，而道旁觀者咸歎息，且感泣數行下也。

意在摹寫覆述語氣神情，故多從反面側面翻騰跌宕，以注末句，筆勢飛動，興致淋漓。

清　華希閔《廣事類賦》卷二一《田獵》

車攻吉日之時，《詩序》車攻，宣王復古也。宣王復文武之境土，修車馬、備器械、復會諸侯于東都，因田獵而選車徒焉。《又》吉日美宣王田也。羽獵長揚之賦。《羽獵賦序》武帝羽獵，甲車戎馬，器械儲偫，禁禦所營，尚泰奢麗誇詡，非堯舜成湯文王三驅之意也。故聊因校獵賦以諷之。《長楊賦序》上將大誇胡人以多禽獸，秋命右扶風發民入南山，西自褒斜，東至弘農，南驅漢中，張羅網、罝罘捕熊、應、豪豬、虎、豹狖、玃狐、兔、麋鹿職以檻車輪，長楊射熊館。以網為周陆，縱禽獸其中，令胡人手搏之，自取其獲，上親臨觀焉。是時，農民不得收斂。雄從至射熊館，還上《長楊賦》。諸侯天子每無事，而必田見禮獮狩蒐苗，皆農隙以講武。《左傳》春蒐、夏苗、秋獮、冬狩皆于農隙以講事也。爾乃獸人效職，《周禮》獸人掌罟田獸，辨其名物。冬獻狼，夏獻麋，春秋獻獸物。時田，則守罟。及弊田，令禽注于虞中。司馬治兵，《周禮大司馬》中春，教振旅。遂以蒐田，火弊。中夏，教茇舍。遂以苗田，車弊。中秋，教治兵。遂以獮田，羅弊。中冬，教大閱。遂以狩田，徒乃弊。乘玉虬，與鏤象，載雲罕，與霓旌。《上林賦》皆秋涉冬，天子校獵。乘鏤象，六玉虬，拖霓旌，靡雲旗，前皮軒，後道游。《又》載雲罕，掩群雅。江河阹兮，泰山櫓。《上林賦》江河為阹，泰山為櫓。車騎雷起，殷天動地。《又》緣陵流澤，雲布雨施。風雨布兮，雷霆聲。《子虛賦》雷動猋至，星流霆擊。金鈴繫犬，《韋莊詩》金鈴犬吠梧桐月，朱鬣馬嘶楊柳風。雪爪呼鷹。《唐書》帝獵渭濱召見姚崇曰：『公知獵乎。』對曰：『臣年二十居廣成澤，以呼鷹逐獸為樂，少為獵師，老而猶能。』《高越咏鷹詩》雪爪星眸世所稀彫弓明月，勁箭流星。子虛賦左烏號之彫弓，右夏服之勁箭。《唐太宗詩》琱弓寫明月《又》激箭流星遠陵狡獸，掩輕禽，《子虛賦》案節未舒，即陵狡獸。《上林賦》流離輕禽，蹵履狡獸。餓鴟叫，《南史》曹景宗謂所親曰：『我昔在鄉里，騎快馬如龍，與年少輩數十騎，拓弓絃作霹靂聲，箭如餓鴟叫。平澤中逐麞，數肋射之，渴飲其血，飢食其胃，甜如甘露漿，覺耳後生風，鼻頭出火，此樂使人忘死，不知老之將至。今來揚州作貴人，動轉不得，路行開車幔，小人輒言不可。閉置車中，如三日新婦，此邑邑，使人氣盡。』飛鳶驚。《魏文帝校獵賦》捎飛鳶，接鷩鷩震金鼓，《周禮》田之日，司馬建旗於後表之中，群吏以旗物鼓鐸鐲鐃，各帥其民而致。摐鳴鉦，《詩》鉦人伐鼓飲黃麞之血，見上注駭白雁之群，《列子》梁君出獵見白雁群。下，彀弩欲射之。道有行者，止之不止，白雁群駭。君欲射行者，公孫龍曰：『君以白雁故，欲射殺人，主君譬人無異于豺狼也。梁君乃與龍上車，歸呼萬歲。』曰：『樂哉！人獵得禽獸，我獵得善言。』豈徒獲三狐而從兩牡。《易》田獲三狐《詩》並驅從兩牡兮。方將出四校而彌十旬，《上林賦》孫叔奉轡衛，公驂乘，扈從橫行，出乎四校之中。《書》畋于有洛之表，十旬弗反。然而溸澤白狐，《穆天子傳》天子西征，于溸澤得白狐以祭河宗。何如渭濵王佐。《通鑑》西伯將出獵，卜之曰：『非龍、非彲、非熊、非羆、非虎、非貔所獲霸王之輔。』果遇吕尚於渭之陽。盧令之刺宜思，《詩序》盧令，刺荒也。襄公好畋獵，畢弋而不修民事，百姓苦之，故陳古以風焉。銜橛之憂堪慮。《司馬相如諫獵書》清道而後行，中路而後馳，猶時有銜橛之變，而況涉乎蓬蒿，騁乎邱墳，前有利獸之樂而，內無存變之意，其為禍也亦不難矣！時殺著於禮經，《禮》殺一禽獸不以其時，非孝也。禽荒戒於前古，見書是以魏絳著虞人之諷，《左傳》魏絳曰：『虞人之箴曰：芒芒禹迹，畫為九州。經啓九道。民有寢廟，獸有茂草。各有攸處，德用不擾。在帝夷羿冒于原獸忘其國恤而思其麀牡。武不可重用不恢于夏家。獸臣司原敢告僕夫。虞箴如是，可不懲乎。於是晉侯好田，故魏絳及之。』相如有諫獵之書，《漢書》司馬相如嘗從上至長楊獵，是時天子方好自逐壄獸，相如因上疏諫。樊夫人不食獸肉，《潛確類書》楚莊王好畋，樊夫人不食禽獸之肉，三年，王為之戒。魯田叔不敢寧居，《史記》田叔為魯相，魯王好獵，相常從苑中，王輒休相就館舍，相出常暴坐待王苑外，王數使人請相休終不休，曰：『我王暴露苑中，我獨何為就舍！』魯王以故不大出遊。故老子曰：『馳騁田獵，令人心發狂，不其然歟。』

清 姜兆錫《儀禮經傳·內編》卷二二《田獵祭禮》

此時田，若大田、若師田之屬，而祭告于內外神之禮也。其禮闕不詳，畧見于大田補禮，今并錄記其未備者如左。

【記】《周禮·肆師》凡四時之大田獵，祭表貉，則爲位。注曰貉師祭也祭始造軍法者，其神蓋蚩尤。凡師甸用牲于社宗，則爲位。注曰社，軍社也。宗，遷主也。疏曰：師甸謂征伐，與田獵，二者也。愚按疏說似是而非，四時之田左傳所謂皆于農隙以講事者，師甸則其所謂三年治兵，振旅之屬也。以甸祝師田，致禽于虞中，以下推之可見與征伐何涉乎？小宗伯凡王之甸役之禱祠，肄儀，爲位。甸役謂：田獵之役或曰工役，亦有禱祠，與田獵同故肄儀，爲位也。甸祝，掌四時之田表貉之祝號，注曰貉司農讀為禡。《詩》：是類是禡。《爾雅》云：兵祭也。甸以講武治兵故，有兵祭疏曰：四時之田，即大司馬蒐、苗、獮、狩四者是也。祝號即大祝六號之號、舍奠于祖廟禰，句亦如之。亦如之者，釋奠于祖若，禰亦如。表貉之，祭之，掌其祝號也。舊謂禰，亦如祖廟之釋奠者非。師甸，致禽于虞中，乃屬禽，及郊饁獸，舍奠于祖禰，乃斂禽。禂牲、禂馬皆掌其祝號。禂注音誅，杜子春音禱辨見下。注曰：致禽于虞中，使獲者各以其禽來致，于所表之處，屬禽別其種類也。饁饋也，以所獲獸饋薦于郊，之四方群兆，人又以奠于祖禰。斂禽謂取三十入腊人也。禂，杜子春云：禱也，為田禱多獲禽牲。為馬禱無疾。詩既伯既禱。《爾雅》云：馬祭也是也。玄謂禂讀如誅，今侏大字也。為牲祭求肥，充為馬祭求肥健。疏曰：若田在山，山虞植旗為表。田在澤。澤虞植旌爲表。故致禽于虞中也。按小宗伯兆五帝于四郊，四類、四望，亦如之。兆山川丘陵各于其方，是四郊皆群神之兆。今田獵在郊外，還過羣兆，故將此禽祭之上舍奠于祖廟，謂出時，今舍奠在饁獸之下，是又以所獲禽牲薦廟，告反也。入腊人者，按《王制》一爲乾豆，二爲賓客，三爲充君之庖。攄上殺者，乾之以爲豆實，供祭祀，其餘入賓客，若君厨是也。杜子春爲牲禱，多獲，爲馬禱無疾。後鄭皆不從者，以凡言牲攄祭祀之牲，不得攄田獵之獸，又禂不得爲禱祈。字玄謂讀如誅者，此俗讀也。云今侏大字也者，漢時人傍朱是侏，大之字故云爲牲祭，求肥充為馬祭求肥健也，知此皆有祭者，以其言皆，掌其祝號也。小宗伯大甸，則帥有司而饁獸于郊，遂頒禽。注曰有司大司馬之屬，頒禽謂以予群臣也，《詩傳》曰：禽雖多，擇取三十焉，其餘予大夫士以習射于澤宮而分之。

清 徐鼒《讀書雜釋》卷六《田獵罝罘羅網畢翳餧獸之藥毋出九門》

田獵，罝、罘、羅、網、畢、翳、餧獸之藥，毋出九門。《吕覽》作田獵罼弋、罝罘、羅、網餧獸之藥，無出國門。一本作九門。按康成注爲鳥獸方孚乳，傷之逆天時也。獸罟曰罝罘，鳥罟曰羅網。小而柄長謂之畢翳，射者所以自隱也。凡諸罟及毒藥，禁其出九門，明其常有，時不得用也。九門路門也、應門也、雉門也、庫門也、皋門也、城門也、近郊門也、遠郊門也、關門也今月令無罘翳爲弋。高誘注罼掩網也，弋繳射飛也。《詩》云：弋凫與鴈，罝兔網也。《詩》云：肅肅兔罝，羅鳥網也。《詩》云：鴛鴦于飛，畢之羅之。罘射鹿罟也，網其總名也。天子城門十二，東方三門，王氣所在處，尚生育明，餧獸之藥，所不得出也。嫌餘三方九門得出，故特戒之如言無也。鼒按爾雅釋器云：兔罟謂之罝。《太平御覽》引舍人注詩疏、引李巡注并云：兔自作徑路，張罝捕之也。《眾經音義》引郭注云：罝遮也，遮取兔也。與今本異。《説文》网部云：罝兔网也。釋器又云：繴謂之罿，罿，罬也。罬，謂之罦，罦，覆車也。《詩疏》引孫炎注云：覆車網可以掩兔者也，一物五名，方言異也。郭璞注云：今之翻車也，有兩轅，中施罥以捕鳥，展轉相解，廣異語。是獸罟曰罝罦，罦亦得爲鳥罟也。故《詩》曰雉離于罦。《説文》网部引爲雉離于罬，又云：罟兔罟也。蓋罦爲罬之或體罘，又罟之省字也。高以罘爲射鹿罟注，淮南亦云：麋鹿，罟當別有據。又《釋器》云：鳥罟謂之羅詩疏引李巡云：鳥飛張網，以羅之。兔爰傳云：鳥網爲羅。《説文》云：羅以絲罟鳥也。古者芒氏初作羅，又云：罻捕鳥网也。隹部云：罹覆鳥，令不飛走也。讀若到此皆網之捕鳥者，而罝罦羅畢又均得名之罔。《説文》云：网庖犧所結繩以漁，从冂下象，网交文，凡网之屬皆从网，是网其總名也。《後漢蘇竟傳》云：畢爲天網。《爾雅》釋天噣謂之畢，注云：掩兔之畢，或呼爲濁，因星形以名。詩大東有捄天畢，孔疏云捄，長貌又畢，八星纍貫兩，又出是畢，柄長之證也。《説文》云：畢田网也从芔象畢形微也，是畢小之證也。弋與翳本聲轉而字異。《海内經》弋鳥廣雅作翳鳥，故知爲聲轉字異。鄭云：翳射者，所以自隱者，方言十三翳掩也。《廣雅釋詁》二翳障也。《文選・射雉賦》序習媒翳之事，引徐爰注云：翳者所隱以射者也，又擊場拄翳，停僮葱翠。注云：射者聞有雉聲，便除地爲場，拄翳於草。停僮，翳貌也。葱翠，翳色也。高云：弋繳射飛也者，弋卽隿之叚借字。《説文》云：隿繳射飛鳥也，《周禮・司弓矢》矰矢茀矢用諸弋射。注云：結繳於矢謂之矰。賈疏云：繳則繩也，謂結繩於矢以弋射飛鳥者也。《廣雅釋詁》三餧食也，《漢書・陳餘傳》云：以肉餧虎或省作委詩鴛鴦箋，無事則委之以莝。《釋文》云：委猶食也是也，以上諸字鄭、高兩注不皆同者，各就所見字注之今爲疏解如此。又九門鄭、高義異田獵豈有由路門出者，如孔疏所云：則但曰禁田獵可耳，何必云：毋出九門乎？且下文九門磔攘注云：出疫于郊，與此歧出是鄭亦不能自通其説。此以高注爲長，又陸氏佃謂九門爲王城面各三門，東西九經，南北九緯，吳氏澄謂南三門，王之正門。平曰：此等之物，皆不得出，餘門則出，此月則皆禁。鼒謂此亦臆説，高注九門磔攘云：九門，三方九門也，嫌非王氣所在，故磔犬羊以禳木氣盡之，故曰以畢春氣也，其説精確無可易也。又按孔穎達以今《月令》爲《吕氏春秋》入禮記爲古，不入禮記爲今，按鄭注：引今《月令》十七條與高注吕覽俱不同。此注云：《月令》無罘字，而吕覽有之，是孔氏妄説也。蔡氏云：以今《月令》卽《明堂月令》梁氏玉繩謂今《月令》乃漢時太史所上月歷，引侯霸傳行四時之令，皆霸所建以證東漢自有所行月令。而鄭謂之今《月令》亦近於從而爲之詞。鼒謂《太平御覽》引蔡氏章句云：掩飛禽曰，畢，繳矢曰，弋。是蔡所據卽鄭所謂今《月令》也。又高注九門云：云是吕覽本作九門，今作國門，後人以唐《月令》妄改也。

《皇清文穎》卷五六《右發鑾輅一章三十句》　盛京樂，民風厚，畝盈黍稌窌，積紅朽，四民鱗集，既蕃既阜。盛京樂，慣田獵，從狼發豵，弓彎馬捷，割鮮烹肥，家餽户饁。盛京樂，樂雍熙，衢尊春臺，登之酌之。昔聞聖祖之報本，今覯聖孫之受釐，吾民何？幸得生聖人之時，盛京樂樂不可支。

雜録

宋　魏了翁《儀禮要義》卷四一《田獵弁服棧車此小獵云鄙簑笠槀車》　槀車載簑笠釋曰：云槀猶散也者。《司常》云斿車載旌，注云：『斿車，木路也。王以田以鄙。』謂王行小小田獵，巡行縣鄙，北散車與彼斿車同是游散所乘，故與斿車同觧。若然，士亦與王同有以田以鄙者，亦謂從王以田以鄙也。若正田獵，自用冠弁服，乘棧車也。云：『簑笠，偹雨服』者，案《無羊》詩云：『爾牧来詩，何簑何笠。』彼注云：『簑所以偹雨，笠所以御暑。』而此并云偹雨笠者，非直簑以御雨，笠亦以偹雨，故《都人士》詩注云『笠所以御雨』，喪事不辟暑，是以并云偹雨之服。云『今文槀為潦』者，案《周礼》云輪人『為蓋』鄭礼所為潦車，謂蓋車與？若然，彼注此文則為潦車者，義亦通。

宋　宇文懋昭《大金國志》卷三六《田獵》　金國好田獵，昔都會寧，四時皆獵。海陵遷燕，以都城外皆民田，三時無地可獵，候冬月，則出一出必踰月，后妃、親王、近臣皆隨焉。每獵，則以隨駕軍密布四圍，名曰圍場，待狐、兔、猪、鹿散走於圍中，帝必先射之，或以鷹隼擊之，次及親王、近臣出圍者，許諸餘人捕之。飲食隨處而進，或與親王、近臣共食。遇夜，或宿於州縣，或宿於郊野，無定。所海陵以其子光瑛，年十二獲獐，取而告太廟。世宗立尤甚，有三事令臣下無諫：曰作樂，曰飯僧，曰圍場。其重田獵如此。

明 佚名《道典論》卷三《田獵》 老君《道德經》云：『馳騁田獵，令人心發狂。』明《眞科經》云：『無極世界，男女之人，生世無道，不念善緣。三春遊獵，走大放鷹，張羅布網，放火燒山，剌射野獸，殺害衆生，其罪酷逆，死充重殃，身負鐵杖，萬痛交行，驅馳百極，食息無寧，死魂苦毒，非可堪當。萬劫當生野獸之身，恒被燒所，以報宿寃，縱還人道，恒遭惡人，身受鞭扑，憂惱自嬰，福路日遠，纏結日臻，不得開度長夜綿綿。』

《昇玄經》云：『道陵偈頌曰：「不念作慈心，遊獵殺衆生。罪竟受對報，炎火燒其形。」』

清 張照《協紀辨方書》卷一一《畋獵》 宜霜降後，立春前執日、危日、收日；忌天德、月德、天德合、月德合、天赦、生氣、往亡。

清 吴士玉《駢字類編》卷一一九《田》 田獵：易比九五，顯比王用三驅，失前禽，邑人不誡，吉。《疏》：王用三驅，失前禽者，此假田獵之道，以喻顯比之事。又恒九四，田无禽。《疏》：田者，田獵也，以譬有事也。无禽者田獵不獲，以喻有事无功也。恒于非位，故勞而无功也。《禮記・王制》：天子殺則下大綏，諸侯殺則下小綏，大夫殺則止佐車，佐車止則百姓田獵。《孟子》：今王田獵于此，百姓聞王車馬之音，見羽旄之美，舉欣欣然有喜色，而相告曰『吾王庶幾無疾病與，何以能田獵也？』《史記・信陵君傳》：公子與魏王博，而北境傳舉烽，言『趙寇至，且入界』。魏王釋博，欲召大臣謀。公子止王曰：『趙王田獵耳，非為寇也。』復博如故。王恐，心不在博。居頃，復從北方來傳言曰：『趙王獵耳，非為寇也。』《漢書・五行志・傳》曰：『田獵不宿，飲食不享，出入不節，奪民農時，及有姦謀，則木不曲直。』又《貢禹傳》：獨舍長安城南苑地，以為田獵之囿。自城西南至山西至鄠，皆復其田以與貧民。又《張敞傳》：臣聞秦王好淫聲，葉陽后為不聽鄭衛之樂。楚嚴好田獵，樊姬為之不食鳥獸之肉。又《匈奴傳》：兒能騎羊，引以射鳥鼠。少長，則射狐菟肉食。士力能彎弓，盡為甲騎，其俗寬則隨畜田獵禽獸為生業。急則人習戰攻以侵伐，其天性也。《吳志・張昭傳》：權每田獵，常乘馬射虎，虎常突前，攀持馬鞍。昭變色而前曰：『將軍何有當爾？夫為人君者，謂能駕御英雄，驅使羣賢，豈謂馳逐於原野，校勇於猛獸者乎？如有一旦之患，奈天下笑何？』權謝昭曰：『年少慮事不遠，以此慙君。』《淮南子》季春之月，天子命司空：時雨將降，下水上騰，循行國邑，周視原野，修利隄防，導通溝瀆，達路除道，從國始，至境止。田獵畢弋置罘羅罔餧毒之藥，毋出九門。《新論》：獺未祭魚，不施網罟。豺未祭獸，不修田獵。戴表元《息齋賦》：求息乎夢寐，則有誤飲食於田獵，惑錢財於糞穢。

出獵

藝文

唐 李世民《出獵》《佩文齋咏物詩選》卷一三〇 楚王雲夢澤，漢帝長楊宮。豈若因農暇，閲武出轘嵩。三驅陳鋭卒，七萃列材雄。寒野霜氣白，平原燒火紅。琱戈夏服箭，羽騎緑沈弓。怖獸潛幽壑，驚禽散翠空。長煙晦落景，灌木振嚴風。所為除民瘼，非是悦林叢。

唐 高适《高常侍集》卷四《同群公出獵海上》 畋獵自古昔，况伊心賞俱。偶與群公遊，曠然出平蕪。層陰漲溟海，殺氣穷幽都。鷹隼何翩翩，馳聚相傳呼。豺狼竄榛莽，麋鹿罹艱虞。高鳥下騂弓，困獸鬪匹夫。塵驚大澤晦，火燎深林枯。失之有餘恨，获者無全軀。咄彼工拙間，恨非指蹤徒。猶懷老氏訓，感歎此歡娛。

唐 錢起《錢考功集》卷八《漢武出獵》 漢家無事樂時邕，羽獵年年出九重。玉帛不朝金闕路，旌旗長繞綵霞峯。且貪原獸輕黄屋，寧畏漁人犯白龍。薄暮方歸長樂觀，垂楊幾處緑煙濃。

唐 張祜《張承吉文集》卷八《觀濠州田中丞出獵》 東城曉出静塵埃，紫畫神旗向日開。錦袖半攘争捧轡，銀鞍不下小傳盃。馬盤草上朱弓滿，鴈落雲中白羽迴。晚向三通殘皷盡，北原千騎卷行來。

宋 韓琦《安陽集》卷一《臘日出獵近郊》 悲風吼林霜草白，殺氣稜稜慘空碧。因畋講事此其時，況值嘉平農已隙。暫整和門出近郊，獵獵旌旗原燒赤。狩場一望天四垂，貔虎意豪猶恨窄。皷動圍開翼復箕，人知部分如刀劃。飛走竄伏不得暇，狡兎幸生徒奮擲。飢鷹眼掟翅頭健，下韝風發無虛搦。鶻拳交擊或未仆，繼嗾韓盧追以咋。忽穿叢薄失所捕，恥焉便縱摩霄翮。不似寒鴟得腐鼠，傲然直視鴛鶵嚇。鳥鶉鷃雉曷足數，亦有晨風競搜索。其間駭獸欲陵突，悍卒爭趍矜手格。前驅反旆弗及舍，丘山大委虞中獲。翻車瀉酒犒士衆，萬刀刲肉恣燔炙。塞防寓令豈徒然，不在詩人刺荒癖。王者設官猶取衆，大姦宿猾許擒扼。乘時廢職莫自效，匆謂鷙鳥無全策。別有老狐智計巧，只就高城營窟宅。疑冰識扱行步稳，此日胡由見踪跡。鶡兮鶡兮未得志，將軍憤懣如何釋。

又 卷八《臘日出獵二首》 笳皷擁貔貅，韓陵山下頭。人心忘岱嶽，鷹眼快離婁。兎逸茲窮虜，孤殱即貴酋。鄉民誰會我，衣錦樂畋遊。習平禮樂存形器，要閱兵須有殺生。故備姦戎侔斬伐，唯於畋獵可申明。妖狐膽裂逃終戮，老鶻拳高下必精。大獲未能矜小得，幾何人不哂吾行。

宋 劉攽《彭城集》卷四《約謝師直出獵師直小疾不行作詩戲之》 雪後原野空，風高弓矢勁。歲時有陰殺，自古順天令。躍馬徑豐草，呼鷹下空敻。烈火生鼻端，割鮮矧餘興。此亦壯夫樂，不與兒女並。苦無枚叔辨，試起夫子病。

宋 梅堯臣《宛陵集》卷四《臘日出獵因游梅山蘭若》 我與二三騎，爭馳孤戍旁。逐麞逢野寺，息馬據胡牀。鷹想支公好，人思灞上狂。歸來何薄暮，煙火照溪光。

宋 宋祁《景文集》卷一九《車駕出獵和丁學士》 九扈聊清野，三驅比出畋。紫雲華蓋上，玉斗帝車前。藻衛羅長薄，星槍落晚壥。旗開龍對舞，驂合雁相联。魚貫圍中隊，風毛仗裡天。寒熊批怒掌，飢鶻下蒼拳。困獸開仁網，良禽獻廟鮮。困兽开仁纲，良禽献庙鲜。賜庖飛騎促，勞飲醽烽傳。歷覽黃圖迥，裴回翠帽旋。邇臣將盛美，吉日繼王篇。

宋 宋庠《元憲集》卷八《和參政丁侍郎從駕出獵》 詔蹕承冬令，郊畿闢狩場。鉤陳来作衛，袀服正騰裝。表野千旌合，舒圍萬騎張。清塵風效職，捧轡日呈祥。寶時遙驚翟，天弧即射狼。林空平陸險，雲斷見鷹揚。猛圈聊夸漢，恩羅遂祝湯。數功浮白飲，均惠割鮮嘗。別苑黃山外，仙城北斗傍。輔臣忠力盛，餘思滿雕章。

宋 趙鼎臣《竹隱畸士集》卷三《子莊出獵僕不與聞志康有詩次其韻》 歲窮於冬春未涉，雪入田中餘潤接。鷹鸇欲擊膽方張，狐兎正肥心已怯。忽呼小隊試周旋，直並西山窮射獵。將軍約束金鼓震，令尹指麾豻虎懾。平原淺草陣横斜，後勁中權旗曄曄。林空肯使逸禽飛，澤竭不煩追騎躡。正堪大嚼出饞涎，安用千金酬笑靨。風毛漠漠任教吹，雨血紛紛誰所喋。不容杜曲隨李廣，顧肯桑間問靈輒。廟謨不戰方兩階，邊塵已靜休三捷。酩酊如余乃醉仙，雄豪似子真儒俠。明朝得儁儻相過，買酒尚堪吾倒篋。

金 李俊民《莊靖集》卷四《參謀王君玉魏文侯冒雨出獵圖》 終朝冒雨入山林，畢竟馳驅獲幾禽。自是魏侯言不負，當時只合獻虞箴。

元 李繼本《一山文集》卷二《出獵圖》 大漠陰風起，煌煌獵騎來。闞弓霜月滿，吹角塞雲開。射虎慚無術，呼鷹謾有臺。蕭條空見畫，粉墨亂塵埃。

元 盧琦《圭峰集》卷上《燕將軍出獵》 將軍一戰山河定，雲漢昭回玉壘高。柳外解鞍春洗馬，月中飛箭夜鳴鶻。呼鷹走狗清時樂，斬將搴旗舊日勞。白面春官催賜酒，漢家不數霍嫖姚。

元 薩都拉《薩天錫詩集・燕將軍出獵》 將軍一戰山河定，雲漢昭囬玉帳高。柳外鮮鞍春洗馬，月中飛箭夜鳴鶻。呼鷹走狗清時樂，斬將搴旗舊日勞。白面官官催賜酒，漠廷不數霍嫖姚。

元 沈夢麟《花溪集》卷二《金人出獵圖》 燕然山前沙草黄，天垂四野秋風涼。當時金人意氣揚，馬上爲家弓矢强。中原鹿走秦之失，臂鷹牽犬爭先得。風毛雨血洒穹廬，殺氣騰騰日無色。憶昔經界分中邊，百年化爲南北天。秖今輿地復故步，我願開荒種禾黍。千秋萬歲供王賦，吁嗟諸羌孰敢侮。

元 王惲《秋澗集》卷三三《明皇驪山出獵圖都尉王晉卿筆**》** 五家錦綉迷川谷，萬馬旌旗獵帝師。治乱兩途明在眼，丹青渾是黍離詩。

元 張弘範《淮陽集・出獵》 臂鷹擕犬袴腰弓，四野長圍馬疾風。恨煞棘林狐兎走，肯教容易出圍中。

元 台哈不哈《送燕將軍出獵薩都拉》《元詩體要》卷一一 將軍一戰山河定，雲漢昭回玉帳高。柳外解鞍春洗馬，月中飛箭夜鳴鶻。呼鷹走狗清時樂，斬將搴旗舊日勞。白面宮官催賜酒，漢廷不數霍嫖姚。

元 楊維楨《出獵圖》《元詩選・初集》卷五六 燕支花開春日暉，從官游騎去如飛。分明一段龍沙景，白鴈黄羊好打圍。

元 張雨《金人出獵圖》《元詩選・初集》卷六六 小隊鳴笳曉出圍，地椒狼籍獸應肥。上皇久厭猩羊粉，故遣蕭郎擊豕歸。

明 程敏政《篁墩集》卷九一《題戎王出獵圖》 黑山之北青海頭，草木摇落風颼颼。平原一望渺無際，獵騎四踏黄雲秋。戎王小年面如玉，彷彿當時李存勗。錦袍白馬彎琱弧，一箭真應倒蒼鹿。蒼鹿却走青羊奔，沙磧霜中餘血痕。相隨兩兩奉鞰策，氈裘辮髪皆羌渾。一犬騰身逐驚兎，後騎鞲鷹笑相顧。大家賈勇各忘疲，倒載爭多不知暮。健兒獨往先着鞭，自期百發無虚弦。何物霜蹄忽星迸，脱手落地仍欣然。幾輛氈車駐山口，應待歸來勸胡酒。共爇熊掌炙駝峰，敕勒歌長出林藪。歌長畫短樂未央，皂旗閃爍天蒼涼。明朝移帳定何所，擇地還開新獵場。方今聖人居大寶，烽燧無烟罷天討。弓兵長作畫中看，莫近飛狐塞垣道。

明 唐文鳳《題番人出獵圖》《唐氏三先生集・梧岡詩稿》卷二二 塞北天高風蚤寒，將軍出獵原野寬。皂旗半捲鷹未放，忍使潛逃狐兎殘。左鞬右櫜意氣滿，駿馬翩翩嘶顧影。酒酣夢熟氍毹春，月轉穹廬夜初永。

駕鵞東飛天宇高，馬鳴曠野風蕭蕭。將軍自是射鵰手，憑陵志氣何太驕。一駿烏雲一駿雪，四蹄踏遍天山月。酒酣時聽刺刺歌，蒲萄杯深和瓊屑。

驕驄旋轉如驚龍，手挽一石烏號弓。笑撚銀箭遥指點，背身射落孤飛鴻。駿龍前行猶返顧，日暮歸來足狐兎。醉中慢撥琵琶春，漢月流光濕寒露。

青絲手控拳毛騧，邊庭雪冷多風沙。錦袍綉鞍貂帽暖，女姬暈酒顔如花。塞下雪飛大於席，掣電追風去無迹。明朝獻獲單于歡，炙肉行觴酪漿碧。

明 唐文鳳《秋曉陪駕出獵用鍾伴讀韻》《唐氏三先生集・梧岡詩稿》卷二三 鷄鳴戒早炊，曉日起嵎夷。風力寒侵骨，霜華濕點眉，招旌心望切，侍駕步行遲。獲鹿歡聲動，三軍得雋時。

明 龔斆《鵝湖集》卷三《題明皇出獵圖錢舜舉畫》 皇州春滿雪消遲，正是君王出獵時。輦路塵昏雙鳳闕，掖垣霧繞萬年枝。雲飛黄鵠鷹初健，月滿雕弓馬載馳。却憶内園供奉日，鹿銜花去已無知。

明 何喬新《椒邱文集》卷二三《題金人出獵圖》 陰山寒飈捲晴雪，白草蕭蕭凍欲折。選徒校獵曉合圍，萬騎蹴冰如蹴鐵。狐裘狐帽紫絨絛，上凌大磧下深濠。鐵騎咆哮聲震地，毛羣無計可潛逃。駕鵝戛戛來何許，一片晴雲蔽天宇。海青直上鷙且雄，頃刻平蕪洒紅雨。紛飛鶻鸛與鶖鶬，雨血風毛墮獵場。車徒獻獲大綏下，割鮮野食駝蹄香。金輪半墜西山缺，鐃管嘲轟向區脱。解鞍縶馬未肯眠，笑擊黄獐飲其血。白旂忽動鄂諾河，猛士更比金源多。柴潭已涸蔡州破，狡兎雖肥奈爾何。

明 胡儼《頤庵文選》卷下《題顔輝沙漠出獵圖》 朔風卷地吹白草，陰山八月霜信早。塞外馬肥弓力強，什什伍伍遊沙場。沙場迢遞千萬里，白鴈高飛天似水。翻身滿引烏角弓，須臾血灑榆林裏。猘子交馳疾若風，馬蹄蹈鐵如遊龍。嵩岳高高雙眼碧，狐裘蒙茸髩毛赤。不覩沙場畫裏真，豈知秋月筆通神。祇今塞上烟塵絶，羣部俱來貢金闕。買縑欲寫王會圖，幾度臨風憶秋月。

明 胡應麟《少室山房集》卷三八《出獵歸二首》 亦知金甲貴，頻許布衣遊。短劍攜孤客，長纓問五侯。碁酣紅日墜，箭駛白虹流。快意平原獵，高天控紫騮。

說劍樓船上，霜華照轆轤。將軍長揖重，處士少微孤。日沓青油幕，風酣白玉壺。誰同霍驃騎，横槊賦三都。

明 黄淳耀《陶庵全集》卷一四《道傍見出獵者》 楚製衣衫箇箇輕，晴雷知是拓弓聲。塵當駿馬来時住，風向豪鷹怒處生。繞出林叢齊掩抑，搜開原野各紛爭。雞棲車裏回頭望，一道飛毛雪片明。

明 劉永之《劉仲修先生詩文集》卷六《爲何重容題金人出獵圖》 八月灤河校獵還，名鷹細火簇彫鞍。忽聞新雁雲中□，□□關弓駐馬看。

明 朱元璋《明太祖文集》卷一六《唐太宗出獵圖贊》 景物秋作，草木黄落，蒼鷹翮輕。犬健時攫，天子出獵，狐狼失魄。内亂已平，諸夷就縛，文武雄才，民歌且樂，天日中闕，如山嶽屹。

明 錢宰《臨安集》卷一《題蕃王出獵圖》 燕山八月秋草黄，秋高馬肥弓力强。蕃王朝辭詐馬宴，羽獵不敢齊長楊。西風獵獵邊城戍，小隊旌旗打圍去。英姿颯爽思奮揚，面如玉盤身倚樹。金羈朱纓玉腕騮，紫貂兜鍪銀鼠裘。燕姬如花向前騎，從官騎列春雲浮。猛士先驅仗金鉞，胡笳一聲鼓齊咽。驄駒並載雙歌驕，海青翻臂思超越。黃鬚健兒勇且驍，虎紋交韔懸在腰。翻身控弦響若掣，一箭射落雙飛鶻。馬上雙鶻馳獻捷，凱歌向王王擊節。金杯進酒飯黃羊，馬潼淋漓手新捩。穹廬張天落日黃，醉擁嬋娟馬前歌。百年富貴空畫圖，桑田茫茫海水枯。畫中豪傑八尺軀，昔何勇鋭今何愚。悲風蕭蕭渺絶漠，漠南千里王庭無。

明 史謹《獨醉亭集》卷上《觀出獵》 滇陽地濶平如掌，銀漢無雲氣清朗。五陵公子獵秋風，快馬踏沙蹄不響。三千健兒意氣同，手撚羽箭腰懸弓。殺聲日暮動南極，遠近一過山林空。良犬争馳疾於電，狡兔嗚呼命如線。蒼鷹脱韝雲際來，擊落駕鵝翅爲劍。旌旗翩翩晚明滅，黃塵漲天笳鼓咽。青兕玄熊馬上馱，争還喜似成功捷。山河混一昇平久，此樂何須印如斗。視我區區草莽臣，壯心不在諸公後。

明 王世貞《弇州四部稿》卷一七《爲吴舍人題匈奴出獵圖》 誰為舍人畫此圖，高堂日落秋洶洶。細看乃是單于獵，白草黃雲骨俱悚。馬如遊龍戲溟渤，人即饑烏暗霜壟。無論衆馬姿態雄，飲齕雖異驕心同。嘶鳴欲追青海日，蹴踏亂起祁連風。魋結健兒鞭寒空，中間畫纛摩雙熊。一矢奔傳號令出，霹靂盡響烏號弓。蒼鷹脱韝乍有神，撇捩羊角盤車輪。迥如流星漸不辨，白羽散墜飄紅塵。小奴拍馬呼聲頻，奪將頭鵝任衆嗔。臂鷹睋目逞絶叫，百鳥骨折顛高旻。草中狐兎眠難穩，盧鵲何甘讓秋隼。一線光銜尾初及，千林越遍心逾緊。豈無狡捷勝東郭，年命今衰氣力盡。哀魄黯霸歸荒烟，肩稍袒割太劇顛。橐聲小擊萬馬斂，羣奴笑立穹廬前。黃金犀比上功賞，妻子改色懽相延。此時單于醉何有，極目茫茫失飛走。鶡紘教上叱撥調，酡酥列捧閼氏手。天留大鹵任長驅，莫作欃槍犯南斗。漢家天子獵甘泉，頭白揚雄罷草玄。煩君好手圖王會，為是呼韓欵塞年。

明 吴節《吴竹坡先生詩集》卷二五《金人出獵圖》 當年秣馬更調弓，欲立吳山第一。自謂山河堪席捲，不知南國有飛龍。

明 謝肇淛《小草齋集》卷一一《題胡人出獵圖》 北風獵獵吹平野，胡兒校獵天山下。日淡天空一片塵，驚沙亂簇千蹄馬。誰爲圖此意飛揚，尺素萬里開風霜。黃榆白草慘無色，形勢洶洶列我之。高堂名王貂裘紅，叱撥健兒角弓彀。欲發桔槔原頭兎，正肥苜蓿橋邊鴈。初没錦韝乍解海，東青細腰走狗摇。金鈴欻若流星飛，一點飄毛灑血川。原腥飛窮走盡白，日晚鶬鴈轣轆載。俱满割鮮歃血鬚。盡殷馬乳駝酥行，蒲萄新凝琥珀碎。胡姬琵琶催人醉，單于含笑擁閼氏。月華半照穹廬内，青海城西畫角鳴。控弦十萬夜移營，好向玉門來款塞，漢家正築受降城。

明 趙漢《漸齋詩草》卷上《戎王出獵圖》 窮荒有生知食肉，日親較獵相馳逐。視殺如生悍驁心，寧論胎攫兼巢覆。尋常畫圖不可觀，毛血遍灑腥風寒。此圖一見理自□，□其作者好手難。不張部落呼號勢，但寫伊酋性度閒。冓徒報獲微假顏，共具貌得君臣間。得非金城初屬國，無乃青海休行役。漢庭唐室無上策，一再展之深省識。光搖細練風霜新，自是于今初染墨。良工之意不在戎，想見圖窮意未極。欲對清朝繪無逸，筆底華風動西域。

明 鄭暘《聞一齋詩稿・題松雪齋寫齊宣王出獵圖》 校獵平原沙草寒，五花驄馬簇金鞍。吳興信是天機妙，寫出齊宣意態閑。

明 鄭文康《平橋稿》卷三《題趙仲穆出獵圖》 駿馬胡鷹萬里天，飛塵一道暗如煙。清平正好調弓馬，莫為從禽學少年。

明 詹同《出獵圖》《題畫詩》卷五七 朔風凜凜吹龍沙，年年馬上長為家。陰山大漠百草死，獵遍青海瀕天涯。旌旗裂盡霜花濕，萬騎貔貅似雲集。蒼鷹欻起若飛電，四尺神獒作人立。什圍五攻兵法存，發縱指示知何人。豈無詭遇獲禽者，誰能為爾鸞梟分。直將勇氣飽所欲，寢虎之皮食虎肉。生擒山下九青兕，射殺巖前雙白鹿。日暮歸來雪洗箭，血灑腥氣滿河曲。穹廬散野如繁星，涼月蕭蕭照平陸。駱漿跪進瑪瑙盌，黃面奚奴眼睛綠。明朝滿馬馱斕斑，酋王喜生紅玉顏。焉知祝網三驅意？但醉氍毹紫塞間。君不見暴殄天物焚咸丘，畫師之筆學春秋。還君此圖長太息，使我忽憶比蒲蒐。

明 謝承舉《胡人出獵圖》《題畫詩》卷五七 秋野胡奴獵鬬歡，駕鵝鴻鴈正號寒。邊關今有韓都尉，不敢揚鞭過賀蘭。

清 貝青喬《半行庵詩存稿》卷一《六泉叔命題鍾進士出獵圖》 深林月黑風亂旋，有怪非怪仙非仙。譆譆出出紛來前，兩鬼趫捷舁一箯。兩鬼劍笠肩上肩，鬼雛蚩蚩奔在先。鬼妾從之慘不嫣，彼小而瘠立左偏。或竿或甕峙乃羶，是何老魅居中權。中山進士大且鬈，排衙結隊山之巔。張皇一第誰爾賢，方今午運當中天。鬼物之神何有焉，我惜膧腹徒便便。為此魃蜮流饞涎，區區幺麿何足憐。畏爾媚爾執爾鞭，背爾竄竊肆厥姦。爾果翦祟靖下泉，終南捷徑猶赧然。況復四走驅妖烟，獝狂群孽同游畋。我今儆爾詩一篇，爾其遁跡毋流連。

清 **博爾都《問亭詩集·白燕栖詩草》卷四《懷澹士内兄隨駕出獵口北》** 秋風寂寂歎離羣，鴻雁天邊望白雲。射雉山中應念我，看花亭上苦思君。霜天萬里開屯帳，緹騎千林重虎賁。寄問郊原休息日，可能吟咏到宵分。

清 **蔡新《緝齋詩稿》卷二《秋日南苑陪皇子出獵作長歌一首》** 南苑週迴百餘里，平蕪豐草彌鹿豕。清秋帝子出行圍，縱控驊騮鞭騄駬。平生未識軍容盛，到此觀獵亦心喜。清晨整轡肅隊行，兩翼平分互角掎。前偏迤邐布魚麗，中權攢簇如岳峙。須臾怒馬欻驕嘶，蹀躞奔騰爭迅駛。桓桓衛士盡貔貅，右屬櫜鞬左鞭弭。不虞即鹿入林中，何惜射雉亡一矢。馬前狡兔走踆踆，盡氣狂奔竄草裏。氉毹猶冀得偷生，宛轉還從箭下死。白日中天氣豪健，髣髴沙場看酣戰。前驅止殺下小綏，解鞍暫憩空王殿。我本東南一豎儒，三十年來未曾見。今朝上馬學執弓，馬上猶能放一箭。初行按轡尚逡巡，倏忽從風掃震電。歸來餘勇更可賈，且復據鞍生顧盼。盛世無勞汗血駒，書生豈解膺羈絆。只今鋒鏑永無虞，講藝投戈革不貫。

清 **馮景《解春集詩文鈔·詩鈔》卷三《送方伯出獵》** 講武秋飛玉帖驄，仰看白雁下青松。知公不射驚禽客，良御無煩諫鄭龍。

清 **高述明《積翠軒詩集》卷下《將軍出獵西海》** 十萬出關雄深機，運掌中劍鋒直拂。旄頭氣旗角斜侵，海面風珍重琱弓。留射馬肯將一矢，貫雙鴻。

射馬工部詩：射人先射馬，擒賊先擒王一矢《小雅》壹發五豝。《國策》未絶一弦，未折一矢。

清 **杭世駿《道古堂全集·詩集》卷一六《題萬明府**承式**出獵圖》** 莽莽黄塵没紫臺，輕禽狡兎互鳴哀。西京一首揚雲賦，圍合煩君細寫來。

天低四野見牛羊，乞取燕然作獵場。三十六熊同日射，更留餘技埽天狼。

清 **揆叙《益戒堂詩集·詩後集》卷八《題元世祖出獵圖》** 至元天子英武姿，校獵每以秋冬期。我今展圖如見之，沙漠慘淡移於斯。星旂蔽野虹作旗，厩馬既秣車既脂。至尊前行後閼氏，茸帽壓頂裘反披。名王部長絡繹隨，臂弓腰箭千夫馳。北風似弩雪似箠，踆烏匿影頑雲癡。鴻鵠紛拏蒼隼饑，雉飛入草鷹在枝。銀麞縞鹿熊豹麋，狡兎封豕狐與貍。洞胸飲羽血淋漓，焚林搗穴靡孑遺。就中射虎者爲誰，引滿一發穿其頤。目光瞮磹怒未弛，懦怯乍覩猶驚疑。歸來穹廬帟幕施，酪漿湩乳傾金巵。燎毛燔肉土銼炊，琵琶發聲羌笛吹。酒酣耳熱歡融怡，寒氣忽轉春遲遲。厥初窮兵闢坤維，乘勝直抵西海湄。於闐乞降迨龜兹，角端示警殊不知。從畋已寓陣法奇，止齊步伐皆得宜。月來日往綿歲時，此畫完整無缺虧。偶然流覽渾忘疲，便覺滿室生涼颸。壯觀咫尺慰所思，何待振策遊邊陲。

清 **李文藻《嶺南詩集·恩平集·獵户獻虎皮》** 夜來張弩向山邨，朝送皋比到縣門。灌莽從知編户少，嘯風想見負嵎尊。臨官誰佩脅旁骨，遺患應看耳上痕。忽憶授經曾坐此，生徒三載隔寒温。

又《獵户再獻一虎書二十韻示之》 山縣林箐盡，宿莽翳深谷。仁獸不來游，猛虎時竄伏。或以藥箭得，獻皮食其肉。黄金買死馬，費我三月禄。重賞有勇夫，相報何太速。數人肩白額，眈眈見雙目。斑奴墮訟庭，文采耀歷録。已無嘯風力，觀者猶頸縮。搏非恃徒手，巧不亡一鏃。廖秦術未墜，倀鬼害俱逐。皚皚花邊錢，償之應滿掬。傳聞古良吏，惡類莫能毒。化石與渡河，往往書史牘。我來無惠政，日不廢鞭扑。一春虎再見，得毋内多欲。堂皇坐戾蟲，假威徧騶僕。胥吏亦貔貅，百姓中豚鶩。對此頻自訟，慄慄戰心曲。人首而人身，鮮衣處華屋。無望君子變，願聞婦人哭。

清 **厲鶚《樊榭山房集·續集》卷六《五月十五日客廣陵馬半槎招集小玲瓏山館爲展重午之會出諸家鍾馗畫索題予得出獵圖》** 老馗駿騎風蕭蕭，一陰生後爲夏苗。嘯梁之類聚若齒，屬目用命無敢顒。後勁鬔鬆各有執，繩牀背負攜罌瓢。唐裝挾簿似從事，數獲且待盛諸簝。前驅何所見，魍怪兼跳踃。或對持赤棓，肅若官趨朝。或牽黄臂蒼，或鳴鉦吹簌。或建中軍鼓，鼘鼘振雲霄。或樹大將旗，獵獵吹招搖。元豹或鎖掣，豪豬或叉撩。此皆偶中耳老馗，沈機密算慘不驕。半塗突出遭跡虎，相顧動色馳羣驍。蹶張在地弩交彀，投石向空距獨超。揞喉戈長夾大斧，欲除世害祛倀妖。天寶年開楊李輩，翼而冠者如戲貓。老馗胡不殪其黨，忍使三郎遠幸萬里橋。今來畫裏展重午，徒然策動酌爾桂與椒。

清 **劉正宗《逋齋詩·二集》卷四《送駕出獵夜坐直廬口號》** 伐鼓摐金獵騎行，光生玉勒雪山晴。天威過處豺狼遁，涼月惟依帳殿明。

長楊別館集飛鴉，毳幕平沙靜不譁。刁斗自傳閒夜漏，寒風幾陣送霜華。

清 **塞爾赫《曉亭詩鈔》卷二《蕉園舅氏出獵三河漫成長句奉寄》**

臨泃城下秋草腓，臨泃河畔霜湆湆。霜寒草衰狐兔肥，天空野濶雕鶚飛。孝廉好獵脱儒衣，三十挽强能中微。魚腹象弭雙履鞮，風馳電掣耀金鞿。辟鷹曳犬出郊畿，賔從褵沓四牡騑。戎行辟易獸悲嘑，墜飛蹶奔全者稀。風雲舒卷隨指揮，山頭罨靄夕烟霏。馲駝嵬危負載歸，烹腥割鮮醉錦幃。囬首苑檐雙竹扉，書生佔畢空佩韋。

清　吴壽昌《虚白齋存稿》卷五《題出獵圖》　溪山久别踏塵紅，我夢湖頭作釣翁。輸與此君多意氣，呼鷹盤馬朔方風。

清　薛敬孟《擊鐵集》卷八《題昭君出獵圖》　風起鶻高塞草黄，千群女隊踏朝霜。傳言莫近長城獵，南望塵頭是漢疆。

清　張大受《匠門書屋文集》卷三《題出獵圖》　烏摧雙翮獸穿腮，何處秋山獵騎廻。知有雄心向沙磧，暮笳吹上李陵臺。

又　卷五《題虚白出獵圖》　李侯天下奇，儒雅佩金組。雍容鈴閣間，相看殊媚嫵。自云從未央，少日健如虎。升厓捷若飛，仄入窮宿莽。頃刻獲十雙，毛骨紛散縷。卅年官水鄉，鬢白勇可賈。醉歸遇石蹲，一發深没羽。當今四海清，天子不忘武。宿衛校伎嚴，蒐材逮卒伍。公心秉精忠，夢寐振鐃鼓。鞭馬秋風原，萬夫當一怒。嗟予老腐儒，對此笑起舞。毛錐安足用，願習戟劍弩。仲冬游蕪城，四戰傷曩古。英雄久塵埃，草黄獸麌麌。從公獵午岡，特開一面罟。殺生未忍多，啼號有至苦。

清　張雲章《樸村詩集》卷三《題大理李公出獵圖》　我皇神武靖八荒，我公雄略常韜藏。春蒐冬狩從校獵，龍膺豹股紛騰驤。殲禽斃獸亂磧礫，朔風沙雪噴蒼黄。今之畫圖一披豁，豎儒不覺神飛揚。從騎猙獰怒馬出，爭看劒戟鬢髯張。鬫如虓虎眈而視，狡獜脱免走已僵。只此横行堪殺敵，不待大將親提韁。我公仁心騶虞比，金鞭玉勒來回翔。指揮霹靂一聲動，餓鴟之叫還奔忙。腰間大羽不輕發，時清百物滋繁昌。正如天驥德力備，和鸞鳴玉騣康莊。有時埽蕩塵坌淨，草間狐兔除不妨。

著録

清　端方《壬寅銷夏録・趙仲穆單于出獵圖卷》

收藏有忠徹朱文方印，袁氏珍玩子孫寶之白文方印。

畫幅紙本高一尺，長二丈八尺九寸。五分紙，八接墨筆，白描，工筆，畫羽葆幢，蓋車馬旌旗士卒出獵之狀。

朱文

白文

圍獵

論説

明　熊廷弼《按遼疏稿》卷五《縱虜内地圍獵疏》　題爲將官縱虜内地圍獵，乞賜議處以重華夷大防事。本年五月初二日，據開原兵備道僉事高折枝呈，稱萬曆三十八年，四月二十七日，據定遠守堡吴道隆禀，稱本月二十六日早間，蒙慶雲林遊擊，差夜不收左住，順邊挨臺分付，有在市夷人煖免營達子。順邊裏打圍，不許舉放炮火。至未時，果有夷人二三百騎，從慶雲堡亮子河西，順邊裏夾墻圍獵，跑至本堡大邊新臺爲止。至申時分，收帳去訖等因，具禀到道。據此，該本道看得邊墻之設，所以嚴内外之防，墻裏豈夷人圍獵之所，煖酋營雖在討賞，然革面無幾時，其情尚叵測，安知非假，此以窺伺地形險易。爲將官者，不能禁之已矣，又從而使人導焉，則虜復何所畏憚。虜無足怪，將官真可異也開原邊政，大抵若此，漸已不可長矣。由此不加載正，開原將不知作何結局緣由到臣。一見不勝駭愕，查得開原邊有二道，一爲老邊，自慶雲堡西南起，至西北正東東南柴河堡，約三百里，凡誌書内所載墩臺百餘座，皆丢棄不守。甎石皆被虜拆去夷地，爲板升，其地任夷駐收往來者，數十年，去春臣曾疏及之。一爲新邊，乃邊吏縮入内地二三十里，緊靠各堡挑築小壕一道，以苟且自衛者，自小壕以外，老邊以内，全然視爲夷物。以此瞭守偪近，往往邊烽纔舉，而虜騎卽至開原城下，使人不及備。去年臣脩墻壕，議復老邊，道將以宰煖窺伺不敢任，仍脩新邊，業已築過三十里，而臣弗從也，以謂此邊一定，則前地盡界於夷，他日必有以棄地議其後者。而欲圖脩復則宰煖方横，事勢又難輕率，正躊躇間，屬北關那酋死。臣憐本酋忠順，向來梗住東西虜，不得打通一片者，實賴其力，恐一死而其姪白羊骨輩，不能自保，遣通使持繒帛往慰之，且以堅生者意，而是時宰煖各營，皆遣夷會葬。見通使至，則皆感歎，謂裏邊大馬法。這等哀憐學好達子，若我等頭目，死不如犬，那得這樣。宰酋聞之，感動，卽歸所奪北關馬百匹。仍遣通夷來告，併送進前秋所掠人口，乞求欵賞，而臣以爲此復老邊者機也。若一面興工，一面遣使隨通夷慰藉其意，渠必再來乞賞，往返講拆不出二旬。而數十里衝處工程，度可完，其他自可無慮，因屬該道行之，無何宰賽煖兔果遣親夷。各獻馬匹來見，宰賽仍願差夷，爲我架梁，以防他營擾工，而臣遂因是親詣慶雲邊外，冒險督工，僅而得完。蓋當日恢復老邊之難有如此，其後界限嚴明，置臺瞭守，數十年胡馬馳驟之場，不見一夷之跡，而宰煖之桀驁，亦因此漸消而爭效順焉。四月內，據高僉事稟報，宰賽營領賞已畢，於十三日，卽盡起營回巢，煖兎領賞，月盡可完。此二大營既完，餘營撫賞，更自無難。此畨夷人領賞，較往時頗覺恭順，邊人稱從來無如此容易撫者，莫非臣脩墻增兵。順治威嚴所被，臣誠愧不敢當，而墻壕之險，實亦有足恃者。蓋近日恢復老邊之利又如此，倘使爲將官者，稍知大界當嚴，微釁當杜，深拒力防，定使胡騎不得混越。豈惟封疆久賴，臣亦藉以自慰，何乃老邊甫復之後，又踵常年故事，聽其圍獵於內，而莫之禁禦也。林宗舜卽武人，不諳內夏外夷之辨，只如脩復時節，一段操心設法之苦，宗舜亦曾目擊而身嘗之矣。詎忽忘至此乎嗟乎，地方之事，做定見成而不能守，臣且如遼將何哉。臣謹會同巡撫遼東地方賛理軍務，兼管備倭都察院右僉都御史今侯代李炳議，照得夷狄人面獸心，不可狎暱，備嚴則欵。備踈則犯是以書戒通道，春秋謹嚴內外之辨，蓋防乎其防焉。煖宰二酋，在開原最爲跋扈，今其摇尾而乞賞於我也，豈眞畏我兵強將勇，足以一戰而制其死命哉。不過犬羊貪嗜，苟以濟一時之欲，而天性固未嘗一日忘殺掠也。我既力不足以制之，卽嚴防密備，護其籓籬，而塞其罅隙，猶恐不支，况乎引狼入室。縱令墻裏圍獵，若林宗舜之爲也者，是不益長戎心之陰伺，而遺地方之永禍也耶。宗舜備禦開原三年，正值夷情紛擾，所以北拊那羊，東拒奴速，西縻宰煖，俾與北關復親，東夷漸離者，前道石副使往往多其力。雖臣等亦才之，以此議陞慶雲遊擊，領新兵以當西北一面，而不意其踈闇寡謀，一至於此。臣等嘗嘆奴酋本一亡虜餘孽，舊鎮縱之，嘗給夷使銀牌十餘面，致令經年鎮月，在內行走，而關驛不敢問。又嘗聽奴酋親領數千騎，護送西夷，直經開原南門外往還，而道將不能禁。因此養虎遺患，馴至今日，殷鑒不遠，念之心寒。年來臣等，申肅禁防，綱紀粗定，何圖今日復見此事。若不亟加議處，則遼左武弁，皆相率以玩夷爲常事，將宰賽援煖兔之例，二十四營，援宰煖之例。東西插漢海建諸酋，又援二十四營之例，而我之將官，皆不肯出一言以禁之，不惟不禁之而已，亦從而爲之導焉，亦從而爲之誠烽侯焉。不幾令遼東地面，盡爲夷虜獵塲，而流害庸有已乎哉。伏乞勑下兵部覆議，亟將慶雲堡遊擊林宗舜，革任回衛，以爲踈縱玩虜之戒，遺下員缺，速行推補庶人心知所畏懼，而邊防益加嚴肅矣。緣係將官縱虜內地圍獵，乞賜議處，以重華夷大防事，理未敢擅便，爲此具本，專差承差徐國輔親齎謹題請旨。萬曆三十八年五月初七日，奉聖旨，兵部知道，該本部覆，奉聖旨是。

綜述

清　吴振棫《養吉齋叢録》卷一六　大駕巡幸，留京王大臣日詣文華門辦事。恭請合符，輪流值宿。卯刻四人同入，非直班者，申初散出；直宿班者，在內守合符，俟次晨交替，合符而後出。

按：康熙三十四年，上出古北口，巡歷塞外。命大學士阿蘭泰留京理章奏。留京二字，始見於此。

祖宗時，大駕巡幸至行宫行營，本日進班之御前侍衛、乾清門侍衛、大臣、侍衛、章京等皆晝夜隨扈。至王公等之護衛，大臣、侍衛、章京官員等之僕，從不準入黄城外布帳門內，以駐蹕重地，應環衛嚴肅也。後來大臣等於晚膳後，先趕前營，且有賃宿民居，不宿行帳者。嘉慶間，曾奉嚴飭。惟軍機大臣每日報到，卽召見咨詢。又查道大臣，如遇道路窄狹，須夜往攔截車馱，許於啟鑾前先往。此外王公及各衙門堂官，皆在卡倫內宿，次日在宫門外恭候。自御前大臣至御前侍衛、乾清門侍衛等，皆佩櫜鞬，於站班後隨從行走，不許先趕前營。

凡隨圍大臣，有派管錫伯甲者，派管買賣街者，派管杭愛車者。前鋒營，掌卡路之事。以鈴繫索為界，不得私越。

行營之制，内方外圓。中建黄幔城，外加網城，索綯爲之。設連帳百七十有五為内城。啓旌門三，每門植纛二。東鑲黄，西正黄，南正白。外設連帳二百五十有四為外城。啟旌門四，每門植纛二。東鑲白，西鑲紅，南以正藍、鑲藍分日植之，北正紅。外周設宿衛警蹕。各帳皆以八旗護軍官校環衛焉。

大駕將至，管行宮之大臣先至行宮辟除。一人鳴鉦，諸色人聞鉦聲皆出。又駕未至行宮時，喇嘛於殿階下席地梵誦，以祓逐不祥也。

八旗扈從官員馬褂，各按旗色，舊制也。日久漸弛。嘉慶六年，命隨圍之都統，毋庸按照旗色；副都統未賞黃馬褂者，俱按旗色服之。

康熙四十年以前，秋獮出古北口，皆駐喀喇河屯行宮。至四十一年，始駐蹕熱河避暑山莊。其時率以五月東幸，亦有在四月者。乾隆間，北郊禮成後啟鑾。嘉慶間，於七月啟鑾。初聖祖幸避暑山莊，由十八盤嶺入，後乃改由常山峪。

《國語》謂圍場曰輝罕。稱木蘭者，《國語》哨鹿之謂。圍場為哨鹿所，故云爾。久則視若地名，且有稱上蘭者。地本喀爾沁、敖罕、翁牛特諸部所屬。康熙間，王公等以地獻為圍場，周一千三百餘里。四面立界，曰柳條邊。插柳成列如牆，以區內外。凡口外所謂邊門皆如是，亦曰鹿柴門。凡幸山莊，先一日遣官以秋獮告奉先殿。由山莊啟蹕，自波羅河屯入圍場，有二道：東伊遜崖口，西瑪圖口。入口，就平川行。小圍名曰甸獵，《國語》謂之阿達密。次日方於山中布大圍，《國語》謂之阿巴喇密。圍期率以二十日為度。東口首圍為永安莽喀，《國語》沙曰永安，岡曰莽喀。西口首圍為永安湃。漢語沙地也。圍場地名，率仍蒙古，惟此則用國語，均聖祖命名，以漢字書。永安，諧吉語也。圍場按八旗以一營房統五卡倫，分地稽察。布圍用蒙古一千二百五十人，以黃纛為中權，兩翼左正白，右正紅。兩翼前各以一藍旗為前哨，前哨進，後哨以次隨發，由遠而近，圍遂合。方布圍時，兩翼前各數騎擁纛飛馳，謂之跑烏圖里。將至看城，喧呼瑪喇哈，則圍合矣。於時大駕出看城，佩弓矢涖圍，引矢射，大臣侍衛乃射，中者記諸册。如圍中有熊虎猛獸，則馳報，命虎鎗官兵掩殺，或御神鎗及弓矢，親殪之。凡遇看城傳膳之日，尖營及看圍城，俗謂之等城。蓋以等候為名。親視調和湯飯並盤煮羊，賜御前大臣、侍衛及扈從行圍之舊藩新部王公、台吉等早餐。未初罷圍，還行營，陳牲數獲，頒賜扈從王公大臣官員。其蒙古王公等在圍場時，宴賚無定制。迨圍畢，出哨至張三營行宮，復賜食頒賞，王公以下緞疋，兵丁白銀布疋。遣歸部落，皆定制也。

謹案：聖祖每年冬至後至明安溝行圍，卽俗所稱米峪口也。圍畢，回熱河暫駐，然後還宮。此當在藩部獻地以前事。又按：台吉與塔布囊爵同。土默特左翼八旗及喀喇沁三旗，曰塔布囊，其餘部落曰台吉。

高宗自乾隆辛酉至辛亥秋獮四十次。仁宗自嘉慶壬戌至庚辰秋獮二字闕次。

威遜格爾，亦圍場地名。聖祖行圍時，嘗奉太皇太后避暑於此，所居為樺皮室。蒙古語謂樺皮為威遜，室為格爾也。乾隆間行圍，亦奉皇太后觀獵。乙酉以後，則雖避暑熱河，不復出塞，以春秋高也。

圍場八旗分四正四隅，相距二、三十里不等，近者距六、七里。蓋有山者，始為圍場，山大則禽獸多，山小則禽獸少，故遠近不能一致。凡進哨行圍，每日收圍後，路中諸蒙古獻禽者，分賞黃馬褂、孔雀翎。

哨鹿者，秋分前後，昧爽時，戴鹿首伏林壑中，以哨致鹿。哨以木為之，引吻達氣，低昂應聲，鹿卽隨至。

圍獮未竟，或秋霖盛潦，泥淖艱阻，因命中輟者，謂之減圍。若未獮而止，謂之停圍。

行圍木蘭，蒙古卓索圖、昭烏達二盟長。蒙古王公台吉有東三盟、西三盟。盟有盟長、副盟長。哲哩木、昭烏達、卓索圖，東三盟也。錫林郭勒、烏蘭察布、伊克昭，西三盟也。例進御宴。高宗有塞宴四事詩。一詐馬，漢語謂之跑等。扎薩克於進宴時，擇名馬數百，列二十里外，結束髮尾，去羈韉，幼童乘之。以鎗聲為節，遞施傳響，則衆騎齊騁，不踰晷刻而達。掄其先至者三十六騎，優賚有差。北漠，三月馬始生駒。取牝馬令駒叩乳，少飼之，卽執駒別繫於長絚，其名曰遮勒。婦人灑馬湩爲漿，其名曰七格。至四月初成。於穹廬中插柳祈福以嘗新。於是爲詐馬之宴。蓋蒙古舊俗最所重也。一什榜，蒙古樂名。其器用笳、管、箏、琶、絃阮、火不思之類。將進酒於筵前，鞠膝奏之。鼓喉而歌，和囉應節。一相撲，蒙古所最重，謂之布克，國語謂之布庫，卽撩跤也。脫帽短褠，兩兩相角，以搏捽仆地決勝負。厄魯特則袒裼而撲；雖蹶不釋，必控首屈肩至地乃為勝。一教駣，蒙古謂之騎額爾敏達駻。馬三歲以上，曰達駻；額爾敏，則未施鞍勒者也。扎薩克於所部驅生馬至宴所，散逸原野。王公子弟雄傑者，執長竿馳縶之，加以羈韉。始則怒騁駴，趯人立而嘶齧，馭者騰躍而上，控掣自如，須臾調良，率得名馬。又宴前例進九白駝，為蒙古最尊重之禮。朝廷厚往薄來，故每貢必卻也。

進哨行圍，大駕親御弓矢，殪猛獸。獸或負創而逃，則命一、二侍衛逐之，踰越岩谷，或舍馬徒步，必得以歸獻。又圍中射鹿，先割其尾以獻，獲車載之，輸於幔城，以待頒賜。司獸數尾，即知獲鹿之人與其數云。

凡行圍，圍合處設幔城，曰看城。圍凡三帀，外圍用新滿洲，皆衣白罽。將合圍，命騎舉銅器呼之，謂之順風耳。

舊時出哨後所用氈帳，題曰四宜居，以寒暑風雨皆可避也。

扈從大臣，滿洲皆屬櫜鞬，漢文員則否。

圍場行圍，蒙古王公台吉獲獸，二品以上官在御前跪獻，三品以下交杭愛處。杭愛，清語也，管牲獸者。嘉慶間，以御前行走之蒙古王公等隨扈奮勉，命其子孫及胞弟姪不拘品級準在御前跪獻。

行圍有賞黃馬褂者，隨圍則服之。常時不得服用。

扈從之王公大臣、侍衛等官，例於山莊宮門校射。王公大臣中三矢，賚馬一緞一；四矢，加緞一；五矢，加緞二。侍衛等官中三矢，賚銀十兩；四矢，十五兩；五矢，二十兩。又隨圍之滿、漢司員，啟蹕前有宮門較射之制。滿員中五箭，賞花翎；漢員中三箭，賞花翎。俗謂箭翎。中箭合格者，侍衛即以一翎繫於冠。叩首謝恩而退。

按：乾隆間，汪文端之子承霈、張文和之子若淳，皆以中二箭賜翎。

國初，都城外多曠地，每年左右翼前鋒統領，有率領章京護軍演習步圍之事。承平日久，田疇屋宇，其比如櫛，更無所謂圍場，而沿習具文，歲有奏報。嘉慶六年，命停止。

舊時淀池有水圍，後罷，而水亦涸。總督高斌濬之。乾隆間，復舉行。又甲戌，奉皇太后觀水獵於昆明湖。又高宗戊辰，幸趙北口，行水圍。庚午、癸酉、辛巳如之。

乾、嘉間，春日謁陵，回蹕至南苑，輒行春蒐之典。故俗有春圍、秋圍之名。又皇子等每歲奉命至南苑行圍，以習武事。若冬日或往圍獵，謂之打狼圍，所以除狼暴也。

南苑，即南海子，在都城南。元故址也。聖祖有南苑行圍、閱馬諸詩。又按：王士禎《居易録》：國制每歲五月，臨幸南海子，觀八旗走馬，上御晾鷹臺。自六十里外，萬騎爭馳，齊至臺下，以先至者為最賞內府綵緞至數十匹，以下賞各有差。其最者，量留天廄，齊馬力也。據此，則國初南海子五月走馬之制可見。又汪琬世祖挽詩註：每歲駕幸南海子必累月云云。康熙間，亦時時駐蹕於此，其後有暢春園，繼又拓圓明園，而南苑遂不恒至矣。

晾鷹臺在苑之迤南。六飛春蒐，有晾鷹臺殺虎之典。臺上張幄次，臺下虎鎗處人員列侍，臺前置虎籠，大綀繞籠數匝，而引其端於十餘步外。大駕既蒞幄次，虎鎗處人取綀之端，騎馬繞籠疾行，以解之。綀盡，而籠之門以啟。虎囚檻已慣，往往伏不動，臺上隨駕之侍衛，承命以火鎗俯擊之，或又嗾猘犬吠籠側，虎乃奮迅而。出虎鎗，人咸屏息以待，虎至則三數人爭刺之，突圍出，則逐而殺之。頭鎗、二鎗，管虎鎗處及領侍衛大臣察明。上聞，頒賞白金、荷囊有差。

乾隆庚申，奉皇太后幸南苑。道光間，亦嘗奉皇太后幸南苑。南苑舉行大閱之典，世祖二次，聖祖十二次，世宗二次，高宗四次，仁宗二次，宣宗□次。凡南苑大閱，三年一次奏請，順治間從鼇拜議也。又歲九月，有仰山窪合操之制，由值年旗具奏。屆期，滿、蒙、漢二十四旗官兵皆至，以閱兵大臣八人莅其事，閱兵大臣，乃閣部大臣及都統之兼銜。雖都統亦受指揮。其大臣有內廷差使者，則是日不至。

聖駕恭謁東陵，駐蹕處為燕郊，為白澗，為隆福寺，為桃花寺。如幸南苑，則回蹕時，由燕郊至舊衙門行宮、團河行宮、新衙門行宮。恭謁西陵，駐蹕處為黃新莊，為半壁店，為秋蘭，為梁格莊。如幸南苑，則回蹕時由黃新莊至新衙門行宮、團河行宮、舊衙門行宮，經中頂回圓明園。

藝文

唐　盧綸《臘日觀咸寧王部曲娑勒擒豹歌》《文苑英華》卷三四五　山頭曈曈日將出，山下獵圍照初日。前林有獸未識名，將軍促騎無人聲。潛形踠伏草不動，雙鵰轉旋羣鴉鳴。陰方質子纔三十，譯語受詞蕃語揖。捨鞍解甲疾如風，人忽虎蹲獸人立。欻然扼顙批其頤，爪牙委地涎淋漓。既蘇復吼拗仍怒，果叶英謀生致之。拖自深叢目如電，萬夫失容千馬戰。傳呼賀拜聲相連，殺氣騰陵陰滿川。始知縛虎如縛鼠，敗虜降羌皆自覩。一作在眼前祝爾嘉詞爾無苦，獻爾將隨犀象舞。苑中流水禁中山，期爾攫搏開天顏。非熊之兆度無極，願紀雄名傳百蠻。

宋 蘇頌《蘇魏公集》卷一三《觀北人圍獵北人以百騎飛放謂之，羅草終日才獲兔數枚，頗有愧色，顧謂予曰道次小圍不足觀，常時千人已上為大圍，則所獲甚多，其樂無涯也**》** 莽莽寒郊晝起塵，翩翩戎騎小圍分。引弓上下人鳴鏑，羅草縱橫獸軼羣。畫馬今無胡待詔，世傳陰山七騎圖乃唐胡瓌創造，後人多模搨及別為變態，然皆不及舊製。射鵰猶懼李將軍。山川自是從禽地，一眼平蕪接暮雲。

元 陳櫟《定宇集》卷一六《圍獵》 昆蟲已是蟄藏時，獵騎紛紛繞翠微。勿謂火攻為下策，略同兵戰寓危機。仁心誰去網三面，殺氣似環城四圍。乾豆元來因報本，充庖豈但愛鮮肥。

明 楊榮《文敏集》卷三《圍獵》 聖主宵嚴駕，蒐田正及時。郊原霜氣肅，關塞日光遲。狐兔潛蹤跡，鷹鸇厲羽儀。虞羅彌藪澤，獵火亘山陲。雜遝連千騎，張皇飭六師。弓彎明月滿，旗動曉雲垂。祝網龍輿駐，歸營鳳蹕移。三驅遵古典，千載示弘規。

又 卷六《圍獵》 關塞霜清曉色明，鑾輿校獵出邊城。六龍扶輦旌旗合，萬騎連營鼓角鳴。遠火依微秋草薄，驚沙寂歷暮雲平。小臣躬覩三驅樂，願效嵩呼播頌聲。

明 楊士奇《東里集·詩集》卷一《奉教圍獵擒虎歌》 山頭圍獵日將午，猛士如林盡貔虎。凌雲銅角一聲落，馳馬爭前捷飛羽。草間咆哮誰敢攖，赤手縛之如縛。鼠柙中耽耽目如炬，猶激陰風動平楚。生擒一虎直百獸，況乃殺獲連四五。睿情所重揚威武，奏凱歸營疊笳鼓。山村羔豚散不收，掃除民患民無憂。歡呼仰荷儲皇賜，道傍拜舞歌千秋。

明 鄭賜《聞一齋詩稿·随侍圍獵仲冬念九日**》** 鶴駕時巡出禁宫，平原曉日正曈曨。輕喪小帽人如虎，玉勒金鞍馬似龍。左哨忽聞追白免，前驅又報得玄熊。飛鷹走大淸時樂，何幸儒臣此日逢。

明 郭勛《雍熙樂府》卷一三《鬬鵪鶉 大打圍》 滿長空雲際天閑。鎖西風寒氷片片。落瓊蕤滚銀團雪打梨花。錦蹀躞細鋪膩粉鵝毛細剪。寶雕鞍錦貂裘玉轡金鞍。烏鐵鐙飛龍鱗桃花細碾。氣昂昂駕着俊鷹。雄糾糾捧着細犬。貂鼠帽珞珠纓金頂偏宜。比里寒趂煖日絨鋪着細氈。紫花兒序白玉帶明晃晃鋘鋙斜掛。皂鵰翎犀角帽鬓揷斜簽。呀。擐甲將凱征旗鳴金擊鼓。錦衣郎吹曉日画角喧。天當先列。旌旗颭飄彩帶暎瑞靄。按八卦圖中。赤力力風吹開上面金字懸。寫着道沙陀國順天之篆。統領着百萬雄兵鋪圍場。半合兒屯滿了坡前。【么篇】更有那飛魚袋彎一張描金漆縷金粧弓彎鵲樺。走獸壺揷幾枝皂鵰翎。銀纏桿箭發清泉。當先。列七層圍子手在金頂蓮花寶帳前。一箇箇出来的性兒不善。我子輝武揚摇威。敢勇當先。寨兒令錦茸茸的袍靄雲。光爍爍的甲生烟。銀飄飄鴈翎刀手腕上懸。鴉翎般蹬弩開弓。宣花斧暎日遮天。獸面牌輝宇宙滅狼烟。鎖子凱栁緑絨穿。匙頭甲水磨清泉。一留兀剌說鐵里。剔溜秃魯打着畨言。呀。朔風也似人馬到林川。【小桃紅】銀河氷凍一似水晶簾。山色随雲變。古釣灘頭怎下鈎線。猛見一隻打魚船到。蒼苔驚起雙飛鴈。先聽我這檀胎弓拽圓。後聽我這穿楊的凖箭。中賓鴻的溜撲落在遠霞邊。【鬼三台】轉過這紫荆蒲草黄蘆岸。正落在枯老蒲荷蒹葭上。嵌驚起些銀翎鴨。金頭鵞。錦背鴛。覩山色端的如銀練。雪平鋪了萬里山川。我則見蒼松老枝上歇着野猿。碧天邉險凍殺飛鳶。耍廝兒捕禽網廵梔布展。獅頭弩蹬開也似秋月般團。圓我則是銅鈴細犬黄鷹向前。白海青正盤旋。俊鴉鶻。斜穿。【聖藥王】我則見馬驟。人語喧。赤力力錦雕旗磨綉雲連。寶鐙邉。錦鞊偏。捲黄旛豹尾鎖金錢。呀。来来来齊上馬衆官員。【青山口】我則見錦衣錦衣帳前喧。他每列笙歌排着管絃。我則見幾員幾員士實畨官。都將荅思叭兒頭上纒。風傳人語喧。弓開似秋月圓。則見鳥兒来舞蹁躚。披着羊襖毛簑氈。茶褐毛絨團。紫貂鼠的披肩。阿剌實的香綿帶泥金八寶連。袖擎捧金鞭。畨駝容駿猿。鴈鵲滿褡褳。鹿和麂掛义前。見委兀兒當前。凱歌聲喧。馬踐狼烟。馬踏坡前。金鐙敲鞭。呀。来呀来三軍也早去的遠。

清 陳澹然《權制》卷六《圍獵》 國初所以縱横天下者，實滿州風氣使然。滿洲首重圍獵，其人皆有縱横豪盪之思。當其馳騁林澤之閒，虎嘯於前，豹突於後，不難從容決拾跨載而歸。況中原文弱之兵敢與上，國雄才相抗，故入關定鼎。猶以木蘭秋獮爲保持風氣大端，此皆大聖人制治保邦，示萬世臣民不忘根本之至意。今兵將拘守營汛，雖將軍圍獵皆屬虛文。夫兵之强弱，視乎氣之盛衰，練其氣乃可振其心，而徒沾沾自守。僥倖一旦之功，非所聞也。國家綠兵無圍獵之制者，以内地無深山大野，思其害稼以擾吾民也。然攷各省府州縣城，而外深山大澤可獵實多，而邊地獵場尤爲廣漠，宜令内外旗綠諸軍皆以滿洲圍獵爲俗，將軍、都統、督撫、提鎮歲一舉行如秋獮制，肅軍令別將才廣軍資，懾伏莽厲天下衰靡之氣，返國初强武之風，擾民者以軍法從事。

滿洲風俗，四季出圍，有朝出暮歸，或二三日始歸者，曰小打圍秋，則打野鷄圍。仲冬打大圍，八旗列陣而行，兼旬始返歸則。虎、豹、熊、豕、獐鹿、狐、兔、雉雕，車載駝行不能殫述。獵犬猛者能搏虎豹，鷹則海東青能捕天鵞，日飛二千里。其風俗之雄如此，故能以一隅之地混一中原。今風氣寖衰，不得不返其初以圖振作，此經武之大原也。

內省之地，如兩京、甘、陝、山西，沙漠險阻可獵固多，即山東、河南地多原澤江，湖、浙、閩皆兼原澤山林川，粵、滇、黔山林尤盛，瓊台尤爲山林奥區。凡山林原澤之區，居民多制槍械以防猛獸，以兵將因而導之，有事則編爲士兵，使自爲戰守，亦强民之一端也。

凡軍營出圍專用洋槍，一洗從前舊習。小圍月一舉行，領以哨弁，不能越宿歸營，恐淹久以爲民害。四季之圍則帥以統將營官，至於將軍、都統、督撫、提鎮，則歲於冬際舉行大圍，皆以營規列幕駐劄，不准州縣辦差。以所獲多寡有無爲賞罰，所出必令書識圖工記，其徑涂圖其險阻，亦講求形勢之實際也。乾隆間將軍兆惠征厄魯特布魯特老酋來見將軍，講武示之酋詫曰，天朝左右迭射離馬復馳，實非諸國所及，遂率所部來歸，可知戰勝廟堂不在臨軍對敵。

統計內外軍營歲費，藥丸何可勝數，而兵勇打靶每不如獵戶之精，故知操演虛文不如打圍實效。惟營汛去山林過遠，不能時至，則歲季一行而增其時日，亦變通盡利之法也。

清 陳恭尹《獨漉堂詩文集·詩集》卷七《圍獵圖爲王雲庵題》 萬轡羣飛走玉驄，數枝鳴鏑響琱弓，高堂益壯三軍氣，四壁如吹大野風。平沙圍獵合還開，蹤指何常不用才。自是將軍親閱歷，誰人繪得陣圖來。

清 陳兆崙《紫竹山房詩文集·詩集》卷七《將至阿歸圖午頓後有旨放圍獵于前山》 一桁晴山破午煙，黃麾高拂入雲鞭。分行衛士超梯去，叠背名王負弩先。人影散來秋日薄，馬蹄飛處虎蹤連。即今初試唐弓勁，已報帷宮晚獻鮮。

清 黃鉞《壹齋集》卷二六《嘉慶丁丑八月晦日上幸阿濟克鳩大獵召臣鉞賜食觀圍並奉命繪圖賦詩其上恭紀》 我皇纘武式舊典，上塞年年事秋獮。天闢圍場千里遙，山作重關互扃鍵。潨林巨木任榮枯，春獸秋禽自氄毨。山莊八月顥氣清，大綏西指層崖轉。狡騎驕嘶識艸香，明駝爭圂知泉善。前驅整暇屬櫜鞬，後隊縝紛按鷹犬。自有藩王諸部從，不煩六郡良家選。玲瓏山東小鏖峪，阿濟克鳩，漢語小鏖峪。蘿碧杉青路悠緬。此是周陆第九圍，鏖鹿由來最孳衍。詔許微臣橐筆觀，賜食氊廬荷恩眄。龍驤虎旅意氣豪，紅樹青山畫圖展。欲摹粉本目易迷，俯伏幔城豪屢吮。乍窺人影闖山顛，旋聽呼聲震崖巘。須臾魚貫相屬聯，倏忽林叢列峨嵃。騎如雉堞山似城，弓競彄弦箭爭撚。兩翼飄搖旜白紅，黃雲一簇中天卷。斯時羣鹿正狂奔，萬足飛空塵不踐。竄伏俄驚陷脰僵，突圍未見逾山免。那暇呼羣相顧鳴，惟餘吐舌偷殘喘。昨者潨叢殪巨羆，今兹攀石號乳贙。金鎗一發揕其喉，雪爪霜牙立時翦。重馬馱來風尚腥，汙血交流溼鮫韅。臣聞成周蒐岐陽，規格于時猶未顯。宣王中興賦車攻，獵碣始剗史籀篆。伊洛瀍澗地幾何，準之當今直小腆。子雲相如擅言語，上林羽獵何膚淺。浮夸失實誤用心，曷怪青蓮笑其編。李白《大獵賦》：子雲相如競誇詞賦，歷代以爲文雄莫敢詆訐臣，謂語其大畧竊或褊其用心。何如？我朝六合爲一家，奔走名王足重繭。獻壽交擎萬歲觴，從禽爭掖金根輦。校武羣希驃衛勳，獲雋時蒙轡紱勉。習勞肄武柔遠人，三善咸賅一舉蒇。惟媿丹青貌不工，欲寫威稜才恨譾。誰歟濡筆撰鴻文，臣請摩崖剔蒼蘚。

清 汪由敦《松泉集·詩集》卷二〇《恭和御製行圍四咏元韻》

撒圍 聯鑣凌險出，夙戒戴星行。番部公徒盛，軍容號令明。林深呼後騎，嶺削抗前旌。自分風霜慣，馳驅軫聖情。

待圍 按圖繩引處，峻頂復谿涯。遠近次成列，低昂総合宜。聞呼常及午，將合圍，輒命騎舉銅器，呼之為順風耳。入望動移時。景色朝朝異，憑添馬上詩。

合圍 賦有長楊奏，詩從甫草稱。射熊寧數漢，伏虎不闞僧。飲羽無虛發，鳴弦殫效能。縱觀容立馬，恩數荷頻仍。屢蒙特敕觀圍。

罷圍 三驅循古制，連發奉慈懽。乍却魚文服，還彈貂尾冠。哨鹿之冠以貂尾為之。割鮮先視膳，拜賜許登盤。歸帳紛千騎，森森挺白竿。獵士多以白木為槍竿負之而騎。

清 汪由敦《松泉集·詩集》卷二六《恭和御製哈薩克使臣至令隨圍獵并成是什元韻》 萬里瞻雲志吉蠲，欵關來覲九重天。得通聲教今伊始，久限獉狉歲幾千。帳殿賜筵膜拜肅，塞山從獵騎行駢。職方盛事真無外，王會圖應館閣編。

清 葉觀國《緑筠書屋詩鈔》卷一六《海拉蘇台恭觀圍獵》 籠山絡野舉三驅，飛槊鳴髇七校俱。跨谷從禽馳騕褭，連車數獲獻於菟。是日射虎一獲鹿麀無莫。雄環直覺長楊陋，寥廓還看夢澤逾。聞道五豝惟一發，仁恩及物頌騶虞。

清 趙懷玉《亦有生齋集・詩卷》二九《題秋獵圖》 涼雲不飛遠鴻遰，木落郊原多曠地。碧天溶溶秋氣高，弓燥手柔宜縱轡。林中有鹿走且僵，更射封豕追封狼。風毛雨血滿空灑，馬蹄蹴起塵沙黃。一圍獵罷日將夕，歸去傳杯恣行炙。子桓自快鄴西遊，此樂而今可如昔。誰歟好手作是圖，農隙講武人爭趨。國家秋獮有大典，我亦上塞曾馳驅。高堂素壁重凝目，繫犬呼鷹儼身逐。相如子雲賦雖讀，未抵丹青懸尺幅。

雜録

清 張泰交《受祜堂集》卷七《移改圍獵處所咨鎮浙將軍》 爲兵丁習練等事。准貴將軍副都統咨開。副都統胡高定于十一月初三日親率官兵，在于杭屬之富陽、嚴屬之桐廬等處一帶圍獵。希卽轉行該衙門照例預備江船，仍祈循例飭示緣由到部院准。此案查歷年圍獵來咨，俱係赴下河湖屬等處，從未有至上江嚴屬地方一帶圍獵之案。今准大咨似屬創行，雖鈐束森嚴民間自無優害苐，富陽桐廬等處從未圍獵之地，一旦官兵驟至，居民不無畏懼，且上江船雙無多，非下河等埠可比。本部院再四籌維，莫若仍循舊例爲便，照准前因相應咨明，爲此合咨貴將軍副都統煩請察照，祈將打圍處所仍照往例，酌行移示以便轉飭遵照施行。

游獵

論說

《晏子春秋・内篇諫下第二・景公春夏游獵興役晏子諫第八》 景公春夏游獵，又起大臺之役。晏子諫曰：『春夏起役且游獵，奪民農旹，國家空虛，不可。』景公曰：『吾聞相賢者國治，臣忠者主逸。吾年無幾矣，欲遂吾所樂，卒吾所好，子其息矣。』

晏子曰：『昔文王不敢盤游于田，故國昌而民安。楚靈王不廢乾溪之役，起章華之臺，而民叛之。今君不革，將危社稷，而爲諸侯笑。臣聞忠不避死，諫不違罪。君不聽臣，臣將逝矣。』

景公曰：『唯唯，將弛罷之。』未幾，朝韋同，解役而歸。』

漢 張敞《諫王太后游獵》《秦漢書疏・西漢書疏》卷三 臣聞秦王好淫聲，葉陽后爲不聽鄭衛之樂；葉陽，秦昭王后也。楚嚴好田獵，樊姬爲不食鳥獸之肉。樊姬，楚莊王姬也。口非惡甘旨，耳非憎絲竹也，所以抑心意、絶耆欲者，將以率二君而全宗祀也。禮，君母出門則乘輜軿，下堂則從傅母，輜軿，衣車也。進退則鳴玉佩，内飾則結綢繆。此言尊貴所以自斂制，不從恣之義也。從，讀曰：『縱』。今太后資質淑美，慈愛寬仁，諸侯莫不聞，而少以田獵縱欲爲名，於以上聞，亦未宜也。唯觀覽於往古，全行乎來今。令后姬得有所法，則下臣有所稱誦，臣敞幸甚！

漢 王吉《諫昌邑王游獵》《秦漢書疏・西漢書疏》卷三 初吉，舉賢良爲昌邑中尉。而王好游獵，驅馳國中，動作亡節，吉上疏諫曰：

『臣聞古者師日行三十里，吉行五十里。《詩》云：「匪風發兮，匪車揭兮。顧瞻周道，中心𢡱兮。」𢡱古怛字。說曰：是非古之風也，發發者；是非古之車也，揭揭者。蓋傷之也。今者大王幸方與縣名，音房預。曾不半日而馳二百里，百姓頗廢耕桑，治道牽馬，臣愚以爲民不可數變也。昔召公述職，當民事時，舍於棠下而聽斷焉。是時人皆得其所，後世思其仁恩，至虖不伐甘棠。《甘棠》之詩是也。

『大王不好書術而樂逸游，馮式撙銜，馳騁不止，口倦乎叱咤，手苦於箠轡，身勞虖車輿。朝則冒霧露，晝則被塵埃，夏則爲大暑之所暴炙，冬則爲風寒之所匽薄。匽，與偃同，言遇疾風則偃靡也。數以耎脆之玉體，犯勤勞之煩毒，非所以全受命之宗也，又非所以進仁義之隆也。』

夫廣夏之下，細旃之上，明師居前，勸誦在後，上論唐虞之際，下及殷周之盛，考仁聖之風，習治國之道，訢訢焉發憤忘食，日新厥德，其樂豈徒銜橛之間哉！休則俛仰詘信以利形，進退步趨以實下，吸新吐故以練臧，專意積精以適神，於以養生，豈不長哉！大王誠留意如此，則心有堯、舜之志，體有喬、松之壽，美聲廣譽登而上聞，則福禄其輳而社稷安矣。

皇帝仁聖，至今思慕未怠，於宮館囿池弋獵之樂未有所幸，大王宜夙夜念此，以承聖意。諸侯骨肉，莫親大王，大王於屬則子也，於位則臣也，一身而二任之責加焉。恩愛行義纖介有不具者，於以上聞，非饗國之福也。臣吉愚戇，願大王察之。

明 王錫爵《歷代名臣奏疏》卷二《王吉游獵諫漢昭帝元平元年》

昌邑王遊獵不止，王吉諫曰：『大王不好書術而樂逸遊，数以耎脆之玉体犯勤劳之煩毒，非所以全壽命之宗也，亦非所以進仁義之隆也。夫廣厦之下，細旃之上，明師居前，勸誦在後，上論唐虞之际，下及殷周之盛，考仁聖之凨，習治國之道。日新厥德，休则俯仰屈伸以利形，專意積精以適神，心有堯舜之志，体有喬松之壽，福禄臻而社稷安矣。』

清 劉體仁《通鑑札記》卷一三《唐高祖頗好游獵及爲上皇遂罕行幸》

甚矣四海之富，萬乘之尊，為大利之所在。骨肉至親，猶因之而不能不相虞也。太宗玄武門之事，兄弟相残無論矣。即與高祖父子之間，於授受之際皆不能無歉於慈孝之誠，而高祖自為上皇，尤韜晦以自處，雖不敢必其為太宗所制，然不能如庶民之家人父子融融洩洩。而無虞得坦然，娱其暮景。則以天子受迫，而退為天子父者，固等於孤臣孽子，操心危而慮患深矣。武德四年，諫議大夫蘇世長嘗從校獵高陵，大獲禽獸，上顧群臣曰：『今日畋，樂乎？』世長對曰：『陛下遊獵，薄廢萬幾，不滿十旬，未足為樂。』則高祖之好田獵，可知，五年，上幸宜州校獵於富平，又校獵於華池，六年春，上幸驪山，温湯冬上幸華陰，校獵於華陰，七年，夏，上幸宜州之仁智宮避暑，八年夏，上幸鄠縣，校獵於甘谷營大和宮，於終南山，六月，上幸太和宮，冬，上校獵於鳴犢泉，九年春，上幸昆明池，復幸周氏陂，夏六月，秦王世民殺建成、元吉，上方泛舟海池，世民使尉遲敬德入宿衛，敬德擐甲持矛直至上所，上大驚問曰：『今日亂者誰邪？卿來此何為？』對曰：『秦王以太子齊王作亂，舉兵誅之，恐驚動陛下，遣臣宿衛。』上謂裴寂等曰：『不圖今日乃見此事當如之何？』蕭瑀、陳叔達曰：『建成、元吉本不預義謀，又無功於天下，疾秦王功高望重，共為姦謀，今秦王討而誅之，秦王功盖宇宙，率土歸心，陛下若處以元良，委之國事，無復事矣。』敬德請降，手敕令諸軍，並受秦王處分，上從之乃召世民，撫之曰：『近日以來幾有投杼之惑，立世民為皇太子，又詔自今軍國庶事無大小，悉委太子處决。』然後聞奏上以手詔賜裴寂等曰：『朕當加尊號為太上皇，秋八月制傳位於太子。』太子固辭不許，即皇帝位於東宮顯德殿。貞觀三年上皇徙居弘義宮，更名大安宮。上始御太極殿，六年春，上將幸九成宮通，直散騎常侍姚思廉諫，上曰：『朕有氣疾暑，輒頓劇往避之。』監察御史馬周上疏，以為東宮在宮城之中，而大安宮乃在宮城之西，制度比於宸居尚為卑小，於四方觀聽有所不足，宜增修高大以稱中外之望，又太上皇春秋已高，陛下宜朝夕視膳、今九成宮去京師三百餘里，太上皇或時思念陛下，陛下何以赴之？又車駕此行欲以避暑，太上皇尚留暑中，而陛下獨居涼處，温清之禮，竊所未安，是高祖自為上皇，深居大安宮內，未嘗游幸，而太宗亦未嘗奉之出游，孝思亦多闕矣。三月上幸九成宮，冬以左光禄大夫陳叔達為禮部尚書，帝謂叔達曰：『卿武德中有讜言，故以此官相報。』對曰：『臣見隋室父子相残以取亂亡，當日之言非為陛下乃社稷之計耳，是太宗於乃父投杼之惑，猶未忘情也。』七年冬，上幸芙蓉園，校獵少陵原，還宮，從上皇置酒故漢未央宮。上皇命突厥頡利可汗起舞，又命南蠻酋長馮智戴詠詩。既而笑曰：『胡、越一家，自古未有也！』帝奉觴上壽曰：『今四夷入臣，皆陛下教誨，非臣智力所及。昔漢高祖亦從太上皇置酒此宮，妄自矜大，臣所不取也。』上皇大悦。殿上皆呼萬歲，高祖自為上皇，享太宗奉侍之樂，亦僅此矣。八年，上屢請上皇避暑九成宮。上皇以隋文帝終於彼惡之，乃營大明宮，以為上皇清暑之所未成，而上皇寢疾不果居。九年夏，閏四月，太上皇自去秋得風疾，庚子崩於大安宮之垂拱殿。高祖為帝不廢游獵，一歲之中，數游幸者有之，及退為上皇，乃未聞，其游觀馳騁以娯優閑之歲月，而鬱鬱以終於深宮之內，若有所嫌而不敢率其情，暢其意者，高祖固善於自處。太宗於養親之道，顧何如耶？是歲冬，葬高祖於獻陵。以光禄大夫蕭瑀為特進，復令參預政事。上曰：『武德六年以後，高祖有廢立之心而未定，我不為兄弟所容，實有功高不賞之懼。斯人也，不可以利誘，不可以死脅，眞社稷臣也！』因賜瑀詩曰：『疾風知勁草，板蕩識忠臣。』帝於山陵哀痛之際，而猶介介於當日之功高不賞，則上皇之罕行，幸非有由與。

清 張貞生《請停游獵疏》《國朝名世宏文》卷一

奏為修文乃經國之大猷，訓武非臨民之要道，俯效愚誠仰祈。睿鑒以罷無益之，遊以臻無爲之化事竊惟人君一身，所以承天地之寵，托繼祖宗之詒謀，而億兆生靈之藉，以為性命者也；夫爲天地之所寵托，則當思何以承天地之心；爲祖宗之所詒謀，則當思何以嗣祖宗之業，為億兆生靈之所繫命，則當思何以慰億兆生靈之願望。古之帝王曆數攸歸，深恐蒞民有疚敷，政多愆勤，求學問儆，惕箴銘猶，謂百念之勤不勝一念之怠，百事之善不勝一事之違。於是紀言有史紀，動有官細行，必書小節，必謹選正人親君子，其有導我於非者，則遠之；其有引我於道者，則近之。至於翫物喪志之端，屏而弗問，淫耳悦目之念，杜而弗萌，若此者，亦非不知居天子之尊，極四海之奉，無不可以。惟我欲爲娱樂心思，而終兢兢然業業然。惟視聽言動，是謹惟往聖前哲，是程惟經史圖書，是考惟賢人君子，是親而卒不敢稍有逸樂之事，稍生晏安之心。誠有見於天地寵托之隆，祖宗詒謀之，艱億萬生靈之所繫命，非如此，謹諸隱微勉諸踐履，則無以措天下國家於久安長治，不顯亦臨，無斁亦保，誠非無所鑒而然矣我。皇上夲天縱之資，膺大統之寄。自親政來勤於視事，謹於用人，祀典必親，眚災必赦，於地方災傷，屢蠲賦以恤民於内外臣工屢。告戒以愛民，天下之民無不共相慶，幸以爲唐虞三代之治可以復見。臣亦惟有與諸臣工，謳歌於光天化日之盛。夫何敢有言？而乃以涓滴微誠獻之高深者，則近聞皇上復有遊畋之舉，稽諸古今揣諸事理，有十大不可者。所關於皇上之一身固重；所關於天地祖宗億兆之命脉尤重，敢爲皇上一一陳焉。一念敬肆主德，攸分盤於遊畋，昔王有峎控，縱雖長僅稱技擊之巧，殪獲雖盛，何益治安之資，唐太宗好騎射，孫伏伽諫謂走馬射獵非天子事業，亦非所以儀型，後世今所望於皇上德同堯舜，治躋雍熙，誠意正心慎修思永庻，幾媲美徃聖作則，後王若乃不急，先務有事慢，遊馳逐郊原，愽擊鷹兔，何以光史册垂典章？臣恐萬世而下有以議聖明之德矣，此臣之所謂不可者一也。一日之間章奏不知其幾也，遠而直省章奏之達於京師，不知其幾千里也，凡其章奏非係封疆重務，卽屬民生大計，部院各衙門非奉旨不敢頒之，直省、直省各督撫非奉旨不敢行之，郡縣其在部阮各衙門無論已，若督撫責任，每一地方之事拜疏之後，既引領望部覆，又引領望允行，今一言遊獵駐蹕處所，非數十里之遥即百里外之遠。一切章奏經閣臣票擬方，得賫呈卽馬上飛遞，何能立奉御覽，而内外衙門旦夕候，旨亦何能保無稽遲，事之關於小民啼號者，固不能稍需事之，關於封疆綢繆者，更何可稍緩，萬一遲延有悮緊急，督撫何以告無罪乎？此臣之所謂不可者二也。子曰：『父母在，不遠遊。』庻民之家亦以爲戒，文王事王季，朝於王季者日三，有不安，則内豎以告文王，色憂行不正履王季復膳乃亦復，初皇上孝治天下，身事兩宮百代，瞻仰太皇太后康寧萬壽，慈愛至意，惓切在懷，値兹天道漸寒，惟應晨昏定省，竭其愛日之誠。色咲承懽殫其孺依之忱，若聖躬在外，天顔稍隔則夙夜起居，晦明風雨，太皇太后之念皇上，猶皇上之念太皇太后，以一無益之，遊而縈慈闈之，思牽高年之夢，皇上其能安乎？此臣之所謂不可者三也。督撫受一省之寄則有一省之事，郡縣受一郡一邑之寄則有一郡一邑之事，凡所管理終日皇皇猶恐下情難達，積案難清，倘逢皇上遊獵則所經歷之處，所憩息之處，地方有司，勢必不能免於迎送勢，必不能免於探候。一言探候迎送竭精耗神，惟恐獲罪勢，必暫置本等之職掌，而候聖駕之光臨，供應不能無辦時日，豈得預期將保其不廢所事，不悮所司乎？此臣之所謂不可者四也。漢文帝臨霸陵，欲馳下裴，盎攬轡曰：『聖主不乘危，不徼倖。』元帝往祀廟欲乘樓船，張猛曰：『乘船則危渡，橋則安。』乃從橋。禮曰：『孝子不登高，不臨深。』凡所以愛身，無非欲，履蹈即于安起，居若于時。况天子首出，尊居九重，祗宜恭默，垂拱迓福保和，倘從事藪澤，遠涉道途經飛，走不測之地，入叢林可畏之區，時値嚴寒風霜凛烈，何以調適何以攝持？此臣之所謂不可者五也。國依於民，民依於食，食者民之天。魏祖出畋，獲麋鹿詔發牛車送之，古弼曰：『麻菽布野，恐有所耗，乞賜矜緩，使得收載。』衡陽王義季出畋，有老父被苦耕左右叱之，老父曰：『一日不種，民失其食，柰何以從禽驅斥老農，義季賚之，賜之食。』辭曰：『能不妨民業境内之民，皆飽王之食，吾何敢獨受王賜？』夫民間有春夏之耕，亦有秋冬之種，今夏旱虐收獲無幾，百姓之家矻矻祈年嗷嗷待哺，不能得之。秋斂猶或望之冬收，否則肩挑小販另計營生，傭工地方暫求糊口，倘鑾輿一經其地，則騎從紛紜人。夫雜遝雖，申飭有法，縱擾有禁，而田畝所餘保無踐踏，芻蕘所採保無攘求，甚則疲於奔命，不遑寧處。卽欲求所以爲資生，能得乘農隙之暇，而用其餘力乎？且車駕所至，辟除閑雜，買賣途窮，清掃沙塵，往來路塞，民務有妨，物用愈窘，此臣之所謂不可者六也。天下久安，雖無不軌之跡，人情叵測，寧乏匪類之萌，此古之哲王所以出警入蹕，清塵戒道，環衛惟嚴，微行有戒也。晉武以宫中火，憑樓望之皇太孫牽裾曰：『暮夜倉卒，宜備非常。』明宣宗造楊士奇私宅，士奇俯伏曰：『陛下奈何以宗廟社稷之身，如是自輕，萬一事出意外，何以爲備後果？』有謀不道者宣宗始，歎士奇之言不虛。夫家累千金坐不垂堂，雖我皇上萬靈呵護，可無過憂，而患生於所忽，慮伏於無形，不可不深爲之防。况奸民縱横，夜禁更急，栅欄添設，晝夜必嚴，輦轂之下，豈宜有此。此本年夏月内奉上諭，申飭城内外，稽查者寧遽忽之耶？且與其出舍荒郊，而使人得以覘其動靜何如，端居深拱聲色不動，聽政殿上、怡神宫中之為安乎此，臣之所謂不可者七也。法駕一出，扈從必多，然一簽扈從，則隸僕之隨行，騾馬之乘負車帳器用之，辦飲食芻糗之資，一一皆不能闕，一一皆必自備，道里遥遠則運負維艱，時日遷延，則糜費難料。大小官員俸禄祗足自給，勢必多方經營，是皇上一出，而扈從諸臣便添一奔走之需，便多一經營之費。而皇上知之乎？皇上方以廉潔望臣下，而臣下清儉自持者，點金無術，何從措辦操守，或因以損職掌亦隨以荒，况當此歲寒風猛，諸臣有諳馳突者，有不諳馳突者。一旦使之。踰峻坂，格猛獸，履冰凔雪，能保無斃於驚騎顛蹶、斃於凍仆氣絶者乎？縱皇上欲施其不忍之心，及其既斃而加之恤，亦何裨於既傷之體，既逝之魂？此臣之所謂不叮者八也。人臣職在奉公，亦視君爲勤怠君克艱厥后。昔臯陶曰：『無教逸欲有邦。』仲虺曰：『德懋懋官，官懋懋賞，用人惟已改過不吝。皆言百官職業，在大君一人率之。所謂正身以正朝廷也，今部院等衙門，銓衡兵政，錢穀刑名，事無巨細，俱需勤敏，方免怠延，兹或令之從駕，固有妨於所用，卽不令之從駕，而辦事大小，衙門未免因而寬弛，視幾務為可從容，以因循止。求補過堂司推諉弊，竇田之日，滋章奏稽遲蠹役，敢於侮法此，臣之所謂不可者九也。人之言曰：『為君難，為臣不易。』敬肆之分，天人應焉，當未治未安，固須憂勤惕厲，卽已治已安，亦戒般樂佚遊方，今水旱頻仍，災荒屢告，上天仁愛不無示儆，所賴皇上清宫齋，祓以率群臣勉勵，脩省其回，天意庶幾堯水，亦奏時雍湯旱，仍安允殖近奉，皇上因謁孝陵，禮成，復欲詣太祖太示山陵，以展孝思。議政王等臣猶以北苦旱南苦潦，請行寬期，蒙允所請，朝野歡呼。今乃遠被塵埃娱情，較獵恐非，所以遇災，修省昭格，蒼旻况如淮揚一帶，數萬生命，俱付波。臣間有孑遺，無非露宿野處，鵠而鳩形，一飯不飽，一枝無棲，西北漕儲仰給東南。迄今河渠修築募夫，泒夫萬苦千辛，百姓疲於道路，斃於饑寒不知凡幾。卽漕河，諸臣往來河干，手口拮据，寢食弗寧。皇上於遊畋之時，倘一念及又能晏然於獲獸之樂，從禽之逸乎？此臣之所謂不可者十也。而且不特此也，皇上以不世出之主，爲可得已之遊，謬揣聖意。亦曰：『以行古禮，訓戎事耳而要，古者田獵以除稼害，以奉蒸嘗乘隙。』訓戎特其一端，然德用不擾，虞人所箴，徒御不驚，詩人所美未聞，有浹旬不返者，未聞有一年數舉動至累日者，未聞有越百里外者，未聞有以至尊自鳴，鏃控弦雜于介胄士者，帝王從獵自有其地，自有其時，自有其儀，而皇上講武何，無一定之地，一定之時，一定之儀乎？此臣之所不敢不直言也，古者三年耕必有一年之蓄，九年耕必有三年之蓄。良以國用所需，儲積宜裕，民力所出節省乃豊今者，公賦雖似有餘，帑藏實尚不足。卽如修河築堤，需費數十萬金，司農仰屋，無計成均，開例上輸。以英才教育之地，為銅錢出身之途，良亦有萬，不得已而出此者。况例外之賞賚有費，大内修理有費，皇上宜念艱難加節省，倘一言遊獵，師行粮隨，輓輪絡繹，人夫疲敝，較之端居宫禁，所損過半，所費實多。何如少一遊行，卽省一番額外之供奉，卽濟一項正用之急需。零筭雖若，錙銖積計，不啻巨萬。乃不此之籌，而以為無損上供，無妨國用，此臣之所不敢不直言也。開創之時與守成之時，異當其開創版圖未一，氛祲未靖，雖以真主不能不從事疆埸，親犯霜露當其守成，四方大定，萬國咸寧，武備固不可廢，文德尤所宜修，漸民以仁，摩民以義，陶民以禮，讓庶幾化行，俗美一道。同風若以林麓合圍為訓，以弧矢習，熟為能不避阻險，不辭風霜，精神勞瘁，非所以飭身心膂力角馳，何可以示風化且也。數年來，群臣有以開經筵請者矣，有以舉日講請者矣，有以設起居注請者矣，有以近奉纂修世祖實錄當，擇其有關祖訓翻譯先呈請者矣，有以張居正所編《綱鑒直解》、《四書直解》有益聖學請者矣，凡其所請亦俱奉有知道了之旨矣，夫知之非難行之實，難知而不行，猶不知諸臣所請，一奉旨後，中外臣工無不仰望，舉行從此聖學日弘，聖德日懋。然歲月倏忽，舉行無期，盈朝之傳，聞虛奉俞旨，究何裨於躬修群臣之章，奏視等彌文，亦何補于政治？而乃以弓馬之務，不憚親操田獵之場，不難身試，非所緩而緩，非所急而急，此又臣之所不敢不直言也。臣以西江一介豎儒，順治十五年荷蒙世祖簡拔，歷陞今職，康熙三年臣丁父憂回籍繼，丁母憂居鄉多載。抱痾餘生，本年六月，蒙恩獲補。自維數年前濫竽京官，猶老親在堂，倚閭在念，今則永感之下，徒悲風木，兼以命薄病多難久人世，祇宜退居山林。所勉力供職者，惟思報親之期，雖未可得報君之日，猶克白圖前，補知引見，獲覯天顔威儀儼肅，私切懽忭。兹聞遠獵，臣亦何敢獨犯嚴威，自干罪戾，良有見於皇上之舉，動為下土殊域，觀瞻皇上之遊行，為聖子神孫之模範，况卜之以今歲之災荒，又見於此時之嚴寒，且又值三年大計之期，萬國來同之會，而知曠日遠獵，誠有大非所宜者，遂不禁其慮之，篤而言之。諄臣非敢市直，非敢沽名，瑣陳之似屬瀆奏熟思之，實皆切論。惟願皇上鑒兹愚悃，採此末言，敬天勤民，特停荒郊之轍法。祖恭已永懷朽馭之心，皇極克端，宸居攸肅，雨暘時若，川嶽呈祥，則大地祖宗之休，亦億兆生靈之慶。雖謂臣無言，責輕行冐奏，而加臣以妄陳之咎，賜之鈇鉞之，誅臣所甘心，臣謹席藁待罪矣。

藝文

南朝梁　劉孝威《游獵篇》《古樂府》卷一〇　梁劉孝威，《遊獵篇》云：之罘講射所，上林娛獵場。備言遊行射獵之事，亦謂之行行遊且獵篇是也。　之罘講射所，上林娛獵場。選徒驕楚客，詔狩誇胡王。罕車已戒道，風烏復啟行。佽飛具罾繳，材官命蹶張。高罝掩月兔，勁矢射天狼。蹠地不遑免，排虛豈及翔。日暮鈎陳轉，風清鐃吹揚。歸來宴平樂，寧肯帶禽荒。

南朝陳　張正見《和諸葛覽從軍游獵》《佩文齋咏物詩選》卷一三〇　治兵耀武節，縱獵駭畿封。迅騎馳千里，高罝起百重。騰麐斃馬足，饑鼯落劍鋒。雲根飛燒火，鳥道絶禽蹤。方羅四海俊，聊以習軍戎。

北周　庾信《庾子山集》卷三《伏聞游獵》　虞旗喜旦晴，獵馬向山橫。石關魚貫上，梁鴈翅山行。雪平尋兎跡，林叢聽雉聲。馬嘶山谷響，弓寒桑柘鳴。聞弦鳥自落，望火獸空驚。無風樹卽正，不凍水還平。誰知茂陵下，顧入睢陽城。

唐　李白《李太白詩集注》卷三《行行且游獵篇》胡震亨曰：〈行行且遊獵篇〉始梁劉孝威其辭，詠天子遊獵事。太白詠邊城兒遊獵為不同耳》　邊城兒，生來不讀一字書，但知蕭本作『將』遊獵誇輕趫。胡馬秋肥宜白草，騎來躡影何矜一作可『怜』誤。驕。金鞭拂雪揮鳴鞘，半酣呼鷹出遠郊。弓彎一作『彎』。弧滿月不虛發，雙鶬迸落連飛髇。繆本作『髆』。海邊觀者皆辟易，猛氣英風振沙磧。儒生不及遊俠人，白首下繆本作『垂』。帷復何益。韻會趫捷也，梁簡文帝詩『邊秋胡馬肥』，《漢書》鄯善國多白草。孟康註：白草，草之白者。顏師古註：白草，似莠，而細無芒，其乾熟時正白色，牛馬所嗜也。曹植《七啟》『忽躡景而輕騖逸，奔驥而超遺風。』李善註：景曰景也，躡之言疾也。《廣韻》『鞘鞭』鞘也。蕭士贇曰：『滿月彎弓』圓滿之狀。《子虛賦》：『弓不虛發，中必決眥。列子蒲且子之弋也。弱弓纖繳乘風振之，連雙鶬於青雲之際。』鶬，鶬雞也。詳見《大獵賦》註：《韻會》髇鳴鏑也或作髆，辟易却退，而易其本處，詳見二卷註：孔稚珪北山移文張英風於海甸。沙磧，即沙漠也。唐人多變稱沙磧，《唐書》秦隴以西多沙磧少行人。胡三省《通鑑》註：磧，大磧也。即所謂大漠荀悦，《漢紀》立氣勢作威福，結私交以立强於世者，謂之『遊俠』。《漢書》董仲舒少治春秋，孝景時為博士，下帷講誦，弟子傳以久次相受業，或莫見其面。趫音，蹺鞘音，梢髇音，囂辟音，闢磧音跡。

唐　劉孝威《行行且游獵篇》一作游行且獵篇》《文苑英華》卷一九五　之罘講射所，上林娛獵場。選徒驕楚客，詔狩誇胡王。罕車已戒道，風鳥復啓行。佽飛具矰繳，材官命蹶張。高罝掩月兎，勁矢射天狼。蹠地不遑免，一作『逸』。排虛豈反翔。日暮鈎陳轉，風清鐃吹颺。歸來宴平樂，寧肯滯禽荒。

明　馮惟訥《古詩紀》卷三一《游獵篇》　歲暮凝霜結，堅冰沍幽泉。厲風蕩原隰，浮雲蔽昊天。玄雲晻戢合，素雪紛連翩。鷹隼始擊鷙，虞人獻時鮮。嚴駕鳴儔侶，攬轡過中田。戎車方四牡，文軒馭紫燕。輿徒既整飭，容服麗且妍。武騎列重圍，前驅抗修旃。倏忽似回飈，絡繹若浮烟。鼓噪山淵動，衝塵雲霧連。輕繒拂素電，纖網蔭長川。游魚未暇竄，歸鴈不得還。一作『旋』。由基控繁弱，公差操黄間。機發應弦倒，一倒連雙肩。僵禽正狼藉，落羽何翩翩。積獲被山阜，流血丹中原。馳騁未及勸，曜靈俄移晷。結罝彌藪澤，囂聲振四鄙。鳥驚觸白刃，獸駭掛流矢。仰手接遊鴻，舉足蹴犀兕。如黄批狡兎，青骹撮飛雉。鶬鷺不盡收，鳧鷖安足視。日冥徒御勞，賞勤課能否。野饗會衆賓，玄酒甘且旨。燔炙播遺芳，金觴浮素蟻。珍羞墜歸雲，纖肴出淥水。四氣運不停，年時何亹亹。人生忽如寄，居世遽能幾。至人同禍福，達士等生死。榮辱渾一門，安知惡與美。遊放使心狂，覆車難再履。伯陽為我誡，檢跡投清軌。

明　馮惟訥《古詩紀》卷九八《行行且游獵篇》　之罘講射所，上林娛獵場。選徒驕楚客，召狩誇胡王。罕車已戒道，風烏復起行。佽飛具矰繳，材官命蹶張。高置掩月兎，勁矢射天狼。蹠地不遑逸，排虛豈及翔。日暮勾陳轉，風清鐃吹颺。歸來宴平樂，寧肯滯禽荒。

又　卷一一三《和諸葛覽從軍游獵》　治兵耀武節，縱獵駭畿封。迅騎馳千里，高罝起百重。騰麐斃馬足，饑鼯落劒鋒。雲根飛燒火，鳥道絶禽蹤。方羅四海俊，聊以習軍戎。

又　卷一二五《伏聞游獵》　虞旗喜旦晴，獵馬向山橫。石關魚貫上，山梁鴈翅行。雪平尋兎跡，林蘩聽雉聲。馬嘶山谷響，弓寒桑柘鳴。聞弦鳥自落，望火獸空驚。無風樹即正，不凍水還平。誰知茂陵下，顧入睢陽城。

明　何景明《大復集》卷一四《游獵篇》　周王八駿行萬里，朝遊崑崙暮滄海。驅霆策電偏天地，虎驟龍馳倏烟靄。犇戎造父兩爲佐，大人王母遥相待。千金白狐來四荒，螻蟻下國輕天王。君不見，秦皇叱咤役九有，海東驅石石爲走。橋邊孺子如婦人，慱浪沙中鐵椎吼。又不見，武皇旌旗日絡繹，射蛟潯陽江水赤。五陵俠少夜相遇，探九殺吏還驚辟。天門嵳峩城九重，虎豹爲衛蛟龍宫。紫微鈎陳翼帝座，至尊秪合安高崇。脱淵之魚出山虎，白龍魚服何勞苦。沉江距河勢有然，萬乘反遭匹夫侮。君不見，曹家老爽誠愚蒙，平生不識司馬公。死生禍福在人手，盜能常作富家翁。一門流血豈足惜，坐使神器歸奸雄。昨夜昌平人夣天，龍文赤日繞燕川。城中莫辦真天子，道上傳看七寶鞭。腐儒爲郎不扈，從願奏相如《諫獵篇》。

明 槐鼎《樂府遏雲編》卷上《游獵》【普天樂】鬥雞陂，弓刀聳。走狗塘軍，聲閧輕裘。挂輕裘挂花，貎蒙茸耀金，鞭玉勒青驄合前。

【北朝天子】馬隊兒整整排，步卒兒緊緊挨。把旌竿列在西郊外，紅羅綉傘望君王早來。滚龍袍，黄金帶。幾千人打歪，數千聲喝采。擺擺開，擺開，擺擺開，閑轟轟。翻江攪海，翻江攪海。犬兒疾，鷹兒快，犬兒疾，鷹兒快。

明 劉儲秀《劉西陂集》卷一《行行游且獵篇》 之眔講射所，上林娱獵塲。衹爲習輕趫，非因從禽荒。嗟彼紈袴子，朝朝入醉鄉。一時出塞去，角弓不能張。

明 歐大任《歐虞部集十五種·蘧園集》卷二《胡馬游獵行》 胡天黯慘胡雲黑，朔風萬里飛沙礫。旄頭昨夜北庭高，蒼茫不辨祈連色。單于大獵初合圍，諸部引弓半鳴鏑。倏而毳帳徙漠南，雪片吹來大如席。嚴寒乍聳筋竿勁，小隊中分羽旂直。大宛之種五花驄，合沓羣驅電雷逼。晼促蹄高踣鐵青，鬛張□礌連錢赤。貂帽猪靴大耳兒，蕭梢射鹿名無敵。跑空一箭忽向天，海東青游落雙翼。此時此馬甲胡中，趙家承旨傳眞蹟。俞公愛馬兼愛畫，恍逢汗血從西極。君不見，水晶宫前日揮灑。神駿不在江都下，中原何限葉公龍，誰如匹練吴門馬。

明 王世貞《弇州四部稿》卷六《行行且游獵》 行行且游獵，遂出光禄塞。秦地一掌間，黄河落天外。六郡良家五陵豪，于闐玉鞭大食刀。不愛縣官封博望，自從私客取臨洮。盤馬彎弓月相向，萬族蹣跚魄先喪。突出霜蹄狡兔先，爭看鳴鏑蒼鷹上。黄沙一縷衝紫微，角聲四起胡霜飛。少年割鮮且莫飲，待我生挾單于歸。

明 王廷相《王氏家藏集》卷六《游獵篇》 列騎晨出城，日照紫羅巾。翩翩鬭趫捷，翻身射行雲。野皷何填填，澤火入層旻。右馳羽林郎，左旋龍武軍。不知中軍誰，袍花紫錦麟。細馬馱妖姝，行厨羅天珍。鼓吹振莽蒼，帳幙蔽驚塵。抹騎出平原，呼鷹過重津。飛捎鶬鴰陣，奔殪熊麇羣。中黄報舉積，羽角車雲屯。仰兹皇圖昌，遊樂良及辰。鳴鐃載路轉，清歌繃聲新。入門選勝客，夜宴金堂春。

明 謝肇淛《小草齋集》卷四《游獵篇》 玄冬氣隆烈，朔風高怒號。萬彙方徂落，平楚皆蓬蒿。順時𡿖殺氣，駕言田西郊。虞人戒罝椓，竟埜張鋋矛。我車堅既攻，駟介阜且高。韎韐爛雲霞，鞞琫裝吴刀。前驅抗長旌，後騎曳輕旓。遥遥合長圍，劒戟相周遭。烽火烈原野，鼓噪動平臯。由基逞妙技，賁育爭怒虓。聮矢落雙鵰，空拳接飛猱。蒼狶躓叢棘，青兕殪篻簩。金韝下角鷹，鐵絙㗂神獒。瞬息但見影，百里空秋毫。紅雨灑腥血，白雪飄風毛。雉鹿收不盡，狐兎安能逃。屬車恣負載，典客催烹炰。玉瓚斟黄流，雲俎登嘉肴。鳴鐘考朗鼓，拊瑟和龍璈。行爵巳無算，百戲仍分曹。載薦東海棗，復進綏山桃。曜靈西弭轡，望舒東懸硝。華堂炳明燭，主客樂陶陶。人生苦憂煎，促若火消膏。行樂尚未畢，白楊且蕭騷。七尺馬蹄間，萬里行游翱。

明 于慎行《穀城山館詩集》卷四《行行且游獵篇爲于子冲賦》 漁陽九月陣雲黑，使君叱撥桃花色。酒酣弄轡意氣豪，呼鷹出獵燕然側。黄間欲挽倚寶刀，銀鏑飛過雙青骹。千羣玄鹿大如兕，排風蹠地走且號。日斜勒馬原上立，蕭條狐兔無遺迹。書生自學萬人敵，為君却掃陰山北。

明 余象鬥《北游記》卷一《哥闍君臣游獵》 却説哥闍國成安王，一曰頒下聖旨，同文官張明、李寶，武官劉飛虎、鄭正等兩班文武。整頓弓箭，前往蓬萊山去遊山打獵，眾臣領旨，各各披掛，隨駕而行不題。話分兩頭，却説長生自從被三清打下蓬萊山中，苦心修行，飢食青松，渴飲甘泉，不敢擅離半步，在山修行有二十年矣。一日正在山中打坐，山中各獸被哥闍國王軍馬趕追，俱逃於長生禪榻前。跪者、跪拜者、拜叩首者、叩首鳴者、鳴叫者、叫俱有悲慘驚慌之狀。長生雖未見國王追赶之情，觀各獸之慘容，若似投人之狀。長生問各獸曰：『某觀汝等之來意，莫非有難，望吾救汝輩乎？』於是衆獸各各點頭，長生曰：『既是如此，可居某山後避之。』各獸聞言，急急走入庵後躲避。不一時，成安王同眾臣蜂至，王問長生曰：『汝在此，可見有獸來此否？』長生端坐不應。又問，長生又不應。王大怒，遂傳旨，命武臣將長生去其四肢，長生又微微而笑，不應。國王大怒，言曰：『汝敢笑我不能去汝之頭乎？』即命武士，將此道人分屍萬段，霎時間，雲迷天地，依然本身合足又為原人。國王大驚，合掌下拜，言曰：『寡人凡夫肉眼，不識天仙，有犯天條，乞天仙發慈悲之心，赦寡人前過。請天仙同寡人回朝，寡人辭羣臣同天仙到此修行。』長生歎曰：『陛下就是仙人，何求道乎？』國王再三哀告，求長生回朝，一心要出家修行。長生拈筆題詩一首與國王，國王覽云：自入蓬萊二十年，飢食青松渴飲泉。我在本庵遙望見，陛下當日亦仙源。

國王覽畢，又叩首曰：『據仙詩云，寡人原亦是仙班之人，今寡人失了本來面目，乞天仙大發慈悲，同寡人回朝，指引寡人迷路。』長生曰：『陛下既有出家之心，野人同陛下回朝。』國王大悅，同文武隨長生回朝。文武各散，國王同長生祖師在淨樂宮宴齋。正宮皇后乃是玉堂公主，聞國王接着天仙到殿，即忙出宮，隨即入淨樂宮參拜祖師。看見祖師堂堂一表人物，但見脣紅齒白，便有眷戀之心。將言戲之曰：『天仙這等美貌，得我明日生下一個太子，有此秀氣，妾心足矣。』祖師聞言大驚，作詩一首答曰：道在紅塵幾世修，全憑戒行作根由。宮人要我爲非事，今生難會再來求。祖師言罷護法神在半天，見祖師出再來，求之句料，其凡心未絶，變一宮女。即從空中下宮來點化祖師，向祖師禪壇前，問曰：『你道我是誰祖師？』曰：『你是宮中宮女。』護法神曰：『汝尚不知我乃是你護法神，朱禮是也。』祖師曰：『你變宮女來此為何？』護法神曰：『我在半空聽，知你許皇后詩中：誓願再來之句，自古聖人不亂言。亂言要墮輪迴去，與皇后結髮完，前詩句方能復入佛境。』祖師聽罷大哭，那宮女騰空，而去祖師哭成一病，不過七日而身故矣。成安國王聽知大哭，即備棺木葬紫金山，又不過七日，那正宮皇后見祖師身已死，思量傷感，亦一命歸陰矣。國王大哭亦具棺槨葬於紫金山，國王即立鄧妃為后。祖師化一道金光投入鄧妃胎中，鄧妃於甲午年十月十八日午時產下祖師，形容端正人物秀麗，成安大喜取名叫做玄明。却說正宮皇后死後，亦投一富家出世。其家姓李，當日生下之時，異香滿室，取名叫作香娘。祖師為國太子，大定三年，大婚，即選香娘為后。一日，國王升殿有西番使臣，名哥木夫兒者，進一銅鼓，厚有一十二寸，來使進。到哥闍國中，傳表官進上國王，使臣奏曰：『我主有旨云，國無定例要分大小，言我國有銅鼓一隻，其厚有一十二寸，我主命進伊國，伊國有人能射透此鼓，便為上邦，若射不透，便爲下邦，連年進貢我王。』王聞言大怒，出聖旨，問誰能射得銅鼓，官上加官。護國將劉飛虎，有萬夫不當之勇，兩臂有千斤之力。出班奏曰：『我主勿憂，西番進來此鼓，臣能射得。』王大悅，賜御酒三杯，當殿射之。劉飛虎謝恩，在殿上掛起銅鼓，左手挽弓，右手搭箭，一箭射去，其箭止入銅鼓半寸。滿面羞慚，俯伏金階。國王十分煩惱，玄明太子，年方七歲在，宮中聽説出宮奏曰：『此鼓別人射不得，要孩兒方纔射得。』國王曰：『番鼓厚有一十二寸，適纔鎭國將軍劉飛虎有萬夫不當之勇，尚射不得。你尚年纔七歲，焉能有此氣力？』太子曰：『人不論大小，父王高枕勿憂，看兒射之。』便見國王大悅，太子將番鼓吊上高處，在金殿上離百步之外，左手挽弓右手搭箭，叫過番使向前，問曰：『倘若我射穿此鼓，你當何如？』番使曰：『年年朝貢，汝國如射不得，亦要貢我國。』太子喝曰：『鼓射一透。汝頭亦要落地。』番使料太子不能射透，正微微冷笑，太子言罷看定銅鼓一箭射去，其箭沒羽將銅鼓射透，衆臣喝采國王大悅。太子即命斬此來使將首級，號令太子叫過番卒吩咐云，本當亦斬汝等首級，留汝等狗命，回去叫你國王火速進貢，前來免我國征討。衆番兵嚇得胆戰心驚，抱頭鼠竄而走，國王設宴大會羣臣不題。不知後事如何，且聽下回分解。

明　張寧《方洲集》卷一一《游獵圖二首》　金彈横捎玉勒飛，乘閒日日放鷹歸。將軍總愛非時獵，原野如今雉兎稀。駿馬盤迴未著鞭，東門黄犬不須牽。貴遊子弟春遊蚤，不似岐陽大獵年。

明　張元凱《伐檀齋集》卷三《行行且游獵丁丑九月作》　少歲從軍出武威，兜鍪日耀生光輝。沙場大小七十戰，數奇歸揜南山扉。南山近有白額虎，會須煩我大黄弩。朝來結束過藍田，馬如游龍轡如組。入林黯慘路不平，披開荆枳飛鳥驚。亂石崔嵬壘如屋，咆哮萬壑陰風生。顧盼憑陵了無覺，應弦即倒何須搏。男兒本意重生擒，飛而食肉良不惡。甲賣弓藏一十年，偶因射獵淚潸然。捫虱若談當世務，白額豈在南山前。頭足於今變冠履，取民脂膏充篚篋。假彼繡斧得横行。縛取貪殘，猛虎獻天子。

清　陳恭尹《獨漉堂詩文集・詩集》卷二《游獵詞》　白鳳襜褕白玉驄，銀鞍熤爚坐春風。彎弓偶失靑門兎，心在天山雪色中。

清　高璪《不視草・觀李大将軍游獵》　何處暮笳催，城南獵騎田。

錦鞍誇女隊，皂纛想雄才。霹靂弓稍月，琵琶馬上杯。太平烽火息，不用望高臺。

清　顧光旭《響泉集·詩》卷四《行行游且獵篇》　行行遊且獵，迺在灞滻以西涇渭之南，長風千里見秋隼，駿馬一出霜楓酣。上有千仞壁立之崇，嵐下有杳冥不測之寒潭。欲射猛虎不敢以，徑入烟林昏黑難。爲探歸來連山，見寒燒彎弓射。雲仰天笑殘，雲點空薄於縞。

清　劉大櫆《海峰詩集·古體詩》卷五《行行且游獵篇》　漢家宮殿凌霄起，錦繡河山相錯倚。瑶房金屋不安居，胡爲來此荒陬遠徼隅。邊風蕭蕭邊草白，帶箭腰弓往遊劇。青雲爲旗明月竿，廣布翠阜青林間。熊羆騰擲犀兕驟，野盡山窮興未闌。軼材之獸殊等倫，猝出不意干車塵。金鏃滛夷不可計，悔何能及心煩冤。穆王乘八駿，西遊何時還。白犠赤驥走，雷電瑶池燕。飲窮欣懽，惜哉盛姬中道逝，含情窈窕增悲歎。九疑巉天不可攀，錢塘波惡流崩湍。射蛟潯陽江水殷，樓船中流歌正酣。陽武沙中鐵椎響，倉卒殺吏驚探丸。猛虎在山，龍躍淵枯，魚過河螻，蟻慕其羶。君不見，華屋垂堂古有誡，杞人無事常憂天。

清　姚燮《復莊詩問》卷五《行行且游獵篇》　憶昔燕趙士，志氣橫九州。閉門忽不樂，射獵南山頭。珠玉絡駿馬，珊瑚飾臂韝。月黑北風勁，天闊黃雲愁。戈發殪狐兔，弓響啼鵂鶹。歸來未盡興，買醉歌舞樓。一歌復一舞，黃金如山邱。賤亦可屠儈，貴亦可王侯。身世辭困縛，坐笑彈鋏流。

清　張九鉞《紫峴山人全集·詩集》卷二六《寄題霽巖四侄游獵圖時任靈寶令》　寒風獵獵生庭隅，連岡彌望白草枯。黃皮袴褶貂襜褕，三花翦鬣縱怒駒。繡鞍金鐙彩模糊，流星突駛鵰叫呼。決雲飛掣騰韓盧，壯士奮勇纓曼胡。銀麞赤雉壓擔簏，羡子豪氣雄萬夫。願子英姿宏遠謨，手驅鐵騎張天弧。埽盡狐兔窟宅無，丹青再寫麒麟圖。時靈寶賊氛甚熾，姪堵禦種緊賊首。張漢潮屢爲所敗。

著録

清　孔廣陶《嶽雪樓書畫録》卷四《明仇實父回紇游獵圖卷》　絹本。高一尺六分，長九尺一寸四分。誤色工筆，寫番人十有七，嬰孩一，馬十八，橐駝三，獵犬一，不著欵。

回鶻種落不一，歷代稱名各異，而莫強盛于唐。其國随水草畜牧，多産駿馬、橐駝，故日以游獵為事。昔人已有《番部》、《按鷹》、《獵騎》、《牧馬》等圖，實父此卷，皆臆仿古賢名筆，玄宰謂其伯駒後身，於此信然。卷中建旃者、挾矢者、仰視者、睨弦者、返射銕鐶者、疾馳以應者、抱頭着矢者、撫掌相嬉者、有困伏驝駝而鼾者、有披裘停轡以觀者、有臂鷹鶻盼以自得者，皆虬髯虎頷，鈎鼻凹睛，羣相馳騁於平蕪朔漠之中，每一開卷，想見當時慓悍踐踏中原景状，撫今思昔，能毋掩卷而吁也！咸豐已未清和月，南海孔廣陶識。

觀獵

紀事

明　黄佐《翰林記》卷一六《賜觀走驃騎》　天順三年三月五日，賜文武觀走驃騎于後苑。其制，一人馳馬執旗引于前，一人馳馬繼出，呈藝于馬上，或上或下，或左或右，騰擲趫捷，人馬相得。如此者數百騎。後至乃為畨服臂鷹走犬圍獵狀，終場。俗名曰走解，而不知所自始，豈金、元之遺俗歟？今歲一舉之，蓋以訓武也。觀畢，賜宴于回廊。大學士彭時識其事如此。

明　劉康祉《識匡齋全集》卷一《榆關觀獵》　維時十月交，于役出東甸，榆關阨營平，丸泥封赤縣。虎士不當虜，躑躅思自見。整旅請于田，鞍甲光如電。千騎騖前驅，百人羅後殿。盧龍漸陂陀，遼海方撇漩。闢場鄰扶桑，寒日昇組練。朝霞射蓬科，粲若吐英茜。微風從西來，木葉繁于霰。長榆浄遠天，三韓遥可辨。麾動鼓聲殷，霜蹄各争先。兩掖馳連岡，風毛搏輕燕。犬疾鷹卑飛，狡免不得竄。壯士厲呼聲，髮植目為眴。月滿墮髯弓，雨集可手箭。馳鮮獻中軍，肉煖血猶濺。海水如欲立，大魚出波面。塲空鬱餘憧，馬足未能轉。章逢效驅馳，攄鞍亦忘倦。

藝文

唐　李白《李太白集》卷二三《觀獵》　太守耀清威，乘閑弄晚暉。

江沙橫獵騎，山火繞行圍。箭逐雲鴻落，鷹隨月兔飛。不知白日暮，歡賞夜方歸。

唐　王昌齡《增訂王昌齡詩集》卷五《觀獵》　角鷹初下秋草稀，鐵驄抛鞚去如飛。少年獵得平原兔，馬後橫捎意氣歸。

唐　王績《王無功文集》卷三《駕過觀獵》　天巡揔禁營，詰旦擁戈城。旗常紛出没，彀騎欝縱撗。圍塵千里暗，獵火四山明。獸竭郊園迥，禽殫灌莽平。割鮮同飲至，振旅以休兵。動作威容備，周旋軍令成。金鐃清御道，玉鼓節神行。別有磻溪叟，無日戰逢迎。

唐　王維《王右丞集箋注》卷八《觀獵唐詩紀事作獵騎》　風勁角弓鳴，勁一作動將軍獵渭城。草枯鷹眼疾，雪盡馬蹄輕。忽過新豐市，市雲溪友議作戍還歸細柳營。回看射鵰處，射鵰，雲溪友議作落雁，一作失雁。千里暮雲平。郭茂倩《樂府》採首四句入《近代曲辭》，題曰：戎渾萬首唐人絕句亦摘入，絕句內題作戎渾。

角弓《詩》：騂騂角弓渭城水經註太史公曰：長安，故咸陽也。漢高帝更名新城，武帝元鼎三年別為渭城，在長安西北渭水之陽，王莽之京城也。《太平寰宇》記，故渭城在今雍州咸陽縣東北二十二里渭水北，卽秦之杜郵、白起死於此。其城周八里，秦自孝公至始皇皆都於此城。武帝元鼎三年更名渭城，後漢省併地入長安，故此城存也。細柳營漢書河內太守周亞夫為將軍，次細柳。服虔曰：『細柳在長安西北。』裴駰史記註細柳，徐廣曰：『在長安西。』駰按如淳曰『長安圖細柳倉在渭北，近石徼』。張楫曰：『在昆明池南今有柳市是也』。《史記索隱》按：三輔故事細柳在直城門外阿房宮西北維。又匈奴傳云『細柳』，在長安西。如淳云『在渭北』，非也。《元和郡縣志》細柳營在萬年縣東北三十里，相傳云，周亞夫屯軍處。今按亞夫所屯在咸陽西南二十里言，在此非也。射鵰《北史》斛律光嘗從文襄於洹橋校獵，雲表見一大鳥，射之正中，其頸形如車輪，旋轉而下，乃鵰也。丞相屬邢子高嘆曰：『此射鵰手也。』

胡應麟曰：『右丞五言，工澹、閒麗，自有二派。楚塞三江接、風勁角弓鳴、楊子談經處等篇，綺麗精工，沈宋合調者也。寒山轉蒼翠、寂寞掩柴扉、晚年惟好靜等篇，幽閒古澹，儲孟同聲者也。』

邵古庵謂：『細柳渭城皆在陝西長安縣，新豐在臨潼縣相去七十里。曰忽過，曰還歸，正見其往返之易成。按《漢書》內地名詩，人多襲用之，蓋取其典而不俚也，興會所至一時彙集，又何嘗拘拘於道里之遠近，而後琢句者哉。』

唐　張祜《張承吉文集》卷一《觀徐州李司空獵》　曉出郡城東，分圍淺草中。紅旗開向日，白馬驟迎風。背手抽金鏃，飜身控角弓。萬人齊指處，一鴈落寒空。

唐　司空曙《觀獵騎》《佩文齋咏物詩選》卷一三〇　纏臂繡綸巾，貂裘窄稱身。射禽風助箭，走馬雪翻塵。金埒爭開道，香車為駐輪。翩翩不知處，傳是霍家親。

唐　劉商《觀獵三首》《萬首唐人絶句詩》卷四二　夢非熊虎數年間，驅盡豺狼宇宙閒。傳道單于聞校獵，相期不敢過陰山。日隱寒山獵未歸，鳴弦落羽雪霏霏。梁園射盡南飛鴈，淮楚人驚陽鳥啼。松月東軒許獨遊，深恩未報復淹留。梁園日暮從公獵，每過青山不舉頭。

唐　薛逢《觀獵》《萬首唐人絶句詩》卷四三　馬縮寒毛鷹落膔，角弓初暖箭新調。平原踏盡無禽出，竟日飜身望碧霄。

唐　武元衡《幕中諸公有觀獵之作因繼之》《詩法易簡録》卷一七　刀州城北劍山東，甲士屯雲騎散風。旌旆遍張林嶺動，豺狼驅盡塞垣空。銜蘆遠雁驚縈繳，繞樹啼猿怯避弓。為報府中諸從事，燕然未勒莫論功。

末二句拓開一層，倍見收捩有力。半一全二法。

唐　韋莊《浣花集》卷一《觀獵》　苑牆東畔欲斜暉，傍苑穿花兎正肥。公子喜逢朝罷日，將軍誇換戰旹衣。鶻翻錦翅雲中落，犬帶金鈴草上飛。直到四郊高鳥盡，掉鞍齊向國門歸。

唐　韋莊《觀浙西府相畋游》《佩文齋咏物詩選》卷一三〇　十里旌旗十萬兵，等閒遊獵出軍城。紫袍日照金鵝鬬，紅旆風吹畫虎獰。帶箭彩禽雲外落，避鵰寒兔月中驚。歸來一路笙歌滿，更有仙娥載酒迎。

宋　陳思《兩宋名賢小集》卷九八《觀獵》　貂裘白馬誰家子，擁戟弦弧囊勁矢。褰身欲與鳥争飛，觸起塵埃雲四起。長繩驅逐狐兎驚，驕鷹掣臂流雙睛。飛揚雲間電光閃，旋復草際無遺生。鷙腸乆厭鮮肥餌，顧盼方能伺人意。但矜鼎俎有餘甘，貪殘誰憐殄生類。安得淑氣回嚴秋，徐令用拙同鳴鳩。林間百鳥恣孳乳，雖欲擊搏知無由。

宋　陳淵《默堂集》卷二《觀獵》　蒼鷹黃犬五花驄，木落風高箭上弓。三穴若能搜狡兔，九天方可下冥鴻。

宋　范仲淹《范文正公文集》卷三《觀獵》　鷹犬一何驕，霜明遠近郊。鷙皇不觸網，狐兎自充庖。熠熠流鳴鏑，紛紛過綠髾。雄飛侵漢下，殺氣與雲交。翦棘争探穴，摧林競覆巢。惟開三面者，盛德播絃匏。

宋 劉攽《彭城集》卷四《觀獵》 立冬殺氣凝，清霜會晨朝。滌滌原野空，烈烈荆棘燒。鷹饑肯為用，馬寒意逾驕。旌旗帶林莽，笳吹含風飈。突圍狡獸怒，得雋壯士嚣。老狐屈變詐，文雉輸英翹。討伐順天時，未許窮姦妖。翩翩馬上兒，弓箭各在腰。意矜百戰雄，巧鬭更相招控。控弦落明月，飛鏑來九霄。雖虐終無傷，為樂固已饒。晚臨清汝濱，寒水如落潮。揮壺酌美酒，醉歸遺皁貂。

宋 羅公升《宋貞士羅滄洲先生集》卷一《觀獵》 詭御羞禽獲，随車忍獸呼。為毆煩桀紂，競逐欠陳吾。

宋 梅堯臣《宛陵集》卷一二《擬王維觀獵晏相公坐中探賦**》** 白草南山獵，調弓發指鳴。原邊黃犬去，雲外皁鵰迎。近出長陵道，還看小苑城。聊從向來騎，回望夕陽平。

宋 汪元量《湖山類稿》卷二《陰山觀獵和趙待制回文》 圍獵看人放海青，黒山峽口路交横。飛鴻雨濕雲天路，去馬風寒雪塞平。歸客北邊關柝擊，過軍西畔塞燈明。巍巍殿帳氊房煖，衣鐵冷深更鼓鳴。

宋 王邁《臞軒集》卷一四《觀獵行》 落日飛山上，山下人呼獵。出門縱步觀，無遑需屐屧。至則聞獵人，喧然肆牙頰。或言岐徑多，御者因追躡。或言御徒希，聲勢不相接。或言器械鈍，馳逐無所挾。或言盧犬頑，獸走不能劫。余笑與之言，善獵氣不懾。汝方未獵時，戰氣先萎薾。弱者力不支，勇者膽亦怯。微哉一雉不能擒，虎豹之血其可喋。汝不聞去歲淮甸間，熊羆百萬臨危堞。往往被甲皆汝曹，何怪師行無凱捷。嗚呼安得善獵與善兵，使我一見而心愜。

宋 吴則禮《北湖集》卷一《觀賈表之獵》 軒軒大鷹腦，落落飢鶻拳。忽張六翮去，勢拉淮南天。賈侯寔老俊，文字初著鞭。平生坐高飛，孤吟餞流年。收身事鞍馬，未愛冕有蟬。歸來對名妾，含笑脱兩韀。能復飯斗米，白眼捉彘肩。玩世今種種，掉頭羞乞憐。儂也飽憂患，慣視跕跕鳶。澆寒一杯足，撐腸謝三鱣。惟樂不可過，快臂烏號還。徑横銕如意，露頂催烹鮮。

宋 楊時《龜山集》卷三九《觀獵》 貂裘白馬誰家子，擁戟弦弧囊勁矢。褰身欲與鳥爭飛，觸處塵埃雲四起。長繩驅逐狐兎驚，驕鷹掣臂流雙睛。飛揚雲間電光閃，旋復草際無遺生。鷙腸久厭鮮肥餌，顧盼方能伺人意。但矜鼎俎有餘甘，貪餮誰憐殄生類。安得淑氣回嚴秋，徐令困拙同鳴鳩。林間百鳥恣孳乳，雖欲擊搏知無由。

宋 朱翌《灊山集》卷一《觀獵會圖》 一日射雉六十三，命中要是人所難。一日射虎三十六，驍勇無前誰不伏。沙平草軟雪泥乾，手拓弓絃腰兩鏃。祥麟選馬掟若龍，翻身已墮雙飛鵠。拜賀將軍箭有神，摩旗拍鼓轟相逐。錦褾大袖掛虚堂，勇夫視之心發狂。不如緩帶氊車上，舉酒割鮮殊不忙。

金 宋衜《觀出獵》《元文類》卷八 金鈚染血犬銜毛，倒臂蒼鷹掣錦絛。紅日下山秋塞凋，齊歌野樂陣雲高。

平原馬首鴈行齊，狡兎深藏鳥不飛。環立傳觴人半醉，斜欹貂帽雪中歸。

元 王旭《蘭軒集》卷九《觀獵》 非熊一獲渭陽田，定鼎宗周八百年。千載獵賢人不遇，長楊空賦射能篇。

元 朱思本《貞一稿》卷二《觀獵》 青徐十月天色黄，欲雪未雪雲茫茫。將軍馬肥鷹隼疾，草枯狐兔那能藏。良家子弟盡驕悍，彎弓大呌隨跳梁。停鞭借問誰氏子？虎符世世綰銀章。或在鷹房久通籍，或屬愛馬從藩王。生來一字都不識，割鮮豪飲鬚眉張。夜歸酣笑詫妻妾，鞍馬纍垂縣兩狼。古今治亂殊未省，豈有謀策輸忠良。一朝親故相薦拔，起家執戟齊鴛行。剖符作郡擁旄節，炙手可熱勢莫當。儒生心事良獨苦，皓首窮經何所補。胸中經國皆遠謀，獻納何由達明主。獵徒一出專城居，愼勿平原輕獵徒。

元 薩都拉《憶觀駕春蒐一作游**二首**并序**》**《元詩選·初集》卷三五 天歷元年，京口録事条軍某以事留京，觀駕春蒐，盛事也。得詩一聯，聊委之。其年三月還京，歲莫卧病。寒食擁鑪，追思前聯，足成二律，時天歷二年三月也。

簫韶風細入清虚，日暖旌旗卷復舒。雙鳳曉開金雨箭一作翅扇，六龍春駕紫雲車。將軍斜掛黄金虎，丞相低垂錦一作懸碧帶魚。遥想金一作宫盤珠露滑，江南渴殺病相如。

日奏雲間紫鳳簫一作韶，春隨天上赭黄袍。仗前虎將千斤斧，架一作馬上鷹兒五色絛。獵士開弓黄犬疾，宫官擊鼓紫駝高。侍遊亦有中書人，七寶雕盤一作籠看緑毛。

明 陳懿典《陳學士先生初集》卷三六《觀獵》 白沙茫茫塞草枯，黄雲亂捲天模糊。將軍號令出游獵，玉勒彫弓金僕姑。馬如游龍戲溟渤，三軍合圍馳驟多。無論競逐黄塵起，臂鷹縱犬排山嵸。眼中出火霹靂響，耳後颯颯如飈風。一矢奔傳衆騎集，中間畫纛摩雙熊。驅飛翼走入罝網，應弦洞腹烏號弓。草中狐兎眠難穩，盧鵲何勘讓秋隼。一線光啣尾初及，千林震動心逾緊。氣酣奔突逞一決，零落旌旗亂明滅。殺氣上回靈武雲，明矛直灑天山雪。手提肩負血蒲身，生截熊羆與雉鶉，奔鹿左獖□右射，更窮狡穴透重榛。此時觀者動魄吼，極日茫茫失飛走。縱金按節止中野，燖腊炰鮮誇好手。吾聞古人蒐狩禮，三驅六御今何以。長楊羽獵未足誇，秣馬爲防烽燧起。

明 費元禄《甲秀園集》卷九《觀獵》 遮山陳羽獵，逐獸走韓盧。抱樹獮猴哭，緣陵㲋兎呼。罝羅搜絶谷，毛血洒平蕪。置酒長林下，論功犒旅徒。

其二 風勁沙鷹疾，霜凋塞艸痕。將軍調駿馬，獵火出平原。矢鏑無虛舍，飛鳴得幾存。烏生八九子，慎勿上城門。罝羅搜絶谷，毛血洒平蕪。置酒長林下，論功犒旅徒。

明 黄卿《觀獵》《海岱會集》卷五 長風吹林原野潤，淺雪出草晴漠漠。狃山射手紛較獵，雙弧飛鞚擕繒繳。老鷹半空躍翻翻，健犬起立復蹲縮。狐駭兎蹶澤雉藏，四馳斜路穿叢谷。兒童狂呼滿山阿，白髮舊捋偶相過。須臾瀝血積獲多，文皮錦翼細馬馱。五陵俠少膽氣麄，邯鄲騮駿騁通衢。我言驍健須壯圖，何不往射虎與貙。瑣瑣肉食焉有無！

明 石存禮《觀獵》《海岱會集》卷五 杖藜曉出郡城東，校獵咸觀騎射同。一路行雲隨去馬，半空蜚鳥避彎弓。川原路盡重圍合，笳鼓聲高落照紅。共羡長楊能獻賦，相如久已讓才雄。

明 胡廣《胡文穆公文集》卷二〇《德州隨駕觀獵》 聖皇巡幸來北京，六龍馭駕中天行。和風駘蕩清輦路，武雲冉冉懸霓旌。古城茫茫烟漠漠，牛牧野田未東作。雉肥獸腯可充危，小獵平原共行樂。帍賁列圍分兩行，金戈燿日銀甲光。雕弓彎月響鳴鏑，一發已殪雙白狼。羽林猛士材官手，舍矢争言多中鵠。蒼鷹低拂草頭飛，狐兎翻來馬前走。紫髯胡兒飼玄豹，攫拏捷疾好牙爪。錦裀馱得不動塵，過眼應空東郭㕙。吾皇仁聖有深澤，解祝遠繼成湯迹。大開三面非掩群，聊向此中觀騎射。帰來帳殿日欲曛，頒禽賜酒恩波均。從臣擬獻長揚賦，却乏雄才似子雲。

明 黄洪憲《碧山學士集》卷一九《納清亭觀獵次王給諫韻》 萬壑松風入座清，千山翠列野橋橫。彎弓漢月雙鵰下，觱篥悲歌塞外情。舉網山溪溪水清，凌風蒼鶻九霄横。試觀校獵知田事，不爲遊閒玩物情。溪流寒抱碧雲清，檻外諸峰翠黛横。羌笛一聲尊酒暮，關山回首不勝情。

又《葱秀山同王年丈觀射獵口占》 翠屏山畔秋雲低，我來弭節同攀躋。峭壁横天色葱秀，飛泉噴玉澄玻璨。解衣緩帶臨丹壑，笑向風前傾蠡落。叱馭寧歌行路難，射鵰漫試從軍樂。紫岫晴雲棲畫侯，玉韝明月彎繁弱。縱金伐鼓射夫同，復有獵騎追晨風。雙飛箭逐雲鴻落，半臂鷹隨狡兎窮。禽獮獸薙林木震，殺氣落日寒山空。吁嗟乎三韓之國戢兵久，三韓武夫猶赳赳。投石超距逞蹶張，慷慨欲飲黄龍酒。君不見天子有道四夷守，北虜欵關南粤走。韔弓櫜矢樂承平，五兵不試亦何有。

明 靳學顔《靳兩城先生集》卷一〇《觀獵》 白草川原嘶玉驄，少年馳獵古陵東。蒼鵰寂羡雙飛墮，狡兎須知三窟窮。殺氣冷迷葱嶺雪，酣歌悲起玉關風。夜深火樹明千里，更道相如賦未工。

明 黎貞《秫坡先生集》卷二《觀獵西苑呈西庵孫先生》 屬車先報獵前山，雲擁旌旗萬馬屯。獨有相如能進諫，聲華不愧漢衣冠。

明 李攀龍《滄溟集》卷一三《觀獵二首》 胡鷹掣鏇北風廻，草盡平原使馬開。臂上角弓如却月，當場意氣射生來。

其二

十月霜清紫兎肥，浮雲不競鐵驄飛。半酣驅逐諸年少，肦子城東看打圍。

明 劉繪《嵩陽集·觀許八丈射獵》 曉天霜氣斂，獵騎縱山圍。碧漢風鷹急，黄沙月兎□。雕弓花外滿，玉勒草頭飛。向暮歸程遠，旌旗映落暉。

明 劉永之《劉仲修先生詩文集》卷一《觀獵》 秋郊芳草歇，獵燒稍緣岡。庭中孫翳出，門外罻蘿張。重錮一以縱，三窟慢多藏。流星越蕭薄，掣電进蘭房。左右競漁貫，徒旅各鷹揚。觸刃無單斃，嬰笴有雙傷。斂獲赴中厨，割鮮行羽觴。所患崦嵫迫，誰謂戒余荒。

明 駱問禮《萬一樓集》卷一三《觀獵》 駿馬雕弓挾健奴，十金為買一韓盧。如何牽出東門去，不搏豺狼搏兔孥。

明 歐大任《歐虞部集十五種·游梁集》卷三《觀獵》 古苑申城曲，鳴笳羽獵寒。京薪連燧舉，叢楚帶林殘。野饗鮮仍割，軍歡醴欲乾。柳營新卷甲，風急雪漫漫。

明 陶諧《陶莊敏公文集》卷三《觀獵歌》 大梁城南兵馬營，營開艸蔓川原平。將軍呼鷹鷹且鳴，朔風颯颯吹竿旌。須臾艸下群兔驚，一兔狡與鷹鬬爭。晴明翮健搏擊輕，群兔盡斃無一生。長原豺狼窟穴更，高林鳥雀渾無聲。嵩行殺氣相峥嵘，一獵從知軍令明。百年勳業殊難評，君不見長身鐵面張本澄。老成福艾智有兵，少年專閫鮑用禎。莫邪露刃玉露瑛，李將時雍初識荆。才兼文字亦豪英，前身疑竝漢韓彭。雲中將士驕恣盈，分明憑恃天驕成。廟堂慎重徐徂征，上將應徵公等行。伐謀須掃胡塵淸，麒麟閣上圖勳名。

明 汪道昆《太函集》卷一一〇《平臺觀獵》 平臺開漢地，大纛入胡天。朔氣吞雲夢，谿流抱渭川。雄飛廻飲羽，猛噬應鳴弦。豈謂誇胡獵，叨逢奉使年。

明 王恭《白雲樵唱集》卷四《觀獵》 九月淮天百草枯，曉分千騎獵平蕪。彎弓射殺南山豹，歸醉吳姬賣酒壚。

明 徐渭《徐文長文集》卷五《觀獵篇并序》 王將軍邀予觀獵，時積雨初霽，飛走者避匿。予從將軍諸士，騎士牽狗出太平門，抵海寧沙上。頃刻馳百餘里，不見一雉兔而還。乃割所攜鮮，飲月唐寺中。

茅刀割水嬌紅茜，風偃寒稍臥長堰。青林疎樹隔荒墳，白水茫茫看不見。將軍本是北平豪，記得依稀身姓曹。怕向揚州作貴客，慣從下澤驟鳴鑣。萬里秋郊平似舸，千騎圍中一是我，箭叫餓鴟，龍騰快馬。趂鹿逐麞，解絲掣鎖。耳後生風，鼻頭出火。自來此州，殺賊不暇。皁鵰氣銷，韓盧魄墮。昨見儒生，衣長履大。入揖令公，揮金不謝。抽筆制詞，彎弓輒射。住釋挾屠，刳牛食鮓。外枯中腴，無所不可。促騎請邀，徵徒出野。牽犬莫遲，見兔輒打。儻遇大兕，一發斷髀。爲先生壽，引滿十斝。健兒跪領將軍言，翻身上馬去如煙。寶刀映日不足數，角巾受風真可憐。淺草平堤水痕聚，萬蹄避水移家去。沙擁肥螯掠岸飛，絲牽小豸當空乳。漢將窮追路欲闌，胡家甌脫避何難。今朝立馬祁連上，不見匈奴一騎還。

明 楊溥《楊文定公詩集》卷五《觀獵》 六轡飛龍出禁林，春園千里氣蕭森。山川倏忽風雲合，草木微茫劍戟深。萬物以時資茂育，三驅不誡失前禽。車攻吉日存周雅，王道誰云有古今。

明 楊士奇《東里集・詩集》卷二《觀獵》 揚旌表四岑，環戟擁如林。己失千尋險，寧遺三穴深。春蒐元有典，時育亦關心。解綱商王德，光輝尚至今。

又《岔道觀獵》 己度重關險，初臨廣野平。嵐兼遠水白，山擁半空青。扈蹕同三事，蒐原合五兵。農閒陪閱武，亦得暢予情。

又《續集》卷五八《陪駕觀獵》 武士擁周遭，前驅導彩旄。徑危兼水石，野濶盛蓬蒿。鷹犬紛飛躍，狐狸莫遁逃。老臣方寸切，上念聖躬勞。

又 卷六二《觀獵》 四面虞羅三面解，凌空羽翮任高。翔遂令竹簡書仁，澤萬古殷湯是聖王。

明 姚孫棐《亦園全集》四集《馬上觀獵》 穫盡農無事，天晴獵向原。居高雙目注，列守衆心存。草偃兔行疾，犬嗥人影奔。懸知擊鮮處，童稚咲迎門。

明 佚名《元音遺響》卷六《觀獵》 弧矢晶晶獵騎驍，草中狐兔半魂銷。餞鷹自足隨黄犬，倦鶴何知訝皁鵰。東里歸心晴嶂遠，南天望眼楚雲遥。平生擊搏無才力，不敢彎弓向九霄。

明 袁表《閩中十子詩》卷一九《觀獵》 九月淮天百草枯，曉分千騎獵平蕪。彎弓射殺南山豹，歸醉吳姬賣酒壚。

又 卷二一《渭上觀獵》 草折渭門霜，蕭蕭獵氣黄。飛弓秋萬里，縱馬日千場。鵰霧藏沙迥，鷹風入樹長。將軍驕意氣，射殺白河狼。

明 張鳳翼《句注山房集》卷四《觀獵》 將軍大隊蒐獵行，忽雷磕砰搏擊聲。千山萬壑怒氣横，白狼赤狐不知避。礪牙擻毛競貪媚，繁弱一發應弦躓。跳踉彳亍計云窮，肴胾用供君庖中。猗嗟醜類安所馮。

明 張元凱《伐檀齋集》卷六《觀獵》 都護班師日，龍城會獵齊。兎藏鷹側目，鹿失馬穿蹄。詭遇元干律，偏師亦自提。擒生市斗酒，明月灞陵西。

明 金幼孜《出郊觀獵至賀蘭山》（乾隆）《寧夏府志》卷二一 賀蘭之山五百里，極目長空高插天。斷峰迤邐煙雲濶，古塞微茫紫翠連。野曠旌旗鳴曉日，高風鷹隼下長川。昔年僭偽俱塵土，猶有荒阡在目前。

清 蔡衍鎤《操齋集》卷一六《觀獵》 獵騎横馳風，勁角弓鳴竹葉。鑾鑣摇動日，中麾犬舞蘆花。

清 杜浹《湄湖吟》卷七《恭擬南海子觀獵應制》 鑾輿南苑視高秋，浩浩長風動九斿。七萃于今飛海何，三驅自昔治齊州。雲深玉帳群靈擁，月上雕弓萬騎收。大獵長楊何足數，采薇天保贊皇猷。

張云：與前篇可稱質娩連珠價同合璧。

魏云：老氣橫九州，且字字工對。

清　法若真《黄山詩留》卷五《九日李海若招同鞠漸盤鵬萬瞻玉趙壽椿浮山文獻張又學平瀾盛九苞諸公登鳳山觀獵晚歸浮山索句限高字即簡正二首》　飜身赤海坐秋濤，直上層峰搴鳳毛。手摘青天分跋扈，波開白雪任揮毫。兔肥小獵歸輕馬，鯨走沉樽補斷鰲。不數吹臺十二子，彎弓老力射輪高。

誰從海外結銅摽，胸盪清秋萬里濤。村結雲衣鸚鵡去，臺空石甲鳳凰高。才逢渤海多名士，年少中原解贈刀。送酒滿山皆未醉，歸來獵馬帶香醪。嵩山西有鸚鵡村，南有鳳凰臺。

清　費錫璜《掣鯨堂詩集》卷一三《觀出獵》　駿馬驄驪玉勒喧，飛塵一道出青門。隨珠空用彈黄雀，明日銜來還報恩。

清　傅仲辰《心孺詩選》卷一三《觀獵》　邊塞烽煙靖，行圍樂鼓鼙。朔風鳴羽箭，勁草滑霜蹄。割炙餐如虎，開樽醉欲泥。歸途人笑擁，浩氣與雲齊。

清　顧景星《白茅堂集》卷六《嘉興觀孟鎮軍水獵有序》　孟鎮軍青海名家，絳河老將關陝奏掃除之勳，吳越建開闢之勳。爰以高秋用申講武望烽堠于澉浦，習水戰于當湖，鼓聲動而濤沫飛，榜喝流而簫笳沸。日未移晷，已獮七八飲。可一石而醉，二三特用紀奇筆不加點。

將軍水獵事稀聞，指點旌旗鵝鸛群。雁陣驚飛迷大濼，鷹聲遠掣入寒雲。灣環魚虎愁羅杙，散布驊騮向水濆。部下健兒皆漢將，潼關曾說舊功勛。

又　卷一六《多虎子星抬登大泉山觀獵》　君侯不浪出，出必為烝黎。年凶苦摇動，其道在爰諮。離城二十里，荒井連枯陂。躍馬屏騶從，敢言馳騁疲。接郭既荒涼，前山仍嶮巇。松梢石戴寺，登頓岑岡遲。老僧代農語，此地猶山埤。絕頂覓泉斷，何繇問鉏犂。苦辭茗味濁，試看山形奇。群阜從西來，纍纍向東馳。其東大王峰，俯視如展旗。又如壁壘陣，燦爛金天西。當時康國公，崛起英雄姿。人傑有如此，地靈母乃為。君侯劃長嘯，谷口生悲颸。志在靖封疆，耳如聽鼓鼙。左顧健兒出，火鈴發神機。獵聲動川原，行雲為委蛇。予時忝賓客，折簡來追隨。白衣捉羽扇，撝指無不宜。風埃虎瓜滅，瓜厹同猛獸瓜掌跡甌脫難窮追。獻豜郵亭下，頒賚紛齎持。遡來戒行李，此舉良非嬉。虥猵竟竄匿，何有狐與狸。落日送歸騎，礮車雲起時。明朝有雷雨，並報君侯知。

清　胡榮《容安詩草》卷三《觀獵》　霜曉聞笳動，將軍出獵營。孱軀未備武，覩目較分明。怒騎奔騰疾，旌旄夾日行。龍韜御月影，細鎧着花輕。後五方成列，前驅漸杳冥。晴郊奮蒼犬，林樾趂饑鷹。藺石雷轟發，飛星沒羽稜。虎狼直膽落，烏雀悉心驚。倏向深山散，旋來曠野屏。伐收歸絡繹，滿載兎狐腥。毳帳鳴鼉急，烹鮮擘野迎。隨旗逐隊整，威赫總難名。偃武當平世，秋畋亦耀兵。縱言羅甲冑，視此勿與爭。

清　胡蘇雲《芥浦詩删》卷六《觀獵》　茂陵春日飛花紅，楊柳渡頭摇東風。東風晚撲行人面，輕薄少年方遊晏。入山彎弓曳紫衿，白馬銀鬣勒黄金。指揮騎從發盧矢，一矢正墜雙飛禽。譁然笑應東西岑，人生練達不如老，娱樂山川不如早。日薄虞淵，白骨如烟，貴賤一軌，河清可俟。君不見鴟夷子皮破句吳。一葉扁舟歸五湖。

清　嵇永仁《抱犢山房集》卷四《觀獵》　青草郊原外，黄沙日氣蒸。驕風嘶怒馬，健臂立飢鷹。細柳將軍過，窮崖獵士登。橐駝垂野獸，鞍上月輪升。

清　金農《冬心先生集》卷三《觀獵二首》　飛鞚疾于鶩，射生惡少年。風毛與雨血，何苦汚青天。　萬事落人後，馬箠空有銘。不若揖黠卒，尚知太白經。戊申九秋，予在太行道中作馬箠銘，銘曰：滑溪之籐可策而走，𥳑雲𥳑雲毋落人後。

清　李稻塍《梅會詩選·一集》卷一〇《雲州堡觀鎮朔將軍獵》　風折龍堆草，天横燕尾欠。吳兒工走馬，羌女善韝鷹。玉爪漁陽絶，花驄瀚海稱。防秋元此地，狡兔莫憑陵。獵罷聞喧笑，紛紛細馬馱。停鞭殘燒合，歸旆晚風多。翠釜腥黄鼠，霜刀滑紫駝。將軍新駐節，不畏灞亭訶。

清　李驎《虬峰文集》卷六《觀獵》　健馬馳年少，平原競打圍。臂縣鷹隼猛，網殪兔狐肥。海氣昏殘照，秋風動殺威。齊歌邊塞曲，傍夜渡河歸。

清　盧錫晋《尚志館文述》卷七《舟中觀獵趙北口試題》　晝槳龍帆映錦濤，和風暖日布輕艘。應弦碎羽天花落，跋網驚鱗玉尺韜。時倣春蒐緣薦寢，樂同夏諺爲休勞。尚書筆札明良詠，謾說相如賦品高。

清　毛奇齡《西河集》卷一七五《越城觀獵》　較獵越城東，旌旗出郭紅。翻鷹飛朔雪，走馬踏春虹。壯士爭金埒，將軍控角弓。離臺行樂地，驅騁夕陽中。

清 夢麟《大谷山堂集》卷五《與諸公夜臨後湖觀水獵歌》 白日已落湖氣微，月出未出煙霏霏。呼集官船艤沙嘴，舉扠張罟臨遙磯。舳艫銜尾六十隻，卸颿靜聽吾指麾。當風吹角衆艘動，師出以律無敢違。夜天黯黕眩昏黑，以燈置船匿者稀。周陸藪澤舸泛泛，拋罾斷岸光依依。繁星落水萬燈亂，影無上下皆如緋。張篷四列畫若罫，尋朋緩逐圓成圍。周迴開闔盡變態，使船如馬茲庶幾。須臾獵較試身手，游鯈潑刺魴鯉肥。小魚吐沫受以盎，大魚穿頸唧之鞿。見者千衆嘆奇絶，觀獵於夜聞亦希。使君校獵不在得，以魚恤衆籌其饑。舉盆負甕笑童稚，汗流被面腥沾衣。流連溺志古所戒，樂民之樂君無譏。但使游眺恤窮隱，吾從吾好誰敢非。喚集漁師散網罟，樓頭皷作吾當歸。

清 屈復《弱水集》卷六《觀獵》 山南聞射虎，渭北忽飛鷹。八月收禾黍，三秦正沸騰。塵飛含朔氣，水落欲層冰。畫角雲中墮，將軍獵杜陵。

清 宋徵輿《林屋詩文稿·詩稿》卷一〇《早春觀獵》 春寒霜色勁雕弧，年少相逢夾道呼。風疾馬輕沙磧動天，高鷹没海雲孤射。生親數詩從騎刺，血傳鮮命酒徒。落日蒼茫人散去，迴看鳥雀亂平蕪。

又 卷一四《觀獵》 張家口外圍場圓，猿臂臂弓美少年。胡馬見虎敢馳突，白羽飛去風蕭然。

其二 白豹黃熊盡失群，中刀飲羽血紛紛。圍場散後寒風急，野火連天燒暮雲。

清 汪由敦《松泉集·詩集》卷二〇《八月二十八日命至圍場觀獵恭紀》 龍沙繡嶺秋早霜，天留奥區作獵場。順時行獮神武揚，藩部選徒千二百。萃從沆溶盡賁獲，蜚虎游梟手能格。霜蹄蹴踏披雲根，雙搴風纛排天閽。包裹蔽亭氣可吞，駭鹿驚麇困奔仆。希間突衝横錯互，羽林櫛比抝餘怒。黃間滿彀動有神，呼聲颯拉凌高旻。一開生路昭皇仁，霧散塵開各騰驀。獻尾旌門如獻馘，圍中射鹿先割其尾，以獻獲。車載之，輸于慢城南門以待頒賜。司獸者數尾即可知獲鹿之人與其數云。車箱駝背紛佗藉。上林羽獵矜奇觀，扈游異數容據鞍。承恩一洗書生酸。

清 王鑨《大愚集》卷二〇《雨後陵川觀獵》 大兵羽獵在陵川，雲捲星飛射大田。黃犴黃狐啼曠野，白狼白虎走中天。人逢鐵嶺遼陽雨，馬帶金城瀚海煙。享士割鮮燒夜火，笳聲吹月月臨邊。

又 卷二四《東郊見獵》 沙白霜黃木葉空，鴉啼古樹帝城東。珊瑚紫玦誰家將，寶馬紅鶩幾代公。載獫革拴金佩盌，穿雕背射鐵弰弓。鳴笳吹斷斜陽路，莫草陰雲起塞風。

清 王相《友聲集·情影集存稿·觀獵》 黃塵滚滚馬蹏鳴，一隊歡呼俠態橫。破膽獸從秋草潰，掣身人與勁風迎。餤飛絶壑盤鵰影，血迸寒雲走箭聲。獵罷山頭酣夜飲，圍場空濶大星明。

清 吴兆騫《秋笳集》卷三《九月十二晚觀回獵賦贈薩君》 山晚初回獵，江寒早渡氷。風旗收萬馬，雪帳散千燈。拂劒君何壯，鳴弦我未能。莫言狐兎盡，側目有飢鷹。

清 吴兆騫《秋笳集·後集》卷七《觀獵贈陳昭令》 颯颯旌竿雪未休，弓聲霹靂偏杯丘。馬嘶秋草摇珠勒，鶻掠寒雲下錦韝。挾彈自矜文士健，揮鞭不逐漢兒遊。少年樂事南山獵，誰羡家聲曲逆侯。

清 項樟《玉山詩鈔》卷一《彭簿曹邀往觀獵晚飲寶藏寺》 秋原萬頃黃雲收，深山野燒狐兎愁。彭君昨夜戒士馬，清晨出獵乘高秋。紞紞纔罷早衙鼓，邀我乘興同郊遊。廣場草短接林薄，勇夫氣鋭排厹矛。一聲合圍巖谷應，四面蹴踏麏麚投。鳴弓倏忽雉帶箭，側目迅疾鷹離韝。馬前負載已狼籍，山中窟穴無窮搜。主人顧盼氣英偉，招提置酒飛觥籌。燎毛燔肉恣大嚼，猶聞耳後風颼颼。使君自笑是文吏，長揚羽獵空雕鎪。今朝見獵忽心喜，歸途還敢騎驊騮。

清 謝元淮《養默山房詩稿》卷一三《途中見獵鷹搏》 空林葉盡秋草枯，臂鷹野獵聲喧呼。草閒驚兎忽東走，解絛急縱追亡逋。獵人利禽苦搜索，飢鷹思肉奮拏攫。狡兎畏鷹復畏人，兀兀窮原愁鼎鑊。一搏不中鷹初颺，再搏再躍兎倉皇。毛血淋漓觜爪健，脱然遠逸形踉蹌。嗚呼危急還相逼，觀者何心快一擊。性命縱不爲兎惜，兎死鷹肥爾何益。

清 尤珍《滄湄詩鈔》卷一《擬唐人觀獵補遺癸丣》 塞雲黯澹朔風怒，積雪高屯黑水路。羽林戰士殺氣驕，萬馬齊驅入煙霧。將軍據鞍顧盼雄，郊原環列旌旂紅。指揮部伍若戰陣，前茅後勁中權同。觱栗聲聲鼓鼙起，雕弓吼處不虚矢。嘑鷹放犬競追逐，宿莽叢林盡披靡。將軍傳令共打圍，突騎蹴蹋聲如靁。巢禽穴獸駴而出，翻觸罝網填成堆。四山烈火一時赤，雨血風毛洒沙磧。飛走既窮捆載多，圍場一片空宋宋。將軍踞坐羅肥腥，羊羔鹿脯炙且烹。帳下健兒迭進酒，鐃歌笳吹無停聲。日暮歸營駐細栟，争誇千里射鵰手。長身猨臂非無人，濩落風塵歎不偶。我家近住藍田山，三冬無事歲月閒。短衣匹馬慣遊獵，射虎歸來仍閉關。

清　蔣廷錫《上幸額勒蘇台大獵恩賜觀圍恭紀》《皇清文穎》卷六四　秋高弓勁萬馬肥，千山紅葉連霞飛。外蕃部長率帳落，來奉君王大合圍。平川幾點人如豆，漸見烏欄畫遠岫。青旗引路時飄揚，四無人聲約步驟。峰腰變出常山蛇，羣馬斑駁雜五花。陣脚欲轉勢未合，草間出沒驚麐麚。東偏飛騎下林麓，山頂人排城堵矗。圍場圓放十里寬，四面回還衣帶束。儦儦俟俟何處來，長角大耳跳蒿萊。倉皇急欲突圍走，揚鞭噪逐喧春雷。羽林掠圍静無擾，馬密人齊圍轉小。雲麾五色八門開，盤屈遊龍頭尾繞。十尋黄纛吹長風，晴天皎日光曈曈。山祇地靈共鞭策，悉率羣友居圍中。繡鞍玉勒疾馳騁，乾草霜蹄逐風影。天威手挽八石弓，十四把長餘箭鋌。前鹿已中金僕姑，雕翎洒血紅糢糊。後鹿一發中其項，高坡仰仆鳴鳴鳴。須臾連射二十鹿，箭服曽無遺一鏃。天網還開三面恩，下馬撤圍教止戮。秋冬獮狩古所傳，我皇聖武縱自天。仁風已捲鶴麗陣，勇氣尚掛魚鬚旃。外蕃健兒千二百，忽掃雲屯散無迹。疾徐進退心力齊，知是吾君恩所格。始信天下一家語，絶域遐邊總畿輔。小臣袖手得賜鮮，敬繼岐陽歌石鼓。

清　趙執信《因園集》卷三《題文姬觀獵圖》　天山霜草白於雪，金勒明駝行復歇。賢王前行屢停鞭，顧笑欲得車中憐。車中美人色頳玉，漢日邊風摧鬢緑。旃裘乳酪鎮相親，寒束芳心羞不矚。健兒身手如犬鷹，爭倚彫弓馳射生。忽聞鳴鏑雲間響，何似焦桐絃上聲。

清　朱彝尊《曝書亭集》卷六《觀獵》　白狼堆近雪嵯峨，風卷黄雲入塞多。盡道打圍春更好，夕陽飛騎兔毛河。

清　朱玉蛟《白松草堂詩鈔》卷六《觀獵》　塞北秋風勁，貔貅擁將才。巖邊持戟去，雲外臂鷹來。

清　鄒炳泰《午風堂集》卷一《觀獵行》　我從交河西北来，疲驢躑躅辞燕臺。西山山下邊馬肥，將軍遊獵風吹旆。是時十月北風烈，四山崱屴迷積雪。健鶻蒼鷹翅欲折，黄狐老兔神悄絶。射生磧裏何雄豪，手殲狡狐如翦蒿。獵火夜寒照崕谷，白雲欲落蒼旻高。獵罷歸来頒勞酒，知是前軍射雕手。角聲盡處秦箏鳴，清歌響起南山右。廻望城南鐵騎多，争傳萬里戍蓬婆。莫作悲笳怨秋月，朝来射獵夜吴歌。

清　鄭世元《耕餘居士詩集》卷七《觀打魚》　三春水漲桃花渠，漁人截流來捕魚。河流既駛激且怒，魚依在藻不自如。大魚有力漏網去，小魚無命全斯須。太湖老漁貪且嗔，赫怒直批蛟龍鱗。魚長不滿尺不市，轉之清波小魚生。翻風破浪挺乂入，鮫人下泣河伯驚。寒濤拍拍飛菰蒲，其意欲得鯨鯢屠，老漁用意亦良厚。鳴呼！吞舟漏網將如何？

又　卷七《觀射鳥者》　黄雀翩翾飛，于人亦何忤。晝游茂樹方在林，夕調酸鹹已登俎。我哀微命真無辜，跼蹐高天一何苦。瘦肉不堪薦君七，微軀不足當君弩。君不見東山鴟鴞鳥，君不見泰山食人虎。毁巢取子欺其羣，風毛雨血徒紛紛。日食衆肉肥其身，夜飛晝伏不見人。虎爲人害食人肉，小兒驚慌老婦哭。我民日夜忘那居，安得殺之清海隅。

清　查慎行《敬業堂詩集》卷三二《連日扈從由雍安嶺烏蘭哈尔哈至上都必拉觀圍恭紀八首》　連天積素耀威弧，鵲血牛螉力盡輸。梁簡文詩：控弦因鵲血，挽强用牛螉看取群情齊踴躍，一人獲雋萬人呼。

初分左右儼星奔，旋列方圓陣法存。千仞岡頭黄纛下，藍旗兩扇合旌門。

西僧迎輦列香旛，擊盋吹螺動法門。沓界從來知佛大，而今更識帝王尊。多論那拉之西有喇麻寺，西僧一百五人，蒙古每一部落供養一僧，俱來迎謁，賜銀緞有差。

嵯峨高勢拂雲開，天語親聆指示來。踏遍峰峰沙似雪，始知身到白龍堆。二十五日隨駕至上都海拉斯臺，上諭云：此地山形，首皆西南向，尾皆東北向，即古白龍堆也。

朴渥如飛掠草中，御前突過疾於風。萬鈞神藝無輕發，命中仍開射虎弓。

獸自成羣鳥自稀，網開四面總天機。白雲一片平如席，趂取鶬鶊帖地飛。

尾同麞麅首成獖，千百黄羊合一羣。攔入圍中何所擬，滿灘鵝鴨鬧如雲。

豹尾雞翹滿後塵，近前傳旨召儒臣。分頒五色離披羽，榮被雕鞍是八人。二十六日扵固勒班庫特力隨圍，特賜翰林官山雉，人各一尾。

清　王士禎《帶經堂集》卷二四《觀射》　太行北麓坡陀高，孟秋七月風蕭騷。我行百折沿汾桃，空山十丈飛怒濤。馬首城南得平臯，小試射耦分朋曹。并州健兒頭虎毛，仰天大笑開弓弢。黄間一發鳥獸號，草間狐兎紛騰逃。書生手無大食刀，淩煙空羡鄂與褒。君不見越石清嘯不復作，眼中故壘今蓬蒿。

弋獵

論說

《唐大詔令集·弋獵》卷八〇《放圍兵敕》　昔周有岐陽之蒐，漢有扶風之命，講師習武夸功耀威，故王者狩必以時，招虞人以禮，時則遠矣。朕自祗膺圖籙于茲四年，每巡狩郊畿，不出百里，且愛力而節，用非盤遊而好樂，今者四方無事，百穀有成，因孟冬之月，臨右輔之地，戒茲五校，爰備三駈，非謂獲多，庶以除害，一昨長圍已合，而大綏未舉也，聞朔天降雪，狐裘且御，未免初寒。鶉衣不充，寧堪凍露。朕更截狡獸，要輕禽，以此遊娛，孰云矜恤。況為之父母，育彼黎元，中宵耿然，明發增惕，其圍兵處，並宜放散。開元三年十月。

又《酬賞鳳泉湯知頓官及百姓敕》　敕清人賦田，以備蒐狩之信：王者順時式崇豫遊之禮，頃者築場初畢，清道來巡經上林之苑囿，指扶風之藪澤。雖獵將提鼓虞人植旗，仍憫涉寒之節，不行肅殺之令。豈唯虞舜之典咸秩山川，所冀周文之風及於鳥獸。由是罷還士卒，非重盤遊，眷彼吏民，致有煩擾。所謂行者幸也，后來其蘇，宜申恩惠，用符古昔。其所經州縣供頓官及百姓，并造鳳泉湯屋宇使及夫匠，并置營幕橋道使，宜令所司勘會奏聞。其緣御路及頓場麥苗有損者，亦令勘責量事酬補。開元三年十月二十六日。

又《禁弋獵敕》　春夏之交，稼穡方茂，永念東作，其勤如傷。況時屬陽和，令禁麛卵，所以保茲懷生，下遂物性。如聞京畿之內，及關輔近地，或有豪家，時務弋獵，放縱鷹犬，頗傷田苗。宜令長吏，常切禁察，有敢違令者，捕繫以聞。太和四年三月。

宋　佚名《三國文類》卷一九《楊阜諫治宮室弋獵疏字義山，遷將作大匠，時初治宮室，發其美女以充後庭，數出入弋獵。秋，大雨震電，多殺鳥雀。阜上疏》　臣聞明主在上，羣下盡辭。堯、舜聖德，求非索諫；大禹勤功，務卑宮室；成湯遭旱，歸咎責己，周文刑于寡妻，以御家邦；漢文躬行節儉，身衣弋綈：此皆能昭令問，貽厥孫謀者也。伏惟陛下奉武皇帝開拓之大業，守文皇帝克終之元緒，誠宜思齊往古聖賢之善治，總觀季世放盪之惡政。所謂善治者，務儉約、重民力也；所謂惡政者，從心恣欲，觸情而發也。惟陛下稽古世代之初所以明赫，及季世所以衰弱至于泯滅，近覽漢末之變，足以動心誡懼矣。曩使桓、靈不廢高祖之法，文景之恭儉，太祖雖有神武，於何所施其能邪？而陛下何由處斯尊哉？今吳、蜀未定，軍旅在外，願陛下動則三思，慮而後行，重慎出入，以往鑒來，言之若輕，成敗甚重。頃者天雨，又多卒暴雷電非常，至殺鳥雀。天地神明，以王者為子也，政有不當，則見災譴。克己內訟，聖人所記。惟陛下慮患無形之外。慎萌纖微之初。法漢孝文出惠帝美人。令得自嫁；頃所調送少女，遠聞不令，宜為後圖。諸所繕治，務從約節書。曰九族既睦，協和萬國事思厥宜，以從中道，精心計謀，省息費用。吳、蜀以定，爾乃上安下樂，九親熙熙。如此以往，祖考心歡，堯舜其猶病諸。今宜開大信於天下，以安衆庶，以示遠人。

紀事

《宋朝大詔令集》卷一四五《弋獵》　狩近郊所獲禽獸薦饗太廟詔雍熙二年十二月壬午。

順時蒐狩，禮有舊章，非敢取樂於畋遊，蓋欲薦誠於宗廟，久隳前制，闕孰甚焉。今者暫狩近郊，爰遵時令。其以所獲禽獸付有司薦饗太廟，永以為式。

罷畋遊放五坊鷹犬禁，諸州不得獻鷹犬詔。端拱元年十月癸未。

蒐狩之禮，先王所以順時令而講武事也。逮夫失道，遂成禽荒。故五子有《洛汭》之歌，長卿陳《上林》之諷，明監不遠，餘風未懲。朕惟懷永圖，思革前弊，庶恊好生之德，用孚解網之仁。起自今後除有司順時行禮外，朕非時更不於近郊畋遊，其五坊鷹犬並放之；仍令諸州更不得以鷹犬來獻。

還越保忠獻海東青詔。淳化三年十一月乙卯。

朕久罷畋遊，盡放鷹犬，無所事此。卿地近邊塞，時出捕獵，以講武事，今還以賜卿，可領之也。

縱鷹鶻詔。大中祥符二年六月壬寅。

三驅之禮，足表於好生，四時之田，寧務於多殺。且鷹隼為用，羽獵所資，爰自先朝，已頒明詔。釋茲猛鷙，靡事畋遊，豈止開三面之羅，蓋盡廢五坊之職。仍以夙駕載燧，無失諸侯之舊章；以時給鮮，止備戚藩之講事。鳥獸以之咸若，麛卵由是不傷。而有司奉行，未得周悉，搏繫之類，學習尚存。朕躬荷慶輝，志崇清浄，思申明於皇訓，庶虔守於聖謨。其教駿所養鷹鶻，除量留十餘，以備諸王從時展禮外，自餘並去其羈紲，縱之山林，無得便有蓄養。

放鷹犬詔。天禧元年四月乙卯。

朕自膺瑞命，即絕畋遊。蒐獮之郊，咸恣其耕墾；羽毛之族，盡罷於縶維。其或詔蹕時巡，官司景從，置罘弋獵禁止甚嚴，動植昆跂毫芒靡犯，庶乎品彙，普洽至和。但以每歲殊隣，常用鷙禽充贐，執而將命，誠叶禮文，憫彼見羈，深違物性，釋其籠檻，俾遂飛翔。其所養鷹、鶻、獵、犬五十三頭，宜令入内内侍省因投龍簡使臣，賞放名山高僻之所。

藝文

唐 王起《弋不射宿賦》以君子仁及飛鳥爲韻 《文苑英華》卷一二四　禽之生兮，擇其翔集；弋鳥疑作為縶兮，修其決拾。飛則騁伎，或雕俎是求；宿必表仁，亦良弓用戢。無欺其處闇，必濟其不及。豈憚殺而為心，將好生而是急。當其白日既曛，皎月纔分。斂翮爭萃，來巢有羣。同在籠之無見，雖驚弦而不聞。豈不知剪其羽飾旌旗之靡靡，裂其肉成炮炙之紛紛。詩燔炙芬芬蓋以忘機為心，方同海上之子；俯窺見害，奚恃太平之君。四鏃既藏，六鈞遂弨廣韻，等少切物則咸若，德用不擾。三驅之禮未弘，五犯之仁為小。蒲且希伎，自貫于青雲；碆蔟設官，爰射乎妖鳥。豈以窺城上之烏棲，殞月中之鵲繞。至道在兹，懷仁有歸。恩同於解網，戒比於合圍。且以順行而蒐，一作捷，寧恨於風毛雨血；當夕而殞，奚思於不鳴不飛。諒身剪而知懼，實羽族之有依。我思古人，聿求夫子。蓄矍相之藝，不發於非時。當山梁之求，必資乎順理。從禽之禮斯得，夜獵之夫多耻。物既全諸直，藝亦藏諸身。則知率是道也，在博施於仁。

明 林志《題襄城伯弋獵圖》《明文衡》卷四九　右近畫弋獵圖，前而發蹤指者一人，後而以鷹犬俟命者二人，其三人執矛挾弓矢，狀若聽。要束而趨者，雙鬟三人待於後，如相偶語者，其中一人爲尊貴者，衣冠似晉宋人物，而其氣弈弈然，頤指左右，似無當使令者。一女奴，短髮被肩，從之而顧臂鷹者，若聽其言，然不知其所出也。予意其爲梁曹景宗之事乎？景宗少善弋獵，其樂至於鼻尖出火，耳後生風，令人忘生。迨其貴也，恥坐車張幰，如悒悒之婦人，此其習痼何如哉！後以位崇折節，頗悔所爲，不免時從女侍縱觀以適意焉耳。夫弋獵之好，有躭之終身而不已者，故雖程伯子蚤志道學，亦喜弋獵。及見周元公，自云此好已絕，而元公獨易其言。未幾，心於射兔者，況於景宗輩乎？然景宗之悔，以其貴也，非如伯子之學，以克已者也。然其鍾離樹蹟，隱然爲國長城，光華賦詩，文士爲之屈服，予乃知豪傑之士不爲則已，爲之固異夫人也哉！此圖之作，意亦有謂矣！或曰是爲虞箴也，好田好女之詔，古者羅氏職焉，故畫工合而圖之。其中而立者，乃惕然於僕夫之告致鹿之詔乎？餘不能必其是非也，姑兩存之。

雜録

《文苑英華》卷五三九《仲夏百姓弋獵判》　得鄭州刺史應範以仲夏月令百姓弋獵，觀察使糾其違令；云：為苗除害，網罟之設，有自來矣；犄角之用，其可廢乎？苟利人阜俗，亦違令何咎？應範棨忝建隼，職列褰帷，將布政以頒條，故違經而合道。當仲夏之月，畋以為苗；居專城之尊，德惟除害。不麛不卵，合取則於《禮》經，以畋以漁，蓋覘承於《易》象。且獸之暴物，人何以堪？俾肅肅兔罝不忘於《詩》義，芒芒禹跡，克疆我甫田，雖黎庶勞四體之勤，而畎畝取十千之歲；則原田膴膴不，逸走險之遊；稼穡芃芃，豈雜食華之地？刺史為政，諒在隨時；觀察所繩，奚將勸善？寘之于理，恐未通途。

漁獵

論説

明 于謙《乞止漁獵疏》《皇明疏議輯略》卷八　臣聞，近該內官監太監陳瑾題稱：本監差內使管領打捕户於真定河間，捕野味打魚合用扛擡軍士人。夫雖奉聖旨，只着本監魚捕户自行打，有時起送通運所，船隻車輛通送，前來不許勞動，攪擾軍民，犯的不饒。臣有以見皇上愛養人力，而不欲勞擾軍民之盛心矣。但真定河間并直沽等處，遭寇賊擾攘之餘，正人心未定之際，而所在軍民流移，公私匱乏，屢蒙恩例，寬恤一時，未能蘇息，加以天旱，不雨五穀，未種頭畜牲，口損失迨盡，而軍衛有司逓運所，選集軍餘民壯，備守城池。地方或借倩車輛船隻，運送軍器物件，差役繁重，非止一端。況即目當春夏，長養之時，正物類生育之際，所宜對時育物，以廣好生之仁，兼且天氣日漸炎熱，醃造亦非所宜，萬一採取失時，恐難食用，乞將前項事務，暫且停緩，待秋成之後，斟酌整理。如比，則人物咸得其所，公私兩得其安，而事體永爲利便，臣叨受國恩，備員輔導，苟有所見不敢不言。

綜述

唐 釋道世《法苑珠林》卷八〇《漁獵篇第七十三》

述意部

敬尋如來設教，深尚仁慈。禁戒之科，殺害為重。衆生貪濁，愛戀已身。刑害他命，保養自軀。由著滋味，漁捕百端；貪彼甘肥，罝羅萬種。或擎鷹放犬，冒涉山丘，擁劍提戈，穿窬林藪。或垂綸河海，布網江湖，香餌釣魚，金丸彈鳥。遂使輕鱗殞命，弱羽摧年。穴罷新胎，巢無舊卵。既窮艸澤，命侶遊歸。於是脂消鼎鑊，肉碎枯形。識附羹中，魂依膾裏。何期此身可重，彼命為輕。遂喪彼身形，養己軀命。止存口腹，不顧酸傷。但為庖廚，横加屠割。致使怨家讐隙，徧在冥中。債主逐隨，滿於空界。不善業相，以自莊嚴。諸惡律儀，無時暫捨。菩薩為此歛眉，大士由玆抆淚。但惟四生遞受，六道輪迴。或此身怨府，昝是至親，曩世密交。今成踈友，改形易貌，不復相知，彼沒此生，何由可測，但慈悲之道，救拔為先。菩薩之懷，愍濟為用，常應徧遊地獄代其受苦，廣度衆生施以安樂也。

引證部

如涅槃經云：有十六惡律儀。何等十六？一者、為利餧養羔羊，肥已轉賣。二者、為利買已屠殺。三者、為利餧養猪豚，肥已轉賣。四者、為利買已屠殺。五者、為利餧養牛犢，肥已轉賣。六者、為利買已屠殺。七者、為利養雞令肥，肥已轉賣。八者、為利買已屠殺。九者、釣魚。十者、獵師。十一者、劫奪。十二者、魁膾。十三者、網捕飛鳥。十四者、兩舌。十五者、獄卒。十六者、咒龍。能為衆生永斷如是十六惡業，是名修戒。又襍阿毗曇心論云：有十二種住，不律儀。一、屠羊。二、養雞。三、養猪。四、捕鳥。五、捕魚。六、獵師。七、作賊。八、魁膾。九、守獄。十、咒龍。十一、屠犬。十二、伺獵。屠羊者，謂殺羊。以殺心若養、若賣、若殺，悉名屠羊。養雞養猪亦如是。捕鳥者，若殺鳥自活。捕魚獵師亦如是。作賊者，常行劫害。魁膾者，主殺人自活。守獄者，以守獄自活。咒龍者，習咒龍蛇，戲樂自活。屠犬者，栴陁羅。伺獵者，王家獵主。又對法論云：不律儀業者，何等名爲不律儀者。可謂屠羊、養雞、養猪、捕鳥、捕魚、獵鹿、罝兔、劫盜、魁膾、害牛、縛象，立壇咒龍，守獄讒搆好爲損等。屠羊者，爲欲活命屠養買賣，如是養雞猪等隨其所應。縛象者，恒處山林調執野象。立壇咒龍者，習咒龍蛇戲樂自活。讒搆者，以離間語毀壞他親。持用活命，或由生彼種姓中，或由受持彼事業者，謂即生彼家，若生餘家，如其次第所期現行。彼業決定者，謂身諸方便為先決定要期，現行彼業。是名不律儀業，又出曜經云。南海夲涌，驚濤浸灌。有三大魚流入淺水，自相謂言：我等厄此，及漫水未滅，宜可逆上，還歸大海。復礙水舟，不得越過。第一魚者，盡力跳舟得度。次魚復憑艸獲過。其第三魚，氣力消竭，為獵者得之。佛見而説偈曰：

是日已過，命則隨減。如魚少水，斯有何樂。

又《菩薩本行經》云。波斯匿王有一大臣，名曰師質，財富無量，應時得度。時舍利弗為説經法，師質聞法不慕榮貴，求欲出家，便以居業盡以付弟，剃除鬚髮而著袈裟，便入深山坐，禪行道。其婦愁憂思念前夫不順後夫，其弟見嫂思念，恐兄反戒還奪基業，便語賊師『雇汝五百金錢，斫彼沙門頭來。』賊師受錢往到山中見彼沙門。沙門語言：『我唯弊衣無有財産，汝何以來？』賊即答言：『汝弟雇我使來殺汝。』沙門語賊：『我新作道人，不解道法，且莫殺我，須我見佛少解經法，殺我不遲。』賊語之言：『今必殺汝不得止也。』沙門即舉一臂而語賊言：『且斫一臂，留我殘命使得見佛。』時賊便斫一臂，持去與弟。於是沙門便往見佛。佛為説法：『汝無數劫來，割截其頭手脚之血，多於四大海水。積身之骨，高於須彌。涕泣之淚，過於四江。飲親之乳，多於江海。一切有身皆受衆苦，皆從習生。有斯衆苦，唯當思惟八正之道。聞佛所説，豁然意解，即於佛前得阿羅漢道，便放身命而般涅槃。賊擔其臂，往持與弟。便持臂著於嫂前，語其嫂言：常云思念前壻，此是其臂。其婦悲泣，便往白王。王即推校，如實不虛，便殺其弟。諸比丘問佛：而此沙門前世之時作何惡行，今見斫臂？修何德本今值世尊，得阿羅漢？佛告諸比丘：乃㫺過去波羅奈國有王，名婆羅達，出行遊獵，馳逐走獸，迷失徑路，不知出處。艸木糸天，無餘方計而得來出，大用恐怖。遂復前行，見一辟支佛。王問其言：迷失徑路，從何得出？軍馬人衆在於何所，時辟支佛臂有惡瘡，不能舉手，即便持脚示其道徑。王便瞋恚：此是我民見我不起，及持脚示我道徑。王便拔刀斫斷其臂，時辟支佛意自念言。王若不自悔，責當受重罪無有出期。於是辟支即於王前飛，昇虚空神足變現，時王見已以身投地，舉聲大哭悔過自謝。唯願下來，受我懺悔，時辟支佛即便來下，受其懺悔。時辟支佛便入涅槃。王收起塔，香供養，常於塔前，懺悔求願而得度脱，爾時王者，此沙門是。由斫辟支佛臂五百世中常見斫臂而死，至于今日。由懺悔故，不墮地獄，而得度脱，成阿羅漢道。佛告比丘：一切殃福，終不朽敗。諸比丘聞，莫不驚悚頌曰：樂由放逸，苦已憂身。榮位寵辱，危若浮雲。漁獵好殺，違慈損神。怨塗反報，楚痛何申！

感應緣略引一十四驗

楚養由基善射術
諸葛恪出獵有怪如小兒
魯桓公被齊襄公殺為怪
吳臨海人射獵助殺蚍受現報
晉譙郡周子文等遊獵受現報
宋阮稚宗好獵現受苦報
梁鄒文立以屠為業現報大患
隋王驃騎將軍好獵女狂如兔
隋鷹揚郎將姜略好獵見羣鳥索命
隋冀州外邑有小兒燒雞卵食現報
唐遂安公李壽好獵被大王割肉
唐曹州人方山開好獵現報受苦
唐汾州人劉摩兒好獵現報受苦
唐隴西李知禮好獵現報受苦
唐進州屠兒殺猪有徵驗

楚王遊于苑，白猨在焉，王命善射者令射之。數發，猨搏矢而嬉。乃命由基。由基撫弓，則猨抱木而號。及六國時，更嬴謂魏王曰：臣能為虚發而下鳥。魏王曰：然則射可至於此乎？更嬴曰：可。有聞，鴈從東方來，而更虚發而鳥下焉。諸葛恪為丹陽太守，出獵兩山之間。有物如小兒，申手欲引人。恪令申，去故地，去故地則死。既糸佐問其故，以為神明。恪曰：此事在白澤圖。曰：兩山之間，其精如小兒，見人則申手欲引人，名曰傒引，去則死。母謂神明而異之，諸君偶未之見耳。右二驗中《搜神記》

魯桓公夫人文姜者，齊襄公之妹也。桓公與文姜俱朝于齊，襄公通其妹焉。桓公譴責文姜，文姜告襄公。襄公怒，乃與桓公飲酒。桓公出，襄公使公子彭生送桓公於車。彭生多力，乃抵桓公脅，桓公薨於車上。魯人告于齊曰：寡君畏君之威，不敢寧居，來修舊好，禮成而不反，無所歸咎，惡何辭以告于諸侯。請以彭生除恥辱也。齊人歸罪於彭生而殺之。後襄公獵于貝丘，有犬豕，從者曰：臣見豕乃彭生也。襄公怒曰：彭生何敢見乎？射之，豕乃人立而啼。公懼，墜于車，傷足而還。其臣連稱管至甫二人作亂，遂殺襄公焉。出《冤魂志》

《續搜神記》曰：晉中興後，譙郡周子文家在晉陵，少時喜射獵，嘗入山獵，忽山岫間見一人，長五丈許，捉弓箭，鏑頭廣二尺許，白如霜雪，忽出城喚曰阿鼠阿鼠子文小字，子文不覺應曰諾。此人牽弓滿鏑向子文，文便失魄獸伏。

《續搜神記》曰：吳末，臨海人，入山射獵，為舍住，夜中有一人，長一丈，著黄衣白帶，來謂射人曰：我有讐剋明當戰，君可見助，當有相報。射人曰：自可助君耳。何用報為。答曰：明食時君可出溪邊，敵從北來，我南住，應白帶者我，黄帶者彼射人許之。明出果聞岸北有聲，狀如風雨，艸木四靡，視南亦爾，唯見二大蚍長十餘丈，於溪中相遇便相盤繞，白蚍勢弱，射人因引弩射之，黄蚍者即死。因將暮，復見昨人，來辭謝云：住此一年獵，明年慎勿復來，來必為禍。射人曰：善。還停一年獵，所獲甚多，家致巨富，數年後憶先山多肉忘前言，復更往獵，復見先白帶人。語之言：我語君勿復來，君不能見用，讐子已大，今必報君非我所知。射人聞之甚怖，便欲走。乃見三烏衣人，皆長八尺，俱張口向之，射人即死。《吕氏春秋》曰：湯見設網者四面張而祝之曰：自天下者，自地出者，自四方來者，皆羅我網湯。曰：嘻盡之矣，非桀其孰如此。

宋阮稚宗者，河東人也。元嘉十六年隨鍾離太守阮。愔在郡，愔便與稚宗行至遠村，郡吏蓋邊定隨焉。行達民家，恍惚如眠，便不復寤。民以為死，舉出門外方營殯具。經夕能言説，初有一百許人縛稚宗去，行數十里至一佛圖，僧衆供養不異於世。有一僧曰：汝好漁獵，今應受報，便取稚宗皮剝臠截。具如治諸牲獸之法，復納于湙水鉤，口出之，剖破解切，若為膾狀，又鑊煑鑪炙，初悉糜爛，隨以還復，痛惱苦毒至三乃止。問欲活不，稚宗便叩頭請命，道人令其蹲地，以水灌之云：一灌除罪五百。稚宗苦求多灌。沙門曰：唯三足矣。見有蟻數頭，道人指曰：此雖微物，亦不可殺，無論復巨此者也。魚肉自死，此可啗耳。齋會之日，悉著新衣無新可浣也。稚宗因問：我行旅有三，而獨嬰苦何也？道人曰：彼二人自知罪福，知而故犯，唯爾愚朦不識緣報，故以相誡。因爾便穌，數日能起，由是遂斷漁獵耳。右一人出《冥祥記》

梁小莊嚴寺，在建康定陰里，本是晉零陵王廟地。天監六年度禪師起造，時有鄒文立者，世以烹屠為業。嘗欲殺一鹿，鹿跪而流淚以為不祥，即加刳剖，鹿懷一麑，尋當產育，就庖哀切有惻害心，因斯患疾。眉鬚皆落身瘡並壞，因生慚愧湙起悔責，乃求道度禪師發露重懺，立大誓願，罄捨家資，迴買此地，為立伽藍。見《梁京寺記》云

隋開皇末年，代州人姓王，為驃騎將軍。在蒲州鎮守，性好畋獵，所殺無數，有五男無女，後生一女端美，見者皆愛奇之。父母鍾念不同凡人，既還鄉里，里人親族為作衣服而共愛養之。女年七歲，一旦失去，無處求覓，疑隣里戲藏，訪問不見，諸兄乘馬遠覓乃見，去家三十餘里，馬追不及。兄等以數十騎共圍而始得之，口中作聲如似兔鳴，足上得刺盈掬經月餘日不食而死，父母悲痛不能自割。

良由父獵殃及女受，合家齋戒練行不絶。大理寺丞宋宣明，曾為代府法曹，為臨説之。出《冥報記》

隋鷹揚郎將天水姜略，少好畋獵善放鷹犬，後遇病見群鳥千數皆無頭。圍遶略□叫鳴曰：急還我頭來，畧輒頭痛氣絶久穌，因請衆僧急為諸鳥追福，許之皆去，既而得愈。差已終身絶其酒肉，不殺生命，臨在隴右見姜畧，已年六十許，自説云爾。

隋開皇初，冀州外邑中有小兒，年十三，常盜隣卵燒煨食之。後朝村人未起，共聞外有人扣門，呼此兒聲，父令兒出應之。見一人云：官喚汝。兒曰：喚我役者，入取衣糧。使者曰：不須也。因引兒出村，南舊是桑田，耕訖未下種，旦此小兒忽見道右有一小城，四面門樓丹素甚嚴。兒怪曰：何時有此城，使者呵之使勿言。因至城北門令小兒前入，小兒入閫，城門忽閉，不見一人，唯是空城。

地皆熱灰碎火湙纔沒踝，小兒忽呼叫走趣南門，垂至即閉。又走趣東西，亦皆如是。未到則開，既至便闔。時村人出因採桑，男女甚衆皆見此兒在耕田中，口似啼聲，四方馳走，皆相謂曰：此兒狂耶。旦來如此，遊戲不息，至日食時，採桑者皆歸。兒父問曰：見吾兒不。桑人答曰：父兒在村南走戲，喚不肯來。父出村外，遙見兒走，大呼其名，一聲便住。城灰忽然不見，見父而倒。號泣言之，視其足半脛已上血肉燋乾，其膝已下洪爛如炙，抱歸養療，髀已上肉如故。膝已下遂為枯骨，隣里聞之競來問由。答見如前，諸人看其走處足跡通利，了無灰火。

良因罪業觸處見獄，於是邑人男女無揀大小，皆持齋戒至死無虧。有大德僧道慧法師，本冀州人，具為臨説，同其隣邑也。唐交州都督遂安公李壽，始以宗室封王。貞觀初罷職歸京弟，性好畋獵。常籠鷹數聯，殺他狗餧鷹。既而公疾，見五犬來責命。公謂之曰：殺汝者奴，通達之禍，非我罪也。犬曰：通達豈得自在耶。且我等既不盜汝食，自於門首過，而枉殺我等要當相報，終不休也。公謝罪請為追福，四犬許之。一白犬不許，曰我既無罪殺我，又未死間，汝以生割我肉臠，臠苦痛吾思此毒，何有放汝耶。俄見一人，為之請於犬者曰：殺彼於汝無益，放令為汝追福，不亦善乎。犬乃許之。有頃公穌遂患偏風，支體不遂，於是為犬追福，而公疾竟不差。除延安公竇惲云，夫人之弟，為臨説之耳。右四驗出《冥報記》

唐曹州城武人方山開，少善弓矢，尤好遊獵，以之為業，所殺無數，貞觀十一年死。經一宿穌云，初死之時被二人引去，行可十餘里，即上一山，三鬼共引山開登梯而進。上欲至頂，忽有一大白鷹，鐵為觜爪，飛來攫開左頰而去。又有一黑鷹，亦鐵觜爪，攫其右肩而去。及至山頂，引而廳事，見一官人，被服緋衣，首冠黑幘，謂山開曰：平生有何功德，可並具言之。對曰：立身已來不修功德。官曰：可且引向南院觀望。二人即引南行，至於一城，非常嶮峻，二人扣城北門數下，門遂即開。見其城中赫然揔是猛火，門側有數箇毒虵，皆長十餘丈頭，大如五升塊，口中吐火，如欲射人。山開恐懼不知所出，唯知叩頭念佛而己，門即自閉，乃還見官人欲遣受罪，侍者諫

曰：山開未合即死，但恐一入此城不可得出。未若且放令修功德，官人放之。令前二人送之，依其舊道而下復有飛鷹欲攫之。賴此二人援之免脱，下山遂見一坑，其中極穢，逡巡之間遂被二人推入。須臾即穌，爪跡極澬，終身不滅，山開於後遂捨妻子，以宅為佛院，恒以讀誦為業。出《冥報記》

唐汾州孝義縣，懸泉村人劉摩兒，至顯慶四年八月二十七日，遇患而終。其男師保明日又死，父子平生行皆險詖。其比隣有祁隴威，因採樵被車輾死，經數日而穌。乃見摩兒男師保在鑊湯中須臾之間，皮肉俱盡，無復人形，唯見白骨。

如此良久，還復本形，隴威問其故。對曰：為我射獵故受此罪。又謂保曰：卿父何在。對曰：我父罪重不可卒見，卿既即還，請白家中，為修齋福言。訖被使催促，前至府舍，見館宇崇峻，執杖者二十餘人。一官人問之曰：汝比有何福業。對曰：隴威去年正月，在獨村看讀一切經，脱衫一領布施，兼受五戒，至今不犯。官人乃云：若如所云，無量功德，何須來此。乃索簿勘見簿曰：其人合死不虛。側注云：受戒布施福助更合延壽，乃遣人送還當即穌活。出《冥報記》

唐隴西李知禮，少趫捷，善弓射，能騎乘兼工放彈，所殺甚多，有時罩魚不可勝數。貞觀十九年微患，三四日即死乃見一鬼，并牽馬一疋，大於俗間所乘之馬，謂知禮曰：閻羅王追公，乃令知禮乘馬，須臾之間，忽至王前，王約束云。

遣汝討賊，必不得敗，敗即殺汝。有同侶二十四人，向東北望，賊不見邊際，天地盡昏，埃下如雨，知禮等敗。語同行曰：王教嚴重，寧向前死不可敗歸，知禮迴馬前射三箭，以後諸賊似稍却縮，數滿五發賊遂敗散，事畢謁王，王責知禮。

汝敵雖退，何為初戰之時即敗，以麻辮髮，并縛手足，卧在石上，以大石鎮而用磨之。前後四人體並潰爛，次到知禮勵聲叫曰：向者賊敗，並是知禮之力，還被王殺，無以勵後，王遂釋放更無屬著，恣意遊行，凡經三日，向於西北出行，入一牆院，禽獸一羣可滿三畝餘地。總來索命漸相逼近，曾射殺一雌犬，直向前囓其面。次及身體無不被傷，見三大鬼，各長一丈五尺，圍亦如之，共剝知禮皮肉。

須臾總盡，唯面及目白骨，兼見五藏，及以此肉分乞禽獸。其肉落而復生，生而復剝，如此三日，苦毒之甚不可勝記。事畢，大鬼及禽獸等忽然總失，知禮迴顧不見一物，遂即踰牆南走，莫知所之。意中似如一跳千里，復見一鬼遂及知禮。

乃以鐵籠罩之，有無數魚競來唼食。良久，鬼遂到迴，魚亦不見，其家舊供養一僧，其僧先死，來與知禮去籠。語知禮云：檀越大饑，授之三丸白物如棗，令禮啗之。時便大飽，而語之曰：檀越還家僧亦別去，禮到所居宅北見一大坑，其中有諸槍矟攢植不可得過，見其兒女并婢齎箱，并有錢絹及一器飲食在坑東北，知禮心中將此婢及以姪女遊戲，意甚怪之。迴首北望即見一鬼，拔劍直進，知禮惶懼委身投坑，即得穌也。自從初死至於重生，凡經六日，後問家中，乃是姪女持紙錢絹，解送知禮，當時所視，乃見銅錢絲絹也。右三驗出《冥報拾遺》

唐顯慶三年，徐王任進州刺史之時，有屠兒在市東巷，殺一猪，命斷湯燖。皮毛並落，死經半日，貪殺餘猪，未及開解，至曉以刀破腹，長劃腹下，一刀刅猶未入腹，其猪忽起走出門，直入市西壁，至一賢者店内牀下而卧，市人競往看之。屠兒猶執刀逐走，看者問其所由，屠兒答云：我一生已來殺猪，未曾聞見此事，猶欲將去，看者數百人，皆瞋責屠兒。競出錢贖得，諸人共為造舍安置，身毛久始得生，胭下及腹下瘡處差已作大肉疣。龘如臂許，出入往來常不汙其室。性潔不同餘猪，至四五年方卒。并州晉陽縣人王同仁、徐王有隊正具見說之。

明 馮琦《經濟類編》卷七四《漁獵六則》

《春秋》曰：正月，公狩于郎傳，曰春曰蒐，夏曰苗，秋曰獮，冬曰狩，苗者奈何？曰苗者毛也，取之不圍澤，不揜羣，取禽不麛卵，不殺孕重者。春蒐者，不殺小麛及孕重者，冬狩皆取之。百姓皆出，不失其馳，不抵禽，不詭遇，逐不出防，此苗獮蒐狩之義也。故苗獮蒐狩之禮，簡其戎事也，故苗者毛取之，蒐者搜索之，狩者守留之，夏不田，何也？曰：天地陰陽盛長之時，猛獸不攫，鷙鳥不搏，蝮蠆不螫，鳥獸蟲蛇且知應天，而況人乎哉，是以古者必有豢牢。其謂之畋何，聖人舉事必反本，五穀者，以祀宗廟，養萬民也。今禽獸害稼穡者，故以田言之。聖人作名號而事義可知也。

唐太宗獵於洛陽苑，有羣豕突出林中，上引弓四發，殪四豕。有豕突前，及馬鐙，民部尚書唐儉投馬搏之，上拔劍斬豕，顧笑曰：『天策長史不見上將擊賊邪，何懼之甚！』對曰：『漢祖以馬上得之，不以馬上治之。陛下以神武定四方，豈復逞雄心於一獸。』上悦，為之罷獵。

高宗出畋遇雨，問諫議大夫昌樂谷那律曰：油衣若為則不漏？對曰：以瓦為之必不漏。髙宗悦，為之罷獵。武宗頗好畋獵，及武戲，五坊小兒，得出入禁中，賞賜甚厚。嘗謁郭太后，從容問為天子之道，太后勸以納諫，武宗退悉取諫疏閲之多，諫遊獵自是武宗出畋稍希，五坊無復横賜。

白居易續虞人箴唐受天命，十有二聖。業業惕惕，咸勤于政。鳥生深林，獸在豐草。春蒐冬狩，取之以道。鳥獸蟲魚，各遂其生。君民朝野，亦克用寧。在昔玄祖，厥訓孔彰。馳騁畋獵，俾心發狂。何以驗之？曰羿與康。曾不是誡，終然覆亡。故我列聖，鑒彼前王。雖有畋獵，樂不至荒。高祖方獵，蘇長進言。不滿十旬，未足為懽。上心忽悟，為之輟畋。故武德業，垂二百年。降及宋璟，亦諫玄宗。怡顔聽納，獻替從容。及璟趨出，鷂死握中。故開元事，播于無窮。噫！逐獸于野，走馬于路。豈不快哉？銜橛可懼。噫！夜歸禁苑，朝出皇都。豈不樂哉？寇戎可虞。臣非獸臣，不當獻箴。輙思出位，敢諫從禽。螻蟻命小，安危計深。苟裨萬一，臣死甘心。

後唐明宗敕解縱五坊鷹隼，内外無得更進。馮道曰：陛下可謂仁及鳥獸。明宗曰：不然。朕昔嘗從武皇獵，時秋稼方熟，有獸逸入田中，遣騎取之，比及得獸，餘稼無幾。以是思之，獵有損無益，故不為耳。

藝文

宋 陸游《劍南詩稿》卷二六《冬日觀漁獵者》　人間漁獵各相從，南陌東阡處處逢。繡羽觸機餘耿介，錦鱗出網尚噞喁。傍觀扶杖常移日，就買還家足御冬。更待風霜都過盡，却從春野看春農。

雜録

宋 葉隆禮《契丹國志》卷二三《漁獵時候》　每歲正月上旬出行射獵，凡六十日，然後並撻魯河鑿冰釣魚，冰泮即縱鷹、鶻以捕鵝鴈。夏居炭山，或上陘避暑。七月上旬，復入山射鹿，夜半，令獵人吹角傚鹿鳴，既集而射之。宋真宗時，晁迥往賀生辰，還，言始至長泊，泊多野鵝、鴨，國主射獵，領帳下騎，擊扁鼓遶泊，驚鵝、鴨飛起，乃縱海東青擊之，或親射焉。國主皆佩金玉錐，號殺鵝殺鴨錐。每初獲，即拔毛插之，以鼓為坐，遂縱飲，最以此為樂。又好以銅及石為槌，以擊兔。每秋則衣褐裘，呼鹿射之。夏月以布易氈帳，籍草圍棋、雙陸，或深澗張鷹。

明 池本理《禽星易見・占漁獵》　凡占漁獵，皆以我禽為漁獵之人，他禽為所捕之物，日禽為所捕之處，及所捕應用之器。先以日時二家和會，次用他禽生我為好。如日禽尅制他禽，獸自伏。若他禽尅日禽，宜張網裝弩。若他禽與日禽和好，宜拗罾。我禽尅他禽，宜打網。若使我禽太高，他禽受制，則為我尅其物，決難獲。宜向鶴神，背太白，出傷、死門，忌截路、旬中空，宜伏斷，用刀砧、血刃、飛廉、受死、月殺、魚鳥會日為好。

清 官修《星歷考原》卷六《漁獵捕捉附》　歴例曰：凡狩獵取魚，擒捕盗賊等事，同宜收日、執日。雨水後立夏前，收日、執日、危日註捕捉取魚。霜降後立春前，註捕捉、畋獵。遇天恩、天赦日，不可漁獵，止宜捕捉。曹震圭曰：獺祭魚，然後虞人入澤梁。豺祭獸，然後畋獵。故雨水後立夏前註捕魚，霜降後立春前註畋獵也。

校獵

題解

宋 許洞《虎鈐經》卷八《校獵》　校獵一人守圍地三尺，量其人多少，以左右兩將爲校頭。其次，左右將各主士伍爲行列，皆以金鼓旗爲節制。其初起圍，張翼隨山林地勢遠近部分其合圍地。虞候先擇定訖，以善弧矢者爲圍中騎，其步卒槍旛守圍。有漏獸者，坐守圍吏。大獸公之，小獸私之，以觀進止之節。亦教之一端也。

宋 楊侃《兩漢博聞》卷一《校獵司馬相如傳 成帝紀元延二年從胡客大校獵又注》　《相如傳》云：『冬，天子校獵。』　李奇曰：『以五校兵出獵也。』師古曰：『李説非也。校獵者，以木相貫穿，總為闌校，遮止禽獸。而獵取之説者，或以為周官校人掌田獵之馬，因云校獵亦失其義。養馬稱校人者，謂以為闌校以養馬耳。故呼為閑也，事具《周禮》。非以獵馬，故稱校人。

論説

漢 王蒼《諫盛春校獵》出本傳永平四年春，車駕出觀覽城第，當遂校獵。河内蒼即上書諫云，云帝覽奏即還宫》《東漢文鑒》卷五　臣聞時令，盛春農事不聚，衆興功。《傳》曰：『田獵不宿，食飲不享，出入不節，則木不曲直。此失春令者也。臣知車駕，今出事從約省，雖然動不以禮，非所以示四方也。惟陛下因行田野，循視稼穡，消摇仿佯弭節，而旋至秋冬，乃振威靈，整法駕，備周衛。設羽旄詩云：『抑抑威儀，惟德之隅。』《詩·大雅》抑之篇

漢 陳蕃《諫幸廣城校獵》本傳延熹六年，車駕幸廣城校獵。蕃上疏諫云云，帝不納》《東漢文鑒》卷一五　臣聞人君有事於苑囿，唯仲秋西郊順時，講武殺禽，助祭以敦孝敬。如或違此，則為肆縱。故皋陶戒舜無教逸遊，周公戒成王無槃于遊田。況德不及二主者乎？夫安平之時，尚宜有節。況當今之世，有三空之戹哉？田野空、朝廷空、倉庫空，是謂三空。加兵戎未戢，四方離散，是陛下焦心毁顔，坐以待旦之時也。豈宜揚旗曜武、騁心輿馬之觀乎？齊景公欲觀於海放乎琅邪，晏子為陳百姓惡，聞旌旗輿馬之音。景公為之不行，周穆王欲肆車轍馬跡。祭公謀父為誦祈招之詩，以止其心誠，惡逸遊之害人也。

南朝宋 虞龢《校獵薦二廟議》大明七年，二月。有司奏鑾輿巡蒐江左講武校獵獲肉。先薦太廟章，太后廟并設醢酒。公卿行事及獻妃陰室，室長行事太學博士。虞龢議薦廟，未有先准兼。太常丞庾蔚之議，薦廟爲允參議大同蔚之詔可》《宋文紀》卷一六　檢《周禮》四時講武獻牲，各有所施。振旅春蒐，則以祭社芟、舍。夏苗，則以享礿治兵。秋獮，則以祀方大閲。冬狩，則以享烝案漢祭祀志。唯立秋之日，白郊事畢，始揚威武名曰：『貙劉乘輿入囿，躬執弩以射牲以鹿麑。太宰令謁者各一人，載獲車馳送陵廟。然則，春田薦廟未有先准。』

傳記

《**晉書**》**卷四〇《楊濟傳》**　濟，字文通，歷位鎮南征北將軍，遷太子太傅。濟有才藝，嘗從武帝校獵北芒下，與侍中王濟俱著布袴褶，騎馬執角弓在輦前。猛獸突出，帝命王濟射之，應弦而倒。須臾復一出，濟受詔又射殺之，六軍大叫稱快。

紀事

宋 楊仲良《宋通鑒長編紀事本末》卷二九《校獵》　慶歷五年，八月。眞宗封禪之後，不復校獵，廢五坊之職，鷙禽走犬悉放山林，於是兵部員外郎、直集賢院李柬之上言：『祖宗校獵之制，所以順時令而訓戎事也。陛下臨御以來，未嘗出請修此禮，詔有司草儀選日，命殿前馬步軍司互出兵馬，以從獵於近郊。壬戌，詔樞密院討詳先朝校獵制度以聞。十月庚午，上御内東門賜從官酒三行，奏鈞容樂幸瓊林苑門，賜從官食，遂獵於楊村燕握殿，奏教坊樂，遣使以所獲獐兔馳薦太廟。既而，召父老臨問，賜以飲食茶絹。及賜，五坊軍士，銀絹有差。宰臣賈昌朝等言陛下暫幸近郊順時，畋獵取鮮殺以登廟俎，所以昭孝德也。即高原以閲軍實，所以講武事也。問耆年而秩飲，所以養老也。勞田夫而賜惠，所以勸農也。乘輿一出，而四美皆具。伏望宣付史館從之。

王安石誌孫抗墓云：『上大獵於城南，衛士不及整而歸以夜。明日，將復出。有雉殞於殿中，抗奏疏即是夜有詔，止獵。按仁宗以五年十月獵於楊村，六年十一月獵於城南之東韓村。七年三月即有詔罷獵而抗。六年三月，已罷御史。其諫當是五年冬。然五年冬，不歸以夜。又不在城南，其在城南，歸以夜，乃六年冬事。何郯奏議可考，恐安石誤也。今不取。六年十一月，辛丑獵於城南東韓村。自玉津園去輦乘馬，分騎士數千為左右翼，節以旗鼓合圍場經十餘里，部隊相應。上接轡中道，親挾弓矢而屢獲禽。是時道旁居民或蓄狐兔鳧雉驅入場中，上因謂輔臣曰：『田獵所以訓武事，非專務獲也。悉令縱之。至韎店御帳殿，召問父老子孫供養之數，土地種植所宜且歎，其衣食麄糲而能享，壽人加勞慰還，次近郊，遣衛士更奏技駕前，兩相當掉鞅挾槊以決勝負。又謂輔臣曰：『此亦可以觀士之才勇也，免所過民田在圍内租税一年。七年三月乙未上，因李柬之建議，再畋近郊南城之域。衛士不及整而歸以夜，有雉殞於殿中，諫者，以為不祥。是月乙亥詔將復出，諫者甚衆，

有雉殞於殿中。此據孫抗墓誌，但年月差殊。今參取附見御史何郯言古者天子具四時之田，所以講威武而勤遠略，不從事遊戲而翫細娛載之策。書

具有典法，前日伏聞法駕將獵近郊，中外之人聽者頗惑良以。去歲車駕已嘗出畋，群臣抗言，隨即停。罷茲忽再舉，未諭聖心。伏以陛下繼統以來，動遵法度，不喜弋獵，不數豫游，恭儉之風，足邁前古。而今之舉事，固必有因。豈陛下以宇內有年，方隅無事。故於農隙以講武經，欲為都邑游觀之盛乎？抑有獻議者謂，田獵之事，具有禮文，行之以時。蓋舉隧典則嚮者諫止之言不足顧乎。若聖意果然如是，先定則非愚臣之所敢議也。然其中事有切於利害者，尚可得而言焉恭。自眞宗皇帝即位之後，遂下詔書罷放五坊鷹鶻獵事，不講踰四十年校聯之籍，率非宿將士卒久，不便習其事。官司又不素詳其儀，倉卒而行必多曠闕。竊聞去歲乘輿之出，往返甚勞。一日之間，追馳百里而又兵衛不肅，警蹕不嚴。從官不及侍行，有司不暇供，億追於暮夜始入都門，此豈非士不及其事，官不詳其儀，而致然歟。而況以騎乘而有疾馳之勞，在原野而弛嚴衛之備，或御者差跌變生銜檕愚民迷誤犯及車塵臣子之罪，將何贖焉？雖則仁聖之資，固有神靈之衛。然不可不備。非常且西北二隅變故難測，豈無姦僞雜於稠人廣衆之中？由是而言，蓋可深慮《傳》曰：『千金之子，坐不垂堂矧於萬乘之尊乎？』賈誼曰：『射獵之娛，與安危之機，孰急？今不獵猛敵而獵田彘，不搏强寇而搏蓄兔。翫細娛而不圖大患，非所以為安也。伏望陛下罷省出遊，無重過舉，遵烈考詔書之旨，念前良警戒之規，游養神樂。過從狩拱揖在御慮無乘危，則宗廟生靈，實有慶賴。臣職當言，責理合開，陳罔逃嚴誅責少云補編修。唐書官王疇亦陳十事以諫。是日有詔罷出獵。』

明 黄佐《翰林記》卷一六《賜校獵獐兔》 天順二年十月十日，扈駕校獵南海子。海子距城南二十里，方百六十里，闢四門繚以崇墉，中有水泉三處，獐鹿雉兎不可計。籍海戶千餘家守視。每獵則海戶合圍，縱騎士馳騎于中，亦所以訓武也。是日扈從官皆蒙頒賜獐兎，而內閣李賢等三人比諸人差厚云。

藝文

三國魏 曹丕《校獵賦》《漢魏六朝一百三家集》卷二四 披高門而方軌，邁夷途而直駕。長鍛糺電，飛旗拂天。部曲按列，什伍相連。峙如叢林，動若奔山。超崇岸之曾崖，厲障澨之雙川。列翠星陳，戎車方轂。風迴雲轉，埃連飈屬。雷響震天地，譟聲蕩山岳。遂躪封豨，籍麏鹿，捎飛鳶。接鶩鶩，聚者成丘陵，散者填溪谷。流血赫其丹埜，羽毛紛其翳目。考功効績，斑賜有敘，分授甘炰，飛酌清酤。割鮮埜享，舉爵鳴鼓。鑾輿促節，騁轡迴翔，望雀臺而增舉，涉幽漸之花梁。

又 抗沖天之素旄兮，靡格澤之修旃。雄戟趙音皇而躍厲兮，黄鉞扈而楊鮮。

又 千乘亂擾，萬騎奔走。經營原隰，騰越峻岨，彤弓斯彀，戈鋋具舉。

南朝齊 謝朓《謝宣城詩集》卷二《校獵曲》 凝霜冬十月，殺盛凉飆開。原澤曠千里，騰騎紛往來。平置望煙合，烈火從風迴。殪獸華容浦，張樂荆山臺。虞人昔有喻，明哲時戒哉。

北周 庾信《冬狩行四韻連句應詔》《佩文齋咏物詩選》卷一三〇 三川羽檄馳，六郡良家選。觀兵細栁營，校獵長楊苑。驚雉逐鷹飛，騰猿看箭轉。鳴笳河曲還，猶憶南皮返。

唐 劉長卿《劉隨州集》卷九《觀校獵上淮西相公一無下五字**》** 龍驤校獵邵陵東。野火初燒楚澤空，師事黄公千戰一作載後，身騎白馬萬人中。笳隨晚吹吟一作曉月吹。邊草，箭没寒一作青。雲落塞鴻。三十擁旄，誰不羡，周郎少小立一作有奇功。

唐 錢起《錢考功集》卷一〇《校獵曲》 長楊殺氣連雲飛，漢主秋畋正掩圍。重門日晏紅塵出，數騎胡人獵獸歸。

唐 張説《張燕公集》卷三《校獵義成喜逢天雪率題九韻以示群官御製》 弧矢威天下，旌旗遊近縣。一面施鳥羅，三驅教人戰。暮雲成積峰，曉色開行殿。皓然原隰同，不覺林野變。北風勇士馬，東日華組練。觸地銀麞出，連山縞鹿見。月兎落高矰，星狼下飛箭。既欣盈尺兆，復憶磻溪便。歲豐將遇贊，俱荷皇天眷。

唐 張説《奉和聖製校獵義成喜逢大雪應制》《佩文齋咏物詩選》卷一三〇 文教資武功，郊甸閱邦政，不知仁育久。徒看禽獸盛。夜霰氛埃滅，朝日山川淨。綽仗飛走繁，抨絃筋角勁。帝射參神道，龍馳合人性。五豝連一發，百中皆先命。勇爵均萬夫，雄圖羅七聖。星為吉符老，雪作豐年慶。喜聽行獵詩，威神入軍令。

唐 李隆基《校獵義成喜逢大雪率題九韻以示群臣》《文苑英華》卷

一七四　弧矢威天下，旌旗搖近縣。一面施鳥羅，三驅教人戰。暮雲成積雪，曉色開行殿。皓然原隰同，不覺林野變。北風勇士馬，東日華組練。觸地銀麞出，連山縞鹿見。月兔落高矰，星狼下飛箭。既欣盈尺兆，復憶磻溪便。歲豐將遇賢，俱荷皇天眷。

唐　孫逖《長洲苑吴苑校獵》《吴都文粹》卷三　㕘王初鼎峙，羽獵騁雄才。輦道閶門出，軍容茂苑來。山從列障轉，江自遶村回。劒騎緣汀入，旌門隔嶼開。合離紛若電，馳逐隘成雷。勝地虞人守，歸舟漢女陪。可憐夷漫處，猶在洞庭隈。山靜吟猿父，城空應雉媒。戎行委喬木，馬跡盡黄埃。攬涕問遺老，繁華安在哉？

宋　劉敞《公是集》卷二六《校獵同支使作》　長郊被山澤，積雪净林皐。殺物天時武，從禽士氣豪。飇塵遂車騎，鷹隼亂旌旄。壯節排蒼極，歡聲激怒濤。興餘生鼻火，空闊散風毛。狡穴無遺噍，窮巢或暗嘷。中原遂除害，汗馬敢辭勞。勸賞車行炙，均恩士籍醻。歸塗喧鼓吹，餘勇屬鞬櫜。快意當如此，君看歲月滔。

宋　宋庠《元憲集》卷一二《從獵晚歸馬上默成奉呈承旨端明王學士》　天子乗冬校獵回，鈎陳平野轉瑶魁。萬蹄未暮先追日，疊鼓非春已作雷。得儁風毛随禁仗，犒勤霞液出仙杯。詞臣定有長楊賦，翰墨能銷幾許才。長楊有翰林墨卿之問。

元　周巽《性情集》卷一《校獵曲》　豪鷹厲風翮，駿馬騰霜蹄，長楊出旌麾上，林喧鼓鼙。飛羽雲中落，駭獸草間啼，翻身射天狼，随手墜金雞。詞臣賦羽獵，侍宴明光西。

明　韓雍《襄毅文集》卷八《趙總戎以校獵所得野獸見惠口占二絶奉謝》　平原校獵試琱弓，草内豺狼一埽空，分惠庖人感深意，從知絶藝屬英雄。射虎弓開百獸驚，踉蹌就縛送中營。元戎持此征蠻去，巢穴行看指日平。

明　劉璟《易齋稿》卷三《夢校獵》　生平常慕内飛仙，馬上論文佩兩鞬。昨夜夢迴孤枕上，滿窗明月思蘧然。

明　王志慶《古儷府》卷一《唐太宗校獵義成喜逢大雪率題九韻以示群臣詩》　北風勇士馬，東日華組練。觸地銀麞出，連山縞鹿見。月兎落高矰，星狼下飛箭。既欣盈尺兆，復憶磻溪便。

明　王志慶《古儷府》卷一〇《又觀校獵上淮西相公詩》　龍驤校獵邵陵東，野火初燒楚澤空。師事黄公千戰，後身騎白馬萬人中。笳隨曉吹經邊草，箭入青雲落塞鴻。三十擁旄誰不羨，周郎少小有奇功。

明　徐渭《徐文長逸稿》卷四《登北山小憩龍王堂遂上鎮虜臺風至颯然因感麻總兵校獵之約北山寺在一座石中耳**》**　北山高寺等浮屠，龍王高臺望入胡。正若衣鶉悽大漠，翻思毛雪灑平蕪。長河急水琉璃濁，片石安禪菡萏孤。欲問射鵰何處是，沙場不見有樵夫。

明　徐有貞《武功集》卷一《校獵篇》　清秋馬肥鷹眼疾，正是將軍游獵日。雕弓羽箭虎皮冠，馳射場中稱第一。平原蒼蒼衰草黄，野風颯颯吹枯桑。著鞭散蹄氣飄揚，滚鞍脱鞚勢低昂。俯身攘臂搏虓虎，翻身射落雙飛鴿。傍人自知不能及，拍手大笑呼郎强。割鮮飲醉歸来晚，踈梆營門懸兩狼。

明　袁華《耕學齋詩集》卷三《題金人校獵圖》　朔風吹驚沙樺林，葉爛煸獸肥馬驍。雄校獵出天山曉，踰黄龍塞暮過居。庸閼騂弓金僕姑，竇刀龍爵鐶駕鵝。天際落小隊磧邊還。

明　周敘《題明皇追獾圖》《題畫詩》卷五七　朝罷鳴弰動終南，校獵遊追獾應適。意銜橛却忘憂日，入黄雲，暮風生，碧草秋，從官無諫疏，不復憶韓休。

清　陳夢雷《松鶴山房詩文集·詩集》卷六《雪中校獵》　萬井慶登場，鑾輿正省方。祥雲初擁幕，瑞霰已成行。倒映銀河碧，偏承旭日光。封條森玉樹，集沼耀銀塘。氣肅鷹神旺，寒凝馬足强。合圍羅藪澤，騁逸越陵岡。犀兕千人傑，驊騮七寳裝。鳴弦驚月兎，飲羽落天狼。百中威無敵，三驅典有常。割鮮爭較獲，列鼎共陳芳。雪卜豐年兆，獵觀武事張。天心應悦豫，同貢太平觴。

清　陳兆崙《紫竹山房詩文集·詩集》卷一一《君相國自天津扈蹕初歸即陪奉皇子校獵南苑奉酬與同事話舊之作次韻二首》　旬餘小别豈淹時，偏以南闕解鞚遲。久挹蘭芬渾不覺，倏經花落最相思。抛書便欲誇神射，下馬還能作好詩。但説資高壓朝列，後生猶是未深知。

清　胡天游《石笥山房集·詩集》卷九《觀北軍校獵四十韻和嘉瓚博士》　軍容當肅俟，犬獵尚霜郊。漸進行如水，初嚴隊若膠。方花團韎韐，雄獸喝鉦鐃。汗鞚騏驎溼，旍風虎豹殽。帳高先壓屬，腰健碧懸鮫。匝冐疏秦網，驅應盡楚轈。攻涘四面合，勢盛兩和交。野白禽移藪，雲紅炬束茅。兔銀領窟穴，雉錦笑娥媌。鶺縱遙知指，鷹抨得預敎。鬬星流曉礮，礔礰□冬䴌。急竄紛蹂踏，狂逃雜叫啁。盡碪愁肉族，聚釜泣煎炮。聲窘徒銜尾，魂亾失據巢。猛穿時裂石，突觝乍鈹氂。值險防窮搏，當懽見載呶。殺多誇得雋，獲賤怯相嘲。鐸厲山應泣，鞭齊石可敲。委虵走潛蟄，魍魎避虛捎。林入疑焚鄧，陵平欲踐崤。幽揬微不掩，夥逐死藏坳。畫飾衣叢羽，盤珍著饜臊。熊經空伏館，猩笑得辭庖。異獻驚如麞，餘鋒想磔蛟。魚麗明習陣，狐矢識占爻。血暗天塵雨，腥纏谷霧淆。日龍馳慘慘，風駟壯飀飀。解後川行酒，鮮頒阜疊膔。鼓驕排郭地，角繞切雲旓。簌簌攢搖箙，幡幡帖弭弰。連鬇横駕輚，簇騎瑣懸匏。茸暖文罶襲，皮覘富授鞄。去原非鸛列，歸詠異蠨蛸。岸豁移蜉蟻，池荒罄葦茭。崔侯憑興甚，卽事勇唫謞。楮妙心窮鏤，丸流手慣抛。繙搨羞祭獺，縟索比迎猫。洞札初觀射，豐畲冐獲磽。思夸儕埽俗，句彊鬬前聱。屬和增揚簸，無慚不諱嗸。

清 蔣敦復《嘯古堂詩集》卷一《陰山校獵圖》 生不著鐵兩當，手縳白額南山旁。又不帥羽林隊，夜驅黑騎黃雲塞。仰天而笑忽絶纓，拂衣請從圖中行。燕山十月木葉赤，綠毛野獸踞石脊。松杉如吼如攫人，白日慘淡奔黃塵。怒馬一躍色飛舞，猩紅斗笠紗尺五。翩翩細馬來何遲，玉鞭搖碎珊瑚枝。有鹿有鹿走且疾，雙嶷厥角頭著膝。射手欲鹿鹿膽飛，風勢入箭箭光出。箭在鹿後鹿不前，少焉得鹿負以肩。獠奴長跽獻馬首，少婦一笑殊嫣然。君之圖此太奇想，抑塞磊落氣無兩。我亦高陽舊酒徒，譚兵馬槊神殊王。願君勿作曹景宗，三日新婦閉車中。亦勿學馬少游，但騎款段鄉里羞。佩君芙蓉明月之寶刀，披君葡萄北地之錦袍。雪花刁刁風騷騷，紅氍毺舞霜天高。美人一歌白玉珧，期門夜獵森千旄。君不見，彎弓盤馬良足豪，無使轅駒局促徒兒曹。

清 揆敘《益戒堂詩集・詩集》卷三《從獵》 山川古塞氣巃嵸，校獵争看萬騎雄。馳道光騰追電影，長空雲捲射鵰風。旌旗斜映羣峰紫，毛羽横飛落照紅。聖主臨邊親講武，威靈無外振華戎。

清 劉正宗《逋齋詩・二集》卷四《雪後駕幸南海子校獵跓蹕旬日恭紀》 寒輕臘後羽林齊，萬乘南郊振皷鼙。不少五豝供野膳，更多三白慰窮黎。珥貂盡試長楊馬，載筆同驚午夜鷄。獨媿衰庸乏啓事，也依帳殿望旌霓。

清 錢大昕《潛研堂集・詩集》卷四《恭和御製雨獵元韻》 木蘭校獵何雄哉，羽林萬騎如雲來。批熊拉虎尋常耳，況乃鹿友與雉媒。六飛乘秋一莅止，長楊上林何足擬。乍覺雲頭冉冉迎，有時雨脚垂垂起。草柔沙軟彌可喜，發踪只如臂使指。周官大獮典所詳，王道由來無懈弛。即看一矢射天狼，魚海洗兵兆應此。

清 沈兆澐《織簾書屋詩鈔》卷六《吴錦洲屬題其先人淞巖太守校獵圖》 餓鴟決起走狐兔，草枯木落平原路。彎弓小隊爭馳驅，攬轡中權雄眄顧。使君胸羅十萬兵，紫電青霜耀武庫。廉范新聞五袴歌，揚雄舊獻長楊賦。公餘選徒事大蒐，興酣合圍羞詭遇。毛血飛灑迷莽蒼，旆旌回旋縈煙霧。投筆最喜獵場遊，封侯不悔儒冠誤。壯哉誰似超羣才，馬中騏驥人中布。我披畫圖百年餘，隱之鬚眉識縑素。掃除豺狼肅郊坰，網開一面仍嫗煦。樂與民同無古今，鸞鑣聲聞齊趨附。切莫僅作郊射觀，意氣矜誇徒騁騖。

清 施閏章《學餘堂集・詩集》卷四四《大駕重幸直北校獵時冬祭後三日恭紀二十韻》 太皇太后時尚□□□温泉

九廟明禋重，初冬爽氣高。停鑾纔盥薦，出狩又旌旄。組轡王良馭，珠弓羿氏弢。六龍真逸足，三輔舊神皐。問寢紆宸幄，于田佩寶刀。共知勤部勒，豈謂騁遊敖。霽日迎仙仗，朱霞照御袍。合圍熊館破，決中虎賁豪。野獲窮山谷，弦鳴落羽毛。阜雕雲外盡，赤豹檻中嗥。齒革資軍實，豺狼念賊壕。是時求俊乂，侍衛繼英髦。五柞離宫盛，甘泉彩筆操。計禽分勇怯，講武寓甄陶。虞甸争除道，郊圻待獻醪。省方天藻發，涉遠聖躬勞。帳殿霜生劍，騎營夜屬櫜。鐃歌簫鼓競，宴賞羽林叨。漢主誇宛馬，姬書訓旅獒。興朝誰諫獵，蓄意忝含毫。

清 文昭《紫幢軒詩集・古瓻集卷上・校獵行》 繡竿掣曳雕旗揚，國門曉出衝殘霜。玉花寶勒紛騰驤，風沙捲入髭鬚黃。羽林健兒誇卞莊，將毋回鶻從朔方。枯楊白草秋茫茫，嚴飈九月含鋒鋩。鉦聲四連排雷硠，錦衣雉尾花圍場。盤風鵰隼摩青蒼，韓盧突兀高于狼。將軍意氣凌天閶，論賞不惜金琅璫。麞潛虎慄威難張，鼠輩何論狐與獐。銀鞴血染芙蓉囊，日迷礮火寒無光。歸來毳幙斟酪漿，小刀風落駝峰香。儒冠真無縛雞長，嗟余坐馬如闌羊。莫笳丂送聲悲凉，冰輪半破銜城牆。

又《古瓻續集》卷一《校獵行》 朔方健兒好馳騖，擒生日踏城南路。怒馬當風勢欲飛，耳立蹏蹻不肯駐。大箭强弓身手熟，一時殺盡平原兔。穿心貫腋血縱橫，錦鞍倒挂紛無數。君不見獨孤信會獵，歸來，日已暮，側帽馳馬人爭慕。

清　翁心存《知止齋詩集》卷一三《黄雲皋茂材春甲校獵圖》　青霞奇氣欻然作，射獵西山恣行樂。紅粧玉貌馬如風，颯爽英姿陋褒鄂。黄生家住荒江隈，豪情鬱律興雲雷。綸巾按曲周郎顧，樽酒譚兵杜牧才。長楊奏賦空覆瓿，孰識雄文似誰某。年年低首事毛錐，孤負平生射雕手。揭來示我校獵圖，素練漠漠開煙蕪。圍場廣闢秋草枯，耳邊恍聽饑鷹呼。弓刀小隊絶代姝，桃李綽約冰雪膚。錦韉窄袖紅襜褕，玉鞍金勒鞭珊瑚。丈八蛇矛丈二殳，纖腰穩鞚汗血駒。追躡狂兕剸封狐。雲舒霞卷風霆驅，就中一人閒且都。鬑鬑三十頗有須，從容盤馬彎雕弧。星流電掣金僕棒，翻身一箭墜雙翼。此手何如賈大夫。吁嗟！乎子虛烏有閒謿諷，胷中八九吞雲夢。兵法何妨試婦人，部勒森然真可用。即今白日黿鼉驕，安得强弩迴江潮。草間狐兔那足數，何不徑斬長橋蛟。

清　吴兆騫《秋笳集》卷二《校獵即事》　錦袖臂鷹輕，分弓出柳營。飛身驕馬足，仰手落鶡聲。鼓合風林動，圍開雪野平。歸來金帳飲，一片晝旗明。

清　吴振棫《花宜館詩鈔》卷一〇《宫庶侯蠻山校獵圖》　俗吏治夷視羊豕，良吏治夷視如子。邊城無警里不譁，但輕徭役抛鞭箠，山中以獵爲菑畬。官來約束成三驅，怒馬獨出從兩奴。腰下長劍血模糊，羣夷短衣兩耳鑲。掎之角之左右趨，草間射虎弩白竹。銛勁直過毛胡盧，獻禽不忍私所獲。壽君藤酒歌而呼，當時豪氣壓蠻嶂。校獵圖成浩吟唱，廿年潦倒成老蒼。淮南月落愁相向，素髮頻添明鏡中。好詩空纈弓衣上，拔劍斫地歌莫哀。萬事由命誰能回，可憐一障乘邊日，已負長楊羽獵才。癸未，余守大理君爲太和令皆由翰林改官。今重見于濠州前後相距已十七年。

清　袁昶《漸西村人初集・詩》卷六《校獵行十三年秋駐蹕南苑行秋獮禮恭賦》　西山國之望灅水，貫縱横神皋信天。府藪澤何坌盈池，籞割三垂滲漉假。貧甿維南有靈囿，繚岸規蓬瀛舊爲。飛放泊七萃閒牧，耕臺瞻晾鷹古館。牓射熊名製無游，觀飾卉敷陆落榮。

乘輿舉獮禮尉候，張罝紘秋稼方如。雲省斂恤疲悴木，蘭規國俗天弧厲。金行列校婞羣雅，雲罕動雷聲周行。夷草棘犖路轔杜，蘅六虯弭容與戎。容肅天情朱旗报，桐絳琱弓扶桑弸。羽不及避獥角不，及觸振草樹紛仆。藉雹掃阬谷輕皇，心匪巡游車攻邁。周京熚武震月蜎，威稜讋龍庭黄支。與烏弋咸使奉朔，正方物貢重譯天。戈澹災萌上備乾，豆薦下戒大庖盈。迴蹕返澹泊獠鮮，佐禋祄滌煩治道。囿游思六蓺精宣，室攬耆俊講筵湛。神明土事罷琱飾，木功輟經營恭儉。爲圃藪仁義資衝輣，陋彼扶風獵願刊。郊陽銘

清　張謇《張季子詩録》卷二《題元人塞外校獵圖》　蒼莽愁金氣，風煙拂玉題。誰曾過蒲類，疑與接撐犂。沈紫材官弩，塗紅貴種騠。氈廬山遠近，錦旆樹高低。範犬周罬罼，宣螺節鼓鼙。礟創犇逸突，箭落雉驚嘷。消渴憑獐血，歸功有鹿爨。就絛鷹尚怒，盤埒馬還嘶。此日防甌脱，連兵戰谷蠡。直須規故事，勤獮木蘭西。

清　愛新覺羅・允祉《中秋扈蹕塞外校獵》《皇清文穎》卷七二　塞垣紅葉曉霜催，櫜鞬嚴裝扈蹕來。滿月琱弓飛鷺羽，嘶風鐵騎震龍堆。曉峰雲影千旗合，夜火星連萬帳開。秋獮聖朝循故事，飛熊還載後車回。

清　施閏章《大駕重幸直北校獵時冬祭後三日恭紀》《皇清文穎》卷九二　九廟明禋重，初冬爽氣高。停鑾纔盥薦，出狩又旌旄。組轡王良馭，珠弓羿氏弢。六龍真逸足，三輔舊神皐。問寢紆宸幄，于田佩寶刀。共知勤部勒，豈謂騁遊敖。霽日迎儺仗，朱霞炤御袍。合圍熊館破，決中虎賁豪。野獲窮山谷，弦鳴落羽毛。阜雕雲外盡，赤豹檻中嗥。齒革資軍實，豺狼念賊壕。是時求俊乂，侍衛繼英髦。五柞離宫盛，甘泉彩筆操。計禽分勇怯，講武寓甄陶。虞甸爭除道，郊圻待獻醪。省方天藻發，涉遠聖躬勞。帳殿霜生劍，騎營夜屬櫜。鐃歌簫鼓競，宴賞羽林叨。漢主誇宛馬，姬書訓旅獒。興朝誰諫獵，蓄意忝含毫。

清　趙翼《甌北集》卷五〇《觀噶都閫校獵》　霜落秋高校獵時，平蕪草薙正堪馳。鼻尖出火鈴追犬，耳後生風箭叫鴟。壯士功名三尺劍，將軍號令一竿旗。多慚壁上閒觀處，不及周陆一健兒。

清　朱孝純《海愚詩鈔》卷八《奉陪徐大中丞校獵四首》　校獵營高大角鳴，身陪前隊控弦行。雲亭紅擁中丞節，霜葉黄圍太傅城。狐兔不驕瞻野肅，烟霄一霽見時清。櫜鞬頭白心猶壯，射虎人驚右北平。

壺漿父老拜清埃，秔稻登場繡壤開。風起鴉羣騰古戍，雲寒馬色上荒臺。傳餐已似嚴軍律，布陣何堪許將才。正是行營秋雪後，黄封先賜野鮮來。

萬里燉煌版籍通，曾經拓土撫西戎。天山草木威聲裏，回紇疆原指畫中。飲石久看奇白羽，噴雷猶自識烏蒙。灞陵田竇羞相擬，更請雲臺畫武功。

寒風獵獵鴈哀音，想見邊關勑勒吟。盤馬大旗開晚照，呼鷹小隊出秋林。非忘喜獵荒禽戒，實寓蒐兵振旅心。刺史短衣留戰血，鑾江回首瘴雲深。時所著短衣即入，金川時戎服也。

雜録

《文苑英華》卷五三九《金吾不供畋矢判》金吾申不供畋矢冬狩有闕　對制國之用，一作義必歲之杪量大小而用地。審豐耗以視年鳩，化為鷹見草木之搖落，豺既祭獸設罻羅而以漁。然後順時出遊，因隙校獵。俾虞人以入澤，閱車徒而展事，昆蟲未蟄，無以火田。麛卵不傷，動必討叛，金吾申上田矢，不供職，司其憂。冬狩慮，闕然寬則得衆，敏則有功。合供雖則不供，恐闕固應未闕。若官曹立限送者，違程於理難容，請從嚴斷。

弓

傳記

《冊府元龜》卷八四六《善射》　元景安為車騎大將軍，孝昭曾與功臣於西園醼射。文武預者二百餘人，設埒去堂百四十餘步，中的者賜以良馬及金玉錦綵等。有一人射中獸頤，去鼻寸餘。唯景安最後，有一矢未發，帝令景安解之。景安徐整容儀，操弓引滿，正中獸鼻。帝嗟賞稱善，特賞馬兩疋，玉帛雜物又加嘗等。

紀事

宋　徐夢莘《三朝北盟會編》卷四《政宣上帙》　十一月二十九日丙寅，馬政至女真，以國書授之。及出事目示之，阿固達不認西京所許之語，且言平、灤、營三州不係燕京所管。政不知元傳言之，詳及平州元係燕地，但對以唯唯。遂留其帳前月餘，議論不決。金人以朝廷欲全還山前、山後故地故民，意皆疑吝，以為南朝無兵武之備，止以己與契丹銀絹，坐邀漢地。且北朝所以雄盛過古者，緣得燕地漢人也。今一旦割還南朝，不惟國勢微削，兼退守五關之北，以臨制南方，坐受其弊。若我將來滅契丹，盡有其地，則南朝何敢不奉我幣帛，不厚我歡盟！設若我欲南拓土疆，彼以何力拒我？又何必跨海講好？在我俟平契丹，仍據燕地，與宋為隣，至時以兵壓境，更展提封，有何不可！徐議未遲，惟尼雅滿云：『南朝四面被邊，若無兵力，安能立國！强大如此，未可輕之，當且良圖，少留人使不妨。』阿固達遂將馬擴隨行射獵。馬廉訪《茆齋自叙》曰：阿固達一日集衆部將，出荒漠打圍射獵，尼堪與某並轡，令譯者相謂曰：『我聞南朝人止會文章，不會武藝，果如何？』某答以：『南朝大國，文武常分兩階，然而武有兼深文墨，文有精曉兵務者，初不一槩言也。』尼堪云：『聞教諭兵書及第莫瞭會弓馬否？』某答以：『武舉進士，取在義策，弓矢特其挾色耳！』尼堪遂取己所佩弓授某云：『且煩走馬開弓，願得畧見南人射弓手段。』某遂策馬挽弓，作射物狀。尼堪愕然。馬行積雪中，雖晴日不消，至晚，阿固達召某云：『聞南使會開弓，來日隨我射一物，如何？』僕答以武舉射生非所長，容試射之，恐或有得。翼日，阿固達設一虎皮，坐雪上，授僕弓矢各一，其弓以皮為絃，指一雪積，使某射之，再中其端。阿固達笑曰：『射得瞭好，南朝射者盡若是乎？』僕答以：『措大弓箭軟弱不堪，如在京則有子弟所長入祇候諸班，直天下禁軍諸路大事，藝人及沿邊敢勇效、弓箭手、保甲，彼乃武藝精壯之人，如某特其小小者耳。』良久，阿固達上馬，領大迪烏授某弓一，射生箭一，約云有獸起，即射之，行二里許，一黄麞躍起，阿固達傳令云：『諸將未許射，令南使先射。』某躍馬馳逐，引弓一發殪之。自阿固達而下，皆稱善。是晚，尼堪言見皇帝，說射得瞭好，南使射中，我心上快活。次日，還舘，大迪烏見先君語甚喜。次日，阿固達遣其弟碩哈郎君賫貂裘錦袍犀帶等七件，云南使能馳射，皇帝賜。尼堪父薩哈勒相公者云：『南使射生得中，名聽甚遠，可立一顯名，今後喚作伊埒瑪勒。』譯云善射之人也。某隨打圍，自拉林河阿固達所居指北帶，東行約五百餘里，皆平坦草莽，絶少居民。每三五里之間，有一二族帳，每帳族不過三五十家。自過咸州至混同江以北，不種穀麥，所種止稗子，春粮旋炊硬飯。遇阿固達聚諸將共食，則於炕上用矮擡子或木盤相接，人置稗飯一盌，加匕其上，列以虀韭野蒜長瓜，皆鹽漬者，別以木楪盛猪、羊、雞、鹿、獐、麃、狐狸、牛驢、犬、馬、鵞、鴈、魚、鴨、蝦、蟆等肉，或燔、或烹、或生臠，多以芥蒜汁漬沃，續供列，各取佩刀臠切薦飯，食罷，方以薄酒傳杯冷飲，謂之御宴者亦如。此自過嬪辰州、東京以北，絶少羊麵，每晨及夕各以射到禽獸薦飯，食畢上馬。每旦，阿固達於積雪上以草薦一虎皮，背風而坐，前燎草木；率諸將至，各取所佩箭一隻擲占遠近，各隨所占左右上馬，放圍軍馬單行，每騎相去五七步，接續不絶，兩頭相望，常及一二十里，候放圍盡，阿固達上馬，去後隊一二里立，認旗行，兩翼騎兵，視旗進趨，凡野獸自内赴外者，四圍得迎射，自外赴内者，須主將先射。凡圍，如箕掌徐進，約三四十里，近可宿之處，即兩稍合圍漸促，須臾，作二三十匝，野獸迸走，或射或擊，盡斃之。阿固達復設皮坐，撒火炙焰，或生臠，飲酒一兩杯，騎散，止宿。阿固達嘗言：我國中最樂無如打圍，其行軍布陣，大槩出此。出獵既還，乃令諸郎君家各具酒餚，請南使赴宴，次日，始造國書。元日，隔夕令具車仗召臨，晨出舘赴帳前。近行五里，阿固達與其妻大夫人者，於炕上設金裝交椅二副並坐。阿固達二妻皆稱夫人，次者摳衣，親上食物，以名馬弓矢劍槊為獻。且曰：『臣下有邪諂姦佞不忠不孝者，願皇帝代上天以此劍此弓誅殺之！』各跪上壽杯。國主酬酌之；次令南使上壽杯於國主及夫人。飲畢，阿固達親遞二盃酌南使，阿固達云：『我家自上祖相傳，止有如此風俗，不會奢飾，衹得這箇屋子冬暖夏涼，更不別修宮殿，勞費百姓也，南使勿笑！』然當時已將上京掠到大遼樂工列於屋外，奏曲薦觴彼左右，親近郎君輩玩狎悅樂，獨阿固達不以為意，殊如不聞。宴畢，令南使往尼堪家議事畢，遣使隨馬政來。宣和三年正月，金人差赫嚕、大廸烏充使、副持書來議夾攻。金人國書正月，大金皇帝致書於大宋皇帝闕下，適紆使傳，遥示音華，載詳別屬之辭，備行書外之意。事須審而後度，禮當具以先聞。昨者趙良嗣等回，許與燕京并所管州鎮，書載若不夾攻，難應已許。今若更要西京，只請就便計度收取，如難果意，冀為報示。有此所由，未言舉動的期，所有關封，決當事後。春令在始，善祝多祺！今差貝勒赫嚕、大廸烏充國信使副外，有少禮物具諸《別録》。專奉書不宣謹白。

藝文

三國魏　曹丕《魏文帝典論自序》《文章辨體彙選》卷二九〇　夫文武之道，各隨時而用，生於戎旅之間，是以少好弓馬，於今不衰；逐禽輒十里，馳射嘗百步，日多體健，心每不厭。建安十年，始定冀州，濊貊貢良弓，燕代獻名馬。時歲之暮春，勾芒司節，和風扇物，弓燥手柔，草淺獸肥，與族兄子丹，獵於鄴西終日，手獲麞鹿九，雉兎三十。後軍南征，次曲蠡，尚書令荀彧奉使犒軍。見余，談論之末，彧言：『聞君善左右射，此實難能。』余言執事未睹夫頃發口縱，俯馬蹄而仰月支也。彧喜笑曰：『乃爾。』余曰：『埒有常徑，的有常所，雖每發輒中，未至妙也。若馳平原，赴豐草，要狡獸，截輕禽，使弓不虛彎，所中必洞，斯則妙矣。』

《文選・鮑明遠〈擬古三首〉》 良曰：此篇刺有德不仕，安於幽棲。幽并重騎射，少年好馳逐。善曰：《史記》曰：趙武靈王，胡服以習騎射也。《七發》曰：馳騁角逐。向曰：幽并二州名，其中少年多好騎射逐獵。氈帶佩雙鞬居言象弧插楚洽彫服善曰：《搜神記》曰：太康中，以氈為貊頭，及帶身袴口。《魏志》曰：董卓有武力，雙帶兩鞬，左右馳射。方言曰：所以藏箭弩謂之服，引謂之鞬毛。《詩》曰：四牡翼翼，象彌魚服。鄭玄曰：彌，弓之末彆者，以象骨為之。服，矢服也。銑曰：氈帶以氈為帽，頭佩帶也。鞬盛弓者，象弧象牙飾，弓也，插亦帶也，服盛箭器彫畫。獸肥春草短，飛鞚控越平陸。善曰：魏文帝《典論》曰：弓燥手柔，草淺獸肥。《埤蒼》曰：鞚，馬勒鞚。《孫子》曰：平陸平處。翰曰：飛鞚走馬也，越度也，平陸平道。朝遊鴈門上，暮還樓煩宿。善曰，《漢書》曰：鴈門郡有樓煩縣。濟曰：鴈門郡名樓煩縣名。石梁有餘勁，驚雀無全目。善曰：《闞子》曰：宋景公使工人為弓，九年乃成。公曰：何其遲也？工人對曰：臣不復見君矣，臣之精盡於此弓矣，獻弓而歸，三日而死。景公登虎圈之臺，援弓東面而射之。矢踰於西霜之山，集于彭城之東，其餘力逸勁，猶飲羽于石梁。《帝王世紀》曰：帝羿有窮氏，與吳賀北遊，賀使羿射雀。羿曰：生之乎？殺之乎？賀曰：射其左目。羿引弓射之，誤中右目，羿抑首而媿，終身不忘。故羿之善射，至今稱之。良同善注。漢虜方未和，邊城屢翻覆。留我一白羽，將以分虎五臣作符。竹善曰：白羽，矢名。《國語》曰：吳素甲白羽之矰，望之如荼。《漢儀》曰：郡國銅虎符三，竹使符五也。向曰：漢武已前匈奴數背，故云翻覆白羽箭也，言我留一隻之箭，以定四方，銅虎符、竹使符並國家發兵遣使之符，謂能立功，以分取之。

魯客事楚王，懷金襲丹素。善曰：魯客，假言。《揚子法言》或曰：使我紆朱懷金，其樂不可量也。李軌曰：金，金印也。司馬彪《上林賦》註曰：襲，服也。《毛詩》曰：素衣朱襮。毛萇曰：丹朱中衣也。銑曰：魯客謂魯人也。衣襌復具曰襲，丹素中衣。既荷主人恩，又蒙令尹顧。善曰：主人，謂君也。王仲宣《公讌詩》曰：顧我賢主人。臣瓚《漢書》註曰：諸侯之卿，唯楚稱令尹，其餘國稱相也。翰曰：荷負也，顧眷也。日晏罷朝歸。輿善作鞍馬塞衢路。宗黨生光華，賓僕遠傾慕。富貴人所欲，道得善作德亦何懼？善曰：《論語》曰：富與貴，是人之所欲也，不以其道得之，不處也。濟曰：宗族鄉黨皆恃其勢而生，光榮賓僕遠慕也。昭言我以道得此富貴，何所懼也？南國有儒生，迷方獨淪誤。善曰：儒生，自謂也。《漢書》叔孫通曰：弟子儒生，隨臣久矣。《莊子》曰：小惑易方。郭象曰：東西易方，於禮未虧。孔安國《尚書傳》曰：誤，謬也。沈淪謬誤也。良曰：南國鮑昭自謂儒生，謂有道術士。迷方謂惑於所向，而自沈淪爲誤也。伐木清江湄，設罝守毚仕咸兎。善曰：《毛詩》曰：坎坎伐檀兮，寘之河之干兮。河水清且漣漪。又曰：肅肅兎罝，椓之丁丁。又曰：趯趯毚兎，遇犬獲之。向曰：伐木詩謂燕朋友故舊也。湄，岸也。罝，網也。毚兎，狡兎也。設網守兎喻懷德待祿。

十五諷詩書，篇翰靡不通。善曰：《論語》曰：吾十有五而志于學。韋昭《漢書注》曰：翰。筆也。銑曰：《背文》曰：諷言文章篇，翰無不通曉。弱冠參多士，飛步遊秦宮。善曰：華覈《與薛瑩詩》曰：存者今惟三，飛步有匹特。翰曰：弱冠謂年二十也，多士朝臣也，飛步高步也，秦宮西都之宮。側覩君子論，預見古人風。善曰：《魏志》太祖謂毛玠曰：君有古人之風。濟曰：見君子古人道德之風。兩説窮舌端，五車摧筆鋒。善曰：兩説，謂魯連説新垣衍及下聊城。《史記》曰：秦東圍邯鄲，魏王使新垣衍入邯鄲，説平原君尊秦昭王為帝，秦必罷兵去。魯連聞之，乃責垣衍。新垣衍請出，不敢言帝秦。秦將聞之，却五十里。又曰：田單攻聊城不下，魯連乃為書，約之矢以射聊城中，燕將得書自殺。《韓詩外傳》曰：避文士之筆端，避武士之鋒端，避辯士之舌端。《莊子》曰：惠施，其書五車，道踳駮也。良曰：兩説謂本末之説舌端。君子有三端，舌端一也。惠子多方，其書五車，言其博聞，舌端能摧折文士之筆端。羞當白璧貺，耻受聊城功。善曰：《韓詩外傳》曰：楚襄王遣使者持金千斤，白璧百雙，聘莊子以為相，莊子不許。《史記》田單屠聊城，歸而言魯連欲爵之，魯連逃隱於海上也。向曰：貺賜也。楚襄王以金璧聘莊周為相，莊周不受，魯仲連為齊以書，與燕將下燕之聊城，欲以功爵，仲連不受。晚節從世五臣作時務，乘障遠和戎。善曰：鄒陽上書曰：至其晚節末路。《漢書》曰：嚴安上書，言世務。又曰：帝使博士狄山乘鄣。李奇曰：乘，守也。《左氏傳》晉侯謂魏絳曰：子教寡人，和諸戎狄。銑曰：晚節末年也，務事障邊也，言末年從時事乘邊遠，撫戎狄。解佩襲犀渠，卷袠奉盧弓。善曰：《國語》曰：奉文犀之渠。《尚書》曰：平王錫晉文侯盧弓十。翰曰：佩文服也，犀渠甲也，袠書衣也，盧弓征伐之弓，謂弁筆，從戎也。始願力不及，安知今所終？善曰：《左氏傳》周子曰：孤始願不及此。《莊子》曰：苟為不知其然也，孰知其所終？司馬彪曰：誰知禍之所終者也。濟曰：始願為文力已不及，今為武士未知其終竟。

南朝梁 蕭統《昭明太子集》卷二《弓矢讚》

弓用筋角，矢製良工。亦以觀德，非止臨戎。楊葉命中，猿墮長空。

北周 庾信《庾開府集箋注》卷一《春賦》

協律都尉《漢外戚傳》孝武李夫人兄延年，性知音，善歌舞，武帝愛之。以延年為協律都尉。射雉中郎《典論》魏文帝自叙曰：歲貊貢良弓，代獻名馬。時歲暮春，和風扇物，弓燥手柔，草淺獸肥，於鄴西獵終日，獲麞鹿九，雉兔二十。《魏志》命公世子丕為五官中朗將。停車小苑《漢蕭望之傳》署小苑東門侯。連騎長楊《漢揚雄傳》注長楊官在盩厔縣。金鞍始被柘弓新長《古史考》柘樹枝長而勁烏集之，將飛，柘起彈烏，烏乃呼號，因名烏號弓。拂塵看馬埒，分明入射堂。《越絶書》射的山西有石室，壁方二丈，謂之射堂。

唐 柳宗元《詁訓柳先生文集》卷一六《羆説》

觀其説云楚之南有獵者，亦到永州後作然言四物之相畏。不善内而恃外者，未有不為羆之食。則在當時必有所指而言也鹿畏貙，勑俱切，釋文貙，劉也。似貍，能捕獸祭天。貙畏虎，虎畏羆。羆之狀被髮人立，絶有力而甚害人焉。楚之南有獵者，能吹竹為百獸之音。昔云持弓、矢、罌、火上音甖瓦缶也而即之山。為鹿鳴，以感其類，伺其至，發火而射之。貙聞其鹿也，趣而至。其人恐，因為虎而駭之；貙走而虎至。愈恐，則又為羆，虎亦亡去。羆聞而求其類，至，則人也，捽搏挽裂而食之。捽昨没切《説文》持頭髮也。今夫不善内而恃外者，未有不為羆之食也。

《太平御覽》卷七四六《射下》

《典論》曰：文帝自叙曰：少好弓馬，逐禽輙十里，射常出百步。後獩貊貢良弓，燕代獻名馬。於鄴西獵終日，獲麞鹿九，雉兎二十。後尚書令荀彧問余曰：『聞君善左右射，此實難能。』余曰：『執事未覩，凡埒有常徑，的有定所，雖矢發輙中，非妙也。若夫馳平原，赴豐草，逐狡獸，截輕禽，使弓不虛彎，矢不虛發，此乃妙耳。』

宋 嚴粲《詩緝》卷一八《南有嘉魚之什》

既張我弓，既挾我矢。挾音浹，又音協，《儀禮》注曰：方持弦矢曰挾。解見《行葦》發彼小豝，音巴解，見騶虞。殪此大兕。殪音翳兕詞之上濁。《釋詁》曰：殪死也。朱氏曰：兕，野牛也。解見《卷耳》《傳》曰：言能中微而制大也。《疏》曰：小者矢中必死，小豝苦於不能射中；大者射則易中，唯不能即死。小豝云：射著即死，異其文者，言中微而制大。以御賓客，朱氏曰：御，進也。今發言發則中之。大兕，言殪者曰：與燕者皆爲賓客，不必專以爲諸侯也。且以酌醴。《傳》曰：饗醴天子之飲酒也。《疏》曰：醴不可專飲，天子之於羣臣不徒設醴而已。此言酌醴者，《左傳》天子饗諸侯，每云饗醴，命之宥。是饗有醴者，天子飲酒之禮，故舉醴言之也。曹氏曰：莊十八年，左傳虢公、晉侯朝王，王饗醴，命之宥。杜預云：先置醴酒，示不忘古也。

左右既驅禽獸，於是張弓挾矢而射之。牝豕小，則難中乃發而中之。野牛大，則難死乃一發而殪之。言善射也，既得禽獸，則以爲俎實，進於賓客，不特可以。小小燕飲又，且以酌醴，而饗舉行盛禮也。發謂，發矢射之。《傳》云：百發百中，則發有中否。今曰：發彼小豝，言發則得豝矢，無虛發不待言中也。醴甘酒少麴多米二宿而熟。周官酒正五齊之二曰：醴齊，五齊味薄，所以祭也。三酒味厚，人所飲也。坊記云：醴酒在室醍酒在堂，則五齊亦曰：酒醴。味甜於餘齊，與酒味殊，穆生不嗜酒。故元王每置酒，常爲穆生設醴，見醴與酒味異也。饗爲盛禮，惟王饗諸侯則設醴，示不忘古禮之重也。醴音禮，《詩》記曰：車攻吉曰，皆，以蒐狩爲言何也？蓋蒐狩之禮所以見王賦之復焉，所以見軍實之盛焉，所以見師律之嚴焉，所以見上下之情焉，所以見綜理之周焉，欲明文武之功業者觀諸此足矣。

宋 楊萬里《誠齋集》卷九五《天問天對解屈原問柳宗元對》 帝降夷羿，革孽夏民者，言天降后羿以篡夏，革命而為夏民之孽也。胡射夫河伯，而妻彼雒嬪者？河伯化為白龍，羿何射眇其左目也。羿又夢與雒水神宓妃，交馮珧利決封豨是射者。馮侍也，珧弓名也。音姚封豨神獸也，言不德惟，恃其弓以射神獸為田獵之娱也。何獸蒸肉之膏而后帝不若者言，無德以事天，獻封豨之膏以祭故帝，不順不饗也。浞娶純狐眩妻愛謀者羿之，相寒浞娶於純狐氏女，眩惑愛之，遂與浞謀殺羿也何。羿之射革而交吞揆之者，言羿以射革命宜其強也，何為？寒浞輩交起而吞滅之。

明 季本《詩説解頤・正釋》卷一七《吉日》 既張我弓，既挾我矢。發彼小豝，殪此大兕。以御賓客，且以酌醴。賦也。

方持弦矢曰：挾。一矢而死曰：殪豝。如一發五豝之，豝豝以肥，得名獸，比豵為大者也，對兕而言，則為小耳。發矢本為小豝，而所殪乃大兕，則見虞人驅獸之多，與騶虞翼五豝以待射者異矣，御進也。醴汁滓相將，如今甜酒也。但云御賓客，以酌醴而不言供祭祀，明其但以樂賓充庖，而不知事神，豈非荒於田狩而燕飲無節者乎？其視車攻，氣象大不侔矣。

明 彭大翼《山堂肆考》卷一六八《習射・調弓猿號》 楚共王獵見白猿，自射之。猿繞樹避箭，王命養由基射，始調弓矢，未發，猿抱樹以泣。

明 祝祺《樸巢詩集》卷二《歸卒吟》 少小賤章句，馳騎挾弓矢。仰射飛鳥墮，手格猛獸死。自謂古壯士，不數兎園子。

清 董元愷《蒼梧詞》卷一〇《南浦・冬興》 乾坤蕭颯，恰天消，鏃影最分明。躍馬三河年少，並轡出孤城。雪後碻磝道上，把排雲、雁陣朔風驚。看獸肥草淺，弓弦劈礰，箭作餓鴟聲。

一片風毛雨血，正歸鞍、無數落鼯鼪。此樂使人忘死，眞勝一書生。媿我髀中生肉矣，應閒却、寶劍長鳴。便殘年射虎，數奇空自負才名。阮亭曰：上馬橫槊，下馬譚論，如此人不負飲食。

綜述

《通典》卷七七《天子諸侯大射鄉射》周、漢、晋、宋北齊、大唐 自黃帝有天下，建萬國，爰至夏商，及於周氏，雖更相吞滅，而不改舊規。周初諸侯，尚千八百國，所以崇三射之制，立五善之目，於茲選士，由此封侯，本在戢敵，實寓大政。周衰，禮多亡失，重以秦滅典墳，天子之禮無聞，諸侯二篇而已，誠與今異。略存古制焉。周制，天子之大射，天官司裘供武侯、熊侯、豹侯設其鵠。虎侯，王之自射，熊侯，諸侯所射，豹侯，卿大夫以下所射，崔靈恩云：『若有二王助祭，則天子與共射之，若時無，則與諸侯共為耦也。』夏官射人以射法理、射儀。王以六耦射三侯，三獲三容，樂以騶虞，九節五正。諸侯以四耦射二侯，二獲二容，樂以貍首，七節三正。孤卿大夫以三耦射一侯，一獲一容，樂以采蘋，五節二正。士以三耦射豻侯，一獲一容，樂以采蘩，五節二正。三侯者，五正、三正、二正之侯也。二侯者，三正、二正之侯也。一侯者，二正而已。此皆與賓射於朝之禮也。考工梓人職曰：『張五采之侯則遠國屬。』遠國謂諸侯來朝者也。五采之侯，即五正之侯也。正之言正也，射者內志正，則能中焉。畫五正之侯，中朱，次白，次蒼，次黃，玄居外。三正，去玄黃。二正，去白蒼而畫以朱綠。其外之廣，皆居侯中三分之一，中二尺。今儒家云『四尺曰正，二尺曰鵠』。鵠乃用皮，其大如正，此說失之矣。豻，胡犬也。士與士射，以豻皮飾侯，下大夫也。大夫以上與賓射，飾侯以雲氣，用采各如其正。九節七節五節者，奏樂以為射節之差。言節者，容侯道之數也。樂記曰：『明乎其節之志，不失其事，則功成而德行立。』豻音岸若王大射，則以貍步張三侯。鄭司農云：『貍步謂一舉足為一步，於今為半步。』鄭玄謂貍，善搏者也，行則止而擬度焉，其發必獲，是以量侯道法之也。侯道者，各以弓為度。九節者九十弓，七節者七十弓，五節者五十弓。弓之下制，長六尺。大射禮曰：『大侯九十，參七十，豻五十』是也。三侯者，司裘所供虎侯、熊侯、豹侯也。列國之君大射，亦張三侯，數與天子同。大侯，熊侯也。參讀曰糝。糝，雜也。雜者，豹鵠而麋飾，下天子大夫。冬官梓人為侯，廣與崇方，三分其廣而鵠居一焉。崇，高也。方猶等也。高廣等者，謂侯中也。大射以皮飾侯。天子射禮，以九為節，侯道：虎侯九十弓，熊侯七十弓，豹麋侯五十弓。侯中之大小，取數於侯道。鄉謝記曰『弓二寸以為侯中』，則天子九十弓，侯中廣丈八尺。七十弓者，侯中廣丈四尺。五十弓者，侯中廣丈也。尊卑異等，此數明矣。以侯中丈八尺者，鵠方六尺。侯中丈四尺者，鵠方四尺六寸大半寸。侯中一丈者，鵠方三尺三寸小半寸也。天子賓射於五采之侯，侯方外如鵠，內二尺。五采者，朱白蒼黃黑，其侯之飾，又以五采畫雲氣焉。五采之侯，即謂五正之侯也。其廣皆居侯中三分之一，中二尺。然則五正之侯中，方六尺，朱方二尺者，則餘四色所畫各五寸也。又畫其正，外以雲氣為飾，廣狹亦如大射皮飾之法。上兩个與其身三，下兩个半之。个讀如齊人搚公幹之幹。上个下十皆舌也。身，躬也。鄉射禮記曰：『倍中以為躬，倍躬以為左右舌，下舌半上舌。』然則九節之侯，身三丈六尺，上个七丈二尺，下个五丈四尺。其制，身夾中，个夾身，在上下各一幅，此侯凡用布三十六丈。言上个與其身三者，明身居一分，上个倍之耳，亦為下个半上个出也。个或謂之舌者，取其出而左右也。侯制上廣下狹，蓋取象於人也。張臂八尺，張足六尺。上綱與下綱，出舌尋，縜寸焉。綱，所以繫侯於植者也。上下皆出舌一尋者，亦人張手足之節也。鄭衆云：『綱，連侯繩也。縜，籠綱者，舌維持侯者。』縜音云。凡侯：天子熊侯，白質；諸侯麋侯，赤質；大夫布侯，畫以虎豹；士布侯，畫以鹿豕。此所謂獸侯也，燕射則張之。白質、赤質，皆謂采其地。不采者，白布也。熊麋虎豹鹿豕，皆正面畫其頭象於正鵠之處耳。君畫一，臣畫二，陽奇陰耦之數也。燕射射熊虎豹，不忘上下相犯。射麋鹿豕，志在君臣相養。畫其毛物。天子射熊，熊者，巧猛之獸，侯人之象，天子德盛，服巧猛之人。諸侯射麋，麋者，迷也，象臣有迷惑，其君當誅之。卿大夫射虎豹者，當為君禦四方之難，示服猛害也。射鹿豕者，食人禾稼，士賤，為除害而已。夏官司弓矢掌六弓、四弩、八矢之法。仲春獻弓弩，仲秋獻矢箙。弓弩成於和，矢箙成於堅。箙，盛矢器，以獸皮為之。及其頒之，王弓、弧弓以授射甲革椹質者，夾弓、庾弓以授射豻侯、鳥獸者，唐弓、大弓以授學射者、使者、勞者。王、弧、夾、庾、唐、大六者，弓異體之名。往體寡，來體多，曰王、弧往體多，來體寡，曰夾、庾往體來體若一，曰唐大。甲革、革甲也。《春秋傳》曰：『蹲甲而射之。』質，正也。樹椹以為射正也。射甲與椹，試弓習武也。豻侯五十步，及射鳥獸，皆近射也。近射用弱弓，則射大侯者用王、弧，射三侯者用唐、大矣。學射者弓用中，後習强弱則易也。使者勞者弓亦用中，遠近可也。勞者，勤勞王事，若晉文侯、文公受王弓矢之賜者。其矢箙皆從其弓。從弓數也。每弓一箙百矢。凡弩，夾、庾利攻守。唐、大利車戰野戰。攻城壘者，與其自守者相迫近，弱弩發疾。車戰野戰進退，非强則不及。弩無王、弧，王、孤恆服弦，往體少者，使矢不疾。凡矢，枉矢、絜矢利火射，用諸守城、車戰。殺矢、鍭矢用諸近射、田獵。矰矢、茀矢用諸弋射。恆矢、庳矢用諸散射。此八矢者，弓弩各有四焉。枉矢、殺矢、矰矢、恆矢，弓所用也。絜矢、鍭矢、茀矢、庳矢，弩所用也。枉矢者，取名變星，飛行有光，今之飛矛是也，或謂之兵矢。絜矢象焉，二者皆可結火以射敵、守城、車戰。前於重，後微輕，行疾也。殺矢，言中矢則死。鍭矢象焉，鍭之言候也。二者皆可以司候射敵之，近者及禽獸。前尤重，中深，而不可遠也。結繳於矢謂之矰，矰，高也。茀矢象焉，茀之言刜也。二者皆可以弋飛鳥刜羅之也。前於重，又微輕，行不低也。《詩》云『弋鳧與雁』。恆矢，安居之矢也。庳矢象焉。二者皆可以散射也，謂禮射及習射也。前後訂，其行平也。凡矢之制：枉矢之屬，五分，二在前，三在後。殺矢之屬，三分，一在前，二在後。矰矢之屬，七分，三在前，四在後。恆矢之屬，軒輖中。訂音亭。輖音輊。天子之弓合九而成規，諸侯合七而成規，大夫合五而成規，士合三而成規，句者謂之弊弓。體往來之衰也。往體寡，來體多，則合多；往體多，來體寡，則合少而圜。弊猶惡也。句者惡，則直者善矣。諸侯大射之儀，君有命戒射。諸侯將有祭祀之事，與羣臣射，以觀其禮，射中得與祭，不中者不與祭。前射三日，司馬命量人量侯道與所設乏，以貍步。大侯凡九十，糝侯七十，豻侯五十。量人，司馬之屬，掌量塗數者。量侯道，謂去堂遠近也。貍之伺物，每舉足止，視遠近，發必中也。是以量侯道取象也。巾車張三侯：大侯之崇見鵠於糝，糝見鵠於豻，豻不及地武，不繫左下綱。設乏西十北十。凡乏用革。巾車，於天子宗伯之屬，掌裝衣車者，亦使張侯。崇，高也。高必見鵠。鵠，所射之主。鄉射，地官鄉大夫各掌其鄉之政，正月之吉，受教法於司徒。退而以鄉射之禮，五物詢衆庶。一曰和，二曰容，三曰主皮，四曰和容，五曰興舞。以，用也。行鄉射之禮，而以五物詢於衆民也。和載六德，容包六行也。庶民無射禮，因田獵分禽，則有主皮。主皮者，張皮射之，無侯也。主皮、和空、興舞則六藝之射與禮樂與？興舞謂發矢手如舞。當射之時，民必觀焉，因詢之。孔子射於矍相之圃，蓋觀者如堵牆。射至於司馬，使子路執弓矢出誓射者。又使公罔之裘、序點揚觶而語。詢衆庶之儀若是？君國中射，則皮樹中，以翿旌獲，白羽與朱羽糅。國中，城中，謂燕射也。皮樹，獸名。以翿旌獲，尚文德。於郊則閭中，以旌獲。於郊謂大射於大學。王制曰：『小學在公宮南之左，大學在郊。』閭，獸名，大於驢，一角，或曰如驢，岐蹄。析羽爲旌。於境則武中，以龍旜。於境謂與隣國君射。畫龍於旜，尚文章也。通帛為旜。大夫兕中，各以其物獲。兕，獸名，似牛一角。士鹿中，翿旌以獲。謂小國之州長也。唯君子有射於國中，其餘否。臣不習武於君側。箭籌八十，箭，篠也。籌，算也。八十者，略以十偶為正，貴全數也。其時衆寡從賓。長尺有握，握素。握，本所持處也。素，刊之也。刊本一云膚。楚朴長如笴，刊本尺。刊其所持處也，笴，古我反。

楅長如笴，博三寸，厚寸有半，龍首，其中蛇交，韋當。博，廣也。兩端為龍首，中央為蛇身相交。蛇龍，君子之類也。交者，象君子取矢於楅上也，直心背之衣曰當，以丹韋為之。漢石渠議曰：『鄉請射告主人，樂不告者，何也？』戴聖曰：「請射告主人者，賓主俱當射也。夫樂，主所以樂賓也，故不告於主人也。』宣帝甘露三年三月，黃門侍郎臨失其姓奏：「經曰鄉射合樂，大射不，何也？』戴聖曰：「鄉射至而合樂者，質也。大射，人君之禮，儀多，故不合樂也。』聞人通漢曰：「鄉射合樂者，人禮也，所以合和百姓也。大射不合樂者，諸侯之禮也。』韋玄成曰：鄉射禮所以合樂者，鄉人本無樂，故合樂歲時，所以合和百姓以同其意也。至諸侯，當有樂，傳曰：諸侯不釋懸，明用無時也。君臣朝廷固當有之矣，必須合樂而後合，故不雲合樂也。時公卿以玄成議是。』

晉咸康五年春，征西庾亮行鄉射之禮，依古周制，親執其事，洋洋然有洙泗之風。

宋武帝為宋公，在彭城，九月九日，出項羽戲馬臺射，其後相承，以為舊準。或說云：『秋金之節，講武習射，象漢立秋之禮』

北齊三月三日，皇帝常服，乘輿詣射所，升堂即座，皇太子及群官坐定，登歌，進酒行爵。皇帝入便殿，更衣以出，驊騮令進禦馬，有司進弓矢。帝射訖，還禦坐，射懸侯，又畢，群官乃射五埒。一品三十二發，一發調馬，十發射下，十五發射上，三發射獐，三發射獸頭。二品三十發，一發調馬，十發射下，十發射上，三發射獐，三發射帖，三發射獸頭。三品二十五發，一發調馬，五發射下，十發射上，三發射獐，三發射帖，三發射獸頭。四品二十發，一發調馬，五發射下，八發射上，二發射獐，二發射帖，二發射獸頭。五品十五發，一發調馬，四發射下，五發射上，二發射獐，二發射帖，一發射獸頭。侍官禦仗以上十發。一發調馬，四發射下，五發射上。又季秋大射，皇帝備大駕，常服，禦七寶輦，射七埒。正三品以上第一埒，一品五十發，一發調馬，十五發射下，二十五發射上，三發射獐，三發射帖，三發射獸頭。二品四十六發，一發調馬，十五發射下，二十二發射上，二發射獐，三發射帖，三發射獸頭。從三品四品第二埒，三品四十二發，一發調馬，十二發射下，二十二發射上，二發射獐，二發射帖，三發射獸頭。四品三十八發一發調馬，十二發射下，十九發射上，一發射獐，二發射帖，三發射獸頭。五品第三埒，三十二發。一發調馬，九發射下，十七發射上，一發射獐，二發射帖，二發射獸頭。六品第四埒，二十七發。一發調馬，八發射下，十六發射上，一發射獐，一發射帖。七品第五埒，二十一發。一發調馬，六發射下，十二發射上，餘與六品同也。八品第六埒，十六發。一發調馬，四發射下，九發射上，餘同七品。九品第七埒，十發。一發調馬，三發射下，四發射上，餘與八品同。大將、大尉公為之。射司馬各一人，錄事二人。七埒各置埒將、射正參軍各一人，埒士四人，威儀一人，乘白馬以導，的別參軍一人，懸侯下府參軍一人。又各置令史埒士等員，以司其事。

大唐之制，皇帝射於射宮則張熊侯，射觀於射宮則張麋侯，皆去殿九十步。太樂令設宮懸之樂，鼓吹令設十二案於殿之庭。若遊宴射則不陳樂懸。貞觀元年，太宗謂蕭瑀曰：朕少好弓矢，自謂能盡其妙。近得良弓十數，以示弓工，乃曰：皆非良材也。朕問其故。曰：木心不正則脈理皆邪，弓雖剛勁而遣箭不直，非良弓也。朕始悟焉。朕以弧矢定天下四方，用弓多矣。而有天下之日淺，得為理之意，固未及乎弓。弓猶失之，何況於理。自是遂延耆老，問以政術。三月三日、九月九日，賜百僚射。自貞觀至麟德元年，行三月之射，行九月之射，其禮遂。至景雲二年，諫議大夫源乾曜上表請行射禮，直至先天元年、二年。開元八年九月，賜百官九日射。給事中許景先駮奏曰：近三九之辰，頻賜宴射，已著格令，猶降綸言。但古制雖在，禮章多闕，官員累倍，帑藏未充，水旱相仍，繼之師旅，既不以觀德，又未足威邊，耗國損人，且為不急。夫古天子，以射選諸侯，以射飾禮樂，以射觀容志，故有騶虞、貍首之奏，采蘋、采蘩之樂。天子則以備官為節，諸侯以時會為節，卿大夫以循法為節，士以不失職為節，皆審志固行，德美事成，陰陽克和，暴亂不作。故諸侯貢士，亦試於射宮，容體有虧，則黜其地，是以諸侯君臣，皆盡志於射，射之禮也其大矣哉！今則不然，眾官既多，鳴鏑亂下，以苟獲為利，以偶中為能，素無五善之容，頗失三侯之禮。凡今一箭偶中，是費一丁庸調，用之既無惻隱，獲之固無慚色。疏奏，罷之。至二十一年八月，敕下：大射展禮，先王創儀，雖沿革或殊，而遵習無曠。往有陳奏，遂從廢寢。永鑒大典，無忘舊章，將射侯以觀德，豈愛羊而去禮。緬惟古訓，罔不率由，自我而闕，何以示後。其三九射禮，即宜依舊遵行，以今年九月九日，賜於安福樓下。自此以後，其禮又息。其射侯儀，具開元禮。

說曰：按易庖犧氏『弦木為弧，剡木為矢，弧矢之利，以威天下』。射義曰：『男子生，以桑弧蓬矢六，射天地四方。天地四方者，男子之所有事也。男子生，設弧於門左。三日，負之，人為之射，乃卜食子者。是故周制，諸侯歲獻貢士於天子，天子試之射宮。其容體比於禮，其節比於樂而中多者，得與於祭；數與於祭而君有慶，益以地。其容體不比於禮，其節不比於樂而中少者，不得與於祭；數不與祭而君有讓，削以地。是以諸侯君臣，盡志於射以習禮樂。天子將祭，必先習射於澤。澤謂澤宮。澤者，所以擇士也。』又曰：『射之為言者繹也。繹者，各繹己志也。故心平體正，持弓矢審固，則射中矣。』射有三焉。一曰大射。以其有事，大體重固，謂之大射。天子將有郊廟之事，與其來朝諸侯及畿內諸侯王之子弟、卿大夫士及諸侯所貢之士行之。三公將有宗廟之事，與其卿大夫士及公之子弟、卿大夫所選鄉中之俊者行之。孤卿大夫將有己宗廟之事，亦率其家臣而行之。二曰賓射。為列國諸侯來朝於王，或諸侯自相朝聘，或孤卿以下禮賓而射，謂之賓禮。皆行之於朝，或行於廟。三曰燕射。天子諸侯無事之日，燕息縱適，或燕勞來朝聘使之賓，或複自與己臣共相勞息。若天子諸侯之射，則先行燕禮，以明君臣之義。卿大夫則先行鄉飲之禮，以明長幼之序。夫三射者，貴其容體比於禮，其節合於樂，故謂之禮射。『其節，天子以騶虞為節，諸侯以貍首為節，卿大夫以采蘋為節，士以采蘩為節。騶虞者，樂官備也。貍首者，樂會時也。采蘋者，樂循法度也。采蘩者，樂不失職也。故明乎其節之志以不失其事，則功成而德行立，無暴亂之禍而國家安，故曰射者所以觀盛德也』。樂官備者，騶虞詩云『一發五豝』，喻賢眾多也。樂會時者，貍首詩云『小大莫處，禦於君所』。樂循法度者，采蘋詩云『於以采蘋，南澗之濱』，循澗以采蘋，循法度以成君事也。樂不失職者，采蘩詩云『被之僮僮，夙夜在公』。白虎通云：『天子射百二十步，諸侯九十步，大夫七十步，士五十步，所以明尊者所服遠，卑者所制近也。』按鄭玄說，射禮入嘉禮。今按：五帝三王之時，天下萬國，迭相征伐，士之志藝，以射為首。是以我國家開元中修五禮，以射禮入軍禮焉。古者天子之大射曰射侯者，射中則能服諸侯，以下中之則為諸侯。是以諸侯君臣盡志於射以習禮樂而以流亡者，未之有也。流，放也。書曰『流共工於幽州』，是。孔子曰：『君子無所爭，必也射乎？揖讓而升，下而飲，其爭也君子。』斯之謂歟！

雜録

《管子》卷一四《五行第四十一·短語十五》 草木養長，五穀蕃實秀大。六畜犧牲具，民足財，國富，上下親，諸侯和。七十二日而畢。睹庚子金行御。天子出令，命祝宗選禽獸之禁、禁謂牢圈，圃所養，擬供祭祀也。五穀之先熟者，先熟則黍稷也。而薦之祖廟與五祀，五祀謂門、行、戶、竈、中霤。鬼神饗其氣焉，君子食其味焉。然則涼風至，白露下，天子出令，命左右司馬衍組甲厲兵，組甲謂以組貫甲也。合什爲伍，謂立什人之長，爲伍。以修於四境之內，諛然告民有事，諛悅順皃有事，謂出師以伐不服，象天地殺斂也。所以待天地之殺斂也。然則晝炙陽，夕下露，地競環，環炙實皃方秋之時，晝則暴炙，夕則下寒，露而潤之，陰陽更生，故地氣交競而炙實。五穀鄰熟，鄰，緊也。陰陽氣足，故緊熟。草木茂實，歲農豐年大茂。七十二日而。

睹壬子水行御。天子出令，命左右使人內御。其氣足，則發而止；使人御理冬政，其閉藏之氣足，則發令休止也。其氣不足，則發撊瀆盜賊。撊謂庶禁也。羣聚之謂其閉藏之氣不足，則撊防盜賊以助其閉藏之氣也。數剶竹箭，言数剶削竹箭，以爲失也。伐檀柘，伐檀柘，所以爲弓也。令民出獵，禽獸不釋巨少而殺之，所以貴天地之所閉藏也。貴天地閉藏，故收獵取禽以助也。然則羽卵者不段，段，謂離散不成。毛胎者不贕，贕，謂胎敗清也。䴠婦不銷棄，䴠古孕字，銷弃，謂散壞也。草木根本美。閉藏實堅則根本美，凡此皆順冬閉藏之政所致也。

《列子》卷五《湯問第五》 甘蠅，古之善射者，彀弓而獸伏鳥下。箭无虛發而獸鳥不敢逸，《戰國策》云『更羸虛發而鳥下也』弟子名飛衛，學射於甘蠅，而巧過其師。紀昌者，又學射於飛衛。飛衛曰：『爾先學不瞬，而後可言射矣。』紀昌歸，偃臥其妻之機下，以目承牽挺。牽挺機躡。二年之後，雖錐末倒眥，而不瞬也。以告飛衛。飛衛曰：『未也，必學視而後可。視小如大，視微如著，而後告我。』昌以氂懸虱於牖，南面而望之。旬日之間，浸大也；三年之後，如車輪焉。以覩餘物，皆丘山也。視虱如輪，則餘物稱此而大焉。乃以燕角之弧，朔蓬之簳射之，貫虱之心，而懸不絕。以彊弓勁矢貫虱之心，言其用手之妙也。以告飛衛。飛衛高蹈拊膺曰：『汝得之矣！』紀昌既盡衛之術，計天下之敵己者，一人而已，乃謀殺飛衛。相遇於野，二人交射，中路矢鋒相觸，而墜於地，而塵不揚。飛衛之矢先窮，窮，盡也。紀昌遺一矢。既發，飛衛以棘刺之端扞之，而无差焉。於是二子泣而投弓，相拜於塗，請為父子。剋臂以誓，不得告術於人。祕其道也。此一章義例，已詳於仲尼篇也。造父之師曰泰豆氏。泰豆氏，見諸雜書記。造父之始從習御也，執禮甚卑，泰豆三年不告。造父執禮愈謹，乃告之曰：『古詩言「良弓之子，必先為箕；良冶之子，必先為裘」。』箕裘皆須柔屈補接而後成器，爲弓冶者調筋角和金鐵亦然。故學者必先攻其所易，然後能成其所難，所以為諭也。

《漢書》卷二五上《郊祀志第五上》　蓋若獸為符，服虔曰：「雲若獸在車蓋也。」晉灼曰：「蓋辭也，符謂鹿也。」師古曰：「二說非也，蓋發語辭也。言甘泉之雲又若獸形，以為符瑞也。」宋祁曰：「獸字下疑有之字。」路弓乘矢，集獲壇下。李奇曰：「宜言盧弓。」韋昭曰：「路大也。」四矢曰：「乘。」師古曰：「韋說是也，又於壇下獲弓矢之應。」劉奉世曰：「指謂鹿也，言以大弓四矢而後獲之於壇下也，義甚通。」

漢　鄭玄《周禮疏》卷三二　司弓矢掌六弓四弩八矢之法，辨其名物，而掌其守藏與其出入。法，曲直長短之數。守，劉於又反，亦如字，下「攻守」同。藏，才浪反，沈如字。［疏］「司弓」至「出入」釋曰：此經與下為目。「辨其名物」者，六弓八矢，各有名號物色，出入者頒之受之。注「法曲」至「之數」釋曰：「曲直」者，謂若「王弓弧弓合九成規」，已下或合七、合五、合三，是曲者合少，直者合多。「長短」者，《弓人》云：「弓之上制，六尺六寸，中制六尺三寸，下制六尺。」是其長短也。中春獻弓弩，中秋獻矢箙。弓弩成於和，矢箙成於堅。箙，盛矢器也，以獸皮為之。中，音仲，下同。箙，音服，《詩》云：「象弭魚服。」盛，音成。［疏］注「弓弩」至「為之」釋曰：矢箙獸皮為之者，按《詩》云「象弭魚箙」，雖不言用獸，蓋魚之似獸者為之。若然，此獸則魚形也。惟有《國語》云「檿弧箕箙」，不用獸皮也。及其頒之，王弓、弧弓以授射甲革、椹質者，夾弓、庾弓以授射豻侯、鳥獸者，唐弓、大弓以授學射者、使者、勞者。王、弧、夾、庾、唐、大六者，弓異體之名也。往體寡，來體多，曰王、弧。往體多，來體寡，曰夾、庾。往體來體若一，曰唐、大。甲革，革甲也。《春秋傳》曰：「蹲甲射之。」質，正也。樹椹以為射正。射甲與椹，試弓習武也。豻侯五十步，及射鳥獸，皆近射也。近射用弱弓，則射大侯者用王、弧，射參侯者用唐、大矣。學射者弓用中，後習強弱則易也。使者、勞者弓亦用中，遠近可也。勞者，勤勞王事，若晉文侯、文公受王弓矢之賜者。故書椹為鞎，鄭司農云：「椹字或作鞎，非是也。《圉師職》曰：射則充椹質。又此《司弓矢職》曰：澤共射椹質之弓矢。言射椹質自有弓，謂王、弧弓也。以此觀之，言鞎質者非。」射甲，食亦反，下以意求之。椹，張林反。夾，占洽反，劉古協反。庾，師儒相傳讀庾，本或作庾。豻，音岸，又音雁。使者，所吏反，注同。蹲，音存，劉才官反。參，素感反。易，以豉反。鞎，戶根反，一音魂，或胡本反，李音艮，一音居言反，又音很。［疏］「及其」至「勞者」釋曰：此經六弓，強弱相對，而言王、弧直，往體寡，夾、庾曲，往體多，故四者自對先自，唐、大往來若一，故退之在後也。注「王弧」至「者非」釋曰：云「六者，弓異體之名也」者，即所引弓人之職往體來體之等是也，此據體而言。若以色而言，即《春秋》、《尚書》所云彤弓、旅弓之等是也。云「甲革，革甲也」者，欲見甲以革為之，其實一物也。引《春秋傳》者，事在成十六年，楚之養由基善射之事。云「質，正也。樹椹以為射正」者，謂若賓射之正然也。云「射甲與椹試弓習武也」者，見《圉人》云「澤則共椹質」，是在澤宮中試弓習武也。云「豻侯五十步，及射鳥獸，皆近射也。近射用弱弓，則射大侯者用王、弧，射參侯者用唐、大矣」者，此據諸侯言之。若據天子，則用王、弧射虎侯，用唐、大射熊侯，用夾、庾射豹侯也。云「學射者弓用中，後習強弱則易也」者，用中，謂唐、大往來體如一，是中也。云「使者、勞者弓亦用中，遠近可也」者，使有遠有近皆可也。云「勞者，勤勞王事，若晉文侯」者，謂《文侯之命》賜之彤弓旅弓是也。云「文公」者，謂僖二十八年，晉文公敗楚於城濮，襄王賜之以彤弓、旅弓是也。其矢箙皆從其弓。從弓數也。每弓者一箙百矢。［疏］注「從弓」至「百矢」釋曰：云「從弓數也」者，以經云「矢箙皆從其弓」，故知從弓數也。云「每弓者一箙百矢」者，按《文侯之命》及僖二十八年晉文公受弓矢，皆云「彤弓一，彤矢百」，雖是所賜之弓矢，射之弓矢約同之。按《詩・頌》云「束矢其搜」，毛注云「五十矢為束」，鄭從之。至此為百矢者，無正文，鄭兩從不定也。凡弩，夾、庾利攻守，唐、大利車戰、野戰。攻城壘者與其自守者相迫近，弱弩發疾也。車戰、野戰，進退非強則不及。弩無王、弧，王、弧恒服弦，往體少者，使矢不疾。攻，如字，劉音貢。強，其丈反，又其良反。［疏］注「攻城」至「不疾」釋曰：云「攻城壘」者，城謂城郭，壘謂軍壁，若宣公十二年云「禦靡旌壁壘而還」之類也。云「與其自守」者，即城壘也。云「弩無王弧，王弧恒服弦」者，按上弓有六等，有王、弧，至此弩，以有夾、庾等四種，故云「弩無王、弧」也。「恒服弦」者，若弓用則服弦，不用則弛。惟弩則用與不用，一張之後，竟不弛，故云恒服弦也。若然，恒服弦用弱者，以其強弓久不弛則就弦，弱則隨體不就弦也。又王、弧往體少，使之恒服弦，則使矢不疾，故不用也。凡矢，枉矢、絜矢利火射，用諸守城、車戰，殺矢、鍭矢用諸近射、田獵，矰矢、茀矢用諸弋射，恒矢、痺矢用諸散射。此八矢者，弓弩各有四焉。枉矢殺矢、矰矢、恒矢，弓所用也。絜矢、鍭矢、茀矢、庳矢，弩所用也。枉矢者，取名變星，飛行有光，今之飛矛是也，或謂之兵。矢絜矢象焉。二者皆可結火以射敵、守城、車戰。前於重後微輕，行疾也。殺矢，言中則死。鍭矢象焉，鍭之言候也。二者皆可以司候射敵之近者及禽獸，前尤重，中深，而不可遠也。結繳於矢謂之矰。矰，高也。茀矢象焉，茀之言刜也。二者皆可以弋飛鳥，刜羅之也。前於重，又微輕，行不低也。《詩》云：「弋鳧與雁。」恒矢，安居之矢也。痺矢象焉。二者皆可以散射也，謂禮射及習射也。前後訂，其行平也。凡矢之制，枉矢之屬五分，二在前，三在後。殺矢之屬參分，一在前，二在後。矰矢之屬七分，三在前，四在後。恒矢之屬軒輖中，所謂志也。鄭司農云：「庳矢，讀為人罷短之罷玄謂庳讀如痺病之痺，痺之言倫比。枉，紆往反。絜，劉苦結反，又音結，一音戶結反，弩矢也。鍭，音候，劉音侯，弩矢。矰，音增。茀，劉扶弗反，李一音孚忽反，一音？，或音弗，弩矢。痺，方二反，弩矢。散，素旦反，注同。中，丁仲反，下「中深」、「射中」同。繳，章藥反。剬，孚物反。訂，李音亭，呂沈同，劉當定反。輈，音周，一音定周反。痺，方二反。比，毗志反。［疏］注『此八矢者』至『言倫比』釋曰：鄭知此八矢弓弩各有四者，以上文六弓四弩俱陳，於下總列八矢，則知八矢為弓弩所設，故鄭分之，四矢屬弓，四矢屬弩也。八矢兩兩相附，必知在上者屬弓，在下者屬弩者，此上文六弓在上，四弩在下，故還以在上配弓，在下配弩也。云『枉矢者，取名變星，飛行有光，今之飛矛是也』者，按《犻人》云『弧旌枉矢，以象弧也』，按《孝經緯・援神契》云『枉矢射慝』。《考異郵》曰：『枉矢精，狀如流星，蛇行有尾見。』《天文志》曰：『枉矢，狀大流星，是其狀變之星，行時有光』，故鄭云『枉矢者，取名變星，飛行有光』。漢時名此矢為飛矛，故舉以為說也。云『或謂之兵矢』者，《矢人職》文云『絜矢象焉』者，謂輕重象枉矢也。云『二者皆可結火以射敵、守城、車戰』者，故鄭《矢人職》注以枉、絜二矢俱為兵矢。云『前於重後微輕，行疾也』者，以殺矢三分一在前，二在後，是最重者也。此枉、絜二矢則五分，二在前，三在後。云前於重又微輕，微輕對己下矰矢、恒矢等為最輕也。云『殺矢，言中則死』者，解稱殺矢之名，以其最重，中則死故也。云『鍭矢象焉』者，亦尤重者也。云『二者皆可以司候射敵之近者及禽獸』者，釋經用『諸近射田獵』之文。云『前尤重，中深，而不可遠也』者，以其三分一在前，二在後，故云尤重。中深，故殺，名不可遠，故用之近射也。云『結繳於矢謂之矰。矰，高也』者，繳則繩也，謂結繩於矢以弋射鳥獸者。言矰高者，欲取向上射飛鳥之義也。云『茀矢象焉』者，亦結繳為射也。云『茀之言剬也，二者皆可以弋飛鳥，剬羅之也』者，解結繳以羅取而剬殺之義。云『前於重又微輕』者，此又對枉矢絜矢五分者是重，此於五分之重，又微輕於彼，以此矢七分故也。引《詩》者，證弋是取禽鳥之義也。云『恒矢，安居之矢也』者，按《弓人》有『其人安』、『其弓安』、『其矢安』之文，則此恒矢軒輖訂，是安居之矢也。云『庳矢象焉，二者皆可以散射也者，謂禮射及習射』者，已上六矢，皆用之攻守及弋射，惟此矢雲散射，明散射是禮射也。其禮射者，即大射、賓射、燕射之等皆是，其習，亦於此三射中為之，故並言之也。云『前後訂，其行平也』者，以矰矢七分，三在前，四在後，則知此八分，四在前，四在後，即行平也。云『凡矢之制枉矢之屬』至『四在後』，皆《矢人職》文。云『恒矢之屬軒輖中，所謂志也』者，《既夕記》云：『志一乘軒輖中』是也。先鄭云庳矢讀為人罷短之罷，此依俗讀，於義無取。『玄謂庳讀為痺病之痺，痺之言倫比』，倫比則與安居之義同也。此八矢六弓四弩不相配者，以四矢配四弩，於義為可，以四矢配六弓，其數參差，不可相當，故不得相配，但依六弓四弩與矢，隨義相當而用之。天子之弓合九而成規，諸侯合七而成規，大夫合五而成規，士合三而成規，句者謂之弊弓。體往來之衰也。往體寡來體多則合多往體多，來體寡則合少而圜。弊猶惡也。句者惡則直者善矣。弊，婢世反，徐扶滅反。衰，初危反。圜，音圓。［疏］『天子』至『弊弓』釋曰：按上注而言王、弧射大侯，夾、庾射犴侯言之，則天子之弓王、弧也，以其往體寡，故合九成規。諸侯之弓則唐大，以其往來體若一，故合七成規。大夫之弓則夾庾，以其往體多，故合五成規也。士之弓則六弓之外句曲，合三成規。云『句者謂之弊弓』者，但句之至極，無過合三，合三之外，雖別言句者，還指合三者而言耳。按天子諸侯三侯，士與大夫同射近侯，與大夫別侯之法。今以士合三，與大夫弓別者，以士與大夫尊卑次，暫以合三者托之於士，其實士無合三之弓也。注『體往』至『善矣』釋曰：云『體往來之衰也』者，此皆據角弓及張，不被弦而合之。從合九、合七、合五、合三，降殺以兩，故言衰也。云『往體寡來體多則合多』者，據王、弧而言。云『往體多來體寡則合少而圜』者，據夾、庾而說。不言唐、大者，在此二者中間可知。凡祭祀，共射牲之弓矢。射牲，示親殺也。殺牲，非尊者所親，惟射為可。《國語》曰：『禘郊之事，天子必自射其牲。』［疏］『凡祭』至『弓矢』釋曰：言『凡』，語廣，則天地宗廟皆有射牲之事。注『射牲』至『其牲』釋曰：言『殺牲，非尊者所親，惟射為可者』，按《禮記》『君親制祭』，《詩》云：『執其鸞刀，以啟其毛』，則射外兼為，而言惟射者，彼亦示行之，非正制之耳。引《國語》者，欲見有射牲之事，彼據祭天而言。澤，共射椹質之弓矢。鄭司農云：『澤，澤宮也，所以習射選士之處也。』《射義》曰：『天子將祭，必先習射於澤。澤者，所以擇士也。已射於澤，而後射於射宮，射中者得與於祭。』與，音預。［疏］注『鄭司』至『於祭』釋曰：此所共弓矢，據王、弧，故上云『王弓、弧弓以射甲革椹質』。引《射義》，欲見射椹質是試弓習武在澤宮也。大射、燕射，共弓矢如數並夾。如數，如當射者之數也。每人一弓乘矢，並夾，矢爾也。夾，音甲，注同。乘，繩證反，四矢曰乘矢。爾，劉奴輒反，又女十反。［疏］注『如數』至『爾也』釋曰：知每人四矢者，見《大射》、《鄉射禮》皆人各乘矢也。云『並夾矢爾也』者，矢爾之言，出於漢時。大喪，共明弓矢。弓矢，明器之用器也。《士喪禮下篇》曰：『用器弓矢。』［疏］『大喪共明弓矢』釋曰：云『明器之用器也』者，明器中有用器、役器，役器中有甲胄、幹笮，用器中有弓矢，故鄭還引用器為證也。凡師役、會同，頒弓弩各以其物，從授兵至之儀。物，弓弩矢箙之屬。從，才用反。［疏］『凡師』至『之儀』釋曰：言『師役』，據王巡狩、征伐而言，與會同異，頒弓弩則不殊也。田弋，充籠箙矢，共矰矢。籠，竹箙也。矰矢不在箙者，為其相繞亂，將用乃共之。籠，也東反。為，於偽反。［疏］注『籠竹』至『共之』釋曰：田，謂四時田時。弋，謂弋鳧與雁。云『充籠箙矢』者，籠箙，皆盛矢物，及矢皆共之。云『共矰矢』者，謂矢之有繳者。云『矰矢不在箙』者，以其共矰矢，在箙下別言之，故言不在箙也。凡亡矢者，弗用則更。更，償也。用而棄之則不償。更，音庚，注同。

又 卷三七 冥氏掌設弧張。弧張，罿罦之屬，所以扃絹禽獸。冥，音覓。罿，昌容反，劉上凶反。罦，音浮。扃，丐熒反。絹，古大反。一音古縣反，《翨氏》注同。［疏］注『弧張』至『禽獸』釋曰：弧，弓也。謂張弓以取猛獸。云『罿罦之屬』者，《詩》云『雉罹于罿，雉罹于罦。』

並是取禽獸之物。言『之屬』仍有兔罝之等，皆是扃絹禽獸者也。為阱擭以攻猛獸，以靈鼓敺之。靈鼓，六面鼓。敺之，使驚趨阱擭。敺，丘于反，後同。［疏］注『靈鼓』至『阱擭』釋曰：知靈鼓六面者，以《鼓人》云『靈鼓，鼓祭社』晉鼓、鼖鼓等非祭社之鼓，並兩面，路鼓祭宗廟，故知加兩面爲四面，地神尊於宗廟，加兩面爲六面，天尊於地神，加兩面爲八面，以此差之，知靈鼓六面鼓也。若得其獸，則獻其皮、革、齒、須、備。鄭司農云：『須，直謂頤下須。備謂搔也。』搔，音爪。［疏］『若得』至『須備』釋曰：猛獸有不得之法，故云『若』以不定之言也。若得猛獸之時，猛獸之肉不堪人啖，故當獻其皮革須備也。皮，謂若虎豹熊羆。革，謂無文章者，去毛而獻之。齒即牙也。須備，如先鄭所說，虎豹有須備，獻之以擬器物之用也。

又　庭氏掌射國中之夭鳥。若不見其鳥獸，則以救日之弓與救月之矢射之。不見鳥獸，謂夜來鳴呼爲怪者。獸，狐狼之屬。鄭司農云：『救日之弓，救月之矢，謂日月食所作弓矢。』玄謂日月之食，陰陽相勝之變也，於日食則射大陰，月食則射大陽與？射，食亦反，下注同。呼，喚故反，下文『嗃呼』同。大，音泰，下文同。與，音餘。［疏］『庭氏』至『射之』釋曰：云『掌射國中之夭鳥』者，城郭之所，人聚之處不，宜有夭鳥，故去之。注『不見』至『陽與』釋曰：云『獸，狼狐之屬』，不言鳥者，上文注鴞鵩已解也。『玄謂日月之食，陰陽相勝之變也』者，日之食，晦朔之間，月之食惟在於望。日食是陰勝陽，月食是陽勝陰，未至爲災，故云陰陽相勝之變也。所以救日月用弓矢射之者，鄭以意推量。『日食則射大陰』者，以陰侵陽，臣侵君之象，故射大陰是其常，不足可疑。月食是陽侵陰，君侵臣之象，陽侵陰非逆，既用弓，不得不射，若射當射大陽，以是爲疑，故云『月食則射大陽與』以疑之。若神也，則以大陰之弓與枉矢射之。神，謂非鳥獸之聲，若或叫于宋大廟譆譆出出者。太陰之弓，救月之弓，枉矢救日之矢與？不言救月之弓與救日之矢者，互言之。救日用枉矢，則救月以恒矢可知也。譆，許其反。詘，劉音出，本亦作出。［疏］『若神』至『射之』釋曰：『若神也』者，謂不見其身，直聞其聲，非鳥獸之神耳，則以大陰救月之弓與救日枉矢射之。注『神謂』至『知也』釋曰：鄭知『神，謂非鳥獸之聲』者，見宋大廟有聲，非鳥獸之聲，既有聲又非鳥獸之聲，故知是神聲，若神降于莘之類是也。云『若或叫於宋太廟，譆譆出出者』，《左傳》文云『太陰救月之弓，枉矢救日之矢與』者，太陰之弓爲救月之弓，不言與，則不疑，不疑者，以其與經云『救日之弓』相對，彼言救日之弓，明此太陰之弓是救月之弓可知。若然，上言『救月之矢』，則此枉矢是救日可知。而言『與』以疑之者，但救日與太陰相對，故不疑，上言救月，此不言太陽之矢，直言枉矢矢名而已，故須疑之。云『不言救月之弓，與救日之矢者』，互言之者，若此文云救月之弓與救日之矢，爲文自足，何暇須互？既不須互，則上下二文全不見弓矢之名矣。是以互見其文，欲見有弓矢之名故也。互者，上文云救日，明太陰是救月；此文救月，是太陰，則上文救日是太陽也。又枉矢，見矢名不言救，明有救名，救月之矢，見救不見矢名，明亦有名，亦是互也。云『救日用枉矢，則救月以恒矢可知也。』者，見《司弓矢》枉矢最在前，明救月矢當在枉矢之下，故知救月用恒矢可知。不用庳矢，以其庳矢弩所用故也。

《三國志》卷二《文帝紀第二》　評曰：文帝天資文藻，下筆成章，博聞彊識，才蓺兼该。《典論》帝自敍曰：初平之元，董卓殺主鴆后，蕩覆王室。是時四海既困，中平之政，兼惡卓之凶逆。家家思亂，人人自危。山東牧守咸以春秋之義衛人，討州吁于濮言，人人皆得討賊。於是大興義兵，名豪大俠、富室強族飄揚雲會，萬里相赴。兗豫之師戰于滎陽，河內之甲軍于孟津，卓遂遷大駕西都長安，而山東大者連郡國，中者嬰城邑，小者聚阡陌，以還相吞滅。會黃巾盛於海岱，山寇暴於并冀。乘勝轉攻，席卷而南鄉，邑望煙而奔城郭，覩塵而潰，百姓死亡，暴骨如莽。余時年五歲，上以世方擾亂，教余學射，六歲而知射。又教余騎馬，八歲而能騎射矣。以時之多故，每征余常從。建安初，上南征荆州，至宛張繡降，旬日而反亡。兄孝廉子修，從兄安民遇害時，余年十歲，乘馬得脫。夫文武之道，各隨時而用，生于中平之季，長于戎旅之間。是以少好弓馬，于今不衰。逐禽輒十里，馳射常百步，日多體健，心每不厭。建安十年，始定冀州，濊貊貢良弓，燕代獻名馬。時歲之暮春，勾芒司節，和風扇物，弓燥手柔，草淺獸肥，與族兄子丹獵于鄴西終日，手獲麞鹿九，雉兔三十。後軍南征，次曲蠡。尚書令荀彧奉使犒軍，見余談論之末，彧言：『聞君善左右射，此實難能。』余言：『執事未覩，夫項發口縱俯馬蹄而仰月支也。』彧喜笑曰：『乃爾。』余曰：『埒有常徑，的有常所，雖每發輒中，非至妙也。若馳平原，赴豐草，要狡獸，截輕禽，使弓不虛彎，所中必洞斯則妙矣。』時軍祭酒張京在坐，顧彧拊手曰：『善。』余又學擊劍，閱師多矣。四方之法各異，唯京師為善。桓靈之間有虎賁王越善斯術，稱於京師。河南史阿，言昔與越遊，具得其法。余從阿學之精熟。嘗與平虜將軍劉勳、奮威將軍鄧展等共飲宿。聞展善有手臂，曉五兵；又稱其能空手入白刃。余與論劍良久，謂言：『將軍法非也，余顧嘗好之，又得善術』。因求與余對，時酒酣耳熱，方食芊蔗，便以為杖。下殿數交，三中其臂。左右大笑。展意不平，求更為之。余言：『吾法急屬難相中面，故齊臂耳！』展言『願復一交』。余知其欲突以取交中也，因偽深進，展果尋前，余卻腳鄛，正截其顙。坐中驚視，余還坐，笑曰：『昔陽慶使淳于意去其故方，更授以祕術。今余亦願鄧將軍捐棄故伎，更受要道也，一坐盡歡。』夫事不可自謂己長，余少曉持複，自謂無對；俗名雙戟為坐鐵室，鑲楯為蔽木戶；後從陳國袁敏學，以單攻複，每為若神，對家不知所出，先日若逢敏於狹路，直決耳！余於他戲弄之事少所喜，唯彈棊略盡其巧，少為之賦。昔京師先工有馬合鄉侯、東方安世、張公子，常恨不得與彼數子者對。上雅好詩書文籍，雖在軍旅，手不釋卷。每每定省從容，常言：『人少好學則思專，長則善忘。長大而能勤學者，唯吾與袁伯業耳。』余是以少誦詩論。及長而備歷五經、四部、史漢、諸子百家之言，靡不畢覽。』博物志曰：『帝善彈棊，能用手巾角。時有一書生，又能低頭以所冠著葛巾角撇棊。』

晉 杜預《春秋左傳正義》卷一六　彤弓一、彤矢百、玈弓矢千，彤，赤弓。玈，黑弓。弓一，矢百，則矢千弓十矣。諸侯賜弓矢，然後專征伐。彤，徒冬反。玈，音盧。本或作旅字，非也。矢千本或作玈弓十，玈矢十，後人專輒加也。[疏]注彤，赤至征伐。《正義》曰：彤赤，玈黑，舊説皆然。《説文》彤從丹，玈從玄是赤黑之别也。《周禮》司弓矢、掌六弓。王弓、弧弓以授射甲革椹質者。夾弓、庾弓以授射豻侯鳥獸者。唐弓、大弓以授學射者使者勞者。鄭玄云：勞者，勤勞王事。若晉文侯、文公受王弓矢之賜者。《考工記》弓人云：往體多來，體寡謂之夾庾之屬。往體寡來，體多謂之王弓之屬。往體來體，若一謂之唐弓之屬。然則唐大是弓彊弱之名，彤玈是弓所漆之色。王弧則合九而成規，唐大合七而成規，來庾合五而成規。司弓矢又有八矢，枉矢、絜矢利火射，用諸守城車戰。殺矢、鍭矢用諸近射田獵，矰矢、茀矢用諸弋射，恒矢、庳矢用諸散射。鄭注約考工記云：枉矢之屬，五分二在前，三在後。殺矢之屬，三分一在前，二在後。矰矢之屬，七分三在前，四在後。恒矢之屬，軒輖中。其枉殺矰恒。弓所用，絜、鍭、茀、庳弩所用，彼司弓矢既云枉矢、絜矢用諸守城、車戰此，天子賜諸侯弓矢，使用之以戰，則彤矢、玈矢當彼枉矢也。但弓矢相配，彊弓用重矢，弱弓用輕矢。既唐弓、大弓彊弱中，其恒矢軒輖亦中。又《司弓矢》云：恒矢、庳矢用諸散射。鄭玄云：散射，謂禮射及習射也。此賜弓矢則禮樂之事，彤矢、玈矢或當恒矢也。玈弓矢千具於彤而略於玈，準之，則矢千弓十也。諸侯賜弓矢，然後專征伐王制文。

《通典》卷一四九《法制附》　校獵一人守圍地三尺，量人多少，以左右兩將為交頭，其次左右將各主士伍為行列，皆以金、鼓、旗為節制。其初起圍張翼，隨山林地勢，無遠近部分。其合圍地，虞候先擇定訖。以善弧矢者為圍中騎，其步卒槍幡守圍，有漏獸，坐守圍吏。大獸公之，小獸私之，以觀進止。斯亦教戰一端也。趙國公王琚教《射經·上篇》曰：『凡射，必中席而坐，一膝正當垜，一膝横順席。執弓必中，在把之中，且欲當其弦心也。以弓當左膝，前竪按席，稍吐下弰向前，微令上傾向右，然後取箭，覆其手，微拳，令指第二節齊平，以三指捻箭三分之一，加於弓亦三分之一，以左手頭指受之，則轉弓令弦稍離身就箭，即以右手尋箭羽，下至闊，以頭指第二指節當闊，約弦徐徐送之，令衆差池如鳳翮，使當於心，又令當闊羽向上。弓弦既離身，即易見箭之高下，取其平直，然後擡弓離席。目睨其的，按手頤下，引之令滿，其持弓手，與控指及右臂肘平如水準，令其肘可措杯水。故曰端身如幹，直臂如枝，直臂者，非初直也，架弦畢便引之比，及滿使臂直是也。引弓不得急，急則失威儀而不主皮；不得緩，緩則力難為而箭去遲。唯善者能之。箭與弓把齊為滿，地平之中為盈，貫信美而術難成。要令大指知鏃至，然後發箭。故曰鏃不上指，必無中矢，指不知鏃，同於無目。試之至也，或以目視鏃，馬上與暗中則乖，此為無術矣。故矢在弓右，視在弓左，箭發則靡其弰，厭其肘，仰其腕，目以注之，手以駐之，心以趣之，其不中何為也！』《下篇》曰：『矢量其弓，弓量其力，無動容，無作色，和其支體，調其氣息，一其心志，謂之楷式。知此五者為上德。故曰莫患弓軟，服當自遠；莫患力羸，恆當引之。但力勝其弓，則容貌和，發無不中。故始學者，先學持滿，須能制其弓，定其體，後乃射之。然其的必始於一丈，百發百中，寸以加之，漸至於百步，亦百發百中，乃為之術成。或升其的於高山，或致其的於深谷，或曳之，或擲之，使其的縱横前卻，所以射禽獸與敵也。凡弓惡右傾，箭惡其糯，音儒。頤惡傍引，頸惡卻垂，胸惡前亞，背惡後偃，皆射之骨髓疾也。故身前竦為猛武方騰，額前臨為封兕欲鬬，出弓弰為懷中吐月，平箭闊為弦上縣衡，此皆有威容之稱也。』又曰：『凡控弦有二法，無名指疊小指，中指壓大指，頭指當弦直竪，中國法也；屈大指，以頭指壓勾指，此胡法也。此外皆不入術。胡法力少，利馬上；漢法力多，利步用。然其持妙在頭指間。世人皆以其指末龊弦，則致箭曲，又傷羽。但令指面隨弦直竪，即脆而易中，其致遠乃過常數十步。古人以為神而祕之。胡法不使大指過頭指，亦為妙爾。其執弓，欲使把前入阸，把後當四指本節。平其大指承鏃，卻其頭指使不得，則和美有聲而俊快也。射之道備矣哉。』

弩，古有黄連、百竹、八擔雙弓之號。今有絞車弩，中七百步，攻城拔壘用之；擘張弩，中三百步，步戰用之；馬弩，中二百步，馬戰用之。弩張遲，臨敵不過一二發，所以戰陣不便於弩。非弩不利於戰，而將不明於弩也。不可雜於短兵，當别為隊，攢箭注射，則前無立兵，對無横陣。復以陣中張，陣外射，番次輪迴，張而復出，射而復入，則弩不絶聲，敵無薄我。夫置弩必處其高，爭山奪水，守隘塞口，破驍陷果，非弩不尅。教法令曰：張弩丁字立，當弩八字立，高揎手，揎音宣。屈衫襟，左手承橦，右手迎上，當心看張。張有闊狹，右右膊，還復當心。安箭高舉肘，敵遠擡弩頭，敵近平身放，敵在左右迴身放，敵在高上挈腳放，放箭訖唱殺。卻掣拗蝎尾，覆弩還著地。夫軍城及野營行軍在外，日出日沒時，撾鼓千搥；三百三十三搥為一通；鼓音止，角音動，吹十二聲為一疊；撾，陟瓜反。

角音止，鼓音動。如此三角三鼓，而昏明畢之。每營中兩廂置土馬十二疋，大小如常馬，具鞍。令士卒擐甲冑，櫜音高弓矢，佩刀劍，持矛楯，左右上下，以便習其事。

又 卷一九八《北狄五》 乃遣大臣阿史德頡利發入朝貢獻，因扈從東巡。發都，至嘉會頓，引頡利發及諸蕃酋長入仗，仍與之弓箭。時有兔起於御馬之前，上引弓傍射，獲之。頡利發便下馬捧兔舞蹈，曰：『聖人神武超絕，若天上則不知，人間無也。』自是常令突厥入仗馳射，起居舍人呂向上疏曰：『臣聞鴟梟不鳴，未為瑞鳥，猛虎雖伏，豈齊仁獸，是由醜性毒行久務常積故也。夫突厥者，正同此類，安忍殘賊，莫顧君親，陛下以武義臨之，文德來之，既慴威靈，又沐聲教，以力以勢，不得不庭，故稽顙稱臣，奔命遣使。陛下乃能收其傾效，雜以從官，赴封禪之禮，參玉帛之會，此德業自盛，固不可名焉。因復許其從遊，召入禁仗，仰英姿之四照，覩神藝之一發，恩義俱極，誠無得踰焉。乃更賜以馳逐，使操弓矢，競飛鏃於前，同獲獸之樂，是屑略太過，未敢取也。雖聖胸豁達，與物無猜，而愚心徘徊，與時加慄。倘此等各懷犬吠，交肆盜憎，荆卿詭動，何羅竊至，暫逼嚴蹕，稍冒清塵，即殪玄方，丘墟幽土，單于為醢，穹廬為洿，何塞過責？特願勿復親近，使知分限，待不失常，歸於得所，此謂迴兩曜之鑒，祛九宇之憂，孰不幸甚！』上納其言，遂令諸蕃先發。東封迴駕，設讌厚賜而遣，竟不許其和親。自後滅絕無聞。

《藝文類聚》卷七四《射》 《世本》曰：逢蒙作射。

《山海經》曰：軒轅國，在窮山際，其不壽者八百歲。人面虵身，尾交首，不敢西射，畏軒轅之丘。

《禮記》曰：士使之射，不能則辭以疾，懸弧之義。又曰：射有似乎君子，失諸正鵠，反求諸其身。又曰：孔子射於矍相之圃，蓋觀者如堵。

《左傳》曰：晉將戰，潘尫之黨與養由基蹲甲而射之，徹七札焉。

《列子》曰：甘蠅古之善射者，彀弓而獸伏鳥下。

《尸子》曰：荆莊王命養由基射蜻蛉。王曰：吾欲得之，養由基援弓射之，拂左翼。王大喜。又曰：『鴻鵠在上，轉弩以待，若發善否，問二五弗知。非二五難計也，欲鴻之心亂也。』

莊子曰：以十鈞射者，見天而不見雲。以七鈞射者，見鵠而不見鶴。以五鈞射者，見鶴而不見雀。

《老子》曰：天之道，其猶張弓乎。高者抑之，下者舉之，有餘者損之，不足者與之。

《韓詩外傳》曰：楚熊渠子夜行，見寢石，以為伏虎，彎弓射之，沒金飲羽。下視，知其石也。因復射石，矢摧無跡，渠子見其誠心，金石為之開，而況於人乎？

《史記》曰：李廣為右北平太守，出獵，見草中石，以為虎，而射之。中，沒鏃，視之石。因復射之，終不復入。廣所居郡，聞有虎，自射之。及居右北平，射虎，虎騰傷廣，廣亦竟射殺之。廣為人長猨臂，其善射亦天性也。雖子他人學者，莫能及。又曰：匈奴大入上郡，天子使中貴人從。勒習兵擊匈奴，中貴人將騎從，見匈奴三人與戰。三人還，射傷中貴人，殺其騎將盡，中貴人走廣。廣曰：『是必射鵰者也。』

《淮南子》曰：越人學遠糸天，而發鏑在五步內，今學者欲學古而不知變，是越人射也。

《漢書》曰：匈奴畏郅都之威，刻木象都之狀，交弓射之，莫之能一中。

《魏書》曰：文帝共上常獵，為虎所逐。顧射，應聲而倒。太祖壯其摯勇，使將武騎。

《吳志》曰：太史慈，猨臂善射，弦不虛發。嘗從孫策討麻保賊，賊緣樓上行罵，以手持樓棼。慈引弓射之，矢貫手著棼，圍外萬，人莫不稱善。其妙如此。

《典論》曰：文帝自序曰，少好弓馬，逐禽輒十里，射出百步，後濊貊貢良弓，代獻名馬。時歲暮春，和風扇物，弓燥手柔，草淺獸肥，於鄴西獵終日，獲麞鹿九，雉兔二十。

《詩》梁元帝落日射熊詩曰：促宴引枚鄒，中園觀獸侯。日度埛陰廣，風横旗影浮。移竿標入箭，疊鼓送爭籌。附枝時可息，言從清夜遊。

周庾信北園射堂詩曰：軒堂聊可習，仙的不難登。轉箭初辭筈，横弓先望堋。驚心一鴈落，連臂兩猨騰。直知王濟巧，誰見魏舒能。空心不死樹，無葉未枯。藤擇賢方至，此傳卮欣得朋。

宋 陸佃《埤雅》卷五《豻》 豻，胡犬也。似狐而小，黑喙善守。其字从干，《釋言》曰：干，扞也。記曰：君子狐青裘豹褎，麛裘青豻褎，豹取制服，豻取扞守也。周官七射豻侯，豻胡犬也。其守在夷，士以能勝四夷之守為善，亦其伏節死，制而聽命於主士之事也。故射豻侯。《傳》曰：桀犬吠堯，非堯之罪，犬各護其主爾。《巾車》曰：漆車，藩蔽，豻䄙，雀飾，盖祥事禫而就吉，則其守將在四夷，故豻䄙也。《儀禮》曰：大侯九十，參七十，五干十，即所謂虎九十弓，熊七十弓，豹麋皆五十弓者也。鄭云：參讀為糝，糝侯者，豹鵠而麋飾。干讀為豻，豻侯者，豻鵠豻飾皆非是。王射虎侯，則於熊侯，豹侯為大。故虎侯，一名大侯。《詩》《傳》所謂大侯、君侯也。參即熊侯，言其參於虎侯豹侯之中也。干即豹侯，言其以下干，上又繼熊虎之後也。梓人曰：張皮侯而棲鵠，則春以功；張五采之侯，則遠國屬；張獸侯；則王以息燕。鄭云：皮侯，以皮所飾之侯也。五采之侯，謂以五采，畫正之侯也。獸侯，畫獸之侯也。《詩》曰：終日射侯，不出正兮，正所射也。《詩》《傳》以為二尺曰正。蓋王射采侯，九節五正，則其居侯，中地方丈矣。梓人為侯，廣與崇方。參分其廣，而鵠居一焉。鄭氏以為鵠方六尺，則大射之鵠，小而中難，賓射之正，大而中易，理或然也。呂子曰：射帖者，欲中小。射獸者，欲中大。然則大射，射鵠。賓射，射正。鄉射，射質。燕射則因鄉射之侯。鄭氏注儀禮以為燕射，乃張獸侯而。鄉射當張采侯，二正，又誤矣。諸侯之射也，必先行燕禮；大夫之射也，必先行鄉飲酒之禮。故其射侯皆相因，而記鄉射者，正言獸侯。如梓人燕禮，又以謂若射，則大射，正為司射如鄉射之禮也。司裘職曰：王大射，則共虎侯、熊侯、豹侯，設其鵠；則大射射鵠之證也。射人職曰：王以六耦射三侯。三獲三容，樂以《騶虞》，九節五正。則賓射射正之證也。三侯即虎侯、熊侯、豹侯，其侯中皆以五采畫正。所謂五采之侯，鄭云：三侯，五正，三正、二正之侯又誤矣。射人曰：王射三侯，九節，五正則明此三侯皆九節五正。下云士射豻侯，五節二正，則又明豻侯内以二采畫正。士射豻侯内以二采畫正，則王射五采畫正之侯，亦以虎侯、熊侯、豹侯明矣。下云若王大射，則以貍步張三侯。則又明此，五采畫正之侯，既不棲鵠，又不以貍步張之，所以異於大射者，如此。且王大射，則張皮侯而棲鵠又獨張以貍步者，蓋於此。以擇士則宜，擬度而取焉，又欲其中微故，放貍步而棲鵠也。鴻鵠一舉千里，射者難中，故於大射射之。以擇其巧者，鄉射《禮》曰：凡侯天子熊侯白質。諸侯麋侯赤質。大夫布侯畫以虎豹。士布侯畫以鹿豕。凡畫者，丹質則鄉射射質之證也，質亦所射也。《詩》曰：發彼有的。《傳》云的質也。後鄭以為白質、赤質皆謂采其地，亦誤矣。蓋《禮》曰：大夫布侯畫以虎豹。士布侯畫以鹿豕。凡畫者丹質，則明凡此布侯畫獸乃射丹質，而熊侯白質，麋侯赤質，非畫者矣。鄭氏云：丹質謂以丹采其地，亦誤也。然則皮侯無正有鵠，采侯無鵠有正，獸侯有質無鵠無正。《司弓矢》曰：澤共射椹質之弓矢，正弓、弧弓以授射甲革椹質，則澤射椹質，所以選試其力。《孟子》曰：其至爾力也，其中非爾力。夾弓、庾弓以授射豻侯鳥獸者。盖豻侯五十步，而士以弱弓射之，則其力之強弱莫知焉，故使於澤宮先射椹質，已射於澤，而後射於射宮。則於是焉，張皮侯而棲鵠，又以擇其巧，巧力不具，非所以為善射。

《玉海》卷一五〇《周六弓　四弩　八矢》　夏官司弓矢下大夫二人，中士八人。掌六弓、四弩、八矢之法，注法曲直長短之數。辨其名物，而掌其守藏與其出入。甲春獻弓弩，成於和仲秋獻矢箙，成於堅及其頒之。王弓、弧弓，以授射甲革樹質；才夾、弓庾弓以授射豻侯鳥獸者；唐弓、大弓以授學射者、使者、勞者。其矢箙皆從其弓，凡弩、夾庾利攻守，唐、大利車戰、野戰注弩無王、弧，王弧常服□。弦弓六等，有王弧，弩有夾庾等四種。《易氏》曰：射人士以二，耦射豻侯是，士與大夫用同夾庾也。凡矢、枉矢、絜矢利火射，用諸守城、車戰。殺矢、鍭矢用諸近射、田獵。矰矢、茀矢用諸弋射。恒矢、庳矢用諸散射。八矢弓弩各有四，在士者屬弓，在下者屬弩。

宋　趙彦衛《雲麓漫鈔》卷一〇　杜少陵故武衛將軍挽詞有曰：『赤羽千夫膳，黄河十月冰。』脩可注云：《家語》『赤羽若日，白羽若月。千夫膳，言所膳者千兵也。』師曰：『古詩云：「桃花亂落如紅雨」赤羽言落葉也。此章言將軍善舞劍及彎弧，故曰：舞劍過人絕，鳴弓射獸能。銛鋒行愜順，猛噬失蹻騰。赤羽千夫膳，黄河十月冰。横行沙漠外，神速至今稱。』則赤羽謂箭，言弦不虛發，發必得獸，可以供千軍之膳。苟如所注，則不與下句對，而意殊遠矣。

元　陳澔《雲莊禮記集説》卷三《月令第六》　天子乃厲飾，執弓挾矢以獵。命主祠祭禽于四方。天子戎服而嚴厲其威武之飾，親用弓矢以殺禽獸，盖奉祭祀之物，當親殺也。獵竟則命典祀之官，取獵地所獲之獸，祭於郊，以報四方之神。禽者獸之通名也。

《元典章·兵部》卷二《軍器》　【打捕戶許把弓箭】至元六年十二月，

中書省欽奉聖旨，隨路打捕御饍野物，除正打捕戶執把弓箭外，其餘人等並行禁斷，欽此。【開元路打捕不禁弓箭】至元七年六月，尚書省準中書省咨據右三部呈準，開元等路宣，撫司關開，元路申中統三年，欽奉聖旨，禁斷弓箭。此時有抄海口傳聖旨，遼東女直打捕戶弓箭休禁者，欽此。今奉劄付準部關奉省劄奏準聖旨，禁斷軍器，事理卻緣照得本路所轄俱，係諸王投下女直打捕人戶，每年春種些小油麻，並無營運。從秋至冬執把弓箭打捕水獺、貂鼠、青鼠等皮貨，如逢虎、豹射捕得到皮貨，折納包銀布疋。如無器械野獸定傷人命，若將弓箭禁斷，百姓別無出産，乞照依抄海口傳聖旨施行事。都省參詳開元路人戶，別無出産為藉，打捕到皮貨，折納差發，難同別路一體禁斷弓箭。咨請行下本路黑依抄海口傳奉聖旨事意施行。

明 董斯張《廣博物志》卷四四《鳥獸一》 庭氏掌射國中之夭鳥。若不見其鳥獸，則以救日之弓與救月之矢夜射之；若神也，則以太陰之弓與枉矢射之。射鳥氏：掌射鳥。祭祀，以弓矢敺烏鳶；凡賓客、會同、軍旅，亦如之。射則取矢，矢在侯高，則以并夾取之。

清 沈家本《大清現行新律例・案語人命・戲殺誤殺過失殺傷人》 凡民人於深山曠野捕獵，施放鎗箭，打射禽獸，不期殺人者。比照捕戶於深山曠野安置窩弓，不立望竿，因而傷人致死。律，杖一百，徒三年。若向城市及有人居止宅舍施放鎗箭，打射禽獸，不期殺傷人者，仍依弓箭殺傷人本律科斷。各追埋葬銀一十兩給與死者之家。

清 應祖錫《佐治芻言・第十五章・第一七〇節》 禽獸尚有産業，則人類可知矣。故未經教化之野人，無不共明此理。如美國土人能製造弓箭，以爲本人産業。若所造弓箭人人皆可取用，不能專歸己，用則必不肯出力。用法製造精良之器求利益，以漸臻文教矣。土人常用弓箭射殺野獸，所得獸肉亦歸一人自用。其獸皮則可爲衣，凡産業既可作爲己用，又可傳與別人。如所有弓箭皆可傳與子姪及親戚等，或與人調換別種産業。故新地土人，嘗有以獸皮與商人易呢布、珠子等物者。

清 鄭虎文《吞松閣集》卷一五《得鹿圖》 草枯風勁百獸肥，輕弓快箭短後衣。五花驕馬黃金鞿，翻身上馬四蹄疾。風生耳後火鼻出，霹靂應手飛走逸。健兒三五頭虎毛，盧鵲四縱鷹解絛，陵巒越岡追亡逃。草間狐免不足肉，犄而角之縶其足。生得南山雪花鹿，歸來作脯升圓方。煉丹池某居第有白玉蟾煉丹池菊花才黃，萊衣跪進千年觴。

箭

題解

唐 白居易《白氏六帖事類集》卷八 拔虎箭：石虎趫捷絶倫，獵圍中見猛獸被數箭，諸將知其勇，戲令拔箭，石虎急往拔箭獸跳，虎亦跳，高於獸，獸伏，又拔得一箭而歸。

唐 白居易《白氏六帖事類集》卷一五 拔獸箭：晉恒石虔，材幹趫捷，從父在荆州獵圍，猛獸被箭而伏，諸將戲令拔箭，因而前拔得一箭，獸跳，虔亦跳，高於獸。獸伏，復拔一箭，從伯父温入關，叔父沖爲符健圍垂没之次虔躍馬赴之拔沖於二萬人中。

傳記

北朝齊 魏收《魏書》卷一〇〇《勿吉》 善射獵，弓長三尺，箭長尺二寸，以石為鏃，其父母春夏死，立埋之，冢上作屋，不令雨濕，若秋冬，以其屍捕貂，貂食其肉，多得之，常七八月造毒藥傅箭鏃，射禽獸中者便死，煮藥毒氣，亦能殺人。

藝文

明 澹圃主人《大唐秦王詞話》卷一第三回《洛陽城世充被圍北邙山秦王受誘》 秦王說：『這白鹿作怪，怎麽在我馬前盤踅起止，宛如拜舞一般？』馬三保說：『殿下在此，白鹿特來朝賀！』秦王說：『不然，這業畜有些蹊蹺。』便向飛魚袋内拈弓，走獸壺中取箭，一箭射去，正中白鹿左腿。那鹿帶着箭，望西路裡响一聲，擸將去了。秦王喝一聲：『衆總管剖路，待我趕毛團取箭去來！』

白鹿帶箭西北去，秦王拍馬緊隨跟。

鹿似張帆船下水，王如風送嶺頭雲。
追如渤海龍掀浪，趕似長空星墜塵。
瑤天皎月隨皇帝，遍地明星引聖人。
加鞭縱馬多時節，見座神堂古廟門。

前走的是白鹿，後趕的是秦王。緊趕緊走，慢趕慢行，趕到前面，不見了白鹿，只見一座神堂古廟，廟側邊粉壁蕭墻，上面畫着一個白鹿，左腿上有一枝金鑣箭。秦王趕馬上前取箭，箭上帶出一個紙帖，寫着四句謠言：

箭是金鑣箭，鹿是鹿中王。
秦王閒採獵，午後有災殃！

雜録

《通典》卷一四九 校獵，一人守圍地三尺，量人多少，以左右兩將，為交頭，其次左右將，各主士伍為行列，皆以金鼓旗為節制。其初起圍張翼，隨山林地勢無遠近部分。其合圍地，虞候先擇定訖，以善弧矢者為圍中騎。其步卒槍幡守圍，有漏獸，坐守圍吏。大獸公之，小獸私之，以觀進止，斯亦教戰一端也。趙國公王琚《教射經》上篇曰：凡射必中席而坐，一膝正當垜，一膝横順席，執弓必中，在把之中。且欲當其弦心也。以弓當左膝前竪按席，稍吐下弰向前，微令上傾向右。然後取箭，覆其手微拳，令指第二節齊平，以三指捻箭三分之一，加於弓亦三分之一，以左手頭指受之，則轉弓，令弦稍離身就箭，即以右手尋箭羽。下至闊，以頭指第二指節當闊約弦，徐徐送之，令衆差池如鳳翮，使當於心，又令當闊羽向上，弓弦既離身，即易見箭之高下。取其平直，然後擡弓離席，目睨其的，按手頤下引之令滿，其持弓手與控指及右臂肘平如水準，令其肘可措杯水，故曰端身如幹，直臂如枝，直臂者，非初直也。架弦畢，便引之，比及滿，使臂直是也，引弓不得急，急則失威儀，而不主皮。不得緩，緩則力難為，而箭去遲。唯善者能之，箭與弓把齊為滿，地平之中為盈，貫信美而術難成，要令大指知鏃至然後發箭，故曰鏃不上指，必無中矢，指不知鏃，同於無目。試之至也，或以目視鏃馬上與暗中則乖，此為無術矣，故矢在弓右，視在弓左，箭發則靡其弰，厭其肘，仰其腕，目以注之，手以駐之，心以趣之，其不中何為也？下篇曰：矢量其弓，弓量其力，無動容，無作色，和其支體，調其氣息，一其心志，謂之楷式。知此五者為上德，故曰：莫患弓軟，服當自遠，莫患力羸，恆當引之。但力勝其弓，則容貌和，發無不中，故始學者，先學持滿，須能制其弓，定其體，後乃射之。然其的必始於一丈，百發百中，寸以加之，漸至於百步，亦百發百中，乃為之術成，或升其的於高山，或致其的於深谷，或曳之，或擲之，使其的縱横前卻，所以射禽獸與敵也。凡弓惡右傾，箭惡其糯，頤惡傍引，頸惡卻垂，胸惡前亞，背惡後偃，皆射之骨髓疾也。故身前竦為猛武方騰，頷前臨為封兕欲鬬，出弓弰為懷中吐月，平箭闊為弦上縣衡，此皆有威容之稱也。

（寶祐）《重修琴川志》卷一四《救虎閣》朱梁高僧彥偁，嘗一夜有虎中箭，投伏，寺閣偁閔之下，拔箭，其虎䑛血，顧偁而去，閣基在三門之東偏 三昧遊深慈，結宇依蒼崖。猛虎伏巍閣，拔箭非忘骸。窮獸雖覆車，危雀猶投懷。况我見已忘，而彼猶其儕。

陷阱

題解

清 張英《淵鑒類函》卷三五八《陷阱》 原驅納 杜斂禮人皆曰予智，驅而納諸罟擭陷阱之中，而莫之知避也。書杜乃擭斂，乃阱注塞之。在檻 出柙史虎豹在囊檻，《論語》：虎兕出於柙，柙，檻也。春為 秋塞《周禮·雍氏》：掌凡害于國稼者，春令為阱擭，秋塞阱杜擭。注：害稼謂禽獸也，擭謂柞樗也，設于阱中，秋塞之為其傷人也。靈鼓歐 明幟幖又曰：《冥氏》掌為阱擭，以攻猛獸。以靈鼓驅之。注：靈鼓，六面鼓也。歐使趨阱擭也。律云：于深山作陷阱者，須明立幖幟，恐陷人也。猛獸求食猛獸在于陷阱，則摇尾而求食。鷙獸禁暴 擭獸利人 除害犯暴 增射窩 塞阱孔帖唐開元，令諸有猛獸之處，聽作檻穽射窩等。又曰：唐顧少連補登封主簿，邑有虎，民患之，少連命塞陷阱，移文嶽神，虎不為害。自投 誘入孔帖李翰五等論，大臣側目相視，自投機阱，又曰：《唐文粹》劉秩私錢議今塞其路，是設陷阱而誘之入也。百里若拘二州去暴孔帖唐吳武陵，信州人，吳少陽子元濟，叛武陵，遺以書曰：數百里之内，拘若檻阱，常疑死于左右手，低回姑息，不可謂明。又曰：唐李紳遷滁、壽二州刺史，霍山多虎，擷茶者病之治，機阱民誤蹈之射，發不能止。紳至，則盡去之，虎不為。

暴翳蓄以草　扼害操機明劉基曰：句章之野，人翳其蓄，以草聞喈喈之聲，發之而得雉。又曰：盜犨以如芒之鈎，係八尺之絲鈎，牛舌而牽之宵，奔而牛隨之行。郁離子曰：中其肯扼，其害操其機而運，蔑不從矣。

藝文

明　顧璘《顧璘詩文全集・息園存稿詩》卷二《獨漉篇》　獨漉獨漉，水多泥滑，泥滑道阻，傷我車轂。持膏作燭，將以照夜，虛花掩光，不逮檠下。猛虎在山，百獸畏威，陷穽三日，垂首訴饑。鐵生礦中，入冶為器，劍負威神，錘則委地。男兒生身，萬事綱紀，突梯無施，不如女子。

清　先著《之溪老生集》卷八《雜詩八十二首用阮公咏懷韻其二十五》　飛鳥在林木，豈知弓繳傷。走獸在原野，陷阱臨其旁。玄冬大合圍，獵火焚枯桑。順時乃舉殺，天道隕嚴霜。物生必有患，壽命焉得長。

雜録

漢　鄭玄《禮記疏》卷五二《中庸第三十一》　子曰：人皆曰予知驅而納諸罟擭陷阱之中，而莫之知辟也。人皆曰：予知擇乎，中庸而不能期月守也。予我也言凡人自謂有知，人使之入罟，不知辟也。自謂擇中庸而爲之，亦不能久行。言其實愚又無恒。罟，音古，罔之揔名。擭，胡化反。《尚書傳》云：捕獸機檻，陷，陷沒之陷。阱，才性反，本或作穽，同阱，穿地陷獸也。《說文》云：穽或爲阱字也。辟，音避，注知辟、辟害，皆同，期，音基。［疏］子曰：至守也。《正義》曰：此一經明無知之人行中庸之事。予，我也。世之愚人，皆自謂言我有知。驅而納諸罟擭陷阱之中，而莫之知辟也者，此謂無知之人設譬也。罟，網也。擭，謂柞㮆也。陷阱，謂坑也。穿地爲坎，豎鋒刃於中以陷獸也。言禽獸被人所驅，納於罟網、擭陷阱之中，而不知避辟，似無知之人爲嗜欲所驅，罪禍之中而不知辟，即下文是也。擇乎中庸，而不能期月守也者。鄭云：自謂擇中庸而爲之，亦不能久行，言其實愚又無恒也。小人自謂選擇中庸，而心行亦非中庸。假令偶有中庸，亦不能期匝一月而守之，如入陷阱也。

唐　白居易《白氏六帖事類集》卷二五《陷穽第三》　周禮曰：寘人為穽擭，以攻猛獸，以靈鼓歐之。靈鼓，大面鼓也。歐使趨穽擭也。又曰：凡害於國稼者，春令為穽擭，秋塞穽杜擭。害稼為禽獸也，擭為柞㮆也，設於穽中，秋塞之謂其傷人也。書曰：杜乃擭斂乃阱。塞之《禮》曰：人皆曰予智，驅而納諸罟，擭陷阱之中，而莫之知避也其此類之謂乎。虎兕出於柙，柙檻也猛獸在於陷穽，則搖尾而求食擭獸利人　除害犯暴　摽幟律云於深山作陷穽者，須明立摽幟，恐陷人也。

鷙獸禁暴伏猛

宋　衛湜《禮記集說》卷一二五　子曰：人皆曰：予知驅而納諸罟，擭陷阱之中，而莫之知辟也。人皆曰予知擇乎中庸，而不能期月守也。

鄭氏曰：予我也，言凡人自謂有知，人使之入罟，不知辟也。自謂擇乎中庸而為之，亦不能久行，言其實愚又無恒。

孔氏曰：此一經明無知之人罟網也，擭，謂柞㮆也，陷阱，謂坑也。穿地為坎，豎鋒刃於中以陷獸也。言禽獸被人所驅納於罟，擭陷阱之中，而不知違辟似無知之人為嗜欲所驅，入罪禍之中，而不知辟也。

建安游氏曰：定內外之分，辯榮辱之境，見善如不及，見不善如探湯。則君子所謂知也，今也乘時射利，而甘心於物役，以自投於苟賤不廉之地，是猶納之罟，擭陷阱之中，而不知避也。此於榮辱之境昧矣。其能如探湯乎，擇乎中庸則知及之矣。而不能以期月守，則勢利得以奪之也。此於內外之分易矣，其能如不及乎？若是者，彼自謂知，而愚孰甚焉。故繼舜言之，以明其非知也。

延平楊氏曰：用知必至於陷險，是自驅而納諸罟擭陷阱之中也。射利而甘心於物役以自投於苟賤不廉之地，是猶納之罟擭陷阱之中而不知辟也。不能以期月守，則勢利得以奪之也。擇乎中庸而不能期月守，非所謂知而不去者，則其為知也，乃所以為愚者之不及也。

新安朱氏曰：此第七章。承上章《大知》而言，又舉不明之端，以起下章也。擭，機檻也。罟擭陷阱，皆所以揜取禽獸者。擇乎中庸，辨別衆理，以求所謂中庸，即上章好問、用中之事也。期月，匝一月也。言知禍而不知避，以況能擇而不能守，皆不得為知也。

臨川王氏曰：孔子歎人既以知稱，反不能辟羅網陷阱之患，是豈足為知哉？君子之知則不然，守乎中庸之道，能周旋委曲、俯順天下之情，時剛則剛，時柔則柔，可行則行，可止則止，素患難行乎患難，素夷狄行乎夷狄，故禍不能及也。宋桓魋欲害孔子，而孔子曰：『天生德於予』，唯有德者能受正命，則死生豈患之乎？又厄於陳蔡，而弦歌不衰，此見其窮而不困，憂而不畏，知禍福之終始而不惑者也。蓋能守中庸，所以然也。

長樂劉氏曰：擇於中庸，以為至德，力將行之，而弗措也。踴躍以為得，憤發以自强，若將終其身然。及夫美色悦於前，美音悦於後，重利搖其心，膴仕奪其志，情動於中，守失於外，諂邪諛佞，阿黨狠愎，凡可利其身、快其欲者，無所不至，心知中庸之美，行反中庸之道，莫能期月守其素志也。始則擇之，謂之不知，不可也；終莫能守，謂之知也，可乎？夫知也者，性之所自有也，厚於前而薄於後，非性也。物至無窮，欲侈乎內，以蝕其厚，則其自有者，不得不薄矣。

馬氏曰：所惡於知者，為其鑿也。舜用中於民，而順其性命之理，所以為知之大也。所貴於知者，以其見險能辟，見善能守也。驅而納諸罟擭陷阱之中者，害之所易見。中庸者，善之所易明，害之所易見者，而莫之知。人於其善之所易明者，擇之不能期月守，其可謂知乎？然而擇乎中庸者，擇之在己，納諸罟擭陷阱之中者，驅之在人，其在己者不能擇乎中，則有制於彼而為人役也。

海陵胡氏曰：人至於殺身辱親，如魚獸然，為人驅而納諸罟擭陷阱之中而不知避，如此又烏得為知？

延平黄氏曰：莫之知辟者，不知罟擭之為害也。不能期月者，不知中庸之為善也。不知其為善，則不知其為害。故不知辟與不知守者，皆非有智者。

兼山郭氏曰：道之不明，則天下之人，蔽於所利，而昧於至理。是非汩亂，吉凶混殽，率趨於危亡之途。日以泯泯，醉生夢死，曾不自悟，惡覩孔子之所謂中庸者乎。子曰：『吾見蹈水火而死，未見蹈仁而死者。』此之謂也。

東萊吕氏曰：不能擇乎中庸而守之，便是納諸罟擭陷阱之中而莫知辟也。蓋不入此，必入彼也。且如行道，若知此是坦塗，決然自此行去，若稍有坎軻崎嶇處，必不肯行。況明知罟擭陷阱之害乎！所以莫知辟者，只是見之未明耳，若見之果明，不待勸勉而自行坦塗矣。聖賢只是從安穩處行而已。

范陽張氏曰：人皆用知於銓品是非，而不知用知於戒謹恐懼；人皆用知於機巧術數，而不知用知於喜怒哀樂未發已發之間。惟其不留意於戒謹恐懼，故雖驅而納諸罟擭陷阱、嗜欲貪鄙之中，而不自知；惟其不留意於喜怒哀樂未發已發之間，故雖中庸之理暫見，而不能期月守也。此篇直指學者用知處，故舉舜顔之事以發明之。

晏氏曰：罟擭陷阱，人之所以獲禽獸者也。知其設險而莫知辟，其異於禽獸者幾希。雖知擇中庸，而不能守者，其見善雖明，惜乎用心不剛爾。

高要譚氏曰：夫利欲之害，能危人，能敗人，能滅人，雖罟擭陷阱之害，何以過此。而無知之人，貪得競取，奔趨而不止，此無異於自投罟擭陷阱之中而不知辟也。於是人欲日肆，天理日消，為惡之心愈深，而為善之心愈薄。往往得一善而忽亡之，其能期月守乎？是人也，雖自言予知，然實非真知也，使其果真知也？夫豈不知罟擭陷阱之不可入而反趨之，又豈不知中庸之不可失而反捨之歟？

霅川倪氏曰：以罟擭陷阱言，欲其避害也；以擇中庸而守言，欲其趨善也。是以其兩者而對言之。

錢塘于氏曰：由舜之大知而觀，天下之自言知，不能資人之善以處己，而日墮於不善之域，不能推一己之善以與人，反喪其所守，豈不為中庸之罪人乎？

蔡氏曰：知，即智也。守，即仁也。言智結上，言仁起下。

仁壽李氏曰：此因上章之大知而言，衆人之不知也。納諸罟擭陷阱之中，而莫之知辟，是謂不知擇乎中庸而不能守，可謂知乎？中庸之擇，何也？辨析衆理而取其中之謂也。

聖人雖不可以擇言，然如上章所云問之、察之、隱之、揚之，執其兩端而取之，是亦擇之之事也。由學者言，則博學之、審問之、慎思之、明辨之，皆所以擇乎中庸也。雖然，中不可不擇，又不可不守。擇而不守，終非己物。既能擇之，又能守之，然後可以言知。夫子嘗因仁以言知矣：『擇不處仁，焉得知。』擇而不處，謂之知不可也。孟子嘗因仁義以言知矣，曰：『知之實，知斯二者，弗去是也。』知而去之，謂之知不可也。夫子之所謂處，孟子之所謂弗去，《中庸》之所謂守，其義一也。

明 王穉登《虎苑》卷下《旁喻第十三》 司馬遷曰：『猛虎在山，百獸震恐，及在陷穽，搖尾而求食，積威約之漸也。』

明 楊慎《丹鉛總録》卷八《物用類・罟擭陷穽》 罟擭，以罟為擭而掛之，陷穽，為穽如井以陷，罟擭以扃羂禽獸，今之扣網也，陷穽以陷墜禽獸，今之賺坑也。

清 常增《四書緯》卷二《中庸・罟擭陷阱》 鄭注統云：入罟擭陷阱，

未詳釋也。《釋文》曰：罟，網之總名。擭，胡化反。《尚書傳》云：捕獸機檻，陷陷没之陷阱，或作穽穿地陷獸也。《正義》曰：罟，網也。擭，謂柞樗也。陷阱，謂坑也。穿地爲坑，豎鋒刄於中，以陷獸也。章句注：罟，陷阱，从疏爲訓，坑，加坎義以足之而訓。擭則舍孔从陸者，蓋以柞樗之文，人又解釋機檻之文人所易曉也。又書費誓蔡傳云：擭，機檻也。本《孔安國傳》：擭，捕獸機，檻，故以機檻，爲訓。按《周禮・雍氏》注：壂地阱淺，則設柞樗於其中。賈［疏］云：或以爲豎柞於中，向上鄂鄂然，所以載禽獸，使足不至地，不得躍而出也。升庵以擭爲扣，網固非近人本疏說分疏四者謂罟張網以捕之，擭設柞，以獲之。陷深坎以没之阱，穿地以襲之，亦未確疏，合陷阱，並謂之坑。兹以深坎以没之，爲陷穿地以襲之，爲阱究嫌，無別擭與阱。孔穎達嘗於費誓疏，分別言之，謂擭以捕虎豹，穿地爲深坑，又設機於上防，其躍而出也。穽以捕小獸，穿地爲深坑，入必不能出，其上不設機也。穽以穿地爲名，擭以得獸爲名，擭亦設於穽中。但不設機爲異耳，而陷與阱，此疏以連文釋之窃，疑罟爲網，擭爲柞樗。與穽有設機不設機之別，則三者各異，不應混。陷阱爲一，然以深坎穿地爲陷阱之別，又何别也？詳考疏說：既云陷阱坑也，又云穿地爲坑，豎鋒及於中，以陷獸也。是明以豎鋒刃者，爲陷矣。蓋阱固其所謂不設機者也，意者罟爲張網，罟使離羅而不能逃也。擭爲設柞樗，使遭刺而不能去也。陷為豎鋒刃，使蹈刃而不能生也。阱爲不設機，使墮坑而不能出也。蓋罟擭阱皆可生而捕之，陷則斃而擭之也。詳乎此，則知陸以陷爲陷，没蓋入陷則爲死獸。故云：没也，與夫安國所解費誓『擭阱』二字，以獲爲機檻，正對阱之，不設機者言。又此句驅字，鄭云人使之八罟，則爲人驅。孔云無知之人爲嗜慾，所驅則驅爲自驅，从疏說爲長。

清 傅維鱗《明書》卷六五《職官志一》 凡獵，政以時冬春之交罝，罛不施山澤春夏之交，毒藥不施原野苗盛，禁蹂蹴穀，登禁焚燎，若害田稼，獸聽爲陷穽，獲之賞有差。凡禽獸水課，禽十八，獸十二，陸課獸十八，禽十二。

清 杭世駿《續禮記集説》卷八六《中庸》 子曰：人皆曰予知驅而納諸罟，擭陷阱之中，而莫之知辟也。人皆曰予知擇乎中庸，而不能期月守也。

孔氏潁達曰：此明無知之人，行中庸之事，予我也。世之愚人，皆自謂言我有知驅而納諸罟，擭陷阱之中，而莫之知辟也者。此為無知之人設譬也。罟，網也，擭，謂柞樗也。陷阱，謂坑也。穿地為坑，豎鋒刃于中，以陷獸也。言禽獸被人所驅納于罟擭陷阱之中，而不知違辟似無知之人，為嗜欲。所驅罪陷之中，而不知辟，即下文是也。擇乎中庸，而不能期月守也者。鄭云自謂，擇中庸而為之，亦不能久行，言其實愚又無恆也。小人自謂選擇中庸，而心行，亦非中庸，假令偶有中庸，亦不能期帀一月，而守之如入陷阱也。

毛氏奇齡曰：言凡人能擇中庸不能守中庸。又曰：期月不是帀一月，期是復時之名。故《論語》期月，解作周一歲之月，言自子月復至子月也。若一月，則何復時之，有此期是一日，尚書期三百有六旬，有六日是一歲，名期也。《左傳》叔孫旦而立期焉。是旦復至旦，故一日，亦名期也。期月或一日，或一月，猶《論語》日月至焉耳。

毛氏遠宗曰：予知非不知者，故能擇中庸，何以罟擭陷阱全不知辟，不知此予知中，亦有知得禍福之意，其所不知者，獨辟耳。故曰：知禍不知辟。

章氏大來曰：罟擭二物，罟，網也。《尚書傳》謂擭，是捕獸機械陷阱，是一物。《周禮》注：穿地為阱，以禦獸超踰，則陷故謂之陷阱。

清 王引之《經義述聞・第一・舊井无禽》 初六，井泥不食，舊井无禽。王弼曰：久井不見渫治，禽所不嚮，而況人乎？干寶曰：舊井亦皆清潔，无水禽之穢。崔憬曰：久廢之井，不獲以其時。舍故曰：舊井无禽，禽，古擒字，擒猶獲也。二説見《集解》引之謹案：易爻，凡言田有禽田，无禽失前，禽皆指獸，言之此禽字，不當有異。井，當讀爲阱，阱字，以井為聲。説文阱大陷也從阜，井，井亦聲。故阱通作井，與井泥不食之井不同。井泥不食一義也。舊阱无禽，又一義也。阱、與井相似，故因井而類言之耳。柴誓杜乃擭敜乃穽。與阱同鄭注曰：山林之田，春始穿地為穽，或投擭其中，以遮獸。見正義秋官雝氏春令為阱，擭溝瀆之利於民者，秋令塞阱，杜擭。鄭注曰：阱，穿地為塹，所以禦禽獸，其或超踰則陷焉。世謂之陷阱。又冥氏為阱，擭以攻猛獸，以靈鼓敺之，注曰敺之。使驚趨阱，擭魯語鳥獸。成於是乎，設穽鄂以實廟，庖韋注曰：穽，陷也。鄂，柞格。所以誤獸也。謂立夏鳥獻已成設取獸之物。《廣雅》說：曰不入陷穽，不羅罘罔，則他獸固入陷穽矣。是阱，所以陷獸也。舊阱，湮廢之阱也，阱久則淤淺不足以陷獸，故无禽也。所以无禽，由於阱不可用，故曰舊阱无禽時舍也。卦體上《坎》下《巽》，《坎》為陷，《巽》為入，故有禽獸陷入於阱之象。

網

題解

唐 釋慧琳《一切經音義》卷九二《續高僧傳第九卷》 罝罘，上借斜反。《毛詩》傳云：罝，謂免罟也。郭註《爾雅》云：罝，猶遮也。古今正字兔，网也，從网且聲下，附謀反。鄭註《禮記》云獸罟，日罘也。《說文》從网，不聲，傳文作厚非也。

宋 馮椅《厚齋易學》卷四五《易外傳第十三》 作結繩而為罔，罟以佃以漁蓋取諸離。

罔亦网，今網賛系文從网，從亡古罡籀回，則知亡亦偏旁也。罟亦從网，從古取獸曰：罔，取魚曰：罟或曰：罔。目謂罟結繩謂之網，兩目相承而物麗焉佃，今畋古田漁古魚，捕鳥獸魚鼈之名以用也。取諸離凡諸卦之所以，取有二義有象，有理離謂麗也。謂鳥獸魚鼈麗於罔，罟也。象謂虛中罔罟之目，虛也是。時生民未知飲食之道，而鳥獸魚鼈未知避忌，與人雜處，傷害人民稼穡。故包犧氏觀象於離，作為罔罟以佃，漁鳥獸魚鼈亨飪而食，然後人物之辨，始立此說。石毛二君子得之，胡翼之曰：聖人作事立器，自然符合卦象，非必擬此卦，然後成之。

宋 高承《事物紀原》卷九《農業陶漁部第四十五》 網，《古史》考曰：伏犧氏觀蒙而始作網，《世本》曰：句芒作。《易》繫辭曰：包犧結繩為網罟。《抱朴子》曰：太昊師蜘蛛而結網，網魚，罟也。孟詵錦帶前書宓犧，始為網罟。高氏《小史》曰：太昊作網罟，以取禽獸。

清 邵晋涵《爾雅正義》卷七《釋器第六》 鳥罟謂之羅【註】謂羅絡之兔，罟謂之罝。【註】罝，猶遮也。見《詩》麞罟，謂之罦。【註】冒其頭也。罟謂之䍣。【註】䍣，幕也。魚罟，謂之罛。【註】最大罟也，今江東云䍦謂之罿，罿罬也罬謂之罦，罦，覆車也。【註】今之翻車也，有兩轅中施罥以捕鳥，展轉相解廣異語。【正義】此釋羅網之異名也。鳥罟，謂之羅。王風云雉離于羅，疏引李巡云鳥飛張網以羅之。鄭註月令云：鳥罟曰羅網。高誘《季春紀》註：云羅鳥，網也。《詩》云鴛鴦在梁，畢之羅之。《說文》云羅以絲罟鳥也。古者芒氏初作羅，兔罟謂之罝，《太平御覽》引舍人云兔，自作徑路張罝捕之也。詩疏引李巡註與舍人同鄭註月令云：獸罟曰罝罘。說文云罝兔，罔也。《莊子外物篇》：蹄者所以在兔。《釋文》云：蹄，兔罥也。又云兔弶也。係其脚故曰蹄也。麞罟謂之罦，麞爲鹿之屬，捕鹿者或執其角，或掎其足，其用罔者，謂之罦。𣅿罟謂之䍣。《太平御覽》引舍人云：𣅿剛惡齕人故張網以羅之也，䍣本或作罠。《說文》云：罠，釣也。《孟子》云：又從而招之。趙岐註招，罥也。孫奭《音義》云：罥，謂羂其足也，是則說文以罠爲釣，亦言維繫之也，魚罟謂之罛，上文已釋魚罟之異名，此又言其大者，爲罛也。《說文》云：罛，魚罟也。衛風碩人云：施罛濊濊疏。引李巡云：魚罟，捕魚具也。《魯語》云：水虞於是乎講罛罶。《說文》引作溝罛，罶䍦謂至車也，罿者，王風兔爰云雉離于罿。釋文引韓詩云：施羅于車上曰罿。罦者《說文》云：罬，覆車也。《詩》曰：雉離于罬。罬，或作罦。《說文》又云：罬，捕鳥覆車也。罬或作輟。䍦謂之罿，罿謂之罬，罬謂之罦，捕鳥覆車也。《左傳疏》引孫炎云：覆車是兩轅網。《詩疏》引孫炎云：覆，車網，可以掩兔者也。一物五名，方言異也。【註】謂羅絡之。【正義】謂以網，維絡之若今人用小網張，機以掩鳥也。《說文》云罹覆鳥令不飛走也。讀若到是其類也，罝猶至見詩。【正義】《衆經音義》引郭註云：罝，遮也。遮取，兔也。與今本異云，見《詩》者《周南》云：肅肅兔罝是也。《說文》以罘爲兔罟，最大至東云。【正義】《詩》釋文引馬融云：大魚網目，大豁也。鱣鮪，發發魚著網尾，發發然是罛爲大網也。今南方以沉網為下，罛也。今之至異語。【正義】兩轅可以網鳥，非但網鳥亦可網獸。《廣雅》云：網，謂之罟。罘，兔罟也。是獸罟曰罝罘，罘與罦一也。

清 王念孫《廣雅疏證》卷七下《釋器》 罔，謂之罟。此罔魚及鳥獸之通名，繫辭傳云：作結繩而爲罔罟，以佃以漁是也。罔，《說文》作网，又作網。

罽罾魚罔也。此專謂魚罔也，各本罽下衍罟罽二字。罔上又脫魚字，《莊子胠篋釋文》引《廣雅》罾，魚罔也。《太平御覽》引《廣雅》罽，罾魚罔也。今據以訂正《說文》罽，魚网也。罾，魚网也。《楚辭九歌》罾何爲兮木上。王逸注與《說文》同。《莊子胠篋篇》云：鉤餌網罟罾笱之知多，則魚亂於水矣。《太平御覽》引《風土記》云：罾，樹四木而張網於水車輓之上下。形如蜘蛛之網，方而不圓。

罼罕図旍率也。案《爾雅》於釋諸羅罔之後，卽云絇，謂之救。律謂之分二者，蓋亦羅罔之屬，絇蓋卽下文軥，謂之輗律，卽此率字也。《說文》率捕鳥畢也。象絲网，上下其竿，柄也。率與律，古同聲。《說文》紛，馬尾韜也。《釋名》云紛，放也。防其放弛，以拘之也。紛與分義相近。郭注云律管可以分氣則義近於鑿，且於文不類矣。《說文》畢，田网也。《小雅大東篇》有捄天畢傳云：畢，所以掩兔。月令罝罘，羅網畢翳。鄭注云：小而柄長謂之畢。《呂氏春秋》畢翳，作罼弋。《太平御覽》引蔡邕《月令》章句云：掩飛禽曰畢，齊語，田狩畢弋韋昭注云：畢掩，雉兔之網也。《說文》罕，罔也。《史記·天官書》云：畢曰罕車，主弋獵。宋玉高唐賦：云弓弩不發，罘罕不傾。揚雄《羽獵賦》云：罕車飛揚，武騎聿皇《説文》図下取物縮藏之，讀若籲。《廣韻》罝女減切。捕魚網也。罨，與図聲義相近。旇，亦図也。玉篇音於業，於儼二切。《廣韻》旇掩翳也。《説文》罨，罕也。徐鍇傳云網從上掩之也，司馬相如《子虛賦》揜翡翠。左思《蜀都賦》作罨字竝與旇，通罨以捕鳥亦以捕魚，《太平御覽》引《風土記》云罨如罶而小斂口從水，上掩而取之也。

罝罘，兔罟也罠。《説文》罝兔，罟也。罝曹憲音互玉篇《廣韻》竝同各本。罝譌作罘，音內，互字又譌作牙。《集韻・類篇》罘，牛加切。兔，罔也。則宋時《廣雅》本已誤考《説文》玉篇《廣韻》皆作罝，不作罘。今據以訂正，玉篇网部末有罘字。音牙，兔，罔也。乃宋人依誤本廣雅增入者，不可引以爲據。劉攽《中山詩話》云：唐人書互爲彑，彑似牙字。因譌爲牙，凡經史諸子中互字多譌作牙，從互之字亦然。顧氏音學五書辨之詳矣罘之言覆也。《説文》罦，覆車网也。引王風兔爰篇雉離于罦。或作罬又云罘兎罟也。《爾雅》罬謂之罦，罦覆車也。孫炎注云覆車網，可以掩兔者也。郭璞注云：今之翻車也，有兩轅中施罥，以捕鳥月令，罝罘羅網畢翳。鄭注：云獸罟曰罝，罘高誘。《淮南子》注云：罘，麋鹿罟也。《莊子胠篋篇》削格羅落，罝罘之知多則獸亂於澤矣。《釋文》罘本又作罦，罦罬罘竝同罘各本譌作罘，惟影宋本，皇甫本不譌。《爾雅》彘罟，謂之羉。郭注云羉，幕也。釋文羉，力端反。又莫潘反，本或作罠，亾巾反。案罠，亦幕也。羉罠幕一聲之轉，左思《吳都賦》罠蹏連綱劉逵注云：罠，麋網也。張協七命布飛羉張脩罠。李善注引《廣雅》罠，兔罟也。今本脫罠字，《集韻》引《廣雅》罠免彘罟也，彘字因與《爾雅》相涉而衍。

其罥，謂之欕。罥之言，綰也，挂也。《説文》罥，网也。一曰綰也。玉篇罥，挂也。或作羂，周官冥氏掌設弧張。鄭注云：弧張罿罦之屬，所以扃絹禽獸。《文選》上林賦羂騕褭李善注：引聲類，云羂係取也。《史記・司馬相如傳》作罥。《呂氏春秋・上農篇》云：繯網罝罦不敢出於門。太元翕次八揮其罦，絕其羂。《釋文》云：羂，挂也。網，引獸也。竝字異而義同。欕之言羅也。《漢書司馬相如傳》注云：羂謂羅繫之也。《初學記》云：欕者，以綸為之見環濟要略。案今本其罥，謂之欕，在免罟也，之下則是免罟之，罥謂之欕也。考諸書言罥欕者，皆所以係取鳥獸，不專施於免罟。且此句與下句輣謂之輗文，同一例。則罥上不當有其字明矣。《太平御覽》引《廣雅》其罥謂之欕，《集韻・類篇》欕字，訛作螯。云：免，罥也。則安初廣雅本已誤，然考《初學記》云：欕者以綸爲之。《廣雅》曰：罥謂之欕，則唐時廣雅本尚不誤也。又案《説文》罬，网也。《玉篇》罬，音侮，雉罔也。罺音某，罔也。《廣韻》罬音侮，又音楳，雉，罔也。《集韻》罺音某，罔也。或作罬。玉篇廣韻集韻之訓多本廣雅，疑今本其罥謂之欕，上脫去罬，雉，罟也。四字其字乃某字之譌某字卽罬字之音，既譌為其字，又誤入正文也。但諸書未引《廣雅》，不敢以意增損耳。

清 張英《淵鑒類函》卷三五八《網罟》　原伏羲作　成湯祝《易》云：伏羲作網罟，詳田獵。《史記》湯出見野，張網四面，曰：『上下四方，皆入吾網。』湯曰：『嘻，盡之矣！』乃去三面，祝之曰：『欲左者左，欲右者右，不用命者，入吾網。』諸侯聞之曰：『湯德及禽獸矣。』　獸人掌　羅氏作《周禮》獸人掌罟，又云羅氏掌羅鳥，蜡則作羅襦。　設弧張　施繒繳又云：冥氏掌設弧張。注弧張則罿罦以局罝禽獸也。戚夫人歌：雖有繒繳，将安所施。　鴻則離魚不畏《詩》魚網之設，鴻則離之夫，魚不畏網而畏鵜鶘，以網無情故也。　九罭周陆《詩》美周公也。注魚網，漢以網為周陆。注陆，遮禽獸圍陣。　雁繳　雀羅楚人以弱弓微繳加歸雁之上。翟公廢職門外可設雀羅。　畢翳　罝罘《月令》季春畋獵，罝罘羅網畢翳餧獸之藥，無出九門。《玉篇》云：罝兔、罝罘、覆車也。　良罟　數罟國語里革斷罟。公曰：良罟也。孟子數罟不入汚池。　鷹化設羅　豺祭布網《禮》鷹化為鳩，然後設罻羅豺獺未祭。罝網不布于梁澤，鷹隼未發，矰弋不施于蹊隧。　鳥亂于上　獸亂于澤《莊子》弓弩畢弋機變多，則鳥亂于上鉤餌網罟矰笱多，則魚亂于水也；又曰：削格羅絡罝罘多，則獸亂于澤也。　忘蹄忘筌莊子　畢之羅之增取禽得魚《唐文粹》元結補樂調網罟，伏其義蓋稱伏義，能易人取禽獸之勞。吾人吉兮，水深深，網罟設兮，水不深。吾人苦兮，山幽幽，網罟設兮，山不幽。宋蘇軾賦十月之望，步自雪堂，將歸于臨皐。二客從予，行歌相荅。客曰：『今者薄暮舉網得魚，巨口細鱗，狀如松江之鱸，于是携酒與魚，游于赤壁之下。』　雲羅布　浪花圓《唐文粹》李白大獵賦曰：雲羅張天網，布元黃庚。觀魚詩曰：鳴榔舟葉聚，撒網浪花圓。　求罝　載網孔帖滕王元嬰為金州刺史，借狗求罝，所過為害，又曰：『巢王元吉，喜鷹狗，出常載網罟三十車。』　網罟歲廣　籠罩無搜又曰：帝遣李乂使江南發在所庫貲以贖生乂上疏，鬻生之徒，惟利是視，錢刀日至，網罟歲廣，明大誥云：小人生事将農民取魚罾網罩籠之類。一概搜拏，今後敢有仍前奪民取採魚蝦具者，許民人拏付有司。　衆網何加　虞羅自合孔帖唐元稹制策施衆網，以加一禽，尚不能得。況張一目以羅萬品，而望其飛者、走者、大者、小者盡出乎其間，其可得乎？又杜甫鷹詩虞羅自合虛施巧。　人多結網　即謂臨河唐人判。　張羅網于門　設罝罘于道韓愈順宗實録貞元末，五坊小兒張捕鳥雀于閭里，皆為暴横以取財物，至有張羅網于門，不許人出入者，或有張井上者，使不得汲水，近之輒曰：汝驚供奉鳥雀痛毆之，出錢物求謝，乃去。孔帖唐張直方好馳獵，往往設罝罘于道。　數罟不禁　罾網如雲明郁離子曰：今夫洿澤之間數罟不禁罾網如雲。

論説

漢 韓嬰《韓詩外傳》卷一〇　齊景公出田，十有七日而不反，晏子乘而往，比至，衣冠不正，景公見而怪之，曰：夫子何遽乎？得無有急乎？晏子對曰：然。有急。國人皆以君爲惡民好禽。臣聞之：魚鼈厭深淵而就乾淺，故得於釣網；禽獸厭深山而下於都澤，故得於田獵。今君出田，十有七日而不反，不亦過乎？景公曰：不然。爲賓客莫應待邪？則行人子牛在；爲宗廟而不血食邪？則祝人太宰在；爲獄不中邪？則大理子幾在；爲國家有餘不足邪？則巫賢在。寡人有四子，猶有四肢也，而得代焉，不可患焉！晏子曰：然。人心有四肢而得代焉。則善矣。令四肢無心十有七日不死乎？景公曰：善哉！言遂援晏子之手。與驂乘而歸。若晏子者，可謂善諫者矣。

漢 劉向《新序》卷二 晉文公出田，逐獸，碭入大澤，迷不知所出，其中有漁者，文公謂曰：我若君也，道安從出，我且厚賜若。漁者曰：臣願有獻。公曰：出澤而受之。於是遂出澤。公令曰：子之所以教寡人者，何等也？願受之。漁者曰：鴻鵠保河海之中，厭而欲移徙之小澤，則必有九繒之憂，黿鼉保深淵，厭而出之淺渚，則必有羅網釣射之憂。今君逐獸，碭入至此。何行之太遠也？文公曰：善哉！謂從者記漁者名。漁者曰：君何以名，爲君其尊天事地，敬社稷，固四國，慈愛萬民，薄賦斂，輕租稅者，臣亦與焉。君不敬社稷，不固四國，外失禮於諸侯，內逆民心，一國流亡，漁者雖得厚賜，不能保也。遂辭不受。曰：君亟歸國；臣亦反吾漁所。

綜述

《太平御覽》卷八三四《網罟 張獸事少，故并見漁部**》**

《廣雅》曰：罻罶魚網謂之罟

《說文》曰：網，庖羲所結繩，以田以漁也。

《周禮・天官上》曰：獸人掌罟田獸辨其名物。罟，網也。以網搏所當田之獸。冬獻狼，夏獻麋，春秋獻獸物。狼膏聚，麋膏散。聚則溫，散則涼，以救時之苦也。獸物，凡獸皆可献也。時田則守罟。備獸觸攫。

《禮記・中庸》曰：子曰：人皆曰予知，驅而納諸罟獲陷阱之中，而莫之知辟也。

《毛詩・國風》曰：九罭之魚鱒魴。興也。九罭緵罟，小魚之網也。魴，大魚也。

《周易》曰：庖犧氏結繩而爲網罟

《尔雅》曰：緵罟謂之九罭，九罭魚網也。今之百囊罟是，亦謂之。罾今江東呼爲緵。

韓詩曰：九罭之魚鱒魴。九罭取鰕芘也。

《史記》曰：泉陽漁人豫且，舉網獲江東神龜。

《漢書》曰：豺獺未祭，罝網不布於壄澤焉。

《魏志》曰：邴原，在遼東十餘年後，乃潛遁還。南行已數日，而公孫度甫覺，度知原之不可復追也。因曰：邴君所謂雲中白鶴，非鶉雉之網可能羅始吾自遣之。勿復求也。

《宋書》曰：孫法宗，常居墓所，山禽野獸，皆悉馴附，每逢鹿觸網，必解放之，備以錢物。

《陳書》曰：張昭，字德明。吳郡，吳人也。幼有孝性，父熯常患消渴嗜鮮魚，昭乃身自結網捕魚以供朝夕。

《南史》曰：陳王固嘗聘魏，宴昆明池。魏人以南人嗜魚，大設罟網，固以佛法呪之，遂一鱗不獲。

《文子》曰：臨河欲魚，不若退而織網。

《老子》曰：天網恢恢，疏而不漏。

《莊子》曰：魚不畏網，而畏鵜鶘。網者，公平無私，鵜鶘，有欲得之心，故魚畏。

又曰：豐狐文豹，不免於網羅之患者，文也。

《韓子》曰：善張網者，引其網不一一攝萬目而後得。一一攝萬目而後得。則是勞而難。獲引其網而魚已慕矣。故吏者，民之本網也。故聖人治吏不治民。

又曰：靖郭君將城薛，客曰：君聞大魚乎？網不能止，繳不能絓也。蕩而失水，螻蟻得意焉。

《孟子》曰：數罟不入洿池，魚鱉不可勝食也。

《抱朴子》曰：太昊師蜘蛛而結網。

《國語》曰：魯宣公夏濫於泗淵，濫，漬也。漬罟於泗水之淵以取魚。泗在魯城北。里革斷其罟而棄之，罟，網。曰：古者大寒降，土蟄發。降，下也。寒氣初下，謂季冬建丑之月，大寒之後也。土蟄發，謂孟春建寅之月，蟄虫始震，魚上水，獺祭魚。水虞於是乎講罛罶，取名魚，登川禽，而嘗之寢廟，行諸國，助宣氣也。今魚方別孕，不放魚長，又行罜罟，貪無藝也。公聞之，曰：吾過而里革匡我，不亦善乎？是良罟也，爲我得法。良，善。使有司藏之，使吾無忘諗。言里此罟，則不忘里革言。諗，告也。曰：藏罟不如寘里革於側之不忘也。寘，置。

又曰：聖人貴讓，且諺曰：獸惡其網，民惡其上。獸惡其網，爲害己；民惡其上，爲病也。

《古文考》曰：庖羲作卦，觀像而作網。

《世夲》曰：芒則網。宋襄注曰：芒，庖羲臣。

《吕氏春秋》曰：湯見設網者，四面張而祝之，曰：自天下者，自地出者，自四方來者，皆罹我網。湯曰：嘻！盡之矣。非桀，其孰如此？又曰：舜之末遇時也，以其從屬拙他財，取水利，編蒲葦，結罘網。

應璩《報東海相染季然書》曰：足下頓弥天之網，収萬仞之魚，量之以谿谷，數之以晐兆，何其壯乎！觀夫任公子之所釣，此爲鰌音秋鰕，未足爲吾子之道！

紀事

明 顧岕《海槎餘録》 黎俗二月、十月則出獵。當其時，各峝首會遣一二人赴官告知。會但出，每數十村會留壯兵一二十輩守舍，男婦齊行，有司官兵及商賈並不得入。入者爲之犯禁，用大木枷脛及手足，置之死而不顧，何其愚也。獵時，土舍峝首爲主，聚會千餘兵，携網百數，番帶犬幾百隻，遇一高大山嶺，隨遣人周遭伐木開道，遇野獸通行熟路，施之以網，更条置弓箭熟閑之人，與犬共守之。擺列既成，人犬齊奮𠮟鬧，山谷應聲，獸驚怖向深嶺藏伏，俟其定時，持鐵砲一二百，犬幾百隻，寚向大嶺舉砲發喊，縱犬搜捕，山岳震動，獸驚走下山，無不着網中箭。肉則歸于衆，皮則歸于土官。上者為麖皮，次者為鹿皮，再次為山馬皮，山猪食肉而已，文豹則間得之也。

藝文

唐 柳宗元《河東先生集》卷四二《寄韋珩》珩，正卿之子。集有〈答珩示韓愈相推以文墨事書〉》 幸因解網入鳥獸。《史記》：湯出，見野張網四面，祝曰：自天下四方，皆入吾網。湯曰：嘻，盡之矣！乃去其三面。莊子曰：入鳥不亂群，入獸不亂行。

雜録

《吕氏春秋》卷三《三月紀》 田獵罼弋，罝罘羅網，餧獸之藥，無出國一作九門。罼，掩網也。弋，繳射飛也。《詩》云：弋鳧與鴈。罝，兎網也，《詩》云：肅肅兎罝。羅，鳥網也。《詩》云：鴛鴦于飛，罼之羅之。罘，射鹿罟也。網，其總名也。天子城門十二，東方三門，王氣所在處，尚生育，明餧獸之藥所不得出也，嫌餘三方九門得出，故特戒之如言無也。

《漢書》卷九一《貨殖傳第六十一》 豺獺未祭，罝網不布於壄澤。師古曰：《禮記・王制》云：獺祭魚，然後虞人入澤梁，豺祭獸，然後田獵。《月令》：孟春之月，獺祭魚，季秋之月，豺乃祭獸戮禽。罝兎網也，音嗟。

唐 白居易《白氏六帖事類集》卷二五《網罟罝羅第四》 肅肅，兎罝詩。伏羲氏作綱罟，以畋以漁。蓋取諸離《易》小宰，獸人掌罟畋獸，辨其名物。驅而納諸罟檴陷穽之中，而莫之知。避記言人不知禮羅氏掌羅鳥，蜡則供羅襦。冥氏掌設弧張。弧張，罿罦之屬，以扃絹禽獸也。田獵罝罘、羅綱、畢翳餧、獸之藥，無出國門。月令三月鷹化爲鳩，然後設罻羅。楚人以弱弓微繳加歸鴈之上，雖有矰繳安所施戚夫人歌豺獺未祭，罝綱不布於梁澤鷹隼未發，矰弋不施於蹊隧。罝罘《玉篇》云：罝，兔罝；罘，覆車也。忘筌忘蹄，魚綱之設鴻則離之，施罛濊濊音豁九罭魚綱一面見下畢之羅之。周禮守罟備獸觸也罟罶，禁罝羅罜麗罜，音毒良罟罕，革斷罟公曰：良罟也。鳥亂於上《莊子》：畢弋機變多，則鳥亂於上。釣餌罟矰笱多，則魚亂於下。削革羅落，罝罘多，則獸亂於澤《莊子》魚不畏網而畏鵜鶘以網無情故也虎豹在囊檻。漢以網爲周袪袪，遮禽獸圍陣湯羅祝網《史記》湯出見野張網四面曰：『天下四方，皆入吾網。』『嘻，盡之矣！』乃去三面，祝之曰：『欲左者，左；欲右者，右；不用命者，入吾網。』諸侯聞之，曰：『湯德及禽獸矣。』

《楚辭・屈原〈九章〉》卷四 罻羅張而在下。罻羅，捕鳥網也。言上有罾繳弋射之機，下有張施罻羅之網。飛鳥走獸，動而遇害。

漢 鄭玄《禮記疏》卷一二《王制》 豺祭獸，然後田獵；鳩化爲鷹，然後設罻羅；草木零落，然後入山林。昆蟲未蟄，不以火田。取物必順時候也。梁絕水取魚者，罻，小網也。昆，明也。明蟲者，得陽而生，得陰而藏。獺，徐他達反，又他瞎反。豺，仕皆反。罻音尉，一音鬱。零，本又作苓，音同，《說文》云：草曰苓，木曰落。蟲，直隆反，下同。蟄，直立反。不麛不卵，不殺胎，不殀夭，重傷未成物。殀，斷殺。少長曰夭。麛，本又作麑，音迷，同。卵，力管反。胎，吐來反。殀夭，上於表反，下烏老反。斷，丁亂反，又音段。少長，上詩召反，下丁丈反。不覆巢。覆，敗也。覆，芳服反，注同。［疏］『天子』至『覆巢』。正義曰：此一節論天子以下田獵之事，各隨文解之。『天子諸侯無事』者，謂無征伐出行喪凶之事，則一歲三時田獵，獵在田中，又爲田除害，故稱田也。『一爲乾豆』者，謂乾之以爲豆實。豆實非脯，而云乾者，謂作醢及臡，先乾其肉，故云乾豆，是上殺者也。二爲賓客，中殺者也。三爲充君之庖，下殺者也。故穀梁淵聖御名四年，范甯云：上殺中心，死速，乾之以爲豆實。次殺射髀骼，死差遲，故爲賓客。下殺中腸污泡，死最遲，故充庖厨。又《車攻》毛傳云：自左膘而射之，達於右腢，爲上殺。射右耳本次之。射左髀，達於右䯚，爲下殺。是亦有三等之殺。先宗廟，次賓客者，尊神敬賓之義。注『三田』至『曰狩』。《正義》曰：夏不田，蓋夏時也者，以夏是生養之時，夏禹以仁讓得天下，又觸其夏名，故夏不田。鄭之此注，取《春秋緯運斗樞》之文，故以爲夏不田。若何休稍異於此，故《穀梁傳》淵聖御名。四年『公狩于郎』，傳曰：『春曰田，夏曰苗，秋曰蒐，冬曰狩。』何休云：『《運斗樞》曰：夏不田。《穀梁》有夏田，於義爲短。』鄭玄釋之云：四時皆田，夏殷之禮。《詩》云：之子于苗，選徒囂囂。夏田明矣。孔子雖有聖德，不敢顯然改先王之法，以教授於世。若其所欲改，其陰書於緯，藏之以傳後王。《穀梁》四時田者，近孔子故也。《公羊》正當六國之亡，讖緯見，讀而傳爲三時田，作傳有先後，雖異，不足以斷《穀梁》也。如鄭此言三時之田，不敢顯露，陰書於緯。四時之田，顯然在《春秋》之經，穀梁爲傳之時，去孔子既近，不見所藏之緯，唯睹《春秋》見經，故以爲四時田也。公羊當六國之時，去孔子既遠，緯書見行於世，公羊既見緯文，故以爲三時田。又鄭《釋廢疾》云『歲三田，謂以三事爲田』，卽上一曰乾豆之等，是深塞何休之言，當以注爲正。云『《周禮》春曰蒐』以下，《周禮・大司馬職》文。彼注云『夏田爲苗，擇取不孕任者，若治苗去不秀實』者；『秋田爲獮。獮，殺也』。『中殺者多也』；『冬田爲狩，言守取之無所擇也』。鄭不釋蒐者，蒐，擇也。亦謂擇取不孕者，以義可知，故不解也。然《春秋》四時田獵皆曰蒐者，以春蒐之禮行之故也。『田不以禮，曰暴天物』者，若田獵不以其禮，殺傷過多，是暴害天之所生之物。以禮田者，則下文『天子不合圍』以下，至『不覆巢』皆是也。『天子』至『掩羣』。天子四時田獵皆得圍，但圍而不合。若諸侯惟春田不得圍，其夏秋冬皆得圍，圍亦不合，故下《曲禮》云『國君春田不圍澤』、『諸侯不掩羣』者，是畿內諸侯爲天子大夫，故下《曲禮》云『大夫不掩羣』。此皆是熊氏之說。若皇氏以此爲夏殷禮，下《曲禮》爲《周禮》，義或然也。注『綏當』至『弊之』。《正義》曰：綏字是糸旁妥，是登車之索。緌字是糸旁委，是旌旗之名。經作綏字，故云『綏當爲緌』。云『有虞氏之旌旗也』者，按《明堂位》云：『有虞氏之旂，夏后氏之緌』。鄭注云『有虞氏當言緌。』旗旗無旒者，周謂之大麾。於周則春夏田用綏，故鄭荅趙商云：『春夏用大麾，秋冬用大常。』云『下謂弊之』者，謂弊仆於地也。若初殺時則抗之，已殺獵止之時則弊之，故《詩傳》云：『天子發抗大綏，諸侯發抗小綏。』此抗綏以表天子諸侯之獲。《周禮・大司馬》：『以旗致民。』注云：『小旗者，立旗期民於其下也。』《山虞》云『植虞旗』，《澤虞》云『植虞旌』，謂田獵罷，致禽旌旗也。並與此緌不同也。『大夫』至『田獵』。『大夫殺則止佐車』，則天子諸侯殺，未止佐車也。云『佐車止則百姓田獵』，以此推之，則天子殺然後諸侯殺，諸侯殺然後大夫殺，故《詩傳》云『天子發然後諸侯發，諸侯發然後大夫士發』是也。此云『佐車止則百姓田獵』，謂冬獵之時。然則大綏小綏者，是夏殷之法，秋冬皆用緌，異於周也。注『佐車驅逆之車』。《正義》曰：按《大司馬》云：『乃設驅逆之車。』注云：『驅，驅出禽獸，使趍田者也。逆，逆要不得令走。』凡四時田獵，欲止之時，各不同也。按《大司馬》春火弊，謂春時田獵，殺獲禽獸將畢，摠放火焚萊而後止。春用火者，鄭注『因焚萊除陳草，皆殺而火止。』《大司馬》又云夏車弊，注云『車弊，驅獸之車止也』，謂獵人殺禽既畢，布列車乘，摠驅禽獸而後止息。鄭云『夏田主用車，示所取物希，皆殺而車止，』鄭卽引《王制》云：『大夫殺則止佐車，佐車止則百姓田獵。』是殺禽既畢，佐車休止。但夏時佐車止，百姓未得田獵。鄭云百姓田獵者，因引《王制》之成文。《大司馬》又云秋羅弊，注云『秋田主用罔，中殺者多也』。皆殺而罔止。《大司馬》又云冬徒弊，注云『冬田主用衆物，多衆得取也。』『獺祭』至『火田。』按《月令》正月『獺祭魚』，《孝經緯》云『獸蟄伏，獺祭魚』，則十月中也。是獺一歲再祭魚。此下文『鳩化爲鷹』，『草木零落』，文相連接。則『獺祭魚，然後虞人入澤梁』，謂十月時。按《魯語》李革云：『鳥獸孕，水蟲成，於是乎禁罝罜羅網。』又云：『獸長麛夭，鳥翼鷇卵。』注云謂季春時。然則正月雖獺祭魚，虞人不得入澤梁。『豺祭獸然後田獵』者，按《月令》九月『豺乃祭獸』。《夏小正》十月『豺祭獸』，則是九月末十月之初。豺祭獸之後，百姓可以田獵。『鳩化爲鷹，然後設罻羅』者，謂八月時，但鳩化有漸，故《月令》季夏云『鷹乃學習』、孟秋云『鷹乃祭鳥』。其鳩化爲鷹，則八月時也。以《月令》二月時『鷹化爲鳩』，則八月鳩化爲鷹也。故《周禮・司裘》云『中秋，獻良裘』，鄭司農注云『中秋鳩化爲鷹』是也。『設罻羅』者，按《說文》云：『罻，捕鳥網也。』又《爾雅》云：『鳥罟謂之羅罻。』羅摠，是捕鳥之網。『草木零落，然後入山林』者，謂十月時。按《月令・季秋》『草木黄落』，其零落芟折，則在十月也。故《毛詩傳》云：『草木不折，不操斧斤，不入山林。』此謂官民摠取林木。若依時取者，則《山虞》云：『仲冬斬陽木，仲夏斬陰木。』不在零落之時。『昆蟲未蟄，不以火田』者，謂未十月之時，十月則得火田，故《羅氏》云：『蜡則作羅襦。』注云：『今俗放火張羅。』從十月以後，至仲春皆得火田，故《司馬職》云春火弊是也。若陶鑄之火，則季春出火，季秋内火，按《司爟》云『季春出火』，『季秋内火』。知是陶鑄之火者，按《春秋》昭六年《左傳》云『三月，鄭人鑄刑鼎』，『士文伯曰：火未出而作火，鄭其有災乎！』刑鼎，則陶鑄也。注『昆，明也。』《正義》曰：按《說文》曰：『昆，同也。』今云明者，以字從日，故爲明。『不麛』至『殀夭』。『不麛不卵』，據春時特甚，不殀夭之等亦然，故《國語》云『獸長麛天，鳥翼鷇卵』，是春九甚。此注云『重傷未成物』，則四時皆然也。《國語》既云『獸長麛夭』，夭與麛相連，故鄭云『少長曰夭』。

又卷一五《月令》 田獵罝罘，羅罔、畢翳、餧獸之藥，毋出九門。爲鳥獸方孚乳傷之逆天時也。獸罟曰：罝罘鳥罟曰羅罔，小而柄長，謂之畢翳射者，所以自隱也。凡諸罟及毒藥，禁其出九門，明其常有時，不得用耳。天子九門者，路門也。應門也。雉門也。庫門也。皋門也。城門也。近郊門也。遠郊門也。關門也。今月令無罘翳爲弋。罝，子斜反，罘，音浮。翳，於計反，餧，於僞反。罟，音古。弋，羊職反。［疏］注：『廣平』至『有路』，《正義》曰：廣平曰原，《爾雅・釋地》文。云：國也，邑也，平野也，溝瀆與道路皆不得不通者言國也。解經中國邑也。解經中邑，平野也。解經中原野，以其各是一物，故每以也。結之溝瀆道路，各兩事共爲一句。故云『溝瀆與道路』揔結之。不云隄防者，以云不得不通，隄防非可通之物，故鄭不言之。云『古者溝上有路』者，此既爲雨決水，而云開通道路，恐道路非決之物，故云『溝上有路』。言道達溝瀆之時，須脩此溝上道路。按《周禮・遂人職》云：溝上有畛，川上有路。此言溝上有路者，是道路之揔名，與彼別也。毋出九門。《正義》曰：謂此月非田獵之時，其罝罘、羅網、畢翳之器及餧獸之藥，毋得出於九門。若路門內有者，不得出路門。應門內有者，不得出應門。舉此可知，城門內有者，不得出城門，既不得出城門，則近郊之內，無所用也。若近郊之內先有者，不得出近郊之門，近郊之門尚不得出，則近郊之內雖有，亦不得用也。舉此而言，遠郊關門亦可知。是此月之時，所在之處，遠近皆不得用，故云毋出九門。注『獸罟』至『爲弋』。正義曰：按《爾雅》云：兔罟謂之罝。郭景純云：罝猶遮也。是罝爲獸罟。知罘亦獸罟者，按《釋器》云：罬，謂之罦。罦，覆車也。孫炎云：覆車是兩轅網。既是兩轅可以網鳥，非但網鳥，亦可以網獸。《廣雅》云：網謂之罟，罘，兔罟也。是獸罟曰罝罘也，此罘與罦一也。鳥罟曰羅，《釋器》文：云網小而柄長謂之畢者，以其似天上畢星，《毛詩傳》云：畢所以掩兔是也。明其常，有時不得用耳，謂此等之物，四時常有，於此季春之時，不得用之。按《周禮・迹人》云：禁毒矢射者，乃謂四時也。云九門，路門，應門之等者，自路門、皋門已內皆宮室所在，非田獵之處，亦禁羅網、毒藥不得出者。此等門內，雖是宮室所在，亦有林苑及空間之處，得有羅網及毒藥所施。云『今《月令》無罘，翳爲弋』者，以今《月令》之本，云田獵罝羅網畢弋，與此經不同。

三國魏 曹植《曹子建集》卷九《七啓》 鏡機子曰：『馳騁足用蕩思，游獵可以娱情。僕將爲吾子駕雲龍之飛駟，飾玉輅之繁纓。垂宛虹之長緌，抗招摇之華旍。捷忘歸之矢，秉繁弱之弓。忽躡景而輕騖，逸奔驥而超遺風。於是磎填谷塞，榛藪平夷。緣山置罝，彌野張罘。下無漏跡，上無逸飛。鳥集獸屯，然後會圍。獠徒雲布，武騎霧散。丹旗燿野，戈殳晧旰。曳文狐，掩狡兎，捎鸕鷞，拂振鷺。當軌見藉，值足遇踐。飛軒電逝，獸隨輪轉。翼不暇張，足不及騰，動觸飛鋒，舉挂輕罾。搜林索險，探薄窮阻。騰山赴壑，風厲焱舉。機不虛發，中必飲羽。於是人稠網密，地逼勢脇。哮闞之獸，張牙奮鬣，志在觸突，猛氣不慴。乃使北宮、東郭之疇，生抽豹尾，分裂貙肩，形不抗手，骨不隱拳。批熊碎掌，拉虎摧班。野無毛類，林無羽群，積獸如陵，飛翮成雲。於是駴鍾鳴鼓，收旌弛旆，頓綱縱網，罷獠回邁，駿騄齊驤，揚鑾飛沫，俯倚金較，仰撫翠蓋，雍容暇豫，娱志方外。此羽獵之妙也，子能從我而觀之乎？』玄微子曰：『子性樂恬靜，未暇此觀也。』

三國吴 韋昭《國語韋氏解》卷四《魯語上》 鳥獸成，水蟲孕，水虞於是禁罝罜麗，設穽鄂。罝當作罛麗，小網也。穽陷也。鄂柞格所以誤獸也，謂立夏鳥獸，已成水，蟲懷孕之時，禁取魚之網，設取獸之物也。

宋 胡寅《致堂讀史管見》卷一三《武帝下梁紀》 古之時禽獸，嘗逼人矣，聖人教之網罟佃漁，則爲民除患而已。

中

家畜總部

家畜總部説明

家畜總部以傳統六畜爲基本框架，分爲馬部、牛部、羊部、猪部、犬部、驢騾部和駝部，各部之下再根據史料的詳略程度設若干經目。共輯録各種資料數千條，約一百五十萬字。

對動物的馴化與牧養是人類社會最早的生産生存方式之一，我國有數千年的畜牧史，相關文獻資料相當豐富。家畜總部將散見于經、史、子、集，農牧專書及方志、小説等文獻中的家畜資料按經緯目分門别類地彙編在一起，盡可能全面系統地向讀者展示中國古代的家畜畜牧狀况。就内容而言，主要涉及家畜的種類、牧養、相畜、家畜祭祀與畜神信仰、家畜産品及其加工運用等方面，同時爲了盡可能搜羅畜類資料，在每個部下專門設有畜名經目，將那些無法明確歸類但又有較大價值的資料統歸其下，以供讀者參考之用。雖然各部的經緯框架基本保持一致，但由于不同畜類在各時期的重要性不同，相關記載詳略程度差異較大，使得家畜總部下設的七個部在體量與内容上也各有側重。其中馬部分量最大，約占總部的百分之四十，其次是牛部、羊部、犬部和猪部，驢騾和駝部占的比重最小，這與六畜在古代社會的作用及古人對它們的重視程度基本吻合。需要説明的是，由于驢騾和駱駝主要存在于北方草原與沙漠地區，而現存的這些地區的文獻資料相對匱乏，這在很大程度上影響了驢騾部和駝部資料輯録的完整性。就各部的内容而言，馬部除了輯録牧養、草場、相馬、馬神祭祀等基本資料外，還對歷代的名馬駿駒、唐代的舞馬，明清以來的種馬等進行專門編録。由于畜牧綜合總部中設有馬政部，因此家畜總部中不再大量涉及這方面的内容。牛部重點輯録了體現古人保護耕牛、重視農業生産的禁屠及牛神崇拜方面的資料。羊部則對不同地區的羊種及羊毛、羊絨等産品加工使用的資料加以系統整理。犬部集中編録了犬類馴養、狂犬病與防治及充分體現人犬和諧共處關係的忠犬義犬資料。此外，牛、羊、犬、猪及驢騾部還分别對各種家畜的肉類加工及其在膳食、營養、中醫藥等領域運用的文獻資料做了梳理與類編。羊部和犬部還設立了『羊異』『犬異』目，輯録了文獻中有關羊犬異化、神化的志怪記載。

家畜總部旨在系統輯録古代六畜文獻，全面展示古人馴養、繁衍、相畜及家畜産品加工的技術，充分體現家畜在古代社會經濟、家庭生活中的作用與影響。既是對數千年畜牧文化與相關文獻的集中整理，也爲現代畜牧業的發展及畜牧文化的研究提供資鑒。

家畜總部

馬部

馬

題解

宋 蔡卞《毛詩名物解》卷一四《釋馬》

自駰至彝

駰，陰白也。馬，火畜也。陰白蒙之有因之義，因猶姻也。驪，黑也。馬，火畜也。麗乎，黑也。騆，青驪也。馬，火畜也。以青為所生，以黑爲所麗，既得所生，又得所麗，有旨之意。駓，黄白雜色也。静而中者黄之道，動而變者王之事，雜故變，變故大，王者大也。皇所出也，不一而大爲丕，駓有雜意。驔，豪骭也。豪覃乎口。驒，青驪驎也。驒文若鼉，騏若綦，驄若葱，騢若霞，駒若的。騮，赤馬，黑鬣也。赤黑，偶也。以赤麗黑爲得，其匹留而不行。驈，黑馬白胯也。白，黑母也，以白下黑，爲從其子，述而不作，胯志在隨者也。駱，白馬黑鬣也，爲子勝母。雒，黑馬白鬣也，爲母勝子。乖異之道，故皆從各，母從子者也。勝爲上逆，故又從隹。彝，後足白也，右震也。震爲作足，又爲彝足，其爲作足，陽也，其爲彝足，陰也，陰不動故爲後左白者，陰也，二者陽也，當震之時，陰不違陽也，故二焉，與白同意。

宋 陸佃《埤雅》卷一二《釋馬》

馬

《説文》云：『馬，怒也，武也，象馬頭髦尾四足之形。』石建曰：『書馬者與尾而五，今四，不具是也。』然則緯書以為王者駕馬，故字以王為馬，誤矣。且王無駕馬之制，蓋古者天子乘龍，諸侯乘馬，故《易》以龍叙乾，以馬明坤。而天子乘龍駕六，諸侯乘馬駕四。《白虎通》曰：『天子駕六者，示有事於天地四方也。』《漢書》曰：『乾文車，坤六馬。』《列子》亦云：『六轡不亂，而二十四蹄所投無差。』則古有駕六之制者矣。故《書》曰：『懷乎若朽索之馭六馬。』今文以竹策龍為籠，以竹策馬為篤。蓋良馬見鞭影而行，則鞭策之，於龍是以籠之，非以篤之也。《列子》曰：『聖人以知籠羣愚。』蓋籠之道如此。舊説相馬，肝欲得小，耳小則肝小。肺欲得大，鼻大則肺大。脾欲得小，膁小則脾小。心欲得大，目大則心大。又曰：『眼欲得有紫豔，口欲得有紅光，上唇欲得緩，下唇欲得急，上齒欲鈎，鈎則壽，下齒欲鋸，鋸則怒，脊欲大而抗，頷欲方而平，喉欲曲而深，胷欲直而出，兔間欲開，虎口欲開，升肉欲大而明，輔肉欲大而明，耳欲如劈竹，睛欲如懸鈴，頭欲高如剥兔，項欲起如飛龍。』又曰：『人眼、烏目、麕背、麟腹、虎胷、龜尾，擎頭如鷹，垂尾如彗。』又曰：『望之大，就之小，筋馬也；望之小，就之大，肉馬也；前視見目，旁視見腹，後視見足，駿馬也；毛束皮，皮束筋，筋束肉，肉束骨，五者兼備，天下之馬也。』又曰：『口中紅白間色者，壽；鼻中紅色如朱點書者，壽；眼中赤色如字形者，壽。』《易》曰：『賁如皤如，白馬翰如。』言未受飾於物也。《詩》曰：『皎皎白駒，賁然來思。』『賁然來思』，則言受飾於物矣。受飾於物則與『在彼空谷，生芻一束』者異矣。故戒之以愛，曰母為優游於此，勉之以遁思也。《曲禮》曰：『立視五巂，式視馬尾。』小俛為式，蓋立視，視車之衡則平，視馬之尾則俯矣。故平視或謂之衡視。鄭云巂謂輪轉之度，蓋當謂其徑也。言乘車之輪，六尺有六寸，五六三十，積尺為三丈，積寸為三尺，則五巂之衺三丈三尺。《荀子》曰：『立視前六尺而大之，六六三十六，三丈六尺即此是也。』又曰：『坐視膝，立視足。』言坐則視膝，立則視足也。又曰：『應對言，語視面，言應對言語則無上於面亦不下於帶也。』《曲禮》曰：『天子視，不上於袷，不下於帶。國君綏視，大夫衡視，士視五步。』此即言語應對視面、高下之度，國君綏視，大夫衡視，相備也。綏視則言俯不下於帶，衡視則言仰不上於面。蓋國馬之衡，高八尺有七寸。田馬之衡，高七尺有七寸。駑馬之衡，高六尺有七寸。以中言之，衡高七尺七寸，人長七尺則高，與人目略平，故曰：『前有錯衡，所以養目也。』又曰：『執天子之器則上衡，上衡謂齊首矣。

國君則平衡，平衡謂齊眉矣。大夫則綏之，謂當心矣。士則提之，謂當帶矣。」《禮》曰：「提者當帶而國君綏視，不下於帶則綏之，當心提之，當帶明矣。」或曰：「凡物有當提者，有當捧者，今以貴賤之等而令當提者捧，當捧者提，可乎？」曰：「是禮也，非是之謂也。」蓋曰：「執天子之器上衡，國君平衡，則正為執器者言之而已。非謂當提之器使捧，當捧之器使提也。」《荀子》又曰：「平衡曰拜，下衡曰稽首，至地曰稽顙。蓋亦準車之衡言之。」《朝野僉載》曰：「伯樂令其子執《馬經》以求馬，經年無有似者。歸以告父，更令求之。出見大蝦蟆，謂其父曰：「得一馬，略與相同，而不能具。」伯樂曰：「何也？」對曰：「其馬隆顙跌目，但蹄不如累麴爾。」伯樂笑曰：「此馬好跳擲，不堪御也。」括母曰：「括徒能讀其父書，不知合變。亦近之爾。」」

騢

今之烏騘也。《爾雅》曰：「驪白雜毛，騢。」蓋取諸鶷也。今騢其色驪白。《詩》曰：「乘乘馬」，「乘乘黃」，「乘乘騢」。六尺已上為馬。黃，純色；騢，雜色。古者大夫乘駒，乘馬則僭諸侯之禮矣。蓋亂生於衣服、車馬之間而已。「大叔于田」，「乘乘馬」而沃之，大夫「素衣朱襮」，此晉鄭之所由亂也。騅亦騢類，取騅之色，一曰「蒼白雜毛騅」，一曰「蒼黑雜毛騅」，今騅色在青黑之間，亦在青白之間。《詩》曰：「毳衣如菼。」《傳》曰：「菼騅也，然則色在青白之間。」

騏

《毛詩傳》曰：「青黑曰騏。」蓋騏蒼艾色，一曰馬青，驪文如博棊也。《詩》曰：「其帶伊絲，其弁伊騏。」弁，皮弁也。《司服》曰：「凡兵事，韋弁服；眡朝，則皮弁服。」韋弁以韎韋為之，故曰「韋弁」，一名「爵弁」，其色則象爵故也；皮弁以鹿皮為之，故曰「皮弁」，一名「騏弁」，其文則象騏故也，亦或謂之「綦弁」。鄭氏以為：「爵弁似冕，又謂韋弁韎韋為弁，又以為其衣裳。」又曰：「韋弁蓋韎布為衣而素裳。」皆誤矣。按：士冠禮爵弁，服纁裳、純衣、緇帶；韎韐則韋弁，服純衣、纁裳矣。凡弁，爵弁為上，皮弁次之，故《司服》初一曰「韋弁服」，次二曰「皮弁服」，次三曰「冠弁服」，次四曰「服弁服」，次五曰「弁絰服」。蓋冠弁、服弁、皮弁，服也，弁絰則服皮弁而加絰，故其序如此。《喪服小記》曰：「諸侯弔，必皮弁錫衰。」《服問》曰：「公為卿大夫錫衰當事，則弁絰。」足相參證也。《左傳》曰：「衛獻公戒孫文子、甯惠子食，而射鴻於圃，二子從之，不釋皮冠而與之言。」皮冠，弁也，說者以為田獵之冠。則凡甸事，冠弁服即皮弁又明矣。《詩》曰：「騏騮是中，騧驪是驂。」蓋騏騮中駟，騧驪上駟，故服以騏騮，驂以騧驪。《淮南子》曰：「驂欲馳，服欲步。」宣王之詩北伐舉四驪，南征舉四騏者，言方是時馬政愈修，其所以執駒、綱馬、教駣、攻特，臧僕講馭夫之法滋廣，故雖騏亦閒習任為用矣，非獨四驪也。

馵

《爾雅》曰：「後右足白，驤；左白，馵。」《易》曰：「震為馵足。」蓋取其躁，以躁，故二絆其足。作足言縱之而動也，馵足言制之而動也。今字馽从馬，一絆其足；馵从馬，二絆其足；罍从馬，口其足。《詩》曰：「縶之維之。」口者維之也。《淮南子》曰：「是猶兩絆騏驥而求其致千里也。」兩絆言馵其足。《詩》曰：「駕我騏馵。」王肅謂：「駕兩馬者。」下云：「騏騮是中，騧驪是驂。」明此駕兩者也。蓋古者庶人駕一，士駕二，大夫駕三，諸侯駕四，天子駕六。《說文》曰：「駢，駕二馬也。」《尚書大傳》曰：「命於其君，然後得乘駢馬。」驂，駕三馬也；駟，駕四馬也。《詩》曰：「載驂載駟。」驂以言大夫，駟以言諸侯。《馬政論》曰：「後足偏白者凶，若馵之類是也。」此士之所以駕也歟。

駱

《爾雅》曰：「白馬黑鬛，駱。」《廣雅》曰：「白馬朱鬛，駱。」今呼黃馬尾鬛一道通黑如界者為「駱」。蓋馬無分於黃白，皆謂之「駱」。若今衣脊絡縫故曰「駱」也。《明堂位》曰：「夏后氏駱馬黑鬛。」此以別白馬朱鬛之駱也。《月令》曰：「孟秋駕白駱。」此以別黃馬黑鬛之駱也。俗云：「駱馬善奈勞苦。」《詩》曰：「嘽嘽駱馬。」言駱性善勞，而今取息不平如此，則以甚勞故也。古者天子之卿純駟，故《詩》曰「駕彼四駱」，又曰「乘其四駱」。若諸侯之卿，則不能具純駟矣。《詩》曰：「駕我騏馵。」蓋言秦之士也；又曰「騏騮是中，騧驪是驂」，蓋言秦之卿也。

白顛

《爾雅》曰：「的顙，白顛。」今之戴星馬也。《詩》曰：「有車鄰鄰，有馬白顛。」鄰鄰，衆比貌，於車言其衆，於馬言其特，相備也。《觀禮》曰：

『奉束帛，匹馬卓上，九馬隨之。』説者以為卓即的顙，故以為上列，而九馬隨其後。《莊子》曰：『齊之以月題。』蓋月題，額上當顱如月者，所以象顛之白。然則馬之貴的顙也可知矣。《易》曰：『其於馬也為的顙。』蓋震二陰在上，故為的顙。夫文入二為白。白，陰色也；二，陰數也。《馬政論》曰：『顙有白毛謂之的盧。』又曰：『準上有旋毛及白毛者，謂之的吻，凶。俗云的顱，非也。』

驖

《説文》曰：『馬深黑色，驪。馬赤黑色，驖。』先儒云：取其馬色如鐵。非特有取於色，蓋亦取其堅壯如鐵，故曰驖也。《月令》：『孟冬乘鐵驪。』即此是也。《詩》曰：『駟驖孔阜，六轡在手。』以美襄公田狩之事。蓋馬之族不一，而騂馬則喜前，駑馬則喜後。故古之御者，駑馬以鞭為主，騂馬以轡為主。驖性堅騂，則疑於難御而有繁手之勞矣。今其六轡在手而已，則是無事於轡，故詩以美之也。陸子曰：『三皇垂策，五帝繁手，唐虞按轡，禹湯馳轅。』

騵

驪馬白跨，驈。騮馬白腹，騵。騵，从縓省。《禮》曰：『練而縓。』縓，淺赤也。一染謂之縓，再染謂之赬，三染謂之纁。周人尚赤，戎事乘騵，赤馬白腹曰騵，言上周下殷也。《詩》曰『駟騵彭彭』。此言尚父之乘。然則戎事乘騵，蓋特其長而已。或曰：『方叔率止，乘其四騏。』則於戎事乘騵之説害矣。曰序詩者曰：『宣王南征，則蠻荆之事正之而已。』故言兵則非伐人之兵也，言車則非戎車也，言馬則非戎馬也。

黄

黄騂曰黄。黄，亦馬之上色。故《駉頌》首章曰『有驪有黄』也。《列子》曰：『牝而黄』、『牡而驪』、『馬至。果天下之馬也』。《有駜》曰：『乘黄矣，然後乃言乘牡，卒言青驪之駽，則黄牝驪牡，剛柔之質具矣。』《明堂位》曰：『周人黄馬蕃鬣。』言吉事乘此。《詩》曰：『四黄既駕，兩驂不猗。』是也。至於戎事則乘騵，《檀弓》曰：『周人尚赤，戎事乘騵。』或曰：『天子之馬，盛則駕六，常則駕四。』《詩》曰：『四黄既駕，兩驂不猗。』此駕六之證也。穆王命八駿之乘，右服華騮而左緑耳，右驂赤驥而左白㶁。次車之乘，右服渠黄而左踰輪，左驂盜驪而右山子。此駕四之證也。

駽

青驪曰『駽』。今之『鐵驄』也。《詩》曰：『駜彼乘黄』，『駜彼乘牡』，『駜彼乘駽』，言臣有柔順之德、剛健之材，又被文以成之，則臣之道備矣。於『乘黄』曰『在公明明』，於『乘牡』曰『在公飲酒』，於『乘駽』曰『在公載燕』。『在公明明』，則禮所謂『在明明德也』，『夙夜在公，在公明明』，於是飲酒以載燕，則亦以有道故也。《鹿鳴》之道，和樂而已，非君臣之道也。故《六月》之序至言『四牡』，然後曰『君臣』缺矣。今言『在公飲酒』、『在公載燕』，而更以為頌君臣之有道者。蓋『夙夜在公，在公飲酒』，則臣有餘敬，君有餘惠。臣有餘敬，君有餘惠，則非特若《鹿鳴》正言賓主之道而已，是乃所以為君臣有道也。

駰

《爾雅》曰：『黄白雜毛，駓。陰白雜毛，駰。』駓，今之桃花馬；駰，今之泥驄也。《詩》曰：『我馬維駒』、『我馬維騏』、『我馬維駱』、『我馬維駰』，其先後與《駉》之序合，則駰不如駱，駱不如騏矣。然是詩乃卒言駰者，以明馬雖彌劣，所以御之滋善。

駮

駵白，駮。徐弦曰：『疑象駮文。』晉侯乘駮，乳虎見之而伏，則象駮之文理或然也。駮，亦馬之上色，故古者國君乘之。文王曰：『昔者寡人夢見良人黑色而頓，乘駁馬而偏朱蹄。』諸大夫蹵然曰：『先君王也。』《詩》曰：『皇駮其馬。』亦言皇駮者，士昏禮攝盛故也。《爾雅》所謂『駮，如馬，倨牙，食虎豹』，《詩》所謂『隰有六駮』者，字从交作。《字説》曰：『駮類馬，食虎，而虎食馬，凡類己也。而能除害己者，在所交也。』則駮非此駮也。

騋

馬善，騋牝驪牡。《爾雅》曰：『騋牝，驪牡。』以罕稱也。騋之字，从來，言進於馬矣。宜有來而無往。《易》曰『知進而不知退』，亢龍也。凡馬六尺以上為馬，七尺以上為騋，八尺以上為龍。《詩》曰『騋牝三千』，三千言多，騋牝取其大也。蓋騂馬常小，今俗謂之小馬。以此凡馬，宗廟用龍，戎事用駥，田事用騋。騋，田馬也。《考工記》曰：『國馬之輈深四尺有七寸，田馬之輈深四尺。』鄭云：『國馬高八尺，衡高八尺有七寸，除馬之高則餘七寸，為衡頸之間也。田馬高七尺，衡高七尺有七寸，除馬之高則餘七寸，為衡頸之間也。」《校人》曰：『邦國六閑，馬四種；家四閑，馬二種。』大夫曰家，其種又自田馬而下，則所謂國馬者，無大夫之馬矣。蓋諸侯有良馬，有戎馬，無齊道；大夫有田馬，有駑馬，無種戎。或曰：『正言國馬者，非特以別大夫，亦以約天下之馬也。』伯樂曰：『良馬可以形容筋骨相也，天下之馬若滅若没，若亡若失。』良馬即國馬也。故《駉頌》以為諸侯有良馬，有戎馬，有田馬，有駑馬變種，曰良者以此也歟！《廋人》曰『八尺以上為龍』，此種馬也。豈所謂天下之馬者耶？蓋馬八尺以上則疑於龍矣，是故謂之龍也。坤之上六稱龍，與此同義。《駉》之頌一章曰『有驈有皇，有驪有黃』；二章曰『有騅有駓，有騂有騏』；三章曰『有驒有駱，有騮有雒』；四章曰『有駰有騢，有驔有魚』。按，驪馬白跨，曰驈，黃白曰皇，純黑曰驪，黃騂曰黃，蒼白雜毛曰騅，黃白雜毛曰駓，赤黃曰騂，青黑曰騏，青驪驎曰驒，白馬黑鬣曰駱，赤身黑鬣曰騮，黑身白鬣曰雒，陰白雜毛曰駰，彤白雜毛曰騢，豪骭曰驔，二目白曰魚。魚，今謂之環眼馬，馬之最下者也。言『有驪有黃』於前，言『有驔有魚』於後，每章愈下，則以言僖公至誠成物有加而無已。《莊子》曰：『百里奚爵禄不入於心，故飯牛而牛肥。』『思無邪，思馬斯徂。』殆此之謂也。

駒

馬二歲曰駒，三歲曰駣，八歲曰馴，馬八歲一變，故从八也。語曰『七騘八白』，言馬至八歲，騘變而白矣。《傳》曰：『大夫乘駒。』蓋駒血氣未定，則有蹄齧之虞，故大夫乘之。《荀子》曰：『大路之馬，必倍至於教順，然後乘之，所以養安也。』倍，言年長以倍。今羣牧選馬，十六歲以上乃以進御，此遺象也。《曲禮》曰：『齒路馬有誅。』路馬之齒高矣。故齒路馬有誅，所以廣敬也。《詩》曰：『我馬維駒，六轡如濡。』而後言『維騏』『維駱』『維駰』，則騏也，駱也，駰也，蒙上之文，宜皆為駒。大夫乘駒駕三，今曰六轡者，上大夫卿奉使故也。《禮》曰：『上大夫卿，卿與諸侯駕四。』《説文》：『从句字，音拘。則以駒血氣未定，宜拘執之焉爾。』《詩》曰：『縶之維之』，義蓋取此。一章曰：『皎皎白駒，食我場苗。縶之維之，以永今朝。所謂伊人，於焉逍遥。』二章曰：『皎皎白駒，食我場藿。縶之維之，以永今夕。所謂伊人，於焉嘉客。』古者朝食曰饔，夕食曰飧。飧，薄食也。故是詩於苗曰『以永今朝』，於藿曰『以永今夕』。『逍遥』，以道言之也；『嘉客』以禮言之也。《清人》曰：『二矛重英，河上乎翱翔。』『二矛重喬，河上乎逍遥。』『翱翔』，禮之事也；『逍遥』，道之事也。河上非所宜然，因以微切其上。故序者曰：『公子素惡高克進之不以禮，文公退之不以道也。』舊説：『縶馬曰維，縶牛曰縷。』公羊曰：『牛馬維縷。』

駥

《周官》：『馬八尺以上為龍。』戎馬之高，蓋亦准此。故《爾雅》曰：『馬八尺為駥也。』駥即戎馬，故其字指事。而戎事齊力尚強，故《爾雅》又曰：『絶有力，駥』也。《校人》云：『種馬一物，戎馬一物』，戎馬即駥是也，種馬即龍是也。史言良馬謂之龍種，蓋出於此。

宋 魏了翁《周易要義》卷九《釋馬牛龍鷄豕雉狗羊之象》 乾為馬，至兊為羊。《正義》曰：『此一節説八卦畜獸之象，畧明遠取諸物也。』《乾象》天以行健，故為馬也。坤為牛，坤象地任重而順，故為牛也。震為龍，震動象龍動物，故為龍也。巽為雞，巽主號令，雞能知時，故為雞也。坎為豕，坎主水，瀆豕處汙濕，故為豕也。離為雉，離為文明，雉有文章，故為雉也。艮為狗，艮為靜止，狗能善守，禁止外人，故為狗也。兊為羊，兊説也，王廙云：『羊者，順從之畜』，故為羊也。

論説

唐 李翺《李文公集》卷五《國馬説》 有乘國馬者，與乘駿馬者並道而行，駿馬囓國馬之發。血流于地，國馬行步自若也，精神自若也，不爲之顧，如不知也。既駿馬歸，芻不食，水不飲，立而慄者二日。駿馬之人以告國馬之人曰：『彼盖其所羞也，吾以馬徃而喻之，斯可矣，乃如之。』於是國馬見駿馬而鼻之，遂與之同櫪而芻，不終時而駿馬之病自已。夫四足而芻者，馬之類也；二足而言者，人之類也。如國馬者四足而芻則馬也，耳目鼻口亦馬也，四支百骸亦馬也，不能言而聲亦馬也。觀其所以爲心則人也。故犯而不校，國馬也；過而能改，駿馬也。有人焉，恣其氣以乘人，人容之而不知者多矣。觀其二足而言則人也，耳目鼻口亦人也，四支百骸亦人也，求其所以爲人者而弗得也。彼人者，以形骸爲人，國馬者，以形骸爲馬，以彼人乘國馬，人皆以爲人乘馬，吾未始不謂之馬乘，人悲夫！

宋 王令《廣陵集》卷一二《馬説》 東郭之兒，生而未嘗逢馬，意其四足而甚大者皆牛也。他日，適市而逢馬焉，驚而呼之曰：『是牛，何以是斑斑也？』其聞者笑之。語之市人，而市人笑之。東郭之兒自失焉，歸而語諸長者，則馬也。以是不語者三日。東郭之先生，聞而過之曰：『孺子亦有所失乎？』曰：『非也。吾嘗以馬為牛，既知其為馬矣，吾慙而未言將無以見市人也。先生曰：『噫！馬信為馬矣，孺子以為牛，孺子之過也。市人乃能笑孺子者，是以馬云也。苟不以馬而以他使是非，幾不能不以牛為馬，其於孺子有間乎？孺子殆未之學耳，市人固不足慙也。』

明 楊慎《升庵集》卷八一《馬》 馬之為物最神駿，故古之詩人畫工皆借之以寄其精工，若杜工部、蘇東坡諸詩極其形容，殆無餘巧余。又愛杜公作《九馬贊》云：『姚宋廟堂，李郭治兵。帝下毛龍，以馭羣英。』何其雄偉也。李燾《長編》載元祐西域貢馬云：『龍顱而鳳膺，虎脊而豹章。振鬣長鳴，萬馬皆瘖。』句亦奇矣。

明 田藝蘅《留青日札》卷二九《馬》 天子十二閑，六種；邦國六閑，四種；家四閑，二種。十二閑凡三千四百五十六匹。《左傳》注：每廄為一閑，二百一十六匹，馬四足曰匹。《左傳》：襄公二年，賂夙沙衛以索馬牛，皆百匹。或作疋。《小爾雅》：二丈為兩，倍兩為疋，四丈也。馬光景一疋長。故曰疋。《家語》：吳門白馬，疋練是也。又匹，偶也。《易》馬匹亡。馬，武獸也，籀作影，古作影，隸作馬，象馬頭髦尾四足之形。麗，馬一圉八麗，見《周禮》。一歲為馵，二歲為駒。又五尺以上陰白雜毛，亦曰駒。三歲、四歲為駣，兩齒。八歲為馲。二十歲，齒盡平。六尺以上為馬，一曰駑馬，七尺以上為騋，父為蚪，一曰田馬。八尺以上為龍，《瑞應圖》曰：龍馬，仁馬，河水之精，高八尺五寸。一曰戎馬，八尺。牡曰騭，牝曰騇。騇，草馬也。駁，父馬。馬母，見《漢書》

明 顧煜《射書》卷三《馬射總法》 凡射馬：箭身利輕捷，手利疾便，弓利力細，箭利莖粗，知馬韁口，挽箭熟慣。未射，先開把子三箇，直列右傍，各把相抵一十八步。武飾披掛繫鞭，小指插箭三枝頸上，上馬時，用左式弓掛，左手用右式弓掛，右手跨定撩衣，將韁繩穿在右手大臂上，拔下頸箭，一枝押右小指間，一枝仍插頸上，一枝挽上弓弦，左手拿弓，食指押箭，垂下右手揚鞭，挺身出，馬䮶行，䮶音獨不緊不慢，過第三箇把子約二十步，上雙膝夾緊馬腹，扐馬回撒加上三鞭，俯身前攛足踊，音剳，足動也。口喝馬踥如飛，隔一把子三四步，上左手拿弓，身亦左靠，隨胸直出；右手挽弦，馬韁後拽，馬頭帶起，蹄步稍緩，指把正射，名曰『分鬃』。右手急將小指押住的箭速挽入弦，馬至第二把子邊，左手拿弓從肩横出，右手挽弦連韁帶拽，馬頭稍起，蹄步稍緩，側身横射，名曰『對鐙』。右手急拔頸箭，快挽上弦，馬過第三把子二步後，右手挽弦駐面，不動左手，開弓扒後，馬頭又起，蹄步又緩，轉身面射，名曰『抹鞦』。必須跨馬利便，挽箭熟慣，挽帶如式，自能必中，不然自有失誤。

馬射比步射稍易，但要居常調習馬耳。平日先慢行，次緊行。然馳驅之法，宜踞坐，不宜跕坐。盖踞坐則稳，跕坐則虚矣。宜以兩膝將鞍頭夾緊，勿以兩足將鐙踏緊，將鞍夾緊則稳而無誤，若將鐙踏緊，一誤便敗矣。宜以身撲向前，不宜挺直在上，盖向前則不為風勢所凌，若挺直則為風所裹而力不便矣。及宜左身、左足向前，不宜平身、卒足，盖左身、左足向前則運用得勢，而平身、平足則不活動矣。

塲屋中馬弓比步弓力稍軟。若射賊只是步弓便了，且射賊須待至三四十步方可發矢，若遠則難中亦難殺人也。要之弓箭俱勿口銜，以防應對失誤，亦勿插衣領及腰間，以致取用不便。塲屋中只將三矢，連弝拏之對賊，則用箭袋，多盛于鞍頭可也。

凡馬須要平日適，飼養時調度蹤蹟、聽令進止、觸物不驚、馳道不削、前兩脚從耳齊出，後兩脚向前倚之，則疾且稳而人可用器矣。故馬者，人之命。胡馬慣戰數倍中國，居常調度之功也。

一馬弓決要開至九分，滿若七分、八分亦難中也。

一馬上射把箭，須以箭二枝連弓弝把定，又以一枝。

又《馬射論》 馬射易於步，然騎要精熟，慢行、緊行、快走、飛走、上山、下坂、過溪、越塹、盤旋、曲折，左右前後人似馬身，馬若人足，人適馬性，馬順人情，斯言善騎。然後操弓挾三矢，一掛弦、二連弝，叅差拿定，左手大指鈎韁，右手小指掛鞭，鞭馬而馳，便投韁按鞭，捉矢待射，身勢撲向於前，使不凌風，稍側於左，使馬不開右，滿開快放只是抹鞦，無有不中，射完揚鞭以示威武。

夫馬之有轡，猶舟之有舵也。無一刻不在手，然在手何以用器，須於腰間鋥帶上置一鈎，將轡不寬不緊鈎住，兩手既閒可以拍馬舞械而馳，若欲止馬，把身一挺，走勢便緩，用手拿住，再無馬跌、馬削，捉韁不及之患。踏鐙比吾江南騎快之法，其繩稍長一二寸，要用布搭膊，從馬腹下不緊不寬拴住，則兩足不浮，一前距一後挺，并兩膝夾鞍，若粘於馬之背，即神駿騰空追風逐電，永無離鞍之患。

又《齒歲論》夫獸之齒者，血精為本，結秀為骨，骨精為齒。一歲、二十五歲，觀其齒之區臼而有驗也。《經》云：『齒乃骨之精，粹如其盛者，雖上下咬平，猶有鋒刃而齊者，行力依然，其壽未可考也。但骨氣衰敗，不二十歲，區臼俱平而無鋒刃者，能食亦無力，駑逸之分於此一驗。』

清 顧棟高《毛詩類釋》卷二一《釋馬》

駟驖

《月令》云：『孟冬乘鐵驪。』《説文》：『馬深黑色者為驪，赤黑色者為驖。』《詩・秦風》：『駟驖孔阜。』《埤雅》云：『非獨取其馬色如鐵，蓋取其堅狀如鐵也。』

四驪

《孔疏，戎事》：『齊力尚強而言四驪者，雖以齊力為主，亦不厭其同色也。故曰『駟驪彭彭』，又曰『乘其四騏』；田獵齊足而曰『四黄既駕』，皆是同色也。無同色者，乃取異毛耳。『騏騮是中，騧驪是驂』，是也。

四騏

《説文》：『馬青驪文』。《詩・秦風》：『駕我騏馵』。《小雅》：『我馬維騏是也』。《孔疏》：『色之青黑者，名曰騏。』《六書》：『故騏馬綦色綦蒼艾色也。』

驪騵

《爾雅》：『騮馬白腹曰騵』，郭註：騮，赤色，黑鬣也。《大雅》：『駟騵彭彭』。《孔疏》云：『三代乘馬，各從正色，而周不純赤，毛以白腹為上，周下殷也』。《檀弓》言『戎事乘騵』，明非戎事不然，因此武王所乘，後遂為一代常法。

四黄

《埤雅》曰：『黄騂曰黄。』黄，亦馬之上色。故《駉頌》首章曰：『有驪，有黄也。』《列子》曰：『牝而黄，牡而驪，天下之馬也。』《有駜》曰：『乘黄矣，然後乃言乘牡，卒言青驪之駽，則黄牝驪牡，剛柔之質具矣。』或曰：『天子之馬常則駕四，盛則駕六。』《詩》曰：『四黄既駕，兩驂不猗，則駕六之證也。』

臣謹案：牝難於黄，牡難於驪，昔人言：相馬謂得之牝牡驪黄之外，語蓋本此。

馵

《爾雅》：『後右足白曰驤，左白曰馵。』《埤雅》曰：『《詩》云：『駕我騏馵』，王肅謂：『駕兩馬者』，下云：『騏騮是中，騧驪是驂』，明此駕兩者也。蓋古者庶人駕一，士駕二，大夫駕三，諸侯駕四，天子駕六。《説文》曰：『騑駕二馬也。』《尚書・大傳》曰：『命於其君，然後得乘騑馬。驂，駕三馬；駟，駕四馬也。』《詩》曰：『載驂載駟』，驂以言大夫，駟以言諸侯。

白顛

《爾雅》：『馰音的顙曰白顛』。邢疏：舍人云：『的白也，顙額也，額有白毛，今之戴星馬也。』《詩》曰：『有車鄰鄰，有馬白顛。』《埤雅》《莊子》曰：『齊之以月題』，蓋月題額上當顱如月者，所以象顛之白。《易》曰：『其於馬也為的顙』，蓋震二陰在上，故為白顙。夫文入二為白，白陰色也；二，陰數也。《馬政論》曰：『顙有白毛，謂之的盧，馬額曰盧，的白也。』

駽

《爾雅》：『青驪曰駽』，邢疏：孫炎曰：『色青黑之間，青毛黑毛相雜者名駽，今之鐵驄也。』《詩》曰：『駜彼乘黄』，『駜彼乘牡』，『駜彼乘駽』，言臣有柔順之德、剛健之材，又被文以成之，則臣之道備矣。

駁

《爾雅》：『騮音留白曰駁』，邢疏：孫炎曰：『騮，赤色也。謂馬有騮處，有白處者曰駁。』《埤雅》徐鉉曰：『疑象駁文，晉侯乘駁，乳虎見之而伏，則象駁之文，理或然也。駁，亦馬之上色，故古者國君服之。』

皇一作騜

《爾雅》：『黄白曰騜』，郭註：《詩》曰：『皇駁其馬』，邢疏：孫炎曰：『馬有黄處、有白處者曰騜。』

驒

《爾雅》：「青驪驎曰驒。」郭註：色有深淺，斑駁隱粼，今之連錢驄也。邢疏：《説文》云：「馬文如鼉。」《詩》曰：「有驒有駱是也。」

駱

《爾雅》：「白馬黑鬛曰駱。」郭註：《禮記》曰：「夏后氏駱馬黑鬛」。邢疏：鬛也，白馬黑鬛者名駱。《詩・四牡》曰：「驒嘽駱馬。」《毛傳》：「嘽嘽，喘息之貌。」《詩緝》曰：「駱馬最耐勞。」今以勞之故猶嘽嘽喘息則人勞可知矣。

駓駰

《爾雅》：「黄白雜毛曰駓，陰白雜毛曰駰。」邢疏：陰淺黑色，毛色黄白而復有雜毛者名駓，今謂之桃花馬；毛淺黑而白兼雜毛者名駰，今謂之泥驄駧。《二章》云：「有騅有駓」，《四章》：「有駰有騢」是也。《埤雅》曰：《詩》云：「我馬維駒」、「我馬維騏」、「我馬維駱」、「我馬維駰」，其先後與《駉》之序合，則駰不如駱、駱不如騏矣。然是詩乃卒言駰者，以明馬雖彌劣，而所以御之滋善。

騅音追騢音遐

《爾雅》：「蒼白雜毛曰騅，彤白雜毛曰騢」邢疏：蒼，淺青也。毛有淺青及白兼雜毛者名騅，彤赤也，毛赤白兼雜毛者名騢。《説文》云：「即今赭白馬也。」

驔魚

《爾雅》：「二目白曰魚。」郭註：似魚目也，豪骭音汗曰驔，謂豪在骭，而白骭謂脛骨，膝以下脛以上為骭。《埤雅》：「魚，今謂之環眼馬，馬之最下者也。」言「有驪有黄」於前，言「有驔有魚」於後，每章愈下，則以言僖公至誠成物者有加無已。

騏駵

《埤雅》：「馬青黑色曰騏，赤身黑鬛曰駵。」《詩・秦風》：「騏駵是中是也。」

騧驪

《爾雅》：「白馬黑喙曰騧。」郭註：喙，口也。今之淺黄色者為騧，馬純黑曰驪。《詩》：「騧驪是驂是也。」

驈

《爾雅》：「驪馬白跨曰驈。」郭註：驪，黑色跨髀間也。謂黑色髀間白者名驈。《詩・魯頌》：「有驈有皇是也。」

騋牝

《爾雅》：「騋牝，驪牡。」郭註：《詩》云：「騋牝三千」，馬七尺以上為騋，見《周禮》。《埤雅》：「騋牝，驪牡。」以罕稱也。凡馬六尺以上為馬，七尺以上為騋，八尺以上為龍。騋牝取其大也，宗廟用龍，戎事用駥，田事用騋，騋田馬也。《考工記》曰：「田馬之輈，深四尺。」鄭注云：「田馬高七尺，衡高七尺有七寸，除馬之高，則餘七寸，為衡頸之間也。」

騂

《爾雅》無文，《毛傳》：「赤黄曰騂。」孔疏曰：「周人尚赤，而牲用騂。剛是騂，為純赤色，言赤黄者謂赤而微黄，其色辨明者也。」上云「黄騂曰黄」，謂黄而微赤；此云「赤黄曰騂」，謂赤而微黄，各随其色之輕重淺深言。

雒

《爾雅》無文，《毛傳》：「黑身白鬛曰雒。」孔疏曰：「未知所出。案：《詩・魯頌》：「有驒有駱」，《毛傳》云：「白馬黑鬛曰駱，黑身白鬛曰雒」，駱出《爾雅》，而雒於《爾雅》無文。」《毛傳》云云。孔疏又云：「未知所出學者，且當依毛，不必強為之説也。」

駂《毛詩》作鴇音保

《爾雅》：「驪白，雜毛曰駂。」郭註：今之烏驄。《埤雅》曰：「蓋取諸鳥，今鴇鳥，其色驪白。」《詩》曰：「叔于田，乘乘，鴇。」騅亦駂類，取鵻之色，一曰「蒼黑白毛騅」，一曰「蒼白雜毛騅」，今鵻鳥之色亦在青黑青白之間。

附馬飾

俴駟

《鄭箋》：「俴淺也。」謂以薄金為馬甲，欲其輕而易於馬之旋習也。臣謹案：此即後世所謂鐵騎。古者人之甲冑皆以犀兕之皮為之，無用金者，而馬則以金為甲，元戎十乘為車，縵輪馬被甲。《左傳・鞌之戰》：「齊頃公不介馬而馳之，則馬之有甲舊矣。」

鏤膺大雅韓奕詩作鉤膺

《毛傳》：「膺馬帶。」《鄭箋》：「鏤膺有刻，金飾也。」孔疏：膺上有鏤明，是以金飾帶，知膺是馬胸前帶也。《春秋》成二年，仲叔于奚請繁纓繁與樊同。鄭注：《周禮・巾車五路》云：『樊，讀如鞶帶之鞶，謂今馬大帶。但彼謂在腹之帶，與膺不同耳。』

臣謹案：此即今之馬鐵胸。《韓奕》詩所謂：『鉤，膺也。』《巾車》注云：『鉤以金為之。』《鄭箋・韓奕》云：『鉤膺，樊膺也。明即小戎之鏤膺，非二物。』

鏤錫音陽

《毛傳》：『鏤錫有金，鏤其錫也。』《鄭箋・眉上》曰：『錫刻金飾之，今當盧也。』孔疏：揚者，人面眉上之名，馬鏤錫施鏤於揚之上。若今之當盧，當馬之額，盧在眉眼之上，刻金為之飾也。

鞗音條革

《鄭箋》：『鞗革謂轡也。』疏曰：『《爾雅・釋器》云：『轡首謂之革。』

金厄

《鄭箋》：『以金為小環，往往纏搤之。』疏曰：『往往者言其非一處也。』《詩緝》曰：『以鞗皮為轡首之革，以金為小環，纏搤之據此，則與上鞗革只是一物。』

鸞鑣

《鄭箋》：『置鸞於鑣，異於乘車。』孔疏：鑣馬，銜也。謂在旁包斂其口也。乘車則鸞在衡和在軾，此則鸞在於鑣，是異於乘車，乘車謂玉路、金路、象路也。

朱幩

《毛傳》：『幩飾也。』人君以朱纏鑣，鑣馬銜外鐵也。《六帖》云：『朱幩，鑣也。而遂以鑣鑣贊之，此以實字為虛字。凡古書重字，大半借實字用也。』《詩緝》曰：『鑣鑣非一鑣也。』

附成周邱甸不出車馬論

臣謹案：司馬法甸六十四井出長轂一乘，戎馬四匹，牛十二頭。故《周禮・小司徒》有六畜車輦旗鼓兵器，帥而至之文。李氏廉獨曰：『甸出一乘者，特出一乘之人耳。一切馬牛車乘決非邱甸所出。』卓然斯論，可破千古之惑，而後儒疑其與《周禮》相背。臣謂《周禮》出於王莽，世好為繁重碎密，特竄入此等，以瞽當世之愚民，非真周制之本然也。且即《周禮》一書，考之亦自相矛盾。《詩》小戎為兵車，收欲淺轂欲長，而《考工記》所載：輪人、輿人、輈人之制行，澤欲杼行，山欲侔，較量分刌，窮極微渺，此惟國工能之，而乃使六十四井之民憑空授意造為此車，其能攸往咸利乎？且馬出於民，須臨事備具，而《詩》云『比物四驪，閑之維則』，又云『乘其四騏，四騏翼翼』，意惟天閑上廐，雲錦成羣，方能挑選出四馬皆同色，豈可責之閭巷之編氓？況車有游環、脅驅、約軝、錯衡，馬有鉤膺、鏤錫、鞗革、金厄之飾，均非民間所能具，故知李氏之說為不可易也。

清　方苞《望溪集》卷四《轅馬説》　余行塞上乘任載之車，見馬之負轅者而感焉。古之車，獨輈加衡而服兩馬。今則一馬夾轅而駕，領局於桅，背承乎韅，靳前而靽後。其登阤也，氣盡喘汗而後能引其輪之卻也；其下阤也，股齧蹄攢而後能抗其轅之伏也。鞭策以勸其登，棰棘以起其陷，乘危而顛，折筋絶骨，無所避之。而眾馬之前導而旁驅者，不與焉。其渴飲於溪，脫駕而就槽櫪，則常在眾馬之後。噫！馬之任，孰有艱於此者乎？然其德與力非試之轅下不可辨。其或所服之不稱，則雖善御者不能調也。駑蹇者力不能，勝狡憤者易懼而變，有行坦途驚蹶而僨其車者矣。其登也若跛，其下也若崩，濘旋淖陷，常自頓於轅中，而眾馬皆爲所掣。嗚呼！將車者其慎哉。

清　張澍《養素堂文集》卷二九《六馬説》　天子駕六，公羊家說也。天子至大夫同駕四，毛詩家說也。《王度記》亦言天子駕六。許叔重《五經異義》所引如此，《異義》引《易》時：乘六龍以御天。鄭駁云：『《易經》時乘六龍以御天。六龍者，謂陰陽六爻上下耳，豈故為禮制？』《王度記》：今天子駕六，自是漢法與古異，澍桉、鄭康成之説非也。古人指事皆實，豈有本駕四而故言駕六者？如《周禮》『龍旂六旒以象伐』以伐統于參，本六星也，故以之取象。況《春秋命秝序》屢言：古帝駕六飛龍、駕六飛麐、駕六飛鹿、駕六飛羊，知古天子駕六審矣。或曰：《詩》云『八鸞鶬鶬』，一馬二鸞則固四馬矣，不知古之乘車則四馬。《康王之誥》言『乘黃是也，大路則六馬』。《月令》所言是也。《詩》言『六轡沃若』，六轡在手，豈非六馬乎？應劭《漢書・禮樂志》注：引《易》時乘六龍以御天。劉昭注：《王度記》、《京氏易》、《公羊春秋》皆言天子駕六，荀子、伯牙鼓琴而六馬仰秣。楊倞注：六馬，天子路車之馬也。《白虎通》曰：『天子之馬六者，示有事于天地四方也。』司馬彪曰：『法駕，六馬也。』薛綜《西京賦》法：『蔡邕《月令》論言《周官》，天子六馬，故有六騶，獨斷言天子駕六馬。』《周書・王會》解：成王時，《書》也而云『其西，天子車立馬乘六。』《石鼓文》：宣王時，《詩》也而云『趍趍六馬』。漢人之言六馬者，不必繁引，茲則周室遺文也，豈有紀本朝之制而舛誤者？況《夏書・五子之歌》曰：『凜乎若朽索之御六馬』，是亦言六馬矣。說者又謂此梅頤之僞古文，不足據。夫作僞者必根氐古制使人信從，豈肯故造典禮以貽後人之掊擊乎？近人桐城姚姬傳鼐、偃師武虛谷億，以為駕六者乃是秦制，果何依據而漫為此說乎？況《後漢書・輿服志》明云：『秦并天下，閱三代之禮，作金根之車。』金根車即殷人之大路，可知秦始皇之駕六馬非特刱也。許慎亦言：『天子駕六馬與《王度記》合。』鄭康成又謂：『《周禮》乘馬有四圉，圉各養一馬，此最難通。夫豈有一圉止養一馬者，蓋四圉謂四時之圉，一圉一人主之也。如春祭馬祖執駒，夏祭先牧頒馬攻特，秋祭馬社臧僕，冬祭馬步獻馬，講馭夫是也。若謂一圉一馬，則天子之馬凡三千四百五十六匹，其圉數亦當如之，必不然矣。』

清 陳弘乘《善化官馬議》（乾隆）《長沙府志》卷二四　今日之最爲民累者，無如馬遞一節。蓋以地緣八省通衢，官司、差使往來如織，每月長、善二縣共為走遞，而本縣設馬四十匹，承差一十二日。小民不諳差役，勢必屬之馬户，乃馬户既受困於煩苦，亦難承當，以致民間復有私幇。今雖奉文痛革差使常例並私幇諸弊，議增官價，終屬空談，倘不力為興除，則民之生亂，恐不止逃竄之情形，已合無比照湘陰事例，除長、善兩縣量存馬數匹為縣馬，餘總合兩縣之馬通付臨湘驛，走遞爲官馬，不惟馬數多而易於應差，且馬屬於官而乘騎者亦知所顧恤矣。又合無設立馬廠官養，除縣馬外，總將兩縣馬價若干，以五分買馬，二分雇馬户、獸醫看養，二分供草料起馬廠，一分雇走遞人夫，屬府佐一員主之。至馬匹損亡，驗實買補，行之一年則前所買之馬尚在，而以次年馬價再增馬匹稍益馬户、人夫、工食修理馬廠，將馬愈蕃息，而馬户人夫俱樂於供役矣。

清 李騰芳《湘潭行户馬議》（乾隆）《長沙府志》卷二四　追惟邑馬之弊，何本江、包儀甫、楊實先三大夫皆經更創。余皆叨贊末議，而今之所行者，楊公之行户馬也。故畧叙其事。公初下車，予在茶陵之雲陽山，是時，簽報街坊走馬市人如蹈湯火。言利害者紛紛無所定。及予歸，公首以黔中之例皆行户走馬爲言，每馬一匹官定銀百兩，□幇更多，潭馬止二十四兩，不足必請於上司增之，□微笑而已。其後邑人復請公爲申文，丐予作書求增馬價，言之至再，予應之曰：『爾等不見成書，每馬一匹定銀二十四兩，前有增六兩者，上官嚴駁，今文案尚在，可考也。此事談何容易？』其後公見過密言，曾乘間以此事祈某公，而某公不可始知予言之不謬云。是時，門攤之議起，而主之者州同蔡□齋也。州同雖起家椽吏，後學佛，其性憨甚，其所作門攤，議多出寫狀人周之觀、劉崑璧之手，事皆不可行，頗似唐人間架，宋人手實法，而雲圃蔡公主之其說，遂熾雲圃。蓋實見州同之心無它，而不暇察也。又市人畏簽報者，皆頂香羅拜州同，州同色益自得，持諸鄉紳所批手本，强予批，予不可。一日雲圃見過，以言侵予曰：『向家叔不曉事，不以手本求老先生批，而使諸老先之故見忤耳。』予曰：『是何言？』歎當道每每密向，予言謂：『吾邑鄉官，頗似土官，每私批百姓呈狀，以壓有司，何不竟自決事，予不敢不戒也。』時劉碧原在坐，曾共聞之。及雲圃赴選而石軫餘歸，亦頗惑於益齋之言予。但唯唯至攤門已定，而求收銀之人不可得。楊公見教云：『衆欲借姚我揚張闢南可否？』予曰：『彼非鄉約長，安忍以如此待之？不若即以創議之人仔肩此耳。』越數日，又云：『蔡州同決不肯，恐人將遂碎其居。』予笑曰：『如此則是人情，不願納銀，彼何不先度其不願而造此議，已造之而使人當其不願，則事何由辦。予向所以不批手本者，固知有今日也。』於是楊公遂盡剷去門攤之說，而力持抽行户牙□一，則適青靛一行其利頗裕，甘願承馬而議始克有成，雖然□之爲物剷於諸山遍湖南，郡邑有之非邑之獨有也。潭當水陸之衝商賈湊集，故得借之以駕御諸商而爲馬利也。如趙開之在陝西，專用榷酤以佐張浚經畧西蜀，而財用遂饒，陽明先生之討宸濠但用贛藍，行袁，臨吉三府而軍餉不乏。古人權宜取事，予甚佳楊大夫之爲而所以默贊之者亦不少。故靛行承馬五十匹，其費之多少力之難易不可知。官亦不問，所謂『民可使由之。不可使知之也。』有等奸民財不足以鋪山，力不能以招客，信不足以服衆，而但欣其獲多。故各朋鑚馬一二匹，借此入身以爭靛，而又有不走馬者，但借勢家奴僕之名，以搶船山客賈人，至破頭折臂覆水撞石喪失性命者，往往而財貨無論已。石軫餘書云：所慮市獪頂馬鑚充，復串同宦僕巧行截奪以威勢，則宦僕以名色則馬户善哉！其言之也，今遇當事威令素著此輩固不敢，然移易其說而爲歸，總爲入庫則其計，愈巧已享其實，而委官以名，一或不察，則甘予奸民以厚實，而自受其不美之名矣，何以言之？夫每歲之靛或云一百萬，或云八十萬，或云五十萬，言多者則色欲飛，言少者則貌欲瘁。予曰：『此何必論其虛實，果實而至於百萬，以一包二分入官，計之則爲銀二萬，使入庫而有此名，美乎？不美乎？現今黔兵甚劇，湘潭正黔督所轄之地，倘聞此風，具疏奉旨取强，半以入黔，爲之民者死乎？不死乎？爲之官者，苦乎？不苦乎？良工不示人以樸，慎哉！慎哉！』今又言：『減靛至八十萬，減銀至七釐，但脚馬之價原止二千四百兩，乃不啻倍之，此爲名之不美，一也；在奸民之言不過曰：「我等生意不均，藉官收而分之，庶無肥瘠而大夫亦甚憐之。」』姑爲之平，其出入作菩薩一子想耳。然其勾稽考較，勢必用官差、用鄉約、用巡欄，而出納必由吏胥，此輩皆不欲其均，正欲其不均。但求自饜足而止，將來利入漸微，不但五六千金不可得，即千金亦不及。此時何以自明？而馬急人解之禍不必言，已是予之所憂也。苦夫山市之賈，苦於經紀夾帳，其入官者如此，則夾帳亦如此，但取益於賈，決不肯自損而賈，心不堪則相率而散於衡山、湘鄉、湘陰及遠之閩贛，皆不可知。此賈人自能言之，予不必代爲之贅。

綜述

唐 佚名《司牧安驥集》卷一《伯樂針經》 大凡行鍼，先知穴道去處，次辨淺深補瀉之法，兑其失悞。右手持鍼，左手按穴。未行鍼切忌大雨大風，緣風是禍害，雨是絶命，陰陽分争，不可行鍼。用鍼須依穴道，看病淺深，補瀉相應；出氣為虚，入氣為實；左轉鍼為補，右轉鍼為瀉；後按鍼為中補，次抜鍼為中瀉。若偏較一絲，不如不鍼，隔一毫如隔太山，子細審詳，對病行鍼，何愁不痊。具穴道如後：

眼脉穴：在眼後四指。是穴入鍼二分，出血。療肝臟熱、眼腫、淚下病。

鶻脉穴：在頰骨下四指。是穴入鍼三分，出血。療五臟積热、壅毒、揩擦、疥㾐之病。

胷堂穴：在臆骨兩邊。是穴入鍼三分，出血。療心經積热、胸膊一切痛病。

帶脉穴：在肘後四指。是穴鍼入二分，出血。療黑汗及腸黄病。

督穴：在腎尖兩邊，相對。是穴入鍼二分，出血。療腰間滯氣及肾臟風邪、把胯病。

尾本穴：在尾根底四指。是穴入鍼三分，出血。療脊間滯氣、把腰病。

同筋穴：在里乘重、臆骨下四指。是穴入鍼一分，出血。療閃擘著、乘重骨腫痛、并心疸病。

夜眼穴：在夜眼下四指。是穴其穴，禁止不鍼。

曲池穴：在兩後脚鴈翅骨下，曲盤凹処。是穴入鍼三分，出血。療鴈翅骨腫大及鶻鼻骨腫疼病。

膝脉穴：在膝下四指，筋前骨後。是穴入鍼二分，出血。療閃擘著、夾膝骨腫、皮骨労、跛痛病。

踠穴：在前攢筋骨上，後鹿節骨上，筋前骨後。是穴鍼入三分，出血。療骨節腫痛、板筋腫病。蚛褁至較。

蹄頭穴：在前脚川字上，後脚八字上，其四穴。入鍼三分，出血。療攢筋、鹿節骨腫疼，及蹄胎腫毒病，用藥封褁。

外項上共一十八穴療。馬患項脊㥘、低頭不得病。

上上委、上中委、上下委、中上委、中中委、中下委、下上委、下中委、下下委。

已上十八穴，入鍼一寸三分。療項脊㥘、低頭不得。火鍼不較即烙。若是血氣壅，即出胞堂、鶻脉大血，用火鍼於八窌穴：尾前，短筋巳後，兩面共有六鍼，并八窌穴是七穴，各去脊梁四指，是穴入鍼二寸五分。若是冷風吹着，及簷下雨水淋着，或臟腑冷氣傳流，并内所傷，須㬉補暖温脾氣藥及温憯。若是損傷骨髓、肉斷、血脉不通，須㬉補暖血脉止痛藥，并用火鍼。

膊上八穴：兩面共一十六鍼，用火鍼各入一寸。療血脉凝滯、肺氣把膊及膊尖骨腫大腫痛病。

膊尖、膊攔、衝天、搶風、肺門、肺攀、掩肘、乘鐙。

弓子一穴：在弓子骨上四指。是穴入鍼一寸三分，板拽動皮，入㿗氣。療膊怯氣滯病。

胯上八穴：兩面共一十六穴。火鍼各入一寸。療内肾積冷、抽氣把胯病。

巴山、路股、大胯、小胯、汗溝、仰瓦、邪氣、臺腎。

腰上三穴：兩面共六穴，腎棚、腎蹄、肾角，并接脊骨前百會一穴，共七穴。

去脊梁四指，每穴租離四指。火鍼入一寸五分。療内腎癱、冷氣把腰病。

肝腧穴：在左里仁畔，從後第五肋里，去脊梁一尺五寸。是穴火鍼入一寸。療一切肝家之病。

脾腧穴：在從後第三肋里，自脊梁仰手却合手。是穴火鍼入一寸。療脾胃傷冷、脾寒打顫、脾不磨病。

肺腧穴：在從後第九肋里，去脊梁一尺五寸。是穴火鍼入一寸。療肺氣滯及肺痛病。

兩耳中有禁穴二道，不得鍼刺。

大風門穴：在兩耳根後面一指。是穴火燒烙鐵，园烙，深三分，油塗。療卒中、破傷風或諸風病。

風門穴三道：在額上檐、睛鬃下。是穴火燒烙鐵，烙深三分。療肝昏、腦黄病。三穴一名。

通関穴二道：在舌根底下兩邊。是穴入火鍼二分，出血。療六脉閉塞、舌本脹病。

玉堂穴：在口内上齶第三稜。是穴入鍼二分，出血。仍用塩擦之。療五臓伏热、腦壅、束口黄病。

開関穴二道：在口内兩頰上腫処。是穴火燒頂子，烙二分，入塩擦，嚾涼薬。療上焦壅热、噍水草難病。

喉門穴二道：在頰下一指相對。是穴病輕，即火鍼通関，各入三分；重即火燒烙鑵，鈐圍。療骨脹緊硬、噍水草難病。

喉腧穴：在頰下四指。是穴鍼鈎、刀割開，眼园二寸，透氣。療热壅呀呷，及束顙黄倒地病。

雲門穴：在大馬脐前三寸，小馬二寸半。是穴火鍼入一寸，療膀胱積冷、停留宿水病。

蹄門穴：在蹄兩邊。是穴火燒烙鐵角。點烙出膿，油塗。療蹄門并弹子頭腫痛、點脚病。

天臼穴：在蹄門上窩子是穴用粗火鍼入三分，療久患蹄病。

伏兎穴：在耳後二指。是穴入火鍼三分。療項緊硬病。

骨眼穴：在眼内。先將鍼線穿過眼骨边頭，左手牢把線，右手用刀子割去骨眼，不許割着水輪。療骨眼遮瘴病，如是不割了，即眼不見物。

心腧穴：在臆骨上。是穴如患心疸黄病，用白針鏃十餘針，針出黄水或血，将塩一錢，擦在針処，拔出黄水毒氣；如不毉療，成瘡透心肺。

板筋穴：在膝下。是穴如患板筋大硬，用烙鐵點烙。

鹿節骨穴：在鹿節骨上，筋前骨後。是穴入鍼二分，出血。療失節腫痛病。

尾尖穴：在尾尖上。是穴鍼五分，出血。療馬黑汗病及疳尾病。

肚口穴：此穴通流小便，不許行鍼。

臁癖穴：在軟臁上。是穴火鍼三鍼，各入三分。療臁垂緊硬或腹細病。

血堂穴：在兩鼻内。是穴入鍼三分，出血。療肺热攻注鼻腫痛。

三江大脉穴在鼻梁兩邊四指，是穴入鍼二分出血，療热氣攻注、頰骨腫痛，或療骨劳、跛痛病。

垂睛穴：在眼上四指。是穴如患腫痛，毒氣不散，白鍼鏃之。

鬐中穴：在鼻梁前高処。是穴如患一切腫痛，用白鍼鏃，消散毒氣。

椋草穴：在曲池上。是穴入火鍼三分，鍼一名，療腿捧拽胯病。

鏁口穴：在口角兩面。是穴如患鏁口黄病，用烙鐵烙深三分，長一寸半。

外乘重穴：在膝上五寸。是穴入火鍼三分。療閃著、腫毒、或臓腹攻注腫痛病。

垂泉穴：在蹄底雀舌，是穴用尖頂烙深三分。療久患蹄漏、腫痛、毒氣不出病。

陰腧穴：在外腎後中心縫上。是穴火燒丁子烙，深三分，用油塗。療陰腎腫大并木腎病。

毉馬買馬吉日不拘月分用之：巳巳、庚午、辛未、乙亥、丙子、丁丑、乙酉、丁亥、戊子、壬辰、乙未、戊戌、乙亥、辛丑、甲辰、乙巳、丙午、巳酉、壬子、丁巳、戊午、巳未、庚申、壬戌。

放血忌日：春寅、午、戌，夏巳、酉、丑，秋申、午、辰，冬亥、卯、未。

馬本命日：九月巳日，十月亥日，十一月午日，十二月子日。

已上日不宜行鍼毉治。欲行鍼，如犯血忌、本命、晦朔弦望、風雨陰寒，皆是禁忌，不可行鍼。又緣春首及馬有病，棄血如泥；餘月及馬無病，惜血如金。凡針馬之疾，先觀馬之肥瘦，次看喫草多少，然後相度行之。鍼皮不得傷肉，鍼肉不得傷筋、傷骨。三補一瀉。大馬先鍼工，騍馬先鍼右，後學者識之。

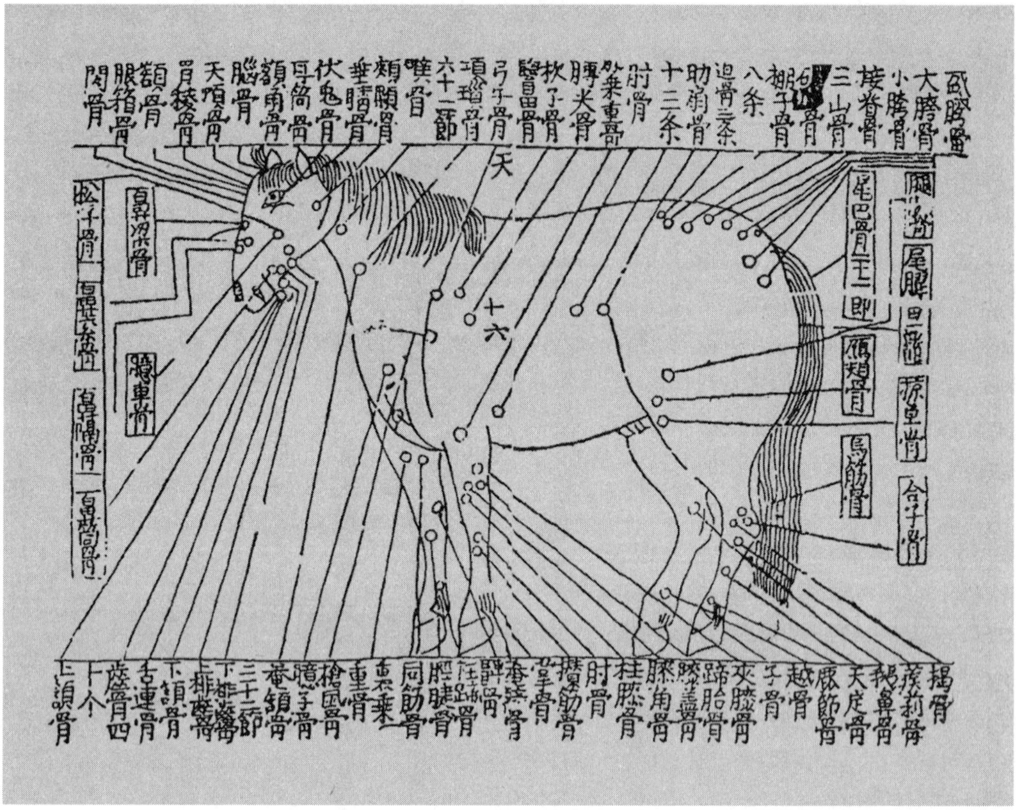

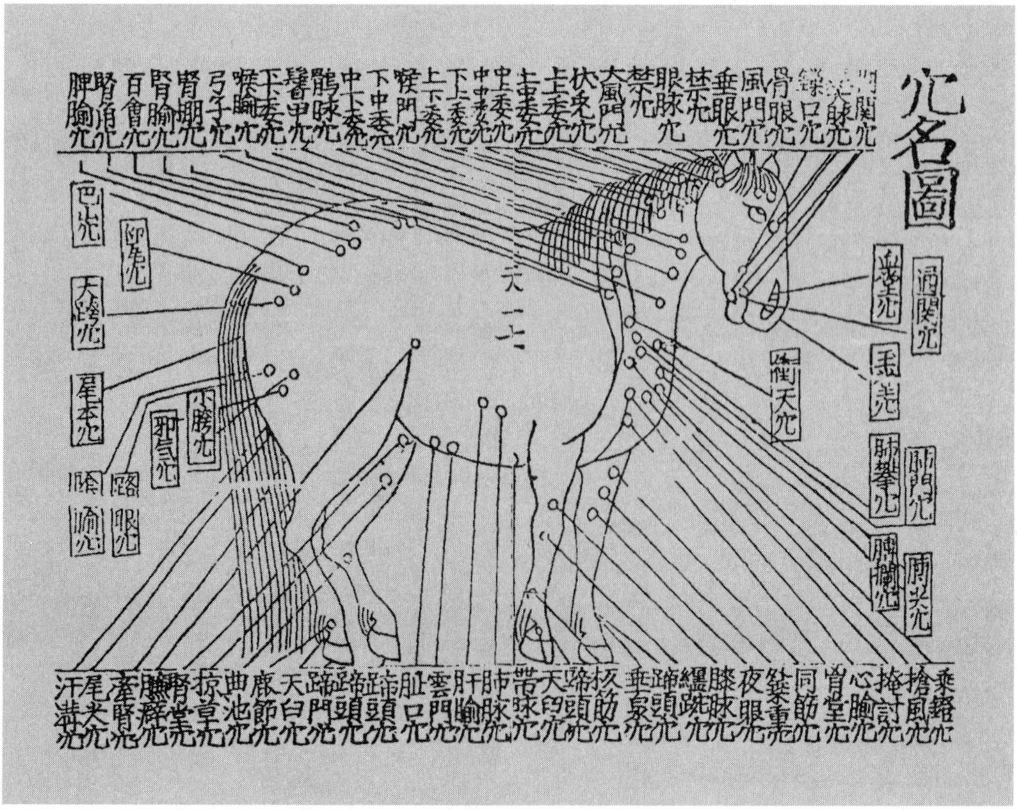
穴名圖

又 卷二《看馬五臟变動形相七十二大病》 夫馬生天地之中，禀陰陽造化之氣，故蹄可以踐霜雪，毛可以風寒，任重致遠，行他無疆，而武所賴以閑，習者豈可後哉？昔神農皇帝創置藥草八百餘種，留傳人間，救療病馬。自後馬師皇、孫伯樂、王良、造父間世而出，為時名醫，能辨馬之寒熱，識馬之虛實，觀形骨之駑駿，别四時之受病。又能知五臟六腑之病源，察五行衰旺之氣候，有病針藥，随療即瘳，而為萬世之師也。春三个月，肝旺七十二日，位列東方甲乙木，外一十八日旺於脾。夏三个月，心旺七十二日，位列南方丙丁火，外一十八日旺於脾。秋三个月，肺旺七十二日，位列西方庚辛金，外一十八日旺於脾。冬三个月，肾旺七十二日，位列北方壬癸水，外一十八日旺於脾。脾属中央戊巳土。此是五臟各旺七十二日，為脾旺四季，是陰陽之表裡，都計一年三百六十日，土於四季各旺一十八日，都計七十二日，為土旺時日也。脾無正形，分在戊巳之位，乃於中央，以四臟為主。腑病爲陽，此病易醫；臟病為陰，此病難則。馬有四百四病，内有七十二大病，其意深，其旨遠，病相各别，醫者當用心求之矣。

第一，馬患脾家病，口色多黄，鼻冷多寒，不食水草，褰脣似咲，傷冷之候。速與針熁，湏嚾温脾藥。

歌曰：冷傷脾病少精神，鼻冷毛焦顫不寧。姜棗厚朴能和胃，脾穴温針更熁頻。

第二，馬患傷脾，并胃氣不和，水草漸退，精神减少，眼色慢，氣脉短少，湏嚾氣藥。

草傷脾病氣不和，頻頻呵欠不柰何。
水草進退微要卧，氣滑藥灌酒相和。

第三，馬患脾不磨病，草谷難消化，氣脉不和，鼻中息短，精神慢，多卧，上脣似咲。速湏針，用生姜棗煎氣藥嚾。

脾不磨病要得時，口内青黄氣力微。
鼻冷頻頻時要卧，針脾煖胃恰合宜。

第四，馬患偏次黄病，從心臟起，生在肺門後。此病直透心肺，多是心臟壅毒，有失嚾啗涼藥，為緣馬熱上生黄。速湏針醫，嚾啗凉藥塗之。

偏次黄病有可醫，搶風頭上腫如梨。
急湏針破塗妙藥，更嚾涼藥病相宜。

第五，馬患急偏次黄病，亦從心臟起。為緣馬春秋不抽六脉血及餵熱料，毒氣攻於五臟，所以病生。速嚾涼藥，抽其大血。

急偏次病心上得，搶風近上連食脉。
若是正病治他難，些小皮膚藥醫得。

第六，馬患束顙黄病，是五臟壅毒攻於咽喉，有失嚾啗。湏與針烙用藥，漸次消除，及與出血，醫遲便見損傷。

束顙黄病咽喉腫，草料微細熱氣衝。
火烙用針涼藥嚾，更湏塗藥漸消融。

第七，馬患㮴顙黄病，肺攻注，連腮腫毒並起，漸漸病重，草料不食，頭低，出氣不得。與嚾消黄涼藥，抽胸堂血。

㮴顙肺毒病要知，連喉腮腫急湏醫。
草料進退舌根腫，消黄涼藥用猪脂。

第八，馬患肺摔把膊叓担脊膊病，此馬行步稍難，摔動便卧，時時用力搐倒，是因傷重氣促，損肺而得疾，把定脊膊難行食脉紧急，食槽腫硬。湏烙肺門。

肺摔病狀又如何？食槽下面腫硬多。
連膊把定行步慢，肺門針烙易柰何。

第九，馬患草結病，是在母腹中時、穀料之毒氣攻注，初時皂子大，次如杏核，漸若連珠，硬即是風，軟即是膿，若是不取，湏致命矣。

草結之病用心取，硬即是風軟是毋。
偏損鞍馬結成膿，和根取子無復有。

第十，馬患前結病起卧，喘息粗，因馬食草料之時，傷草穀在大肚中，熱氣積聚，惡糞成結，其馬負痛起卧，氣粗鼻，咋腹脹氣滿。與嚾氣滑藥并四味指氣藥透過。若不透過，即難治。

前結起卧連胸臆，兩脚夾頭氣不通。
頻嚾氣藥啗四味，急走摔行即見功。

第十一，馬患後結起卧病。馬因食乾草過多，在腸胃，緣馬積熱澁滯，負痛挨驟，聚糞成結。速嚾氣滑油酒藥，便湏入手按破，氣通即差。勿令放交氣滿。

後結起卧腹脹大，迴頭向腸側肋卧。
入手打破氣脉通，交伊卧時也不卧。

第十二，馬患中結起卧病，大腸壅熱，澁糞難行，積聚惡糞在板腸，痛撩騍成結。

中結起卧因失飲，冷热氣壅不降升。

須知此病是中結，变成積塊致况縈。

第十三，馬患冷痛起卧病，因冷热不調，冷傷拎脾胃，多作寒熱，氣痛不止。須嚾和氣薬，更針燋脾腧穴即差。

冷痛起卧因陽脾，口鼻自冷出氣微。

三燋穴上針要動，葱酒下薬恰合宜。

第十四，馬患大肚糞不轉，結聚惡糞在大腸，更連板腸糞澁，多卧不起，時時廻頭。須用脂薬一兩服，微微糞行。

大肚板腸糞行澁，起卧頭低尾擺遲。

起時前脚恰如坐，頻将四味嚼猪指。

第十五，馬患胞轉病，欲待蹲腰却不尿，馬氣澁失尿。与嚾氣薬，入手撥正即差。

胞轉疾病失尿時，氣悶不順勿孤疑。

滑石燈心葱酒嚾，入手撥正用心機。

第十六，馬患腸入陰痛，因撩騍，腸中有一竅穴，如銭来大，透入小腸，拎陰囊中負痛，時時起卧，廻頭看腹。須與氣薬，治七傷薬，葱酒嚾之，手揉依元，帶子計之。

腸入陰時尿不通，頻頻廻頭小腸中。

以手揉過帶子繫，七傷氣薬酒和葱。

第十七，馬患水穀，併偏身并出，鼻中有水沫出，努目鼻咋，頭平耳垂，鼻中時滴清水。

水穀併病努目睛，鼻中出水冷如水。

遍身汗出鼻又咋，死生當日及初更。

第十八，馬患水掠肝病，因熱困乏，猛喫水，肝傷，其水又傷臟腑，漸入皮膚。

水掠肝病目直視，遍身汗出喘息粗。

口中黑色難治療，頭低脚散命必殂。

第十九，馬患渾睛虫病。其病因霧露水入眼，轉入睛中，号『渾睛虫』。用薬點五輪穴針即差。

渾睛虫病本因何？露水入眼出不得。

恐他點薬治療難，開天穴内針得力。

第二十，馬患内障眼病。因心腎不安，腎属水，心属火，水火相尅，二臟相傷，致令目中受病，眼目傳汪，流脉入腦。於太陽穴針治即愈。

内障病眼醫莫遲，頭热頻頻流腦脂。

太陽穴内須針烙，洗肝涼薬用山梔。

第二十一，馬患外障眼病，初得有似熱暈，頻頻淚出，青暈朦人有似遮欄。速与點嚾醫療即差。

外障眼病肝家積，初得淚下如雨滴。

撥雲青子頻與點，更嚾洗肝是仙方。

第二十二，馬患筋骨風病。緣肝注筋骨，是肝臟邪氣攻於筋骨，有似風狂之状。

筋骨風病恰如狂，後脚拽胯行動忙。

豆淋葱酒風薬嚾，醫人用意細消詳。

第二十三，馬患腿退風病。後脚腰胯無力，卧時筋舒，起止不得，兼是損着腎棚，簇肉俱斷，其病難差。

腿退風病初受時，後脚筋舒起不得。

腰腿百會須針烙，五臟受風連胸臆。

第二十四，馬患損着五攢痛病，出氣粗，精神慢，口痛不食水草，變拒膂膊須針，六脉出血，止痛薬嚾之。

損着五攢病哽氣，欲卧不卧連心肺。

水草微細拒胸臆，醫者分明子細記。

第二十五，馬患筋風瘡，初得作坑，有赤水流連蹄腕，漸次轉彑，急須貼之。

筋風瘡病連蹄腕，赤水常流不可觀。

須是就瘡敷妙薬，不過數日必能乾。

第二十六，馬患肺花瘡，初得時前後脚連腿上下生出，須截烙與嚾蹈貼薬。

肺花瘡病急須醫，初出連脚後連腿。

若是赤膿須且覷，藥非應病應難退。
第二十七，馬患草噎病，困困來猛食水草，所嚥不及，噎在喉咽內，至口中吐沫，遍身汗出，垂頭便須治之。
草噎病狀下咽遲，垂頭直項喘不得。
口中沫出微有汗，此病多應人不識。
第二十八，馬患卒心疸病，五臟各有毒氣，攻注於外，出自胸臆，下至肺門，搶風上下腫破。須針烙塗藥。
心疸黄病前脚開，腫硬醫家要卒棑。
針鐮火烙頻水潑，多時未較奔心來。
第二十九，馬患草傷脹病，因飽後騎，傷着咽喉，喘粗，腹脹結，餵時不食水草。
起卧脹病飽大過，口乾喘粗氣不和。
和水糞行無滯礙，氣滑藥嚾便消磨。
第三十，馬患肺孔間病，叟鼻血出，喘粗鼻咋，因五劳而得。肺注於氣海。肺為華盖，肺是五臟宼嬌，不可傷之。
肺孔開病叟鼻咋，頻頻血出兼肺啌。
肺臟傷敗須救療，七傷理治定能痊。
第三十一，馬患血海翻病。馬心主於血，役拎劳，氣是心臟之敗，致令血海翻。
血海翻病心肺攻，有热因病氣脉衝。
沒藥當帰用酒嚾，胸堂出血有音功。
第三十二，馬患腦黄病，初得時，頭低耳垂，精神短少，身轉，口中有水沫出，因五臟热毒傳流入腦，变作腦黄，心中悶乱，發歇不定。涼藥嚾之。
腦黄得病两耳垂，左轉頭低脚数移。
水草細微精神慢，心腧出血恰合宜。
第三十三，馬患肺類病。其病甚惡，两鼻中黄膿極臭，毛焦，精神少，膁筋搐，因慢肺黄所傳，其病不可治。
肺類之病惡形儀，黄膿兼瘦傳回服。
毛焦眼澁精神短，膁搐肺散不多時。
第三十四，馬患急肺黄病，初得毛焦受塵，汗流遍身，内顫，脚不住，喘粗，肺臟壅毒，致有黄生。用涼藥嚾之。
急肺黄病初得腎，口黄毛焦汗流之。
板藍大糞猪清嚾，耆膊淋水急須醫。
第三十五，馬患腦類病，鼻中膿出，兼有瘡生，不竟漸瘦，不可治也。
腦類之病得多時，鼻中膿出有瘡痍。
莫怪形駈漸漸瘦，倏忽之間化作泥。
第三十六，馬患热惾病，初時腰背項緊硬，行步不稳，形如中風，耳緊。針項、鍼腰、嚾止痛藥。
热惾之病两耳緊，捧着脊硬行不稳。
頻嚾油藥并出血，用着風藥病必損。
第三十七，馬患慢肺黄病，初得頭平耳垂，精神短少，糞緊澁，尿遲如血汁，或似梔子黄色。若陰腫，鼻内有膿，即不可治。
慢肺黄病两耳垳，水草不食糞又赤。
若是陰腫并鼻温，檢尽名方醫不得。
第三十八，馬患肺顛黄病，脚狂，精神轉惡，或起或卧，或顫或搐，口色赤白，或肺門有汗，走急。與嚾涼藥。
肺顛黄病脚有狂，膁搐精神轉更强。
或起或卧來往走，急嚾涼藥莫消詳。
第三十九，馬患肺痰病，口中多吐涎沫，因肺壅熱所得。此病急須嚾化痰藥。
肺痰隔上熱涎多，口中沫出不柰何。
葶麻白礬能治肺，頻頻嚾啗漸消磨。
第四十，馬患肺敗，因非理走驟，飲餵失時，寒热相通，劳若疲乏，鼻咋喘粗，精神短慢。與嚾治肺藥。
肺敗病状又如何？飲餵失時走驟多。
精神漸弱鼻又咋？聞喉嚾啗漸消磨。
第四十一，馬患心黄病，因五臟積热，依時不抽六肺血，并失嚾啗，逢人便咬，精神轉大。與嚾涼藥。
心黄病躰精神多，努目直視氣不和。
舌如朱砂牙齒乾，移脚不動難柰何。

第四十二，馬患心風黄病，两耳卓槊，蹄不住狂走，脣口冷，左右咬人。因热極所得，嚾涼藥，烙風門穴。

心風黄病因熱極，脚狂乱乏一如痴。

两耳卓槊逢人咬，風門火烙切湏知。

第四十三，馬患肝昏病，两眼不見物，四脚不住，身轉乱走，衝撞墻壁。此肝昏之病，與嚾涼藥。

肝昏之病有似醉，四蹄欲倒頭垂地。

行步之時逢物撞，湏將火烙病除退。

第四十四，馬患木肾黄病，行多拽胯，脊梁紧硬。火針百會穴，新水潑之。

木肾黄病腰脊硬，拽胯精神不欲行。

百會火針湏水潑，仍令頻嚾去根萌。

第四十五，馬患内木腎黄病，腰背紧硬，頭平耳垂，多起，却又卧，常亞腰攢蹄。頻欲嚾啗草前藥。

内木肾黄纫湏知，腰背紧硬又頭低。

水草微細鼻内冷，用藥攻毉不可遲。

第四十六，馬患陰黄病。馬因傷重，并傷宿水不消。與温熵，針百會穴，淋洗嚾啗。

陰黄得病陰又垂，傷冷傷重脚難移。

淋洗塗藥頻頻嚾，七傷空草恰合宜。

第四十七，馬患急肝黄病，初得口色青，眼中泪出，两日如痴。此肝黄之候，頻嚾涼藥。

急肝黄病口色青，眼中泪出少精神。

草料細微兼有汗，洗肝涼藥嚾湏頻。

第四十八，馬患里肝黄病，两眼無光，捽行不得，時時倒坐，肝氣壅塞。耳後火烙，與嚾涼藥。

单肝黄病目無光，捽行倒坐脚如狂。

涼藥葱酒大糞嚾，耳後湏教火烙黄。

第四十九，馬患虫蝕肝黄病，初得身軀轉不定，两眼似睡，或驚或走。與嚾涼藥。

虫蝕肝黄病脚轉，似睡多驚時又喘。

耳後眼前兩处烙，葱酒大糞黄連嚾。

第五十，馬患肺旋黄病。馬騎來不歇，便與草料，即不知馬困疲乏，捽拽不動。宜嚾治肺藥放胸堂血。

肺旋黄病脚多轉，廻頭向後似阿欠。

捽拽不動毛又焦，治肺涼藥用水煎。

第五十一，馬患肝黄病，因肝臟壅熱，攻注於目，两耳卓槊，東西乱走，獐狂乱撞。可嚾涼藥。

肝家受病人不知，两耳卓槊眼精痴。

奔衝信脚東西走，耳後眼前火烙之。

第五十二，馬患肺風黄病。初得遍身揩擦，皮膚瘙痒。可放大血，嚾五參散。

肺風之病疥還生，遍身揩擦似虫行。

大血放却毛滋潤，五參散嚾氣血荣。

第五十三，馬患腎腧黄病。初得連腿腫，久不消，便有瘡生。頻與新水淋，急針，藥扶持。

肾腧黄病亦得時，膁搐腿腫勿疑之。

若攻前脚水草慢，病腫傳來入四肢。

第五十四，馬患雙抽腎病，把腰胯，脊梁紧，頭平耳垂，水草慢下。止痛藥嚾之。

雙抽腎病因閃着，脊梁曲硬拽後脚。

或上或下腎堂血，没藥當帰用芍藥。

第五十五，馬患單項疾病，因困來未定便飲水，及客風吹着，單項紧。急用涼藥嚾之。

單項疾病因何得，腦熱氣攻連項急。

走來未定即飲水，用藥行針効項刻。

第五十六，馬患單抽腎病，腰脊久冷；嚾冷藥過多，必有後冷之病。與温、針之。

單袖肾病脚難移，腰胯久冷苦傷騎。

膁後一穴針三寸，七傷藥嚾更無疑。

第五十七，馬患項脊悋病。其病瘴身硬，伭頭不得，若不早治，傳在肺經，不可治。

項脊慽病連腰硬，汗出損着兩膝間。
用藥行針須好手，若是正病治應難。

第五十八，馬患肺慽病，兩脚拒地難行，兩脚或高或低，水草漫；若如鼻湿，不可治。

肺慽之病兩脚棒，鼻内膿出血相連。
若加賺硬并肉瘦，嚾尽凉藥救無緣。

第五十九，馬患風慽病，因騎走驟，或當風卸鞍，汗偕未定，迎風而立去鞍，並不交驟，致令有此病狀。賊風透入，令五臟病生。

風慽之病氣不和，因騎走驟汗出多。
當風卸鞍迎風立，鼻開腰硬且柰何。

第六十，馬患脾家虚病，精神短慢，毛焦受塵，鼻中息短，氣脉不和。因冷傷脾胃病，頻與温脾藥。

脾家虚病口色黄，時時起卧似尋常。
毛焦鼻冷移左脚，術人三熵針最良。

第六十一，馬患肚黄病，並因是臟腑内積聚，膀胱宿水不消，兼荣衛不和。須與針，用藥敷貼，以新水潑之；次用大黄氣藥嚾，啗了，不住捧行，此病漸減。

肚黄之病又何如？荣衛不和滯氣多。
須用大黄氣藥透，空草却與嚾温藥。

第六十二，馬患遍身揩擦病，因走回卸鞍早，致有血汗風傷於皮膚。須與放大血，及用肺風藥嚾，次塗藥治之。

遍身揩擦血汗風，肺門壅滯氣未通。
大血出却頻嚾藥，五参於此有殊功。

第六十三，馬患脾毒風氣病，唇口俱腫，毛焦受塵，氣脉不通，多注破皮膚。有失豎療則瘡生，須與針烙治之。

忽然唇動脾毒風，毛焦受塵氣不通。
細針唇上連口鼻，五参散子用蓯蓉。

第六十四，馬患肘黄病，元是熱毒攻注，兼荣衛氣不和。緣血為荣，氣為衛，兼肚帶勒得緊，蓄住氣脉，攻於皮膚。須與針破，絍藥，更頻淋之。

肘黄荣衛氣不和，木是壅毒積热多。
針破用藥微消散，頻淋新水與消磨。

第六十五，馬患肺毒病，忽然生瘡，狀如葡萄之顆色，食水草慢，不着脂膔，精神短少，口色白。與開喉放大血，用治肺藥嚾熖，烙鉄烙之。

肺毒之病忽生瘡，狀如猪腦膿似漿。
不甘水草精神慢，此是正病肺家傷。

第六十六，馬患骨眼病，初得之時，多驚，怕乘騎，本是肝家積热，大皆裡面生骨，如指甲大，磨得眼睛碧色，多昏暗，不見物色。頻須出者，不取了，磨壊眼目。

骨眼多驚怕乘騎，肝家壅熱嚾失時。
針線穿定刀子割，不損五輪始會豎。

第六十七，馬患附骨垂病，於膝下同筋上腫者多前。先頻與用消筋骨藥敷之，更須點烙。

附骨垂之病在膝，同筋骨下腫多時。
用治筋骨藥頻貼，不較還須點烙之。

第六十八，馬患蹄黄病，多生在四蹄上，並因自來春秋不出四蹄之惡血，毒氣衝於四蹄，致有蹄黄瘡病。頻與貼藥即差。

蹄黄毒氣注多時，蹄胎上面作瘡痍。
膏藥頻塗於面上，更敷瘡藥不宜遲。

第六十九，馬患疳尾病，因有賊尾，痒擦多日，聚膿成虫，在於尾挺内。須與毒藥療之，去除虫注痒，豎遲退了尾。

疳尾之病因賊尾，庠來擦動作疽瘡。
毒藥頻擦虫又死，勿令稍緩尾周傷。

第七十，馬患泖水病，盖因冷热不調，傷於脾，日漸羸瘦，兼飲宿水，傷於脾氣。須草前用藥，嚾之即差。

病本因冷傷脾，傷水漸瘦巳多時。
冷即難豎热即易，鍼脾煖胃恰相宜。

第七十一，馬患肺把膞病，因傷氣衝於前膞，並是五劳七傷之病速。與針豎時時，失治多傳肢膞病，食水草慢，轉難豎。

肺把膞步點頭移，哽氣因兹草料微。

胸堂出血連針膊，亦須治肺藥扶持。

第七十二，馬患傷重尿血病。此病先傷心臟，次傳於小腸，遂使勞衛氣不和，致令尿血。緣心為血海，小腸為表。至於尿血，須急與治之。

傷重尿血草料徵，時時展腰病連脾。紅花當歸沒藥酒，七傷連嚾莫相疑。

《太平廣記》卷四三五《畜獸》

馬

吐火羅國波訕山陽，石壁上有一孔，恒有馬尿流出。至七月平旦，石崖間有石閣道，便不見。至此日，厭噠人取草馬，置池邊與集，生駒皆汗血，日行千里。今名無數頗，梨隨西域中浴，須臾即回。

圖記云，吐火蘿國北，有屋數頗梨山，即宋雲所云波訕山者也。南崖穴中，神馬糞流出，商胡曹波比親見焉。

浴馬港，踈水流也。漢時，常有馬數百匹出其中。馬形皆小，似巴滇馬，遂名其孔為馬穴。初得此馬，乘出沔水上浴之，遂名其處曰浴馬漑，沔頓宿，今名騎亭。三國時，陸遜攻襄陽，又值此穴中有馬十匹，遜載還建業。

漢章帝時，蜀郡王阜為益州太守，治化尤異，神馬四匹，出滇池河中。

唐武德五年三月，景谷縣治西，水有龍馬，身長八九尺，龍形，有鱗甲，橫文五色，龍身馬首，頂有二角，白色。口銜一物，長可三四尺，凌波迴顧，百餘步而沒。

西陵北，陸行三十里，有石穴名馬穴，常有白馬出此穴。人逐之，潛行出漢中。漢中人失馬，亦出此穴，相去數千里。今馬穴山在峽州夷陵。

宋 周去非《嶺外代答》卷九《蠻馬》 南方諸蠻馬皆出大理國，羅殿、自杞、特磨歲以馬來，皆販之大理者也。龍、羅、張、石、方五部蕃族，謂之淺蕃，亦產馬。馬乃大口，項軟，趾高，真駑駘爾。唯地愈西北，則馬愈良。南馬狂逸奔突，難於駕馭，軍中謂之『拚命搶』。一再馳逐，則流汗被體，不如北馬之耐。然忽得一良者，則北馬雖壯不可及也。此豈西域之遺種也耶？是馬也，一疋直黃金數十兩；苟有，必為峒官所買，官不可得矣。蠻人所自乘，謂之座馬，往返萬里，跬步必騎，驅負且重，未嘗困乏。蠻人寧死不以此馬予人，盖一無此馬，則不可返國，所謂『真堪託死生』者。聞南詔越睒之西產善馬，日馳數百里，世稱『越睒駿』者，蠻人座馬之類也。聞今溪峒有一黃淡色馬，高止四尺餘，其耳如人指之小，其目如垂鈴之大。鞍轡將來，體起拳筋，一動其轡，倏忽若飛，跳墻越塹，在乎一喝。此馬本蠻王騎來，偶病，黃峒官以黃金百兩買而醫之。後蠻王再來，見之嘆息，欲以金二百兩買去，勿予之矣。嘗有一勢力者欲强取之，峒官鑿裂其蹄，然不害於行也。此馬希世之遇，何止來十一於千萬哉？謂可必得害事多矣。

又《果下馬》 果下馬，土產小驷也。以出德慶之瀧水者為最，高不踰三尺。駿者有兩脊骨，故又號雙脊馬。健而善行，又能辛苦，瀧水人多孳牧。歲七月十五日，則盡出其所蓄，會江上馳騁角逐，買者悉來聚觀。會畢，即議價交易。它日則難得矣。湖南邵陽、營道等處，亦出一種低馬，短項如猪，駑鈍，不及瀧水，兼亦稀有雙脊者。

明 顧煜《射書》卷三《馬忌》 石灰泥槽損馬，繫馬於門上，令落駒。養獼猴能辟惡，并去疥癬。戊寅、庚寅日不可作廐，作之者一年凶。丙寅日不可出入，三年人馬俱死。申白不宜取馬，必死。戊午、庚子日不取并忌入廐，大敗。凡養馬之法，當擇日時之良而知所忌。

明 楊一清《關中奏議》卷一《一爲稽考官軍騎操馬匹事》 兵部覆該本部送，於兵科抄出，督理馬政都察院左副都御史楊一清題。節該欽奉敕諭：『官軍騎操之數，亦令該管官員如法點視比較，毋致倒失虧欠。爾仍不時往來提調稽考。欽此欽遵。』臣本年八月内到於陝西地方，督委都、布、按三司左布政使文貴、按察使張泰、都指揮使楊敬等，將陝西城操、備冬并延綏、寧夏二鎮下班官軍騎操馬匹，逐一點視。續據各官揭帖内開，各項馬匹瘦損，倒失數多。除各行懲治追究外，近該臣經過各衛所地方，看得各處官軍騎操馬匹，膘壯者十無二三，瘦損者恒居其半。或皮破脊穿，或骨高毛脱，或瘡瘺可驗而捏故遮瞞，或行動欲仆而借人扶策。平居騎坐且或不堪，况望其追風逐電於沙漠之區，陷陣摧堅於矢石之下哉！前年邊寇深入搶掠，我軍退縮，不聞截殺之功，大率由此。至於倒死拐欠之數，月積歲增，行伍之間，殆無完隊。詢其所以，多因管軍官員不能嚴督軍人用心餧養所致。又有一等無知官員，將各軍應給草料尅減，或扣除在官而應荅上司，或指稱公用而私賣覓利。訪得各邊營堡，其弊尤甚。其鎮守、分守、副、叅、遊擊、把總等官，奉公守法者固有，假公營私者實多。非因公務，輒差旗牌官舍人等及容令弟姪子男買賣營運，濫給官馬應付，多者二三十匹，少者五七匹。馱載私物重至百十餘斤，程送前途遠至七八十里，往來相繼，馳驟無休。馬匹因而損傷，軍士莫敢聲說。及至追補之際，又被官豪勢要之人，將矮小瘦損不堪馬匹，威壓勢逼，高價領買，有交手未幾而旋即倒死者。臣為提學之時，蓋已熟知其弊；乃今聞之道路，此風猶不能無。近年朝廷軫念邊方多事，或發太僕寺馬價，或支陝西布政司官庫銀兩，收買戰馬，給與出境追斬、截殺燒荒等項官軍，亦或見侵於狐鼠漁獵之徒，不得實用。衆口嗷嗷，可為切齒。既往者不可勝罪，將來者所宜嚴防。案查，先為修舉馬政者，行據陝西行太僕寺呈。查得洪武三十年二月十三日，右軍都督府官同左軍等都督府官早於奉天門，欽奉聖旨：『如今陝西等都司開設行太僕寺，恁都府行文書去，説與都司、衛所知道：這箇衙門職專提調馬匹，比較孳生。但有作弊虧欠馬匹，許令本寺舉問。品職雖小，所掌事重，如同御史出巡按治。該管指揮、千、百戶衛所鎮撫首領官吏，務要將所養一應馬、贏，盡數開報，聽從點視提督。敢有非理抗拒，許本寺官奏聞拏問。欽此欽遵。』及查得先奉兵部劄付，該本部題奉欽依內事理，備由劄付本寺，照依京營事例，將所管各該衛所、營堡官軍騎操馬匹，差官一員，逐一點閘比較。瘦損者督令如法餧養，務在膘壯；倒失者督令設法追補務在完足。查出官軍姦弊，聽令一體叅奏問罪。每於年終，將點視比較過馬數回奏，齎冊送部稽考等因，備行到臣。仰惟我太祖高皇帝創制設官，體統甚嚴，防範甚密。又有節年題准通行事例，陝西都司衛所及延綏、寧夏各邊營堡官軍騎操馬匹，比較瘦損倒失，訪察奸弊，皆行太僕寺官職業。今馬政廢弛，乃至此極。該寺明知前弊，不能舉正。緣各該犯摠、領班、管隊、指揮、千、百戶鎮撫等官俱係軍職，又有鎮、巡、分守、協守、遊擊、兵備、守備為之統領。各官憑藉威寵，倚仗聲勢，因見行太僕寺職冷權輕，往往抗違不服。柔者猶相沮撓，剛者動生欺侮。該寺官員進不得展，退無所訴，輒隳其志。徒有比較之名，全無比較之實。甚至歲報馬數，亦多不行造冊。雖嘗叅奏，玩慢如故。該寺畏懼違例被叅，只得止憑先年舊冊填寫，上下因循，應行故事。其所由來，已非一歲之積矣。夫銀買茶易，浪費公家之財物；朋合地訟，重剥軍人之脂膏，而其弊至此。及今不為之處，將來為弊益甚。軍國大計，為之奈何？查得在京各營，坐營多係公、侯、伯、都督，掌號頭把總，多係都指揮等官，又有內外重臣提督，尚有太僕寺官一員，每年奉勑，不時親詣各營及牧馬草塲點閘比較。其馬匹瘦損倒失，各有定擬住俸遞加則例。况外省衛所，各邊營堡，去京師數千里，日月之明，或有遺照，雷霆之嚴，或有遺威。若非仰遵祖宗之舊典，崇重卿寺之事權，雖使孳牧政舉，給領歲加，彼失養之禁令如常，私乘之故轍不改，所得不能償其所亡，所利不能藥其所傷，徒殫公私之力，何補邊疆之事？臣以職業，不得不言。如蒙聖明采擇，乞敕兵部議擬上請，合無照依京營事例，請勑陝西行太僕寺，每年行令堂上官，二次分投前去該管衛、所營堡，將官軍騎操馬匹點閘比較。亦照京營，定與則例。如管隊官以一隊為率，內瘦損至十五匹，倒失至十匹者，住俸一箇月。以上瘦損每十匹，倒失每五匹遞加住俸，至三箇月為止。把總、領班、坐堡等官以三隊為率，內瘦損至三十匹，倒失至二十匹者住俸一箇月。以上瘦損每二十匹，倒失每十匹，遞加住俸，亦至三箇月為止。不及數者，量情發落。各責令將瘦損者用心餧養膘壯，倒失者嚴限追補完足。如下次點閘，瘦損者仍前瘦損，及數外又有瘦損，管隊官仍以十五匹為則，把總等官以三十匹為則，遞加住俸；倒失者不曾完補，及數外又有倒失，管隊官仍以十匹為則，把總等官以二十匹為則，遞加住俸，俱至六箇月為止。不及數者，量情發落。各邊官軍下班回衛，一體點閘比較。每年終，將某官分管某處點閘比較過緣由回奏，照例齎冊赴部稽考。如守備、分守以上官員不能申嚴號令，以致所部官軍馬匹瘦損、倒失數多，屢經比較，不行畏憚遵守者，聽其指實叅奏定奪。敢有仍蹈舊轍，扣除軍人該給料草，侵尅官發買馬價銀，將官馬縱令家人頭目私擅騎坐，營幹私事，馱載私物，以致損傷，或仍前將自已不堪馬匹高價勒買，靠累軍人者，亦聽行太僕寺官查訪得實，指名劾奏。伏侯宸斷，黜革一二，以警其餘。臣當遵奉勑旨，不時往來提調稽考。倘行太僕寺官不行用心如法點視比較，徒應故事，甚或操持不謹，致招物議，聽臣具奏黜罷，別選賢能代補其任。如此，則庶幾不負我聖祖創制設官之意，將見邊城多充廐之良，邊將增敵愾之氣。戰勝攻克其機在此，區區之敵不足為邊方慮矣。緣係稽考官軍騎操馬匹事理，未敢擅便，為此具本，該通政使司官奏。奉聖旨：『該部看了來說。欽此欽遵。』抄出送司。查得成化二年八月內，本部題，為區畫馬政事。議得在京各營，在外各邊騎操馬匹，欲得可以征戰，必須請勑專差太僕寺少卿一員，無太僕寺地方，從巡撫并巡按官，時常往來各營牧馬草塲，點閘比較膘息、倒失等項，定限陪償等因題。奉憲宗皇帝聖旨：『是。馬政多廢弛了。恁區畫的皆准行。欽此欽遵。』續為違例騎死官馬事，該巡撫寧夏都御史張禎叔奏。本部議得：今後除傳報聲息并幹辦緊急公務外，敢有擅將官馬騎幹私事及馱載貨物，或撥送與人者，五匹以下罰馬一匹，六匹以上罰馬二匹，十匹以上罰馬三匹，就給與無馬官軍領養騎操。若致走傷、倒失者，五匹以下降一級，六匹以上降二級。馬各抵數追陪還官，仍各革見任。帶俸差操不許管事。其鎮守、副、㕘、監鎗等官，擅自撥馬與人，有違前例者，奏請定奪等因題。奉聖旨：『是。欽此欽遵。』又為比較馬匹事，該本部題准，行移各該行太僕寺，照依京營事例，將所管各該衛、所營堡官軍騎操馬匹，差官一員，逐一點閘比較。瘦損者督令如法餧養，務在膘壯；倒失者務令設法追補，務在完足。查出官軍奸弊，聽令一體㕘奏問罪。每年終，將點閘過馬數回奏去後，今該前因，及查甘肅、山西、遼東俱設有行太僕寺，案呈到部。㕘照都御史楊一清奏稱：陝西行太僕寺之設，專一比較馬匹。國初任專，故職業修舉；近年廢弛，致戰馬消耗。歷言流弊之極，欲行立法救弊。論議親切，深為有見。合無准其所奏，比照京營之例，請勑二道，不必注定官員職名，順齎前去陝西行太僕寺，每年差堂上官二員，二次分投，遍歷所轄衛所、城堡，將一應操備馬匹，用心點閘比較。如有瘦損、倒失，悉依所擬，照例住俸，餧養追補。凡查出有本官所言前項各種情弊，該追罰者，照例追罰；該㕘奏者，指實㕘奏。其罰俸、罰馬、降級、黜革等項，俱照本官所擬與本部原奏施行。每年終，將點閘過數目，比較過緣由回奏，造册繳部，以憑查考。若該寺官不行用心點閘，狥情容隱，聽都御史楊一清稽考㕘究。各該鎮、巡大臣，毋輕沮撓，共成國事。仍照此例，通請勑甘肅、山西、遼東行太僕寺，無太僕寺去處，行令巡撫都御史，一體點閘，依擬施行。如此，則戰馬可令膘壯，邊軍不至怯敵。緣係請勑稽考官軍騎操馬匹，及奉欽依：『該部看了來說』事理，未敢擅便。弘治十七年三月十一日，本部尚書劉大夏等具題。本月十六日奉聖旨：『是。欽此欽遵。』擬合通行除外，合咨前去，煩照本部題奉欽依內事理，欽遵施行。

明 郭子章《名馬記》卷上

龍馬　澤馬　吉良　朱鬣

伏羲時龍馬負《圖》出河，遂則其文以畫八卦。《瑞應圖》曰：『龍馬仁馬，河水之精也，高八尺五寸，長頸骼，上有翼，旁垂毛，鳴聲九音。有明王則見。』一本曰『王者不誅馬，則龍馬、乘黃、澤馬朱鬣並集。』澤馬一曰『吉良』。《山海經》曰：『大封國有文馬，縞身朱鬣，名曰「吉良」，乘之壽千歲。』

飛黃　乘黃

《淮南子》曰：『黃帝治天下，飛黃服皂』。高誘曰：『飛黃如狐，背有角，日行萬里，乘之壽三千歲。』韓愈曰：『飛黃騰踏去，不能顧蟾蜍。』應劭曰：『乘黃龍翼馬身，黃帝乘而仙。』《瑞應圖》曰：『乘黃者，王者輿服有度則出。』《列仙傳》曰：『馬師皇者，黃帝馬師也。』《呂氏春秋》曰：『乘雅作駕，寒哀作御。』

唐龍馬

《尚書·中候》曰：『堯時龍馬銜甲，赤文綠色，臨壇上。甲似龜，廣袤九尺，圓理平上，五色文。有列星之分，斗政之度，帝王興亡之數。』

神馬　騰黃　吉光　騕褭　飛兔　駃蹄騕音咬褭音裊駃音決

《孝經·援神契》曰：『德至山陵，則澤出神馬。』《瑞應圖》曰：『騰黃者，神馬也，其色黃，王者德御四方則致。一名吉光，乘之壽三千歲，此馬無死時。　騕褭與飛兔同，以明君有德則至。飛兔日行三萬里，禹治水土勤勞，天隱其德至。駃蹄者，后土之獸也。自能言語，王者仁孝於民則出，禹治水有功至。』《漢書·音議》曰：『騕褭，神馬也。赤喙黑身。』《宋志》曰：『漢元和中，騰黃見郡國。』

方澤馬

《隨巢子》云：『夏后氏興，方澤出馬。』

九代馬　兩龍

《山海經》曰：『大樂之野，夏后啓於此，舞九代馬乘兩龍。』《文選·王元長》序：『夏后兩龍載驅瑤臺之上。』注曰：『夏后啓有馬，號爲「兩龍」，乘游瑤臺，以饗諸侯。』

驪　翰　騵　駱馬　蕃鬣驪音犁騵音元駱音洛

《記》曰：『夏戎事乘驪，殷乘翰，周乘騵。夏，駱馬黑鬣；殷，白馬黑首；周，黃馬蕃鬣。』疏曰：『魯有三代之馬。騵，騂馬而白腹者也。武王伐紂用之。』《詩》曰：『牧野洋洋，檀車煌煌，駟騵彭彭。』盖武王常以是勝紂，赤色黑鬣，騂，騂馬白腹，騵。

青龍　遺風

伊尹說湯曰：青龍之匹遺風之乘。

野馬　騊駼　駃騠騊音陶駼音荼

《汲冢書》曰：『伊尹爲四方令，正北請令□野馬、騊駼、駃騠爲獻。』《爾雅》曰：『野馬如馬而小，出塞外。』《山海經》云：『北海內有獸，狀如馬，名騊駼。色青，故馬之良者，取以爲名。』《説文》曰：『駃騠，馬父驢母也。』故《傳》稱：『駃騠生三日而超其母。』桑御史言：『武帝平百越，以爲囿圃，騊駼、駃騠實於外廐。』

雞目

《尚書・大傳》曰：『散宜生之犬戎氏取美馬，駁身朱鬣雞目者，取九六焉。陳於紂之庭，紂出見之，還而觀之，曰：「此何人也？」散宜生遂趨而進曰：「吾蓄之臣昌之使者。」』

騶虞　雞斯

《淮南子》：『散宜生得騶虞雞斯之乘。』騶虞，馬之似騶虞者。

吉黄一名古黄

《周書》曰：『犬戎之馬，赤鬣、白身，目若黄金，名曰「吉黄之乘」。』成王時來獻或曰文王時獻之。媽一作駮媽音民駮音文

八駿

《拾遺記》曰：『周穆王馭八龍之駿：一名絶地，足不踐土。二名翻羽，行越飛禽。三名奔霄，夜行萬里。四名超影，逐日而行。五名踰輝，毛色炳耀。六名超光，一形十影。七名騰霧，乘雲而奔。八名挾翼，身有肉翅。遞而駕焉，按轡徐行，以帀天地之域。』《穆天子傳》：『天子命駕，八駿之乘，右服驊騮而左緑耳，右驂赤蘎而左白仪。天子主車，造父爲御。离㕯商爲右。次車之乘，右服渠黄而左踰輪，右驂盜驪而左山子。柏天主車，叅伯爲御，奔戎爲右。至于黄澤，宫樂謡曰：「黄之池，其馬歕沙，皇人威儀。黄之澤，其馬歕玉，皇人壽穀。」』驊音華，蘎音驥，离音泰，㕯音丙。

翠龍

揚雄《河東賦》注：師古曰：『翠龍。穆天子所乘馬也。』

駉馬駉音扃

《魯頌・駉》篇，頌僖公也。『駉駉牡馬，在坰之野，薄言駉者，有驈有皇，有驪有黄。』『有騅有駓，有騂有騏。』『有驒有駱，有駵有雒。』『有駰有騢，有驔有魚。』驒音壇，騢音瑕。

玉馬　玉澤馬

《瑞應圖》曰：『玉馬者，王者清明尊贒則至。』一本曰：『玉澤馬者，師曠時來。』

屈乘

《左傳》：晉獻將伐虢，荀息請以屈産之乘，垂棘之璧，假道於虞。公曰：『此晉寶也。』荀息曰：『是取中府藏外府，取中廐藏外廐也。』晉與虞。荀息牽馬操璧前曰：『璧則猶是，而馬齒加長矣。』

駮音撥

《爾雅》曰：『駁，白駮。』徐鉉曰：『疑象駮文。晉侯乘駮，乳虎見之而服，則象駮之文，理或然也。』駮亦馬之上色，故古者國君乘之。《詩》所謂『隰有六駮』者，字从交作。《字説》曰：『駮類馬，食虎。』而虎食馬。凡類巳也而能除害巳者，在所交也。則駮非此駮也。

小駟

晉惠公乘小駟，慶鄭曰：『今乘異産以從戎事，及懼而變，將與人易亂，外强中乾，進退不可，周旋不能。』

驌驦驌音肅驦音霜

《左傳》：『唐成公有兩驌驦馬。』

文馬

《左傳》：『宋人以文馬百駟贖華元于鄭。』

朱鬣

《左傳》：『宋公子地有白馬四，公嬖向魋，魋欲之。公朱其尾鬣以與之。』

啟服

《左傳》：『衛侯來獻其乘馬，曰啟服。』

騋　龍　玄駒　褭驂騋音來

《説文》曰：『馬，一歲曰罵，二歲曰駒，三歲曰騑，八歲曰馱，高六尺曰驕，七尺曰騋，八尺曰龍。』《爾雅翼》曰：『騋宜於牝。』故《釋獸》稱：『騋牝驪牡玄駒褭驂。』盖言以騋爲牝，以驪爲牡，而生玄駒，則謂褭驂也。腰褭，良馬名。褭驂取名於此。《詩》稱：『衛文公秉心塞淵，騋牝三千。』

騏騮　騧驪騏音其騮音留騧音瓜

《秦風・小戎》：『文茵暢轂，駕我騏馵。』『四牡孔阜，六轡在手，騏

騂是中，騧驪是驂。」『俴駟孔羣，厹矛鋈錞。』黄馬黑喙曰騧，今之淺黄色馬也。宋明帝以騧字旁似禍，改作騩。史稱文帝騧馬脊有肉鞍，行則先作弄四足。

代馬

《史記·蘇秦傳》：『燕車六百乘，騎六千匹。』趙車千乘，騎萬匹。魏車六百，乘騎五千匹。楚車千乘，騎萬匹。秦北有代馬。《戰國策》蘇厲說趙曰：『代馬胡駒。』

疇騎

《韓非子》曰：『秦穆公起卒革車五百乘，疇騎二千，步卒五百萬，輔重耳入于晉。』疇，等也，言馬齋等。

沙丘馬

伯樂對秦穆公曰：『臣有所與九方皐，其於馬非臣之比也。』穆公見之，使行求馬。三月而反報曰：『已得之矣。在沙丘，牝而黄。』公使人往取之，牡而驪。公召伯樂曰：『子之所使求馬者，色物牝牡尚弗能知。又何馬之能知也。』伯樂曰：『若臯之所觀，天機也。得其精，忘其粗，在其内而忘其外。』馬至，果天下之馬也。

秦七馬

《古今注》曰：『秦始皇有七名馬：一曰追風，二曰白兎，三曰躡影，四曰追電，五曰飛翮，六曰銅雀，七曰晨鳧。』

楚騅

《史記》：『項王駿馬名騅。常騎，及敗至烏江，謂亭長曰：「吾騎此馬五歲，所當無敵，不忍殺，以賜公。」』

九逸

《西京雜記》：『漢文帝自代還，有良馬九匹，皆天下駿足也。名曰浮雲、赤電、絶羣、逸驃、紫燕、緑螭驄、龍子、驎駒、絶塵，號九逸。』

漢千里馬

《賈捐之傳》：『孝文時有獻千里馬者，詔曰：「朕乘馬獨先安之？」還馬，與道里費，詔曰：「朕不受獻也，令四方毋獻。」』

黄門四駿

《西域贊》：『蒲梢、龍文、魚目、汗血之馬充於黄門。』注：孟康曰：『四駿馬名。』

烏孫天馬　西極馬　汗血馬

《張騫傳》：『元狩中得烏孫馬好，名曰天馬。及得宛汗血馬益壯，更名烏孫馬曰西極馬，宛馬曰天馬。』應劭曰：『大宛舊有天馬蹋石，汗從馬前肩髆出如血，一日千里。』

宛天馬

宛王蟬封與漢約，歲獻天馬二匹。孟康曰：『言大宛國有高山，其上有馬不可得，因取五色母馬置其下，與集生駒皆汗血，因號天馬云。』

漢余吾水馬　渥洼水天馬

《武紀》：『元狩二年夏，馬生余吾水中，在朔方北元。元鼎四年秋，馬生渥洼水中。』注：『南陽新野有暴利長，當武帝時遭刑，屯田敦煌。鳳數於此水旁見羣野馬，中有奇者，與凡馬異，來飲此水。利長先作土人，持勒絆於水旁，後馬旣玩習之，遂持勒絆收得其馬獻之。欲神異此馬，云從水中出。』

騂駒 騂音留

《郊祀志》：『往用騂駒。』師古曰：『騂，赤馬黑鬣尾也。』

龍友　龍媒　龍秋　籋雲

《漢書·禮樂志》：『龍爲友。』師古曰：『唯龍可爲之友耳。』又曰：『天馬徠，龍之媒。』應劭曰：『言天馬者，乃神龍之類。今天馬已來，此龍必至之効也。』又曰：『飛龍秋。』蘇林曰：『秋，飛貌也。』師古曰：『莊子有秋駕之法者，亦言駕馬騰驤秋秋然也。』又曰：『籋浮雲。』蘇林曰：『籋音躡，言天馬上躡浮雲也。』

昆蹏

《漢·百官表》：『昆蹏令丞。』應劭曰：『昆蹏，好馬名也。』《爾雅》曰：『騉蹄趼，善陞甗。』注：『甗，山形似甑，上大下小，騉蹄蹄如趼而健上山。』秦時有騉蹄苑。

游騏

《子虛賦》：『射游騏。』張揖曰：『巂如馬，一角。不角者曰騏。』《毛詩傳》曰：『青黑曰騏，騏蒼艾色。』一曰：『馬青驪文如博棊也。』

象龍

《馮奉世傳》：『宣帝時至大宛，得名馬象龍而還。』師古曰：『言馬形似龍者。』

大宛馬

晉武帝泰始六年九月，大宛獻汗血馬。

晉太元，神馬。

晉武帝太元十四年，寧州刺史費統言晉寧郡滇池縣兩神馬，一黑一白，盤戲河水之上。

元馬

《華陽國志》：會無縣有元馬河，元馬日行千里，死於蜀，今元馬冢是也。縣有元馬祠。家人牧山下，或產駿駒，元馬子也。

滇池神馬

《華陽國志》曰：『神馬四匹，出滇池河中。』

支遁神駿

《世說》曰：『支遁字道林，常養馬。人有譏之，答曰：「愛其神駿，聊復畜爾。」』故唐人詩曰：『櫪嘶支遁馬，池養右軍鵞。』

大宛千里駒

《晉載記》：符堅遣使西域，於是大宛獻千里駒，皆汗血，朱鬣五色鳳膺麟身。堅命羣臣作止馬詩而遣之。

赭白

《載記》：慕容廆有駿馬曰赭白，有奇相逸力。雋比之於鮑氏驄，命鑄銅以圖其象，親爲銘贊，鐫勒其旁，置之薊城東掖門。

大明舞馬

《宋書》曰：『宋大明五年，吐谷渾拾寅遣使獻舞馬。』

牛駿

《南宋書》曰：何偃乘在前，劉瑀居後。瑀謂偃曰：『君轡何疾？』曰：『牛駿馭精故疾。』

梁寶馬

《文苑英華》：梁簡文《寶馬頌》，詔示羣臣，其文曰：『鸞眄善鳴，龍儀美稱。』

龍驤

《齊書》：齊太祖乘常所騎赤馬入殿，及踐祚，號此馬龍驤將軍。

中盧馬

後《郡國志》：『南郡中盧良馬。』注：《襄陽耆舊傳》曰：『縣西山中有一道，漢時常有數百匹馬出其中，馬形皆小似巴滇馬。』

桓驄

後漢桓典爲御史。是時宦者執政，典無所廻避。常乘驄馬，京師畏憚，爲之詩曰：『行行且止，避驄馬御史。』

穢國果下馬

《魏志》曰：『穢國出果下馬，漢時獻之，高三尺。』

赤兔

《曹操傳》：呂布有駿馬名赤兎，常騎乘之。時人爲之語曰：「人中有呂布，馬中有赤兎。」』

月題　的顙　白顛　的盧　白駒

皆白顛馬也。《莊子》曰：『齊之以月題。』《易》曰：『其於馬也爲的顙。』《詩》曰：『有車鄰鄰，有馬白顛。』一也，俗曰戴星馬也。《馬政論》曰：『顙有白毛謂之的盧。』又曰：『準上有旋毛及白毛者，謂之的吻，凶。』俗云的盧非也。劉備避樊城之難，過檀溪，謂所乘馬的盧曰：『今日急，不可不努力。』馬達備意，一躍三丈。又庾亮所乘馬的盧，殷浩以爲不利主，勸市之。亮曰：『豈有已之不利，移之人者。』《詩》曰：『皎皎白駒，在彼空谷。』

絕影

《後漢書》：曹公所乘馬名絕影。

白鶴

《拾遺記》：曹洪與魏武所乘之馬名曰白鶴。時人諺曰：『憑空虛躍，曹家白鶴。』

上黨澤馬

《宋志》：魏黃初中，上黨得澤馬。

紫騂音星

《魏志》陳思王表文帝曰：『臣於武皇帝世得大宛紫騂馬一匹，教令習拜。』

驚帆

《古今注》曰：『曹眞有駃馬名驚帆，言其馳驟烈風舉帆之疾也。』

青海驄

《隋書》：吐谷渾有青海，中有小山，其俗至冬輒放牝馬於其上，言得龍種，嘗得波斯草馬放入海，因生驄駒，日行千里，故世稱青海驄。

武德騄耳　康國馬

武德元年十二月乙亥，豐州總管張長遜獻騄耳馬二匹。

武德七年，康國獻名馬。

十驥

《唐書》：骨利幹遣使獻良馬十匹，唐太宗爲之制名，號爲十驥：一曰騰霜白，二曰皎雪驄，三曰凝露驄，四曰懸光驄，五曰決波騟，六曰飛霞驃，七曰發電赤，八曰流金騧，九曰翔麟紫，十曰奔虹赤。乃序其事曰：『噴沫則千里飛紅，流汗則三條振血，塵不及起，影不暇生。』

飛騎

《姜行本傳》：唐太宗選趫才，乘六閑馬，號飛騎。

昭陵六馬

《金石錄》：有唐昭陵六馬贊，歐陽詢書。殷仲容書降王名。太宗琢石象，平生所乘征伐六馬爲贊，刻昭陵。

決波騟音俞

《酉陽雜俎》曰：決波騟走，歷門三限不躓。太宗尤惜之。隋内庫有交臂王猿，二臂相貫如連環，特表其轡。

拳毛騧　師子花

唐太宗有拳毛騧，杜甫《觀曹將軍畫馬圖》曰：『昔日太宗拳毛騧，近時郭家師子花。今之新圖有二馬，復令識者久嘆嗟。』

黄驄驃

《樂志》：唐太宗破竇建德，乘馬名黄驄驃，命樂工製《黄驄疊》，曲宮調也。

波斯馬

《谷渾傳》：得波斯馬，牧于海，生驄駒日步千里。

九馬　毛龍

蘇子瞻曰：薛紹彭家《九馬圖》，曹將軍霸所繪，杜甫作詩，拳毛、師子二駿在焉。贊曰：『姚宋廟堂，李郭治兵。帝下毛龍，以馭羣英。』

蹀馬

《通典》：唐翔麟鳳苑廄蹀馬，俯仰騰躍皆合節，朝會用樂，則兼奏之。

吐谷渾駿

永徽二年閏八月，吐谷渾獻駿馬，命還之。

河龍　天駟

《唐史》：開元皇帝既登大寶，水瑞感而河龍出，星精應而天駟下。

開元果下

開元十二年，新羅獻果下馬二。

紅玉　紫玉　平山　凌雲　飛香　百花輦

天寶中，大宛進汗血馬六匹，紅、紫、青、黄、丁香、桃花叱撥上，乃改名紅玉、紫玉、平山、凌雲、飛香、百花輦，命圖於瑶光殿。

龍支馬

天寶中，皇甫惟明奏龍支縣人庫狄孝義，有馬生龍駒，身有鱗而不生毛，時有慶雲五色覆馬上，久而不散。

唐舞馬

《明皇雜録》曰：『玄宗教舞馬四百蹄，分爲左右部，有名稱曰某家驕，其曲曰《傾杯樂》。數十馬皆衣以錦綉，絡以金鐸。每樂作，奮首鼓尾，縱横應節。』

赤驃

岑參《赤驃馬歌》曰：『君家赤驃畫不得，一團族風桃花色。紅纓紫鞍珊瑚鞭，玉鞍錦韉黄金勒。』

龍文　蘭筋

杜甫《畫馬贊》云：『韓幹畫馬，毫端有神。驊騮老人，腰褭清新。魚目瘦腦，龍文長身。雪垂白肉，風蹙蘭筋。』

太原異馬　渭州馬

唐開元十二年，太原獻異馬駒，其耳如筒，左右各十六肋，肉尾無毛。二十九年，渭州刺史李邕獻馬一匹，肉髮麟臆，嘶不類馬聲，日行三百里。

靈昌異馬

明皇時，靈昌郡得異馬於河。帝西幸，入渭水，化爲龍泳去。

叱撥　緑鬃驪

《宋志》：凡馬羣號十七，左右字至退字，毛物九十一種，叱撥青、白、紫純色，及綠鬃騮爲上。

龍駒音拘

祥符九年，大名監產赤馬，肉尾無鬃是龍駒。

元祐三馬

宋元祐初，禽鬼章青宜結，百官皆賀。時西域貢馬，首高八尺，龍顱而鳳膺，虎脊而豹章。出東華門，入天駟監，振鬣長鳴，萬馬皆瘖。父老從觀，以爲未始見也。蘇軾請於李公麟畫三駿馬之狀，而使鬼章青宜結效之。爲贊曰：『八尺龍神超遥，若將西燕西瑶。帝念民，乃下招，爾歸雲，逝房妖。』

出格馬

紹興七年五月，廣右進出格馬十匹，上留其一，餘付殿前司。上曰：『馬之良者不必西北。』

又 卷下 冀北馬

《天文志》：冀之北土，馬牧之所蕃庶，故天苑之象有焉。

六駮 茲白駮音博

《爾雅翼》曰：『六駮如馬，白身、黑尾、一角，鋸牙虎爪，其音如鼓，喜食虎豹。蓋駮毛物既可觀，又似馬，故馬之色相類者以駮名之。』《子虛賦》曰：『楚王乃駕馴駮之駟。』《西京賦》曰：『六駮駿甚。』《吳都賦》曰：『驀六駮。』駕，乘也，驀，上馬之名也，一名茲白。《周書·五會篇》曰：『正北方義渠以茲白。』茲白者，若白馬，鋸牙，食虎豹即此物也。古之名馬有曰六駮者，曰騶虞者，曰騰黃者，曰飛兎者，曰麒麟者。六駮者必其白身黑尾，如獸之六駮者也。騶虞者必其白質黑文，如獸之騶虞者也。騰黃者必其縞身朱鬣，如獸之騰黃者也。飛兎者必其龐然而蒼者也。麒麟者必其粹然而黃者也。非馬之有六駮、騶虞、騰黃、飛兎、麒麟也，乃馬之似六駮、騶虞、騰黃、飛兎、麒麟也。

國馬 田馬

《考工記》曰：『國馬之輈深四尺有七寸，田馬之輈深四尺。』鄭云：『國馬高八尺，衡高八尺有七寸，除馬之高，則餘七寸爲衡頸之間也。田馬高七尺，衡高七尺有七寸，餘馬之高，則餘七寸爲衡頸之間也。』

駿馬 天下之馬

《相馬經》曰：『前視見目，旁視見腹，後視見足，駿馬也。毛束皮，皮束筋，筋束肉，肉束骨，五者兼備，天下之馬也。』

國馬 天下馬

《莊子》曰：『吾相直者中蠅，曲者中鉤，方者中矩，圓者中規，是國馬也。而未若天下馬也。天下馬者，若亡若失，若喪若一，若是者超軼絕塵，不知其所。』

紀事

《太平廣記》卷四三五《畜獸·馬》

周穆王八駿

周穆王即位三十二年，巡行天下，馭八龍之馬：一名絕地，足不踐土。二名翻羽，行越飛禽。三名奔霄，夜行萬里。四名越影，逐日而行。五名踰輝，毛色炳燿。六名超光，一形十影。七名騰霧，乘雲而趨。八名挾翼，身有肉翅。遍而駕焉，按轡徐行，以巡天下之域。穆王神智遠謀，使轍迹徧於四海，故絕地之物，不期而自報。

漢文帝九逸

漢文帝自代還，有良馬九匹，皆天下之駿，一名浮雲，二名赤電，三名絕群，四名逸驃，五名紫燕騮，六名綠螭驄，七名龍子，八名麟駒，九名絕塵，號名九逸。有來宣能御馬，代王號為王良焉。

隋文帝獅子驄

隋文皇帝時，大宛國獻千里馬，駿叟地號獅子驄。上置之馬群，陸梁人莫能制。上令并群驅來，謂左右曰：『誰能馭之？』郎將裴仁基曰：『臣能制之。』遂攘袂向前，去十餘步，踴身騰上，一手撮耳，一手摳目，馬戰不敢動，乃鞴乘之，朝發西京，暮至東洛。後隋末不知所在。唐文武聖皇帝敕天下訪之，同州刺州宇文士其訪得其馬老，于朝邑市麵家挽磑，駿尾焦禿，皮肉穿穴，及見之悲泣。帝自出長樂坡，馬到新豐，向西鳴躍，帝得之甚喜。齒口並平，飼以鐘乳，仍生五駒，皆千里足也。後不知所在。

唐玄宗龍馬

海岱之間，出玄黃石。或云，茹之可以長生。玄宗皇帝嘗命臨淄守，每歲採而貢焉。開元二十七年，江夏李邕為臨淄守，是歲秋，因入山採玄黃石，忽遇一翁，質甚妙，而豐度明秀，髭髯極豐，衣褐衣，自道左出，叩李邕馬且告曰：『君侯躬自採藥，豈不為延聖主之壽乎？』曰：『然。』翁曰：『聖主當獲龍馬，則享國萬歲，無勞採藥耳。』邕曰：『龍馬安在？』答曰：『當在齊魯之郊。若獲之，即是太平之符。雖麟鳳龜龍，不足以並其瑞。』邕方命駕以後乘，遽亡見矣。邕大異之，顧謂從事曰：『得非神人乎？』即命其吏王乾貞者，求龍馬於齊魯之間。至開元二十九年夏五月，乾貞果得馬於北海郡民馬會恩之家，其色騅毛，兩脇有鱗甲，鬃尾若龍之鬐鬣，嘶鳴眞虛苗之音，日馳三百里。乾眞訊其所自，會恩曰：『吾獨有牝馬，常浴於淄水，遂有胎而產，因以龍子呼之。』乾眞即白於邕，邕甚喜，以表其事獻之。上大悅，詔內閑廐異其芻豢，命畫工圖其狀，用頒示中外。

代宗九花虬

代宗命御馬九花虬，並紫玉鞭轡，以賜郭子儀子儀，固讓久之。上曰：『此馬高大，稱卿儀質，不必讓也。』子儀身長六尺八寸。九花虬，即范陽節度使李懷仙所貢也。額高九尺，毛拳如鱗，頭頸鬃鬣眞虬龍也。每一嘶，即群馬聳耳。以身被九花，故號九花虬。上往日東幸，觀獵於田，不覺日暮。忽顧謂侍臣曰：『行宮去此幾里？』奏曰：『四十里。』上令速鞭，恐礙夜，而九花虬緩緩，然如三五里而已，侍從奔驟無有及者。

德宗神智驄

德宗西幸，有二馬：一號神智驄，一號如意騮，皆如上意。故常謂之功臣耳。中有毛，引之一尺。《馬經》云：『耳中有毛者，日行千里。』一日花柳方春，上遊幸諸苑，侍者進瑞鞭，指二驄語近臣曰：『昔朕西幸有二駿，謂之二絕。今獲此鞭，可謂三絕。』遂命酒飲之，因吟曰：『鴛鴦白齒新□，□晚日花開散碧。蹄玉勒斗迴初噴沫，金鞭欲下不成嘶。』即中書舍人韓翃詩也。出《杜陽編》。德宗幸梁洋，唯御騅馬，號曰望雲騅。駕還，飼以一品料，暇日牽而視之，必長鳴四顧，若感恩之狀，後老死飛龍廐中。貴戚畫為圖。

曹洪

魏曹洪，武帝從弟。家盈產業，駿馬成群。武帝討董卓，夜行失馬，洪以其所乘馬曰：『白鶴，與武帝乘。』此馬走，唯覺耳中風聲，脚似不踐地。至深水，洪不能得渡，武帝引首上馬共濟深水，行數百里，瞬息而至。下視馬足，毛尚皆濕，帝衣猶沾濡。時人謂：『乘風行也。』為一代神駿。諺云：憑空虛躍，曹家白鶴。

司馬休之

晉司馬休之為荊州，宋公遣使圍之。休之未覺常所乘馬，養于牀前，忽連鳴不食，注目視鞍。休之試鞴之，即不動。鞴訖還坐馬，又驚跳。如此者數四。騎馬即驟出門，奔馳數里，休之顧望，已有使至矣，遂去而獲免。

慕容廆

慕容廆初有赭白馬，常自乘之。既為石虎所圍，力弱分，將危陷，棄眾將逃，以此馬奔而鞴之。馬見鞍，輒蹄齧，不得近，乃止。俄而鄰使至，石虎國有難，虎旋歸。至是時馬年四十九歲矣。

秦叔寶

唐秦叔寶所乘馬，號忽雷駁，嘗飲以酒。每于月明中試，能豎越三領黑氈。及胡公卒，嘶鳴不食而死。

張納之

德州刺史張納之一白馬，其色如練，父雄為數州刺史，常乘雄，薨。子，敬之為考功郎中，改壽州刺史。又乘此馬，敬之薨。弟納之。從給事中、相府司馬，改德州刺史，入為國子祭酒，出為常州刺史。至今猶在，計八十餘，極肥健，行驟脚不散。

宋蔡

廣平宋察，娶同郡游昌女。察先代胡人也，歸漢三世矣。忽生一子，深目而高鼻，蔡疑其非嗣，將不舉。須臾，赤草馬生一白駒，察悟曰：『我家先有白馬種，絕已二十五年，今又復生。吾曾祖貌胡，今此子復其先也。』遂養之，故曰：『白馬活胡』，而此其謂也。

又 續坤

咸通乾符中，京師醫者續坤，頗得秦醫和之術，評脉知吉凶、休咎，至於得失皆可預言。適有燕中奏事大將，暴得風疾，服醫藥而愈，所酧帛甚多，仍以邊馬一匹留贈，馬之骨相甚奇，然步驟多蹶，雖制以銜勒，加之鞭策，而欵段之性，竟莫能改，坤以浪費芻粟，託人以賤價賣之。求駿者纔試，還復如此，累月不售，隣伍有王生，貨易於中貴之門，頗甚貧窶，忽詣坤云：『有青州監軍將發，須鞍馬備行李，亦知馳騁非駿，但欲置於牽控之間。』坤直以無用之畜付焉，亦不約鬻馬之價。自此經旬不至，謂其脫略亡逸，一旦復來，所置且踰十萬。坤既獲善價，因以十千遺之。俄見王生易衣裝致僕馬，至於妻孥服飾，亦皆鮮潔，或曰王生賣馬金，帛兼資計，三四百萬。坤甚驚，試詢其事，王生初不備說，坤曰：『某以無用之物，獲價頗多，但未知駑劣之材，何以至此？』云：『初致馬於青社監軍，舉足如有羈絆，及將還途，遇小馬坊中，使因遺留試，信宿而往，不復見焉，密詢左右，數日前魏博進一馬，毛骨大小與此同，聖人常乘打毬，駿異未有偶，御廄有馬，毛色相類者咸有其對將到日方遣調習，步驟縈轉如風，今則進御數，朝所賜之物甚厚。』其後王生因大索起價，遂以四百萬酬之。是以物逢時亦有數，不遇其主則駑驥莫分，乃知耕莘野，築傅巖，未遇良途，奚異于此。

楊翁佛別鳥語

漢廣陵楊翁佛聽鳥獸之音，乘蹇驢之野。田間有放眇馬，相去，鳴聲相聞。翁佛謂其御者：『彼放馬目眇。』其御曰：『何以知之？』曰：『罵此轅中馬曰「蹇」，此馬亦罵之曰「眇」。』其御不信，使往視之，目果眇焉。

季南

季南乘赤馬行，逢人乘白馬。白馬先鳴，赤馬應之，南謂從者曰：『白馬言：「汝南見一黃馬，左目盲，是吾子」，可令快行相及也。』須臾，果逢黃盲馬。白馬先鳴，盲馬應之。

趙固

晉趙固所乘馬忽死，因問郭璞。璞曰：『可遣數十人，持竹□東行三十里，有山陵林樹，便攪打之。當有一物出，急抱將歸。』於是如璞言，果得一物似猴。入門，見死馬，跳梁，走往死馬頭，嘘吸其鼻，馬即能起，亦不見猴。

韓晞

唐韓晞常知永豐倉，有一馬，乘來日久。遇過客有一蜀馬，齧頗甚。晞令取來，繫于庭樹。晞謂客曰：『此小馬，豈能如此？但亦痛治耳。』晞市圉人善騎調惡馬，卽令召之，遣取鞭轡。此馬努目，斜睨於晞。忽然掣轡走上堦，跑晞落牀，屈膝于地，將齧之。時晞所乘馬，繫在別柱，見此，亦掣斷韁，來齧此馬。遂齧數口，方得免。眾買此馬，殺而食之。晞自後彌愛其馬焉。

江東客馬

頃歲，江東有一客，常乘一馬，頗有重性。客常於飲處醉甚，獨乘馬至半路。沉醉，從馬上倚着一樹而睡。久不動，直至五更。客奴尋覓，方始扶策。而馬當時倒地，久乃能起，病十餘日方愈。此人無何，以馬賣與宣州館家。經二年，客後得一職，奉使至宣州。知馬在焉，請乘此馬。此馬索視良久，知本主也。既乘，遂躍此人於地，踐齧頗甚，眾救乃免。意恨其賣己也。

陳璋

淮南統軍陳璋加平章，事拜命於朝。李昇時執政，謂璋曰：『吾將詣公賀，且求一女壻於公家。公其先歸，吾將至。』璋馳一赤馬而去。中路，馬蹶而墜。頃之，昇至。璋扶疾而去，昇至。少選卽去。璋召馬數之曰：『吾以今日拜官，又議親事，爾乃以是而墜我。畜生，不忍卽殺，使牽去，勿與芻秣，餓殺之。』是夕，圉人竊具芻粟，馬視之而已，達旦不食。如是累日，圉人以告。璋復召語之曰：『爾既知罪，吾赦爾。』馬跳躍而去。是夕，乃飲齕如故。璋後出鎮宣城，罷歸而薨。旬月，馬亦悲鳴而死。

又 卷四三六《畜獸・馬》

盧從事

嶺南從事盧傳，素寓居江陵。元和中，常有人遺一黑駒。初甚蹇劣，傳素豢養。歷三五年，稍益肥駿，傳素未從事時，家貧薄，矻矻乘之，甚勞苦。然未常有銜橜之失，傳素頗愛之。一旦傳素，因省其槽櫪偶戲之曰：『馬子得健否？』黑駒忽人語曰：『丈人萬福。』傳素驚怖却走。黑駒又曰：『阿馬雖畜生身，有故須曉言，非是變怪，乞丈人少留。』傳素曰：『爾畜生也忽人語，必有寃抑之事，可盡言也。』黑駒復曰：『阿馬是丈人親表甥，常州無錫縣賀蘭坊玄小家通兒者也。丈人不省貞元十二年，使通兒往海陵賣一別墅，得錢一百貫，時通兒年少無行，被朋友相引狹邪處。破用此錢略盡。此時丈人在遠，無奈通兒，何其年通兒病死，冥間了了，為丈人徵債甚急平等王。謂通兒曰：「爾須見世償他錢，若復作人身，待長大，則不及矣。當須暫作畜生身，十數年間方可償也。」通兒遂被驅出畜生道，不覺在江陵群馬中，卽阿馬今身是也。阿馬在丈人槽櫪，于茲五六年，其心省然，常與丈人償債，所以竭盡駑蹇，不敢居有過之地，亦知丈人憐愛至厚。阿馬非無戀主之心，然記傭五年馬，畜生之壽已盡，後五日當發黑汗而死。請丈人速將阿馬貨賣，明日午時，丈人自乘阿馬出東棚門，至市西北角赤板門邊，當有一胡軍將問丈人賣此馬者，丈人但索十萬，其人必酬七十千，便可速就之。』

言事訖。又曰：『兼有一篇留別丈人。』乃驤首郎吟曰：『既食丈人粟，又飽丈人芻。今日相償了，永離三惡途。』遂奮迅數遍，嘶鳴齕草如初，傳素更與之言，終不復語。其所言表甥姓字，盜用錢數、年月一無所差，傳素深感其事。明日試乘至市角，果有胡將軍懇求市，傳素微驗之。因賤其估六十緡。軍將曰：『郎君此馬直七十千已上，請以七十千市之。』亦不以試水草也。傳素載其緡歸，四日復過其家，見故軍將曰：『嘻，七十緡夜來飽發黑汗斃矣。』

韋有柔

建安縣令韋有柔，家奴執轡，年二十餘，病死。有柔門客善持呪者，忽夢其奴云：『我不幸而死，尚欠郎君四十五千。地下所由，令更作畜生以償債。我求作馬，兼為異色，今已定也。』其明年，馬生一白駒而黑目，皆奴之作也。後數歲，馬可直百餘千，有柔深嘆其言不驗。頃之，裴寬為採訪使，以有柔為判官。裴寬見白馬，求市之。問其價，直有柔但求三十千，寬因受之。有柔曰：『此奴尚欠十五千，當應更來。』數日後，寬謂有柔曰：『馬是好馬，前者付錢，深恨太賤。』乃復以十五千還有柔。其事遂驗。

吳宗嗣

軍使吳宗嗣者，嘗有父吏某從之貸錢二十萬，月計利息。一年後，不復肯還，求索不可得。宗嗣怒，召而數之曰：『我前世負汝錢，我今還矣。汝負我，當作驢馬還我。』因焚券而遣之。逾年，宗嗣獨坐廳事，忽見吏白衣而至，曰：『某來還債。』宗嗣曰：『已焚券，何為復來？』吏不答，徑自入廐中。俄而廐人報馬生白駒。使詣吏舍問之，云：『翌日已死矣。』駒長賣之，正得吏所欠錢。

孫漢威

江南神武軍使孫漢威，廐中有馬。遇夜，輒尾上放光，狀若散火，驚群馬，皆嘶鳴。漢威以為妖，仗劍斬之。數月，除盧州刺史。

于遠

鄴中富人于遠者，性奢逸而復好良馬。居第華麗，服玩鮮潔，擬於公侯之家也，常養良馬數十匹。忽一日，有人市中鬻一良馬，奇毛異骨，人爭觀之。遠聞之，酬以百金。及馬至廐中，有一老姥扣門請一觀。遠問之曰：『馬者駿逸也，豪俠少年好之，宜哉。老母奚觀？』老母曰：『我失一良馬，十年遊天下，訪之不得。每遇良馬，必永日觀之，未嘗見一如我所失之馬也。何阻一觀，不以為惠？』遠因延入從容，出其馬以示之。老母一見其馬，因怒變色，回觀遠而言曰：『我馬也。』遠曰：『老母之馬，奚人賣？昔日何得之？何失之？』老母曰：『為我昔日偶。北邙山神為物傷目，化身以求我，我以名藥療之。目愈，遂以此馬賜我。我得此馬，唯不乘之上天，乘之遊四海之外，八荒之內，秪如百里也。我常乘東過扶桑，有一人遮其途而問我此馬焉。及夜，至西竺國，忽失此馬。我自失此馬已來，十年不息。遍天下，皆不知我訪此馬也。去年今日，流沙見一小兒，言有一異馬如飛，倏然東去矣。我既知自東方，疑此馬在中華，必有常人收得此馬。我今當還君百金，馬須還我。』遠性癖好良馬，又聞此馬之異，深悋惜之。乃拜老母，乞且暫留，以翫賞數日。老母怒曰：『君若留此馬，必有禍發。』遠因亦怒老母之極言，遂令家僮十餘人，共守此馬，遣出老母。其家果火，盡焚其宅財寶，遠仍見姥入宅，自躍上此馬而滅。

張全

益州刺史養一駿馬，甚保惜之。唯自乘跨，張全左右皆不敢輕跨。每令二人曉夕以專飼飲。忽一日，其馬化為一婦人，美麗奇絕，立於廐中。左右遽白張公，張公乃親至察視。其婦人前拜而言曰：『妾本是燕中婦人。因癖好駿馬，每覩之，必嘆美其駿逸。後數年，忽自醉倒。俄化成駿馬一匹，遂奔躍出，隨意南走，近將千里。被一人收之，以至於君廐中，幸君保惜。今偶自追恨為一畜，淚下入地，被地神上奏於帝，遂有命再還。舊業思往事如夢覺。』張公大驚異之，安存於家。經十餘載，其婦人忽爾求還。鄉張公未允之間，婦人仰天，號叫自撲，身忽却化為駿馬，奔突而出，不知所之。

王武

京洛富人王武者性苟且，能媚於豪貴。忽知有人貨駿馬，遂急令人多與金帛，於眾中爭得之。其馬白色，如一團美玉。其鬃尾赤如朱。皆言千里足也，又疑是龍駒。馳驟之駛，非常馬得及。王武將以獻大將軍薛公，乃廣設以金鞍玉勒，間之珠翠。方伺其便達意也，其馬忽於廐中大嘶一聲後化為一泥塑之馬立焉。武大驚訝，遂焚毀之。

韋玭

京兆韋玭，小逍遙公之裔，世居孟州汜水縣莊。性不喜書，好馳騁田弋。

馬有蹄齧不可羈勒者，則市之。咸通末，因來汜水，飲於市。酣歌之際，忽有驣白馬者曰：『此極駔駿。』玭乘之於衢，曰：『善，可著鞭矣。』遂市之。日晏乘歸，御之鐵鞭。一僕以他馬從。既登東原，絕馳十餘里，僕不能及。復遺鐵鞭，馬逸不能止，迅越榛莽溝畎。而玭酒困力疲，度必難禁矣。馬方驟逼大桑下，玭遂躍上高枝中，以為無害矣。馬突過數十步，復來桑下，瞑目長鳴，仰視玭而長鳴躩地。少頃，齧桑木本，柹落如掌。臥卽或齕草於十步五步內，旋復來齧不已。桑本將半焉，玭懼其桑之顛也，遙望其左數步外有井。伺馬之休於茂草，乃跳下，疾走投井中。纔至底，馬亦隨入，玭與馬俱殞焉。

明 任澄清《神馬記》（萬曆）《馬邑縣志》卷下　馬有神乎？曰：『有。』上古羲皇之世，負圖而出於何者，非龍馬耶？後世有産於渥窪者，又何物耶？蓋天地間物之最靈者莫如龍，而生物不測者莫如水，故蛟龍、天馬恒産於水焉。唐鄂國尉遲公乃一代元勳，當年金龍池所獲之馬，實天降之毛龍也。余蒞任甫浹旬，時九月既望，吏請備牲醴粢盛，謂：『詰旦應祀鄂公，脩故典也。』是夜，余夢有馬立大廈下，毛骨駿異，狀若龍驤。第見厦屋傾圮，天雨滴淋，以蘆席覆其馬之脊，若有不堪居處狀。夢既覺，余悚而異之。於是櫛沐待旦，偕韓、李二廣文及從祭，諸文學畚有事於鄂公祠，登堂駿奔觀其廟，貌森嚴凜凜，猶有生氣。既而，至神馬控立之所，果見楹宇塌頹，不蔽風雨，馬有斷其脊、裂其首、缺其足者，宛然夢中之境也。於是，命匠增脩，施以丹堊而楹與馬，且煥然一新矣。余惟鄂公汗馬之勞，照耀千古，當年追風逐電，所向無敵者，固公之勇畧絕人，亦豈非龍馬之力哉？乃知鄂公之英靈，百世不磨，龍馬之精靈，亦與之俱不磨，其出也爲馬，其歸也爲龍。又豈因迹像之成虧，爲龍馬之增損也乎？贊曰：『龍馬之見，天助英雄，維夢有感，緊神所通。』

明 羅洪先《戰馬記》（乾隆）《夔州縣志》卷八　王夔州公禎，濟陽公孫也。濟陽死靖難，公死賊，獲贈於朝，任一子廣，吉水稱忠義家莫過之。至其戰馬事，有足爲世戒者。始公以太學生除夔州府通判，纔五月，會荆襄賊石和尚流刧入夔，焚巫山畔治。是時同知蘇州王公授牒捕賊，性柔怯而險猾，故托疾不敢出一兵。公忿忿面數之曰：『汝食朝廷祿，所主何事，忍委赤子饑虎口耶？』郎代勒所部民兵晝夜行，至則巫山已破，賊方聚山中，索繫之，殺渠桀三十三人，餘盡遁。乃行縣撫傷殘、招潰散，久乃得歸。居三日，賊復刧屬邑大昌，公促王，王又不行，而瞿唐衛指揮曹能、柴成兩人，與王素黨結遊禍，多方詭辭庇之。且激公曰：『公誠爲國家出氣力，肯慨然復行乎？』公即聲應。曹、柴兩人故酌酒賀，更許以身相翼，責爲脱王計。公即日勒民兵，夾曹、柴兩人赴之，與賊夾水陣。已而麾民兵畢渡趣战，曹、柴望走。公陷圍中，自寅及申，人馬疲，誤入淖田，不得出。賊欲降之，公大奮罵。賊怒以刀斷其喉及右臂，死旱中，馬逸去。成化丙戌五月九日也。姑公赴巫山，夜宿木商家。商故新塗人，且稔公知賊不敵，不哉言。是日將暮，有物嘯於山者，商驚祝曰：『爲五靈昭？果爾，當三嘯止。』如其言。商密與家人負簣往尋亂屍，見白衣袴者，公也。載簣土，令不深没。自死所至府三百餘里，馬奔歸府，門闔，長嘶踶其扃，若告急狀。守者緫之，血淋漓毛，鬣盡赤，衆始駭公已死，而賊尤不解。後死之二十五日，子廣始隨木商往殮之，面如生，不以暑腐。然貧甚，不能歸，盡售行李與馬爲資。而王意在馬，不償直，竟徒手得之。櫬既行距殮之。二十五日，夜已半，馬哀鳴特異。王命秣者加莝莝豆，不爲止。王疑秣者紿已，自起視櫪。馬驟前嚙其項，不釋口，久乃得脱。復奮首擣胸，仆之地，不省人。翌日，嘔血數升死。賊既平，有司正功罪，曹、柴亦被誅。嗚呼！自昔相傳義馬事不一二，皆言臨難能相濟也。若夫辨讎怨微隱間切齒碎膺，期在必報，即在人猶且難之，豈公忠義之氣通於鬼神有使之然哉？彼欺人不見中以機既得自全，復利其所有，此其計至深秘也。然卒不可逃，若此世嘗言至靈者人，畜之至賤宜莫犬馬若也。銜轡所制，鞭策所驅，固有衣冠介胄所不逮者至。於施報反覆巧發，間值奇崛變怪反出於貴賤靈蠢之外，是孰爲之主而一不少錯。嗚呼！可不畏哉！可不戒哉！公志狀載此事，不盡情實，公之孫鑾常灑涕言之，余疑未信。後十餘年始得實，爲之記，而鑾死已久，則授鑾之子植用補狀志之畧，且以告世人。

明 康元積《衡山裁撤黄茅驛馬記》（乾隆）《衡州府志》卷三一　黄茅之驛馬，非初制也。自萬歷甲戌，兩臺念衡孔道獘劢於役疏請建驛以舒吾民，移安仁、霞流驛之費，歲輸以買馬，於衡山、湘潭兩邑泒足其數，驛所轄馬三十疋上下，兩縣之閒，始未嘗不稱善也。自安仁歲額愆期，余邑人誤以夏税與之更易，中湘之馬由是不至，而余邑歲代湘人為役矣。又地距衡城八十里，歲率數十人裹糧從事，而馬之芻茭廐棧寄之中湘。中湘之民歲責其直閒或馬足窺其田園，不殺擊之不已，馬之斃于役與斃於居民者，歲且不勝紀也。余邑人困無所訴，故每歲新役相代如驅湯火，勢不得不於官價外議私幇矣，合每里私幇百餘金，總其數歲浮費二千兩通計。邑中額賦不及二萬，而浮費於驛者踰於二千，如是民安得不困。又安得不以驛為怨府哉？原夫建驛設馬以兩利也，豈其獨利於湘而贏於衡耶？往者邑大夫暨士民喋喋陳說驛遞不便，請復故法，唇舌俱焦，竟無若中湘何。即當道下牒兩郡議之，僅僅築道舍耳，不佞自諸生切齒其事，計復兩邑徑遞之額，而後已上歲。王侯奉命令衡山余於京師一接見之娓娓邑中興，除余以馬之害吾衡者，具陳於侯。侯曰：『唯唯食土之毛而無關於民恤，惡在其為民父母也。』迨下車，目擊苦狀詳實而有所請於上。適余奉命過里中，侯語余曰：『曩黄堡之命，可幸報塞。』蓋計其請而必得者，於是以衡民困頓驛狀具聞，當道乞賜裁撤。憲使魏公嘉其議持之甚力，會御史應公以巡察至，集監司、守令於堂問所疾苦。侯獨稱驛害，侃侃力說，詰難百折，悉中窾要，左右聽者相顧驚咋。御史深為嘉納，欲如故事，下兩郡議。侯曰：『議者，疑也。利害疑則議，驛遞之為衡深害，而宜去也。寧須再計乎？』御史曰：『肰直從侯所請。』撤歸驛馬，復兩邑徑遞之規，原安仁、協濟三百餘金以分解衡湘，資其馬直著為令，既而御史中丞命至先後一揆，邑人捧檄，驩聲載道。侯更聚士民酌議其後，以前驛馬之半移而應役於縣，合新舊馬若干疋以待上下之乘傳至者，邑人稽首稱善，以書屬不佞俾紀其事於石，使不忘侯之大德，世世守其法毋壞也。余謂王君誠賢者也。賢者，治民視其害，如痌瘝之於身，剔之而後已今，夫驛馬之蠹吾民，無故而歲捐二千餘金，代他邑為役，約之廢中人之產二百家也。侯撤而歸之，使歲無溢出，其存中人之產者，不啻二百家乎。吾民無奸其法，世世奉率積其存活，蓋千萬於斯矣。是宜邑人尸而祝之比於畏壘者也。肰惟余追維往事之失，孰使我輕易共稅而以成安仁之巧耶？孰使我獨受其勞向以遺湘潭之逸耶？其為此者實我民耳。嗟嗟令出於上，澤竭於下，一二市猾窟據，其中欲任不任，欲釋不釋，挾為艱苦，以恣中飽，非遇神君懸大鏡以出照，挾神劍而議割，安能力拔其害以垂長利哉？吾民鑒此前轍無隋，谿壑其念吾侯者，安得不世世也？昔黄帝問治於襄城童子，童子曰：『夫為天下，亦奚以異於牧馬者耶？亦去其害馬者而已矣。』侯用治余邑者出相天下，天下亦猶之乎，衡也。侯名寅旹，字起，東慈谿人。登浙戊子賢書，萬歷癸卯季夏穀旦。

藝文

三國魏　應瑒《**慜驥賦**》《歷代賦彙》卷一三五　慜良驥之不遇兮，何屯否之弘多。抱天飛之神號兮，悲當世之莫知。赴玄谷之漸塗兮，陟高岡之峻崖。懼僕夫之嚴策兮，載悚慄而奔馳。懷殊姿而困遇兮，願遠跡而自舒。思奮行而驤首兮，叩纆紲之紛拏。牽繁轡而增制兮，心慉結而盤紆。涉通逵而方舉兮，迫輿僕之我拘。抱精誠而不暢兮，鬱神足而不攄。思薛翁於西土兮，望伯氏於東隅。願浮軒於千里兮，曜華軛乎天衢。瞻前軌而促節兮，顧後乘而踟躕。展心力於知己兮，甘邁遠而忘劬。哀二喆之殊世兮，時不遘乎良造。制銜轡於常御兮，安獲騁於遐道。

晉　傅玄《**乘輿馬賦**》《歷代賦彙・逸句》卷二　目若曜星，符采横發，高顛懸日，雙璧象月，頭似削成，鬣如鬢髮，延首高驤，擢足軒跱，氣蓋青雲，勢凌萬里，九方不能測其天機，秦公不能究其妙理。

晉　傅玄《**良馬賦**》《歷代賦彙・逸句》卷二　金羈在首，發以明珂。鏤鞍采鞯，織勒含華。飾以金羈，甲以玉纓，結以輕軒，節以和鈴。鞭不得搖，手不及動。忽然增逝，力飛骨踴。奮亹沛艾，虎據麟跱。望雲睇景，乘虛四起。縱銜斯逝，攬鞚則止。

晉　傅玄《**馳射馬賦**》《歷代賦彙・逸句》卷二　何逸羣之奇駿，生濛汜之遐濵。附南方以定位，表天駟於三辰。儀乾行之剛健，憑坤厚以託身。豈驥德之足慕，睎萬里之清塵。百鳥齊興，六驥孔閑。金銜玉羈，文勒鏤鞍。明珂景朗，華鞯采鮮。佷如革，戾如膠。鞭裁向腹，奮尾跳尻。耳小易使，鼻大勢怒。往來若鷹鶻，超騰如逸虎。

南朝宋　劉義恭《**白馬賦**》《古儷府》卷一二　是以周稱踰輪，漢則天駟，體自乾維，衍生坎位。伊赭白之為駿，超絶世而稱驥。爾其為狀也，竦身輕足，高顙露睛，氣猛聲烈，步遠視明。著獻西宛，表德東京。價傾幽夏，觀竭都城。飾金鏤之倏爍，揚玉鸞之玲。瓏發鳴鏑于懸月，驅永埒于脩坰。旋四介以作，好耀二矛之重英。舉舊閑而未儔，考前迅而較名。

南朝宋　顔延年沈約《宋書》曰：『顔延，之字延年，琅邪人也。好讀書，無所不覽，文章之美，冠絶當時。吳國内史劉柳以爲行軍參軍，後爲秘書監太常，卒。』《**赭白馬賦**》并序，劉芳《毛詩義證》曰：『彤白雜毛，曰駁。彤，赤也。即赭白也。』》《文選》卷一四 驥不稱力，馬以龍名，《論語》曰：驥不稱其力，稱其德。《周禮》曰：凡馬八尺已上爲龍。豈不以國尚威容，軍駃音伏，馬名。趫迅而已，傅玄《乘輿馬賦》曰：用之軍國，則文武之功顯。又曰：文榮其德，武耀其威。庾中丞《昭君辭》曰：聯雪隱天山，崩風蕩河澳，朔障裂寒笳，冰原嘶代駃。顔、庾同時，未詳所見。《毛詩》曰：四牡有蹻。毛萇曰：蹻，壯貌。趫與蹻同，幷綺嬌切。駃實有騰光吐圖，疇德瑞聖之符焉。《尚書中候》曰：帝堯即政七十載，修壇河、洛，仲月辛日，禮備。至于日稷，榮光出河，龍馬銜甲，赤文綠色，臨壇吐甲圖。宋均曰：稷，側也。黄伯仁《龍馬賦》曰：或有奇貌絶足，蓋爲聖德而生。疇，昔也。是以語崇其靈，世榮其至。我高祖之造宋也。沈約《宋書》曰：高祖武皇帝諱裕，字德輿，彭城縣人，後封宋王，受晋禪。五方率職，四隩入貢。《禮記》曰：中國、蠻、夷、戎、狄五方之人。《魏都賦》曰：樂率職貢。《尚書》曰：四隩既宅。孔安國曰：四方之宅可居。四隩，四方之隱處也。《漢書》曰：古者諸侯以時入貢。秘寶盈于玉府，文駟列乎華厩。《周禮》曰：玉府掌王之金玉玩好。《尚書》曰：王府則有。《周書》曰：犬戎文馬，赤鬣白身。《左氏傳》曰：宋人以馬百駟贖華元。《漢舊儀》有承華厩。乃有乘輿赭白，特禀逸异之姿，妙簡帝心，用錫聖皂。潘安仁《夏侯湛誄》曰：妙簡邦良。《論語》曰：簡在帝心。崔駰《武賦》曰：假皇天兮簡帝心。用錫，見下文。司馬彪《莊子注》曰：皂，櫪也。服御順志，馳驟合度，《韓子》曰：造父御駟馬，馳驟周旋而恣于馬者，轡策制之。齒歷雖衰，而藝美不忒。《穀梁傳》曰：馬齒加長矣。《爾雅》曰：曆，數也。《毛詩》曰：其儀不忒。襲養兼年，恩隱周渥，賈逵《國語注》曰：襲，受也。《周書》曰：小人無兼年之食。《國語注》曰：隱，私也。毛萇《詩傳》曰：渥，厚也。歲老氣殫，斃于内棧。《說文》曰：殫，盡也。棧，櫪也。《呂氏春秋》曰：取之内皂而著之外皂。《莊子》，伯樂曰：我善治馬，編之以皂棧。司馬彪曰：棧若欞床，施之濕地也。少盡其力，有惻上仁，《韓詩外傳》曰：昔者田子方出見老馬于道，問其御者：此何馬也？曰：公家畜也，疲而不用，故出之。子方喟然嘆曰：少盡其力，老弃其身，仁者不爲也。束帛而贖之。《長楊賦》曰：自上仁所不化。乃詔陪侍，奉述中旨。末臣庸蔽，敢同獻賦。其辭曰：崔瑗《胡公碑》曰：唯我末臣，頑蔽無聞。

惟宋二十有二載，盛烈光乎重葉。宋文帝十七年也。沈約《宋書》曰：文帝諱義隆，武帝第二子也。烈，業也。自武至文，故曰重葉。毛萇《詩傳》曰：葉，世也。武義粤其肅陳，文教迄已優洽。《羽獵賦》曰：武義動于南鄰。《尚書》曰：偃武修文。孔安國曰：修文教也。泰階之平可升，興王之軌可接。泰階，已見上。《國語》曰：興王賞諫臣。訪國美于舊史，考方載于往牒。《兩都賦序》曰：國家之遺美。《西京賦》曰：學乎舊史氏。方載，四方之事。《漢書》，柱下方書。《音義》曰：四方之文書。《說文》，札，牒也。昔帝軒陟位，飛黄服皂。《春秋命曆序》曰：帝軒受圖雒授曆。《尚書》曰：汝陟帝位。《淮南子》曰：黄帝治天下，于是飛黄服皂。高誘曰：飛黄如狐，背上有角，乘之壽三千歲也。後唐膺籙，赤文候日。後唐，謂堯也。膺籙，已見《東京賦》。赤文候日，即至于日稷也。已見上注。漢道亨而天驥呈才，杜預《左氏傳注》曰：亨，通也。《天馬歌》曰：天馬來，從西極。《漢書》曰：武帝元鼎四年，馬生渥窪水中。李斐曰：南陽新野有暴利長，武帝時遭刑，屯田燉煌界，數于水旁見群野馬，中有奇异者，與凡馬异，來飲此水。利長先作土人，持勒絆于水旁，後馬玩習久之，代土人持勒絆，收得其馬，獻之。欲神异此馬，雲從水中出，作《天馬歌》。魏德楙而澤馬效質。《說文》曰：楙，盛也。《魏志》曰：文帝黄初中，于上党得澤馬。《魏都賦》曰：澤馬于阜伊。逸倫之妙足，自前代而間出。《公孫弘贊》曰：异人間出。幷榮光于瑞典，登郊歌乎司律。瑞典，吐圖也。作《天馬歌》歌之以郊祀，合于司律也。所以崇衛威神，扶護警蹕。《魯靈光殿賦》曰：又似帝室之威神。《漢儀》曰：皇帝輦動，則左右侍帷幄者稱警，出則傳蹕，止行人，清道也。精曜協從，靈物咸秩。協，合也。《論語撰考讖》曰：下學上達，知我者其天乎！通精曜也。《尚書》曰：龜筮協從。又曰：咸秩無文。秩，序也。暨明命之初基，罄九區而率順。《爾雅》曰：暨，及也。明命，謂高祖也。九區，九服也。《尚書》：伊尹曰：先王顧諟天之明命。劉騊駼《郡太守箴》曰：大漢遵周，化合九區。有肆險以禀朔，或逾遠而納贐。肆險，人慕化也。《長楊賦》曰：故平不肆險。《魏都賦》曰：思禀正朔。《孟子》曰：有遠行者必以贐。《蒼頡篇》曰：贐，財貨也。《說文》曰：贐，會禮也。聞王會之阜昌，知函夏之充牣。阜，盛也。《周書王會》曰：成周之會。鄭玄曰：王城既成，大會諸侯及四夷也。《漢書》，《郊祀歌》曰：敷華就實，既阜既昌。楊雄《河東賦》曰：函夏之大。服虔曰：函，諸夏也。《漢書音義》，蘇林曰：充牣，喻多也。如淳曰：牣，滿也。總六服以收賢，掩七戎而得駿。收賢，取賢善之馬也。《周禮》曰：王畿外侯服、甸服、男服、采服、衛服、蠻服，斯爲六服。《爾雅》曰：九夷、八狄、七戎、六蠻，謂之四海。郭璞曰：七戎在西。蓋乘風之淑類，實先景之洪胤。崔駰《七依》曰：服飛兔之中乘，騁華騣之駿輪。跖虚騰雲，乘風度津。《漢書》，楊雄《河東賦》曰：六先景之乘。劉邵《魏明帝誄》曰：先皇嘉其誕受洪胤。故能代驂象輿，曆配鈎陳。鄭玄《毛詩箋》曰：在旁曰驂。《韓子》曰：黄帝合鬼神于泰山，駕象車。張揖曰：德流則山出象車，山之精瑞也。《上林賦》曰：象輿婉嬋于西清。鈎陳，已見上文。齒筭延長，聲價隆振。鄭玄《儀禮注》曰：筭，數也。《風俗通》曰：張伯坐養聲價。信聖祖之蕃錫，留皇情而驟進。祖，高祖也。皇，文帝也。蕃錫，已見《魏都賦》。徒觀其附筋樹骨，垂梢植發。《相馬經》曰：良馬可以筋骨相也。梢，尾之垂者。髮，額上毛也。尾欲梢而長。梢，所交切。《張敞集》曰：蒼蠅托驥之發也。傅玄《乘輿馬賦》曰：頭似削成，尾如植發。雙瞳夾鏡，兩權協月。《相馬經》曰：目成人者行千里。注云：成人者，視童子中，人頭足皆見，言目中清明如鏡。或云：兩目中央旋毛爲鏡。權，頰權也。《相馬經》曰：頰欲圓如懸璧，因謂之雙璧，其盈滿如月，异相之表也。黄伯仁《龍馬頌》曰：雙璧似月。异體峰生，殊相逸發。峰生，若山而生峰也。超攄絕夫塵轍，驅騖迅于滅沒。劉歆《遂初賦》曰：馬龍騰以超攄。《列子》，秦穆公謂伯樂曰：子之年長矣，子之姓有可使求馬者乎？伯樂對曰：良馬可以形容筋骨相也。天下之馬者，若滅若沒，若亡若失，若此者絕塵弭轍。臣之子皆下才也，可告以良馬，不可告天下之馬也。李尤《馬鞍銘》曰：驅騖馳逐，騰踴覆踐。簡偉塞門，獻狀絳闕。塞，紫塞也，已見《蕪城賦》。有關故曰門。塞，或爲寒，非也。傅玄《北都賦》曰：巍巍絳闕。旦刷幽燕，晝秣荊越。《說文》曰：刷，刮也。《魏都賦》曰：刷馬江州。《毛詩》曰：言秣其馬。杜預曰：以粟飯馬曰秣。幽、燕、荊、越，四地名也。教敬不易之典，訓人必書之舉。《孝經》曰：聖人因嚴以教敬。《國語》，虢文公曰：王其監農不易。《左氏傳》曰：訓人事君。又曹劌諫曰：君舉必書。惟帝惟祖，爰游爰豫。《孟子》曰：一游一豫，爲諸侯度。飛輶軒以戒道，環彀騎而清路。輶，輕也。《吴都賦》曰：輶軒蓼擾，彀騎煒煌。杜篤《迎鍾文》曰：必令河伯戒道。道，先也。清路，已見《射雉賦》。勒五營使按部，聲八鑾以節步，《漢書》，王尋敕諸營皆按部。薛綜《東京賦注》曰：馬步齊則鸞聲和。應劭《漢官儀》曰：大駕鹵簿。五營校尉在前，名曰填衛。《毛詩》曰：四牡彭彭，八鸞鏘鏘。具服金組，兼飾丹雘。倚瓠切。金組，二甲也。蔡雍女琰詩曰：卓衆來東下，金甲耀日光。《左氏傳》曰：組甲三千。馬融曰：組甲，以組爲甲也。丹雘，二色也。郭璞《山海經》曰：雘，黝屬。寶鉸星纏，鏤章霞布。鉸，裝飾也。章，采文也。袁宏《酎宴賦》曰：朱帷赫以霞布。進迫遮迾，却屬輦輅。服虔《通俗文》曰：天子出，虎賁伺非常，謂之遮迾。《漢書音義》，晋灼曰：迾，古列字。欻聳擢以鴻驚，時濩略而龍翥。薛綜《西京賦注》曰：欻，忽也。《說文》曰：欻，有所吹起也。傅玄《乘輿馬賦》曰：形便飛，燕勢越驚鴻。《甘泉賦》曰：乃濩略綏蕤。張景陽《七命》曰：虬踴螭騰，麟超龍翥。弭雄姿以奉引，婉柔心而待禦。《東京賦》曰：奉引既畢，先輅乃發。至于露滋月肅，霜戾秋登。《禮記》曰：孟秋之月，天地始肅。《爾雅》曰：戾，至也。又曰：登，成也。王于興言，闡肄威棱。《毛詩》曰：王于興師。《漢書》，武帝報李廣曰：威稜憺乎鄰國。又曰：興言出宿。《聲類》曰：闡，大開也。賈逵《國語注》曰：肄，習也。臨廣望，坐百層。《地理書》，洛陽故宫曰廣望觀，臨金市。劉梁《七舉》曰：鴻台百層，幹雲參差。料武藝，品驍騰。《字林》曰：料，量也。夏侯淳《馳射賦》曰：參武藝以游遨。《說文》曰：驍，良馬也。《廣雅》曰：騰，奔也。流藻周施，和鈴重設。流藻，周流藻畫也。應瑒《馳射賦》曰：藻飾齊明。和鈴，已見上。睨影高鳴，將超中折。《相馬經》曰：馬有眄影而視者。分馳迴場，角壯求埒。《南都賦》曰：群士放逐，馳乎沙場。曹毗《馬射賦》曰：修埒坦其平舒。別輩越群，絢火縣練夐絕。絢練，疾貌也。夐絕，迥絕也。捷趫夫之敏手，促華鼓之繁節。《廣雅》曰：趫，健也。孔安國《尚書傳》曰：敏，疾也。言射有常儀，鼓有常節，今以馬馳之疾，故加捷促也。應瑒《馳射賦》曰：旝動鼓震，贊聲雷潰。《魏略》，司馬景王《與許允書》曰：震華鼓，建朱節。經玄蹄而雹散，曆素支而冰裂。玄蹄，馬蹄也；素支，月支也，皆射帖名也。言馬既良，射者亦中，故玄蹄雹散素，支冰裂也。邯鄲淳《藝經》曰：馬射左邊，爲月支二枚，馬蹄三枚也。膺門沫赭，汗溝走血。《相馬經》曰：膺門欲開，汗溝欲深。《漢書》，《天馬歌》曰：沾赤汗，沫流赭。應劭曰：大宛馬汗血沾濡也，流沫如赭也。如淳曰：沬，或作額，音悔。踠迹回唐，畜怒未泄。《方言》曰：泄，歇也。《南都賦》曰：收歡命駕，分背回唐。東都主人曰：馬踠餘足，士怒未泄。乾心降而微怡，都人仰而朋悅。乾，喻文帝也。《周易》曰：乾爲天。都人，已見《西都賦》。妍變之態既畢，淩遽之氣方屬。淩遽，已見《西京賦》。鄭玄《喪服注》曰：屬，連也。局鑣轡之牽制，隘通都之圈束。《字林》曰：跼蹐，行不申也。得通都馳騁，猶爲圈束。司馬遷書曰：通邑大都。《說文》曰：圈，養畜閑也。眷西極而驤首，望朔雲而蹀足。《漢書》，《天馬歌》曰：天馬來，從西極。又曰：武帝得烏孫馬，名天馬，後更名西極馬。鄒陽上書曰：交龍驤首。曹顏遠《感舊賦》曰：胡馬仰朔雲，越鳥巢南樹。又《圍棋賦》曰：良馬蹀足，輕車結輪。將使紫燕駢衡，綠蛇衛轂。《尸子》曰：我得而民治，則馬有紫燕、蘭池。劉邵《趙都賦》曰：良馬則飛兔、奚斯、常驪、紫燕。衡，車衡也。《尚書中候》曰：龍馬，赤文綠色。鄭玄曰：赤文而綠地也。纖驪接趾，秀騏齊亍。李斯上書曰：乘纖離之馬。《尸子》曰：馬有秀騏逢騩。毛萇《詩傳》曰：騏，綦文也，音其。騩，京媚切。覲王母于昆墟，要帝台于宣岳。《史記》曰：造父取驥之乘匹，與桃林盜驪、驊騮，騄駬，獻之繆王，繆王使造父爲禦，西巡狩見王母，樂之忘歸。《列仙傳》，西王母在昆侖山。《山海經》曰：鼓鍾之山，帝台之所以觴百神也。郭璞曰：帝台，神人名。《山海經》有宣山。跨中州之轍迹，窮神行之軌躅。司馬相如《大人賦》曰：世有大人，在乎中州。《列子》曰：黄帝夢游華胥氏之國，其國乘空如履實，山谷而不躓其步，神行而已。轍迹，穆王也。見下文。軌躅，已見《魏都賦》。然而般于游畋，作鏡前王。《尚書》曰：文王不敢盤于游畋。《孟子》曰：《詩》云：殷鑒不遠，在夏後之世。趙岐曰：以前代善惡爲明鏡。肆于人上，取悔義方。肆，敢也。《左氏》曰：師曠諫晋悼公曰：天之愛人甚矣，豈使一人肆于人上。杜預曰：肆，恣也。庾元規表曰：爲國取悔。《左氏傳》，石碏曰：臣聞愛子，教之義方。天子乃輟駕回慮，息徒解裝。《孔叢子》曰：孔子歌曰：喟然回慮，題彼泰山。嵇康《贈秀才詩》曰：息徒蘭圃。王逸《荔枝賦》曰：裝不及解。許慎《淮南子注》曰：裝，束也。

鑒武穆，憲文光。《左氏傳》，右尹子革曰：周穆王欲肆其心，周行天下，將皆有車轍馬迹焉。《漢書》，武帝好大宛馬，使者相望于道。又賈捐之曰：孝文皇帝時，有獻千里馬者，詔曰：鸞旗在前，屬車在後，吉行日三十，凶行日五十，朕乘千里之馬，獨先安之？于是乃還其馬。《東觀漢記・光武紀》曰：是時名都王國，有獻名馬，駕鼓車。振民隱，修國章。《小雅》曰：振，救也。《國語》，祭公謀父曰：勤恤民隱而除其害。韋昭曰：隱，痛也。戒出豕之敗御，愓飛鳥之跱衡。《韓子》曰：王子期爲趙簡子禦，取道爭千里之表。其始發也，彘伏溝中，王子期齊轡策而進之，彘突出于溝中。馬驚敗駕。《古文周書》曰：穆王田，有黑鳥若鳩，翩飛而跱于衡，禦者斃之以策，馬佚，不克止之，躓于乘，傷帝左股。案《漢明帝起居注》云：帝向太山，至滎陽，有鳥鳴軛，中郎將王吉引弓射殺之，將以示帝，曰：鳥鳴軛，彎弓射，洞胸腋，陛下壽萬歲，臣受二千石。乃賜帛二百匹。《東觀漢記》，朱勃上書理馬援曰：飛鳥跱衡，馬驚觸虎，物類相生，亦無不有。故祗慎乎所常忽，敬備乎所未防。《周書》，芮良夫曰：惟禍發于人之倏忽。王弼《周易注》曰：敬慎防備，可以不敗。輿有重輪之安，馬無泛駕之佚。重輪，已見《東京賦》。《漢書》曰：夫泛駕之馬，亦在禦之而已。應劭曰：泛，覆也。處以濯龍之奥，委以紅粟之秩。《盧植集》曰：詔給濯龍厩馬三百匹。鄭玄《尚書注》曰：奥，内也。《廣雅》曰：委，累也，言累加之也。鄭玄《周禮注》曰：秩，禄禀也。紅粟，已見《吳都賦》。服養知仁，從老得卒。《鸚鵡賦》曰：屈猛志以服養。嵇康《養生論》曰：從白得老，從老得終。加弊帷，收仆質。《禮記》，孔子曰：弊帷不弃，爲埋馬也。天情周，皇恩畢。《魏都賦》曰：皇恩畢。亂曰：惟德動天，神物儀兮。《尚書》，益贊于禹曰：惟德動天。《春秋合誠圖》曰：黄帝先致白狐白虎，諸神物乃下。于時駬駿，充階街佳兮。《說文》曰：駬，壯也。言駬駿之馬充于階街也。《魏都賦》曰：冀馬填厩而駬駿。王逸《楚詞注》曰：駬駿，馬名也。禀靈月駟，祖雲螭兮。《春秋考异記》云：地生月精爲馬。《漢書》曰：漢中星爲天駟。黄伯仁《龍馬賦》曰：資玄螭之表像，似靈虬之矩則。郭璞《游仙詩》曰：雲螭非我駕。雄志倜儻，精權奇兮。《漢書》，《天馬歌》曰：志俶儻，精權奇。《廣雅》曰：倜儻，卓异也。既剛且淑，服鞿羈兮。《周禮》曰：師曠見太子，太子曰：《詩》云：馬之剛矣，轡之柔矣。《楚詞》曰：餘雖好修姱以鞿羈兮。王逸曰：繮在口曰鞿，絡在頭曰羈。效足中黄，殉驅馳兮。曹植《與陳琳書》曰：驥騄不常步，應良禦而效足。《漢書舊儀》曰：中黄門駙馬。又，大宛馬、汗血馬、乾河馬、天馬。曹植令曰：今皇帝損乘車之副，竭中黄之府。願終惠養，蔭本枝兮。《漢書》，疏廣曰：此金者，聖主所以惠養老臣。《毛詩》曰：本枝百世。竟先朝露，長委離兮。朝露至危，而又先之，言甚速也。《漢書》，李陵謂蘇武曰：人生如朝露。曹子建《自試表》曰：常恐先朝露。《楚詞》曰：遂萎絶而離异。《禮記》曰：哲人其萎乎！《家語》爲委，萎與委古字通。

南朝梁 蕭綱《繫馬》《佩文齋咏物詩選》卷四〇五 青驪流赭汗，緑地懸花蹄。未垂青鞘尾，猶挂紫障泥。蹀足絆中憤，摇頭櫪上嘶。紫闕如未息，直去取榆谿。

隋 庾抱《驄馬》《佩文齋咏物詩選》卷四〇五 櫪下浮雲驄，本出吳門中。發跡來東道，長鳴起北風。廻鞍拂柱白，赬汗類塵紅。滅没徒留影，無因圖漢宫。

唐 杜甫《杜工部集》卷一〇《病馬》 乘爾亦已久，天寒關塞深。塵中老盡力，歲晚病傷心。毛骨豈殊衆，馴良猶至今。物微意不淺，感動一沉吟。

唐 白居易《白氏長慶集》卷五五《有小白馬乘馭多時奉使東行至稠桑驛溘然而斃足可驚傷不能忘情題二十韻》 能驟復能馳，翩翩白馬兒。毛寒一團雪，鬃薄萬條絲。皂蓋春行日，驪駒曉從時。雙旌前獨步，五馬内偏騎。芳草承蹄葉，垂楊拂頂枝。跨將迎好客，惜不换妖姬。慢鞚遊蕭寺，閑驅醉習池。睡來乘作夢，興發倚成詩。鞭為馴難下，鞍緣穩不離。北歸還共到，東使亦相隨。赭白何曾變，玄黄豈得知。嘶風聲覺急，踏雪怯行遲。昨夜猶芻秣，今朝尚縶維。卧槽應不起，顧主遂長辭。塵滅駸駸跡，霜留皎皎姿。度關形未改，過隙影難追。念倍燕求駿，情深項别騅。銀收鉤臆帶，金卸絡頭羈。何處埋奇骨，誰家覓弊帷。稠桑驛門外，吟罷涕雙垂。

唐 杜荀鶴《杜荀鶴文集》卷二《傷病馬》 此馬堪憐力壯時，細匀行步恐塵知。騎來未省鞭將觸，病後長教覓藥醫。顧主强擡和淚眼，就人輕刷帶經皮。秖今筋骨渾全在，春暖莎青放未遲。

唐 元稹《元氏長慶集》卷一九《病馬詩寄上李尚書》 萬里長鳴望蜀門，病身猶帶舊瘡痕。遥看雲路心空在，久服鹽車力漸煩。尚有高縣雙鏡眼，何由並駕兩朱幡。唯應夜識深山道，忽遇君侯一報恩。

唐 韓愈《昌黎先生文集》卷二《駑驥》 駑駘誠齷齪，市者何其稠？力小苦一作良易制，價微誠易酬。渴飲一斗水，飢食一束芻。嘶鳴當大路，志氣若有餘。騏驥生絶域，自矜無匹儔。牽驅入市門，行者不為留。借問價幾何？黄金比嵩丘。借問行幾何？咫尺視九州。飢食玉山禾，渴飲醴泉流。借問誰能御？曠世不可求。惟昔穆天子，乘之極遐遊。王良執其轡，造父挾其輈。

因言天外事，悒一作荒惚使人愁。駑駘謂騏驥，餓死余尔羞。有能必見用，有德必見收。孰云時與命，通塞皆自由。騏驥不敢言，低徊但垂頭。人皆劣騏驥，共以駑駘優。喟余獨興歎，才命不同謀。寄詩同心子，為我商一作高聲謳。

又 卷九《入關詠馬》 歲老豈能充上駟，力微當自慎前程。不知何故翻驤首，牽過關門忘一鳴。

唐 歐陽詹《歐陽行周文集》卷三《又和此首》 故人舒其憤，昨示駑驥篇。駑以集作取易售陳，驥以難知言。委曲感既深，咨嗟詞亦殷。伊情有遠瀾，余志遜其源。室在周孔堂，道通堯舜門。調雅聲寡同，途遐勢難翻。顧茲萬恨來，假彼二物云。賤貴而貴賤，世人良共然。巴集作芭蕉一葉妖，茙葵一花妍。畢集作異無才實資，手植堦墀前。楩柟十圍瑰，松栢百尺堅。罔念梁棟功，野長丘墟邊。傷哉昌黎韓，焉得不迍邅。上帝本厚生，大君方建元。寶一作實將庇羣甿，庶此規崇軒。班爾圖永安，掄擇期精專。君看廣厦中，豈有樹庭集作庭前萱。

唐 曹唐《病馬五首》《文苑英華》卷三三〇 騄駬一作緑耳何年到渥洼，到一作別病來顔色半塵沙。四蹄不鑿金一作銀砧裂，雙眼慵開玉筯斜。墮月兎毛乾觳觫，一作輕觳薮失雲龍骨瘦查牙。一作牙槎平原好放無人放，嘶向秋風苜蓿花。

二

壠上沙葱葉正齊，騰黄猶自跼羸蹄。尾蟠夜雨紅絲脆，頭掉秋風白練低。力憊未思金絡腦，影寒空望錦障泥。階前莫怪垂雙淚，不遇孫陽不敢嘶又玄集作『堦前莫錯雙垂耳，不遇孫陽不用嘶。』

三唐宋類詩指此篇為曹松作

不剪焦毛鬣半翻，何人別集作識是古龍孫。風吹一作雪侵病骨無驕氣，土蝕驄花見卧痕。未噴斷一作得噴雲歸漢苑，曽追輕一作已曽飛練過吳門。一朝千里心猶在，争一作誰肯潛忘一作施秣飼恩。

四

空被秋風吹病毛，無因濯浪刷洪濤。卧来摠怪龍蹄跙，瘦盡誰驚虎口高。追電有心猶欵段，逢人相骨强嘶號。欲將鬃鬣重裁剪，乞借新成利鉸刀。

五

病久無人着意看，玉華彩疑作毛色欲凋殘。飲驚白露泉花冷，喫怕清風豆葉寒。長褡敢辭紅錦重，舊韁寧畏紫絲蟠。王良若許相擡策，千里追風也不難。

唐 李益《飲馬歌》《佩文齋咏物詩選》卷四〇五 百馬飲一泉，一馬争上游。一馬噴成泥，百馬飲濁流。上有滄浪客，對之空歎息：自顧纓上塵，徘徊終日夕。為問泉上翁，何時見沙石。

唐 佚名《却走馬賦》以天下有道無所用之爲韻《歷代賦彙》卷四三 貞元初，既平凶醜，海縣安阜。歸戍人於田里，却戰馬於隴畝。所以示力争之無益，昭静勝之足有。乃命司武，闢御阜，出羣騶於紫陌，閱衆驥於黄道。吉行之乘，存六駁而有餘；無戰之時，惜萬蹄而空老。於是脱羈靮，任超逾，騰驤於古塞之外，飲齕於洪池之隅。悠蕭蕭之永逸，免逐逐之長驅。天廄初辭，誠貴人而賤畜；農車儻駕，亦以有而之無。留之則踠其駿足而不與人共，捨之則遂其生適而省其國用。顧東道之常來，凌北風而遠縱。曩者揚鑣噴沫，環甲鳴鞭，角紫燕以行地，隨飛龍而御天。追風於陣表，絶電於君前。功德難忘，信彌多而不厭；驕奢作戒，故雖愛而必捐。任物自然，仁之上者；脩文偃武，德之要也。屏危事之形影，張體容於宗社。尚茲恬淡，見道發宸衷；釋彼權奇，知化成天下。材雖駔駿，用亦有時。艱難則雲從而騁力，開泰則野逸而呈姿。昔常代於人勞，良多效矣；今則遂其天性，非曰棄之。感君恩之有序，彌天壤而得所；望驂騑而躑躅，依水草以容與。彼周武之歸，漢文之却，曷足方我皇之明舉。

唐 喬彝《立走馬賦》《歷代賦彙》卷六五 元戎帳外兮，何者雄，躡絶電，踏追風。於是千旗已合，萬馬既匝。槍壘環迴，轅門洞開。紛熒熒以照雪，殷嶫嶫以隨雷。嚴鼓齊，蒼山破。一夫唱，萬人和。寒笳既鳴，攢騎無聲。左右交入，奔騰迸集。鴻洞戢孴，陰森嶷岌。揮鐵騎以突空，上金鞍而屹立。輪寶刀以直視，拔長劒而端揖。奔鯨絶海，旋巨浪以尚遲；餓鶻翻身，寫長風而未急。於是神仙惝怳，鬼怪呼吸。擺金甲而作寒，噴玉花而半溼。膂力既剛，雄鋒莫當。擲紅旌以顛倒，按白刃以熒煌。霍熯滅沒，離披頡。盻引山河之奔走，隨簸蕩以低昂。訝夫鵦䮍累跡，從容自適。互辟易沸霹靂。豁千里以萬里，迺左射而右射。餘掉青絲，繫練影。叫天閽，揮落景。雲旗一簸，翻古塞而半飛；畫戟雙盤，寫長風而自冷。況復騰勇氣，耀紅塵。倚精誠而張膽，仗忠信以扶身。妙能傑出，其大絶倫。感平生之顧遇，睹性命之逡巡。既見知於挺，特寧有力於依因。得逢堯舜之代，以備爪牙之臣。恨武揚之尚狹，踢高步而難伸。皆曰若更渡交河，絶大漠。藏鐵羽，銷金錯。橫穿馬邑，雷鼓出於地中；直上龍城，將軍忽如天落。引皇風之披靡，蕩殺氣以澄廓。不離旗旆，長隨衛霍。鞭八方之戎羯，豁萬里而開拓。騁輕趫之俊藝，突沙塞以取樂。壯觀呈，肅然清。揚大旆，入舊營。

又《渥洼馬賦》《歷代賦彙》卷一三五 域中之寶，生乎天涯。天子之馬，産乎渥洼。澤出騰黃，獨降精於太一；神開滇壑，固不涉於流沙。目散電兮彪駮，喙含丹而虎牙。躡紅雲而噴玉，霑赤汗以攢花。望兮以久，來何晚邪？應圖合謀，光我帝業。星通兩瞳，月貼雙頰。四蹄曳練，飜瀚海之霜華；一噴生風，下胡山之木葉。然後絡以金羈，拂於鱗鬣。睛射紫燄，梢垂綠絲。凝驕欲嘶，嚼淒鏘之玉勒；疊影不顧，紛偃蹇之朱旗。皇矣帝徹，漢綱斯闕。憑百萬之精勁，倚四夷之磔裂。屠蒲梢而亘大漠指，二師而求汗血。謂滅沒之未來，竟羈縻而不絶。有生必感，有感必通。通也不極，環之無窮。彼泓汚之斗，水乃幽贊於神功。然後匜沙卷浪於馮夷之宮，疊足側身於龠淪之中。星精降兮河嶽動，天駟入兮駑駘空。嗟我皇之英特，而牽其惑。欲能敗度，侈多涼德。夏后九代，越天地之紀；穆皇八駿，荒帝王之則。而況金通月支，價及疎勒。悉復馳去，終無所得。此余吾之降生，解倒懸於中國。祈招愔愔，式昭德音。感激萬古，淒涼至今。願以采求馬之人為求賢之使，待馬之意為待賢之心。

唐 牛上士《古駿賦》《歷代賦彙》卷一三五 寒闗月壯，羽書南向；虜馬秋肥，胡兵犯障。爟烽夜驚，候馬相望；雲橫朔塞之前，雪滿天山之上。於是天子按劒，將軍事邊；雷驅甲卒，直指幽燕。風蓬蓬而出海，波漫漫而騰天；當鴈門而北上，薄龍沙而左旋。既而漢虜齊兵，三軍合陣。虹旗彗埽，鼓聲雷振。奕奕熊羆，森森鋒刃，或左提而右拂，乍一留而一進，則有俠少驫䮘，雄駒捷疾，耳若插筩，顱疑削出。蹋金鑣以弄影，控鐵銜而齧膝。始驂驔以舞風，忽濩略而追日。蒙具裝，擇組練，雜然一往。鼓仆旗旋，足不得摇。目不得眄，超騰絶壑，走及奔箭。疑隔漢之流星，似披雲而出電。左賢為之膽慴，骨都為之頷戰。飛奔肅肅，恣意馳逐。宛若遊龍，行如驚鹿。左右披靡，東西往復。溝蹷汗以朱殷，毛拂霜而蝟縮。簫條萬里，顧盼翹陸。橫塞上以長嘶，餘聲振於山谷。沉乃頂籍英雄，驅馳冠戎；旗翻落日，劒倚長虹。惜良騅之不逝，歌美人於帳中；摧拔山之氣泄指，烏江而路窮。遂使畢會戰場，挑身鋒鏑；人控馬以騰踊，馬隨人而奮擊。轉足生風，翕塵無迹；跳山超澗，冒刃衝敵。突圍則漢將奔波，怒目則追軍辟易；遭楚王之不利，當壯年之虛擲也。別有渥水龍媒，朱旄逸才，雙瞳目耀，五色花開，逢漢王之棄置，蹋吳坂以徘徊。思效技於金埒，願追仙於玉臺。懷玉臺兮傷遠道，朝朝暮暮銜枯草。千金買骨君儻知，百萬交錢猶未老，垂兩耳兮伏鹽車。倚雙輈兮慙蹇驢，絆權奇而不用，空倜儻其焉如。

唐 佚名《燕王市駿骨賦以求骨于好騏驥雲集爲韻**》**《歷代賦彙》卷一三五 昔燕王思良馬以扶輈，搜揚未獲。寤寐而求，以為激貪可以動物，明誠可以感幽。乃市乎死駿之骨，比飛黃與驊騮。則有權奇之類，倜儻之儔，既淪精於一代，埋朽骨於千秋。甘委土以從棄，忽兼金而見留。爾其愜意如生，沉吟未歇，朔風至若聞其激揚，纖塵飛想見其滅沒。用已息於躡影，狀猶存乎挾月。匪充貨賄，殊巨象之焚身。不薦宗祧，異立龜之祀骨。嗟夫！君之愛彼，彼竟奚為。雖云力則無展，儻亦魂而有知。恩實殊常，誠所謂汗血而匪恨。生如可再，思所願肉骨以效奇。既而視同龜玉之珍，藏諸韞櫝之奧。衆既美其惟一，孰不從其所好。於是不遠而致，賁然來思，競選奇而往矣。爭簡異而歸之，迭進騕褭，爭呈秀騏。包在坰於魯頌，掩食場於周詩。豈非結之以志，感之以類，寸誠式孚，片骨罔棄，不降階而屈身，果鱗集而麇至。詎比夫虞公愎諫，竟貪屈産之良。漢武勞師，遠取大宛之驥。乃知市骨以求駿馬，則其至成羣。築臺而尊郭隗，則其從如雲。骨何施焉，姑明好駿之意，隗未足也。且表樂賢之君至矣哉。可垂規於典墳，國家皇極立，洪勳集，安輪之騁尚無斁，側席之求如不及，儻駿骨之已收，欲騰驤而見縶。

唐 韋執誼《市駿骨賦以買死招生騰方必至爲韻**》**《歷代賦彙》卷一三五 代有良驥，勤求可致，上心好也。固有開而必先朽骨，沽諸，蓋不期而自至。於是搜賢廄，發屠肆，出千金而易之，獲一骼而無棄，不賈其用，雖增飾而無成，將慮其先使雄名而不墜，昔之服纓，玉飾軌幢，追長風而噴沫，先急景，而揚鑣。豈知屻駿足於千里，摧壯心於一朝，權含月而共落，啼帶雪而俱銷，當其死而不顧，豈其生而可招。是以服其無斁，守而無失。外揚嘉善之名，內作旁求之術。伊希代之異産，固入用而無必，處南中之穴，莫測從來，遊北土之泉，始將安出。聿求既彰，類聚其方，人獻騄驥，天降此祥。滅虞之役不興，取諸外廄；伐燕之師不舉，貢自遐荒，蓋將翕必張，期於至止，俾善始而令終，寧賤目而貴耳，假其力既重之於生，思其勞曷輕之於死，物以德易，道由人弘，當不遇其知，乃負車而伏櫪，苟應乎其感，必蚪躍而龍騰。故八駿咸臻，萬邦為楷。物非其產，將命逾遠而來。骨在於斯，何惜發幣而買。亦猶賢士所趣知機彙征。田忌収老以成仁，卒强齊國；燕昭市骨而種德，乃獲樂生。覩求賢之未暢，悟得駿之非輕，儻長鳴之見識，庶吾道之將行。

唐 張仲素《千金市駿骨賦》以題爲韻《歷代賦彙》卷一三五　良金可聚，駿骨難遇。傳名豈限乎生死，賈價寧親乎金貝。伊前王之善誘，賴下臣之素數。滿篋初訝乎一空，絶足終欣其薦赴。故郭隗發求馬之術，使燕昭興築臺之務。賢為國寶，昔見載之於經；馬以龍名，後亦表之於賦。當其勤求未至，思慮益專。安得戀軒而就勒，空聞馳荆而刷燕。多亦奚為，每厭倦於凡類；愛而不見，寧惜費於且千。蓋為傾心於延望之日，市骨寔由生之年。其志著，其謀宣，非獨自馬而獲馬，此實因賢而訪賢。何異禄豐而遊士可集，餌美而潛魚必懸夫。其取與之分，戒其鄙吝。是非罔惑，孰敢妄進。苟能賤貨以沽名，果乃愜心而得駿。斯骨也，當填溝壑，誰分天驥之上才；縱視丹青，豈辨靈螭之洪□。幸特達而見重，使聲價之復振。至若唐公驌驦，穆王騄驥。代勞馳路，追奔結軌。陳力效能，死而後已。豈若稱德之際，交義之始。金侔龜形，骨異象齒。求焉事殊於漢日，懸之數合於秦市。智能測遠，利用鈎深。叶田方之念，諧季札之心。敦信外彰，表然諾於匪石；沉機內密，重枯朽於捐金。想夫嘶風頮影，垂髾植髮。雖仆質於獘帷，曾受精於皎月。蒙君子一顧之渥恩，知異窮塵之委骨。

唐 紇干俞《銅馬賦》以鑄金象形用求良駿爲韻《歷代賦彙》卷一三五　昔伏波資越銅之具，皇漢得天馬之度。蓋以張戎容，程國步。允稱其德，懷致遠之無疆；既授於師，必命工而所鑄。象物惟肖，利人則深。研精以範，酌憲於心。始察形而視骨，遂修火以鎔金。煥若中起，昂然四臨。望丹闕以就日，俯玄墀而擇陰。俾夫司僕載馳，別於羣而是仰；倌人匪懈，御於王而審象。疑顧影以權奇，乍含輝而爛朗。由兹而明式遐布，觀我而逸材利。往即山為類，且尚其功存；鼤草無施，敢勞於惠養。徒想其屹以沛艾，爛兮晶熒。狀赤文而呈瑞，方候日於堯庭。超乎獨立，的爾殊形。訝騏驥之變態，聿登歌於彼駉。叶以陰德，稟於地靈，列君軒之粹異，咸此駿之儀形。是知法與人共，思衆材而膺國用；王惟智周，寫弘範而俾營求。矧乎揉其物於精剛，制其器於質良。克絶奔踶，逸無立黃。雖齊力齊毫，用每虧於典禮；逮如龍如鹿，形既造而昭彰。美成式之不替，信改鑄之有常。奚絶塵之足比，庶出水而同方者哉。銅為寶兮，固越俗之所擯；馬之神也，仰漢庭而未進。猗善相以來歸，豈康衢之增駿乎。

唐 呂鏄《萬年縣試金馬式賦》以漢朝鑄金爲名馬式爲韻《歷代賦彙》卷一三五　馬以行地致用，式乃範金取規。表騏驥以立則，擬形容而可知。合諸法象，遵彼權奇。卓爾趫姿，想從革而乍見；駭兹殊相，疑軼塵而載馳。毫髮盡此，纖穠不差。誠駿骨之偶儻，亦巧心之云為。本其稱自前朝，制於往漢。金也者，持堅剛之可久；式也者，驗逸異而有案。形乃辨於千里，功詎勞於萬鍛。匪刻鶴之同科，豈偶人而齊貫。載鍊載精，我馬是程。武眷乍覩，龍文可名。星氣想合，金光發明。蜿足不前，如俟孫陽之顧；望雲遐視，寧殊洼水之生。向日而疑將奮影，臨風而狀若長鳴。曲盡其趣，不忽於素。寫逸態以全能，制蘭筋而巧附。瞳雙鏡而可鑒，顴兩月以合度。謂天驥之呈材，乃良金之所鑄。取則不遠，其象孔昭。常矯矯以示象，特昂昂而建標。騕褭在目，飛黃立朝。哂求市之三，年終觀駿死；無相肥於一槩，何慮駒跳？所以稽乎驥德，垂此作式。指半漢以成規，豈駑駘之可惑？置於宮壼，有待獻書之賢：鑄以越銅，載假伏波之力。事與名遠，理將意深。寧俟造父之能馴，驊騮乃覯；何必九方之善相，驪牝獨尋？等循形以觀影，咸得駿於斯金。故曰：考兹術也，選無違者。可以斷臧否，明取舍形分似是，類別真假。欲獻狀於國門，期一中於名馬。

唐 王起《萬年縣試金馬式賦》以漢朝鑄金爲名馬式爲韻《歷代賦彙》卷一三五　先賢鑄金之英，為馬之形。馬無疆而致用，金不朽而垂名。瞻之在前，則至寶山立；寂然不動，則異體峰平。固將六龍可驗，八駿斯營。遐迫絶足，遠契長鳴。豈徒翫熒煌之彩，眄熠爚之情哉。始其模既全，體將具。思求絶塵之貌，是假在鎔之鑄。踴躍其液，渥洼之形未出；撲滅其煙，浮雲之姿已露。方中矩兮圓中規，勢倜儻兮精權奇。誠可傳而可繼，每不驅而不馳。其巧既畢，安貞莫移。豈貪夫而是徇，諒工者之所為。若乃大閱羣騶，旁搜萬國。獻絳闕而咸萃，充華廄而尚惑。乃審厥象，俾臻其極。仰從革之輝光，知代勞之軌則。駑駘沓至，自乖百鍊之形；駬駿俱來，允叶萬邦之式。其狀惟肖，其儀孔昭。仰沛艾以龍翥，若驂驔而鹿超。摧秣勿施，異乘黃之伏皁；縶維罔及，殊赭白之來朝。翼翼雄姿，煌煌壯觀。恒引耀以錯落，每騰精而半漢。牛以石兮多慙，池以銅兮非翫。是知武皇之制博，伏波之旨深。用之則行，昔飛聲於東道；確乎不拔，終成象於南金。高門洞闢，秘殿旁臨。將萬古以駭目，俾四方而宅心。豈作賂大宛，其形見棄；為神蜀郡，厥祀方歆者哉。固宜無逃於衆寡，不昧於取舍。永作鏡於域中，比懸衡於天下。則稱驥德頌駉牧者，未若似是而非，常以馬而喻馬。

唐 王棨《馬惜錦障泥賦》以因立路傍愁濡美飾爲韻《歷代賦彙》卷一三五　王武子所馭之駒，障泥特殊。念美錦以斯裂，對深泉而不逾。拂玉鐙以雙垂，常憐煥爛；笑金羈而屢顧，豈忍沾濡。始夫駿骨是求，奇蹤斯得；將以偉革之盛，遂備乾連之飾莫。不價重千金，絲分五色。初傾豪貴，矜誇之意則多；誰謂驊騮，顧惜之心亦極。觀其萋菲熒煌，霞舒翼張，隱映桃花之色，鮮明紫貝之章。況乎還鄉曾衣，照地出光。得不春苑閒遊，愁露濕於花下；長衢載驟，恐塵侵於道傍。若夫噴玉柳堤，揚鑣蘭路。通步障於齊美，映流蘇而掩嫮。瞻前顧後，雖無還淖之虞；時止時行，似有漸車之懼。一旦滉漾將涉，權奇少留，誠淺深之未測，眄侍從以如愁。頻頓紅纓，雖造父而寧知所以；潛憂緑地，縱孫陽而莫究其由。武子於是探彼柔心，察其深旨，善知騣裹之欲，必為蒲桃之美。令左右以解之，果騰驤而濟矣。然復被其身，傍迷繡輪，夾汗溝而綺麗，排騣尾以花新。向若輕華，煥渡籥淪。則王氏櫪中，空有代勞之用；晉朝書上，全無稱德之因。懿夫特稟超奇，非由服習。苟嘶風之性斯惠，豈戀主之名空立。若論彼滋侈，則錦障非所急。

唐 佚名《司牧安驥集》卷一《王良百一歌》　夫馬者獸也，雖由芻飼，亦稟五行。且龍駒骨駿，駑力幹慵，或重之以千金，或免之以十駕，非伯樂之相，孰能有分！且肝脾肺之源，安則於臟腑勻和，逆則於血脉弗順，非師皇之術，其何明哉！況玆為戎事之本，代人之勞。今撮其要略，共成一卷，號曰『療馬百一歌』。自前病患，悉在卷中，損異毛骨，総存篇內。書云：『義深罕測，學淺難周。』貴乎肋善，焉敢俲尤者矣。

略相十首

耳小根一握，頭長鼻要寬，能行三百里，觧立四蹄攢。
臆前雖闊備，眼曠膓須平，項長筋骨促，尾骨短為精。
鹿耳天然快，僮頭第一強，蹄輕腰又短，伯樂亦稱良。
鼻上紋王字，目中青暈侵，雖然冇筋骨，更要汗溝深。
初生無毛者，伯樂號龍駒，匕朝方始起，千疋也應無。
近看雖似小，遠望却成高，要知深有力，腹上逆生毛。
蹄大踠又軟，腹闊更要長，行時無步驟，何必問孫陽。
口淺不能食，眼深多咬人，猪膝難任重，焉堪致遠行。
要知有毒馬，唇慢口方停，好是如羊目，駉良壽亦長。
不在如龍狀，追風号古来，目前毛骨駿，未可比駑駘。

毛病十首

項上如生旋，冇之不用誇，環緣不利長，所以號騰蛇。
後有喪門旋，前兼冇挾屍，勸君不用蓄，無事也須疑。
先額并啣禍，非常害長多，古人如是說，此事不玍歌。
帶劍渾小事，喪門不可當，滴淚如入口，有福也須防。
黒色耳全白，從來號孝頭，假饒千里走，奉勸不須留。
背上毛生旋，驢騾亦有之，只嚾鞍貼下，此者是駝屍。
啣禍口邊衝，時間禍必逢，古人稱是病，焉敢不言凶。
眼下毛生旋，遥看似淚痕，假饒福也病，無禍亦妨人。
毛病深知害，妨人在不占，大都如此類，無禍也宜嫌。
擔耳駹鬃項，雖然毛病殊，更若兼鱉尾，有实不如無。

雜忌十首

騎来求得飲，汗解是為强，卸鞍面向北，此是最招殃。
欲出須知此，籠頭莫掛垂，雖然無大患，驚懼事防為。
面北朝二喂，形駈漸二傷，其中忽有患，有患悔難當。
遠來亦忌飽，出去不妨飢，向水莫令驟，偏傷肺與脾。
濁水休交飲，多饒毛色焦，時間雖不竟，月内不生臕。
偏怕腥膻物，仍嫌上作槽，鼠穿成大穢，更忌草中毛。
上山猶許驟，下嶺不宜騎，必定傷筋骨，能匀日漸羸。
近學新醫者，還知此事難，將鍼宜淺刺，方便更須端。
凡鍼六脉血，不在苦合多，移時若不止，傷損返如何。
有病何妨療，無傷血莫鍼，近多愚學者，此意未深知。

眼候十首

一切眼昏瘴，皆因热所傷，莫令肝臟冷，泪出轉難當。

黄風有赤脒，白翳忌侵睛，須抽眼昧血，救療有功能。
烏風起肝臟，忽患便青肓，便是通神妙，除非解换睛。
有瘴須多泪，無令冷藥多，細辛并地骨，犀角决明和。
外瘴須磨㸃，黄連宜能駈，烏魚骨頗妙，輙莫用珎珠。
欲療先令暖，仍須使子肝，防風圓蔚好，去泪得睛莧。
不可全憑藥，時聞亦用鍼，頂抽口鼻血，腦热勿令侵。
肝病眼睛病，眼昏肝有風，發来時生暈，唯烙抵神功。
環眼難為病，侵睛多即驚，月中騎亦懼，雪内使同育。
卒热傳肝臟，居羸也易毉，柰何雙目暗，得較也何時。

毉候十首

欲要看口色，春季忌扵青，若似秋時候，毉之必得寧。
夏病不食草，口中赤色深，莫將為热療，热療病難尋。
秋病為中白，時時喘息粗，於中帶黑色，肝肺恐應無。
冬季口中黑，毉之必不痊，卧蚕雖有色，望退也無緣。
大抵怕青黑，兼憂喘必粗，神功也不效，遅治氣全無。
肺病多方療，心傷鶻骨抽，目前雖有較，已後發無休。
鼻内出濃血，如加氣轉抽，豈堪連背硬，何用更開喉。
肺病休疑冷，腥膻不可為，但將凉藥療，莫使小猪脂。
天門還治肺，地骨也毉肝，心热黄芩妙，人參性不寒。
前面热未退，腰胯却行遲，是热須毉热，少將冷藥毉。

起卧十首

脾寒令肉顫，胃冷吐清涎，但鍼脾上穴，暖胃藥為先。
撲尾蹇唇痛，卧時四蹄擲，頻頻覰𦞦上，冷热氣相干。
起卧無時度，將身似狗蹲，腸中如糞結，巴豆宜為珎。
若作如斯候，切在細推尋，如逢肾脉上，多應腸入陰。
識得尋常病，便須用橘皮，檳榔為第一，葱酒宜相宜。
止痛當歸妙，牽牛芍藥和，生姜宜剩使，滑石勿令多。
治脾人間妙，針脾第一功，目前兼惡急，氣脉當時通。
尿血還緣热，風虚結澁為，秦尤能治療，通利大黄奇。
忽蕩糞如水，赤黄氣息腥，鐃伊能用藥，口色怕微青。
若蕩退草科，腹中虚氣鳴，大以膓黄候，脾家氣不勻。

療風十首

有傷即為急，無傷呼為慢，先針喉脉血，亦須先出汗。
尾褐遍身硬，再緊閃骨生，此風從後得，暖処勿冝吹。
病見從前得，斯須便過関，大風烙宜妙，入口下應難。
四脚難移動，一邊汗出微，口中時吐沫，見此莫生疑。
不獨如斯狀，忽然後脚遲，盡知呼脾冷，卒急也難毉。
是藥皆治病，唯風却要蛇，防風并半夏，取急是天麻。
治療皆憑藥，就中風也難，七朝疑似退，火烙大無端。
歇汗風鐃痒，為瘡急燥多，肺風多揩擦，疥㿀即相和。
花蛇及乾蝎，亦療腦旋周，烏頭勿單使，麻黄更要芎。
有風切忌驚，角耳宜為精，漢椒井附子，相合耳中傾。

筋骨十首

膊痛緣騎苦，蹄傷敗血攻，痛時針且妙，蹄損火能通。
膝骨難任痛，行時脚失多，無端針脉血，得効也蹉跎。
子骨連啼痛，多應是物傷，烙蹄蹄不發，漸漸骨開張。
失節莫交頻，鹿節黄水成，假鐃用火烙，滑水鎮長盈。
但是筋骨痕，皆因傷損為，於巾硯子骨，未後不通毉。
養槽脹雖烙，多緣腑病生，胃翻加吐沫，何藥効能成。
小胯骨若痛，牽連鴈翅疼，欲針須得穴，用藥更持鋒。
曲池鶻鼻骨，脹時不在針，芸薹并紫葛，巴豆宜攻深。
附骨浸於膝，走驟多鐃失，火烙意還粗，藥消為第一。
筋脹用猪腦，冷藥要蛇床，細辛并藁本，米醋及生姜。

療黄十首

躁悶忽啣韁，此即是心黄，先須用火烙，時下得安康。
胸黄忽腫硬，未可用針針，須使消黄藥，無令痛所侵。
偏次黄雖少，還緣積熱成，常聞連五臟，根向肺中生。
喉内若生黄，此病实難當，藥針但少効，向裡結成嚢。
急慢腸黄候，患時俱一般，慢時一月多，急時當時間。
腎黄腎脉腫，積冷致如然，還須脇腰上，以此出頑涎。

水黃連帶脉，虚腫在皮膚，先用火針治，消時濃出余。
賺黃不用針，塗藥妙能深，消石并葶歷，橘皮使蔚金。
騾馬緣風熱，因此作妳黃，塗藥交駒啞，切恐結成囊。
一切黃虚腫，多緣積熱生，宜抽唯脉血，諸毒不能成。

瘡痍十首

竹節療膞瘡，骨鑽亦難當，若塗先用洗，欲使洗塩湯。
貼瘡雖用藥，艾灸且令燋，乾姜將内入，根出始方消。
痍瘡生眼畔，疥血化為虫，即漸侵於腦，和睛变作濃。
口内忽生延，心臟熱如然，有瘡須用藥，包藥使綿纏。
肺毒若生瘡，豎之要肺涼，貼藥雖宜洗，可用甘草湯。
斷踠緣風血，燥蹄亦一般，麝香葶歷子，貫衆及黃丹。
令病緣草結，膿多瘡口寒，乳香并附子，貼此始應看。
疥癬深秋旺，爪瘡盛夏多，蕪緣風血聚，忙療莫蹉跎。
血燥連蹄腫，筋風血作膿，蕪荑鶴風妙，能殺此般虫。
一切破損瘡，勿令口自傷，潰瘡難治療，容風須是防。

齒歲十首

齒有数般蒼，教伊識不妨，莫言為小事，識得大賢良。
黒白一齊全，生来始八年，中間初似破，十二歲無偏。
齒如十二月，騂牙象四時，二十四氣足，伯藥定為覘。
四齒不曾退，年已只以駒，但看邊畔者，咬得臼還殊。
駒子生駞齒，嚼之必不勻，直饒齒歲小，區臼也多平。
向南馬齒口，野放咬山多，區臼雖先破，莫言歲齒過。
黃區將欲盡，黒臼以全無，上下齒更展，十二歲應余。
騂牙初出肉，俗言即五六，至老或不生，須平區臼真。
騂牙無可定，騾馬不會生，若憑為端的，休言此是真。
有壽三十歲，筋骨一依常，雖然能走驟，争如少年強。

又《**碎金五臟論**五篇》

頭高八尺似龍形，二氣陰陽造化成。
四大為躯無实相，胎胞運氣不堅形。
造父昔時觀外相，慧性天然有異靈。
筋骨宿因皆注定，觀形看息斷平生。
内説一篇五臟論，堪與豎家作證明。
天有五星辰宿位，馬有五臟立根形。

肝第一

肝為東方甲乙木，三斤十二似荷形。
左短右長都五葉，肝垂心下若垂鈴。
肝盛目赤鐃眵淚，肝熱睛昏翳膜生。
肝風眼暗生碧暈，肝冷流淚水冷冷。
肝即善能納酸味，氣引風牽入臟盛。
過得咽関皆有処，似水通流每潤經。

心第二

心属南方丙丁火，注於心上寅偏靈。
大小只如鷄子様，一斤十二旺朱明。
受其津液都五合，注潤魂魄得安寧。
心有七竅通於舌，王力金關能潤經。
心热舌乾多吐沫，心冷吐水變唇青。
心虚無事多驚恐，心痛顛任脚不寧。
心黃護繫逢人咬，心攻唇口變瘡生。
心即善能納苦味，小腸同腑脉同荣。

肺第三

肺属西方庚辛金，色似蓮花傘蓋形。
肺壅鼻中鐃清涕，正病膿如金露形。
肺喘毛焦因氣敗，肺壅連啌鼻噴清。
肺風擺頭多鼻咋，肺熱渾身瘡疥生。
皮肉毛焦肺家管，肺納辛味躰浮輕。
肺合大腸爲傳送，通連水臟自然惺。
二斤十二分為相，夲住耶尼佛国城。

腎第四

腎属北方壬癸水，膀胱两畔要匀停。
左管大腸蟠四匝，一丈二尺不交并。

右胷小腸蟠四匝，二丈四尺絶其盈。
腎壅耳聾難聽事，腎虛耳似聽蟬聲。
腎熱耳根黄腫起，腎冷拖腰靸脚行。
腎傷牙齒頻咬動，一斤十二古来論。
一切鹹味其中納，内注風劳亦不停。
証候先須看步脉，辨别浮沉識重輕。

脾第五

脾屬中央戊巳土，日夜垂磨不暫停。
脾冷鼻乾多限料，脾熱脣褰見料驚。
脾寒身顫毛如刺，脾虛吐沫病自生。
脾不磨時馬不食，肿黄起卧心变增。
脾即善能納甜味，胃口相生佐土星。
下得咽関皆有處，分别陰陽配五行。

宋 李覯《直講李先生文集》卷三五《讀韓文公駑驥篇因廣其説》 主人渴良馬，僕夫念駑駘。行遲追易，及力少牽易來。時聞千里足，百箭攢其懷。主人雖欲買，衆口大悠哉！

宋 吴淑《事類賦》卷二一《馬賦》 夫驥不稱力，而稱其德。出《論語》 若夫産余吾而生渥洼，《漢書》曰：元狩二年，馬生余吾水中。元鼎四年，馬生渥洼水中。上作《天馬之歌》來東道而出西極。《漢書》曰：武帝《天馬歌》曰：天馬来，從西極，涉流沙，九夷服。天馬來，歷無草，徑千里，來東道。天馬來，龍之媒，游閶闔，觀玉臺。騰黄、騕褭之姿，《瑞應圖》曰：騰黄、騕褭皆神馬也。王者輿服有度則出。俶儻權奇之質，漢武《天馬歌》曰：志俶儻精權，奇籋浮雲晻，上馳籋音躡。必也資無鬼之精鑒，《莊子》曰：徐無鬼云：吾相馬直者，中繩曲者，中鈎方者，中矩圓者，中規是國馬也。籍九方之妙識。《列子》曰：秦穆公謂伯樂曰：『子之年長矣。子姓有可使求馬乎？』伯樂對曰：『臣之子皆下才也。臣有所與九方皐，其於馬非臣之比也。』穆公見之使行求馬，三月而反。報曰：『已得之，在沙丘。』穆公曰：『何馬？』對曰：『馬牝而黄。』使人往取之，牡而驪。公不悦，召伯樂曰：『敗矣，子之所使求馬者，毛物牝牡弗能知，又何馬之能知也？』伯樂曰：『若皐之所觀天機也。得其精忘其粗，在其内而忘其外，馬至果天下之馬也。』然後可以驂乘旦，駕齧膝，《漢書》：王褒《聖主得賢臣頌》云：及至駕齧膝，驂乘旦，王良執靶，韓哀附輿，縱馳騁騖，忽如景靡，過都越國，蹶若歷塊；追奔電，逐遺風，周流八極，萬里一息。何其遼哉？若亡若失，《列子》曰：伯樂對秦穆公曰：『天下之馬者，若滅若没，若亡若失。』若喪若一，《莊子》曰：天下馬有成材，若亡若失，若喪若一，若是者，超軼絶塵，不知其所。軼昆雞於姑餘，過歸鴻於碣石，《淮南子》曰：若夫鉗旦、大丙之御也，除轡銜，去鞭鞍，車莫動而自舉也，馬莫使而自走也。日行月動星，耀而玄運，電奔而鬼騰。過歸雁於碣石，軼昆雞於姑餘。非思慮之察、手爪之巧也，嗜欲形於胸中，精神踰於六馬，以弗御御之者也。注云：鉗旦、大丙，太一之御也。姑餘，在呉地。超然長鶩，萬里一息者也。見上驂乘旦注。若夫周穆八駿，《穆天子傳》曰：天子命駕，八駿之乘，右服驊騮而左緑耳，右驂赤驥而左白義。天子主車造父為御，次車之乘右服渠黄而左踰輪，右驂盜驪而左山子。伯夭主車，參伯為御。奔戎為右，東南翔行，馳驅千里。漢文九良，《西京雜記》曰：文帝自代還，有良馬九疋，皆天下駿足。其名曰：浮雲、赤電、絶羣、逸驃、紫燕、緑耳、青驄、龍子、驎駒、絶塵，號為九逸。劉備的顱，《世語》曰：劉備屯樊城，劉表曾請宴會荆越，蔡瑁欲因會取備，備覺之，偽如厠潛遁，所乘馬名為的顱，至襄陽城西檀溪中，溺不得出，備急曰：『的顱，今日厄可不努力。』的顱一踴三丈遂得出。唐公肅爽。《左傳》曰：唐成公如楚，有兩肅爽馬，子常欲之，弗與，三年止之。唐人或相與謀，請代先從者，許之。飲先從者酒，醉之。竊馬而獻之子常。子常歸唐侯。爽音霜。將軍則白，《魏志》曰：龎悳討關公，親與公交戰，射公中額。時悳常乘白馬，公軍謂之『白馬將軍』。使君則黄。《獻帝春秋》曰：曹操與吕布戰，敗布，騎得操而不知是，問曰：『曹使君何在？』答曰：『騎黄馬者是也。』因得免。絢練半漢，顔延年奉詔作赭《白馬賦》曰：別輩超羣，絢練敻絶。張平子《東京賦》曰：龍雀蟠蜿，天馬半漢。沛艾騰驤，潘岳《籍田賦》曰：金根照耀以景煁，龍驥騰驤而沛艾。象月善走，《春秋説題辭》曰：地精為馬，十二月而生，應陰紀陽，以合功，月度疾，故馬善走。行地無疆。《易》坤卦曰：牝馬地類行地無疆。或著翰如之象，《易》曰：白馬翰如。或傳沃若之章。《詩》曰：我馬維駱，六轡沃若。美伯厚之似狗，謝承《後漢書》曰：朱震，字伯厚，性剛烈。初為從事，奏濟陰太守單匡贓罪，并連匡兄中常侍、車騎將軍超。三府諺曰：車如雞棲馬如狗，疾惡如風朱伯厚。偉張奐之如羊。見《金賦》入懷詎見於張奐注。別有鄭莊置驛，《漢書》曰：鄭當時為太子舍人，五日洗沐，常置驛馬，長安諸郊請謝，賓客夜以繼日。萬石式軺，《漢書》曰：萬石君石奮過宫門闕，必下車趨見，軺馬必式焉。飲長城之窟，《古樂府》有：飲馬長城窟。走章臺之路。見《扇賦》京兆走馬注。颯若遺風，《吕氏春秋》曰：青龍之足，遺風之乘，非先為天子不可得而具，注云：青龍、遺風皆馬名也。敻如飛兔。《淮南子》曰：夫待騕褭飛兔而駕之，則世莫乘車矣。習蟻封而遂勝，《晉紀》曰：王湛有隱德，兄子濟，性好馬，所乘駿快意，甚愛之。湛曰：『近見督郵馬當勝此。』濟不然之，取督郵馬與湛試之，湛曰：『直行平地，何以別馬？』於是就蟻封盤馬，濟馬果躓。惜障泥而不渡。《晉書》曰：王濟善解馬性，嘗乘一馬，著連乾障泥，前有，水終不肯渡。濟云『此必是惜障泥。」使人解去，便渡。故杜預謂：濟有馬癖，兩服上襄。《詩》曰：叔于田乘黄。兩服上襄兩驂雁行，八鑾節步。顔延年赭《白馬賦》曰：勒五校使按部聲。八鑾以節步。鉗旦、大丙之駕，見軼昆雞於姑餘注。王良、造父之御，《淮南子》曰：王良，造父之御也。上車攝轡投足，調均勞佚若一。馳日則懸峰不薄，《淮南子》曰：日之行也，不見其移也。騏驥背日而馳，草木為靡，懸峯木薄而日在其前矣。注：懸峯，馬蹄下雞舌也。為龍則慶雲遙覆，《唐書》曰：天寶中，隴右節度皇甫惟明奏龍支縣人庫狄孝義有馬生龍駒，經九旬有九日，身有鱗而不生毛，臣就檢視時有慶雲五色遙覆馬上，久而不散，請付史官。又有項籍之騅，《史記》曰：項王駿馬名騅，被圍垓下，乃悲歌慷慨曰：『力拔山兮氣盖世，時不利兮騅不逝。』及至烏江謂亭長曰：『吾騎此馬五歲，所當無敵，嘗一日千里，不忍殺，以賜公。』鮑氏之驄，《列異記》曰：故司隸鮑子都，少時舉上計。於道遇一書生，卒得心痛。子都下車為按摩，奄忽而卒。不知姓字，有素書一卷，銀十餅，即賣一餅以資殯殮，其餘以枕之，素書著腹上，埋之。未至京師，有驄馬隨之，遇一關内侯家住宿，侯問曰：『君何以致此？』馬子都因說之，侯乃驚愕曰：『此吾兒也。』使迎喪開棺，視銀書如所言。侯乃薦子都辟公府，至司隸，子永孫昱俱為司。隸皆復乘驄馬，故京師歌之曰：鮑氏驄，三入司隸，再入公，馬雖瘦，行步工。昌邑乘之於果下，《漢書》曰：昌邑王賀召皇太后果下馬乘之。石慶數之於車中。《漢書》曰：石慶為太僕，御出，上問：『車中幾馬？』慶以策數馬畢，曰：『六馬。』或市日而騖，《洞冥記》曰：東方朔遊吉雲之地，越扶桑之東，得神馬，高九尺，股裏有旋毛如日月狀，如月者夜光，如日者晝光，毛色隨四時之變。帝問，朔曰：『昔西王母乘靈光之輦以適東王公之舍，税此馬於芝田，而食芝草，王公怒，棄馬於清津天岸。臣至王公壇，因騎而返，繞日三帀，此馬入漢關，關已半掩。』帝問其名，曰：『步景。』或藏形於空。《洞冥記》曰：修彌國有馬如龍，騰虚逐日，或藏形於空中，唯聞聲耳。望如匹練，《論衡》曰：儒者稱孔子與顔淵俱登魯東山，望吳昌門，謂淵曰：『爾何見？』曰：『一疋練。』前有生，藍子曰：『白馬，廬芻也。』見似游龍。見《水賦》馬氏行車注。若其執轡如組，兩驂如舞，出《詩》同槽者三，《晉書》曰：魏武察晉宣帝有雄豪志，又嘗夢三馬共食一槽，甚惡之。因謂太子丕曰：『司馬懿非人臣也，必預汝家事。』浮江者五。晉水嘉元年，元帝始渡江，鎮建業。初惠帝太安際童謠云：五馬浮渡江，一馬化為龍。帝與西陽、汝南、南頓、沛陽王等獲濟，而元帝竟登大位。雞斯獻之以悦紂，《六韜》曰：商王拘西伯於羑里，太公與散宜生金十鎰，求天下珍物，得犬戎文馬，目如黄金，項如鷄尾，名雞斯之。乘以獻商王，遂免西伯。文駟遺之而敗魯。《家語》曰：孔子相魯，齊人患其霸也，欲敗其正名。乃選女子八十人，衣以文衣而舞容璣，及文馬四十駟，以遺魯君。陳女樂列文馬于魯城南高門外，魯君為周道遊觀，怠于政事。孔子遂行注云『容璣舞曲』。啖以地黄，《抱朴子》曰：韓子治嘗以地黄、甘草啖五十歲老馬以生三駒，又百三十歲乃死。哺之棗脯。見下優孟言其葬禮注。齊祖龍驤，《齊書》曰：楊玉殺宋蒼梧王，太祖夜乘常所騎赤馬入殿，及踐阼，號此馬為龍驤將軍。休之楊武。《續書林・晉安帝記》曰：司馬休之奔廣固，慕容超欲害之。休之不知，常所乘騧馬忽連鳴不食，注目視鞍，休之試被之，還坐，馬又驚跳，因試騎視，裁出門便奔馳數里，顧望所住，已有兵至矣。遂南奔獲免。後加騧馬『楊武』之號。朝但見其發迹，夕不知其何許。伯樂《相馬經》曰：馬生下墮地無毛，行千里；尿舉一脚，行五百里。闌觔豎者千里，膝如團麴千里，三軍莫逐，但知所發，不知所宿。一云：蹄團如麴。有駰有騢，有騅有駓。《詩・魯頌》曰：駉駉牡馬，在坰之野。薄言駉者，有駰有騢，有驔有魚。又曰：有騅有駓。注曰：陰白雜毛，駰。彤白雜毛，騢。蒼白雜毛，騅。黄白雜毛，駓。或遇郭璞而活，《晉書》曰：郭璞抵將軍趙固，會所乘良馬死，璞曰：『吾能活馬。』得健夫二三十人，皆持長竿東行三十里有丘林社廟者，便以竿打拍，當得一物，急持歸，馬活矣。如言得一物似猴，見死馬便噓吸其鼻，馬起奮迅如常，不復見向物。或濟于謹之危。《後周書》曰：于謹嘗率騎追茹茹，前後十七戰，盡降其衆。嘗為賊所圍，謹乘駿馬一紫一騧，賊所先識，乃使二人各乘馬突陣而出，賊以為謹也，皆爭逐之，謹乃入塞。晏子一言而刑罰必中，《晏子春秋》曰：景公使人養所愛馬，馬病死，公怒，令殺之。晏子請數之曰：『爾有三死罪，使汝養馬殺之，一當死也；又殺公所最善馬，二當死也；使公以一馬之故而殺人，百姓必怨叛，諸侯輕伐吾國，三當死也。』公喟然曰：『赦之。』叔敖三歲而牝牡不知。《鄒子》曰：董仲舒三年不闚園門，乘馬不知牝牡。乂諸葛亮教曰：『昔孫叔敖乘馬三年，不知牝牡，稱其賢也。』亦有光武駕鼓，見劍賦騎士徒云賜注。漢文却貢，《漢書》曰：文帝時，有獻千里馬者，詔曰：『鸞旗在前，屬車在後，吉行日五十里。朕乘千里馬，獨先安之。』乃還馬。及沙衍而飲血，《穆天子傳》曰：辛丑，天子渴于沙衍，求飲未至。七萃之士曰『高奔戎，刺其馬左驂之頸，取其清血以飲天子。至巨蒐而洗湩。《穆天子傳》曰：天子至于巨蒐，巨蒐之人用其牛馬之湩，以洗天子之足。湩乳也音凍。救吳漢而緣尾，《東觀漢記》曰：吳漢兵守成都，公孫述將延岑遣奇兵出漢兵，後襲擊破漢，漢墮水緣馬尾得出。濟苻堅而垂鞚。《異苑》曰：苻堅為慕容沖所襲，堅馳馬墮澗，追兵幾及，計無由出，馬即踟躕臨澗，垂鞚與堅。堅不能及，馬又跪，堅攀之得登岸西走。若乃德至山陵，《孝經》授神契曰：王者德至山陵，則澤出神馬。政云頌平，《禮斗威儀》曰：君乘火而王其政，頌平南海輸駿馬。於是地之類，《易》曰：牝馬地類行地無疆。月之精，《春秋考異郵》曰：陰合於八，八合陽九，八九七十二，二為地，地主月，月精為馬，月數十二，故馬十二月而生，王者駕馬，故字以王為馬。河水之靈，《瑞應圖》曰：龍馬者，神馬，河水之精也。額上有翼，旁有垂毛，鳴聲九音，有明王則見。銅器之英，《地鏡圖》曰：銅器之精見為馬。霑赤汗而沓至，《漢書》，《天馬歌》曰：霑赤汗沫流赭。羈堅轡而來庭。枚乘《七發》曰：鍾岱之牡，齒至之駒。前似飛鳥，後類距虛。羈堅轡，附易路。王良、造父為之御，秦缺、樓季為之右。注：《漢書》云：趙地鍾代石北迫近胡冠。乃有太宗十驥，《唐書》曰：貞觀中，骨利幹遣使獻良馬十疋，太宗號為十驥：一騰霜白，二皎雪驄，三凝露驄，四懸光驄，五決波騟，六飛霞驃，七發電赤，八流金騆，九翔麟紫，十奔虹赤。又為文以叙其事。始皇七名，《古今注》曰：秦始皇有七名馬：一追風，二白兎，三躡影，四追電，五飛翮，六銅雀，七晨鳧。曹真驚帆之號，《古今注》曰：曹虎真有駿馬，名為驚帆。魏武白鶴之稱。《拾遺記》曰：曹洪與魏武帝所乘之馬，名白鶴。時人諺曰：憑空虛躍，曹家白鶴。或隨西逝而王地，《宋書》曰：鮮卑嫡子曰若洛廆庶，長曰吐谷渾，二部馬鬬相傷，廆怒渾，遂擁馬西行。廆悔，遣長史一那樓追渾，令還，渾曰：我是卑庶，理無並大，今以馬致別，殆天所啓。諸君試擁馬令東，馬若還東，我當相隨去，即使三千騎共遮馬令迴。馬迴不盈三百步，欻然悲鳴西走，聲若頹山，如是者十餘迴。樓跪曰：『可汗，此非復人事。』遂王西夷之地。或依奔迹而築城。《搜神記》曰：昔秦人築城於武州塞內以備胡，城將成而崩者數焉，有馬馳走，周旋反覆，父老異之，因依馬跡為城城，乃定遂名馬邑。美五倫之純至，《後漢書》曰：或問第五倫曰：『公有私乎？』對曰：『昔人有與吾千里馬者，吾雖不受，每三公有所選舉，心不能忘，而亦終不用也。』嘉卓茂之不爭。《後漢書》曰：卓茂為丞相府史，嘗出行，有人認其馬。茂問曰：『子亡馬幾何時？』對曰：『月餘日矣。』茂有馬數年，心知其謬，默解與之，挽車而去。顧曰：『若非公馬幸至丞相府歸我。』他日馬主別得亡者，乃詣府送馬叩頭謝之。慶鄭知還濘之敗，《左傳》曰：秦晉戰于韓，晉惠公乘小駟鄭入也。慶鄭曰：『古者大事，必乘其産，生其水土而知其人，心安其教，訓而服習其道。今乘異産以從戎事，及懼而變，將與人易，亂氣狡憤，陰血周作，張脈僨興，外彊中乾，進退不可，周旋不能，君必悔之。』弗聽，及戰，公馬還，濘而止。邢伯識夜遁之聲，《左傳》曰：晉侯伐齊，齊師夜遁，邢伯告中行，伯曰：『有班馬之聲。』齊師其遁。注：夜遁，馬不相見，故鳴班別。是故春祭天駟，夏祀先牧，冬則講馭，秋則臧僕。《周禮》曰：春祭馬祖，執駒。夏祭先牧，頒馬攻特。秋祭馬社，臧僕。冬祭馬步，獻馬。講馭注：馬祖，天駟也。執駒春通淫之，時駒弱，血氣未定，為其乘疋傷之。先牧始養馬者，攻特夏通淫之。□既除薦而釁廐，見下委以圉師注。亦飾弊而執撲。《周禮》曰：校人飾幣，馬執撲而從之。注：幣馬以馬遺人，當幣處者也。或生桃林之野，《山海經》曰：夸父山北有桃林，廣員三百里，其中多馬。或出頗黎之谷。《唐書》曰：吐火羅國有頗黎山，山南崖穴，中有神馬，國人每牧牝馬於其側時，産名駒，皆汗血焉。乃有麟腹、虎胸、龍頭、鳥目。劉琬《馬賦》曰：吾有駿馬，名曰騏雄。龍頭、鳥目、麟腹、虎胸，尾如雲彗，耳如插筒。郭伋至郡而騎竹，《後漢書》曰：郭伋為并州牧，行部到西河，美稷有童兒數百，各騎竹馬於路次，迎拜問使君何日當還，

伋謂別駕從事計日告之。既還，先期一日，伋止於野亭須期乃入。趙高不臣而指鹿。《史記》曰：趙高欲為亂，恐羣臣不聽，乃先設驗持鹿獻二世曰：『馬也。』二世笑曰：『丞相誤也，謂鹿為馬。』問左右，左右或默，或言馬以阿順趙高，或言鹿者高因陰中以法。贖華元之百駟，《左傳》曰：宋人以大馬百駟以贖華元於鄭，半入華元逃歸。食從者之啓服。《左傳》曰：衛侯來獻其乘馬曰：『啓服塹而死，公將為櫝。』子家子曰：『從者病矣，請以食之。』注云：啓服，馬名。塹謂墮，塹櫝，棺也。優孟則言其葬禮，《史記》曰：楚莊王有愛馬，衣以文繡，置華屋之下，啗以棗脯，馬死，欲以大夫禮葬之。樂人優孟入殿門，大哭曰：『請以人君禮葬之，以雕玉為棺，文梓為椁，豫章為題，湊發甲卒為壙，老弱負土，諸侯聞之皆知大王賤人貴馬也。』王曰：『為之奈何？』曰：『請為王言六畜之葬，以壟竈為椁，以銅鑼為棺，齊以薑桂，薦以木蘭，衣以火光，葬人腹中。』王乃以馬屬大官鑼音歷。馬防則明其調穀。《東觀漢記》曰：上始欲征匈奴，與竇固等議出兵調度，皆以為塞外草美，可不須穀。固等將兵到燉煌，當出塞上，請馬穀。上以固言前後相違，怒不與穀，皆言案軍出塞，無穀馬故事。馬防言宣帝時，五將出征，匈奴候騎得漢馬矢，見其中有粟，知漢兵出，以故引去。以是言之，馬當與穀，上善其用意微，勑調馬穀。戎事則齊力田獵則齊足，出《爾雅》。豈復與跛猫而校能，《東方朔傳》曰：驃騎難諸博士，朔對曰：『騏驎、緑耳、蜚鴻、華騮，天下良馬也。若捕鼠於深宮之中，曾不如跛猫。』將韓盧而並逐者哉！孔融論曰：犬之有韓盧，馬之有騏驥，人之聖也。名號等設，使騏驥與韓盧並走，寧能頭尾相當，八脚如一，無有先後之覺哉？若乃分三輩，《春秋後語》曰：田忌與齊諸公子馳逐重射，孫臏見其馬足不甚相遠，有上、中、下輩，於是臏謂田忌曰：『君第重射，我能令君勝田忌與王及諸公子。』逐射千金臨質。臏曰：『取君下駟與彼上駟，取君上駟與彼中駟，取君中駟與彼下駟，三輩畢，一不勝而再勝，忌得千金注重射，射重科為勝。』駕七騶，《淮南子》曰：季秋殺於田獵，以習五戎命，僕及七騶咸駕載旗。過津橋而超渡，《江表傳》曰：孫權征合肥，敗，馬上津橋，橋南已徹，丈餘無板，谷吉利在馬後，使權持鞍，緩鞚於後著鞭，以助馬勢，遂得超度。飲湛水而不流。《韓子》曰：紂為甲百萬，左飲馬於湛，右飲馬於洹，洹水竭，湛水不流。武王甲卒三千破而王之。冒頓輕鄰國之遺，《史記》曰：東胡使求匈奴冒頓千里馬，冒頓問，羣臣曰：『千里馬，匈奴寶也。勿與。』冒頓曰：『與人鄰國，奈何惜一馬。』遂以與之。東胡謂冒頓畏之，又欲得其女閼氏，冒頓復問左右，左右皆怒，請擊之。冒頓曰：『奈何與人鄰國愛一女子乎？』與之。東胡愈驕，與匈奴間有棄地，又欲之，冒頓問羣臣，或曰此棄地，與亦可勿與亦可，冒頓大怒曰：『地，國之本也。奈何與之？』言與者皆斬之。遂襲擊東胡滅之。貳師吝漢使之求。《史記》曰：大宛有善馬在貳師城匿，不肯與，漢天子使壯士車令等持千金及金馬以請宛善馬，宛國相與謀曰：『貳師馬，宛寶馬也。』遂不肯與漢，漢使怒，妄言椎金馬去宛，貴人攻漢使，取財物。

天子大怒，拜李廣利為貳師將軍，發屬國騎及郡國惡少年數萬人伐宛，期破貳師城取善馬。食場藿而維縶，《詩》曰：皎皎白駒，食我場藿。縶之維之，以永今夕。戀棧豆而遲留。《晉記》曰：曹爽等從謁高平陵，司馬宣王舉兵誅爽，桓範出赴爽，宣王謂蔣濟曰：『智囊往矣。』齊曰：『智則智矣，駑馬戀棧豆，必不能朋。』諸葛未獲而先謝，《吴書》曰：諸葛恪為將，蜀使至。上謂使曰：『元遜為將，君還蜀，可報丞相，為致嘉馬。』恪起陳謝上，曰：『卿未得馬，何為謝？』對曰：『夫蜀，陛下外廄。陛下有詔，臣必得之，是以謝也。』杜林受之而必酬。《東觀漢記》曰：杜林與馬援鄉里素相親厚，援南方還時，林馬適死，援令子持馬一疋遺林曰：『朋友有車馬之饋，可且以備乏。』林受之，居數月，林遣子奉書曰：『將軍内施九族，外存賓客，望恩者多。林父子兩人食列卿祿，常有盈，今送錢五萬。』援受之謂子曰：『人當以此為法。』至於匈奴之五方異色，《史記》曰：冒頓圍高祖於平城，其騎西方盡白馬，東方盡青駹，北方盡烏驪，南方盡騂馬。公孫之羣騎皆白。《英雄記》曰：公孫瓚每聞邊警，輒厲色作氣如赴讎，常乘白馬。又選數十白馬為騎射之士，號曰白馬義，從以為左右翼。胡人甚畏之，相告曰：『當避白馬長史。』綱惡攻駒教駣佚特，《周禮》曰：馬質掌綱惡馬。注：謂以縻索維綱，狎習之。又曰：庾人掌佚特教駣攻駒。注：逸特用之，不使甚勞，安其血氣也。教駣始乘習之，攻駒騬其蹄齧者閑之。二歲曰駒，三歲曰駣。雖東野之善御必顏回之先識。《家語》曰：魯定公問於顏回曰：『子不聞東野畢之善御乎？』對曰：『善則善矣。雖然，其馬將必佚。』既而東野畢之馬佚，兩驂曳兩服入于廄。公召顏回問之，對曰：『以政知之，昔者帝舜巧於使民，而造父又巧於使馬，舜不窮其民，造父不窮其馬，故舜無佚民，而造父無佚馬。今東野畢之御也，升馬執轡，銜體正矣。步驟馳騁，朝禮畢矣。歷險致遠，馬力盡矣，然而其心猶乃求馬不已。臣以此知之。』然則乘有駑駿，物有苦良。若乃膝本起，汗溝長，馬援《銅馬相法》曰：汗溝欲深，長膝本欲起。眼有紫艷，伯樂《相馬經》曰：眼睛欲如懸鈴，紫艷光。口有紅光，馬援《銅馬式法》曰：口中紅而有光，此千里馬。故頭欲得方，腹欲得張，鼻欲得大，脊欲得強，耳欲近而小。伯樂《相馬經》曰：馬頭為王，欲得方腹為城郭，欲得張脊為將軍，欲得強鼻穴，欲得大耳欲相近，而前豎小而厚。脣欲急而方，《銅馬相法》曰：上脣欲急而方。備此數者，終焉允臧。如其大髂短脅，淺髖薄髀，口有揄寫，目有承淚，烏銜短壽，騰蛇不利，弱脊小頸，大頭緩耳，伯樂《相馬經》曰：相馬之法，先除三羸與五駑，乃相其餘。大頭小頸一羸也，弱脊大腹二羸也，小頸大蹄三羸也。大頭緩耳一駑也，長頸不折二駑也，短上長下三駑也，大髂短脅四駑也，淺髖薄髀五駑也。白額入口一名揄寫，一名的顱，奴乘客死，主乘棄市。迴毛在目下，名曰承淚，不利人也。口中有黑曰烏銜，馬短壽。脊欲如伏龜，兩邊有迴毛，曰騰蛇，殺主。斯八百之下直，長沙《耆舊傳》曰：虞芝州命部、南陽從事太守張忠，連姻王室罪入重，芝依法執案，刺史畏勢召芝，芝曰：『年往志盡，譬如八百錢馬，死生同價，且欲立効於明時耳。』遂投傳去。蓋十駕而方至。孫卿子曰：驥一日而千里，駑馬十駕則亦及之矣。至若簡其六節，辨其四時，《周禮》曰：趣馬掌贊正良馬，而簡其六節，辨四時之居治。注：簡其六節謂差擇五馬以為六等，居謂春牧夏房之所處，治謂春執駒夏攻特之屬。精陳悲之股脚，《吕氏春秋》曰：古相馬者，寒風口齒麻朝相，頰女厲相目管青。脣吻陳悲股脚秦，牙相前贊君相後。並知其一也。習謝氏之脣鬐。《後漢書》曰：馬援善別名馬，於交阯得駱越銅鼓鑄為馬式，上之表曰：『臣事楊子阿，得西河子輿相馬骨法。昔武帝時東門京鑄銅馬法獻之，詔立於魯班門外，更名門曰「金馬門」。』臣謹依儀氏，輢中帛氏口齒、謝氏脣鬐、丁氏身中，備此數家骨相以為法，馬高三尺五寸，詔置宣德殿下，以為名馬式輢居奇切。苟執轡之非人，《楚辭》曰：却騏驥而不乘兮，策駑駘而取路見。執轡者非其人兮，故駒跳而遠去。或持刀而睨之。《鹽鐵論》曰：騏驥負鹽車垂頭於太行之阪屠者，持刀睨之。故卓子制其進退，而造父見之漣洏。《韓子》曰：鈆陵卓子乘蒼龍，排父之乘鉤，飾在前，錯綴在後，馬欲進則鉤飾禁之，退則錯綴貫之，造父見而泣曰：『猶人處急世而不知所由也。』或曰：乘瞿父之乘。獻珠澤以供膳，《穆天子傳》曰：天子北征舍于珠澤，以釣于流水，其人獻食馬三百。注：以供廚膳投。灉水而立威。《吕氏春秋》曰：宋人有取道者，其馬不進，剄而投之灉水。又復取道，其馬不進，又剄而投之灉水。又復取道，其馬不進，又剄而投之。如此者三，雖造父所以威馬不過此矣。不得造父之道，而徒得其威，無益於御人主之不肖者。不得其道而徒多其威，威逾不用。終戢景於火光，見上優孟注。而淪軀於敝帷也。《禮》曰：敝惟不棄，謂埋馬也。敝蓋不棄，謂埋狗也。若乃服乘黃，《瑞應圖》曰：乘黃，王者輿服有度，則出騕褭者，神馬也。與飛兎同，以明君有德也。驂紫燕，見漢文九良注。控裴果之黃驄，《三國典畧》曰：周裴果，字戎昭。從軍乘黃驄馬，衣青袍，每先登陷陣，時人號為黃驄年少。馭長孫之閃電。《隋書》曰：長孫晟從晉王破突厥，王引晟入晏，有突厥達官來，預坐説言突厥大畏長孫總管，聞其弓聲謂為霹靂，見其走馬稱為閃電，王笑曰：『將軍震怒威行域外，遂與雷霆為比一何壯哉！』衛侯尾鬣以皆朱，《左傳》曰：衛公有白馬四，公嬖向魋魋欲之，公取而朱其尾鬣以與之。薛公去來而不見。桓譚《新論》曰：薛公者，長安善相馬者也。於邊郡求得駿馬，騎以入市，去來人不見也。後勞問之，因請觀馬。翁曰：『諸卿無目，不足示也。』乘法於金馬之門，立程於宣德之殿。並見上謝氏脣鬐注。若夫庾亮的顱。《晉書》曰：庾亮所乘馬的顱，殷浩以為不祥，勸賣之。亮曰：『曷有己之不安移於人乎？』王戎巴騲，竹林七賢論曰：王戎潁脱，不持儀形，好乘巴。騲馬雖為三司，率爾私行，巡省田園，不從一人，自以手巾插腰。至黃池而噴玉，《穆天子傳》曰：天子東遊於黃澤，宿于西洛。歌曰：黃之池，其馬歕沙，皇人威儀。黃之澤，其馬歕玉，皇人受穀。飲渭水而投錢。《三輔決録》曰：安陵項仲山飲馬渭水，先投三錢。燕昭死而猶市，《戰國策》曰：燕昭王使涓人賫千金市千里馬於絶域，至而死，用五百金市其骨而還。天下聞之，以王為好馬，於是未朞年，乃有獻千里馬者三。子方老而尚憐。《韓詩外傳》曰：田子方出，見老馬於道，問於御者曰：『公家畜也，罷而不能用，故出放之。』子方曰：『少盡其力，老棄其身，仁者不為也。』束帛而贖之，窮士聞之，知所歸心焉。駕鹽車而躑躅，上太行而遷延。《戰國策》曰：汗明見春申君曰：『夫驥之齒至矣，服鹽車上太行，中坂遷延負，轅不能上。伯樂遭之，下車攀而哭之，解紵衣而冪之，於是俛而噴，仰而鳴，聲造於天，欣伯樂之知己也。』願一顧而增價，雖賢達而皆然。《春秋後語》曰：蘇代欲見齊王，説淳于髡曰：『人有駿馬，欲賣之，見伯樂曰：「比三旦立於市，人莫與言。願子還而視之，去而顧之，臣請獻一朝之價。」伯樂如其言。一旦而馬價十倍。今臣欲以駿馬見於王，莫臣先後，足下有意為臣伯樂乎？請獻白璧一，雙黄金十鎰以為馬食。淳于髡言於王而見之。』注：馬食不欲斥言之。至若蹩䠒有誅，《禮》曰：蹩路馬芻有誅。過關驗齒，《漢書》曰：衛綰奏：馬齒未平不得出關。注：馬十歲齒平。蹶如歷塊，忽如景靡。見前驂乘旦注。亦有辯三物，《周禮》曰：馬質掌質馬量三物：一曰戎馬，二曰田馬，三曰駑馬。皆有物賈。注曰：物賈，物色賈直。正六閑，《周禮》曰：天子十有二閑，馬六種。邦國六閑，馬四種。家四閑，馬二種。或縛戟而奔陳，王隱《晉書》曰：長沙王司馬王湖與成都王前鋒馬咸戰，湖以數十馬縛戟於鞍，自後刺之，馬驚奔，咸軍敗之。或吐甲而臨壇，書中候曰：堯沈璧於河，龍馬赤文緑色，臨壇吐甲圖。或勵其率驥，揚子曰：治已以仲尼，率馬以驥，不亦可乎？或比以希顏。揚子曰：希驥之馬亦驥之乘也，希顏之人亦顏之徒也。師曠有似駮之談，《説苑》曰：晉平公出田，見乳虎伏而不動，還，謂師曠曰：『霸王之君出猛獸，伏而不敢起，無乃是乎？』師曠曰：『鵲食猬，猬食鵕鸃，鵕鸃食駮，駮食虎。夫駮之狀有似校馬，今者吾君必驂校馬以出乎。』平公曰：『然。』公孫有非白之説，孔叢子曰：公孫龍以白馬為非馬，或曰此辯而毀大道。子高適趙謂龍曰：『願受業久矣。所不取先生者，以白馬為非馬耳。誠能去之，則為弟子。』龍曰：『若使去之，無以教矣。』嵇紹不畜於駿逸，《晉書》曰：王師敗於蕩陰，嵇紹被害。初，侍中秦準謂曰：『今日向難，卿有佳馬否？』紹正色曰：『大駕親征，理必有征無戰。若使皇輿失守，臣節有在，駿馬何為？』懷遠但虞於驚蹶。《唐書》曰：李懷遠雖久居榮位而益自簡率。嘗乘欵段馬，左僕射豆盧欽謂之曰：『公榮貴如此，何不買駿乘？』答曰：『此馬幸免驚蹶，無假別求。』聞者莫不歎美。若夫來從西北，《漢書》曰：初，天子發書易曰：神馬當從西北來。得烏孫馬，號曰天馬。及得宛汗血馬，更名烏孫馬曰西極馬，號宛馬曰天馬。注：發書易謂發易書卜。死忌壬申，《説文》曰：驁，駿馬也。以壬申日死，乘馬者忌之。驁，五刀切。或以青絲禍梁，《三國典畧》曰：梁普通中童謡言，或云青絲白馬者，侯景乃常乘白馬以青絲為勒用，

應謡言。或以黄班識陳。《陳書》曰：初有童謡云：黄班青驄馬，發自壽陽涘。來時秋氣末，去日春風始。其後陳主果為韓擒虎所敗。擒虎，黄班之謂也。破建康之後，始復乘青驄馬往反，時節皆相應。委以圉師，《周禮》曰：圉師掌教圉人養馬，春除蓐，釁廄，始牧；夏，庌馬；冬，獻馬。注：蓐，馬茲也。日中出馬而除釁神之也。庌，廡也。所以庇涼也。庌音牙。掌之校人。《周禮》曰：校人掌王馬之政，辨六馬之屬。種馬一物，戎馬一物，齊馬一物，道馬一物，田馬一物。注：種謂上善似母者。玉輅駕種馬，戎路駕戎馬，金路駕齊馬，象路駕道馬，田路駕田馬，駑馬給官中之役。龜茲之萬計盈廄，《南秦録》曰：吕光討西域，平，上疏曰：『唯龜茲據三十六國之中，入其國城，天驥、龍麟、騕褭、丹髦，萬計盈廄。雖伯益更生，衛賜復出，不能辨也。』爾朱之色別為羣。《三國典畧》曰：高歡歸爾朱榮，榮坐歡于牀下，屏左右而訪時事，歡曰：『聞公有馬十二，各色別為羣，將此竟何用也？』榮曰：『且言爾意。』歡曰：『方今天子愚弱，太后淫亂，四方雲擾，朝政不行，以明公雄武，乘時奮發，但將討鄭儼、徐紇為辭舉鞭，足以定天下。此是賀六渾意。』榮曰：『爾意即我意。』又聞天下無道則生郊，《老子》曰：天下有道，却走馬以糞天下；無道，戎馬生郊。聖人既出則服皁。《淮南子》曰：天下有道則飛黄服皁。又曰：黄帝時飛黄服皁。升岈山而不失，符子曰：『吾與玄子觀東海，釋駟而升乎1山，未中路而忘馬。』符子使人求之不獲，使鬼索之而獲。符子曰：『六合不可忘。故知良馬在其中矣。請以六合之觀觀之也。』放孤竹而知道。《韓子》曰：齊桓伐孤竹，春往冬還，迷惑失道，管仲曰：『老馬之智可用。』乃放老馬而隨之，遂得道。別有義渠茲白，《周書》曰：義渠茲白者，白馬。鋸齒，食虎豹。瀚海驄駒，《隋書》曰：吐谷渾有青海，周迴千餘里，中有小山，其俗至冬輒放牝馬於其上，言得龍種。嘗得波斯草馬，放入海，因生驄駒，日行千里，故時稱瀚海驄馬。屈産假道，見《玉賦》晉之垂棘注。纖驪遺吳。《魏志》曰：文帝與孫權書：『纖驪馬朕嘗所自乘，其調良善走數萬疋選之，真可樂也。中國雖饒馬，其知名絶足亦時有耳。』苻堅示其無欲，《戟記》曰：苻堅時，大宛獻天馬、千里駒皆汗血，朱鬣五色，鳳膺麟身及諸珍異五百餘種。堅：『曰吾思漢文之返千里馬，咨嗟美詠。今獻馬其悉返之庶剋，念前王髣髴古人矣。』乃命羣臣作《止馬詩》而遣之，示無欲也。高宗明其有餘。《唐書》曰：永徽中，吐谷渾遣使獻駿馬。上問其馬之種性，使者對曰：『臣國中之最良者，所以獻之。』上曰：『良馬，人之所欲。豈可輟彼不足而加我之有餘哉？』乃命還之。當慎原蠶之禁，《周禮》曰：馬質禁原蠶。注：原，再也。《天文》，辰為馬蠶。《書》，蠶為龍精，月直大火，則浴其種。是蠶馬同氣，物莫能兩大禁，再蠶者，為傷馬歟。宜驗金壺之書。《晏子春秋》曰：景公游于紀，得金壺，發而視之，有丹書曰：『勿食反魚，勿乘駑馬。』晏子曰：『食魚不反，無盡民力也。不乘駑馬，無駁不肖於側也。』公曰：『紀有此書，何以亡？』晏子曰：『紀有此書，藏之金壺，不

亡曷待。』彼聾蟲之可教，《淮南子》曰：夫馬之為草駒之時，跳躍揚蹄翹尾而走，人不能制，齕咋足以噆肌碎骨，蹶蹄足以破盧陷匈。及至圉人擾之，良御教之，掩以衡軛，連以轡銜，則雖歷險超塹，弗敢辭也。故其馬之不可化而可駕御教之所為也。馬聾蟲而不可以通志氣猶待教而成，又況人乎？注：聾蟲，無知也。若枹鼓之相符。《呂氏春秋》曰：良工之與千里馬也相得，然後成譬之。若枹之與鼓也，夫高節死義亦士之千里也。能使士行千里者，其惟賢者乎？於是參以賁戎，《穆天子傳》曰：伯天主車，參伯左御，賁戎為右。輔以韓哀，見前驂乘旦注。豈較能於欵段，見《霧賦》馬援浪泊注。而角力於虺隤。《詩》注曰：虺隤，馬病也。亦聞氣盛怒發，張景陽《七命》曰：氣盛怒發，星飛電駭，志陵九州，勢越四海。躁中煩外。枚叔《七發》曰：𥡴麥處服躁中煩外。注：以𥡴麥分劑而食馬，馬肥，故中躁而外煩也。𥡴，側角反。角為燕丹而生，見《烏賦》為燕丹而頭白注。肝有荆軻之嗜。燕丹子曰：『太子有千里馬。』荆軻謂太子曰：『千里馬肝美。』太子即進肝。佩杜衡而善走，《山海經》曰：天帝之山有草焉，狀如葵，臭如蘼蕪，名曰『杜衡』，可以走馬。注：帶之便馬，或曰馬得之健走。惡衣香而致斃。《魏志》曰：文帝將出，取馬朱，建平道遇之，語人曰：『此馬之相，今日死矣。』帝將乘之馬，惡衣香嚙帝膝，帝大怒，即殺之。始教則車在馬前，《禮》曰：始駕馬者，反之車在馬前。注：仍見則慣，即事易也。任力則人能勝驥。《呂氏春秋》曰：為善難，任善易。與驥俱走，則人不勝驥矣。居於車上而任驥，則驥不勝人矣。赤兎乃比於呂公，《曹瞞傳》曰：呂布有駿馬，名赤兎。人語曰：『人中有呂布，馬中有赤兎。』白額爰興於李氏。《載記》曰：西涼武昭王暠嘗與呂光、太史令郭黁及其同母弟宋繇同宿，黁謂繇曰：『君當位極人臣，李君有國土之分，家有騧馬生白額駒，此其時也。』呂光末燉煌護軍郭謙等推玄盛為寧朔將軍，燉煌太守玄盛難之，繇曰：『兄忘郭黁之言耶？白額駒今已生矣。』玄盛乃從之。黁，奴敦切。望青雲而一蹴，《宋書》曰：劉瑀為右衛將軍，年位本在何偃前。孝武初，偃為吏部尚書，瑀圖侍中，不得與偃同。從郊祀時，偃乘在前，瑀策驅居後，相去數十步，瑀蹋馬及之謂偃曰：『君轡何疾？』偃曰：『牛駿御精，所以疾耳。』偃曰：『君馬何遲？』曰：『騏驥罹於羈絆，所以居後。』偃曰：『何不着鞭，使致千里。』答曰：『一蹴造青雲，何至與駑馬爭路。』乘吉疆而千歲。《山海經》曰：犬戎之國有文馬，縞身朱鬣，目若黃金，名曰吉疆。乘之壽千歲。注：縞，素也。《大傳》曰：駮身，朱鬣。疆或作反。道林養之而不用，見《鷹賦》支遁愛其神駿注。延年賦之而特麗。見前絢練半漢注。勿矜千駟終齊景之無稱；《論語》曰：齊景公有馬千駟，死之日民無稱焉。徒說三長豈晉侯之所恃。《左傳》曰：楚使椒舉如晉，求諸侯，晉侯欲勿許。司馬侯不可，公曰：『晉有三不殆，其何敵之有？國險而多馬，齊、楚多難。有是三者，何卿而不濟？』對曰：『恃險與馬，而不虞鄰國之難，是三殆也。四嶽、三塗、陽城、太室、荆山、終南，九州之險也。是不一姓，冀之北土，馬之所生，無興國焉。齊有仲孫之難而獲桓公，至今賴之。晉有里丕之難而獲文公，是以為盟主。隣國之難不可虞也。』君其許之，乃許楚使。

宋 晁冲之《晁具茨詩集》卷八《客有駑馬不肯借作詩誚之》

胡兒少欲立奇功，劉長鄉三十擁旄誰不羨？周郎少小立奇功。貴買西苑玉面驄。《史記》：大宛有善馬，在貳師城，匿不肯與漢使。天子既好宛馬，使壯士持千金以請宛王善馬，宛國不與。漢使怒，妄言椎金馬而去，宛貴人怒攻漢使。天子大怒，拜李廣利爲貳師將軍，發屬國騎及郡國惡少年數萬人以伐宛，期至貳師城，取善馬。《韻府》：唐明皇《六馬滾塵圖》最愛玉面驄。金蹀躞微鳴躡影，錦連錢一作錦連乾不動追風。吴均蹀躞青驪馬，往戰城南畿。《古今注》：秦始皇有七名：一追風，二白兔，三躡影，四追電，五飛翮，六銅雀，七晨凫。《樂府》：鐵驄金面青連。錢梁元帝長安美少年，金絡飾連錢。宛轉青統鞚，照曜珊瑚鞭。庭槐洗立清陰下，沙路調行返照中。出郭借人乘登肯，自誇騎入大明宮。《地理志》：大明宮在禁苑東南，本永安宮。貞觀八年改曰大明宮，以備太上皇清暑。

宋 彭汝礪《鄱陽集》卷一〇《駑馬》

我馬固非俗，不時今亦駑。晨征盡迂逕，夜食一乾芻。憔悴千金骨，遲迴萬里途。無人拂衰朽，矯首獨嗟吁。

宋 李清照《馬戲圖譜·打馬賦》

歲令云徂，盧或可呼。千金一擲，百萬十都。尊俎具陳，已行揖讓之禮；主賓既醉，不有博奕者乎？打馬爰興，樗蒲遂廢。寔小道之上流，乃深閨之雅戲。齊驅驥騄，疑穆王萬里之行；間列玄黃，類楊氏五家之隊。珊珊珮響，方驚玊鐙之敲；落落星羅，忽見連錢之碎。若殢吴江楓，落胡山葉飛，玊門關閉，沙苑草肥。臨波不渡，似惜障泥。或出入用奇，有類昆陽之戰；或優游仗義，正如涿鹿之師。或問望久高，脱復庾郎之失；或聲名素昧，便同癡叔之奇。亦有緩緩而歸，昂昂而立一本作出；鳥道驚馳，蟻封安步。欹嶇峻坂，未遇王良；跼促鹽車，難逢造父。且夫丘陵云遠，白雲在天；心存戀荳，志在着鞭。止蹄黃葉，何異金錢？用五十六采之間，行九十一路之內。明以賞罰，覈其殿最。運指揮於方寸之中，决勝負于幾微之外。且好勝者人之常情，游藝者士之末技。說梅止渴，稍蘇奔競之心；畫餅充饑，少謝騰驤之志。將圖實效，故臨難而不回；欲報厚恩，故知幾而先退。或御枚緩進，已踰關塞之艱；或奮勇爭先，莫悟穽塹之墜。皆因不知止足，自貽尤悔。況爲之不已，事實見於正經；用之以經義，必合於天德。故遶床大叫，五木皆盧；瀝酒一呼，六子盡赤。平生不負，遂成劍閣之師；別墅未輸，已破淮、淝之賊。今日豈無元子，明時不乏安石。又何必陶長沙博局之投，正當師袁彦道布帽之擲也。辭曰：

佛貍定見酉年死，貴賤紛紛尚流徙。滿眼驊騮雜騄駬，時危安得眞致此？老矣誰能志千里，但願相將過淮水。

宋 樓鑰《攻媿集》卷三《題高麗行看子》 高麗賈人有以韓幹馬十二匹質于鄉人者，題曰：行看子，接處黄綾，上書韓幹馬。表飾以綾，尾以精紙，皆麗物也。聞有懷金來取，因命工臨寫而歸之，再用東坡韻書臨本之後。

竹批雙耳風入蹄，霜鬣剪作三花齊。相隨西去皆良種，撼首勢竄迎風嘶。丹青不減陸與顧，麗人傳來譯通語。裝爲横軸看且行，云是韓幹非虚聲。罨人乘馬如乘鶴，人馬相語同呼啄。中有二匹真游龍，爬梳迥立緑楊風。賈胡攜金贖此馬，亟呼工人臨舊畫。我詩無分到三韓，寫向新圖時自看。

宋 劉子翬《屏山集》卷一〇《哀馬賦》 叛軍繼踵入閩，驅竊戰騎過山嶺，悉多殞敗。余感之，作《哀馬賦》。

嗟哉，何閩山之險絶乎。方井陘而曠趙，視劒閣而夷蜀。峻嶺標樹，横巒掛瀑，岧嶢崔巩，縈紆阻複。勢將平而驟起，塗稍順而仍曲，穴壁寄棧，沿崖轉躅。晝倚石以傳餐，暮捫蘿而假宿。非戀土之邦人，嗟此來而何欲？棲危走險，禽疲獸伏。墮峻木之升猱，礙層霄之飛鵠。矧萬馬之南奔，列長鑣而競逐。訝四達之通逵，忽絲連而綫屬。搶攘迫塞，互相擠觸，前顛後升，平坑翳瀆。銜哀結憤而叢殂萃萎者，十幾五六焉。幸而生者，皆垂頭顧影，低摧局促。鹿駭麏驚，鴟蹲蝟縮。脊伶傳而卦露，尾焦蕭而帚禿，鼻咯乾埃，肺傷芒穀。望長坂以悲嘶，想清波而浮浴，癬癢瘡煩，揩牆攄木。集彼螽蠅，紛紜緑樸，競咂穢而吞腥，肆脣刀而舌鏃。忽振體而驚飛，去未遥而旋復。慰已貪惏，忘余楚毒。當附驥而乞憐，知汝曹之碌碌。困甚隤虺，憂同觳觫，駕鹽車則躡跡於黔中之步，售屠肆則比價於遼東之肉。悲夫，吾聞之秦趙亘野，燕齊迴陸，數騎風馳，萬夫鱗蹙。旝影動兮鋒已交，鼓聲酣兮戰方熟，莫不虎態龍姿，雲鬟電目。負甲士之千鈞，望沙河而一蹴，既却鋭以摧堅，咸蹂都而踐國。蓋時清則龜龍麟鳳呈祥表瑞，獻圖負籙。俾之排難濟艱，雖獲千角而網萬翎，曾不及夫一驥之足。噫，今日治邪亂邪，胡棄茲而弗畜？彼踶齧特性，駑駘共族，渴飲天河之浪，飢耗太倉之粟。徒韉飾文繡，轡搖金玉，偶備數於六閑，氣驕矜而動俗。責致遠之奇功，必輿傾而載覆。事既失而懲愆，亦何勞於鞭扑。悼汗血之云亡，捐百軀而安贖。舟臨川而墜楫，車向塗而裂軸。激壯士之興嗟，誠可悲而可哭。夫子曰：傷人乎？不問馬。余何眷眷於此哉？恐國威之未振，驕敵之南牧也。

金 王寂《拙軒集》卷一《跋韋偃病馬圖》 開元天寶誰能畫？韓子規摹出曹霸。惜乎畫肉不畫骨，坐使驊騮減聲價。晚生韋偃非畫工，少也得名能古松。試拈禿筆掃東絹，便覺天廐無真龍。胡不寫明皇照夜白，弄驕顧影嘶長陌。又不寫太宗拳毛騧，百戰萬里輕風沙。如何寫此神俊物？剥落玄黄只皮骨。却思落日蹴長楸，風入四蹄追健鶻。嗚呼往事今茫然，矯首有意誰其傳。主恩未報忍伏櫪，志士扼腕悲殘年。安得老髯通馬語，芻秣醫治平聲平所苦。行當起廢一長鳴，要洗凡庸空萬古。

元 程端禮《畏齋集》卷二《唐人病馬圖》 志存千里困，羈縻此病奚。官豈解醫翻，恨不如羣馬。舞銜盃自效太平時。

元 郝經《陵川集》卷一《虎文龍馬賦有序》 乾陽萃精星列房，駟健之至也。故飛而在天則為龍，行而在地則為馬。雖八卦皆擬其象而獨專於乾坤，負圖而出於河。包犧氏按之為畫，聖人事業以之張本，而文籍生焉。則又用之至也。出於乾陽，故産於西北陰國金天往往騰蹋羣龍，駔駿特異，號稱龍種其，蕃息盛大皆莫若國朝沙漠廣莫，地經兩海，盡為游牧之所，又兼金源四十萬，并西域三十國。古之所謂千里者，海飲川量婦人豎子皆乘御之。搜奇拔異，始得與御苑下乘。今上所御虎文龍者，空西北百千萬羣而未之有，伯樂之所未見，書傳之所不載，古今之所罕聞。又虎變炳然有定武功、彰文德之象焉。昔漢武帝得之外國而親為之歌，唐太宗之所御則圖畫凌煙閣而為之賛。矧今生于本國，又若是之異乎，歌頌不作則與駑駘等為無聞，敢犯齒路馬之罪而獻賦曰：

天柱折，地維絶，東南傾，西北揭，隠日星，為晝夜，結陰陽，為氷雪。死土銜沙，枯山積鐵，白草失春，黄榆下葉。洞潁幾萬餘里，蹴踏幾千萬年，蘊天馬之剛健，混神龍之窟穴，不知其幾萬餘羣，幾千萬匹，相我薄伐，控弦立國，不棧豆而秣粟，不棗脯而齧膝。盡風呵而雨止，恣原阜而野櫪，從横散漫，優游閒適，全其所天，故皆越逸。一兵控百，百不介一。力有餘裕，故皆蓄息，瀾翻浪動，川盈谷溢。奮威靈以一戰，獵諸國而無敵，迄今四十有餘年矣。我君中興，真龍間生，一氣直壯，四星曜靈。駭西域，驚北庭，飛黑水，晦青冥，碎崑崙，轟雷霆，煙雲墮地，列缺生獰。振長風而一嘶，凡馬喑而不鳴，六丁盻瞠而弗執，真宰辟易而弗乘，於是飲余吾，濯渥洼，褪鱗介，脱角牙，食萬虎而頫駮，化一龍而若騧，質金火而黑章，㔩翦刀而互呀。變乾坤之至文，散立黄以為花，會運數以呈用，来馴服于帝家。頭骨隱戟，面顴夾璧，豎目日出，陽鑑電激，膺門肉闊，汗溝血滴，垂梢絲齊，分鬣髪直，露筋藏骨，玉蹄鐵脊，前鳳後兔，宛轉却顧，飛燕掠地，輕不著土，奔軼滅没，掣去縱步，東西有日，天地無路，倏忽變化，匪龍匪虎，逍遙良善，遇知得主。帝軒之飛黄，后唐之赤文，周王之騄駬，漢武之天驥，魏文之澤馬，皆不得同年而語矣！於是帝亦惠異，登進上廐，一品芻，秩萬乘之右。鉸玦寶錯，鞍勒珍鏤，金韉玉鞭，服習馳驟。建旆西出，足力騫張，渴飲洱水，怒蹴點蒼。萬里一息，建業興王，吸絶江流，瞰視武昌。朝楚暮燕，載會衣裳，新宫法駕，金蓮正香。飛龍在天，遂卻走馬，和鑾雍雍，垂拱而治天下。視彼夸毗，盤于遊畋，放心事侈，黷武求仙，奔貳師，走嫖姚，志欲無已焉！則又天淵之懸也。辭曰：嗟異馬兮遇主知，虎為龍兮風雲期。奮靈虬兮躍神螭，隘萬里兮强一馳。乾坤小兮日月低，適時乘兮加馽羈。效倜儻兮呈權奇，宣皇靈兮耀主威。朝江南兮暮遼西，功德盛兮天人歸。飾玉輅兮開金扉，馬在廄兮方無為。

元 楊維楨《些馬賦》有序《歷代賦彙》卷一三五　楊子至錢清之明年，舊乘馬老而不任，遣奴錢塘市壯馬，奴得賈胡馬濟江。中流陰霧四合，風浪猝作，舟如颺箕，奴與馬幾溺，幸而濟奴歸，語主曰：『主福得良駿，良駿幾累僕意者，西域異種，神物所忌，恐非主廄中物也。至則格應於圖，誠良駿也。在度為駷，在歲為駄，身如織文，蹄如截鐵，首印渴烏，耳插卓錐，尾如流彗，目如方諸。主人賞其神駿，抖其風塵，命奴洗馬西江之濆，馬臨流振而嘶嘶而踴，已而泳於中流，莫知所逝。奴告主人，主人躑躅西江上皇皇焉。計無得而挽，則自咤曰：『鹺官，賤役也。良駿，天骨也。駕天骨於賤役之地，使屈首喪氣若跛羖纍狗宜駿之，見水泳而去主者，不得有也。』主人悲不自已，迺辭而些之曰：

吁嗟駿乎，汝其穈没九淵，填於海鰌之空乎？抑越景超光以返於房星之宮乎？將升崑崙，抑負瑞圖化滎河之龍乎？其將覲湘纍以從其忠乎？毋亦皜車白乘，隨革尸之憤，忽往忽來於江中乎？又辭曰：靈奇俶儻生渥流，肉鬉星尾文龍虬，協圖特出兮應世求。嗟我何幸兮逢沙丘，逝八極兮隘九州，覲閶闔兮歷玉臺以遨遊。忽泳水兮為龍為黿，重瀾馳逐兮奴不善泅。鹽車坎壈兮為駿愁，逝一躍兮釋累而離尤。吁嗟渝淪兮蓄怪幽：三角八尾兮狶鬣牛頭，巉牙嘷口兮嚙海舟，嗟爾駿兮紛逢仇。駿不歸來兮貽我憂，超越倒景兮乘雲浮，駿兮來歸乎，江險不可以久留。

元 張昱《張光弼詩集》卷二《題番使進呈三馬》　殿中得名畫番馬，筆力不在陳閎下。方其番使引進時，詔許當軒對描寫。近前一疋白鼻騧，咫尺天威生懼怕。第二疋馬青連錢，矯首嘶鳴意閑暇。向後赭白馬最雄，霧鬣風鬃勞握把。三馬既出瀚海空，天廄真龍此其亞。畫師貌此良苦心，慘淡精神入夷夏。冥冥雷雨晦大河，漠漠風沙連鉅野。諸番服飾本華靡，不獨丹青侈圖畫。百年絹素霜雪新，拂拭徒為發悲咤。莫言世有真乘黄，只此按圖誰識者。

元 許有壬《至正集》卷二四《病馬圖》　將軍功就畫堂深，伏櫪低垂老病侵。縱使房星天上去，涓人持骨尚千金。

元 袁桷《清容居士集》卷七《病馬圖》　青絲屈曲長安道，卓午歸來廄中老。側身仰天思遠遊，口不能言顏色悄。奚官却立深有疑，但言非病那用醫。願乘長風迅絶足，一息八極歸瑶池。

元 劉因《病馬圖》《題畫詩》卷一〇六　青絲屈曲長安道，卓午歸來廄中老。側身仰天思遠遊，口不能言顏色悄。奚官却立深有疑，但言非病那用醫。願乘長風迅絶足，一息八極歸瑶池。

明 韓上桂《蘧廬稿選・窮馬賦》　有一逸足，來自渥洼。東經瀛海，西涉流沙。霜蹄汗血，文采五花。羈馽不可，牢絡靡加。走必越隊，退復驕嗟。衆駘嫉之，咸來齮齧。怒鬣奮纓，磨牙皷舌。圉人不識，隸之駑列。俾上太行，十步九折。體瘠形拘，餐風嚼雪。幸遇孫陽，三顧盤桓。睠然下淚，撫首拭鞍。解衣用覆，輟食令餐。是馬雖愚，振足長鳴。聲入霄漢，感激上清。願受銜勒，為君遠行。一飯不忘，况是大恩。出入馴習，保無纖塵。載德莫報，請竭以身。

明 孫瑀《歲寒集》卷上《瑞應龍馬賦》　欽惟聖明尊臨萬國，體天道，立人極，四時和群生殖感至和之上瑞應至聖之大德，是以乾陽運化房星降精孕靈。西土發兆嘉，徵風起雲合，電飛震驚靈瑞，斯啓神駒攸，生維此神騎，挺雄姿之超越，凝皓彩之輝煌。耳如筒而捲雪，鬣拂絲而飛霜，頂骨隆而聳秀肉，尾垂而異常，毛鬉生而有倫，鱗次列而成章。禀川嶽之靈氣，闢宇宙之禎祥。若乃朝刷瓊臺，暮浴瑤池，濯濯玉體，矯矯龍儀，騰身雲路，驤□天墀光，依玉輅影動龍旂，耀瑞曰而玉立。迴祥飈而香隨，曾一鬼於古昔，欣再覩於今，茲豈直超冀群之良邁宛種少奇也。戕彼飛黄、兹白、騊駼、騏驥、八俊、九逸才美各異，一日千里足力可至固，駿骨之難得，逸氣之莫比。孰若龍馬之乘時，應我聖皇之在位。本之孝誠達之仁義，肇四海之隆平，開一統之盛治。繼三聖而有光，垂萬葉而無替。若此之靈合景星、慶雲於一機，同麒麟、鳳凰於一致，眞有以符榮河之圖，而協羲皇之瑞也。廷臣歡忭而稱賀，玉音宣布而謙冲。不以瑞至而自滿，所冀民安而歲豐。于以見宸衷愛民之至，圖治之隆。體祖宗而同德，參天地而同功。所以召靈物之畢至，延壽福之無窮。顧小臣之愚陋，幸曠世之遭逢。遥瞻天而載拜，謹獻頌於九重。頌曰：聖德巍巍，至治熙熙。致祥為宜，神駒其龍。動合雲從，靈慶所鍾。厥靈昭昭，其來遥遥。獻于天朝，維色之純。所性之馴，應德之仁。維德所孚，允協瑞圖。太平之符，貞符自天。聖壽萬年，皇祚綿綿。

明　何景明《大復集》卷一八《病馬六首》　栽公有名馬，騎出自京華。峻耳批雙竹，奇毛散五花。老能知道路，病已困泥沙。貴賤誠如此，長吟爲爾嗟！

二

此馬非凡馬，曾酣百戰場。聳身思剪拂，馳志在騰驤。側立青雲迥，悲鳴白日長。君恩如不棄，終擬報田方。

三

從來西域種，會是渥洼生。不惜千金買，寧辭萬里行。天寒思故道，歲晚滯空城。牽向閑階下，長鳴意不平。

四

老向關山裏，龍媒世不知。恩深思欲斷，力盡淚空垂。苜蓿辭天苑，塵沙別月氏。東郊望春草，生意在何時？

五

惜爾西來遠，愁看更向東。毛寒常帶雪，骨瘦不禁風。惆悵臺邊士，凄涼塞上翁。徒聞穆天子，八駿歷層空。

六

跼蹐才難盡，踟躕意若何？沙寒苜蓿短，路晚蒺藜多。不復馳金市，猶思歎玉河。側身千里外，常恐歲蹉跎。

明　張鳳翼《句注山房集》卷七《病馬》　力憊風塵厭月題，斜陽伏櫪幾悲悽。嚼殘野蓿噴沙細，卧斷寒莎曳練低。自惜鹽車消霧鬣，誰將金埒貯霜蹄。秋來處處饒傒秣，爭有龍芻付駃騠。

明　張鳳翼《句注山房集》卷七七

其二

曾逐龍媒散五雲，病來憔悴不堪云。風吹瘦骨崚嶒起，露浥焦毛次第分。鬃影半翻垂竹耳，淚痕雙墮見蘭筋。何人爲具孫陽目，一顧還空冀北羣。

明　張光孝《左華丙子集》卷七《病馬》　困憊真云極，嘶風氣不揚。昔年襄戰伐，立績在疆場。似鹿千金貴，如龍九逸良，負圖誰顧爾，寂寞華山陽。

明　陳懿典《陳學士先生初集》卷三〇《説馬贈蔣生含曜》　渥洼之神駒，落地時，蹄下已具千里長風。然不以羈紲鞭策習熟其進退周旋，使中于鳴鑾清節之度，不以御于天閑稱上駟。故曰：『馬服求良士，慤論智古之幼慧如項託甘羅之倫不可勝數。余獨重李鄴侯以童年受知玄宗而卒沉深其養以光輔，唐室豈非稱跳地千里而卒，御天閑稱上駟者耶？蔣生奎胤，十一而成茂才弟子，才美翩翩，名鵲起齊、魯間，人争艷之，尚璽公虞驕其志，令余題扇頭以進之，故不敢以諛而以規。因字之曰含曜，而借馬爲喻，有美而含斯大美，已不含則露，露則漓斯。驥質而善逸者矣。蔣生勉之，其反覆于鄴侯之傳而毋徒沾沾以項甘自詫可也。

明　羅汝敬《龍馬賦》《歷朝賦格》卷五　永樂十八年，青之諸城産龍馬。其鱗甲龍也，其鬐鬣亦龍也其，文臆頳尾形色光彩步趨意態又皆龍也。奇哉瑞乎。邑之耄耋異而告于其長，以獻闕庭。臣謹按史冊云：龍隨方而至，所以彰明君德，表應太平。今龍馬産東方，其色蒼而青，聖德所致，固可見矣。矧夫大禹成治功而神馬呈，羲皇宣人文而馬圖出。今皇上爲兆民開萬世太平之基，以建北京，而龍馬適見。感召之機，豈偶然哉。臣汝敬職司紀述，不勝忻忭。謹拜首稽首而獻賦曰：

有神物兮，叶坤之貞，符乾之靈。含秀月窟，播品東溟。緊騋牝兮毓質，蒼龍兮降精。方其震電倏爍，風雨晦冥。房星駁兮移次，川后翕兮效禎。匪渥洼之異産，信榮河兮同徵。有耋者氓，載盱載偵。爰告于邑，爰陳于庭。匪于時天開黃道，雲駐霓旌。聖皇穆兮當宁，百辟儼兮盈廷。諸福畢至，奇祥沓呈。乃瞻乃顧，乃陟乃登。並騶虞兮同列，翊瑞象兮偕行。旅玉獅兮爲友，耦祥麟兮作朋。恍矜己之遭遇，仰金鋪兮長鳴。肉騣喂礌兮，玉甲精熒。首昂渴烏兮，尾掉長鯨。蘭筋權奇兮，鳳臆驍騰。臥則蚪伏兮，動則雲興。粲河洛之文背，絢麟罽兮縷膺。耳批竹兮錐卓，蹄踏鐵兮風輕。五衫煒兮霞綺，隅目睒兮電行。澄匹練兮雪花凝，涅驪珠兮流霞頳。元氣氤氳兮瑞霜蒸，雄姿傲儻兮馴不驚。朝飽玉山兮珍粒，夕飲太液兮清泠。神竦赤墀，光涵繡楹。方臯曾不能以得其彷彿，韓幹安能以貌其容形。爾時聖皇篤天之祐，宅是北京。禮玉帛兮交錯，將圜丘兮告成。爾乃載駱法駕，七就繁纓。寶鞫銜玉，錦韉棲璚。躡浮雲兮御天，巡六位兮時乘。彰聖德兮合清寧，兆萬世兮昭文明。臣乃載拜手稽首，而復爲之歌曰：龍馬兮翩翩，神變化兮合自然。雲為黃屋兮風爲軿，熊羆夔臯兮相後先。奉時巡兮周八埏，永樂昇平萬萬年。

同官李渭清嘗爲余言：諸城多龍，或翔于天，或蟠于壑，人見之者，無間晴雨，則當時所獻眞龍種也。形容雕繢，宛然真龍，法駕一結，未許文纏之擬抗衡。

明 陳璉《驄馬賦》《歷代賦彙》卷一三五 房星委精驄马下，生风駿雾鬣凤臆，龙睛灿连钱之可数，纷赭汗之交凝，耀采沙苑澡神清泠逸足超羣調良可称，初其未遇伏于槽枥，与駑骀而并处，虽神骏，其谁識厄盐车兮，垂两耳歷羊肠兮，空叹息偶绣衣之相逢，赎千金而不惜，唯乌府之清华，幸依栖而托迹。扬鬐振鬣，百兽爲之震惊。奋迅长鸣，萬骑爲之辟易。当夫沙堤雨霁馳道，春融绣衣朝谒冠。蓋憧憧朱衣前導驄兮，实从矫矫乎，若鲸跃乎沧海。昂昂然，犹鹤出乎樊笼。奋霜蹄而踣铁，舒逸气而吐虹。虽骅骝与騄駬，亦皆在其下风。至若蓐收司辰，秋氣愈厲。柏府深嚴，蘭臺清閟。白簡與秋典共清，廌冠與繡衣同麗。爰有執法之臣，稱為直指之使。入覲龍顏，出辭螭陛奉。綸音以廉察持玉斧而徑逝。於以埋張綱之輪，於以攬范滂之轡。玉潔冰清，鷹瞵鶚視。姦貪為之屏息，權豪為之喪氣。非望塵而跼蹐，或顧影而驚避。雖原隰之逶迤，亦無遠而弗至。非徒恣山水之嬉遊，蓋在洗冤而伸滯。嗟夫！物不自貴，以人而貴。物不自異，以人而異。此驄馬所以稱德於烏臺，而表祥於房駟。故其不獨顯於桓典之時，而實重於聖明之世。因為之歌曰：初未遇兮，駑駘與同條騰。踏而奮迅兮，幸繡衣之逢。

明 陳東《厩馬賦有序》《歷代賦彙》卷一三五 夫八駿著驊騮之稱，九軼標絶塵之號。豈非名因才立，奇繇用顯。若迺中廄之馬，以良見收。然而吉行不過十里，仗立罔置一鳴。而絡玉羈金，席牀啗脯，至與駑駘並論，豈其志乎。感漆園真性之云，聊為賦之：

偉軼異之絶足兮，爛騰祥而符聖。孕房駟之靈精兮，負呈圖而表應。合乾德兮翹傑，配坤行兮凌競。光儵爚而龍見，文蔚然而豹炳。剡雙耳而削筩，頞兩瞳之夾鏡。爾其挺珍濛汜，效異余吾，神超飛兔，態絶騊駼，星流天迣，雲籥電趨，朝凌碣石，夕歷姑餘。曳吴門之疋練，溢齊侯之畫圖。秦牙莫測其妙理，馬援尚失於範模。管青不能得之膹肳，女厲無所眺於膺臚。體容與而翹跂，抱明姱以邑舒。惟盛美之矗備，雖夫人其舍諸。爾迺遴駿東臯，獻奇北塞，班旅閑庭，隸分房膾，芳鉠肹蠁，靈牀爽塏。幸路兒之解仇，就小童而去害。托圉牧於六閑，並騎駃於一概。瞿珬珂之鏘錚，纚弁纓之綷縩。豸渥恩之洊加，非真性之逌在。抑曠志而未馴，或遡風而沛艾。乍趫迅而中蹌怺，鞭箠之洎逮。踠足服皁，垂梢諫調，客形外澤，主神内消。棍斷斷以騆駓，闐碹碹而遠姚。赧秣敍於甘露，憾望斷於流飇。若夫挈壺虯盡，長樂雞唶，雉臯色辨，魚鑰洞開，夙羈寶絡，昕跱璇階。於時黼座天臨，師寮羣戾，鸞旂簇萬，龍墀夾二。駥鼃警而怔忪，睇魚須而瞠睞。聞鼓鐘而淴躍，啾驤騰以踤地。雄倪曾未作於髫髾，駑牧已見嗔其跉跓。歘心煩而赭流，羌又怒霑乎碱卂。若迺茉時肇禋，黄祇報祜，辟雍班斆，明堂配祖，雲整法輿，星陳皇輅。七騶夾轙以崇衛，六虯方斬而翼扈。駢蚼蜦以靁起，塊虛驕而焱翥。紲金鋄而不前，噦玉鑾其有度。左纛紛其瞀明，方銃虺以掣步。聊侵淫以驪騔，垒踟躕而彳亍。飍飍共馳，惆儻疇與，夷世脩文，軍容偃武。曾是吉行，累期間舉。然而役不逾時，騁無遐路。篴鑣未市於郊畛，前轡已迴於隍澨。堅浮雲使不揚，蹐絶塵其安騖。睠脩馗以長哏，結幽忆而延佇。隕權奇於攝僷，凋滅沒乎騁駐。昔鄭嗣知用而佑貴，漢文量才而却受，武帝罷師以釣奇，昭王縣金而設購。彼已達策馭之宜，用舍中才賢之彀。塞翁已矣，伯氏難遘。慮賈勇以招尤，甘專心而順畜。雖駕鼓以猶任，況聞香而不齅。神鬱鬱而顛羣，意憕憕其戀豆。懷殊姿而自疑，曷神驥之可剖。儻垂璫於路軨，尚昂鳴於華廄。

明 周忱《病驥圖》《題畫詩》卷一〇六 吴興父子俱能畫，捉筆往往追曹霸當。時託意知為誰，惻愴令人傷此馬。此馬虺頹未可輕，昔隨八駿天衢行。

綵雲禁籞春如海，曾聽玊軨和鸞鳴。一朝謝病離天仗，骨聳毛焦氣凋喪。恥與駑駘競粟芻，自甘偃臥沙丘上。孫陽去後苦難逢，寂寞誰加剪拂功。羈金絡玊復何日，顧影懷恩悲晚風。古來千金市駿骨，況此精神那可忽。飼秣重歸十二閑，猶堪萬里奔騰出。

明 程敏政《唐氏三先生集》卷二四《咏馬》 房星天駟夜凝神，光照祥雲散滿身。十二閑中知第一，草豐沙苑早回春。

龍馬由來産渥洼，驕思顧影自矜誇。太平天子東封日，五色成羣雲作花。

明 王寵《雅宜山人集》卷七《咏馬三首》

支公櫪上憐神俊，漢武闗西産渥洼。笑我騰驤何處用，齊雲樓下醉穿花。

其二

紫勒紅纓雪色毛，可憐驕態點頭高。能窺新月藏朱閣，慣惹花枝罥白袍。

其三

春色平臨雪際開，山河如錦馬頭迴。垂鞭杜曲看花去，下鐙臨邛貰酒來。

明 鄭曉《端簡鄭公文集》卷二《咏馬》 伯樂空群去，王良附路還。秋風蒲海外，春草躍龍間。將相皆天駟，驊騮已帝閑。神靈真有種，十駕詎能班。

清 陳昌圖《南屏山房集》卷一五《投策分馬賦以題爲韻》 良材充於苑廐，志士愛乎驊騮。將欲塞乎人願，不須進與馬謀。挾策而前，優劣未分於同阜；數馬以對，權衡特妙於持籌。或蹀而騰空，偶爾雋倘銜橛，而泛駕於我何尤。此慎子申明乎鈞之義，而比類於鉤之投也。爾其等列上中種，區千百僴儻，性情權奇骨骼，騰駿采於飛黃，躍龍媒而汗赤，嘅然以贈，試霜蹄而姑且，逡巡闇以相投。過華廐而不教，選擇漫爾揚鑣願言。贈策問騂於金埒，深心索取而無從。騐標識于珊鞭，信手拈來而不易。既平等而林立，爰相錯而瓜分。合駑良以投贈，渾甲乙之紛紜。或羡乎綠蛇紫燕，或賞乎虎臆麟文，或慕乎風霧鬣，或詡乎竹耳蘭筋，或侈乎奔霄逐電，或誇乎追風籋雲。游牝千羣誰肯得其駑下，折箠一尺早已息其糾紛。彼咏沃若而載馳者，固自得之則喜。此占斑如而弗獲者，空云需之甚殷。可知善於施者，適均而平其情者。葢寡倘欲息乎，紛爭莫若任其操捨。惟允恊于衆謀，斯隨緣于天假。亦有驛而亦有駱云如之何。或策蹇而或策肥自取之也。誰其索駿，并不許乎按圖，鏡有空羣正不容其過野洵乎。廣厥義卽堪以人治人而契其微可以非馬喻馬也。皇上總六服以搜材，掩七戎而騰驁。振長策則馭朽，爲懷去害馬，則因物以付三千上駟。《坰》有驪黃十二天閑，駕多騏鼻洵雲螭月駟之効。靈詎八駿兩龍之足，慕小臣剪鬣分榮執鞭。滋懼感遭逢于一顧未成附驥之名，苟驅策於九重。願獻驂鸞之賦。

清 貝青喬《半行庵詩存稿》卷七《和人咏馬》 千里何曾試一騰，坐糜棧豆日三升。假威不少皮蒙虎，附勢偏多尾集蠅。埋到敝帷恩特厚，市來朽骨價偏增。如何廐吏方惆悵，猶自懸圖冀野徵。

清 陳夢雷《松鶴山房詩文集·詩集》卷五《咏馬》 梁園索駿動金臺，茲白乘黃天上來。展足何時看逐電，長鳴試聽欲驚雷。恩深一顧知難報，價重千金且莫猜。伏櫪可憐無限意，夕陽芳草暫徘徊。得一道人曰：寓意悲壯，當爲詠馬諸詩之冠。

清 陳文述《頤道堂集·外集》卷二《咏馬效昌谷》

雲翦五花鬉，春槽苜蓿紅。天閑十萬匹，第一是眞龍。

一瞥影超塵，昂藏八尺身。桃花名字好，不惜換佳人。

鑿石立唐陵，鑄金森漢闕。碧落蕩華雯，房星明似月。

一顧鳴知已，秋風萬里心。生憎燕太子，只解擲千金。

珠絡錦連錢，珊瑚七寶鞭。少年美如玉，騎爾上青天。

莽莽陣雲開，笳聲動地來。西風吹匹練，直上白龍堆。

清 譚瑩《樂志堂詩集》卷六《咏馬》

牝牡驪黃外，天機不可求。下材偏使往，三月醉沙邱。

駿狀仍難得，田間乳虎分。晉平今不少，自命霸王君。

老馬依然在，何嘗識路塗。齊桓斬孤竹，端賴管夷吾。

知己終難遇，人爭讀相書。何嘗無伯樂，偏久服鹽車。

千里材難覯，如何食馬肝。荆卿何足責，無謂笑燕丹。

千里復千里，馳驅無已時。溘然君馬死，錯怨路旁兒。

毛色爲名號，周王八駿同。各行三萬里，却以盜驪充。

行地生宜健，驍騰迴不同。前身原紫燕，飛入未央宮。

名留日者傳，天下數黃直陳君夫。相馬男兒事，專精到婦人。

伏櫪雄心在，飜成戀棧多。年時烈士少，莫擊唾壺歌。

能令虞虢滅，何慮齒頻加。所愧飛龍廐，銀槽閱歲華。

馬癖推王濟，編錢重品題。臨流不肯渡，但惜錦障泥。

頗憶齊高緯，青廬黼帳中。駮龍金玉飾，新錫號儀同。
牧馬王毛仲，場中錦繡堆。爛然相間色，天子仗邊材。
愛似哥舒翰，朝章可上聞。北林兒駿甚，未似赤將軍。
韋鮑均同好，馳驅力已殫。年來紫叱撥，欲換美人難。
非凡不可馭，抑塞總難平。如鳳如龍者，時無李幼清。
世人嫌款段，骨相亦驊騮。下澤車宜稱，吾師馬少游。
此願封官耳，鳴跳豈不良。獼猴且供奉，特敕賜龍驤。
芻豆尋常者，無言歲月徂。迴來惟立仗，當笑一鳴迂。
語紀顔夫子，相窮恐未應。年時東野畢，善御却交稱。
善畫觀藏畫，何如廄馬形。廄中人相馬，偏又藉丹青。
華屋露牀死，敝帷優孟唫。有功何可忘，葬以大夫宜。
泛駕知多少，仍期御者良。奔踶致千里，勳業果非常。
馬邑舊名城，秦人屢築成。威靈難遍歷，父老各經營。
縱有征無戰，當思跋涉艱。但令佳馬在，端使侍中還。
突厥悄移營，弓彎霹靂聲。本兼雷電比，總管擅威名。
可有忽雷同，嘶鳴不食終。誰如秦叔寶，同醉月明中。
紫玉成鞭轡，超光趣影儔。郭汾陽復見，此亦九花虬。
一馬養幾卒，馬肥先瘠農。騎兵三萬五，撫髀到明宗。
曹家戰馬嘶，江表厭征鼙。痛採桃花去，仍煩緑耳梯。
其奈荆王惡，旋毛豈病耶。上閑推第一，珍重碧雲騧。
名馬如名將，無因殺曲端。瀕行呼鐵象，逮者淚偷彈。
畢將軍已死，聳耳涕汪汪。金鼓聲何急，猶思赴戰場。
玭偏能罵賽，誰屑解聲音。有日平驕虜，長鳴萬馬瘖。

清 唐仲冕《陶山詩録・前録》卷下《咏馬二首》

良驥負鹽車，喘汗太行阪。道逢孫陽來，長鳴出絶巘。倘非乘旦材，願且安偃蹇。材矣遇非人，且耐湔袚晚。踸進不自惜，一出弗可返。嵩邛價難酬，天外事荒遠。泰丙會可逢，莫妄効婉娩。

茸茸野草肥，瀏瀏溪水漾。飲齕時翹足，一朝飾錦障。多因慕儀臺，未得騁倜儻。銜扼加月題，廼為介閫狀。繼之以刻雒，逸志竟誰亮。不如飲醴泉，飫禾玉山上，與其編阜棧，羈羇惟所向。

清 汪瑔《隨山館稿》卷五《擬李長吉咏馬詩十首》

漢武開邊日，曾歌天馬徠。渥洼神物盡，何處不羈才。
拔箭皆人傑，遺圖事可徵。如聞風雨夜，石馬汗昭陵。
百戰隨飛將，神龍解報恩。至今圖畫裏，猶溼箭瘢痕。
獅子花何在，風沙塞草黄。功名詩汗血，不見郭汾陽。
日落横門道，風高驃騎營。蕭蕭聽不得，一片是邊聲。
未盡驍騰氣，從知控馭難。朝元立仙仗，猶作戰場看。
矜寵嫌金埒，飛騰逐塞鼙。可憐臨水立，卻惜錦障泥。
目眯金門式，身矜玉勒華。蟻封終一蹶，何似服鹽車。
赭白非無種，飛黄亦有眞。祗憐勤物色，不是玉鞭人。
浴鐵三千騎，和鑾十二閑。誰能謝鞍勒，苜蓿徧春山。

清 文昭《紫幢軒詩集・陳衛瞻爲端亭咏馬次其韻》 群中能拔駿，有似識英雄。毛换尤明印，神充欲辟空。撒豩青艸甸，斂汗緑楊風。夜秣槽芻滿，竿攔地一弓。

清 許楚《青巖集》卷二《咏馬》 霜蹄風後疾，春草雨中肥。夜夜王孫醉，揮鞭趁月歸。錦轡鏤金鐙，雕鞍紫茜絛。山田千戸粟，十日紫檀槽。

清 尤珍《滄湄詩鈔》卷三《咏馬》 欻然神駿至，掣電帶風雲。逸氣超千里，雄姿破萬軍。仰天常欲嘯，絶地竟無聞。若遇孫陽顧，應空冀北羣。

清 寶廷《偶齋詩草》卷九《哀病馬》 哀病馬，哀病馬，毛皺筋骨僵，飢疲臥櫪下，一時足偶傾，屏棄不復乘。恐招圉人怒，見主低首弗敢鳴。黔驢腹飽大如豚，揚鞭驟過縱復横。哀病馬，馬病不自哀。欲報豢養恩，自忘身虺隤。願剝革裹戰士尸，不願老死空廐埋敝帷。

又 卷一〇《哀病馬》 哀鳴伏櫪幾經春，健足誰知本絶塵。一自歸山成棄物，迴思叱駕亦前因。殘生那有酬恩曰，不死難逢市駿人。慚愧飢劬筋力減，翻愁重遇九方歅。

清 查揆《篔穀詩文鈔・詩鈔》卷二〇《擬唐人病馬》 舊日騰驤苦未能，廊陰皸瘃欲生蠅。身經百戰瘢猶在，骨值千金死亦應。公子多情休換妾，領軍垂老亦成僧。長安不少珊鞭影，日趁看花過五陵。

巫馬無由乞禁方，一時神駿亦蒼皇。聲瘖洱海千重瘴，毛裂渾河六月霜。數到同曹多宿草，夢來從獵尚長楊。而今只戀閒芻豆，羞聽人呼病乘黄。

清 陳瑚《確庵文稿》卷七下《病馬五首次曹唐韵維夏九日伊人同作》 共漢龍媒産渥洼，驅馳無分魏堤沙。戰場厭踏冰霜苦，遠道愁逢雨雪斜。卸罷錦鞍憐小項，控殘金埒畏長牙。皇州憶得春風裏，紫陌紅塵上苑花。西望秦關東眺齊，天涯何處着羸蹄。身依穆滿心猶壯，骨賣燕昭價未低。老智可師安棧豆，權奇無用委沙泥。誰知生死眞堪託，縱鑄金鞭不易嘶。萬里長征去似翻，枉將心力戀王孫。垂來雙耳無花色，禿盡千絲有蘚痕。噴玉聲高哀帝闕，鳴珂夢斷入侯門。當年剪拂非容易，争忍輕忘一顧恩。眼底曾誇有旋毛，瑶池弄影失波濤。楚王運去烏江冷，漢將時移紫塞高。足踠鹽車空蹀躞，心馳天廐强呼號。堪悲逐電追雲物，却怕西風利似刀。孤負孫陽作意看，朱纓錦襜已摧殘。五花散落連錢暗，雙眼迷離夾鏡寒。落月到秋和露立，朔風侵曉向泥蟠。飲流不羨長城窟，聞道天山行路難。

清 成書《多歲堂詩集》卷四《病馬》 青驄大宛種，來自西海隅。逸志困羈絆，得主氣乃舒。從我入玉門，萬里無險途。端嚴生顧盻，徒隷不敢驅。自矜絶塵姿，搖轡安以徐。緩步若無事，衆馬汗且趨。放蹄必擇地，不踐潦與塗。豈是惜障泥，性不受垢汙。渴飲獨流泉，飢食生束芻。恥與駑駘輩，蹄齕争殘餘。乘之近十年，形影相依須。春明西苑路，秋獮灤陽都。阻我白河浪，脱我枯樹株。二事皆實錄，報主力已盡。駬壯心猶粗，新恩鎮泰亭。安坐行良圖，主人不出門。汝亦免邁阻，安閒生肺疾，氣色日益枯。秣飼豈不勤，不能潤肌膚。惟餘千金骨，閣此八尺軀。春山足芳草，在坰皆敷腴。獨行澗谷間，長嘶若嗟吁。牽來立墀下，顧我目睢盱。汝老我亦衰，相視空躊躇。風雲阻騰踔，鬃鬣無爬梳。依戀大平日，芻豢相歡娛。唯我知汝心，汝宜聽我呼。既戀畜豢恩，敢辭皁櫪拘。殷勤託僕圉，蕡豆愼莫疎。保汝遲暮年，伴我耕山畬。

清 單隆周《雪園詩賦・初集》卷七《病馬行》 秋風晝起塵四揚，日氣慘澹天無光。遠郊病馬臥沙磧，雄姿摧剝猶昂藏。拳毛如蝟霜蹄蹶，膺門糜碎數流血。草根如石芻秣乖，飲水水寒又傷骨。憶昔曾稱致遠才，聽風嘶影如奔雷。玉鞭起處一千里，陣雲迸散無氛埃。萬衆懽騰驚屬目，此種當來自西域。廐中精爽已射人，官道盤旋看不足。無何駑鈍爭驅馳，弭鑣驤首爲權奇。得粟長鳴不解擇，柔心侍御甘捶笞。空傳上駟能識途，訶斥叟駕無時無。棄置中野外則已，誰能從俗驅鹽車。

清 傅占衡《湘帆堂集》卷二二《和曹唐病馬三首》 空令怊悵卧天閑，無數嘶風向玉關。絆足似悲忘略陣，絡頭應恨罷隨班。丹青不蚤逢能手，芻粟猶經惻聖顔。聞道徐方萌送節，長鳴起伴穆王還。

生愁泛駕哂當年，誰道羸蹄不着鞭。志籥浮雲慳赤汗，夢追驚電怯寒泉。離宫苜蓿辜遊幸，監牧駒駼枉纆牽。故遺龍媒踊八尺，駑駘無羔鼓車前。

房星落向渥洼流，畢力中原數十秋。天子修封偏不御，票姚出塞已他求。桃花瘦盡知憐影，草色青回解遣愁。病裡未妨雙耳峻，眼光常在海西頭。

清 高其倬《味和堂詩集》卷五《病馬詩》 墻角初抛舊錦韉，埒間仍挂好珊鞭。老誇汗血都無味，幸脱金羈亦偶然。乏有旁人憐駿骨，不須重牧試明年。杜工部雒家收養顧終惠更試明年春草長。灤陽山外春原在，芳艸無涯緑到天。

清 龔培序《竹梧書屋詩稿》卷二《賦得病馬》 祇見鹽車上太行，誰云伏皂得飛黄。非關有用憐神駿，肯謂無能棄路傍。天下於今有絶足，世人何處覓孫陽。當年感動成都老，作賦曾傷病驌驦。

清 郭起元《介石堂集・詩集》卷四《賦病馬簡林馭晨》 追風躡影羨如神，壯歲嗟成困病身。伏櫪不須傷牝牡，相皮何怪失騏驎。朝霜零落桃花影，夜月凄涼苜蓿塵。歎爾仰天嘶欲斷，超群終遇九方歅。

清 胡承珙《求是堂詩集》卷一〇《病馬行》 星熒熒，雞喔喔，馬後馬前列雙燭，石滑傷馬蹄，泥深沒馬腹，何況馬上人？豐貂面如鵠。苦言告客君馬疲，殺君馬者誰為之。一尺之棰君所持，不見款段猶堪騎。客言四座應以頷，胸中冷暖君自知。三更酒闌客初罷，門外籠燈催上馬。

清 胡天游《石笥山房集・詩集》卷一《病馬》 少壯從軍征，自買汗血馬。死生相與同，幸得歸故社。骨出瘡没背，肉落毛脱赭。雖有伏櫪鳴，莫嗔更箠下。

清 蔣敦復《嘯古堂詩集》卷八《病馬》 氣骨千金重，山河百戰來。可憐名將老，空爲美人哀。棧豆嗟何物，鹽車困此才，長途能一顧。落日更徘徊。

清 蔣薫《留素堂詩删》卷一《病馬》 胡爲飽欲死，伏櫪倦騑騑。顧我吟詩瘦，憎渠棄野肥。千金寧賣骨，萬里未能歸。曷日揮朱汗，追風如翰飛。

清 黎簡《五百四峰堂詩鈔》卷一〇《病馬》 病馬老樹下，葉稀霜滿身。悲嘶寒入骨，餘力病無人。枯草空酬命，秋風遠起塵。猶能一瞋目，垂死見精神。

清 李嘉樂《**仿潛齋詩鈔**》**卷三**《**病馬吟**》 我馬病兮病未已，醫之不愈亦不死。精神頹靡氣弗驕，垂頭戢耳晚涼裏。憶昔重價購之來，洗刷摩娑意良喜。芻豆飼爾日三升，鞍韉望爾途千里。況是遠征指顧間，省親大梁行且止。眼前山水鞭一揮，耳後風沙聲四起。奈何無以報主知，欲用爾時病至此。吁嗟板蕩識忠良，亦有草茅伸知己。此馬擬人於其倫，備位庸臣不才子。

清 梁以壯《**蘭扃前集**》**卷五**《**病馬**》 伏櫪日已久，桃花減却春。是誰能相爾，非老不驕人。夢入千軍勁，心飛萬里頻。以兹勞在抱，愁似怯風塵。

清 林則徐《**雲左山房詩鈔**》**卷一**《**病馬行**》 生駒不合烙官印，服皁乘黄氣先盡。千金一骨死乃知，生前誰解憐神駿。不令鏖戰臨沙場，長年驛路疲風霜。早知局促顛連有一死，恨不突陣衝鋒裏血創。夜寒廐空月色黑，彊起哀鳴苦無力。昔飢求芻恐不得，今縱得芻那能食。圉人怒睨目猶側，欲賣死皮償酒直。馬今垂死告圉人，爾之今日吾前身。

清 潘問奇《**拜鵑堂詩集**》**卷二**《**病馬**》 騂騮隨李廣，昔似在穹廬。力盡重圍内，瘡生百戰餘。相形唯瘠骨，論價不如驢。對此成三歎，羣生信有皃。

清 釋曉青《**高雲堂詩集**》**卷七**《**病馬二首**》 已絶追風望，休稱伏櫪雄。主人一相棄，小子互交攻。燕市誰憐駿，龍沙漫效忠。何年逢伯樂，畱骨慰群空。

棧豆何心戀，多慚逐駑行。平生餘瘦骨，遠道憶長鳴。慘淡天閑色，飛揚大宛名。有誰思裹革，身死用非輕。

清 湯鵬《**海秋詩集**》**卷一六**《**病馬**》 身病成駑馬，天寒叫晚晴。風批雙耳禿，霜刷五花平。汝已懵騰老，吾猶傴側行。即今論萬里，只有涕縱橫。

清 王昊《**碩園詩稿**》**卷二三**《**病馬次唐人曹堯賓韵**》

名種分明産渥洼，可憐一蹶失歕沙。竦身猶自思風利，顧影惟堪伴日斜。夾鏡方瞳還閃爍，如牆瘦骨已槎牙。儻逢韓幹重圖貌，肯信從前是玉花。

偶儻權奇齒正齊，當年曾記騁霜蹄。識途漫擬身仍健，盡力誰知價已低。金埒忽離非内厩，珠鞍初卸竟污泥。空群自恃雄姿在，縱遇孫陽不肯嘶。

雲錦成羣逸足翻，無人收養到龍孫。皮乾剩有殘官印，蹄裂多因舊戰痕。老去步趨隨下澤，閒來夢想出横門。千金買骨何時事，伏櫪空銜未報恩。

銜轡雖存那忍看，不逢拂拭遇摧殘。垂頭怕渡黄河險，掉尾愁衝紫塞寒。已雜駑駘隨鶡笑，漸銷蹄齧托龍蟠。玉山禾在知何味，欲療饑腸正自難。

駿逸依然色與毛，驚帆祇恨失風濤。驚帆曹真馬名。不貪棧豆鬃宜禿，縱困鹽車脊自高。鑄象看時猶善走，按圖求處有長號。漁陽老將能垂念，剪拂堪隨繡澁刀。

清 魏學誠《**一齋舊詩·病馬**》 馬病增人感，眞同念舊情。汝將虛駿骨，我敢怨徒行。戰伐邊塵暗，馳驅塞草平。倘能留老力，應獻亞夫營。

清 吴昌碩《**缶廬詩**》**卷一**《**病馬**》 病骨山棱棱，西風動拳毛。困瘁存奇氣，顧盼猶雄豪。憶昔爭戰初，蹴踏千城壕。殺賊助飛將，主帥加勛勞。玉勒黄金鞍，千里馳旌旄。所過如掣電，疾奪秋原雕。功成不受賞，壯士歸蓬蒿。棄置不復問，顚頓青林皋。即今數箭瘢，歷歷明秋毫。功烈既未顯，骨相憑誰描。何當越瀚海，十月破天驕。汗血敢自愛，為有霍嫖姚。苜蓿春正肥，飽齕能豐饒。重此效馳驅，漠漠風雲高。雄心猶未已，伏櫪鳴蕭蕭。

清 吴俊《**榮性堂集**》**卷六**《**病馬**》 馬爾何爲擇主疎，舍人芻藁費躊躕。相看病骨秋風裏，欲丐殘骸返景初。生死算來無一飽，炎涼閲盡竟成疽。暮年千里心如許，灰剩還應一寸餘。

清 吴高梁《**香蘇山館詩集**》**卷一**《**病馬**》 頓喪驊騮氣，三秋疾病纏。草荒馳道雨，鵰没戰場煙。仰秣誠何用，低頭肯自憐。背瘡垂暮裂，辛苦謝長韉。

駑駘幸無恙，顧汝獨哀鳴。汗血全諸將，烟塵念此生。千金留駿骨，萬里待横行。伏櫪心猶壯，風傳戍鼓聲。

清 姚燮《**復莊詩問**》**卷三一**《**病馬**》 俯首辭孫陽，未敢論知己。轉令疲茶材，氣象得矜恃。風雲如亂蓬，狼藉不可理。臥影頹陽中，展足尚思起。誰免烏啄創，肉盡但餘髀。生愁報主心，銜赤到沒齒。慚彼新騔駒，遠顧極千里。精力期自珍，毋爲錦韉市。

清 張謇《**張季子詩録**》**卷四**《**病馬**》 黄沙赤日路迢遙，青絡朱鞍帶佩刀。自分死生讎奉料，空憐奔走誤皮毛。天閑十二從容飽，邊陣三千蹀躞豪。何事權奇獨凋喪，哀鳴噴血滿蓬蒿。

清 張澍《**養素堂詩集**》**卷六**《**病馬**》 伏櫪尚悲唫，秋風病骨侵。關山勞爾力，圖畫戚吾心。顧影毛憐短，聞聲口恨瘖。當季求不易，臺上置黄金。

清 周韓瑞《擷芙蓉集·病馬》 雪凍泥深仍蹀躞，支持病骨瘦欹眠。驅來繞陣渾難事，腹背于今不受鞭。

清 周煌《海山存稿》卷九《讀曹唐病馬詩次韻》 天馬還聞產渥洼，飄飄遠至自流沙。六閑左右身纔到，萬里西東景未斜。忽漫服鹽糜絶足，空餘食藿困長牙。蕭梢騣尾新來改，腸斷當年剪上花。

已分駑駘逐隊齊，遼空何日試霜蹄。千金縱市心良苦，五品雖叨首未低。伏櫪尚能思鼓角，呈材不敢問雲泥。涼秋竟夕笳聲起，爭肯風前不一嘶。

沙苑年年苜蓿翻，遭逢何得客如孫。齒從長後添新態，汗自流來臆舊痕。顧我劇憐辭冀野，爲君老尙憶横門。問途倘有微長効也解人間學報恩。

便蕃披拂惜毫毛，掣電追風等駛濤。豈謂頓成駝疥瘦，不堪空有鶴尻高。足經一蹶猶思踠，淚欲全乾尚强號。迴首長城窟下問，可曾幾輩負弓刀。

清 周亮工《賴古堂集》卷六《病馬》 獨剩權奇骨，支離怯短轅。向人知仰秣，倚樹憶騰騫。枯草殘蹄卧，牙旗落日翻。風霜鳴不出，誰爲護軍言。

清 汪師韓《上湖詩文編》卷二《駑馬行》 駑馬利致遠，蜷局汗血駒。棧軫誤一蹀，驊馱與之俱。昔盡一石粟，今無一束芻。匪佚東野策，奈隔顏淪輿。駛駛驥騄姿，虺隤力馳驅。却立嘶長風，聞者為欷歔。

清 趙維藩《槿園集》卷三《賦得駑馬戀棧豆》 莫問驪黃色淺深，漫從伯樂嘆知音。虺隤不厭牛同皁，局趣難期骨售金。伏櫪自焉甘待秣，舞牀久矣怯登。臨庋民願采中原，菽一慰如雲欵叚心。

雜録

宋 許洞《虎鈐經》卷一〇《馬毛利害》 若馬或白點入口者，名的盧。目下有横毛者，名死泣旋。毛在吻後者，名御禍。白馬黑騌，鞍下有回毛者，名負屍。腋下有回毛者，名挾屍。左脇下有白毛直上者，名曰帶劍。汗溝過尾根者，踏殺人。腮上有旋毛者，名目圍。或後足左右白者，或馬渾身白而四蹄黑者，或從前膊外從項去到腴腮應有毛旋者，或毛旋在項者，或爪黑面白者，已上馬毛病者，不利主也。或馬前兩甲膊後近低處毛旋者，能行五百里；後膊近前低處毛旋者，行七百里；後前膊到喉中間有旋毛者，名印綬，能行千里，兼益主也。

宋 孫逢吉《職官分紀》卷一九《同州病馬務》 國朝景德元年置，初以沙苑監官兼，主之別養本監及諸處病馬，天聖二年別差使臣勾當。

元 陸文圭《牆東類稿》卷一六《唐人洗馬圖》 君不見雀鼠谷抵介休壁，馬甲不解王不食。又不見泰山馬色別為羣，東封望之如錦雲英雄角力多相值，嬖倖承恩思自媚。不辭汗血千里勞，驅死塵沙那得避。何如落日清水灣，驊騮獨步春草閒。圉人袒肩沒兩踝，控轡欲上未上間。靜觀物理坐嘆息，玉花慘淡何人筆。少陵野老最善評，弟子曾入將軍室。

明 楊慎《升庵集》卷八一《五花三花》 唐詩：朝騎五花馬。又，五花馬千金裘。杜詩：蕭蕭千里馬，箇箇五花文。隋，丹元子《步天歌》：五箇花文以馬鬣，剪為五花或三花，皆象天文也。白樂天詩：馬鬣剪三花。《唐六典》云：外牧歲進良馬，印以三花飛鳳之字。

明 顧煜《射書》卷三《馬毛利害》 若夫毛色利害不一，如旋毛之善者，其毛毹軟温潤有文理，未易見，所謂若滅若没，若亡若失也。在首為壽星，主齒長德力俱長，在頸為帶纓主俊逸，在胸為靠槽主充肥，在背為乘鐙主安重，近尾為賺花，主矯强。此五者皆健行而馴者也。或馬前両甲膊後，近低處毛逆者，能行五百里。後眼迁前低處毛逆者，行三百里。後前膊到喉中有逆毛者，名印綬，能行千里兼益主也。旋毛之惡者，在吻後名啣禍，耳前名聽哭，背名騰蛇，在腹名前喪門，在脞名後喪門。白馬黑鬃鞍下有回毛者，名負屍。左脇下有白毛直上者，名白帶劍。在腋下有回毛者，名挾屍腮。上名滴淚，尾名拖喪。在頸名鎖喉，又背有穿鬃盛淚豹尾皆多傷害，又牛額甚凶，招殃債事，汗溝過尾根者，踏殺人目。下有横毛者名死泣。白點入口者名的盧。顋上有旋毛者名目圍。或後足左右白者，或渾身白而四蹄黑者，或從前膊外，或從頂到類顋有毛旋者，或毛旋在項者，或爪黑面白者，已上毛病不利主也。若善多惡少者猶可，惡多善少者次之，俱惡者勿用。或按勒以制之亦能去惡為善也。但市者每飾偽揉擦，令人難辨，宜慎防之。旋毛合天地之數，五十有五，凡向下、向右者順，向上、向左者逆，白圈為陽，黑圈為陰，上下左右黑白順逆一一分明，所以成變化，此龍馬為靈物也。他馬則不然矣，他馬亦有旋毛，惟向之順者為善，如反背横差皆惡也。

又《齒歲歌》 妳齒無宛名啣口，四歲當門頂二牙。四齒並生纔五歲，六週肉齒一齊扎。七年邊齒纔成臼，稍二區為八歲賒。稍一區方呼九歲，黑盡黃存下盡家。黑區咬破方十歲，十一上齒犯中花。十二十三十四歲，上中四齒盡皆差。上下黑區俱咬破，十五十六正堪誇。下六黃斑中齒白，十七十八定無差。槽驤若交二十歲，白現黃平下四牙。下白上黃分両様，二十二載度年華。良馬歲當四六數，黃斑添白上中花。上下黃斑俱已白，三十歲數更還加。此是良馬不易論，請君着眼莫教差。

又《又齒訣》 一歲駒齒二，二歲駒齒四，三歲駒齒六。四歲成齒二，五歲成齒四，六歲肉牙生，七歲區一色，八歲犯中區，九歲區稍一，十歲下盡口，十一上中破，十二上四破，十三上六破，十四咬下中區黃，十五咬下四區黃，十六咬下六區黃，十七咬上中區黃，十八咬上四區黃，十九咬上六區黃，二十㖭下中區白，二十一㖭下四區白，二十二㖭下六區白，二十三㖭上中區白，二十四㖭上四區白，二十五㖭上下盡白，餘年聽其喘息而定之。此謂駒齒之區臼而分其年數也。

凡槽馬與野放山騮不同，王良云：向南馬齒白，野放哏山多，區臼雖先破，莫言齒歲過。凡牧放野馬，區臼㖭破，若行力依然，壽年不為過也。駻牙五歲六歲而生，騮馬少年有之，如有，必善走。諺云：駻牙出肉不五便六，一十有零，此謂壽年口齒之驗也。

明 一壑居士《八宅四書》卷四《論馬牛六畜》 八宮馬牛俱宜生氣，方六畜，坎宮宜辰巳方，離宮宜辰巳方，震宮宜壬癸方，巽宮宜丙丁方，乾宮宜未申方，坤宮宜寅丑方，艮宮宜庚辛方，兌宮宜未申方。又《方位歌》云：一德中宮宜養馬，三台位上定猪方，牛屋奇羅為上善，羊逢紫炁定高強，貪狼位上安雞鴨，太陽六畜最宜良，虎豹狐狸最不祥，更兼血忌大難當，刀兵連及刀砧殺，六畜令教見滅亡。

明 楊一清《關中奏議》卷二《為防禦邊敵保障官馬事》 題為防禦邊敵保障官馬事。據陝西等處提刑按察司副使王寅呈，會同陝西苑馬寺分管少卿劉棠、寺丞朱璜、徐正，將各苑新舊餘丁內，通行揀選，得身力強壯，年貌相應，堪以操守，廣寧、安定二苑各一百名，開城、黑水、清平、萬安四苑各二百名。點驗得開城苑舊設操丁內七十六名，原額見在盔甲、弓箭各七十六副，未領盔甲、軍器一百二十四名。黑水苑舊設操丁一百四十六名，原領見在盔甲、弓箭各一百四十六副，未領盔甲軍器五十四名。安定苑舊設操丁四十名內一十四名，原領見在盔甲弓箭各一十四副，未領盔甲軍器八十六名。廣寧、清平、萬安三苑新選操丁五百名，俱無盔甲、軍器，逐一選驗明白，省令各苑帶回，原有盔甲、軍器者，照舊披執，其餘俱令隨便自備弓箭、什物，專一守護本堡。無事之時踈放牧馬，但前項操丁須有盔甲、什物、披執，有警方可禦侮。所據缺少軍器，相應給領備。將會選過各苑操丁姓名、年甲并有無盔甲、軍器數目，造冊開送到臣案查。先准兵部咨為處置馬營城堡事。該臣題稱：西人素勇敢善鬭，待馬政就緒，將各苑軍餘挑選壯丁設為操夫各一二百名，給與盔甲，授之弓矢，令其不妨牧馬閒暇之時，操習武藝，就令寺監官員督視比較，不許調遣，專一防守本營城堡。是雖為牧馬而設，亦可壯邊城之聲勢，資緊急之應援彼既覘知我保障有地，防守有人，縱然馬匹蕃盛，不敢生垂涎之意。該本部依擬覆奏：奉欽依備咨前來，近因敵衆入套各邊傳報聲息不絕，各苑收牧官馬數多防禦不可不嚴，挑選操丁守護城堡，似不可緩，已經批仰陝西按察司副使王寅親詣各苑會同該寺分管官，將新舊軍人、餘丁通行揀選，堪以操守，姓名、數目總類，造冊呈報。仍查舊設操丁曾領盔甲、軍器若干，就行點檢明白，即今應否給領盔甲、軍器若干，呈來定奪去後，今據前因看得陝西監苑之設，相離邊境不遠，常年以邊敵為憂，彼之所利者馬，馬之羣聚益蕃，則彼之窺伺益急，縱有城堡，若無軍兵，安能捍禦？臣於舉事之初固慮及此。近自去年十一月以來，傳報聲息無日，無之馬匹拘收，日久各營星散，遠近不一，固原等衛備冬官軍其數不多，不能分布防禦。如萬安一苑尤為孤懸，現在螺山駐劄之衆一晝夜可到，節被搶殺並無一軍一馬前來策應，況各營堡俱憑高據險，不堪鑿井，馬匹未免下飲溪河，彼將暗伏草莽窺瞰侵掠，勢難周防。查得先年亦曾設有操夫正為防護官馬，但數少不敷。近年止是黑水苑遇冬操備，其餘苑分俱各廢而不講。今據副使王寅會同該寺分管官查驗，揀選新舊相兼，廣寧、安定二苑各一百名，開城、黑水、清平、萬安四苑各二百名，六苑共操丁一千名，平時不妨牧馬，遇警足資保障各軍，委皆生長邊方，耳目所習聞戰不懼。然須有盔甲、軍器、披執，庶幾緩急可倚，及照監苑文官不諳軍務，須委能幹知兵武臣一員，遇冬提督操練。及又查得各處招募民壯義勇，舍餘備冬之時，俱有行糧，前選操丁既係身於官，不得營辦衣食，亦合比例給與行糧，養其鋒銳。乞勑該部計議，合無將各苑操丁一千名，除舊領有盔甲、軍器外，今次增選者，俱照數給與每名盔甲、弓箭、腰刀各一副，每營堡仍各量給與火車、銃砲、圓牌、旗幟等項，以壯聲勢。俱行令陝西所屬各衛所查取給發，如見無收積嚴限成造送用，聽臣選委，平凉、固原等衛諳曉操練，指揮一員往來各苑，會同該監苑官提督操練，務令武藝精熟，不許虚應。故事每年二月至九月踈放，照舊牧馬，自十月初一日為始，收操照例給與行糧，於附近州縣關支。若大敵在套，雖夏秋時月，一體收操支糧，有警則與槩營軍人協力悍禦，敵必不敢逼城堡而攻。前項操丁雖為守護官馬而設，練之既久，未必不為克敵之兵。是於牧馬之中而得千軍之用，有備如此，非惟官馬有所保障，彼見我城堡碁布旗幟，羅列軍器鋒利，或少弭其邪心，區區小醜，不敢窺伺深入。其於平凉、鎮原一帶地方軍民不為無補，至於大敵侵犯，勢須動調官軍截殺，此守臣之事，非臣所敢與聞。緣係防禦邊敵保障官馬事理謹題請旨。

又《為處置各邊馬匹事》 題為處置各邊馬匹事，准兵部咨，該本部題，該陝西苑馬寺卿車霆奏。訪得陝西慶陽府、靈州鹽課司大小鹽池，自祖宗以來，與茶法並為供辦各邊馬匹，以補本寺不及之數。近來各處或因別故奏討，榆、寧二邊雖有間年事例，此得彼失，兩不相顧。況二池額課止是一萬三千九百餘引，縱使二邊間年全得招商中納馬匹，給軍騎操，數亦不多。且每上馬一匹，給一百引，中馬一匹給八十引。每引該支官鹽二百斤，運去行鹽地方平、慶二府卸賣。因是路途窵遠，其鹽俱是近邊腹裡軍民自備牛車，下池攬載。每引裝載一大車，約有三十餘石。出池分為伍陸小車運至卸所，止交商人引錢鹽一石四斗，或銀四錢餘皆屬之脚價。又訪得先年招商，多是勢要之家中納瘦小馬匹，給軍騎操，未久即又倒死，累軍買補。弘治十三年，寧夏都指揮傅釗奏改招商中納馬價，每一百引，布政司收貯銀一十五兩，解送各邊，給軍買馬間，又值寧夏巡撫衙門將課鹽借去，招商中納銀、糧，修理河渠。功既未成，鹽亦空費。弘治十五年，又該總制尚書秦紘奏於固，原慶陽二處設立鹽廠，令其擬奏年分，俱二處上納其廠。各因路近脚便，攬載舊鹽，脚户每年到池牛車不止萬數。每引仍前裝載一大車出池，分為五六小車運至卸廠，亦止交商人引錢官鹽一石四斗，餘屬之脚價。大抵此課以十分為率，官似僅得一分，商人約得二分，脚戶已得七分之上。前此一年，中馬不過一百五十匹，中銀不過二千餘兩。商人脚戶儘得其利，又有姦人謀之者多。今邊務方殷正在用馬之際。乞勅兵部轉行督理馬政都察院左副都御史楊，從長處置，量將弘治十三年以前中過引鹽，暫且停止。弘治十五年以後未納引鹽，俱令革罷。行令陝西布政司將靈州鹽課司課引，合無自弘治十八年為始，量增添五六萬引，不必招商，聽令各邊腹裏但有牛車軍民人等，以近就便，於固、慶兵備官處，每引并卧引錢共納銀六錢。該支鹽斤，與弘治十三年以後未放引鹽，舊引三分，新引七分，相兼放支。每引止許中車一輛下池，裝載鹽一十五石為則，運至卸廠，照彼中時價易賣。其舊例，此鹽止通平、慶二府，目今邊馬急缺，暫通漢、鳳等府地方發賣。三五年間，待至各邊馬不告乏，庫有餘貲之日，照舊施行。前項該收銀兩，不許各邊互為爭競，就令固、慶兵備官按季造册，送督理都御史驗過，轉發附近府庫收貯。如遇各邊缺馬，聽彼處鎮、巡等官移文楊都御史通融處分。仍聽本官便宜立法，或坐委附近府、衛能幹官員運送前去，督同該衛公正官員，與官軍死馬、椿頭銀兩，相兼驗買堪中土産馬匹騎操等因具本，奏行兵部。該本部覆奏：看得陝西苑馬寺卿車霆，奏要增添靈州鹽課司鹽引，設法納銀，收貯官庫，專聽督理馬政衙門分撥各邊買馬一節。緣前項鹽引，舊例相兼茶法，供辦各邊騎操馬匹。後因此法漸弛，各邊互相奏討，豪右貪緣為姦利，歸私門，公家不得實用。一或缺馬，動輒仰給京師。今若車霆前擬，則不特三邊馬匹足用，而尚有餘利，誠為國家永遠之計。但今巡撫都御史楊一清兼理馬政，前項事情是其職掌，未經勘處，難便定奪。合無本部行移本官，將車霆所奏，逐一備細查勘明白，如果相應，依擬處置。中間法有滲漏欠當者，仍要斟酌停當，次第舉行。若有應奏事情，徑自具奏定奪。該添鹽引，轉行户部，自弘治十八年為始，照數增添。伏望皇上俯念三邊重地，所急者止是馬匹，斷自宸衷，特降綸音，著為定例。務使鹽易、茶易馬匹，永為邊方之利，不許別項奏討。前此弊政，應該革罷者，盡行革罷。如姦豪一時失利，扇惑地方，沮撓國是，許楊一清指實參究，置之重典。年終通將納足銀兩，買過馬匹，并分撥各邊數目，造册奏繳，仍造青册一本，送部查考等因題。奉孝宗皇帝聖旨：『是。陝西茶塩易馬備邊，係是舊制。今後不許別項奏討。欽此欽遵。』備咨到臣。切惟陝西地方，内而固、原、環、慶，外則寧夏、延綏，皆防邊重鎮。軍務所急，莫先於馬。頃自邊塵弗靖，戰馬告乏，各邊之仰給無窮，公帑之所儲有限，至廑宵旰之憂，命臣督理馬政，二年有餘，孳牧之利粗雖興舉，未獲収効，惟茶馬較之先年，號增數倍。顧三邊戎廐，倒亡相繼，隨補隨耗，支應不敷。臣晝夜思惟，恐孤委任，不勝憂懼。看得靈州塩課司大小塩池所産塩斤，與鮮池相類，不勞煎煮，不煩人力，為利甚博，取之無窮。舊例止是招商中納馬匹，分給邊鎮騎操。後因各邊交爭互取，多寡不均，故有間年關領之例。又因中馬之人，勢囑賄通，濫收不堪馬匹，不得實用，故有收價解邊之例。畢竟為馬而設，未嘗別用。後因放塩委官，作弊多端，奏添陝西按察司副使一員在於慶陽駐劄。職雖整飭兵備，實兼督理塩法。近年以來，寧夏鎮、巡衙門，先因修理河渠，借去弘治十四年、十五年二年塩課，後因措置粮草，借去弘治十六年、十七年、十八年三年塩課。河渠工程既未就緒，倉場粮草亦未充足，而塩馬之制遂廢。私塩盛行，姦豪得利。以此，總制尚書秦紘、苑馬寺卿車霆先後論奏，皆欲增廣靈州塩課，以供買馬。節經該部題奉欽依：『茶、塩易馬備邊，不許別項奏討。』邊方幸甚！然當久玩積弊之餘，為改絃易轍之舉，思之不熟，計之不審，終恐法立弊隨，有損無益。行據陝西布、按二司分巡、分守、兵備塩法等官副使燕忠、高崇熙等親詣塩池勘處，各陳所見前來。臣稽查舊卷，採摭羣言，參酌計慮，至於再三，始有一得。查得先該總制尚書秦紘奏准，弘治十九年以後，陝西布政司印刷十餘萬引，送發監理通判處開放。每引收銀四錢伍分，准令裝塩五石或六石。今陝西苑馬寺卿車霆奏稱：自弘治十八年為始，量為增添五六萬引，不必招商，聽令臨邊腹裏有牛車軍民人等，以近就便，於固、慶兵備官處每引并卧引錢共納銀六錢，止許中車下池，裝載塩一十五石為則。舊例，此塩止通平、慶二府，今邊馬急缺，欲暫通漢、鳳等府地方發賣。待至各邊馬不告乏，庫有餘貲之日，照舊施行。查得靈州塩課司大小二塩池，大池原額塩課一萬一千二百三十二引，小池三千一百四引有零，共該額課一萬四千三百三十七引。計今二池所產鹽斤，委有餘饒。常課之外，雖增十倍，似亦可辦。而原額止於如此，蓋因行塩之地止是平凉、慶陽二府及寧夏等衛榆林寧塞營迤西城堡，又地臨邊境，事變難測。立法之初，良有深意。近有總制尚書秦紘要增塩利，及以便益處置，出給小票，許令前往西、鳳、延安、漢中等府發賣，故塩商雲滃，塩廠山積，固原荒凉之地，變為繁華。議者徒見其然，遂謂二池塩課可增十萬至二十萬。然河東塩法未免被其阻壞，所司已經奏行禁止。若遵照舊例，拘定前項地方，則塩生者多，民食者少，塩商何從售賣？原額一萬四千餘引之課，尚恐不敷辦給，安能復增五六萬至十萬引課額？且陝西各府之人利於靈州食塩，先年課額雖未嘗增，而私塩實不能禁。利之所在，人必趍之，又商民兩便，雖日加刑戮，末如之何！夫以塩池所產本有此數，却為地方所拘，自棄其利，以為姦人私販之地，深為可惜。欲增塩引而不稍廣行塩之路，徒生厲階，以貽後議，非計之得也。該納引錢，舊例每引止是銀一錢五分，今欲增至銀五六錢。訪得商人賣與脚戶，所得不過銀四錢有餘，彼無利息，安肯中納？若盡如車霆所奏，不必招商，就池賣與附近有牛車軍民，臣謂榷塩招商，自是正理。專使公家紛紛與細人貿易，非為政之體，將來恐滋別弊。至於所載塩斤，例該每引二百斤，帶耗五斤。今若許載至一十五石，不無太濫。但二池邊遠險阻，脚價艱苦，比之淮、浙、河東，事體不同。秦紘所擬，似為得中。及照大池原額課多，然坐臨極邊，而行塩之途艱；小池原額課少，然地近腹裏，而食塩之人廣近年小池每季放支塩斤反多大池數倍。合無大池增塩一萬五千引，并舊課共二萬六千二百三十二引，小池增塩三萬引并舊課共三萬三千一百零五引，通共二池新舊課塩共五萬九千三百三十七引。照例招商，每引止可納銀二錢五分。照塩一車以六石為則，外有多餘，依律掣塾追問。運至固原、慶陽二塩廠卸所，每引仍照舊收卧引銀一錢，通共每引該得銀三錢伍分，每年得銀二萬七百六十餘兩。此外若有餘塩，却依車霆所奏，就池招人納銀，給與引目，聽其發賣。倘遇旱澇，塩生不及，或邊報緊急，塩路不通，除舊額塩課外，新增塩課，明白除豁，不可膠於一定，歲歲取盈。行塩地方，西安、延慶二府密邇河東，地廣人稠，照例嚴加禁約，不許靈州塩斤私通販賣，阻壞彼處塩法。止許於鳳翔漢中二府通行，與河東之塩相兼發賣，兩不礙阻。其弘治八、九年以前中馬塩引，年久弊多，莫可查考，所宜一切革罷。弘治十三年以前，陝西布政司招中商人，彼皆奉例納銀輸官，後因寧夏借課，躭遲數年，虧折資本，怨聲載道，合准相兼放支，新引七分，舊引三分。弘治十四年以後，寧夏所借，若有未支未中之數，年分已滿，中間勢豪姦頑之人展轉影射，冒支盜賣等弊不可枚舉，難再復支。未中引目，陝西截取開中，庶幾物論稱平。所收塩引銀兩，俱送慶陽、固原各官庫寄放，聽慶陽兵備兼理塩法副使及固原兵備副使提督，稽察姦弊。每季監理通判督同鹽課司，將給過引目，放過塩數，造册開報臣并布政司查考。如遇各邊缺馬，各該巡撫移文前來，聽臣斟酌通融，給發買馬支用，不必拘定間年之例。臣於年終，通將納過銀兩，買過馬匹，并分撥過各邊數目，造册奏繳。若有餘銀，仍發庫收貯，照例查盤。如此所處，似為停當，而於馬政大有裨益。但兵部原擬，自弘治十八年為始，增添塩引，前項公文本年五月內方纔行到。彼時寧夏招過商人，正在支塩賣塩之際，事已過期，難再追改。合自正德元年為始，照依新例而行。及查得陝西布政司並無收貯靈州塩引，即今將及放塩之期，誠恐遲誤。如蒙乞勅户、兵二部，將臣所擬參詳可否，上請施行。合用塩引，作急差官南京戸部刷印二十萬引，務在本年三月以裏降給陝西布政司收貯開放。其餘該載不盡事情，臣徑自處置。一切弊政應革罷者，徑自查革。若有姦豪失利，扇惑阻撓之人，指實劾奏，置之於法，不敢姑息隱蔽。緣係處置各邊馬匹及該部題准，行令臣斟酌停當舉行，應奏事情徑自奏請定奪事理，謹題請旨。

明 慎懋官《華夷花木鳥獸珍玩考》卷七《馬》 馬駒在上旬生者，行在母前。在中旬生者，行與母齊。在下旬生者，行在母後。秣馬之法必視其齒歷、勞逸而調習之。馬四年而兩齒，五年而四齒，六年而六齒成矣，七年而右一齒，鈌八年而上下兩邊各一齒，鈌九年而上下盡鈌，十年而下兩齒齠，十一年而下四齒，齠十二年盡齠，十三年下二齒平，十四年下四齒平，十五年下盡平，十六年上兩齒齠，十七年上四齒，十八年上盡齠，十九年上兩齒平，二十年上四齒平。年之長少，惟馬齒最準。故人自謙曰犬馬之齒長矣。齠馬八尺為駥。

又《馴駮》 張揖曰：馴，擾也。駮如馬，白身黑尾一角鋸牙，食虎豹，擾而駕之，以當驅馬也。

又《師子驄》 唐太宗末年，讖家明言一主昌，又明言為武氏，又明言其人已在宮中，乃以疑似殺李君羨，過矣。則天當時特一宮嬪，誠無可疑之迹，然史載太宗有駿馬曰『師子驄』，極猛悍，太宗親控馭之，不能馴。則天時侍側曰：『惟妾能制之。』太宗問其術，對曰：『妾有三物，始則搥以鐵鞭，不服，則擊以鐵撾，又不服，則以匕首斷其喉爾。』由此觀之，其英烈猛厲之氣，亦自發露，特太宗不之覺耳。則天後來駕馭群臣，專用此術。

明 章潢《圖書編》卷一二二《南北馬》 舊例，養馬在順天府所屬，論地派養，此外別無別科。種馬在應天府所屬，論丁派種，此外更無別役。如有倒失，雖赦不蠲，此祖宗制也。頃者有司玩慢，漫不檢覈，或地歸豪右而養馬累于細民，或丁多逃移而種馬至于漸耗，馬政之廢，實由於此。宜令順天府屬覈地，應天府屬覈種，有地亡而馬存者，即以其馬責之佃主其種。昔有而今亡者，俟秋成之日，以漸買補，則數年之後馬可蕃息矣。

明 顧煜《射書》卷二《騎馬法》 兩足八字樣站立，胸背貴直面，右背左架前端，正審的已定，將發矢時，然後且拽且蹲，儀容身法與文射、武射同，但兩足是八字，非丁字，此法用于茂草、荒郊、山谷險阻之處，使賊不見我而我可射其無備矣。

又 卷三《馭馬法》 走馬至險，不可不慎。飾馬器物必須牢固，切勿夢且。但馭泛駕之馬，先試韁口、德性，若口硬，挽帶無知，射難如式。性拗者，右手拿住扎鐶，左手扳鞍頭，將右膝躑馬前胦，再三自善。閒時教以挽帶，緩急往回正直，每一出馬緊收肚帶，胸前再加扳，胸腹下復加搽肚，三次走完，下馬扐轡，緩行百步，不致傷損觔力。

左蟠鞍

用左手攀鞍之，右手臂靠馬頸，右手按鞍頭之左，左足貼馬，右足扒開，躍身踵音啟，兩足開貎坐。

右蟠鞍

用右手攀鞍之，左臂肘靠馬頸，左手按鞍頭之右，右足貼馬，左足扒開，躍身踵坐。

左趕鞦

扐馬中道，加鞭蹄跳跼行不正貎，步蹉足跟上馬，左右手拿駐鞍頭，右掌按鬃，躋身起貎身騰上。

右趕鞦

扐馬中道，掛韁鞍上加鞭，馬步急趨跟上馬右，左手扳住鞍頭，右掌按鬃躍上。

左端鞍

左手拏鞍之頭，右手拏鞍之尾，左足踹左鐙，踴身直上，跨下撩衣。

右端鞍

右手拏鞍之頭，左手拏鞍之尾，右足踹右鐙，踴身直上，跨下撩衣。

左鵬摶

用右手拍按鞍心，踴身復轉背右面，左横坐鞍中，復轉身前向，右脚投右。

右鵬摶

用左手拍按鞍心，踴身後轉面右背，左横坐鞍中，復轉身前向，左足投左。

又《帶馬式》 上馬正坐，將韁繩整頓，兩股均匀，當中挽結，穿在右手大臂上，切勿傷長病短，依手拽弦，只帶得馬頭略起為度，馬頭一起，蹄步稍緩，凡發則衆人皆見有善馬之能而不知有帶馬之妙。

又《分騌法》 塲中第一把用分騌，其法在初出馬時，躍馬加鞭，身向前俯，左手持弓，右手撤轡，微揭頸騌，俟裝脚後馬步前騰，生身平稳稍低，前手向前正射，是名分騌，平日練此以射敵之冲鋒，我為前拒矣。

又《對鐙法》 塲中第二把用對鐙，其把與第一把相去一十八步，馬行至此，馬頭稍起，蹄步正急，尤手提弓，左肩對把，右手挽弦，側身横射，是名對鐙。平日練此，以射敵之旁，突伹此法，便左不便右，若右有埋伏，難于應敵，又須轉身靠後，挽臂右向，此為較難。

明 田藝蘅《留青日札》卷二九《地中馬》 古者龍馬負圖出于河，歐陽公尚疑之；乃有種莳馬出于俱位國，云以馬種莳而生馬。又《襄陽記》：『匡廬山一地穴，漢時有數百匹馬出，因名馬穴。』吴陸遜亦知此穴馬出得數十匹。梁元帝答《齊國雙馬書》曰：『名重桂條，形圖柳谷。襄陽地穴，近求未易；滇池水裏，遠訪猶難。』則馬穴信矣。不亦為天地間之怪馬哉！《孝經援神契》曰：『德至山陵，則澤出神馬。』《地鏡圖》曰：『銅器之精。』

又《解語馬》 解語馬，大食國出，能解人語。《淮南子》曰：『馬，聾蟲也。而可以通志。』則馬固解人語也。然人亦有解馬語者，陽翁偉知蹇馬、眇馬之遥罵，李南知赤馬、白馬之呼子。

清 王棠《燕在閣知新録》卷三一《驘駃騠》 驘，本驢馬所生。漢元康中，龜兹王娶烏孫公主女，自以爲尚漢外孫衣裳皆半倣中國。胡人相謂曰：『驢非驢，馬非馬，若龜。兹王所謂驘也。』驘一作騾，《說文》：驢父馬母曰驘，馬父驢母曰駃騠。禀氣於父，駃騠更爲神駿也。

又《牧馬》 《魯頌》：《駉》之牡馬，美僖公也，言駉而有牡者，美其毛色，有十六種，如『有驈有皇』等句是也。《衛風》美文公之馬言『騋而有牝者，三千之多。』二詩皆言馬之盛也。後世駕車征戰皆不用牝，惟用牡馬。又往往去其勢而絶其生道，此馬之所以不盛。𢾾衛詩『騋牝三千』，言牝不言牡可以知其故矣。《周禮》：天子十有二閑，馬六種。凡馬特居四之一。注云：特，牡馬也。是成周之世馬在官者，馬百匹有七十五牝，二十五牡，是以產馬。常少棠謂：後世牧馬者，令牝與牡相半，則馬之蕃息無疑矣。

又《課馬》 今世呼牝馬爲課馬，《唐六典》：凡牝馬，五年而課一小馬，羊則當年而課之。課，歲課駒犢也。

又《竹披》 杜詩：竹披雙耳峻。初不解竹披之義，及讀《周禮》『庾人掌十有二閑之政，教以阜馬』，内有『散馬耳』句。鄭玄曰：『散馬耳』以竹掊押其馬之耳，項使其慣習不驚按掊音剖擊也。杜詩用『竹』字，雖形容『峻』字之意而暗藏『竹掊押耳』之義。

又《扇馬》 今世稱牡馬去腎者爲扇馬。唐孫光憲云：周先帝命内臣李廷玉賜馬與南平王，且問所好何馬。乃曰：良馬千萬，無若一駿者。卽可得而選，苟要坐下坦穩免勞控制，唯扇庶幾也。既免蹄齧不假銜枚，兩軍列陣，萬騎如一，苟未經扇，亂氣狡憤，介胄在身，與馬爭力，磬控不暇，安能左旋右抽，捨轡揮兵乎？自是江南蜀馬往往學扇棠，謂扇馬之制，當不起於李廷玉，而江南之蜀馬則因李廷玉而始扇焉。

又《馬缺耳》 張戬畫畨馬皆缺耳犁鼻，宋廣川云：『余問北人云：「鼻不破裂，則氣衝肺，耳不缺則風搏不聞音聲。」又考吴諸葛恪獻馬先騗其耳，范慎謂：「豈不傷仁？」恪曰：「母之於女，恩愛至矣。穿耳附珠，何傷於仁？」於是知馬之驧耳，晉魏已然，但未明言其所以然也。」

又《三花五花九花》　三花馬者，剪鬃爲之瓣白。樂天詩云『舞衣裁四葉，馬鬣剪三花』是也。《唐六典》云：外牧歲進良馬，印以三花飛鳳之字。杜詩『五花散作雲，滿身個個五花紋』，李詩『五花馬，千金裘』，是又以馬印花爲言也。代宗時，又有九花虬馬賜郭子儀，身被九花紋，故號九花虬也。杜詩『近時郭家獅子花』，注云：即九花虬。

又《馬稱疋》　俗稱馬與君子相疋，或曰馬夜行，目明照前四丈，故曰一疋；或曰度馬縱橫，適得一疋；或云馬死賣得一疋帛；或云《春秋》、《左傳》說諸侯相贈乘馬、束帛，帛爲疋與馬之相疋耳。

顏回望吳門馬見一疋練孔子曰馬也然則馬光景一疋長耳故後人號馬爲一疋。

又《叱咤》　叱咤，咤與詫同。《曲禮》母詫食注：謂食而叱詫也。疏謂：以舌中作聲。鄭氏曰：嫌薄之也。此叱，詫之本旨也。今世之乘馬者，馬行不中必叱詫，而後馬始行。初謂以爲俚俗語耳，及讀王吉疏云：馮式撙銜，撙控也。馳騁不止，口倦乎叱咤，手苦於箠轡，身勞乎車輿，云云。按此，則知叱咤之用於驢馬者，其來久矣。

相馬（伯樂）

論說

列禦寇《相馬說》（雍正）《鳳翔縣志》卷九　秦穆公謂伯樂曰：『子之年長矣，子姓有可使求馬者乎？』伯樂曰：『良馬可形容筋骨相也。天下之馬者，若滅若沒，若亡若失。若此者絕塵弭轍，臣之子，皆下材也，可告以良馬，不可告以天下之馬也。臣有所與共瞻纆薪菜者，有九方皐，此其於馬非臣之下也。請見之。』穆公見之，使行求馬。三月而返報曰：『已得之矣，在沙兵。』對曰：『牝而黃。』使人往取之，牡而驪。穆公不說。召伯樂而謂之曰：『敗矣！子之所使求馬者，色物、牝牡尚弗能知，又何馬之能知也？』伯樂喟然太息曰：『一至此乎！是乃其所以千萬臣而無數者也。若皐之觀，天機也。得其精而忘其麤，在其內而忘其外。見其所見，不見其所不見；視其所視，而遺其所不視。若皐之相者，乃有貴平馬者也。』馬至，果天下之馬也。

唐　佚名《司牧安驥集》卷一《良馬相圖》

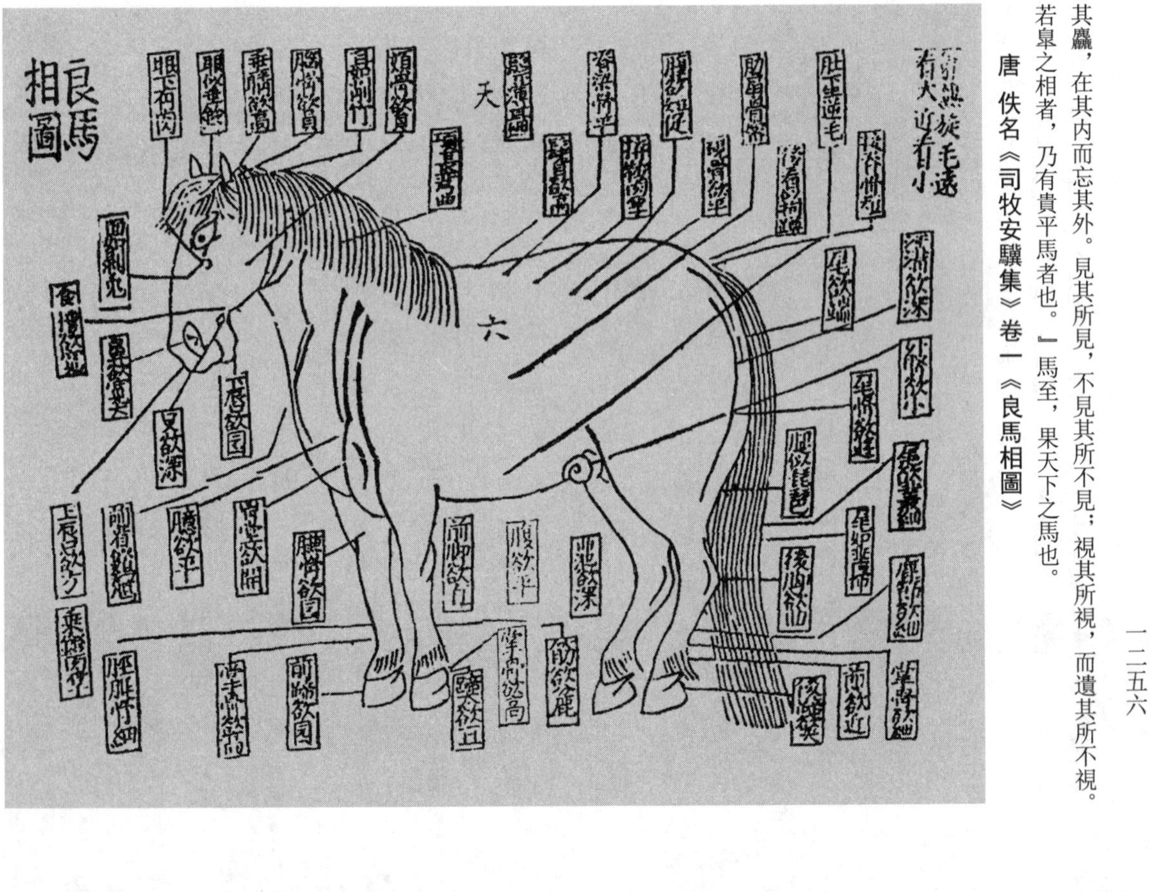

又《相良馬論》 馬有駑驥，善相者迺能別其類；相有能否，善學者迺能造其微。是以冀北固多馬矣，伯樂一過，其馬群遂空者，非無馬也，無良馬也。今夫或赤或黄，或黑或蒼，蟻聚盂集，旅走取立，四散惝怳，開合萬狀。而善相者棹手飛縻，指毛命物，其質之可取者，牧蓄攻教，殆無遺質；自非由外以知内，由麄以及精，又安能始於形器之近，終遂臻於天機之妙哉！今列相法于其後，以竢能者云。

頭

馬頭欲得高，峻如削成，又欲得方而重，宜少肉，如剥兎頭。專骨欲得大，如綿絮包圭石壽骨者髪所生處也。嗣骨欲得廉而闊，又欲長嗣骨者，頰下側八骨是。額欲方而平，八肉欲大而明八肉耳下也。易骨欲直眼下直下骨也。元中欲深耳下近牙。頰欲開，鞅欲方鞅，頰前是。

眼

馬眼欲得高，又欲得滿而澤，大而光，又欲得長大。目大則心大，心大則猛利不驚。目睛欲得如垂鈴，又欲得黄，又欲光而有紫艷色。箱欲小，又欲得端正，上欲弓曲，下欲直。骨欲得成二角，皮欲得厚。若目小而多白，則驚畏；瞳子前後肉不滿，皆惡。目不四滿，上瞼急，下瞼淺，不健食；目赤睫乱，眼下無肉，皆傷人。

耳

馬耳欲得相近而前立，小而厚，又欲小而鋭，狀如削竹，如削欲促。耳小則肝小，肝小則識人意。緊短者良，若根慢及闊而長者，皆駑。

鼻

馬鼻欲得廣大而方，鼻中色欲得紅。鼻大則肺大，肺大則能奔。鼻孔欲大，素中欲兼而張素，鼻孔上是。水火欲得分水火在鼻孔兩開。

口

馬口吻欲長，口中色欲得鮮明。上唇欲得急，下唇欲得緩；上唇欲得方，下唇欲得厚而多理。上齒欲鈎，下齒欲鋸頷。下欲深，喉欲曲而深。唇不覆齒，少食。齒左右蹉不相當，難御；齒欲得深而密，淺則不能食，又欲得齊而白，白則耐；齒不滿不厚，不能久走。斷顎欲得有辨而明。舌欲得方而薄，長而大，色如朱。

形骨

望之大，就之小，筋馬也；望之小，就之大，肉馬也。至瘦欲得見其肉，至肥欲得見其骨。馬頸項欲得厚而強，又欲得䐈而長；頸骨欲大，肉次之；鬐欲得桎而厚且折。季毛欲長，多覆則肝肺無病覆，厚毛是也。鬃欲帶，中骨高三寸鬃中骨也。胸欲百而出，臆欲廣。兩眉不欲深，肩肉欲寧。凫間欲開，視之如雙凫；雙凫欲大而上双凫，胸西边肉如凫。膺下欲廣，一尺已上，背欲得短而方，脊欲得大而抗，脊背欲得平而廣。脢筋欲大脢筋，夾脊筋也。腹欲充，又欲平而廣，又欲大而垂。結脉欲多，太道筋欲大而直太道筋，從腋下抵骨也。膁欲小，膁小則脾小，脾小則易養。季肋欲張，脇肋欲大而窪，從後数其脇肋，過十者良，腹下欲有八字，腹下毛欲向前，腹下陰前兩邊生逆毛入腹帶者駿。三府欲齊三府，酉骼及中骨也，骼骨欲大而長。尾本欲大而强，尾骨欲得高而垂。臂欲得長，而膝本欲起前脾膝上向前。肘腋欲開。髀骨欲短。龍翅欲廣而長，外肉欲大而明脾外肉也。股欲薄而博，虎口欲開股肉是也。後髀欲廣厚，汗溝欲深明直肉欲方髀後肉也，輪鼠欲方直肉下也腁肉欲急髀衷自，間筋欲短而減下筋，機骨欲舉，上曲如垂箱。

蹄

馬足垂薄，欲厚而緩脚脛。骨欲方而痺，又欲得园而張，大如杯盂。踠欲結而促，又欲促而大，其間才容絆。距骨欲出，前間骨欲出前，後目外凫臨蹄骨也。附蟬欲大。前後目夜眼，烏頭欲高烏頭，後足後節，後足輔骨欲大輔足骨者，後足胃之骨後，輔肉欲大而明，後脚欲曲而立。蹄欲厚而大，又欲厚三寸，硬如石；下欲深而明，其後開欲如鷂翼，如蛤；有瓏道者，軟。

超逸

馬龍顱突目，平脊大腹，肶頰脂切，股也重有肉，此三事備者，千里馬也。上唇急而方，口中紅而有光，此千里馬也。牙去齒一寸者，四百里；牙劒鋒者，千里。目中縷貫瞳子者，五百里；上下徹或雙瞳人者，千里。蘭孔中有筋及長毛者，五百里蘭孔者，眼下虚處是也；目中五采尽具，五百里。耳三寸者，三百里；一寸者，千里；耳方者，千里；如削筒者，七百里；耳本生角，長一二寸，千里。羊鬚中生距，如鷄者，五百里。腹下陰前，兩邊生逆毛，入腹帶者，千里；一尺者，五百里。雙脚脛停者，六百里迴毛生踠膝者是也；馬生墮地無毛者，千里。溺過前足者，五百里；溺舉一足如大者，千里。膺下欲廣一尺以上，名曰挾尺，能久走。脇肋從後数得十者，良；十一者，二百里；十二者，千里；十三者，天馬。腹下平滿，直肉方，股薄而博，肘腋開，皆善走。

壽夭

馬目中五采具，及眼箱下有字形者，壽九十。鼻上紋如王公，壽五十；如火，四十；如天，三十；如山如水，二十；如木，十八；如四，八；如宅，七。旋毛在眼箱上，四十；在值箱骨中，三十；在值中箱下，十八。口中見紅白光如穴中着火，老壽；若黑不鮮明，盤不通明，不壽。

又《旋毛論》 灰毛物之類衆矣，其引重致遠，堪託死生者，獨馬為可稱，故其行地無疆，聖人所以取象於坤也。然其種数亦多矣，是以此撥之別有八，曰：紅耳、鴛鴦、桃花、丁香、青紫、騮騟是也；青之別有二，曰：純青、護蘭是也；白之有一，曰純白是也；烏之別有六，曰：純烏、鈞星、歷面、白脚、絲鬃、護蘭是也；驄之別十有一，曰白驄、鈞星、歷面、白脚、烏青、花黄、荏鐵、護蘭是也；赭白之別有五，曰：純赭白、鈞星、歷面、白脚、護蘭是也；騮之別有八，曰：枣騮、金口、燕子、黄黑、钓星、歷面、白脚足也；騧綃之別有六，曰：純騧、紫膊、鈞星、歷面、白肫、護蘭是也；駱之別有五，曰：純駱、鈞星、歷面、白脚、護蘭是也；騅之別有五，曰：純騅、鈞星、歷面、白脚、護蘭是也；騟立別有八，曰：青騟、赤、紫、黄鈞星、歷面、白脚、護蘭是也；駮鵵之別有六，曰：駁馱鵵、騟、騮、紫、赤、白是也；驃之別有七，曰：赤驃、銀鬃、黄、鈞星、歷面、白脚、護蘭是也；駮之別有三，曰：純駮、起云、銀厘是也、由此梘之，其種数之多如此；其間質之駑駿，性之善惡，與夫巳色之純雜，固亦不同，不可以一槩而論也。如其旋毛之生，或在其左，或在其右，或在其前，或在其後，而命之以名，因其名而遂冇古凶之説。大抵相馬之法，當以形骨為先，旋毛排其一端耳。且馬之有旋，未必果為凶也；而畜之者，事或不祥，則婦咎於馬，以謂馬致然也，豈理也哉！昔人固嘗有議其居処者，而曰人凶非宅凶，玆誠通達之論也。苟能明乎此，則不護於馬矣。今故昼其形惕及旋毛於古，後之博物治聞者，宜有辨馬。

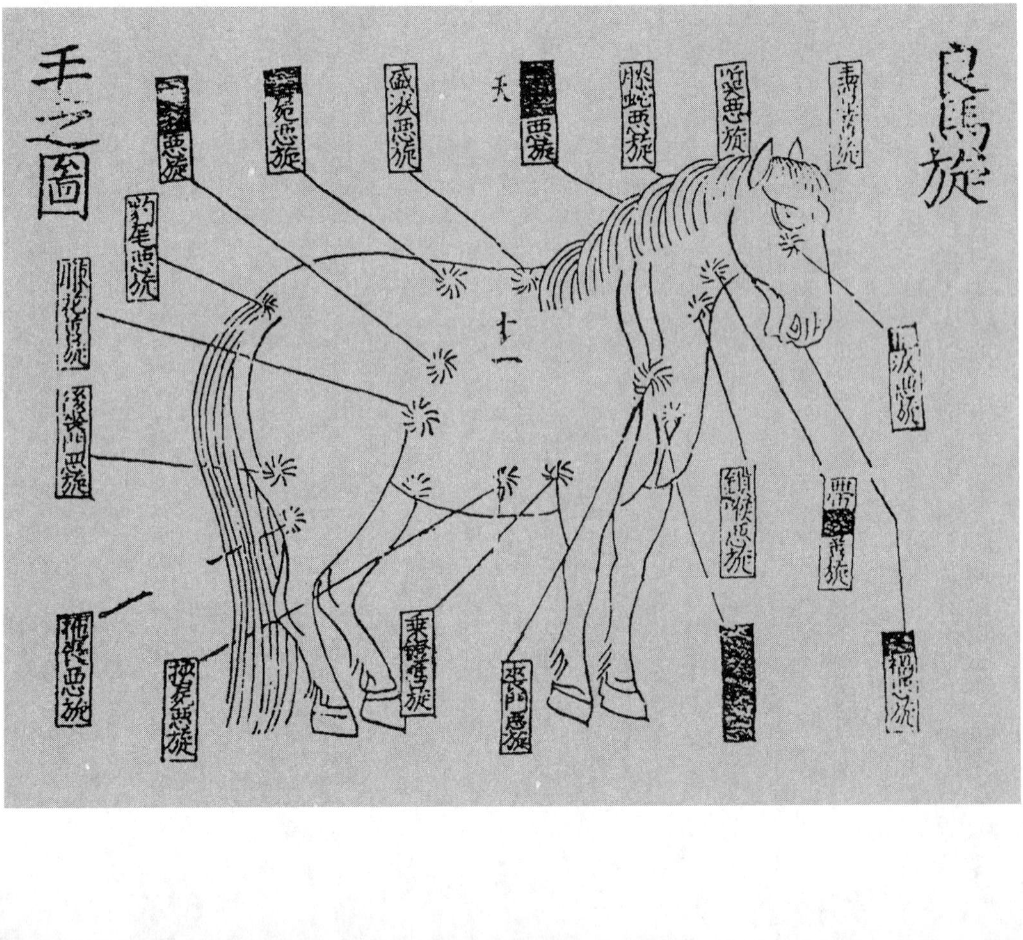

宋 許洞《虎鈐經》卷一〇《相馬統論》 夫馬之所生無毛者，能行千里。先舉一足者，行五百里。但數其筋得十，即凡馬也。十一、十二者，五百。十三者，千里。過十三者，天馬也。一作枝毛起腕上者，六百里。腹脊上下平者，百里。五項圓者，五百里。眼中如童兒並坐者，二百里。腹下有黃筋者，五百里。耳根下生角長一寸者，三百里。二寸者，五百里。三寸者，一千里。尿射過前脚者，五百里。項如渴烏者，一千里。如初生而七日不能行，才行便能飲水者，千里之駒也。放尿舉足者亦然。一作前腹下毛逆生者同。芝蘭孔中有毛長一寸，此駑馬也。鼻中金字者金一作人十八歲，四字者八歲，八字者四歲，鼻上赤者二十歲，鼻上青者三十歲，鼻上如有公王字者二十五歲，眼圓有旋毛者三十歲。目下不滿而白精多者，此多驚也。目白不深，脣不覆齒，口小又淺，不健食。齒參差不相當，難馭。齒欲得上鈎者好也。凡馬頭如欲側摶，耳欲得厚小，左耳却，害主；右耳却，不入陣。眼圓欲得滿睛，弩肉滿身，額前錐毛欲得濃盛，鼻欲得大，脣欲得緩，上脣欲得下中，口欲得紅，幷方，大舌欲得一作如懸鈎，面欲藏骨脽欲寬，胸欲廣雙肋欲得分明，蹄欲得厚，膝欲得開，腹欲得垂，陰欲得小，肚欲得方，脽肉垂足，足後欲得無毛，尾欲得毛散，尾核欲得長齊於梁骨，尾林欲得麤，汗溝欲得深，膊際橫文欲得分明，脊欲得平，身欲得短，毛欲得細而突一作笑，如是者馬之要相也。

明 王鳴鶴《登壇必究》卷一八《相馬論》 脇欲潤，臆欲平，項欲似雞鳴。食槽欲寬，下唇欲圓。口又欲深，上唇欲方。鼻欲寬大，面如剝兔。眼光有肉，無則傷人。眼如垂鈴，腦骨欲圓，耳如削筒顏，骨欲圓，項長彎細，鬃欲茸細，背欲高，排鞍欲厚，脊梁欲平，腰要短促，硯骨欲平，肋扇骨密，後看似狗蹲。腹欲平，尾欲端，汗湘欲深，尾骨欲短，外腎欲小，腿似琵琶，尾欲茸細，後脚欲細，曲池欲深。鹿節欲曲，節欲近，後蹄欲大。筋骨欲麄，節欲近，堂骨欲高。脚大而實，脛定骨細。蹄欲圓，脚欲直，膝欲圓，鐙肉欲厚。

明 顧煜《射書》卷三《相馬總論》 夫馬之初生無毛者，能行千里。【中闕】里，但數其助，得十，即凡馬也；十【中闕】三者，千里；過十三者，天馬也。【中闕】脊上下平者，五百里；項圓者【中闕】坐者，二百里。腹下有橫筋者，【中闕】一寸者，百里。一寸，者【中闕】如鳴【中闕】千里駒也。放尿舉足者，善走。【中闕】毛逆【中闕】亦然足蘭孔中有毛長一寸者，駑馬也。鼻中人字者，十八歲；四字者，八歲；八字者，四歲；鼻上赤者，二十歲；鼻上青者，三十歲；鼻上有公王字者，二十五歲；眼圓有旋毛者，三十歲。日下不滿而白睛多者，膽小多驚。目白不深，唇不覆，口又淺，不健食。齒參差不相當，皆駑馬也。凡馬，頭欲高峻，面欲見骨，瘦而少肉，耳小則肝小，而識人意，鼻大則肺大，而能奔走。眼大則心大，而猛利。膁小則脾小，而易養。三山平四蹄實者，能任重。面欲側剥，腦欲圓，食槽欲寬，頷下欲深，耳如削竹，欲厚而小，左耳却，害主；右耳却，不入陣額。前錐毛欲濃盛，眼欲滿，而澤眼下有肉，上唇欲急而方，下唇欲緩而圓，口中欲方，大紅而有光，舌如懸鈎，牙欲前向，去齒一寸如劍鋒，頰骨欲圓，鼻欲寬大，水火分明，鬐高臆平，鬃薄茸細，項長彎曲，脊梁骨平，梁骨欲粗，胸堂欲開，身欲短，腹欲垂，欲方而充，腹下欲平滿，腎欲小，股欲厚而緩，肘腋欲開，節欲細，近脛細，筋粗，乘鐙肉厚，接脊骨短而平，膝本欲起，膝骨欲圓欲方，而高肋扇欲密而曲，肚下逆毛硯骨平坦，掌骨高細脽肉垂，足曲池欲深而長足，後欲無毛，前脚欲直，後脚欲細欲曲而開，前蹄欲圓，後蹄欲蹲，蹄厚三寸，堅如石。尾骨欲遊，尾欲毛散，尾根欲長齊如梁，骨尾端如帚，膊際横紋欲分明，毛欲細而實，前看似鷄鳴，後看似犬蹲，體無旋毛，遠看大，近看小者，良。此相馬之要也。

（嘉靖）《蘄州志》卷二《毛類・馬》 李伯樂《相馬經》：馬生，下墮地，無毛，行千里。尿舉一脚，行百里。闌筋竪者，千里。馬膝如團麴，千里。馬一歲、上下齒二十，四歲、齒黃，三十三歲、齒白。馬頭爲王，欲得方。目爲丞相，欲得明。春爲將軍，欲得强。腹爲城郭，欲得張。四下爲令。欲得長。眼欲得高匡，眼睛欲得如懸鈴、紫艷，大眼下懸蚕、懸鑿欲得成。鼻孔欲得大，鼻頭欲得有王、火字，口中欲得赤。膝骨欲圓而張。耳欲相近而竪，小而厚。伏龍骨欲得長。雙趺欲得大而突。蹄欲厚。腹下欲得平，有八字。尾骨欲得高而垂。凡相馬之法，先除三羸五駑，乃相其餘。大頭一羸也，弱脊大腹二羸也，小脛大蹄三羸也。大腹緩耳一駑也，長頸不折二駑也，短上長下三駑也，大骼短脅四駑也，淺髖薄髀五駑也。

綜述

北魏 賈思勰《齊民要術》卷六《養牛、馬、驢、騾》 凡相馬之法，先除『三羸』、『五駑』，乃相其餘。大頭小頸，一羸；弱脊大腹，二羸；小脛大蹄，三羸。大頭緩耳，一駑；長頸不折，二駑；短上長下，三駑；大骼枯價切短脅，四駑；淺髖薄髀，五駑。

騮馬、驪肩，鹿毛馬、驒駱馬，皆善馬也。

馬生墮地無毛，行千裏。溺舉一腳，行五百里。

相馬五藏法：肝欲得小；耳小則肝小，肝小則識人意。肺欲得大；鼻大則肺大，肺大則能奔。心欲得大；目大則心大，心大則猛利不驚，目四滿則朝暮健。腎欲得小。腸欲得厚且長，腸厚則腹下廣方而平。脾欲得小；膁腹小則脾小，脾小則易養。

望之大，就之小，筋馬也；望之小，就之大，肉馬也：皆可乘致。致瘦欲得見其肉，謂前肩守肉。致肥欲得見其骨。骨謂頭顱。

馬，龍顱突目，平脊大腹，胜重有肉：此三事備者，亦千里馬也。

『水火』欲得分，『水火』，在鼻兩孔間也。上唇欲急而方，口中欲得紅而有光：此馬千裏。馬，上齒欲鉤，鉤則壽；下齒欲鋸，鋸則怒。頷下欲深。下唇欲緩。牙欲去齒一寸，則四百里；牙劍鋒，則千裏。『嗣骨』欲廉如織杼而闊，又欲長。頰下側小骨是。目欲滿而澤；眶欲小，上欲弓曲，下欲直。『素中』欲廉而張。『鼻素』孔上。

『陰中』欲得平。股下。『主人』欲小。股裏上近前也。『陽裏』欲高，則怒。股中上近『主人』。

額欲方而平。『八肉』欲大而明。耳下。『玄中』欲深。耳下近牙。耳欲小而銳如削筒，相去欲促。欲戴；中骨高三寸。中骨也。『易骨』欲直。眼下直下骨也。頰欲開，尺長。

膺下欲廣一赤以上，名曰『挾』一作扶，尺能久走。『鞅』欲方。頰前。喉欲曲而深。胸欲直而出。髀間前向。『凫』間欲開，望視之如雙凫。頸骨欲大，肉次之。髻欲桎而厚且折；『季毛』欲長多覆，肝肺無病。發後毛是也。

背欲短而方，脊欲大而抗。脢筋欲大，夾脊筋也。『飛凫』見者怒。膂後筋也。

『三府』欲齊。兩髂及中骨也。尻欲頹而方。尾欲減，本欲大。

脅肋欲大而窪，名曰『上渠』，能久走。

『龍翅』欲廣而長。『升肉』欲大而明。髀外肉也。『輔肉』欲大而明。前腳下肉。

腹欲充，腔欲小。腔，膁。『季肋』欲張。短肋。

『懸薄』欲厚而緩。腳脛。『虎口』欲開。股內。

腹下欲平滿，善走，名曰『下渠』，日三百里。

『陽肉』欲上而高起。髀外近前。髀欲廣厚。『汗溝』欲深明。『直肉』欲方，能久走。髀後肉也。『輸一作翰鼠』欲方。『直肉』下也。『肭肉』欲急。髀裏也。『間筋』欲急短而減，善細走。『輸鼠』下筋。

『機骨』欲舉，上曲如懸匡。馬頭欲高。

『距骨』欲出前。『間骨』欲出。前後目。外凫，臨蹄骨也。『附蟬』欲大。前後目『夜眼』。

股欲薄而博，善能走。後髀前骨。

臂欲長，而膝本欲起，有力。前腳膝上向前。肘腋欲開，能走。膝欲方而庳。髀骨欲短。兩肩骨欲深，名曰『前渠』，怒。

蹄欲厚三寸，硬如石，下欲深而明，其後開如鷂翼，能久走。

相馬從頭始：

頭欲得高峻，如削成。頭欲重，宜少肉，如剝兔頭。『壽骨』欲得大，如綿絮苞圭石。『壽骨』者，發所生處也。白從額上入口，名『俞膺』，一名『的顱』，奴乘客死，主乘棄市，大凶馬也。

馬眼欲得高，眶欲得端正，骨欲得成三角，睛欲得如懸鈴、紫豔光。目不四滿，下唇急，不愛人；又淺，不健食。目中縷貫瞳子者，五百里；下上徹者，千裏。睫亂者傷人。目小而多白，畏驚。瞳子前後肉不滿，皆兇惡。若旋毛眼眶上，壽四十年；值眶骨中，三十年；值中眶下，十八年；在目下者，不借。睛卻轉後白不見者，喜旋而不前。目睛欲得黃，目欲大而光，目皮欲得厚。目上白中有橫筋，五百里；上下徹者千裏。目中白縷者，老馬子。目赤，睫亂，齧人。反睫者，善奔，傷人。目下有横毛，不利人。目中有『火』字者，壽四十年。目偏長一寸，三百里。目欲長大。旋毛在目下，名曰『承泣』，不利人。目中五采盡具，五百里，壽九十年。良，多赤，血氣也；駑，多青，肝氣也；走，多黄，腸氣也；材知，多白，骨氣也；材，多黑，腎氣也。駑，用策乃使也。白馬黑目，不利人。目多白，卻視有態，畏物喜驚。

馬耳欲得相近而前豎，小而厚。一寸，三百里；三寸，千裏。耳欲得小而前竦。耳欲得短，殺者良，植者駑，小而長者亦駑。耳欲得小而促，狀如斬竹筒。耳方者千裏；如斬筒，七百里；如雞距者，五百里。

鼻孔欲得大。鼻頭文如『王』、『火』字，欲得明。鼻上文如『王』、『公』，五十歲；如『火』，四十歲；如『天』，三十歲；如『小』，二十歲；如『今』，十八歲；如『四』，八歲；如『宅』，七歲。鼻如『水』文，二十歲。鼻欲得廣而方。

脣不覆齒，少食。上脣欲得急，下脣欲得緩；上脣欲得方，下脣欲得厚而多理，故曰：『脣如板鞮，御者啼。』黄馬白喙，不利人。

口中色欲得紅白如火光，為善材，多氣，良且壽。即黑不鮮明，上盤不通明，為惡材，少氣，不壽。一曰：相馬氣：發口中，欲見紅白色，如穴中看火，此皆老壽。一曰：口欲正赤，上理文欲使通直，勿令斷錯；口中青者，三十歲；如虹腹下，皆不盡壽，駒齒死矣。口吻欲得長。口中色欲得鮮好。旋毛在吻後為『銜禍』，不利人。『刺芻』欲竟骨端。『刺芻』者，齒間肉。

齒，左右蹉不相當，難禦。齒不周密，不久疾；不滿不厚，不能久走。一歲，上下生乳齒各二；二歲，上下生齒各四；三歲，上下生齒各六。四歲，上下生成齒二；成齒，皆背三入四方生也。五歲，上下著成齒四；六歲，上下著成齒六。兩廂黄，生區，受麻子也。

七歲，上下齒兩邊黄，各缺區，平受米；八歲，上下盡區如一，受麥。九歲，下中央兩齒臼，受米；十歲，下中央四齒臼；十一歲，下六齒盡臼。十二歲，下中央兩齒平；十三歲，下中央四齒平；十四歲，下中央六齒平。十五歲，上中央兩齒臼；十六歲，上中央四齒臼；若看上齒，依下齒次第看。十七歲，上中央六齒皆臼。

十八歲，上中央兩齒平；十九歲，上中央四齒平；二十歲，上下中央六齒平。

二十一歲，下中央兩齒黄；二十二歲，下中央四齒黄；二十三歲，下中央六齒盡黄。

二十四歲，上中央二齒黄；二十五歲，上中央四齒黄；二十六歲，上中齒盡黄。

二十七歲，下中二齒白；二十八歲，下中四齒白；二十九歲，下中盡白。三十歲，上中央二齒白；三十一歲，上中央四齒白；三十二歲，上中盡白。

頸欲得而長，頸欲得重。頷欲折。胸欲出，臆欲廣。頸項欲厚而強。回毛在頸，不利人。白馬黑髦，不利人。

肩肉欲寧。寧者，卻也。『雙鳧』欲大而上。『雙鳧』，胸兩邊肉如鳧。脊背欲得平而廣，能負重；背欲得平而方。鞍下有回毛，名『負屍』，不利人。

從後數其脅肋，得十者良。凡馬：十一者，二百里；十二者，千裏；過十三者，天馬，萬乃有一耳。一云：十三肋五百里，十五肋千裏也。

腋下有回毛，名曰『挾屍』，不利人。左脅有白毛直上，名曰『帶刀』，不利人。

腹下欲平，有『八』字；腹下毛，欲前向。腹欲大而垂結，脈欲多；『大道筋』欲大而直。『大道筋』，從腋下抵股者是。腹下陰前，兩邊生逆毛入腹帶者，行千裏；一尺者，五百里。

『三封』欲得齊如一。『三封』者，即尻上三骨也。尾骨欲高而垂；尾本欲大，欲高；尾下欲無毛。『汗溝』欲得深。尻欲多肉。莖欲得粗大。

蹄欲得厚而大。踠欲得細而促。

髂骨欲得大而長。

尾本欲大而強。

膝骨欲圓而張，大如杯盂。

『溝』，上通尾本者，蹹殺人。

馬有『雙腳脛亭』，行六百里。回毛起踠膝是也。

胜欲得圓而厚，裏肉生焉。

後腳欲曲而立。

臂欲大而短。

骸欲小而長。

踠欲促而大，其間才容靳。

『烏頭』欲高。『烏頭』，後足外節。後足『輔骨』欲大。『輔足骨』者，後足骸之後骨。

後左右足白，不利人。白馬四足黑，不利人。黄馬白喙，不利人。後左右足白，殺婦。

相馬視其四蹄：後兩足白，老馬子；前兩足白，駒馬子。白毛者，老馬也。四蹄欲厚且大。四蹄顛倒若豎履，奴乘客死，主乘棄市，不可畜。

唐 李筌《太白陰經》卷三《相馬篇》 經曰：相馬之法，先相其耳。耳若撥竹，人眼鳥目，麞脊、麟腹、虎胸，其尾若垂帶。次相頭骨。積角成就，前看後看側看，但是骨側狹見、皮薄露鼻，衡柱則高，低額欲伏、立蹄如衆、行止循走、喘息均細，擎頭若鷹、龍頭高舉而遠望、深視而遠聽。前看若雞鳴、後看若踈此字訛局、立如獅子、避兵萬里。鼻中欲得受人拳、名曰太倉。太倉寬易飼。胸臆欲闊，胸前三臺骨欲起，分段分明。鬛欲高，頭欲方，目欲大而光，脊欲强壯有力，腹脇欲張，四下欲長。耳欲緊小，小卽耐勞。目大膽大，膽大則不驚。鼻欲大，鼻大則肺大，肺大則能走。賺欲小，小則易飼。肋欲得密，口欲上尖下方。舌欲薄長，赤色如朱。齒欲齶瓣分明，牙欲去齒二寸。腹下欲廣且平方。牙欲白，則長壽。望之大，就之小，筋馬也。前視見目，傍視見腹，後視見肉，駿馬也。齒欲齊密，上下相當，上唇欲急而方，下唇欲緩而厚，口欲紅而有光，如穴中看火，千里馬也。臆間欲廣一尺以上，能久走。頭欲高如剝兔，龍顱、突目、平脊、大腹、脞肉多者，行千里。眼中紫縷貫瞳子者，五百里上下；徹者千里。凡馬不問大小肥瘦，數肋有十二、十三者，四百里；十四、十五者，五百里。旋毛起腕膝上者，六百里；腹脊上者，五百里。項輳大者，三百里。目中有童人，如並立並坐者，千里。羊鬚中生距如雞者，五百里。耳本下角長一二寸者，千里。頭如渴鳥者，千里。馬初生無毛，七日方能，行者千里。尿過前蹄一寸者，五百里。尿舉一足大者，千里。腹下逆生毛者，千里。蘭孔中腴口有觔皮及毛者，五百里。凡馬，後兩足白者，老馬駒。前兩足白者，小馬駒也。馬有五勞：卸鞍不振者，骨勞。振而不起者，觔勞。起而不振者，皮勞。振而不噴者，氣勞。噴而不尿者，血勞。骨勞：絆絆，卻行三十步，瘥。皮勞：以手摩兩鞍下，汗出，瘥。氣勞：長繮牽行，得尿，瘥。血勞：高繫勿令頭低而食，瘥。馬口：春，青色；夏，赤色；秋，白色；冬，黑色；死。此名入口病。

《太平廣記》卷四三五《畜獸》

馬

馬、虜中護蘭馬，五白馬也，亦曰玉面。譓眞馬，十三歲馬也。以十三歲已下，可以留種。馬八尺，戎馬八尺，田馬七尺，駑馬六尺。瓜州飼馬以蘩草，沙州以茨萁，凉州以勃突渾，蜀以稗草。以蘿蔔根飼馬，馬肥。安北飼馬以沙蓬狼針。

又 馬四歲兩齒，至二十歲，齒盡平。體名有輪鼠外凫、烏頭龍、翅虎口。猪槽飼馬，石灰泥槽，汗而繫門，三事落駒。廻毛在頸，白馬黑馬，鞍下腋下廻毛。在脇白毛，左右後足白，白馬四足黑，目下橫毛，黄馬白喙，旋毛在吻，後汗溝上通尾，本目赤睫亂及反睫，白馬黑目，目白却視，並不可騎。夜眼名附蟬，戶肝名縣熢，亦曰雞舌。綠秩方言，以地黄甘草噉，五十歲生三駒。

宋 曾慥《類説》卷三八《相馬經·伯樂相馬》 王良問伯樂曰：『相馬可得聞乎？』答曰：『馬頭為正欲方，目為承欲明，脊為將軍欲强，腹為城郭欲張，四下為令欲長，汗溝欲深，耳欲小如斬竹，口中色如日，月光者，行千里。口中有黑者，曰銜烏，短壽，白額，入口名栒鴈，一名的盧。』

明 王罃《群書類編故事》卷二四《九方皋相馬》 秦穆公謂伯樂曰：『子之年長矣，子姓有可使求馬？』伯樂對曰：『良馬可以形容筋骨相也。天下之馬，若亡若没，若亡若失。臣之子皆下材也，臣有所與九方皋，淮南子作九方聖，其相馬，非臣之比也。』穆公見之，使行求馬。三月而反報曰：『已得之，於沙邱。』穆公曰：『何馬？』對曰：『牝而黄。』使人往取之，牡而驪。公不悦。謂伯樂曰：『敗矣，子之所求馬者，色物牝牡弗能知，又何馬之能知也？』伯樂曰：『若皐之所觀，天機也。得其精而忘其麁，在其內而忘其外。』馬至，果天下之良馬也。《列子》

明 楊慎《升庵集》卷八一《相馬經》 伯樂《相馬經》，有『隆顙趺目，蹄如累麴』之語，其子執馬經以求馬，出見大蟾蜍，謂其父曰：『得一馬略與相同，但蹄不如累麴爾。』伯樂知其子之愚，但轉怒為笑曰：『此馬好跳，不堪御也。』所謂按圖索駿也。韓文公詩：『飛黄騰踏去，不復顧蟾蜍。』亦影略用此事。

清 來集之《倘湖樵書》卷七《相馬》 相馬之法，載于《馬經》。其骨骼、毛色、面目、身蹄、禀受不同，良駑亦異此，自有專門能辨之矣。而九方皐之于馬，得之于牝牡驪黄之外，古人有云：『相馬失之瘦。』僧支公亦云：『吾賞其神駿。』然則相馬固自有别法耶！《水東日記》云：邊塞試馬，凡駒生百餘日後，以騍馬置山巔，群駒見母，奔躍而上，一氣及山巔者，上也；息而後能至者，次之；再息而後至者，則又次矣。《國事類記》云：太僕寺丞十二員分管北直隸、山東、河南地方，每歲其納馬二萬疋，馬毛秘毨而齒少者，是老馬所產；馬眼光照人見全身者，其齒最少照半身者，滿十歲。所照漸短，其齒愈大。識馬有病與無病，取其毛附手掌中，相粘者為無病，少粘者則有病。《文獻通考》云：漢武帝時，善相馬者東門京，鑄作銅馬法獻之，有詔立馬于魯班門外，則更名魯班門，曰金馬門。臣謹依儀氏輢，中帛氏口齒，謝氏唇鬐，丁氏身中，備此數家骨相，以為法。馬高三尺五寸，圍四尺五寸，有詔置于宣德殿下，以為名馬式焉。《馬援傳·銅馬相法》曰：水火欲分明。水火在鼻孔兩間也。上唇欲急而方，口中欲紅而有光，此馬千里。頷下欲深，下唇欲緩，牙欲前向，去齒一寸，則四百里；牙劍鋒，則千里。目欲滿而澤，腹欲充，膁欲小，季肋欲長，垂薄欲厚而緩。垂薄，股也。腹下欲平滿，汗溝欲深長，而膝本欲起，肘腋欲開，膝欲方，蹄欲厚三寸，堅如石。古之龍馬，旋毛合天地之數五十有五，白圈皆陽。左旋圈微黑，皆陰；右旋上而向下，下而向上，左而右，右而左，上下左右，黑白順逆，一一分明，所以成數順也。在下在右者，屬陰；向上向左者，陰逆也。逆者陰順之謂，非違逆也。變化，此古之龍馬為靈物也。他馬則不然，他馬亦有旋毛，如上下左右向之，順者為善，其反背横差，皆惡也。旋毛在上在左者，為陽；向下向右者，陽凡旋毛自上向下，下向上，左向右，右向左者，為善；旋上不向下，下不向上，左不向右，右不向左，又或左右縱而向上向下，上下横而向左向右，参差不一，為惡旋。惡旋粗逆，易見善旋。若滅若没，若亡若失也。凡馬，初生無毛者，良；骨角雙生者，良；體無旋毛，遠看大，近看小者，良；旋毛細膩温鮮者，良。邊外畜馬之法：凡馬至秋高則甚肥，于此而急馳驟，不三舍而馬斃矣，以其臕未實也。必擇其尤良者，加以控馬之方。每日步馬二三十里，俟其微汗，則縶其前足，不令之跳踏躑躅。促其銜轡，不令之飲水齕草。每日午後控之至晚，或曉控之至黎明，始散之牧場中，至次日又復如是。控之至三五日或八九日，則馬之脂膏皆凝聚于脊，其腹小而堅，其臂大而實，向之青草虚臕，至此皆堅實凝聚，即盡力奔走而氣不喘。即經陣七八日，不足水草而力不竭。若邊内人不知控馬之方，往往乘肥馬以涉遠道，則馬之死者十而九矣。故馬不在肥，在肥而實，相馬以肥，則駃驥不御，有以也。珍珠船云：《相馬經》目成人者，行千里註視，童子中人頭足皆見。書蕉云：《相馬經》言，馬生，下墮地、無毛，行千里。尿舉一脚，行五百。蘭筋豎者，千里。馬膝如圍麴，千里。馬一歲，上下齒二十；四歲，齒黄；三十二歲，齒落不復出。《齊民要術》云：相馬不藏法：肝欲得小，耳小則肝小，肝小識人意。肺欲得大，鼻大則肺大，肺大則能奔。心欲得大，目大則心大，心大則猛利不驚，目四滿則朝暮健。腎欲得小，腸欲得厚且長，腸厚則腹下廣方而平。脾欲得小，膁腹小則脾小，脾小則易養。望之大，就之小，筋馬也；望之小，就之大，肉馬也，皆可乘。致瘦欲得見其肉謂前肩守肉，致肥欲得見其骨骨謂頭顱，從後數其脇肋得十者，良；凡助十一者，二百里；十二者，千里；過十三者，天馬萬刀。有一耳一云：十三肋，五百里；十五肋，千里也。《蒙邊備錄》云：塞外地豊水草，宜羊馬。其馬初生一二年，即于草地苦騎而教之，却養三年，而後再乘騎。故教其初是以不蹄齧也。千馬為群，寂無嘶鳴，下馬不用控縶，亦不走逸，性甚良善。日間未嘗芻秣，惟至夜方始牧放之，隨其草之青枯野牧之，至曉搭鞍乘騎，並未始與豆粟之類。凡出師人有數馬，日輪一騎乘之，故馬不困弊。《纂要》云：相馬法：馬頭為王欲得方，目為丞相欲得明，脊為將軍欲得强，腹為城郭欲得張，四下為令欲得長，眼欲得高匡，鼻孔欲得大，鼻頭有王火字，口中欲得赤色，膝骨欲得圓而長，耳欲從相近而前豎，小而厚。先除三羸五駑，乃相其餘。大頭小頸一羸，弱脊大腹二羸，小頭大蹄三羸。五駑者：大頭緩耳一駑，長頸不折一駑，上短下長三駑，大胳短脅四駑，淺髖薄髀為五駑。《呂覽》：古之善相馬者，寒風是相口齒，麻朝相頰，子女厲相目，衛忘相目衛忌相髭，許鄙相尻，投伐褐相胸脅，管青相臏肋，陳悲相股脚，秦牙相前，贊君相後。凡此十人者，皆天下之良工也。其所以相馬者不同，見馬之一徵也，而知節之高卑，足之滑易，材之堅脆，能之長短。《集異記》：寧王方宴賓客，鬻馬牙儈神奴請呈二馬，寧王即于中堂閱試，座客視之不相上下。寧王問神奴曰：『其價幾何？』牙人先指曰：『此一千緡。』次指曰：『此五百緡。』寧王欣然如言付錢，賓客莫測其價之懸殊，即令鞭轡馳驅往復數回，笑謂座客曰：『辨其優劣否？』皆曰：『不知。』寧王乃顧千緡者曰：『此馬緩急，百回蹄下不起纖塵。』復顧五百緡者曰：『此馬往來十過，足下頗生塵埃。以此等第其價之高下焉。」

明 宋詡《竹嶼山房雜部》卷一二《畜獸法》 馬八尺以上為龍，七尺以上為騋，六尺為馬，良曰天馬，曰驥，曰駿鈍，曰駑駘，曰欵段。騋力才切，駑乃乎切，駘大來切。

《相馬訣》云：三十二相眼為先，次觀頭面要方圓。眼似垂鈴鮮紫色，滿腔凸出不驚然。白縷貫瞳行五百，斑如撒荳不同看。面顱倒擊如鎌背，鼻如金盞可藏拳。口又須深牙齒遠，舌如垂劍色如蓮。口無黑靨須長命，脣似垂箱蓋一般。食槽寬濶脰無肉，咽要平分筋有蘭。耳如楊葉刀批竹，燕骨高兮髀不堅。八肉分弓彎左右，龍會高兮上古傳。項長如鳳須彎曲，鬃毛茸細要如綿。鬐長髆濶槍風小，臆高胷濶脚前寬。膝要高兮圓似掬，骨細筋麤節要攢。蹄要圓實須卓立，身中充濶要平安。肋骨彎弓須緊密，排鞍肉厚穩金鞍。三峰壓壓須藏骨，卧如猿落重如山。鶻鼻申直須停穩，尾似流星散不連。膂筋大小須勻壯，下節攢筋緊一錢。半髭有距如雞距，能奔急走日行千。以上貴相三十二，萬中難選一俱全。祖李伯樂《相馬經》、《相馬旋歌》云：項上雖生旋，有之不用，誇還緣不利長，所以號騰蛇。後有喪門旋，前賺有挾屍，勸君不用，畜無事也，須疑生額，并銜禍非常害長，多古人如是說，此事不虛。歌帶劍渾，閙事喪門，不可當的，盧如入口，有福也須防黑色耳全白，從來號孝，頭假饒千里，足亦勸不須留。背上毛生旋，驢騾亦有之，生當鞍貼下，此者是駝尸銜禍口邊銜，時間禍必逢，古人看是病焉，敢不言凶眼下毛生旋，遥看是淚痕，假饒福也。病無禍亦防侵毛病深，如害妨人不在占，大都如此類。無禍也宜嫌槍耳駝鬃項，雖然毛病殊，若然兼抱尾，有實不如無。

馬畏暑不畏寒，編以皂棧，飼以蒉何，間切荳間，雜以貫衆，抹之使肥充，不瘠音塗病，宜洗澡不宜日晒，常閑之以走法，不騰劣也。易胎駒生時，遂以乾土塵染於其體，遍揉捻之，能馴而不蹄嚙，以銀簪分界，其鬃則兩開。《埤雅》云：馬走逆風。韓鄂《四時纂要》云：常係獼猴於馬坊內，辟惡、消百病，令馬不著疥。元雲南行省言：亦乞不薛之地所牧，國馬歲給鹽，以每月上寅日啖之，則馬俱無病。

清 喻仁《元亨療馬集》卷一《銅馬相法》 相法曰：水火欲分明，水火，在鼻兩孔門。上唇欲急而方，口中欲紅而有光，此馬千里。頷下欲深，下唇欲緩，牙欲前向，牙欲去齒一寸，而四百里；牙劍鋒則千里。目欲滿而澤，腸欲充，膁欲小，季肋欲長，懸薄欲股也，腹下欲平滿，汗溝欲深長而膝本欲起，肘腋欲開，膝欲方，蹄欲厚三寸，堅如石。

藝文

唐 武少儀《相馬賦》《歷代賦彙》卷一三五 徐先生相馬，不相色，不相力，相其德，奥乎不可測。何以徵之？鬣青絲兮風生，眼黃金兮電光。蹄盤攤而散花，毛翕赩而成章。衆人觀之，已駢於路傍，不啻於堵牆。一曰為龍，一曰為鹿，中間何敢乎比方。先生則異於是，忘筌於毛質之外，引鏡於肺腑之裏。見其心兮如思勿思，見其目兮如視非視。虛舟為動，喬木為止。合大道而自然喪一，齊至人而何處有以。若此者，足不以遵地，影不以遂形。騰六合，歕四溟。截飛鳥，遺流星。日車為之不轉，風馭為之中停。二師為之罷貢，伯樂為之焚經。卓然擅天下名，宜乎不爾。直中繩，曲中鉤，徘徊閶闔之遊；圓中規，方中矩，蜿蟺交衢之舞；亦以其次。噫！徐公不至，駑駘共阜於騏驥。徐公一來，騏驥出羣於駑駘。由此觀之，世上賢才，用則虎，否則鼠。何以異哉？小人也，內頌無國馬之賢，遇君有徐公之術。早已棠於一顧，至今長鳴；猶未騁於千里，更思剪拂。超然自得，怳然自失。儻受恩兮果如前，則平生之願畢矣。

唐 佚名《司牧安驥集》卷一《相良馬寶金篇》

三十二相眼為先，次觀頭面要方圓。
相馬不看先代本，一似愚人信口傳。
眼似垂鈴紫色鮮，蒲箱凸出不驚然。
白縷貫睛行五百，班如撒豆勿同看。
面若側墼如鎌背，鼻如金盞可藏拳。
口义湏深牙齒遠，舌如垂劒色如蓮。
口無黑畓須長命，脣似垂箱蓋一般。
食槽寬浄頣無肉，咽失平而筋冇攔。
耳如楊葉裁杉竹，嗍骨高而軟不堅。
八肉分而彎左右，龍會高而上古傳。

項長如鳳須彎曲，鬃毛茸細要如綿。鬐高膊闊搶風小，臆高胸闊脚前寬。要高而囥似搊搠，骨細筋粗節要攢。蹄要圓實須卓立，身形充闡要平寬。肋骨彎而須堅密，排鞍肉厚稳金鞍。三峯壓三湏藏骨，卧如猿落重如山。鵝鼻曲直須停稳，尾似流星散不連。膏筋大小須勻肚，下節攢筋緊一錢。羊鬚有距如鷄距，能奔觧走可行千。已前貴州三十一，萬中難選一俱仝。

宋 曾幾《茶山集》卷一《相馬圖呈杜勉齋左司》 造物出萬類，貴賤伊誰分？圭璋雜瓦礫，世道同疎親。既收大宛種，一掃駑駘羣。乃觀相馬圖，低首先吟呻。千金購死骨，舉國無其真。生死何太晚，鹽車負艱辛。悠悠虞阪道，赤日煎紅塵。行人亦何多，具眼惟孫君。一顧不旋踵，價越連城珍。誰為繪此像，庸示將來人。相馬失之瘦，相士失之貧。于兹有鉅公，數載居沉淪。涵養浩然氣，輪蹄任紛紜。素識太平相，鶚表飛青雲。紫泥日邊下，八座生陽春。攄心握文柄，引年啟賢門。凝睇辨臧否，立志安斯民。他時了經濟，丹青畫麒麟。回顧相馬者，細務何足云。寥寥載千古，二道非同倫。相士今何人，少陵身後身。

宋 鄭思肖《鄭所南詩文集·詩集·伯樂相馬圖》 冀地群中不可留，如龍走地絕無儔。何勞伯樂一相顧，抹過西風數百州。

宋 周密《癸辛雜識·續集》卷上《相馬法》 馬之壯者，眼光炤人見全身，中年者炤人見半身，老者炤人僅見面耳。此鞑靼相馬之法。

金 趙秉文《滏水集》卷三《支遁相馬圖》 支郎天機深，世故一馬中。向来蔬筍氣，寓物一洗空。眼前無騏驥，遠目送歸鴻。僧中有良樂，萬里翕雲風。

元 程鉅夫《雪樓集》卷二六《題九方皋相馬圖後并序》 至元辛卯秋，杭張師道寄余此卷。是歲十月，會安野侍御于洪，臨岐出此，以當贈策，就題廿字。

萬里出市駿，九京誰作歎。多因毛色似，誤殺眼明人。

元 顧瑛《玉山璞稿·題相馬圖》 神駿從來不受羈，僧中只有道林師。若教脚迹踏天下，後代何緣得馬兒。

元 王惲《秋澗集》卷三三《題王武子相馬圖二首》 玉華吹散滿身雲，掣電追風隱駿奔。好尚衹誇毛骨異，不思戎馬在東門。

駑駘安分老青騊，騄駬論才白璧酬。相馬只今誰伯樂，解教駑驥兩垂頭。

又 卷三四《孫陽相馬圖龍眠筆》 昭王墓老秋蕪合，虞坂人歸暮靄蒼。屈産何嘗無駿足，世間能有幾孫陽。

元 許有壬《至正集》卷二五《題錢舜舉相馬圖》 伏波銅式久湮微，轉覺人間具眼稀。更向圖中校形似，真龍元不傍人飛。

元 范梈《王武子相馬圖》《元詩選》初集卷二九 偶然來廐吏，喚作九方皋。毁譽依名立，周旋逐物勞。神馳風電足，眼冷雪霜毛。事有遭逢者，騏驎固自高。

明 顧煜《射書》卷三《相馬寶金歌》 三十二相眼為珍，次觀頭要要停勻。相馬不看先代本，亦似盲人信步行。眼似垂鈴紫色浸，睛如黑豆要分明。白縷貫明行五百，瞳生五彩壽多齡。鼻紋有字須長壽，如大如公四十春。壽旋頂門高過眼，鬃毛茸細萬絲分。面如剥兔顋無肉，鼻如金盞食槽横。耳如楊葉抿一握，項長如鳳似鷄鳴。口乂須深牙齒遠，舌如垂劍色蓮影。口無黑靨須長命，唇似垂厢兩合停。四大三高兼二小，雙長兩短一彎平。瘦見肉而肥見骨，視而不懼聽無驚。八肉彎而分耳後，龍會高而上古聞。牝騮不育偏多驟，騂駿蹄齧善能奔。首鈎項有三峰稳，筋粗骨細四蹄輕。耆高臆廣平彎子，胸寬膊潤小槍風。頭長腰短雙鳧大，腹垂𦠆小逆毛生。踠停寸緊蹄堅實，膝高節近骨筋分。肋骨彎而須緊密，排鞍肉厚稳鞍輪。腎袋小藏如弔殼，袖囊垂大若懸鈴。燕骨隱微三山小，胯似琵琶後犬蹲。尾似流星須散細，鵝鼻曲直汗溝深。骨筋大小須勻壯，身形充闡要寬平。已上骨毛皆是駿，還将駑逸須推尋。腰凹脊弓焉致遠，粗蹄捺踠豈能奔。白首黑身須可忌，銀鬃玉項不須欽。破臉孤蹄眞未吉，耳白腰花實昰凶。流鼻繡項休呼美，沙睛環眼莫高稱。面短肉黄眞可惡，眼深無肉不堪親。槽微口淺多無食，腿粗蹄大實無行。毛殊旋廣休誇貴，寸長踠軟莫稱奇。背直尾高休道美，耳大頭肥不足欽。羊睛象目遥無力，猪膝駝腰遠不奔。龍頭突目天然快，麞頭鹿耳號騅風。孔中筋現非常相，目有重瞳勿視輕。溺而似犬眞難得，耳毫一尺值千金。初産無毛稱龍子，骨角雙生亦號龍。耳微一寸行千里，溺過前足半千程。羊鬚有距馳三百，距如雞爪日千行。已前貴相分明載，仙人留下不虛傳。

明 劉榮嗣《簡齋先生集·詩選》卷二《相馬篇》 相馬驪黃外，結交聲氣先。深閨具異品，相對亦宜然。致高掩其貌，韻勝不倚年。遐心托柔翰，焚香調五絃。蕭然自怡悅，修竹蔭青蓮。耻為千金市，不續紈扇篇。風塵馳逐何擾擾韻士，乃在香奩前一見，自然名利盡，誰其儔之梁伯鸞。

明 慎懋官《華夷花木鳥獸珍玩考》卷一〇《相馬經》 耳欲鋭而小，如削筒。

鳳臆龍鬐言馬胸如鳳，馬鬣如龍，眞良馬也。

明 楊慎《升庵集》卷二三《題夏仲昭竹寄陶良相驤》 大常胸次瀟湘寬，少年愛寫生琅玕。白頭藝苑更入妙，筆法遠追王孟端。兩家名藻雄吳下，品題未覺風流亞。一紙能令百世傳，兩竿不啻雙金價。人言畫竹非畫工，草書結構將無同。誰家高堂名寳繪，徐熙花鳥迷青紅。玉人佳興松江東，寄圖索賦隨長風。遥知把玩清香裏，正是相思明月中。

清 查慎行《敬業堂詩續集》卷二《題潘銘三孝廉相馬圖小照四首》 房星偶然降，地上有騏驎。紛紛皁櫪下，孰是九方歅？杏葉韉未施，桃花色堪愛。君其賞神駿，或在驪黃外。骨有買千金，才誰展萬里？人間高築臺，請自郭隗始。曹霸丹青手，逢人亦寫眞。試看相馬者，此豈尋常人。

清 陳昌圖《南屏山房集》卷一〇《賦得伯樂相馬》 伯樂標真賞，空羣紀美談。在坰姿自異，過野鑒先含。隻眼原能具，千金果不慙。騏驎堪入選，駃段肯教參。逐電材無匹，嘶風氣最酣。蹄看踣鐵四，鬣許剪花三。八駿圖堪索，雙龍種舊諳。負圖呈聖瑞，一顧識騕驃。

清 紀昀《紀文達公遺集·詩集》卷一六《賦得前身相馬九方皋》 得身字 牝牡驪黃外，驊騮相最眞。誰言求駿意，乃在畫梅人。偶寫橫斜影，何勞子細皴。直從無色界，忽現此花身。是豈凡庸手，能傳冷靜神。定知緣夙慧，或竟有前因。妙得離形似，纔容下筆親。華光留舊譜，摹仿已陳陳。

清 陳文述《頤道堂集·外集》卷一〇《謙谷相馬圖》 畫馬如畫龍，相馬如相士。不遇九方甄，誰呼黑龍子？金釵屏後豔，蘭玉膝前嬌。飽吃江南飯，雄心也合消。僧寮聽秋雨，兩鬢蕭蕭也。吹簹過湖陰，我是騎牛者。

清 樊增祥《樊山集》卷二七《伯樂相馬圖》 世間無復九方皋，天下誰知千里馬？畫師作意寫奇逸，不教流汗鹽車下。葛巾練衣神仙人，眼如秋水識別眞。行經冀北一眄睞，頓令槽櫪生風雲。星精下為八尺龍，帝皁豢作九眞麟。憑君擎舉入霄漢，拳毛獅子何足云。得志與君蹴東海，不然水草江南美。放逐難甘沙苑中，圖形合在昭陵裏。畫境依稀逼宋元，尺縑零落遇樊川。玉鈐倘押鷗波字，定易朱門百萬泉。

清 方濬頤《二知軒詩續鈔》卷九《次韻漢卿題相馬圖》 試看蹀躞步蘭皋，引入天閑顧盼豪。八尺昂藏有龍脊，九花旋繞是麟毛。揮鞭足躡嘶風鐙，縱轡腰横切玉刀。底用摩抄辨銅式，金臺獨聳五雲高。

清 顧宗泰《月滿樓詩文集·詩集》卷一一《相馬圖》 滿身雲散五花開，控出星闌上玉臺。不遇九方能鑒別，誰知俶儻是奇才？

又 卷一三《題趙松雪相馬圖》 有元四家誰第一？吳興畫手擅殊絶。見卽看畫馬天機精，拂拂驊騮腕底出。畫驚半壁蒼龍飛，夜怕虛堂雷雨疾。花驄者動色俱愕眙，騕褭嘶風十三匹。兩匹左右奚奴牽，一匹垂首恣飲齕。花驄一匹特昂藏，若向主人邀剪拂。其餘九匹各三隊，隊隊超塵露突兀。伯時過廨馬無全，韓幹入門馬若蹶。此圖用意將毋同，神駿鉤魂落奇筆。吁嗟牝牡都不知，誰知天馬眞滅没。千載獨有九方皋，一空皮相相神骨。王孫慨然若有思，磅礴解衣寫超忽。相者畫者身兼之，貌一景順見彷彿。如此龍媒世豈無，千里桃花汗流血。展圖不厭百回看，奈此權奇眼中物。

清 蔣士銓《忠雅堂文集》卷八《黃鶴溪燡照舍人以相馬圖索題但有馮某一記未見圖也書此以報》 相馬之圖落何處？試玩馮君記圖語。一奚引馬顧其主，主人科頭倚高樹。馬立矯矯樹不如，相者何人城北徐。我聞地用莫如馬，曹霸而來幾圖寫。世無孫陽《相馬經》，不知圖中主人所師，是否西河子輿東門京畫，師身可作馬形，其法可備。儀氏、帛氏及謝丁都護青驄，豈得見鄧公廄，底不須定爲房駟精十二閑中，雄姿柔德漫題品，可憐塗泥驛傳馳者，負者馬足評年來，西師轉戰數萬里，就中汗血之馬千匹萬匹，爭立功與名。天山嘉禾供芻秣，長城海水飲罷還。嘶鳴絶塵滅影奮，奇逸卻顧花前陌。上款段孰重輕，若借相馬之法觀人恐未合，請舉東萊妙議，可以非荀卿、王充辯相頗辭費，此論未許。名爲衡莫使丹青凡手寫，凡骨幾人親到渥洼窟？請君來相大宛所貢，充滿瀠龍廄，方知出羣之物，不在肥與瘦。

清 梁同書《頻羅庵遺集》卷一《題朱某相馬圖》 驊騮凋喪病不肥，

俗馬多肉亦見嗤。馬肥馬瘦兩無準，杜陵之語吾疑之。世間萬事盡如此，何況凡眼顛倒隨。其私卽今苑廐皆駑下，安得渥洼萬匹供驅馳。嗚呼！秦牙管青不世有，有亦掉首空嗟咨。先生真有支遁癖，欲於衆中求權奇。神妙不辨牝與牡，皮相一任喧里兒。豈不知龍鬐鳳臆，乃是紙上語。畫馬相馬聊自怡。

清　林佶《樸學齋詩稿》卷二《題海陵武刺史相馬圖》　海陵使君千里駒，顧影蹀躞遊天衢。竭來借籌典牧芻，户外五馬静不呼。公餘寫作相馬圖，託興詎無支公孤。五花雲錦周身鋪，銜勒不飾神采殊。昂然上駟天閑需，昔年憶與豸斧俱。歷塊振鬣巡皇都，使君繩武念勞劬。以身許國効馳驅，會當騎此擊兔狐。人傳聰馬君家須，頗似西臺府中烏，世世為君充德符。君其攬轡清當途，孫陽一顧空駘駑。

清　劉大紳《寄庵詩文鈔・詩鈔續附》卷五《九方皋相馬》　世上卽有千里馬，無九方皋死櫪下。世上卽有九方皋，無孫伯樂何爲者。我聞當日秦穆公，知人善任霸西戎，豹枝由余不足數，奚與蹇叔天下雄。一朝愛馬如愛士，遐瞻遠矚騏驎空。皋也勤求歷三月，乃得一馬沙邱中。躡雲逐景來自東，惜哉往取人不識。牡驪牡黄論異同，得精遺粗天機在。存亡滅没渾難窮，惟樂知皋皋知馬。不然皮相無成功，嗚呼一馬得失尚。有數人生何處說，知遇千金市骨眞。快哉！天上房星且飛來。

清　錢陳群《香樹齋詩文集・詩集》卷六《題相馬圖》　朝秣荆越禾，暮洗桑乾水。如何絡青絲，不向燕臺市。雄姿逸態自有神，由來愛馬如愛身。生雲硬石不得淬，追風白雪無點塵。材官空費紅羅巾，天戈直指橫門道。萬里功成會須早，安西都護千金裝，一見心驚毛片好。畫馬不畫月，相士不相形。古人稱德不稱力，此馬眞堪托死生。君不見貧廐老段瘦存骨，曾冰幾蹴四蹄裂。亦知惠養未酬恩，春來猶自嘶金埒

清　錢澄之《田間詩文集・詩集》卷二八《題張穆之爲汪周士畫相馬圖歌》　古來高士皆好馬，杜陵有句工摸寫。城隅晚涼看洗時，至今想見清風灑。支公故是學道人，偏愛神駿超凡塵。後代惟傳畫中馬，世上那得眞騏驎。東筦張生擅絶技，尋常落筆皆匠意。爲君畫作袞塵圖，聊寓嘶風萬里志。謝氏寫眞亦有師爲曾波，臣弟子鬚眉顧盼奕神姿。注目草坡看作勢，坐待翻騰乍起時。汪君一生山水福，詩酒弟兄事事足。海內名宿徧知交，每逢顛頓情尤篤。知君好馬如好賢，不向天衢向草間。草間自好龍爲友，一上天衢只等閒。

清　錢大昕《潛研堂集・詩集》卷三《題杜太守甲相馬圖》　世間何者眞驊騮？九方一去誰能求。驪黄牝牡且莫辨，況從骨相論殊尤。杜公夙有王濟癖，皂莢橋頭回玉勒。估畫常懸韓幹圖，吟詩直逼少陵格。東郊風日當清和，平岡沙淺草滿坡。奚奴牽鞚者幾輩，五花汗血高嵬峨。一馬昂首意雄傑，一馬回身工轉折。雙耳晨批隴阪雲，四蹄夜蹴幽并月。掀髯撫掌氣雄哉，徑欲乘此游八垓。天生神物信有待，坐令沙苑成凡材。即今燕南控大郡，紫綬朱轓肘銀印。牧民無改馭朽心，不假鞭笞祇靜鎮。甘棠蔽芾村村栽，行春五馬來山隈。兒童驂篠走相告，使君自有雙龍媒。

清　錢維城《錢文敏公全集》卷三《題蘇參知相馬圖》　蘇公世本名王家，從龍啟土居京華。十三讀書出塞外，突兀已跨流金騧。屬國翩翩二十六，定邊將軍佐帷幄。嗚鑣屢過野狐川，掣電時經射虎谷。卽今黄閣幾經年，昔時鬢髪看漸斑。飛揚意氣尚復爾，獨漉罷舞心茫然。自言部曲陰山北，有牛千頭馬千匹。平生神駿心賞眞，千中選十十選一。月題雪蹄桃花臆，顧盼矜奇自超佚。幾家高價購千金，長安不敢輕騎出。復有三匹俱昂藏，金羈玉勒爭精芒。天閑闞虎不可見闞虎，騮上駟十駿之十，此馬亦足稱騰驤。丁生善畫，今韓幹、丁觀鵬畫院名手，斯圖爲其父所作，曾圖十駿南熏殿，乃翁老筆更紛披。漠漠長風起生絹，坐公磐石臨清津，意外指點如有神。綳頭奴子亦逼肖，一一絢染天機新。浮雲連陣埋風塵，莫對圖畫輕騏驎。沙邱牝牡倘不失，我亦薪菜擔纆人。

清　孫原湘《天真閣集》卷一六《相馬行》　駿馬在骨不在皮，龍種石及騧與驪。道人碧眼洗秋月，眼入馬皮知馬骨。萬馬隨方分作陣，一匹花驄没官印。玉勒金珂不被身，風鬃霧鬣偏神駿。此馬日馳一千里，日盡一石粟，否則不飽力不足，轅下老牛同局促。世無此養馬人，亦無此御馬力，不如放爾平沙任游息，七尺八尺空爾長，金馬門前自有式。

又　卷二一《相馬篇》　物色駿材也　世不逢九方，歎與易子阿。麒麟何以殊駱駝，神龍到眼不能識。雖使貳師將軍其奈何，平原萬騎來西極，照耀隨方分五色。白馬綴金鈴，黄馬銜珠勒，紫騮馬以青絲，飾試以　蝶躞果，下霜蹄高辨以駥，抖擻風前五花備，一馬放曠獨不羈，肉瘦骨立形則疲。牽來階下萬人笑，主人獨賞其權奇，駱越銅鑄金馬式，成法由來拘不得。要除

皮骨察精神，一寸靈心雙眼力，高頭大腹豈不才？六尺七尺非龍媒，天馬不許凡眼猜烏虖。皮相從來混真假，相不在皮豈獨馬。

清 孫枝蔚《溉堂集・前集》卷一《伯樂之子讀相馬經誤蟾蜍爲馬感而咏之》 馬有善跳者，其名曰蟾蜍癡絶。伯樂兒索駿但按圖，國家求賢才成法，乃相拘何異相馬經，讀者轉益愚。

清 譚瑩《樂志堂詩集》卷二《相馬圖爲楊桂山都轉題》 王良伯樂生何遲，蹇馬款段黄金羈。驊騮緑耳矜雄姿，低頭中坂同驅馳。意氣俊逸非昔時，駿尾焦秃羣相欺。俯噴仰鳴當告誰，我公善相云誰師，穢雜駑輩占權奇。驪黄牝牡安知之，槽棧芻秣情獨私。翦刷湯沐人猶疑，有日執靮方教騎。瞬息萬里無不宜，流珠噴玉風能追。都忘憑高復履危，延首擢足嫺容儀。不然錫貢登赤墀，迴立閶闔天風吹。竦躍驚矯如奔螭，圉人太僕争相窺。前有屬車後鸞旗，規行矩步安可隨。超光趣景旋復遺，此馬久服鹽車羸。相賞風塵端在斯，畜同凡馬休鞭笞。蹇跂唐突非瑕疵，按圖索驥古所嗤。伏波銅式猶相皮，鼓車名馬今昌期。千金朽骨聞聲思，此圖無亦同廋辭。嗚呼！我公愛才天下知。

清 鐵保《梅庵詩鈔》卷三《自題相馬圖小照》 相馬不相皮與毛，相此駿骨超蓬蒿。雲螭月駟世罕覯，欲寫神物愁添毫。塞北行圍富叱撥，飛兎騕褭聲喧囂。四十八家競從獵，沸騰萬騎如奔濤。我來扈從媿文弱，不事筆札環弓刀。平生每懼銜橜變，至此膽氣增粗豪。據鞍顧眄志亦得，超越絶壁隨猿猱。乃知騊駼别有種，不與駑駘爭櫪槽。千里馬生伯樂出，生者相者欣相遭。繆君妙畫虎頭比，品題處處傳時髦。寫我箕踞對神駿，一時冰鑑誰能操。我願相馬人都如，九方臯驪黄牝牡。難遁逃天閑出入，列上駟馳騁萬里。風雲高相馬，得馬如得士，敢教白眼驚吾曹。嗚呼！不教白眼驚吾曹，馬兮馬兮甘任勞。

清 王芑孫《淵雅堂全集・詩外集》卷二《九方歅相馬得形字》 萬古多凡馬，眞龍自在坰。九方秦廄長，一過霸昌亭。牝牡嗤皮相，超騰契性靈。塵中歸掠電，天外得房星。照夜徒稱白，當春只放青。從來成泪没，孰與辨神形？金詎堪垂式，書應擬作經。人間多病頳，矯首向蒼冥。

清 王文治《夢樓詩集》卷二〇《相馬圖》 人間不見九方歅，誰與驊騮一寫眞？惆悵黄金臺下路，斜陽芳草幾回春。

清 吴景旭《南山堂自訂詩》卷三《汪子周士寄相馬圖小照爲題四絶》

吟壇酒庫已成蹊，道是桐枝三鳳齊。多少卷篇驅使在，相書偏讀到青驪。

其二

天育豈容人貌之？張公監牧昔曾司。不然腰褭并飛兔嗎，在坰群雄那得知。

張鐵橋□補畫馬偶用張景順事。

其三

輕紗一幅籠眉匀，樹色糸天藉虎茵。即此坐来閒更好，阿誰真個入花津。

其四

小影中間見素襟，暫時寄托正駸駸。何須剪拂方知遇，着眼分明一片心。

清 吴省欽《白華前稿》卷三三《題徐劍勳相馬圖》 畫馬貴神妙，不必眞馬騎。相馬貴神駿，不必群馬馳。房精隆隆挂天白，窣地流蘇絶行迹。草頭一點輕欲飛，人馬相當眼廻射。徐君負奇服見胡，甸切身為石麟青。瞳翦秋水當代，推陽歎歷頭生。馬怒難控雙手，擁出桃花春。春風絲絲汗微溼，馬解人言作人立。蘭筋竹耳雲籥蹄，虞坂回頭淚横浥。驕嘶顧影歌既差，黄皮褶袴金韝靫。相士相馬古無二，擢須結股非六騧。君披相馬經，我吟相馬句。從君更擬乞驊騮，杏花江店我行處。

又 卷三五《秦味經師相馬圖》 拏枝蟠爪撐霜棱，圓苔細點沙波層。蔚藍四圍天宇澂，房精墮地光響騰。一馬顧影嘶自矜，其一齕草頭隱膺。一人頎然淵理凝，審别筋肉如發縢。維驥在德非力稱，應範合度忘轢輘。八方五廄材是徵，毛色逐隊晴霞烝。飢鶻怒叫臨射堋，要駕債轅憯莫懲。亦有神駿時未乘，格骼瘦比休糧僧。回顧虞坂淚不勝，麻朝代褐推夙能。相頰追脇陳纆繩，脊為將軍目為丞。細筋入骨霜霄鷹，連之絡之森崚嶒。馳之驟之平毾㲪，曩者貼耳棲宿芀。鹽車班班服鞹鞃，曰號其群應且憎。忽逢翦拂占允升，十倍之價崇朝增。廣庭簇舞上駟登，五駑三羸無敢朋。方今我武張威稜，西涉無阜歸犗騬。驎騶駆駃驔駱騬，庋人司存物用宏。豈獨考牧詳龎肱，我師地望來附蠅。三世馬步家法承，讀相馬經觀所恒。乾良坤順神耆扔，驪黄牝牡拘何曾。雅鑒一一開匳冰，下視俗眼皆瞶瞢。白描畫法傳一燈，蘭葉鐵綫摹吴綾。顧我蹇鈍艱度澠，恩門我我名籍憑。跛鼈焉得追靈鵬，成詩感款理則應。

清 吴壽昌《虚白齋存稿》卷四《題黄西樵相馬圖》 江夏人中駒局趣，

儕參佐羈官南海。頭星霜等閒過，軺車北指來長。安與予握手開，心顔舊圖相馬。索題句五十餘匹，筋骨皆天閑自經。杜老蘇仙題畫馬，後人有筆敢輕下？何況曹韓難再生，空向風流羨文雅。君今此圖寄意新，意不在馬原在人。奚官儘數牽沙岸，歷歷賞識超風塵。吾聞良馬盛西北，冀野代方大蕃息。君官蠻人龍户之，遐鄉那有考牧攻。駒助物色或云君，自嗟世無良樂相。期賒駑驥當年偶，同皁別求知己辭。鹽車或云君自負，相馬金門式在手。他年相士將母同，肯逐驪黄驁牝牡。自負則傲嗟則卑，傑士未許尋常窺。非馬喻馬自非馬，底事以馬喻馬紛。紛為寓意不留意，此意支公知相皮。相骨無不可未聞地，上神駿虛金羈畫。工寫眞重佳士，吾題君照亦如此。

清　謝堃《春草堂集》卷二《代相馬篇》　長城城西古馬邑，萬方駃牝如雲集。中有羸驂八尺長，相者見馬爲馬泣。自言曾從天廐來，天廐之馬何雄哉！金勒搜嵌青翡翠，銀鞍雕飾紅玫瑰。玫瑰翡翠爲妝束，萬里春生騏驥足。組絲爲縶插琅玕，削木爲盤堆苜蓿。苜蓿能令瘦馬肥，圉人四牡歌騑騑。翰林待詔來金殿，號國承恩入瑣闈。璹琩杯盛蹀躞乳，開元天寶教歌舞。不同舊例歸閒槽，譜得新聲收樂府。樂府齊歌君馬黄，君馬恐非臣馬良。昨日相馬爲君喜，今日相馬爲君傷。如何躡景追風騎，鎮日邊城駝牧隸。吞聲不作畏寒嘶，埋頭喪盡淩雲氣。可憐峻竹雙耳披，可憐繁霜割四蹄。金鳳闕前花簇簇，玉門關外草萋萋。玉門關接金鳳闕，一樣驊騮判優劣。從繩則直曲則鉤，此情合向蒙莊說。

清　袁昶《安般簃集》詩續辛《君立善相馬頗間畜善馬十餘頭乃絶塵之品也作詩調之》　支公妙說逍遙論，爛藻紛披瞻游刃。莫笑房開青豆窮，枳籬芻料餧神駿。壺頭新息可憐人，薏苡成珠言孰信。馬法空懸鑄銅格，壯心不逐寒灰燼。太原公子晉陽騰，鞭箠群雄氣雄峻。石泐昭陵六玉虬，肉鬃猶辨烙時印。古來豪俊氣超然，氣挾龍威兼虎震。休斥支公成潦倒，（僧仲殊題晉四賢像云：潦倒支公窮骨伶丁少道風。）會稽内史摧堅陣。唐陵何有只平蕪，人閒玉盌眞俄瞚。窮骨人嗤少道風，戰場亭去餘飛燐。惟傳相馬形法家，新息遺經出殘捃。儀氏輢中謝氏讐，精微鑒別窮分刌。汗溝歕薄驂驔血，隅目晶熒怒熛運。自言受法丁君都，金馬門前署臣進。天顔顧之常色喜，四極堪馳掃氛疢。今君何處得此本，辨析毫釐知帹僨。北皮亭外連荒漠，草淺兔肥供疾趁。燒痕獵騎轢冬枯，泥融雪釋材官引。臂鞲崒放海東青，敕勒詩成筆花潤。射雉俄牽三十頭，從車旋犒千觴酳。歸鞍一點似流星，不數鷂子新羅迅。（君嘗歸南皮，雪霽打圍。此追述其事。）何不喚取守邊門，昆侖月窟招琛賮。夕洗神兵魚海赤，朝銘厓石龍沙韻。一候功成辭上賞，拂衣歸訪逍遥隱。瞿硎山人無一事，蕭然隱几無人問。眞成怯事少游馴，誰伴忘言東郭順。心地須收汗馬功，勃窣道林還得雋。善相由來恥舉肥，戰勝靈臺眞至慎。妙得其神忘迹象，竹批雙耳何勞認。足下生駒蹋殺人，迴旋試與重張靷。

清　袁枚《小倉山房集・詩集》卷一六《題武午橋相馬圖》　天生良馬無人相，牛羊日坐麒麟上。午橋司馬氣不平，自取銀河洗眼障。南遊滄海西蓬萊，朝朝高坐看龍媒。不將金馬門前式，劃取驪黄以外才。至今蕭蕭霜滿鬢，猶把丹青圖八駿。曾看天廐有龍無，搖手風前怕人問。我知此意常自憐，相牛相彘終天年。

清　張大受《匠門書屋文集》卷八《題相馬圖》　伯樂王良自古休，人間誰復重驊騮？長嘶一聽秋風外，直從瑶池萬里遊。

提戈沙漠願横馳，血色霜蹄不受羈。數十萬羣誇第一，功成骨立報相知。

清　愛新覺羅・弘曆《相馬吟》（《皇清文穎・卷首》卷一九）　知人固非易，知己良獨難。譬彼駕鹽車，太行阻且屼。惜哉騏驥良，徒共駑駘餐。一朝遇伯樂，三鳴感多端。秣甘飲清水，飾之錦繡鞍。西極崑崙墟，東窮渤海漫。追風四蹄輕，飄飄如羽翰。聊藉酬知音，不顧汗血殫。伯樂不世出，騏驥空自殘。誰憐伏櫪者，執策一長嘆。

清　祝德麟《悅親樓詩集・外集》卷二《伯樂相馬》　良馬誠難相，惟逢伯樂宜。千金猶市骨，一顧豈因皮。目混驪黄色，神遺滅沒姿。意中遺跡象，衆裏出權奇。冀野空群日，鹽車釋駕時。名材天下重，特識九方師。略等通言濟，非同賞駿支。長鳴望雲路，亦自感深知。

清　吴嵩梁《香蘇山館詩集》卷一七《爲劉春谷太守題仇十洲八駿圖卷後有祝枝山書老杜驄馬行驃騎歌》　相馬但取肥，千金駿骨何由知？畫馬但求似，萬里横行少真氣。真蹟昔見松雪翁，四蹄雷電雙耳風。實父此圖亦其亞，蹀躞天街態閒暇。杜工部詩爲寫真，盤空硬語能通神。枝山腕力迴千鈞，妙以猶健收縱横。劉公鑒古有真識，得此三絶珍拱璧。酒酣索我賦長句，愧無虎卧龍跳筆。烏蒙自昔多奇才，蓦山越澗疑飛來。今也負重苦顛躓，雨雪泥塗良可哀。維公破格收奇士，豈以按圖矜索驥。飛黄一出萬馬空，始知皮相無英雄。

雜録

唐 佚名《司牧安驥集》卷一《口齒論》

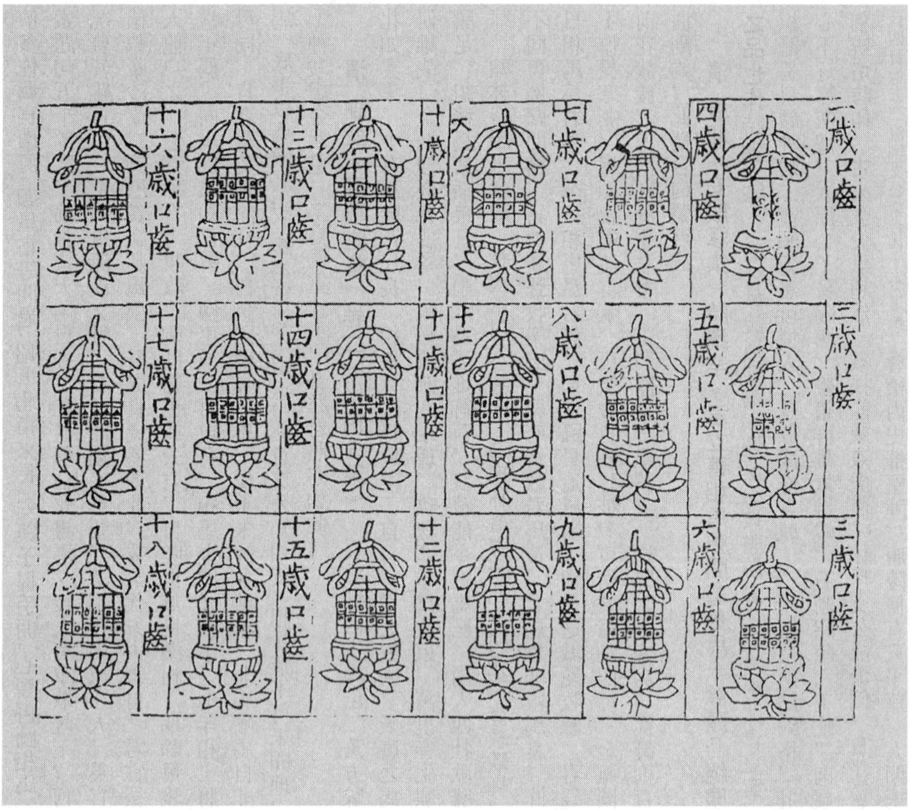

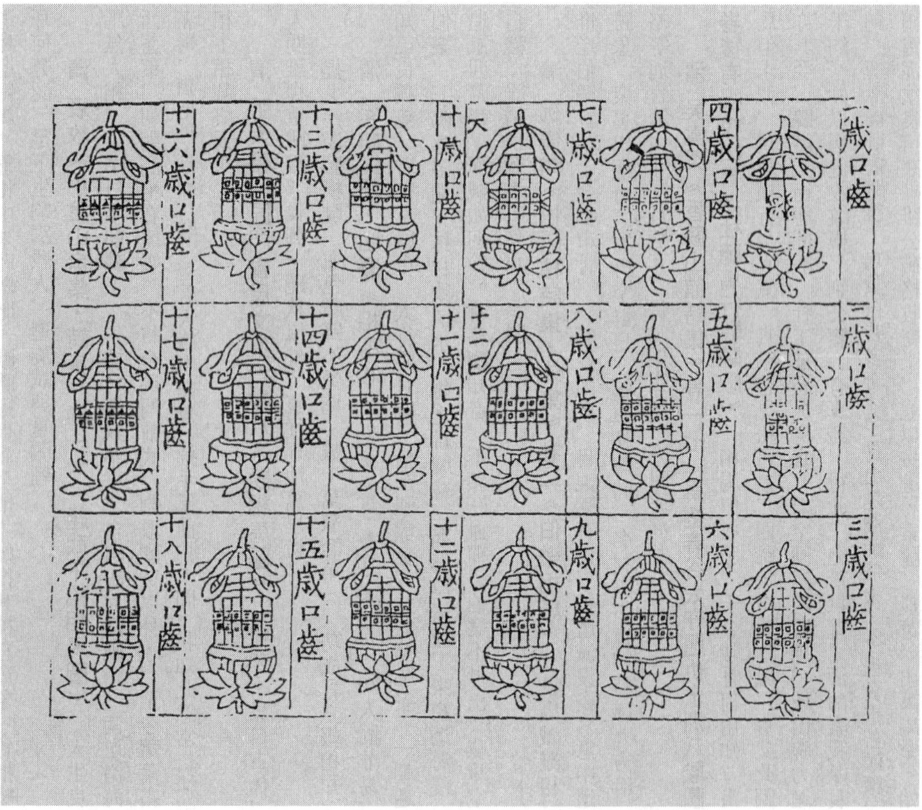

三十二歲口齒訣

一歲駒齒二	二歲駒齒四
三歲駒齒六	四歲成齒二
五歲成齒四	六歲肉牙生

七歲角區缺	八歲六區如一
九歲咬下中區二齒臼	十歲咬下中區四齒臼
十一歲咬下中區六齒臼	十二歲咬下中區二齒臼
十三歲咬下中區四齒平	十四歲咬下中區六齒平
十五歲咬上中區二齒臼	十六歲咬上中區四齒臼
十七歲咬上中區六齒臼	十八歲咬上中區二齒臼
十九歲咬上中區四齒臼	二十歲咬上下盡平
二十一歲咬下中區二齒黄	二十二歲咬下中區四齒黄
二十三歲咬下中區六齒黄	二十四歲咬上中區二齒黄
二十五歲咬上中區二齒黄	二十六歲咬上下盡黄
二十七歲咬下中區二齒臼	二十八歲咬下中區四齒臼
二十九歲咬下中區六齒白	三十歲咬上中區二齒白
三十一歲咬上中區四齒白	三十二歲咬上下盡白

宋 楊侃《兩漢博聞》卷八《名馬式》 馬援善別名馬，於交趾得駱越銅鼓乃鑄為式，還上之。因表曰：『臣援常師事楊子阿，受相馬骨法。今欲形之於生馬，則骨法難備具。孝武時，善相馬者東門京，東門，姓也。京，名也。鑄作銅馬法獻之，有詔立馬於魯班門外，則更名魯班門為金馬門。臣謹依儀氏等數家骨相以為法有詔置於宣德殿下，以為名馬式。

明 王鳴鶴《登壇必究》卷一八《口齒訣》

一歲駒齒二，
二歲駒齒四，
三歲駒齒六，
四歲成齒二，
五歲成齒四，
六歲肉牙生，
七歲角區缺，
八歲六區如一，
九歲咬下中區二齒臼，
十歲咬下中區四齒臼，
十一歲咬下中區六齒臼，
十二歲咬下中區二齒臼，
十三歲咬下中區四齒平，
十四歲咬下中區六齒平，
十五歲咬上中區二齒臼，
十六歲咬上中區四齒臼，
十七歲咬上中區六齒臼，
十八歲咬上中區二齒臼，
十九歲咬上中區四齒臼，
二十歲咬上下盡平，
二十一歲咬下中區二齒黄，
二十二歲咬下中區四齒黄，
二十三歲咬下中區六齒黄，
二十四歲咬上中區二齒黄，
二十五歲咬上中區二齒黄，
二十六歲咬上下盡黄，
二十七歲咬下中區二齒白，
二十八歲咬下中區四齒白，
二十九歲咬下中區六齒白，
三十歲咬上中區二齒白，
三十一歲咬上中區四齒白，
三十二歲咬上下盡白。

清 獨逸窩退士《笑笑録》卷一《相馬》 元宗好馬擊毬，内廐所飼意猶未適。謂黄幡綽曰：『吾欲良馬久之，誰通《馬經》？』幡綽奏曰：『今三丞相悉善《馬經》。』上曰：『吾與語究其旁學，不聞通《馬經》爾，焉得知之？』幡綽曰：『臣日日沙堤上見丞相所乘馬，皆良馬也，以是知必通《馬經》。』上笑而語他。

清 葛嗣浵《廬書畫補録續録別録》卷一《元趙孟頫支遁相馬圖卷》 絹本高一尺九分，長九尺四寸。 大德丙午秋八月廿五日，吳興趙孟頫畫印。二趙氏子印，朱文方印，下一印不可辨。圖畫《松椿雜樹山石坡陀人》約長六寸，馬身自首至尾約七寸，自蹏至背約五寸。鉤筆宛轉如絲，水墨渲染。凡寫支遁圉官及調馬者共五人，馬八匹皆顧盼有致。惟收藏失所，屢次改裝，絹絲有脱落，絹紋有斜曲，又有補絹漏畫及畫而誤會者，此皆古物之累也。而後生小子欲得古本爲依，歸舍此則臨摹無自安，敢以破損薄之。

清 吳錫麒《有正味齋集》卷二《慶蕉園方伯春郊相馬圖序》 夫玆白古黃之産，遺風步影之倫，出心應期覯原不數。然而徵諸簡策，則精曜若神傳之，畫圖則妍變迭露，想像權奇之態，追尋倜儻之姿，猶且繾維長懷愕眙動色，而況登之上廐效用右並不，非抆奇於儕偶之中，安見相賞於風塵之外乎？若我蕉園方伯六轡在握，不顧空群良材久謝乎。形求俗眼，每嗤其皮，相得精如伯樂，觀以天機論韻，若道林重其神駿，方且銅將鑄，式金亦名臺。選霧巤於寒晨，試風蹄於暑路，而況平原雨歇，沙隄曰晴雜花，骨杯芳草藉地，鞚青絲而宛轉，躡紅塵而蹀躞，横□道上咤撥，新逢習家池邊，襜褕正覆流雲，若滅匹練如舞，瞥□紫燕之飛，恍覩眞龍之出，則見其瞳夾霜，鏡耳批秋竹，雄□□歛柔心，則渚律騰骨於邊，笳隱奔容於帷，獨人皆齊其老，□□□得其志氣，爰乃秣芭以均性，佩蘅以崇躅湯沐。從容聲價歛忽同，宜軀驅自效慷慨，相詐以鳴得意於回群，而報深恩子知已也。嗟乎！白靈青天鹽車莫，上百贅一豆□馬。生惹淩朔風之蕭，謂踐泥塗之漉漉。雖有枝蹄之異、頓塵之雋，而駑駘相溷鬱塞，不伸望伯氏於東隅，忠葥翁於西土，延頸聳企矯首酸嘶，但異翦拂有加，可以無恨今方伯，乃將例之以相工，推此以求賢，特繪斯圖，俾中其眞誠慮。夫簞瓢捽茹者，莫借齒牙後門同衣者，罕勤物色是以尋聲察影、寫實追虛，不惜登邱以招直欲，按圖而索設庭燎之禮，尤九亦旌置鸞手之官，銀光屢接。他日并諸天府貢之玉堂，叻際會于風雲，動光芒于星漢，舉足而六合，非遠一鳴而萬馬皆瘖，匪徒博市駿之高名，抑當受薦賢之上賞也已。

清 喻仁《元亨療馬集》卷一《馬援鑄銅馬式上進銅馬表》 夫行天莫如龍，行地莫如馬。馬者，甲兵之本，國之大用，安寧則以別尊卑之序，有變則以濟遠近之難。昔有騏驥，一日千里，伯樂見之，昭然不惑。近世有西河子輿，亦明相法。子輿傳西河儀長孺，長孺傳茂陵丁君都，君都傳成紀揚子阿，臣援嘗師事子阿，受相馬骨者之於行事，輒有驗效。臣愚，以爲傳聞不如親見，視景不如察形。今欲形之於生馬，則骨法難備具，又不可傳之於後。孝武皇帝時，善相馬者東門京，鑄作銅馬獻之，有詔立馬於魯班門外，則更明魯班門曰金馬門。臣謹依儀氏鞲中、帛氏口齒、謝氏唇鬏、丁氏身中，備此數家骨相口爲法。

牧養

題解

明 楊時喬《馬政紀》卷四《寄養馬》 寄養馬者，以解俵者，發寄民間牧養，以備用者也。

論說

北魏 賈思勰《齊民要術》卷六《養牛馬驢騾》 服牛乘馬，量其力能；寒溫飲飼，適其天性：如不肥充繁息者，未之有也。金日磾，降虜之煨燼，蔔式編戶齊民，以羊、馬之肥，位登宰相。公孫弘、梁伯鸞，牧豕者，或位極人臣，身名俱泰；或聲高天下，萬載不窮。寧戚以飯牛見知，馬援以牧養發跡。莫不自近及遠，從微至著。嗚呼小子，何可已乎！故小童曰：『羊去亂群，馬去害者。』蔔式曰：『非獨羊也，治民亦如是。以時起居，惡者輒去，無令敗群也。』諺曰：『羸牛劣馬寒食下』，言其乏食瘦瘠，春中必死。務在充飽調適而已。

唐 佚名《司牧安驥集》卷二《馬師皇五臟論》

肝第一

春三箇月肝旺七十二日，肝為尚書，肝重三斤十二兩。肝者，外應於目，目即生淚，淚即潤其眼。肝家納酸，肝為臟膽，為腑肝者。風為臟膽者，精為腑，肝是膽中之佐，肝為陰膽，為表肝，為陰膽，為陽肝，為虛膽，為実肝者，外應於東方甲乙木。歌曰：肝家受病眼睛昏，頭低耳搭少精神。悶骨生瘡多淚下，胡骨把胯病元因。飦湏之間攻左脚，青箱石決橦柳根。早晨臨卧嚾兩上，此病應湏眼再明。

心第二

夏三箇月心旺七十二日，心為第一，心重一斤十二兩，上有七竅三毛。心者，外應於舌，舌則主血，血則潤其皮毛。心家納苦，心為臟，小腸為腑。心者血為臟，小腸者受盛之腑。心是臟中之君。心為裡，小腸為表，心為陰，小腸為陽，心為虛，小腸為實。心者外應於南方丙丁火。歌曰：

心家受病連膈痛，胃口哽氣又唇寒。多卧少草觜揾上，小腸尿血傷心然。

騏驎没藥紅芍藥，不限依時童子便。毋藥每日两度嚾，此馬一定得安全。

肺第三

秋三箇月，肺旺七十二日。肺為丞相，肺重三斤十二兩。肺者外應於鼻，鼻則主氣，氣則通其荣衞。肺家納辛。肺為臟，大腸為腑。肺者氣為臟，大腸為傳送之腑。肺是臟中之華盖。肺為裡，大腸為表，肺為陰，大腸為陽，肺為虛，大腸為实。肺者外應於西方庚辛金。歌曰：

肺為華盖心上存　鼻連西方庚辛金

皮膚受病鬃尾落　大腸連脚左邊存

膁顫肉動脚又散　鼻中膿出病十分

毉工見者休辨認　此馬必定救無門

腎第四

冬三箇月，腎旺七十二日。肾為烈女。腎有两箇，左即為肾，右即為命門。腎重一斤十二兩。肾者外應於耳。腎即生津液，津液壮其骨。腎家納鹹。腎為臟，膀胱為腑。腎者水為臟，膀胱為津液之腑。腎是臟中之使。肾為裡，膀胱為表，腎為陰，膀胱為陽，腎為虛，膀胱為实。腎者外應於北方壬癸水。歌曰：

腎家受病切湏知，後脚難擡耳又垂。

心連小腸尿更澁，膀胱邪氣透入脾。

限料早辰空草嚾，苦練茴香青橘皮。

脚重頭低陰又腫。此馬必定可憂疑。

脾第五

四季脾旺，每季各旺一十八日，共旺七十二日。脾為正位，胃為大夫。脾重一斤二兩。脾者外應於脣，脣即生涎，涎即潤其肉。脾家納甜，脾為臟，胃為腑。脾者土為臟，胃者草穀之腑。脾是臟中之母，脾為裡，胃為表，脾為陰，胃爲陽，脾為虛，胃為實。脾者外應於中央戊巳土。歌曰：

脾無正位號中央，雙抽两膁連膀胱。

多卧少草又哽氣，唇乾舌上口生瘡。

生姜和蜜并蒜豆，砂糖四两用消黄。

氣藥建脾針脾穴，此馬驗認是脾黄。

又《馬師皇八邪論》 黄帝問曰：『夫馬有八邪之病，遂逐天地寒暑而往來，五臟傳遍而散，其病形大小躰皃皆何？』如馬師皇荅曰：『八邪病者，風、寒、暑、湿、飢、飽、勞、役是也。即無大，小遍傳五臟，併攻四肢，其為疾當隨処而攻也。』

一曰風傷肺。皮毛，肺之合也。風邪先舍於夛毛，乆乃舍於所合。故曰風傷肺。

二曰塞傷脾。脾，土也。惡湿，寒湿皆為陰氣也。故曰寒傷脾也。

三曰暑傷六腑。六腑為陽。陽在上，暑火氣也。火炎上，故曰暑傷六腑。

四曰湿傷腎。湿属土，腎属水，土尅水，故湿傷腎。

五曰飢傷脂。脂与肉兼生，凡馬水草足則肥而有脂，水草不足則瘦無脂，飢謂水草不是也。故脂傷焉，故曰飢傷於脂。

六曰飽傷五臟。飽謂水草太過，水草倍則腸冒，傷故曰飽傷五臟。

七曰勞傷心。心之冷為汗，劳則下出，遂損心液，故曰劳傷心，臟日劳。

八曰役傷肝。後行役也，乆則傷筋。肝主筋，故曰役傷肝，乆日後。

然風、寒、暑、湿者，四時之病也。為外陽受病，與陰藥而服之，是治陽之病也。飢、飽、劳、役，一躰之病也。為内陰受病，與陽藥而服之，是治陰之病也。一日扵皮膚大腸受病，二日於表胃受病，三日於血心受病，四日傳臟腑五日諸臟，受病六日三陰三陽受病，七日遍攻，八日亂攻，九日三損，十日病滿，毉療失時，此是十種日之病也。皮膚在六腑，上陽也。馬食水穀，然後為力。水穀在腹中，化為氣血氣血，乃行於皮膚，其糟粕傳與大小腸。小腸連心，心属火，大腸合肺，肺属金。肺象華盖，是五臟之蓋，以属扵太陽也。心属南方丙丁火，以属於統陽也。内腎隱精，以属於太陽。肺為厥陰。肺爲太陰，外為少陽以宰也。六日三陰、三陽，唯厥陰法病，内損魂傷。肝中隱魂，肺中隱魄，心内藏神，腎内藏精，三陰三陽皆受病，七日遍功，内外俱尽，九日三損，損其三焦，毛髮乾枯，筋甲不随，行動無力，牙齒動揺。天馬出相者，是馬五臟之神变，内即有病，外而顕之，人相之者，見其外以知其内。是以凡馬有病，先看口色，晝即相其行步，夜即听其喘息，即知病源然後觀其逆順，乏其吉凶，莫不因八邪而生也。

又《王良先師天地五臟論》 混沌初分，輕清上為天，重濁下為地。盤古氏為尊，自後女媧伏羲，始有人民萬物。天地之内人為貴、馬實次之。故傳曰：行天莫如龍，行地莫如馬。則馬之為用，可以任重致遠，天下之物未有能先之者也。是以徃古有八駿之名，九逸之號，然究其所自，莫不牧養之有法，抹治之有術。若周官牧師焚牧通滛之有時，圉師除蓐釁廄之有教，巫馬又掌養疾馬而乘治之，相毉而藥。用攻馬疾，則馬之有毉，其来尚矣。其顯而見於古昔者，馬師皇是也。盖良馬雖為四足，亦禀天地而生。故天有五行，馬有五臟，天有三光，馬有三大，天有日月，馬有眼目，天有四時，馬有四肢，天有七星，馬有七竅，天有六律，馬有六脉，地有八山，馬有八窌，地有江海，馬有腸胃，地有清渠，馬有血脉，地有林木，馬有鬃尾，地有四瀆，馬有四蹄，一年有三百六十日，馬有三百六十穴，亦有三百六十骨節也。

天項骨　腦骨　額骨　額角骨　眉稜骨　眼箱骨　垂睛骨　閃骨　鼻梁骨　鼻隔骨　鼻素骨　頰腮骨　松子骨　上頷骨　下頷骨　上排齒骨　下排齒骨　上下四十齒骨　舌連骨　耳筒骨　伏兎骨　項鏁骨六十二節　喉骨　罨額骨三十二節　鬐甲骨　膊尖骨　弓子骨　杴子骨　搶風骨　臆骨　臆車骨　肘骨　里乘重骨　外乘重骨　同筋骨　膝蓋骨　膝角骨　夾膝骨　附骨　柱膝脛骨　髀骨　攢筋骨　柱蹄骨　罨蹄骨　蹄胎骨　掌骨　子骨　脊梁骨三十二節　肋扇骨一十二條，兩面二十四条　棚子骨八条，兩面共十六条　邊骨兩面六条　三山骨　接脊骨　尾靶骨三十二條　尾挺骨　鴈翅骨　掠草骨　合子骨　烏筋骨　愒骨　蒺藜骨　鵝鼻骨　天定骨　鹿節骨　鼻筒骨　越骨

前面有六門，後面有四門，門門相對。馬有一百五十九道明穴，並在一百八十道白針、一百八十道火針之内，各有去處。夫針則無害，補鍼有義，若偏較一絲，不如不鍼。止穖、中穖、下穖、上穖是左譚，脉中穖是帶脉，下穖是腎脉，穖為汚也，汚為血也。馬有三堂六脉：三堂者，一腎堂，二王堂，三腎堂，此名三堂，六脉者，一耳根不動，二耳脉不散，三口色不惡，四舌色不弱，五膈前有七道命脉不絶，六隔後有七根命毛不側，此名六脉。肝主眼，肾主耳，脾主唇，肺主鼻，心主舌。眼、耳、唇、鼻、舌是名外，腎、肝、肺、脾、心是名內，見其外即知其內，内外相應，認病下藥，何憂不痊。大腸如江，小腸如海。頭、心、肺、腎如四海，頭為髓海，心為血海，肺為氣海，腎爲水海。血海如溝渠。大腸長一丈二尺，象一年十二箇月，小腸長二丈四尺，按一年二十四氣，呼爲内一疋。四蹄有八字，四八三十二，馬頭高八尺，似於入節，呼為外一疋。夫馬雖是四足，亦禀陰陽而生，生於灰臺之下。龍飲天池之水，遂生得馬。馬祖亦有父母，父名屈強，母名屈女，屈女生女子，女子生得飛兎，飛兎生得麒驎，騏驎生得馬，馬生得騾。凡馬有三百六十骨節，亦有三百六十穴，馬有二十萬二千一百一十經受病毛竅，馬亦有三㪷六升血。出氣為喘，入氣為息。馬若無病，一日一夜有三萬六千一百度喘息。馬若有病，一日一夜有二萬六千一百三十五度喘息。馬有六腑：膽為清净之腑，大腸為傳送之腑，胃為草穀之腑，小腸為受盛之腑，膀胱為津液之腑，三焦為中之腑。夫毉馬者，須知病源，察其根本，按審筋脉，聽其喘息，便知生死。春三个月，一日一夜血脉流傳二百四十遭，夏三个月，一日一夜血脉流傳一百八十一遭，秋三个月，一日一夜血脉流傳一百二十遭，冬三个月，一日一夜血脉流傳六十遭。春三个月肝旺，夏三个月心旺，秋三个月肺旺，冬三个月腎旺。肝屬東方甲乙木，心屬南方丙丁火，肺屬西方庚辛金，肾屬北方壬癸水，脾屬中央戊巳土。春三个月，肝旺七十二日，夏三个月，心旺七十二日，秋三个月，肺肚七十二日，冬三个月，肾旺七十二日，脾無正形，旺在四季内，各旺十八日。馬有四百八病，内四病不見。春管一百一病，夏管一百一病，秋管一百一病，冬管一百一病。內有四病不見者，口中啣鐵，背上搭鞍，兩□垂鐙，今人乘騎。馬若有病，須是應病下藥。肝納酸，脾納甜，肺納辛，心納苦，肾納鹹。馬有七連：耳連腎，舌連心，肝連眼，脾連唇，齒連骨，鼻連肺，尾連腸。肝欲得小耳小，則肝小肝小，則識人意。肺欲得大，鼻大則肺大，肺大則能奔。心欲得大，目大則心大，心大則猛利不驚。目四滿，則胡暮揵，賢欲得小。腸欲得厚且長，腸厚則腹廣方而平。脾欲得小，膁腹小則脾小，脾小則易養。望之大，就之小，筋馬也，望之小，就之大，肉馬也，皆可乘致。至瘦欲得見其肉，謂前扇膊肉至肥欲得見其骨　骨謂頭顱。馬有五赤：鐵磨口角呼為一赤，屬膊呼為二赤，肚帶磨破肘下呼為三赤，磨梁擦背呼為四赤，磨破尾下呼為五赤。馬有五疾：垂瘻不收腎之疾，氣如攢椽肺之疾，蹇唇愛笑脾之疾，舌如朱砂心之疾，兩眼不見物肝之疾。馬有三危：鼻中血出是肺危，眼内生瘡是肝危，陰腫是腎危。馬有五劳：筋劳，骨劳，皮劳，氣劳，血劳。凡傷劳者，毉家須要審詳。所知而勝不知所識而勝不識，但念此，則萌而可明也。

五代　譚峭《齊丘子・食化第五・養馬》　養馬者主，而牧之者，親養子者，母而乳之者。親君臣非所比，而比之者禄也。子母非所愛，而愛之

者哺也。駑馬本無知，嬰兒本無機，而知由此始，機由此起。所以有愛惡，所以有彼此，所以稔鬬爭而蓄姦詭。

宋 宋祁《景文集》卷二九《直言對》 臣聞馬者，兵之大也。邊庭之所以常取勝中國者也。今監牧弗謹，牸畜無課，而自蕃入中國，既有定價，則駔駿不至，而疲駑實來。地非所宜，死者如積。河南河北，草地數萬頃，為郡縣所侵，挑田伐樹，半入民產。且中國之兵步多騎少，騎兵利平，步兵利險。夫自河以北，地若砥平，目與天盡，不見堆阜，此非用步之利也。雖步卒百萬，詎能抗戎馬之出入乎，故莫如養馬與之馳逐，則契丹懼矣。夫馬政修舉，牧養得人，五年之中，可致良馬十萬。外可以罷西邊之入中，令得與民通市，內可以侈人心之馳突，與契丹爭衡。此誠用武之急也臣又聞。南方鑛冶，地寶不乏，但轉運司與州縣莫適為謀。昔之本錢數十萬，慶歷以來，為官司侵耗畧盡矣。今既無糧貨，不能聚人，上下掩閉，止以坑穴不發為解，采鑿烹煉，反為奸人所盜。利奪于下，貨失于官，禁帑之錢，日朘月削。今若留數十萬緡，置于饒、信，權為本錢，精擇材臣委之經度，自今舉吏，專建官司，庶幾銅溢於山，錢流於府。此可以責數年之效，未可以驗于目前也。銅足錢多，此亦富國之一助耳，臣智識庸暗，不足上當清問輕率狂狷，惟陛下裁貸其誅。

又《論覆河北廣平兩監澶州兩監》 西北二敵所以能抗中國者，惟以多馬而人習騎，此二敵之長也。中國馬少，又人不習騎，此中國之短也。每至敵來作過，則朝廷常以所短禦所長，是以十戰十負，罕有勝理。今議者但欲益兵破敵，不知無馬且不能為兵也。用兵七年，終不聞講牧馬之制，此寧朝議未之思乎？今羣牧司管河北凡十監，其五監畜孳生馬，五監畜大馬，然未嘗有數登十萬匹者，何其弱也。今河北洺、衛、相、北京五監之地，皆水草甘涼，可以蕃息。但官非其人，不能盡法牧養。何者？馬數雖增，未之賞，馬數雖耗，未之罰。急則括買民馬，苟以充數。既不可用，徒有芻秣之費。驅之邊境，未戰而凍死者十八九矣。又聞河北洺州、廣平舊有二監，今惟一監存焉。欲望朝廷差有智識近臣，按求舊地，復為三監。澶州舊有東平監，水草地氣與洺、相一體，亦可興復。此二監合河北五監，通為十監。每監以一萬匹為定額，如國家牧養得人，則五年之間，可以自養及額，餘數則可以分入河南鄭、許、西京三監及在京騏驥院、天駟、天廐諸監坊矣。同州沙苑一監，地尤宜馬，令郤只畜大馬，不令孳育，殊乖所宜。欲望朝廷許將孳生馬五千就沙苑，分左右兩監，委官益占官地，謹加牧放。五年之間，亦可得數萬。七年之後，可支陝西沿邊諸州戰馬之闕矣。

又《又論京東西淮北州軍民間養馬法》 河北、陝西、河東出馬之地，民間皆宜蓄馬，而近年黔中土兵已多，耕農數少，難行民間養馬之法。伏見京東西緣淮北州軍，地不純熟，馬之種類與北馬小異。若令民間養馬，朝廷緩急，差可濟用。臣今畧為養馬法如下：

一、民間能養馬二匹者，免半丁科率，三匹者，免一丁，五匹者，免三丁。仍州縣不得尋常專擅差借。其有第一等、第二等二户全無丁，者勒養馬三匹。一丁者勒養馬二匹，其力及一丁養馬户，比有丁養馬户免一半科率。

一、所養馬，州縣為立籍，許令提點刑獄與知州一歲一閱，以知實數如有死損，仍委本户置買及數。

一、民間如有刀及人户能養馬及十匹以上，其户下科率，十分與免七分。

一、所養馬不得夾帶川蜀淮馬至小怯者充數，並須堪任負載者。

又《論養馬札子》 臣等近知河北孳生諸監馬，例各低小，不堪戰陳。蓋自來馬種雜亂，或翁大母小，或翁小母大，配放時不曾揀別，是致無由生得高大好馬，實恐緩急有誤諸軍分配。昨有判官冠平因點印時曾揀好翁母馬七百餘匹，送淇水第一監，別立羣分配放，已準宣命施行。續據都監李知和乞于逐羣內揀出五匹大馬，破草養餵好母馬配放，又蒙宣命許依。臣等參詳，逐官各見用心揀別馬種，然終是未得盡善。今欲乞將孳生監與一例分作二等，其骨格高大，堪充戰陳者，為上等，骨格低小，有諸色病名者，為下等。各別立作羣分配放，仍令草地相遠，不得交相混雜。如此，必生得駒口格式入等，堪任披帶。至于雜馬，亦自無闕用。其自今以後，生得駒子，亦便依此揀別，各歸等第。內上等馬翁，並乞依冠平等奏請，于不配放時破草料上槽養餵。所貴及時遊放，不至羸怯。兼臣等不住將諸州上京馬，內揀選迭格好翁母馬小作番次，逐旋差殿侍押赴諸監。如此分開等第，不出三年，必須大改，收得迭格駒口，以備戰陳，取進止。

又《又乞養馬札子》 臣頃年為羣牧使，其時曾擘畫，欲于諸監市母馬，合見馬共成五七萬匹。一歲大約得駒五萬，不出五年，得二十五萬。就中破死損十分之二，得駒二十萬。于二十萬中，選出負馱馬十分之五，得戰馬十萬匹，以為中國有此馬，可與敵人相馳逐，使聞風畏威，不敢有窺邊境意。是時西事已定，朝廷求安便，忽畧此事。有司指摘臣奏，以為迂濶，但言放牧之地侵損民間膏腴田疇，有損無益，于是寖廢。且馬者，兵之本，倉卒求之不可得。若無事時歲月孳養，臨事自無闕乏。臣欲乞選左右名臣，議羣牧養馬法，収還牧放舊地，多列廐庌，檢詳新舊條約，擇取便宜，如臣所請，且為新制，及罷河東、陝西馬禁，許民間與番落自相貨買，及許天下民養馬，勑州縣不得計在貲財之限。其牧馬，臣且以十年為期，若歲歲滋養，當得二十萬匹，而天下百姓所養馬亦益多。假令西北二邊敢為風塵，則我兵足馬健，與之角戰，誠不足畏，取進止。帖黄云今天下馬軍，大率十人無一二人有馬。而所習伎藝，與步兵不同，緩急不堪移充步人使喚。使軍人無馬，是國家虛養此兵，有名無實。又云：臣舊知牧馬數不多，于中選取戰馬，即今數目益少。此事為用兵之切務，伏乞朝廷深以為意。

又《又論養馬札子》 臣等近知河北孳生諸監馬，例各低小，不堪戰陳。蓋自來馬種雜亂，或翁大母小，或翁小母大，配放時不曾揀別，是致無由生得高大好馬，實恐緩急有誤諸軍分配。昨有判官寇平因點印時曾揀好翁母馬七百餘匹，送淇水第一監，別立群分配放，已準宣命施行。續據都監李知和乞于逐群内揀出五匹大馬，破草養餵好母馬配放，又蒙宣命許依。臣等參詳，逐官各見用心揀別馬種，然終是未得盡善。今欲乞將孳生監與一例分作二等，其骨格高大，堪充戰陳者，爲上等；骨格低小，有諸色病名者，爲下等。各別立作群分配放，仍令草地相遠，不得交相混雜。如此，必生得駒口格式入等，堪任披帶。至于雜馬，亦自無闕用。其自今以後，生得駒子，亦便依此揀別，各歸等第。內上等馬翁，并乞依寇平等奏請，于不配放時破草料上槽養餵。所貴及時遊放，不至羸怯。兼臣等不住將諸州上京馬內揀選迭格好翁母馬，小作番次，逐旋差殿侍押赴諸監。如此分開等第，不出三年，必須大改，收得迭格駒口，以備戰陳。取進止。

又 卷四三《論養牧馬使臣議》 臣伏見提舉監牧使臣，例各愚懦，不任職事，其於牧養之法，全不經心。國家因循太平之政，又無的確賞罰。遂使日朘月削，淩夷至此。臣欲乞河北諸監，每監判官一員，并兩制以上奉京朝官有材幹者，以三年爲一任。每監使臣十人，人主馬千匹，并一歲中定分數登耗，爲賞罰之法。任滿許升降差遣。案此似非全篇但無別本可校姑附于此。

宋 歐陽修《歐陽文忠公集》卷一六《論監牧札子嘉祐五年》 臣所領群牧司，近準宣差吳中復、王安石、王陶等同共相度監牧利害事。竊以國馬之制，置自祖宗。歲月既深，官司失守，積習成弊，匪止一時，前後因循，重於改作。今者幸蒙朝廷因言事之官有所陳述，選差臣寮，相度更改。臣以謂監牧之設，法制具存，條目既繁，弊病亦眾。若只坐案文籍，就加增損，恐不足以深革弊源。如欲大為更張，創立制度，則凡于利害，難以遙度，必須目見心曉，熟於其事，然後可以審詳裁製，果決不疑。蓋謀于始也不精，則行于後也難久。況此是臣本職，豈敢辭勞！欲乞權暫差臣，仍于吳中復等三人內更差一人，與臣同詣左右廂監牧地頭，躬親按視。至于土地廣狹，水草善惡，歲時孳牧，吏卒勤惰，以至牝牡種類，各隨所宜，棚井溫涼，亦有便否，向何以致馬之耗減，今何以得馬之蕃滋。既詳究其根源，兼旁采於眾議。如此，不三數月間可以周遍。然後更將前後臣寮起請，與眾官參詳審處。與其坐而遙度，倉卒改更，其為得失，不可同日而論也。臣又竊思今之馬政，皆因唐制。而今馬多少與唐不同者，其利病甚多，不可悉舉。至于唐世牧地，皆與馬性相宜，西起隴右金城、平涼、天水，外暨河曲之野，內則岐、豳、涇、寧，東接銀、夏，又東至于樓煩，皆唐養馬之地也。以今考之，或陷沒夷狄，或已為民田，皆不可復得。惟聞今河東嵐、石之間，山荒甚多，及汾河之側，草地亦廣，其間草軟水甘，最宜牧養。往時河東軍馬，常在此處牧放，今馬數全少，閑地極多。此乃唐樓煩監地也，可以興置一監。臣以謂推跡而求之，則樓煩、天池、元池三監之地，尚冀可得。又臣往年因奉使河東，嘗行威勝以東及遼州平定軍，見其不耕之地甚多。而河東一路，山川深峻，水草甚佳，其地高寒，必宜馬性。及京西唐、汝之間，久荒之地，其數甚廣。欲乞更下河東、京西轉運司，差官就近於轄下訪求草地，有可以興置監牧處。如稍見次第，即乞朝廷差官與群牧司官員，同共往彼踏行擘畫。若可以興置新監，則河北諸監內有地不宜馬處，卻可議行廢罷。惟估馬一司，利害最為易見。若國家廣捐金帛，則券馬利厚，來者必多，于其多中，時得好馬。若有司惜費，則蕃部利薄，馬來漸少，兼亦好馬不來。然而招誘之方，事非一體，亦須知其委曲。欲乞特差群牧司或禮賓院官一員，直至秦州以來體問蕃部券馬利害。凡此三者，雖暫差官。比及吳中復等檢閱本司文字，講求商議，未就之間，已各來複。可以參酌相度，庶不倉卒，輕為改更。如允臣所請，乞賜施行。今取進止。

宋 文彦博《潞公集》卷二一《論監牧事熙寧五年**》** 臣聞國之大事，在祀與戎，戎事之中，馬政為重。河南諸監所入尚少，漸增地利，亦可自充。如此，則仰給度支者不多，所收馬課亦不少。大率草馬二萬，歲收六騍，為駒一萬二千。三歲之中，若失其半，猶得六千疋。駑良相參，疋直十五千，是歲獲九萬貫。此就小計之，所得不少矣。今若取一時浮淺之議，則廢之甚易，他時却欲復祖宗之制，則興之甚難。坊監、廄庫、棚房、井泉、官廨、營房七八十年經營成就，若廢罷之後，蕩然一空，却欲復之，功費愈大。如向時廢罷茶法，自後議欲復故，而園户彫殘，塌屋破壞，言者雖衆，竟不能復。必若采廢置之言，即乞委詳練故，典素知馬政臣僚，博求利害而審處之，利百則變，乃無後悔。臣総領國馬，於今八年，雖未及蕃息，而頗究利害，伏望聖慈裁察，付外施行，伏候勅旨。

又貼黄

東平監天僖年曾廢，未幾復置，枉有費。勞蓋東平監地美且廣，大名兩監遇水旱，却寄牧東平，棚房甚寬，冠絶諸監。今聞首議廢東平監，東平既廢，即大名兩監必難以存，乞謹慎其始。兼近覩蔡天申奏乞減河南牧地，召人租佃，亦乞祇令河南牧使相度寬剩之田，召人租佃，牧課自贍，免從度支供給。

又貼黄

必若賦田與民，俾出租利，主事建言者務欲成就勞績，先以賞罰驅之，不問地之肥瘠，民之願否，悉使召佃出租，時下便得酧奬。不數年間，租佃之户或退或逃，或以災傷為名，歲歲已閣。如嘉祐中并代路散租收地，事可驗覆。今來均租之官，須滿三年，而課入如額者方得行賞，即賞不濫矣。

又貼黄

蓋近時言事者率務更張，各有趣向不慮後害，後雖有害，或文過飾詐，或依倚營救，責亦勿及，伏乞睿明照察。

又 卷二七《論監牧元祐元年**》** 臣竊以修復馬監指准今東西兩路支配，不盡保馬所差之官。今遍陝西、河東、京東西兩路相度，卒未見了當。乞令速且取索京東西兩路支配外，見存馬數并沙苑馬，約度可置得幾坊監。先次於近便舊有坊監處興置，所貴早見就緒，兼免保馬久在民間，頗有搔擾，取進止。

又 今已新復馬監，切見光禄大夫新差知潞州崔台符熟知馬政，勘會相州有安陽兩馬監，今當興復，須得知州。依例總領欲乞，改差台符，知相州。所貴馬政速見就緒，況相州地望在潞州之下，兼是鄰封。又洺州、衛州各有兩馬監，亦合興復，與相州相接。凡事取則相州，易成績效。取進止。

宋 陳次升《讜論集》卷一《上哲宗論牧馬》 臣伏覩近降朝旨，給牧地，召人户情願養馬事。條約雖已詳備，然元初只緣知邢州張赴同任縣、堯山縣知縣等起請，指揮河北東西、京東西、京西北、河東路提刑司、府界提舉司，遂有此施行，更不令轉運、提刑司相度，及只是因邢州以為置監養馬不便，其餘路並依此施行。馬為國用，所繫甚大，措置之始，宜在詳審。今赴之所見，只是一州利害，其他路分或有不同。今朝廷不令提、轉立定條制，令河北、河東西五路依此施行。臣竊慮諸路各有利害，為是朝廷不令監司相度，又是已行之命，不敢申稟。兼赴既有申奏，以人户請佃牧地，為官養馬。人户或有不願，赴以州郡之勢，須令投状，則法行之始，或有不便，必為民害。臣聞興議，以為牧地鄰近，人户若得膏腴之地，必有願者。若去牧地稍遠，雖得其地，難以往彼耕種，必非所願。兼一頃之地，所直不多，馬或倒死，其馬及官格尺不下四五十緡，此恐人又非所願。兼牧地先是已有人承佃，今不願養馬，遽然奪去，必致失所。臣欲望朝廷明降指揮，令諸路若有利害不同，許令申稟。州縣若抑令人户作情願投状養馬者，令監司按劾施行，法行之後，永久無弊。

宋 王炎《雙溪類稿》卷二三《申省論馬料札子》 照對本州管下有下菰城，係每年步司牧放之地，四月馬一匹日支料穀一斗，自五月至八月馬一匹日支料穀七升，九月回程馬一匹日支料穀一斗。開禧三年共支馬料七千四百八十七石九斗，嘉定元年共支馬料五千九十五石一斗三升。上件料本州即無儲蓄，每年係朝廷截撥上供寬剩錢内用錢會中半，隨時價高下責付牙儈收糴。官吏凜凜，常恐收糴愆期，支散不給。況去年蝗旱，禾稼消折，本州管内多係晚田，少有早稻可充料穀。兼之早稻去年盡被蝗喫損，每年收糴已自艱難。目今小民飢餓，赴訴于官，乞行賑救。若更如每年收糴馬料之數，奪民之食，充馬口腹，小民必然飢，餓性命不保。炎竊見古者行軍用師，糧食以供士卒，芻茭以供牛馬，故《費誓》曰：魯人三郊三遂，峙乃糗糧，峙乃芻茭，不聞峙穀粟以食戰馬也。又《孫武兵書》亦曰：食敵一鍾，當吾二十鍾，此言軍士之粮也。萁秆一石，當吾二十石，此言牛馬之草也。又按

《漢書》烏氏善畜牧，至用谷量牛馬。夫馬牛之多以谷量之，則不過放牧水草之地而已，安得有穀以食之。古禮，惟國君有馬在閑廄者食穀與草，凶年則否。故《記》曰：歲凶，馬不食穀。又曰：國家靡敝則馬不嘗秣，秣者剉草與穀雜而食之也。況今之馬出於西夷南蠻，不過嚙草飲水於山谷之間，豈嘗有穀養之。今湖州遭旱蝗之患，百姓絶糧，可謂凶矣。公私匱竭，州縣素無凶年之備，民間自兩年和糴之後，宿藏已空，亦可謂靡敝矣。目今六縣之民，近市井者或買糟粕，近碓坊者或糴糠粞。安吉山縣，最少米穀，山居之民或掘野葛，或掘野鼠而食之。馬之食穀粟者豈可不省。昔者廄焚，夫子曰傷人乎不問馬，人貴而馬賤故也。古者師行則秣馬，非師行之時蓋有芻而無秣。今幸邊防休兵，馬牧于郊，水甘草美，足以養矣，不用於戰陳，何必食之以穀。武王休兵，歸馬華陽，魯僖重穀，牧于坰野，其不食穀明矣。民食糟糠，食野草，而馬反食穀，似非仁民愛物、貴人賤畜之意。炎妄意謂食馬以穀，理當盡數住支，縱未能住支，則四月、九月馬日食一斗當減而與之四升，自五月至八月馬日食四升當減而與之三升。如此則上可以合古人之禮，又可以見主上愛民之仁，又可以減縣官之虛費，又無損於國之武備。欲望鈞慈詳察所陳，特賜行下，須至申聞者。

明 顧煜《射書》卷三《芻水論》 凡飲喂芻水，其則有三，一曰少飲半芻，二曰忌飲浄芻，三曰戒飲禁芻。

少飲者，飢渴休飲足，尫羸休飲足，妊娠休飲足，半芻者，飢腸休喂飽，出門莫喂飽，遠來亦忌飽，此謂一飲一喂也。

忌飲者濁水休教飲惡水休教飲沫水休教飲浄芻者谷料須當節灰料須當潔毛髮須當擇此謂二飲二喂也

戒飲者，騎來不得飲，料後不得飲，有汗不得飲，禁芻者，脿大休加料，騎少休加料，炎熱休加料，此謂三飲三喂也。夫飲喂而有其三者，則馬騾四時無患，任之騎習矣。

《内經》云：凡乘者，一日行，二日驅，三日驟，四日馳，五日奔，終而復始，千里無病。遠來有汗，牽行喘定，汗息去鞍，即時放驟，繫於迎風，勿近舍簷，移時方喂。凡喂者，冬煖處，夏凉處，宜南拴，勿北繫，篩簸豆穀，凡有砂石、灰塵，蛛絲，頭髮，務宜潔淨。日則觀其形狀，夜則聽其喘息，較驗草料多寡，詳察疾病有無，斯謂畜養之道也，的如尿清糞潤，鼻氣温和，脉呼三五，唇舌鮮明，皮毛光彩，體健神清，頭尾不動，輪歇後蹄，如此則為無疴之狀，是飲喂而得其則也。是故觀外形，而察内受，芻水有節，飲喂有三，使馬騾不致殀亡，而終天壽矣。

又《養馬》 馬火畜也，其性惡濕，利居高燥，忌作房於午未。仲春放淫，順其性也。季春必陷恐，其退也。孟夏午間牽入水浸，恐傷暑也。季冬温廄，恐傷寒也。啗以猪膽犬脂調喂，欲其肥也。久行筋勞，久立骨勞，久汗不乾，皮勞汗未乾而飲飼，氣勞驅馳無節，血勞五勞宜時，加調治喂料，須擇新草，豆穀，篩簸熟料，浸冷方，喂天熱，勿加熟料，日飲水三次，冬月飲水，亦宜騎驟卸鞍，不宜當風。騾驢，大概類馬，無容贅。

明 劉大夏《劉忠宣公遺集》卷一《論寺監牧馬事宜疏》 近年各卿佐員缺，多用謫逐官。及有過累者，府衛下寮，多易視之。故各官自待亦輕，政務因以廢弛。謂宜稍更其制。今後各行大僕苑馬寺官員缺少卿，則於才按二司參議僉事内推補。如職務修舉，則視太僕寺卿佐陞任。其監苑庶官，亦請於北人素嫻牧馬者任之。則官皆得人而政可舉矣。

明 章潢《圖書編》卷一二二《養馬説》 竊惟古之馬唯養於官，而其養之於民者，官初無所與。司馬法甸出長轂，牛馬及所謂萬乘千乘百乘，此皆寓兵於農，有事則賦調，而官不與知也。惟其養於官者，如周禮校人牧圉之屬，與月令所載，其養之之法備盡，此則官之所自養也。夫周之時，既養馬矣，而民之馬官府不與，是以民各自以其力養己之馬，而無所不盡其心。故有事徵發，而車與馬無不辨也。漢之苑馬，即校人之王馬，而民間私牧，官無所與，而皆得以自孳息。故街巷有馬，而橋姚以致馬千匹。逮武帝北伐，馬少，而始有假母歸息之令，亦兵興一切之制，非久用也。秦漢以來，唐馬最盛，皆天子所自置監牧，其擾不及於民，而馬之盛如此。我國家苑馬之設，即其遺意。然又於兩京畿、河南、山東編户養馬，乃又兼宋人保甲之法，蓋不獨養於官而又養於民也。今監牧之馬未見蕃息，民間牧養又日以耗。且以今畿郡之，養馬言之天馬既繫於官，而民以為非民之所有，官既委於民，而官以為非官之所專。馬烏得而不弊，自其立法之初，已知其弊必至於今日也。且天下有治人，無治法。苟能如其舊而得人以求實効，亦未嘗不可以藉其用也。今保馬既不可變，而於其間又不能守其舊。往往數為紛更，循其末流而不究其本始，愈弊，必至於不可復為而後已。此今日天下之事皆然，而非獨馬政也。

嘗考洪武初制，今有司提調孳牧，江南十一户共養馬一匹，江北五户共養馬一匹，以丁多之家為馬頭，專養一馬，餘令津貼以備倒失買補，每二歲納駒一匹。又立羣頭、羣長，設官鑄印，與守令分民而治，有牧馬草塲，又免其糧草之半，每加優卹。使有司能責實而行之，常使民得養之利，則馬亦何憂於不蕃也。今顧不能修其舊，而徒以法之弊而亟變之，則天下安得有善法？夫令民養馬。國家之意本欲得馬而已。而有所謂本色折色何為也？責民以養馬，而又責其輸銀。如此則取其銀可矣，而又何以馬為？於是民不以養馬為意，而以輸銀為急矣。牧地本與民養馬也，而徵其子粒，又有加增子粒。如此則遂併之田税可矣，而又何以責之馬户。於是民不以養馬為意，而以輸子粒為急矣。養馬者，課其駒可也，不用其駒而使之買俵。於是民不以養馬為意，而以買俵為急矣。夫折色之議，本因江南應天、太平等處非産馬之地，變而通之，雖易銀可也，遂移之於河北。今又變賣種馬而徵其草料。原今變者之意，專欲責民之輸銀，而非責民之養馬也。官既無事於養馬，而獨規目前之利，民復恣意為姦偽，而各為利己之圖。有駒不報，而工於欺隱，不肯以駒備用，而獨願以銀買俵。至或戕其孕字，絶其游牝，上下交征利以相欺而已。衛文秉心塞淵，致騋牝之三千。魯僖以思無邪，致馬之斯。徂夫官民一於為利以相欺，何望於馬之蕃息乎！今之議者，又方日出新意，以變賣馬之半為未盡，因欲盡賣種馬，而惟以折色徵解，畧不思祖宗立法之深意，可為太息也。夫河北之人驍健，良馬冀之所産，昔人所以謂此地王，不得無以王霸不得無以霸者也。今舉冀之，良産盡棄之一旦國家有事，西邊之馬可得以為畿内用乎。古語曰：變而不如前，易而多所敗者，亦不可不復也。今欲講明馬政，必盡復洪武、永樂之舊。江南折色可也，畿輔、河南、山東之折色不可也，草塲之舊額可清也，子粒不可徵也，官吏之侵漁，可黜可懲，而管馬羣、長獸醫不可省也，行馬復之令，使民得寬其力，民知養馬之利，則雖官馬，亦以為己馬矣。又修金牌之制，通關互市，益得好馬，别賦之民以為種馬，而有司加督視之。洪武、永樂之舊猶可復也。蓋修茶馬而渥洼之産至矣，弛草地而埛牧之息繁矣，郵編户恣芻牧而烏倮橋姚之富臻矣。故曰車騎天下之武備也，其所以壯神京防後患者豈淺淺哉抑古之相衛邢洺皆有馬監，即皆今之畿輔地也。如使盡覈官民所耕佃牧馬草塲，盡出之，與夫羣不嫛者，皆立烽堆以為監牧之地，而盡歸於苑馬，宋人户馬保馬之法雖罷之可也。何必規規然沿其末流而日事紛更乎？

明 勞堪《保馬説》《射書》卷四

環堅接鋭，騎不如步；逐利追風，步不如騎。山林積石，經川丘阜，車騎二不當一。平原廣野，曼衍相屬，步兵十不當一。古人有是較矣。然步易集騎難集，步易養騎難養。人盡兵也，故步易集。馬非廣字而素蓄之，百金不可得一，故難集。一夫所食，終歲數鍾，故步易養。一馬所秣，十車不能載也，故馬難養。然今所與戰者北虜也，虜恃馬力，我不可不用騎。所與戰之地平原也，虜便馳突，又不可不用騎。是故馬宜保也。夫國家注意馬政久矣，曰孳牧，曰解俵，曰給兑，曰補買，而馬日不足者，飼秣之實不盡，耗失之科不明，地産之宜不辨，生養之源不開也。一兵授馬，舉家乘之，甚至有供爨具者矣。一將主兵，衆裨役之，甚至有供送迎者矣。芻牧之不備，水飲之不時不稽之矣。甚至無芻菽而給之金，曰兵自易也。金入兵手，孰不妄用，有傾囊易芻菽者，平徵調之，不時馳驟之，不法不稽之矣。甚至晴伏之所無芻菽，而分之商賈，曰與商賈自為交子也。商賈析利秋毫，兵見小利有不私他貨者乎？凡此皆飼秣之實不盡也。家市之馬失者不深罪，官市之馬失者不深罪，關兑之馬失者又不深罪，是不明馬所從來也。從戰六七歲失者又不深罪，三四歲失者不深罪，一二歲失者又不深罪，是不明馬所服役也。瘟疫斃者，駟尼喘汗斃者，馳疾癬疥斃者，櫪檅羸瘠斃者，失飫一皆不之問也。至若從征有期，或行役半道，稱馬斃者，奸人賤之以避戰陣，歸伍全身不重傷，稱馬斃者，懦將棄之，以餌敵，又皆不之問焉，是不明馬所困踣也。凡此皆耗失之科不明也。胡種閑馳突，歸正人之所將，時屬勢家，中産畏霜雪，關南之所解，多給絶塞。又中産逢冬不厚其秣，遇雨不惜其險，蹄距損傷，痌眚且作，死者相繼，伍為之空，凡此皆地産之宜不辨也。西北馬鄉也，有買補，無孳養；東南風氣弱也，有給養，復有字息。出盜、藉乘于敵也，厲禁以禁之；通貢、遺我以利也，戮使以絶之。凡此皆生養之源不開也。欲盡秣飼之實，在以肥瘠課將校；欲明耗失之科，在以賠償懲行伍；欲辨地産之宜，在以遠近科給配；欲開生息之源，在以税糧為保馬也。是數者立法行之至易，獨保馬之法，宋人以為擾民，今時衆咻旁指，不敢主議者也。愚則曰：國有至計，民有至神，政有大機，時有大順，引而伸之，一轉移之間耳。夫塞下田不少也，自軍隨身，官屯種之外，皆有租于上者也。州縣曰税糧，衛所曰地畆糧，數亦廣矣，然不過禄藩府廩兵而已。

夫祿藩府廩兵，所需者金與粟也，金至易得，粟次之，不與馬班也。今中州之費可以裁，而得金者何限？又邊塞不通舟楫，稔而和糴，得粟何限？移所得之金以祿藩府，出所糴之粟，以廩兵，不必取足于租也。而合郡縣之税糧，衛所之地畝糧，行保馬之法，斯足馬矣。嚴其科，十石保一馬可也；寬其力，二十石保一馬亦可也。其嚴其寬，視租為較，而復準種馬之例，以一資養之實。自春徂夏，為芻菽若干；自秋徂冬，為芻菽若干。兵民可自收授也。又準驛馬之例，以一資補之直，從征歲久者民全科，歲淺者民半科，有故失者兵全科，兵民宜均任其責也。然則官養不費，官直不損，可自足馬矣。僉軍丁之義勇，以代步兵之雜役，出雜役之步兵，而配之馬，所謂不他求，而步騎咸足也。步以乘塞，扼要伏之堡為衝虛，騎以據塞，追襲絕之後為邀擊，無不可也。

明　張岳《養馬議》（崇禎）《廉州府志》卷一一　看得養馬之法，本欲為民省費，但本府地方山林隔阻，驛道窵遠，多者百餘里，馬力有限，况荅應驛道多駑駘下乘，加以芻秣不時，公差使客廹逐程途，無暇顧惜，不過數月，必無全馬。所以從前應付，只是顧覓私馬，非私馬之力為能耐於官馬也。養之有至與不至，用之有節與不節爾，此養馬之法斷乎難行。又查自嘉靖十四年冬季起至十五年秋季止，還珠等四驛用過顧馬銀兩若干，比之原議買馬草料草夫之費，不及若干。如顧馬費多，養馬費少，自當從其省者。今養馬反費，顧馬反省，豈可去省而就費，則養馬之法非但難行，亦不必行矣。

明　謝汝儀《議處牧放馬匹疏》《皇明經濟文録》卷一三　臣等待罪，該科凢事關利病有所聞見，不得不爲陛下言之，夫國之大事在戎，戎之大用在馬，古今牧馬之政班，班簡冊凢幾變矣。我朝永樂以後，錦衣旗手等三十衛，五軍、三千、神機等營，各置草場於順天、保定等府，宛平、大興等縣牧放。騎操馬匹，每歲春末夏初，各營馬除例該存留聽用外，其餘本部推舉坐營官一員，請勑管領，下場牧放至九月終回營。又奏差科道官，點閘凢馬匹，倒死官軍逃亡，領勑官按月造報，如有納賄買閘不行提督，致馬瘦損者，點閘官指實条奏，其立法未爲不盡善矣。奈何各該草場地土，附近京師，累朝以來節被内外權勢乘時妄指奏討，奸人揑故投獻，大率開墾耕種，侵牟占奪，十亡八九。朝廷屢有禁例，然弊成因襲，終難釐正。弘治年間，乃令給事中、御史并户、兵二部，委官清查各衛草場，有草未墾去處，仍舊牧放。已墾成田者，照畝收銀，解送兵部，轉發太僕寺，寄庫聽候買馬。則是草場之墾而成田，其原額之失，舊規之廢，朝廷固知之矣。雖下場之令，每歲舉行夷考牧馬之實，不過存羊之名而已。况古人養馬必適饑渴之宜，必順勞逸之節，必辨寒温之時，在牧則有房，在廐則有閑，所以國民蕃盛，而雲錦成羣也。今各該草場除耕墾之外，可爲牧地者，無幾。其低窪之處，則又積為湖淀，漫生萑葦，人馬皆不可近，而又無廬次可以棲止，無廐房可以蔽盖，馬不免買草以喂，人不免裹糧相從，常年下場之馬，不過三五千匹。而一徃一返，倒死必多，軍士貧難逃亡相繼，遇點則一時聚集，點罷則隨復散歸，雖有下場之名，殊無牧放之實。法至於弊勢所難驅，此臣之所以夙夜疚心，愧未能有遠大經久之謀，可以仰裨國家監牧之政者也。然又豈敢飾詞隱實，以欺陛下哉。竊見近日襄城伯李全禮，奉勑管領下場馬二千餘匹，其牧放之苦已不能免於如前，所言今又以聽征馬六千益之，則人馬動以萬計，殆恐管領之官難於調度，軍士之苦益有不堪。况近日大雨時行，暑氣方溽，泥潦遍野，鬱蒸中人，群處則有疫癘之虞，露宿則有蝱蚋之害，炎風赤日，灼體熏心，加以飲食不繼，寢息無所，人困而踣，馬疲而病，將見數月之內，士馬物故不可勝算。則有徒徇節省之名，坐受虧損之實，得不償失，利不補傷，况緣此足以重失軍士之心，又何有於戰鬪之氣，且防虜防寇俱屬高秋正宜，存留以俟調發，萬一畿甸有桴皷之警，邊關有烽火之報，雖曰朝呼而夕可至，未必馬騰，而士盡飽也。其於軍機國計，豈不兩失，而俱病哉。昨者伏聞成命，臣等即問之，都督桂勇又問之惠安伯張偉，及訪之下場把總指揮等官，又訪之在營號頭等官，皆稱非便，出而聞之道路，則人言籍籍，士心洶洶，憂愁厭苦，有莫可控訴之意。是以臣等不遑寧處，輒敢昧死上陳，如蒙聖慈軫念，乞勑兵部會同坐營總兵官，從長計議，合無將聽征馬六千匹，責令軍人自領，聽其就近，隨便牧放，不必拘之下場，仍月給料草一半，嚴限每十日赴營操點一次，不許私自逃回，所騎馬匹不得瘦損，遇警調用，尤爲易集，待九月天氣凉冷，照例回營操練，如此則公私兩便，人馬俱利，軍情慰悦，無不感戴天恩，而長懷敵愾之心矣。伏惟聖明采納，臣等不勝幸甚，國家幸甚。

明　潘潢《議京營馬匹草料疏》《明經世文编》卷一九七　准兵部咨兵科抄出成國公朱希忠奏节奉圣旨兵部看了来说钦此。看得营马草料，本折兼支。月费一萬五千余金。比之旧例，已爲极厚，而成國公朱希忠犹称折色银数，止值草料三分之二，餧食不彀二十余日，欲马强壮，必不可得，虽意在求牧与刍，顾自来蓄牧。皆以驰逐水草。腾驹游牝。爲得马性。易致蓄滋。而縶之维之。饲以枯藁。坐成虺隤。虽多无益。所以永乐宣德年间。近京牧地多爲贵戚内寺所占巡青之差徒具文耳马皆夏秋下场收牧。兼令采青御冬。及春原无支草之例。虽正统十四年北虏内侵。亦止暂给马草两月。而豆料犹有不支。价亦随时高下。当时國马止有一十二萬四千余匹之盛。已是旧规。自给事中夏言倡爲不必下场之议，武定侯郭勋继以草料全支之说，于是每年动支太仓银两，常至一十八萬，营马之耗全在军士私雇骑领刍豆以自利而啖马糟糠也廪藏爲之一虚，而营马乃日消耗，仰视旧额，十损六七，是以得失。信亦不在刍豆之丰约矣。况京折牧放草场，见奉钦依踏勘，所据草束料价，似难更议加给，其称迩年以来关领动逾經月。草秤亦不及数料豆或有浥烂不堪。则各仓场出纳之弊。誠不能无相應依拟禁革。合候命下，本部一面移咨顺天等处巡抚都御史，及咨都察院转行各巡按御史，放青之例虽在然是军人典雇庄家骑用或耕田负重耳马匹倒坏专以此也作急踏勘牧放草场事宜奏报，本部仍札付各管理仓场主事，今后召买秤收草豆等项，务要及数足色，不许滥牧低恶之物，及安顿无法，以致浥烂不堪，兼行應支草料该管衙门，限每月終造册，同该府照会一齐送部查筭明白，转发各仓场委官依期放支，每月毋许过初五日，违者通行参究，罪坐所由，既受上物，又不愆期，军人苟无侵渔其间，营马亦自膔壮足用，伏乞圣裁。

清 弘晝《稽古齋全集》卷一《魯僖公牧馬之盛論》 嘗考平王東遷之後，王綱不振，周無詩矣，而魯獨以頌傳者何也。蓋以魯十二公未有賢於僖者，史稱僖公愛民務農重穀，故春秋特書六月雨以褒之。而魯頌又以駉馬列於篇首，說者謂以牧馬之盛，故歌詠之，以誇美焉。予謂泮水之開，以教學也。閟宮之修，以尊祖也。宜有頌禱，稱譽之詞，至於牧馬一事，毋乃其甚微乎。不知詩人殆有深意存焉。蓋吾嘗讀易傳有曰：乾為馬，馬者龍屬陽之德也。故坤雖稱馬，而曰牝。坤為牝，則乾為牡可知矣。乾者君也，僖公以陽剛方正之德，積於中而發於外，詩人故以牧馬之盛言之。其詩曰：思無疆，思無期，思無斁，思無邪，而孔子至以思無邪，一言蔽三百之，全詩不猶乾元之可，以該六十四卦乎。若以為僖公能修馬政，故其馬如此，是僖公乃薄於民，而厚於馬也。設使馬政修，而人心叛，即馬亦非其所有矣。讀詩者，其尚知僖公愛民之政，與其所以為君德者，而可哉。

综述

北魏 賈思勰《齊民要術》卷六《養牛、馬、驢、騾》 陶朱公曰：『子欲速富，當畜五牸。』牛、馬、豬、羊、驢五畜之牸。然畜牸則速富之術也。

《禮記・月令》曰：『季春之月，合累牛、騰馬，遊牝於牧。『累、騰，皆乘匹之名，是月所以合牛馬。』仲夏之月，遊牝別群，則縶騰駒。『孕任欲止，為其牡氣有餘，恐相蹄齧也。』仲冬之月，馬牛畜獸，有放逸者，取之不詰。』『《王居明堂禮》曰：「孟冬命農畢積聚，繼收牛馬。」』

凡驢、馬駒初生，忌灰氣，遇新出爐者，輒死。經雨者則不忌。

馬：頭為王，欲得方；目為丞相，欲得光；脊為將軍，欲得強；腹脅為城郭，欲得張；四下為令，欲得長。

又 久步即生筋勞；筋勞則『發蹄』，痛凌氣。一日生骨則發癰腫。一日『發蹄』，生癰也。久立則發骨勞；骨勞即發癰腫。久汗不幹則生皮勞；皮勞者，而不振。汗未善燥而飼飲之，則生氣勞；氣勞者，即而不起。驅馳無節，則生血勞；血勞則發強行。

何以察『五勞』？終日驅馳，舍而視之：不者，筋勞也；而不時起者，骨勞也；起而不振者，皮勞也；振而不噴者，氣勞也；噴而不溺者，血勞也。

筋勞者，兩絆卻行三十步而已。一曰：筋勞者，起而絆之，徐行三十裏而已。骨勞者，令人牽之起，從後笞之起而已。皮勞者，俠脊摩之熱而已。氣勞者，緩系之櫪上，遠喂草，噴而已。血勞者，高系，無飲食之，大溺而已。

飲食之節：食有『三芻』，飲有『三時』。何謂也？一曰惡芻，二曰中芻，三曰善芻。善謂饑時與惡芻，飽時與善芻，引之令食，食常飽，則無不肥。銼草粗，雖足豆穀，亦不肥充；細銼無節，簁去土而食之者，令馬肥，不苦江反，自然好矣。何謂『三時』？一曰朝飲，少之；二曰晝飲，則胸饜水；三曰暮，極飲之。一曰：夏汗、冬寒，皆當節飲。諺曰：『旦起騎穀，日中騎水。』斯言旦飲須節水也。每飲食，令行驟則消水，小驟數百步亦佳。十日一放，令其陸梁舒展，令馬硬實也。夏即不汗，冬即不寒；汗而極幹。

飼父馬令不鬥法：多有父馬者，別作一坊，多置槽廄；銼芻及穀豆，各自別安。唯著籠頭，浪放不系。非直飲食遂性，舒適自在，至於糞溺，自然一處，不須掃除。幹地眠臥，不濕不汗。

百匹群行，亦不鬥也。

飼征馬令硬實法：細銼芻，杴擲揚去葉，專取莖，和穀豆秣之。置槽於迥地，雖複雪寒，勿令安廠下。一日一走，令其肉熱，馬則硬實，而耐寒苦也。

驢覆馬生贏，則准常。以馬覆驢，所生騾者，形容壯大，彌複勝馬。然必選七八歲草驢，骨目正大者：母長則受駒，父大則子壯。草騾不產，產無不死。養草騾，常須防勿令雜群也。

驢，大都類馬，不復別起條端。

凡以豬槽飼馬，以石灰泥馬槽，馬汗系著門：此三事，皆令馬落駒。《術》曰：『常系獼猴於馬坊，令馬不畏、辟惡、消百病也。』

治牛馬病疫氣方：取獺屎，煮以灌之。獺肉及肝彌良，不能得肉、肝，乃用屎耳。

治馬患喉痹欲死方：纏刀子露鋒刃一寸，刺咽喉，令潰破即愈。不治，必死也。

治馬黑汗方：取燥馬屎置瓦上，以人頭亂髮覆之，火燒馬屎及髮，令煙出，著馬鼻上熏之，使煙入馬鼻中，須臾即差也。

又方：取豬脊引脂、雄黃、亂髮，凡三物，著馬鼻下燒之，使煙入馬鼻中，須臾即差。

馬中熱方：煮大豆及熱飯啖馬，三度愈也。

治馬汗淩方：取美豉一升，好酒一升夏著日中，冬則溫熱浸豉使液，以手搦之，絞去滓，以汁灌口。汗出，則愈矣。

治馬疥方：用雄黃、頭髮二物，以臘月豬脂煎之，令發消；以磚揩疥令赤，及熱塗之，即愈也。

又方：湯洗疥，拭令幹。煮麵糊，熱塗之，即愈也。

又方：燒柏脂塗之，良。

又方：研芥子塗之，差。六畜疥，悉愈。然柏瀝、芥子，並是躁藥，其遍體患疥者，宜曆落斑駮，以漸塗之，待差，更塗餘處。一日之中，頓塗遍體，則無不死。

治馬中水方：取鹽著兩鼻中，各如雞子黃許大，捉鼻，令馬眼中淚出，乃止，良矣。

治馬中穀方：手捉甲上長，向上提之，令皮離肉，如此數過。以鈹刀子刺空中皮，令突過。以手當刺空，則有如風吹人手，則是穀氣耳。令人溺上，又以鹽塗，使人立乘數十步，即愈耳。

又方：取餳如雞子大，打碎，和草飼馬，甚佳也。

又方：取麥蘖末三升，和穀飼馬，亦良。

治馬腳生附骨不治者，入膝節，令馬長跛方：取芥子，熟搗，如雞子黃許，取巴豆三枚，去皮留臍，三枚亦熟搗，以水和，令相著。和時用刀子，不爾破人手。當附骨上，拔去毛。骨外，融蜜蠟周匝擁之，不爾，恐藥躁瘡大。著蠟罷，以藥傅骨上，取生布割兩頭，各作三道急裹之。骨小者一宿便盡，大者不過再宿。然要須數看，恐骨盡便傷好處。看附骨盡，取冷水淨洗瘡上，刮取車軸頭脂作餅子，著瘡上，還以淨布急裹之。三四日，解去，即生毛而無瘢。此法甚良，大勝炙者。然瘡未差，不得輒乘，若瘡中出血，便成大病也。

治馬被刺腳方：用穬麥和小兒哺塗，即愈。

馬炙瘡：未差，不用令汗。瘡白痂時，慎風。得差後，從意騎耳。

又方：融羊脂塗瘡上，以布裹之。

治馬瘙蹄方：以刀刺馬踠叢毛中，使血出，愈。

又方：取鹹土兩石許，以水淋取一石五斗，釜中煎取三二斗。剪去毛，以泔清淨洗。幹，以鹹汁洗之。三度即愈。

又方：以湯淨洗，燥拭之。嚼麻子塗之，以布帛裹。三度愈。若不斷，用穀塗。五六度即愈。

又方：剪去毛，以鹽湯淨洗去痂，燥拭。於破瓦中煮人尿令沸，熱塗之，即愈。

又方：以鋸子割所患蹄頭前正當中，斜割之，令上狹下闊，如鋸齒形；去之，如剪箭括。向深一寸許，刀子摘令血出，色必黑，出五升許，解放，即差。

又方：先以酸泔清洗淨，然後爛煮豬蹄取汁，及熱洗之，差。

又方：取炊底釜湯淨洗，以布拭令水盡。取黍米一升作稠粥，以故布廣三四寸，長七八寸，以粥糊布上，厚裹蹄上瘡處，以散麻纏之。三日，去之，即當差也。

又方：耕地中拾取禾茇東倒西倒者若東西横地，取南倒北倒者，一壟取七科，三壟凡取二十一科，淨洗，釜中煮取汁，色黑乃止。剪卻毛，泔淨洗去痂，以禾茇汁熱塗之，一上即愈。

又方：尿漬羊糞令液，取屋四角草，就上燒，令灰入缽中，研令熟。用泔洗蹄，以糞塗之。再三，愈。

又方：煮酸棗根，取汁淨洗，訖。水和酒糟，毛袋盛，漬蹄沒瘡處。數度即愈也。

又方：淨洗了，搗杏人和豬脂塗。四五上，即當愈。

治馬大小便不通，眠起欲死，須急治之，不治，一日即死：以脂塗人手，探穀道中，去結屎。以鹽內溺道中，須臾得溺，便當差也。

治馬卒腹脹，眠臥欲死方：用冷水五升，鹽二升，研鹽令消，以灌口中，必愈。

治驢漏蹄方：鑿厚磚石，令容驢蹄，深二寸許。熱燒磚，令熱赤。削驢蹄，令出漏孔，以蹄頓著磚孔中，傾鹽、酒、醋，令沸浸之。牢捉勿令腳動。待磚冷，然後放之，即愈。入水、遠行，悉不發。

唐 佚名《司牧安驥集》卷五《黄帝八十一問并序》 蓋聞天地之間，人倫之內，有地土六畜者可以樹藝五谷，是民之生涯也。又曰：務茲稼穡者，全賴耕牛之力，平戎定寇者，莫非戰馬之功，此之謂也。既養其六畜，須伺察其飢渴、疲困、疾患，若有其疾患者，須憑針藥治療也。昔者，黄帝在位，帝基永祚，自破蚩尤已後，四海咸服，黎庶康寧，薄稅斂，而深耕易耨也。茲者，是德化之治也，以感動天地神明者矣。後王正月十五日夜，風清月朗，露泣烟輕有醫獸六人者，乃是聖賢聚會之際也。傳杯賞月之次，遞相議論，唯有八十一問。数內有馬師皇者，避席而起，焚香仰祝上蒼。玉帝遥知，即云有馬師皇，處世救萬民六畜，遂差天丁使者，於白玉連花櫃內，取出八十一問。玉帝又遣一仙童，賫此書直至下方，令付與師皇。仙童奉勑得書，直至下方，化作一九人，謁見師皇，道話次，將八十一問付與。師皇師皇見此書，踊躍大喜，拜謝次，仙人失其所在，此書乃世之寶也。既得此真方藥餌，遂依方修合，療其六畜之患，無不神効也。看口色而察其病源，听喘息而知其休廢，內曉五臟六腑，外觀四季五行，解陰陽知其生死，識運氣斷其吉凶，炮爁按法，針烙從穴，乃究根源，深窮造化之理也。今有後學之流，不識文墨，不曉經書，妄為穿鑿，施針用藥，謾設其功，一生而九死，所悞反多。今將秘本燭下再三披閱，子細詳之，撮其樞要者矣。旹明昌壬子歲丁未月上旬日序。

又 卷六《驥駒牧養法》 《禮記・月令》曰：季春之月，乃合累牛騰馬，遊牝于牧。累騰皆乘皮之名，是月所合牛馬。謂繫廄者，具牝欵遊，則就牧之，牝以合之也。仲夏之月，遊牝別群孕妊欲之止也。則繫騰駒為其牡氣有余，相蹄齧也。仲冬之月，牛馬畜獸，有放逸者，取之不詰。上居明堂礼曰：蓋冬之月，命農畢積聚，繫取馬牛。餵有三芻：一曰惡芻，二曰中芻，三曰善芻。善謂飽時，與惡芻飽時，與善芻，引之令食之，常飽則無不肥，坐草粗，虽足豆粟亦不肥充，細剉無節，從皆篩去節而食之者，令馬肥不啌（苦江反）。飲有三時：一曰胡飲，小之，二曰晝飲，則酌其中，三曰暮飲，極之。一曰夏汗冬寒，皆當即飲。諺曰：旦起騎穀，日中騎水，斯言旦飲須節水也。每款食令騾，則菊水，小騾數百步亦佳。十日一放，令其陸梁舒展，令馬硬实也。飼父馬令不鬬浛：多有夕馬者，別作一坊，多置槽眠，剉芻及火豆，各自別安，惟著一頭，浪放不繫，非直飲食達性，舒通自在。至於糞溺，自然一如，不須歸除。乾地眼卧，不温不汀。自疋群行，亦不開也。飼父馬令不實法：細剉芻，於柳揚去，葉專取莖，和穀豆秣之，直槽於通地，虽雪寒勿令安廄下，一日走，令其內熱，馬則硬实而樹寒苦也。凡養馬，冬煖屋，夏涼棚，頭平繫，行相離稀，闊槽，道潔净，揀擇新草，篩簸粟豆。若熟料，用新水浸，洞放冷方可餵之。其飲馬水，切忌宿水。凍料、陳草、砂石、灰土、線絲、諸雜毛髮，食之即瘦瘁生病。或以塩水飲者，勿多，多則損其腰腹，以成腎冷。腎冷，即惟宜新水以時飲之。遇夜不飲。冬月飲訖，便須牽，行即無傷後失。仍日看其糞溺，若溺清糞慢，即無病矣。

凡槽忌以猪槽，及用石灰洗，飾馬有汗繫於衝門，此三者皆令馬落駒。術曰：常繫猴孫於馬坊，辟惡消百病。

凡乘習，一日行，二日驅，三日騾，四日馳，五日奔，終而復始，千里無病。遠来有汗，捧行喘定，汗息去鞍，即時放騾，繫於迎風，勿近舍檐，移時方餵。

凡新馬能食而瘦者，為有蠹蝵。每煮豆二㪷，用不蛀皂角三挺、貫眾一兩、火麻子一合，同煮料，候熟，去了皂角、貫眾，如常法喂之，虫出溱臕即止。

凡牧放，春月，諸群趂茂草刧臕，同陂牧。放至氣候極暄，即各帰棚。如雲遇盛熱大暑，於辰時上棚，迎風繫行，打首蓿嫩草貼餵，至晚涼下棚。如雲陰及氣涼，更不上棚。凡值大風雨，即時上棚。若遇雪寒苦冷，即入煖棚應上棚。以白草、茭草，依時餵秣，即當早、午、晚三時飲水。如大暑，热度量加飲数。每遇飲馬，就便看驗有無病患，交點疋数。每三日一次，專上棚擊行作，輪次瓜洗口、鼻、眼、目、胸膊，令獸醫遍看口色，有病者嚯啗，甚者別槽醫治。逐群每番，輪兵士四人當番隨群照管，不住徃来，挨撚攪撥驅喝，無致群聚，立卧務要透風，以免承罨生病。若冬寒雪壓草苗，不可牧放，即歸監。

宋 王安石《臨川集》卷四二《相度牧馬所舉薛向札子》 臣等竊觀自古國馬盛衰，皆以所任得人、失人而已。汧、渭之間，未嘗無牧，而非子獨能蕃息於周，河隴之間，未嘗無牧，而張萬歲獨能蕃息於唐，此前世得人之明效也。使得人而不久其官，久其官而不使得專其事，使得專其事而不臨之以賞罰，亦不可以成功。今臣等相度陝西一路買馬監牧利害大綱，已具奏聞。伏見權陝西轉運副使薛向，精力強果，達於政事，河北便糴，陝西搉鹽，皆有已試之效，今來相度陝西馬事，尤爲詳悉。臣等前奏已乞就委薛向提舉陝西買馬及監牧公事，今欲乞降指揮，許令久任。緣今來馬價，多出於解池鹽利、三司所支銀紬絹等，又許令於陝西轉運司兑換見錢。今薛向既掌解鹽，又領陝西財賦，則通融變轉，於事爲便。兼臣等訪問得薛向陝西係官空地，可以興置監牧處甚多，若將來稍成次第，即可以漸興置。蓋得西戎之馬，牧之於西，方不失其土性，一利也，因未嘗耕墾之地，無傷於民，二利也，因向之材而就令經始，三利也。又河北有河防塘泊之患，而土多舄鹵不毛，戎馬所屯，地利不足。諸監牧多在此路，所占草地多是肥饒，而馬又不堪，未嘗大段孳息。若陝西興置監牧，漸成次第，即河北諸監有可存者，悉以陝西良馬易其惡種，有可廢者，悉以肥饒之地賦民。於地不足而馬所不宜之費，以肥饒之地賦民，而收其課租，以助戎馬之費。於地有餘而馬所宜之處，以未嘗耕墾之地牧馬，而無傷於民。此又利之大者也。如允臣等所奏，即乞薛向所奏舉官，負及論改舊弊，朝廷一切應副，成功則無愛賞，敗事則無憚罰。如此則臣等保任薛向必能上副朝廷改法之意。如將來敗事，臣等各甘同辠。取進止。

宋 王之道《相山集》卷二一《預置大軍馬草札子》 契勘大軍見戍淮上，將來合用馬草，理宜預行計置。之道竊睹紹興六年秋劉少保宣撫淮西日，其他措置乖謬固不可毛舉縷數，而最爲擾民者馬草一事。宣撫司行下安撫司，安撫司行下諸州，州行下縣，縣行下保正長，文移聯函繼踵，催督起發，而不言其受納去處。州縣既已責辦保正長，更不肯爲申明。保正長迫於程限且畏軍法，正當穫稻藝麥之際，盡起保內丁壯人負草四束，自朝至暮徬徨道塗，東西南北莫知所向。如是者幾一月。後來寇退，既就廬州置場受納，而其受納官吏務在請賕，競爲阻節。斯民既苦一月無處交納，幸有其交納處，不復計較所費。由是每草一束會計水運亦不下四百金，其負擔者往往至七倍，深可憐憫。乞欲朝廷明降指揮，自今民間所科馬草，除情願般赴軍前交納人户外，餘聽束納錢二百文省。當夏秋間暇時，官爲召募老弱不堪出戰之兵，於淞淮及安豐塘并廬壽界有塘礫去處，采斫堆垛，準備緩急應副大軍支遣。庶得不奪民時，不煩民力，而軍儲預辦，緩急不致誤事，豈曰小補哉！

宋 張孝祥《于湖集》卷一八《乞擇近臣令行荆襄參酌去取牧馬專置一司奏狀》 近准樞密院劄子，備奉聖旨，令臣同司馬倬、趙某、張某，相度於湖北、京西置一孳生馬監，措置條具利害供申。臣尋關牒京西安撫及兩都統司，各據回文，欲以騍馬四千疋分爲四監，内鄂州都統司認養二千疋，荆南都統司認養一千疋，湖北、京西安撫司各養五百疋。臣竊惟中興以來，馬政不脩，歲歲博買，其費巨億，而諸軍之馬愈更乏少，此則牧養之道未得其宜故也。今朝廷方議置監，欲還祖宗之舊，若措置得宜，則省國用，振軍威，制夷狄於是乎在。蓋政事之大者不可苟且嘗試而爲之也。今若諸軍分養，則與前日之撥綱馬略同。諸軍苟於得馬，不復爲經久之計，一二年後稍有折閲，則又將以辭自解，謂荆、襄非宜馬之地，如此則東南長無牧養之利，必資諸蠻而後可耳。臣愚欲望聖慈特出聰斷，於近臣中不問文武，擇知馬者一二人令行荆、襄、淮南境中，與諸軍帥守臣寮深圖地土水草之宜，國朝以來所置監牧已行故事，參酌去取，具以上聞，取自聖裁，專置一司，付以事權，嚴爲黜陟之科，責其成功。如此則宣撫司所買四千疋不爲虚費，假以歲月，朝廷眞得牧馬之用。須至奏聞者。

小貼子諸軍揀汰使臣軍兵，所在成羣，若今後撥付牧馬監，令逐州軍解發，按月請俸，就監支給，專令牧養，實爲兩便。伏候勑旨。竊聞西北諸監，惟沙苑最盛。訪聞監兵見今猶有存者，散在關外諸軍，乞令宣撫司從實根刷，撥付今來置監去處指教。伏候勑旨。

明 畢自嚴《度支奏議》山西司卷二《覆大同撫臣條議采青養馬疏》 題爲採青空有其名，養馬久無其實，懇乞聖明查復祖制，嚴禁扣折以預草束，以修圉政事。山西清吏司案呈，崇禎四年閏十一月二十四日。奉本部送户科抄出，大同巡撫張廷拱題前事，内稱雲鎮馬政，至今虚弱極矣。原額馬、羸駝五萬一千六百五十四匹頭隻，此國初經制也。至萬曆四十五年，巡按御史周師旦題定經制，尚有三萬六千八百一十九匹頭。至我皇上登極之二年，前撫臣張宗衡題疏内，尚有二萬四千八百八匹頭。迺查崇禎三年歲報止，有八千九百六十五匹頭。臣於七月間點查，則僅存七千五百五十六匹頭。二年之間，遞減馬贏駝幾至二萬。且皆瘦瘠不堪奔馳，說者謂入援京川倒斃使然，乃臣則謂倒斃之原未必盡繇於此，皆因草束久廢，芻料有限，平時已不堪命，征戰益不可支，而倒斃之多實因之。則排青之法不行，扣抵之例不變，雖多金買駿，終無益于強弱之數，臣今不敢遠引，不及多引，只查嘉靖四年都御史蔡天祐題先年採青，軍士扣除漸加，今兵荒艱難，乞將嘉靖三年分草銀免扣，尚書金太覆奉世宗皇帝聖旨，這地方初寧，嘉靖三年分未完草束，準除豁，以後務要依期採打如法，堆垛以備養馬，不許扣折軍士月糧，欽此。是扣折之禁甚嚴也。又查嘉靖二十二年，尚書方鈍題秋青草束，仍要下場採打，每年連餘丁共足三百六十束，載在會計錄，歷歷可考。是採打之法尚遵也。不知何故，至隆慶二年只載秋青草一十九萬一千九百六十束，折銀五千七百五十八兩八錢，充主兵餉至今未之有改。即臣會同餉司周維新，近日所照例題報是也。而此草束久已化為烏有矣。草束既廢，種種苦累，臣請得而略言之一，則不特累馬併且累軍，蓋以一軍養一馬，必擇其雄有力者付之，謂能愛而養之也。今素無草束，一軍之家所積，幾何勢於上槽之日，必責料于餉司，乃查對之迂延有之，給發之遲緩有之，召買之不能多發有之，軍不能支馬遂倒斃，仍欲以椿朋銀兩責償于軍，此雲中之軍所以不利，養馬則以無草束之故也。一則不惟累軍，而且累官盖往，例欲發現在之馬料當扣倒斃之馬價，使內外之解發如期，額數不失，司餉者何難。一支一扣，今餉庫如洗，既不能一時盡扣，而召買無多，又不能一時併支，內怵於功令之可畏，外苦于斃倒之堪憐支，扣兩難捄治無策，即司餉者，亦甚苦之矣。一則不惟累現在之馬，併累新買之馬，盖累年扣椿朋，扣料草為買補馬匹計耳。今計二十餘金，方買一馬，數千里募之，累日月致之交付一軍，方賴禦侮旋以芻秣不繼，餧養非時，漸而骨如山，漸而肉如泥，從前如錦如雲，今安在哉。不惟生命可憐，亦且金錢可惜矣。如此三累者，向使當野草茂盛時，使數萬軍丁按期採取，有附近草場則近積之，有隔遠草場則遠積之，現今軍士七萬餘名，於秋深之後操練之餘，防範之外，每軍令取草一束用之，一日則得七萬餘束，用之十日，則得七十餘萬束，用之一月，則得二百一十餘萬束。日積月累，如岡如陵，夫孰非取無禁，而用不竭者哉。從此而養馬之軍丁有恃，從此而餉司之召買可省，從此而舊存新買之馬俱有所資，以為命草束，一復三累，盡除國家，亦何惜此五千餘金，而不以活此數千數萬之馬贏也哉。臣以為復之便，而或者謂扣除銀數已經題允，抵充軍餉，原非冒濫法，久而軍安之不便改也。不知害小而利大，則當從其利，今扣折之害已甚，而採打之利甚明，且奴揷未靖，需馬甚急，又安能狃久偷之，人情安積玩之，陋習而不為之更張也乎。臣復查會計錄，嘉靖三年以前採草，軍士每束亦征銀三分，後征至一兩二錢及九錢不等，各將月糧扣至四年，乃一切除豁之。而嚴採打之旨，今皇上御極亦四年也適與相合，伏乞皇上慨然更新，毅然力行，仍勑下兵部再加考覆，先將大同草場盡數查出，仍定城堡，各軍每年秋深之後，當採打幾多日，堆垛幾多草，至上槽之日，每馬每月給草束若干，依期計月，官為預給，而從前一切坐扣，暗折盡行，革除庶三軍之士，知皇上非持愛馬，實以愛軍，非特可以資守禦，實可以張撻伐於中興之治。不無小補，而衝邊亦可恃以無虞矣等。因崇禎四年閏十一月二十三日奉聖旨，該部確議具覆，欽此。欽遵抄出到部送司，隨即呈堂移咨該撫備查，採青軍士共計若干，每歲每人應採若干，通共青草若干，作何收貯，作何支放，作何扣筭，查議明確，定為永制。去後，本年五月初八日奉本部送準大同巡撫張廷拱咨稱，準户部咨前事，已經備行各道查議，及嚴催去，後今據布按二司兵備守巡冀北道副使等官馬士英寺呈，據大同府申準五路通判等官張鳳羽等回，稱查得西井二路一十四城堡原額官軍一萬一千八百五十三員，名內除大同調去鉄石匠，并夷漢丁一百三十名，各衛所食糧官一百四十二員，各官奉例跟伴軍六百六十八名，在邊哨備墩軍八百七十三名，長夫并站軍三百三十五名，聽援防範修工軍五千五百四十名，實用採草軍四千一百六十五名，連防軍輪流每年採草三個月，自七月初一日起至九月終止，每軍每日採草一束，正草一十五斤，耗草三斤，共重一十八斤。每軍共採草九十束，通共採草三十七萬四千八百五十束。額馬騾駝二千八百三十四匹頭隻，內除京川并西援陣失馬八百六十八匹，大同防範及入衛兑去馬一百八十一匹奉文裁去二匹，實該馬騾駝一千七百八十三匹頭隻，遵照原行自本年九月十五日起至來歲四月十五日止，上槽攢喂計支草七個月，每月每馬騾駝各支草三十束，共支草三十七萬四千四百三十束。餘草四百二十束，聽援兵馬匹支用查，待迎敗阻滅，乃將六堡原無設立草場，督軍在於山坡、溝澗，各堡邊下空閑草茂處，所採刈似難酌，坐頃畝其平井朔馬。山應懷西八堡共草場二十二處，計地七十九頃，各責委官帶領軍士在彼採打，統俟採完之日如數搬運，各該城堡草場以備馬騾駝月草支用，該本路看得騎，必需草，而刈草需軍制沿舊矣。雲鎮節、年蹇、遭荒儉，就索之戎，伺隙而動，且東防西剿，挑練時繁，所以正當豐割之時，不無不違之弊，然人情寬則愈，怠而束則自勤。既蒙功令之叮嚀，謹酌城堡之大小，就現在之軍芟閒曠之地，平虜城大萬九千五百七十束，迎恩堡一萬四千三百一十束，敗胡堡一萬五百三十束，阻胡堡一萬二千二百四十束，井坪城十萬五千四百八十束，滅胡堡六千三百束，乃河堡一萬五十七百五十束，將軍會六千三百束，朔州城八萬四千六百九十束，馬邑城八千六百四十束，山陰城一萬一千三百四十束，應州城一萬六千三百八十束，懷仁城一萬三百五十束，西安堡二千九百七十束，起自秋初終於秋盡，計所獲之草給原額之馬騾，至剩四百二十費。不煩於帑藏，馬必熾於飽，騰況採與謀並無虧苦，其於軍國實有利禪，其坐給草束，仍聽餉司移會酌給。又準東路同知鄭獨復關，稱軍門標下左右二營共軍三千二百二十七名，稱係標兵時方多事，不時調發目，今多半西征流寇，在營者聽候更番，似難採打，再除夷丁并住防邊哨免採外，實在軍三千八百七十二名。自本年秋，深責令各軍於有草去處，每軍約採三十束，共約採草一十一萬六千一百六十束。各以城堡兵數，分計採運草場如法堆垜，聽坐主兵馬騾支用。又準鎮城正兵中營參將陳應元回，稱查巡道所轄中路分屬各營城堡，官軍二萬六千二百六十七員名，內除代府旗尉官員，總鎮部道夷漢通丁造作匠役，前後二衛十四團操，及大路哨備塘撥，各處守城雜役，共供役健丁免採外實該採草軍一萬四千二百一十一名。每名採草三十束，共計草四十二萬六千三百三十束。西遊兵營，見今入防官軍一千九百一員名，見今在薊住防似難採□，北路分屬各堡官軍七千二十七員名，內除官員火路造作，改撥健丁哨備，守堡軍夫，并京川陣亡軍丁不採外，該採草軍四千四百五十五名，每名採草三十束，共計草一十三萬三千六百五十束。各以城兵數分計，如鎮城往規有東聚落王官屯，西高山南地名榆林、威遠各場，俱離一程之遙，每于秋深發軍，赴場採打，該管具報數目，晒乾堆垜於場聽中，路照屬請撥，鄉車運赴大夏草場，仍聽兩路預報餉部，千坐放之期，照馬計算，除扣草外，餘給折色，自得分明，綠繇到府，看得軍士採草，乃舊制也。後議折銀，不知果何所見，今為題請復議採草，不獨祖制之宜遵，而實益於營，五馬得芻草，必無損瘦之患，軍藉其力有資，戰陣之勇，軍雖苦于一時，則免扣折之害，採草之舉，誠有利于軍國，但攄各處所稱見，在軍士內有調去鉄匠、夷漢、丁哨、備墩、軍長夫、跟伴站軍，及左右兩掖等□，俱不應採草，而見在採草之軍，又寥寥不多，計五路應採軍士共四萬三千三百八十四名，且各處所議不同，有謂每軍每日採草一束，而議採三個月者，有調採一月者，有謂採十束者，合無酌其中定其晝一，于秋成之時，採草一個月，計三十日，每日每軍採草一束，共三十束，每正草一十五斤，耗草三斤，通共計該採草一百三十萬一千五百二十束。在鎮城者垜放，大夏草場在各城堡者，垜放各城堡草場，採完之日，各開數目徑報餉司，聽其坐放，如此則軍士不難于喂飼，而馬實有宿飽之賴。既經各路查議，前來合候轉達等因到道會看得法，惟祖制盡善，獘當變久必更□，採青廢為扣折，芻秣無資，倒斃莫捄，因仍苟且，軍與馬俱累支與扣併苦。即日市駿于數千里，徒靡金錢，卒歸餓斃巳耳。此何等事而可不復採青之祖制耶。然就中勞逸不均，勘酌須當，亦有可得而言者，如夷漢丁並左右兩掖等營，皆宜超距賈□□其銳，氣哨備墩軍瞭望有責，鉄匠長夫跟伴站軍各有其事，俱應免採，其見在之軍五路共四萬三千三百八十四名，路議不一，合照府議于秋成之時，俱各採草一個月，計三十日，每日每軍採草一束，共三十束每束，正草一十五斤，耗草三斤，合之其採馬草一百三十萬一千五百二十束。在鎮城者，堆放大夏，在各城堡者，垜放各成堡，草場採完之日，各開數目徑報餉司，聽其坐放，則飼養無缺，飽騰有望，從前倒斃之病，庶可寥乎。等因到職，看得雲鎮，古稱牧馬地也。舊有草場及多閑曠之區，每歲秋成塞草叢茂，始議採青，以資芻秣，於是馬匹蕃息緩急，有賴祖宗設法良有深意，嗣以扣折，而軍思偷安，不加採辦，野草化為棄物，雲錦漸至空槽，以今視昔，夫額已陪徒矣，夫當此邊氛孔棘之秋，馬匹所存無幾，即遠從西夏市販，往返萬有餘程，每馬費至二三十金，尚不堪征操之用，豈可安常守，故□不為之變通哉。此職目擊時弊，有採青查復□祖制一疏也。茲攄道府議除夷漢掖丁哨備夫匠等項免採外，計合鎮五路見在之兵，共四萬三千三百八十四名，每歲秋深各採草一個月，計三十日，每日每軍採草一束，每束正草一十五斤，耗草三斤，共採草一百三十萬一千五百二十束。在鎮城者，垜放北關大夏，在各城堡都運積各城堡草場，各開数目報餉司，聽其坐放，庶軍不苦難，而芻秣有資，且馬日腯壯，而守禦可賴，斯亦目前捄弊，急着計無便于此者，等因到部送司案呈，到部該臣等看，得大同各營採青飼馬原屬祖制違，至隆慶二年乃始免採折銀，長偷安之習，而虧飼秣之實，此飽騰所以無期，而倒斃所為滋甚也。今雲撫張廷拱加意圉政，題請查復祖制，奉有確議具奏之旨，臣部移咨該撫，再行道府將領諮詢商確，續據回報，無人不謂採青當復者，但夷漢披丁哨備夫匠等項征調役使，例不採青，共計五路，應採軍士凡四萬三千三百八十四名，此採青之人也。自七月初一日起至九月終止，秋深草茂，取無禁而用不竭，此採青之時也。各管所議採草多寡不同，有謂採三月者，有謂採一月者，有謂採一束者，雲撫因道府之議折衷，以一月為準，每日採草一束，每束正草十五斤，耗草三斤，共該採草一百三十萬一千五百二十束。此應採之數也。在鎮城者，堆垛北關大夏，在各城堡者，運積各城堡草場，此貯草之地也。採完之日，各將草数開報餉司，自九月十五日起至明年四月十五日止共，七閱月照例坐派給發，聽令軍士攢槽喂養，此放草之時也，變折銀為採青捐五千七百餘金，而得一百三十萬之草，該撫所咨議者，似已無餘蘊矣。惟是言之非，難行之為，難顧力行何如耳。臣等再為籌度，猶恐此後買馬漸多，所採草束不敷，七月之支則本色止放冬春六閱月，亦未為不可也。又查該鎮尚有中□草一十八萬一千五百三十七束，亦當加意清核追納，通完再有不足，動支餉庫京民二運銀兩，再行召買穀草以附益之，既備不敷之用，且供不時之需，此又理勢之必不容已者也。從此蒭牧不患無資，雲錦可以立致守禦之長策，撻伐之偉烈將在是矣。既經該撫道議，覆前來相應，具覆伏乞皇歳恭侯命下，臣部移咨該撫轉行各衙門遵奉施行。崇禎五年五月二十三日具題，本月二十五日奉聖旨。草束雖屬餉務採打，實關邊政這疏，如何不會兵部議覆，該科原失分抄，亦屬疏率還着二部詳議，另本來行本内跟伴長夫站軍等項是否，舊制作何應役，併查明來說，欽此。

明　楊博《本兵疏議》卷一二《覆太僕寺卿劉畿等條議寄養馬政疏》

題為馬匹缺乏，懇乞聖斷早賜區畫，以嚴武備事。車駕清吏司案呈奉本部送兵科抄出太僕寺卿劉畿等題，奉聖旨，這所奏，兵部看了，來說寄養馬匹倒失，既已數多見在不堪兊的，又幾及十分之四馬政何以廢弛，至此一併查處，具奏欽此。抄出送司行據太僕寺將計處事宜，開款具呈到部送司案呈，到部看得太僕寺卿劉畿具題，前因大率謂見在寄養馬匹數少，欲將收買改派二事併舉要，將馬價銀兩備查，節年借支別費應還寺者，督催還寺，不係買馬者，不得一槩准給，一節為照，節年寄養馬匹不下二三十萬，見在者，任其倒失，既不稽考，倒失者應納價銀，又不追徵，以真定諸府良民之膏血，填順河二府奸民之溝壑，千瘡百孔，廢壞至極。臣等近日題奉欽依，責差少卿劉朝佐主事，郭廷臣親詣各該州縣通行整理，意蓋有見拎此，所據該寺原議，大率不過改派本色，發銀買馬二事，切緣買馬一事騷擾閭閻，無益有損，惟有改派本色一事，原係舊例，相應依擬，合候命下本部，速行北直隸、山東、河南巡撫，都御史及咨都察院轉行，北印馬御史將嘉靖四十三年分備用馬匹，除沂費郯滕嶧五處折價外，其餘仍照四十一年以前舊例。全徵本色解部發寺以備調兊，其折色銀兩以後容臣等酌量，事情重輕應動支者，量為動支，不應動支者，自難輕動其各部借過者，移文清查，不許再借，以悞軍國大計。及照該寺雖將計處馬政事宜呈報，前來以臣等愚見有治人無治法，未有政得其人，而法不舉者，故斷然以少卿之專督印馬御史之監，覈以為首，務合就一，併開坐上請，恭候宸斷。嘉靖四十二年十一月二十九日題，奉聖旨這馬政事宜，你部裏并各官都要着實舉行，欽此。

一、專勑寄養少卿。查得該寺雖有少卿專管，寄養緣勑書原不坐名，挨次輪管有同傳舍，且經年全未巡莅，以致州縣官民肆無忌憚，廢弛之由正坐於此。合無以後，行令該寺少卿一員專管寄養，不許相沿交代，每年巡莅二次，上半年以二月為期，四月回寺，如有瘦損不堪兊者，聽將管馬官照例決打，定限下次設法喂養驗臕。下半年以八月為期，十月回寺，如馬仍瘦損仍行決打年終類糸，每次巡莅回，日備造文冊一本，送部查考，見管少卿劉朝佐換給坐名，勑書一道，欽遵行事。

一、責成印馬御史。查得印馬御史近該本部題奉欽依兼管備用寄養二事，然寄養止為馬價一節，原未及拎本色，合無移咨都察院轉行北印馬御史以後，將寄養本色馬匹并追徵，馬價通行管理，每年終將查處，過事宜造册一本，送部查考應，糸應問官員會同少卿一體糸問。

一、督責州縣正官。查得綜理稽查全在各州縣掌印官，先該本寺具題本部覆議，掌印官拎雙月查驗，馬匹堪兊不堪兊，俱要開註，職守已明，無容別議，止因該寺雖有薦劾之例，向未舉行，以致人心玩愒，全未奮勵，合無每年終仍聽該寺，會同提督少卿并印馬御史將各州縣掌印官及各府管馬通判從公甄別，如倒失及不堪數少者，指名薦獎本部移咨吏部倖深者，照例陞用，倖淺者，量為加倖，倒失及不堪數多者，據實糸劾查，照舊例以十分為率，不及五分以上，應住倖者住倖，應降級者降級，明白開奏，以示懲勸。

一、計處倒失追賠。查得倒失馬匹舊例，俱問罪追補本色，故種馬倒失州縣□行追補，向無拖欠，合無將寄養馬匹斟酌前例，自嘉靖四十三年為始，領養十年，以下未經借兑，倒失者追補合式大馬，觧寺印烙，仍發領養，姑免問罪，領養十年以上，馬齒已老，倒失者追銀一十二兩，曾經借兑退回者，仍照近例，交還之日，原兑官驗係，瘦瞎損傷餧養不痊，曾經入册者，臨時與中途倒失，止追皮張銀四錢，領回三月之内倒失，加追肉臓銀伍錢，領回三月之外倒失，追銀五兩，如驗係膘息少減，尚堪餧養不註入册者，查照借兑次數，借兑一二次倒失者，照保定事例追銀十兩，借兑三次以上倒失者，照遼東事例追銀七兩。

一、查處變賣馬價。查得嘉靖七年奏准，差太僕寺少卿督同府州縣掌印管馬官，將寄養馬匹通行查點，果有不堪兑軍者，分別所養年分變賣合無。自嘉靖四十三年為始，聽該管少卿徑自分別領養，必須十年以上者，方許變賣，仍查曾否兑借，如兑借一次二次者，照保定事例追銀十兩，兑借三次以上者，照遼東事例追銀七兩，未經兑借者，照十年以上倒失事例追銀一十二兩，其堪養之馬，責令用心餧養，不許一槩變賣，以滋奸弊。

一、查處寄養馬户。查得舊例有地五十畝者，免其納糧。止養馬一匹，以丁糧多者，編充馬頭，專一養馬，餘令津貼，錢鈔以備倒失買補之用。不許輪流，如有例前輪流，及令孤寡殘疾一槩出辦者，發邊衛充軍事例甚嚴，相應申明合無嚴行。各州縣掌印官痛革冒充花分等弊，務將粮多者充為馬頭，地畝如不足數，方以中下户津貼錢鈔，不許輪流餧養，地賣馬存者，斷令買地人户領養，至於倒失變賣馬價，載在勑内遇赦不免，今後無故不得輒行奏免，違者聽本部與該科糸究。

又《覆北畿印馬御史顧廷對條議寄養馬政疏》 題為申紀法，飭人心急，釐極敝馬政以裨大計事，車駕清吏司案，呈奉本，部送兵科抄出，巡按直隷等處監察御史顧廷對題奉聖旨，兵部知道，欽此。欽遵抄出，送司案，呈到部，看得巡按直隷監察御史顧廷對敷陳五事，太率皆爲寄養而發救偏補弊，均於馬政有益，合就開立前件議擬上請定奪。嘉靖四十四年九月十二日題奉聖旨，是閻應武罰倖二箇月，邢元徹一箇月，劉文彬著送部降用，欽此。

一、時巡歷以稽成效。大率謂印馬御史該管地方，濶遠三年始巡一週，曠口持久，人心玩怠，欲要三年之内巡歷兩徧，具見恪脩職業，以求實效之意，合無依其所擬行，令本官不拘種馬，寄養三年之内，務要巡歷二次，案候新差御史命下之日，本部移文内府，翰林院增入，勑内一體欽遵，以爲定例。

一、嚴罰治以策怠玩。大率謂寄養馬匹地方有司玩愒，以致瘦損數多，欲要分等究治，無非肅法紀，以懲時廢之意，合無依其所擬，將密雲縣知縣邢元徹量加罰，治順義縣知縣閻應武重加罰，治三河縣知縣劉文彬起送吏部降級別用，其餘未經巡莅州縣，但有怠玩如劉文彬者，聽其不時糸奏，以後巡歷所至，先查比膘息之肥瘦，然後查比倒失之多寡，務要提綱挈領，以脩實政。

一、復專官以備職守。太率謂寄養馬匹地方，裁革管馬佐貳官，專責印正官，不惟事廢於兼攝之難，周亦且弊，滋於轉委之未，當欲要照舊除選專官，但有貪汚，即行拏問，查得州縣管馬官員，先該印馬御史吴守具奏本部覆奉欽依通行裁革，責成掌印官員，蓋一方之事全在知州、知縣，若果得人，則無利不興，無弊不革，不得其人，即使六事各設一官，祇見繁擾，御史顧廷對前款所列，欲要譴罰正官，意已有見於此，合無仍照本部原議，責成知州、知縣克修馬政者，指名薦奏，不行修職或大肆貪婪應拏問者，即便拏問應糸黜者，指名糸黜。

一、慎俵納以清弊源。大率謂解納馬匹積弊多端在民則聽其侵尅，包攬在官則失於濫收抵易，以致收俵之馬發之寄養多不中用。欲要太僕寺驗收合式，大馬矮小不堪者，即行追究，仍將馬匹補換，一切侵攬抵易等弊通行嚴禁，查得本部題准事例，各處本色馬匹俱要揀選，身高四尺，兒馬五歲，騍馬八歲以下，方許起俵，乃今本官極陳弊源，欲行釐正，一時太僕又皆新任勵精之，初合無依所，所擬行，令該寺以後驗收馬匹，務要遵照節，題事理揀選身高四尺，年齒相應，方准收納，但有矮小不堪，即追究原解人役，在京在外果有積棍馬販包攬侵尅等弊，嚴行緝拏，糸送法司，從重問罪，仍將馬匹退回補換，不得徇私，聽囑本官職司風紀，亦要將侵尅包攬之弊嚴加訪禁，各該衙門但有仍蹈前弊者，聽本部與本官徑自糸奏。

一、清户籍以杜虚耗。大率謂寄養人户編審無法，派養不均，以致馬多耗損。要將各該馬户立法審編分定户，則酌量派養，不使偏累，無非體恤民隱以示均平之意。查得寄養州縣，先該御史吴守題地土人户減少，領養馬匹數多貧，民受累，馬匹消耗，議將寄養馬匹減派二萬，養馬地土照數審編，不許多派覆舉，欽依通行，印馬御史會同撫按衙門審編，去後，為月末久，弊復種種，此皆承委官員苟亘完事之故，合無斟酌，所擬仍令本官，會同各該撫按衙門選委廉幹掌印官，照依所議從實審編，通限兩月以裏，造册完報，如敢不行，悉心仍前，虚玩本官，即便指名參究。

又卷一八《覆北畿印馬御史顧廷對再議寄養馬政疏》 題爲俯竭愚忠，酌議寄養馬政，以袪宿弊，以裕實用事。車駕清吏司案呈奉本部送兵科抄出，巡按直隸等處監察御史顧廷對題奉聖旨，兵部看了，來説，欽此。欽遵抄出送司案呈到部，看得巡按直隸監察御史顧廷對條陳六事均於馬政有益，合就開立前件議擬，上請定奪。嘉靖四十五年二月十四日題奉聖旨，依議行，欽此。

一曰順時月以定規制。看得馬厩所費，無論多寡猶爲小節，至於團槽喂養在邊鎮，亦間有行者，行之腹裏不知人情，事體有無穩便，改革之際，極當慎重。合無移咨順天、保定二處巡撫、都御史，會同印馬御史顧廷對先將團槽一事計議停當。如果可行，別無窒碍，備由咨部，然後徐議馬厩，以終其事。

二曰酌户額以圖實效。看得寄養人户，原爲養馬而設，馬數不滿二萬，馬户多至四萬，徒存虚額，無濟實用，委當清查以示調停。合無依其所擬，轉行印馬御史顧廷對。即將各該州縣分别上中下三等，酌量增減，仍查照寄養人户丁田多寡，通融均派，大率止要二萬五千户，實數每年馬匹照數分派，領養編派完日造册送部備照，其不堪之馬多至一萬二千餘匹，空費喂養，應該作何處置，亦聽本官徑自議處具奏。

三曰一事例以均民便。看得倒失寄養馬匹舊例，俱是追納銀兩，近該本部議，自四十三年爲始，領養十年以下，未經借兑者，俱追補本色馬匹，姑免問罪。十年以上及曾經借兑者，方許分别年限追納銀兩，蓋以買馬爲難，追銀爲易，故爾止緣馬户作弊，往往賤買小馬苟且充數，以致應買馬者，重而反輕，應徵故者，輕而反重，御史顧廷對欲令通買本色，固爲有見，但恐人心不齊，勢難輳合，未免又啓爭端，合無轉行本官責令各該州縣以後倒失馬户，應買本色者，務要收買壯大合式好馬解赴該寺，印烙發属寄養該寺，亦不許姑息收印以滋弊端，其應該追銀一十二兩以下者，仍其舊貫不必更改。

四曰蠲逋負以舒積困。看得各該寄養州縣，連歲災傷荒，疲至極倒，失馬價委果追徵不前，但恐奸頑得計益，將馬匹任意作踐，無復忌憚，合無斟酌所擬。嘉靖四十一年以前倒失者，盡數蠲免。以蘇民困四十二年以後倒失者，立限追補，其節年變賣馬價，照舊完解，印馬御史提督少卿務要用心稽查，以革宿弊。

五曰重久任以專責成。看得太僕寺提督寄養少卿，既奉專勑，自當久任，責成合無依其所擬，移咨吏部，以後寄養少卿必須三年考滿，方許陞遷，遺下員缺，仍查年資，相應久任者，酌量銓補。

六曰通文移以聯職掌。看得太僕寺職專馬政，與印馬御史委相關涉，寺院文移必須彼此相通，事方有濟合無劄行，該寺并寄養少卿，以後一切馬政務要與印馬御史互相關白，以便考覈，其造册填註各項馬數，每年終會同查對等項事宜，悉如所擬施行。

明 丘濬《牧馬之政》《明經世文編》卷七五　臣按古今馬政，漢人牧于民而用于官，唐人牧于官而給于民，至于宋朝，始則牧之在官，後則蓄之于民，又其後則市之于戎狄。惟我朝則兼用前代之制，在内地則散之于民，即宋人户馬之令也，在邊地則牧之于官，即唐人監牧之制也，而川陜又有茶馬之設，豈非宋人之市于夷者乎？請以今日國馬之政言之。在内有御馬監，掌天子十二閑之政，以供乘輿之用，凡立仗而駕輅者，皆于是而畜之。其牧放之地則有鄭村等草場，其飼秣之卒，則有騰驤等四衛。國初都金陵，設太僕寺于滁州，其後定都于北，又設大僕寺于京師。凡兩淮及江南，馬政則屬于南其順天等府暨山東、河南則屬于北。其後又用言者，建議每府州縣添設佐貳官一員，管馬政。在外設行太僕寺于山西、陜西、遼東，凡三處，苑馬寺亦三處，陜西、甘肅各轄六監二十四苑，遼東僅一監二苑焉。内地則民牧以給京師之用，外地則官牧以給邊方之用，又于四川、陜西立茶馬司五，以茶易番戎之馬，亦用以為邊也。本朝國馬之制大略如此。承平百年，無大征伐，遇有征行，隨用隨足，雖不至于大乏絶，然求其如前代之雲錦，成群則未焉。是蓋唐人之四十八監宋人之十八監，之遺制也，然唐宋行之于内地，而今日則用于邊方焉。其蕃育生息雖不能盡如國初之盛，然惟馬之用亦足而害，未及于民，一旦按其已然之迹，而振舉其廢弛之政，則祖宗之良法善政故在也。乞命本兵柄大臣講求本朝故事，及究唐宋之典，以濟今日之所不及。遣知馬政者勘實牧地，其有舊有而今為人所侵欺埋没者，咸復其舊。或有山林原隰可以開墾以為牧地者，開墾之，或附近州縣有空閒地可以增置監苑者，增置之。士卒有逃亡者則為之勾補，廐房有未備者則為之修葺。所蓄之馬若牡多而牝少，則為之添牝，孳生之畜，其種之不良，則為之求良。游牝字特，必順其時，騰放調養，各有其法，俵散閲換，各定其規，皆一一講求其所以然之故，與其所當然之則，為一定之法，使之永遠遵守。歲時遣官巡視，有不如法者，坐以牧放不如法之律。必慎擇其官而優寬士卒，必臻實效而不為虚文，如此則邊圉得馬之用矣。若夫所謂民牧者，是蓋宋王安石新法之遺緒也。方宋神宗初行此法，文彦博極言其不可而不見聽，其後大為民害，神宗自愧不用彦博之言，而深知安石之，悞而亟罷之是以在當時雖為民害，猶未至于甚也。今日之弊，臣已詳之于前矣，而所以為之處置，亦已具于制軍伍之條之下焉，然所處置者，特議以行于畿甸五都耳。萬一可以通行，請下兵部及兩太僕寺，查筭天下馬數，某布政司若干，某府若干，某州若干，某縣若干，及查各府州縣原先有無草，塲及没官空閒田地，并可以為草塲馬廐者。假如某縣舊額民若干，里戶若干，丁㮚縣馬原額若干匹，群長若干人，既具其數，遣官親臨州縣勘實以聞。然後因其已然之法，而立為救弊之政，必不失其原額，必不拂乎人情，務使官得其用而民無其害，然後行之。請即一縣言之。某州舊有里五十，群長千人，馬千匹，今即就五十里之中，擇其鄉村相依附處，或十村五村為一大廐，村落相去遠者，或五六十家、七八十家為一小廐。每廐就其村居，以有物力者一人為一廐長，老者一人為廐老，無力不能養馬者數人為廐卒。每廐各設馬房倉囷及長槽大鑊。每歲春耕之候，廐長徧諭馬戶，每領馬一匹者，種稈禾若干畝、料豆若干畝，履畝驗之，有不種者聞官責罰，無使失時。無田者許其分田于多田之家，或出錢以租耕。收穫之際廐長及廐老計，畝收之倉囷之中。稈草料豆以飼馬，而豆之萁即以為煑豆之用，按日而出之，歲終具數以聞于官。若其馬種，即以在官之，數充之若其種非良，許其售而換之，必求其良。前此倒失未償之馬，五分屬其三，徵其二，以市種。馬凡馬始生，則書其月日，別其毛色，使有所稽考。又令通曉馬事者定為養馬之式，鏤板以示之。凡一歲游牝、騰駒、去特，皆有其時，越其時者有罪，凡一日齕草、飼料、飲水皆有其節，違其節者有罰。其房庌必冬煖而夏涼，其牧養必早放而晡收。凡可以為馬之利者無不為，凡可以為馬之害者無不去。如此則牧養有其道，其視各家人自為養者大不同矣。舊例，凡群頭管領騍馬一百匹為一群，每年孳生駒一百匹，不及數者坐以罪。請酌為中制，每騍馬十匹止取孳生七匹，其年踰數者，除以補他年欠缺之數，今年不足明年補之。其有種馬倒死者，即以駒補足其數，本廐生牝多，許它廐聞官以牡來易。每廐兼畜驢騾，以馬為準，牝馬二十畜牝驢一、牝騾四，所生或驢或騾，具數報官。官為造車，遇有搬運官物，許于各廐起倩，無事之日，本廐馬戶借用者聽，按日計傭，收以為秣飼之用。每季本縣管馬官一行廵，視府官則歲一行，太僕寺官因事而行，無定時。凡其馬之壯老肥瘠，逐月開具點視之。凡房庌有不如度，水草有不如法，芻豆有不及數，驅走有不如式，皆為修葺處置，違者治以重罪。是就民養之中，而微寓官牧之意，上不失祖宗之成法，下有以寬民庶之困苦，中有以致馬政之不失，大略如此。雖然其間之委曲纖悉，又在臨時因事制宜，補偏救弊也。若夫俵散閲換之法，具有成規。官軍領馬騎操，遇有倒死，責以追償，是固足以為不行用心保惜者之戒。但馬之給于官軍者，多係餓損并老弱羸疾者，及至官給草料，或不以時，或馬有不時之疾，猝然莫救者，亦往往有之，律文死損數目，並不準除，然一軍之産，不滿十百，而一旦之直，多踰數千，傾家之所有不足以償，甚至賣三子不足以償一馬。興言及，此良可傷也。講自今以後，給馬與軍，必具其年齒毛色，體質或肥或瘠，或有疾或無疾，明具于帳。如齒踰十二，或原瘦弱并有疾者不償，惟以皮尾入官。若雖少壯而忽然有異疾，先期告官及衆所共知者，亦在不償之數。申明舊制，凡馬軍皆要攢槽共喂，如居隔遠，秋冬之月皆俾就近攢喂。半夜以後，本管頭目親，行點視草料有不如法及不及數者，罪之。其關管草料，則嚴為立法，不許變賣及將換易他物，買者換者罪同。凡馬倒死，必責同伍互償，若同伍之人知其馬之老瘠疾病，及其人棄縱不理、僱倩與人、削減草料者，預先告官料理，免其共償。如此則人人愛惜其馬，有不惜者人共責之，而預得以調治之，則馬無横死而人免賠償矣。是非獨以足乎馬，而亦有以寬乎軍也。雖然，此內地官軍騎操之馬耳。至于邊方之馬，所係尤大，與其得駑馬而乘之以禦虜，又不若不乘之為愈也。蓋騎戰非中國所長，而中國之馬比胡馬為劣，以非常之技，而騎下劣之馬，以角虜人之所長，非計之得也。請自今給馬于軍士，非良不與，而所與者必良，與之騎操，而不倚之飼秣。宜于邊城中擇空閒地為馬廐，置長槽或十或五，隨其廣狹，不為定數，不分衛所，隊伍因其近便而為飼養之所，選其老弱之卒，不堪戰陣者，專一喂養。置大團以貯草，支大鑊以煮料，每日遣官點視，時則檢其所儲，夜半則視其所飼。操練之日，軍士持鞍，就彼鞁騎，無事之時，輪班牧放，逐名調習。或有瘦損疾，病告官調治。如此則馬得所養而無損失之患，軍得其用而免賠償之苦矣。或曰：今邊城非一處，處處皆屯重兵，所騎之馬，安能皆得其良。竊考五代時，李克用之立國制勝，所畜不過七千，今東起自遼東，西盡洮，岷其間歷宣府、大同、延綏、興慶、甘肅之境，邊城萬里，其馬不翅數十倍矣。然馬之數雖多，未嘗以之臨敵出陣，往往老死槽櫪之間，而責吾士卒之賠償。又不幸而生于邊界，天苦寒而地磽燥，物不生殖而人無畜積，天下之苦莫甚焉。既出其資力以為國防寇，又責其出財以為官償馬，以每歲所賜予之衣糧，猶不足以償其遞年倒死之馬匹，況望飽暖其妻子哉！則是無事之時，無故以是不戰之馬，而坐困我得用之士卒，而使之失所離心，蓋亦不思之甚也。昔人有言帝王之師，以萬全為勝中國之所以取勝。于夷狄者，以人不以智，以德不以力，以守不以戰。臣愚以為自今以後，邊境一以高城深池為固，扼其要害塞其蹊徑，來則拒之，去則不追。凡其制兵，率以步兵為正，以騎兵為奇，大率步十而騎二，步軍一萬，騎軍二千，馬非壯健不以給軍，軍非驍勇不以為騎。扼之使不得入而已，而不遮其出，拒之使不敢來而已，而不追其往，如此則無騎兵非良，而馬亦易于辦矣。或者以為馬者兵之大用，兵非馬決不能以制勝。吁！此論戰兵，非所以論兵之守也。所謂守者，我靜而彼動，我逸而彼勞，我大而彼小，我衆而彼寡，彼用其所長，我捨我之短，而用我之長以制之焉。則彼進不得戰，而退可以回，自然屈服于我矣。

又《馬政議》市馬、養馬《明經世文編》卷七五　按周人之馬買於民間，故立官以為馬質。之為言平也，專以質平馬之價直。蓋馬之材質有高下、氣力有强弱、年齒有老壯、毛色有純駁，故其價直不無多少之異焉，而其用之大要有三，上為者以供戎事之用，次焉者以供田獵之用，下焉者以供冗雜之用。馬生於民間而用之於公，上不可以空取之也，不可以槩取之也，空取之則民不復私畜矣，槩取之則民不加芻秣矣，是以三代盛時其於馬也，於民常賦之外有餘畜者，則官以價直易之焉，養之閑廐之中以備不時之用，卒有國事，民之無馬者則於是領給焉。其給之也，必書其馬之年齒、毛色與原所買之價，使民受之者有定色則不敢以駑易良。有常齒則不敢以老易壯。有原價則不敢以賤易貴。所受馬在十日内死者則責其賠，償受之未久，在十日外死者，惟取其皮耳恐其詐僞也，在十日之外死者，則予之民而官不取矣。後世兵民既分，馬養之民而收之於官，然後散之於軍，官府無復有質買之政，而馬之死者一切責軍之償，在官者未必寔得馬之用，而軍民俱受其敝矣。近時馬政亦有科錢買馬之令，然所得者未必良，而給之於軍，遇有倒死賠償如故，而西北之邊苦之尤甚，至有鬻子女而不能償者。吁，可嘆也已。臣請自今以後朝廷酌為中制，定為馬價，馬之價公私交易皆不許過二十緡，違者馬與價俱入官，牙行之人坐以違制罪。說者若謂物之不齊物之情，大屨小屨同價，孰肯為其大者，臣竊謂天生之物與人為之物不同，馬之良乃天所生，人力不與焉，官府既為定價，則民間有馬者不過求多直而皆市之官矣，惟其市之官所得有限，他市則可多得，以此官之所易者未必得良也。若夫馬之倒死，不責之償則彼蔑視其馬而死者愈多，若責之償則士卒貧窘何由得錢，臣愚以為，待其死而責其償，不若先其生而為之備，凡有受馬者請如周制，書其年齒、毛色及其原價，而又量其材質之高下、肥瘠併書之册，其馬有死者，誠瘠且老則不責其償，若其馬寔壯肥而齒未老，馴致瘦損而死者，則責其同伍者合力償之，同伍有先首及其督責之寔狀則免其人，而惟責償所受者，與夫其馬因公事而死、及其人本善調息而馬忽然不意暴死者皆不在償數，此外又立為馬病及瘦損豫告醫治之法其馬寔病而死非由人致，醫證明白亦不償。

明　劉大夏《論寺監牧馬事宜疏》《明經世文編》卷七九　近年各卿佐員缺，多用謫逐官。及有過累者，府衛下寮，多易視之。故各官自待亦輕，政務因以廢弛。謂宜稍更其制。今後各行太僕苑馬寺官員缺少卿，則于布按二司參議僉事内推補。如職務修舉，則視太僕寺卿佐陞任，其監苑庶官，亦請于北人素閑牧馬者任之。則官皆得人，而政可舉矣。

明　馬文升《會議寄養馬匹》《名臣經濟録》卷三五　弘治三年十二月十五日，兵部為修省事，該吏部等衙門，太子太保尚書王等會議，得一在京原無寄養馬疋，自正統十四年，北敵侵犯京師，一時缺馬騎操，該太僕寺奏准，將順天府所屬人户，孳牧馬疋，分散保定等府人户領養，却于兩京太僕寺孳牧馬疋内，每歲取馬二萬疋赴京，分送順天府所屬人户寄養，備用以十年論之。該馬二十萬疋，民户有限，馬疋太多，連年倒死者不止十數餘萬，及至追補，又告艱難，徒費民財無益於用，若照前數行取，不無累及逃亡，今後合無將備用馬，每歲暫取一萬疋，本色折色臨時具奏定奪，如果緊急用馬，照舊取用，或發銀收買，本部官題奉聖旨准行，欽此。

又《題覆應詔陳言馬政事》 弘治六年六月二十六日兵部題，為應詔陳言馬政事該太僕寺少卿彭禮等奏本部，會同英國公張懋等議，得民間種馬定為額數再不搭配，則民困終不得甦馬疋，終不蕃盛，將來禍患有不可言，且如以十萬種馬為額，每馬二年，驟駒一疋，十年之間，該駒五十萬疋，縱使損失，亦得三十萬疋，再加十年，馬必至于七十餘萬矣。威敵制勝取用無窮，但各該寺丞送到查勘文冊，內開種馬之數，原額新增多有不明，養馬之處論糧論丁亦有不實。臣等難便定奪，欲再勘明處置，不無愈加遲延，合無北直隸地方并河南山東等處，六科差給事中都察院差御史并本寺屬官各一員，南直隸應天等府，行移南京六科都察院，并兵部各差給事中、御史屬官各一員共請勑。二道前往各該地方布政司去處，會同布、按二司分巡分守，官直隸去處督同本府掌印官，仍會同分管寺丞，督同各該州縣掌印，并管馬官員從公查勘，養馬地方何處論糧，何處論丁，論糧者要見免糧地畝，實有若干，或一百畝或五十畝養種馬一疋，共該種馬若干。論丁者，要見有力人丁實有若干，或十丁或五丁養種馬一疋，共該種馬若干。務要斟酌處置停當，既不可多以損民，亦不可太少以虧官，每騍馬四匹照例搭配兒馬一疋，此數一定，永為定額，再不搭配增添。如有倒失，遇赦亦不蠲免，其耕種免糧地土人户，不分是否原係養馬人數，但係承種過買地土者，及官員、監生、吏典之家，一體派與馬疋領養，不許畏避勢要，致令不均，有壞馬政。勘定畢日，即將見在種兒、騍馬盡數查出，逐一揀選，高大膘壯者存留作種，不堪之數責令變賣銀兩凑買好馬補數，大約以種騍馬十萬，兒馬二萬五千為率，北直隸、山東、河南該八萬七千五百。江南、江北、直隸府州縣，該三萬七千五百。先儘免糧地畝次及人丁家，道如各府州縣種馬揀選足數之外，尚有多餘，堪中作種者，却派與別府馬少去處領養作種額外，堪以騎操兒馬，并兒駒照數存留以作備用之數。其堪以作種騍駒量留以備補用，其餘不堪之數盡數變賣銀兩，以備買補備用馬疋，本部官題奉聖旨，准擬，欽此。

查得弘治六年內兵部題，准差官勘處，得河南開封、彰德、衛輝等三府，陳州等一十七州縣，山東兗州、濟南、東昌等三府所屬濟寧州等七十州縣，各論人丁每五丁養兒馬一疋，每十丁養騍馬一疋，共該人丁四十三萬八千五百二十二丁，領養兒馬六千七百五疋，騍馬二萬六千八百二十疋，其直隸、真定、保定、永平、順德、廣平、河間大名等七府所屬定州等九十二州縣，各論免糧地畝，每地五十畝養兒馬一疋，一百畝領養騍馬一疋，共該免糧地七萬七千四百九十一畝有零，領養兒馬一萬七百九十五疋，騍馬四萬三千一百八十疋。各照例兩年筭駒一疋，其餘人户收候領養孳生馬駒，其順天府所屬霸州等二十七州縣，亦論免糧地畝，領養各處解俵備用馬疋。

明 楊士奇《朝觀官領馬對》 《名臣經濟録》卷三五 永樂二十二年十二月兵部尚書李慶言于上曰：今歲北方之民畜馬頗蕃，皆送至京。已散軍伍操用，尚餘數千，欲散民間畜，則民甚弊，不可重困之。今遠近方面郡縣朝觀官皆集，請每員給一馬俾畜，可散一千餘匹，正官給牡，佐貳以下給牝，太僕苑馬寺歲課其息，有虧，罰與民同。上令與蹇義、夏原吉商略可否以聞。二人奏，如慶議。命已下，臣士奇聞之，與慶言必不可行。慶忿甚，不納。臣士奇遂詣扆前，力陳不可，曰：朝廷以禮徵賢，上者授方面郡守，次者授百執事，今皆役之畜馬以甦民，是貴民而賤官者矣。時蹇、夏皆在侍。上曰：士奇論當。慶固無識，汝兩人亦言其便何也。兩人對曰：初慶與臣等言，此出陛下意，必欲行之，非謂出于慶也。上曰：幾誤朕矣。顧臣士奇曰：少頃即批出，罷此令。明旦復奏：陛下許臣罷散馬之令，豈遂中止，必如欲行此令，天下懷抱才德者，自此誰肯出仕。蓋虧損一馬，必責陪償，破家廢產，累及子孫。且所散不及三千，而朝廷負此名，於天下後世，誠非佳事。上曰：吾偶因事稽緩耳，今日必批出。又明旦復奏：內批出兩日不出，兵部已督責朝觀官多領馬矣。且今所領多生駒，初受羈絡，南方之人怯軟不能控制，立視其奔逸，有號泣衢路者矣。臣恐將來遠慮者非但不願仕，亦無志學問，此令之失非小。上曰：吾即批出，不爽也。午刻御思善門。召士奇諭曰：內批豈真忘，初聞汝言，即遣人觀李慶、吕震等意，渠輩交口忿爾，朕念爾孤立，慮為衆所傷，固不欲因汝言而罷此令。今有名矣。出示一章，乃陝西按察使陳智言畜馬風憲受制。上曰：爾就據此草勑止散馬。臣士奇叩首，對曰：古人有言，陛下知臣，臣不孤矣。但馬已有領去者，望如何處之。上曰：已領者，准洪武中官員乘馬例給之，不責生息，虧欠亦不責償。未領者悉止。未散之馬給邊軍操用。上復顧臣曰：繼今令，有未便，惟密與朕言，此輩多不識大體，但皆先朝舊臣，未可遽退之。

明 丘濬《牧馬之政一》《名臣經濟録》卷三六 臣按議者謂秦漢以來，唐之馬最盛。原其所以盛者，蓋以監牧之置得其地，而監牧之宜得其人，而牧養之有其法也。唐都關中，其地宜馬。我朝都幽冀，亦是良馬所生之地，然馬之蕃息不及唐之盛者，豈無其地與其人歟？蓋襲用宋人保馬之法，牧馬於民，而官之所以牧者徒有其名，而政之未舉焉。必欲舉其政，請下户部究。查永樂以來，牧馬草場，為官民所耕佃者，盡以還官。及所在閒田，未經開墾者，亦俾報官，遣使經量，創為牧馬之所，而俾諳練民事臣僚講求其利害以聞。必上有益於國，下無害於民，真有利而無害，然後立為一代經久之計，以為國家足兵之良法。

明 丘濬《牧馬之政二》《名臣經濟録》卷三六 臣按我朝奄有四海之大，凡中國所謂宜馬之地皆在焉，非若唐人自中葉以後失去河北，宋人失幽燕寧夏之地，其後也并中原而失之。然是時未嘗去兵，而用兵也未嘗乏馬。今天下無事，所謂馬政事者特以為操習預備之具耳。司戎行者往往以乏馬為憂，掌國計者切切以擾民為慮，何哉？不行先王之政，而襲用王安石之弊政故也，噫！無事之時且爾，一旦事出倉卒，又將何以濟哉。臣聞天下無難處之事，君子懷先事之憂，當閒暇之時，而豫為之處置。稽之於古，驗之於今，廣詢訪於衆謀，不拘泥於故迹，其間必有不虧官、不損民之良法，有利而無害者出焉。

明 丘濬《牧馬之政三》《名臣經濟録》卷三六 臣按今日馬政，兩京畿及山東、河南，牧之於民，山西、陝西、遼東，牧之於官。在官者有名而無實，在民者有損而無益。國家承平踰百年於兹矣，正居安思危之日，脩政舉廢之時，乞下本兵柄大臣，推求祖宗立法養馬之意，寺監之養，必循名而責實，民間之畜，必無損而有益。立為通融之法，兩京畿及山東、河南，於民養之外，擇地以立監牧，山西、陝西、遼東於官養之外，設法以為俵散。制畜養之規，脩廐牧之所，勘牧地之數，廣收市之利，分支兑之等，寬追陪之限。如此則民稱其實，有益而無損矣。

明 丘濬《修攘制御之策》《名臣經濟録》卷三六 臣按自古國都，於其近邊，必有牧馬之所，其間必積芻豆以為飼秣之具，方無事時，資以牧育，固為近便。然世道不能常泰，而意外之變，不可不先為之慮。金人至宋京，奸人導之屯兵於其近郊之牟駝岡，藉其芻豆飼其馬，以為久駐之計，此往事之明鑒也。矧今國都去邊伊邇，已已之變，倉卒用言者計，焚棄芻豆何啻千萬。當時見者，莫不悔惜。然事已即休，無復有以為言者。竊惟都城東北鄭村壩，二十四馬房，其倉場所儲積者，如京如坻。請於無事之時，即其地築為一城，以圍護其積聚。及移附近倉場，咸聚其中，就將騰驤等四衛官署軍營，設於其中。特勅武臣一員，於此守鎮仍司羣牧四衛官軍，不妨照舊輪班内直，下直回城屯住，是亦先事而備之一策也。伏惟聖明下其議於羣有司，以決其可否。

明 彭澤《議處牧放馬匹疏》《名臣經濟録》卷三六 節該兵部題内開户部題稱：嘉靖七年五月，内該兵部議擬題奉聖旨，這馬准存留六千疋聽征，其餘照舊下場牧放，欽此。欽遵將存留馬六千疋聽候，總兵官惠安伯張偉、条將劉玉等管領，聽征如法操練，支給料草，乞今一年之上，未見調遣出征，且今歲近京地方賊情已息，而宣大偏頭關等處敵情不聞，况各草場密邇畿輔，可以朝呼夕至，欲將前項聽征馬匹照例下場牧放，遇有警報，整搠啓行，亦未為晚等因奉欽依是，欽此。又准惠安伯張偉題稱，官軍馬疋先因邊報有警，命臣掛印充總兵官，督同左右条將統領挑選官軍一萬員名，在於東官廳如法操練，待報啟行，該馬一萬疋，止領馬六千疋一千騎操，今該户部具題要將前項馬疋下場牧放，此固惜財節費之策慮，恐寇賊狡猾譎詐出沒不常，一旦有警致失軍機重情，罪實難逃，欲要酌處等因奉聖旨，兵部看了來説，欽此。又該兵部看得，前項馬疋固是聽征之數，但今邊報稍緩，牧地附近有事調用委亦不難，誠如户部所議，合無遵照題奉欽依行，移左軍都督府，將東官廳聽征馬六千疋，請勅一道賫送與原任，坐營襄城伯李全禮通前馬一併管領牧放，不許縱放軍士私自回還，遇有警急調用，務要刻期回營，毋致時刻稽延，有誤大事，責有所歸等因奉聖旨是，欽此。臣等待罪該科，凡事關利病有所聞見，不得不為陛下言之。夫國之大事在戎，戎之大用在馬。古今牧馬之政，班班簡册凡幾變矣。我朝永樂以後，錦衣、旗手等三十衛，五軍、三千、神機等營，各置草場於順天、保定等府，宛平、大興等縣牧放，騎操馬疋。每歲春末夏初各營馬除例該存留聽用外，其餘本部推舉坐營官一員，請勅管領下場牧放，至九月終回營。又奏差科道官點閘，凡馬疋倒死官軍逃亡，領勅官按月造報，如有納賄買閘不行提督，致馬瘦損者，點閘官指實条奏，其立法未為不盡善矣。奈何各該草場地土，附近京師，累朝以來節被内外權勢乘時妄指奏討，奸人揑故投獻，大率開墾耕種，侵牟占奪，十亡八九，朝廷屢有禁例，然弊成因襲，終難釐正。弘治年間，乃令給事中、御史并户、兵二部委官，清查各衛草場，有草未墾土處，仍舊牧放，已墾成田者，照畝收銀，解送兵部轉發太僕寺寄庫，聽候買馬，則是草場之墾，而成田其原額之失，舊規之廢，朝廷固知之矣。雖下場之令每歲舉行夷考，牧馬之實不過存羊之名，而已況古人養馬必適，飢渴之宜必順，勞逸之節必辨，寒温之時，在牧則有厈，在廐則有閑，所以國馬蕃盛，而雲錦成羣也。今各該草場除耕墾之外，可為牧地者無幾。其低窪之處，則又積為湖淀，漫生萑葦，人馬皆不可近，而又無廬次可以棲止，無廐房可以蔽蓋，馬不免買草以喂，人不免裹粮相從常年，下場之馬不過三五千疋，而一往一返，倒死必多，軍士貧，難逃亡相繼，遇點則一時聚集，點罷則隨復散歸，雖有下場之名，殊無牧放之實，法至於弊勢所難驅。此臣之所以夙夜疚心，愧未能有遠大經久之謀，可以仰裨國家監牧之政者也。然又豈敢飾詞隱實，以欺陛下哉。竊見近日襄城伯李全禮奉勑管領下場馬二千餘疋，其牧放之苦已不能免於如前所言，今又以聽征馬六千益之，則人馬動以萬計，殆恐管領之官難於調度，軍士之苦益有不堪，況近日大雨時行，暑氣方溽，泥潦遍野，鬱蒸中人，羣處則有疫癘之虞，露宿則有蚊蚋之害，炎風赤日，灼體薰心，加以飲食不繼，寢息無所，人困而蹄，馬疲而病，將見數月之内，士馬物故不可勝算，則有徒狥節省之名，坐受虧損之實，得不償失，利不補傷，況緣此足以重失軍士之心，又何有如戰鬭之氣，且弓勁馬肥，俱屬高秋，正宜存留以俟調發，萬一畿甸有桴鼓之警，邊關有烽火之報，雖曰朝呼而夕可至，未必馬騰而士盡飽也。其於軍機國計豈不兩失，而俱病哉。昨者伏聞成命臣等即問之都督桂勇，又問之惠安伯張偉，及訪之下塲把總指揮等官，又訪之在營號頭等官，皆稱非便，出而聞之道路，則人言籍籍，士心洶洶，憂愁厭苦，有莫可控訴之意。是以臣等不遑寧處，輒敢昧死上陳，如蒙聖慈軫念，乞勑兵部會同坐營總兵官從長計議，合無將聽征馬六千疋責令軍人自領，聽其就近隨便牧放，不必拘之下塲，仍月給料草一半，嚴限每十日赴營操點一次，不許私自逃回，所騎馬疋不得瘦損，遇警調用尤為易集，待九月天氣凉冷，照例回營操練，如此則公私兩便，人馬俱利，軍情慰悦，無不感戴天恩，而長懷敵愾之心矣。伏惟聖明采納，臣等不勝幸甚，國家幸甚，緣係議處牧放馬疋，事理未敢擅便，謹題請旨。嘉靖八年六月日題奉聖旨，這所言説的是，都依擬行，勿得忌沮，户、兵二部知道。

明　楊時喬《馬政紀》卷四《寄養馬》　寄養馬者，以解俵者發寄民間牧養以備用者也。《會典·太僕志》載：洪武間京府舊有種馬，而無寄養，自正統十四年始以順天、保定、河間各州縣屬寄養之地，前此皆以徵俵者發寄。自正德二年以後則以買俵者發寄，往者種馬存時以解俵，民為勞苦，近自革種馬而買俵則俵，民稱寧息，獨寄養民勞苦如舊，於是民日望於調兑去，暨不發爾，顧防守須馬自俵，民稱寧息，而官廐空虛，防守無賴，獨有寄養者，在如之何。

太僕寺寄養馬此自正統至今見行者，但今係買耳

《會典》内凡查點寄養馬匹，凡變賣寄養馬匹，凡買補寄養馬匹，三欵皆寄養，内事今隨年記之，若日行職掌在人，與時變通，有未容執一者，不紀此。

正統十四年天府所屬州縣寄養各處，起解備用馬匹，照北直隸事例論糧，分俵其本府各州縣原領孳生種駒，改撥直隸永平等府，空閒人户其備用馬，歲取一萬匹，北直隸、河南、山東取七分，南直隸三分，俱限八月以裏解部發太僕寺驗印給俵，或遇法司送到贓罰，入官馬牛騾驢驗堪用者，亦照此例。順天府所屬州縣原係寄養孳，牧相兼至，正統十四年因北人犯邊缺馬，該太僕寺奏稱路途近者，五六百里遠者，七百里起俵之時，催促起京草料不時，多致瘦損，軍不領用，百姓往復艱難，其順天府所屬孳養馬匹遇緊不便取用。奏准二十七州縣原養孳牧馬匹，盡數俵與附近直隸、永平等府，空閒人户令養孳牧，著令本府專養騎操馬匹，太僕志載順天府所屬二十七州縣，保定府所屬七州縣，河間府三縣，專一寄養馬匹，每地五十畝養馬一匹，其昌平州、宛大二縣，正德四年奉例每地一頃五十畝養馬一匹，及各州縣寄養馬匹如有倒失，有無賠補，其月報季報備，開新收開，除實在數目查考，如遇取兑馬匹完日，各州縣具完呈送寺查冊註銷，查有應免不免那移作弊者，問罪。

弘治二年奏准，寄養馬倒死告官給印信文帖相視，方許開剥馬皮送官變賣銀兩，給與養馬之人，相兼買馬俱要照依三箇月事例賠補，候寺丞至日查驗，如馬不在無票，可照開作倒死者，即係盜賣就行拿送問刑，衙門照依近日奏行事例問擬發落。

弘治三年令馬齒未老而作踐成疾不堪發軍者，原額人户追罰銀二兩，又令寄養備用馬倒失買補不及五分者，掌印管馬官俱住俸追賠。

弘治七年令拖欠寄養馬按月納銀。兵部題覆該太僕寺少卿彭禮奏，將順天所屬寄養倒失等項馬匹為二項，弘治元年至三年四月初五日以前該追舊馬，弘治三年四月以後至六月終該

追新馬，舊馬一匹該追銀五兩，每月出銀一兩，新馬一匹該銀十兩，每月出銀二兩，按月差官類解。

弘治七年以順天府馬多丁少，先該太僕寺少卿彭禮奏本部題准，又將保定府易州等七州縣，河間府静海等三縣，照丁給養俵備用馬匹，原養孳牧另給滄州、肅寧等處領養。

弘治七年令順天、保定、河間各府凡三十七州縣，計地編户，凡户養一馬人户共五萬六百餘，十年一編。

正德九年本寺少卿楊奏兵部議行，寄養馬匹少卿親詣各該地方通行揀選，除老馬外，但有瘸瞎等項，即係作踐，照例於馬户下追銀二兩，類解該寺，仍要瘸瞎老弱不堪者，若干眼不雙瞎病不至瘦損不成病若干，造冊送部，以憑議擬奏請，變賣以後，每年三次揀選，查處施行。

正德十六年詔順天、保定、河間三府各州縣，自正德三年以来寄養馬匹，俱各年齒衰老節次充軍揀退，不堪負累，小民餵養，兵部行文太僕寺分管官，督同該府州縣管馬官勘實，果係老馬，變賣價銀，轉解太僕寺貯庫，輳補買馬支用。

嘉靖二年題准各處倒失備用馬匹，分別年分遠近，係正德十年以前者，照舊每匹徵銀十兩，十五年以前者，每匹加銀二兩，十六年並嘉靖元年以後者，俱追賠本色，其係正德十五年官員騎傷充下弱馬，照正德十一年例，每匹追銀五兩。

嘉靖七年奏請差太僕寺少卿督同該府州縣掌印官、管馬官查審，寄養馬匹領養年淺膘壯堪用者，遇調則先，與交充派則後，與俵領其瘦弱不堪充軍者，分別所養年分變賣，若七八年以上價銀八九兩，十數年以上六七兩，各從便招人交易瘸瞎者，亦量宜酌估，以後每十年一次，奏請施行，定為常例。

嘉靖十三年議准寄養馬匹，地方查照原坐馬匹數目，先儘富户地多者，一人養一匹，其尤多者，兼養二三匹，地少者，二人朋養一匹，務令不失原數，若編派不公，遺累貧户，許撫按官及印馬御史挐問重治，凡編户四萬六十餘，五年一編。

嘉靖四十二年以養馬户田地抛荒者，免養馬，議止派三萬匹。該印馬御史吴守題兵部覆議，看得順天、保定、河間所屬州縣，寄養馬原額四萬六千六十三匹，近以瘠地抛荒，窮民流移，以故州縣絶無上户派養，累及單丁。御史吴守欲要抛荒之地通融酌减，只派三萬匹，依議審編，大約總計止用三萬匹，此外不許多派，以後該派折色，本色，容臣等臨期酌量，多派折色，少派本色，則寄養之馬自當漸减。

嘉靖四十二年題准將昌平州暫免寄養七年。兵部為申明舊議，免發寄養，查得嘉靖三十一年該巡按，直隸監察御史鄢懋卿題稱，昌平地方衝疲，百姓被敵傷殘，要將該州寄養馬通行免派，本部議覆准免派發。又查得嘉靖四十一年該太僕寺少卿劉奏本部議覆，該州自二十九年被兵以来，已經一十三年生聚寄養，委當復舊，俱經題奉欽依通行，欽遵去後看得，巡按官既稱陵寢邊畿俱有關係相應行，太僕寺將昌平州該寄養馬再免七年，通前休息二十年，生聚既繁，另行議復，若欲永為停免，有乖舊制，奉聖旨是。

嘉靖四十二年題准將各州縣分别三等酌量增减，仍將人戶丁田多寡，照數分派。該印馬御史顧廷對奏兵部覆議，看得寄養人户原為養馬而設，馬數不滿二萬，馬户多至四萬，徒存虚額，無濟實用，將各州縣分别上中下三等酌量增减，仍查寄養人户丁田多寡，通融均派，大率只要二萬五千户，實數每年馬匹照數分派，倒失追本色折色。

嘉靖四十二年題准以後倒失馬户應買本色者，要壯大好馬解寺發養，應追銀十二兩以下者，照舊。該御史顧廷對題兵部覆議，倒失寄養馬匹舊例，俱是追銀，近該本部議，自四十三年為始，領養十年以下未經借充者，俱追補本色姑免問罪，十年以上及經曾借充者，方許別年限追銀，盖以買馬為難，追銀為易，馬户作弊，往往賤價買小馬苟且充數，以致應買馬者，重而反輕，致徵銀輕而反重，以後倒失馬户應買本色者，務要收買壯大合式好馬解寺印烙發屬寄養，其應該追銀十二兩以下者，仍舊不必更改。

嘉靖四十三年題准只派二萬五千户，又量地肥瘠編户，以後不得援以為例。

嘉靖四十五年議題腹裏寄養馬匹，照邊鎮團槽餧養。印馬御史顧廷對奏題，欲修馬政在盡牧養之宜，百姓養馬四時之中，惟夏秋之月為易，而冬春之月為難，夏秋天氣和暖，水草牧放隨宜，休息無凍害之苦，比至冬月，春初草枯水涸，風烈氣寒，無牧養之便，在家鮮芻料之儲，縱田畝有所入貼，户有所資，而官司查點未及，目前之凍餒方殷，雖坐視其馬之斃而有不恤者，亦其勢然也。甚者人尚無食，何以飼馬，人尚無居，何以棲馬，故馬之倒失惟寒冬之月為多，一歲之中自十月以至二月於此數月而能善其餧養，保其膘息，則一歲飼牧之功思過半矣。臣請倣古監牧之制，而為團槽餧養之法，州縣附城擇寬潤空隙水草便益之地，每馬二百匹或三百匹為一苑，每馬三匹為一廄，至十月起至二月各養馬人户通令在廄餧養，霸州文安曾有行此法者，一二歲間馬匹膘息異於前，但以一時草率未有定制，官離任而政即廢，隨該兵部尚書楊議覆改革之際，極當慎重，人情事體有無穩便行，各巡撫按會同印馬御史勘議，隨經回報，相應通行，各州縣查驗各馬户領養之馬，但有膘息太損者，即拘集在城公所去處，或寺觀或教場行令團槽餧養，正官不時驗視草料，嚴加考比，必候臕息復舊，方許囬家卒有不堪，責令買補充用。

隆慶元年題准順天所屬薊州等九州縣，十分災傷寄養馬匀量均匀調兊，以後解到馬匹暫免分發，待後年豐另行查發，其河間、保定二府查勘，被災州縣亦照順天府九州縣事例一體施行。該兵部題看得，巡撫順天等府都御史耿題稱，薊州文安大城，保定、東安、永清、武清、香河、漷縣等九州縣十分災傷，寄養馬共四千二百七十六匹，酌量多寡均匀調取，先儘極貧馬户俵兊，薊、昌二鎮各營路二千一百五十一匹領養騎征，其餘剩馬二千一百二十五匹，照舊餧養。候邊營再有請討，另行兊給，仍行太僕寺各處解到馬匹暫免分發，待後豐年另行查發，其河間保定二府候查勘，被災州縣照順天府九州縣事例，一體先行調兊，仍行太僕寺以後解到馬匹暫免分發，候豐年之日另行查發寄養。

隆慶二年議准寄養馬不堪兊軍者，不必拘十年以上例，即照借兊次數變賣價銀，及買補本色。該御史顧廷對條議，寄養馬匹果有不堪者，不拘年限，俱准變賣。仍查己未借兊酌量追補。兵部題覆，今照本官所議，不堪馬匹不拘己未借兊俱令納銀，但備用馬匹額數不多，專爲兊軍以備緩急，關係甚重，若因其傷損一槩變賣，價多則民力不堪，價少則人將效尤，故意作踐，反滋弊端，合無將馬匹查驗，果係十年以上瘸瞎瘦損不堪者，准其變賣，仍照舊例借兊一二次者，追銀十兩，三四次者，追銀八兩，未經借兊者，追補大馬，合式方許印烙，仍定限期，嚴催完報，其餘堪養之馬，責馬戶用心餧養備用，不許揑稱傷損，一槩變賣，致生姦弊。

隆慶二年題准各府州縣寄養馬匹每年止許查點十二次，兵備道以二月、八月御史以四月或五月，少卿十月或十一月凡四次，其餘月分該州縣掌印官自行點視，凡八次，通判等官不必再查。

隆慶四年議准寄養州縣各掌印官將養馬人户審别上中户領養，單丁、寡婦、殘疾，不得一槩僉派。

隆慶四年議准寄養馬倒失變賣者，各照議定限期走失者，限三個月變賣者，限六個月倒死者，限一年之内買補足完。隆慶六年題，准昌平州派養馬匹盡數減免。

萬歷二年以覇州、永清等九州縣水災，議准各邊題討馬匹，先將被災州縣分别重輕調兊，其餘空户暫免俵發。

萬歷二年議准於額户二萬五千内，將通州良鄉、涿州漷縣，共減去一千四百户，免發寄養十年，滿日仍舊，其應減見養馬匹，每匹變價十兩解用。該兵部尚書譚議，得太僕寺少卿何欲減通州、涿州良鄉、漷縣寄養馬匹為照，畿輔根本重地，歷查寄養人户，原額四萬六千，後相繼奏減，止存二萬五千戶，今良鄉涿州、通州漷縣俱屬，孔道少卿何目擊民艱困，欲再減免，厥意甚美，但欲改派保定，革去種馬，於法未便，似難依從。先年議者欲盡裁革，荷蒙先皇聖明，僅革一半，然所革者，止不養馬耳，寄養解俵之數如故也。今如所陳，前項州縣共該減馬二千一百三十六匹，移之保定，則保定約須革去種馬二千餘匹，方敷領養，而額數歲減，國課日虧，且順天屬邑疲累尚多，今房山縣民趙甫等已援例具告，臣等未敢擅行，萬一相繼具奏，豈惟煩瀆聖聰，將必盡廢寄養乃耳。耳查得每年寄養馬匹，遵奉世宗皇帝聖旨，常以二萬為率，而人户尚餘五千，見今宣大市馬議解京營本部，歲派多徵折色，則空閒之户可以調停酌處，合無將前項州縣暫為停減内，良鄉減三百户，涿州減五百户，通州減四百户，漷縣減二百户，共減一千四百户。萬歷三年為始，免發寄養，限以十年，滿日物力稍舒，照舊派發，奉聖旨，依議行。

萬歷九年題准寄養州縣如遇倒死馬匹，果係急症醫治難痊者，免其問罪，十年以上追銀八兩，十年以下責令買補。若復病倒止追銀五兩，不必再賠，其走失查係被劫，力不能支，别無規避者，一體施行，若無故走失，與馱載騎傷及飲秣不時，遇有瘠病不加醫療以致倒死者，仍照舊例十年以上追銀十二兩，十年以下買補，若復病倒追銀八兩，亦止一次。

萬歷十三年議減平谷、固安，覇州密雲、新安、順義共一千二百七十四户。

萬歷十年令養馬人户五年一編，地方殷實者編爲馬頭，領養馬匹次者，爲貼户地少户貧者，聽貼務使，貧富得均，正貼各當，不可假手積年吏書以致富户賄通隱逐，反將地寄者爲正户，貧民受累。

萬歷十四年酌量地丁，饒裕之家爲正頭養馬，餘爲賠户養馬，草料各宜因民之便分，别户則量行帮貼，若有倒損，照例追貼，量爲寛恤。

萬歷二十年題准納價定例，初次倒死者，十年以上追銀十兩，未足十年責令買補。倒死復倒者，十年以上追銀五兩，五年以上追銀八兩，未及五年追銀十兩，其變賣買補復倒者，亦照倒死復倒例行。若走失者，不論年分多寡，俱令買補，至於扣算年分，以一人原領而言，若轉領惟子替父，弟替兄，得以通算他人轉領。止以轉領之日爲始。該本寺少卿施策題，前萬歷九年新例，於寛恤之中寓稽覈之意，法至備矣。但人情狡猾，有法外之姦，今之倒死馬匹，孰不云急症醫治難痊者乎，走失者孰不云被劫力不能支者乎，即有無故走失，與馱載騎傷等項致死者，無從究詰，至於倒死復倒，十年以下追銀五兩，人情甚願，皆以倒死為幸，至有領養一年而倒死兩馬者矣。則部覆十年以上追銀十二兩，十年以下追銀八兩之例不為虛設乎。大都法貴畫一，不必持兩端之論，以啓人規避之私，合無今後初次倒死者，十年以上追銀十兩，未及十年責令買補，倒死復倒者，十年以上追銀五両，五年以上追銀八兩，未及五年追銀十兩，其變賣買補。復倒者亦照倒死復倒例行。若走失者不論年分多寡，俱令買補，至於扣算年分，以一人原領，而言若轉領惟子替父弟替兄得以通算，他人轉領止以轉領之日為始。該兵部議覆以後，悉照今寺臣畫議定例，各州縣官勿得紊亂成規，縱令奸貪吏書欺隱作弊，隨奉欽依。

萬歷二十年奏減保定五百户。兵部議得印馬御史蔣王衙條陳，欲將平谷、保定二縣寄養馬匹裁減行，順天巡撫議稱，行據各道查議，據太僕寺呈稱，平谷縣原額養馬地一千一百九頃三十二畝，養馬七百四十九匹，嘉靖年間節經議減，實存養馬五百三十五匹，至萬歷十三年又議減一百六十户，今止養馬三百七十五匹，已經二次議減，以後不許援例告擾，欽遵在卷，其保定縣既減去五十户，應減户數務儘，貧難小民將地土貼見在馬户，使槩縣通霑實惠不許，勢豪有力之家，計圖倖免，以後州縣不許援例告擾。

萬歷二十年議減懷柔、固安等處，該本寺議回，兵部俱停寢。該鎮欲減懷柔等馬户，該太僕寺議本年據懷柔縣申呈，欲將寄養馬户量行減革，議本部行各屬少卿寺丞查覆，內稱各屬，先年每以土薄馬多稱累，屢經御史吳守顧廷對，周之翰三次查勘，委當均派户數多寡題有欽依，以後不許混行告擾，今該縣援比通州每地八頃，零養匹一匹，三河縣每地六頃，零養馬一匹，此地誠多而户誠少，及查邊海地方，如豐潤縣每地二頃六十畝養馬一匹，大城縣每地二頃一十三畝養馬一匹，如內地大興縣每地二頃五十九畝養馬一匹，此為定例。何獨該縣以三頃四十四畝養馬一匹，尚稱苦累，則下於該縣地少者，又宜預行告減矣。且近今邊方多事，正值用馬之秋，節年本寺題有欽依，每歲足以二萬之數，如此紛紛援例，混行告減，則俵解馬匹從行發寄，誠減於此，必沠增於彼，則彼此額數定於國初，自難混那。况欲民私其力，官私其民，勢亦有未易行者，合無於春秋二運之時，姑念該縣邊邑民疲，查上年俵發之數，少發數匹，於充軍之際多充數匹，而於地多馬少，州縣不妨多發，以均勞逸，少示寬恤之意。則課額不致驟虧，貧民亦免苦累，各州縣不得援例告擾。又據固安縣申呈，欲行裁減，該本寺議得，固安縣原額養馬地四千三十七頃七十六畝，原額寄養馬三千四百二十二匹，除勘明荒地四百三頃三十五畝一分六厘七毫，減馬三百四十二匹，奉例減馬七百六十匹，萬歷十三年又減馬六十匹，共減去一千七百，止編馬一千七百二十匹，今難再議，本寺議回兵部題准，不行。

萬歷二十二年該本寺題，兵部覆奏見行各例。凡馬解至發寄養議五始領，故一曰：領養，養户近例五年一編，地多殷實者為馬頭，領養次者貼户，地少户貧者津貼草料。各州縣計派地多十頃，少一二頃者，每出草料謂之月糧多自二十兩，少六七兩，總計之歲，可買一馬矣。匿托之領養宜得臕息，顧以月粮餧養外，各州縣官潔已嚴下，猶不甚累，或昏懦貪鄙者上如索常，例供應下，如書吏醫獸需索誆騙種種，以其所入出反有倍甚，不能堪，又安能望臕息當如前。御史屢禁奏止，又嚴稽覆，戒差撥寬騎坐絶追呼息拘禁示，勿許營幹調兊以滋騙惑。又瘦病者，量責戒不得輒罰，贖倒死者，勒限買補，不得將馬價侵匿，信此行之，其有瘳乎。領在於餧，故二曰：餧養，養户各州縣不同，有頭户自養者，即馬頭正身文冊內所開者是也。輪養者，先臣謂今日甲，明日乙，明日丙，牧無恒主，姦弊百出，馬死甲曰乙，乙曰丙，馬病則官相而免其罪，於是有故病其馬。以規免者是也。貼養者即冊內擇一人養，每畝照數貼銀，公私費各出者是也。顧養者所謂豪户不肯養，下户不敢擾者，亦有徵收在官，發給有與有不與，遲早全少者，有貴戚勳豪恃勢自慳，又受人寄産，全不遵給者，至於為空户日得暫寬，地稅不出，待他日發養，官廉則聽民自寛，不廉則取自肥要，當隨州縣各例一一查明，務使在民則見養户彼此相貼，無獨累頭户，見空户酌處養，非漂泊無聊不與顧賃，即有月糧隨手花費，風露氷雪欺凌，而馬倒矣。至今買補歛銀不即買解，比追馬而價亡者是也。此在養者如此，至於銀或頭户自討輪户，或自貼互，貼顧户，或各取討，內有與有不與，致訟訟告或帮貼或候養，無獨累養户，在官則使必如數早給，無獨累編民，在貴戚勳豪，則均令津貼，無交累官民。餧在查點，故三曰：點養。前臣謂不可數，數起官吏浸漁之弊，不可緩，緩滋養户怠弛之弊。近例每歲十二次，似於數數不可行，又自州縣管馬官既革專責，正官政務繁，殷或有不暇不詳者，亦有或數或緩各端者，前此本寺疏言，當巡歷期臨時，餧養馬皆似臕息，巡視後倏然異態，此其州縣官不加意，而亦養户粉餙避罪，倖冀速兊，近議立踈數之法，四季行之，寺臣巡烙于秋冬之交，州縣查點於春夏之交，印馬御史隨其便州縣查點，後將本寺舊發，較定尺寸時，加比考，以防互相推捱私自換易之類。又養户必頭户正身，即輪貼户亦有身家者，勿容顧猜無藉，粲之亦於春夏交必報乃可辨，善養於平日不致苟且，於臨期查或有倒死。故四曰：賠養。舊例領養三月內者，免罪買補。三月外者，問罪買補，立限嚴追，遇赦不宥。所謂三月外者，自三月至十年皆謂之外，皆問罪買補，時也以此令民，民皆畏重。其後部議十年上追銀十二兩，十年下追銀八兩，似於遇寛民遂縁議年數混指，倖於追銀顧，所謂十年上，乃自八九年言非三年四五年亦謂之上也。及作踐捏病，亦曰倒死也。萬歷九年本寺卿題較部議，太寬民間倖端益開，馬多倒失，該少卿施策題初次倒死十年上追銀十两，未及十年責令買補，倒死復倒者，十年上追銀五兩，五年上追銀八兩，未及五年追銀十兩，其變賣買補復倒例行。若走失不論年分多寡，俱令買補。扣算年分，以一人原領言，若轉領惟子替父弟替兄通算，他人轉領以領日為始，兵部題奉欽依，俱依擬行其法，見行而倒死者尚衆，該寺臣又題，謂有二說，一則馬料馬價皆得地者，出不補一年則有一年價銀，延捱多年，久始完日作空戸。一則民間謂賠馬難賠銀，易盖買馬仍使之寄養，養復為累，追銀則延至年久始完，未完日即為空户，可閒數年，故有實不倒，不失而買結之，藏匿之，以為倒失者，以其利也。亦緣限期過寬，故民趨利如此，自今買補追銀俱照舊例立，限以三月速完，遇赦蠲不宥，州縣不行追比，亦照例条罰，此就民得地互出銀者，言若養户倒失當自賠，乃有告槩縣均攤者，各戶朋養當均賠，乃有獨責出名領養者，均當立法，無令獨累州縣官，徵銀在庫馬，存則給馬，倒不給。即自乾沒累民賠買者，又有追銀在官廳匿，猶謂民拖欠者均當查考，無令民累其間事，宜月異歲殊者，又在分理，諸臣隨時通變可也，賠補累民則宜變賣。故五曰：賣養。正德三年，令寄養馬匹，俱各年齒衰老節次充軍揀退，不堪負累州民餧養，兵部行文本寺，分管官督同該府州縣管馬官勘實，果係老馬變賣，價銀解寺貯庫。嘉靖七年奏，瘦弱不堪充軍者，分別所養年分變賣，七八年上價八九兩，十數年上六七兩，瘸瞎者亦量宜酌估，以後每十年一次，奏請施行定為常例。乃亦寢，凡馬以二十歲為率，其強健十六七歲止爾，近該前後印馬御史題稱，起俵原限六歲，養五年滿十一歲，又五年滿十六歲，況收俵時未必皆真六歲，愈老愈瘦，永無免期，令無領養，過十年外老瘦不堪，即令變價，誠當早行。近本寺少卿李化龍巡驗查明，精詳冊開，有瘦弱不堪稱充老瘦不堪團養者，又在此壯數內，或有節次充軍揀退者，亦據冊查出，或照四十三年例。該管寺臣徑自分別，或照前例差寺臣率廉能管馬通判，同到各地分別，所養年分以十年，外為率變賣，內除馬戶不行，看養致瘦弱損壞者，照嘉靖四十年例。領養十年上失，倒追銀十二兩，今為十兩，或看養如法，特自然老瘦弱，屢次取充揀退者，照嘉靖七年例，十年以上價銀八九兩或十兩各從便，招人交易或如發驛遞作，下馬州縣作里甲馬將站銀補價瘸瞎者，亦量酌估，或未及十年只在八九二年間，或亦看養如法，特自然老弱原收俵時非真五六歲者，以齒辨亦照前例，或十二兩或十兩，其餘不在八九年間，或非収俵混齒者，亦令再養，不許混求，仍立為例。每州縣止許總計見在馬數，或十分內一之二，不許姑息加多，以滋弊端。文為例每三年一行，或於寺臣出巡日即行，即將俵馬補寄以足其額，倘俵又不足即開行召買四五歲者，發寄則養戶皆知待賣，有期加意餧養既省，於倒夫追銀問罪之苦，又省如前欵謂倒失買賠藏匿之誣，又得別寄以備非常不致徒名無實，變賣而額不可缺，故曰額養。近本寺查得論糧分俵，每戶養馬一匹免糧地五十畝，州縣養戶多者免糧地亦多，養戶少者免糧地亦少，即今雖年深月久，地更多主而免糧之地總不出該州縣，縣內所謂輕糧遂為定額者也。其後即以此額地，分別養馬，若干攤派幾頃幾畝幾分一匹，各項糧差若干，攤派諸費合之。凡養馬地銀多者諸費則輕，養馬地銀輕者諸費則重，酌量間原有折柬編為額戶，其後有勘明荒地奉例屢減戶數。今查額戶，弘治間五萬餘，十年一編。嘉靖間四萬六千餘，御史吳守以太多，止派三萬，顧廷對又以太多，止派二萬五千，又量地肥瘠編派，請以後不得援以為例求減。萬曆間少卿何起鳴議，權減良鄉涿州通州漷縣一千四百戶，兵部議覆，免寄十年，滿日照舊派發，至今未派，然三臣時種馬尤存減之尤可，其後種馬盡革，各州縣陸續議減，萬曆十三年議減平谷、固安，霸州密雲、新安、順義，二十年議減保定，見今兩路共二萬一千七百有餘，凡此減皆驟馬數以耗，近有畛編累之疏，則謂寄養馬匹照地均攤，然或至二三十頃而有餘，或三四頃而不足，相去懸絕至甚，欲稍為裒益，亦彼多此少紛紛告減，為此議者皆不知始，而論糧分俵既而計地編户，又既量地輪派各有折柬，原非偏累，今忽見懸絕至甚，遽欲裒益，紛紛欲變舊法，是皆失於稽考。舊日典籍之過，而況前次既納輕糧諸費又少，今欲少馬實屬不均，將貽異日爭競之端，皆未可者。且凡減不曰減馬，惟曰減空户，遂使未知者謂空户可減，不知空户先養，已充後養未發暫空間耳。有俵發即為養户，非二也亦非空閒，無人之户之謂也。惟是自以後忽輕減，然又不可一律論者，在本寺在各撫按印馬司道州縣諸臣所歷，必詢民瘼，各民必以此為疾若告減，誠果地荒時災，則暫一行之，一二年免其寄養，如萬曆二年題准，先將被災州縣分別重輕調充，其餘空戶暫免俵發，似於可行。如必欲減額，則諸臣所謂舊額日虧，無從發寄，馬數不足，緩急無濟，且此端一開，何州縣不應減數，民不稱離苦，何時可杜是也。亦有如諸臣所謂民私其力，官私其民，士私其鄉，其情安可遽徇是也。前臣又以保定諸屬州縣，順天屬三河寶坻，通州地多馬少之所，可加者兵部題覆議奏，前額已定，難以遽加，且查通州衝繁疲弊，諸費數倍於他所，而其地畝皆勳戚中貴所有，寄庄飛詭計免。今忽議加，亦屬不可，總計今之戰守馬，惟藉此二萬五千户耳。如不得已，今凡具議者酌於各寄養州縣，其有可減者量減，必查有可加者量為議加，務使此減彼加，通融不失乎二萬五千原額，俾時為養户時為空户，勞逸適均，孳牧加廣，征調便足，乃於民於國俱有益也。不然原額一減，無從寄養，他日戰守無資，必從各州縣取足，將懼民未預備於平時，一旦即足於有事，是又將以所難者苦之，將不以前減為小惠，終為偏害乎哉。

原額續減見在寄養馬户數

順天府二十七州縣，原額寄養馬四萬一千一百六户。嘉靖等年一奏減外，隆慶等年再奏減外，實編一萬七千二百九十六户。後昌平州豁免，止二十六州縣。

萬曆二十等年，又奏減外，今實編一萬七千九百二十六户。

保定府七州縣，原額寄養馬六千四百七十六户。嘉靖等年一奏減外，隆慶等年再奏減外，實編三千一百二户，萬曆二十等年，又奏減外，今實編三千一百二户。

河間府三縣，原額寄養馬三千三百六十户。嘉靖等年一奏減外，隆慶等年再奏減外，實編一千四百六十【闕】户。萬曆二十等年，又奏減外，今實編一千【闕】百【闕】十【闕】户。

以上今實編共二萬一千【闕】百【闕】十【闕】户。

明 范景文《戰守全書》卷五《惜生口》 凡車行牛行十里一歇，仍制口鼻，三十里一歇飼□。

凡軍下營訖，司騎及佐卿分行巡視，馬驢有疾者，醫有瘡者，剪剔傅藥，有傷□申送營主，量事決罰。

諸軍下營訖，司騎及佐分頭巡隊□，驗驢馬羣，先有脊破，即令剪毛洗瘡，傅藥療救，不許連絆，如新打破作瘡腫，并有繫絆，即將所繇人領過。主量事決罰

凡應乘官馬，非警急不得輒奔走致馬汗，及打磨傷破，並論如軍律。已上量輕重科罪，平居則輕，臨陣則重。

凡非時不得乘官馬遊獵，及回換軍司六畜，若借人乘用，並論如軍律，因簡較而行者，不坐。

《武經總要》曰：凡士卒乘馬皆本軍將較遞爲簡轄，令謹切愛護，以時飲飼。

又曰：凡馬軍，未見賊，騎十里，步十里。事非警急，不得輒馳走，以損馬力。

永樂十二年令，各營馬驢須愛惜，馱載該管，時常點閱。

《李靖兵法》曰：諸營除六馱外，大別遣買驢一頭，有病疹。擬用搬運，如病人有偏，併其驢，先均當隊馱，如當隊不足，均抽此隊比營。

又《牧放》 《李靖兵法》云：諸營各令作一異旗，放馬。每隊作記旗，放驢，其馬中央放驢，令四面援馬放其驢，馬子竝於驢羣四面圍繞，驢羣知更，牧放。狂賊偷馬，例須奔走，驢羣在外，驅趂稍難，以此防闌，亦甚允便。營別即令別放，諸軍不得相交，非直髮引之時難，忽有不虞，追喚亦易。

諸行軍立營，驢馬各於所營地界放牧，如營側艸惡，便擇好處放，仍與虞候計會，不許交雜。各執本營認旗，如須追喚，見旗即知驢馬處所。諸軍驢馬牧放，不得連繫。每軍營令定一官，專簡較逐水艸合羣牧放。仍定一虞候果毅專巡諸營水艸，各令方界牧放，不許參雜。諸軍馬聚會，其數既衆，應行六畜，並仰明爲軍印，仍須別爲營印，防闌失，虞擬憑理認。

又《牧馬法》 《六韜兵法》曰：凡戎馬，必安其處所，適其水艸，節其饑飽。冬則溫廐，夏則涼廡。剋剔毛鬣，謹烙四蹄，戢其耳目，毋令驚駭，習其馳逐，閑其進止，人馬相親，然後可使。鞍轡勒御，必令全好，乏絕輒補。

《六韜》凡馬不傷於末，必傷于始，不傷于饑，必傷於飽。日暮道遠，必數上下，寧勞於人，切無勞馬。常令有餘備，敵之覆我也。凡軍行每營，先差一官專知牧放，不得連繫，諸營各作一異旗放馬，一記旗放驢，並於所管地界放牧，如營側艸惡，即計會虞候，別擇放地，不得交雜，如卒有警急追喚，見旗則知驢馬處所，凡馬逐營各爲印記，以防闌失理認，如死即印所部官驗印，是本營畜產，即令皮剝，如印不同，即是盜殺它營畜產，論如軍律。

又《牧馬事宜》 每營一官專牧放，各作異旗牧馬驢，勿混淆，則便追喚牧畜，馬中驢外，馬各營印記，□馬驢各備多數，恐有增補軍數亦宜，然馬有選方，有善走馳坡驀澗者，名跳盪馬，聚以沖陣、追賊、探報，精神悍悍，又善馳驟者，曰巡哨馬。奇兵翼衛巡行應急，見羣馬動而不嘶性良者，夜伏刼截，壯健遲鈍者，駐隊將出戰，預令人披帶衣械，馳習不住，未遇敵且緩行以舒其氣，餵飽宜牽行二三里，以養其氣，走驟欲住看遠近，漸漸收勒，陡妝則損。有誘賊馬之法，見青引者，芻也。聞香引者，餌也。見白引者，水也。皆投其喜而陷之，則擒之。

明 雷禮《南京太僕寺志》卷一〇《丁田》 我朝馬政初令軍民計丁朋養，至弘治六年勘定江南，論丁江北，論田雖多寡，損益其額不同，而酌盈濟虛，要皆不失，任民之意云。

則例

人十丁，田二頃，養兒馬一匹；人十五丁，田三頃，養騍馬一匹；丁糧相兼者，編同前數。

應天府所屬丁糧，共編人丁六萬六千七百七十丁，養種兒、騍馬四千六百六十匹。

上元縣，論丁：計人丁一萬一千二百丁，養種馬八百匹。

江寧縣丁糧，兼編計人丁四千二百丁，養種馬三百匹。

溧陽縣丁糧，兼編計人丁一萬一千九百丁，養種馬八百五十匹。

溧水縣，論丁：計人丁九千八百丁，養種馬七百匹。

句容縣，論丁：計人丁三千五百丁，養種馬二百五十匹。

江浦縣，論丁：計人丁一萬三千三百丁，養種馬九百五十匹。

高淳縣，論丁：計人丁七千七百丁，養種馬五百五十匹。

六合縣，論丁：計人丁五千一百七十丁，養種馬二百六十匹。內帶管滁州衛馬二十匹。

鎮江府所屬全丁，共人丁三萬二千六百一十丁，養種兒、騍馬二千三百四十匹。

丹徒縣，論丁：計人丁一萬九百一十丁，養種馬七百九十匹。

丹陽縣論，丁：計人丁一萬五百丁，養種馬七百五十匹。

金壇縣，論丁：計人丁一萬一千二百丁，養種馬八百匹。太平府所屬全丁，共人丁一萬八千五百一十丁，養種兒、騍馬一千四百六十五匹。

當塗縣，論丁：計人丁一萬零三百九十丁，養種馬八百八十五匹。

蕪湖縣，論丁：計人丁五千三百二十丁，養種馬三百八十匹。

繁昌縣，論丁：計人丁二千八百丁，養種馬二百匹。

寧國府所屬

南陵縣，論丁：計人丁七千八百丁，養種兒騍馬七百五十匹。

廣德州所屬

建平縣，論丁：計人丁一萬一千二百丁，養種兒騍馬八百匹。

廬州府，所屬全糧免徵田地一萬二千二百六十一頃二十八畝四分八釐九毫八絲二忽，養種兒、騍馬四千三百七十四匹。

廬江縣，論糧：田地一千四百二十八頃，養馬五百一十匹。

合肥縣，論糧：田地二千一十一頃二十九畝九毫八絲二忽，養馬七百一十七匹。

舒城縣，論糧：田地二千三百六十六頃，養馬八百四十五匹。

無爲州，論糧：田地二千八百七十頃，養馬一千二十五匹。

巢縣，論糧：田地五百三十二頃，養馬一百九十匹。

六安州，論糧：田地二千八十三頃，養馬七百四十四匹。

霍山縣，論糧：困地九百六十九頃九十九畝四分八厘，養馬三百四十三匹。

和州，全糧免徵田地一千八百一十三頃，養種兒、騍馬六百三十七匹。

本州論糧：田地一千二百一十八頃，養馬四百三十五匹。

含山縣，論糧：田地五百九十五頃，養馬二百二匹。

滁州，全糧免徵田地三千二百頃，養種兒、騍馬一千零六十匹。

本州論糧：田地一千五百三十四頃，養馬四百六十五匹，內帶管滁州衛馬一百三十匹。

全椒縣，論糧：田地八百二十六頃，養馬二百九十五匹內，帶管滁州衛馬四十五匹。

來安縣，論糧：田地八百四十頃，養馬三百匹，內帶管滁州衛馬一百匹。

鳳陽府所屬丁糧人丁一萬四千三百四十丁，免徵田地一萬三千八百五十七頃三畝九分二厘三毫，養種兒、騍馬九千四百七十六匹。

鳳陽縣，論糧：田地八百一十五頃，養馬二百九十一匹。

定遠縣，論糧：田地一千三百六十三頃，養馬四百九十二匹。內帶管滁州衛馬六匹。

懷遠縣，論糧：田地二千六百三十二頃，養馬九百四十匹。

臨淮縣，論糧：田地一千三百一十一頃，養馬四百六十八匹。

虹縣，論丁：人丁四千九百丁，養馬三百五十匹。

壽州，論糧：田地三千四百六十六頃三十七畝二分二厘三毫，養馬一千二百三十八匹。

五河縣，論丁：人丁二千一百丁，養馬一百五十匹。

蒙城縣，論糧：地一千一百二十七頃六十六畝七分，養馬四百匹。

霍丘縣，論糧：田地九百八十八頃，養馬三百五十三匹。

潁州，論丁：人丁一萬六百三十丁，養馬七百五十九匹。

潁上縣，論丁：人丁三千六百丁，養馬三百匹。

太和縣，論丁：人丁六千三百丁，養馬四百五十匹。

泗州，論丁：人丁九千八百丁，養馬七百匹。

盱眙縣，論糧：田地一千八百二十頃，養馬六百五十匹。

天長縣，論糧：田地三萬三千四百八十畝，養馬一百二十匹。

宿州，論丁：人丁一萬零一十丁，養馬七百一十五匹。

靈璧縣，論丁：人丁七千丁，養馬五百匹。

亳州，論糧：田地三千四百六十六頃。三十七畝養馬六百匹。

徐州，所屬豐蕭碭三縣種馬。係弘治十七年奏豁。

淮安府，所屬全丁人丁八萬二千丁，養種兒騍馬六千三百一十匹。

山陽縣，論丁：人丁九千八百丁，養馬七百匹。

鹽城縣，論丁：人丁九千一百丁，養馬六百五十匹。

桃源縣，論丁：人丁五千六百丁，養馬四百匹。

安東縣，論丁：人丁八千四百丁，養馬六百匹。

清河縣，論丁：人丁四千九百丁，養馬三百五十匹。

沭陽縣，論丁：人丁九千八百丁，養馬七百匹。

邳州，論丁：人丁七千七百丁，養馬五百五十匹。

宿遷縣，論丁：人丁七千丁，養馬五百匹。

睢寧縣，論丁：人丁七千丁，養馬五百匹。

海州，論丁：人丁一萬一千二百丁，養馬八百匹。

贛榆縣，論丁：人丁七千八百丁，養馬五百六十匹。

州府所屬丁糧相兼，人丁三萬六千九百丁，免徵田地九千五百四十頃九十六畝六分六厘，養種兒、騍馬四千七百四十三匹。

江都縣，論糧：田地一千六百三十五頃，養馬五百八十四匹。

儀真縣，論糧：田地五百一十二頃九十六畝六分六厘，養馬一百八十二匹。

泰州，丁糧人丁一萬一千九百丁田地一十六頃，養馬八百五十六匹。

如皋縣，論糧：田地四百八十四頃，養馬一百七十三匹。

高郵州，論糧：田地三千二百四十八頃，養馬一千一百六十匹。

寶應縣，論丁：人丁五千六百丁，養馬四百匹。

興化縣，論丁：人丁七千五百丁，養馬五百四十匹。

通州，論丁：人丁一萬一千九百丁，養馬八百五十匹。嘉靖二十四年奏豁種馬。

泰興縣，論糧：田地三千六百四十五頃，養馬八百四十八匹。

明 馬文昇《題覆應詔陳言馬政事》《皇明名臣經濟録》卷一四 查得弘治六年內兵部題冰差官勘處得：河南開封、彰德、衛輝等三府，陳州等一十七州縣，山東兗州、濟南、東昌等三府所屬濟寧州等七十州縣，各論人丁，每五丁養兒馬一匹，每十丁養騍馬一匹，共該人丁四十三萬八千五百二十二丁，領養兒馬六千七百五匹，騍馬二萬六千八百二十匹。其直隸、真定、保定、永平、順德、廣平、河間、大名等七府所屬定州等九十二州縣，各論免粮地畝，每地五十畝養兒馬一匹，一百畝養騍馬一匹，共該免粮地七萬七千四十九頃五十一畝有零，領養兒馬一萬七百九十五匹，騍馬四萬三千一百八十匹。各照例兩年筭駒一匹，其餘人户收候領養，孳生馬駒，其順天府所屬霸州等二十七州縣，亦各論免粮地畝領養，各處解俵備用馬匹。

明 顧煜《射書》卷三《四季口色》 春季口中鮮明如桃色者，平白者，病紅者，和黃者，生黑者，危青者，死。

夏季，口中鮮明如蓮色者，平黑者，病黃者，和白者，生赤者，危紫者，死。

秋季，口中鮮明如桃花者，平青者，病黃者，和紅者，生白者，危黑者，死。

冬季，口中鮮明如桃色者，平白者，病紅者，和黃者，生青者，危黑者，死。

三六九臘月，口中鮮明如桃色者，平青者，病白者，和紅者，生黑者，危黃者，死。

歌曰：唇青似靛春須殀，舌赤如砂夏必虧。白如枯骨秋無治，黑似炲煤冬不醫。

又《牧養喜忌》 暑傷六腑風傷肺，役傷肝部瘦傷脂，寒傷腰胯飢傷肉，行傷筋骨立傷蹄，勞傷心血濕傷腎，飽傷五臟困傷脾，遠来飽草多傷胃，乘飢喂急臟先虧，料後飲多偏令結，空腸過飢瀉無疑，驟行飲急先傷肺，卸鞍帶汗甚虧皮，伏雨若淋秋有疾，霜宵久露肉偏輸。酒槽喂久能揩擦，火灰墊睡燥毛皮。毛迎風飽飲饒啌嗽，濕塌久卧體難移，熱料充腸偏燥尾，水潭苦浴腎多虧。老衰勤洗生癱瘓，凍草飢飡胃必輸。

又《渾睛蟲》 夏末秋初，白露前後，清晨不可放馬。騾食草，此時瘴疫流行，蜘蛛結網撒尿，內染疫毒，馬食其草，誤撞其水入眼成蟲，往來不住，日久生翳，晏放則無此疾。

又《遠行騎騾法則》 凡馬遠行者，芻水八分，休令太飽，一日行，二日驅，二日騾，四日馳，五日奔，終而復始，空芻五百，徐徐加料，使馬騾不致心胸塞極，氣滯血凝，萬里乘騎，諸疾不能生矣。

歌曰：一日空行二日驅，三程方可進長途；空芻一百纔加料，萬里乘騎百病無。

又《遠回拴繫法則》 凡馬遠回歸廐，或在途宿者，如其有汗，休得飲水，下鞍之後，徐步捧行，寧息喘定，汗息去鞍，少時卸轡，即時放騾，繫於迎風之所，勿近舍簷，移時喂飲，使馬騾不致外感風寒之症，邪疫諸患無相侵害矣。

歌曰：下程有汗即捧行，喘定方教頭攜平；鞍揭隄防簷巷口，終身強健四蹄輕。

又《騎喂須知》 湌冷霜宿濕眠，主翻胃。

娠重起急，轉身太猛，主動胎。
遠行有汗，卸鞍簷巷，主揭鞍風。
料後飲水太過，水谷併傷，主姜芽。
勞傷負重上坡，卧凹努力太過，主脱肛。
蓄盛膘肥，喂多騎少。
積氣凝，主黑汗。
羸馬失調乘，
熱渡河卸鞍帶汗，苦雨淋濕地卧，主寒傷腰胯痛。
遠來騎急，卒至卒拴，久拴久立，主敗血凝蹄。
乘騎緊驟，急飲搶肺，主肺寒吐沫。
炎天乘熱，雨淋太過，或久繫霜天，主慢症。
過養膘肥，飽後奔急，主羅膈傷。
久渴失飲，空腸過飲，失捧主水掠肝。
冷痛料後，騎急驟歸促喂，主前結。
膘肥遠驟，乘熱喂生料，料後飲冷水，主中結。
空腸喂乾料，料後飲冷水，主後結。
炎天乘遠，鞍屜不卸，主熱痛。
乘騎湧急，卒飲急奔，主胞轉。
過喂過奔，熱毒積結，主偏次黄。
淋雨外拴，夜露風霜，渴飲過多，主脾氣痛。
遠驟偎促啣環，食草過猛，主草噎。
大馬喂拴烈日，遠驟歸急，幼駒乘飢誤食熱乳，主妳瀉。
過養膘肥，草胞奔急，卒至卒拴失捧，主五攢痛。
卸鞍過水，或熱渴，空腸過飲，或日被雨淋，夜被霜露，主腸入陰。
食飽負重，乘騎奔急，溝澗猛過，主斷腸。
過養膘肥，少騎多喂，久失洗浴，主肺風毛熮蟲咬袖。
乘騎遠至，帶汗卸鞍，夜繫舍簷風吹雨洒，主低頭難。
久渴失飲，空腸過飲，或縱淋雨，或繫霜露，主冷吐涎。
久渴失飲，空腸誤飲濁水，停立不散，主陰腎黄。
羸馬空腸過飲，帶汗卸鞍，簷下風吹，主冷拖桿。
過養膘肥，負重騎遠，熱喂草料太多，主舌瘡。
勞傷瘦馬，空腸誤飲濁水太過，失於捧散，主宿水停臍。
過養膘肥，炎天負重，騎急帶鞍卒喂，主心黄。
勞傷太過，腫鬐破脊、破尾、破肚，日久不調，主破傷風。
草料太甚，奔走過多，主肝熱。
膘肥過喂，食飽騎急，主喉骨脹。
遠來騎急，乘飢喂料飲水，主板腸結。
久渴失飲，空腸過多，主冒寒不食草。
膘肥肉重，炎天騎急，乘飢喂料過多，主慢腸黄。
內傷勞役，外感風寒，主骨眼。
炎天草飽，奔走太過，主眼障。
三秋早放，蛛網露水入眼，主混睛蟲。
過養膘肥，負重騎遠，鞍不解卸，乘熱喂料，主心經。
食飽負重騎急，卒至卒拴，失於捧散，主胸膊痛。
膘肥肉重，多立少騎，久拴久繫，主蹄頭痛。
久渴久飲，空腸過飲，失於捧散，主腎冷。
腰拖傷水，起卧冷腸，主瀉。
食飽負重騎急，主肺敗，心痛，肚脹，肺壅。
過養感傷，炎天負重騎急，主肝經風熱。
勞役過度，喂少騎多，主腎虚。
蓄養太盛，多喂少騎，谷氣凝積，主傷料。
騎驟失調，奔急蹉跨，盛損腰窩，主腎經痛。
小馬血氣未全，夜繫舍簷，風吹雨洒，主脾虚濕邪。
膘肥肉重，多喂少騎，毒聚痰壅，主胡骨把跨。
瘦馬負重，勞傷奔走太過，仰凹努力，主尿血。

又《起卧》 起卧者，腹中疼痛也，此因久渴不飲，或飲冷水太多，冷氣入胃也，或羸瘦過瀋宿冷，或老衰久露風霜，或牧被陰雨苦淋，或繫向濕塲久卧，濕氣透入肌肉，肌肉傳入脾，經脾灌四旁，胃潮百脉，以致脾胃合之陰冷，則令陰盛陽微，氣血不順，腹中作痛，則令之起卧也。又或暑月炎天，乘騎負重，乘飢而喂熱料熱草，熱積入内，内外合邪，五心煩燥，久渴而未得飢水，過冷水而飲之太過，陽氣不升，陰濁不降，腹中作痛亦令之起卧也。夫起卧者，皆緣芻水而過也。然芻水為牛馬之養，不能自由，全賴人之所養，或於飲喂失調，亦不能無疾。故三飲三喂朝夕不可缺失，且如空腸料後飲水，遠回宿草喂急，痰裹草停塞於膈，前水充料積聚於腹内，以致脾胃不和，而無化導陽明經受病，傳在大腸九積之間，不能運轉左右，聚糞成結，氣脉不能通宣，腸中閉塞不利，心胸悶亂，疼痛難忍，遂成此疾。

又《料性》

黑豆　性平補五臟，壯四肢，益氣力，潤皮毛。

黄豆　性温補，與黑豆同生，食作瀉，宜熱，用諸料之首。

菉豆　性涼補四肢泄臟熱，解諸毒，明目清心。

晚豆　性温和胃，長膘寬腹，潤皮毛有驗。

紅豆　性涼利水，消脹止瀉，解毒。

白豆　性温煖腸胃，益氣和中。

大麥　性温宜半熟，用冷水淘過，寬腸化食，調中益氣，生用補胃氣，强筋腿，為糵化宿食，逐氣消脹，開胃。

小麥　性寒解熱，消煩利小便，養脾氣，大有奇功。

麥麸　性涼厚腸胃，强氣力，壯筋腿，忌乾喂，膘馬少食。

秈米　性温，羸馬生食，補脾養臟生血生膘。

晚米　性平補脾胃，益五臟，壯氣力，止泄瀉，功為獨一。

糯米　性平喂馬用糙，補中益氣，壯筋生膘，旬日見功。

倉米　性涼寬中下氣，消食補虚，除熱止瀉。

稻穀　性平，補氣益膘。

以上皆可喂，此外無益馬騾，不可輕喂。

明　楊一清《關中奏議》卷一《爲修舉馬政事》　兵部覆該督理馬政都察院左副都御史楊一清題，節該欽奉勑諭：陝西設立寺、監衙門，職專牧馬。先年邊方所用馬匹，全藉於此。近來官不得人，馬政廢弛殆盡。今特命爾前去彼處，督同行太僕寺、苑馬寺官專理馬政。爾須查照兵部奏准事理，考究國初成法，親歷各該監、苑，督委都、布政、三司能幹官員，踏勘牧馬草塲，果有侵占者，即令退還，查點養馬軍人，果有逃亡者，即令撥補。見在種、兒、騍馬，實有若干，設法增添，務足原額，倒失虧折馬駒，隨宜追補，量為分豁。布置已定，責令該管官員，用心牧養。欽此。欽遵臣章句迂儒，本無致用之具，伏蒙皇上簡擢，總理陝西馬政，且馬政雖是一事，關係軍國大計，正愚臣効忠宣力之秋，重荷温吉褒嘉揣分，捫心實深愧懼，有君如是，其忍負之，誓竭駑鈍，以圖報稱。本年八月内到於陝西地，方奉宣德意，備行兩寺監、苑官員，共修職業，以副委任。臣親詣兩監六苑，查得牧馬草塲原額一十三萬三千七百七十七頃六十畝，見在各苑止存六萬六千八百八十八頃八十畝，其餘俱被人侵占。原額養馬恩隊軍人一千二百二十名，見在牧馬止有七百四十五名。牧軍包攬代役及私回原衛，住坐挨拏未獲九十九名，逃故累行勾補未觧三百七十六名。點視得見在牧養兒、騸、騍馬并孳生馬駒，止有二千二百八十匹。及查倒死虧欠馬駒，弘治六年起至弘治十三年九月止，該本寺卿李克恭奏蒙兵部題准折買事例，該追折買馬七千八百匹八分三釐俱各不曾追補。弘治十三年十月起至弘治十六年六月終止，陸續倒死并被盜、走失馬共三千二百八十三匹，虧欠駒三千七十三匹。馬政之廢，至此極矣。臣考究國初牧馬成法，行據該寺，回稱先年被火將文案燒毁，無從查考。查得永樂四年，兵部節奉欽依，開設甘肅陝西苑馬寺衙門，每寺管六監，每監管四苑，各有分撥草塲、水泉地方坐落四至。上苑牧馬一萬匹，中苑七千匹，下苑四千匹，僉撥恩隊軍人牧養。恩軍將各處有罪人犯發充，隊軍於各衛丁多軍人内選撥。每軍一名養馬十匹，仍月支口糧六斗，俱係舊例。其後陝西苑馬寺不知何年，將原設監、苑裁省，止存長樂、靈武二監，管轄開城、廣寧、安定、清平、萬安五苑。後又革去甘肅苑馬寺衙門，將原發恩軍遷設黑水苑於平涼府開城縣地，方亦附長樂監管轄。前項裁革監、苑，其地散在臨洮、鞏昌、延安、慶陽四府之間，各入軍民版籍，固未能盡復其舊，即今見在監、苑觀之，土地廣衍，水草便利，使典牧得人，畜養有法，豈有馬不蕃息之理。臣親閲安定，萬安諸苑，見養馬匹中，間率多奮迅騰躍，不可控馭，始知西方畜産，土地所宜，而牧事頓廢，非法之過，乃人之罪也。臣曩為陝西按察司官，彼時馬政已稱廢弛，猶有馬七八千匹，每歲給軍騎操，猶可數百餘匹。邇年以來，該部屢經建白，朝廷注意修舉，奈何積習之弊難祛，頽靡之勢轉甚。查得該寺奏報册内，弘治十五年終，實在馬三千八百一十四匹，臣今點查，見在止有前數，則是半年之間又少馬一千五百三十四匹。若皆委之天數，則本處官員軍民之家私養馬匹，不聞消耗若此。典守非人，其責惡可辭哉。且今見在馬匹，除作種外，餘下兒、騸馬不多，設遇有警，將何給軍。既無益於邊方，又焉用夫彼苑。幸賴皇上廟謨英斷，深念邦政之重，采納廷議，增置風憲重臣，委以便宜專制之柄，使圖興復。臣雖無狀，承乏而來，敢不夙夜孜孜，一新舊規，痛革宿弊。總率寺，監各苑官僚，勤考牧攻駒之政，謹騰游調習之宜，務期馬匹蕃息，雲錦成羣。上紓九重宵旰之懷，下濟一方戎務之急，此臣之志也，亦臣之分也。顧興廢補敝之初，改絃易轍之際，事多干涉軍衛有司，非臣一人之身所能獨理，亦非寺監，等官之力所能自遂，必得委用都、布、按三司官員分理，乃能濟事。訪得陝西布政司右糸政車霆、陝西按察司副使王寅，俱風力素著，練達有為，陝西都司都指揮僉事房懷，亦素稱勤幹，已經遵照勅旨，督委各官隨同臣遍歷各苑行事。將草場見奪者查出改正，軍人缺役者責限撥補。凡馬政一切興舉修復事宜，逐一經畫整理，務令上下相安，軍民兩便，不敢苟切以貽意外之憂，不敢因循以踵前車之失。待布置已定，然後責令該管官員，用心孳牧。至於事體重大，臣難擅專者，當次第條具以聞，乞下該部覆奏行之。使臣言聽計從，動無沮遏，如是而馬政不修，實効不著，臣甘從黜罰，無所辭避矣。為此，今將查點過見在牧馬草場，恩、隊軍人，見養并倒死虧欠馬匹數目具本，該通政使司官奏。奉聖旨：該部知道。欽此欽遵。抄出送司，案呈到部。看得奏內所查監、苑草場地畝，軍人、馬匹原額，及今被侵逃亡消耗之數，興舉修復，俱有條理。將來孳牧之盛，計日可待。至於事體重大，次第奏請定奪者必無沮遏。為此合咨前去，煩為徑自施行。

又《為黜罷不職官員以修馬政事》　都察院准吏部咨，考功司呈，本部送吏科抄出，督理馬政都察院左副都御史楊一清題。前事節該欽奉勅：諭各該寺、監官員有闒茸不職者，爾即具奏黜罷，或起送別用，另選才能，以充任使。欽此欽遵。臣猥以庸愚，荷蒙皇上簡命，擢任今職。前來陝西地方，督同行太僕寺、苑馬寺官專理馬政。除親詣兩監六苑，將馬政一切事宜，逐一查處整理另行奏報外，臣聞政之興廢，存乎其人，得人則興，失人則廢。天下之事皆然，不獨馬政。仰惟國初開設陝西監、苑衙門，當時官得其人，馬匹蕃息，足供各邊之用。成化、天順年間以前，原額牧養馬數，行據該寺回稱，先年被火，將文卷燒毀，無從查考。查得弘治二年，為因種馬數少，兵部奏發太僕寺馬價銀一萬二千兩，收買種馬二千匹，發寺孳牧，依例科駒。又有節年西寧、洮、河等衛解到茶易馬匹，因是官不得人，倒失虧欠數多，孳生未見蕃息。弘治十三年間，本部奏差主事李源查點得實有見在馬，羸并駒七千九百四十三匹、新追補過馬一千一百一十四匹，共馬九千五十七匹。弘治十四年，本寺卿李克恭奏蒙兵部題準，將先年倒失虧欠馬匹分豁折買，彼時見養馬八千一百六十一匹，比與主事李源查報之數，已少八百九十六匹，本年被敵衆搶去馬羸三千九百六十二匹、頭，餘下種、兒、騍、騸馬四千一百九十九匹。及查得弘治十四、年十五年內，節次解到茶馬共八百六匹，新孳生駒五百五十八匹，通原數共該馬五千五百六十三匹臣。今查點，見在止有種、兒、騍、騸馬并駒共二千二百八十匹，比之原數，該少馬三千二百八十三匹。見在者又多瘦損矮小，不堪作種、騎操，馬政廢弛，莫此為甚。夫解發孳生之馬有增於前，而實在馬匹愈少於昔。以銀買茶易，百姓膏血之餘，徒免該寺歲報倒失虧欠之數。典牧之設，無益有損，邊方之用，何所倚賴，興言及此，良可痛心。臣訪得本寺止是寺丞武戩頗勤職務，遞年前去各苑，點視追補馬匹，但官卑職輕，人不畏服，隨追隨亡，實效未著。其卿、少卿等官，俱不曾親歷監、苑。卿李克恭到任未及三年，倒失馬匹多至三千二百有餘，虧欠之駒亦如此數。例前折買者，既不追補，例後牧養者，愈加消耗。其稱倒失，被盜等項查無告行相剥緝拏案卷，亦無追收騣尾、皮張、耳記。在官止憑該苑官軍報數，即與開除。多被姦巧之徒，將官馬盜賣與人，孳生官駒，匿為己物。又聽富豪軍人。將草場儘力侵占耕種。解到牧軍，任意包攬，得錢放回，月糧按月冒支，馬匹全不牧養。及縱容各苑貪官，指稱公私使用，科斂錢物數多，逼累軍人逃竄。即今查出告發，不止一端。前項馬政廢弛，雖非一歲之積，一官之責，而近年馬數消耗，姦弊愈滋，實由見任官不職所致。除事發圉長邢恭等送發究問外，糸照陝西苑馬寺卿李克恭，叨任卿寺正官，位高禄厚，正當勉盡職業，使馬匹蕃息，馬政修舉，以圖報稱。豈期本官因見衙門無權，事多掣肘，遂敢改節易行，無向進之心，縱欲任情為歸老之計。聽其言似若有為，察其事全然未舉。貪聲大著，物議沸騰，以致監、苑官軍，視牧馬為虚文，以科斂為能事。強者因而脇持，弱者亦復玩慢，大壞馬政，重干國典。自知公論不容，却稱患病，已成痼疾，要得放回。雖經勘實，終涉推避，駁勘未報。及照靈武監監正李謙，在京負欠，人債到任未久，需索借貸該管收軍錢物償還。以此牽制，難於行事，廣寧苑圉長衛昌，愚闇無識，懦弱無為。所據各官，俱係闒茸不職人數，相應黜罷。如蒙乞勑吏，部合無將李克恭李謙、衛昌俱照不謹罷輭官員事例，黜罷放回，冠帶閑住，惟復將李克恭更加削奪，以為高官廢職者之戒。別選才能官員，以補前缺。如此，則宿弊可革，來効可圖，朝廷興舉馬政之意斯無負矣等因具本，該通政使司官奏。奉聖旨：吏部看了來說，欽此欽遵。抄出送司，案呈到部。看得督理馬政左副都御史楊一清題稱：陝西苑馬寺卿李克恭因見衙門無權，事多掣肘，遂改節易行，縱欲任情，貪聲大著，物議沸騰。靈武監監正李謙，在京負欠人債到任未久，需索借貸該管牧軍錢物償還。廣寧苑圉長衛昌愚闇無識，懦弱無為所，據各官，俱係闒茸不職，相應黜罷。要將各官照不謹罷輭官員事例，放回冠帶閑住，惟復將李克恭更加削奪，以為高官廢職者之戒一節。照得陝西苑馬寺卿李克恭、監正李謙、圉長衛昌，俱係職專馬政官員。既該都御史楊一清劾奏前項不職緣由，合無將各官照依朝觀考察官員不謹罷輭事例，放回冠帶閑住，惟復行令就彼回還原籍致仕。本部未敢擅便定擬，伏乞聖裁。緣奉欽依：吏部看了來說。事理，弘治十六年十二月二十六日，少師兼太子太師、本部尚書馬文升等具題，本月二十八日奉聖旨：是。馬政重事，管理須要得人。李克恭等都着冠帶閑住。堪任苑馬寺卿的，你每查照前旨，從公推舉素有才力兩員來看。欽此欽遵。擬合通行除外，移咨前去，煩為轉行督理馬政都御史，照依本部題奉欽依内事理，行令苑馬寺等衙門卿等官李克恭等，欽遵就彼回還原籍，冠帶閑住，移咨前去，煩照該部題奉欽依内事理，欽遵施行。

又《為修舉馬政事》 兵部覆，車駕清吏司案呈，奉本部送於兵科抄出，督理馬政都察院左副都御史楊一清題。臣受命以來，夙夜孜孜，不遑寧處，深懼奉職不効，以負陛下登簡作興之意。博采羣言，講求孳牧事宜，頗得其槩。臣嘗考之載籍，唐初鳩括殘騎，僅得牝、牡二千匹。肇自貞觀，訖于麟德，四十年間至七十萬餘匹。垂拱以後，馬耗太半。開元初，稍稍修復，始二十四萬。至十三年乃四十三萬。議者謂其監牧之置得其地，監牧之官得其人，而牧養之有其法也。今其地固陝西之地，當時領牧事者，張萬歲、王毛仲之流耳。竊意生當熙洽全盛之朝，名為儒者，其所建立，豈宜出張萬歲、王毛仲之下。然稽之事勢，實有不同。唐都關中，所置八坊四十八監，初在岐、豳、涇、寧間，後分析列布河西豐曠之野。盭京度隴，跨隴西、金城、平涼、天水數郡，即今西安、鳳翔、平涼、鞏昌、臨洮諸府之地，員廣數千里。其間善水草腴田皆隸之，故其馬蕃盛如此。我朝定都北京，永樂四年，以陝西地宜畜牧，乃詔開設監、苑。其始規畫，亦甚宏遠，與唐制無大相異。苑馬寺所轄六監，每監轄四苑。威武監所轄武安、隆陽、保川、泰和四苑，在平涼府開城、隆德二縣地方，同川監所轄天興、永康、嘉靖、安勝四苑，在開城縣及慶陽府安化縣地方，熙春監所轄康樂、鳳林、香泉、會寧四苑，在臨、鞏二府隴西、會寧、狄道、金縣地方，順寧監所轄雲驥、昇平、延寧、永昌四苑，在延安府保安縣及慶陽府安化縣地方，蓋亦跨陝西數郡，二千餘里之地。後皆革去，止存長樂、靈武二監，又革去弼隆、慶陽、安邊三苑。今見存牧地在開城、通渭二縣地方者，不過環數百里，又有衛所屯田及王府、功臣草場參雜其間，况原設牧軍數少。臣故謂事勢不同者，此也。然不以供京師，以供陝西各邊戰士之用宜無不足。惟監牧非人，牧養無法，坐是頹廢，上厪宵旰之憂。臣竊謂西安、鳳翔諸内郡，編戶日繁，版籍定，已固難別議。臨、鞏二府，土曠人稀原設監、苑處所必有空閒，不耕之地，宜修復者，謹當深察利害，徐議可否及馬政一切事宜，應施行者，徑自施行，應具奏者，具奏定奪外，今將切要二事，先行條具上請，乞勑兵部覆奏行之。臣不勝幸甚。為此開坐具本，該通政使司官奏。奉聖旨：該部看了來說。欽此欽遵。抄出送司，案呈到部。看得都御史楊一清，奉命修舉馬政於廢墜之後，首奏後項二事，俱係緊要事宜，理合逐一議擬，開立前件，伏乞聖明裁。處緣係修舉馬政，及奉欽依：該部看了來說，事理。未敢擅便開坐。弘治十七年正月初七日，本部尚書劉大夏等具題。本月十四日奉聖旨：準議。欽此欽遵。擬合通行除外，合咨前去，煩照本部題奉欽依内事理，欽遵施行。

又 一、增牧軍以便畜養。切照陝西苑馬寺兩監六苑，原額養馬恩隊軍人共一千二百二十名，見在七百四十五名在逃，事故等項四百七十五名。縱使勾補完足，數亦不多，且如每軍一名，照例養馬十匹，亦不過一萬二千二百匹。夫犬馬待人而食，若不增置牧軍，則畜養乏人，難收蕃息之効。查得養馬恩軍，係先年將各處有罪人犯發充，隊軍例於各衛丁多有力軍人内選撥。緣陝西各該衛所行伍空虛，征操備禦尚且缺人，似難額外增補。况各苑天氣高寒，地土磽燥，生理素少，又鮮有居室，多在崖窯堡洞住坐。腹裏軍人解補者，隨到隨逃，不安其業。馬政廢弛，亦多由此。訪得各府、衛、州、縣百姓軍餘，多有逃來各苑地方潛住，年久不當差役，又無官司管束查考，往往別生事端。及至被人告發，却行調躲。因無戶籍，無憑挨捉。歲復一歲，為數漸繁。夫物聚則必争，争則易於生亂。今不為之所，將來恐貽他患。此等流民，論法俱該問罪，發遣回還原籍當差。但念其故鄉生計已失，無可復之業，而此地依棲既久，有可戀之資。必盡法處之，非死則散而為盜耳。若編為養馬軍人，給撥草場地土，使之往牧，則官有畜養之役，民無驅逐之苦。且其耐貧寒，習畜牧，比與新撥隊軍，萬萬不同，公法私情，似為兩便。欲通行查拘編發，誠恐愚民無知，畏懼罪責，驚擾藏匿，急難濟事。臣巳經遵奉勑諭便宜處置事理，出給告示曉諭，但有逃來潛住人民，許其赴官投首，與免治罪。量其人丁多寡，給與草場地土，領養官馬，依例科駒，就近編入該苑籍冊內帶管。及行守備固原都指揮僉事苗英、固原州知州岳思忠，查訪招諭去後，續據逃民赴臣投首，情願養馬者，已及百名之上。俱暫收發各苑，聽候給地領馬外，近訪得前項逃民，節年多有投在平凉各郡王、將軍、中尉等府及儀賓之家，跟隨使用，娶妻生子。出入府第生事害人，官司莫能禁治。有告發者，各府輒稱先年收買家人，不肯歸斷。緣王府招集外人，明有禁例。況陝西地方軍民疲困已極，戶口凋耗日甚，若姦頑之徒躲重就輕，一槩似前投托影射，愈加靠累見在軍民。如蒙乞勑該部，查議宗室收買家人，有無事例。果於禮法有礙，乞行臣委令分巡、分守等官，通查平凉各郡王、將軍中尉等府及儀賓之家，并楚、肅二府馬營草場莊所家人，除例應得者不動外，但有收集各處逃來軍民，投托作為家人者，着落地方火甲、隣佑人等訪報捉拏到官，審問明白，編發監苑養馬軍人，一體分撥草場地土，領馬耕牧。若有占悋藏匿，各輔導官及儀賓參奏治罪，逃民及撥置主使旗校人等，俱照例問發邊衛充軍。如此，既以增公家畜牧之人，又以杜私門招集之釁。其於朝廷大體，軍國重計，俱有裨益。仍乞查照永樂年間發充恩軍事例，今後北直隸、山東、河南、山西、陝西法司問擬人犯，有例該邊衛永遠充軍者，俱發陝西都司轉解陝西苑馬寺，編發各苑，永遠牧馬。連原額及新收發軍人共及三千名之數，具奏停止，另為施行。以三千之軍人，牧三萬之種馬，孳息既廣，戶丁亦增。不出十年，數十萬匹之盛不難致矣。臣愚所見如此，未知是否，惟陛下察之。

前件查得，弘治十三年，該刑部等衙門尚書等官白昂等奏准見事例：各王府不許擅自招集外人，凌辱官府，擾害百姓。違者，巡撫、巡按等官奏聞，先行追究設謀撥置之人杖罪以上，官員奏請降調邊方，旗校舍餘人等發邊衛充軍。及行准禮部儀制清吏司手本回稱：各王府及儀賓，例該撥與儀從跟隨，查無家人事例。今都御史楊一清，為因各苑牧馬軍人數少，見得彼處潛住流逋及投入各王府、儀賓之家者數多，俱要查收，與同北直隸，山東河南、山西、陝西、法司問擬邊衛永遠充軍人犯，通發各苑牧馬一節。緣馬匹必須得人牧養而後可以望其蕃盛。今各苑見缺養馬軍人，而本處地方又有前項逃住及違例投托之人，若不因而收集，非特缺人養馬，且恐重貽後患。合無同前買馬事宜，一併請勑都御史楊一清，督同都、布、按三司守、巡等官，出榜曉諭：各苑地方潛住之人，及有投入各該郡王、將軍、中尉等府并儀賓之家，楚、肅二府馬營草場莊所家人者，俱許赴官自首，免其問罪，收集牧馬。如或占悋不首，着落各衙門官員設法訪察，擒拏問罪，枷號畢日，仍發監、苑養馬。各該輔導，撥置之人，依擬問發，應奏者奏聞定奪。其編發安插前項人役，悉聽本官從宜裁處。本部仍通行北直隸，山東、河南、山西、陝西巡撫、巡按，各行所屬問刑衙門并在京法司，凡有問擬永遠充軍人犯，及陝西各府十六年以前清出江南衛所軍人例該存留附近衛所者，俱解陝西都司轉解苑馬寺，定發各苑牧馬，務轃足三千名之數。若再不足另行定。奪仍將編發過姓名繳部查考。及照牧馬軍人最為緊要買到種馬即要軍人領養。若前項，清查流民并行補隊軍等項委官敢有視常怠慢者，輕則住俸，重則參提，不容姑息，容令悞事。

又 卷二《爲禁約侵占牧馬草場事》 兵部覆，該本部送於兵科抄出，督理馬政都察院左副都御史楊題。照得陝西苑馬寺所屬監、苑，原額牧馬草場地一十三萬三千七百七十七頃六十畝。因與固原、鞏昌等衛，鎮戎、甘州羣牧、環縣等千戶所，固原、通渭、安定等州、縣官舍軍民相攙住坐，又有楚、肅、韓三府，黔國公等草場參雜其間。節被官豪勢要姦頑之，人倚恃威力，任意開墾耕種，或通同牧軍盜賣年久，草場日漸逼狭，官馬無處牧放，馬政廢弛。節經委官清查，又被各人恐嚇扇摇，不得歸斷。弘治十三年間，兵部奏差主事李源，奉勑前來，會同布、按二司官查理。查得見在草場共止六萬六千八百八十頃八十畝，其餘俱無下落，內查出軍民唐釗等七百三十三名，占種草場地二千七百二十頃零九十一畝。將各犯發問，地土斷退還官。

近該臣督、委都布、按三司官親詣前項地方，查吊軍民納粮册籍，從公踏勘丈量，數十年埋没之弊，一旦清出。共清查得兩監六苑實有荒熟地一十二萬八千四百七十三頃一十一畝八分九釐六毫，比之原額，止少五千三百四頃有餘，乃是奉例撥為衛所屯地及曾告官升粮之數。其軍民唐釗等原占地土雖經查革，仍復占種，不曾還官。干礙人衆依律問斷，量追例後花利，入官發落訖。已將清出原額并侵占退出地土坐落四至、頃畝數目，造册奏繳。臣惟地土生物，本以養人，與民共之，是為仁政。然朝廷修舉牧事，清理草場，非供耳目玩好之欲，直以三邊缺馬之故。馬以給軍，軍以衛民，若草場逼窄，則畜牧不蕃。邊軍缺馬騎征，何以克敵制勝，以此各邊年年奏討馬價，所費不貲，皆自民出。今陝西監、苑草場，頗勾孳牧，但疆畔相連，窺伺者衆。彼見先年開耕占種，查出不過照常問罪發落，旋復侵占，略無忌憚，恐將來如唐釗輩不止一人。查得見行事例：凡用强占種屯田者問罪，官調邊衛，帶俸差操，旗軍軍丁人等發邊衛充軍，民發口外為民。管屯等官不行用心清查者，糾奏治罪。及查得成化十年七月十三日，節該欽奉憲宗皇帝聖旨：陝西榆林等處近邊地土，各營堡草塲界限明白，敢有那移條段盗耕草塲者，依律問擬，追徵花利。完日，軍職降調甘肅衛分差操。軍民係外處者，發榆林衛充軍，係本處者，發甘肅充軍。欽此。今照，監牧草場，係祖宗開設舊額，不為不重。如蒙乞勑兵部議處，凡侵占監、苑牧馬草塲，除事發在前，已經發落外，自今造册奏繳之後，敢有用强開墾耕種及盗買，盗賣情重者，比照衛所屯田、營堡草塲事例，官調邊衛帶俸差操，旗舍軍民軍，丁人等俱問發邊衛充軍情輕者，依律問斷，仍枷號一箇月發落。各該監、苑官不行查舉，通提治罪，著為定例。出榜發仰各草場、營堡張掛曉諭，庶幾法嚴而人知懼。治之於已犯之後，固不若禁之於未犯之前之為愈也。緣係禁約侵占牧馬草塲事理，未敢擅便具本，該通政使司官奏。奉聖旨：兵部知道。欽此欽遵。抄出送司，案呈到部。照得陝西苑馬寺，原額草塲荒熟地共一十二萬頃有奇，年久馬政廢弛，被人侵占數多。既該督理馬政都御史楊委官清出前數，漸復原額，造有青册，各該衙門存照，具見處事立法之詳。復恐法立弊生，欲照前例禁處，誠為防姦善後之計。合無依其所奏，本部仍行都御史楊刋印榜文，發仰各該草塲，營堡人煙輳集去處，常川張掛。曉諭官軍人等，敢有似前將清出牧馬草塲地土用强開墾耕種，或盗賣盗買，許地隣人等首告及各該監、苑舉呈。應問者就行提發分巡官處問理，干碍應叅官員，叅提施行，問擬明白，追完花利。情重者比照衛所屯田、營堡草塲事例，軍職調邊衛帶俸差操，旗舍軍民人等俱發邊衛充軍。情輕者依律問擬，仍枷號一箇月，照常例發落。監、苑官不行查舉，一體提問治罪。仍將各監、苑清出草塲至界頃畝，鐫刻石碣，陷置廳壁，永為証據。如此，則法度嚴明而馬政可期興舉，奸頑警懼而宿弊可冀祛除。緣係立法禁約侵占牧馬草塲及奉欽依兵部知道，事理。未敢擅便。弘治十七年十一月三十日，本部尚書劉大夏等具題。本年十二月初四日，奉聖旨：是。著出榜通行曉諭禁約，敢有仍前强占耕種及盗賣盗買的，都重罪不饒。欽此欽遵。擬合就行除外，合咨前去，煩照本部題奉欽依內事理欽遵施行。

又《爲修舉馬政事》 題為修舉馬政事，臣節該欽奉勑諭：陝西設立寺監衙門，職專牧馬，先年邊方所用馬匹全藉於此。近來官不得人，馬政廢弛殆盡，今特命爾前去彼處，督同行太僕寺、苑馬寺官專理馬政。爾須查照兵部奏准事理，考究國初成法，親歷各該監苑，督委都、布、按三司能幹官員踏勘牧馬草場，果有侵占，即令退還，查點養馬軍人，果有逃亡者，即令撥補。見在種兒、騍馬，實有若干，設法增添，務足原額，倒死虧折馬駒，隨宜追補量為分豁。布置已定，責令該管官員，用心牧養。各該寺、監等官，有闒茸不職者，爾即具奏黜罷，或起送別用，另選才能，以充任使。其有盡心職務，功績昭著者，具奏旌擢。欽此欽遵。臣受命兢惕，不遑寧處。親詣兩監六苑，查得牧馬草場，原額一十三萬三千七百七十七頃六十畝，見在止存六萬六千八百八十八頃八十畝，其餘俱被人侵占，原額養馬恩隊軍人一千二百二十名，見在止有七百四十五名，其餘俱逃故年久，未曾勾補。點視得見在牧養兒、扇、騍馬并孳生馬駒，止有二千二百八十匹，竊歎馬政之廢，至於如此。欲作新興舉，非臣一人所能獨辦。訪得陝西布政司右參政車霆、陝西按察司副使王寅、陝西都司都指揮僉事房懷，俱堪委用。已經遵照勑旨，督委各官，隨同行事，節經具題外，續蒙聖恩，車霆陞任陝西苑馬寺卿。其後，副使王寅別有分巡等項，差占都指揮房懷改任守備去訖，止是車霆一人常川幹理。今查得，各監、苑清出實有草塲荒熟地共一十二萬八千四百七十三頃一十一畝八分九釐六毫。恩隊軍人補完，見在新舊共一千九十三名招募新軍一千一百八十名。及查得弘治十八年十二月終，各苑見在牧養兒、扇、騍馬并駒共一萬一千六百二十四匹、頭，修完馬營、城堡共一十九處，衙門、倉厫、營房、馬廐等項屋宇共四千一百餘間。又選設操丁一千名，委官提督操練，無事不妨牧馬，有警可備調用。前項事宜，臣愚不過總其大綱，至於經營布置，實多車霆之力。且天下之事，襲已成者易為力，振久廢者難為功。當馬政興舉之初，羣咻衆閧，恐喝搖撼，無所不至。急之則他變或生，緩之則絃轍如故，車霆等不急不徐，寬嚴相濟，委曲開導，人情稍安。經今二年之上，復草塲於滅沒之餘，完牧軍於彫耗之後保障有地，防守有人。孳牧之規，稽考之法，粗皆就緒，經久可行。將來官員守而無失，自足以收蕃息之効。查得先為一事權以修邦政事，該兵部節該題奉孝宗皇帝欽依：今後行太僕寺、苑馬寺官有缺，照在京太僕寺官例，務推素有才望的簡用。待有成績，亦照太僕寺官陞擢。欽此。續為正卿寺體統以修邦政事，該吏部等衙門會議，節該題奉欽依：兩寺官員體統，都准議行，永為定制。各官果有政務修舉，功績顯著的，你每推舉，酌量陞用，不必拘定常例。欽此欽遵。看得車霆原任陝西布政司右參政，以新例被簡命為苑馬寺卿。本官歇歷中外，積有歲年，剛方有，為清苦無玷。年老而風節愈厲，官久而初心不改。節經撫按旌異，言官奏保，委的堪以重用。其隨臣整理馬政，修舉廢墜，委的盡心職務，功績昭著，相應旌擢。若止照常格陞用，無以激厲人心。必須仰遵先帝成，命照在京太僕寺官例，推任兩京相應堂上官或巡撫都御史，庶足以充其蘊。且今四方多事，用人為急，一時人才固多，然守法任事，不避艱險如車霆者，亦不易得。況本官年雖七十，精力未衰，若不早為甄拔將來衰邁可惜。如蒙乞勅吏部，再為訪察，如果本官歷任年深，公論允協。合無查照新例，不次拔擢，大加委任，仍乞給賜應得誥命。使凡厥有位，知所感發興起，其於治道，實有補益。臣備員風紀，不敢蔽賢，干冒天威，無任悚懼。緣係修舉馬政、薦舉賢能官員事理，謹題請旨。

又卷一〇《爲十分緊急缺乏糧料馬草事》　題為十分緊急缺乏糧、料、馬草事。准巡撫寧夏地方、本院右副都御史馬炳然咨，會同鎮守太監張弼、總兵官、署都督僉事楊英查得：寧夏在城五倉見在銀、糧，不勾主兵三箇月支用。花馬池見在糧不勾主兵二箇月支用，料草全無。靈州糧不勾主兵二箇月支用，馬草全無。中衛糧、料不勾主兵三箇月支用。廣武營糧、料不勾主兵二箇半月支用。興武營糧雖頗有，草、料全無。其餘應該按兵截殺去處數多，糧、料、草束一切缺乏。此惟計算主兵支費之數，若徵調客兵到彼，愈加不足。即今賀蘭山後敵衆不時近邊窺伺。河套之賊，近據延綏報稱，俱往西北去訖。寧夏正在延綏西北，恐其窺知寧夏反變之事，意欲乘隙侵掠。即目便是八月秋涼，倘或山後、河套兩路之寇，或深入為患，或約同夾攻，未免調集客兵人馬，臨時糧儲缺乏，馬匹不敷，倉卒之間憑何為計。查得先為緊急聲息預備兵糧等事，該職等奏蒙戶部運送銀五萬二千六百八十三兩有零，四川運銀一十五萬，兩俱累催不曾解到。後又亦為前事，該戶部又運送銀一十萬與督理糧草都御史徐以貞前來接濟，今止運到五萬兩，其餘五萬亦尚未到。即今米價騰貴，每銀一錢，止買粟米一斗四五升，止買豌豆二斗，止買小麥一斗。兼以年穀不登，客商稀少，日貴一日，不言可知。況布政司原派舊糧，俱已停徵，新派夏糧，俱各運足，亦不勾用。查得先年但遇邊儲缺乏，許令召商開中，雖則易於集事，其間作弊多端，已蒙停止，似難復議，但舍此一途，不過拘刷富家收買。今寧夏富家，前該都御史王一言已刷買一次，後該都御史安惟學又刷買一次，職等目下又要刷買一次，拘刷已盡，情理難堪。將欲差官糴買，而防守地方為重，顧此失彼。將欲一切給軍以銀，而或時乏賣，銀不可食，職等處此大壞極敝之餘，百孔千瘡，救之不暇，晝夜憂惶，計無所出，萬一失誤地方，雖將職等誅殛無遺，亦無益於事矣。合無轉奉乞恩，再運銀數十萬兩，就選委有才智着實幹事都御史一員前來，設法措買糧草。再差戶部有風力屬官一員前來，催儹布政司稅糧并未運銀兩，庶得專理其事，易於集辦，有備無患，攻守有倚。若止靠巡、守官與管糧官整理，則恐事緒多端，不肯久住實幹，徒費文移，不能濟事，為此。除具題外，合咨煩為照驗施行等因到臣。照得寧夏一鎮，東、西、中三路糧、料、草束委多缺乏，而東路逼臨河套，乃敵衆入寇腹裏必由之處，糧儲缺乏尤甚。且如花馬池每年遇冬有警，常調延綏遊兵三千在彼按伏，興武營遇冬常調寧夏奇兵三千在彼按伏。今二處料、草全無，花馬池糧亦止勾主兵兩月支用。倘或今冬踏氷入套，擁衆近邊，徵調客兵人馬，將何支給。既無糧草，難以駐兵，敵衆愈無忌憚。萬一邊城失守，貽患腹裏地方，守臣何以辭責。且寧夏鎮城大變之後，人心易於動搖，見在銀、糧，亦不勾主兵三箇月支用。根本之地如此，他尚何望，況山後之敵不時窺伺，誠恐兩路受敵，尤難支持。所以鎮，巡官員因見事勢窘迫，煩瀆聖聰，乞討官銀，乞差都御史及戶部屬官前來專理其事，情詞懇切，蓋亦不得已也。但陝西邊儲之乏，不獨寧夏為然，內而固原、靖邊，外而延綏、甘肅，在在空。虚見今河西莊浪、涼州一帶地方，敵騎充斥，餉道阻塞，公差人員多從西番地面迂路而行。近據莊浪衆將魯經呈稱：敵衆深入進西土人居住地方，攻尋窖藏糧畜，聲言要搶西寧。沿邊境外墩臺俱已丟棄，烽火不能接舉。臣方經理寧夏事務，聞之不勝憂懼。意將徵調陝西、延綏兩鎮精兵萬餘，與本鎮官軍分路夾攻，痛加誅勦，以祛邊患，亦因彼處邊儲空乏，難以輕動。又漢中流賊嘯聚，密邇郡城，師老財竭，迄無成功。首尾受傷，中外俱困，事勢至此，必得大有區畫之才而又假以便宜專制之柄，乃克匡濟，決非巡、守等官所可勝堪。臣任總戎務，軍馬所至，只合責成各該巡撫、巡、守、管糧官員供給。但今巡、守管糧官既多坐視無為，巡撫官員又復倉皇無措，臣若不言，日後誤事之罪，雖死難贖。伏願皇上軫念陝西三邊重鎮，國家安危所係，乞勑廷臣會議，合無俯從寧夏鎮、巡官員所奏，再發官銀數十萬兩，與同近日解送寧夏各邊并軍前合用銀兩，專備整理邊儲。簡命在京部、院堂上官一員，加以重權俾之督理，并帶有才力部屬官三員，趁今收成時月，河水未凍之先，分投整理延綏，寧夏、甘、肅三鎮邊儲。陝西沿邊及漢中地方責付巡、守官整理，布政司管糧官專一往來催督。各府、州、縣今年夏秋邊糧，俱聽差來大臣裁制。務待邊儲處處充實，方可具奏回京。邊儲既充，遇有敵警，愚臣得以隨宜調遣各路官兵，防遏誅勦，庶寬宵旰西顧之憂，不獨地方軍民之幸而已。臣又切思，經畫邊儲，不過招商、派買二端而已。招商易於集事，姦弊或不能無，派買累民暗陪，怨讟有所不免。兹欲救目前之急，不須避招商之嫌，於商人增一分之利，則公家有一分之益。前此招商，多被官豪勢要託名報中，致蒙停止，但舍此一途而拘刷人户糴買，緣地方時值，道里遠近不同，計算脚程，欲不累人，則須高其價。省價於官而斂怨於民，又非朝廷綏輯邊人之意也。臣愚請勑差來大臣，不拘招商、派糴，隨宜區畫，俱要嚴加禁革姦弊，不許勢要報中。其舊報糧草，商人納完，久未給價，雖有詔書明文，所司猶稽於奉行，蓋不止畏罪避嫌實因官銀無積之故。亦須查明處給庶幾，近悦遠來，商販填委，官事可集。不然直待事情緊急，竊恐招商則無肯應，糴買則無從出，不得已而至於乞運，陝西之民將不堪命。況腹裏倉廩空虚，無可乞者，雖有巧智，無善處之術矣。臣誠愚昧，不知忌諱，干冒天威，無任隕越待罪之至。為此具本，謹題請旨。

明 楊士奇《東里集》卷一《敕兵部罷朝覲官牧馬》 今都察院言：陝西等按察司官謂：今領孳牧馬疋，太僕寺、都司、布政司、帶管提督風憲不無受制等事，初羣臣所議，本欲便民，今思其言，誠有未愜朕懷。蓋國家以禄待仕者，使之牧民。今以馬責其孳牧，非惟有失禮待臣下之體，且使廉者艱於保其操行，貪者得以假此擾民。況已有詔寬恤，民間牧馬，二歲納一駒，豈復於官，猶責孳牧。縱使各府州縣大小官員一一養馬，總納不及數千，其於朝廷補益幾何。勑至，各布政司、按察司及府州縣官，但有已領過馬匹者，就依洪武中欽給官員馬匹例，給與騎坐，不問其孳息。未領者悉皆停止。都察院題本就付爾觀之，如勑奉行。洪熙元年正月十八日。

明 畢自嚴《度支奏議·堂稿》卷九《回奏總兵滿桂給發熟食草料疏》 題為探報捷音事，該兵部題前事奉聖旨：大將首挫賊鋒，捷奏，深嘉忠勇，賊散復集，嚴陣以待，還聯絡督師各兵合謀合力，犄角制勝。熟食給犒，並草料接濟，各遵旨速發，不得稽悮。該衙門知道。欽此欽遵。除督師營中熟食、草料，臣於二十日當夜躬率司屬分辦，各親詣城上，已經縋發外，惟是總兵滿桂原駐兵德勝門外，近復移師，不知下落，俟探有的確處所，或附近城下，容臣等即行給發，不敢少悮時刻也。臣等可任悚息待命之至，謹先題知。崇禎二年十一月二十二日，具題。

又《分委司官給發行糧料草疏》 題為欽奉聖旨事：本月二十一日接出聖旨，傳與户部尚書畢自嚴。賊衆臨城，援兵在外，行糧草料刻不容緩，爾即坐名分委能幹司官隨時縋城，給與一面，星催五城製辦熟食，即城守各軍行糧，此時應給本色馬，草無處買，草即將京五場草給與此，係緊要軍機，毫有躭悮立罪不宥，欽此欽遵。臣恭聞明命踧踖悚惶，此何時也，而臣敢怠緩從事乎。查京城九門，重城七門，臣蚤已選委司官宋應軫等一十六員，分門坐守，正為給散，守城官軍糧料而設，其城外援兵糧食草豆，臣業委司官郎中范鑛王肇生等星夜措辦，縋城給與城守各軍，行糧本色，原委坐門司官，先已支運倉米囤貯各門，隨便分給，馬草則劄管場官。照數關支料豆設法召買，見在分散熟食，則行五城兵馬火速造辦，臣部刻刻料理，時時督催，萬不敢毫有躭悮，自取罪戾為也。所有原奉聖旨一道，理合具疏進繳，謹具題：知崇禎二年十一月二十二日具題，本月二十六日奉聖旨，知道了，欽此。

又 卷一〇《馬草甚艱斤重宜定疏》 題為馬草轉輸甚艱斤重宜定敬瀝苦衷仰懇聖鑒以供軍興事：臣聞竭力致身臣子大義，自賊虜深入以來，臣堂屬皆一人而兼庖俎，一手而畫方員，百劇千辛未遑縷指，即馬草一事，據監督主事李不伐等向臣控籲有備極苦楚者，臣部在京草場凡六處，營軍援卒咸責解運，每運動輒千萬餘束，所需脚價甚夥。而守候交卸常多濡滯，車脚視應募，如入阱委厚直而不顧，此車輛之難於傭覔也。重城七門，內城東、西、北六門，各有援兵，草束自草場至運所近者十里，遠則二三十里，冬日晷短，而正陽等三門辰啓未閉，閱三時而竣一運尚竭蹷，恐後此時日之難於刻晷也。京軍有定衛而援兵徵調不常，今日東運明日忽轉之西，內外接遞多不相值，展轉偵尋屢致稽遲，此運地之難於遷徙也。草價舊例不踰三分，而運價計車驢提縋等費，或四五文至七八文不等，視本價三分之一，而贏取之公，則耗費多端，取之私則賠累尤苦，此脚價之難於措處也。總之草體輕浮，草場遼遠，援兵所需不貲，一車所載幾何，且途間之竊取强取，衆手交於各營之呼，小呼遲多口可懼頃。本月十五日偶因大雪極寒，兼遇改小車為兵車，人皆縮步，臣部所用車脚皆逃匿去，欲覔一車不可得，依稀斷運，臣惶怖欲死，亟派十三司官自率其胥役背負肩挑，各運一千五百束，臣一班一皂俱為運車之人，各屬各司俱兼運草之任，而猶未克接濟如意也。輪□□馳官役奔命，亦良□天然，臣部不敢辭苦，且□一事頓長，一識有目前急須酌議者，近日援兵草束縋城而下，止於論束，折算不論斤重，但多者十四五斤可作一束，少者僅四五斤亦作一束，是多寡無定數也。援兵強者得十四五斤以至二十斤僅作一束，弱者雖四五斤亦作一束，是苦樂殊不均也。倉場舊制雖以十五斤作數，然積貯日久每垜必浥爛之層，耗費實多，臣詢之慣飼馬者，云每馬每日除料豆外得草十斤不啻足矣。近據左安門管理行糧司官、廣東司主事王國祚稟□，會同該門提督中貴酌議，每草定為十斤一束，似覺得中，夫各場發草原多車夫有憚推運而減損者，中途有遭強横而攘取者，各軍有因草有餘烘火造飯，責料槩用草束而猶折算不休者，徒費脚價無裨實用，論束而不論斤，何所據以為憑，今議一以斤重為主，每馬給草一束，務重十斤，其各場中聞地下堆積厚至尺許，狼□可惜，亟宜募人綑束，各以十斤為率，而又計道里遠近，以定脚價多寡，及至城上，司官以此斤重抽驗，即縋城運將官亦照此數查收，庶幾可杜糜費之端，而各營亦得霑實惠矣。至於援兵在外，勢必縋運，京營馬軍原不登埤，即今緊急遊防，豈無一日之暇，合無令其照常赴附近草場支領可也。又各營伍馬匹有倒斃損傷者，亦令不時具報，以便樽省銷算，良以物力艱難，而轉輸不易耳。伏惟聖明裁察施行崇。禎二年十二月二十日具題，本月二十三日奉聖旨：草運艱難，覽奏具悉，授兵續集急須調度，計斤依議，京營馬軍附近支須着總提協酌行，該衙門知道，欽此。

又《新餉司》卷二三《議覆關門冬春馬草疏》 題為酌定本年冬春關門馬匹草束數目，祈勑乘時發銀料理買運以便芻秣以資撻伐事：專理新餉山東清吏司案呈。崇禎四年七月二十七日奉本部送戶科抄出，督餉御史吳煥題：前事內開準，津部翟鳳翀會稿四年七月十二日準，閣部孫承宗咨準臣咨查，今歲冬春留養關門馬贏的數，應用草束若干，酌妥咨示等因，準此。就經備行關內道楊嗣昌回稱，行據海運通判臧嗣光呈稱，會準總鎮中軍呂鳴咸回稱，見在馬贏駝三千九十六匹、頭、隻，近蒙各臺發銀買馬約有千餘匹，總計不及五千等。因去歲奉文議買草一百萬束，因餉銀不繼止買草六十一萬三千三百三十三束，以今冬春計之關門咽喉之地，虜報頻仍，各營缺額馬贏必須買補，往來征調，又難預料，況閏月亦係支草，尤宜多備，似應仍動馬乾銀兩，照舊分派撫、昌二縣及附關各委收買，約計冬春之草共買一百萬束，亦庶足用矣。等因到道據此為照，關門兵馬舊歲以西援之故缺額數多，買用草束止于前數固也。近奉明旨歸併營伍，更定經制業，蒙本閣部院科各衙門憲行詳允，馬贏以一萬六千五百為額數，總計乾銀一十三萬三千七百五十兩，內查冬春五箇月算支草二百四十七萬五千束，每束三分共銀七萬四千二百五十兩。此經定之數，似不可少，而閏十一月尚未計算，或于缺馬之內通融可也。若就見在馬贏定草，將來陸續買馬，何以應之，且天下事緩急征援難以畫料，寧以草待馬毋寧以馬待草，此本道迂愚之見也。合無請乞，咨請內部亟發草價銀七萬四千二百五十兩，分派關運廳官及附近各縣乘時收買，儻一時不能取盈，先發一半以濟急需，俟後陸續再補，亦為長便。此等召買之事，必如良賈，擇人任時，庶幾有倍稱之入，儻先時不給，價時過而後圖之，此邊塞所以益急，內部所以益窘，而呼籲無已時也。等因據此為照，關門馬贏以一萬六千五百匹為率，總計乾銀一十三萬三千七百五十兩內。冬春五箇月應支草二百四十七萬五千束，該銀七萬四千二百五十兩，閏月不妨于缺馬內，通融支給，其價先期照數請發分給，關、海二廳及附近各縣及時收買，或難取盈先發一半，其餘陸續再補，但擇人任時方得趁時易買，價省草多，良為確見，惟候草價到日行該道酌處可也。等因到臣。該臣看得關門見在馬贏止以三千九十六匹、頭，計買草百萬，儘足供冬春支用，但經制以一萬六千五百為額，陸續買補，買到一匹則用一匹草料，買到一日則有一日飼秣，又慮征援不時，預備冬春草二百四十七萬五千束，每束價銀三分，需價銀七萬四千二百五十兩。而閏月則于缺額內通融，此謂以草待馬，不以馬待草甚矣。該道之思深而慮長也。草惟秋成價平而買易，過時則騰貴收買維艱，亟賜給發趁時購易等因，本年七月二十五日奉聖旨：草價銀兩戶部酌量給發，買支各有專責稽覈，勿致冒破，依議飭行，馬匹缺額太多，向來作何買補，立何程限仍著查明具奏，該部知道。欽此。又該津部翟鳳翀題同前事，本年七月二十八日奉聖旨，已有旨了，該部知道，欽此欽遵。抄出到部送司，除馬匹缺額太多，作何買補，應聽兵部議覆外，所有買草價銀相應酌覆，案呈到部該臣等看得，關門馬草向議改折，迫虜騎闌入征，鞍旁午軍興倉卒，莝草如金，始知本色之為貴，而召買之不容緩矣。客秋就關門見在馬匹合筭，入援兵行草約以六千匹，計五箇月為期，該買草一百萬束，嗣因額餉不敷，止買草六十一萬三千三百三十三束，通融支放，亦已無缺。今關門實在馬贏駝三千九十六匹、頭、隻，續買千餘匹，尚不滿五千，以去歲一百萬束計之尚有千匹餘草可備緩急，乃關內道楊嗣昌欲就經制中一萬六千五百為額數，寧以草待馬毋以馬待草，而筭買二百四十七萬五千束，每束三分，共銀七萬四千二百五十兩，眞多算勝少算也。臣竊謂此七萬四千三百五十兩者，總在經制馬乾之內，似可不煩較計，但萬馬非一蹴可齊，而乾銀亦缺額難措，合無照先年一百萬束之例再增買二十萬束，該銀三萬六千兩給山海餉司轉發，關、海二廳與撫寧、冒黎二縣及時平價官自收買，不得苛累小民，蓋視客歲召買六十一萬二千餘束之數，固已加一倍矣。萬一買草就緒，而雲錦成群，芻秣果不敷用，不妨酌給折色，以省煩累。若夫今歲豐登，草束必賤，或可節省於三分之內，又收草欲重而陳腐者，置之完草欲實而虛銷者，懲之。隨事查覈，因時制宜，則餉廳以下事也，倒斃必報而勿以駿骨縻金錢截補，必核而勿以驥圖需騰飽甚而營弁，與商委通同以折色，領以本色報種，種侵欺則千總以上事也。又客歲州縣委官領銀，及接年舊欠或有未盡完者，亦宜趁此秋成加意稽查，設法追比，據實報都，未必非軍儲涓滴之助也。是在司、道、廳、縣之留心矣。既經督餉，臺臣并津部會題，前來相應覆請，恭候命下，臣部移文各該衙門遵奉施行。崇禎四年八月初四日具題，本月初七日奉聖旨，邊鎮索補馬匹輒稱缺額甚多，及支給料價，每欲全額取盈，此係相沿習弊，亟宜清釐。關門冬春草料依議據見在馬數再加寬算，發銀三萬六千兩，給該餉司轉發，其查核欺冒追比舊欠等事，俱如議飭行，以後該鎮買到馬若干，需料若干，通著陸續奏明，以憑查給，本内缺馬誤缺焉，改正行，欽此。

又《邊餉司》卷八《覆宣撫扣存草料銀兩疏》 題為懇補額設馬匹以遵祖制，以奉明綸事邊餉司案呈，崇禎四年四月二十六日奉本部送戶科抄出，宣府巡撫沈棨題前事內稱：宣鎮缺少馬匹，臣前疏請將庫收存草料銀九萬一千六百餘兩，補買馬五千四百餘匹，尚□□一萬四千餘。四議然補□十萬，□□□□□料銀續買，如復於前數半抵，別項則馬將何□。昨年兵部於市本馬價外題發三萬金，原為宣鎮買馬，又為陽和支去，茲又題準發驛遞節存銀五萬兩，無非念陵寢外户策將士以衝鋒。曾是額銀，戶部半裁別抵，豈謂馬果可裁乎。將價自別處乎。抑急在薊□而緩此乎。倘恪遵前旨，如兵部所題覆，從此節存買補，必期如額，果□計有餘聽戶部題，留別抵可也等因，四月二十五日奉聖旨：據奏宣鎮缺馬數多委宜亟補，今後扣存料銀準仍充該鎮買馬之用，還著沈棨加意查覈，勿令旋補旋損，無濟急需，該部知道，欽此。又奉本部□戶科抄出，該撫題為欠餉，盡弛邊防，抵扣其□經制，乞勑部遵從。長合奏之明旨，以無誤危疆事，内稱缺馬料銀兵部題。□□□【下闕】報已草疏申前懇，而戶部咨文隨到，大約□□宜二字為非例，臣惟恐戶部之不言例也。如以例舊例空月糧銀止充閏餉，近餉司所報之路失倒死空月料草銀九萬五千二百四十餘兩，原存以補，閏餉乃戶部靳補馬以節料銀，遂□料銀以補閏餉，那閏餉以扣年例，從此經制□乘馬無補，法料可常存委，饑疲之徒卒以黨□直欲弭兵，憂豈在給餉哉。即如撫賞，靳發一□已經嚴旨，乃靳發如故，移咨亦曰，取諸節省僅此馬料閏餉之十六萬也。又臣疏請補發舊欠，奉旨接濟，湊買本色，而户部未有以應，按臣胡良機更為疏，請餉司萬國孚猶以未奉，部劄為辭，各路壓欠四萬，若新軍亦同挨給，能枵腹應操，以需日至乎。等因，本月二十五日奉聖旨，買馬料銀已有旨了，閏餉缺額及撫賞未發，一□□作何抵，給著該部□□□，奏本内臺□□□□途軍缺借，招女戶是何邊政始自，何時沈棨還明白奏來，欽此欽遵。抄出到部，又奉本部送準兵部咨：該直隸巡按、監察御史胡良機題，為兵家轉弱為強，貴有可用之兵，先有必用之餉，萬無慳執致誤，封疆謹補，陳招兵壓餉之不可行以重邊計事，內稱臣自廵歷至今，按螺紋冊，面面相詰，於千人中或汰數十名責令諸弁亟為召補，解道驗準之日，即是開糧之日，宣糧雖薄，當□渴而就飲，食勢所必趣，近日應募寥寥，文武□為蹙額，如正月應募必待五六月間放，正月之糧窮人何從貸，而貸何從得還，宣疆単弱，明銀貼防，非久計，而早不為自强之圖，恃客而忘主，算少而費多，恐善籌者所不出也。等因奉聖旨：兵汰老弱正欲補强，壯以實伍，若餉不開支，□以召募，宣鎮单虛亟宜整飭，豈得藉口節存，致誤邊計。這所奏併胡良機前疏，該部即與議覆，欽此。隨該兵部題覆內稱，宣鎮缺餉數月，非一歲□【下闕】月為舊軍者，頗易惟是，新軍取齊於舊軍，給□數月之後，飡風飲露，不能充饑，為新軍者，實難近觀，計臣三月措餉疏為計，臣者亦難矣。一□而發數月之餉，臣既不能得之於計，部忍饑而待數月之餉，臣亦不能得之於新軍，惟是餉司造新舊二冊，分新舊二項，舊軍食舊餉，自有□例可循，新軍食新餉本無壓欠，而何必取齊□舊軍，臣以為新軍着伍之日，即食糧之日，或□新軍懽然應募之日，于以汰老弱而飭營伍□終有賴焉。等因，奉聖旨：新軍招補原應開餉冊，分新舊項款，自清著□部即移會餉司如議行，其百總去留，隊長輪應□該撫按確酌具奏，欽此欽遵。備咨到部通送，到□案呈到部，該臣等看得，養軍養馬錢糧並屬□需，主餉主兵意見有何同異，惟當財用匱絀，□時共為撑持，補苴之計移長就短，挹彼注兹□□□此軍餉無乎。庚癸而以□□鎮□□□□【下闕】五千二百四十餘兩，在庫該撫隨疏請買馬，臣部以該鎮積年壓欠無補，請以其半□□壓欠，若本年應發之月餉各有額存，臣等又□敢減損分毫奪彼，與此區區一念，竊以該鎮□馬缺與從前之壓欠均處極重難返之勢，乘□節省贏餘買馬，與補欠均分而存之，該□□□用之，該鎮是亦楚弓楚得之見也。具疏入□□告本年三月內奉聖旨，這宣鎮扣存空月草料銀九萬五千餘兩，依議半充該鎮買馬，半充該鎮補欠，各軍餉銀俱準額外補支一月，餘充閏月之用。其節曠還，官銀六萬四千餘兩，準抵四年，分年例還著，該督撫餉司將買過馬匹發過銀數從實奏，繳萬國孚節存數，多具見實心綜理著，吏部紀錄優叙。該衙門知道，欽此。乃該撫復申前請，而必欲以九萬五千餘兩之扣存，盡充馬價，復奉有今後扣存料銀準仍充該鎮買馬之旨，該臣部備劄餉司，除前扣存草料銀九萬五千□兩，遵奉前旨半充馬價半充補欠備閏外，以後扣存料銀遵奉今旨，仍充該鎮買馬之用，渙汗重宣。臣等既奢蔡奉之，而金石守之矣。惟是閏餉缺額，撫臣恐借扣年例，轉眼閏及尤懼不敷，而鰓鰓慮之深也。但還官一項自可備閏，今歲之閏尚在暮冬，從此積貯或足相當，倘有未完，何難衰益。所望督撫司道斟酌調停，畢力仔□諒，不難辦此矣。又查揷酋撫賞一項共該三□八萬，除兵部認發銀一十七萬九千九百二兩四錢七分外，臣部該發銀十萬零九十七兩五錢三分，三年分一，宣府廵撫差官宋國樑領解銀四萬兩，一宣府廵撫咨□王思敬撫賞銀□千七百九十一兩二錢，一除鹽商馮濟民撫賞扣過銀三千九百八十六兩九錢八分，抵作□年撫賞，一鹽商陳智等扣兊夥商陳明□□□銀七千一百□□□□□□□□□□□□七十八兩一錢八分，尚未發銀四萬六千□百一十九兩三錢五分。致厪撫臣頻請，臣部實□常一日忘此，祇緣目前外解杳然，按月湊餉□繼點金無術，浸假逾時，然此項錢糧終不可□。臣部見今那移措發，另疏具題差官起解，若□作膜外之觀，而槩思節省之抵，臣萬萬有所□敢也。又查支餉一項苦在積歲之未完，以致□庭之築，室有謂上年壓欠數多，即今按月支□抵補，舊飹間有新充行伍者，恒苦枵腹莫如□舊，酌給之為便。如發兩月糧以一月抵舊，以一月抵新者，甘固糧儲郭應響疏也。有謂按月現支，自正支外京民二運何處更有贏餘各兵一年止求足一年之餉，原未嘗欲新舊兼支，似不如照常支放行，所無事者，陝西督臣楊鶴疏也。有謂既不能按月還舊軍，而復按月扼新軍，何如有一軍與一軍之糧，當一日軍食一日之糧，或新舊一例兼支，或新舊兩冊開載者，按臣□良機疏也。臣部因而□□之補支，現支□□滿九邊欠額，而宜彼宜此，總聽邊臣設誠力行具疏題，請乞勑各邊督撫責成道司各隨地方便宜，果一例開支，而兩冊開載，便則給新應與補舊雙行，如照常支放以行所無事，便則則文放之法，□惟聽二臣擇其善者，一意主張不必商度，於□部臣惟有早暮須奏報詳明，毋致彼此淆混，欽此。今該撫臣按臣俱以新舊分支便而力請舉行，鼇剔與消弭並重，奉聖旨。各鎮月餉支給，既難畫一，著該督撫酌便行，但匪懈額餉，是圖倘邀皇上之寵，靈致四方之輻輳俾，應發之餉能環轉於不停之軸，是則臣職守之事畢而曠鰥之責，亦庶幾少逭於萬一也。該撫之疏近經兵部覆□準，臣部遵奉明旨，業已移會餉司無煩再計矣。總之該撫之精神注在一方，是必積倉裕而後膚功，奏□□□【中闕】其情也。然臣部精神注在九邊所入者，恒不□如額，所出者各責其如額轉計，之轉見其無□。臣部有扣抵而總裨該鎮之緩急者，其勢也。伏乞皇上勑該督撫併該道餉司同心體國，共濟時艱，遵照屢旨前餉司所報扣存草料銀九萬五千餘兩。□□買馬之價半充補欠，備閏之資以後扣存銀□，仍充該鎮買馬之用，備閏缺額取之還官，□□一半現經湊發，新舊兼支主之。撫按務期□□充足，千行間錢糧漸完其欠額，而新軍舊軍□得其碩，則以戰以守焉。往而不利哉。既經撫□并兵部題，咨前來相應覆請，恭候命下，臣部移文該撫按并劄餉司一體遵奉施行。□崇禎四年五月二十八日具題，六月初二日奉，【中闕】未發銀兩見在措給，知道了，餘俱遵前旨行。欽此。

又 卷九《覆宣撫議節省草料各半買馬允餉疏》 題為邊防不可無馬，馬價不可虛推懇，乞敕部從實合奏，恪遵明旨，以無悞封疆事，邊餉司案呈。崇禎四年閏十一月初一日，奉本部送戶科抄出，宣府巡撫沈棨題，前事內稱，近因夷馬不入慎選朴誠，殷實□職將官遠道重齎皇上。又以缺馬速補頻催，而戶部復以南馬節存□却，夫使協濟餘銀，果足買馬，臣復何說宣鎮銀。【中闕】侯積存不知何年，贏此二十萬，即以二十萬□，派九邊能分幾許，于宣鎮自此虛推，宣馬再□補法，邊塞以逐寇，為雄却步即為延敵。西北關騎射為事撤馬，即同無兵不及，今買馬以收□卒之用，憂恐不獨在邊矣。果現有南馬節存，□兩堪抵此數，則草料應聽戶部別抵，不則扣□料銀，準今後仍充該鎮買馬之明旨，斷斷乎不可易也。等因十一月二十九日奉□聖旨：宣鎮馬匹缺額買補，亟需實銀，着該部確酌□覆，毋仍以虛言漫應，欽此。本年閏十一月十二日奉本部送戶科抄出，該撫題，為經制不可意□邊計，不可虛銷，謹列鎮兵凍餒倉儲匱乏之因，乞聖明惻然憫念，早圖强兵固圉之實事。內稱：竊惟寰鎮錢糧，惟主餉客餉二項取足京民屯鹽四事，題準年例，錢糧分毫不許短少，盖無可增減之為例，節存年復一年，餘歸閏餉而不另發，更有節存，則在召買，以儲積備兵荒，非止備每歲兩月本色而已。自戶部起抵，扣年例之說，而項款溷淆，如扣還逃故等銀六萬四千餘兩，原應作閏餉也。而借名節省抵四年年例矣。馬料價銀九萬五千餘兩，應充買馬也。而借名額外補給一月，其實按月壓欠，原無額外已暗裁馬價之半，西兵川黔兵援遼，暫駐宣鎮，應食新餉，而借支主餉八萬四千八百六兩，內三萬兩，借名補□□□係還。保定民運於京運之欠□涉也。昨歲奉旨量補，近年而分文不給，今歲奉旨乘秋召買，而顆粒未收。宣馬歲支半料，入冬兩月未給，兹料價十一萬，合扣還逃故六萬，共十十萬。以報節省，盖宣鎮實無他節省，不過逃故扣還，前此因扣六萬四千為年例，又措八萬四千六百兩餉，援遼之客兵則此二項共銀十四萬八千六百兩，實係本年欠發，京運在舊欠一百三十萬九千五百八十六兩之外者，如經制□□因閏十一拜【中闕】聖旨。該鎮召買及馬價已有旨了，這奏內事情□□部一併議覆，欽此欽遵。抄出到部通送到司□□買銀兩已經奉旨，移咨劄行。該餉司動支五萬，速行召買，去後閏□先已奉旨，將扣存空月草料銀充備閏之用，所有馬價□□布花月餉等項，相應遵旨酹議，一併速覆案呈到部。該臣等看得，邊鎮設□以資捍禦邊軍藉馬，以鼓衝鋒，馬不應缺，缺宜亟補，此不待再計而決也。惟是九邊節曠糧料原奉明旨，特設部科清查銷算，不過為節省計耳。先是遼左曾扣馬乾買馬，近經臣部具題，停止即大同一鎮扣銀，另貯買馬亦奉明旨，勒令司道回奏未結。今原疏固在也。祇緣宣鎮缺馬數多，馬價無從設處，向多取給空月草料案查。崇禎四年三月內該本部題，為節□盡□□壓欠，絲□補期懇乞聖明勑，令存留餉庫以充軍儲事，覆宣府巡撫沈棨題，為謹陳巖疆單匱之形，竭蹶修舉之略，仰懇天鑒，俯濟急需，蚤裨安攘事，內請節存空月料草銀及節曠還官銀，緣繇本年三月二十六日奉聖旨。這宣鎮扣存空月草料銀九萬五千餘兩，依議半充該鎮買馬，半充該鎮補欠各軍餉銀，俱準額外補支一月，餘充閏月之用。其節曠還官銀六萬四千餘兩，準抵四年分年例還着，該督撫餉司將買過馬匹發過銀數，從實奏繳。萬國孚節存數多具見實心綜理，着吏部紀録優叙，該衙門知道。欽此。隨即移咨遵行，是則臣部清查空月料草之繇也。又查崇禎二年五月內臣部因邊餉缺額太多，公集廷臣會議二十款以補缺餉，內有南馬協濟一款，題奉欽依遵行已久，實在兵部扣解站銀之先嗣，因兵部謂南馬協濟係該部銀兩不肯歸臣部充餉。崇禎四年二月內該前任兵部尚書梁廷棟題，為遵旨回奏事，本月二十日奉聖旨，據奏薊鎮缺馬未能悉補，依議先補新營後完，舊額應用馬價除已發續解外草料存銀，原係缺馬所積着該部酌議措給，至南馬協濟既抵報站銀復題，充舊餉一事兩屬將何適從，并議歸着，以防影射，還合疏速奏，毋得互執致妨邊計，欽此。臣等因邊鎮缺馬數多，每索臣部空月草料銀兩，既兵部欲以南馬協濟，留為各鎮買馬之用，則缺馬之價有所自出，各鎮餉內節省之銀，可以盡歸臣部用矣。且以兵還兵，以戶還戶，錢糧各歸職掌，彼此可斷葛藤，雖會議已經宸斷，不敢不酌議上請也。隨咨會兵部去後，隨該兵部尚書熊明遇主稿會同臣部題，為遵旨含奏事內酌議，以南馬協濟，仍歸兵部買馬草料，積存盡歸臣部充餉等因。本年九月二十八日奉聖旨，這南馬協濟銀買馬草料存積銀充餉，既經二部議定，俱依議行，欽此。又經移咨通行，今撫臣沈棨復申前請，正慮南馬協濟銀兩尚虛懸于四方，而餉內節曠贏餘已見存于該庫，馬須亟補，勢不得不取，足于見價，撫臣一請再請，總為封疆起見，況奉明旨買馬，亟須實銀，毋以空言漫應，臣等又安敢固執兵部合奏之議，而不通變立應耶。合應遵奉前旨，將該鎮新報節省草料銀十一萬兩，仍以一半買補缺額馬匹，一半抵充月餉缺乏。如買馬時聽撫臣自行請旨，動用買馬後仍據實造册報數，以便餉庫開銷，即一半屬臣部充餉者，仍貯該庫，如遇召買布花等項，急需臣等請旨，方敢劄行支放，亦不抵充現年年例。以後着為定規，庶該撫缺馬之價，從此已有實落，亦不至備責臣部，而屢于宸聽矣。若夫買馬兵部事也。南馬協濟銀兩，兵部不欲充餉，原以備買馬之需，臣部議還，南馬銀兩亦謂此項，雖去得節曠銀兩全還，又可抵舊餉缺額也。今臣部空月料草既已扣留，買馬不知節省站銀歸之何處，更有何用。臣部所讓南馬協濟復歸何處，亦有何用，合應仍遵前旨，另行撥給，臣部永充缺餉，似亦不待臣詞之畢矣。此外軍士布花馬匹半料，該鎮年例之內，自有應發之數，餉司一意膠柱，遂至後時，此後悉聽撫臣按時催給，餉司依期接濟，誠不得株守款項之成額，而坐致三軍之啼號也。查餉司萬國孚前報，空月料草銀九萬五千餘兩，除一半買馬外，其餘仍為該鎮補欠之用。惟節曠還官銀六萬四千餘兩，扣抵年例，臣部當匱極之時，少資接濟，然亦不過以餉還餉耳。自茲以往見年月餉，臣部惟有按季措發，不敢稽延至壓欠，積逋相沿已久，皆皇上所洞鑒，若一旦責補于三空四盡之日，□□□以致神輸更何法，以謝邊鎮，即宣□厲色相告，臣終不能應也。宣鎮於天啓七年以前壓欠數多，至臣任內完過。崇禎元年三年並無分毫短少，惟二年以虜儆少欠，宣撫試簡舊案當自了然，至于川黔防宣官兵，臣部借二年之舊欠與補還之，民運支持數月，惟鹽菜一項取給，該□正為新餉不能遍及舊餉，措發無門，宣鎮既過主兵單虛，而借資于客兵，不得不借主兵餘□以充客兵供億，總為那東補西之著，亦是剜肉醫瘡之謀。臣部前覆巡視科臣，申為憲等疏備陳苦情，已蒙聖鑒臣不敢再贅也。既經該撫具題，前來相應覆請，恭候命下，臣部移文該撫并該餉司一體遵奉施行。崇禎四年閏十一月十九日具題，本月二十二日奉聖旨，宣鎮扣庫銀兩買馬，充餉及給發布花等項，俱依議。其南馬協濟銀仍遵前旨，速催買馬，該部知道，欽此。

又《邊餉司》卷一〇《覆晉撫議草料曠銀各半買馬充餉疏》　題為遵旨回奏營制併請復截曠銀兩買補馬匹以實營伍以資捍禦事，邊餉司案呈。崇禎四年九月十七日奉本部送户科抄出。山西巡撫宋統殷題前事内稱，除營制規則，兵馬細數不敢瑣贅，備造文册先送部科查核外，惟就中軍有逃故馬有倒損旋報，□□悉聽餉司積作正項，然缺軍陸續招補。復額自易缺馬買補，無貲措處，實難近奉新例，倒馬料草盡扣餉司作為正餉，止有朋合椿皮，能有幾何，委不足用，若然而三關重地，遂無馬矣。請將三路倒馬料草銀兩免扣，餉司仍舊領出，作為馬價，行令該道上緊買補等因，九月十五日奉聖旨。這所定營制，着該部科詳覈具奏，倒馬料草虛冒，固應嚴查，若盡扣作正餉，缺馬作何買補，户部還從長酌議來說，欽此。又奉本部送户科抄出，宣大總督張宗衡會題前事，九月十九日奉聖旨，已有旨了，該部知道，欽此欽遵。抄出到部，通送到司，除所定營制，應聽兵部具覆，所有倒馬料草，買馬事宜，相應酌議，具覆案呈到部，該臣等看得，司計司兵職掌，原自殊途，缺餉缺馬料理自有專責，此亦事理之彰明較著者也。且以臣部所出之年例，偶遇缺曠節存，仍歸正項，充餉亦不過以餉還餉，似亦無待再計而决者，祇因□鎮日講餉騰缺餉者，同臣部索正額缺馬者弁向。臣部索節存遂致，各餉司所餘之金錢半去以為□□之用，□部之苦乃愈不可支矣。案查南□□濟一款，原集廷臣會議以補邊餉缺額之數，續該兵部復欲執留買馬，奉旨合奏，臣部不敢與爭，聽該部主稿議覆。崇禎四年九月二十八日奉聖旨，這南馬協濟銀買馬草料，存積銀充餉，既經二部酌定，俱依議行，欽此。臣等方謂南馬協濟既去，草料存積全來，亦足以補缺餉之不逮也。復該宣府撫臣沈棨，恐南馬協濟銀尚屬虛懸，以草料節存銀現貯餉庫，仍欲留為買馬，具疏上請備，極呼。籲臣等仍從其議，以宣鎮餉庫存貯，曠銀照舊動支，一半買馬一半充餉，且買馬既分節曠，則前南馬協濟銀應照會議復歸臣部充餉矣。覆奉聖旨，宣鎮扣庫銀兩買馬充餉，及給發布花等項，俱依議。其南馬協濟銀仍遵前旨速催買馬。該部知道，欽此欽遵。在案今晉撫宋統殷，又復題請，前來臣部雖處捉襟露肘之時，然既奉有明旨，草料存積銀兩買馬充餉各分其半，宣鎮已然，則山西不能兩視矣。合無照宣鎮例，查山西鎮餉庫所存草料曠銀若干，動支，一半買馬一半充餉，完日將買過馬匹用過銀數據實造册報部開銷，嗣後應遵新旨，凡各鎮買馬自有樞部冏庫，馬價驛站又復益以南馬協濟等銀自不難于市駿，慎勿再援為例，屢瀆天聽，而索之臣部也。既經該撫具題，前來相應覆請，恭候命下，臣部移文各該鎮督撫按餉司一體遵奉施行。崇禎五年正月二十六日具題，本月二十九日奉聖旨，依議還着將買過馬匹銀數造冊，報部以憑稽覈，欽此。

又 卷一一《覆宣鎮節存草料銀兩半充買馬疏》 謹題為嚴疆綢繆當急軍馬單薄可憂切臣報國心長濟時識淺敬陳一得竊效芻蕘事邊餉司案呈，崇禎六年正月二十四日奉本部送戶科抄出，監視宣鎮糧餉兵馬御馬監太監王坤題前事，內稱：臣受監視重任，寤寐不忘邊計，頭茲宣鎮值東夷西虜交訌之日，隄閑最急，其間軍馬逃亡補緝，宜亟近日軍馬比之，原額已不登矣。實在官軍止有六萬六千八百四十六員名，馬騾駝驢止有一萬一千六百五匹、頭、隻，分守七十八處城堡，聚之則衆散之則寡，愈見零星之不足也。向來額設糧草均在餉司給發，今以故軍倒馬之糧草報扣在庫者，即以此筭與見在之軍馬以充糧草，此義固誠善也。但軍設日消一日，而缺伍不補，馬日倒一日而虛，厩不充不幾營隊，漸聽空虛，何所恃而不恐也。若有謀國之慮者，必不然也。愚臣管見將扣下逃亡事故之軍餉，仍使之招軍倒壞馬匹之料價，即使買馬，餉部額設京民兩運之錢糧，仍照舊給發，不得將截扣之數抵充，正額庶內外借用，致滋煩弊，仍移會撫鎮道府，如有扣下逃亡事故之軍糧，隨使補軍兼修，軍威壯盛，隊伍嚴齊，戰守有賴，于狗鼠之虞，可杜刀有備無患之義也。伏乞皇上鑒察庸誠，勑下戶部將歲給宣鎮額設錢糧一照舊規給發，不許那移以備防守。如有扣下倒斃，馬料銀兩即令買馬以備騎射，軍馬務求精壯，遇儆用資戰守，若仍沿習陋規，□臣查參則疆場之幸，社稷之慶也。等因正月二十三日奉聖旨。該部看議具覆，欽此。又該大同監視，御馬監太監劉文忠題。為倒馬料草之銀宜充買馬之用，並補進原請買馬銀兩，以祈聖鑒事。內稱，看得椿朋料草銀兩原係倒馬之餘，今以倒馬之餘還以買馬之用，此往昔之有舊例也。計部欲留此銀以充閏月軍餉，謂其各有□掌也。而不知今日之雲鎮馬匹消耗殆盡，欲行買補，本鎮既無堪動之銀，樞部又無可發之價，疆場之憂，計部量不二視也。不若以馬還馬，而馬漸有增，以其所餘留充閏月之餉，亦並行不悖之事也。今以見在一十一萬兩之銀，除臣恭進一萬兩補還，臣原請馬價之數尚餘銀一十萬餘兩，今臣與按臣胡志藩公議，以五萬兩委官尋買馬匹，約得馬二千餘匹，軍中亦可壯色矣。仍存貯銀五萬以備緩急，待陸續再有扣銀餘抵補閏月軍餉外，仍行買馬，自此馬匹漸次有增，追奔逐北則虜命可制，其萬曆四十一年起至崇禎元年二月止，應扣椿朋料草銀兩，其各該路領出及已扣在庫復，又各處領去大同府借放宗祿並運米脚價銀兩，臣通行稽查，所領銀兩作何支用，見今清查待查明之日，另行奏報。臣謹將原請馬價銀一萬兩恭進補還，伏乞勑下內庫查收，等因二月初六日奉聖旨。該部酌議具覆，前時椿朋料草銀兩不行貯庫，俱聽各路弁領出，全無稽覈明係，通同侵肥屢旨查追，如何玩視不遵，還着會同該撫按並那借等銀，通行徹底清釐，挨究經管各官勒限追補，仍一面據實明白回奏，不得再延，其補還銀仍交冏寺，欽此。又該巡按宣大等處監察御史胡志藩題同前事等因，二月初九日奉聖旨，已有旨了，該部知道。欽此欽遵。通抄到部，又該大同糧儲主事周維新呈為恭報，扣存倒馬料草事，內開案照，先為請動還官節省銀兩湊充閏餉事，該本職呈。崇禎四年閏十一月，軍餉請動本鎮餉庫節月扣貯節曠還官銀三萬四千六百九十一兩八分零，倒馬料草銀四萬二百八十三兩四錢三分零，奉本部劄付，即將扣貯銀兩給放四年閏十一月分月行，糧餉最便，如再有餘剩，仍照例另行貯庫抵，作將來閏餉並補放壓欠之數，毋許那借別用，等因到職遵行。在卷為照，除前扣還官，並倒馬料草銀兩抵放閏餉，間餉庫又陸續扣貯，倒馬料草銀五萬六千三百二十五兩八錢三分零，本職於六年正月內呈報本部，訖又為恭進補還，原借馬價銀兩事，準監視大同太監劉文忠手本照得本職扣存在庫，各路椿朋料草銀兩查得此銀，原係各營路領出買馬之用，既積多金，合無題請，照舊買馬。難充閏月軍餉，在內部量有同急封疆之心，似不爭執者也。所有去歲本監原請內帑銀一萬兩買馬，今既有贏餘，相應補□□□本職，將在庫料草銀兩秤兌一萬兩，差官領進，萬勿遲緩，準此隨將照，磨張獻廷所解京運銀兩兌給一萬兩以抵倒馬料草銀之數，差中監官起解，等因到部，奉批邊餉司查議，各送到司奉此案呈到部，該臣等看得邊餉之事，兵部任市，駿臣部任芻秣例也。若椿朋一項原從餉庫扣出，仍備買馬之用，亦例也。此外緩急間有通融，事後仍須索抵非好為畛域也。馬價年例，額設各有款項，不容不各求清楚以期可久耳。案查崇禎四年三月內，該本部題，為節曠盡扣買馬壓欠，終無補期，懇乞聖明勑令存留餉庫以充軍儲事，覆宣府巡撫沈棨題，為謹陳嚴疆單匱之形竭，蹶修舉之略，仰懇天鑒，俯濟急需，悉禆安攘事內，請節存空月草料銀，及節曠還官銀買馬充餉，緣繇奉聖旨，這宣鎮扣存空月草料九萬五千餘兩，依議半充該鎮買馬，半充該鎮補欠各軍餉銀，俱準額外補支一月餘，充閏餉之用。其節曠還官銀六萬四千餘兩，準抵四年，分年例還，着該督撫餉司將買過馬匹發過銀數從實奏繳，萬國孚節存數多具見實心綜理，着吏部紀錄優叙，該衙門知道，欽此。是節曠一項可長為抵充年例之用，而空月草料各分其半者，亦暫指爾時之九萬五千餘兩，非槩其餘也。迨九月內又該兵部尚書熊明遇會同臣部題，為遵旨合奏事內酌議，以南馬協濟，仍歸兵部買馬，所有草料存積盡歸臣部充餉，奉聖旨。這南馬協濟，銀買馬草料存積銀充餉，既經二部議定，依擬行，欽此。是邊鎮買馬，兵部又增南馬協濟一項，其節曠草料盡留充餉，而半分買馬一說，旋經酌妥永不為例矣。乃宣大監臣，按臣又相踵而以倒馬空月銀為請，此其為實伍盈厩追奔逐北計，未嘗不善，但徒知兵部無可發之價，而不諒臣部亦非不竭之源也。今無論以餉易馬，各鎮效之虧額日甚，且酌議方新，明旨有赫，似亦未便，朝更夕改也。然而疆埸事大，難以職掌，過為秦越，謹就監臣按臣之議而折衷之。在宣府監視議將節曠逃，故軍糧即行補軍存扣，倒馬銀兩盡行買馬，而該鎮年例照舊規給發，不許借用。夫扣存以備閏餉往例也。節曠以補壓欠，有餘以抵年例，新題也。今欲借用買馬反禁，臣部那移，若異日閏月無餉，壓欠日積，將安取之，是臣部之所大恐也。在大同監視及宣大按臣議，以見在一十一萬，扣存之銀，除還原借馬價一萬兩外，尚餘一十萬兩，議動五萬兩委官買馬二千餘匹，仍存五萬以備緩急，再有扣銀除抵閏月軍餉外，仍行買馬，而不言補軍一事。夫民運或有逋負，京運或有稽遲，壓欠或有壅積，則庚癸脫巾之虞，亦倍為可慮者。臣部即不便多為扣減，餉庫獨不可稍為積儲乎。額軍補伍原有本等見月之糧，是補軍一項誠無所需，於節曠銀兩也。事求可继，用須有名，臣等再四酌議，量如太同內臣劉文忠所議，倒馬存庫銀兩，每年存積照四年三月內半充買馬，半充補欠備閏之旨，暫以濟乏，其動還馬價一萬兩，即作買馬一半數，內俟馬漸如額，仍歸本部。宣鎮目前見在銀兩亦依大同例，半分買馬半分充餉支用，率以為常。至馬漸如額而止，再將各營樁朋及領出買馬銀兩徹底清楚，似亦未為無補，乃若買過馬匹齒價低昂，在監視二臣自有稽覈之法，該道餉司亦須開造報部以便銷算，庶自今以往盈虛消息亦得與聞其數矣。伏祈聖明裁鑒施行。崇禎六年二月十九日具題，本月二十二日奉聖旨，依議委買馬匹還著該撫監，嚴行稽覈，仍將買過數目造冊報部銷算。宣鎮節存草料銀兩半充買馬，該部會同兵部合奏，後又經覆議奉有明旨，本內何故不述反稱永不為例，該司官殊屬疏率，欽此。

又《廣西司》卷四《會估秋季草料價值疏》 題為會估草料價值詳酌已定，恭請聖裁，責成官買事。廣西清吏司案呈卷，查御馬等各倉場庫局料草錢糧，舊例各商承辦，每年春秋二估，本年二月內因都民翟守謙等奏請免商，奉旨下部，隨該本部議得，欲蘇商困宜無過於官買，一應價值遇秋成日巡青及太倉等科道先期估定物價，具疏奏明，着今監督領出銀兩協同，內監並責官攢牙行員役收買，立給價值，務期□月肇端，冬月竣事等因，題奉聖旨。商困宜恤折給，亦屬非體除各商暫留應役辦納，新舊欠數外，自五年秋月為始，着通行官買，其增設員役併工食等事宜，俱依議買辦，銀兩須預貯按發，責令及時收納，平價宜民，如有侵染強買稽誤等情，該部及巡視科道即將經管官指參，重處車戶量增脚價，併隨時查給，準著為例，至賣富差貧，總繇棼猾，官胥通同貓鼠尤宜，嚴禁痛革訪出定行加等論罪。門稅不必行，欽此遵行。在案今官買届期本年八月初六日，該九門鹽法司官袁樞會，同巡青、巡視各科道，將各倉場庫局料草價值，業經面同各監督從公查訪會估。又於本月初十日，本部會同各科院齊集東朝房內復行會議，已定呈乞，具題案呈到部，該臣等會同督理巡青工科右給事中王家彥、陝西道監察御史周堪賡，巡視太倉銀庫，刑科右給事中李世祺廣、西道監察御史郭必昌，會看得倉場草料為京營御驥之急需。召買價值以稱物平施為要務，往側每歲春秋二季一再會估，有正價，有脚價，正價以售市植，脚價以資搬運，相須而行，皆必給之數也。前此草料係商人辦納，巡青科院會估，雖務為樽節要，不敢任意昂致。商人賠累，今官自收買，若糜有限之金錢，以市私恩而滋冒濫，臣誼之所不敢出也。苟專博節省之名過為減縮，與市價太懸，亦恐監督苦累牙行束乎。而官買之法終於難行，故此番會估，臣等與科道諸臣斟酌裒益，視昔尤加詳且慎焉。大率以樽節為主，而不廢體，悉如草料正價，一以市價為準，而又稽之舊牘參之，衆議彼此互酌。則既不失黍累矣。脚價則以道路之遠近，與門禁之多寡為衡，其中有經臣部議裁者，如御馬倉外供用庫，酒醋局內象房各料，豆每石加斛二斗，似屬浮費，已經臣部題請盡裁矣。至於脚價一項，御馬、倉料豆脚價每石原一錢七分，已經臣部題減去三分之二，存留六分，歸內監以為板蓆、修葺、晒揚、養贍之需。草束脚價每束原二分七釐，與中盈二場草束脚價每束原二分一釐四毫，已經臣部題減一半，各存留一半歸內監，以為堆垛、修葺、養贍之需。茲監督收買自外至內有搬運門禁等費，今議御馬、倉料豆、脚價五分。大麥脚價四分，草束脚價七釐，中盈二場，草束脚價五釐，各歸監督以資前費，其脚價前此未經題減者，如內象房大麥，原脚價一錢三分，今照御馬倉例減去三分之二，存銀四分三釐三毫，歸內監以為板蓆、修葺、晒揚、養贍之需。仍以四分給監督以資搬運、門禁等費。草束、脚價原二分三釐，照御馬倉例減去一半，存留一分一釐六毫五絲歸內監，以為堆垛、修葺、養贍之需。仍以七釐給監督以資搬運、門禁等費，京五場草束原脚價九釐二毫，不無稍多，減去二釐二毫量給七釐以資監督、搬運壩上各馬房料草。在都城外逼近村落易於收買，則脚價宜量減，酒醋局、司苑局、司牲司外供用庫原無脚價向者，搬運之費，俱在商人，今監督收買，難責賠墊，則脚價宜量增。總之增者，增其不得不增，固不敢謬為煦噢，以啓濫觴減者，減其不得不減，亦不敢浮慕節省，致嘆掣肘。要使上不病國，下不病民，中不病官，內外無虧，遠近適得，然後為長便也。抑臣等猶有説焉，昔者白圭之治生也。趨時如猛獸鷙鳥之發，今估計已定，秋成及期，監督諸臣振起精神因時乘便，上緊收買，能如臣前疏所云，秋月肇端冬月竣事，則價廉而費省矣。顧監督諸臣猶不無鰓鰓過慮者，大都謂此一時之估耳。千家之市一物之值，取朝估而較之暮，則已若十指之難齊，况都城之大物，有登耗時，有消息豈可執一而例論乎。臣等仍與之約嗣，後物價如常，則已若其相去甚者，容臣等照依市價再行酌估，以請賤則減之，毋使金錢靡於溢濫，貴則增之，勿令監督苦於包賠。斯又通變之所以無弊，而官買庶幾其可經久也。既經會估已定，合將時值脚價逐一彙開題，請恭候命下，臣部移文各該衙門一體遵奉施行。崇禎五年八月十八日具題，本月二十三日奉聖旨。這草料正價脚價裁減增留等項，既經查酌估定，俱依議時，届秋成即着上緊收買按期蚤竣，以後物價若相去不等，仍着再行酌估，期於官民長便，該衙門知道，欽此。

又《題請官買料豆草束疏》 題為酌議官買草束數目事，廣西清吏司案呈奉本部送據監督主事馮名世劉在朝呈稱：京五場儲積草束，原備防秋京營馬匹支用，每年每場額貯，年例正草三十萬束，軍興草二十萬束，援兵草一十萬束。今查崇禎五年七月終止，明智坊實存在場年例正草一十五萬四千四百七十二束十斤，軍興草二十萬束，內有會收查欠，四年分正草二萬一千一百一束九斤，除見在責商買補外，比照原額，今該買補年例正草一十四萬五千五百二十七束五斤，援兵草一十萬束。臺基場實存在場，年例正草一十三萬二千九百六十二束，軍興草二十萬束。內有會收查欠，四年分正草五萬三千四百一十八束，又在地黑濕草四萬五千三十五束，俱見在責商買補外，比照原額今該買補。年例正草一十六萬七千零三十八束，援兵草一十萬束。北新場實存在場年例正草一十五萬四千五百三十四束，軍興草二十萬束。內有本年六月內燒燬草九萬二千束，又會收查欠四年分草八萬一千八百七十九束。又在地濕爛草三萬六千六百餘束，俱另行責商陪補，外比照原額今該買補，年例正草一十六萬五千四百六十六束，援兵草一十萬束。安仁坊實存在場年例正草一十六萬五千六百八十四束，軍興草二十萬束。內有會收查欠，四年分草一萬八千七百零三束一十三斤。除見在責商買補外，比照原額，今該買補年例正草一十三萬四千三百一十六束，援兵草一十萬束。西城坊實存在場年例正草一十萬九千八百九十四束，軍興草二十萬束。援兵草五萬一千三十五束一十二斤，內有本年六月內燒燬，過四年分正草三萬六千束，又燒燬過四年分軍興草五萬束，又會收查欠草三萬七百一束，俱另行責商陪補外，又延燒過二年分正草一萬七千七十束，係經收在官者應在買補之內，止實存年例正草九萬二千八百二十四束，比照原額今該買補年例正草二十萬七千一百七十六束，援兵草四萬八千九百六十四束三斤，合無趁此秋成照數買補，足額以備。崇禎五年分京營馬匹防秋，并年例及不時緩急之需等因，到部送司案呈，到部該臣等看得，京五場草束原係京營馬匹二十兩，月芻秣及防秋不時緩急之需，其草有年例，軍興援兵等項，皆於秋成之日，臣部照數題請收買，用以供秣飼，而資飽騰先事預防，有備無患，此物此志也。大約每年每場額貯，年例正草三十萬束，五場草束除實存在場外，共該買補，年例正草八十一萬九千五百二十三束五觔。此係一定之額，必給之需，相應照數買補，無容□計者也。至於軍興援兵草束，查係萬曆四十六七等年間陸續買貯，每場各軍興草二十萬束，援兵草一十萬束以為意外之防。自崇禎二年奴薄，畿輔徵調繁興，當日運放數多支用殆盡，業該臣部於去年召買疏內題議買補，軍興草每場各二十萬束，援兵草十萬束，姑留之以待後舉。

但目今錢糧缺乏，官買惟艱，況草束非不朽之物，惟當出陳易新，然後不化有用為無用，據報在場舊草尚多，與其先後叢積，必不免於腐爛，不如酌量收買，尚可稍紓物力。臣等與巡青科院再四詳議，只買前派年例草束，總計五場，每場共積草五十萬，亦自足用，其援兵草束，姑俟異日錢糧稍裕，酌量時勢，另行題買可也。再照御馬倉、中府草場盈積，草場每年各該額派草七十四萬六千六百六十六束十斤。案查崇禎□年曾經商人告困題減三分之一，業奉俞旨遵行在案，年來支放，未見乏絕，今官買伊始，兼以從前商價，亦須補還，一時京糧不敷，合議量減五分之一，其御馬倉料豆仍□舊派買六萬九千石，趁此秋成，責令監督會□內監照數收買，以供御驥之用。又據象房監督主事劉在朝呈請，崇禎六年分內象五隻，該支大麥五百四十石，草二萬七千束。除餘剩大麥九石，草四百五十束，該買補大麥五百三十一石，草二萬陸千五百五十束，外象二十一隻，該支大麥二千二百陸十八石，草一十一萬三千四百束，除餘剩大麥六十三石五斗，草三千一百七十五束，該買補大麥二千二百四石五斗，草一十一萬二百二十五束，係象隻日支錢糧亦應照數派買，相應一併題請，恭候命下本部移咨，倉場總督及劄監督司官，即將京五場年例草束，御馬三倉歲派料草，內外象房麥草，趁此秋成照數採買，務要遵照，近題官買事宜秋月肇端冬月竣事，作速辦完以供馬匹之用，不許延捱遲悞。凡係關支價值，前已會估明白，聽監督具呈本部劄庫，并知會巡青科道查明陸續給散，不許朦朧紊越致生弊竇，其官攢庫秤人等務，要率同經紀，牙行收買，眞正草束乾潔，麥豆敢有通同作弊，故將濕爛草束，不堪料豆，及斤兩短少摻和砂土者，從重參送究罪。事完將收過草料數目出給通關，繳部查考。崇禎五年八月二十九日具題，九月初二日奉聖旨。這御馬三場草以後每年每場且買六十萬束，黑菉豆每年且買五萬五千石，仍即查每年省價若干，奏明另貯，以備京營練兵之用，其以前商□并本內應買草束、麥豆，依議乘時收買，如限報完務須乾潔堪用，如有侵冒虛靡及將濫惡充數的經管員役，從重究處，欽此。

又《奏明草料減省價銀疏》 題為遵旨奏明草料減省價銀另貯，備用事。廣西清吏司案呈奉本部送戶科抄出，本部題為酌議官買草束數目，緣繇崇禎五年九月初二日奉聖旨，這御馬三場草以後每年每場且買六十萬束，黑菉豆每年且買五萬五千石，仍即查每年省價若干，奏明另貯，以備京營練兵之用。其以前商欠併本內應買草束、麥豆，依議乘時收買，如限報完務須乾潔堪用，如有侵冒虛糜及將濫惡充數的，經管員役，從重究處，欽此欽遵。抄出到部送司除遵即呈堂劄行，御馬三場監督司官各照數，及時官買外，及查御馬三場，上年每場原派買草七十四萬六千六百六十六束十斤。今奉旨每場買草六十萬束，御馬倉減買草一十四萬六千六百六十六束十斤，每束正脚價銀四分六釐五毫，省價銀六千八百二十兩。中盈二場每場減買草一十四萬六千六百六十六束十斤，每束正脚價銀四分一釐七毫，各省價銀六千一百一十六兩。御馬倉原派四色料豆六萬九千石，今奉旨買五萬五千石減去一萬四千石，每石約減二斗二合八勺九抄八撮五圭五粟零。內原派菉豆一萬七千六百四十五石四斗一升，今該買一萬四千六十五石二斗，該減二千五百八十石二斗一升，每石正脚價銀一兩一錢一分，省價銀三千九百七十四兩三分三釐一毫。原派黑豆三萬二千二百一十二石七升三合，今該買二萬五千六百七十六石三斗，該減六千五百三十五石七斗七升三合，每石正脚價銀八錢一分，省價銀五千二百九十三兩九錢七分六釐一毫三絲。原派豌豆一萬五百五十五石二斗七升五合，今該買八千四百一十三石六斗，該減二千一百四十一石六斗七升五合，每石正脚價銀一兩六分省價銀二千二百七十兩一錢七分五釐五毫。原派大麥八千五百八十七石二斗四升二合，今該買六千八百四十四石九斗，該減一千七百四十二石三斗四升二合。每石正脚價銀七錢，省價銀一千二百一十九兩六錢三分九釐四毫。以上草料通共減省價銀三萬一千八百九兩八錢二分四釐一毫三絲。相應具覆，另貯以備練兵之用，案呈到部該，臣等看得，善理財者，無如量入為出，譚節用者，要在酌盈濟虛，是以費不溢費，即□□不徒省。御馬三倉場草料向來派買之數有定額矣。頃以官買方新度支不繼，臣等援引崇禎二年之例，謬議草束減買五分之一，蓋雖經國有心，務求樽節，亦覺持籌無術殊少通融，乃蒙皇上俯俞臣言，特為酌定其數，仍令臣部即查每年省價若干，奏明另貯，以為京營練兵之用，是臣等見存乎。倉場徒為一時權宜之策，皇上念周於軍國，遂及萬載備禦之需，睿慮神謨曼絕千古，臣等捧誦之下，惟有悉然媿服，忻然稟仰而已。今將三場所省之數敬遵明旨，一備陳之御馬倉減買草一十四萬六千六百六十六束十斤，省價銀六千八百二十兩，中盈二場各減買草一十四萬六千六百六十六束十斤，各省價銀六千一百一十六兩，御馬倉減買豆一萬四千石，省價銀一萬二千七百五十七兩八錢二分四釐一毫三絲，通計三場減買草料共省價銀三萬一千八百九兩八錢二分四釐一毫三絲。此項貯之自今猶是錙積寸累之計，用之于後，即為保大定功之圖，容臣部移文巡青科道共為核實經理，其間務使會計，必當出納，惟明三萬餘金湊貯充足，臣等雖當仰屋之時，智盡能索，不敢不竭蹷為皇上任之矣。既經該司案呈，前來相應覆請，恭候命下，臣部移會巡青科道一體遵奉施行。崇禎五年九月十一日具題，本月十五日奉聖旨，原旨每年且買黑菉豆五萬五千石，這本如何將四色溷入著再扣算明白具奏，欽此。

又《再奏草料減省價銀疏》 題為遵旨奏明草料減省價銀另貯備用事。廣西清吏司案呈。崇禎五年九月十七日奉本部送戶科抄出，本部題減省草料價銀，緣繇本月十五日奉聖旨。原旨每年且買黑菉豆五萬五千石，這本如何將四色溷入着再扣算明白具奏，欽此欽遵。抄出到部送司查得，御馬倉應用料豆奉旨，且買黑菉豆五萬五千石，本部照依上年原派四色料豆照數均行派減，今奉旨着再扣算明白具奏，相應遵旨具覆案呈到部，該臣等看得御馬三場裁減草料價銀，另貯以備京營練兵之用。此非臣等智慮所及，皆蒙聖上神謀獨斷，就節以制度之中寓，綢有衣袽之備，其為國家綢繆計至深遠也。臣等急於遵行，而不能詳明其意，但見往例每年派買草料、黑菉豆，豌豆，大麥胥在焉，意為內場必需之物。倘一缺遺，恐他日必有支應不給之咎。故將四色分派據數上聞，蓋內地邃密料之緩急，既不能盡知，而臣識暗汶舊，所派辦又不敢偏遺，本以拘攣遂成錯誤，一經皇上指明，然後知五萬五千石之數專為黑菉豆，而言所留在此所，去在彼則其中減存之價，今又有可得而言者矣。除草價前已開明無庸再算外，查菉豆原買一萬七千六百四十五石四斗一升，黑豆原買三萬二千二百一十二石七升三合，今應將菉豆仍照舊數派買，將黑豆派買三萬七千三百五十四石五斗九升，比原數加買五千一百四十二石五斗一升七合，共買足五萬五千石之數，其豌豆大麥免行派買，舊例四色料豆六萬九千石，共該價銀六萬二千八百七十七兩八錢四分五釐一毫三絲。今除派買黑菉豆價銀四萬九千八百四十三兩六錢二分三釐，共省價銀一萬三千三十四兩二錢二分二釐一毫三絲，連前疏所開御馬三場草束省價一萬九千五十二兩，通共料草省價三萬二千八十六兩二錢二分二釐一毫三絲。臣部移會巡青科道衙門應於京糧庫內照數措發，以備練兵之用，既經再扣算明白相應覆請，恭候命下臣部，移文各該衙門一體遵奉施行。崇禎五年九月十九日具題，本月二十二日奉聖旨，是。欽此。

又《酌議草料舊價并陳春估時值疏》 題為酌議草料舊價併陳春估時值恭請聖裁，責成官買事廣西等清吏司案呈案，查崇禎五年十一月內奉本部送據御馬倉監督主事李喬崑呈稱：于九月初三日領過料價銀兩當發，經紀收買黑菉豆，無奈市價騰踴一月之內增長三番，與估價大相懸絕，并將買過料豆價值報部，蒙批陸續收買，亦陸續開報，即消長不一。總以不欺為主務，得官買變通之法，又據呈稱，市價日增，懇賜再行會估等因，蒙批準暫通融銷算，俟新春再估，又據呈報。秋冬二季買過料豆，價值冊開，原估料價銀二萬七千九十四兩一錢零，照依市價收買，菉豆七千四百一十八石四斗二升零，黑豆一萬八千二百一十石八斗零，內料斗九門各市有大小不同價值，亦隨斗斛課算，其銀并運價。內監脚價用訖計未完，菉豆一千四百七十石零，未完黑豆六百六石零，呈乞找給價值等因到部，蒙批運價初估原有盈餘，以補買價之不足，姑準每石節省一分，以四分銷算，廣西司查行。又據主事李喬崑呈稱，原領草價銀二萬七千九百兩，買過草五十八萬五千五百一十五束，并發過內監脚價及門禁綑垛等用，訖計未完草一萬四千四百八十五束。該找銀四百四十七兩七錢一分零，又據中府場監督主事，許國士呈稱。原領銀二萬五千二十兩，買過草五十八萬七千九百二十六束，并發過內監脚價及綑垛等用，訖計未完草一萬二千七十四束，該找銀三百六十兩四錢五分零，盈積場監督主事，邊崙呈稱。原領銀二萬五千二十兩，買過草五十八萬八千六十束，并發過內監脚價及綑垛等用，訖計未完草一萬一千九百三十一束，該找銀三百五十四兩四錢三分零，各呈乞找價等因，到部蒙批移文，巡青科院會議行準回稱。官買豈能賠償，似應題請補給，又據主事許國士呈稱。帶辦司苑局黑豆原領銀六百三十六兩五錢，因時價遂高，買過黑豆七百石，尚欠豆二百五十石，乞照御馬倉例找給價值等因，又呈稱。帶辦外供用庫草豆原領草價銀一千七百九十七兩七分，買過草五萬七百五十五束，未完草七千二百一十五束，該增溢額銀二百二十兩六分零，原領黑豆價銀一千四百一十五兩五錢四分三釐，買過黑豆一千六百石，未完豆三百三十九石一斗。該增溢額銀約三百兩，呈乞找給等因，又據監督主事邊崙呈稱。本職帶辦酒醋麪局。崇禎五年分秋单麥豆草束原派。小麥三千二百四十五石。

每石原估正價一兩一錢七分，今市價買至一兩二錢九分八釐，每石缺價銀一錢二分八釐，除領過價銀三千七百九十六兩六錢五分，尚缺價銀四百一十五兩。原派黑豆九百石，每石原估正脚價銀七錢，今市價買至八錢五分，每石缺銀一錢五分，除領過銀六百三十兩，尚缺價一百三十五兩，請乞找給價值等因。又據監督主事劉在朝呈稱。內象房坐派六年分大麥五百三十一石，每石原估正脚價銀六錢四分，共該價銀三百三十九兩八錢四分，今市價買至八錢二分，止可買大麥三百九十五石有零，尚少一百三十五石八斗零，該價銀九十五兩五錢八分，外象房大麥二千二百四石五斗，每石原估正脚價銀六錢，共該價銀一千三百二十二兩七錢。今市價買至七錢五分，止可買大麥一千五百三十八石零，尚少六百六十六石，該價銀三百三十兩六錢七分五釐。又犧牲所菉豆原派四百五十九石四斗七升一合，每石原估正脚價銀九錢五分，共該價銀四百三十六兩四錢九分七釐四毫五絲。今市價買至一兩五銀四分，止可買菉豆二百七十八石四斗三升零，尚少一百八十一石。該價銀二百七十一兩八分零，黑豆原派二百七十石六斗四升，每石原估正脚價銀七錢，共該價銀一百八十九兩四錢四分八釐。今市價買至九錢九分，止可買黑豆一百九十一石零，尚少七十九石零該價銀七十八兩四錢八分零。黃□原派三十三石七斗七升，每石原估正脚價銀七錢，共該價銀二十三兩六錢三分九釐。今市價買至九錢九分，止可買二十三石八斗零，尚少九石九斗零該價銀九兩七錢九分零。呈乞找給價值等因，到部蒙批，廣西司查明銷算，仍酌議具題。又據監督主事劉在朝馮名世呈稱。京五場官買草束，每束五箇，每箇三斤六七兩不等，揀而又揀，務求其净，吐棄者不其損以□估二分六釐之價，買十六七斤之草，斷難濟事，懇乞于每草一束中量增幾釐，庶正耗得以買辦，而軍儲得以早竣。等因到部蒙批，廣西司查議確妥候會估行，又據監督主事許國士呈稱，供用庫歲用春单黃菉豆應在二月買辦，查舊例每歲俱行，春估以從時值各等因，到部蒙批。廣西、山東等司查行奉此案查。崇禎五年八月二十三日，該本部題為會估草料價值詳酌已定，恭請聖裁，責成官買疏內原議會估已定，秋成及期監督，諸臣乘便收買，能如前疏所云，秋月肇端冬月竣事，則價廉而費省，顧都城之大物，有登耗時有消息豈可執一，而論嗣後物價如嘗則已若相去甚者，容照市價再行酌估，上請賤則減之，貴則增之，斯又變通之所以無弊，而官買庶幾可以經久等因。聖旨：這草料正價脚價裁減增留等項，既經查酌估，定俱依議，時屆秋成，即着上緊收買，按期蚤竣，以後物價若相去不等，仍着再行酌估，期於官民長便，該衙門知道，欽此欽遵。通行在案，今監督紛紛呈稱，時價甚高，官買難齊，且案查舊例，每年春秋二估，相應照例會估，并議補舊價及時召買等因，隨蒙本部準于二月初九日會同各科道齊集東朝房會議，已定呈乞，具題案呈到部，該臣等會同巡青科道阮震亨周堪，庚巡視太倉銀庫科道文士昂林銘九看得，國家之財用固以樽節為要，而稱物之價值尤以平施為衡，向因商辦苦累議改，官買誠屬甦，商便民之計，孰意時有消息，物有登耗，價值因而增長，如御馬倉菉豆每石原估正價一兩，九月內每石長一兩一錢六分，至十一二月漸長至一兩四錢。黑豆每石原估正價七錢，初買止六錢七分，至十月初旬長至七錢二分，至十二月長至八錢六分。今監督各官慮恐官買有悞，民價難虧，每月俱照市價買納，逐月詳報臣部，臣於今春劄九門塩法司官悉心採訪的，確市價前來則新價例應估定所買，舊價亦應于此從公議補，況奉前旨物價相去不等，再行酌估期，於官民長便煌煌天語炳如日星，臣等復思國計當酌，雖各場料價實稱騰貴，然亦當稍為裁減以示節省。今議御馬倉每月收買料豆項，下各照買價定議，如菉豆買價一兩一錢六分者，今止準一兩一錢四分，有買價一兩四錢者，今止準一兩三錢八分，黑豆買價七錢四分者，今止準七錢三分。有比原估減損者，準照舊免裁，仍將運價原估五分者，今止準四分，逐月議定不等，計秋冬二季比原估共議增銀四千三百一兩九錢五分零，連原估通共該銀二萬九千二百二十三兩七錢六分零，內給過銀二萬七千九十四兩一錢八分六釐，仍該找給銀二千一百二十九兩五錢八分九毫零，以令買補冬季未完料豆。其餘各場豆麥俱照買價，分別議裁，今內象房大麥每石準八錢一分，外象房大麥每石準七錢四分，共該銀二千六十一兩四錢四分。內領過銀一千六百六十二兩五錢四分，共該找給銀三百九十八兩九錢。犧牲所菉豆，今議每石準一兩五錢一分，黑豆準八錢四分，黃豆準九錢八分，共該銀九百九十六兩七錢一分七釐七毫二絲。內領過銀六百四十九兩五錢八分四釐四毫五絲，共該□銀三百四十七兩一錢三分三釐二毫七絲。酒醋麪局小麥準照給發，黑豆每石準八錢四分，共該銀四千九百六十八兩一分，內領過銀四千四百二十六兩六錢五分，共該找給銀五百四十一兩三錢六分，外供用庫收買黑豆項下，每石準正價八錢四分，脚價三分，共準給銀一千六百八十七兩一分七釐。內領過銀一千四百一十五兩五錢四分三釐，該找給銀二百七十一兩四錢七分四釐。司苑局收買黑豆每石準正價八錢一分，共準給銀七百六十九兩五錢，內領過銀六百三十六兩五錢，該找給銀一百三十三兩，各買補未完料豆，其各場草束，因去冬十二月內市價稍昂收買不等，今亦酌議量加，御馬場草每束準增七毫四絲六忽零，共準增銀四百四十七兩七錢一分零。中府□□□束，準增六毫零共準增銀三百六十兩四錢五分零。盈積場草每束準增五毫九絲零，共準增銀三百五十四兩四錢二分零，其餘各場草束，今會議每束比原估各準增一釐外，供用庫共準增銀五十七兩九錢七分，內外象房共準增銀一百三十六兩七錢七分五釐，安仁坊共準增銀一百三十四兩三錢一分六釐，西城坊共準增銀二百七兩一錢七分六釐，明智坊共準增銀一百四十五兩五錢二分七釐三毫三絲，臺基場共準增銀一百六十七兩三分八釐，北新場共準增銀一百六十五兩四錢六分六釐，酒醋局共準增銀二十二兩，今所議增者蓋為官買不一，以致估額不敷，各應照議定之數找給，以便責令買補足數完局至，今春各場局應辦料草俱照時值估定，且以場之繁簡，道路遠近，酌量哀益務求適中，總之臣等虛心公酌應增者，增之不敢以苦難，累官應減者，減之不敢。以浮費病國，自今估定之後，仍議每年四季會估，春估在二月中旬，夏估在五月中旬，秋估在八月中旬，冬估在十月中旬。凡遇估後即將應給，價值立行措發，使各監督趁時採買，隨季報完，如有因循稽緩，以致物價騰踴，採買愆期而有增價之請，草料濫惡而滋冒濫之弊者，則國家之功令具在臣等斷難寬狥也。總期仰副聖明，官民長便之德意而已。相應開列，上請伏祈聖明裁定，恭候命下，容臣等一體遵照施行。崇禎六年二月二十日具題，本月二十四日奉聖旨，這草料價值準如數補給，其會估事宜，依議飭行，不許延緩增價濫惡滋弊，欽此。

又《雲南司》卷三《題京營二月草料照新議給折色疏》 題為亟催草料以資軍興事，雲南、廣西清吏司案呈，奉本部送準，協理京營戎政，兵部尚書閔夢得會同總提衙門咨前事，煩將十一十二兩月未發草料，作速給散，其二月分本色料豆即便移會，召買施行，等因到部準此，送司奉此。除三大營十一十二兩月馬匹料草，折色銀兩。原因軍興費夥庫藏匱乏，業經題奉欽依，俟刻下外解稍裕，即照數補發外，所有二月分應給本色草料，一節合行議覆，等因案呈到部，該臣等看得，行間衝突攻取，全靠馬兵，故必馬有飽騰之實，而後軍無縮朒之患。臣部責在軍需，一應草料敢不竭心力以從事，但舊日之弊政，既不能相仍，而目前之供給，又不能卒省，其召買虛實之故，尚有可得而言者。京師三大營馬匹二十兩，月支給本色料草，餘月俱給折色，此舊例也。料豆一項京倉從無預儲，舊例召商買辦，以應京營二十兩月之需。嗣因各商騙費官銀以數萬計，該臣部查實題參送刑部擬追議，將前項料豆令宛、大二縣代買，不謂積商牟利，又復改名投充，銀已全領，豆不半納。使非臣部勒限嚴追，又幾成前商之續矣。該臣等無奈於去年夏月與總協議定，即二十兩，月應給本色之月，亦以折色抵給。又恐軍士不願查往，月每豆一石例給，價銀四錢，故二月議加二錢，十月議加一錢，共六錢。共五錢。已經移會京營允覆在卷，草束一項在京五場，每年額辦一百五十萬束，每年二十兩月支放，亦復稱是比。雖營馬例損數多，所放亦近一百一十萬造支，在案每次雖有餘，剩客歲商價不敷減買三分之一。則所存者鮮矣。五場實在僅有軍興援兵草各三十萬束耳。邇者奴賊猖狂，援兵四集，日用料豆不下千石，臣部不惜高價收買，又題奉明旨，令五城代買，然亦僅足供應，并無顆粒存積，近且奉聖諭派行省直買解矣。援兵日用馬草不下三四萬束，臣部按數運交尚有斤兩稍輕者，仍復照秤折補，共已支草八十萬，所存軍援如料豆，舊例四錢新例六錢。今照時值每石給銀九錢，草束舊例每月三十束，折銀五錢，每束止折銀一分六釐六毫零。今照時值每束給銀二分三十束，給銀六錢，價值既厚，買辦無難，異日事寧不得引以為例，斯亦情法之平，而宮與軍兩便之道也。夫草料為軍馬急需之物，豈臣部不能辦而各軍反能自辦者，蓋緣臣部數處其合，以一時而取給則慮不敷各軍數，處其分以衆人，而各為營以三十日而徐為辦，則無不足，又理勢之固然而無容再計者也。既經總提協衙門咨催，前來合無據實控籲，取自聖裁，將二月分應支草料，準照新議，價值發給折色庶，芻秣不乏，而倉場亦有攸賴矣。崇禎三年正月二十九日具題，二月初三日奉聖旨，是，欽此。

又《貴州司》卷一《題請給發昌平神馬料草價值疏》 題為給發神馬料草價值事，貴州清吏司案呈，準管理昌平糧儲主事宋開春手本前事內稱，本鎮每年額給定陵衛布花銀五十七兩五錢，昌平州馬草銀九十八兩，俱按數查給，其定陵、慶陵、德陵神馬料草及營州左屯衛布花銀，例將支領，過實數報部銷算，俱於年例，內帶題。今照崇禎二年分前項，神馬料草價值銀二千九百九十七兩二錢二分四釐一絲，營州左屯衛布花銀一百六十八兩三錢，俱於主客餉銀通融墊借應用，未蒙帶題，相應題發以補年例，等因到司查得：定、慶、德三陵神馬料草銀，營州左屯衛布花銀，每年各支不等，例於每年終將用過實數移會本司方行題發，又定陵衛額設布花銀五十七兩五錢，昌平州額設馬草銀九十八兩，俱係年例之外，應於年例疏内查入按數劄行，太倉給發。今查崇禎二年該鎮報稱，於年例内通融墊借，過三陵馬草銀二千九百九十七兩二錢二分四釐一絲，營州左屯衛布花銀一百六十八兩三錢，定陵衛布花銀五十七兩五錢，昌平州馬草銀九十八兩，俱經報部。緣自軍興以來舊規，年例題疏，因各鎮支領不一，是以暫止前項銀兩，已經該鎮給發去訖，相應另題補給，年例呈堂蒙分項批查，神馬年久有無例損增減，草價太高，何時所定。昌平州馬草銀何人取用，營州衛布花亦當在年例内而今另請何也。復經移文昌鎮糧儲，主事宋開春回稱，查得定、慶、德三陵神馬按月該監開報見馬，本鎮照數給與料草，若有倒死，即行開除，永不買補，但内監所用料草，月不過五，若稍遲緩，動輒以羸瘦為詞，又有鋪墊贈累之苦，應此商者，視為陷穽，多畏避焉。及查草價二年分所用之草，乃上年先已置買，支放請示，故照上年分本部定價題準計算，實非本鎮所敢擅為浮議，若以今秋時值計算，上年買備墊已久，似應照舊題補。其昌平州馬草銀九十八兩，卷查萬曆十三年準本部福建司手本開稱，應解昌鎮民運，因該州奉旨蠲免京運補發，是以每年另請帶題給發為額餉，通融支放，非另有別項取用也。再查營州左屯衛布花，查萬曆會計錄，内開該衛原屬薊鎮，萬曆元年改屬昌鎮，應有布花銀兩，每年在於額外帶題給發，分散各軍，成規已久，不知始自何年並無別項情弊等因，呈堂蒙批。神馬草價準每束四分，不許奸商高擡時價，其營州布花并昌平馬草，既在年例之外，準照題給。奉此内該定陵衛及營州左屯衛布花銀共二百二十五兩八錢，昌平州馬草銀九十八兩，應照舊例題發。又三陵神馬豆草價值共用過銀二千九百九十七兩二錢二分四釐一絲，今每草一束裁減銀九釐，共草三萬三千九百九十束，應減銀三百五兩九錢一分，實給銀二千六百九十一兩三錢一分四釐一絲，通共銀三千一十五兩一錢一分四釐一絲。相應題發案呈到部，該臣等看得該鎮神馬料草及布花等銀，舊例俱於年例内帶題，自去冬軍興以來，給發旁午。年例舊疏向未舉行，是以前項銀兩未經帶題，其應用銀兩該鎮既於年例内通融給發，今應給補以足軍需，復經駁查明白，擬合具題劄庫給發銀三千一十五兩一錢一分四釐一絲，恭候命下，臣部劄行，太倉銀庫照數給發施行。崇禎三年十一月初四日具題，本月初七日奉聖旨，是，欽此。

明 范欽《嘉靖事例·查南京倉場草料》 南京户科等衙門給事中等官丘九仞等奏，臣會同南京御史李松、南京户部郎中周祖堯，備將南京御馬監開報手本，并調取南京兵部車駕司及錦衣等衛并牧馬所，各送到册卷，躬詣本監小教場馬房，南馬房。東山新馬房，將見在牧養馬疋逐一查明，遵依存留變賣，并將應留牧馬應發，差操官旗軍匠余丁空閑堪留牧養，并曾丈量過。見在該監并兵部收租草場苜蓿地土，備細查扣明白，開坐具奏。但見在馬尚該一百八疋，歲支草料尚該四萬二千二百一十八石包四斗，遵依將地租、銀兩買辦，查得前地原為權貴所奪，兵部所分必須查取歸一，事体為便，然合而計之，不過一千九百余兩而已。僅勾支用緣，正德初年奸臣劉瑯奉勑守備，擅奪本監草場地土一十九頃五十五畝二分一釐七毫八絲。該租銀八十兩，苜蓿園地三頃七十三畝三分九釐三毫，該租銀三十七兩三錢三分九釐二毫，南京司苑局等處，苜蓿園地二頃五十九畝四分四釐，該租銀一十八兩一錢六分八釐，後奉清查之時，比議在監地土約以十畝為率，六畝本監收租，該銀一千一十一兩二錢五分二釐一毫四絲七忽，其四畝則屬南京兵部，該銀七百七十兩二錢六分六釐二毫四絲四忽，據發前項租銀，合該追究，但歲月已久，官吏誅死，宿弊猶存，今合再照改正，其在兵部雖有支銷，原係本監地土，今為本監牧馬之費，亦合追囬尽歸户部管收，常年召商收買草料，送本監交納。如有未尽及首告，地土聽該部逐年自行查理照，畝徵收添用各處馬房，見今修理，新完每年租銀有余量撥一百五十兩，送本監收貯以備後未修理之費。若與工改作，則南京工部職掌也。再照蘇州等府派徵草料，欲附各倉場上納一節，臣等看得各倉場豆草積如山，皁勾支數載。況天下生民困苦已極，而蘇州等府百費所出尤為可哀，合無將其徵派暫且停免，使稍甦息，奉聖旨，該部知道，欽此。案呈到部除草場地土，本部咨行，南京兵部查擄外，其蘇州等府派徵草料一事，係隸户部掌行，為此合咨前去煩為徑自查議施行等因，咨部送司查得派粮卷。内自嘉靖七年起至嘉靖九年止，每每年坐派，南京御馬監黑豆六百石，太平府三百石，寧國府一百石，池州府一百五十石，滁州五十石，稻草六萬包，蘇州府二萬包，廬州府一萬包，太平府一萬包，安慶府五千包，廣德州一萬五千包，内官監稻草一千包。蘇州府上納孝陵神宫監稻草一萬包，應天府上納供用庫稻草一萬五千包，常州府上納酒醋麵局稻草一萬五千包，常州府上納光禄寺稻草陸萬包楊州府二萬包安慶府三萬包，廣德府州一萬包，犧牲所稻草一萬五千包，滁州上納神樂觀稻草一千四百四十包。和州上納各衛倉黑豆二萬二千五百三十八石四斗七升，寧國府一萬一千五十石，池州府九千八百五十石，太平府一千六百三十八石四斗七升。又查得南京户部定倉上納草一百三十八萬六千二十二包，浙江布政司一十九萬二千六百五十包，應天府五萬一千二百九十二包，蘇州府一十四萬包，松江府六萬三千包常州府一十三萬包，鎮江府三萬七千包，淮安府一十六萬五千包，楊州府一十萬七千八十包，鳳陽府九萬包，廬州府二萬包，大平府一十萬包，寧國府二十萬包，安慶府三萬包，池州府三萬包，廣德州二萬包，滁州一萬包。通查案呈到部看，德丘九仞等奏稱：南京各倉場豆草勾支數年，要將原派蘇州等府料草暫且停免，寬舒民力一節，為照南京各該倉場豆草俱係起運緊要錢粮，似難停免，但称料草積如山，阜實勾數載支用，而民困已極尤為可哀，相應議處，合候命下，本部移咨南京户部再查各倉場料，草每年原額若干，見今積貯若干是否，可勾數年支用。即今應否暫且停免，或將已派未到料草免納本色，照依各府原徵價銀折收，貯庫遇缺，召商糴買，或中間不勾一二年支用，仍該照旧上納本色，或將嘉靖十年分各倉場料草應免應徵逐一查議明白，審處停當徑自具奏定奪等因。嘉靖九年五月二十八日，本部尚書梁等具題，六月初一日奉聖旨，是。钦此。

又《清查各馬房御馬倉天師庵内外場草料及子粒銀兩》 刑科給事中等官魏良弼等題，臣等遵依題準事例前往壩上等處查點，馬虽牛羊竊照馬房之制，肇自永樂年間，本為蓄富振强，非以瘦姦匿蠹。正德年間侵耗無紀，幸賴陛下中興，釐姦剔蠹，首納大臣之議，差官清查，復始祖宗之舊，故地有定分，畜有定數，官有定員，軍有定役，錢粮有所稽考，無復向時虛增妄報，冒破侵分，但其間名是而實非，弊革而害未除者，尚不能無條。為四事冒昧上陳，奉聖旨該部看了来說，欽此欽遵。抄出送司，案呈到部，看得給事等官魏良弼等條陳四事，除議革需索以絕侵尅一事係隸兵部掌行，移咨覆查外，所據議處料豆以杜侵分等三事相應議處，開立前件合候命下本部轉行，各該衙門欽遵，查照施行，緣係振餘財以足國恤民，及奉欽依，該部看了来說，事理未敢擅便，謹題請旨。

計開

一、議處料豆以杜侵分。查得各馬房錢俱係山東、河南等處派徵。近該旗軍謝景和首發，監丞曹忠每草萬束索銀八十兩，訪得不特草束為然，豆麥等料皆有分例，每千石不下七八十兩，盖緣每草一束，官價三分一釐，萬束該銀三百一十兩。斟酌豊凶通融時估，每束約用實價一分伍釐，萬束約用實價一百五十兩余銀一百六十兩。皆係侵尅，故管錢粮官索八十兩，管馬官三員共索五十兩，下而識字、箭手、總甲、守門官、攢人等亦各索分例有差。若不見在各倉草束四百一十六萬計之，侵尅銀該七萬六千余兩。就中收放那移輕重之弊，又難尽述，攬頭商人通同糾結官民内外冒破侵分，於民有損於官無益。又訪得臺基等五厰草每秤四束，官價二分八釐，各馬房草每秤五束，官價三分一釐，草束有多寡，官價有高下，參互考究，情弊自見。及照菉豆、豌豆、小麥、粟米等料，皆係人食，今以喂養馬牛，實為暴殄天物，其原起於當事之人，意啚侵尅黑豆，無有厚利，惟小麥、粟米、菉豆、豌豆每石徵銀一兩二錢或九錢，内外倉場價值不一，苟侵百石，遂得百有余兩。視侵黑豆所得木啻再倍，故暇以馬熟為名，遂已私耳。今軍民之家喂養馬牛皆以芻草、黑豆為常，未聞其以病熟瘠損也。乞勑該部，但遇解到草豆銀兩，即行貯庫給，以批迴仍行委官主事，會計各倉料草足勾幾年支用，料其新陳通融移撥，酌量有余不足，前銀悉委該倉主事，隨時高下，听與軍民兩平收買，不必召商浪費，則宿草不至浥爛，一年新收可抵二年，其小麥、粟米等項尽行蠲除，止徵黑豆，庶天物不至於暴殄，而錢粮侵分可杜也。

前件查得近該户部侍郎等官王軏等題称：查得御馬監草場五十六處，實該有徵子粒地二萬一千五百七十六頃有零，每畝徵銀三分，歲該銀七萬二千三十四兩有零。又生草地實該一千九百三十九頃二十畝，召佃開種，寬恤二年以後照例徵銀，歲得五千八百一十七兩六錢一分，除各馬房歲用外，尚余銀一萬一千四百八十九兩二錢二分。可備災傷蠲免，補湊不敷之數，行令順天府轉行各該州縣徵收，解納户部給發，該倉監督主事召商糴買支用，其歲派北直隸、山東、河南三處，各馬牛羊房倉料草每歲徵收折色銀兩，解部徑發太倉交收備買支運，或類邊儲等。因該本部題奉欽依通行欽遵外，今給事中等官魏良弼等題称：各馬房管事人員索要分例，侵尅官銀，要將山東、河南等處解到草豆價銀收庫，悉要該倉主事兩平收買，及称小麥、粟米等項尽行蠲除，止徵黑豆一節，相應議處，合候命下本部，將各倉場料豆仍依原擬。自嘉靖八年以後，俱免坐派應徵之數，各量減原價照旧徵銀，解部轉發太倉交收湊買支運，或備邊儲。仍行順天府轉行所屬州縣，將前項草場子粒銀兩每歲照數徵納，解部查收貯庫。及行各該管倉主事計筭，各場料草足勾幾年支用，遇有缺乏具數開報，本部行委管倉主事隨時高下兩平收買黑豆草束。完日行文赴部支銷給領，其麥、粟米、菉豆、豌豆尽數革除，亦各量減原價徵銀解部，原議筭作各場實在之數，除災傷奉例蠲免外，以後若有解到本部查收貯庫以不許仍前指以病熱瘠損為由因，而糜費暴殄天物。其嘉靖七年已派各場草料，備缺乏，仍乞天語，嚴諭各該管事人員洗心滌慮，敢有故違，仍前需索常例刁蹬阻撓，許本部委官并巡視科道官應挐問者，徑自挐問應參奏者，指名參奏定奪。

一議一法令以均事。体臣等看得國家錢粮出納，無有不清查者。須户工二部，皆以尚書、侍郎主之，而且五年一刷。光禄等以卿少、卿主之，科道官巡視之，而且每月一刷。豈以卿佐為不足任，而猶慮其侵欺也，法當然耳。今馬牛羊房，俱蒙差官清查，無復虛增妄、報冒破侵欺之弊。獨御馬倉、天師庵、內場、外場，錢粮馬疋甲於坦上等處，未奉委查，令其自行查減。查得弘治年間，給事中許天錫奉勅清，查太監寧瑾即將在監料減四萬八千一百，余草減四十五萬束，造送奏聞，孝廟嘉其吐實事，遂中寢。論者謂寗瑾慮其勢難善後，故為此計，孝廟忽而未察，以為無復可查耳。切惟各馬房未經清查以前，户部會派每歲豆一十八萬余石，草四百九十六萬余束，及經給事中陸燦等清查一通計，一年止該用料三萬九千余石，草九十萬余束。若以寧瑾所減之數較之不過十分中之一二耳。如蒙一体差官清查，不以無弊，自諉庶幾風清弊絕。

前件查得弘治十八年，為會計馬疋料草事，該御馬監太監刘瑾題称：通將見在馬、騾、驴日支料草扣筭，實數比舊料減四萬八千一百五十石，草減四十五萬束。本部覆題依擬坐派，未蒙清查，近為振餘財以足國恤民事。該吏部尚書桂蕚題：準差官清查坝上等馬、牛、羊房頭畜，該御馬監太監麥福等題，称本監通將見在并續到馬疋數目斟酌扣筭，大約二年連閏，該用料七萬七千七百六十石，草一百五十三萬九千束。除見在外，還該會料，并紅花子共一萬一千三十余石，草約勾二年支用外，余草二十二萬七百余束。作以後年分之數，通前二年比照，嘉靖六年，本部坐派減去料三萬九百七十余石，草七十余萬一千束。以後年分要行，俱照今次會筭，該用料草數目，坐派該本部題奉欽依。將該監會出見在料草數目，準作開耒年分支用，其不敷料并紅花子共一萬一千三十四石。候至嘉靖八年九年酌量會派，仍勅該監，將在監馬疋就於今次查過，實數為旧管，逐一開寫毛色口齒數目，徑自造册，奏知該監，仍置立文簿。以後月日允有進到并倒死等項，陸續收除明白，行令該倉照數關給，住支每季終該監掌印官查驗，相應依擬，合候命下之日，本部行移都察院，并該科各選風力科道官一員領勅前去。該監并天師庵、內場、外場會同本部委官，并該監官從公查驗。自嘉靖八年正月初一日為始，將馬、牛、羊、駝等項，除膘壯堪用者，量留若干，外其矮小馬疋，多余牛隻，就行揀退，送本部與兵部給散軍民操備耕種，或無變賣倒死等項，尽行開除，養馬余軍除原額外多余之數，發回原衛。所差操查有冒濫侵欺情弊，徑自參奏定奪。事完通將查點揀退頭畜，該減該用草料數目造册，奏繳青册送部查考。

一、議清子粒以振頹廢。查得各馬房倉有地土二十頃分給軍民人等耕種，歲收子粒銀六十兩，修理倉場訪得近年每畝徵銀七分，歲計該銀一百四十兩，總計馬牛等房歲計該銀三千余兩。宜倉場歲新，無傾塌者，臣等巡歷義河等處，倉廒十分傾倒，不行修盖，銀既不見其省免，亦不見其支銷，倉既不見晰親，且坐視其頹廢，若不早為之所，則私帑日充，天廒日廢，復將別科營繕之財，乞勅户部查議，將前項地土行令順天府，每畝照依原定三分徵銀，解部聽備修理。

前件看得魏良弼等題称：各馬房俱有地畝二千頃，分給軍民人等耕種，歲收子粒銀六十兩。修理倉場，訪得近年每畝徵銀七分，總計馬牛等房該銀三千兩。巡歷義河等處，倉廒十分傾倒，不行修盖，要將前項地土行令順天府，徵銀解部聽候修理。一節為照，前項地土銀兩專為修理倉廒，今倉廒漸已頹廢，銀兩不見支銷，誤國耗財，相應查處，合候命下本部移咨侍郎等官王等查勘。前項地土要見某馬房，原設修理倉廒地若干，坐派是何州縣地方，即今是何籍貫姓名，軍民佃種，歲該子粒銀若干，委官沿坵履畝踏勘明白，備造文册到部，轉行該府行移所屬州縣，省令原佃軍民徑赴所在州縣，卒納轉解赴部查收貯庫。以後遇有各該倉廒倒塌，行移本部轉行，該倉主事估計明白酌量發銀，委官修理。如此庶倉廒可保完固，而價銀不致侵分矣。等因，嘉靖八年二月十四日具題，本月十六日奉聖旨，是準議行。

明 申時行《大明會典》卷二五《草料》 國初光禄寺犧牲所御馬監并象、馬、牛、羊房等草料，俱於民間照田糧科徵解納，官軍草料亦如之。洪武二十五年，以百姓供給艱難，令北平等處衛所官軍不支草束，自采野草備用，是後遂有秋青草事例。宣德以來，通命在京在外軍衛有司，量派軍夫采打，置場收納，與民納草相兼支用。而其因時制宜，措備支給法亦不一。今以弘治、萬曆年實徵馬草數目，具列于前，而詳載事例以備參考。其黄、黑豆等料，即于税糧内折徵不更載。

弘治十五年，各司府州實徵馬草數。

浙江布政司，馬草八十七萬四千三百九十一包八斤二兩三錢。

山東布政司，馬草三百八十一萬九千五百一十三束一十四斤一十四兩九錢零。

山西布政司，馬草三百五十四萬四千四百四十八束九分零。

河南布政司，馬草二百二十八萬八千三百九十六束九斤九兩一錢零。

陝西布政司，馬草一百五十一萬四千七百一十二束一十一斤五兩二錢零。

順天府，馬草二百萬七千九百二十三束七分零。

永平府，馬草三十萬三千七百四十二束七分零。

保定府，馬草一百一十一萬七千五百六。

河間府，馬草六十七萬四千五百五十三束八分零。

眞定府，馬草一百三十萬四千一百五十三束三分零。

順德府，馬草五十四萬五千四百八十一束三分零。

廣平府，馬草七十九萬四千八十九束一分零。

大名府，馬草一百八十六萬九千八百三十八束四分零。

隆慶州，今改延慶馬草七萬三千四百四十一束五分零。

保安州，馬草一萬七千七百五十四束七分零。

應天府，馬草三十七萬六千四百五十八包一斤九兩四錢二分零。

蘇州府，馬草五十三萬七千八百九包八斤四兩一錢八分零。

松江府，馬草三十一萬六千二百二十五包四斤九錢零。

常州府，馬草七十一萬四千三百四十三包五斤九兩六錢二分。

鎮江府，馬草一十二萬七百八十四包四斤一十兩二錢。

廬州府，馬草九萬七千七百七十五包一十二兩三錢零。

鳳陽府，馬草二十三萬四千二百九十三包四斤二兩八錢九分零。

淮安府，馬草四十五萬四千七百二十包二斤六兩九錢二分零。

揚州府，馬草三十四萬九千二百三十六包六斤七兩二錢零。

寧國府，馬草七十九萬八千四百九十二包六斤。

池州府，馬草九萬六千三百一十一包四斤八兩四錢四分。

太平府，馬草三十五萬四千九百七十四包五斤一十二兩四錢八分。

安慶府，馬草一十九萬一千九百四十九包三斤一十二兩。

廣德州，馬草三十萬二千九百五十二包三斤一十兩五錢一分零。

徐州馬，草一十萬包。

滁州馬，草五萬五千九百八包五兩六分零。

和州馬，草二萬六千九十包五斤七兩五錢四分零。

萬曆六年各司府州實徵馬草數。

浙江布政司，馬草八十七萬四千四百九十一包一十一斤一十四兩三錢。

山東布政司，馬草三百八十一萬九千四百六十九束六斤一十五兩三錢零。

山西布政司，馬草三百六十萬二千九百九十一束零。

河南布政司，馬草二百二十八萬一千五百三十八束一十一斤一十三兩六錢零。

陝西布政司，馬草一百三十七萬五千六百三十四束零。

順天府，馬草一百九十五萬八千八百四十五束三斤一十三兩零。

永平府，馬草三十萬三千七百四十二束零。

保定府，馬草一百一十一萬七千五百二十束零。

河間府，馬草六十七萬八百六十三束零。

眞定府，馬草一百三十七萬四千一百五十七束一十斤零順德府馬草五十四萬五千四百八十一束零。

廣平府，馬草七十九萬四千九十三束零。

大名府，馬草一百八十六萬九千八百三十八束零。

延慶州，馬草七萬三千四百四十一束零。
保安州，馬草一萬八千六百九十九束零。
應天府，馬草三十七萬六千四百五十八包二斤九兩四錢零。
蘇州府，馬草五十三萬八千四百一十四包六斤八兩七錢零。
松江府，馬草三十一萬六千二百五十一包五斤二兩五錢零。
常州府，馬草七十一萬四千三百六十九包五斤一十兩七錢零。
鎮江府，馬草一十二萬七百八十四包四斤一十兩二錢零。
廬州府，馬草九萬八千三百三十七包一十二斤一十三兩零。
鳳陽府，馬草二十三萬四千二百九十二包四斤二兩八錢零。
淮安府，馬草四十五萬四千七百二十包三斤三兩四錢零揚州府馬草三十四萬九千二百二十六包六斤七兩二錢零。
寧國府，馬草七十九萬八千六百三十二包七兩零。
池州府，馬草九萬八千三百六包七斤一兩零。
太平府，馬草三十五萬五千四百四十九包五斤一十五兩五錢零。
安慶府，馬草一十九萬一千九百七十三包五斤八兩六錢零。
廣德州，馬草三十萬三千四十五包九斤五兩七錢零。
徐州，馬草一十萬包。
滁州，馬草五萬六千四百四十一包九斤一十四兩零。
和州，馬草二萬六千一百三十八包五斤一十三兩一錢零。

正統九年，令刑部都察院問完囚人以四分為率，內二分納草贖罪，其斬絞罪者，納草一千八百束，三流并徒三年者，一千四百束，徒二年半者一千二百束徒二年者，一千束，徒一年半者，八百束，徒一年者，六百束，笞杖者，每一十四十束，每束重一十五斤。十四年，令陝西、西安、慶陽、延安等衛府官吏舍人所犯，不係贓罪笞杖徒流及軍民人等犯該笞杖不該立功者，定撥各堡納草。又令開中兩淮、兩浙、河東長蘆運司，存積四分官鹽，不分四品以上官員之家，及軍民人等，俱於在京西城等坊草場上納草束。又奏準，召商納草，不分官員軍民之家，每穀草一百束，官給價銀三兩，禾草一百束，二兩二錢，就於京場上納。景泰元年，令直隸、真定等府儒學生員，納草四千束，給與冠帶以榮終身。成化元年，獨石馬營、龍門所、雲州四倉，急缺糧料，開中淮、浙、長蘆、河東運司，官鹽九十五萬二千三百二十二引，召商上納米豆，至六年報中未完，除兩淮仍令照舊兩浙等運司酌量時價，改中草束。二年奏準，在京各衙門辦事吏典，有辦事一年以下者，納豆一百石，二年以下，八十石，三年以下，六十石，免其考試，就便實撥當該，其辦事一年以下，納豆二百石，二年以下，一百五十石，三年以下，一百石，送吏部，免其京考，給與冠帶，即照資，格挨次選用。又奏準，在京各衙門當該吏典，有著役一年以下，納豆八十石，二年以下，六十石，給與冠帶，照依資格，挨次選用。又奏準，在京各衙門辦事官，有該正從八品選用者，納豆一百石，照依資格，挨次選用。十二年奏準，大同等處，各城堡倉場，開中長蘆運司官，鹽十萬引每引，納料豆四斗，河東運司官鹽二十萬引，每引，納穀草八束。十四年，令遼東二十五衛囚犯，納草贖罪，除笞罪，并真犯死罪，及例該充軍等項，并無力外，其餘雜犯，死罪納草三百五十束，徒三年納草二百五十束，徒二年納草二百束徒一年，納草一百五十束，杖罪，每一十納草十束。又令户部運銀十萬兩分送陝西、榆林，給與官軍準折草料，仍行山西、河南附近州縣，或借撥或儹運或買辦料豆各萬石，穀草各一百五十萬束，俱納榆林一帶倉場。弘治十六年奏準，遼東商販買賣之人，務經巡撫官查勘無礙，方許於管糧郎中處，納草價銀三兩五錢，給引掛號入關。隆慶三年令明智等坊五場草束及太倉黑豆。俱係京營馬匹及防秋支，用各營馬匹草料每年照舊放本色三箇月，其餘月，分俱支折色，如遇草料價賤，全支折色，務令在場常有草六十萬束，在倉常有豆三萬石，以備接濟。又令商人買上草料科道同户部司官會估價值定，在十月正秋成之後，草豆價值俱平，山東、河南二道，但有見在銀兩，權宜預支，趁秋買辦。又令在京五場通計買草至二百萬束，每年挨陳坐放，照數買補，酌議行各場監督主事，每年防秋畢日，查將京營馬匹草束，照例於十月、十二月次年二月支放，務在出陳易新，其餘月分照常折放，仍於本色支放完日呈部，以憑酌量坐買，務要各場貯草束一百五十萬，以備緩急支用。

凡支給草料洪武十三年令廣東、廣西、福建、浙江、湖廣、江西布政司，淮安、蘇州等衛馬草不許科收，馬料不許支給。永樂七年，欽定征操馬匹關支草料，公六匹，侯五匹，伯四匹，指揮千百户各一匹，征進馬匹草料，公十匹，侯伯八匹，都督六匹，都指揮三匹，指揮二匹，千百户各一匹，非征進之數不許關支。十一年，令上直馬每匹日支料豆四升草一束，其下場牧放馬匹止關料豆一月。十四年，令馱豹馬日支料四升，草一束，自九月初一日起至十一月終止。二十二年，令常川上直馬每匹日支料三升草半束，餘半束折支鈔二貫，騎操等項馬每匹日支料三升，草一束，折支鈔四貫。宣德五年，令御馬監勇士馬，并達官調習馬，每匹按月原支草三十束，內支本色草一十五束，餘折白綿布一疋。正統二年，令五軍三千神機等營，操備官軍馬月支料豆九斗，添與一斗，以後照舊關支。又令陝西寧夏等處官軍騎操馬每歲自九月半起關支料豆，至次年四月半住支。又令大同、宣府等處操備巡哨馬每月原支料豆九斗，添與三斗至次年三月半住支。四年令大同、宣府鎮守總兵等官，凡馬匹不係官給之數，不許關支草料。六年，令北虜使臣馬駝初到京，每匹日支草半束，一月之後又添半束，每日仍支料一升。又令甘肅操備馬料自十一月初一日至次年三月終，日支四升，其九月下半月及次年三月四月，上半月仍照舊日支三升。八年，令直隸眞定衛達官自己馬草料住支，其官馬照官軍例支給。九年，令萬全都司巡哨操備馬添支四月下半月料豆六斗。十年，令甘肅、莊浪等處官軍馬料日支四升，外添支青稞一升。又令大同右玉林等衛官馬月支穀草十束，與自備野草相兼喂飼。十四年，令各處馬房上直騎操并起取等項馬草每一束折支銀二分。又令居庸關騎操馬自十月十五日起，至次年四月半止每馬一匹日支草一束。又令五軍三千神機等營騎操馬自本年十二月二十五日起至次年二月終止，每匹日加料豆一升。景泰元年奏準，長陵等三陵神宮監長隨內使領到御馬監馬驢，行令昌平縣每馬一匹日支料三升，草一束，驢一頭日支料一升，草半束，每年十月初一日起三月終止，如有事故，截日住支。二年奏減上直馬料豆一升，與五軍等管騎操馬例關支三升。令五軍等營，騎持馬自十月十五日起本月終止，每馬一匹給銀一錢十一，月給銀二錢買草，十二月至次年正月終止，每馬關本色草一十五束。三年令減給駝豹馬料豆一升，照例自九月初一日起至三月初一日住支。又令五軍等管存操馬至六月青草長茂止，關料豆草束住支至十月初一日起草束，依例關支。七年令寧夏等衛馬隊旗軍照甘肅例，每歲九月十六日起，至次年四月十五日止，日支料豆三升。又令勇士小厮馬，月支料豆九斗，草三十束。天順二年，令新降達官，每人準馬一匹月支料七斗，草三十束。成化元年奏準，凡內外鎮守官員馬，不拘官私，止給四匹草料。五年，令京營官軍草料俱編填勘合，方許支給。十二年，令原選聽征下場馬預先調取來京，每匹於九月十月支草二十束，九月以後，仍有邊報却將十一月分，該支草料移在十月分十二月分移在十一月分接續，照例秋草穀草兼支，間月折與價銀買草。十三年令下場取回聽征官八月九月每馬一匹，按月支與草價銀二錢三分。十七年，令聽征官軍馬一萬五千匹，每匹月給草價銀一錢，日支料豆三升，續因馬匹瘦損，添給草價銀一錢。二十年奏準聽征馬四月五月每月添給料豆一斗，轄前九斗共支一石，草價銀三分，轄前二錢共支二錢三分。二十一年，令永平、山海、薊州等處三屯等管官軍騎操馬，按月造册，三月關支料豆，十月折支草束。弘治二年，令各營騎操馬，本年十二月，至春季內一月每匹月添草價銀一錢，以後該支月分仍舊。又議準京營存操馬每年四月分關支料豆一半，其餘下場回還馬，每年關支折草銀兩月。六年，令存操馬四月分料豆準與全支。十二年奏準，存留下場聽征馬，自五月初一日為始，除料豆照常外，每馬折給草價銀二錢，內存操馬先已支過者，照數扣除，候聲息稍緩，仍令下場收放，草料住支。正德五年，令各邊鎮巡等官，凡遇出哨征戰追趕之日，馬匹每日量加料一二升，閒息之日照舊，明白造册開報。嘉靖元年奏準，涿鹿左衛、興州中屯，衛守涿州良鄉倉場支給草料，其三月至十月八箇月，聽其自行牧放，事寧停止。二年，令在京各營除騎操馬匹照舊每年支本折草三箇月，料豆間月本折兼支，聽征馬匹俱令下場牧放，草料截日住支。六年，令捕盜馬匹準給與折色，隨便糴買操舍餘常川聽候捕盜原領馬匹，春季正月、二月，冬季十一月、十二月，按月於喂養。七年奏準，馬匹草束，每年照舊支三箇月本色，其料豆存操馬，每年十二箇月，聽征馬，除下場六箇月俱本折間，月關支。又奏準，委官主事將榆河、居庸、榆林、土木四驛查照先年定例，每年自十月初一日起，按季關支料九斗，草三十束，夏秋住支，聽其照舊打采青草喂養，其榆河、居庸二驛，冬春仍關支本色，榆林、土木二驛，冬春馬草準改支折色，每草一束，給銀二分。八年題準，御馬監馬匹，朝馬賞名馬為一等，查照舊例喂養雜料，馱鞍選記披甲馬為一等，內除豌豆，止用大麥、菉豆、黑豆喂養，其各起騎操馬等項馬為一等，內除豌豆、菉豆、止用大麥、黑豆喂養。十年題準，四月青草長茂，各營馬匹照舊規盡令下場放牧。十四年題準，崔黃口營守禦操備軍餘民壯騎操官軍口糧黑豆，通州倉關支，草束除夏秋二季照例牧放不支外，冬春二季，自嘉靖十三年冬季為始，每草一束，折銀五釐，坐派太倉銀庫關支，自行買辦。又題準，各營馬匹，除東西官廳存留聽征馬，每年自四月初一日起，至九月終止，全支料草以備調用外，其奮武等營存操馬匹，遵照舊例，不支草束，止關料豆本折間支。三十九年，令三大營馬匹，每年夏秋六箇月差官領粆，於近京地方隨便牧放，以備調遣，春冬二季，除三箇月支本色外，其餘三箇月應支折色，月分草每月折銀三錢，料折銀五錢，其夏秋二季草料價賤係在營存留，操備馬匹止照常規折支，不許槩援為例。三十二年，令鞏華永安二營原兑馬匹草料，夏秋月分該支折色，每豆一石折銀三錢五分，草三十束折銀二錢五分，冬春月分雙月支給本色，單月折銀豆一石五錢，草三十束三錢，如有閏月在春冬時本折中半，在夏秋時依季支本折。三十三年，令大同鎮主兵馬匹，每馬計冬春六箇月月支料豆九斗，舊支本色四斗，今加二斗，共六斗，餘三斗照舊折色，其草束夏秋采積以備冬。春不許支。

又《秋青草》 永樂九年，令天城、陽和等衛所來取青草給大同都司官馬，以平陽、澤潞等府州縣草納附近驛站。宣德四年，令行在五府所，屬衛、所錦衣等衛順天等府所屬州縣，各起倩軍餘人夫，采取秋青草，運赴京場及在外驛站收貯備用，其山西、河南、山東、陝西、四布政司所屬驛站，并有操備馬衛，所行各布政司、都司量派軍夫采打秋青草，就本處收貯聽支。正統十一年題準，延綏一帶衛所，自定邊安邊營，西抵寧夏花馬池，東至府谷縣大小營堡，水草便利，可以牧放，每年摘撥軍旗餘丁，自行牧養馬匹。景泰元年奏準，西湖并城濠草，俱令户部借撥軍民人等，采取備，用不許諸人私占。又令陝西、寧夏、甘肅、延綏、山西、大同并偏頭，鴈門二關，遼東萬全都司所屬及直隸山海、永平、密雲、紫荆、倒馬、居庸一帶沿邊關口，及山東備倭處所馬草總兵鎮守及管糧郎中、布、按二司等官，於秋草長茂之時，量起軍夫趁時采，取每束重一十五斤，設法堆積，委官看守，以備支用。三年，令南海子大木廠，西湖并城濠内青草户部差官督同各城兵馬司，委官率領弓兵、并當坊火甲，時常廵護，至期行取三撥官軍采打，搬運京場。天順三年，令甘肅莊浪沿邊十三衛所官軍餘丁舍人，每名采草一百五十束，堆積備用，不許官豪勢要占據近地肥饒草場，其平涼等府，原派地畝穀草，每束折收銀二分，運送邊城，以備買草支用。成化二年，令陝西都行二司，各衛所軍士餘丁，不該輪班在營者，每人采草一百二十束，各於官場上納，各驛及遞運所馬牛夫甲軍每人八十束，俱於本驛遞上納。三年，令遼陽、廣寧等軍衛，趁秋青草，牧放馬匹，不許指以征操為由，擅支官軍堆積草束。九年令延綏，寧夏各堡馬步軍餘采草，十一月終不完者，本堡把總官住俸，年終不完者，管糧參政及監收副使等官住俸。弘治十五，年令遼東秋青草年例之外，加添一倍，每七束給與鎌刀工銀一分，其金復等衛軍餘折銀草束仍納本色，若鎮守等官將草場立標采打，壓賣各衛，索受銀兩，計撫按官劾奏，其宣、大、陝西、榆林、迤西一帶邊鎮軍衛屯堡生草去處，一體施行，大同青草不俟挨陳，先行放支。正德三年奏準，遼東、廣寧右屯等衛照舊采青草，不必給刀鎌價銀，每名二百束，量加添三十束，金、復、蓋三衛，每名折銀一兩六錢，照舊銀布兼收，通送管糧衙門，以備買草糴糧支用。嘉靖三十二年，令居庸、榆河、榆林、土木四驛馬匹，冬春照舊給與料草，夏秋牧放仍派秋青草八十束，責令采打赴場，交收支給。

又 卷三九《行糧馬草》 凡行糧馬草專為從征軍馬而設，其例有操備、出哨、守墩、瞭高、燒荒、修邊、防秋及各色公幹人役，驗日驗程支給，或出境一百里至三百里，或計程五日，或本折或暫支或輪季，各有例具後。洪武二十六年定，凡遇行軍馬匹日支糧草，已有定例，其應付一節，該衛先具軍馬數目開呈户部，主案出給批文差官賫領經過官司并驛分照依坐去軍人馬匹數目，照例驗程支給，其有為事編發應支行糧人數，亦合照例關支，仍仰所在官司將支過數目，申達上司作數，其所賫批文，候至所止地方隨即赴官告繳，遞回本部於原編底簿内銷註。三十五年，令親王之國隨行内外官員及有執事旗校厨役人等，沿途有司應付口糧，本府駕馬并隨駕馬贏及護衛官軍下隨侍馬匹應付草料，隨侍官軍回還亦準支。又令大同守邊軍士出哨、廵邊、守墩、瞭高等項，公差驗日計程關給行糧。永樂四年，令從征旗軍人等沿途給與行糧，日行一程，止關一次。宣德三年奏準，各處鎮守總兵等官，帶去官軍皆按月支行糧四斗五升，邊衛軍士隨總兵官出境征進，追剿達賊者準驗日支行糧，其餘不時差遣沿邊探聽聲息及境外廵邏瞭哨者不支。又令，各處選調在京操備官軍月支行糧三斗，民匠民夫四斗。十年，令各衛旗軍調於大同操備者，月支行糧五斗。正統二年，令大同廵邊軍士月給行糧五斗，料豆一石二斗。四年，令沿邊各衛砌關口旗軍離衛四百里以上者，準月支口糧三斗。又令廣東往來伴送使臣赴京公幹旗軍人等，回還口糧，每名日支一升，若一日經過兩處者，不許重支。又令甘肅、寧夏等處，各衛征操軍士，若遇警，隨總兵官出境征進追剿達賊及差出探聽聲息廵邏哨瞭者，每月行糧三斗，驗日支給。五年，令梁城守禦千户所官軍在京操備者，月支行糧四斗，陝西都司都指揮管領旗軍於甘肅、寧夏及綏德等寨堡備禦者，照甘肅備禦旗軍例月支米五斗。六年，令大同境外衛要守墩官軍及離城百里之上者給行糧，其内地不及百里者不給。又令遼東沿邊城堡，守墩、瞭哨官軍行糧，每人月給四斗五升。又令各邊哨備官軍在邊者，月給行糧，回衛即罷支。七年，令密雲各衛邊軍出境巡哨夜不收人等，驗日於古北口日支行糧一升，守關操備非出境外者不支。又令各處進貢馬，每疋日支料四升，草一束。又令各處草塲每歲牧放馬匹官軍沿途官司日支口糧一升，一日經過兩處，不許重支。八年，令河南、山東等處在京操備官軍，月給行糧四斗。十年議準，寧夏沿邊修砌軍查照離城百里日支行糧一升，不及百里者，就於本等月糧内食用，不許再支行糧。十三年，令遼東各營堡操守餘丁舍人，原無月糧者，準支行糧。十四年，令寧夏官軍遇差巡哨者，日支行糧一升。景泰三年，令松潘等衛所官軍差出三百里之外，巡哨貼守經五日之程者支行糧。又令南京各衛駕船軍餘，往來經兩月之程者，人支行糧八斗半，年者二石八斗。天順五年奏準，凡都督等官，率領達官軍人征勦者，都督都指揮日支行糧三升，指揮千百户，鎮撫頭目旗軍一升五合舍，人儒士家人一升，馬每匹日支料四升，草一束，南京達官軍人等，亦照此例。成化八年，令征進達官軍舍不分官舍軍餘，沿途每人日給米二升半，如一日經過兩站者，不許重支到邊仍照行糧常例。十五年，令各邊防護修墩燒荒官軍，若在百里及五日之内堪自備糧料者，不許關支行糧馬草，若五日及百里之外者，聽令關支，仍將支過數目於在營下月册内扣除，其遇警截殺探賊按伏官軍不能自帶糧料者，並聽隨處關支，鎮守等官，於無事點視邊防等項，許本鎮城堡軍馬護送，不得多帶人馬，濫支草料。弘治二年奏準，沿邊各衛所征哨，并按伏備堡等項官軍出百里之外者，俱日支口糧一升五合，都指揮與把總等官，日支廪米三升，備禦官軍日支行糧一升七合，馬日支料三升，草一束，在營草料住支，如在百里之内起關濫支廪米行糧口糧者，聽巡撫巡按官參奏。四年，革中都留守司，各都司并南直隸衛所京操官軍沿途口糧，如有私起關文支給，及買頭人等通同有司驛分官吏應付者，領班管操官員調發邊衛差操，旗軍及有司驛分，俱坐盜支官糧罪。九年令各，邊内外官帶領關支，廪給口糧頭目，鎮守不過五名，分守并守備不過三名。十八年，令今後如有出戰夾帶私馬及虚報馱馬者，聽巡撫管糧官員將冒支軍人問擬侵盜官糧罪名，該支行糧馬草，如勒要新米將草束倚勢亂擡作踐者，以那移出納打攪倉塲論罪，仍將把總等官指實參究。正德七年，令動調京邊官軍，照依支給糧料草束，其各該存操官軍，必係總督提督官會調隔別地方，截殺方許支給，若本處防守本等月糧外，不許妄支。嘉靖二年議準，南京倉糧缺乏，户部轉行徽州等府新安等六衛上班官軍行糧，自本年七月為始，俱在徽州等府關支，折色就行管軍官通領，到京按月支給候積有京儲之日，另行議處。六年議準，遼東鎮夜不收，以後年分月給行糧二斗。十一年題準，沿邊各鎮從征軍士，遇敵戰守及緊急哨探者，行糧每日加給五合。十三年題準，總兵官遇有聲息，出兵按伏截殺之日，先將人馬數目造册用印信明文，送撫按巡關衙門及管糧郎中處，方許動支行糧馬草，其原支月料截日住支，事完照舊。二十八年議準，四川、湖廣征調土兵行糧，照官軍例日支一升五合，願支本色者，月給米四斗五升，支折色者給銀二錢二分五釐。二十九年題準，密雲、馬蘭谷、太平寨、燕河營四路墩軍，俱以防秋為始，自每年七月起至十月止，計四箇月每名每月添支行糧二斗，及將馬蘭谷等三路夜不收行糧，亦照密雲一路，每名每月再添一斗，連前共支三斗。三十一年題準，大同掣回班操官軍，照舊分為春秋二班，每名月支行糧四斗五升，照依寧武官軍支給事例，每石給銀六錢三分。三十二年議準，三關鎮把總等官及跟官旗牌，務遵弘治二年例。如遇征調出百里之外把總若係都指揮支廪米三升，領軍頭目不分指揮千百户并旗牌官日支行糧一升五合，事寧，截日住支。其各邊鎮主兵馬匹，俱有屯田草塲，足以自給，今後各巡撫清查，責令各軍夏秋趁時牧放。仍會同總兵官將年例秋青草束派軍採辦，運赴該塲上納，以備冬春支用，其民納召買草束止備客兵支用，不得一槩靡費。三十三年題，準蘇、松、浙江禦倭將士，除百里内月糧自給外其餘征行調集百里外。總兵、參將、守備、都督、都指揮等官，日支米五升，千把總署都指揮等官，日支米三升，管隊官不分指揮千百户并旗軍，俱日支行糧一升五合，馬匹俱料三升，草一束如本色數少，查照時價量折銀兩，總兵參將守備所部軍馬，外有奏帶員役，依例支給，不許假以家丁冒費。三十四年議，準將薊州、密雲、昌平一帶，官軍征調遣出百，里之外者，準全給行糧，五十里以外者，係防秋之日。果有賊勢壓境，晝夜擺守，間日一支，若稍緩及非防秋之日，即行停止，五十里以下者，離家不遠，省令自備糧餉，不準支給，若果與賊對壘相持事，勢急迫，不能供送間支者，暫準全支不支者，暫準間支賊退即止。又議準，馬匹除防秋四箇月草料外，五月六月每馬各月給貼料銀三錢，十一月至四月照例，料豆本色四斗，折色五斗，草每月給與十束。又題準，延綏客兵行糧，賊至百騎，踰日不退，雖在百里之内，亦聽支給。三十六年題準，京營并標下人馬，選用火器手每軍每月月糧之外，隨倉各支口糧二斗，待練成歸營之日仍舊，額止支本等月糧。四十一年題準，薊、遼、曹家寨軍士專隨遊擊操練，與別項班軍不同，令照客兵行糧則例，每月支米四斗五升。四十三年議準，薊鎮各總兵官標下馬匹，凡遇出征，在夏秋六箇月内支過行料，回營免其扣除，若在秋冬六箇月内，既支行料，不許重支月料，各營有馬官軍，春季三箇月，每月給草三十束，照例每束折價銀一分七釐，遇有出征支給行草，亦令截日造支。四十四年議，準薊鎮、墻石、古北三路，地薄人稀，每軍每月準支行糧三斗，下班住支。又題準，遼東鎮所屬沿邊城堡哨守夜不收墩軍額數，每名月支行糧二斗。隆慶二年題準，薊遼、巡撫新募軍馬，自隆慶二年正月為始，照例一體給行糧草束，本折兼支。三年題準，各邊防秋事規，自八月以後，各邊應用軍夫逐一查明，暫于主客免調，省下兵餉銀内，量行支給行糧。五年題準，薊、永、昌、密四鎮兵馬調遣百里之外者，全支行糧料草，五十里内外，查照原題，有無晝夜擺守。與賊對壘分別支給，如係平常，不許一槩濫支。又議準，新選通州五衛軍士照常支米八斗，若遇調遣，一體關支行糧，其新領馬三百匹，比照舊馬二百匹事例，每年春冬二季，止給料喂養。六年議準，三關秋防各營馬匹，每月原額料豆九斗，照依彼中時估，準各給折色，止許一月，若遇有征調，例當支給行糧料草，不準折支。萬曆七年題準，中都、河南、山東三都司班軍行糧，每班各給本色三箇月，折色三箇月，俱以到京實數實日造支。

又卷一五一《營衛放牧》　洪武二十三年，令五軍都督府錦衣，旗手，虎賁左、右，興武，鷹揚，金吾前、後，羽林左、右，龍驤，豹韜，天策，神策，府君前、後、左、右等衛，各置草場於江北、湯泉、滁州等處牧放馬匹。二十五年，罷民間歲納馬草，凡軍官馬，令自養，軍士馬，令管馬官擇水草豐茂之所，屯營牧放。永樂十一年，令御史同錦衣衛官，巡視官軍牧放馬匹，以後錦衣、旗手等衛，五軍等營，各置草場於順天等府，每歲春末夏初，各營馬匹，除例該存留聽用外，其餘兵部推舉坐營官一員，具奏請勑，管領下各該草場牧放，至九月終回營。其牧馬，每三口演習一次，下場之後，兵部行移該科及都察院，具奏差官點閘馬匹例死，官軍逃亡，領勑官按月造報，如有納賄賣閒，不行提督，致馬瘦損者，點閘官指實參奏。其在邊者，以四月中出牧，九月初回營。嘉靖九年，議準每年牧放馬匹，放操之時，下場者科官照舊查究，其在營者，行内外提督大臣，在巡捕者，行巡捕提督通行查究，若把總官用心提督，倒失數少者，具奏旌賞。若全不用心，致令倒失數多，徑自參奏提問，甚者坐營者一體參究。二十二年奏準，團營并神機等營馬匹，量存操練其餘并東西官廳馬匹，趁今放青之期，悉照舊例下場牧放。三十四年，題準京營除挑選聽征馬匹，照舊關支草料外，其餘瘦弱馬暫委坐營官一員帶領，於近京隨便牧放。

明　譚綸《譚襄敏奏議》卷五《爲征收隆慶三年夏税秋糧馬草疏》　准戶部咨，據易州管糧主事楊珂并委官主事彭文質各呈准，易州、天津各兵備道手本奉臣案驗，行給新選忠順官軍應支月糧布花草料，呈乞會計等，因為照前項忠順軍共二千名，雖稱總督添選，調遣居庸關等處防秋，行糧料草例該附近管糧衙門支給。月糧應隸各該營衛不分新舊一體造册關支。但今新選達軍未見分別永遠暫充防禦，及應支錢糧的數，併應在某倉庫支給，且在保定五衛則稱有一千三十四名，河間三衛稱有五百名，定州衛稱有四百五十八名，亦無分別舍餘正軍各名數具題。其保定、定州二營共添馬六百匹，有無足數常川兑養，或止防秋騎征事畢交還，馬戶應否比照原營馬匹，給以春冬料草，各查的該歲用月糧、布，花本折各若干，馬匹料草各若干。在保定五衛定州衛者，或於二府，或於易州管糧主事，河間三衛者，應於該府或於天津管糧主事，關支新添錢糧作何坐派，務要議處妥貼，永久可繼，分析明白，各的確數目具奏，以憑本部會派。等因備咨，前來就經行據天津兵備道呈稱：會同管糧衙門查得河間等三衛，新選忠順軍舍楊本浩等五百名，内河間衛軍舍四百六十三名，原食糧老幼軍馬住等九十名，無糧舍餘楊本浩等三百七十三名，瀋陽中屯衛無糧舍餘王嘉賔等二十四名，大同中屯衛無糧舍餘楊朝舉等一十三名，原奉選取春秋防邊俱係永遠關支糧賞。舊例每軍月糧一石，單月折銀四錢，雙月折銀七錢，歲用糧六千石折銀三千三百兩，内除舊額原食糧五斗，軍馬住等五十一名，今選出征每月每名例該添糧五斗，共該添糧三百六石，原食糧三斗，幼軍孔五成等三十九名，今選出征每月每名，該添糧七斗，共該添糧三百二十七石六斗。新選無糧舍餘四百一十名，每月每名該食糧一石，共該糧四千九百二十石。通共添糧五千五百五十三石六斗，折銀三千五十四兩四錢八分，每名該綿布二疋，共布一千疋，花一斤八兩，共花七百五十斤，內除原領布一疋花一斤八兩，老幼軍九十名，今選出征添布一疋，共添布九十疋，原無布花舍餘四百一十名，每名布二疋，共布九百一十疋，花六百一十五斤，共折銀三百九兩九錢，每歲通共實添月糧、布花銀三千三百六十四兩三錢八分。援照舊例應於本府關支，及查河間三衛舊額，官軍月糧布花額，派河南、山東二省并大名府，及本府州縣衛徵觧支給，俱係歲支之數分外，並無羨餘，中間各處災傷停免，積欠數多，見在各軍尚不足支放，今額外添此新選忠順軍舍五百名，月糧布花議於本府所屬州縣存留糧內，每年通融派徵原額，存夏麥三千一百九十石，每石原折銀七錢，今加徵銀一錢，原額存秋糧一萬石，每石原折銀五錢，今加徵銀三錢，計每年加徵銀共三千三百一十九兩外，少銀四十五兩三錢八分，仍於本府所屬州縣額辦商税課鈔銀內，每年動支轉給，以後年分照例徵解。等因。紫荆兵備道呈稱：會同管糧衙門查得，保定五衛新選忠順軍舍一千四十二名，除原食糧八名不計外，原食五斗，今添五斗二十六名，原未食糧今添一石一千零八名，每月計該糧一千二十一石，每年無閏一十二箇月，計該糧一萬二千二百五十二名，俱係折色，每年正月至六月為大月，每名每月舊例折銀六錢五分，共該銀三千九百八十一兩九錢，七月至十二月為小月，每名每月舊例折銀四錢五分共該銀二千七百五十六兩七錢。俱於去年八月初一日為始，先給五箇月糧，訖今年閏六月計，該加糧一千二十一石，大月折銀六百六十三兩六錢五分，新添馬三百匹，照原營一例，除夏秋牧青外，春冬料草每匹月支料九斗折銀三錢一分五厘，草月支十束，折銀一錢五分，二季料草，總該銀八百三十七兩，料糧草三項不計閏，通共該銀七千五百七十五兩六錢。連閏月通共該銀八千二百三十九兩二錢五分。除布花銀兩例該户部逓年會計須發關領外，其糧料草束俱應會計定派。查得本鎮主客錢糧歲有定額，既難權宜處給，本府起觧京邊賦有常數，又難輙議加徵，有司庫藏近日盡數查刷，解京委皆無從議處，及查户部每年解，發主兵年例，各邊多寡不一，而易鎮獨無止靠民運，及本地屯糧支給較之别鎮事體不均，即今新添軍馬合照各邊主兵事例，每年通入會計數，内照數題請與本鎮應發客兵銀兩運發，前來按月支給，其先權支，月糧五箇月，銀兩一併議發處補，等因井陘兵備道呈稱：查得定州衛新選忠順軍四百五十八名，內原食半糧幼軍一百八十一名，無糧舍餘二百七十七名，見調赴邊防春防秋月糧應該永遠關支，每名每月俱給全糧一石，除幼軍一百八十一名，月支糧五斗一年共糧一千八十六石，共折銀四百三十四兩四錢，每名該冬衣本色布一疋，折色布一疋，綿花一斤八兩，共折銀七十九兩六錢四分，通共折銀五百一十四兩四分。係屬舊派外，今補足全糧，并加給無糧之數，共該加添月糧四千四百一十石，折銀一千七百六十四兩，又冬衣每名該本色布二疋，內除幼軍各原有一疋外，今加并其餘原無之數，共該添七百三十五疋，并折色布二百七十七疋，綿花四百一十五斤八兩，共折銀二百五十九兩二錢八分，通共該添月糧布花銀二千二十三兩二錢八分。其新添馬三百匹，常川兑養應給春冬二季料豆，每匹日支三升，折銀一分五厘共銀八百一十兩。該衛軍糧原係坐派，河南、山東、大名、真定等處，但各屢虧歲額，節年借支，未償若復新添額，則虧欠日增，支給不繼，有悞軍機，合無將新添軍糧布花銀二千二十三兩二錢八分，比照各邊主兵事例，通入會計，照數題請解發。真定府支給其新添馬料銀八百一十兩，悉照原營馬匹事例會計造册，在於易州主事衙門關支，等因各呈到臣卷。查保定領忠順軍官都司王登，定州領忠順官軍都司何天爵，二營馬各三百匹，該前總督、侍郎曹備咨，兵部題請給，領各營官軍永遠騎征，並非防秋事畢交還馬戸之數，其新選忠順軍二千名，係臣題奉欽依，選取前來以備春秋兩防，亦非暫充防禦，所據月糧料草俱應常川支給。今據各兵備道，會同各管糧主事查議，前來其有無食糧與，歲支歲增之數，俱已剖析明白。但在天津兵備道會議，則欲於河間一府所屬州縣存留夏麥秋糧內，加徵不足，則以商税課鈔銀取給。在紫荆兵備道會議，則欲將布花銀兩照例從户部逓年會計關領，將月糧料草比照各邊主兵事例，每年通入會計數內，與客兵銀兩照數題請給發。其先權支月糧五箇月，亦要一併處補。在井陘兵備道議呈，則欲將料草悉照原營馬匹事例會計造册，於易州管糧衙門，關支將軍糧布花銀兩，亦比照各邊主兵事例通入會計，照數題請支給。夫軍糧布花馬匹料草同一事也。河間真保同一民也。而或以加徵，或以請發，措處之異，宜如此。臣愚竊謂請發，有如太倉之粒米事，尚可從加徵。至於一石而三錢，民弗堪命，合無請乞勅下該部再加查議。將前新選忠順軍舍二千名，新兑二營戰馬六百匹，月糧布花料草通行比照各邊主兵事例，每歲通入會計數，內題請解發各該管糧衙門依期放給，不惟馬騰士嬉邊疆有頼，而三輔之民亦無不均之嘆矣。

清 查慎行《人海記》卷下《草料馬數》 東直門外二十馬房，收草料。

每一房用太監三人，每草一萬用銀二十兩，其馬數不許查理。亦曾有人進本，乞查馬數，發問充軍。通州秋青草，自正統十四年積草為虜所焚，自後令天津八衛打秋青草，遂為例。

清 李之芳《李文襄公別録》卷一《啓王酌留披甲馬匹草料》 為啓請酌留披甲馬匹草料以恤旗丁，以資進勦事。竊惟大兵効力疆場，全藉馬匹。今因各處用兵，部議裁減，固是軍需浩繁，宜加撙節。但披甲止准馬二匹，飼秣不敷，飽騰何賴。至於浙省多屬高山峻嶺，本無平原廣澤。水草叢茂之區，議令放青，職竊不能無請者。南方溼熱，馬匹最難牧養，旗下各披甲見在衢疆勦禦，自必多備，以便騎征。料豆先經減半，今又僅支二匹，正當對壘之時，難以放牧。間有平衍處所，尺寸皆係民田，竝無隙地。今當殘黎甫集、招徠耕種之時，若馬匹放青，雖欲禁其不毀禾苗，不可得也。似宜酌量減留，庶使兵民兩便。竊謂軍興一日，自有一日之費，但使官兵用命，平賊迅速，則國帑自省。如裁減過多，則旗丁實有不敷之苦，伏乞親王上裁，或仍照前支給四匹，或量留三匹，恩賜題請，庶使士馬懽騰，征勦有賴，仰祈鈞鑒施行。

又 卷二《咨巡撫催解草料》 為料草催解不前，馬匹枵腹難待，專員再懇亟催飛運事。照得在衢滿、漢、綠旗官兵馬匹豆草全無，缺飼已踰數日，睹此情形，甚為憂迫。是以三次咨請貴部院迅督輓輸接濟。迄今又復數日，總無顆粒寸莖解至，各官兵朝夕環訴，而該道府無米難炊，徒嗟束手。軍興何等緊急，豈藩司以一派解詳報之文移便可弛擔耶。查該司前詳省運米、豆，屈指一月，杳無片艘到衢。各府報解多屬空文，亦未見該司將遲誤各官揭報。似此藐玩，軍需何賴，本部院統兵行間，糧草軍需惟藉貴部院籌畫接濟，業已屢次咨催。今事切燃眉，不得不再專差咨請。為此合咨貴部院，煩請查照，立刻嚴督藩司將貯省料豆、草束已起解者，添差沿途催趲，未起解者，督令該司親赴倉棧料理上船，遴差能員飛解赴衢。并遴委監司一員駐劄嚴州，專司催趲，毋恃微員，以致誤事。至各府派辦豆、草等項，定限守催，隨到隨即陸續迅運接濟。引領永候，并祈先賜示覆以慰霓望，至緊至切。

清 張泰交《受祜堂集》卷九《嚴禁牧放》 爲嚴禁營廝馬販牧放馬匹踐食荳麥桑蔴以安農業以裕國課事。照今時值春和，正農民樹蓺春花、蠶婦採桑育蠶之候，所有豆麥桑蔴更當培養，毋許營廝出郊牧馬，騷擾鄉農，殘傷花息。今聞有旗營兵廝百十成羣，出郊牧馬，并來路馬販子人等，亦俱縱放馬匹，不免戕賊春花，有妨農業，除咨會將軍、副都統嚴禁外，合行出示曉諭。爲此示，仰軍民人等知悉：爾等務各照常耕種，及時養育蠶桑，況將軍、副都統紀律嚴明，放馬兵廝自必凜遵約束，如有地棍勾引放馬兵廝擾害鄉民，索取酒食，攫取香客行囊等項，許被害人等協同地方里總喊稟，該管地方官立刻嚴拿解赴本部院轅門，以憑移咨將軍、副都統究處施行。

清 沈廸吉《置買官田養馬記》（乾隆）《太平府志》卷三七 今夫忠懷國恤者，志切民艱；治策久安者，視圖永利。廸吉恪遵憲諭，置買牧馬山原，殫力經營，用價銀三千五百兩，置田四塊三處：一係十里牌，一係陶陽舖，一係玩鞭亭，共田七百五十二畝。外隨田車埰稻場基地共十六畝，溝塘共八十畝，圩岸共四百六十所，莊房共四十二間。計夏租麥共七十五石二斗，計秋租稻共一千四百二十一石五斗，計各佃草束共納二萬三百觔。夫馬牧於官，俾里甲無貼馬之苦，所以蘇民困也。然官出芻豆以牧馬，其後勢將不繼。後不繼，勢必復取諸里甲，至取諸里甲，而其害尚在小民，安得不重困歟？茲操撫李公置田縣鄙，圩岸之形繪於圖，租賦之數書於籍，使後奉行之，吏披圖得以計畝，而奸豪不敢肆其侵没；履畝得以計粟，而貪胥不敢妄爲征求。由是粟富於倉，馬充於廐，官獲廉名，民享厚實，可利一世，可利百世，眞治術也。順治八年二月謹記。

清 王來慶《置買官田養馬記》（嘉慶）《石埭縣志》卷八 操部中丞都御史李公，寵膺重命，控制東南，其多栦布，故多殊卓，實不自愛其才，以與國謀，而釐弊剔姦，克稱其所以仁民者。池郡馬站舊躪於兵燹，無以應，重困里甲，津貼者千百計，致鬻子女弗克償，而甚則併身以殉之。嗟嗟！是委民於馬也，忍乎哉？都御史廉得其狀，痛革津貼積底馬金錢，於郡邑要衝地栦買官田，俾馬以官田，養差以官馬，應隨宜飭治，酌繁簡而輕重布之，爰命職來慶奉銀四百五十一兩七錢四分二釐五毫八絲，行部石埭，同知縣陳秉化及紳衿父老親臨田所，置買腴田一百畝零三分八釐七毫二絲四忽。凡三畈、一烏龍阡、一泉湖堰、一龍頭，會計丈田稷，獲田利以次受賦，歲可二百石七斗七升四合四勺八抄，貯廩給差出納，無絲髮蟄，以故馬有峙積，民無苛擾，一時老幼無不歡欣，稽顙凛遵約束以如憲指。竊謂人心非一遷徙，靡常倘久則玩生，不惟鼠耗而虎噬，間有矜意氣者，修一旦之憤，頹壞成法，則利失於下，而眥歸於上，可奈何？願得憲府之一言，勒石而樹之通衢，以示永永。

都御史曰：善。乃爲銘曰：

周有校人，馬不羿需。齊其飲食，崇則巫之。思馬斯才，圉師牧師。睠茲山陬，馬站不治。里肆吽囂，毒哉梟鴞。乃眷制𠚧，井房是資。土會三畈，廪人度支。民甦重斂，庶無悲只。南畝穰穰，閭閻以熙。非好拮据，勤斯閔斯。爰告來者，範我馳驅。時順治九年，孟夏池州府同知王來慶記。

清 祖建衡《置買官田養馬記》（嘉慶）《黟縣志》卷一五　新朝奄有中夏，力洗從前秕政，民慶更生。而江南傳命之郵，尚復仍前，疲於供應，使持一符、乘一騎者，得所至倍索，且有折乾借馬之例，馬敝又有倒補之苦，一一皆取辦於民，民則何支幸？我操撫部院李公，牙纛初臨，念此重爲民困，首於郵政，嚴騷擾，次議裁留。禁令斯頒，害馬悉去，隨斟酌其所節省者，分布置田，孳息以備，芻秣倒補之需，起瘠蘇殘，莫此爲甚，絳騶所及，解澤旁流，造我新安，則視六邑繁簡爲之規畫，俾有公田於雙旌。賁泮之日，面授宰邑者凡八千鍰，以爲田值，至履畝而審其肥磽，識其佃種，定其歲入，正其疆界，鐫圖垂遠，一一各有責成。繼自今務使皇華路闢，符檄無稽，駟牡騑騑，不勞民力，爲仁抑何溥也？昔顏氏對東野，畢之論佚馬，謂造父不窮馬力，有虞氏不窮民力。夫風動之世，帝德光大，鳳儀獸舞。要之，德惟善政，政在養民，乃朱輪至止於明倫講業之地，爲之新甃砌焉。於荷戈露宿之夫，爲之繕棲宇焉。於扼衝捍禦之旅，爲之策儲糗焉。尤於郵置之閒，綢繆備至。他如均圖甲以平徭役，寬刑獄以釋繫累，開一面以勵自新，嚴鋤擊以肅狐鼠。孜孜業業，無弊不剔，有利必興，總歸畱有餘於蔀屋之下。計旦暮閒，業宏黼黻，紹美夔龍，海内蒼生鼓薰風而歌，解阜光華，復旦甯多讓乎哉？若云饗其利者爲有德，前事不忘，後事之師，則洋洋萬姓，口碑與此七尺之貞珉夶足昭不朽矣。是爲記。

藝文

唐 佚名《司牧安驥集》卷二《胡先生清濁五臟論》

清濁初分未曉明，混沌猶如金卯形，
盤古起時開天地，下爲濁氣上為清，
頭即象天足象地，兩眼呼為日月明。
天有五星辰宿位，地有五徵五山尊，
世有五行并五姓，生老病死苦相因，
神有五通通天地，馬有五臟立身形，
天産獸類馬為貴，更兼獅子及騏驎，
肺腎心肝脾作臟，萬病皆从五臟生。
肝為尚書為佐使，肾為烈女水中精，
脾爲大夫名諫議，肺爲丞相佐其心，
四處呼爲四宰相，心為五臟第一尊。
血脉皮膚并骨節，関連心臟得安寧，
肝能藏魂肺隱魄，心内藏神腎隱精，
脾即臟中生血氣，五神捻不离身形。
皮膚内連扵血脉，肺注皮膚瘡疥成，
内即関連於肺臟，齒根本是骨中生，
血脉内連於心臟，心家有病脉不停，
脾虛即飢多虛熱，腎虛耳似聽蟬聲，
肺虛鼻中無香氣，心虛無事目生驚，
肝虛目赤有眵淚，萬病皆從五臟生。
筋骨蹄乾節有病，血損毛焦咋又興，
肾傷齒黑知休咎，相見根源病淺深，
肝臟共同膽一處，肝膽夫妻一踏行，
膽號為腑肝為臟，臟腑中間要辨明，
脾與胃通連血脉，併合陰陽一處行，
小腸連心心作臟，小腸為腑一家論，
腎合膀胱腎為臟，膀胱為腑又須聞。
若説三焦知去處，都来捻不離身形，
頭至尽心上焦位，中焦心下至臍論，
臍下至足下焦位，此是三焦亦要明。
脾即属陰呼作磨，確是心王號丙丁，
脾即為寒心為热，陽陰二字要知因，
脾磨能消化五穀，心旺血脉不暫停，

陰盛陽衰脾不磨，穀豆難消草料停，
血脉不行住着確，四肢無力暫難行，
確磨俱停血脉能，好手醫人療不能。
肝生於膽呼為腑，胃主根源脾內生，
肺為乍虛心上起，生於虛汗在心神，
津液關連於心臟，要知来处卒元因。
肝屬東方甲乙木，春旺花開萬物生，
正月二月六十日，三月十二木家荣，
七十二日肝家旺，已外十八土家荣。
心屬南方丙丁火，夏月炎天正旺興，
四月五月六十日，六月十二火家荣，
七十二日心家旺，已外十八土家荣；
肺屬西方庚辛金，恰到三秋正旺興，
七月八月六十日，九月十二金家荣，
七十二日肺家旺，已外十八土家荣；
脾無正形分四季，四處荣旺要安寧，
四十四處經中說，四八三十二界分，
每季各旺十八日，脾家當旺觧惺惺，
此是五行分四處，內按五臟要分明。
肝病傳與南方火，父毋見子必相生；
心屬南方丙丁火，腎病傳脾禍未生；
脾家得病傳與肺，安荣必定土生金；
肺家得病傳於腎，金水相和無退迎；
腎家得病傳於肝，水能生木必相親；
此是號名相生法，免有灾殃禍害侵。
肝家有病傳於脾，木來剋土必灾生；
脾家有病傳於腎，土来堰水療無因；
腎家有病傳於心，水來澆火救無門；
心家有病傳於肺，金逢火化倒銷形；
肺家有病傳於肝，金能剋木病難痊；
此是五行相剋病，好手醫工療不能。
因此休咎湏消息，相生相剋要分明，
春病忌秋肝臟死，秋病還憂夏旺興，
夏病亦嫌冬月冷，腎病常憂四季榮。
口中舌如煮豆色，瞪目看人不轉睛，
喉中作聲如抽鋸，汗出如油是死形，
見此病源休治療，直饒妙手亦無能。
下手即憑諸方論，善惡中間要曉明，
此病診時如雀啄，定息看時氣不停，
鵲脉自來不着道，乍去乍來不停匀，
一息一動當日死，動如毛髮入幽冥。
大論高談多廣說，察色中間會聽聲，
了了心問無不會，臨時不善恐難明，
應是醫家行海上，論談醫藥衆不聽。

又《起卧入手論》

說馬起卧有多般，第一旦芝入手難。
六腸九襀應九曲，小腸入襀應入蟠。
五襀受結在隔後，四襀受氣也相連。
五蟠受水小腸旺，三蟠受精并受涎。
横弦立肚湏回進，一尺二寸玉女関。
入手多湏用油水，莫教糞澁向前難。
打結之時靠外手，兩面搜尋細意看。
裡結之時入手見，徐徐按動氣通宣。
靠門結時燕口取，盛將油水推向前。
背手結時翻手轉，合在手裡恰一般。
吊結之時湏縛倒，兩面礶起曲頭弯。
垂結之時靠梁杇，虎口按破便得灾。
大肚板腸糞不轉，猪脂塩豉七聖丸。
用藥調和速嚾嗗，盤飯中間氣接連。
內傷之時不打鼻，腰皆板着一似椽。

牽上糞場不起卧，卧至多時起較難。
四頭眄腹看兩肋，此馬多是損関前。
口看卧蚕帶紫色，此馬必死不能交。
醫書之内分明説，聖人留下古今傳。

又《造父八十一難經》

第一難病是心黄，咬齒頭低似乙轠，
起卧望空身乇頭，翻目流星口不張，
見者湏當與辨別，三朝不差必身亡，
嚾藥用鍼全不退，醫家認取急心黄。
第二難病夾心黄，時人見者乱消詳，
咬肋尾直脚不住，心腧一道針烙強，
然而取效湏兼藥，蔚金更使川大黄，
甘草地黄三兩分，同和嚾啗得安康。
第三難病是心焦，五攢集聚似火燒，
毛落色闇難移步，飲水衝着把舌拽，
悶即垂頭搭耳卧，拽動轠繩把首摇，
鍼方醫治早為之，補法先交用藥消。
第四心熱治惟難，口乾氣衝五攢間，
口色更看赤脉候，醫家認取是心痰，
頭低淚出常不絶，喘息氣粗人會難，
治肺消黄藥與療，更無舌上似火燃。
第五難病冷傷心，膊顫頭低喘息頻，
兩眼似盲不見物，此時病狀轉沉沉，
三朝不可定知死，別取名方細細尋。
第六難病次心黄，醫工見了便懮嫌，
頭垂口中涎沫出，遍傳五臟肺家先，
心脉目然尋前去，陽脉後來奔陰間，
皮急更加連腸竅，醫家莫作破傷風。
第七難病是心湿，水嗽喉中吐血珠，
因成傷重緣五臟，起卧其形似伏猪，
水傷連肝心肺急，擺頭垂耳泪連珠，
針烙嚾藥徒労治，驀然驚倒項筋舒。
第八心劳竄難醫，元因毒草損傷脾，
毛落更加肌肉瘦，水草日減漸尫羸，
四脚難行髓骨痛，早與名人誰的知，
莫交变作長年病，急檢難經與救之。
第九肺劳切要醫，肺為華盖方属西，
秋天似患腸黄病，因爲脾家不磨時，
日漸尫羸喫草慢，病深連嚾藥無疑，
但嚾補劳治肺藥，咥嗽連頻急療醫。
第十把膊愛擡頭，連點前來不自由，
硬地行時連心痛，却喚醫人作祟求，
不湏更覔其他藥，但把油煙薫鼻頭，
更針肺臟并主膊，難經之内用功搜。
十一難病肺家痛，哽氣頻頻糞又送，
起卧連聲長肚脹，五攢集緊喘更痛，
氣痛由閑為小事，腹内如雷結不通，
但嚾葱酒調氣藥，便凡安康力有功。
十二難病肺家黄，口中吐沫实難當，
垂頭兩耳横擔後，垂涎瀝瀝口難張，
起卧頻頻連聲喚，醫家莫得乱消詳。
十三肺壅竄難看，咥喇連消三五般，
肺滯三焦連上嗝，垂涎氣出閃連連，
走驟驚狂如驢駒，此時無力卧觀天，
自然倒地心性急，立死無生命不存。
十四難病肺家風，胸前措破一重重，
疥瘙連皮毛又落，後連尾下尾傍中，
灌藥先湏治肺散，塗藥為良即見功。
十五肺痰涎沫出，傷冷傷热要辨之，
熱即是末因乘重，冷即口中有涎垂，

似卧不卧難治療，腰間温三正合宜，
但灌墜涎三服藥，各随臟腑辨根基。
十六傷肺又難痊，喘息頭低肺有寒，
啌嗽頻頻聲不絶，即知因傷五攢間，
肺家只有五般病，認取難經意内言。
十七難病肺家風，壅聚頑涎氣不通，
四蹄強硬行無力，双耳横擔脊似弓，
水草漸減頻加喘，治肺消黄藥有功，
更抽六脉胷堂血，今後輕健可追風。
十八難病肺家傷，擺耳摇頭似心黄，
眼自不開口不禁，鼻中膿出似魚腸，
氣息更兼惺又臭，瘦惡毛焦體不強，
日夂時多不治療，灵丹聖藥治無方。
十九難病肺家頪，鼻中氣響似鈴楊，
膿血噴下腥穢臭，腦中空病怎生當，
除却開喉斷絶得，嚾藥饒伊有萬方，
湏要羊頭取热腦，開之裡面貼其瘡，
有効不過三五日，醫家用意莫胡忙。
二十難病肺毒傷，腹脹满來又難啌，
壅悶連胸氣又結，嘶如在野發聲征，
□針慢把脾肺治，卧時辨取左右相。
二十一難肺家酸，頭低鼻内出清涎，
口中吐出些些糞，日夂時多病相傳，
更兼两目双垂淚，行步移來四脚攢，
或是啌嗽心中熱，嚾藥如同似等閑。
二十二病肺家難，喘氣連聲眼似環，
腹脹满來饒起卧，廻頭四脚向上翻，
更有肺絶一般病，咬牙嚼齒似風間，
針刀悮治看六脉，脾肺心肝腎一般。
二十三難肺家急，喘息氣粗連喉脉。
行時腰痛難移步，除却開喉别無策。
但嚾治肺消黄散，嚾啗先湏用油蜜。
二十四難損脾家，目垂淚下更無誇，
衝熱走時傷於肺，放血先湏治療他，
水草不住依時節，陌然更患咬風邪，
肝家咬齒相傳染，即是先從五臟傷，
变見依方無減差，難經論裡細消詳。
二十五難是肝風，坐翻两目脚踏空，
口中吐沫牙関緊，項直肚脹脊腰躬，
醫工唤作鬼抽病，本是肝家脹疫風，
千萬醫方必定死，難經論尽一塲空。
二十六難是肝黄，眼腫頭低目無光，
水草不食心肺壅，頭旋腦轉喘忙忙，
切湏且嚾洗肝散，用藥之人明記方，
撥雲散子調和下，針刀治療求除殃。
二十七難是肝脹，説與明人怎生向，
不過三日身必死，難經論裡無方狀，
報知後代醫工者，下藥無効空惆悵。
二十八難是肝熱，两眼唇青如黒血，
醫工見了百愁生，本因傷重失水渴，
日漸毛焦不喫草，即是東方春時節，
向裡血注連心起，渾身冷硬誠如鉄。
二十九難是肝虚，透睛膜碧泪如珠，
日日更兼常吃水，都緣心熱是肝虚，
便用治肝涼藥嚾，洗肝散子蒼木俱。
三十難病是肝衰，骨痛起卧人難解，
喫草更兼喉中噎，無柰時時眼痒聮，
擺頭棹腦如醉狗，分明記取肝家敗。
三十一難是脾劳，腹痛長添毛又焦，
日漸瘦時双垂耳，渾身瘡疥似火燒，

即是腸重因於热，行步闌单脚又跳。
三十二難是脾黄，起卧舒腰擺尾忙，
蹇唇愛嘆脾家病，脉息三朝氣作劳，
口中黄色應難救，脉腧針烙治三焦。
三十三難是脾虚，瀉糞頻頻更吐珠，
正痛温脾散子嚾，都是脾家一位居，
消磨不轉水草慢，驀然倒死項筋舒，
事須一一明記取，却檢難經用功夫。
三十四難是脾寒，頭低鼻内擺清涎，
肉顫更兼膊肉顫，五臟相連不能安，
下手一針右補治，總有名方療得痊。
三十五難脾家熱，驟卧時時喘不徹，
中央戊巳脾為事，管得皮膚百骨節，
疼痛毛焦添腹脹，頻頻作喘又作熱。
三十六難脾蔓風，擺尾亞腰時踏空，
起卧先須兩目急，針治脾腧更用功，
此病因從冷熱主，急嚾灵丹病可攻。
三十七難脾家冷，渾身似鉄氣又哽，
即是寒風吹拍着，致令病痛因難整，
嚾藥先須出汗散，急用一螂汗自猛。
三十八難肝表黄，頻頻吐沫項硬彊，
牽卧倒來聲哽氣，此時且與謾消詳，
若是三朝毉不差，難經必定更無方。
三十九難肝表脹，此病難毉藥怎當，
低頭擺腦廻眼卧，即是心肝五臟傷，
咬齒又還顫颼颼，恰似傷風患腦黄。
針刀謾把脾肺治，嚾藥從交救一塲，
若是檢方知必死，名上好手莫論量。
四十難病肝表風，吐沫頭垂脊似弓，
肚脹腰拳先口噤，立發時時氣不通，
此風恰似風抽病，毉人尋取伯樂功。
四十一難肝表虚，狂行驚走似風猪，
不惟驚走常不住，目中滴泪更如珠，
嚾藥鎮心并治肺，魂魄虚邪病自扶，
仍愛摇頭瞠兩目，龍骨白礬用珎珠，
滑石硃砂遠志散，三服之内把邪除。
四十二難肝表衰，咬牙爵齒病難甦，
耳垂伏地顫颼颼，毉工切須用功夫，
此般病體人難識，不知此病有差殊。
四十三難腎家風，因毉五臟熱相衝，
四蹄難移須数日，腰脊殭硬又蹠蹱，
後脚多鐃主腫氣，肾家傳奔膀胱中，
用藥先須早補治，排風散子使蜈蚣。
四十四難腎家黄，虚腫來奔陰間忙，
結硬多時変黄水，恐防氣蔓入胞堂，
急手先須與針破，更須淋洗乃為良，
白礬漿水先煎洗，不過三上病除殃。
四十五難肾家傷，兩耳双垂體不康，
口中黑色仍多有，用藥應須檢妙方，
黄耆槟榔與白芷，黑色柴胡及麻黄，
乾姜龍骨白附子，肉桂蓯蓉用茴香，
一十二味搗為末，炒塩兼用煎葱湯，
每服須用生姜酒，嚾之三服得安康。
四十六難損肾棚，一卧不起倒抽牽，
渾身似凍冷如鉄，心中常似火燒煎，
四脚無力難移步，自把身軀左右翻，
針烙肾腧穴一道，毉者十中一二矣。
四十七難腎家冷，拖腰筋舒起卧遲，
上虚下冷因傷力，敗氣衝心傳與脾，
即是急速因争路，更緣忮驟惡乘騎，

致令得病難治療，愚毉不識又作知，
醋炒蚕沙腰内熨，火針更烙恰合宜，
藥用烏蛇并附子，防風牛膝使當歸，
酒下一服黑神散，此藥灵通効不遲。
四十八難腎家热，起卧時時尿黑血，
傷重只因熱上得，水草未進糞又結，
消磨不轉是脾病，左右牽連百骨節，
好酒燒塩同調下，不過三上血自絶。
四十九難大腸風，頻頻努嘶氣不通，
眼似流星喫草慢，頭低耳垂脊隆躬，
毉人莫作求神祟，腸結肚脹塞心胸，
五日三朝如不差，用藥先湏使瀉通，
滑石一兩配楼葱，芫花相接使天蓬，
續随膩粉牽牛子，風結不通即和同，
九味相和都為末，生油同下有神功，
不過三服湏冇効，大腸從此更無風。
五十難病大腸結，起卧微微喘不歇，
回頭看腹賺又顫，氣奔心胞似火熱，
毉人見了百憂愁，針刀謾治無門説，
此病多應難救療，五臟腸中只怕結。
五十一難小腸風，搭頭在背咬身躬，
嚼草卧時胞似轉，起得來時步亦慵，
便使白芷天門冬，麻黄黒附及蓯蓉，
茴香芫花并狗脊，七味同調酒可攻。
五十二難小腸結，敗氣衝心腸内热，
小腸不通脊隆躬，尿下些些似黑血，
結聚病來無門向，水銀海蛤蔚金沙，
朴消大黄炒塩嚾，此薬灵通實可誇。
五十三難髓家風，四脚難移骨節慵，
本是骨家相傳染，想應此病也難攻。
五十四難子腸風，腰拳起卧竟蹤踵，
但與排風散子嚾，若用神針更有切。
五十五難壅毒攻，便知五臟变成風，
涎過皮膚結硬腫，灸針涼藥宜為功。
五十六難瀉血傷，氣因冷熱入於腸，
冷熱相衝变作血，兩賺時時顫莫當，
藥用當帰并厚朴，大黄蔚金没藥方。
五十七難五般淋，一般形状两般尋，
續萎膩粉天仙薬，冷熱相衝不用針。
五十八難傷水寒，渾身肉顫立不安，
鼻中喘氣多來往，因騎飲水損其肝，
鼻冷耳垂饒腹脹，毛焦卓立四蹄攢，
水草不食多合眼，麻黄蛮姜藥宜便，
更湏急嚾頻嚏噴，不過三上得安然。
五十九難是脾寒，卧多立少要人看，
宜宜出汗温脾散，急嚾休將作等閑，
病状萬般依經本，用薬方書不可捐。
六十難病九般乾，数卷經書一處攢，
即是脾家五臟處，各居臟腑数多般，
瘦弱尩羸憔悴甚，疲劳拘急為攻傳。
六十一難慢腸黄，漉漉瀉水向中腸，
肺脉動時口中白，用藥應湏先檢方。
六十二難九般黄，腫硬時多変作漿，
針烙要知深與淺，恐防裡面变成殃。
六十三難倒汗風，把住牙関氣不通，
三回日間猶可療，五六日後病難攻。
六十四難豆傷腸，用藥朴消川大黄，
巴豆牽牛脂油蜜，當時治療得安康。
六十五難惡疳瘡，猶如發背氣榮黄。
若薬塗搽油薬妙，龍骨白芨是奇方。

六十六難吐糞稀，豎工見了便懷宜，
卧地尋常不開眼，胃家翻倒損於脾，
因騎傷重失水草，喉中噎澁又還遲，
用藥茯苓杵為末，生姜酒下治合宜。
六十七難鼻中顙，鼻中作聲如鈴響，
氣塞閉腦連喉間，良豎作肺傷不爽，
天門白芷并具毋，菧蓉桂心疑冬花，
玄參知毋批把葉，嚾之三上得安痊。
六十八難口中瘡，日日朝朝吐沫忙，
涎沫減來漸漸瘦，五臟傷熱病難當，
衝破口中黄赤色，定知死病自灾殃，
白凡大黄猪脂嚾，此藥靈通不可量，
記取此方為妙術，消黄涼藥治心良。
六十九難是腑風，朝朝毛落又揩鬃，
欲療先須放大血，更饒脂藥嚾成功。
七十難病歇汗風，只因摘卸被風衝，
五臟遍時牙関硬，四脚難移脊似弓，
蔓瓤風藥配楼葱，方中用藥使蜈蚣，
天麻附子并官桂，沙苑蒺藜更有功，
酒下一服蝍蝌散，威灵半下有神通。
七十一難遍身瘡，風痒朝朝不易當，
疥瘙固有多般数，都是脾熱毒氣傷。
七十二難筋骨傷，筋斷之時各有方，
牛膝菧蓉并肉桂，巴戟茴香用梹榔，
敗龜虎骨骨碎補，自然銅下永除殃。
七十三難豎脹方，生下駒兒数日強，
與薬先須取下惡，水蛭宝虫用紅娘，
蚖青蛇膽并没藥，當帰酒下寂為良。
七十四難生閃骨，閃骨雙睛不自由，
時人喚作心黄病，路上驚狂走更憂，
說與今時豎者道，宜向難經論裡求。
七十五難愛點頭，繫在柱上不肯休，
點頭搖腦風涎病，鼻中衄血又交流，
因為風汗透入耳，須色開腦用功求，
麝香猪牙并瓜蒂，葶藶黎芦更用油，
穀精龍腦相和下，自然頻嚏病相投。
七十六難腦涎風，豎家見了切用功，
左右轉時盤旋倒，藥用前方有神通，
大戟一顆胡麻子，醋調一合嚾耳中。
七十七難冷肝拖，又共燋筋事两般，
行時左右頻搖脚，牽行骨熱却除痊，
但針曲筋左右處，自然筋緩永安痊。
七十八難愛搖韁，腦中之肉似魚腸，
五臟因此氣注病，定知此病寂難當，
此病仍須開頂腦，難經論裡別無方。
七十九難顛骨風，口中顙草又難衝，
只是草臺并牙長，更被風結变成癱，
都緣肺臟関連起，切須錫烙用神功。
八十難病五般難，口中硬噎五叢關，
木舌草臺多難治，定知此病救無安。
八十一難論裡搜，難經之内用功求，
萬病先從五臟生，多方須要細尋搜，
息脉死活如來処，宜向難經究夲由，
辨認四百四般病，傳與賢良後代留，
藥餌切須看生性，前賢祕法寂難求。
百聖經書仙人造，世代流傳萬古秋。

又 卷三《治二十四黄》

心黄歌第一

心黄起卧何頻數，汗從頭出次遍身。
起卧急時逢物咬，廻頭乱咬及身頻。

口眼赤色兼有驗，便知死命在逡巡。

肺黄歌第二

肺黄起卧慢騰騰，喘粗垂耳少精神。
口眼鼻黄皆有驗，黄膿噴出死之因。
噴出白膿方可治，切須子細認根源。

肝黄歌第三

肝黄不腎口眼青，牽行两眼似雙盲。
逢物逢墻便衝抵，時時乱走或嘶為。
舌青勁立蹄不動，其中十死無一生。

腎黄歌第四

腎黄不展後雙蹄，後乃拳腰不展施。
雙足難抬時哽氣，喘粗搐膁顫危危。
糞口黒鹿不可治，若無身顫可通毉。

脾黄歌第五

脾黄起卧雖非急，忽蹲腰坐上脣褰。
奎頭如笑脣頻動，耳尾時時似扇搧。
稳腰便卧脾家驗，口眼兼黄自鐃然。

急腸黄第六

急腸黄馬病連連，抬頭緊耳向人攢。
忽作難禁形狀躰，陌然引頸似鷄咽。
遍身汗出頻加驗，汗出須知白首先。
汗若臭粘治不得，便調灰糞及黄連。

慢腸黄歌第七

慢腸黄馬慢騰騰，耳垂貪水步難行。
引項打尾頻覷膁，稳腰便卧口黄生。
口若不黄腸必燥，藥塩同炒與脂停。

腦黄歌第八

腦黄起卧不忙然，口中沫出尾如鞭。
頭上有汗逢墻抵，行如醉客恰一般。
目緊頭低狀可驗，始知黄在腦中安。

風黄歌第九

初見風黄捉四肢，早巳膨腰血脉痴。
腹中如火腰背硬，脚直耳緊項難低。
盖因熱料牙関急，退毛貼下卸鞍時。

偏次黄歌第十

偏次生腫膊上連，盖因熱積五欑間。
粟毒雍滯時多聚，血氣不流閉却関。
連肉不連皮用藥，連皮粘肉火鍼鑚。

流黄歌第十一

胸浮流等是三般，皆是陰陽氣不全。
為少騎習乗熱聚，久停壅滯在心間。
藥用消黄漿水下，急須針治便平安。

草黄歌第十二

草黄眼急立頭高，元因傷飽未能消。
移脚到槽開口懶，四停八稳瘦分臕。
得病便絶穀加料，水草和麫餵七朝

束口黄第十三

束口黄時馬減脚，不能張口脉浮高。
頰中筋急難開口，任加麩料亦焦毛。
烙斷頰中筋兩股，紫蘇紫苑蜜礬消。
菓子黄連同等用，随時忌水至來朝。

舌黄歌第十四

舌黄舌擺似垂刀，涎沫流時脉又高。
舌色紫時脉氣閉，三堂放血不分饒。
兼有四蹄何用惜，茯苓紫苑少油調。

頰黄歌第十五

頰黄腮腫通食槽，内外如石硬不消。
陰脉衝陽氣不順，壅聚而生似拳高。
陽結陰頑成腫患，鏃開血出類櫻桃。
塩醋若塗揩一上，莫教飲水應時消。

丁黄第十六

丁黄初竟緊拳腰，背上生瘡向八竅。
膿似黄膠猶可治，血連黒水命難逃。
白礬四兩人中物，豆衆菜子入瓶燒。
封口不令煙火出，炭攅伏火便須炮。
每要嚾時蜜水下，秋冬氊被覆其腰。

搦類黄歌第十七

忽逢搦類病難醫，藝如造父也攅眉。
頰骨腫時心肺腫，料毒穀氣滯頰頤。
多為乗騎不出汗，血極不散貴須知。
索勒須抽鶻脉血，黄赤臨時要辨之。
赤黒色時猶可治，血連黄水不通醫。
藥用消黄漿水下，開喉別是一般奇。

外腎黄歌第十八

外腎黄馬有三般，致令陰腫一邊徧
硬似鉄石如水冷，恐疑腸潰在陰間。
腫處熱時黄藥灌，生姜研爛更加礬。
須用火針流濃水，勤勤水潑便平安。

陰黄歌第十九

陰黄有腫走臍饒，漸漸流來為肚黄
多立少騎冷氣聚，夂停壅滞在膀胱。
忽然心間脹悶起，病名遂喚作流黄
肚邊生腫從後發，此乃流黄不易當。

蹄黄歌第二十

蹄黄破移水浸傷，忽因口咬破針瘡
二毒相競蹄胎热，瘡中水出号為黄。
油蝎白礬塩少許，汗椒歷青治瘡傷。
更灌七傷三五上，休教入水便安康。

肘瘡黄第二十一

肘間乗鐙忽為黄，心頭熱氣注生瘡。
前脚肘黄元是熱，鏃開漸漸病消亡。
更有硇砂去爛肉，乾姜等分入砒霜。
糯米飦丸菉豆大，似鼠逢猫虎趂羊。

瘡黄歌第二十二

瘡黄不住随筋流，夂停熱在五攅頭。
磨擦破時毒氣蟲，瘡痕脹引水無休。
白芨白歛無心草，班猶巴豆據方修。
乾暈砒砂相和用，此瘡即差不須憂。

雙蟆黄歌第二十三

雙腮連類似含爪，通身奔脇号蝦蟆。
此病貴早方可治，鏃開血水似槐花。
消黄二兩分三嚾，但忌奔泉不用他。

心疸黄歌第二十四

心疸黄腫出黄津，若有膿時水一盆。
塩醋調塗須先净，熟磨揩擦隔煙薰。
更嚾七湯三五次，便須痊差不須論。

唐　劉言史《賦番子牧馬》《萬首唐人絶句詩》卷七五　磧浄山高見極邊，孤烽引上一條煙。蕃落多晴塵擾擾，天軍獵到鸊鵜泉。

唐　劉言史《牧馬泉》《萬首唐人絶句詩》卷七五　平沙漫漫馬悠悠，弓箭閒抛郊水頭，鼠毛衣裏取羌笛，吹向秋天眉眼愁。

宋　司馬光《温國文正公文集》卷二《宿石堰聞牧馬者歌》　大河之曲多寛閒，牧田枕倚長隄湾。烏栖鵲散隄樹寂，柝木聲稀宵欲闌，牧兒跨馬乗凉月，歷歷繞群高唱發。幽情逸氣生自然，往往鳴鞘應疎節。歌辭難辨野風高，似述離憂嗟役勞。徘徊不斷何妨近，彷彿微聞已復遥。長川冷浸秋雲白，露草飜光凝碧色。星疎河淡夜初長，展轉空亭奈孤客。洞簫音律京君明，可憐骨朽不更生。安得使傳哀怨意，爲我寫之羌笛聲。

宋　蘇軾《蘇文忠公全集・東坡後集》卷七《韋偃牧馬圖一首》　神工妙技帝所收，江都曹韓逝莫留。人間畫馬唯韋侯，當年為誰掃驊騮。至今霜蹏踏長楸，圉人困卧沙壠頭。沙苑茫茫蒺藜秋，風鬉霧鬣寒颼颼。龍種尚與駑駘遊，長楷短荳豈我羞。八鑾六轡非馬謀，古來西山與東丘。

宋 吴則禮《北湖集》卷四《圃田道中牧馬》 不復碑兀如堵墻，索河水甘殊未央，天工作意與一飽，端是今年春草長。

宋 楊萬里《誠齋集》卷二九《合路馬坊年年四月殿前諸軍牧馬于此十月復歸都下》 地迥湖寬春草酥，年年此地牧天駒。玉花驄裏龍歸去，金粟堆前鳥自呼。苑廐尚虚三萬柱，柳林集得許多烏。即今未有王良眼，山子飛黄豈是無。

元 馬祖常《石田文集》卷一《六月七日至昌平賦養馬户》 馬足與石鬭，石齒齧馬足。足跛背生瘡，突兀瘦見骨。官家日有事，陸續使者出。使者貴臣子，騎馳日逐轂。驛吏報馬斃，鞭撻寡婦哭。寡婦養馬户，前年夫死役。占籍廣川郡，有田種菽粟。翁姑昔時在，城邑復有屋。連歲水兼旱，洊饑罹不淑。夫死翁姑亡，田屋盡質鬻。寡婦自養馬，遠適鶻窩谷。績紡無麻絲，頭葆脛膚黑。塞下藜莧小，空釜煮水泣。驛吏鞭買馬，磨笄向山石。安得天雨金，馬壯口有食。

元 許有壬《圭塘小稿·別集》卷下《養馬户次伯庸韻》 盛冬裘未完，豐歲食不足。為民藉驛夫，馬骨猶我骨。束芻與斗菽，俱自血汗出。才釋鷹師鞍，又服梵子。服邊聲或玄，象去馬便可。哭朝廷播政，令黎庶供力役。兒女甘作奴，養馬願飼粟。源源急星火，金符出草屋。譬舟苟使覆，載物其能淑。百年具成規，受地貧安鬻。粟麥被陽阪，黍穄滿寒谷。圃蔬接畛青，樹果屯雲黑。一朝化榛莽，坐使歌成泣。我身非上梗，我心匪鐵石。糊口有四方，從渠安傳食。

元 貢奎《雲林集》卷三《題楓林牧馬圖》 春莎碧草如雲起，廝官牧馬垂楊底。趙侯落筆有天機，神光咫尺藏千里。渥洼龍媒空復奇，至性却受人間羈。嗚呼伯樂亦已往，凄涼自足傳真賞。

又 卷六《題趙子昂所畫牧馬圖》 霧鬣雲鬃出帝閑，誰將圖畫落人間。奚官飽牧無餘事，獨立春風憶華山。

元 柯九思《丹邱生集》卷五《趙松雪畫牧馬》 駿骨雄姿產渥洼，霜蹄蹀躞勢堪誇。從來不受奚官繫，要向天池飲月華。

元 王沂《伊濱集》卷四《題牧馬圖》 一馬色若霜前草，逸氣欲無千里道。一馬不受青絲掣，黑雲滿身四蹄雪。二馬欲並意態閒，石壺瀉水清潺湲。三馬同秣性各適，齕聲洶若江聲寒。就中一驄精爽緊，肉駿碨磊蒲萄錦。龍媒豈獨照夜白，赤驃青驪皆絶品。長髯奚官相顧語，檢校羣牧新開府。温涼宜適調御工，早晚束封禪梁父。蒺藜沙苑秋復春，得見畫圖猶竦神。只今豈無騕褭與麒麟，嗚呼！空老駑駘羣。

元 吴師道《禮部集》卷四《子昂摹韓幹牧馬圖》 開元内廄多名馬，畫手無雙數曹霸。弟子韓幹筆意新，承恩亦向天墀畫。含毫拂練五雲動，旋關轉軸羣龍化。圉人臨閑振金索，御鞍初卸收黄帕。豐草聯槽晝不嘶，飛花卷仗春停駕。西風回首征塵生，蜀棧青騾愁獨跨。趙公何從得此本，步武曹韓相上下。驪黄掃空四海眼，丹青妙續千年話。誰云此馬不復存，看取匣中光炤夜。

元 袁桷《清容居士集》卷六《子昂風林牧馬圖》 馴馬不受人間齕，春入川原草如髮。老髯背面心已知，眼底玄黄總凡骨。相親柳下那作疎，泯默此意今為圖。竹林之賢固奇士，晚歲絶交真可吁。

元 朱德潤《存復齋文集》卷一〇《題趙學士畫牧馬圖》 紫烟凝沙日色薄，奚官挽繮行躍躒。五馬追風振鬣高，逸態飛騰珠汗落。方瞳紫焰耳卓錐，昂頭顧前行且嘶。驊騮真種忽殿後，獨立棹尾猶清奇。君不聞路州別駕征西河，于闐曉貢拳毛騧。曹韓畫圖李杜贊，神物久去空文華。吴興學士非畫師，剡藤繪出真龍姿。金鞍遊客爭快覩，千金博取求新詩。

明 顧煜《射書》卷三《三飲三喂芻水歌》 尿清糞潤號平和，草多水少果無疴。槽間谷料休多喂，源下清泉少飲過。迎風有汗須教忌，遠驟空腸莫令多。喂囤坎宫俱作患，廐充檐巷亦生疴。草中毛髮須當擇，料理灰土莫容他。泥土妄飡脿易瘦，髮毛誤食嗽啌多。騎來喘定移時喂，喂後依期飲碧波。飲後徐徐行百步，生料匀匀勿令多。三般喂飲遵先訣，諸病消磨氣血和。

又《有疾歌》 驊騮有疾説須知，形體離常肺部殊。脣昏舌昧無光彩，皮毛焦瘙瘦羸輸。頭低耳搭精神慢，四肢倦怠步行遲。面浮鼻腫雙睛閉，草細腰弓喘息微。食少飲多俱昰患，便陰惡冷亦為虧。

又《無疾歌》 欲定驊騮臟腑寧，尿清糞潤口中紅。皮毛光彩精神倍，鼻氣温和來往通。四肢輕健行無澁，兩目清輝無眵矇。頭尾不動後蹄歇，此為無病脉流通。

又《五疔歌》 鞍屜磨傷患甲疔，五瘡五治説分明。黑疔續斷和酸醋，草烏散貼氣筋疔。血疔敷用葶藶末，水疔洗淨貼烏金。十朝三洗三番貼，復本還原毛更生。

明　張弼《張東海詩文集·詩集》卷一《養馬行》　使山海關作　領馬易，養馬難，妻子凍餒俱厄孱。若有芻豆且自飡，安能養馬望息蕃。平原草盡風色寒，羸馬散放聲嘶酸。忽然倒地全家哭，便擬陪償賣茆屋。茆屋無多陪不足，更牽兒女街頭鬻。鄰翁走慰不須悲，吾家已鬻兩三兒。　呰事如此，讀之可為於邑。

明　劉三吾《坦齋文集》卷下《松雪翁所作春郊牧馬圖》　天家子孫趙文敏，翁本是人中之龍。于時六飛選不到，寘諸清高地位玉堂瓊署中。至元之間館閣諸老尚文墨，吳興虞壬乃在篆籀之古、染翰之工。餘間更有骫馬癖，將軍曹覇、弟子韓幹二人者，唐代之絶倡，吳興與比隆。經洼之水硯逰通，吮筆一寫使與天閒十二骨格同。錦衣公子何從得此幅，使我一見即知為松雪之遺踪。是時青郊雨初歇，淑氣暄妍春景融。明珠穿草青茸茸，緺數行水晴溶溶。坡坨高下乘黃品，駿尾滿稍駘蕩風。三三五五任所徃，後以奚官前奚章。嗚呼！翰林之筆既以畫家絶品元代稱，精神所駐骨可朽爛心難窮。吾恐其不變化于風雷之夕，則飛入乎清泠之宮。雪翁九原如遇得，定騎之朝世皇，于飛升之鼎湖，而再攀烏號之髯弓。

明　倪謙《倪文僖集》卷四《題健兒牧馬圖》　龍河四月春始田，健兒縱牧沙場隈。坡陀草軟茁新緑，騰驤風逸皆龍媒。羣飲團圞藉鞍韂，湩酪分嘗紅入面。四弦彈出塞外聲，醉起蹁躚舞胡旋。聖皇恩露覃遥天，宴樂休養能生全。只今銜尾盡入貢，日見赤墀千萬牽。

明　汪砢玉《珊瑚網》卷三二《趙吳興秋原牧馬圖淺着色，在絹素上，馬凡有五》　健馬奔泉如渴虹，活馬浴水如游龍。竦身作勢蹴厚地，仰首噴沫生長風。倦思滾塵痒磨樹，似是馬牙通馬語。莫將意態問丹青，天機正在忘形處。

又《趙仲穆沙苑牧馬圖着色小横披》　沙樹歷歷沙草荒，江上誰開芻牧塲。羣馬所聚何𠢐攘，飲秣而俯嘶而昂。訑踶浴滾逐且驤，或乳或卧或軋瘡。三縱五横不成行，五花雜沓駁而黃。烏騅赤兎照夜白，連錢桃花鬭文章。牝兮牡兮未可辨，亦莫可識駑與良。相骨相肉信已矣，老夫兩眼徒茫茫。但愛各各無羈韁，自縱自得肥更光。肥哉肥哉空老死，未試何以知爾長。我知馬亦待駕御，人馬兩得氣始揚。請看溝汗流血漿，爭前欲縳左賢王。追風逐電一般走，五十之中當有强。

明　王恭《白雲樵唱集》卷四《春原牧馬圖》　芳草滿春原，青驪度郭門。回看天厩上，若箇是承恩。

又《匈奴牧馬圖》　草白陰山朔雪晴，匈奴牧馬近燕城。只今猶有灣河水，日夜東流恨不平。

明　王恭《草澤狂歌》卷五《胡人牧馬圖》　海子橋邊卸馬鞍，燕山秋草色漫漫。百年王氣和煙散，徃事空從畫裏看。

明　王世貞《弇州四部稿》卷四五《黄生塡撫南牧馬所賦二絶句送之》　君過騰越峯，駿骨隨龍化。倘遇千里駒，莫惜千金價。

其二

調弓射堂下，戲馬臺城側。莫作王騎曹，拄笏西山色。

明　姚綬《穀庵集選》卷五《牧馬》　嘉樹平原上，微風緑草春。牽來渥洼驥，或是魯坰人。繩轡青絲軟，氊鞍赤毳新。報恩思汗血，入陣越飛塵。奚園何蕃息，曹韓慣寫眞。四郊觀散牧，却是太平民。

清　斌良《抱冲齋詩集》卷二九《三使均齊集一·六月初一考牧差竣會同仁山都統右亭副都統具奏右翼牧馬孳生蕃息開復翼長巴圖孟克及牧長玉木楚木十四員頂戴由張家口拜摺後還京喜成》　帀月龍荒考牧還，一封馳奏覲天顔。恰隨虎旅驍騰隊，廿九日察哈爾官兵調赴天津防堵起程。久別蛾眉侍從班。黄犨嬾攀官驛柳，青垂回睇塞門山。關心海澨鯨鯢逞，命將驚聞詔屢頒。聞天津有警，上命賽鶴汀尚書，佩欽差大臣關防前往防堵。

清　陶澍《陶文毅公全集》卷五二《去害馬賦以『去其害馬者而已矣』為韻》　維致治之良規，實相通於騶圉；期就範於馳驅，因豫防其齟齬。爲之牧而芻是求，敗其羣而害必去。升同司馬，伐姦即周禮之經，轅引軒轅，訪道證漆園之語。溯夫房星應瑞，乾德鍾奇。氣生於午，象取諸隨。或驄青而驪紫，亦電逐而風追。分四閑、六閑之制，度別千乘百乘、之等差。執陟圖功，利就輕而駕彼；安閑合度，庶表德以稱其。觀夫駿市黄金，纏纏紫貝；竹耳批根，桃紋激瀨。雄生顧盼之中，賞別驪黄之外。五花欲就，躡天上之青雲；一噴同驚，起地中之秋籟。方歌騋牝，致千駟以攸同；豈有瘯蠡歷，三時而或害。然而鐵骨無多，蘭筋蓋寡；產不出於渥洼，羣詎空於冀野。倘問途而跅弛，德無取焉；如戀棧而齕，齮鞭奚及也。孳生有術，占時久禁乎原蠶；要駕是防，作式宜詳於相馬。所以色辨紫騂，名高白赭；驂解途閒，駒攻轅下。不使參差，自精取舍。必權奇而俶，儻於以求之。苟張脈而僨興，夫何爲者。齊毫齊力，權衡自在乎良工；如舞如琴，操縱一維乎大雅。是其祛除允協，拔取無私，愛殊犢舐，踶豈駒維。功匪恃乎飼秣。術不盡乎羈縻。騏驥爲羣，別非種而去矣；駑駘必策，視後者而鞭之。懲踶齧之紛，紜毋令處此；開驊騮之道路，夫豈遠而。乃知謀馬不異於謀人，相馬可通於相士。維相生相養之有方，遂如銜如閑之靡已。意存整刷，吹求非屑於皮毛；功在剔釐，驅策不關於鞭弭。莅九州而咨牧，駕馭歸神武之能；調六馬以臨民，馳驟順帝王之軌。方今聖天子大丙宣徽，由庚乿理；調樂御以心精，運德車而猷美。得時則駕，士之善者登焉；率驥以先，馬之良者至矣。允瞻同軌於皇衢，願效賡歌於喜起。

清 法若真《黃山詩留》卷五《牧馬》 虎帳貂冠冏牧雄，橫驅萬里獵秋風。容刀鞾蓝黃金錯，鏤珮唧珠赤玉瓏。欲挽長河洗臥甲，故黏斜月入雕弓。傳聞聖主思文事，況復東南粳稻空。

清 馮詢《子良詩存》卷一七《題牧馬圖》 唐宋馬筆兩絕特，子美詩歌子昂畫。世無鉅手皆皮毛，索驥按圖安可得。此圖馬不盡精神，精神全在牧馬人。人能牧馬馬意動，駿姿駑質皆爲用。卽看十馬橫圖中，跳臥飲囓馴則同。傾心竭力牧不已，意與羣馬共生死。牧人奔走繁有徒，就中卓立一蕃奴。此奴生與衆牧殊，八尺以上瘦硬軀。眼光深黑虬髯鬚，紅絨毬子振頭顱。抹額線錦羅紋敷，禿襟小袖腰繫粗。犢鼻豬皮雙脚烏，左手隱體如彎弧。右手半出不出孤，五指仰振龍挐珠。側身悍視若有呼，羣馬羣牧朝而趨。指揮隨奴意所如，馬受奴養如待哺。馬報奴德能馳驅，此奴可握三軍符。卽今戰血萬里塗，瘡痍滿目馬已瘏。馬隊年年來自胡，隊中頗有此奴無。世無將才將軍吁。嗚呼！將軍且勿吁斯養，亦入功臣圖，君不見漢家牧人金大夫。

又《再題牧馬圖》 碌碌何功逐馬塵，羣奴嬉笑一奴瞋。側身指點全神注，要作人間相馬人。

清 李世熊《寒支集·二集》卷一《養馬山城隈》 山城膴膴戰馬肥，井兒牧馬馬嘶饑。馬饑鞭撻罵井兒，兒滄滄馬馬不嘶。驕蹄蹀躞偏郊郭，雲錦障泥黃金絡。將軍按牧別羣毛，不聞關門冦熢灼。俘餘燬孑呼闌下，馬卒怒嗔擲磚瓦。飛矢入筵不瞬睛，不問傷人只問。馬嗚呼嗚呼關外，人重墻一隔非我民。

清 李瞰《松梧閣詩集·二集·題柳陰養馬圖》 吾聞神駿一日行千里，古今不易。得有此臨陣無敵，成大功。當其伏櫪原如是蹄高，踠促雖云天所生。從來良驥老始成。世間主良伯樂不常有，浮雲追電愁埋名。画圖龍性具變化，胡僅驕嘶楊柳下。盍與西征將士跨，殺盡澤旺蒲坦然後罷。

清 屈大均《翁山詩外》卷五《張二丈爲予畫支公養馬圖》 支遁憐神駿，今朝得紫騮。風沙生素練，剪拂向高秋。牢落千金骨，蒼茫萬里侯。含毫何慘淡，憐爾在林丘。

清 王士禎《帶經堂集》卷二《養馬行》 建旗臂隼號一萬，為馬大小九倍之。碧眼駱駝足千里，此軍云是舟山師。濟南城西駐大帥，秸稈茭芻日三饋。三十二縣何苦辛，昨朝兵去蝗旋至。

清 吳壽昌《虛白齋存稿》卷一〇《養馬坑》 天馬烏蒙舊有名，侍臣贊媿漢西京。於今不貴蠻中貢，夜夜空山伏櫪鳴。

清 袁枚《小倉山房集》卷二五《養馬圖》 養馬眞仝養士情，香萁供奉要分明。一挑芻草三升，豆莫想神龍輕死生。

清 梁佩蘭《養馬行庚寅冬，耿、尚兩王入粵，廣州居民避竄徙于鄉，城內外三十里廬舍墳墓，悉令官軍築廐養馬。梁子哀，之作〈養馬行〉》《詩鐸》卷九 『賢王愛馬如愛人，人與馬並分王仁。王樂養馬忘苦辛，供給王馬王之民。馬日齕水草百斤，大麥小麥十門勻，小豆大豆驛遞頻，馬夜齙豆仍數巡。馬肥王喜王不嗔，馬瘠王怒王撲人！東山教場地廣闊，築廐養馬凡千群。北城馬廐先鬼墳，馬廐養馬王官軍。城南養馬近大海，馬愛飲水海水清。西關馬廐在城下，城下放馬馬散行。城下空地多草生，馬頭食草馬尾橫。王諭養馬要得馬性情。馬來自邊，塞馬不輕；人有齒馬，服以上刑！白馬王絡以珠勒，黑馬王絡以紫纓，紫騮馬以桃花名，斑馬綴玉纓，紅馬綴金鈴。王日數馬，點養馬丁。一馬不見，王心不寧。百姓乞爲王馬王不應！』沈歸愚曰：以贊頌之筆，寫風刺之旨。貴畜賤人如此，其敗亡也必矣。

清 王文璋《養馬行》《詩鐸》卷九 營中養馬馬日瘦，兵丁食糧兼食豆。持鉞將軍來演兵，馬蹶落落如人行。弓弦不作霹靂聲，但聞中的高呼名。君不見教場昨試大宛馬，將軍折脅墮馬下。

清 趙翼《陔餘叢考》卷三八《養瘦馬》 揚州人養處女賣人作妾。俗謂之養瘦馬。其義不詳，《白香山詩》云：莫養瘦馬駒，莫教小妓女，後事在目前，不信君看取。馬肥快行走，妓長能歌舞，三年五年間，已聞換一主。宋漫堂引之以爲養瘦馬之說，本此。

清 桂馥《未谷詩集》卷二《牧馬圖》 平沙漠漠天初霜，風吹塞草秋雲黄。祁連山前畜牧場，四十萬馬如羣羊。峻耳方瞳八尺腹，飛鳳三花屬天育。大奴舉策盡知名，卸羇脱轡無拘束。朝洗白狼渡暮秣，黄花戍帶刀監奴。孔雀翎笑指圍場。射虎處武功大定。早罷兵，戰馬盡放出長城。太平野老日無事，驪黄牝牡歸丹青。顧君畫馬能畫骨，短鬣秃尾尤突兀。不師金牛仗下驄，却看受降城外月。吾生未出居庸關，又不從圉人太僕。窺天閑但憑紙上，索神駿得毋笑殺。王良伯樂九方歅。

清 吴高增《玉亭集》卷七《牧馬》 彰武非通都，彈丸僻地。當官乏置郵，窮簷少良駟。北馳阜平檄，舊由曲陽致。夫豈不憚煩，因邑無官騎。昨者鑾輅臨，羽書旁午至。有馬借人乘，吾民故好義，丁寧勗圉人，芻牧勤餵飼。馬因戀官槽，直如外廐置。終事數馬羣，百匹無一斃。弗憂官粟空，竊幸祛民累。

清 俞瑒《兩孤存》卷上《白門晨出閲牧馬者》 天風吹雲雲不團，秀樹聲消城月乾。馬啼磽确街踏寒，一直吳宮青嶂攢。星辰當日春何寬，髮掉羊尾面惡洗。打草餧牧獺自遁，睜目擇人坐夾髀。

清 吴偉業《梅村家藏稿》卷三《馬草行》 秣陵鐵騎秋風早，廐將圉人索芻藁。當時磧北報燒荒，今日江南輸馬草。府帖傳呼點行速，買草先差人打束。香芻堪秣飽驊騮，不數西涼誇苜蓿。京營將士導行錢，解戶公攤數十千。長官除頭吏乾没，自將私價僦車船。苦差常例須應免，需索停留終不遣。百里曾行幾日程，十家蚕破中人產。半路移文稱不用，歸來符取重裝送。推車挽上秦淮橋，道遇將軍紫騮鞚。轅門芻豆高如山，紫髯碧眼看奚官。黄金絡頸馬肥死，忍令百姓愁飢寒。回首滁陽開僕監，龍媒烙字麒麟院。天閑轡逸起黄沙，遊牝三千滿行殿。鍾山南望獵痕燒，放牧秋原見射鵰。甯莝雕胡供伏櫪，不堪園寢草蕭蕭。

清 朱彝尊《曝書亭集》卷二《馬草行》 陰風蕭蕭邊馬鳴，健兒十萬來空城。角聲嗚嗚滿街道，縣官張燈徵馬草。階前野老七十餘，身上鞭扑無完膚。里胥揚揚出官署，未明已到田家去。横行叫罵呼盤飧，闌牢四顧搜雞豚。歸來輸官仍不足，揮金夜就倡樓宿。

清 戴明説《喂馬行》《詩鐸》卷九 鎧甲遍城潦遍野，檄文傳喂南征馬。里正中宵布裹頭，顆粒寸草逢人求。南陽處處經征戰，輪蹶一沸十三縣。有檄但促征豆芻，將軍額外還折夫。一夫數金囊橐好，復驅市人　馬草。箕踞怒箠五十日，罷耕撤肆奔潦倒。市人逃死小吏危，中夜忻然投白水。妻孥已盡茅簷燬，但避誅求死亦喜。

清 趙進美《芻豆行》《詩鐸》卷九 大船十丈如連屋，小船數尺走相逐。白浪十月高於山，大船小船浪中宿。漁船最小如鳧輕，漁婦赤腳牽纜行。破席作帆不得挂，持篙逆浪雞未鳴。雞鳴喔喔霜在鬢，五船載豆十載芻。借問何往軍前須，西走溯江南越湖。荒邨瓦飛船尾轉，水氣昏濛日易晚。蛟龍欲與戰士爭，羽書詎責風伯緩。憶昔年豐歌納稼，青芻之微豈論價。自從烽火傳江邊，城中鬻女邨鬻田。陸行負戴水舟楫，一束近欲值千錢。吁嗟！遺民經亂少安棲，卑雜魚鼈高狐狸。復見逃亡餘敗堵，苦陳敲扑無完肌。昨聞軍符夜深至，朱批白版數行字。空城人稀鵂鶹嘑，郡吏無言顧縣吏。

清 劉漢藜《運豆行》《詩鐸》卷九 大梁城南黄塵起，牛車千羣連郊鄙。道旁輿夫向我言，昨夜府帖下州里。云是南征戰馬過，槽芻催輸如流水。更兼運豆充芻牧，委積如山誰能紀。數鍾僅能致一斛，晝夜鞭策無停晷。固是官廐要馬肥，那惜窮民竭脂髓。今春載草向襄城，一束百錢猶云輕。野外處處插草廠，堆如山嶽勢崢嶸。究竟官馬不喫草，遍地禾苗無留莖。猾吏賣草充私橐，小民有口誰敢爭。今冬過馬能幾何，有司徵豆數萬多。近者百里遠數百，稍遲輒遭長吏訶。自從湖南動戈鋋，每歲常經數往還。中原況值瘡痍後，民力久盡黄河邊。徵徭煩重充私橐，供億艱辛絶可憐。誰人肯下賈生淚，封書一奏聖人前。

清 徐賓《官草行》《詩鐸》卷九 黄雲壓城雪皛皛，轂摩軫接輸官草。中有一車委道旁，一牛僵死一軸倒。車尾哀哀哭小童，車前坐歎垂白老。問之云是此邦民，離城百里居山堡。宣化城中馬萬餘，官司發錢買禾稾。一日須用幾萬束，邨邨輸輓猶嫌少。價値騰貴不可支，賠補購辦分所宜。連宵備得草數足，僱車覓牛恐稽遲。衝冰犯雪行三日，崎嶇歷盡嶺與陂。那知交納有新例，無錢不收徒嗟咨。連朝候収資斧竭，人無宿食牛亦饑。昨夜西風冷刺身，牛如蝟縮死車塵。今早官衙當比較，伍伯奉令來拏人。兒子捉去幼孫哭，老病枵腹守車輪。不愁凍餒無糗糒，只愁兒子久冤累。不愁牛死并孫哭，只愁此草交非易。老翁老翁勿復言，我是關南牧馬吏。

清 俞縣《馬草行》《詩鐸》卷九　滄洲烽火徹夜紅，援師奉調來南中。援師五千馬萬匹，所過軍營吹簞策。縣尊索草候經臨，硃票紛紜遠近出。家家并日辦馬槽，辦豆更辦剉草刀。草船滿滿連百艘，馬草積如山岳高。援師驅馬江干過，餘草零星棄道左。老農束取負擔歸，燃草煮豆聊充飢。吏役首告盜官貨，哀哉愚民家頓破。

雜録

隋 庾季才《靈臺秘苑》卷一三《天苑》　天苑，距東星去極一百七度半。入昴七度半，從東第八星，去極一百八度，入胃三度。明則牛馬禽獸盛，不明則瘠死。不具有斬死吏，或斬刈事。五星客彗孛犯守入，兵起，畜獸多死。流星出之，占在牛馬色赤，以兵黑，則以令出。赤多傷黑多死，黃則蕃息，氣之入，以色占，如流星。

唐 瞿曇悉達《唐開元占經》卷六八《天苑星占》　石氏曰：『天苑十六星，在昴畢南。』東北星入畢二度太，去極百一十四度，在黃道外四十八度少。　巫咸曰：『天苑，金官也。』郗萌曰：『天苑，天子之苑也。』石氏曰：『天苑，天困也。主馬牛羊非其故，若星不具，有斬死吏。』《黃帝占》曰：『天苑，主苑牧犧牲，牛羊之屬，其星行列齊明，苑中星衆，則畜牲蕃，息多饒野獸，其星微小，不明，若不見，苑中星希，敗畜牧，不孳牛羊，野多死。』郗萌曰：『天苑星非其故，若不具，有斬刈之事。』石氏讚曰：『天苑十六星，主牛羊。』

又 卷九六《天苑》　蒼白氣入天苑，牛馬畜獸疫，出之則禍除。赤氣入，牛馬多死傷。赤氣出，牛馬以兵事。出黃白氣入，牛馬禽獸蕃息。黑氣入，牛馬死。出之禍除。

唐 李淳風《觀象玩占》卷三一《芻稿・總叙》　芻藁六星，在天苑西主積草供牛馬之食。一曰天積，天子之藏府也。其星明而中星，多則歲豐穰，不明反。中星稀則歲不登，庫藏耗。無星則庫藏悉空，不見則芻藁貴，牛馬多暴死。

又《天苑・總叙》　天苑十六星，在昴畢南，如環狀，天子畜牧之，苑金官也，主畜牧犧牲。具星行列齊明，其中小星衆，則畜獸蕃息。細微不見，及中星稀，則畜牧不孳，牛羊多死。石氏曰：天苑星不具，有誅吏。

又《天苑・雜干犯占》　五星入天苑，禽獸多疫死。若守之兵起，馬多死。火星入天苑，又為天下將以馬起兵。

太白入天苑，又為天下將以馬起兵。馬以兵而死耗，荆州占曰：王者出兵征夷狄。

客星入天苑，畜多傷死。

客星守天苑，畜不孳，禽獸多死，邊兵入境，天子以馬起兵。

流星入天苑，兵起，馬出行多死。禽獸多死。

黃星入天苑，畜獸蕃悉。

蒼白黑星入天苑，畜獸多死。

赤星出天苑，牛馬以兵事出。

蒼白黑星出天苑，牛馬大出。石氏曰：流星入天苑，名馬入，有使臣以馬事來。出天苑，名馬出，有使出以四足虫為敝。

彗星犯天苑，都護反，若出天苑，兵大起，馬出畜多死。

蒼白氣入天苑，牛馬畜獸疫。出之，則禍除。

赤氣入天苑，牛馬多死傷。

黃白氣入天苑，牛馬禽獸蕃息。

黑氣入天苑，牛馬死，出之，禍除。

赤氣出天苑，牛馬以兵事出。

《太平廣記》卷四〇八《漢武牧馬草》　漢武於湖中牧馬處，至今野草皆有嚼齧之狀，湖中呼為馬澤。澤中有漢武彈碁方石，上有勒銘焉。

宋 許洞《虎鈐經》卷一〇《馬忌》　石灰泥槽損馬，不得繫馬於門上，令落駒養獼猴於坊內，辟患并去疥癬。戊寅日及庚寅時，不得作廄，作之者不及一年凶。丙寅日不可出入馬，三年人馬俱死。申日不宜取馬，必死。戊午庚子之日不取，并忌入廄，大敗。凡養馬作廄之法，當擇時日之良，而知所忌之凶矣。

宋 蘇軾《蘇文忠公全集》卷八《書韓幹牧馬圖》　南山之下，汧渭之間。想見開元天寶年，八坊分屯隘秦川。四十萬疋如雲，烟騅駓駰駱驪騮驃。白魚赤兔騂皇鵯，龍顱鳳頸獰且妍。奇姿逸德隱駑頑，碧眼胡兒手足鮮。

歲時翦刷供帝閑，柘袍臨池侍三千。紅粧照日光流淵，樓下玉螭吐清寒。往來蹙踏生飛湍，衆工舐筆和朱鉛。先生曹霸弟子韓，廄馬多肉尻脽圓。肉中畫骨誇尤難，金羈玉勒繡羅鞍。鞭箠刻烙傷天全，不如此圖近自然。平沙細草荒芊綿，驚鴻脱兔争後先。王良挾策飛上天，何必俯首服短轅。

宋 虞儔《尊白堂集》卷五《興州統制禄禧牧馬賞授武翼郎制》 朕惟軍中牧養之令，歲稽其殿最之數，而賞罰之。爾善於其職，而不乏吾事，主帥以名來上，何愛一官不以爲爾寵乎。

宋 洪邁《容齋隨筆》卷五《買馬牧馬》 國家買馬，南邊于邕管，西邊于岷、黎，皆置使提督，歲所綱發者蓋逾萬匹。使臣、將校得遷秩轉資，沿道數十州，驛程券食、廄圉薪芻之費，其數不資，而江、淮之間，本非騎兵所能展奮，又三牙遇暑月，放牧于蘇、秀以就水草，亦爲逐處之患。因讀《五代舊史》云：『唐明宗問樞密使範延光内外馬數。對曰：「三萬五千匹。」帝嘆曰：「太祖在太原，騎軍不過七千。先皇自始至終，馬才及萬。今有鐵馬如是，而不能使九州混一，是吾養士練將之不至也。」延光奏曰：「國家養馬太多，計一騎士之費可贍步軍五人，三萬五千騎，抵十五萬步軍，既無所施，虚耗國力。」帝曰：「誠如卿言。肥騎士而瘠吾民，民何負哉？」』明宗出于蕃戎，猶能以愛民爲念。李克用父子以馬上立國制勝，然所蓄只如此。今蓋數倍之矣。尺寸之功不建，可不惜哉！且明宗都洛陽，正臨中州，尚以爲騎士無所施。然則今雖純用步卒，亦未爲失計也。

宋 王應麟《詩地理考》卷六《非子養馬于汧渭之間孝王封非子爲附庸邑之于秦谷》 《地理志》：汧水，出右扶風汧縣，西北入渭，今隴州汧源縣，本汧縣，在汧水之北。《郡縣志》：汧水，在隴州汧陽縣南一里，渭水在南，由縣南四十里，本汧縣之地，又在鳳翔府岐山縣南三十里。《括地志》：故汧城，在隴州汧源縣南三里。《世紀》云『襄公徙居汧』即此城。郿縣故城，在岐州郿縣東北十五里，文公東獵汧、渭之會卜居之，乃營邑焉，即此城也。 今按：汧、渭之間當在隴州。

宋 佚名《錦繡萬花谷别集》卷一六《養馬胡兒》 漢金日磾，字翁叔。與母閼氏弟倫俱没入官，輸黄門養馬，時年十四矣。久之武帝游宴，見馬後宫滿側，日磾牽馬入，長八尺二寸，容貌甚嚴，馬入肥好，上異而問之，具以本狀對上，奇焉。即日賜湯沐衣冠，拜爲馬監，累迁光禄大夫。日磾既親近，貴戚多竊怨曰：陛下妄得一胡兒，反貴重之上，聞愈厚焉。

元 陸文圭《牆東類稿》卷一六《跋牧馬圖》 平原淺陂，水草甘美，枯梢吹風，日落塵起。物色祁連山前路，又似踰關渡隴水。一人解鞍枕欲睡，一人褶袴手仰指。一人持轡却回頭，萬馬攢蹄行復止。飲者嚙者各自然，馳者忽在立者前。駒而幼者隨壯者，浴者出沒晴波川。風鬉雪尾不受鞭，並驅逐者如争先。須臾兩騎獨殿後，戎笠持兵相格鬬。老羝挾乳自成羣，牧羝人遠傍無救。何人丹青手摸寫，磊磈胷中有全馬。陸子作詩配駉野，千古傳流好事者。

明 佚名《天元玉曆祥異賦·雲氣入天苑星占》 天文錄曰：天苑主天子養禽獸之苑，蒼白氣入，獸多病；氣入，牛馬蕃息；黑氣入，牛馬多死。

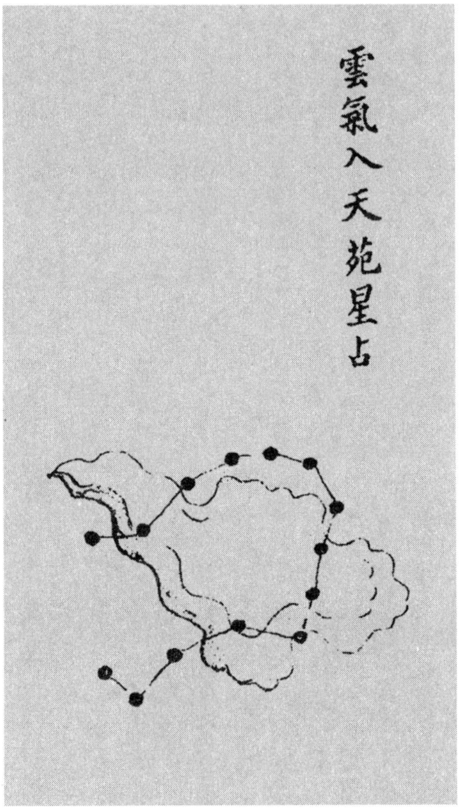

明 楊時喬《馬政紀》卷一《户馬》 户馬者，編户養馬，牧以公廄，放以牧地，居則驛駒，征伐則師行馬從，《諸司職掌》所稱廄牧者也。吴元年至洪武六年，太祖高皇帝武功定天下，以所歸馬置廄牧之。設牧監羣官司之，建太僕寺于滁州專理之，既而牧監羣革，則以馬歸太僕寺。又設太僕寺于北平、遼東、甘肅，如太僕寺制，皆民間孳牧。永樂四年成祖文皇帝建苑馬寺于北平、遼東、陝西、甘肅，設苑監官亦如洪武間牧監羣制。既而北平苑馬寺苑監亦革，亦以馬歸北平太僕寺，令民間孳牧，凡牧監苑監皆為官牧，凡民間孳牧皆為民牧，此官牧改而為民牧，在初制即然矣。

太僕寺牧監群户馬初建于滁州，後革去牧監，羣尚為後太僕寺户馬。

太祖高皇帝定都金陵，吴元年，凡兵馬所在屯聚放牧，在京師有典牧所。洪武六年建太僕寺于滁州，設卿、少卿、寺丞等官，七年置屬有五牧監九十八羣後，增損為一百二十羣，設監正、監副、録事、羣長。八年如舊。十三年增置滁陽五牧監：滁陽、儀真、香泉、六合、天長。滁陽群二十有二，儀真六合羣各七，香泉群八天長群，四二十三年冬定為十四監。置江東、當塗二牧監，設監正、監副、録事各一人，江東牧監所屬八群，曰：開寧、泉水、惟在、清化、神泉、新亭、長泰、光澤。當塗牧監所屬十一群，曰：石城、化洽、永保、姑孰、延福、多福、丹陽、德政、繁昌、東塘、壽安。每群設群長一人，十一月罷，牧監九群五十四改置。大興等牧監三，永安等群七，先是設滁陽牧監凡八群。烏衣、馬安、石板、廣陽、来安、金壇、萬春、福禄。六合牧監三群，永福、黄塘、大德。儀真牧監三群，金駿、長興、驊騮。江都牧監三群，犀馬、長寧、崇寧。香泉牧監十五群，長壽、柘阜、新興、保大、開城、梅山、永勝、白馬、歷陽、千秋、翔鸞、仙蹤、保安、仁豐、政理。定遠牧監六群，昌義、龍澤、大安、白龍、青龍、黑龍。長淮牧監四群，孝議、香山、高塘、樂善。天長牧監四群，太平、古城、第一、昌平。舒城牧監八群，德勝、大龍、南鄉、唐龍、齊安、青陵、鳳臺、黄龍。至是皆以冗而罷之。惟存大興牧監，以永安、如臯、沿海三群，隸之天長牧監。以德勝、武安二群隸之舒城牧監。以九龍萬龍隸之其廄牧制。見于諸司職掌，凡太僕寺所屬十四牧監九十八群，專一提調，牧養孳生馬贏驢牛，其養户俱係近京民人，或五户十户共養壹匹，每騍馬歲該生駒一匹，若人户不用心孳牧，致有虧欠倒死，就便着令買補還官，每歲将上年所生馬駒起解赴京調撥，本寺每遇年終比較，或群監官員怠惰，或人户奸頑致令馬匹瘦損虧欠数多，依例坐罪。

二十八年，以府、州、縣專理民事，牧監群專理民户馬。府州縣重民牧監重馬各有所責，權勢不一，法令牽掣互争未定。乃遂以牧監群馬歸有司，專令民間孳牧，太僕寺專督理焉。而牧監群革監正等官俱罷。永樂、洪熙、宣德同正統七年定為南京太僕寺即後種馬。

北平苑馬寺監苑户馬建于北平，後即革。惟遼、陝、甘三寺見存。

永樂三年，始勑建北平苑馬寺。又設遼東、甘肅、陝西三苑馬寺，其勑詞先命甘肅總兵官西寧侯宋晟寧夏，總兵官左都督何福度地勢次第設置。至是勑晟等曰：今，設苑馬寺，以廣孳牧，每寺統六監，監統四苑。寺置卿、少卿、寺丞。監置正、副。苑立圉長，以率牧馬之夫。春月草長，縱馬于苑，迨冬草枯，則收飼之。今，先設四監，爾處應有牧馬，宜春配與之。凡回回、韃靼，以馬至者，或全市，或市其半，牝馬則盡市之，以給四監其監。之未設者，即按視水草便利可立處，遣人以聞。馬政重事，其加意精思，有可行者，悉宜條奏，毋有所隱。諭之曰：朕欲馬蕃息，思有二策，一欲畧如朔漠牧養之法，擇水草之地，其外有險阻，用数人守之，縱馬其中，順適其性，至冬寒草枯，聚而飼之。一欲散與軍民牧養設，監牧統之，二策孰善，宜條畫以聞。於是江陰侯吴高奏言：大同東北猪兒庄西至雲、内東勝，外有赤山、榆楊、疊白關隘可守，東西險，阻其内延袤四百餘里，水草便利，可以孳牧。然屯種之地少有空隙，未免妨農。謹上地圖，上覽而是之。遂設陝西、甘肅又設北京、遼東各苑馬寺。六年勑甘肅總兵，凡回回、韃靼，令鬻馬於甘、涼州，及千匹則於黄河迤西蘭州、寧夏，勿令過河。

永樂四年，設于北平通州卿、少卿、寺丞、主簿各一員，置屬録監。二十四苑各設監正、監副、録事群長各一員，清河、金臺、涿鹿、盧龍、香山、通州每監四苑，清河監，順義、常春、咸和、訓良等苑。金臺監，永川、隆驊、大牧、遂寧等苑。涿鹿監，泔池、鹿鳴、龍河、長興等苑。盧龍監，遼陽、龍山、萬安、蕃昌等苑。香山監，清流、廣蕃、龍泉、松林等苑。通川監，河陽、崇興、義寧、永成等苑。凡苑視其地理廣狹上、中、下三等，上苑牧馬萬匹，中苑七千匹，下苑四千匹。苑有圉長，一圉長率五十夫，每夫牧馬十匹。又設陝西、甘肅、遼東苑馬寺，圉在各苑馬寺下。

十八年革北京苑，馬前悉用軍士畜，比調軍保安守倫，馬悉散民間畜牧，遂罷苑馬寺，及六監二十四苑，以其馬屬北京行太僕寺，牧于民間。

《太僕寺志》曰：余志太僕於前世苑馬未嘗不深致意也。而每歎兩京故監之不存，然至遼東、陝西、甘肅亦往往僅有存者，馬政之廢如此。夫内地之民苦養馬之害，而邊兵反仰納内地之馬，則行太僕寺苑馬之設何為哉。又曰：祖宗於屯田、鹽法、馬政，其深思遠，慮皆謂行之数年，則邊方自能足用，可以不煩内地。今至竭百姓之力以奉窮邊輸輓，歲歲益甚，天下於是始困也。

按：以上牧監群馬苑監馬，其制皆二祖稽唐四十八，監宋十八監之制而命之名者也。牧監群者編户為群，群長養馬之法官牧也。苑監者，即其後遼、甘、陝三寺，國夫養馬之法亦官牧也。官牧與民牧制本不同，而會典太僕志類混而書之，則稽考未詳矣。且其牧監群苑監既有官以統之，又公團廐而居之，晝牧地而餧之制本至善，乃二祖朝有不能久行者，要必有深意于中。今亦難以悉考証已。即其後令太僕寺理民間孳牧，其初公廐牧地並存，載在典章者甚詳，制亦善厥。後公廐廢，而牧地或為豪貴奪，或為之徵租，令民各自為廐，居各自求地芻畜，則其制日壞流弊日濡，有不可勝言者矣。乃今公廐絶然無存，而冀北諸草場，即舊北京苑馬六監故地。南京應天諸草場，即舊南京太僕群牧監故地。土地尚在無恙，而豪貴者積襲故轍據而有之。不能復之為官民者，業所謂求牧與芻不得。安能俾孳牧盛哉。乃今民間計地户徵粮，或買俵，或發寄養，而官為之制，及馬不堪，亟責之民間，是重為民生，困内監團營馬。又徵索户部草料，是又為國計困民，與國交困，是皆輕變苑監公廐牧地之制致之也。顧古今論牧政者，皆善官牧而不善民牧，其所稱善，特就其法制之得宜者言之爾。苟法制不得宜，則官不能自理孳牧，而實責之民，故其所稱民牧者，民也，官牧者，亦民也。均之為民害也。其善不善豈易言哉。即若張萬歲、王毛仲二太僕職官牧甚盛，乃史稱萬歲中廢馬官亂職二十餘年，潛耗大半，所存者寡。又稱開元廐後，人主侈心，屢經戰陷，牧馬皆沒，其後以内外閑廐都使付之禄山卒籍以叛。而苑牧皆没，又其後，水草腴田，旋以貧民及諸賜占幾千頃。德宗命閑廐使張茂宗收故地，民失業愁怨。穆宗即位，悉復還民，太和七年，置銀川監，大抵無復開元、天寶之舊矣。即此知物太盛，則忌衰。振作過則易弛，物理固然。所以保盛俾永維振作俾不怠者，實惟得人以繼之爾。昔謂馬政在人，而人又在于牧制得宜，如得人得宜，則官牧固善民牧，亦不失為善，未可深求而別言之也。是以謹述二祖初制，與先後更制者詳紀之，以俟後之言馬政者。

太僕寺户馬此即滁州太僕寺，後定為南京，即今南京太僕寺。

洪武二十八年革群牧監，令太僕寺專督有司提調民間孳牧。各屬俱置有專管馬政，各府設通判，各州設判官，縣丞或主簿俱一員。榜文：江南一十一户，江北五户，共養馬一匹，皆係同鄉、同里丁力多寡，田産厚薄，彼此相知，富者助貧，貧者安業，不待官府號令，自能相勸，豈不人情和睦，風俗淳美。今有丁多之家倚恃豪強欺壓良善，着令丁少人户一般輪流養馬。靠損小民，甚至睯無人心，着令幼兒、寡婦、篤疾、殘廢一槩出倫馬錢，有傷風化，榜諭之後，務要照依原編人户内儘。丁多之家做馬頭，養馬一匹，或兩三人丁相等。富貴之家喂養並不許着令丁少人户輪流。設有倒損虧欠其餘人户，止是津貼錢鈔買馬，其丁多大户敢有不行，自養馬匹，仍前輪流靠損小民者，及着令幼兒、寡婦、篤廢、殘疾一槩出辦買馬者，許諸人綁縛赴京，全家遷發邊衛充軍。如馬頭家生畜不旺，許令於貼户家着養。凡兒馬一匹，配騍馬四匹為一群，立群頭一人，五群立群長一人，每群長下選聰明子弟二三人，習學醫獸，看治馬匹。

洪武二十年欽定榜文

一、馬料苴煮熟，務要涼冷，多用料水與草拌匀方可餧馬。不許紫計餧養，飲水畢緩緩牽行，回轉約有五七里，然後拴繫，閒沙土地上隨意睡卧，不許在槽拴繫，不便。

一、春草生發時月，或馬十匹，或二十匹，或三五十匹，隨趂水草便利去處，晝夜牧放。如遇炎暑蚊蟲水發時月，務要馬趂高阜無蚊蟲水滲去處，收養每日午間趕樹陰下歇，涼無樹陰轅搭涼棚歇涼，夏天炎熱，辰時飲水一次，午時飲水一次，至晚飲水一次。春秋冬月巳時飲水一次，未時飲水一次，每月二十日或半月一次，將鹽水餧啖馬匹，亦不許與牛拴繫一處餧養。

一、如是馬頭家内生畜不旺，許令人户議和，於生口旺相貼户家内看養。務要置立馬房，馬槽地下不許用磚石墊砌，常用掃除潔净，不許縱放雞鵝等畜在馬槽，馬草内作踐，亦不許梳篦頭髮，馬悮食了生病。

一、兒馬春間群牧，時月務要加料餧養，膘壯照依原搭配定，馬匹依時群盖定駒，如果原關兒馬軟弱不堪，着令民人另尋好壯兒馬群盖，但有盖過騍馬，只將原盖兒馬群盖，再不許將其餘兒馬混雜花盖，定駒不便。

一、各府州縣置立印信，群盖文簿，與管馬官吏収掌躬親提調，逐日盖過次數。定駒日期明白，於各騍馬格眼内逐月仍填寫，以憑稽考比較，令群長各一體置立群盖簿，附寫比較。每年正月二月三月趂時，群盖定駒騍馬，生駒七日後即着兒馬群盖，仍將生駒并買補日期，亦於簿内附寫明白。夏天炎熱時月，須用天氣晴明，清辰晚天涼候群盖，若不過三五次，却停歇三五日，再用兒馬群盖，若果騍馬打踢不受群盖，方是定駒仍五日一次，用兒馬照試，如果不受的係定駒其騍馬先須喫草後，方可飲水，不許餧蕎麥，稭黍穰雜糧，及淘米泔并一應污水餧飲，落駒不便。

一、補領或孳生三歲騍駒，照例每兩年納駒一匹，永為定例。若虧欠馬駒，務要買補。相應馬駒還官，照依原搭配定騍馬，依月務要加料餧養。三歲兒駒群盖，騍馬不得定駒，即用大兒馬群盖。

一、管馬官吏時常下鄉提督，看視馬匹，要見定駒若干，顯駒若干，重駒若干，明白附寫印信文簿，候本寺官出巡比較。正月至六月報定駒，七月至十月報顯駒，十一月至十二月終報重駒。但是新群盖者，只作定駒馬。一按古書內馬初生無毛，七日方起，號為龍駒。仰各該官吏着令養馬人户如有孳生馬駒生得奇異，不與衆馬相同者，如法用心看養，明白申報官。又令軍衛屯牧馬，凡在京在外衛所俱有孳牧馬匹，以給官軍騎操之用。在京及南、北直隸衛所屬太僕寺在外，屬各該行太僕寺苑馬寺及都司委官提督，每衛委指揮一員，所千百户一員專為孳牧，其搭配科駒，起解比較等項，悉官民間事例。

建文元年，改卿為太僕卿，分少卿丞為左、右主簿為典簿，增典廐、典牧二署，署設署正一員，署丞二員，監事二員，吏目一員。典廐署添設驌驦等十五羣，每羣羣長一員，典牧署添設遂生等三群，每群群長一員。永樂九年革去，各監群并添設官員，悉復洪武舊制，照榜例行事。其所管轄南應天、鎮江、太平、寧國四府。廣德州、江北則鳳陽、廬州、淮安、廬州四府，滁、和、徐三州各所屬州縣衛所，總六十七處。永樂、洪熙、宣德間，俱稱太僕寺，至正統六年始定都北京，乃以此為南京太僕寺。

北平行太僕寺户馬此建通州為北平行太僕寺，後改京師，即今太僕寺。

洪武三十年建北平行太僕寺，及遼東、山東、陝西、甘肅行太僕寺，設卿一少卿，二寺丞、主簿等官。

永樂元年，改北平行太僕寺為北京行太僕寺，十八年改稱太僕寺，洪熙元年後稱北京行太僕寺，正統六年定稱太僕寺。領民間孳牧，如滁州之制。上諭兵部曰：馬政重務，今畜牧之法廢，宜為定例，以責成效。兵部議奏：每牡馬一配，牝馬三，牝馬歲育一駒，牡馬、騸馬許軍士騎操，而非有警亦不許發，非大調發，馬皆不得差遣，命太僕專其政。非太僕所屬都司衛所委官董之，每年比較具實以聞。永樂十年，定順天、保定、河間、真定、順德、廣平、大名、永平八府土民計丁糧編户喂養，孳生馬匹名曰户馬。此內八府養馬之始。永樂九年，太僕寺言：順聖川牧養蕃息，命給懷來、薊州衛各千匹，宣府等衛萬匹。永樂十七年，以馬益蕃，命薊州迤東分牧，都督僉事吴誠，兵部尚書趙羾，往視口北宜牧之地。還言：保定州自順聖川至桑乾河，廣袤百四十餘里，四山環遶，水草便利，可牧馬萬匹。勑太僕寺先以千匹試之，以懷來衛軍百人分牧，都督張安、尚書趙羾提督，仍定行太僕少卿一員主之。

宣德四年以馬日蕃，八府不贍養，則散于山東、兖州、東昌三府領養，孳生馬匹，每五丁養駒一匹，三丁養兒馬一匹，不在免糧之例。此山東養馬之始。

正統十一年馬又日蕃，則散于河南、彰德、衛輝三府，照例領養，孳生馬匹。自有總領凡十五府三百九十一衛州縣分牧。

按丘文莊《大學衍義》補謂：內地民牧以給京師，外地官牧以給邊方。內地則北、南太僕寺，外地則遼、陝、甘三苑馬寺，兹言是，已至于指太僕寺為民牧。以宋王安石新法比之。又謂神宗見愧文彦博之言，即罷之。在當時雖為民害，未至于甚。乃今日弊政為害莫此為甚。兹言，似已豈其盡然哉。我國初當天造草昧宜建侯不寧，君子經綸之時，二祖皆智勇天啓，凡經文緯武，皆深思遠慮，揆時度勢，稽古考 舍，已從衆，以故法立民宜永久可傳。乃宋室至熙寧承平日久，神宗口材之主外，似鋭意內則治體未諳，忽惑于安石新法之言，祗須一令，俾所司驟行，不顧民宜不思永久可傳，是以罷之宜速，此其不盡然者，一二祖馬政皆有成法，本意乃宋，即內有天駟監，外有十八監，名官牧實籍與北交欵。歲幣自納馬市馬外，諸馬政一切疎曠，安石驗知乃斷于更制，欲以捄之，而內則識量意慮不逮，外則法制不立，又不擇委任，不可與創始，況可樂成，此其不盡然者二。二祖種馬擇地所宜産，安石則隨地皆養不論地産所宜，是以民有不堪，不得不以為害而罷，此其不盡然者三。二祖種馬騍駒即以為糧丁正賦，此外未有他供，《宋史》于熙寧罷牧監群制，改囘馬于編户，元豐收還户馬，復置監院，監院復廢，而又增保馬。馬端臨曰：熙寧所行者，户馬。元豐七年所行者，保馬。皆是以官責之于民，令其字養，而户馬蠲其科賦，保馬則蠲其征役，適又民苦科賦征役，而暫圖苟免故暫從之，及其後，宋臣嘗謂即似蠲，實未嘗蠲，則是有加之于科賦征役之外者也。此其不盡然者四。二祖于兩都近畿輔者，上供孳牧之馬，遠畿輔者，上供漕運之粟，非有偏累，亦非有强。安石不論地之遠近，一切皆有馬，既兼累又强民，此其不盡然者五。丘文莊不察其不盡然，而惟據其疾苦之，一言必欲去之，嘗試觀之，南方跋踄萬里，疾苦萬狀，歲歲輸運，而至惟以正供所在，義所當然，未有以為民害而欲去之，獨北馬以為害，而必欲去之者。或以其為疾苦之故也。乃求其疾害之故，則在法令屢更，官吏陵恣，牧地為豪貴所奪，已爾顧不此之圖，而遂因噎廢之食，豈北民之義有殊于南哉。後此北産諸公所疏，必以文莊引安石之言為據，則亦皆未深考之過矣。卒之正德、隆慶、萬歷三次，輕議者竟借此為更變之端，馬政坐而壞矣。竊惟議事泥古者，則迂生。

今反古者，則悖居今。酌古者古今世守之法持循調運于間，果不能無積弊之所，則從而量宜補捄之，歸于咸善，則為通變不窮之時惜乎。前之為議者，不知此道，而令馬政坐壞，俾至今善籌牧者，難于議也。

（嘉靖）《廣平府志》卷六　祖宗之深意遠慮，相維相制之法也。比充國之屯，河隍諸葛之屯，渭濱意制大較不同，今但清查使屯丁不缺，屯地不失，屯糧不乏，可矣。至于馬政，則有宜振舉者，廣平牧馬之地，自宋已設，宋初養馬務洺州置一，太宗興國二年改爲牧龍坊，景德而後改坊爲監，在外十四監之内，有廣平監，多擇種馬牝牡爲群。神宗留意馬政，或請以牧馬餘田修稼政，而群牧司言廣平監餘田無幾，宜仍舊。及熙寧、元豐，坊監遂廢。元祐初，左司王言叟上疏謂：廣平監棚基草地疆畫具存，使臣牧卒太半猶在稍加招集，則指顧之間，措置可定，此前代廣平之馬政養之於官者也。紹聖初，韓筠等建議，於邢州請以牧田募民授田一頃者，爲官牧一馬，而蠲其租，於是始行給地牧馬之政，此前代廣平之馬政，養之於民者也。

我朝養馬之政，洪武自革，群監官命有司孳牧，是用宋紹聖以來之法。江北五户共養一匹，九牝牡馬五匹爲一群，立群頭一人，五群立群長一人，每一年約一駒。永樂、宣德則論丁養馬，成化元年例，則三年課一駒。弘治年奏定廣平等府免糧養馬，每地五十畝領兒馬一匹，百畝領騍馬一匹。正德元年，御史王濟奏大名、廣平等府有種馬之額，而無種馬之實，有孳生之名，而無孳生之用。合行，但視種馬之牝壯不追馬駒之有，無嗣是之後，備用大馬，止照種馬之額泒行買解。此正德以前廣平馬政也。及嘉靖初，本府度地均糧之後，凡養馬之田皆收糧地之内，納糧之地皆輸養馬之銀，故馬無專田，必地數頃而共養一馬駒，無全育必輸四年，而馬騍一駒上之政。未嘗不寬而下之力，每不能辦者何也。雜役之煩，而雜費之多也。夫廣平古冀州地也，古稱冀北，多良馬，而此地爲舊趙之區，造父善御，非子善蕃息，又皆趙之先世，今之馬政屢變，而愈不及乎。古者其地猶夫昔也。但無昔之人耳。上欲行實政，而下不能承則應之以虚文。而且曰：無益於事下，欲行實政而上不能諒，則視之爲好動，而且曰：有爲而爲，故司其事者，在上下一心以行實政而已。今之論者，不務任人以脩舉，皆謂既量地徵銀，則種馬不必養駒馬不必紀也。殊不知周禮校人辨六馬之屬，種馬一物，是去種馬則無馬政矣。庚人掌十二閑之政，教以攻駒是舍馬駒則無馬政矣。種馬雖難，必其盡駒，但皆使之肥壯，則亦有備。於國況肥壯則駒亦有望乎。駒雖難必其盡俵，但皆使之長育，則亦有利于民，況長育則俵亦有望乎。予故爲之説曰：變通之政，雖不可無，而祖宗之良法，則不可盡廢。掊斂之弊，雖不可縱，而點視之舉，則不可盡革，雲錦之群，雖不可遽復，而整頓之久，則蕃息之美，不可盡無望于今之世。

賛曰：奕奕禹服，屢旦瓜分，井田風遠，雖均曷均賦宜正供，或艱衝辦。願語黄鵠安集鴻鴈地，勿盡利民，勿盡丁柔，來紓綏惠，此困煢勤以墾耕，儉以先税民，職聿脩國，用弗賁。

清　杜文瀾《古謠諺》卷三七《種莚諺》　飲食之節，食有三芻，飲有三時，何謂也：一曰惡芻，二曰中芻，三曰善芻。孫注云：善，謂飢時與惡芻，飽時與善芻，引之令食，食常飽則無不肥。剉草麤，雖足豆穀，亦不肥充，細剉無節，蓰去土而食之者，令馬肥。何謂三時：一曰朝，飲少之。二曰晝，飲則胷饜水。三曰暮，極飲之。孫注云：一曰夏汗冬寒當節飲。諺曰云云，斯言旦須飲節水也。每飲食令行驟，則消水。小驟數百步亦佳，十日一放，令其陸梁舒展，令馬硬實也。

清　沈書城《則例便覽》卷三三《喂養馬羸疲瘦》　一、運米馬羸。如原購州縣不加意喂養，以致疲瘦，三匹以下者免議，十二十三十匹以下者，罰俸三六九個月。四十匹以下者，罰俸一年。五六十匹以下者，降一級留任調用。比此數多者，革職。該管道府五十匹一百匹一百五十匹以上者，罰俸三六九個月。二百匹以上者，罰俸一年。二百五十匹以上者，降一級留任。三百匹以上者，降一級罰俸一年。三百五十匹以上者，降一級調用。

清　桂馥《札樸》卷一《駉駉牧馬》　駉駉牧馬傳云：駉駉，良馬腹幹肥張也。案玉篇，駉與駫同。詩釋文云：駉，古熒反，説文作駫。考説文，駫。牧馬苑也。引詩在駉之野。駫，馬盛肥也。引詩四牡駫駫，兩字並音古熒切。馥謂四牡駫駫，後人亂之，當爲駫駫。牧馬毛傳腹幹肥張，即説文盛肥義，詩以駉駉代駫駫。又以坰野代駉野，讀者茫然。幸有玉篇，釋文可爲推正。説文雖亂，尚能理之。

清　吴其貞《書畫記》卷二《曹霸牧馬圖絹畫一卷》　絹質剥落，氣色尚佳。畫一壯士帶馬而行，其馬是為五明馬也。骨肉相匀，丰俊之甚。而用筆雄健，沉着古雅，迴與宋人不符，為無上神品之畫。卷首有宋徽宗題其標籤曰：『曹霸牧馬圖』，有『宣和』小璽。

馬苑 馬廠 馬厩

論説

明 畢自嚴《度支奏議・廣西司》卷一《覆太監宋晉各馬房馬匹照舊放青疏》 題為芻牧規定畫一時議，裁扣非宜懇祈聖明乞勅照舊以遵祖制以復原額事。廣西清吏司案呈，崇禎元年九月二十九日奉本部送戸科抄出，司禮監秉筆太監掌御馬監印務宋晉等題稱：據本監總理太監等官高矩等呈，據壩大馬房掌馬房官楊承芳等呈稱：各該馬房俱有上、下草場，年例三月間除存留馬匹馬房守牧外，其餘前去下場草場撒放，後因地多馬少，戸部議將壩大等七馬房牧馬地土歸併戸部徵租，接濟京糧。壩東等馬房一十三處，僅足牧放一半，今馬匹全去下場，該部必還馬房牧馬原額之地等因。崇禎元年九月十八日奉聖旨，該部查依祖制具覆，欽此。隨該戸科參看得，祖制放青三月著在令甲，盖放青則扣青，因天時暢物性而于以樽簡草豆，經理糜費，制甚善也。夫計臣居中遥度，而科院則親郊原而目覈之矣。監督或狥情面，省臺則按故實而法繩之矣。本科查歷年巡青疏上御覽，皆云照舊額放，無得參差放青之月，即按日估算扣除草價。而《會典》明載：各馬房馬匹照舊規牧放三個月，如有賣放買閒等弊，聽巡青科道及委官參究。又載四月青草長茂，各營馬匹盡令下場放牧。鑿鑿可稽，則安在其有放有不放哉。至御馬監併壩大等二十馬房，草場有地雜占，有地存留牧馬，有地以及修繕，馬營地若干，部徵子粒地若干，馬監徵銀修理公廨地若干，其餘抛荒鹻薄未佃地若干，則當時款項犁然。而天啟間，科臣題將草場荒地令軍民備力開墾，奉有明旨，正其抛荒鹻薄者耳。乃該監動輒支吾問户部給還牧馬額地，將誰欺也。豈欲虚銷草豆，又冀影射民業耶。所願當事按法程實放青如舊，扣青如舊，牧場自牧場，開墾自開墾，寧容紛更混越也。抄出嚴之通抄到部送司案查。天啓五年十二月，内奉本部送户科抄出，刑科左給事中段國璋等題，為摘議巡青要務，以紓民財，以仰裨國計萬一事。内稱：壩大等馬房馬匹合遵依會典舊規牧放三箇月，不得參差等因。奉聖旨，該部酌議具覆，欽此。隨經移文壩大監督員外郎等官，朱明時等備查去後行準回稱，據各馬房太監開稱，壩東倉、壩上南倉、金盞倉、義河倉、北高倉、壩上北倉、湯山馬房倉、官庄倉、楊家橋倉、浫石橋倉、浫石橋南倉、張家莊倉，各馬匹一半放青三箇月，一半聽候御馬監調用，壩北倉馬匹一半放青二箇月，壩上倉、湖渠馬房倉、南石渠倉、南石渠西倉，原有上場地畝，近除開墾及城池沙壓水占道路并存備金鞍大馬牧放地外，並無地牧放。黄土、馬丞、鄭家庄馬房，北草場馬房，舊有牧地，因嘉靖年間迷失，至今久不放。青吴家駝牛房，外牛房，牛隻每年放青三箇月，裏牛房牛隻原無牧地並不放青等因。到司案呈到部，該前任尚書李起元看得，馬匹放青三月，載在會典似應遵照奉行，但各馬房馬匹有放有不放者，相沿已久，合照近例放青者，照例放青以存節省，原不放青者，照例免放，以杜紛擾等因。覆奉，欽依欽遵。在案：天啓七年十二月，内奉本部送戸科抄出，督理巡青左給事中李覺斯題：為摘議巡青要務等事，内款開畜牧放青歲應三月，此會典舊規也。今查歷年各場不盡放，放不盡同，是豈牧有殊地物有殊性，不過欲銷算日養芻豆耳。合無以後各場額定放青三月，毋得參差。放青之月即按日估算，扣除草價是不惟適物之性，亦且節財之糜等因。奉聖旨覽奏，草商日困，皆繇支借不還，該部查有別項錢糧通融補還，以示朝廷恤商至意，至限三月放青，估扣草價，以場軍居場地借歲額子粒少葺廬舍，皆鑿鑿可行，有裨巡青事理該部知道。欽此。駭本部署部事左侍郎王家楨查得，放青一節業奉明旨，毋容再議。隨遵照明旨，并該科原題内事理通行，欽遵。去後今該監具題，前因該本司查得各馬房地土例，係巡青科道督理其徵收子粒係福建司經承隨經移查，去後今準福建司付稱，各州縣馬房牧地子粒徵銀例繇巡青科道與通州草場稽查，巡青科道每歲舉劾，止有疏抄，並無額數，通州草場差滿例有子粒文册詳載地畝錢糧數目，連年未見造報，見經移文查取，惟查有天啟二年送到文册，其中所載數目與會計錄大略相同。據會計錄開原額，御馬監并壩大等二十馬房，上、下草場及馬神廟香火地，共五十七處，共地三萬一千五百五十九頃四十九畝七分二釐零。内除雜占地三千一百三十三頃一十六畝一分四釐零，存留牧馬地一千八百八十四頃五十七畝，例不徵銀。修繕馬營地一百三十頃，係各場自收修理，又除灤縣黄場鋪草場地一十七頃七十二畝，以為大馬往回駐牧之地。又除寶坻縣兔南草場民人李奉等地三十六頃外，實在地二萬六千三百五十八頃四畝五分七釐零，内本部徵銀地共二萬一千七百五十七頃二十四畝八分九釐零，共銀五萬二千八百八十八兩九分三釐零，本監徵銀修理公廨地四百三十頃，每畝徵銀三分共銀一千二百九十兩，徑赴本監交納。未經召佃并拋荒鹻薄等地共四千一百七十頃六十九畝六分八釐零，此嘉靖十三年科道清查數也。又開見額御馬監并壩大等二十馬房各項徵銀地共二萬二千四百八十頃五十五畝三分一釐零，本部徵銀地一萬九千七百九頃五十畝九分八釐零，共銀四萬六千八百七十九兩一錢四分三釐零。本監修理公廨地二千七百七十一頃四畝三分三釐零，共徵銀八千三百一十三兩一錢三分零，本馬房徑自徵收此萬曆六年報部冊數也。以上俱刻入會計錄。據通州草場冊，開壩大等二十馬房原額徵銀地共二萬二千四百八十頃五十五畝三分一釐零，共該徵銀五萬五千一百九十二兩二錢七分三釐零。嘉靖三十一年間，奉例撥給修理公廨地二千七百七十一頃四畝三分三釐五毫，共該銀八千三百一十三兩一錢三分五絲。本馬房徑自徵收，萬曆十四等年改撥瑞安長公主福府，瑞、惠、桂三府外，實在額徵地一萬九千六百八十八頃一十九畝三分八釐零，共該銀四萬六千八百一十二兩七錢一分五釐零。自萬曆九年清丈之後，至萬曆四十四年大興薊州地□□草場共實徵銀地一萬五千七百六十六頃五十三畝三分一釐零，共該銀三萬三千八百四十九兩二錢四分六釐零。四十六年，寶坻縣湯山馬房内撥去地一十三頃七十八畝六分該銀三十七兩二錢二分二釐二毫，奉旨歸東廠徵收，香河縣兔北馬房告退還官地三十六頃八十七畝五分，該除銀一百一十兩六錢二分五釐。天啓元年，昌平州新增牧地三頃六十六畝四分，議徵銀一十兩九錢九分二釐，共實徵地一萬五千七百一十九頃五十三畝六分一釐零，共該銀三萬三千七百一十二兩三錢九分一釐零。此天啓元年以前實徵數也。内近年又有撥給寧德、遂平等公主之地未經扣除，但部徵原額惟撥給，本監修理公廨地應行除去不作部額外，其節年改撥瑞安長公主等地雖不入京糧，然猶是部額，實與監額無干，總計嘉靖十三年原額三萬一千五百五十九頃有奇，之内原有雜占地三千一百三十三頃有奇，存留牧馬地一千八百八十四頃有奇，修繕馬營地一百三十頃，其後又有修理公廨地四百三十頃。至萬曆六年，見額二萬二千四百八十頃有奇，之内又開有本監修理公廨地二千七百七十一頃有奇，此皆屬之該監。至於節年或有減縮改撥者，皆係部徵之數，節年或有開墾起科者，亦係原額拋荒之數。似皆與該監原徵之數無涉，其該監存留牧馬及雜占修繕等地，自嘉靖十三年至今，固或未經改易。此戶科抄參所謂牧場，自牧場開墾，自開墾誠為有據，而該監原疏所稱七馬房牧馬地上歸部徵租之說不知起自何年，原疏未見說明，計錄實無開載，本司別無可查也。相應回覆。又準督理巡青科院手本開稱，放青一節屢經條議，亦頻奉明旨，沿革益損科抄犁然備矣。即云馬房尚需修理，而年復一年，歲入八千三百餘兩，作何着落。并新墾子粒竟為烏有，各監曉曉似欲有待，合無姑為酌議，或以今年上半年兩月坐派在未奉覆旨之先，照舊量行免扣，下半年量扣一月。自崇禎二年為始，除裡牛房原無牧地外各盡數放青三月，以遵祖制，奉行新旨，庶體恤節省並行不悖。至於牧地畝數，據會典計錄所載：萬曆六年見額與放青三月，並著為令者，戶部每歲徵銀四萬六千八百七十餘兩，今庄田雜占且縮而為二萬七千八百餘矣。數年以來，新墾田土盡歸該監，則戶部之額有減，而該監之額日增，牧地開墾之說，又不得舍該監而問戶部也。各等因到司準此，既經查明前來相應照來文具覆案呈到部。該臣等查得大明會典内一款，正德十六年，令該馬房倉王事查勘牧馬草場地土頃畝四至明白，每處量留數頃曬晾馬匹，其餘俱令軍民佃種，每畝徵銀三分，就令主事收管秋成照時估買草豆，本馬房支用此牧地徵銀之來歷也。又會典内一款，嘉靖八年，令各馬房馬匹照舊規牧放三個月，若有賣放買閒等弊，聽巡青科道及委官參究。此馬匹放青之來歷也。至各馬房牧地子粒徵銀多寡數目，則會計錄開載甚詳，福建司已臚列於前矣。夫馬匹放青三月，載在會典，未載有放有不放也。蓋放青則扣除草料，不放則坐支草料，科臣李覺斯親歷郊原知牧地之廣濶，蒿目京糧嗟芻豆之艱難，條議上請政以遵祖制，而復會典之舊業。蒙聖鑒有鑿鑿可行之旨，内外臣工所宜遵守。而各監執稱：有謂各馬一半放青三月，一半聽候御馬監調用者，又有謂原無牧地可放仍欲常川支料草者，又有謂壩大等七馬房牧地歸部徵租接濟京糧，今欲全去下場，戶部必還牧馬原地者，其說紛紜，致于聖聽，及查會計錄臣部徵銀地畝，萬曆六年之數已減，於嘉靖十三年之數，天啓二年之數又減，於萬曆六年之數，即該監修理公廨一頃，至用地二千七百七十一頃有奇，而雜占繕營等項又復在外，則部額日縮而監額日增，從可知矣。其云存留牧地歸部徵租實無考據，近年臣部雖有題請改撥，亦在臣部徵糧之内。科道條議開墾亦在原舊拋荒之内，與該監牧地無涉者，而奈何欲索牧地於臣部哉。祇緣各馬房牧地或以日久遺失，或以沙壓水占，以此久不放青，亦容有之。但查各場原存牧地共計一千八百八十四頃五十七畝，即令馬數萬匹亦不難牧，而況不滿數千耶。若擇馬少地多者，兩倉歸併一場牧放，亦自充然有餘，是在提督該監一撥派間耳。所可議者，各倉存留不放青馬一半，原謂聽御馬監調用，當年變更祖制，槩支草料，實起於此顧調用與否，事在監局，臣不與知，然祖制放青之例，恐不可緣此頓格也。必不得已除裏牛房仍常支料草外，其各馬房俱令放青三月，原存留一半者，姑比尋常料草減半支給，則調用靡悮，而祖制亦存矣。至於今年原未題，覆明白合照科臣之議，將上半年兩月照例補領，而下半年一月量行扣除，以為明歲之權輿可也。既經該監具題，并戶科抄參前來相應覆請，恭候命下，臣部行文該衙門一體欽遵施行，崇禎元年十一月十六日具題，本月二十日奉聖旨，這各馬房存留不放青馬一半，仍照常支給草料，以備調用。欽此。

明 陸粲《陸子餘集》卷五《陳馬房事宜疏》 臣等奉勑清查壩上等馬、牛、羊房頭畜。會同原差太監張鼎并户部分管委官主事賈璘等，親詣各倉場，案行該管官旗，將見在頭畜從實分别毛齒。印記來歷，具結開報，公同逐一查驗。除揀退不堪者，節經户、兵二部，題奉欽依變賣，并分給皇城四門等處擺隊應用外，見今實在馬、駝、驢、騾、牛、羊并駒犢共三千九百七十七匹頭隻。查得嘉靖六年，未奉明旨清查以前，户部原會派各倉場料草、大麥、豌豆、黑豆等料共一十八萬二千一百九十石，草四百九十六萬三千束。今臣等查點各項頭畜俱有實數，通計一年該用料三萬九千三百一十五石七斗八升，草九十萬一千五百八十四束。比之原數，該減料一十四萬二千八百七十四石二斗二升，草四百六萬一千四百十六束。已經造册奏繳，及造清册送憑會計，所據内外官員虛增妄報、濫冒侵欺情弊顯然。論法俱難輕貸。緣節奉勑旨，都免查究外，臣等看得自設立馬房以來，迨今百數十年，糜費侵漁，不知凡幾。根盤勢據，莫敢誰何。中間雖一清查，旋復沮壞，兹遇聖明在上，方勵精求治，虛已受言，無復曩時掣肘之患。故臣等叨承任使，得以粗效其愚，勉竣厥事。但目前之弊雖已稍除，而將來之憂未能逆料。苟非深思遠慮，立為經常一定之法，是塞其流而不清其源，豈久安之道哉。查得弘治年間給事中許天錫等清查事完，嘗條陳十有四事，該部題覆准行，不幸正德初年沮於權姦，行之未竟。臣等今據所奏參酌時宜，謹陳十事，上瀆聖聽，乞下該部看議采而行焉。庶幾宿弊可清久遠，有賴而於皇上惜財裕民之至意，或得以少裨萬一矣。臣等不勝惓惓懇切之至，緣係振餘財以足國恤民事，理具本開坐，謹題請旨。

計開

一、稽實數。臣等竊惟畜馬以資軍國之用，乃以衛民，非以病民也。今各馬房輸納錢糧，皆小民膏血之餘，而典牧者任意侵欺，浪費無極。計一馬豢養之資，何止破中人十家之産。蓋緣會派不稽其實數，放支盡出於内臣，是以其弊至此。乞勑該部通行各馬房經該官員，將臣等今次查過實在頭畜，逐一開寫毛色、口齒、印記、來歷，置立文簿，送部用印鈐記，付該管委官收掌。遇有孳生、倒死及該監取回發下等項馬匹，養馬官旗先行呈報，委官驗過，及報本倉，附簿明白，方准收除。各官攢遇每月赴部註銷之日，就將收除實數，呈報巡清科道官。其草料每月或五日、或十日一次，委官親自下倉，眼同内外官，明白放支，候至年終，科道官會同委官，親詣各倉場，通行查點造册送部以憑會計錢糧。庶實數有稽，宿弊可革，貪冒之徒無從而上下其手矣。

一、省虛費。臣惟引重致遠，馬牛之常性。今之所畜者，老死槽櫪，徒費豢養，而無一日之用，然使所支之芻料，盡為馬食，猶之可也。顧錢糧之糜費不貲，而馬牛之耗損益甚。一舉而兩失之，豈不尤可惜哉。訪得各馬房馬有支料八升，牛有支料，一斗及草二束者，以一馬牛而兼數馬牛之食，誠為浪費皆由内外官員假此多支，以為侵剋之資耳。臣等查照該部覆題及弘治年間給事中許天錫奏内事理，參酌損益，除耕藉牛曾經上用，其料草合行照舊關支，及三牛房牛隻，見令每隻日支料三升、草十斤，别無議處外，其西兒騾馬并擠乳馬定與料五升，餘馬俱各料四升，草一束、駱駝一隻與料六升、草一束，其各馬房存留牛隻并驢騾，俱照三牛房例，定與料三升、草十斤，已經照數造册進繳，合無定為定例，通行遵守。仍查弘治年，間該部原題事例，申明侵盜錢糧之禁，勑御馬、尚膳二監，轉行，提督太監等官，嚴督各該官員，今後馬牛在房務要加意飼秣。除天行時氣外，平時一月之間百匹之内倒死三匹以上者，將内外官軍醫獸条究送法司，治以重罪。如提督等官故縱容隱者，聽科道官指實条奏。使人知警畏，則錢糧不至虛費，而馬牛亦免横死矣。

一、免會派。臣等看得户部每年會派，各馬房料草俱行山東、河南、直隸，順天等府辦納，動以數百萬計，實用無幾，虛費居多。今臣等清查明白，頭畜已有定數，則錢糧宜從減省。況前項地方水旱災傷，科役繁重，合無勑該部將嘉靖七年會派之數，除已徵在官外，其未徵者，量與停止，或通融計算。准作以後年分之數，用紓久困之民。抑臣等又有欲言者，各馬房草場地土本為飼秣之資，頃年嘗遣官閱實計有地三萬三千餘頃，其子粒所入，姑以一畝三分計之，已踰十萬兩之數。假令歲收其半，亦自足用。比奉明旨差官勘用，處置合候完報之日，令該部計處，每年芻料取給於此，其會派之數，盡行蠲除，以後更不必重徵。伏惟皇上不惑羣議，斷然行之，凋瘵遺黎，不勝幸甚。

一、減旗軍。看得各馬房旗軍俱從騰驤等衛所摘，撥在房專一喂養頭畜。近該戶部覆題，要將多餘之數照先年事例，發回原衛所差、操。臣等查得各房見在旗軍共四千四十九名，其間役占買閑比比皆是。如壩上馬房，止有馬牛等畜共二百三十三匹頭、隻，卻有軍六百六十一名，冗濫至此極矣。夫設軍以為馬也，今馬少軍多，將安用之？且如湖渠馬房先有牛馬等畜共七百五十四匹頭、隻，今除揀退外，尚有四百九十九匹頭、隻。然軍士止九十二名。亦不聞有缺少之患，舉此一處以例其餘，則空閑者之多可知矣。國家養軍，歲費糧賞，不知凡幾。豈容置之無用之地，以供私役哉？如蒙勅下該部，將各馬牛羊房軍士盡行查出，照湖渠馬房例，視其馬之多寡，量為存留，其餘悉依原擬，發回衛所差操。俾行伍充實，牧圉專精，彼此實為兩便。

一、處牛羊。查得弘治十七年給事中許天錫等奏內稱：西琉璃廠羊房牲口不多，用一乘田小吏課五尺童數人牧之有餘。今本房添設管事官員數多，草場地土占種殆盡，日支料草剋減無遺，養牲旗軍及民戶私役買閑，頻年糜費財力。養此瘦小牲口，直至倒死方送光祿寺。皮肉潰壞，不堪祇待。本房官員又恐死盡無憑關支料草，以為侵剋之媒，間令軍民私自買補。或有孳生，亦將冒頂舊數，多係羸小犢，日以就斃，牲口既無實用，錢糧又復虛糜，深可痛惜。乞勅該衙門，將見在牛羊，作急取用，免致倒死，靠損公私。草場地土，照牛房例，給軍佃種。銀兩付司局收貯，以備光祿寺支買牲口。應用民戶，發回該縣當差，及看得司牲司、司牲局俱在一處，事務甚簡，合將衙門歸併，或裁減官吏，行令帶管等因，臣等今次查點本房見在牛羊四百七十七隻，據司局官吏開報，俱係光祿寺遞年發下寄養。臣等目擊其羸弱之狀，甚至甫出闌圈，即已僵仆而死者有之。審得其間情弊，誠如給事中許天錫所言，除將牛羊量行揀退，照依兵部題准事理，送順天府變賣，其存留者，將來瘦損倒死，勢所必至。宜令光祿寺及時取用，仍戒飭本寺，今後遇有解納牲口，務要揀選膘壯者收用，其不堪者退回變易，或仍責令本戶領牧，不必發下寄養，以滋耗費之端。其餘若給種地土，發回民戶，減革衙門官吏。乞下該部查議，悉照原奏施行。其於國計，誠非小補。

一、嚴買補。據蓄牧千戶所千戶蘇鏞呈稱，東直門裏外牛房，并吳家駝牛房，養牲擠乳，供應膳羞。先年遇有牛隻倒死，負累軍人陪補。成化十四年，該所千戶郝端題准，將外牛房并吳家駝牛房草場開墾，與軍耕種，每年徵收子粒銀一千二百五十兩，俱本所收貯。遇有牛隻倒死，就行買補。惟存湯山草場，以為牧放之地。正德三等年該尚膳監太監張裕題准，將湯山牧羊草場開墾一半，徵收銀兩，修理公廨，續該太監王誠又將外牛房并吳家駝牛房二處地畝銀兩，俱徵在監收貯。本所官員並無干預等因，臣等查點過三牛房見在牛共四百五十隻。其間瘦損者不可勝計，徒費料草而無實用。緣前項子粒銀兩歸之內監輸納，既無簿籍可稽，領買又有剋減之弊。內外官員遞年買補隻，專取瘦小者以充數。既利其價賤可以花銷，又幸其倒死重復買補。此其弊端誠不可不嚴為禁革。乞勅該部仍照先年事例，將前項地畝并湯山草場子粒銀兩俱令本所自行收貯，置立卷籍，自今年為始，將徵收并支用過銀兩、買補過牛隻數目，明白開寫。科道官每年終查點頭畜之時，通行稽考。如有侵剋那移等項情弊，從重參究，其買補牛隻今後務令收糧主事，眼同本所掌印官擇取膘壯有乳大牛，不許將瘦小者攙價收買臣等。又看得壩上壩南壩東、金盞兒甸義河北高湖渠、七馬房、各有牛隻，除揀退不堪外，其間略有膘息者，量留七十隻。但馬房本為畜馬，而以養牛，既非所宜，況此牛又不擠乳，供應誠為無用，合無行前項馬房，將存留牛隻揀選內有堪以擠乳者，送裏牛房，其餘俱送光祿寺應用。以後但有牛隻，俱照前處置。庶幾不糜有用之財，以養無益之物矣。

一、革冗員。看得各馬牛羊房俱設有內官管理，馬匹錢糧每處或七八員，或十餘員，其多者至二十餘員。馬少官多，十羊九牧，徒為煩擾。且今頭畜更減於前，錢糧不多，官亦宜省。乞勅該部，查正統等年間各馬房原設內臣額數，如有馬少官多去處，量為裁革，養馬指揮千百戶員數過多者，一體查明，發回本衛所，聽候差操。其內臣之中，豈無賢能有志向上者？宜令提督并巡視倉場科道官察其勤能廉靜者，具奏旌擢。怠玩貪刻者，指實奏聞處治。

每年終仍計其畜産之繁耗，以為殿最。懲勸既明，則人知激勵。是亦修舉馬政之一助也。

一、禁饋遺。訪得提督等官每年點視馬匹，所至内外管事人員，盛設酒席欵待。及饋送茶果錢多至百數十萬，其跟隨識字人役，亦各得分例錢，習以為常。自上而下，交相征取，苟非掊剋侵欺，其財何所自至，是以徵收子粒則刻剥佃户，收納料草則勒捐商人。虚增妄報，百計侵漁，其源皆起於此。今馬匹錢糧既有實數，此弊或將不禁自革，然當積弊大壞之餘，而為改弦易轍之舉，立法不可不嚴。慮患不可不至，宜勅該衙門通行禁約，今後敢有仍蹈前弊者，科道官及緝事衙門指實条奏，處以重法。臣等又訪得每年馬匹下場牧放，承委官員於各州縣僑户需索銀兩，遞年為害非淺，合無今後但遇下場時月，該部先行奏請，出榜曉諭，有似前需索者，嚴加懲治，則人心知警，而弊端可絶矣。

一、謹防範。臣惟印烙馬牛，所以分别公私，防閑詐偽，關繫不為不重。頃者臣等查點過各房馬牛，雖稱有環吉、三尖等字様，其實通無印號。間有一二，亦多細淺模糊，而太監閻洪奏乞存留，乃假印號相雜為辭。臣等嘗據所見以折之矣。比聞天閑在内者，亦有盜易之弊。若使防範果嚴，豈應有此？今見在頭畜已經臣等奏請，重加盪烙。此後如有各處貢賀及新收孳生馬匹，俱乞及時印烙。每二年或三年一次，提督官通行點視，但有文理細淺者，即為照前再印，庶幾真偽可辨而姦弊不生矣。

一、立公署。看得各馬房錢糧，户部設有主事分管。緣倉場去京或在百里之外，俱無公署可居。各官逐月下倉寓宿内臣私宅。本倉官攢亦無廨宇，每遇收糧隨同主事到彼賃住民房，或一二日事畢，旋即回京。以致錢糧之出納通不經手。馬牛之肥瘦，邈不相關。揆諸事體，深為未便。切見近日在京尼寺拆毁數多，變賣未盡。合無量為拆卸前去馬房蓋造公廨，以為各官次舍之所，并官攢亦各造與房屋，就彼居住，以便收支，庶不往來道途，致悮公務。

明　黄克纘《數馬集》卷三《議將曹州馬場變價以免貽累小民疏萬曆三十三年正月》

題爲馬場原係妄獻小民受累難堪乞準變價以免貽害事，准礦税太監暨禄手本為仰遵明旨不敢瀆辭等事，内稱：山東曹州，原有題準皇莊馬場一處，年例解有地畝租銀，當何議處等因到臣行。據山東布政使司呈，據兗州府申，據曹州申稱，查得皇莊馬場之地七頃二十五畝八分一釐三毫七絲，原係民地，於二十八年四月，内陳監委官孫士弘妄作官地投獻陳增題允，每年除去條鞭銀十兩七錢五分零，改納租銀五十兩八錢六釐九毫一絲，着令原地主李龍等四十二家佃種等因，到府具申到司，為照馬場地原係民地，始因陳監誤聽委官孫士弘之揑詞，將前地獻為皇莊馬場，改民地為官地，除去條鞭，每年議納租銀五十兩八錢零，今該州因佃地人户賠累難支，欲將前地變價照舊改為民地，乃為國恤民至意。況馬騾俱已不用前銀，止聽有司徵解，應照該州所估價值變賣，合候本院裁酌具題等因，到臣例應會題，但舊按臣嚴已經復命，新按臣未至地方。該臣看得，曹州原無馬場，因陳增委官孫士弘與鄉隣有隙欲嫁之禍，遂將李龍沈君仁等受産民地七頃二十五畝八分零，作爲官地投獻。於增朦朧具題議作馬場，每年除去條鞭，而納租銀，其費視納正糧多至五倍，致業主四十二家累死及逃亡者十四家矣。今增已敗亡，孫士弘罪惡貫盈，亦蒙逮繫錦衣獄，乃知聖主明竝日月昔之聽，增妄奏者忽而不察也。今之監禁士弘者，罪其欺罔也。據理而論，則馬場本係民地，宜還之於民，不必令其納價，但小民惟求永脱百年之害，不敢愛惜百金之費，衆户均攤自愿，納價二百一十七兩七錢四分，及未完租銀五十兩八錢，蓋思普天之土莫非王土。即民地亦皇上有也。既已入於公家，豈敢無故而私得之萬一，後此又有奸民如孫士弘者，因而訐奏以為侵占官地，是貽禍於將來，未有已時故納價之請，其情可原也。亦可哀也。卽税監暨禄亦深，以爲宜變價，而以地還民，無非奉揚德音，而為主市義於民耳。既經該司查議，前來相應具題，伏乞勅下户部再如覆議上請，合無准將前地變銀，仍令佃户李龍等承買，照舊改為民地，歸入條鞭。其李龍等未完三十三年分租銀五十兩八錢六釐一毫一絲，與前地價共銀二百六十八兩五錢五分一釐二絲，行臣一併追完解監，類進爲此具本，專差承差楊桂齎捧謹題請旨，此地今歸小民訖。

綜述

明　雷禮《南京太僕寺志》卷九《監厩棚房營簷》

在本寺左、右、前、後，坐落不等。卷查洪武六年六月二十二日為起，蓋馬神等廟事，本寺承准工部故牒，准兵部關二道前事。一道准太僕寺牒呈，爲照本寺創蓋馬神等廟，并栢子龍潭王廟二所。見今興工起蓋，外據馬房二十間，止撥到一十間，木植到彼其餘未見發來，牒上關請施行。一道太僕寺牒備木匠作頭任德名等呈，蒙將作司差撥德名同瓦匠土工一十三名，前到滁州起造，爲見工程浩大，人匠數少，本州見發人匠三名到場，止會箍桶不能造作，彼處亦無坵匠，誠恐失悞，工程不便開坐各匠數目，牒上關請施行准此行間，又准太僕寺牒文二道，亦爲前事照得先為欽依起蓋馬神等廟，已經定擬間架勘合，龍江衛元收各衛公解內撥付正廳洎水廊屋外，據馬棚於各衛公廨廊房木料撥付一十間，成造去訖續。據將作司申已將各項人匠責付作頭任德名收管，前去滁州蓋造，又經劄下滁州，更爲將本州槩管人匠差撥，與同差去官匠行移原委官提督并工攢造起蓋，先將工程次第申報前去，今准前因再照上項馬房，擬合劄下，將作司計置成造外，據人匠一節，仍行本司添撥，爲此除劄下將作司差撥工匠前去，併工蓋造，及計置馬房一十間物料成造外，合行故牒可照驗催促，原委官更爲添撥工匠人等蓋造施行。至正德九年少卿文森查出刻石存後，今馬房俱廢爲空地，係看守獸醫人等種植，除年久被軍民侵占不可詰究外，其查見存地土凡十五段，一坐落寺東墻外，大小三十坵，計二十七畝零一釐。及菜圃二片，計五畝二分。東至官地住民，傅家園柳堤行。路南至官地何千户墳，所并醫獸王彥朝居，民武欽等官地住屋。西至官廳并冷舖，及本寺大墻。北至水溝，及傅家墳地。一坐落寺後，寬一十一畝三分八釐，東至水溝，南至本寺大墻。西至冷舖及民李家地。北至白指揮黄義官地溝塹。一坐落寺前，西計一畝五分五釐八毫，及田畔北菜土計三畝二分。旱地計一十二畝七分二釐五毫。東至官廳及行路，南至官地岡子集場。西至官地居民楊成屋前地埂。北至本寺田塍。西至官地住民陳鸞地埂。南至栢子林大路。北至馬神廟。大路又地三段，前街。一坐落寺前右大路，上計一十六畝三分四釐。東至官地住人孫鳳屋前計一十五畝八分八釐六毫。東至寺墻，南至水溝，西至龍泉寺僧人種地，北至岡子并李家空地。一坐落寺前橘西，計二坵約二畝五分六釐。東至寺前石橋，西至官地民劉弼種地，南至大路，北至水溝。一坐落馬神廟前，計二坵約一畝九分八釐三毫。并地五段約三十九畝四分。東至官地住民楊成屋前地埂，南至栢子林大路，西至官地軍餘陳良園塹，北至太路下水溝。一坐落寺前，岡子下官地市民趙選等住屋後，計二段約寬一十九畝八分，并地畔田三坵計二畝六分二釐四毫。東至官地盧家園，及瓦窑。西至本寺田地埂，南至水溝，北至官地住人趙選等住屋。一坐落本寺東南，計三段約一十八畝五分，并田三坵約二畝六釐二毫。東至本寺田塍地埂，南至水溝及民胡明田，西至胡明胡寶田，北至盧家墳官地。一坐落寺西，買于家地計二十三畝。東至寺，西至馬神廟，北至行路，南至翁家墳。

明 張學顔《萬曆會計録》卷三六《馬房牧地》

原額嘉靖拾叁年科道清查□。

御馬監并壩大等貳拾馬房上下草場，及馬神廟香火地共伍拾柒處，共地叁萬壹千伍百伍拾玖頃肆拾玖畝柒分貳釐零，内除雜占地叁千壹百叁拾叁頃壹拾陸畝壹分肆釐零，存留牧馬地壹千捌百捌拾肆頃伍拾柒畝，例不徵銀，修繕馬營地壹百叁拾頃，係各場自收修理。又除漷縣黄場舖草場地壹拾柒頃柒拾貳畝，以為大馬往回駐牧之地。又除寶坻縣免南草場民人李奉等地，叁拾陸頃外，實在地貳萬陸千叁百伍拾捌頃肆畝伍分柒釐零。

本部徵銀地共貳萬壹千柒百伍拾柒頃貳拾肆畝捌分玖釐零，各徵銀不等，共銀伍萬貳千捌百捌拾捌兩玖分叁釐零。夏税壹分，銀壹萬柒千陸百叁拾貳兩柒錢玖分陸釐玖毫零，秋糧貳分，銀叁萬伍千貳百陸拾伍兩叁錢玖分陸釐柒毫零。

本監徵銀修理公廨地肆百叁拾頃，每畝徵銀叁分，共銀壹千貳百玖拾兩。徑赴本監交納，未經召佃并拋荒鹹薄等地，共肆千壹百柒拾頃陸拾玖畝陸分捌釐零。後不細聞。

見額萬曆陸年報部冊數。

御馬監并壩大等貳拾馬房各項徵銀地，共貳萬貳千肆百捌拾頃伍拾伍畝叁分壹釐零。

本部徵銀地壹萬玖千柒百玖頃伍拾畝玖分捌釐零，各則徵銀不等，共該銀肆萬陸千捌百柒拾玖兩壹錢肆分叁釐零。

本監修理公廨地貳千柒百柒拾壹頃肆畝叁分叁釐零，共該徵銀捌千叁百壹拾叁兩壹錢叁分零。本馬房徑自徵收。

通州馬房地共陸處

鄭村壩大馬房上場壹處，原額地柒百陸拾貳頃肆拾畝肆分壹釐零，除雜占并分撥宛大貳縣外，部徵地捌拾肆頃壹拾玖畝壹分伍釐，共銀貳百伍拾貳兩伍錢柒分肆釐伍毫。修理地壹拾玖頃柒拾伍畝，共銀伍拾玖兩貳錢伍分。見額部徵地共玖頃叁拾壹畝壹分，共銀貳拾柒兩玖錢叁分肆釐伍毫，修理地玖拾柒頃陸拾叁畝，共銀貳百玖拾貳兩捌錢玖分。

壩東馬房上場壹處，原額地貳百貳拾壹頃壹拾畝捌分。內部徵地，玖拾柒頃陸拾陸畝玖釐。共銀貳百玖拾貳兩玖錢捌分貳釐零，修理地貳拾頃，共該銀陸拾兩。見徵修理地壹百壹拾玖頃壹畝伍分玖釐，共銀叁百伍拾柒兩肆分柒釐柒毫。

駒子馬房上場壹處，即壩上南倉。原額地叁百貳拾伍頃肆拾玖畝貳釐零，除分撥大興縣外，部徵地壹百壹拾壹頃柒畝貳分陸釐零。共銀叁百叁拾叁兩貳錢壹分柒釐零，修理地柒頃壹拾玖畝共銀貳拾壹兩伍錢柒分。見額部徵地壹拾叁頃伍拾畝柒分，共銀肆拾兩伍錢貳分壹釐。修理地壹百壹拾玖頃捌拾玖畝，共銀叁百伍拾玖兩陸錢柒分。

金盞馬房上場壹處，原額地壹百捌拾壹頃玖拾玖畝捌分貳釐零。除雜占外，部徵地捌拾壹頃貳拾捌畝柒分肆釐伍毫，共銀貳百肆拾叁兩捌錢陸分貳釐零。修理地貳拾頃，共銀陸拾兩。見額修理地壹百壹頃貳拾捌畝柒分肆釐零，共銀叁百叁兩捌錢陸分貳釐零。

義河馬房上場壹處，原額地貳百陸拾伍頃叁拾柒畝貳分叁釐零。除雜占外，部徵地壹百壹頃捌拾貳畝貳分叁釐零，共銀叁百伍兩肆錢陸分。修理地肆拾頃，共銀壹百貳拾兩。見額部徵地叁拾伍頃貳拾伍畝貳分叁釐零，共銀壹百伍兩柒錢伍分陸釐玖毫零。修理地壹百陸頃伍拾柒畝，共銀叁百壹拾玖兩柒錢壹分。

北高馬房上場壹處，原額地肆百柒拾捌頃肆拾伍畝捌分貳釐零，除雜占并分撥宛平縣外，部徵地玖拾陸頃貳拾陸畝玖分，共銀貳百捌拾捌兩捌錢柒釐。修理地玖頃伍拾叁畝伍分，共銀貳拾捌兩陸錢伍釐。見額部徵地壹拾柒頃捌拾畝柒分，共銀伍拾叁兩肆錢貳分壹釐。修理地捌拾捌頃貳拾陸畝貳分，共銀貳百陸拾肆兩柒錢捌分陸釐。

宛平縣馬房貳處，原係通州分撥之數。

鄭村壩大馬房壹處，原額部徵地陸拾捌頃共銀貳百肆兩。修理地叁頃捌拾肆畝，共銀壹拾壹兩伍錢貳分。見額部徵地伍頃叁拾伍畝共銀壹拾陸兩伍分，修理地陸拾陸頃肆拾玖畝，共銀壹百玖拾玖兩肆錢柒分。

北高馬房壹處，原額部徵地壹百肆拾頃壹拾叁畝伍分貳釐零，共銀肆百貳拾兩肆錢伍釐零。修理地叁拾頃肆拾陸畝伍分，共銀玖拾壹兩叁錢玖分伍釐。見額部徵地陸拾玖頃肆畝陸分貳釐，共銀貳百柒兩壹錢叁分捌釐零。修理地壹百壹頃伍拾伍畝肆分，共銀叁百肆兩陸錢陸分貳釐。

大興縣馬房貳處，原係通州分撥之數。

壩大馬房壹處，原額部徵地玖拾捌頃玖拾陸畝，共銀貳百玖拾陸兩捌錢捌分。修理地壹拾陸頃肆拾壹畝，共銀肆拾玖兩貳錢叁分。見額部徵地貳拾肆頃玖拾陸畝陸分，又查丈出地陸拾畝共貳拾伍頃伍拾陸畝陸分，共銀柒拾陸兩陸錢玖分捌釐。修理地玖拾叁頃貳拾叁畝，共銀貳百柒拾玖兩陸錢玖分。

駒子馬房壹處，原額部徵地捌拾捌頃叁拾玖畝叁分陸釐零，共銀貳百陸拾伍兩壹錢捌分捌毫零。修理地壹拾貳頃捌拾壹畝，共銀叁拾捌兩肆錢叁分。見額修理地壹百叁頃壹拾貳畝，共銀叁百玖兩叁錢陸分。

薊州馬房地共伍處。

北草場馬房下場壹處，原額地伍百壹拾叁頃捌拾陸畝玖分玖釐零，除雜占外，部徵地伍百壹拾叁頃壹拾肆畝壹分壹釐零，共銀壹千壹百貳拾兩陸錢肆分柒釐玖毫零。見額部徵地伍百壹拾叁頃壹拾肆畝壹分壹釐零，共銀壹千壹百貳拾兩陸錢肆分柒釐零。

兔東馬房下場壹處，原額地捌百伍拾壹頃柒拾畝肆分陸釐零。除雜占外，部徵地捌百肆拾伍頃壹拾陸畝貳分壹釐零，共銀壹千柒百伍拾貳兩貳錢肆分陸釐伍毫零。見額部徵地捌百肆拾伍頃壹拾陸畝貳分壹釐零，共銀壹千柒百伍拾貳兩貳錢肆分柒釐。

兔西馬房下場壹處，原額地貳百肆拾陸頃伍拾柒畝伍分貳釐零。除雜占外，部徵地貳百肆拾肆頃玖拾貳畝捌分壹釐零。內實徵地貳百叁拾伍頃陸拾捌畝叁分壹釐零，共銀伍百壹拾肆兩陸錢柒毫零。見額部徵地貳百叁拾伍頃陸拾捌畝叁分壹釐零，共銀伍百壹拾肆兩陸錢柒毫零。

張家莊馬房下場壹處，原額地壹千伍拾陸頃玖拾柒畝伍分伍釐零。除雜占外，部徵地玖百柒拾叁頃陸拾陸畝陸分陸釐零。內實徵地玖百陸拾肆頃貳拾叁畝陸分捌釐，共銀貳千貳百柒拾貳兩玖錢壹釐零。見額部徵地玖百陸拾肆頃貳拾叁畝陸分錢釐，共銀貳千貳百柒拾貳兩玖錢壹分玖毫零。

楊家橋馬房下場壹處，原額地捌百肆拾壹頃叁拾柒畝壹分陸釐零。除雜占外，部徵地柒百陸拾陸頃玖拾貳畝陸分貳釐零。內實徵地柒百伍拾肆頃叁拾叁畝玖分陸釐零，共銀宮千陸百肆拾壹兩捌錢壹分柒釐貳毫零。見額部徵地柒百伍拾肆頃叁拾叁畝玖分陸釐零，共銀壹千陸百肆拾壹兩捌錢壹分柒釐天柱馬房下場貳處，原額共地壹千伍拾頃柒拾貳畝壹分零，除雜占拋荒外，部徵熟地伍百陸拾貳頃壹拾柒畝貳釐，共銀壹千陸百捌拾陸兩伍錢壹分陸毫。見額部徵地伍百陸拾玖頃捌拾肆畝壹分陸釐，共銀壹千柒百玖兩伍錢貳分肆釐捌毫。

湯山馬房下場貳處，原額共地壹千壹百陸拾叁頃柒拾伍畝壹釐零，除雜占拋荒外，部徵熟地伍百貳拾陸頃柒拾陸畝貳分貳釐，共銀壹千伍百捌拾兩貳錢捌分陸釐陸毫。見額部徵地伍百貳拾陸頃柒拾陸畝貳分貳釐，共銀壹千伍百捌拾兩貳錢捌分陸釐陸毫。

兔南馬房下場貳處，原額共地肆百壹拾玖頃柒畝貳分肆釐零，除雜占拋荒外，部徵熟地叁百陸拾伍頃肆拾柒畝陸分叁釐，共銀壹千玖拾陸兩肆錢貳分捌釐玖毫。見額部徵地叁百陸拾伍頃肆拾柒畝陸分叁釐，共銀壹千玖拾陸兩肆錢貳分捌釐玖毫。

兔北馬房下場壹處，原額地壹千壹百捌拾柒頃柒拾柒畝玖分玖釐零，除雜占拋荒外，部徵熟地玖百壹拾頃壹拾肆畝柒分叁釐零，共銀貳千柒百叁拾兩肆錢肆分貳釐零。見額部徵地玖百壹拾頃壹拾肆畝柒分叁釐零，共銀貳千柒百叁拾兩肆錢肆分貳釐。

昌平州馬房地共陸處

黃土馬房上場壹處，原額地伍百柒拾頃伍拾伍畝壹分伍釐，除雜占外，部徵地肆百柒拾叁頃肆拾叁畝捌分壹釐零，共銀壹千肆百貳拾兩叁錢壹分肆釐零，修理地貳拾頃共銀陸拾兩。見額部徵地叁百肆拾叁頃伍拾柒畝捌分壹釐零，共銀壹千叁拾兩柒錢叁分肆釐零，修理地壹百肆拾玖頃捌拾陸畝，共銀肆百肆拾玖兩伍錢捌分。

鄭家莊馬房上場貳處，原額共地陸百肆頃伍拾壹畝捌分玖釐零，除雜占外，部徵地肆百肆拾柒頃玖拾陸畝，共銀壹千叁百肆拾叁兩捌錢捌分貳釐，修理地貳拾頃，共銀陸拾兩。見額部徵地貳百玖拾捌頃玖拾陸畝壹分貳釐零，共銀捌百玖拾陸兩捌錢捌分叁釐，零修理地壹百陸拾玖頃，共銀伍百柒兩。

湯山馬房上場貳處，原額共地貳百柒拾貳頃壹拾叁畝陸釐零，除雜占拋荒外，部徵地捌拾叁頃貳拾柒畝玖分陸釐，共銀貳百肆拾玖兩捌錢叁分零，修理地貳拾頃，共銀陸拾兩。見額部徵地壹拾伍頃肆拾陸畝貳分柒釐零，共銀肆拾陸兩叁錢捌分捌釐，修理地捌拾玖頃叁拾伍畝柒分，共銀貳百陸拾捌零。

玉田縣馬房地共叁處

兔南馬房下場壹處，原額地伍百柒拾伍頃玖拾捌畝叁分叁釐零。除雜占外，部徵地肆百玖拾伍頃肆拾肆畝捌分叁釐零。內實徵地貳百柒拾伍頃叁拾肆畝伍分，共銀肆百玖拾叁兩伍錢壹分伍釐。見額部徵地貳百柒拾伍頃叁拾肆畝伍分，共銀伍百壹拾叁兩叁錢玖分陸釐零。

官莊馬房下場壹處，原額地叁千伍百玖拾玖頃叁拾肆畝肆分貳釐零。除雜占外，部徵地叁千伍百柒頃伍拾叁畝捌釐零。內旁徵熟地貳千玖百陸拾叁頃壹拾陸畝柒分，共銀伍千叁百伍拾玖兩叁分柒釐。見額部徵地貳千玖百陸拾叁頃壹拾陸畝柒分，共銀伍千叁百伍拾玖兩叁分柒釐。

湖渠馬房下場壹處，原額地伍百肆拾肆頃叁拾玖畝。除雜占外，內部徵地貳百玖拾柒頃壹分肆釐，共銀伍百玖拾肆兩貳釐捌毫。見額部徵地貳百玖拾柒頃壹分肆釐，共銀伍百玖拾肆兩貳釐。

寶坻縣馬房地共拾壹處。

駒子馬房下場壹處，原額地壹千壹百壹拾玖頃伍畝叁分玖釐零，除雜占并荒外，部徵成熟地伍百肆拾肆頃柒拾貳畝貳分陸釐，共銀壹千陸百叁拾肆兩壹錢陸分捌釐捌毫。見額部徵地陸百陸拾玖頃捌拾捌畝捌分貳釐，共銀貳千玖兩陸錢陸分肆釐陸毫。

金盞馬房下場壹處，原額地壹千柒拾貳頃叁拾陸畝陸釐零。除雜占拋荒外，部徵熟地并水退堪種地共陸百貳拾伍頃玖拾伍畝壹分零，共銀壹千捌百柒拾柒兩捌錢伍分叁釐零。見額部徵地陸百貳拾伍頃玖拾伍畝壹分零，共銀壹千捌百柒拾柒兩捌錢伍分叁釐零。

義河馬房下場壹處，原額地捌百貳拾頃貳拾貳畝叁分肆釐零，除雜占拋荒外，部徵熟地伍百叁拾壹頃貳拾壹畝貳分伍釐零，共銀壹千伍百玖拾叁兩陸錢叁分柒釐零。見額部徵地伍百叁拾捌頃伍拾叁畝肆分肆釐零，共銀壹千陸百壹拾伍兩陸錢叁釐零。

北高馬房下場壹處，原額地叁百肆拾玖頃壹拾壹畝玖分零除，雜占拋荒外，部徵熟地壹百肆拾頃叁拾玖畝玖分叁釐，共銀肆百貳拾壹兩壹錢玖分柒釐玖毫。見額部徵地貳百叁拾貳頃陸拾叁畝壹分玖釐零，共銀陸百玖拾柒兩捌錢玖分伍釐零。

兩柒分壹釐。

湖渠馬房上場壹處，原額地柒拾伍頃伍拾畝伍分，除雜占外，部徵地貳拾伍頃伍拾畝伍分，共銀柒拾陸兩伍錢壹分伍釐。見額部徵地肆頃陸拾畝，共銀壹拾叁兩捌錢陸分，修理地肆拾頃捌拾捌畝伍分，共銀壹百貳拾貳兩伍分伍釐。

順義縣馬房地共肆處

天柱馬房上場壹處，原額地肆百陸頃肆拾肆畝伍分貳釐零，除雜占外，部徵地壹百柒拾柒頃伍拾陸畝叁分壹釐零，共銀伍百叁拾貳兩陸錢捌分玖釐零。修理地叁拾頃，共銀玖拾兩，見額部徵地捌拾肆頃玖拾伍畝叁分壹釐零，共銀貳百伍拾肆兩捌錢伍分玖釐零，修理地壹百伍拾貳頃柒拾畝，共銀肆百伍拾捌兩壹錢。

北草場馬房上場壹處，原額地玖百壹拾壹頃陸拾捌畝叁分貳釐零，除雜占抛荒外，部徵地伍百伍拾肆頃伍拾叁畝捌分玖釐零，共銀壹千陸百陸拾叁兩陸錢壹分陸釐零，修理地貳拾頃，共銀陸拾兩。見額部徵地叁百玖頃柒拾叁畝壹分伍釐零，共銀玖百貳拾玖兩壹錢玖分肆釐，修理地叁百貳頃壹拾玖畝貳分，共銀玖百陸兩伍錢柒分陸釐。

兔南馬房上場壹處，原額地肆百壹拾叁頃捌拾肆畝叁分柒釐零，除雜占抛荒外，部徵熟地貳百柒頃捌拾伍畝壹分柒釐零，共銀陸百貳拾叁兩伍錢伍分伍釐零。已經承佃地壹拾玖頃叁拾叁畝肆分玖釐，共銀伍拾捌兩肆釐零，修理地貳拾頃，共銀陸拾兩。見額部徵地壹百貳拾柒頃壹拾捌畝陸分陸釐零，共銀叁百捌拾壹兩伍錢伍分玖釐零，修理地壹百貳拾頃，共銀叁百陸拾兩。

兔北馬房上場壹處，原額地肆百伍拾柒頃捌拾叁畝，除雜占外，部徵地叁百貳拾叁頃肆畝貳分零，共銀玖百陸拾玖兩壹錢貳分陸釐零，修理地貳拾頃，共銀陸拾兩。見額部徵地貳百貳拾叁頃肆畝貳分貳釐零，共銀陸百陸拾玖兩壹錢貳分陸釐零，修理地壹百貳拾頃，共銀叁百陸拾兩。

三河縣馬房地共陸處

兔東馬房上場壹處，原額地捌百伍拾肆頃玖拾伍畝捌分叁釐，除雜占抛荒外，部徵熟地伍百玖拾肆頃貳拾玖畝肆分柒釐零，共銀壹千柒百捌拾叁兩捌錢捌分肆釐零，已經承佃地壹拾柒頃柒拾捌畝柒分，共銀伍拾叁兩叁錢陸分叁釐，修理地貳拾頃，共銀陸拾兩。見額部徵地伍百貳拾壹頃陸拾壹畝肆分柒釐零，共銀壹千伍百陸拾肆兩捌錢肆分肆釐零，修理地壹百貳拾頃，共銀叁百陸拾兩。

兔西馬房上場壹處，原額地柒百伍拾玖頃玖畝伍分陸釐零，除雜占抛荒外，部徵熟地陸百叁頃壹拾陸畝壹分陸釐零，共銀壹千捌百玖兩肆錢捌分肆釐零，修理地貳拾頃，共銀陸拾兩。見額部徵地伍百貳拾叁頃肆拾陸畝壹分陸釐零，共銀壹千伍百柒拾兩叁錢捌分肆釐玖毫零，修理地壹百伍拾頃，共銀肆百伍拾兩。

兔南馬房上場壹處，原額地叁百貳拾貳頃壹拾壹畝柒分壹釐零，除抛荒外，部徵熟地叁百壹拾伍頃陸拾壹畝柒分壹釐零，共銀玖百肆拾陸兩捌錢伍分壹釐零。見額部徵地叁百壹拾伍頃陸拾壹畝柒分壹釐零，共銀玖百肆拾陸兩捌錢伍分壹釐零。

張家莊馬房上場壹處，原額地壹百捌拾頃陸拾捌畝壹分捌釐零，除雜占抛荒外，部徵熟地壹百頃肆拾伍畝肆釐零，共銀叁百壹兩叁錢伍分壹釐零，修理地貳拾頃，共銀陸拾兩。見額部徵地伍頃叁拾畝伍分，共銀壹拾伍兩玖錢壹分伍釐，修理地壹百貳拾頃，共銀叁百陸拾兩。

峪口楊家橋馬房上場壹處，原額地壹百玖拾叁頃肆拾陸畝壹分壹釐零，除雜占抛荒外，部徵熟地壹百壹頃叁拾陸畝叁分叁釐零，共銀叁百肆兩捌分玖釐零，修理地貳拾頃，共銀陸拾兩。見額部徵地壹拾貳頃伍拾肆畝柒分，共銀叁拾柒兩陸錢肆分壹釐，修理地壹百貳拾頃，共銀叁百陸拾兩。

峪口官莊馬房上場壹處，原額地貳百肆拾貳頃叁畝肆分捌釐零，除雜占抛荒外，部徵熟地壹百肆拾貳頃貳拾柒畝叁分柒釐零，共銀肆百貳拾陸兩捌錢貳分壹釐零，修理地貳拾頃，共銀陸拾兩。見額部徵地陸拾玖頃肆拾陸畝壹分柒釐零，共銀貳百捌兩叁錢捌分伍釐零，修理地壹百貳拾頃，共銀叁百陸拾兩。

香河縣馬房地共貳處

金盞馬房下場壹處，原額地壹百頃捌拾肆畝玖分叁釐零，除雜占抛荒外，部徵熟地玖拾捌頃玖拾伍畝柒分捌釐壹毫零，共銀貳百玖拾陸兩捌錢柒分叁釐貳毫零。見額部徵地玖拾捌頃玖拾伍畝柒分捌釐零，共銀貳百玖拾陸兩捌錢柒分叁釐零。

兔北馬房下場壹處，原額地貳百捌拾陸頃陸拾畝貳分玖釐零，除雜占抛荒外，部徵熟地貳百陸拾玖頃陸分陸釐零，共銀捌百柒兩壹分玖釐玖毫零。見額部徵地貳百陸拾玖頃壹拾玖畝捌分陸釐零，共銀捌百柒兩伍錢玖分伍釐零。

灤縣

馬房壹處，原額地貳拾捌頃貳畝肆分陸釐零，內除本監奉例撥給地壹拾柒頃柒拾貳畝，以為大馬往回駐牧外，部徵地陸頃玖拾畝捌分壹釐零，共銀貳拾兩柒錢貳分肆釐零。見額部徵地玖頃捌拾肆畝捌分伍釐零，共銀貳拾玖兩伍錢肆分伍釐零。

武清縣馬房地共拾壹處

在監大馬房下場壹處，原額地柒百叁拾壹頃捌拾柒畝肆分捌釐零，除雜占外，部徵地陸百陸頃捌拾畝伍分貳釐零，共銀壹千壹百玖拾貳兩肆錢捌分。見額部徵地陸百玖頃肆拾伍畝玖分柒釐零，共銀壹千壹百玖拾肆兩。

壩大馬房下場壹處，原額地伍百叁拾貳頃陸拾伍畝壹分壹釐零，除拋荒外，部徵熟地肆百貳拾貳頃壹拾肆畝壹分玖釐零，共銀玖百叁拾貳兩貳錢貳分伍釐零。見額部徵地肆百貳拾貳頃壹拾肆畝壹分玖釐零，共銀玖百叁拾貳兩貳錢貳分肆釐零。

壩東馬房下場壹處，原額地壹千貳百壹拾陸頃肆拾陸畝玖分叁釐零，除雜占拋荒外，部徵熟地伍百柒拾頃陸拾壹畝柒分零，共銀壹千叁拾柒兩柒錢玖分伍釐零。見額部徵地伍百柒拾貳頃肆拾叁畝柒分壹毫零，共銀壹千叁拾玖兩陸錢壹分伍釐零。

壩北馬房下場壹處，原額地貳百伍頃貳拾陸畝伍分壹釐零，除雜占拋荒外，部徵熟地壹百壹拾伍頃壹拾陸畝貳分柒釐零，共銀貳百叁拾柒兩貳分陸釐零。見額部徵地壹百壹拾伍頃壹拾陸畝貳分柒釐零，共銀貳百伍拾柒兩貳分伍釐零。

金盞馬房下場壹處，原額地壹千肆百玖拾頃伍拾玖畝柒分伍釐零，除雜占拋荒外，部徵熟地壹千貳百貳拾玖頃玖拾伍畝捌分伍釐，共銀貳千玖拾捌兩貳錢伍分壹釐零，已經承佃地壹百壹拾柒頃貳拾肆畝玖分，共銀叁百伍拾壹兩柒錢肆分柒釐。見額部徵地壹千叁百陸拾叁頃肆拾肆畝貳分叁釐零，共銀貳千叁百肆拾叁兩玖錢捌分柒釐玖毫零。

義河馬房下場壹處，原額地壹百叁頃柒拾伍畝伍分壹釐零，除拋荒外，部徵熟地玖拾壹頃貳拾壹畝貳分叁釐零，共銀壹百肆拾捌兩捌分肆釐零。見額部徵地玖拾上頃貳拾壹畝貳分叁釐零，共銀壹百肆拾捌兩捌分肆釐零。

天柱馬房下場壹處，原額地陸拾玖頃貳拾捌畝肆釐零，除拋荒外，部徵熟地陸拾陸頃玖拾畝捌釐零，共銀壹百伍拾兩柒錢玖分陸釐零。見額部徵地陸拾陸頃玖拾畝捌釐零，共銀壹百伍拾兩柒錢玖分肆釐零。

黃土馬房下場壹處，原額地陸百頃壹拾貳畝伍分陸釐零，除雜占拋荒外，部徵熟地肆百捌拾貳頃柒拾肆□柒分伍釐零，共銀壹千玖拾陸兩柒錢□□捌釐零。見額部徵地肆百捌拾貳頃一□肆畝柒分伍釐零，共銀壹千玖拾陸兩柒錢陸分捌釐零。

鄭家莊馬房下場壹處，原額地貳百玖拾頃捌拾貳畝伍分肆釐零，除雜占外，部徵地貳百柒拾伍頃叁拾肆畝捌分肆釐零，共銀伍百肆拾壹兩柒錢肆分伍釐零。見額部徵地貳百柒拾伍頃叁拾肆畝捌分肆釐零，共銀伍百肆拾壹兩柒錢肆分伍釐零。

湯山馬房下場壹處，原額地貳百貳拾貳頃貳拾伍畝玖分肆釐零，除拋荒外，部徵熟地貳百貳頃陸拾捌畝壹分柒釐零，共銀肆百捌拾貳兩柒錢伍分壹釐零。見額部徵地貳百貳頃陸拾捌畝壹分柒釐零，共銀肆百捌拾貳兩柒錢伍分壹釐零。

北草場馬房下場壹處，原額地陸百叁拾伍頃叁拾柒畝柒分貳釐零，除拋荒外，部徵地伍百陸拾貳頃陸拾貳畝柒分貳釐零，共銀壹千肆拾貳兩貳錢陸分伍釐零。見額部徵地伍百陸拾貳頃陸拾貳畝柒分貳釐零，共銀壹千肆拾貳兩貳錢陸分伍釐零。

東安縣馬房地共叁處

壩大馬房下場壹處，原額地柒百壹拾柒頃玖拾玖畝貳釐零，除雜占拋荒外，部徵熟地貳百叁拾頃肆拾捌畝捌分玖釐零，共銀叁百玖拾伍兩捌錢貳分陸釐零。見額部徵地貳百叁拾叁頃壹拾捌畝玖分玖釐零，共銀貳百捌拾捌兩陸錢壹分貳釐零。

壩北馬房下場壹處，原額地貳百叁拾伍頃貳拾貳畝陸分陸釐零，除雜占拋荒外，部徵熟地貳拾肆頃肆拾玖畝玖分陸釐零，共銀柒拾叁兩肆錢玖分玖釐零。見額部徵地壹拾伍頃肆拾陸畝叁釐零，共銀肆拾陸兩叁錢捌分壹釐零。

御馬監馬神廟香火地壹處共地壹百叁頃肆拾肆畝貳分柒釐零，內徵銀地捌拾頃陸拾柒畝捌分柒釐零，共銀壹百玖拾肆兩伍錢玖分柒釐玖毫零，本監自行徵收。

臣等謹按：國家設倉置場，積數百萬芻粟，以實京師，為慮盖深遠矣。而武衛環列與官攢甲斗防守其間，總督綱之，監督紀之，科臣、道臣又從，而耳目之尤重，國儲惜民力之至意也。乃其弊孔所滋，誠有不可枚舉者，而陳糧亂草，易於挿和進門坐販，易於需索行斛提秤，易於買通開耗附餘，易於侵尅虛名實報，易於冒支此其較章著也。顧憲典具在，而廉智之官一精覈之，即其弊未有不可剔者，惟貳拾馬房則難言之矣。盖其孳生多寡之數，漫不可稽，或有倒死，又開報不以其時，而估價則從其豐，飼養則從其約，又或取諸民間之所畜牧者，以充點閘之數，旋即歸之，而芻糧如故，不減其歲，索商人常例，軍勇月錢，率唯唯從命而賣閑歇役。又并其月糧冒之，諸有事監督者，豈遽無振刷之心哉。然非以積習即掣肘奪之矣。而草場之地，自嘉靖間清理，凡伍萬餘頃，今部中徵銀者，則積逋較多，而修理所需與拋荒雜占又居其半，凡此非一日矣。欲以裁省虛糜為裕國足民之計，此誠所當議哉。

明 楊一清《關中奏議》卷一《爲處置馬營城堡事》 兵部覆本部於兵科抄出，督理馬政都察院左副都御史楊一清題。看得陝西苑，馬寺各苑多不曾修建衙門、城堡，及雖有城堡，年久坍塌，又皆無營房、馬廐。苑官多僦屋而居，或宿窯洞。所養官馬，晝夜在野。且春夏之時，趂水草牧放，固可適其騰涉之性，至於冬寒時月，若不蓄積草莝，攢槽餧養，山野之中，草枯水凍，加以風雪侵凌，凍餓損傷，寧不致死？臣謹按《周官》，圉師掌教圉人養馬，必順四時。冬則煥之以廐，夏則凉之以㡾，藉蓐以禦其寒，塗釁以除其穢。先王畜牧之善如此。查得永樂四年，兵部為開設衙門事，將各項合行事件開坐，內一件起蓋馬廐。合行工部，轉行陝西都、行二司并布政司，令軍衛有司，差撥軍夫，於附近各苑去處，量其馬數，起蓋馬廐，以備冬月牧養。合用木植，仍從工部定奪。題奉欽依通行外，此係國初牧馬成法，年久廢弛，一向不曾申明舉行。及照弘治十四年間，敵衆大舉侵犯，官馬因無處收避，被搶去三千九百餘匹。况各苑地方，木植艱得，土人以窯洞為家，乃其素習。各該衛所解來隊軍，因無棲止，隨到隨逃，廢弛之故，亦多由此。今朝廷大修馬政，所宜深慮却顧，用圖久遠，豈可仍前因陋就簡？又恐數年之後，我馬蕃息，為敵人所窺，或貽前年之禍，雖悔何及。處置馬營、城堡，誠為急務。臣已經督委布、按二司右參政車霆、副使王寅、本寺少卿徐文英、寺丞武戩，督同固原、靖邊等州、衛官，親詣各苑地方，眼同該苑官吏、軍人，相度地勢，斟酌事宜，逐營逐堡，一一勘處停當。勘得長樂監廣寧、開城、黑水三苑，俱在平凉府固原州地方。廣寧苑原設鞏昌、臨洮、青州、平凉四營。鞏昌、臨洮、青州三營，俱原無城堡，合當創置。鞏昌營堡於地名石羊溝創置，周圍二百三十丈，廣寧苑衙門在此設立。臨洮營堡於地方紅崖子創置，周圍一百五十丈。青州營堡於地名龍王廟創置，周圍一百六十丈。平凉營已有成堡一座，周圍一百二十六丈，因舊修理。開城苑原設八營，頭營、二營、舊有城堡，俱各逼狹。頭營合於本城迤東展拓，共二百三十六丈，開城苑衙門在此設立。二營於本城迤南展拓，共二百九十五丈。三營舊城堡被河水衝浸，不堪安挿人馬。今於本城迤西，坐落地名第二灣創置，周圍二百八十丈。四營、六營、七營各舊有城堡，年久坍塌，俱因舊修理。五營原無城堡，於地名廟兒平創置，周圍一百六十丈。八營舊有城堡，鎮戎千戶所開設在內，別無空閑地基。今於本城迤南展拓，共一百六十丈。黑水苑舊有城堡一座，固原衛備冬人馬在此安挿，亦無空閑地基。今於本城迤南展拓，共七百三十五丈，黑水苑衙門在此設立。安定苑坐落鞏昌府通渭縣地方，原設中營、原川、稠泥河、衙門、石硤口、雙井共六營。中營就附本苑，舊有城堡一座，年久損壞，地基逼狹。今各將本城迤南展拓三十五丈，北面因山，斬削成墻，其餘各因舊墻幇築，東西共二百步，南北二百七十步，周圍共二里六分四毫，本苑衙門仍在此修置。原川、稠泥河、衙門、石硤口四營，先年各軍因被敵衆搶擄，自行用力，各於本山修有小堡，年久亦多損壞，督令各軍隨宜修補。雙井營原無城堡，亦合就於本營地方，照依各營修築小堡一座。靈武監清平苑坐落平凉府固原州地方，舊有小城堡一處，不堪安挿人馬。今勘得古跡彭陽舊城基址，西倚高山，東瞰平川，周圍九百丈，合於此修置大城堡一座。平川東、南、北三面共四百五十丈，高山西、南、北三面亦如平川丈數，內修建本監、本苑衙門，闔苑人馬俱堪在此收集居住。萬安苑坐落固原州及慶陽府環縣地方，原無城堡衙門。今勘得地名板井川見有新修城堡一座，周圍四百三十五丈五尺，四面皆距深溝，天然斬削，不煩人力，合在此修設萬安苑衙門。但本苑草場廣闊，地臨邊境，恐卒遇聲息，人馬急難收集一處。今於草塲界內勘得舊有孫家堡、楊家堡基址二處，各離板井川三十里，亦合各修建小城堡一座，收集附近人馬。前項城堡，量其大小，各修城門一二座。城上修垛墻、更鋪，以備瞭望。四圍各濬城壕，於内隨其地勢廣狹，各修營房、馬廐，多者數百間，少者百十餘間。開立街市，以通貿易，種植樹株，以供蔭息。各存留隙地，堆積草束，以備支用。春夏時月，如無聲息，官馬聽其在野牧放，一有烽火傳報，即便收掣回營。及冬春寒凍時月，俱收入城堡餧養。黑水、安定、清平、萬安四苑，相離本寺地遠，仍各建立官廳一所。每年輪令少卿、寺丞一員分管，不時下營點閘，在此居住。夫築城堡則人馬有所保障，置馬廐則馬匹不至橫傷，修營房則貧軍有所依棲，建公衙則牧官可修職業。揆之事理，皆所宜為，誠非浪設。且清平、萬安二苑地方，與各該軍衛有司軍民雜處，相離邊堡窵遠。前年敵衆四散抄掠，如入無人之境。殺戮人民，如殺狐兎；驅逐丁口，如驅犬羊。臣巡視所過，血痕漬地，凋落之狀，難以模寫；呻吟之聲，所不忍聞。前項彭陽、板井川諸城堡既立，非惟監苑、人馬可保，或遇敵患，附近軍民丁口、頭畜亦可收避。況西人素勇敢善鬭，待馬政就緒，將各苑軍餘，挑選壯丁，設為操夫，各一二百名。給與盔甲，授之弓矢，令其不妨牧馬，遇閒暇之時，操習武藝。就令寺、監官員督視比較，不許調遣，專一防守本營城堡。是雖為牧馬而設，亦可壯邊域之聲勢，資緊急之應援。古者寓兵於農，今藏兵於馬，無不可者。敵人覘知我保障有地，防守有人，縱然馬匹蕃盛，不敢生垂涎之意矣。但經營造作，所費不貲，合用工力，必須計處。除因舊展拓修理，用工不多者，就令本營正軍，餘丁自行修築外，其創置城堡，工程浩大，必須量起附近軍衛有司軍民人夫，與本營軍夫相兼修理。至於建立城門、衙門，起蓋營房、馬廐，合用工料等價數多。其木植俱於平凉府華亭縣及鞏昌府漳縣採打。緣各處人民節年因穵運、修邊等項，負累貧困，臣實不忍重勞。必得官錢，雇人採打輸運，則公私兩便。況今歲地方薄收，來年人民必然缺食。若有官錢雇募，趨者自倍，官事易集。昔人有以凶年興大役，成大功者意正如此。查得陝西在官庫藏，別無蓄積官錢堪以動支。合無通行陝西司、府、衛、州、縣大小問刑衙門，將弘治十七年正月起至本年十二月終止，一應經問囚犯該納贖罪折收銀錢者，連贓罰銀物，各衙門追完，俱發各府貯庫，按季類送平凉府收貯。聽臣督委布、按二司官陸續查取，雇人採打木植，燒造甎瓦，及輸運等項支用。但所問囚犯，有力者少，以一省一年計之，數亦不多。惟復再將太僕寺收貯馬價銀多支一二萬兩，通前買種馬之數，共送發銀六萬兩，則事事可辦，成功不難。臣當嚴加督察稽考，不敢苟且粗率，委用非人，浪費錢糧，自取罪責。事完，備圖造册奏繳。臣又竊見，世之好議論者，見人有所舉動，輒以勞民費財為辭。殊不知不一勞者不永佚，不暫費者不大蠲，要在擇可勞者而勞之，不為無益之費而已。古者問國君之富，數馬以對。矧今堂堂天朝，據全陝畜牧之地，而馬政廢弛至此。各邊缺馬，動輒來京奏討。十數年間，送發馬價銀多至數十萬兩，是皆百姓膏血之餘。率是以往，何有紀極？夫七年之病，三年之艾，苟為不畜，終身不得。及今圖之，五年之後，可以急陝西三邊之用；十年之後，可以備京師不時之需，將來所省不知幾何。且以壯中國富彊之勢，而潛消外夷輕侮窺伺之心，其所關係，良非小補。若憚勞惜費，狥流俗之浮言，襲目前之故跡，則是為一身之謀，而非所以為國家深長久大之圖者也。臣所見如此。乞勅兵部詳議可否。如或可采，依擬覆奏行之，地方幸甚，臣愚幸甚。緣係處置馬營、城堡，乞請官錢，動煩軍民人夫事理，未敢擅便，為此具本，該通政使司官奏。奉聖旨：兵部看了來說，欽此欽遵。抄出送司。查奏間，隨奉本部送於兵科抄出。

又 卷二《爲添設馬苑營堡以便收牧事》 題為添設馬苑營堡以便收牧事。據陝西按察司副使王寅呈，為告撥牧馬草場以便人心事。行據委官平凉府、衛同知朱裕，署指揮使趙文呈稱：會同帶領原勘委官華亭縣知縣尚俊、崇信縣署縣事知事李如林、平凉縣署印縣丞崔瑄，拘集平凉縣大岔、西橋東橋等里，崇信縣拽兵里華亭縣窯頭里、各里老人等，并原告投牧軍苟通、李文舉、馬彦名等指引，親詣逐一覆勘得所告草場地土，西至馬鋪嶺第三道溝，北至草子山麓金霽沱、小圓山子、石板莊窠，東至土橋子大路并石人山，南至徐家嶺紅土深埧各為界，東西長六十里，南北濶二十里。除高山陡峻溝澗外，實有耕牧草地共二千六百六十頃，與各縣民間地土俱無干礙。水草便利，堪以牧馬。及勘得地名霧子鎮一處，水泉兒灣一處，石佛頭一處，俱堪設營堡。具會勘過地土頃畝、坐落四至，畫圖開呈到職。案查，先奉督理馬政都察院左副都御史楊劄付前事，備仰本職即便會同陝西苑馬寺卿車霆，選委平凉府、衛能幹堂上官各一員，公同指揮趙文，親詣前項地方，督同隣境該縣正官，查勘所指山場是否空門無糧地土，應否開設草場，水草有無便利，并查彼處潛住逃民實有若干，堪否領養馬匹。如果相應，就便丈量明白，查審停當，備開四至坐落草場荒地若干，開墾熟地若干。或堪設一苑，或止可於附近苑分帶管。其見住逃民堪留養馬若干，就將地土給撥種牧。不堪收發若干，或令就便附籍應當民差，或發遣回還原籍復業。逐一勘處明白，具由作急呈來，以憑施行。中間如有別項違碍，亦要明白聲說，不許觀望迎合，虛文搪報。奉此，隨吊平涼府原行卷內，查得先該分巡關西道副使歐陽旦，蒙督理馬政左副都御史楊批據指揮趙文呈前事，已經行據平涼府通判張檄，本衛指揮吴弘、趙文，各將踏勘前項山場四至頃畝，堪以築堡牧馬緣由，呈報在卷。今奉前因，會同陝西苑馬寺卿車霆，又經改委平涼府同知朱裕，公同指揮趙文，督同隣境該縣掌印官覆勘查處，今據回報前來。本職會同卿車霆親詣所指去處，督同各該委官，帶領各縣干審里老，并原告苟通等指引，逐一審勘，得山場四至界内委係自來荒閒，並無徵糧地土在内，亦與軍民兩無相干。地方廣闊，水草便利。及查得流民苟通等一百六十二戸，計人丁五百四十一丁，俱在彼處修莊開地，住種年久。一聞招集養馬，莫不欣然樂從。若於此處設立苑分營堡，非惟牧馬有地，遇警臨苑，馬匹亦可收避，保障無虞。擬合開坐，會案回報。為此通行除行，令同知朱裕、指揮趙文，將彼處招集潛住流民苟通等逐名查勘，丁力相應者，斟酌名數，編設總、小甲，每名照例取便給地一頃住種，聽候事完造冊另報。并將本地軍民及逃來原衛缺伍正軍，避重就輕犯罪脱逃人犯，及無根絆者問罪，遞回原籍官司復業當差外，今將勘處過草場頃畝、坐落四至，并堪以建立苑分營堡地方，畫圖貼説，與苑馬寺卿車霆各呈報到臣。又據平涼府掌府事四川布政司右条政安惟學呈，為修舉馬政事。行准本府同知朱裕、平涼衛指揮趙文解送犯人顧成等二百六名，并取勘供詞卷冊，及據邠州申解犯人員祥等四十七名到職。准此案查，先奉督理馬政左副都御史楊劄付，行仰本職，會同陝西都司都指揮僉事房懷，弔拘原委同知等官朱裕等勘取供詞人卷、屯冊到官。將發去册造地土，從公逐一覆審對查，是否原先遺留屯田，各該軍民隱種収租，不行首官，務要窮究明白。如果別無違礙虧枉，重取各人備細親供，就將有罪人犯問擬如律，照例呈詳發落。中間若有干礙軍民徵糧地土，亦要明白聲説分豁，毋得偏重損民。清出地土，相應給撥何軍領種孳牧，或招附近軍民承種，照依原額子粒徵收折價，以備監、苑買馬之用。計處停當，造册繳報，以憑施行。備奉已經通行弔拘取勘供詞人卷，會同覆審對查去後，今准前因，會同都指揮僉事房懷推問明白，取具各犯供招在官。審查得，前項地土的係該所先年改調之時遺留屯地，共一百九十九頃二十畝七分四釐。各該軍民隱種収租，不行首官是實。中間並無干礙軍民徵粮地土，亦無偏重損民等弊。前項清出地土，相應另招附近軍民承種。照依該衛原額徵粮事例，每地一頃，徵地子粒豌豆六石、草九束，俱折収價銀，與馬價銀一錢俱徵収在官，送該寺交収，專備監、苑買馬之用。計處停當，別無異議。及查得前項隱種軍民収過遞年花利，例該入官。但地方先遭弘治十四年敵衆搶擾，後因節年災傷薄收，委的艱難，追補不前，未敢擅專。除將查對過前項屯田地土頃畝，備造文册，同計處會問過各犯招罪緣由，與都指揮房懷各呈繳前來。及又據陝西布政司分守關西道右条政胡瑞呈，亦為修舉馬政事。行據平涼府申，行拘原勘犯人劉傑等并地方知因人等到府，從公覆審，勘得小山子荒熟田地共一百七頃三十三畝八分，先年委係崆峒山寺常住無粮地土。後因無僧，節被劉傑等為因屯地窄狹，各不合不行告官，擅自開墾耕種。今奉查審，並無相干軍民徵粮之數，相應作為牧馬草場。除將劉傑等問擬明白，具結呈詳到職。案查，先承准督理馬政左副都御史楊一清照會，仰本職即便行拘前項地方并種地人戸、親管官旗到官，從公逐一審勘。前項田地，是否無粮，先年崆峒山寺僧人曾否作為常住地土，因何後被軍餘人等耕種，不曾起科，今要作為牧馬草場，給與新役軍人耕牧，有無相應，逐一勘處明白。如果無礙，取具種地人戸、親管官旗并地方知因人等不致扶同結狀在官，就將種地人犯問擬應得罪名，備招回報。若有干礙軍民田地及應別項處置事宜，亦要明白聲說回報。承此，已經轉行原委官員勘報去後，今據前因，除覆審相同外，今將勘問過各犯招罪緣由，回報施行等因，各節呈前來。查得，臣節該欽奉敕：『近該爾奏稱：彼處苑、監見缺養馬軍人，欲將地方逃住并違例投入王府等項人役，查訪問發養馬等因。特准所奏。其各苑地方潛住及投入各郡王、將軍、中尉、儀賓等府家内，并楚、肅二府馬營草場莊所家人，聽爾督同守、巡等官出榜曉諭，許令赴官自首，免其問罪，收集牧馬。欽此。』已經通行欽遵，出榜招諭外，續為告撥牧馬草場以便人心事，據原委平涼衛署指揮使趙文呈，據招到流民苟通、馬彦名、陳文舉狀告：先年各因本處過活艱難，流移到於平涼城東地方伍道廟、白水澗、三股山、拽兵里等處，採打木植，牧放頭畜，趂食住坐，不曾回還。今蒙招募，情願於陝西苑馬寺附籍，領養官馬當差。思得本處草子山一帶，草場寬濶，四至界内，於平涼衛、崇信、華亭等縣三處軍民地土俱無相干。乞將前地設為本寺所屬草場，牧放官馬便益等因備告具呈前來。批仰分巡關西道副使歐陽旦，行委平涼府、衛堂上官各一員，會同指揮趙文，親詣前項地方，督同該縣正官查勘間，本官丁憂去任，該道缺官接管。又經改委陝西按察司原委整理馬政副使王寅、陝西苑馬寺卿車霆，選委平涼府、衛能幹堂上官，公同指揮趙文親詣前項地方，督同隣境該縣正官查勘。及查，先據固原衛右所軍餘王友才首稱：洪武年間，祖父王周孫、軍人吴順輕等，原係平涼衛右所旗軍，在於平涼縣東橋地名小寨兒各分撥屯地一分耕住。後蒙將右所改調固原衛，就彼各給撥屯地耕種，辦納粮草。彼時各軍將遺下屯地未曾首官，俱被平涼衛軍餘石見等至今逓年隱種等情。看得固原衛屯田，多係監牧草場改撥。今首該所原撥屯地，在平涼等縣地方被人隱種盗賣，未委虚的。行仰陝西行太僕寺少卿郭珠查問間，續該副使王寅呈，為修舉馬政事。清查得固原衛右所屯軍徐能等八十名，原係平涼衛調來。額設屯田，坐落邠、涇二州，平涼、華亭、鎮原三縣。成化六年，將各軍奏那今改固原州地方海子口開荒住種。彼時，兵備官曾委官員查勘遺留屯地，招人承種，並無結報緣由在卷。必是不曾查出，以致徐能等兩處朦朧混種。除將各軍准令歸併海子口，每分扣撥地一頃，照舊屯種，辦納子粒。其邠、涇等處原撥屯地，必須另委官員，親詣會同平涼衛管屯官員拘弔屯田始末文册，照依坐落四至，沿坵履畝，盡數清查明白，責令退出還官等因前來。又經批仰本官，會同原委少卿郭珠，親詣督委平涼府、衛能幹官及該州、縣掌印官提人弔册，勘處回報。續據委官同知朱裕、指揮趙文開呈，公同邠、涇二州，平涼、華亭、鎮原三縣各掌印官，清出前項遺下屯地頃畝前來。查得原委副使王寅別有差占，少卿郭珠赴京朝覲。又經改委平涼府掌府事右參政安惟學，會同都指揮房懷勘問。及又查得，先為修舉馬政事，據陝西苑馬寺卿車霆呈，訪得平涼府城西崆峒山後地名小山子一帶，約有五百頃。先年，崆峒寺僧人作為無糧常住地土耕種，後因無僧，節被平涼等衛軍餘劉傑等偷開耕種，不曾起科。今各人聞知本寺收集逃移軍民人等，要將前地設為草場牧馬，俱亦退避，見今荒閑，委與軍民徵粮地土並無相干。水草便利，堪以牧放馬匹等因。據此，已經批仰平涼府掌府事參政安惟學，公同平涼衛指揮親詣彼處，從公拘審，如果空閑無礙，即便踏勘丈量明白，取具勘量過地土頃畝，四至坐落緣由，造册繳報。續據本官呈稱，拘集平涼衛左所軍餘劉傑等供稱：見在城西二十里鋪地方居住。成化年間，各因屯地窄狹，將臨近地名小山子等處抛荒地土開墾不等，各逓年耕種，並不曾承粮。今蒙委官丈量，委係無粮田地，情願退出還官等因。勘量頃畝界至，明白造册，呈繳前來。看係腹裏地方，恐有干礙軍民徵粮之數，又經行委山西道右叅政胡瑞覆勘，俱各節行去後，今據前因，看得各官節次清查出草子山地二千六百六十頃，平涼衛右所調去固原衛遺留屯地一百九十九頃二十畝七分四釐，小子山地一百七頃三十三畝八分，共地二千九百六十六頃五十四畝五分四釐。招募過在地潛住流民實有堪充牧馬軍人苟通等一百六十三戶，共人丁五百四十一丁。其草子山、小山子二處，俱係空閑無粮地土、右所遺留屯地，各軍已於監牧草場内給地領種，却將原額屯地仍前混占，私竊典佃與人，正係應該入官之數，俱與軍民並無相干。竊緣平涼地，方土廣人稀，草子山一帶地宜水草，堪以牧畜，山多材木，便於砍伐，以致流民苟通等修打莊窠，住成家業，又無粮差。縱欲驅之使還，終是戀土趁利，不肯復業。積久漸繁，恐貽他患。今聞招募，情願投軍養馬，如此之多。既節經陝西都、布、按三司、苑馬寺官重復勘審明白，別無異議。除依擬照例編充牧軍，聽候給地領馬，及將隱種地土軍民員祥等問罪發落，逓年該追花利宜從寛免外。臣仰惟我祖宗開設陝西苑馬寺，所轄六監二十四苑，今止存長樂、靈武二監，開城、廣寧、安定、清平、萬安、黑水六苑。彼時河套無警，地稱腹裏，便於孳牧。自北師入套之後，節被搶掠，人馬不得生息。近該臣處置銀買、茶易馬匹數多。見今固原、靖邊等處傳報緊急聲息不絶，誠恐姦細潛伏河套不出，時防深入，官馬拘收城堡，不敢牧放，深為可慮。前項地土俱係平涼縣腹裏，相應開設草場，增置苑廐，以備不虞。及查得永樂四年，舊設未開有武安、弼隆、嘉靖、保川、天興、永康等苑，俱在平涼府所屬州、縣内。武安苑在本府隆德縣地方，相離府治稍近。合無於前勘草子山開設一苑，仍以武安舊苑為名，或就以平涼為名，隸靈武監所轄。苑設霧子鎮、水泉兒灣、石佛頭、小山子四營，本苑衙門於霧子鎮建立。將原投牧軍流民苟通等一百六十三戶，各隨原住坐處所，分隸四營。如軍數不敷，將例該改調南方衛所軍人及各處問發永遠充軍人犯查撥，共轃正軍二百名之數。每軍一名，給地一頃，住種領牧，先今見住投軍之人，就便於附近山場採打木植，燒造甎瓦，築修營堡，蓋造苑廐完備，方纔給與官馬牧養。其遺留屯地附近草子山者，一體給軍，遠者另招軍民人等承種。照依屯田事例，每頃徵收豌豆六石、草九束、地畝銀一錢，以備冬月餧養官馬支用。如此，非惟平時孳牧有利無虞，倘邊報十分緊急，臨邊監、苑馬匹，亦可在此收避。人情事體，委的經久便益。如蒙乞勅兵部計議，倘臣言可採，依擬覆奏，上請施行。仍乞行吏部，照依銓除圉長一員，禮部鑄造印信，令其齎領前來，到任管事，陝西布政司撥吏書辦。待事完，通將修建過營堡工程，招募編發過牧軍姓名、數目，畫圖造冊奏繳。緣係添設馬苑營堡以便收牧事理，謹題請旨。

又《爲處置馬營城堡事》 奏為處置馬營、城堡事。據陝西苑馬寺卿車霆呈，修完陝西苑馬寺長樂、靈武二監，開城、廣寧、黑水、安定、清平、萬安等六苑城堡、衙門、公廨、城樓、城門、馬廐、營房、倉厫屋宇，買辦木、石、板棧，燒造甎瓦，雇覔賞勞各色人匠、夫役等項用過各項銀兩，并食用過米粮數目，備造圖册，呈繳到臣。案查，先准兵部咨前事，該本部題。看得都御史楊一清奏稱：即今陝西修舉馬政，俱無城堡、馬廐，恐後馬匹蕃息，為敵所窺。况今彼處見報聲息，所宜先事預防。乞要築城堡，使人馬有所保障；置馬廐，使馬匹不至横傷；修營房，使貧軍有所依棲；建公衙，使牧官得修職業。前項工程，必須量起附近軍民人夫，動支贓罰馬價，以備各項費用一節。論辯剴切，計處停當，俱是為國興舉馬政，用圖永久之計，相應依擬定奪。除地方規制已該一一相度明白外，所據該用人力，合無行移本官并巡撫都御史周季麟，計用若干，行令都、布、按三司著落所屬附近軍衛有司，量數起倩，與同本苑軍夫相兼修理。其應用錢粮，本部再於太僕寺馬價銀兩支取八千兩，與前給買種馬，共轉五萬兩，一併送去，聽從本官於內支用。若有不足，仍依前擬，於本省大小問刑衙門。弘治十七年贖罪銀錢、贓罰銀物并司、府在庫官錢內支取，以備轉辦木植、甎瓦等項。務圖成功經久，不許虚應故事。畢日，通將用過錢粮，築修過營堡，備造圖册奏繳，仍造青册送部查考等因題。奉孝宗皇帝聖旨：『着楊一清上緊提督整理，務要完固。欽此欽遵。』備咨前來。已經行委陝西苑馬寺卿車霆、陝西按察司副使王寅、陝西都司都指揮僉事房懷，分投提督軍衛有司，委官悉照原擬地方規制，斟酌損益，量起附近軍民人夫與各苑軍夫相兼修理。查支兵部奏發馬價，并馬政、茶法衙門有行贖罪、贓罰、紙價銀兩，置辦物料，覔雇人匠，貼備工食。完日，通併畫圖造册，回報去後，續因連年套敵有警，地方薄収，不敢急迫併興工作。副使王寅別有差占，都指揮房懷改任守備去訖，止是苑馬寺卿車霆一人提督，陸續整理。經今二年，原擬兩監六苑工程方纔完備。及查得後奏開設武安苑營堡，亦皆築完。其衙門、倉厫、營房、馬廐等項，次第蓋造。緣係腹裏地方，相應從緩，除待完日另行奏報外，臣竊惟陝西設立寺、監衙門，職專孳牧。始雖規模宏遠，而法制未備，因陋就簡者百年于兹。孝宗皇帝采納廷議，詔圖修復。臣猥被推薦，仰承任使，大懼無以稱塞明命。始至固原，求所謂監、苑者，彫落之餘，頽垣敗甃，莽為荒基。而平凉迤北，直抵環縣，地方數百里，深山野草，居民星散，崖窯堡洞遠近不一。弘治十四年，敵騎蹂踐，屠戮，驅掠丁口、頭畜多至二十餘萬，各苑官馬為之一空。蔓延至于平凉，滿所欲而去。彼時為臣謀者皆曰：『敵人所利者馬。馬之羣聚益繁，則敵之窺伺益急，將來恐不可保。』臣不得已，方修孳牧之規，既上城堡之議。仰荷朝廷嘉納，臣得展布有為。今固原迤西至鎮戎所，新修展修，營堡聯絡。平凉迤北有彭陽大城，有板井新堡。安定苑僻在西南，有中營大堡。又奏設操丁，給與盔甲、弓矢，各守本城。比者，酋帥擁衆數萬，長驅而入，聲言要搶各苑官馬。至黑水苑劄營，分遣輕騎，窺我三營不得，不復東向。又一枝至板井堡，即日出境，不敢久住。計今各苑見養官馬一萬有餘，止是萬安苑搶去七十餘匹，其餘俱幸保全。蓋彼往來熟路，忽見我高城深塹，樓櫓相望，旗幟羅列，將謂處處屯兵，不知幾何，有以懾其心而奪其氣故也。但舉事之初，勞費有所不免。故好議論者，有今日修馬廄，明日築城堡之言。今事已就緒，非惟官馬有所保障，可望蕃息，遇警，附近軍民丁口、頭畜，亦可在此收避。且我迎敵出哨之兵，勞則可以少息，急則可以為家，有益于邊備實多。及查得支用錢粮，除觧到馬價銀八千兩外，止是將臣馬政、茶法二項官錢轉用。該部原擬弘治十七年分大小問刑衙門贖罪、贓罰并在庫官錢，並無分文動支。臣竊恐議者不能深究地方利害，事情本末，習於任耳者之見，視為無益。將來敵不知修，缺不能補，隳廢前功，深為可惜。如蒙乞勅兵部，通行陝西鎮、廵、三司及苑馬寺等衙門，將前項修完城堡工程，向後如有損壞，隨即修補。其未補者，尚當及時增拓，推廣而行，共成國是，以為地方遠圖，不但孳牧一事之利而已。臣不勝惓惓體國之至。緣係處置馬營、城堡及奉欽依：『着上緊提督整理，務要完固。』事理，為此，今將修完兩監六苑工程，用過錢粮數目畫圖造册具本，專差承差孫桂親齎進繳，謹具奏聞。

（嘉靖）《河間府志》卷四 馬廠，在府治西南，內有馬神廟，四時有祭。春祭房星馬祖，尊祖也。夏祭先牧，尚養也。秋祭馬社，敬乘也。冬祭馬步，存神也。《爾雅》云：『既伯既禱。』本注曰：『伯祭馬祖也，將用馬力，故祭其先。』

（萬曆）《宿遷縣志》卷二　馬厰，在治北一里，馬神廟在内。萬曆四年知縣喻文偉建。牧馬草場共一十一處：宫家場，二頃六十五畝六分。錢家莊場，一十九畝四分。錢家莊場，二頃七十三畝。東莊驛場，二十七畝七分。錢刁家林場，一頃六十三畝。林子村場，一頃六十五畝六分。張家山場，三頃五十一畝。龍泉溝場，三頃七十八畝。港頭場，二頃五十六畝七分。小河口場，六十四畝七分。河西場，二十一畝三分。

清　曾王孫《清風堂文集》卷一三《馬房修理宜歸各驛狀》　看得馬道驛去縣九十餘里，居民劉應強、劉幹學、張宗儒等，向有脩蓋察院借用桌櫈，以及馬房巡更等役，應強等以山溝窮黎不堪支應遂各具訴，蒙發職查。今據應強等供稱：脩蓋察院借用桌櫈義不敢辭，惟驛逓馬房夜晚巡更，懇乞除免，職復細查如察院係草蓋房舍卽有損漏，隨地刈草，最易添補。去縣既遠，桌櫈之類難于攜取，勢不得不就近借用，此誠應強等所願。應役無容再議，若巡更一役，係本省上司與夫，别省督撫按經臨，始有本省上司與夫，别省督撫按一歲統計，多不過五六次，遇晚巡邏，亦他方之責，似難議除。獨驛逓馬房與百姓風馬牛不相及，徧地皆草徧山皆木，驛官率馬夫采取，而脩蓋焉。特一舉手之勞耳。安得驅吾民而役之也。除前項仍舊外，合無請乞，憲臺嚴禁將來脩蓋馬房不得仍用民力傷民財，有犯此者，揭報叅。處棧中各驛并乞憲臺徧賜鈞示，以絶積弊，則山溝窮黎，額手無既矣。

清　李光地《榕村集》卷二六《覆馬厰疏康熙三十九年十二月十一日》　臣李光地謹題：為遵旨事，該臣看得八旗馬厰地畝，臣先經與守道髙必弘會同各都統臣佟吉辛玉等分翼查勘覆奏，準部文稱：除二十二年丈過，准其納糧地外，將現今厰内開墾地，從何年開，有無納糧，行令查明等因，隨檄守道仍照原案清查。除東翼馬厰餘地數目未經各都統查明，臣業咨準部覆另行扣限完結外，其西翼正黄、正紅、鑲紅、鑲藍四旗厰内餘地，原係臣同都統查清之項。臣專委河間府知府許天馥清查該府，親至滄州鹽山、静海清縣、天津文安、大城，霸州武清、楊村等各州縣、衛，會同地方官細查餘地一項。有現在水田尚可開墾者，又有從前無知愚人，舍自己塉薄之田，偷墾餘地，因無收穫，旋拋者。更有三十八年，秋後搜掘蝻種，於蝻子生發之處，遍地耕犁，竟似開墾，無人承認者。除此等地土外，其可耕餘地，河間府知府許天馥因去年十二月内奉旨，耕過地畝，馬厰無益馬匹，能有幾日牧放，已經耕種地畝，仍著給民耕種，欽此。該府遵布皇恩，勸民不必驚懼，偷墾之罪，投首認墾，現在民人認墾餘地三萬二百一十六晌零，至部臣行查開墾情由，查無知愚民，因自種糧地塉薄窪下，舍自己之田，偷墾餘地，原未多佔，漏糧所當，仰懇皇恩寬小民，從前開荒之罪，使之各安耕種。照則輪糧，至現今水佔及旋耕旋拋，翻掘蝻種等地，現今無人承種，容臣檄各該州縣相視有可耕者，陸續召勸擇地報墾，照墾荒之例，陞科目下轉盼東作，除東旗查明。另題外應將西旗查出願耕餘地，先行奏請，使小民及時興農，以副皇上憂恤黎民之至意者也。再查正黄旗餘地，今年四月間，臣準都統移送啟奏，清摺開地係三萬四千五百九十五晌零。隨據地方官冊報地數相符，續準户部咨開餘地係三萬七千三百二十五晌零，今知府許天馥查報地畝，正與四月間都統移臣存案清檔，及地方官冊報數目符合。又鑲紅旗餘地，四月間都統移送啟奏，清摺開地係六萬五千六百七晌五畝。隨據地方官冊報，餘地六萬六千五百五十九晌零。續準户部咨開餘地六萬九千八百七十四晌。今知府許天馥查報地畝，正與四月間地方官原報數目相符。此二旗餘地，部咨所開數目與當日會丈原奏，及地方官冊報，少有不符。臣已咨開户部將都統原奏清摺抄譯咨覆，以便備細核對。在案應俟查明之日彙入。本案完結，除將已經認墾餘地花户、起科糧銀、細冊，俟查造到日送部，并將現在分别已墾未墾餘地總冊咨部查核外，理合具題，伏乞睿鑒施行。

清　高其倬《請開墾馬厰以濟兵食疏雍正二年》《皇清奏議》卷二五　總督雲貴等處，地方軍務兼理糧餉都察院右副都御史臣高其倬謹奏：為開墾馬厰以濟兵食事：竊查雲南省山多田少，生齒日繁，所産之米，有收之年止敷食用。是以滇省米價較鄰省倍貴，省城米價較外府又昂。省城之人度日為難而省城之兵，承平日久，人口日增，且無生理，口食更窘。臣時時留心，思為設法調劑。近年詳細訪查，有臣衙門及後營馬厰一處，坐落陸涼州，地方原甚寬大。因其地草毒，馬食之者多死，三十餘年，馬匹不往牧放。附近居民將地可種者，俱漸報墾，惟剩中心積水成湖之地一片，又水傍窪下難種之地，共計有三千餘畝。臣隨捐銀五百兩，委員僱人打圍，護住水邊之地，開得田三千三百餘畝，可種麥稻。即招本地民人願種者，薄取田租，令其承種。但今年已過種麥之期，止有稻田可種。計秋收之時，可得米一千石，至來年即稻麥俱收。該地百姓見田租甚輕，紛紛來說，此地中心積水之處，因大河泛濫，年年灌注，所以耕種不得。若於上流做閘，兩傍築堤二通，旱時放閘灌田，澇時閉閘，令水順堤而下，則水不灌入，田皆涸出。起初一二年種麥，以後漸可擇種稻。田其閘工官做，堤工百姓願自行出力。築起但涸出之後，乞將此田分給築堤百姓，承種納租。民得田種，兵得租食，實屬兩便。如此料，理雖中心深潭一時難乾，而四旁涸出者，定可得田一萬餘畝。臣又委陸涼州踏看，與所說相符。隨支臣鹽規銀一千五百兩，分發該知州吏目等，令其修築閘座，百姓亦欣欣共築堤工，見已工完一半，八月內即可全完。此時地已有涸出者，其勢可以成功。若再得此田成就，則一年可約得麥米一萬數千石。倘二年有收，則可有二三萬石之積。設有不收省城八營之兵，可不動公儲即可接濟。若更年久，併可貯作義倉，接濟百姓。再此田若成，恐易有欺隱侵漁之弊，容臣具疏題明，造冊送部查，考庶可永遠有裨矣。

清　劉於義《請設馬廠疏》雍正十二年《清經世文编》卷七三　署陝西總督伏以國家馬政，為武備之要，連歲西路軍需，調解馬匹，陝、甘兩省，購覓甚難，俱從北路歸化城等處解送，不惟糜費錢，糧且長途遠涉，難免疲乏瘦損之弊。況語云：『地用莫如馬。』即將來大兵凱旋，邊防要區，原宜多為畜養，以備應用。考漢時廣置廐苑，設立牧師苑監，分別河西六郡；北魏時以河西為牧地，滋息馬二百餘萬匹；唐時置八坊為四十八監，自貞觀至麟德年間，畜馬七十餘萬匹，是河西諸郡，水草豐善，原係前代畜產馬匹之所。臣留心體訪，聞西寧擺羊戎地方，可設牧廠，隨委原任西寧府知府黄澍前赴查勘。黄澍稱擺羊戎周圍約二百四十五里，其間荒地甚多，且饒水草，可牧馬六七千匹。又肅州嘉峪關外之花海子、湃帶湖一帶，周圍約二百餘里，水草富餘；至甘州之大草灘、涼州之黄羊川，水草尤屬豐裕，皆可設廠牧放。臣請於擺羊戎、花海子、大草灘、黄羊川地方，各設馬廠一處，每廠且先採買騍馬一千匹、兒馬二百匹。查兒、騍馬西寧口外及陝甘、內地尚易購覓，騍馬每匹約需銀八兩，兒馬每匹約需銀十二兩，即可採買，以為收放孳生之用。其擺羊戎馬廠，即交西寧鎮經理。大草灘馬廠，即交甘提標經理。黄羊川馬廠，即交涼州鎮經理。花海子湃帶湖馬廠，雖係安西鎮所屬地，方但去安西甚遠，離嘉峪關止二百里，應就近交肅州鎮經理，令安西鎮防護。每廠各派遊擊一員總理其事，其牧長、牧副即用本營千把，牧丁即派本營兵丁，亦毋庸額外多費錢糧。每年以孳生馬匹之多寡，即定各提鎮之殿最。如此經理數年，馬匹蕃息，於邊疆防守，永遠有益矣。

清　李鴻章《李文忠公奏稿》卷三七《馬廠報墾章程摺》光緒六年五月十三日　奏爲查明崽鑑報墾馬廠地畝，酌議現辦章程，恭摺仰祈聖鑒事。竊查戶部奏稱，正白旗蒙古一等義烈公崽鑑獨石口外馬廠地畝，既經呈明報效，應由地方官妥爲經，理該公不得與聞。乃事閲多年，迄未勘丈清楚，於賦課無補絲毫。由於該公先有招商之請，嗣後旋招旋革，屢次紛更，其疊請換商，難保非故意攪擾，延宕升科，爲私收租銀地步。現已彼此互控，釀成事端，奏交刑部審辦。所有此項地畝，應請旨飭下直隸總督會同察哈爾都統，趕緊派員飭屬親臨地所，勘明成熟若干頃，勒限議則升科，察度地畝肥瘠，核實徵收數目，並設立戶總。責成地戶一面將押荒銀兩赴部交納，一面將應徵租息由官經理解部。其該公應得每畝私租銀四釐，應令地戶一併交官，由該公自行遣人向官收取，不得由族中人私向地戶徵收，致滋紛擾。嗣後如遇因災蠲緩之年，官私各租應行豁緩。該處地局業經封閉，應將商人名目革除。如有該公前派商人及該公親戚在彼把持，藉端滋事，阻撓正課，即飭地方官嚴行查拏懲辦；該地方官亦不得任聽胥役地蠹在彼把持匿租，違則參辦等因。光緒五年十一月初六日奉旨：依議。欽此。經戶部知照到臣，當即咨行遵照，一面札飭藩司遴委候補直隸州知州鄒振岳，前往會同詳細勘辦。茲據該員鄒振岳稟稱，奉前署察哈爾都統景豐面諭，此地邊界早經指分明晰，無礙游牧，不必再委旗員。遂經會同獨石口同知希拉本查明，該廠地畝先已畫分七牌，牌各有長。因傳集牌長，諭令造具地畝草冊，訂期移住地所，出示曉諭，凡持有商人私照交過地價者，均歸已墾。逐戶挨段丈量清楚，共計已墾地六百二十八頃九十畝。督飭經書造具清冊，照章設立戶總一名。旋經現任察哈爾都統祥亨檄委正白旗理事旗員瑞全到地三面，將舊指邊界重加辨證，已墾地畝均未越界。惟查此項地畝若起手即歸官辦，衹須遵照部章次第經理，本自井井有條。茲承商辦積弊之後，情僞百出，枝節横生，非稍予變通，不免滯礙難行之處；非詳爲布置，實有散亂無紀之虞；非追問革商，不足以清逋欠；非體恤地戶不足，以廣招徠。該員躬親目覩，虛已采訪兩月之久，始得窮源竟委，力洗商人蠹國害民積弊，擬具章程十一條，稟由藩司轉詳前來。查所擬章程甚爲詳盡切當，臣逐條確核酌定，即飭次第辦理。謹繕清單，恭呈御覽，伏乞皇太后、皇上聖鑒訓，示敕部立案。現在口外張、獨、多三廳各旗官荒馬廠，已欽奉諭旨調派前口北道奎斌馳往督同印委查辦，並體察就地籌餉練勇事宜。擬令仿照現議各節，酌定通行章程，續行奏辦。其各地押荒租項究有若干，應俟查明留充防餉分撥濟用，合併陳明，謹奏。

謹將查明獨石口外葸鑑馬廠地畝，酌議現辦章程十一條繕單，恭呈御覽。

一、酌定完租科則也。查戶部奏定章，程開墾王公報效馬廠地畝，每畝完官租銀一分四釐，遇閏每兩加增銀三分，正銀每兩加耗銀五分，另加該王公每畝私租銀四釐。又，睿親王交官廠地，每畝議官租銀一分八釐。今義烈公葸鑑廠地磽薄，沙多土少。土深者不過尺許，淺者僅五六寸，下則沙石間雜，枯燥鬆浮，加以天氣嚴寒，只宜莜麥、胡麻、菜子數種。四月下種，七月收穫。若見霜較早，則籽粒枯殞；若狂風怒作，則苗穗摧殘。中稔之年，不過十逢四五，應令每畝完納官租銀一分四釐，以示平允。遇閏每兩加增銀三分，正銀每兩加耗銀五分，即令該廳徵收報候撥解。另加該公每畝私租銀四釐，遵照部章一併交官，由該公自行遣人向官收取，不得私向地戶徵收，致滋紛擾。如遇災年，核實勘定分數，將官私各租一律豁緩。

一、已墾之地應令革商與地戶分交押荒銀兩也。查該革商從前放地，藉口工本，每畝向地戶索價二錢或二錢二三分。其實牛犂籽種皆地戶自行備辦，該革商所得之價，無非任意浪費。此時若令地戶重交，則一地二價；若全數向該革商勒賠，恐亦難措。應照下則每畝抑荒銀二錢之數，責令地戶賠交一錢請領部照，其餘一錢押令革商交出。該革商如敢飾詞推諉，立即查抄監追，以免地戶偏枯。

一、未墾之地應照下則完交押荒銀兩也。查戶部奏定章程，上則每畝交押荒銀三錢，中則二錢五分，下則二錢。此地本屬磽薄，已經墾熟者，每畝賣價不過制錢二百五十文。是下則押荒之數，已浮於成熟地價之數，上則、中則更不待言。是以部章一宣，地戶皆不願承領。統計廠地未種者尚多，與其多取而有阻招徠，不若寡取而迅行開墾。或以商人放地，每畝索價且過二錢，曷爲完交正項，反苦其重。不知商人放地，隱匿多端，每號雖稱五頃，實核嘗至加倍；若歸官勘丈，不過尖角畸零少留餘地，斷不至贏長太多。則押荒銀兩亦應核實，應令照下則每畝二錢之數完交，以期允協。

一、地戶呈請免交押荒應立案不行也。查領種官地呈交押荒，本屬定例，且爲數無幾，乃從前誤於招商，弊端甚多。如張家口廳所屬之西和城臺子溝、白廟子灘等處皆未遵辦，無非句串蒙混，飾詞免交，實則地戶交商之款計已不菲。上無補於國計，下無益於民生；偷漏侵欺，徒資中飽。嗣後應永遠革去商人名目，痛除宿弊，一律令其完交押荒銀兩。其止有商照而未領部照者，酌量押荒科則，照民商分賠之數通行補交，庶事歸核實，亦於庫儲有裨。

一、交納押荒請領執照宜稍變通也。查戶部奏定章程，認墾之戶押荒銀兩在部交納，由部發給收銀執照，准該地戶照數認墾。惟地戶零星押荒，多則數兩，少則數錢，斷難責令在部交納領照，致使往返苦累。若令戶總彙交彙領，難保不侵蝕逃匿，應由戶部多備空白印照，迅速編號發直。現在口外旗荒，已派前口北道奎斌前往查辦，即由臣轉發，該道收存，曉諭各地戶就近交銀領照，嚴禁吏役不准絲毫需索。照內填注已未墾熟字樣及花戶姓名銀地數目，仍截留照根彙總，解部查核。如此，方可便民，領地當較踴躍。至地戶領照以後，指分地段應責成戶總，仍由地方官隨時抽查，以防蒙蔽。

一、現種熟地應暫行分收花利也。查該革商從前放地，除按畝索價給與私照外，另有四路民人，當耕作時雲集該廠，隨便墾種，秋收時所得花利，種者八成，商人二成，計畝分收。該民即搬運回家，明歲復來墾種。其在地居住者不過十之一二，地戶無些須之費，而果腹遠颺；商人無幾微之勞，而抽頭坐享。殊屬不成事體。現值耕作之時，民人來者已多，若驟行禁止，則勢有不能。若遽令升科，則力有不逮。已飭印委各員，責成戶總及各牌長分段稽查，限五月初一日造具清冊。一俟秋成，先由委員詳細覆查，按畝分收二成，就近變價易銀，報候撥解，並咨戶部查核。其以前商人私抽者，應計畝按年責令該革商賠償。所有分收地畝，應自光緒七年爲始，一律升科，每畝交押荒銀二錢，給予執照。如地戶把持不肯分收，立即拘拏懲辦。

一、已墾之地應酌定升科完租年限也。查戶部奏定章程，開墾馬廠地畝，均令三年後升科，今此項廠地各地戶所領商人私照，年限不一，有自光緒元年者，有二、三年者，有領地雖在元、二、三年，因商人充革靡常，地照更換不定，遲至四、五兩年始行開墾者。若按其給照早晚以定升科先後，其中參差錯迕，易滋弊端。應令自光緒六年爲始，照依丈清數目，一律升科完租，其未經領有私照者，統歸試墾，照章三年後升科，庶條理分明，地戶易於遵循。

一、地歸官辦宜將商人通行裁革也。查口外自商人辦地以來，侵蝕押荒，私抽租稅，已屬有妨庫款，且往往指地詐財，所坑陷者無慮數十百戶。新舊各商，又互相爭鬭，剽奪、劫殺、放火、延燒，種種不法，實堪髮指。今雖明白曉示，以地歸官辦，商人不准與聞，而地戶總不免觀望懷疑，藉口於某地某商仍未斥革，此地商人亦恐旋踵復充，轉致挾嫌陷害，受累不休。此固愚民過慮，但或留或革，事出兩歧，亦非政體所宜。且商人在地一日，押荒必不能交，部照必不能領，升科必不能辦。應請將直晉口外各屬旗荒馬廠地畝，凡有商人者一律革退，統交官辦，如敢隱身阻撓，從嚴治罪。斯款項有著，積弊全清矣。

一、妙香寺附近宜酌留餘地也。查悳鑑馬廠東北隅有妙香寺，舊住喇嘛，該公府原派牧丁閒亦在此牧放，應於寺之南面留五里，西面留三里，東面留五里，北面地勢寬展，水草豐美，酌留二十餘里至公吉諾一帶，以作喇嘛及牧丁養贍牧放之地。仍丈清界址，刨掘壕塹，不准越界游牧。又，偏北之達木諾地方，舊有鹽廠，青鹽進口多屯於此，房地租稅向由公府收取，應於廠之四面酌留餘地以外，仍招佃開墾。其所留之房地租，該公府照舊收取。庶界地分明，旗民爭端可息。

一、馬廠界限宜責成各王公與察哈爾旗員自行辦證也。查口外各馬廠多與察哈爾各旗地界毗連，從前商人試墾，指界最爲轇轕。蒙古山名地名重複隱奧，繙譯猝難明晰，往往東西移位，遠近易方，壕塹既挖，旋又填毀。其於相近邊界開墾者，今猶爭論不休，加以會勘時人衆費煩，動輒需銀一、二千兩，該商即以誆詐之錢財開銷支應。今地歸官辦，事事核實，何從來此巨款以支宂費。嗣後，凡有馬廠各王公情願報墾者，應責成該府持當年賞地圖據與察哈爾旗員親赴地所，詳細辦證，將界址指分清楚，然後交地方官辦理。如此則滯礙較少，事易就理。至張、獨、多三廳以外，幅員遼闊，凡可報墾之地，不過附近邊牆，實與游牧不相妨礙，與其閒荒而徒長蒿萊，何若廣闢而盡成隴畝。擬請飭令地方官查明附近馬廠，凡可開墾者先行報明，奏請敕下各王公如願報效，即呈請開墾，仍照部定章，程專歸地方官經理，無須該府與聞。如此辦理，不惟有裨庫儲，且各王公私租所人，較平日水草之料，計亦倍蓰。升科後，糧地鱗次銜接，漸成村落，於邊塞防務亦不無稍裨。

一、委員辦理荒地宜酌給薪費也。查口外各處馬廠，多者萬餘頃，少者千餘頃，幅員之廣比於州縣，如皆辦理得人，於國計民生均非小補。但聰强而近刻者，知重賦課而或不便於民；仁厚而近迂者，知恤農氓而或無益於國。加以地勢嚴寒，棲處卑陋，飯食粗糲，履勘辛勤，非明幹耐勞之員不能勝任。其緊要關鍵，尤在潔己奉公，絲毫不擾及地戶，方足以感動愚蒙，懾服刁健。枵腹從公，賢者所難，應量事體之大小，道路之遠近，時日之久暫，酌給薪水，嚴其責成，並將隨帶書役應需飯食、紙張，及解費等項，統於所收押荒銀內，核實作正開銷。事竣停止。其委員認眞出力，並於事竣酌請奬敘，以昭激勸。

又 卷三八《馬廠請發部照摺》光緒六年八月初三日

奏爲口外現辦馬廠地畝必須先發部照，以示大信而免疑沮，恭摺瀝陳，仰祈聖鑒事。竊臣前就獨石口外悳鑑馬廠地畝，酌擬現辦章程十一條專摺奏報，聲明張、獨、多三廳各旗官荒馬廠，已欽奉諭旨調派前口北道奎斌馳往督辦，即可仿照通行辦理。旋經戶部覆稱，所議各條或遵照戶部奏章，或參酌地方情形，既經奏交地方官辦理，應由該督慎委賢員實心舉辦，就地酌核時宜，戶部不爲遥制，其所請由部發給空白執照，雖爲便民起見，惟地冊未經造送，礙難率發，應由直隸藩司先備空白印票發交委員，諭令地戶交納押荒銀兩，先給印票一面，由司造冊，送部塡給執照，再交地戶收領、換繳印票等因，當經分行遵照。茲據前口北道奎斌稟稱，前奉奏定章程，業將一面呈交押荒銀兩，一面徑給部照事宜。徧行曉示，已據地戶具有見照，交銀甘結。今戶部又有先給司票之議，自應委曲求全，當即督同委員切實勸導。地戶乃愚民，難與圖始，其希冀中飽之徒，又復從中煽惑，謂甫經開辦即改章程。可見部照萬不能發，司票萬不足憑。此次交納押荒，恐仍被人愚弄，於是地戶數百人環集地所，爭來詢問。雖經剴切譬曉，終難破其疑團，實有不能先給司票之勢，以致失信於民，稟請續奏前來，臣查口外官荒地畝招商承辦，弊端百出，地戶屢費重資。今甫改歸地方官經理，責令按畝交納，押荒升科，在官以爲初徵，在民實係重出，勸辦本非易事。且從前商人先給私照，亦謂將來換領部照，乃所費盡入私囊，部照終歸烏有，地戶受累無窮。此次力洗商人蠹國害民積弊，必先請發部照與押荒同時交領。諭以執此確憑永爲世業用，能悚聽改觀，迎刃而解。若先給司票，將來再換部照，則與商人先給私照辦法無異，積弊之後，奚能取信於民？況一面交銀一面給予部照之議，早經大張曉諭，忽又改爲司票，殊覺自亂其例。愚魯者從此滋疑，刁健者藉端抗欠。匪徒之煽惑有詞，委員之辦理失據，實於國課民情多所窒礙。部臣既深悉押荒零星，責令地戶赴部交納領照，往返苦累。請頒執照，係爲便民起見。惟謂委任恐不得人，難免不滋流弊。不知錢糧分數有王公私租可以比較，押荒交局，錢糧交廳，彼此參觀，亦可互見。其地數、糧數、册籍，仍須責成藩司逐細核明報部，必應針孔相符，涓滴不漏，斷不至漫無考核。欲防流弊，但在責成委員，不在遲留執照。此係邊外大段官荒，迥非内地零星報墾升科可比。前已欽奉寄諭酌辦，卽戶部亦令就地酌核時宜，不爲遥制，斷難拘守常例。致令掣肘，且民閒輸納押荒，全在秋成糶糧之後，若不及時給照，將致垂得之巨款無端渙散。機會一失，以後民不信官，更難爲繼。臣體察情形，部照之遲速實爲辦地緊要關鍵。現委各員皆經遴選認眞辦事之人。臣敢保其絶無流弊，現在三廳所屬地畝均可次第開辦，不僅扈鑑馬廠一處需用部照較多。相應仰懇天恩，俯准敕部迅速頒發空白執照二千張，務於八月内頒到，以便轉發該道，督飭委員照章認眞查辦，收取押荒。庶足以示大信而免疑沮，民心可定，地利可興，餉需亦不無裨助矣。理合恭摺，據實瀝陳。伏乞皇太后、皇上聖鑒，訓示遵行。謹奏。

紀事

《明會典》卷二二三《馬房倉場通例》 宣德九年，令監察御史并戶部主事，於象、馬、牛、羊等房，倉、場，監督收受草料。仍令内官一員、通政使司通政一員往來提督。十年，令壩上等馬房馬不必散俵，馬與黄牛、水牛交與兵部，著民人領養耕種；偏牛、野牛、野馬、交與内官，南海子撒放；峪口原設官莊等三房馬及馬房地，方著御馬監撥官軍牧養；黄土牛房孳生犏乳黄牛并犢六百五十隻，冷泉、德勝門裏二處羊房見在羊二千餘隻，連牛羊房田地，俱交與良牧署掌管；東直門裏吳家駝牛房牛揀好乳牛并犢留一千四百隻，牯牛留一百隻，其供用庫拽磨牛、驢只留二百隻，其餘都退出兵部，與軍民耕種。養牛官軍各留四百名，餘俱還原衛所差操。清河豬房見養花豬、黑豬照舊聽光祿寺取用。又令在京花園并象房草場，各設辦事官二員，千百戶二員，率領軍餘人等看守。正統元年，令都察院榜示壩上大馬房草場内外官員人等，不許私役官軍占種，交通擅借，及縱容官豪建立窑座，創蓋寺廟等項。每歲秋後遣給事中御史等官巡視，其有仍前不悛者，處以重刑。十四年，以防虜移馬房草於城裏收積。設明智坊草場、北新草場并舊臺基廠草場，每場銓撥大使、副使各一員，攢典二名，辦事官二員。順天府每處撥脚夫十名，兵部撥致仕武官一員，軍餘四名，守支草束，巡視把門。又題準，各場地勢窄狹，積草不多，將舊吏、戶二部改為安仁坊草場。行吏部選大使，副使各一員，撥攢典二名。順天府僉庫秤十名，製造大秤四連。兵部撥致仕軍官并老軍守門。景泰三年，令御史一員巡視草場，禁約附近軍民之家并管馬内外官家人，不許兆攬納戶草料，通同作弊。天順六年題準，安仁坊草場，倒塌查得馴象所草場寬闊，堪為兩場，將西邊三十七丈并墻外空地十二丈，撥與安仁坊官攢收受新草。成化十六年，令戶部收草主事等官提督御馬倉草場，各該官旗人等築立封堆，開挑壕塹，栽種榆柳為界，仍令給事中御史等官不時巡察。正德十六年，令各該管馬房倉主事，各查勘牧馬草場地土頃畝四至明白。每處量留數頃曬晾馬匹，其餘俱令軍民佃種，每畝徵銀三分，就令主事收管，遇秋成，照依時估召商買草豆，本馬房支用。嘉靖二年，添設聚落草場大使、副使各二員，撥與攢典各一名，收放一應糧草，其近山東無礙荒地，每軍給與一百畝，屯種三年之外，每畝量徵米豆三升，或銀二分，就於該倉庫上納。七年奏準，科道等官，清查過壩上等二十六處馬牛羊房等倉場。揀退不堪馬驢牛羊，俱發順天府變賣，實在馬駝驢贏牛羊并駒犢共三千九百七十七匹頭隻。通計一年，該用料三萬九千三百石有零，草九十萬一千五百餘束。每年十一月，科道官并戶部委官親詣各倉場，會同提督太監將實在馬牛羊駝通行查點，有瘦損矮小不堪者，發各衙門變賣，將實在的數造册送部，以憑會計錢糧。凡未印二歲駒，每匹日給料二升，草十斤；未二歲者，不準支給。其吳家駝牛房二處草場地土，召民佃種，徵收子粒銀兩，自本年為始，俱令蕃牧千戶所徵解本部。如有倒失牛隻，呈報給領價銀買補。今後有貢賀及新收孳生等項馬匹随即印烙發場。每年通行點視，内官查照。永樂年間事例，每房止留四員，一員管理錢糧，三員專管馬匹，其餘取回别用。及將司牧局衙門官吏裁革，令司牧司官吏帶管。又題準，各馬牛羊房，添設内官數多，每馬房止留四員，一員管理錢糧，三員專管馬匹。其養馬指揮千百戶一體裁減，止留一員，督率旗軍喂養。八年奏準，差科道官會同戶部委官，將各倉場馬牛羊駝等，查驗矮小多餘者，送戶部及兵部給發操備。或為變賣、倒死等項，盡行開除。額外養馬軍餘發回原衛所差操。如有冒濫侵欺情弊，徑自參奏。又令各馬房馬匹照舊規牧放三箇月，若有賣放買閒等弊，聽巡青科道官及委官參究。九年議準，御馬監內外馬房各項馬匹，俱要操練調習，以便控御。內有孳生馬駒從實報官，三年一次，具數奏下兵部，轉行巡青科道點視。上中二等，發監收養，下品不堪者，照題準事例變賣。都指揮以下勤惰公私，俱臨時聽點，視科道官從公舉劾。十年題準，各馬房錢糧俱由戶部票撥，不許內外管馬官自出無印小票支領。該倉官攢，將票內數目增改以圖侵費者，本部該司及委官并巡視科道官從重參究。十一年題準，順天府漷縣黃場鋪草場地土，照舊撥給御馬監，以為下場往回駐止之地，歲入租銀，該監徑自收貯，備修理應用，以省軍衛有司之費。十三年題準，每年奏差主事一員，前去順天府三河縣駐劄，專管草場地土。十四年題準，司禮監轉行御馬監，將各馬房管事內官逐一從公選擇，有衰老昏懦者革退，另行選補。如或蹈襲故弊、廢墜馬政，聽巡青科道官指實舉劾。十六年題準，戶部委官及監督科道官，將外牛房吳家駝三倉牛隻，揀選老瘦不堪者，行順天府變賣，銀兩解部，以備買補應用。以後每季，各官會同揀選一次。三十一年題準，通州新舊二城分築兩草場，共設大使一員，攢典二名，隸該州管轄，合用印記鑄給。庫秤五名，該州審僉應役。防守甲夫，州衛通融僉撥。萬曆七年題準，明智等草場委官收放草束，差滿一體考覈，公勤廉慎者優錄，平常無過者復職叙遷，怠玩貪縱者照罷軟不及不謹等例，分別降黜。又令象房倉官攢，必將經收草料，守支盡絕，方準起送，其守支月分，仍給俸糧。九年題準，西城坊草場歸併安仁坊帶管；北新草場并司牲司，歸併明智坊帶管；牛房倉歸併黃土倉，金盞倉歸併壩上倉，滓石橋倉歸併南石渠倉，各帶管，窒運一差，歸併通州草場主事兼管，其書筭皂隸人役，一併裁革。

（正德）《新鄉縣志》卷二　孳牧馬廠，舊在城東。前知府華容王儼命知縣王統管馬，縣丞周輗更置於大僕分司東。但地形卑下，爲水所没，屋宇墻垣，無復存者。正德元年，知縣儲珊命主簿師理復爲脩葺，拓地以大其制，築土以高其基，中則構亭使執馬政者，居馬旁則廣建屋宇以爲飼秣之所，四圍繚以垣墻，外設門屏，規模形制，極完具焉。

（正德）《莘縣志》卷三　馬廠在縣治東南尚德巷北。宣德六年，知縣呉達創建。成化六年，主簿彭允重脩。弘治十三年。主簿桂玉增設馬房四十餘間，地闊二十三步，長二十四步。

藝文

唐　郤昂《岐邠涇寧四州八馬坊碑頌并序》《唐文粹》卷二二　垂象者玄，上昭乎天廄天駟；體玄者聖，下列乎廋人校人。驥稱其德，亦已遠矣。願言馬之志，曾有意乎。粵若乾道爲良，坤元利牝，駒從渥水，駿發中盧。屈産貴其能鳴，鴈門多其美脊，豈止宗生冀北，族施汧西而已哉。自相土運其天機，孫陽明其骨性，秦贊涖其前後，許衛詳其色毛，悲伐在其股膺，寒管議其脣齒，麻朝訾其頰胲，女厲辨其目眸。昔軒轅得之過寒門，穆滿得之遊崑崙，周王得之平東鄰，漢帝得之定西秦，我高祖得之四尼至，我開元得之五輅備。敢問毛蟲三百六十，其誰力多於是乎。夏殷以還，經傳莫紀，周制廄馬，始頒厥官。凡十二閑，馬三千四百五十六。始皇吞并寓內，六萬騎之國，馬盡歸秦。漢武大脩佳兵，崇飾戰馬至四十萬匹，是多乎哉。自魏及隋，天下騷動，勞疲死轉，數不足徵。我有唐之新造國也，於赤岸澤僅得牝牡三千匹，命太僕張萬歲傍隴右馴字之。四十年閒，孳娩成七十萬六千匹。屬張氏替職，圉師敗官，馬之教駣，日失其序。逮開元初，唯得二十四萬匹。至十九年，復成四十四萬匹。今之盈縮，亦不甚過。上耕籍之明年，命我邠公典斯馬政，公齊其飲食，視其良駑，膾芻痔涼，綢惡去害。天子以公有伯翳宜生之德，爰錫土田，日磾善養之功，眞堪宰相。即召公入掌三事，外司百揆，調飪鼎實，緝熙帝繇。夷吾果理於高傒，咎單諶暢於伊尹。帝曰：『若予邠之後，亮采惠疇。』僉曰：『元祐。』帝曰：『俞，咨祐汝作小司空，兼孜牧圉。』李公言成允令，才實允宗，恪居本朝，荷天之寵，未可涯也。判官尚乘奉御長孫昜壽安尉賀蘭弼華陰主簿常眞，並心能率大憂，載習載步，之秣之，疏穢鎮浮，受劑聽訟，匪燒匪剔，斯馬斯材，懸規鏡，家韞賜書，投刃靡全，應機立斷。倡昌門之騤乘，行翼聖僊；諸子況之能官，坐登卿相。有原迓浦，非大而何，雅所謂愷悌君子，干禄愷悌，信矣。先是，國家以岐山近甸，汾土晚寒，寧州壤，甘涇水流惡，澤茂豐草，地平鮮原。當古公走馬之郊，接非子犬丘之野。度其四鏡，分署八坊，其五在岐其，餘在三郡。保樂第一，蘇忠主之。甘露第二，劉義戸之；南普潤第三，田敬董之；

北普潤第四，邵業監之；岐陽第五，李行守之；太平第六，馬慶尹之；宜禄第七，曾叡領之；安定第八，李仙正之。八人者，或折衝禦侮，或果毅昭戎，射馭不違，始終惟一。又命朝散大夫都苑揔監韋績揔以統之。韋公敢行利物，克壯遠猷，悉心效官，盡瘁事國，口占諸吏，躬親百爲，攻特執駒，禁蠹驅蟹，撫穌趣馬，慰薦圉人。陳損益以示其方，明賞罰以防其慢。立封準以程其課，均衆寡以節其宜。告之以畏威，申之以誘掖。曰：善而筐蜃，而瓔纕。除而兹，翦而蓋，偕當循爾職制。無使我馬玄，黄抱公絶私，匪怒伊教。君子曰：韋公之懼下如此，欲辭福禄得乎！人從話言，馬賴調豢，將蕃其類，必謹其初。故春祭房星，尊祖也；夏祭先牧，尚養也；秋祭馬社，敬乘也；冬祭馬步，存神也。然後時其出入，偵其肥羸，一其種性殊其皁櫪，旌別淑慝，無相奪倫。試言夫名，且曰獻狀其。名則汗血山子，桃駼緑耳，金喙騰黄，騶吾吉光，蒲梢啓服，野麋娥鹿，白蟻雞斯，蜚鴻母兒，遺風騕褭，兹白鐵離，項王之騅，符主之騧，柏氏之驄，晉侯之駮，魏公絶影，唐國驌驦，劉之的顱，吕之赤兔。其狀則八尺之戎，七尺之騋，六尺之驕，三尺之果下，文臂花肩，陰脣白顛，掘腕作足，昆蹄素懸，縞形如練，紫目如電。有駹有騱，有翖有驎，騭騇異羣，驪騵亦分。散如摛錦，聚若屯雲。若迺審其容貌，觀其尾鬣，司其正骨，鑑其回毛，膺爲宜桀，肘爲咸陽，幹爲茀方，背爲闕光。水火又明，城郭又張。逸躍翹陸，趁趕踴顧，陸甗齕草，降阿飲沱。騤而翔，駁而走，如龍如鬼，或寢或吪。驫至特立，仰鳴俯噴，威儀變態，不可談詳。田事孔昭，軍容大備，有馬如此，何憂乎戎。由是，判官長上果毅都尉成公雅貞尹承順兼諸寮吏，及四郡齊人、八坊長戸，因雜然相與謀曰：自天子亭育我，邠公覆露我，李公司牧我，韋公懊休我。君臣同德，其利博哉。若不毛舉數事，指敕大較，雖隸圉之後，將不食吾餘。且保樂者，隋石門馬坊也。其舊制褊狹，多歷年所，棟折榱摧，隤牆填塹，甘露先置在九成苑外，土良蘙美，不迨苑中。今兹數公得請于帝，有詔令新保樂，徙甘露，所云挪茸，許用正錢。今則量抽掌閑供飼國馬數内商擢，納其資課，迴給工人，計一歲省庫錢七百貫有奇，以約財埤國，其利一也。甲令曰：諸坊馬每年四月十一日停料野放，今則以三月中候，陽崖墳盈，春草先長，便停稾穀，俾逐川原，計一歲減菽粟四千石，萁秆三萬圍，徯來年之用，以隨時預蓄，其利二也。八坊管田一千二百三十餘頃，析置十屯，密邇農家，悦來租墾，王在京邑，則税其生芻，天旋洛師，乃藏厥嘉實，歲中收貯二萬五千石，薪蒸倍之，以妥甿盡地，其利三也。又緣馬所須，羈絆翦刷，鬴鑊畚帚，油藥灌劑之物，又韃滌除之器，比年皆旁勞州縣，長度公錢，誅求無時，不給其用，寖以承弊，人多懼憂。今則權差夫丁，率自采造，成二萬六千五百三十石升枚具，歲中省百姓供費三千貫，以梔煩激惰，其利四也。内廄馬每年有瘠者，病者老者，疲者擇其不任者，以頒諸坊，則必餧之艾之，行之節之，俟其跳梁，俟其充腯，而後入之，以内癯起廢，其利五也。是五者，有仁人焉，有王政焉，何獨師古。始爲成憲，則知從邠公之教可以阜，從李公之法可以經，從三判官之幹蠱可以事事無留，從韋公之訓習可以孜孜不怠。古者有勞於國則紀之，有功於人亦紀之。里克賦在坰之頌，燕公纂鹽牧之作，吾從二史臣之後，安敢墜於斯文。其詞曰：

天王秉玉兮德至山陵，澤馬于皁兮屢惟休徵。君命臣力兮庶績其凝，八坊載就兮畢來斯昇。岐山之下兮田疇好，涇水之將兮多皺草。繚垣墉兮積芻稾，天馬來兮從東道。羣紫燕兮駢緑蛇，骨象奇兮歸帝家，毛御風兮蹄踐雪，舉籥雲兮低噴沙。既伯既禱兮無栽害，有駜有容兮眞沛艾。縞身朱鬣兮又白顛，睨影長鳴兮聲造天。今安匹兮龍爲戎，吾君馭兮壽千年。

元 王惲《秋澗集》卷二六《題馬坊》 从遊都邑無明畧，出判名藩媿不才。忽得解鞍俱忘却，一聲幽鳥竹邊來。

明 王偁《虚舟集》卷五《題馬苑小景》 天際蛾眉淡欲消，樓臺染出襯層霄。玉簫吹徹鸞飛去，人在西湖第幾橋。

明 趙時春《浚谷集·詩集》卷六《移葡萄架木覆馬棚》 葡萄前實□筵俎，除架移材覆馬房。掠取秋冬簷日暖，飽經炎夏午風涼。燮調身世唯輕省，消長寒暄得小康。姑使庚前袪彰蔽，行看一綫幾尋長。

明 馬中錫《東田漫稿》卷二《十月十七日同鄧侍御宗周巡視京東馬房迄歸得詩十五首通州道中三首》 一官羈絆老京塵，此日重臨析木津。黄葉樹兼紅葉樹，黑頭人變白頭人。來牛去馬生涯倦，南陌東阡世路新。賴是雲山行處有，不然何地着吟身。

曙分平麓少風塵，野色蒼茫遠帶津。瘦馬獨吟行部客，蹇驢遥辨上京人。天寒白鴈霜前度，木落青山雨後新。却笑經年在城市，匆匆真是不閒身。

又駈羸騎出東城，官道無塵似掌平。南去比來今老大，舊村新舘幾紛更。樹頭敗葉經霜盡，天末殘霞照水明。惟有青山終古在，淡粧濃抹送人行。

又《垻北馬房》按節來沙苑，駈馳半日間。地寬饒白草，林厚隱青山。落日鴉還樹，寒天馬入閑。主人留飲處，燈火夜斕斑。

又《北高馬房》樹色曉蘢葱，相逢御苑中。諳山初得日，萬馬正嘶風。座擁金璫貴，歌番玊樹工。嗟予猶病酒，三爵未能終。

又《湯山馬房》萬馬平沙粲錦雲，驪黄遥望杳難分。斜陽舊識吴門練，老眼今看薊北群。氷度野河連底凍，草經獵火帯原焚。晚來還借官坊宿，長短山更徹夜聞。

又《黄土馬坊》歷盡天閑此駐鞍，主人留飲故情懽。燈傳火令燒殘夜，酒檀兵權戰退寒。隔座偶成詩草草，歸期漸指月團團。此行不為公家事，安得閒身逐豸冠。

清 梁錫珩《非水舟遺集》卷下《御馬苑》天子有德天馬來，五花八駿龍之媒。承威靈兮降外國，還遊閶闔觀玉臺。鳳臆龍鬐不可制，拳毛獅子俯一世。蓋地如見錦雲堆，牝牡驪黄真難計。圉人太僕飼養齊，天閑上駟相標題。濯龍之奥委紅粟，黄金勒腦錦障泥。而今西北方多故，士馬紛紛如棋布。天寒蕭蕭苜蓿短，歲晚那堪蒺藜路。骨骼硉兀萬匹强，朔風凛凛連雪霜。奔波萬里逐小寇，徒恨驊騮不得將。御馬御馬信殊傑，倜儻權奇示猛劣。終年經歲何所爲，角壯迴塲馳永埒。一年一月朝復昏，豈可潛忘秣飼恩。不見羸餓駑駘足，西走瀚海東玉門。御馬御馬宜自致，安能圈束局鑣轡。猛氣宜思在戰場，纏牽實恐累騏驥。蚩蚩小醜不日亡，鳴鞭敲鐙凱歌揚。賞功定自出内廐，坐見人馬有輝光。而今帝德正廣運，俊傑在位賢人近。書生飽聞老氏言，有道却走馬以糞。

清 謝元淮《養默山房詩稿》卷一七《廄里尋吴王養馬處》艅艎返長鬣，戰陣恃舟師。何事養騏驥，遺廄武山陲。巫臣舍偏兩，始教車與騎。夫差淩齊晉，耀甲爭黄池。想當萬馬休，蹴踏盈山岐。吴沼地歸越，廄空馬何之。一勝復一敗，須臾良可悲。我生千載下，弔古多幽思。薄秩同委吏，司牧非所知。嘗聞蒙莊語，害馬去勿遲。

清 沈壽榕《玉笙樓詩録》卷一一《至元江州宿馬厩傍聽雨達旦明日將發直牧竹農傳君以斷渡請留排悶作詩四首》

已分疲筋力，來依馬廄旁。如繩懸夜雨，咫尺撼巖牆。衣薄仍揮汗，秋成再插秧。元江種稻二次填胸辛苦事，細味綠檳榔。土人以新摘青苞檳榔相餉

簷角與眉齊，危樓倚斷梯。疊牀隨上下，補屋和沙泥。屋有隙漏築土補之墨染衫痕涴，索書者踵至。夙來帽影低。彼傖誰過此，瀾語壁間題。

慘淡煙光積，窗明一隙間。杜門先謝客，移榻卧看山。留滯才如此，飛騰與早刪。渥洼如有種，何日奮天閑。

斷渡一舟横，今朝不可行。鄰家餘乞火，奴輩足鼾聲。日色陰如晦，江流直搗城。誰能身手健，磨刃快屠鯨。

清 梁以壯《蘭扃前集》卷八《廢藩馬房》水落煙消一厩園，數株殘柳似孤邨。棠時朱邸今何在，閑上驊騮且尚存。

清 朱彝尊《曝書亭集》卷六《七馬坊》積潦黄蒿外，連岡黑霧中。轉愁人馬滑，眞覺道塗窮。陶穴遺深井，沙陀没故宫。離程渺天末，九月斷征鴻。

清 查嗣瑮《查浦詩鈔》卷一《馬塲歌》六亭遥接九亭長，行過羊塲又馬塲。一十二辰鑾市散，蘆笙吹月照花觴。《滇程記》：清平至平越有羊雞諸塲，爲諸苗互市處，以十二辰相遞，歷十二日爲一市，每塲歲三十市，歲暮即塲劇飲，元旦始散。

清 程恩澤《程侍郎遺集》卷六《馬塲懷古》王與后，以口計。十八先生奮忠義，招晉王，來討秦。十八先生歃血新，奇謀洩，寃獄起。十八先生同日死，就中閣臣吳，自云執筆我最先。欲以一死全諸賢，諸賢求死大呼嘯，詩籌滿地酒滿醑。爭騎箕尾上霄漢，暮暮朝朝帝閽叫，興朝日月光。照徹幽與微，忠魂得謚如衮衣，祇今南籠一坏土。牲酒芳潔松楸肥，鄭侯我同里。鄭侯名允元，歙人。子孫知為誰，李侯有賢裔。李侯名頎，常州人，其子孫會輯三忠詩。曾輯三忠詩，獨憐張與全。張内侍福祿，全内侍爲國。臨難遭極刑，遭極刑，名乃成，古無璫侍稱先生，吁嗟乎！張先生，全先生。

清 斌良《抱冲齋詩集》卷三三《乘馬過四甬碑馬廠至雙橋店》掩囊袴褶征裘捷，緩控紫騮垂鞭絲。郵程髡柳指雙樹，缺牆細桃横一枝。平臯沃衍秀苜蓿，牛羊茁壯牧馬騎。崢嶸怪石卓筆立，下馬細讀天然碑。碑在馬廠東，就天然石峯刻作碑碣，惜苔花斑駁字迹曼漶難辨矣。

又《過小淩河馬廠》碧宇晴飛雲片片，廣場春秀草萋萋。驪騮駟駱三千匹，可有權奇八駿蹏。

清 李調元《童山集·詩集》卷二二《馬廠大雪》大雪從風下，邊荒四月天。花開無葉樹，徑糝未鋪氊。毳帳人何往，霜駿馬可憐。沉霾何處豁，

見晛出雲烟。

清 湯右曾《懷清堂集》卷一二《馬廠行》 遼水東西一千里，泉甘草豐地莫比。休誇黃澤接黃池，不數白沙如白水。年年國馬一萬匹，圉人牽來內廐裏。三千歲字額有常，騏驎好兒天驥子。馬官減豆馬不肥，天寒瘦骨猶權奇。空聞非子主汧渭，遠念太僕領豳岐。後來坊監法一變，顧視逸足無新羈。熙寧保社散諸路，元豐茶馬為一司。憶昨河湟通互市，商賈班班車罕至。聖主方哀漁奪私，羣公且言辜榷利。自從使者罷河西，邊人老幼懽扶攜。如今龍種生東海，不用崑崙入馬蹄。

雜録

《明會典》卷二三《馬房等倉》 在京御馬監，及各馬房，皆有倉場儲蓄草料，以供飼秣之用。其商價俱於山東、河南糧道支給，今裁兩道改于銀庫關領，五草場商價亦如之。每上下半年，户部山東、河南等司官，九門鹽法等委官，會同科道，照時歲豐歉，估定價值，今見行以皆京倉。

二十三馬房倉并象房牛羊房倉：

御馬倉永樂初設

中府外場永樂初設

天師菴草場正統年間設

壩上北馬房倉宣德年設

壩上南馬房倉宣德年為城

壩上馬房倉宣德年設在通州

壩上永樂年間該在順義縣

壩上東馬房倉宣德年設

北高倉永樂四年設在通州

湖渠馬房倉成化十一年修

金盞兒甸倉永樂五年設在通州

義河倉永樂年間設在通州

北草場倉永樂年設在順義縣

黃土倉永樂年設在昌平州

南石渠西倉景泰年設在三河縣

南石渠倉永樂二年設

渓石橋倉

渓石橋南倉二倉在順義縣

湯山草場倉永樂年設在昌平州

鄭家莊馬房倉宣德年設在昌平州

峪口楊家橋馬房倉

峪口官莊馬房倉二倉宣德八年設在三河縣

峪口張家莊馬房倉在三河縣

又《馬房牧地》

宛平縣：鄭村壩大馬房、北高馬房。

大興縣：壩大馬房、駒子馬房。

通州：鄭村壩大馬房上場、壩東馬房上場、駒子馬房上場、金盞馬房上場、北高馬房上場、義河馬房上場。

薊州：北草場馬房下場、兔東馬房下場、兔西馬房下場、張家莊馬房下場、楊家橋馬房下場。

玉田縣：兔南馬房下場、官莊馬房下場、湖渠馬房下場。

寶坻縣：駒子馬房下場、金盞馬房下場、義河馬房下場、北高馬房下場、天柱馬房下場、湯山馬房下場、兔南馬房下場、兔北馬房下場。

昌平州：黃土馬房上場、鄭家莊馬房上場、湯山馬房上場、湖渠馬房上場。

順義縣：天柱馬房上場、北草場馬房上場、兔北馬房上場。

三河縣：兔東馬房上場、兔西馬房上場、兔南馬房上場、張家莊馬房上場、峪口楊家橋馬房上場、峪口官莊馬房上場。

香河縣：金盞馬房下場、兔北馬房下場。【略】

武清縣：在監大馬房下場、壩大馬房下場、壩東馬房下場、壩北馬房下場、金盞馬房下場、義河馬房下場、天柱馬房下場、黃土馬房下場、鄭家莊馬房下場、 湯山馬房下場、北草場馬房下場。

東安縣：壩大馬房下場、壩北馬房下場。

明 沈德符《萬曆野獲編》卷一《垻上馬房》 內外大小祀典，俱領之祠部及太常，惟有垻上馬房無所隸屬，不列祀典。若值祀期，光祿備牲羞，遣中官往祭，不知何所起，意必後世添設，非祖宗舊耳。今本房芻粟至煩，户部一郎官司之，所費不貲。先是，成化十八年，内官梁芳進白水牛一隻，每歲支費千餘金，歷孝宗至武宗已二十餘年，至是言官疏言：『垻上八處所豢，惟牛最浪費無算。先帝朝，給事許文錫建白，謂宜送之犧牲所及光禄寺，已得旨，以内臣黎春言而沮。令宜如議，以省冒濫。』武宗允之。然垻上馬房，至今芻牧供應如故也，國家不經之費，往往如此。

明 錢希言《戲瑕》卷一《壞東閣爲馬厩》 公孫弘布衣爲丞相，開東閣以延賢人，與兒大夫分禄養賢，卑己下士，葛繹澎矦隳壞其緒毁其客館，議堂以爲馬厩掃舍，今人並言劉屈氂，而不知有葛繹澎矦。按：公孫賀、劉屈氂爲丞相時，客館已廢爲馬厩，車庫奴婢室矣。實非屈氂壞之也。

明 吴國仕《造命宗鏡集》卷一一《造馬厩》 取紫炁會臨，到方併用三奇、生門、吉各年順逆血刃不可犯之。紫微卦坐中無方位，以金鏡圖福德，輪得二三吉星到方亦妙。

明 午榮《魯班經》卷二《馬厩式》 此亦看羅經，一德星在何方，做在一德星上吉。門向東，用一色杉木，忌雜木。立六根柱子，中用小圓樑二根扛過，好下夜間掛馬索。四圍下高水椹板，每邊用模方四根纔堅固。馬多者隔斷已間，每間三尺三寸濶深，馬槽下向門左邊吉。

又《馬槽禄式》 前脚二尺四寸，後脚三尺五寸高，長三尺，濶一尺四寸，桂子方圓三寸大，四圍横下板片，下脚空一尺高。

清 梁章鉅《稱謂録》卷一九《馬厩官役》 廄長、廄副、廄丁，《會典》京師各廄均設廄長一人，廄副二人，廄丁二十人。

趣馬、廋人、圉師、圉人。《周禮·夏官》：趣馬，下士皁一人。廋人，下士閑二人。圉師，乘一人。圉人，良馬匹一人，駑馬麗一人。案：趣馬、廋人，如今之廄長、廄副；而圉師、圉人，則如今之廄丁耳。

典廄署令、典廄署丞。《通典》：唐改龍廄爲典廄署，令二人，丞四人，掌在廄繫飼馬牛及雜畜事。

未央廄令、大廄令、家馬廄令。《通典》：東京有未央廄令，掌乘輿及宫中之馬。案：《歷代職官表》：《通典》又載：魏改未央廄令爲乘黄廄、驊騮廄。驊騮廄爲後代龍廄、内廄之所自始，而晉、宋以後遂分屬門下省，則正上駟院之職也。案：《百官公卿表》云：大廄、未央、家馬三令，各五丞、一尉。師古曰：家馬者，主供天子私用，非大事、戎事、軍國所須。又，武帝太初元年，更名家馬爲挏馬。應劭曰：主乳馬取其汁挏治之，味酢可飲，因以名官也。師古曰：挏音徒孔反。今上駟院掌御馬之政令。凡供直日，陳御馬四於景運門外，正與家馬義合，則家馬廄令及大廄令，亦並當如上駟院之左右司郎中、員外各職。其各有廄丞、廄尉，亦主事、筆帖式之類歟。

承華廄令。《古今注》漢安帝元年，置承華廄令。案：《百官公卿表》止言承華監有長丞，而不言有廄令，殆廄令即監長之别稱耳。

牧槖令丞、昆蹏令丞。《漢書·百官公卿表》：有牧槖、昆號令丞。應劭曰：『昆蹏，好馬名。』

騄驥廄丞。袁宏《後漢紀》：靈帝初，置騄驥丞。

栘中監。《漢書·蘇武傳》：稍遷至栘中廄監。注：栘中廄名，爲之監也。

臨漢監。《唐書·孟簡傳》：時有詔置臨漢監，以牧馬，命簡兼使職。

明 鹿善繼《鹿忠節公集》卷八《馬房裁革冒破紀》 馬房冒破，相沿既久，余初受事，不安於心。以告袁滄孺世振，袁心是之。贊余説堂行廣西司查，司持存羊之議。余再請而再駁，且面相許而轉復駁，歎人心之如面也。余既以母喪歸，代者為王崑璧瑊，堅持余議以爭，協力於巡青使者，題參得旨。追擬如律，而廠監據旨中有存留字，求如初支。王駁之曰：『所謂存留，指別廠未發覺之驢頭而言也。該廠已經發覺，追贓矣，擬罪矣，聖上原無買補之旨，安得如初支也。』廠監乃止，夫此事可否，非難見也。其旨盡於邊有軍而無糧，廠無驢而有料之二語，而再駁之者，借口存羊。且語人曰：『為上首存體，上首為誰，卽袁滄孺世振也。是役非袁不為功，此道可於今人中得哉。』為之志感。

又 卷一四《馬房裁革呈堂》 户部監督主事鹿善繼呈，爲鰸棍侵吞料草事。據壩上北倉脚夫趙夢臣禀稱：本厰班頭劉國禎，包攬商人牛尚忠名下錢糧不行上納。又將倒死馬匹驢頭不行申報，料草盡吞肥已等情。到職據此隨經行拘一干犯證到官查審，得劉國禎原係本廠養馬軍人，將本年正月初九日倒馬一匹，正月十七日倒馬一匹，正月二十九日倒馬一匹，二月十一日倒馬一匹，四月二十八日倒馬一匹，通不開報。又將驢頭自去年十二月終，巡青科院查閲之後，見今缺少三十四頭。仍將料草照舊冒支，及包攬商人錢糧，情弊俱各是實。爲照國家歲費帑金，召商買納料草，以養馬驢，原圖實用。

不意積棍劉國禎，隱報倒死馬五匹，驢三十四頭。侵冒料草錢糧甚多當面對證，情見辭窮，一一招認是實，似此奸蠹，法難容縱。計算馬驢料草，以去年會估之，數計之細扣月，日五箇月内冒支料草，共冒破價銀三百二十一兩七錢二分三釐六毫。内除倒死馬匹，應責買補，併馬驢冒支過料草，俱應照日扣除，不待言矣。惟買補驢頭一節，敢附末議，驢頭少數，既已首明認實。卽應照數責令該廠買補，法之常也。但聞朝廷錢糧，虛冒固多，而畜牧爲甚，畜牧虛冒，從來不少。而驢頭爲甚，每遇巡青查閱，要多雇覓應點，但駝馬牛騾之類，或外面本無。或尚須印烙，一時難以盡雇猶，有多半畜養。是則破冒不無，而裝點頗似，若驢頭則本廠全然烏有，因此物滿村皆是。一遇查點，牽借應卯，事已則仍空廄也。往者未經出首，巡視監督，皆難稽覈，今既首明審實。倘欲責令買補，勢必仍報虛數，與其明聽虛報，每年捐如許錢糧於無底之壑。何若請裁此項，每年亦革一端虛冒，以示去甚之條，故驢頭一節，似宜題明徑行裁省可也。謂其雇覓冒破甚於駝馬牛騾也其本廠冒破三百二十餘兩，並班頭劉國禎、商人牛尚忠、養馬各軍等。倘非嚴懲，何以警後，伏乞照詳施行。須至呈者。

又　爲鱷棍侵吞料草事，先據壩上北倉脚夫趙夢臣禀稱前事等因。該職查得班頭劉國禎侵冒馬驢料草緣繇，已經呈詳外，奉堂批。廣西司行該監督提審報，劄到本職，擬覆詳聞。又准巡青科院手本，爲積惡侵吞云云，希文回覆等因到，職竊惟天下事有情實易見，而局段難言者，今日之提審是也。蓋冒破之相沿已久，首告之發覺驟聞，彼時倉卒質對，爲計未深。且不虞職之深究，遂於隔壁弔審，盡得其情，至今則逾月矣。停留長智，無問隔宿，況日久乎。而欲復審，問其馬，馬必不缺，問其驢，驢必足數。將以更端，求爲翻案，今日之審，豈猶復昔日之審耶。且事屬虛冒，耳目昭然，原無難推之隱，待於再審也。據虛冒錢糧三百兩有奇，原宜題參正法，其冒過草料，責令賠償。或於月支扣補，務令完足冒破原數，至於所缺馬驢，則猶有可議焉。蓋廠中虛冒成習，牢不可破，今令補馬，則補馬實無馬也。令補驢則補驢，實無驢也。粃點儘似，而套習愈堅，與其彼明以虛應，我明以虛縻，費實在之金錢。供空名之冒濫，何如有缺不補，猶可省涓滴以佐太倉乎。且查大明會典，諸場馬驢，揀退變賣，倒死開除，多寡原無定數。至今或有續到，或有倒死，來去亦復不常，則是役也。就其久虛者，而免其買補，我非無據，彼亦何辭。縱不能於各廠引繩批根，盡行報罷，今但因該廠被首，就事論事。懲一以警百，汰虛以歸實，豈爲過乎。夫省一分虛縻，裨一分實用，理財者卽帑藏充溢，猶惓惓於漏卮之塞。矧太倉懸罄，邊士枵腹，而忍耗財於萬萬無益，明明不實之額乎。大約天下事用當於實，豈其惜費，凡此頭匹，使所養者爲疆場効力。固急欲其雲錦成羣，使所補者，或分毫有裨，亦可容其葫蘆依樣。而今明知其不補，强被以補之名。甘耗其財之實，何也。國當經費不足之時，宜擇其緩者而漸爲減，尤宜覈其虛者而漸爲銷。如該廠馬驢，緩不足以盡之，是首當議銷之處，且假手於首告。又首當議銷之時也。況未發之前，雖相沿虛冒，猶存形迹，至既發而竟莫誰何，將公然放膽。無事，回護，監督者更無復可問矣。不揣愚陋，抱將然之慮，効一得之愚，似應仍參題革，削庶幾小懲而大戒。如以事屬巡青，准令移文該科院，聽其覆審，似於事體尤較詳妥，伏乞照詳施行。

（弘治）《宿州志》卷上《馬廠》　在城馬廠，在本州城南桃園村，周圍計地一頃五十二畝。東至路，西至谷珪，南至吕旱，北至王友才。中等堪種地二十畝，不堪耕種地一頃三十二畝。

臨渙馬廠，在州治西仁義鄉，周圍一頃五十畝。東至唐四，西至李信，南至河，北至古路。中等堪種地三十畝，不堪種地八十畝。

桃花廠，在州治西南渙陽鄉，周圍二頃四十一畝。東至小湖，西至溝，南至張良住，北至横溝。中等堪種地五十五畝，不堪地一頃八十六畝。

馬疃廠，在州治北相城鄉，周圍一頃二十畝。東至山，西至杜良甫，南至山，北至王俊。下等堪種地四十畝，不堪種地八十畝。

蘄縣廠，在州治南蘄縣鄉，周圍一頃六十畝。東至谷珪，西至陳得地，南至龍岡溝，北至路。中等堪種地六十畝，不堪種地七十畝。

到住廠，在州治西仁義鄉，周圍一頃五十畝。東至張拿兒，西至路，南至孫拿兒，北至河。中等堪種地三十畝，不堪地一頃二十畝。

黄琢廠，在州城東北孝義鄉，周圍一頃二十畝。東至路，西至張三，南至浮溝，北至路。下等堪種地六十畝，不堪種地六十畝。

稿溝廠，在州治東南圩縣鄉，周圍一頃五十畝。東至劉浩宅，西至蔡三宅，南至劉浩池，北至河。中等堪種地五十畝，不堪地一頃。

平安廠，在州治西北相城鄉，周圍一頃五十六畝。東至路，西至山，南至朱旺，北至路。中等堪種地一頃一十四畝，下等堪種地二十八畝，不堪地五十四畝。

石板廠，在州城東閔孝鄉，周圍六十畝。東至曹能，西至張大，南至路，北至河。中等堪種地二十畝，不堪地三十畝。

高齊廠，在州治西仁義鄉，周圍一頃五十畝。東至李旺，西至劉敬，南至李旺，北至徐旺。不堪耕種、空歇地一頃五十畝。

蒿溝廠，在州治東孝義鄉，周圍地六十畝。東至馮二，西至莊成，南至莊成，北至劉厨兒。中等堪種地六十畝。

尹團廠，在州治東北閔孝鄉，周圍三十畝。東至劉祥，西至褚勝，南至鄭長，北至趙三。不堪耕種、空歇地三十畝。

馬撞溝廠，在州治東北閔孝鄉，周圍八十畝。東至張才興，西至張才興，南至張才興，北至張才興。中等堪種地二十五畝，不堪地五十五畝。

脱落蔣山廠。在州西北相城鄉。周圍四十畝。東至蔡興，西至路，南至曹倣，北至邵振。中等堪種地四十畝，下等堪種地一十畝，不堪地五十畝。

符離廠，在州治北閔子鄉，周圍六十畝。東至張全，西至城埂，南至路，北至城埂。中等堪種地四十畝，下等堪種地一十畝，不堪地一十畝。

馬溝廠，在州治南开縣鄉，周圍五十五畝。東至路，西至濠，南至溝，北至壕。中等堪種地五畝，不堪地五十畝。

南平廠，在州治南开縣鄉，周圍五十畝。東至苑喜，西至古路，南至溝，北至馬大墳。下等堪種地二十畝，不堪地三十畝。

（弘治）《句容縣志》卷二《馬廠》 本縣馬廠并牧馬草場二十四處，永樂間開設。景泰二年，知縣浦洪、管馬主簿楊立重修。天順成化間，知縣劉義、主簿游文弼相繼修築。至弘治三年，知縣王僖、主簿李滋親臨各場丈量畝步，築埂立墩，界限秩然，民不敢侵。

北馬廠在縣北一里許坐落通得鄉。計二十三畝五分二厘。正廳三間、穿堂一間、後堂三間、門楼三間、馬神廟一所、東西馬厩共六十間。

句容群馬場四處：小橋場在縣治南十五里崇德鄉。計一頃四十八畝八分五厘。

盤龍場在縣治東一十五里。句容鄉計四頃二十九畝八分二厘，泉水場在縣治東二十五里句容鄉計二頃六十一畝六分，百培場在縣治東南三十里句容鄉計一十三畝零五分。

移風群馬場二處：江墳南場在縣治東十里移風鄉計一頃七十畝，江墳北場在縣治東十里移風鄉計九十五畝。

瑯琊群馬場四處：祁山場在縣治西北六十里瑯琊鄉計九十二畝五分八厘，亭山場在縣治西北五十里瑯琊鄉計八畝二分一厘，朱墓場在縣治西北四十里瑯琊鄉計七十畝八分三厘，白水場在縣治北六十里仁信鄉計一頃五十三畝八分九厘。

上容群馬場三處：小金山場在縣治南四十里上容鄉計五十八畝五分八厘，神扶場在縣治南四十里上容鄉計二頃一畝九分七厘，蕎麥場在縣治南六十里政仁鄉計一頃五十九畝四分七厘。

通德群馬場三處：華墓場在縣治西十五里。通德鄉計四頃九十七畝四分，西墠場在縣治西十里。通德鄉計三十畝七分五厘，郭莊場在縣治西南四十五里。臨泉鄉計四十三畝四分九厘。

福祚群馬場一處：許家墠場在縣治南三十里。福祚鄉計八十畝一分一厘。

承仙群馬場三處：崇元場在縣治東南四十五里。茅山鄉計一頃三十五畝三厘，黄梅場在縣治南六十里承仙鄉計八頃六十二畝九分二厘，俞塘場在縣治南六十五里承仙鄉計三頃二十一畝八分九厘。

望仙群馬場三處：趙千場在縣治東北四十里。望仙鄉計三十一畝七厘，大湖場在縣治東北四十里。望仙鄉計二頃八畝二分五厘，塩場在縣治東三十里。末蘇鄉計六十畝一分五厘。

清 張宗法《三農紀》卷九《馬坊》 五牸之中，惟馬爲先，畜中之珍者，莫逾于馬也。然力益國家，性賦剛烈，故古人喻爲君子。能通人意，待人而養，是以設廐以飼，造坊以畜。置方必卜宜，擇曰必求利，自然孝晉蕃息，則八駿九逸以在其內得之。馬乃乾畜，性喜高潔。駟星在天，當貴朗明。作坊者須得亮燥爽暢。宜取青萃木作桝，禁用日枯木。宜作生旺祿方，或天乙、生氣、延年方，並吉。安槽宜近食處高，遺失處底，易肥；不宜南向，主生疰；石灰泥槽，主落胎；近猪圈、羅栖，王召患；常繫槐蔭，快精神；廄養猢猻，不生雜症；猪槽飲食，致昝不測。

宜忌：宜天歲月德德合母倉日。忌戊寅、庚寅、戊午、破煞、厭日，破閉、天地賊日。放水，宜依山向推，貪巨武輔四星，吉；餘星有忌。修坊，宜天歲月德德合母倉。買馬，宜成日，三井日。納馬，忌戊午日、午日。伏馬，宜建收執日。教馬，宜建收日。馬胎，三、五、六、八月，占坊。鍼馬，忌閉日、午日、血刃、禍遊、風雨晦陰。膳馬，宜成收日。出糞，宜除日、廿九。

典故：《列子》：伯樂舉九方皋，秦穆公遇之，使求馬，三月而反報，公曰：何馬。曰：牝而黃。使人取之，則牡而驪。召伯樂曰：收矣，子之所使求馬者，色物牝牡弗能知。伯樂曰：若皋之所觀天機也，得其精忘其粗，任其內而忘其外。馬至，果天下之馬也。《晉書》：將軍趙固會所乘良馬死。郭璞曰：音能活馬，得健夫二十人，皆持辰竿，東行三十里，有丘陵社朝所，便以竿扛拍，當得一物，急持歸，馬活矣。如言，得一物似猴，見死馬便呼噓其鼻，馬起奮迸如常，不復見何物。智囊楊掞，書生也。初從成習騎，射用青布籍地，乘坐馬躍，初不過三尺，次五尺，次至一丈，闋跌不顧。

清 徐建寅《兵學新書》卷一三《馬棚一百零六**》** 用稻草或帆布爲壁與頂，拴馬兩排，如圖六十一：

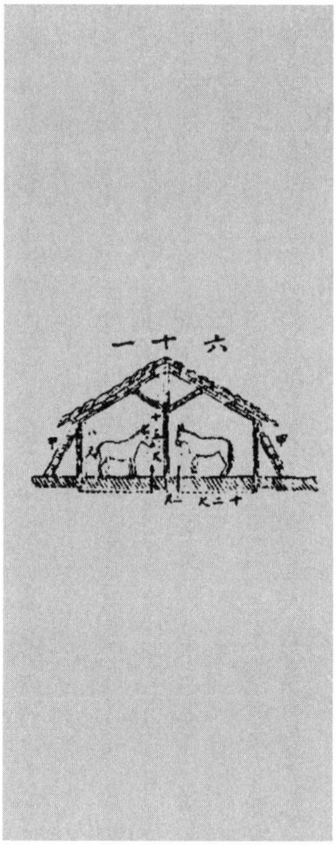

用小樹枝爲壁與頂，如圖六十二：

拴馬一排，馬不多者可用，馬多者必拴兩排爲便。各馬須拴於木杙勿拴於棚，致爲拉倒。勿用油布蓋頂，恐有大風飄揚發大聲，致馬驚跳。馬鞍、籠頭等件，另置小棚，闊八尺長五六尺，各件排列左右，中留路爲人進出，梁宜堅固，挂繩吊起，鞍件修整，不致坍下。

馬房用木板爲房頂背及壁，如圖六十三：

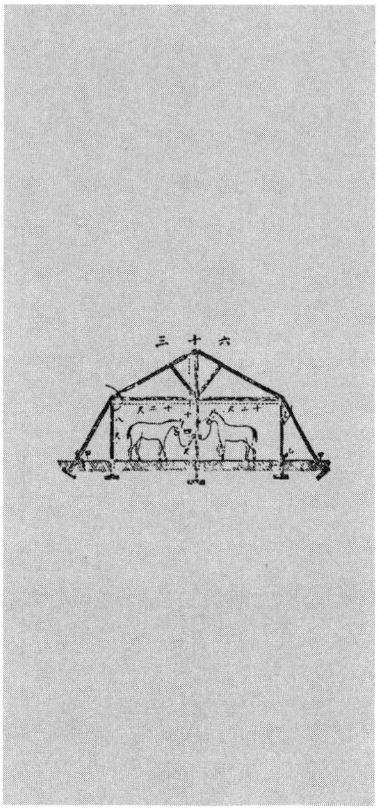

頂上或蓋厚紙，塗煤油，四壁勿釘呆，便拆卸，山尖空露以通風，內拴馬兩排，首相向，中隔以籬或帆布，免相爭也。首勿對壁，致爲咬壞。

馬排相距四五尺拴馬之杙，距馬後攔繩十五尺，不可過於二十一尺。

英國奧大索得地方之馬房，如圖六十四：

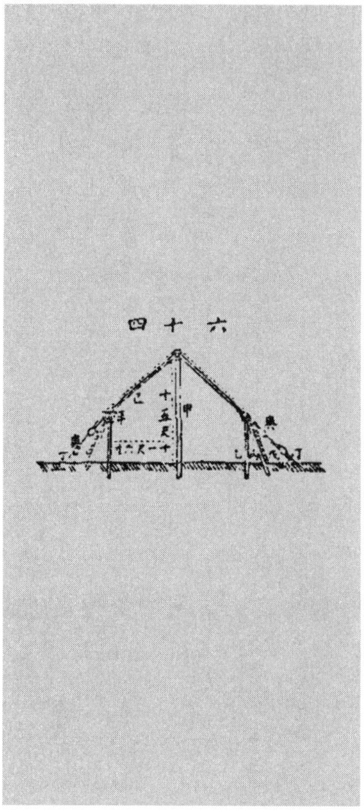

長二百尺闊三十二尺，容馬一百匹，所用各木料，如左：

材料	長	徑	根數	料名	長
中柱	十七尺六寸	八寸	□十四根	四號帆布	二百一尺闊三十寸
旁柱	九尺六寸	四寸	五十六根	布內穿繩眼	一百五十箇
牆基	四百尺			小繩	五十磅
脊桁	二百尺			雙眼塊底針形小釘	各若干
繩	一百五十托周三寸 七十七托周二寸				

三寸周之繩兩頭皆有鼻，每相距八尺，由脊桁連至簷柱爲椽。又由簷柱連於地，杙二寸周之繩，每條長八寸通過椽繩之鼻，與杙頭之眼以收緊，椽繩上蓋帆布，亦用二寸周小繩連於簷繩之鼻，兩端用帆布作三角遮庇，兩面用木板或籬遮庇，活動易拆裝。

草場 牧場

論説

宋 歐陽修《歐陽文忠公集·奏議》卷一七《論牧馬草地札子》 嘉祐六年　臣爲學士日，兼充群牧使，朝廷以馬政久弊，差吴中復等與臣共議利害，欲有改更。爲未見得牧地善惡多少，難爲廢置，欲乞差官先且打量牧馬草地次。臣遽蒙恩，擢在樞府，所有牧馬利害商量未了事件，臣有愚見，方欲條陳。今聞諸監所差官各將前去，竊緣監牧帳舊管一作管舊地甚多，自來界至不明，官私作弊積久，爲民間侵占耕種，年歲已深。昨已曾差高訪等根括打量，人户多稱父祖世業，失却契書，無憑照驗，但追呼搔擾而已。今若更行根究，必亦難明，徒爲追擾，未見其利，民先被害。臣今欲乞令差去官，只據見在草地，逐段先打量的實頃畝，明立封標界至，因便相度其地肥瘠，宜與不宜牧馬。其廢置改更，候逐官回日，令相度牧馬所據利害，擘畫申奏。其已爲民間侵耕地土，更不根究。蓋以本議欲以見在牧地給與民耕，豈可却根究已耕之地，重爲搔擾？至於民間養馬等事，利害甚多，臣當續具奏聞。其不根究侵耕地土一事，伏乞先賜指揮。今取進止。

明 馬文升《題爲思患預防事》《名臣經濟録》卷三五　臣奉勑踏勘牧馬草場被命以來，夙夜皇皇，恐孤付託。於是相恊同事之人，遍歷牧放之地，詢諸故老，循其舊跡，量度以計其畝，封土以立其界，敬畢前事，以復明命矣。然而經涉彼此體量事宜，或有一二之可行者，輒不揣蕪陋，欲為陛下陳之。臣伏思制敵以騎兵為急，蕃馬以牧地為先，自古明君思備患者必脩馬令，脩馬令者必設苑牧，苑牧之設不徒省芻秣之費而已，馳逐水草堅其足力，騰遊牝順其物性，所以蕃孳其馬者，莫善於此也。自祖宗來鋭意馬政，京畿四環，牧地彌望，長蓄茂草，馬賴以滋，歷年既久，故趾湮没，官削民侵，僅存十一。每至下塲之時，地不足以供牧戰馬，多或顧質牧卒半至逃亡。萬一有所調用，勢將何及？此固不可不慮者也。邇者兵部建議欲加清理，其為國家慮遠矣。陛下聖智明徹，洞燭事幾，遂俞所請，勑臣等踏勘，節該欽奉勑書有曰：『命爾等将永樂年間原撥各營牧馬草塲取勘四至明白，就為丈量。係王府管業者，另撥無碍地土補還，退出草塲牧馬，其餘不分内外勢要，俱要退出。若係軍民私自耕種者，取問如律。』睿㫖下頒，至切至再，臣等愚昧，無以仰副聖情。然於四至、頃畝，粗舉其畧，而其間或有裨於馬政，或因巡歷而有所見者，臣等何敢緘默而不言耶！臣考之古圉師教圉人養馬，冬廄夏庌，冬寒則燠之以廄，夏炎故凉之以庌。其順時調燮，以善其生者，無所不至也。今霸州等處舊設草塲，去民居稍遠，極目荒墟，曠無室宇，人馬無所隱庇，露宿蒼莽之中。以至暑雨之月，蚊蝱生發，鼓翅摇㫚，噬嗡肌膚，馬多瘦損，士卒不樂就牧，百計逃避。陛下鑒其宿弊，近命科道官點閘，此誠防閑之至計也。然既有以防之寧，可無以處之乎？又況迄今所築封堆不過數年，風消雨沐，漸就平夷，將復迷其處所。為今之計不若緣其邊界，量立鋪舍數座，使軍士分地而牧，割屋而居，馬亦得以就其隱庇，復於居中，建立廨宇以處，領勑之官使得於點閘歇牧，則設卒以守之，庶幾人馬有依而邊界亦永固矣。臣等前踏地至香河縣，神機營草場係已故太監覃昌姪覃綱管業，臣等丈量之時道路稱快，問其所以，緣覃綱管庄之人倚恃聲勢，擅作威福，收斂之時，征求百端，佃種之家遭其漁獵，納之覃綱之家者十無二三，管庄之人所得者常居八九，連室興嗟，無由控訴。夫覃綱，已故太監之姪耳，而管庄之人倚之尚足為害，又況非覃綱比者哉！且陛下捐數畝之地以厚左右勤事之人，若未為過而不知其轉展委託毒民，斂怨有如此也。即一處而觀之，則凡權豪勢要之人，所謂庄田者，其征利禍民，營私斂怨，大率類此。今草場之為庄田者，陛下既令臣等清理而議處之矣。然規利之徒，夤緣左右，圖復奏討者未必無也。臣願陛下思國家之大計，絶小人之營求，則國體正而人心悦矣。雖然萬民之望在於一人，四海之化始于一家，今霸州等處見有皇庄，俱在牧馬之地，陛下為天下之主，聖母享天下之養，是普天率土莫非王之庄也。豈必於其間復私頃畝之地，收數斛之租，然後謂之庄哉？臣以為宫闈之用，設有不贍取府庫之積以益之，使不失庄田歲入之數，則上可以愉聖母之心，下可以紓生民之害矣。又願陛下重自裁抑，罷庄田以益牧地，凡各處之名為庄田，由此而悉屏棄之以與民，則人將欽慕而奏討之門自杜矣。臣又見三河縣五軍營草場一處，多係宣德年間歸化達官任玉、王鎮等住種，自昔歸化之時，給與庄田以裕其食用，此固朝廷招徠降附之深意也，然而土著既久，生齒漸繁，地之所入不足以贍其家之所需，至有迫于饑寒而流為刼盗者甚非，所以安遠人而來慕義也。臣詢之於人，咸言自此以至河間達官之營相望不絶貧、不聊生者與營畧同。臣稽之《禹貢》，『五百里綏服，二百里揆文教，三百里奮武衛』，由是言之，古昔聖王于邊境之未服者，尚綏而撫之，又況慕義來歸居于吾土者，豈可使之失所也哉！況其間習於土俗而精騎射者不少，倘陛下用之得其所，而處之得其宜，則未必不賴其益也。今天下武備懈弛，窮海遐邊之卒手不能弓、身不能騎者，在在皆是。脱有寇賊竊發，將何以禦之？臣願陛下留神於無事之日，加恩于歸化之人，其處顯位而見柄用，固不必更張矣。若夫達官之閒散而不任事者，選其材力超衆、騎射絶倫之人散之邊方，分置各衛，如湖廣、廣東、廣西、四川、雲南等處衛置一二員，加其品秩，厚其廩餼，使之專教士卒騎射，則既不失安遠人之道，而亦因得以精中國之技也。區區螻蟻之忱，冒干天聽，陛下倘賜察納而施行之，則生民幸甚。奉聖旨：『該衙門看了來説，欽此。』

又《題爲修飭武備以防不虞事》《名臣經濟録》卷三五　先該兵部題前事蒙勅臣等，將京運牧馬草場踏勘繳報外續。該臣等題將各項侵占草場庄地一併退出牧馬等情，又該兵部題該欽奉聖旨：『是設立草牧放戰馬係軍國重事，廢弛年久，今各官既清白王庄侵過地，仁壽宫并親王庄地，及各官奏討侵占原草場地土，俱照數退出牧馬，欽此。』除欽遵外，臣等各准奉各該衙門關劄帶領各營把總、指揮，姚慶等前去霸州等處，將前項地土會同各該管庄官員人等逐一丈量明白，築立封堆四至，各竪粗石界牌，退出牧馬外，今丈量過退出地土頃畝數目，并合行事宜開坐具本謹題。

一、仁壽宫皇庄一處，坐落霸州文安縣苑家口等里，共退出地八百二十三頃五十四畝。歸併五軍、三千神機營牧馬外，其坐落白鵝淀等處者，不與草場相連不曾退出，仍是内官羅全等管業。臣等看得霸州草場地里，寬廣水草便利牧地之善，惟此為最。陛下留神遠圖興脩馬政，一旦俯從羣議，雖母后庄田亦宛轉上白，退還牧放。臣等有以仰窺皇度計遠處大而細微之利，無益之征必不以此而改易矣。臣前霸州丈量退地之時，適見工部奏委官員到彼踏勘葦箔鐮票等地，觀其所稱四至頃畝，與臣等原踏草場相同，意必草場廢弛之先。渾河横流散漫四出，霸州上下漸為沮洳，蘆葦旋生，牧放不到，當時言利之臣因其地之羡餘，悉取葦箔等税，此亦一時權宜之計耳。流例相承，遂不可已，今堙廢之餘又蒙查理，是亦陛下綜核名實之一端也，然葦箔等用較之草場牧放孰重孰輕，固不待較而自明矣。況草場設自永樂初年，而葦箔等課起自近年，是葦箔等地固草場之地也，又況近來渾河改徙，故道淤漲不產蘆葦，又非宜征之地。乞勅工部查明，果有前項課額在内悉行分豁，使牧放無地征之擾，庶幾可垂永久，以副皇上興復舊額之盛心也。

一、壽府庄田一處，坐落永清縣信安鎮地方，共退出六百二十畝，其地與霸州草場相連，照前歸併三營牧馬。一皇庄退出侵過草場地，共一百四十頃。御馬監退出侵過草場地，共一百五十三頃。俱坐落薊州安和鄉地方，歸併三千營牧馬。臣等看得薊州草場，住種人户數多民居星散絫錯，下牧之時，羣蹄踐蹂或傷禾稼，必啓争端。臣等依奉兵部題奏，過事理委本州掌印正官查對冊籍，於各家庄窠周圍兊換地土明白，多立封堆，以杜侵僭。臣等前次踏過地土并今退出庄地，計其頃畝，不下數萬，長畜茂草足成牧放，但恐居民過多，日侵月削，復踵前弊，致損成規。乞勅兵部行移本州，設立板榜，開寫民地，至頃畝於官廳張掛，或有侵踰，許令隣佑舉首重治庶杜弊源。臣等又看得内有義井寺一所，瞰居草場之中，揆之四面，道里適均。見今議行，蓋造官廳不無重費財用，不如即寺之方丈以處領勑之官員，既免造作之營，且省浮冗之費，其餘營房馬圈量宜成造此，亦薊州一處之權宜也。

一、太監陸愷奏討庄田一處，坐落定興安肅二縣閻臺地方，共退地八百五十一頃七十一畝，歸併五軍營牧馬。

一、太監覃昌奏討庄田一處，坐落香河縣口頭社孟家庄等地方，共退地六百八十三頃七十七畝六分，歸併神機營牧馬。凡此草場皆祖宗開創之時，必思規畫畜牧戰馬以備不虞。霸州一處固為足矣，且又防其雨水之泛濫、蚊蝱之噬嚙，又設薊州、香河、閻臺、三河等地審時應候，轉徙牧放，其所以為馬政慮者至詳至備。然歲久弊生，三十年來奏討占種苑牧幾廢。仰賴陛下睿資天啓，聖智夙成，遠體祖宗之心，大為邊方之慮，察納廷論，斷自宸衷。特命臣等清查，且退出各項庄田以復舊額，固足以擴前休而垂永遠矣。然事易于作始而難于保終，臣等願自今以往，大昭王度，重申禁條，敢言眩惑卑詞奏討者，許令科道奏劾，嚴加懲治，則私蹊可絶而牧地永存矣。弘治十年五月十一日，奉聖旨：『該衙門知道，欽此。』

綜述

宋 文彦博《潞公集》卷二九《奏坊監草地令百姓出租元祐三年》 臣竊知太監寺在京院坊監牧馬草地，其間甚有自來，水占牧馬不到去處，係人戶斷僕租佃客、貧民採捕蒲魚，種植蓮藕，入城貨賣，以資口食。今聞太僕寺為係牧馬地內一例勾牧入官，臣聞本寺官及供到細狀，稱上件水占牧地可以依舊令人斷課租佃濟貧民，並無妨闕。況今來下民艱食之際，伏望聖慈特降指揮，令依舊出課租僕以紓近京貧下之民，取聖旨。

元 王惲《秋澗集》卷八八《乞征問取牧馬地草粟事狀》 今察到涿州站懰占牧馬地内有熟地二百七十七頃二十二畝，每年召人租種，每畝収粟三升、稈草一束。爲此，取到管站官提領馬仲祥呈，並與所察相同。今扣筭得，上項地畝，每年計取粟八百三十一石六斗六升、稈草二萬七千七百二十二束，且自至元三年爲頭，至今四年，計粟三千三百二十六石六斗四升、稈草一十一萬八百八十八束。據此合行糾彈。

明 董應舉《崇相集》卷三《條陳草場利病》 職蒙委草場，見各商虧折賠累之苦，心窮憐之及，至場放草每包不及十斤，時價僅值三文，原所領價則一分一釐六毫也。夫以三文之草領出一分一釐六毫之價，彼之獲利已厚矣。猶有賠累者何也？職細細體察週視草堆，有未放而爛一角及半邊者，此七八年草也；有委爛無數化為糞壤者，此派放未完草也；有堆放頗新，蘆蓆飄落一二處無盖者，此新收草也。職于是喟照嘆息，乃知商人虧折賠累皆繇于此，一則積之多年而爛，一則盖之不固而爛，一則派放月久踐踏而爛，此三者商人之所以困也。抑又有故，一向商人包收包放，上堆之草皆不足數，攢典以其包放也，不之問監督以其包放也，不之覈小人無知，只圖目前所領官銀或以抵債，苟可了事，恣少斤數甚至欠數千包，虛報堆完者有之其意以後日無草以錢買籌低塞耳。不幸收草過多，經歷年久，原數既虧，積爛又甚于是，有放未及半草無一莖者矣。不得已賣產賣子，賣子不足而迯走，迯走不能而死獄，一人迯死數人共賠，賠之不足，計出無聊則有如向之金川、清凉十年三燒，委曰天火而已。又有舊病未補，思剜新肉，營求買草，領價以完舊欠，舊欠未完新草又復掛欠，輾轉負累，無有了期，草商情弊大抵若此矣。今縱不能救前，當善其後，善後之策莫如節買草、慎盖墊、儘堆挨放，又令守支、攢典任上草之責而已。夫多備糧草所以待，夫有事向有買足百萬之議矣。職獨以為宜節者何？盖草與糧不同，糧運自湖廣、江西，地遠而難卒至也，故宜多備；草出之近地，在在有也，故雖備至三年，亦為已足。今查在場見草已一百十八萬包，有奇領價待收之草又二十萬合之幾于一百四十萬矣。計每年所放不過二十餘萬，如是則見在之草足支六年不啻矣。若復再買，愚恐今之新堆後復化為糞壤，意者暫停召買專放舊草可乎？議者又欲買草之後兩年折錢，夫折錢費誠省，但兩年折錢不如歲當草盛之時，間月一折，于計猶便，且總計四年折錢之數足展放草一年是，又有七年備矣，而何必多買乎？議者又以蓆戶納蓆多，不如式當計其短少扣價，如式者上堆有餘留以備用，此亦惜財盛心也。愚又以為草堆露天特恃一蓆耳，非若糧米在厫蓆可節而少也，草堆層層而上層層，綴蓆而壓之，蘆蓆短少則入不深，壓之不固，盖之不厚，風飄雨壞不能持久。今聽其短也，而但扣其價，又節其餘則草堆之所盖固已踈矣，新堆之草尚有飄露，安得待之數年？愚以為短蓆必不可準也，堆夫覆盖必不可使踈也。宜令商人買蓆必要如式，不如式者不準用，又令堆夫盖墊于常法，兩兩相比之外加一垂尖，則持之益固，庶可少敵風雨乎。至于放草，向有三場均放之法，一堆放至八九月尚未完者，愚以放草與放米不同，米放未盡猶貯之厫，草放未盡棄之風雨，夫以八九年之爛草，又經八九月之風雨踐踏暴殘，月甚一月是重虧也。若照倉米挨陳法儘堆放完，而後及他堆不過兩月可完，一堆殘爛亦少，是亦合于挨陳之法，各商之所同欲者。至若馬草原係商人包放，典攢無與職欲准照倉攢任上草之責者，蓋以包放虚數之弊，非分責攢典不能稽，非分責攢典亦不能使督監之，留心而必覈也。為之法曰：草在外場斤數不足者，罪在攢草；上場内包數不足者，罪在攢放草；日虧至萬包者，永不起送；虧至二千包者，賠完方送。如此則攢不得不經心上堆必如法矣。上堆如法後日，放草商人亦不至賠累而草政亦不虚矣。以上四議，惟上草盖堆如式，職可自行，若停止上草，職在山東司儘堆挨放，職在查糧廳官攢起送，職在各監收必公同酌議，庶可無失。至于清凉門城内草，所宜多收。中和橋在城外，宜少收。今中和橋有十六堆，清凉門僅八堆，乞令監督移文山東司，以後告投上草，停止中和橋，數年為便。職愚無識目擊草場利弊，思為善後之圖，非獨為商盖亦為國，非獨念商人賣產、賣子、逃走、監死之為可憐，亦念國家以有限錢糧委之糞壤，委之烈焰之為可惜也。芻蕘之見倘有可採，乞發各司議妥，然後施行。

又《議處中和橋未收馬草》 據中和橋馬草場舖戶任尭臣等告稱辦完馬草蘆席竹木等項，運堆在場，聽候驗放，不期天雨連綿，水勢横大，難以進場，懇乞轉達督府超豁註比等情，查得各舖所辦馬草，職于攢典劉君試着役後已出示驗收矣，而乆雨方晴，水仍不退，滿場深淺不一，待晴數日，雨又續至，此各舖所以紛紛告求免比也。竊思草場三所中，和橋最低僻，在城外有事，難以隄防。正德七年，南京巡視倉場御史楊璵、王崧題請設立清凉草塲，乞罷城外中和、金川二場，後以衆議不一，清凉草塲雖設城外，二塲亦不果罷，然既三塲並立矣，則收草亦應三塲均堆，如何中和橋之草獨占二分而清凉門城内之草反不及半乎？夫草以備有事也，而備于城外者過多，備于城中者過少，豈前題請意哉？盖中和橋草買之近地價既賤矣，而每月放草一籌三十包，草席各項等官價已及四錢八分零者，而商人籌價止五六十錢，所以欲多占二分厚收其利也。而本場又曠又低，河水常溢，放草不便，籌價益減，即今圍墻倒却五十餘堵築費不少。以職愚意，該場在外馬草多堆，既非前時題請思患預防之意，該場又低時有水患，放草收草徃徃不便，水盛墻崩動以數十餘堵，修築不易，破損公帑，糜爛錢糧，莫此為甚。今欲盡廢外場乎，恐持議不堅，任事者先縮矣。但當金川、中和二場均收而清凉門場在城之内，法當加倍，見今中和場舊堆已多其應收之草，可以停止其已領銀未完者，應照原領三百一十兩計草先放，盡草而止，銀不再給，則奸弭而草不濫矣。

又《續陳草場事宜》 職承乏草場將及一載，其間利病考之頗詳，前後條欵已經議行外，更有一二膚見，欲以救商省費者，蒙令續陳敢冒昧投上。

一、商人賠貱皆由上草不足，其上草不足則以買籌甚賤之足恃，盖一籌之草約三十包，官給草價三錢四分八釐，加木蓆價已及四錢八分矣，而放日買籌中和橋僅五十文，其利十倍，清凉、金川籌價僅百文，利亦六倍，不啻商人恃此，故草不盡上或上不及半者有之。徃時買草不多易于放完，前利尚存，足供賠貱，其後買草過多，動至八九年始放，故多壞爛，加以同上商人消長，或故或絶，衆為均賠，上草既虧，年乆又爛，又為人賠，三累併至，重息揭債，商能無敗乎？三場之中，金川門雖疲而人猶衆，惟有清凉門荀孝、高錦鉎、楊立敬、周植楫四人，原有十人，死絶逃走者六矣，以四人代六人賠貱，苦已徹骨。今尚有應賠草一萬五千餘包，若照籌價合用五萬餘錢，不為少救。職恐此四人者將為六人之續，後益難處矣。若以一萬五千應放之草，派放三年，每年只賠五千餘包，庶幾逓減擔力，陸續可了。至于明年買草的湏僉商幇助，盖人衆而事易，舉收草不難而後來亦無力少難支之患，不然疲商寡助前賠後，迫債累已多，揭借亦難，雖有刑法亦無柰之何也。

一、舊商疲累，既由上草不足及買草過多，則新商初僉的湏設法防虜。職前陳停買草以防壞爛，責令收草攢典放日虧折不准起送，以防包放，既議行矣。然草自外場挑至堆所一路撒落，既多秤驗之時，扛繩未除，上堆飄委亦復無數，加以放日軍人踐踏，縱使嚴收，一堆五萬斤草定損數千，商人貪利不顧後患，以寛為德，長厚君子聽其固然以寛為恩，及至虧折賠苦，鬻產逃亡則昔日之寛適以為害，不如初收加嚴，其後可以無患也。職以倉米貯厫尚有鼠耗，馬草露天獨無剩餘，舊例每包十五斤，價銀一分一釐六毫，計值不過三文，若使十斤加一以為草耗，于商猶利，加之數外僅以足其數內，他日彼可弭苦，何憚不為乎？至于收草既完，必湏請堂臨視，低小者重責商攢，以警奸欺，庶幾監督，經心草場，亦有實政，夫買草有定數，既易于放收，草有耗餘又足于數，又請堂臨視以驗虛實，如是而後來之商復如今日者，未之有也。

一、馬草糧儲均為重務，糧儲既有三年專差而水兑草場僅止數月以故，一堆之草累經數手始完，夫事之原委非久不知弊之曲折，非久不詳數月易手，前後不相諳委，則猾胥為政而已，前剥員外條陳欲半年一差，職愚以為當作一年差，蓋每年春秋二季，議定收草二十萬包，春間給銀秋未必上，秋初給銀冬未必上，必須一手催完，故差必以三年完草為度，差滿視草高下以為考核，庶幾人競于實，國無病草矣。

一草塲成例，每草五萬包，該價銀五百八十兩，蘆蓆二萬五千片，該價銀九十八兩，鋪墊杉槁二百根，該價銀二十二兩，總計諸費每草五萬包，共費八百零三兩，有奇則每包各項費銀一分六釐六絲，每籌費銀四錢八分二釐矣。而放日買籌不及百文，少者五十文，糜費已極。及草既放，蘆蓆、杉槁前費一百二十兩者，誑稱朽爛盡行，變價不過數金而已，豈不真可惜哉？查得循環簿每放草五萬包定有揀蓆五千七百五十片，留此以待下手收草之用，此舊制也。近來不查，此項買草五萬即買蓆二萬五千片，用有餘剩，又巧立修堆名色，漸漸開除，化為烏有，既不用揀蓆以墊草，又虛費剩蓆以修堆，不其冒濫之甚哉！若遵舊制查用揀蓆墊草，其新蓆用足外，即有所剩，即還商人，不登文書，不作剩數，庫不給銀，簿不支銷，萬一欲用修堆，許用揀蓆數百而止，豈不明白節省而難欺者哉？大約收草五萬，除用揀蓆五千七百五十片外，只須買蓆萬五千片，合作二萬餘片從容有餘。職初議儘蓆蓋墊于兩兩相比之外，加一垂尖比前加密矣。而收草一十五萬，總用蓆五萬三千五百二十片，時尚未用揀蓆，已省銀八十餘两矣。若叅用揀蓆一堆可省蓆價四十餘兩，十五萬包便省蓆價一百二十餘兩，歲收二十萬包，便省一百六十兩矣。至于墊草、杉槁其弊甚大，每一買草，書手通同木商混請，取木分其餘利，盡將舊木變價，初政者往往不知合無，照依倉法放厫，竹木交明，下手收米，手手相授，經數十餘年猶不更易以彼況，此何獨不然？職收草三堆，例用買木六百根，止用二百二十九根，餘用舊木湊墊，尚有新舊木二百六十二根，見移清凉門草場以待明年收草，見年林寶，實收可查也。若照此法，一堆放盡即令該攢該商交明下手，見年取具實收或移他塲備鋪墊之用，萬一二朽爛，驗明方許變價，不許多根，則年年收草不用買木，其費豈不大省？此塲官王九思之議，確有可行，職為之斟酌以請也。

一、草塲三所清凉後設，故以帯管為名，每年買草不及中和橋之半，前職條議收草城外宜少，城内宜多，已蒙定數，歲草二十萬包，清凉居半，中和、金川各得五萬，永為定規。如此則清凉門買草倍于二塲，不必仍用帯管名色矣。原二帯官鋪宜合為一，其印務即令中和橋、金川門塲□輪管爲便，一舊例放草五萬例，變碎蓆價銀二兩四錢六釐二毫五絲，其真實朽爛杉槁照例斤兩變價，俱係商人包納後又改令見年攢典上納，自萬曆三十二年至今，各攢各商並用肥已並不交納。職查倉例，碎蓆價銀並係守支官攢認納，不完不准起送，方無拖欠，今責令新攢見年彼不關其前程，任意拖延致虧公帑合無，准照倉例草既放盡守支官攢自行辦納，不完不准起送，仍不准擅將揀蓆改為朽蓆，及將杉槁誑報朽爛，混請變價如此則蓆價易完，蓆數亦無虛報弊源俱絶矣。

明 黄克纘《數馬集》卷三《議將曹州馬塲變價以免貽累小民疏》 題爲《馬塲原係妄獻小民受累難堪乞準變價以免貽害事》。准礦税太監暨禄手本為仰遵明旨，不敢瀆辭等事。内稱山東曹州原有題準皇莊馬塲一處，年例解有地畝租銀當何議處等，因到臣行。據山東布政使司呈，據兖州府申，據曹州申稱：查得皇莊馬塲之地七頃二十五畝八分一釐三毫七絲原係民地，於二十八年四月，内陳監委官孫士弘妄作官地投獻陳增題，每年除去條鞭銀十兩七錢五分零，改納租銀五十兩八錢六釐九毫一絲，着令原地主李龍等四十二家佃種等因，到府具申，到司為照，馬塲地原係民地，始因陳監誤聽委官孫士弘之揑詞，將前地獻為皇莊馬塲，改民地為官地，除去條鞭，每年議納租銀五十兩八錢零，今該州因佃地人戶賠累難支，欲將前地變價照舊改為民地，乃為國恤民至意。況馬騾俱已不用，前銀止聽有司徵解，應照該州所估價值變賣合候本院裁酌具題等因，到臣例應會題，但舊按臣嚴已經復命，新按臣未至地方，該臣看得曹州原無馬塲，因陳增委官孫士弘與鄉隣有隙，欲嫁之禍，遂將李龍、沈君仁等受産民地七頃二十五畝八分零，作爲官地投獻於增，朦朧具題，議作馬塲，每年除去條鞭而納租銀，其費視納正糧多至五倍，致業主四十二家累死及逃亡者十四家矣。今增已敗亡，孫士弘罪惡貫盈亦蒙逮繫錦衣獄，乃知聖主明竝日月。昔之聽增妄奏者，忽而不察也，今之監禁士弘者，罪其欺罔也。據理而論，則馬塲本係民地，宜還之於民，不必令其納價，但小民惟求永脱百年之害，不敢愛惜，百金之費衆戶均攤，自願納價二百一十七兩七錢四分及未完租銀五十兩八錢，蓋思普天之土，莫非王土，即民地亦皇上有也。既已入於公家，豈敢無故而私得之萬一。後此又有奸民如孫士弘者，因而訐奏以為侵占官地，是貽禍於將來，未有已時，故納價之請，其情可原也，亦可哀也。即稅監暨祿亦深以爲宜，變價而以地還民，無非奉揚德音而為主市義於民耳。既經該司查議，前來相應具題，伏乞勅下户部再如覆議上請合無准將前地變銀，仍令佃户李龍等承買，照舊改為民地歸入條鞭，其李龍等未完三十三年分租銀五十兩八錢六釐一毫一絲，與前地價共銀二百六十八兩五錢五分一釐二絲，行臣一併追完解監進，爲此具本專差承差楊桂齎捧謹題請旨，此地今歸小民訖。

明　畢自嚴《度支奏議・堂稿》卷一九《題參明智草場郭昭封疏》　題為《監督司屬漁獵有聲謹據所聞糾彈以肅官箴事》。竊照臣部設有草場以供秣飼，僉有商人以備召買而又委有監督以司出入，故必明核草束，俾軍實充贍，優恤商人，體民間疾苦，斯為無負厥職耳。年來商役困苦，每一僉報如陷湯火，皇上軫念諸商委曲，周摯特允放商價於午門，通成法於截支，臣部督率司屬奉行惟謹，夫亦謂不得已而用商，務令勞而不怨，庶幾無負聖天子惠養元元之意也。臣每諭諸監督釐奸剔弊惠商裕國，臣部每遇給放商價之期，輒先出示曉諭一切，衙役、書胥不得需索一錢一物，妄意監督，司屬自當凜凜奉約束矣。頃於正月二十九日，臣在部投文有告狀人孫奎告為『追究草價急救群命事』，内稱：奎等五十餘人俱係明智場賣草人戶，禍遭經紀張魁、庫秤魯善串積蠹朱書辦，明奸一股，夥騙奎等揭債買草上納，共該草價錢七百餘吊，追後領出截支官銀徑自烹吞，分文不給奎等，情極奔告巡青科院，準送監督衙門追給，詎遭朱書辦設計誘誆，領錢巧稟監督，通不問理，冤枉無申，懇乞提究正法，等因。據此臣參詳告詞，似有需索曖昧情弊，因而細加查訪，乃知監督主事郭昭封，近因僉商一事物議大騰，左右為奸，鈐制無法，簠簋弗飭，猫鼠同眠，有謂舊例巡青科道審編商役必發，監督掏攝本官於正報外，間多牽及親族，無干人等予奪自繇而民間雞犬不寧者，誰實導之？則書辦朱萬祚、長班甯紀也。有謂報到商人巡青科道審係貧乏即準釋放，而本官每有羈留時加刑栲必有關說餽遺而後釋放者，誰實開之？則皂隸齊應元、張秀也。有謂截支銀兩，本官代為分派收買草束，因而減給價值，多所染指以致孫奎等赴告者，則書辦朱萬祚、長班張棟、趙魁實，從中用事也。有謂得受常例，每塲至四五百兩，雖剝窮商脂膏而弗顧者，則長班姚福、皂隸陳紀，實陰為過付也。昭封少年爽氣，臣方望其可供驅策，不意竟為宵小誘惑，既騰怨讟之口，何辭負乘之羞。臣喚本官至部詰問誚讓，本官退而具揭投遞大率謂衙門諸役巧肆揣摸，新報商人有家實貧寒或係重後知其必放，因而乘機需索，事不繇已無從隄防等語。夫以本官閱歷未深，紈袴未除，中間關防不密線索繇人亦所難免。然而道路悠悠之口又似皆督過於昭封者，臣固不敢輕為懸坐而又不敢少為寬假合無，將監督主事郭昭封先行革職，仍將本官員下各役如朱萬祚、甯紀、張棟、姚福、張秀、齊應元、陳紀、張魁、魯善等俱下法司，逐一審訊。如果本官實有染指，即當并下，於理可也。祇因司屬管塲有議，謹據所聞糾弹，伏惟聖明鑒察，處分施行。

又　卷二〇《草場失火席稿待罪疏》　奏為《草場災生意外臣部咎尤難追謹席藁待罪仰祈聖鑒事》。頃者北新、西城二草場於六月十六等日相繼失火，臣等聞變纓剋疾趨赴救，焦頭爛額，撲此燎原。雖餘垛幸保無恙而芻牧所損已多。臣等業將監督主事江之遠王瀹初等照例查參，次第入告矣。臣等曲突有心，銷彌無策，連日束躬靜聽處分。近聞監督江之遠王瀹初同巡青科道馬思理、高倬及官攢商役，俱從逮治並下詔獄，而臣等獨徼寬政，雖荷皇上垂情敝履曲賜包荒，而臣等撫躬循省，震慴大威，實覺羞面疚心，無地自容。竊念今歲買草之役，臣等屢經申飭，預請截支，惟以早竣厥事，用備軍儲為快。不意適丁三年，僉商之會新舊觀望，召買有稽，又當巡青科道衙門需次更代會收愆期，往歲四五月間率多亢暘，今歲偏值多雨，會收上垛之期弁未報部。臣等不能料其陰晴，但五月中旬以後適遭陰雨連綿，鎮日滂沱則霑濡滲漏，自所不免乃監督官攢人等徒，知焚如之性逢燥則炎，祝融之燄遇水易滅，祇以濕漏為憂，未為蘊隆作計。敢謂鬱攸告變實繇人謀不臧，蓋陰陽相尅之理，千古不移，而水火互薄之機，片時叵測，誠共狃尋常之已事而未解倏至之奇變也。逮醞釀既成則轉徙為難，而撲滅不易嗟何及矣。臣等總持財賦，遵循舊章，各處草場不過時嚴譏察防範之文，時考完欠收成之數，以為各有司存可保無虞，而如此非常變態非匍匐救焚足跡及場亦烏繇而知之哉！雖事有專職，而總歸臣部倉場之事皆臣事也，監督等官皆臣屬也。臣等叨為計部之長，不能督率臣屬，克毖厥事，蓋藏無法，既誤於先，撲救不時，又失於後，庸碌徒糜，智慮未周，溺曠之辠，百口奚文，至在監督職掌所關，自難逃於疏虞之咎。若巡青馬思理、高倬二臣統轄頗廣，受事方新，一則任僅踰月，一則任僅旬日，雖有清釐之心，難奏周防之效。茲奉譴訶似屬波累，想在聖明自有洞照，而非臣等敢代為饒舌者也。伏祈皇上俯賜鑒，先斥臣等以為率屬無能之戒，庶法之所行先自臣等大僚始。臣等即為法受過，固怡然甘之矣。臣等何勝席藁待罪，惶悚戰慄之至。崇禎五年六月二十八日具奏。七月初二日，奉聖旨：『已有旨了，部務殷煩，卿等提挈大綱，但須飭屬勤職，不必引咎，該部知道，欽此。』

又《新餉司》卷一〇《覆太僕寺牧地變價征租疏》　題為《牧地不宜輕棄祖制未可擅更借動久當付還職掌必須關會仰祈明旨嚴切申明以重馬政事》。專理新餉山東清吏司案呈，崇禎三年六月初六日，奉本部送，户科抄出，太僕寺卿魏光緒題前事，本年六月初二日奉聖旨：『草場地畝變價徵租，並不關會冏寺，殊非政體，已往不論。此後籽粒銀兩應否割還着部寺，議明其奏前借餉銀，俟軍興稍裕，酌量抵補，該部知道，欽此。』欽遵，抄出到部送司，相應具覆，案呈到部。該臣等看得南直、應天、太平鎮、江、盧、鳳、淮揚□府，滁、徐、和三州草塲地六十萬頃，其變價充餉也。因馬已改折，塲地無用，起於天啓元年，科臣周希令之議，而臣部前任尚書李汝華復同六部九卿并臺省諸臣諮議，僉同而始題行維。時太僕寺卿丁懋、遜少卿、杜士全等列名畫題，俱以封疆起見，實非臣部所擅主也。初謂取利甚奢，及題委七府推官查勘，又請撫按并南太僕寺會勘，於額數內除開荒、拋荒、塘溝不堪耕種地畝外，止報變過價銀共定一十七萬七千餘兩，又止解到一十二萬七千七百五十七兩六錢五分。天啓六年，因大工肇興，該南臺臣張繼孟題為『嚴查馬塲議變地價』等事，奉熹宗皇帝聖旨：『着户部差官勘議具奏，欽此。』該臣部前任尚書李起元題議：地價已變似難再議，止差本部原任員外郎李桂芳前去查催，共收□價銀一萬七千一百一十三兩七錢零，以佐大工之用，尚有未完銀三萬二千一百二十八兩有奇，至今未完。以歷年之租銀言之，據冏寺疏，開每年額該九千六百四十餘兩，查天啓三年，臣部前任署印左侍郎陳大道。據徐州知州汪心淵呈文題請，各照地畝肥瘠定粮高下，一體徵收以充新餉。嗣是未據各府呈報徵糧，則例計亦不得儉於籽粒厚額之内，及查本年收銀三千四十三兩八錢零。天啓四年，收銀三千五百九十兩八錢零。天啓五年，收銀三千一十五兩一錢零。天啓六年，收銀三千三百三十四兩六錢零。天啓七年，收銀四千六百一兩六錢零。崇禎元年，收銀五千五百三十四兩七錢零。崇禎二年，收銀二千五百八十五兩六錢零。崇禎三年，收銀一十二兩五錢零。以上共收過租銀二萬五千七百一十八兩七錢，內為臣部收用者一萬九千一百七十三兩五錢五分。天啓六、七兩年為李桂芳所催歸工部收用者六千五百四十五兩零，若其逋欠而未解者則尚該五萬一千三百六十餘兩也。惟是此一草塲也，原係冏寺之所有，忽為臣部之所鬻，業經臣部之所得，復為工部之所取，倏而充餉，倏而昉工，在內既無專屬，在外自易支吾，無惑乎逋欠者漸積而不可問也。從前冏臣因念同舟之誼，不妨分其所有，臣部在今又何敢固執己見，久假而不歸乎？因與冏臣面議，約以崇禎四年為始，歸還冏寺取租徵税以充正供馬價之用。三年以前未完變價銀兩，自應盡法追納，其節年未完租銀，當遵恩詔蠲免，其天啓七年以前者而嚴追，其崇禎元年以後者，其蠲免年分有已徵在官者，不得欺隱，仍容臣部移文江南、江北各該撫按備行，道府逐一查追。先將各府、州、縣逋欠細數，限三月内查明奏報，通限年終追徵全完，解部充餉，如遲，即將承催州縣各官照京邊錢糧例，從重參處，以懲累年玩愒之習。若夫臣部以遼事動用冏寺錢糧委屬不貲，今冏寺一旦取償而不問其難，辦臣不能無慨焉。夫以朝廷之金錢備朝廷之封疆，那緩就急以有餘補不足是償之而無容償者也。從前加派歲入至四百萬，而冏寺巡青之借且如取諸官中而不憚，煩速至今日□餉分四十萬加派，蠲免幾五十萬，工部分餉二十萬，兵部安家等項且取給焉，乃京糧之補未幾而冏寺之索繼之。臣部今日極難、極苦猶如貧兒日食不支方且坐以待斃，而索債者猶責以從前逋欠俾令代他人賠償，恐亦萬萬不能者也。明旨謂借餉，俟軍興稍裕酌量抵補固已明見萬里之外矣。至於邯鄲、曲周五縣草塲，原係臣部崇禎元年題奉，欽依，轉行屯田御史羅元賓撥給樂安長公主養贍莊田，該租銀九百七十兩，總以公家之田而為公家之用。況查嘉靖年間，曾以薊州牧馬草塲之地二千五百九十五頃八十二畝撥給嘉善公主，至萬曆年間，撥給諸王、公主與各戚者，非一則屯臣之改撥亦非無據者矣。皇恩已有，成案王土，難分畛域，似亦不必再令吐還所當，仍照舊案起解者也。既經具題前來相應覆詩恭候命下，臣部移文兵部，冏寺遵奉施行。崇禎三年六月十八日具題，本月二十一日奉聖旨：『據奏，草塲變價原係部寺會題，知道了租銀竟無定額，歷年何不核查？天啓七年以前逋欠準遵恩詔蠲免，有已徵在官及元二、三年未完租銀并向來未完價銀，俱着移文撫按，嚴限解部充餉。四年以後，着歸該寺徵租。其邯鄲等縣草場，既奉旨撥給戚產，不必吐還至該部，舊借寺銀從容酌補遵前旨行。該衙門知道，欽此。」

又《廣西司》卷二《題請草場修築墻垣疏》　題為《草場墻垣最卑急宜修築以保無虞事》，廣西清吏司案呈，崇禎三年正月初八日，奉本部送戶科抄出，巡視西城、山西道監察御史田時震題稱：臺基廠草場墻垣最卑急宜修築等，因崇禎三年正月初六日奉聖旨：『這圍墻着即修補，完日具奏各場一體查行，該部知道，欽此。』欽遵抄出到部送司，隨即呈堂劄行監督。即將臺基廠草場圍墻速行估計修築，其各場逐一備細確查分别應否修築，據實呈部酌奪去後續。據監督員外郎陰化陽呈稱：御馬、中府、天師菴三場圍墻俱係高厚堅固毋容增築，又據監督主事張杲呈稱：各場草束俱係露積，所賴墻垣完固以保無虞，經今多年未修，以致内外墻垣二層并廨宇等項陸續倒塌迨盡。明智場應修東西南北四面墻，共五百六十五堵，應修大門一座，更房二間；臺基廠草場應修東西南北四面墻，共二百五十一堵，應修大門一座；北新場應修東西南北四面墻，共四百一十五堵，更房大門各三間。今幸巡視西城田御史巡及具題，足見為國惜儲至計合無，速行題覆移咨工部將三場額有墻查照中府、天師菴用蜈蚣式格估計，補修應用錢糧事在工部合聽該部估計等。因又據監督主事程世培呈稱：本職象房倉場先經工部修理不開外，其安仁坊草場墻垣、廳舍委已年久，墻係土築，一遇霪雨，每致傾圮。今欲議修墻垣，當此匱乏之時，宜為節省之計，擇其坍塌處所量行修葺。至于西城坊草場，週圍應修墻共三百五十堵，應修四角更樓四座，大門二間。伏候題覆移咨工部修理，各等因到部送司查得前事，先經巡視西城御史田時震具題奉旨下部劄行，各該監督司官行查估計，今監督俱稱修理例屬工部，相應具覆請旨移咨修築案呈到部，該臣等看得各場貯草皆係軍馬急需，每場設有監督管理草多露積，是必墻垣堅固，巡守嚴密，方可以為火盜之防，但平時止禦内盜，即土墻低薄亦堪守禦，今奴夷犯順奸細叢生，比常尤為萬分喫緊。臺臣之具題明，旨之諄切，信當速為經營者也。及查往例，小有傾圮，俱本部自為設處修理，若或大有改創，盡屬工部估修。見有象房倉場近例可循，目今草場墻垣工程頗鉅，則臣部有不得不控籲於聖明之前者矣，既經臺臣具題前來相應覆請，恭候命下，臣部移咨工部速行，估計修築俾防禦有賴而意外無虞，斯倉場之幸而臣部之福也。崇禎三年三月初五日具題，本月初八日奉聖旨是，欽此。

又　卷四《題北新草場火灾疏》　題為《草場起火事》，廣西清吏司案呈，本月十六日奉本部送本月十五日申時，據明智監督主事江之遠呈稱六月十三日，據北新場大使程惟明、攢典趙三才口稟，四年分新收草二大垛，塌西一垛，上有氣出似烟之狀，恐天雨久，内因滲漏所致等情，到職隨即親詣該場看驗，果見白氣薰蒸，揭開草皮果有滲温二處，因天雨不敢深開，至次日清晨，揭開數層，其温頗深，隨將爛草揀出，猶恐熱氣薰蒸併好草潰爛，若不拆開分垛，恐熱氣聚鬱不散，干係匪細。案查得萬曆四十四年間，北新場曾遭此事，章監督說，堂蒙批拆為三垛，舊例可循其揀出爛草，責令商人買補等。因呈奉堂批，久雨草濕，懼有浥爛，分垛既有舊例，于今亦可倣行，仍移文巡視科院知會，奉此。又奉本部送本月十六日午時據監督西新三倉主事楊行恕呈，稱本月十六日辰時，聞報北新草場起火，該職督率三倉、七衛、官攢、歇脚、抗車、甲斗、鋪軍并僱募人夫董應科、金□等共六百餘名，救護草一萬五千餘束，見堆十七小垛，在場理合呈報。又于午時，據明智監督主事江之遠呈報，北新草場新收草一大垛，計十五萬束，因天兩久滲漏。至本月十三日，據木場官攢報稱，垛上出氣，隨即親詣看驗。十五日，早拆濕爛，熱氣薰蒸，將爛草取出。至十六日寅時火起，從内攻出，督令本場庫夫并倉夫五百餘名及地方兵馬，司坊官王永祚督令人夫見在撲救，尚未息滅，内十五萬束驗過，尚欠草□萬束，未經買補，理合呈報。又據西城兵馬司□報，北新草場有草一垛，于十六日寅時火起，從内攻出，職督令地方甲役、火夫及僱覓水夫人等見在撲救，尚未息滅，各等因。到部送司，相應具題，案呈到部，該臣等看得京五等場，草束□充營軍喂養馬匹之需，所以壯貔貅張撻伐於是乎在所關至鉅也。其為物繁漫克塞，非若米豆之可斗斛而受嚴廪而藏，惟堆垛於光天之下最苦雨暘之侵薄，所恃蓋墊有法防救，以□庶保無恙頃者，夏雨浸淫，日夜不休。臣等時常申飭各場，監督用心防護蓋第，恐其濕久而爛耳，不料其能火也。至十五日近晚，明智等場監督主事江之遠報稱，北新場草束内一垛青烟上薄，恐致火患，臣急批行該場官攢人等如法分垛防守，此時烟氣初騰，火光未見，雖事變倉卒，然儘力施救，猶可及止，而勢有所不能也。醞釀一夜，至十六日，而火竟發矣。臣等聞報，即輟堂事，會同總理戶、工兩部，一切錢糧太監張□憲及巡青科道馬思理、高倬等在場拜禱，仍督令本場官攢及地方人等多方協救，時則有西三倉本部監督主事楊行恕，救出草一萬五千束，安民廠內監及工部主事王之鼎救出草一千餘束。少焉，雨來風定，火亦漸熄，餘草尚多。然外既熾燃，其中塡壓，勢難復救矣。夫今夏之兩不可謂不澇，屋瓦猶漏而況於草，濕氣憤盈於內，烈曰偶一蒸之，二氣相薄噴而為火，此物理之自然，而實草場之變故也。使監督蚤一防救，或可庶幾不至於火，即火矣，其可救而存者，尚當不止，此乃又未免倉皇無措，致令十萬之草强半煨燼，疏虞之罪夫安所辭，江之遠者所當為法，受過從重罰治，以警將來者也。查該場額草三十萬束，內未完草八萬餘束，實在草二十餘萬束，分為二垜安置，其被火一垜約有一十萬餘束，除救出一萬八千餘束，餘草照例分別買□賠償其該坊兵馬。王永祚除聽臺臣參□外，該場大使程惟明、攢典趙三才、堆頭王實□，宗尧商人劉禮等典守所關防救無術，尤宜嚴加究問正法。伏乞勑下法司行提，按法究罪，庶怠玩知懲而人心儆惕矣。臣等草疏畢忽接西城坊監督主事王淪初報稱，於本月十六日早，據西城坊大使楊守禮報稱，本廠草垜起火等情理，合先行呈報等因到部，據此兩濕熱蒸，火從中發，物性如此，所在可虞，則淫雨之為害，亦云烈矣。除燬爛草束，容臣查明，另疏奏報外，理合先附奏聞。崇禎五年六月十八日具題，，本月二十二日奉聖旨：『已有旨了，欽此。』

又《題西城坊草場火災疏》　題為《草場起火事》，廣西司案呈，本年六月十七日黎明，奉本部送，據監督西城坊草場主事王淪初報稱，職於本月十六日早，據西城坊庫秤報稱，北新場草垜起火等情，職急趨西城坊看檢草垜，見無別故，即回象房，會收大麥將半，隨據西城坊大使楊守禮忙來稟稱，本場草垜忽起微烟，職急趋折開，烟氣沖天，自顧人夫運水澆潑，正撲救間，而巡青科道并西城御史眼同，拆垜入內，火光忽起，且北新之災未竟而職場□有此禍，豈非天數？除將燒燬腐爛拆卸草束□，查明另報等因。本日又據朝天日忠坊兵馬副指揮吳今從呈，為草場火災復燃事，竊照本月十六日夜，草場根底烟起火從上災將水潑救已幸撲滅，不期陡地刮風北向，登時火勢復張，風緊勢迫，人力似難救解，理合呈報等因。除北新場失火，疏內先已奉聞，本月十八日，又奉本部送，據監督主事王淪初呈報，西城坊崇禎四年分原派商人楊小湖、王□臣等正草九萬二千束，計一垜因熱濕滲漏起火，救出六千束，燒燬八萬六千束，係大使楊守禮、攢典楊灼、堆頭閆國棟、解登瀛經管。崇禎二年，分原派商人孟雙宅，支剩草一萬七千七十束，計一小堆又半堆，原在新垜西北，火起延及，盡行燒燬。又崇禎元年，分原派商人姜應鰲等，支剩草三萬七千九百零四束一十二斤，原在新垜正東，因避火分移小堆，未完餘草無害等因，到部送司相應具題，案呈到部，該臣等看得草場火起大抵淫雨浸漬蒸濕成熱之所為也。獨怪二日之內，北新場既失事于前，西城坊復見告于後，倉卒傳聞，胆浮魂警，方西城火之初發也，臣即疾馳看驗，併督令本場官攢及地方人等盡力施救，將新草一大垜用水潑灌，似有撲滅之意。未幾，此伏彼突，畢竟上炎，火光憤烈不可向邇，加以東風飄揚，遂將附近二小垜亦復延及。臣等急倩三倉脚夫人等將已燬垜未及燃者，速行搬運其附近草垜，悉令併力移置遠地，仍運水防範力之所能行者，僅止此耳。無能救其已燼也，計被火草除搬救外，所焚燬草幾十萬束，此孰非民之膏脂而國之儲蓄乎？其燬由雨濕不可盡謂王淪初之罪也，其蓋藏不密，防範不早致燬者多而救者少，不可盡謂非王淪初之罪也，從重罰治以警疏虞。則有北新場監督主事江之遠之成議，在臣等不敢曲為文，貸在王淪初亦當為法受過□更置一喙矣。至于已燬草束，照例分別買補賠償其該坊兵馬。吳今從除聽巡城御史參處外，該場大使楊守禮、攢典楊灼、堆頭閆國棟、商人楊小湖等既防救之無術，將典守之謂何？尤宜嚴加究問正法。伏乞勑下法司，行提按法究罪，庶人心知所儆惕而錢糧不至棄擲矣。崇禎五年六月二十日具題，本月二十二日奉聖旨：『草場被燬原因，濫收濕草又多參雜別種，垜苫無法又不經心看視，其中情弊可恨。即近日已見出烟，復延閣累日，不及時折救以致焚燒幾盡軍儲，何事堪此玩愒？巡青及兩監監督司官都着革了職併官攢商役，錦衣衛拿去究問，巡城及司坊官吏，部議處損失草束，照例補賠，欽此。』

明　雷禮《南京太僕寺志》卷九《牧馬山場》　坐落不等，除年久被人侵占外，今見存可稽者，凡十處：一坐落龍潭上，地名萬丈坑，東至王越山地及神仙洞，南至王越及醉翁亭後山，西至豐山頂，北至王越山脊；一坐落瑯琊寺下隅，東至山脊、舊城及窩內、土門，南至廣武衛山，脊西至瑯琊寺、中窩、小田塍，北至回馬門并瑯琊寺山脊；一坐落栢子龍潭上，東至王老四田地并山，南至王老四山，西至豐山頂，北至龍潭上，直抵豐山頭窩；一坐落醉翁亭上隅，東至窩溝，南至過嶺、行路，西至孫家柴山，北至本寺山；

一坐落醉翁亭上去瑯琊路，東至醉翁亭窩路，南至回馬門瑯琊山，脊西至過坳路，北至溝；一坐落醉翁亭上右邊，東至醉翁亭柴山，南至窩溝，西至孫家柴山，北至本寺山；脊一坐落醉翁亭上左邊，東至窩溝，南至本寺山，脊西至過嶺坳路，北至本寺山脊；一坐落醉翁亭上右邊，東至醉翁亭柴山，南至窩溝，西至孫家柴山，北至本寺山脊；一坐落醉翁亭下左邊，東至石家墳空地，南至行路，西至醉翁亭中窩，北至王越并本寺山；脊一坐落醉翁亭下右邊，東至軍人李家山，西至醉翁亭柴山，南至本寺山，北至窩路水溝。

又卷一二《草場》　稽古成周之盛，畫井分民而又頒牧地，使之養馬，所以蕃孳息、備武事也。唐肇監牧凡善水草膏腴之田皆爲牧所，而又得人司之故，秦漢以來唐馬最盛，我朝於畿甸之間、民耕之外，擇有水草處以爲草場，即成周之遺意。至成化二十三年，因為豪強所侵，議收地租，以杜兼并。至弘治六年，又差給事中、御史等官清查四至，築立埄墩，鐫石碑爲證。至嘉靖十年，又差御史張心勘定荒熟頃畝三等，則例科收，其節年損益不無從宜而於前制亦爲少變，故即冊籍所載頃畝，存之庶來者或有稽焉耳。

租式

草場地畝自弘治六年勘定，南京各衛所草場，每畝徵銀一錢，其餘各處，肥饒者每畝徵銀七分，中等五分，瘠薄者四分。其原額應天等府，滁、和等州共五千四百三十三頃七十五畝五分三毫九絲四忽一微，及御史張心勘定草場冊除原額外，踏出新增田地四百九十八頃三畝一分一毫六絲五忽二微，共該五千九百三十一頃七十八畝六分五毫五絲九忽三微。及查得鳳陽府泗州草場一十六頃八十三畝七分八釐，揚州衛草場四十三頃一畝九分八釐二毫，連前項冊內畝數，通共該草場五千九百九十一頃六十四畝三分六釐七毫五絲九忽三微。以後各州縣逐年開墾加租及吐退拋荒不等，今據張心勘定頃畝開列于後。

應天府屬

原額草場地共一千四百四十五頃五十畝八釐七絲一忽二微。【成熟】田地山塘四百八十五頃二十畝三分三釐六毫八絲九忽，内除報納民糧田九十頃四十畝四分五釐一毫五絲九忽，共該納租銀一千七百一十四兩二錢一分九釐八絲二忽八微。【荒草地】九百五十九頃八十四畝七分四釐三毫八絲二忽二微。

上元縣草場二十一處原額九十頃八十二畝八毫三絲七忽，内【成熟】五十四頃五十三畝五分九釐一毫，共該納租銀二百二十七兩三錢九分三釐七毫二絲四忽。【荒草地】三十六頃二十八畝四分一釐六毫六絲。

毛田場凡五頃三十七畝六分九釐四毫六絲。殷家場凡一頃二十七畝五分八釐三毫七絲。方山場凡一頃一畝四分六釐二毫三絲。平堽場凡二頃六十五畝六釐九毫　四絲。楊柳場凡三頃五十六畝八分八釐一毫七絲。崇勝場凡一十頃七十四畝七分七毫二絲。白土大場凡一十六頃九十七畝三分一釐四毫四絲。白土小場凡一頃二十三畝八分四釐四毫五絲。湖熟場凡三頃四十五畝六分六釐五毫五絲。焦田上場凡一頃四十二畝八分二釐二毫九絲。焦田下場凡一十四頃四十六畝一分五釐一毫八絲。淡蕩場凡五頃五十六畝五分二釐三毫九絲。杜子場凡一頃五十三畝四分二釐五毫一絲。黄家場凡四頃四畝四分四釐二毫六絲。歡培大場凡四頃一十二畝九分七釐七毫二絲。歡培小場凡九十畝五分六釐七毫五絲。寨山場凡一頃九十一畝五分九釐一毫三絲。雙廟場凡一頃三畝二分七釐八毫二絲。六忽湖熟場凡一頃五十二畝九分四釐。湖熟東場凡六頃一十畝八分三釐二毫八絲一忽。湖熟西場凡一頃三十一畝四分三釐一毫七絲。

江寧縣草場四十處，原額一百九十九頃七十七畝八分九釐七毫。【成熟】四十頃五十九畝八分一釐九毫二絲二忽，共該納租銀一百七十五兩三錢九分七釐一毫二絲八微。【荒草地】一百五十九頃一十八畝七釐七毫。

何家堽場凡二頃五畝六釐二毫。黄泥大場凡九頃一十二畝。黄泥小場凡一頃二十二畝五分二釐。麻田場凡二頃四十三畝二分五釐。社公中場凡二頃三畝四分五釐。社公東場凡一十頃九十四畝一分。社公西場凡七頃九十六畝五分。薛家堽場凡一頃三十二畝五分。馬頭山場凡六頃六畝一分五釐。華堽大場凡一十頃八十四畝五分。華堽小場凡三頃三十八畝。紅花大場凡五頃一十一畝五分。紅花小場凡一頃一十二畝八分。鍾家堽場凡八頃二十畝七釐五毫。楊家堽場凡九頃二十畝。貧子堽場凡一頃七十八畝四分。南堽場凡一頃四十畝三分六釐。鼓樓堽場凡三頃三分七釐。下坊場凡八頃三十二畝。龍山大場凡七頃三十一畝六釐。大應薛家山場凡七頃六十畝。千栢塘小場凡四十六畝七分。龍山小場凡三頃六十八畝。山羊場凡五頃七十一畝五分。龍窟場凡一十一頃五十九畝四分。團林場凡三頃四十八畝二分。走馬場凡三頃六十九畝五分。陶村場凡一頃五十一畝四分。潘家場凡八頃八十畝七分。李家堽場凡二頃三十二畝五分。上坊場凡一十頃四畝。焦村場凡一頃三十六畝。焦家場凡一頃四十九畝。千栢塘大場凡一頃五十畝三分。顔嘘場凡一頃四十二畝三分。廣塘大場凡七頃四十八畝。廣塘小場凡四頃九十畝六分。箬蒲場凡九頃五畝二分五釐。侯山場凡五頃八十三畝。大應山場凡四頃九十六畝九分五釐。

高淳縣草場三十五處，原額地二百頃六畝八分六釐四毫五絲九忽。【成熟】一百二十九頃二十八畝八分六釐四毫三絲，共該租銀一百九十八兩四錢一分七釐四毫二絲，内報納民糧九十頃四十畝四分五釐一毫五絲九忽。【荒草地】七十頃七十八畝二絲。

毛家嘴場凡五頃二十五畝五分。桃花澗場凡三頃五十二畝五分。桃花澗分場凡一頃二十三畝。嚴家岡場凡二頃八畝。任墓岡場凡六十八畝八分。武家嘴場凡二頃一十五畝。東龍場凡三頃二十一畝七分五釐。朴樹岡場凡二頃七十畝三分。大草鞋場凡一十四頃一十一畝九分。小草鞋場凡一十畝五分。孫家岡場凡四頃五十畝。孫家岡分場凡一頃五十畝八分。走馬岡場凡四頃八十三畝九分七釐。竹墩岡場凡三頃七十六畝九分。尖墩岡場凡一頃六十八畝。尖墩岡分場凡一十八畝。小母場凡一頃一十畝。萬善寺場凡二頃四十一畝九分。禪林分場凡二頃二十畝。禪林場凡二頃四十六畝。鄭錢岡場凡五十七畝八分六釐。鱖魚嘴場凡四十二頃五十三畝六分一釐四毫。費家嘴場凡六十五頃五十六畝九分五釐。牛庄岡場凡五頃五十一畝五分。馬家山場凡二頃四十六畝六分。大母場凡二頃八十七畝。錢塘岡場凡七頃八十九畝九分七釐。七園場凡五十畝七分五釐。囉囉場凡一頃八十四畝。横路場凡二頃五畝五分。彭池場凡四十六畝六分。野毛場凡五十畝。遊山場凡二頃三十九畝。楊家場凡二頃五十七畝。揚家場凡二頃五十七畝。

句容縣草場一百七十處，原額地三百七十頃一十畝八分九釐。【成熟】一百四十三頃二十八畝七分五釐，該納租銀五百七十三兩一錢五分。【荒草山】二百二十六頃八十二畝一分四釐。

百培場凡二頃一十六畝七分。盤龍場凡二頃五十畝六分。石頭岡場凡九頃一十九畝四分。五培場凡二頃八十二畝九分。青竹培場凡五頃一十六畝。急流東場凡二頃五十九畝六分。急流庵南場凡八十二畝三分。石門小場凡二十五畝。萬家場凡三十畝。任墳場凡六十七畝。雙橋場凡三頃二十三畝。謝培小場凡六十七畝四分。磨盤山場凡二十二畝二分。梁山場凡一頃二十畝。鹽場凡六十九畝二分。南岡場凡二頃六十六畝八分。石龕場凡八十二畝一分。唐家岡場凡三十二畝二分。胄寨場凡一頃四畝九分。石橋場凡二十六畝四分。五里岡場凡一頃五十六畝四分。龍岡場凡二頃五十八畝五分。周家場凡二頃十十畝。老鴉岡場凡七十八畝四分。火燒干場凡二十七畝七分。大王山場凡二頃九十畝九分。趙干場凡三十八畝六分。大湖場凡一頃六十六畝五分。白土東岡場凡一頃一十七畝三分。觀山場凡二十二畝五分。雙培場凡一頃五分。石卯岡場凡五頃六十七畝。張家場凡五頃。石山場凡一頃九十四畝二分。亭山場凡八畝二分。坎潭橋場凡三十一畝二分。白水場凡二頃一畝二分。塔山場凡三頃五十畝。張家邊場凡三頃七十五畝二分。凌家庄場凡一頃三十三畝。惡山場凡七頃一十五畝。靈山場凡五頃五十六畝九分。百沛北場凡三頃二十二畝九分。水安場凡六頃二畝八分。金墩即青墩場凡三頃三十三畝六分。東蕎麥場凡二頃六十二畝九分。苦鶴場凡五頃一十三畝一分。華母場凡三頃八十六畝二分。馬岡場凡一頃二十五畝二分。亭子東場凡四頃一十二畝三分。軍山場凡四頃。紀巷大場凡二十一畝二分。紀巷小場凡一十三畝八分。窑山嘴場凡二頃三十一畝九分。烏龍場凡四頃一十九畝九分九釐。時塘岡場凡七十六畝三分。孔王家邊場凡一頃八十九畝。下應西場凡一頃二十八畝。急流廟東場凡二頃三十畝五分。姚家邊場凡二頃五十九畝九分。大湖小場凡一頃二十五畝一分。楊塘岡西場凡一頃五畝六分。楊塘岡西南場凡三十八畝七分。秋千五里岡小場凡八畝一分。鎖山前郭巷場凡五十九畝二分。老鴉場凡六十六畝五分。西大場凡二頃五十三畝四分。俞塘場凡二頃七十七畝八分。黄梅場凡六頃四畝。蕎麥場凡一頃九十三畝二分。蕎麥西場凡二頃九十一畝九分。

粟山雙墩場凡六頃六十畝七分。孫岡場凡二頃七十二畝。崇禧觀場凡一頃一十三畝八分。莊家邊場凡三十九畝五分。石子岡場凡七十八畝二分。黄宗墓場凡頃九畝。王漳家場凡一頃三畝七分。大鴨山場凡二頃八十畝。唐庵西場凡一頃五畝。岡西場凡三頃二十六畝四分。莊湖場凡五十九畝九分。山南場凡二頃四十二畝五分。王莊場凡四頃八十七畝七分。秋千五里岡場凡二十七畝二分。神扶場凡二頃三十七畝一分八。公岡場凡三頃七十七畝二分。

百沛南場凡四頃一十畝五分。百岡場凡一頃七十四畝五分。沙岡場凡五頃三十九畝六分。白沙場凡五十畝。茅塘浄白場凡四十畝二分。杜家場凡一頃三畝三分。後王庄場凡四頃九十六畝八分。彭庄場凡三十六畝六分。侯庄場凡一頃二畝五分。土墻場凡二十三畝二分。斜岡場凡五十七畝五分。鷄子岡場凡二頃九十七畝。孟墓場凡四頃八十九畝一分。澗西場凡一頃二十八畝三分。朱墓場凡六十一畝七分。楊塘岡東場凡二頃三十五畝四分。江墳中肺場凡一頃九十三畝。禪心寺北場凡二頃二十六畝八分。上蘭場凡三頃二十畝六分。梁山岡場凡九十三畝一分。西小場凡三十二畝二分。王埠場凡二頃八十二畝二分。郭庄場凡一頃六十六畝八分。鮑亭羅岡場凡二十八畝二分。黄岡場凡一頃六十一畝四分。亭子西場凡二頃二十一畝三分。許村場凡三十一畝四分。西岡場凡二十六畝七分。西廟後場凡一頃二十畝五分。范家堰場凡二十七畝。牧馬口場凡二十八畝六分。王岡場凡七十八畝四分。狗子場凡五頃六十畝三分。柘溪場凡一頃五畝九分。東巫墅場凡二十二畝二分。祝里廟場凡一頃五十四畝。陳塘場凡九頃八十四畝。石門大場凡三頃一十畝二分。謝培大場凡一頃一十六畝四分。西神扶場凡五頃九十二畝。小金山場凡七十二畝九分八公。岡小場凡六十二畝五分。西山場凡八十畝六分。泉岡場凡一頃二十六畝九分。畢家岡場凡一頃九畝一分。金干村場凡五十畝。顔墓岡場凡七十畝三分。後林村場凡七十三畝三分。桃樹山場凡七頃二十畝。火煉培場凡一頃二十一畝七分。小門口場凡三頃一畝一分。玉晨觀場凡一十八頃二十畝。神農岡場凡三頃八十六畝七分。老鴉岡場凡三十二畝。彭山庵場凡二十畝七分。東陽鋪場凡七畝八分。許家岡場凡九十六畝三分。江墳南場凡一頃六十五畝。泉水場凡六十一畝六分。楊塘岡場凡一頃八十四畝。寶山寺場凡六頃三十四畝八分。山成場凡六十八畝五分。郭墓場凡二頃五十畝。許家岡東北場凡七十三畝八分。小橋場凡二頃八十二畝。縣北場凡二十三畝五分。白馬山場凡五頃四十二畝五分。笪店岡場凡二十三畝一分。逋遜場凡五十四畝七分。張家庵場凡一頃七十八畝。茅家邊場凡三頃八畝六分。歐巷場凡一頃二十八畝四分。桃原岡場凡三十七畝一分。崇元觀場凡一頃五畝八分。南石岡場凡一頃九十一畝。劉亭岡場凡五十六畝六分。江墳北場凡九十五畝。韓家邊場凡四十一畝。西平地場凡二頃九十五畝七分。東平地場凡五頃三十三畝二分。南平地場凡三頃一十九畝二分。祁山場凡五十二畝五分。

溧陽縣草場八十五處,原額草場地三百一十七頃四十畝七分三釐。【成熟】七十四頃二畝三分七釐二毫四絲,該納租銀三百四十三兩九錢八分三釐八毫五絲三忽五微,逐年開墾計租不等。【荒草地】二百四十三頃四十二畝三分五釐七毫六絲。

横山場凡九頃九十八畝。白馬于場凡三十頃二十五畝。沙漲正場凡一頃五十畝七分五釐。沙漲東場凡三頃三十六畝一分。廟西正場凡一十畝二分五釐。廟西水草場凡二十五頃一十一畝一分。龍興小草場凡三頃二十一畝五分八釐。餘富場凡八十五畝七分五釐。平安場凡一頃六十二畝五分。龍興正場凡一十四畝。黄家場凡四頃四畝四分。下方東草場凡一頃一十八畝。馬家小草場凡四十畝。宋家場凡一頃一十八畝六分五釐二毫。居安場凡三頃八畝三分。古縣場凡二頃六十八畝。孫塘場凡二頃一十六畝。下方西草場凡一頃一十一畝五分。余家場凡二頃九十一畝。下方北草場凡二頃三十六畝六分。劉家場凡八頃三十三畝。長巷場凡三頃六十七畝五分。烏山場凡二頃一十二畝八分。黄山場凡四頃八十一畝。栢枝場凡二頃七十八畝二分。冶山場凡二頃六十八畝五分。新婦嶺場凡三頃九十畝八分。中山場凡二頃九十三畝。姥山場凡五頃九十五畝六分。毛家場凡一頃八十一畝五分。窑山場凡二頃九十三畝五分。秀山場凡一頃六十四畝一分。庄東場凡一頃九十畝五分。白塔場凡七十五畝。朱村場凡八十七畝四分。於姥場凡二頃九十八畝二分。馬岡場凡一頃七十九畝。羊山場凡二頃七十八畝。曇圓場凡三頃一十四畝。梅園場凡一頃一十七畝八分。洪山場凡二頃一十畝。松頂場凡一頃六十二畝一分。吴家場凡四頃八十四畝八分。大石場凡四頃四十二畝。青龍草場凡一頃五十九畝六分。石盤場凡一頃九十六畝。草干東場凡九十七畝二分。草干西場凡一頃八十三畝五分。龍墩場凡一頃二十畝。荆山南場凡二頃一十畝。南富場凡一頃五十七畝四分。仙橋場凡一頃四十畝。湖山場凡四頃七十五畝。丑山場凡二頃七十畝。岳山場凡四頃二十六畝。蔣塘場凡一頃一十一畝。烏龜場凡一頃五十畝。城墩場凡一頃五十畝。青峯場凡一頃畝。荆山場凡二頃一十畝。廟山場凡二頃二十畝。富山場凡四頃九十畝。苦竹場凡二頃九十五畝四分。浪場凡二頃三十五畝。丁家場凡二頃二十二畝。石家場凡二頃二十畝。社渚場凡二頃九十三畝五分。白塘場凡一頃八十畝。胡林場凡一十一頃畝。南岡竹菜場凡三頃七十畝。雙牌場凡一頃四十畝。興塘場凡九頃一十六畝。馬鹿公場凡九頃三十三畝。白茅塘場凡一十一頃二十四畝五分。百濟正場凡六頃一十五畝。百濟二場凡五頃三十畝。百濟三場凡四頃五十畝。蕭家場凡一頃八十五畝。黄塘場凡六頃五十一畝五分。白石正場凡五頃四十畝。周龍場凡二頃一十五畝。潘塔場凡一頃九十六畝一分七釐。土山場凡一頃一十畝。萬家場凡五頃七十畝。湯山場凡四頃四十六畝。

溧水縣草場五十一處，原額地一百五十四頃二十二畝八分五釐二毫。【成熟】三頃一畝七分一釐六毫一絲一忽，該納租銀一十四兩八錢五分七釐八毫二絲七忽七微。【荒草地】一百五十一頃二十一畝一分三釐五毫八絲九忽。

火燒岡場凡二頃八十五畝。天生橋場凡二頃九十一畝三分九釐。石牛場凡一頃三十四畝。洪槽中場凡一頃八十三畝八分。歡墩大場凡三頃七十七畝六分二釐。歡墩二場凡二頃六十畝。歡墩三場凡一頃四畝五分。歡墩四場凡一頃一十四畝三分。繫牛場凡二頃一十五畝。海沙岡場凡一頃二十二畝。白茅場凡六十九畝四分。接待院場凡一十八畝四分。神仙場凡六頃八十二畝六分。劉玘岡場凡三頃畝。大田分場凡一頃二畝。劉墟場凡二頃二十畝八分。赤土岡場凡八十一畝。大田場凡七十四畝九分三釐。長岡場凡一頃三十七畝六分。栢庄岡場凡一頃一十九畝八分。蓮步岡場凡三頃七十五畝六分。徐家山場凡一頃七十五畝三分。白土場凡二頃五十畝九分二釐。花山場凡三壙五十七畝二分五釐。白土分場凡二頃三十一畝五分。曹塘岡場凡一十三頃八十二畝八分七釐二毫。白土分西場凡二頃一十五畝二分。黄塘岡場凡一頃三十七畝六分。長岡場凡五頃六十六畝三分。鞍籠岡場凡五頃八十二畝三分。黄郎岡場凡四頃生池場凡四頃二十八畝八分。猫軍營場凡一頃五十一畝。松塘岡場凡一頃六十九畝三分。陶野場凡二頃四十六畝八分。遊心場凡一頃二十一畝九分七釐。道人場凡二頃五十八畝九分。徐家山分場凡一頃二畝。花山分場凡一頃一十二畝二分。磘岡小場凡五十一畝。傳兒場凡二頃三十八畝九分。倪塘岡場凡三頃七十七畝一分。蘆蓆場凡六頃三畝四分七釐。洪槽上場凡五頃三十八畝八分五釐。洪槽下場凡二頃七十二畝一分七釐。藕塘場凡三頃九十三畝九分。庵登基場凡六頃一十一畝。華烏岡場凡五頃二十二畝六分一釐。載獅岡場凡一十頃一十二畝三分。長岡場凡五頃八十一畝二分。

江浦縣草場一十一處，原額地三十四頃六十六畝一分五釐七絲五忽三微。【成熟】四頃五十六畝四分七毫，該納租銀一十六兩九錢九分七釐七毫八絲。【荒草地】三十頃九畝七分四釐三毫七絲五忽。

野鷄場凡七頃三十三畝六分八釐七毫。號岡場凡七頃七十五畝七釐五毫。龍洞場凡一頃三十畝九分二釐二毫。高塘場凡九十七畝四分二毫。茅塘場凡六頃八十九畝七分八釐八毫。苜蓿地場凡一十畝。馬廠場凡四畝。白場凡六頃八十七畝一釐六毫。湯溝場凡四十二畝七分五釐六毫二絲五忽。石村場凡六十八畝六分八釐七毫五絲。王村場凡二頃六畝八分一釐六毫。

六合縣草場一十九處，原額地七十七頃九十三畝六分八釐八毫。【成熟】三十五頃八十八畝八分一釐六毫，該納租銀一百六十四兩二分一釐四毫。【荒草地】四十二頃四畝八分七釐二毫。

板橋上場凡八十七畝三分。黄荆場凡三十四畝八分。高橋場凡三十九畝。柴溝場凡八十七畝二釐。草塘場凡一十七畝五分。靈岩場凡一頃四畝。方山場凡七頃四十七畝五分二釐六毫。板橋下場凡八十一畝四釐六毫。練山場凡一十七頃三十三畝三分。沈家湖場凡三十七畝九分。鹽城場凡九頃四十一畝八分。長蘆場凡九十四畝三分二釐六毫九里。平場凡八十一畝。葫蘆套場凡四頃八十五畝六分。西洋場凡一十五頃四十畝三分。大德場凡九十畝。廣洋場凡一十五頃九畝。拆塘場凡一頃三畝七分。瓦梁場凡六畝七釐。

鎮江府屬

原額并量出草場荒熟田地，共一百五十一頃八十一畝六分八釐九毫。【成熟】田地除丹陽縣原報民糧外，該八十七頃四十五畝八分五釐二毫，該銀三百八十一兩七錢三分七釐六毫四絲。【荒草地】四十二頃五畝四分三釐五毫。

丹徒縣草場二十三處，原額地九頃四十九畝一分二釐三毫。【成熟】七頃一十二畝六分五釐九毫，該納租銀三十七兩四錢七分六釐四毫，逐年開墾加增不等。【荒草地】二頃三十六畝四分六釐四毫。

小教場凡九十畝三分六釐八毫。車門場凡一十六畝三分四釐四毫。港西場凡八畝六分七釐二毫。黄甸場凡一十九畝二分八釐六毫。三里岡場凡六十二畝四分。樂亭場凡三十四畝三分六釐三毫。高賀場凡三十八畝八分二釐二毫。羊棚場凡二十一畝六分七釐。圓盖場凡四十一畝七分二釐一毫。金山場凡一十八畝二分。陸城場凡一十九畝三分二釐。馬踏場凡四十畝一分五釐七毫。張庄場凡一十四畝九分六釐。銀杏場凡七十八畝四毫。東霞場凡三十三畝五分三釐五毫。平昌場凡八十畝一分。吴家沙場凡三十一畝九分三釐七毫。豐城場凡一頃二十三畝四分五釐四毫。萬頃場凡一十三畝七分六。永安場凡四十畝二分。洞仙場凡七十六畝一分四釐三毫。萬頃場凡三十六畝五分。洞仙場凡九畝二分五釐九毫。

丹陽縣草場三十處，原額地一百二十六頃五十二畝七分六釐六毫，内除報納民糧二十二頃三十畝四分二毫。【成熟地】六十七頃二十一畝七分六釐五毫，該納租銀二百八十三兩四錢一分六毫，逐年開墾加增不等。【荒草地】二十七頃五分九釐九毫。

河洋場凡二頃六十四畝五分三釐。三仙場凡三十畝二分六釐二毫。馬大場凡四十三畝九分八釐。鴻鶴場凡一頃六十五畝三分一釐。新塘場凡一頃五十七畝五分八釐三毫。趙家場凡一十二頃五十四畝七釐九毫。黄港場凡八頃一畝五分六釐。太平場凡五頃七十七畝五分九釐五毫。洪林場凡一十一頃三十三畝三分三釐三毫。馬鞍場凡九十八畝九分八釐八毫。茅庄場凡一十五頃七十二畝六分八釐四毫。新庄場凡六頃二畝二分二釐。桂仙場凡二頃二十五畝四分七釐。塘頭場凡四十三畝七分八釐。青龍場凡一十七畝三分七釐三毫。乳泉場凡一十四畝八分一釐四毫。大同場凡二十三畝八釐五毫。西暴場凡一頃畝九分八釐八毫。九里場凡一頃八十畝二分四毫。鄧店場凡三頃八十六畝七釐二毫。新塘場凡一頃七十八畝七分四釐九毫。黄師岸場凡四頃七十九畝八分六釐八毫。新堰場凡三頃六十三畝五分九釐。蔡家場凡四十畝七分。潘堰場凡一十頃六十六畝。大司徒場凡七頃四十八畝。小司徒場凡三頃二十四畝八釐四毫。黄蓮場凡九頃六十一畝六分七釐一毫。西湖場凡三頃三十一畝八分二釐三毫。畦岸場凡三頃六十四畝三分七釐四毫。

金壇縣草場一十二處，原額地一十五頃七十九畝八分。【成熟】田地一十三頃一十一畝四分二釐八毫，該納租銀六十兩八錢五分六毫五絲，逐年開墾加增不等。【荒草地】二頃六十二畝二分七釐八毫。官塘場凡二頃一十一畝四分八釐八毫。白馬場凡二頃一十一畝六分九釐一毫。唐安場凡六頃三十八畝五分二釐。平安場凡七十六畝三分八釐。永安場凡八畝七分二釐九毫。高安場凡九十二畝八分九釐七毫。永平場凡五十六畝八分六釐二毫。永福場凡一頃三畝。新安場凡二十七畝。靈安場凡七十一畝四分一釐。馬鞍場凡二十六畝六分二釐五毫。永寧場凡五十五畝四分五釐八毫。

太平府屬

原額草場地六百二十二頃六十畝九分八釐七毫四絲。【成熟】田地二百七十畝九毫六絲，共該納租銀一千七十三兩一錢七分二釐五毫二絲四忽，逐年開墾加增不等。【荒草地】三百五十一頃九十畝九分七釐七毫八絲。

當涂縣草場四十五處，原額地三百八十六頃九十五畝四分七釐六毫四絲。【成熟】田地九十頃六十六畝九分九釐一毫六絲，該納租銀四百一十七兩二錢九釐五毫七絲四忽，逐年開墾加增不等。【荒草地】二百九十六頃二十八畝四分八釐四毫八絲。

孟村一場凡六頃六十六畝一分七釐。孟村二場凡六頃九畝八分五釐。黄山三場凡一十頃五十五畝二分三釐。三江口場凡二頃一十一畝。保興一場凡八頃一十三畝四分。保興二場凡七頃六畝五分六釐。煉埂場凡一頃七十六畝六分。塌橋蒲村湖一場凡八頃八十五畝六分三釐。塌橋蒲村湖二場凡一十四頃二十一畝三分六毫。張村場凡一十六頃三十五畝六分。團基場凡一十五頃九十二畝六分。楊湖一場凡三頃九十五畝六分三釐。楊湖二場凡七頃八十一畝二分五釐。乳山一場凡七頃九十九畝五分五釐。乳山二場凡五頃一十六畝四分三釐。包山一場凡五頃五十一畝四分三釐。包山二場凡三頃一十二畝。俞家埠一場凡三頃五十一畝四分。俞家埠二場凡八頃二十三畝七分。花馬二場凡一十一頃八畝三分。長林場凡九頃四十二畝一分八釐。義城圩場凡五頃五十二畝。郘家村場凡一十二頃四畝七分。沈家庄場凡一頃二十三畝六分。三家村場凡八頃八十七畝二分四釐。黄池鎮場凡二頃三十五畝長生場凡二十六頃九十三畝六分五釐。團林場凡五頃九十一畝三分。東黄連墓場凡九頃一十二畝五分。浄居寺場凡二十頃二十二畝五分。玉塘湖場凡一十四頃四十畝八分。牛頭山場凡九頃九十一畝九分。李安場凡一十二頃三十三畝三分三釐。土山場凡三頃一十畝五分。塘西場凡一頃六畝二分七釐。計塘場凡二頃七十畝六釐。古主岡場凡一十二頃五分三釐。銅山塘場凡九頃四十六畝八分。龍泉場凡一十四頃五十八畝三分三釐。黄連岡場凡三頃八十一畝二分五釐。黄連基場凡八頃一十六畝九分一釐。夏居場凡一頃一十三畝五分。長順岡場凡一頃七畝五分。戚家橋場凡二頃二十三畝。油坊場凡一十五頃一十五畝九分三釐。

蕪湖縣草場一十五處，原額地一百六十四頃二十三畝一分八釐一毫，【成熟】地一百三十頃二十七畝三分一釐八毫，該納租銀四百三十二兩二分三釐四毫三絲，逐年開墾加增不等。【荒草地】三十三頃九十五畝八分六釐三毫。

生息場凡九頃三十七畝四分七釐一毫。孳牧場凡一十七頃一十一畝八分一毫。德政場凡三頃七十四畝二釐九毫。雙港場凡三頃八十一畝四分五釐七毫。白露場凡九十頃九畝一釐二毫。楊村場凡五頃七十二畝四分二毫。龍山場凡四頃四十畝四分七釐六毫。園畝場凡四頃四十畝一分五釐二毫。張家場凡五頃九十九畝四分三釐三毫。丁家場凡二頃三十一畝五分六釐三毫。紀家場凡二頃六十二畝二分二釐九毫。荻家場凡二十四頃三畝二分六釐六毫。孫村場凡四十五頃八十九畝五分。蜈蚣場凡五頃二十畝。

繁昌縣草場九處，原額地七十一頃四十二畝三分三釐。【成熟】田地四十九頃七十五畝七分，該租銀二百二十兩九錢三分九釐五毫二絲，逐年開墾加增不等。【荒草地】二十一頃六十六畝六分三釐。

高安場凡一十三頃九十八畝。中寧場凡八頃三十六畝。城龍場凡三頃一十畝。新林場凡九頃三畝。茅城場凡四頃六十三畝。西鳴場凡七頃五十八畝。嶽山場凡六頃七十三畝。河塘場凡六頃二十七畝三分三釐。團場凡一十一頃七十四畝。

鳳陽府屬

原額草場地四百八十頃七十七畝六釐四毫八絲。【成熟】田地二百七頃六十六畝二分七釐九毫八絲，該納租銀六百五十一兩七錢六分三釐二毫三絲八忽，逐年開墾加增不等。【荒草地】二百七十三頃一十畝七分八釐五毫，

壽州草場一十處，原額地五十六頃一十一畝四分六釐。【成熟】田地五十一頃三十五畝四分六釐，該納租銀一百八十五兩七錢九分三釐，逐年開墾加增不等。【荒草地】四頃七十六畝。

在城場凡五十五畝。下蔡大場凡十頃。下蔡北小場凡一頃二畝七分。長龍大場凡三頃三十七畝。長龍中場凡一頃三十畝。長龍南小場凡一頃二十畝。石塘大場凡六頃五十畝。石塘北小場凡一頃五十畝。瓦埠場凡一頃二十畝。石塘南小場凡四頃五十畝。

亳州草場四處，原額地二頃九十八畝。【成熟】地二頃八十畝，該納租銀一十一兩六錢。【荒草】地一十八畝。。

大吉場凡一頃三十畝。義門場凡一頃二十畝。長安場凡三十畝。坊廓場凡一十八畝。今設造官廳三間點馬。

潁州草場八處原額地二十八頃四十畝三分。【成熟】地四頃六十六畝，該納租銀一十六兩三錢八分。【荒草地】三十三頃七十四畝三分。

烏窪澗場凡三頃二十畝三分。釜陽場凡三頃六十畝。陳村場凡三頃六十畝。蔡村場凡三頃六十畝。龍華場凡三頃六十畝。中村岡場凡三頃六十畝。功立橋場凡三頃六十畝。王市場凡三頃六十畝。

宿州草場一十八處，原額地二十一頃六十二畝。【成熟】田地一十二頃九十四畝，該納租銀三十四兩八錢四分。【荒草地】八頃六十八畝。

在城場凡二頃四十畝。馬噇場凡一頃二十畝。平安場凡一頃九十六畝。脫落蔣山場凡四十畝。桃花場凡二頃四十一畝。臨渙場凡一頃九十五畝。到住場凡一頃五十畝。高齋場凡一頃五畝。蘄縣鄉場凡一頃六十畝。槁溝場凡一頃五十畝。黃噇場凡五十五畝。南平場凡一頃二十畝。石板場凡八十五畝。尹噇場凡三十畝。馬撞溝場凡八十畝。黃琢場凡一頃二十畝。蒿溝場凡六十畝。符離場凡六十畝。

泗州草場原額地一十六頃八十三畝七分八釐，俱拋荒。

鳳陽縣草場七處，原額地四十二頃六十九畝六分七釐七毫。【成熟】地一頃一十三畝，該納租銀二兩八錢二分五釐。【荒草地】四十一頃五十六畝六分七釐七毫。

青龍場凡五十五畝四分六釐八毫七絲。戴家湖場凡一十四頃三十五畝八分。龍顏場凡一頃一十畝一分七釐五毫。楊家林場凡五頃九十六畝八分一釐二毫五絲。河塘場凡六頃一十七畝五分六釐二毫。崔家壩場凡一頃三十九畝六分三釐九毫。虎山場凡一十三頃一十四畝二分一釐八毫七絲五忽。

臨淮縣草場一十二處，原額地一十七頃四十二畝七分三釐。【成熟】田地四頃六十五畝三分，該納租銀一十三兩九錢五分九釐，逐年開墾加增不等。【荒草地】一十一頃五十九畝七分三釐。

岡頭村場凡一頃三十七畝七分六釐。賈家堡場凡一頃九畝一釐。雙棗樹場凡一頃一十四畝八分四釐。梅城村場凡一頃三十六畝四釐。楊家庄場凡一頃三十七畝七分六釐。石門山場凡一頃三十七畝七分六釐。峰山場凡一頃五十九畝。化龍岡場凡一頃六十二畝七分六釐。湖廣營場凡一頃六十二畝七分六釐。大帝廟場凡一頃五十畝。香化橋場凡二頃一十九畝。峰山二場凡一

頃一十六畝四分。

定遠縣草場四處，原額地四十五頃四十一畝五分，【成熟】田地二頃四十一畝二分二釐三毫七絲，逐年開墾加增不等。【荒草地】四十三頃二分七釐六毫三絲。

金鷄場凡一十三頃九畝。尚觀場凡一十五頃三十畝一分五釐。白塔場凡七頃一十四畝一分五釐。長岡場凡九頃八十八畝二分。

五河縣草場四處，原額地六頃八畆八分。【成熟】地四頃八十九畝四分，該納租銀一十四兩六錢八分二釐。【荒草地】一頃一十九畆四分。

安定場凡一十畝。孝感場凡一頃八十九畝三分。車網湖場凡四頃。永豐場凡九畝五分，今改遷縣治。

虹縣草場三處，原額地三頃三十九畝六分。【成熟】田地一頃五十九畝六分，該納租銀四兩七錢八分八釐。【荒草地】一頃八十畝。

柳溝場凡七十一畝一分。陡門場凡二頃四十五畝五分。魏家鋪場凡二十三畝。

蒙城縣草場三處，原額地三十一頃九十九畝一分。【成熟】地一十八頃五十八畝，該納租銀四十七兩九錢四分五釐。【荒草地】一十三頃四十一畝一分。

東場凡六頃西場凡一十五頃五十五畝一分。北場凡一十頃四十四畝。

盱眙縣草場二十五處，原額地八十六頃六十八畝四分三釐一絲。【成熟】田地三十二頃一十二畝二分二釐二毫四絲，該納租銀九十五兩二錢五分八釐三毫七絲四忽五微，逐年開墾加增不等。【荒草地】五十四頃五十六畝一分九釐七毫七絲。

岡村場凡六頃九十一畝八分二釐八毫。馬家壩場凡一頃一十六畝四分五釐八毫。龜山場凡一十三畝八分九釐五毫。劉家庄場凡九十九畝六分二釐六毫。應家庄場凡八頃二十五畝五分三毫。小龜山場凡七十畝六釐四毫五絲。懷德場凡八十畝。苜蓿園場凡一十六畆六分五毫。五墩場凡二頃二十八畝一分五釐。上店村場凡二十五畝一分六釐。太平場凡三頃二十二畝一分五釐六毫。破山口場凡一十四畝六釐七毫九絲。花園場凡一頃六十七畝九分。淸風庵場凡二頃五十七畝二分一釐。阮家庄場凡五十五畝三分一釐六毫。秋林庄場凡一十三畆四分七釐八毫。第一場凡八十畝八分八釐四毫。長嶺岡場凡一十七畝五分。招信場凡一頃三十三畝五釐六毫。招信小馬場凡六頃七十五畝二分八毫。蘆塘場凡二頃四十一畝七分二釐五毫。查家埠場凡三畝一分七釐七毫。土沛場凡一十頃五十二畝四分四釐。紫陽場凡九十三畝一分六釐二毫。申村場凡一頃四十五畝九分五釐。

天長縣草場七處，原額地三十四頃三十七畝一分八釐六毫二絲。【成熟】田地二十五頃三十七畝九分八釐六毫二絲，該納租銀八十九兩八錢五分四釐三毫，逐年開墾加增不等。荒草地八頃九十九畝二分。

德勝場凡二十五頃二十六畝三分二釐八毫七絲。在城場凡九十一畝八分三釐。萬安場凡三頃七十一畝六分。楊村場凡一十二畝五分。小河場凡一十八畝一分九釐。羔羊場凡三頃一十畝三釐七毫五絲。昌平場凡一頃六畝七分。

靈璧縣草場四處，原額荒地一十四頃八十八畝五分六釐七毫五絲。嘉靖二十四年奉例，招民開墾四處三年至二十八年。【成熟】地一十四頃四十二畝五分一釐七毫五絲。【荒草地】四十六畝五釐。

新馬場凡四頃四十畝一分五釐。土山場凡三頃八十畝五分二釐。陵子場凡二頃二十三畝九分六釐。漁溝場凡三頃九十七畝八分八釐七毫五絲。

潁上縣草場二處原額地五頃八十六畝。【成熟】地九十八畝，該納租銀二兩九錢四分。【荒草】地四頃八十八畝。

在城場凡七十五畝。陽臺場凡二十三畝。

太和縣草場三處，原額地一十三頃一十四畝八釐四毫【。成熟】地九十六畝五分八釐七毫，該納租銀一十二兩四錢一分四釐。【荒草】地八頃一十七畝四分九釐七毫。

北原和場凡四頃九十六畝五分八釐。南原和場凡三頃九十七畝五分七釐五毫。歪家林場凡四頃一十九畝九分二釐二毫。

懷遠縣草場七處，原額地三十八頃三十九畝三分五釐。【成熟】田地一十頃三十畝四分七釐三毫，該納□銀二十九兩九錢五分一釐六毫九絲，□年開墾加增不等。【荒草】地二十八頃八畝八分□□七毫。

荊山場凡一十八畝五分。土山場凡一頃五十八畝五分。瓦子岡場凡四頃四十一畝九分七釐三毫。青溝場凡二頃五十八畝。南山場凡三十一畝。龍泉場凡一頃二十二畝五分。洛河場凡三頃六十五畝。

霍丘縣草場九處，原額【成熟】田地一十四頃四十六畝五分，該納租銀四十四兩二錢三分五釐。

南馬場凡二頃三畝。西馬場凡一頃六十三畝。高塘場凡六十九畝。丁塔場凡三十五畝。開順東馬場凡四頃一十三畝。開順西馬場凡二頃五十三畝。安業村場凡九十九畝。袁家林場凡一頃二十畝。善香場凡九十一畝。

廬州府屬

原額草場田地共六百七十頃五十八畝六分九毫四絲三忽六微。【成熟】田地塘二百四頃八十一畝四分七釐八毫五絲五忽四微，共該納租銀八百六十二兩二錢一分四釐六毫四絲九忽九微六纖，逐年開墾加增不等。【荒草地】四百六十五頃七十七畝一分三釐八絲八忽六微。

合肥縣草場一十九處原額八十一頃四十九畝六分七釐四毫一絲三忽六微。內【成熟】田地五十一頃四十六畝九分一釐一絲九微，該納租銀二百一十三兩八錢三分四釐四毫四絲八忽三微六纖，逐年開墾加增不等。【荒草地】三十頃二畝七分六釐四毫二忽八微。

羽林場凡三頃五十九畝三分八釐八毫五絲。火焰場凡二頃二十三畝二分六絲。馬安場凡一頃三十四畝六分。龍安場凡四頃二十九畝八分二釐六毫三絲五忽。延陂場凡五頃五十九畝四分三釐九毫九絲。萬神場凡三頃八十四畝八分六釐六毫六絲。青龍場凡三頃五畝八分六釐一毫四絲。葛城場凡二頃三十六畝五分六釐九毫二絲。龍勝場凡三十三畝五釐二毫五絲二忽。迎山場凡六頃五十三畝一分九釐三毫三絲。七里岡場凡二頃五十八畝四分五釐六毫八絲。白龍場凡六頃七分五釐一毫二絲四忽。梁店場凡一頃五十七畝六分二毫一絲六微。安勝場凡三頃七十四畝二分八釐八毫。羽林場凡九十一畝八分一釐二毫三絲八忽五微。九龍場凡一十畝。永安場凡二頃二十六畝。金斗牧馬場凡二十八畝。龍岡場凡七十畝。

舒城縣草場二十五處，原額一百七十一頃六十二畝四分五釐五毫。【成熟】田地二十一頃九十四畝六釐，該納租銀九十四兩二錢一分七釐四毫，逐年開墾加增不等。【荒草地】一百四十九頃六十八畝三分九釐五毫。

白花一場凡三頃四十畝。白花二場凡六十五畝。白花三場凡一頃五十畝。白花四場凡五十五畝。白花五場凡五畝五分。大勝一場凡四十畝五分。大勝二場凡一十三畝。南奨一場凡一頃九十一畝。南奨二場凡七十畝。南奨三場凡六十八畝。陳山場凡七十八畝。青驄一場凡五十五畝。青驄二場凡五畝。大麥一場凡二十二畝。大麥二場凡一十二畝。龍河一場凡五畝。龍河二場凡五畝。七里河一場凡二十二畝。七里河二場凡七十七畝。馬鞍一場凡八十六畝。馬鞍二場凡一十五畝。烏紗場凡二十畝。騮場凡七頃七十九畝。德勝場凡一十畝。青驄三場凡五畝。

廬江縣草場八處，原額九十一頃六十九畝九分五絲。【成熟】田地塘六頃六十一畝，該納租銀三十二兩四錢八分，逐年開墾加增不等。【荒草地】八十五頃八畝九分五絲。

齊安場凡一頃一十五畝。鳳臺場凡二頃六十二畝。暖池場凡三十八畝。龍興場凡二十五畝。鐵脚山場、抛荒塞山場凡八十五畝。會龍場凡一頃一十五畝。湫住山場凡二十一畝。

無為州草場三十七處，原額地一百三十七頃人十七畝四分。【成熟】田地六十七頃九十五畝五分五毫一絲四忽，逐年開墾加增不等。【荒草地】六十九頃九十一畝八分九釐四毫八絲六忽。

永興場凡一頃九十四畝八分。李師橋場凡四頃一十七畝五分六釐。榻橋場凡人頃三十三畝三分三毫。官塘場凡一頃七十三畝九分六釐。一字城場凡人畝。西峯場凡一頃六十八畝三分五釐。永寧場凡三十七畝五分。東場凡一十四頃二十六畝七分。中場凡一十八頃九十畝。南場凡一十八頃九十畝。仙峯上場凡三頃四十畝。仙峯下場凡一頃七十二畝。永安廠場凡三頃一十三畝一分九釐八毫。永安場凡八頃四十四畝二分五釐。襄安廠場凡六十二畝七分三十里。墩場凡一頃五十九畝九分。石安廠場凡一頃六十二畝。獨山場凡九畝三分七釐。石安場凡七頃七十畝。飲水池場凡七十畝八分七釐三毫。新興廠場凡七頃六十畝一分八釐。馬苑子場凡六頃三十二畝三分六釐。南場凡六頃五十畝。銅城廠場凡二頃五十畝。長安廠場凡一頃七十八畝。西水門場凡三頃二十畝六分六釐六毫。西水門廠場凡二十七畝七分三釐三毫。棗林場凡五頃五十五畝三分七釐三毫。東湖廠場凡一十四畝八分七釐二毫。黃安廠場凡四十三畝七分五釐。新安廠場凡三頃九十六畝四分五釐九毫。大興廠場凡一十三畝五分三釐七毫。

巢縣草場一十六處，原額八十頃七十八畝七分。【成熟】田地一十六頃六十一畝八分八釐七毫，該納租銀七十兩九錢二分六釐五毫，逐年開墾加增不等。【荒草地】六十四頃一十六畝八分一釐三毫。

下閣塲凡七頃六十七畝九分一釐。包家壇塲凡四頃三畝。柘皐塲凡二頃九十畝七分。岩山塲凡四頃三十畝五分。銅陽塲凡二頃一十畝。龍勝塲凡五頃八十三畝。高林塲凡五頃四十四畝五分。九龍塲凡四頃三十五畝。古厰塲凡九十一畝七分四釐。興安塲凡一十二畝七分四釐。古草塲凡三十一畝五分六釐。新安塲凡一十頃六十五畝七分五釐。長龍塲凡九頃三十七畝五分。銅陽古塲凡七頃畝。小河灘塲凡一十五頃七十一畝。窑兒埠塲凡三畝八分。

六安州草塲二十四處，原額九十一頃四十七畝一分九釐。【成熟】田地二十五頃六分五釐，該納租銀一百一十兩四錢二分六釐，逐年開墾加增不等。【荒草地】一六十五頃五十一畝五分四釐。

萬龍東塲凡四頃二十八畝。萬龍西塲凡一頃二十五畝三分。萬龍中塲凡四頃一十二畝。萬龍北塲凡五頃一十二畝。雲龍塲凡四頃四十四畝。興龍塲凡九頃三十三畝。聚龍塲凡五頃三十畝。蘇家埠塲凡四頃五十九畝六分五釐。七里岡塲凡六頃二十五畝。硯瓦池塲凡四頃五十八畝一分。會龍塲凡二頃三十五畝。會龍中塲凡一十三頃九畝。會龍西塲凡二頃三十四畝。烏龍塲凡三頃一十二畝。茅坦塲凡九頃一十畝。與城寺塲凡八十畝。白家石塲凡八十二畝五分。青龍塲凡一頃三畝五分。囬龍塲凡一頃一十五畝。旺龍塲凡二頃五十畝。蜀山南塲凡三頃三十畝六分。蜀山北塲凡一頃一十八畝五分。施家塲凡九十畝。步荅寺塲凡五十畝。

霍山縣草塲五處，原額一十五頃六十三畝二分八釐九毫八絲。【成熟】田地一十四頃二十六畝四分六釐六毫三絲，該納租銀六十二兩六錢三分一釐九毫五絲二忽，逐年開墾加增不等。【荒草地】一頃三十六畝八分二釐三毫五絲。

青龍塲凡二頃七十二畝八分三釐。騋龍西塲凡二頃八十八畝二分六釐。高龍一塲凡三頃二畝四分八釐。高龍二塲凡八十畝。騋龍東塲凡六頃三十九畝六分七釐。

淮安府屬

原額草塲地七百九十二頃八十四畝四分三毫三絲。【成熟】田地六十四頃五十九畝七分五釐四毫，該納租銀一百八兩九分二毫五絲，逐年開墾加增不等。【荒草地】七百二十八頃二十四畝六分四釐九毫三絲。

海州草塲九處，原額地四十九頃一十四畝六分六釐七毫。【成熟】地一十三畝四分五釐，該納租銀八錢一分二釐五毫，逐年開墾加增不等。【荒草】地四十九頃一畝二分一釐七毫。

新興塲凡一十六頃八十六畝三分。房山塲凡四頃七畝六分一釐五毫。富安塲凡四十三畝三分九釐二毫。長嶺埠塲凡三頃四十九畝七分三釐。咸陽塲凡一頃六十五畝一分五釐二毫。白駒塲凡一十頃七十六畝二分五釐。青墩塲凡九頃四十畝六分六釐二毫。清浪塲凡一頃七十三畝五分七釐五毫。惠安塲凡七十一畝九分九釐。

邳州草塲一十五處，原額地一十五頃二十一畝七分。【成熟】地三頃八十畝一分二釐五毫，該納租銀一十八兩一錢二分四釐七毫五絲，逐年開墾加增不等。【荒草】地一十一頃四十一畝五分七釐五毫。

在城馬塲凡二十七畝四分。北馬庄塲凡三十八畝八分。馬庄集塲凡六十四畝一分。余行馬塲凡一十二畝。余行牧馬塲凡三十一畝五分。鮑家庄塲凡八十五畝六分。外二段凡四十九畝八分。鮑家庄社塲凡一頃一十六畝二分。岠山馬塲凡一十一畝四分。岠山牧馬塲凡四十一畝一分。南馬庄塲凡二十一畝九分。南馬庄牧馬塲凡一頃二十畝四分。大宿塲凡二十九畝八分。大宿牧馬塲凡三頃九十九畝八分。王史馬塲凡一頃七畝九分。艾山社馬塲凡八十五畝。

山陽縣草塲九處，原額地一百五十田頃二十三畝一分二釐六毫五絲。【成熟】地七頃四十七畝一分，該納租銀二十九兩八錢八分四釐，逐年開墾加增不等。【荒草】地一百四十六頃七十六畝二釐六毫三絲。

在城塲凡一十六頃八十九畝二釐二毫六絲。新城塲凡一十一頃三十九畝一口二毫六絲。滿浦塲凡一十一頃八十六畝七分三釐五毫。淮北塲凡一十二頃四十一畝五釐六毫。安樂塲凡一十八頃三十五畝一分六釐六毫。太義塲凡八頃八十七畝二分六釐八毫五絲。辛店塲凡一十七頃八十九畝二釐五毫六絲。馬邏塲凡四十一頃六十二畝九分八釐。添差塲凡十四頃九十二畝八分五釐。

安東縣草塲六處，原額地六十一頃二十五畝三分六釐。內【成熟】地三頃十三畝二分五釐，該租銀十五兩六錢五分二釐五毫。民劉廣等承佃逓年水旱逃亡，正德十四年，奉例免科，俱抛荒，無人承佃。

淮寧塲凡四頃九十五畝三釐。廣益塲凡四頃四十二畝四分。太平塲凡二十三頃九十九畝八分五釐。長樂南場凡八頃九十八畝一分四釐。長樂北場凡一十二頃九十五畝四分。興安場凡五頃八十七畝八分一釐。

桃源縣草場五處，原額地四十一頃六畝四分該納租銀九兩三分七釐。拋荒無人承佃，逐年責令看場門子曹宣等砍伐草束，變價以充額租。

馬勝場【中缺】。永安場【中缺】。福興場【中缺】。吉慶場【中缺】。得生場【下缺】。

清河縣草場四處，原額【成熟】地二頃八十三畝六分三釐，該納租銀七兩七分七毫五絲。

廣牧場凡一頃三十三畝三分三釐五毫。青龍場凡三十二畝一釐二毫。常安場凡六十一畝八分三釐六毫。辛興場凡六十一畝八分二釐六毫。

鹽城縣草場九處，原額地三百一十六頃五十四畝四分八釐。【成熟】田地八頃二畝六分九釐，該納租銀三十六兩八錢九分四釐五毫，逐年開墾加增不等。【荒草】地三百八頃五十一畝七分九釐。

永興場凡五十六頃八十二畝六分八釐。安寧場凡一百七頃二十五畝。永安場凡八頃三十二畝五分。永福場凡八頃一十五畝。廣牧場凡二十九頃六十八畝。長興場凡二十六頃九畝。新安場凡一十七頃三十五畝。新安二場凡一十一頃八十三畝六分五釐。安牧場凡五十一頃一十二畝。

宿遷縣草場一十一處，原額地二十九頃四十六畝九分九釐。【成熟】地二十四畝三分，該納租銀一兩二釐。【荒草地】二十九頃二十二畝六分九釐。

刁家林場凡一頃六十畝。河西點馬場凡二十一畝三分。宮家庄場凡二頃六十五畝。錢家庄場凡二頃七十三畝二分。錢家庄點馬場凡一十九畝四分。東庄驛場凡二十七畝七分。林家村場凡一十一頃二十五畝六分。張山場凡三頃五十一畝。龍泉溝場凡三頃七十八畝七分。堆頭場凡二頃五十六畝七分。小河口場凡六十四畝七分九釐。

贛榆縣草場八處，原額地六十六頃三十四畝。【成熟】地二頃三十畝五分，該納租銀一十二兩五錢六分二釐三毫，逐年開墾加增不等。【荒草地】六十三頃七十九畝一分一釐。

龍興場凡二十四畝八分。城子場凡二頃九十六畝。土山場凡一十頃二十六畝九分。瓦窑場凡九頃四十一畝五分。新興場凡六頃四十七畝。崇寧場凡二十三頃三十九畝八分。高山場凡九頃八畝。黃草溝場凡四頃五十畝。

睢寧縣草場四處，原額地一十三頃二十六畝三分六釐，該納租銀一十二兩三分五釐。正德十四年，奉例免科。

高家村廣育場凡一頃九十二畝七分五釐。袁家村廣孳場凡五頃九畝八分一釐。□劉家村廣牧場凡三頃五十三畝。湖墩村廣蓄場凡二頃七十畝八分。

沭陽縣草場一十二處，原額地四十三頃四十七畝六分九釐。【成熟】地九十四畝九分六釐九毫，該租銀四兩七錢四分八釐四毫五絲，逐年開墾加增不等。【荒草地】四十二頃五十二畝七分二釐一毫。

興馬場凡一頃六十四畝八分。萬山場凡六頃七十畝六分。廣集場凡四頃二十四畝五分。新安場凡二頃九十四畝八分。孳牧場凡十二畝九分二釐。興養場凡五頃六十六畝。抄迷場凡二頃七十七畝三分。龍泉場凡四頃一十三畝五分。劉家場凡二頃八十畝。五湖場凡四頃六十七畝三分。高塘場凡三頃四十七畝五分。孟家場凡四頃二十八畝。

揚州府屬

原額草場地共一千三百六十七頃七十六畝二分七釐五毫五絲一忽五微。【成熟】田地一千一百八十四頃五十六畝五分六釐一毫五絲一忽五微，該納租銀二千七百五十九兩五錢九分八釐七毫二絲六忽五微，逐年開墾加增不等。【荒草地】一百八十三頃一十九畝七分一釐四毫。

高郵州草場一十八處，原額地一百二十六頃三十六畝七分二釐。【成熟】田地四十六頃六十六畝四分八釐二毫，該納租銀一百三十三兩五錢五分六釐九毫八絲五忽，逐年開墾加增不等。【荒草地】七十九頃七十畝二分三釐八毫。

武安群場凡一頃三十九畝六分。武安小移群場凡一十一頃九畝五分。武安三角群場凡六頃六十畝三分四釐。天長群場凡九頃八十四畝三分七釐。武安中群場凡一十一頃一十九畝七分。武安總群場凡一十九頃三十七畝一分八釐。武安舊群場凡三頃九十四畝四分。德勝中群場凡九頃二十四畝三分七釐。焦里德勝群場凡七十六畝三分八釐七毫。三垜德勝群場凡七十畝二分五釐五絲。德勝第一群場凡一十頃四畝八分。德勝第二群場凡七頃六十九畝二分五釐。德勝第三群場凡七頃一十四畝。德勝第四群場凡五頃八畝三分。德勝東群場凡七頃八十一畝五分三釐。德勝西群場凡五頃五畝二分九釐。武安大師群場凡三頃六十八畝二分。武安車邏群場凡六十九畝二分二釐二毫。

通州草場四處，原額地六頃三十六畝三分。【成熟】地五頃六十三畝，該納租銀一十一兩一錢三分七釐五毫九絲。【荒草】地七十三畝三分。

馬塘場凡二頃三十二畝。蕃牧場凡二頃三十二畝。清廣場凡九十九畝。餘慶場凡七十三畝三分。

泰州草場七處，原額地七十八頃八十一畝二分五釐。【成熟】田地四十八頃二十一畝三分五釐，內除報納民糧一十頃五十六畝八分五釐，該納租銀九十四兩一錢一分二釐五毫，逐年開墾加增不等。【荒草】地三十頃五十九畝九分。

顔塔庄場凡三十七頃八十八畝。單塘河場凡一十五頃三十六畝。甯家庄場凡六頃六十三畝五分。劉家庄場凡六頃二十四畝。馬家庄場凡二頃八十八畝。曲塘庄場凡六頃六十三畝七分。中村鎮場凡三頃一十八畝五釐。

江都縣草場七十處，原額地四百三十八頃二十四畝二分八釐三絲。【成熟】田地三百五十七頃九十二畝六分四釐八毫一絲二忽五微，該納租銀一千一十六兩九錢五分一釐五毫九絲三忽五微，逐年開墾加增不等。【荒草地】八十頃三十一畝六分三釐二毫一絲七忽五微。

青龍港場凡四頃六十二畝九分一釐。陳家灣場凡一頃一十二畝七分四釐一毫。花柳群場凡八頃九十二畝七分五釐五毫。楊子橋場凡四頃五十畝二分。七里河場凡一頃九十七畝六分。六里庄一場凡二頃三十二畝。六里庄二場凡二頃二十五畝。小笋庄場凡二頃三十一畝九分五釐。小青軍營場凡五頃四十二畝三分四釐六毫。大儀鎮場凡二頃五十九畝九分九釐八毫。黄家橋場凡一頃三十一畝八分五釐二毫。雷塘場凡三十畝六分二釐。東西灣場凡五頃九十畝四釐。七里河大場凡九頃五十畝六分七釐四毫五絲。袁港場凡四頃八十九畝四釐。水西廟場凡二頃二十三畝七分。小殷庄場凡四頃九十七畝二分。大青軍營場凡一十八頃三十八畝九分三毫。黄家橋小場凡二頃五十一畝。仙女鄉場凡五頃七十九畝九分七釐九毫。黄家橋大場凡九頃八十畝六分四釐八毫。僧道橋場凡二頃八畝。小貢庄場凡一十頃二分。小萬壽場凡二頃五十一畝三分。河東鄉場凡七頃一十畝五分九釐二毫。叚家港場凡一十三頃一十六畝七分五釐二毫。大貢庄場凡一十七頃四十畝二分三釐八毫。韓家曲場凡九頃六十一畝。大笋庄場凡一十頃四十二畝二分四釐七毫。大萬壽場凡一十二頃四十畝六分。大橋鎮場凡九頃五十九畝四分三釐八毫。善應鄉場凡二頃三畝四分五釐八毫。黄塘廟一場凡六十七畝五分。黄塘廟二場凡五十四畝七分。黄塘廟三場凡二十二頃三十四畝七分六釐。大殷庄場凡一十二頃八十二畝七分三毫。孫家庄場凡二頃八十九畝八分。三墩一場凡二頃五十五畝九分七釐二毫。三墩二場凡四畝。三墩三場凡三頃七畝二分二釐。西麻金生溝場凡七十五畝。西麻東場凡一頃九十六畝二分三釐一毫。楊醫獸壩場凡七頃九十八畝六釐八毫。郭庄橋場凡八頃四十八畝一分三釐。韓家曲庄場凡二頃六十七畝八分。郭庄橋西場凡一十頃三十五畝九分五釐四毫。陸家庄場凡一十五頃二十四畝三分三釐八毫。楊家橋場凡四頃五十八畝五分四釐二毫。張汪溝場凡八頃二十二畝七分九釐。波斯庄場凡八頃二十八畝二分八釐八毫。鮑家庄場凡一十一頃三十四畝三毫。楊家庄西明寺場凡四頃一十五畝二分六釐七毫。張汪溝庄場凡五頃五十七畝一分三釐二毫。杜家庄場凡一頃五十四畝。邵伯鎮河西場凡九畝三分。司徒廟場凡一十四畝二分七釐。桑棗園場凡七畝二分。善應群場凡五十三畝一分五釐三毫。楊子橋場凡二十一畝八分五毫。黄塘廟場凡九十畝六分。萬驥群場凡三十畝五分四釐七毫。張汪溝草場凡二十畝九分四釐。李樹河場凡五畝一分八釐二毫。楊家庄烏稍營場凡三十畝。章墅庄場凡七頃六十九畝七分七釐二毫。黄家橋庄場凡三頃四十六畝七分七釐五毫。萬壽巡檢司場凡四頃五十九畝一分六釐。溫家庄場凡九頃三十八畝三分。黄塘廟草場凡三十一畝七分。楊子橋庄場凡一頃四十七畝三分三釐六毫。

儀真縣草場二十七處，原額地四十六頃七十一畝八分九釐四毫二絲一忽五微，一成熟一田地三十四頃九十五畝三分二釐八毫六絲一忽五微，該納租銀一百二兩四錢一分八釐六毫五絲八忽四微，逐年開墾加增不等。一荒草一地一十一頃七十六畝五分六釐五毫六絲。

單府庄場凡一十二畝三分。大鉞斧腦庄場凡一頃八十畝六分四釐五毫。張家庄場凡三頃四十六畝五分一釐五毫。大銅山場凡一頃四十八畝八分。大鉞斧庄場凡二頃九十七畝二毫。小鉞斧庄場凡八十畝六分。鴉鶻庄場凡八十五畝三分。張家庄場凡三頃一十一畝一分。小圩庄場凡七頃一十一畝七分七毫二絲。劉家洪庄場凡二十八畝五分。破橋東庄場凡一十五畝四分。陳公塘庄場凡四頃九十九畝八分。陳公塘西庄場凡九十五畝七分。運河北道士庄場凡一頃六十一畝九分五釐。大營田庄場凡二頃八十畝四分。小營田庄場凡三十九畝四分。劉馬庄場凡三十八畝八分。劉家庄場凡一頃六十七畝五分。八社庄場凡二十八畝八分。壽寧群庄場凡三十一畝九分。華陽庄場凡四十四興化縣草場九處，原額地一十一頃九十六畝二分。【成熟】田地五頃三十六畝二分，該納租銀一十五兩八錢七分三釐五毫，逐年開墾加增不等。【荒草】地六頃六十畝。

永興一場凡六十三畝七分。永興二場凡六十畝。永興三場凡七十五畝。永興四場凡五十七畝五分。長興一場凡五十畝。長興二場凡一頃三十畝。廣興一場凡二頃。畝廣興二場凡六十畝。廣興三場凡二頃畝。

揚州衛草場六十，分坐落清軍營，原額【成熟】地四十三頃一畝九分八釐二毫，該納租銀一百七兩五錢四分九釐五毫五絲，佃戶陳奉等六十二名承佃。

廣德州屬

建平縣草場三處，原額地二十六頃九十二畝九分三釐七絲。【成熟】田地四百二十一畝五分六釐四毫六絲，該租銀一十九兩三分二釐九毫八絲三忽。【荒草】地二十頃三十九畝五分四釐一毫七絲。

永安場凡五百二十五畝四分四釐。永寧場凡一十頃五十六畝一分九釐六毫二絲。永遠場凡一十一頃一十一畝二分九釐四毫五絲。

滁州并屬

原額草場田地共一百三頃四十畝九分七釐二毫一絲三忽。【成熟】田地六十四頃三十九畝八分四釐七毫九絲三忽，內除原報納屯糧民糧田地二頃三十一畝二分，共該納租銀一百六十三兩五錢八分六釐三絲七忽五微七纖，逐年開墾加增不等。【荒草】地三十九頃一畝一分二釐四毫二絲。

本州草場一十六處，原額地三十五頃五十五畝九分五毫一絲三忽。【成熟】田地二十五頃八十八畝三分九釐五毫九絲三忽，共該納租銀七十七兩九分二釐三毫九絲七忽五微七纖，逐年開墾加增不等。【荒草】地九頃六十七畝五分九毫二絲。

西葛城場凡二十八畞二分。煙墩場凡三十畞六分七釐。仁義場凡八十四畝四分三釐。旦子岡場凡二十三畝三分。周公沛場凡七頃三十五畝一分五釐。官塘場凡二十六畝九分九釐二毫。豐城鄉場凡二十七畝。官塘總場凡六十九畝三分三釐三毫七里。灣場凡八頃九畝七分八毫九絲九忽八微。濟川場凡五頃六十一畝六分九釐八毫八絲。清流場凡二頃六十六畝七分。紅沙澗場凡七十八畝六分。官庄場凡八十畝二分一釐。平湖場凡二頃九十六畝九分七釐五分。盖群場凡五畝。丫山草庄場凡九頃一十八畞七分。破山口庄場凡一頃一十三畝二分。傘兒墳庄場凡八畞五分。在城馬場凡一十九畝八分七釐五毫。草場官屋一間。

如皋縣草場三十一處，原額地一百七十二頃八十七畝七分六釐四毫。成熟地一百六十六頃一十八畝四分六釐，該納租銀一百二十四兩六錢三分八釐四毫五絲，逐年開墾加增不等。一荒草地一六頃六十九畝四分四毫。

汊陵橋場凡七頃六畝九分三釐。柴灣場凡九頃八十一畝。五里場凡五頃。東陳場凡八頃七十畝。潘家場凡六頃一十三畝。邵家場凡一頃二十一畝。大林梓場凡九頃二十畝。中林梓場凡二頃四十畝。小林梓場凡一頃九十二畝。安定邵家場凡九頃。孫家堡場凡四頃一十六畝四分。馬家岱場凡四頃九十六畝七分。安定曹家堡場凡六頃七十六畝。鄒家園場凡八頃五十畝。錢家園場凡一頃九十五畝六分。曹橋場凡二頃八十六畝。馬塘大場凡一十三頃三十畝。子馬塘場凡一頃八十九畝。安定奚家場凡九頃六十二畝。徐溝場凡一十頃三十畝六分。子赤岸場凡四十二畝八分三釐。西場草場凡二頃豐利一場凡一十一畝九分。豐利二場凡一十一頃二十八畝。安定場凡四頃二十一畝。王家岱場凡一十三頃五畝五分。孫家庄場凡三頃三十三畝五分。芹湖小子場凡一十八畝六分。安定小子場凡一十一畝七釐。安定孫漢家場凡一十四畝八分。南安定場凡十一頃九畝二分。

寶應縣草場一十一處，原額地五十五頃六十九畝六分四釐。【成熟】田地五頃一十六畝七分，該納租銀一十二兩九錢一分七釐五毫，逐年開墾加增不等。【荒草】地五十頃五十二畝九分四釐。

永寧場凡九頃五十三畝三分四釐。白馬群盖場凡五頃七十六畝七分。南順義場凡二頃四十六畝七分五釐。孝義永寧場凡二頃二十六畝一分。侯村小馬場凡二十畝三分六釐。北順義場凡一頃六十畝二分。遇便場凡九十九畝七分五釐。長興場凡二頃二十九畝二分。曹村場凡九頃六十畝。射洋北場凡九頃二十九畝三分七釐。射洋南場凡一十一頃六十七畝八分六釐五毫。

泰興縣草場八十二處，原額地四百五十九頃九十七畝七分二釐七毫。內【成熟】田地四百三十二頃二十一畝，該納租銀一千一百二十一兩六錢六分八釐五毫，逐年開墾加增不等。【荒草】地二十七頃七十六畝七分二釐七毫【中缺】。

一千二百二十六兩四錢八分二釐八毫八絲，逐年開墾加增不等。【荒草】地五十四頃一十二畝九分七釐一毫。

石堰孳牧場凡一十六頃三十三畝四分。黄暮橋歸照場凡五頃三十二畝四分八釐。楓香壯盛場凡五頃八十四畝二分五釐。程家庄富有場凡二頃一十八畝七分。花園簇異場凡三頃六十五畝九釐。薛家村會群場凡一十頃九十四畝六分三釐。峯山資用場凡五頃九十七畝一分九釐。花山出驥場凡一十四頃一畝四分二釐。蔡家庄崇志場凡一頃五畝。飲馬長養場凡一頃九十三畝三分。永豐臕肥場凡八頃二十八畝九分。李家庄育駿場凡七頃二十五畝。甘露産瑞場凡七十二畝四釐。清陽街善走場凡一頃七十三畝三分。清陽街篤厚場凡四頃六十七畝六分。清陽街牧放場凡四頃八十八畝二分。曹家岡雙駒場凡三頃七十八畝四分。烏塘歷陽場凡六頃五畝六分。倪家庄永豐場凡一十頃二十八畝六分。綽門廟太寧場凡七頃七分五釐四毫。龍馬孳牧大場凡一十二頃三十三畝。塔兒岡高望場凡九頃九畝五分八釐。長岡塘飲水場凡九頃三十九畝五分八釐。烏江餘慶場凡一十一頃四十六畝三分二釐五毫。八角山積善場凡六頃六十六畝六分七釐。范家庄遂性場凡二頃六十三畝九分三釐。姜家庄漸義場凡一頃六十八畝三分三釐。嚴家庄政理場凡七頃三畝一分三釐。清水孳牧場凡八頃七十八畝七分五釐。千秋壩北急用場凡一頃五十七畝。千秋壩南緊要場凡一頃一十八畝九分五釐。萬壽嶺肥澤場凡二頃五十二畝八分。萬歲嶺嚴督場凡二頃二十六畝六分四釐。方家庄英標場凡四頃四十八畝三分三釐。范家村利益場凡三頃八十五畝二分一釐。大全拔萃場凡一十六頃四十五畝五分八釐。陽順孳牧大場凡一十九頃九十四畝二分八釐。嚴慶寺顯達場凡五頃八十七畝五釐。棗林護膳場凡一頃八十畝七分六釐。南義附城場凡八十七畝七分五釐。南義咸寧場凡九十八畝一分八釐。馬安調良場凡九頃五十六畝六分六釐。高廟阜蕃場凡四頃三十四畝三分六釐。保道通暢場凡一頃五十四畝四分五釐。房簇保廣增場凡九頃五十一畝六分四釐。南河橋滋潤場凡一十頃一十三畝一分二釐。安福發旺場凡一頃一十一畝八分三釐。溫台易生場凡一頃二畝一分二釐。徐家庄能行場凡三十一畝五釐。黄山蕃息場凡四頃九十七畝七分三釐。七毫雙城孳牧大場凡六頃八畝三分五釐。銅城自在場凡一十二畝八分七釐。白望存仁場凡五畝。雙城超群場凡七頃三十三畝六分六釐。雙城大興場凡八頃三十二畝。鳳城大有場凡一頃二畝八分六釐。黄五毫。栢子場凡三頃七十五畝九分三釐七毫三絲三忽二微。雙澗場凡五十三畝。

全椒縣草場一十九處，原額地四十三頃二十四畝九釐。【成熟】田地三十一頃一畝七分二釐，除報民糧屯糧二頃三十一畝二分，實有納租二十八頃七十畝五分二釐，共該納租銀七十二兩一錢五分八釐，逐年開墾加增不等。【荒草】地一十二頃二十二畝三分七釐。

白汪塘場凡六頃八十七畝二分五釐。淑泊湖場凡五頃七十五畝九分五釐。破山口場凡九頃七十三畝七分五釐。雙林寺場凡三頃三十五畝三分八釐。青茂市場凡三頃四十一畝一分一釐。許家庄場凡八十六畝六分二釐。六丈街場凡三十四畝一分七釐。馬鄉場凡一頃九十七畝四釐。甘家庄場凡四頃七十四畝。黄思明家邊場凡二頃四十三畝六分。窰家庄場凡五十六畝九分三釐。土橋場凡五十二畝四分四釐。封家嶺場凡一十七畝六分一釐。阮思明家邊場凡二畝二分五釐。姚廟場凡三十六畝一分。破山口場凡五十七畝。淑泊湖南岡場凡三十畝四釐。馬家庄場凡六十五畝八分一釐。盛家庄場凡五十七畝四釐。

來安縣草場七處，原額二十四頃六十畝九分七釐七毫。【成熟】田地八頃八十一畝五分三釐二毫，每畝租銀二分，共該納租銀一十七兩六錢三分六毫四絲，逐年開墾加增不等。【荒草】地一十五頃七十九畝四分四釐五毫。

一都場凡四頃三十八畝五分一釐九毫。二都場凡一頃四十畝六釐五毫。三都場凡一十三畝四分六釐六毫。四都場凡九頃六十八畝三分七釐五毫。五都場凡二頃四十四畝六分七釐五毫。六都場凡一頃八十二畝二釐七毫。七都場凡四頃三十九畝三分四釐。

和州并屬

原額草場田地并額外告報餘田，通共三百九十五頃五十八畝七分四釐六毫，成熟田地二百九十五頃六十六畝三分五釐三毫，內除原報納民糧屯糧田地八頃一十五畝五分五釐六毫，實有納租二百八十七頃五十畝七分九釐七毫，共納租銀一千二百四十九兩五錢八分六釐九毫八絲，逐年開墾加增不等。【荒草】地九十九頃九十二畝三分九釐三毫。

本州草場六十一處，原額地三百四十四頃三十三畝八分六毫。【成熟】田地二百九十頃二十畝八分三釐五毫，除原報丙屯糧民糧田地八頃一十五畝五分五釐六毫，實有納租田地二百八十二頃五畝二分七釐九毫，共該納租銀蒲充足場凡三頃七十七畝五分。黃蒲有餘場凡一十頃七十五畝。保大圩豐盈場凡五十八畝八分。長岡孳牧大場凡九頃四十四畝六分八釐。朱家庄孳牧大場凡四十一畝六分六釐。

含山縣草場二十二處，原額地五十一頃二十四畝九分四釐。【成熟】田地五頃四十五畝五分一釐八毫，租銀二寸三兩一錢匹釐一毫，逐年開墾加增不等。【荒草】地四十五頃七十九畝四分二釐二毫。

牧馬場凡五十七畝五分。青衣場凡一十三畝七分八釐。梅山場凡三十五畝四分。明山場凡一十一畝一分六釐。白龍場凡九頃七十二畝二釐。瓜岡場凡四畝二分一釐五毫。黃墩場凡九畝二分九釐。桃花場凡二頃二十三畝八分八毫。拖石場凡一十五頃四十九畝七分。仙踪場凡八畝四分七釐二毫。蒼山場凡八頃三十九畝五分四釐。灰堆場凡六十三畝七分三釐。土山場凡一十二頃四十四畝八分。溪陽場凡四十畝一分四毫。樊家岡場凡三畝八分。青龍場凡五畝一分六釐。王家團場凡四畝五釐。丁家岡場凡六畝七分。彭仙場凡七畝九分一釐。桃花山場凡三畝四分。鍋山場凡七畝六分三釐。夏家岡場凡一十三畝。

徐州并屬

原額草場地共一十二頃八十畝七分。【成熟】田地九頃九十八畝六分，該納租銀共五十兩八錢三分二釐，逐年開墾加增不等。【荒草】地二頃八十二畝一分。

本州草場七處，原額地三頃一十三畝。【成熟】田地二頃一十八畝，該納租銀一十兩九錢，逐年開墾加增不等。【荒草地】一頃三十九畝。

城南吕梁洪雙井村場凡三十八畝。城東三义村場凡五十畝。北弓箭山場凡二十五畝。城西胡佃溝場凡六十畝。城北固村場凡四十四畝。城南三山李家村場凡四十畝。城西南賈家山場凡五十六畝。

蕭縣草場八處，原額地一頃九十九畝五分。【謂熟】地一頃七十九畝五分，該納租銀八兩九錢七分五釐。【荒草】地二十畝。

岱山村場凡一十畝。黃臯村場凡一十六畝五分。朱冊村場凡二十二畝。桃種村場凡二十畝。馬園村場凡一十五畝。羊波村場凡六畝。食庄村場凡三十畝。劉團村場凡六十畝。

沛縣草場五處，原額地二頃七十七畝二分。【成熟】地一頃一十畝一分，該納租銀七兩七錢七釐。【荒草】地一頃六十七畝一分。【中缺】

碭山縣草場七處，原額【成熟】地三頃六十八畝，該納租銀一十七兩一錢。

城南壇週圍場凡三十二畝。城西百馬村場凡四十八畝。城南新安村場凡三十畝城。北斗子村場凡一頃二十八畝。城東北十里庄場凡二十五畝。城西白川店場凡七十畝。城西北黃神村場凡三十五畝。

豐縣草場□處，原額【成熟】地一頃二十三畝，該納租銀六兩一錢五分。

【中缺】

按牧地厲禁載於《周禮》，則蓄草養馬自三代而已然矣。及觀漢唐之盛，於水草善地必摽占之，而春放秋入莫不有法，豈捐稼穡而肄牝牡已哉？蓋牧場為孳息之本，非此無以蕃國馬而正天下矣。故余靖、歐陽脩於宋室拳拳請專官擇水草牧放，寧無感於宋事耶！今江淮垌野延袤水草豐茂，自聖祖頒定於此所期牧于四遠，南北盡馬海也。百餘年來上下恬逸於游牝別群騰駒去特等法，蔑不加省甚或分日而飼，坐耗其種求四時逐水草以順物性者，盡群場果有一跡乎？及近場居民秉之種爲已業，乃議科租銀儲庫以備急需，豈頒場之初意固然哉？先大學士丘文莊請一切復之立爲厲禁，庶異日行周人牧師之法舉而措之，今天下馬政弊極矣。不復舊制以爲宿謀，其將何時而爲之支計乎？

明 李邦華《李忠肅先生集》卷五《清察草場并議開墾疏》 奏爲遵旨具奏，事該臣原題采石駐兵之疏，內及湖陽各處草場侵隱。奉旨：『各處草場隱佔部場炤例加科，着南户部逐一清察速奏，欽此。』臣察得湖陽、道陽、圩紫沙洲等皆臣部草埃，非無主荒地可開為屯者，籍在臣部，戶部不能知也。國初，各衛養馬，故有牧馬草場散寄予大江南北各州縣，厥後附近居民乘便開墾，則告佃于臣部，認稅歲供，然每畝高腴稅不過七八分，以次而減至二三分，臣部額設草場分司一官專督其事，歲徵銀一萬四千兩以供火藥、器械、操賞并各營將領家丁紙劄之用，邇年營日增，官日多，費日煩，稅日逋，相顧蒿目。然草場一事未聞清理，臣任後多方講求，因思軍興以來何地不以急公溢稅？獨草場之稅如此失平，欲議量加以濟軍需，乃適有道陽圩隱占之爭，有湖陽可墾之報，有紫沙洲漲廣之風。聞差官往勘，士人歷歷言之故，擄以入告，今奉旨清察，臣旋委帶管草場郎中傅汝爲親臨勘量，則湖陽可得二萬餘畝，道陽已清出二千二百餘畝，其紫沙洲等處尚以蘆葦縱橫，丈量有待，要之如此類者，實多有之。但開荒得田，雖官民兩受其利，而築圩料費非有司勢不能行。察得太平府同知湯之奇，氣鋭志堅，才鉅心細，毅然以開築爲己任，相應委以茲役，俟有成績，優之京秩，且不獨此也。池州、太平二府本部草場甚多隱占，不少本官既任湖陽、道陽、紫沙之事，凡兩府隱占俱可俾其清察，所察愈廣所利益大。今采石增兵需餉無措，若以湖陽一租佐之亦足稍寬。太平之加派何憚而不爲第，修築工鉅必以歲計，則按畝陞科，應定以二年之後耳。至于舊税加徵，宜相其高下分爲三則：上則原輸八分者，量加四分；中則原輸五六分者，量加三分；下則原輸三四分者，量加二分。其不能成田者，雖有水草之利亦不概加，以示寬恤。其從前隱占，罪實無逭，然相沿已久，姑與解網總之，仰體皇上愛養民生之意，使知浩蕩之鴻恩耳。伏乞勑下臣部遵奉施行，奉聖旨：『兵部看議具奏。』

明 毛堪《臺中疏略》卷四《覆勘三郡災傷并懇免新增草場租銀屯丁差銀疏》 題爲《覆勘三輔災傷事》，奉都察院勘劄，準戶部咨該巡撫保定、右副都御史王紀題稱，保、河二府各被災傷，緣由相應。據揭照例行勘等因，又奉本院勘劄，準戶部咨該巡撫順天、右僉都御史劉曰梧題稱，順天所災傷，已經奉旨。又準保定撫臣王題稱，畿南夏秋疊災，緣由合咨轉行。直隸按屯御史傳查各府所屬，先後各報災，地方即委廉能正官，俱照本部原題則例，要見某處被災幾分，某處無災，某處災輕，某處災重，逐一查勘的實，作何拯救，明白具奏，以憑覆請定奪等因，移咨備劄，前來俱依。奉案行天津等道選委隔別廉能正官親詣各被災地方，沿坵履畝逐一踏勘明白，議報去後。今據天津道兵備按察使景昉呈報，夏災據河間府行，據興濟等縣知縣許安遇等，隔別各勘得滄州、興濟、靜海、青縣四州縣，各被災十分，見徵起運錢糧，例不蠲免存留，例免七分，庫内無銀可抵。又據鹽山縣知縣王會圖，勘得慶雲縣被災九分五釐，滄州知州李騰蛟等，勘得鹽山、南皮、阜城三縣各被災九分以上，四縣見徵起運，例不蠲免存留，例免六分，庫内無銀抵補。又據任丘等縣知縣霍鍈等，勘得河間、肅寧、景州、寧津、任丘故城六州縣各被災八分，見年起運，例難議蠲存留，例免五分，庫内並無別項銀兩抵補。又據獻縣知縣陳伯龍等，勘得交河、吳橋、東光三縣各被災七分，見年起運，例難議蠲存留，例免四分，内東光縣查有支剩、迎送民壯等銀可抵，餘聽各縣陸續處補。又據河間縣知縣呂下問等，各勘得大同、中屯衛被災十分，應照災重例，每石折銀三錢，共折銀五兩二錢□分零。瀋陽、中屯衛被災十分，應照災重倒，每石折銀三錢，共折銀五兩七錢九分零。天津衛、天津左右二衛并滄州守禦千戶所各被災十分，河間衛被災九分。各衛原無起解，夏麥錢糧無憑議折，似應賑恤。又勘得彭城衛被災十分，舊例永折每石四錢，今應比例，每石減去一錢，止徵三錢等因。又據易州道兵備按察使解經邦呈報夏災：據保定府呈稱，行據祁州知州宋應蛟等，隔別各勘得安州、慶都、深澤三州縣，各被災七分，例免存留銀四分。博野縣知縣徐遵宗等，勘得祁州、定興、新安三州縣，各被災六分，例免存留銀三分。定興縣知縣陳大舜等，勘得易州、唐縣、淶水、博野、清苑、雄縣、完縣、新城、容城、束鹿十州縣，各被災五分，例免存留銀二分。又據清苑等縣知縣堵天顏等，勘得保定、左衛坐落慶都縣屯地被災七分，唐苑被災五分，清苑縣、完縣各被災四分，保定右衛坐落清苑縣被災四分，保定中衛坐落清苑完縣各被災四分，保定前衛坐落清苑縣被災四分，安州被災七分，保定後衛坐落新城縣被災三分，清苑縣被災四分，定興縣被災六分，茂山衛坐落清苑縣被災四分，以上各衛本色屯糧俱奉文改折歸順條鞭徵銀，紫荊守禦千戶所復改順徵本色，但坐落地方不成災傷，無容議折等因。又據霸州道兵備按察使孟成己呈報夏秋二災：據固安縣知縣田生芝勘得永清縣被災七分以上，起運錢糧，難以蠲免存留，鹽鈔銀八十五兩五錢零，例應蠲免。又據霸州知州孫日嚴勘得文安縣被災七分，見年進宮子粒、京邊等項錢糧，例不蠲停，節年未完合，俟豐年帶徵，其官地糧銀宜從減免之例，以前逋負一併停徵。又勘得大城縣被災七分八釐，見年錢糧勢難稽遲，合將四十三年以前未完伕，豐年照例帶徵，官地錢糧原係備荒，尤宜減折，節年拖欠合行蠲除。又據楊村管河通判王照勘得東安縣被災七分，本年進宮銀兩并京邊起運等項錢糧，例不蠲停，其給爵備邊充餉并節年拖欠站銀等項合無俯賜題蠲。又據涿州知州左之似等勘得保定縣被災六分九釐，京邊錢糧例不蠲免，惟節年帶徵俯賜停緩。又勘得良鄉縣被災六分，見年起運，例所不免帶徵，自三十九年起至四十二年止，容俟豐年帶徵。又勘得興州、中屯衛地坐落房山縣被災六分，合將三十九年以後拖欠錢糧，俟豐年徵解，見年本色屯糧照例折徵。又勘得武清縣被災六分，起運京邊及進宮等項銀兩似難議蠲，本年存留鹽鈔料慣備邊備荒給爵并牧馬草場等銀，俱俟豐年帶徵，節年拖欠税銀、馬草牧地增銀等項，合無俯賜題請蠲免。又據固安縣知縣田生芝等，勘得涿州被災五分以上，起運錢糧例不蠲免，請從緩徵，其帶徵未完各項錢糧通俟豐年徵解。又勘得大興縣被災五分以上，京邊起運例不蠲免，節年帶徵合無酌量停緩。又勘得漷縣被災五分，京邊等銀難以蠲免，例免存留銀兩合俟豐年帶徵。又據涿州知州左之似等，勘得固安縣被災四分以上，例免存留銀，見有庫貯支剩銀兩抵補。又勘得房山縣被災四分以上，其蠲免止有存留馬草銀六十四兩二錢，存留鹽鈔銀二十五兩零，支剩稅糧銀三十兩零，其節年帶徵銀兩似當停緩。又勘得霸州被災四分六釐，見徵錢糧，例難議蠲，惟四十三年以前帶徵未完合暫停緩，再查該州牧馬草塲地成災五分九釐，應照四十年災傷例，折徵銀七百五十二兩零，俟豐年再照原額起科等因。又據薊州道兵備右參政高邦佐呈報夏秋二災：據玉田縣知縣胡大臣，勘得薊州被旱災四分，水災四分，存留銀各例免一分，其起運京邊例不蠲免，惟團營子粒係解太僕寺，金鼓旗幟之用合準量免。又勘得玉田縣被災五分，起運進宮等銀例難停緩，存留銀例免二分，查有庫貯官銀可抵，再照二州縣牧地草塲一地二賦，民力難輸，況今旱澇頻仍，即正供尚不能完，又何敲樸樸額外之徵，合無俯賜，題豁查照原額徵解。又勘得薊州衛被災五分，鎮朔衛營州右屯衛各被災四分，原無蠲免之例，應照三十五年事例，屯糧米豆照數折徵等因。又據密雲道兵備副使喻安性呈報夏秋二災：據寶坻縣知縣王則古，勘得通州被災七分，見徵起運錢糧例不蠲免，存留例免四分，本年徵解密雲、龍慶倉民運黑豆合照例折價，其四十四年逋負并帶徵黑豆自三十九年起至四十三年止，合請蠲停。又據通州知州俞孔震，勘得三河縣被災五分，京邊錢糧勢難停緩，惟于粒等銀并歷年舊逋暫行停緩，見徵黑豆合請折徵。又據三河縣知縣張所蘊，勘得寶坻縣被災五分，起運進宮錢糧例難停緩，惟節年拖欠馬房子粒加增銀共二萬四千九百四十六兩零應請蠲免一半餘，俟豐年帶徵，又節年勳邊錢糧合請暫緩，其本年備邊給爵銀兩量徵五分，餘俟明年徵解，馬房子粒加增租銀合請蠲免，并黑豆照例本折兼徵。又據各官勘得通州、左右、定邊、神武中四衛各被災七分，正供錢糧無可蠲免，惟應徵米豆合照例折徵，并舊欠屯糧暫行停緩。興州後、營州後二衛各被災五分，停緩蠲折合與三河縣一體照行。梁城所被災六分，進宮錢糧例難停緩，合將備邊銀兩先徵一半，餘俟來秋併徵，其屯糧米豆照例折徵等因。又據天津道續報秋災據河間府呈稱行：據青縣知縣楊應謙等勘得靜海縣、青縣各被災十分，秋糧馬草併進宮銀兩俱例不蠲停，其給爵、備邊、備荒、充餉四項例應停徵，存留糧草銀例免七分，庫內無銀抵補。滄州知州李騰蛟等各勘得慶雲、興濟、滄州、景州、南皮、吳橋六州縣各被災十分，起運秋糧馬草俱例不蠲免，存留糧草銀例免七分，各庫並無銀兩抵補。以上共八州縣罹災，最重僅免涓滴，存留不足以救災，黎之困苦，合將見徵起運錢糧暫行停緩，俟來歲麥熟徵解，其節年帶徵錢糧自四十年以前者，盡行蠲免，四十年以後者，俱俟豐年帶徵。又據滄州知州李騰蛟等各勘得鹽山故城、阜城、寧津、東光五縣各被災九分，起運秋糧馬草俱例不蠲免，存留糧草銀例免六分，庫內俱無銀可抵。又據任丘縣知縣霍鍈等各勘得河間、交河二縣各被災八分，起運京邊錢糧例不蠲免，存留糧草銀例免五分，庫內並無別項銀兩抵補。又勘得任丘縣被災七分，起運秋糧馬草等銀例不蠲免，存留銀例免四分，庫內無銀充抵。又據靜海縣知縣李從謙等各勘得天津衛、天津左右二衛各被災十分，河間衛被災九分，瀋陽、中屯衛、滄州守禦千戶所俱被災八分以上，各應徵屯糧米豆照例每石折銀三錢。又據河間縣知縣呂下問勘得大同、中屯衛被災七分九釐，應照例每石折銀三錢五分。又勘得彭城衛被災十分，舊例每石永折銀四錢，今年夏、秋俱災，合照四十一年、四十三年災重事例，每石減折銀三錢，以上計八州縣衛所被災均重除見徵起運錢糧，照舊徵解，其四十年以前者盡行蠲免，四十年以後者，亦俟豐年帶徵等因。各呈詳到道覆議相同，各轉呈到臣，據此除被災稍輕各州縣衛所及勘不成災者不敢槩論外看，得順、保、河三府為畿輔重地，連年薦災，民不聊生久矣。不意去冬無雪，春夏亢暘，二麥無收，秋復苦潦，不獨都人士所共歎息，實皇上所深知也。夏災稍分輕重，三郡所同而夏秋俱災，則河間為甚，順天次之，煢煢孑遺，莫延殘喘，惟有死與徙耳。臣自去冬祈雪迄今，巡歷各郡將一年矣。所過地方，日惟疾苦，悲號之赴，訴流離饑殣之載塗，眞有耳不忍聞，目不忍見者，遘茲凶慘，殊為痛心。時逼冬春，不知作何狀也。所有應蠲免，應停徵、帶徵、折徵等項，既經各道委官查勘明實，逐一議妥，呈詳前來，相應準從。然起運之銀議蠲既無例，存留之銀抵補又無術，議賑濟責粥則倉庫節年搜括略盡，臣等非不捐贖借糴，百計設處，安能以升斗之潤救數千里之枯槁乎？雖文移往復，經月經時，不過紙上之空文耳。臣於七月中曾會疏懇請，如發帑金、發倉粟、留監稅、急蠲停四款，俟旨數月，天聽愈高，然反覆思維，不敢不再申前說。其順天一府，近在輦轂之下，奔走服役，勞苦較他郡何啻數倍？而重徵叠收，靡所控訴，臣姑以兩事請蠲：一曰新增草場租銀，則薊州、玉田、寶坻、武清、東安五州縣剥膚之害也。五州縣草地原額解部銀四萬餘兩，每遇荒年尚多逋負，突被奸民何大貴揑報隱占，内監王昇一槩加增，共徵解監銀一萬六千餘兩，扛解鋪墊又加派不貲。夫一地兩稅，民安能供試，查十餘年來解監者十之五六，解部者遂欠十之五六，部額而解之官中損急需而積之無用節，經撫按屯差諸臣言之甚悉，則新增之不如照舊，甚明也。合無下部查議，自今以後明蠲解監之租，務完解部之額，其有新墾應起科者，併查徵解部，庶幾、五屬、軍民免致牽纏拘擾死徙相望矣。一曰新增屯丁差銀，則附京七十二衛及武清、香河、漷縣、東安、永清、固安、涿州、良鄉、通州、順義、三河等十一州縣癬疥之疾也。屯丁艱苦向來無差銀名色，自奸弁徐清等揑報横徵，内監張燁亦知難措題減，至今見徵三千三百餘兩，一半進官一半解部。夫三千餘金為額，幾何而歛，七十二衛軍丁之嗟怨，勤十一州縣官吏之催科，其急宜報罷甚明也。合無下部查議永為蠲豁，上不過損其所本無而下免展轉科派之苦，所利賴者廣矣。當此天災流行之時，急宜為收拾人心之計，在順天一郡誠無有急於此兩者，至於河間、保定之稅論額徵，雖有二萬之數而本年災荒收不及額，分解内帑，不過朽蠹之長物留賑民間，實為續命之靈丹，近見奸役冒支動逾數萬，與其乾没于棍徒，孰若均沾于萬姓哉！河間一路，水陸衝疲，驛遞支應，急如星火，進鮮各差，横索殊狠，較之起運錢糧尤為喫緊，目今官逃、吏竄、夫散、馬倒，業已不成光景，區區一二萬金尚不足救倒懸之苦，則夫發帑、發倉與夫蠲停等項在皇上，定能大沛恩澤，寧俟臣言之畢哉！伏祈俯念重地不堪叠災，饑民不能久待，速命該部將河間所屬十七州縣，順天所屬十八州縣，保定所屬十六州縣，查照各道，臣勘報分數，分别蠲停其各衛所屯糧，照例折徵，并將臣等會疏四款議覆，以救保河之災，將臣今疏二款議覆，以救順天之災，孑遺幸甚，臣等幸甚。謹題請旨。萬曆四十五年十月初六日。

明 沈一貫《敬事草》卷一一《言寶坻牧場揭帖》 題伏蒙發下御馬監太監徐鋭一本，内言牧馬草場坐落寶坻等地方，原有一千三百餘頃，被豪民侵墾殆盡，要差典簿官一員往彼丈勘等情。臣恭票上兩次，發下再票。臣惟國家之事無一不經由六部，臣在閣中豈能知其委曲？即皇上至聖至明，深處九重，亦豈能知其委曲？安可遽遣中官往勘哉？縱使眞知可行，亦當經由六部，此祖宗之制也，皇上之制也。臣不敢紊，伏乞俯從前票，幸甚！若不可使六部知之，豈可行于天下？紀綱一亂，天下即亂。今年熒惑逆行，占為兵戈，並起天下大擾，臣常憂之。望皇上大更前轍，萬一亂起，皇上能與一中官共弭乎？中官、外官皆皇上之官，奈何偏聽而輕以祖宗之天下嘗試也？臣亦知承順聖意可幸無罪，然區區一念忠義，求不負皇上委托之重，輒此苦口，乞將此本留中，具見保惜金甌至意。三月十五日上。

又 卷一五《回催清查草場敕書揭帖》 三臣題該文書官傳催御馬監監丞王昇查勘牧馬場、草場徵收租課，勑書臣等職任，撰述舊規，撰勑必待該部印信手本到閣，始行祖宗典憲，兼制内外，敢不遵守，手本到時，臣等撰進，伏冀俯亮。三月十八日上。

二

三臣題：臣等昨奉口傳，討御馬監内官王昇勑書，因户部手本未到，未敢撰進，具揭回奏。今又奉口傳：『内裡的勑書比不得外頭勑書，先生每撰了來，不要推托，欽此。』臣等推托非為己私，實欲保全聖名，整理朝政，杜絶紛起之多口，安輯鼿卼之衆心，願皇上享萬萬年無疆之福也。前旨一下，滿朝既已驚訝，此勑再出，驚訝又當何如？入春以來，人心之望治者有同飢渴，未聞善政而又若此臣等之罪益深矣。若使德意可行，事理無碍，臣等將順不暇，何故再三違拂？三月十九日上。

三

三臣題昨該文書官口傳聖旨，討内官王昇清理牧馬草場勑書，臣等具揭回奏，文書官再傳聖旨：『這箇官兒不是徑差去的，因撒放馬匹去的，帶管清查寫勑與他，事完即回，欽此。』竊惟近年以來，凡百利源盡籠于朝廷，四海之内無一寸安閒地方，常恐民窮變起，難以撲救，惟茲畿輔乃祖宗陵寢所在，皇上社稷所在，尤當深慮，尤當厚恤。諺云：蛟龍不擾穴畔人家，禽鳥不啄窠下粟粒。彼亦知愛護其隣以托其身也。況輦轂之下，三輔之中，其宜愛護又當何如？四方無事而三輔有驚，固所深忌，四方有事而三輔并起，更何托身？且國家與强虜止隔一墻，正藉民心以為干城，而胡可使之愁苦詛呪渙然離也。偏之以恩澤比各處加厚亦不為過，何忍薄之？臣等姑不暇遠舉，即舊年西山有窰户之變，今年易州有礦徒之變，不逞之端，相繼横發，為民父母者安可魚肉之誠？未見其為利也。此牧地者，豈眞有豪右隱占言何足信？

文王之囿為方百里者，蒭蕘者往焉，雉兔者往焉，與民同之，故稱聖王。何可鱗鱗而取咈百姓以從已欲乎？據該科揭此場地租，係户部濟邊錢糧，載在會計錄中，額課之重同于夏稅秋糧，不可復加。若依奏官所言，明是假以上供為名，生端擾害耳。臣等蒿目苦口，豈為一己身名之計？社稷安則福利無窮，奚止如奏官所云區區銀兩哉！惓惓忠愛，竊謂此一清查可無行也。三月二十一日上。勑：御馬監右監丞、署典簿事王昇，近該騰驤右衛後所正千户李英等奏稱：順天府、薊州等州縣牧馬草場土地疆界廢弛，乞奏内官管理清查起科濟國。今命爾前去，會同該撫按屯田御史秉公會查，奏内事情果否虚實，若眞係牧馬草場新近開墾未經報官起科地畝，查勘明實，定立疆界，照則徵糧以濟國用。若有别情，明白開釋，會本奏請定奪。畿輔根本地方，朕加意撫綏，恐驚民心，因爾撒放馬匹，特令帶管清查，爾受委任，務要安靜無擾，從實不虚，事完即回，不得遷延蔓累，原奏官民不許帶去生端，擾害不便，爾其欽承，故勑。

明　范景文《戰守全書》卷五《惜水草》　《李靖兵法》曰：『諸行軍下營，雖有泉澗而取水處，差人監當，勿令濁亂并有踐踏。其放牧草亦然。』《武經總要》曰：『凡軍行所至處，有水泉及放牧艸地，并差人監當，不得令濁亂，及非理踐踏。』

明　梁儲《廣東文選》卷一《牧馬地制》　初，秦王請陝之邊境益其封壤，内交嬖臣江彬、朱寧，宦者張鋭，皆有賂爲之請。武皇帝詔：『與之兵曹。』臣奏曰：『祖皇帝有令，禁茲土不得畀藩封。』上不聽。兵科臣諫，又不聽。六科十三道臣各執諫，上曰：『朕念親親與之，勿距。』大學士楊廷和當草制，念曰：『若草制，恐貽後悔；不草，又恐忤旨。』遂引疾。大學士蔣冕亦引疾。儲曰：『如皆引棄，義與事君上震怒。』内臣督促草制，儲承命草。上，武皇帝覽駭曰：『若是可虞，其勿與。』制曰：『昔太祖皇帝著令曰：「此土不畀藩封，非吝也。念此土廣且饒，藩封得之，多畜士馬，富饒而驕，奸人誘爲不軌，不利宗社。」今王請祈懇篤，朕念親親其畀地於王，王得地宜益謹，毋收聚奸人，毋多畜士馬，毋聽狂人勸爲不軌，震及邊方，危我社稷，是時雖念保全親親不可得已，王慎之毋忽。』

明　譚學《牧馬草場議》《皇明經濟文録》卷三五　查得先年設有牧馬草場，每處去城三十里或五十里，各設若干頃，以為春秋牧放之所，是知牧馬而不知所以牧馬也。然場有三大弊焉，不可不察也。夫馬既出牧，遠者三五十里，近者亦不下二三十里，一時有警出兵，則往返收取之間，不能率至，多誤機宜，一也。每遇大虜臨邊竊伏，俟其無備，乘間直入，常爲所掠，正古人所謂籍寇兵而齎盜糧者，二也。邊方地土多鹵薄，茂草亦少，有牧之名，無牧之實；有草之名，無草之實，三也。為今之計，莫若招人佃種，量地厚薄，每畝納草若干，通計若干，歲得草若干，計亦可足。否則盡境荒田，悉爲召佃爲日加之計。臣又查得邊方膏腴土田，先年多爲僧人倚附，勳戚任情占種，謂之曰香火土田，且多召致姦細胡僧，農種日久，訪知我地虚實，每一入寇，如履熟地，即今虜勢猖獗，兵糧並虚，而國家以此有用之物，盡捐此輩者，臣不知何謂也。今誠能查革，使悉歸公家，亦何不可，若爾，則軍何以有餧養之難，馬何以有倒死之患，如今日之每一出戰，多由馬弱以致陣亡之多如此哉！臣聞宣府巡撫官亦曾以此爲虜，多方酌處，已有成議，公私稱便，後爲言者沮撓，而竟不行，豈不惜哉？伏望皇上念兵馬重事，行令巡撫官員再加詳議，務恊輿情，奏聞區處。

明　楊博《本兵疏議》卷一六《清查畿内牧馬草場以充京營薊鎮將官養廉疏》　題爲《清查存留牧馬草場事》，車駕清吏司案呈，奉本部送，准總督京營戎政、太子太保、鎮遠侯顧寰等手本到部送司，案呈到部看，得京營牧馬草場。先年開設俱在近京州縣，東則薊州、霸州、三河、固安、香河等處，西則定興、安肅、新城、新安、雄縣等處，通計一萬一千七百四十八頃有奇。中間雖有召人佃種之數，僅及三分之一，其餘地土仍各存留牧馬。自嘉靖二十九年以來，虜警日殷，春防秋防時無暇休，牧馬之事官既未遑舉行，牧馬之田民遂因而占種，若不及時清查，歲月益深，愈難稽考。況京營與薊鎮將領原無養廉之資，寒苦特甚，若將前地暫改徵租分給諸將，是爲一舉兩得，既經該營造册前來相應議擬合候命，下移咨都察院轉行管理，屯田御史王廷瞻會同總督侍郎劉燾、巡撫都御史温景葵、督同兵備副使等官黄中、羅瑤、沈應時、張守中、宋儀望，各照所屬地方選委廉幹文武職官，分投查勘，要見某州縣該營原地若干，已經徵租若干，未經徵租若干，未經徵租内堪以耕種者實有若干，見今某人等承種。自嘉靖四十五年爲始，每畝照例徵銀三分，以前花利姑免追補，如敢倚稱權要不行吐退，或假寫文契希圖混賴應挐問者徑自挐問，應条奏者指名条奏，所得租銀每年總有若干。容臣等通融酌量，分給京營、薊鎮二處將官以爲薪水之費，稍候虜警平寧，照舊出塲牧馬，如有水衝沙壓或鹻薄不堪者，亦要逐一開造明白。文書到日，通限兩箇月以裏，一併造册奏繳，青册送部查考。嘉靖四十四年七月初九日題，奉聖旨：『是，欽此。』

又 卷二四《覆陝西總督都御史戴才請改勘牧地疏》 少傅兼太子太傅、吏部尚書管理兵部事臣楊博等謹題爲《改勘牧地期至公杜後議以圖永利事》，車駕清吏司案呈，奉本部送，兵科抄出。總督陝西三邊軍務、都察院右都御史兼兵部右侍郎戴才題，奉聖旨：『兵部知道，欽此。』欽遵抄出送司卷。查隆慶四年五月内，該總督陝西三邊軍務、右都御史王崇古題：國初，設立陝西苑馬寺孳牧，專備三邊戰馬倸用，當時軍民稀踈，邊地空闊，故建立二十四苑地，連延慶等府。後因設立州縣衛所，軍民生齒日繁，民屯互列，疆域既分，苑囿漸革，止存兩監、六苑。弘治十七年□，前任總督楊一清清查苑牧，添設武安苑，清查六苑荒熟草塲地一十二萬八千四百七十三頃有餘，中間欽賜王府、功臣草塲及軍民有糧地土明有徵據者，悉仍其舊。正德十年，巡茶御史王汝舟額外誤收牧地二萬餘頃，節被軍民告爭，巡茶巡按各御史互相執奏。嘉靖三十七年，巡茶御史梁汝魁誤聽苑寺各官之偏議，受奸豪牧軍之指告，不分軍民、王府，但有指告盡收牧册，執議奏請，軍衛有司莫敢違阻，軍民横罹刑責，多逼失業喪生，原立牧馬草塲則被豪强開墾殆盡，其占種軍民田地、王府山塲，又十倍往昔。若非大加清理，何以肅牧政以定衆志，但各牧軍生齒日繁，原給地土或不能養贍，必須以餘地量爲加增，其成熟川坡上地，量議起科以備買馬。又該巡按陝西監察御史楊相題：七苑牧地，國初舊制載在碑册，具有成數。弘治年間，又該總督馬政、都御史楊一清丈勘查理，額籍甚明，後緣軍民雜處，侵奪混占，相習成風。近雖委官丈勘，事多草率，以致紛紛告擾，迄無寧日。本部覆奉欽，依咨行陝西督撫及巡按巡茶各御史會委守巡叅政苑馬寺卿等官，虚心詳細，親躬臨境，務求各地頃数分明，使彼此屯牧軍民永服無詞。又查得隆慶五年五月内，該總督陝西三邊軍務、右都御史王之誥題稱：陝西苑馬寺牧地先年止有熟地一萬六千頃，養馬一萬二千匹。邇來牧卒占種官民田地及開墾荒熟已近八萬，所養兒騍馬七千匹，且歲俵疲馬脱避糧差。欲照遼東苑馬寺例，將熟地兼配荒地除三萬頃，養馬一萬匹，餘地五萬頃，分别徵糧折銀收解固原以充軍餉，抵減年例。本部覆奉欽依，將苑馬寺覆丈出牧地通融計筭，除養馬一萬匹外所餘熟地五萬頃，分别川、山、坡三等則例，如議徵糧折銀共銀四萬五千兩，收解固原兵備道充作軍餉抵減年例。又該巡按陝西監察御史褚鈇題稱：苑馬寺牧地雖多堪種甚少，舊額銀兩尚且辦納不前，往往弃馬逃移，今一旦增銀四萬餘兩，數目愈多供辦愈難，負累不堪則軍逃地荒，馬匹無人牧養，乞要再行從長議處或行撫按會勘。又該褚鈇題：叅原任叅將今閑住施霖、孟寀假借王府軍門聲勢丈量牧地受賄，朦朧妄斷，暗揭開陳，致逼牧軍逃竄，群情紛然，乞要將施霖等通行巡按御史提問追贓，照例發遣及將原題勘處加賦前疏行，督撫、巡按衙門嚴催寺、道等官各要虚心無拘成案，務使軍民牧卒俱各相安，并加賦一節亦要從公議處，俱限三月以裏丈勘完報，俱經本部覆奉，欽依通行，欽遵去後。今該前因通查案呈到部看，得總督陝西三邊軍務、都御史戴才題稱：清勘前項牧地，督憲條議既涉嫌疑事體，自難歸結，必須另行改勘，乞要將前項牧地改行陝西撫按選委廉幹有司速爲丈勘，或特命查盤御史蕭廪會同陝西巡按御史從公勘理，并將施霖等贓私勘問明實，各一節爲照前項牧地，在先後總督則欲清查侵占，以便軍民之情在先，後巡茶則欲分豁增銀，以便牧軍之情意，各有在論，自難同總督先委官員，既經巡茶叅劾見委官員，未免互相觀望，必須改行，隔别衙門事體方無窒礙合候命下，本部移咨都察院轉行，查盤御史蕭廪會同陝西巡按御史即將陝西苑馬寺牧地并接連軍民田土弔查册籍，速委陝西布、按二司官各一員公同廉幹有司官員逐一從公丈勘明白，務見歸一，新增銀兩應否量減，具實回奏。仍將叅將施霖等贓私一併究問，依律問擬，如有虧枉亦要從公辯理，不得拘於成案。隆慶六年二月初一日題，奉聖旨：『是，欽此。』

《明會典》卷一五一《牧馬草塲》 南北兩太僕寺及京營、各邊孳牧馬匹，皆有草塲。其後塲地多為豪強所侵。成化末，乃以不堪種者牧馬，堪種者徵租，具列於後。

南京太僕寺所屬孳牧草塲。

應天府八縣，原額草塲地共一千四百四十五頃五十畝八釐七絲一忽二微，内堪種地三百九十四頃七十九畝八分八釐五毫三絲，歲徵銀一千七百一十四兩二錢一分九釐八絲二忽八微。

南直隸鎮江府三縣，原額草塲地共一百五十一頃八十一畝六分八釐九毫，內堪種地八十七頃四十五畝八分五釐二毫，歲徵銀三百八十一兩七錢三分七釐六毫四絲。

太平府三縣，原額草塲地共六百二十二頃六十畝九分八釐七毫四絲，內堪種地二百七十頃七十畝九毫六絲，歲徵銀一千七十三兩一錢七分二釐五毫二絲四忽。

鳳陽府五州十三縣，原額草塲地共四百八十頃七十七畝六釐四毫八絲，內堪種地二百七頃六十六畝二分七釐九毫八絲，歲徵銀六百五十一兩七錢六分三釐二毫三絲八忽。

廬州府二州五縣，原額草塲地共六百七十頃五十八畝六分九毫四絲三忽六微，內堪種地二百四頃八十一畝四分七釐八毫五絲五忽四微，歲徵銀八百六十二兩二錢一分四釐六毫四絲九忽九微六纖。

淮安府二州九縣，原額草塲地共七百九十二頃八十四畝四分三毫三絲，內堪種地六十四頃五十九畝七分五釐四毫，歲徵銀一百八兩九分二毫五絲。

揚州府三州五縣，原額草塲地共一千三百六十七頃七十六畝二分七釐五毫五絲一忽五微，內堪種地一千一百八十四頃五十六畝五分六釐一毫五絲一忽五微，歲徵銀二千七百五十九兩五錢九分八釐七毫二絲六忽五微。

以上嘉靖十年勘定數，其後歷年開墾加增不等。每歲各府共徵銀一萬九千一百九十一兩，復題準減免三千一百三十三兩。至隆慶二年，實徵銀一萬五千三十兩。

弘治二年，選差御史清查立界刻石。六年，始議分三等課租。大約江南府州，上畝七分，次五分，又次四分；江北每等各殺其二。正德中，議勘係馬戶自種者免徵嘉靖十年，又差御史勘定頃畝十二年議準，於塲地應徵銀，內各照起俵馬數，每匹扣留一兩，以備灾傷、逃移支給。餘悉解部發，寺以備不時買馬三十五年議準，題請勅書關防，專委南京兵部主事一員清查管理。隆慶二年題準：每五年行各軍衛有司清查造冊奏報萬曆四年議準，扣留備灾者，各解南京太僕寺收貯，照灾酌助，以免欺隱。

太僕寺所屬孳牧草塲

順天府二十七州縣，原額草塲地共一千八百四十六頃四十四頃四分六釐一毫，內堪種地一千四百九十六頃八十九畝一分一釐一毫，歲徵銀一萬一千四百四十七兩九錢五分六釐三毫七絲。

北直隸大名府十一州縣，原額草塲地共三千一十四頃二十五畝八分八釐二毫，內堪種地八百五十四頃九十六畝三分八釐七毫，歲徵銀除例減外，實徵一千一百二十四兩八錢八分二毫五絲，長垣縣後增子粒銀七兩三錢八分三釐三毫，養馬餘地一萬五千八百六十一頃八十二畝三分一釐，歲徵銀除例減外，實徵二萬六千一百五十四兩九錢二分八釐二毫二絲四忽。

保定府十三州縣，原額草塲地共三千九百七十三頃九十四畝四分五釐一毫八忽，內堪種地一千一百三十二頃四畝一分四釐九毫，歲徵銀除告豁撥給外，實徵二千五百一十九兩四錢七分四釐四毫，後增子粒銀二十三百七兩有零，嘉靖四十一年改解戶部。

易州等七州縣，原額草塲子粒地共二千二百一十八頃八十四畝三分一釐，除告豁撥給外，仍該草塲地一千三百四十二頃三十七畝六分七釐，內堪種地六百四十頃七十六畝二分八釐，歲徵銀一千一十九兩一錢七分九釐八毫六絲，後增子粒銀一千七百二十七兩七錢六釐九絲，葦草子粒銀一百八十八兩七錢九分二絲，養馬餘地一千七百六十六頃五十二畝有零，歲徵銀二千三十八兩有零，萬曆二年題準免徵。

順德府九縣，原額草塲地三千六百四十二頃一十三畝六分，內堪種地一千四十五頃四十四畝九分，歲徵銀二千五百六十四兩二錢七毫六絲五微，後增子粒銀一千六百五十六兩有零，改解戶部；養馬餘地二千四百一十頃五十八畝有零，歲徵銀四千九百一十兩有零，正德十六年題準免徵。

廣平府九縣，原額草塲地一千八百八十二頃七十六畝二分，內堪種地五百五頃六十五畝六分，歲徵銀一千四百四十二兩八錢五釐。後增子粒銀七百一十四兩有零，改解户部；養馬餘地四千九百五十頃二十七畝有零，歲徵銀九千九百兩有零，嘉靖一十七年奏準免徵。

眞定府三十一州縣，原額草塲地五千四百六十四頃一畝四分二釐五毫，內堪種地二千六百八十六頃四十六畝二分七釐八毫，歲徵銀六千五百八十八兩二錢九分八釐八毫一絲五忽。後增子粒銀四千七百八十六兩有零，改驛户部；養馬餘地一千三百七十四頃八十四畝四分七釐三毫一絲，歲徵銀二千八百一十三兩四錢四分二釐三毫七絲九忽。

河間府十五州縣，原額草塲地一千九百七十五頃六十畝三分七釐，內堪種地七百九十二頃九十畝一分四釐九毫，歲徵銀除奏減外，實徵一千六百五十三兩九錢八分九釐二毫四絲。後增子粒銀二千二百四十六兩有零，改解户部。靜海等三縣，原額草塲地共一百二十六頃七十二畝六分五釐，内堪種地共七十頃一十畝八分三釐，每年徵銀二百一兩七錢九分六釐五毫。後增子粒銀五百一十六兩有零，改解户部；養馬餘地三千一百五十八頃八十三畝有零，歲徵銀六千四百六十五兩有零，萬曆二年題準免徵。

永平府六州縣，原額草塲地一百七十五頃八十八畝五分，歲徵銀四百三十二兩四錢七分五釐五毫。後增子粒銀二百六十七兩有零，改解户部。養馬餘地一千八百四十四頃七十七畝有零，歲徵銀三千三百一十七兩有零，嘉靖十年議準免徵。

河南開封府七州縣，原額草塲子粒地八頃二十三畝四分八釐二毫，歲徵銀三十二兩九錢三分九釐三毫二絲。

歸德府考城縣四州縣，原額草塲地四十畝歲徵銀一兩六錢八分。

山東濟南府二十九州縣，原額草塲地四頃四十八畝一分六釐五毫一絲二渺，歲徵銀六兩八錢九分三釐二毫五絲。兖州府二十五州縣，原額草塲地一百八頃三十六畝五分八釐，内堪種地六十四頃九十三畝六分，歲徵銀二百七十八兩四錢四分七釐八毫。

東昌府十八州縣，原額草塲地八十七頃六十九畝五分八釐，内堪種地七十四頃五十五畝五分八釐，歲徵銀二百九十二兩六錢六分三釐六毫。

成化四年，令北直隸京師附近係官草塲不許内外官、豪勢要妄指求討託，故投獻違者許科道糾劾及各該衙門追究治罪。弘治九年奏準：差官踏勘各處牧馬草塲，凡占種者俱令退出，内堪種地土佃與近塲軍民耕種每畝徵租，上等七分，中等五分，收貯各府州縣庫給民幫助買馬，不堪種者照舊放牧馬匹。十四年，以草塲租銀太重減額徵解，太僕寺以備買馬。正德十年題準：草塲租銀量支幫補追併不敷馬匹，餘解太僕寺，仍行兩京太僕寺轉行分管，寺丞管馬官將所屬租銀嚴督追解，造册送部考查。又奏準：各分管寺丞親詣所管州縣弔卷清查，解部送寺以備買馬，如有那移侵費等弊，依律參提問追，以後年分各府類收，俱候次年三月以裏到部。十三年題準：各府州縣徵租銀草塲如有水旱災傷即便從實具奏與民田一體差官勘實，照依分數蠲免，凡分管寺丞嚴督各州縣掌印管馬官，以十分為率，年終三分不完者住俸，寺丞與知府管馬通判，照分管州縣，四分不完住俸，先將原額草塲地土頃畝及該徵子粒租銀數日分豁明白造册，差人齎繳。嘉靖元年題準：兩京太僕寺分管官督同各該掌印官，將牧馬草塲逐一查照原額并今實在租銀地土各若干，造册呈部磨對，會定成數後各照例全徵，不必再行會數，遇有災傷須經撫按臨期勘實，方準蠲免，其租銀照舊。次年三月以裏差人解納，如有違限，就將解人送問，經該及分管官員年終照例參究。萬曆三年議準：以後拖欠子粒租銀及馬價錢糧，該管官員三分、四分以上罰俸一月，五分、六分以上降俸一級，七分、八分以上降俸二級，督催完日準復。

營衛放牧草塲

在京各營衛

奮武等十二營草塲坐落薊霸二州，共地二千八百八十頃一十五畝九分，歲徵銀八千六百七十七兩五錢七分六釐。内薊州二千一百二頃四十二畝七分，畝徵銀三分。霸州七百七十七頃七十三畝二分，各徵不等。

五軍營草塲坐落安肅等縣，共地七百九十五頃三十七畝七分，歲徵銀二千三百八十六兩一錢三分一釐。内安肅縣三百四十頃四十三畝，定興縣四百四十九頃六十四畝七分，三河縣五頃三十畝，畝各徵銀三分。

神樞營即三千營草塲坐落霸等州縣，共地六百三十八頃一十四畝一釐三毫七絲，歲徵銀一千九百一十四兩四錢一分四釐一絲一忽。内霸州三十二頃三畝六分四釐一毫，固安縣一百九十六頃一十畝三分七釐二毫七絲，新城縣四百一十頃畝，各徵銀三分。

神樞營草塲坐落香河等縣，共地三百二十頃一十一畝一分八釐八毫三絲三忽，歲徵銀九百六十三兩三錢五分六釐四毫九絲九忽。内香河縣二百八十八頃六十七畝三分五釐五毫，雄縣二十三頃七十八畝四分三釐三毫三絲三忽，新安縣七頃六十五畝四分，畝各徵銀三分。

錦衣衛原額草塲地二處，共三百二十六頃三十六畝八分五釐，坐落武清縣，歲徵銀二百九十四兩二錢一分五釐。旗手衛原額草塲地六頃二十四畝，坐落房山縣，歲徵銀一十四兩。

府軍左衛原額草塲地四十三畝三分八釐，坐落大興縣，歲徵銀二兩九錢一分。

金吾左衛原額草塲地八十一頃三十畝，坐落永清縣，今堪種地三十四頃九畝八分，歲徵銀七十九兩二錢二分五釐。金吾右衛原額草塲地一十一頃六十三畝，坐落大興縣，今堪種地九頃九十畝，歲實徵銀二十九兩七錢。

大興左衛原額草場地四處，共一十頃一畝六分四釐五毫，坐落永清縣，今堪種地八頃一十五畝五分二釐五毫，歲實徵銀二十六兩二錢三分二釐三毫五絲。

羽林前衛原額草場地四十二頃九十畝五分，坐落東安縣，今堪種地二十頃六十七畝歲，實徵銀九十九兩五錢八分五釐。

燕山左衛原額草場地二處，共三十一頃三十三畝，坐落東安縣，今堪種地一十三頃四十七畝五分，歲實徵銀一十一兩六錢七分五釐。

燕山右衛原額草場地十五頃八十一畝，坐落東安縣，今堪種地五頃九十五畝三分三釐，歲實徵銀一十一兩一錢八分七釐六毫。

燕山前衛原額草場地二處，共二十九頃一十畝七分一釐，坐落永清縣，今堪種地一十二頃八十六畝三分一釐，歲實徵銀三十二兩八錢七分八釐五毫。

泰陵衛原額草場地三處，共二十頃五十七畝二分四釐，坐落永清縣，今堪種地一十七頃九十五畝六分，歲實徵銀四十三兩一錢九分四釐四毫。

忠義右衛原額草場地二十四頃四十五畝七釐五毫，坐落武清縣，今以無上地減，歲徵銀止五十兩七錢五分四釐六毫。

永陵衛原額草場地二處，共三十二頃二十九畝八分，坐落永清縣，今堪種地二十二頃四十二畝五分，歲實徵銀四十兩八錢三分。

義勇右衛原額草場地二十五頃五十六畝六釐，坐落懷柔縣，今堪種地六頃六十六畝七分，歲實徵銀一十四兩一錢八分八釐。

義勇前衛原額草場地三十五頃八十七畝五分，坐落順義縣，今堪種地一十五頃三十六畝，歲實徵銀二十二兩二分。義勇後衛原額草場地三處共九十頃三十二畝三分，坐落永清、東安二縣，今堪種地三十五頃一十九畝，歲實徵銀一百七兩一錢六分七釐。

神武左衛原額草場地三十五頃七十八畝六分，坐落永清縣，今堪種地一十八頃四十八畝，歲實徵銀四十六兩二錢四分。

昭陵衛原額草場地三處，共二百六十四頃，坐落永清縣，今堪種地一百二十八頃二十九畝，歲實徵銀三百二十七兩六錢七分八釐。

忠義前衛原額草場地一十七頃四十一畝九分二釐六毫，坐落武清縣，今堪種地一十一頃六十四畝七分一釐，歲實徵銀二十七兩三分五釐九毫三絲。

忠義後衛原額草場地二處，共一十三頃，坐落東安縣，今堪種地九頃九十八畝，歲實徵銀二十五兩三錢一分。

大寧中衛原額草場地一十五頃九十一畝三分四釐五毫，坐落武清縣，今堪種地一十三頃四十四畝三分五釐，歲實徵銀三十四兩六錢八分一釐四毫。

武成中衛原額草場地三頃一十九畝三分一釐，坐落武清縣，今堪種地二頃七十八畝二釐，歲實徵銀六兩六分。

寬河衛原額草場地一十四頃六畝二分，坐落宛平縣，歲徵銀二十八兩二錢四分。

會州衛原額草場地八頃二十二畝七分，坐落永清縣，今堪種地七頃七十七畝，歲實徵銀二十四兩八錢六分四釐。蔚州左衛原額草場地一十九頃九十畝二分六釐六毫，坐落大興縣，今堪種地一十七頃五十畝，歲實徵銀五十二兩二錢五分。

龍驤衛原額草場地九頃七十畝，坐落通州，今堪種地八十一畝，歲實徵銀一兩六錢二分。

濟陽衛原額草場地二十四頃一十六畝五分四釐，坐落東安、武清二縣，今堪種地一十九頃九十八畝五分，歲實徵銀一百五兩七錢三分九釐。

富峪衛原額草場地八頃四十一畝五分，坐落永清縣，今堪種地七頃九十八畝五分，歲實徵銀三十六兩四錢四分。

茂陵衛原額草場地四頃八十八畝八分七釐，坐落武清縣，今堪種地三十一畝七釐，歲實徵銀一兩八錢三分五釐五毫。

裕陵衛原額草場地二十七頃九十六畝三分九釐七毫，今堪種地二十三頃三十三畝五分七釐五毫，歲實徵銀六十九兩五錢八分。

康陵衛原額并新增草場地三十二頃六十五畝，坐落良鄉縣，今堪種舊地一十二頃一十八畝八分及新地歲共實徵銀五十五兩六分九釐。

在外直隸衛分

忠義中衛原額草場地八頃，歲實徵銀一十六兩。

涿鹿衛原額草場地一十五頃四十七畝，歲實徵銀六十一兩八錢八分。涿鹿左衛原額草場地五十頃三十三畝，歲實徵銀一百兩六錢六分。東勝右衛原額草場地四頃四十八畝，歲實徵銀一十二兩三錢二分。

通州右衛原額草場地二十二頃五十四畝四分，歲實徵銀六十九兩五錢四分八釐。

興州中屯衛原額草場地一十五頃九十六畝六分六釐，今堪種地一十三頃一十六畝一分五釐，歲實徵銀二十六兩三錢二分三釐。

營州前屯衛原額草場地三頃六畝，歲徵銀一十一兩三錢三分。

遵化衛原額草場地一十七頃五十三畝五分，歲實徵銀一十七兩五錢三分五釐。

保定左衛原額草場地一十九頃九十四畝三分五釐，歲實徵銀四十三兩八錢七分五釐九毫，後增子粒銀一百一十一兩五錢六分一毫。

保定右衛原額草場地四十二頃二十六畝二分二釐六毫，歲實徵銀九十二兩九錢七分七釐，後增子粒銀一百六十九兩一錢七分六釐。

保定中衛原額草場地三十一頃一十五畝八分二釐二毫，歲實徵銀六十八兩五錢四分八釐一毫。

保定前衛原額草場地二頃三十五畝，歲實徵銀八兩一錢五分四釐，後增子粒銀一十四兩一分八釐四毫。

保定後衛原額草場地二十頃，歲實徵銀四十四兩。

茂山衛原額草場地一十三頃四十九畝，歲實徵銀二十九兩七錢五分。定州衛原額草場地二頃五十五畝，歲實徵銀八兩七錢五分。

真定衛原額草場地二十六頃八十五畝，歲實徵銀七十三兩一分四釐。

盧龍衛原額草場地一頃一十三畝，歲實徵銀二兩三錢七分。東勝左衛原額草場地二頃五十畝，歲實徵銀一十五兩九錢五分。

開平中屯衛原額草場地一頃四十七畝，歲實徵銀二兩九錢四分，後增子粒銀一兩八錢有零，改解户部。

永平衛原額草場地七頃八十畝，歲實徵銀三十一兩二錢。山海衛原額草場地二十七頃二十四畝，歲實徵銀八十一兩七錢二分，後增子粒銀四十九兩有零，改解戶部。

瀋陽中屯衛原額草場地八頃七十七畝五分，今堪種地四頃七畝七公，歲實徵銀二十六兩六錢一分五釐，後增子粒銀一十兩有零，改解戶部。

大同中屯衛原額草場地一十二頃，今堪種地一頃四畝四分四釐，歲實徵銀三兩二錢一分六釐八毫，後增子粒銀五十一兩有零，改解户部。

山東衛分

德州左衛原額草場地三十一頃三十四畝八分五釐，歲實徵銀七十一兩四分一釐，後增子粒銀二十五兩有零，改解戶部。

平山衛原額草場地四頃，歲實徵銀二十一兩八錢。

臨清衛原額草場地二十八頃一十五畝七分，歲實徵銀一百一十二兩八錢六分八釐。

永樂二十二年，令戶部錦永衛各委官查勘五府牧馬草場有妨占民田處所，另撥官地與民為業。弘治九年，令給事中御史并戶、兵二部委官清查各衛草場，有草未墾去處仍舊牧馬，已墾成田者照畝收銀，解送兵部轉發大僕寺寄庫，聽候買馬。十八年題準：在京、在外金吾等衛所牧馬草場，除各衛所存留蓄草牧馬外，其勘定上、中、下等則田地，原有軍民佃種者，每畝上地徵銀五分，中地三分，下地二分。又令錦衣衛場地徵銀許本衛收貯貼補馬草舊例，京營原設牧馬草場地畝，歲徵租銀一萬三千五百餘兩及霸州葦銀一千六十四兩五錢二分，俱該營徑自徵收。嘉靖七年兵部題準：租銀徵解本部扣給該營二千五百兩應用，內團營一千兩，五軍、神樞、神機管各五百兩。四十一年議：將餘剩租銀一萬一千兩，歲解戶部。四十三年，以營操用銀不敷增給六千兩，後又增至一萬兩，俱前項租銀及霸州葦銀支用。是年又議準：葦銀亦徵解兵部轉發該營。

各邊草場

洪武三十年，定北邊牧馬草場。自東勝以西，至寧夏河西察罕諸爾。東勝以東至大同、宣府、開平，又東南至大寧，又東至遼東，又東至鴨綠江；又北去不知幾千里，而南至各衛分守地。又自鴈門關外，西抵黄河，渡河至察罕諸爾；又東至紫荆關，又東至居庸關及古北口，又東至山海衛。凡軍民屯田地，不許牧放。其荒閒平地及山場，腹裏諸王、駙馬及軍民聽其牧放樵採，在邊所封之王，不得占為己場，妨害軍民。成化十年，令陝西、榆林等處近邊地土，各營堡、草場界限明白。敢有那移條款，盜耕草場，及越出邊牆、界石種田者，依律問擬，追徵花利完日，軍職降調甘肅衛分差操軍，民係外處者，發榆林衛充軍，係本處者，發甘肅充軍。隆慶五年題准：陝西文過苑馬寺牧地，計算熟地三萬頃，養馬一萬匹，餘熟地五萬頃。該寺分別三等，徵銀共四萬五千兩，解固原兵道收作軍餉，每年該鎮照數查扣主兵銀兩。六年，清查寧夏牧地内將一千四百四十餘頃，斷歸慶府及平虜所耕種二千八百九十餘頃分別三等，川地每頃徵租銀一兩五錢，坡地一兩山地五錢，以抵本鎮軍餉支用。萬曆二年，以北虜開市議準：大同鎮於中路建立六場，西路四場，東路陽和一場；宣府鎮於中、北、東、南、上西、下西六路各建一場，每場養馬三百匹，擇有水草處隨便建置，將每年餘剩馬匹立群設校，委官管領如法牧放陽和另立小場，以牧貢馬。

明　何宜《題踏勘南直隸牧馬草場》《名臣經濟録》卷三五　成化二十三年二月初三日，兵部題為《申明馬政事》，據南京太僕寺寺丞文林呈，本部參照，寺丞文林呈稱：南直隸養馬府州縣各有牧馬草場明載圖誌，多被勢豪之家侵占不得實用，要行踏勘處置以備馬政急用，一節合無，本部行移南京，轉行南京太僕寺，坐委分管寺丞督同各府、州、縣掌印并管馬官員親詣各該所屬州縣嚴督，當該官吏查照誌書圖卷所載并吊取賦役文冊到官從公逐一查勘原額草場各若干，坐落某處、地名、頃畝若干，堪以耕種并高阜低窪、不堪各若干，逓年群長馬户曾無在彼牧放馬疋有無徵收子粒，何年項下之用及曾否被近側豪强、軍民侵占，務要從實踏勘丈量頃畝數目、界至，明白埋立封堆，分別上、中、下等第，將高阜、低窪、止堪牧馬地土責付養馬人户輪流管顧，牧放中間果有肥饒地土，即今空閒堪以開墾成田，照例看驗頃畝，撥與有力馬户耕種以後驗定等第，照依佃種官田事例，所收花利不拘銀、穀，依時計估量納，别置倉庫收貯。其有曾經開墾成田耕種年久徵細子粒者，一體查清徵收。中間被人包占種作或侵占界至等項，各許自首還官，免其問罪，如遇俵解馬匹、地方災傷、人户逃移無處湊買并十分貧難出辦不前，斟酌停當量為支給以備足數，止許用助馬政。緊急不許别項支銷待後養馬數多，停免耕種，照舊牧放，事完之日將踏勘過頃畝等第、數目造冊，徑自奏。繳本部左侍郎何等具題，奉憲宗皇帝聖旨：『是，欽此。』

明　馬文升《題踏勘北直隸牧馬草場》《名臣經濟録》卷三五　弘治五年七月二十九日，兵部題為《修舉馬政事》，該御史潘楷奏：本部查得保定、真定、廣平、順德、大名、河間等六府所屬州縣，洪武年間俱有分撥馬廠牧地牧放官馬，自天順、成化年間以來，被權豪勢要之家、無籍之徒、軍民人等侵奪占種，收利肥家，節該巡撫保定等府地方、都御史張等奏行户、兵二部差委會官同巡按御史，原額馬廠地土逐一清查明白，不分權豪勢要官員、軍民人等，但有占種者盡數丈量，見數退出還，官給與養馬人户耕種，照例上納子粒，遇有馬疋倒死等項，將前子粒給與買補等因，本部覆奏差署員外郎主事馮良輔等會同巡按御史、太僕寺分管寺丞等官親詣各府，將前項草場除欽賜皇親并王府、達官及民間先年占種遇例起科辦納糧草等項地土聽其照舊耕種外，將踏過各府草場地共七百八十六處，各頃數不同，除給原耕之人承種定其等第肥饒者，每畝出銀七分，中等者出銀五分，下等者出銀四分，自弘治六年為始，照數徵收完足，各府官庫收貯，聽候買馬支用。本部官題，奉聖旨：『准擬，欽此。』

明　丘濬《馬政議求牧地**》**《明經世文编》卷七五　唐人牧馬置八坊四十八監，其牧馬在岐、豳、涇、寧間，即今陝西鳳翔府及西安之邠州、平涼之涇州、慶陽之寧州其地也。募民所耕以為芻秣者，其地止於一千二百三十頃，而用其地出以飼七十萬六千匹馬，而馬之直至以一縑易一匹。今其地固在，其中閑田民所不耕者何止一千二百三十頃而已，本朝於此地立行太僕寺一及苑馬寺一以司蓄牧，而苑馬之所轄者凡三十監，監皆有馬。然監之立百年於兹矣，而其馬之蕃盛略不及唐人之一二，豈無其故歟？臣考唐制，始曰置八坊岐、豳、涇、寧間，其後又曰其始置四十八監也，據隴西、金城、平涼、天水，員廣千里，繇京度隴置八坊為會計都領，其間善水草腴田皆肄之，由此以觀，則其所牧之地又若不專在岐、豳、涇、寧也，蓋跨數州之地，凡其善水草膏腴之田皆以為牧放之所，而又得人以司之，是宜其馬蕃盛至七十萬之多也。今其地固在，然皆齊民耕種納租之地，一旦奪之以為耕牧芻秣之所，其勢有不可者，然當唐之世民皆不耕田納租乎，何養馬如此之多也？乞勅有司循唐人之故迹，由京兆度秦隴以求夫可放牧之地，必不奪之民，必不虧於官，然後行唐人監牧之政，萬一有可行者，其於馬政不為無助。

明　王憲《覆均草場疏牧馬草場**》**《明經世文编》卷九九　草場地土在成化時已有豪勢侵占之患，時則令太僕寺查照誌書圖卷，區別上中下等，凡高阜低窪止堪牧馬者聽養馬人户輪管牧放，肥饒可墾者撥與有力馬户耕種，照依佃種官田事例徵收花利，不狗銀穀，依時估納。如遇災，傷逃移及貧乏甚不能具馬者量與助給，以足正數。馬政之外，毋許他用。待後養馬數多，停免耕種，照舊牧放，此善制也。其後則有居民得入耕墾之令，又其後則有馬户免科之令又，其後復有禁民佃牧，違者準屯田論罪之令。于是豪强倚藉養馬，兼併無制，轉佃他人厚取租利，如今太僕王崇獻所言者矣。向令舊制常存，馬戶佃租不免，則田有定税，而姦豪無幾幸以殖利，居民佃者不禁，則民有定業，而馬户亦無所肆其兼併之謀，此皆妄揺成計，而不慮其後者也。且養馬人户自有額定丁田，國家牧地非有可私，故收入其租以備緩急，此恩之行于法外者也。議者不察，不問貧富，不計豐凶，每逢解俵槩而給之。如此則官自為買，非復民間孳生解依之舊矣。宜復令申之舊，高阜、低窪遞年抛荒者，許除租為放牧，地其諸肥饒成熟者無論在軍與民照依三等則例納租，每解俵百匹量留銀百兩，其馬多銀少者則盡數貯庫，以被災傷、逃移、貧乏甚者之缺，餘皆解太僕如故便。

明　潘潢《**覆草場失火疏**查軍草場積弊》《明經世文編》卷一九八　謹題刑科，抄出戶科，給事中王德等題節奉聖旨事宜，戶部查議處來說，欽此。抄出到部看，得巡青給事中王德、御史李逢時，會本論奏，反覆千言，大槩推明烈火之所自生，與流弊之所必至，明罰飭法，盡制曲防，無非為國節財，求牧與蒭之意。但失火放火，折賠均賠，虚出通關，求索所部，載在律例，各有正條而先期查點照派開收，載出单應時給價，官攢申報錢粮數目，前奏已明，無容改議，惟是每年坐派全數，各場多收堆頭。委的濫費錢粮，恣生奸弊，相應量為裁省，申明酌議，合候命下，本部備行巡青給事中、御史監收主事會同該監官遵照原奉欽依，每年于會派料草之中，先將各處倉場馬匹牛羊從公查點見數，分別該用、該減草料數目，造報本部。以憑勘量會，派取勾一年支用。仍趁秋冬收買截給關单。刻限完報。毋許營求、坐數過多。致得拖延、占推，影射虚出作弊，腐爛虧數。其有新收倒死頭匹，即報巡青，監收官驗實，方準芻料，除各場堆頭，亦行巡視科道，會同主事查照倉場，該收草料多寡。見編在官庫稱脚夫等項正差。有無多餘不足，應否添設顧役，通融計筭，裁定名數。革去濫收游手棍徒，量存良實開報，着令相幇供役，不許容留積年害人，亦不必加派。有司編僉靠損百姓，重起冒名頂替，用强包攬之弊，遇該出納倉場官攢每五日一次申報巡青衙門，但有内外勢要官攢吏書跟官伴當人等，需索所部分例揹勒打攛等項奸弊，並聽糾察究參問發監收主事，仍不時躬親閲視，督令各該官攢就近看守從宜小作堆垜，厚加苫盖，但見火起，併力救遏，不得輒離所守，若奸徒放火故燒，捕獲有顯跡，證驗明白，及主守安置不如法，致有損壞，并監臨主守，將侵欺借貸那移之數，乘火虚捷文案，扣換交单，申報瞞官者，依律問罪，折賠均賠各盡本法，庶輕重各得其情，而大小皆足以戒。防乎其防，有備或無患矣。

明　褚鈇《**乞勘新增牧地銀兩疏**》《明經世文編》卷三八六　臣于隆慶五年七月内接見邸報，該陝西總督王題稱苑馬寺牧地先年止有熟地一萬六千頃，養馬一萬二十匹。邇來牧軍占種官民田地及開墾荒熟已近八萬，所養兒騍馬止七千匹。欲將熟地三萬頃養馬一萬匹，餘地五萬頃徵銀四萬五千兩解固原兵備道牧貯充餉。巡茶御史督催完解，每年終，造册奏繳等因，該兵部覆題，奉聖旨：『是，欽此欽遵。』臣謂此舉殆徒得其槩而未考其詳，止計目前之小利而不顧邊防之大計者，此臣職掌所關，不敢緘默。竊惟陝西一省，西北二面俱隣番虜，故當國初開設六監二十四苑養馬供邊，祖宗良有深意。後奉例裁革，止存兩監七苑，額地一十三萬三千七百七十七頃六十畝，原為給軍牧馬，未嘗起科。弘治十七年，都御史楊一清查理牧地、高山、陡澗四萬一千六百二十餘頃，水草便利堪以牧種荒熟地共一十二萬八千四百七十餘頃，于内擇乎川熟地八千三百一十六頃，徵銀八百三十一兩六錢兩，寺公費牧軍除種地外，每月各支粮六斗，種馬數少又常奏請内帑銀買補，所以當時牧軍安業馬匹數多。至嘉靖三十七年，御史梁汝魁復查前地，見牧丁開墾草場，又增銀一千七百六十三兩，遞年追徵逼迫，逃移不可勝言。故前御史王天爵奏請蠲豁，欲復弘治之舊見，奉欽依行，撫按勘處。假使七苑地土盡皆平川熟地或應加徵銀兩，則楊都御史當先為之，王御史亦不為之奏豁矣。矧七苑見今養馬七千九百四十匹，比弘治間數雖不同，每年選俵、固原、延寧三鎮二千匹額未嘗少，此外又買補倒失追納虧欠，每歲牧丁所出不啻萬兩，而陸續牧養銀買茶，易并拏獲私馬，又不止一千五百餘匹，若有倒失虧欠一例追賠。近年總督衙門又將月粮盡行裁革，牧軍苦累逃亡過半且各苑設鄰邊隅山高地寒，土脉磽薄，五穀鮮收有，今歲開種而明年即抛荒者有歇種此段而復新開別段者，論大槩畝數雖多，較其實堪種甚少，此寺道之所常言而臣體訪之極眞者，雖舊額地畝銀兩本等倒失虧欠尚辦納不前，往往棄馬逃移，今一旦又加銀四萬五千兩，則數目愈多供辦愈難，將來負累不堪則軍逃地荒，馬匹無人牧養，不但新增之未完且併原額而胥失之矣。縱一時嚴刑追完，臣恐竭澤而涣得魚雖多而明年無魚也。且查得前地該先任總督王崇古、御史李良臣因軍民互相告爭會同丈勘第，彼時委官不得其人或增一為十或奪彼與此，非惟不得其平反致大啓爭端，續該前御史楊相題奏，欽依勘合前來，臣與總督、撫按衙門嚴催寺道會丈尚未明的豈宜遽議增加？以臣愚計，必須丈勘完日方可酌量施行。伏乞勅下兵部從長議處或俯賜仍舊或行撫按會勘，果係侵占軍民田地則當撥給軍民照舊辦納屯粮，若係厚額牧地則當仍給牧軍養馬，縱地多馬少只宜徵銀買馬以復弘治年間養馬萬餘之數，如係高山陡澗不堪耕種則當責令還官立為草場以為蓄牧之所，不許私自開耕。如有故違，容臣着實拏問，則芻牧廣而軍實充，祖宗之舊制既不至紛更而邊防之重計亦永有攸賴矣。又豈止牧丁之蘇息而已耶！

明　蕭廩《議處王府牧地以飭防裕餉疏》《皇明疏鈔》卷四一　臣近巡歷固原勾校兵食查得海剌都地方有武昌護衛千户所見在官軍七百四十有奇，除節年抽選入衛征操外，存留三百二十有奇，專供楚府牧養歲費、俸糧，幾乃三千。隨查該所建設撥給緣由、頃畝、孳牧數目，據各委官報牧地向隸王府州衛並無册卷，但查係先朝欽賜，其地東起丘家河，西至打剌赤一百五十餘里，南起武延川，北至半箇城三百餘里，中雖間有軍民田地而其諸沃壤皆為牧田，大約荒、熟不下二萬餘頃，堡寨一十五處，每年該府門官一員經收馬十匹、羊四五百隻、醃味果品四五十馱，此外別無科差亦無孳牧等因。臣惟國初並邊諸王多有群牧，蓋王皆握兵，兵必資馬，故其撥塲以養馬，實將選騎以防邊，然皆在其封域之中未有懸諸數千里之外者。今楚府封國原未並邊，乃遥設一所於窮邊之重地，該所官軍既不孳牧，乃尚被數百以群牧之虛名，此於名義似不相應矣。且其土地甚饒，耕稼多獲而門官之所收者不過四五百金，至於科差輕省禁網闊踈則為奸宄之所，保者又不知其幾百千計也，此於利害又不相權矣。夫國家捐數百里之地以為牧塲，又捐數千石之儲以養牧卒，將以展親而其實乃為蚍蜉膏脂，將以考牧而其實乃為逋逃淵藪，此豈聖祖錫予之意亦豈楚王節度之宜哉？況臣觀海剌都地方，接連靖虜，密邇松山虜，巢虜之窺伺浮渡甚易，而衛在武昌所在海剌，楚之制馭譏察甚難，即今該鎮亦常為此地分布秋冬兩防。然封疆在我而其地利不在我，則其防之，恐或不力，官軍可轄而其招納不可轄，則其束之必將不嚴，萬一奸宄之聚愈多，狡虜之慮或易，小之則有潰決之患，大之或有勾結之虞。外防一墮，內地俱摇，當此之時，豈惟楚保其虛名，國家損其實利，倘固原一蹈其不測則武昌亦將受其不利矣。故臣私憂過計，竊以為該所牧地不惟國家當收之以入兵餉，以毋養後患在。楚府亦當獻之以助兵餉，以豫杜後憂。如蒙敕下該部，轉行總督衙門，將前項牧地清查頃畝，酌量荒、熟二等徵租充餉，仍將該所革去武昌護衛名色，改為海剌都守禦千户所，庶乎軍政有統而邊防可飭年例可省而兵餉亦裕矣。蓋臣聞嘉靖中，秦府嘗請河堧地，曰：『高皇帝以賜先臣也。』尚書梁材執奏不可，曰：『陝西外供四鎮，內奉四王，視國初生産物力千萬不侔，豈得空地更給藩府，秦之請地稱引祖恩，又其邇封也。尚不之許而況於楚乎？故雖以義斷之似無不可矣。』又，臣觀嘉靖以來，諸賢藩或發帑助工或辭禄助餉，莫不憂先大計，楚之富固天下稱最，其賢亦天下推先也。臣意其感時效誠，雖在重利亦當不惜，而況於牧地乎？故以理度之，亦必無不可矣。再照固原一鎮，控制三邊而環鎮内外莫非莊牧，其所擅公家之利而陰為地方之患者多矣。除肅沐莊田與苑馬牧地先經諸臣建議外，尚有慶府群牧似亦當併議者，查得韋州群牧所先年欽賜草塲一區，坐落枸子山，邇来日闢日廣荒熟地不下三萬頃，而容納流徒亦不知其幾百人。臣向廵諸鎮凡告追逃軍、逃民者，大率苑馬窩占為最，而枸子山即次之，海剌都又次之，而該所官軍見在六百二十有奇，歲費俸糧七千四百餘石，其所歲入不遇十一，是亦利害不權者。但該府國處河外地，在國中似難輕議盡削，而較諸韓府之地少國貧，肅府之改租充餉，更亦當稍為裁制，以示公平。臣愚以為韋州之官軍本為群牧而設，則甲軍之糧餉亦當於牧地而取。如蒙聖斷准臣所議，將前項牧軍比照屯軍事例，於牧地内每名量撥一二頃以充月糧，牧收之外照舊征操，則在群牧不過捐一二千頃，於三萬餘頃之中所損不多，而該鎮則省六百人，以七千有奇之餉其益亦不少矣。臣非不知奉揚皇上惇叙之恩而甘心自取刻薄之議，但籌國計於詘乏之時不敢不謹，而籌二府於名義利害之較似亦不得不然。伏乞聖明矜察下大臣詳議，如或可採，俯賜施行，臣愚幸甚，邊計幸甚。

清　魯一同《通甫類稿》卷四《新撥中營養馬灘地碑代》　南河總督初設於雍正七年，以漕標之徐州、宿遷城守三營改隸，是爲河標兵。後三年，設河標中營副將駐清江浦。中營有兵六百八十九人，馬百五十九匹，中營之職掌，司河轅、稽營務、催漕運。國家承平來久，鮮徵調劇役，而中營以當南北衝要，視他鎮稱煩苦，兵勞馬疲。嘉慶十九年，副將徐建功請撥洪澤湖灘地四百頃有二十畝，分爲三則，上、中則以贍兵，下則留於養馬。下則之地二百十五頃二十畝，以其荒下，謂之『養馬灘』云。其後數年，豫河多故，每溢而南趨湖，湖益高，高堰蓄水多，灘盡淪没，兵以重困。道光十二年，桃源奸民決河入湖，濱湖東北邊稍稍填淤。二十九年，黄復洩入，湖益高廣。民人少私佃作，或執契要什佰遮訴，而前副將許聯鑣請還養馬灘地，依違未果。咸豐四年，今河督聊城楊公以湖灘先經淪没，崖略雖是，界至荒失，請悉歸公招佃，以杜僥倖爭奪之漸，奏上報可。而聯昌奉天子命來居是職。竊惟國家自用兵以來，凡五、六年，攻圍南北，行糧坐餫，日益困絀。司農畺吏仰屋愁歎。苟可以佐戰守一日之用，不惜銖求而箕斂之，而況以故府之所載，天地自然之利，沃膏之壤，而聽其甌脱弗取，溺職之罪斯大。因亟請於公，既得允，而守土之官、當事之佐，咸以爲事久荒落，厥區弗詳。學田、民田孤離參錯，偏徇所請，釁將叢開。公乃集衆議秉和衷，舍舊弗給而新是圖，棄污就隆，擇腴舍蕪，惟多惟寡，勿貪勿競，惟分所安。凡新撥養馬灘田五十七頃八十七畝，有畸田少於舊，厥利維倍，與民殊畔，農勞不擾，坐而享租，兵無愁怨。自兹以往，士伍飽燠，馬壯蕃息。繄我公之賜，爰述顛末，詳書界址丈尺，深刻兹石，以垂永久。在事諸弁，並得附名於碑陰云。

清　沈書城《則例便覽》卷三三《馬場》　一、每旗分設騸馬各一場，騍馬各五場。設立員外郎八員專管，將騸馬場分作十分，馴練不熟不堪用一二三四分以上者將該管員外郎罰俸三六九個月、一年。五六分以上者，降一二級留任。七分以上者，降三級調用。將騍馬場亦共分作十分，若於原給數缺額一分以上者，罰俸一年。二三分以上者，降一二級留任。四五分以上者，降三四級調用。

清　李鴻章《李文忠公奏稿》卷九《淮揚鎮撥養馬灘地租片》　同治四年七月二十二日　再，查河標中軍副將衙門經前河督臣庚辰奏明，酌撥洪湖淤灘五千頃作爲養馬灘地，由營經理充費。上年，因河標中軍副將員缺裁汰，復經漕督臣吴棠以此項灘地原丈界址迷失，即將該地内原尾草灘一併丈量撥給，實計地七十五頃零七十畝三分五釐五毫，奏請撥歸新設淮揚鎮標所屬之中營接管在案。兹據淮揚鎮總兵歐陽利見稟稱：淮揚添設總兵本因裁撤河標中軍副將而設此項灘地，每年約計租錢七八百千文，從前既歸河標中軍副將衙門充費，此時改立總兵，自應仍歸總兵衙門經管。況淮揚鎮統轄改操各營一切公用較繁，時形竭蹶，請將河標養馬灘地七十五頃零七十畝三分五釐五毫撥歸該鎮衙門經理收租藉充所轄各營及本衙門一應公費，俾符原案。等情前來。臣查淮揚鎮員新設公用無資，該鎮本係由河標中軍副將改設，據請以河標衙門養馬灘地撥充淮揚鎮標公費之用尚與原案相符。除批飭遵照外，理合附片陳明，伏乞聖鑒，敕部知照，謹奏。

清　韓世琦《撫吴疏草》卷一四《請明草場地應否加增練餉疏》　題爲《移查場租籽粒地畝加增練餉事》，康熙元年八月初六日，准太僕寺手本内開，查得順治十八年分奉旨地畝加增練餉，每畝一分，通行已久。今據直隸、順德等府冊報牧馬場地，增有練餉銀數到寺。然江南、江鎮二府亦有本寺前項地畝，應有練餉加增錢糧。至今各屬並未詳到相應移查，將單開各屬應有本寺場租、籽粒，地畝加增練餉、錢糧，嚴催照數解寺以濟急需，併查明各屬因何久不詳報隱匿情由，覆寺以憑酌奪等因。到臣隨備行布政司確查去後催，據右布政使孫代詳開云云等情前來，據此該臣看得牧馬草場租地載在全書，係額外雜辦不等，起租歲收完解冏寺以充馬價之用。臣屬各府止鎮江府之金壇，江寧府之上元，江寧、句容、溧水、高淳、江浦、六合等共八縣有是地而有是租也。至于加徵練餉，查十八年分原准計部核議，照額徵田，地每畝一分派徵，江南通省定有九十七萬之數，遵炤徵輸前項場地不在丁田之内，是部臣原未議及并加練餉，所以未敢擅增。初無隱匿情由，今准冏寺催查行，據該司詳覆前來相應具，應否照例加徵，仰祈皇上勅下部寺酌議，上請行臣遵奉庶派增有據催解無悞也。伏乞睿鑒施行，康熙元年十一月初七日題，奉旨，該部議奏。

又　卷一五《參上元中衛屯田由單草場田地數目差訛疏》　題爲《由單訛畆爲頃屢詳未蒙更正謹冒昧備陳仰祈查覆以慎錢粮事》，康熙元年六月二十一日，據江南上元中衛掌印守備張志援詳呈前事内稱：切照卑職于順治十三年九月内到任，隨將本衛所轄屯田應徵各項錢粮數目逐一查明，内原錦衣衛冊開下則草場田地一萬一千九百六十一畆七分零，于十四年歸併。原旗手衛冊開下則草場田地九千八百九十八畆二分零。計二衛合算共田二萬一千八百六十畆零，共額徵馬政銀四百五十五兩九錢七分五厘八毫。及查原錦衣衛前任守備司國政刊刻，由單内開草地一萬三千一頃有零。該卑職查得每田百畆方爲一頃，較之原冊不啻百倍之多。隨傳識字杜裕查詢，據稟身于十二年奉本衛司守備編造，由單之日正值染病，遵將地畆、錢粮數目謄寫交付匠人刋刻，不期誤將畆字刊作頃字，匆忙投報。今蒙查駁始知誤錯，叩乞轉詳更正等情。據此業經屢詳藩司未蒙改正，所以後造單冊一循故迹，不敢私更，蓋因地畝雖誤多開，編徵錢粮分毫不錯，故不敢煩詞瑣陳。至于十八年，每畝應加練餉一分，止該徵銀二百一十八兩六錢三毫四絲九忽九微二纖四塵。今藩司信牌行衛催徵銀一萬三千九百餘兩，是因前官造畝爲頃之誤，致有以一徵百之行，但練餉原係按田而加，今加餉而無田可按，況馬政正銀不過四百五十五兩，豈有練餉多至一萬三千九百之理？卑職即欲仰奉上行，緘默不舉，將來追比無出，卑職性命固不足惜。其如上累考成，何前此屢詳藩司而不控院者，緣衛文不敢越申，茲關地畝錢粮大相舛錯，萬不得已冒昧備陳。仰乞俯電顛末，批行藩司吊閱前後冊籍，查對不謬，詳覆改正。如有虛揑朦混，卑職願甘三尺無辭等情，到臣隨批，仰左布政司確查速報去後先據呈覆前來因查始末未明，復行駁核節次嚴催。至九月十三日，據江南布政司左布政使崔澄會同驛傳鹽法屯田道署事、江寧府知府張羽明，都使司都使高師文詳稱：該本使司查得云云等情到臣，該臣看得由單之設所以定徵輸之準，則司其事者當如何慎重必數目纖，悉無差庶派徵，不致紊混迺，民得以信守，不意有上元中衛屯田，由單田數差訛先據守備張志援呈，以訛畝為頃，詳請查改，臣披閱之餘以屯粮派徵有年，由單設非一日，今何突有是請？臣不勝驚異，隨嚴行司道會勘，據覆上元中衛乃舊錦衣、旗手二衛歸併之衛，其有草場田地一項，備核先年老册，旗手衛歸併九十八頃九十八畝三分零，該徵銀二百五十二兩八錢三分零。錦衣衛歸併一百三十一頃五十五畝二分零，該徵銀二百三兩一錢三分零。合而計之共止二百三十頃五十三畝五分零，共該徵銀四百五十五兩九錢七分零。而由單則共刊田一萬三千一百頃五十三畝五分零，派徵銀四百五十五兩九錢七分零，派徵之銀數則一而田地之原額迴異，向來該衛以所徵錢粮今昔相同，遂置田地于不問。自十八年，分有衛所并加練餉之文，遵奉每畝一分之旨，以田科算，合衛田地計，該加銀一萬三千九百餘兩，奉檄催追，而始有訛錯之控。臣以田粮重大，未敢遽信，駁行司道，反覆推敲，及據呈詳乃知錦衣衛原田一百三十一頃五十五畝零按畝，而論止一萬三千一百五十五畝，豈竟刊爲一萬三千一頃五十五畝，夫一萬三千一頃則一百三十萬一百畝也。豈有一百三十萬餘畝之地止應徵二百三兩有奇之額銀乎？其訛百爲頃似無疑義，查衛所由單自順治十二年刊始，該年守備司國政經造差訛，罪無所辭，而接造守備張志援以及經飭藩司屯闔各官，漫無覺察，因循疎忽，咎亦難逭。除將職名分晰，赦前赦後，另册送部，并飭藩司將現造，康熙二年由單改正刊刻外，相應據實題叅。伏乞勅部查核議處施行，康熙元年十二月十六日題。奉旨：『該部核議具奏。』

清 查繼佐《罪惟録》卷九《牧馬草場》 嘉靖中勘定 正陽等九門外苜蓿草塲地，除供内廐四十頃，实堪種地一百頃零，御馬草塲五十七處，除稞占水鹻并存留收馬外，寔堪耕種地二萬五千九百五十六頃零，并偹修公廨地四百三十頃。東直門并吴家駝牛房草塲，实在堪種地四百六十三頃零。西琉璃廠羊房草塲空地九頃零，順義縣北草塲、東上林院監良牧署券牲地并水田共二千六百四十一頃零，安州等處牧馬草塲地及鷹房按鷹地共一百二十八頃零，興州九衛秋青草地御馬監并壩大等二十馬草塲、馬神廟香火地五十七處，共地三萬一千五百五十九頃零，除稞占存留修繕徃回住牧兔南水占外，寔地二萬一千七百五十七頃零。大名、廣平二府牧地除抛荒等項，堪種租銀八千九百三十五两。陝西苑馬寺牧地五萬五千三百二十二頃零。内有川皮坡地、山地不等。駒贏例不給地，一騾馬給川地一百三十畝，一兒騸各給川地、坡山地五十畝除外，川地每頃徵銀六錢，坡地徵銀四錢，山地徵銀三錢，共該銀一萬七千三百三十七两零，又混互不明。地二千二百五十八頃，該銀九百八十三两零，徵收偹餉。凡各處板荒、積荒、抛荒田土，列朝許民間開墾，租銀則例有差王府，有莊田在京王府，有養贍及香火地，公主。郡主及夫人有賜地，公矦伯有給爵及護坟地，有給賜聖賢後裔及安挿夷官諸項，有特賜者，有世守者，有退出者，例不等。

紀事

明 楊時喬《馬政紀》卷一一《草場》 《嘗考冏志》曰：『稽古成周畫井分民，而又頒牧地，使之養馬，所以蕃孳息，備武事也。』唐肇監牧九善水草膏腴之田皆為牧所，而又得人司之，又倣《周禮》為之厲禁，春放秋入莫不有法，故秦漢以來唐馬最盛，至余靖、歐陽修於宋拳拳請專官擇水草牧放，蓋有感於其時馬政之廢也。我朝於畿甸之間耕之外擇有水草處以為草場，又厲之法禁是亦成周之遺意唐之舊法也。乃今《會典》載：營衛草場則曰『放牧者』，蓋為放馬以備騎操征伐之用，兩京太僕寺草場則曰『孳牧者』，蓋為備孳養騍駒之用，其後皆為豪强所侵。成化末，乃以不堪種者牧馬，堪種者徵租，迺邇者堪種之地既為豪强所侵，而不堪種作水草之鄉亦為勢要占佃，此草折之所以難完而民皆苦於輸納也。即此則其畜孳之息、武事之備與否能如國初乎？未可言也。

營衛放牧草場此團營在京在外各衛放牧以備騎操征伐之用者

洪武二十三年，令五軍都督府、錦衣、旗手、虎賁、左右興武、鷹揚、金吾、前後羽林、左右龍驤、豹韜、天策、神策、府軍前後左右等衛，各置草場於江北、湯泉、滁州等處牧放馬匹。

二十五年，罷民間歲納馬草，凡軍官馬，令自養，軍士馬，令管馬官擇水草豐茂之所，屯營牧放。

永樂九年兵部題：奉太宗皇帝聖旨：『北京各衛裏見養的馬，撒在草場裏，牧散水草自在，養得肥，又無病孳生蕃息，這是馬的真性，不勞苦。若是拴著時都生出病，生瘦損了。如今却又要搭蓋馬棚，置辦鍋甕、槽□圈在房子裏又拴著，這等時那馬怎莫得自在？人又勞苦，馬又壞了，這馬是朝廷大氣力，已前曾説，將去不知他如何不聽號令，必是心下別有意思，故意要將馬來壞了。恁兵部便行文書去著北京各衛，與養馬官軍知道，今後若再不聽令，時論罪不輕，欽此。』

永樂以後，錦衣、旗手、府軍、左金吾、左右大興、左羽林、燕山、左右前中義、左右前後義勇、左右，前後興武，左後大寧、中寬河、會州、裕陵、茂陵等三十一衛，五軍、三千神機等營，各置草場于順天、保定府、宛平、大興等縣牧放騎操馬匹。每歲春末夏初，各營馬匹除例該存留聽用外，其餘本部推舉坐營官一員，具奏請勑，管領下各該草場牧放，至九月中回營。其牧馬，每三日演習一次，下場之後，本部行移該科及都察院，具奏差官點閘馬匹倒死，官軍逃亡，領勑官按月造報，如有納賄買閒，不行提督，致馬瘦損者，點閘官指實糸奏。其在邊者，以四月中出牧，九月初回營，清查營衛。

永樂十一年，令御史同錦衣衛官，巡視官軍牧放馬匹，以後錦衣、旗手等衛，五軍等營，各置草場于順天等府，每歲春末夏初，各營馬匹，除例該存留聽用外，其餘兵部推舉坐營官一員，具奏請勑，管領下各該草場牧放，至九月終回營。其牧馬，每三日演習一次，下場之後，兵部行移該科及都察院，具奏差官點閘馬匹倒死，官軍逃亡，領勑官按月造報，如有納賄賣閒，不行提督，致馬瘦損者，點閘官指實糸。奏其在邊者，以四月中出放，九月初回營。

永樂二十二年，令户部、錦衣衛各委官查勘五府牧馬草場，有妨占民田處所，另撥官地與民為業。

弘治九年，仍令給事中、御史并户、兵二部委官清查各衛草場，有草未墾去處仍舊牧馬，已墾成田者照畝收銀，解送兵部，轉發太僕寺，寄庫聽候買馬。

十八年題准：在京、在外金吾等衛，所牧馬草場除各衛所存留蓄草牧馬外，其勘定上、中、下等，則田地原有軍民佃種者，每畝上地徵銀五分，中地三分，下地二分，又令錦衣衛場地徵銀，許本衛收貯貼補馬草。

嘉靖九年議准：每年收放馬匹，放操之時，下場者科管官照舊查究，其在營者，行内外提督大臣，在巡補者，行巡補提督通行查究，若把總官用心提督，倒失數少者，具奏旌賞。若全不用心，致令倒失過多，徑自糸奏提問，甚者坐營者一體糸究。

二十二年奏准：團營并神機等營馬匹，量存操練，其餘并東西官廳馬匹，趁今放青之期，悉照舊例下場牧收。

三十四年題准：京營除挑選聽征馬匹，照舊闕支草料外，其餘瘦弱馬暫委坐營官一員帶領，於近京隨便牧放。舊例，京營原設牧馬草場地畝，歲徵租銀一萬三千五百餘兩，及霸州葦銀一千六十四兩五錢二分，俱該營徑自徵收。嘉靖七年，兵部題准：租銀徵解本部扣給該營二千五百兩，應用内團營一千兩，五軍、神樞、神機營各五百兩。四十一年議，將餘剩租銀一萬一千兩，歲解户部。四十三年，以營操用銀不敷，增給六千兩，後又增至一萬兩。俱前項租銀，又霸州葦銀支用，是年又議准：葦銀亦徵解兵部，轉發該營。

在京各營衛

奮武等十二營草場，坐落薊、霸二州，共地二千八百八十頃一十五畝九分，歲徵銀八千六百七十七兩五錢七分六釐，内薊州二千一百二頃四十二畝七分畝，徵銀二分，霸州七百七十七項七十三畝二分，各徵不等。五軍營草場，坐落安肅等縣，共地七百九十五頃三十七畝七分，歲徵銀二千三百八十六兩一錢三分一釐，内安肅縣三百四十頃四十三畝，定興縣四百四十九頃六十四畝七分，三河縣五頃三十畝，畝各徵銀三分。神樞營即三千營草場，坐落霸州等縣，共地六百三十八頃一十四畝一釐三毫七絲，歲徵銀一千九百一十四兩四錢一分四釐一絲一忽，內霸州三十二頃三畝六分四釐一毫，固安縣一百九十六頃一十畝三分七釐二毫七絲，新城縣四百一十頃畝，各徵銀三分。

神機營草場坐落香河等縣，共地三百二十頃一十一畝一分八釐八毫三絲三忽歲，徵銀九百六十三兩三錢　分　釐四毫九絲九忽，內香河縣二百八十八頃八十七畝三分五釐五毫，雄縣三十三頃七十八畝四分三釐三毫三絲三忽，新安縣七頃六十五畝四分畝，各徵銀三分。

以上萬歷二十二年，共查實徵一萬一千六百九十一兩一錢五分四釐九毫。

以上團營租銀數只此今本營不知其數，凡有所用輒以本營銀在太僕寺為言，當其事者亦不知其數，輒任其求即與之。今已額外過求屢至于數倍不得已，以本寺牧養租銀應之其可繼乎？後此當以此節止之。

錦衣衛原額草場地二處，共三百二十六頃三十六畝八分五釐，坐落武清縣，歲徵銀二百九十四兩二錢一分五釐。

以上錦衣衛自收自支，不屬本寺。

旗手衛原額草場地六頃二十四畝，坐落房山縣，歲徵銀一十四兩。

府軍左衛原額草場地四十三畝三分八釐，坐落大興縣，歲徵銀二兩九錢一分。

金吾左衛原額草場地八十一頃三十畒，坐落永清縣，今堪種地三十四頃九畝八分歲徵銀七十九兩二錢二分五釐。金吾右衛原額草場地一十一頃六十三畝，坐落大興縣，今堪種地九頃九十畝歲實徵銀二十九兩七錢。

大興左衛原額草場地四處，共一十頃一畝六分四釐五毫，坐落永清縣，今堪種地八頃一十五畝五分二釐五毫，歲實徵銀二十六兩二錢三分二釐三毫五絲。

羽林前衛原額草場地四十二頃九十畝五分，坐落東安縣，今堪種地二十頃六十七畝，歲實徵銀九十九兩五錢八分五釐。

燕山左衛原額草場地二處共三十一頃三十三畝，坐落東安縣，今堪種地一十三頃四十七畝五分，歲實徵銀一十一兩六錢七分五釐。

燕山右衛原額草場地十五頃八十畝，坐落東安縣，今堪種地五頃九十五畝三分三釐，歲實徵銀一十一兩一錢八分七釐六毫。

燕山前衛原額草場地二處共二十九頃一十畝七分一釐，坐落永清縣，今堪種地一十二頃八十六畝三分一釐，歲實徵銀三十一兩八錢七分八釐五毫。

泰陵衛原額草場地三處共二十四頃十七畝二分四釐，坐落永清縣，今堪種地一十七頃九十五畝六分，歲實徵銀四十三兩一錢九分四釐四毫。

忠義右衛原額草場地二十四頃四十五畝七釐五毫，坐落武清縣，今以無土地減，歲徵銀止五十兩五錢五分四釐六毫。

永陵衛原額草場地二處，共三十二頃二十九畝八分，坐落永清縣，今堪種地二十二頃四十二畝五分，歲實徵銀四十兩八錢三分。

義勇右衛原額草場地二十五頃五十六畝六釐，坐落懷柔縣，今堪種地六頃六十六畝七分，歲實徵銀一十四兩一錢八分八釐。

義勇前衛原額草場地三十五頃八十七畝五分，坐落順義縣，今堪種地一十五頃三十六畝，歲實徵銀二十二兩二分。義勇後衛原額草場地三處共九十頃三十二畝三分，坐落永清、東安二縣，今堪種地三十五頃一十九畝，歲實徵銀一百七兩一錢六分七釐。

神武左衛原額草場地三十五頃七十八畝六分坐落永清縣今堪種地一十八頃四十八畝歲實徵銀四十六兩二錢四分。

昭陵衛原額草場地三處，共二百六十四頃坐落永清縣，今堪種地一百二十八頃二十九畝，歲實徵銀三百二十七兩六錢七分八釐。

忠義前衛原額草場地一十七頃四十一畝九分二釐六毫，坐落武清縣，今堪種地一十一頃六十四畝七分一釐，歲實徵銀二十七兩三分五釐九毫三絲。

忠義後衛原額草場地二處，共一十三頃，坐落東安縣，今堪種地九頃九十八畝，歲實徵銀二十五兩三錢一分。

大寧中衛原額草場地一十五頃九十一畝三分四釐五毫，坐落武清縣，今堪種地一十三頃四十四畝二分五釐歲，實徵銀三十四兩六錢八分一釐四毫。

武成中衛原額草場地三頃一十九畝三分一釐，坐落武清縣，今堪種地二頃七十八畝二釐，歲實徵銀六兩六分。

寬河衛原額草場地一十四頃六畝二分，坐落宛平縣，歲徵銀二十八兩二錢四分。

會州衛原額草場地八頃二十二畝七分，坐落永清縣，今堪種地七頃七十七畝，歲實徵銀二十四兩八錢六分四釐。

蔚州左衛原額草場地一十九頃九十畝二分六釐六毫，坐落大興縣，今堪種地一十七頃五十畝，歲實徵銀五十二兩二錢五分。《志》云五錢一釐。

龍驤衛原額草場地九頃七十畝，坐落通州，今堪種地八十一畝，歲實徵銀一兩六錢二分《志》云三兩二錢四分。

濟陽衛原額草場地二十四頃一十六畝五分四釐，坐落東安、武清二縣，今堪種地一十九頃九十八畝五分，歲實徵銀一百五兩七錢三分九釐。

富峪衛原額草場地八頃四十一畝五分，坐落永清縣，今堪種地七頃九十八畝五分，歲實徵銀三十六兩四錢四分。《志》云十八兩九錢七分。

茂陵衛原額草場地四頃八十八畝八分七釐，坐落武清縣，今堪種地三十一畝七釐，歲實徵銀一兩八錢三分五釐五毫。《志》云二兩八錢六分六釐四絲。

裕陵衛原額草場地二十七頃九十六畝三分九釐七毫，今堪種地二十三頃三十三畝五分七釐五毫，歲實徵銀六十九兩五錢八分。

康陵衛原額并新增草場地三十二頃六十五畝，坐落良鄉縣，今堪種舊地一十二頃一十八畝八分及新地，歲共實徵銀五十五兩六分九釐。《志》云四十一兩二錢四分五釐

在外直隸衛分

忠義中衛原額草場地八頃，歲實徵銀一十六兩。

涿鹿衛原額草場地一十五頃四十七畝歲，實徵銀六十一兩八錢八分。涿鹿左衛原額草場地五十頃三十三畝，歲實徵銀一百兩六錢六分。

東勝右衛原額草場地四頃四十八畝歲，實徵銀一十二兩三錢二分。

通州右衛原額草場地二十二頃五十三畝四分，歲實徵銀六十九兩五錢四分八釐。

興州中屯衛原額草場地一十五頃九十六畝六分六釐，今堪種地一十三頃一十六畝一分五釐，歲實徵銀二十六兩三錢二分三釐。

營州前屯衛原額草場地三頃六畝，歲徵銀一十一兩三錢三分。遵化衛原額草場地一十七頃五十三畝五分，歲實徵銀一十七兩五錢三分五釐。

保定左衛原額草場地一十九頃九十四畝三分五釐，歲實徵銀四十三兩八錢七分五釐九毫，後增子粒銀一百一十一兩五錢六分一毫。

保定右衛原額草場地四十二頃二十六畝二分二釐六毫，歲實徵銀九十二兩九錢七分七釐，後增子粒銀一百六十九兩一錢七分六釐。

保定中衛原額草場地三十一頃一十五畝八分二釐二毫，歲實徵銀六十八兩五錢四分八釐一毫。

保定前衛原額草場地二頃三十五畝，歲實徵銀八兩一錢五分四釐，後增子粒銀一十四兩一分八釐四毫。

保定後衛原額草場地二十頃，歲實徵銀四十四兩。《志》云一百二十七兩。

茂山衛原額草場地一十三頃四十九畝，歲實徵銀二十九兩七錢五分。

定州衛原額草場地二頃五十五畝，歲實徵銀八兩七錢五分。

真定衛原額草場地二十六頃八十五畝，歲實徵銀七十三兩一分四釐。《志》云八十兩五錢五分。

盧龍衛原額草場地一頃一十三畝，歲實徵銀二兩三錢七分。

東勝左衛原額草場地二頃五十畝，歲實徵銀一十五兩九錢五分。

開平中屯衛原額草場地一頃四十七畝，歲實徵銀二兩九錢四分，後增子粒銀一兩八錢有零，改解户部。《志》云四兩一錢一分。

永平衛原額草場地七頃八十畝，歲實徵銀三十一兩二錢。《志》云十五兩六錢。

山海衛原額草場地二十七頃二十四畝，歲實徵銀八十一兩七錢二分，後增子粒銀四十九兩有零，改解户部。

瀋陽中屯衛原額草場地八頃七十七畝五分，今堪種地四頃七畝七分，歲實徵銀二十六兩六錢一分五釐，後增子粒銀一十兩有零，改解户部。

大同中屯衛原額草場地一十二頃，今堪種地一頃四畝四分四釐，歲實徵銀三兩二錢一分六釐八毫，後增子粒銀五十一兩有零，改解户部。《志》云新增子粒銀一十四兩七分三釐三毫。

山東衛分

德州左衛原額草場地三十一頃三十四畝八分五釐歲，實徵銀七十一兩四分一釐，後增子粒銀二十五兩有零，改解户部。

平山衛原額草場地四頃，歲實徵銀二十一兩八錢。

臨清衛原額草場地二十八頃一十五畝七分，歲實徵銀一百一十二兩八錢六分八釐。以上各衛，萬歷二十二年共查實徵銀二千三百三十兩六錢八分三釐八絲。

太僕寺所屬孳牧草場養馬餘地附

成化二年奏准：差給事御史前去南、北直隸，河南、山東等處將牧馬草

場踏勘丈量，備照原設界至、頃畝，復立封墩，照舊牧養。

成化四年，令北直隸京師附近係官草場，不許內外官豪執要，妄指求討託故役獻違者，許科道糾劾及各衙門追究治罪。

成化六年，令德州、天津各衛逃故軍人遺下草場為附近居民盜耕佈種者退地還官，每畝量追花利草三十束，不願者每束納銀三分，准作遠年拖欠之數，照依時價支給京操，上直官軍買草餧馬，以後年分但有拖欠草束，俱照例准折。

弘治九年奏准：差官踏勘合各處牧馬草場，凡占種者俱令退出，內堪種地土，佃與近場軍民耕種，每畝徵租上等七分，中等五分，收貯各府州縣庫，給民幇助買馬；不堪種者照舊放牧馬匹。

弘治十四年，以草場租銀太重，減額徵解太僕寺以備買馬。

正德十年題准：草場租銀量支幇補追併不敷馬匹，餘解太僕寺，仍行兩京太僕寺轉行分管寺丞、管馬官，將所屬租銀嚴督追解，造冊送部考查。

又奏准：各分管寺丞親詣所管州縣，弔卷清查，解部送寺以備買馬。如有那移侵費等弊，依律糸提問追，以後年分，各府類收，俱候次年三月以裏到部。

正德十三年題准：各府州縣徵租銀草場，如有水旱災傷，即便從實具奏，與民田一體差官勘實，照依分數蠲免。凡分管寺丞，嚴督各州縣掌印管馬官，以十分為率，年終三分不完者住俸。寺丞與知府管馬通判，照分管州縣，四分不完住俸，先將原額草場地土頃畝，及該徵子粒租銀數目分豁明白，造冊差人齎繳。

正德十年，太僕寺卿儲巏言：『臣前在霸州見工部官來按視葦箔鐮票地，其四至、頃畝與原草場相同，亦必草場廢弛之先，渾河橫流，散漫四出，霸州上下漸為淤漲，蘆葦旋生放牧不到，當時言利之臣因其地之羨餘，悉取葦箔稅。然葦箔之用較之草場牧放孰重孰輕？况草場自永樂初年，而葦箔課起自近年，其地固草場之地也，邇來渾河改徙不產蘆葦，又非宜徵之地，乞盡蠲除，使牧地無他徵之擾。又今壽府、皇庄等項，既清查出，便歸各營。願自今以往，重申禁條，有侵逾及奏討者嚴加懲治，庶私蹊可絕而牧地不混。』

兵科給事中周用言：『霸州舊設草場，民居稍遠，極目荒曠無室宇，人馬無所隱庇，露宿蒼莽之中，以致暑雨蚊蝱之生噬齧肌膚，馬多瘦損，士卒不樂就牧。又况迤今所築封堆不過數年，風消雨淋漸就平夷，將復迷其處所，不若緣其邊界量立舖舍，使軍士分地而牧，創屋而居，馬亦得以隱庇，庶幾人馬有依。又霸州等處見在皇庄俱在牧馬之地，陛下為天下主，聖母享天下之養，普天率土，莫非皇庄，豈必於其間復私頃畝之地收數斛租然後謂之庄哉？願重自裁，抑罷庄田以益牧地，則奏討之門自杜。』

嘉靖元年，兵部為禁奸息民以舉馬政事，太僕寺少卿崔奏查處草場奸弊，今照前項草場餘地，曾經本部奏請，差官踏勘丈量，原額頃畝雖有定數，但近年以來，各處奏稱水渰沙壓數多，若不重行清查，年久恐致埋沒，侵占頃畝漸寬，租銀日減，合無本部，仍行兩京、太僕寺各該分管少卿、寺丞督同各掌印管馬官員將前項額數，牧馬草場餘地并該徵子粒銀數，逐一查算。《誌書圖卷》所載將某府、州、縣原額地土若干，即今實在該徵地土租銀各若干，差人呈部以憑，重定成數後，俱各照事例全徵。自嘉靖元年為始，年終不必會數，如遇災傷等項，須經撫按臨期勘報是實，方准蠲免，該寺將所查原額數書刻于寺本部，仍增入馬政條例，奉聖旨是。

嘉靖十六年題准：有罪人犯應問擬者，太僕寺徑自問擬。應糸奏者，從實糸奏。

隆慶六年題准：以子粒銀給驛傳，以南馬銀改京運兊用。仍題准：萬歷二年以後，不必借子粒銀兩，各照正項支用。先該御史蘇士潤題稱：順、永、保、河四府驛遞，南馬銀兩節年拖欠以致百姓大半逃亡，夫馬頭役十室九空；良涿、薊州、三河一帶殘困尤甚。乞將本處牧馬草場子粒等銀，自隆慶六年為始，不必解部，留抵作原派南馬銀兩。其南直隸、江浙等處應解各府馬價改解本部，以抵牧馬草場等銀。後該彰武伯揚等題稱：驛遞疲累禁革冒濫可也，南馬拖欠嚴限催徵可也，止當就事正法，不當因事變法，驛遞固疲累矣。營衛在今日難以贍壯騰踴者，言南馬銀固拖欠矣。子粒銀在今日亦難以完報如期者，論且南馬拖欠固以京營子粒銀補之，以恤驛遞營中操演犒賞之費、修理供用之費、金鼓旗幟之費，每年不下萬兩，如有拖欠將安取給？懇乞俱歸正額。兵部覆題：隆慶六年併萬歷元年准，將子粒銀兩各照數借給各驛遞支用，萬歷二年以後不必借子粒銀兩各照正項支用。

萬歷三年議准：以後拖欠子粒租銀及馬價錢糧，該管官員三分四分以上罰俸一月；五分六分以上降罰一級；七分八分以上降俸二級，催督完日准復。

萬曆二十三年，本寺題牧地古圉師養馬，冬寒燠以廐，夏炎涼以庌，國初，出則牧地，入則苑監，即此意也。其後苑監廢，南、北太僕，京邊皆有草場，乃養馬、騾、駒，民不擾者，藉此後因豪右占為庄地，牧養無所，馬乃不足。先臣屢奏，欲責牧養，必先復此，請令豪右庄地還官，民開地退出，免其租税，緣豪右占據日久，民腴地投獻，欲查未能。近印馬御史僅請：冬寒馬病聚州縣城内，或空閒處，或寺觀醫之，煥之待長愈，乃令領歸，亦未能行。今諸地先在官，今在民志册可見者，又前勘明荒地、銀、馬皆減，議為牧地者，皆當查明給與俵寄民領養可矣。第與屯地易混，今屯田御史兼馬政誠嘗勑下嚴責，倘有豪右阻撓容其盡法以治且專委期成之，又有昔存今廢、昔蕃今荒、昔平衍今堆塞，各州縣屢以為言者，今照往例查明，或暫減數，或久免徵，此牧地之議也。

直隸府分

順天府二十七州縣，原額草場地共一千八百四十六頃四十四畝四分六釐一毫，内堪種地一千四百九十六頃八十九畝一分一釐一毫，歲徵銀一萬一千四百四十七兩九錢五分六釐三毫七絲。

北直隸大名府十一州縣，原額草場地共三千一十四頃二十五畝八分八釐二毫，内堪種地八百五十四頃九十六畝三分八釐七毫，歲徵銀除例減外，實徵一千一百二十四兩八分二毫五絲。長垣縣後增子粒銀七兩三錢八分三釐三毫，養馬餘地一萬五千八百六十一頃八十二畝三分一釐，歲徵銀除例減外，實徵二萬六千一百五十四兩九錢二分八釐二毫二絲四忽。萬曆二十二年，查收大名府十一州縣，子　一千一百二十四兩八錢八分三釐二毫五絲。

保定府十三州縣，原額草場地共三千九百七十三頃九十四畝四分五釐一毫八忽，内堪種地一千一百三十二頃四畝一分四釐九毫，歲徵銀除告豁撥給外，實徵二千五百一十九兩四錢七分四釐四毫，後增子粒銀二千三百七兩有零。嘉靖四十一年，改解户部，萬曆二十二年，實徵二千五百五十一兩三錢八分二釐七毫。

易州等七州等，原額草場子粒地共二千二百一十八頃八十四畝三分一釐，除告豁撥給外，仍該草場地一千三百四十二頃三十七畝六分七釐，内堪種地六百四十頃七十六畝二分八釐，歲徵銀一千一十九兩一錢七分九釐八毫六絲。後增子粒銀一千七百二十七兩七錢六釐九絲，葦草子粒銀一百八十八兩七錢九分二絲。萬曆二十二年，實徵子二百九十兩四錢八分五釐三毫六絲，養馬餘地一千七百六十六頃五十二畝有零，歲徵銀二千三十八兩有零。萬曆二年，題准免徵。

順德府九縣，原額草場地三千六百四十二頃一十二畝六分，内堪種地一千四十五頃四十四畝九分，歲徵銀二千五百六十四兩二錢七毫六絲五微。後增子粒銀一千六百五十六兩有零，改解户部。養馬餘地二千四百一十頃五十八畝有零，歲徵銀四千九百一十兩有零。正德十六年，題准免徵。萬曆二十二年，實徵二千五百六十四兩二錢七釐六絲五纖。

廣平府九縣，原額草場地一千八百八十二頃七十六畝二分，内堪種地五百五頃六十五畝六分，歲徵銀一千四百四十二兩八錢五釐。後增子粒銀七百一十四兩有零，改解户部。養馬餘地四千九百五十頃二十七畝有零，歲徵銀九千九百兩有零。嘉靖二十七年，奏准免徵。萬曆二十二年，實徵一千四百四十二兩八錢五釐。

真定府三十一州縣，原額草場地五千四百六十四頃一畝四分二釐五毫，内堪種地二千六百八十六頃四十六畝二分七釐八毫，歲徵銀六千五百八十八兩二錢九分八釐八毫一絲五忽。後增子粒銀四千七百八十六兩有零，改解户部。養馬餘地一千三百七十四頃八十四畝四分七釐三毫一絲，歲徵銀二千八百一十三兩四錢四分二釐三毫七絲九忽。萬曆二十二年，實徵六千五百九十一兩三錢三分二釐七毫一絲五忽。

河間府十五州縣，原額草場地一千九百七十五頃六十畝三分七釐，内堪種地七百九十二頃九十畝一分四釐九毫，歲徵銀除奏減外實徵一千六百五十三兩九錢八分九釐二毫四絲。後增子粒銀二千二百四十六兩有零，改解户部。萬曆二十二年，收河間府十五州縣子粒一千七百六十一兩九錢五分四釐一毫四絲。静海等三縣，原額草場地共一百二十六頃七十二畝六分五釐，内堪種地共七十頃一十畝八分三釐，每年徵銀二百一兩七錢九分六釐五毫。後增子粒銀五百一十六兩有零，改解户部。養馬餘地三千一百五十八頃八十三畝有零，歲徵銀六千四百六十五兩有零。萬曆二年，題准免徵。萬曆二十二年，實徵一百七十五兩七錢八釐九毫。

永平府六州縣，原額草場地一百七十五頃八十八畝五分，歲徵銀四百三十二兩四錢七分五釐五毫。後增子粒銀二百六十七兩有零，改解户部。

養馬餘地一千八百四十四頃七十七畝有零，歲徵銀三千三百十七兩有零。嘉靖十年，議准免徵。萬歷二十二年，實徵永平府六州縣子四百三十二兩四錢七分五釐五毫。

河南府分

河南開封府七州縣，原額草場子粒地八頃二十三畝四分八釐二毫，歲徵銀三十二兩九錢三分九釐三毫二絲。萬歷二十二年，實徵三十二兩九錢三分九釐九毫二絲。

歸德府考城縣四州縣，原額草場地四十畝，歲徵銀一兩六錢八分。萬歷二十二年，實徵歸德考城四州二縣子一兩六錢八分。

山東府分

山東濟南府二十九州縣，原額草場地四頃四十八畝一分六釐五毫一絲二渺，歲徵銀六兩八錢九分三釐二毫五絲。萬歷二十二年，實收濟南府二十九州縣子八兩九錢一分三釐一毫三絲。

兖州府二十五州縣，原額草場地一百八頃三十六畝五分八釐，內堪種地六十四頃九十二畝六分，歲徵銀二百七十八兩四錢四分七釐八毫。萬歷二十二年，實徵兖州府二十五州縣，子二百三十二兩一錢九分一釐六毫。

東昌府十八州縣，原額草場地八十七頃六十九畝五分八釐，內堪種地七十四頃五十五畝五分八釐，歲徵銀二百九十二兩六錢六分三釐六毫。萬歷二十二年，實徵東昌府十八州縣，子四百三十三兩七錢二分三釐八毫三絲一忽。

南京太僕寺孳牧所屬草場

成化二十三年，南京太僕寺寺丞奏准：查勘原額草場頃數、界至明白，埋立封堆，將高埠低窪止勘牧馬地土，責付養馬人户輪流管顧。牧放中間果有肥饒地土，空閑堪以開墾成田，看驗頃畝撥與有力馬户耕種，依佃種官田事例，所收花利不拘銀穀，依時計估量納，別置倉庫收貯其有。曾經開墾成田耕種年久徵納子粒者，一體清查徵收。中間被人包占種作或侵占界至，各許自首還官免罪，如遇俵解馬匹也，有災傷人户逃移無處湊買，并十分貧難出辦不前酌量支給以備定數，只許用助馬政，不許別頃支銷，待後養馬數多，停免耕種照舊牧放。

弘治元年奏欽：依內事理，各州縣將清查過牧馬草場坐落地名，并頃畝、四至方圓，於公廳內鐫立石牌以為日後憑據。其草場地土以近就近分撥與各衛，養馬人户專一牧放馬匹，各於四至築立高大封堆，以後不許占種，其原納子粒悉行除豁。

弘治二年，南京兵部尚書張鑾奏准：南京各該衛、所有牧馬草場被人侵占起科納糧，差南京各部、各屬官及同太僕寺寺丞查理還官。

弘治四年，御史胡海潘楷等奏准：均平除豁去荒地蓄草牧馬外，其原佃軍民耕熟者照舊給與承佃。南京各衛、所草場每畝收銀一錢，其餘各處地土肥饒者每畝出銀七分，中等五分，瘠薄者四分，照數徵完貼補買馬，不許別項那用，每年終將收過地畝銀兩數目造冊繳報查考。

六年始議：分三等課租，大約江南府、州、縣上畝七分，次五分，又次四分；江北每等各殺其二。

弘治七年，都御史張瑋奏：『南直隸鳳、淮、揚、廬四府，徐、滁、和三州草場與養馬人户住居窵遠俱各不來牧放，置於無用，要查出召民佃種。』准行。南京兵科給事中倪天民、御史李宗酒、兵部主事周夔會同分管寺丞，清查丈量各於四至築立峯墩為界，仍建立石碑，將草場坐落地名并頃畝，四至鐫勒為後証地土分撥近場軍民人等佃種，上等田七分，中等田五分，下等田四分。

弘治九年，都御史史琳奏稱：租銀太重，乞要量減上地每畝納銀五分，中地三分，下地二分。

弘治十三年，户部會同兵部等衙門題准：各處草場租銀照比，較馬政事例嚴併追徵州、縣管馬官員以十分為率。年終三分不完者住俸。寺丞與知府管馬通判，照分管州縣，十分為率，四分不完者，一體住俸俱候完日關支。

正德十一年，南京太僕寺卿楊褫題准：租銀與空閒地土銀兩照例，嚴督管馬等官追徵完足。依限解部發寺收貯，以備京邊買馬支用，若年終不完照例住俸，若擅自別項支用及有侵欺那移情弊，即便查究追完。

正德十一年，御史周鵷題稱：『南直隸八府、三州民既出馬，又徵其馬場之租，負累窮民，要將地畝租銀盡歸養馬之人。該兵部查前項原議牧馬草場與養馬人户住居窵遠不來牧放者，方召人佃種，徵租今若一槩通免，誠恐種地之人幸免起科，養馬之户不沾實惠。』准行。查勘各該州、縣，但係報冊佃種牧馬草場地户，中間果係養馬人户自種草場地土，照依所奏免科，若不係養馬人户佃種，仍依原擬徵租解部。正德中議：勘係馬户自種者免徵。

嘉靖八年，御史秦武奏：『廬、鳳、淮、揚牧馬草場係馬户自種者，乞免追租以助備用馬價之費，平民佃種者與貧民佃種屯田同罪。』

嘉靖八年，南京太僕寺卿王崇獻奏稱：廬、鳳等處草場租銀已經具奏免解，其應天、太平鎮、江寧、國四府、廣德州、建平縣草場租銀未經勘免，准照廬、鳳、淮、揚等府、州、縣事例一體免解貯庫。都御史唐龍題准：廬、鳳、淮、揚四府，徐、滁、和三州草場租銀免其起解收貯，各該州、縣每年例該坐派本折色馬匹幇助馬户買馬，不許別項支用。

嘉靖十年，都御史劉節題准：廬、鳳、淮、揚四府，徐、滁、和三州一應草場，除馬户種者照前免徵，其小民承佃該納租銀自嘉靖十年為始，俱免解部。每年徵收在官如遇派到備用并騎操馬匹，或本折色，查前銀先儘扣作無田養馬人并逃亡之家，各所辨之數有餘，方許難助，有田馬户仍逐年造冊，繳部本寺。奏准。今後佃種草場，租銀收貯，各該州縣官庫几遇派到，備用馬匹給與馬户湊買，先儘無草場人户及包販逃絶之家，次及有草場人户，租銀數盡，方查照馬户均派湊補。

嘉靖十年，差御史張心勘定荒熟頃畝三等，則例科收其節年損益，宜少變前制。

十二年議准：於場地應徵銀内各照起俵馬數，每匹扣留一兩以備災傷、逃移、支給，餘悉解部發寺以備不時買馬。

嘉靖三十年，南京太僕寺少卿雷禮奏稱：租銀各州、縣每該解俵馬一百匹量，留銀一百匹，其馬多銀少者，則盡數收貯官庫以備地方災傷買馬。其餘無馬去處，悉照舊例解部轉發太僕寺收貯買馬支用，但各州、縣官多有怠忽不行催徵，其徵收在官者，多有那借侵欺，奸弊百出，漫無稽考。該兵部題准：委官俱逐一清查，如有那借侵欺等弊，就彼從重問遣，其勢豪侵占不納租銀者，悉聽指名衆處治，仍行各該撫按衙門今後不許將前項銀兩擅支。

三十五年議准：題請勑書關防，專委南京兵部主事一員清查管理。

隆慶二年題准：每五年行各軍衛有司清查造冊奏報。　萬歷四年議准：扣留備災者，各解南京太僕寺收貯，照災酌助以免欺隱。

應天等八府州分

應天府八縣，原額草場地共一千四百四十五頃五十畝八釐七絲一忽微，内堪種地三百九十四頃七十九畝八分八釐五毫三絲，歲徵銀一千七百一十四兩二錢一分九釐八絲二忽八微。

南直隸鎮江府三縣，原額草場地共一百五十一頃八十一畝六分八釐九毫，内堪種地八十七頃四十五畝八分五釐二毫，歲徵銀三百八十一兩七錢三分七釐六毫四絲。

太平府三縣，原額草場地共六百二十二頃六十畝九分八釐七毫四絲，内堪種地二百七十頃七十畝九毫六絲，歲徵銀一千七十三兩一錢七分二釐五毫二絲四忽。

鳳陽府五州十三州縣，原額草場地共四百八十頃七十七畝六釐四毫八絲，内堪種地二百七頃六十六畝二分七釐九毫八絲，歲徵銀六百五十一兩七錢六分三釐二毫三絲八忽。

廬州府二州五縣，原額草場地共六百七十頃五十八畝六分九毫四絲三忽六微，内堪種地二百四頃八十一畝四分七釐八毫五絲五忽四微，歲徵銀八百六十二兩二錢闕分四釐六毫四絲九忽九微六纖。

淮安府二州九縣，原額草場地共七百九十二頃八十四畝四分三毫三絲，内堪種地六十四頃五十九畝七分五釐四毫，歲徵銀一百八兩九分二毫五絲。

揚州府三州五縣，原額草場地共一千三百六十七頃七十六畝二分七釐五毫五絲一忽五微，内堪種地一千一百八十四頃五十六畝五分六釐一毫五絲一忽五微，歲徵銀二千七百五十九兩五錢九分八釐七毫二絲六忽五微。

以上嘉靖十年勘定數，其後歷年開墾加增不等，每歲各府共徵銀一萬九千一百九十一兩，復經題准減免三千一百三十三兩。至隆慶二年，實徵銀一萬五千三十兩。以上自萬歷九年盡革種馬後，牧地俱入官見，徵子粒租銀隨年徵解原無定數，各府州縣徑解太僕寺。

各邊草場

洪武三十年，定北邊牧馬草場。自東勝以西，至寧夏河西察罕諸爾。東勝以東至大同、宣府、開平，又東南至大寧，又東至遼東，又東至鴨綠江；又北去不知幾千里，而南至各衛分守地。又自鴈門關外，西抵黄河，渡河至察罕諸爾；又東至紫荊關，又東至居庸關及古北口，又東至山海衛。凡軍民屯田地，不許牧放。其荒閒平地及山場，腹裏諸王、駙馬及軍民聽其牧放樵採，在邊所封之王，不得占為己場，妨害軍民。正統八年，寧夏右衆將都指揮僉事王榮奏：『寧夏官馬，永樂中每年四月於高臺寺至陸墩沿河一帶于地闊草蕃之處牧放。比至五月，移高家閘、白烟墩、觀音湖涼爽水冷處。近年河灘沿山草場皆為總兵等官占牧私畜，或開墾成田。以此官馬俱於馬窯墩牧放，遠城二舍，非惟馬不蕃滋，有急亦難調遣。請勑陝西布按二司勘定界限，置草場牧放為便。』命糸贊軍務都御史覆視以行。

成化十年，令陝西、榆林等處近邊地土，各營堡、草場界限明白。敢有那移條款，盜耕草場，及越出邊牆、界石種田者，依律問擬，追徵花利完日，軍職降調甘肅衛分差操軍，民係外處者，發榆林衛充軍，係本處者，發甘肅充軍。

隆慶五年題准：陝西文過苑馬寺牧地，計算熟地三萬頃，養馬一萬匹，餘熟地五萬頃。該寺分別三等，徵銀共四萬五千兩，解固原兵道收作軍餉，每年該鎮照數查扣主兵銀兩。

六年，清查寧夏牧地内將一千四百四十餘頃，斷歸慶府及平樂所耕種二千八百九十餘頃，分別三等，州地每頃徵租銀一兩五錢，坡地一兩山地五錢，以抵本鎮軍餉支用。萬歷二年，以北虜開市議准：大同鎮於中路建立六場，西路四場，東路陽和一場；宣府鎮於中、北、東、南、上西、下西六路各建一場，每場養馬三百匹，擇有水草處隨便建置，將每年餘剩馬匹立羣設校，委官管領如法牧放陽和另立小場，以牧貢馬。

《八旗通志》卷七五《八旗牧場》

畿輔牧場

順治二年題准：御馬場及王、貝勒、貝子等馬場，俱各按本旗地方牧養。

又題准：天師庵草場，設場尉、筆帖式及書役、甲兵巡守。

又題准：近京廢地，均撥給壯丁墾種。如撥給有餘，方准為牧馬場。

六年題准：順義、清河、漷縣、沙河、蘆溝橋五處荒地二萬四千四百七十四晌，潞河、沙河、清河、桑乾河兩岸各長五里，濶三里，俱令丈作馬場。

又定：嗣後棄地為牧場之例，永行停止。如沙地不堪耕種者，仍留牧馬。

十一年題准：給親王牧場方八里，郡王牧場方四里。

十二年覆准：親王牧場方二里，郡王牧場方一里。額外多占者，察出撥給新壯丁。

康熙元年題准：天師庵草場，歸併崇文門部員管理，其原設官役、甲兵俱裁。

十二年題准：太僕寺牧場，向係户部撥給入官人看守。今内府並諸王、貝勒等馬匹，就牧場内餘丁選補看守。如無可選者，仍行令户部撥給。

鑲黄旗牧場，坐落武清、寶坻二縣。東自唐畦，西至陳林莊，七十里；南自張家莊，北至上馬臺，九十里。正黄旗牧場，坐落天津府。西北自俞家莊，東北至小稍子口，三十五里；西南自孫家莊，東南至秋家莊，四十七里。

正白旗牧場，坐落天津府。東自好字沽，西至白家莊，四十二里；南自城兒上，北至清溝，六十五里。

正紅旗牧場，在甕山者，二百五十晌。在蘆溝橋西高陵者，四百六十晌。

鑲白旗牧場，坐落通州，四百一十四晌。

鑲紅旗牧場，坐落順義縣在天竺馬房村者，五百八十八晌。在蘆溝橋西者，八十晌。

正藍旗牧場，坐落豐臺、玉蘭等莊，東西三十里，南北五十里。鑲藍旗牧場，坐落草橋十里，廊房八里。

以上畿輔牧場

奉天牧場

順治五年奏准：『奉天中前所、前屯衛、中後所三處地，令八旗均分為馬場。自東迤西，先給兩黄旗，次兩白旗，次兩紅旗，次兩藍旗。』

康熙二年題准：錦州大凌河牧場，東至右屯衛，西至鴨子廠，南至海，北至黄山堡，仍留備牧馬之用，不許民開墾。

乾隆十三年議准：大凌河馬場，長百餘里，濶自二三十里至六十里不等，甚屬寬廣。今既裁減馬羣，應於馬場西界横截十里，給官兵就近耕種，以資養贍。但恐伊等日後圖利，私行侵佔，開墾耕種，有礙馬場。令差往大臣會同副都統並總管，覈明應裁牧場地址，編定四至，註册備考。

又奏准：大凌河馬場，東西長九十里，南北長十八里至六十里不等。折算約二百九十餘里，計地一萬七千九百餘頃。應遵照原議，自西界横截十里。會同副都統、牧羣總管丈量。西邊自南至北長十八里有奇，東邊自南至北長二十里有奇。而此所截地内，南界窄狹，北界雖寬而有山，有足截十里者，有不足十里者。依地勢裁給，共計九百三十八頃有奇。隨定界址，東至杏山之北濠溝，西至鴨子廠，南至七里河，北至金廠堡。將裁截之處建築封堆，以杜将来私墾。右俱《會典》興京牧場地三千八百十晌零九分。開原八旗兵丁等牧場，自城外遼河東西至朔羅阿林止。

撫順界内，右翼四旗牧場九百七十晌五畝一分。

遼陽城所屬八旗牧場四處，在沙溝子、船城、單家莊、小網户屯。

哈達霍羅牧場，自開原城東墨爾根村起，至商家臺止。

復州界内，八旗牧場一萬九千四百三十六晌。

熊岳城界内，八旗滿洲、蒙古、巴里虎、漢軍牧場地二百七十五頃九十畝。

金州界内，牧場七十四頃五十八畝。

秀巖界内，八旗官員兵丁牧場三百七十頃三十畝二分。

牛莊所屬新倍河馬場一處。

寧古塔界内，左翼四旗牧場，在城西北四十五里外。自阿都和洛北拉哈米河口以南，至厄木海蘭，長五十二里；東自色勒木哈連蒙阿，西至恩格木阿林，寬三十五里。

右翼四旗牧場，在城南五十里外。自窩楞河茶庫拉法蘭北，木敦東，阿爾哈河口西，至烏爾虎和洛木敦，長四十九里；自茶庫拉法蘭北，木敦南，至蛟梅佛恒，寬十八里。

渾春界内，鑲黄、正黄、正白三旗牧場，在渾春村南九十里。綽庫北，自奇他帕他阿林以南，至朱黑俄莫，長二十里；綽庫東，自海岸以西，至達爾吉阿林，寬十八里。

三姓地方，鑲黄、正黄、正白、正紅四旗牧場，在城東南四十三里。自海蘭俄莫北，至翁肯河南烏魯林河，長三十四里；東南自達庫蘭阿林以西，至你爾格墨阿林，寬二十六里。

阿爾楚哈界内，鑲黄、正黄、正白三旗牧場，在城北七十里。自德克秦東，至阿爾楚哈河口，長二十里；德克秦西，至羅進蘇蘇，長五十里；自德克秦，北至松阿里江岸，寬五里；德克秦以南寬五里。

吉林烏喇界内牧場，鑲黄旗：自臥必拉北，東至雅通阿必拉十里，西至扎棍必拉五里，北至馬哈拉阿林四十里。

正黄旗：自依拉秦河至扎棍和呑，長十二里，自扎棍必拉至卧爾混寬，十三里。

正白旗：自恩皮溝源至馬哈爾圖山，長三十里，自恩皮溝至某哈連布占寬十五里。

鑲白旗：自雅通阿必拉至扎棍必拉，長二十里，自雅通阿必拉至馬哈爾呑阿林，寬十五里。

正紅旗：自刷煙必拉口南至大路，長三十里，自沙倫河至刷煙必拉，寬二十里。

鑲紅旗：自卧爾渾必拉至沙倫必拉，長二十五里，自對鶯厄至波諾和必拉河口，寬二十里。

正藍旗：自阿克敦霍洛昂噶至扎棍必拉，長二十五里，自依拉秦必拉河口至雅通阿必拉，寬十五里。

鑲藍旗：自波諾和必拉河口至依爾門必拉，長三十里，東至扎棍必拉，寬二十里。

白都納牧地，在拉哈傅和舍庫地方，長一百四十里，寬三十里。

以上奉天牧場

駐防牧場

康熙三十年覆准：德州駐防官兵，向在滄州牧馬。因越省不便，將霑化縣邵家莊所有荒地，令作馬場。其應徵地畝銀兩，准其豁除。

三十九年題准：天津等十二州、縣、衛、所牧場，派都統等會同直撫查明。東翼四旗，丈出餘地一萬二百六十一頃零。西翼四旗，丈出餘地一十八萬八千四百六十二晌。交與地方官招民墾種，照開荒例起科。

雍正二年議准：八旗存留牧場，并牧場餘地，差八旗都統一人，率户部賢能官二人，每旗賢能官一人，令直督委道員一人，公同察勘。其有可以墾種者，交與地方官招民墾種。其不堪耕種之處，仍交八旗作為牧場。

五年諭：『禮部並無飯食銀兩，郭家莊、天竺村兩處廠地，著賞給禮部。』共地一百八十一頃零，右俱《會典》。四川滿城駐防馬廠地共六千二百八十六弓，坐落沙河舖。南至大橋趙國良為界，西至玉祥山山嶺為界，東北以大路為界，本駐防来冊。乾隆二十九年，四川總督阿爾泰奏言：『川省有沙河舖牧廠以供養馬，惟是該廠係属山坡與民田高下夾襍，年来户口日繁，逐漸墾闢環廠民地盡成膏腴，若任營馬放牧則有損田禾，若令遠地刈草則不敷食用。臣察看該地原可種植，有收視産草出息，何啻數倍。與其以沃壤而委為荒瘠，不若開墾收租以充馬兵草束之用。』詔從之，右國史館抄摺。

三十二年五月，大學士公傅恒奏：『上年十二月，臣等議覆山西綏遠城右衛牧廠餘地招民墾種，起科准行，在案詳見，駐防規制卷內，但據稱此等地畝較察哈爾土性瘠薄，祇可種植雜粮，應照口外不分等則之例起科。臣思徵賦之輕重宜視收成之厚薄，今該撫請照口外之例不分等則，每頃徵銀一兩四錢，閏歲加徵四分二釐，每一兩加耗五分，以為傾鎔解費之處。此時未可懸定，應令試看成熟後量其收穫多寡再定規則，至此項需募佃民千餘户，將來俟認種人多，即令該處兩通判稽查彈壓。臣等復思該處佃民聚集既多，其中或不無游匪攔入滋生事端，並奸民抗租逃避各情弊宜嚴飭承辦之員，時時加意稽查，妥協經理。』奉旨依議。

四十年七月，西安將軍傅良奏：『西安駐防八旗馬廠坐落興平、盩厔、扶風、武功等縣，前於乾隆四年題明，每旗分地一百二十頃，共地九百六十頃，牧放馬匹。嗣於十五年前，督臣尹繼善因各廠逼近渭河，水流遷徙且有漲出灘地，委員勘明，各照原額另立界址，其廠外餘地給民耕種，取租充公，奏明辦理。在案查八旗馬兵原有五千三百名，養馬八千六百有奇，自節次移駐新疆等處，現在存營滿兵止一千五百名，每人拴馬一匹連出征金川馬兵二千名共存，馬三千五百匹，實無需廠地九百六十頃之多。臣與撫臣畢沅商議，若以四旗廠地四百八十頃牧放現在存營及將来四川凱旋馬匹實已寬綽有餘，其餘四旗廠地四百八十頃招募附近居民開墾耕種，即照民種廠外餘地之例，每畝租銀一錢，令地方官解交布政司庫，移送滿營以作兵丁紅白賞邺之需，再有贏餘即以充八旗公用。如此辦理，兵丁紅白事件既得永遠經費而空閒廠地亦不至棄為廢壤矣。』奉上諭：『傅良等奏八旗馬廠地，內酌將餘地四百八十頃交地方官招民墾種陞科，以作兵丁紅白賞邺之需，一摺事屬可行，已批交該部議奏矣。此項地畝，當官兵移駐新疆之後，即有空閒彼時早應查辦，何以直至今日始行具奏？尋兵部議准，駐防旗營設立馬廠自應計馬數多寡隨時籌辦，庶可耕之地不至廢於無用，而地租所入亦足資永遠經費，應如該將軍所請，准其存留四旗廠地為旗營放牧，其餘四旗廠地招募居民墾種以作兵丁紅白邺賞之需，如有餘剩即留充八旗公用，年終造冊報部查核。』奉旨依議。

十月，軍機處議西安將軍傅良等疏稱：『前任將軍容保在馬廠地方，每旗建盖馬棚一百間共八百間，又造運草廠船四隻，廠地種苜蓿六十三頃，其馬棚現多坍塌，船隻亦已朽壞，若不早為籌辦必致烏有，所種苜蓿有名無實，辦理殊屬未協，又坍損營房六十間，現在尚堪揀用之。各料物請移至現留右翼四旗廠內，另盖營房等語，均應如該將軍等所奏辦理造冊送部查核，但查馬棚、船隻二項係乾隆三十二年搭造，原建房屋八百間，計用銀五千一百兩有零，何至現在估變僅值銀四百九十四兩？從前派何員辦理，應嚴查浮冒等弊，據實条奏並將原動銀四千八百餘兩著落該員名下，追賠即查無侵蝕情事而辦理不能堅固致多坍塌朽壞，亦應令原辦之員與容保按股分賠。至所種苜蓿六十三頃用銀三千三百餘兩之多，當時自應委員承辦種後是否收成，該將軍亦應查核，何至有名無實？均須徹底根究。』奉上諭：『西安滿營原辦馬棚、船隻未及十年，估變竟不及十分之一，浮冒情弊已所不免。至栽種苜蓿一項，不過墾地佈種，無須大費工力，何竟用至三千三百餘兩之多？且歸於有名無實，其弊不可不澈底查，究著傳諭、傅良、畢沅即將其中情弊秉公逐一確查，務令水落石出，毋得稍涉瞻狥。』

又户部議准殺虎口外民墾王公馬廠地畝，照太僕寺地畝之例，每頃徵租銀一兩四錢，每兩隨徵耗銀五分，遇閏之年每兩徵閏月銀三分。乾隆三十八年宗室訥木謹恭進廠地，案內係照此辦理。至四十年奉恩將軍弘晌恭進廠地，經户部議奏即仍訥木謹之例，奉旨依議。此項地畝租息亦著照訥木謹之例賞給弘晌十分之三。

五十年十二月，軍機處議宗室德齊、奉恩將軍恒林各進廠地，坐落殺虎口外，阿布達里地方與將軍弘晌公恒禄等家地段相連，原報、續報共陞科地六百九十九頃零，內除弘晌恭進地畝一百七十五頃零，業已劃清。又恒禄原分地一百七十二頃零，仍照例徵收。報撥聽其自行收租外，其德齊、恒林共原分地三百五十一頃一十一畝。此外復有續丈出民人私墾地一百四十頃八十四畝，均請照數一并入官。請自乾隆五十年陞科起，飭令寧遠廳照例按年每畝徵銀一分四釐，遇閏每兩加三分，每正銀一兩隨徵耗銀五分，遵照口外定例，開銷餘剩耗銀隨同正銀解司報撥，每年八月開徵，歲內全完，按期解司，次年造冊，報銷至地户人等。違例私墾，本應定擬，但事在本年恩詔以前，應從寬免議，其新墾之地均在近年所得，花利僅敷墾本應請免追又廠地內民人建房築寨，應聽照舊居住，仍於遊牧毗連之處，分別刨溝砌石為界，並每村設立鄉保，編查保甲，以防奸匪承種，民人照例給與執照，填明花名、頃畝、四至，如有不願承種者，稟官退地，另行召墾，不得私相買賣，奉旨依議。此項地畝租息著照弘晌之例，賞給德齊、恒林各十分之三。

以上駐防牧場

藝文

明 姜埰《敬亭集》補遺《蒜山今爲牧馬之場過而有感》 蛟龍剖卵誰曾見？物怪齊諧事有無。若使東坡學士在，不應仍愛蒜山居。

明 邊貢《華泉集》卷七《草場》 牧馬場邊苜蓿香，回龍宮外樹蒼蒼。當年駿骨今何處？曾被金鞍侍武皇。

清 屈復《弱水集》卷九《送友人出塞監牧馬場四首》 芸窗風雨夜飛螢，一夕丹書出禁廷。彩鳳池頭差玉牒，盧龍塞外有天駉。雲從騏驥騰時黑，草向貔貅起處青。記得漢家尊石室，九重虛席待傳經。

行厨萬卷擅風流，長夏霓旌出塞遊。纔得雪消寧受暑，近聞花發似初秋。氊高駝背懸徐榻，月照龍堆上庾樓。莫以羣空輕冀北，從來此地有驊騮。

太平乘傳向金微，不用橫刀掛鐵衣。玉殿筆曾千氣象，皇華車更有光輝。冰開野綠高牙駐，沙覆空青萬馬飛。多少長安韋帶士，遙從北斗望君歸。

一麾天駟總千羣，暫出開平戀聖君。白草南看惟白日，黄花北望盡黄雲。箭香漫飲數奇羽，筆夢休書求試文。春去秋來隨雁影，能知時節是將軍。

清 斌良《抱冲齋詩集》卷一二《太僕寺官牧場雪凍成災馬傷者衆感賦》 肉食自怪此腹皤，讀書頗覺眼孔小。四十頭顱白染霜，笨車轣轆長安道。中朝卿相多英年，垂魚擁笏胡蹁躚朝。備顧問坐鳳閣暮，入宿衛依龍淵。今年夏秋苦淫潦，蒼耳生田蛙處竈。灑沈誰救蕩析災，橫目之民失懷保。司牧冏伯爾漫豪，聖時素位恣啥嘲。那林果爾風雪鏖，那林果爾在張家日外太僕寺牧場 雪花堆積如屋高。泉凍草枯丁牧逃，天閑四萬慘不驕。陰陽固是宰職調，笑爾悠悠官馬曹。

清 查嗣瑮《查浦詩鈔》卷一《馬場歌》 六亭遥接九亭長，行過羊場又馬場，一十二辰鑾市散，蘆笙吹月照花觴。《滇程記·清平至》平越有羊雞諸場爲諸苗互市處，以十二辰相遞，歷十二日爲一市，每場歲三十市，歲暮即場劇飲，元旦始散。

清 王汝璧《銅梁山人詩集》卷四《過察哈爾牧地作歌》 天蒼蒼，山茫茫，邊星歷落堆滿岡。十十五五穹廬藏，一川煙草碧間黄。羌兒雜遝牛馬羊，五色錯地紛列行，如芝菌茁雲霞囊。牛得草，人得乳，潼樂哉呼嘯羣飛揚。古來白骨黄沙場，代耕以殺肉作糧。青燐出没白草僵，羊牛辟易馬耳昂。方今雨露彌窮荒，丁零、冒頓皆我疆。地不愛寶天當陽，油油菽麥黍與粱。龍堆萬里齊耕桑，隙地棄與芻牧良，祁連孳畜歌蕃昌。

雜録

（嘉靖）《河間府志》卷八《草場》

【河間縣】牧馬草場七十一頃九十四畝一分，徵銀一百八十九兩四錢五分六釐。

【獻縣】草場七十八頃八十七畝，徵銀二百三十三兩九錢五分。

【阜城縣】草場四十二頃七十八畝，徵銀一百三十二兩二錢九分。

【肅寧縣】草場三頃七十餘畝，徵銀九兩三錢三分八釐。

【任丘縣】草場四十一頃二畝三分，徵銀一百一兩九分四釐。

【交河縣】草場一十頃九十畝，徵銀二十二兩六錢七分。

【青縣】草場七百六十六頃三十五畝二分六釐九毫，徵銀一千三百八十八兩五分二釐。

【靜海縣】草場三十三頃八十七畝五分，徵銀五十九兩六錢四分五釐。

【寧津縣】草場一十七處，徵銀八十四兩八錢八分一釐。

【景州】草場三百七十三頃六十一畝九分，徵銀三百八十五兩一錢二釐。

【吳橋縣】草場一百六十五頃五十五畝，徵銀一百六十七兩五錢八分七釐。

【東光縣】草場一十二頃七畝五分，徵銀二十六兩八錢七分五釐。

【故城縣】草場六十一頃四十三畝三分四釐，徵銀二百二十二兩五錢三分一釐一毫四絲。

【滄州】草場四十頃三十畝三分，徵銀九十二兩七錢。

【南皮縣】草場五十九頃九十五畝，徵銀一百七兩七錢四分。

【慶雲縣】草場三十頃二十畝，徵銀六十三兩七錢七分。

（嘉靖）《徐州志》卷五 牧馬草場地，四十八頃二十一畆七分，內除荒地外，成熟地四十六頃三十四畝，六八本州場地二頃一十八畝，蕭縣場地一頃七十九畝五分，沛縣場地一頃一十畝一分，碭山縣場地三頃六十八畝，豐縣場地一頃二十三畝，徐州衛草場地三十六頃三十六畝。

（嘉靖）《淄川縣志》卷二　牧馬草場，在縣治西二十里，丁廣埠地四十二畝四分六釐五毫，人各佃種，每年共納銀二兩一錢二分三厘二毫五絲，孳生種馬額数五百四十匹。

（嘉靖）《内黄縣志》卷二　牧馬草場六：蔡家營田達場地二十一頃五十一畝四分，馬生村張龍場地五十二頃四十五畝，高固村王尉場地五十三頃一十二畝，黑木村東庄場七十四頃六十七畝，李厚村亳城場地三十五頃。凡地三百七頃二十一畝七釐，堪種地二十四頃七十一畝七分五釐不堪種地二。

（嘉靖）《清苑縣志》卷三　牧馬草場凡十三處，舊止牧馬。弘治二年，知縣姚瓊奉例清查地共一千一百五十三頃一十八畝，堪種地五百三頃一十二畝三分五釐，每畝徵銀不等，共銀一千一百二十一兩二錢一分六釐。大陽場在中陽村南十□□□二十七頃九十畝。東至孫村草場界，南至河西至□□墩劉甫地，北至道堪種地二十頃二十八畝一分五釐，徵銀四十兩九錢九分七釐。孫村場在侯村南，計地一百三頃六十二畝。東至半截河，南至河，西至大陽場地界，北至河，堪種地四十八頃一十二畝五分，徵銀一百四兩六錢五分三釐。由義場在平陵村東，計地八十二頃三畝。東至小淘窪，南至沾惠場邊界，西至取浪兒，北至河，堪種地三十一頃九十畝四分，徵銀六十七兩九錢八分二釐。沾惠場在石橋村東，計地五十八頃四十八畝。東至史家灣，南至河，西至石門，北至由義場道界，堪種地四十八頃六十畝三分五釐徵銀一百一十七兩五錢七分二釐。田蒿場在草橋河西，計地一百三十一頃四十五畝。東至河，南至堤，西至道，北至小道，堪種地七十頃一十四畝九分五釐，徵銀一百五十六兩九錢八分一釐。白團場在白城村南，計地二百四十八頃四十八畝。東至官道，南至蔣家庄，西至王家庄道，北至乾河，堪種地六十頃三十九畝二分，徵銀一百三十二兩一錢八分二釐。韓宋場在小車村，計地一十五頃三十七畝。東至張家墳，南至河，西至河，北至道，堪種地七頃二十五畝五分，徵銀一十五兩三分七釐。循理場在大車村西，計地九十三頃三十三畝。東至河，南至堤，西至满城草場界，北至馬家墳，　堪種地三十頃六十三畝，徵銀六十四兩六錢二分七釐。富昌場在本村，計地二十九頃三十三畝。東至小道，南至河，西至張玘地界，北至馬家墻，堪種地一十五頃七十四畝，徵銀三十二兩七錢四分八釐。百塚場在本村東，計地九十頃。東至王昇塹界，南至道，西至道，北至河，堪種地四十四頃七十五畝四分，徵銀一百六兩六錢六分二釐。閆庄場在閘板口村，計地七十三頃六十畝。東至河溝，南至道，西至堤，北至河，堪種地三十一頃七十五畝三分五釐，徵銀七十兩五錢五分七釐。王力場在馬庄村南，計地一百二十八頃二十六畝。東至古大封堆，南至黄龍港，西至道，北至河，堪種地五十三頃八十畝九分五釐，徵銀一百一十二兩四錢三分九釐。梆林場在東安村河東，計地七十一頃一十三畝。東至小道，南至道，西至河，北至河，堪種地三十九頃七十二畝六分，徵銀九十七兩三錢四分二釐，餘地銀除養馬外剩地共一百六十八頃三十畝，每畝徵銀二分共銀三百三十六兩二釐二毫。

明　徐日久《騭言》卷一七《查牧地》　我朝設立草場地畝專爲牧放京營馬匹，每年四月下場，十月歸營。馬既膘壯足以備征，而在官草束又得存省，後以寬潤荒蕪可惜，乃丈量立界，除爲軍民租種外，每營存留五十五頃，奮勇等十二營存留六百六十七頃九十二畝，以資牧放，不知此地得如數在否。嘉靖元年，御史李儼疏。

清　龍文彬《明會要》卷六二《草場》　洪武六年，置草場於湯泉、滁州等地。三十年，定北邊牧馬草場，自東勝以西至甯夏河西，察罕腦兒以東至大同、宣府、開平，又東南至大甯、遼東抵鴨綠江，又北千里而南至各衛分守地，又自雁門關西抵黄河外，東歷紫荆、居庸、古北口，抵山海衛，荒閒平野非軍民屯種者，聽諸王、駙馬以至近邊軍民樵採牧放，在邊藩府不得自占。

永樂中，置草場於畿甸，尋以順聖川至桑乾河百三十餘里水草美，令以太僕千騎使懷來衛卒百人分牧。

二十二年，令戶部、錦衣衛各委官查勘五府牧馬草場，有妨占民田者，另撥官地與民爲業。

成化九年，侍郎焦宏奏：『臣等踏勘灞上大馬房諸處草場多被内官侵占，以致馬日瘦損，乞悉令還官，歲遣科道巡視，敢如前侵占者罪之。』

十年，令陝西、榆林等處各營、堡草場界限明白，敢有那移盜耕者依律問擬。

宏治八年，兵部尚書馬文升奏：『洪武、永樂間，京衛於空野官地置立牧馬草場，在京各營草場不下數千餘頃，夏秋之間，足資牧放。今京營草場俱被勢要之家或親王占爲己有，亦有被軍民開耕占種者，凡遇馬匹下場牧放無處存住，乞敕科道清查已耕者係親王管業，另撥無礙地補還，退出草場牧馬，其餘不分内外勢要之家，俱令退出，仍立石鐫刻四至，以示久遠，自後不許一人奏請。』

九年，遣官踏勘各處牧馬草場，凡占種者均令退出，内堪種地土佃與近場軍民耕種，每畝徵租，上等七分，中等五分，收存各府州縣庫，給民幫助買馬，不堪種地土，仍舊牧馬。

十四年，以草場租銀太重，從科道奏，減額徵銀，解太僕寺收儲以備買馬支用。

十五年，楊一清督理陝西馬政諸監草場，原額十三萬三千七百餘頃，存者已不及半，一清覈之得荒地十二萬八千餘頃，又開武安苑地二千九百餘頃。

十八年，題准京外牧馬草場除各衛所存留蓄草牧馬外，其勘定上、中、下等則田地原有軍民佃種者，每畝上地徵銀五分，中地三分，下地二分。

正德初，榮王祐樞乞霸州信安鎮田，故牧地也。部臣言，永樂中設立草場蕃育馬匹以資武備。至成化中，近倖始陳乞爲莊，後岐、壽二府相沿，莫之改正，及孝宗皇帝留神戎務，清理還屯，不以私廢公也。今榮王就國有期，所請宜勿與榮王傳正德九年四月，御馬房太監陳貴、葉陽以馬房屋宇傾圮奏，欲開耕草場地以資修理，戶科都給事中張文等言：『我朝養馬倣周人牧師之制，於内地民耕之外，各營設置草場，每夏秋牧放，縱其馳逐，馬太蕃息而武事以修，所以尊國勢而防寇患也。近日錦衣指揮傅聰、御馬太監錢能，各緣父兄之故請草場爲業，既誤許之，於是貴陽遂有此奏。臣等考之正統時，提督人員有侵其地者，英宗令改正，戒再犯必殺毋赦。成化間，太監李良、都督李玉等各侵苜蓿地，詔罰玉俸三月，仍遣官覈實以正其經界。近年太監覃昌、陸愷奏討香河等縣草場，壽府、仁壽宮奏撥永清等縣草場，給事中周旋查出先帝令照數還官。今貴陽、聰能何人？乃敢以香火爲詞而留數百畝，以修理爲詞而乞數千畝，欲以一時之私情壞累世之成憲，將必至於草場蕩廢，馬政空虛而後已。乞絶其私請，令原差科道官通行覈實，辨别定界，並揭累朝禁約之旨，使知遵守，不敢輕犯。』上是之，仍令修理工完即止。

嘉靖二年，清覈勳戚田土并覈御馬監草場備得，谷大用竊柄時，侵占民業萬餘頃，皆李璽希旨妄勘以奉大用者。言官請置於理上難之，楊廷和請追其半以備賑，不報。

（康熙）《延綏鎮志》卷二《草場》 牧馬草場共一十六萬二千三百三十頃三十畝。鎮城三千七百八十頃。一在城東至常樂堡，一在河西沿邊抵響木堡，響水二千九百十六頃，波羅二千九百十六頃，懷遠二千九百十六頃，威武五千四百四十三頃二十畝，清平五千八百二十二頃，龍州七百五十六頃，鎮靖一千七十二頃，靖邊二千二百四十頃，寧塞三千四百九十三頃，把都河六千八百四頃，永濟一萬一千六百八十頃，新安邊八千五百五頃，舊安邊八千九百九十頃，新興一萬二千九十六頃，石澇池一萬九千四百四十頃三山一萬三千五十一頃五十一畝，饒陽八百十頃，定邊八千一十九頃，常樂一千四百九十頃，九十畝雙山三千五百六十四頃，建安五百六十一頃六十畝，高家三千二百九十四頃，柏林三千二十四頃，大柏油二千一百八十七頃，神木三千二百四十頃，永興九百七十二頃，鎮羌一千八百九十頃，孤山五千六百七十頃木瓜一千八百一十四頃四十畝，清水三千一百三十二頃，黄甫川二千九百十六頃，歸德一千九百四十四頃魚河八十二頃。

評曰：牧馬之地，宜高凉，善水草則大蕃息。今延鎮之草場大抵不可考，獨鎮城歸德之南，常樂之東，疆畝猶未湮滅，而常樂之鴛鴦湖為尤善。昔時至凉秋，湖中草衰，即科發葭州各堡之民刈運至鎮城，此誠芻茭之不可闕者也。今總鎮許公念此民勞，乃於湖之濱置五六閑畜牧於中，歲省民夫以數千計而逸特教駣之法，又出而時考焉，害馬者去民其休息乎。

清 王慶雲《石渠餘紀》卷四《紀牧場》 我朝開基東土，耕牧兼資，世祖入關，從龍者不下四十萬匹，考牧之務亟矣。乃以近畿墾荒餘地斥爲牧場，分親王、郡王以里計，分上三旗及正藍旗以數十里計，餘四旗以頃計，亦圈地也。順治六年，始立限制停止棄地爲廠。康熙三十九年，天津牧地招墾，升科者二萬一千餘頃。雍正二年，丈出馬廠並餘地可墾者六萬餘頃，給民耕種。乾隆二十一年，清丈直隸牧場田畝，給民爲永業，改名恩賞官地，時已墾者十一萬五千餘頃，按畝升科，其餘荒地仍隨時召墾。五十一年，報墾保定駐防之任邱縣牧地五十一頃，於静海縣改撥。五十七年，直隸奏撥甯河七里海官地四十五頃爲駐防馬廠，污萊闢於内而駃牨蕃於邊，斯爲盡人物之性矣。其各省牧場旁地自康熙以後，榆林、甘州等處次第召耕，亦無棄地焉。

口外牧場

國初馬廠在邊者，彰武、臺邊門外有楊檉木廠，獨石口外有御馬廠，亦曰上都廠，張家口外有禮部牧廠，太僕寺左右翼及八旗牧廠。順治五年，又以奉天屯衛地分給八旗 畜牧。自乾隆十三年，以大淩河錦州餘地九百餘頃給官 兵耕種。三十一年，以太僕寺右翼牧廠二萬三千餘頃招民墾耕。至四十六年，和碩莊親王牧地報墾，戶部議口外牧場遼闊，近來王公牧放漸稀，流寓小民漸漸聚成邨落，勢難禁其私墾，不若准其耕種，升科作爲有收之土，惟實與游牧毗連者，仍禁私墾，地利漸興耕與牧，固不相妨也。

清 黃六鴻《福惠全書》卷八《牧地》 明南、北設有冏卿，秦中、河州、西寧等處設有苑馬寺，牧丁領馬課駒，撥給地畝耕種，籽粒以資糊口，芻菽以供飼秣，其後馬政漸弛。牧馬為群頭里老作奸，陰行侵占而牧丁亦漸逃亡，于是有民間俵養之制，牧地猶多荒廢，本朝龍興，民不牧馬地隸州縣者，照例輸糧，仍其名爲牧馬地云。

種馬 附俵馬

題解

明 楊時喬《馬政紀》卷二《種馬》 種馬者以馬為種，視母騍駒，選駒搭配，餘則變賣入官，《會典》所稱孳牧者也。

又 卷三《俵馬》 俵馬者以種馬騍駒，表其良者，起解以備用者也。

論說

明 盧象昇《盧公奏議》卷五《經理屯田種馬疏》 竊思屯政廢而軍貧，馬政廢而兵弱，此今日極敝難返之大病也，而在宣、雲兩鎮爲尤甚。臣自出居庸關，沿邊閱視，并察人情風氣之宜，但見地土荒涼，居民寥落，米糧豆草湧貴異常，詢之二三野老僉云：『此中有地而苦無人，有人而苦無牛具。籽種即或，有地有人，勉措種具，而賦役既繁，收成又薄，得不償失，故多委而去之。』臣竊謂不然。凡地利天時，未有不與人力相配者也，宣、雲連年被又值連歲凶荒，失業之軍民，因無生趣，遂無生理，夫豈真不毛之地也哉？從來生聚先於教訓，屯法急宜講求，但其效在三年以後，經營拮据之始，未有不苦難而多費者，倘或傳舍其官，邀幸旦夕則已。若疆臣視國如家，由庶而富而教舍，此別無良圖，或遠或近，或軍或民，廣爲招徠，給以種具，此下手法也。其間因時因地因人，爲之叅調劑量，須於經始後詳計力行，未可以條陳盡也。至於營伍戰馬，中土所產不及邊方，邊方所產不及夷地，先年開市，我中國實借以收夷之利，分夷之長，其後市廢，而夷馬盡爲夷用矣，各邊又不知種馬，專仰給於俵解市買，費多而不得其用，及與遇人馬俱各披靡，蓋人不足以敵，而馬不足以載人，何怪屢番突犯不能一矢相加乎。惟是種馬之利，亦在四五年後，蓋一二年而孳生，三四年而繁衍，閱五年始强壯，可供馳驟，通計五年内牝牡料草之資，以視頻年買解之費可省十五，此法甚善，而計目前者必以爲迂，乃天下事每多誤於欲速畏難。臣今爲封疆軍旅，思長久之策，是法正宜急行耳，以上屯馬二款，實籌邊至計裕國遠圖，臣前疏練兵措餉爲治標，今疏種馬屯田爲治本，標本兼治，安攘可期。但所需資本不貲約畧計之得銀十萬，乃可措手，當此中邊多事，内帑空虛，司農告匱，臣何敢再向皇上一一籲求，惟望皇上勅下户、兵二部，并太僕寺權宜搜括設處十萬金暫作那借之數，容臣畢力料理，漸次補還，至錢糧經手之官，即宜責成委管屯馬之官，容臣會同宣大監撫按諸臣虛公，選委另疏題報職名，未敢造次用人也，崇禎九年十月十八日。

明 錢榧《種馬弊政事》《皇明經濟文録》卷一三 夫國養兵以安内也，畜馬以振兵而利之民也。今見我朝馬政，至此極弊而重遺民害之甚，民倦疲矣。古者牧馬之政，職之而有選人，牧之而有專地，治之而有統法，自周以至唐可考也，至宋中世，王安石新法一行，而戸馬之説起矣。戸馬之法，窮而保馬之令興矣，户馬、保馬皆以官馬散之編民，使代養也。然神宗行之而文彦博諍之不得，神宗卒曰：『朕於是有愧於文彦博矣。』哲宗嗣位，收還保馬而置監官牧如故。我國朝馬政廣散官中種馬於南北，直隸河南、山東編户之民，令民家自為牧而歲輸孳駒，戸保馬之遺意也。户馬、保馬歲給見馬與民，或與其直，令民自市；又賦牧地與民；又蠲民科賦征役；又民自願者，聽今法皆不然。户保馬行不再傳而輒就易輒，尚為古今遺恨。今我國朝原頒種馬一十二萬五千匹，百数十年之久矣，家弗有牧地，人弗有牧職，治弗有牧法，而弗免歲幣之償，而責歲孳之駒得乎，以百數十年種馬之舊，專設御史歲臨印之，旋斃旋償而日責，無已欲民無病得乎，丘濬議馬政曰：『兩京、河南、山東之弊政莫此爲甚。朝廷建國，於北藉此數郡以爲根本，而當無事之時，首先困之而不為之拯恤，可乎？』夫丘濬至今又數十年，當是時已云弊甚而冀拯以卹，至在今日弊彌甚矣。方今種馬雖養於民，歲觧備用馬匹，則非種所孳也，何也？民無牧地，無牧人，無牧法也，雖良馬亦斃而矧斃之餘也，出歲償之皆駑耶！是故民間歲以脂膏之聚，貴買於馬販之手，而尚入式之懼弗易也，末一種孳之駒，堪觧以八式者百無是也，果見種馬徒存無益有害之甚，請削去種馬之令，歲省草料民財百十餘口。且民愿以種馬變賣輸價，如折色每匹二十兩之例，可府銀二百數十萬，觧貯太僕寺存備軍國之需，其原額歲該起觧備用，馬本折二萬五千匹，民間歡然，仍如舊例，争先買觧不缺，是旦夕一舉而上不廢法，下卹生靈，利萬萬矣。

明 楊一清《增種馬疏》《皇明經濟文録》卷二四 查得永樂四年，開設監苑衙門。兵部節奉欽依事例，上苑牧馬一萬匹，中苑牧馬七千匹，下苑四千匹。當時種馬及後來孳生數目，雖不可考，而原擬養馬定規，却是如此。臣今徧歷兩監六苑，酌量草場廣狹，軍額多寡，戶口盈縮，事勢難易，議處得開城苑，原額恩隊軍人四百四名，安定苑，原額恩隊軍人二百六十五名，俱草場寬闊，水泉便利，地宜畜牧，堪爲上苑。使官得其人，政令修舉，各牧養萬馬，誠不為難。廣寧苑，原額恩隊軍人二百一十八名，後因添設固原州衛草場地方，多占修城郭，及撥爲屯地。萬安苑，原額恩隊軍人，雖止九十四名，草場亦頗寬闊，俱堪爲中苑。黑水苑，係甘肅苑馬寺，選撥恩隊軍人一百六名，草場逼窄。清平苑，原額恩隊軍人一百三十三名，地狭土瘠，人無生業，俱止可爲下苑。前項苑分，恐不能遽如原定養馬之數。大要萬安苑可牧馬五千匹，廣寧苑可牧馬四千匹，清平苑可牧馬二千匹，黑水苑止可牧馬一千五百匹，通計六苑，除每歲給軍騎操外，可常牧馬三萬二千五百匹，足毂陝西三邊之用。國初之盛，諒無以逾此。然欲廣孳息，必先多畜種馬，種馬既少，則孳生遽難收効。查得各苑，見在馬二千二百八十匹，堪作種者，止有一千三百餘匹。臣今將倒失虧欠馬匹，隨宜追補，及弘治十六年分茶易種馬，通止可毂三千匹，必須增置七千匹，共種馬萬匹，以兩年一駒計之，五年之內，可毂前數，將來孳息，牝復生牝，駒復生駒，源源不絶，數十萬匹之數，可計日而得矣。及看得西寧、洮河等衛，茶易番馬，以之給軍騎操，周濟邊用。以之作種，則風土異宜，孳牧多損，養馬軍人，甚以爲累，必須收買內地馬匹，易於牧養，成效可圖。且西人以畜牧爲生，要在不虧其直，自然樂售，考之周官馬質、掌質、馬量三物，盖三代盛時，民有餘畜者，官以價值易之，養之閑厩之中，以備不時之用，意正如此。臣欽奉勑旨，雖許設法增添，但陝西地方軍民，邇年以來，困于虜變，困于歲饑，困于轉輸，困于修築，公私匱竭，帑藏空虚，别難措處。查得弘治二年，爲因種馬數少，兵部奏准，將太僕寺收貯馬價銀一萬二千兩，送發陝西布政司，勑巡撫官督令布按二司官員收買種馬二千匹，發寺收養。合無比照前例，支取太僕寺馬價銀四萬二千兩，差官作急齎送陝西布政司，交割聽臣，督同布按二司于平、慶、臨、鞏等府衛地方，官員軍民之家，收買堪以作種好馬七千匹，派發各苑孳牧，趂時搭配群，盖依例科駒，如有倒失虧欠，隨即追補，不許似前玩慢，以致逋課數多，自取罪責。前項太僕寺儲蓄銀兩，本爲濟邊之用，且如各邊奏討銀四萬兩，不過收買戰馬四千匹，較之孳牧之利，何如暫費而大獲，惟陛下裁之。

明 謝汝儀《救偏弊以裕馬政事馬政》《明經世文編》卷一六八 一曰差御史以專督察。臣伏覩祖宗養馬之制，州縣有判官縣丞，或主簿一員以管理，每府有通判一員以摠理，又量地方各設太僕寺寺丞一員以分管比較，法誠備而善也。今之馬政日以就壞何哉？正緣州縣管馬之官，貪汙者多，利馬之死，不利馬之生，一遇倒失按月妝其常例，謂之令補。民苟目前，私圖便益，習染成俗，在在不免，如此而欲馬政之修于州縣難矣，府之通判，較之州縣之官識廉恥，顧行檢者尚多，其弊亦有二焉，柔懦無用者，恐黠馬之起謗，惕日玩時，通不查理，知事而情深者無以官事諉之，曰：『我盡心所事，無復知者。』專務諂悦上官，營求別委，或問理刑名，或追併錢糧，用以干名，覬望、旌獎，已之職業，若秦人之視越人，置肥瘠于度外，官以馬為名，謂之何哉。如此而欲馬政之修于通判難矣，乃若太僕寺寺丞之官，責重而權輕，事多掣肘，行之不易，每年出巡比較，兩運備用馬匹，恆不及之是懼，何暇復追種馬，勢固有不及也，况備用不完，年終有類參之例，種馬則無追補之期，吃緊于彼而優游于此固宜耳故倒死既多，一遇差印烙之年，各該州縣同時比併買補，買者既多價值自貴，乘時射利之徒以致富，而百姓褰橐罄然一空，鬻及子女者有之，及印烙一過，上下帖然，以為無事，作踐者任伊作踐，倒死者利其倒死，凡此弊之在今日者也。臣愚以民財可惜，邦本宜慮，為今之計，合無遵照成化初年事例，每年南北直隸，各差御史一員，河南、山東添差御史一員，一年一次，領敕更替接管，協同各太僕寺寺丞督理種馬，提調生駒，遇有倒死，即令馬戶以時買補，惟是點烙輪該年分之官，請印照常點烙，如州縣官員，仍前貪污，管馬通判，荒廢本業，與各條所言情弊，逐一訪察禁約，應提問者提問，應參究者參究，庶馬政有益，而餧養得專，官吏知務而奉法惟謹，則其為寺丞者亦有所藉，無復掣肘，蓋寔有所相濟，而非有所相妨，此條舉馬政第一義也。

一曰量解駒以示勸懲。臣伏惟種馬之養，正欲其群蓋孳息生駒起解以備邊用。歷考祖宗之時，成化以前，每騍馬一匹，俱是每二年納駒一匹，數不及者各該管馬官員俱有提問降級之例，時承平則法易湮，法易湮則官易怠，平日無提調之方，臨時無追罪之計，而紙上裁桑之弊興焉。如張三原馬未生駒，預行報生某駒，及駒生毛色不同，遂置無用，不免別買以務合册，民由是不堪，多作倒死。弘治六年，遂有倒失馬駒，徵銀三兩，虧欠徵銀二兩之例，此例施行，而馬政壞矣。何者每駒一匹，而餧養三年，方可起解，草料之費至少不下十兩，水草牧放，又用一人主之，孰若納銀費少而事輕哉故當群蓋之時，將兒騍馬分布別用，絕其生意，間或種馬有孕，百方衝落，求為虧欠，不過納銀二兩，或一生駒，致令倒失，納銀三兩，輪當點烙之年，官吏懼罪，逼追小民臨時買駒，多是如豺如狗，充數塞白，有駒之名，無駒之實。正德二年，御史王濟題奉欽依，每年每馬一群朋合，買備用大馬一匹起解，不必較其駒之有無，有好駒起俵變賣，悉聽自便所謂變而通之，此例之行似甚便也，但自是以來，種備二馬，判不相維，有司每年止是比較買馬起解，更不提調生駒，種馬若無用之物，無駒亦不查究，有駒任意作踐，故建議者有以不必養種馬言者，有以但徵銀解部召商上納為言者，此皆徒見末流之弊，而不求其始，有乖祖宗立法之意，但勢至于此，而必有以處之之計。臣所點烙馬匹，共該八萬八千五十九匹，每日草料馬一分，歲用財三十一萬七千一十二兩四錢，況一倍再倍而不止者，惡可浚有限之脂膏，養此無用之贅物哉，此弊之在今日者也。臣愚以為州縣買解之馬，非從天降，非從地出，俱民間所養，豈私馬生駒而官馬獨無哉！昔之弊也在無駒為有駒，今之獘也在有種若無種，勸懲不明，民心日懈耳。為今之計，合無申明舊制，參照新例，請自嘉靖三年為始，嚴督各該管馬官員，務要提調生駒，如三年之內，一馬生有三駒者，內揀其一駒起俵，一駒給馬頭以賞其勞，一駒同貼戶變賣，起俵之時，仍照例一戶有馬，三戶幇價馬頭，眼同貼戶，隨丁田多寡分用。若止生一駒二駒，馬頭不必給駒，于變賣銀內隨宜以多坐之，其起俵之駒，仍照弘治九年事例，齒少力强，不及四尺。亦為準俵，以視優異為勸，如此則民知有養馬之利矣。三年之中，一匹全不生駒者，其該幇各馬起解之價，務要一時追給；一群全不生駒者，買俵大馬，務要四尺以上，稍不及亦不得準俵，仍將群頭馬戶，各枷號一月問擬發落，或罰空腹銀二兩為戒，如此則民知所懲矣。各該管馬官員，申明提問降級之例，生駒不及，不許考滿，并轉遷，若有前項紙上裁桑之病，許被害之人陳告，行之數年，生駒既多，流布民間，不惟牧馬之易，而祖宗良法美意，庶幾復矣。

一曰定群長以明法意。臣惟祖宗養馬之制，慮馬之多，水草群蓋，或不能皆以其時，騎使作踐，恐稽察之不及，于是乎量為多少，立有群長，所以都其事而察其弊。又懼乎馬之病，即人之病，其弊之多橫死可惜也。于是乎群長之下，又立獸醫，所以責其往來治療馬匹，立法之意，如斯而已。今有司不能講求法意，群長常川存留在縣，跟同里老人等，朝暮打卯，中間一年一換者有之，半年一換者有之，甚至三月一換者有之，不才官吏，因是利其交代，以為侵漁之計。醫獸人有一番，弓兵各官分派，侵占狡猾之徒，因而營求差使為業，甚者看馬醫獸，又有一番，額設醫獸，又有一番。看馬者多市井無賴，額設者輪流應當，故小民里長之役方滿，群長又及；群長之役未歇，醫獸復夾，往來奔命皆馬而已，問其本業，茫然不知，有司亦不以其當為者責之，此其弊之在今日者也。臣伏覩洪武二十八年事例，每馬五匹，立群長一人，每群長下選聰明子弟二三人，習學醫獸，看治馬匹。永樂十八年事例，每馬十匹，立群長一人。成化八年事例，各處醫獸，每州額設二名，每縣一名，歲終更替，欽此。依臣所歷州縣查之，大約直隸者，每馬五十匹立一群長在山東者，每馬五群立一群長之處居多，惟直隸河間一府，河南開封三府，最為參錯不齊。順德邯鄲一縣，種馬止有五百九十五匹，群長乃有二十九名之多，至若醫獸雖馬少州縣，亦有四五六名，是成化八年之例未嘗行也。所以然者，州縣之大馬，常至一千之上，槩以一二名限之，顧東失西，更濟何事，又況起解大馬，中途恆用一二醫獸跟押看治，勢不可得而行也，為今之計合無將群長遵照永樂十八年事例：通行有馬州縣，定為五十匹立群長一人，一年方許更替一次，中間參錯不齊者，通行改正，使其常川在鄉，往來調督，各該馬戶群蓋以時，務要生駒，若有將馬耕田耕地使車，賃傭與人等項作踐者，具呈州縣從重究治。獸醫各肄定業，成者一人，專以看治馬匹，州縣多寡降殺，市井無籍，與輪流充當等項，一切革去。仍敕各該州縣，止許朔望點卯一次，于群長責其半月之中，提調群蓋，過定駒馬若干，各該作踐馬匹人戶若干，于醫獸責之半月之中，醫過馬若干，致倒失馬若干，各該官員，親筆填註登簿，季點時視。若報定駒而致落胎者罪及馬戶，若未曾舉呈，驗其脊破筋傷者，罪及群長。醫獸則以療之多寡，定其勤惰，能修其業，復其本身，若療無狀，另行更換，如此，則彼知本分之當為，而咸思勉矣。若州縣官吏，仍常川拘留在縣役替等項，許被害之人，陳告問擬違制，庶幾職業不妨，馬政可修矣。

一曰擬餘地以補逃絕。臣惟直隸養馬之例，每地五十畝，養一兒馬，百畝養一騍馬，此外又有餘地有白地。何謂餘地？假如一縣原有養馬地百頃，通以騍馬計之算，該領馬一百匹，若止養九十匹，其剩下十頃者，聽其養馬，餘地之謂也。何謂白地？直隸之地，有例不起科者，以不起科之地，通融養馬徵粮地內，牧兒馬，名為五十畝，百畝者有之，騍馬名為百畝，二頃三頃者有之，牧地之謂也。使此地俱存馬何累哉但編簽之時，各有官員假手書吏，得過之家營求撥為餘地，貧窮下戶，凑合養馬餘地之費，每年每畝，出銀一二分，若養馬一年，至少亦費銀一錢，又況餘地有徵銀之名，無解銀之寔，而養馬草料，日不可無，買馬坐派，歲不能免，故狡猾者束手傍觀，而小民曰以累窮即此由耳。故一時追馬禁急或將養馬畝地，捏作白地出賣或受累不過，舉家逃移，有馬頭逃而累及貼戶者，有貼戶逃而累及馬頭者，往往皆然，故地之見在者無幾。臣又訪得各處風土，多係村落，自相排擠，如第一社原編馬五十匹，今雖户口消耗，不能減少；如第二社原養馬二十匹，今雖人戶蕃息，馬不增多。夫州縣之馬，固有額設，彼亦烏常有一定哉，皆狡猾之徒，以此藉口恐嚇官吏，而苟祿少剛之徒，生民之困，莫之省耳，此皆弊之在今日者也。臣以為見在之馬，而民已不堪，烏可復加棄餘地以贍之，濟時上策，無過如此。而司國計者，恆以軍需為辭，又恐行之未易也，為今日之計，合無通行直隸養馬州縣，逐一查勘，原係養馬地土，至今逃絕共若干，即今見在餘地人戶，照數撥補，仍點此社不足，彼社得以補之，不得自相排擠，偏累靠損，而各該逃亡之地，仍編入餘地內，候逃户復業，照常徵銀解寺，或軍需緊急之時，暫令里甲賠納，亦輕少易辦，如此狡者不得以幸免，貧窮者不至于獨累，養馬之餘地自存，小民之貧困得蘇矣。

一曰謹里甲以防借撥。臣惟州縣立里甲之馬，所以應付使客，接濟往來，故十年一次，輪流應役之時，各甲名下，預行斂銀買馬，以備差撥，其來舊矣。自配立馬戶，而有司視種馬為無用之物，里甲之馬，多不查究，其間復有貪污官吏，暗受偏手，故行賣放，專一將種馬輪流差撥，月無虛日，歲無虛月，或馱載雙人，或負重行李，救死不贍，奚暇生駒。況又賠辦草料出差傭覓一人跟馬，害有不可盡述者。一為跑走所傷、療破中風、筋傷腿瘸，遂至倒死，又累馬戶重行買補，玩法殃民，豈忍言哉，更不止此。有兵備地方調種馬以拿賊者有之府佐下縣，勒種馬以擺道者有之，官吏望風，莫敢誰何，但此之害有時，而里甲之馬不足，無時得休，此亦弊之在今日者也。臣查得弘治九年事例：借撥官馬，至瘦損倒死，州縣五十匹，府二百匹以上，借者及管馬官各降一級，欽此。但借撥有多寡之異，致死有前後之殊，歲月既深，難于查考，禁約雖存，竟為虛文，小民忍隱而含冤，官吏違犯而無忌。為今日之計，合無備行有馬府分，嚴督府屬州縣，凡遇里長出役，各照詳前年事例，務買馬走遞，以接濟往來，該府仍將督買過里甲馬匹毛齒，每年開坐該管，寺丞處查考，如有前項侵欺賣放情弊，務要體訪，輕則問罪發落，重則指寔參奏，仍為定法。州縣官但借用種馬一匹，掌印官即以違制議罪，管馬官以廢職受罰致，損五十匹、二百匹以上者，照例送部降級，其兵官府佐出巡，擅行調用者，一體禁革，庶幾上下有所持循，而馬可無借撥之擾也。

一曰立循環以省季報。臣惟洪武榜例：凡管馬官吏，時常下鄉提調，驗看馬匹，要見定駒若干，見駒若干，明白附寫，以候太僕寺官出巡比較。正月至六月報定駒，七月至十月報顯駒，十一月至十二月報重駒，凡季報原領馬為舊管，買補孳生馬為新收，事故交俵等項為開除，季終為實在，徑送太僕寺類繳，欽此。但法久而廢定駒、顯駒、重駒，官吏通不查驗季報之冊，書吏群頭人等，遂假此以為科斂之媒，册之費能幾何，而一馬或斂錢百文，或倍于此，而計所費亦不貲也。況其所開報，舊管新收，開除之數，俱是紙上彌文，千無一實，寺丞出巡，未聞查對。臣今點烙，亦無底册可考兩不相照，故民財徒費，誠為無用。正德二年，御史王濟，題奉欽依，每年季報之煩，盡皆減省，惟年終各府將種馬并解過備用馬匹數多寡造册具奏，而今之季報猶在，為此例未嘗革也。臣又訪得州縣官點馬造册，寺丞出巡造册，凡寺府管馬官廩給柴炭紙劄，俱出馬户，故養馬之費什一，為馬而費者恆什九，凡此亦弊之在今日者也。臣愚以為欲去其費，當去其名，而太僕寺專管馬匹，漫無稽考，亦于事體未宜，為今之計，合無酌量馬匹多寡，各府州縣，動支無礙官錢，通置循環文簿二扇，州縣簿用府印鈐記各府簿用太僕寺印鈐，其循字簿，寫開春秋月分；環字簿，寫開冬夏月分，其在州縣之簿，通將印過馬匹毛齒馬頭姓名一樣開造，一留本府，一發各州縣，循去環來，按季查考，每季要見膔損若干，管馬通判輪該季點之時，府中領出存留之簿，前去點視比對，開報不實，責及官吏，瘦損例失者，責限追補膘壯生駒者，別行慰諭。

一曰明賞罰以示勸懲。修舉馬政，誠為緊切，而寺丞之出，亦止弔府簿查點，各將點過緣由，親筆填註附簿，俱不必另造點册，虛費民財惟，倒死馬匹，非寺丞不許收補，其各府之簿不必開造馬齒姓名，止寫各州縣原額，每季膔損倒失定駒等項略節總目，一留太僕寺，一發各府，亦循去環來，按季查考，每三年印烙之後，方許改造一次，惟年終各府將買補過種馬并解過備用馬匹，生過兒騍駒數目，照數造册具奏。季報之煩，各點馬冊，一切禁革，廩給，柴炭紙劄等項，俱行州縣動支官銀備用，如此，絕科斂之路，民財自省，有稽考之實，馬政可修矣。倘蒙賜之施行，臣當另為圖式以獻，然臣謂倒死馬匹，非寺丞不許收補，亦有說焉。夫欲生好駒，必須種馬之良，州縣管馬官追補馬匹，非受囑容情，即通同買販，故所補償者常老弱無用旋補旋死，大為民病臣欲以責之寺丞，蓋量其不可至于此耳。

一曰填坐泒以憐交病。臣查得弘治三年會議備用馬歲取一萬，以後加泒漸多民不聊生。正德十年，奏泒二萬五千匹，似于民力少寬矣，比之舊規，尚加一倍又半也，故雖馬多本折中半，泒空年分，該徵本色馬一萬二千五百匹。臣訪得各州縣買解之馬，每匹用銀二十餘兩，中途草料，日費銀一錢，計又用銀四五兩；若逃亡數多，累一人賠買，一時力不能及，未免稱貸，或甚以取諸馬販，則所費又倍矣，此俵中者然也。萬一揀退，馬之草料，豈能復如前哉！致令瘦損，轉賣與人，不能如值之半，典賣產業子女，重行補俵，故解馬一次，中人之產蕩然，此外州縣買馬之受病者如此，解馬既多，寄養之人户數少，未免差及下户之人，所居不避風雨，馬從何地養之，未免露置于外寒暑之欺凌，霜雪之侵薄，馬以病死，舉其產不足以償之，此猶可言，其甚者一馬死，一馬又來，曾未幾何，死者又繼，因而逃移，或累死于獄，此畿內地方寄養之受病如此。積時累歲，倒死數多，有司難于追補，通付不省，民無所忌，頑猾之徒，因緣為奸，作踐致死，揑作倒失，而弊端百出矣。如豐潤一縣，前後發下馬一千八百一十餘匹，今見在者止一百七十有零，中間瘦病，恆又半之，其他地方雖不盡然，槩可見矣。夫州縣買解之馬，皆竭民脂膏割其骨肉以求充數，發其寄養曾不及鵝鴨犬豕然言之可傷心也。臣愚以為民者，國家之元氣，所係不小，中外受傷，彼此交病，似非常策，所宜憐處，此又今日之弊之大者也。臣查得十一年，太僕寺清查過順天府所屬州縣免粮養馬之地，實有二萬八千九百三十八頃有餘，每地五十畝寄養馬一匹，實編過寄養馬四萬一千五百六十匹，其剩下地土今安在哉？根本之地尤當致意者也，倘蒙賜之施行政之偏弊，不無有所補矣。

明 閻仲寧《題爲早正種馬以免廢弛馬政事》《皇明名臣經濟録》卷一四 兵部題云云：該雲南道監察御史王齊題，臣於正德元年正月二十一日，欽蒙差往直隸山東、河南印記弘治十七年分孳生馬駒。竊念祖宗立法，種在民間，正欲孳生起俵以備邊用，今雖有種馬之額，而無種馬之實，徒有孳生之名，而無孳生之用。臣愚所以甚為之痛心也，先時議者有欲併去種馬，止照地畆人丁出銀買馬，此固可革時弊，但祖宗養馬之法不可廢壞，為今之計，種馬地畆人丁歲取已有定額，但要種兒騍馬揀選四尺五歲以上，十歲以下高大者存留，矮小老弱者賣價區處，買補湊完原數，照額養在民間，府州縣官一年四次，太僕寺官一年二次，止是點視，務要膘壯，病瘦者依律問罪，倒失者就令陪補，永為定例。設有緊急亦可調用，遞年有無孳生不必追究，太僕寺歲取備用大馬，止照種馬定額，派行各府州縣買解，假如有十萬種馬，歲取備用一萬只得十匹，買一匹以地論之，則出於五頃以丁論之，則出於二十五丁五十丁衆，輕易舉就取三萬，或銀馬中半，百姓亦皆情愿。百姓止養種馬既，不為孳生受害，設有生好駒起俵，變賣悉聽自便利之，所在又人所必興，豈有不用心看養種馬，依時群蓋而取孳生自然之利乎夫。官馬民馬同一陰陽生生之道，各處逐年起俵，大馬俱係民間所產，類非天設地造，議者以為地產有宜，否則古人冀北多良馬之說，何每見諸載籍？豐於民而嗇於官者，蓋由利害之分，遂至懸絕，喂養科罰之害在民，孳生之利在官，雖日撻而求其好孳生，決不可得種馬之額在官，孳生之利聽民，雖日撻而求無好，孳生亦不可得，此皆情也，亦勢之所必致也。臣廣詢博訪，虧民損官其弊如此，如蒙皇上俯察臣言，勅行兵部從長議處施行，則三五年間孳生既屬下不求，其蕃息而自蕃息，種馬雖屬官，不求其壯盛而自壯盛，免官府查筭印記之煩絕，管馬官吏書筭人等科罰，侵漁之弊，公私皆得，其便祖宗立法養馬之意可保經久不廢矣。奉聖旨該衙門看了來說，欽此。正德二年本部尚書閻覆題云，云奉聖旨是。

明　翁大立《革種馬以助軍需以袪民害疏革江南種馬**》**《明經世文編》卷二九七

伏讀嘉靖六年二月十三日詔書一款，應天府所屬論丁養馬，近因俵解馬駒，每年止解備用馬價，所養種馬，或有倒失仍復責令買補，民亦不堪，着兵部通行議處以蘇民困，欽此欽遵，臣有以仰窺皇上恤窮民、釐弊政、以保安畿甸，甚盛心也，當時本兵之臣寢格不行，臣不可求其故矣。今日巡歷應天等府，小民遮道泣訴，皆以年饑缺食，兼養種馬為累。臣因思之，以害民之馬，供邊海之需，一舉而袪六害，興六利通變宜民之政，無大於此，宜上德，達下情無急於此。臣請先言養馬之害，而後及革馬之利，為皇上陳之。竊惟財賦出於東南，戎馬產於西北，各因物土之宜，以定貢賦之制，自先王以來，未之有改也。我太祖定鼎金陵，以郊圻之內，不可缺馬，天江之南，不便養馬，故以太僕寺設在滁陽，總領牧事。而應天等府，每十一戶養馬一疋，初無今日種馬之多，養馬之家，給有牧地，免其差徭，亦無今日孳養之累。自永樂十五年，每十丁養馬一匹，成化二十三年，官收地祖以歸太僕寺，弘治八年，偶因淮揚水荒，以江北之馬，寄養江南，於是應天府屬八縣，共養種馬四千六百四十匹；鎮江府屬三縣，共養種馬二千三百四十匹；太平府屬三縣，共養種馬一千四百六十五匹；寧國府屬南陵縣，共養種馬七百五十匹；廣德州屬建平縣，共養種馬八百匹，民之被害，日漸極矣。國初論丁養馬，丁不編徭，近來人户逃亡，槩派丁田出辦，單丁下戶，亦被科擾。其為民害者一，馬頭之中另編群長，每名歲歛貼户銀三十兩，群長之外，又編醫獸，每名歲歛藥餌銀十二兩。其為民害者二，官徵地租，野無隙地，求牧與芻而不得，又歲派草料銀，多至六兩五兩，少亦四兩，是猶紾其臂而奪之食，又扼其吭而使吐也。其為民害者三：江南地卑，而馬性惡濕，故每歲倒損什之二三，因有問罪賠償之費，每匹不下二十兩，其為民害者四，每季點視印烙，管馬之官，皆有常例。而吏胥里老，又以紙劄罰贖供應之類，科擾窮民。其為民害者五，先年備用馬價，每匹不過十兩，近已增至三十兩，但其本色赴南京兵部者，每匹費銀五十兩，江浦六合二縣，解赴北京者費尤倍之。其為民害者六，況今水旱饑饉，頻歲相仍，海防料價，加派不已，民有菜色，而雲錦望其成群，人齧草根，而芻秣，欲其常給，愛物之心重且長，仁民之心輕且短，如是而謂能仰承德意，撫恤民隱，可乎？今若革之，則群長貼錢，醫獸工食，歲省銀八千四百兩；草料等費，歲省銀六萬五千兩。點烙盤費，問罪紙贖追陪價直與常例之類，歲省銀六萬二千兩。至於備用馬價，牧地子粒初不因革種馬減損分毫，其利一也。種馬既革，則管馬通判主簿，皆可裁省，其俸錢柴薪、馬夫門皂工食等項，通判員下可歲省銀二百八十餘兩，主簿員下可歲省銀一百一十餘兩，其利二也。每革種馬一匹，倣通州革馬事例，每匹徵銀二十兩，可得銀十九萬九千九百兩，一勞永逸，民亦願輸，以此起解兵部，接濟邊費，其利三也。臣見沿海護塘之外，皆鐵板沙塗，馬可馳驟，今以種馬選其堪戰者千餘匹，分給總兵參將遊擊把總等官領之，則倭奴之犀槍利刃，不足以當臣之輕騎；跣足裸形，不足以當臣之勁鏃，既有舟師截之於海，復有騎士拒之於邊，地形既得，長技在我，其利四也。蘇松水鄉，素不畜馬，軍興以來急用馬匹，故華亭、上海、嘉定、太倉等處，有司不得已，勒粮長辦之，動以百計，臣雖量行革去，未能盡減，今以其餘者給沿海州縣領之，不追其直，可免粮長出辦之累，其利五也。應天、寧國、廣德等處，里長上役，必有走遞馬，輒被馬户索詐，每賃一匹日科銀數錢，今以其餘者，官賣與民，每匹可得銀四五兩，供軍前草料之需，其利六也。夫天下之事，利害相乘，利少而害多，臣不願為也；利於官而不利於民，臣不願為也。今革馬之利既如此，畜馬之害又如彼，則亦何憚而不為哉！或者謂民間畜種馬乃愛禮存羊之心，恐種馬既去，則馬政日廢，似未可革，臣請闢之。夫北方養種馬，賴其群跳孳生，人猶以為所養非所用，奏請裁革者，今江南之馬，已解折色，種馬畜實為無名，山東、河南、江北等處，固不得比例奏請，臣以為革之便者此也。或者又謂幾甸之內，畜有馬匹，則緩急有備，臣又請闢之，今之沿江沿海，設有騎士以禦外侮，固將以衛內地也。萬一有警，持尺寸之紙，可使立至，況南京本色馬，未嘗議革，苟有征調，不患無馬，臣又以為革之便者此也。昝御史錢嶸以鄉官而能行之於通州，臣為巡撫，不能行之於列郡，臣實愧之。是以開陳利害，剴切上請伏望勅下兵部，遵照前奉詔旨斟酌時，宜將應天、鎮江、太平、寧國、廣德所屬民間種馬，盡行革去，容臣選其堪戰者，給兵騎操，以其次者給民走遞，仍於養馬縣分丁田內，徵取價直以解兵部。念江浦、六合二縣衝疲已極，一槩徵取馬價，免其本色解京，將管馬、通判、主簿盡行裁革，其備用馬價，草場地租，督責掌印官馬科吏依期徵解，違者聽南京太僕寺與印馬御史按法參提，而又即以應天府管馬通判，着落催併種馬價銀完日赴京改選，則百餘年之弊政，盡行湔除，五府之人心，無不稱快，臣所謂通變宜民，無大於此，宜上德、達下情，無急於此者，非虛言矣。

明　馮時可《請變賣種馬疏》變賣種馬　《明經世文编》卷四三四　題為條議歸併事宜以重責成以新馬政事，車駕清吏司案呈，查得洪武初年，馬皆官牧。二十八年今民間牧養永樂十年，行於永平等七府，宣德四年行於山東兖州等三府，正统十一年行於河南彰德等四府，漸圖孳息以備起俵。弘治六年太僕寺少卿彭禮，以戶丁有限，奏請止設種馬拾萬匹，歲取駒貳萬伍千匹，始有定額。正德二年御史王濟，以戶馬日獘，請以種馬額數，令民買馬解俵，其遞年有無孳生，不必追究，種馬備用，自此判而為二。成化二十三年鎮江府知府熊佑建議，請革種馬。正德八年山東都御史趙璜復議之。嘉靖間浙江道御史錢嶸等具題，變賣南直隸通州等七州縣馬肆千壹百捌拾陸匹。三十九年應天都御史翁大立復議之。隆慶二年，太常少卿武金奏請將種馬盡數變賣，該印馬御史謝廷傑具奏，本部議覆，欽奉穆宗皇帝聖旨，備用馬匹久已買俵，種馬徒存虛名，百姓却受實害，宜從謝廷傑說，深思詳定著。且革去一半，以蘓民困，欽此欽遵。萬曆六年又該直隸巡按御史胡秉性具題，變賣安東等四縣馬柒百伍拾肆匹，至今存者仍有餧養之累，革者亦有津貼之苦，其他無名勞費，難以悉數，百姓嗷嗷，日望均恤，伏蒙聖慈軫念民艱，惟茲種馬課駒，乃民艱之最重者。在昝沮變賣之議者，不過恐絕孳生之源，乏緩急之備耳，不知窮民無賴，牧飼失時，羸瘠尫隤，種且日斃，安望其駒，乃至別買大馬以備解俵，是未嘗有孳生之實也，其何以充緩急之備。緣國初民間養馬，丁不編徭，後則槩編，甚至丁消而馬在者有之矣；地不起粮後則槩起，甚至地賣而馬存者有之矣，或一家而養數馬，或一身而充諸役，點驗無寧歲，賠償無虛日，追呼於官司，需索於吏役，以致稱貸不已，鬻產繼之，鬻產不已鬻子女繼之，鬻子女不已，逃竄流亡繼之。中原根本重地，所當深慮，及查種馬原額壹拾貳萬伍千叁百陸拾陸匹。據太僕寺疏開所轄種額捌萬捌千有奇，見存銀肆萬壹千有奇。據南京太僕寺奏報種額叁萬柒千肆百陸拾陸匹，除陸續變賣倒失外，實在壹萬肆千捌百捌匹。南北兩寺通共實在伍萬七千伍百貳拾叁匹，今若盡數變賣價銀，收貯太僕寺，以蘓山東、河南、南北直隸困窮之衆。草料折徵，每年計拾貳萬伍千有奇，積至十年，可得百萬，如遇俵馬不足，即將此銀分發各處官為收買。一同解俵，給價從厚，立法從蕳，馬自雲集，堪充實用，變賣之法，其議有五。先年變賣定價拾兩，殊為太重，迄今拖欠貽累。況馬價高下難以槩擬，合令各處撫按官，選委司道各官，親為估計，高者無過捌兩，下者無減伍兩，完日先造青册送部，以俟解銀到日查考，此變價所當議也。往時變賣解銀限期，近者三月，遠者半年，顧民間種馬，率多不堪，一時變賣未易盡售。追比太急，則姦人射利，量寬其期，庶不厲民，此立限所當議也。草料折徵以資儲積，兼可歲稽馬户，默寓約束，先年每匹徵草料銀貳兩，小民猶稱難辦，後議徵壹兩，合無定以每匹徵銀壹兩，此草料所當議也。種既已革，駒不當責，其已經驗報者，則屬官物，宜閱其種馬堪賣者，以報駒給賞；不堪賣者，以報駒并賣輳足今價。原未報官者免追此，報駒所當議也。朝廷此舉，盖以蘓久困之民，即變價銀兩，亦不得已而徵。各處有司，自當仰體上意，各將馬户多方優恤，不得因其釋負，仍敢巧立名色，加以雜役，其馬戶有逃故種折者，有逃移新復者亦宜分別減免，以宣恩澤，此優䘏所當議也。案呈到部，臣等議照國初戰馬，原係官牧嗣因承平無事，散養於省直民間課駒起俵，後因多事，課駒不堪征戰，改為買解大馬之法，寄養近郊，緩急足恃，其種馬尚在民間。百十年來，節經當事諸臣建議設法，課駒迄無毫毛之效，民間攅户養馬，困苦已極。有司按季點驗，騷擾益甚，無名差遣，各項科索，悉取辦於馬户，閭閻殆不堪命。數十年來，節經當事諸臣建議革去種馬，永塞弊源，卒未有能行之者，豈惟年復一年，民害日深，抑恐一旦有事，戰馬缺乏，至穆宗皇帝初年，採太常少卿武金之議，欲行盡革。於時當事之臣，議革一半，其害猶未盡除，至今遺議紛然。玆蒙皇上特容臣等查照節年題奏事理議處停當，誠為惠安小民預飭武備至計，適該御史于有年建議痛切，遠自數千里而至，臣等劄行太僕寺查議回，稱審度時勢，變通調停，上不失祖制，下有俾於生民，蓋亦有見於此。臣等再三考究籌畫，先年變賣未盡種馬一半，委應通行變賣，量徵草料銀兩以佐買馬之費，種馬雖革，馬戶宜存，聽省直各照舊，或十年或五年一次審編買解大馬，如歲用馬匹數多，太僕寺預呈本部，多買本色或有重大征戰，無論本折，悉買。本色如再不敷，并出太僕寺所貯變價，及歲積草料銀兩，分發州縣，收買膘壯大馬，一同解俵，太僕寺應用庶民害永除，武事有備，一清久廢未盡之弊，復還國初慎重戰馬之意，相應題請定奪，恭候命下，通行南北直隸山東、河南巡按衙門，并劄付兩京太僕寺，仍咨都察院，轉行各巡按并印馬御史，行各司道，并府州縣掌印官，將賣剩一半種馬，盡行變賣，司道各官，親估價銀，上等無過捌兩，下等無減伍兩，估完先造青册送部案候查考，以文到之日，南直隸限一年以裏，北直隸山東、河南限十個月以裏，變賣完日，傾銷成錠，各州縣依限解部發寺收貯，專備買馬，不得別項支用。每馬每年折徵草料銀壹兩，以萬曆九年為始，徵完各州縣總數解部發寺，不許延挨拖欠。孳駒已報在官，其種馬堪賣者，將駒給賞馬戶；不堪賣者，將駒一同變賣輳價。馬戶有逃，故種折者，審實免徵，逃移復業，種馬猶存者，照下等馬價減估仍嚴禁有司仰體上意，各將馬戶務要優卹，俾令樂業不得踵舊承訛，加以雜泛差役科索，以致朝廷恩澤不及於民，其餘未盡事宜，并經理馬政各官，應否裁革，撫按官悉心計處停當，具奏上，請定奪。

明 于有年《裁革無用種馬以蘇民困疏》

《萬曆疏鈔》卷二八　臣惟天下之事，惟利與害而已；圖治之道，惟興利與除害而已。故政之有利無害者，則斷在必行；無利有害者，則斷在必革。斯國受其利而民蒙其福矣，仰惟皇上御極以來，任賢輔，治裁冗濫之官，省驛遞之費，停不急之工，蠲積逋之稅，便民者必行，病民者必去，無非愛養元，元俾享樂利之休也。乃若有害于民，無利于國，如今日之種馬者。臣固知皇上之所亟欲革除，以惠斯民者矣。嘗考國初種馬皆牧在官，自洪武二十八年以後，始陸續給養于民壯直隸，自永樂十年，始山東；自宣德四年，始河南；自正統十一年，始借民力以牧養，圖孳息以俵解，其法固甚善也。但行之既久，弊患漸生，於是有審編之害，有輪養之害，有點視之害，有交兑之害，有印烙之害，有賠償之害，有官吏科擾之害，有里甲侵漁之害，有奸巧影射之害，誠有如先臣丘濬王道所云者。然所生之駒，無一可用，至于起俵之馬，又往往計丁出錢以買之，臣生長閭閻，見其弊久矣，茲者試職留臺方圖，奏請除免。近接邸報，見太僕寺少卿裴應章，條陳内一欵議查課種馬駒，要將北直隸及山東、河南革存種馬四萬有奇，嚴行各州縣掌印管馬官員，須要時常點查，責令馬户，用心孳育，務使種馬不虧，生駒足額。每年解俵馬匹，議定徵銀買俵一半，孳駒坐俵一半，其有孳生不足、俵解無駒，及隱射侵尅、變賣孳駒銀兩者，容臣指名条劾。等因其意盖謂民既出錢以買起俵之馬，而又出力以養無用之馬。民有萬分之害，國無一得之利，故循名責實不得已，而爲是救弊之說也。臣謂天下無不弊之法，法之弊也，可救則救之，不可救則革之而已。若今日之種馬，臣以爲革之便何者種馬之駒，類多弱少，不堪解俵，其來已久，故正德二年御史王濟奏准令馬户别買解用，非得已也，亦有見于事勢之不可行。耳距今且七十餘年矣，臣嘗見有司起解馬匹，嚴爲揀選高長，各定尺寸，俱求如式，或本地所産不足額，數至取盈于西地販來之馬，自謂無留良矣，間猶不免于太僕寺之減退。夫别買解用已行之七十餘年之久，而欲責令坐俵孳駒于一旦之間，閭郡閭邑而産尚不敷堪俵之數，而欲坐俵孳駒一半于有限種馬之内，臣知其萬萬不能也。寺院務于責成，有司嚴于催比，徒又增百姓一番之苦矣。查得隆慶二年，少卿武金御史謝廷傑等，各條議種馬利弊，該兵部覆奉穆宗皇帝聖旨：備用馬匹久已買俵，種馬徒存虚名，百姓卻受實害，宜從謝廷傑説，深思詳定，著且革去一半以蘇民困，合行事宜，你每查武金原奏議處來説，欽此。夫知種馬爲虚名，百姓受實害先，帝之明見萬里也。革去一半以藴民困，先帝之仁及萬民也，故當其時，直省百姓歡欣鼓舞，如獲更生。但其存留一半，至今遺害未除，惟在皇上體先帝之明，推先帝之仁毅然，爲民除之而已。合無總計每年應俵之馬，某省某府某州某縣各若干匹，每馬一匹議定價銀三十兩，外加起俵草料盤纏銀五兩，其銀卽于本處均徭，數内通融起派，徵收在官，每年太僕寺預查備用馬匹是否足額，酌量多寡以定調取各處本折之數，或取本色則有司買馬解俵，或取折色則傾瀉馬價，及草料盤費銀一併起解仍行。令各州縣將以前所養無用種馬，盡數變賣，每匹照前議定價十兩，類解兵部收貯，以備邊方之用，如此則朝廷圉馬之利每歲如額，而百姓養馬之害一旦頓除，況此法既行，而經政馬政各官又可以漸次裁減，其于聖治，未必無少裨于萬一矣。再照南直隸江北、鳳陽等府，江南、鎮江等府亦各有種馬，其革存一半，徒爲民害，亦猶之北直隸山東，河南也。且其地方頻罹水災，百姓九有不勝其苦者，更望皇上一視同仁，照例除免，俾得均沾聖恩，則兩畿各省夂困之民，不將歡聲動地共頌聖德于萬萬世哉！伏乞勑下兵部查臣所言，如果不謬，議覆施行，生民幸甚，臣愚幸甚。

明 梁許《遵祖制重種馬以圖軍國至計疏》《萬曆疏鈔》卷二八 臣惟國之大事在戎，戎之利賴在馬。而種馬者，馬之所自出者也。我祖宗定制養種馬於民間，固欲蕃孳育備俵用矣，然所以應調遣防不測者，未嘗不存乎其中。是種馬又與保甲之兵相爲互合，卽古寓兵于農之意，其法至深備也。夫何邇年以來，承平既久，玩愒日甚，有司之點查失宜，百姓之羣牧非法，所養非所用，所用非所養，以故言事之，臣見種馬之無益于時也，遂議裁革一半。夫減半之議，抑亦少寬民力，非謂不欲孳駒也。乃今人情樂于偷惰合羣，累歲竟無一駒，俾種馬僅存虛名，徒糜實費，祖宗良法美意，返爲弊政矣。臣以駑駘謬承重役，馬政之修墜，皆臣責也，近該臣巡歷近圻，目見冀北之野，素號多良，而今皆空，羣則其他，可知已反覆，思維謹將禆馬政几八事條列，上請其先責孳駒。盖每處起俵大馬，雖係攢銀購買，然必非天造地設者，今不求孳駒于種牧，而惟買馬於民間，是公家之馬皆不育，而獨民馬育，無是理也。况民繼出蒭豆以養馬，而又出銀以買馬，果何法乎？臣愚謂近年頭二運俵馬，姑照丁田，朋買以後，務令馬頭用心羣養孳駒，如二年之間有駒一匹，果堪俵解，則四家各貼銀三兩，以償飼駒之費。如所生之駒止堪備種，亦令兩平估賣，除一半價歸四户，扣買俵馬，仍將一半給與駒家以酬勞。如二年之内不育一駒者，量追收過草粮銀八兩，扣充朋以爲怠玩之戒。如此，人見養駒之有利，必樂于勸；又見無駒之有罰，必有所懲。庶孳育之駒大者，有益于俵解，小者有益于賣值其于國計，民用不無少補也。夫責孳駒矣，而使種不壯大，則所生之駒終歸于無用，非厚利也，故必擇馬爲種。盖種馬有大小，則駒之大小隨之，况民均之出蒭與豆也，飼大馬非加益，小者非加損，今種馬皆羸弱不堪，而令民以有用之財，養不堪之馬，不將委其財于溝壑乎？卽今宜令選買高大肥壯者補種，容臣點視之，時遇有老羸矮弱及倒失等項，姑免問罪，俱令添價易買五歲上下，三尺七八寸之馬充補，每易一匹不過增價銀三二兩，而卽得壯馬以孳息，則有益于俵解以調遣，則有益于折衝民之所費，無幾而國之利賴誠大矣。夫馬既擇矣，使不嚴倒失踐蹂之令始，雖壯而終斃于槽櫪者，不可勝數也，故必戒損傷，盖馬户領馬在手，不惟不加意羣牧，且任意踐踏，私自騎坐未已也，又用之走遞駝載，甚至駕車拽犂，瘡瘍盲跛，令人不忍正視。夫種馬，官廄之物也，育種馬，期以興公朝之利也，乃奸民輒爲私家之用，又從而踐之，可乎？合無行令正官點視，時遇有前項等弊，卽痛懲如律，仍令自出價值買補好馬；庶使私自乘用者，無所逃于法；而受直怠事者，有所警于後，其于馬政不無少補矣。夫責孳育、嚴損失，則養馬之户必少累于餘户也，使頭役不均，則富者未必役，而脱者未必貧，貧民而應頭役，竊恐家無繫馬處矣，安望其飼而壯乎，故必公審編馬頭五年一審定則也，有司勤惰不一，甚則有十餘年不審者。及至審編，有照粮者、有照丁者，雖各從其宜，然軍户不能分析積粮積丁，其貲百不富户若也，而粮丁反過之。爲富户者，詭寄影射鑽刺賄免，遂使國家養馬大政竟委貧民，有司不查，徒據名爲馬頭而加增徵泒，如歲炭城灰河夫等項，無名之役日添月益，以致應當不前有手勒馬轡而縊者，有馬繫樁而逃者，言之痛心。卽今編審之時，務令正官秉公持正，斟酌詳審，雖粮多丁少者，仍糸以家之殷虛，户之上下果堪養馬，方僉頭役造册送臣，容臣點馬畢，日量爲抽查，遇有前項等弊，指實糸究，庶養馬皆歸千富室，而畜牧可歸于蕃盛矣。夫審編既公，則馬頭同歸于上户，然頭役之中又有太輕者。乾頭也，故必革乾頭。何謂乾頭？盖昔裁革種馬而僅存空名是也。對乾頭又有濕頭之名，濕頭既出蒭豆以飼馬，而馬之換易倒失，惟濕頭出銀供買，歲費不貲。若乾頭解部銀一兩，之外無他費也。輕重懸絶，苦樂不均，合無行令各州縣將乾頭名色盡行革去。如先年地若干頃，人若干丁養一馬者，今則併力合養，一切秣馬之費，折乾解部之銀，通融均泒，則在官爲大公之政，而在民有易舉之便矣。夫頭役既均，偏累可免，使科擾不禁則政猛于虎，欲馬蕃養俵得乎，故又必戒科擾，盖民之苦于養馬，非獨馬苦之，亦以有司之科擾苦之耳。如點視種馬，遇有老羸瘠弱，責之可也重，之補換賠償可也。乃未點之時，先萌問罪之心，雖馬有倒失不問，孳由已作否也，聽信吏胥一槩罪及，使一年所獲草料之需，不足以供一年罪贖之費，欲馬壯而孳生，得乎及或生有好駒，則勢豪之家、心腹之吏，情屬賄買，甚有徑令親識納價賤領夫，一户終歲勤動止得一駒，而奸豪徑取已有，是以民寧自甘不育無惑也。合無嚴令正官每遇點視，其有瘦損倒失止，令責治賠償，不許問罪所生之駒，聽其本羣公同議處，斟酌留俵變賣。有司止許督令孳駒，不許將駒官鬻以病于民，尤不許轉委首領陰陽，醫官代點及解俵官員索要盤纏，比較吏役收取分例，違者聽臣究治。則民既無科擾之害，而又得養駒之利，亦何憚而不爭先孳育乎！夫科擾既戒，則種馬日益然，所以導民興利者，其責尤在有司也。故必嚴舉劾，蓋朝廷所賴以宣布德意者在有司，而所以激勸有司者在舉劾，舉劾不嚴則有司無所懲勸，雖有美政，徒視虛文而已。今除嚴令正官按季點視，責成孳育，該道奉有專勑，例當兼理，務令每年躬自查驗，將所屬州縣種馬列爲上、中、下等，膘壯有孳息者，列爲上等；或膘壯而無孳息者、有孳息而不肥壯者，列爲中等；如無孳息又瘠弱者，列爲下等。面同正官將驗過，等第註册送臣，容臣照依户部題准查叅屯牧錢粮事例，其上等及八分以上者，年終類薦；七分以上者，量行獎勸；上等止于五分内多中等者，量行戒飭；上等止于三分内多下等者，重行究治。庶勤惰明而人知警惕，激勸昭而馬政風行矣。夫嚴舉劾所以求治人，而治法有可議者，又不嫌于通變，故必議牡種。盖一牡四牝共一羣，此舊制也。然牡駒一年率多割騸，間有不騸者，必其不堪者也，是以每遇易換牡馬，率難買補，及至購獲僅足備形而已，無以收羣盖之效。又牡馬蹄齧難訓，不堪調遣，止可起駒，苟得一善者自足以供三四羣之用，不善者雖多亦無益也。合無乘點視之時，遇有不堪牡馬量易，牝馬或三羣四羣止留一牡，庶牝馬之數愈廣，而孳生之功愈蕃矣。竊念臣庸劣孱淺，奉命以來夙夜兢惕，惟負任使是懼謹，備加體查，其于馬政利弊得于見聞之真者，據實開陳，冒瀆天聽，伏乞勑下兵部再加詳議，倘果臣言可採，即時題覆行，臣轉行各該兵備，道嚴飭州縣着實舉行，務使燕、趙、冀、瀛、豫、魯之間盡成雲錦之盛，俵調不乏緩急有備，庶軍國大計少助萬一。而臣之責任少塞涓滴矣，再照此據見在種馬言也。祖宗原定馬額，其數總計十萬，歲孳二萬，亦猶粮額之不可減者也，往歲議革一半，亦一時權宜之術，然而不盡革者，以大計攸繫耳。臣愚謂今日百廢俱舉，正宜悉復祖制，以圖全盛，但裁減之議，奉有先帝成命未久，恐難驟復，姑俟臣舉有次第，行有利益然後具題上請，盡復舊額，則閭閻皆外厩之藏，一號召而數十餘萬馬羣畢集，國家神氣隱然，壯于無外矣。

明　楊博《本兵疏議》卷一八《覆南畿印馬御史周弘祖請禁奏免種馬疏》　題爲懇乞聖斷，禁妄奏以全祖制事，車駕清吏，司案呈奉本部送兵科抄，出巡按直隸監察御史周弘祖，題奉聖旨：兵部知道，欽此。欽遵抄出到部送司，查得馬政條例内洪武年間，設立種馬，每兒馬一匹騍馬四匹爲一群，俱令近京人户領養，每群立一群頭，每五群立一群長，管領孳牧。洪武二十八年，革群監官令有司提調孳牧，定以江南一十一户共養馬一匹，江北五户共養馬一匹。永樂十年，令北直隸各府州縣俱養孳牧馬匹。宣德四年，令山東濟南、兖州、東昌三府領養孳生馬匹。正統十一年，又令河南彰德、衛輝、開封三府領養孳生馬匹，永爲定例。弘治六年，本部奏定兩京太僕寺額設種馬十二萬五千匹，更不搭配立群，及將山東、河南六府計丁養馬，北直隸真定等府，南直隸廬鳳等府，論地養馬，俱係題准。事例遵行已久，今該前因查呈到部看得，巡按直隸監察御史周弘祖題稱額養種馬，地方近日紛紛奏免，恐致馬政廢壞，乞要以後但有奏革種馬者，立案不行及不得更行，撫按衙門查勘，或治一二以警其餘，一節爲照。種馬之設，國家之軍機攸係，祖宗之典章具存，數年以前，止因御史錢嶫一啓奏免之端，遂使各處小民觀望成風，摭拾浮辭，往往比例陳乞，委當通行禁治。合候命下移咨都察院，轉行南北直隸印馬御史，并咨各巡撫都御史，會同巡按御史通行所屬各府州縣，曉諭各該養馬人户：以後不許再行奏免種馬以壞舊制，如敢仍前奏，擾聽本部，一面將奏辭立案不行，一面將具奏人役拏送法司，從重治罪，以示後戒。嘉靖四十五年二月二十二日題奉聖旨是，欽此。

明　張輔之《太僕奏議》卷四《舉劾種馬地方官員疏》　題爲循例舉劾種馬地方官員，以重責成事，臣奉命分管西路馬政，則種馬州縣官員例與寄養，有司一體舉劾，但地方寥遠聞見難周，謹會同印馬御史趙之翰，本寺卿南企仲詳加諮訪，得其梗槩，據實爲皇上陳之。訪得直隸景州知州馬朴，雅能鎮俗，才足肩煩，政多節愛之聲，民受和平之福；定州知州張鎔，翌翌小心，恂恂雅度，處糾紛應酬，若暇撫凋敝，軫恤有方；邢臺縣知縣劉九光，節凛清霜，才追紫電疲邑，忻逢良牧衝途，共識高賢；寧津縣知縣侯執蒲，雅度渾然處子，英材儼若神君，化洽興聾，民歌愷悌；慶雲縣知縣周棟，秉正絕無，奔競敷仁，悉本肫純，豪右畏威，閭閻戴德；邯鄲縣知縣孟三遷，愛民若保應，劇如流才，已徵於發硎，品當登乎照乘；永年縣知縣耿鳴雷，貞心敷布沛然，四野春膏潔已，提躬皎矣，一簾秋月；元氏縣知縣鄭三俊，雅操氷競，英標玉立，神明六吏，畏憚父母，百里謳歌；撫寧縣知縣孟召，經術以餙，吏治渾厚，不失精明，民戴二天，吏遵三尺；饒陽縣知縣翟耀，氣度馴雅，才識融通，勤事必周細微，恤災寧，甘勞苦；沙河縣知縣史與祿，搏鵬壯志，市駿奇姿，征徭則萬井風恬，禁詰則四郊塵靜；山東德州知州陸敏，捷豁達才，宏拮据心，苦閒暇當舟車之輻，輳痌瘝念氓庶之凋疲；濱州知州韓希仁，心競馭朽，才利剸犀，撫字切而委巷皆春，刑罰清而圜扉不夜；寧陽縣知縣李沐民，亭亭玉樹，奇姿皎皎，冰壺潔，守恩敷，湛露令肅嚴；霜曹縣知縣成伯龍，操絕纖塵，才雄八斗，風裁著而，吏驚震雷，節愛流而民沾解；澤鄒縣知縣王一楨，心猶赤子，事備大人，取予一介，必嚴搜剔，諸奸盡掃；滋陽縣知縣楊明盧，金精玉瑩，器品直逼古人，風動雲流聲價共騰良吏；東阿縣知縣張光紀，廉靜依然，儒習寬明，綽裕吏才，一代循良，萬口召杜；金鄉縣知縣任時芳，小心捧玉，大節飲冰，恤民不啻慈母之保嬰，裁冗眞同薙氏之刈草；聊城縣知縣劉文炳，朝霞散采丰標，秋水凝波節操，民懷襁褓，氣奪貂璫；鄆城縣知縣武文達，修偉如中天，喬嶽精光似出匣，太阿城社清，夷奮垓怙恃；淄川縣知縣鄭繼芳，皭然不滓，蕩然惟公，時挹景星慶雲，民囿和風甘雨；章丘縣知縣游漢龍，倜儻不羣，淡薄自守，安集式歌鴻鴈，德輝爭覩鳳鸞；壽張縣知縣馬時敘，胸襟磊落，才具恢張，防患不忘積穀，練兵恤民，惟務平徭息訟；定陶縣知縣楊克，順心絕無欺事，求實際，衙宇風清，弊絕郊圻，盜息民安；齊東縣知縣白鯤，性資醇厚，操守清貞，委心雪覆盆之冤，殫力調時政之苦；樂陵縣知縣王文烱有用文章無瑕操變豹已窺於芹水祥鸞再見於花封；長清縣知縣宋明德，勸課躬勤於陌上，可比甘棠爰書立就於手中，何勞鈎距；堂邑縣知縣勇慎，聽斷如山，法不撓於强宗大族，洞觀若火，澤已遍於涸轍窮簷；河南磁州知州顧頤，妙齡粹質潔守，雄才滿腔，惻隱常流，萬種經綸時運；湯陰縣知縣孫許，潔若氷凝，直如弦急，法必行於豪横，惠常溥於善良。以上諸臣馬多上駟運鮮後時，皆西路種馬之賢，所當薦揚以備擢取者也。又訪得原任直隸阜城縣知縣田汝成，善狀，無聞穢聲，頗著徵糧，加一扣料，加三大户，朱雲等乃其知証，布疋減價，迯户罰磚，地方霍學等是其守，催准狀不厭多，詞罰贖祇圖潤槖；山東利津縣知縣馮執中，雅好麯蘖，厭棄簿書，縣門啟閉有時也，夜半尚不封門，則關防盡廢，吏胥門子至狡也，理詞時與商議則窺竊滋多，旨酒之戒罔聞，劉伶之謡已播。此二臣者執中短於才，汝成病於守，地方何庇牧政奚裨，但才可原而守不可原，以彼罰治，亦自有重輕也。伏乞勑下該部，如果臣言不謬，將馬朴等循資擢取，田汝成等分别罰治，則奉職知勸，考牧有成，庶少補軍國之萬一矣，臣不勝悚息待命之至。萬曆二十七年十二月十六日，具題聖旨。

明 趙南星《趙忠毅公詩文集》卷一九《覆太僕寺論劾種馬地方官員疏》

看得太僕寺少卿黄鍾，論劾壽張縣知縣朱國相、容城縣知縣張席瑋，所當重加罰治，或聽議處；霑化縣知縣洪澐，所當量加罰治；泰安州知州趙弘訓，姑免罰治。太僕寺少卿周思敬，論劾高陽縣知縣王納策、青縣知縣馬自渭，所當罰治各一；節知縣王納策，近該撫按官；論劾覆奉欽依降調閑散，及知縣朱國相、洪澐，見今山東。按臣馬朝陽，論劾另本議覆外爲照，馬政者，太僕之專職，有司之一事也，論劾有司罪止罰治，應聽兵部議覆，邇來寖失初意，往往言及，有司之操守卽賢者，亦踵其敝，太僕之彈章疑于撫按，而兵部之覆疏遷於吏部，且非所以明職掌也。然旣非撫按所劾，自難遽議黜降，徒使貪墨之徒，自知不免，愈爲囊槖之計，是重爲地方之累也。相應覆請合候，命下將知縣張席瑋、馬自渭行令，該撫按官先行革去，管事嚴加查訪，如果操守已壞，卽行糸劾；若止馬政不修，仍聽兵部議覆以後，太僕寺臣舉劾。有司但當直述馬政之修廢，不得泛及他事。

明 李遂《議撥種馬應用疏》《明臣奏議》卷二六

臣照得倭夷連年入寇，長江南北，横被殘破，臣身在草野，竊懷隱憂，不意罪廢之餘，謬蒙錄用，感遇酬知，是臣盡節效命之日也，敢不夙夜以圖報稱。除臣召募兵勇，分據要害，區畫錢糧，設處戰船，繕葺城垣，精和器械，申嚴防禁，慎遣哨探，一切可以權宜，遵奉欽依，徑自區處，不敢陳瀆外，伏照江北原隰曠野，本為騎射之地，倭夷兇狡，善於衝突，我兵新集，置陣不堅。必須借以馬力，用為前驅，主客之形旣殊，馬步之力且倍，以逸代勞，理無不克。往年參將王介收功，亦以馳騎之力，節據選募新兵，雖勇敢善鬬，苦稱無馬，難以待敵。臣查得前任巡撫都御史蔡克廉，先於嘉靖三十六年題該兵部覆議，題奉欽依，許於種馬内暫借應用，已經欽遵施行外，緣今錢糧缺乏，收買無資，春氣已深，措處不及，臣愚欲得於各屬種馬内選撥一二千匹，暫時借用分給各兵騎坐，以備馳突，期以二月初旬領出，至六月終交還，官為餧養，不致瘦損，無虧於孳息，而有益於戰守。揆之事理，似亦相應如蒙皇上軫念重地，敕下該部，容臣於種馬内挑，選給軍騎坐，依期交還，庶兵威益，振士氣自倍，倭夷知警，而海防有賴矣。疏入，帝從之。

綜述

明 閻仲寧《勘定種兒騍馬定數》《皇明名臣經濟録》卷一四　南北兩京太僕寺所屬府州縣衛額，種兒騍馬一十二萬五千匹，兒馬二萬五千匹，騍馬一十萬匹。太僕寺所屬府州縣，種兒騍馬八萬七千五百匹，兒馬一萬七千五百匹。南京太僕寺所屬府衛州縣，種兒騍馬三萬七千五百匹，兒馬七千五百匹，騍馬三萬匹。

北直隸河間等府二州十三縣，種兒騍馬五千三百六十匹，兒馬一千七十二匹，騍馬四千二百八十匹。

大名府一州九縣，種兒騍馬一萬八百八十匹，兒馬二千一百七十六匹，騍馬八千七百匹。

保定府二州十三縣，種兒騍馬七千九百四十五匹，兒馬一千五百八十九匹，騍馬六千三百五十六匹。

順德府九縣，種兒騍馬三千七百一十五匹，兒馬七百四十三匹，騍馬二千九百七十二匹。

廣平府九縣，種兒騍馬三千七百七十匹，兒馬七百五十四匹，騍馬三千一十六匹。

眞定府五州二十六縣，種兒騍馬一萬七千六百三十五匹，兒馬三千五百二十七匹，騍馬一萬四千一百八匹。

永平府一州五縣，種兒騍馬四千六百七十匹，兒馬九百十四匹，騍馬三千七百三十六匹。

山東濟南府四州二十三縣，種兒騍馬一萬三千三百四十匹，兒馬二千六百六十八匹，騍馬一萬六百七十二匹。

兗州府四州二十一縣，種兒騍馬一萬四千六十匹，兒馬二千八百一十二匹，騍馬一萬一千二百四十八匹。

東昌府三州十五縣，種兒騍馬三千三百八十匹，兒馬六百七十六匹，騍馬二千七百四匹。

河南開封府一州六縣，種兒騍馬一千三百二十五匹，，兒馬二百六十三匹騍馬一千五十二匹。

彰德府一州三縣，種兒騍馬一千一十五匹，兒馬二百三匹，騍馬八百一十二匹。

衛輝府，種兒騍馬四百一十五匹，兒馬八十三匹，騍馬三百三十二匹。

南直隸鳳陽府四州十四縣，種兒騍馬九千五百一十一匹，兒馬一千九百二匹，騍馬七千六百九匹。

揚州府三州六縣，種兒騍馬五千五百九十三匹，兒馬一千一百一十九匹，騍馬四千四百七十四匹。

淮安府二州九縣，種兒騍馬六千三百一十匹，兒馬一千二百六十二匹，騍馬五千四十八匹。

廬州府二州五縣，種兒騍馬四千三百七十四匹，兒馬八百七十五匹，騍馬三千四百九十九匹。

應天府七縣，種兒騍馬四千六百四十匹，兒馬九百二十八匹，騍馬三千七百一十三匹。

鎮江府三縣，種兒騍馬二千三百四十匹，兒馬四百六十八匹，騍馬一千八百七十二匹。

寧國府南陵縣種兒騍馬七百五十匹，兒馬一百五十匹，騍馬六百匹。

太平府三縣，種兒騍馬一千四百六十五匹，兒馬二百九十三匹，騍馬一千一百七十二匹。

廣德州建平縣，種兒騍馬八百匹，兒馬一百六十匹，騍馬六百四十匹。

滁州二縣，種兒騍馬七百八十五匹，兒馬一百五十七匹，騍馬六百二十八匹。

和州一縣，種兒騍馬六百三十七匹，兒馬一百二十七匹，騍馬五百一十匹。

滁州衛，種兒騍馬二百九十五匹，兒馬五十匹，騍馬二百四十五匹。

明 雷禮《南京太僕寺志》卷一《種馬》　昔石慶爲太僕御出，上問馬數以筴數之，則古之重典守者，曷嘗不周知其數哉。緊宋陳堯叟以樞臣總牧事，猶作羣牧議，凡孳生市馬之處，并給用等，則悉勒石大名監，而趙宋巨防賴以不湮，於是見老成施爲益宏且遠矣。我朝賦種馬於民，初定歲課息一，又因虧欠數多，改二歲課息一，及息日增搭配，無限制不便於民。至弘治六年，差給事中、御史等官勘定種兒騍馬定數，以後三年差御史同寺丞較烙，老瘠者責換，虧欠者追補，蓋講悉利害而酌爲經制，非臣民所當世守者耶，故詳紀其額以志職守云。

總額

兩京太僕寺所屬種兒騍馬一十二萬五千匹，兒馬二萬五千匹，騍馬一十萬匹。除太僕寺所屬共八萬七千五百匹，外本寺所屬種兒騍馬共三萬七千五百匹，兒馬七千五百匹，騍馬三萬匹。

應天府所屬八縣，并帶管滁州衛，原額種兒騍馬共四千六百六十匹，兒馬九百三十二匹，騍馬三千七百二十八匹。每年備用馬九百三十二匹，本色馬四十八匹，折色馬八百八十四匹。

上元縣種馬八百六十匹，兒馬一百九十匹，騍馬六百七十匹。每年備用折色馬一百六十匹。

江寧縣種馬三百匹，兒馬六十匹，騍馬二百四十匹。每年備用折色馬六十匹。

溧水縣種馬七百匹，兒馬一百四十匹，騍馬五百六十匹。每年備用折色馬一百四十匹。

句容縣種馬九百五十匹，兒馬一百九十匹，騍馬七百六十匹。每年備用折色馬一百九十匹。

溧陽縣種馬八百五十匹，兒馬一百七十匹，騍馬六百八十匹。每年備用折色馬一百七十匹。

高淳縣種馬五百五十匹，兒馬一百一十匹，騍馬四百四十匹。每年備用折色馬一百一十匹。

江浦縣種馬二百五十匹，兒馬六十匹，騍馬一百九十匹。每年備用本色馬二十四匹，折色馬二十六匹。

六合縣原額并帶管滁州衛種馬共二百六十匹，兒馬六十二匹，騍馬一百九十八匹。每年備用本色馬二十四匹，析色馬二十八匹。

鎮江府所屬三縣，原額種兒騍馬二千三百四十匹，兒馬四百六十八匹，騍馬一千八百七十二匹。每年備用折色馬四百六十八匹。

丹徒縣種馬七百九十匹，兒馬一百五十八匹，騍馬六百三十二匹。每年備用折色馬一百五十八匹。

丹陽縣種馬七百五十匹，兒馬一百五十匹，騍馬六百匹。每年備用折色馬一百五十匹。

金壇縣種馬八百匹，兒馬一百六十匹，騍馬六百四十匹。每年備用折色馬一百六十匹。

太平府所屬三縣，原額種兒騍馬一千四百六十三匹，兒馬二百九十三匹，騍馬一千一百七十二匹。每年備用折色馬二百九十三匹。

當塗縣種馬八百八十五匹，兒馬一百七十七匹，騍馬七百八匹。每年備用折色馬一百七十七匹。

蕪湖縣種馬三百八十匹，兒馬七十六匹，騍馬三百四匹。每年備用折色馬七十六匹。

繁昌縣種馬二百匹，兒馬四十匹，騍馬一百六十匹。每年備用折色馬四十匹。

寧國府所屬南陵縣，原額種馬七百五十匹，兒馬一百五十匹，騍馬六百匹。每年備用折色馬一百五十匹。

廣德州所屬建平縣，原額種馬八百匹，兒馬一百六十匹，騍馬六百四十匹。每年備用折色馬一百六十匹。

廬州府所屬州縣，原額種兒騍馬共四千三百七十四匹，兒馬八百七十五匹，騍馬三千四百九十九匹。每年備用本色馬七百一十九匹，折色馬一百五十七匹。

六安州種馬七百四十四匹，兒馬一百五十匹，騍馬五百九十四匹。每年備用本色馬一百二十四匹，折色馬二十六匹。

無爲州種馬一千二十五匹，兒馬二百五匹，騍馬八百二十匹。每年備用本色馬一百六十八匹，折色馬三十七匹。

合肥縣種馬七百一十七匹，兒馬一百四十四匹，騍馬五百七十三匹。每年備用本色馬一百一十七匹，折色馬二十六匹。

廬江縣種馬五百一十匹，兒馬一百二匹，騍馬四百八匹。每年備用本色馬八十四匹，折色馬一十八匹。

舒城縣種馬八百四十五匹，兒馬一百六十九匹，騍馬六百七十六匹。每年備用本色馬一百三十九匹，折色馬三十匹。

巢縣種馬一百九十匹，兒馬三十八匹，騍馬一百五十二匹。每年備用本色馬三十一匹，折色馬七匹。

霍山縣種馬三百四十三匹，兒馬六十九匹，騍馬二百七十四匹。每年備用本色馬五十六匹，折色馬十三匹。

滁州所屬二縣，原額種兒騍馬共一千七十五匹，兒馬二百一十五匹，騍馬八百六十匹。每年備用本色馬一百七十五匹，折色馬四十匹。

本州種馬四百六十五匹，兒馬九十三匹，騍馬三百七十二匹。每年備用本色馬七十八匹，折色馬一十七匹。

全椒縣種馬二百九十五匹，兒馬五十九匹，騍馬二百三十六匹。每年備用本色馬四十八匹，折色馬一十一匹。

來安縣原額并帶管滁州衛種馬三百匹，兒馬六十匹，騍馬二百四十匹。每年備用本色馬四十九匹，折色馬一十二匹。

和州所屬一縣原額種兒騍馬六百三十七匹，兒馬一百二十七匹，騍馬五百一十匹。每年備用本色馬一百四匹，折色馬二十四匹。

本州種馬四百二十五匹，兒馬八十七匹，騍馬三百四十五匹。每年備用本色馬七十一匹，折色馬一十六匹。

含山縣種馬二百二匹，兒馬三十三匹，騍馬一百五十九匹。每年備用本色馬三十三匹，折色馬八匹。

鳳陽府所屬州縣，原額種兒騍馬并額外寄養兒馬共九千四百七十六匹，兒馬一千八百九十八匹，騍馬七千五百七十八匹。每年備用本色馬一千五百五十五匹，折色馬三百三十一匹。

鳳陽縣種馬二百九十一匹，兒馬五十八匹，騍馬二百三十三匹。每年備用本色馬四十匹，折色馬八匹。

臨淮縣種馬四百六十八匹，兒馬九十三匹，騍馬三百七十五匹。每年備用本色馬七十七匹，折色馬一十七匹。

懷遠縣種馬九百四十匹，兒馬一百八十八匹，騍馬七百五十二匹。每年備用本色馬一百五十五匹，折色馬三十三匹。

定遠縣種馬四百九十四匹，兒馬一百三匹，騍馬三百八十九匹。每年備用本色馬八十一匹，折色馬一十七匹。

五河縣種馬一百五十匹，兒馬三十匹，騍馬一百二十匹。每年備用本色馬二十五匹，折色馬五匹。

虹縣種馬三百五十匹，兒馬七十匹，騍馬二百八十匹。每年備用本色馬五十八匹，折色馬十二匹。

壽州種馬一千二百三十八匹，兒馬二百四十八匹，騍馬九百九十匹。每年備用本色馬二百五匹，折色馬四十三匹。

霍丘縣種馬三百五十三匹，兒馬七十一匹，騍馬二百八十二匹。每年備用本色馬五十八匹，折色馬一十三匹。

蒙城縣種馬四百匹，兒馬八十匹，騍馬三百二十匹。每年備用本色馬六十六匹，折色馬十四匹。

泗州種馬七百匹，兒馬一百四十匹，騍馬五百六十匹。每年備用本色馬一百一十五匹。嘉靖七年，奉例永改折色外，原額折色馬二十五匹。

盱眙縣種馬六百五十匹，兒馬一百三十匹，騍馬五百二十匹。每年備用本色馬一百八匹，折色馬二十二匹。

天長縣種馬一百二十匹，兒馬二十四匹，騍馬九十六匹。每年備用本色馬十九匹，折色馬五匹。

宿州種馬七百一十五匹，兒馬一百四十三匹，騍馬五百七十二匹。每年備用本色馬一百一十八匹，折色馬二十五匹。

靈璧縣種馬五百匹，兒馬一百匹，騍馬四百匹。每年備用本色馬八十二匹，折色馬一十八匹。

潁州種馬七百五十九匹，兒馬一百五十九匹，騍馬六百匹。每年備用本色馬一百二十六匹，折色馬二十六匹。

太和縣種馬四百五十匹，兒馬九十匹，騍馬三百六十匹。每年備用本色馬七十四匹，折色馬一十六匹。

潁上縣種馬三百匹，兒馬六十匹，騍馬二百四十匹。每年備用本色馬四十九匹，折色馬十一匹。

亳州種馬六百匹，兒馬一百二十匹，騍馬四百八十匹。每年備用本色馬九十九匹，折色馬二十一匹。

徐州所屬三縣，額無種馬。景泰二年，寄養江南，搭配餘剩馬駒。歷弘治三年以前，議解本色。六年，勘定無種馬，仍領寄養。十七年，都御史張縉奏豁寄養。至正德十二年，印馬御史周鵷奏准比丁田出辦折色，除沛縣免派外，本州及蕭豐碭山。每年備用折色馬共一百五十匹。

本州折色馬六十匹。

蕭縣折色馬三十匹。

碭山縣折色馬四十匹。

豐縣折色馬二十匹。

揚州府所屬州縣，原額種兒騍馬五千王百九十三匹。嘉靖二十年，御史錢嶸奏減通州種馬八百王十匹，實在種馬四千七百四十三匹，兒馬九百四十六匹，騍馬三千七百九十四匹。每年備用本色馬五百四十一匹，折色馬五百四匹。

江都縣種馬五百八十八匹，兒馬一百一十七匹，騍馬四百七十一匹。每年備用本色馬五十六匹，折色馬五十一匹。

儀眞縣種馬一百八十二匹，兒馬三十六匹，騍馬一百四十六匹。每年備用本色馬一十九匹，折色馬一十八匹。

泰興縣種馬八百四十八匹，兒焉一百六十九匹，騍馬六百七十九匹。每年備用夲色馬八十二匹，折色馬八十八匹。

高郵州種馬一千一百六十匹，兒馬二百三十二匹，騍馬九百二十八匹。每年備用本色馬一百一十二匹，折色馬一百匹。

寶應縣種馬四百匹，兒馬八十匹，騍馬三百二十匹。每年備用夲色馬三十九匹，折色馬十六匹。

興化縣種馬五百四十匹，兒馬一百八匹，騍馬四百三十二匹。每年備用夲色馬五十二匹，折色馬三十六匹。

泰州種馬八百五十六匹，兒馬一百七十二匹，騍馬六百八十四匹。每年備用本色馬八十二匹，折色馬八十九匹。

如皋縣種馬一百七十三匹，兒馬三十五匹，騍馬一百三十八匹。每年備用本色馬一十七匹，折色馬一十八匹。

通州原額種兒騍馬八百五十匹，兒馬一百七十匹，騍馬六百八十匹。嘉靖二十年，奏准將種馬變賣，每匹銀二十兩，共銀一萬七千兩，解京除豁，其每年於槩州里徵，備用本色馬八十四匹，折色馬八十八匹。

淮安府所屬州縣，原額種兒騍馬六千三百一十匹，兒馬一千二百六十二匹；騍馬五千四十八匹。每年備用本色馬六百八匹，折色馬五百八十九匹。

山陽縣種馬七百匹，兒馬一百四十匹，騍馬五百六十匹。每年備用本色馬六十七匹，折色馬六十三匹。

鹽城縣種馬六百五十匹，兒馬一百三十匹，騍馬五百二十匹。每年備用本色馬六十三匹，折色馬六十七匹。

清河縣種馬三百五十匹，兒馬七十匹，騍馬二百八十匹。每年備用本色馬三十四匹，折色馬一十一匹。

安東縣種馬六百匹，兒馬一百二十匹，騍馬四百八十匹。每年備用本色馬五十八匹，折色馬六十二匹。

桃源縣種馬四百匹，兒馬八十匹，騍馬三百二十匹。每年備用本色馬三十九匹，折色馬三十一匹。

沭陽縣種馬七百匹，兒馬一百四十匹，騍馬五百六十匹。每年備用本色馬六十七匹，折色馬七十三匹。

海州種馬八百匹，兒馬一百六十匹，騍馬六百四十匹。每年備用本色馬七十七匹，折色馬八十三匹。

贛榆縣種馬五百六十匹，兒馬一百一十二匹，騍馬四百四十八匹。每年備用本色馬五十四匹，折色馬五十八匹。

邳州種馬五百五十匹，兒馬一百一十匹，騍馬四百四十匹。每年備用本色馬五十三匹，折色馬四十七匹。

宿遷縣種馬五百匹，兒馬一百匹，騍馬四百匹。每年備用夲色馬四十八匹，折色馬四十二匹。

睢寧縣種馬五百匹，兒馬一百匹，騍馬四百匹。每年備用本色馬四十八匹，折色馬五十二匹。

明 楊一清《關中奏議》卷一《一爲修舉馬政事》 一、增種馬以廣孳息。查得永樂四年，開設監、苑衙門。兵部節奉欽依事例，上苑牧馬一萬匹，中苑七千匹，下苑四千匹，當時種馬及後來孳生數目，雖不可考，而原擬養馬定規，却是如此。臣今遍歷兩監六苑，酌量草塲廣狹、軍額多寡、戶口盈縮、事勢難易，議處得開城苑原額恩隊軍人四百四名，安定苑原額恩隊軍人二百六十五名，俱草塲寬闊，水泉便利，地宜畜牧，堪為上苑。使官得其人，政令修舉，各牧養萬馬，誠不為難。廣寧苑原額恩隊軍人二百一十八名，後因添設固原州、衛，草塲地方多占修城郭及撥為屯地；萬安苑原額恩隊軍人雖止九十四名，草塲亦頗寬闊，俱堪為中苑。黑水苑係甘肅苑馬寺遷撥恩軍一百六十名，草塲逼窄；清平苑原額恩隊軍人一百三十三名，地狹土瘠，人無生業，俱止可為下苑。前項苑分，恐不能遽如原定養馬之數。大要開城、安定二苑，俱可牧馬一萬匹，萬安苑可牧馬五千匹，廣寧苑可牧馬四千匹，清平苑可牧馬二千匹，黑水苑止可牧馬一千五百匹，通計六苑，除每歲給軍騎操外，可常牧馬三萬二千五百匹，足勾陝西三邊之用。國初之盛，諒無以逾此。然欲廣孳息，必先多蓄種馬。種馬既少，則孳生遽難收效。查得各苑見在馬二千二百八十匹，堪作種者止有一千三百餘匹。臣今將倒失虧折馬匹，隨宜追補，及弘治十六年分茶易種馬，通止可勾三千匹。必須增置七千匹，共種馬萬匹。以兩年一駒計之，五年之內可勾前數。將來孳息，牝復生牝，駒復生駒，源源不息，數十萬匹之數，可計歲而得矣。及看得西寧、洮、河等衛茶易畨馬，以之給軍騎操，固濟邊用；以之作種，則風土異宜，孳牧多損，養馬軍人甚以為累。必須收買內地馬匹，易於牧養，成效可圖。且西人以畜牧為生，要在不虧其直，自然樂售。考之《周官》：『馬質掌質馬，量三物。』蓋三代盛時，民有餘畜者官以價直易之，養之閑廄之中，以備不時之用，意正如此。臣欽奉勑旨，雖許其設法增添，但陝西地方軍民，邇年以來，困於抄掠、困於歲饑、困於轉輸、困於修築，公私匱竭，帑藏空虛，別難措置。查得弘治二年，為因種馬數少，兵部奏准，將太僕寺收貯馬價銀一萬二千兩送發陝西布政司，勑巡撫督令布按二司官員，收買種馬二千匹，發寺牧養。合無比照前例，支取太僕寺馬價銀四萬二千兩，差官作急賫送陝西布政司交割，聽臣督同都、布、按三司官於平、慶、臨、鞏等府、衛地方官員軍民之家，收買堪以作種好馬七千匹，派發各苑孳牧。趂時搭配羣蓋，依例科駒。如有倒失虧欠，隨即追補，不許似前玩慢，以致逋課數多，自取罪責。前項太僕寺儲蓄銀兩，本為濟邊之用，且如各邊奏討銀四萬兩，不過收買戰馬四千匹，較之孳牧之利，何如暫費而大鐲，惟陛下裁之！

前件查得，弘治二年，本部奏給太僕寺銀兩，請勑陝西巡撫官收買種馬事理，與今所奏相同。今都御史楊一清，備查各苑地畝、軍人、馬匹數目，斟酌土地之宜，計扣孳牧之利，詳細平正，俱係確論。既欲責其成功，必須備其種馬。所據奏討收買種馬銀兩，相應准理。合無本部於太僕寺收貯馬價銀兩依數支出四萬二千兩，用木鞘裝盛，沿途應付車輛，撥軍防護，差官送去陝西布政司交割。仍照舊例，請勑都御史楊一清，擇委都、布、按三司廉能官員，分投前去腹裏各該產馬地方，兩平收買堪以作種好馬七千匹。行令陝西行太僕寺委官印烙，派給各苑軍人餵養，依時搭配羣蓋，孳牧其中。收買分撥，孳牧追陪，與凡一應事宜，悉聽本官斟酌裁處。所委官員，敢有不行用心，故違誤事者，亦聽本官条奏拏問。仍將買過馬匹毛齒，領養軍人姓名，造册繳部，以備查考。

明 楊時喬《馬政紀》卷二《種馬·各府州縣種馬額數》 大名府十一州縣原額種兒騍馬一萬八百八十匹，隆慶二年半賣五千八百四十六匹，萬曆九年全賣，每年草料銀一萬八百八十兩，今改一萬六十八兩。

保定府備用祁州等十三州縣原額種兒騍馬七千九百四十五匹，隆慶二年半賣三千九百七十三匹，萬曆九年全賣，每年徵草料銀七千九百四十五兩，今改七千三百四十五兩。

順德府九縣原額種兒騍馬三千七百一十五疋，隆慶二年半賣二千一百二疋，萬曆九年全賣，每年徵草料銀三千七百一十五兩。

廣平府九縣原額種兒騍馬三千七百七十疋，隆慶二年半賣一千九百七十六匹，萬曆九年全賣，每年徵草料銀三千七百七十兩。

真定府三十一州縣原額種兒騍馬一萬七千六百三十五匹，隆慶二年半賣九千五百四十四疋，萬曆九年全賣，每年徵草料銀一萬七千六百三十五兩，今改一萬六千一百九十一兩。

河間府備用十五州縣原額種兒騍馬五千一百六十疋，隆慶二年半賣二千六百七十六匹，萬曆九年全賣，每年徵草料銀五千三百六十兩。

永平府六州縣原額種兒騍馬四千六百七十疋，隆慶二年半賣二千三百三十五匹，萬曆九年全賣，每年徵草料銀四千六百七十兩。

開封府七州縣原額種兒騍馬一千二百八十五匹，隆慶二年除半賣六百三十三疋，每年徵草料銀止得三十二兩九錢三分九厘三毫二絲。

彰德府四州縣原額種兒騍馬一千一十五疋，隆慶二年半賣五百八疋，萬曆九年全賣。

衛輝府六縣原額種兒騍馬四百一十五匹，隆慶二年半賣二百八匹。

歸德府所併一縣原額種兒騍馬三十疋，隆慶二年半賣十五疋，萬曆九年全賣。

山東濟南府二十九州縣原額種兒騍馬一萬三千三百四十疋，隆慶二年半賣六千六百七十疋，萬曆九年全賣，每年徵草料銀一萬三千三百四十兩。

兖州府二十五州縣原額種兒騍馬一萬四千五十六疋，隆慶二年半賣七千二百五十匹，萬曆九年全賣，每年徵草料銀一萬四千五十六兩，今改一萬一千一百二十三兩五分九厘三毫四絲四忽八二先。

東昌府一十八州縣原額種兒騍馬三千三百八十匹，隆慶二年半賣一千六百九十匹，萬曆九年全賣，每年徵草料銀三千三百八十兩，今改三千三百九十五兩。

應天府八縣并帶管徵滁州衛原額種兒騍馬四千六百六十疋，隆慶二年半賣二千三百三十疋，萬曆九年全賣，每年徵草料銀四千六百六十兩。

鳳陽府所屬州縣原額種兒騍馬并額外寄養兒馬九千四百七十六匹，隆慶二年半賣四千七百三十八疋，萬曆九年全賣，每年徵草料銀九千四百七十六兩，今改八千七百七十六兩。

揚州府所屬州縣原額種兒騍馬五千五百九十三匹，嘉靖二十年御史錢奏減通州種馬八百五十四共四千七百四十三匹，隆慶二年半賣二千三百七十二匹，萬曆九年全賣，每年徵草料銀五千五百九十三兩，今改四千二百三兩。淮安府所屬州縣原額種兒騍馬六千三百一十匹，隆慶二年半賣三千一百五十五匹，萬曆九年全賣，每年徵草料銀六千三百一十兩，今改四千二十三兩。

廬州府七州縣原額種兒騍馬四千三百七十四匹，隆慶二年半賣二千一百八十七匹，萬曆九年全賣，每年徵草料銀四千三百七十四兩。

滁州所屬并帶管徵滁州衛原額種兒騍馬一千七十五匹，隆慶二年半賣五百三十八匹，萬曆九年全賣，每年徵草料銀一千七十五兩，今改一千六十兩。

和州并所屬原額種兒騍馬六百三十七匹，隆慶二年半賣三百一十九匹，萬曆九年全賣，每年徵草料銀六百三十七兩。

徐州所屬三縣 原額無種馬。景泰二年，寄養江南搭配餘剩馬駒。歷弘治三年以前，議解本色。六年，勘定無種馬仍領寄養。十七年，都御史張縉奏豁寄養。至正德十二年，印馬御史周鵷奏准比丁田出辦折色，除沛縣免派外，本州及蕭豐碭山每年備用折色馬。

廣德州併一州一縣原額種馬八百匹，隆慶二年半賣四百匹，萬曆九年全賣，每年徵草料銀八百兩。

寧國府所屬一縣原額種馬七百五十匹，隆慶二年半賣三百七十五匹，萬曆九年全賣，每年徵草料銀七百五十兩，今改徵七百四十九兩。

鎮江府所屬三縣原額種兒騍馬二千三百四十匹，隆慶二年半賣一千一百七十匹，萬曆九年全賣，每年徵草料銀二千三百四十兩。

太平府所屬三縣原額種兒騍馬一千四百六十五匹，隆慶二年半賣七百三十三匹，萬曆九年全賣，每年徵草料銀一千四百六十五兩。

又《軍衛種馬》 《會典》：凡在京在外衛所，俱有孳牧馬匹，以給官軍騎操。在京及南北直隸衛所，屬兩京太僕寺。在外屬各該行太僕寺，苑馬寺，及都司委官提督，每衛指揮一員，所千百户一員，專管孳牧。其搭配科駒起解等項，悉照民間事例。

洪武二十三年，令飛熊廣武英武等衛每，五户養馬一匹。

永樂十四年，令薊州、山海諸衛屯軍每人養種馬一匹，免納子粒。

正統六年，令征戰走傷馬匹，驗視明白，分給各衛守城官軍牧養，遇倒死埋瘞。

成化七年，奏准天下衛所孳牧馬匹，有埋没者，俱照原額買補，令軍餘朋合領養。

正德十四年題准：各處行太僕寺，并各邊都司衛所，將五年一次變賣欠等項馬價銀兩，俱存留本寺并本都司庫，聽候明文支用，不必解京。

隆慶二年，變賣民間孳牧種馬，惟獨各衛不賣。

萬曆九年全賣，每匹徵銀一兩，除京三衛免養外，每年共銀一百七十二兩，在外四十六衛共銀二百七十兩。

又《軍衛種馬額數》 在京龍驤等二十六衛，種馬共一百九十五匹。內龍驤、武成、神武右後、忠義右前、義勇左後、大寧前、羽林前、金吾左右等衛，各十匹。忠義後、義勇右前中、蔚州左、會州、寬河、燕山前右左、濟陽、富峪、大寧中、大興左等衛，各五匹。今義勇中左、神武後，改為陵衛免養，額實共種馬一百七十二匹。

在外保定左等四十六衛，原額種馬二百七十匹內。保定中、河間、瀋陽中屯、真定、山海、神武中、定邊等衛，各十匹。保定左右前後、茂山、大同中屯、滄州守禦所、永平、東勝左右、盧龍、開平中屯、撫寧、通州左右、武清、涿鹿左中、薊州、鎮朔遵化、興州左屯右屯前屯後屯中屯、忠義中、營州前屯後屯左屯右屯中屯、寬河守禦所、武定守禦所、涿鹿、德州左、德州、沂州等衛，各五匹。

按天下事無皆可，亦無皆不可。可者是則不可者，非不可者是則可者，非酌于可不可之間，而得其真是真，非者則以理以時為之權衡，不以己意預之人，情狗之者也。種馬之政，洪武初至正德元年皆行無異議，正德二年忽議買俵，不問徵駒，即此時事權在部兵部主行之，蓋偏信爾猶無心也。自隆慶二年，寺臣武議盡革，宰輔徐力主革馬，請會議當時冢卿楊執不可，宰輔陳等亦不可，始勉從半賣，而盡革之端露矣。萬曆九年冏卿裴議騍駒，宰輔張尚主隆慶二年盡賣之說，又署部左司馬王既，而司馬梁相繼又入御史于之疏，而盡革之事行矣，遂將聖祖列聖前政裁革無遺，是皆以革為可而是之者也。當正德二年，御史謝隆慶四年冏卿顧印馬御史謝左、司馬曹大司馬譚，萬歷九年，御史馬凡十餘疏皆議其不可，是皆以革為不可而非之者也。總今觀之，以革為可者，則曰法久弊生民艱已甚；又曰始陸續給養於民，法固甚善，行之既久，弊患漸生，是以條議。上請曰備用馬匹久已買俵，種馬徒存虛名，百姓却受實害；又曰近年畜養種馬騍駒一事，苦累小民者是也。其以革為不可者，則曰祖制所在軍機所係，未可輕革，萬一有警驟行調發，無所措置，乞要查議前禁，永杜士民幸免之端；又曰姑為目前恤民計，亦惟深思詳定；又曰諸臣無深思遠慮，輕以議革；又曰惟狥士民苟且之計，不為日後深長之謨；又曰不知經國遠猷，請乞聖明漸次議復者是也。此可不可兩端卒之，不可者不能勝乎，可者而竟革之，當其時旁觀諸臣，咸謂聖祖詔戶部不用吳江浙諸省人，蓋恐議減賦稅私其鄉。今觀以種馬可革者，皆種馬地方諸臣，而首政者不知祖制軍機而誤聽之，即是而知聖祖真有見，已顧革之後，馬羣遂空，纔有徵發司馬便以為難，此其在今日如此，他日益可知，已至今懷籌者，猶以革復之際，難于為言，大都亦有可不可兩端曰：『前者不可革而輕可于革後者，可復而不可于遽復者也。』其為不可革而輕可于革者，則曰：『有種馬之時，初則法令簡信，而後則煩苛屢更；初則官吏勤畏，而後乃貪殘陵恣；初則牧地廣，而後為豪貴侵奪；初解俵徵駒，而後一切不問；又初即孳生，見在之駒，隨有起解，解至即牧以俟將來臕息茁長，無分於高卑大小牝牡，無別於彼此多寡分數，無勞於揀擇追求，而後則較量尺寸，論別於牝牡分數，又揀擇屢換，追求不已；初則即駒堪俵者起俵，堪種者補種，不堪者賣價半，貯庫助俵半給賞養户，而後即有駒不補，給種變賣，無可起俵助俵，給賞有名無實，紛紜弊害叢生。』使善處興革者于此時能察民疾苦，即此弊害革之，使去即可以修前政，垂永久乃何其輕于議之，主之而不顧也。其為可復而不可于遽復者，則曰：『民難與創始可與樂成，當二祖開創之初，百戰經營，以馬為急，漸次而始民亦漸次而樂其成，而後一旦棄其成績而革民，亦以革而樂其成。今遽議之民難與始，且畿輔之民，數十年來，凡科歛煩急，征調頻殷，祲饉荐臻，盜賊訌攘，杼軸內空，瘡痍外集，忽欲循舉成事，民誰與樂，柰何能強不樂之民而為，此莫大之舉也。顧未革之先，則種民獨稱疾苦，既革之後，今買俵者寄養者，均稱為疾苦。其士民若有不能，一朝解之，使去亦猶往種馬時，然無有異者，顧所稱艱亦誠為艱，特艱在一時，為身家計爾，若為國家計，則以邊境之急。聖世恒有飢饉，師旅不得已為權宜兵食之計，聖門必講今者買俵寄養皆缺乏，萬一急需乏馬將，戰守無資，將必臨時加派于民，民于是時變，故在前征催，在後所稱艱者，當有百倍于常日。是以重有慨于隆慶三年、萬歷九年首政者輕于革，不能以理以時為權衡，而以己意預之，且輕狥之也，或謂既不可復，而又不可不復。為今之籌者，將何以善之，亦曰審其時，酌其理，求于俵、寄、買三者之間，求所以經常變補救弊之術，俾民不擾而馬得足，又當預為之圖，是為惟事事乃其有備，有備無患，亦制治未亂，保邦未危之道，有非出位越俎者所敢知也。

又 卷三《俵馬》 俵馬者，以種馬騍駒表其良者，起解以備用者也。《會典·太僕志》載：國初種馬騍駒，俱搭配補種，餘即變價入官，以俟湊補，給賞置廐之用，未有解俵者。正統十四年以邊警取馬，一時不至，難應猝變，始于孳牧內，歲取備用馬二萬匹，寄養京輔三府，以備不時調兑，是為起解之始。正德二年，專于買俵，猶係就種馬額數出銀買者，至隆慶二年半賣，萬歷九年全賣，之後則一槩將丁糧均派，徵銀在官，給馬户買俵，矣其俵解。又令各府州縣，每歲將應解馬匹，隨數多寡，分春秋二運。《會典》載：舊例不蠲免。自成化以来，多所蠲免，或全免、或量免、或緩徵、或永改折、或暫改折，定以分數年限，各視其災之輕重以為等。紀俵馬三俵者，表識之。謂以種馬騍駒，表識其內之良者，即以此起解，謂之俵解。又以俵解，俵用騎操，折易併進納，俱印烙以防姦弊，謂之印俵。其孳生及賠納駒，應交印者，謂之交俵。差官各地，將空閑增出人丁，俵散領養，謂之俵散。俵散者，即寄民間餧養者。嘗考，古無俵字。蓋即表字後旁加亻，為俵。以亻表識良馬備用為義，此蓋近增字，今通用。

又《兩京太僕寺額派備用俵馬》此太僕寺南京太僕寺并同者 正統十四年，令歲取備用馬二萬匹，北直隸、河南、山東取七分；南直隸取三分，俱限八月以裏，解部發太僕寺驗印給俵。後增減分數，本色、折色、節年不等。

成化四年，議備用馬太僕寺取七分，南京太僕寺取五分，差官吏管解。兵部題，每歲備用馬匹，太僕寺取七分，南京太僕寺取五分，俱限八月以裡，解部各府州縣，解馬二十匹以上，差官解管二十匹以下，及有事故等項，方許差吏。違限者，照例參送法司，以後解馬違限，并違例差人，及一年之上不来完馬取批者，一體照例究問，奉旨是。

成化二十一年，奏准南京太僕寺所屬地方，備用馬匹從各府州縣徑解北京交俵，如有拖欠及補完之數，仍行南京太僕寺照查。

弘治三年題准：暫取備用馬一萬匹。兵部題覆，該吏部等衙門，尚書王等會議得，在京原無寄養馬匹，自正統十四年，北方侵犯京師，一時缺馬騎操，該太僕寺奏准，將順天府所屬人户孳牧馬匹，分散保定等府人户領養，却於南京太僕寺孳牧馬匹內，每歲取二萬匹赴京，分送順天府所屬人户寄養備用。以十年論之，該馬二十萬匹，民户有限，馬匹太多，連年倒死者不止十數餘萬，及至追補，又告艱難，徒費民財，無益于用。若照前數，行取不無累及逃亡，今後合無將備用馬，每歲暫取一萬匹，本色、折色臨時具奏定奪，如果緊急用馬，照舊取用，或發銀收買。奉旨准行。

弘治五年題准：備用馬，每歲止取一萬匹。北直隸、河南、山東，并南直隸徐州所屬，俱解本色內。永平府折色、本色中半。廬州、鳳陽二府，滁、和二州解本色七分，折色三分。淮、陽二府，應天江浦、六合二縣，解本色四分，折色六分。應天府上元等縣，鎮江、太平、寧國所屬俱解折色。舊例：每匹折銀十兩，其本色馬，務要揀選堪以騎操，四歲以上，七歲以下折色銀，亦要辨驗足色，各令依期，委管馬官，負解俵馬匹折銀事例，行之二三年，備用馬匹有無勾用，另行奏請定奪。

弘治七年題准：每歲止取備用馬一萬匹，北直隸各府定限八月以裏，南直隸各府定限九月以裏解部。兵部題覆，御史潘楷奏，要將每歲備用該解馬匹一萬、并令與解馬人員、地方遠近、到京日期，本部議得，合無行南京太僕寺轉行各該養馬府州縣，自弘治六年為始，俱照奏准事例。今後每歲止取備用馬一萬匹，其管解人員直隸、保定，及山東、河南等府州縣，每歲定限八月以裏；南直隸應天、鎮江，并鳳陽等府州縣，每歲定限九月以裏解部，如果緊急用馬，仍照舊例取用，奉旨准擬。

弘治九年，令孳生馬，齒少力強，而不及四尺以上者，亦聽印俵。兵部題，該吏科右給事中韓祐等奏，本部議得，合無兩京太僕寺轉行各該管寺丞，查照先行事理，每遇行取備用馬匹，務要預詣各州縣，將孳生兒馬駒并買補內，逐一揀選，堪中者造用，印信冊鈐記，管馬官員，解赴本部發寺驗收。如孳駒內，齒生少，身力強壯，止是尺寸畧有不及，亦聽選，不必拘取於四尺之上。各該寺丞仍前不行，親詣州揀選，每縣馬一百匹，揀退三十匹以上者，本寺開報，本部參究，拿問如律。若解到馬匹堪以收俵，毛、齒、尺對冊無寸差，該寺聽信醫獸人等妄言揀退，許管寺丞，或委解馬人員，將揀退馬匹送部看驗定奪，具奏奉旨是。

正德二年，奏准太僕寺，歲取備用大馬，止照種馬定額，每羣派取一匹，其種馬生駒起俵變賣，悉聽自便。正德二年，奏准派取各處備用馬二萬五千匹，太僕寺所屬七分俱本色，南京太僕寺所屬取三分，本、折色中半，北直隸、山東、河南限六月終，南直隸限七月終，各差管馬官解俵。

正德十一年，奏准今後奏派寄養馬，不許更改加添，積有餘馬，作價收買，不致泛濫，多派難以徵解。該御史周鵷奏，要將每年徵解備用馬，立為定規，悉照正統二等年數坐派。積有餘馬，作價收買，不致泛濫，多派難以徵納，但恐各官意見不同，仍復更張，致為民害。本部每年派馬之時，務要遵守前例，以為定規，如有任意更改加添者，聽兵科論奏改正，題奉旨是。

正德十二年，奏准備用馬除沛縣免派外，徐州止派六十匹，蕭縣三十匹，碭山縣四十匹，豐縣二十匹，俱先儘上、中户内人丁，每四十五丁歲朋出馬一匹，折徵銀十五兩，其寶應、清河縣各於原派數内減派二十五匹，興化縣、高郵州各減派二十匹，邳州、江都、宿遷、鳳陽、桃源等縣各減派一十匹，俱先儘極貧無産下户。

本年題准：每年備用馬匹額派本、折色二萬五千匹，內取本色馬二萬匹，折色馬五千匹，本、折相兼，緩急備用，若各年寄養馬匹，除已充過各邊關營之外，積有多餘量再減派。馬政條例：每年徵解備用馬匹，立為定例。坐派二萬五千匹，上年積有餘馬，下年量減本色，扣加折色。積有餘銀存，留用馬數，多年分作價收買，不致泛濫。兵部奏准馬政條例一，近京地方寄養馬匹，專備京邊戰馬之用。舊例每年寄養不過二萬匹，而又交兊有時，所以地方有餘，民不受累加派。備用馬匹，數多京邊交兊，數少以致寄養，尚多民不堪。命清審編派利病，雖係有司通融，斂散得失全由本部，正德十年，奏派馬二萬五千匹，漸復舊規。又交兊京營宣大等邊數多，民力漸寬，今後每年奏派備用馬二萬五千匹，內取二萬匹，緩急彀用，折色馬五千匹，每匹徵銀一十八兩，若各年寄養馬匹，除兊給京邊之外，積有多餘，量再減派，務令馬少而膘壯得用，毋使馬多而羸瘦累民。

嘉靖四年，令扣筭寄養備用馬匹，歲常有二萬之數，不必多派以累小民，其起俵馬駒，酌量地方，豐歉加派，折色送寺收貯，以備臨時買馬。

嘉靖七年題准：以地方災傷，山東、沂州、魚臺、郯單、滕費等六州縣，備用馬，俱派折色。其餘太僕寺所屬地方，量派本色馬三千匹，餘馬一萬四千五百匹，亦徵折色。每匹徵銀一十五兩，均作二運。南京太僕寺所屬，通派折色，每匹徵銀一十四兩，俱作一運。

嘉靖八年題准：見在寄養馬數多，將歲派本色折色，俱照七年例，及原係折色者，每匹徵銀十八兩，本改折者，每匹二十兩。嘉靖三十三年題准，北直隸、山東、河南災傷，將預徵七分馬匹改派，災重者，改折色三分，仍徵本色四分；次災者，改折色二分，仍徵本色五分。每折色一匹，徵銀二十四兩。

嘉靖三十七年題准：南直隸各府州縣備用馬匹，以後俱派折色。內原係折色者，徵銀二十四兩；本改折者，徵銀三十兩。本部題奉：欽依內事理，將南直隸各府州縣應徵馬匹，照舊全派折色。查照節年事例，原係本色者徵銀三十兩，原係折色者徵銀二十四兩；北直隸、山東、河南暫改折色者，俱徵銀二十四兩，各照數催督，徵完依限解部發寺備用，其永平府被兵地方，該寺備細查勘實經，被害去處，審實人户，一體全派折色，以示甦息，馬價毋得浸假。

本年又議准：沂、費、郯、滕、嶧五州縣，備用馬，以後俱改折色。

嘉靖四十二年題准：各州縣起解備用馬匹，每匹徵銀二十七兩；內二十二兩，給馬户買馬五兩，充為路費，務要看驗合式。兵部覆該御史吴守題，本部查得題准，派馬事例，本色馬務要揀選身高四尺，兒馬五歲，騸馬八歲以下，方許起俵。近年以来，或狡猾減價買抵，或權豪囑託換易，以致馬匹矮小，大半不堪。御史吴守謂與其驗退於到寺之日，不若精選於起俵之初，合行南北印馬御史，會同各該撫按衙門，行令各府州縣，以後起俵備用本色馬，每匹定銀二十七兩；內二十二兩，買馬五兩，充為路費，此外不許分毫科取，其馬務要中式，各該掌印官親驗停當，解部發寺交收。果有驗多中選，且無虧欠者，少卿等官會呈本部，咨送吏部旌擢，仍襲前弊者，參奏罷黜，至於兆攬抵易等弊，各該衙門以後通行嚴禁。

嘉靖四十五年議准：寄養馬大約總計止用三萬，此外不許多派俵。

隆慶元年題准：各處起解備用馬匹，每匹徵銀三十兩，全給馬户買解，不許扣留。

隆慶四年議准：本年備用馬，北直隸、山東、河南一萬七千五百匹，內本色八分，折色二分；南直隸七千五百匹，全派折色，其本色馬，俱要揀選，方許起俵。折色照例不分南北，每匹徵銀二十四兩。

萬曆元年題准：北直隸、山東、河南備用馬，本折均配。真定、大名、濟南、開封、衛輝、彰德六府為一半，保定、順德、廣平、永平、河間、東昌、兖州、歸德八府為一半，年半輪派，一半徵解折色，一半徵解本色。

萬曆六年議准：南京、廬州、滁、和為一年，鳳陽為一年，輪派如北方例。

萬曆七年題准：南京、廬、鳳、滁、和，舊徵本色七分者，今減為六分。

萬曆九年，種馬既革，鳳陽等府各屬州縣，尚輪解大馬，各數不等。共二百二十三匹。

萬曆十四年題准：北直隸、南直隸各災傷地方，于折色二十四兩，曾減二兩，未免者皆全徵。

萬曆十五年，鳳陽、廬、滁、和各屬州縣，輪解大馬二百二十三匹，盡行改折銀三十。該本寺卿羅題照得南馬矮小，加以路途寫遠，俵解艱難，即如今歲虹縣，盡數退回，其餘州縣，亦皆大半不堪，不惟無裨軍興，且至賠累寄養，合無將前馬每匹折徵銀三十兩，類解本寺。至今止有派徵薊鎮馬改折銀兩，類解薊州。

又《各府州縣每輪解俵備用馬每歲額數》 正統十四年，于種馬內起解，備用馬數，以春秋二運起解。

直隸大名府二千一百七十六匹。內擠乳馬七匹。

保定府一千五百八十九匹。內擠乳馬八匹。

順德府七百四十三匹。內擠乳馬五匹。

廣平府七百五十四匹。內擠乳馬五匹。

真定府三千五百二十七匹。內擠乳馬五匹。

河間府一千七百二匹。內擠乳馬五匹。

永平府九百三十四匹。內擠乳馬十匹。

河南開封府二百五十七匹。

彰德府二百三匹。

衛輝府八十三匹。

歸德府考成縣六匹。

山東濟南府二千八百一十二匹。

東昌府六百七十六匹。

又《軍衛解俵馬數》 在京龍驤等原二十六衛，後將義勇中左、神武後三衛，俱改陵衛，免養不解俵外，共二十三匹。

在外保定等四十六衛，各解俵一匹，共四十六匹。

又《南太僕寺解俵本折馬額數》 應天府各縣并帶徵滁州衛，共九百三十一匹，後減七匹止九百二十四匹，本色四十八匹，折色八百八十四匹。舊零八分。

直隸鳳陽府各州縣，共一千八百八十六匹，內本色馬一千五百五十五匹，折色三百三十一匹。

揚州府除海門外九州縣，共一千四十五匹，內本色五百四十一匹，折色五百四匹。

淮安府各州縣，共一千一百九十七匹，內本色六百八匹，折色五百八十九匹。

廬州府除英山縣外七州縣，共八百六十七匹，原內本色七百九十一匹，折色一百五十一匹。

滁州并各縣又帶徵滁州衛，共二百一十五匹，內本色一百七十五匹，折色四十匹。

和州并含山縣，共一百二十八匹，內本色一百四匹，折色二十四匹。

徐州并蕭碭山豐三縣，共一百五十匹，俱折色共一百五十匹。

廣德州建平縣一百六十匹，俱折色一百六十匹。

寧國府南陵縣一百五十匹，俱折色一百五十匹。

鎮江府各縣，共四百六十八匹，俱折色四百六十八匹。

太平府各縣，共二百九十匹，俱折色二百九十匹。

又《太僕寺買俵馬自此兩京太僕寺異，此爲太僕寺見買本色，其餘解折色者》自萬歷九年盡賣種馬後，此為專徵銀買俵之始。以前兩太僕寺各俵分數買俵，南京太僕寺以所買者，解至太僕寺交驗，至萬歷十四年盡行改折，惟有北直隸、河南、山東十四府之馬解寺，故此紀太僕寺專買本色馬，而南京太僕寺專解折色銀，分而紀之于下，以便稽考者。

萬歷九年始議盡賣種馬，徵銀買俵起解收發寄養。該兵部題准：各府州縣，照原俵例舊，係本色者徵銀三十兩，係折色者徵銀二十四兩，每年派到本色支原徵本色銀，內將馬價二十四兩，草料六兩，買馬一匹，起解至京。每年兵部題請劄行，本寺依分派各府若干，各府照依分派各屬若干，其內申明馬價二十四兩，草料六兩，俱要給與買解大户。仍禁各屬不得給平估之時值，假節省之虛名，充侵尅之實囊，以致所買馬矮小瘸損，及奸頑馬户賫價赴京，交通醫販人等，收買騎傷攛膔鑽渠鞭花不堪馬匹，朦朧解入，違者俱行究治。

萬歷十八年題准：其起俵馬匹，不行用心揀選，任其瘸小不堪，聽憑積販包攬。俵解者，寄養馬匹不行，加意查驗以致瘠損倒死數多，或應買補不行追補，或任馬戶以小馬抵換原發大馬，或以生作死，私賣重價，希圖輕價買補者，通計其馬數，以為分數三分以上者，罰俸五分以上者，住俸候下次查驗膘壯買補，總計至八分以上，始請開復。本部仍咨吏部，將馬政修舉者，行取擢用以示勸牧事；廢弛者，附簿劣處以示懲。若州縣佐貳首領，有科尅馬戶事，發有實跡者，聽該寺提問。至於解户，各衙門需索務裁損，以省繁費，寄户鞍花鐙花，量為寬禁，以塞騙局，相應悉如議行。

萬歷二十年題准：預派期俱于本年九月以內，不再得過期，以致民累。該印馬御史樊玉衡劉曰：『梧題于秋運，將終八九月之時，本寺即以議派本折分數，該部題覆轉行各屬，庶于各官民徵解皆便。』

萬歷二十年題准：內稱查得萬歷二年題准，將保定、順德、廣平、河間、永平、兗州、東昌、歸德八府，與真定、大名、濟南、開封、衛輝、彰德六府各一年輪派本色，又查得萬歷六年本色四分，其三年六分五厘，十六年三分，十八年五分二厘，十九年五分九厘，各分數不等已而又為幇派帶派，科條詳而弊愈滋。夫派無定數，則小民以不均而受累，法無畫一則吏書得因緣而為奸，以故州縣往往加賦不止，撫按無所覈其數，有司不得明其守。方今邊境多事之時，正為馬政修舉之日，合無斟酌節年，馬數定為成規，通融于保定等十四府，原額內普派本色三分，以後量年分，災傷及兩路缺馬隨量行增減，自二分至四五六分以上，並臨時裁酌。本寺卿王汝訓題，該兵部尚書石覆議，依擬以後年分俱照此行。

萬歷二十一年題准：俵馬務要足二萬之數，于直隸、山東、河南三省，真定等十四府均派本色馬匹，其或災傷年分，待各撫按衙門奏勘明白，兵部覆奉行，寺照依減派本色或折色，轉行各府，屬分派各州縣，依舊例頭二運俵解。一頭運直隸真定、保定、河間三府，俱限二月二十日以裏。順德、廣平、大名、永平四府，俱限二月二十五日以裏。山東、河南所屬，俱限二月初十日以裏。南直隸所屬府州縣，折色馬價俱限五月終解寺。河南歸德府一府併作，一運亦限五月終解寺，二運俱限九月以前通行完報。如有俵解過限二個月以上者，呈部類条；如至三個月以上至半年者，許指名条奏承批；人員違限一個月以上，參送問罪。其衛所折色，亦照本府限期解納，如違一照前限，將承批人役条送問罪，其係千百户承批，雖過限亦須呈部類參以上。近例過限或一個月、或二個月、或三個月者，照各部舊例。水程不便，行問究過，遠至三月外者，仍照例行。若係災傷重大年分，照依彼處撫按官奏題，寬限緩徵。待各府州縣申文，至日查係，的確亦不究問限期。題准：各違限違例每歲終，太僕寺呈部查究行，各該巡按御史提問奏報，不許延至隔年，其不赴、掣總通判、及吏役遲慢等項，該寺徑行查處。

萬歷二十二年題准：照萬歷二十年，馬以十分為率普，派本色三分，折色七分定例權于各府，本色三分之內，分別災傷輕重極重者，本色盡改折色；稍輕者，少派本色；無災者，多派本色。其河間等各府所屬各州縣，災重者，本色三分，俱暫改折色。保定等七府所屬各州縣，被災稍輕者，派本色三分，暫改折色一分。兗州、東昌二府，被災又次者，派本色三分五厘，暫改折色五厘。永平、彰德、衛輝三府，原係無災，仍量派本色三分，所派原係本色暫改折色者，每匹徵三十兩，其餘原額七分，折色每匹徵銀二十四兩。該保定巡撫劉題稱，地方重災，欲將本色槩議改折，每匹徵銀三十兩，解寺貯庫給各邊鎮，止用十五六兩可得中騎，二十兩可得上，騎軍不乏騎，而民得稍寬一分，即受一分之益。查得萬曆十一年，該兵部題稱：備用馬係干軍需重務，歲豐則多徵本色，以備征戰；歲歉則酌量改折，以蘇民艱。祖宗立法盡善盡美，今歲各該地方飢饉荐臻，小民困苦，真定、大名等府俱盡派折色。萬曆十四年，該前撫臣賈三，近御史劉霖因災題免，備用本折馬匹一年，又將十五年折色馬匹量減二兩，遵行在卷。臣等屢徼天惠，不敢望行減免，只將本色馬匹折解一年，可實內庫，可寬民力，後照舊俵解兵部行，本寺議民間災傷，固所當恤，軍國大計，尤所當重，合行撫按查各災傷重輕酌派本折，庶民災與國計均益，撫按勘囬本寺，再查兵部覆奏，如議行。

萬曆二十三年為寄養缺乏，照額數題准：保定等府普派本色四分，折色六分，以後年分普派三分，或二分幾厘。又本年北直隸、山河諸府，派數甚多，民力難勝，乃將薊州折色馬餘二百八十三匹外，其七百餘匹暫派南直應、鎮寧、太廬六府，以示均平。

萬曆二十二年，議定九月內，本寺派定各府分數呈部題奉，欽依覆行本寺轉行各府，照奏內分數分派各屬，照舊如有分數內不足買一匹者，本府徑自議支，原徵本色在庫者，湊足三十兩，令買一匹起解，仍預先申明，以便查收。

萬曆二十四年題議，俵馬見行。該本寺卿楊題：買俵者，有伍始于起，故一曰起俵。自種馬革議，照地畆徵銀，僉大户買俵，每匹二十四兩，草料路費陸兩，價善矣，宜得良馬。乃諸臣屢言州縣官，一給平估之時值，一假節省之虛名，一充侵尅之實囊，三者清濁不同。虧少馬價則一民因不敢養限，逼問諸販民不從則強取之，不肯販遠商亦不至；再逼則遣俵戸買之他所，各奸販與積棍包攬者哄聳州縣，謂各方無馬，有必重價，乃有二三十兩至四五十兩者，而馬又未必良也。薊北馬羣即今真保衛，詩騋牝即今衛，彰魯侯駉駉即今濟、兗間，皆馬鄉也，風土如故。邇聞東土小邑民家，惟養驢騾，非有勢力不養馬，一養官必強取，且貽後累，此乃威民，且驅馬有官，如此馬計由匱，屢經兵部申飭，今尚猶然。人言州縣官者，以馬良不足為功，最不良不足為罪，殿故視泛常是在後欵，舉劾嚴之，爾起在于解，故二曰解俵。解自州縣申册內開解，官俵戸獸醫姓名、馬尺寸、齒數、毛色。如皆正身守法者，則馬與申册相同，馬必良；或係積棍包攬，則馬與申册不同，馬必不良。又或州縣編頭户，賣富差貧，臨時又以哄嚇限逼，預給一空文册與之，至本寺嘗驗硃上之墨，尺寸、齒色與册不同者，馬必不良。前寺卿唐堯欽疏言，不良則價賤，得利多；良則無所牟利。年年此解役，年年此醫獸，内外交通，夥黨聯結，混然而收則喜稍加。別白一換猶是，再換三四換亦猶是，一縣猶是，兩縣三四縣亦猶是。始哀鳴，繼求書，終騰謗，況一換之間，此輩復與馬販朋謀，冒開費用價值，歸勒騙于各户，將憐其重費而不換馬，無俾戎用。它年不與調究，是姑息于俵戸者，又重累于寄户也，解在於收，故三曰收俵。前臣謂有二弊：一在寺役通同。成化、弘治間問刑條例一欵，司府州縣起解，若有馬販、交通官吏、醫獸人等挑攬作弊，俱問罪枷號一箇月，發邊遠充軍；再犯累犯者，枷號一箇月，發極邊衛充軍，嘉靖間申飭。正德間御史周鵷奏，該寺醫獸人等多係積，慣百計瞞官作弊。本一馬今日關節未通，則稱老病不堪，以致退出，明日關節已通，則稱齒少無病，以致驗中。又奸頑馬户，齎價赴京，交通醫販人等，收買騎傷擸臕鑽渠鞭花不堪馬匹，朦朧驗俵。寺官不行用心看驗，嚴行禁治，以致前弊益滋，合無令該寺遇解到，即便查照原來文册，逐一親驗其揀退，查先例，就於騌下用退字小印，以杜奸弊，此一也。一在勢豪囑托。正德間，南太僕寺卿楊琥題奉欽依，今後敢有仍前依勢挑攬囑托，及通同官吏醫獸人等作弊，浪估價銀，瞞官害民，在京送法司，在外聽撫按官，照前項枷號，官軍俱調極邊差操，舍餘人等俱發邊衛充軍。官吏醫獸人等一體治罪，干碍内外勢豪人員，徑自具實奏，請治其擸哄老病，原馬驗退仍還原主，價銀若勒指不還，許陳告枷號治罪，此一也。據此凡寺役當重懲，若獸醫近取宛大二縣，皆素交通為弊者，以後如舊例，別取附近州縣者，至則封閉，不令與寺役交通。或有法外深奸，速察懲之。若勢豪囑托，如唐堯欽所謂求書者，本寺指實奏請治罪，乃警一戒百。有益寄户而俵户亦省費，干請收在於印，故四曰印俵。俵馬《會典》開載，舊例州縣各用印烙始行起解，其後奏准免用，蓋為擇退，即得變價別買，便于換易，以示寛恕也。惟本寺驗收不堪者，用退字小印於騌下，以妨奸弊，近亦不用，乃各官解醫獸交通本寺書吏人役醫獸，有驗不堪退出者，復或借良者入驗，驗畢又將前退出者朦朧混入，得收印，以致俵戸無復于留心買良，祇圖徼倖，沿此故套及。查頻年收印有良，亦有類此者，即諸臣皆謂難覈可知也，惟是用小印于騌下，自不得混入，將使風行預戒，諸弊不生，後日有不待屢換，可必得良者。乃州縣起解印，亦當申請復用，或賢官、或取良起俵，中途無印，為解役醫獸私賣至京，恃沿朦朧故套，以致馬不良，官績不著，惟此印復用，庶免此弊。或以前免用為便，賣換詎知，馬良不換，換必不良，不良者敢為欺罔本寺，又誣累州縣官，是何可始息，隨其套中也。印在于發，故五曰發俵。凡俵户固難，但五年編買，一年後有數年安居在，養户當經數年拾餘年前馬纔究，後馬復至，不免一家舉勞，或倒失賠償有費，似于尤難誠得本寺驗發悉如式。齒無七歲外，尺無三尺七寸，又精神臕壯猶可；倘不如式，又非臕壯，本寺曲為俵發，又令原解及寺役送之。遂挾令州縣驗發勒，養戸收受有力者亦不肯受，如按攷本寺每歲全徵折色銀僅四十萬，餘歲派買本色或三分或四分，萬一有事必五分以外。一至三分則所徵銀已支去四十萬中之半矣，況五分以外則又支過於一半之外矣，即此僅能歲徵一十餘萬。合南直隸一十八萬有零，歲不過三十餘萬計爾，以此三十餘萬之入，應補各邊。近日買馬，年例尚為匱缺，況如近日本寺及言官所疏，興師十萬即以騎步中分，則五萬騎兵用馬五萬匹，如遇本寺有寄養馬猶可征調，如一時缺少，則每疋以三十兩數計，約費銀一百五十萬始足應此。今以所入三十餘萬總計之，當其時將以此補，各鎮年例乎抑，以之買馬以應五萬騎之需乎，至是計安所出。竊恐事變忽來，在民間非特無馬可賣，在本寺亦無銀可買，是兩窮矣。至是始責本寺，則本寺前此今此僅為職守庫藏，而于廐牧之議一皆係于兵部，並未預聞附議，雖欲于臨事責之，無及亦無益也，是以僭有占前慮後之意，謹槩書于此。

又《軍衛折俵額數》 萬曆十八年，以萬曆九年裁革，種馬惟軍衛，以種馬買俵者，照舊不革。本年題准：今照舊改解折色，不得解馬。該本寺少卿唐堯欽題：七十二衛所馬匹既不堪充，應令今年照例。馬價或貴，掌印官親解兵部覆，自十九年為始，俱令照例徵解折色，每匹照各衛所原派馬價銀數解部，發寺收貯，以備買馬支用。

在京龍驤等衛各俵一匹徵銀數，如寬河等各徵銀三十兩；在外保定等四十六衛各俵一匹徵銀，如東勝右、忠義中、鎮朔、遵化興州左。俱各三十兩。營州右、營州前、興前前州，俱各二十四兩 興州中、涿鹿左、涿鹿中、涿鹿定邊，俱各二十二兩 營州中、營州後、營州左、興州後、武清俱各二十兩，通州右、通州左、神武中，俱各十二兩，以上共折價銀一千六百七十七兩三分九厘四毫。

又《南京太僕寺折俵馬》此為南京太僕寺見解折色者 南京太僕寺舊解俵，既而買俵起解，俱與太僕寺同。自成化二年始有折銀，然特一二縣爾。自隆慶二年半賣，萬曆九年全賣後，尚買解二百數十匹，猶有存羊之意。至萬歷十五年則盡去矣，自是後本寺有銀無馬，惟歲將部寺移文行於各屬，督率徵收解銷已爾。此在承平可稱清，署民亦謂不擾，萬一有事需馬，其何以應緩急哉！語在《南太僕寺志》中。

成化二年兵部奏准：南直隸府州縣，養馬地方逓年起解，兒馬来京多矮小不堪征操，今後江南該解馬匹其不堪不敷之數，每匹徵銀十兩，類解太僕寺收貯，隨時收賣寄養給操。成化二十三年，鎮江知府熊佑奏革種馬，蓋為柔懦及輪貼顧倩者，惟苟圖小利，朋結哄受，有一月或一年即倒者，律坐問罪賠補，至痛備榜掠絶産賣子不能完償，州縣從寬聽賠，又非事體，誠收如式，發日又不用原解寺役，別行遣人發送。內有不堪即許州縣申請或令養户告換代請，倘有發果良，但路次因水草馳涉徵疵，亦令州縣醫治，愈日始發，不得勒受，庶無煩民賠，累安意餧養。

又《買俵本折額數》

大名府二千一百六十九匹。外擠乳本色馬七匹。

保定府一千四百六十一匹。外擠乳本色馬七匹。

順德府七百三十八匹。外擠乳本色馬七匹。

廣平府七百四十九匹。外擠乳本色馬七匹。

真定府三千四百三十六匹。外擠乳本色馬七匹。

河間府一千六十七匹。外擠乳本色馬七匹。

永平府九百二十四匹。外擠乳本色馬七匹。

河南開封府二百五十七匹。外擠乳本色馬七匹。

彰德府二百三匹。外擠乳本色馬七匹。

衛輝府八十三匹。外擠乳本色馬七匹。

歸德府考城六匹。

山東濟南府二千六百六十八匹。外擠乳本色馬七匹。

兗州府二千七十八匹。內有永改折色不起俵，沂、費、郯三州縣馬七百三十四匹，總為二千八百一十二匹，外擠乳本色馬七匹。

東昌府六百七十六匹。外擠乳本色馬七匹

以上本折馬一萬六千五百一十五匹，原係本色者徵銀三十兩，折色者徵銀二十四兩，每年各州縣照數徵收在庫俟，奉到本寺普派，本折分數到日即將原徵三十兩內。以二十四兩為馬價，六兩為路費草料，發馬戶買俵一匹，此外一槩俱作折色以二十四兩，數起解，其本折原徵收總數每年一萬六千五百一十五匹，該徵銀三十九萬六千三百六十兩，外加沂、費、郯三州縣，永改折色馬七百三十四匹，每匹或二十兩，則徵銀一萬四千六十八兩。或一十八兩，則徵銀一萬三千二百一十二兩，總共銀四十萬五千七百九十三兩三錢九厘四毫三絲。如本年奉派買俵本色五分，折色五分，則各該本折一半馬八千二百七十有零，銀二十萬有零。或派本色四分三分，則折色亦以次逓減，每歲本寺查行本色買俵，併查實在折色，預行各府行各州縣起解，俱作春秋兩運。差官吏解至，或馬隨各州縣自解兩運，依期而至，銀或併一次或分二次，俱隨各府舊例，或類解，或分解不等。

鎮江一府。而奏兵部尚書余子俊議，養馬騍駒，祖宗百年之成法，解徵價銀，官府一時之權宜，今若盡去，種馬歲出銀二千兩以抵馬價，然必有種馬，乃可騍駒，既賣種馬復徵馬價，是無田而徵租也，遂停止。

弘治十四年，兵部奏南直隸各府州縣，解到備用馬多不堪給軍騎操，收之則累，順天府寄養之民，退之則解馬人戶往来艱苦。請将驗中者仍發順天府，寄養不堪者退回變賣，併各年拖欠未解者，俱每匹徵銀十五兩，解部付太僕寺，市馬發府寄養。

弘治十五年，兵部派取備用馬一萬五千匹，太僕寺所屬七分，南京太僕寺所屬三分，於内折色一半，照舊徵銀十兩。其本色馬匹果係孳生，馬駒齒歲身量相應者，方許起解；不足之數，不必重價買補，每匹徵銀十五兩，解部發寺收貯買馬。

弘治十六年，都御史彭禮、禮科右給事中王績各題稱，應天府屬及太平鎮江等府，俱在大江以南，風土不産好馬，難備軍前應用，欲弛舊例，以圖實用。每年印烙馬駒，務要逐一點閘查審，不必拘於八分，果有孳生好駒，量與印烙，聽候補種取用；如遇倒失追賠本色不堪之數，不必印烙，每匹令其變賣銀三兩。倒死徵銀亦如其數，虧欠者徵銀六兩，敢有遷延過年不納，或虧欠捏作倒死事發，各追銀十兩，備開數目，解部發寺買馬支用。

弘治十七年，兵部摠直隸徐州豐縣知縣田良等奏，本縣拖欠各年，馬匹數多所産瘦小，不堪解俵，乞照例折收價銀，題准。通将江北府州縣，自成化十二年起至十五年終止，拖欠備用馬匹，俱折價收納。

弘治二十二年，都御史劉璋奏稱，淮、揚二府，滁、和二州，雖在江北，實與江南地方相去不遠，所産馬匹矮小不堪騎操。本年分暫照江南事例，每匹折收價銀十兩，解部秤收買馬。

本年太僕寺寺丞劉鏞題准：南北直隸府州縣，拖欠備用馬匹自十六年至二十年止，各以十分為率，一半照依江南事例，每馬一匹折銀十兩，解部發寺，聽給邊方買馬支用；一半照舊起解，本等馬匹其二十一年以後拖欠者，仍令買俵。

弘治二十三年，都御史周鼐、王克復各奏稱，廬、鳳二府所屬，并應天府江浦六合二縣，所産馬匹矮小，准照災傷，每匹收銀十二兩，以後照舊。

正德八年奏准：每折色一匹徵銀一十五兩，原係本色改徵折色每匹徵銀一十八兩。

正德十四年，應天府通判張海奏，准江浦六合二縣，原派本色馬四十八匹，暫改折色每匹折銀一十八兩，解太僕寺買馬支用。

正德十六年，南京工科給事中王紀等奏，南方水鄉所産馬匹不堪邊用，要免其牧養種馬，定立歲辦額數量徵價值解寺收貯，從便買用。該兵部議寧國、太平、鎮江三府，廣德并徐州俱免。

十六年，南京兵部議，應天、淮、揚、廬、鳳五府，滁和二州，雖有本色之數，亦有折色中半，必欲通将南直隸備用馬匹，俱派折色徵解，誠恐邊方卒有警報，騎征官軍奏允不給，縱使發銀收買，一時豈能濟事？仍照先年例，本折中半。

嘉靖元年，兵部題准：地方灾傷，行南直隸掛欠馬匹州縣，自正德十六年以前，曾經起解到部送寺，俵驗不堪退回，馬匹聽從變賣，每匹照依南京太僕寺卿潘希曾所擬徵銀一十八兩，解部發寺收貯，買馬支用。

嘉靖六七等年，兵部題：南直隸鳳陽等府，地方解到馬匹，俱各身量矮小不堪俵兑，暫准嘉靖元年分備用馬匹，南京太僕寺所屬取三分，俱折色，原係折色者每匹照舊徵銀一十八兩，原係本色者每匹加銀二兩，共徵銀二十兩，起解收貯。

嘉靖十五年，都御史周金題准：撫屬地方連年灾傷，民困至極，将淮、揚、廬、鳳四府，滁和二州，嘉靖十六、十七年分該備用本色馬匹，暫准照例折價，以後年豐，照舊額本折中半。

嘉靖十七年，兵部題：本年分備用馬匹，照常年該派二萬五千匹，但各處有水灾，起解與餧養不前，若派不足又恐調用不敷。准量派備用馬擠乳馬共七千匹，其餘照先年題例，原係折色者每匹仍徵銀一十八兩，原係本色今該折色者每匹仍徵銀二十兩。

嘉靖三十年，兵部題准：邊陲多警，北方乏馬收買，今後南直隸起解、折色不分，永改及暫改俱徵銀二十四兩，解部發寺，收貯買馬。

隆慶四年奏准：要將廬、鳳二府，本色馬匹一體改徵折價，姑候五六年後再行議派。兵部題覆：看得太僕寺卿顧存仁所陳，南北直隸馬匹矮小，不堪調用，要將廬、鳳府本色馬匹一體改徵折價，姑候五六年後再行議派。查得近該本部題派，隆慶四年，備用馬匹為因，南直隸上年解納者，數多矮小不堪，仍全派折色起解，如遇本色馬少，發銀于就近去處收買兑用，已經題奉欽依通行。欽遵去後，今照本官所擬，大畧相同，相應悉如所擬馬價，額派買馬銀，全給解户。

萬歷十年以後，各州縣悉照買俵舊額，一切徵銀照依九年所定例輪年買馬。

萬歷十五年，本寺以廬、鳳、滁、和等處所解大馬矮小不堪，又題覆免解，止折銀三十兩，兵部議將此二百七十二匹折徵價銀三十兩，類解本寺貯庫，候買馬。自後南太僕寺各府，祗有銀無馬解寺。萬歷九年，種馬既草鳳陽等府各屬州縣，尚輪解大馬各數不等。至萬歷十五年，本寺卿羅題照得南馬矮小，加以路途窵遠，俵解艱難，即如今歲虹縣盡數退回，其餘州縣亦皆大半不堪不惟，無裨軍興。且令貽累寄養，合無將前馬每匹折徵銀三十兩，類解本寺，每歲即將此銀給發薊州抵補馬價。

萬歷二十二年題准：泗州水災，將馬價自二十一年起至二十三年止，暫免三年，少甦民困。

萬歷二十二年，因北方災傷，寄養馬缺乏，將直隸、山、河各府多派本色發養，將給發薊鎮折色馬價一千匹，俱令鳳、廬、揚、應、鎮、寧、太七府派徵。內除淮安、徐州，災重者暫免派。

又《折俵本折額數》 應天府本折馬八百三十四匹。外解南京兵部馬九十九匹。

鳳陽府本折馬一千八百八十七匹。

揚州府本折馬一千四十四匹。

淮安府本折馬一千一百九十七匹。

廬州府本折馬八百七十六匹。

滁州本折馬二百一十五匹。

和州本折馬一百二十七匹。

徐州折色馬一百五十匹。

廣德州折色馬一百四十二匹。外解南京兵部馬二十匹。

寧國府折色馬一百三十四匹。外解南京兵部馬一十六匹。

鎮江府折色馬四百一十六匹。外解南京兵部馬五十二匹。

太平府折色馬二百六十一匹。外解南京兵部馬三十二匹。

以上共本折馬七千三百八十三匹，亦係原派本色者徵銀三十兩，折色者徵銀二十四兩，其起解日亦以二十四兩為例，七千三百八十三匹共該銀十八萬六千一百二十三兩六錢。內惟鳳陽一府為一年，廬州并滁和二州為一年，輪年舊係買本色大馬二百八十三匹，今亦俱改折祗令查，將原徵三十兩數解寺，抵充薊州，或有北方災傷，及歲派分數過多難以抵補年分，即將薊州一千匹數分派各成熟府分，以原徵本色三十兩湊足一千匹解寺，抵充薊州全數。自此外一槩將前折色二十四兩，數起解太僕寺，亦于歲前議普派本色本折時一體，呈部題覆，轉行南京太僕寺查明，各照各府州舊例，類解太僕寺。

按考《南京太僕寺志》曰：國之大事在戎，而戎之所重在馬。周制六軍車乘悉出於民，而校人所掌者特給公家之用而已，當時不聞其乏馬，而馬之在民者亦未聞其為害。自秦人首開阡陌，歷漢唐以下，兵車不取之，田賦戎馬各從官給。及宋罷監牧改保甲，出馬遂為民病，豈古今土地生牧相遼絶哉！李覺云養馬之卒有罪無利，是以駒子生乃驅令䫉灰而死，蓋餧養多而草料不貲，其害必至於破產，彼虧欠倒失賠罰不過數緡，孰肯肥公家以剥己膏耶！且户配一馬，分日而飼縶之維之，其可以蕃息乎？此文潞公所以痛言於宋也。我朝賦牧於民蠲其科徭，即復卒之遺意，初行江淮數郡，至永樂十九年都北京，則又行於山東、河南、并北直隸七府，聖謨神筭榜示利病，豈無懲於宋事耶！第承平日久，玩愒乘之，加以官吏黠視刑責科罰，百端害之所在，人所必避，故百姓惟恐息駒貽害，不謀為之隱諱，則謀為之衝落，所以生息日微，縱有所產，卒多矮小，卒不免宋人之弊者勢則然也。而因噎止餐者，遂謂江淮不宜產，欲革去種馬科戶出錢應買，是無田而責其租，為無名之徵矣。豈知聖祖藏賦於民之深意耶！況江淮自春秋以前列國不相通，所用之馬皆取於本國而已，觀申公巫臣使吳，教吳乘車鼊楚，是吳亦自有馬也。又宋南渡以後，凡中國宜馬之地，悉為金有，惟市於淮郡，而張韓、劉岳之出戰，亦未聞其乏馬，則知牧馬之政修之由人不在於地，余靖已言之於宋矣，使必拘之地產，則錢氏置監於婺女，昔何號為馬海，彼衛騋牝三千魯駉，駉牡馬至今又何寥如也。且起俵馬匹類買於販，徒凡以得之民，民一也甘於售馬販而不樂於為官養，是可不深求其故耶。雖前後建白，如通折價便寄養要，亦因時災傷暫通其變以宜民而已，於定制不敢改也，使孳牧有道則田埜盡，精騎朝發而夕可至矣，又何必市之馬販徒以罔民已哉，是在典牧者加之意而已。

《南京太僕寺志》又曰：愚嘗讀書至武成王來，自商至于豐，乃歸馬于華山之陽，放牛于桃林之野，示天下弗服。然猶修周官牧圉之政，於岐豐、鎬京等處以及井甸所至莫不有馬，其所以制治於未亂者，何其深且遠也。我聖祖龍飛淮甸，駐蹕滁陽，及天戈所向，殪漢踣吴，遂乘勝長驅，剗削羣雄，奄有四海，於是歸馬于滁陽，視歸馬華陽與王至自豐者，益焯有光矣。又括江淮為京輦神臯修馬復令，豈不為萬年豐鎬圖耶。然諦觀形勝，北控魯魏，南盡吴越，東届海壖，西聯汝汴，自春秋以来世為争戰之地，如魯以車徒克淮夷，吴以偏乘滅鍾離，灌嬰以驍卒蹙項羽於東城，謝玄以步騎敗苻堅於淝水，是江淮之地未始不以馬取勝，而或者謂非騎所能展，奮然則聖謨睿筭，其所以親定於滁，至再至三者果無見於此耶，且設立本寺專司江淮牧政，實強幹弱枝之道，當時北直隸一帶，不過以行太僕寺寄之，與今之遼東、山陜寺卿一也。及定鼎北京，守土者遂欲弛南牧，以要市於民，甚或管馬官員，巧避本職，希營別差，於牧政漫不講求，則此法可終罷哉。昔王禹偁云宋自太宗繼業，天下一家，議者乃合江淮諸郡，撤武備三十餘年，萬一竊發，何以枝梧？嗚呼！今豈無禹偁之慮乎。以上二條乃嘉靖己酉以前所志。是時原額種馬如故，且言之如此自隆慶二年，萬曆九年以後事作志者未之見也，如其見之則其所感慨又當何如也？今特採附之，以備稽往者一覽。

明 馬昂《題憑駒多寡黜陟》《名臣經濟録》卷三五　成化二年八月初二日，兵部為區畫馬政事，一馬舊例一年一駒，後因虧欠數多改為二年一駒，近奉詔書内開三年一駒，蓋所以寛民艱而恤民難也。原其所自使管馬官得人，羣養以時水草，有節則生息自然蕃多，國用自然充足，定例固不敢輕易勸懲，亦貴乎有法。合無今後騍馬仍照例三年一駒，管馬官員以一縣種騍馬為率，三年考滿為期，額内不虧者稱職；額外每馬又生一駒者，奏請旌異；額外又生二駒者，行移吏部不次陞；用不及額數者，百匹為率，通相降級。太僕寺分管寺丞所隸地方，亦以州縣為度，如一府十縣，半能額外生駒者亦加旌異，全能生駒者不次擢用，如其不及額數，本部查出轉送吏部降用，本部尚書馬等題奏：奉憲宗皇帝聖旨，馬政多廢弛了，恁每區畫的皆准行，欽此。

紀事

宋 洪邁《夷堅志・乙志》卷一〇《金馬駒》　京師人郭自明太尉，以事太宗藩邸恩至濮州刺史，賜宅于炭坊巷。嘗夜半聞屋上甲馬奔驟聲，怪之，遣人出視，見一馬大如貓而差高，馳走不止。一卒以荻帚撲得之，取至地，乃黄色小馬，蓋生物也。收養于家，久而馴熟，出入無所畏，郭氏寶惜之。遇食時，婦女翦嫩草如絲縷，手日餵飼，呼為『金馬駒。』後為人誤擊其足，微有損處，然嘶鳴飲齕自若也。又一夕有人扣門曰：『還太尉馬錢。』守者以告，遣視駒，已死矣。及啓關，五百千宛然在地。郭氏取錢而瘞其駒。更數歲，發瘞而觀，則成一金馬，旋化為銅，所損足已落，至今猶在。其玄孫繪居鄭州新鄭者實藏之，繪從弟沺説。

明 楊時喬《馬政紀》卷二《種馬》　種馬者以馬為種，視母騍駒，選駒搭配，餘則變賣入官，《會典》所稱孳牧者也。兩京太僕寺者，即前太僕寺在京，南京太僕寺在滁州者。洪武初名户馬，兩京制畧異，永樂十三年始同改名種馬，前所謂革牧監群，革苑監官以馬歸太僕寺，令民間孳牧者，至此而定矣。正統十四年，就種馬内徵駒，解俵發京府寄養，于是種馬寄養馬始分為二，皆名備用馬。正德二年始将種馬解俵額數，令民買俵不復視，種求駒搭配。隆慶二年半賣種馬，萬曆九年盡賣種馬，于是二祖列聖謨猷，諸名臣條畫損益，圖維于二百餘年者悉變，自此一變孳牧絶矣。《南太僕志》曰：孳牧絶而馬政亡。子曰：文武之政，布在方册。

太僕寺即前北平行太僕寺南京太僕寺即前太僕寺種馬

《會典》于兩太僕寺種馬欵下有：凡養馬人户，凡種馬騍駒，凡群長醫獸，凡種馬變價，凡買補孳牧馬共五欵，今俱入此，隨年而紀盖始養，以人户既立群長醫獸，專牧養既養成騍駒，既騍駒不堪則令變價，即別行買補，皆種馬之政也，而今無復存矣，稽此者可以觀前政。

永樂十三年定例：每十五丁以下養馬一匹，十六丁以上養馬二匹，為事編發者，上等七户養一匹，除其罪為良民。

永樂十四年定北方養馬例：令北方人户五丁養馬一匹，免其糧草之半，每馬十匹立群頭一人，五十匹立群長一人，管領牧養。薊州以東至山海等衛，除守關瞭高等項，其餘軍士每軍俵與種馬一匹餧養。

永樂十五年定南方養馬例：江北每五丁養馬一匹，江南十丁養馬一匹，凡種馬倒死，孳生不及数，例應賠償，而遇災荒，每群聽以三分之一納鈔即便入官。　此折色之始。

永樂二十二年，令民養官馬者二歳納駒一匹。詔書内開一，各處孳生馬，舊例每年納駒一匹，中間多有駒不及數，着令賠償，積累年久，貧無賠償，多致失所。今聽兩年納駒一匹，派為定例，若能納駒二匹者，量為償鈔，以旌其勤。

宣德三年奏准：北直隸每三丁養騍馬一匹，二丁養兒馬一匹，免粮草之半，兒馬病同群共治死則均賠，若因走失及別故致死者，止追本户。宣德三年，行在兵部尚書張本言兩京并陝西等處太僕寺、苑馬寺，軍民牧養，至今遠者二三十年，近者十餘年，丁力消長，不一馬之增損，不同積年虧欠賠償，未及屢蒙宥免，而愚頑得計，見在馬養之多不如法，自今宜以見馬重加均派，庶幾馬可蕃息本。又言應天等府，宣德元年孳牧馬駒，及所賠償一萬四千五百六十一匹，宜與直隸淮安等府州縣新編人丁，并已死種馬之家孳牧，餘有壯駒俵，在京各衛所官軍騎操，病馬各衛，餘丁牧養，順天等七府見養種馬。并宣德元年以前孳生馬駒一十九萬七千四百八十四匹，而原編養馬二十一萬二千六百三十九丁，今馬已有他給，及死未補又有新丁，俱未關馬，宜更編排，及時孳牧，除遷民謫發者如舊，各養壯馬一，其初土民二丁養牝馬一，於多餘人丁内仍添一丁助之，請委官搭配印烙，與餘有壯駒仍付原養人。今後應俵者，如例分於山東、河南附近州縣，又言牝馬有病，同群之家共治死則同償，若因走失及別故致死養馬自償，上悉從之。

宣德四年，令山東兗州、濟南、東昌三府，每五丁養騍馬一匹，三丁養兒馬一匹，不在免糧之例。

宣德五年，上駐蹕陵下，於營中閲馬，命武士調習之。顧謂侍臣曰：『軍國之政，馬為先務。古人云：事事乃其有備。朕於馬政，尤所用心。』侍臣曰：『今馬蕃息，視祖宗時加數倍矣。』上曰：『此皆祖宗之澤，但朕遵用成法，不敢怠耳。』

宣德六年，行在兵部奏，北京行太僕寺近歲畿甸馬多，嘗奏遣人於河南、山東覈實民丁，請先分給濟南、東昌。然欲如直隸順天府，每三丁養牝馬一，二丁養牡馬一，免糧芻之半；則所免多，恐不給。請無免其糧芻，但令五丁養一牝馬，三丁養一牡馬。仍如例增設州縣馬官，尚書許廓又奏山東、濟南、東昌已給餘五萬四千一百八十餘匹，及順天府種馬一萬八千餘匹，宜分俵山東、兗州府及河南開封府等府。

景泰三年奏准：凡兒馬十八歲以上，騍馬二十歲以上，免其筭駒。

正統十一年，令河南彰德、衛輝、開封三府，照例領養孳生馬。

正統十四年，令順天府所屬州縣，原領孳生種駒改撥直隸永平等府，空閒人户各派照前餧養。

天順元年，太僕寺卿程信按故事理營衛馬三營，大将石亨、孫鏜、曹欽訢太僕苛急，請馬隸兵部信言高皇帝諭：馬數勿令人知。今隸兵部馬登耗臣等不得聞，即有警，馬不給，請無以責太僕，上是其言，令如舊制。

天順三年奏准：原編孳牧馬頭有消乏者，改作貼户十一歲以上，免其筭駒。

成化元年，令各處買補孳生馬駒，有司四匹，軍衛五匹，折買堪操騸馬一匹，以充俻用，其後以為例，謂之四户馬。例後倒失者，騍駒三匹，兒駒二匹，各折買騸馬一匹，羸駒每年二匹，折買兒馬一匹。兵部題，為區畫馬政事，各處府州縣所養孳牧種騍，天順七年筭駒虧欠者，遇蒙八年恩例蠲免，成化元年終又該筭駒，除已生外未生虧欠者，又遇事例停候。成化二年秋熟買補，但所買馬駒例該二歲，止可充數，急難得用，合無照依上年事例，通行查勘，有司四匹，軍衛五匹，折買堪操兒騸馬一匹，解部轉發，寄養備用。其例後倒失等項，孳生兒騍駒，行令太僕寺查筭明白，騍駒三匹折買堪操兒騸馬二匹，二匹折買堪操兒騸馬一匹，送部轉發，寄養備用，奉旨是。

成化元年，令孳生馬每三年騍駒一匹。

成化三年奏准：復二年騍駒一匹，額外多餘者官為收買，別給空閒人户。兵部題，成化元年欽奉詔書，各處孳生種馬，三年收用一駒，欽遵後該太僕寺呈稱，孳生馬匹往歲一年一駒，今改正三年一駒，三分去二，馬匹數少，慮恐日久馬愈消耗，備用不足。合無照依洪熙元年詔書内事例，兩年納駒一匹，服勤牧養人户，三年生三駒或兩駒者，所餘之數合無悉令報官，將議和錢收買，另給空閒人丁領養俟，其長成騍駒，照例筭駒，解部轉發，寄養備用，本部尚書馬等奉旨是。

成化三年奏准：以後俱照例科駒，孳生不堪騍駒折買。兵部題覆，該禮科等衙門，給事中侯祥等題，濟南等府所屬州縣孳牧，馬内今後但有兒騍騾駒倒失者，照依見行馬駒事例二匹，折買兒馬一匹，本部看得各處孳牧，馬内生有兒騍騾駒，人户喂養年久，別無取用。合無准其所奏，本部行太僕寺并南京太僕寺，各行分管寺丞親臨，按屬督同管馬官吏，查勘若有孳生兒騍騾駒，委因老疾等項倒失者，照例每二匹，折買堪中兒馬一匹遣官，本部尚書白奉旨准議。

成化四年奏准：羣長每五年一替。

成化八年奏准：各處醫獸每州定設二名，縣一名，歲終更替。成化十三年奏准：養馬人户每十年一次審編，先上户、次中户，單丁寡婦不許槩僉。太僕寺丞李進奏准：養馬人户，不分田地有無，經年不換，至有富豪之家并遷民，多不養馬。要照依水夫事例，十年一次編審，先儘上等人户，照依舊定丁數，着令養孳牧；上户盡絶，次及中等人户，一體編審，其見在種馬給領已盡，以次人丁有餘，待候每年搭配馬匹，着令領養。及前項養馬人丁，遇有逃亡缺少，挨次撥補，其貧難雙，身寡婦之家，俱不得令其養馬。

成化十六年，令軍衛有司拖欠孳生馬駒者，查算折買。兵部覆，該御馬監太監汪直題，查得成化二年虧欠孳生馬，令有司四匹折買，堪騎操兒騸馬一匹，軍衛五匹，折買一匹，名曰四户馬，皆堪騎用。緣前項馬匹查已数盡，今征進官軍於太僕寺，領到馬多是矮小不堪騎用，乞查照自成化二年以後，軍衛有司若有拖欠孳生馬駒，仍令民間四匹折買一匹，軍衛五匹折買一匹，務要健壯，轉發寄養，遇警得用，奉旨是。

成化二十一年奏准：凡補領騍駒作種者，二年後方與筭駒。

弘治五年，御史潘楷奏驗地方以均徭役，准行兩京太僕寺轉行，各分管審編上、中、下等第，除有力者照舊充馬頭不動外，其中有消乏不堪充者改作貼户，另選殷實丁多之家替養，不許馬頭強逼令各户輪養，止許均貼草料，及馬有事，故管馬官員，定與貼户則例出銀買補。

弘治五年，太僕寺少卿李繸奏行各處養馬州縣，通查衝要繁難州縣馬頭量，派僻静簡易及自来未經養者，裁為定額，勿再加添。

弘治六年，議定例失虧欠馬追價。該太僕寺少卿彭禮等奏，本部會同英國公張懋等議得，弘治五年以前倒失虧欠，例不該免種兒騍馬并駒，免追本色，將各處倒失馬駒應買補者，遇孳生蕃息之時，量徵價銀解京，以備各邊買馬之用。每大馬一匹銀五兩，每駒一匹銀三兩，虧欠者追銀二兩，如各處見在種馬不及勘定之数，就將此等銀兩收買高大好馬輳補，餘数送部發寺收貯，以備各邊買馬支用，奉旨是。

弘治六年，奏定兩京太僕寺種馬額数，兒馬二萬五千匹，騍馬十萬匹，共十二萬五千匹。照例兒馬一匹騍馬四匹為一羣，共二萬五千羣，每二年照例納駒，其駒更不搭配於内，揀選備用，及補種馬之闕，其餘賣銀貯庫，遇備用不敷，量支買補。種馬每三年揀選一次，老病不堪者賣銀入官，撥駒補数。北直隸河間、大名、保定、順德、廣平、真定、永平七府，免糧養馬，每地五十畆領兒馬一匹，百畆領騍馬一匹，共兒馬一萬六百九十五匹，騍馬四萬二千七百八十匹。山東濟南、兖州、東昌三府，河南開封、衛輝、彰德三府，計丁養馬，每五丁領兒馬一匹，十丁領騍馬一匹，共兒馬六千八百五匹，騍馬二萬七千二百二十匹。南直隸應天、鎮江、太平、寧國、廣德五府州，每十丁領兒馬一匹，十五丁領騍馬一匹，共兒馬一千九百九十九匹，騍馬七千九百九十六匹。鳳陽、揚州、淮安、廬州四府，滁、和二州，滁州一衛，每田二頃領兒馬一匹，三頃領騍馬一匹，内滁州衛遞加一頃，共兒馬五千五百一匹，騍馬二萬二千四匹。兵部尚書馬文昇題，為應詔陳言馬政事，該太僕寺少卿彭禮等奏本部，會同英國公張懋等議得，民間種馬定為額数，再不搭配，則民困終不得蘇，馬匹終不蕃盛。且如以十萬種馬為額，每馬二年騍駒一匹，十年之間，該駒五十萬匹，縱損失亦得三十萬匹，再加十年馬必至七十餘萬矣，威敵制勝，取用無窮。但各該寺丞送到文冊内開種馬之数，原額新增多有不明，養馬之處論糧、論丁亦有不實，合無于北直隸河南、山東等處，差給事中御史本部差屬官各一員，其南直隸應天等府，行南京六科都察院，兵部各給事中御史屬官一員，共請勑二道，前往各該地方，會同布按二司守巡等官，直隸督同本府掌印等官，仍會同分管寺丞，督同各該州縣掌印并管馬官，查勘養馬地方，何處論糧，何處論丁。論糧者要見免糧地畆實有若干，或一百畆或五十畆養種馬一匹，共該種馬若干；論丁要見有力人丁實有若干，或十丁或五丁養種馬一匹，共該種馬若干，務要斟酌處置，既不可太多以損民，亦不可太少以虧官。每種馬四匹，照例搭配兒馬一匹，此数一定，永為額例，再不搭配增添，如有倒失遇赦，亦不蠲免。其耕種地土人户，不分是否原係養馬之数，但係承種過買地土者，一體派與領，不許畏避，勢要致令不均。勘定見在種兒騍馬，揀選高大膘肚者存留作種，不勘者變賣輳，買好馬補数，大約以種馬十萬，兒馬二萬五千為率。北直隸山東、河南該八萬七千五百，江南、江北直隸府州縣該三萬七千五百，先儘免糧地畆，次及人丁家道，如各府州縣種馬揀選足数外，尚有多餘堪作種者，派與别府馬少去處，領養作種，額外堪以騎操兒馬并兒駒，照数存留以作備用之数；其餘不堪作種騎操者，盡数變賣以備買補備用馬匹。題奉旨准擬開封、彰德、衛輝、兖州、濟南、東昌所屬州縣，論人丁每五丁養兒馬一匹，每十丁養騍馬一匹，共該人丁四十三萬八千五百二十二丁，領養兒馬六千七百五匹，騍馬二萬六千八百二十匹。直隸真定、保定、永平、順德、廣平、河間、大名七府所屬州縣，各論免糧地畆，每地五十畆養兒馬一匹，一百畆領養騍馬一匹，共該免糧地七萬七百四十九頃五十一畆有零，領養兒馬一萬七百九十五匹，騍馬四萬三千一百八十四匹，各照例兩年筭駒一匹，其餘人户收候領養孳生馬。順天府所屬霸州等二十七州縣，亦論免糧地畆領養，各處解俵備用馬匹，勘定種兒騍馬定数。南北兩京太僕寺所屬府州縣衛，種兒騍馬一十二萬五千匹，兒馬二萬五千匹，騍馬一十萬匹。太僕寺所屬府州縣衛，種兒騍馬八萬七千五百匹，兒馬一萬七千五百匹，騍馬七萬匹。南京太僕寺所屬府州縣衛，種兒騍馬三萬七千五百匹，兒馬七千五百匹，騍馬三萬匹。

《南太僕志》曰：予因稽昭代牧制，及臣工建白俱重種馬之選，有以仰窺我高廟貽謀之遠矣。自洪武肇，牧於山陝、遼東、甘肅等處，俱官牧備邊；至畿輔内地改官牧而散之於民，又定兩歲一駒，豈非阡陌成羣，江淮盡丘乘耶。及成化以後生息日繁，搭配失職，遂為民病，孝廟茹納王端毅馬端肅，諸臣前後會議定種馬一十二萬五千匹，其備用或選駒，或用買不拘，惟擇種必高大如式可以征戰，每歲責寺丞，三歲差御史比較，其瘦損者罪之，務換買足額，此其故何也？蓋承平無事則孳息可以應佚，萬一中原多警乏馬，其十二萬五千種馬皆戰騎也，蓋善通其變，而不失我太祖之初意者矣。第歲久俗玩種馬寖亡其半，甚或存十之一二，率羸瘠尪隤不堪牧，每遇點烙，陰賃陽眩，以售其徼，紕弊百出，未逾季而復稽察之，則尺籍所載托之，倒失者又十去六七矣，即責令買補至發屋質子不能償，而況責之選調以杜奸萌者乎，蓋天下之弊。所為積漸流澌，已非一日反之力也，識不早不易也，願與經國者圖之。

弘治九年奏准：牧馬處所或論地畝、或論人丁，其有畝去丁消而馬存者，應牧馬匹改給得業之人及丁多之家領養，逃絶免粮田地，給與同羣管業，不許典賣與人。兵部尚書題覆吏科等衙門右給事中韓祐等奏，北直隸保定、真定等七府，俱係免糧養馬地；河南、山東、開封、濟南等六府，論丁養馬。數年之後，地畝有典賣，人丁有消乏，若使永遠不易，未免貧富不均，本部覆准行。令兩京太僕寺轉行各該分管寺丞，督同該府州縣掌印官以後，如遇十年大造冊籍，將養馬地畝人丁照数查勘，果有畝去丁消而馬存者，就將馬匹給付得業并丁多人户領養，備造養馬地畝人丁文冊，各該寺丞親歷州縣查勘，不許止憑管馬官朦朧查報。又題覆兵科給事中倪天民等奏，要將逃歸死絶遺下免糧地土，撥與同羣朋養之人管業，不許私自典賣，變亂冊籍。覆准行兩京太僕寺轉行該管寺丞，并各該養馬司府州縣，悉依所擬施行，若有私自典賣，紊亂冊籍者，依律問罪，照依常例發落，俱奉旨是。

弘治九年奏准：凡一馬兩年連生二駒者，除納官外，聽其自用。兵部覆革利弊以裨馬政事，該南京兵科給事中倪天民等奏，管馬官員，專理馬政，又無別項差委，相應羣蓋之時，擇水草便易之處，拘集各羣馬匹，照配通行羣蓋。如騍馬一匹兩年止生一駒，例應還官；或有一匹兩年連生二駒者，止收上年一駒入官，次年一駒給户聽其自用，以勵其勤。并以備後年賠補虧欠之数，本部議得，合無行令各該養馬司府州縣，悉依所擬，仍行南京太僕寺，轉行分管寺丞，按季出巡，悉遵行奉旨依擬。

弘治九年兵部題准：經理馬政官，中間如有闒茸不辦事，及貪汚害民者，或本寺分管官員，所在掌印官負明白開来，以除民害，掌印官追賠馬数，不足充用，不准給由。

弘治十一年題准倒：失虧欠種兒騍馬價追数。該兵部尚書等題，本部議得南北直隸并河南、山東等處孳牧馬匹，已該本部會議差官勘處，額数已定。其弘治六年至弘治九年，倒失虧欠種兒騍馬亦免追補，本色每兒馬一匹追銀六兩，騍馬一匹追銀四兩，每駒一匹倒失者追銀二兩，虧欠者追銀一兩五錢，解部轉發太僕寺收貯，以備各邊買馬支用，以後仍照原例追銀。

弘治十六年奏准：南直隸養馬州縣，照例將羣長五年一次揀選更換，其有副羣頭去處，一體裁革。

正德二年奏准：太僕寺歲取備用犬馬，止照種馬定額，每羣派取一匹，其種馬生駒，起俵變賣，悉聽自便。

正德二年榜例：種兒騍馬，年齒未老，作踐倒死者，責令馬頭賠償，其馬俱印烙，以便查考。

正德三年，令民照種馬額数買備用馬匹解俵，凡遞年孳生，不必追究。禁府州縣管馬不得點視種馬，并遺馬毋徵駒。史王濟言：今賦重差繁，財窮力竭，且如養種騍馬一匹，孳生一駒是為二匹，兩年印記充種，補種搭配，起俵不出。養户名下四年二駒，是為三配，甚至積有四匹五匹，費用草料雖有，養馬地所得無幾何，加以官府點視刑責科罰，所以百姓惟恐一有孳生，故將騍馬饑餓作踐瘦病倒死。即今各處額数虧損太多，其見在者，間有定駒則又謀買羣醫人，為之隱諱；有顯駒則飲以凉水酸泔，為之衝落。永為虧欠，照例不過納銀二兩，虧欠不得，孳生既出，雖報在官；飢餓作踐求為倒死，不過照例納銀三兩，倒死不得，種騍馬既瘦，雖有孳生，終皆矮小，又有管馬官長怕分数，不及逼要，賠買送官，搪塞明白撓頭駒；求為變賣，照例不過納銀二兩三兩，間有印紀或堪補種，亦雖起俵太僕寺，歲取備用大馬，未免科民重買，百姓甘心受累，因虧欠倒失變賣之例行，故將種馬作廢。若不早為從長區處，徒費喂養，終無實用，今種馬地畝人丁歲取已有定額，但有種兒騍馬揀選四尺五歲以上、十歲以下高大者，存留矮小老弱者，賣價買補湊完原額，養在民間，遞年有無孳生不必追究，太僕寺歲取備用大馬，止照種馬定額派行買解。假有十萬種騍馬，歲取備用馬二萬，只該五匹買一匹，歲取備用一萬，只得十匹買一匹。以地論之則出於五頃十頃；以丁論之則出於二十五丁五十丁，就取三萬或銀馬中半，百姓亦所情愿，種馬設使有生好駒，起俵變賣，悉聽自便。

《太僕志》曰：蓋自濟建為此議，兵部尚書覆議行後，則種馬不繫於官，官但責駒而不復視種，遺母以求子，大抵為一切苟簡之政矣。從此民間稱為無用種馬，所謂徒有種之名，而無種之實也，後日兩賣種馬之端，皆由于此始矣。是時濟為御史，又為太僕寺少卿，故力議如此。

正德八年，都御史趙璜題准：守巡官并各府掌印官同分管寺丞，將養馬人户清查消乏者，開豁隱漏者增入，照依三等九則編僉。户高者充馬頭，户次者充貼丁，最下者免僉，先儘上户，次及中户，中間種馬凡有倒失不堪，務令補足羣数。

正德十二年奏准：軍民原領孳牧并騎操馬，倒死告官，相剥其皮張鬃尾肉臟，許馬戶自賣輳銀，買補還官。

正德十三年，申明養馬論地者，俱係免糧田地，別無差稅，不許典賣與人，若混買者，查照分数過割，養馬全買者，全養論丁者，俱照額数編定。

正德十三年題准：養馬不係雜差，不許濫免。

正德十六年，令免糧地土但承種過買者，不拘官吏生員之家，一體派與馬匹。

又奏准馬匹派上户領養，中戶量貼草料，給與由帖，不許輪養，瘦損止罪馬頭，其因而倒死，亦於本犯名下追補。

嘉靖二年議准：凡羣長照永樂十八年事例，馬五十匹立羣長一人，一年方許更替一次，常川在鄉，往来調督，羣盖若有作踐責令具呈究治。醫獸照洪武二十八年事例，每羣長下選聰明子弟二三人，習學醫獸，定業成一人，專看治馬，其市井無籍，與輪流充當等項，一切革去。仍令各州縣，止許朔望各點卯一次，羣長責其呈報半月之中，提調定駒及作踐馬若干，醫獸責其治報半月之中醫療過并倒死馬若干，已報駒而落胎者罪其馬戶；作踐不曾舉呈，而驗其瘠破者，罪及羣長，醫獸療治無狀更換。

嘉靖六年奏准：兩京太僕寺分管寺丞於有力人户内僉充馬頭，倒失責令賠補，不許無頼之徒營求充當，科害貧民，若編僉不公，糸究原編官員，其有盜賣受財情弊，從實追究。

嘉靖九年議准：河南陳州等七州縣人户，每十丁孳養種馬一匹，免其均徭雜差，原額均徭量改本省差輕州縣代辨，其項城縣民佃養馬地土，退出撥與養馬人户牧放，通免徵解租銀。

嘉靖十年題准：每十年大造黄冊成南北太僕寺分管寺丞督同州縣正官，查驗人户消長，定為養馬人户，編造文冊二本，一本該縣収照，一本該寺查考。

嘉靖十年詔：養馬地仍歸本户餧養，不許勢豪侵占。兵部馬太僕寺覆奏，查得嘉靖六年詔書，内一欵順天府論地養馬。近年以來，地多歸于勢要之家，其馬仍令本户餧養，瘦損倒失責令追補，甚為貧民之累，該部議准地賣馬，存者斷令得過人户餧養，不許豪強勢要侵占隱瞞，負累小民，已經通行欽遵。去後然此主於勢要而言其宦軍舍，餘人等買種民地例不歸割，地税猶存本户，及賣主各項情弊俱未議及，相應比照前項事體，依擬其或彼此隱蔽不行，開報以致互相推托，馬無歸著，各該官員用心查訪，重行究治，奉旨是。

嘉靖二十年，令州縣清查養馬地畆，將餘地白地照畆撥補。御史謝汝儀奏，種馬之養，正欲其羣盖孳息生駒起解以備邊用。弘治六年，有倒失馬駒及虧欠徵銀之例，而馬政壞矣。正德二年，御史王濟奏奉欽依每年每馬一羣朋合買，備用大馬一匹，不較其駒之有無，自是以来種備二馬，判不相維，有司每年止是比較買馬起，解更不提調生駒，種馬若無用之物，故議者有以不必養種為言，有以但徵銀解部招商，上納為言，此皆徒見末流之弊，而不考究其始，甚乖祖宗立法之意。又奏養馬地租等因該本部，看得北直隸養馬論地，每地五十畆養馬一匹，今各該州縣有餘地，有白地，或十四五頃或一二十頃影射，富豪規取地利以致貧苦下户累及養馬，及有馬户消耗，人丁蕃息，領馬照舊，合轉行分管寺丞，督同各該州縣正官，將徵糧養馬地畆，逐一清查明白，將餘白地籍之於官照畆撥補各羣逃亡，其有户口消耗及人丁蕃息去處，務要彼此相濟，不許偏累小民，事完造冊，送本部該寺該府查考，奉旨是。

嘉靖四十二年題准：革州縣管馬官以馬政各屬掌印正官，各府管馬官仍舊掌印，官止許點視種馬，不許騷擾騍駒。該御史吴守題，本部覆准南北直隸、河南、山東種馬寄養地方，除府管馬通判照舊存留以總其綱外，其餘州縣管馬官不分，同知判官縣丞主簿盡行裁革，送部别用。一切馬政責令各掌印官兼理，止許點視種馬，不許騷擾騍駒，遇解俵之期，各州縣差能幹陰醫官一員，該吏一名管押，或本或折赴該府通判處點僉，堪中足色，倒換府批，徑自解部。

隆慶二年題准：南北直隸、山東、河南各省種馬，通行變賣一半，每匹變銀十兩，每年徵草料銀二兩，仍將存留馬户為正頭，變賣馬户為幇頭，養則輪轉，徵則攤派。太僕寺卿武金奏：臣考《會典》，近邊有官牧之制，無容言矣。腹吏有民牧之制，計丁養馬，歲以所生駒解京備用。法非不善也，但孳駒類多弱下，解俵不堪。逋欠日積，馬户逃竄，而民牧之法難行。近該正德二年，御史王濟奏令馬戶，別買解用。夫種馬之設，專為孳備用馬也，今備用馬既別買矣。自今如備用已足貳萬之数，宜令每馬折價銀三十兩，類解太僕寺，發各邊照時，估買馬則壹馬折價之数可買戰馬貳匹，不必加銀，而馬数自倍於往日。其以前所養無用種馬，宜盡行變價，以備練兵之用。如壹馬定價銀拾兩，則北直隸六府、河南四府、山東三府約有種馬壹拾二萬匹，可得銀壹百貳拾萬兩矣。種馬既去，則養馬草料當收，仍每馬一匹折草料銀貳兩，則每年又得銀貳拾肆萬兩矣。御史謝廷傑奏，武金欲去種馬，種馬本以孳生備用，既而徵銀買俵，則種馬似為贅物，而倒失賠償於民，稍苦故往往，奏乞議革，但查前此鎮江一府，知府熊佑奏革，而兵部執止之。都御史翁大立奏革，而兵部又執止之。至嘉靖四十五年，御史周弘祖極論不當奏革之，故兵部題奉欽依移咨都察院劄。南北印馬御史又行禁革，乃屡奏止。以祖制所在，軍機所係，未可輕也。祖宗之法，乆而弊生，但當清法以除弊，不當因弊而廢法。年来因循玩弛日，乆成效莫臻，而乃欲併種馬盡廢。萬一有警，驟行調發，無所措置，將不追究於議者之非耶？

昔人謂戎者國之急，務使馬為不急，則兵不遣，而還農也，可乎？伏乞敕下該部查議前禁，永杜士民倖免之。端如或謂其果無實用，姑為目前恤民之計，則亦惟深思詳定。該本部議如謝廷傑言，而云種馬實為孳生之原，事干成憲，遽難紛更。是時議者方以内帑缺乏，遣使分道搜括天下逋負，輔臣徐主議理財用武金有賣種馬可得百貳拾萬之言，遽請穆宗皇帝聖旨，備用馬匹夂已買俵，種馬徒存虚名，百姓却受實害，宜從謝廷傑説，深思詳定，著且革去一半以蘇民困，合行事宜。你每查武金原奏議處来説隨，該本部議查得武金奏議，將每年應解之馬俱照原數買馬起俵，將各府州縣種馬變賣，每馬一匹變價十兩，每年每馬仍折徵草料銀貳兩，類總解部以備練兵之用。為照種馬半賣，民因以甦，但養馬半存，尚資民牧，而養馬費多折徵費省未免不均，將原養種馬選其老弱瘦小者變賣一半，每馬一匹價銀十兩，解部發寺備用，每馬每年折徵草料銀貳兩，以隆慶三年為始徵，完類總起解其存留之，馬户為正頭變賣之，馬户為幇頭，養馬則通融輪流折徵，則通融攤派，奉旨是。

隆慶三年題准：將變賣種馬價銀，太僕寺另項收貯俟後日議復種馬支用。該御史謝廷傑題前事内，云種馬變賣，臣常堅執以為不可，乃今價銀徵納率難輕動，姑候民力稍裕，議恢復祖制，本部議變賣種馬價銀，劄行太僕寺另項收貯，以俟後日議復種馬支用，奉旨是。

隆慶四年題准：將各屬養馬人户，原養兒騍種馬如有孳駒，照例科用；如種馬無駒，或作踐倒死者，嚴行追罰。兵部題覆，以太僕寺卿顧存仁所陳，優恤種馬以重孳生，謂國家設立種馬，本為孳生，俵用頃因減賣一半，人皆便于納價，官司又不行加意督理，而種馬之設遂至無用矣。該寺通行各府州縣掌印正官以後，各將所屬養馬人户，原養兒騍種馬責令用心餧養，如有孳駒，照例科用，其報駒優恤及生駒津貼并所生之駒，或留充額數，或印發歲俵，悉如所擬；如種馬無駒，或作踐倒死者，嚴行追罰，其州縣正官亦照戶部未完事例，一體陞取給由，俱不准起送。太僕寺卿顧存仁又奏，國家莫重兵食，而兵政莫急戎馬，然而馬之孳生本于種馬，猶食之充足本於農田也。孳生不足起俵而咎種馬之害，民猶漕賦不足供輸而咎户田之害農也，户田害農即思棄田而逐末，猶種馬害民即思棄馬而納價，於是改孳駒為額派，專仰給於馬販以朋買為便民，議鬻馬而徵價，國帑賴一時之儲，小民苟目前之逸，然國家戎馬歲不可缺，起俵之數原額猶在也。數年之後，父死子繼，未有不謂無田之税，額外之徵，小民愁怨，恐不止於今日。又祖宗種馬之法本為孳牧俵用，今議鬻其半而仰給馬販，不知積販之馬，豈皆神化而在官，種馬獨不孳生耶！管馬丞判又且裁革停選，即今惟在府州縣正官，若重其責，并免種馬草料，其歲徵所生駒堪作種者，留充額數，多生别駒亦與養户；歲堪俵者不必苦拘尺寸，即印烙發寄以示優恤，如是則官以種駒為重，不數年種馬原額可以漸復。又右都御史曹邦輔言，南北直隸、山東、河南原定額種兒騍馬拾貳萬伍千，不可謂不多矣，而解俵于太僕歲二萬，若以拾貳萬餘減半，騍駒亦當有六萬六萬，之中又不能選拾貳萬起俵，不知所孳養馬駒歸于何處消耗。如此臣往任大名元城縣，每見管馬官一次點馬不過千匹，而常點數日不了，問之則曰：『某馬瘦，某馬小，某馬毛病不堪。』更不問駒之有無，於國初種馬騍駒解俵之意茫然不顧，徒常點視滋漁獵之計而已，於是臣親往點視，亦不令打量丈尺長短、大小，喝報肥瘦毛病，但按冊呼名問駒有無記籍之，有駒者令歸業不復至縣中；無駒者数下令期督之，更不擾有駒者，人樂其便，由是不一年而十已七八有駒矣，若漂沙及病馬不孳息者，稍易一二，則皆可生駒之馬殆無不生之駒。臣常恨管馬官不盡職，若執專一課駒簡易之法，課駒之外一不擾害，又通計人戸量貼草料，則大小馬可以兼養，孳駒之家可以獨養矣。蓋起俵馬須三歲以上八歲以下，而孳駒之家可餧駒三四年而獨自費乎此，在人情有不堪而馬駒因無成材中俵者由此也，若可中俵亦省衆攢銀買俵，比無駒可俵而買俵者自減，若不可俵變賣亦了衆無虧欠馬駒之罰。若連年二駒，定與馬户一駒，則當與衆共分，若衆不願幇養馬，亦不分駒專歸，養馬之主則不偏獨累養駒，而孳駒之心自急，或貳年有兩駒者矣，若貳年無一駒，虧欠倒失者有罰，賞罰明而馬不蕃息，無是理也。不然有罰而無賞，此自来欲 其馬之蕃生而竟不能者為未議，幇貼養駒草料及二駒賞一駒者，亦未見其必行也，若有賞有罰而更行，臣前至簡至易之法，除課駒外累月成年，再不點擾，即一人管幾千萬馬，亦可一律齊矣，何難之有，而况羣長羣頭馬戶之多，督馬提調之官之衆，而何馬政不興哉！

隆慶四年題准：南直隸變賣種馬一半，如直隸、河南、山東例。隆慶四年，題准四五等年去量徵草料銀一兩，至六年以後仍徵銀二兩，待年豐之後仍買種馬給民孳養，額數足日，草料即與，停徵。該吏科給事中光懋言，種馬減二分之一，種馬既減草料之價，自當優除。兵部覆議民間餧養種馬，間歲課駒起俵給軍騎征，此馬政之本意也，先年管馬官不行督教，字孕以致孳駒，未必堪俵則另買大馬備用，已失馬政初意，而民間又增買俵之累，及買俵夂而餧養日廢，民又苦於府縣官點驗罪責，則思去餧養之累，而徑願出銀買俵，則孳馬之源既虧，將致馬日少而從買俵，必有乏馬廢事之日，此小民無遠慮之見也。今已減去種馬，又歲出草料銀，當事者以為不欲盡去其名也，仍照議行事理每年量徵一兩，至隆慶六年以後，每年仍照追二兩，待年豐之日仍買種馬給民孳養，額数足日草料即與停徵。

隆慶五年題准：令各府州縣衛所掌印官，嚴督馬户，將種馬用心餧養，務要如法多生孳駒。該兵部覆議，御史趙應龍題稱各府種馬，州縣除每年每羣頭二運解馬二匹，照依丁田朋買解納，及種馬羸瘦，照例治罪，無容别議。近日巡歷各州縣，孳駒甚少，乞要通行各府州縣衛所掌印官親自點視，責令馬户用心餧養，必期有駒，如三年有二駒者，即以一駒犒賞；或無駒者，治罪朋買，其駒之定顯，務要登報循環查考，以憑分别犒賞一節為照。種馬孳生科駒起解原係祖宗舊制，一變而為朋買本色，再變而為朋出折色，遂改種馬僅有其名，全無實效，既該本官具題，無非整飭馬政意相應，申明舉行，責令各府州縣衛所掌印官嚴督馬户，將種馬用心餧養，務要如法，多生孳駒如果合式，相兼起解。其騍馬如有漂沙不育者，即便變價另買，專委正官經理其事，佐二首領不許干預，仍嚴禁吏書人等毋得妄行騷擾，其餘一切賞罰稽查登報等項，事悉如所擬，奉旨是。

萬歷元年議准：各種馬州縣督率餧養，二年之內，果有一駒解俵，四家馬户，各出銀三兩，幫貼養駒之家。如孳駒不堪解俵，就令估價變賣，將價銀一半歸還四户，扣買大馬解俵；一半給與原養駒家，其二年之內不生一駒者，量追收過草料銀八兩，扣充朋買大馬解俵。

萬歷三年議准：馬户每匹派徵草料銀六兩，照地照丁，編入備用馬價銀內帶徵，給正頭餧養。如有失，止於馬頭追補，不許累及貼户，其孳駒給賞，亦不許貼户侵分。萬歷三年題准，養駒累民，令一年以上，即與發賣，半給養户，半入官帑，收助解俵。御史孫成名條議孳生馬駒估價變賣半賞馬户酬勞半收在官助俵扣減備用馬價。

萬歷九年議准：將各處存留種馬盡行變賣，上等馬價無過八兩，下等五兩，賣完解部，發寺專備買馬，不得別項支用，每馬歲徵草料銀一兩，各州縣類總解。部惟徐、通、泗、興、化等州縣，以先免種馬，草料亦免徵，至後遂為定例。該太僕寺少卿裴應章條議內一欵議查課種駒，查得北直隸及山東河南原額種馬八萬八千有奇，已經題革四萬七千有奇，而存留者尚猶及半。今見行事例每一騍馬，每二年騍駒一匹，堪俵者起俵，堪種者補種，不堪者估價變賣，其價銀一半貯庫，以為助俵之用；一半給賞馬户，以償孳育之勞，法非不善也，但自徵銀買俵之例行，而有司者視種馬為贅疣矣。間有所生之駒又動稱補種，變賣而起俵者，絶無一二，其變駒銀兩，徒有助俵之名，而無減徵之實；給賞者，徒出虛領之狀，而實充官吏之囊，種馬之無實效有由然也。夫種馬之革者，既徵銀買俵，則種馬之存者，當騍駒坐俵，此兩利俱存之道也。今革者反為存者出銀，而存者不能為革者助俵，任其廢弛而不一為之稽查，徒寄空名于冊籍，是上之人先視種馬如贅疣矣，有司者獨奈何不以贅疣視之哉！今後合無嚴行各州縣掌印管馬官員，須要時常點查，責令馬户用心孳育，務使種馬不虧生駒足額，每年俵解馬匹，議定徵銀，買俵一半孳駒坐俵一半，其有孳生不足俵解，無駒及隱射侵尅變賣孳駒銀兩者，容臣指名條劾，如是而種駒有不騍蕃者，無是理也，或者謂種馬之政廢弛已久，欲遽責其俵駒一半，似屬難行。臣請自萬歷十年為始，大約俵馬十匹，先坐駒二匹以漸遞加，不出三年可以足其一半之數，而買俵銀兩亦可以減徵一半矣。又謂種馬一向累民，近議買俵，民頗稱便，若是則當盡罷矣，又何用存之為也，臣以為既存之須課之，安有以國家四萬有奇之種馬，空置之無用之地而徒充姦貪之囊橐也。隨該兵部覆議，以國家種馬之制，利其孳畜以備郊原緩急之用。國初草野甚廣，芻牧既便而免稅，資牧民力更裕，故課種之馬俵駒，歲以萬計，嗣後生齒日蕃田野，日闢芻茭不繼，孳養為難，始計地以養馬，則起糧此地也，養馬此地也，民日告困而駒之堪俵者百無一二矣。正德二年，該御史王濟建議，止照種馬額數派徵備用大馬。隆慶二年，該太僕寺少卿武金條議，變賣種馬之半，惟種馬之半尚存，則課駒之法難廢。萬歷三年，又該御史孫成名條議，孳生馬駒估價變賣，半償馬户酬勞，半收在官助俵，扣減備用馬價。然買駒之時，駒不足以值四五兩，而官估者或至十餘兩，則賣駒之價不足以抵半價入官之數，而半賞養户者止空名耳。故馬户有養種馬者一馬也，買俵者又一馬也，養駒則又一馬也，在種馬則時有點驗之煩，有科罰之苦，有差撥迎送拘充夫役之勞，一累也；在課駒則有定駒、顯駒、重駒之擾，及賣駒賠價之費，又一累也。民為此累，雖日撻而求其駒之蕃，庶不可得矣。今議責之課駒以免俵解，是欲養馬者，得馬則徵價者可以減徵，原為利民而非與民爭利，然必使民得養駒之利，而後行騍駒之法相應酌議。合無將種馬課駒者聽民之便，凡無駒者以派徵銀三十兩，聽其買俵有駒，堪俵者即以所徵銀盡給起俵，以酬其數年餧養之資，其一切定駒、顯駒、重駒、驗駒之法，與夫駒病、駒死之罰，賣駒助俵之價，通行查革，則民不擾而自利。于俵駒之堪俵者，當不止于十之二與五已也，仍備行該寺及各撫按衙門，着令州縣掌印官，每歲終惟稽查種馬，見在數目如有倒失者，責令如式買補以憑印驗，不許問罪科罰，佐貳等官及吏書人役，並不許假以稽查之名下鄉擾害。其起俵之馬，不必計其買馬，於別户者俵駒，自本户者應給馬價一體盡行查給，至於各處變駒助俵銀兩，以文書到日為止，惟清查見在若干，如有侵欠者，嚴為追補以抵充正額，照数減徵，此後不必再為變賣，使民無養馬之害，則馬有蕃庶之利矣。是時輔臣張居正尚前議，適時方以欵市查市本不足，太僕寺所儲無幾，欲藉此以充市本，于是力主盡賣，隨請旨。近年畜養種馬課駒一事，苦累小民至極，還查照節年，題奉事理議，處停當来説其餘依擬。該南京湖廣道試監察御史于有年奏內稱，將每年應俵之馬，每馬一疋議定價銀三十兩，外加草料盤費銀五兩，即於本處均傜數內通融，徵收在官，或取本色則買馬解俵，或取折色則一併起解，以前所養無用種馬盡數變賣價銀，類解兵部以備邊方之用。該兵部議得種馬課駒，民艱最重，在昔沮變賣之議者，不過恐絶孳生之源，乏緩急之備耳，不知窮民無賴，牧飼失時，羸瘠尫隤，種且自斃，安望其駒，乃至別買大馬以備解俵，是未嘗有孳生之實也，其何以充緩急之備。查得南北太僕寺實在種馬通共五萬七千五百二十三疋，今若盡数變賣，價銀收貯太僕寺，以蘇山東、河南、南北直隸困窮之衆。草料折徵每年計十二萬五千有奇，積至十年，可得百萬，如遇俵馬不足，即將此銀分發各處官為收買，一同解俵，給價從厚，立法從簡，馬自雲集，堪充實用。隨該復行本寺該署印太僕少卿裴等查議回稱，審度時勢變通調停，上不失乎祖制，下有裨于生民，事在兵部等。因兵部隨議，變賣之法，其事有五，先變賣定價十兩，殊為太重，迄今拖欠賠，累況馬價高下難以槩擬合令各處撫按官，選委司道各官，親為估計，高者無過八兩，下者無減五兩，完日先造清冊送部，以候解銀到日查考，此變價所當議也。往時變賣解銀限期，近者一二月以裏，遠者半年以裏，顧民間種馬，率多不堪，一時變賣未易盡售，追比太急，則姦人射利，量寬其期，庶不厲民，此立限所當議也。草料折徵以資儲積，兼可歲稽馬户，默寓約束，先年每疋徵草料銀二兩，小民猶稱難辦，後議徵一兩，合無定以每疋徵銀一兩，此草料所當議也。種既已革，駒不當責，其已經驗報者，則屬官物，宜閲其種馬堪賣者，以報駒給賞；種馬不堪賣，以報駒并賣輳足今價，原未報官者免追此，報駒所當議也。朝廷此舉，盖以蘇久困之民，各處有司，自當仰體上意，各將馬户多方優卹，不得因其釋負，仍敢巧立名色，加以雜役，其馬戸有逃故種折者，有逃移新復者，亦宜分別減免，以宣恩澤，此優卹所當議也。臣等再三考究籌畫，先年變賣未盡種馬一半，委應通行變賣，量徵草料銀以佐買馬之費，種馬雖革，馬户宜存，聽其照舊或十年、或五年一次審編，買解大馬，如歲月馬匹數多，太僕寺預呈本部，多買本色或有重大征戰，無論本折悉買，本色如再不敷并，出太僕寺所貯變價，及歲積草料銀兩，分發州縣，收買膘壯大馬，一同解依。太僕寺應用相應題請定奪，恭候命下，通行南北直隸、山東、河南巡撫衙門，并劄付兩京太僕寺，仍咨都察院，轉行各撫按并印馬御史，行各司道，并府州縣掌印官，將賣剩一半種馬，盡行變賣，司道各官，親估價銀，上等無過八兩，下等無減五兩，估完先造清冊送部案候查考，以文到之日，南直隸限一年以裏，北直隸、山東、河南限十箇月以裏，變賣完日，傾銷成錠，各州縣依期解部發寺收貯，專備買馬，不得別項支用，每馬每年折徵草料銀壹兩，以萬曆九年為始，徵完各州縣類總解部發寺，不許延捱拖欠，孳駒已報在官，其種馬堪賣者，將駒給賞馬户；不堪賣者，將駒一同變賣輳價，馬戸有逃，故種折者，審實免徵，逃移復業，種馬猶存者，照下等馬價減估等，因奉旨是。

萬曆九年，盡賣種馬，惟于鳳陽府及廬州府，滁、和二州，各一年輪派大馬二百七十二疋，其餘盡改折色。

萬曆十二年題：欲清查草地量復種馬，以備緩急，兵部覆議，兩奉明旨，查革年久，難以再議停止。該御史馬朝陽奏，內一欵復種馬以經遠猷國家，種馬之設，豈專為孳生之計已哉，盖必有所重者在也，萬一有警刻日之間，數萬匹之種馬可以畢集，謂非緩急之一須不可也。先臣議欲革之者，盖謂種馬所生之駒，多不堪臨期，又另買以充解，是種馬為無益之累，且額解馬價，議于該地方丁田內，通融派徵，此又得苦樂適均之義，上無損于國額，下有便于民情，誠計之得也，革之誠是矣。但種馬之弊，非馬累之也，官累之也，民自累之也，茲不于法之所以累者而釐之，以復無弊徒，區區種馬是革，是猶人因噎而廢食，雖免一時之噎而受傷多矣。今額解之數無失，而種馬既革，即謂之無馬亦可也，初該部議覆，豈不欲盡革以蘇民困哉，必仍留一半者以其所關于國者，重於不可革之中，而姑為量革計，盖亦與釜與庾之微權也，猶不失廢禮存羊之意，未幾建議者乏曲突遠慮，援前為例，并其所留一半而悉革之，若及此不一權輕重而為之焉其如國。何且種馬之立，原設有草場，今馬革矣，而草場安屬耶，其利安在耶，此正致噎之病根而馬政之所由弊也。以臣竊計之，當於原設立種馬，地方清查額設，草場若干，坐落何處，或有無開懇侵沒，除荒蕪外，其已墾或侵沒者，照額清查改正。每歲計其子粒之入以為芻養之資，或當既革之後恐駭民情，亦宜量復後革一半，其買馬之價於額解折價內議處，每匹仍查照舊規，除草場子粒外，量議給工食草料銀若干，除所生之駒堪俵者聽解，其餘不堪當官變賣，其不敷之價於該地方丁田內，遵新例通融派徵，此有復之實，無復之擾，庶民各妥，其所天而國亦隐，然獲種馬之實用矣，實萬世計也。隨該兵部議得為照，種馬之設，洪武初年牧之於官，未為民累，二十八年始令民間牧養，猶止於南直隸数府，至永樂十年以後，行之北直隸、山東、河南等府，皆借民力牧養，圖孳息以俵解。其俵解馬匹即是種馬所生之駒，不論大小牝牡，亦不限以多寡名數，止以生息見在者起解太僕寺，發令西山一帶空閒地方，趂水草牧養，是所解之馬原出種馬，故種馬不可議革，行之既久，弊孔叢起，原養之馬多不生駒，所課之駒又不堪解，於是遂議另行徵銀買俵，是歲解備用馬匹已全不賴種馬及孳駒矣。隆慶二年武金奏半革，萬曆九年于有年等奏盡革，臣等查得種馬之設，國制惟主於有馬以備征操，今馬匹見在者一萬有餘，馬價見在者六百萬有餘兩，奉旨一謂種馬徒存虛名，百姓却受實害；一謂種馬全與起俵無干，徒苦累小民，屢奉欽依查革，年久似難再議，題奉欽依是。

萬曆十四年題准審編，照舊例舉行，仍量地丁饒裕之家為。

萬曆十四年題准：審編照舊例舉行，仍量地丁饒裕之家為正額，餘為貼户。該兵部覆太僕寺卿魏時亮題，種馬議覆之法有二，其一欲令守令勸民孳養，限以三年勸足養數報寺，俟後民馬漸多，稍稍多派本色查兊，缺馬各邊少省解發勿累寄民此一節，若州縣有司行之盡善，是謂導利於下，固有利于國家；若行之不善，不免以多事為擾，反無利于民生。又孳息有水草之宜蓄牧，順人情之便，似未可操一切之法以責之也。其一欲精選富戸，不分正貼此一節，審編馬頭係五年一次，原計丁地多寡以分正貼，正戸養馬，貼者幇助，不許輪流餧養，若欲精選富户俾專養馬，合縣扣筭通派草料，則一旦更張，人難信從。合無將審編之法查照舊規舉行，但當酌量地丁饒裕之家為正頭養馬，餘為貼户養馬，草料各宜因民之便分別户，則量行幇貼，若有倒損照例追賠，量為寬恤。題奉欽依議行。

萬曆二十二年，查議種馬。舊制該太僕寺卿楊題為欽遵旨條議，馬銀日俱空匱，財用所當通融，事宜懇乞，勑下該部，預計永圖，以保治安等事。臣考太祖高皇帝都南京，守南京者先守淮，乃于淮南北之間，建太僕寺于滁州。成祖文皇帝都北京，守北京者先守關，乃于關東西之間，建太僕寺于都城，又建苑馬寺于都城之外，兩關之間，薊昌等亦各建監苑都司衛所，遼東則立行太僕寺苑馬寺，其後三衛之師內徙，而都城北與敵為鄰，兩關皆在其外，于是所需于戰守者，為甚急而守先兵，兵先馬。聖祖嘗諭成祖北平口外馬数不過二萬，若遇十萬之騎，雖古名將亦難于野戰，是以極重馬政，關之外若遼薊宣大山陝各置監牧場地種馬，而內地若北直隸順天山東河南十五府，南直隸應天八府，各種馬間歲騍駒復生駒，原無定額就所得駒起俵給軍騎操。正統間因邊方調發不敷，乃于種馬內俵駒寄養于順天三府，名備用馬是為馬政成法，一則察北俗以馬多寡為強弱，故各州縣民皆令種馬實示之以強以衛，其州縣亦自衛其生；一則養馬為天地自然之利下，歲騍駒以利上，亦得習騎，上歲免地糧以利下，亦省征歛，實有兩利，是為馬政本意。當時有利無害，馬政修舉，其後法久，民玩官恣，吏陵弊害，因生民甚疾苦，士大夫產其地者，身親疾苦，輕于議革；當事者以去此，可收捄時之譽，敢于主革而于戰守均弗計者。是以正德初御史王濟議不徵駒而專買俵，則羣盖法廢，孳生路絶然，猶有遺馬也。隆慶間太僕少卿武金議專備用而盡賣種馬，當事者力是之，乃改折賣開而買補，弊滋然而猶存半馬也。萬歷九年兵部侍郎王一鶚覆議，本寺卿裴應章查騍種駒之疏，當事者力主之堅，擬盡行變賣。祖宗成法本意變革殆盡，而官牧既空民養亦空，天下幾無馬矣。案查先是師冦小缸五河取千匹，平之督撫李遂淮揚征倭取數千，平之盖以倭善步無馬，故能勝之，先臣胡松論廟灣之戰全頼種馬，此見南馬不可革者。嘉靖戊申、庚戌邊方關部常取至數萬禦敵，即多疲瘦，匇率中拾猶可擇貳叁，餘亦可以負載糗糧，此見北馬不可革。究言之始，革種馬以除害，專買俵以便利，如其利果勝，害不妨于革，乃今買俵，地方諸臣亦謂俵民稱疾苦不減于種，是何取于盡革哉。近自欵市東西征討費馬價數百萬，或曰非革者安得此用，竊譬之有家者豐則侈，侈斯難繼；嗇則儉，儉斯有永，近因革此，遂豐侈而使日後難繼，盍如不革而人知嗇儉，有永之為大利哉！目今惟藉欵貢羈縻，乃各鎮以年例為市本為給賞，尚未見無馬之弊，萬一渝盟其將何支？往職聞京師驕兵悍將弊車瘦馬，雖有兵馬與無兵馬同，而今實無馬有不悚慮者乎，以此先聲又安可使敵聞乎。臣謹以俵寄兊買肆項本壹事相因者謹列之，謂種馬本原肆者，枝流本源既廢，獨計末流似非知類，乃并末流俱廢之，直待枯株涸澤又非計也，敬稽祖宗成法本意，會典志書先令諸臣條例，兵部題覆者條議以獻。

雜録

唐 令狐楚《進異馬駒表》《文苑英華》卷六一三　臣某言：得當道征馬使穆林狀，稱忻州定襄縣王進封村界，去五月十二日夜，孳化一作生馬羣內異駒一疋，白騧文馬，畫圖送到者。臣謹差虞候辛峻專往考驗，并母取到太原府。而毛色變換與青騧色，駝頭趺額，紅鼻肉駿，尾上茸毛，額帶星及旋，肋骨左右各十八枝，四蹄青，兩眼黑。續得穆林狀稱當生之夜，羣馬皆嘶，靈質炳然，休徵備矣。臣某中謝，臣聞馬之精也，自天而降；馬之功也，行地無疆。是以武藉其威，文榮其德。謹按《馬經》云：『肋數十六者，行千里。』伏惟陛下握負圖之瑞，惣服阜之靈，異物殊祥，蔚然叢集。臣觀前件駒靈表挺特，雄姿逸異，頸昂昂而鳳顧，尾宛宛以蛇蟠，信坤元之利貞，誠太乙之玄貺。自將到府，便麗于宮。每飲以清池，牧于芳草，則彌日翹立，驅之不前。及長風時來，微雨新霽，輒驤首奔驍，追之莫及。臣某恒親省視，專遣柔馴，倘駿骨峯生，奇毛日就，獲登華厩，既備屬車，遠齊飛兎之名，上奉應龍之馭，天下大慶，微臣至願。見今養飼，至秋中，即專進獻。伏惟陛下兼愛好奇，想其風彩，今謹圖畫，隨表上進。伏乞聖恩宣付史館，俾此丕烈垂于無窮，臣無任戰越之至。

又《進異馬駒狀》《文苑英華》卷六四二　右，臣得征馬使穆材狀，謹具毛色如前者。臣伏以行地之用莫神於馬，擅華名者則衆，効奇質者甚稀。伏惟陛下廣大際天，高明配日，殊祥競發，休祉荐臻。前件馬禀天駟之精，體坤元之德，毛拳惟細，鬛赤而高，尾掉肉而蜿蟺，額帶星而偶儻。臣謹差虞侯辛峻專往覆視，俱如前列。峻云雙瞳有耀，四蹄如削，宛然天產，定是龍媒，允協建午之辰，光昭太一之貺。臣見今就太原府養調旬月，稍任行步，即專陳獻。謹差某官聞奏。

明 馮夢龍《智囊補》卷一八《俵馬》　俵馬以高三尺八寸、齒少而形肥者為合式。各州縣無孳生駒，必從馬販買解。間州居各縣之中，馬販自外來，先被各縣攔截買完，然後放過。州官比解嚴迫，馬頭控受鞭笞，馬價騰踴，求速反遲。陳霽岩為知州，洞知之，故緩其事。待馬販到齊，方出示看馬。先一日，喚馬頭到堂，面問之云：『各縣俵馬已行，汝知之乎？』遽叩頭應曰：『知之。』又密諭曰：『我心甚忙，明日看馬，只做不忙，汝輩宜知之。』又叩頭感激而去。明日各馬販隨馬頭帶馬，有高至四尺者，令輒置不用，曰：『高低怕相形，寧低一寸，我有稟帖到太僕寺，只說是孳生駒耳。』衆稟再遲三日，至臨濮會上買，易得。公許之，不責一人而出。各馬販氣索然，爭願賤賣，兩日而辨。在他縣争市高馬，刻期早解，以求保薦，騰價至四五十金。在本州無過二十餘金者。貞心為民，實政及民，必然置保薦于度外。善保薦者，正不于求，保薦者也。

天馬 駿馬 名馬 千里馬 大宛馬 汗血馬

論説

《晉王嘉拾遺記》八駿之名。一曰絕地，二曰翻羽，三曰奔霄，四曰越影，五曰踰暉，六曰超光，七曰騰霧，八曰挾翼，圖必本諸此云。

唐 柳宗元《河東先生集》卷一六《觀八駿圖説》 古之書有記周穆王馳八駿升崑崙之墟者，列子云：周穆王不恤國事，不樂臣妾，肆意遠遊，命駕八駿之乘，右服驊騮而左綠耳，右驂赤驥而左白羲，次車之乘。右服渠黃而左踰輪，左驂盜驪而右山子，馳驅千里，至于巨蒐氏之國，遂宿崑崙之阿，赤水之陽。《古書記》穆王馳八駿者，莫此為詳。後之好事者為之圖，宋、齊以下傳之。下一作來觀其狀甚怪，咸若騫若翔，若龍鳳麒麟，若螳螂然。螳蜋螵蛸母。方言曰：譚魯以南，謂之蟷蠰，三河之閒，謂之螳蜋。其書尤不經，世多有，然不足采。世聞其駿也，因以異形求之。則其言聖人者，亦類是矣。故傳伏羲曰牛首，女媧曰其形類蛇，《帝王世紀》伏羲、女媧蛇身人首，神農人身牛首。蝸公蛙切孔子如倛頭，荀子云：仲尼之狀，面如蒙倛，頭者蒙倛之頭。倛音欺方相也。若是者甚衆。孟子曰：何以異於人哉，堯舜與人同耳。今夫馬者，駕而乘之，或一里而汗，或十里而汗，或千百里而不汗者，一無百字，一作數十里。視之，毛物尾鬣，四足而蹄，齕草飲水，齕下没切齧也一也。推是而至於駿，亦類也。今夫人，有不足為負販者，有不足為吏者，有不足為士大夫者，有足為者視之，圓首橫目，莊子橫目之民食穀而飽肉，絺而清，裘而燠，一也。推是而至於聖，亦類也。然則伏羲氏、女媧氏、孔子氏，是亦人而已矣。驊騮、白羲音蟻一本作、山子之類，若果有之，是亦馬而已矣。又烏得為牛，為蛇，為倛頭，為龍、鳳、麒麟、螳蜋然也哉。然而世之慕駿者，不求之馬，而必是圖之似，故終不能有得於駿也。慕聖人者，不求之人，而必若牛、若蛇、若倛頭之問一作閒。故終不能有得於聖人也。誠使天下有是圖者，舉而焚之，則駿馬與聖人出矣。古之聖人有若牛、蛇、鳥喙、蒙倛者，貌似而心不同，不可謂之非人。此所以嘆鶴言之為怪。柳子曰：慕聖人者，不求之人，而必若牛，若蛇，若蒙倛之問，終不能有得，此所以欲焚八駿之圖，文公之於聖人，信其有形貌之似，而重求其心。子厚之於聖人，槩之以人而不信其為禽獸、蟲魚之怪，二子之意，蓋大同而小異。

唐 李觀《李元賓文編》卷二《周穆王八駿圖序》 予嘗聞周穆王八駿之説，乃今獲覽厥圖，雄凌趫騰彪虎文螭之流，並馬名也與今馬高絶懸異矣。其名盜驪、飛黃、騕褭、白兎兎亦作羲之屬也。視矯首則若排雲。視舉足則若乘風。有待御一作馭之狀，有矜群之姿。若日月之所不足照，若天地之所不足周。軒軒然，嶷嶷然，若言其真也，實星降之精，思其發也，猶神苻一作扶其魄。軾者如仙，御者如夢，將變化何別哉？世説周穆王駕八駿，日會西王母於瑶池，從群仙而游。案：《山海經》云：崑崙山去中國三萬里，乃非虚説也，而不知其所從得之。厥神是生為之用歟。何古無其匹歟。圖之首有褚公遂良題云：『秦漢傳之，降于梁隋，至於我皇唐，不泯厥跡。卓爾昭然。』奇哉信乎？苟今考之于古，則人大笑矣；求之于時，則曠世矣。繇是知物有同者不必良，矣有異者不必否矣。或慮觀之者昧，故乃為序以表焉。

唐 李翺《八駿圖序》《文章辨體彙選》卷三一六 予嘗聞有周穆王八駿之説，乃今獲覽厥圖。雄凌趫騰，彪虎、文螭之流。與今馬高絶懸異矣。其名盜驪、蜚黃、騕褭、白羲，之屬也。視矯首則若排雲。視舉足則若乘風。有待馭之狀，有矜羣之姿。若日月之所不足至，若天地之所不足周。軒軒然，嶷嶷然，言其真也，實星降之精，思其發也，猶神扶其魄。軾者如仙，御者如夢，將變化何別哉。

宋 蔡襄《端明集》卷二四《觀天馬圖》 慠夫，奇尚者也，出古綃之畫駿馬一者，尾鬣微赭，而身首文駮。馬與常馬甚不類，時立閑逸，骨目稜竦，精神爽毅。雖一鶚之横塞雲，獨鶴之思崑嶺，莫之為也。於其旁之標曰：『蒲捎』云。安愚子曰：『蒲捎馬，漢武帝伐大宛，於貳師城得之，年祀遠忽，宜無有是傳，豈近世好事者工其畫而籍其目乎？』慠夫曰：『蓋嘗惑焉。然武帝威稜幨乎鬼方，教誥申乎絶域。以國珍而叩塞者得轡龍虎之文，私自語為僥倖。大宛嘗有善馬，獨恃介絶，而愛不來。於是連兵不主之徼，殫饋悉臣之户，旗鉦之師、戈冑之伍易乎膏介草莽，魂傺沙漠。重乎南目而視，旋趼而步，然後宛王戮，而昔之善馬惴不敢有，故能宣懿金石，告休神明。武帝求卓異，其心不亦至乎！後之人迹想飛騂，加諸繪事，不亦美歟。』安愚子曰：『地入民彫，物格財匱，豈御天下之計者耶？且馬也，冀野之北，易世無之。駓驪驕皇，驒騵駱駠，動精月駟，矯首云螭。或編之天棧，和以鸞鑣，寰風以足其食，大路以訓其性。居不鶩曼，動不詭遇。雖虚有之華、趼蹄之劲，未之加也。然瘠不能振，瘠不見收，鄉風悲鳴，垂耳於駑駘之後，豈少哉？吾知漢固有是，而武皇獨甘心於貳師，豈所謂賤近而貴遠者耶？後之人不加意於求眞視，而肖藻遺骨，豈所謂貴耳而賤目者耶？何以言之？嘗聞昔武皇得狗監誦《子虛賦》，獨恨不得與此人同時。及相如至，以貲為郎，官止使者，又頗優蓄之。謂如相如，未可與道則已，而又有甚於相如者。自秦滅漢興，綴文纘學，德業彬然，獨董仲舒而已。觀其制策延訪，意將罝英罔傑，騰周躪虞，稱古賢輔，志勤義篤。而仲舒官特於諸侯王相耳。之二人也，孰知其不鄉風悲鳴，垂耳於駑駘之後者乎。吾以是固知其貴近而賤遠也。抑又聞之，楊子雲者，譚思深湛，著符清淨，塊處天閣，絕與人事，而有尚白之嘲、覆瓿之誚。後數百年，其書出，至于今如何也？蓋親見子雲祿位容皃不能動人，故輕其書耳。吾以是揣劘世態，乃知吾子亦貴耳而賤目也。吾子有輕綃方丈，晻丹塵黑，縢以巾緗，副以篋衍，一出乎人，德于顏面。儻有騰黃之骨，絕利之足，枯悴下皁，子將掩袂而不視矣。』慠夫患其語之侵梗已也，不待終，決而翔云。

宋 周必大《文忠集》卷九二《漢天馬贊》 古者伏羲氏之王天下也，龍馬負圖以出於河。八卦之畫實基乎此。惟漢元鼎四年，天馬亦出渥洼水中。其來非凡其質特異，推之五運，漢火德也。馬火類也。稽揆天意，殆將告火德蕃昌，國家强盛之應也歟。不然，何以房星炳靈，先牧貽瑞，震於珍物而至斯也。厥後泰山見黃金，天子竦然異之，爰命尚方鑄裛蹏以協瑞，又詔樂府歌天馬以侈太一之況，而贊則未聞也，謹追述盛美。為之贊曰：漢實火德，符炳赤帝。駉駉牡馬，有蕃其類。威加萬方，澤茂六世。天祐聖神，時臻況施。震於珍物，渥洼之涘。珍物伊何，八尺之駉。房星宣精，太一貽瑞。籋雲姿逸，逐日影駛。堅骨蘭筋，臆豐尾細。驤首一鳴，羣驪四避。霑汗流赭，過都歷塊。牧豈魯野，馭非周繫。天山之禾，是齕是飼。銀潢之津，以飲以戲。王良恇駭，伯樂睤眙。烏孫謝駿，大宛褫氣。屈産之乘，昔則何貴。騋牝三千，衛則徒費。時惟泰山，精金顯示。乃鑄裛蹏，以荅天意。時惟甘泉，瑄玉毖祀。乃歌司馬，以侈神賜。祺祥赫奕，禮樂明備。道光載籍，美亘來裔。在昔庖犧，龍馬紀異。河啚著畫，實法聖秘。施及穆王，八駿來萃。瑤池萬里，振鬣斯至。邈哉無聞，今也克繼。鋪張始終，式贊繪事。

宋 王應麟《通鑑答問》卷三《還千里馬令四方毋求來獻》 或問文帝却千里馬，而不受四方之獻。其後人給家足，衆庶街巷有馬，然則一馬之還，可以致天下之富歟。曰：文王不敢盤于遊田，以庶邦惟正之供，西旅貢獒。召公訓于武王曰：犬馬非其土性不畜，珍禽奇獸不育於國。文帝之詔與聖王之事、古大臣之訓若合符節。昔者穆以八駿荒，晉以小駟敗，楚以兩驌爽幾亡，冀之北土，馬之所生，平公恃之以棄。國馬足以行軍，公馬足以稱賦，不是過也。夫受一馬之獻，若未為民害，而一心之微，衆欲攻之，四方聞風，爭以珍奇中其欲，怠荒驕逸由是而生，愁怨離畔由是而起，此屈産所以亡虞也。武帝因大宛之馬，窮征遠討，發卒十八萬，及其軍還入玉門者，纔萬餘人，得善馬數十匹而已，所重者畜馬，所輕者民命，人君可不謹所好哉。吁！文之殷當，武之虛耗，可以鑒矣。昭德塞違，以臨照百官，文帝有焉。此帝所以為仁也。光武以千里馬駕鼓車，其克紹祖烈者歟。

明 朱元璋《明太祖文集》卷一五《良馬説》 世有良馬，生得其時，得其主，而功於世者三焉。又産得其時，而不得其主者八焉。所以功於世者，昔河出馬而異常，以其背列文彩，聖人象則之而數焉，使世人避凶趨吉，功之一也。唐太宗之青騅，蜀主之的顱，郭子儀之獅子花，是馬也，立雪眠霜，當是時載主以建功，則有衝烟突霧，驅雨馳風，摧堅撫順。雖人之有為，非斯馬之良健，何如是功之速疾也。當時天下擾亂，忽爾太平，人不知良馬之功至今矣。以今言之，斯戰馬之功二也。古良馬生於帝堯之時，則得其時，得其主。何哉？有時牽金玉之輅，以奉南北之郊，有時負主以狩。四方，問民疾苦，慰勞諸侯，其良馬之功三也。周有追風等騎，今古乃曰奇物也。以朕詳之，當穆王之時，四海咸寧，不思巡狩，以安生靈，輒便日馳月驟，四入遐荒，致使八駿筋疲力盡，而乃方歸徐偃，又稱尊幾年矣。斯不得其主而鞭策死者，斯八騎也。近世以來，凡馬既多，良馬甚少。前歲西蕃戎將來言，邇來西戎忽生良騎一，色如墨雲，凝於太虛，風動駿翻獵獵，雲開霧合，尾搖數尺，蕩塵以除埃，首舉神樞，則視若奔星掣電，雞鳴項立雄然，四足風生。以臣之度，可使至朝，而不許在野。朕於是命使西馳，以諭酋長使達，彼酋長惜良騎而晦之。使者因數馬之狀況。酋長密邇邊陲，聽命之所，不能隱蔽，中闕日進。及其進也，盤桓不捨，於是以為疾其蹄而來獻。至馬廐，朕視之貌態如其言者，今足不能為我之用，當時敕所司牧於鍾山之陽。今三年矣，所司來奏：馬之足疾，日已痊矣，陛下可試乘之。以洪武九年冬十一月十日馬至，因命儒臣以為説，朕亦以馬有功者三，枉勞者八，述其云耳。

明　劉基《誠意伯文集》卷二《千里馬》　郁離子之馬，孳得駃騠焉。人曰：『是千里馬也，必致諸内廐。』郁離子悦，從之至京師。天子使太僕閱方貢曰：『馬則良矣，然非冀産也。』寘之於外牧。南宮子朝謂郁離子曰：『熏華之山，寔維帝之明都，爰有紺羽之雔，菴而弗朋，惟天下之鳥，惟鳳爲能屣其形，於是道鳳之道，志鳳之志，思以鳳之鳴鳴天下。爽鳩見而謂之曰：「子亦知夫木主之與土偶乎？上古聖人以木主事神，後世乃易以土偶，非先王之念慮不周於今之人也，苟求諸心誠不以貌肖，而今反之矣。今子又以古反之，弗鳴則已，鳴必有戾。」卒鳴之，咬然而成音，拂梧桐之，枝入於青雲激空穴而殷巖峣，松、杉、栢、楓莫不振柯而和之，横體豎目之聽之者亦莫不蠢蠢焉熈熈焉。鷙聞而大惕，畏其挺已也。使鷚讒之于王母之使曰：「是雔而奇其音，不祥。」使鴟日逐之，進幽昌焉。雔委羽于海濵，鶡鶏遇而射之，中脰幾死。今天下之不内，吾子之不爲幽昌而爲雔也，我知之矣。』

郁離子憂，湏麋進曰：『道之不行命也，夫子何憂乎？』郁離子曰：『非爲是也，吾憂夫航滄溟者之無舵工也。夫滄溟波濤之所積也，風雨之所出也，鯨、鯢、蛟、蜃於是乎集，夫其負鋒鋋而含鋩鍔者，孰不有所俟？今弗慮也，且夕有動，子將安所適乎？』湏麋曰：『昔者太冥主不周，河溲于其岫且泐，老童過而惴之。謂太冥曰：「山且泐。」太冥怒，以為妖言。老童退，又以語其臣，其臣亦怒曰：「山豈有泐乎？有天地則有吾山，天地泐山乃泐耳。」欲兵之，老童愕而走。無幾，康回過焉，弗肅又弗防也。康回怒，以頭觸其山，山之骨皆水裂，土隤于淵，沮焉。太冥逃，客死于崑崙之墟，其臣皆亡厥家。今吾子之憂，老童也，其若之何？』戚之次且謂郁離子曰：『子何為其垂垂也與？子非有願欲於今之人也，何為其然也？』郁離子仰天歎曰：『小子焉知予哉！』戚之次且曰：『昔周之婭治子早喪其父，政屬于家僮，沸用賄，於是家日迫，将改父之舊。其父之老不可，僮群詾而出之；其母禁之。僮曰：「老人不知死而弗自靖也。」夫以其父之老與其母之言且不聽也，而况於疏遠之人乎？憂之何補，秖自痗也。』郁離子曰：『吾聞天之将雨也，穴蟻知之；野之将霜也，草蟲知之。知之於将萌，而避之於未至，故或徙焉，或蟄焉不虛其知也。今天下無可徙之地可蟄之土矣，是為人而不如蟲也。《詩》不云乎：「匪鶉匪鳶，翰飛戾天；匪鱣匪鮪，潛逃于淵。」言其無所往也。吾何為而不憂哉？』戚之次且曰：『昔者孔子以天縱之聖而不得行其道，顛沛窮厄無所不至，然亦無往而不自得，不為無益之憂以毀其性也。是故君子之生於世也，為其所可為不為，其所不可為而已。若夫吉、凶、禍、福，天實司之，吾何為而自孽哉？』

郁離子謂執政曰：『今之用人也，徒以具數與，抑亦以為良而倚以圖治與。執政者曰：亦取其良而用之耳。郁離子曰：若是，則相國之政與相國之言不相似矣。』執政者曰：『何謂也？』郁離子曰：『僕聞農夫之為田也，不以羊負靶；賈子之治車也，不以豕驂服。知其不可以集事，恐為其所敗也。是故三代之取士也，必學而後入官，必試之事而能然後用之，不問其系族，惟其賢，不鄙其側陋。今風紀之司，耳目所寄，非常之選也，儀服云乎哉？言語云乎哉？乃不公天下之賢，而悉取諸世胄昵近之，都邪豎為之是愛國家不如農夫之田賈子之車也。』執政者許其言而心忤之。

工之僑得良桐焉，斲而為琴弦，而鼓之，金聲而玉應，自以為天下之美也，獻之太常。使國工視之，曰：『弗古。』還之。工之僑以歸，謀諸漆工，作斷紋焉；又謀諸篆工，作古窾焉；匣而理諸土，朞年出之，抱以適市。貴人過而見之，易之以百金。獻諸朝，樂官傳視，皆曰：『希世之珍也。』工之僑聞之歎曰：『悲哉世也！豈獨一琴哉，莫不然矣。而不早圖之，其與亡矣。』遂去入于宕冥之山，不知其所終。

王孫濡謂郁離子曰：『子知荆巫之鬼乎？荆人尚鬼而崇祠，巫與鬼爭神，則隱而臥其偶。鬼弗知其誰為之也，乃蠱于其鄉。鄉之老往祠，見其偶之臥，醮而起焉。鬼見以為是臥我者也，歐之，踣而死。今天下之臥，弗可起矣，而不避焉，無益，秖取尤耳。』

郁離子曰：一指之寒弗燠，則及於其手足；一手足之寒弗燠，則周於其四體。氣脈之相貫也，忽於微而至大。故疾病之中人也，始於一腠理之不知，或知而忽之也，遂至于不可救以死，不亦悲夫？天下之大，亡一邑不足以為損，是人之常言也。一邑之病不救，以及一州，由一州以及一郡，及其甚也，然後傾天下之力以救之，無及於病，而天下之筋骨疏矣。是故天下一身也，一身之肌肉、腠理、血脈之所至，舉不可遺也。必不得已而去，則脈甲而已矣。窮荒絶徼，聖人以爪甲視之，雖無所不愛，而捐之可也，非若手、足、指之不可遺，而視其受病以及于身也。故治天下者，惟能知其孰為身，孰為爪甲。

孰為手、足、指而不逆施之，則庶幾乎弗悖矣。

楚太子以梧桐之實養梟，而冀其鳳鳴焉。春申君曰：『是梟也，生而殊性，不可易也，食何與焉？』朱英聞之，謂春申君曰：『君知梟之不可以食易其性而為鳳矣，而君之門下無非狗偷鼠竊亡賴之人也，而君寵榮之，食之以玉食，薦之以珠履，將望之以國士之報。以臣觀之，亦何異乎以梧桐之實養梟而冀其鳳鳴也？』春申君不寤，卒爲李園所殺，而門下之士，無一人能報者。

周厲王使芮伯帥師伐戎，得良馬焉，將以獻于王。芮季曰：『不如捐之。王欲無厭，而多信人之言。今以師歸而獻馬焉，王之左右必以子獲爲不止一馬，而皆求於子。子無以應之，則將嘵于王，王必信之，是賈禍也。』弗聽，卒獻之。榮夷公果使有求焉，弗得，遂譖諸王曰：『伯也隱。』王怒逐芮伯。君子謂芮伯亦有罪焉。爾知王之瀆貨而啓之，芮伯之罪也。

燕王好烏，庭有木皆巢烏，人無敢觸之者，爲其能知吉凶而司禍福也。故凡國有事，惟烏鳴之聽，烏得寵而矜，客至則群呀之，百鳥皆不敢集也。於是大夫、國人咸事烏。烏攫腐以食腥于庭，王厭之。左右曰：『先王之所好也。』一夕，有鴟止焉，烏群睨而附之如其類。鴟入譟于宮，王使射之，鴟死，烏乃呀而啄之，人皆醜之。

穆天子得八駿以造王母，歸而伐徐偃王，滅之，乃立天閑、內外之廄。八駿居天閑，食粟日石；其次乘居內廄，食粟日八斗；又次居外廄，食粟日六斗；其不企是選者爲散馬，散馬日食粟五斗；又下者爲民馬，弗齒于官牧。以造父爲司馬，故天下之馬無遺良，而上下其食者莫不甘心焉。穆王崩，造父卒，八駿死，馬之良駑莫能差，然後以産區焉。故冀之北土純色者為上乘，居天閑，以駕王之乘輿；其尨為中乘，居內廄，以備乘輿之闕，戎事用之；冀及濟河以北，居外廄，諸侯及王之公卿大夫及使于四方者用之；江淮以南為散馬，以遞傳服百役，大事弗任也。其士食亦視馬高下，如造父之舊。及夷王之季年，盜起，內廄之馬當服戎事，則皆飽而驕，聞鉦鼓而辟易，望旆而走。乃參以外廄。二廄之士不相能，內廄曰：『我乘輿之驂服也。』外廄曰：『爾食多而用寡，其奚以先我。』爭而聞于王，王及大臣皆右內廄。既而與盜遇，外廄先，盜北。內廄又先上以為功，於是外廄之士馬俱懈。盜乘而攻之，內廄先奔，外廄視而弗救亦奔，馬之高足驤首者盡没。王大懼，乃命出天閑之馬。天閑之馬，實素習吉行，乃言于王而召散馬。散馬之士曰：『戎事尚力，食充則力彊，今食之倍者且不克荷，吾儕力少而恒勞，懼弗肩也。』王內省而慙，慰而遣之，且命與天閑同其食，而廩粟不繼。虛名而已。於是四馬之足交于野，塱粟而取，農不得植，其老羸皆殍，而其壯皆逸入于盜，馬如之。王無馬不能師。天下蕭然。

蜀賈三人，皆賣藥于市。其一人專取良，計入以為出，不虛價亦不過取贏。一人良不良皆取焉，其價之賤貴，惟買者之欲，而隨以其良不良應之。一人不取良，惟其多賣，則賤其價，請益則益之不較，於是爭趨之，其門之限月一易，歲餘而大富。其兼取者趨稍緩，再朞亦富。其專取良者，肆日中如宵，旦食而昏不足。郁離子見而歎曰：『今之為士者亦若是夫！昔楚鄙三，縣之尹三其一廉而不獲于上官，其去也無以僦舟，人皆咲以為癡。其一擇可而取之，人不尤其取而稱其能賢。其一無所不取以交于上官，子吏卒，而賓富民，則不待三年，舉而任諸綱紀之司，雖百姓亦稱其善，不亦恠哉！』

北郭氏之老卒僮僕爭政，室壞不修且壓，乃召公謀之。請粟，曰：『未間，女姑自食。』役人告飢，涖事者弗白而求賄，弗與，卒不白。於是衆工皆憊恚，執斧鑿而坐。會天大雨霖，步廊之柱折，兩廡既圮，次及于其堂，乃用其人之言，出粟具饔餼以集工曰：『惟所欲而與，弗靳。』工人至，視其室不可支，則皆辭。其一曰：『向也吾飢，請粟而弗得，今吾飽矣。』其二曰：『子之饔餲矣，弗可食矣。』其三曰：『子之室腐矣，吾無所用其力矣。』則相率而逝，室遂不葺以圮。郁離子曰：『北郭氏之先，以信義得人力，致富甲天下，至其後世，一室不保，何其忽也。家政不脩，權歸下隸，賄賂公行，以失人心，非不幸矣。』

閼逢敦牂之歲，戎事大舉。有薦瓠里子宓於外閫者曰：『瓠里先生實知兵，可將也。』聘至，瓠里子過郁離子辭，且請言焉。郁離子仰天歎曰：『嗟乎！悲哉！是舉也忠矣，而獨不為先生計哉？』瓠里子曰：『何謂也？』郁離子曰：『昔者秦始皇帝東巡，使徐市入海，求三神蓬萊之山。請舶弗予，予之葦筏，辭曰：「弗任。」秦皇帝使謁者讓之曰：「人言先生之有道也。寡人聽之，而必求舶也，則不惟人皆可往也，寡人亦能往矣，而焉事先生爲哉？」徐市無以應，退而私具舟，載其童男女三千人，宅海島而國焉。秦皇帝留連海濱，待徐市不至，不得三神山而歸，殂于沙丘。今之用事者皆肉食，吾恐先生之請舶而得葦茷也。』既而果不用瓠里子。

郁離子曰：治天下者其猶醫乎，醫切脈以知證，審證以爲方。證有陰、陽、虛、實，脈有浮、沉、細、大，而方有汗下、補瀉、針灼、湯齊之法，參、苓、薑、桂、麻黄、芒硝之藥，隨其人之病而施焉，當則生，不當則死矣。是故知證知脈而不善爲，方非醫也，雖有扁鵲之識，徒嘵嘵而無用，不知證不知脈，道聽塗説以爲方，而語人曰我能醫，是賊天下者也。故治亂政也，紀綱脈也，道德、政刑方與法也。人才藥也。夏之政尚忠，殷承其敝而救之以質，殷之政尚質，周承其敝而救之以文，秦用酷刑、苛法以箝天下，天下苦之，而漢承之以寛大，守之以寧壹。其方與證對，其用藥也無舛，天下之病有不瘳者鮮矣。

郁離子以言忤于時，為用事者所惡，欲殺之，大臣有薦其賢者。惡之者畏其用，颺言毁諸庭，庭立者多和之。或問和之者曰：若識其人乎。曰：弗識，而皆聞之矣。或以告郁離子，郁離子笑曰：女几之山，乾鵲所巢，有虎出于樸蔌，鵲集而噪之。鴝鵒聞之，亦集而噪。鵯鶋見而問之曰：虎行地者也，其如子何哉，而噪之也。鵲曰：是嘯而生風，吾畏其顛吾巢，故噪而去之，問於鴝鵒，鴝鵒無以對。鵯鶋笑曰：鵲之巢，木末也，畏風，故忌虎，爾穴居者也，何以噪爲。

郁離子曰：『民猶沙也，有天下者惟能摶而聚之耳。堯、舜之民猶以漆摶沙，無時而解。故堯崩，百姓如喪考妣，三載，四海遏密八音，非威驅而令肅之也。三代之民，猶以膠摶沙，雖有時而融，不釋然離也。故以子孫傳數百年，必有無道之君而後衰，又繼而得賢焉則復興。必有大無道如桀與紂，而人有賢聖諸侯如商湯、周武王者間之而後亡。其無道未如桀、紂者不亡，無道如桀、紂，而無賢聖諸侯適丁其時而間之者亦不亡；霸世之民，猶以水摶沙，其合也若不可開，猶水之冰然，一旦消釋，則渙然離矣。其下者以力聚之，猶以手摶沙，拳則合，放則散。不求其聚之之道，而以責于民曰是頑而好叛。嗚呼，何其不思之甚也！』

平原君患盜，誅之不能禁。或曰：『更賞之，足則戢矣。』虞卿曰：『不可，先王立賞罰以勸懲善，惡衰世之政也，雖微猶足以激其趨。故賞禁僭，罰禁濫，縣衡以稱之，猶懼其不平也，而況敢逆施之乎？』夫民之輕禁以逞欲，如水之決，必有所自，求而塞之斯可矣。今此之不塞，而力遏其流，至于不能制，乃不省其闕，而欲矯以逆先王之法度，是猶欲止水而去其防也，其庸有瘳乎？夫民有欲而無厭者也，節以制之，猶或踰焉。盜而獲賞，利莫大矣，利之所在，民必趨焉。趨而禁之，是貳政也，趨而不禁，人盡盜矣。是鼓亂也，不臧孰甚焉？』平原君豁然而寤，起再拜受教，盡散其私財，以濟貧乏，申明舊章，而重購以賞獲盜者。於是趙盜皆走之燕，道不拾遺，虞卿之教也。

州之庸問於郁離子曰：『雲山出也，而山以之靈，煙火出也，而火以之畜，不亦異哉？』郁離子曰：『善哉問。夫人之用智者亦猶是也。夫智人出也，善用之，猶山之出雲也；不善用之，猶火之出煙也。韓非囚秦，鼂錯死漢，煙出火也。』

明 方孝孺《遜志齋集》卷一三《御賜廣揚衛方指揮明謙五花名馬詩序》 天之量不可得而測也，觀乎晝夜之降升，則可窺其度。日月之形不可得而識也，視乎光華之所被則可知其明。聖人之盛德其高深博大，茫乎不可以私智揣度也。苟非因其慶賞政令以求其志意之所屬，何由而測識其盛哉！自昔爲治者，戰伐之世多輕文吏，安平之時多踈武臣。是雖勢使之然，而理有不宜然者。今天子以神武定四海，當攻取之初，文武兩用，各盡其材。於封疆介胄之臣，宏謨偉烈扳乎千載之上者，待以恩禮，未嘗少忘。洪武十八年秋九月，廣揚衛指揮臣方某有宿衛勞，出内廄五花馬賜之。在廷羣臣咸咨嗟感激，或發乎咏歌，宣侈上恩，以爲方氏光榮。是歲，廣揚季弟以事還台，謂人言曰：『吾昆弟無分寸功，上以先人之故，官之禄之，置之左右，比諸心膂舊臣。天地之德，念無以報，而今重有此賜，顧吾兄弟，其何以堪。』乃傳言山中，俾某爲之序其事，以示子孫于無窮。某於廣揚，雖未之識，然以聖天子寵錫之隆而推之，其致此者，蓋必有道矣。古之賢將，治身之道雖非一端，然在内而使人君親之以爲安，在外而使國家倚之以爲重。至於後昆而承其遺澤，而與國同休戚者，自非忠誠神武，可以格乎天人，其曷能臻此哉？某昔於京師聞人言，廣揚敦碩畏慎，而其季子好學有文，繼今益自奮勵，殫厥心力。處輦轂之下，則思盡忠，守疆宇于外，則思愛民，以承禄位于悠久。方氏之澤，其有艾乎。在《易》之《晉》曰：『康侯用錫馬蕃庶』，寵錫之來，蓋未艾也。魯人美魯侯之詩曰：『思無疆，斯馬斯臧。』，廣揚昆弟其尚深思國恩之隆厚，載揚天子之寵命哉！

明 王維楨《槐野先生存笥稿》卷一七《擬賜翰林學士宋濂以所選良馬并爲製歌謝表》 洪武九年某月某日，翰林學士臣宋濂，伏蒙聖慈以所選良馬并爲製歌，以賜臣者。神駒在馭，特分御府之珍，睿藻傳神，驚覩化工之紗，既聞嘶而知德，亦持扎而懷慙。臣誠惶誠恐頂首，頂首上言：伏念臣濂雕蟲小夫，駑駘拙品，生當勝國之季，居在深山之中，竄形影以圖存，望風塵而增愾，著鞭首事，空憐祖逖之雄，歷塊非材，敢慕孫陽之遇。會真主崛興之始，正遺賢待出之時，過采虛名，至勤再三之驛，召曲承渥眷，親睹九五之龍飛。遂令偏歷于高華，未嘗少責。以奔走叨塵異數首尾十年，感過隙之迅，駒漸空華髮，愧馮軒之衰，鶴恒抱汗顏剪拂何施馳驅難効。況乎三出三入，髀消乘傳之餘，兼以一節一趨，力匱登臺之後，歎龍鍾之已甚，瞻鳳閣而不前，豈期待廢之軀，翻軫益陰之顧，簡六閑之寶駿，群無留良，揮五色之雲篇，特將貌雅。得言得意而得象，掩周王黃澤之謡，和律和吕而和聲，陋漢帝蒲梢之曲美，而不重懋德、懋功之賞，忽臨私人私第之門，臣乃想容與于賦中，察風神于階下，知愛捧琬琰以驚心。感極生悲，撫樊纓而雪涕，一跌之虞，可免千官之眷。誰先茲蓋伏遇皇帝陛下，冠古威神御圖廣大，用三驅以取順馳，八駿以除殘。日月煥乎重明，乾坤帖爾再定。義降江表，畢收倚馬之才，詔下域中，至有隧驢之笑。駕馭一時之豪傑，廓清萬里之妖氛。有如愚臣，亦冒殊奬，彼奇才之藴子，甘爲前驅，若安國之康矦，尤當退舍，何悟一朝之錫，仰同二氏之榮。鳳臆龍鬐，攷馬經而特異，過堤趨闕，從人欲而不違，乃知大宛之種非凡，而益信王者之言有驗也。所愧難報者，德但徒懷褁革之思，不待者，年亦無多，據鞍之日，第當勉尋舊學，堅保初忠，踐霜雪而全身。無羡莊生之論，當晚莫而求道，庶酬齊主之知，伏願朽索馭民，兼金賈士，求定萬年之軌，先登九方之明，華山之戰騎，咸歸在。在歌鎬君之德，黄河之瑞，圖忽出煌煌，表羲后之靈，臣無任，瞻天仰聖，激切屏營之。至謹奉表，稱謝以聞。

明　孫承恩《文簡集》卷三〇《石刻十四駿馬圖序》　易曰：地用莫如馬利，乘致遠莫過於馬，坰野駷牝，詩人鄭重，則馬之為世用大矣。然凡馬猶易得，而難得善馬。漢武帝欲得大宛善馬，勞師經年，而後得善馬。三則難不難耶。杜子美詩有云：當時四十萬疋馬，識者嘆其才，盡下四十萬疋，而無一良信乎，難矣。夫古之善馬，今既莫覩，特見於讚詠圖畫。昔支道林有愛馬癖，曰：喜其神駿，豈善馬必神駿，而神駿斯為善馬耶。後之欲覩古之善馬者，亦於支公所謂神駿者，想像耳。今世所傳周穆王八駿圖，皆奇形詭狀，畧不似馬，世遠莫可考證。曹霸韓幹皆以畫馬擅名古今，今亦少見，近世趙松雪畫馬，亦入能品，盡得神駿，世以是寶之。比有惠予宋石門氏所畫十四駿圖，宋方以畫名吳中，今亦未敢即擬之趙。而筆力之勁，健氣象之軒騰，雖有馴猛之殊，而皆彷彿。所謂神駿者，予愛之，因各綴數言為讚詠。自漢天馬歌，後代有作者，李太白擬歌，天馬固已稱雄，杜、蘇二公或歌，或讚，或頌。鏗金戞石評者，謂其妙絶聲動，宫商予何為者哉。聊乘經史之暇，漫成無益之戲耳。因倩工鍥石，摹搨裝潢之，以貽好事備閒中清玩之，一種云。

明　徐渭《徐文長文集》卷二〇《八駿圖序》　八駿圖者，文皇戰時所乘馬也。戰而馬中矢，各有地。曰『鄭村壩』，曰『白溝河』，曰『東昌』，曰『夾河』，曰『藁城』，曰『宿州』，曰『小河』，曰『靈壁』。馬各有名。曰『龍駒』，曰『赤兔』，曰『烏兔』，曰『飛兔』，曰『飛黄』，曰『銀褐』，曰『棗騮』，曰『黄馬』。抽矢於馬者，各有其人。曰『都指揮丑丑』，曰都指揮亞失帖木兒』，曰『都督童信』，曰『都指揮猫兒』，曰『都督麻子帖木兒』，曰『都督亦賴冷蠻』，曰『安順侯脱穴赤』，曰『指揮雞兒』。人之次各因馬，馬之次各因地，不紊也。

明　楊慎《升庵集》卷八一《良馬》　歸風逮日，上取於天文也。歷塊絶塵，下取於地理也。绿蛇青虬，取於龍也。紫燕黄鵠，取於鳥也。言其疾如鳥也。驚帆言其迅如帆也。疋練言其光如練也。其餘或取於鳳，或取於虎，或取於魚，或取於兔。草木或桃花、艾葉、蘭筋、蒲稍，采色則玄黄、赭白，珍寶則金騕、褭玉。逍遥周公係。易之爻則屯渙大畜，小壯四爻擬其辭。孔子廣卦之説，則乾震坎巽四卦，擬其象語曰：驥不稱其力，稱其徳也。

清　譚瑩《樂志堂文集》卷五《駿馬圖册序》　代　蓋聞行天莫如龍，行地莫如馬。是以夏后六龍，周王八駿。帝王衡鑒，固自不同，若乃魯僖坰野，秦穆沙邱，或獻衛青旋歌，鮑永專征交阯，門更金馬之名。貴極人臣，家有白駒之瑞。公孫號爲義從，尉遲引自敵軍，哥舒加以朝章，彥卿真推神將，氊越三領羡秦胡公之威，名虬坐九花企郭汾陽之勳。業曲端銕象姚氏青獅，將相所乘。古今同豔好，非齊景索，何待於按圖，妙數江都畫錢，同於待詔。已惟宗室，某公天宇孕靈，仙源積慶，幼荷騏驎之賞，誰工蛺蝶之圖。賦和高松，射惟甘蔗，才兼文武，學洞天人，望重華戎，德孚中外，乃者待作相於朝，右命閱兵於藩。陽身繫安危治隆揆，奮佩玉魚而許讓鑄金兔以旌。能政共美，其棲鸞經偶繙乎。相馬道以卻走生，符太平取無留良。畫舉成數，爰屬金門，畫史沈君，爲駿馬圖册焉。衛節度之赤驃，如此輝光。高都護之青驄，欻然聲價。權奇倜儻奮躍嘶鳴，畏長孫晟之來稱爲閃電。試鞠神奴所羇，屑取生塵觀其風鬟。露鬣文臂花肩蚪踊螭，騰麟超龍翥。或仍赭白，或果翠黄，或似綠蛇，或如赤兔，或毛捲雪，或額帶星。各各飛霞，篇篇皎月。蕭疎縱恣，深穩清高。瘦瘁何妨，撫的顱而誰笑。去留早定。惡旋毛而轉憐，智識不凡，喜齊王憲之所擇材力致遠，善岳忠武之所言。已夫，燕臺招賢，不廢朽骨。漢室求士，乃及奔踶。鹽車喜伯樂之逢，何人知己束帛致子方之贖。窮士歸心千里，馬本屬寓言，九方歎烏能數覩，惟公特存真賞，曾具別裁，駕馭直等乎。英雄神武何勞於肅殺，遂使乾清坤謐塵靜波恬，刁斗不驚，琴書獨擁，輕裘緩帶，鈴閣蕭然。雅歌投壺，射堂肆啟，三軍肯令其自在，八座同許以吉祥。荀叔本善於謀，造父忍窮其力，各極腹心干城之選，翕然疏附奔走之材。竊覽斯圖，得其命意，古有令爲四正，特獻駒駼，亦有乘到。三年不知牝牡後先，一揆聖哲同符，已至如塗金、藥玉，仍別歲時環瑣，銀槽特誇豪富，道人支遁，處士伊祁負，李幼清之獨知喜，虞仁基之能馭顏，延之之所賦，李廣利之所歌，方斯蔑矣。某久慙伏櫪，仍愧知塗。聊爲款段之乘，敢作丹青之引。喜盜驪之不廢，知飛燕之能呼。御誰比於惡人，問敢遺於童子。肅然州部當爲，從事之祠倘出，羌戎豈入然明之廄，纖悉具備，獨羨甯王畫圖，雋逸不虧，宜致慕容，銘讚。

清 藍揖青《千里馬説》（乾隆）《柳州府志》卷三六 主人有好千里馬者，罔廄閑簡。圉師聞有名馬。不憚千百里重金而購之。於是馬日益多，以色別爲羣，思欲庶幾一遇也。中有一馬，眼若鈴，口若箕，脊强而腹張，食則能兼數馬，主人初亦心異之，及施以羈靮輒不受，稍近之則聳蟲跳躍，齕咋蹄駭，在廄數年卒。無有能剪之者，主人大怒曰：『此泛駕之材，戀棧之質也。』廼減其芻豆，置之下廄，持匕首而睨者屢矣。久之，骨高尾秃，髀簿髖淺，伏櫪長鳴，若泣若怨，然卒無有知之者。一日，客有自幽燕來者，以善相馬名，主人大喜延爲上賓，盡出廄中所蓄，俾甲乙之而茲馬以劣不得與。他日客入廄見之，詫曰：『彼骨稜稜，見昂首而鳴者，伊何馬歟。』主人曰：『此劣馬也。向未敢以入君之盼。』客曰：『嗚呼，憊矣。既爲君之所棄，盍以之見與可乎。』主人曰：『諾遂組之以去。』越三年，客復來，主人見所乘馬虎胸鱗腹，金叜玉驤，追奔電逐遺風，身如遊龍，有不可羈馬之材。廼拊髀而嘆曰：『君何脩而得此名馬歟？』客笑曰：『此向者充君之下乘，辱以見惠者也。余得之，膳之以粟，菽寢之以薦，藉春除夏房而掌之，以良圉盡其材，故能一日而千里也。』主人聞之大駭，惘然自失，雖痛目詆訶，然業已與之矣。思終不可奪也。夫斯千里馬也，既入其廄矣。乃不見知於主人，不惟不能用其所長，而且幾不有乎。其身迫其後也。得時而駕，絕塵步虛，舉千百莫與之，京豈此劣而彼優哉。蓋爲知已者用耳。嗟乎，爲知已者，用豈獨馬也歟哉。

清 田雯《烏蒙馬説》（乾隆）《貴州通志》卷四三 馬之良者為冀北。而渥洼之種則友龍，大宛之來則汗血。渥洼、大宛，皆西域也。水西、烏蒙近於西，故多良馬。上者可數百，金中亦半之，其鬻於外者凡馬也。而其上者，蠻人愛之，不肯鬻，亦不頻騎，惟作戛祀鬼也，臨陣乃用之，蠻死則以殉。水西之馬狀甚美，前視鷄鳴，後睭犬蹲，膈潤膊厚，腰平背圓。秣之以苦蕎焉，啖之以薑鹽焉，遇暑喝，又飲之以虀漿焉。體卑而力勁，質小而德全。登山踰嶺，逐電欻雲，鄙螳螂而笑蝘蜓也。龍翳鳧臆，肉角蘭筋，志倜儻而精權奇也。有馬如此，不可謂非良矣，然而未若烏蒙之異也。烏蒙之馬，體貌不逮水西而神駿過之，食蒼筤之根，飲甘泉之水；首如碓，蹄如盂，齒皆黄區，耳則桃記。以平塗試之，夷然弗屑，反不善走，而志在千里，隱然有不受羈勒之意。所以英雄之才不易測，而君子之道貴養晦也。為郵無正九方皐者，蓋亦難矣。辨之則不以耳而以齒。耳之桃記又如眉月然，蓋多攫以攫重購者。孰謂烏蠻愚哉？詰其故，惟善於攻駒。駒始生，必竇畜其母，時饑渴而潔寢處，曉夕與俱，所以助其湩而使溢，厚其子之氣而無閼也。生三月差□之佳者而教之縶，其母於層巖之巔，餒之移晷，駒故戀乳不可得，倏縱之則旁皇躑躅，奮迅騰踔而直上，不知其為峻矣。已乃縶母於千仞之下，而上其駒，母呼子應，顧盼徘徊而不能自禁；故弛之，則狂犇衝逸而徑下，亦不知其為險也。如此者數四而未已焉，則其膽練矣，其才猛矣，其氣肆矣，其神全矣。既成陶，復絆其踵而曳之以齊其足，所投無不如意，而後馳驟之，盤旋之，螘封之，上碞澗之間，金鞭一下，欲嘶不成，則陟太行若培塿，履羊腸若莊馗，而軼倫超群也。嗚呼！此烏蒙馬之所以良也。天下事何一不由於學，而況馬乎！

綜述

宋 周去非《嶺外代答》卷九《天馬》 邕州溪峒七源州有天馬山，山上有野馬十餘疋，疾迅若飛，人不能邇。熙寧間，七源知州縱牝馬于山，後生駒，駿甚。自後屢縱，迄不可得矣。

宋 楊侃《兩漢博聞》卷三《渥洼馬》 馬生渥洼水中。李斐曰：『南陽新野有暴利長，當武帝時遭刑，屯田燉煌界。數於此水旁見羣野馬中有奇者，與凡馬異，來飲此水。利長持勒靽收得其馬，獻之。欲神異此馬，云：從水中出。』師古曰：渥音握，洼，於佳反。

明 程敏政《唐氏三先生集》卷一三《漢文帝不受千里馬詔》 昔西旅獻獒於武王，王時年八十矣，拳拳作書告戒，如調護嬰孩，其曰：『犬馬非其土不畜。不寶遠物，則遠人格，所寶惟賢則邇人安。』朕甚嘉之。今郡國以千里馬來獻闕庭，凡馬自八尺以上為龍，傳記所稱，非方物而受之，是重吾不德也。朕賴天地宗廟之靈，四方無虞，深居九重，出警入蹕，將焉用之。其復還某國，遣使具為令，布告遠方，毋令復入關者。燕昭之世，買馬首以致賢士，此戰國夸誕之風，非先王之教也，朕無取焉。

明 劉鴻訓《四素山房集》卷一一《擬宋女直遣嗢突剌來貢名馬廷臣賀表》 伏以皇馭控天驕，久繫名王之頸，天閑來上，駟遥飛神駿之塵，奚□□髮以來。王海國連錢而獻瑞光，生鵷篞慶溢鴻圖。竊惟房星炳燿，應人間四足之靈。天駟昭明，啟下界千蹄之胳。騂騮盜驪八極騖，八駿以交，馳山子踰輪，黃竹叶黃澤而播咏。金池幻蹟□□何事不□□洼產空歌。漢帝於今猶未往，星流彗埽燕然勒。車騎之銘霆擊雷，轟瀚海飲，冠軍之馬置賢人，而罔御索駿骨以何庸。雅好珍奇未翔德，化豈期嘉貢，乃屬清朝。茲蓋伏遇○○○○道握羲圖治迴。軒馭應龍高，起知天心蚤誕。聖人夾馬香，生識物望。已歸新主，冼兵魚海雲，□陣萬國。攖組秣馬龍堆月，炤營千群之□信皇。靈之有赫頌，神武之無疆。乃產渥□遥，從女亶龍鬐鳳鬣誇浮雲没滅之。奇玉骨蘭筋壯，掣電飛騰之勇。□龍光，門北疑，日炤桃花繡虎驢，嘶何異，騖□修，竹乃歷漠南之□□□。冀北之□□□□□近。□□而□□□□□□□□鳳開以昂驤。宜充大國之廐，用紀小邦之順，何幸么，麼之酋長得瞻喜，動之龍顔懽義勇。於狼胥厥開昌，會紀芳華於麟閣。克對前休臣等歷下，凡材棧邊駑乘奉。金根而左，右那任驅馳。傍玉輅以周旋，何堪貫策。叨主恩之方渥，尚飽牧芻。謂故道之未忘，仍憐羸骨覩。茲北藩之騎，何殊西旅之獒。賡歌竊陋於蒲梢，報稱空慚於汗馬。惟深雀躍莫罄鳧忭。伏願永固瑤圖，宏開駿，業黃金，臺畔無忘苜蓿秋高，白玉仗前莫斥驢，聲厲則華山。重覩歸馬不數，鎬京而黃，河再見出圖。又一羲后矣。

明 呂毖《明朝小史》卷一二《名馬》 帝有名馬七，一曰玉麟飛，一曰白玉訓，一曰碧玉驕，一曰照夜璧，一曰銀河練，一曰瑤池駿，一曰飛雲白。

又 卷一四《千里馬》 帝在位三年，西域天方國獻千里馬。青驄色，鹿頭鶴頸，耳如竹篾，不甚肥大，而神駿權奇，意態閑逸，步之堦墀，盤旋如風，一騁竟日千里。

明 田藝蘅《留青日札》卷二九《古良馬名》 飛黃、翠黃龍翼馬身，皆黃帝馬。赤文，堯馬，五色。古黃。騰黃。中黃。乘黃。渠黃。古皇一名吉皇。吉光。吉疆。九代，夏后啟舞馬。文馬，紂。雞斯一作奚斯。騶奚。翠麟。麟趾。腰褭一作褭蹏。飛菟。玄蚪。騂騮一作華騮，赤馬黑毛。乘風。遺風，《呂氏春秋》。先景。騮膝。乘旦。吉良，大封國文馬。赤驥。騏驥，孫陽所相，青驪色，又蒼艾色。秀騏。游騏，《子虛賦》。嶲馬，東北俞人馬，一角；無角，騏。蘭池、常驪、逢騩，皆見《尸子》。龍媒。驥子。白虎，《羽獵賦》。驚鴻，屈乘。玉澤，師曠時來。駁龍。紫鹿。文的。蹢魚，陳琳《武庫賦》。絕地、翻羽、奔霄、越影、踰輝、超光、騰霧、挾翼，周穆王八駿。白犧、踰輪、山子、盜驪、騄駬、騂騮、渠黃、赤驥，皆八駿之別名。陸鴻漸曰：『山谷之人，獻神馬八匹。』驌、驦一作驌，《左傳》：『唐成公兩馬。』綠蛇。翠駮。逐日，一日能行萬里。追風、白兔、躡景、犇電一作追電、飛翮、銅雀、晨凫一作長凫，秦始皇七馬。飛燕，含陽侯。飛兔，見《爾衡傳》。白鵠，漢。烏騅，楚霸王騅，蒼白雜色。師古曰：『因其色名之也。』本作蒼黑雜毛馬。浮雲、赤電、絕群、逸驃、紫燕、綠螭、龍子、麟駒、絕塵，皆漢文帝千里馬。蒲梢、龍文、魚目、汗血，即天馬子。《史記》：『大宛馬。』西極馬，出烏孫，初亦名天馬），皆漢武帝。果下騮，漢廐中馬，即今果下馬，出朝鮮，高三尺。雙脊馬，隴水出。乾河馬，小步馬，漢烏秅國，一名百步千蹄。元馬，甚巨，日行千里。駃騠，即決蹄馬，父贏，子刳母腹而生。生七日，而超其母。《史記》注：『北狄駿馬。』與騊駼同。騊駼，青色，出陶塗國。師古曰：『海中獸，壯如馬。』即驒騱。巨虛駏驉，野馬。騉蹄趼，秦馬，又曰騉駼。騂馬，施水出，見《山海經》。的盧，白額，《易》曰：『的顙。』本作駒。今之戴星馬。漢昭烈、晉庾亮同，惟準有旋毛及白毛，名的吻凶。赤兔，關羽得呂布馬。絕景，曹操，見《魏書》。驚帆，曹真。紫馬，謝康樂。驊騮父馬，陳安。騭駐，《晉書》。朱龍，趙冉閔。赭白，晉高麗國獻。又燕慕容廆馬名赭白，有奇相，四十九歲駿逸不虧。又，宋文帝馬名。玆白，《文選》注：『義渠獻玆白，若馬鋸齒食虎豹。』駁，《易》：『乾為駁馬。』色不純也。《詩》：『皇駁其馬。』赤白色，齊桓公、晉平公馬。後周齊王憲獨取駁馬，曰色類既殊。駮，獸名，如馬，白身黑尾，食虎豹，君乘火王南海輸駁馬。又，兗州六駮，食猛獸。鐵驪，《月令》：『赤黑色。』鐵驄，青色。繊驪，古良馬。又，曹丕與孫權馬。紫騂，曹植馬。奔虹赤、什伐赤、拳毛騧、颯露紫、時勒驃、黃驃驄、青騅、白蹄，皆唐太宗。紅玉、紫玉、照夜白、百花韡、飛香、平山、凌雲、碧雲騢，皆玄宗大宛汗血。如意騮、神智驄，德宗功臣。皎雪驄、凝露驄、懸光駿、決波騟、飛霞驃、騰霜白、發電赤、流星騧、翔麟紫，皆唐時骨利榦獻。飛鳳、蹀馬，善舞。流金騧，回紇名馬。越睒駿，見《唐書》。花驄，于闐國出，唐有玉花驄。五花馬，唐人尚翦騣馬。三騣者，曰三花；五騣者，曰五花。忽雷駮，秦叔寶。赤驃，城陽王衛伯玉，有歌。獅子驄，郭子儀花馬。青海驄，吐谷渾出，小馬。又有青海周八九百里中有山，須冰合，游牝馬其上，明年生駒，號龍種。嘗得波斯馬，牧于海，生驄駒，日步千里，故世稱青海驄。見《唐書》。紫叱撥，酒徒鮑生換妾。桃花叱撥，唐名馬，黃白雜色曰駓，即桃花馬。一丈烏，梁太祖賜寇彥卿。赤舞龍駒，白舞龍駒，梁吐谷渾獻，能拜伏起舞。唐玄宗時，使壯士擎木榻，而馬舞其上。連錢驄，即青驪驎，亦曰驒。烏驄、青龍、冒頓馬。　騪，番中大馬。白鼻騧，白額駒，李暠。麝香騟、錦耳驄、駱十二、趂日驄、偏界玉、蹈水騟、長命騮、孫兒驄、龍鬆白、八百哥、掠地雲、錦地龍、雪面娘、月影三、玉尾騟、撒沙騮、天花落、旋風白、窣地驕、六尺金，皆蜀王衍苑馬。綠耳梯，李從謙。吉祥座，杜重威。肉胡麻，景延廣。金鞍使者、千里將軍、致遠侯、渥洼郎、驥國公，王咏五馬。玉逍遙，宋仁宗馬。自在將軍，劉吾馬。五白、玉面，皆北虜良馬。紅耳叱撥、鴛鴦叱撥、桃花叱撥、丁香叱撥、青叱撥、騮叱撥、榆叱撥、紫騮叱撥，凡八種，見宋王明《羣牧故事》。

又《大明名馬》　青驄、赤驃、飛越峰一名撞倒山，皆太祖神駿。洪武四年六月壬寅，偽夏明昇降，獻良馬十，其一白者，云得之貴州養龍坑，身長十有一尺，頭高九尺，足高七尺。有肉隱起項下，約厚五分，廣三寸餘，貫膺絡腹至尾閭而止。精彩明晃，振鬣一鳴，萬馬辟易，鞲勒不可近，近輒作人立而吼。上親撰祝策，詔祀馬祖，乃勅典牧副使高敬囊沙四百斤壓之。人跨囊上，游行苑中，性漸柔馴。八月癸巳，上行夕月禮于清涼山壇上，乘之而出，如躡雲而馳，一塵弗驚。上大悅，賜名為飛越峰。用命御用監直長馬晉臣繪形藏焉。詳見宋學士贊。一名撞倒山者，國初，破陳友諒，獲其戰艦，有名曰混江龍，曰撞倒山者，與馬同也。六蹄馬，見《張靖之集》。龍馬，成祖永樂庚子十二月，青州諸城縣民崔友諒家有牝馬浴于青水潭，雲霧興騰，若有物與交。及生駒，色青蒼，而麟臆肉鬉，龍文遍體，形狀非常，有司進于上，文武表賀，名龍馬。龍駒、赤兔、烏兔、飛兔、飛黃、銀褐、棗騮、黃馬，成祖八駿名。龍駒戰于鄭村壩，中箭，都指揮丑丑拔。赤兔戰白溝河，中箭，都指揮亞失鐵木兒拔。烏兔戰東昌，中箭，都督童信拔。飛兔戰夾河，中箭，都指揮猫兒拔。飛黃戰藁城，中箭，都督麻子帖木兒拔。銀褐戰宿州，中箭，都督亦賴冷蠻拔。棗騮戰于小河，中箭，安順侯脫火赤拔。黃馬戰靈璧，中箭，指揮雞兒拔。學士劉定之詠之。夫靖難八駿，皆成祖所乘，而皆臨陣中箭，又皆大貴人為之拔焉，亦已奇矣。況駿皆傷，而成祖聖躬無虞，以重光大明之業，不亦尤大奇駿也哉！因繪之為《八駿圖》，視周穆王之八駿、唐太宗之八駿，超越當萬里矣。龍馬，宣德九年，甘肅獻。玉驎騋、白玉馴、碧玉驕、照夜璧、銀河練、瑤池駿、飛雲白，皆天閑選乘也。嘉靖十二年四月十三日，上演馬南城召大學士張孚敬、李時、方獻夫、翟鑾，同游環碧殿嘉樂館，錫宴重華殿，賜孚敬蟒服，時等飛魚服。上賦律詩二首紀之，群臣應制奉和。張公詩云：『傳宣萬乘御重華，得賜同游即賜茶。環碧殿前先看馬，蒼龍門外更觀花。君臣自古原同體，海宇于今總一家。錫宴從容還賜服，聖恩莫報實無涯。』李公詩云：『聖王御極萬方安，試馬宸游愜眾懽。內苑草茵迎玉輦，行宮花氣襲雕鞍。薰風拂拂當朱夏，翠靄葱葱映紫鑾。千載明良真不偶，流傳青史後人看。』方公詩云：『御林初夏晴明日，天子乘龍喜色多。共訝飛雲擎白玉，渾看匹練下銀河。同游環碧臣何幸，賜對重華語更和。應制慚無《天馬賦》，南薰惟誦舜廷歌。』翟公詩云：『宸游內苑御飛龍，盡是神駒渥產雄。巧翦緋羅纏寶鐙，分題玉篆佩花騌。三千駿內名稱貴，十二閑中品料崇。從此受恩何以報，願將赭汗從長風。』又云：『選得龍媒新賜名，習從環碧殿頭行。草茵似錦蹄過軟，宮路如絃踏去平。立向天墀應自慶，穿將仙仗絕無驚。微臣得侍瑤池上，願播聲詩頌聖明。』

明 鄭真《滎陽外史集》卷五七《擬賜江浙省臣名馬敕書》 勅某等卿職任藩宣功成，駕馭龍韜豹略，永言靖難之功。霧鬣風騣爰錫，調良之乘，雖非千金之貴，庶資萬騎之多，尚策奇勳，益昭大賚。

又 卷六二《擬佛郎國進天馬表》 伏以龍在天，而啓運誕開，亨泰之基，馬行地以應圖丕，闡承乾之用，仰承教育，俯效驅馳，中謝。竊惟王者受命以中興，必有神物負祥而特出。故神龜呈洛，大禹因之以敘疇，鳴鳳在岐，文王因之而演易。矧騏驥為有德之比，而騋牝配秉心之誠。背負奇文遠浥滎河之潤，眼騰異彩上儲房宿之精。可萬里以橫行，實千金之駿骨，宜備十二閑之選。以陪九五位之臨，邈邇遐方，效茲上國，允鑠邦家之瑞，於昭圖牒之光。恭惟皇帝陛下，道合生成，功侔覆載，長轡以馭，率皆四海之良，所寶惟賢，何但萬人之傑，肆致權奇之產，實惟僻遠之區，騁步武于雲，衢冀須一顧，應鑾和于輦路，宜在斯時。禮重來王貢通重譯，臣某效牽羣牧敬表，微忱備立仗於九廷，願同率舞薦樂歌於七廟，式覩聲容。

明 郭子章《名馬記》卷上《漢千里馬》 《賈捐之傳》：孝文時，有獻千里馬者。詔曰：朕乘馬獨先安之，還馬，與道里費。詔曰：朕不受獻也，令四方毋獻。

又《大宛千里駒》 《晉載記》：符堅遣使西域，於是大宛獻千里駒，皆汗血。朱鬣五色，鳳膺麟身，堅命羣臣作《止馬詩》而遣之。

明 沈德符《萬曆野獲編》卷一三《卻千里馬》 唐昭義節度劉從諫，得異馬高九尺，獻之，武宗不受，從諫大怒，殺馬，遂負固跋扈，其子稹叛逆實基於此。今上乙亥，天方國亦獻千里馬，其時大宗伯爲萬文恭士和不以上奏，竟用部文卻之。時江陵公柄國，尚矯情振厲，未肯以異物開沖聖侈心，蓋用漢文帝卻馬事爲比也。然今古不可例拘，如唐太宗時各夷方入貢珍奇，至命閻立本繪爲《職貢圖》，至今傳爲佳話。倘天方國借此發憤，不修臣禮，其於柔遠之義，失之多矣。

又《先朝進馬》 先朝進馬者，如洪武四年僞夏主明昇進良馬，其一最神駿，高至九尺，身長十有一尺，足亦高七尺，有肉隱起自膺至尾如龍鱗，命典牧高敬裹囊沙四百斤壓之，始可跨以行。上行夕月禮，登清涼山，一塵不動。上大悅，賜名飛越峰，繪形藏之，宋濂有贊。永樂十八年，山東諸城人崔友諒獻青蒼駒，麟臆虬文，形體詭異，上賜名龍馬，羣臣表賀。至宣德四年七月，撒馬兒罕國貢蒼龍駒，記稱馬八尺曰龍，此其種也。產於西極，風鬉霧鬣，蒼然若雲，體質潔素，駿異殊常，但禮部尚書呂震等表請賀，則不許耳。宣德九年，甘肅鎮獻名馬，有所謂瑤池駿、銀河練、照夜璧、飛雲白、碧玉橋、白玉馴、玉鱗飛者，其色皆純白，尤爲罕睹。正統四年六月撒馬兒罕又遣使貢馬，身色純黑，蹄額皆白，賜名瑞驎，又詔畫史圖其貌，閣臣少師楊士奇等各作詩或上頌，蓋祖宗盛時皆不拒也。況各屬國如安南、瓜哇諸夷，俱有年例額貢馬匹，以至川、貴、雲南各土司亦責貢馬，何獨至天方而斥之。江陵公最熟本朝典故，獨不一考耶。

明 王禕《王忠文公集》卷一二《代佛郎國進天馬表》 乾龍在御，通觀至治之期。天馬来廷，謹效遐方之貢。敢憚舟車之重譯，恭伸臣妾之微誠，中謝。竊以滎水負圖，曾見羲皇之世，渥洼毓秀。載聞漢帝之時，必有聖明。庶膺嘉貺，矧值重熙之運，宜昭上瑞之符。伏念臣化外窮邦，海濱僻壤。種分夷裔，遯居西域之西。心慕華風，引領北辰之北。豈登天之無路，每就日以瞻煇。幸此名駒，可充方物。雖匪望雲之質，亦稱絕地之姿。歷無草之流沙，驅馳萬里。備六飛之法駕，警蹕九重。前鑾旗而後屬車，觀玉臺而游閶闔。儻沐至尊之寵馭，實增小節之榮光。輒遣陪臣，冒干典屬。此盖伏遇恩加九有，道合三無。舞干羽於兩階，誕敷文德。執玉帛者萬國，共為帝臣。異區並獻於白狼，休應嘗符於朱鳳，周邦来賀，盡歸覆幬之中。岐道有夷，孰在要荒之後。臣禮慚輸貢，意切戴盆。大一統於輿圖，永囿無為之化。協六律於樂府，佇聞太乙之歌。

明 王世貞《弇州四部稿》卷一三六《米南宮天馬賦》 庚午春馬生，致米元章墨，刻天馬賦，筆勢雄强超逸，真有千金。蹀躞過都歷塊之氣，賦語則不受銜轡膝。生禿駒耳，徐元玉後題一詩，頗致代興意，未敢盡許也。

明 趙琦美《趙氏鐵網珊瑚》卷一二《龔翠巖天馬圖》 往余見姜白石詩一卷，有絕句作小草尤佳，云：『道人野性如天馬，欲擺青絲出帝閑。』甚愛此詩，第恨不通畫。不能使無聲詩、有聲畫相表見，此為欠事，因戲作前馬。既又念此句此馬終無出路，復成後紙。去冬，有瘦馬一匹，寄天台僧存，書記鶴臞亦以書來取畫。久之未報，今得此，歸丈室，如有數也。天隨言：

凡物惟散者為得。二馬得失何如？白石不可作，析而辨之，其在鶴臞有知道能言者，併幸惠教。楚龔開。

明 黄瑜《雙槐歲鈔》卷三《長陵八駿》 《太宗八駿圖》，其一曰龍駒，戰於鄭村垻乘之，中箭，都指揮丑丑拔。其二曰赤兔，戰於白溝河乘之，中箭，都指揮亞失鐵木兒拔。其三曰烏兔，戰於東昌乘之，中箭，都督童信拔。其四曰飛兔，戰於夾河乘之，中箭，都指揮貓兒拔。其五曰飛黄，戰於藁城乘之，中箭，都督麻子帖木兒拔。其六曰銀褐，戰於宿州乘之，中箭，都督亦賴冷蠻拔。其七曰棗騮，戰於小河乘之，中箭，安順侯脱火赤拔。其八曰黄馬，戰於靈壁乘之，中箭，指揮雞兒拔。學士劉定之詠焉。蓋靖難時，胡騎官軍最近左右故也。按八駿始於穆满，後千餘年，復見於唐太宗。我長陵馳驅西北，濟世安民，適相符合如此。

明 郎瑛《七修續稿·八駿》 周穆八駿之名舊矣，唐太宗八駿有圖并事，予俱載前事物類。成祖八駿，曾聞刘杲齊有咏，今得《名歲抄》：曰龍駒、曰赤兎、曰烏兎、曰飛兔、曰飛黄、曰銀禍、曰棗騮、曰黄馬。观其名，既殊於前之一種無事实，而又皆中箭被傷，恐亦後人因数皆八，而文以傳之歟。

明 曾棨《姚少師所藏八駿圖》《吴都文粹續集》卷二六 周家八馬如飛電，夙昔傳聞今始見。鋭耳雙分秋竹批，拳毛一片桃花旋。肉騣疊聳高崔嵬，權奇知此真龍媒。霜蹄試踏層冰裂，駿尾欲掉長飈迴。瑤池宴罷歸來早，絡月羈金照京鎬。紫鞚飛𡸣逐落花，雕鞍解處眠芳艸。由來駿骨健且馴，夭影驕嘶不動塵。有時渴飲天津水，五色照見波粼粼。圉官騎來難久駐，飲向春流最深處。珠銜寳勒不敢疎，直恐飛騰化龍去。古來善畫韋與韓，此畫豈同凡馬看。人間造次不可得，苜蓿秋深烟雨寒。

明 王世貞《弇州四部稿》卷一三七《史道碩八駿圖卷》 謝赫《畫品》謂史道碩師曹衛，與王微齊名。而王得其意，史得其似，不無甲乙。至李嗣真《續畫品》，雖屈第中上，然在二曹顧陸前，則與赫異矣。《貞觀公私畫史》稱史有《八駿圖》，為隋朝官本，宋宣和帝因之遂入《畫譜》。此卷首雖殘破，然有秘殿印記，即趙吴興、白錢塘，亦定其為史本無疑也。余嘗攷《圖畫見聞志》，謂晉武帝臨御得穆王時《八駿圖》本，令道碩摹寫之，歷宋、齊、梁、陳，以為國寳。至隋破臺城，為賀若弼所有。齊王暕以駿馬四十蹄、美錦四十段購得之，尋獻煬帝。至唐貞觀中，勑借魏王泰，因而傳摹於世。今此卷無貞觀小印，當是人間摹本。第其絹素精古，筆力高妙，與郭若虚所記騣、鬣、腹、項、蹄、尾色狀，無不脗合。雖神彩小剥落，而驍駿蹀躞、權奇滅没之態，固可按而想見也。少陵咏曹霸，與後世所稱二韓、陳閎、龍眠吴興較之，不知當何如耳。萬歷初，黄金臺買此以為差勝駿骨，遂識於後。

明 徐應秋《玉芝堂談薈》卷三三《蒲稍駒駼》 楊用修曰：古良馬名歸風逮日，上取于天也。歷塊絕塵，下取于地也。緑螭青虬，取于龍也。紫燕黄鵠，取于鳥也。其餘或取于鳳，或取于虎，或取于魚，或取于兎。草木則桃花、艾葉，采色則赭白、玄黄，珍寶則銀褐、金麟，王元美備考其名，載於《宛委餘編》。余録之。而稍綴其漏，庶幾便簡閲焉。馬賦有蒲稍騊駼，驌驦走狐，駃騠騕褭，金啄騰黄，騶吾吉光。一曰吉量，白蟻、啓服、母兒、飛鴻、野麋、蛾鹿、腹丹、䮍駟、汗血、騨騱、巨虚。陳琳《武庫賦》馬有駿龍、紫鹿、文的、蹢魚。《尸子》：馬有紫燕、蘭池、秀騏、逢塊、鷄斯、齧膝。《黄子》馬有晨風、黄鵠。《韓非子》有蒼龍、桃文、之乘。穆王八駿，赤驥、盜驪、白義、山子、踰輪、渠黄、華騮、緑耳。秦王七馬，追風、白兎、躡影、奔電、飛翮、銅爵、晨鳧。文帝九逸浮雲、赤電、絶羣、逸驃、紫燕、緑螭、龍子、驎駒、絶塵。唐貞觀中，骨利幹曾進十驥，騰霜白、皎雪驄、凝露驄、懸光驄、决波騟、飛霞驃、發電赤、流星騧、翔麟紫、奔虹赤。天寳中大宛進汗血馬，明皇製名，紅玉輦、紫玉輦、瑶山輦、凌雲輦、飛香輦、百花輦。唐太宗六馬，拳毛騧，黄馬黑喙，平劉黑闥，什伐，赤純赤色，平王世充。白蹄，烏純黑色，四蹄俱白，平薛仁杲。颯露紫，紫燕騮，平東都。特勒驃，黄色喙微青黑，平宋金剛。青騅，蒼白雜色，平竇建德。《樂志》太宗破竇建德乘黄驄驃。《馮奉世傳》宣帝有大宛象龍，《世説》昭烈有的盧，《魏書》魏武有絶影，呂布有赤兎，曹真有驚帆，魏文有卑鮮，黄耳，又遺孫權，馬名纖離，陳思獻魏文大宛紫騂，齊高祖龍驤赤，冉閔朱龍，劉琨騏雄，吐谷渾青海驄，隋文帝獅子驄，唐明皇炤夜白，五花驄，廣陵妖亂志，高駢有大烏。《五代史》朱溫賜寇彦卿一丈烏清。《異録》王昶傾金錢市名馬，凡得五匹，各有位號，曰金鞍使者，千里將軍，致遠侯，渥洼郎，驤國公。又曰：魏王繼岌，蜀馬二十，曰麝香騟、錦耳驄、駱十二、趂日驄、偏界玉、陷氷騟、長命騮、孫兒驄、蘢菘白、八百哥、掠地雲、錦地龍、雪面娘、月影三、玉尾騟、撒河騮、天花駱、旋風白、宰地嬌、六尺金。銜蟬奴《馬癖記》哥舒翰有馬名赤將軍，常居安。《梅澗詩話》姚興有青獅子，杜重威吉祥坐，景延廣肉胡床。《邵氏聞見録》仁宗玉逍遥載記，慕容廆有赭白。《通鑑》姚襄有拳眉驪。《宋書》袁顔有飛燕。又《墨莊謾錄》神宗亦有玉逍遥。《談苑》神宗有小烏，梁武炤殿玉獅子。又有河南國，赤龍駒，又紫騮，東方朔。步景《王氏彙苑》張飛豹月兎。《寰宇記》張飛有玉追，煬帝獅子　，代宗九花虬，德宗神智驄，如意驄。《國史》補代宗有望雲騅，烟雲過眼錄，李伯時貌天廄滿川花，又有于闐錦膊驄，秦叔寶忽雷駮，宋太宗碧雲騢，河間王琛追風赤，曹洪白鵠，曹彰白鶻，曲端有鐵象，梅聖俞鐵獺，赫連白口驪。又玉面騂，又有連錢驄。燕友白《九馬圖》有拳毛獅子。杜詩荊南節度使衛伯玉有玉腕騮，《採蘭雜志》李白馬名黃芝。《齊東野語》畢再遇有黑大蟲。國朝洪武四年，貴州夷翠藹所進水西之馬，名飛越峯。文皇帝戰時所乘八駿，龍駒、赤兎、烏兎、飛黃、銀褐、棗騮、黃馬。正統四年，賽瑪爾。堪所進馬，色玄、蹄額皆白，賜名瑞顥。世廟演馬南城，玉麟騄、白玉馴、碧玉驕、炤夜白、銀河練、瑶池駿、飛雲白。神廟十二駿，玉獅龍、赤電龍、戴月烏、五花駿、彩麟、文豹、金麟、絳虬、攅玉驪、立雲驄、驫雲驄、五花驄。熹廟四騎，太平騟、玉龍媒、吉良乘、璿臺駿。

許謹氏曰：古者牧馬之數，四馬為乘，四乘為皁，三皁為繫，六繫為廄，一廄二百一十六馬。良馬則乘有圉師，皁有趣馬，繫有馭夫，廄有僕夫。駑馬則六麗一師，六師一趣馬，六趣馬一馭夫。天子十二閑，馬六種，五良，一駑。諸侯六閑，三良，三駑。

《爾雅》：膝上皆白，馵四骹皆白，驓骹膝下也四蹢皆白，首俗呼踏雪馬前足皆白。騱後足皆白，狗前右足白，啓左白，踦後右足白，驤左白，馵騂馬白腹。騵驪馬白跨。驈騂赤色黑鬣驪黑色跨髀間白州，驠州竅尾本白。騴尾株白尾白。駺駒，顙白。顛戴星馬也白。達素縣素鼻莖也俗所謂漫髗徹齒縣音玄面顙皆白。惟駹顙額回，毛在膺，宜乘在肘後，減陽在幹，茀方在背。闋廣。皆别旋毛所在之名逆毛居，駺馬毛逆刺玄駒。褭驂玄駒小馬别名牡曰騭，牝曰騇，騂白駁黃白，騜騂馬黃脊，騝驪馬黃脊，騽青，驪駽青，驪驎驒今連錢驄青，驪繁鬣騥驪白，雜毛駂今之烏驄黃白，雜毛駓今之桃花馬陰白，雜毛駰陰淺黑色今之泥驄蒼白，雜毛騅彤白，雜毛騢今之赭白馬白馬，黑鬣駱白，馬黑脣，駩黑喙，騧今之淺黃色為騧馬一目白，瞯二目白，魚。

古相馬者，寒風呉相口齒，麻胡相頰，女厲相目，衛忌相髭，許鄙相尻，代羯相胸脇，管青相臆吻，陳非相股脚，秦牙相前，君賛相后。

《相馬經》馬白額入口者，榆鴈。一名的盧，奴乘客死，主乘棄市。馬政論額有白毛，謂之的盧，準上有旋毛及白毛者，謂之的吻，乘之皆凶。

又《叱撥》　唐詩『紫陌亂嘶紅叱撥，緑楊高掛畫鞦韆。』叱撥，馬名。羣牧故事：馬之毛色凡九十一種，叱撥之名有八。曰紅耳叱撥、鴛鴦叱撥、桃花叱撥、丁香叱撥、青叱撥、騮叱撥、紫驥叱撥、騟叱撥，青之别二，純青，護蘭。白，純白。烏之别五，純烏，鈞星，歷面，白脚，護蘭。赤之别五，純赤，鈞星，歷面，白脚護蘭。緑鬃驄之别十一，白驄，鈞星，歷面，白脚，緑鬃護蘭。駹之别十一，白驄，鈞星，歷面，白脚，并烏青，花黃任鐵護蘭。赭白之别五，純赭，白，鈞星，歷面，白脚護蘭。騮之别八，棗金口，燕子黃，黑，鈞星，歷面，白脚護蘭。騧之别六，純騧，綉膊，鈞星，歷面，白脚護蘭。騅之别五，純騅，鈞星，歷面，白脚護蘭。駼之别八，青，赤，紫，黃，鈞星，歷面，白脚護蘭。駼韂之别三，駱起雲銀。鐘驃之别七，赤，驃銀，鬃黃，鈞星，歷面，白脚護蘭。又曰：北方馬以叱撥，及青、白、紫、純色、緑鬃驪為上。青驄、赤驃、騧白、赤色為荏，騟、騘、駱、駮、驩，為下。

又《八駿》　八駿之名見于《列子》，而他書所載互有不同。《穆天子傳》天子命駕八駿之乘，右服骅騮而左緑耳，右驂赤蘎而左白义。次車之乘，右服渠黃，而左踰輪。右盜驪，而左山子。按：骅騮，《漢書》作華騮。又曰：華聊，唐人名。紫騮，即今之棗騮也。緑耳，一作騄耳。又作䮶耳。赤驥，又作赤騹。宋世名好頭赤。漢師古注，華騮視其色，如華之赤緑耳，耳緑色白㶟㶟。即古犧字，形似牛，渠黃一作駏騜。又名翠黃，又名紫黃。踰輪，即《蜀都賦》所謂：魚文山子，又作屾子，今之五明馬，又名玉頂盜驪，一曰湽驪。荀子作纖離，今之鐵青色，後代轉名騊駼。又《拾遺》記載：穆王八駿，一名絕地足不踐土，二名翻羽行越飛禽，三名奔霄夜行萬里，四越影逐日而行，五踰輝光色炳燿，六超光一形十影，七騰霧乘雲而起，八挾翼身有肉翅則似未見。列子而妄為，杜撰也。史道碩畫本八駿中有名翠耳者。又李元賔八駿圖序，中有騕褭，不知于傳中當誰駿。揚子云：河東賦，乘翠龍而超河兮，陟西岳之嶢崝。師古曰：翠龍。穆天子所乘馬也、所謂翠龍，翠耳，或即緑耳乎。

又《翠黃吉量》　騰黃者，神馬也。其色黃，一名乘黃。亦曰飛黃，或作吉黄，或曰翠黄，其狀如狐。《山海經》有吉黄之乘，壽千歲。又文，馬縞身朱鬣，目若黄金，名曰吉量，乘之壽千歲。周書曰：犬戎文馬，赤鬣白身，目若黄金，名曰吉黄之乘，成王獻之。《六韜》曰：文身朱鬣，眼若黄金，項若鷄尾，名曰鷄斯之乘。然則鷄斯，吉量，翠黄飛，黄總，一馬也。郭璞《山海圖》贊金精朱鬣，龍行駿跱，拾節鴻鶩塵不及起，是謂吉量。釋聖牖里周書，白民乘黄，似狐，有兩角。山海經曰：乘之壽二千歲。

又《五花馬》 唐詩：朝騎五花馬。又：五花馬，千金裘。杜詩：蕭蕭千里馬，個個五花文。隋丹元子《步天歌》五個吐花王良星。白樂天詩，舞衣裁四葉，馬鬣剪三花。《名畫要録》内廐，有飛黄、炤夜、浮雲、五花之乘。《唐六典》外牧，歲進良馬，印以三花、飛鳳之字。韓幹畫《御馬圖》有三花馬，剪鬣為瓣也。然杜詩，又有五花散作雲滿身之句。似又非馬鬣三花之説。

明 楊慎《升庵集》卷八一《八駿》 八駿之名見於《列子》，而他書所載互有不同，今列之於後。

骍騮，《漢書》作華騮，唐人名紫騮，今曰棗騮。

緑耳，一作騄駬，又作綠耳。

赤驥，又作赤驥，宋世名，好頭赤。

白犧，犧古犧，字形似牛。

渠黄，一作駏騜，又名翠黄，又名訾黄。

踰輪，又作騊駼。《蜀都賦》所謂魚文也。馬目如魚，《劉邵賦》蓋如飛鶴，馬似遊魚。

山子，又作屾子，今之五明馬，又名玉頂，又名叱撥，又名玉抱肚，又名花抱肚。太白詩所謂五花馬也。古以為奇，今以為忌。曰破面孤蹄鬼也。不騎，劉先主之的盧，亦是此種。的白也。猶白頸烏，曰的脰烏。

盜驪，一曰温驪，今之鐵青色。荀子作纖離，又作淺驪，盜驪。言少竊驪色，猶九扈名竊玄、竊黄也。又作騊栗。驪栗，色也。後代轉名騊駼。

清 王琦《李太白詩集注》卷三《天馬歌》 《漢書・武帝紀》元鼎四年秋，馬生渥洼水中，作天馬之歌。太初四年春，貳師將軍廣利斬大宛王首，獲汗血馬，來作西極天馬之歌。胡震亨曰：漢郊祀、天馬二歌，皆以歌瑞。應太白所擬，則以馬之老而見棄，自況思蒙收贖，似去翰林後所作。

天馬來出月支蕭本作氏窟，背為虎文龍翼骨。嘶青雲，振緑髮，蘭筋權奇走滅。沒騰崑崙，歷西極，四足無一蹶。雞鳴刷燕晡秣越，神行電邁躡恍惚。《史記》天子得烏孫馬，好名曰天馬。及得大宛汗血馬，益壯更名。烏孫馬曰西極名，大宛馬曰天馬云。郭璞《山海經註》：月支國多好馬。《史記正義》萬震《南州志》云：大月支，在天竺北，可七千里，地高燥而遠國中，騎乘常數十萬匹，城郭、宫殿，與大秦國同。人民赤白色，便習弓馬，土地所出及奇偉，珍物被服鮮好天竺不及也。外國稱天下有三衆，中國為人衆，大秦為寶衆，月支為馬衆。漢天馬歌，虎脊兩化若鬼。應劭註，馬毛色如虎脊者，有兩也。顔延年赭白，馬賦垂稍植髮。李善註：髮額上毛也。陳琳為曹洪與魏文帝書，整蘭筋。李善註：《相馬經》云：一筋從玄中出，謂之蘭筋。玄中者，目上陷，如井字。蘭筋堅者千里。吕向註，蘭筋，馬筋，節堅者，千里足也。漢《天馬歌》志俶儻，精權奇。《赭白馬賦》：精權奇兮。張銑註：權奇，善行貌。《列子》天下之馬者，若滅若沒若亡若失，若此者絶塵弭轍。《淮南子》經紀，山川蹈騰，崑崙高誘。註：騰，上也。崑崙山，名在西北，其高萬九千里。漢《天馬歌》『天馬徠，從西極，涉流沙，九夷服。』《説文》：蹶僵也。赭《白馬賦》：旦刷幽燕晝秣荆越。劉良註：刷，括也。秣，飼也。幽燕，北地名，荆越，南地名。韻會晡日加申時也。杜預《左傳註》秣，穀馬也。晡音逋。天馬呼，飛龍一作黄趨，目明長庚臆雙鳧。尾如流星首渴烏，口噴紅光汗溝珠當作朱。曾陪時龍躍蕭本作躡天衢，羈金絡月照皇一作星都。逸氣稜凌九區，白璧如山誰敢沽。回頭笑紫燕，但覺爾輩愚。黄伯仁龍馬頌，耳如剡箭，目象明星。《初學記》長庚，太白星也。《史記索隱》、《韓詩》云：太白晨出東方，為啟明，昏見西方，為長庚。《齊民要術》：馬胸欲直而出，鳧間欲開，望之如雙鳧，又曰雙鳧。欲大而上，註：飛鳧，胸兩邊肉如鳧。《埤雅》：舊説，相馬擎頭如鷹，垂尾如彗。《後漢書》作翻車渴烏施于橋，西用灑，南北郊路。章懷太子註，渴烏為曲筒，以氣引水上也。此言馬尾流轉有似奔星，馬首昂矯狀類渴烏。即如彗如鷹之意。《齊民要術》：相馬之法，口中欲得紅而有光。又曰：口中欲得色紅白如火光為善材，氣多良且壽。張率《舞馬賦》：露沫噴紅，沾汗流赭。赭，《白馬賦》膺門沫赭汗溝走血。李善註：《相馬經》云：膺門欲開，汗溝欲深。孔融《薦禰衡表》：龍躍天衢，振翼雲。漢楚辭，躡天衢兮長驅。王逸註：衢，路也。《説文》：羈馬絡頭也。莊子齊之以月題。陸德明註，月題馬，額上當顱如月形者也。赭《白馬賦》雨權協月。李善註：《相馬經》曰：頰欲圓，如懸璧，因謂之雙璧，其盈滿如月，異相之表也。黄伯仁《龍馬頌》曰：雙璧似月。曹植詩，應會皇都，《赭白馬賦》磬九區而率順。李善註：九區九服也。沈約詩，紫燕光陸離。李善註：《尸子》曰：我得民而治，則馬有紫燕蘭。池吕延濟註：紫燕，良馬也。臆音益。天馬奔，戀君軒，駷躍驚矯浮雲翻。萬里足躑躅，遥瞻閶闔門。不逢寒風子，誰採逸景孫。鮑照詩，疲馬戀君軒。《公羊傳》臨南駷馬而由乎。孟氏何休註：駷捶馬銜走也。漢天馬歌，天馬來龍之媒，遊閶闔觀玉臺。應劭註：閶闔天門也。《吕氏春秋》：古之善相馬者，寒風氏相口齒，天下之良工也。陸雲《與陸典書》：

逸影之迹，永縶幽寞之坂。駷音聳。白雲在青天，丘陵遠崔嵬。鹽車上峻坂，倒行逆施畏日晚。伯樂翦拂中道遺，少盡其力老棄之。願逢田子方，惻然為我悲一作思。請雖有玉山禾，不能療苦一作我饑繆本作肌。嚴霜五月凋桂枝，伏櫪銜冤摧兩眉。請君贖獻穆天子，猶堪弄影舞瑤池。王母謠，白雲在天丘陵自出。《戰國策》：夫驥之齒至矣，服鹽車而上太行，蹄申膝折，尾湛胕潰，漉汁洒地，白汗交流。外坂遷延，負棘而不能上。伯樂遭之，下車攀而哭之，解紵衣以羃之。驥于是俛而噴，仰而鳴，聲達于天，若出金石者，何也？彼見伯樂之知已也。劉峻《廣絶交論》曰：翦拂使其長鳴，正用此事，翦拂謂修翦其毛鬣，洗拭其塵垢。《史記・伍子胥》曰：吾日暮途遠，吾故倒行而逆施之。陸德明莊子音義，伯樂姓孫名陽，善馭馬。《石氏星經》云：伯樂天星名主，典天馬，孫陽善馭，故以為名。《韓詩外傳》田子方出，見老馬於道，胃然有志焉。以問于御者，曰『此何馬也。』曰：『故公家畜也。罷而不為用，故出放也。』田子方曰：『少盡其力而老棄其身仁者，不為也。』束帛而贖之，窮士聞之，知所歸心矣。《鮑照詩》：誠不及青鳥，遠食玉山，禾，張協七命，瓊山之禾。李善註：瓊山禾即崑崙山之木禾。《山海經》曰：崑崙之上有木禾，長五尋大五圍，韻會櫪牛馬皁也。通作歷。蓋今之馬槽也。《漢書》：馬不伏歷，不可以趨道。顏師古註：伏歷謂伏槽歷，而秣之也。《列子》：穆王肆意遠遊，命駕八駿之乘，馳驅千里，遂賓于西王母，觴于瑤池之上。楊師道咏飲馬詩，清晨控龍馬，弄影出花林，王融曲水詩序，穆滿八駿如舞瑤，水之陰。劉良註，如舞，謂馬行貌。蕭士贇曰：此詩為逸羣絶倫之士，不遇知已者，嘆也。

清 馮舒《詩紀匡謬・蒲梢天馬歌》 按：《漢書》曰：『太初四年，獲汗血馬。作《西極天馬歌》。』《史記》曰：『馬名蒲稍，則此歌。當題西極天馬歌。不得曰：蒲稍也。又按《漢書》但云：作歌，明是刪郊祀之文，不得直隸武帝也。若此章可收，則太一歌，理同一例。何以獨削，原所自始，當從左克明，樂府誤。

（嘉慶）《三州輯略・物産門・走類》 馬産哈薩克部者為上。所謂大宛馬也。南路回城多産赤色棗騮，而青色者，少巴里坤東廠，牧盛。濟木薩奇，台牧廠次之。

紀事

《太平廣記》卷四三五《周穆王八駿》 周穆王即位三十二年，巡行天下，馭八龍之馬。一名絶地，足不踐土。二名翻羽，行越飛禽。三名奔霄，夜行萬里。四名越影，逐日而行。五名踰輝，毛色炳燿。六名超光，一形十影。七名騰霧，乘雲而趨。八名挾翼，身有肉翅。遍而駕焉，按轡徐行，以巡天下之域。穆王神智遠謀，使轍迹偏於四海。故絶地之物，不期而自報。

明 郎瑛《七修續稿・李伯時天馬圖》 宋元祐間，外國進至三馬，李伯時愛而圖之，卷成而馬俱死矣。聞出《空青集》，而予未之信也。昨觀《雲煙過眼》，周公謹細為紀之，其馬之名色形數，來歷日月，又引曾跋以證之。跋曰：『元祐庚午，餘來京師，見魯直九丈於酺池寺。魯直謂餘曰：「異哉伯時，貌天廄滿川花，放筆而馬殂。」蓋神駿精魄皆為伯時筆端取去，實古今異事，當作數語記之。後十四年，當崇寧癸未，餘以黨人貶零陵，魯直亦除籍徙宜州。過餘瀟湘江上，與徐靖國、宋彥明道伯時畫殺滿川花事，指餘親見也。餘請九丈當踐前言記之，魯直笑曰：「只少此一件罪過。」後二年，魯直死貶所。又二十七年，餘領浙漕，當紹興辛亥至嘉禾，與梁仲謨、吳德素汎舟訪劉延仲於眞如寺。劉出是圖，開卷宛然疇皆。俯念四十年憂患，餘生獨存，殆若異身也。因詳序本末，使後來者知伯時一段異事，亦魯直遺意耳。』據此，則實有是事，眞可為異。又嘗聞傳神之人云：凡寫病者之照，肖之則病人多死。豈非亦收其精魄於繪事耶？况李術至精則通神矣。故世傳龙眠常畫一龍，正凤雨而點睛，遂為飛去。夫《雲烟過目》無刻本，而抄有多訛且少也，予因略正數字，錄之於稿，或傳之於人，庶幾不沒李、黃、曾三公之意也。曾名紆，字公卷，空青其號，官至中大夫。

明 孫鑛《書畫跋跋》卷三 萬歷丙子，西域貢一馬，云是千里馬。主上不受。余時在客部，曾同僚友觀之。於時，聞者亦争來觀。馬高可五尺，神氣壯偉，若奔踶不可羈。首直昂，上腹下自項直至尾有脊骨一帶。人曰：此龍種也。世傳八駿形狀怪異不類馬，今觀此圖，何嘗不類馬。惟昂首及腹下，脊骨是其奇處。正與貢馬同耳。弇州公得此圖，正在太僕，因遂刻置太僕廨中，余有搨本。馬高八尺。曰：龍貢馬。若以周尺計之，亦既八尺。

明 魏濬《西事珥》卷六《良馬》 紹興間，廣西進馬十匹，上留一匹，餘付殿前司，謂輔臣曰：朕所留一匹，不減代北，廣西亦有此馬。則馬之良者，不必盡西北也。因論春秋列國不相通，所用馬皆取之國中而已，今必於所歷之地求馬，則馬政不脩之故也。高宗此論可謂得馬之情矣。然西中實多良馬，歲所貢以朱提代之而官司，民間所畜皆駑材，祇充下乘，惟諸七司之雄桀者，不難購以重貲，往往有之四五百金者，然不以供上駟備法乘，而秖以資踐蹋蹂躪，助鴟張之性，與辱於奴隸之手何異，是亦馬之厄也。

又《**大宛馬**》　晉武帝泰始六年九月，大宛獻汗血馬。

明　李承勛《**續名馬記**》**卷上**《**貳師大宛馬**》　《漢書》大宛國有善馬在貳師城匿不與，漢武帝乃拜李廣利爲貳師將軍伐宛，得善馬數十匹，封廣利海西侯。

清　陸廷燦《**南村隨筆**》**卷六**《**千里馬**》　明神宗乙亥，天方貢千里馬，青驄色，鹿頭鶴頸，耳如竹筅，不甚肥大，而神駿權奇，意態閒遠，步之堦墀，盤旋如風，一驟竟日千里。

清　徐岳《**見聞録**》**卷二**《**汗血馬**》　明季沐國公遣人送匹馬于雲南撫軍，其色黑，膂有白毛如月，名捧月，烏騅來自西番龍種也。撫軍文吏，不知珍貴，豢之群馬中，漸至消瘦不食。一人請於撫軍曰：駑馬以安閒飽芻茭長膘駿馬以馳驟出汗，則不生他疾。譬如有才者，利見用也。撫軍許可出厩試之，此馬不受覊絡，無敢控馭之者，其人遂攘袂向前去十餘步，踴身騰上，一手撮耳，一手搵目，馬戰不敢動，復下而籠之轡之帖然，與常馬同躍而蹤之。兩耳但聞風，聲而目不辨，所見約一時往回越百數十里，視之周身流血。撫軍以爲傷其力，實血汗也。自此騰躍超群，人皆以爲千里馬。噫，向使是馬也，不遇其人之識眼，不幾湮没于撫軍之厩耶。鹽車之困，伏櫪之悲，千古所以同慨也。後在沅州，曾見某王子經過坐馬汗出如血，或時而騰驤奔躍，或時而循習調良，若樂爲王子用者，乃益信撫軍之馬特用，枉其材耳。大勃律國北頗黎山其神穴中有神馬，國人牧牝于側，生駒輒汗血。又大宛國有高山上有馬不可得，因取五色馬置其下與交生駒，汗血因號曰天馬。子豈所聞兩馬皆從彼國遊牧所生耶，抑别有邁種之奇耶，唯願掄材者，不致用，枉其材幸甚。

（**雍正**）《**陝西通志**》**九九**　隋文帝時，大宛獻千里馬，號曰獅子驄。隋末不知所在，唐文皇勅訪之，同州刺史宇文士及得於朝邑麵家，挽磑，駿尾焦禿，皮肉穿穴，及見之悲泣。帝自出長樂坡，馬到新豐，向西鳴躍。帝甚喜，飼以鐘乳，仍生五駒，皆千里足也。

藝文

漢　劉徹《**蒲梢天馬歌**》《詩法易簡録》卷五　天馬徠兮從西極，經萬里兮歸有德。承靈威兮障外國，涉流沙兮四夷服。

晉　郭璞《**天馬**》《漢魏六朝一百三家集》卷五七　龍馮雲遊，騰蛇假霧。未若天馬，自然凌翥。有理懸運，天機潛御。

南朝宋　顔延之《**天馬狀**》《古儷府》卷一二　降靈驤子，九方是選。白鱯朱文，綠蛇紫燕。水軼鶩鳧，陸越飛箭。遇山為風，值雲成電。

南朝梁　蕭繹《**後園看騎馬**》《佩文齋咏物詩選》卷四〇五　良馬出蘭池，連翩驅桂枝。鳴珂随躍駛，輕塵逐影移。香來知驟近，汗斂覺風吹。遥望黄金絡，懸識幽并兒。

南朝梁　張率《**走馬引**》《佩文齋咏物詩選》卷四〇五　良馬龍為友，玉珂金作覊。馳鶩宛與洛，半驟復半馳。倏忽而千里，光景不及移。九方惜未見，薛公寧所知。斂轡且歸去，吾畏路傍兒。

南朝梁　徐陵《**徐孝穆集**》**卷一**《**紫騮馬**》　玉鐙繡纏鬃，金鞍錦覆幪。風鶩塵未起，草淺埒猶空。角弓連兩兎，珠彈落雙鴻。日斜馳逐罷，連翩還上東。

又《**驄馬驅**》　白馬號龍駒，雕鞍名鏤衢。諸兄二千石，小婦字羅。敷倚端輕掃，史召募繫休屠。塞外多風雪，城中絕詔書。空憶長楸下，連蹀復連脯。

南朝陳　徐陵《**紫騮馬**》《佩文齋咏物詩選》卷四〇五　玉鐙繡纏鬃，金鞍錦覆幪，風鶩塵未起，草淺埒猶空。角弓連兩兔，珠彈落雙鴻。日斜馳逐罷，聯翩還上東。

南朝陳　張正見《**紫騮馬**》《佩文齋咏物詩選》卷四〇五　將軍入大宛，善馬出從戎。影絶乾河上，聲流水窟中。似鹿猶依草，如龍欲向空。須還十萬里，試為一追風。

南朝陳　傅縡《**天馬引**》《古詩紀》卷一一六　驄色表連錢。出冀復來燕。取用偏開地，為歌乃號天。權奇意欲遠，蹀躞勢難前。本珍白玉鐙，因飾黄金鞭。顧酬芻秣寵，千里得千年。

唐　李白《**李太白集**》**卷三**《**天馬歌**》　天馬來出月支窟，背為虎文龍翼骨。嘶青雲，振緑髮，蘭筋權奇走滅。沒騰昆侖，曆西極，四足無一蹶。雞鳴刷燕晡秣越，神行電邁躡慌惚。天馬呼，飛龍一作黄趨，目明長庚臆雙鳧。尾如流星首渴烏，口噴紅光汗溝朱。曾陪時龍躡天衢，覊金絡月照星一作皇都。

逸氣棱棱淩九區，白璧如山誰敢沽。回頭笑紫燕，但覺爾輩愚。天馬奔，戀君軒，駷躍驚矯浮雲翻。萬里足躑躅，遙瞻閶闔門。不逢寒風子，誰采逸景孫。白雲在青天，丘陵遠崔嵬。鹽車上峻阪，倒行逆施畏日晚。伯樂翦拂中道遺，少盡其力老棄之。願逢田子方，惻然為我思。一作悲雖有玉山禾，不能療苦一作我饑。嚴霜五月凋桂枝，伏櫪銜冤摧兩眉。請君贖獻穆天子，猶堪弄影舞瑤池。

又 卷五《紫騮馬》 紫騮行一作驕且嘶，雙翻碧玉蹄。臨流不肯渡，似惜錦障泥。白雪關山一作城遠，黃雲海戍迷。揮鞭萬里去，安一作何得念一作戀春閨。

又《白鼻騧》 銀一作金鞍白鼻騧，綠地障泥錦。細雨春風花落時，一作春風細雨落花時揮鞭直就胡姬飲。

唐 杜甫《杜工部集》卷一《高都護驄馬行》 安西都護胡青驄，聲價欻然來向東。此馬臨陣久無敵，與人一心成大功。功成惠養隨所致，飄飄遠自流沙至。雄姿未受伏櫪恩，猛氣猶思戰場利。腕促蹄高如踣鐵，交河幾蹴曾冰裂。五花散作雲滿身，萬里方看汗流血。長安壯兒不敢騎，走過掣電傾城知。青絲絡頭為君老，何由却出橫門道。

又《天育驃騎歌》 吾聞天子之馬走千里，今之畫圖無乃是。是何意態雄且傑，駿尾蕭梢朔風起。毛為綠縹兩耳黃，眼有紫焰雙瞳方。矯矯龍性合變化，卓立天骨森開張。伊昔太仆張景順，監牧收駒一作老牧神駒閱清峻。遂令大奴守天育，別養驥子憐神俊。當時四十萬匹馬，張公歎其材盡下。故獨寫真傳世人，見之座右久更新。年多物化空形影，嗚呼健步無由騁。如今豈無騕褭與驊騮，時無王良伯樂死即休。《周穆王傳》驊騮，騄耳，日馳三萬里。

唐 白居易《白氏長慶集》卷四《八駿圖》 穆王八駿天馬駒，後人愛之寫為圖。背如龍兮頸如象，骨竦筋高脂肉壯。日行萬里速如飛，穆王獨乘何所之。四荒八極踏欲遍，三十二蹄無歇時。屬車軸折趂不及，黃屋草生棄若遺。瑤池西赴王母宴，七廟經年不親。薦璧臺南與盛姬遊，明堂不復朝諸侯。白雲黃竹歌聲動，一人荒樂萬人愁。周從后稷至文武，積德累功世勤苦。豈知纔及四代孫，心輕王業如灰土。由來尤物不在大，能蕩君心則為害。文帝却之不肯乘，千里馬去漢道興。穆王得之不為戒，八駿駒來周室壞。至今此物世稱珍，不知房星之精下為怪。八駿圖，君莫愛。

唐 元稹《元氏長慶集》卷三《八駿圖詩》 并序 良馬無世無之，然而終不得與八駿並名。何也？吾聞八駿日行三萬里。夫車行三萬里而無毀輪壞輹之患，蓋神車。人行三萬里而無喪精褫魄之患，亦神之人也。無是三神而得是八馬，乃破車掣，御蹪人之乘也，世焉用。之今夫畫古者畫，馬而不畫車馭，不畫所以乘馬者，是不知夫古者也，予因作詩以辨之。

穆滿志空闊，將行九州野。神馭四來歸，天與八駿馬。龍種無凡性，龍行無暫捨。朝辭扶桑底，暮宿崑崙下。鼻息吼春雷，蹄聲裂寒瓦。尾掉滄波黑，汗染白雲赭。華輈本脩密，翠蓋尚妍冶。御者腕不移，乘者寐不假。車無輪扁斲，轡無王良把。雖有萬駿來，誰是敢騎者。

唐 李益《李尚書詩集·紫騮馬》 爭場看鬬雞，白鼻紫騮嘶。漳水春閨晚，叢臺日向低。歇鞍珠作汗，試劍玉如一作為泥。為謝紅梁燕，年年妾獨棲。

唐 盧照鄰《幽憂子集》卷二《紫騮馬》 騮馬照金鞍，轉戰入臯、蘭。塞門風稍急，長城水正寒。雪暗鳴珂重，山頭噴玉難。不辭橫絶漠，流血幾時乾。

唐 沈佺期《沈佺期集》卷上《紫騮馬》 青玉紫騮鞍，驕多影屢盤。荷君能剪拂，躞蹀噴桑乾。蹴足追奔易，長鳴遇賞難。摐金一萬里，霜露不辭寒。

唐 楊炯《盈川集》卷二《紫騮馬》 俠客重周游，金鞭控紫騮。蛇弓白羽箭，鶴轡赤茸鞦。發跡來南海，長鳴向北州。匈奴今未滅，畫地取封侯。

唐 獨孤申叔《却千里馬賦》以上之所班諸侯不貢為韻 《歷代賦彙》卷四三 惟漢德之雍熙，俾遐荒兮肅祗。布澤所治致，遠人之樂只。任土必貢，奉良馬以來思。殊乎皎皎，陋乃騤騤。冀八鑾以御矣。齊四牡以維之，由是朝發於窮邊。夕獻於君所。倏追風以掣電，邈千里兮一舉。仰騄驥之居周，鄙驌驦之在楚。故將進薦於象魏，庶得超遥於苑囿。帝曰斯馬，爾其還與，旅獒之訓，今則皎如，歸獸之義，寧當忽諸。矧乃乖乎法駕，而不合於乘輿，且帝之御也。厥儀惟舊，帝之動也。其道惟守，驅千乘以啓前，羅萬騎以居後，分青旌兮在左，揚素旆兮在右，儼五路以居中，矯六龍以齊首。龢鑾是響，將節乃疾徐，次舍有期，豈宜乎奔走。蓋順之而則可信，違之而則不，雖千里兮足珍，於一人兮何，有矧乃場苗既食。馬政攸班，間以赤兔，兼之白 。叶圖之駒伏皁，稱德之驥在閑。足以驅馳於九域之內，足以巡狩於六合之間。宜乎旋爾故鄉，歸於舊壤，超乎半漢，適彼莽蒼。庶逐北風之思，却從東道之上。俾得交頸裔土，翹足荒陬，克全真性，有歸羣休，同越地之放象，似桃林之罷牛。豈彼驊騮，卒見羈於造父，寧同屈產，終服御於晉侯。是知漢文之德彌尊，歸馬之猷克中，示後之立國者，盡規矩之以却遠方之貢。

唐　杜荀鶴《杜荀鶴文集》卷四《八駿圖》　丹雘傳真未得真，那知筋骨與精神。秪今恃駿憑毛色，綠耳驊騮賺煞人。

唐　李群玉《李群玉詩集》卷上《驄馬》　浮雲何權奇，絶足世未知。長嘶清海風，蹀躞振雲緌。由來渥洼種，本是蒼龍兒。穆滿不再活，無人昆閬騎。若識嶠躍怯，寧勞耀金羈。青芻與白水，空笑駑駘肥。伯樂儻一見，應驚耳長垂。當思八荒外，逐日向瑤池。

唐　羅隱《甲乙集》卷一〇《病驄馬》　櫪上病驄蹄褭褭，江邊廢宅路迢迢。自經梅雨長垂耳，乍食菰漿欲折腰。金絡銜頭光未滅，玉花毛色瘦來焦。曾聽禁漏驚街鼓，慣踏康塵怕小橋。夜半雄聲心尚壯，日中高臥尾還搖。龍媒落地天池遠，何事牽牛在碧霄。

唐　沈佺期《沈佺期集》卷上《驄馬》　西北五花驄，來時道向東。四蹄碧玉片，雙眼黃金瞳。鞍上留明月，嘶間動朔風。借君馳沛艾，一戰取云中。

唐　佚名《漢文帝却千里馬賦以清道乘輿前警後蹕為韻**》**《歷代賦彙》卷四三　皇天眷命兮炎漢斯興，運鍾三葉兮文德可稱。六龍整儀，賤纖英而不服，五馭飭駕，却良駿而不乘。猶是遐邇授首，蠻夷屈膝。梯山航海者望之如雲，納賮貢珍者府無虛日。別有吉良之種，渥洼之出。媲飛黃於軒宮，奄驊騮於周室。歷無草以入貢，涉流沙而效質。就御服以馴養，願驅馳而警蹕。其體也廣膺毛服，其目也擁後決前。眸點漆而鏡朗，權應規而璧懸。稟月精於地，法星象於天。鬣上朱明，溝中血走。朝辭辮髮之俗，暮憩雕題之藪。驌驦慙專美於前，騕褭愧垂名於後。及夫噴玉勒而沫素，鳴金珂而響清。指九重以獻壽，勒百禮以效誠。帝於是宣皇風，馳聖道。前賢斯鑒，古訓斯考。差轍迹於穆王，想《旅獒》於召保。乃宣言曰：『朕法天以清淨，法地以玄虛。有典有則，不疾不徐。捎星之旗，逮於前步；彗雲之旆，設於後車。吉行三十而當息，良馬千里而焉如。爾以馬為寶，我以德為輿。與其授受以交喪，曷若乾乾而捨諸。』獻馬者乃黙覥慙顏，低徊弔影。步遷延以眷，眷神寂寞而耿耿。於是德日洽，祚惟永。俾來葉之嗣君，仰斯道以自警。

唐　王損之《汗血馬賦以絶足方騁流汗如珠爲韻之**》**《歷代賦彙》卷一三五　異彼天馬，生於遠方。每流汗以津潤，如成血以熒煌。所以名重騄驥，價高驌驦。骨騰肉飛，既揮紅而沛艾；麟超龍翥，亦流汗以徜徉。當其武皇燿兵，二師服猛。破大宛之殊俗，獲斯馬於絶境。由是辭虜塞以俱來，望漢庭於遐騁。初疑霡霂，染瀚海之霜華；終訝淋漓，變榆關之霞影。及乎獻闕之始，就駕之初。飾金羈而勢如躡影，排玉勒而態若凌虛。伯樂乍觀，訝霑襟而沃若；王良載馭，驚濺袖以班如。觀其步驟如流，驅馳若滅。恣餘力而聳躍，控中衢而夐絶。長鳴向日，蹀躞而色若渥丹；驤首臨風，奮迅而光如振血。疾徐中節，羈束如濡。流膺臆以飛赭，灑纓鬣以疑珠。雄姿泛彼，逸態濡于。映白駒之羣，皆疑失素。齊紫燕之匹，不可奪朱。卓彼奇姿，實為殊觀。初溢腹而霑灑，終盡足而渙汗。此朱翼而表異，難並駿良。彼赤鬣以稱奇，詎同款段。超騰莫及，迅疾難儔。遽赫如以浹洽，乍煥若以飛浮。儻遂越都，甚追風而更疾。如同過隙，似奔電以潛流。且其戢聯翩，異蹉蹌。材逾良駿。名失逸足。儻不棄於血誠，將八鑾而齊躅。

唐　胡直鈞《獲大宛馬賦以開遠戎得天馬爲韻**》**《歷代賦彙》卷一三五　昔孝武寤善馬，駕英才，窮二師於海外，獲汗血之龍媒。於是宛卒大北，神駒盡來。驅駿奇狀，超攄逸材。走追風於馬邑，嘶逐日於雲堆。因行師之勳著，辨前王之業開。當夫海西出征，掣敵要遠。始遲疑而不進，承再命之爰晚。奉皇風之用宣，冀邊草之齊偃。既量功就，已料生返。越窮海之沙塵，及大宛之城苑。既高勳以茂閥，且不愧於分閫。芻糧盡取，騄驥亦空。材為地產之最，精降天山之中。背不毛之殊俗，從入律之東風。沛艾骨異，低昂氣雄。溢鏡光於金勒，流雪彩於花驄。悉可耀威華夏，奪魄獯戎。若乃發跡窮荒，來儀中國。史驚千載之異，朝慶一人之德。君子之德式孚，天王之道允塞。騰驤永埒，曾何比於權奇。滅沒長衢，獨有賴於筋力。然則馬惟行地，君實統天。黷兵者耗財之本，愛財者有國之先。徒知天駟之可獲，莫痛征夫之寡全。時泰俗饒，固理道之所急；珍禽奇獸，在人君之可捐。穆王之荒何取？文帝之事足傳。竟洽《大東》之詠，奚為《天馬》之篇？況驥之生兮有矣，屈之產也在焉。復何必勤求於遠卒，當耗譯之事邊。向使武帝退術士，賓賢者，罷征戰於戎夷，浹風俗於純嘏，自將致丹質之鳳鳥，豈徒來汗血之龍馬。故前代論邊之徒，以勞師遠伐屈衆策之下。

唐 王起《朔方獻千里馬賦》以題爲韻《歷代賦彙》卷一三五　駜彼名馬，産茲元朔。得遐方之勁氣，是稟嚴凝。應上聖之禎符，其來緜邈。固可以飾和鸞之鐬鐬，就鈎膺之濯濯。始其同羣豐草，挺質寒鄉。名超茲白，瑞掩飛黄。伊六轡之爰設，非九重之孰當。爾其走險鹿駭，望雲龍驤。縶之維之，登歌不慙於西極；若滅若没，獻狀聿來於北方。於以效伏皁之勤，於以釋長鳴之怨。流離而走血來格，濩落而執靮斯獻。計鴻鵠之舉，彼未居多；涉燕宋之遥，我方適願。柔心有待，逸足未宣。權奇於絳闕之下，沛艾於紫庭之前。稟月未匹，追風莫先。所以闡幽都之美，所以增華廏之妍。既佶且閑，軼其羣兮相萬；視遠如邇，遵其路兮且千。一人既瞻，八駿初比。彼千駟花發，六騶雲起。其止也可齊乎足，其行也無踰於里。信愕視於華原，而騰輝於良史。伊茲駿之間出，在前王而殊寡。或鑾輅而見損，或鼓車而不捨。我皇昭景福，錫純嘏。稱德以喻夫俊乂，服勞以勸夫忠者。豈惟同兩漢之帝，獲千里之馬。

唐 王涯《天馬辭二首》《萬首唐人絶句詩》卷一八　天馬初從漏水來，郊歌曾唱得龍媒。不知玉塞沙中路，苜蓿殘花幾處開。

蹀宛駒齒未齊，摐金噴玉向風嘶。來時欲盡金河道，獵獵輕風在碧蹄。

唐 劉義《觀八駿圖》《萬首唐人絶句詩》卷七四　穆王八駿走不歇，海行去尋長日月。五雲望斷阿母宫，歸來落得新白髮。

唐 張仲素《天馬詞》《佩文齋咏物詩選》卷四〇五　天馬初從渥水來，郊歌曾唱得龍媒。不知王塞沙中路，苜蓿殘花幾處開。

其二

蹀躞宛駒齒未齊，摐金噴玉向風嘶。來時欲盡金河道，獵獵輕風在碧蹄。

宋 司馬光《温國文正公文集》卷二《天馬歌》　大宛汗血古共知，青海龍種骨更奇。網絲舊畫昔嘗見，不意人間今見之。銀鞍玉鐙黄金轡，廣路長鳴增意氣。富平公子韓王孫，求買傾家不知貴。芙蓉高闕北向開，金印紫綬從天來。路人回首無所見，流風瞥過驚浮埃。如何棄置歸皁棧，踠足垂頭困羈絆。精神慘澹筋骨羸，舉目雙睛猶璀璨。伏波馬式今已無，子阿肉腐骨久枯。舉世無人相騏驥，憔悴不與駑駘殊。神兵淬礪精芒在，寶鑑遊塵肯終晦。君今鬌剔被鳴鸞，尚能騰踏崑崙外。

宋 劉攽《彭城集》卷八《天馬行》　漢家天馬來宛西，天子愛之藏貳師。甘泉貴人寵第一，昆弟封侯真謂宜。軍書捭羽廟選將，一朝百萬皆熊羆。大射盧山亦快意，死人亂麻非所悲。論功廟堂誰與敵，外廐皆是麒麟兒。白茅金印結紫綬，老將流落多瑕疵。天生富貴實有命，寧復憶君貧賤時。勢高累愚計慮遠，大志落落嗟徒爲。渭橋祖道一語泄，身釁邊鼓家流離。

宋 曹勛《松隱集》卷五《紫騮馬》　紫騮馬出西方，徑萬國來咸陽。儲精房鍾循良，口如米火頭如王。尾輕鬣短龍脊剛，蹄圓腕蹩森開張。齊平六齒排截肪，目如明星威煌煌。驕嘶噴薄思騰驤，廕以華屋薦露牀。金羈玉勒紅錦障，鈎膺絡腦垂瑲琅。漢家驃騎新開府，天子輟賜威遐荒。將軍橫槊被金甲，矍鑠超忽踰鷹揚。雄鳴矯首厲奔蹩，健兒百萬紛披攘。登封居胥轉瀚海，軍聲陸讋摧天狼。歸來明堂見天子，圖形麟閣宣龍光。

宋 許彦國《紫騮馬》《宋文鑒》卷二一　黄金絡頭玉爲韉，蜀錦障泥亂雲葉。花間顧影驕不行，萬里龍駒空汗血。露牀秋粟飽不食，青芻苜蓿無顔色，君不見。東郊瘦馬百戰場，天寒日暮烏啄瘡。

宋 文同《丹淵集》卷三《紫騮馬》　翩翩紫騮馬，爛爛黄金鞍。流水四蹄急，飛星雙目寒。擁頭青玉鉈，蔽臆綵絲鞶。誰取交州鼓，摸將骨去看。

又《驄馬》　鬖髿擁如雲，西人號乞銀。更逢桓御史，特地起精神。

宋 何溪汶《竹莊詩話》卷一四《驄馬行》　鄧公馬癖人共知，初得花驄大宛種。夙昔傳聞思一見，牽左右神皆竦。雄姿逸態何崷崒，顧影驕嘶自矜寵。隅目青熒夾鏡懸，肉駿碨礧連錢動。朝来久試華軒下，未覺千金滿高價。赤汗微生白雪毛，銀鞍却覆香羅帕。卿家舊賜公取之，天廐真龍此其亞。晝洗須騰涇渭深，朝趨可刷幽并夜。吾聞良驥老始成，此馬數年人更驚。豈有四蹄疾於鳥，不與八駿俱先鳴。時俗造次那得致，雲霧晦冥方降精。近聞下詔喧都邑，肯使騏驎地上行。

宋 張舜民《畫墁集》卷一《紫騮馬》　紫騮馬，白面郎，紅銀鞍勒青油韁，左牽黄犬右擎蒼。朝從灞陵獵，莫宿投平康。使酒不滿意，按劍叱天狼。今年明年一如此，後年不覺髮成霜。扶肩策杖出門行，抱子弄孫樓上坐。忽然涕淚滿衣襟，爲見驊騮面前過。

宋 李彭《日涉園集》卷五《玉花驄》　杜陵絶唱驄馬行，想見躡雲噴玉聲，龍眠貌出姿態横。香羅覆背紅汗透，如行沙苑秋風瘦，我羮芋魁乃飯豆。不愛金羈如此驄，深雲一塢住山翁，朝霞入頰常暾紅。

宋 米芾《寶晋英光集》卷一《天馬賦并序**》**　高公繪君素家有唐韓幹圖，

于闐所進黄馬一軸，馬翹舉雄傑，余感今無此馬，故作賦。云：

方唐牧之至盛，有天骨之超俊，勒四十萬之數，而隨方以分色焉。此馬居其中以為鎮，目星角而電發，蹄踠踣以風迅，鬐龍顠以孤起，耳鳳聳而雙峻。翠華建而出步，閶闔下而輕噴。低駑羣而不嘶，横秋風以獨韻。若夫，躍溪舒急，冒絮征叛。直突則建德項縶，横馳則世充領斷。皆絶材以比德，敢伺蹶而致吝。豈肯浪逐苜蓿之坡，蓋當下視八方之駿。高標雄跨而獅子攘獰，逸氣下衰而照夜矜穩。於是風靡格頽，色妙才駘，入仗不動，終日如坏。乃得王為銜飾，繡作鞍韂，棗秣粟豢，肉脹筋埋，其報德也。蓋不如偷盧噬盜，策蹇勝柴。鑄黄蝸而吐水，畫白澤以除災。但覺馳垂就節，鼠伏防猜，怒雖甚厲，馴號斯諧。暂俛首以畢世，未伏櫪以興懷。嗟乎！所謂英風頓盡，冗仗高排。若不市駿骨致龍媒如此馬者，一旦天子巡朔方，升喬岳，掃四塞之塵，校岐陽之獵，則飛黄騕，裹蹋雲追電，何所從而遽來？

宋 黄庭堅《豫章黄先生文集》卷二《次韻子瞻和子由觀韓幹馬因論伯時畫天馬》 于闐花驄龍八尺，看雲不受絡頭絲。西河驄作蒲萄錦，雙瞳夾鏡耳卓錐。長楸落日試天步，知有四極無由馳。電行山立氣深穩，可耐珠韉白玉羈。李侯一顧歎絶足，領略古法生新奇。一日眞龍入圖畫，在坰群雄望風雌。曹霸弟子沙苑丞，喜作肥馬人笑之。李侯論幹獨不爾，妙畫骨相遺毛皮。翰林評書乃如此，賤肥貴瘦渠未知。況我平生賞神俊，僧中云是道林師。

又 卷三《咏伯時虎脊天馬圖》 筆端那有此，千里在胷中。四蹄雷雹去，一顧馬群空。誰能乘此物，超俗駕長風。逸材歸轡勒，歲在執徐同。

宋 張耒《張右史文集》卷六《天馬歌》 風霆冥冥日月蔽，帝遣眞龍下人世。降精神馬育天駒，足蹋奔風動千里。蕭條寄産大宛城，我非爾乘徒爾生。小羌雜虜漫羈紲，櫪上秋風時一鳴。萬里名聞漢天子，内府鑄金求騄駬。將軍受詔玉關開，靈旂西指宛王死。天馬出城天駟驚，胡沙颯颯邊風生。執驅校尉再拜馭，護羌使者清途迎。騏驎殿下瞻天表，天質龍姿自相照。翠蕤黄屋雨邐迤，玉鐙金鞍相眩耀。東游封祀被和鑾，甲子北來巡朔邊。展才自覺逢時樂，致袁不知行路難。物生從類如有神，地無遠近終相親。君不見莘野磻溪耕釣叟，一朝吐氣佐明君。

宋 李昭玘《樂静集》卷一《昂昂千里駒》 昂昂千里駒，逸氣吞九區。東馳越夕兔，西走窮朝烏。闗山一息過，躑躅疑有無。快哉穆天子，遠駕周四隅。嘶聲想雲海，弄影有天衢。昆丘距赤水，度足纔須臾。眷言芻粟恩，豈敢論形軀。雄心忽摧頓，倦步成躊躇。日暮路途遠，天寒毛鬣疎。此時垂耳心，可復輕疲駑。

宋 劉宰《漫塘文集》卷四《天馬歌書劉漕彌正子淮海秋思詩稿後》 貳師城空渥洼涸，百年徒費秦川榷。眼明見此王花驄，畫工如山筆難貌。朔風號，朔雪舞，交河水冰連后土。一聲嘶入玉門闗，掣斷陰雲日當午。超八駿友六龍，天人一笑和鸞雍，駑駘百萬那能從。

宋 李綱《梁溪集》卷二二《周中元賦御畫驄馬次其韻》 蓬萊宫殿日月長，廣廷汎灑如無帚。臨軒親貌玉花驄，天驥自出天人手。驚鴻欲起無羈皂，如聞朔風動秋草。奮身驤首舉雙蹄，意態天然始知巧。時危反掌同永嘉，邊騎颯沓陵中華。當時宸筆散煙霧，往往流落羣臣家。雄姿倜儻精權奇，此畫惟應識者知。悵望崆峒轉仙仗，忍傳耆舊把天衣。

宋 章甫《自鳴集》卷二《驄馬》 門前驄馬無人騎，北風落日長聲嘶。細看毛骨獨殊衆，或言來自流沙西。伏櫪忍遭奴隸辱，立仗難貪五品粟。將軍邊塞敢横行，願同生死俱馳逐。

宋 樓鑰《攻媿集》卷三《題趙尊道渥洼圖》 趙尊道制幹以龍眠《渥洼圖》示余。余曰：『誤矣！本韓幹馬，東坡曾爲賦詩。』考此龍眠所臨，而以後爲前，俾易之。爲書坡詩于後，而次其韻焉，實十六。《東坡集詩》云十四匹，豈誤耶？

良馬六十有四蹄，騰驤進止紛不齊。權奇倜儻多不羈，亦有顧影成驕嘶。或行或涉更相顧，交頸相靡若相語。畫出老杜沙苑行，將軍弟子早有聲。中間名種雞羣鶴，無復瘦瘡烏暮啄。當時玉花可媒龍，後日去盡烏呼風。開元四十萬匹馬，俯仰興亡空見畫。龍眠妙手欲希韓，莫遣鐵面闗西看。

宋 牟巘《陵陽集》卷五《拂林天馬圖》 赤手謝銜轡，踏蹴黐九衢。健哉此女子，果勝大丈夫。

又 卷七《有翅天馬圖》 何年塵鏡昏乍洗，金背湧出狀怪詭。自古空言馬生角，今乃見馬生兩翅。恐是渥窪種，往往感龍氣。龍惟神飛行天，若傅兩翅何足貴。想似穆天子會瑶池，肉多身重不得飛。一朝乘之，逍遥出六合，奔風軼電那容追。萬里一息日未旰，當時從官無乃疲。或云車轍馬迹往往有，如此安用彼翅為。徒留誕譎誑後世，我願觀者更勿疑。我聞西王母，參目而虎首，物以類應固宜爾。

宋 唐庚《唐先生集》卷一九《天馬歌贈朱廷玉》 貳師城中天馬駒，歷塊一蹷傍人呼。向來價重千金壷，一朝不值半束芻，千馬萬馬肥如豬。眼光掣電汗流朱。將軍出塞萬里餘，得此龍種來執徐。朝踏幽燕暮荆吳，

宋 陳深《寧極齋稿・書駿馬圖》 王良伯樂骨已朽，曹霸丹青亦希有。開圖欻見神駿姿，對酒高歌雄劍吼。秖今騕褭困鹽車，落日長鳴濞昂首。嗤嗤俗眼迷天機，相士嫌貧馬嫌瘦。

宋 吴泳《鶴林集》卷二《天馬引》 隴西之野龍駒驤，追風脇月坤為裳。竚雲亭亭廣顙直，夾鏡炯炯雙瞳光。飯以玉山禾，飲以瑶池漿。自成骨格異赭白，活出神采遺玄黄。三千牝，十二閑，俛眎但覺皮毛凡。飲江曾濡六轡濕，致遠又逐雙旌揚。牧則在坰野，貢則歸天潢。寫圖仍上穆天子，跛鼈但笑羣羝羊。

宋 蕭立之《蕭冰崖詩集拾遺》卷上《八駿圖》 穆王八駿真八龍，萬里歷塊追長風。齊州壇惡塵土境，夜宴阿母瑶池宫。人間亦有千年絹，包裹神奇夜光現。畫師那計馬腹差，當時下筆親曾見。詩人多事管閑愁，卻笑重來不到頭。一聲黄竹斷歸夢，枉使徐土成荒丘。尤物移人吁可怕，此圖至今負高價。君不見，華陽有馬閑且都，無人畫作武成圖。

金 王寂《拙軒集》卷一《跋張舍人所收楊仲明天厩鐵驄圖》 大宛山下汗血駒，麟鬐鳳臆龍頭顱。黑花細灑雲滿軀，倜儻不與駑駘俱。黄金絡頭老京都，注目落日思長途。圉人仗箠不敢驅，似聽馬語方踟躕。嗚呼，龍媒已矣。夫林烏恨對長風呼，誰能寫照開新圖。楊子妙筆非臨摹，願君著意收畫廚。風雨變化防須臾，迺翁丞轄翼帝車。月旦人物評錙銖，千金但賞駿骨枯，世上良馬無時無。

元 揭傒斯《文安集》卷一四《天馬贊》 皇帝御極之十年七月十八日，拂即國獻天馬，身長丈一尺三寸有奇，高六尺四寸有奇，昂高八尺有二寸。廿有一日，勑臣周朗貌以為啚。廿有三日，詔臣揭傒斯為之贊。贊曰：

雖乾秉靈，惟房降精。有産西極，神駿难名。彼不敢有，重譯来庭。東踰月窟，梁雍是。朝飲大河，河伯屏营。莫秣大華，神灵下迎。四踐寒暑，爰至工京。皇帝臨軒，使拜迎称。臣拂即國，邈限西溟。蒙化效貢，願帰聖明。皇帝謙讓，嘉尔遠誠。摩于赤墀，顧瞻莫矜。既称其德，亦貌其形。高尺者六，修倍犹赢。色應玄武，足躡長庚。囬眸電激，頓轡風生。卓犖权奇，虎視龍騰。

按啚考式，曾未足并。周騁八駿，徐偃構兵。漢駕鼓車，炎列中央。維帝神聖，載籍有徵。光武是師，穆滿是懲。登崇俊良，共基太平。一進一退，爲國重輕。先人後物，萬國咸寧。

元 揭傒斯《天馬歌》《元詩體要》卷五 天子仁聖萬國歸，天馬來自西海西。玄雲披身玉兩蹄，高餘六尺脩倍之。七度海洋身若飛，海左海右雷霆隨。天子曉御慈仁殿，天風忽來天馬見。龍首鳳臆目如電，不用漢兵二十萬。有德自歸四海羡，天馬來庶政平。天子仁聖萬國清，臣願作歌萬國聽。

元 范梈《范德機詩集》卷六《八駿圖》 天上房星照九垓，翩翩西域畫龍媒。昆侖一去無消息，空見人間八駿來。

元 貢奎《雲林集》卷六《題奥屯滄江憲使所藏八駿圖》 聯翩八駿下雲關，誰識神驄咫尺間。萬里漢陽春草碧，可能無意到天閑。

元 侯克中《艮齋詩集》卷一〇《題穆王八駿圖》 八駿驍騰氣象豪，穆王乘此亦徒勞。當時剩有賢肱股，可惜無人說旅獒。

元 吴澄《吴文正集》卷九八《八駿圖》 陰山鐵騎千千匹，雨鬣霜蹄神鬼出。風馳雲合暗中州，蹂盡東賔西餞日。豈皆騕褭與驒黄，拓土開基功第一。忽於紙上見八駿，穆滿所乘最超逸。如今已死骨亦朽，漫向毫端想毛質。當時造御天上藝，僅到瑶池王母室。暮雪霏霏黄竹歌，日行三萬竟如何。逢時莫問才高下，只與論功孰少多。

元 虞集《道園學古録》卷三〇《八駿圖》 瑶池積雪與天平，西極空聞八駿名。玉殿重來人世换，蕭蕭苜蓿漢宫城。

元 張之翰《西巖集》卷一〇《李伯時八駿圖》 霧鬣風鬃各不同，為誰着意苦形容。駑駘塞破奚官眼，老死何曾識八龍。

元 陳旅《安雅堂集》卷二《題驄馬圖》 大宛葡萄滿田野，天馬盡作葡萄青。横門道遠好馳逐，日斜秋影卧閒庭。

元 梁寅《石門集》卷三《建業爲友生徐元明題驄馬圖》 西域青驄馬，名因畫史傳。一龍方挺出，八駿敢爭先。曉日明金轡，春雲覆錦韉。河源隨蹀躞，閶闔望蜿蜒。迴立梧桐外，長嘶苜蓿前。無雙空冀北，敵萬踏燕然。留影詞人羡，捐金貴介憐。他年按圖索，天路復翩翩。

元 陳泰《所安遺集・天馬賦》 考試官批氣骨蒼古音節，悠然疑熟於楚辭者，然不免悲嘆，意疑必山林淹滯之士，天門洞開，天馬可以自見矣。

若有龍兮，渥洼之子，榮河之孫，批便奇崛。產自月窟，來於大宛。筋權奇而虎脊兮，肉磊磈而峰。覷精神變化不可測兮，上貫乎星房之垣。朝發蹤乎河濟兮，晡沒影乎崑崙。雖有御勒不暇顧兮，彼輿隸其焉能援。於箄飄飄惜遭時之孔阨兮，伏皁櫪而中頹。隨駑駘而並駕兮，又或驕逞而相欺。啗芻菽而不飽兮，羌豆菽之可期。軛鹽車而登太行兮，路岧嶢其險崎。羲和迫而將晏兮，勢蒼黃而摧萎。批讀之悵然。翩翩之伯樂兮，道安適而逢之。汝然為子涕兮，爾何困乎此？欷批奇氣可掬。世貴賤之不分兮，信焉用夫駿。為鮮劍佩以為質兮，吾將待子而西歸。欲掃空夫大漠之野兮，寧轢玄圃而騰崦嵫。不然乘雲躡風，載周穆而遠覽兮，造王母乎瑤池。於是天馬俯首噴沫，振鬣仰吁。物固各有所遇兮，遇固各有時。向微子之超越兮，骨委絕其誰知。批有司雖非伯樂能不為子刮目耶。縱逸氣之凌厲兮，獨不為子而徘徊。倘一試而遽舍兮，駕鼓車兮何悲。伯樂復嘆而為之歌曰：批可謂寸駿。天馬兮風駿，批竹耳兮夾鏡瞳，少不自見兮老愈工。嗟哉蹭蹬兮，吾知爾之為龍。

元 歐陽元《天馬賦》《元賦青雲梯》卷上　翳房星之委精，鍾天馬之權奇。澡神質於渥洼，砥勁氣於月氏。貞非坤牝，徤本乾為。上分扶輿之秀，下孕蜿蟺之粲。風雲姿其格力，雨露澤其光儀。膺廣鳳臆，鬣秀龍鬐。首昂渴烏之勢，影捷枉矢之馳。於是陋駒駼之產，邁麒麟之姿。驂六飛於廣漢，舞九奏於希夷。若乃朝刷崑崙，夕秣元圃。駕筷笙之子晉，道霞觴於王母。風冉冉兮斯征，靈續續兮來下。覽熙世之德輝，屬萬物之欣覩。願陪禁衛，自獻西土。乃命移中，戒造父，擇雲幕於金鞍，映孚尹於瓊户。出則鏘和，鸞驂轡組，媚日馭之光華，展天衢之步武。然其器質不可求之驪黃之余，其芻秣不可畀之皁櫪之伍。峙玉山之未，始足供其齕，委金臺之貲，未足議其估。是知天馬，固難得而不易畜也。所以罕見於盛時，僅聞於前古。時則有倣鄒、枚，請賡樂府。而客或難之曰：時方歌《鹿鳴》之章，子乃為《天馬》之賦，得無馳文教而啟武功也耶。昔者武王受旅獒之獻，而太保倡窺諫之風。文帝却千里之足，而史臣紀儉德之崇。況夫天馬之求於漢武也，繫足之詛，噬臍厥終。且是馬誠天意歟，則與其產物中之傑，曷若產士林之雄。天之賚武丁不以馬，而以騎箕之精，植鰭之翁。天之瑞西伯不以馬，而以牧野之鷹，後車之熊。厥今之士，固當先萬人而變豹，奚暇為一馬而雕蟲。賦者謝曰：吾幾晉人好馬之癖，子亦徒為漆園非馬之卞耳。惟辛亥之首詔，已節儉之昭美。限犬馬之驅馳，聽上方之進止。不寶遠物而寶人才，不貴藝能而貴義理。奚尚德以興賢，匪程文而求士。大抵馬有異質者，多驕而踶齧。士有異才者，多流而跅馳。匪觀良質，曷譬君子，幸識馬之方歟。若擾龍之劉，氏範之以往聖之驅馳，納之以前修之轍軌，亦既鄙漢人天馬之歌，則願究魯論德驥之旨也。

元 李朝瑞《天馬賦》《歷代賦彙》卷一三五　蓋聞渥洼之水，通天河而為一，潏湟淴泱，澎湃汩㶁，天馬於是出焉。蹴踏乎九霄而升，卓絕乎九地而立。瞬息千里，百獸為之震掉；奮迅長鳴，萬騎為之辟易。所以大宛之境，欲一二畜之而不可得，乃強擅其美於西極也。飄忽動盪，閃爍西東，銳耳脫兔，駭蹄超鴻，散飛星於舉尾，貫流電於垂瞳。淋漓赤瀋，磊磈肉駿，脊横繡壁之霞，耳削渭川之筒。朝秣祁連之禾，夕飲上池之淙。不求知伯樂之顧，不假馭王良之工。爾其怪質若神，權奇恢瑰，雲興鳥逝，馳驟風雨。賁育羽獲不得為之羈，驥騄騏驎不得並其偉。凡晉之屈乘、唐之驌爽，蓋其飫聞厭見，而不知其幾也。昔在元封，漢治盛隆。諸福之物莫不畢至。是天馬者亦來。鳳墀螭陛之宮。此豈戈甲之力，衛、霍之功。上有神武之君，下有英傑之臣。而渥洼之種，靈異之物，自致於天廄十二閑之中。如龍興而雲，如虎嘯而風。又如巖壑之俊彥，覩虞淵之瞳。曨煥然而起，翕然而從。是馬也，方將服力金根之煒煜，獻駿和鸞之玲瓏。笑瑤池之仙子，陋梨園之花驄也。客有進而言曰：子知馬之自天，而不知天之所以為馬也。《易》不云乎，《乾》為天為龍，為西北卦。故天馬之出也，於象為乾，於方為西。其超世之雄且駃者，皆乾道行健之餘。自漢至今，二千載矣，而又見於文明盛麗之時。此所以奉六龍之御天，臨九有之師也。言未既煙沙淅瀝，宇宙盤辟。風鬉霧鬣，掠月戴日。顧駑駘而已遠，但見雲霄之四跡。

元 程鉅夫《雪樓集》卷二九《趙際可天馬圖》　天馬出西極，神龍不能追。目為紫電光，歎作風雷飛。天馬不常有，畫中或見之。見之夢寐不可得，得之不用終何為。穆王無復瑤池宴，漢武秦皇不相見。何當真馬生渥洼，來與天子駕鼓車。

元 龔璛《天馬圖》《題畫詩》卷一〇三　人間能有幾天馬，試問來從西極者。二十萬衆從貳師，攻破大宛僅得之。執驅校尉奏妙選，帝閑自此收權奇。未央宮門銅作式，矯矯如此龍八尺。絆者自絆逸者逸，不是老龔誰能得。

元 郭畀《龔翠巖天馬圖》《題畫詩》卷一〇三　髯龔畫馬師曹霸，想見開元天寶年。水滿曲江春草碧，何知蜀棧上青天。

元 丁鶴年《題苐郎天馬圖》《題畫詩》卷一〇三　春明立仗氣如山，顧盼俄空十二閑。一去瑤池消息斷，西風吹影落人間。

元 陸仁《題漢天馬圖》《題畫詩》卷一〇三　朱鬣衝風汗血斑，遥思踣雪度龍關。風塵四海兵戈滿，未省將軍戰馬閒。

元 戴良《九靈山房集》卷九《題平章公所藏天馬圖》　君不見余吾水中天馬出，赤鬣縞身朱兩翼。割玉為鞍鞴不得，錦衣使者捷若飛，紫韁金勒看君騎。卻憶拂林初獻時，鳳城五門平旦啓。馳道行驕轡耳，耳路旁見者誰不喜。衆中牽出朝未央，揮霧流洙滿道香，毛带恩波眩日光。龍眠老子識馬意，行過天閑重回視，白筆描成落人世。我公購之滦水濵，百金市畫奐得真，奔霄迢電何足云。從今吹笛大軍起，料知一日行千里。

元 郭翼《林外野言》卷下《天馬二首》　佛郎獻馬真龍種，六尺之高脩倍之。圖畫當今屬周朗，歌詩傳昔勑奚斯。空聞市骨千金直，不羡窮荒八駿馳。有客新來傳原闕他本同此事，與君何惜滯明時。

四年遠涉流沙道，筋骨權奇舊肉駿。曉秣龍堆寒蹙雪，晚經月窟怒追風。漢文千里知曾却，曹霸丹青貌不同。拂拭金鞍被來好，幸陪天廐玉花驄。

元 胡助《純白齋類稿》卷六《趙敬叔所藏漢天馬蒲萄鏡》　武王求仙仍黷武，不顧赤子顛崖苦。金莖露滴秋風起，天馬西来渥洼水。魑魅百怪無逃容，神工獻技鍊青銅。鑄成明月飛當空，千年精魄淪土中。識者望氣如埋劍，取之持入閩王殿。南國衣冠光閃電，茂陵尤物人間見。蛟龍盤拏吐雲雨，照君肝膽萬萬古。

元 戴祖禹《皇元風雅》卷二八《天馬圖歌》　月支天馬難再得，誰向君家貌眞跡。鬃尾皎潔骨肉勻，騄駬驊騮敢同色。當時超逸眞絕倫，皎如玉龍下天門。朝馳駿坂飛匹練，暮浴深淵浮素雲。四蹄飽踏咸陽月，滿身猶帶燕山雪。只愁元霧閟神姿，未許清塵汙汗血。飄然卻立精神聚，想見落筆驚風雨。他年開匣君勿驚，照室神光夜飛去。

元 劉詵《桂隱詩集》卷二《天馬歌贈炎陵陳所安所安名泰。甲寅以《天馬賦》領薦。下第，頗不遇，故以此。嘆之**》**　房精夜墮滎波中，驊騮奮出如飛龍。昂頭星官逐枉矢，振鬣雲闕追天風。漢家將軍三十六，分道出塞爭奇功。當時一躍萬馬盡，蹴踏少海霓旌紅。韓哀謝輿伯樂去，蹶塊誤落奚官庸。十年皁櫪食不飽，雖有駿步難爭雄。春隨錦韉北陵北，秋卧衰草東阡東。時從駑駘飲沙澗，未免泥滓沾風騣。夜寒苜蓿山谷迥，長嘶落月天地空。時平文軌明蕩蕩，萬里窮山無虎帳。交河不用踏層冰，褁足山城學馴象。吾聞天子之廄十二閑，驥騄並收無棄放。金根雲罕出都門，喚取雍容肅仙仗。

元 馬臻《霞外詩集》卷七《題畫海南入貢天馬圖傳驛每餵粱肉**》**　余吾天馬生水中，毛如澄墨耳插筒。雄姿挺挺浴海氣，一刷萬里追遺風。九夷入貢賓來服，畫出猶能駭人目。韓子休教喂地黄，太僕能令飽粱肉。誰憐東郊瘦馬硉兀如堵牆，汗血力盡德不揚，尚望明年春草長。

元 宋無《翠寒集・天馬歌》　天馬天上龍，駒生天漢間。兩目夾明月，蹄削崑崙山。元氣飲沆瀣，躍步超人寰。天上王帝老不騎，饑食虎豹曉出關。滅没流彗姿，欻忽紫電顔。黄道三十六萬里，日馳週天去復還。時乎降精渥洼中，龍性變化終難攀。天馬來，瑞何朝。化為龍，應童謡。騶虞仁獸耻在坰，龍亦絶跡歸赤霄。風沙豈無大宛種，雖有八極安能超。天馬來，雲霧開。天廐騕褭鳴龍媒，龍媒不鳴鳴駑駘。

元 王逢《梧溪集》卷三《敬題汪氏天馬圖》　世皇勃起燕雲開，網羅六合蒐英才。許公劉公駕萬乘，奔走扈從皆龍駷。流傳駿骨八十載，始見拂郎天馬來。天馬來，光昭回。卻追電殿奔雷周，圖揭贊漫汗九垓。星房元精降恢台，鍾毓水德眞休哉。金溝柳拂青毯毬，弄影路寢鳴義臺。今或以之靖氛埃，三衞七校紛後陪。芻豆莫漫肥駑駘，芻豆莫漫肥駑駘。

元 吴師道《禮部集》卷一一《天馬贊并序**》**　至正二年秋七月，上在灤京，拂郎國來獻馬，長丈一尺有三寸，高六尺四寸，昂首復增三之一焉。身純黑，後二蹄白，食芻粟倍常，間以肉湩。奇偉驍駿，真神物也。拂郎在西海之西，去京師數萬里，凡七渡巨洋，歷四年乃至。上御慈仁殿受之，後月乘以歸燕，既勑畫工為圖，仍命詞臣贊之。臣某具員學館，目睹盛事，謹百拜稽首而獻贊。曰：

房星降精，龍出水中。挺生雄姿，西極為空。聖人御天，臣不敢駕。四年在途，祇獻墀下。玄雲披身，白玉並蹄。昂首如山，萬驥讓嘶。神物應期，振古無匹。不命自來，懷遠之德。省方時乘，一日兩京。吉行無驅，永奉皇明。

元 許有壬《圭塘小稿》卷二《應制天馬歌》　臣聞聖元水德正色在朔方，物産雄偉馬最良。川原飲齕幾萬萬，不以數計以谷量。承平雲布十二閑，華山百草春風香。又聞有駿在西極，權奇倜儻鍾乾剛。茂陵千金不能致，直以兵戈勞廣利。當時紀述雖有歌，侈心一啟何由制。吾皇慎德邁前古，不寶遠物物自至。佛郎國在月窟西，八尺真龍入維縶。七逾大海四閱年，灤京今日才朝天。不煩翦拂光奪目，正色呈瑞符吾玄。鳳膺龍臆渴烏首，四蹄玉後翳其前。九重喜見遠人格，一時便勑良工傳。玉鞭錦韉黃金勒，瞬息殊恩備華飾。天成異質難自藏，志在君知不在物。方今天下有道時，絕塵詎敢稱其力。臣才罷駑亦自知，共服安輿無覂軼。

元 楊維楨《鐵崖古樂府》卷七《佛郎國進天馬歌》 《天馬歌》，本古樂府車馬六曲之一也。漢郊祀樂歌亦有之。然漢之得天馬，或出於漢二師將軍之伐宛，非德徠之。維我有元至正，聖人德被西裔，而佛郎馬來。宜作歌章，光贊樂府，故作此歌。

龍德中，元氣昌，天王一統開八荒。十又一葉治久長，前年白雉来越裳。中國聖明日重光，仁聲駁沓動嘉祥。烏桓部族號佛郎，實生天馬龍文章。王臺啓，閶闔張，願為蒼龍載東皇。瑤池八駿若有亡，白雲謠曲成荒唐。有元皇帝不下堂，瑤母萬壽来稱觴。屬車九九和鸞將，大駕或駐和林鄉。後車獵俟非陳倉，帝乘白馬撫八方。調風雨，和陰陽。泰階砥平玉燭明，太平有典郊樂揚。尚見榮河出圖像，麒麟鳳鳥紛来翔。

元 張昱《張光弼詩集》卷二《天馬歌天曆間貢**》** 馬來自茀郎國，足下風雲生倏。忽司天上奏失房星，海邊產得蛟龍骨。軒然卓立八尺高，衆馬俛首羞徒勞。色應北方鍾水德，滿身日彩烏翎黑。縱行不受羲和轡，肯使王良馭輗軏。黃絲絡頭兩馬牽，金鐙雙垂玉作鞭。寵榮日賜三品禄，不比衛鶴空乘軒。大國懷柔小國貢，君王一顧輕為重。學士前陳天馬歌，詞人遠獻河清頌。鑾旂屬車相後先，受之却之俱傳。普天率土盡臣妾，聖主同符千萬年。

元 周伯琦《近光集》卷二《天馬行應制作有序**》** 至正二年，歲壬午七月十有八日，西域佛郎國遣使獻馬一匹，高八尺三寸，修如其數而加半，色漆黑，後二蹏白，曲項昂首，神俊超越，視他西域馬可稱者，皆在髃下。金轡重勒，馭者其國人，黃鬚碧眼服，二色窄衣，言語不可通，以意諭之，凡七渡海洋，始達中國。是日天朗氣清，相臣奏進，上御慈仁殿，臨觀稱歎。遂命育于天閑，飼以肉粟酒潼。仍敕翰林學士承旨臣巙巙，命工畫者圖之，而直學士臣揭徯斯贊之。蓋自有國以來，未嘗見也。殆古所謂天馬者邪！承詔賦詩，題所畫圖。臣伯琦謹獻詩曰：

飛龍在天今十祀，重譯來庭無遠邇。川珍嶽貢皆貞符，神駒躍出西洼水。佛郎蕞爾不敢留，使行四載數萬里。乘輿清暑灤河宮，宰臣奏進閶闔裏。昂昂八尺阜且偉，首揚渴烏竹批耳。雙蹏縣雪墨漬毛，踈駿擁霧風生尾。朱英翠組金盤陀，方瞳夾鏡神光紫。聳身直欲淩雲霄，盤辟丹墀却閑頠。黃須圉人服尨詭，鞚控如縈相諾唯。羣臣俯伏呼萬歲，初秋曉霽風日美。九重洞啟臨軒觀，衮衣晃耀天顏喜。畫師寫倣妙奪神，拜進御床深稱旨。牽來相向宛轉同，一入天閑誰敢齒。我朝幅員古無比，朔方鉄騎紛如螘。山無氛祲海無波，有國百年今見此。崑崙八駿遊心侈，茂陵大宛黷兵紀。聖皇不却亦不求，垂拱無為靖遐鄙。遠人慕化致壤奠，地角已如天尺只。神州苜蓿西風肥，収斂驕雄聽驅使。屬車歲歲幸兩京，八鑾承御壯瞻視。騶虞麟趾並樂歌，越雉旅獒盡風靡。迺知感召由真龍，房星孕秀非偶爾。黃金不用築高臺，髦俊聞風一時起。願見斯世皥如羲皇，按圖畫卦復茲始。

元 左克明《古樂府》卷一《天馬歌漢武帝紀元鼎四年秋，馬生渥洼中，作天馬之歌。太初四年春，貳師將軍李廣利，斬大宛王首，獲汗血馬來，作西極天馬之歌**》** 太乙況，天馬下。霑赤汗，沫流赭。志俶儻，精權奇。籋音躡浮雲，晻烏感反上馳。體容與，迣音例萬里。今安匹，龍為友。

天馬徠，從西極，涉流沙，九夷服。天馬徠，出泉水，虎脊兩，化若鬼。變化如神天馬徠，歷無草，經千里，循東道。天馬徠，執徐時，歲在辰將搖舉，誰與期。天馬徠，開遠門，竦予身，逝崑崙。天馬徠，龍之媒，游閶闔，登玉臺。

元 王惲《御驃出廄圖》《佩文齋咏物詩選》卷四〇五 何人拂絹素，寫此房駟精。一馬老伏櫪，志在千里行。二馬騁踶齧，角壯猶龍騰。一馬方輥塵，海岸翻鯤鯨。畫師慘淡意，落筆矜多能。我觀寓所感，國制貴有經。唐人重馬政，分屯列郊坰。當時百萬匹，肅肅羅天兵。東封與西蕩，歲用不可勝。嗣王獵其餘，尚足開中興。乃知三軍本，匪馬將奚憑。聖經說備豫，萬古為世程。倉卒事亦辨，未免衆目驚。我思立仗間，振鬣伸長鳴。所言固芻蕘，聖經其可輕。

元 郝經《大宛二馬》《佩文齋咏物詩選》卷四〇五 二馬飄飄萬里來，王花蕭颯上金臺。風生兩耳雲霄近，電掣雙瞳日月開。渥水虎文連朔氣，大宛龍種絕氛埃。將軍正欲成勳，業看汝驍騰展驥才。

元 王旭《蘭軒集》卷七《良馬》 足躡清風傲八荒，虎文龍骨氣昂藏。

相無伯樂應嫌瘦，御有韓哀始信良。奇種舊傳青海畔，遠游曾到白雲鄉。千金買骨人何在，落日鹽車路正長。

元 馬祖常《石田文集》卷四《駿馬圖》 天馬西來入帝閑，風鬃霧鬣駁文班。房星一夜光如水，却怨龍媒萬里還。

元 釋大訢《蒲室集》卷二《駿馬圖》 世無伯樂亦久矣，駿馬何由千里至。披圖猶似得權奇，豈伊畫師知馬意。何人致此鐵色驪，旋毛繞腹新鑿蹄。帝閑遠謫天駟下，馳來月窟浮雲低。古王有土數千里，八極周遊寧用爾。方今萬國効奔命，合遣龍媒獻天子。飈馳電汲爭辟易，萬里所向無前敵。男兒馬上定乾坤，腐儒詩書果何益。幾愁骨折青海烟，黄沙野海穹廬前。幸逢好事寫真傳，似向長鳴誰與憐。嗟我身如倦飛鳥，十年繭足愁山川。安得千金購神駿，攬轡欲盡東南天。

元 張昱《張光弼詩集》卷二《唐太宗駿馬圖》 昭陵石刻今無有，絹素乃能存不衫。當時奇骨濟時艱，駕馭盡入天人手。隋家再世俱凡庸，不知肘腋生英雄。晉陽奮起六駿馬，蹴踏人海波濤紅。帝王一出萬邦定，千戈四指羣小空。凌烟勳臣盡圖畫，一旦肯遺汗血功。嗚呼何從得此樣，規模却與石刻同。乃知帝王所駿乃龍種，豈可求之凡馬中。唐家開基三百載，展卷尚覺來英風。

元 吴萊《淵穎集》卷三《白鼻騧》 白鼻騧，白鼻騧，當軒迥立噴風沙。名韁留良定北土，蹇驟索價猶東家。青松縛柳曉安阜，紅錦裁韉春暎草。支遁心機愛神駿，伏波骨力輕衰老。去年禁馬無馬騎，天下括馬數馬皮。浮湛鄉閭萬里足，咲傲品秩千金羈。幸茂漢武重脩政，往矣劉聰真覆鏡。立防戰備要馬稀，藏富民寰須馬盛。向来河隴色為群，目極川原亂若雲。庶人徒行未足恤，世間醇駟何由得。

元 梁寅《石門集》卷二《李辰州黑首白身名馬歌》 李侯名馬姿相別，赤驪紫燕俱下列。頭純黑色身偏白，一片陰雲兼積雪。自言辰州初買時，城門走試驚飈馳。少年旁觀皆歎息，前者未聞今見之。矯如玄龍躍春水，巨浪掀騰玉鱗起。夜將金絡光可覩，晝鞴銀鞍色相似。東還豫章今幾載，黄金可市當十倍。長鳴冀北羣已空，出獵陰山意常在。吁嗟李侯才更賢，虬鬚燕頷神凛然。明年踏雪趨幽燕，青霄飛鞚朝九天。九重詔拜大都護，此馬願逐雙旌去。

元 毛直方《獨駿圖》《題畫詩》卷一〇三 連天苜蓿青茫茫，鹽車鼓車紛道傍。獨駿汗血不可當，權奇倜儻晦若藏。五之六之無留良，如此獨步何堂堂。日三品豆慎所嘗，天閑逸氣誰能量。一尺之箠五尺韁，了與轡絡俱相忘。太僕御直儼冠裳，庭前榻上婉清揚。有詔有詔且勿忙，一洗凡馬鑾鏘鏘。我觀此圖筆意長，欲言尚寄田子方。

明 周是修《芻蕘集》卷二《紫騮馬》 紫騮馬黄金韉，一新剪拂當晴天。蹄輕耳峻筋骨堅，性烈不受庸人牽。山西主將功名老，時時騎出長安道。長安三月春風寒，無限落花點芳草。遥遥數里聞號鳴，走過一歘疑流星。汗生黑暈摶雲濕，舉國駑駘空震驚。歸来四海知聲價，甘將伏櫪都城下。回看厩旦可不慚，苦月寒霜自終夜。

又 卷四《紫騮馬賦建文帝命作》 天房毓駟，渥洼騰龍。凌雲聲價，歘然從東。紆奇毛而純紫兮，挺駿骨而獨雄。非大宛之類比兮，覺冀北之羣空。經都歷塊兮，越國旋蓬。飄飄霧鬣兮，灑灑風騣。豎披竹之峻耳兮，皎長庚之方瞳。發英姿于其外兮，韞馴德于厥中。混尋常之萬匹兮，誰將辨夫異同。當一顧而顯名兮，幸伯樂之遭逢。備君閑之上乘兮，膺秣飼之恩隆。策恒止於道合兮，鳴必期於意通。令奮心而懷感兮，將竭力而效忠。馭金輿而奕奕兮，立仙仗而顒顒。絡青絲而矯矯兮，節和鑾而雝雝。齊首服而駸駸兮，輯旁驂而龐龐。或縱騁而逐電兮，或長嘶而生風。既材用之不忝兮，分勤勞而敢慵。誇騋牝之三千兮，何衛文之蕃豐。頌駉牡之無邪兮，實魯僖之盛容。慕的盧於漢主兮，笑驌驦於唐公。誓無愧於照夜之白兮，又何讓乎玉花之驄。凌嚙膝之逸軌兮，超乘旦之高蹤。嗟赤兔之無成兮，悲烏騅之困窮。善燕人之取譬兮，美交河之戰功。萬古驅馳兮，知王良之善御。千秋圖畫兮，推韓幹之筆工。斯驊騮之生世兮，實間氣之所鍾。覩蘭筋之權奇兮，信絶勝夫駑傭。唯予王之察識兮，日剪拂乎丰茸。重尼父之稱德兮，亦胡衒夫偉革之沖沖。浴金河兮波溶溶，踏輦路兮春融融。穿垂楊兮暎緑，傍繁花兮絢紅。紫燕翩而侔色兮，騄駬殿而莫從。雖伏櫪而志遠兮，豈區區乎房櫳。斋惠養之有加兮，庶材力之擴充。横八極而展足兮，尚圖成乎厥終。

明 朱誠泳《小鳴稿》卷一《紫騮馬》 舊日紫騮馬，于今誰復看。猶能隨破虜，相與戰呼韓。歲久頭顱老，風酸戰骨寒。新駒初墮地，眼見試金鞍。

明 陳循《芳洲詩集》卷一《鄭和所獻名馬歌》 使者昔日下南土，

歸以龍媒奉聖祖。當時入貢寂超群，常覺滿身霏紫霧。兩瞳如鏡項如鈎，獨立驕嘶無與儔。追風不覺塵埃動，飲月長驚苜蓿秋。麒麟殿側排仙仗，鳳凰城下供清帳。百年惟見老天閑，豈識沙場恣來往。嗟茲神物為國奇，代產名駒天子騎。列聖駕御已三世，此駿吾乃復見之。古稱驥不稱其力，獨喜調良罕為匹。縱使海內盡斯流，焉可朽索為羈靮。常聞天子列萬騎，出警入蹕皆由禮。爾雖日行千里將，奚為吾愛漢文能達此。

明 陳耀文《正楊》卷二《天馬歌》 《天馬歌》天馬倈，歴無草。草即皁字，从草，从早艸字，可染皁也。後借爲皁隸之皁。歴，解爲槽櫪之歴，言其性安馴，不煩控制也。師古解爲水草之草，失之。

《漢志》云：天馬來，歴無草，徑千里，循東道。張晏曰：馬從西而來東也。師古曰：言馬從西來，經行磧鹵之地無草者，凡千里而至東道。

據歌中上下文意，馬尚未至，安得即説槽櫪。且染皁何施。又云『皂隸之皂』，將用以控此馬乎？殊不可曉。

《西河舊事》曰：廣武郡有馬蹄谷。漢武帝聞大宛有天馬，遣李廣利伐之，始得此馬。漢武爲賦《天馬之歌》云云。胡馬感北風之思，遂頓羈絶絆，驤首而馳，晨發京城，食時至燉煌北塞山下，嘶鳴而去。因名其處爲『候馬亭』，俗號曰：『天馬徑』。觀此，天馬之性其『安馴』有如此者。

明 程敏政《唐氏三先生集》卷七《拂郎國獻天馬》 西戎獻馬大明宮，九尺頭昂立朔風。身逿黒雲蹄踐雪，眼明紫電骨如龍。圉人飫豆須三品，明月當盧映兩驃。雉貢越裳周道盛，歡歌重見入居庸。

駿骨西來路幾程，涉殘滄海覺身輕。一尋向上真非畫，萬馬皆瘖不敢鳴。玉署詞臣揮贊筆，虬髯使者被恩榮。可憐漢武窮兵日，得似天朝賀太平。

又 卷七《題八駿圖》 讀杜工部馬詩，雖工柳儀曹晉問益工。韓吏部畫記，八十三馬不厭其多。蘇翰林十九馬不覺其少。所謂詩文照耀今古，雖無畫焉可也。曹君時齋篤意好古，家藏八駿圖，驟者、卧者、蹄齧者、水飲者、草齕者，必穆王西游宴王母瑶池。上命造父御以歸休之時耶。不然何弛其勞，而恣其逸。又如華山之時耶。噫瘦骨崢嶸，嘶風欲斷，苟具眼者，不當以羣馬比也。

明 常倫《常評事集》卷三《紫騮馬》 草黄憐駿骨，瘦影立沙頭。誤蹶追風足，長誣泛駕羞。氷合交河水，塵驚絶塞秋。聞道駑駘盡，橫門復壯遊。

明 費元禄《甲秀園集》卷四《青驄白馬》 青驄白馬七尺強，玉勒紫絲持作韁。可憐游冶去無常，不作纏頭歸故鄉。琉璃鞍絡白如霜，可憐著地自生光。可憐繫馬着長松，躑躅徘徊五湖中。可憐白馬逐青驄，來逞鹵曲如生風。借問鹵曲窈窕孃，青驄白馬更誰良。六萌車兒下䍐去，君得何時還女處。齊唱可憐憐殺人，可憐三聲傷儂神。

又 《紫騮馬歌四首》 雄兒任俠氣，十五便知名。坐下紫騮馬，手下吳鈎明。

二

紫馬豔桃花，鹵遇盤龍騶。下馬各叉手，相擕入酒家。

三

客自東平來，忼慨頓足語。褰中出素書，心知劉生處。

四

黄金盌裏光，青劍腰間霜。借交行結怨，殺人燕市傍。

明 郭濬《虹暎堂詩集》卷二《紫騮馬》 邊路苦遠，歸路苦長。少年騎馬，老在邊疆。主恩未報難，可忘此馬同，之存與亾河。邊白骨多如霜，飛鳥啄啄天蒼蒼。大功不歸壯士寡，更有何人還故鄉。

明 郭正域《合并黄離草》卷六《紫騮馬歌》 三冬船上坐，三春跨馬過。道逢馬上郎，家中事若何。

其二

一馬不肯行，兩馬並轡走。京中事未完，家中事寧否。

其三

深深河中水，乘風作波去。直到大海邊，何時還故處。

其四

牧兒燒野火，群鴉飛上天。老婦若出門，拍手咲殺人。

明 何白《汲古堂集》卷二《紫騮馬》 赤驃弄嬌嘶，長風入四蹏。玉鞭經未下，朱鬣江初齊。性潔嚴芻秣，材馴習鼓鼙。健兒兩相得，與事玉關西。

明 胡直《衡廬精舍藏稿》卷二《紫騮馬》 三花汗墮紅，萬里自貔戎。駬駿龍為友，繽紛錦作幪。獨乘元菟塞，如馭大鵬風。幸奉英雄駕，狼居蚤勒功。

明 皇甫涍《皇甫少玄集》卷二《紫騮馬》 騮馬蹀金城，桃花嬌玉纓。從來汗血種，不愧絕塵名。恊月竒姿表，凌風逸態生。願言酬隱渥，服御帝臺行。

明 江源《桂軒續稿》卷一《紫騮馬》 紫騮馬，何翩翩，肉鬃耀日赤，隅目夾鏡懸。翠蹄削玉耳批竹，黄金飾勒玉作鞭。一朝騎出萬人羡，駑駘羞縮不敢前。萬里横行沙漠北，幾回破虜陰山顛。功成歸來報明主，春風沙苑又年年。

明 蔣主忠《慎齋集》卷三《紫騮馬》 紫騮馬，行且嘶。赤絨作鞦金作羈，沙場一日邊塵飛，許君萬里能驅馳。揮鞭萬里不復辭，閨中少婦莫相憶，行看封侯歸有日。

明 李濂《嵩渚文集》卷七《紫騮馬》 騮馬珊瑚鞭，珠勒鳳凰韉。蹀躞桃花裏，踟躕苜蓿邊。嘶風廻漢塞，銜雪渡秦川。為報閨中婦，歸人猶少年。

明 李攀龍《滄溟集》卷二《紫騮馬歌四首》 出入渭城中，少年獨妍雅。不知是阿誰，但識紫騮馬。

紫馬從西來，道逢一驪駒。兩人下馬揖，便入酒家胡。

問客復何為，昨日發東平。袖中出短書，心知自劉生。

對客讀短書，慷慨不能止。拔劍出門去，報讐燕市裏。

明 李言恭《青蓮閣集》卷一《紫騮馬》 蹀躞紫騮馬，遠向天涯去。門前白髮親，目斷天涯路。洒淚向雕鞍，馬去無回顧。萬里致青雲，倚門自朝暮。

明 林鴻《鳴盛集》卷二《紫騮馬》 將軍紫騮馬，幾度出安西。積雪埋龍臆，河氷響玉蹄。百戰功堪並，千金價自低。吳門秋日晚，長倚北風嘶。

明 劉炳《劉彦昺集》卷四《紫騮馬寄朱士正》 紫騮馬，雕鞍韉，來汗如赭。恨郎騎馬過章臺，醉月眠花尋不來。郎若歸時将馬賣，無馬尋春郎莫恠。

明 劉儲秀《劉西陂集》卷一《紫騮馬》 東方夫壻來，云已破強狄。高束玉銜頭，並此黄金勒。苦心昔未忘，汗血今猶滴。苜蓿滿園青，休休且伏櫪。

明 劉繪《嵩陽集·紫騮馬》 削竹摇金鋏，曳練照明瑠。色逼桃花姤，蹄散蘼兼香。方思騰瀚海，聊且戲垂楊。驕嘶豪客去，美人空斷腸。

又 赤虯翻錦鬣，白羽耀金韉。流影城霞滅，吹風山葉飛。横出休屠陣，能空左角圍。但令君一顧，灑血向金微。

明 劉榮嗣《簡齋先生集·詩選》卷二《紫騮馬》 紫騮馬，何翩翩。青玉轡，黄金鞍。雙目掣宵電，四蹄絕飛煙。姿材實英勇，意思常安恬。背負将軍貫，敵陣敵馬千。群尾鬣震逐，北追奔氣愈。張戟叢矢簇，威益振功成。名播榆關外，將軍裂上懸金印，駯駘不敢復窺邊。犎牛同櫪精神倦，饑渴無時骨，漸高撞車轅。下困泥濘力，衰筋緩戰痕瘢。荒草夕陽行，躡蹬絡頂斷。綆時蹴躓烏，啄長手嘶鳴。憤紫騮，紫騮老如此，長使壯士淚雙迸。

明 劉世教《研寶齋遺稿》卷二《紫騮馬》 天馬渥洼生，權奇太乙精。但識千金骨，寧辭萬里行。匹練流飈迅，輕蹄掣電明。横蹴初連北，胡塵永不驚。

明 劉嵩《槎翁詩集》卷一《紫騮馬》 郎騎紫騮馬，來向門前下。馬尾捎赤雲，銀鞍色相射。願郎騎馬去，復來珊瑚作鞭絲，結轡縱令遠去。玉關外千里，應須一日迴。

明 倪宗正《倪小野先生全集》卷三《紫騮馬》 飄飄紫騮馬，曾上崑崙峯。上有長生禾，咀嚼無春冬。雄氣食野虎，殊質孕天龍。願為將軍用，長摧□□鋒。

明 宋登春《宋布衣集》卷二《白鼻騧》 騣裹白鼻騧，婀娜玉鞭斜。錦韉明春陌，銀鞍拂柳花。經過劇孟飲，留醉阿奴家。日暮旋鳴轡，長安有狹邪。

又《紫騮馬》 騮馬黄金羈，行行赭電馳。三春白日晚，六郡良家兒。厲劍龍庭北，鮮鞍鐵嶺陲。歸來朝玉殿，猶把漢旌旗。

明 孫蕡《西庵集》卷二《紫騮馬》 紫騮馬，黄金羈。兒家夫壻，金陵兒。金陵正值繁華時，日與遊俠相追隨。追隨遊俠金陵下，長跨金羈紫騮馬。睹勝初登蹴踘場，縱酒還來鬬鷄社。越羅禁練照晴空，飛鞚揚鞭去似龍。御轉端門回輦路，斜穿夾道過行宮。行宮夾道通三市，長使傍人誇意氣。紫陌春融錦繡連，青樓日暮簫笙起。青樓娼女砑羅裙，清歌宛轉駐流雲。歌闌陌上春風度，舞罷樓前壁月新。陌上樓前相識多，相陪相引屢經過。房櫳寂寞交疏裏，雲鬟粧成奈爾何。

明 唐寅《**唐伯虎先生集**》**卷上**《**紫騮馬**》 紫騮垂素韁，光輝照洛陽。連錢裁璧玉，障泥圖鳳凰。夜赴期門會，朝逐羽林郎。陰山烽火急，展策願超驤。

又《**驄馬驅**》 悠悠驄馬驅，道阻歲云晚。豈無同袍士，念子不能飯。木脱辭故枝，去家日已遠。鳴鷄戒前道，夕暝猶驅蹇。筋力已非舊，淚下不可卷。

明 屠隆《**由拳集**》**卷三**《**紫騮馬**》 長安紫騮馬，踥蹀破春煙。銀鞍何翕赩，金絡復嫣然。塢外天桃妒，樓中嬌女憐。盛年應自惜，歡賞芳春前。

明 王伯稠《**王世周先生詩集**》**卷二**《**紫騮馬**》 大宛胡騮馬，千金寶轡裝。桃花噴汗濕，龍氣挾雲驤。長夜嘶寒月，秋風憶大荒。願隨驃騎戰，萬里逐名王。

明 王慎中《**遵巖集**》**卷七**《**紫騮馬**》 朱汗四垂碧玉蹄，韁絲陡勒不勝嘶。長安陌上催花雨，萬樹紅英踏作泥。

明 王祖嫡《**師竹堂集**》**卷五**《**恭題宣廟御筆花驄馬應制**》 王墨花驄繫禁林，回頭曲臆感恩深。雄姿颯爽黃麈靖，睿思經營白晝陰。宛地已祛空萬馬，燕臺枉自重千金。非緣御筆圖神駿，要識兢兢朽索心。

又《**恭題商喜紫騮馬應制**》 水淺沙平碧草芊，神駒飲齕自逌然。貢來尚帶函關氣，牽立全籠御篆煙。天廐真龍今再見，人間凡馬敢爭先。丹青不數開元妙，踥蹀應同樂府傳。

明 吳國倫《**甔甀洞稿**》**卷三**《**紫騮馬**》 停機朝下堂，開鏡理新妝。郎騎紫騮馬，遠道還故鄉。男兒重意氣，閭里接輝光。炊黍尚堪薦，扊扅豈相忘。

明 吳稼竳《**玄蓋副草**》**卷一四**《**紫騮馬**》 紫騮遙逐陣雲飛，珠勒銀鞍射獵稀。只恐胡兒思夜遁，欲令漢將突重圍。聲連野戍殘金柝，血濺沙場污鐵衣。聞道天閑饒苜蓿，不知征戰幾時歸。

又《**驄馬**》 驄馬如匹練，騣驔走金隄。道逢柘彈客，歡殺羽林兒。文鞍鏤碧玉，柔鞚約青絲。慷慨各自許，連鑣赴邊陲。

明 謝肇淛《**小草齋集**》**卷二**《**紫騮馬**》 將軍紫騮馬，踥蹀向安西。花動連錢色，雲浮碧玉蹄。胡沙看欲鬬，漢月照還嘶。百戰歸來日，猶憐錦障泥。

明 徐熥《**幔亭詩集**》**卷五**《**紫騮馬**》 踥蹀横行意，悲鳴戀主身。金鞭垂漢月，玉勒控邊塵。影絶追奔易，蹄高轉戰頻。不辭流汗血，未可事和親。

明 楊士奇《**東里集**》**卷一**《**紫騮馬**》 紫騮馬黃金韉，五花錯落錦連錢。三鬃剪出鳴向天，紅絲飾鞚珊瑚鞭。揚鞭攬轡殊慨然，願得出身事明主。馳馬揮刀奮威武，一為除兇報千古。

明 于慎行《**穀城山館詩集**》**卷六**《**紫騮馬**》 寶馬踥皋蘭，紅塵撲繡鞍。追風珠汗落，踏雪玉蹄寒。北地春方澀，長城凍未乾。一鳴思報主，不取按圖看。

明 袁表《**閩中十子詩**》**卷四**《**紫騮馬**》 將軍紫騮馬，幾度出安西。積雪埋龍臆，河氷響玉蹄。百戰功堪並，千金價自低。吳門秋日晚，長倚北風嘶。

明 袁宏道《**袁中郎全集**》**卷二六**《**青總馬**》 青驄馬九尺强，百金買千金裝。雙蹄不着地，影滅如飛翔。借問冶遊郎，何為在他鄉。下馬立青梧，手提碧珊瑚。千喚不知人，盡眼眄當壚。當壚豈不冶，褰衣愁曉露。五步一停驄，十步一回顧。客從遠道來，贈我青鸞帶。交頸復同心，白石青松在。東家好女秦羅敷，西家蕩兒馮子都。鴛鴦只愛毛翎好，那知水底有鵜鶘。

又《**紫騮馬**》 紫騮馬，行且嘶，願爲分背交頸之逸足。不願爲追風絶景之霜蹄霜蹄。滅没邊城道，朔風一夜霜花老，縱使踏破天山雲，誰似華陰一寸草。紫騮馬，聽我歌，壯心耗不盡，奈爾四蹄何。

明 袁凱《**海叟集**》**卷一**《**紫騮馬**》 君騎紫騮馬，遠上燕山去。老母倚門啼，淚濕門前路，淚亦何時乾。馬去無回步，前月附書還。致身在郎署，月賜既已多，取得尚書女，身榮自可樂，母死無人顧。多謝隣里人，將錢治墳墓。

明 張時徹《**芝園集**》**卷四**《**紫騮馬**》 駿馬鐵連錢，天閑服錦韉。鳴鑾過上苑，從幸入甘泉。伏櫪何多歲，鹽車不受鞭。空將千里骨，死後得人憐。

明 范欽《**天一閣集**》**卷四**《**題李遇齋司馭所藏八駿圖歌**》 房星夜墮地維裂，躍出八駿稱奇絶。拳毛汗血類渥洼，龍鬐鳳臆獅子花。追風躡雲掣流電，刷影直登周穆殿。造父爲御七萃疲，朝發鎬京暮瑤池。觴行樂動賔王母，再拜薦桃大如斗。宴罷來歸歌白雲，貌出神骨猶超群。青蓮耳孫官司馭，天閑十二異一遇。今皇玄黙拱九重，出入警蹕乘六龍。四夷賨貢羽獵罷，即有神駿將安庸。司馭司馭爾莫猜，壘塊亦似千里才。徵書十道下天府，物色行上黃金臺。

明 費元祿《**甲秀園集**》**卷三**《**天馬歌**》 帝合符，天馬下，蹏躡石，汗流赭，絶地紀，配天行。龍為匹房，為精搏，回風掣，飛電卤，極通南服奠。天馬徠，開中國，化若神，昭火悳。天馬徠，涉流沙，服余皁，鼎皇家。天馬徠，循東道。帝悳敷，御大賓。天馬徠，歲執徐，馳九服，誰與俱。天馬徠，承威靈，竦余身，征不庭。天馬徠，龍之友，踰崑崙，謁王母。

明 馮裕《**天馬歌**》《海岱會集》卷一 猗龍種之蹻蹻兮，淩渝澤之淼淼兮，失天閑之騕褭兮。負河圖兮文明，銜赤文兮舜之禎，矯首長鳴兮雄風生。纖阿逝兮，伯樂逝兮，按圖索華鞿珂兮，歸有德。

明 王世貞《**弇州山人四部續稿**》**卷二**《**千里馬**》 千里馬胡不疲，五帝漸以驟，三王不免馳焉。能飽食，安步歌，皇羲上乘此馬，將何之。

明 高出《**鏡山庵集**》**卷一**《**天馬**》 天馬徠，爾奔雷出蕭關，歷紫臺。天馬徠，徑流沙，歕赭沫，超荒遐。天馬徠，絶騕褭，汨櫂奇，服余皂。天馬徠，志倜儻，泄陰山，超來徃。天馬徠，挾八龍，宴王母，涉樊桐。天馬徠，房之精覽，四海將澄清。

明 管時敏《**蚓竅集**》**卷五**《**敬賦天馬歌**》 昔聞天馬不易得，房星降精産西域。雙蹄並截白玉光，一身渾染玄雲色。雄姿非騍亦非駮，八尺乃是真龍媒。天生權奇特神駿，烏騅赤兎皆凡材。風尾蕭蕭耳雙聳，萬里騰驤塵不動。番臣重譯貢中華，黃金論價如山重。太僕養之十二閑，立仗曉聯鵷鷺班。在廷畫史皆國手，乃為寫真傳世間。當今聖主修文德，遠裔窮荒俱混一。不用勞師圍太宛，年年擬獻三千疋。

明 楊慎《**升庵集**》**卷二三**《**養龍坑飛越峰天馬歌**》 高皇御天開大明，龍馬出自養龍坑。房星夜下鹿盧寨，天駟曉來驃騎營。殿前重瞳回顧盼，奚官仗外爭相迎。雞鳴牛首試控縱，鳳師麟儀無逸驚。歸風絶塵羨迅疾，逮日先影羞翾輕。四蹄翩然不蹍地，六飛如在空中行。是時雄酋有奢香，左驂牡驪右牝黃。貢上金陵一萬匹，內廄惟稱此馬良。宸遊清燕幸鸞坡，學士承旨讚且歌。飲以蘭池之瑶水，秣以芝田之玉禾。飛越峯名自天錫，駿骨雖朽名不磨。至今百七十歳時，山頭猶有養龍池。方經地志或遺漏，箐苗洞獠那能知。吾聞天下有道，飛黃伏皁。又聞王良策馬，車騎滿野。前時吉囊寇大同，烽火直達甘泉宫。近日莫瀛亂交趾，羽書牙璋偏南中。安得將星再降傅友德，房宿重孕飛越峯。一月三捷獻俘馘，千旄萬旟歌熙雍。嗚呼將相寧有種，龍駔豈無媒經途訪跡一興慨。郭隗孫陽安在哉，長歌終曲長風來。

明 郭濬《**虹暎堂詩集**》**卷二**《**天馬歌**》 天馬奇，銜騶飛，表三道，服帝騑。天馬徠，絶景埃，出蕭關，振武威。天馬鳴，扶炎禎，君聖明，辨其眞。

明 韓上桂《**蘧廬稿選·天馬行贈朱維翰父子**》 我聞良驥之子常汗血，足歷天衢驚滅没。雄姿逸態轉風雲，照日霜蹄明皓雪。此馬氣格久負奇，自期伯樂早見知。朝策扶桑隨日馭，夕經弱水遶昆池。錦障妝成雲霧色，金鞭琢削珊瑚枝。乍來漢闕矜形，影曳出神宫光陸離。世人見此同嘆息，咫尺精靈那敢逼。穆王八駿未應先，漢文九馬虚求直。只今蹶足暫來東，緣江草緑嘶輕風。時來終自致雲漢，氣奮復欲跨崆峒。不信世間能有此，看君父子盡神驄。

明 胡奎《**斗南老人集**》**卷五**《**天馬辭**》 萬里宛駒入漢家，春雲團出五文花。武皇空把黃金鑄，不見河圖出渥洼。

明 李夢陽《**空同集**》**卷一五**《**天馬**》 天馬從西來，汗血何歷歷。天子顧之笑，置在黃金櫪。嗚呼神駿骨，草豆日蕭瑟。瘦骼突硉兀，銜轡掛在壁。白日涕至地，青雲志抛擲。朝望碣石津，夕盼流沙磧。猶能肆橫行，倘君賜鞭策。

又 卷三五《**白鼻騧**》 羽箭銀鞍白鼻騧，春日徐行踏落花。揚鞭突入章臺去，背指垂楊問酒家。

明 胡應麟《**少室山房集**》**卷三**《**天馬**》 天馬徠自渥洼度，月支遥流沙。天馬徠以蹀躞骨，權奇汗雒血。天馬來驤為友喪，驪黃牝與牡。天馬來躡浮雲日，千里空而羣。天馬來服帝閑從，法駕鳴和鸞。天馬來兆有德瑞，萬方景四國。

又 卷六《**白鼻騧**》 逢歡白鼻騧，駐妾青絲騎。羅帶結同心，留連合懽被。君作干將珮，儂作莫邪鈎。雄雌兩物巧相遇，安眠玉匣三千秋。

明 梅鼎祚《**鹿裘石室集**》**卷二一**《**白鼻騧**》 君乘紫騮馬，我騎白鼻騧。美酒通顔色，相逢在狹斜。

明 孫傳庭《**白谷集**》**卷五**《**白鼻騧**》 何處馳來白鼻騧，銀鞍金勒總豪華。笑看紅袖飄飄處，道是垂楊第幾家。

明 謝榛《四溟集》卷四《白鼻騧》 年少躭遊俠，長乘白鼻騧。連翩金勒響，婀娜玉鞭斜。紫陌嘶芳草，青門踏落花。鳴弓飛鳥墮，巧捷萬人誇。

明 趙彥復《梁園風雅》卷五《白鼻騧》 羽箭銀鞍白鼻騧，春日徐行蹋落花。揚鞭突入章臺去，背指垂楊問酒家。

又 卷一六《天馬詠》 天馬汗血駒，駿駮出湟中。一鳴伯樂顧，再鳴冀北空。何來市駿者，相值華陽宮。黃金百萬鎰，玉勒馳青驄。飛行歷九陌，疇不憐追風。悲哉照夜足，躑躅太行東。豈無烈士腸，歲年倏成翁。徒令厮養卒，執策嗤龍鍾。

明 李攀龍《滄溟集》卷一《天馬歌》 天馬下，閶闔開，汗以血，騑離哉。河之精，龍之子，視浮雲，無萬里。絕流景，躡遺風，今安駕，幸回中。天馬徠，從西極，經千里，歸有德。天馬徠，竦予身，挾飛電，化若神。天馬徠，循東道，承靈威，服帝皂。天馬徠，歲執徐，陋四海，將安如。天馬徠，出嶠山，逝昆侖，排玉關。天馬徠，龍為友，北擊胡，驅羣醜。

又 卷二《天馬引》 胡風雨駪駪，而空山有人。躑躅兮悲鳴，匝余室兮三行。

明 婁堅《吴歈小草》卷一〇《賦得天馬篇送閑仲》 黃金臺畔舊曾過，試驟秋風汗血多。雪滿關河看振鬣，春回閶闔聽鳴珂。輶軒與問殊方隱，輦輅還登九廟歌。早向天閑肥苜蓿，路傍老馬看如何。

明 歐大任《歐虞部集十五種》卷一《天馬篇》 萬曆四年夏，回回國進千里馬，詔卻之。紀事有作承。

天門下黃金闕，高鼻夷人入持謁。表上連錢肉駿馬，倜儻權奇躡慌惚。神行獅子玉花高，氣奮龍媒朱汗沫。懽歸聖德肅靈威，西極來從月氏窟。至尊殿上秉介圭，天閑不重驌驦蹄。越裳雖則獻以雉，黃支何事牽其犀。有詔勿納回回貢，但取成祖御馬題。是日出郊祭方澤，先戒雨師命風伯。鸞輿象輦不動塵，貂冕麟袍在交戟。萬姓都人頌且歌，四夷君長手加額。吉行寧羨大宛種，縱有蒲稍竟奚益。曾聞高帝乘六龍，夕月行騎飛越峰。國初事體今則異，羽書稍達甘泉烽。輦金互市權羈束，實塞修邊計折衝。烈祖撻伐示皇武，神孫端拱歌時雍。元鼎太初貳師出，玉門誰似丸泥封。君不見周家八駿樂何如，豈似明庭壯帝居。大寶之箴今在御，小臣何用旅獒書。

明 偶桓《乾坤清氣集》卷五《天馬歌贈甲寅進士陳所安》 房星夜墮滎波中，騂騮奮出如飛龍。昂頭星宮逐枉矢，振鬣雲闕追天風。漢家將軍三十六，分道出塞争奇功。當時一耀萬里盡，蹴蹋少海霓旌紅。韓哀謝輿伯樂去，蹶塊誤落奚官庸。十年皁櫪食不飽，雖有駿步難争雄。春隨錦韉北，陵北秋卧衰草東。阡東時從駑駘飲沙澗，未免泥滓沾風鬃。夜寒苜蓿山谷迥，長嘶落月天地空。時平文軌明蕩蕩，萬里穹荒無虎帳。交河不用踏層冰，褭足山城學馴象。吾聞天子之廐十二閑，驥騄並收無棄放，金根雲罕出都門，喚取雍容肅仙仗。

又 卷七《天馬歌》 崑崙高哉，二千五百餘里，日月相隱避黃河。發源下有渥洼水，大宛羣馬飲其溢。天馬下與羣馬戲，產駒一日可千里。滴汗化作燕支水，國人縛藁為人置水際。久與馬習不經意，一朝却被人羈縶。張騫使還報天子，天子不惜金珠與重幣。期以此馬可上致，大宛使人欺漢使。致煩浞野樓蘭七百騎，攻虜其王馬始至。此馬初入天廐時，一十二閑無敢嘶。萬乘臨觀動一笑，盛氣從此無四夷。君王神武不世出，天產神物相追隨。高皇手提三尺劍，蹙秦誅項一指麾。天下馬上得，不聞取馬外國為。龍如可豢龍亦物，馬果龍種豈受羈。徒令物故過半不補失，輪臺一詔悔已遲。此詩欲學旅獒可，光武一牛亦足噓漢火。

又《後天馬歌》 建元天子不世出，天相神武產異物。有馬出在月氏窟，寶劍之精，乾龍之靈。足如奔電，目如耀星。汗血雨洒，駿肉颷輕。渴吻一飲，黃河塵生。昂首一鳴，天雷收聲。曾為伏羲出河負八卦，曾隨穆王遠與西母會。鸞旂屬車相後先，龍盾虎韔八寶韉。萬乘親臨拜甘泉，穩馱玉輅壇壝前。元鼎勒兵十八萬，天子自將孰敢戰。駿氣横出立陣前，百萬聞嘶股俱顫。天【下缺】此馬神哉沛，西極龍媒望風退。天子作歌暢皇明，四夷竭蹙咸來庭。天馬來帝作歌，漢時此馬今更多。

明 邵寶《容春堂集·後集》卷九《天馬來讀〈史記〉作**》** 馬來，來何方。《易》有占，乃爾荒。先烏孫，後大宛。馬是非，天近遠。使端廣，民怨多。天不聞，如馬何。

明 邵經濟《泉厓詩集》卷三《天馬行爲方元煥賦字林海，籍千徽，魁次丁酉，東郡**》** 相逢隔歲華日暮，清泉舍，清泉風塵拂，面惡之子手。神軼天馬，天馬龍駒起渥洼，漢宮此日輕胡笳。淋漓血汗洒萬里，驟里風駿飛五花。我朝購賢如重寶，千金不惜長安道。驚看燿鳳池頭冀，窟燕臺空塞草之。子切莫嘆離羣天，衢春煖多氤氳騰。褰上駕會有日鳴，騶立仗思寒雲我。非伯楽子，騏驥萬丈塵纓，那可轡，倏然步驟信不凡，老眼何年問燕市。

明　沈鍊《青霞集》卷五《天馬歌》　天馬權奇禀靈骨，横空萬里思超忽。赤驃本是房星精，飲水由來經月窟。天馬嘶鳴心膽雄，山驚虎豹海躍龍。吸風噓霧不受秣，意氣常欲吞溟濛。天馬復天馬，獨立襄陵野。過都歷塊安足為。世間未有齊驅者

明　釋宗泐《全室外集》卷二《西極天馬歌》　天馬來自西極口，流汗溝朱蹄踏石。晌目逕度流沙磧，天子見之心始降，九州欲省民痍瘡。宛王何人敢私有，貳師城堅亦難守。等閒騎向瑶池前，周家八駿爭垂首，天閑飽秣玉山禾，苜蓿春來亦漸多，感君意氣為君死，一日從君行萬里。

明　孫承恩《文簡集》卷二一《天馬歌贈馬鶴沙二孫》　渥洼之水龍馬窟，代出異種超凡骨。此有老驥真權奇，俛首恥伏櫪。平生遠志弗一施，厥子更神俊聲譽。已四馳會須，伯樂一顧價百倍。脱銜奮迅開霜蹄，偉哉，二馬顯晦雖殊總。莫匹房星之精。此降謫鍾奇毓秀，自不乏，今看更有二駒尤雄。特骨骼開張氣軒勇。先天汗血由來重，雙瞳炯炯望四方。使我一見神為竦，將來豈受尋常羈。天閑掄入應有時，和鸞清節乃餘事。屬車天仗隨鸞旗，朝吳越兮暮燕薊。變化何啻藐千里，過都歷塊看騰驤。周王八駿應同紀，君不見物有美惡，百不掄庸常。世上何紛紛，二騶者，風雲得志騁高步，媿殺駑駘逐後塵。

明　王伯稠《王世周先生詩集》卷一《天馬歌》　天馬來，房為星，下閶闔，應炎精。天馬來，騰渥洼，遂浮雲，入漢家。天馬來，汗而血，目夾電，蹄驟鐵。天馬來，服君轅，氣如風，狹八埏。天馬來，長鳴起，萬駿懾，垂其耳。天馬來，龍為群，躡虛無，升崑崙。

明　王世貞《弇州四部稿》卷四《天馬》　帝圖協，天馬生，配乾行。函地精，歕明玉。汗殷赭，房為祖，龍為父，爭廻飈。掣流電，晨瑯瑘，夕沙苑。

天馬徠，來中國，超虛無，躡怳忽。天馬徠，歸有道，飛而黄，服余阜。天馬徠，誰攻爾，造不足，虞劉累。天馬徠，迅若禽，咈一窾，萬馬喑。天馬徠，出陰山，六贏死，金人還。天馬徠，余與女，踰崑崙，謁王母。

明　魏畊《雪翁詩集》卷四《天馬行》　吾聞毅皇甲申歲，土魯火篩貢西馬。雄姿矯矯開長道，遠來已刷幽并野。香羅帕覆起蕭梢，寶鞍照地九尺高，絕代眞龍入天廄，磊落得意稱英豪。憶昔初生瀚海年，青龍降精雲霧連，蹴踏憑陵駕霜雪，髣髴欲匝崑崙巔。今日馬鞭秋金鑄，絡鬉飛控太僕寺，億萬驊騮盡側腦，拳毛師子非其類。麒麟殿前天笑新，柘黄袍子動聖人，欲騎此馬殺盜賊，恨無垂綸出渭濱。逡巡李闖破京都，大官叩頭小官趨，鼎湖仙去玉座陷，倉卒不得同馳驅。禍亂反覆眞難詳，橐駝滿眼苜蓿長，鳳臆龍鬐苦不見，蒼梧萬里恨渺茫。安得丹青寫其像，騕褭磥砢見奇狀，風雲蕭瑟激悲壯。

又　卷七《天馬》　傳聞雙鳳闕，天馬自西來。蹴踏眞龍種，騰驤叓駕才。青瞳常閃電，赤汗繞奔雷。騎出横門道，風沙萬里開。

明　吳國倫《甔甀洞稿》卷一《天馬歌二首》　太乙貺兮，天馬躍。珠爲汗兮，露爲沫。赤鬣奮兮，開氤氳。追飛電兮，籥浮雲。禀純化兮，應靈寵，誰爲匹兮，龍之種。

天馬徠，從西宛，歸有德，歷崑崙。天馬徠，涉龍城，月之度，河之精。天馬徠，命蒲稍，揚朱翼，肉角高。天馬徠，應元鼎，立閶闔，練光炯。天馬徠，龍爲匹，等八神，無九逸。天馬徠，周八遐，四夷款，𢌿休嘉。

明　熊明遇《文直行書詩文·詩部》卷一《天馬歌》　天馬來兮渾紅沐，巾雲軒兮汗振血。過都歷塊紛明滅，四蹄如龍踐霜雪。稟靈淵兮托皎月，太乙之神房駟列。

明　徐㶿《筆精》卷三《天馬歌》　李白《天馬歌》，馬之形態悉備，儼然相馬經也。中云：白雲在天丘，陵遠崔嵬，鹽車上峻坂，諸本天字上增一青字，遂失句讀。

明　俞允文《仲蔚集》卷四《天馬歌》　漢之武王好武功，西通雪嶺西萬里，塵沙空時有天馬，汗赤血，上從前膊小孔中，目掣電尾捎風。渥洼水底騰真龍，單于小隊未曾識。駑駘萬匹相雌雄。豈知異物生異域，一來入御驚天聰。新開苜蓿苑同築，葡萄宮皇帝坐明。堂歌馬德巡五岳，拊八極，小臣再拜稱。萬壽百姓安，樂忌帝力。

明　朱誠泳《小鳴稿》卷七《天馬詞》　神駿遥從大宛来，追風萬里絕駘。天閑不用爭芻秣，苜宿花香處處開。

明　祝允明《懷星堂集》卷三《驄馬驅》　驄馬紫游韁，光輝照洛陽。朝辭上林苑，晚入鬬鷄坊。無因道千里，城邑少豺狼。

又《天馬來》 天馬萬里來，天閑缺一字開天馬。入群馬辟。立視天馬，長安亦有苜蓿食飽、天子德天馬，天馬在宛野。

明 佚名《元音遺響》卷六《天馬圖爲張希悦題》 駿骨稜稜火鬣分，鐵連錢映五花文。江南豈有真龍種，冀北當空萬馬羣。我昔天閑瞻步武，人今墨素識風雲。披圖惆悵憐神物，四海猶思汗血勲。

明 黄尊素《黄忠端公集》卷五《送闞粤良驥知府入覲》 疎林葉盡晚香清，落日征塵一騎輕。快覩至尊親召對，民風採取上瑶京。

漁陽烽火邊臣急，南國徵輸太守勞。一片憂懷天下計，謾誇神雀便聲高。

山色溪光寄眺同，慇懃杯酒落雙虹。且知轉眼簷梅發，明月伊人疊嶂中。

明 李春芳《貽安堂集》卷二《良驥篇贈徐生用卿》 竊聞千里之驥，稱其德也。使蹄囓焉，人將棄之矣。吾賢稟穎敏之資，負卓異之才驥也。一日千里，無難也。徃徃爲父兄鄉閭所詘，咲豈亦□□之漸乎。余甚惜之，高賢獨不自惜，因作良驥篇以贈。

良驥伏槽櫪，長鳴向人哀。伯樂一顧之，目爲千里才。絡之以金勒，被之以文繡。縶獻明王庭，剪拂登天廐。云胡蹄且囓，輒與駑蹇儔。智士須自惜，母貽前人羞。

明 張寧《方洲集》卷五《渥洼馬歌》 何物偃强暴厲長，權奇俶儻生歌章。蒲梢西極沓相舉，天閑十二皆龍驤。羌胡喜蹴驊騮步，貳師成功宛初破。邊塞年年戰骨新，錦韉雕鞍只如故。

明 王澤《趙松雪八駿圖》《題畫詩》卷一〇二 趙家王孫擅好書，更復畫馬如江都。嘗從玉堂罷春直，慣寫天馬隨監奴。馬來西宛龍八尺，勢或怒驚如鵠立。似疑初浴滎河波，身上龍紋五花濕。王孫寫駿不寫形，運思已入天機精。都將臨池古書法，落筆一掃千人驚。今逢此圖乃八匹，老我見之惟歎息。人間駑駘漫紛紜，天上龍紋誰購得。憶昨八駿登瑶池，崑崙萬里天西陲。風行電邁景恍惚，翠蕤不動天王旗。古來八駿雖巳矣，房星在天還不死。雄姿伏櫪世豈無，胡乃惟稱穆天子。

明 詹同《高暹獻天馬圖歌》《題畫詩》卷一〇三 蜀人高暹能畫馬，令人往往愁龍化。凡夫肉眼非方歎，世間誰是識龍者。前年曉御慈仁殿，拂郎之國天馬獻。蘭筋虎脊渥洼姿，長風西來起雷電。侍臣傳敕貌真龍，周郎為圖圖最工。玉堂學士揭曼碩，早朝奏賦蓬萊宮。當時觀者集如堵，敕賜金盤五色露。天馬出馳海子東，但見中天黑煙霧。君不聞，太宗奔虹赤，玄宗照夜白。唐初曾數江都王，今之名畫亦難得。吾聞高暹善草書，墨池向復飛龍駒。黄鶴樓中獻馬圖，藩王一見極所娛。天機剪取雲錦段，玉盌分賜葡萄珠。好去京師謁周郎，應見揮毫九天上。翠華所駕皆龍媒，何事江南繪屏幛。

明 僧淨慧《題天馬圖》《題畫詩》卷一〇三 八尺飛龍十二閑，飄飄來自岢嵐山。曾陪八駿崑崙頂，肯逐羣雄草莽間落日。倒行悲峻阪，西風苦戰憶重關。拂郎可是無新貢，天步於今正險難。

明 黎民表《瑶石山人稿》卷一六《燕臺駿骨圖爲陳侍御道襄賦》 千金增價在燕都，電目蘭筋骨法殊。細柳營中方按轡，大宛何用獻龍駒。

明 李義壯《天馬歌》《廣東文選》卷三〇 先皇法古輕時巡，屬車九九磨重輪。長驅八駿日不息，坐令四海無纖塵。先皇去後幾千載，内廐名駒果安在。人間牢落僅見此，霧鬣霜蹄如有待。平原苜蓿黄埃漠，悲笳一曲吹兒心。明月照南不照北北，風獵獵天河陰。憶昔飲爾長城窟，圖畫相逢猶彷彿。孫陽老矣王良哀，市上何人收駿骨。爾來千里將何之，駑駘羸服同驅馳。頓令終夜伏櫪志，時時夢繞天山飛。四十餘年汗行血，零亂霜花冷如鐵。四家將士錦聯鑣，空言踏破祈連雪。流沙寂寞青海雲，鐘鼓城頭日易曛。都人其指鎮國府，至今猶自思將軍。塞徼春同塵不動，元戎一出丘山重。房星耿耿十二閑，圉師不數王毛仲。

明 李培《水西全集》卷四《駿馬二首》 駿馬響金羈，蹀躞長安道。少年挽雕弓，彈落花間鳥。

其二

駿馬出長堤，繁纓簉革垂。相逢休問姓，知是羽林兒。

明 練子寧《練中丞集》卷二《駿馬歌》 君不見穆王八駿遊天路，跡遍寰宇尚無度。樂同王母宴瑶池，賴得君牙挽周祚。又不見明皇幸蜀八馬龍，天寶不及開元中。漁陽鼙鼓烟塵黑，玉環妖血鞍韉紅。君看玉蹄三十二，莫是天閑舊騏驥。殘陽一片雨餘天，芳草何年牧歸地。雄姿逸態汗血新，風鬃霧鬣騰踏勻。一嘶一齧各有趣，或行或止森同羣。奚官控出塵飛動，豈是造父王毛仲。麒麟雖在地上行，光價合為天下重。摩挲猛氣猶騰驤，出世即論周與唐。吾皇不受千里獻，黄金樂施涓人方。駿兮駿兮渥洼種，際會風雲擅才勇。還君此畫歌我辭，閶闔風生毛髮竦。

明 劉嵩《槎翁詩集》卷三《曾君育駿馬歌》 曾君好馬有馬癖，昔買駿馬千金直。一從徵刷上天衢，每見流星想行跡。今年得馬勝前馬。八尺垂鉤汗流赭，落花風細草如烟。時控青絲出原野，官中多馬勞馳驅。得似此馬閑且都，朝行疑逐飛鳥没。晝浴恐與神龍趨，逝兹太平麟鳳從。此馬自在此林中，幾人相馬識神駿。骨骼卓犖真奇雄，溪崖泥盤石角濺。戒爾圉人勿輕賤，清芻黑豆未渠飽。錦障金羈竟誰薦，君不聞，幽并馬羣。五色俱北客長驅，愁遠途，南來往往凋喪盡。似此駿骨一匹，無似此駿骨一匹，無臨風為爾增嗟吁。

明 陸深《儼山集》卷四《駿馬行贈别殷近甫**》** 殷子有奇骨，昂藏若駿馬，康莊在遠道，伏櫪廿士苴長安。一朝别我去，再三挽留不能住。潞河新有下，灘船到家，正及朱炎暮。君家本在齊魯墟，楓林瑟瑟臨前除。小樓畫檻蔭林樾，中有先世千卷書。北堂慈母髮垂領，倚門望兒悲短景。小弟今年十四五，弄筆時時學馳騁。上奉母顔下課弟，日有餘功擬叢桂。病骨偏宜秋氣凉，藥囊開却參苓劑。登高迴睇望泰山，恍見仙人時往還。翩翩白鶴不可借，流光日夜凋朱顔。朱顔一往那再復，惟有功名留汗竹。志士偏增日暮悲，佳人易感窮途哭。憶昔虚堂坐論文，辭鋒往往傾先秦。談時屈指數漢魏，歎息六代何無人。殷子奇氣鮮有匹，人間八寶光耀日。吳郡徐卿吾畏友，每每到君賞高逸。君不見九方皋胡，能按譜索馬毛願。子加飡善自愛天閑，十二終當豢爾曹。

明 吴稼竳《玄蓋副草》卷一一《駿馬》 駿馬無能識，躊躇在阪情。枯荄聊自嚙，春草爲誰生。豈願登牀舞，常思出塞行。燕臺徒買骨，愁絶向人鳴。

明 徐媛《絡緯吟》卷三《駿馬行送仲容弟北上》 春風嬌沫噴桃花，龍脊連錢玉甲斜。錦韉蹁躚紫陌下，金鞭蹀躞上林誇。金鞭錦韉交輝映，汗血騰騫朱鬣勁。隴坂長鳴伯樂驚，皇馳電發奔雷競。寶玦誰家俠少年，腰帶横麟白玉鮮。聞道燕昭憐駿骨，黄金臺上拂雲牽。衝鋒奮足闞山嶝，香撲新羅蹙雕鐙。一躍長驅叩帝閽，排空會騁周王乘。本是龍媒擅玉京，由來天廐列房皇。君王倘駕龍沙馭，萬里風雲按轡生。

明 正勉《古今禪藻集》卷一四《駿馬圖》 世無伯樂亦久矣，駿馬何由千里至。披圖猶似得權奇，豈伊畫師知馬意。何人致此鐵色驪，旋毛繞腹新鑿蹄。帝閑遠謫天駟下，馳來月窟浮雲低。古王有土數千里，八極周游寧用爾。方今萬國效奔命合，遣龍媒獻天子。颷馳電没争辟易，萬里所向無前敵。男兒馬上定乾坤，腐儒詩書果何益。幾愁骨折青海烟，黄沙野雪穹廬前。幸逢好事寫真傳，似向長鳴誰與憐。嗟我身如倦飛鳥，十年繭足愁山川。安得千金購神駿，攬轡欲盡東南天。

明 焦源溥《逆旅集》卷七《謝祁信夫惠名馬》 錦字雲中手自開，踏空飛睒有龍媒。衰年豈復横門出，逸足今從萬里來。寧爲我騎慚款段，故知君意托呼雷。韓公不戀西湖樂，尺日應登上將臺。

明 彭堯諭《西園前稿·名馬篇贈陳子素北上》 名馬産渥洼，神駿精權奇。漢人不能致，胡兒不敢騎。水草雖充腹，鬱鬱首恒垂。一來入天廐，凡馬皆披靡。五花如電落，四足若雲馳。天子爲色喜，給賜羽林兒。乘風走空濶，掃蕩西北陲。趙氏圖此馬，千載令人思生。動玅入神文，彩尚陸離君。今行冀北空群在，此時蜚聲黄金臺，放足青雲逵，按圖求駿足，非君當屬誰。

明 錢子正《三華集》卷二《京師見異域進名馬》 驌子曾聞出大宛，世間良馬總虚傳。不因虎將臨西域，争得龍駒到九天。身帶五花真汗血，蹄輕千里蹙雲煙。太平天子東封日，穩飾鑾鈴玉輅前。

明 王璲《青城山人集》卷三《八駿圖》 房星光射滎河水，化作神駒古無比。良工何處運精思，八匹飛來綵毫裏。血溝流迸皆頳霞，一蹴將窮金母家。氣吞唐廄照夜白，豈數郭家獅子花。時清不假長驅力，立仗退還春日直。桃花浪暖芳草青，圉人初解黄金勒。騰驤卧浴得自由，笑彼霜勁沙場秋。伯樂經過若窺見，乃知世有真驊騮。韋庵亦抱支遁癖，長恐良才終伏櫪。按圖索駿有餘情，恍憶龍池飛霹靂。我當喚起曹韓徒，繪昔華山歸馬圖。更招能賦杜陵老，高歌擊折紅珊瑚。

又 昔聞穆王有八駿，四海蹴踏風雲起。瑤池看遍蟠桃花，歸路日行三百里。如何朝下浴晴川，不控金羈脱錦韉。春草欲齊青被野，浪花新漲緑浮天。良工凝思邈真種，氣勢翩翩兀森聳。豈獨丹青點抹神，定知星宿光芒動。五色照耀連錢文，非止能空冀北羣。題詩愧乏少陵善，畫後不見曹將軍。劉公寶之當什襲，還似千金買駿骨。晴窗展對想奔馳，風卷江雲山月出。

明 沐昂《素軒集》卷九《悼良馬》 駿骨非凡種，追風氣勢雄。一朝忽顛仆，想是化為龍。

明　吴節《吴竹坡先生詩集》卷一三《遼陽鎮戍彭表自虜庭得良馬以歸命爲勇士晚移疾還鄉作詩送之》　盧陵勇士邊城兒，往來射獵遼海西。孤鷹獨騎出秋草，生擒虎兕如驅麋。烟荒落日混塵土，時窮返被畨酋虜。子卿豈是收羊從，命墮遐方受淒楚。自憐少小生漢家，漢恩未報徒咨嗟。一朝俊收驌驦馬，星流電激如飛沙。歸來結束見天子，龍顔坐在紅雲裏。從頭一一訴辛勤，勅賜三班帶弓矢。年過牛百筋力衰，徵丁補伍還州閭。毡裘脱卻換斑綵，老來舞袖隨風吹。皇天不負男兒志，羞殺李陵没胡地。勿論離合與悲歡，請君自看遼陽記。

明　梅守箕《梅季豹居諸二集》卷二《咏馬》　天馬萬里足，險路常不辭。如何康莊道，屈折不得施。櫪皁未易安，龍友焉可覊。鳴聲亦已達，立市難相希。負塗悲外坂，失驟望鹽池。幸同華山放，無寧羡縶維。

明　俞允文《仲蔚集》卷五《咏馬》　渥洼龍種多，萬里倏来過。向日開金埒迎風散王珂驕嘶依弱栁細蹀下晴莎一御鳴鑾去香風近綺羅

明　袁凱《海叟集》卷四《咏馬九首》　生長月支國，何年入漢疆。猶懷水草意，懶逐左賢王。

將軍皆衛霍，不復見韓彭。馳騁沙埸日，時時意不平。

玉汗通身濕，牽衣陣陣香。曾騎妃子笑，疑是荔枝漿。

穆王乘八駿，此骨獨超羣。繫向蟠桃樹，飛花散滿身。

雪落天山夜，風吹瀚海乾。駑駘俱凍死，此骨獨禁寒。

秦政無靈氣，漢武非仙才。當時若遇此，一直上蓬萊。

鞭策相驅急，身心不自持。悔當艱險地，有巧不能施。

荒郊還獨卧，涙眼幾曾開。歷歷經行路，時時入夢來。

老眼幾曾開，荒郊獨往来。誰能飽芻菽，猶勝駕駑駘。

明　張寧《方洲集》卷一〇《咏馬》　大宛歸來後，天閑意氣雄。太平多貢錫，不數貳師功。

明　鄭本忠《安分先生集》卷七《題驄馬圖爲龍廉使賦》　驄馬來從大宛域，滿身染得蒲萄碧。圉人牽賜烏府來，嘖嘖令人嗟第一。憲使乘之心自怡，行行且止隨所之。擿蠹陳頑屏奸惡，觀風廉問蘇瘡痍。畫師畫師奪化工，寫此不與凡馬同。宛然迥立栢林下，雄姿颯颯生秋風。

又《八駿圖爲小興州余指揮賦》　洪武丁丑冬十日，將軍匹馬來於越。公餘示我《八駿圖》，一一雄姿摠奇絶。一疋齕草一疋馳，尾絲揚尻雙蹴蹄。兩足舉空驕欲嘶，東風亂踏飛花泥。中間正向額頰齊，如承顧寵當軒墀。烏騔點漆耳批竹，背面分駿映寒玉。翻身袞袞龍欠伸，蹋癢蕭蕭鼎柔立。更有一疋白玉參，精神態度何雍容。畫師真得造化工，意匠都入經營中。乃知將軍戰時馬，銀鞍曾覆香羅帕。只今汗血功已収，義重不啻十金價。脱覊惠牧隨自適，苒苒平原春草碧。天閑他曰求龍媒，定按將軍此圖索。

清　陸求可《駿馬》《百名家詩選》卷四〇　渥洼名產有誰如，伯樂曾經顧盼餘。金勒乍嘶春日暮，玉關遍踏雪山初。五花爛熳稱龍友，萬里奔馳過雁書。早晚逸才將入貢，房星應副六閑需。

清　陳祖范《司業詩集》卷二《畫八駿歌》　昔日畫工圖八駿，麒麟龍鳳螗蜋然。堯眉舜目亦人爾，蛇身牛首何有焉。愚夫好怪不徵信，遂爾詑歎相流傳。今觀此圖絶雅正，八馬俱可馭且牽。一當風嘶一齧膝，一俯齕草一飲川。一高駿驍竹批可，一回虎脊花文旋。一匹翹足氣閒放。一匹蹋地吻向天。是皆日行可千里。未受羈絡施策鞭。吁嗟此物何須鞭，一朝追風去如烟。飲沙噴玉瑶池邊，空留形影丹旨裡，要使人看骨相全。

清　單隆周《雪園詩賦》初集卷二《天馬歌》　堅蹏血髆不凡材，土偶持韁豈易來。卻笑燉煌暴利長，誤題野馬作龍媒。

二

扶桑弱水暫西東，天馬驅馳疾似風。塞下貳師無信息，長嘶猶滯渥洼中。

又　卷八《趙子昂八駿圖有序》　江上所親家得見此圖，上有元學士虞集題，蓋刪白居易原詩而取其首尾。又有宋景濂小叙。云：趙魏公八駿圖，蓋摹李伯時筆，伯時元本余及見之，與此無纎，微不似。但李用白描，趙則設色耳。人物古雅，筆法雄健，不獨可與伯時竝驅，當令曹韓虚左。

穆王八駿善馳突，朝秣燕秦暮芻越。深宮一旦厭垂衣，愛向崦嵫禮蓬髮。歕沙成玉飛鞚高，指竹爲觚屬車發。鳳舄瓊璈不待人，數聲嘶落瑶池月。瑤池月冷雪作花，北風吹凍人咨嗟。弇山蒐野一萬里，悄然歸思懸中華。此後雄心久寂寞，天馬詩成青鳥落。渥洼神種不復存，唯有斯圖供盤礴。兩史以後稱伯時，蹄噭之中見魂魄。臨者誰歟趙魏公，特爲神駿開顔色。迴毛如乳幹骨溟，紫艷繞睛金影薄。昂者吐氣噓青天，鬐張額駒舌本圓。低者努目注雙蹢，闋廣倒乘尾上拳。三匹成羣各馳騁，兩匹跑跳勢欲前。金鞍玉勒寄後

乘，国人廄吏無先鞭。逐隊茫茫而西走，驕態雄姿無不有。白狼白鹿中作奴，風塵騰踔龍爲友。就中一馬尤恢奇，偏身棗赤連錢黝。四蹄踏空蹀躞行，顧望東隅獨回首。

清 愛新覺羅・永璇《恭和御製玉鏤八駿歌元韻》《皇清文穎續編》卷六九 祖武載纘欽我皇，馬政職在車駕郎。乃有上駟内苑長，海子六廄洵調良。天子之馬非尋常，秋冬入貢黄絲韁。錫名廿駿游禁閶，齒列前後皆上襄。就中分選八駿臧，鏤形以玉微勞償。寵冠萬吉曰驌驦，有騮闞虎神龍祥。流火朝覿日在房，大獮盡發百獸藏。復有霹靂齊奮驤，儵忽赤花追白狼。急則電掣徐風翔，其前畫骨何昂昂。調馭佶閑儀鳳皇，馳騁如意批麕麞。太乙下貺騮與驄，叶一蹴千里駿尾張。乘彼錦雲獅子床，徠此寶吉西極康。後之濟美斯綴行，八馬固足騖九方。和闐厥産琅玕英，叶玉人雕琢窮形相。養以甘露食我場，遐哉汝壽方未央。嘉汝展力永弗忘，妙繪何數江都王。上稽穆滿從獸荒，元圃耽樂誠若狂。騶虞爲節曾不蘉，我朝行狩令典彰。比馬于玉德適當，乘黄兹白徒徊徨，以彼視此應慨慷。

清 申甫《恭和御製玉鏤八駿歌元韻》《皇清文穎續編》卷七六 負圖龍馬傳羲皇，牽來神竦盾陛郎。雄姿逸態八尺長，驍騰蹀躞咸馴良。詎云伯樂有不常，名牌一一懸絨韁。前後十駿羅帝閶，於中得八尤上襄。玉鏤俾爾壽而臧，聲價欻然千金償。其第一曰萬吉驦，乘之安穩視履祥。以弓韔服矢插房，金飆獵獵迎白藏。次闞虎騮霹靂驤，氣吞白額馳風狼。蕭梢駿尾爭迴翔，驕嘶顧影同昂昂。赤花滿身疑鳳凰，秋鷹颯爽排鶩麞。佶閑騮與如意驄，有騅錦雲天骨張。有騮兀若硃砂牀，呼之寶吉迪吉康。猗歟八駿雁作行，名駒豈必生同方。西賮歲歲貢瓊英，爰琢其章玉其相。幾餘位置翰墨場，硯蟾香鴨居中央。旌勞於以示不忘，馬癖堪笑武子王。渥洼未見來遐荒，固知晉人多疏狂。良工心苦力倍蘉，貞珉奕奕神妙彰。韋偃韓幹奚足當，駑駘紛然徒傍徨，那能更為歌慨慷。

清 董以寧《正誼堂詩文集・詩集・永樂八駿圖歌》 按：燕王靖難先後所乘八馬曰：赤兔、龍駒、烏兔、飛兔、飛黄、銀褐、棗騮、黄馬，皆臨陣被箭，而燕王不傷，馬亦不及於斃。及即位，繪為八圖，藏内府，三百年。甲申間，前驍騎李將軍得于長安市上，近從李所展玩，因感革除中諸將雖甚庸，孱天下兵力尚能使燕王屢及危蹶，設當一鏃事未可知咫尺之間，會有天意，況古來殿中一筑，沙上一椎，猝望成功，宜其難矣。隨悉其所乘之時，與所過之地，按圖差次而為之歌。

赤兔霹靂矯若鶩，渾身汗血桃花明。白溝河頭雄縣城，先後突陣奔雷霆。還疑火擊金作聲，即爾神物變化成龍。駒噴沙，雙眼瞪，似嘶不嘶怒未平。拳毛瘦削霜蹄輕，渡河冰合鄭村行。景隆豎子無安營，烏兔一匹鋏錚錚。東昌獨殿接短兵，負護雄主歸北平。乃知爾是房星精，飛兔騰達千里程。往來夾河如流星，金羈玉勒噛不成。鬣張背裂氣憤盈，盛庸之軍誰敢攖。飛黄柘色微帶赬，跳脱超忽雲中擎。大風颯颯吹其纓，藁城一踏平榛荆。銀褐昂昂吭欲鳴，玉花獅子不足名。霜毫雪練皎若瑩，浮河夜渡如遊鯨。束炬四舉不見形，眞龍乃得空中行。棗騮棗驛爾為騂，小河北坂勢幾傾。被槊欲蹶不閃睛，展看猶疑毛羽腥。一躍入陣何崢嶸，黄馬横奇勢欲争。戰渴不飲河水清，翻身起視前行旌。靈壁一捷大勢并，旋趨金川罷鼓鉦。此馬牽來玉作鈴，與前七馬俱縱横，至今圖畫猶如生。

清 顧景星《白茅堂集》卷二五《趙子昂八駿圖》 子昂畫馬身學馬，三丈氍毹鋪屋下，水月童子觀中心。翰林亦是忘形者，驪黄舊譜不足遵。蛟身魚狘尤非眞，雄恣逸態自超絶。不鱗不角皆麒麟，曹霸八駿多其一，韓幹圖成十四匹。毋須定認穆滿乘，秦政追風僅聞七。池臺楊柳堪繫時，圖中摇動東風枝。康王泥馬神靈盡，十二天閑歸幹離。

清 費錫璜《掣鯨堂詩集》卷一《天馬》 馬地毒，歙炎精，髆汗赤，踶踏堅，逕犇星，趫馳雲，易之騩，楚有騅，美人駕，週九圍，睞陽景，後於追。

清 華嵒《離垢集》卷四《良驥》 西來一疋欲追風，舉首長鳴萬鬣空。神骨不凡有懿德，將軍能聘立奇功。

清 顧于觀《澥陸詩鈔》卷五《客有言獻千里馬者感而有作》 有馬能千里，還知獻聖人。眞龍宜近御，異物不言珍。相陋鑾奴憎，居高駿態新。菰蘆淹衂者，見説默傷神。

清 華廣生《白雪遺音》卷二《千里馬兒》 千里馬兒還嫌慢，平地上行走不住的加鞭。恨不能一天多赶両三站，到晚來宿了一夜凄涼店。人不能寬夜，馬不能揭鞍。為情人人馬瘦了一大半，常言道有縁千里來相見。

清 樂鈞《青芝山館詩集》卷一五《夢食鮮荔支又夢見千里馬各以一詩記之》 駿骨何曾朽，嘶風入夢中。神行原恍惚，皮相益矇矓。草説芝田茂，花憐杏苑空。借騎聊一騁，槍鋏已丁東。

清 吳蘭庭《胥石詩文存·詩存》卷三《千里馬行》 千里之馬不常有，千金買骨聞涓人。房星降精光奕奕，華軒突兀見騏驎。漢家節使通身毒，撫髀雄心思驥足。貳師鐵騎度燉煌，別觀春風栽苜蓿。絕域偏蒙特達知，天閑當御爭權奇。絲韁錦幛空零落，歎息而今愛者誰。天心眷眷生神物，臨陳成功龍戰血。伏櫪徒教死便休，何如不付殊尤質，窮陰慘慘雜風沙。山石崚嶒道里賒，世上安知無伯樂，莫辭委頓服鹽車。

清 何絜《晴江閣集》卷二《天馬引》 匣底三尺龍，啾啾長夜哀。上能截浮雲，反令生霜苔。霜苔近身冷，一夕落人懷。玉鋒不染血，光射星辰開。天驷下渥窪，蕭蕭動塵埃。何處白銅蹄，空山獨徘徊。

清 黃釗《讀白華草堂詩初集》卷八《天馬山歌》 我聞房星之精，名天馬。此馬母乃從天下，長河千里走東海。轉石噴濤沫流赭，魁杓夜肅天闕沈，寒潭倒影旋波心。屹然天骨竦千尺，空巖雷劃青銅聲。西控鐵山西北日嶂蹴石窟，鳥道蠶叢粵山兀。當關不用丸泥封，此馬居然敵萬卒。我家丙舍山之隅，絡繹奔赴龍騋趨。權奇倜儻產人傑，魯連豈直千里駒。煙雲舒卷日殊狀，欲倩龍眠寫圖障。萬松鼓鬣正嘶風，詩成擲筆神俱王。

清 紀邁宜《儉重堂詩》卷一一《閱新馬用坡谷觀韓幹馬因論伯時畫天馬韻》 胡馬嘶群來口北，動搖鬃尾風絲絲。無端俛首被籠縶，如樊困雉囊没錐。借問圉人供芻秣，何如曠野縱横馳。行當郵置疲鞭箠，何論珠勒黃金羈。於中豈無騕駃足，崢岏骨格爭權奇。驪黃或可畧相外，豈有雄駿甘同雌。千金遠購致死骨，釣奇于理容有之。取士多迷曰五色，往往羊質蒙虎皮。伯樂具眼沙苑畫，意外神解人誰知。妙絕龍眠三昧旨，天廄萬匹皆吾師。

清 蔣湘南《春暉閣詩選》卷六《天馬行贈洪三》 太乙遊上紫宮憩，歘然一龍飛到地。將負河圖獻聖人，四蹄猶帶雲霞氣。渴飲珠海餐芝英，磨癢略撼崑崙平。瞬息掉頭九萬里，不知身在空中行。漢家天子求汗血，頸壓連錢口珠勒。馬官見慣十賀材，不識神駒怕頑劣。鳳凰毛采麒麟性，鹽車棟橇非其政。故人造父曾見之，馱過瑤華書幾乘。天閑鳴過無人收，蹀躞坰野干諸侯。低首三千匹駷牝，凡馬那信真驊騮。君不見歎沙歎玉，古無準前生誰駕。天上軔莫歸滄海，化龍形，且伏黃河學龍隱。

清 揆叙《益戒堂詩集》卷四《大宛天馬歌有序**》** 大宛寶馬，著於漢史舊矣。近噶爾丹攘其一大兵，擊敗之，獲以來獻。遂登天廄，蒙皇上親御，雪色龍形，意態雄傑，臣因扈從覩所未覩，懽抃慶幸，作詩紀之。

天王神武雷霆同，靈旗乍指王庭空。陣前奪得天馬子，沛艾八尺來行宮。五花剪鬣皎若雪，四蹄踣鐵輕於風。刷燕秣越隨所試，翕雲閃電誰爭雄。驕嘶幸脫賊壘外，惠養喜向天閑中。玉銜珠勒獨當御，銀毫汗奪繁纓紅。昂頭振鬣心自憙，由余幸得離西戎。異材豈肯老西極，流沙萬里精神通。天教小醜暫攘竊，巧令傳致來從。東卻思貳師取善，馬懸軍絕域久戰。攻何如捷書一送，喜便見內廄龍媒。充天河，洗甲行，奏凱華山歸馬看成功。請將旅獒與越雉，共成歌頌傳無窮。

清 王文治《夢樓詩集》卷九《賦得千里駒》 一秣能千里，名駒自不羣。才堪周地用，精本應天文。骨峻如森玉，蹄輕欲翥雲。邊笳含朔氣，塞草帶斜曛。貢憶文皇卻，嘶應伯樂聞。不逢真壯士，甯與共奇勳。

清 錢陳群《香樹齋詩文集·詩續集》卷一四《恭和御製大宛馬歌元韻》 由來名馬數大宛，求之不應平聲漢代傳。我皇懷遠九夷服，權奇倜儻歸天閑。掣電容與龍為友，牝牡自合尖與圓。用伯樂事。崑崙東循迣萬里，獻賮納款將寅虔。九良八駿大一況，布魯哈薩朝可汗。決勝如神如指掌，一聲短簫丹水還。九方承詔辨色物，沃若恰在御墀前。夐絕風姿生顧眄，騕褭屹立逸且閒。威不能致德可致，吁嗟名馬殆其然。賡歌一曲殿樂府，珥筆略記平西年。不須遠訪銅鼓鑄，更立馬式於班門。用馬援事。王者尚德不尚馬，德產之致非可捐。德產之致非可捐，試看群蹄送喜隨堅昆。送喜驄、堅昆鶻，八駿中二馬名。

清 高士奇《高士奇集》卷五《天馬行并序**》** 駐蹕保安，嚴辦將發，臣等班列行宮門右。上乘白馬指謂臣曰：『此大宛國汗血馬也，在噶爾丹處為我軍取之。』臣對曰：『狡虜所有，適足為我外廄，皇上天威遠播，使臣等見所未見。古稱天馬來以頌王治，遂作《天馬行》』

蒲梢天馬本無種，渥洼水落神龍涌。旋風八尺雪花寒，玉削雙蹄高耳竦。千里萬里纔須臾，津津細汗流紅珠。天生此馬豈無意，要與皇路共馳驅。瀚海遙遙難自致，絕域荒沙身蹔寄。驕嘶圓月蹴層冰，閶闔門前思一試。我皇神武古難倫，犂庭掃穴來西巡。旄頭迸落狐鼠竄，陣前奪得生騏驎。太僕牽來當帳殿，將士盡驚光若練。寶鞍金勒繡障泥，猛氣驍騰掣飛電。橫行到處勢莫當，塞門而縛看來王。功成偃武海宇泰，會須歸放華山陽。

清 龔鼎孳《定山堂古文小品》卷下《跋米襄陽天馬賦》 南宮書體勢駿邁，筆所未至氣已吞。真有天馬游空耳，峻蹄輕之態，吾將舉賦中。電發風迅鳳聳龍，顯四語以贈之。此卷流傳至今已數百年，猶爽爽神王當其初落紙時。意興磅礴更不知，何似據舷怀硯作。許大狡獪人那得，不令筆墨間有生氣。

清 劉大櫆《海峰詩集》卷二《天馬》 蹴踏驢不堪驅馳，驥終蹶，天馬渥洼來，意態何雄傑。峻耳方，兩瞳朝，燕夕至越。食之不盡材，嘶鳴長激烈。伯樂顧而憐，殷勤相勸聒。輓車虞坂間，聊用免饑渴，良馬得聞之，低頭自嗚咽。遭逢命使然，甘受塵埃沒。誰云汗血姿，肯爲鹽車屈。

清 劉謙吉《雪作鬚眉詩鈔》卷一《天馬徠》 天馬徠，産渥洼，歷燉煌，涉流沙。天馬徠，自大宛，號烏孫，乘穆滿。天馬徠，流汗血，空萬里，若滅沒。天馬徠，浮雲端，朝玉臺，夕臯蘭。天馬徠，美容姿，食扶桑，飲咸池。天馬徠，百神佑，民有德，天子壽。

清 劉嗣綰《尚絅堂集·詩集》卷三〇《天馬篇爲麗川中丞題照》 天生天馬行西天，瑶池不受周王鞭。人間誤貢漢天子，天馬出天行不止。我遊黄金臺十二，天閑開長鳴不得。圖龍媒舉頭天外，廼見公歸來。公氣如虹，馬如電。立馬人中與公面，分身瞥入天馬圖，飛出吳門舊時練。吳門寫此已十春，公時西行，未入秦。躍馬登天山飲馬過崑崙。霜鞭一掣住不得，馬蹄蹋上青天垠。長驅萬里窮罽賓，風鬃霧鬣雲花身。凌煙下界者誰子，雙手笑縛生麒麟。空中不脛走飄忽，如車輪。寸人豆馬滿平地，見馬天馬人天人。只今展卷屹相向，馬尚盤旋似天上。此圖倘是公精神，出入人寰現真相。我識馬，兼識公。骨相俶儻將毋同。九方歎眼千里手。無此意匠人天中，雲螭月駟横絶萬。萬古凡馬一洗羣皆空。我歌天馬歌止此，為馬寫生馬心死，馬亦圖中立雙耳。

清 毛奇齡《西河集》卷一六二《天馬行送崇仁吴孝廉公車》 吳生本公孫，大道騁騏驥，云是天閑舊賜駒。我友孫陽識名字，金絲羈子玉花靮。將上燕臺振高策大道，相逢秋漸過。正好長安看春色，君家舊有黄閣臣。吳為崇仁相公孫。閣前絡得生麒麟，從來開閣歌天馬，原屬公孫第一人。

清 夢麟《大谷山堂集》卷一《天馬》 天馬况般燭維鶩，流景炎光馳躡東。道精爛垂招靈氛，倏而下騰蒸蒸濭。流赭埃微颾淡淡，吹城闕浮歘以逝。歷弗毛依有德帝，所貺靈貢職刷彼。極馴吾閑紛佳哉。漢萬年神冥冥昇秘府，斫玉禾甘華黍軒。予姿壽終古壽，終古馳天閶，驂赤龍，遨玉堂。

清 石韞玉《獨學廬稿·二稿》卷一《趙松雪天馬圖》 道人筆掃千人陣，須出驊騮自神駿。教駒舊法首周官，詐馬名王胥漢印。武皇威德鎮天山，天馬西徠進玉關。苜蓿香中秋萬里，龍媒畢竟住天閑。

清 單隆周《雪園詩賦·初集》卷一《紫騮馬》 趁趕復野遊，聳轡出長楸。赤耳蒲梢種，桃文苜蓿秋。因風嘶玉勒，映日過金溝。絶塞方酣戰，嫖姚倘見收。

清 董以寧《正誼堂詩文集·詩集·紫騮馬歌辭》 健兒亦何求，刀頭自取辦。不作華林勳，立名在馬上。出亦乘紫騮，入亦乘紫騮。不避壽陽主，横騎過陌頭。下馬飲美酒，上馬吹玉簫。十九從軍還，一官值御刀。童男自妖冶，不如壯女雄。李波有小妹，騎馬如卷篷。

又《紫騮馬歌》 郎行騎紫騮，新裝金絡頭。青芻多與食，過門倘遲留。

清 顧景星《白茅堂集》卷三《紫騮馬歌》 馬鬣帶涑洛，狐兔挂幾箇。歸來就版屋，東方明星墮。雞鳴與狗吠，事事兄嫂知。鬻胛未及熟，持底來問誰。男兒縱游獵，壯女縫裳衣。心腸兩歷落，日月宜光輝。

清 胡敬《崇雅堂詩鈔》卷六《煦齋師紫騮馬圖》 蒲梢豔歌天馬來，緩急難恃終駑駘。是非真鑒定平日，倉猝那得超羣材。想師當年銜命急，策馬宵馳人辟易。草頭一點疾于飛，陡視來朝髭半白詩。與杜老將毋同與人，一心成大功。乃知騏驥世不乏，所患駕馭非英雄。眼前曾受師知者，豈盡其才古今寡。但供驅策無棄能，吾師愛人如愛馬。况復神駿真騏驎，韓幹貌出猶未真。功九高者酬亦異，吾師愛馬如愛人。頭白還憐門下士，遠寫新詩教送似。願師推廣愛馬心，惠養蒼生亦如此。勳業魏魏范與韓，卽今天下藉師安。佗年冀北身重到，願効馳驅待控鞍。

清 黎景義《二丸居集選》卷三《紫騮馬》 騮馬千金價，連鑣汗血殷。長驅飛翰海，轉戰躍陰山。豈載王嬙出，曾馳李廣還。狼烟如已息，帯月卧天閑。

清 盧紘《四照堂詩集》卷二《青驄馬》 賨馬青鬃碧玉蹄，穿花過柳走長堤。蹄輕不見飛塵起，堤遠常教駿影迷。柳外那知人未遠，花中時聽馬聲嘶。如何來往紅塵道，只戀繁華曲巷西。休言馬上千金子，馬生原自渥洼水。雕文餙馬適相當，馴習因人爾並美。偶爾回頭樓上看，嗒然願向情中死。千金尚不惜微軀，何難屠馬供鸞七。

其二

長安道上青驄馬，遥望飛塵避傍廈。眼似睥睨見故人，意甚遲回不肯下。知君盛氣正當途，自然顏色難輕假。野性難馴徒步安，來去徐徐何慚赭。且囑前路慎馳驅，馬猝驚騰難控把。

又《紫騮馬》　烈士願為戰場死，良馬願為烈士騎。縱有春風芳草路，不堪遊浪供鞭馳。每遇秋涼九月天，長嘶騰躍西風前。晝牧平沙夜飲窟，願助壯士立功還。天生駿骨值千金，共皁駑駘豈厭心。良駿萬群猶一見，千金買骨幾知音。不遇知音柰若何，伏轅縶足恨常多。無端風雨驚雷候，空使龍媒起渥渦。

清　彭孫貽《茗齋集》卷六《紫騮馬歌四首》　道逢渭南令，驅嘶不肯下。不識馬上兒，但識紫騮馬。

驪駒東門去，白日黄塵生。對面不相識，但聞馬蹄聲。

野火出枯桑，野椹自生棗。童男生白髮，少年那得老。

草枯還復緑，雨落不上天。生小離鄉里，空自作人憐。

又《紫騮馬歌》　羝羊未生乳，單雄不成雙。誰能着錦袴，獨處可是無郎。

清　錢澄之《藏山閣集・時存》卷五《紫騮馬》　蹀躞紫騮馬，金鞍七寶鞭。影摇芳草渡，嘶散緑楊煙。白日虛千里，青春媚少年。若令隨李廣，瀚海直窮邊。

清　沈德潛《歸愚詩鈔》卷一《紫騮馬》　匹馬邊州路，驊騮迥出羣。此行須努力，壯士正從軍。接戰穿殘壘，追奔躡亂雲。驍騰馳萬里，仗爾策殊勛。

清　史簡《鄱陽五家集》卷四《悼所乘紫騮》　共詫追風健，何虞歷塊傷。世非無駿逸，我獨念馴良。短策城邊月，枯萁埜櫪霜。舊遊堪一慨，心媿敝帷藏。

又　卷一〇《紫騮行》　紫騮行，且嘶送，別緑楊，堤解儂。金絡索繫子錦障泥，鞭聲稍稍起塵霧。相勸相留暫時住，短歌唱徹杜韋娘。高筵醉倒丁都護，馬騑騑，路悠悠。青衫從事懸吳鈎，少年努力當封侯。

清　宋徵輿《林屋詩文稿・詩稿》卷六《紫騮行爲大兄賦》　自從剡山失支遁，四海無人愛神駿。我兄好奇學馬癖，相馬輕年紫騮進。手牽一日三婆娑，騎出城門萬人問。南郊夾道多垂楊，碧絲十里春雲香。揮鞭一道起赤電，風沙不見收玉韁。紅樓美人捲簾看，銀鞍錦障生輝光。歸來却繫華堂下，怒氣憑凌堪再駕。四蹄微汗血影收，雙瞳竦視赤光射。天厩空留五色名，王孫肯擲千金價。嗟哉紫騮會知己，鹽車之下豈如此。

清　王鑨《大愚集》卷三《紫騮馬歌》　從軍郎十五，不慣履雪霜。曾騎紫騮馬，身着錦裲襠。從軍六十年，雪霜頭盈把。裲襠已不鮮，問着紫騮馬。

清　王士禎《帶經堂集》卷六四《紫騮馬》　丁香紅叱撥，宜稱錦連錢。色較黄驄麗，珂分白蜃妍。三花初剪鬣，七寶會裝鞭。不入鈎陳仗，金丸逐少年。

清　魏憲《枕江堂集》卷一《紫騮馬歌》　昔乘紫騮去，揮鞭逐風馳。今驅紫騮歸，馬瘏人亦疲。白面始從征，回家變衰黑。道上逢故人，相見不相識。春風吹綠草，臨別淚如線。草死幾回生，征人不再見。草死能再生，人貌不再變。可惜少年容，老却戀征戰。

清　吴俊《榮性堂集》卷一二《紫騮馬》　健兒控紫騮，飛電爍金眸。風雪忽到此，烽煙殊未休。目空天駟厩，氣懾富平侯。旦夕陰山戰，將軍有智謀。

清　吴綺《林蕙堂全集》卷一六《紫騮馬》　龍支千里種，越睒九花文。逸足能追影，奇毛本出羣。寶韉呈滿月，玉勒舞迴雲。不恨驚香氣，長嘶未報君。

清　吴兆騫《秋笳集・前集》卷五《紫騮馬》　蹀躞蘭池馬，嗚鑣出灞川。氣驕垂柳側，嘶斷落花前。鞭影懸絲鞚，衣香拂錦韉。方隨驃騎去，羞向畫樓邊。

清　邢昉《石臼集・前集》卷一《紫騮馬》　春日叢臺下，垂楊夾路隅。採桑淇上女，挾瑟邯鄲姝。翩翩紫騮馬，蹀躞行中衢。鳴鞭過柳市，巧笑生羅襦。誰憐閨裏妾，日夕詠蘼蕪。

清　薛敬孟《擊鐵集》卷一《紫騮馬》　十五學當壚，葡萄市上沽。

何處瑯琊王，蹀躞鐵裲襠。下馬沽美酒，一飲盡百觴。行人多聚觀，妾心終不歡。夫壻玉驄錦，連錢角弓珠彈美少年。

清　閻爾梅《白耷山人詩文集・詩集》卷二《紫騮馬》　騎馬走險路，雙眼看路旁。恐有負心人，捉刀慎提防。

二

酒樓逢壯士，聚飲如平生。止此千里馬，贈君我步行。

清　姚燮《復莊詩問》卷六《紫騮馬二章》　紫騮馬，青絲韁，高八尺，如龍驤。龍行雲，馬行空，平原多春草，壯士顏色桃花紅。壯士無黃金，紫騮躑躅哀鳴而長吟。哀鳴長吟壯士汗，赭落葉蕭蕭西風滿。野顧彼，紫騮惻惻悠悠，太行兀兀去，將曷求。

太行兀兀天尺咫，驅我紫騮行萬里。白雲四極無鴻翔，顧視萬里多清霜。毛禿骨青安得芻豆，佩劒不鳴壯士顏瘦。壯士胡歸來，紫騮一步千徘徊，郭隗已死何有黃金臺，顧視萬里多塵埃。

清　鄭炎《雪杖山人詩集》卷一《紫騮馬》　桃花吹雲波，紅皺皺不開。綠楊拂堤錦，可以泛深杯。吁嗟紫騮馬，驕嘶踏黃埃。相將貴公子，扶掖上蘭臺。人生當適願，興感胡爲哉。折將連理枝，巧付金閨材。

清　周篆《草亭先生集・詩集》卷二《紫騮馬》　是馬皆宜駿，縱横萬里行。浪從神驥末，忝竊紫騮名。倘儻微才質，馴良薄性情。風沙聞緩急，銜勒欲長鳴。

清　黃中堅《蓄齋二集》卷一〇《題八駿圖》　趙仲穆，名雍，松雪子也。聞其善畫蘭石竹木，而不聞其畫馬，此圖次兒孝錫，得於竹塢里人王氏，豈其家學淵源，亦常涉筆爲之，歟今世畫馬卷多臨摹松雪，論其筆意殊遜此圖，然以嫁名松雪故，往往得善價。茲不託松雪名，而以仲穆名何歟意者，其舊本歟孝錫言，王氏夲百谷先生，後蓄畫甚多，今皆散失，然捃摭載而至，猶不下百幅，擇其稍可觀者，僅四幅。而此尤破碎不堪，故予值尤廉，夫方其好之也。雖不足觀者，亦羅而致之，及其散也。則必自其善者，先失而後及乎其餘。此圖之遲，之又久而後售母，亦以其不足重歟。吁向使嫁名松雪，則有力者，取之而去久矣。何至腐敗毀裂若此哉。然從來縑素未有能久而不壞者，而收藏之家又恒不及其壞而已失也。觀某氏之倏忽聚散，亦可以淡人世之貪痴，汝今偶然而得之，吾偶然而題之，聊以爲朝夕之玩可矣。又何必屑屑焉，較其妍媸，真贗也耶。

清　蔣湘南《春暉閣詩選》卷二《陳立齋八駿圖》　老杜高歌賞畫馬，曹將軍與江都王，後來蘇公詠韓幹，上天挾策思王良。惟有香山引為戒，八駿雖奇周道壞。陳生何事誇此圖，滿堂動色驚龍駒。一馬嘶風一吞霧，兩馬嬉游迴盼顧。驥子初生神已騰，緩隨老馬矜孺慕。其餘兩馬能安步，馬官策之奮皇路。一日千里崑崙低，白雲曾籥瑶池西。可憐狼鹿齒堪冷，誰歌天馬威四夷。方今撻伐行萬里，聖人御宇惟恭已。花門小醜化沙蟲，萬國梯航聽喜起。豈無緣耳與騂騮，山陵德至房精流。六仗飛龍使臣借，七騶載旆田獵遊。我輩坐談躬其盛，函夏無塵海如鏡。倘逢伯樂將何求，縱困鹽車不爲病。陳生聞之歡且呼，索我長歌當鞭驅。戒奇懲佚今可無，我所師者杜與蘇。

清　金堡《徧行堂集・詩集》卷八《題八駿圖》　萬里乾坤蹴踏中，從來行地即行空。權奇何必頂生角，瘦削無勞肉作駿。且莫按圖誇得馬，誰知出水便非龍。只今剩有金臺眼，駿骨長嘶倚北風。

又　芳草平沙好脫韁，五花散采發天章。八荒且喜開周道，九馬空憐老戰場。東海安驅西極早，白雲仰秣紫芝香。自從端拱無爲後，一幅丹青夢更長。

清　彭孫貽《茗齋集》卷二《穆天子八駿歌》　華山老駟沉河宗，房星上漢為毛龍。和鈴大輅不胥住，思憑逸足追長風。百年天子衣瑋犀，如日者壁月者圭。白狼四角青瑶眼，銀鹿千齡碧玉蹄。昆侖萬里在超忽，戴勝真人鳥爪髮。伯冏凡材未足仙，奔戎栢夭驅車逐。風吹黃澤雪倒飛，三十二蹄掩明月。沙蟲七萃狷鶴軍，盡躡倒景敲浮雲。渠黃山子蹶雷電，盜驪朱汗桃花殷。槐眉弇石拜阿母，白雲謡對溫山酒。斟雉佳兒已白頭，長星勸汝三千斗。須臾鞭鞚別瑶山，崦嵫日落蒼梧間。左驂放牧黃帝冢，橋山拱木烏號攀。化人衣袂空烟起，徐王竊冕為天子。祁招輸迹老祇宮，八駿重来仙亦死。君不見渥洼龍種來西極，元氣茫茫奔絶域。采藥秦人去未歸，茂陵石馬無消息。

清　彭孫貽《茗齋集》卷一七《趙文敏八駿圖歌》　西極風沙此中起，尺素貌然三萬里。王孫何處見此曹，後果如泛穆天子。肉鱗拳鬣非凡材，翹足長鳴絶域開。行空真可輕萬乘，造父惆悵無仙才。曹霸韓幹驚殊絶，鳳臆麐彨矯神骨。若將九馬擬此圖，人間枉自誇英物。可憐妙手趙王孫，龍種偏羈奇渥温，氷天雪窖不生角。恨無駿足歸重昏。燕臺市骨少緑耳，八駿重来仙亦死。蒲梢魚目漫歌謡，茂陵石馬流鉛水。

清 史夢蘭《爾爾書屋文鈔》卷下《仇十洲穆王八駿圖卷》 舊傳周穆王八駿日馳三萬里，噴沙，噴玉，龍馬自與世馬不同。晉武帝時，得古本，相傳爲穆王時畫，腐敗昏潰，而骨氣宛在，詔令史道碩模寫之。宋、齊、梁、陳，奉爲國寶。至隋唐時猶存，因得模傳於世，趙子昂有摹本，世傳松雪八駿圖，蓋卽此也。十洲此卷風韻氣骨大有松雪翁家法，然必以歸之穆滿，豈其初駛駛蹀躞權奇滅，没之態，果從歷崑崙燕瑶池時得來耶。是則不可知矣。

清 孫治《孫宇台集》卷三四《題八駿圖》 誰將八駿傳毫素，風駿雨鬣馳烟霧。千年影落瑶池裏，至今控御不得住。唐生伯虎稱妙手，曹霸以來得未有。盜驪山子各各殊，天馬西極曾何狃。友虞佟子青雲姿，萬里一息鼓蓬池。飄飖歷落超前躅，即今此圖為先資。看爾遭逢穆天子，龍媒呼風應有誰。得放牧貌甚閒暇，精權奇崑崙之坡。瑤水側仙苑天閑，恣眠食粉本應從古帝，留畫師如山，誰貌得于金買骨，天馬來，百金買畫心疑猜。將軍無人韓幹死，鷗波之後何人哉。畫馬不知眞馬在，鹽車伏櫪都無賴。善相方爲識畫人，求之牝牡驪黃外。

清 吴騏《顧頷集・題八駿圖爲曹平叔賦》 虞廷四巡自有時，茫茫禹跡無瑶池。周制吉行五十里，獨乘八駿將安之。武成柴望灌玉瓚，不藉騆騵藉十亂。一賢便可定九州，騂騮雖多何足筭。君不見元魏廄馬二百萬，神器一年三易換。

清 熊文舉《雪堂先生文集》卷二〇《題道碩八駿卷》 芝麓齋中見八駿卷，超超神逸眞。宋元以上筆□記畫譜，道碩姓史，在晉兄弟四人皆以畫得名，而道碩尤工人馬，此卷豈其眞蹟，然相去千餘年，所以絹素不壞，倘有神物護之耶。

又 道碩八駿卷，有王元美先生贊，用太僕寺及□□，撫治關防，瑯琊精賞，鑒當不爲贋鼎欺也。

清 朱黼《畫亭詩草》卷一一《海漚集二・題八駿圖》 穆王八駿骨已朽，傳之畫圖閱世久。金鑄范蠡繡平原，人乎，馬乎，竟何有。浮雲騄耳眞跅弛，御以造父風霆馳，何時松陰得放牧。

清 馬起升《天馬篇贈莪園侄》《道咸同光四朝詩史・乙集》卷三 驊騮颯爽天上來，權奇骨相非凡胎。追風逐電競神駿，一日千里去復回。置之下廄等凡馬，伯樂未遇嘶聲哀。我騎款段思絕俗，與爾之翁曾馳逐。當年見子迴超羣，目光炯炯顏如玉。丰神顧盼龍媒驕，開張天骨難羈束。自從粵楚黃巾竄，吾桐紅羊浩劫遭。相同中原骨朽沙，沉白大江血咽潮。來紅不見百年舊，喬木當時最酷惟。扶風匿跡東隅看，桑海扶攜老母子。追從只今絕學誰，能守爾我渾忘互。師友磊落奇文出，一頭慷慨談兵不離口。徵君風義今所稀，如子乃稱徵君後。愧我碌碌已半生，猶自傾心共杯酒。俯仰今昔空悲傷，感子終天恨不忘。一朝北上辭我去，徘徊欲別情淒涼。臨歧屢洒英雄淚，周瑜城邊秋風起。麻衣草履劍光寒，哭振雲霄尋故壘。融齋徵君戰没舒邑，周瑜城莪園將往求其屍。即今四望多烽烟，將軍好士勤招延。中朝未聞賈生痛，邊塞定有班超賢。雄姿本是樑棟器，移孝作忠無二義。願子努力策霜蹄，家國憤雪從茲試。我聞軼羣之材須御之，展其驥足當及時。不然且困鹽車下，無使泛駕遭鞭笞。

清 王士禎《帶經堂集》卷四《傳侯天馬歌》 傳侯天馬身八尺，風鬉卓立雙瞳方。赤毛朱翼信龍種，神姿磊落形昂藏。來從流沙涉西極，玉山之禾偶棲息。意氣生能輕虎兕，驍騰未屑循羈勒。四蹄鳥爪如鋼鉤，經過千里風颼颼。虎身壯士控不得，仰視閶闔浮雲愁。昔日湖南始征戰，軍中驊騮號百萬。此馬振鬣始一鳴，欻如天上驚雷電。一從罷戰歸中原，三年不復從櫜鞬。漁陽落日下白草，壯心更欲窮河源。安得此馬飛上天，不煩萬里遮窮邊。即看郊祀陳天馬，何減登歌太乙年。

清 袁佑《天馬歌》《百名家詩選》卷五四 天馬貴直千黃金，鳳頸龍文汗溝深。剪駿耩出無人。顧，垂首至膝塵埃侵。夕出咸陽門，夜涉太行坂。鹽車盤盤泥没輪，四蹄躑躅。羊腸遠嘶，天風振林木。電光霍霍閃魚目，飲流山下羨白犢。嚼勒齒澗草沙寒。草不肥，崑崙上有禾空長，五尋大五圍，望金臺，憶赤水，風霜漸恐加長齒，何時解衣遇孫陽，一夕為君馳千里。

清 吴高增《敬齋文集》卷一《天馬老能行賦以與人一心成大功爲韻**》** 有駒權奇軒若龍，纛應火精而上騰。產大宛而雄踞，標八尺之形，堪千里之御。其才德則性成，其精神則天與。並葡萄而入漢，紫電侵宵飽苜蓿兮，奔雲玉花照曙。蓋殊惡馬之必綑，共服雄姿之擅譽。故健能行地，駕則待人屢局。促于轅下恒，困頓于風塵。相馬者，眩驪黃之色。求駿者，憐骨相之屯。霧鬣風髦誰辨天，閑之龍種連錢夾。鏡徒老地上之。麒麟倜儻之氣，猶在。日月之齒已淪，吁嗟老兮，乘猶駜兮，馴馴櫪下靜之象也。穩深矯矯草，間動之容也。崒嵂固已處，北冀而少雙。選上駟而唯一，卻而弗受虛。逢漢帝之賢，御以遠巡幸，協皇人之吉，則夫思馬斯。才實獲我心，非西域之解。獻豈屈產之可尋，雖數齒而年長。實問途而行駸，乃剪乃剔，載馳載征，噴玉之才，既豫追風之技久成。越淺艸而橫飛，蒼鷹反後馳長，楸而遠逐狡兔，皆驚一望春郊。但有桃花之影，遙瞻吳市惟呈白練之形。莫不賞其神駿，羨其健行，蓋其天全無害，不敢矜大養騕，裹之身豈憾久藏。逞騰驤之力，自知未艾剛而不躁，能安步于金輿，順而能貞，將和鳴于玉軑。是惟受伯樂之賞，故能奏乘黃之功。籲高雲兮，則龍文散彩。來西極兮，則珠汗流紅。豈無神駒未老意，氣方雄吐清新之氣。詩馳驟之工，試以剪拂而心輕。萬里御以羈靮而精炯，雙瞳固天育之當。養洗凡馬而一空者也。

寫駿如寫人，惟老杜《諸歌行》能之。此奪其詩筆，爲賦筆稜稜露爽。

清 吳振棫《無腔村笛》卷下《摸魚兒》 柳阮即養童阮，隸養龍司，去貴陽郡治百里而近，舊產良馬。明洪武初，夏國主貢馬十，其一最神駿，柳阮產也太祖賜名飛越峯，金華宋公濂爲《天馬讚》述其事甚詳。今嶺箐荒涼無復有過而問焉者，塵談偶及遂系以詞。

九方皐一人而已，人間多少皮相空。聞此地誇飛越，名字紫宸親貺奇。共賞蹀躞處春風，閶闔隨仙仗峯迴徑。枉歎寂寞如今臺，荒金盡駿骨更誰，訪蠻村外冷翠濛濛，柳瀋翻添遊侶惆。悵牛宮豚柵參差處，瘦騎病嘶相向空。夢想又怕是圖成錯，認蟾蜍樣簫鐃競響。問雪嶺西頭漢家，天馬樂府可曾唱。

清 姚燮《復莊詩問》卷四《天馬》 月蝟萬里，天馬徠止。固爾齒，歷華轙。相瑋靈，淵暵房。天馬徠翔，膺門赭黃，下睥紅陽。凌遽之氣，迅乎其厲。權奇之容，皺乎其風。稟健德中，元霄狎龍，龍罔奴，皇徠御。垂梢行，晛影纛，秦青太息方堙歌。天衢如砥，天臺兀峨。

清 鄭炎《雪杖山人詩集》卷七《天馬徠》 馬瘦行千里，如收鬼箭風。電馳超更遠，山峻越而通。只愛玉禾粒，能穿河伯宮。乘堅休見誚，鵠血卸盆紅。

清 弘晝《稽古齋全集》卷七《千金市駿骨》 駿馬有何奇千里，瞬息移千金之價本相宜。追風逐電任驅馳。何以千金市駿骨，涓人自有答君詞。駿骨且將千金市，駿馬自此尚奚之。善譬引君郭隗者，昭王築宮事如師。士爭趣燕國因理，樂生雪恥定良規。雖是一時知名士，得君効力百世垂。何如文帝辭駿馬，胸中別自有維持。

清 汪由敦《松泉集·詩集》卷一四《恭和御製題駿骨圖元韻》 盲霸畢閟去已遠，龔生妙技突伯時。當年流落困伏櫪，惜無善聽鍾子期。那知斷楮珍拱璧，四百餘載貴若斯。縅縢流轉不終閟。

温室清晏坐致之，古香拂拂浮几榻。愛賞神駿遺毛皮，按圖豈讓照夜白。立仗肯負黃金羈，食盡石粟誰與致。志在萬里何能為，杜陵長歌抱餘痛。昌黎雜説攄深悲，卷中骨骼驚硉兀。象外精爽猶權奇，風生電掣想逸足。天章飛灑瓊琚詞，塩車久阨有如此。築臺市駿興遐思，即今王良耿星象。八坊十萬職有司，渥洼龍種大宛至。泉甘沙白春草滋，龔生生恨不同世。九原吐氣喜可知。

清 貝青喬《半行庵詩存稿》卷三《駿馬篇》 燕昭高築臺，懸金以為募。一辱奴隸丰，鞭策强相御。朝刷瘡滿春，夕沫汗流胯。棧豆亦何戀，□駱見猶慕。惟此芻牧恩，深感主人顧。咫尺睎九州，不改轅下步。行矣齒加長，努力太行路。

清 陳碓《乾初先生遺集·詩集》卷一二《題士采駿馬圖》 貳師城裹馬如龍，戰士將歸詣漢宮。遺索新歌奏太廟，綠楊青艸暫嘶風。紫髯學士多賜物，彔耳曾從天廐分。豈念貧交李方叔，與書賣券顧朝雲。

清 德保《樂賢堂詩鈔》卷中《題訥侍衛駿馬圖》 聖代多虎臣，颯爽英姿奮。橫腰大羽箭，氣與雷霆迅。侯本閥閱家，奕葉表忠藎。頭角驚萬人，早備干城俊。愛馬乃畫馬，披圖見神駿。春草何茸茸，秣莝浥餘潤。卓鬣風有棱，鑿蹄山作鎮。奚官通馬語，瞪目相顧問。何處覓韓生，點筆全神振。空羣伯樂知，轅下誰登進。

清 恒仁《月山詩集》卷三《駿馬行》 衛文騋牝歌三千，魯僖駉牧詩人傳。不惜千金求駿骨，燕昭以此羅羣賢。我逢驥子憐神俊，眼有方瞳雙耳峻。龍鬐鳳臆骨相殊，昂首悲吟思戰陣。駑駘尚爾効騰驤，豈有驊騮棄路傍。驥兮善保千金體，郎今相馬有孫陽。

清 李重華《貞一齋集》卷三《駿馬行》 章亥巳僵夸父斃，房星閃精精爍地。飄然天馬自天來，神虎怒猊俱却避。正當幽薊求飛黃，祟臺百尺黃金裝。弄影驕嘶翻日域，橫空蹴踏排雲閶。將軍舊鑄銅龍式，御六龍人自神識。柳陌晨牽卸鐵鞍，蓬池暮秣銜珠勒。情深義重殊羣倫，縻筋抉胸思報恩。冰山雪窟許深入，豈有星宿當崑崙。時清却值塵氛滅，願挈河圖助光烈。騊駼附比迺絆羈，坐挫驊騮氣雄傑。古來老驥誇騰驤，衝鋒破鋭還擅場。旌旗宕摩笳角動，骨駱聳踴神飛揚。那知是物逍遥志，電掣霆奔付餘事。喜隨樵牧散郊坰，怕逐鸞珂鶩城市。王良伯樂安在哉，盤盤虞坂鳴增哀。瑶池仙島足馳去，蹭蹬躑躅駑所咍。

清 沈學淵《桂留山房詩集》卷六《駿馬寶劍篇》 駿馬直千金，寶劍直百金，千金百金在人心。寶劍贈故人，駿馬換愛妾。愛妾、故人兩豪俠，駿馬之價貴於劍。故人情重妾不賤，寶劍之價亞於馬。故人豈在愛妾下，君不見公孫大孃聶，隱孃美人説劍，劍鐵香又不見。虞兮騅馬泣楚王，更不見拔劍殺妾張睢陽。

清 盛大士《藴愫閣詩集》卷一《題駿馬圖》 飛黄伏槽櫪，下與凡馬羣。世無鉗旦御神駿，丹青僅見曹將軍。筆驅浮雲閃赤電，沛艾騰驤絶絢練。驪黄萬匹一洗空，眼底神龍手中變。墨彩疑含黄澤沙，金光吸取精銅鍊。氣吞虹梁籥五雲，鬣剪天花散千片。吾聞神工妙技能通靈，願天速降房駟星。鞭策駑駘換凡骨，肖此倜儻權奇形。涼秋八九月，白草迷郊坰。鐵衣雪皚皚，玉帳雲冥冥。朝馳秦關暮已蜀，驍騰趫蹻如雷霆。渴飲戰血沫流赭，生斫戎首獻帝廷。封狐竄死狡兔滅，虎旅歸鞍謁金闕。麟閣高懸駿馬圖，颯爽雄姿耀日月。

清 宋徵輿《林屋詩文稿·詩稿》卷一四《見駿馬死吊之》 頓足長鳴萬里思，華堂鎮日玉鞭垂。沙場意氣爲君盡，重説當年伏櫪悲。

其二

秋草離離照玉鞍猶將駿骨重人間千年誰識燕昭意空作黄金臺上看

又《賦得駿馬》 十里春風錦袖開，平沙淺草試龍媒。金羈脱手黄塵暗，直入浮雲去不廻。

清 魏燮均《九梅村詩集》卷一四《駿馬行有序》 邑之西有田舍，路翁者購一良馬，毛赤色，畜之數年，不知其異，每於月下，但見兩鼻吐氣如虹。一日有急乘之遠出，瞬息數百里，主人始駭異之，然終不能大其用，惟老於櫪下而已。余爲賦駿馬行以傷之。

吾聞穆王八駿天驥材，周行四海兼八垓。漢文九逸亦神駿，横行萬里風雲聞。逸羣絶足固殊眾，矯矯自是徠龍媒。從來超凡具奇骨，騰驤未肯没蒿萊。乃有駿足能追風，產出大宛來遼東。飛霞不貢天育廐，赤電竟歸田舍翁。主人愛馬非王濟，不知駿骨千金值。厮養視與凡馬同，竟使驊騮喪英氣。一旦有急需馳驅，逞材騰躍嘶長途。歷險超塹若平地，四蹄但覺風聲呼。斯須往還數百里，主人始駭非罷駑。豈知長材展未盡，自負三千異駃牝。縱令不忍服鹽車，愛惜究非遇支遁。我觀此馬眞如龍，不數郭家獅子驄。月光射地見奇特，鼻端吐氣如雙虹。或疑瀚海月精降，晦冥雲霧爲濛濛。雄姿居然婉腰裹，直使冀北羣能空。吁嗟乎，世無九方與伯樂，誰信死生眞可託。僅識牝牡驪黄中，皮相無人知磊落。顧影驕嘶自矜寵，校人不列天閑重。甘作田家伏櫪悲，埋没汗血烏孫種。太息騏驎地上行，無由馳騁圖功成。他日雖逢李邕獻，虺隤已老春田耕。

清 文昭《紫幢軒詩集》卷中《爲馬中駿悼亡》 紫鸞飛去後，對月總堪憐。不寐應長夜，多愁過少年。神傷秋色裏，淚滿菊花前。奉倩當時恨，因君一泫然。

又《駿馬篇》 麝香一色連錢驄，俊氣直埽凡馬空。飛黄赭白浪評目，呼之紫燕將無同。天閑日日待逸足，可惜久在塵埃中。緑波洗出桃花暈，弱骨瓏瓏細膚襯。不嘶不馳不滚塵，欲騎未騎轉神駿。渥洼無種産靈奇，應是蠶娘秀雙鬢。衛公騋牝徒三千，不如此馬驕可憐。難馴只恐是龍性，蹀躞不肯施銀韉。天山之禾束如困，芻秣拂拭須精耑。驕嘶宛轉朱閥裏，愛賞馳驅在坰里。水濱萬足不稱心，臺上千金今似土。憑教七十紫鴛鴦，換取美人教歌舞。

清 徐駿《石帆軒詩集》卷五《駿馬行》 野産薊谷非宛城，一嘶振鬣風霧生。旋毛奇骨應天精，翻然逐日耀紫鱗。忽奉軍書襲月支，夜渡交河輕四蹄。疏勒經年乏水草，雪深三尺銜轡馳。老成嗅地識山谷，緩急猶堪托生死。將軍輕擲緑沈槍，誰向廄閑問馬齒。嚙蹶羞同疲駑槽，等閒放逐荒丘址。伯樂再顧非其時，子方束帛竟何待。君不見羽林導騎安且徐。清路無聲駕鼓車，調爾柔心節爾力。寶鞍錦韉仗下趨，翔行萬里玉山禾。不如一束太僕芻。華陽且復休驥足，伏波休進銅馬圖。

清 嚴熊《嚴白雲詩集》卷九《蔣士安畜駿馬數匹作敞齋于廐前日夕調玩屬予題詩其壁》 支公畜馬重神駿，千載名言傳自晉。錦障金埒未為榮，蒭茭公子親調進。我馬垂頭三十年，啄烏伴雁立寒烟。孫陽若肯相擡舉，三匝猶能繞日旋。

清 尹嘉銓《偶然吟》卷二《駿馬行送陳宜興之任》 冀北羣中夙結靷，左駕駑駘，右神駿。駑駘低首憶天衢，神駿遨遊蚤奮迅。蹀躞衝塵遠浦間，四蹄風輕雙耳峻。伏櫪經年老更成，物當大壯終須晉。秋聲蕭蕭班馬鳴，千里南行看發軔。廿載依依顧視情，深稔清高還細認。翻雲覆雨世途多，利涉波濤憑忠信。江干空濶漫驍騰，良驥由來稱馴順。君不見王祥行佩，呂虔刀烹鮮未敢誇游刃，寧静致遠古人心，百里優優才愈慎，卓爾不羣，自然典雅。

清 袁枚《小倉山房集》卷一《駿馬行》 房星下天馬出世，萬恔藏形虎豹避。爲負《河圖》獻聖人，呼風遠自流沙至。駒齒未落才先老，四嶽三塗馳遠道。顧影常空冀北羣，圖形只覺金門好。孫陽一見驚權奇，貢之天閑夸駃騠。黄金議買價難定，白眼相看馭者誰。躑躅長安猶未去，青天月照麒麟步。兩耳難禁畫角鳴，一餐苦記施恩處。天子文明駕六龍，不愁神駿不遭逢。只愁噴玉瑶池返，仍化龍形入海中。

清 弘曉《明善堂詩文集・詩集》卷二四《將獵塞垣喜獲良馬》 五花蹀躞四蹄驕，逐兎何愁山徑遥。今歲蒙恩隨豹尾，坡陀直上看騰超。

清 李驎《虬峰文集》卷五《良馬歌》 吾聞國馬之行日千里，朝發崑崙暮隴水，此馬健步，亦其匹瞳如夾鏡，焰生紫權奇，變化罕與儔不數。驊騮與騄耳，蘆子關裏飛羽檄，蘆子關外吹觱篥，四蹄突出如有神奔。馳陷陣驚霹靂，南庭北塞任横行。忘身報主輕鋒鏑，君不見郭家當日九花虬，澄清河朔復神州，磊落驍騰今如此，何難掃蕩寬時憂。

清 祁寯藻《䜱䜣亭集》卷二一《惜良馬行并序》 此馬爲伊犁參贊大臣静止二兄容安所贈，余嘗乘以隨扈。道光十年秋，乞假西歸，十月馬死，瘞於村北岡下。僕夫灑淚，余亦悽然，會參贊以邊事獲譴入都驛館相見，語及馬，猶撫髀太息曰：此眞大宛種也。

夕陽眺平岡，躊躇不能去。葦田之東官道西，此是昔年瘞馬處，躍馬二十年何獨此馬憐，此馬馴健非凡馬，玉頂銀蹄汗流赭。借問殷勤贈者誰，伊犁參贊將軍者。道光七年春正月，回疆平獻俘，北闕下天子臨軒楹，是時，五月火雲赫鯨鯢一戮雨洗兵。明年萬馬來西域，骨格一一銅爲式。將軍贈我扈東巡，貢餘一匹千金直。騎出朝陽門，東越山海關，醫無閭秋，峻阪下薩爾滸名夜飛雹間。此馬眞堪託生死，騰驤沛艾三千里。霜林朝日沙道長，無人不羨臣馬良。歸來芻豆不得飽，西入太行卧秋草。春薵夏厍失調宜，不死鹽車死伏皁。自從失此馬，令我蹉跎氣益下。將軍亦數奇射虎，時遭醉尉罵。將軍愛馬能與人，我愛馬不如將軍。此馬若爲將軍死，未必沙場不策勳。紛紛駑駘死，亦何足惜此馬惜。未盡其力，盡其力棄其身，生馬亦與死馬均。世無田子方，誰知老馬多苦辛。老馬雖老智不竭，毋令跧蹄弭耳，死墮荒山窟，縱有黄金難買骨。

清 王闓運《湘綺樓全集・詩》卷四《良馬篇》 西風吹沙厺，良馬千里心。落葉當人前，蕭蕭作商音。伏櫪恥壯士，控轡常駸駸。峙躇四顧望，但見浮雲陰。長彗指東北，日落兊芒森。短劒不敢揮，賢豪坐沈吟。孤行九州内，常恐異患侵。泥沙困神物，自古蘊霜鐔。所願逢烈俠，贈以代兼金。義不隨郭隗，燕市共浮沈。鞭策儻及時，從君放長林。

清 王慶勛《詒安堂詩稿・初稿》卷三《良馬篇贈子良》 房星墮地良馬生，寶氣蟠結蒼龍精。驊騮騄耳誰心傾，伯樂不作空長鳴。馱鹽伏櫪原難平，可憐孤負誇銅聲。駑駘權任偷虚名，一時浮譽何足爭。會看得志騰風行，韓幹曹霸圖其形。凌烟閣上追羣英，坐令天下凡馬驚。

清 吴嵩梁《香蘇山館詩集》卷四《禮烈親王克勒馬歌二首》 國初，禮烈親王有良馬曰『克勒猶』漢『言棗騮』也。順治朝汪編修琬爲作傳今禮王汲修主人屬張檢討問陶爲補圖。馬高七尺，長丈有咫，耳際肉角寸許，腹下旋毛若鱗甲。然在軍中每聞鼓聲，奮迅欲出。嘗乘至安平，適病，蹄自跑土出泉，洗其創而愈。今有聖水泉。王薨，馬聞哭聲哀鳴不已，未幾，遂斃，比奉天歲取馬至，王猶問孰爲克勒馬種必善飼之，嵩梁嘉其有古烈士之風，因作是詩附書圖後。

長白山高江水黑，天遣神駒歸貝勒。諸將逡巡不敢騎，渾身血汗桃花色。頭角嶄然鱗甲動，始信天龍有真種。生立功名死報恩，畫中見汝猶神勇。吉林岡連薩爾滸，巨礮驚雷箭如雨。霜蹄奮蹴陣雲飛，二十萬兵殲一鼓。辛苦身經百戰場，自跑泉水洗金瘡。路人今日尋靈蹟，一掬春波映夕陽。

烈王勳德史有傳，天馬今從畫中見。百戰歸來汗血流，論功馬亦當封侯。王師破陣如破竹，王來騎馬如騎龍。四蹄雷電雙耳風，但聞戰鼓先騰空。跨山驀磵若平地，豈知身在重圍中。箭傷刀斫不能死，得意騰驤日千里。王歸天上馬人間，矯首蒼雲淚如水。功成身殞爲酬恩，刻石昭陵未足論。遼海年年千騎出，王孫猶問舊龍孫。

清 姚瑩《後湘詩集·續集》卷四《察木多西北博窩野蕃多出良馬丁成之别駕購得其二余亦得一别駕故善騎與張竹虛日乘試之竹虛偶墜傷面爲二絶調之》 天馬曾聞出渥洼，漢皇上廄幾名騧。而今騏驥尋常見，西域原來屬帝家。書生萬里走西陲，便欲窮尋阿母池。騕褭不須憐一蹶，追風善墮是男兒。

清 張佩綸《澗于集》詩卷三《佩綸攝御史臺時合肥贈以舊乘青驄蓋良馬也就戍時盡賣車贏充資用獨留馬都下圉人辭去家以藖秔不給告乃歸之合肥而以小詩媵焉》 杻副花虬事令公，路旁蓬轉入臺驄。較量芻秣騶奴辱，駕馭英雄將相功。姑忍騏驎行地上，早思款段苦軍中。低頭舊圉青絲絡，莫憶龍沙向北風。

清 張英《文端集》卷一《賦良馬應制二首》 十月，臣英，同臣在豐亶蹕南苑，上在行宫，方張燈伸紙作大書，中夜傳翰林侍讀學士，喇沙里至前問曰：『兩翰林此時作何事？』對曰：『方在直廬讀書。』上曰：『可令兩人各賦良馬詩。』學士請良馬狀，上曰此不必論，古人以騏驥比君子，所謂驥不稱其力，稱其德也。因恭賦二律，次日講書畢，進呈。

天閑龍種本星精，一片桃花萬里行。金勒乍銜疑電繞，玉鞭初動覺雲生。遠隨日馭過青海，遥逐霞光度赤城。幸傍鑾輿稱上駟，調良獨擅渥洼名。

其二

顧影天街燦錦韉，驊騮得傍聖人前。華山歸馬修文日，冀野登臺市駿年。芳草每銜仙仗裡，紅泉常飲禁雲邊。從來騏驥如君子，伯樂欣逢與共傳。

清 張廷瓚《傳恭堂詩集》卷四《上閲天閑良馬復射于營門連發皆中》 鴈序金貂一道斜，遙天晚色襯輕霞。雕弧飲羽開明月，鐵駟連錢散五花。神武中樞羅虎帳，韜鈐上策靖龍沙。貔貅百萬紛如許，刁斗聲中靜不譁。

清 徐寶善《壺園詩外集》卷三《白鼻騧》 朝策白鼻騧，獝獝如飛龍。唶唶行路人，意氣詩豪雄。連錢逐流電，音落黄埃中。燢駕慎銜橛，和鸞聲雍雍。

雜録

《太平御覽》卷九一三《天馬》 《山海經》曰：馬成之山，有獸如白犬，而黑頭，見人則飛，其名天馬，其鳴自呼也。

宋 任淵《山谷内集詩注》卷七《次韻子瞻和子由觀韓幹馬因論伯時畫天馬》 于闐花驄龍八尺，看雲不受絡頭絲。西河驄作蒲萄錦，雙瞳夾鏡耳卓錐。 東坡《三馬圖贊引》云：元祐初，熙河遊師雄，擒猾羌大首領果莊青宜結以獻。時西域貢馬，首高八尺，龍顱而鳳膺，虎脊而豹章。出東華門，入天駟監，振鬣長鳴，萬馬皆瘖。明年，羌溫錫沁有良馬，願以饋太師潞國公，詔許之。蔣之奇為熙河帥，西蕃有貢駿馬汗血者。之奇為請，乞不以時入。事下禮部。軾時為宗伯，判其狀云：朝廷方郤走馬以糞，正復汗血，亦何所用。事遂寢。軾嘗私請于承議郎李公麟，畫當時三駿馬之狀，而使果莊青宜結效之，藏于家。伯時，公麟字也。按《漢書·西域傳》：于闐國王治西域。《通典》云：在葱嶺之北二百餘裏。『西河』當謂熙河之地。《周禮》曰：馬八尺以上為龍。老杜《高都護驄馬行》曰：青絲絡頭為君老，何由郤出横門道。謝莊《馬舞賦》曰：養雄神于綺文。《西京雜記》曰：霍光妻遺淳于衍蒲萄錦。顏延之《赭白馬賦》曰：雙瞳夾鏡，兩權協月。《傳燈録·仰山傳》香嚴曰：去歲無卓錐之地。長楸落日試天步，知有四極無由馳。 《選》詩：走馬長楸間。《詩》曰：天步艱難。《爾雅》四極注曰：四方極遠之國。老杜《天育驃騎歌》曰：嗚呼健步無由騁。電行山立氣深穩，可耐珠韉白玉羈。 崔豹《古今注》曰：秦始皇有名馬，躡景追電。顏延之《赭白馬賦》曰：異體峯生，硃相連發。『山立』字見《禮記·玉藻》。老杜《畫馬圖引》曰：顧視清高氣清穩。《談苑》曰：劉鋹自結真珠鞍勒，為戲龍之狀。李侯一顧歎絶足，領略古法生新奇。 《春秋後語》蘇代曰：人有駿馬欲賣之，見伯樂曰：比三旦立于市，人莫與言，願子還而視之，去而顧之，臣請獻一朝之價。伯樂如其言，一旦而馬價十倍。魏文帝《與孫權書》曰：中國雖多馬，其知名絶足亦少。《世説》：康僧淵忽往殷淵源許，遂及義理，語言詞旨自若，領略粗舉，一往參詣。又曰：支道林才藻新奇，花爛映發。一日真龍入圖畫，在坰羣雄望風雌。 老杜《丹青引贈曹霸》云：詔謂將軍拂絹素，意匠慘澹經營中。斯須九重真龍出，一洗萬古凡馬空。『真龍』蓋用《新序》葉公事。曹霸弟子沙苑丞，喜作肥馬人笑之。 《丹青引》云：弟子韓幹早入室，亦能畫馬窮殊相。幹惟畫肉不畫骨，忍使驊騮氣凋喪。張彥遠《畫記》曰：韓幹官至太府丞，尤工鞍馬初，師曹霸，後自獨擅。此云『沙苑丞』，未詳。李侯論幹獨不爾，妙畫骨相遺毛皮。 《晉書·王獻之傳》謝安問：君書何如？君家尊客曰：故當不同。安曰：外論不爾。答曰：人那得知。《高僧支通傳》：謝安曰：九方歅之相馬，略其驪黄，而取其駿逸。退之詩：自歎虞翻骨相屯。又詩：未能去毛皮。翰林評書乃如此，賤肥貴瘦渠未知。 杜詩：書貴瘦硬方通神。而東坡詩有曰：杜陵評書貴瘦硬，此論未公吾不憑。況我平生賞神駿，僧中云是道林師。 《高僧傳》：支遁字道林，嘗養馬，人有譏之者曰：愛其神駿，聊復畜爾。亦見《世説》。

又 卷九《咏伯時畫太初所獲大宛虎脊天馬圖》 《漢書·禮樂志》天馬歌

使好事者其覽觀焉。贊曰：

伯樂於馬，有則識之，渥洼未來，精鑒曷施。孰是經營，心會手到。托諸驪黃，肆爾妙造。千里之奇，頃刻在前。形由人為，其神在天。

明 郭子章《名馬記》卷上《烏孫天馬、西極馬、汗血馬》 《張騫傳》：『元狩中得烏孫馬，好名曰天馬。及得宛汧血馬益壯，更名烏孫馬曰西極馬，宛馬曰天馬。』應劭曰：『大宛舊有天馬蹋石，汗從馬前肩髆出，如血，一□千里。』

又《宛天馬》 宛王蟬封與漢約，歲獻天馬二匹。孟康曰：『言大宛國有高山，其上有馬不可得，因取五色母馬置其下，與集生駒皆汗血，因號天馬云。』

又《漢余吾水馬、渥洼水天馬》 《武紀》：『元狩二年夏，馬生余吾水中，在朔方北。元鼎四年秋，馬生渥洼水中。』注：『南陽新野有暴利長，當武帝時遭刑，屯田敦煌。鳳數於此水旁，見羣野馬中，有奇者，與凡馬異，來飲此水。利長先作土人，持勒絆於水旁，後馬旣玩習之，遂持勒絆收得其馬獻之，欲神異此馬，云從水中出。』

又《龍友、龍媒、龍秋、籋雲》 《漢書・禮樂志》：『龍爲友。』師古曰：『唯龍可爲之友耳。』又曰：『天馬徠，龍之媒。』應劭曰：『言天馬者，乃神龍之類。今天馬已來，此龍必至之効也。』又曰：『飛龍秋。』蘇林曰：『秋，飛貌也。』師古曰：『莊子有秋駕之法者，亦言駕馬騰驤秋秋然也。』又曰：『籋浮雲。』蘇林曰：『籋音躡，言天馬上躡浮雲也。』

又《續名馬記》卷下《天馬》 星槎勝覽天方國，馬八尺高名天馬。

又《樗里天馬》 琴操曰：走馬引樗里牧恭作也，恭爲父報仇，亡匿山林之下，夜有馬圍其室，詰旦視之，天馬跡也。悟曰：吾以義殺人，何以匿爲，遂作走馬引。

明 慎懋官《華夷花木鳥獸珍玩考》卷七《名馬》 果下馬，高三尺，果下可乘。烏托出小步馬，小細也。細步言其能蹀足，所謂百步千跡。胡椒：『馬，國多駿馬來自西域。長角馬哈，獸角長過身。遺風，張揖曰：『遺風，千里馬也。』大宛國中有高山，其上有馬不可得，因取五色母馬置其下，與集生駒，皆汗血，因號為天馬子。宋膺《異物志》：大宛馬有肉角數寸，或有解人，語及知音，舞與鼓節相應者。唐咸通三年，柳州馬生角。

曰：天馬徠，出泉水，虎脊兩化若鬼。

筆端那有此，千里在胸中。四蹄雷電去，一顧馬羣空。老杜畫馬贊曰：四蹄雷電，一日天地。崔豹《古今注》曰：秦始皇有馬，名追電。退之《送温造序》曰：伯樂一過冀北之野，而馬羣遂空。誰能乘此物，超俗駕長風。《世説》注：《魏氏春秋》曰：時謂王戎才能超俗也。南史宗慤曰：願乘長風破萬里浪。逸材歸轡勒，歲在執徐同。漢武帝太初三年，貳師將軍李廣利伐宛得其善馬。四年春還京師。按是歲庚辰，爾雅歲在辰，曰：執徐故天馬歌云：天馬徠，執徐時，伯時畫此馬，蓋在元祐三年戊辰。

宋 楊侃《兩漢博聞》卷三《汗血馬》 貳師將軍李廣利斬大宛王首，獲汗血馬，來作《西極天馬之歌》。『應劭曰：大宛舊有天馬種，蹋石汗血，汗從前髆出，如血，號一日千里。』師古曰：『蹋石者，謂蹋石而有跡，言其蹏堅利。』孟康曰：『言大宛國有高山，其上有馬不可得，因取五色母馬置其下，與集生駒，皆汗血，因號曰天馬子云。』

宋 董逌《廣川畫跋》卷五《李祥天馬圖後》 始漢得駒渥窪，號神馬。後得馬大宛，號天馬。來西極。今漢猶傳歌詩，其言汗血則异，非中國嘗見。畫者得此，爲君若之圖也。太白謂背爲虎文，頭有綠發，此果有據耶。大宛有高山，其上有馬，不可得，因取五色牝馬置其下，往往得之。而吐大一作火羅頗犁山崖穴中，亦有神馬，國人牧馬其側，時得名駒，皆汗血也。方漢立貴人時，蔡約歲獻馬二匹，然大宛亦自重貴也。隋《西域記》言：大宛騮馬，烏馬赤耳，黃馬黑耳，白與中國馬不异。宋膺又謂：馬有角長數寸，魏興安中庫莫奚國獻名馬，有一角，狀如麟。然則宋膺記不爲無所凴藉，若以此求者，則此圖亦未之考也。

宋 牟巘《陵陽集》卷一七《跋趙光輔駿馬圖》 飲水齕草，翹足而陸，馬之真性也。而燒之剔之，刻之烙之，曰：『吾善治馬』。馬之性，始離而多病矣。蒙莊氏以為此伯樂之過也。觀此圖，豈不然哉？治民與養生者，亦莫不然。

元 蘇天爵《滋溪文稿》卷一《千里馬圖贊》 馬以千里名，奇馬也，物之奇者世不常有，有則見奇於世，亦宜矣。然漢文帝絕獻者而不受，武帝喜得之而作歌，其遇不遇蓋如此。嗟夫，優游六閑，食粟一石，備乘御者又不必皆奇者也，乃獨有善畫者得神駿之意而寄諸毫縑焉，噫，亦微矣。夫畫者之難得，有甚於馬之難得而知畫者亦不減知馬者之難能，故為《千里馬圖贊》，又《龍種馬》　龍種馬，出西海中，有鱗角。牝馬有駒，不敢同牧，被引入海，不復出。《萬畢術》曰：馬毛大尾，親友自絕，取馬毛，大尾置朋友衣中，若夫婦衣中，夫婦自相憎矣。

明　朱諫《李詩選注》卷二《天馬歌》　天馬来出月氏窟，背為虎脊龍翼骨。嘶青雲，振緑髮，蘭筋權奇走滅沒。騰崑崙，歷西極，四足無一蹶。鷄鳴刷燕晡秣越，神行電邁躡慌惚。　賦也，天馬者即《漢志》所謂大宛國渥洼之神馬也。大月氏本居燉煌祁連間，後為單于所破，乃遠去。大宛故謂渥洼為月氏窟也。天馬歌曰：驊騮騏驥虎脊龍文，髮馬首之髮也。在頸曰鬣。蘭筋者，一筋從玄中出，號曰蘭筋玄中。目上陷如井字也。天馬歌曰：志倜儻精權奇滅沒者，言不可以形像相也。伯樂曰：良馬，可以筋骨相天下之馬，若滅若没，若失若亡若此者，皆絶塵弭轍。天馬歌曰：天馬來逝崑崙。又曰：天馬來從西極。赭白馬賦曰：旦刷幽燕，晝秣荆越，神行電邁速也。李尤七嘆曰：神奔電驅，星流矢驚，莫若益野勝駒也。慌惚即所謂若滅若没之意，言不可以為象也。天馬歌者，古樂府車馬六曲之一也。白倣之而為此詩，首言其馬所生之異，乃産於月文之國渥洼水中，其背如虎脊之文，其骨如龍翼之張，嘶則徹乎青雲而振動。其緑髮筋出玄中而精權奇，是天下之良馬也。形影迅速若滅若没，絶塵弭轍似不可以為象也。騰乎崑崙来，從西極，涉流沙，而循東道，經萬里而入中國，曾無一蹶之虞，雞鳴而起，方刷於幽燕之地，及至晡時，已秣於荆越之鄉。不終日，而周乎南北，過都歷塊慌惚之間，如神之行，如電之速也。天馬呼，飛龍趨，目明長庚臆雙鳧，尾如流星首渴烏，口噴紅光汗溝朱。曾陪時龍躡天衢，羈金絡月照皇都，逸氣稜稜凌九區，白璧如山誰敢沽。回頭笑紫，燕但覺爾輩愚。　長庚太白星也，謂眼如太白之星有光耀也。臆胸也。《安驥書》曰：雙鳧胸，言胸前兩邊肉如鳧鳥之欲向上也。流星直也。傳玄《乘輿馬賦》曰：尾如植髮，亦言其直也。後漢張讓、趙忠，說靈帝作翻車渴烏，施於橋西，用灌南北郊路。註曰：翻車設機以引水渴烏，為曲筒氣接水上，謂馬之昂首如渴烏之狀也。或曰：烏之渴者，飲水而燕，必昂其首，馬之前仰後俯狀，亦如渴烏也。伯樂《相馬經》曰：汗溝欲深，口中欲得赤，赤即紅光也。汗溝在前胸脾間，《赭白馬賦》曰：汗溝走血。《天馬歌》曰：霑赤汗。注云：大宛馬汗血霑濡也。曰朱，曰赤，皆血也。六龍者，天子之馬也。《易》曰：時乘六龍以御天，故天子駕車之馬，曰六龍天衢，即皇都也。九區，九州也。如山言其多也。紫燕古良馬也。愚鈍也。猶人之賢者，謂不賢者為愚也。言天馬之駿也。驕嘶而趋有如飛，龍目如長庚，臆若雙鳧，尾如流星，而首如渴烏，口中亦而汗溝，朱曾駕天子之車，行於天衢之上，金羈絡月照耀皇都，俊逸之氣凌乎九州，是馬也。乃無價之物也。雖有白璧如山之多，安可沽耶。回笑紫燕尚在後塵，困頓愚鈍，安敢與之並駕而齊驅乎。天馬奔，戀君軒，駷躍驚矯浮雲翻。萬里足躑躅，遥瞻閶闔門。不逢寒風子，誰採逸景孫。白雲在青天，丘陵遠崔嵬。

《大車》曰：軒君，軒天子之車也。駷馬摇銜走也。矯矯首也。漢《天馬歌》曰：蘭浮雲兮晻上馳。註云：蘭草茂也，晻日無光也，蘭音弭浮雲翻者，言馬之駷躍驚矯，如浮雲之翻動也。躑躅住足也。閶闔天子之門也。漢《犬馬樂章》曰：遊閶闔，觀玉臺，寒風子，逸景孫，未詳。或曰：孫即孫陽，皆古之善相馬者也。《仙傳拾遺》：周穆王乘八駿之馬，觴西王母於瑶池之上，謡曰：白雲在天丘，陵自出言天馬之戀乎。君軒願為天子之大駕，摇銜而走。矯首而驚有若浮雲之翻動也。駐足於萬里之外，遥瞻乎，閶闔之門不逢知己，無由得進。昔者穆王嘗乘八駿之馬會王母於瑶池，今而徒見白雲之在天丘，陵遠出而崔嵬，王母之謡雖存，而穆王之駿不可得而見矣。是天馬者，豈易得哉。

鹽車上峻坂，倒行逆施畏日晚。伯樂剪拂中道遺，少盡其力老棄之。願逢田子方，惻然為我悲。雖有玉山禾，不能療苦饑。嚴霜五月凋桂枝，伏櫪銜冤摧兩眉。請君贖獻穆天子，猶堪弄影舞瑶池。　鹽車者，載鹽之車，車當縛軛以駕牛也。峻坂太行九折之坂，倒行逆施者，反其所當然也。伍子胥曰：日暮途窮，故倒行而逆施之。剪拂者，剪其焦毛，而拂拭之，所以長養之也。中道半途也。《戰國策》騏驥服鹽車而上太行，白汗交流，負轅而不能進。伯樂遭之下車攀而哭之解衣，以之驥驥，於是俯而噴仰而鳴，見伯樂之知己也。韓詩外傳云：田子方出見老馬於道，問其僕曰：此何馬邪，曰：公家畜也。疲而周故出之，子方喟然嘆曰：少盡其力，老棄其身，仁者不為，束帛贖之，窮士聞之知所歸心焉。張衡《七命》曰：大梁之黍，瓊山之禾，李善註云：瓊山，即崑崙也。《山海經》云：崑崙山上有木禾，長五尋大五圍。莊子伯乘曰：我善教馬編之皁，棧註云：棧櫪也，皁也，若靈牀施之濕地蓋馬畏濕，故乘之以棧冤屈也。枉也，言其屈於伏櫪，枉其材，而弗用也。贖如田子，方束帛之贖，穆天子瑶池事，見前。

此言馬之不遇，雖至窮困，猶有戀君，願用之情，謂夫騏驥當服鹽車之時，流汗於太行之坂，枉其材，而用之齒已老矣。雖蒙伯樂之剪拂，而又中道之相遺少盡其力，老即棄之，是可憐也。安得如田子方者為之惻然而相悲乎。饑困若此，雖有玉山之禾，遠莫能濟，又何益乎。況乃五月飛霜凋損桂枝，地氣又早寒矣。尚且伏櫪低眉，何所展其足乎。徒抱千里之資，不得一試，願如田子方者，贖以束帛獻於穆王，使得驂於八駿之列，猶可弄日影，而舞於瑶池之上，乃見其逸駕絶塵，而為不世出之良材也。否則終於伏櫪已矣。

按：《天馬歌》者本古曲也。白因其目，而闡其意，辭之富麗。又大過之，蓋漢為郊廟之樂，敬天對君，宜質而不宜，文白乃後人詠歌，前代之事故。極其形容賛美之盛，抑詩人所居之位不同，而文章亦以時而有繁簡之異也歟。

說者或謂白，寓自傷之意，若以田子方所嘆，公家老馬云者，度其辭，指似當為汎論也。

清　孫岳頒《佩文齋書畫譜》卷八一《唐曹霸汗血馬圖》　余書李氏

曹霸馬圖矣。明日，復持古本汗血馬圖以示，與前畫異。余考之，汗血，神馬也。前記雖屢言，然其狀卒未得知。此畫汗血發於華毛，似與古異。夫宛邱有良馬，其大二丈，鬛至膝委於地，蹄如汗腕可据，日中而汗血。乘者當以緜絮纏頭要小腹。漢武帝親得天馬，見血從前膊上小孔中出。今考説者，終不可同。今世又無汗血馬得据以斷衆説，則畫者將何從哉。

又《唐曹霸照夜白圖》 論天下之馬者，不於形骨毛色中求。彼得其白體者，若搏執絆羈不可離也。且將以形容骨相而求畫，吾知天下無馬矣。況若得若喪其一，而見之恍惚難窮哉！觀者不能盡知於此也。謂畫者能之，將託之神遇而得其妙解者邪？曹霸得此，誠於馬也放乎技矣。彼以無托於外者，或未始見有也。其守以形似，而得其骨相者，果其馬乎？照夜白、玉花驄，此良馬也，可以形容毛骨求也。於良馬而論形似者，其神遁矣。其得於蘭筋初成，肉翅已就，此千里馬也神駒天馬有常形，其異者，角相翅力，赭流吻下，血出膊中，霸皆不及也。是真有意於馬乎？夫能忘心於馬，無見馬之累，形畫倏忽，若滅若沒，成象已具，寓之胷中，將逐逐而出，不知所制，則騰驤而上，景入縑帛。初不自覺而馬或見前者，真馬也。若放乎象者，為真馬也豈復有馬哉？

清 端方《壬寅銷夏録・趙文敏天馬圖并賦卷》

收藏，有吳氏彦良，朱文文攄隱朱文兩方印。

畫幅絹本高一尺二分，寬一尺七寸。工筆畫，奚官衣紅章。一馬昂然而立，賦紙本高一尺二分，寬二尺二分，篆書二十三行。

吾聞天子之馬走千里，今之畫圖無乃是，是何意態雄且傑，駿尾蕭梢朔風起。手為緣縹雙耳黄，眼有紫焰兩瞳方。矯矯龍性合變化，卓立天骨森開張。伊昔大僕張景順，監牧攻駒閲清峻。遂令大奴守天育，別養驥子憐神俊。當時四十萬匹馬，張公歎其材盡下。故獨寫眞傳世人，見之座右久更新。年多物化空形影，嗚嘑健步無由騁。如今豈無騕褭與驊騮，時無王良伯樂死即休。

比歲，為容齋學士畫《天馬圖》，忽已數年矣。復索予寫杜拾遺《天駈驃騎歌》于後。予因奉使開平，日久不能應命。旋偶于舟中撿出，為篆書之，惜不能工也。延祐四年九月既望，吳興趙孟頫識。

朱文

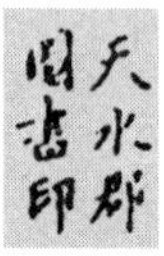

朱文

題跋

按：松雪生於宋寶祐二年，至元延祐四年，年六十四。是年，官翰林學士承旨。又明年致仕南歸，歸後又三年而卒。嘗見香光，晚年自跋，所臨中興頌云：吾不能效漚波晚年之學篆，而能以篆法，入吾梧楷法。據此知，松雪晚年嗜作篆也。余往見明以來，傳摹四體千文，暨長山袁氏所藏九謌卷，均與此跡不辨。楮葉錢曉徵先生曾見内府所儲大道謌，遂證定王復齋□器拓本。册首鐘鼎，款識四大篆，篆書為松雪手蹟。今以此卷，校觀愈徵先生之言，非妄。而此篆之眞，碻更可信矣。【略】

按：趙馬贗跡，觸目皆是如此圖。骨重神寒，一望即知為神。品材官氣，槩亦覺俯視一切，豈後人所能仿。為又有文敏篆書，天駈驃騎歌，可謂雙絕。文敏書碑兼篆額，如句容、崇禧、萬壽宮碑，吕梁、鎮慶、眞觀碑，處州八卦山碑等篆法。本工不僅，晚年庚子，銷夏記載：舊内畫卷，皆御用監，内臣裝裱，前裝趙子昂馬圖，後裝米元章天馬賦，中書題簽云子昂。唐馬，朱元章跋，坿記以博一笑。

清 宋長白《柳亭詩話》卷二五《天馬》 至正二年，拂郎國進天馬，勅周朗貌以為圖，揭傒斯為賛。戊申後，此圖流落人間。丁鶴年有詩曰：春明立仗氣如山，顧眄俄空十二閑，一去瑶池消息斷。西風吹影落人間。按：周伯温應制序云：馬高八尺三寸，七度海洋而至。楊廉夫詩：佛郎獻馬七度洋，朝發流沙夕明光。任公承旨寫神駿，妙筆不數江都王。則貌圖者，又是任月山也。

清 汪价《中州雜俎》卷一六《駿馬化爲泥馬》 京洛富人王武，專媚豪貴。忽得駿馬色白，如一團美玉。其鬃尾赤如朱，皆言千里足也。又疑是龍駒，將以獻薛大將軍。乃廣設以金鞍、玉勒，間之珠翠，方伺其便達意也。其馬忽於廐中大嘶一聲，後化為一泥塑之馬。立焉。

清 吳浩《十三經義疑》卷三《良馬五之》 毛萇以為驂馬、五轡。按：三馬曰：驂馬，三則轡六，即納兩轡于觼，亦當四，而乃五轡云乎哉。

又《良馬六之》 《毛傳》四馬六轡，此特可為六轡，在手註耳。然四馬實八轡，非六轡也。鄭氏云：六之者，見之數也。謂六見之也。此説可從蓋大夫，見賢不止，再三而四，之五，之六，之殷勤，之甚也。

清 阮元《定香亭筆談》卷二《紫騮馬》 紫騮馬蹀躞，萬里何雄哉。不追赤日到西極，安知河水從天來。崑崙落空小於指，星宿滿地紛如埃。紫驪馬去復回生，還醉倒，酒泉郡。馬頭春色桃花開不見，前年大雪十丈高連天，人馬凍殺青海邊。

又《紫騮馬》 黃雲海樹隱邊笳，滿路烽煙滿磧沙。老去秋風移苜蓿，羞看夜月映桃花。獨棲聊謝紅梁燕，共飲難將白鼻騧。錦作連錢珠作絡，馳歸應是日初斜。

孝豐吳蘅皐，應奎余兩試其文，均置高等。不知其能詩，試畢。自呈其讀書樓初稿，苦吟綺思。絶似長吉，樂府歌行尤佳，始知錦囊佳句，不受風簷迫促也。設非吳生自呈其稿，則吾失此人矣，然則吾所未見之才亦，多矣為之憮然。

（康熙）《瑞金縣志》卷一〇 百縣中江氏，畜馬十餘匹。一日圉人浴一牝馬于江潭，馬迸入急流，四塞雲合風起，水波高丈餘，圉人遥見一物，光彩耀日，鱗甲森然，繞馬數匝久之，天日開朗，風静水平，馬泅至岸，圉人牽馬歸，向主翁道其事，翁叱其誕。明年馬生一駒，肉赤如血，頭方而腹大，耳垂而脊強，嘶鳴與凡馬異，蓋龍駒也。《漢志》：汗血馬生渥洼中，信不誣矣。

祭馬 馬神 馬神廟 馬王廟 馬祖廟

論說

《通典》卷一三三《仲春祀馬祖》 將祀，有司筮日如別儀。以下先牧、馬社、馬步皆筮日。前祀三日，應享之官散齋二日，致齋一日如別儀。前祀二日，守宮設祀官次於東壝外道南，北向西上，陳饌幔於內壝外。郊社令積柴於燎壇，方高五尺，太官令具特牲之饌。［其日］未明二刻，太史令、郊社令升設神座於壇上，席以莞，南向；奉禮設獻官位於壇東南，西向；執事位又於東南，俱西向北上。設奉禮位於獻官西南，贊者二人在南差退；又設奉禮贊者位於燎壇東北，俱西向北上；設望燎位當柴壇北，南向；設祀官等門外位於東壝外道南，西上。郊社令設酒罇於壇上東南隅，北向，洗於壇東南，北向，執罇篚者如常，幣篚於罇所。未明刻，太祝、獻官等各服其服，郊社令與良醞令入實罇罍及幣。質明，謁者引獻官以下俱就門外位，奉禮郎帥贊者先入就位，贊引引太祝與執罇罍篚冪者入，當壇南重行，北面西上，立定，奉禮曰：『再拜。』贊者承傳，太祝以下俱再拜。太祝與執罇者，升東階，至罇所，執罍洗篚冪者各就位，謁者引獻官以下入就位，立定，奉禮曰：『再拜。』在位者俱再拜。謁者進獻官之左，白：『有司謹具，請行事。』退復位，太官令出詣饌所，太祝跪取幣於篚，興，立罇所。謁者引獻官詣神座前，北面立。太祝奉幣東向授獻官，獻官受幣，進，北面跪奠於神座，俛伏，興，少退，北面再拜，謁者引獻官還本位。太官令引饌入，升南陛，太祝迎引於壇上，設於神座前訖，太官令以下降復位，太祝還罇所，謁者引獻官詣罍洗，盥手洗爵訖，謁者引獻官升自南陛，詣酒罇所，執罇者舉冪，獻官酌酒，謁者引獻官進神座前，北向跪奠爵，俛伏，興，少退北向立。太祝持版進於神座之右，東面跪讀祝文曰：『維某年歲次月朔日，天子謹遣具官臣姓名，昭告於馬祖天駟之神：爰以春季，遊牝於牧，祇薦製幣犧齊，粢盛庶品，明薦於馬祖天駟之神，尚饗。』訖，興，獻官再拜。太祝進，跪奠版於神座，俛伏，興，還罇所。太祝以爵酌福酒，進獻官之右，西向立。獻官再拜，受爵，跪祭酒，遂飲卒爵。太祝進受爵，復於坫。獻官俛伏，興。太祝帥齋郎進俎，減神前胙肉，以授獻官，獻官受以授齋郎，謁者引獻官降自南陛，還本位。太祝進，跪徹豆，俛伏，興，還罇所。奉禮曰：『再拜。』在位者皆再拜，已飲福受胙者不拜。奉禮又曰：『再拜。』在位者俱再拜。謁者進獻官之左，白：『請就望燎位。』謁者引獻官就望燎位，南向立。奉禮又帥贊者退立於燎壇東北位，太祝進神座前，跪取製幣、祝版、爵酒，又以俎載牲體、稷黍飯，興，降自南陛，南行，當柴壇東南行，自南陛登柴壇，以幣、酒、祝版、饌置柴上訖，奉禮曰：『可燎。』東西面各二人以炬燎，火起，以炬投壇上。火半柴，謁者進獻官之左，白：『禮畢。』遂引獻官以下出，奉禮、贊者還本位。贊引引太祝以下俱復執事位，立定，奉禮曰：『再拜。』太祝以下皆再拜，贊引引出。

宋 魏了翁《春秋左傳要義》卷一六《六畜不相爲用若祭馬不用馬》 《周禮・校人》『春祭馬祖』，鄭玄云：『馬祖，天駟也。』《孝經說》曰：『房為龍馬。』六畜之言先祖者，唯此一文而已。以外牛、羊之等，其祖不知為何神也。謂若祭馬先，不用馬，畧舉一隅，據有文者言之耳。沈氏云：《春秋說》天苑主牛，又有天鷄、天狗、天豕，以馬祖類之，此等各有其祖。

明 谷九鼎《修建馬神廟記》（隆慶）《豐潤縣志》卷一三 國之大事，在祀與戎。飾戎莫重於馬政，蓋兵之有馬，內賴以壯國勢，外賴以懾敵心，故昔周人有馬質、巫馬、牧師、圉師、校人、庾人之掌，至於人力之所不能及，則又立祀以生之，春祭馬祖，夏先牧，秋馬杜，冬馬步，則馬之係於國家也甚大，馬神之崇祀於古也亦遠矣。今有司之於馬政，不過行富息、芻牧、鳩括、俵驗之衛爾已，而於神廟之廢興則不加之意尚，何望其陰佑，而默司之余邑馬神廟建久，不可歲月毘陵王矣。政暇進耆民於庭而告之曰：『明有禮樂，幽有鬼神。』栖神要主廟宇，為先其亟修之以恭祀事，乃出贖金倡之，既補缺葺絞復增建門房，三楹啓閉以時，無非嚴廟貌也。扁曰：『天駟蓋取天文，房為天駟之意也。』始於己巳四月，越月告完，無何以憂釋位，耆民靚神廟而思侯績之，不可没也。相與請余記之以垂不朽，余作而嘆曰：『既去而猶思紀其績固。』善政得人之深，人心不泯之良也。況廟貌耽嚴，祀事必修，神必歆之報以景福戎馬，多祥麟之盛，國馬有駃騠之榮，可以壯國勢而助兵勝，可以懾敵心而備折衝，則外攘內寧邦家其永賴之矣，維神之功實侯之功宜矣，既去而猶思慕之也，嗚呼！昔漢氏循吏為盛，班史傳之亦不過曰：『所居民富所去見恩而已。』余謂耆民之思，王侯當有出於處置之外也，其視古之循吏何讓焉，故特記之以俟後之傳循吏者。隆慶四禩夏五月朏，追思謹記。

明　石瑶《重修馬神廟記略》（康熙）《通州志》卷一二　國家自己卯用兵，歲閱馬幾千萬匹，登簡駿良以服王事。四方底平於時，太僕卿臣舉等奉命重修壩上馬神廟，成殿若干，楹門廡厨庫若干，所缺者、完驟者、起棠翳者、豁漫漶者、飭閱闇者嚴整，望之儼然，經始於正德庚辰秋八月，是年冬十月落成，於是臣瑶拜手稽首言曰：『惟昔先王之有天下也，制治於未亂，保邦於未危。天下雖安，蓋未嘗一日忘武備也，武備未嘗一日而忘，則馬政未常一日不講，是故有苑囿焉，若吾民之有田廬也，有芻秣焉，若吾民之有廩囷也；有羈靮韉箠焉，若吾民之有衣被履舄也；至於人力所不能及，則又立祠以主之，亦猶吾民之有先農先嗇也，其備如是。』當是時，歌於皇華則云騏駒駰駱，田於秦則云駟鐵辰牡，牧於魯則云驪黄騂騧，延至於漢猶曰閭巷有馬，而阡陌之間成群，何則養之之日多，而用之之日少也，養之多則力不匱先王之待物如此，而況於人乎！故神歆其祀，民受其福，而邦亦有終賴焉，馬之有益於人國也亦大矣。顧古之人，其用武備也，以濟文事也；而弗敢黷也，其用征伐也；以佐禮樂也，而弗敢恃也。記曰：『武王克商，歸馬於華山之山陽，示天下弗復用，衅干戈而藏之府庫，示天下不復有争也。』兵且弗用，何有於馬。我國家聖聖相承，教養大備，臣下奉法，罔敢弗恪，苟以先王之所以使民者，使民所以待物者，待物舉而措之，今之天下，將無推而不準，而豈獨馬政也。哉銘曰：『維房有宿為文為章，維天子馬來翺來翔。』伊誰主之國典，有祀廟貌既作，修我祀事，坎坎擊鼓，以柷、以敔、以豆、以俎、以樂馬祖，神之樂之報以景福，其蕃其牧以駸，以服牧既蓄矣，士桓桓矣，俾我王事無艱難矣。曰：『惟神功亦民之衷始，必有終昭之無窮。』

明　雷于霖《重修馬神廟碑記》（康熙）《朝邑縣後志》卷八　邑界秦、晉、津、梁之處，是時軍旅雲移，賓客星奔，廄人不在羈紲之僃也而殷事馬神，神棲舊貫三楹，兹殿前構亭以享神也，門外架棲以衎神也，內祔財神、土神旁祀，孫、焦二仙野祀，無秩彼有取爾也，匠石善選工師善斲洵鉅麗哉！春秋釀祭，極獵校之盛，盡聲歌之選，男女褫踏而聚觀者萬人，時有客乘傳而過挽轡停鞭而稱之曰：『庶矣哉，富矣哉！』雷子懼解之曰：『客見蓀璧紫壇，雲棟虹梁，其棲神者，泰歟外此。』而烽燼熖銷，風雨莫蔽者誰及見之，客見蕙殽蘭蒸瓊糜金漿，其衎神者侈歟外此；而蝗飛現井荒灶寒者誰及見之，客見陳鐘伐鼓遏雲繞梁，其康神者靡歟外此；而逋賦避役泣酒郊原者誰及見之，客見錦綺驕童飄映，日之輕裾繡箔艷女整如雲之逸，度其簇出旅賽者麗歟外此；而縶足囚首縲絏莫釋者誰及見之，客曰微夫人之言，吾不知朝之外腴而中餒也。噫！祭器之正，漫藏之戒，以俟在位之君子。

明　陳良謨《重拓官廄新建馬神廟記》（光緒）《鄆城縣志》卷一一　嘗聞春秋時，國之大者曰千乘家，之富者曰百乘。國不尚土，家不尚財，惟以馬乘多寡稱之，豈土地財賦不足為國家重，與蓋三代以上揖讓，傳天下三代以還戡亂，定天下揖讓用禮樂，戡亂藉干戈大業弘勳，多從馬上得之，故地用莫利於馬，而主馬之神功亦匪淺，牝牡孳蕃，驪驥膘壯，六龍為御，八駿呈祥，凡有國有家者咸崇祀焉。齊魯昔皆千乘之國，今分六郡、營汛、郵傳、何止千乘，治亂所恃文武，相資馬之時用大矣哉，吾鄆地鄰孔道額設里馬無幾，予初承乏是邦輒自捐買數乘以備差遣。先有廄在署西，西方屬金，馬屬火，火能克金，金又生水，水不利于火，以故馬多疾病。予甚思之，因急移廄于署東，東方屬木，木能生火，火與午合，得生生之機，年來馬頗雄膘，予為深喜。但昔舊廄之北曾有馬神行祠，因限於地苦不能寬，今既養馬於東，首另建神宇三楹，更加高敞以壯厥觀，新立神容以便瞻拜，左搆廄屋五，南蓋料房三，木井二，槐柳十，經營一年堪垂百世，將見執轡之驛驛者，不轉而穫黍之挃挃耶，予心始覺稍慊矣。是役也，木甎灰瓦需料孔多，予捐五年薄俸，悉用平價購來，一分一文不累里下，惟人夫匠作未免勞民，是以官廄公事，一勞永逸，諒吾民之所樂，為母佚予之慰勗也，茲喜落成，爰為之記。

（嘉靖）《蘭陽縣志》卷三《蕃育》　按《周禮》：校人掌頒良馬而養乘之。注云：四馬爲乘，三乘爲皁，三皁爲繫，六繫爲廄，六廄成校。天子十二閑，邦國六閑，此立廄之始。然不特爲閑廄已也，而又以馬質禁原蠶。蓋天文辰爲馬、蠶、龍精也；恐物不能兩大，故禁焉。又以校人春祭馬祖，夏祭先牧，秋祭馬社，冬祭馬步夫。司蕃息者，馬祖也。司肥充者，先牧也。司才良者，馬社也。司災害者，馬步也。四神弗忘，馬賴以昌。《左傳》謂國之大事在祀與戎。是以重馬政者先焉。吾邑之馬，有廄有祠，古之遺制也。先王之祀，執駒攻特，臧僕簡馭，人事修而神明相之矣。

清　谷元調《重修馬神廟碑記》（康熙）《豐潤縣志》卷八　按《晉・天文志》：房四星曰天駟。《周禮・夏官》：校人春祭馬祖，天駟龍爲天馬，故房四星謂之天駟。吉曰之首，章曰吉日，維戊既伯既禱，然則邑之祀馬神所以壯騰驤祈蕃庶也，朝廷之捍衛繫於斯里閈之畜牧，亦繫於斯祠隸，豐倉之東北隅左龍牧，而右國儲一邑之中見制作之明備焉。余兒時從從兄馨亭氏啓蒙，東廡堂軒有大槐匝徑重陰，每晨校讀則昂首看槐，輒得句次也，暇則步祠瞻神像，見有三目四臂，一手懸鏡，一手提索，一手仗劍，赤面金甲，危坐於中者，曰廣詹侯也。又有玉顏豐頰，峩冠博帶，及皓首霜髯，圓巾埜服，翼坐於旁者，曰水草與馬祖也。其不以馬祖居中，而以廣詹侯居中者，遵所統也；其不以廣詹侯名廟，而以馬祖名廟者，通乎俗也。余遂識爲馬神廟云，是時也，余甫七齡，由今追昔，蓋四十餘年之事矣。前年戊戌濬司訓於藤暨，庠博士於美昆弟過余，言此祠圮久，幸沙門諸奉募粧法像，餘廿金，慮營門弗瞻，顧榱桷欲垂，墻垣未起，矧露處頭陀，此祠終歌離黍，請爲疏募之余曰：有是哉，僧之後祭河而先祭海也。《書》曰：既勤垣墉，惟其塗塈茨，未聞先塈茨而後垣墉也。又曰：既勤樸斲，惟其塗丹雘，未聞先丹雘而後樸斲也。豈神祠營建不奉梓材之訓耶，爰草前數言募之，自是余有歙州之役，繼而梁城蘆月，前後歷九載，未知諸奉之業，果有成焉否也。今年十月，幾望余方風雨一編，無寧晷諸奉，忽持前疏《索碑記》，余始愕然居有頃，因詢之曰：若果垣墉勤歟，樸斲勤歟，若果塈茨塗而丹雘塗歟。曰盍掩卷啜吾茗尋，挽衲前趨見夫環然墻垣匝衛焉，見夫巍然榱桷連廡焉，見夫危坐於中者，依然桓桓介胄焉。翼坐於旁者，依然峩峩冠帶，雝雝襟珮焉，而且後繕一楹，奉慈悲法像於其舊趾，爲禪息地是不准彌缺葺漏，更有遷祔之功瞻拜之，餘求所爲隸習之地，而遺跡不可復識矣。斯舉也，持鉢九載，落成一朝，以數十年滄海桑田之感，一旦易而爲飛草輪奐之觀，而余低徊於斯，無異四十年執徑之日。人事之廢興，吾生之聚散，豈偶然哉！先是東郊義豐驛，皇華至止，神祠隸焉，春秋祈報皆詣，彼鼎建以還，不設驛丞務統，於縣館舍神祠鞠茂草矣，會此祠聿新邑，侯朔望必視焉。昔蘓文忠作朝州廟碑，調神在天下，如水之在地中，無所往而不在也。今祠經重建，靈爽憑依，正如鑿井得泉，從茲祝史陳祠以告虔，執事駿犇而恐後饗牲牢，而崇祀典不可謂非諸奉之力，而諸奉之業不至，是果有成哉！邑人曰：『可以壽諸石矣。』余爲記。旹康熙五年，歲次丙午，冬十月望後三日之吉，丙戌科舉人谷元調撰邑，文學史垂謨篆并書。

清　李早榮《移建馬神廟記》（乾隆）《樂平縣志》卷八　馬之精氣，上騰垂于星象，其名曰駟，故記曰：春祭馬祖。祖即駟也，其夏秋冬三時亦各有所指而祭焉，誠以馬也者，可以代人力而致遠，佐行陣而成功，其用溥且利也，非神有以庇之，何克臻此。樂邑舊廟狹隘，朔望瞻拜不足以昭敬，適紳士李□等募修龍神各祠，置署東王姓宅院一區，取其材用之遺基，呈請歸公在案。丙申春，我皇上神武遠播，平定兩川，露布如飛，馳送無悮，賴馬之力而寔神之爲靈昭，昭有以默佑也，可不報其功而隆其祀歟，爰於歸公地基，重建新廟，較舊制踵飾而增廟焉，從此神獲憑依，庶幾驪黃孔阜而期□，永上蕃庶云。

清　黃嵩竹《重修馬神廟記》（乾隆）《贊皇縣志》卷九　從來國家之盛，其殷富先見諸馬。《頌》上魯僖而陳坰牡十六，《風》採衛文而侈騋牝三千次，而問大夫之富，數馬以對，馬之有關於政，誠重矣哉！顧立心秉心所美在人，既伯既禱維祭有祖。按馬祖爲天駟房星，古無廟祀天神者，或曰：《周禮》校人春祭馬祖，夏祭先牧，秋祭馬社，冬祭馬步，內固有人而神者，故廟祀馬神偏天下，寧於贊而異之。贊馬神廟在城內東，其前舊七社公所，今空爲坪，惟馬神廟獨存，乃年代久而風雨受深，廟復棟折榱崩，神將壓焉。是亦令茲邑者，難辭咎也，亟謀捐費新之，而以事任之王尉維、周既喜，其勝任愉快一越月而廟已告成，廟成而吉日維戊，將勤民以致力於神，亦吉日庚午，得同官而既差我馬。且夫馬在宮，亦有在民，其歲之博碩肥腯而祀事孔明者，昭民力之普存也，將來藉神之賜，大報之福，其問富而數畜對者，亦猶數馬。從此或採之《風》，或上之《頌》，而我國家殷富之象已先於馬見之，則此一役也見亦於馬政，極有關也，不可無。記時蓋乾隆巳巳仲冬也。

清 謝廷瑞《柏鄉縣馬神廟碑記》（光緒）《趙州屬邑志》卷六 稽古聖王之制祭祀也，法施於民則祀之，以勞定國則祀之，能禦大菑則祀之，能捍大患則祀之。未有無因而祀者，即一邑之中，而山川、社稷、風雲、雷雨之神，皆有功烈於民者也，罔不載在祀典而淫祀不與焉。余分符槐陽，思為民造福，諸務皆小心翼翼，而敬神尤其大端矣，故捐俸修文廟，以共為士木鐸也，復捐俸修城隍廟，以其為民保障也，即里社父老持籍募修殿刹，余俱不憚傾貲以助總，欲安神降康，民受其福云爾。至駉牧為王政之大，天駟著雲漢之表，故士卒汎防郵置差遣，罔不惟馬是賴，其間災疢不作，孰為為之；蕃息日盛，孰為為之。且甲寅、乙卯連歲羽檄飛馳，一日千里，使非有所憑依，即虎班龍文之逸，蘭池蒲稍之駬，噓天陸野，躡影追風，鮮有不疲於奔命者矣。古有馬祖，先牧壇廟並祀並歲，二八月中旬擇日遣太僕寺官致祭，此馬神廟非無稽也。故柏邑有馬神廟二所，一在於縣治之東，一在於驛舍之西，胥離衙疎遠，茲於丙辰暮春鼎建署內，便於不時薦禋，基趾坐北，取其負陰向陽藉生道也，且介於河房之上，取其密爾，靈應保護為最親切也。是以隆其棟宇，藻其雘丹，繚其圜垣，植其花木，雖不敢恃有明德之格，而恃有苾馨之誠，因而渥洼寶廐，雲錦成羣，彭彭伾伾，繹繹祛祛，有長駕遠馭之資，而無虺隤黃瘏之虞，皆房伯之有功烈於馬也。宜像祝而血食之，豈淫祀哉！若因馬政以占國政，余所禱祀而求倘，即物阜以推民安，余則謙讓未遑焉。更有願者，有伏櫪之馬，而無生郊之馬，有扶佑我馬之神，而兼有愛養斯民之牧，是則余建祠之意也夫。

清 徐章《馬神廟記》（康熙）《龍門縣志》卷一四 《傳》曰：有功德於民者祀之，為民禦灾捍患者祀之，非是義也，不載祀典，是故農祀后稷，蠶祀先蠶，蜡祀先嗇，斯皆有功德于民為甚鉅。而《周禮》又載：馬祖、先牧、馬社、馬步各分祭於四時，豈非以捍禦之大馬實是藉，故其祀為特備耶。邊圉舊鐃馬於時騰驤，著聞士伍强盛，鄉人戴神之賜，廼於邑之東北隅，建祠以祀天駟、房星之神，凡有事於芻牧者禱焉，厥後牧事不修駑驤，弗辨間有識者，不過毆之顛，齒量其高壯稱力而忘德鑒形，而遺神馬之良者益少，即外有所至又，皆齕踶駑曼孱弱遲鈍，不足以供馳突壯軍威。說者以為歲祀不修，神明未佑，兼之廟貌傾圮，無以揭虔，妥靈宜乎有所悶而未之降也，營校翟選等議欲修葺，募千閫營之騎，士不足更募千紳衿庶士之事畜牧者，於是聚材鳩工，理其殘缺罅漏，正其欹亞，補其滅裂委墜，殿宇巖巖，門廡翼翼，塗茨丹雘，煥然鼎新，其功積日而月，自春徂夏始告成事，因為之書其歲月姓氏於左，俾後之人知捍牧圉者，實與農桑衣食之功等，庶幾遡本，知自將謹修其祀於無窮也已。

清 高基重《祭馬神祠記》（道光）《新城縣志》卷一七 物之剛健者惟馬，蓋龍之亞，故曰：天行莫如龍，地行莫如馬。《易象・乾震》：為龍，皆又為馬其理同也，是故馬之於人其用莫大焉。上古乘馬致遠，止以駕車，中古戰陣咸用車郵，傳乃參用騎，孔子曰：『置郵而傳。』命置為驛郵，為駟驛者駕車，駟者人跨馬也。馬之用雖廣，而戰陣郵傳特重，故歷代以畜牧為要務。漢初內郡之馬，阡陌成羣；唐開元中，馬若雲錦。夫馬之蕃庶必其養之，善用之舒未有不源於愛惜者也。昔漢武帝發車二百乘迎渾邪降王，以民馬不具怒，長安令內史汲黯諫上，翻然悔之。北魏太武帝畋於河西，詔以肥馬給獵騎，尚書令古弼悉以弱馬給之，他日復畋北山獲禽多，詔尚書令發車五百乘既而中止曰：『筆公必不與我。』筆公謂古弼也。蓋古者君臣上下，其惜馬如此，今國家戎兵克詰，戰騎珍重所不待言，獨是郵傳一節，則下之奉行，有甚不愛惜者，殊堪浩歎也。比年以來，南服用兵，羽檄之馳如星如雨，使者捧嚴綸，從者居奇貨，狂奔毒策，以斃馬挾勒有司，斃一馬耗十餘金，十馬百餘金，累而上之，何以堪此金錢，安得不費？有司安得不困耶！前雄邑令姚羹湖氏作《驛馬歎》，其詩有曰：『封章一字南山動，使回更較鹽車重。傳旃使來盡櫪號，一馬路僵羣馬慟。朝廷金錢天物命，功令空懸資猰㺄。』蓋實迹也。又曰：『老僧方瞳白日下，笑指紅塵馬騎馬，泥犁風輪信非假，驛馬前身差使者，則淡疾之詞矣。』嗟乎！既末之何矣，吟詩何裨哉。按制典郡邑例，祀馬神，神實司馬之命，邀神之靈，可以祛馬之害，而興馬之利。有司宜虔事之六月之吉，謹以牲儀致祭，令道釋二氏誦寶經，靈唄既禳且祈，庶幾為馬造福也，告神之外，復暢其說以記之。

清 陳延恩《城守營移建馬王廟記》（光緒）《江陰縣志》卷七　《詩》云：吉日維戊，既伯既禱。《毛傳》：伯馬祖也，重物慎微，將用馬力，必先為之禱其祖。孔穎達疏曰：馬，國之大用，王者重之。故《夏官》：校人春祭馬祖，夏祭先牧，秋祭馬社，冬祭馬步。注云：馬祖天駟先。牧始養馬者，馬社始乘馬者，馬步神為災害馬者，既四時各有所祭，馬祖祭之春其常也，用馬力則又禱之，後世本此營驛，皆立馬王廟焉，而營為尤重封號，昉於何時，無可詳考。而《周制・原蠶》有禁馬與蠶同祖天駟其說，固無可易者也。江陰馬王廟舊在邑城隍廟西，即前明延陵書院故址，始為城守與水師合繼，則水師別建，遂獨為城。守營將士，春秋奉祀之所，地苦卑窪，前人屢謀移建，以艱於費不果。道光己亥，殿梁遭風雨摧折，廟幾傾頹，營把總盛君鳴遠，自上官下移於本營火藥局西隙地，南向建屋二重，前重之中為門東，西為與祭嘉會所，後重為殿安奉神像，綴以拜臺甬道，前重兩旁皆有門，東通火藥局，西達空基地，既爽塏制復宏整，其木石磚瓦，前移舊料改作，後悉庀材新造，經始於是歲十月八日越明年三月工竣，計費泉三百緡，以舊廟基歸入城隍廟，得津貼泉百二十緡，得通營捐集泉百二十緡，餘皆盛君與馬隊經挪，須籌項歸還者。余自戊戌來權邑，篆見先農社稷雲雨風雷山川及邑厲諸壇，年久傾圮，亟為捐廉重建，非敢侈觀，瞻求稍盡為民祈報之心而已，盛君是役志與余同，乞余文記之。余維人果知義所當為，以必為念，則無事不可為之，憾斯廟工費非巨，前屢議遷而不果，今乃奔走竭蹶以臻於成，盛君可謂勇於為義者矣，雖然余更有望焉。《魯頌》曰：駉駉牡馬，在坰之野。序說：僖公寬以愛民，務農重穀，牧於坰野。鄭箋云：必牧於坰野者，避民居與良田也。按邑志載：江口有兩營，公置水草灘一區，舊為分界，牧馬處邇聞，厮卒憚遠就近放牧，附郭田園麥禾菜果之屬閒遭踐食，農民睨視吞聲，畏威飲泣，莫敢誰何，或所傷實多，始赴愬於庭，屢經示禁，并以文檄移營。雖今閫帥嚴明，禁尚未戢，盛君能熟籌良法，永杜吾民重困，神之所歆在德，將必有邀享格，而錫蕃庶者，其功又豈第移建之所可等量哉！庚子四月，立夏後一日。

綜述

唐 李筌《太白陰經》卷七《禡馬神》　古者，庖犧氏作服牛乘馬，引重致遠，以伐人勞。爾能節齊和鸞，舉應鼙鼓，陷矢石，殪奔禽。聲嘶而長風始至，影滅而浮雲昭見。周穆八駿，足迹接于瑤池；王良駟馬，人事標于天漢。國家恩覃八埏，光宅九土，皇王四溢，白旗來庭，浮鐵沈毛，貢金納罽。而狼難厭，反首逆鱗，學三苗之不恭，慕九黎之亂德。叛而不討，何以示威！天子齋戒，越宿拜飛，將軍身衛琱戈，手執金鼓，揮以出塞，乘明月而渡河，誓將揮種埋落，擒魑摘魅，火烈具舉如飄風，惟爾馬神，使我馬肥，風馳電轉，龍驤虎奔，晶甲霜明，草木皆偃，飛矢原本，作夭星落，江河旋幹。一舉成功，投戈脫歸，於華山之陽，示不暇用。

唐 蕭嵩《大唐開元禮》卷八九《仲夏享先牧》　將享有司筮日如別儀，前享三日，預享之官散齋二日于正寢，致齋一日于享所。右校掃除壇之內外，又爲瘞坎于壇之壬地，方深取足容物。衛尉設享官次于東壝之外道南，北向以西。爲上太官令具特牲之饌。其日未明二刻，太史令、郊社令設升先牧神坐于壇上近北，南向；席以莞設神位于坐首；奉禮設獻官位于壇東南西向，執事位于獻官東南，俱西向北；上設奉禮位于獻官西南，贊者二人在南，差退，俱西向北上；又設奉禮贊者位于瘞埳西南，東面南上；設望燎位于壇之西南北向，設享官以下門外，位于東壝之外道南，每等異位，重行，北向以西爲上。郊社令設酒樽于壇上東南隅，北向設洗于壇，東南北向；罍水在洗東，篚在洗西，南肆篚實巾爵，執樽罍篚冪者，各位于樽罍篚冪之後，設幣篚于尊坫之所。未明一刻，享官以下，各服其服，郊社令、太官令與良醞之屬入實樽、罍及幣。質明，謁者引獻官以下俱就門外位，奉禮帥贊者先入就位，贊引引太祝與執樽罍篚冪者入，當壇南重行北面，以西爲上，立定，奉禮曰：『再拜。』贊者承傳，凡奉禮有詞贊者，皆承傳太祝以下，俱再拜。祝與執事者升自東陛立，于樽所執樽罍篚冪者各就位，謁者引獻官以下入就位，立定，奉禮曰：『再拜。』在位者皆再拜，謁者進獻官之左，白：『有司謹具，請行事。』退復位。太官令出詣饌所，太祝跪取幣于篚，興，立于尊所。謁者引獻官詣神坐前，北向立，太祝奉幣東向授，獻官受幣，進，北面跪，奠於神坐，俛伏，興，少退，北向。再拜謁者引獻官還本位，太官令引饌入升自南陛，太祝迎引於壇上設於神坐前設，訖太官令以下降復位，祝還樽所謁者，引獻官詣罍洗盥手洗爵訖謁者，引獻官升自南陛，詣酒樽所執樽者，舉冪獻官酌酒，謁者引獻官進，先牧神坐前北向跪奠爵，俛伏，興，少退，北向立。太祝持版進神坐之右，東向跪，讀祝文曰：『維某年歲次月朔日，子嗣開元神武皇帝遺。』具官臣姓名，敢昭告於先牧之神，惟神肇開牧養厥利無窮，式因頒馬爰以制，幣犧齊粢盛庶品明薦於先牧之神，尚享，訖興，獻官再拜。太祝進跪奠版於神坐，俛伏，興，還樽所，太祝以爵酌福酒進獻官之右，西向立。獻官再拜受爵，跪祭酒，遂飲卒。爵祝進受爵，復於坫獻官，俛伏，興。太祝帥齋郎進俎，太祝減神前胙肉，以授獻官，獻官受以授齋郎，謁者引獻官降自南陛，還本位。太祝進跪，徹豆，俛伏，興，還樽，所徹者籩、豆各一，少移於故處，奉禮曰：『再拜。』在位者皆再拜，已飲福受胙者不拜。奉禮曰：『再拜。』在位者俱再拜。謁者進獻官之左，自請就望瘞位，謁者引獻官就望瘞位，北向立。奉禮帥贊者又就瘞埳，西南位。太祝進神坐前，跪取幣爵酒，又以俎載牲體稷黍飯，興，降自南陛，北行當瘞埳，西行至埳，以幣酒饌置於坎，訖，奉禮曰：『可瘞。』東西面各二人，寘土半埳謁者進獻官之左，白：『禮畢。』遂引獻官以下出。奉禮帥贊者，還本位，贊引引太祝俱復執事位，立定，奉禮曰：『再拜。』太祝以下皆再拜，贊引引出其祝版，焚於齋坊。

仲秋祭馬社

薦享之儀，並與先牧同。其祝文曰：『維某年歲次月朔日，子嗣開元神武皇帝遺。』具官姓名敢昭告於馬社之神，惟神肇教人乘用，賴於今式因肆僕，爰以制幣犧齊，粢盛庶品，明薦於馬社之神，尚饗。

仲冬祭馬步

薦享之儀，並與先牧同。其祝文曰：『維某年歲次月朔日，開元神武皇帝謹遣。』具官姓名敢昭告於馬步之神，惟神爲國所重，在於閑牧神，其屏茲凶慝，使無有害，載因獻校，爰以制幣犧齊，粢盛庶品，明薦於馬步之神，尚饗。

宋 陳暘《樂書》卷一九九《祀馬祖、享先牧、祭馬社、祭馬步》 古者，仲春祭馬祖，執駒。仲夏祭先牧，頒馬，攻特。仲秋祭馬社，臧僕。仲冬祭馬步，獻馬，講馭夫。並用仲月剛日祭於大澤，詩所謂既伯既禱是也，隋唐因之，牲用少牢，積柴於燎壇，其儀具《開元禮》焉。馬祖，天駟也。先牧，始養馬者。馬社，始乘馬者。馬步，災害馬者。聖朝祭四者之神，並各有壇，以一羊祀之，然則謹微之事，豈特吉日美宣王而已哉。

《通志》卷四四《祭馬祖》 周制：春祭馬祖，夏祭先牧，秋祭馬社，冬祭馬步。隋制：常以仲春，用少牢祭馬祖於太澤，諸合祭官，皆於祭所致齋一日，積柴於燎壇，禮畢，就燎。仲夏祭先牧，仲秋祭馬社，仲冬祭馬步竝於大澤，皆以剛日，牲用少牢，如祭馬祖，埋而不燎，唐馬祭因隋之制，其儀如開元禮。

明 徐一夔《明集禮》卷一五《祀馬祖先牧馬社馬步》

總序

《周官》：牧人掌六馬之屬，春祭馬祖，夏享先牧，秋祭馬社，冬祭馬步。馬祖，天駟星也。《孝經説》云：房為龍馬。先牧，始養馬者，其人未聞。馬社，始乘馬者。《世本》曰：相士作乘馬。馬步，謂神之災害於馬者。隋用周制，祭以四仲之月，唐宋因之。元無其祀，國朝於春、秋二仲合祭焉。

壇壝

隋祠馬祖，先牧馬社、馬步皆於大澤，馬祖則積柴於壇，以燎先牧，以下則埋而不燎。唐設壇於長安四十里外，龍臺澤中，其制高二尺，周迴九步。宋為四壇，各廣九步，高三尺，四出陛，一壝二十五步，國朝祭於國南為祠宇。

祝冊

唐祀馬祖祝文曰：天子謹遣某官，昭告於馬祖天駟之神：爰以春季，游牝於牧，謹以制幣犧齊，粢盛庶品，明薦於神，尚饗。先牧祝文曰：皇帝謹遣某官臣某昭告於先牧之神惟神，肇開牧養，厥利無窮，式因班馬，爰以制幣，犧齊粢盛庶品，明薦於神。馬社祝文曰：首尾同先牧。惟神肇教人乘，用賴於今，式因肆僕，謹修彝典。馬步祝文曰：惟神為國所重，在於閑牧神，其屏茲凶慝使無有害，爰因獻校謹脩彝典，宋祝文缺。國朝祭馬祖、先牧、馬社、馬步祝文曰：惟神始於天地之初，而馬生於世牧養，蕃息馭而乘之閑廐，得所歷代興邦，戡定禍亂，咸賴戎馬，民人是安。朕自起義以來，多資於馬，摧堅破敵，大有功焉。稽古按《儀》載，崇明享爰伸報，本以昭神功，謹以制幣牲齊，設壇於京城之北，式陳明，薦尚饗。

幣

唐祠馬祖、先牧、馬社、馬步用白幣各一；宋不用幣；國朝用白幣四。

牲

隋祠馬祖、先牧、馬社、馬步用少牢；唐用羊一；宋用羊一豕一；國朝用羊豕各四。

祭器

唐用籩、豆各八，簠、簋、俎各一；宋籩八豆八，簠一簋一俎二；國朝則籩豆各四，簠簋各一，登鉶各一。

粢盛

唐簋實以稷飯，簠實以黍飯；宋簋實以黍，簠實以稷；國朝同宋制。

酒齊

唐象尊二實以緹齊，上尊實以玄酒；宋小祀用三獻者，犧尊三實以緹齊，象尊三實以沉齊；國朝象尊一實緹齊，壺尊一實事酒。

籩豆之實

唐籩實以石鹽、乾魚、乾棗、栗黃、榛子仁、菱仁、芡仁、鹿脯，豆實以韭菹醯醢、菁菹鹿醢、芹菹兎醢、筍菹魚醢；宋籩實以形鹽、魚鱐、乾棗、乾桃、乾　、榛實芡、鹿脯，豆實以芹菹筍菹、菁菹、韭菹、魚醢、兎醢醓醢、鹿臡；國朝籩實以石鹽、魚鱐、棗栗、榛菱、芡脯，豆實以韭菹醓醢、菁菹鹿醢、芹菹兎醢、筍菹魚醢。

樂

唐宋祀馬祖先牧馬社、馬步，並不用樂；國朝用教坊大樂。

馬祖、先牧、馬社、馬步神位圖

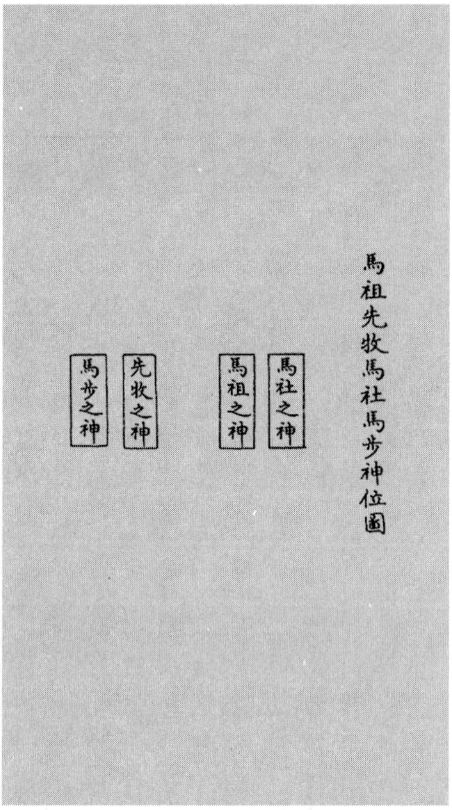

馬祖、先牧、馬社、馬步每位陳設圖

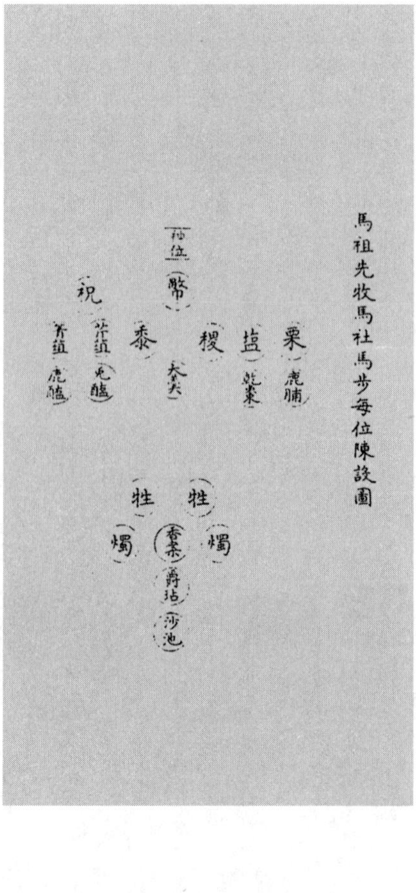

遣官祀馬祖先牧馬社、馬步，儀注。

時日：用春秋二仲。

齋戒：獻官及各執事官俱散齋二日，致齋一日。

降香：前祀一日清晨，有司立仗，百官具公服侍班。皇帝服皮弁升奉天殿，奉香授獻官獻官捧由中陛降中道出至午門，外置龍亭內，儀仗鼓吹導引至祭所。

陳設：前祀一日，有司陳設如圖儀。

省牲：前祀一日，獻官公服詣壇東省牲，贊禮引至省牲位，執事者牽牲省，訖詣神厨視鼎鑊，視滌濯畢，遂烹牲。

正祭：祭日清晨，執事者入實尊罍簠簋籩豆牲俎并陳毛血豆於神位，前列幣篚四於酒尊所，贊引、引獻官及應祀官各入就位，贊禮唱：『有司已具，請行禮。』贊禮唱：『鞠躬拜興，拜興平身』，獻官及在位官皆鞠躬拜興，拜興平身。

奠幣：贊禮唱：『奠幣』。贊禮引獻官詣盥洗位，搢笏，盥手，帨手，出笏，詣馬祖神位前大樂作，獻官北向跪，搢笏，三上香。執事者捧幣，東向跪，授獻官。獻官受幣。贊禮唱：『奠幣』。獻官興，奠於神位前。贊禮唱：『鞠躬拜興拜興平身』。次詣先牧、馬社、馬步、神位前，上香，奠幣，並如上儀，訖樂止，復位。

初獻：贊禮唱：『行初獻禮』，贊引引獻官詣爵洗位，搢笏，滌爵，拭爵，以爵授執事者。執事者復以爵進滌爵，拭爵以爵授執事者，下二位同。詣酒尊所，司尊者舉冪，執爵者以爵進，酌醴齊以爵授，執事者、執爵者復以爵進，酌醴齊以爵授執事者，下二位同。引詣馬祖神位前，大樂作，跪，進笏，三上香，三祭酒，奠爵，出笏。俯伏興平身，少退，鞠躬拜興拜興平身。次引詣先牧神位前，上香祭酒再拜如上儀。訖下二位同。樂止，贊禮唱讀，祝獻官跪讀，祝官取祝版於神右跪讀畢，大樂，作贊禮唱，俯伏興平身，稍後鞠躬拜興拜興平身，樂止。

亞獻終獻如初獻儀，惟不讀祝。

飲福受胙：贊禮唱：『飲福受胙』。贊引引初獻官升壇詣飲福位，鞠躬拜興拜興平身，稍前，跪，搢笏。進爵，祭酒，飲福酒，以爵復於坫。奉俎者進俎。獻官受俎，以俎授執事者，出笏，俯伏興平身，少退鞠躬拜興拜興平身，復位。

徹豆：贊禮唱：『徹豆』。掌祭官徹豆。贊禮唱：『賜胙』，傳贊唱：『已飲福受胙者不拜』。在位官皆再拜，鞠躬拜興拜興平身。贊禮唱：『祝人取祝幣人取幣，詣望燎位。

望燎：贊禮唱：『望燎』。贊引引獻官詣望燎位，執事者以祝板幣饌置柴上，贊禮唱：『可燎』，執事者舉炬，火燔至半，贊禮唱：『禮畢』，獻官以下各以次退。

明 楊時喬《馬政紀》卷一〇《祀典》

國初建廟，祭先牧、馬祖、馬社、馬步、司馬凡五神位。《周禮》：春祭馬祖，夏祭先牧，秋祭馬社，冬祭馬步。馬祖天駟也，房為龍馬。又《周禮・夏・禁原蠶》：天文辰為馬精，龍與馬同氣。古之聖人，非通天地萬物之理，其孰能與於此，是以制祭祀而國家受福，百物皆昌也，祭以剛日，用少牢皆於大澤。具《隋志》及《唐開元儀祝》皆曰：天子遣某官某昭告云。余觀秦趙史記，自益為朕虞佐舜調馴鳥獸，其後費昌仲衍世為御有功列為諸侯，而造父幸於周穆王，得驥溫驪驊騮騄耳之駟，獻之穆王，穆王使造父御西巡，見西王母，樂之忘歸，而徐偃王反造父，御穆王日馳千里以歸，造父由此封于趙城，其後奄父為宣王御，而非子以善養馬，孝王封之犬丘，豈以栢翳為虞，而子孫世世善御能息馬哉。上古聖賢皆神靈，通于萬物，不可以後世測度也。穆王造父之事奇矣，夫社祀以勾龍，稷祀以棄，若造父非子，豈今所謂先牧耶。太僕秦官主奉車又掌馬事，意秦制蓋有所本，抑周禮軼而不備不然，何前世御者，皆能善馬也，太僕職兼奉車與馬，其出於古，非秦官明矣。

太僕寺

永樂初，建于通州四十里鄭村壩上，奉成祖命，建馬神廟。後寺署徙京，其廟祀如舊處，歲二月二十二日、八月二十二日本寺具疏，欽遣少卿一員行禮。祀品本寺，取馬價銀一十四兩發通州寶坻，密雲、順義、武清三河，霸州、懷柔、玉田、固安、遵化、東安、薊州、豐潤、房山、文安、平谷、大城、輪年辦祭，週而復始，大興、宛平、良鄉、繁衝、香河、永清、漷縣、簡小、昌平裁革皆不預，令通州壩上諸房，御馬監掌之以擠乳。

南京太僕寺

洪武初，定于滁州，本寺卿唐元亨請建馬神廟于本寺西隅，祭日同本寺官行禮。祀品係滁州全椒來安輪辦。洪武二年，築壇于後湖，先是詔禮官考定其儀曰：周官以四時分祭馬祖、先牧、馬社、馬步，先牧始養馬者，其人未聞馬社，始乘馬者世本曰：相馬之神曰：『茲者恭建為民，祈歲之典於大高玄殿，仰冀玄貺，裕國足民，疆圉靖謐，家邦和泰，謹卜今日上吉行禮，特用遣官祭告，伏惟鑒知謹告』，維嘉靖二十二年歲次癸夘八月癸酉朔二十七日己亥，欽命遣太僕寺卿毛渠致祭于先牧之神，曰：『惟神職司羣牧，克濟兵資，邊圉寧謐厥功，是著今者祈報』，上玄特用遣官致祭謹告，維嘉靖二十三年歲次甲辰三月己亥朔十六日甲寅，又命遣太僕寺卿毛渠致祭于馬祖先牧之神等神。曰：『胙月之吉，朕為民食，大祈天地，茲念邊騎擾我生靈，載啓保民，靖敵之典於雷霆洪應之殿，特此祭告，神其宣力助化以贊，朕誠謹告。』

明 雷禮《南京太僕寺志》卷九《規制定・司馬神廟》

在本寺西隅，洪武六年六月初，太祖巡狩幸滁，學士宋濂扈從。二十二日本寺卿唐元亨請置廟祀司馬神，制曰：『可』。濂扈蹕志喜詩云：承恩扈蹕幸中京，侍從鑾輿老亦榮，綵結千門迎左纛，帆飛萬軸引前旌，瑯琊山近浮龍氣，六一泉清瀉玉聲，宸翰喜觀新製作，南薰調古和難成。十四年重建之，祀以春秋仲月儀等社稷祀。司馬神及馬祖、馬社、馬步、先牧之神，其祭儀滁州及全椒、來安二縣，遞年均徭出辦。弘治十八年，本寺卿陳璧重脩。江西副使錢山記：南京太僕寺不在京而在滁者，滁爲我太祖高皇帝龍興潛邸，嘗聞諸故老，本寺衙治山脉，行龍有類房宿，蓋房爲天駟司其馬也，故寺焉，以司馬政寺西迺設廟焉，以祀馬神，廟西又設菴焉，以僧供灑掃奉香火重大事也，是皆我太祖龍飛駐蹕時所親定者，所以初雖設寺於城，不數載仍遷於此，乃建廟焉。是廟也，天下司馬神之始廟也。可不崇重而加敬乎，其廟自洪武癸丑至成化己亥，已百有餘年，雖太卿淳安方公孔殷重修，不過存可更否，聊且修葺功，不一月而成者，今又幾三十年，其棟梁、椽桷、榱題、節棁俱以年遠腐朽，近又大經風雨震凌攲斜，漸將顛覆，一木豈能支耶？太卿陳公瑞卿細慮夂矣，迺謀少卿夏公廷、章陳公明之，鄭公體元寺丞林公舜、卿白公廷、臣施公亨、甫華公文光曰：『國之大事祀與戎也，馬豈戎之外物哉！馬之蕃息與否，固我輩之責，至若所以蕃息與否，實有賴於神焉，廟貎若此，神靈何以安乎？神既不安，祀事雖嚴，吾恐感而不通，難僥默相之福，兹欲舉而修之，費無所出，申奏則煩，其上設法則損於下，欲行滁州查理本寺發下數年所積公帑若干，從權處置，擇委一官管理支銷，仍令本寺主簿路談董督查考。則上不煩而下不損，不知諸公以爲何如？僉廼欣然以謂：『本寺所積充夲寺之用，公而不私以成大事，即權而得中之道，誠我公善處之術也，夫復何疑？若拘拘於小嫌而見義不爲，豈大臣處大事之道哉！』衆既樂從，公廼慨委義官李夲、范山經營，估計亦知悉心而凡工料匠作與夫傭力之所需，深懼浪費，且數有稽考工有程度，凡材木皆簡選而樸斲得法，磚瓦皆磨礱而砌坑有方，規模雖仍其舊，損益咸得其中。故凡正殿兩廡儀門以及神厨宰牲齋宿等處，四十四楹高卑得宜，大小各稱，明爽而清潔，精緻而堅固，加以墨青丹粉之塗飾，一皆本於陳公調度，又得接管主簿吕鉉精勤能幹，尤稱委任，遂爾煥然一新，完非苟完，美非苟美，而廟成矣。名雖重脩，實則重造，廟成而設主神斯安矣，主設而嚴祀神斯享矣，諸公之心亦於斯而盡矣。嗚呼！幽則神靈明則人心，神靈之靈即人心之靈，人心之靈之誠既有所感，則神靈之靈寧有不應，而默相其馬者哉。默相其馬則自然孳牧日盛，灾疫不生，而騏騮騵驪在在滋廣，南征北伐以服，以駼無往而不資矣。龍種神駿，歲歲有增，天閑乘輿以足，以动無用而不可矣，豈直騋牝之多而已哉。由是觀之，諸公忠君愛國之心，敬神恤民之念，可謂無負於朝廷，不愧於職守，將與神明脗合，我即神，神即我，無幽明，無彼此，以福生靈，以壯兵戎，以張天威，以肅邊鄙，以保億萬年無疆之休，厥功顧不偉與，雖然公猶不自爲功，而不立紀也。滁之知州張鏠、判官董敏、吏目吕寰，咸仰公之盛舉，始於弘治甲子之孟秋，成於乙丑之季春，興工凡八月餘，一毫不干於民，民亦不知而不識也。矧其事正，吾有司所當修葺者，亦不容一力以助其功，是皆吾屬官與民之福也，吾徒若不表章志之於石，則公之盛德大業可垂永久者，固不在是而其所以修廟之故，後人孰得而考其詳哉，廼具事由來，請予紀紀，非記實不足以傳信，故以耳聞目覩者復之。福建僉事劉愷記：軍國之大利，莫先於馬。舉其政者，在人而資其盛者，則神前代統牧之方具載版冊。我太祖高皇帝受命之初，酌古建制，以是用之先且大也，洪武癸丑首建太僕寺於滁城通衢之西，甲子再遷豐山之東南，寺之西不一里，復立馬神廟以司之，春秋有祀，朔望有儀，列聖相承，益爲訓飭，所以重戎示報也。初其屬有羣官，尋置監繼更牧監，乙亥裁革監羣，併其馬歸有司牧蓄，每歲分寺蒞屬考閱，條約甚周，百十年餘閑廐充牣，而廟經歲遠，土木傾敗。弘治壬戌秋，風雨大作，傾敗於前者，旋復震凌，極於大壞。未幾，太卿太原陳公由山東憲使簡擢適至，經覽之餘，慨謂棲神庇牧各失，所司不假以營修，亡以稱上德意，少卿星沙夏公、盱眙陳公、任丘鄭公，寺丞莆田林公、毘陵白公、平湖施公、錫山華公，主簿懷慶路均晉州吕均，聞而韙之。議協先後檄支本寺發收公用價銀，易材募工以法葺治，門垣殿廡以序告成，黝堊丹青輝聯内外，一材一力不取諸民，經始於甲子秋七月，訖工於乙丑春三月，州僚具其事狀，徵予文記之。惟馬牧之説，古今凡幾變矣，統牧之術，備於周、怠於漢、耗於唐、而振於宋，際我皇明聿崇是制，簡廷臣以率其屬，嚴考績以别其能，通廟祀以資其福。矧羣公道合志同輪成協相，足以裨軍國而樹動庸，格鬼神而慶蕃息將，見瘦羸復爲壯盛，駑駘化爲驊騮，内廐外閑，種餘六屬，天監塞□四，止縑騋牝三千思馬，斯徂之頌不得專美於前矣，尚何怠與耗者之足慮哉！併書以俟系之詩曰：『巍巍神祠，閑廐是司。』建自國初，聖祖雄麾，先臨六師，姑弛其餘，睠彼驊騄，用資軍國匪地，弗居淮江南北，總屬畿域，莫勝於滁設寺，是因命官惟寅首奉公車，率兹監羣揮騕嫗馴，勿淆魯魚祠，依岩谷威靈孔肅疫，賴以祛流光倏，忽經年滿百，不任椿樗林，秋始高狂飈怒號，殿踣如苴垣廡，周遭弗遺纖毫，欲成荒墟。陳公既惻忍孤上澤中心歉如乃登同德，乃諗羣屬，乃輯其謂，復歸帑牧畀之用俟材木是儲，筮協遠謀，族工增修，無煩里閭，吏勤工善，晨昏靡倦，有衆來誚，曰廷曰殿，美輪美奐，從菑及畬，昔何歌傾，今乃崢嶸，神忡勃舒，月窟降精，龍媒毓形，既永寧虛，衆牧斯碩，天閑以溢，公績可書，書藏石室，名流罔極，非公誰歟。

明 孟思《孟龍川文集》卷九《黎陽馬神祠會社序》 房為龍馬曰：天駟司下土，馬政或盛衰，為兵強弱或存亡，為民貧富，其功與土穀之神埒，古以戊日既伯，且禱恪希神惠，非淫祀矣。我國家克詰戎兵畿甸根本，壯武衛鎮北狄，尤馬是重，維我濬人養馬居民賦之半，今欲馬之茁壯蕃育，以全身若家者，匪神曷祐。昔衛文公承狄難之後，尚至騋北三千，黎陽實衛，地水草不古，今殊神必不古，今其惠也是用襲官祭之，餘採蘋藻以獻，禋敬非敢為諂云耳，為會者齊誠敬也，以會以續，無時豫怠。

明 陸容《菽園雜記》卷八 《周禮》：春祭馬祖，夏祭先牧，秋祭馬社，冬祭馬步。其文甚明，今北方府州縣官，凡有馬政者，每歲祭馬神廟，而主祭者皆不知所祭之神，嘗在定州適知州送馬神胙，因問所祭馬神何稱？云：『稱馬。』明王之神，及師生入揖問之，亦然盖此，禮之不講久矣，但不知大僕寺致祭如何，未及問也。

明 王鏊《震澤集》卷二一《通州馬神祠碑》 國家大祀郊祭外，則社稷國之大事在戎，戎政之大在馬，馬之生養蕃息在人，而有人力所不及者，則馬神祠祀固宜居社稷之次，天文房為天駟辰為馬詩云：既伯既禱，《周禮》：春祭馬祖，夏先牧，秋馬社，冬馬步。皇明建都燕冀，馬之所生，而通州為地，高寒平遠，泉甘草豐，世傳太宗靖難，與敵戰於此，若有神相焉者，因詔作馬神祠於其地，且令天下州縣皆立焉。祠在今州治之北地，曰壩上鄉曰安鄉，旁為御馬苑凡二十所，春秋二仲，則太僕少卿往涖祀事，其辭曰：『皇帝命某官某致祭，往必陛辭，竣必廷復』。其嚴如是，歷歲滋久，藩級蹴夷，沮洳薈翳，人畜不禁行，禮至結茅以蔭已乃撤去，風露旁侵，星月仰見，心虔跡褻相顧增歎，弘治八年始以改作事聞，詔可乃屬役於順天，財因歲登力，因農隙湧殿穹堂，長廊邃廡齋廬庖湢完舊，增新繚垣重門過者祗肅，役始九年三月成以十年之某月，中歷三太僕卿。刱之者安成彭君，禮繼之者錢唐錢君，鉞成之者隴西宋君，禮而寺丞楊珪實，敦其事御馬監太監黎春等，實佽其費古者，王畿千里出車萬乘。國初賦地於民而牧之國，與民咸利焉，今其地固在也，而法非其舊，取之於民則為擾，牧之於民則又擾國，與民俱病焉，固有志者之所隐也，三君既協力以崇神祀，則馬政之廢者，其将次第而修復乎，銘曰：甡甡國馬，于甸之野，渙焉如雲，萃焉如雨，有廟嚴嚴在潞之陽，始誰作之。自我文皇敢有不虔天駟，煌煌瞻彼，河漢造父王良有崇其圮二三君子，神斯降祥人維致喜，昔在衛文亦有魯僖心，維塞淵思亦無期二三君子，實肖實似刻碑示後，尚紹無斁。

明 丘濬《大學衍義補》卷一二三 春，祭馬祖，執駒執拘也駒馬二歲曰駒；夏，祭先牧始養馬者，頒馬，攻特；秋，祭馬社，臧善也僕；冬，祭馬步神為馬災害者，獻馬見成馬於王簡習，馭夫馭車者。

鄭玄曰：馬祖天駟也，房為龍馬，執駒無令近母，春通淫之時，駒弱血氣未定，為其乘四恐傷之也。先牧，謂始養馬者。夏通淫之後，攻其特，為其蹄齧，不可乘用故騬之。馬社，始乘馬者。臧僕，謂簡練馭者，令皆善也。

臣按：周人於馬不惟養於人，而又禱之於神，蓋國之大事在戎，而戎之大政在馬，然馬之為物所以遂其性者，雖係乎人之養，而有人力之所不及者，非神以相之，安能得其孳育多而臕息壯哉？此成周所以有四時之祭，而其祭也又各因其祭而有所攻執簡習焉。不徒責之人而又求之神，不專恃乎神而又任乎人，古之帝王合天人而一之，非但以之治人，雖畜類之賤亦無不然，此治古之政後世所以不能及也。今國家每歲春秋太僕寺有馬神之祭，而各州縣皆立馬神廟，亦周人意也，但所謂執駒、攻特、臧僕、講馭夫之政尚缺焉，誠隨其時舉其祭，因其祭而行其政，則馬得其養、國賴其用矣。或曰春之執駒、秋之臧僕、冬之講馭夫，無非馬政也，而獨於夏之攻特謂之頒何也？蓋特之為言牡也，攻之為言治也，鄭司農所謂騬之是也，韻書『騬，犗也俗謂之騸』。馬之駒者春則拘執之使其體全而不傷其血氣，馬之特者夏則攻治之使其性馴而不至於踶齧，是以所牧之馬神全而力健、性馴而質良，然後簡擇其飼養之人，練習其駕馭之卒，此所以獨謂之頒也。意者六馬之中惟種與駑有牝，曰戎、曰田、曰道皆所攻之特歟，不然，所謂特居四之一者，牝多而牡少，其牝之多如此，將置之何所也？

明 歸有光《震川集》卷四《馬政祀祠》 《周禮》：春祭馬祖，夏祭先牧，秋祭馬社，冬祭馬步。馬祖，天駟也，房為龍馬。又《周禮・夏・禁原蠶》：天文辰為馬精，龍與馬同氣。古之聖人，非通天地萬物之理，其孰能與於此，是以制祭祀而國家受福，百物皆昌也，祭以剛日，用少牢皆於大澤。具《隋志》及《唐開元儀祝》皆曰：『天子遣某官某昭告云』。余觀秦趙史記，自益為朕虞佐舜調馴鳥獸，其後費昌仲衍世為御有功列為諸侯，而造父幸於周穆王，得驥温驪驊騮騄耳之駟，獻之穆王，穆王使造父御西巡，見西王母，樂之忘歸，而徐偃王反造父，御穆王日馳千里以歸，造父由此封於趙城，其後奄父為宣王御，而非子以善養馬，孝王封之犬丘，豈以栢翳為虞，而子孫世世善御能息馬哉。上古聖賢，皆神靈通於萬物，不可以後世測度也。穆王、造父之事奇矣，夫社祀以勾龍，稷祀以棄，若造父、非子，豈今所謂先牧耶。太僕、秦官、主奉車、又掌馬事，意秦制蓋有所本，抑周禮軼而不備。不然，何前世御者皆能善馬也，太僕職兼奉車與馬，其出於古，非秦官明矣。洪武六年，太祖幸滁，學士宋濂從。太僕寺卿唐元亨請置廟祠於滁。永樂間，北京太僕寺在通州，故建祠如滁，其神曰先牧、曰馬祖、曰馬社、曰馬步、曰司馬，凡五神位，每歲春秋，天子遣太僕少卿主其祭，而天下凡養馬，處處皆有祠，遂為通祠。弘治二年，學士王鏊為建廟記，其文曰：國家大祀郊祭外則社稷，社祭土，稷祭穀，皆民所恃以生，國之大事在戎，戎政之大在馬，馬之生養蕃息在人，而亦有人力所不及，則馬神祀，固宜居社稷之次，天文房為天駟，辰為馬，詩云：既伯既禱。《周禮》：『春祭馬祖，夏先牧，秋馬社，冬馬步』。皇明建都古冀，馬之所生，而通州為地，高寒平遠，泉甘草豐，彌望千里，世傳太宗靖難，與南軍戰於此，若有相焉者，因詔作馬神廟於其地，在今通州之北，地曰壩上，鄉曰安德，旁為御馬苑，凡二十所，春秋二仲，則太僕少卿往主祀事，其辭曰：『皇帝命某官某致祭，往必陛辭，返必廷復』。其嚴如是，歷歲滋久，梁桷坼陊，藩級蹴圮，沮洳穢翳，人畜不禁行禮，至結茅以蔭，已乃撤去，風露橫侵，星月仰見，心虔跡褻，相顧惋歎，而皆重於改作。弘治八年，太僕卿臣禮始具以聞，且乞立石題名以示永久，詔可。以屬役於通州等二十五州縣，財因歲登，力因農隙，始九年之三月，十年二月告成，湧殿穹堂，長廊邃廡，齋廬庖湢，完舊增新，周垣外繚，重門中閎，啓閉以時，過者祇肅，是役也。始前太僕卿臣禮臣鉞，成之者今太僕卿臣琮，而少卿臣質、臣珩、臣纓，實相之寺丞，臣珪縣丞、臣鐸實敦其事，御馬監、太監、臣春等實佽其費，於是翰林侍讀學士臣鏊，再拜稽首，書其事於碑。古者王畿千里，出車萬乘，國初賦地於民而牧之，國與民蓋兩利焉，及今百有餘年，其地固猶在乎，然則取之於民則爲擾，牧之於民則又擾，是何哉？方今聖人在位，百度具舉，而尤垂意馬政，琮等既協力以崇神祠，則在人者，其將次第而脩復乎，銘曰：駪駪國馬，于甸之野，渙焉如雲，駢焉如雨，有廟言言，在潞之陽，始誰作之。自我文皇，敢有不虔，天駟煌煌，瞻彼雲漢，造父王良，有崇有圮，其自人始，神斯降祥，人維致喜，昔在衛文，亦有魯僖，心維塞淵，思亦無期，功以才興，亦以惰毀，琢石鑱詞，爰告無止，世宗虔事上。嘉靖中，四時遣祭，皆以卿行，今上自如常祀，馬神祠在通州北四十里安德鄉鄭村壩，今太僕寺中亦有馬神祠，寺官到任及朔望，如土地祠致拜而已，無祭禮，祭則於通州壩上，壩上諸房養馬御馬監掌之，以搙乳天子之玉食資焉。

余既述祠祀如前，後問知皇朝故事者，謂洪武二年築壇於後湖，先是詔禮官考定其儀曰，『周官以四時分祭馬祖，先牧、馬社、馬步、先牧，始養馬者，其人未聞，馬社；始乘馬者，世本曰相士作乘馬；馬步。神之災害馬者也。隋因周制，祭以四仲月，唐宋不改，今定春秋二仲月，甲戌庚日，於是遣官行禮，為壇四，壇用羊一、豕一、幣一，其色白籩豆各四簠，簋登象尊、壺尊各一，樂用時樂，獻官齋戒公服，行三獻禮，祝曰：『維神始於天地之物，而馬生於世，牧養蕃息，馭而乘之，閑廄得所，歷代興邦戡定禍亂，咸賴戎馬，民人是安。朕自起義以來，多資於馬，摧堅破敵，大有功焉』。稽古按《儀》載，崇明享爰伸報，本以昭神功，永樂十三年，行太僕卿楊砥，請立馬神祠於蓮花池，上命翰林院考古今儀式，翰林院言：『古者春祭馬祖，夏祭先牧，秋祭馬社，冬祭馬步之神。國朝南京止祭司馬之神，於是設馬祖及司馬五神位，每位用羊豕帛各一，儀制准南京洪武本祭四神，而永樂儒臣乃謂南京止祭司馬之神，不應失攷。如是疑後湖，蓋始議至滁陽而復改，尚未有攷也。』天順五年，天子復於壩上馬房命別自建祠，而以元旦、冬至及聖節，遣內侍主其祭，光祿寺具品物，不領於祠官。

明　錢士完《改創馬神廟記》（萬曆）《滁陽志》卷一四　馬神廟之建何昉乎？高皇帝駐蹕滁陽，肇造穹宇，六師震疊，馬為重興，牧蕃孳神，為重廟所由來矣。寺臣守之，灌獻時脩罔弗，虔恪邇者時清，却馬駒埸茀廢，縉紳大夫來此，眷恬流藻，風味自超，設官謂何宜興，吳公奉上命督冏入廟脩謁，顧見周垣欹立，廟門不蔽風雨，愀然動容，安所措費，檢牒得所貯羨，顧謂士完曰：『國家典祀，豈不蘄垂世永永哉！』乃圍墻土也，門兩山墻土也，圮而弗飭，懼干明煙之義，即版築歲勤如民，何謀易圍墻以石，門兩山墻以陶，經始夏五，迄冬月告成，崇墉言言，兩觀奕奕，靚深堅壯，改於其舊，宜紀厥成，士完乃颺，言曰：『此可風有位矣，易有之兼山艮，君子以思不出其位，位在而思抑常耳。』取象兼山者，何夫心炎上者也，有所馳騖於彼，即有所闕畧於此，甚者持議，議淆飭法，法蚪理政，政棼撫民，民殘為世，公患豈非浮淫勝而未明，於止之義所思者過也。吳公令邑得民和見思，末艾衣繡廵方，匪惠文彈治之為，快所至育人才，振風化垂百世利，簪筆主計，别賢奸以清朝廷，獨持大體，比來司冏琉陳六事，以振頹靡，廟貌垣屋，人之所緩，公之所急，新之曾不踰時，要亦職思其居乎。人或謂公風裁凛凛，倚辦國家大事，冏務之細，豈必公夫細，娱易玩愒，日偷蔭留，以待後之，不知者何人，積漸以往絃非，更不調蠱以裕彌甚，公惟不然。吾之職自吾脩，不以遺于人，今日之事自今日舉，不以遺于後，陳嚚則粗，探義則精，對神明之謂靖節，急公家之謂大體，垂百亡之謂遠猷，窺一斑而大全覩，詩之所以咏塞淵也。豈惟冏政，使人人無越，思無曠業，如農之有畔，勿舍而耘人，躋亡隆平，恒必由之，即公異日任，以天下匡維，整肅一新，泰運講於艮之說足矣。居嘗嘆高皇帝既奠丕基，兢兢三十載如一日，歸馬滁陽，睿謨揭日，何周慮也，吾輩司冏于茲，對越在天，敢有斁志，然則公之斯舉也，豈徒以風有位，夫亦羨墻高皇帝也。夫公諱達可，丁丑進士，守臺職二十年，思深哉！艮其趾，其道光明者也，是役也，約費百四十緡有奇，主簿廳主簿韓逢禧冰心藻質，矢慎矢勤，遹襄成事；而署廳事滁州衛指揮謝天，叙鳩役庀，材夙夜在。公俱得附書，俾後有考焉。

（嘉靖）《裕州志》卷二 馬神廟，在州治西南赭陽驛之左。按《周禮》：春祭馬祖，夏祭先牧，秋祭馬社，冬祭馬步，皆用仲月剛日。我朝則崇以廟祀，題其主曰：『司馬之神，歲春秋仲月致祭。』今州廟雖設而祭廢久矣。

（康熙）《通州志》卷五 馬神廟，在州城北安德鄉鄭村壩，離州城二十里，二八月俱二十二日祭，祭品乃順天府屬各州縣輪年分辦。

清 彭而述《讀史亭詩文集・文集》卷一二《重修馬神廟碑記》 易之坤曰：牝馬之貞行，地之象也，於天文為辰，龍精也，故以配乾焉。在昔聖人取象於河圖之文，爲之畫卦。衍易以前，民用罔非於馬乎？重言之，以為在天者龍，在地者馬也，是人中龍也。周禮六官，以大司馬名夏官，不復以十二象律之矣。其在月令之文曰：仲春祭馬祖。解之者曰：天駟，房星也！為馬祈福，則祭之。然則馬祖者，馬神也。世人不察以為更有物焉！爲之神，非愚則誣。鄧子城東角舊有馬神廟，燬於燹，守禦所沈君爲起而新之，為文以告曰：維天子大吏，爲朝廷捍牧圉疆埸，是問呰窳如予倉猝，武夫耳！然其職，亦城隍鎖鑰是寄，勿亦夜吠晨服爲簡書，羞何政令之為也？彼守土者則俎豆，宣王之宮，樓楄舟艭，必飭儋石之子，則奔走，方社恐後。馬神一祠是禦侮者專責也。語曰：北人使馬，南人使船。予生長吳越，見一旦海上有事，則艨衝餘皇，動以千艘，決勝負於江天之間。其淮揚之北，則謂之有足之兵，戰陳攻討，厥壯騰驤。今聖人既以馬上得天下，騂衡無非，紫燕天廐，皆成雲錦，轂騎戒路，輶軒淸塗。方且立馬五嶺之外，投鞭斷四海之流。乃蠢茲小醜狙伺房州，問風長嘶，解甲無日！詩曰：有嚴有翼，共武之服。蓋爲此也！聞之馬經曰：馬食杜蘅則善走，繫獮猴於廐，辟馬病物理相感，猶如此也。倘猶是爲馬祈福，廟貌無所，無怪乎轅駒日盡，駿骨全銷，望其數馬以對，歌魯頌而賦衛風，不亦難乎！乃為鳩工庀材，爰作是室。君子曰：有備無患！竹耳霜蹄，渥洼是產，汧渭是息，為禁原蠶；物不並大，吉日維戊，是禱，是禡，沈君此舉，亦猶行古之道也！

清 秦蕙田《五禮通考》卷二四四 校人，春祭馬祖。注：馬祖，天駟也。《孝經說》曰：房為龍馬。

鄭氏鍔曰：馬未嘗有祖。此言馬祖者，賈氏謂天駟也。以天文考之，天駟房星也。房為龍馬，馬生者，其氣實本諸此，則馬祖為天駟可知，於春則祭。春者，萬物始生之時。

夏祭先牧。注：先牧，始養馬者。其人未聞。

鄭氏鍔曰：先牧，始教人以放牧者也。夏草方茂，馬皆出而就牧，思其始教以養牧之法，故祭於夏。

秋祭馬社。注：馬社，始乘馬者。世本曰：相土作乘馬。

王氏昭禹曰：馬社，廄中之土示。凡馬，日中而出，日中而入。秋馬入廄之時，故祭馬社。

鄭氏鍔曰：皂廄所在必有神焉，賴乎土神以安，其所處故祭馬社。

蕙田案：王氏、鄭氏說與注不同，似更優。

冬祭馬步。注：馬步神，為災害馬者。

鄭氏鍔曰：寒氣總至馬，方在廄必存其神，使不為災。唐人之頌曰：冬祭馬步，存神也。馬之難育也，必祈諸神以為之助，四時祭之，順其時各有蓄馬之法。

廋人掌祭馬祖，祭閑之先牧。注：閑之先牧，先牧制閑者。

鄭氏鍔曰：廋人，職卑，安得主馬祖之祭。於校人祭馬祖之時，已則祭閑之先牧，校人祭先牧，迺祭始教牧之人，此祭閑之先牧，則祭始作閑以牧馬之神。

春官：甸祝禂牲禂馬，皆掌其祝。注：杜子春云：禂，禱也。為馬禱無疾，為田禱多獲禽。詩云：既伯既禱。爾雅云：馬祭也。玄：禂，讀如伏誅之誅，今侏大字也。為牲祭求肥充，為馬祭求肥健，疏知此。皆有祭者以其言皆掌其祝號，是有祭事。

蕙田案：以上馬政祭祀。【略】

《舊唐書禮儀志》：仲春祭馬祖，仲夏祭先牧，仲秋祭馬社，仲冬祭馬步，並於大澤，用剛日，牲各用羊一，籩豆各二，簠簋各一。

《明集禮》：唐設壇於長安四十里外龍豪澤中，其制高三尺，周迴九步。

《開元禮・仲春祀馬祖》：將祀，有司筮日如別儀。以下先牧、馬社、馬步皆筮日。前祀三日，應饗之官散齋二日，致齋一日如別儀。前祀二日，守宮設祀官次於東壝外道南，北向西上。陳饌幔於內壝外。郊社令積柴於燎壇，方高五尺。太官令具特牲之饌。未明二刻，太史令、郊社令升設神座於壇上，席以莞，南向。奉禮設獻官位於壇東南，西向；執事位又於東南，俱西向北上。設奉禮位於獻官西南，贊者二人在南差退。又設奉禮贊者位於燎壇東北，俱西向北上。望燎位當柴壇北，南向。設祀官等門外位於東壝外道南，西上。郊社令設酒罇於壇上東南隅，北向。洗於壇東南，北向，執罇篚者如常。未明一刻，太祝、獻官等各服其服，郊社令與良醖令入實罇罍及幣。質明，謁者引獻官以下俱就門外位。奉禮郎帥贊者先入就位。贊引引太祝與執罇罍篚冪者入，當壇南，重行，北面西上。立定，奉禮曰：『再拜。』贊者承傳，太祝以下俱再拜。太祝與執罇者升東階，至罇所，執罍洗篚冪者各就位。謁者引獻官以下入就位。立定，奉禮曰：『再拜。』在位者俱再拜。謁者進獻官之左，白：『有司謹具，請行事。』退復位。太官令出詣饌所，太祝跪取幣於篚，興，立罇所。謁者引獻官詣神座前，北面立。太祝奉幣東向授獻官，獻官受幣，進，北面跪奠於神座，俛伏，興，少退，北面再拜，謁者引獻官還本位。太官令引饌入，升南陛，太祝迎引於壇上，設於神座前訖，太官令以下降復位，太祝還罇所。謁者引獻官詣罍洗，盥手洗爵訖，謁者引獻官升自南陛，詣酒罇所，執罇者舉冪，獻官酌酒，謁者引獻官進神座前，北向，跪奠爵，俛伏，興，少退，北向立。太祝持版進於神座之右，東向跪讀祝文曰：『維某年歲次月朔日，天子謹遣具官臣姓名，昭告於馬祖天駟之神：爰以春季，遊牝於牧，祗薦制幣犧齊，粢盛庶品，明薦於馬祖天駟之神，尚饗。』訖，興。獻官再拜。太祝進，跪奠版於神座，俛伏，興，還罇所。太祝以爵酌福酒，進獻官之右，西向立。獻官再拜，受爵，跪祭酒，遂飲卒爵。太祝進受爵，於坫。獻官俛伏，興。太祝帥齋郎進俎，減神前胙肉以授獻官，受以授齋郎，謁者引獻官降自南陛，還本位立。太祝進，跪徹豆，俛伏，興，還罇所。奉禮曰：『再拜。』在位者皆再拜。已飲福受胙者不拜。奉禮曰：『再拜。』在位者俱再拜。謁者進獻官之左，白：『請就望燎位。』謁者引獻官就望燎位，南向立。奉禮又帥贊者退立於燎壇東北位。太祝進神座前，跪取制幣、祝版、爵酒，又以俎載牲體，黍飯，興，當柴壇東南行，自南陛登柴壇，以幣、酒、祝版饌置柴上。訖，奉禮曰：『可燎。』東西南各二人以炬燎，火者以炬投壇上，火半柴，謁者進獻官之左，白：『禮畢。』遂引獻官以下出，奉禮、贊者還本位。贊引引太祝以下俱復執事位。立定，奉禮曰：『再拜。』太祝以下皆再拜，贊引引出。仲夏饗先牧，秋祭馬社，仲冬祭馬步同。前饗三日，應饗之官散齋二日於正寢，致齋一日於饗所。右校埽除壇之內外，為瘞埳於壇之壬地，方深取足容物。衛尉設饗官次於東壝外道南，北向西上。太官令具特牲之饌。其日未明二刻，以下至設贊者位於瘞埳西南，同馬祖儀。設瘞埳位於壇之西南，北向。設饗官以下門外位，以下至讀祝文，如馬祖儀。祝文曰：『昭告於先牧之神，肇開牧養，厥利無窮，式因頒馬，爰以制幣』云云，尚饗。訖，興，獻官再拜。太祝進跪徹以下，至燔版，如馬祖儀。其埳實土，東西各二人。祭馬社祝文曰：『惟神肇教人乘，用賴於今，式用肆僕，爰以制幣』云云，尚饗。馬步祝文曰：『惟神為國所重，在於閑牧，神其屏茲凶慝，使無有害，載因獻校，爰以制幣』云云，尚饗。

《冊府元龜》：永泰五年四月丙午，命太常寺復置馬祖壇，依常式饗祭。

又 卷二四五

《政和五禮新儀》：仲春祀馬祖，仲夏享先牧，仲秋祭馬社，仲冬祭馬步，並擇日。馬祖、先牧、馬社、馬步壇，各廣九步，高三尺四，出陛一壝二十五步，中興後，以紹興三十一年於行在昭慶寺，設位行祭。

【略】

王圻《續通考》：太祖都金陵，馬祖、先牧太僕廟洪武二年建，祭馬祖、先牧、馬步、馬社之神。初，命築壇於後湖，祀馬祖諸神。禮官奏言：『周官，牧人掌天馬之屬，春祭馬祖，夏祭牧人，冬祭馬步。馬祖，天駟星也。《孝經說》云：房為龍馬。先牧，始養馬者，其人未聞。馬社，始乘馬者。《世本》曰：相土作乘馬。馬步，謂神之災害於馬者。隋用周制，祭以四仲之月。唐宋因之，擬春秋二仲月甲戌、庚日為宜，於是遣官行禮，為壇四，壇用羊一、豕一、幣一，其色白，籩豆各四，簠、簋、登、象尊、壺尊各一，用時樂，獻官齋戒，公服，行三獻禮。祝文曰：『維神始于天地之初，而司馬於世，牧養蕃息，馭而乘之，閑廏得所。歷代興邦，戡定禍亂，咸賴戎馬，民人是安。朕自起義以來，多資於馬，摧堅破敵，大有功焉。稽古案儀，載崇明享，爰伸報本，以昭神功，謹以制幣牲齊，式陳明薦，尚享。』自後定以春秋仲月十五日，遣兵部官祭，歲以為常。

《明史·禮志》：洪武四年，蜀明昇獻良馬十，其一白者，長丈餘，不可加轡勒，太祖曰：『天生英物，必有神司之。』命太常以少牢祀馬祖，囊沙四百斤壓之，令人騎而遊苑中，久之漸馴，帝乘之以夕月於清涼山，比還，大悅，賜名飛越峰，復命太常祀馬祖。五年，并諸神為一壇，歲止春祭。永樂十三年，立北京馬神祠於蓮花池，其南京馬神則南太僕主之。

《孝宗實錄》：弘治九年三月，詔修通州馬神祠，祠在治之北，地名壩上，安德鄉也。初，文皇帝靖難兵起，戰其地覺有神相之，因詔作馬神祠。久之，祠廢，至是順天府尹彭禮等修之。

《明會典》：嘉靖三十八年，以先牧廟，建自永樂，歲久頹敝，修之。

歸氏有光曰：天文辰為馬精，龍與馬同氣。古之聖人，非通天地萬物之理，其孰能與於此，是以制祭祀而國家受福，百物皆昌也。余觀秦趙史記，自益為朕，虞佐舜調馴鳥獸，其後費昌、仲衍世為御有功，列為諸侯，而造父幸於周穆王，得驥、温驪、驊騮、騄耳之駟，獻之穆王，穆王使造父御，西巡見西王母，樂之忘歸，而徐偃王反，造父御穆王，日馳千里以歸，造父由此封於趙城，其後奄父為宣王御，而非子以善養馬，孝王封之犬丘，豈以栢翳為虞，而子孫世世善御能息馬哉。上古聖賢，皆神靈通於萬物，不可以後世測度也。穆王造父之事奇矣，大社祀以勾龍，稷祀以棄，若造父非子，豈今所謂先牧耶！太僕，秦官，主奉車又掌馬事，意秦制盖有所本，抑周禮軼而不備，不然，何前世御者皆能善馬，太僕職兼奉車與馬，其出於古，非秦官明矣。

清 姜兆錫《儀禮經傳・內編》卷二〇

祭馬步禮按：馬祖為房星，應屬天神。而先牧、馬社、馬步之屬，蓋猶先媒先卜之例，為人鬼矣，禮闕今，姑記周禮如左。

《周禮》：校人春祭馬祖，執駒。夏祭先牧，頒馬，攻特。秋祭馬社，臧僕。冬祭馬步，獻馬講，馭夫。馬祖，謂天駟星也。執拘也，駒，小馬也。春時通淫，求馬蕃息，故祭馬祖。而駒，血氣未定，故執之無令近牝也。先牧，謂始養馬者；攻治也，特謂牡也，夏草茂，可牧，故祭先牧。而頒馬、而牝馬方孕，故又攻特，使遠之也。馬社，謂始乘馬者，臧善也。馬秋壯，始可乘，故祭馬社。而僕馭，五路之馬，尤宜善，故臧之馬步。注：謂厲神，能害馬者。王氏謂：行，神也。冬大閱，故祭馬步，獻成于玉，而凡馭夫貳車，從車之馬，皆當習，故講之也。庾人，掌十有二閑之政，教及祭馬祖，祭閑之先牧。注曰：閑之先牧，□先牧之制，閑者。疏曰：若上文夏祭先牧，乃祭先養馬者，非制閑之人也。

清 孫遂《重修馬神廟記》（順治）《息縣志》卷一〇

從來談吏治者，類稱馴雉渡虎、鳴琴、植花事，固都雅哉！其在當日或亦事之偶然而嗣起者，不無羨其美而襲之，夫襲之誠，亦願治之盛心，然而不必然也，何也？地不同也，時不同也，亦各行其意而已矣。余於庚子夏，承乏茲邑入其疆，觀其風其土沃而曠，其民勤而稀，盖兵燹之後凋敝已極，雖歷前視事者諸君子加意撫綏，而瘡痍未起，生聚猶艱，寧人節物之不遑，而遑及其他乎？然而典籍所載，禮制攸關，有不可任其缺畧者。如邑之有馬神廟，□廣□典各有妥神之所而息，邑獨缺然。而非缺也，稽祠創建於東關者，爲輪爲奐，而今則禾黍離離矣；繼而改建於比關者，崇垣峻塘，而今則瓦礫纍纍矣。且也前令洞悉養馬之弊，秣卒率相私尅，腹不獲果而馬癯使，客惟選駛健，蹄不暇停而馬斃，矯此兩弊，因收馬群入內署而飼之，傍有小室即以供神，陋褻不可名狀。噫，內署乃縣君眷屬之所棲息，而可分作廄牧欤，且供役頻繁，出入不時，户之啓閉無常度，而關防廢矣。況以陋室妥馬神，神其安之乎？余用是蹙然弗寧，乃訪于邑之耆舊，詳其興廢巔末，驅群馬於外廄，而相東關舊址建祠以祀馬神，爰樹景焉，爰立基焉，植三楹築，圍垣次第，其事經始于辛丑四月，至壬寅三月落成，維樸、維堅無事金碧輝煌也，備制、備禮以昭虔敬而已，是役也。水屑竹頭，一椽片瓦，咸取諸囊篋，及好義者之樂輸，罔敢費民財、勞民力焉。豈侈云興，作□□祀典□□□□□□□□□□□名實輕重□□官事□□□□□百□□俾□黃之流相傳頌曰此□□□□度者之歡□□□不亦善乎？而何有于此哉！余曰：『唯唯否否，不□□邑宰也，事之有裨于邑者，不惜餘力以成之，他□所知欤，興言及此，則都雅風流遜美前人者，□□矣。雖然然而不必然也，地不同也，時不同也，亦□行其意而已矣。』

清 陳中《重建馬神廟碑記》（乾隆）《新鄭縣志》卷二七

郭店驛，驛之大者也。馬凡百有十七，爲湖南北滇黔粵五達之衝，然南四十里新鄭，北五十里鄭州，任重而道不甚遠。馬利斯驛，驛宜不宰害。乃數年來馬之於驛利不利未可知，而宰之畏驛害則固頻聞。而疊見上官曰：『此茭芻未裕，購補不足。』宰自貽害也。宰曰：『唯唯否否。』宰又曰：『此水草不時，勞逸不均。』驛卒貽害也，卒曰：『唯唯否否。』而馬也者卽仰首鳴號羣訢，所謂利斯反害之故，而卒不知，而宰不知，而上官更不知也。夫物各有神，神體乎物，一氣相通，故盛衰者物，而所以盛衰者非物也，神之愉怫爲之也。此豈馬爲然，而馬何獨不然？今有一尊者於此，而吾處之以湫隘，外無宏敞之觀，內有局促之虞。卽珍錯日陳，聲歌時奏，其神有不鬱鬱者乎，無有也；則試更之以恢廓，則試易之以壯麗，如出地穴升天衢，其神有不栩栩者乎，無有也。今郭店驛馬明王之神廟，共愉怫之故，較然矣。官不察而徒責之宰，宰不察而徒責之卒，亦何悮哉！仇君疑其然而未信，因欲改建不果，馬之不利如故。昨者二月，始決意改之，材粗具而害已瘳，此猶久處湫隘者，聞有恢廓壯麗之娱身，未居而神已賜，自不覺其速已也。或者曰：『神愉怫於一廟，而禍福乎馬。』其禍也，馬何罪？其福也，馬何功？烏在其神也。曰：『喜怒哀樂，神人同此情也。』神主馬，而有馬者褻神，神未有不當怒者；敬神，神未有不當喜者。喜怒感而馬之氣應之改，神無心而禍福捷也。不然，神以馬爲洩憤酬庸之具，人以廟爲徼求諂媚之端，豈理也哉！仇君告予因記之。

清　汪昌國《郭店馬神廟碑記》（乾隆）《新鄭縣志》卷二七　粵惟湝臨溱洧，連濟洛於東西；蹟衍咸林，接河潁於南北。魚凫迯遠，極松濟梅洞之偏；雲漢悠遐，徧清化沙渠之衛。朱崖儋耳，古云越絕之鄉；烏撒臨沅，舊是南通之域。莫不羣供壤賦，入歷茲衢；抑且時奉簡書，出由斯劇。爰興兩驛，用達雙星；一曰永新，大振古匪今之義；一曰郭店，猶湛橋梅市之傳。固有昔已然，亦于今爲烈。當文教四訖之會，絡繹皇華，正聲名百溢之區，璘斒錦陌。人來旁午，道是夷庚。余以宛上散材，徒攻楮墨；澄溪韋布，株守縹緗。仰東阿而愧子奇，思單父而慚宓宰。甫釋褐之未久，遂承乏於兹鄉。何緣芳甸承流，繡壤廣化；戴星惶怖，鎮日憂煎。深期將伯有呼，庶或周爰可藉。惟驛丞仇君者，紹經綸於魏愈，繩學術於隋璋。家近竹西，雅多鼓吹；居鄰官廨，夙善謳吟。宣州刊浦，共是六朝文字之墟；越水吳山，悉連三楚騷人之習。既可同其唱和，復堪佐我馳驅。稱名不判雨晴，道故更聯膠漆。駐之郭店，承遞永新。雖職在野廬，而情棲民瘼，晏嬰近市，每通里儈之情；潘岳背城，樂訊田夫之隱。時有見聞，得諸輻輳。用陳箴誡，寄以郵筒。補缺良多，起予不少。似此思將無斁，早堪庇彼驛魚，抑且心秉維淵，宣克蕃茲駃牝。乃猶存敬畏，默仗幽靈。佑我駒駼，裕斯傳置。禮義卒備，昭格無贏。禋祀者歷有二年，齋祓者還如一日，苐棲靈有的湫隘，惟嫌馬不堪旋，人難比立。春秋奠瘞，目不稱觀；朔望升薌，情多自慄。于是招彼郵卒，諭以夙忱。謂居體忌汰，而奉神戒嗇。似此藐焉若繭，何以居仙？抑且僦也如蝸，奚堪妥聖？必稱聲靈之有赫，實須廟貌之巍峩。舊貫難仍，急須改作。丕基式廓，咸與維新。然而官既辭尊，祿難稱富。盧峰啟殿，豈眞自幻以飛銀？漢觀浮梁，誰謂憑空而化玉。且以人間傳舍，世上蘧廬，苟可安於目前，罔肯舉其勝事爾。迺毅然倡首，不惜捐資。大爲爽塏之更，頓起恢閎之範，聞諸聚欜之夫，羣焉手額；抑在守涂之輩，靡不開頤。悉踴躍以襄成，隨奔馳而共濟。因而榆來天上，就斧班輪。旋見桂自月中，從繩工倕。既勤樸斲，漸次丹鉛。整其垣墉，隨以塗墍。肇造於進尺之辰，告竣於伏金之月。瞻綺疏而霞燦，仰邃宇而翬飛。入落其成，神歆其力。從此文瑩震象，桃花合飛電齊輝；彩耀河精，紫燕共奔雲相逐。盧均不憂市給，温舒詎假私售？當時之創建，與有他而長留，衛颾之精神，利列亭而永著。是宜鐫以紫篆，垂在青珉。樂誌以文，用光不朽。

清　陳洪書《新建馬王廟記》（乾隆）《望都縣志》卷九　《漢書》云：天用莫如龍，地用莫如馬。蓋以馬也者，在天則應房宿，在地則配坤貞，在官則名夏卿。民生以此而致遠，國家以此而威敵，馬之為物重矣哉！宜其有神以為之主也，馬祖之祀由來尚矣。《詩》云：既伯既禱。古人田獵之微，尚擇日而行祭典，況今驛站之設。王言用之以佈絲綸，臣工用之以申奏請，一日之間，六百之程，往來如織，無時不有，非藉明神之庇護，其何以載，皇華而咏捷業，制玁狁而頌修廣也耶？望都為九省之衝，伊犁之喉，北距清苑，南至定州，一百五十里之間，較他邑之驛，尤為疲勞，官民俱不敢暇逸。苟馳驅無度，水草不時，縱有飛黃褭騮之品，豈足以勝郵傳之任哉！然余嘗禱于神者屢矣，有感輒應回，僵仆于生全易，羸瘦于臕壯，往往而有嘗立願，欲另擴其祠。今已有遷移之信，而此廟未創，此心長缺，是以孜孜為慮也。蓋舊廟在衙署之後，湫隘不足以妥神，今乃擇地于堯母陵廟之西垣外，斬新築址。諏吉興工，較舊宇而增巍峩，立戲臺以資酬賽，群材既庀，不日成工，更為韻言，歌之以祀神，曰：『靈臺之側，佳氣鬱葱，為神之宮。我將我享兮，牲升于俎，黃流在中；神之來兮，蔽太空駕，屈產之乘驂；洼種之龍，攸屆攸止兮，罔怨罔恫俾駉駉；若在魯之郊兮，又如雲錦成群而東封；無災無害兮，雨鬣風鬃；騁騰驤于逐電兮，驟逸足于追風；春蘭秋菊兮，廟祀常豐。』乾隆三十六年　月　日立。

（嘉慶）《定邊縣志》卷一四　宋鉞題馬王廟匾額，敘粵稽馬王之爲世所尊奉也久矣。故禮著春祭夏祭秋祭冬祭之文，而詩歌有騋、有驊、有騅、有駜之頌，蓋禮極其隆盛，神佑其蕃滋也。定邑馬王位像，先附供於藥王洞，繼附供於火神廟，洵不足以昭誠敬。癸酉歲，余署理定邊協鎮事，詣禱之餘，不覺心悚，遂與署中軍都司解聖易等，商同捐俸，復勸本營官兵捐銀一百兩，紳士與商民捐銀五十餘兩，度地庀材，鳩工建廟，經始於乙亥歲春日，是歲秋九月落成。嗟乎！鶂毛禿，便成橋；蜃氣嘘，能結市。賴神靈之呵護，藉衆力以集成。觀我我之貌，憑式是依；烜赫赫之威，應求如響矣。爰書於額，非敢自云，建立亦期後之君子，覩垣墉而塗塈茨焉，是爲敘。

（道光）《壽州志》卷六　馬神廟，在城内州署西北宣化坊，明知州莊桐建有記。明訓導柳偉《馬神廟記畧》曰：房星曰天駟，馬神也。我太祖龍飛淮甸，天應人從，實資戎馬，此種馬之畜所以徧于州縣也。壽在中都，畜馬倍于他國。舊有馬神祠，嘉靖丙寅，大水灌城，祠就圮厥，址雖存，蕪穢不治，凡舉祀者，必誅茅設主，然後行事。萬歷七年，莊公來牧茲地，庶政克舉，百廢俱興，凡馬之老者瘠者，諸不調良者既更易焉。又爲擇芻牧之地，謹飼養之方，馬政既修，蕃息踰倍。越明年，捐俸重建馬神祠一所，南設大門，衛以周垣，棲神有堂，政祭有位，祠毁于丙寅之歲，而成以戊寅，凡歷一紀，余不文書，其顛末勒於貞珉，以俟觀風者採焉。

清 馮繼照《重建武安驛馬王廟記》（道光）《修武縣志》卷六　修武，古甯也。邑隸於河朔，北通燕趙，西達雍涼，蓋由古爲衝衢，有驛曰武安，定制官馬四十二匹。余初涖任，馬既缺額，且多羸病不堪用，此宰官之不以郵政爲急也，迺戒圉人覈芻豆，謹休養以肥瘠，定驛卒功罪，一歲之閒，旁縣無修武馬肥矣。馬廄馬閑，兵書驛卒之居，廬皆以次繕完，唯舊有馬明王廟一閒，未悉建置年代，體制狹隘，而歲久殘敗，屢葺不免罅漏，爰事改作，拓長三丈六尺，闊二丈二尺，建祠三楹，前爲卷棚，以備行香展拜；又前爲月臺，以便視馬馳驟。植二柏於臺上，則將以取蔭也。自道光庚子八月望日啟工，彌月而事畢，唯驛門偏於西者，將及一弓，且卑而狹，不利車行，越歲辛丑四月，一竝撤毀，移正而高廣之，且退北，丈有五尺，門之兩旁，各造廊舍以翼之，於是驛前倍爲軒敞，加之黝堊丹雘，視昔爲壯觀矣。周官祭馬祖、祭先牧、祭馬社、祭馬步。注：馬祖，天駟也。先牧，始養馬者；馬社，始乘馬者；馬步，神爲馬災害者。近世則獨供馬明王之祠祀，塑像三目而四臂，蓋是星精，或謂王爲西域人，故祭牲用羊。庸詎知非，以大宛烏孫古產良馬，因有此說乎哉！

（光緒）《永平府志》卷三八《馬神廟》　府，在城南二里，隆教寺西。遷安，在城東南隅。明宏治閒知縣張濟重建，嘉靖中知縣王錫重修，知縣韋文英移置預備倉內，以祀之。隆慶中，知縣隋福因舊址復修。國朝康熙十一年知縣王永命修補。一在遷安驛。撫甯，在治東。昌黎，在治西。南街關帝廟左，同治十二年續修。灤州，在治東。舊在太僕寺左，明萬歷二十二年，知州劉從仁改建於城東半里。樂亭，在演武廳東南，明萬歷二十年，知縣潘敦復建。國朝乾隆十三年，知縣安泰、都司朱奇芳重修。臨榆，在演武場。

案：《周官》春祭馬祖，天駟星也。夏祭先牧，始養馬者。秋祭馬社，始乘馬者。冬祭馬步，乃神之災害馬者。今概曰馬神，所在廄牧皆祀之，於春秋仲月上戊日致祭。

尹樂堯《馬神廟記》云：洪武乙亥，令民養馬免稅。天順巳卯，添設管馬判官一員，吏二名。點馬廳在城北横山營社礮石淀內。坰野百餘頃，四境隨社草場二十四處，計地六百二十一頃二十五畝。太僕寺在察院東，馬神廟附焉。自馬政廢後，四仲剛日之祭亦廢。萬歷甲午，太守劉公諱從仁，移廟於東郊外，與八蜡廟同垣並架。春秋上巳致祭加虔。太守去郡三年，爲日已久，民思愈深。有鄉民劉秉正等，徵堯爲記。竊維初制，兒馬三百六十匹，每馬免稅五十畝；騍馬一千四百四十匹，每馬免稅一頃。兒馬一，領騍四爲羣，計羣三百六十，立長以主之。每歲春秋二運，選口生駒三百六十匹，名曰大馬，赴京太僕寺交俵備用，官民兩利。宏治乙卯，太僕寺卿彭禮，以種馬增損無常，稅地頃畝有限，奏立定額，以防異議。疏畧云：言利之臣，自以爲世之不可少我，而不知其人之不多我也，以此爲戒。奈何？嘉靖末，御史王濟議不征駒而買裱備，用則羣長之法廢矣；少卿武卿議存備用，而盡賣種馬，則孳生之路絕矣；御史吳守議存府判，而裁革州判，則怠玩之端啟矣。往往數爲紛更，循其末流而不究其本始，愈變而愈弊，必至於不可復焉而後已。語曰：人有弊而不理，法無弊而屢更。言之可長歎息。矧我州境界適當薊遼之衝，北近長城百二十里，南濱大海百一十里。三衛、日本交相窺伺，亦講武地也。何可籍口省費輕易廢置？不惟絕官馬，民閒私馬亦少矣。習戰禦盜，徒步難行。始作俑者，獨不念馬爲甲兵之本、國之大用，無事則以別尊卑之序，有變則以代遠近之勞乎？太守立廟，方欲教民閒養馬，意念深遠，一旦中蜚語而去，譬則赤子待哺，奪慈母而釋之懷也。故既去，而民思以紀其績，並俟夫作循吏傳者考之。

明劉效祖《臺頭營新建馬神廟記》云：臺頭營故有馬神祠，與陴隍並，經始不知自何年？燬於回祿，無能爲嗣起者。萬歷丙子，范陽張君爵來受事，甫下車誰何及此，怵然有愧於衷，迺進部屬諸材官謂之曰：『國之大事在兵，軍之司命惟馬，然冥漠中必有神以典護之。奈何歲時闕俎豆也。』於是先蠲秩俸若干，以作權輿，次令諸材官量力爲佽助焉。尋祠之舊跡末由得，迺卜城南演武廳西隅，畫廣袤若干，爲正殿三楹、門一楹、退舍三楹。置守者，供埽除。自是，歲時舉祭典，君必薰沐而後對越焉。今既三年所矣。而馬之調習蕃息，恆必賴之。君私竊幸甚！顧未有言以記歲月，閒嘗爲余道之。余謂君曰：君茲舉可謂急先務哉！古昔《周官》以馬政爲重，牧師、校人皆其官也；天駟、先牧、馬社、馬步，皆其神也。歲秋冬，觴享皆其事神之典也。

卽在内服，偃革時猶然不可廢。矧茲邊徼，日需騏駿以捍敵，可視爲細故而漫不加之意哉？迺君能銳情興起，爲馬以事神，然非獨爲馬，爲馬卽爲兵也，爲馬與兵卽爲國家固疆場也，君誠可爲急先務矣。然又聞君不獨事神，其備舉馬政，如芻秣必豐，調習必專，馳驅必節，皆躬自督視。以是阜櫪多上乘，而虺隤者無百一。以此攻敵，何敵不克？以此衆戰，孰能禦之？語云：『君子先成民，而後致力於神。』君其庶幾矣乎！君名爵，字國正，蚤承世胄，久歷戎行，蓋師中之瓌望云。萬歷已卯。

（光緒）《東平州志》卷六　馬神廟，在州署東馬廄。《會典》：每歲九月初一日，祭馬王之神。《周官》：牧人，掌天馬之屬。春祭馬祖，夫駟房星也。夏祭先牧，始養馬者也。秋祭馬社，始乘馬者也。冬祭馬步，神之災害於馬者也。祭用牲醴果品。

（光緒）《保定府志》卷三七　馬神廟，在皇華館西。馬希周《建立馬神廟記略》：雄在前代爲州郡，蓋重鎮也。明興，定鼎燕薊，改爲赤縣，徹雲川五衛於白羊口，城遂空什之四，庠以東多甌脫，氣渙而不聚，先侍御公倡義，彙金肇建文昌祠於橋門之右，又建尊經閣於啟聖宮之後，聖宮之陽，民宅一區，寔逼處翳蔽，諸生以觀察汪公之命。市得之初，建聚奎樓於南隅嗣，是廣文任先生出新生贄金，及鄉紳子衿慕義樂施，構樓三楹於澤宮之北，遥相映也，頗稱巨觀。而東偏之甌，脫如故迫，歲多苦雨，官居民舍，傾圮頹廢，蕭條彌望，皇華之館，不蔽風日，憲節所至，覆葦蕭何，異蘧廬冠，蓋之使多僦居逆旅，不幾委君命於草莽乎！邑侯許君初至，釋菜於宮，授粲於館，悵然憂之，客有望氣者，曰：『古語有之，「文星騎驛馬，聲名馳天下」。若置驛於此，士蒸蒸起矣。』毅然曰：『是吾意也。』乃相位築址。吾友別駕張君、郡丞劉君各以地獻而不受其值，侯喜曰：『吾事可畢矣。』於是庀材鳩工，廉里中敏而習事者八人董其役。中建行臺以駐節，有門有闑，有堂有所，有廳有翼，庖有室，胥有處，周以垣。垣之東爲驛官舍，具體而微；西爲祠三楹，以奉馬神，制備矣。輪奐之美，璀璨奪目，仰瞻廟貌，若益而尊，趨步宫墻，若益而峻矣。越三月而告成。

（光緒）《撫寧縣志》卷六　馬神廟，在典史署前及馬號内驛胡同。一在臺頭營南，今廢；一在蘆峯口南街北胡同，舊驛基。

邑宰李僡《重修馬神碑記》云：馬政惟邊最重，國家俵市之法，及民間芻飼孳產之事，皆視内地特詳，故馬之產惟邊最良。撫邑古榆，關地東北之要衝，界居庸山海間，烽火常接焉，今則數萬里皆聲教所訖，驛去京僅六百里，興京之使，冠蓋相望，文書過境，絡繹不絕，故額設馬多於他邑。民今日幸生聖人之世，不見兵革，牽車服賈，各安其業，故馬之孳畜恆盛，昔之稱庶富者，魯歌駉馬，衛咏騋牝，其信然歟。馬神廟，在捕廳署前，創於明崇禎十一年，雍正十二年重修，祀事維謹，然而風雨不時，梁桷陊剝，余涖任之始，卽惻然有修葺志，而未遑舉也。越三年，始謀於紳耆，又値調任青邑，因委少府翁君畢其事，君捐廉以倡，不數月，闔邑樂輪若干金，遂盡復舊規，且增廂房四間，俾司香火棲止，南拓廟門丈餘，而規模式廓，工既竣，告余爲序，以泐諸石。余謂神爲房星之精，其在詩曰吉日維戊，既伯既禱，余不獲執爵，將事少府，其爲我祝日，維神永庇，驊騮歲無，天殂尙其福哉！毋之國用，毋失民望。

明副使劉效祖《臺頭營新建馬神廟記》云：臺頭營故有馬神祠，與陣隍並。經始不知自何年？燬於回祿，無能為嗣起者。萬歷丙子，范陽張君爵來受事，甫下車誰何及此，怵然有慨於衷，迺進部屬諸材官謂之曰：『國之大事在兵，單之司命惟馬，然冥漢中必有神以典護之，奈何歲時闕俎豆也。』於是先蠲秩俸若干，以作權輿次，令諸材官量力爲佽助焉。尋祠之舊跡未由得，迺卜城南演武廳西隅，畫廣袤若干，爲正殿三楹、門一楹，退舍三楹。置守者，供掃除。自是，歲時舉祭典，君必薰沐而後對越焉。亇既三年所矣。而馬之調習蕃息，恆必賴之。君私竊幸甚！顧未有言以記歲月，間嘗為余道之，余謂君曰：君茲舉可謂急先務哉！古昔《周官》以馬政爲重，牧師、校人皆其官也；天駟、先牧、馬社、馬步，皆其神也。歲秋冬，觴享皆其事神之典也。卽在内服，偃革時猶然不可廢。矧茲邊徼，日需騏駿以捍敵，可視爲細故而漫不加之意哉？迺君能銳情興起，爲馬以事神，然非獨爲馬，爲馬卽爲兵也。為馬與兵卽為國家固疆埸也，君誠可謂急先務矣。然又聞君不獨事神，其備舉馬政，如芻秣必豐，調習必專，馳驅必節，皆躬自督視。以是阜櫪多上乘，而虺隤者無百一。以此攻敵，何敵不克？以此衆戰，孰能禦之？語云：『君子先成民，而後致力於神。』君其庶幾矣乎！君名爵，字國正，蚤承世胄，久歷戎行，蓋師中之瓌望云。萬歷已卯孟冬。

紀事

明　戚繼光《止止堂集》卷下《祭馬神》　隆慶己巳月日，具官某致

明　柴梗《重修馬神廟記》（乾隆）《沁州志》卷一〇　古之稱貴者曰萬乘、曰千乘、曰百乘、曰畜馬乘，而猗頓陶朱之富，亦以馬大蕃息而已。夫富貴皆原於馬，則馬之有益於民生，猶社之與稷，山之與川也。其有神以主，而民尸而祝之也，固宜沁有馬神祠，在州治東北隅，碑誌無存，創建厥始罔克考。惟懸鐘鑄云：『宏治二年春，千户劉侯璽重修。』其右僧居，號西禪院，予與友嘗修業其間，彼時僧庶，且富檀越，香火之盛，視他梵宇為最。因為釋徒所忌，誣僧以罪，而訟於憲，僉陳公人，其人廬其居，而僧皆讁戍邊矣，時嘉靖戊子秋也，於是焚修既無主，而廟亦漸就汙敝。逮戊申歲，越念餘稔廟貌傾圮為甚，鄉耆王翁揚深為慨焉，因謀於里人，實感激其同然者，遂有修復。舉召僧證遷主其事，遷亦廟舊僧，因訟獄而徒居者，樂於歸募，緣勸施事，又其所優為者，由是聚材鳩工，興廢補敝，不數月而功就緒矣。左建屋三楹，用為僧所居，僧與室較前固不及，而廟貌則視昔有加，吾郡伯齊翁適祭，臨守振修，事神治民，攻以馬神，弗載於祀，為闕典肇，舉春秋祭與社稷山川比焉。嘗誦詩曰：『吉日維戊，既伯既禱。』說者曰：『伯馬祖也，天駟房星之神也。』周禮曰：『春祭馬祖，秋祭馬社。』則馬神於人，固不可不祀。而王翁之倡重修也，弗為諂郡，伯之祀之，也可謂知所先務矣。然其所以修所以祀，固亦有默運其機，而人莫得而知者耶！僧恐繼事者無所考取，請記於石，而助工與財者，則勒諸碑陰，用為後勸云。

明　潘希曾《竹澗集》卷五《滁州龍泉庵興修記》　我太祖高皇帝定天下，設太僕寺于滁，總攝馬政，尋建廟祀馬神，俾龍泉庵僧視守。洪武二十三年，歸併寺院，勅太僕臣朱守仁等，仍留兩僧，自是庵為名刹，且為太僕諸臣習儀。祝聖壽之所，庵在豐山西北麓南，距栢子龍潭百武，而近其名龍泉者蓋以此，歷年滋久，日就頹圮，失今不圖，後費益鉅，侍御陽曲劉公按部至滁，有司白其故，會侍御武昌朱公以清戎至，謂興滯補弊不可已，公乃下令計財用出公帑屬，經歷伍朝，用吏目劉寶董其役，已而歲旱，公閔雨州守陳君則清諗衆曰：『古者修城郭，使民就食茲役，亦旱備也。』衆驩趨之，經始於嘉靖癸未秋七月，凡三越月而落成。正殿以間計者三，後堂中門間，如之東西序，各九間，敞以外門，繚以周垣，惟正殿後堂撤而新之，餘皆補葺，以還舊觀，於是伍經，歷等請記其事刻諸石，予惟春秋用民力，雖時且義必書，茲役也，不可以不書也。祀與戎，有國大事，庵為馬神廟，祭於馬明王之神曰：某等不敏，叨守茲土，竊念西北戎政在馬，而蕃育茁壯，默司於神。邇者灾眚多侵，雲錦未展。顧奉職無狀，然於明神不能無望焉。今脩葺神宇，以肅神儀，載陳薄祭，用祈神休。凡司牧之責，某等所可自盡者，罔不殫力，圖維而爲國，効靈尤神之貺。特率將士，告虔於神。

明　程時悅《宿州重建馬神廟記》（弘治）《宿州志》卷下　宿州為郡，川原平衍，國朝洪武間，潢水不時泛溢，孳牧之政未講。永楽中，潢水漸消，郡堤之南，曰水南，因進言者而養種馬。種馬者，欲蕃其生息也。宣德中，潢水盡去，馬政之講愈詳，郡堤以北曰水北，亦養『聽用馬』焉。『聽用』者，給於太僕而以供征調之需也。馬政之関係甚重，故朝廷於京師設太僕以統其屬，郡邑添設佐貳官，不煩以他政，俾得專其事也。宿郡城中東北偏隙地数畝，舊置廟一所，以祀馬神。正統十二年春戉侯受命来判於州，以司其政，謁祠下嘆其隘陋，詢之長吏，謀之耆老，思畐作新其廟。侯之言曰：『馬祖之祭尚矣。吉日之詩，既伯既禱。說者曰：「伯馬祖也，謂天駟房星之神，故祭之。夏則祭先牧，秋則馬社，冬祭馬步，皆用仲月剛日。」今祠廟之陋，何足以昭荅神之景？』既而遂各捐俸金，率先畐事，州民之好事者，助財恐後，鳩工集材，陶甓煉堊，經始於丁夘年十月。俄然，棟宇翬飛，墻垣繚如中，肖以貌像，用春秋仲月擇剛日，以羊豕為常祀。東旁建三楹間，張以泊水，庖湢惟具，西旁室如東旁之制，于以供奉。按属理馬政之官者也，設総門以蔽內，外膀以馬政街坊，牌於大路之傍，暨訖工州之耆彥，咸謂廟宇鼎新，昔所未有，規模宏偉，莫若戉侯用心之勤也，相率徵文，以傳久遠。余聞昔人有言：『地用莫如馬。』夫馬也者，上應房星之精，故乾龍坤馬，並載於易，兵家賴之而勝，國家籍此為富，田獵齊其力，鑾輿齊其色，際乎海深，入乎夷狄，人之力不足以勝之，馳騖涉遠，莫如馬之用也，関係國用甚矣。記曰：問國君之富，舉馬以對，然而司牧之惟，在得人焉爾。故騋牝三千，必衛文公之秉心，塞淵諸色之倫，必魯僖公之思無邪也。擇其人，專其職，人當久其任，而責其功。若王毛仲、張萬歲在唐最著績於廐牧，勲雖至開府而仍舊典，是專且久也，侯司牧有年，供調邊之用，継之不乏，名顯於時，必能継前人之芳躅矣。余曰記其廟祠，述馬政之重敘，侯之善於末。侯，字得春，滇南人。由太學自四川之合州調於宿云，景泰三年，歲壬申，夏五月，前鄉貢進士，宿州學正，饒州程時悅撰。

設戎祀所係，且國家舊典，一宜書費出于公，不厲民飭，舊為新俾，已成勿壞；二宜書因饑募力，民利其食，官享其成，得乘時之道；三宜書予承乏太僕，於是舉有賴焉，謹書之以告來者。劉公名欒，字汝喬；朱公名衣，字子宜，皆以進士起家，有聲于時云。

明　徐學聚《國朝典彙》卷一一七　〔弘治〕九年三月，詔修通州馬神祠，祠在治之北，地名壩上，安鄉也。初，文皇帝靖難兵起，戰其地覺有神相之，因詔作馬神祠。久之，祠廢，至是詔順天府尹彭禮等修之。按：是祠，每歲春秋二仲，遣太僕少卿一員往祀，其辭曰：『皇帝命某官致祭云。』往必陛辭，竣必廷復，其嚴如此。

明　馬中錫《廣寧馬神廟記》（康熙）《錦州府志》卷一〇　廣寧城南有隙地，平衍不頗，舊為内臣蔬圃。太監岑章來鎮遼東，以馬實邊鎮重務，始割其地五分之一為廟以祀焉，長袤二十丈，廣一十八丈，周繚以垣，内建正殿三楹，儀殿三楹，左、右廂各三楹。儀殿前左建旗竿一以壯威靈，右建楮樓一以承肸蠁，前券大門一以通神道，旁小門二以達廣陌。其西偏復割廟地三分之一區，別以牆闢門通廟居道流以守之，内建室前後各三楹為宴息之所。南向側亦三楹為炊爨之所，東向前建一門以便出入。財皆己捐，力不官役，工既訖，請予記之。嗚呼！天駟，房星之神，其來尚矣。稽諸禮，祀祖以春；徵諸詩，禱伯以戊，淫祀能爾哉！岑章為中大夫，奉璽昌，握兵柄，富貴寵榮，莫與為伍，雖傾貲以繕緇黄之宇，人亦不得而非之也。今乃不屑彼之螢而惟此之務，其殆能超貂璫之習，而旨俎豆之味者乎！矧其在鎮三年，畜馬養兵，不妄生事，賢聲大著，軍民安之，他日必有能為之作傳，以嗣太原張監軍者，又豈直一祀事可述而已耶！

明　劉生中《新建馬神廟記》（乾隆）《滄州志》卷一五　萬歷己亥，夏王公來守吾滄時，清源民譁訛言流布，人心惶惑若駭雞然，公下車卽出諭曉之，為之引古昔陳利害，民乃大定。是歲，蟲蝻傷稼，衆庶艱食，公爲請于土，得臨德粟若干石，減價予民，又煮粥以食，待哺者自冬抵春，凡三閱月，全活無虞十餘萬八。蓋自履任後，早夜拮据，靡有寧晷，亦既平定安集矣，乃始勸學，興材修廢，舉墜如新，學宮修，師廨復，龔公祠詳在，他記中不具載。先是州有馬神廟，在治西南馬廠内，蓋國初寄種馬于編户，而責其孳息，冏寺歲時，巡行諸郡邑，察肥瘠、稽登耗，則馬廠其行署耳，迨後種馬變而為買俵，冏寺遂絶不一至，于是有司改馬廠為監司察院，而廟亦移于城隍廟後左側，顧其制卑而陋，路狹而仄，相沿以來三十年所矣。公臨祭，愀然傷之謂：『祀以將敬，室以妥神，神之弗妥，敬於何有？且《易》有之，乾爲馬，馬陽屬也，氣以類從，于法不宜西。』盍遷之，遂卜地州治東南虮蜡廟前，相度土功，庀材鳩匠，經始于九月某日，踰月而落成。崇以廣楹，翼以兩序，闢以重門，繚以周垣，規制始大備矣。時余浙闈事竣，便道還里，公乃屬予記其事。余考《周禮》：校人，掌王馬之政。春祭馬祖，執駒。夏祭先牧，頒馬，攻特。秋祭馬社，臧僕。冬祭馬步，獻馬，講馭。則馬神之載在祀典舊矣。故水瑞感而河龍出，星精應而天駟下，以至余吾渥洼中，盧夸父之奇神，或腄之非，盡悠謬也。我朝稽古定制，釐正祀典，諸不在咸秩之列者，一切罷去，而獨馬神之祀，自冏寺以至郡邑，設有專祠，誠謂其備法，駕資折衝，馬之為用最急，則報本反始禮不容後耳。或者不深維其義，視為贅典，卽春秋展祭輒慢，承之庸計，及棲神之所乎！公獨慨然，深念鼎而新之，謀不再計役，不稱勞妥神靈而修祀事，是舉也，可謂明於秩祀之文，而不失周官之遺意矣。且余因是占公之政焉，蓋聞古之善牧者，除蓐嗇芻，庌涼棧濕，周其養也；攻駒教駣刻剔羈策，馴其性也。故秦汧想非子之風，魯野傳史克之頌，總之適水草而節饑飽，戢耳目而勿驚駭，如吳起之説盡之，然而民亦宜然矣。假令養道廢，而其性失調，其不為朽索之馭者，幾何？乃公出片論以銷未發之奸，而反側安發倉廩以濟垂斃之民，而菜色起儻所謂戢耳，目而節饑飽，非耶？至其雅意作人不惜剪拂，卽有跅跑之才務範之，以軌于正，則異日驤首天閑，孰非一顧之烈耶？大抵公之徽猷懿政未易，縷指乃其誠心質行，無回無曲，又其本原耳。詩不云乎，秉心塞淵，騋牝三千，嗚呼！馬之蕃息繫惟神，休良牧之謂矣。故余作記而推本言之，以詔來者。公名堯封，號華岡南直金壇人，癸未進士，蓋以尚書魁南宮云。

（弘治）《句容縣志》卷五　馬神廟，在縣治北馬廠東，景泰間，管馬主簿楊立重脩。

（正德）《大名府志》卷四　馬神廟，在東作門外，天順四年，知縣楊春重建。弘治四年，知縣鮑琦增修。

（嘉靖）《蠡縣志》卷二　馬神廟，在太僕寺大門内東別院，有廟有亭設木王，歲春秋仲月祭。

（嘉靖）《夏津縣志》卷三　馬神廟，在太僕行臺之左，肇創未詳。嘉靖戊戌時中，新之堂三間，抱廈一間，門一座，歲春秋上戊日，祭以牲牢祈馬。東西六步，南北一十三步，共地三分三釐三毫。

（嘉靖）《宣府鎮志》卷一七　六年，作馬神廟。廟社，宣府左衛東，正殿祀馬祖之神、先牧之神、馬社之神、馬步之神，皆木主，歲以仲春秋守臣將事。《周禮》：「春祭馬祖，執駒。夏祭先牧，頒馬，攻特。秋祭馬社，臧僕。冬祭馬步，獻馬簡，馭夫。」國朝洪武中酌古典，歲春秋遣太僕寺官合祀之，而於州縣皆立馬神廟，至於邊衛資馬尤急，故祀典重焉。鄭玄曰：「馬祖者，天駟也。先牧，謂始養馬者。馬社，謂始乘馬者。馬步，謂神為馬災害者。合而禱之，蓋古今通禮」云。永寧馬神廟，正統十二年建。懷來、保安、隆慶馬神廟，俱景泰二年建。開平、馬營馬神廟，俱正統五年建。雲州馬神廟，宣德五年建。赤城馬神廟，正統三年建。龍門馬神廟，景泰二年建。龍門所雕鶚堡、長安所馬神廟，俱正統七年建。懷安萬全、右衛馬神廟，俱永樂十七年建。萬全左衛馬神廟，正統五年建。柴溝堡洗馬林、馬神廟，俱正統九年建。順聖東、西城馬神廟，俱景泰二年建。蔚州衛馬神廟，洪武十五年建。廣昌所馬神廟，弘治六年建。

（隆慶）《海州志》卷四　馬神廟，在城隍廟東，正堂三間，大門一座。隆慶六年，知州鄭復亨添設廄房一十二間，以喂養走遞馬。

（隆慶）《儀真縣志》卷一二　馬神廟，在縣治東。洪武中，知縣王琳建，縣有馬政，故春秋仲月戊日祀之，祭文：『問國之富，數馬以對。騎牽示躔，河洛呈瑞，周重騰駒，秦稱汧渭，無邪頌僖，塞淵興衛，惟真有馬列為群騶，蕃息有方，靡鰥其位。某等受寄，茲土芻牧，有愧敢不秉心，力求撫字良父，是師朽索以馭，常典聿修，惟神其庇，謹告。』

（隆慶）《豐潤縣志卷五　馬神祠，在西察院之東，歲久傾圮。隆慶三年，縣令王納言重修，仍建門樓三楹，以便啓閉，匾曰：天駟□□，□察門之伺，候公舘□，□已□祭。

（萬曆）《杭州府志》卷四八　白馬神廟，在縣北二里。宋建炎間，金虜犯境，見四野兵馬甚衆，不敢入，民賴以安，知為白馬神顯靈，因祀之，高宗賜祝文。嘉祐間，著靈異于民，益加崇奉，劉拱有記。

（萬曆）《六安州志》卷四　馬神廟，舊在州治東北，後改置于社倉之東。春秋仲月上戊日，致祭如制。

（萬曆）《兗州府志》卷三〇　兗州府馬神廟，在西關拱極門內太僕寺側，春秋二祭。

滋陽縣馬神祠，在縣治二門東。

寧陽縣馬神廟，在縣治東南。宣德九年，縣丞齊郁建。

鄒縣馬神廟，在縣東南二里馬廠廳左。宣德六年，知縣張睿建。

滕縣馬神廟，在分司西，正宇三楹，春秋二祭。

嶧縣馬神廟，在縣治西南。正統二年，知縣王巘建。

金鄉縣馬神廟，在縣治西，宣德八年建。

魚臺縣馬神廟，在縣治馬廠儀門東。洪武二年建，成化年，知縣戴琰；正德年，典史羅鯨修，今廢。

單縣馬神廟，在縣治西北。嘉靖七年，縣丞温玉建。

城武縣馬神廟，舊在縣城東。宣德六年，知縣劉恕建。嘉靖四十三年，知縣鄭漢建於西門內。

曹州馬神廟，在州太僕寺東。景泰五年，判官令狐嘉建。

曹縣馬神廟，在縣治太僕寺西。

定陶縣馬神廟，在縣治太僕寺東。正統十三年，主簿沈誠建。

濟寧州馬神廟，在州治東北。

嘉祥縣馬神廟，在縣治東。宣德六年，主簿張景昭建。

鉅野縣馬神廟，在縣治東，南觀音寺右。宣德五年，主簿蘇敬創建。

鄆城縣馬神廟，在縣西門內。景泰元年，縣丞程邦寧建。

東平州馬神廟，在州衙門東。宣德六年，知州李湘栁建。

汶上縣馬神廟，在縣治南。宣德六年，知縣衛昉縣丞周楫建。

東阿縣馬神廟，在縣治太僕寺分司內。成化二十二年，縣丞王本重修。

平陰縣馬神廟，在縣治西。宣德六年，知縣馬良、縣丞黄勝祐創建。

陽穀縣馬神廟，在縣治西。宣德七年，主簿魏奇建。成化二十三年，主簿于松重建。

壽張縣馬神廟，在縣治西。宣德六年，知縣李貫建。

沂州馬神廟，在州治北。

郯城縣馬神廟，在縣治西北隅。宣德元年，縣丞劉昶建。

費縣馬神廟，在縣治太僕寺西。正統六年，知縣王鎧建。按：《周禮》：春祭馬祖，夏祭先牧，秋祭馬社，冬祭馬步。馬祖，天駟也。房為龍馬，又《夏禁原蠶》：天文辰為馬精，龍與馬同氣。古之聖人，非通天地萬物之理，孰能與如此？是以制祭祀而國家受福，百物皆昌也。祭以剛日，用少牢，皆於大澤。具《隋志》及《唐開元儀祝》皆曰：『天子遣某官某昭告云。』余觀秦趙史記，自益為朕虞，佐舜調馴鳥獸，其後費昌、仲衍世為御有功，列為諸侯，而造父幸於周穆王，得驥、温驪、驊騮、騄耳之駟，獻之穆王，穆王使造父御西巡見西王母，樂之忘歸，而徐偃王反，造父御穆王，日馳千里以歸，造父由此封於趙城，其後奄父為宣王御，而非子以善養馬，孝王封之大丘，豈以栢翳為虞，而子孫世世善御能息馬哉！上古聖賢皆神靈通於萬物，不可以後世測度也。穆王造父之事奇矣，夫社祀以勾龍，稷祀以棄，若造父、非子，豈今所謂先牧耶！

（萬曆）《**寶應縣志**》**卷六**　馬神廟，在寧國寺東南。嘉靖二十一年，知縣張準建。萬曆十九年，火燬。二十一年，知縣陳烇重建。

（萬曆）《**江都縣志**》**卷一一**　馬神廟，在大東門外馬監東。舊以春秋上戊日祭。嘉靖四十一年，知縣趙公訥重修，今祀與監俱廢矣。

（萬曆）《**宿遷縣志**》**卷二**　馬神廟，在新城東北。萬曆五年，知縣喻文偉改建，春秋二仲月致祭。

（萬曆）《**滁陽志**》**卷四**　馬神廟，在太僕守西。洪武十四年秋建，冏卿春秋仲月舉祀牲帛祭品，州及二縣遞供如常。

又　卷九　馬神廟，在太僕寺西。洪武十四年秋建，太僕卿吳達可、少卿錢士完以萬曆三十七年、三十八年先後涖滁，釐舉馬政，詳見《振牧新規》。公餘考校滁士品，題激賞滁，學宮傾圮，創議修建，及葺修瑯琊醉翁公宇，倡築南關江浦迂途學田，倉庚儲給歲有常，規俾士歌於學，甿舞於野。知州戴瑞卿從境內公舉，爲勒龕置像，馬神廟之思齊，軒嗣大卿，劉日升捐帑，增濬學河，錢士完及少卿汪葉□時茂才。相繼敦肅文教，一時士類振起，尤彬彬稱盛云。

（康熙）《**滁州志**》**卷一七**　馬神廟，在太僕寺西。洪武十四年秋建，冏卿春秋仲月舉祀牲帛祭品，州及二縣遞供如常，今廢。

（康熙）《**臨清州志**》**卷二**　馬神廟，在中洲管河判官署傍。明弘治八年，知州馮傑刱春秋仲月上戊日行祭。

（康熙）《**曹州志**》**卷一〇**　馬神廟，在城內東北隅。明景泰五年，判官令狐嘉建正廟三間，中奉馬祖、馬社、司馬、先牧之神，大門一間，繚以周垣，有司以每歲春秋二仲月上戊日致祭。

（康熙）《**太平府志**》**卷二三**　馬神廟，在湖熟門外馬監內，每歲春秋二八月午日致祭，今廟廢。

清　孫錫齡《修宣府馬神祠記》（乾隆）《宣化縣志》卷二八　鎮城馬神祠，作于明英宗正統六年，重修於正德戊辰，再修于崇禎丁丑，凡二百餘載，迨人我皇朝又廿餘年，于茲祠則大圮。都督劉公來鎮茲邦，凡祠祀之關于戎事者，禮尤加毖，爰更是祠而新之，經始于康熙二年癸卯夏四月，明年甲辰孟秋告成，公揖余曰盍記諸。余按《周禮》：春祭馬祖，夏祭先牧，秋祭馬社，冬祭馬步。嗟乎！博士家皓首窮經，尚鮮知周禮者，矧韎韋之附注：君子哉！請因而解之。馬祖，天駟房星也。天文辰為馬精，蓋龍與馬同氣云。若夫先牧，始養馬者。嘗觀秦趙史記，自益為舜虞，調馴鳥獸，其後費昌、仲衍世為御有功，列為諸侯，而造父為周穆王御八駿，日馳千里，由是得封于趙秦，非子以善養馬，孝王封之大邱。蓋上古聖賢，多神蓋通于萬物，不可以後世測度者。□所謂先牧，非耶。馬社，始乘馬者。《世本》曰：『相士作乘馬』。馬步者，神之能灾害馬者也，故春夏秋所祭者，以祈福也。冬所祭者，以禳灾也，祭必戊庚剛日見《雅詩》，牲用少牢，月以四仲異，隋誌唐宋因之，明定為春秋二仲，至今不改，則尤為得中云。惟是怪幻不經，至有□歲六月，不弦前期，為馬神降誕者，使誠如其說，將今所祠先牧以下，宜各有一，誕辰何得？間為一日也，無害以能福我馬者，雖神之降，誕有不暇，論其能灾害我□者，始揭日月，而禱祠之，亦如人世有低昂厚驥于其間乎。夫使神而無知也則可，神而有知其吐之矣，且世俗凡所謂聖誕者，非神之誕之謂也，乃天子萬壽聖節，便應于應祀諸神祠祝，□世人不知，遂悞以神，實有誕日，則不考典禮之過也，然則六月之舉可以已乎，曰：何必已也？古有夏祭先牧之文。季夏，庸詎知非其時也，但執以為神之降誕，則誣矣。矧宣為古冀之北邊多產良馬，國家駃驥驊騮自塞外來，其麗不億，用以捷戰陣而連郵傳，雖牧養乘馭之，得宜而神實陰相之，公與沾河潤則益加度毖，誰曰不宜耶！

（乾隆）《**順德府志**》**卷五**　馬神廟，在太僕寺西。順治年，知縣張重齡重修。康熙五十八年，知縣楊文魁重修。

（乾隆）《**沁州志**》**卷二**　馬神祠，在三官廟東基址，南北長九丈，東西澗六丈五尺，明先治二年建，嘉靖三十一年鄉耆王揚修。國朝康熙十一年，知州汪宗魯增修。五十一年，進士吳時謙、監生劉企向等重修。五十八年，廩生劉汝梅等重修。六十一年，生員吳皐等增修。雍正八年，住持心寧等增修，每歲春秋仲月上戊日，知州率屬致祭。四月初八日，州人致祭。祠塑像三，相傳中馬王，東牛王，西水草之神，每歲三月十三日，州人祭牛王儀如四月。

（乾隆）《任邱縣志》卷二　馬神廟，在育賢街北，鄚城驛舊基。明知縣郭汝重修，至國朝乾隆十一年，知縣錢孫振廓舊制重修。金人犯境，見田野間白馬甚衆，竟不敢入秦，志白馬神時著靈異，因祀之【略】

宋高宗《祝文》：英烈不群，捍難庇民。廟號白馬，史册莫尋。海昌良工，塑像如神。彷彿而馭，先無若存。有捕盜者，得夢既摽。人知畏嚮，血食幾春。天子初郊，典祀徧行。尊酒俎肉，以祈神歆。

宋劉拱《白馬廟記略》：嘉祐五年夏，予忝兹命，乃考縣志。郭北有白馬神者最顯。肇搆之跡，舊闕文刻，不可推已。其古之英烈，能捍難以庇民者歟。去冬有殺人而亡者，捕未得。既夕，宿菴東院，夢神告曰：旦且獲。既而果然。噫！神之靈為不昧矣，是可相吾百里之歲事也。

明沈友儒《重修白馬廟記略》：海昌北門外，舊有白馬神祠，即宋思陵著為釐祝，而報功者也。成化二十一年，延恩寺僧善容重修，歲久傾頹。萬歷丁丑署篆。別駕近台張公準、僧如鑾、縛治，里老協助之，十二月鳩工，越明年三月，落成。邑北，直當運塘，堪輿家，謂宜有神鎮之。廟東南先有華光橋，上建重屋三間。南供大士，北禮元帝。正德二年，屋被鬱攸，神像獨存，移置今廟，肸蠁滋彰，是役也。里人張霧拾石豎碑乞言，以詔後。余惟禦灾捍患，有功德于民，則祀之禮也。若白馬諸神，可與土木文繡竭民牲醴空肥巫祝者，同日語哉。

（乾隆）《海寧州志》卷六　白馬神廟，《咸淳臨安志》：白馬王土地廟，在縣北二里。

（道光）《永州府志》卷六　馬神廟，洪武二年，命祭馬祖、先牧、馬社、馬步之禪，因周隋唐宋之制，以春秋二仲甲戊庚日裁祀。

清　陳長禄《重建馬王廟落成碑序》（同治）《綏寧縣志》卷三六　夏官大司馬，掌馬政，其屬校人，趣馬、巫馬、圉師、牧師分任之。春祭馬祖，天駟星也。夏祭先牧，秋祭馬社，冬祭馬步，均取祈福降祥，無菑無害之義神，之為靈昭昭矣。兹地自雍正戊申立營後，曾於營西水口山麓建廟祀之，果蒙神佑，斯臧斯皇。迨乾隆辛巳，吳總府重修，報神之顯應湖中也，歷數十年，風雨飄摇，漸至傾頹，道光之旃，蒙協洽孟陬月衆弁目等，意欲仍斯地增其式廓，謀於署任。劉公稱：『曰善捐，廉爲倡，由是閤營捐資有差，更獲諸方善士，欣然解囊，共襄盛舉。』經始於夏，告成於冬，既賴劉公爲之，於前又得清憲爲之，於後美必彰而善，必揚輝暎，當千古也。繼自今廟貌森嚴，樓臺壯麗，周圍墻垣，丹楹刻桷，黝堊繪畫，無不完備，爲一帶之關鍵作閤營之，保障神享其祀，人飲其和。將見武功丕振，大化翔敷，壯金湯之氣象，表騏驥之良材於，以澄清四海，豈惟藩翰一方已哉！是爲序。

（同治）《益陽縣志》卷一〇　馬神廟，在縣署大堂西。康熙二十三年，知縣江閶建。【略】馬王廟，在常泰門內，順治十三年，總兵劉進忠建。

《續通典》卷七三　祭馬祖，始自洪武二年，命祭馬祖、先牧、馬社、馬步之神，築壇後湖。禮官言：『春祭馬祖，天駟星也。夏祭馬牧，始養馬者。秋祭馬社，始乘馬者。冬祭馬步，乃神之災害馬者。隋用周制，祭以四仲之月，唐宋因之。』今定春秋二仲月甲戊、庚日遣官致祀，為壇四，樂用時樂，行三獻禮。四年，蜀明昇獻良馬十，其一白者，長丈餘，不可加韉勒，太祖曰：『天生英物，必有神司之。』命太常以少牢祀馬祖，囊沙四百斤壓之，令人騎而遊苑中，久之漸馴，帝乘之以夕月於清涼山，北還，大悦，賜名飛越峯，復命太常祀馬祖。五年，并諸神為一壇，歲止春祭。永樂十三年，立北京馬神祠於蓮花池，其南京馬神則以南太僕主之。

又卷七九　【洪武二年】命築壇於後湖，祀馬祖諸神。勅禮官定儀奏言：『《周官》校人，春祭馬祖，天駟星也。夏祭先牧，始養馬者。秋祭馬社，始乘馬者。冬祭馬步，乃神之災害馬者。隋用周制，祭以四仲之月，唐宋因之。』今定春、秋二仲月，甲、戊、庚日，遣官致祭，為壇四，牲用少牢，幣白色，籩、豆各四，簠、簋、登各一，樂用時樂，行三獻禮。五年，并諸神為一壇。歲止春祭，六年二月，置羣牧監於滁州，建司馬神祠於柏子潭，遣官致祭，每歲春秋二仲，有司祠以少牢。永樂十三年二月，建馬神祠於都城蓮花池，其南京馬神，則南太僕主之。

《太祖實録》曰：洪武四年，蜀明昇獻良馬十，其一色正白，長丈餘，首高九尺，足高七尺，有肉隱起項下，貫膺絡腹，精采流動，不可加韉勒，帝謂：『天生英物，必有神司之。』命太常以少牢祀馬祖，囊沙四百斤壓之，日令人騎行苑中，久之漸馴後，帝夕月於清涼山乃乘以出，比還，大悦，賜名飛越峯，復命祀馬祖。

清　萬斯同《明史》卷五一《禮九》　馬神。洪武二年，遣官祭馬祖、先牧、馬步、馬社之神，初命築壇于後湖祀馬祖諸神，敕禮官考其禮儀，至是禮官奏：《周官》牧人，掌六馬之屬。春祭馬祖，夏祭先牧，秋祭馬社，冬祭馬步。馬祖，天駟星。《考經說》曰：房為龍馬。先牧，始養馬者。社，始乘馬者。《世本》曰：相士作乘馬。馬步，謂神之災害于馬者。隋用周制，以四仲之月，唐宋因之。今擬春秋二仲月甲戊、庚日為宜，于是遣官行禮，為壇四，每壇用羊一、豕一、幣一，色白，籩、豆各四，簠、簋、登、象尊、壺尊各一，樂用時樂，獻官齋戒，公服，行三獻禮。又命太常司祀馬祖之神，先是，蜀明昇獻良馬十，其一色白，長十有一尺，首高九尺，足高七尺，有肉隱起項下，厚五分，廣三寸餘，貫膺絡腹，精彩流動。鞫不可近，近之輒人立而吼，帝謂：『天既生此英物，必有神以司之。』命太常以少牢祀馬祖，復沙四百斤壓馬，令人跨其上，日遊行苑中，久之，性漸馴服後，帝夕月于清涼山，乃乘之而出，如躡雲乘風，馳驅甚適，帝大悅，賜名飛越峰。五年，禮部奏祭馬祖諸神，今擬止設一壇祭司馬之神，每歲止于仲春一祭。永樂十三年，立北京馬神祠，時行太僕寺卿楊砥請立馬神祠于蓮花池，命翰林院考古今儀式，乃定北京馬神祠設馬祖等神，及司馬之神五位，每位用羊一、豕一、帛一，儀制準南京。

（光緒）《壽州志》卷五　馬神廟，在城內州署西北。宣化坊明，知州莊桐建，有記。

明訓導柳偉《馬神廟記畧》曰：房星，曰天駟馬神也。我太祖龍飛淮甸，天應人從，實資戎馬，此種馬之畜所以徧於州縣也。壽在中都畜馬，倍於他國，舊有馬神祠，嘉靖丙寅，大水灌城，祠就圮廢，址雖存蕪穢不治，凡舉祀者，必誅茅設主，然後行事。萬歷七年，莊公來牧茲地，庶政克舉，百廢俱興，凡馬之老者、瘠者，諸不調良者，既更易焉。又為擇芻牧之地，謹飼養之方，馬政既修，蕃息踰倍。越明年，捐俸重建馬神祠一所，南設大門，衛以周垣，棲神有堂，致祭有位，祠毀於丙寅之歲，而成以戊寅，凡歷一紀，余不文書，其顛末勒於貞珉，以俟觀風者採焉。今圮。

光緒八年，總兵郭寶昌倡捐，改建於城東門內大街。

（光緒）《邢臺縣志》卷二　馬神廟，在太僕寺西。明末，燬於火。順治十六年，知縣張重齡重修。康熙五十八年，知縣楊文魁重修，今廢，祭於龍岡驛中。

（光緒）《吴橋縣志》卷三　馬神廟，在縣治西。明永樂十二年，知縣吳原建。天順七年，知縣葉茂。國朝光緒元年，署知縣倪昌燮重修，大殿南向三間，前為照壁，又前為山門，繚以周垣。謹按《周官》：校人，春祭馬祖。天駟，星也。夏祭先牧，始養馬者。秋祭馬社，始乘馬者。冬祭馬步，乃神之災害馬者。隋用周制，祭以四仲之月，唐宋因之。明洪武二年，定以春、秋二仲月，甲、戊、庚日致祭。五年，并諸神為一壇，歲止春祭。永樂十三年，立馬神祠，今天下廐牧所在皆祀之。

（光緒）《陽穀縣志》卷三　馬神廟，在縣治西。明成化二十三年，主簿于松重建。嘉靖三十六年，知縣傅啟仁重修。萬曆三十一年，知縣霍惟準重修。

（光緒）《永壽縣志》卷五　馬神廟，舊在南堡山頭。乾隆四十三年，知縣葉廷選拓構後，移縣署大門內右，偏永安驛號內。

（光緒）《秀山縣志》卷七　馬神祠，舊題曰明王宮，在東門內，以祀馬祖。嘉慶初，副將王楷建。咸豐六年，副將鄒鸞章重修。

（光緒）《羅田縣志》卷二　馬王廟，明洪武二年，詔築壇祭之。永樂十三年，立馬神祠，建於縣署右，知縣陳士鳳重修，今廢。

藝文

唐　儲光羲《儲光羲詩集》卷五《和張太祝冬祭馬步》　故壇何肅肅，中野自無喧。烈火見陳信，飀言聞永存。房星隱曙色，朔風動寒原。今日歌天馬，非關征大宛。

宋　蘇頌《蘇魏公集》卷一二《李公擇尚書見示出郊奉雩祀馬上口占七言四韻走筆繼和》　雩郊幾夕見龍星，盛樂初諧六變聲。前四日按宮架大樂。薦幣禮同匏爵重，潔牲人比玉壺清。幕中閎辨通宵接，馬上新詩頃刻成。精意預期甘澤應，隨軒飛入鳳凰城。是月閔雨。

明　昌日乾《存笥小草》卷二《告馬神文》　四牡孔阜，宣王興周。駷牝三千，文公造衛。馬之係于軍國重矣，而神實司之世，固肖神而綸之，則馬之托命在神，而神之憑依在馬，馬失其所為命，則神失其所為依，而祀且匱而不舉，亦神之所恫也。今六師漸集，天討未彰，而馬死日聞，雖芻牧之不時，馳驟之弗節，飼馬者，不得不執其咎，而神力謂何屬者月犯房，其占在馬祲，見於天不謂數耶。而神則不得聽于數禱桑林，退熒惑卻日反風，人且饒為之，況神哉！夫能禦災捍患之謂神災患者，數而禦之捍之則神之權耳，願神無委其權而以大芘，吾馬孳之息之呴之適之，以蕃其生，馴其性，而養其全力，駉駉在野，不可勝用矣。不佞且乘之，以躪奴酋之穴，而馘其首，蕩寇除兇，歸報天子，必曰：『我馬既同神之力也。』上嘉神，當不靳錫馬之榮，以尊顯神而恢其廟貌，惟神圖之日月以幾矣。

明 戚繼光《止止堂集》卷下《祭馬神廟文》 隆慶壬申三月丙戌朔，越三日戊子，具官某等謹以牲幣告於勑封馬明大王之神曰：惟神毖祀在典，所以重戎事也。惟茲三屯，全鎮具瞻，舊祠仄陋，麗譙凌傴，非所以示尊重，儌神靈之享。假乃初籍馬，廐牧多蕃，曾申謁款，應神如響，爰俾孔阜孔羣，衛之騋牝，魯之駉牡，蓋不足多矣。故胡人聞之，不敢南下而牧，神之丕績，開右我三軍。惟我典戎，諳不用報庥庇。特率將吏，摶心揖志，鳩工庀材，桓桀咸備，雖瓴甓版瓦，亦於公帑罔費。爰卜西郊，剏遷新祠。左鄰類禡之所，前臨講武之臺，赫赫巍巍，軍心用肅。詹以季春三日維戊，敬將牲醴迎神居之。廟貌既嚴，永挹陰山之秀；地靈斯效，多鍾渥水之駒。我旅我師，是伯是禱。載驂載駟，于狩于征，助敵愾而清大漠，寔惟大神之庥無疆。

明 陳璉《馬神廟陪祀夜宿龍潭精舍》（萬曆）《滁陽志》卷一四 風露蕭肅秋滿天，齋居清坐不成眠。月光燭地鶴在樹，雲氣滿山龍起湫。鐙歇蘭膏銷紫熖，爐焚栢子裊青烟。鐘聲催動陪嚴祀，鵠立瑶壇禮意虔。

清 王昶《春融堂集》卷一三《斑馬神廟小憩》 雨霽雲消見碧天，昏昏殘月屋西偏。壞牆有牖縈蛛網，破廐無槽置馬韉。難覓候人供酒食，恐驚鬼卒荷戈鋋。穿林跋淖津梁倦，聊拂塵牀枕手眠。

清 郝懿行《曬書堂集・詩鈔》卷下《六月二十三日祭馬王神據夏官校人春祭馬祖夏祭先牧秋祭馬社冬祭馬步今以夏祭而稱馬王將類其祖又疑其步義未能决緣昔人重馬之意感而賦之》 駑駕何堪驂雁行，要須緩轡步康莊。銅駝荆棘横郊壘，鐵騎風霜老戰場。櫪下甯知埋駿骨，車中緫是困羊腸。千秋知遇說良樂，厮養至今祠馬王。

清 宋起鳳《大茂山房合稿》卷六《祭馬祖文》 維時初夏，月屬清和，驪駒正望其孳生，牝牡方期夫長養。箕房明灼，鑣騰棧櫪之輝；風雹馳驅，途灑葡萄之汗。庶幾郵符旁午，呼吸達於宸聰；不至羽檄遲傳，往返格於孔道。乃句日以來，未幾旦暮，廐騶不聞頓轡之嘶，驛牧頻行瘞骨之告。非同驌驦重價，可貰酒於成都；難望騄駬登臺，方準金於燕市。雖天時亢厲，疫氣滋傳，穆滿八駿，亦有厄乎巡行；非子千群，未免斃於山谷。然覊邑地荒民窮，差繁賦重。山田數隴，婦子驅犢而耕耘；積穀一隅，生儒採薪而炊爨。責以市馬買駒，無異敲脂擊髓。額設之芻秣，辦納維艱；意外之推求，立錐何地。今逢斯厄，咎將奚歸？或亦予小子敷政不平，上干和氣；或係彼郵卒愚頑無狀，取戾神人。總之下土愆尤，宜寬庸昧；須念上天德化，亟贊好生。爲朝廷惜一金錢，即爲兆民開一生命；於有司救一困頓，即於地方解一倒懸。明神有知，念清白之吏可憫；玄穹在上，俾瘡痍之衆少甦。懇切哀陳，伏惟鑒宥。

雜録

元 汪克寬《經禮補逸》卷七《祭馬祖禮》 校人，春祭馬祖，執駒。庾人，掌阜馬及祭馬祖。《詩・吉日》：吉日維戊，既伯既禱。案：伯，馬祖也。謂天駟，房星之神也，禱祀而祈之也。

又《祭先牧禮》 校人，夏祭先牧，頒馬，攻特。庾人，祭閑之先牧。

又《祭馬社禮》 校人，秋祭馬社，臧僕。

又《祭馬步禮》 校人，冬祭馬步，獻馬，講馭夫。甸祝禂牲禂馬，皆掌其祝號。

《明會典》卷二二七 凡每歲時節，各墥筭內，承運庫教場馬神廟等處祭祀，本署出票於珍羞良醖，掌醢三署支、白麪、鍋糖、赤豆，造辦祭物。

明 俞汝楫《禮部志稿》卷八四《祀馬祖》 洪武二年，遣官祭馬祖、先牧、馬步、馬社之神，初命築壇於後湖祀馬祖諸神，勑禮官考其禮儀，至是禮官奏言：『《周官》：牧人，掌六馬之屬。春祭馬祖，夏祭先牧，秋祭馬社，冬祭馬步。馬祖，天駟星也。』《孝經說》云：『房為龍馬。先牧，始養馬之人，未聞。馬社，始乘馬者。』《世本》曰：『相土作乘馬。馬步謂神之災害於馬者。隋用周，祭以四仲之月，唐宋因之。今擬春、秋二仲月、甲、戊、庚日為宜。』於是，遣官行禮。為壇四，壇用羊一、豕一、幣一，其色白籩、豆各四簠，簋登象尊、壺尊各一，樂用時樂。獻官齋戒公服，行三獻禮。祝文曰：『維神始於天地之初，而馬生於世，牧養蕃息，馭而乘之，閑廐得所。歷代興邦，戡定禍亂，咸賴戎馬，民人是安。朕自起義以來，多資於馬，摧堅破敵，大有功焉！稽古按儀載，崇明享爰申報，本以昭神功，謹以制幣牲齊，式陳明薦，尚享。

又《祭司馬》 洪武五年，禮部奏舊祭馬祖、先牧、馬步、馬社，今擬止設一壇祭司馬一神，每歲止於仲春一祭，從之。

明 王齊《雄乘》卷下 馬神廟，在太僕行臺之左。有堂有門，以祀馬祖之神，歲春秋上戊日，管馬官率群長備牲帛以祭。八蜡廟，在易水之西，縣官備牲帛致祭，如馬神之期，蝗作時禱之。龍王廟，在小雄山上，旱則縣司禱之，其應如響。河神廟，在大雄山之後，水則縣禱之。土地祠，在縣內。祭期、祭品並如八蜡。旗纛廟，在教場今圮，歲霜降日，管操官具牲幣率民快祭之，文職不與焉。

明 姚旅《露書》卷一〇 壽州城中馬神廟內僧居，香泥塑一大士，其來舊矣。泰昌元年庚申十月，忽右脾生優鉢花，一枝三朵；旋而胸前、右臂又各生一枝，共六朵。花茄色，越半載始乾。魏監司因建『瑞蓮庵』，而馬神廟反附庸焉。末利花，韋君呼為『狎客』，張叔敏呼為『遠客』，名稱固雅，未肖其形，余謂不若稱爲『花蘂夫人』。

（嘉靖）《重修太平府志》卷九 馬神祠，在湖熟門外馬監內，每歲春秋二八月午日致。

（嘉靖）《潁州志》卷一〇 馬神祠在州郭西南，太和在縣西南，咸有堂，有東、西序有門，俱以春秋上庚日致祭。

（嘉靖）《和州志》卷八 馬神祠，在百福寺後。嘉靖元年，知州楊天茂改淫祠爲之祀司馬之神，以民間蓄種馬也，歲時有司致祭。

（天啓）《高陽縣志》卷二 馬神祠，在縣治之南，街兵備署右。天順間，魯能重修，設塑像。嘉靖二十九年，馬公倫易木主。

（順治）《潁州志》卷五 馬神祠，在州郭西南，有堂有東西序有門，俱以春秋上庚日致祭。

（順治）《汝陽縣志》卷四 馬神廟，祭祀原額銀四兩，除荒徵熟銀四錢四厘，月食原額銀六兩，除荒徵熟銀六錢六厘。

（康熙）《晉州志》卷二 馬神祠，在城西關。明永樂□未，判官郝復□建。宏治，甲寅判官劉銘。清康熙甲寅，知州郭□章、學正程恩恭、郡人張雲程，康熙庚午，知州陳祖法，相繼重修。

清 盧錫晉《尚志館文述》卷四《遷馬神》 於戲明神職司天廐威靈誕敷克錫蕃庶，矧茲西安驛馬實，奉朝廷之命，攘外裔輯中夏，軍機傳遞，惟騰驤是賴，乃神不加佑，我馬元黃，將無廟近囚地，雖有享祀，而威靈不降臨耶，是用卜吉恭遷大神于懷仁署西之涵青圃，厥位正中，厥基開朗，且涵青以毓生意而西方地居，成功伏祈監格馴，致長育聿壯國威，仰答休命，邊城末吏無限懽承尚饗。

峭勁如老檜，有旋文而無枝幹。

清 王棠《燕在閣知新録》卷八《馬神廟》 《易·說卦》：乾爲天，爲良馬，爲老馬，爲瘠馬，爲駁馬駁馬能食虎豹。震爲雷，其于馬也，爲善鳴，爲馵足，爲作足，爲的顙詩所謂白顛傳所謂的顱也。坎爲水，其于馬也，爲美脊，爲亟心，爲下首，爲薄蹄，爲曳。丘濬曰：《易》以明陰陽，其取諸物也無所不有，於馬獨詳焉。孔子于《坤》既以利牝馬之貞取象，而于《大畜》又取乾之象以稱馬。天地間動物莫健于龍而馬次之，龍非可畜之獸而世不常有，以地用論之，健而不息莫如馬也，故《大畜》之馬謂之良馬，稟純陽之氣坤之牝者，雖其陰質，而所以爲性者則從一而不變，亦有健德存焉。良以馬之健者屬乾，而牝則屬坤，坤者乾之對，言馬於坤，明其爲乾之配也。是以《雜卦》之中，八卦所取之物惟一二見，獨於馬凡三取之，於物惟取一體，於馬則其質之良、齒之老、形之瘠、色之異、性之偏，無所不見，以馬之爲物，於畜中最健，人世不可無，而有天下國家者必畜之以爲治具者也。棠按：兵部，古人謂之司馬，誠以兵非馬無以卽戎國，非馬無以駕輅，文事武事，皆不可闕然者也，以司馬名官，良有以也。《吉日》之首章曰：吉日維戊，既伯既禱。孔穎達曰：伯者，長也，馬之祖也。夏官校人，春祭馬祖。天駟，龍爲天馬，故房四星謂之天駟。晉《天文志》曰：房四星，亦曰天駟，爲天馬。朱子曰：戊，剛日也；伯，馬祖也，謂天駟房星之神也。《周禮》：馬祖之外，又夏祭先牧始養馬者，秋祭馬社始乘馬者，冬祭馬步神爲馬災害者，又巫一人，醫四人。吳澂曰：巫馬，知馬祖、先牧、馬社、馬步之神，馬疾若有犯則知之，是以使與醫同職。棠按：一馬也，周官不輕視，如此可想見古人馬政之重。明制，春秋遣太僕祭馬神之外，又命州縣皆立馬神廟，不曰馬祖而曰馬神，蓋統馬祖、先牧、馬社、馬步而言之也。

清 允祿《滿洲祭神祭天典禮》卷四《堂子亭式殿祭馬神儀注》 正日祭馬神於堂子亭式殿。司俎官一員，司俎一人於亭式殿內高案下所立杉木柱上，掛紙錢二十七張。案上供打餻一盤、醴酒一琖，縛馬綜尾綠綢條二十對。又於地上所設低桌上，供大椀二，一盛酒，一空設。司香點香，牧長牽白馬十匹，立於亭式殿外甬路下東面，向西，奏三絃、琵琶之太監二人，於甬路上西面向東，鳴拍板，拊掌之。看守堂子人東面向西俱坐，司祝進，跪。司香舉臺琖授司祝，司祝接受獻酒六次。司俎官一員於亭式殿外階下東首立，贊鳴拍板，即奏三絃、琵琶，鳴拍板，拊掌，司祝每一獻，將所獻之酒注於空椀內，復自盛醴酒椀內挹新酒注於二琖中獻之。每一獻，司俎官贊歌鄂囉羅。看守堂子人歌鄂囉羅，六次獻畢，以臺琖授於司香，司祝一叩頭，興，合掌致敬。司俎官贊停拍板，其三弦、琵琶、拍板暫止。司香舉神刀授司祝，司祝接受神刀，進。司俎官贊鳴拍板，即奏三弦、琵琶，鳴拍板，拊掌，司祝一叩頭，興，司俎官贊歌鄂囉羅，則歌鄂囉羅。司祝擎神刀禱祝三次，誦神歌祝禱一次。擎神刀禱祝時則歌鄂囉羅，誦神歌祝禱三次如前儀。如是九次畢，司祝一叩頭，興，復禱祝三次，以神刀授於司香，司俎官贊停拍板，其三絃、琵琶、拍板皆止。司祝一叩頭，興，合掌致敬，立於近高案東首，取案上縛馬鬃尾綢條於香鑪上薰禱，以縛馬鬃尾綢條授於司俎官，退，司俎官以縛馬鬃尾綢條授於牧長，繫於馬之鬃尾，所供餻酒分給牧長等。

又《正日爲所乘馬祭祀堂子亭式殿祝辭》 上天之子，紐歡台吉，武篤本貝子。某年生小子，為某人之馬祭，則呼某人本生年，今為所乘馬敬祝者。撫脊以起兮，引鬣以興兮。嘶風以奮兮，噓霧以行兮。食草以壯兮，齧艾以騰兮。溝穴其弗蹈兮，盜賊其無攖兮。神其眡我，神其佑我。

又《正日祭馬神儀注》 正日，為所乘馬於祭馬神室中祭朝祭神。預將鑲紅片金黃緞神幔用黃棉線繩穿繫其上，懸掛西山牆梁上南北所釘之二鐵環，以淨紙二張，各四折，鏤錢四掛於神幔兩端，舁供佛之髹金小亭連坐奉安於神幔前，東向啓亭門，大炕上設紅漆大低桌二，桌上供香碟三，醴酒三琖，打餻、搓條餑餑九盤，炕沿下供醴酒一罇，罇前鋪紅氊，設獻酒長低桌，桌上列黃磁大椀二，一盛醴酒，一空設。司俎太監等預進包錫紅漆大桌二，設於中間屋內，鍋旁，西向，分為二行擺列。屆時，司香點香，司俎太監、司俎等進猪二，於祭室門外之右，首皆北向，奏三弦、琵琶之司俎太監二，司俎官、司俎四、首領太監一，以次進三絃、琵琶，在前次五人排列均向上盤膝坐，奏三絃、琵琶，鳴拍板，其後司俎滿洲等屈一膝跪，拊掌。司祝進於獻酒桌前跪，司香舉臺琖授司祝，司祝接受獻酒六次。每一獻將所獻之酒注於空椀內，復自盛醴酒椀內挹新酒注於二琖中以獻。每一獻，司俎等歌鄂囉羅六次，獻畢，司祝以臺琖授於司香一叩頭，興，合掌致敬。三弦、琵琶、拍板暫止，司香及司香婦人撤盛酒之二椀，並獻酒之桌，設司祝叩頭小低桌。司香舉神刀授司祝，司祝執神刀進，司俎等復奏三弦、琵琶，鳴拍板，拊掌，司祝一叩頭，興。司俎等歌鄂囉羅，司祝擎神刀禱祝三次，誦神歌一次，擎神刀禱祝時，司俎等復歌鄂囉羅，誦神歌三次如前儀。如是九次畢，司祝跪，一叩頭，興，又禱祝三次，以神刀授於司香，奏三弦、琵琶、鳴拍板人等起立避於旁，司祝跪祝叩頭，興，合掌致敬。司香婦人撤佛、菩薩前供酒二琖，移亭座稍後闔其門。二香碟擎出户外，供於祭室簷下傍西山牆所設亭內，移神幔稍南關帝神像前所供酒並香碟，皆移正中，酒罇以淨袱冪之。奏三弦、琵琶、鳴拍板人等進，坐於原處。司香婦人斂氊三折之，鋪於近炕沿處，司香舉臺琖授於司祝。司俎太監等舁一猪入門置炕沿下，首西向，司俎滿洲一人屈一膝跪，按其猪，司俎官及司俎首領太監、內監等奏三弦、琵琶，鳴拍板，拊掌。司祝跪於炕沿下三折紅氊上，斜向西南，舉臺琖獻酒一次，司俎等照前歌鄂囉羅。獻畢，司祝致禱，以二琖酒合注一琖中，司俎滿洲執猪耳，司祝灌酒於猪耳內，以臺琖授司香，一叩頭，三弦、琵琶、拍板暫止。司俎滿洲執猪尾移轉猪首向東，司俎太監等進前舁猪，暫順放於包錫大桌上，司香舉臺琖授司祝，司祝接受臺琖，舁第二猪入門，獻酒灌酒如前儀。以包錫大桌上二猪俱令首西向横放省之。每桌前令司俎婦人二，舉錫裏木槽盆接血，司香婦人撤去氊，進紅漆長高桌設於西炕前，以接血木槽盆列高桌上，撤去所供餻酒。猪氣息後，司俎等轉猪首順桌向南直放，去其皮按節解開煑於大鍋內，頭蹄及尾俱不去皮，惟燎毛燖淨亦煑於大鍋內，以臟腑置於錫裏木槽盆舁出。院內整理潔淨，舁進以盛血木槽盆就地安置。司俎滿洲一人進於高桌前，屈一膝跪，灌血於腸亦煑鍋內。司俎太監等置皮於盛皮木槽盆內，撤去包錫大桌二，仍以膽與蹄甲貯紅漆小木碟內，置於炕上所設之大低桌北首邊上。俟肉熟時細切胙肉一椀，設筯一雙，供於大低桌正中，以二猪之肉分置二錫裏木槽盆內，前後腿分設四角，胷膛向前，尾椿向後，肋列兩旁，合湊畢，置猪首於上，復以臁貼連油整置於鼻柱上，供於神位前長高桌。司香點香，取縛馬鬃尾紅綢條七十對，置於大低桌上，司香婦人鋪紅氈，一司香舉醴酒椀，一司香舉空椀齊進立。又一司香舉臺琖授司祝，司祝進跪獻酒三次。是獻也，凡獻酒、換琖、注酒及司俎太監等奏三弦、琵琶，司俎等鳴拍板，司俎滿洲拊掌歌鄂囉羅三次，俱如前儀。三獻畢，以臺琖授於司香，一叩頭，興，合掌致敬。復跪祝叩頭，興，取桌上縛馬鬃尾綢條於香碟上薰禱，授司俎官。司俎官授上駟院侍衛侍衛等，分給各廐。祭肉皆盛於盤內，桌前挨次擺列，令上駟院大臣、侍衛官員、廐長、廐丁等進內食之。食畢，司俎太監等撤出皮骨，皮油給上駟院，骨、膽、蹄甲並所掛淨紙，司俎官送潔淨處化而投之於河，隨將神幔收捲。其二香碟並關帝神像前所供香碟一，皆供於繪花紅漆抽屜桌之東邊。其夕祭神儀，預將鑲紅片金青緞神幔繫於黑漆架上，用黃色皮條穿大小鈴七枚，繫樺木桿梢，懸於架梁之西，其黑漆神座供於神幔之東北炕上。設紅漆大低桌二，桌上供香碟五，醴酒五琖，打餻、搓條餑餑九盤，炕沿下供醴酒一罇，司俎太監等設桌如朝祭儀。屆時，進猪置於常放之處，司香點香，司香婦人以司祝祝禱時所坐黑漆杌置神位前，司俎太監以鼓連架近杌安置。司祝繫閃緞裙、束腰鈴、執手鼓進於神位前，司俎太監二人進，西向立，一太監擊鼓，一太監鳴拍板。司祝先向神位坐於杌上，擊手鼓，誦請神歌祈請，擊鼓太監一手擊鼓一點以和手鼓。司祝拱立，初次向後盤旋蹡步祝禱，擊鼓太監雙手擊鼓三點以和手鼓。司祝復盤旋蹡步前進祝禱，擊鼓太監雙手擊鼓五點以和手鼓。司祝拱立，初次誦請神歌，擊鼓五點，拍板三鳴以和之。二次向後向前盤旋蹡步祝禱，惟擊鼓七點，司祝拱立，誦神歌以禱。仍擊鼓五點，拍板三鳴，三次祝禱，亦惟擊鼓十一點。司祝拱立，三次誦神歌以禱，鼓擊四點末以雙槌交擊一次，拍板仍三鳴以和之。三次誦神歌禱畢，司祝祝禱時，惟擊鼓四點，三鼓而止，退。司祝以手鼓授司香婦人，釋閃緞裙、腰鈴。司香婦人鋪紅氈，司香婦人復設司祝叩頭小低桌，司祝禱祝叩頭畢，酒罇以淨袱羃之。司香婦人斂氈三折之，鋪於近炕沿處，置醴酒一椀、空琖一於炕沿上。司俎太監等舁猪入門，置炕沿下，首北向，司俎滿洲一人屈一膝，跪按其猪，司祝跪於炕沿下三折紅氈上，斜向東北，從盛酒椀內挹酒注於琖中，舉捧禱祝。司俎滿洲執猪耳，司祝灌酒於猪耳內，以琖置炕沿，一叩頭，司俎滿洲執猪尾移轉猪首向南，司俎太監等進前舁猪，暫順放於包錫大桌上。司祝跪，從盛酒椀內挹酒注於琖中，舁第二猪入門仍如前儀。獻酒禱祝灌酒畢，一叩頭，興，退置猪於包錫大桌上，二猪俱令首西向省之。每桌前令司俎婦人二，舉錫裏木槽盆接血，司香婦人撤去氈，進紅漆長高桌，設於北炕前以接血。木槽盆列長高桌上，撤去大低桌上所供之餻，惟留一盤。猪氣息後，司俎等轉猪首順桌向南直放。其去皮，節解，灌血腸，煑肉以及撤出包錫大桌俱如朝祭儀。惟膽與蹄甲於竈內化之。俟肉熟時，細切胙肉五椀，每椀設筯一雙，供於炕上二大低桌之上。以二猪之肉分置二錫裏木槽盆內，如朝祭儀，供於神位前長高桌。司香點香，取縛馬鬃尾青綢條三十對，置於大低桌上，司香婦人鋪紅氈，司祝進，跪祝，叩頭，合掌致敬。司香婦人收氈，以司祝所坐之杌置夕祭常放處，又設小桌、小腰鈴列於桌上，神鈴置於桌之東，撤出香碟內火並鐙，掩竈內火，展背鐙藍布幕蔽之，衆俱退出闔户。擊鼓太監移鼓於幕前近處，司祝坐於杌上，初次誦神歌，向神鈴祈請時，擊鼓四點，又雙槌交擊一次，拍板三鳴以和之。次司祝執鈴桿振鈴，誦神歌以禱，鼓擊五點，拍板三鳴以和之。司祝置神鈴，初次誦神歌，向腰鈴祈請。擊鼓四點，又雙槌交擊一次，拍板三鳴以和之。司祝搖腰鈴誦神歌以禱，鼓擊五點，拍板三鳴，以和腰鈴之聲。禱畢，鼓擊三點，拍板一鳴而止，捲起背鐙神幕，開户，移入鐙火，撤祭肉，取縛馬鬃尾青綢條於香碟上薰禱，授於上駟院侍衛等，分給各廐。祭肉、皮油及餻分給上駟院人等。收捲神幔，夕祭香碟五供於繪花黑漆抽屜桌之南邊。

又《正日爲所乘馬于祭馬神室中朝祭誦神歌禱祝辭》 上天之子，佛及菩薩，大君先師，三軍之帥，關聖帝君。某年生小子，為某人之馬祭則呼某人本生年。今為所乘馬敬祝者。撫脊以起兮，引鬣以興兮。嘶風以奮兮，噓霧以行兮。食草以壯兮，齧艾以騰兮。溝穴其弗蹈兮，盜賊其無撄兮。神其貺我，神其佑我。

又《次日祭馬神儀注》 次日，為牧羣繁息，於祭馬神室中祭朝祭神。預將鑲紅片金黃緞神幔用黃棉線繩穿繫，其上懸掛西山牆梁上南北所釘之二鐵環，以淨紙二張，各四折，鏤錢四，掛於神幔兩端。舁供佛之鬃金小亭，連座奉安於神幔前東向。啟亭門，大炕上設紅漆大低桌二，桌上供香碟三，醴酒三琖，打餻、搓條餑餑九盤。炕沿下供醴酒一罇，罇前鋪紅氈設獻酒長低桌，桌上列黃磁大碗二，一盛醴酒，一空設。司俎太監等預進包錫紅漆大桌二，設於中間屋內鍋旁，西向，分為二行擺列。屆時，司香點香，司俎太監、司俎等進猪二，於祭室門外之右，首皆北向，奏三弦、琵琶之司俎太監二、司俎官、司俎四、首領太監一，以次進三絃、琵琶，在前次五人排列，均向上盤膝坐，奏三絃、琵琶，鳴拍板。其後司俎滿洲等屈一膝跪拊掌。司祝進於獻酒桌前跪，司香舉臺琖授司祝，司祝接受獻酒六次。每一獻，將所獻之酒注於空椀內，復自盛醴酒椀內，挹新酒注於二琖中以獻。每一獻，司俎等歌鄂囉羅，六次獻畢。以臺琖授於司香，一叩頭，興，合掌致敬。三弦、琵琶、拍板暫止。司香及司香婦人，撤盛酒之二椀並獻酒之桌，設司祝叩頭小低桌，司香舉神刀授司祝，司祝執神刀進。司俎等復奏三絃、琵琶，鳴拍板，拊掌，司祝一叩頭，興，司俎等歌鄂囉羅，司祝擎神刀，禱祝三次誦神歌一次。擎神刀禱祝時，司俎等復歌鄂囉羅，誦神歌三次，如前儀。如是九次畢，司祝跪，一叩頭，興，又禱祝三次，以神刀授於司香，奏三弦、琵琶，鳴拍板人等起立避於旁，司祝跪祝，叩頭，興，合掌致敬。司香婦人撤佛、菩薩前供酒二琖，移亭座稍後，闔其門。二香碟擎出户外，供於祭室簷下傍西山牆所設亭內，移神幔稍南關帝神像前所供酒並香碟，皆移正中，酒罇以淨袱羃之。奏三弦、琵琶，鳴拍板人等進，坐於原處。司香婦人斂氈三折之，鋪於近炕沿處。司香舉臺琖授於司祝。司俎太監等舁一猪入門，置炕沿下，首西向，司俎滿洲一人屈一膝跪按其猪，司俎官及司俎首領太監、內監等，奏三弦、琵琶，鳴拍板，拊掌。司祝跪於炕沿下三折紅氈上，斜向西南。舉臺琖獻酒一次，司俎等照前歌鄂囉羅，獻畢，司祝致禱，以二琖酒合注一琖中。司俎滿洲執猪耳，司祝灌酒於猪耳內，以臺琖授司香，一叩頭，三弦、琵琶、拍板暫止。司俎滿洲執猪尾，移轉猪首向東，司俎太監等進，前舁猪暫順放於包錫大桌上，司香舉臺琖，授司祝，司祝接受臺琖，舁第二猪入門，獻酒灌酒如前儀。以包錫大桌上二猪，俱令首西向，橫放省之。每桌前令司俎婦人二，舉錫裏木槽盆接血。司香婦人撤去氈，進紅漆長高桌，設於西炕前，以接血木槽盆列高桌上，撤去所供餻酒。猪氣息後，司俎等轉猪首順桌向南直放，去其皮，按節解開，煑於大鍋內頭。蹄及尾俱不去皮，惟燎毛燖淨，亦煑於大鍋內。以臟腑置於錫裏木槽盆舁出院內，整理潔淨，舁進以盛血木槽盆就地安置。司俎滿洲一人進於高桌前，屈一膝跪，灌血於腸，亦煑鍋內。司俎太監等置皮於盛皮木槽盆內，撤去包錫大桌二，仍以膽與蹄甲貯紅漆小木碟內，置於炕上所設之大低桌北首邊上，俟肉熟時，細切胙肉一椀，設筯一雙，供於大低桌正中。以二猪之肉分置二錫裏木槽盆內，前後腿分設四角，胸膛向前，尾椿向後，肋列兩旁，合湊畢，置猪首於上，復以臁貼連油整置於鼻柱上，供於神位前長高桌。司香點香，取縛馬鬃尾青綢條二百八十對，置於大低桌上。司香婦人鋪紅氈，一司香舉醴酒椀一，司香舉空椀齊進立。又一司香舉臺琖授司祝，司祝進跪獻酒三次。是獻也，凡獻酒、換琖、注酒及司俎太監等奏三弦、琵琶，司俎等鳴拍板，司俎滿洲拊掌歌鄂囉羅三次，俱如前儀。三獻畢，以臺琖授於司香，一叩頭，興，合掌致敬。復跪祝叩頭，興，取桌上縛馬鬃尾綢條於香碟上薰禱，授司俎官，司俎官授上駟院侍衛等，分給各廐。祭肉皆盛於盤內，於桌前挨次擺列，令上駟院大臣、侍衛、官員、牧長、廐丁等進內食之。食畢，司俎太監等撤出皮骨，皮油給上駟院，骨、膽、蹄甲並所掛淨紙，司俎官送潔淨處化而投之於河。隨將神幔收捲，其二香碟並關帝神像前所供香碟一，皆供於繪花紅漆抽屜桌之東邊。其夕祭神儀，預將鑲紅片金青緞神幔繫於黑漆架上，用黃色皮條穿大小鈴七枚，繫樺木桿梢，懸於架梁之西。其黑漆神座，供於神幔之東。北炕上設紅漆大低桌二，桌上供香碟五，醴酒五琖，打餻、搓條餑餑九盤，炕沿下供醴酒一罇，司俎太監等設桌如朝祭儀。屆時進猪，置於常放之處。司香點香，司香婦人以司祝禱時所坐黑漆杌置神位前，司俎太監以鼓連架近杌安置。司祝繫閃緞裙、束腰鈴、執手鼓，進於神位前。司俎太監二人進，西向立，一太監擊鼓，一太監鳴拍板，司祝先向神位坐於杌上擊手鼓，誦請神歌祈請。擊鼓太監。一手擊鼓三點，以和手鼓，司祝拱立，初次向後盤旋踏步祝禱。擊鼓太監雙手擊鼓三點，以和手鼓，司祝復盤旋踏步前進祝禱。擊鼓太監雙手擊鼓五點，以和手鼓。司祝拱立，初次誦請神歌，擊鼓五點，拍板三鳴以和之。二次向後向前，盤旋踏步祝禱。惟擊鼓七點，司祝拱立誦神歌以禱，仍擊鼓五點，拍板三鳴，三次祝禱，亦惟擊鼓十一點，司祝拱立三次誦神歌以禱。鼓擊四點，末以雙槌交擊一次，拍板仍三鳴以和之。三次誦神歌禱畢，司祝祝禱時，惟擊鼓四點，三鼓而止，退。司祝以手鼓授司香婦人，釋閃緞裙、腰鈴。司香婦人鋪紅氈，司香婦人復設司祝叩頭小低桌，司祝禱祝叩頭畢，酒罇以淨袱羃之。司香婦人斂氈三折之，鋪於近炕沿處，置醴酒一椀，空琖一於炕沿上。司俎太監等舁猪入門，置炕沿下，首北向，司俎滿洲一人屈一膝跪按其猪，司祝跪於炕沿下三折紅氊上，斜向東北，從盛酒椀内挹酒注於琖中，舉捧禱祝。司俎滿洲執猪耳，司祝灌酒於猪耳内，以琖置炕沿，一叩頭，司俎滿洲執猪尾，移轉猪首向南，司俎太監等進前舁猪，暫順放於包錫大桌上，司祝跪，從盛酒椀内挹酒，注於琖中，舁第二猪入門，仍如前儀。獻酒禱祝灌酒畢，一叩頭，興，退。置猪於包錫大桌上，二猪俱令首西向省之。每桌前，令司俎婦人二，舉錫裏木槽盆接血，司香婦人撤去氊，進紅漆長高桌設於北炕前。以接血木槽盆列長高桌上，撤去大低桌上所供之餻，惟留一盤。猪氣息後，司俎等轉猪首順桌向南直放，其去皮、節解、灌血腸、煮肉以及撤去包錫大桌，俱如朝祭儀。惟膽與蹄甲於竈内化之，俟肉熟時細切胙肉五椀，每椀設筯一雙，供於炕上二大低桌之上，以二猪之肉分置二錫裏木槽盆内，如朝祭儀，供於神位前長高桌。司香點香，取縛馬鬃尾青綢條三十對，置於大低桌上。司香婦人鋪紅氊，司祝進跪祝，叩頭，合掌致敬。司香婦人收氊，以司祝所坐之杌置夕祭常放處，又設小桌，小腰鈴列於桌上，神鈴置於桌之東，撤出香碟内火並鐙，掩竈内火，展背鐙藍布幕蔽之，衆俱退出，闔户。擊鼓太監移鼓於幕前近處，司祝坐於杌上，初次誦神歌。向神鈴祈請時，擊鼓四點，又雙槌交擊一次，拍板三鳴以和之。次司祝執鈴桿，振鈴誦神歌以禱，鼓擊五點，拍板三鳴以和之。司祝置神鈴，初次誦神歌向腰鈴祈請，鼓擊四點，又雙槌交擊一次，拍板三鳴以和之。司祝摇腰鈴誦神歌以禱，鼓擊五點，拍板三鳴以和腰鈴之聲。禱畢，鼓擊三點，拍板一鳴而止。捲起背鐙神幕，開户，移入鐙火，撤祭肉，取縛馬鬃尾青綢條於香碟上薰禱，授於上駟院侍衛等，分給各廐。祭肉、皮油及餻分給上駟院人等。收捲神幔，夕祭香碟五供於繪花黑漆抽屜桌之南邊。

又《次日爲牧群繁息于祭馬神室中朝祭誦神歌禱祝辭》 上天之子、佛及菩薩、大軍先師、三軍之帥、關聖帝君。某年生小子，為某人之馬祭則呼某人本生年。今為牧羣繁息敬祝者。撫脊以起兮，引鬣以興兮。嘶風以奮兮，噓霧以行兮。食草以壯兮，齧艾以騰兮。如萌芽之發育兮，如根本之滋榮兮。神其貺我，神其佑我。

清 薩英額《吉林外記》卷六《吉林》 馬神廟，在城西門外，正殿三楹，左右配廡各五楹，大門三楹，康熙三十四年建。

又《寧古塔》 馬神廟，在城外東南隅，正殿三楹。

又《伯都訥》 馬神廟，在城西北隅，正殿三楹，山門三楹。

清 吴長元《宸垣識略》卷三 馬神廟，在馬神廟街，即明御馬監。馬神舊祠，有聖祖御書，廟内大鐘一，上有明，正德十年鑄，又小鐘一，大罏一，小罏十五，皆本朝康熙年鑄。

清 于敏中《日下舊聞考》卷三九 增馬神廟在馬神廟街。

臣等謹按：馬神廟即明御馬監，馬神舊祠也。廟基舊在街之稍北。乾隆二十年移建。今廟有碑，廟殿舊額曰明霞館，聖祖仁皇帝御書。廟内大鐘一，上有正德十年鑄御馬監馬神廟供奉十三字。小鐘一，上有勅建馬王廟康熙四十二年造十二字。殿前大罏一，上有康熙四十六年造御馬監馬神廟供獻十五字。殿内小罏十，五皆有康熙丁亥造御馬監馬神廟供奉字。迤南為御馬圈，其地蓋仍明舊也。

原御馬監廳事之南曰裏草欄，草塲監之南向西者曰杆子房，曰北膳房，曰煖閣廠，曰南膳房，曰明器廠，曰混堂司，曰内東廠。永樂十八年，始置提督太監一員，關防一顆，文曰欽差總督東廠官校辦事太監關防。天啟四年，避御諱，改鑄，官校曰官旗。萬曆初，馮保奏建扁曰朝廷腹心。有欽給密封牙章一枚，應封奏者以此鈐封。

清 西清《黑龍江外記》卷二 馬神廟在城中卜奎站側，前殿祀關帝，而馬神祔，故門額大書『關帝廟』三字，馬神廟仍俗稱也。殿後即文昌閣，閣下有塑像，或以爲朱衣，或以爲朱子。余以為孔子尚不知尊，何論朱子，此必朱衣無疑。佐領崔君達興阿嘗立惜字會，歲于重九，閣前焚化。是日蒙師畢來登高，俗有先生會之目。

清 閻鎮珩《六典通考》卷一六六《馬祭》 馬質，禁原蠶者。原，再也。蠶與馬同氣，物莫能兩大，禁原蠶，為其傷馬與。校人，春祭馬祖馬祖天駟也，夏祭先牧先牧，始養馬者，其人未聞，秋祭馬社馬社，始乘馬者。《世本》曰：相土作乘馬，冬祭馬步馬步神，為害馬者，廋人，掌祭馬祖，祭閑之先牧先牧，制閑者甸祝禂牲馬，皆掌其祝號為牡祭求肥充，為馬祭求肥健。

鄭鄂曰：「馬未嘗有祖。」此言馬祖者，賈氏謂天駟也。以天文考之，天駟，房星也。房為龍馬，馬生者，其氣實本諸此，則馬祖為天駟可知，於春則祭。

春者，萬物始生之時。先牧，始教人以放牧者也。夏草方茂，馬皆出而就牧，思其始教以養牧之法，故祭於夏。皁廐所在必有神焉，賴乎土神以安其所處，故祭馬社。寒氣總至，馬方在廐，必存其神，使不為災。唐人之頌曰：冬祭馬步，存神也，馬之難育也，必祭諸神以為之助，四時之順，其時各有蕃馬之法。

隋制：常以仲春用少牢祭馬祖於大澤，諸預祭官於祭所致齋一日，積柴於燎壇，禮畢就燎。仲夏祭先牧、仲秋祭馬社、仲冬祭馬步並於大澤，皆以剛日，牲用少牢，如祭馬祖，埋而不燎。

唐：仲春祭馬祖，仲夏祭先牧，仲秋祭馬社，仲冬祭馬步，並用剛日，牲各用羊一，籩、豆各二，簠、簋各一，設壇於長安四十里外龍豪澤中，其制高三尺，周迴九步。

宋《政和禮》：仲春祀馬祖，仲夏享先牧，仲秋祭馬社，仲冬祭馬步，並擇日。馬祖、先牧、馬社、馬步壇，各廣九步，高三尺四，出陛一，壝二十五步。中興後，以紹興三十一年於行在昭慶寺設位行祭。

明洪武二年，建祭馬祖、先牧、馬步、馬社之神，初命築壇於後湖，祀馬祖諸神。禮官奏言：『《周官》：牧人，掌天馬之屬。春祭馬祖，夏祭先牧，冬祭馬步。馬祖，天駟星也。《孝經說》云：房為龍馬。先牧，始養馬者，其人未聞。馬社，始乘馬者。《世本》曰：相土作乘馬。馬步，謂神之災害于馬者。隋用周制，祭以四仲之月，唐宋因之。』擬春秋二仲月甲戌、庚日為宜，於是遣官行禮，為壇四，壇用羊一、豕一、幣一，其色白，籩、豆各四，簠、簋、登、象尊、壺尊各一，用時樂。獻官齋戒，公服行三獻禮。祝文曰：『維神始於天地之初，而司馬於世，牧養蕃息，馭而乘之，閑廐得所。歷代興邦，戡定禍亂，咸賴戎馬人民是安。朕自起義以來，多資於馬摧堅破敵，大有功焉！稽古案儀，載崇明享，爰伸報本以昭神功，謹以制幣，牲齊式陳明薦尚享。』自後定於春、秋仲月十五日，遣兵部官祭，歲以為常。四年，蜀明昇獻良馬十，其一白者，長丈餘，不可加韉勒，太祖曰：『天生英物，必有神司之。』命太常以少牢祀馬祖，囊沙四百斤壓之，令人騎而遊苑中，久之漸馴，帝乘之以夕月於清涼山，比還，大悅，賜名飛越峰，復命太常祀馬祖。五年，并諸神為一壇，歲止春祭。永樂十三年，立北京馬神祠於蓮花池，其南京馬神則南太僕主之。宏治九年三月，詔修通州馬神祠，祠在治之北地，名壩上安德鄉也。初，文皇帝靖難兵起戰，其地覺有神相之，因詔作馬神祠，久之祠廢，至是，順天府尹彭禮等修之。嘉靖二十八年，以先牧廟建，自永樂歲久，頹弊修之。

歸有光曰：天文辰為馬精，龍與馬同氣。古之聖人，非通天地萬物之理，其孰能與於此？是以制祭祀而國家受福，百物皆昌也。余觀秦趙史記，自益為朕，虞佐舜調馴鳥獸，其後費昌、仲衍世為御有功，列為諸侯，而造父幸於周穆王，得驥、溫驪、驊騮、騄耳之駟，獻之穆王，穆王使造父御，西巡見西王母，樂之忘歸，而徐偃王反，造父御穆王，日馳千里以歸，造父由此封於趙城，其後奄父為宣王御，而非子以善養，為孝王封之犬邱，豈以柏翳為虞，而子孫世世善御能息馬哉。上古聖賢，皆神靈通於萬物，不可以後世測度也。穆王造父奇矣，夫社祀以句龍，稷祀以棄，若造父、非子，豈今所謂先牧耶。太僕、秦官主奉車、又掌馬事，意秦制蓋有所本，抑周禮軼而不備，不然何前世御者皆能養馬。太僕職兼奉車與馬，其出於古，非秦官明矣。

（雍正）《直隸深州志》卷三 馬神廟，祀馬神，一曰司馬、二曰馬祖、三曰馬社、四曰馬步、五曰先牧。

清 張煥《陘陽驛馬神廟建戲樓記》（乾隆）《滿城縣志》卷一二 國家重馬政，太僕設有專官，又以車駕之司隸於大司馬之屬，凡以其用大其事詳，故其官司不得而畧也。而馬祖，房駟之神，載在祀典，歲時致祭禮有明文。其在《詩》曰：『吉日惟戊，既伯既禱。田車既好，四牡孔阜。升彼大阜，從其羣醜。』言田獵將用馬力，乃以吉日祭馬祖而禱之，則車牢馬健，可以歷險致遠而無虞矣。夫古之祭者必有樂，樂必有詩。竊意馬祖之祭，亦必有樂以奏之，詩以歌之，道其功用，宣其神靈，而以妥以侑焉。攷之於古，如豳蠟田社報賽之類，往往形諸風詩，而所謂祭馬祖者，僅見於《吉日》之篇。他如魯《頌》有《駜與駉》之章，亦極言其馬之多色無不備，而用無不周，相與頌美而喜樂之，然則即以是詩為祭馬祖之樂，亦何不可也。我滿陘陽驛，在保定府之南，為晉、豫、楚、粵、秦、蜀、滇、黔往來所必由之地，北抵清苑，南及慶都，皆四十餘里，清、慶俱為大驛，陘陽特腰站耳。資費頗簡，而事不敢畧。四時例祀，馬神祀必演戲，雖曰世俗之樂，而以喜樂尊奉之心出之，豈必今樂之不如古乎？顧廟貌素樸，且乏戲樓，侑神之際，每事鳩工興築以為勞，茲乃面勢而營建焉。觀不務美基期勿壞，於是修歲祀者無復勞鳩工興築之事，而有以致其喜樂尊奉之心，神其庶幾享之祐，茲馬力如吉日之詩，所謂孔阜既好而無虞，於歷險致遠者，與抑吾聞之神，聽於民先成民而致於神，則神享而降之福，役服馬廝養之夫，亦神之所視聽也。有司者務軫恤之，而後督以勤劬，懲其玩愒，則馬力常健，而事無廢隳，此尤朝廷所以設官分職之意，而有司者之所務盡心也夫。

（乾隆）《辰州府志》卷一八　馬祖廟，俗稱馬王，蓋天駟星也。每歲武官以時致祭，其廟一在文昌門。萬歷中，建一在西郊虎谿山側盧，名臣羅成、潘趨、汪明、李光德。

（乾隆）《項城縣志》卷二　馬神廟，祀舊廟在縣治西。知縣王欽詣修，後圮，知縣張應弘重建，於北門西福勝寺之右，每歲於祭山川，畢祀之。

（乾隆）《句容縣志》卷六　馬王廟，在縣治內。三月、六月、九月俱以二十三日祭之，小營中亦有馬神廟，主者祭之。

（嘉慶）《棗强縣志》卷八　馬神廟，在縣署東。案：單志舊在縣治西南，久廢，乾隆十六年重建。謹案《周官》：校人，春祭馬祖，天駟星也。夏祭先牧，始養馬者。秋祭馬社，始乘馬者。冬祭馬步，乃神之災害馬者。隋用周制，祭以四仲之月，唐宋因之。明洪武二年，定以春、秋二仲月，甲、戊、庚日致祭。五年，并諸神為一壇，歲止春祭。永樂十三年，立馬神祠，今天下廢牧，所在皆祀。

舞馬

論説

南朝梁　張率《舞馬賦序》《梁文紀》卷一一　臣聞天用莫如龍，地用莫如馬。故禮稱驪騵，詩誦騂駱，先景遺風之美，世所得聞，吐圖騰光之異，有時而出。洎我大梁，光有區夏，廣運自中，員照無外，日入之所，浮琛委贄，風被之域，越險效珍，軨服烏號之駿，駒駼豢龍之名，而河南又獻赤龍駒，有奇貌絶足，能拜善舞，天子異之。使臣作賦。

唐　佚名《舞馬賦》《文苑英華》卷一三一　書曰：擊石拊石，百獸率舞。是知時貞而物應，德博則化光。故九有宅心，萬方惟允。我開元聖文神武皇帝陛下懋建皇極，丕承寶命，揚五聖之耿光，安兆民於反側，功成道備，作樂崇德。上以殷薦祖宗，下以導達情性。則有天馬絶足，來從東。道出天庭而屢舞，仰皇心而載悦，豈止緑錯開圖，分九疇於夏后。汗溝走血，服四夷於漢皇而已哉。野人沐浴聖造，與觀盛德，敢述蹈舞之事而賦之。

明　郎瑛《七修續稿・舞馬》　世惟知唐玄宗之有舞馬，而不知前已有之，非常馬也。《山海經》述海外大樂之野，夏后啓于此舞九代馬。宋大明五年，河南國進赤龍駒，能拜伏善舞。唐中宗景龍間，文館記有舞馬。又《異物誌》云：大宛有解人語、知音律者，觀此，自有一種，其來久矣。《廣川畫跋》以馬異於今也，或角或距，朱尾白鬣，親見其圖矣，胡未能述其真。予讀唐史，明皇教舞馬百駟，為左右部，因謂之某家驕，衣以文繡，絡以金鈴，雜以珠玉，舞曲謂之《傾杯樂》、《昇平樂》，凡十數曲，用樂工姿秀者數十人，衣淡黄衫，文玉帶，立於馬之前後左右，施板床三層，或令壯士舉一榻，樂作而馬舞床榻如飛，俯仰騰躍，皆合節奏。故張説詩曰：『試听紫騮歌樂府，如何騏驥舞華陽。』杜詩云：『鬬鷄初鬬錦，舞馬使登床。』徐積詩曰：『繡榻盡容騏驥足，錦衣渾蓋渥洼泥。』皆其證也。

綜述

《太平廣記》卷四三五《畜獸・馬》

舞馬

玄宗嘗命教舞馬，四百蹄各為左右，分為部目，為某寵、某家驕。時塞外亦有善馬來貢者，上俾之教習，無不曲盡其妙。因命衣以文繡，絡以金銀，飾其鬃鬣，間雜珠玉。其曲謂之《傾盃樂》者數十回，奮首鼓尾，縱横應節。又施三層板牀，乘馬而上，旋轉如飛。或命壯士舉一榻，馬舞於榻上，樂工數人立左右前後，皆衣淡黄衫、文玉帶，必求少年而姿貌美秀者。每千秋節，命舞於勤政樓下。其後上既幸蜀，舞馬亦散在人間。禄山常覩其舞而心愛之，自是因以數匹賣於范陽。其後轉為田承嗣所得，不之知也，雜之戰馬，置之外棧。忽一日，軍中享士，樂作，馬舞不能已。廝養皆謂其為妖，擁篲以擊之。馬謂其舞不中節，抑揚頓挫，猶存故態。廄吏遽以馬怪白承嗣，命箠之甚酷。馬舞甚整，而鞭撻愈加，竟斃於櫪下。時人亦有知其舞馬者，懼暴而終不敢言。

宋 董逌《廣川畫跋》卷四《舞馬圖》 《舞馬圖》唐人所作也。其爲馬异于今者衆矣。或角，或距，朱尾白鬣，蓋所用于舞者。其馬果有异邪。唐記千秋節，令馬舞于勤政樓下。故張說有聖代升平、萬歲千秋等曲。當時歌曰：『試聽紫騮歌樂府，如何騄驥舞華陽。』上既幸蜀，馬散人間，田承嗣内之厩下。他日樂作軍中，馬舞櫪上，以爲不祥，殺之。然唐之爲戲尚矣。余聞大樂之野。夏後啓于此舞九代馬。宋膺《异物志》大宛馬或有解人語及知音，舞與鼓節相應。宋大明五年，吐穀渾拾寅獻舞馬。故謝莊與《肆夏》已升，采齊既薦。始裴回而龍娩，終沃若而鸞盻。則馬舞應樂，自古有之，豈獨唐世之所爲哉。畫者特以記其所見爾。

明 郭子章《名馬記》卷上《大明舞馬》 《宋書》曰：宋大明五年，吐谷渾拾寅遣使獻舞馬。

又《唐舞馬》 《明皇雜錄》曰：玄宗教舞馬四百蹄，分爲左右部，有名稱曰某家驕，其曲曰：《傾杯樂》。數十馬皆衣以錦綉，絡以金鐸，每樂作，奮首鼓尾，縱横應節。

明 楊慎《升庵集》卷五八《舞馬登床》 杜詩：『鬭雞初賜錦，舞馬使登床。』馬舞古有之，《山海經述海外》：『太樂之野，夏后啓於此舞九代之馬。』杜氏《通典》：『鳳花廄有蹀馬，俯仰騰躍，皆合節奏。』『明皇嘗令教舞馬百駟，又施三層板床，乘馬而上，抃轉如飛。或命壯士舉榻，馬舞其上。』觀此說，則杜詩「登床」之語蓋紀實也。《南史》：『河南國進赤龍駒，能拜伏，善舞。』

紀事

宋 程大昌《考古編》卷九《舞馬起于景龍間》 世傳舞馬銜盃上壽起於開元，非也。中宗時已有之。《景龍文館記》：殿中奏蹀馬之戲，宛轉中律，遇作飲酒樂者，以口銜盃，卧而復起。吐蕃大驚。即不起開元時矣。

宋 程大昌《演繁露》卷三《舞馬》 梁天監四年，褉飲華光殿，其日河南獻赤龍駒，能伏拜，善舞，周興嗣爲賦。案：此時已有舞馬，不待開元間矣。唐中宗《景龍文館記》已有舞馬，亦非明皇刱教也。

宋 李上交《近事會元》卷四《舞馬》 唐明皇開元中，三宴日，諸樂戲外，有舞馬三十疋。為《傾杯》樂曲，奮首鼓尾，縱横應節。又施三層寶牀，乘馬而上，抃轉如飛。後安禄山亦將數匹而歸，私習之。其後，田承嗣代禄山，舞馬尚存者，一旦於櫪上聞鼓聲，頓挫以舞之。廄人惡之，舉篲以擊焉。其馬尚謂怒其未妍妙，因更奮擊宛轉，曲盡其態。厮役告承嗣，以為妖，遂戮之。而舞馬絶。

藝文

南朝宋 謝莊《舞馬賦》《歷代賦彙》卷一三五 天子馭三光，總萬寓。挹雲經之留憲，裁河書之遺矩。是以德澤上昭天，下漏泉，符瑞之慶咸屬，榮懷之應必躔。月晷呈祥，乾維效氣，賦景河房，承靈天駟。陵原郊而漸影，躍流泉而泳質。辭水穴而南傃，去輪臺而東暨。乘玉塞而歸寶，奄芝庭而獻祕。及其養安騏校，進駕龍涓，輝大馭於國皁，賁上襄於帝閑。超益野而踰緑地，軼蘭池而轢紫燕。五王晦其術，十氏懵其玄。東門豈或狀，西河不能傳。既秣苞以均性，又佩蘅以崇躅。卷雄神於綺文，蓄奔容於帷燭。蘊籥雲之鋭景，戢追電之逸足。方疊鎔於丹鎬，亦聯規於朱駮。觀其雙璧應範，三封中圖，玄骨滿燕，室虚陽理，竟潛策紓汗，飛赭沫流朱。至於肆夏已升，采齊既薦。始徘徊而龍俛，終沃若而鸞盼。迎調露於飛鍾，赴承雲於驚箭。寫秦坰之躡塵，狀吴門之曳練。窮虞庭之蹈蹀，究遺野之環袪，若夫蹠實之態未卷，凌遠之氣方攄。歷岱野而過碣石，跨滄流而軼姑餘。朝送日於西坂，夕歸風於北都。尋瓊宫於倏瞬，望銀臺於須臾。若乃日宣重光，德星昭衍。國稱梁岱，佇蹕史言。壇場望踐，鄗上之瑞彰，江間之禎闡，榮鏡之運既臻，會昌之歷已辨。感五繇之程符，鑒羣后之薦典。聖主將有事於東嶽，禮也。於是順斗極，乘次躔。戒懸日於昭旦，命月題於上年。騑騑翼翼，泛修風而浮慶煙，肅肅雍雍，引八神而詔九仙。下齊郊而掩配林，集嬴里而降祊田。蒲軒次獻，瑄璧承巒，金檢茲發，玉牒斯刊。盛節之義洽，升中之禮殫。億兆悦，精祇歡。聆萬歲於曾岫。燭神光於紫壇。是以擊轅之蹈，撫埃之舞。相與而歌曰：聳朝蓋兮泛晨霞，灵山之来兮燭漢華。山有壽兮松有茂，祚神極兮貺皇家。然後悟聖朝之績，號慶榮之烈。比盛乎天地，爭明乎日月。茂實冠於胥庭，鴻名邁於勛發。業底於告成，道臻乎報謁。巍巍乎！蕩蕩乎！民無得而稱焉。

南朝梁　張率《舞馬賦》《歷代賦彙》卷一三五　維梁受命四載，元符既臻，協律之事具舉，膠庠之教必陳，檀輿之用已偃，玉輅之御方巡。考帝文而率通，披皇圖以大觀。慶惟道而必先，靈匪聖其誰贊。見河龍之瑞唐，矚天馬之禎漢。既叶符而比德，且同條而共貫。詢國美於斯今，邁皇王於曩昔。散大明以燭幽，揚義聲而遠斥。固施之於不窮，諒無所乎朝夕。並承流以請吏，咸向風而率職。納奇貢於絕區，致龍媒於殊域。伊況古而赤文，爰在茲而朱翼。既效德於炎運，亦表祥於尚色。資皎月而載生，祖河房而挺授。種北唐之絕類，嗣西苑之鴻胄。稟妙足而逸倫，有殊姿而特茂。善環旋於齊夏，知蹈躍於金奏。超六種於周閑，踰八品於漢廏。伊自然之有質，寧改觀於肥瘦。豈徒服皁而養安，與進駕以馳驟。爾其挾尺縣鑿之辨，附蟬伏兔之別，十形五觀之姿，三毛八肉之勢，臣何得而稱焉，固已詳於前。製徒觀其神爽，視其豪異軼，跨野而忽蹄輪，齊秀騏而並末駟。貶代盤而陋小華，越定單而少天驥。信無等於漏面，孰有取於決鼻。可以迹章、亥之所未遊，踰禹、益之所未至。將不得而屈指，亦何暇以理轡。若跡遍而忘反，非我皇之所事。方潤色於前古，邈深文而儲思。既而機事多暇，青春未移。時惟上巳，美景在斯。遵鎬飲之故實，陳洛讌之舊儀。漕伊川而分派，引激水以回池。集國良於民儁，列樹茂於皇枝。紛高冠以連衽，鏘鳴玉而肩隨。清蹕道於上林，肅華臺之金座。望發色於綠苞，佇流芬於紫裹。聽磬鍾之畢舉，聆韶、夏之咸播。承六奏之既闋，及九變之已成。均儀禽於唐序，同舞獸於虞廷。懷夏后之九代，想陳王之紫騂。乃命涓人，效良駿，經周衢，入鉤陳。言右牽之已來，寧執扑而後進。既傾首於律同，又蹀足於鼓振。擢龍首，回鹿軀，睨兩鏡，蹙雙鳧。既就場而雅拜，時赴曲而徐趨。敏躁中於促節，捷繁外於驚桴。騏行驥動，虎發龍驤，雀躍燕集，鵠引鳧翔。妍七盤之綽約，陵九劍之抑揚。豈借儀於褕袂，寧假器於髦皇。婉脊投頌，俛膺合雅，露沫歕紅，沾汗流赭。乃却走於集靈，馴惠養於豐夏。鬱風雷之壯心，思展足於南野。若彼符瑞之富，可以臻介丘而昭卒業，縉紳羣后，誠希末光。天子深穆為度，未之訪也。何則，進讓殊事，豈非帝者之彌文哉。今四衛外封，五岳內郡，宜弘下禪之規，增上封之訓，背清都而日行，指云郊而玄運。將絕塵而弭轍，類飛鳥與駏驉。總三才而驅騖，按五御而超攄。翳卿雲於華蓋，翼條風於屬車。無逸御於玉軫，不泛駕於金輿。飾中岳之絕軌，營奉高之舊墟。訓厚貺於人神，弘施育於黎獻。垂景炎於長世，集繁祉於斯萬，在庸臣之方剛，有從軍之大願。必自茲而展采，將同畀於庖煇，悼長卿之遺書，憫周南之留恨。

唐　張說《張燕公集》卷一〇《舞馬詞》　萬玉朝宗鳳扆，千金率舞龍媒。眄鼓凝驕躞蹀，聽歌弄隱徘徊。

天鹿遙徵衛叔，日龍上借羲和。將共兩驂爭舞，來隨八駿齊歌。

綵旄八佾成行，時龍五色因方。屈膝銜盃赴節，傾心獻壽無疆。

帝皁龍駒沛艾，星蘭驥子權奇。騰倚驤洋應節，繁驕接迹不移。

二聖光天合德，群靈率土可封。繫石驂驔紫鷰，摐金顧步蒼龍。

聖君出震應籙，神官浮河獻圖。足踏天庭鼓舞，心將帝樂踟躕。

又《舞馬千秋萬歲樂府詞》　金天誕聖千秋節，玉醴還分萬壽觴。試聽紫騮歌樂府，何如騄驥舞華岡。連騫勢出魚龍變，蹀躞驕生鳥獸行。歲歲相傳指樹日，翩翩來伴慶雲翔。

聖皇至德與天齊，天馬來儀自每西。腕足徐行拜兩膝，繁驕不進踏千蹄。髬髵奮鬣時蹲踏，鼓怒驤身忽上躋。更有銜杯終宴曲，垂頭掉尾醉如泥。

遠聽明君愛逸才，玉鞭金翅引龍媒。不因茲白人間有，定是飛黃天上來。影弄日華相照耀，噴含雲色且徘徊。莫言闕下桃花舞，別有河中蘭葉開。

唐　錢起《千秋節勤政樓下觀舞馬賦》以慇有餘妍，貌無停趣爲韻《文苑英華》卷八一　惟大唐之握乾符，聲諧六律，化廣三無，能使乘黃服皁，龍馬負圖。必將登高率舞，豈獨載馳載驅，歲八月也，一聖之生，千秋之首。舉天慶丹陵之會，率土獻南山之壽。上乃御層軒，臨九有，張葛天氏之樂，醉陶唐氏之酒。感百獸之來儀，即八駿之孔阜。於是陳金石，儼簪裾，廣場天近，彩仗晴初。有騢有驕，有驔有魚，雲聚日下，花明露餘。帝曰司僕，舞我騏𩦺，可以敷張皇樂，可以啓迪歡趣。須臾，金皷奏，玉管傳，忽兮龍踞，愕爾鴻翩。頓纓而電落朱鬣，驤首而星流白顛。動容合雅，度曲遺妍。盡庶能於意外，期一顧於君前，噴玉生風，呈奇變態，雖燕王市駿骨，貳師馳絕塞，豈比夫舞皇衢娛，聖代，表吾君之善貸。向使垂耳長坂，翹足遠坰，天驥之才莫用，鹽車之役不停。安得播天樂，輝皇靈，服御惟允，簫韶是聽。則知絕羣稱德，殊藝逸貌，足之舞之，莫匪聖人之教，則陳力者願驅策而是効。

唐　佚名《舞馬賦》并序，以奏之天庭爲韻《文苑英華》卷一三一　皇帝叶天行，乘春候。張廣樂而化通鬼神，徵舞馬而懷柔奔走。爾其聆音却立，赴節騰湊。

顧遲影而傾心，效長鳴而引脰。徘徊振迅，類威鳳之來儀，指顧倏忽，若騰猨之驚透。眄鐘鼓而載止，暢簫韶之九奏。洎宛跡遲遲，汗血生姿，順指不動，因心所之。日照金羈，而晴光交映，風飄錦覆，而淑氣相資。顧以退而未即，將欲進而復疑。絕節交衢，而大人相慶，赴曲齊列，而皇心則怡。豈若檀溪水上，章臺路前，塵埋玉勒，汗濕金鞭。竟空疲於力用，固無取於當年。孰若矯足騰摧，婉柔姿而近日，驚身聳躍，嬌逸態於鈞天。別有假象天星，因時降靈。雙瞳夾鏡而異質，兩顴夾月而殊形。出渥洼兮道已泰，歷吳坂兮心匪寧。願因百獸之相率，舞聖德於天庭。

唐 佚名《舞馬賦以奏之天庭爲韻**》**《文苑英華》卷一三二　渥洼之駿兮，逸羣特秀。簡偉之來兮，稀代是覯。豈憚夫行地無疆，是美其承天之祐。弭雄心以順軌，習率舞而初就。因大樂以逞狀，隨伶官而入奏。樂彼皇道，上委折於一人，狎節廣場，下歡心於百獸。飾金鋄，頓紅綏。類却峉以鳳態，終宛轉而龍姿。或進寸而退尺，時左之而右之。至如鼉鼓歷考，龍笛昭宣。知執轡之有節，乃蹀足而爭先。隨曲變而貌無停趣，因矜固而態有遺妍。既習之於規矩，或奉之以周旋。迫而觀焉，若桃花動而順吹，遠而察之，類電影倏而橫天。固絕倫之妙有，豈衆伎之齊焉。我皇端拱無事，垂意至寧。愔愔正聲，以久變而合樂，逐逐良馬，終萬舞而在庭。豈比夫漢皇取樂而同轡，魯侯空牧而在坰。以今古而匹敵，何長短之相形。

唐 薛曜《舞馬篇》《文苑英華》卷三四四　星精龍種競騰驤，雙眼黃金紫艷光。一朝逢遇升平代，伏皁御圖事帝王。我皇盛德苞六羽，俗泰時和虞石拊。昔聞九伐有餘名，《山海經》夏后啟舞九代馬。伐疑是代字。今日百獸先來舞。鈎陳周衛儼旌，毦鍾鏄陶匏聲殷地。承雲嘈囋駭日靈，調露鏗鈜動天駟。奔塵飛箭若麟螭，躡景追風忽見知。咀銜拉鐵並權奇，被服雕章何陸離。紫玉鳴珂臨寶鐙，青絲綵絡帶金羈。隨歌鼓而電一作霓非驚，逐九歌而飈馳。態聚蹄普胡切馬蹀跡還急，驕凝驟不移。光敵白日下，氣擁綠煙垂。婉轉盤珊殊未已，懸空步驟紅塵起。驚鳧翔鷺不堪儔，矯鳳迴鸞那足擬。蘅垂桂裹香氛氳，長鳴汗血盡浮雲。不辭辛苦來東道，秖為簫韶朝夕聞。閶闔間一作門，玉臺側，承恩煦兮生光色。鸞鏘鏘，車翼翼，備國容兮為戎飾。充雲翹兮天子庭，荷日用兮情無極。吉良乘兮一千歲，神是一作芝得兮天地期。大易占云南山壽。趍趕共樂聖明時。

宋 唐庚《唐先生集》卷一七《舞馬行》　明皇時，教坊舞馬百疋，謂之某家嬌，其曲謂之《傾盃楽》。天宝之乱，此馬流落人間。魏博田承嗣得之，初不識也。已而承嗣大宴軍中，酒行楽作，馬聞楽聲起舞，承嗣以為妖，命殺馬。予讀其說而悲之，作舞馬行。

天宝舞馬四百蹄，綵床襯步不點泥。梨園一曲《傾盃楽》，驤首頓足音節齊。幾年流落人間世，挽塩駕鼓不敢嘶。忽然技癢不自禁，俗眼驚顧身顛隮。後生何嘗識此舞，謂之不祥固其所。

宋 徐積《節孝集》卷二二《舞馬詩并序**》**　唐明皇時，嘗令教舞馬四百蹄，為左右部，因謂之某家驕，其曲謂之《傾杯樂》者凡數十曲，奮首鼓尾，縱橫應節，樂工數十人，衣淡黃衫，文玉帶，立於馬左右前後，或施榻一層，或令壯士舉一榻，而馬舞於其上，又飾其鬃鬣，衣以文繡，絡以金鈴，雜以□玉之類，其窮懽極侈如此。余讀《唐書》，感天寶之亂，於是作《舞馬詩》云。

開元天子太平時，夜舞朝歌意轉迷。繡榻盡容騏驥足，錦衣渾盖渥洼泥。纔敲畫鼓頭先奮，不假金鞭勢自齊。明日梨園翻舊曲，范陽戈甲滿西來。

宋 釋居簡《北磵詩集》卷三《續舞馬行》　見說開元天空間，登床百駿俱回旋。一曲傾杯萬人看，一顧群空四十萬。梨園部曲能窮奇，踣鐵矯揉楊柳枝。不直玉環一解頤，更走瀘戊生茘枝。天上人間反覆手，故態忽生亂離後。將軍入眼可曾有，誤駭為妖不足咎。於戲唐虞全盛時，百獸率舞鳳鳥儀。雍熙之和乃其効，何用區區教坊教。

元 周霆震《石初集》卷五《讀天寶雷海清舞馬事有感》　劒閣迢迢隔兩京，衣冠相送范陽城。傷心凝碧池頭宴，千載無人傳海清。

太液華清汙禄兒，從官千騎競西馳。君恩舊日深如海，賴有銜盃舞馬知。

元 方回《桐江續集》卷二五《題趙子昂摹唐人二戲馬駒》　我嘗遠過燕山北，樹木巳無草一色。騏驥騂騮動萬匹，互嚙交蹄戲跳躑。誰歟畫此雙名駒，似鬭非鬭相嬉娛。唐人遺迹趙子摹，善書善畫今代無。善書突過元章米，善畫追還伯時李。先畫後書此一紙，咫尺之間兼二美。元章、伯時兩人合一人，媿我一詩難寫兩人真。

明 孫蕡《西庵集》卷一〇《舞馬圖》　露鬣風鬃錦彩鮮，登牀胡旋更翩翩。青騾秖識連雲棧，不解嗋盃獻御筵。

明 夏樹芳《詞林海錯》卷三《舞馬》 杜詩，鬬鷄初賜錦，舞馬更登牀。馬舞。古有之。《山海經述海外》：大樂之野，夏后啓於此舞九代之馬。杜氏《通典》：鳳花廐有蹀馬，俯仰騰躍，皆合節奏。

清 毛奇齡《西河集》卷一二八《九月九日觀戲馬賦》 且九秋之將暮，登高丘而覽觀。修迅商之故序，爰藉飲以為歡。乃望鄉閼之邈邈兮，俯平原而有嘆。夫何散爵酒既盤兮，別命作伎輟優弹兮。是以遷坐亭皐，薄致粔籹。顧盼廣衍，將以戲馬。視其傍有材人陽阿之女焉，執其列有驥駒銅爵之圉焉。於是望者傑侊，趍者繹絡。左右燕昕，前後鴟顧。人既圜墻，車亦輻輳。相迢迢之永埒兮，審漫漫之修埸。預周營以量步兮，徐控鬣乎以行。繞素踦之蹴踏兮，飾葱鐙之煒煌。旋扶女以試上兮，宛磬控之不良。身微攣而抱其鞍兮，人在前而曳其繮。渺前溝之難卒越兮，且却足而若驚。於是結絞纖，束叵匝。約綵旛，刷朱鬣。下女歛髾，倩媄裹褭。脱華袿而易裲襠兮，卸紅裳而表以袴褶。爾乃按勒欲前，翻抑使後。攏鐶拉鐵，拔撥傾奪。横舉盤辟，而作其怒。樹骨猶挺，歕沫類布。乃釋轡而縱繘，頓撒踠而擲胯。鬱跳蛸之未追，迅漂騰而驟去。儼風雨之乍来，恍波濤之急下。猋揚倏忽，非目能睹，搶捍凌越，接息而到。騁便嬛之妙技兮，奄踰曳乎驚騶。摩倭髻而側植兮，拔雙跗而倒投。歘竦擢以鴻翩兮，遽翔羊以鵠游。錦標揚而譎坐兮，珠竿偃而傍招。邁風追與景躡兮，疑電激與星流。心徒慠乎岌岌兮，耳但聞乎飀飀。任當前之景詭兮，曾不假乎逗遛，乃率爾而奄逝兮，亦霅然而中収。或藏身於曲鐙兮，或緤足乎長鞦。偶偏倚乎半胛兮，更分懸乎兩鈎。旋通臂而舞雙帶兮，遂俯躬而搴百旗，當夫迴身而若潅折兮，忽鳥集以驅也。及其震踔而近摩跌兮，又孰為之扶也。爾乃紅游頓掣，鬱怒未息。驤首浮雲，蹋足西極。膺門生風，汗溝出血。怵心摇神，驚魂墮魄。熊經其觀，鹿駴而格。回視婉孌，眉有微澤。揚鑣擗摘，恍飛翮者。蹠地未幾，復將鶱者。

牛部

牛

題解

《藝文類聚》卷九四《獸部中・牛》 《爾雅》曰：犘牛，『千斤，出巴中，音麻。』犦，『封牛，蒲角反。』犤，『音卑，痺小者。』犩牛，『牛大者，出蜀中。』犝牛，『無角牛。』墨皆牰，『袖音。』黑耳犚，『尉音。』牛子犢，體長犐，『犉音。』絕有力欣犌，『加音。』

又《毛詩》 曰：爾牛來思，其耳濕濕。

又《玄中記》 曰：萬歲樹精為青牛。

（嘉泰）《吴興志》卷二〇 《牛舊編》云：農家畜水牛。按：《本草》有黄犍牛、烏牯牛、白牛、水牛。今鄉土水牛有烏、白二種，止用耕稼犗者，或取乳。冬月取酥，以烏戌者為勝。黄牛角屈向前者呼沙牛，少畜，水鄉不用負挽，又不能取酥也。

《太平御覽》卷八九八《獸部・牛上》 《說文》曰：牡，畜父也，從牛土聲。犅，古郎切。特，牛父也。牝，畜母也，從牛匕聲。犢，牛子也。犕，普外切。二歲牛也。犙，山耽切。三歲牛也。牭，思貳切。四歲牛也。犗，音戒，又音加。犚牛也。犨，莫江切。白黑雜毛牛也。犐，力強切。犨牛也。犡，力制切。牛白脊也。犊，達胡切。黄牛虎文也。犖，駁牛也。犘，力拙切。牛白脊也。秤，匹耕切。牛文駁如星也。犥，普表切。牛黄白色也。犉，而純切。黄牛黑唇也。犍，音嶽。白牛也。犟，居羊切。牛長脊也。牬，音滔。牛徐行也。犨，牛息聲也。一曰牛名。牷，音全。牛純色也。犪，音繞。牛柔謹也。

《廣志》曰：有犘犘馬家切牛，牛出巴中，重千斤。犦蒲角切牛，一曰犎牛，有赤豹，封牛。周留水牛，毛青腹大，狀似豬。有牧牛，項上堆肉大如斗。似槖駝，日行三百裏。犤音皮牛，痺小，今謂之稷牛，又呼呆下牛，出廣州高涼郡。犩吾威切牛，如牛而大，肉數千斤，出蜀中。夔牛，重千斤，晉時此牛出上庸郡。犣力涉切牛，旄牛也，髀膝間皆有毛。花蹄牛，高六尺，尾環繞角，有四耳，角端有肉，蹄如蓮華。犊牛，色黑或黄，日南有之。潛牛，形狀似水牛，一名牨牛。犻牛，似鹿，又似羊，肉美。牥音方牛，如槖駝，能行。又有犛牛，

《莊子》曰：『其大若垂天之雲。』

《易・大畜卦》曰：六四，童牛之牿，玄吉。又《無妄卦》曰：六三，無妄之災，或繫之牛。行人之得，邑人之災。象曰：行人得牛，邑人災也。又《遯卦》曰：六二，執之用黄牛之革，莫之勝說。象曰：執用黄牛，固志也。

又《離卦》曰：離，利貞。畜牝牛，吉。

又《既濟》曰：九五，東鄰殺牛，不如西鄰之禴祭。

又《說卦》曰：坤爲牛。

《周書・王會》曰：蔔盧紈牛。紈牛者，牛之大者。大夏茲白牛、數楚每牛，牛之小者也。大夏，西北戎。數楚，北戎。茲白牛，野獸，形似白牛。

《詩・鴻雁・無羊》曰：誰謂爾無牛？九十其犉。黄牛黑唇曰犉。

又曰：爾牛來思，其耳濕濕。

宋 蔡卞《毛詩名物解》卷一〇《釋獸・牛》 孔子曰：牛羊之字，以形舉也。牛象角頭三尾之形，牛土畜，馬火畜也。土緩而和，火性健決躁速。故易坤為牛，乾為馬。且乾，陽物也，馬故蹄圓。坤，陰物也，牛故蹄折。陽病則陰勝，故馬疾則臥，陰病則陽勝，故牛疾則立。馬，陽物也，故起先前足，臥先後足。牛，陰物也，故起先後足，臥先前足。而世之學者，以謂坤牛取順，乾馬取健。蓋知其一而已。《詩》曰：爾牛來思，其耳濕濕。以言潤澤也。蓋牛之為物安則耳！濕病則燥冷，故古之視牛者，以耳祭義，所謂大夫祖，而毛牛尚耳，是也。《抱朴子》曰：鴈銜蘆而扞網，牛結陣以卻虎，蓋牛善觸，虎環其首，外觸虎雖猛，巧不能制也。《傳》曰：禘郊之牛角繭栗，宗廟之牛角握，社稷之牛角尺。《詩》曰：殺時犉牡，有捄其角，捄長貌，社稷之牛角尺，故曰：有捄其角也。《禮》云：牛曰一元大武，六牲之號。牛曰一元大武，號最為美者，牛大牲故也。《周官》曰：牛夜鳴則庮。《說文》云：庮，久屋朽木，牛夜鳴則庮臭，如朽木也。蓋牛膏曰香，故其臭朽，則不可食矣。封人曰：凡祭祀，飾其牛牲，即莊子所謂衣之，以文繡者也。

宋 黄裳《演山集》卷六〇《雜説》 牛以喻其有生，牛之節間以喻其生理，遊刃於節間以喻智行其所無事，循乎天理而已。至理得於心而樂作焉，

以理解牛，故其聲砉然，合於桑林之舞，中於經首之會。技兼於事，事兼於義，義兼於德，德兼於道。然道無乎不在，雖一技之微，而道寓焉。至於一技之微妙，則與道會矣。所好者道，或進乎技，或進乎事者，百工之精者也。或進乎義，或進乎德者，士大夫之精者也。庖丁工也，故進乎技。『所見無非牛』者，以喻爲知者不知生理之所在，則養其形而已。『未嘗見全牛』，則見其理間矣。雖然，猶有牛焉，未能忘牛而會於理，以喻用智者未能無累也。割也，故歲一更刀；折也，故月一更刀。折則繁矣，未若良庖之善也。然而良庖猶喻以形全生者也，但賢於族爾，養生之道，未達一間，則相去楚越矣。況歲一更，與夫十九年之遠哉！『所解數千牛矣，而刀刃若新發於硎』，以喻夫大知不知。大知故其用愈多，其智愈有，而不可盡也。『每至於族，吾見其難爲，怵然爲戒，視爲止，行爲遲，動刀甚微』，則微運其智，至於造理則已矣。故善刀而藏之，以神遇不以目視，則牛忘，以喻任萬物之自爲，而能與僞無與焉。養生所主，於是乎定。不以物累形，不以形累生，不以生累德。靜主道，動主理。天理真空之所有，依乎天理，則悟空矣。物之於形，形之於生，猶之肯綮大軱也，豈能爲大窾之累哉？用智爲智之小者也，豈能爲大智之累哉？思者心之官，知止則其思置矣。神欲行則惟神之所欲行焉，無不在理者。

宋 歐陽守道《巽齋文集》卷二五《劉自牧字説》 牛，順物也，牧養也。伊川夫子嘗於《易》釋畜牛之義曰，人之順德，由養以成。今夫順德者莫過於坤，故坤爲牛。

宋 魏了翁《周易要義》卷九《釋馬牛龍鷄豕雉狗羊之象》 坤為牛。坤象地，任重而順，故為牛也。

（嘉泰）《吴興志》卷二〇 牛，《牛舊編》云：農家畜水牛。按：《本草》有黄犍牛、烏牯牛、白牛、水牛。今鄉土水牛有烏、白二種，止用耕稼特者，或取乳。冬月取酥，以烏成者為勝。黄牛角屈向前者呼沙牛，少畜，水鄉不用負挽，又不能取酥也。

（嘉定）《赤城志》卷三六《畜之屬》 牛有黄牛、水牛二種。

（嘉靖）《沛縣志》卷三《獸類》 牛，一名土畜，將病，則耳燥，安則溫潤。而澤善牧牛者，視其耳。《詩》曰：爾牛來思，其耳濕濕。

清 吴浩《十三經義疑》卷六《謂五官各有牛人羊人犬人豕人之等》 六牲，分屬五行。故五官各主之。司徒主牛，有牛人。司馬主羊，有羊人。司冠主犬，有犬人。冬官缺，無豕人。而言豕人者，推牛人之類而知之也。又宗伯主雞，有雞人。大司馬喪祭奉詔馬牲，皆於之等二字中，該之矣。

論説

《子夏易傳》卷八 服牛乘馬，引重致遠，以利天下，蓋取諸隨。牛者，堅壯之物，可以牽引其重。馬者，健速之物，可以乘而致遠。柔弱乘其剛壯之物，隨之象也。動而說之，隨物之性，而牽致之義，是以取諸隨。

唐 李德裕《李文饒集》卷一四《論太原及振武軍鎮及退渾黨項等部落互市牛馬駱駝等狀》 馬駱駝等狀右，緣回鶻新得馬價絹，訪聞塞上軍人及諸蕃部落，苟利貨財；不惜駝馬，必恐充為互市，招誘外蕃，豈惟資助虜兵，實亦滅耗邊一作兵備。望詔劉沔、忠順、義忠、守志等，切加鈐鍵，如有違犯，並按軍令；馬及互市物納官。如有人糾告，便以所得物充賞。

唐 劉禹錫《劉夢得文集》卷二四《嘆牛》 劉子行其野，有叟牽跛牛於蹊。偶問焉：『何形之瑰歟？何足之病歟？今觳觫將安之歟？』叟攬縻而對曰：『瑰其形，飯之至也。病其足，役之過也。請為君畢詞焉。我僦車以自給。嘗驅是牛，引千鈞，北登太行，南至商嶺，掣以回之，叱以聳之，雖涉淖躋高，轂如蓬而軜不僨。及今廢矣，顧其足雖傷而膚尚腯，以畜豢之則無用，以庖視之則有贏，伊禁焉莫敢尸也。甫聞邦君饗士，蔔剛日矣。是往也，要當售於宰夫。』予尸之曰：『以叟言之則利，以牛言之則悲，若之何？予方窶，且無長物，願解裘以贖，將置諸豐草之鄉，可乎？』叟囅然而咍曰：『我之沽是，屈指計其直可以持醪而鬻肥，飴子而衣妻，若是之逸也。奚是裘為？且昔之厚其生，非愛之也，利其力；今之致其死，非惡之也，利其財。子惡乎落吾事？』劉子度是叟不可用詞屈，乃以杖叩牛角而歎曰：『所求盡矣，所利移矣。是以員能霸吳屬鏤賜，斯既帝秦五刑具，長平威震杜郵死，垓下敵擒鐘室誅，皆用盡身賤，功成禍歸，可不悲哉！可不悲哉！嗚呼！執不匱之用而應夫無方，使時宜之，莫吾害也。苟拘於形器，用極則憂，明已。』

宋 田錫《咸平集》卷一二《問喘牛論》 《漢書》稱丙吉嘗出，逢羣盜鬭者，死傷橫道，吉過之不問。前行，逢人逐牛，牛喘息，吉使騎吏問牛行幾裏而喘。或以譏吉，吉曰：『宰相不親小事，非所以道路問鬭傷也。

方春少陽用事，未可以熱；近行而喘，此時氣失節，恐有所傷害也。三公典調陰陽，職所當憂，是以問之。』錫嘗試論之曰：宰相尊天子，安諸侯，在乎總要綱，持大柄，務求賢以置諸位，擇能以分其職。賢者在庶位，能者莅百戰，庶位得人，百戰具舉，則理道不紊於條貫，生民可得教化，所謂勞於求賢，而逸於致理。由是觀之，宰相猶哲匠爾。繩墨規矩，器於小大之材，材適其用，然後指麾衆工，授以制度，不勞親執斧斤，而崇屋搆矣。是皇王帝霸之道若崇屋，賢能才智之人皆衆工，宰相操執大道以指麾百官，量其器能，授以庶務，則不勞躬親小事，而理道成。理道成，則兆民悅，則富且壽，故民無怨嗟愁憤，悲傷夭劄。所以天地交泰，水旱蟲霜不災於物，謂之陰陽和，由宰相總大政而致之，故謂之燮理元化，陶鎔品彙。丙吉拜丞相在孝宣神爵三年夏四月，至五鳳三年春正月薨。丙吉在相位，纔四載而薨。當其四載之間，有日蝕，有任宣坐謀反伏誅，有嚴延年得罪棄市；楊惲坐怨望處死，惲不言天久雨之事。公卿奏惲黨皆免官；京兆尹張敞亦被奏，因亡。於是京師吏民解弛，枹鼓數起，而冀州部中有大賊。上思敞功，徵拜理冀。又嘗有詔曰：『今郡國二千石，或擅爲苛禁。』又有詔以吏不廉平，增加其俸。驗茲數事，冬朔日蝕，天久不雨，盜賊擾境，官吏伏法，斯亦未爲陰陽和而天地泰。況羣鬬者死傷横道，高陵民兄弟爭田，復未爲庶民和悅。庶民既未之和悅，官吏又未之輯睦，河南殺人流血數裏，豈不感傷和氣，而致春溫？溫和失時，人亦自覺，何必因牛之喘，方認時氣差違？矧丙吉拜相以來，未能進一賢人，黜一不肖。有黄霸，不能早用爲同列；有於定國，不能早引爲同僚；恥府中按吏之名，容車上吐茵之過，不足多也。欲待歲盡課人之殿最，方行賞罰，賞罰欲加誰哉？抑聖賢理天下，必致其道，然後政成而民悅。雖使夔、契爲政，亦待三載而成功，若期月化醇，未之有也。後人讀漢史，言賢相，皆服膺問喘之理，企踵調元之道，不詳事實。錫謂丙吉矯歟？誠失問歟？

宋 蘇軾《蘇文忠公全集》卷六六《書柳子厚牛賦後》 嶺外俗皆恬殺牛，而海南爲甚。客自高化載牛渡海，百尾一舟，遇風不順，渴飢相倚以死者無數。牛登舟皆哀鳴出涕。既至海南，耕者與屠者常相半。病不飲藥，但殺牛以禱，富者至殺十數牛。死者不復云，幸而不死，即歸德於巫。以巫爲醫，以牛爲藥。間有飲藥者，巫輒云：『神怒，病不可復治。』親戚皆爲卻藥，禁醫不得入門，人、牛皆死而後已。地産沈水香，香必以牛易之黎。黎人得牛，皆以祭鬼，無脱者。中國人以沈水香供佛，燎帝求福，此皆燒牛肉也，何福之能得，哀哉！予莫能救，故書柳子厚《牛賦》以遺瓊州僧道贇，使以曉喻其鄉人之有知者，庶幾其少衰乎？

宋 陸佃《埤雅》卷三《釋獸·牛》 孔子曰：『牛羊之字，以形舉也。』牛象角頭三、封、尾之形。牛，土畜也；馬，火畜也。土緩而和，火性健決躁速，故《易》坤爲牛，乾爲馬。《詩》曰：『爾牛來斯，其耳濕濕。』濕濕，言潤澤也。蓋牛之爲物，病則耳燥，安則溫潤而澤，故古之視牛者以耳，《祭義》所謂『大夫袒，而毛牛尚耳』是也。《抱朴子》曰：『鴈銜蘆而捍網，牛結陣以却虎。』牛善角虎，環其首外，觸則虎雖猛巧，不能制也。傳曰：『禘郊之牛角繭栗，宗廟之牛角握，社稷之牛角尺。』《詩》曰：『殺時犉牡，有捄其角。』捄，長貌，『社稷之牛角尺』，故曰：『有捄其角』也。舊云牛相壁堂欲闊，膺廷欲廣，豪筋欲就，雋骨欲垂，插頸欲高，排肋欲密；廣易牽；倚欲如絆，馬行欲如羊，形欲如卷，懸蹄欲如八字；亂睫好觸龍頸，尾不用至地，頭不用多肉；角欲得細，身欲得圓，眼欲得大；口方易飼，鼻突目好跳，毛拳角冷有病；毛少骨多有力；岐胡有壽，常有似鳴有黄。《襤》云：『牛曰「一元大武」。』六牲之號，牛曰『一元大武』，號最焉美者，牛大牲故也。《管子》曰：『凡聽宮，如牛鳴窌中。』牛含宮聲，故柳子以爲黄鍾在脰也。《周官》曰：『牛夜鳴，則庮。』幹叔重曰：『庮，久屋朽木。』牛夜噫則庮臭如朽木也。牛膏曰香，故其臭朽則不可食矣。《列子》曰：『餐香以爲朽，爲甘以焉苦。』戎右曰贊，牛耳桃茢。牛耳無竅，以鼻聽也。盟者聽於人神，故執牛耳而正，以不聽嘗戒。焦貢《易林》曰：『牛龍耳聵。』蓋龍亦聾者也。先儒以爲面牛鼓簧，爲聾故也。《造化權輿》云：『夫乾爲馬，坤為牛。』乾，陽物也，馬故蹄圓；坤，陰物也，牛故蹄坼。陽病則陰騰，故馬疾則臥；陰病則陽騰，故牛疾則立。馬，陽物也，故起先前足，臥先後足；牛，陰物也，故起先後足，臥先前足。世之學者以為坤牛取順，乾馬取健，蓋知其一而已。《封人》曰：『凡祭祀，飾其牛牲。』即《莊子》所謂『衣之以文繡』者也。鄭氏以為『飾謂刷治，絜清之』，誤矣。楚子曰：『君處北海，寡人處南海，唯是風馬牛不相及也。』按：牛走順風，馬走逆風，牛馬風逸往往相及，楚是以云爾。又舊說正月一日為雞，二日爲狗，三日爲豬，四日爲羊，五日爲牛，六日爲馬，七日爲人日。占其日，以知其登耗，所謂『人曰』以此。

宋 吴曾《能改齋漫録》卷一〇《解風馬牛》 洪龜父詩：鴻鴈書遠空，馬牛風寒草。予於下句全不解。按，左氏：君處北海，寡人處南海，唯是風馬牛不相及也。按，服虔云：風，放也。牝牡相誘謂之風。《尚書》稱：馬牛其風。左氏所謂風馬牛，以馬牛風逸，牝牡相誘。孔穎達云：蓋是末界之微事言此事。不相及，故以取喻不相幹也。而洪用於此何哉。

又《論馬牛稱匹》 《左氏傳》：襄公二年，馬牛皆百匹。或曰：牛亦可以稱匹，非也。《司馬兵法》：邱出馬一匹，牛三頭。則牛當稱頭，不當稱匹。今此稱匹者，並言之耳，經傳之文多類此。《易・繫辭》云：潤之以風雨。《論語》云：沽酒市脯不食。《玉藻》云：大夫不得造車馬。《曲禮》：猩猩能言，不離禽獸。皆從一而省文也。

明 一壑居士《八宅四書》卷三《論馬牛六畜》 八宫，馬牛俱宜，生氣方六畜。坎宫，宜辰巳方。離宫，宜辰巳方。震宫，宜壬癸方。巽宫，宜丙丁方。乾宫，宜未申方。坤宫，宜寅醜方。艮宫，宜庚辛方。兑宫，宜未申方。又方位歌云：一德中宫，宜養馬，三臺位上，定豬方。牛屋奇羅爲上，善羊逢紫，兓定高強。貪狼位上安雞鴨，太陽六畜最宜良。虎豹狐狸最不祥，更兼血忌大難當。刀兵連及刀砧殺，六畜令教見滅亡。

馬牛六畜方位圖

清 張宗法《三農紀》卷八《牛》 牛，《說文》云件也。牛為大畜，可以件事分理。其字象頭、足、三封及尾之形。《曲禮》謂之太牢。乃豢畜之室大，故得牢名。《内則》謂之一元大武。元者，首也。武者，足跡也。肥則跡大，猶《史記》稱為四蹤。《梵書》謂瞿膚拆娜。《文選》云：郭椒、丁櫟，牛中之良。名牛者成也，以力養人，成就三極，故星度起於牛，萬物從乎牛也。《易》云：服牛引重，以利天下。牛，坤畜。坤性順，主内，故穿鼻以服之，隨人以成事。《爾雅翼》云：四足，爲毛、爲獸，應月而生。《博物志》云：九竅者胎生。在辰爲丑，在宿爲牛，在卦爲坤，性緩而和厚，力大而州重。北曰犪，南曰犋，牡曰牯、曰犅。牝曰牸、曰牬。《肘後經》云：去勢曰犍、曰犗，無角曰犝。曰犢。牧者喚之曰勤勤。取其力之可引重也。其形：歧蹄、封肩、戴角、缺齒、耳聾，以角聽聲，目内少神，而腹多胃，能回嚥還草。其失層旁，燥鳴則生黄，因厲氣而結，運暢氣和則牛不生黄焉，不病罢矣。

清 李元《蠕範》卷八《牛》 牛，烏犍也；不花也；古旃也；一元大武也。大角折蹶，兩耳聾，聽必以鼻，瞳竪而不横，胃有脆有胵有蜂窠。齒有下無上，察齒知歲，三歲二齒，四歲四齒，五歲六齒，六歲以後，歲接脊骨一節。其犢生望前者行先母，生望後者行後母。病則耳燥，鬬則尾入兩股間。其肉飼惡馬則馴，其膽投水則蛙不鳴，以膽塗釜則釜鳴。凡牛眼如血，夜視有光，時復鳴吼，則角中有黄，以盆水照之，則吐墮水中。嘉興有金牛橋，牛度橋則死，人鹹涉水以避之。賣牛握角則觸人，人不敢取，而弗售也。

家畜二種：曰犨，州留也。水牛也。體大角曲而壯，蒼青色，或白力可敵虎，好狎水。曰㹀，黃牛也。身小角短，各色備具，其別種曰：犤，犪也。稷牛也。犱牛也。果下牛也。似㹀而小，曰犺潛牛也。海牛也，水牛也，騂色無角，牛身虎爪，鼉足鮎尾，長尺餘，見人則奔入水，以杖擊鼻，則得之。每上岸鬭，角軟則入水復堅，曰：犆，柞山牛也。眼紅，角有枝如鹿茸，山中隊行，不畏人，曰：犋，神牛也。生谿上，兩牛共鬭卽海沸，人遮捕之卽霹靂，曰野牛。白毛，首尾似鹿，曰魚牛。似獺，犢尾有糞毛，可爲氊，曰犻。駛牛也。行流沙中，如橐駝，日行五百裏，曰㹀。似牛三足，出乾山，曰每牛。出數楚之戎，曰花蹏牛。高六尺，四耳長尾，角端有肉，蹏似蓮花，善走多力，曰兩角牛。大如象，一角在鼻，一角在頂，皮似鎧甲，頭大尾短，能居水中數十日，逐殺象虎，百獸皆伏，出亞第國，曰騈蹏牛。足似馬蹏，青色，日行三百裏，曰獙狪。白身四角，毫如披蓑，出三危山，曰那父。白尾，出灌題山，曰諸犪。四角，人目豕耳，出北嶽山，曰軨軨。虎文，出空桑山，曰精精。馬尾，出踇隅山，曰蜚。白首一目蛇尾，出泰山，曰犀渠。蒼身，音如嬰兒，出釐山，曰領胡。赤尾，出陽山。

綜述

唐 陸淳《春秋集傳辨疑》卷八《改卜牛牛死乃不郊猶三望》 左氏曰：不郊而望皆非禮也。趙子曰：據傳不言，凡即當年之事，謂二事並非禮，養牲只養二牛，既並死，自然合廢郊，何得云皆非禮。《穀梁》曰：乃者亡乎，人之辭，此言無理之甚，不足難也。

《藝文類聚》卷九四《獸部中・牛》 《左傳》曰：介葛盧來朝，禮之，加宴好，葛盧聞牛鳴，曰：是生三犧，皆用之矣，其音云，問之而信。又曰：秦師伐鄭，商人弦高將市於周，遇之，以乘韋先牛十二犒師，曰：寡君聞吾子將師涉於弊邑，敢犒從者。又曰：鼷鼠食郊牛角，改卜牛，鼷鼠又食其角，乃免牛。又曰：楚子為陳夏氏亂故，伐陳，殺夏徵舒，因縣陳，申叔時使於齊，複命，不賀而退，王使讓之，對曰：抑人亦有言曰：牽牛以蹊人之田，而奪之牛，牽牛以蹊者，信有罪矣，而奪之牛，罰已重矣，諸侯之從，討有罪，今縣陳，貪其富也，無乃不可乎，王曰：善。

又《漢書》曰：桓帝出遊河上，忽有一青牛從河中出，走踢帝，人皆驚走，太尉公時為殿中將軍，有勇力，走逆牛，牛見公，走還河，公以手挽牛左足，右手持斧，斫牛頭而殺之，此青牛者，萬年之木精也。

又《莊子》曰：庖丁為文惠君解牛，曰：臣之刀十九年，所解千牛，而刀刃若新，彼節者有間，而刀刃無厚，以無厚入有間，恢恢乎其於遊刃必有餘地，是以十九年，刀刃如新。又曰：或聘莊子，莊子應其使曰：子見夫犧牛乎，衣以文繡，食以芻菽，及其牽而入於太廟，雖欲為孤犢，其可得乎。

又《孟子》曰：齊宣王問曰：齊桓晉文之事，可得聞乎，《孟子》曰：仲尼之徒無道者，未之聞也，臣聞王坐堂上，有牽牛過者，王問之，對曰：將以亹鍾，王曰：吾不忍其觳觫而就死，以羊易之，是見牛，未見羊也，此乃仁術，足以王矣。

又《呂氏春秋》曰：百裏奚未遇時，販牛於秦，鬻以五羊之皮，公孫枝得而獻諸繆公，繆公用之，謀無不當，舉必有功。又曰：昔葛天氏之樂，三人操牛尾，投足以歌八闋。

又《史記》曰：騎劫攻即墨，田單取牛千頭，衣以五彩，束矛其角，縛火其尾，穿城而出牛，壯士五千，銜枚隨其後，牛出火明，所觸皆死，壯士因擊之，城上士大譟，燕師大敗，騎劫死，乘勝追北，三戰三剋，遂收齊城。

又蜀王本紀曰：秦惠王欲伐蜀，乃刻五石牛，置金其後，蜀人見之，以為牛能大便金，牛下有養卒，以為此天牛也，能便金，蜀王以為然，即發卒千人，使五丁力士，拖牛成道，致三枚於成都，秦得道通，石牛力也，後遣丞相張儀等，隨石牛道伐蜀。

又《漢武內傳》曰：封君達，少好道，入鳥鼠山，百餘年還鄉裏，常乘青牛，故謂為青牛道士。

又桓譚《新論》曰：夫畜生賤也，然有尤善者，皆見記識，故馬稱驊騮驥騄，牛譽郭椒丁櫟。

又謝承《後漢書》曰：劉寬嘗行，有人失牛者，乃於路就寬車中認之，寬無所言，下駕步歸，有頃，認者得牛而送還，叩頭謝曰：慚負長者，寬曰：物有相類，事容脫誤，幸勞見歸，何為謝也。

又《風俗通》曰：秦昭王使李冰為蜀守，開成都兩江，溉田萬頃，江神歲取童女二人為婦，冰自以其女與神為婚，往至神祠，勸神酒，杯但淡水，冰厲聲責之，因忽不見，良久，有兩蒼牛鬥於岸旁，有間，冰還，流汗，謂官屬曰：吾鬥大極，不當相助，南向腰中正白者，我綬也，主簿乃刺殺北面者，江神遂死，蜀人慕其氣決，凡壯健者，因名冰兒。

又《列異傳》曰：秦文公伐梓樹，梓樹化為牛，文公遣騎擊之，騎墮地被發，牛畏之，入水不出，沒豐水中，秦乃立怒特祠。

又《魏略》曰：鉅鹿時苗，為壽春令，始之官，乘牸牛，歲餘，牛生一犢，及去，留其犢，謂主簿曰：令來時，本無此犢，是淮南所生也，吏曰：六畜不識父，自當隨其母，苗不聽。

又《蜀志》曰：蔣琬夜夢，有一牛頭在門前，流血滂沱，意甚惡之，問占夢趙直，直曰：夫見血者，事分明也，牛角及鼻，公字之象，君位當至公，大吉之徵也。

又諸葛亮集曰：木牛者，方腹曲頭，一腳四足，頭入領中，舌著於腹，載多而行少，宜可大用，不可小使，特行者數十，群行二十裏也。

又張溫自理曰：昔百裏奚賢秦繆公，欲幹之，繆公好牛，奚因賃養牛，公出遊，登車以問百裏，百裏曰：臣之所長，非養牛者也，乃養民也，視牛察士，乃則賢人也，遂與同車而出。

又《博物志》曰：近世有居於海渚，年年八月，有浮槎來，甚大，往反不失於期，此人乃齎糧乘槎而去，忽忽不覺晝夜，奄至一處，有城郭，屋舍宛然，望室中，多見織婦，見一丈夫，牽牛渚次飲之，此人還，以問蜀人嚴君平，君平曰：某月有客星犯牛門，即此人到天河也。

又曹嘉之《晉紀》曰：羊祜子暨，為青州刺史，牛於州產犢，及暨去職，以官室所生，遺之而去。

又《符子》曰：堯以天下讓巢父，巢父曰：君之牧天下，亦猶餘之牧孤犢，君牧天下，是各有其所牧矣，君焉用惴惴然，以所牧而與餘，餘無用天下為也，於是牽犢而去。

又袁山松宜都山川記曰：自峽口溯江百許裏，至黃牛灘，南岸有重山，山頂有石壁，上有人負刀牽黃牛，人跡所絕，莫得究焉。

又竺法真登羅山疏曰：增城縣南有列渚洲，洲南又有牛潭，北岸有石，周員三丈，漁人見金鎖牛，常出水，盤鎖此石上，縣民張安，釣於石上，躡得金鎖數十尋，俄有物從水中引之，力不能禁，以刃斷之，唯得數尺，遂致大富。

又《琴操》曰：甯戚飯牛車下，叩角而商歌曰：南山研，白石，生不逢堯與舜禪，短布單衣裁至骭，長夜冥冥何時旦，齊桓公聞之，舉以為相。

又賦臧道顏駃牛賦曰：若乃豪宗戚胤，公侯王后，乘輕禦肥，貂蟬耀首，翟翟華貂，鑠鑠雲母，良牸擢足於雙島，名駿疊跡於左右，如貴遊踴躍於絕倫，觀者嗤妍其好醜，遂慕駿駃以相高，精彼奇選之希有，儀體際美。特資高足，名參飛兔，價齊驥騄。

又贊梁劉孝威辟厭青牽畫贊曰：泰山怒特，吳渚神牛，氣噓風噴，精回電流，詎牽和鞅，不入裴鞦，狡力難京，肆怒横行，朗陵瑩角，介葛瞻聲，適仙讬稱，妖寇馮名，名震菜區，威陵五都，蓄勇槽側，息憤場堈，仇覽獻豆，滕嬰進芻，雄兒揩式，悍士規模，曹興拂采，徐邈成圖。

又表魏陳王曹植上牛表曰：臣聞物以洪珍，細亦或貴，故不見僬僥之微，不知泱漭之泰，不見果下之乘，不別龍馬之大，高下相懸，所以致觀也，謹奉牛一頭，不足追遵大小之制，形少有殊，敢不獻上。

又啟梁元帝謝東宮賚蒸栗牛啟曰：色似秘府之書，毛類陳王之玉，騂角未奇，瑩蹄非貴。

又梁劉孝儀謝始興王賜車牛啟曰：下官安於躡屩，習以成性，乘堅驅駿，未所厝心，慈渥無涯，每垂獎飾，無複難載之朋，將申共弊之美，濯龍望水，未足儔光，長門聽雷，不能均響。又謝豫章王賜牛啟曰：觀其毛角相合，骨像應圖，曳流水而生光，鶩高限其如接，遂使上阜輟駕，下澤是驅，馮軾脩途，既獲坐馳之致，馴豢廣庭，方念載憂之勖。

又書梁劉孝威謝南康王饟牛書曰：雖複蜀守神牛，秦公怒特，穆王白角，何氏瑩蹄，無以逾其勁力，邁其致遠，直宿九重，獲免疏步，路休三逕，且息徒行，從杞甘泉，方無假於丞相，騎至清廟。又永笑於博陽。

《初學記》卷二九《獸部·牛》　按《說文》曰：牡，畜父也，從牛土聲；犅，古郎反。特牛，牛莫牛；牝，畜母也，從牛匕聲；犢，牛子也；㸬，普外反。二歲牛也；犙，山耽反。三歲牛也；牭，思貳反。四歲牛也；犗，戒又音加。騰；馬桀，牛也；牻，莫江反。白黑雜毛牛也；牛京，力強反。牻牛也；犡，力制反。牛白脊也；牛餘，達胡反。黃牛虎文也；犖，駁也；將，力拙反。牛白脊也；牛平，四耕反。牛駁如星也；犥，普表反。牛黃白色也；犉而純反，黃牛黑唇也；

牛雈，白牛也；牛畺居羊反，牛長脊也；牛徐行也；犨，牛息聲也，一曰牛鳴；牷，全牛純色也；牿，穀牛馬牢也；犓，楚拘反。以芻，莝養牛也；犪，如小反。牛柔謹也；呂忱《字林》曰：犼，火口反。牛鳴也；犎，野牛也；犕，皮祕反。牛具齒也；何承天《纂文》曰：尥，力弔反。牛後腳正也；牛羊無角謂之牨苦戈反，牛羊角長謂之犄，上徒反。《世本》曰：胲作服牛。胲，黄帝臣也，能駕牛。《周官》曰：牛人掌養國之公牛，以待政令。祭祀供享牛、求牛，賓客供積膳牛，軍事供犒牛，喪事供奠牛，軍旅供兵車之牛。牛角長二尺有五寸，三色不失，謂之載牛。三色，本白中青末豐也。載牛掌直一牛。《禮記》曰：祭宗廟之禮，牛曰一元大武；祭天地之牛，角璽栗；宗廟之牛，角握；賓客之牛，角尺。又曰：帝牛不吉，以為稷牛。帝牛必在滌三月，稷牛唯具。又曰：天子以犧牛，諸侯以肥牛，大夫以索牛。郭氏《玄中記》曰：萬歲權樹精為青牛。甯戚《相牛經》曰：牛歧胡壽，歧牽兩腋下分為三。眼去角近。行駛，眼欲得大，眼中有白脈貫童子，最快；二軌，從鼻至髀為前軌，從髀至額為後軌。頸骨長且大，快駛也。壁堂欲得闊，壁堂，腳股門。倚欲得如絆馬，聚而正也。膺庭欲得廣，膺庭，胸前也。天關欲提成，天關，脊接骨。俊骨欲得垂，脊中央欲得下。捶頭欲得高，百體欲得緊，蘭株欲得大，尾株。豐嶽欲得大，膝株骨。垂星欲得有怒肉，垂星，蹄上也。肉覆蹄間名怒肉。力柱欲得大而成，當車骨也。懸蹄欲得如八字，陰虹屬頸千，陰虹者，有雙筋，自尾骨屬頸，甯公所飯。陽鹽欲得廣，陽鹽者，夾尾株前兩膁上。常有似鳴者，有黄也。《廣志》曰：犘牛，出巴中，千斤。犦牛，一曰封牛。有赤豹封牛，周留水牛，毛青腹大，狀似豬。有牧牛，項上堆肉大如門，似駝馳，日行三百裏。出徐門，有犤牛，猶庳小，今謂之稷牛，又呼果下牛，出廣州高涼郡。犩牛，如牛而大，肉數千斤，出蜀中，夔牛重千斤，晉時此牛出上庸郡。牛昔牛，旄牛也，髀膝尾間皆有長毛。花蹄牛，高六尺，尾環繞角，有四耳，角端有肉，蹄如蓮華。堂牛，色黑或黄，日南有之。潛牛，形似水牛，一名牛冗牛。麟牛，似鹿，又似羊，肉美。犻牛，如駝駝能行。又有犛牛，《莊子》曰：其大若垂天之雲。

又 文角花蹄臧彥《駃牛賦》曰：乃有超群獨出，騂毛文角，玷斑凝白，鮮纖蜎曲。郭子橫《洞冥記》曰：元封三年，大秦獻花蹄牛，高六尺。緊體促身甯戚《相牛經》曰：捶頭欲得高，百體欲得緊，大胭疏肋難齝，龍頭突目好跳。又曰：角欲得細，身欲得促，形欲得如卷。白角青毛《穆天子傳》曰：犬戎胡觴天子於雷首之阿，乃獻良馬四匹，天子使孔牙受之。爰有黑牛白角也。《異物志》曰：周留，水牛也，毛青大腹，銳頭青尾。四耳八足郭子橫《洞冥記》曰：元封間，大秦獻花蹄牛，高六尺，尾環繞角，有四耳。干寶《搜神記》曰：晉太興元年，武陵太守王諒有牛生子，一頭八足，兩尾而共一腹者也。猒白乘青郭璞《洞林》曰：義興方叔保得傷寒垂死，令璞占之，不吉。令求白牛厭之，求之不得。唯羊子玄有一白牛，不肯借之。璞為致之。即日有大白牛從西來，逕往臨叔保。驚惶，病即愈。《關令傳》曰：周無極元年，老子度關，關令尹喜先敕門吏曰：『若有老翁從東來，乘青牛薄板車者，忽聽過關。』其日果見老翁乘青牛車求度關。關吏入白，喜曰：『諾，道今來矣，我見聖人矣。』即帶印綬出迎，設弟子之禮。東夷占骨西河畜楊方《五經鉤沉》曰：東夷之人，以牛骨占事，呈示吉凶，無往不中。牛非含智之物，骨有若此之效。《孔叢子》曰：猗頓，魯之窮士，聞朱公富，往問術焉。告之曰：『子欲速富，畜五牸。』乃適西河，大畜牛羊於猗氏之南。十年之間，子息萬計，貲擬王公。

《太平御覽》卷八九八《獸部・牛上》

《禮記・曲禮上》曰：國君不齊牛。

又 《月令》曰：季春，犧赦膧犢，舉書其數。在牧而書數，秋當保內。

又 《曲禮下》曰：天子祭天地，諸侯祭山川，大夫祭五祠，士祭其先。天子以犧牛，諸侯以肥牛，大夫以索牛。

又 《郊特牲》曰：郊，所以明天道也。帝牛不吉，以為稷牛。帝牛必在滌三月，稷牛惟具。所以別事天神與人鬼也。

又 《禮器》曰：有以少為貴者，天子祭天，特牲；天子適諸侯，諸侯膳以犢。

又 《內則》曰：牛夜鳴則庮。庮，臭惡也。

又曰：祭天地之牛角繭栗，宗廟之牛角握，賓客之牛角赤。《周禮・地官・封人》曰：凡祭祠，飾其牛牲，設其福衡，置其紖，共其水槁。楅，在鼻；衡，在角。言不得觸。紖，系牛鼻繩。紖，本又作絼，持忍反。

又 《冬官・考工記》曰：稚牛之角直而澤，老牛之角終而昔。昔，讀為交錯之錯。謂角捔理錯也。角長二尺有五寸，三色不失理，謂之牛戴牛。三色，本白、中青、末豐也。戴牛，角直一牛。

又 《地官上》曰：牛人，掌養國之公牛，以待國之政令。公猶官也。凡祭祠，共其享牛、求牛，以授職人而芻之。求牛，禱於鬼神之牛，謂所以祭者也。永，終也。終事之牛，謂所以繹者也。宗廟有繹者，孝子求神非一處。職，讀為枳，枳謂之木戈，可以系牛。枳人者。謂牧人。凡賓客之事，共其牢禮積膳之牛。饗食賓射，共其膳羞之牛。軍事，供其犒牛。喪事，共其奠牛。凡會同、軍旅、行役，共蒲傍車之牛，與其牽旁，以載公任器。牽旁，在轅外輓牛也。人禦之，居其前，曰牽；居其旁曰旁。任猶用也。凡祭祀，共其牛牲之互，與其盆簝，以待事。鄭司農云：互，謂楅、衡之屬。盆、簝，皆器名。盆所以盛血。簝，受肉籠也。玄謂：互，若今屠家縣肉格。

又《秋官上》曰：罪隸掌役百官府，與凡有守者，掌使令之小事。役，給其小役。凡封國若家，牛助為牽傍。鄭司農云：凡封國若家，謂建諸侯、立大夫家也。牛助為牽傍，此官主為送致之也。玄謂：牛助，國以牛助轉徙也。罪隸牽旁之，在前曰牽，在旁曰旁。

又《晉陽秋》曰：武帝時，有司奏禦牛青絲紖斷，詔可以青麻代之。《晉書》曰：郭舒，常有鄉人盜食舒牛，事覺來謝，舒曰：『卿饑，所以食牛耳，餘肉可共啖之。』世以此服其弘量。

又曰：夫餘國若有軍事，殺牛祭天，以其蹄占吉凶，蹄解者為凶，合者為吉也。

又曰：石崇與貴戚王愷，奢靡相尚。常與愷出遊，爭入洛城，崇牛迅若飛禽，愷絕不能及。乃密貨其帳下，問其所以。對曰：『牛奔不迅，良由禦者逐之不及而反制之，可聽蹁轅則駛矣。』因從之，遂爭長。崇後知之，殺所告者。

又曰：王濟被斥外，於是乃移第北芒山下。性豪侈，麗服玉食。時王愷以帝舅奢豪，有牛名八百裏駁，常瑩其蹄角。濟請以錢千萬，與牛對射而賭之，愷亦自恃其能，令濟先射，一發破的。因據胡床叱左右速探牛心來，須臾而至，一割便去。

又曰：何曾性奢豪。都官從事劉亨，常奏紱紖以銅鉤轂紖車，瑩牛蹄角。後曾辟亨為掾，勸勿應。亨謂『至公之體，不以私憾』，遂應。

又曰：桓溫北伐，過淮泗，踐北境，與諸寮屬登平乘樓，矚中原，慨然曰：『遂使神州陸沉，百年丘虛，王夷甫諸人不得不任其責！』袁弘曰：『運有廢興，豈必諸人之過？』溫作色謂四坐曰：『頗聞劉景升有千斤大牛，啖芻豆什刀於常牛，負重致遠，曾不若一羸牸，魏武入荊州，以享軍志。』意以況弘，坐中皆失色。

又曰：王延家中生一犢，他人認之，延牽與之，初無吝色。其人後知其妄認，送犢還延，叩頭謝罪。延以與之，不取也。

又曰：肅慎國，武帝時及玄帝中興，皆來貢獻。成帝時，又通貢於石季龍，四年方達。季龍問之，答曰：『每候牛馬向西南眠者，三年矣，是知大國所在，故來。』

《南史·四夷傳》曰：扶乘國，有牛角甚長，以角載物，至勝二十斛。

《宋書》曰：褚湛之有一牛，至所愛。無故墮廳事前井。湛之率左右躬自營救，郡中喧擾，彥回下簾不視。

又曰：江湛為吏部尚書，性廉儉。牛餓，禦人求草，湛良久曰：『可與飲。』

又曰：顧憲之，玄徽中為建康令。時有盜牛者，與本主爭牛，各稱己物。二家辭證等，前後令莫能決。憲擲炅，複其狀，乃令解牛，任其所去，牛徑還本宅。盜者伏其罪。時人號曰神明。

《三國典略》曰：陳桃根於所部得青牛，獻之。又上織成羅文錦被表二。陳主命於雲龍門外焚之，其牛遣還於人。

又曰：梁出師拒侯景，邵陵脫洶次鍾離。初，綸將發營於樂遊苑，臨賀王正德詣於綸所，始入牙門，有飄風觸旗竿而折。至是將殺牛勞士，一牛走入馬廄，抵殺綸所乘駿馬，又以兩角貫一馬腹，載之而行，沖突營幕，軍中驚亂。

蕭子顯《齊書》曰：豫章文獻王嶷為揚州刺史，拜陵還，過延陵季子廟，觀沸井。有水牛突部伍。直兵執牛推問，王不許，取絹一匹横系牛角，放歸其家。為治務存寬厚，故得朝野忻心。

《後魏書》曰：邢昕以本官副李像使於梁。昕好忤物，人謂之牛。是行也，談者謂之牛像門於江南。

《北史》曰：後魏玄仲景，性嚴峭。孝莊時兼禦史中尉，京師肅然。每向臺，恒駕赤牛，時人號赤牛中尉。

又曰：魏婁提雄傑有識度，僮僕千數，牛馬以穀量。性好周給，士多歸附之。

又曰：道武時，窟咄拒南鄙。莫題時二於帝，遺箭於地。窟咄謂曰：『三歲犢豈勝重載！』言窟咄長而帝少也。

又曰：孟信為趙郡太守，及去官，家貧無食。惟有一老牛，其兄子賣之，擬供薪米，作契已訖。市法應知牛主住所在，信適從外來，見買牛人，方知其賣也，因告之曰：『杆牛先來有病，小用便發，君不須買也。』杖其兄子二十。買牛人嗟異良久，呼信曰：『孟公，但見與牛，未必須其力也。』苦請不得，乃罷。買牛者周文帝帳下人，周文深歎異焉。《隋書》曰：盧昌衡為徐州總管。常行至浚儀，所乘馬為他牛所觸，因致死。牛主陳謝，求還價值，昌衡謂之曰：『六畜相鬥，自關常理。此豈人情也？君何謝乎？』拒而不受。性寬厚不求，皆此類也。

又曰：牛弘有弟曰弼，好酒而酗。常因醉射殺弘車牛，弘來還宅，其妻迎謂之曰：『叔射殺牛矣。』弘聞之，無所怪。問直，答曰作脯。坐定，其妻又曰：『叔忽射殺牛，大是異事。』弘曰：『已知之矣。』顏色自若，讀書不輟。其寬和如此。

又曰：於仲文遷安固太守。有任、杜兩客各失牛。後得牛，兩家俱認，州郡久不能決。益州長史韓伯俊曰：『於安固少聰察，可令決之。』仲文曰：『此易解耳。』於是令二家各驅牛群至，乃放所認者，遂向任氏群中。又陰使人微傷其牛，任氏嗟惋，杜家自若。仲文於是訶杜氏，杜氏服罪而去。

又曰：盧愷從周武帝在雲陽宮，敕諸屯簡老牛，欲以享士。愷進諫曰：『昔田子方贖老馬，君子以為美談。向奉明敕，欲以老牛享士，有虧仁政。』帝美其言而止。轉禮部大夫。

《唐書》曰：李密常欲尋包愷，乘一黃牛，被以蒲韉，仍將《漢書》一秩掛於角上，一手捉牛靷，一手翻書讀之。尚書令越公楊素見於道，從後案轡躡之。既及，問曰：『何處書生，耽學若此？』密識越公，乃下牛再拜，自言姓名。又問所讀何書，答曰：『《項羽傳》。』越公奇之。

又 卷八九九《牛中》

《春秋潛潭巴》曰：宮有牛鳴，政教衰，諸侯相並。牛，兵之符也。

楊方《五經鉤沉》曰：東夷之人以牛骨占事，呈吉示凶，無往不中。牛非含智之物，骨有若此之效。

又曰：天子大饗正、侯、諸王、七萃之士於丕衍亞鳥，韓之人獻朋牛三百。

《穆天子傳》曰：泰山，百獸之所聚也，爰有赤豹封牛。

又曰：天子飲於文山，乃獻良馬駟，牥牛二。此牛能行沙中，如橐駝。

又曰：天子北征，舍於珠澤，釣於流水。因獻良馬三百，牛羊二千。

皇甫謐《帝王世紀》曰：黃帝於東海流波山得奇獸，狀如蒼牛身，無角，能走。出入死暑則風雨。光如日月，其音如雷。名曰夔。黃帝殺之，以其皮為鼓，聲聞五百裏。

《世本》曰：鮌作服牛。鮌，黃帝臣也，又云少昊時人，始駕牛。

《孔子家語》曰：子路拯溺者，其人拜之以牛，子路受之。孔子曰：『魯人必拯溺矣。』

焦贛《易林》曰：教牛逐兔，任非其人，費日無功。

《相牛經》曰：《牛經》自寧戚傳百裏奚，漢世河西薛掛其書，以相牛，千百不失。至魏世，高堂生傳晉高祖宣皇帝，其後王愷秘其書。

又曰：牛歧胡，壽。歧，牽兩腋眼下分為三。去角近，行駃。眼欲得大，眼中有白脈貫童子，最駃。頸骨長且大，駃。壁堂欲得闊。壁堂，兩股間也。倚欲得如絆馬聚而正也。膺庭欲得廣，膺廷，胸前。天關欲得成，天關，背接骨。俊骨欲得垂，脊也。央欲得下。蘭株欲得大，尾株。豐嶽欲得大。膝株骨。垂星欲得有怒肉，垂星，蹄上也。肉複蹄間名怒肉。力柱欲得大而成，當車骨也。懸蹄欲得如八字，陽鹽欲得廣。陽鹽者，夾尾株前兩臁上。常有似鳴者，有黃也。洞胡無壽，珠淵無壽。遊靡蹟目下也，上池有亂毛，妨主，凶。上池，角中央也。身欲得如卷。大臁疏肋，難飼。龍頭突目，好跳。豪筋欲得成就。豪筋，腳後橫筋也。毛欲得短密，若長疏，不耐寒氣。尾不用至地，尾毛少骨多者有力。膝上肉欲得堅。角欲得細。鼻如鏡，鼻難牽。口方易飼，㯃府方易飼。

《莊子》曰：夫犛牛，其大如垂天之雲，此能為大矣，而不能執鼠。

又曰：魯聞顏闔得道之人，使幣致焉。顏闔守廬，粗布之衣，而自飯牛。魯君之使者問：『杆顏闔家耶？』闔曰：『然。』使者致幣，闔對曰：『恐聽謬而遺使者罪，不若審之。』使者還反，複求之，則不得也。

又曰：庖丁為文惠君解牛，曰：『臣之刀十九年，所解千牛矣，而刀刃若新。彼節者有間，而刀刃無厚，以無厚入有間，而恢恢乎其投刃必有餘地。是以十九年刀刃如新。』

《管子》曰：屠牛坦朝解九牛而刀可以剃發，則刃遊於其間也。

又曰：或聘莊子，莊子應其使曰：『子見夫犧牛乎？衣以文繡，食以芻菽，及其牽入於太廟，雖欲為孤犢，其可得乎？』

《孟子》曰：臣聞胡齕云：『王坐於堂上，有牽牛而過堂下者。王見之，曰：「牛何之？」對曰：「將以釁鐘。」王不忍其觳觫，欲以羊易之。是見牛而不見羊也。』

《晏子春秋》曰：今公之牛老於欄牢，不勝服也；車蠹於瓦石，不勝乘矣。

《列子》曰：宋人有好行義者，三世不懈。家無故而黑牛生白犢，以問孔子。孔子曰：『杆吉祥也。』以享上帝。居一年，其父無故而盲。牛又複生白犢，其父令其子問孔子，孔子曰：『吉祥也。』複以祭。居一年中，其子又盲。其後楚攻宋，圍其城，民易子而食之，折骸而炊之。丁壯皆乘城，戰死者大半，此人父子有疾，皆免也。

《呂氏春秋》曰：昔葛天氏之樂，三人操牛尾，投足以歌八闋。注事具樂部。

又曰：使烏獲疾引牛尾，尾絕簾豫而牛不行，逆也。使五尺豎子引其棬，而恣所之，順也。

又曰：亂國之妖，有牛馬言。

《韓子》曰：商太宰常使庶子行市，還云市門多車。太宰召市吏問曰：『市何多牛馬耶？』吏怪太宰是神知。

又曰：詹何坐，弟子侍，有牛鳴於門外。弟子曰：『是黑牛也，而白在其蹄。』詹何曰：『然，黑牛也，而白在其頭。』使人視之，果黑牛而以布裹其角。

《尸子》曰：夫龍門，魚之難；太行，牛之難；以德報怨，行之難也。《淮南子》曰：牛歧蹄而戴角，馬被髦而全足者，天也。絡馬之口，穿牛之鼻者，人也。

又曰：剝牛皮鞟以為鼓，正三軍擲賁，然為牛計者，不若服軛也。

又曰：城上視牛，如羊如豕，所居高也。

又曰：戴角者無上齒，無角者膏而兌前，豕馬之屬前小。有角者脂而兌後。牛羊後小。

又曰：季春之月，乃合騾牛騰馬，遊牝於牧。

又曰：取牛膽途熱釜，即鳴矣。

又曰：牛膽途目，莫知其誰。注曰：『取八歲黃牛膽，滾獰咽寸著膽中，百日以成。因使巧工刻，像人丈夫，著目下；為女子，著頭上；為小兒，著頤下。盛以五彩囊。先宿齋，無令人知也。』

《尹文子》曰：語曰：『好牛不可察也。』好則物之通稱，牛則物之定形。以通稱隨定形，不可不察也。重白而憎黑，嗜甘而逆苦，能定名則萬事不亂也。

《卞子》曰：郭林宗謂仇季智曰：『子常有過否？』季智曰：『吾常飯牛，牛不食，搏牛一下。』

《說苑》曰：秦穆公使賈人載鹽征百裏奚，諸賈人以五羖羊之皮，將車之秦。秦穆公觀鹽，見百裏奚牛肥也，問何以致此，對曰：『臣飲食以時，使之不以暴，有險，先後之以身，是以肥也。』穆公知其君子也，乃以為上卿。

《張溫自表》曰：昔百裏奚賢，秦穆公欲幹之。繆公好牛，奚因賃官以養牛。蹄上，垂肉三寸。公使禽息行牛，息入言之，公不信，怒。息複言之，公又怒。吏曰：『再怒其主，罪當刖，使守門。』公出，禽息跪而請之曰：『夫養牛者，願君勿忘也。』公乃問百裏奚，奚曰：『臣之長非養牛者也，乃養民也。』公視牛，察之，則賢人也，遂與同車而出，謝禽息。息曰：『所以不世者，君未知客也；今已知之矣。』乃觸門而死。

《抱朴子》曰：南方水牛，無冬夏常臥雪中。

又曰：智禽銜蘆以逆網，水牛結陣而卻虎矣。

《說苑》曰：齊桓公出獵，逐鹿入山穀中，見一老父，問曰：『杆何穀也？』曰：『愚公之穀。』曰：『何也？』曰：『畜牸牛，子大，賣之買駒。少年曰：「牛不能生馬」，遂持駒去。旁人聞，以臣為愚，因以為穀也。』管子曰：『杆臣之過也。使堯在上，皋陶為大理者，安有取人駒乎？』

《論衡》曰：十圍之牛，為牧豎所驅。

又曰：牡馬見雌牛，不相合者，異類也。

《風俗通》曰：賣牛勿握角，令不售。案恐觸人，人不取也。

又曰：秦昭王使李冰為蜀守，開成都兩江溉田。江神歲取童女二人為婦，冰自以其女與神為婚。徑至神祠，勸神酒，杯但澹淡不耗，笨灑聲責之，因忽不見。良久，有兩蒼牛鬥於岸旁。有頃，冰還，流汗，謂官屬曰：『吾鬥大極，不當相助耶？南向，要中正白者，我綬也。』主簿刺殺北面者，江神遂死。

又曰：丁壯小犢，跳梁弄角。飲水數石，生芻十束。當風露夜，至死不曲。

《博物志》曰：介葛盧聞牛鳴，知生三犢，盡為犧牲。嵇叔夜以為無此，皆先儒妄說。

又曰：蜀牛不施繩，右前曰『排』，左側曰『綱』，而牛解人語。

又曰：九真有神牛，生溪上裏。時時共鬥，即海沸而昏，或出鬥岸上，人家牛皆怖。人或遮捕，即霹靂。號曰神牛。

《洞林記》曰：義興叔保得傷寒，垂死，令郭璞占之，不吉，令求白牛厭之，求不得。璞為致之，即日白牛從西來，逢叔保，大驚，遂病差。

《語林》曰：宋岱為青州刺史，禁淫祠，著《無鬼論》。有一書生，葛巾，修刺詣岱曰：『君絕我輩血食二十餘年，君有青牛、髯奴，所以未得相困耳。奴已叛，牛已死，今日得相制矣。』言絕而失。明日而岱死。

《郭子》曰：蒲奮字武林，高平人，畏風。在晉武帝坐，北窗有琉璃扇，實密似疏，奮有難色。帝乃笑之，奮曰：『臣猶吳牛，見月而喘。』

《述異記》曰：牛之不角者呼為犝牛。

《金樓子》曰：東海中有牛，剝其皮貫之，潮死戾則毛起，潮去則毛弓耳。

《諸葛亮集》曰：木牛者，方腹曲頭，一腳四足，頭入領中，舌著於腹。載多而行，少則否。宜可大用，不可小使。

《杜預奏事》曰：臣前在南，聞魏興西北山有野牛野羊。牛之大者二千斤，羊之大者千數百斤。

袁喬《江賦注》曰：吳時有錢約，釣於牛渚，獲一金鎖，引之則金牛泛然而出。約懼而舍，因以為名。

束皙《延遊賦》曰：乘露車以偃蹇，駕蘭單之疲牛。連縋索以為鞅，結斷緪而為鞘。

臧彥《駁牛賦》曰：殊相允備，名不虛假。偉質魁梧，骨奇形雅。竦若驚鹿，駔若奔馬。

又 卷九〇〇《牛下》

《逸士傳》曰：堯讓天下於許由，由逃之。巢父聞而洗耳於池濱。樊堅字仲父，牽牛飲之，見巢父洗耳，乃驅牛而還，恥令牛飲其下流。

《關中記》曰：周玄年，老子之度關，令尹喜先敕門吏曰：『若有老公從東來，乘青牛薄板車者，勿聽過關。』其日，果見老公乘青牛車求度關。吏入白之，喜曰：『諾，道今來矣！我見聖人矣！』即帶印綬出迎，設弟子之禮。

楊泉《物理論》曰：武帝拜少翁為文成，歲餘無效應。乃作帛以飲牛，陽言此牛有異應。殺而視之，得帛書。武帝識其手跡，其言妖怪，乃急窮竟其事，事急而首服。於是誅文成而隱其事。

《地鏡圖》曰：齊氣之見為牛。

《雲氣占》曰：趙雲如牛，北夷之氣如牛。

郭子橫《洞冥記》曰：玄封三年，大秦獻花蹄牛，高六尺，尾環繞角，生四耳。

又曰：玄封三年，大秦獻牛，善走多力。使輦銅石以起望仙宮，跡在石上，皆如花形。故陽關之外，有花牛津。

《英雄記》曰：董卓少常遊羌中，與豪帥相結。後更歸耕於野，諸豪帥有來從之者，卓乃為殺耕牛與之共宴樂。

皇甫謐《高士傳》曰：民有牛暴管寧田者，寧為牽著涼處，自飲食，還牛主。主得牛，大慚。

《先賢行狀》曰：王烈字彥光，通識達人。時國中有盜牛者，牛主得之，盜者曰：『我邂逅迷惑，從今以後交閱過。子既已赦宥，幸無使王烈知之。』人有以告烈，烈以布一端遺之。間年中，行路老父擔重，有人代擔行數十裏，欲至家，置之而去。問姓名，不以告。老父複行，失劍於路。有人行而遇之，欲置而去，懼後人得之，遂守擲戾暮。劍主還見之，即前擔人也。老父攬其袂曰：『子前跟吾擔，不得姓名。今子複守吾劍，未若子之仁者。請告吾姓名，吾將以告王烈。』乃語之而去。老父以告烈，烈曰：『世有仁人，吾未之見。』使人推之，乃昔時盜牛人也。

《廣州先賢傳》曰：羅威字德仁，南海番禺人。鄰家牛數入食其禾。既不可逐，乃為斷芻，多著牛家門中，不令人知，數數如此。牛主驚怪，不知為誰。陰廣求，乃覺是威。自後更相約率檢犢，不敢複侵威田。

《玄中記》曰：大月支及西胡有牛，名曰反牛。今日割取其肉三四斤，明日其肉已複，創即愈也。

又曰：萬歲樹精為青牛。漢桓嘗出遊河上，忽有一青牛從河中出，人驚走。太尉何公時為中尉將軍，有勇力，走逆牛。牛檻瀚，走還何，公以左手挽牛足，右手持斧斫牛頭而殺之。此青牛者，萬年之木也。

《嵩高記》云：山有大松或千歲，其精變為青牛。

《蜀王本紀》曰：秦惠王欲伐蜀，乃刻五石牛，置金其後。蜀人見之，以為牛能大便金，蜀王以為然。即發卒千人，使五丁力士拖牛成道。致三枚於成都。秦道得石牛力也。後遣丞相張儀等隨石牛道伐蜀也。

楊龍驤《洛陽記》曰：石牛在城西。石虎當衰，石牛夜唤，聲聞三十裏。

事奏虎，虎遣人打落牛兩耳及尾，以鐵釘釘四腳。今具存。

劉道真《錢塘記》曰：明聖湖有金牛，常有見者，神化莫測，遂以名湖。

《涼州異物志》曰：有水牛育於河中。

《鬱林異物志》曰：周留者，其實水牛，蒼毛豕身，角若擔矛，衛護其犢，與虎為讎。

又曰：周留牛，毛青大腹，銳頭青尾，其狀似豬。

《齊地記》曰：端慍牛島上，常以五月，海牛產乳。海牛形似牛而無角，騂色，虎聲，爪牙亦如虎。腳似鼉魚，尾似鯰魚，尾長尺餘。其皮甚軟，可供百用。牛見人奔入水，以杖擊鼻則得之。

史苓《武昌郡記》曰：武昌牛崗，古老相傳，云有金牛出此。今半已崩破，坑大數十丈，牛因躍出，踐崗邊石，遺跡尚在。

常璩《華陽國志》曰：牛飲水者，昔程鄭於此飲牛，江為之竭，因以為名。

劉欣期《交州記》曰：九真居風山，夷人與一嫗向田，見金牛出食，斫得鼻鎖，長丈餘。後人往往見牛夜出，光曜數十裏也。

盛弘之《荊州記》曰：燕尾洲南有龍、龐二洲，二洲之間，舊云多異魚，而投罟揮網，輒便掛絕。有水客沉而視之，見有石牛二頭，常為網害，故網絕焉。

酈道玄注《水經》曰：陽城東八十裏，有牧牛山，下有九十九泉，即滄河之上源也。耆舊云：山下本有百泉競發，有一神牛駭身，自山而降下飲泉竭，故山得其名。

裴氏《廣州記》曰：有石牛，每旱，殺牛以血和泥，泥石牛背，既畢則雨，洗牛背泥盡方止。

顧微《廣州記》曰：陽縣裏民有一兒，年十五六，牧牛。牛忽舐此兒，隨所舐處，肉悉白淨而甚快，遂聽牛日日舐之。兒俄而病死，其家葬兒，殺此牛以供賓客。凡食此牛肉者，男女二十餘人悉變為虎。

竺法真《登羅山疏》曰：增成縣南有烈青洲，洲南又有牛潭，漁人見金牛常出水盤石上。義熙中，縣民張安釣此潭，於石上躡得金鎖，大如指，長數十尋，尋之不已。俄有物從死晷引之，力不能禁。以刀斫斷，惟得數尺，遂致大富。後義興周靈分亦好釣，常見此牛寢伏石上，旁有金鎖。往掩之，得二丈許，遂以財雄為南江都尉。

祖臺之《志怪》曰：荀晞為兗州鎮，去京師五百裏。有貢希珍異食者，欲貽都邑親貴。慮經信宿之間複鮮美，募有牛能日行數百裏者，當厚賞之。有人進一牛，云此一日行千裏。晞乃命其丁車、善馭、書疏，發遣。旦發，日中到京師，取答書還，至一更始竟便達。晞以其駿快，筋骨必將有異，遂殺而觀之。亦無靈異，惟見雙筋如小竹大，自頭挾脊著肉裏，故外不覺也。

又曰：陶太尉微時，喪當葬，家貧，親自營作磚。有一班牸牛，載磚已至，忽然失去。便自尋覓。忽於道中逢一老翁，問云：『君欲何所覓？』太尉具答。叟舉手指云：『向於山崗上見一牛眠山圩中，必是君牛。此牛所眠處，便好作墓安墳，當致極貴，小複亦當位極人臣，世為方嶽矣。』又指一山云：『杄山亦好，但不如向耳，亦當世出刺史也。』言訖便不複見。太尉墓之，皆如其言。

劉敬叔《異苑》曰：餘以義熙十三年為長沙景王驃騎參軍，在西州得一黃牛，時將貨之，便晝夜銜草不食，流淚瘦瘠。

又曰：即墨有古塚。或發之，有金牛塞埏門，不可移動，犯之則殉也。

《異物志》曰：合浦牛如橐駝。案，項上有特骨，大如複鬥。足健疾，其行如馬，日行三百裏。

《列仙傳》曰：陽都女者，市上酤酒家女也。生而眉連耳，細而長。眾以為異，皆言此天人也。會犢子牽一黃犢來過，都女悅之，遂留相奉侍。都女隨犢子出取桃，一獸而反。

郭季產《集異記》曰：兗州人舡行，忽見水上有浮鎖。牽取，得數十許丈，乃得一白牛，與常牛無異，而形甚光鮮可愛。人知是神物，乃放之。牛於是入水，鎖亦隨去。

干寶《搜神記》曰：晉大興玄年，武陽太守王諒牛生子，一頭、八足兩尾，而共一腹。

又曰：武都故道有怒特祠，上生梓樹焉。秦文公二十七年，使人伐之，樹創隨合，經日不斷。文公乃益發卒，持斧者四十人，猶不斷。士疲還息，其一人傷足，不能去，臥樹下。聞鬼相與言勞乎攻戰。其一人曰：『何足為勞？』又曰：『秦公必將不休，如之何？』答曰：『秦公其如予何？』又曰：『赭衣，灰坌子，如之何？』默然無言。臥者以告。於是令工皆衣赭，隨斫創坌以灰，樹斷，化為牛。使騎擊之，不勝。或墮於地，髻解被發，牛畏之，乃入水不敢出。故秦自是置旄頭騎。

劉義慶《幽明錄》曰：巴丘縣金崗以上三十裏，世名黃金瀨。古有釣於潭，獲一金鎖，引之滿一舡。金牛出，聲貌奔壯，奮躍還潭，鎖久乃盡，釣人刀斫得數尺。故潭瀨取名。

又曰：桓玄時牛大疫。有一人食死牛肉，因得病亡，複生。云初死時，見一人執籙將至天上，有一貴人問云：『杆人何罪？』對曰：『杆人坐食疫死牛肉。』貴人云：『今須牛以轉輪，肉以充百姓，何故複殺之？』催遣還。

又曰：桓玄在南郡國第居時，出詣殷荊州，於鵠穴逢一老公，驅青牛，形色怪異。桓即以所乘馬易牛，乘至零陵，駃疾非常。因思息駕飲牛，牛逕入水不出。桓遣人覘守經日，絕跡也。

又曰：玄嘉中，益州刺史吉翰遷為南徐州。陷甓蜀中載一青牛。每常自乘，恒於目前養視。翰遘疾多日，牛亦不肯食。及亡，牛流涕滂沱。吉氏喪未還都，先遣驅牛向宅，牛不肯行。知其異，即待喪。喪既下舡，便隨去。

又曰：桓沖鎮江陵。正會夕，當烹牛，牛忽熟視帳下都督甚久，目中泣下。都督咒之曰：『汝若能向我跪者，當啟活也。』牛應聲而拜，眾甚異之。都督複謂曰：『汝若須活，遍拜眾人者，直往！』牛殞涕如雨，遂拜不止。值沖醉不得啟，遂殺牛。沖醉止得啟，沖聞之歎息，都督痛加鞭罰。

又曰：護軍琅琊王華，有一牛，甚快。常乘之，齒已長。華後夢牛語之曰：『衰老不複堪苦載，載二人尚可，過此必死。』華謂偶爾夢，與三人同載，還府，此牛果死。

《神仙傳》曰：吳有徐隨，居丹徒。左慈過隨門下，有宿客六七欺慈云：『徐公不在。』慈去，客皆見牛在楊樹杪，車轂中皆生荊木，長一二丈。客懼，入報隨，隨曰：『杆左公也。』遣追之。客乃逐慈，叩頭陳謝。客還，見牛故在弋，轂中亦無複荊木也。

郭義恭《廣志》曰：麒牛似鹿，又似牛，肉美皮溫，常幢莽濱也。滇音顛。

《宣驗記》云：天竺有僧，養一牸牛，日得三升乳。有一人乞乳，牛曰：『我前身為奴，偷法食，今生以乳饋之。所給有限，不可分外得也。』

《嶺表錄異》曰：自瓊至振多溪澗，澗中有石鱗次，水流其間。或相去二三尺，近似天設，可躡之而過。或有乘牛過者，牛皆促斂四蹄，跳躍而過，或收打隨流而下，見者皆以為笑。彼人諺曰：『跳石牛骨碌，好笑又好哭。』

又曰：瓊州不產驢馬，人多騎黃牛，亦飾以鞍韉，加之銜勒。可騎者即自小習其步驟，亦甚有穩快者。

宋 陳彭年《重修玉篇》卷二三《牛部》 牛，魚留切，大牲也，黃帝服牛乘馬。牡，莫後切，飛曰雌雄，走曰牝牡。㸵，古郎切，特牛赤色也。牝，毗忍、脾死二切，牝牡也。畜母也。犢，徒木切，牛子也。特，徒得切，牡牛也。又獨也。犆，同上，又池力切，見《禮記》。犻，布外切，牛體長，又二歲牛。犙，山含切，又且含切，三歲牛。牭，思二切，四歲牛，又牛很也。犕，籀文。犗，加敗切，騬牛也，騰也。牻，莫江切，亂也。雜色牛也。犣，力薑切，牻牛也。犡，力勢、力大二切，牛白脊也。犐，達胡切，黃牛虎文也。犖，力角切，駁牛也。㸿，力拙切，牛白脊。抨，普耕切，牛駁如星也。犥，普沼扶表，普稾三切，牛色不美澤。又牛黃白色。犉，而純切，黃牛黑脣也。犨，五角切，白牛也。犦，同上，又五沃切。犟，居良切，白牛也。牧，他刀切，牛徐行。犃，古訝切，犃車也。籀文駕。犫，尺由切，牛息聲，又牛名，又出也。犨，同上。牟，亡侯切，牛鳴也。又姓也，大也，愛也，取也，奪也，過也，倍也，進也，首也。犍，史簡切，畜牲犍。牲，史京切，三牲牛、羊、豕。牷，疾緣切，體完也。牿，古督切，牢也。牽，口田切，引前也。又挽也。速也，連也。牢，來刀切，牲備也，廩也，又堅也。犓，測俱切，養牛羊也，今作芻。犕，皮祕切，服也，以鞌裝馬也。又牛八歲也。犟甫胃切，兩壁耕。犂，力兮切，耕具也。犞，徒刀、充刀二切，牛、羊無子。牴，丁禮切，觸也，畧也。大牴言大畧也。角牴雜技樂也。或作觝。衛，丸綴切，牛蹄也。犤，五殄、胡結二切，牛狠不從。又大皃。牼，胡耕、口耕二切，牛膝下骨。牞，巨禁切，牛舌病也。或作趻。犀，先兮切，獸似牛也。堅也，棲遲或作犀。犛，眉隕切，獸似牛蒼黑，出黃山。物，亡屈切，凡生天地之間皆謂物也，事也，類也。牣，而振切，滿也，益也。犧，欣宜切，純色牛。犞，子各切，牛肉重千斤，出華陰山。犘，陌瓜切，牛名。犦，步角切，犎牛也。犤，平為、平渦二切，牛名又音陂。犑，公覓切，牛名見《爾雅》。犩，牛威、牛畏二切，牛名。犣，力涉切，牛名。犺，徐救切，牛眼黑。犚，於貴切，牛名。犈，奇員、居辨二切，牛耳黑。犌，古瑕切，牛有力。犪，為乖切，獸似牛，四角人目。犝，餘鍾切，牛肤領。犤，力追切，求子牛犕似。犑，似訓切，牛行遲。犐，奴多切，獸似牛。犎，甫容切，野牛也。犕，方韋切，獸似牛一目。犍，居言切，犗也，獸似豹，人首一目。犠，同上。牠，徒和切，或作駝。犕，徒的切，特牛。犃，步後切，雄也。短頭牛。犃，式夜切，馬名。亦作駼。犦，普角切，特牛也。犎，示勢切，一角仰也。或作犦。牸，疾利切，母牛也。犐，苦戈切，無角牛。牬，呼口切，牛鳴也。亦作呴。牰，如腫切，水中牛。犍，幾隱切，善也，柔也。犝，徒東切，無角牛，亦作驤童。牸，思營切，赤牛，亦作騂。犤，魚袁切，獸似牛三足。犕，甫防切，良牛名。日行二百裏，人云犎駝。犇，補門切，牛驚。犨，書尤切，牛。犜，音敦，牛也。⿰牛秦，音秦，牛名。⿰牛唐，徒郎切，牛名。⿰牛堂，同上。⿰牛軍，音暉犂，牛頭。⿰牛曾，音繒，牛。⿰牛隹，赤唯切，牛。牨，古郎切，水牛。⿰牛倉，七岡切，牛名。牞，居求切，牛大力。⿰牛求，音虯，牛角皃。⿰牛嬰，音嬰，牛也。⿰牛尋，音尋，牛也。⿰牛冘，直深切，水牛。⿰牛令，郎丁切，牛名。⿰牛斤⿰牛斤，二同呼今切，出神咒。⿰牛憂，而小、而照二切，牛柔謹也。從也，安也，又馴也。《尚書》擾而毅字如此。⿰牛憂，同上。⿰牛夆，音峯，牛也。⿱刃牛，音初，牛角。⿰牛堯，魚小切，獸名，又音鐃。⿰牛俞，音臾，黑牛。⿰牛虫，呼乖切，獸名。⿰牛丕，符悲切，使牛聲。⿰牛孚，音浮，牛黑脣。⿰牛虘，七古切，使牛也。⿰牛區，烏口切，特牛也。又去句切。⿰牛后，烏後切，又烏遘切。⿰牛口，同上，又音口。牳，莫厚切，牛。⿰牛眚，烏猛切，喚牛聲。⿰牛矣，音俟，牛。⿰牛鬼，於鬼切，牛。⿱大牛，音去。牯，姑戶切，牝牛。牢，音宄，牛也。牯，同上牛聲。⿱舉牛，音秩，人姓。⿰牛兆，音兆，人姓。⿱龹牛，苦桊切，牛鼻棬。犒，苦到切，餉軍與犒同。⿰牛半，牛眷切，牛件也。⿱比牛，音譬，牛具。⿰牛鬼，匹計切，牛。⿱殸牛，占候切，取牛乳。⿰牛氣，音餼，牛病。⿰牛介，音介，牛四歲也。⿰牛夭，他見切，餧牛草。⿰牛劦，音葉，牛健。⿰牛舌，大果切，又音嶽。特，音特，牛也。⿰牛習，音拉，牛牴。⿰牛厥，音橛。⿰牛骨，音骨，牛也。⿰牛角，昌欲切，牴人也。⿱鞠牛。巨六切，牛。

又《犛部》 犛，莫交切，獸如牛，而尾長，名曰：犛牛。又力之切，又牛黑色。氂，莫袍切，犛牛尾，或作旄。斄，力之切，強曲毛也。千毫也，古文作庲，或作料，又力才切。

宋 文彥博《潞公集》卷二二《乞罷河北預顧車牛》 臣勘會本道所管八州內，懷衛屬河北西路，近累淮西路轉運司牒准朝旨逐將下合用太平車一百六十乘，並牛畜於逐將所領軍馬往營州軍，預令民間結保承認，遇兵行日，量支顧錢隨軍前去。民間聞之，將為官軍不測便有舉動，頗亦驚擾。況河北人戶例有車牛，乃是民間日用之物，兼逐將所須車牛馬，其數不多，緩急或顧或差，旦暮可集，不誤軍期。乞更不須預令民間結保承認，免致先有煩擾。取進止。

澶、魏、博州三將會用車牛，東路轉運司並不曾行下逐州，必是別有擘畫，亦恐民間煩擾。若遇兵行於民間，顧倩車牛，人情必不敢避免，即未明所出車牛之家，至時更合備人力隨行否，此一事，人情所憚，如不用逐家人力隨行，亦乞明降指揮。

宋 吳曾《能改齋漫録》卷一四《景公反鷇齊王易牛》 《說苑》：齊景公探雀鷇鷇弱，故反之。晏子聞之，不待請而入見。景公曰：我探雀鷇，鷇弱，故反之。晏子逡巡北面再拜而賀曰：吾君有聖王之道矣。景公曰：寡人探雀鷇，鷇弱，故反之，其當聖王之道何也。晏子對曰：君探雀鷇，鷇弱，故反之，是長幼也，吾君仁愛，禽獸必加焉，而況於人乎，此聖王之道也。此與《孟子》所載齊宣王以羊易牛之事同。蓋孟子以宣王是心足以王矣。者其說本於晏子也。

宋 陸游《渭南文集》卷二九《跋韓晉公牛》 予居鏡湖北渚，每見村童牧牛於風林煙草之間，便覺身在圖畫。自奉詔紬史，逾年不復見此，寢飯皆無味。今行且奏書矣，奏後三日，不力求去，求不聽輒止者，有如日。嘉泰癸亥四月一日，笠澤陸某務觀書。

宋 岳珂《桯史》卷一二《猫牛盜》 餘辛未歲，官中都，居旌忠觀前。家素蓄一青色猫，善咋鼠，家人鹹愛之。一日正午，出門即逸去，購求竟不獲。又憶總角時，先夫人治家政，城南有別墅，一牯甚腯，為人所盜，先夫人不欲擾其鄰，弗捕。既而有言湖中民分肉不均，群鬥而訟在邑，餘時尚幼，家無紀綱，僕莫能弊，訟又弗問。從邑中自斷，後推其月日，乃同一夕，蓋遠在百裏外，牛舉趾緩，迄不知何以致也。它日，餘閑以問客，有能知閭裏之奸者，為餘言內北和寧門，實有肆其間，號曰『鬻野味』，直廉而肉豐，市人所樂趨。其物則市之貓犬類也，夜買犬負而趨，猶幸不遇人；若貓則皆晝攫。都人居淺隘，貓或嬉敖於外，一見不複可逅，每得之，即持浸戶外防虞缸桶中，貓身濕輒舐，非甚幹不已，以故無鳴號者。有見而遂之，則必問以毛色，自袖出其尾，皆非是。傳聞其手中乃有十數尾，視其非者而出之，都人習尚不窮奸，雖知其盜，以為它人家貓，則亦不問也。夜則皆入於和寧之肆，無遺育焉。牛嗜鹽，盜者持一鉤、一竿、一繩，竿通中，行則為杖策，而匿鉤繩於腰間，見者固莫疑其聯。伺夜入欄，手鹽以飼牛，牛引舌，則鉤之。夙導繩通中，急趣其杪，牛負痛，欲觸則隔竿之長，欲鳴，則礙鉤之利。鉤者奔，牛亦奔，故雖數舍直一瞬耳。又它日，以質之捕吏之良者，道盜之智甚悉，所聞皆信然。嗟夫！盜亦人耳，使即此心以喻於義，夫孰能禦哉。一有所移，而用止於是，觀者亦思所以用者而擇焉，斯可矣。

宋 陳孔碩《乞下二廣收販牛稅奏》《宋會要輯稿·食貨一八》 二廣州郡收販牛稅，其來久矣。近因漕臣有請，始蠲罷之。然贛、吉之民，每遇農畢，即相約入南販牛，謂之作冬。初亦將些小土布前去博買，及至買得數牛，聚得百十人，則所過人牛盡驅入隊。南人力弱衆少，則坐視而不敢問，力彊衆多則互相鬥殺，閒被官司捕去，按法施行，則是販牛者少，因而行劫者多。

近到廣西，多言湖南北人來廣西販牛，爲害有素。自奏罷收稅之後，來者愈多，爲患愈甚，而州郡驟失此項稅錢，力遂困乏。臣以爲欲弭此害，合令販牛之人，先經所屬州縣具同伴人數與買牛數若幹，量立節限，使互相委保，判給公據而來。內有一名行劫，保人同罪。所過津務，特與減半收稅，批鑿公憑，前路爲照。既不絶其興販，又可少殺其黨與剽劫之勢，州郡復得向時賦入，則責之募足闕兵，其又何辭！乞下二廣監司州郡，許照舊例收牛稅外，更加優恤施行。

宋 釋惠洪《石門文字禪》卷二七《跋百牛圖》 畫工能爲神鬼之狀，使人動心駭目者，以其無常形，無常形可以欺世也，然未始以爲貴。唯犬馬牛虎有常形，有常形故畫者難工。世之人見其似，則莫不貴之。畫牛之法，徑寸者不刷毛。予觀此圖，非特入法，凡百尾喜怒，俯仰小大，伏立趨並，浮鼻荷癢，盡其情狀。意非畫師，殆高人韻士以寓其逸想耳。予老住江村，而比道林嶽麓之富，其牛每以穀量。日夕蓋拾礫追逐，叱叱於田畝之中，厭飫矣。而全美乃以此軸爲示，何哉？予以湘西之雲塢爲畫笥，則全美必以此圖爲怍。

宋 劉克莊《後村先生大全集》卷一〇二《跋戴崧牛》 曹霸、韓幹以畫馬遇開元天子，崔白以工翎毛待詔熙寧，易元吉以畫猿蒙光堯賜詩。戴牛雖妙，乃未爲人主賞識，若非吾輩田舍漢，殆無人領略此黑牡丹也。

宋 謝維新《事類備要・別集》卷八二《畜産門・牛》 《格物總論》：牛大牲數種。赤色曰騂剛，黃色曰犉，白色曰㸌，黑色曰犛，純色曰犧牷，雜色曰牻。惟水牛青色，犢一歲牛㸺，二歲牛㹈，三歲牛犙，四歲牛牭，八歲牛也。牛母為牸，牛父為牯。

《事類》**巢父牧。** 堯以天下讓巢父。巢不受曰：君之牧天下，亦猶餘之牧孤犢，君牧天下，是各有其所牧矣，焉用惴惴然，以所牧而與餘，餘無用天下為也。於是牽犢而去。《符子》**巢父飲。** 巢父堯時隱人，年老以樹為巢，而寢其上，故人號為巢父。堯之讓許由也，由以告巢父。巢父曰：汝何不隱汝形，藏汝光，非吾友也，乃擊其膺而下之。許由悵然不自得，乃遇清泠之水，洗其耳，拭其目，曰向者聞言，負吾友。遂去，終身不相見。樊仲父牽牛——之見巢父洗耳，乃驅牛而還。令牛飲其下流也。《逸士傳》**牧於野。** 武王牧牛——桃林之野。《書・牧誓篇》**降於阿宣王。** 考牧，誰謂爾無牛，九十其犉。爾牛來思，其耳濕濕。或降於阿，或飲於池。**茁壯長。** 孔子嘗為乘田，委吏曰：牛羊茁壯而已矣。孟**謝拯溺。** 子路拯溺其人拜之以牛，子路不受。孔子曰：魯人必不拯溺矣。**乘牛度關。** 周元年，老子之度關，令尹喜先勑門吏曰：若有老公從東來。乘青牛薄板車者，勿聽過關，其日果見老公乘青牛求度關。吏入白，之喜曰諾，道今來矣！我見聖人矣。即帶印綬出迎，設弟子之禮。《關中記》**牽牛蹊田。** 楚子為陳夏氏亂故，伐陳。殺夏徵舒，因縣陳，申叔時使於齊，復，命不賀而退。王使讓之對曰：抑人有言曰：牽牛以蹊人之田，而奪之牛。牽牛以蹊者，信有罪矣，而奪之牛，罪已重矣。諸侯之從，討有罪，今縣陳，貪其富也。無乃不可乎？王曰：善！左宣十一。**牽牛釁鐘。** 齊宣王坐於堂上，有牽牛而過堂下者，王問之曰：牛何之。曰：將以釁鍾。《孟・梁王上》**飯牛叩角。** 甯戚飯牛車下，叩角而長歌曰：南山粲，白石爛，生不逢堯與舜禪。短布單衣纔至骭，長夜漫漫何時旦。桓公聞之，舉以為相。《琴操》**百裏飯牛。** 百裏奚未遇時也，飯於秦，鬻以五羊之皮。公孫得而獻諸繆公，繆公用之，謀無不當，舉必有功。《呂氏春秋》**猗頓畜牛。** 猗頓，魯之窮士。聞朱公富，徃問術焉。告之曰：子欲速富，蓄五牸。乃適西河，大畜牛羊於猗氏之南，十年之間子息萬計，貲擬王公。《叢子》**庖丁解牛。** 庖丁為文惠君解牛，曰：臣之刀十九年，所解千牛，而刀刃若新。彼節者有間，而刀刃無厚，以無厚入有間，而恢恢乎其投刃必有餘地。是以十九年而刀刃如新。《莊子》**石牛伐蜀。** 秦惠王欲伐蜀，乃刻五石牛，置金其後，蜀人見之，以為牛能便金。有養卒以為此天牛也。能使便金，蜀王以為然。即發卒千人，使五丁力士拖牛成道。置三牧於成都。秦得道通石牛力也。後遣丞相張儀等隨石牛道——蜀。《紀》**火牛擊燕。** 騎刼攻即墨田，單取牛千頭，衣以五彩，束刃其角，縛火其尾，穿城而出牛，壯士五千銜枚隨其後。牛出火明，所觸皆死，壯士因擊之，燕師大敗，遂收齊城。**生犢曰吉。** 宋人有好行義者，三世不懈，家無故而黑牛生白犢，以問孔子。孔子曰：此吉祥也。以享上帝。居一年，其父無故而盲。牛復生白犢，居一年，其子又盲。後楚攻宋，圍其城，民易子而食之，析骸而炊之。丁壯皆乘城，戰死者火半，此人父子有疾，皆免。《列子》**射牛不中。** 賈堅彎弓三石餘，烈祖以堅善射故親試之，乃取一牛置百步，外召堅射，曰：能中之乎？堅曰：少壯之時能令不中，今已年老正可中之。恪大笑。射發一矢拂脊，再一矢磨腹，皆附膚落毛，上下如一。格曰：能復中乎？堅曰：所貴者，以不中為奇。中之何難？一發中之，觀者鹹服其妙。崔鴻《十六國春秋・燕語》**賣刀買犢。** 龔遂為渤海太守，民有帶刀劒者，使賣劒買牛，賣刀買犢，可謂帶刀佩犢矣。《本傳》**觸墻成字。** 鄭玄家牛觸牆成八字。《白集注》**逢人逐牛。** 丙吉為相，出，逢死傷橫道，過之不問，前行。逢人逐牛，牛喘吐舌。使問逐牛行幾裏矣，掾吏謂前後失問。吉曰：民鬭相殺傷，長安令京兆尹職所當禁捕，宰相不親小事，非所當問，方春未可大熱，恐牛行近用暑故喘。三公典，調和陰陽職當憂，是以問之。《本傳》**還裏乘牛。** 封君達少好道，入鳥鼠山百餘年，還鄉裏常乘青牛。故謂青牛道士。**乘槎而見。** 舊說：天河與海道通，近世有人居海渚者，年年八月有浮槎去來，不失期。人有寄志，立飛閣於槎上，多齎糧，乘槎而去。十餘月，至一處，有城郭狀屋舍甚嚴，遙望宮中有織婦。見一丈夫牽牛，渚次飲之。牽牛人乃驚問曰：何由至此？此人為說來意，並問此是何處。答曰：君還至蜀都，訪嚴君平，則知之。竟不上岸，因還如期。後至蜀，問君平。曰：某年某月，有客星犯牽牛宿。計年月，正是此人到天河時也。張華《博物志》**見月而喘**。吳牛望見月而喘。劉義慶《世說》**認牛不辨**。劉寬嘗行，有人失牛者，乃於路就寬車中認之。寬無所言，下駕步歸。有頃，認者得牛而送還，叩頭慚謝。寬曰：幸勞見歸，何為謝也。**還牛大慙**。管寧，鄰有牛犯寧禾者，寧牽著涼處，自飲食，還牛主，其主得牛。**頭懸在門**。蜀蔣琬夜夢一牛，頭在門前，流血滂沱。趙直曰：見血者，事分明也。牛角及鼻公字之象，至當為三公，果為中書令。**目光在背**。王衍因宴集，為族人所怒，舉樏擲其面。衍初無言，引王導共載而去，然心不能平，在車中攬鏡自照，曰：爾看吾目光乃在牛背上。**方腹曲頭**。蜀諸葛亮復出祁山，以木牛運。木牛者，——，一腳四足，頭入領中，舌著於腹。載多而行少，宜可大用，不可小使。**探心作炙**。王愷之有牛名八百裏駮，常瑩其蹄角。王武子與射賭，得趣左右，探心作炙，一啖而去。**墜井不視**。褚彥同父湛之，有牛墜井，湛之率左右營救，彥回下簾不視。**去任見留**。魏時，苗為壽春令，初至縣，乘犢車駕，黃牸牛。方歲餘，生一犢，及去，犢留之曰：是爾土所生，由此知名。**盜殺訪牛**。晉周訪鄉人，盜訪牛於冢間殺之，訪得密埋其肉，不使人知。**盜殺舒牛**。郭舒雅行鄉人，盜殺舒牛，事覺，來謝。舒曰：君飢所以食牛，餘肉可共啖之，世人皆服。**婦家餉牛**。《梁傳》昭性篤，謹子婦嘗衍家，餉牛肉以進昭。昭召其子曰：食之則犯法，告之則不可，取而埋之，不負闇室如此。**叔射殺牛**。隋吏部尚書牛弘弟弼，好酒，而酗，常醉，射殺弘駕車牛。弘還宅，其妻迎謂弘曰：叔射殺牛。弘聞，無所怪問，直答曰：作脯。坐定，其妻又曰：叔射殺牛，大是異事。弘曰：已知。顏色自若，讀書不廢。**苦請不得**。後周孟信家貧，唯有一老牛，其兄子賣以供薪米契券。訖信適從外來，方知其賣，因苦買者曰：此牛先來有病，小用便發，君不須也。杖其兄子，買者嗟異良久——。**質所從來**。張允濟仕隋，為武陽令，元武民以牸牛依婦家者，久之，孳十餘犢，將歸，而婦家不與牛。民訴縣，縣不能決，乃詣允濟，允濟曰：若自有令，吾何與為民泣訴其抑。允濟因令左右縛民，蒙其首，過婦家，云捕盜牛者，令盡出民家牛，質所從來。婦不知，遽曰此婿家牛，我無與即遣左右撤蒙，曰：可以此牛還婿，婦家叩頭服罪。元武吏大慙。**禪師變牛**。大安禪師曰：安在溈山三十年，只看一頭水牯牛。若落路入草，便牽出。若犯人苗稼，即鞭撻，調伏既久，如今變作箇露地白牛，常在面前，終日馴擾依人趕，亦不去也。**戴文成牛**。貞元中，海鹽縣有戴文者，家富性貪，每鄉人舉債，必收利數倍。有鄰人與之交利，刻剝至多，鄰人積恨。數年文病死，鄰人家牛生一黑犢，脇下白毛，成字曰：戴文。閭裏鹹知，文子恥之，乃求謝，焉以物熨去其字，鄰人從之。既而文子以牛身無驗，乃訟鄰人妄稱生犢有字。追至官則白毛復出，但呼戴文。牛則應聲而至，鄰人恐文子盜去，夜則閉於別室，經數歲方死。《原化記》**牛角掛書**。李密聞包愷在緱山，往從之，以蒲薦乘牛掛漢書一帙角上，一手捉牛鞘一手翻書讀之。越公楊素見而奇之。**牛背書字**。陸羽幼時師使牧牛三十，羽潛以竹畫牛背為字。《六帖》**稱特處士**。寗茵假宿大僚莊南山下，月夜有叩關，稱桃林班特處士相訪，繼而南山班寅將軍來謁，茵為置酒。及明，視門外唯有牛蹄虎跡而已。《廣記》**此黑牡丹**。廣末劉訓者，京師富人。梁氏開國，嘗假貸以給軍。京師春遊，以觀牡丹為勝賞，訓邀客賞花，乃繫水牛數百在前。指曰：此劉氏黑牡丹也。**盜割牛舌**。包拯知天長縣，有訴盜割牛舌者，公使歸屠其牛鬻之。既而有告私殺者，公曰：何為割某家牛舌，而又告之，盜者驚服。**寗戚《相牛經》**。牛岐胡壽，岐牽兩腋下分為三。去角近。行駛，眼欲得大，眼中有白脈貫瞳子，最快。頸骨長且大，駛壁堂欲得濶胸股間也。倚欲得如絆馬，聚而正也。膺庭欲得廣，胷前天關欲得成，背□骨雋骨欲得垂，脊中央欲得下。蘭株欲得大，尾株。豐嶽欲得大，膝□骨。插頭欲得高，百體欲得垂，星欲得有怒肉，蹄上也，肉覆蹄間名怒肉。力柱欲得大而成，當車骨也。懸蹄欲得如八字，陰虹屬頸，陰虹者，有雙筋，自尾骨屬頸。陽鹽欲得廣，陽鹽者，夾尾株前兩膁上。常有似鳴者，有黃也。洞胡無壽，珠淵無壽，遊毛當目下也。上池有亂毛，妨主凶。上池角中也。身欲得促，形欲得如卷。大膁疎肋難飴。龍頭突目好跳。豪筋欲得成就。腳後□筋也。毛欲得短密，若長，疎不耐寒氣。尾不用至地。尾毛少骨多者有力。膝上肉欲得豎。角欲得細。鼻如鏡，則難牽。口方易飴，䝉府方易飴。【略】**劉禹錫嘆牛**。劉子行其野，有叟牽牛於蹊。偶問焉：何形之瑰歟？何足之病歟？今觳觫然將安之歟？叟攬縻而對云：瑰其形，飯之至也。病其足，役之過也。請為君畢詞焉。我僦車以自給。嘗驅是牛，引幹鈞，北登太行，南並商嶺，掣以迴之，叱以聳之，雖涉淖躋高，轂如蓬而輈如墳。及今廢矣，顧其足雖傷而膚尚腯，以畜豢之則無用，以庖視之則有贏，伊禁焉莫敢尸也。甫聞邦君享士，觴剛日矣。是往也，將要售於宰夫。餘屍之曰：以叟言之則利，以餘言之則悲，若之何？餘方饔，且無長物，願解裘以贖，將置諸豐草之鄉，可乎？叟輾然而咍曰：我之沽是，屈指計其直可以持醪而嚅肥，飴子而衣妻，若是之逸也。奚事裘為？且昔之厚其生非愛之也，利其力，今之致其死，非惡之也，利其財。子烏乎落吾事？劉子度是叟不可用辭屈，乃以杖叩牛角而嘆曰：所求盡矣，所利趍矣。是以員能霸吳屬鏤賜，斯既帝秦五刑具，長平威震杜郵死，彤下敵擒鐘室誅，皆用盡身殘，功成禍歸，可不悲哉！可不悲哉！嗚呼！執不匱之用而應夫無方，使時宜之，莫吾害也。苟物於形器，用拯則憂，明已。【略】**朱元晦跋《唐人暮雨牧牛圖》**予老於農圃，日親犂杷，故雖不識畫而知此畫之為真牛也。彼其前者卻顧而徐行，後者驤首而騰赴，目光炯然，真若相語以雨而相速以歸者，覽者未必知也。良工獨苦，渠不信然？延平餘無競出示此卷，卷中有劉忠定、鄒忠公題字，覽之並足使人起敬。而龍山老人，又先君所選士，而餘所嘗趨走焉者。俯仰存歿，為之慨然，因識其後而歸之。

又　詩集駕官車。牛官牛官駕官車，滻水岸邊般載沙。一石沙，幾斤重，朝載暮載將何用。載向五門官道西，綠槐陰下鋪沙堤。昨來新拜右丞相，恐怕泥塗污馬蹄。右丞相，馬蹄踏沙雖淨潔，牛領牽車欲流血。右丞相，但能濟人治國調陰陽，官牛領穿亦無妨。白樂天《官牛》。放江岸。江草秋窮似秋半，十角吳牛放江岸。隣肩抵尾乍依隈，橫去斜奔忽分散。荒陂斷塹無端入，背上時時孤鳥泣。日暮相將帶雨歸，田家煙火微茫濕。陸龜蒙《牧牛歌》。不怕猛虎欺。朝牧牛，牧牛下江曲。暮牧牛，牧牛村口穀。荷簑出林春雨細，蘆管臥吹沙草綠。亂插蓬蒿箭滿腰，不怕猛虎欺黃犢。李涉《牧牛詞》。又與騾驢走。只見吳牛事水田，不見黃犂負車軛。今牽大車同一羣，又與騾驢走長陌。昂頭潤步塵濛濛，不似緩耕泥拍拍。一一夜眠頭向南，越鳥心腸誰辨白。梅聖俞《出曹門見水牛拽車》。讀書牛不知。我昔在田間，但知矢牛。與羊川平牛背穩，如駕百斛舟。舟行無人岸自移，我坐讀書牛不知。前有百尾羊相隨，聽我鞭聲如鼓鼙。我鞭不妄發，視其後者而鞭之。澤中草木長，草長病牛羊。尋山跨坑穀，騰趠筋骨強。煙簑雨笠長林下，老去而今長見畫。世間馬耳射東風，悔不長作多牛翁。蘓子瞻《書晁說之考牧圖後》。掉鞭牛不觸。牧牛兒，遠陂牧。遠陂牧牛芳草綠，兒怒掉鞭牛不觸。澗邊柳古南風清，麥深蔽目田野平。塢犍礪角逐草行，老牸臥噍饑不鳴。犢兒跳梁沒草去，隔林應母時一聲。老翁念兒自攜餉，出門先上岡頭望。日斜風雨濕簑衣，拍手唱歌尋伴歸。遠村放牧風日薄，近村放牛泥水惡。珠璣燕趙兒不知，兒生但知牛背樂。張文潛《牧牛兒》。牧童歸去倒騎牛。細草煙深暮雨收，牧童歸去倒騎牛。笛中一曲昇平樂，算得生來未解愁。王元之《升平詞》。犢兒狂走先過浦。千裏煙草綠，連山雨新足。老牛飽朝饑，向來影觳觫。犢兒狂走先過浦，卻立長鳴待其母。母子為人實倉廩，汝飽不慚人愧汝。牧童生來日日娛，只憂身大當把鋤。日斜睡足牛背上，不信人間有廣輿。陳去非《題牧牛圖》。石帆山下買烏犍。老子傾囊得萬錢，石帆山下買烏犍。牧童避雨歸去晚，一笛春風草滿川。陸遊《買牛》。

宋 祝穆《事文類聚》卷三九《牛》 《羣書要語》犅特，牛父也。犢牛子也。犉，黃牛黑脣也。牷，純色牛也。《說文》周留水牛，毛青腹大。《廣志》童牛之牿元吉。《大畜》東鄰殺牛，不如西鄰之禴祭。《既濟》睆彼牽牛，不以服箱。《小雅》祭天地之牛角繭栗，宗廟之牛角握，賓客之牛角尺。《內則》諸侯無故不殺牛。《曲禮》郊牲用騂，尚赤也。用犢，貴誠也。《郊特牲》伐冰之家，不畜牛、羊。《大學》犂牛之子，騂且角，雖欲勿用，山川其舍諸。《論語》寧為雞口，毋為牛後。《史記》若九牛亡一毛。《司馬遷書》牛驥同皂。《鄒陽書》勤次七勞牽不得，其鼻於尾弊。《太玄經》詩句椎肥牛呼，牟九牛亡一毛，未在多少間。《牛戴寒鴉過別村》蘓迨

（淳熙）《新安志》卷二《畜擾》 黃牛，小而垂胡。色襍駮不正，黃土之所產，亦有從江西來者。

宋 佚名《錦繡萬花谷》卷三九《牛》 黑牛白角。犬戎胡觴，天子於雷首之阿，乃獻良馬四疋，天子使孔牙受，有黑牛白角也。

銳頭青尾，周留水牛也。毛青大腹，銳頭青尾。

四耳。元封三年，大秦獻花蹄牛，高六尺，尾環繞角生四耳。

東夷占骨。東夷之人，以牛骨占事，呈示吉凶，無往不中。牛非含智之物，骨有若此之效。

西河畜牸。猗頓，魯之窮士，聞朱公富，往問術焉。告之曰：子欲速富，畜五牸。乃適西河，大畜牛羊於綺氏之南，十年之間，子息萬計，貲擬王公。

飽乳犢子。唐賀若瑾眼皮急，項轅麤張鶩，號為飽乳犢子。

桃林處士甯茵，假大僚莊南山下，月夜有叩闔稱桃林班特處士相訪。繼而南山班寅將軍來謁，茵為置酒。及明視門外，惟牛蹄虎跡而已。

金犢子。麗帝師養一牸牛，一赤犢子，前後生五犢，得絹一百疋。及翻轉至萬疋時，號金犢子。

元 陰時夫《韻府群玉》卷一七 犢，《說文》牛子也，白犢，宋有行義者，三世黑牛生白犢。孔子曰：此吉祥也。居一年，其父盲。牛復生白犢，其於又盲。後楚攻宋，丁壯死者大半，此人父子有疾，皆免列。黑犢，劉毅樗蒲，餘人並黑犢。惟毅得雉詳，盧互見。雉犢。黃犢，眠分雉犢草荊公。孤犢，列禦寇。於見犧牛。手衣，以衣綉，食以芻菽，及牽入大廈，雖欲為雉犢得乎莊。三犢，愛之遠徙向幽穀。曳以三犢，載兩輪歐溪。大石詩去。國尚能三犢載坡。佩犢，龔遂為渤海太守，盜起，民有帶刀劍者，使賣劍買牛，賣刀買犢。曰何為帶牛佩犢本。留犢，魏時苗為壽春令，生一犢，|淮南本。舐犢。漢太尉楊彪子脩為曹操所殺，操見彪問曰：公何瘦之甚，曰：悔無日磾光見之明，猶懷老牛舐犢之愛，操為改容史。牧犢。堯以天下讓巢父，巢父曰：君之牧天下，亦猶予之牧孤犢，焉用惴惴。然以所牧而與予，予無用天下為也。牽犢而去。

明 盧和《食物本草》卷下 犍牛。黃者肉平。一云溫，無毒。一云微毒。消水腫，除熱氣，補虛損，益腰腳，強筋骨，壯健人。亦發藥，動病，黑者尤甚。俱不如水牛佳。頭、蹄主下熱風水氣，大癰腫，小便澁，患冷人勿食。腦主消渴，風眩肝。及百葉主熱氣、水氣、丹毒，解酒勞並痢。五臟主五臟，平三焦。骨髓溫，無毒。止吐衄、崩中帶下、腸風下血並水瀉。肚主消渴，風痃、補五臟。腎補腎髓，安五臟，平三焦，溫中。鼻通乳汁。莖主漏下、婦人赤白帶下、無子。牝牛不及牡牛，黑牛不及黃牛。獨肝及自死

者并瘴病後，皆不可食。又不可與黍米、韭、薤同食。

明 佚名《便民圖纂》卷一〇《買牛》 丙寅、丁卯、庚午、癸未、甲申、辛卯、丁酉、戊戌、庚子、庚戌、辛亥、戊午、壬戌，成收開日。及正月寅午戌，六月亥卯未日。忌血支、血忌。刀砧破。羣日。

又《納牛》 丙寅、壬寅、乙巳、辛亥、戊午，忌同上。

又《穿牛鼻》 戊辰、己巳、辛未、甲戌、乙亥、辛巳、乙酉、戊子、乙巳、乙卯、戊午、己未。忌刀砧，血忌。

又《教牛》 庚午、壬午、甲午、庚子、辛亥、壬子、甲寅。

（萬曆）《兗州府志》卷二五 牛。《説文》曰：牝牛曰㸔，牡牛曰牯。牛子曰犢，又，犢一歲牛也。㸬，二歲牛也。犙，三歲牛也。牭，四歲牛也。白黑雜毛曰牻，音尨。白脊曰犡。黄牛虎文曰㹃。音途。黄白曰犥。黄牛黑唇曰犉。白牛曰㩭。音□。黑色曰㹀。純色曰犧。牷全犨牛息聲也。一曰牛鳴。牛羊無角，曰㸷。牛羊角長，曰㸴。《記》祭宗廟之禮，牛曰一元大武，祭天地之牛角繭栗，宗廟之牛角握，賓客之牛角尺。《廣志》曰：水牛，毛青腹大，郊牲用特，尚赤也。用犢，貴誠也。《春秋》成公七年，鼷鼠食郊牛，改卜牛。鼷鼠又食其角，乃免牛。陸遊《買牛詩》：老子傾囊得萬錢，石帆山下買烏犍。牧童避雨歸去晚，一笛春風草滿川。李步《牧牛詞》朝牧牛，牧牛下江曲。暮牧牛，牧牛村口穀。荷簑出林春雨細，蘆管臥吹沙草綠。亂插蓬蒿箭滿腰，不怕猛虎欺黄犢。白樂天《官牛行》官牛官牛駕官車，產水岸邊搬載沙。一石沙，幾斤重，朝載暮載將何用。五門官道西，綠槐樹下鋪沙堤。昨來新拜右丞相，恐怕泥塗汙馬蹄。右丞相，馬蹄踏沙雖淨潔，牛領穿車欲流血。右丞相，但能濟人治國調陰陽，官牛領穿亦無妨。王元之題：細草煙深暮雨收，牧童歸去倒騎牛。笛中一曲昇平樂，再得生來未解愁。李家明託牛寓諷，曾遭甯武鞭敲角。又被田單火燎身，閑皆斜陽嚼枯草。近來問喘是何人？

清 段汝霖《楚南苗志》卷四《拳牛比馬》 苗地，交易牛馬為多。買牛不計老少，惟以拳數多寡，定其大小，而價值即以是為差等焉。其法，將竹篾於牛之前肋一圍，水牛計十六拳為大，黄牛以十三拳為大。謂之『拳牛』，計拳如比箭，每一把為一拳也。買馬亦論老少，以棍比置鞍處，從地數起，計高十三拳者為大。馬其少而拳多者為優。反是，為劣。謂之『比馬』，仍隨時低昂，不可概論也。又鎮筸苗人買馬，競有不計拳數，惟視年齒毛色以為軒輊者，亦與民間交易同也。

又《吃牛》 苗俗尚鬼，祭名匪一。而有所謂『吃牛』者，即民家報賽之意也。每歲亥、子兩月舉行。先一日，殺菜牛，倩苗巫擊竹筒叫號。謂之『做米鬼』。次日，宰母豬，擊竹筒，請神，謂之『做雷鬼』。第三日，殺公豬祭享，謂之『做總鬼』贖魂。第四日早，沒酒肉各五碗，米餅十二枚。苗語所滑粑粑。置火床，燒黄蠟為香，擊竹筒，搖銅鈴，祀祖。謂之『報家先』。然後，邀請親朋，鳴鑼擊鼓，迎請『牛鬼』。第五日申刻，於門前左、右各置一樁，用黑、白牛各一只，白者系右，黑者系左。男婦環繞，鳴金鼓，吶喊三聲。每牛用三人各持杆槍，從左肋刺之，且刺且走，以牛倒之向背定吉凶。云牛首向內，則吉，向外則凶。殺牛後，割腿饋親朋。胸膛送苗巫，牛首歸主家，餘肉及髒腑等物，煮食之，乃散。

清 張宗法《三農紀》卷八《牛》 **【典故】**《莊子》楚王聘莊子爲相，莊子應之曰：子見夫儀牛乎？衣以文繡，前以芻菽。養之牢筴之中，及其索人大廟，雖欲爲孤犢，豈可得乎。《唐書》李密嘗乘一黄牛，破以蒲韉，將《漢書》一帙掛牛角上，一手作牛靷，一手翻書讀之。尚書令越公楊素見於道，從後按轡躡之，既及，問曰：何處書生？躭惠若此。密識越公，下牛再拜，自言姓名。又問所讀何書？曰項羽傳。越公嘆服其志。《淮南子》：齊桓公郊迎客，甯戚餘牛車，下擊牛角爲商，歌曰：南山逢，白石爛，生不逢堯與舜禪，短褐單及適至靜，從昏飲牛薄夜半，長夜漫漫何時旦。桓公聞之曰：異哉！歌者非常人也，命後車載之歸。《逸士傳》：堯讓天下幹許由，由逃之。申父聞之，洗耳於池濆。楚竪子字仲文方飲牛，乃驅而還，恥令牛飲其洗耳於下流。《莊務集》：治平間，河北凶免，繼以地震，民無粒食，或賤賣耕牛，以苟歲月。劉渙知澶州，令凳帑錢買之。明年震息，民歸無耕牛，賈勝。渙出牛，以元直錢與民，民不失所。

清 方旭《蟲薈》卷二《牛》 《譯史紀餘》：牛，緬甸呼那。

《西番譯語》：牛，西番呼拔浪。

《世史正綱》：虜，呼牛爲不花。

《正字通》：牛，梵書謂之瞿摩帝。其子生望前者，行母前。生望後者，行母後。旭按：牛犢牛也，俗謂之黄牛。《周禮》謂之太牢。《曲禮》謂之一元大武。或說初生時蹄有硬殼當剝去，始能行走。又說其殼焙研治鬼瘧甚效。

又說牛三歲生兩齒，四歲四齒，五歲六齒，六歲八齒全備。自後，每年接脊骨一節。

《埤雅》：牛耳無竅，其聽以鼻。其病則耳燥，故古之視牛者，以耳。《酉陽雜俎》：牛歧胡有毒，角冷有病，睫亂觸人，數肋難養，旋毛在珠泉者，夭。銜烏角偏者，妨主。毛少骨多者，有力。溺向前射者，良。

《致富全書》：牛角細，身粗，尾長者，良。凡放牛食草，須先令飲水，則不致腹脹。

《牛馬經》：牛頭白者，名孝。頭牛畜之大不祥。

《談薈》：牛食鮨則肥。

《農書》：凡牛有病用藥與人無異，其便溺有血是傷於熱也。以便血、溺血之藥，大劑灌之。冷結卽鼻乾而不喘，以發散藥投之。熱結卽鼻汗而喘，以解利藥投之。脹卽疏通，毒卽解散。如此何病之足患哉。

《本草綱目》黑牛白頭及獨肝者，自死者，肉有毒殺人。孟詵曰：惡馬食牛肉卽馴。

《石藥爾雅》：牛乳汁，名蠢蠕漿。

《利濟外編》：蛇咬，取黃牛耳垢敷之，良。

《抱朴子》：山中醜日稱，書生者，牛也。知其名，則不爲害。

又《水牛》《西番譯語》：水牛，西番呼初浪。

《本草綱目》：水牛肉宜忌與黃牛同。孟詵曰：婦人無乳，以水牛鼻作羹食之，不過兩日，乳下無限。

又《山牛》《嶺南雜記》：南海有山牛，狀似牛，而眼紅。

《本草綱目》山牛，鹿角。

又《野牛》《槐西雜誌》：烏魯木齊多野牛，似常牛而高大，千百爲羣，角利如矛矟。其行以弱者居後，強者居前，若自前擊之，則馳突奮觸，銃礮不能禦，自後擊之，則不反顧。中推一巨者爲首，衆隨之行，常有一爲首者，失足落深澗中，羣牛俱投入殪焉。旭按《八紘譯史》云：占城有野牛，見衣青者，必觸而死，未識卽此否。

又《海牛》《本草綱目》：海牛，《寰宇志》謂之潛牛。《廣志》謂之牝牛。出登州海島中，牛身鼉腳，其皮可供百用，捕者入水，以杖擊其鼻，則得之。

《赤雅》：東粵曰潛牛，西粵曰潛州，留楚曰鯛鱅。

《水經注》：潛牛似水牛，好上岸鬬角，軟還入水中，角堅復出。旭按：此牛能與虎鬬。

又《神牛》《博物志》：九眞有神牛生谿上，出時共鬬，卽海沸，若岸上鬬牛，皆驚怖，人或遮則霹。

又《麒牛》《廣志》：麒牛似鹿，肉美，皮甚溫煖，常處滇濱。

又《駞牛》《事物紺珠》：駞牛，皮如豹，而蹄似牛，長九尺，高丈許，出西域。

又《犎牛》《正字通》：犎牛，犕牛也。《爾雅》名犦牛。《穆天子傳》名物牛。旭按《穆天子傳》有㸹牛，無物牛。《字典》㸹字註引《集韻》云：音方。又《引穆天子傳》云：㸹牛二百以行流沙。而《正字通》㸹字註云：僞字，想誤以㸹字爲物字之僞。故書㸹牛爲物牛耳。又郭氏《爾雅註》言：此牛領上有肉墳起，高二尺許，狀如駝峯。然則《紀文》，達公所謂野駝單峯，蓋卽此。

《廣輿記》：犦牛，產廣東雷州府海康縣。

又《犩牛》《爾雅》：犩牛，註夔牛也。如牛而大，肉數千斤，出蜀中。

又《㹀牛》《廣志》：㹀牛出日南及潯州大賓縣，毛青黃色，與蛇同穴，性嗜鹽，人裹手塗鹽取之，角如玉，可爲器。旭按：卽糖牛也，今廣西有之。

又《犤牛》《爾雅正義》：犤牛，卽每牛也。又呼㹁牛，又呼果下牛。產廣東高州府。旭按《西域記》云：郭罕之牛，高二尺，卽此類。又王漁洋《精華錄自註》云：西洋小白牛，質白有斑文，長二尺，高一尺七寸，項有肉峯。

又《青牛》《廣輿記》：兀良哈產青牛。旭按《拾遺記》載：魏文帝有青色之牛，足如馬蹄，日行三百裏。或卽此。又《搜神記》云：百年樹精，化青牛。

又《犂牛》《山海經註》：犂牛，文如虎。旭按犂牛卽留牛也。《東山經》謂之軨軨狀如牛，文如虎，見則大水。

又《花蹄牛》《續博物志》：元封二年，大秦國貢花蹄牛高六尺，四耳，尾環繞其角。

《洞冥記》：元封中，有花蹄牛，色駁蹄如蓮花，善走多力，帝使輦銅鐵起望仙宮，跡踐石上，皆如花形。

又《白皮牛》 《元中記》：大月氐有白皮牛，今日割取肉三四觔，明日視之如未割然。旭按白皮或作白及，或作日及。又《唐書》云：天竺有稍割牛，角細而黑，長四尺許，其肉須十日一割，不割則死。人得其血飲之，壽可五百歲。卽此類也。

又《茲白牛》 《逸周書》：大夏茲白牛。註：大夏，西北戎，茲白牛，野獸。旭按茲白牛，《王會篇》註：祇云野獸，而《廣廣事類賦》註：引《王會篇》註云：茲白牛野獸也，牛形象齒。

又《長角牛》 《八紘譯史》扶桑有長角牛，以角載物，勝二十斛。

又《罷達》 《八紘譯史》：天竺有罷達，形如牛，身似象，兩角一在頂，一在鼻。其皮如鎧甲，刀箭不能傷，居水中可數十日，畜之，可以馭百獸。旭按《坤輿外紀》言：此獸骨、肉、皮、角、牙、糞，皆可爲藥，西洋人甚重之。

又《那父》 《北山經》：灌題山有獸曰那父。狀如牛，而白尾。音如詨。

又《犉》 《西山經》：黃山有獸曰犛。狀如牛，而大目，毛蒼黑色。

又《蜚》 《東山經》：大山有獸曰蜚。狀如牛，而白首，一目，蛇尾。行水則竭，行草則枯，見則天下大疫。

又《領胡》 《北山經》：陽山有獸曰領胡。狀如牛，而赤尾。其頸胸，其鳴自詨，食之已狂。

又《犀渠》 《中山經》：釐山有獸曰犀渠。狀如牛，而色蒼，音如嬰兒，是食人。

又《精精》 《東山經》：踇隅山有獸曰精精。狀如牛，而馬尾，鳴自詨。

又《窮奇》 《西山經》：邽山有獸曰窮奇。狀如牛，而蝟毛，音如獆。

又《獓㹌》 《西山經》：三危山有獸曰獓。狀如牛，而白身，四角，其毫如披簑，是食人。

又《諸懷》 《北山經》：北嶽山有獸曰諸懷。狀如牛，而四角，人目，豕耳，其音如鳴雁，是食人。

又《夔》 《大荒東經》：流波山有獸曰夔。其狀如牛，蒼身，無角，一足。出入水則必風雨，其光如日月，其聲如雷。黃帝得之，以其皮爲鼓，橛以雷獸之骨，聲聞五百裏。註雷獸，雷神也。

又《獂》 《北山經》：乾山有獸曰獂。狀如牛，而三足，鳴自詨。

又《窫窳》 《北山經》：少鹹山有獸曰窫窳。狀如牛，而赤身人面，馬足，音如嬰兒，是食人。

清 丁宜曾《農圃便覽・千里脯》 用牛、羊、豬肉精者，每斤用醲酒二碗，淡醋壹碗，塩三錢，椒茴拌勻過宿，文武火煮至汁乾，取曬收貯，竟月可食。

清 張宗法《三農紀》卷八《牛》 本性：性緩，肉甘。旱牛肉，滋血養氣，黑身白首者有毒。水牛肉，補胃益神。獨肝者殺人，赤目、黃目及自閉者禁食。疫死、並夏月卒死者，勿食。中其毒者，以甘草水飲之可解。水洗人垢飲令吐，亦解。煮肉著以絲瓜葉，埜櫂振，良。核桃碎入煮肉去壇。新磚瓦入煮肉，以熟去之，□佳。

清 喻仁《水黃牛經大全》卷上 黃牛。味苦，氣平，有小毒。人參爲之使得，牡丹、菖蒲，良。利耳目。

又牛髓。味甘，氣溫，無毒。

牛骨髓。治吐血鼻刼有効。止崩中帶下尤良。腸風下血，服之如神，水洩瀉，痢用之愈妙。

牛鼻。灸理口眼喎斜，貼好邊牽正。斜左貼右，斜右貼左。作羹調，乳汁洹少吞，天曉潤通。

又 水牛鼻。乾、濕皆可用。

牛鼻。卷木卷，療小兒風癇。草卷燥，主兒鼻下瘡。

牛心。專主虛忘。

牛肺。大止欬逆。

牛腎。補腎氣而益精。

牛肝。助肝血而明目，治痢疾。

又 牛齒。主小兒牛癇，又能固齒。

牛肉。黃牛味甘氣平。又云：微溫無毒，水牛氣冷微毒。主治主消渴仙方，止啘洩妙劑。助胃養脾，安中益氣。熱青壯熱能袪，水腫溫氣卽去。強筋骨而力□健，養脘肉而補腰膝。傷寒時氣，毒攻手足腫疼痛。刀斷半肉，裹腫處卽止。

又 小腸、大腸、廣腸。並厚各腸，除腸風痔漏。牛血。脾百葉草，脂具健脾胃，免飲積。

牛莖。寒帶漏，結胎。

牛腦。御風癎，止渴。

又 牛酪。味甘酸，氣寒，無毒。

主治：主熱毒，解散發利。止煩渴、心膈熱疼。除胸中虛熱、胃熱。去身血熱，瘡肌瘡。

醍醐。味甘氣平，無毒。

牛懸蹄。去一切熱風，止赤白帶下。

牛血。補身血枯涸。

又 牛耳中垢。可敷蛇傷，亦主癰腫，鼻瘡尤良。

牛口中涎。專主翻胃、小兒不能行步。

牛臍中毛。主小兒久不行，白亦可煎嘗。

日中齡草。絞汁，喉中噎，服之佳。

又 黃犍牛溺。味苦辛，氣微溫，無毒。

牛屎。氣寒無毒。

黃犢臍屎。撿來燒擂細末。暴驚九竅出血。水服立効。敗鼓皮：是牛皮者，勿吝收貯，誅蠱，服御絶妙神丹。

清 張璐《本經逢原》卷四《牛》 甘溫，無毒。同豬肉食之生寸白蟲，獨肝牛善啖蛇，食之傷人，春月自死。牛肉及生疔牛肉，食之令人瘟，急以生甘草煮汁解之。剝瘟牛傷手足者，令人脹滿，急宜解之，遲則不救。

發明

黃牛肉補氣，與黃耆同功。觀丹溪《倒倉法論》而引伸觸類，則牛之補土可心解矣。又以黃牛肉取四蹄各五觔熬膏，去滓收乾如鹿膠法，名霞天膏，主中風偏廢，口眼歪斜，痰涎壅塞，五藏六府留痰宿飲癖塊，手足皮膚中痰核，及大病後極虛羸瘦，每觔入茯苓四兩燉熔，空腹酒服三四錢。肥盛多痰者每觔入半夏麴四兩、廣皮二兩，丸服大效。牛本屬坤土，而膽主風木，故能鎮肝明目，臘月用釀南星末陰乾，歲久多製，則苦潤不燥。治經絡風痰及小兒驚痰，其功不減牛黃。牛骨髓補中填骨髓，久服增年，能潤澤肌膚。黃牛腦和藥治頭風腦漏。牛角腮，《本經》下閉血瘀血疼痛，女人帶下血崩，燔之酒服。宗奭曰，燒灰主婦人血崩，大便下血，血痢。牛血性溫，能補脾胃諸虛，治便血、血痢，一切病後羸瘦鹹宜食之。其靨乃肺系肉團，瓦上焙乾爲末，酒服，治喉痹氣癭，古方多用之或以製藥益佳，取引入肺經以通氣結耳，與豬羊靨療治不殊。牛齒燒灰治小兒癎。牛乳補虛羸，止渴，噎膈反胃，大便燥者宜之。入生薑、葱白，止小兒風熱吐乳。牛馬肉共生魚食之成鼈瘕。牛尿治水腫，但胃虛少食人勿用。牛屎燒灰傅小兒痘瘡潰爛。《産寶》治子死腹中，以溼牛糞塗之。牛齡草絞汁治反胃噎膈，取其沾涎之多也。

清 周人甲《管蠡匯占》卷一二《牛異占》 牛有上齒，世主治而增地。一云牛六足及上有齒，世主凶。足少，所任不勝。足多，所任之邪。畜無前足，初危後安。無後足，初安後危。牛舞於國，其國將亡，舞於軍中，兵解散。牛悲鳴，政教衰，兵將起。無故夜鳴，有暴兵。牛哭於田，主憂民愁。牛作人言，吉凶如其言，一曰兵亂、流血，有大水災。牛忽觝主，其人有殃。牛作六畜啼，或向主悲啼，垂淚，縮鼻而鳴，皆爲死喪凶事。牛無故自死欄中，家有凶。牛自食其子，不出半年，家有禍。諸畜同占，牛從土中出，有兵，民流亡，君有喪。不出三年，牡牛有子，其君無後。牛生子，一首二身，其邑分。一身兩頭，天下分。在軍中則其軍分。生子三角，邑有兵。生子八足三首，君益地。生子四角二足，君失國。生子二首八足二尾，邪人得志。生子三目以上，邑有賊臣。三鼻，邑有兵災。生子鼻一孔，作事不成。生子一耳，君不聽事。三耳以上，邑有亂兵。生子足五蹄，徭役大興。生子多陰，國君多子。三足，君有久病。五足，徭奪民時，兵起。生子八足，王侯大臣尅剝百姓，不祇上命。生子無鼻，民愁怨，無首，邑無主。無尾，民貧兵弱。無陰，君無子。無足，五穀不成。無毛，君亡。生子，足在腹，邑徙。在背，邑有大兵。生子目在背，君用讒臣。目在他處，其邑有凶。凡六畜四目，皆主國亡。生子口在腹，或在頭上，邑有大事。口在四肢，邑主亡。口在背，邑臣口舌。生子耳在腹，其地大飢。鼻在四肢，邑有大賊耳。鼻在腹及背，其國君相相謀。尾在腹，邑有大徭。尾在四肢，其邑主易。牛生人，京房占曰：民流亡。牛生人一身二首，其邑昌。一身三首，有兵。一身三鼻，或無目，或一耳，三耳，皆爲兵起。一身二首，無目一耳，相臣起兵。一身三首兩鼻，婦人持政。一身二首無耳，或二口、三口以上，民大飢。一身三首二口無耳，或一口在頂，民驚兵，君亂亡。一身三首三耳無目，其邑兵起民流。三頭三面，其邑軍行。一首四面，君失地。一首二口，大飢。一首三目，或四目以上，天下有大爭。一首三耳以上，其邑亂。二首以上，臣有反者，邑有大疫。三首以上，民多相譏訐。三臂以上，其邑兵行。三陰以上，國人有謀。牛生人目在腋下，其君凶。目在腹，天下諸侯離居。目在背，臣謀叛。目在足下，邑有大謀。生人鼻在腋下，主令不行。鼻在足，人民哭。鼻在腹，穀不成。鼻在背，民將叛。生人口在腹，邑有災。口在背，邑臣有凶。口在陰，其君被賊。生人耳在背，其臣得賢。耳在腹，其君弱。生人四肢在首，邑大亂，君殃。生人陰在腹背，其君有大事。生人無鼻，邑有喪。無耳，有鬼驚人，國相出走。無足，其邑不種。無臂，其邑疾疫。無體，邑有凶事。無腹，邑飢。牛生人，人身獸面，臣下不受主命。人身鳥首，邑有兵。人面獸身，有兵。人面尤身，其邑大苦。人面魚身，有水災。人身蛇首，國亡地蟲。蛇身人首，其邑空。牛生六畜，其國君不安，兵且作。一曰女子爲主。牛生馬，兵將作，人零落。牛生六畜，一身二首，君亡。二鼻二口以上，邑有兵。二耳三口以上，國失地。生六畜無四肢，君政亂。無目，令不行。牛生野獸，天下不通。生野獸且作人形，其邑兵起。牛生飛鳥，國有兵，大水。牛生鼠，兵起，貴人且賤。牛生魚，天下虛。一曰牛生犢頭尾似魚，兵大起。牛生五穀，其邑大穰。牛生土及屎土，其邑昌。牛生布帛，有更令牛屎金石及生金石，兵強主武。牛生草木，其君死。牛生變爲馬，大兵起。牛生多足，民困徭役，天下將叛。牛生羊，民安。生馬，兵起有大水。牛合於馬者，大兵起。牛三角金革動，牛忽變異色，主有憂。

傳記

《太平御覽》卷八九八《獸部·牛上》　范曄《後漢書》又曰：劉寬常行，有人失牛者，乃就卷車中認之。寬無所言，下駕步歸。有頃，認者得牛而送還，叩頭謝曰：『慚負長者，隨所刑罪。』寬曰：『物有相類，事容脫誤。幸勞見歸，何為謝之？』州裏服其不校。

又曰：魯恭為中牟令，亭長有從貿茶牛不還者。牛主自言，恭召亭長，教令還牛，亭長不還。如是者三，遂不還。恭涕泣曰：『教化不行也。』欲解印綬去。掾吏亭者固爭，亭長即還牛，詣獄受罪，恭貰出不問。於是吏人敬信，皆不忍欺。

謝承《後漢書》曰：朱暉為郡吏，太守阮況常欲市暉牛，暉不從。及況卒，暉乃厚贈，送其家人。或以譏焉，暉曰：『前阮府君，有求於我，所以不敢聞命，誠恐以財貨汙君。今而相送，明吾非有愛也。』

《魏略》曰：鉅鹿時苗，字冑，為壽春令。始之官，乘犉牛。歲餘，生一犢子。及代，留其犢而去。

《晉書》曰：羊篇，祐之姪也，為鉅平侯，奉祜嗣。篇歷官清慎，有私牛於官舍產犢，及還而留之。

又　王隱《晉書》曰：朱沖字巨融，少有德行。鄰人牛犯沖苗，沖乃擔芻送牛。牛主大慚，不敢複暴。

又曰：潘嶽出為河陽令，以仕次宜為郎，不得意出。山濤領選，嶽內非之，密作謠曰：『閣道東，有大牛，王濟鞅，裴楷鞦，和嶠刺促不得休。』

紀事

《太平御覽》卷八九八《獸部·牛上》　《尚書》曰：武王克紂，放牛於桃林之野。

《左傳·成七年》曰：鼷鼠食郊牛角。改卜牛，鼷鼠又食其角。乃免牛。

又《宣三年經》曰：王正月，郊牛之口傷。改卜牛，牛死。乃不郊。

又《僖上》曰：齊侯伐楚，楚子使與師言曰：『君處北海，寡人處南海，惟是風馬牛不相及也。不虞君之涉吾地也，何故？』

又《僖下》曰：介葛盧來朝，聞牛鳴，曰：『是生三犧，皆用之矣。其音云。』問之而信。

又曰：秦師入滑，鄭商人弦高將市於周，遇之。以乘韋先，牛十二犒師，曰：『寡君聞吾子將步師出於敝邑，敢犒從者。』

又《宣上》曰：宋城，華玄為植，巡功。植，主巡行城也。城者謳曰：『於思於思，棄甲複來。』使驂乘謂之曰：『牛則有皮，犀兕尚多，棄甲則那？』

又《宣上》曰：楚子為陳夏氏亂故，伐陳，殺夏徵舒，因縣陳。申叔時使於齊，反，複命而退。王使讓之曰：『夏徵舒為不道，弒其君，寡人以諸侯討而戮之。汝獨不慶寡人，何故？』曰：『夏徵舒弒其君，其罪大矣；討而戮之，君之義也。抑人有言曰：『牽牛以蹊人之田，而奪之牛。』牽牛以蹊者，信有罪矣。而奪之牛，罰已重矣。諸侯之從君，討有罪也。今縣陳，貪其富也，無乃不可乎？』王曰：『善』。

《成公下》曰：韓厥曰：『古人有言：「殺老牛，莫之敢尸。」而況君子乎？二三子不能事君，焉用厥也？』尸也。

又《昭十三年》曰：邾人、莒人訴於晉曰：『魯朝夕伐我，幾亡矣。我之不共，魯故之以。』不共晉貢，以魯故也。晉侯使叔向來辭曰：『寡君不得事君矣，請君無勤。』鐘服惠伯對曰：『君信蠻夷之訴，以絶兄弟之國，寡君聞命矣。』叔向曰：『寡君有甲車四千乘在，雖以無道行之，必可畏也。況其率道，何敵之有？牛雖瘠，僨加於豚上，其畏不世乎？』

又《史記》曰：騎劫攻即墨，田單用牛千頭，衣以五彩，縛刃其角，結火其尾。穿城而出牛，壯士五千銜枚隨其後。牛出火明，所觸皆死，壯士擊之，城上士大噪，燕師大敗，騎劫死。乘勝逐北，三戰三克，遂收齊城也。

又曰：馬蹄噭千，牛千足，此亦比千乘之家。噭，苦吊切。

又曰：寧戚欲仕齊，候桓公出，牽牛叩角而歌曰：『南山粲，白石爛，短布單衣才至骭。生不逢堯與舜禪，長夜漫漫何時旦。』桓公用之。

又曰：蘇秦說韓王曰：『鄙語云：「寧為雞口，無為牛後。」今西面事秦，何異牛後乎？』

又《漢書》又曰：龔遂為渤海太守，民有帶持刀劍者，使賣劍買牛，賣刀買犢。可謂帶牛佩犢矣。

又《後漢書》曰：朱暉為臨淮太守。時牛大疫，而臨淮獨無疫者。鄰郡牽牛入界避災耳。

范曄《後漢書》曰：漢光武初起，騎牛。殺新野尉，乃登揄。

又曰：劉盆子初與兄茂屬右校卒吏劉俠卿，主芻牧牛，號曰牛吏。及立為帝，恐畏欲啼，即複還依俠卿。

又曰：更始即位，舞陰大姓李氏擁城不下，更始遣天柱將軍李寶降之，不肯，云：『聞宛之趙氏有孤孫熹，信義著名，願得降之。』更始乃徵熹。熹年未二十，既引見，更始笑曰：『繭、栗犢豈能負重致遠乎？』犢角如繭、栗，言小也。《禮緯》曰：天地之牲角繭栗。即除為郎中，行偏將軍事，使詣舞陰，而李氏遂降。

又張勃《吳錄·地理志》曰：合浦徐聞縣多牛，其項上有持骨，大如複門，日行三百裏。

《蜀志》曰：蔣琰曾夢門前有一牛頭血流，問於趙直，直曰：『牛角及口，公字也；血者事明也。夢吉矣。』

《晉朝雜事》曰：泰康九年三月，幽州上言塞北有死牛頭語。干寶《晉記》曰：南安朱沖，其鄰人失犢，與沖犢相類，來認取之。沖不與爭。後得之於堅冰之下，慚謝沖，沖不受。

《太平廣記》卷四三四《畜獸·牛拜》

桓沖

桓沖鎮江陵，正會，當烹牛，牛忽熟視帳下都督，目中淚下。都督咒之曰：『汝若向我跪，當啟活也。』牛應聲而拜，眾皆異之。都督複曰：『謂汝若須活，遍拜眾人。』牛涕淚如雨，遂遍拜。值沖醉，不得啟，遂殺牛。沖聞，大怒都督，痛加鞭罰也。

光祿屠者

太和中，光祿廚欲宰牝牛，牛有胎，非久合生。或曰：『既如此，可換卻。』屠者操刀直前，略不介意。牛乃屈膝拜之，亦不肯退。此牛與子，遂殞於刀下。屠者忽狂惑失常，每日作牛啼，食草少許，身入泥水，以頭觸物，良久乃定。

朱氏子

廣陵有朱氏子，家世勳貴，性好食黃牛，所殺無數。常以暑月中，欲殺一牛，其母止之曰：『暑熱如此，爾已醉，所食幾何，勿殺也。』子向牛言曰：『汝能拜我，我赦汝。』牛應聲下淚而拜，朱反怒曰：『畜生安能會人言！』立殺之。數日乃病，恒見此牛為厲，竟作牛聲而死。

又《牛償債》

卞士瑜

卞士瑜者，其父以平陳功授儀同，慳吝，常顧人築宅，不還其價。作人求錢，卞父鞭之曰：『若實負錢，我死。當與爾作牛。』須臾之間，卞父死，作人有牛產一黃犢，腰下有黑文，橫給周匝，如人腰帶。右胯有白紋斜貫，大小正如笏形。牛主呼之曰：『卞公，何為負我？』犢即屈前膝，以頭著地。瑜以錢十萬贖之，牛主不許，死乃收葬。

路伯達

永徽中，汾州義縣人路伯達，負同縣人錢一千文。後共錢主佛前為誓曰：

『我若未還公，吾死後，與公家作牛畜。』話訖，逾年而卒。錢主家牸牛生一犢子，額上生白毛，成路伯達三字。其子侄恥之，將錢五千文求贖，主不肯與，乃施與濕成縣啟福寺僧真如，助造十五級浮圖。人有見者，發心止惡，競投錢物，以布施焉。

戴文

貞元中，蘇州海鹽縣有戴文者，家富性貪，每鄉人舉債，必須收利數倍。有鄉人與之交利，剝刻至多。鄉人積恨，乃曰：『必有神力照鑒。』數年後，戴文病死，鄉人家牛生一黑犢，脅下白毛，字曰戴文。閭裏鹹知，文子恥之，乃求謝，言以物熨去其字，鄉人從之。既而文子以牛身無驗，乃訟鄉人，妄稱牛犢有字。縣追鄉人及牛至，則白毛複出，成字分明，但呼戴文，牛則應聲而至。鄉人恐文子盜去，則夜閉於別廡，經數年方死。

河內崔守

有崔君者，貞元中為河內守，崔君貪而刻，河內人苦之，常於佛寺中假佛像金，凡數鎰，而竟不酬直。僧以太守，竟不敢言。未幾，崔君卒於郡。是日，寺有牛產一犢，其犢頂上有白毛，若縷出文字曰崔某者。寺僧相與觀之，且歎曰：『崔君常假此寺中佛像金，而竟不還。今日事，果何如哉？』崔君家聞之，即以他牛易其犢。既至，命剪去文字，已而便生。及至其家，雖豢以芻粟，卒不食。崔氏且以為異，竟歸其寺焉。

王氏老姥

廣陵有王氏老姥，病數日，忽謂其子曰：『我死，必生西溪浩氏為牛，子當尋而贖我，腹下有王字是也。』頃之遂卒。西溪者，海陵之西地名也。其民浩氏生牛，腹有白毛，成王字。其子尋而得之，以束帛贖之而去。

又《牛傷人》

邵桃根

梁末邵桃根，襄陽人，家有一犢，肥充可愛，桃根恒自飼之。此犢恒逐桃根遊行，每往官府聚會，犢雖系在家，而吼喚終不住。後一日，桃根晨起開門，犢忽從後觝根，肋穿流血。舉家打去，已複嗔目，複來觝傷，數日氣絕。

又《牛異》

洛下人

唐先天年，洛下人牽一牛，腋下有一人手長尺餘，巡坊而乞。

甯茵

大中年，有寧茵秀才假大寮莊於南山下，棟宇半墮，牆垣又缺。因夜風清月朗，吟詠庭際。俄聞叩門聲，稱桃林斑特處士相訪。茵啟關，睹處士形質瑰瑋，言詞廓落，曰：『某田野之士，力耕之徒。向畎畝而辛勤，與農夫而齊類。巢居側近，睹風月皎潔。聞君吟詠，故來奉謁。』茵曰：『某山林甚僻，農具為鄰。蓬蓽既深，輪蹄罕至。幸此見訪，頗慰羈懷。』遂延入，語曰：『然處士之業何如？願聞其說。』特曰：『某少年之時，兄弟競生頭角。每讀《春秋》之穎考叔挾輈以走，恨不得佐輔其間。讀《史記》至田單破燕之計，恨不得奮擊其間。讀《東漢》至於新野之戰，恨不得騰躍其間。此三事俱快意，俱不能逢，今恨恨耳。今則老倒，又無嗣子，空懷舐犢之悲，況又慕徐孺子吊郭林宗言曰：「生芻一束，其人如玉。」其人如玉，即不敢當。生芻一束，堪令諷味。』俄又聞人扣關曰：『南山斑寅將軍奉謁。』茵遂延入，氣貌嚴聳，旨趣剛猛。及二斑相見，亦甚忻慰。寅曰：『老兄知得姓之根本否？』特曰：『昔吳太伯為荊蠻，斷髮文身，因茲遂有斑姓。』寅曰：『老兄大妄，殊不知根本。且斑氏出自鬥穀於菟，有文斑之像，因以命氏遠祖固、婕妤，好詞章，大有稱於漢朝，及皆有傳於史。其後英傑間生，蟬聯不絕。後漢有班超投筆從戎，相者曰：「君當封侯萬裏外。」超詰之，曰：「君燕頷虎頭，飛而食肉萬裏，公侯相也。」後果守玉門關，封定遠侯。某世為武賁中郎，在武班。因有過，竄於山林。晝伏夜遊，露跡隱形，但偷生耳。適聞松吹月高，牆外閑步，聞君吟詠，因來追謁。況遇當家，尤增慰悅。』寅因睹棋局在床，謂特曰：『願接老兄一局。』特遂欣然為之。良久，未有勝負。茵玩之，教特一兩著。寅曰：『主人莫是高手否？』茵曰：『若管中窺豹，時見一斑。』兩斑笑曰：『大有微機，真一發兩中。』茵傾壺請飲，及局罷而飲，數巡，寅請備脯修以送酒。茵出鹿脯，寅齧決，須臾而盡。特即不茹。茵詰曰：『何故不茹？』特曰：『無上齒，不能咀嚼故也。』數巡後，特稱小疾便不敢過飲。寅曰：『談何容易！有酒如澠，方學紂為長夜之飲，覺面已赤。』特曰：『弟大是鐘鼎之戶，一坐耽更不動。』後二斑飲過，語紛拏。特曰：『弟倚是爪牙之士，而苦相淩，何也？』寅曰：『老兄憑有角之士而苦相抵，何也？』特曰：『弟誇猛毅之軀，若值人如卞莊子，當為粉矣。』寅曰：『兄誇壯勇之力，若值人如庖丁，當為頭皮耳。』茵前有削脯刀，長尺餘。茵怒而言曰：『寧老有尺刀，二客不得喧競，但且飲酒！』二客悚然，特吟曹植詩曰：『其在釜下燃，豆在釜中泣。此一聯甚不惡。』寅曰：『鄙諺云，鵓鳩樹上鳴，意在麻子地。』俱大笑。茵曰：『無多言，各請賦詩一章。』茵曰：『曉讀雲水靜，夜吟山月高。焉能履虎尾，豈用學牛刀。』寅繼之曰：『但得居林嘯，焉能當路蹲。渡河何所適，終是怯劉琨。』特曰：『無非悲寧戚，終是怯庖丁。若遇龔為守，蹄涔向北溟。』茵覽之曰：『大是奇才。』寅怒，拂衣而起曰：『寧生何黨此輩！自古即有斑馬之才，豈有斑牛之才。且我生三日，便欲噬人。此人況偷我姓氏，但未能共語者蓋惡傷其類耳！』遂怒曰：『終不能搖尾於君門下。』乃長揖而去。特亦怒曰：『古人重者白眉，君今白額，豈敢有人言譽耳。何相怒如斯？』特遂告辭。及明，視其門外，唯虎跡牛蹤而已。寧生方悟，尋之數百步，人家廢莊內，有一老牛臥，而猶帶酒氣，虎即入山矣。茵後更不居此而歸京矣。

仲小小

臨洮之境有山民曰仲小小，眾號仲野牛，平生以采獵為務。臨洮已西，至於疊宕嶓岷之境，數郡良田，自祿山以來，陷為荒徼。其間多產竹牛，其色純黑，其一可敵六七駱駝，肉重千萬斤者。其角，二壯夫可勝其一。每飲齕之處，則拱木叢竹，踐之成塵。獵人先縱火逐之，俟其奔迸，則毒其矢，向便射之。洎中鏃，則挈鍋釜，負糧糗，躡其蹤，緩逐之。矢毒既發即斃，踣之如山，積肉如阜。一牛致乾肉數千斤，新鮮者甚美，縷如紅絲線。乾寧中，小小之獵，遇牛群於石家山，嗾犬逐之，其牛驚憂，奔一深穀，穀盡，南抵一懸崖。犬逐既急，牛相排蹙。居其首者，失腳墮崖；居次者，不知其偶墮，累累接跡而進，三十六頭，皆斃於崖下。積肉不知紀極，秦、成、階三州士民，荷擔之不盡。

宋 祝穆《事文類聚》卷三九《餉牛不食》 《梁傳》：昭性篤謹，子婦家餉牛肉，以進昭。昭召其子曰：食之斯犯，言之則不可，取而埋之。不負闇室如此。

宋 李光《莊簡集》卷一八《靖州通判胡公墓志銘》 建炎初官制行，改司法，繼改辭曹，攝郡幕。得憲臺移文，取讀之，則宜春縣斷牛訟未直也，索案一見，知其寃。蓋富人與貧人子居相直，富人久欲其居，不與也，其牛偶蹊富人之門，而攘之，牛人無敢言。久復放之野，牛歸貧人家，富人反訟之縣，坐以盜。貧人訴於州，罪之如縣。公語吏：『是不可不直。』遂歸牛貧人，一郡稱快。

宋 洪邁《夷堅志》甲志卷一七《人死爲牛》 永康軍導江縣人王某者，以刻核疆鷙處官。紹興五年，為四川都轉運司幹辦公事，被檄榷鹽於潼川路，躬詣井所，召民強與約，率令倍差認課。當得五千斤者，輒取萬斤。來歲所輸不滿額者，籍其貲。王心知其不能如約規，欲沒入之，使官自監煎。既複命，計使以鹽額倍增，薦諸宣撫使，得利州路轉運判官，未幾死。眉州彭山人楊師錫，以合州守待次田間，夢王來謁，公服後穿，出牛一尾，方驚怛，侍婢亦魘寤，言：『見王運使來，衣後有牛尾。』相語未了，外報一犢生。遽取火視之，犢仰首淚下。事既著聞，有資中人馬某者，亦為都漕司幹官，每出郡邑督錢，惟以多為貴，不問額之虛實贏縮，必得為期，且以此自負。蜀人以其虐於刷錢，目曰馬刷，或以王君事警之。馬曰：『正使見世生兩尾，亦何必問！』已而疽發於背之左。瘡稍愈，複發於右。兩疽相對，宛如杖瘡，其深數寸，隔膜洞見肺腑，臭滿一室。同僚往問病，馬生但云：『當以某為戒。某悔無及也。』死時與王相距才一年。

又 乙志卷一《食牛夢戒》 周階，字升卿，泰州人，寓居湖州四安鎮。秦楚材守宣城，檄攝南陵尉，以病疫告歸。夢就逮至官府，緋袍人據桉治囚，又有緋綠者數十人，以客禮見，環坐廳事。一吏引周問曰：『何得酷嗜牛肉？』叱令鞭背，數卒捽曳以去。周回顧乞命，且曰：『自今日以往，不唯不敢食，當與闔門共戒。』坐客皆起為謝罪，主者意解，乃得歸。夢覺，汗流浹體，疾頓愈。至今恪守此禁，時時為人言之。紹興三十年，周監鹽官倉。

又 卷八《牛鬼》 秉義郎高世令，居臺州黃岩。紹興四年，攝征稅於溫州白沙鎮。二月十九夜，已就枕，聞窗外兩人呼曰：『異物且來殺君，君謹避之。堅塞五竅，勿與校，庶或可脫。』審其聲，乃舊同寮明州都監李利見、臺州巡檢趙祿，皆死矣。大懼，即蒙被危坐以待。少頃，聞有詬李、趙者，曰：『我殺高世令，幹君何事？』別一人以杖拄地，行過床後，若瞽者細語云：『彼呼君時切勿應。』又聞詬者曰：『盲畜生，汝亦複強預人事。』李、趙相與勸解曰：『殺一高世令，於君何益？』既而一蟲薨薨然自窗隙入帳中，繞被飛鳴，且十數匝。高窺見蟲色爛然如金，垂紅線於後，引手欲挽之。李、趙又呼云：『禍事，禍事，殺之寃害益重。』乃縱之。來往盡夜，終不得逞而去。小史窺窗外，見少年與一嫗對立。少年曰：『須與翁索命。』嫗曰：『宜然。』天明啟門，則兩牛臥籬下，跡所從來，乃近鎮五裏農家物也。鎮寨巡檢聞此怪，招高飲，開釋之。俄而求歸，曰：『老嫗、少年，皆在卓下矣。』高妻拏皆在黃岩，是夜，見其妾云：『君來時我已有娠，今小蓐以死。昨嘗寄履襪，達乎？』方啜泣，李、趙褰帷入，敘闊如平生。高度必死，竟夕秉燭，遍作書與親舊訣，得八十幅。語或雜偈頌，殆類有物憑之者。屢冠帶走出，將赴舍前江水，複聞空中語曰：『勿與鞋，與即去矣。』左右藏去之。凡不飲食五日，乃醒。家人來視之，所謂孕妾，實妊身四月，食牛肉而墜，元不死也。高亦無恙。

又 卷一三《食牛詩》 秀州人盛肇，居青龍鎮超果寺，好食牛肉，與陳氏子友善。陳嘗遣僕來約旦日會食，視其簡，無有是言，獨於勻碧箋紙一幅內大書曰：萬物皆心化，唯牛最苦辛。君看橫死者，盡是食牛人。肇驚嗟久之，呼其僕，已不見。旦而詢諸陳氏，元未嘗遣也。肇懼，自此不食牛。

又《牛觸倡》 桂林之北二十裏曰甘棠鋪，紹興十六年，方務德滋為廣西漕，桂府官吏皆出迎候，營妓亦集於鋪前，散詣民家憩息。一黃犢逸出欄，群倡奔避。牛徑於眾中觸一人，以角抵其腹於壁，腸胃皆出，即死。牛發狂掣走入山，裏正與士兵數十人執弓弩槍杖逐之，凡兩日，乃射死。倡之姓名曰甘美。自後風雨陰晦之夕，人皆聞其冤哭聲，歷數年方止。

又《海島大竹》 明州有道人行乞於市，持大竹一節，徑三尺許，血痕涴其中。自云本山東商人，曾泛海遇風，漂墮島上，登岸縱目望，巨竹參天，翠色欲滴，歎訝其異，方徘徊賞翫，俄有皂衣兩人來，云：『尋汝正急，乃在此耶。』答曰：『適從舟中來，尚不知此為何處，何為覓我？』皂衣不應，夾捽以前，滿路嶄峭，如棘針而甚大，刺足底絕痛，不可行。問其人，曰：『牛角也。』益怪之。複前行，至一處，主者責曰：『汝好食牛，當受苦報。』始大恐，拜乞命，曰：『請今後不敢。』主者曰：『汝既悔過，今釋汝。可歸語世人，視此為戒。』曰：『有如不信，以何物為驗？』主者顧左右，令截竹使持歸。便見兩人擕大鋸趨人林中，少頃而竹至，鮮血盈管，下流汙衣。云：『方鋸解囚未了，聞呼即至，不暇滌鋸也。』遂持竹回舟。既還家，即棄妻子，辭鄉裏他適，而溷跡丐中。趙振甫屢見之。

又 丙志卷一一《牛嫗夢》 樂平縣杭橋市染工程氏，夢老嫗來曰：『負君家錢若幹，除已償還外猶欠若幹，幸餘一屋可以充數，今別君去矣。』再拜而辭。既寤，聞一牝牛死於空屋中，剝貨得錢，如夢告之數。

又《夷堅支志》甲卷二《常珫牛》 常珫，晉州平陽人。父為裏胥，蚤死，母擕之再嫁富民康德休。為人落魄亡賴，德休與錢三千緡，使為區肆，由是生理自給，而珫事繼父略不知恩。經數年，德休死，視如路人，盡竊其貲。甫三十歲，強壯無疾，忽作牛鳴一聲而斃。是夕，康氏牛產犢，一蹄出背上，朱書其姓名二字於脅間。德休二子讀書識義，不忍露其醜跡，匿之舍後。牛鳴吼勃跳，觸藩而出，奔迸邑市，觀者以故盡知之。康氏遣數健僕闌逐，不可得，徑趨深穀中，不複至。

又《野牛灘》 野牛灘在洛京之白波，與九女廟相接。金皇統中，秋夜水暴漲，居民遭沒溺者十室而七。灘下人見羣蛟激躍崖穀間，摧峯破岸，觸處成淵澤。屋廬如洗，田禾一空，大雨五晝夜不止。俄有牛數十，出乎峻顛，乘流而下，與蛟鬥於山麓，黑霧縈繞，火光迸射。經一夕乃霽，水循故道。一蛟長十丈，死於祠下。洛都守孟君，率洛陽、河陽兩郡士精潔奉牲，臨河致祭。頃之，有龍見於雲端，驤首如赴。萬眾仰觀，乃知其化為牛而殺蛟者，於是於其地立祠。

又《夷堅支志》丁卷五《淮西牛商》 慶元元年，夏浮梁北鄉桃樹村，衆戶買牛賽神。得一頭於淮西商人，極肥腯，享獻既畢，分胙而食之。凡七八十人，肉才下咽，悉苦身熱腹脹，如中毒狀，經三日始愈。徐究其故，乃姦商殺青竹蛇入藥，糜碎拌和於槁秸而以飼牛，牛咀嚼甘美，十餘日，膚革倍於昔時。商獲息過半，乃引餘牛往浙東。買者方議追執而訴其惡，聞已溺死於前渡，遂置不問。此鬼得而誅也。

又 辛卷一〇《池口鎮牛》 池州池口鎮皆諸軍分屯列營，前軍寨據黃龍岡，作窑燒製磚瓦，豢牛兩頭，以供踏壞之用。淳熙十六年三月，一牛拽斷索狂走，守兵覺而逐之，其行甚疾，不容措手，遂穿中教場，出郭西門，經過擔負者盡遭撞倒，直至信德府後軍西寨，愈掣怒肆力。小將範武冀妻趙安人，偶出逢之，急奔道左樹下，閃避不徹，牛低頭奮角抵其腹，腸胃迸流，即時死。牛齧草於屍側，凝立不動。守兵率數輩來，始能追躡。牽歸元處，將行痛捶，牛吼一聲，奄僕地死。見者以為宿業相值，無可奈何，軍帥但杖守兵而給錢付範將殮葬。

宋 陽枋《字溪集》卷八《紹興府麥秀三岐牛產二犢記》 淳祐庚戌，金華王公謹禮守黔之明年也。公鎮靜廉勤，視民如傷。於是民和政平，教化修明，賦徭省而衣食豐，刑法清而獄訟理，民情恬熙，風雨時若。有嘉麥生於學圃之東，三岐者兩岐者同出一根。前數月，江之西曰平地溪，編民陳梓材家牛產二犢。兩瑞合併。考黔中記載，瑞麥未之前聞也。夫靈芝朱草，碧雞神爵，雖無益於用，而間世一出，則萬口稱贊，形之歌詠。蓋以造物靈異之氣不偶然，況五穀六畜，係生民之本，足國之資，苟有瑞焉，豈翹蔓草木、珍怪羽毛者比耶？故同穎九穗，青犢黄犉，書史備稱，聖賢豈貪奇異而誇祥瑞哉？亦以著天人相與之真際而已。黔地多崇山峻嶺，視禹甸周原大異。其民火種刀耕，九穀荒播而疏耘，逮於日至之時，秀而實者幸矣，何瑞之有焉。今來牟連根並秀，至再至三，而二犢同乳，奇偉實甚。某亟以聞於州長，而歸厥功。公曰：『此非黔之祥，乃閫帥挈還故地之嘉徵也。麥以蔔坻京之盈，牛以兆田萊之闢。天地助順，委和發祥，蓋端倪於此矣。』某興感王公之至言，欲鋪張揚厲盛美，而材未之逮也。姑記事實，以備方志云。

金 元好問《續夷堅志》卷二《閻大憑婦語》 穰縣孫莊農民閻大，正大中與相裏劉進往商洛買牛，而閻病死。劉以書報其家。閻母與婦望祭於所居之前，有回風吹帋灰往西南莊。此莊是閻小婦所居，相去五六裏。少之，有人來報，閻大憑婦語，欲與母妻相見。母妻奔往相，持而笑。問汝何死？曰：我死天命，但為劉進所欺，先此相告。某牛價幾何，用絹若幹，某牛價幾何，用銀若幹。彼乘我死無証，欲相欺昧耳。布金價，直皆令以筆記之。又云：此人情理不可耐，我已死，渠有薦絹，乃以行纏蔽我面。旁一屠者云：汝欠我肉錢若幹，汝家以汝死，遂不見還，今令我取還。閻俯首久之，仰視屠云：我已死，更理會甚，觀者大咲。他日，劉進及家。人說：向云閻大有靈，先以價直告其家矣！進見其母，一錢不敢欺焉。致遠與閻一村，落為言如此。此與正大中黥卒石貴事同。貴死後，憑一男子就舞陽縣吏徵債，訴於司農卿張公。異其事，命部掾王仲寬為理。貴有文券可憑，立命還之。

明 王肯堂《鬱岡齋筆麈》卷三《兩頭牛》 嘉靖辛酉夏，予從先公南歸，抵徐沛間。舟人言：瀨河民家有牛產犢，一身兩頭，命取以觀，已死矣。兩首東西相背，而共一項。又聞有五足牛，一道人牽而行，乞於市末之見也。後閱《世宗實録》則嘉靖間，屢有此異。按司馬彪曰：兩頭者，政在私門，上下無別之象也。《京房易傳》曰：興繇役，奪民時，厥妖牛生。五足時分，宜擅國時，借上喜怒，為寒暑而大工斐起，倭訌東南，兵疲於徵調，民疲於餽餉，是其應已。

又《牛生麟》 萬曆癸巳，丹徒唐裏灣民朱旺一家，每夜有光上騰若火，已而麟生，徧體皆鱗，青黑色，頂瑩如玉，氤氳如雲，氣口紅色，頷下有髯，項上皆細鱗，具九孔，臍以後具六乳，一字排列，背腹皆巨鱗橫列，長而稍方，腹下微紅，其腰脊近尾處，一巨鱗上有紋，橫五豎，一如王字。形尾皆細鱗，尾稍一全鱗。褭毛四足亦細鱗，近蹄二寸無鱗，惟直紋二三見而已。生時聲如洪鐘，衆以為怪物。斃而瘞之。鄉人殷博士，士望聞知，往啓而濯之，聞於郡，郡守王公塟於北固山二賢祠，左繪圖而為之說。又五年前生麟牛之子，復生麟數日死。公復瘞之，為雙麟塚云。或云牛之生麟，前古不經，見惟宋朝一時，四見而皆在宣政時，祥耶，妖耶。予曰：古今言物妖者，衆矣。不聞以麟為妖也。宣政之間，宇內晏安，乃過於今日，麟之出也，亦承平之象歟。夫妖祥何常之有，恃安而逞，故則無祥，非妖，思危而修德，則無妖非祥，妖祥在心不在物也。今聖天子惓惓愛民，雖國用久詘，而不忍加賦，誠由此一念而充之，膏澤之下，於民猶建瓴耳。即百祥可致，況一麟乎。

明 朱國禎《湧幢小品》卷三一《牛》 齊河縣洪店有盜殺人於王臻戶前，衆執臻，已誣服久矣。知縣趙清過洪店，一牛奔清前，跪而悲鳴，若有所訴。清曰：誰氏之牛，衆曰：王臻牛也，清曰：臻其有冤乎。抵邑即辯釋，臻父子，後鞫大盜王山，得其殺人狀，齊河人稱神，明作《義牛記》。清代州人成化癸卯鄉薦。

又《生善道》 平陽縣初築垂楊埭，屢築屢圮。官用巫者言，將以牛祭。時有了興法師在萬泉鄉，牛徑銜刀奔至師前，逐者踵至。師止其殺，解袈裟付之，曰若以置埭址下，埭自可固，慎勿用牛，已而果然，牛放山中。師建塔院，咒牛曰汝能練泥乎，牛俯首受役，塔成七日而牛死。師曰此牛已生善道矣，瘞之，有香氣觸人，十餘日不散。

又《兩牧犢相衛》 《捏史》：有牧犢相衛，得免虎患。太祖御製文集，稱滁陽亦有此事。唐時，劉匯為歙州刺史，野姐將為虎噬，幼女號呼搏虎，俱免。

藝文

寧戚《飯牛歌》《文章正宗》卷二二　南山矸，白石爛，生不逢堯與舜禪。短布單衣適至骭，從昏飯牛薄夜半。長夜漫漫何時旦？《淮南子》：戚欲幹齊桓公，困窮無以自達，飯牛下望見桓公而悲，擊牛角而疾商歌，歌曰云云。桓公聞曰：異哉！歌者非常人也，命後車載之。

唐　白居易《白氏長慶集》卷四《官牛》　官牛官牛駕官車，滻水岸邊般載沙，一石沙，幾斤重，朝載暮載將何用，載向五門官道西，緑槐陰下鋪沙堤。昨來新拜右丞相，恐怕泥塗汚馬蹄。右丞相，馬蹄踏沙雖浄潔，牛領牽車欲流血。右丞相，但能濟人治國調陰陽，官牛領穿亦無妨。

唐　柳宗元《河東先生集》卷二《牛賦公之瓶賦牛賦，其辭皆有所託，當是謫永州後感憤而作。以牛自喻，謂牛有耕墾之勞，利滿天下，而終不得其所爲，緘縢俎豆之用。雖有功于世，而無益于己。彼羸驢駑馬，曲意從人。而反得所安，終謂命有好醜，非若能力，皆感憤之辭也。東坡云：嶺外俗皆恬殺牛，海南爲甚，乃書子厚牛賦，遺瓊州僧道贇使曉諭之，即書此賦也**》**　若知牛乎。牛之為物，魁形巨首，垂耳抱角，毛革疏厚，牟然而鳴。《說文》牟，牛鳴。黃鍾滿脰。《月令》中央土，律中黃鍾之宫，黃鍾，謂土也。脰音豆，項也。抵觸隆曦。音羲。日耕百畝，往來修直，植乃禾黍，自種自斂，服箱以走。《詩》睆彼牽牛，不以服箱。箱，車上之器可以盛者。輸入官倉，己不適口，富窮飽饑，功用不有。陷泥蹷塊，常在草野，人不慚愧，利滿天下，皮角見用，肩尻莫保。尻苦刀切，《說文》曰：脽也。或穿緘縢，或實俎豆，由是觀之，物無踰者，不如羸驢。羸音纍。服逐駑馬，曲意隨勢，不擇處所，不耕不駕，藿菽自與。藿，豆葉。菽，大豆。藿音霍。騰踏康莊。《爾雅》五達謂之康，六達謂之莊。出入輕舉，喜則齊鼻，怒則奮躑，當道長鳴，聞者驚辟。辟，避也。項羽叱楊喜，人馬俱驚，辟易數裏，謂張而易其本處。辟音闢。善識門戶，終身不惕，牛雖有功，於己何益，命有好醜，非若能力，慎勿怨尤，以受多福。

唐　王績《王無功文集》卷五《寧戚扣牛角》　寗生不遇，商歌飯牛。夜長難曉，人生若浮。寧唯石爛，覩覩金流。世無堯舜，誰當見求。

唐　李嶠《牛》《佩文齋咏物詩選》卷四〇七　齊歌初入相，燕陣早橫功。欲向桃林下，先過梓樹中。在吴頻喘月，奔夢屢驚風。不用五丁士，如何九折通。

唐　元結《將牛何處去》《佩文齋咏物詩選》卷四〇七　將牛何處去，耕彼故城東。相伴有田父，相歡惟牧童。

唐　劉乂《代牛言》《佩文齋咏物詩選》卷四〇七　渴飲潁川水，餓喘吴門月。黃金如可種，我力終不歇。

唐　王履真《目無全牛賦以虛心通明暗與理會爲韻**》**《歷代賦彙》卷一一三　著絶藝者，積功而成，窮物理者，因心而明。觀彼庖丁之遊刃，合夫天道之至情。運心術於妙用，得玄技於惟精。相彼牛兮，雖完體斯在，於我目也，而折俎已呈。豈不以因功之深，為志所使。揮無厚以合度，投有間之中軌。積就之妙，既由乎月將，操割之微，亦依乎天理。若動不導窾，任非由巳，則必受夫力劬，孰能免夫目視。始吾於牛也，膚革未充，筋骨靡窮。心無所措其利，手無所施其功。惑臂臑之原本，迷脈腠之要終。動既多悔，勤而未通。逮三載以積用，乃一朝而發蒙。今吾於牛也，察其博碩，考其小大。不俟刃解，自將神會。定貴賤之骨，若委地而在前，視血膂之膏，雖表革而無外。信功著而理貫，乃道成而情泰。遂得不遵蓮鍔，不合桑林。騂騂之軀，折如應手，髒钀之角，割若愜心。此乃變化斯探，視聽靡濫。美侯明而鹹見，雖處幽而無暗。夫人之脩業，頗亦象諸。能玄通而理達，則疑釋而誤虛。別有技業目牛，得同碩鼠。取勢行止，喻依庠序。竊學見賢思齊，敢望惟仁是與，倘王庖之可待，願發硎而延竚。

宋　宋庠《元憲集》卷一五《夜聞牛歌》　蕭蕭墟落暮雲寒，壞曲薪歌浹野歡。何處飯牛歸路遠，一聲辛苦怨漫漫。

宋　吴淑《事類賦》卷二二《牛賦》　夫物之大者，其狀若垂天之雲。莊子曰：有犛牛，其大若垂天之雲。禮稱三月在滌，《禮》曰：帝牛不吉，以為稷牛，帝牛必在滌三月，稷牛惟具，所以別事天神與人鬼也。詩云九十其犉。《詩》曰：誰謂爾無牛，九十其犉。注：黃牛黑脣曰犉。岐蹄者天，穿鼻者人。《淮南子》曰：牛岐蹄而戴角，馬被毛而全足者，天也。絡馬之口，穿牛之鼻者，人也。或衣繡而入太廟，《莊子》曰：楚聘莊子，莊子應其使曰：子見夫犧牛，衣以文繡，飼以芻菽，養之牢筴之中，及其牽入太廟，雖欲為孤犢，其可得乎！或鞹鼓而正三軍。《淮南子》曰：剝牛皮，鞹以為鼓，正三軍之衆，為牛計者，不若服軛也。爾牛來思，其耳濕濕。出《詩》鼷鼠既忌於見傷，《左傳》曰：鼷鼠食郊牛角，改卜牛。鼷鼠又食其角，乃免牛。風馬亦知其不及。《左傳》曰：齊侯伐楚。楚子使與師言曰：君處北海，寡人處南海，唯是風馬牛不相及也。不虞君之涉吾地也，何故？扣角申甯戚之困，見《歌賦》，《甯戚飯牛》注。燒尾救田單之急。見《火賦・田單縱牛》注。或為軍事之占，《晉書》曰：夫餘國若有軍事，殺牛祭天，以其蹄占吉凶。蹄解者為凶，合者為吉。或示農耕之候。《禮》曰：季冬出土牛，以示農耕之早晚。畏彼髦頭，《搜神記》曰：武都故道有怒特祠，上生梓樹。秦文公使人伐之，樹瘡隨合，經日不斷。乃益持斧者三四十人，猶不斷。士疲還息，其一人傷足，不能起，臥樹下，聞鬼相與言曰：勞乎攻戰？其一人曰：何足為勞？人曰：赭衣灰坌，子如之何？乃默。臥者以告，於是令工皆衣赭，隨斫瘡，坌以灰，樹斷，化為青牛。使騎擊之，不勝。或墮於地，髻解被髮，牛畏之，乃入水，於是秦置旄頭騎。寧為鷄口。《史記》曰蘇秦說韓王曰：鄙語云：寧為雞口，無為牛後。今西面事秦，何異牛後乎？晉武以青麻彰德，《晉書》曰：武帝時，有司奏禦牛青絲紖斷，詔以青麻代之。何曾以銅鉤被奏。《晉書》曰：何曾性奢豪，都官從事劉享奏曾以銅鉤紱紖車，瑩牛蹄角。至於傷口改蔔，《左傳》曰：郊牛之口傷，改卜牛。用犢貴誠。《禮記》曰：郊牲用騂，尚赤也，用犢，貴誠也。或握角而不售，《風俗通》曰：賣牛勿握角，令不售。按恐觸人，故人不取。或割肉而復生。《玄中記》曰：大月支及西胡有牛，名反牛。以今日割取其肉三四斤，明日其肉已復，瘡亦愈。偉劉寬之量遠，《後漢書》曰：劉寬嘗行，有人失牛者，乃就寬車中認之。寬無所言，下駕步歸。有頃，認者得牛而送還，乃謝曰：慙負長者。寬曰：物有相類，事容惧脫，幸勞見歸，何為致謝。羡魯恭之政行。《後漢書》曰：魯恭為中牟令，時亭長從人借牛不還，牛主訟於恭。恭召令還牛者三，亭長猶不還。恭涕泣曰：是教化不行也。欲解印綬去。亭長還牛，詣獄受罪，恭貰出不問，於是吏人敬信，皆不忍欺。多郭舒之寬恕，《晉書》曰：郭舒，嘗有鄉人盜食舒牛，事覺，來謝。舒曰：卿饑，所以食牛耳。餘肉可共啖之。慕朱沖之不爭。《晉紀》曰：南安朱沖，卿人失犢，與沖犢相類，來認取之，沖不與爭。後得之於堅冰之下，慙，謝沖，還牛，沖不受。中尉則駕之者赤，《後魏書》曰：元仲景性嚴峭，孝莊時，兼禦史中尉，京師肅然。每向臺駕赤牛，時號『赤牛中尉』。桃根則獻之者青。《三國典畧》曰：陳桃根於所部得青牛，獻之。又上綺文羅文錦被表二，陳主命於雲龍門外焚之，牛亦遣還。王愷既聞於八百，《晉書》曰：王愷牛名八百裏駁，王濟請以錢千萬與牛對射賭之。濟先射，一發破的，因據胡牀，叱左右曰：速探牛心來。須臾而至，一割便去。苟晞亦稱其千裏。《志怪》曰：苟晞為兗州，鎮去京師五百裏，有貢晞珍異食者，欲貽都邑親貴，慮經信宿，不復鮮美。募得牛，能日行千裏，晞旦發書疏，一更始竟，荅書已還。晞以其駿快，疑筋骨有異，殺而觀之，唯有雙筋如小竹大，自頭挾脊著肉裏，故外不覺。雖有雙筋，見上。且無上齒。《淮南子》曰：戴角者無上齒，無角者膏而兌前。有角者脂而兌後。注曰：豕馬之屬前小。別有得於文山，《穆天子傳》曰：天子飲於文山，有獻良騆、牥牛二，此牛能行沙中，如橐駝。牥音方。放之桃林。《書》曰：武王放牛桃林之野。木則饋糧，《諸葛亮集》曰：木牛者，方腹曲頭，一腳四足，頭入腹中，舌著於腹，載多則行，少則否，宜可大用，不可小使。石則便金。見《石賦》『便金蜀滅』注。設以楅衡，《周禮》曰：封人，凡祭祀，飾其牛牲，設其楅衡，供其水槁。注：楅在鼻，衡在角，令不得觝。養之牢筴。見上。『衣繡入廟』注。愚公畜牸於齊山，《說苑》曰：齊桓公獵，逐鹿入山谷中，見一老父，問此何谷？曰：愚公谷。曰：何也？曰：畜牸牛子大，賣之買駒，少年曰：牛不能生馬。遂持駒去。傍人聞，以為愚，因以名谷。管子曰：臣之過也，使堯在上，臯陶為大理，安有取人駒乎！百裏載鹽於秦國。《說苑》曰：秦穆公使賈人載鹽，百裏奚以五羖羊之皮將車之秦，秦穆公觀鹽，見其牛肥，問何以致也。對曰：臣飲食以時，使之不以暴，有險先後之以身，是以肥也。穆公知其君子，以為卿。禴祭乃東隣之殺，《易》曰：東鄰殺牛，不如西鄰之禴祭。無妄見行人之得。《易》曰：無妄之災，或繫之牛，行人之得，邑人之災。袁宏見諷於羸牸，《晉書》曰：桓溫北伐，與諸寮屬登平乘樓，望中原，慨然曰：神州陸沈，王夷甫諸人不得不任其責。袁宏曰：運有廢興，豈必諸人之過！溫作色曰：頗聞劉景升千斤大牛，噉芻豆十倍於常牛，負重致遠，曾不若一羸牸，魏武入荊州，以享軍士。意以況宏，坐中皆失色。華元應嘲於有皮。《左傳》曰：宋城，華元為植，巡功。城者謳曰：於思於思，棄甲復來。使驂乘謂之曰：牛則有皮，犀兕尚多，棄甲則那。注：植，主巡行城也。於思，多鬚貌。棄甲，謂華元前敗於楚。遺布既因於王烈，見《劍賦》『守路德彌臧』注。置芻亦見於羅威。《廣州先賢傳》曰：羅威，字德仁。鄰家牛數食其禾，既不可逐，乃為斷芻，多著牛家門中，不令人知，數數如此，牛主驚怪，後知之，乃更相約率檢，犢不敢復侵威田。復有職人掌芻，《周禮》曰：牛人掌養國之公牛，凡祭祀供其享牛、求牛，以授職人而芻之。注：求，終也。終事之牛，謂所以繹者也。職讀為樴，樴謂之杙，可以繫牛，樴人謂牧人。封人供槁。見上。『設以楅衡』注。彥回靡視於墜井，《宋書》曰：褚彥回，湛之之子也。湛之一牛，至所愛惜，無故墮聽事前井。湛之率左右躬加營救，郡中喧擾，彥回下簾不視。盧愷不烹而哀老。《隋書》曰：盧愷從周武帝在雲陽宮，勑諸屯簡老牛，欲以享士。愷進諫曰：昔田子方贖老馬，君子以為美談，向奉明敕，欲以老牛享士，有虧仁政。帝美其言而止。於是轉禮部大夫。或僨於豚上，《左傳》曰：邾人、莒人朝於晉。曰：魯朝夕伐我，幾亡矣。晉叔向來辭曰：寡君有甲車四千乘在，雖以無道行之，必可畏也。況其率道，何敵之有？牛雖瘠，僨於豚上，其畏不死乎？或置之樹杪。《神仙傳》曰：吳有徐隨，居丹徒。左慈過隨門下，有客車六七，欺慈云：徐公不在。慈去，客皆見牛在楊樹杪，車轂中皆生荊木。客懼，遂慈，叩頭陳謝。客還，見牛如故，轂中亦無復荊木。詹何既識於白蹄，《韓子》曰：詹何坐，弟子侍，有牛鳴於門外。弟子曰：黑牛也。而白在其蹄。詹何曰：然，視之信爾。葛盧亦辨其三犧。《左傳》曰：介葛盧來朝，聞牛鳴曰：是生三犧，皆用之矣，其音云問之而信。肅慎占之而入貢，《晉陽秋》曰：肅慎國，武帝時及元帝中興皆來貢獻。成帝時又通貢於石季龍，曰：每候牛馬向西南眠者三年矣，是知大國所在，故來。弦高用之而犒師。《左傳》曰：秦潛伐鄭，及滑，鄭商人弦高遇之，以乘韋先，牛十二犒師，且使遽告於鄭，秦將孟明曰：鄭有備矣。滅滑而還。別有盆子主之以建業，《後漢書》曰：劉盆子初與兄茂屬右校卒吏劉俠卿，主芻牧牛，號曰牛吏。及立為帝，恐畏欲啼，即復依俠卿。光武騎之以起兵。《後漢書》曰：光武初起兵，騎牛，殺新野尉，乃得馬。或為夢於蔣琰，《蜀志》曰：蔣琰嘗夢一牛，頭角及口而血流，趙直曰：牛角及口公字也。血者，事明也。夢吉矣。或見解於庖丁。《莊子》曰：庖丁為文惠君解牛，曰：臣之刀十九年，解數千牛而刀刄若新發於硎，彼節者有間，而刀刄無厚，以無厚入有間，恢恢乎其有餘地。觀其豫章繫絹，《齊書》曰：豫章獻王嶷為揚州刺史，拜還延陵季子廟，觀沸井，有牛突部伍，直兵執牛推問，王不許，取絹一疋，橫繫牛角，放歸其家。蒲韉掛書。《唐書》曰：李密嘗欲尋包愷，乘一黃牛，被以蒲韉，仍將漢書一帙掛於角上，一手捉牛靷，一手翻書讀之。尚書令越公楊素見於道，從後按轡躡之。既及，問曰：何處書生躭學若此？密識越公，乃下牛，再拜，自言姓名，又問：所讀何書？答曰《項羽傳》。白則識李冰之綬，《風俗通》曰：秦昭王使李冰為蜀守，開成都兩江溉田，江神歲取童女二人為婦。冰至神祠責之。良久，有兩蒼牛鬬於岸旁。有頃，冰流汗謂官屬曰：吾鬬大極，不當相助也。南腰中正白者，我綬也。主簿刺殺北面者，江神遂死。青則駕老子之車。見《車賦》尹喜占老君注。季知一摶而思過，《卞子》曰：郭林宗謂仇季知曰：子嘗有過否，季知曰：吾嘗飯牛，牛不食，一摶牛耳。江湛但飲而無芻。《宋書》曰：江湛性廉儉，為吏部尚書，牛餓，禦人求草，湛良久曰：可與飲。又有蹋石成花，《洞冥記》曰：元封中，大秦獻牛，善走多力，使輦銅鐵起望仙宮，跡在石上，皆如花形。故陽關之外有花牛津。塗泥求雨。《廣州記》曰：州有石牛，每旱殺牛，以血和泥泥石牛背，既畢，即雨，泥盡方止。或行詐而書帛，《物理論》曰：漢武拜少翁為文成將軍，少翁書帛飯牛，揚言此牛有異，殺而視之，得帛書，帝識其手，事急，首服，於是誅文成而隱其事。或爭長而殺禦。《晉書》曰：石崇嘗與王愷爭入洛城，崇牛迅若飛禽，愷絕不能及，乃密貨其帳下，問其所以，對曰：牛奔不迅，良由禦者逐之不及而反制之，可聽蹁轅則駛矣。因從之，遂爭長。崇後知之，殺所告者。既擔矛而衛犢，《鬱林異物志》曰：周留者何？其實水牛蒼毛豕身，角若擔矛，衛護其犢，與虎為讐。亦結陣而卻虎。《抱朴子》曰：知禽銜蘆以逆網，水牛結陣而卻虎。至若置於盆簝，《周禮》曰：凡祭祀共其牛牲，之互，與其盆簝以待事。注云：盆，所以盛血，簝，受肉籠也。互，若今屠家縣肉格。老在闌牢，《晏子春秋》曰：金公之牛老於闌牢，不勝服也。車蠹於瓦石，不勝乘也。角不失於三色，《同禮》曰：角長三尺有五寸，三色不失，謂之牛戴牛。注三色：本白，中青，末豐也。戴牛，言角直一牛。香獨稱於四膏。《周禮》曰：春膳膏香，夏膳膏臊，秋膳膏腥，冬膳膏羶。注：牛脂香，豕臊，犬腥，羊羶。遇夔致問，《莊子》曰：犛氏之牛夜亡而遇夔，止而問焉：我有四足，動而不善，子一足而超踴，何以然。夔曰：以吾一足，王於子矣。喘月辭勞。見《風賦》，施晉武之琉璃注。稱精鑒者薛公，《相牛經》曰：牛經自甯戚傳百裏奚。漢世薛公得其書以相牛，千百不失。習遺書者晉祖。《相牛經》曰：魏世高堂生得薛公之書，傳晉高祖，其後王愷祕其書。既曰不能執鼠，《莊子》曰：夫犛牛其大如垂天之雲，此能為大矣，而不能執鼠。又云難以逐兎。焦贛《易林》曰：殺牛逐兎，費日無功。成牛弘之寬厚，《隋書》曰：牛弘弟弼，好酒而酗，嘗因醉，射殺弘駕車牛，弘來還宅，其妻迎謂之曰：叔射殺牛矣。弘聞之，無所怪問，直答云，作脯。坐定，其妻又云，叔忽射殺牛，大是異事。弘曰：已知之矣。顏色自若，讀書不輟。顯盧昌之仁恕。《隋書》曰：盧昌衡為徐州總管，嘗行至浚儀，所乘馬為他牛所觸，因致死。牛主陳謝，求還價直。昌衡謂之曰：六畜相觸，豈人情也，君何謝？拒而不受。至於千足而富，《史記》曰：馬蹄噭千，牛千足，此亦比千乘之家。夜鳴則庮，《周禮》曰：牛夜鳴則庮。注：庮，朽木臭，音由。顧憲、仲文，鹹決獄而人服，《宋書》曰：顧憲之，元徽中為建康令。時有盜牛者，與本主爭牛，各稱已物，二家辭證等，前後令莫能決。憲之至，覆狀，乃令解牛任其所去，牛徑還本宅，盜者伏其罪。《後魏書》曰：于仲文遷安固太守。有任、杜兩家各失牛，後得牛，兩家俱認，州郡久不能決。仲文令二家各驅牛羣至，乃放所認者，遂向任氏羣中。又陰使人微傷其牛，任氏嗟惋，杜家自若，仲文於是詞詰杜氏，杜氏服罪。時苗、羊氏，並居官而犢留。《魏署》曰：鉅鹿時苗為壽春令，始之官乘牸牛，歲餘生一犢，及代，留犢而去。《晉書》曰：羊篇歷官清慎，有私牛官舍產犢，及還，留之。又有程鄭江竭，《華陽國志》曰：牛飲水者，昔程鄭於此飲牛，江為之竭，因以為名。婁提谷量，《後魏書》曰：婁提雄傑，有識度。僮僕數千，牛馬以谷量。又《史記》曰：烏氏贏求奇繒物，間獻戎王，戎王十倍其償，予畜至用谷量牛馬。望氣知北云之驗，《雲氣占》曰：趙雲如牛，又北夷之氣如牛。卜兆為司馬之祥。《晉書》曰：陶侃微時，丁母艱，將葬，忽失牛，見老父曰：前岡見一牛，眠山塢中。葬其地者，位極人臣。又指一山云：此其次也。出二千石，言訖不見。侃尋牛得之，自葬其處。以餘一山語周訪，訪葬之。侃至大司馬，訪亦累世刺史。若乃嘉彼柔謹，《說文》曰：㹑牛。㹑，音繞，柔謹也。哀其觳觫。《孟子》曰：齊王坐於堂上，有牽牛而過堂下者，王見之，曰：牛何之？對曰：將以釁鐘。王不忍見其觳觫，無罪而就死地，欲以羊易之。孟子曰：此仁術也。是見牛而不見羊也。或蹊田而見奪，《左傳》曰：楚子為陳夏氏亂故，伐陳。殺夏徵舒，因縣陳。申叔時曰：抑人有言曰：牽牛以蹊人之田，而奪之牛。蹊田者信有罪矣。而奪之牛，罰已重矣。王復封陳。或洗耳而為辱。見水賦，許由洗耳注。丙吉已勞於問喘，《漢書》曰：丙吉嘗為丞相，出逢羣鬬者，死傷橫道，吉過之，不問。前行，逢人逐牛，牛喘吐舌。吉使騎吏問：牛行幾裏？或譏吉，吉曰：民鬬殺傷，長安令、京兆尹職所當禁備逐捕，歲終丞相課其殿最耳。方春少陽用事，未可以熱，恐牛近行因暑故喘，此時氣失節，恐有所傷害者。三公典調和陰陽，所當憂也。襲遂更黴於佩犢。見《劍賦》佩牛化已遠注。周官分職，牛人乃主於牽傍，《周禮》曰：牛人，凡會同軍旅行役，共其兵車之牛，與其牽傍，以載公任器。注：牽傍，在轅外輓牛也，人禦之居其前曰牽，居其傍曰傍。晉室諸賢，和嶠亦勤於刺促。《晉紀》曰：潘嶽出為河陽令，以任次宜為郎，不得意，時山濤領選，嶽內非之。密作謠曰：閣道東，有大牛，王濟鞅，裴楷鞦。和刺促，不得休。

宋 釋居簡《北磵文集》卷五《老融牛》 一戰長駈七十城，可無餘勇替春耕。歸來不作淩煙夢，只寫清溪瘦影明。

力穡工夫畫裏看，閔勞念舊只長歎。斷霓千載荊州市，屍素甘心飽阿瞞。

又《智遷畫牛》 力敵難教死鬬心，墨輕毫漢柳陰陰。莫將觝角迂奇思，只寫洪川扣角吟。

又 卷六《白牛銘》 施力養人，惟牛為能負力。於牛惟人寡恩，故君子不忍觳觫，以小易大，歆以清泠，遺洗耳庭。比及後世，王渾寢息，淫祀肆作，椎擊屠割，享非其鬼。溢觴續海，蕩汨中土，靡然成俗。蚩蚩之氓，老羸易少壯，堂堂馳彊，使就鋒刃。壯者既羸，亦後若是。酋其貿易之睛，其死已兆。不兕舊主，徨徨欲新，苦不能菁。謂其不語，是自欺耳。祝大白之蟓，嶄然榛棘中，抑有感焉。某年月日，圓冕寺造僧伽方塔十一級，以尺靜者，頂踵拔地三百六十，培甓土木之逗條半天。微大白，孰能舉之？塔成而斃，嘻，殆於此矣。某年月日也。寺之陲不越大界相，得爽塏，管其葬而策勸焉。後若乾年，某束住山，兩莆故老，焉之銘。

銘曰：舍雨耕，勢雨生。弗踐青，金地行。牟然鳴，中黃鍾。頹然臥，蟠玉虹。忘其勢，食其力，成浮圖，十一級。身溘然，功歸然，與浮圖，相永年。

宋 釋寶曇《橘洲文集》卷三《題老融鬬牛圖》 牛鬬不可近，近則和爾觸。摩撫不動搖，愧此老觳觫。慰我有生意，憐渠無怒心。伊誰爲證據，斷崖楓樹林。

宋 陳長方《唯室集》卷四《題牛圖》 臥嚙枯萁對晚風，微勞畎畝未須雄。吾君痛追劉文叔，好試當年新野功。

宋 陳起編《江湖小集》卷一一《騎牛圖》 乃翁騎牛驢馱兒，松間提挈羣僮隨。驢逢短橋兒回顧，牛背推敲了不知。

宋 韓琦《安陽集》卷二《觀胡九齡員外畫牛》 丹青之筆奪造化，能者幾何登品錄。蛟龍獰惡鬼神怒，更工不接時人目。有形之物至者稀，是否難欺眾所矚。絳臺胡掾文章外，偏向畫牛其好酷。海內馳名三十年，得者珍藏過金玉。老來才始著青衫，養親不及朝家祿。前日野服忽相過，云訪恩知走京轂。微風入指未能畫，示我蠟本數十幅。采摭諸家百餘狀，毫端古意多含蓄。鬥者取力全在角，臥者稱身全在腹。立身髣髴精神慢，背者分數頭項促。行者動作皆得群，乳者顧視真憐犢。當流泅戲益自在，欲渡或疑猶蓄縮。從容飲齧得天真，荷鞭時有童兒牧。或橫一笛坐牛角，便是無聲太平曲。江天雨雲易溟濛，風勢掀號摧古木。皷斜蓑笠趁牛歸，蕭疏暮景煙村宿。奇哉胡掾老筆不可到，戴叟重生須死伏。吾觀諸牛之態雖盡妙，尚有所遺思未熟。牛於生民功最大，不畫牛功牛亦辱。胡君胡君聽我言，別選輕綃成巨軸。寫出區區耒耜勤，貴知天下由吾方食足。

宋 歐陽修《歐陽文忠公集·外集》卷七《牛》 日出東籬黃雀驚，雪銷春動草芽生。土坡平慢陂田闊，橫載童兒帶犢行。

宋 梅堯臣《宛陵集》卷三三《牛背雙鸜鴿》 牛背雙鸜鴿，煙陂共入時。草枯行解美，日晚趁羣遲。閒載寧辭遠，相鳴不間雌。初驚牧人去，飛上野桑枝。

又 卷六〇《問牛喘賦》 客有感前史問牛喘，廣而賦義有由。餘得摭遺辭，掇遺韻，索遺意，而用以酬。夫寒爲冬，燠爲夏，和爲春，肅爲秋。和以發生，則物萌而抽，燠以長養，則物盈而周，肅以登就，則物實而收。寒以閉結，則物藏而休。是則陰陽之道順，而燮和之職脩。若乃當春而燠，是爲行夏令，而火侵於木時，則有雨水不降，草樹早落。火訛相驚，疾疫多作故。丞相當是月而見牛喘，恐天令之愆錯。問從來之遠邇兮，或力或暵而可度。匪賤人而憂畜，實原微而意博。所以元化日調，萬彙時若。及其後世，我自我，物自物，天自天，人自人。胡爲乎，冬胡爲乎春，孰謂差忒，孰謂平均。曰：吾委佩而端冕，服美而食珍。上奉天子，下役蒸民，夫何預於我哉，我亦無愧於茲辰。

宋 劉敞《公是集》卷一七《胡九齡畫牛歌》 書契已來有繪事，畫牛著牛今始二。胡生戴氏雖異時，形似之間實兄弟。鬼神易寫狗馬難，古人舊語乃信然。不爾寥寥千萬年，筆墨曠絕無比肩。胡生曾畫百一牛，變態曲盡稱為尤。翰林主人題辭古，四海文士歌賦優。俗情護前喜排後，此事戴嵩未曾有。會知誦玩無已時，畫與胡生俱不朽。

宋 陳舜俞《都官集》卷一二《騎牛歌》 舜俞謫官廬山之下，常陪太博留公乘黃犢往來山中，因作歌以紀之。按此下三詩，《永樂大典》編入三劉文集。原註云：舜俞，熙寧五年爲山陰令，以不行青苗，自劾謫監南康酒稅。又載：《南康舊志》云：舜俞與凝之乘黃犢，嘗以六十日，盡南北山水之勝，有《廬山記》五卷，李伯時畫爲圖。我騎牛，君莫笑，人間萬事從吾好。千金市骨駿馬來，乘肥大躍須年少。薄為韉，草為轡，瀑布山前松徑裏。看山聽水要行遲，駐策緩驅塵不起。布袍葛帶烏接羅，山家裝束不時宜。匏樽注酒就背飲，縹囊貯書當角垂。吟或狂，醉欲倒，同醉同吟白雲老。此老不可天下人，一住廬山三十春。聲如鐘，目如電，七十神光射人面。上牛下牛不要扶，合與山中作畫圖。汴州馬上竟何如，春泥沒腹雨濺帽，夜半歸來人已痛。天真喪盡百憂集，衣食毛髮歸妻孥。爭如來騎牛，水光山色同悠悠。

又《和部使者騎牛歌》 君平山前白雲老，五十休官何太早。咄哉官卑莫行道，鸞鳳豈肯爭粱稻。愛山愛水去無時，漸老更買黃牛騎。長髯老奴挈榼隨，白紵皎皎山人衣。因憐湖邊有逐客，也解忘形樂泉石。不使執轡從翁遊，翁自出錢爲買牛。山中酒美數酬我，醉裏詩成要我和。市兒指點應不識，底不輕裘走快馬。毛夫子，真國士，出問風謠宣直指。瀟灑本是神仙人，功名強爲蒼生起。聞說騎牛不詆訶，手擘紅箋爲作歌。英詞百卉鋪錦繡，雄辯三峽傾銀河。我牛入山路漸熟，好歌吟聲易成曲。明年恩亦當放還，直入深雲無管束。欠卻劉家買牛黃金錢，又得毛公騎牛碧玉篇。

又《和劉道原騎牛歌》 陳子無能久棄廢，騎牛入山學遁世。劉子有道憂天下，欲取相印乘駟馬。二子相逢湖水頭，進退兩忘俱未酬。長歌對市人，聞者應揶揄。君不見，蔡澤不相終躍馬，甯戚未遇先飯牛。腰懸六黃印，廩食萬戶侯。人生顧何常，古來海水生柔桑。少華一峰已爲穀，白日西出明朝陽。男兒蓋棺事乃了，目睫榮悴空悲涼。水之曲，山之傍。歲窮且飲酒，富貴無相忘。

附錄《劉渙騎牛歌後序》：吳順義中，史虛白先生北海避地於星子，常乘牛往來山水間，今民間尚存《史先生騎牛圖》。余退居廬山，出入遊覽，往往徒步者，蓋患其以人爲輿，雖慕先生所爲，而猶未暇。嘉禾陳令舉，嘉祐間中賢良科，逡巡十餘年，方涖邑事，復以詆青苗科病，忤執政，名重天下，謫東市征，欣然就局。余山林獨往，得以親偵何樂。如之時同泉石之趣，因養雙犢以遂其志，而又得詠歌之美，敢礱石以永其傳。歲癸丑，熙寧六年正月五日，江西劉渙，敘於篇末。

宋 文同《丹淵集》卷一九《老鬬牛》 牛牛爾何爭，於此輒鬬怒。長鞭鬧兒童，大炬走翁嫗。蒼獿八九子，駭立各四顧。何時解角歸，茅舍江村暮。

又《鄧隱老木寒牛》 蒼岸棱層草芊綿，巨木半死生枯萱。羸牛日晚已噍草，稚子天寒猶打錢。

宋 郭祥正《青山集》卷二九《題潘温叟家藏戴牛畫卷二首》 不辭耕遍主家田，日暮歸時欲飽眠。渡盡驚波莫回首，後來猶苦牧兒鞭。　茫茫陂水暮秋天，乍脫耕犁未得眠。矯首銜波方盡力，牧兒何用更揮鞭。

又《青山續集》卷四《觀牛渡江》 荷蓑而騎彼牧童，驅牛亂流江水中。徐行不復用鞭箠，毋當其前犢後從。濁波沄沄出頭角，見者往往疑蛟龍。牛身千鈞水不測，步步乃與丘陵同。天機自然有所解，物理如此誰能窮。君不見，軋犖山腹垂至膝，一馬不能載其躬。帝前每作胡旋舞，翩翩勁捷如旋風。

宋 韓元吉《南澗甲乙稿》卷四《陪曾吉甫游中山》 去天尺五城南寺，目極層軒得此遊。山澗雨收雲點綴，江清日淡柳風流。僧扉繚繞牛鳴地，樓閣參差鬥大州。公自蓬萊舊仙伯，一麾眞復占鼇頭。

宋 謝薖《謝幼槃文集》卷三《朱端甫以畫牛一紙遺李成德，成德以示予爲賦長韻》 畫牛蹄角四十八，諸生塵昏僅可閱。頭頭露地各逍遙，不愁牽車喘見月。舐筆和墨誰氏子，定自道人非畫史。把鼻牽回得真牧，信手摹成妙如此。朱公自成老斲輪，不惜是牛持贈君。願君成誦石鞏語，更將此畫同叅取。

又《次韻李成德謝人惠墨牛》 君不見，八百里誇王氏駁，常敕家童瑩蹄角。綺襦紈褲竟奢豪，臥席不安愁禍作。何如傳寶墨牛圖，不飾青黃如素樸。向來奇畫購千金，宜在蘭臺天祿閣。兩牛方鬥未雌雄，或奔而從或小卻。其餘三四亦殊絕，或如虎臥鶴倪啄。滕王蛺蝶東丹馬，嘉陵山水青田鶴。如將優劣比人材，長文何必慚文若。人言愛畫亦一癖，被野牛羊何用貌，是家持論果非耶，煩君試為評其略。

宋 陳造《江湖長翁集》卷三《車堰牛》 牛力輕萬鈞，性順異諸畜。

有足不解蹻，有角不皆觸。課日引耒耜，爲人給穀粟。私家憂闕食，公家要餘蓄。公私雖相須，置汝誰取足。柰何過堰客，行舟動千斛。挽牽亦誘汝，贔屭頸髀縮。扣角一勞之，不語對以腹。物生愧無用，懷安或非福。於人儻有益，屢身豈云酷。君看廟前牲，被繡飽芻菽。膏血薦鼎俎，誰定悲觳觫。

又 卷一〇《題高夢錫指牛圖》 將軍向來馬量穀，封穀劣比羊千足。浮雲富貴漫誇毗，不博範叟回青目。此叟落魄水墨仙，松煤染指皆其天。奏刀浪訖牛無全，寢訛降飲二百角。身不服箱鼻不穿，觳觫肯受衆目憐。高郎畫遍米家船，此軸賓重一當千。老子老欲耕淮壖，賫菉葹滿高下田。政用百尾收烏犍，刀劍縱售能幾錢。展掩此畫空悵然，平日幽趣終拳拳。經叟儻可作九原，畫我草履麻為鞭，經掛牛角群牛前。

宋 程洵《尊德性齋小集》卷一《道傍見牛舐犢有感》 人物本來同一原，於何卻作兩般看。衹應氣質生時異，差別從茲有萬端。

宋 戴復古《石屏詩集》卷一《儒衣陳其姓工于畫牛馬魚一日持六簇爲贈以換詩》 生絹六幅淡墨圖，伊人筆端有造化。驊騮汗血捉電光，牯牸倦耕眠草下。陂塘漠漠煙雨後，出水群魚戲瀟灑。細看物物有生意，不比尋常能畫者。請君就此三景中，揮毫添我作漁翁。岸頭孤石持竿坐，白鷺同居葭葦叢。有時尋詩出遊衍，款段徐行山路遠。奚奴逐後背錦囊，木杪斜陽鴉噪晚。有時簑笠過田間，農婦農夫相往還。手放鋤犁吹短笛，日暮青郊黄犢閑。王孫貴人不識此，此是吾儂佳絶處。掛君圖畫讀吾詩，令人懶踏長安路。

又 卷七《題牛圖》 牡丹花下連宵醉，今日閑看黑牡丹。得此躬耕東海曲，一貧無慮百憂寛。

宋 董逌《廣川畫跋》卷一《書百牛圖後》 一牛百形，形不重出，非形生有異，所以使形者異也。畫者爲此，殆勞於知矣。豈不知以人相見者，知牛爲一形。若以牛相觀者，其形狀差別，更爲異相，亦如人面，豈止百邪。且謂觀者亦嘗求其所謂天者乎。本其所出，則百牛蓋一性耳。彼爲是觀者，犉物一作抽犁牧。犍犢犻出爾雅犌，觰角耦蹄。仰鼻垂胡，掉尾弭耳。豈非百體具於前哉。知牛者不求於此，蓋於動靜二界中觀種種相。隨見得形，爲此百狀。既已寓之畫矣。其爲形者特未盡也，若其岐胡壽匡。豪筋旄毛，上阜輟駕。下澤是驅，奮勇槽側，息憤埸隅，怒於泰山。神於牛渚，白角瑩蹄，青毛金鎖，出河走踢，曳火沖奔，渚次而飲。岸傍而鬥，掺尾而奏八闋。叩角而爲商歌，飯於魯閭之下。飲於潁陽之上，虎鬥而蛟爭。劍化而樹變，獻豆進芻，陰虹厲一作屬頸，果有窮盡哉。要知畫者之見，殆隨畜牧而求其後也，果知有真牛者矣。

又 卷四《書戴嵩畫牛》 戴嵩畫牛得其性於盡處，《畫錄》至謂牛與牧童貼貼一作點夜同睛，圓明對照，見形容著目中。至飲流赴水則浮景見牛唇鼻相連。余見嵩畫至多，求其如《畫錄》所說，無有也。且牛與童子之形，其大小可知矣。眸子貼墨不過僅如脫穀，彼安能更複作人牛形邪。嵩畫牛不過妙於形似，非有他異。至於鼻上故作潤澤，他畫者思之不得其術，相趨之竟不能效，然又不可，便按此爲嵩絶藝。嵩非工人，本士子，仕爲浙西推官，韓滉從之受其法。

宋 黄庭堅《豫章黄先生文集》卷七《題李亮功戴嵩牛圖公寅》 韓生畫肥馬，伏仗有輝光。戴老作瘦牛，平生千頃荒。觳觫告主人，實已盡筋力。乞我一牧童，林間聽橫笛。

宋 黄庭堅《山谷外集》卷五《書石牛溪旁大石上》 鬱鬱窈窈天官宅，諸峯排霄帝不隔。六時謁天開關鑰，我身金華牧羊客。羊眠野草我世間，高真衆靈思我還。石盆之中有甘露，青牛駕我山穀路。

宋 李之儀《姑溪居士集》卷九《食牛炙》 西來誰為炙牛心，惜事拘之不敢尋。豈謂鄰邦無百裏，驟令饞口得千金。登臺未論前人比，捫腹翻驚用思深。從此耒陽休弔古，便思白酒與同斟。

宋 方信孺《南海百咏·金牛山在新會縣北。山雄據闠闠，綿亙數百裏，雲山海月，舉無遁迹，雖白雲、景泰眺覽之勝，亦不是過。舊無亭榭，予始刱海月奇觀于其上，爲登臨游息之所。《圖經》云：昔此山濱水，有漁者見一牛，其色與索皆金也，光芒閃爍。方欲抵岸，爲漁者所驚，遂入此山。有廟尚存**》** 金牛去從久淒涼，好景乾坤亦秘藏。滄海無窮月無盡，從今收拾入詩囊。

宋 胡寅《斐然集》卷三《畫牛》 江上春犂雨，當年力共強。只今對圖畫，臧穀兩亡羊。收子鞭繩急，防渠犯苗稼。人人白水牯，豈必溈山下。

宋 楊萬裏《誠齋集》卷五《題謝昌國金牛煙雨圖》 金牛煙雨最相関，老子方將老是間。不分良齊來貌取，更於句裏占江山。

又 卷八《題劉景明百牛圖扇面》 吉語聞田父，新年勝故年。借儂百觳觫，雨裏破荒田。

宋 范成大《石湖詩集》卷一九《黄牛峽廟爲黄牛神所居，即石馬繫祠門處。東坡所書歐公詩及本事碑石在東廡。祠後高峰之上有黄牛迹，客舟甚敬之。以歐公故石馬亦有靈扁，護甚嚴**》** 朝離悲秋宅，午榜疊石磯。小留黄牛廟，細讀石馬詩。黄牛隱見蒼山裏，石馬至今猶畝耳。當年夢境識仙翁，馬爲迎門神爲起。物生不朽繫所逢，歐詞蘇筆蒼苔封。山高水長翁之風，石馬亦與翁無窮。

宋 洪咨夔《平齋文集》卷三《聖節日望拜黄牛祠前退讀衆碑感而有作》 蜀在八極間，卦位西南坤。萬裏泝天險，三峽為坤門。巨靈擘太華，飛出黄河源。

餘刃落巴山，巉絶雷斧痕。衆崖束長江，水石相吐吞。轟豗九鼉戰，洶湧萬馬奔。

高低建瓴峻，上下竹節繁。操舟失毫厘，齏粉千丈渾。灘名鼎無義，造物疑少恩。

黄牛壓其滑，坐睨驚濤翻。入門兩石馬，耳缺蹄嗷存。行人紛乞靈，熏燎迷旗旛。

摩挲幾豐碑，颯遝饒應塤。醉翁事已怪，無盡語不根。黄能羽淵魄，蒼牛離堆魂。逞奇角異說，終莫探厥原。或指峽名揭，或取山形蹲。狼頭與鹿有，胡不登脈膰。

五行土勝水，似識丁壬婚。爾牛何來思，此義欠討論。黄裳正坤色，為牛亦坤元。坤維闔其戶，職之廟貌尊。叱吒遁蛟蜃，麾訶走鼉黿。駃湍危就夷，怒石厲即溫。神以順治險，抑以靜制喧。萬命脫谽谺，神手司平反。長年送迎神，性瘠漓酒酸。歸舡詫靈賜，意氣殊軒軒。心安晝鵠穩，目送征鴻鶱。哦詩紀行役，霜風靈黄昏。

宋 王灼《頤堂先生文集》卷四《題政黄牛出山圖政高僧平日騎一黄牛，信所之》 眼明雙白鷺，身穩一黄牛。玉轡章臺陌，可憐供百憂。橋邊路欲迷，林外山猶見。長歌扣牛角，不讀項羽傳。

宋 釋法薰《石田法薰禪師語録》卷四《贊政黄牛》 不解倒騎，惟牛所之。郊原平衍，鞭索不施。山黯黯，水漪漪，知我者，白鷺鷥。

宋 董特立《梅山續稿》卷一四《足弱感劉賓客跛牛嘆》 劉子憐跛牛，行將就庖宰。云斯竟不免，觳觫有何罪。為善無近名，月刀用則匱。莊氏其至言，超然出形器。

宋 李彌遜《筠溪集》卷一一《和何斯舉戒食牛》 饑腸慕膻腥，如渴待拾法。雖窮爪掌勞，不助唇吻濕。屬厭能幾何，忍複貴難得。三犧良可哀，一割儻未急，貪夫恣糜爛，粱稻委鵝鴨。鸞刀久紛綸，餘裁猶在幕。寧思百畝間，功大等黔赤。翻令雜雜豚，就死不見白。置食為三歎，起坐或忘幘。若人妙箴規，隱惻鬼神泣。由儀見古風，未使斯文缺。藥石知良醫，樂餌止過客。仁言可紳書，善應知響集。

宋 李彭《日涉園集》卷六《觀法華牛鬭戲呈戒上座》 雞棲於塒晚山碧，兩牛偃蹇萬鈞力。黄鐘滿脰鳴相歡，欻起緣何作勍敵。水牯敗績秋風前，穿林觳觫蹊人田。幾無將軍破燕虜，適堪衛尉駕車轅。碧眼山僧可人意，大牛小牛與穿鼻。更須宴坐三十年，直待無鞭更無轡。

宋 許景衡《橫塘集》卷六《黑牛圖》 一牛動是萬錢值，墨指一作何紛綸。安得田家真有此，坐令四海無饑民。

出處由來祗一塗，區區分別欲何如。試看信手作毛角，絶勝當年陶隱居。

宋 劉克莊《後村集》卷一九《賦得牛駝各一首》 以羊相易慚羊小，興象同耕笑象輕。碧草充賜隨意飽，黄鍾滿膃有晴鳴。力靡曾索寅人同，骨朽鞋湔醜座名。空費景升努輿槁，不如羸悖尚堪耕。

宋 樓鑰《攻媿集》卷二《題老融畫牛溪煙雨》 暝煙吹雨冥冥，兩牛半渡深清，京塵久汚巾履，頗思歸濯吾纓。

又 卷九《題老融歸牛圖》 薄宦六年辭故山，故山秪在夢魂間。簪紳何苦自纆縛，卻羡歸牛自在閒。

又《題施武子所藏老融二牛圖》 佳哉淡墨掃人牛，一笛橫風各自由。平日深知焉用稼，如今但欲老西疇。

烏犍離立意逶遲，鞭策俱忘取次歸。駃犢跳風仍卻顧，老融於此露天機。

宋 羅大經《鶴林玉露》卷六《騎牛詩》 姚鏞為吉州判官，以平寇論功，不數年擢守章貢。為人疏雋，喜作詩，自號雪蓬。嘗令畫工肖其像：騎牛於硐轂之間。索郡人趙東野題詩，東野題雲，騎牛無笠又無蓑，斷隴橫岡到處過。暖日暄風不常有，前村雨暗卻如何，蓋規切之也。居無何，忤帥臣，以貪劾之：時端平更化之初，施行特重，貶衡陽，人皆服東野之先見。

宋 舒嶽祥《閬風集》卷二《騎牛歌題厲歸真騎牛圖》 人騎馬，我騎牛。騎馬行大道，青絲為轡金絡頭。胡衣北笠見者走，揚鞭指顧矜朋儔。

騎牛入山谷，不羈不勒無拘束。我只騎牛犢自隨，母子相呼煙草綠。騎馬不若騎牛安，牛自肥芻馬傷轂。我見騎馬郎，白金人手遭鞭撲，何如騎牛兒，樹下高眠無寵辱。

宋 吴儆《竹洲集》卷一六《題騎牛圖》 陳仲舉賢良，熙寧中言新法不便謫，南康酒稅豢吶黄犢，時與劉凝之跨之遊廬山，李伯時繪為圖，今藏其家。

汗血聲利場，舉頁循一思。霜風老觳觫，松路石齒齒。牛瘦僕夫疲，累累山谷裏。

兩翁非病狂，顧獨不取彼。牛背有佳處，未可語俗子。夷齊向千載，凜凜有生氣。試問：齊景公，烏用馬千駟。

宋 謝民師《戲題指紋鬭牛圖》《聲畫集》卷七 左者前其角，右者後其足。浼君雙指螺，戰此兩觳觫。草長水遠日悠悠，不向桑間自在休。蝸頭尚可屠蠻觸，壁上從今鬭二牛。

宋 韓子蒼《題雙牛圖》《聲畫集》卷七 駃牛蹢躅知何事，定自春山細雨來。漫漫平沙相逐去，可無人掣鼻頭迴。好事誰如公子賢，千金買畫亦欣然。老夫若有沈牛二，春雨歸耕負郭田。

宋 方嶽《秋崖集》卷一四《扣角》 東家打麥聲彭魄，西家繅絲雪能白。中間草屋眠者誰，不農不桑把書冊。書中宇宙三千年，凡幾變滅成飛煙。不知讀此竟何用，蓬藋拄逕荒春田。東家麥飯香撲撲，西家賣絲羅新穀。先生帶經駕黄犢，扣角前坡煙水緑。

元 房祺《河汾諸老詩集》卷五《扣角歌贈史吉甫》 剝剝剝，扣牛角，自從破卻黄雞殼，陰陽二氣分清濁。巽則為風震則雷，流者成川峙者嶽。易道常行日用間，醉夢昏昏人不覺。伏羲不得已而畫，文王不得已而重。叔世不及上世隆，夫子不言人益蒙。著成大傳開盲聾，譬如日出滄海東。無物不在光明中。峨嵋山人史居士，來到公安大智寺。手攜牛角欲何爲，發明三聖心中事。人言康節是前身，但不家居洛之涘。胸中一部皇極書，造化功夫際天地。舒之則彌滿六合，卷之則不盈一握。近之則在乎目前，遠之則入乎冥邈。有人來問先天學，扣牛角，剝剝剝。

元 白珽《湛淵集・題江貫道百牛圖》 幾年散放桃林後，餘四百蹄猶可騎。攬鏡一作境掛書，多自在能騎惟有。

元 黄鎮成《秋聲集》卷四《題牛背醉歸圖》 社散田頭日欲晡，平坡煙暖草如鋪。醉來衹坐烏犍背，歸去花村不用扶。

元 許有壬《圭塘小稿》卷四《牛背觀書圖》 蒲韉盤膝勝安輿，人訝形骸與世疎。卻笑徒居三十乘，恰如牛背一編書。

元 陳基《夷白齋稿・宋劉凝之騎牛圖》 潁川劉翁厭騎馬，去作匡廬牧牛者。手招五老日嘀山，腳踏烏犍泥沒踝。天聖君臣仁且賢，翁獨胡為甘棄捐，致君堯舜荷時傑，尚友巢許安吾天。翁朝出遊歸已暮，醉挿山花向何處。柳陰殘照尚分明，安用蒼頭鰲前路。蒼頭引牛翁不知，牛亦無心隨所之。醒時不記醉歸路，翁心自信無他歧。當時好事圖蹤跡，千載流傳增歎息。如今馬上看青山，不似騎牛有顏色。

明 僧清濋《牛圖》《佩文齋咏物詩選》卷四〇七 春光寂寂煙暈晴，春風水水波痕明。谿南谿北小坡平，我卻騎牛向谿曲。谿曲嫩草嫩如玉，記得當時農事足。倒指數來三十年，今觀此圖猶宛然，只多舐犢雙崖邊。

明 僧來復《白牛爲日本純上人賦》《佩文齋詠物詩選》卷四〇七 畊雲不住海門東，牧向楞伽小朶峰。露地已忘調服力，雪山誰識去來蹤。放歸衹樹隨羊鹿，種就曇花伴象龍。一色天闌頭角別，水晶池沼玉芙蓉。

清 趙翼《甌北集》卷五三《虎邱後有一三足犬，其足前一後二，吠而不能行，又有一六足牛，其四足如常，牛背上忽增兩足，但下垂而不至地，當額有圓肉瘤，肩上又有一孔深三寸許，察其皮毛，皆渾然天生，非人力所矯揉者，人間所未見也》 物反常為妖，走者蹄必四。何哉虎邱塘，咄咄傳怪事。犬則少一腿，牛則多雙踐。遂使來往人，爭解體囊施。吾聞三足能，平箋羽淵昔為癘。超踴能作氣。爾犬顧何為，蹄前一後二，但解偃臥嗥，難使逐狡噬。縱戴進賢冠，階下怎拜跪？縱錫儀同號，馬上誰抱置？崖柴狀可憎，瘈咬猛須避。偶然一骨按，甯食力徒費。車聊歇驕載，書難黄耳寄。吾聞太牢公，負重遠能致。形雖龐然大，性則馴可肄。在滌謹秣芻，大饗肅賓祭。角防鼷鼠鑽，牢故輻衡衛。駛蹄沙行駝，團跡磨旋蟻。蒲韉可掛書，揉木可於耜。弭釁犒師功，攘利蹊田計。胡為體槎枒，肩若墳兩臂。徒可赴順風，卻難履平地。得非夜鳴密，病散在肢體。迭使笨筋骸，贅疣作虛器。此一犬一牛，見者競戲異。方今肚升平，運正郅隆治。麟鳳在郊陬，魑魅屏荒裔。而乃兩不祥，變幻出闤市。滲氣偶獨鍾，固無大關系。永孽非支祁，山精詛負貳。見怪不之怪，怪乃自洧替。譬如木有癭，禾苗有秕穗。即在橫目民，土且無殘疾廢。四肢或不仁，五官或不備。總在燾育中，難守拘墟智。狺狺重誨盧，豢之守門第。紜壇千斤犍，殺之享軍士。免使庸耳目，諸皋炫聽視。

清 吳壽昌《虛白齋存稿》卷一四《目無全牛賦以目無全牛，庖丁妙技爲韻**》** 伊進道之技能，妙為經於緣督。屏跡象而弗營，倚虛空以獨復。當用志不紛之際，其凝也幾於神迫。指與物化之餘，其視也不以目。因有間而自得恢恢，已無全而寧勞逐逐。此庖丁擅稱於解牛，特為養生者之所心服也。以彼割烹是職，膳宰為徒跡。類有萃方將負鼎而進，地非渭水亦且鼓刀而屠。幸無食角之嫌，固騂剛之足。貴特中為犧之選，知博碩之非誣。一元垂大武之名，物惟其稱九十詠，其犉之句誰謂爾無。然而其巧既習，其思愈專，如相賞於驪黃之外，恍得意於言象之先運，實於虛執形骸之尚滯。得分於合宛，理解之在前，故徵備物於眡牲，不告飿牽之竭。而佐隆儀於用享，幾忘體薦之全爾。其新硎乍發，餘刃常遊，經窾郤而胥導，更歲月以何道。即自直尋意已捐，夫害馬熟視無覩。情奚羨乎椎牛，既躊躇而滿志，亦四顧而夷猶。迎而不見其首何所榮，於牛耳之執，隨而不見其後，何所避於牛後之羞。逞其妙技，勝彼良庖。一毛之亡，非惜五羖之贖。堪嘲體亦可遺不爭，握角瑩蹏之異，質將焉附。如覵分肌，擘理之交居，然頷下探驪徑寸之相，求自足，豈比管中窺豹一斑之所見。徒膠既獲中音之奏，爰成委地之形，或藺栗陳諸半子，或一牢祀以上丁，越俎為嫌，必藉庖人之治。動刀甚逸，何嘗肯綮之經。逾三年而解數千，幾於夢也蘧蘧，而覺也栩栩。試一朝而解十二，不啻得之杳杳，而索之冥冥。良由求以跡者，有事於拘墟會。以神者不專於形，肖成風運匠石之斤，獨藺垂詹何之釣。貫蝨之射，以如輪而致精。養雞之能，以似木而得要。非責有於始，則無以勵。用力之專，非課虛於終。則無以悉忘詮之妙，惟無全形，而外見胥融，乃收全效。而匠心獨照，是以古之儒者有取乎。此小其心以體物不殊，為戒於大軱。超其識以遊神，何致嬰芒於髖髀。譬則巧也。詎減蒲且虛繳之張，亦有道乎。兼通佝僂累丸之技，斯則本利導於自然。並可觀無為，於恭已故，聖朝亦間採寓言，而異說必詳求近理。

清 查嗣瑮《查浦詩鈔》卷九《題荇洲學士跨牛圖》 黃山學士誰寫生，能圖山澤爲蓬瀛。盤鵰賜錦紫絲履，換以蓑笠芒鞋輕。廿年柳邊歸院宿，忽憶看山牛禿速。史書掛角經壓腹，任爾飲吪無觳觫。條冰筆頭應久乾，欲買烏犍無一錢。石帆山南犂雨細，直恐鄰犢頻蹊田。不耕不稼驢空蹇，倉廩終煩牛黽勉。昇平一曲夕陽風，月上何須問牛喘。

清 吳邦治《鶴關詩集·扣角歌》 牛牛牛，我心憂。朝將爾畜，夜與爾宿。爾肩能束角能觸。喜則肩兮怒則角，筋力矗彊，皮毛濁捨。爾相齊，何君與爾適，楚楚山邈。牛牛牛，我心憂。商聲顛頏，木聲秋。滄浪沍，南山錮。中天何渺，何暮。腐心何賦，人何遇。蘊縷何衣，決何屨碧。艸浪翻天。白水波澂。渡水得涓，涓草不衰。天宇之曠從容步。鞭驅月，蹄踏風，吹簫公子今安窮。蘆洲漁父蘭楫之江東。王業銷沉霸業雄。九鼎逃兮碧波中，眼接鳳凰兮目送飛鴻。跨爾背兮言逐其馬，逍焉遙焉兮太行之下。

清 文昭《紫幢軒詩集·跨牛至近村》 已賦歸田肯佩牛，醉眼橫背穩如舟。欲棄欵段猶堪笑，傳語當年馬少遊。

雜録

三國魏 曹植《曹子建集》卷八《上牛表》 臣聞物以洪珍，細亦或貴。故不見僬僥之微，不知泱漭之泰蔓；不見果下之乘，不別龍馬之大量，高下相懸，所以致觀也暢。謹奉牛一頭，不足追遵大小之制，形少有殊，敢不獻上。

唐 白居易《白氏長慶集》卷四九《得乙聞牛鳴曰是生三犧皆用之矣問之皆信或謂之妖不伏》 上稟天性，旁通物情。是謂生知，孰云行恠。況形雖異，類心則同歸。四鳥分飛聽音既稱有信，三犧皆用，聞鳴豈可為妖。且葉前言，殊非左道，爾惟不講，我則有辭，揆以周官。業將同於夷隸，詳夫魯史，責不及於葛盧，獸語可徵，人言奚恤。

唐 瞿曇悉達《唐開元占經》卷六一《牽牛占二》 石氏曰：『牽牛六星，八度。古九度。度距中央大星光至，去極百一十度。在黃道内四度。春夏為木，秋冬為火。巫鹹曰：木星也。日月五星常貫牽牛中道也。吳之分野。《佐助期》曰：『牽牛主關梁，神名略緒熾，姓蠲除。』《北官候》曰：『牽牛一名天鼓；一名天關；牛第一兩星如連李，名即路，一名聚火。』石氏曰：『牽牛六星，天府也；日月七政所王者，即察政；視牛星明大，次第相承，王道大昌，天下安寧。牛星不明其常色，其歲五穀不成，牛多災凶。』甘氏曰：『牽牛上二星，主道路，次南星，主關梁；次南三星，主南越；故動搖變色，從而占之。』郗萌曰：『天鼓星怒者，馬貴。』《天官書》曰：『牽牛為犧牲。』宋均曰：『牽牛為牛角。』《月食占》曰：『牽牛為冬獄。』《二十八宿山經》曰：『牛山與女山相連，各法其星形；牽牛須女星神，常居其上。』《黃帝占》曰：『牽牛大星亡，大牛死；小星亡，小牛死疫；中央大星不明而黃者；天下芻大貴十倍；牽牛星直，糴平；曲，糴貴，牛中央大星左右出，不明，大將心不正，牛大貴；後星前近中央大星者，牛貴，遠牛賤；前星左右者，前將心不正；後星左右出者，後將心不正。所謂前者，星南星也；後者，星北星也。牽牛不與織女星直者，天下陰陽不和。』《黃帝》曰：『牽牛遠漢者，天下牛大貴；其入漢中者，天下牛多死。』甘氏曰：『牽牛動，牛災，四方皆然。』郗萌曰：『牽牛明大，關梁通利。牽牛主大豆，始出色黃，豆賤也；赤，豆蟲也；色青，豆貴。』《荊州占》曰：『牽牛後星前近中央星者，諸侯以四足為弊。色青，道病；色黑，死不至。牽牛星明，牛貴；細微不明，牛賤。』石氏曰：『牽牛生於列澤之邑，以主越國，為府廷。』《百二十占》曰：『將有犧牲之事，占於牽牛。』《石氏贊》曰：『牽牛主關梁、七政；故置九坎，通水道；又曰牽牛險陰，主關梁；中星高，下牛多殃。』

又 卷九五《牛宿雲氣干犯占》 白雲氣入牛，牛多死；出之，則災消。蒼白雲氣橫貫牛宿，有兵喪，除舊布新。黃白雲氣入牛，牛蕃息。一日諸侯有以四足蟲入貢者。黑雲氣入牛，天下牛多死。赤雲氣入牛，牛馬多以漕輓死者；出之，則兵出。赤雲氣如波揚，入牛，有兵大戰，牛馬大損，白氣入牛，有兵喪。

又 卷一一七《牛休徵》

金牛

《瑞應圖》云：『王者土地開辟，則金牛見。注云：案《交州記》曰：『九真群居風山，有金牛時時見，光照數十裏。又：武昌郡有金牛岡，岡邊石上有牛跡焉。』又：《羅浮山記》云：『增城縣有牛潭，潭測有圓石，金牛出時，盤此石上，有周靈潛往掩擊，得金鏢三尺許，牛出水時，有五色光。」又：吳與巴及淮南，並有金牛，皆帶金鏁也。』

牛有上齒

《地鏡》曰：『世主治而增地，則牛有上齒。』

又《牛咎徵》

牛舞　牛悲鳴

《握鏡》曰：牛忽舞戲軍中，軍罷還鄉。《天鏡》曰：牛如舞，其國將亡。潛潭巴鳴曰：宮殿中有牛悲鳴，政教衰，諸侯並。牛者兵之符也。注云：牛有角，兵象也，鳴喻教令也。京房曰：牛無故夜皆鳴，且有暴兵。牝牛善牡鳴及於大道上，邑有大兵。《運門樞》曰：主憂下愁陰類逆，則牛哭於田。

牛能言

《呂氏春秋》曰：亂國之妖，牛能人言。京房曰：牛能言，如其言占吉凶《搜神記》曰：晉太安中，江夏郡功曹張映，乘牛忽言曰：天下方亂，吾甚疾焉，乘我何之！映懼，中道而反。犬又曰：歸何早也？安陸縣有善卜者映從人占之曰：大凶，非惟一家之禍，亦天下將有兵亂也。後一郡皆破亡。駛還，牛又人立行，百姓聚觀者衆。其秋張昌亂，一郡殘傷者大半，駛家族滅。

牛從地中出　牡牛生子

《天鏡》曰：牛從土中出者，不出千日，有兵，民流亡。京房曰：牛自地中出，邑中有兵，小民破亡，君有喪，不出三年。《天鏡》曰：牛從地中出，不出二年，有大殃。京房曰：牡牛有子，其君無後。

牛生子異形

《運門樞》曰：『人君七政錯壅，下懵暗，上不明，則牛五頭，不能行。宋均注云五頭，喻五方不肯趁上命也。』京房曰：『牛生子一首二身，其邑分；牛生子二頭，天下分，胡氏之象也。』《天鏡》曰：『牛兩頭，軍分為兩。』《搜神記》曰：『元帝大興中，割晉陵郡封少子以嗣太傅東海王，俄而世子母石婕好疾病，使郭璞筮之，遇明夷之既濟，曰：『世子不宜裂土分國，以致患悔，母子並貴之咎也。法，所封內當有牛生一子兩頭者，見此物則疾瘳矣。』其七月，曲河縣陳門，牛生子兩頭，郡縣圖其形而上之，元帝以示石氏，石氏見而有間，或問其故：『晉陵土，上所以受命之邦也。凡物莫能兩大，使世子並其方，其氣莫以取之，故致兩頭之妖，以為警也。』』《河圖・說征示》曰：『人主失國無民，見牛四角二足。』京房曰：『牛生八足，上有三首，邑增地；君任邪佞，則牛兩頭八足二尾。』又曰：『牛生子三角，其邑且有兵；牛生三目以上，邑有賊臣；臣多口，則牛四目在背；牛生子三鼻，其邑有兵；牛生子，鼻一孔，邑作事不成；君臣不聽事，則牛一耳；牛生子三耳以上，邑大亂；人君衆惡同志，至德潛隱，興徭役，奪民時，則牛生五蹄；民人徭三月，邑有賊臣，則牛二尾；牛生子，三陰已上，君多子；牛生子，目在腹下及旁，邑且有事；牛生子，口在腹下及在頭上，邑有大事；牛生子，口在四肢，邑君亡；牛生子，口在背，其邑臣口舌；牛生子，耳在腹下，民大饑；牛生子，耳鼻在腹及背，其君相謀傷；牛生子，鼻在四肢上，邑有大賊；牛生子，足在腹，邑徙；牛生子，尾在腹，邑大徭；牛生子，尾在四肢，邑君易；牛生子，無首，邑無令，君不吉；牛生子無鼻，民太息；牛生子，無尾，民貧士弱；牛生子，無毛有羽，邑君亡；牛生子無陰，其君無子；君無子，則牛無陰；牛生子無足，其邑穀不成；牛生子，足在背，邑且有大兵；兵行徭役，奪民時，厥妖牛生五足；牛生子三足，其邑君有久疾。』《漢書·五行志》曰：『王、公侯、刺史不祗上命，克暴百姓，則牛八足。』《災異圖》曰：『秦文公五年，遊朐衍，有獻五足牛者，劉向以為近牛禍也。先是文惠王初都咸陽，廣大宮室。足者，止也，戒秦建，止奢泰也。』又曰：『景帝中元六年，梁孝王田北山，有獻牛，足生背上者，劉向以為近牛禍。先是孝王驕奢，起苑方三百裏，宮館閣道相連，欲求為漢嗣。足出於背，下奸上之象也。』《異苑》曰：『晉永嘉中，曲阿陳文家牛生兩頭犢。建武中，曲阿牛生犢，一軀兩頭。永昌元年，江北郭洗牛生兩頭八足。咸和元年，護軍營牛生兩頭六足。太元中，蜀人獻動角牛，奮頭則角耳搖。石虎時，牸牛水道在腹下。宋元嘉中，倉谷王石豐家，牛生尾在額上。元嘉十四年十月，東陽留元子家，牛生兩頭，犢墮地，便剿健善走，元子射之，乃死，以呈郡守，荀伯子余親睹焉。』《廣漢戴道》：『周元嘉中，牛生犢有腳而無脊骨也。』

牛生人

京房曰：『牛生人，民流亡；牛生人，一身二首，其邑昌；牛生人，一身三首，其邑有兵；牛生人，一身二首，無口三鼻，一鼻在項，一鼻在頰，其邑有兵不遠；牛生人，一身一首，無目一耳，相臣有兵；牛生人，一身二首，無目三耳，一耳在項，一耳在頰，其邑有兵；牛生人，一身三首，一鼻在項，一鼻在頰，女人治其政；牛生人，一身二首，無耳三口，一口在頰，民饑；牛生人，一身二首，無耳，三口以上，一口居頂，一口居頰，人民饑；牛生人，一身三首，二口無耳，一口在頂，民驚兵，君亂亡；牛生人，一身二首，無耳三口，一口在頰，一口在股上，民且大驚，其邑有亂，亡；牛生人，一身三首，三耳無目，一耳居頂，一耳居頰，其邑有兵，民多流亡；牛生人，三頭三面，有軍行；牛生人，一首四面，其君亡地；牛生人，一首二口，其邑大饑；牛生人，一首一鼻，邑民貧；牛生人，一首，三目以上，天下有爭者；牛生人，一首，三耳以上，邑治且亂；牛生人，一首一面，天下有爭者；牛生人，一身，項以上無，其邑有兵；牛生人，二首以上，其臣有反者，又云：邑有大疾。牛生人，三足以上，民多相讒；牛生人，三臂以上，其邑兵行；牛生人，三陰以上，其國有謀臣；牛生人，目在腋下，其君且凶；牛生人，目在腹，天下諸侯雜居；目在背，其邑有大臣反；牛生人，目在足下，此謂不親，其邑有大謀；牛生人，鼻在腋下，主令不行；牛生人，鼻在足，民哭；牛生人，鼻在腹，其邑穀不成；牛生人，鼻在背，其民多；牛生人，口在腹下，邑有火；牛生人，口在背，邑得利，臣有凶事；牛生人，腹在脛，邑有饑；牛生人，陰在背腹，其君有大事；牛生人，無鼻，邑有喪；牛生人，無耳，有鬼驚人者，相主走；牛生人，無足，其邑不種；牛生人，無臂，其邑疾；牛生人，無體，其邑有事；牛生人，無腹，其邑饑；牛生人，人身而六畜面者，此則不吉，臣下不受命；牛生人，人身而鳥頭面者，邑有兵；牛生人，人面而六畜身者，此謂不祥，其邑有兵；牛生人，人面而犬身，其邑苦；牛生人，人面而野獸身者，邑有亡地；牛生人，人面魚身，邑有水；牛生人，人身而蟲蛇面者，其邑亡地；牛生人，人面而蟲蛇身者，此邑皆空。』

牛生六畜

《天鏡》曰：『牛生六畜，兵且作，其君不安。』京房曰：『邑更主，則牛生六畜；牛生六畜，其邑女子為主；君不安宅，則牛生馬；牛生馬，兵將作，人零落，不安宅；牛生六畜人形者，其邑更主；牛生六畜，一身一首，其君亡；牛生六畜，二鼻以上，其君有兵；牛生六畜，二口以上，邑有兵；牛生六畜，三耳三口以上，邑亡地；牛生六畜，無目，其邑令不行；牛生六畜，無四肢，主不治。』

牛生野獸飛鳥　牛生魚

牛生野獸，天下不通；牛生野獸似人形，其邑有兵；兵大作，則牛生鼠；國有兵、水，則牛生飛鳥；牛生飛鳥鳴者，有他變，且為兵、水。京房曰：『天下虛，則牛生魚。』

牛生五穀屎金鐵石木草土布帛　牛疫

京房曰：『牛生五穀，其邑昌，且大穰；牛生土及屎土，邑地大昌；牛生金鐵，其邑有兵；兵強主武，則牛生石；牛屎生草木，其君死；牛屎布帛，其君有令。』《握鏡》曰：『牛大疫，觔革動，主用兵雜城郭，不出三年，有大殃。』

唐 馮贄《雲仙雜記》卷五《元夜食牛肺犯天樞使》 梁鄴上元後，忽髮變如血。卜曰：元夜食牛肺，犯天樞巡使。夜行禱謝，可免。

唐 李淳風《觀象玩占》卷一一《牛宿總叙》 牛六星，牽牛，一曰天皷，木星也。亦曰天關，為關梁，主犧牲之事，陽氣始於牽牛，日月五星常貫之，為中道中央大星，七政之始，七曜之行起於此，其上二星一曰即路，一曰聚火，主道路次，二星，主關，梁次二星主南夷，其中大星主牛。牛星大明明王道昌，關梁通天下寧。不明則五穀不成，牛多災。其小星大明則牛貴，大星明則牛賤。色怒則馬貴，移動則牛多災央，星亡則牛盡死。小星亡則小牛死，牛星始見色黄則大荳賤，色赤則大荳虫傷，色白則荳貴。星近漢則天下牛貴，入漢中則牛疫死，星直則五穀價平，星曲則米貴。失常變動，則五穀不成。甘氏曰：牛上二星主道路，一星主關梁，次南三星主南越，亦為南夷，動摇變色，從而占之。牽牛亦為將軍，中央大星左右出則大將心不正，前星左右出則前將軍心不正，後星左右出，則後將軍心不正。所謂前者大星，南星也，後者大星，北星也。

唐 王松年《仙苑編珠》卷上《丁鶴人語蘇鹿牛形》 《飛天仙人經》云：丁令威七歲入山求道，千年化鶴，歸鄉下華表柱頭歌曰：我是昔日丁令威，學道千年，今始歸也。《蘇君傳》：蘇躭者，彬州人也。小時牧牛，牛化爲白鹿得道，後歸鄉，駐牛脾山上，州縣官吏同往禮謁，日暮君展黄庭經，化爲大橋，直跨城門，官吏登橋而還也。

又 卷下《女生鹿白君達牛青》 魯女生，長樂人，服胡麻，餌術八十年，日行三百裏。走過麋鹿，故人與女生相别五十年，於華山廟遇，見女生乘白鹿，從玉女數十人也。封君達者，隴西人也。服黄精，兼服鍊銀，百年還鄉，如年三十許。人常騎青牛，人不知姓氏，故號為青牛道士也。在世二百年，乃入玄丘山，得道也。

五代 和凝《疑獄集》卷一《子雲斷犉牛》 唐衛州新鄉縣令斐子雲，有奇策。部人王恭戍邊，留犉牛六頭於舅李璡。養五年，産犢三十頭，例直十千已上。恭還，乃索牛。舅曰：犉牛二頭已死，還四頭老犉，餘並非汝牛所生。恭忿之，訴於子雲。子雲令送恭獄禁。令收追盜牛賊，李璡惶怖。至縣，子雲叱之曰：賊引汝同盜牛三十頭，藏汝莊內，喚汝共對。乃以布衫蒙恭頭，立南墻下。璡急吐欵云：牛三十頭總，是我外甥犉牛所生，實非盜得。子雲遣去恭布衫，璡驚曰：此是外甥也。子雲曰：若是，即當還牛，更欲何語。璡默然。子雲曰：五年養牛辛苦，與牛五頭，餘並還恭。一縣伏其明察。

又 卷三《憲之知牛主》 南梁顧憲之為建康令。有失牛者，盜與主兩俱認之，不能制。乃令解牛任其所去，牛之牛主所居，盜者伏罪。

又 卷四《包拯察牛舌》 樞密包孝肅公，名拯，字希仁，知天長縣。有訴盜割牛舌者，公使歸，屠其牛鬻之。既而有告殺牛者，公曰：何為割某家牛舌而又告之，盜者驚伏。

宋 徐鉉《稽神録》卷一《茅山牛》 庚寅歲，有茅山村中兒牧牛，洗所著汗衫，曝於草上而假寐，及覺失之。惟一鄰兒在傍，以為竊去，因相喧競。鄰兒父見之，怒曰：生兒為盜，將安用汝，即投水中。鄰兒匍匐出水，呼天稱冤者不已。複欲投之。俄而雷雨暴至，震死其牛。汗衫乃自牛口中嘔出，兒乃得免。

又 卷二《鞭牛》 京中居人，晚出見江上石公山下，有二青牛，腹青背赤，戲於水濱。一白衣老翁，長可三丈，執鞭於其傍，久之，翁回顧見人，即鞭二牛入水。翁即跳躍而上，倏然，漸長一舉足徑上石公山頂，遂不復見。

《太平御覽》卷四七《銅牛山》 孔曄《會稽記》曰：銅牛山，舊傳常有一黄牛出，山巖食草，採伐人始見，猶謂是人所養。或有共驅躄之，垂及輒失，然後知爲神異。

又 卷八九八《獸部・牛上》 宣帝地節三年，求得外祖母王媪男，無故弟武皆隨使者詣闕，時乘黄牛車，故百姓謂之黄牛嫗。

《太平廣記》卷二五〇《熝牛頭》 有士人，平生好吃熝牛頭。一日，忽夢其物故，拘至地府豐都獄。有牛首阿旁，其人了無畏憚，仍以手撫阿旁云：『只這頭子，大堪熝。』阿旁笑而放回。

又 卷四三四《畜獸》

牛

大月支及西胡，有牛名曰白及，今日割取其肉，明日其瘡即愈，故漢人有至其國者，西胡以此牛示之。漢人對曰：『吾國蟲名為蠶，為人衣，食樹

葉而吐絲。』外國人複不信有蠶。出《金樓子》

新昌穴出山犢，似秦牛，常與蛇同穴。人以鹽著手，夜入坎中取之，其舌滑者是蛇，其舌燥者則牛也，因引之而出焉。出《交州志》

野牛高丈餘，其頭若鹿，其角丫戾，長一丈，白毛，尾似鹿，出西域。出《酉陽雜俎》

金牛

唐先天中，有田父牧牛嵩山，而失其牛。求之不得，忽見山穴開，中有錢焉，不知其數。田父入穴，負十千而歸。到家又往取之，迷不知道。逢一人謂曰：『汝所失牛，其直幾耶？』田父曰：『十千。』人曰：『汝牛為山神所將，已付汝牛價，何為妄尋？』言畢，不知所在。田父乃悟，遂歸焉。出《紀聞》

長沙西南有金牛岡，漢武帝時，有一田父牽赤牛，告漁人曰：『寄渡江。』漁人云：『船小，豈勝得牛？』田父曰：『但相容，不重君船。』於是人牛俱上。及半江，牛糞於船。田父曰：『以此相贈。』既渡，漁人怒其汙船，以橈撥糞棄水，欲盡，方覺是金。訝其神異，乃躡之，但見人牛入嶺。隨而掘之，莫能及也。今掘處猶存。出《湘中記》

增城縣東北二十裏，深洞無底。北岸有石，周圍三丈。漁人見金牛自水出，盤於此石。義熙中，縣人常於此潭石得金鎖，尋之不已。俄有牛從水中引之，握不禁，以刀扣斷，得數段，人遂致富，年登上壽。其後義興周靈甫常見此牛宿伏石上，旁有金鎖如繩焉。靈甫素驍勇，往掩之，此牛制斷其鎖，得二丈許，遂以財雄也。出《十道記》

銀牛

太原縣北有銀牛山。漢建武二十四年，有一人騎白牛，蹊人田田父訶詰之。乃曰：『吾北海使，將看天子登封，遂乘牛上山。』田父尋至山上，唯見牛跡，遺糞皆銀也。明年，世祖封禪焉。出《酉陽雜俎》

青牛

桓玄在南常出詣殷荊州，於鶴穴逢一老翁，群驅青牛，形色瑰異。玄即以所乘牛易取，乘之至靈溪，駿駃非常。玄息駕飲牛，牛走入水不出。桓使覘守，經日絕跡。當時以為神物。出《諸宮故事》

又

京口居人晚出江上，見石公山下有二青牛，腹嘴皆紅，戲於水際。一白衣老翁長可三丈，執鞭於其旁。久之，翁回顧見人，即鞭二牛入水，翁即跳躍而上，倏忽漸長，一舉足，徑上石公山頂，遂不複見。出《稽神錄》

牛鬭

九真裏牛，乃生溪上。牛裏時時怒，共鬥，即海沸湧。或出鬥岸上，家牛皆怖。人或遮捕，即霹靂。號曰神牛。出《異物志》

潛牛

勾漏縣大江中有潛牛，形似水牛。每上岸鬥，角軟，還入江水，角堅複出。出《酉陽雜俎》

涼州人牛

天寶時，涼州人家生牛，多力而大。及長，不可拘制，因爾縱逸。他牛從之者甚眾，恒於城西數十裏作群，人不能制。其後牛漸淩暴，至數百，鄉裏不堪其弊，都督謀所以擊之。會西胡獻一鷙獸，狀如大犬而色正青。都督問胡：『獻此何用？』胡云：『搏噬猛獸。』都督以狂牛告之。曰：『但有賞錢，當為相取。』於是以三百千為賞。胡乃撫獸咒願，如相語之狀。獸遂振迅跳躍，解繩縱之，逕詣牛所。牛見獸至，分作三行，己獨處中，埋身於土。獸乃前鬥，揚塵暗野，須臾便還。百姓往視，坌成潭，竟不知是何獸。初隨望其鬥，見獸大如蜀馬。鬥畢，牛已折項而死。胡割牛腹，取其五髒，盆盛以飼，獸累啖之，漸小如故也。出《廣異記》

洛水牛

咸通四年秋，洛中大水，苑囿廬舍，靡不淹沒。厥後香山寺僧云：『其日將暮，見暴雨水自龍門川北下，有如決海潰江。鼓怒之間，殷若雷震。有二黑牛於水上掉尾躍空而進。眾僧與居人憑高望之，謂城中悉為魚矣。俄見定鼎長夏二門陰曀開，有二青牛奮勇而出，相去約百步，黑牛奔走而回。向之怒浪驚瀾，翕然遂低。』出《廣異記》

又 卷三八三《食牛人》 桓玄時，牛大疫，有一人食死牛肉，因得病亡。云，死時見人執錄，將至天上。有一貴人問云：『此人何罪？』對曰：『此坐食疫死牛肉。』貴人云：『今須牛以轉輪，肉以充百姓食，何故複殺之。』令還。既更生，具說其事。於是食牛肉者，無複有患。出《幽明錄》

宋 蘇軾《仇池筆記》卷上《戴嵩鬭牛》 有藏戴嵩鬥牛者，以錦囊系肘自隨，出於客觀。旁有牧童曰：『鬥牛力在前，尾入兩股間，今畫鬥而尾掉，何也？」黄荃畫飛雁頭足皆展，或曰：『飛鳥縮頭則展足，縮足則展頭，無兩展者。』驗之，信然。

宋 劉涣《三劉家集·騎牛歌後叙》 吴順義中，史虚白先生自北海避地於星子，常乘牛往來山水間，今民間尚存《史先生騎牛圖》。余退居廬山，出入遊覽，往往徒步者，蓋患其以人爲輿；雖慕先生所爲，而猶未暇。嘉祐間中賢良科，逡巡十餘年，方莅邑事。復以詆青苗利病忤執政，名重天下，謫東市征，欣然就局。余山林獨往，得以親傾，何樂如之。時同泉石之趣，因豢雙犢，以遂其志，而又得詠歌之美，敢礱石以永其傳。歲癸丑熙寧六年正月五日，江西劉涣敘於篇末。

宋 曹彦約《昌穀集》卷一七《跋陳令舉騎牛圖》 身不能采薇，不可以學扣馬之諫，婦不能荊釵，不可以學《五噫》之歌。耕莘釣渭，非膏粱文繡所能辦也。必能筦榷，不以紆朱懷金為樂，必能騎牛，不以髙車駟馬為優，安往而不得。貧賤，然後敢論時事矣。士大夫食君祿，知天下事不盡如人意，觸機而來，憤悱出一語。異時窘於奉養，不但縮舌啃齒而已，方且三緘其口不暇，疇望其安於筦榷騎牛而不悔。能扣角而歌之，此令舉所以為不可及也。當熙寧新法時，蘓長公以譏時抵獄，孔經父以對策報罷，攷其歲月尚在令舉後。元氣正脈，愈抑愈烈。謂制科不足以得士，而欲廢之，厚誣也哉。寶慶改元三月甲申，東滙澤曹某書於吳山寓舍。

宋 陳普《石堂先生遺集》卷一《孟獻子曰畜馬乘，不察于鷄豚，伐冰之家，不畜牛羊，百乘之家，不畜聚斂之臣，與其有聚斂之臣，寧有盜臣。此謂國不以利，爲利以義爲利也》 此大亨傳乎天下，章之一節可見。古人君臣上下，心心事事皆不忘民，孟獻子魯之賢大夫，畜馬乘士初試為大夫者，然則未試為大夫之前，徒行而已。此尊卑貴賤之別也。後世庶人商賈皆乘車衣繡，此上之無制也。察猶檢校照管，視其盛衰，有無者也。士試爲大夫則祿有餘。孟子《王制》所謂下大夫倍上士，其祿八百畆，可食七十二人者也。雞豚民所畜，以為利者。大夫祿厚，可以買而用之。若又自察之是，使民所畜者，必無賣處也。伐冰、斬冰。《詩》所謂二之日，鑿冰沖沖，是也。卿大夫以上，喪祭用冰，如始死，以槃盛冰置屍牀下。祭用冰，則詩所謂三之日，納於淩陰，四之日其蚤獻，羔祭韭是也。淩陰藏冰之室，二之日，今之十二月三之日，今之正月四之日，今之二月十二月。伐之，正月藏之。二月仲春陽氣已盛，天時温暖，遂開冰面祭獻，羔以冰所以鮮明絜清之也。然必卿大大之家乃得用之，未為卿大夫不得用也。亦尊卑貴賤之别也。不畜牛羊者，伐冰之家，其祿又厚，於初試為大夫者，孟子王制夫以上喪祭用冰，如始死，以槃盛冰置屍牀下，祭用冰。則詩所謂三之日納於淩陰，四之日其蚤獻羔祭，韭是也。淩陰藏冰之室，二之日，今之十二月。三之日，今之正月。四之日，今之二月十二月。伐之，正月藏之。二月仲春陽氣已盛，天時温暖，遂開冰面祭獻。羔以冰，所以鮮明絜清之也。然必卿大大之家乃得用之，未為卿大夫不得用也。亦尊卑貴賤之别也。不畜牛羊者，伐冰之家，其祿又厚，於初試為大夫者。孟子王制之若自畜之，則民家牛羊亦無賣處也。然則畜馬乘者，亦容其畜牛羊，但不察雞、豚、牛、羊，大於雞豚畜馬乘者，其祿猶未勝也。此見古人之心務欲與民均利，而不欲妨害之。非惟為臣者守此心，蓋上之制祿已慮及此。蓋富其臣，所以富其民，臣之祿有餘，則民之雞豚牛羊皆為利。無壅塞妨奪之患也。史傳中二事，亦此意。臧文仲為魯上鄉，乃使其妾自織，蒲孔子指之以為不仁，謂其奪民利也。公儀休為魯相，拔其園葵，亦為奪民利也。此皆古人慮民之深，能以此為心，則其他可知矣。百乘之家，有采地者也，有采地則無不備矣。聚斂之臣，猶欲奪民之利，以益其富，故不畜之。不畜之者，為民也。故雨求為季氏宰，為之聚斂，而附益之。孔子以為非吾徒也。獻子為此言，又申之曰：與其有聚斂之臣，寧有益臣，聚斂之臣益其主者也。盜臣損其主者也。文公註：以為君子寧亡己之財，而不忍傷民之力。盜臣不可有也。而獻子以為寧有之。可見古人先民後己，為民常重而爲己常輕也。大略古之爲上者，無非為民故。為之臣子者，皆體之。然卿大夫之祿不厚，亦非所謂體群臣者，為士、為大夫，多聰明賢俊，皆有與民均利之心，然祿薄不足以贍，雖欲行其心，而不可得也。

宋 吴曾《能改齋漫録》卷一八《中宵牛語》 沈遼叡達言：嘉祐中，其兄文通自越移杭，所經諸堰，皆集牛以運舟。是時方夏暑，監官堰上露宿以俟之。夜久人静，忽聞以行相呼云：今吾輩有何生活？或荅曰：明日沈幾兒子過來，赴任杭州也。又云：沈幾早有子知杭州乎？歎息不已。使臣者審其聲，甚雄重，非人聲。又深夜野次，更無外，人其言氣非俗流。因熟察之，乃堰上數牛也。張芸叟聞其事而言曰：既以行呼，豈非沈之親朋者耶？又云：因果之説，凡祿厚而無功澤於民者，死即轉生為象牛馳馬，復以大力償衆生爾。

然事關幽顯，理未可知。假或可知，其中宵牛語之事，亦可知矣。

又《袁天罡知牛產牝牡》 袁天罡，本蜀郡人。隋末，於閬州蟠龍山前築宅居之。岐陽李淳風聞其名，齎金自遠，事以師禮。一日，二人郊行，見一牛跡，袁語淳風曰：此雖牛跡，能知其牝牡否？淳風曰：予安能知。袁曰：乃牝而有孕者，又左目必傷，當產一犢。淳風尋問之，皆然，未幾產一犢。淳風曰：從學久矣，未聞此術，何也。袁曰：非術也。牛之有孕。左重，牡也。右重，牝也。吾視牛跡，左足深，必產牡也。惟食右邊草，必左目傷也。淳風歎曰：兄之術可及，其智不可及也。孟子謂大匠能誨人以規矩，不能使人巧。以袁之於李，孟言益可信矣。

宋 陳則通《春秋提綱》卷九《郊牛》 嗚呼！古者，諸侯必有養獸之官，歲時齋戒沐浴，而躬朝之，犧牷祭牲。必於是取之，敬之至也。君召牛，納而視之，擇其毛而卜之，吉。然後養之。朔月，月半，君巡牲，所以致力，孝之至也。《春秋》書：鼷鼠食郊牛角，猶可曰：有司之過也。改卜牛，而又食其角，則非人也。天也。郊牛之口傷，則無鼷鼠而自傷也。改卜牛，而牛又死。豈人之所能為哉。春秋書卜郊而屢不從，書改牛，而又食，天其不享，魯僭乎。鼷鼠食郊牛角，祇食其角耳。口傷祇，傷其口耳。食郊牛，不言其所食之處，則徧牛之身皆食也。牛死，則如之何。曰：埋之，牛免則如之何。曰：有司玄端送於南郊，而放之。然則春秋，或書免牛，或書免牲，何也。曰：卜而養之，曰：牛養成而，將用之。曰牲，曰免牲，是不郊也。牲已可用，而免之也。故不曰不郊，但曰免牲。曰免牛，而又曰不郊者，牛未可用，而免之也。故既曰免牛，而又曰不郊。春秋一字之權衡，其可輕易乎哉。吾故備郊牛之說，而寘之魯郊之次。

宋 程大昌《演繁露》卷一《牛車》 漢初馬少，故曰：『自天子不能具醇駟，將相或乘牛車。』言惟天子之車，然後有馬，然亦不能純具一色。至將相則時或駕牛也。自吳楚誅後，諸侯惟是食租衣稅，無有橫入，故貧者或乘牛車，則此之以牛而駕，自緣貧窶無資可具，非有禁約也。漢韋玄成以列侯侍祠，天雨淖，不駕駟馬車而騎至廟下，有司劾奏削爵。則舍車而騎，漢已有禁矣。東晉惟許乘車，其或騎者，禦史彈之，則漢法仍在也。至其駕車遂改用牛。王尋駕短轅犢車，犢，牛犢也。王濟之八百裏駁，駁亦牛也，言其色駁，而行速，日可八百裏也。石崇之牛疾奔，人不能追，此其所以寅之也。《南史》吳典太守之官，皆毅輓下牛以祭項羽，知駕卓用牛也。豈通吾之制皆不得怒屬也耶？予於是致案上古駕卓，則皆駕牛，燕用焉者，故《易》曰：『服牛乘焉』也，又曰：皖彼牽牛，不以服箱，則牛服之服也。至古之耕卻不用牛，孔子弟子中有冉耕，方字伯牛，豈前此未以牛耕耶？《詩》：十千為耦，長沮、桀溺耦而耕，沮、溺二人相封自挽犁也。甘誓禦非其焉之正，汝不共命。《詩》曰：四牡騑騑，蕭蕭馬鳴，有車鄰鄰，有馬白顛。則車皆馬駕也。然則此時牛既不耕又不駕車，則將何用也。至於馬既駕車，車重而鈍，又未有人知用馬爲騎，直至《六韜》方著騎兵。《詩》、《書》中元未之有，此制殆難考也。

又《鄭元牛識字》 白樂天詩《鄭牛識字》吾常歎，注云：諺云鄭元家牛觸牆，成八字。

宋 何薳《春渚紀聞》卷三《挽經牛》 裴亞卿言：紹興九年，湖州普安院尼沈大師者，聞吳江縣潘氏兄弟析居，而家有《華嚴經》一部，惜不忍分，試往求之。衆議皆允，而尼請歸，具香花及舟載迎取。潘老謂尼曰：爾往，則恐有中變者。我今並具小舟，假汝載往，如何。尼欣然更過所望。經既登舟，而歲適大旱，川港乾涸不能寸進。翁曰：我更假汝一牛，挽引而前也。經既至院，牛船還家。公中夜忽語其媪曰：吾之捨經得供養矣，而吾牛何慮也。媪問之，云：我適夢牛而人言曰：謝公數年豢養之力，又承公遣以挽經之功。今得脫此畜身，徑生安樂處，感德無窮也。亟往視之，牛已死矣。

宋 洪邁《夷堅志》丙志卷一一《程佛子》 德興縣新建村居民程氏，屋後二百步有溪，程翁每旦必攜漁具往，踞蹯石而坐，施罔罟焉。年三十時，正月望夜，夢人告曰：『明日亟去釣所，當獲吞舟魚。』覺而異之。雞鳴便往，久無所睹，自念：『夢具欺我歟！』忽光從水面起，照石皆明，掬水濯面。澄心諦觀，但有大卵石，白如雪，光耀粲爛，一舉網即得之。持以歸，婦子皆驚曰：『爾遍身安得火光？』取置佛卓上，一室如晝。妻窺之，乃如幹紅色，頃刻化為帶，長三尺，無複石體，益驚異。炷香欲爇間，大已如楹，其長稱是。懼而出，率家人列拜。俄聞屋中腷膊聲，穴隙而望，如人拋擲散錢者。妻持竹畚入，漫貯十餘錢，方持行，已滿畚矣。小兒女用它器物拾取，莫不然。良久，遍其所居。或擲諸小塘，未移時亦滿。其物在室中連日，翁拜而禱曰：『貧賤如此，天賜之金已過所望，願神明亟還，無為驚動鄉閭，使召大禍。』

至暮，不復見，而柱下踴一牛頭，搖耳動目，儼然如生，明日乃寂然。程氏由此富贍，每歲必以正月十六日設齋飯緇黄，名曰龍會齋。翁頗能振施貧乏，裹人目為程佛子。紹興二十九年，壽八十三歲而卒，其孫亦讀書應舉。

宋 釋居簡《北磵文集》卷七《跋雪竇老融牛軸》 畫牛至戴嵩，能事畢矣。雪竇老融則又出於規矩準繩之外，晴春自牧，如超方，之士得友得師，心平氣定，有日新之功。露地而眠，則飽道足學，片石深雲，燕晦自若，不動聲氣。物來斯應，新生之犢，不受控勒。方其解衣盤礴，想像乎尋牛訪跡。其既成也庶幾乎人牛兩忘。已而不復自惜，與好事者共之。不見筆墨畦畛，則又何以異。夫轉位回機，聖凡所不能測，或者以秀關西，讓龍眠之説，繩之不直，老子一笑。

宋 釋惠洪《冷齋夜話》卷一〇《牛逐虎》 筠溪快山有虎，嘗搏牧牛童子，為兩牛所逐，虎既去，牛捍護之，童子竟死。石門老衲文公為予言之，為作詩記之，以諷含齒被髮而不義者。然予徒能諷之，其能已之哉！快山山淺亦有虎，時時妥尾過行路。一豎坐地牧兩牯，以捶捶地不復顧。虎搏豎如鷹搦兎，兩牛來奔虎棄去。因往荷瘞挨老樹，牯則喘視同守護。虎竟不能得此豎，豎雖不救牯。無負一村囂然共鳴鼓，而虎已逃不知處。嗟哉異哉兩大武，高義可與貫高伍。今走仁義名好古，臨事真情乃愧汝。此事可信文公語，為君落筆敏風雨。

宋 陸游《渭南文集》卷二八《跋劉凝之陳令舉騎牛圖》 公卿貴人，方黄金絡馬，傳呼火城中時，欲如二公騎牛山谷，蕭散遺物，固不可得。若予者，仕既齟齬，及斥歸，欲買一黄犢代步，其費二萬有畸，作欄蓄童，又在此外，遂一笑而止，徒有此生猶著幾兩屐之歎。乃知二公風流，亦未易追也。紹熙甲寅十二月二十九日，陸某識。

宋 劉斧《青瑣高議》卷五《陳貴殺牛 陳貴殺牛罰牛身**》** 封丘潭店有陳貴，屠牛為業，前後殺牛百萬頭。一日病，瘦數日後發狂，走於田野間，食苗禾，其家執之而歸。自此惟食蒭，經月乃死，前為牛吼數日，死亦有尾生焉。後經歲，比隣張生家牛産一犢，腹下白毛隱，隱有陳貴二字，衆人皆嘆異。其妻以財贖歸，是夜夢吏謂其妻：取此犢當鞭笞施力之苦，汝何故敢違神明，而贖之也，當殺汝。妻乃止矣。

宋 武允蹈《城隍廟碑記》（同治）《高安縣志》卷二二 米山之西，有潭極深險，中隱巨牛，金色赤尾，陰晦輒出，傷人畜，害禾稼。神部兵往，牛出潭，命李尉劍斬其尾，因下土實潭，生靈之患遂消。

宋 魏了翁《春秋左傳要義》卷一七《風于澤失馬牛又軍中亡旍》 劉炫規過，以為放牛馬於澤，失大旆，左旃不失，牛馬費。《誓》云：馬牛其風，臣妾逋逃，則有常刑，今既亡左旃，又失牛馬，為罪至重，故殺之以徇。若牛馬不失，又大旆在軍，何得因放牛馬而亡左旃，故知澤失馬牛，軍失左旃。

又 卷三〇《牛云匹猶風云潤酒云食馬云造》 司馬法丘出馬一匹，牛三頭，則牛當稱頭，而亦云匹者，因馬而名，牛曰匹，并言之耳。經傳之文，此類多矣。《易》繫辭云：潤之以風雨。《論語》云：沽酒市脯不食。《玉藻》云：大夫不得造車馬，皆從一而省文也。

宋 魏了翁《尚書要義》卷二〇《馬牛風臣妾逃勿越逐祇復之》 馬牛其有放佚，臣妾其有逋逃。汝無敢棄越壘伍而遠求逐之，其有得逸馬牛、逃臣妾，皆敬還之，歸於本主，我則商度汝功，賞賜汝。汝若棄越壘伍，遠求逐馬牛臣妾，及有得馬牛臣妾不肯敬還復歸本主者，汝則有常刑。僖四年《左傳》云：唯是風馬牛不相及。賈逵云：風，放也。牝牡相誘謂之風。然則馬牛風佚，因牝牡相逐而遂至放佚遠去也。逋亦逃也。軍士在，軍當各守部署，止則有壘壁，行則有隊伍，勿敢棄越壘伍而遠求逐之。

宋 魏了翁《周易要義》卷四《三不能比二四爲輿曳牛掣天且劓》 六三見輿曳，其牛，掣，其人天且劓。無初有終，凡物近而不相得，則凶。處《睽》之時，履非其位，以陰居陽，以柔乘剛，志在於上，而不和於四，二應於五，則近而不相比，故見輿曳。輿曳者，履非其位，失所載也。其牛掣者，滯隔所在，不獲進也。其人天且劓者，四從上取，二從下取，而應在上九，執志不回。初雖受困，終獲剛助。曳以制反掣昌，逝反。鄭作犎云：牛角皆踊曰犎。徐市制反。《説文》作觢之世，反云角。一俯一仰。《子夏傳》作契云，一角仰也。荀作觭，劉本從《説文》，解依鄭。其人天天剠也。馬云剠鑿其額曰天劓魚器反截鼻也。王肅作䠔，䠔魚一反。

又 卷六《以旅居上故先笑後號喪牛而終莫聞》 上九。鳥焚其巢，旅人先笑後號咷。喪牛于易，凶。居高危，而以爲宅，巢之謂也。客旅得上位，故先笑也。以旅而處於上，極衆之所嫉也。以不親之身，而當嫉害之地，必凶之道也。故曰：後號咷牛者，稼穡之資，以旅處上，衆所同嫉，故喪牛於易。

不在於難，物莫之與，危而不扶，喪牛於易，故莫之聞。莫之聞，則傷之者至矣。正義《象》曰：終莫之聞也。者衆所同嫉，危而不扶，至於喪牛於易，終無以一言告之，使聞而悟也。

宋 吴渭《月泉吟社・騎牛翁》 彭澤賦歸，飽田園之真樂。廣文坐冷，瀕溝壑以猶歌。適騷伯之建壇，縱吟翁之劘壘。不知技癢聊遣旅，懷牛從陳舜舉之騎，頗諳幽興魚，效韓昌黎之釣。良用自悲，過眼之日，無迷在手之月可掬。雖愧於萬選，萬中幸列之二十二人，迺厘寵翰之臨，過沐賞音之賚將，之禮幣，感此誼襟，紅帛弗施。且見頒於綵筆，青衫無用，尚托庇於深衣僕僕，拜嘉惓惓言謝。

宋 俞德隣《佩韋齋集》卷九《夢牛亭記》 貴池為池屬邑，鄉曰舞鸞，蘇君所以居也。亭曰夢牛，蘇君之所作也。君既撤屋為亭，侍禦史程公大書而扁之，寓孝思也。君家世滁陽，其先君子辟地江左，卜築於茲。生君之夕，母夫人江氏夢繇巨麓扳援而升，至於帝所，皆黃金銀為城闕。怪雲變氣，蕭索輪囷。千官萬靈，繽紛宴娱。鳴琴鋗玉，雅聲遠聆。頫窺倒景，意迷目眴。方鰓鰓不自寧，有羽士告之曰：是天上，非人世間也。帝命賜爾牛以歸。老叟導前，縵樂擁後。至所居，叟辭去，指牛曰：善視之，當亢爾宗也。覺而生君，嶄然與衆兒異，心甚奇之。君少長，習聞其事，感慨歎息。壯而有立，且筮仕，而太夫人不及養矣，爰搆斯亭，思報罔極。蒿莪之感，風木之悲，於是焉寓，是殆作亭之意也。蒼蒼者天，天固有帝也。帝果有所謂宮闕者耶？亦果有所謂仙官羽士者耶？瓊樓玉宇，金鋪鈿砌，世率謂清都紫府有之，茲果孰為之邪？《周禮》以日月星辰占訊六夢，彼沈蹤下土，倏然夢遊九垓之上，而復賜之以牛，因邪想邪？夢玉燕而生張説，夢九鶴而生九齡，古固有之。彼夢牛之夢，又何祥邪？豈牛固有功於世者邪？是未可知也。按天文，牽牛六星為天之關梁，主犧牲之事，星明則王道昌，關梁無壅。又其分野，會稽、臨淮、廣陵皆屬焉。君雖生於池，本其裔，苗實淮人也。清淑之氣，蜿蟺磅礴，其亦有所自邪？君厖厚傑特，軒軒襟宇，雖生長於幹戈劻勷中，書不待學而能，詩不待吟而工。持官將身，具有法度，真無忝爾所生者，昔蔣琬夜夢牛首，趙直以為三公之象。老叟之言，太夫人之夢，得無驗於異時者耶？是又未可知也。餘與君素昧，游杭，從湯君子文識之，因求記於余。余謂湯君以詩章名一世，歌詠其事，使鏗鏘於金石宜也。余老矣，學殖荒落，何足以信今而傳後。然感其陟屺之思，徵其名亭之義，斯亭也，蓋大孝終身之慕，而非事燕遊、便登眺比也，其可以無述乎。君名志，字明甫，今為錢唐丞云。

宋 祝穆《事文類聚》卷三九《牽牛蹊田》 楚子為陳夏氏亂故，伐陳。殺夏徵舒，因縣陳。申叔時使於齊，復命不賀而退。王使讓之對曰：抑人有言曰：牽牛以蹊人之田，而奪之牛。牽牛以蹊者，信有罪矣。而奪之牛，罰已重矣。諸侯之從討有罪。今縣陳，貪其富也。無乃不可乎？王曰善。

又《販牛于秦》 百裏奚未遇時販牛於秦，鬻以五羊之皮，公孫支得而獻諸繆公。繆公用之謀，無不當，舉必有功。

又《庖丁解牛》 庖丁為文惠君解牛曰：臣之刀十九年所解千牛，而刀刃若新。彼節者有間，而刀刃無厚，以無厚入有間而恢恢乎。其投刃必有餘地，是以十九年而刀刃如新。莊子屠牛坦一朝解十二牛，而芒刃不頓。

又《刻五石牛》 秦惠王欲伐蜀，乃刻五石牛，置金其後。蜀人見之，以為牛能大便金。蜀王以為然，即發卒千人，使五丁力士口牛成道，致三枚於成都。秦道得，石牛力也。後遣丞相張儀等，隨石牛道伐蜀也。

又《田單火牛》 騎劫攻取即墨，田單取牛千頭，衣以五彩，束刃其角，縛火其尾，穿城而出，步壯士五千銜枚隨其後，牛出火明，所觸皆死，壯士因擊之，燕師大敗，遂収齊城。

又《占犢吉祥》 宋人有好行義者，三世不懈。家無故而黑牛生白犢，以問孔子。孔子曰：『此吉祥也。』以享上帝。居一年，其父無故而盲。牛又複生白犢，其父令其子問孔子。孔子曰：『吉祥也。』複以祭。居一年中，其子又盲。其後楚攻宋，同其城，民易子而食之，折骸而炊之。丁壯皆乘城戰，死者大半，此人父子有疾，皆免。

又《射牛不中》 賈堅彎弓三石餘，烈祖以堅善射，故親試之。乃取一牛置百步上，召堅射曰：能中之乎。堅曰：少壯之時，能令不中。今已年老，不能中之。恪大笑，射發，一矢拂脊，再一矢摩腹，皆附膚落毛，上下如一。恪曰：能復中乎。堅曰：所貴者以不中為奇，中之何難，一發中之，觀者鹹服其妙。

又《賣劍買牛》 龔遂為渤海太守，民有帶刀劍者，使賣劍買牛，賣刀買犢。曰何為帶牛佩犢。

又《丙吉問牛》 丙吉為相，出，逢死傷橫道，過之不問，前行。逢人逐牛，牛喘吐舌。使問逐牛行幾裏矣。椽吏謂前後失問。丙吉曰：民門相殺傷，長安令京兆尹職所當禁捕，宰相不親小事，非所當問，方春未可大熱，恐牛行近用暑故喘。三公典：調和陰陽職當憂，是以問之。

又《鄰牛犯禾》 管寧鄰有牛犯寧禾者，寧牽著涼處，自飲食，還牛主，其主大慙。

又《目光在牛背》 王衍因宴集為族人所怒，舉樏擲其面，衍初無言，引王導共載而去，然心不能平，在車中攬鏡自照曰：爾看吾目光乃在牛背上。

又《賭牛作炙》 王愷之有牛名八百裏駁，常瑩其蹄角，王武子與射賭，得趣左右，探心作炙，一啖而去。

又《牛墜井中》 褚彥回父湛之，有牛墜井中，湛之率左右營救，彥回下簾不視。

又《盜牛不問》 晉周訪，鄉人盜訪牛，於家間殺之，訪得密埋其肉，不使人知。郭舒雅行鄉人，盜殺舒牛，事覺來謝。舒曰：君饑所以食牛，餘肉可共啖之，世人皆伏。

又《病牛贖回》 後周孟信家貧，唯有一老牛，其兄子賣以供薪米契券，訖信適從外來方知其賣。因告買者曰：此牛先來有病，小用便發，君不須也。杖其兄子，買者嗟異，苦請不得。

又《決爭牛訟》 張允濟仕隋，為武陽令。元武民以牸牛依婦家者，久之，孳十餘犢，將歸而婦家不與牛。民訴縣，縣不能決，乃詣允濟，允濟曰：若自有令，吾何與為。民泣訴其抑，允濟因令左右縛民，蒙其首，過婦家，云捕盜牛者，令盡出民家牛質所來，歸不知。還曰：此壻家牛，我無與。即遣左右撤，蒙曰可以此還壻婦家。叩頭服罪，元武吏大慙。

又《牛角挂書》 李密聞包愷在緱山，往從之。以蒲薦乘牛掛漢書一帙角上，一手捉牛靷，一手翻書讀之，越公楊素見而奇之。

又《戴文成牛》 貞元中，蘇州海鹽縣有戴文者，家富性貪。每鄉人舉債，必須收利數倍，有鄰人與之交利，剝刻至多。鄉人積恨，乃曰：必有神力照鑒。數年後，戴文病死，鄰人家牛生一黑犢，脅下白毛，字曰『戴文閭裏鹹知』。文子恥之，乃求謝，言以物熨去其字，鄰人從之。既而文子以牛身無驗，乃訟鄰人，妄稱牛犢有字。縣追鄰人及牛至，則白毛複出，成字分明，但呼戴文，牛則應聲而至。鄰人恐文子盜去，則夜閉於別廡。經數年方死。

又《黑牡丹》 唐末劉訓者，京師富人。梁氏開國，嘗假貸以給軍。京師春遊以觀牡丹為勝，賞訓邀客賞花，乃繫水牛數百在前，指曰：此劉氏黑牡丹也。

宋 高似孫《緯略》卷一二《牛膝酒》 《酒譜》曰：酒多飲，虛人脾氣。脾主四肢，久飲成疾。唯酒用牛膝能補，重腿輕筋骨，且不失和甘之味，亦飲者所宜。造法：每醇酒一斗，用大木瓜二甌之，而實以牛膝四兩，浸之以醇酒，酒竭旋益，俟其潰爛乃出之，以熟艾末四兩同研，為丸桐子大，空腹下三十丸。此良法也方，書中絕無此方又明白簡易，故采之。

明 慎懋官《華夷花木鳥獸珍玩考》卷七

潯州糖牛

大賓縣止有糖牛，與蛇同穴。牛嗜鹽，裏人以皮裹手塗鹽，入穴探之，其角如玉，取以為器。

犦牛

海康其地多牛，頂上有骨，大如覆斗。日行三百裏。《爾雅》所謂犦牛，是也。

花蹄牛

元封三年，大秦國貢花蹄牛。其色駁，高六尺，尾環繞其身，角端有肉，蹄如蓮花，善走多力。帝使輦銅石，以起望仙宮。跡在石上，曾如花形。故陽關之外，花牛津時得異石，長十丈，高三丈，立於望仙宮，因名龍鐘石。武帝末，此石自陷入地，唯尾出土上，今人謂龍尾墩也。

封牛

其領上肉隆起，有若封。然因以名之，即今之峯牛。

六角牛

周成王時，東夷送六角牛。

又 卷八《晝夜牛》 本朝太宗時，李至獻晝夜牛。晝則齧草欄外，夜則歸臥欄中，莫曉其理。僧贊寧曰：此幻藥所畫，南海倭國有蚌淚，和色著物，晝見夜隱。沃焦山有石，磨色染物，晝隱夜見。

又 卷一〇 竹牛

西夏有竹牛。重數百斤，角甚長而黃黑相間，用以製弓極佳，尤且健勁。其近兕黑者，謂之後醮。近稍近兕俱黑而弓面黃者，謂之玉腰。夏人常雜犀角以市焉。人莫有知。往時鎮江裨將王詔，遇有鬻犀帶者，無他文，但峰巒高低，繞人腰圍耳。索價甚高，人皆不能辨，惟辛太尉道宗知此竹牛也。為弓則貴，為他則不足道耳。

及牛

《玄中記》：大月支及西域胡有牛，名曰及牛。今日割取其肉三四觔，明日其肉已復，創即愈也。葉文莊盛《水東日記》：莊浪有饕羊，土人歲取其脂，非久復滿腹，蓋地接西蕃偏方，氣使然爾。文莊嘗官陝西，所言必其所見。春使節經武威時，恨不及詢之。饕羊可與及牛對葉。

清 宋長白《柳亭詩話》卷二六《扣角歌》 有僧於婺州山中見一叟，騎牛扣角而歌曰：靜居青嶂裏，高嘯紫煙中。世界連仙界，瓊田有路通。僧遽揖之，不顧而去。入之高士傳中，知其不肯歌，白石爛也。

清 錢泳《履園叢話》卷一四《牛背書》 《朱明經》云翔有佃戶蔡鳴皋者，家畜黃牛忽生黑毛排八大字，左曰『主皮字』，三字可辨，又一字模糊；右則『天下太平』四字，一時觀者甚眾。汛兵牽入城，報城守營。用醋噴濕，其毛不落。撫軍某亦見之，擬奏聞，不果，仍發還。是歲，田禾大熟，並無他異，殆豐年佳兆也。此乾隆辛巳六月事。見明經自撰年譜。

清 張宗法《三農紀》卷八《牛》 黃牛，北人呼曰黃牛。黃者，言可祀地也。又云：旱牛，與水牛別也。不喜浴也，其形環目豎角，肩負肉，封頸下裙，垂尾長若帚。其聲遠，大色有黃黑赤白斑，黎蒼竭其性，耐寒熱，暑立水中，當浴。可耕可車，可負可任，引致遠。角可治噐，皮可革，韋骨可造餚，乳爲酥佳。

清 徐芳《懸榻編》卷六《鬼畏戒牛人紀》 十裏新豐吳某者，少與隣子合貲商販，鄰子客死，吳以道遠，為焚其骸，罌貯以歸。一夕舟中餠，次旁忽有聲索食，聽之鄰子也。自是每飯必為別設，鬼亦時時至。若故侶然有所往，必先告語。吳初甚怖，惱久亦漸，狎問其意曰：欲附載歸耳。一夕晚，泊某大鎮，岸下，鬼來告村中有大懺事，放施斛食，我當往，斯須遽返。吳怪其速，鬼曰：此家壇宇虔潔，有神捍之。謂予生時多食牛肉。擅檝猶存，遂見阻截。吳駭然曰：神惡食牛若此，予生平此嗜，不免今當斷之。遂肅默告天，誓戒牛肉，鬼忽悵惋言別。吳吒問曰：子心想戒牛，吾不得復近矣，自是遂絕。吳遂戒牛肉終身。此二十前事，吳與內弟潘蔚文善，為予述之。昔《縉雲》：管樞密師仁為士時，正旦夙興出門，遇大鬼數輩，形狀獰惡，問之曰：疫鬼也，帝遣行疫人間，管問吾家有之乎。曰無問何以獲免。曰不食牛肉，夫一不食牛耳。而疫以免。然則食牛之家，固鬼之所蔽而赴也。往見《稗說》山中婦有為魅攝者，居處極高之地，樓宇敞壯。魅日飛空下遊，徜徉閃忽，辰出酉返。一日獨晚，婦詰其故，魅曰：頃有修行人過此，彼精持五戒，善神呵翊，予不敢近，故稍廻翔以俟其去。婦問何名五戒，魅旁誦之，婦因默禱，使我得離此，者當持彼戒。魅遽反走曰：奈何心變，婦曰：無之。魅曰：爾心矢持戒，善神且至，予長別矣。婦益禱，魅走益疾，良久諦視，乃在古樹巔穴中，伺人至，號之。得挈以歸，婦一念持戒，而魅離。吳生亦一念戒牛，而鬼絕善力之，及人如此，況精勤積累，終身弗倦者乎。

用特而來，玄牡騂牛，一元大武尊帝也。心通於天，鬼神避舍，普門品數若字猶龍，所謂以慈衛之，皆作如是。觀刻舟，戒牛，劍去久矣。

清 李化楠《醒園録》卷上《食牛肉乾法》 生肉切成大片，約厚一寸，將鹽攤放平處。取牛肉塊，順手平平丟下，隨手取起，翻過再丟。兩面均已粘鹽，丟下時不可用手按壓。拿起輕輕抖去浮鹽，亦不可用手抹擦，逐層安放盆內，用石壓之。隔宿將滷洗肉，取出鋪排稻草上曬之。不時翻轉，至晚收放平板上，用木棍趕滾，使肉堅實光亮。隨逐層堆板上，用重壓蓋，次早取起再曬，至晚再滾再壓，內外用石壓之。隔宿或一兩天，取起掛在風處，一月可吃。雞鴨有大小，配鹽當以每斤加一左右，極多至加一五切不可過多。

清 太醫院《藥性通考》卷六《牛肉》 味甘，溫。屬土。安中補脾，益氣止渴。牛乳味甘，微寒，潤腸胃。解熱毒，補虛勞，治反胃、膈噎白。水牛喉治反胃吐食，腸結不通。酥油皆牛羊乳所作，滋潤滑澤，宜於血結枯燥之人。牛膽入石灰於內，懸掛風處，百日治金瘡最良。

牧養（牛）

題解

宋 魏了翁《古今考》卷三二《牛人》 牛人，中士二人、下士四人、徒二百人。掌養國之公牛，以待國之政令。凡祭祀，共其享牛、求牛，以授職人而芻之。凡賓客之事，共其牢禮、積膳之牛。饗食、賓射，共其膳羞之牛。軍事，共其犒牛告報反。喪事，共其奠牛。凡會同、軍旅、行役，共其兵車之牛與其牽徬，以載公任器。凡祭祀，共其牛牲之互與其盆簝，以待事。紫陽方氏曰：此官牧人在前，充人在後。牧人掌牧六牲，徒止四十人，此專養牛，却徒二百人。《牧人》中既言：陽祀用騂牲，陰祀用黝牲，望祀各以其方之色，皆曰毛之。凡祭祀犧牲，以授充人，則牛人一官又理會祭祀，享牛、求牛似乎重疊，彼陽祀用騂牲之純色，則南郊祭天及宗廟康成之言是矣。此言享牛、康成謂之獻，所以祭求牛，明日繹祭之牛。凡國之牛，無不求則公牛二字，贅賓客謂諸侯也，牢禮以為飧饔，積注以為主國五積之積，饗食、賓射，膳羞之牛，與上文牛何異？康成注：王之膳羞亦由此。王日一舉之太牢也，或詳書，或不書，犒牛、奠牛、兵車之牛，固不一小有司之事，嘵嘵聒聒，職人當作檝謂之棧，可以擊牛，牽徬在轅，外牽在前，徬在徬去，聲互謂幅衡之屬。盆、簝皆器名簝，音老；盆，所盛血，簝受肉籠也，此殺牲之後也。然則其所設官重三疊兩小，小有司之事一一煩記之纖悉，非周公之書也；以授職人而芻之，非古文也。牧馬，春分而野之，秋分而廡之家。牧牛，晝放夜闌，匈奴不然，一切放之山谷。曰：谷量牛馬，此之牧人六官、牛人六官、充人二官、六官者，分六處牧養乎。充人掌繫牲，而芻人亦二官，牲固不勝其多，然予謂《周官》一書不如《漢書》公卿百官表，先叙三公，次序六卿，小有司具其下，至簡不煩，如《唐六典》、《宋官制》皆贅也。

清　顧棟高《毛詩類釋》卷七《牧人》　《周禮・地官・牧人》：下士二人。鄭肇敏曰：牧人，掌牧六牲而阜蕃其物，以供祭祀之牲牷。凡陽祀用騂牲，陰祀用黝牲，望祀各以其方之色。凡時祀之牲，必用牷物。外祭、毀事，用尨。蓋至爾牲則具，而牧人之職克舉矣。

論說

北魏　賈思勰《齊民要術》卷六《養牛馬驢騾》　服牛乘馬，量其力能；寒、温、飲、飼，適其天性；如不肥充、繁息者，未之有也。金日磾，降虜之煨燼，卜式編戶齊民，以羊、馬之肥，位登宰相。公孫私、梁伯鸞，牧豕者，或位極人臣，身名俱泰；或聲高天下，萬載不寐。寧戚以飯牛見知，馬以稷牧養發迹。莫不自近及遠，從微至著。嗚呼，小子，何可已乎！故小童曰：『羊去亂羣，馬去害者。』卜式曰：『非獨羊也，治民亦如是。以時起居。惡者輒去，無令敗羣也。』

宋　蘇轍《欒城應詔集》卷九《民政策上》　今有人使人爲之牧其牛羊，將責之以其牛羊之肥，則因其肥瘠而制其利害，使夫牧者趨其所利而從之，則可以不勞而坐得其所欲。今求之以牛羊之肥瘠，而乃使之盡力於樵蘇之事，以其薪之多少，而制其賞罰之輕重，則夫牧人，將爲牧邪？將爲樵邪？爲樵則失牛羊之肥，而爲牧則無以得賞。故其人舉皆爲樵，而無事於牧。吾之所欲者牧也，而反樵之爲得，此無足怪也。

宋　張孝祥《歸馬于華山之陽放牛于桃林之野》《經義模範》　聖人措斯世於無事之時，故必棄斯物於無用之地。夫物之無用者，非物之果不足用，以其可用於有爲之日，而不當常用於無事之時。故武王於興周之初，伐商救民，而服乘之具雖不能無資於牛馬之力，迨天下既定，武功已造，而向者所乘之馬則歸之華山之陽，所服之牛則放之桃林之野。山林之間乃牧養之地，而馬牛之性之所樂者也，武王於勝商之餘，所以先致意於斯者，深念夫民得其安而物不可不遂其養。民物之責，聖人安得不總於己哉！《武成》曰：『歸馬于華山之陽，放牛于桃林之野。』自穿牛絡馬之説見於傳，而後知人之有資於物；自服牛乘馬之説見於經，而後知物之有功於人。是則牛馬之未用，則三軍之士無以使其馳逐，芻茭糗糧無以賴其致遠，而攻戰之功將有闕而不周者矣。使既用之後而不解其羈絏，去其穿絡，而縱之於平原曠野之間，不幾於盡物之力而陷於窮兵黷武之禍哉！聖人必不然也。嘗觀武王伐商之初，有戎車之兩可以驅馳，有虎賁之士以爲輔翼，其所以資夫馬牛之力以爲服乘之具者，誠不容闕一也。及觀勝商之餘，振旅而歸，反旆而還。當是時，民已安矣，功已成矣，車甲釁而藏之府庫，干戈戢而包之虎皮，凡前日攻戰之具，一切寘之無用之地矣，況馬牛之爲物，安得不歸放山林之外而示天下無復用兵之意也哉！且華山之陽，桃林之野，乃周家近豐之地，想其平原豐草鬱鬱乎其茂也，曠壤甘泉泠泠乎其清也。馬牛至此，既得以自適於牧養之地，亦得以相安其羣聚之性，其鳴蕭蕭足以見其樂，其耳濕濕足以見其壯。自非以至仁伐不仁，安得使民之底於定而物之遂其性如此哉！雖然，馬牛之歸放，其見於《武成》者如此，而不知當時天子之馬所謂十二閑者，其果何所取，而祭祀之用，所謂角繭栗者，又果何從而得之哉？蓋其所謂歸放者，非盡天下之牛馬而歸放之也，特當時征戰之牛馬耳。使武王而盡歸放之，則國家所賴以爲用者，又將何以取歟？此又《武成》言外之意，吾因得而併及之。

宋 孫松壽《牧齋記》《成都文類》卷四四　予讀《易》至《離》，得聖人治心之一法，曰『畜牝牛，吉』，蓋順則爲養也。是牛也，長於上古，則固跨八極而飲滄海矣。其堯、舜、禹、湯、文、武、周公、孔子之間，招之不來，麾之不去，無首無尾，而卒莫能名。則是數人者牛且不得窺，而況考其牧乎，然而未見其一日縱也。堯以欽，舜以恭，禹以敬，文王小心，武王祗順，周公不失聖，孔不踰矩。嗚呼，帝堯而下，所謂『釋兹在兹』矣，而矜莊端栗，猶若牧焉。則是爲己之牧者輕，而爲天下後世牧者重也。自吾夫子而下，得一牛惟恐失慓慓然牧之終身者，猶庶幾焉。顔淵以禮牧，曾子以孝牧，子思以誠牧，孟子以直牧，天下之善牧者也。而顔淵之牧也精，曾子之牧也畏，子思之牧也徐，孟軻之牧也肆。顛倒縱横，泛然不繫，而指揮叱咤，左右前後，惟吾所使，則孟軻蓋牧之雄者也。牧雖不同，要爲盡其性之所安，以卒歸於康莊九軌大道，不然，牛其風矣。自是而外，是牛也隱於黄茅白葦、荒洲野嶺之間，漫不去來者多矣，何敢望牧！辯如儀、秦，不足以拔其一毫；智如孫、吴，不足以捫其一角；富如晉、楚，不足以有其一蹄；威如秦皇、漢武，其并宇宙之心，若得冒海隅而出日，通道於九夷八蠻奄有之，然欲窺此尺寸涔蹄則不可。嗚呼，其難哉！方是時，牛不遠人，而牧之之法蓋具之，詩書禮樂皆其方略之精奥者，然操箠直前之人，則有如揚雄氏、韓愈氏出，其推明牧法爲最詳，亦可謂善牧者。不知牧者果何物耶？不知其爲非牛耶？予愚不能辨。此牛以其初常奔逸犯稼，後雖極力牽挽，而人終不之悟者十八九，不可不謹也，不可不謹也！捨是則蹊人之田，角濈濈，耳濕濕，堂下牽以釁鐘者，多有之焉。嗚呼，悲哉！嗚呼，悲哉！而後堯、舜、禹、湯不名之妙，曾、顔兢兢之物，他人視之，幾若牧人之夢矣。而其自以爲忘牛，目視雲漢，脱落羈紲，然卒喪於尺寸之刃，肩披股裂，糜爛於世俗之鼎者，後雖悔，其何追！嗚呼，堯、舜、禹、湯、文、武、周公、孔子，世之願學而必至也，若猶未也，捨顔淵、曾子、子思、孟子，其何師？故作《牧齋記》。銘曰：

觀離中空，我心之象。包羅六合，其用甚廣。畜牧牛吉，順則爲養。旦旦牧之，以求其放。荷簑荷笠，風雨并隨。以蹊人田，尺箠以麾。牧之又牧，無須臾離。或寢或訛，顛沛莫違。念兹在兹，是謂能牧。羹食瓢簞，若見其擲。釋兹在兹，是謂能縱。堂堂周公，吾不復夢。不縱不疑，堯舜之微。歸而求之，則有餘師。我銘是齋，敬以自持。鷄鳴孳孳，惟無邪其思云。

宋 吕午《竹坡類稿》卷二《牧齋記》　嘗試與子觀考牧之詩，牧人之牧牛羊也，荷簑負餱，以時出入，泉清林茂，從其所適，故角者耳者、降者飲者、寢而訛者、來而升者，各遂其性，各得其養，而後謂之牧焉。否則，受人之牛羊，而芻牧之不得，不足以爲牧矣。

宋 魏了翁《古今考》卷三一《六牲馬牛羊豕犬鷄字數》　《韻書》【略】牛部百四十四字。牛，大牲也。牡莫后切，飛曰雌雄，走曰牝牡。牝，毗忍切。畜母書，牝鷄之晨。《詩》：雄狐綏綏，互用特牡。牛父又獨犢，牛子牷體完也，牢牲備又堅也，牟牛鳴。

元 王禎《農書》卷五《養牛類》　牛之為物，切於農用。善畜養者，必有愛重之心；有愛重之心，必無慢易之意。然何術能使民如此哉？必也在上之人愛重嚴禁，使民不敢輕視妄殺。若夫農之於牛也，視牛之饑渴，猶己之饑渴；視牛之困苦羸瘠，猶己之困苦羸瘠；視牛之疫癘，若己之有疾；視牛之字育，若己之有子也。若能如此，則牛必蕃盛，奚患田疇之荒蕪，衣食之不繼哉？今夫牛之為畜，其氣血與人均也，勿犯寒暑；其性情與人均也，勿使太勞。固之以牢捷，順之以涼燠；時其饑飽，以適其性情；節其作息，以養其血氣，則其皮毛潤澤，肌體肥腯，力有餘而老不衰，夫何困苦羸瘠之有？於春之初，必去牢欄中積滯蓐糞。自此以後，但旬日一除，免穢氣蒸鬱為患；且浸漬蹄甲，易以生疾。又當以時祓除不祥，淨爽乃善。方舊草凋朽，新草未生之時，宜取潔淨稾草細挫之，和以麥麩、穀糠、碎豆之屬，使之微濕，槽盛而飽飼之。春秋草茂放牧，飲水，然後與草，則腹不脹。至冬月，天氣積陰，風雪嚴凜，即宜處煖燠之地，煑糜粥以啖之。又當預收豆、楮之葉，舂碎而漬之以米泔，古人有臥牛衣而待旦，則知牛之寒，蓋有衣臭；飯牛而牛肥，則知牛之餒，蓋啖以菽粟矣。衣以褐薦，飯以菽粟，古人豈重畜如此哉，以此為衣食藝本故耳。此所謂『時其饑飽，以適性情』者也。每遇耕作之月，除已放牧，夜複飽飼。至五更初，乘日未出，天氣涼而用之，則力倍於常，半日可勝一日之功。日高熱喘，便令休息，勿竭其力，以致困乏。比南方晝耕之法也。若夫北方，陸地平遠，牛皆夜耕，以避晝熱。夜半，乃飼以芻豆，以助其力。至明耕畢，則放去。此所謂『節其作息，以養其血氣』也。且古者分田之制，必有萊牧之地，稱田爲等差，故養牧得宜，而無疾苦。觀宣王考牧之詩可見矣。其《詩》曰：誰謂爾無牛，九十其犉而純切。爾牛來斯，其耳溼溼。或降於阿，或飲於池，或寢或訛。以見字育蕃滋而寢食適宜也。今夫槀秸不足以充其飢，水漿不足以濟其渴，凍之，曝之，困之，瘠之，役之，勞之，又從而鞭箠之，則牛斃者過半矣。飢欲得食，渴欲得飲，物之情也。至於役使困乏，氣喘汗流，耕者急於就食，或放之山，或逐之水。牛困得水，動輒移時，毛竅空疎，困而乏食，以致疾病生焉。放之高山，筋力疲乏，顛蹶而僵仆者，往往相藉也。利其力而傷其生，烏識其爲愛養之道哉。牛之爲病不一，其用藥與人相似，但大爲劑以飲之，無不愈者。便溺有血，傷於熱也，以治便血之藥治之。冷結，則鼻乾而不喘，以發散藥投之。熱結，即鼻汗而喘，以解利藥投之。其或天行疫癘，率多薰蒸相染，其氣然也。愛之則當離避他所，祓除沴音戾氣而救藥，或可偷生。《傳》曰：養備動時，則天不能使之病。畜牛之家，誠能節適養護，如前所云，則自無病。然有病而治，猶愈於不治。若夫醫治之宜，則亦有說《周禮》：獸醫療獸病。凡療獸病，灌而行之。以發其惡，然後藥之。其來尚矣。今諸處自有獸工，相病用藥，不必預陳方藥，恐多差誤也。

明 郎瑛《七修類稿》卷二四《牧牛圖》 世傳畫有牧牛圖，乃仙筆也，日見一牛食草欄外，而夜宿欄內，殊無指實。聞之者或疑或罔，亦無定見，不知此畫乃南唐後主所有，獻于宋太宗。太宗詢之群臣，皆莫知也，獨僧贊寧曰：『此海南珠脂和色畫之，則夜見；沃焦山石磨色畫之，則晝見，各一牛也。』出昨夢錄據此，畫必有矣，但沃焦山人不可到，而珠亦無脂，恐一時取辨應對云爾。惜當時太宗不再根求。昨讀邱至綱《俊林機要》，其言似皆戲術，要其至理，亦若近是。故聞人亦嘗試驗一二，彼云：牛圖之畫，乃用大蚌含胎結珠未就如淚者，立取和墨，欲日見者于日中畫，欲夜見者於月下畫。此說似有理焉。蓋蚌珠乃日精月華所成，今以未就之淚，布於日月之下，待其乾焉，則受此之精於墨矣，各以時見，或有之也。予亦惜珠淚難得未試耳，書此以待辯博。

明 王直《抑庵文後集》卷一七《李氏牧牛圖序》 牧牛圖一幅，京口張永所畫，刑部郎中李君文定所藏也。牛，涉者一，卧者三，顧其子若相語者一，齕者二，俯首而受跨者一，喜而相嗅，嗅而仰視者二，大小凡一十頭。其色同，其自適之性亦同。牧，有行而牽者，有立牛背而涉者，有荷笠而跨者，有跨而吹笛者，有藉蓑棄笠相與博戲者，有籠禽者，有據牛首而欲升其脊者，凡八人。其衣服不同，而其悠然自得之趣盖無不同也。甚矣哉，其善畫也。夫當風日和煦之時，而自放於山澤之間，睹花卉之芬芳，逐魚鳥之翔泳，人與畜皆樂也。非萬物各得其所之謂哉！然從而思之，凡為守令牧民者，有不當如是乎？因其所利而利之，使自力於畎畝而保其妻子，飢而食，寒而衣，出入作息，順其自然之節而無有戕害者焉，則為之牧者亦各從容以嬉，而相安於無事，如此圖之所畫者，豈不善哉？奈何善牧者之不多見也！李君之蓄此，周其將玩物以適情也乎，其亦興念而至於此也乎。若將玩物以適情也，則世之所畫奇物異卉，可以娛悦耳目，蕩惑心志者尚多，奚必此哉；若其興念而至此，則他日典大藩守名郡民庶乎，其有賴矣，故予序其上而致予意焉。

明 蕭大亨《北虜風俗·養牧》 夷人畜產，惟牛羊犬馬駱駝而已。其愛惜之勤，視南人之愛惜田禾尤甚；其愛惜良馬，視愛惜他畜尤甚。見一良馬，即不吝三四馬易之。得之則旦視而暮撫，剪拂珍重，更無以加。出入不以騎，惟蓄其力以為射獵戰陣所需而已。凡馬至秋高則甚肥，此而急馳驟之，不三舍而馬斃矣，以其臕未實也。於是擇其尤良者，加以控馬之方，每日步馬二三十里，俟其微汗，則縶其前足，不令之跳躍躑躅也，促其御轡，不令之飲水齕草也，每日午後控之至晚，或晚控之至黎明，姑散之牧塲中，至次日，又復如是控之，至三五日或八九日，則馬之脂膏皆凝聚於脊，其腹小而堅，其臀大而實，向之青草虛臕至此皆堅實凝聚，即盡力奔走而氣不喘，良經陣七八日不足水草，而力不竭。我中國不知控馬之不，往往乘肥馬以涉遠道，則馬之死者，十而九矣。故馬不在肥，在肥而實，相馬以肥，則騏驥不御有以也。且其人乎日間緩步以馬，急馳以馬，射獵以馬，故周旋熟而整控精，我中國人能如是乎？即有從馬上弄弓矢者，亦月不數次此，所以人馬不相得，而馳驟不如意，與乘異産無異也。虜酒多取馬乳為之，故馬之乳，人與駒而分食，彼且曰：我分其乳，則駒食乳少，故冬月耐寒；不分其乳，則駒食乳多，至冬月不耐寒，此亦曲為之說耳。若駒以全乳食之，我想其騰驤更數倍也。大抵馬之駒，牛之犢，羊之羔，每一年一産，産於春月者為佳。羊有一年再産者，然秋羔多，有倒損之患，故牧羊者，每於春夏時以氈片裹羝羊之腹，防其與牝羊交接也。馬乳初取者，太甘不可食，越二三日則太酸，不可食，惟取之以造酒，其酒與我燒酒無異。始以乳燒之，次以酒燒之，如此至三四次，則酒味最厚，非奉上敬賓不輕飲也。牛羊之乳，凡為酥為酪為餅皆取給焉。取牛乳，則俟犢飫齕草，遂隔別之，日取其乳，至夜始令母子相聚也。取羊乳，亦俟羔飫齕草，驅至他所，將牝羊每兩隻，其頭相對束縛之，使不動，人從羊尾後取之，取畢，始解其束縛，令母子相聚也。其取羊毛，則歲取二次或一次，積其毛若干，則合鄰家之婦，聚而為氊，彼此交作，不數日而氊畢成。駱駝則二年一產，力能任重，每藉以負載行裝，故虜貴駝也。犬不甚大，而其性更靈，收則藉以守，獵則藉以逐，有獸被矢而走者，犬追之不獲不止，其發縱指示，動如人意，故虜貴犬也。虜以牧養為生，諸畜皆其所甚重，然有窮夷來投，或別夷來降，此部中人必給以牛羊牧之，至於孳生已廣，其人已富，則還其所給，似亦知恤貧也。他若鷄豚鵞鴨，皆其所無，惟『板升』諸夷稍有之。野産之物，若黄羊盤羊野猪野牛野馬野駝野鹿之類，皆不可馴致，惟大獵時，則能獲之，皆在極東極西極北三處，最為繁盛。宣大邊外之地，所産不多，蓋彼三處，地廣人稀，食之者寡，而宣大以外，恒聚數十萬虜於此，此正江河不能實漏巵，所産安能供所食哉。故虜以潼酪謀其旦夕也。

明　陳堯《虚舟集·牧人》　山澤之間有蘭生焉。牧人□□□之，食之而盡披裘，翁過而見之，罵其牛曰：『嗟！老牧人□，蘭有國香，草木之珍而爾食之若蓬蒿，然不甚愛。□□有暴珍之大罪，吾將執爾付庖丁矣。』牧人聞之，策杖而前曰：『子何罵牛之甚乎？夫麟踣于欆，龜剥于網，鳳歌于德衰，龍醢于失其勢，此《禮經》謂之四靈者，人皆弗識。馬至于以鶴為餵，以楠梗為薪，以驥而服。鹽車以敦彝，賣酒以瑶箋，玉管而書□劄，又不可勝。數子不彼之罵而罵吾牛。吾牛雖智，豈誠智于人乎？』虚舟子曰：『非所食而食馬牛，信有罪矣。雖然牧人之言，亦可勵世也哉！』

清　祁寯藻《馬首農言·畜牧》　養犢最爲農家之利。或畜牸，或買犢，一年之間，可致倍獲。犍牛其利尤多。詩曰：『誰謂爾無牛？九十其犉。』蓋牧養得宜，故字育蕃息也。但不可售於屠肆。牛之勤苦，其功甚大，羸老，則輕其役而養之可耳。律有屠牛之禁。語曰：戒食牛肉者不染瘟疫，理當然也。

邑志云：産牛特高大，以耕作、負重，勝於常産，四方爭販易焉。吾邑趙漢章先生宗文《蒔竹編》云：牛宜圈於廐中。餧草之後，冬則繫於露天，夏則繫於樹陰，俱在屋之前後，以便看管。其所卧之處，用黄土鋪墊，積久成糞。陰雨，仍放欄中，不必牽出也。豕不可放於街衢，亦不可常在牢中。宜於近牢之地，掘地爲坎，令其自能上下，或由牢而入坎，或由坎而入牢。豕本水畜，喜溼而惡燥。坎内常潑水添土，久之自成糞也。

綜述

北魏　賈思勰《齊民要術》卷六《養牛馬驢騾》　諺曰：『羸牛劣馬寒食下。』言其乏食瘦瘠，春中必死。務在充飽調適而已。

陶朱公曰：『子欲速富，當畜五牸。』牛、馬、猪、羊、驢五畜之牸。然畜牸則速富之術也。

《禮記·月令》曰：『季春之月，合累牛、騰馬，遊牝于牧。累、騰，皆乘匹之名，是月所以合牛馬。仲夏之月，遊牝别羣，則縶騰駒。孕任欲止，為其牝氣有餘，恐相蹄齧也。仲冬之月，牛馬畜獸，有放逸者，取之不詰。』《王居明堂禮》曰：『孟冬命農畢積聚，繼放牛馬。』

唐　白居易《白氏長慶集》卷五〇《得甲牛觝乙馬死請償馬價甲云在放牧處相觝請陪半價乙不伏》　馬牛于牧，蹄角難防；苟死傷之可徵，在故、誤而宜别。况日中出入，郊外寢訛；既谷量以齊驅，或風逸之相及。爾牛孔阜，奮騂角而莫當；我馬用傷，蜿駿足而致斃。情非故縱，理合誤論。在皂棧以來思，罰宜惟重；就桃林而招損，償則從輕。將息訟端，請徵律典。當陪半價，勿聽過求。

《太平御覽》卷八九八《獸部·牛上》　凡祭祀，共其享牛、求牛，以授職人而芻之。求牛，禱於鬼神之牛，謂所以祭者也。求終也。終事之牛，謂所以繹者也。宗廟有繹者，孝子求神非一處。職，讀爲樴，樴謂之杙，可以繫牛。樴人者，謂牧人。

宋　江休復《乞置廪犧署奏》《太常因革禮》卷一二　伏以郊廟犧牲，在《周禮》則有牧人之官，在漢唐則有廩犧署。案《六典》，大祀養牲，必在滌三月。今舉享日近，已踰在滌之期，而牲牢未供。方且監勒行戶，求索市肆，卒迫之際，取具臨時，殆非圣朝設官備物，嚴事宗廟之意。伏乞依漢唐故事，置廩犧署，領屬太常，以掌粢盛犧牲之事。乞下禮官條件施行。昔宣王承衰周之緒，尚且考牧正官，故《詩》云『三十維物，爾牲則具。』又漢太仆牧師三十六苑，牛羊無數，以給犧牲。唐則沙苑監掌牧牛羊，以供祭祀。乞下群牧司，於近畿監分，益廣牛牧，辨其毛物，以待祭祀。今後更不臨時下行收買，免致廢闕。

宋 黄庭堅《豫章黄先生文集》卷一四《畫牧牛贊》 鼻之柔也，以繩牧之。心之柔也，以道牧之。縱而不蹊人之田，其惟阜服之。

宋 牟巘《陵陽集》卷一七《題牧牛圖》 此牧童者，烟蓑雨笠，搢莛於腰，坐牛背如廣輿。其一犢也，荒野之狀，安恬之意，豈復知有世間富貴憂患耶？鄒公坐論三后，陳公坐論二章，萬里百謫，九死一生，偶然北還，而定國早以蘇累貶南賓，叔黨亦侍翁過海，皆備嘗險阻者矣。雖然，為此所畫者，蓋不可得。政和大觀，距今一百七十八年，伏覽遺墨慨嘆。

宋 陳旉《農書》卷中《牧養役用之宜篇第一》 夫善牧養者，必先知愛重之心，以革慢易之意。然何術而能俾民如此哉？必也在上之人貴之重之，使民不敢輕；愛之養之，使民不敢殺，然後慢易之意不生矣。視牛之飢渴，猶己之飢渴；視牛之困苦羸瘠，猶己之困苦羸瘠；視牛之疫癘，若己之有疾也；視牛之字育，若己之有子也。若能如此，則牛必蕃盛滋多，奚患田疇之荒蕪，而衣食之不繼乎？且四時有温涼寒暑之異，必順時調適之可也。于春之初，必盡去牢欄中積滯蓐糞。亦不必春也，但旬日一除，免穢氣蒸鬱，以成疫癘；且浸漬蹄甲，易以生病。又當祓除不祥，以淨爽其處乃善。方舊草朽腐，新草未生之初，取潔淨稾草細剉之，和以麥麩穀糠或豆使之微濕，槽盛而飽飼之，豆仍破之可也，稾草須以時暴乾，勿使朽腐。天氣凝凜，即處之燠煖之地，煮糜粥以啖之，即壯盛矣。亦宜預收豆楮之葉與黄落之桑，舂碎而貯積之，天寒即以米泔和剉草糠麩以飼之。春夏草茂，放牧必恣其飽，每放必先飲水，然後與草，則不腹脹。又刈新芻雜舊稾，剉細和勻，夜餧之，至五更初，乘日未出，天氣涼而用之，即力倍于常，半日可勝一日之功。日高熱喘，便令休息，勿竭其力，以致困乏。時其飢渴，以適其性，則血氣常壯，皮毛潤澤，力有餘而老不衰矣。其血氣與人均也，勿犯寒暑，情性與人均也，勿使太勞，此要法也。當盛寒之時，宜待日出晏温乃可用，至晚天陰氣寒即早息之。大熱之時，須夙餧令飽健，至臨用不可極飽，飽即役力，傷損也。如此愛護調養，尚何困苦羸瘠之有？所以困苦羸瘠者，以苟目前之急而不顧恤之也。古人臥牛衣而待旦，則牛之寒蓋有衣矣，飯牛而牛肥，則牛之瘠餒蓋啖以菽粟矣，衣以褐薦，飯以菽粟，古人豈重畜如此哉，以此爲衣食之根本故也。彼稾秸不足以充其飢，水漿不足以禦其渴，天寒嚴凝而凍慄之，天時酷暑而曬暴之，困瘠羸劣，疫癘結瘴以致斃踣，則田畝不治，無足怪者。且古者分田之制必有萊牧之地，稱田而爲等差，故養牧得宜，博碩肥腯，不疾瘯蠡也。觀宣王考牧之詩可知矣。其詩曰：『誰謂爾無牛，九十其犉。爾牛來思，其耳濕濕。』以見其牧養得宜，故字育蕃息也。『或降于阿，或飲于池，或寢或訛。』以見其水草調適而遂性也。『爾牧來斯，矜矜兢兢，揮之以肱，畢來既升。』以見其愛之重之，不驚擾之也。後世無萊牧之地，動失其宜。又牧人類皆頑童，苟貪嬉戲，往往慮其奔逸，繫之隱蔽之地，其肯求牧于豐芻清澗，俾無飢渴之患耶？飢渴莫之顧恤，及其瘦瘠，從而役使困苦之，鞭撻趁逐，以徇一時之急。日云莫矣，氣喘汗流，其力竭矣，耕者急于就食，往往逐之水中，或放之山上。牛困得水，動輒移時，毛竅空疎，因而乏食，則瘦瘠而病矣。放之高山，筋骨疲乏，遂有顛跌僵仆之患。愚民無知，乃始祈禱巫祝，以幸其生，而不知所以然者，人事不脩，以致此也。

又《醫治之宜篇第二》 《周禮》：獸醫掌療獸病。凡療獸病，灌而行之，以發其惡，然後藥之養之。其來尚矣。然牛之病不一，或病草脹；或食雜蟲，以致其毒；或爲結脹，以閉其便溺。冷熱之異，須識其端。其用藥，與人相似也，但大爲之劑以灌之，即無不愈者。其便溺有血，是傷于熱也，以便血溺血之藥，大其劑灌之。冷結，即鼻乾而不喘，以發散藥投之。熱結，即鼻汗而喘，以解利藥投之。脹即疏通，毒即解利。若每能審理以節適，何病之足患哉。今農家不知此說，謂之疫癘。方其病也，薰蒸相染，盡而後已。俗謂之天行，唯以巫祝禱祈爲先；至其無驗，則置之于無可奈何。又已死之肉，經過村里，其氣尚能相染也。欲病之不相染，勿令與不病者相近。能適時養治，如前所說，則無病矣。今人有病風、病勞、病脚，皆能相傳染，豈獨疫癘之氣薰蒸也哉。傳曰，養病動時，則天不能使之病。然已病而治，猶愈于不治也。

宋 葉夢得《石林奏議》卷一二《堂白申明廣西等路牛綱倒死札子》 契勘本府近准尚書省劄子，檢坐下紹興五年廣西等路買發牛，計綱起赴建康府通判處交割，候到，仰如法養喂，聽候指揮使用。近據本府通判蔡佑具到，節次承廣州、鬱林州發到黄沙牛六十頭，在路倒死十九頭；柳州發到黄沙牛五十頭，沿路倒死三十七頭。各勒獸醫看驗見在□皆行損，四脚腫痛，身上口內生瘡，瀉肚瘦弱，可食水草。尋逐急付上元、江寧縣寄養，內鬱林州牛節次又倒死十七頭。及融州管押官申發到黄沙牛一百二十七頭，方至潭州，已倒死百四頭，其餘尚未到府。今照鬱林州并柳、融州至府各係四千里，共□□□二百三十七□在路，及到府，通計死損一百七十七頭，已係過半，其見在□□□□分下鄉村養喂□在路盛暑，日久難以盡保全活。竊下缺十餘字。費官錢，將來却致有誤指準使用，下缺十餘字。施行。

宋 趙孟堅《彝齋文編》卷四《二牛贊》 川平草肥，竟日忘返。及爾還歸，山昏路遠。噫，吾竊笑夫迷途而見晚者也。努力深耕，贍活大眾。郤行不前，牽拽乃踵。噫，吾每鄙夫有力不施於用者也。

明 徐光啓《農政全書》卷四一《牧養·牛》 《爾雅》曰：犘牛，犦牛，犤牛，犣牛，犝牛，犑牛。角一俯一仰，觭皆䚢。黑脣犉，黑眥牰，黑耳犚，黑腹牧，黑脚犈，其子犢，體長牬，絕有力，欣犌。

《農桑通訣》曰：牛之爲物，切于農用。善畜養者，勿犯寒暑，勿使太勞。固之以勞捷，順之以涼燠；時其飢飽，以適其性情；節其作息，以養其血氣，若然則皮毛潤澤，肌體肥腯，力有餘而老不衰，其何困苦羸瘠之有？於春之初，必去牢欄中積滯蓐糞。自此以後，但旬日一除，免穢氣蒸鬱爲患；且浸漬蹄甲，易以生疾。又當以時祓除不祥，淨爽乃善。方舊草凋朽，新草未生之時，宜取潔淨藁草細剉之，和以麥麸、穀糠、碎豆之屬，使之微濕，槽盛而飽飼之。春秋草茂放牧，飲水，然後與草，則腹不脹。至冬月，天氣積陰，風雪嚴凜，即宜處之煖燠之地，煮糜粥以啖之。又當預收豆、楮之葉，春碎而貯積之以米泔，和剉草、糠麸以飼之。玄扈先生曰：『冬月以棉餅飼之。』古人有臥牛衣而待旦，則知牛之寒，蓋有衣矣；飯牛而牛肥，則知牛之餒，蓋啖以菽粟矣。衣以藁薦，飯以菽粟，古人豈重畜如此哉，以此爲衣食之本故耳。此所謂『時其飢飽，以適性情』者也。每遇耕作之月，除已牧放，夜復飽飼。至五更初，乘日未出，天氣涼而用之，則力倍于常，半日可勝一日之功。日高熱喘，便令休息，勿竭其力，以致困乏。此南北晝耕之法也。若夫北方，陸地平遠，牛皆夜耕，以避晝熱。夜半，仍飼以芻豆，以助其力。至明耕畢，則放去。此所謂『節其作息，以養其血氣』也。且古者分田之制，必有萊牧之地，稱田爲等差，故養牧得宜，而無疾苦。觀宣王考牧之詩可見矣。今夫藁秸不足以充其飢，水漿不足以濟其渴，凍之曝之，困之瘠之，役之勞之，又從而鞭箠之則牛之，斃者過半矣。飢欲得食，渴欲得飲，物之情也。至于役使困乏，氣喘汗流，耕者急于就食，或放之山，或逐之水。牛困得水，動輒移時，毛竅空疎，因而乏食，以致疾病生焉。放之高山，筋力疲乏，顛蹶而僵仆者，往往相藉也。利其力而傷其生，烏識其爲愛養之道哉？牛之爲病不一，其用藥與人相似，但大爲劑以飲之，無不愈者。便溺有血，傷於熱也，以致便血之藥治之。冷結，則鼻乾而不喘，以發散藥投之。熱結，卽鼻汗而喘，以解利藥投之。其或天行疫癘，率多薰蒸相染，其氣然也。愛之則當離避他所，祓除沴氣而救藥，或可偷生。傳曰：『養備動時，則天下能使之病。』然有病而治，猶愈于不治。若夫醫治之宜，則亦有說：《周禮》：『獸醫，掌療獸病。凡療獸病，灌而行之。以發其惡，則藥之。』其來尚矣。

《齊民要術》曰：牛歧胡有壽。歧胡，牽兩腋，亦分爲三也。眼去角近，行駃。眼欲得大，眼中有白脈貫瞳子，最快。二軌齊者快。二軌從鼻至髀爲前軌，甲至髂爲後軌。頸骨長且大快。壁堂欲得闊。壁堂，脚肢間也。倚欲得如絆馬，聚而正也。莖欲得小。膺庭欲得廣。膺庭，胸也。天關欲得成。天關，脊接骨也。儁骨欲得垂。儁骨，脊骨中夾欲得下也。洞胡無壽。洞胡，從頭至臆也。旋毛在珠淵無壽。珠淵，當眼下也。上池有亂毛起，妨主。上池，兩角中；一曰戴麻也。倚脚不正有勞病，角冷有病，毛拳有病。毛欲得短密，若長疎，不耐寒氣。耳多長毛，不耐寒熱。單膂無力。有生癖卽決者有大勞病。尿射前脚者快，直下者不快。亂睫者觝人。後脚曲及直，並是好相，直尤勝。進不甚直，退不甚曲爲下。行欲得似羊行。頭不用多肉。臀欲方，尾不用至地，至地少力。尾上毛少骨多者有力。膝上縛肉欲得硬。角欲得細，橫豎無在大。身欲得促，形欲得如卷。卷者，其形側也。插頸欲得高。一曰體欲得緊。大膁疎肋難飼。龍頭突目，好跳。又云：不能行也。鼻如鏡，鼻難牽。口方易飼。蘭株欲得大。蘭株，尾株。豪筋欲得人就。豪筋，脚後橫筋。豐岳欲得大。豐岳，膝株骨也。蹄欲得豎。豎如羊角。垂星欲得有努肉。垂星，蹄上有肉覆蹄，謂之努肉。力柱欲得大而成。力柱，常車。肋欲得密，肋骨欲得大而張。張而廣也。髀骨欲得出儁骨上。出背脊骨上也。易牽則易使，難牽則難使。泉根不用多肉及多毛。泉根，莖所出也。懸蹄欲得橫。如八字也。陰虹屬頸，行千里。陰虹者，有雙筋白毛骨屬頸，甯公所。陽鹽欲得廣，陽鹽者，夾尾株前兩膁也。當陽鹽中間，脊骨欲得窜。窜則雙膂，不窜則爲單膂。常有似鳴者有黃。

又《農桑直說》曰：餵養牛法：農隙時，入暖屋。用場上諸糠穰，鋪牛脚下，謂之牛鋪，牛糞其上。次日又覆糠穰。每日一覆，十日除一次。牛一具三隻，每日前後餉，約飼草三束，豆料八升。或用蠶沙乾桑，葉水三桶浸之。牛下餉噍透刷飽飯畢。辰巳時間，上槽一頓可分三和，皆水拌。第一，和草多料少；第二，比前草減半，少和料；第三，草比第二又減半，所有料全繳拌。食盡卽往使耕，噍了牛無力。夜餵牛，各帶一鈴。草盡，牛不食，則鈴無聲，卽拌之。飽卽使耕。俗諺云：『三和一繳，須管要飽。不要噍了，使去最好。』水牛飲飼，與黃牛同。夏須得水池，冬須得煖廠牛衣。

明 陳繼儒《致富奇書》卷二《養牛》 腹中痞積，用牛肉四両，切片，以風化石灰擦之，蒸熟食，常食其痞自消。凡自死、病死、獨肝等，生皆不可食。

牛者農之本。諺云：家有一牛，可代七人之力。每日水草，不可失時。新草未生之際，截斷稻草，和以糠豆之類，拌匀，微濕，令飽飼之。有草時放牧，先令飲水，然後食草，則腹不脹。夏間不觸熱，冬間要温暖，忌霜雪，勿凍餒。相法：眼要去角近，又要眼大，白脉貫童子。頸骨長大，後脚股濶，並能快便；毛欲短密，疎者不耐寒。角欲細，身欲粗，尾稍長大者佳。尾稍亂毛拳曲，命短勿用。相母牛法：毛白唇紅多子，乳疎黑無子。生時子卧而相向爲吉，相背子疎。一夜下糞三次，一年生一子；一夜只一堆，三年生一子。瘴疫，燒蒼朮置欄内，以鼻吸香則止。牛噎，以皂末吹入。

明 殷奎《强齋集》卷六《牧牛夫小傳》 牧牛夫不知始何為者，年可五十餘，貌充然澤晳，類有道人。常騎牛往來三衢山澤間，從以羣犢。短蓑圓笠，扣角行歌。倦卽偃卧背上，任其東西。遇水草美處，便徜徉終日。往往為漁樵相推罵，油油焉，熙熙焉，曾不知世有軒冕祿位可貴也。人皆目之為牧牛夫，夫亦因自號牧牛夫。或曰：牧牛夫姓陳氏，其居萬川里，在西安縣，永章其字也。或曰：牧牛夫蓋白牛居士之世。支離子曰：甯戚商歌，迺任齊國；五毀大夫乞食牛口之下，終霸其君。彼皆適有遭也。古今抱道含德，老死湮没無聞，知者豈其少哉？然亦多託焉以逃，或不屑於用世。若牧牛夫，非其果於長往，甘溷鳥獸，亦繇世主弗知，未有以相遇也。

明 錢仁夫《石田牧牛圖》《書畫題跋記》卷一二 朝牧牛，暮牧牛，朝朝暮暮牛放收。騎牛喫草抱牛睡，牛若度水我亦泅。牛東信東西信西，我弗強牛牛自知。不勞不飢肥且長，背肉秋來平如掌。逢春耕田牛得力，大凡要用先須養。家中大哥氣力無，一春築城夏作渠。交秋又點征匈奴，我為大哥鼓龍胡。

明 張以寧《翠屏集》卷四《題牧牛圖》 西域茶師禹出所藏畫卷，視之蓋古物也。嘉木之蔚然，豐草之茀然。其牟然長鳴返首而顧者，一牛也。其仡然却立曳牛鼻而廻之者，一牧童也。師禹徵余書其首，則為言曰：古者聖人之教人以乘馬服牛也，之二物者，非不隆然高、厖然大也。然馭者牧者絡之穿之，不過尋丈之繩而已。而二物者俛焉聽命於其首其鼻，東西南北惟人所使，是何也？制之之道誠得其要也，是豈聖人私意為之哉！牛之不可以首而絡，猶馬之不可以鼻而穿也。聖人一順乎二者之天而已，初何容心哉？理心理人之術亦然。是故凝冰焦火神明不測者心也，而自牧者持之以敬則存；怨寒咨暑從欲易動者人也，而牧人者範之以禮則治。然亦豈聖人之所容心哉？蓋亦順乎其天而已。嗚呼！由乎聖人之教者，將以牧人，必先自牧，詎可不明其要者乎？師禹之先公嘗監福唐之古邑，持己以廉，而使民也惠，民至今頌之不忘。余，邑人也。兹游沈水而見師禹，其古人所謂愛甘棠而况其子者乎。故因其徵言而推古人自牧以牧人之道以告師禹，其懋繼先烈哉！

明 梅之煥《梅中丞遺稿》卷七《爲殤孫放牛兒禮懺》 定業佛也，難逃罪債。人皆可懺，絕不復續者，偶然業報之身，去可還來者，卓爾真常之性，惟茲新故。幼孫放牛兒若無來歷，何以生而仁孝聰明？如果再來，何以忽焉。摧殘夭折，大德好生之上帝，豈不欲出之死中？尋聲救苦之能，仁忍不即拔之厄。外奈定數難逃而婆心徒切，失母之烏雛何在？影隨落月銷沉，帶血之子規。空啼聲喚，東風不轉。莊叟枕邊飛蝶夢，霎時抛五載之緣。葛洪坡下放牛兒，何處問三生之石？藕芊出水堦前，曾見栽時蓬矢封。塵壁上宛留射影，萬事傷心在目。一堂景色全灰，豈假寃會作親離。翻使愛河為苦海，爾含夙慧斷，非為化財索命而來。我輩鍾情，又豈以繩武亢宗而慟。但恐稚魂痴弱，戀過去之身為身，更愁往業牽纏執病中之苦。作苦欲赦其罪，先醒其迷。念嬰兒未失初心，惟慈父不違本願，悟從前罪福總成過眼浮雲，倘未免輪廻，猶冀重來舊地。昔羊祐之前身，不昧向鄰樹以投環。顧況之子云亡，聞悲歌而返璧。且其生也不識母面，尚知追憶悲啼。豈其死也未了夙，因能不永懷依戀。每歲籲天告斗苦命數之難，移祇今皈命投誠信仁慈之可。格埋伊福地，俾沾寶閣慈光，還我舊家，全仗金繩覺路。

明　舒化《大明律附例》卷一六《牧養畜産不如法》　凡牧養馬牛駝騾驢羊，並以一百頭爲率，若死者、損者、失者，各從實開報。死者，即時將皮張鬃尾入官，牛觔、角、皮張亦入官。其群頭，群副每一頭各笞三十，每三頭加一等，過杖一百，每十頭加一等，罪止杖一百，徒三年，羊減馬三等，驢騾減馬牛駝二等，若胎生不及日時而死者，灰醃看視明白不坐，若失去陪償損傷不堪，用減死者一等坐罪，其死損數目並不准除。

明　李日華《唐戴嵩放牧圖》《佩文齋書畫譜》卷八一　戴嵩《放牧圖》，作三子母牛，一牧兒踞其背，一壯者牽牯，筆墨極草草，得簡古之趣。衰柳四五樹，尤横斜縱恣有態，固知象物者不在工，謹貴得其神而捉取之耳。元人吳從正一歌，亦殊灑落。歌云：『牧牛兒，遠陂牧。遠陂牧牛芳草緑，兒怒掉鞭牛不觸。澗邊柳古南風清，麥深蔽日田野平。烏犍礪角逐草行，老牸臥噍飢不鳴。犢兒跳梁沒草去，隔林應母時一聲。老翁念兒自攜餉，出門先向崗頭望。日斜風雨濕蓑衣，拍手唱歌尋伴歸。遠村放牧風日薄，近村放牛泥水惡。珠璣燕趙兒不知，兒生但知牛背樂。』

明　吳國仕《造命宗鏡集》卷一一《養六畜須知血刄》　凡報血財，須知自旺年上血刄順逆所到處，合本命與太歲旺神方。報牛畜要歲命祿馬會年流財，報猪畜要年血刄會歲命旺神與火血在處，雞、鵞、鴨用歲命生炁合太陽在處。報騾馬用歲命活馬、眞馬到處會太陽、奇羅在處乃吉。生炁卽紫微卦生炁。

明　宋詡《竹嶼山房雜部》卷一二《牛》　牛畏熱，又畏寒，草食，雜荳飼之，俾息而齡，醜之切。肥潤耳濕，冬以牛衣，則無病也。牛草脹，以醋灌之，或從後探去其毒。牛瀉痢，煎人參敗毒散、黃連解毒湯飲之。

清　丁宜曾《農圃便覽·養牛》　牛爲農之本。腴田百頃，非牛莫治。其興地利，不止代七人之力，故禁宰有律，非泥果報之說也。喂養不可失時，吾邑向無喂料者。今牛價數倍，若不加心喂養，壹經倒斃，無力置買，佃戸不免流離，主地亦必荒蕪矣。耕種時，每牛用豆市升三合，磨糊拌草喂之。犂戸牛則將豆磨破，主人收存，每早牽至門前，親看喂之。恐假手犂戸，不入牛腹也。春煖出室不可過早，夏秋遇雨，置廠棚內，免致雨淋病瘴。霜後始入室，早必生癩。耕地卸絭，卽飼以草，永無永掠之患。水牛畏寒惡熱，更爲難畜。遇有時疫，先看鼻頭有汗、角溫者可治。取安息香點著，牽牛以鼻嗅香煙，再於欄中燒蒼術，可免傳染。瘟疫初起，速將貫衆剉碎，拌草飼之。牛病瀉，用桑白皮、蜀葵根、生葛，取汁半升灌之。或用山草驢燒灰沖酒灌之，或用柿蒂燒灰吹鼻孔內，再以左轉麻繩紮尾根。牛病嗽，用食塩乙两，淡豆豉汁乙升，葱白乙把，童便乙升，和灌之。又方：芝蔴壹細碗，泡透磨糊，火紙六張，燒灰存性，加銀硃三分，蜜二两，調水灌之。牛尿血，用川當歸、紅花各五錢爲末，酒乙升，煎，候冷灌之。牛吃生豆，肚脹，用舊手巾燒灰，煎酒灌之。牛毛焦，不食水草，用白芷、大黃各五錢，菜子乙两爲末，雞子二個，酒乙升，調灌之。牛吐涎不止，卽是瘟疫，用吳薿研汁，石灰燒灰，酒乙升，調灌之。牛吐血，用水銀，訶子白芷、肉蓯、蓉各壹分爲末，酒調灌之。牛糞血，取灶下黃土二两，酒乙升，煎，候冷灌之。牛病癩，用蕎麥燒灰淋汁，加硫黃，和塗之。瘟疫時，用石菖蒲，葛根、淡竹葉、欝金子、綠豆、蒼術各等分，碾爲末，每服乙两，芭蕉搗汁，蜂蜜、黃蠟爲引，合水調灌之。未鮮，再乙服。如極熱，加大黃，鼻頭無汗，加麻黃，鼻口出血，加蒲黃。牛過力受傷，羸瘦不食水草。用淡豆豉乙两，薑二两，塩乙两，香油乙两，老葱七枝，雞蛋五個，共搗爛，加黃酒調灌之。牛大者，量加分两，重者用二劑，神效。

清　方以智《物理小識》卷一〇《牛》　牛畏熱，又畏寒，草雜豆飼，肥潤耳溼，冬以牛衣，則無病也。草脹以醋灌之，硝亦可，或從後探去其毒。若瀉痢，煎敗毒散或解毒湯飲之。吉水瀟瀧之水南水北，其牛不穿鼻而耕，金谿之遠都亦然。土人相傳羅隱授記，則附曾也。牛生有重踶，三日內割其外皮，則後來行不畏石。生四齒時，教以耒耜，視其角根細，則老矣。漳州云：牛爲雷擊死者，其皮鞔鼓，海舶用之，見龍雲起，則擂之，龍則不近。山西黃牛大於水牛，一牛牽一乘大車。水牛胎十二月而生，黃牛胎十月，馬初生，人以青布拭之卽能行，子牛生，其母自舐之卽能行。牛無空胎，一年一生。

清　丁宜曾《農圃便覽·養牛》　冬月同取墊牛足，牛得乾煖，自然肥壯出糞。

又　冬至以後，糧多减價，牛早晚喂草，羸瘦者，喂豆餅。修塗牛屋，勿使霑雨透寒。

又 《授時通考》卷四一《牧事》《詩・小雅》：誰謂爾無牛，九十其犉。爾牛來思，其耳濕濕。集註：牛病則耳燥，濕濕潤澤也。安則潤澤。

又 《農政全書》：【略】居近湖草廣之處，買小牛三十頭，大牸牛三五頭，搆草屋數十間，使二人掌管牧養。二人仍各授一便業，以爲日用飲食之資。久而羣聚增人牧守湖中，自可任以休息。養之得法，必至繁息。且多得糞，可以壅田。

又 《齊民要術》：【略】一垻牛。總營得小畝三頃。經冬須加料餧。

又 《陳旉農書》：【略】周禮獸醫。掌療獸病，凡療獸病，灌而行之，以發其惡，然後藥之，養之其來尚矣。然牛之病不一。或病草脹，或食雜蟲，以致其毒，或爲結脹，以閉其便溺，冷熱之異，須識其端，其用藥與人相似也。但大爲之，劑以灌之卽無不愈者。其便溺有血，是傷於熱也。以便血溺血之藥，大其劑灌之。冷結卽鼻乾而不喘，以發散藥投之。熱結卽鼻汗而喘，以解利藥投之。脤卽疏通，毒卽解利，若每能審理以節適，何病之足患哉。今農家不知此説，謂之疫癘，方其病也。薰蒸相染，盡而後已，俗謂之天行，唯以巫祝禱祈爲先，至其無驗，則置之於無可奈何。又已死之肉，經過村里，其氣尚能相染也。欲病不相染，勿令與不病者相近，能適時養治如蓟所説，則無病矣。

又 《雲陽雜記》：青齊間，遇春耕，則飼牛以天麻飯，仍用錦縷繫於角上。

又 《農桑通訣》：【略】餵養牛法。農隙時，入暖屋，用場上諸糠穰鋪牛脚下，謂之牛鋪。牛糞其上，次日又覆糠穰，每日一覆，十日除一次，牛一具三隻。每日前後餉，約飼草三束，豆料八升，或用蠶沙乾桑葉，水三桶浸之，牛下餉噍透刷，飽飯畢，辰巳時間上槽。一頓可分三和，皆水拌，第一和草多料少，第二比前草減半，少加料。第三草比第二又減半，所有料全繳拌，食盡。卽往使耕，噍了牛無力，夜餵牛，各帶一鈴，草盡牛不食，則鈴無聲，卽拌之。飽卽使耕，俗諺云：三和一繳，須管要飽，不要噍了。使去最好，水牛飲飼，與黃牛同夏須得水池，冬須得煖廠牛衣。

又 牧笛圖説

牧笛牧牛者所吹。早暮招來羣牧，猶牧馬者鳴笳也。嘗於村野間聞之，則知時和歲豐，寓於聲也。每見模爲圖畫，詠爲歌詩，實古今太平之風物也。

清 張宗法《三農紀》卷八《牛》 牧蒭考之上古，以火耕耜。自劉過始以牛犁代人。耕牛之爲物，一牛可代七人之力。助農益民者，廣矣。農者畜養，須知寶愛，當惕其性情，調其氣血，愼寒暑，體勞逸，度飢渴，節作息，安煖涼，能若此，則牛之精神爽快，筋骨舒暢，皮毛澤潤，至老不衰，可以延年。每日先令飲水，後方食艸，少病易壯。老農云：艸力水精神。春時，淨除牢內，勿致穢氣蒸鬱，且汗汁浸蹄，易召外患。須夜夜以蒼朮、皂角焚之。春乃耕作之月，新草未茂，宜潔淨藁草細剉，拌麥麩、豆餅、稻糠、棉子之屬飽飼，方可下耕。夏耕甚急，天氣炎熱，人牛兩困，除已收放外，至夜復飢，飼至五更，或以水浸菉豆、蠶豆、豌豆、或小便浸苦蕎、大麥，乘日未出，則涼而腹飽，力倍于常。先于五更飽飼，然後耕耜。當午勿令，甚喘急，宜于陰涼處休息，勿因農忙，一時以竭其力。待息定喂以草豆，旱牛須牽水中浸其蹄，濯其角。水牛令浴于塘，助其精神，不致困之。北方，日嚴暑甚，宜夜以避其晝炎，須夜半，以豆草飼飽，耕至日出，放十涼處，候喘定，飼以水草，日逸，夜勞不受鬱煩之氣。秋深，草盛耕緩，但多蚊虻，須清晨飽飼，至日昃將暮，蚊庄咀吶，苦于水草，日中或放水邊或牧山坡，合閒遊舒情。晚須牢內積草爲烟薰，以避蚊蠓。冬來天氣寒涼，須將牛處溫煖之所，每令凍餧，宜牢外圍護，或遣土室，或藏地窟，或被牛衣，宜煮粥以啖之，煮豆以飼之。又當預收豆、楮、桑、栢、藷葉搗碎，積米泔水和剉草，麩、糠、棉餅飼之。每日宜牽出外閒遊令動，舒以和氣血。凡有氣血者，莫不渴思飲，飢思食，乃物之情也。然牛之飢渴待乎人，若藁梗不足以无其飢，水漿不能以濟其渴，又從而曝其體膚，凍其氣血，露其毛，是困其筋骨，役之勞之，又加以鞭之箠之，盡力竭勁，氣喘汗流之，亦甚矣，困亦極矣。耕夫急求休息，或托以收叟，或寄于畜童，不知苦勞，或放水邊，牛已疲，見木卽之，七竅空踈，以致生病。或放山林，筋危力困，顛蹶僵仆，往往相藉，利其力而害其生者，□過年矣。

又 療治《造化權輿》云：坤陰爲牛，故踶圻，起則先後足，臥則先前足，從陰故也。病則立，陽盛也。性緩氣厚，病多在裏，惟胃居四莫，指其的，症難形外，至于人得知之時，已着沉重，不知延及許幾。牧養者須不時點檢水草，審察行卧，聽其喘息，數計回焦，少有異常則有病。凡牛腹中不時鳴動，如少鳴則患生。或食草而少止，或望天，或暗喘倫鳴，乃是病兆。亦然水草，亦然耕□，輕則相傳過經而自痊，傳不過經則症作焉，治難期其必愈也。在主者歸之命運，醫者委之時氣，胥失之矣。何也？由于平日水草失節，炎寒失惜，勞苦失慎也。牛之病不一，治不過補瀉寒溫，藥不過升降表利。結熱則鼻汗而喘，宜主之以生利。積寒則鼻乾而不喘，宜主之以發散。溺血則傷于熱，宜主之以涼血藥。傷水者宜引導，結草者宜消磨，倘逢天行時災。重加利剂，宜辟疫之藥常黑欄中，或移藏他處深山廣林之內，或者可以偷生，須當盡其人事，然後再言天公可也。

又 《察牛生死訣》：目中光炤人全身者吉，炤人影至膝者半吉，齊人胸者凶，只見人面者死在旦夕。鼻汀如水者吉，知延者凶。角心處溫者生，冷者死，半截溫者易治，冷去四吉者難治。當曉揭尾，細察尻穴，穴內瑩浄無暈點者吉。若有赤暈、紫痣者屬熱，黑辮烏點者屬寒，蛟矢蛀痕、雲形霧障者乃病隱於內，未發于外，宜慎察之。

又 《仙急方》：水結，大黃、蚯蚓、芒硝等朮入猪胆汁，牛水啖。草結，大黃、皂角、砟硝、麻子仁或大柏根皮、蜣螂末，啖。便血，當歸、黃芩、桃仁、只壳末，啖。溺血，車前、滑石、□牛、甘葛末，急流水啖。啌喘毛焦，香油、蜂蜜、猪脂，加□末煮熟，啖。食草不快，鲫魚、生姜、砂仁、食言，濃煎汁，啖。久瘦不起，大黃、水虾蟇、皂角，嚾。凡畜牛，宜製辟瘟丹：乳香、蒼朮、細辛、甘松、川芎、降眞香，早晚于檻內烈火焚之，疫氣遠避。若鄰疫，以逐邪散。川芎、藿香、藜蘆、丹皮、元朝□、生皂角、朱砂、雄黃、麝香，爲末吹鼻，日三，令嚏三五次，妙。染者可愈，未染者可却。嘗以赤小豆入水令牛飲，或啖苦參汁，妙。既染症，先用菉豆泡，磨漿，和㨨烏鷄湯，去羽毛啖。或用當歸、大黃、黃連，爲末，取鴨血和啖。如諸藥不效者，巴豆去壳五錢，大黃四兩，其爲末，蚯蚓二兩，研和，用急流水啖之。

又 方治《元紀》云：高山、樹上、城頭墜下，以及陣戰滚木壘石炮傷者，將生牛腹劈兩畔，入受傷人在內，頃時甦醒，傷痊。此方乃元人驗出也。

清 楊鞏《中外農學合編》卷一二《畜牧類・牛》 牛室宜朝陽，冬季風霜淒凜，獸毹毛，率穴處，獨牛依人。宜入密室，內外必塗墍，以防火災。養法：農隙時入暖室，用場上諸糠穰，鋪牛腳下，謂之『牛鋪』；牛糞其上，次日又覆糠穰。每日一覆，十日除一次。牛一具三隻，每日前後餉，約飼草三束，豆料八升。或用蠶砂、乾桑葉，水三桶浸之。牛下餉，嗤透刷飽，飯畢。辰、巳間上槽一頓。可分三『和』，皆水拌：第一和，草多料少；第二，比前草減半；第三，草比第二又減半，所有料，全繳拌，食盡，卽往使耕；嗤了，牛無力。夜餵牛，各帶一鈴；草盡牛不食，則鈐無聲，卽拌之。飽，卽使耕。春初必盡去牢欄中積滯蓐糞，旬日一除，免穢氣鬱蒸，以成疫癘。且浸漬蹄甲，易以生病。方舊草朽腐、新草未生之初，取潔淨藁草細剉之，和以麥麩、或豆，使之微溼，槽盛而飽飼之。豆仍破之可也。藁草須以時暴乾，勿使朽腐。天氣凝凜，卽處之燠煖之地，煑糜粥以啖之，卽壯盛矣。亦宜預收豆楮之葉與黃落之葉，舂碎而貯積之；天寒，卽以米泔和剉草、糠麩以飼之。春夏草茂，放牧必恣其飽。每放必先飲水，然後與草，則不腹脹。又刈新芻，雜舊稿，剉細和勻，後餧之。至五更初，乘日未出，天氣涼而用之，卽力倍於常，半日可勝一日之功。日高熱喘，便令休息，勿竭其力，以致困乏。時其饑渴，以適其性，則血氣常壯，皮毛潤澤，力有餘而老不衰矣。《農桑通訣》陳旉《農書》《農政全書》《齊民要術》

附外洋法

牛之品種頗多，其用途有乳用、肉用、役用之分；其產地有山嶽、平原、谿谷之別。肉用擇頭不甚大，背自頸至尾平潤不曲，尾根部又不從脊突起，軀貴前部小而後部大，好肉多生下部，四肢貴小，骨貴細，性貴具，早熟速肥，若哈福爾。獨及短角兩種，可爲標準。役用者，則全異，其體須前部比後部大，胸闊肺臟廓，便呼吸而耐久，勞骨貴强，皮膚貴堅，鼻貴巨，肩貴擴張，性貴温順。乳用，擇頭與角共精美，頸細，軀後部比前部大，略瘠者，取其脂肪不散，此外尚有四要點當注目：一皮膚，二乳房，三乳脉，四乳鏡。牛之繁殖，須選擇種畜。種牛宜按其所用而採擇之，其備具種類合度、且體質健全者；牡牛取骨格壯勁，牝牛取温良，且後體發育完全。牡之優柔者，體質自纖弱；牝之獰猛者，恐繁殖不盛。牛體肥滿者，薄於情慾，其牝有不妊、流產等弊。種畜忌過肥飼育，管理尤須致意，運動適宜亦爲緊要，自出生後八九月至一歲發春情，其供繁殖之用者，必始自一歲半或二歲，繁殖之期，視其成熟遲速，及飼養管理之如何，而有長短不同。概言之牡則至六七歲，牝則至十歲榨乳，家以交尾之數，平配於一年，其牡一頭，可配以牝六十頭至八十頭。放牧之牛，交尾期短，其牡一頭可配以牝牛三四十頭。牡牛成熟者，常有情慾，惟牝牛非遊牝期，則不發情，其發情在二日內外，宜令交尾。牝牛交尾者，大半至妊娠，已妊則不復發情，發情而不交尾，交尾或不妊娠，則經三四週日七日爲一週必復發情，交尾後三四週日而不發情，則可知其孕妊，以此鑑識妊娠初期爲最便。牛之妊娠，以二百八十五日爲期，牝牛在妊娠期者，尤須選飼料，且周精管理，如腐爛或過冷之飼料，有致流產之虞，不可用。妊娠後半期，宜供以潤澤易消化之食料，使胎仔易發育，凡外力刺激，如驚愕、壓迫、衝突、顛僕等，往往致流產，妊畜忌勞役過度，然運動適宜，亦爲緊要。牛舍須保暖氣，且防賊風，妊牛泌乳者，分娩期前至八週日，宜不榨乳。近分娩期，則妊牛頻起臥，或哮鳴，呈煩悶不安之狀，未幾而分娩。牛舍亦先令清潔，布以柔藁多層，使牛體穩靜，分娩無難，而臍帶自脫去，其不脫去者，宜由距臍部二三寸處截斷之，娩產後一二小時，而有胎胞自流出。犢之始生，母牛舐其體使乾燥，而哺以乳，若初生用人工哺乳法者，則趁母牛未舐之時，取犢移置於温煖之室，以藁束或毛布等拭掃其污溼。初育犢者，七日至十日必用母乳或他牛初乳，蓋初乳之成質，異於常乳，爲稚犢不能缺之營養質。用自然哺乳法者，或使犢與母牛同居，隨時吮其乳；或別其室，定時而入母牛之室，使哺其乳，據此法，初一週日，每一日五次，嗣後每一日三四次，使犢哺母乳。犢之哺乳，以體重八分之一至六分之一，爲其一日之量，稍長則廢其哺乳，易以他飼料，謂之斷乳。斷乳之期，視其育養所主，而有早晚之異，大約以一月爲足，惟供繁殖之用者，至七八月徐徐斷乳，決不可一日忽變其飼料，先施以少量之渣乳、麩糠、油粕、碎穀、柔軟乾草等，漸增給而漸減乳汁，如是而遂至斷乳。其間施飼料者，必慎意考察其品質及數量，不可令過熱或過冷。幼牛在生長期者，務宜放之於牧場，使自由運動。其可供繁殖之用者，其放牧尤爲切要，不可一日缺乏，幼牛除充種殖外，皆宜割去其睪丸，如此則性加温柔，便於使役，且速肥厚，致肉質佳美，其利於經濟頗大。肉牛待出生後六週至八週，役牛六月至九月，卽去勢。飼牛之法，不僅視氣候、風土及飼育主旨，又因農業組織而有差異，可分爲放牧、舍飼二法。人口稀薄、農業粗放，則以放牧爲利，牧牛之最粗放者，不論四時晝夜，常放牧於山野，使牛自養，且自蕃殖，惟人定時取其增殖之分而利用之耳，此飼育法宜行之於氣候尤良、生草豐穰處。如冬時行舍飼，飼於屋內，謂之舍飼。給於飼料者居多，冬時則舍飼，夏時則放牧，間亦有不論冬夏，常行舍飼者，放牧似家畜自然之生活。牛在牧場食新鮮草，其中有芳香、佳味、促食慾、助消化、營養之効殊大，牛自由逍遙牧場，吸收新鮮空氣，資於筋骨發育，致體質强健，受病甚少，故產牛之地，當其温煖之時，恆行放牧。如生草豐處，給以食鹽飲水足矣；牧草不豐，則時時補給以濃厚飼料。放牧之期，各地不同，大約五六月者多，幼牛及種牛尤須放牧。夏時放牧，有不論晝夜者，又有晝放出夜收集者，每夜還舍，雖多煩勞，而利於牛體康健。牧場一處，放牛幾頭爲適宜？固觀其牧草之多少及良否。凡牛每體重一千貫，平均一日食乾質二十五貫，以乾芻改算之，每一日需三十貫，更以生草則需百二十至百五十貫，此數乘以放牧之日數，而除牧場所產綠草概數，則可知其所適放牧之牛數。舍飼施飼料，其數常勻齊，所生之糞肥，亦可集而利用之。狹小地，養牛多數，宜用舍飼。蓋舍飼者，用資銀及勞力尤多，惟牧草經栽種者，與天然野草皆可刈而用之，根菜類及農產製作之殘滓，亦可充飼料。舍飼管理費勞多，較放牧爲集約，如通年常行舍飼者，爲最約之法，地不容冬時放牧，則惟有舍飼，然通年依舍飼，則恐致損乳牛。役牛宜常在舍中，其餘則務須放牧之。乳牛之專依舍飼者，畜舍附近宜設運動場，每日必令運動，否則生產不豐，且多受疾病。舍飼在夏時，專用生草以充飼料，生草務宜取新鮮柔軟，不徒恃天然之草，又栽各種牧草，隨時給以適宜之生草則妙矣。或因經濟情形，東洋謂算計爲經濟。有夏時用乾草者，冬時則主用乾草，補以藁稈，復和以濃厚飼料，如大麥、麩糠、油粕等，及菜根、埋芻農産製造之殘滓而施給之，藁稈雖須剉截，不可失於短小，乾草極粗硬者，亦可剉截之，根菜類之物須碎裂之，大若胡桃、油粕類，宜作粗粒。牛之休息者，取養料以維持其體質則足矣，故不多須濃厚飼料。乳質及泌乳之數，視乳牛之性質，然飼料亦非全無關繫焉，旋以含水及蛋白質富饒之料，如生草、菜根類、醸造、滓粕等。泌乳雖多，其質稀薄，用優良牧草和以濃厚飼料，且加菜根少許而施給之，則乳汁佳良。飼料中有害於乳汁之香味色澤者，不可施給之。肉牛有初需肉以育成之者，又有採乳供役後而充肉牛者，皆使肥滿而後屠殺之。肉牛之飼養稱曰肥育，必令舍中陰暗，以減外力刺激，保温而禁運動，以防體質分解，宜用富滋養且易消化之飼料施給，宜勤始能致肥厚。瘠牛遽施肥育無效，必先行豫飼而後施以本飼。牛舍選乾燥土地，面南或東南而築之，使冬温夏涼且無烈風之害，若空氣不易流通，則害於衛生，且傷損生産能力，光線亦須易透射，惟肉牛及役牛無須於光線。畜舍面積視牛體之大小而不同，以勻數言之，闊四五尺，縱徑八九尺，以不含水材料作床，爲斜形，以便於尿之排去，舍中温度須無急變，舍之内外常須清潔。飼家畜者，以叮嚀懇切爲旨，決不可有粗暴殘忍之行爲。處以粗暴，則馴良家畜反至帶猛惡之性，任管理者，以穩和細慎之人爲最要。每日給食，以三次爲常，必定時刻而嚴守之，每次必清潔其食器，待食略畢卽給以水。畜舍每日埽清之，尤須換藁飼料，含水愈多，則換藁愈多。牛體每日埽以刷子，乳牛於榨乳之際，以微温水洗其乳房，拭淸以乾布。夏日炎暑時，令牛浴於水，固可惟用水冷過攝氏二十度者，水浴不可逾十分時。通年依舍飼者，宜隨時查其蹄而剪整之。

清 褚人穫《堅瓠集·五集》卷二《牧牛亭》 金陵牧牛亭，秦檜坵隴在焉。有移忠旌忠寺，相去五里，金碧相照。楊誠齋過之，題詩壁間曰：『函關只有一穰侯，瀛舘寧無再帝丘。天極八重心未死，台星三點折方休。只看壁後新亭築，恐作移中屬國羞。今日牛羊上坵隴，不知丞相更嗔不。』自註其下曰：『秦暮年起大獄，必殺張德遠浚、胡邦衡銓等五十餘人。不知殺盡諸公將欲何爲？奏垂上而卒，故有新亭之句。然初節似蘓子卿，而晚謬。』岳珂云：『檜在金不久卽逃歸，撻辣實縱之，不知何以似子卿也。』

清 段汝霖《楚南苗志》卷四《牧牛放馬》 苗人，牛馬畜之成群，以此誇多鬬勝。尤能識其性，兼善觀牛馬相，優者寶愛之，不輕易出售。其賣者，皆劣也。飼養之法，亦自不同。每歲仲春以後、仲秋以前，牧牛於山，藏馬於家，日割青芻以飼，恐馬被日曬生病。更有夜放，食露水草者。鮮用豆料。民間不知此法，買回飼料，不久卽斃，存者十不得二三耳。八月以後，則牛馬並放，每日男婦雜遝，看守於山，各吹蘆笙，苗歌互答，以相娛樂。日晡始歸。

清 金堡《偏行堂續集》卷八《題牧牛圖》 廉齋托爲此圖，蓋有取乎？一回入草去，驀鼻拽將來之語，鐵橋卻似拋繩不顧古德。又有頌云：兩角指天，四脚踏地，拽斷鼻繩，牧甚屎屁。識得此頌義，始識得驀鼻拽回之義。且不是救取鐵橋，然雖如是，老僧早已全身入草了也。

清 梁章鉅《浪迹叢談》卷九《牧牛圖》 《昨夢録》載南唐李後主有《牧牛圖》，獻於宋太宗，圖中日見一牛食草欄外，而夜宿欄内。太宗以詢羣臣，皆莫知之，獨僧贊寧曰：『此海南珠脂和色畫之則夜見，沃焦沃山石磨色畫之則晝見，各一牛也。』按珠脂別無經見，沃焦山亦非人跡所能到，恐此系一時取辨應對。邱至綱《俊林機要》則以為用大蚌含胎結珠末就如淚者，立取和墨，欲日見者於日下書，欲夜見者於月下畫。此說似向近理。然珠淚恐亦難得，此事究未經親試，不敢遽斷其是非矣。

清 李富孫《校經廎文稿》卷一《題金比部德輿雲棲放牛圖》 放生肇龍舒，盛稱西方徒。無故不宰割，禮經洵有諸。帷蓋不輕棄，仁人用意殊。愛物心惻惻，元本君子儒。文定載袾玹，鴻筆超貞符。艾天傭文定有《蓮池》僧文一篇。夫婦並出世，分席金仙姝。獨有儒童佛，請師立芟除。天花作道場，儒術非所須。雲棲水會陸，以宣聖爲儒童佛。智珠鎮梵宇，啞虎守山隅。念彼服箱苦，俾得長此娛。詆犢雪山側寢，訛時與俱樂育。固本念因果，恐近誣安溪。廣惠澤遺法足步趨，安溪李文貞于六畜悉有惠澤，如牛馬衰老則別置一所養之。普願胞與量推暨萬物蘇。

清 趙懷玉《亦有生齋集》卷一《飲牛圖贊并序》 黄丈衍庭家有張君度畫《許由巢父像》，筆意高古。頃主講巢縣，相傳爲巢父故居，有洗耳池在焉，乃屬友人仿以寫眞爲《飲牛圖》，索題於余。桉《史記·伯夷傳》曰：余登箕山之陽，其上蓋有許由冢。《皇甫謐・高士傳》曰：由遁耕於中岳潁水之陽，箕山之下。聞堯之召，洗耳於潁水濱。時其友巢父牽犢欲飲，見由洗耳問其故，乃牽犢於上流飲之，當在今河南府登封縣境。若巢縣以古巢伯國得名，非飲犢處也。世俗好附會，用以所知相質，而仍系之以贊。

不登乎金門玉堂而寓形乎巢，不屑乎高車駟馬而牽犢爲勞。山何高邪，谷何深邪，將求其名邪，抑遐其心邪，求得乎古人之意，又何必泥其地邪！

又《雲棲放牛圖贊并序》 乾隆乙巳冬，金子少權買一黄牛，日飲其乳。乳非犢不能取也，并買之，及春乳不可飲，金子喟然曰：『食其乳而鬻之，吾不忍也。』遂養於雲棲放生池石門，方蘭士作圖，謐柯居士合十而爲之。贊曰：

芒芒震旦國，河沙衆身命。天生瞿摩帝，亦具佛子性。物來有因緣，寢訛忽在茲。滴滴法乳融，可悟灌頂時。六畜不識父，自當隨其母。念彼舐犢恩，同令樂原藪。由旬五雲峯，永爲極樂地。庖丁豈不仁，爭此一念异。愛牛不愛羊，強著分別見。爲善無近名，如雨自普偏。放生既得生，轉恐淪愛有。胎夭亦非促，岐胡亦非壽。

清 陳祖范《司業文集》卷二《楊子鶴春原放牧圖記》 子鶴畫牛妙，天下茲幅尤為致功。長林豊草，陂平水淺，風日清恬，鳧雁翔集于焉。散牧時則有往者、還者、寢者、疑立者、圂豚行者、涉者、將涉者、齕而呞者、降于阿者、蔽阿而半可見者、後隨犢者、犢受舐者、背有人者。兩人跨一，人伏一，人持角登一。人吹笛返餘四人，一持竿走，一蹲樹根，兩人藉草嬉。凡牛三十有四，人九而童子五焉。夫畫牛與畫馬異，趣馬之性健，以動交頸，相靡分背，相踶顧影而嘶，籋雲而馳，翹足而陸，其狀百變，畫之易為工也。牛遲重朴魯而已，無甚異態，畫多則難為區別。茲圖無一雷同，故稱妙品。莊子不願為郊祭之犧，寧服軛以耕于野，服軛以耕，固其本分，又何若不施牿，不受牽徬行止自如之。為得其性乎，閱斯圖也，吾欲如左元，放入羊群而與之俱矣。

清 沈家本《清現行新律例・廄牧・牧養畜産不如法》 原律：凡牧養官馬牛駝贏驢羊，並以一百頭爲率。若死者、損者、失者，各從實開報。死者，即時將皮張鬃尾入官，牛觔、角、皮張亦入官。其管牧牧長、牧副，每馬、牛、駝一頭各笞三十，每三頭加一等，過杖一百，每十頭加一等，罪止杖一百、徒三年。羊減馬三等。四頭笞一十，每三頭加一等，過杖一百，每十頭加一等，罪止杖七十、徒一年半。驢贏減馬牛駝二等。一頭笞一十，每三頭加一等，過杖一百，每十頭加一等，罪止杖八十、徒二年。若胎生不及時日而死者，灰醃並年老自死者，看視明白不坐。若失去，賠償；損傷不堪用，減死者一等坐罪。其死損數目並不准除。

臣等謹按：此仍明律雍正三年增修，順治三年添入。小註，律內笞杖照章罰金應依數分等，處罰徒罪附杖應節删。謹將修改律、文律註開列於後。

修改：凡牧養官馬牛駝贏驢羊，並以一百頭爲率。若死者、損者、失者，各從實開報。死者，即時將皮張鬃尾入官，牛觔、角、皮張亦入官。其管牧牧長、牧副，每馬、牛、駝一頭各處三等罰，每三頭加一等，過十等罰，每十頭加一等，罪止徒三年。羊減馬三等。四頭處一等罰，每三頭加一等，過十等罰，每十頭加一等，罪止徒一年半。駝贏減馬牛二等。一頭處一等罰，每三頭加一等，過十等罰，每十頭加一等，罪止徒二年。若胎生不及時日而死者，灰醃並年老而自死者，看視明白不坐若。失去，賠償；損傷不堪用，減死者一等坐罪。其死損數目並不准除。

紀事

《太平御覽》卷八九八《獸部・牛上》 《後漢書》又曰：劉盆子初與兄茂屬右校卒吏劉俠卿，主芻牧牛，號曰牛吏。及立爲帝，恐畏欲啼，即復還依俠卿。

宋 洪邁《夷堅志》丙志卷一一《牛疫鬼》 紹興六年，餘干村民張氏家已寢，牧童在牛圈，聞有扣門者，急起視之。見壯夫數百輩，皆被五花甲，著紅兜鍪，突而入，既而隱不見。及明，圈中牛五十頭盡死，蓋疫鬼。

又 丁志卷六《永寧莊牛》 秦氏建康永寧莊有牧童桀横，常騎巨牛縱食人禾麥。民泣請不悛，但時舉手扣額，訴于天地。紹興二十四年三月中，正食麥苗，風雨雷電總至，牛及童俱震死。同牧兒望見空中七八長人，通身著青布衣，於烈焰中提童去。又一人掣牛升虚，鑿其腦後，一竅闊寸許，舌出一尺，火燎其毛無遺。監莊劉穩命舁牛棄諸江，民竊攬取剥食之。劉詣尉訴，尉諭勸之，乃止。

宋 祝穆《事文類聚》卷三九《巢父牧犢》 堯以天下讓巢父，巢父曰：『君之牧天下，亦猶余之牧孤犢。君牧天下，是各有其所牧矣。焉用惴惴然以所牧而與余，余無用天下為也。』於是牽犢而去。

又《**宣王考牧**》 宣王考牧，誰謂爾無牛，九十其犉。爾牛來思，其耳濕濕，或降于阿，或飲于池。

又《**飯牛車下**》 戚，飯牛車下，扣角而商歌曰：『南山粲，白石爛，生不逢堯與舜禪。短布單衣纔至骭，長夜漫漫何時旦。』齊桓公聞之，舉以為相。

又《**飯牛牛肥**》 百里奚，爵禄不入於心，故飯牛而牛肥。

又《**猗頓畜牛**》 猗頓，魯之窮士。聞朱公富，往問術焉。告之曰：『子欲速富，畜五牸。』乃適西河，大畜牛羊于猗氏之南，十年之間子息萬計，資擬王公。

明 郭孔建《**垂楊館集**》**卷四**《**飯牛牧牛**》 百里奚飯牛而牛肥，秦繆公舉之爲相，而秦以霸。金日磾養馬而馬肥，漢武帝屬之輔遺，而昭以立。卜式牧羊而羊肥，漢武帝拜爲成臯，而漕稱最。

清 徐松《**宋會要輯稿・職官二一**》 ［咸平六年五月］牛羊司招置軍士，但年二十已上、無疾、少壯堪牧放者，不拘人材，即與招收。

又 ［景德元年三月］牛羊司，廣牧指揮如闕員僚，即于本指揮揀年勞能部轄十將補副都頭，即不差殿侍權管。節級軍士月給麻屨，合與月糧同歷勘支。

又 ［天禧四年六月］牛羊司，三棧圈自今只差三班使臣，不令內侍省差人勾當。

又 ［紹興十三年三月二十六日］牛羊司權以元減定七十人額內，將見闕人數許行招收一次，合得請給並依本司禄格則例支破，內月糧料錢與口食錢米從一多給。

又 ［紹興十五年三月二十九日］牛羊司，許令招收兵級二十人，通以九十人爲額，副知、貼司各與添置一名。內副知仍將目今頭名手分遞遷，其退下手分名闕，於無違礙諸司官踏逐抽差一次，日後遇闕，召募貼司揀試充填，依條遞遷。副知如界滿，自到司入仕及十年以上，別無贓私罪犯及無官物絓繫，許依依解發出職。

又 ［淳熙十四年八月二十七日］牛羊司減手分一人，節級一人，曹司一人，宰手四人，羣頭二人，兵士七人。

藝文

寧戚《**飯牛歌**》《文章正宗》卷二二 南山矸，白石爛。生不逢堯與舜禪，短布單衣適至骭，從昏飯牛薄夜半，長夜漫漫何時旦。《淮南子》：甯戚欲干齊桓公，困窮無以自達，飯牛下望，見桓公而悲，擊牛角而疾，商歌歌曰云云。桓公聞曰：異哉歌者，非常人也，命後車載之。

唐 盧肇《**文標集・補遺・牧童**》 誰人得似牧童心，牛上橫眠秋聽聲。時復往來吹一曲，何愁南北不知音。

唐 王棨《**麟角集・牛羊勿踐行葦賦**皇化所加德同周道》 育物恩廣，垂衣道豐。流德澤于行葦，示仁心于牧僮。且曰驅爾牛羊，勿近萋萋之道；恐其蹄角，踐傷泥泥之叢。斯乃國家攸用，華夷所同。俾遂生榮之性，仍敦忠厚之風。是以發自睿情，指乎幽渚。伊方苞方體之地，匪或寢或訛之所。未逢至化，其生有類于蒿萊；今被仁風，所貴不殊于稷黍。懿夫拂水沙際，摇烟路旁。安可縱三犧而蹂躪，放千足以跳踉。莫不欽聖教，感吾皇，戒彼畜之奔逸，免斯條之折傷。由是緑野分驅，蒼葭共保，但踽桃林之坂，自齕金華之草。春風澤畔，如生遂字之心；落日山邊，盡認下來之道。況乎挺本方茂，為航可嘉。霏靡而爭芳荇葉，參差而競秀蘭芽。若使大武斯履，柔毛所加。則八月洲前，無復凝霜之葉；三秋江上，難逢似雪之花。是以咸仰嘉猷，式遵玄德。牧者既以承其教，虞人得以修其職。故能隔瑩蹄于平野，莫往莫來；限墳首于荒郊，自南自北。然後澤靡不洽，恩無不周。國有殷充之實，家無罄匱之憂。網不入于洿池，斯言莫偶；斧以時于山藪，厥義難侔。偉夫至理彌彰，前經可駕。遠符大雅之什，允協文王之化。因知皇王之教，所憂不唯禾稼。

唐 儲光羲《**儲光羲詩集**》**卷一**《**牧童詞**》 不言牧田遠，不道牧陂深。所念牛馴擾，不亂牧童心。圓笠覆我首，長蓑披我襟，方將憂暑雨，亦以懼寒陰。大牛隱層坂，小牛穿近林。同類相鼓舞，觸物成謳吟。取樂須臾間，寧聞聲與音。

唐 盧肇《**文標集・補遺・牧童**》 誰人得似牧童心，牛上橫眠秋聽聲。

時復往來吹一曲，何愁南北不知音。

唐 陸龜蒙《放牛歌》《文苑英華》卷三四四 江草秋窮似秋半，十角吳牛放江岸。鄰肩抵尾乍依偎，橫去斜奔忽分散。荒陂斷塹無端入，背上時時孤鳥立。日暮相將帶雨歸，田家煙火微茫濕。

唐 張籍《張司業詩集》卷一《牧童詞》 遠牧牛，遶村四面禾黍稠。陂中飢鳥啄牛背，令我不得戲壠頭。入陂草多牛散行，白犢時向蘆中鳴。隔堤吹葉應同伴，還鼓長鞭三四聲。牛群食草莫相觸，官家截爾頭上角。

唐 張説《張燕公集》卷九《冬日見牧牛人擔青草歸》 塞上綿應折，江南草可結。欲持梅嶺花，遠競榆關雪。日月無他照，山川何頓別。苟齊兩地心，天問將何説。

唐 劉駕《牧童》《萬首唐人絶句詩》卷一八 牧童見客拜，山果懷中落。晝日驅牛歸，前溪風雨惡。

唐 李涉《牧童詞》《佩文齋咏物詩選》卷二二九 朝牧牛，牧牛下江曲。夜牧牛，牧牛郭口谷。荷笠出林春雨細，蘆管卧吹沙艸緑。亂插蓬蒿箭滿腰，不怕猛虎欺黄犢。

唐 僧隱巒《牧童》《佩文齋咏物詩選》卷二二九 牧童見人俱不識，盡著芒鞋帶蓑笠。朝陽未出衆山時，露滴蓑衣猶半濕。二月三月時，平原草初緑。三箇五箇騎羸牛，前郭後郭來放牧。笛聲纔一舉，衆稚齊歌舞。看看白日又西斜，各自騎牛又歸去。

唐 佚名《寧戚飯牛賦》以取賢在牛首之下爲韻《歷代賦彙》卷四六 惟彼甯戚兮，既貧且窶，跡未出於樵夫，身尚同於牧豎。劬勞日夕，頓冒風雨。苟直道而退讓，不非義而進取。執以綆索，積諸歲年。飯以露草，飲之靈泉。取東皋之田，同無得而乃得；居南山之石，常思賢以薦賢。高節彌堅，潔操無改，扣角之音雖倦，立身之志恒在。遊乎緑野，息以青疇，雲霞掩曖，山川阻修。異董生之乘馬，同巢父之飲牛。棲屑岐路，蹉跎壟畝。衣褐不足蔽其骭，糠粃不足充其口。心常想於青雲，貌恐遲於皓首。强於學也以待問，藏其器焉以俟時。獨商歌而奚為，思齊君而聽之。君乃問旃，知其在野。君臣從此而道合，理化以之而相假。才足堪於輔佐，位寧卑於庸下。

宋 梅堯臣《宛陵集》卷二八《潁水費公渡觀飲牛人》 渡口飲牛歸，村墟夕陽裏。黄犢未及群，抱帶過寒水。利心乃如仁，耕領破不止。當時彼何高，獨能識洗耳。

又 卷三三《見牧牛人隔江吹笛》 朝與牛出牧，晝與牛在野。日暮穿林歸，長笛初在髆。面尾騎且吹，音響未成雅。隨風散遠近，舉調任高下。我方江上來，平溜若鏡瀉。悠悠經醉耳，亦足發瀟灑。苟能和人心，豈必奏韶夏。鄭聲實美好，蠱情如剔剮。况其荒敗跡，亦又甚裂瓦。南箕成簸揚，寺孟詠侈哆。我今留此詩，誰謂馬喻馬。

又 卷六〇《觀黄介夫寺丞所收丘潛畫牛》 丘畫吳牛希戴嵩，吳牛角偃彎如弓。老牯望犉犢望母，母下平坡離牧童。牧童吹笛坡頭坐，古樹蕭騷葉戰風。黄君買畫都城中，不惜滿貫穿青銅。賣從誰家不肖子，傳自幾世賢卿翁。今時貴人所尚同，競借觀玩題紙窮。紙窮磊落見墨妙，東府西樞三四公。應識古人丹青蹟，又辨古人於物通。一毛一尾不取次，豈以後代爲盲聾。願推此意佐國論，况乃聖德同堯聰。

又《牛背雙鸜鵒》 牛背雙鸜鵒，煙陂共入時。草枯行解美，日晚迹羣遲。閒載寧辭遠，相鳴不問雌。初驚牧人去，飛上野桑枝。

宋 周敦頤《牧童》（弘治）《永州府志》卷八 東風放牧出長坡，誰識阿童樂趣多。歸路轉鞭牛背上，笛聲吹老太平歌。

宋 邵雍《擊壤集》卷三《牧童》 隨行笠與簑，未始散天和。暖戲荒城側，寒偎古塚阿。數聲牛背笛，一曲隴頭歌。應是無心問，朝廷事若何。

又 卷一三《謝宋推官惠白牛》 毛如霜雪眼如朱，耳角方齊三尺餘。狀異不將耕曠土，性馴宜用駕安車。水邊牧處龍能擾，月下牽時兎可驅。從此洛陽圖燈上，丹青人更著功夫。

宋 蘇軾《蘇文忠公全集・後集》卷三《書晁説之考牧圖後》 我昔在田間，但知羊與牛。川平牛背穩，如駕百斛舟。舟行無人岸自移，我卧讀書牛不知。前有百尾羊，聽我鞭聲如鼓鼙。我鞭不妄發，視其後者而鞭之。澤中草木長，草長病牛羊。尋山跨坑谷，騰趠筋骨強。煙蓑雨笠長林下，老去而今空見畫。世間馬耳射東風，悔不長作多牛翁。

宋 釋居簡《北磵詩集》卷二《牧童》 蓬鬆袒殑例騎牛，折得山花便滿頭。强使倡敬渾不聽，聽它天籟自鳴休。

又 卷七《晚牧圖》 寸繩尺箠亂山深，節制安知豎子心。老子是牛如相馬，微茫淡墨賞遺音。

宋 釋重顯《祖英集》卷下《牧童》 嘔啊唱與那嗚咿，百草拈來鬪不知。日晚騎牛未歸去，指前坡笑又嘘嚱。

宋 郭祥正《青山集》卷一二《李公擇學士出示胡九齡歸牧圖》 横披五赤素，中有萬疊山。山下千丈溪，怳疑瀉潺潺。西風偃古木，慘淡秋色頑。蓼紅菱荇碧，缺岸如破環。小舟半閣沙，茅屋深無關。三牛行齕草，一犢隨母還。牧兒掣牛鼻，望家喜生顔。欲知田家樂，此趣何由攀。而況畫手妙，意思能餘閑。遠出物象外，不在粉墨間。臨之發孤興，飄忽辭塵寰。

宋 黄庭堅《豫章黄先生文集》卷三《題竹石牧牛》 野次小崢嶸，幽篁相依緑。阿童三尺箠，御此老觳觫。石吾甚愛之，勿遣牛礪角。牛礪角尚可，牛鬪殘我竹。

又《山谷内集詩注・别集》卷上《牧童〈西清詩話〉云：「世傳山谷七歲作。」》 騎牛遠遠過前村，《後漢書・光武帝紀》：光武初騎牛。杜少陵詩：前村山路險。吹笛風斜隔壠聞。馬融去京踰年，有洛客逆旅吹笛，聞之甚悲壯。晉王徽之，謂桓伊曰：「聞君善吹笛，試為我一奏。」老杜詩：「愁連吹笛生」，又「吹笛秋山風月清」，又「高樓夜吹笛」。歐陽公詩：「夜涼吹笛千山月。」東坡詩：「鄰人吹笛不堪聞。」杜詩：「輕燕受風斜。」邵康節《牧童》詩：「數聲牛背笛，一曲壠頭歌。」王介甫詩：「塍水翻溝隔壠分。」多少長安名利客，長安，前漢所都在，國朝為永興軍。後人稱帝都者，皆例呼為長安。林和靖詩：不知何止長安客。《戰國策》：爭名者于朝，爭利者于市。蓋爭名利者，必于帝都也。白樂天詩：皇皇名利客，白首千百輩。機關用盡不如君。白樂天詩：應須繩墨機關外。意謂用盡機關以爭名利，反不若牧童之安逸也。丁晉公詩：欺天行當吾何有，立地機關子太乖。邵康節詩：爭先徑路機關惡。亦此意也。

宋 張耒《張右史文集》卷五《牧牛兒應城道中**》** 牧牛兒，遠陂牧。遠陂牧牛芳草緑，兒怒掉鞭牛不觸。澗邊古柳南風清，麥深蔽日野田平。烏犍礪角逐春草，老牸卧噍飢不鳴。犢兒跳梁沒草去，隔林應母時一聲。老翁念兒自攜餉，出門先上崗頭望。日斜風雨濕簑衣，拍手唱歌尋伴歸。遠村放牧風日薄，近村牧牛泥水惡。珠璣燕趙兒不知，兒生但知牛背樂。

宋 張舜民《畫墁集》卷一《禪僧福公寄惠牧牛圖答以問牛歌》 訶訶，棲巖老法師，寄我牧牛頌。我是人間百歲人，今朝却作嬰兒弄。堪笑其間有一牛，滿身變白尾猶黑。想君不是上上根，教人費盡閑心力。我昔有一牛，其毛元自白。如今牛已無，欲求不可得。蓑笠與鞭繩，同時皆棄擲。身心無住著，冷坐溪邊石。却問山中人，閑尋牧牛客。

宋 張商英《游綿山》（嘉慶）《介休縣志》卷一三 夕陽返照影流東，點點寒鴉過遠峰。漁叟罷竿收釣餌，牧童吹笛弄秋風。日光隱隱沉滄海，山色青青聳碧空。萬壑千崖增秀麗，往來人在畫圖中。

宋 李龏《唐僧宏秀集》卷八《牧童》 牧童見人俱不識，盡著芒鞋戴篛笠。朝陽未出衆山晴，露滴蓑衣猶半濕。二月三月時，平原草初緑。三箇五箇騎羸牛，前村後村來放牧。笛聲纔一舉，衆稚齊歌舞。看看白日向西斜，各自騎牛又歸去。

宋 李流謙《澹齋集》卷一《道中逢牧童跨牛者》 田空已不耕，草瘦尚可齕。捎捎一歲勞，得此休頃刻。阿童拍腹卧，短箠聽驅策。早晚穡事動，努力進芻粒。

宋 黄庶《伐檀集》卷上《次韻和真長四季牧童》 怯雨宜晴不識愁，去隨青草牧春牛。無人古路歌兼笑，歸去山花插滿頭。春

其二

曉牧侵星大暑天，晝尋芳樹緑陰眠。惜牛不使衝殘日，歸帶黄昏飲小川。夏

其三

角穿黄穗乎横笳，那管八間有鬢華。落日西風歸去路，枯桑黄葉兩三家。秋

其四

枯笛手持無律呂，清風曲調逐時新。數竿冬日渾無價，暖靠牛眠不教人。冬

宋 王之道《相山集》卷六《追和蘇養直飯牛歌》 時來富貴非所憂，公卿何必皆黑頭。力田孰若逢有秋，異哉甯戚親飯牛。商歌未絶驚齊侯，遂從仲父盟葵丘。勳業無聞死不休，磻溪有叟垂直鈎。

宋 王遽《清江三孔集》卷二二《觀牛渡江》 荷蓑而騎彼牧童，驅牛亂流江水中。徐行不復用鞭箠，母當其前犢後從。濁波沄沄出頭角，見者往往疑蛟龍。牛身千鈞水不測，步步乃與丘陵同。天機自然有所解，物理如此誰能窮？君不見，軋犖山腹垂至膝，一馬不能載其躬。帝前每作胡旋舞，翩翩勁捷如旋風。

宋 蒲壽宬《心泉學詩稿》卷六《飯牛歌》 新秧插遍水盈疇，童稺

相呼去飯牛。極目平坡煙草細，歌聲何處雨颼颼。

宋 陳仁子《牧萊脞語》卷一三《題僧房牧牛圖》 牛未牧前元在裏，許牛既牧後散歸。甚處若問考，牧三昧師且，稽首潙山翁。

宋 真山民《真山民集・牧兒》 飲牛山下溪，騎牛山上路。但知騎牛樂，不見牧牛若。一笛倚風吹，有聲無曲譜。日暮歸去來，南山北山雨。

又《牧兒歌》 水濺濺，草芊芊。牧牛誰家兒，騎牛過前川。牛自飽，兒自閑，長歌悠悠白雲間。朝騎一牛去，暮騎一牛還。兩肢不踏紅塵邊，寸心不受名利牽。篛笠帶春煙，不知何物爲貂蟬。渴飲澗邊泉，不知何人食萬錢。從渠沙煜金馬日朝天，我自斜陽困倒牛背眠。

宋 陳與義《簡齋集》卷七《題牧牛圖》 千里烟草緑，連山新雨足。老牛抱朝飢，向山影觳觫。犢兒狂走先過浦，卻立長鳴待其母。母子爲人實倉廩，汝飽不慙人媿汝。牧童生來日日娛，只憂身大當把鋤。日斜睡足牛背上，不信人間有廣輿。

宋 王柏《魯齋集》卷一《牧歌寄謙牧翁》 山前羣羊兒，群羊化為石。山後謙牧翁，雙牛挂虛壁。仙佛道不同，妙處各自得。我來牧坡上，牧翁已牧出。風行麥浪高，日暖柳陰直。沙平草正軟，隔林數聲笛。試問翁牧意，著鞭還用力。牽起鼻撩天，蹋地四蹄實。渴飲菩提泉，飢來嗟蒭苾。步行顛倒騎，神光背上射。因悟角前後，通身白的皪。勿使蹊人田，毋乃失其職。舍策脫簑歸，人牛兩無跡。

宋 戴復古《石屏詩集》卷一《盧申之正字得春郊牧養圖二本有樓攻媿先生題詩且征予作》 竹弓鳴，鴈鴨驚。飛來別浦無人境，春風不摇楊柳影。長頸紛紛占作家，半游波面半眠沙。或行或立或如舞，或隻或雙或群聚。飲啄浮沉多態度，物情閑暇世忘機。分明一片太古一作平時，巧僞不作民熙熙。

我之居，元在野，平生慣識牛羊者。今見蒲江出此圖，半日不知渠是畫。一犍當前轉頭立，一犍度浦毛猶濕。中有一蒼騎以牧，牯羜相随數十足。殿後兩枚黄觳觫，分明如活下前坡。路轉南山春草多，耳根只欠牧兒歌。

宋 范成大《石湖詩集》卷二四《題范道士二牛圖道士，處州人，號范牛，中年狂。顛人傳其得道，此圖自稱中興道士范子珉，蓋未顛時所作，尤爲精妙**》** 西疇滌場淨無塵，原頭遠牧秋草春。一牛疾行離其羣，一牛返顧如怒嗔。目光炯炯獰而馴，點綴毫末俱逼眞。不顛不狂筆有神，妙哉吾宗散仙人。

宋 楊萬里《誠齋集》卷三三《宿牧牛亭秦太師墳庵》 兩闕只有一樓侯，『瀛館』寧無再帝丘？天極八重心未死，台星三點坼方休。只看壁後新亭，恐移中屬國羞！今日牛羊上丘壠，不知丞相更嗔不？暮年起大獄，必殺張德遠、胡邦衡等五十餘人。不知諸公殺盡，將欲何為？奏垂上而卒，故有新亭之句。然初節似蘇子卿而晚繆。

又 卷三四《安樂坊牧童》 前兒牽牛渡溪水，後兒騎牛回問事；一兒吹笛笠簪花，一牛載兒行引子。春溪嫩水清無滓音查，春洲細草碧無瑕，五牛遠去莫管他，隔溪便是群兒家。忽然頭上數點雨，三笠四蓑趕將去！

宋 張元幹《蘆川歸來集》卷九《牧童牛渡圖》 牛用於世多矣，甯戚扣而歌，田單火之戰，丙吉問其喘，不獨為耕具也。與權所藏《牧童牛渡圖》，放浪於春陂平坂間，了無觳觫之狀，将收稼穡之功，孰謂太平無象？今日見之，不覺涕流。

宋 陸游《劍南詩稿》卷二六《牧牛兒》 南村牧牛兒，赤脚踏牛立。衣穿江風冷，笠敗山雨急。長陂望若遠，隘巷忽相及。兒歸牛入欄，烟火茆簷溼。

又 卷四〇《牧牛兒》 溪深不須憂，吳牛自能浮。童兒踏牛背，安穩如乘舟。寒雨山陂遠，參差烟樹晚。聞笛翁出迎，兒歸牛入圈。

又 卷四八《飲牛歌》 門外一溪清見底，老翁牽牛飲溪水。溪清喜不汚牛腹，豈畏踐霜寒墮趾。舍東土瘦多瓦礫，父子勤勞藝黍稷。勿言牛老行苦遲，我今八十耕猶力。牛能生犢我有孫，世世相從老故園。人生得飽萬事足，捨牛相齊何足言！

又 卷五八《游昭牛圖》 游昭木石師李唐，畫牛乃自其所長。出欄切聽一聲笛，意氣已無千頃荒。客居京口老益困，衣不揜脛鬚眉蒼。時時弄筆眼力健，蹏角毛骨分毫芒。我無沙隄金絡馬，拂拭此幅喜欲狂。乞骸幸蒙優詔許，置身忽在煙林傍。日落飲牛水滿塘，夜半飯牛天雨霜。俚醫灌藥美水草，老巫訶禁袚不祥。願我孫子勤農桑，願汝生犢筋脉强。碓聲驚破五更夢，歲負玉粒輸官倉。

宋 俞德隣《佩韋齋集》卷一《爲馬受益題韓滉畫子母牛圖》 老犍耕餘飽枯藉，呼狩引犢緣敧厓。犢兒母懷不父懷，母子儔沓形離伬。牧童生來識牛意，倦抛臺笠曲肱睡。爾牛不寢亦不訛，我亦無夢遊南柯。歸來短衣不掩骭，卻笑漫歌夜半。

宋 俞琰《林屋山人漫稿·王中齋宣慰以子母牛圖與其弟本齋宣副索余題》 黄葉蕭蕭秋意深，牧童背坐夕陽陰。細看牛犢行相顧，畫出人間子母心。

宋 鍾弱翁《牧童》《千家詩選》卷二二 草鋪黄野六七里，笛弄晚風三兩聲。歸來飽食黄昏後，不脱蓑衣臥月明。

宋 張侃《張氏拙軒集》卷二《群牛浴小港》 羣牛見水身半濕，水淺泥深踝全入。摇頭擺尾緩緩游，羣牛相呼卒未休。牧童在旁短鞭指，童既無言牛漸邇。人牛兩忘日自長，水茫茫兮禾蒼蒼。

宋 吕本中《東萊詩集》卷九《牧牛兒》 牧牛兒，放牛莫放澗水西，澗水流急牛苦飢。放牛只放青草畔，牛卧得草兒亦嬾。隨牛莫著鞭，幾年力作無荒田，雨調風順租税了，兒但放牛相對眠。

宋 方夔《富山遺稿》卷一《牧牛》 我有折角牛，放在前山麓。山瘦石稜稜，歲月老觳觫。摻摻過百指，仰此種田穀。短笛卧斜陽，我飯何時足。

宋 方岳《秋崖集》卷六《次韻田園居》 帶郭林塘儘可居，秋田雖少不如歸。荒烟五畝竹中半，明月一間山四圍。草卧夕陽牛犢健，菊留秋色蟹螯肥。園翁溪友過從慣，怕有人來莫掩扉。

又 卷七《飯牛》 北闕南門各路頭，不才多病兩相投。無錢使鬼貧何害，有句驚人死亦休。春意不關花代謝，吾生聊與世沈浮。挼挲雙手煙嵐濕，笑向前坡飽飯牛。

宋 韓駒《陵陽集》卷三《題趙君發牧牛圖》 王孫豈識田家趣，妙畫聊因好古收。惟有野人開卷笑，憶騎牛背下西疇。

宋 趙蕃《淳熙稿》卷二《晨起見牧牛者》 前者蓑而眠，後者笠而坐。陂長不待鞭，草軟無用莝。蚤耕塹廑力，午放長逸卧。薄暮翁洗犂，兒歌互相和。

又 卷一九《安福道中見牛行隴畝間齕草而不食禾問之皆云穀成實則牛不復食矣》 種得離離職爾劬，朝塍暮隴只生芻。絲毫無補家先實，媿殺紛紛小丈夫。

宋 何夢桂《潛齋集》卷一《飯牛歌爲胡子徽作》 朝飯牛，飯牛原上草。夜飯牛，飯牛霜下藁。草香藁軟牛飽肥，黄犢跳梁犍卧噍。煙蓑雨笠犢鼻褌，髻齔飯牛今已老。有時扣角苦勞碌，人世觸蠻等雙角。古今名利成戰場，不似倒騎牛背樂。君不見，齊甯戚，長夜飯牛歌白石。漫漫待旦骭衣單，待旦未明何嗟及。又不見，百里奚，未遇時，未遇飯牛人不知。平生爵禄不入心，何故要秦五羊皮。老翁牽牛傍流水，水不飲牛寧洗耳。入去山中深更深，蘆管一聲千古意。乾坤旦暮不曾知，那問人間榮辱事。

宋 洪适《盤洲集》卷八《飯牛亭》 冬耕春復犂，麥秀禾方揷。少放牧兒休，莫教牛力乏。

宋 黄公度《知稼翁集》卷下《冬日道間》 歲熟牛羊飽，村寒鳥獸呼。霜餘山骨露，水落澗毛枯。歸艇收漁網，行人問酒壚。微軀任南北，未覺旅懷孤。

宋 李流謙《澹齋集》卷一《道中逢牧童跨牛者》 田空已不耕，草瘦尚可齕。揹揹一歲勞，得此休頃刻。阿童拍腹卧，短箠聽驅策。早晚穡事動，努力進芻粒。

宋 李新《跨鼇集》卷六《江道中》 谷滿牛羊路覆莎，翠編終日倦坡陀。寺依石角高低見，水遶山根曲折多。風入長松零馬尾，人藏病事設禽羅。方壺海嶠知何處，縱得飛騰柰老何。

又 《往銀山深道亡寺觀暮投宿民居》 入谷清光寒刮眼，遠分蒼樹遶樓臺。急鏘環珮谿流迅，晚下牛羊雪迹開。山影不隨雲影轉，竹聲長作雨聲來。野梅弄色何人愛，空抱幽香没草萊。

宋 劉子翬《屏山集》卷一八《和邱斯行牧牛頌》 軟草豐苗任滿前，蒼然觳觫卧寒烟。直饒牧得渾純熟，痛處還應着一鞭。

宋 張孝祥《于湖集》卷一三《野牧圖》 吴牛三十角，久與牧相忘。忽憶淮南路，春風滿柘岡。

又 秋晚稻生孫，催科不到門。人閑牛亦樂，隨意過前村。

宋 蒲壽宬《心泉學詩稿》卷六《牧童歌十首》 荷笠小蒼頭，犢褌乘水牛。揚鞭自叱咤，度隴復憑溝。

軟坡便佇犢，涼蔭聚羣髫。一竪忽然起，恐牛殘荳苗。

隔溪騎度水，浮去似鴟夷。莫話五湖事，且看牛背兒。

倦来牛背卧，一覺度前岡。牛飽兒呼餒，歸来煨芋香。

前山飛暮雨，牛上展青蓑。回首牛呼犢，哀音兒唱歌。

斜陽歸處險，路熟了無疑。結草為衣著，圈莨作竹吹。

野花簪短笠，露濕蔓青青。莫笑兒童小，人間河鼓星。

老翁分社酒，匕箸小孩提。黄犢今堪駕，明年學把犂。

生來在田野，少小學耕鋤。敢望多名譽，隨人角掛書。

芳郊望無際，逐草任西東。世上千場夢，人間一笛風。

宋 王灼《頤堂先生文集》卷四《題游昭畫牛四圖》 晴暘布陰來灌木，村童地坐弄鸜鵒。老牸食豐草，側身顧其犢。鳥跦跦，牛逐逐，無人見此春。

游絲如許長，翠影落横塘。吴牛最畏暑，賴此五月涼。想見下飲時，不念蒻菽香。摇蕩水生痕，凌亂日浮光。可惜蓮與蒲，勿涉水中央。

山平阜壠低，秋深雲雨晦。牧人荷蓑笠，匍伏在牛背。穉牛先跳逸，兩牛追不及。安得青天出白日，重來緩驅莫相失。

雲蔽天，雪欺樹，山徑之蹊斷來去。飛花撲面朔風吼，兒把牛索藏短袖，擁臯衝過縮其脰。茅蘆咫尺且忍寒，兒歸附火牛繫欄。

宋 崔德符《和老人觀牧圖》《聲畫集》卷七 作官畏人嘲，胡孫騎牧牛。却離大江水，還家整歸舟。還家此計不可移，此樂勿令兒輩知。行歌帶索拾遺穗，耳静不復聞征鼙。功名亦妄爾，吾生去此將安之？趂此青草長，自牧牛與羊。不減九十頭，何翅三百强。沙平水淺南山下，千角萬蹄如此畫。牛腰吹笛遡秋風，不問人間矍鑠翁。

宋 陳去非《題牧牛圖》《聲畫集》卷七 千里煙草緑，連山雨新足。老牛抱朝飢，向山影觳觫。犢兒狂走先過浦，却立長鳴待其母。母子為人實倉廩，汝飢不慙人愧汝。牧童生來日日娱，只憂身大當把鋤。日斜睡足牛背上，不信人間有廣輿。

宋 周少隱《題黄縣丞墨牛》《聲畫集》卷七 一牛飽卧春草緑，一牛下坡引黄犢。長安可笑人海中，眼前見此三觳觫。詩翁老去飢滿腹，歸把春犂豈非欲。人生所願能幾何，百畝良田一牛足。

宋 鄭思肖《鄭所南詩文集・寧戚飯牛圖》 斯人豈是飯牛者？浩歎空懷扣角悲。説到漫漫長夜處，南山白石也攢眉。

宋 許綸《涉齋集》卷一三《題飯牛亭》 好手聊飯牛，不將笏搢插。所以百里奚，牛肥不枯乏。

又《歸牧圖》 爵禄不入心，牛肥了耕稼。緑陰生晚煙，歸来兩閒暇。

金 段克己《二妙集》卷六《張世傑經歷牧牛圖三首》 緑陰深處戲童兒，牛自東西兒不知。休説兒童無伎倆，人間何事不兒嬉。

斷烟荒草淡無姿，寫入人牛自在時。毁瓦一懽聊爾耳，不知何者是盈虧。

兒自嬉遊牛自眠，葛洪磯畔舊因緣。三生石上精魂在，一夢回頭又幾年。

金 王寂《拙軒集》卷二《跋風柳忘牛圖》 溪風淅淅柳絲柔，柳下蠻童釣晚洲。老牯安行無寸草，游鯈飽食弄沉鈎。連羈治馬真成虐，挾策尋羊未足優。何似人牛俱不見，短蓑高掛樹枝頭。

金 趙秉文《滏水集》卷五《題牧牛扇頭》 一牛顧其犢，一牛軒尻睢。旁有牧犢子，窺巢攀樹枝。嗟爾有餉具，不念鴉雛飢。烏鴉各天性，飛来護其兒。汝親亦念汝，而人獨不知。不如兩相忘，人禽相娱嬉。

元 趙孟頫《松雪齋集》卷五《牧牛圖》 楊柳青青柳絮飛，陂塘草緑水生肥。十犂耕罷朝来雨，卻背斜陽自在歸。

元 赵孟頫《題耕織圖・咏耕・十二月》《致富奇書》卷三 一日不力作，一日食不足。慘淡歲云暮，風雪入破屋。老農氣力衰，傴僂腰背曲。索綯民事急，晝夜互相續。飯牛欲牛肥，茭蒿亦預蓄。蹇驢雖弱劣，挽車致百斛。農家極勞苦，歲豈恒稔熟。能知稼穡艱，天下自蒙福。

又《題耕織圖・咏織・正月》《致富奇書》卷三 新獻歲，最先理農器。女工並時興，蚕室臨期治。初陽力未勝，早春尚寒氣。窗戶當奥密，勿使風雨至。田疇耕耨動，敢不修耒耜。經冬牛力弱，相戒勤飯飼。萬事非預備，倉卒恐不易。田家亦良苦，舍此復何計。

元 艾性夫《剩語》卷上《牧童》 櫛髮吹松陰，坦腹睨岩石。細雨整短蓑，斜陽擫長笛。採花艷兩髻，挾草暖雙腋。欵欵跨牛歸，蒼山暮烟碧。

元 戴表元《剡源逸稿》卷七《李唐春牧圖》 牛放春谿睡不知，風裊日美太平時。髫年記得哦詩倦，正折青條作馬騎。

元 任士林《松鄉集》卷八《李唐春牧圖》 春氣熏人未耕作，江草青青牛齒白。牛飢草細隨意嚼，老翁曲膝睡亦著。蓬頭不記笠抛却，午樹當風夢摇落。夢裏牛繩猶在握，昨夜囤頭牛食薄。

元 釋善住《谷響集》卷三《春牧圖》 閒依古木支笻立，短褐蕭然滿面埃。只道清流堪飲犢，豈知洗耳有人來。

元 劉詵《桂隱詩集》卷四《題牧童騎牛圖》 山中無古亦無今，牛背攲眠老樹陰。若使讀書如李密，豈無機事到渠心。

元 葉顒《樵雲獨唱》卷五《贈牧童》 牛背夕陽紅，行行逐斷虹。烟迷青嶂雨，雲度小溪風。短笛江村晚，長吟宇宙空。幾回芳草岸，高臥月明中。

元 袁士元《書林外集》卷七《牧童》 岸岸西夙青草黃，倒騎牛脊共相忘。生來可識人間事，一笛頻吹送夕陽。

元 揭奚斯《牧牛圖》《元詩體要》卷一三 楊妃血染馬嵬坡，出塞昭君淚更多。争似阿婆牛背上，夕陽一曲太平歌。

元 洪希文《續軒渠集》卷三《飯牛歌》 牛吒吒，蹄趵趵，枯萁芻盡芳草綠。自晡薄夜不滿腹，擷菜作糜豆作粥。飼飢飲渴兩已足，脱紖解銜就茅屋。不愁飢腸雷轆轆，風簷獨抱牛衣宿。丁男長大牛有犢，明年添種南山曲。

元 虞集《道園遺稿》卷三《去冬過昭福留詩溪上牧所，既而蒙半村先生與國賓茂才青雲諸名勝相繼屬和，盛意不可忘也，先從牧翁寄此，尚須面叙區區也》 隱居曾見繞清溪，屋上青山屋下池。老子風流宜白发，阿戎翰墨稱雄姿。每懷高閣看雲後，投宿比隣聽雨時。安得青藜同照夜，題詩寄惱牧牛師。

元 王冕《竹齋集》卷二《飯牛圖》 君不見，百里奚飯牛而牛肥，胸中經緯無人知；又不見，老甯戚時不來兮長歎息。偶爾君臣稱際會，伯道相高非盛德。何如牧兒原野間？埋名隱姓閒盤桓。清晨唱歌出，日暮唱歌還。隨時勤力作，世故豈能干？不知長安塵土暗，不知滄海風波翻。三峽之險徒自險，蜀道之難空自難。富貴無所惑，貧賤得自安。但願歲年豐，草滿牛可餐。青山綠水足行樂，吟風笑月無機關，不問世上騎馬官。

又《四牧圖戴嵩畫》 牧兒小職奚以爲，力畊得暇則放之。浴流臥陂隨所宜，豈同人牧潛危機。重爵厚祿乃自欺，坐看敗肉加鞭笞。何如牧兒心坦夷，出入自在無羈縻。高林雨晴白日遲，平原春暖芳草肥。牧兒樂事從可知，釣魚吹笛心怡怡。牛犢茁壯長厥肌，老我亦有豐年期。披圖載誦四牧詩，龔黄召杜今是誰。

元 黃清老《牧牛圖》《元詩體要》卷一四 平原雨多煙草浮，牧童驅牛如挽舟。柴門正在水深處，青山流過屋西頭。

元 周權《此山詩集》卷一《牧童辭》 我牧不憚遠，牧多良苦辛。所幸牧已狎，馴擾無敗羣。平原濕春烟，碧草何披紛。大牛隱重坡，小牛飲芳津。旦出露未晞，及歸景常曛。時復扣角歌，歌俚全吾真。取樂田野間，世事非所聞。歌闌臥牛背，仰見天際雲。

元 曹伯啓《曹文貞詩集》卷九《題梁國英牧牛圖》 買得春風黑牡丹，東臯常伴水雲閒。披圖便覺歸耕好，不履危機是此關。

元 陳高《不繫舟漁集》卷四《牛圖》 有牛芻草古樹傍，牧兒枕石眠斜陽。牛馴不動牧睡穩，山無猛獸煙蒼茫。春耕已畢政閑暇，寧復驅馳勤服箱。昇平爾牛尚云樂，何須更問民物康。年中欃槍照中野，原隰邱陵多虎狼。食人之肉以為糧，草間況有肥牛羊。楊家貲産久零落，渤海政治今凄凉。臨風覽畫長太息，莫説桃李更斷腸。

元 陳旅《安雅堂集》卷一《題牧牛圖》 水樹春深藏野屋，歸鴉飛盡夕陽川。誰知天上黃姑渚，只在南山白石邊。

元 陳泰《所安遺集·牧牛歌》 我昔維舟彭澤縣，東村西塢都行遍。茅屋深林十數家，數家茅屋連秋甸。老翁七十蓑笠歸，門外繫牛桑下飯。平原過雨艸生香，遠岫餘暉煙似練。牧兒騎牛不知倦，吹笛山前任回轉。自矜牛背穩如舟，我笑舟行命如綫。況是閶闔日相見，辭家萬里非吾願。非吾願歸來，耕稼逢秋旱，田間對爾空三嘆。

又《題劉光朝歸牧圖》 平湖草綠生春煙，斜陽牧豎乘烏犍。日光不動牛背穩，後者喘息長繩牽。吾兒讀書懶更魯，少小嬌癡那似女。微官食祿能幾何，歲歲羸驂踏風雨。

元 錢惟善《江月松風集》卷七《題風雨歸牧圖》 野陰雲氣合蒼茫，壁立山精白石藏。蓑笠歸來牛背穩，不迷風雨似尋常。不見人烟聞鬼車，長林昏黑雨如麻。晚晴却看前峰翠，過得溪南即是家。

元 程鉅夫《雪樓集》卷三〇《韓滉牧牛圖》 農為天下本，萬世此心同。晴日開圖畫，方知宰相功。

元 丁復《檜亭集》卷六《題牧牛圖》 邈爾三尺童，御此兩觳觫。春風笠底回，前村燒痕綠。

元 方回《桐江續集》卷九《題牧牛小卷》 一童縱牛眠柳陰，一叟渡牛陂水深。此眠定無南柯夢，此渡不憂人鮓甕。蓑風笠雨開荒寒，是誰幻化生毫端。嘻其太平古天下，不然人牛兩奚暇。

元 傅若金《傅與礪詩集》卷三《牧牛去題袁慶遠經歷所藏畫》 牧牛去，千山復萬山，上山日出愁起晚，下山日入苦行難。手中鴝鴒牛伴侶，養來多日能人語。縱牛不牽繩自垂，聽他行食毋苦之。欲歸尚憂牛不飽，更近前谿多水草。但願年年牛盡肥，主翁足食身足衣。農家養牛國所賴，惡少城中殺牛賣。

又 卷四《題胡志同所藏牧牛圖》 達官肥馬飽欲死，農家畜牛恆苦饑。春田百畝用牛力，出入飼之須以時。平林蒼蒼雨如霧，散牧前坡自知路。今年作苦牛勿辭，去歲凶荒闕王賦。

又《牧牛圖歌并叙》 牧牛圖者，袁氏之族，送其經歷君赴潮陽而作也。圖有竹木水草，其閒一牛食且飽。由由然弛其繩以憩，牧者弄禽於其側，而各自得焉；蓋民之就牧者，有類是牛善養之，而不害焉。則可終歲食其力矣。經歷君既去潮而歸，余始獲觀圖於其第。且聞潮民多德，君者圖果有輔，於是行哉。請作歌以題其後，後至元四年十月某再拜。

我生田閒食牛力，牛為民命古所惜。漢相行逢躬自問，齊王坐見心先感。看君此圖誰所畫？牛旁牧者何閒暇。哺禽獨坐芳草中，歸徑應過竹林下。牛饑或食飽或眠，養之勿害天者全。服箱可以致遠道，力穡由來知有年。吾聞長民如此牧，養民得肥國當足。君不見，去年東海頭，家家賣刀買黃犢。

元 貢師泰《玩齋集·拾遺·題牧牛渡水圖》 兒騎牛，兒騎牛。兩牛渡水當中流，一牛帶犢臨沙洲。沙洲泥深没牛足，中流浪高拍牛腹。長繩墜手衣裹身，前者起顧後俯伏。牛背攲傾不自由，誰云穩比萬斛舟。待兒出險走平地，畫圖忽落東海頭。東海頭，飯牛之子曾封侯。

元 貢性之《南湖集》卷上《牧牛圖》 溪童飲牛渡溪水，牛遇水深行復止。人知水深牛不行，誰識回頭顧其子？桃林之野春雨晴，燒痕回綠春草青。太守勸農當二月，土膏肥煖牛可耕。邯鄲城頭征戰息，甯戚徒勞吟白石。一聲笛裏太平歌，牛背溪童自朝夕。

又 卷下《牧牛圖》 郊原春草緑茸茸，牛背如舟卧牧童。自是太平新氣象，錯將畫意屬良工。

元 胡祗遹《紫山大全集》卷七《牧牛圖》 太平萬象各成歡，牧豎羣牛亦可觀。雨後一鞭春事了，緑楊煙草水雲寛。

又《題韓滉牧飲牛圖有序》 貞元二年，關中倉廩竭，禁軍或自脱巾呼於道曰：『拘吾於軍而不給糧，吾罪人也！』上憂之甚。會韓滉運米三萬斛至陝，李泌即奏之。上喜，遽至東宮，謂太子曰：『米已至陝，吾父子得生矣！』時禁中不釀，命於坊市取酒為樂。又遣中使諭神策六軍，軍士皆呼萬歲。

漕運江淮捷若神，笑談繁劇擁朝紳；誰知三味陶鈞巧，又在溪橋野水春。

撫摩兩浙不論兵，畫裏農家樂太平；般米入門三萬斛，豈徒游戲悦閒情。

元 胡助《純白齋類稿》卷一四《子昂秋岸牧牛圖》 野岸秋風木葉稀，兩三觳觫度荒陂。玉堂學士歸田興，寫出山溪放牧時。

元 李庭《寓庵集》卷一《題戴嵩牧牛圖》 儂兒生長清溪曲，雨笠煙蓑一生足。春風綠草滿汀洲，千角吳牛隨意牧。牧牛去，牧牛去，往來慣踏溪頭路。溪深牛背穩於舟，手掉荆鞭渾不懼。畫師畫汝豈無情，羨汝安閒得此生。讀書覓官祇自苦，畢竟無憂不如汝。

又《又諸君同賦戴嵩牧牛圖效閑閑體》 東皋雨足沙草肥，爾牛來思朝露晞。或訛或鳴恣所適，愛犢自是全天機。阿童牛背吹横竹，聲入秋風斷還續，憑誰采取笛中曲，留與詩人歌考牧。

元 李孝光《五峰集》卷八《題牧牛圖》 牛下平生笠與蓑，月明奈此北風何？阿童吹笛無人問，中有南山夜半歌。

又《牧牛歌》 錦襠觸破死生機，歲月如流未得歸。慚愧情人遠相訪，阿童惟有一牛衣。

元 劉敏中《中庵集》卷二二《牧牛圖》 吳牛雄兩角，欲騎首自俛。一身屬收兒，魁然何其婉。悲歌飯牛客，歌苦牛亦飢。愛此牧豎兒，無愁與牛嘻。

又 卷二三《牧牛圖》 一笑田家黑牡丹，也宜着向畫中看。要知豐草長林下，便有人間稼穡難。

又《牧牛圖》 老牛呼犢能馳，籠取雛禽笑牧兒。汝戲自痴牛不返，我怜日夕倚門時。

元 盧琦《圭峰集》卷下《題牧牛圖》 榆柳之社、蘆葦之鄉，俯仰有崗巒數澤之勝焉。牛數十為羣，往來輕煙薄霧間。牧豎穩跨牛背，鞭箠不施，任牛所適。人與牛相忘於悠然之天而不自知。畫者非深知其趣，不能作此。予田野人也，於其趣稔矣。今者，逐逐車馬之塵，無少休息，忽覽此圖，為之悵然。

元 呂誠《來鶴亭詩》卷二《題牧牛圖》 十里平原不礙山，落花春草錦斑斑。太平田裏歸來日，誰識劉家黑牡丹。

元 蒲道源《閑居叢稿》卷七《題牧牛圖》 牛背如船一笛風，江村路渺興何窮。悠然起我滄洲趣，不道題旌是卷中。

元 沈夢麟《花溪集》卷三《牧牛圖》 細雨濕江烟，烏犍帶犢眠。牧兒無一事，垂釣晚風前。

元 朱晞顔《瓢泉吟稿》卷一《題二牛三牧圖》 川平草樹深，見此兩觳觳。上有芻牧兒，前倨後何伏。曳尾者誰子？設意巧相覆。紛紛車馬塵，危途多側足。

元 宋禧《庸庵集》卷二《題李唐牧牛圖》 金華柳待制，天台柯博士，為吾餘姚前貳守鐵侯，題李唐《郊原曉牧圖》，已三十餘年矣。此圖今為吾邑陳生克和所得。癸五歲二月望，後大雪始霽，予過克和家見此圖，適有所感，因題七言古詩一首。

冥濛烟雨郊原曉，草色入天青未了。柳林獨倚簑笠翁，眼底三牛無大小。三牛那得如五馬，馬在亨衢牛在野。故鄉長見牧牛人，遠道空懷乘馬者。江城二月雪滿空，縣令騎驢纔勸農。我過城南見牛畫，李唐筆跡稱柯公。柯公奎章監書日，朝野歡娛躭紙筆。當時名重柳先生，典雅文章非勝質。二老南還鬢已華，題詩看畫鐵侯家。應憐牛放桃林野，尚憶鶯啼紫禁花。古畫今人兩難遇，今人已與古人去。三公翰墨共流傳，富貴真如草頭露。可喜陳生得此圖，重是三絶今已無。耕田讀書有餘樂，更為子孫多買書。

元 李庭《寓庵集》卷一《題寧戚扣角圖》 星河耿耿天氣凉，短衣飯牛哀歌長。扣角一聲激清商，永懷堯日依末光。嘗聞巢父逢堯讓，洗耳河邊掉歸鞅。東皋雨足草連雲，且與浩歌牛背上。

元 王惲《秋澗集》卷二六《牧牛圖》 車邊起飯歌何烈，角畔横書世謾驚。何侶短僮無所識，夕陽村落見升平。

又 卷三〇《巢父飲牛圖》 濁泥常恐汚吾牛，特地駈來飲碧流。縱使許由辭位去，汗顔終是對宸旒。

耕田鑿井不知勞，長恐逃名未得逃。寂喜帝堯平治事，一犂春雨滿江皋。

徵庸禪讓兩無心，駈飲時過碧澗潯。若見後人牛傳事，入山唯恐不幽深。

舜授堯傳兩不聞，寂怜牛力晚來新。一鞭了却東皋事，潁水箕山分外春。

苦訝箕山易所操，雖辭堯讓匪吾曹。桐江江上垂綸客，一樣清風萬古高。

又 卷三一《巢父飲牛圖》 巢由真隱本同儔，細論吾巢節更優。老牸渴來何所擇，徑須牽避是非流。

又 《牧牛圖》 垂紖徐行信自如，一揮鞭策見齊驅。近來不侶圖中看，旱塊敲蹄百草枯。

青青春草滿郊原，放飽歸時不用牽。何侶人牛俱不見，碧天明月静娟娟。

緑楊堤岸曉風清，碧草陂塘暮雨晴。村落近年乾旱損，却將圖畫看升平。

兩童相顧意何爲？猶恐渠飢趂草歸。一道牧民無所事，処心專在當家肥。

飽耕飢放事年年，放去収來任自然。莫訝兩童無所識，至今牛背是堯天。

元 魏初《青崖集》卷二《題牧牛圖》 流水蒼烟緑樹坡，青山牛背飽經過。生平儘有安排處，辛苦齊人扣角歌。

元 吴澄《吴文正集》卷五八《題曾雲巢春郊放牧圖》 春盎郊原，十牛在牧。或奔或馴，或行或息；或前或隨，或飲或食；或鼻浮水，或背負人。各適其適，牛不自知也。牧者亦何心哉？噫！善牧民者，亦若是而已矣。

又 卷九八《題牧牛圖》 樹葉醉霜秋草萎，童驅觳觫涉淺溪。一牛先登舐犢背，犢毛濕濕猶未晞。一牛四蹄歸在水，引脰前望喜近隄。一牛兩脚初下水，尻高未舉後兩蹄。前牛已濟伺同隊，回身向後立不移。一牛將濟一未濟，直須並濟同時歸。此牛如人有恩義，人不如牛多有之。人不如牛多有之，笑問二童知不知？

又 《自牧歌贈僧自牧》 曾聞牧人處林下，擊鼓用兵先丧馬。又聞牧人穀與臧，讀書博塞俱亡羊。嗟爾牧人何所務？務在留心嘗管顧。吾師條繩絏定水，牯牛不容斜視略回頭。有時純熟鞭不動，來亦無擒去無縱。毛羣齊足不亂行，人生自得兩相忘。大衆茫茫少閑暇，誰非丧馬忘羊者。

又 卷一〇〇《跋牧牛圖》 齁齁鈎鈎，這般頑牛。把鼻拽轉，尚不擡頭。

元 許謙《白雲集》卷一《牧牛圖》 木葉紅欲落，野草青未枯。健犢起跳踉，脱梏行江隅。牧人善防閑，為擇牧與芻。母牛徐掉尾，煦嫗鳴相呼。阿童得所託，静中樂華胥。豈惟置蓑笠？乾坤一籧篨。苟能物付物，拱默湛如愚。

元 許有壬《至正集》卷七《牧牛圖》 峥嶸春烟四十角，已任秋成在人目。曉耕課足得少休，付與東風一川緑。飲齕犇眠各遂天，餘力猶能事攻觸。牧兒心迹兩相忘，鞭策不施伊自服。搗叱如羊攀角上負，涉嬉嬉似遵陸服。勤縱使骨羸，錐乳䍲嗣勞。仍有犢犢兮，更為慎芻牧。公家租稅何時足？問喘燮和吾豈知，詩成聊備耕田曲。

又 卷《**李唐春牧圖**》 花鳥春風繭筆端，趙黄胥次不酸寒。李家却解陳三業，只畫春郊黑牡丹。

元 張伯淳《**養蒙文集**》**卷八**《**春牧圖**》 姚黄魏紫鬭濃殷，爭似劉家黑牡丹。倚樹牧人烟草碧，覺來暝色趣歸闌。

元 楊宏道《**小亨集**》**卷二**《**金陵徐信之牧牛圖**》 誰貌吴牛馱牧豎，建業徐生寓深趣。母子孤特失儔侣，行行暫息烟中樹。九十其犉何處尋，或訛或寢隔山林。牽柔折脆方為劇，詎識離羣舐犢心。

元 姚燧《**牧庵集**》**卷三四**《**張仲牧牛圖**》 牛力農家惜百金，畫師真得老農心。釋耕不忍還騎去，仨可牽牛步遠林。

元 虞集《**道園遺稿**》**卷二**《**牧牛歌贈自牧上人**》 學人曾是牧牛兒，細雨斜風總不知。豐草長林情似水，懸崖絶壁命如絲。不著境兮不離境，繩杖隨身端息瞬。歷年辛苦一朝忘，贏得半川烟月冷。君不見，大江東，短蓑衣橫笛，何曾別晚風？大地山河等甘露，嘉禾成熟萬方同。國泰民安謳頌起，無言可贊牧人功。老師兄，善自牧，露地當年已純熟。大千妙用一毫端，不是寂空聊自足。

元 袁桷《**清容居士集**》**卷四七**《**題小坡竹石牧牛圖**》 小坡竹石，綽有父風，後倅定武，罵賊不屈以死。其風節不墜，光于前人矣。坡翁流落困苦，有『悔不長作多牛翁』之語，將買田終老于陽羨，而志迄不遂。此圖之作，無乃聆庭訓以寓初意，與江南穲稏千里一色！久客于京塵，莊舄故鄉之思，無言而色已動，覽之悵然。

元 張昱《**張光弼詩集**》**卷四**《**風雨牧牛圖**》 牧牛值風雨，牧具幾脱手。不自風雨前，不自風雨後。

元 張翥《**蜕庵詩**》**卷一**《**題林大用隱居飯牛山**》 山田多白石，陽坡足豐草。瘦地費牛力，飯之當宿飽。近午牛背熱，出畊須及早。鮮紖休樹陰，念此觳觫老。隱君抱正學，消揺事幽討。商歌千齊霸，戚也豈知道。

又 卷二《**題牧牛圖**》 去年苦旱啼敲塊，今年水多深没鼻。爾牛觳觫耕得田，水旱無情力皆廢。盡中見此東皐春，牧兒超摇犢子馴。手持鵓鴿坐牛背，風柳烟蕪閑殺人。兒長犢壯須盡力，豈惜辛勤供稼穡。縱然喘死死即休，不願徵求到筋角。

元 丁立《**題放牧圖四首**》《題畫詩》卷七〇 村鼓誰家樂社神，雨餘草木盡知春。催科未動蠶桑了，此是山中放牧人。前山後山山鳥啼，溪南溪北草離離。秋田已足三時雨，此是山中放牧時。楓林日落山徑微，暝色欲合行人稀。東家稚子候簷隙，此是山中放牧歸。隔浦晚煙迷遠樹，滿川春雨長平蕪。數家茅屋疎林外，此是山中放牧圖。

元 劉質《**洛陽懷古**》（乾隆）《續河南通志》卷七四 攬轡登臨感興濃，東都形勝古來雄。兩關地扼東西外，一氣天分子午中。雲淡嵩邙高塚在，水流伊洛故城空。銅駝陌上思前事，落日惟聞牧笛聲。

明 王直《**抑庵文集**》**卷一二**《**雪中散牧圖賦應制**》 緊乾坤之育物，實五緯之降精。紛牛羊之異類，均委命而賦形。彼蠢蠢其何知，豈智力之足營。惟順時以恵養，庶飲齕而全生。爾乃歲律窮，時序更。北風厲，玄雲興。綿萬里其晻曖，同一氣之嚴凝。俄淅瀝而霰集，委珠蜚之先零。已而密雪飛，繁霙墜。瑞葉布，瓊花綴。粲六出以呈巧，彌九霄而表瑞。增鳳閣之精明，炯龍樓之妍麗。於斯時也，羣山失容，百谷改觀。猿鳥噤聲，草木凍斷。嗟柔毛與大武，一圈局而拘絆。幸晨光之熹微，得從容以舒散。於是離闌牢，出閭閈。入凌兢，涉皓旰。肆羣行而侣逐，碎連璐與叢璀。依長林之蕭蕭，度平川之漫漫。原物性之能遂，非得主其疇依。荷軫愛之不忘，斯縱適而靡違。蹲蓑笠之在背，澹容與而自怡。雖掩口而冒寒，終有慈而無威。是以性情協諧，小大和輯。其角濈濈，其耳濕濕。既安閒而自得，故肥腯而博碩。是知物之蕃盛，信有賴於人力。今聖天子受明命，總乾綱，義聲赫奕，仁恩汪洋。得萬國之懽心，揚列聖之耿光。使林林之生息，皆欣欣而樂康。然猶勢睿恩，及田野，命縑素，俾繪畫。將以置左右，適清暇。眷民物之同情，普施澤於天下。伊昔帝舜之命十二牧也，曰食哉惟時，柔遠能邇。慮億兆之寒飢，恐撫循之未至。由是九功叙，百志遂。庶績咸熙，是謂極治。茲聖德之統御欲，追配於有虞。既擇賢以牧民，復省役以寛租。當凛冽之暮景，穆遐觀而遠圖。意使窮閻之輩，陋巷之徒，盡飽暖而安逸，無凍餒而愁吁。果民安兮物阜，登治效於華胥。然後告成功於天地，豈樂此耳目之娱而已哉。

明 陳循《芳洲詩集》卷二《題程新所藏耕餘春牧圖卷》 侵晨把鋤犂，耕極南山麓。日晏未飯牛，息駕聊自牧。雨餘雙澗清，春深百草緑。大牛下長坂，小牛穿母腹。相逐無羈絆，飲囓任所欲。我眠倦始舒，既歌還自續。逍遥高林下，焉知榮與辱。不念富名譽，不願滿金玉。但願牛日肥，年年衣食足。

又 卷四《題牧牛圖爲胡秉恒》 春雨一犂功已畢，秋田萬畝計方成。斜陽芳草長林下，自在遊行自在鳴。

明 毛宗魯《寧家雙松》（道光）《重修平度州志》卷一四 歌牛人去眠長夜，千秋埋玉荒原下。墓前松老半無枝，翁仲相對伴瀟灑。龍髯時作風濤聲，夕陽寒籟風中鳴。牧童扣角前村去，雙松偃蹇蒼雲横。

明 程敏政《唐氏三先生集》卷二二《題牧牛圖》 緑野春深平似掌，土脉膏黏皆沃壤。羣牛耕罷飯雨肥，萋萋豐草和烟長。承平每書大有年，禾黍連被東西阡。早驅晚牧少拘束，人牛兩閒不用鞭。一童騎背向歸路，推先呼後頻返顧。一童跨伏身半欹，昂首訴風天欲暮。我生長大居山林，慣識此景天機深。自甘食力老農業，歌殘白石嗟無心。

春耕驅牛聲叱叱，釋犂隨意放原隰。瀟瀟老樹風勢狂，彷彿隔山雨來急。小童坐背不用牽，緑蓑濕短青笠圓。一牛徐行繩在手，一牛回顧疑爭先。更看最後緩追逐，日暮天昏歸路熟。草肥水暖意自閒，蹄健力强非觳觫。時平樂業甘為農，處處擊壤歌年豐。黍稌盈囷官賦足，但願稱作多牛翁。

明 程文德《程文恭公遺稿》卷三〇《牧牛圖》 牛皆誰誇四足舡，倒騎横坐不須鞭。一聲鐵笛幽村過，芳草萋萋雨後天。

明 方孝孺《遜志齋集》卷二四《牧牛圖》 谷口驚湍雨歇，柳陰芳草春還。試問太平樂事，夕陽牛背青山。

明 石存禮《牧牛》《海岱會集》卷七 有客西臯下，力田還讀書。東風春野緑，朔雪夜窗虛。芳草眠黄犢，香芸走白魚。倪寬千載後，誰伴帶經鋤。

又《牧牛》《海岱會集》卷一二 牧牛何心《相牛經》，只愛年年草色青。向晚不知春雨濕，東風吹笠過西坰。

明 馮裕《牧牛》《海岱會集》卷七 爾牛來濕濕，牧事付村童。細草三春雨，疎煙一笛風。寢訛青野外，陟降夕陽中。共喜維魚夢，年年屢報豐。

又《牧笛》《海岱會集》卷一〇 春草萋萋遍石谿，牛羊飽後下來遲。牧童獨對斜陽立，短笛時將隔隴吹。曲盡山空雲縹緲，聲迴天遠雁參差。林泉贏有逍遥叟，一度聽來一解頤。

明 王珙《竹居詩集·牧笛》 破曉衝煙上草坡，數聲嘹喨出松蘿。夕陽遠逕歸來晚，扣角爭吹長短歌。

明 倪謙《倪文僖集》卷四《應制寧戚扣角圖歌景泰三年閏九月十三日**》** 齊桓有國東海頭，賢聲藉藉聞諸侯。會盟歃血霸中土，能以大義尊宗周。當時左右賴良弼，弓旌不惜頻招求。君門萬里孰能達，猶有隱淪甘飯牛。甯生驅車臥牛下，夜叩牛角商聲謳。南山白石發高興，坐歎堯舜逢無由。短衣至骭老貧賤，壯志功名行且休。公聞歌聲加敬禮，知乃異士非常流。一朝振拔置相位，宵旰與之圖治謀。功光賜履保民社，麟筆曾經宣聖修。攘夷匡世豈不美，惜假仁義無弘猷。何如聖主建皇極，釣渭畊莘俱見收。羣賢致主邁三五，寧有耆畯居林陬。賡歌響荅在庭陛，永固皇圖千萬秋。

明 張鳳翼《處實堂集·續集》卷一《題牧笛圖》 田家歲計在鋤犂，茅屋高眠唐子西。牛背笛聲歸短徑，已知山月映前溪。

明 康海《對山集》卷一七《歸牧》 赤丸匿西陸，嶺上牛羊歸。牧童喜牛飽，笑歌來翠微。

明 藍仁《藍山集》卷六《題東郊歸牧圖》 牛背相驅下隴時，夕陽門巷景遲遲。歌眠倒立休相訝，造化從來似小兒。淺石幽柯草滿川，吳牛背上穩於船。兒童顛倒爭喧笑，絶似雍熙在目前。

明 駱文盛《駱兩溪集》卷六《牧兒》 東風吹雨過前溪，草長平原小犢肥。短笛數聲歸去路，半山明月照簑衣。

明 錢宰《臨安集》卷一《晚牧》 牧牛兒，日日飯牛在牛下。春草青青秋草黄，牛背夕陽長在野。幡然應聘力田科，不復騎牛學騎馬。牧牛兒，長年看牛牛下飯。賣身不賣五羊皮，扣角休歌白石爛。長安有客方倦遊，不復騎馬歸騎牛。

明 童冀《尚絅齋集》卷一《題春郊曉牧圖》 頻年事征戍，父子各關山。得似春郊外，吳犍帶犢還。

明 趙漢《漸齋詩草》卷上《牧笛》 短笛横牛背，斜曛隔岸明。斷音風外落，長嘯曲終并。屋角炊煙早，原頭蔓艸榮。無愁寄楊柳，渾不動秋聲。

明 高得暘《節庵集》卷三《題牧牛圖》 牧牛兒，無是非。日出而往，

又 卷五二《牧牛圖》 偶觀牧牛圖，因談牧牛事，寒暄每随時，燥濕復擇地。渴愛池水清，飢憐春草細。耕餘暫教閒，負重聊免累。肱揮還應聲，指示如解意。馴知道路熟，狎與童兒戲。抱病亟相醫，周官自有制。人有愛物仁，亦有用物智。非無貴賤殊，心力兩相濟。君看牧民法，於此得深譬。視彼不牛如，令人發長喟。安得天壤間，各使民物遂。

明 李齡《宮詹遺稿》卷三《牧牛》 綠樹垂陰蔭碧波，牧童歸去夕陽多。數聲牛背橫吹笛，不盡當年叩角歌。

明 林鴻《鳴盛集》卷四《題牧牛圖》 緑草萋萋黄犢肥，半蓑殘雨卧東陂。烟深埜水行人絶，家在寒林月上遲。

又《平林歸牧》 松林日入烟火生，風起時聞長笛聲。灞頭芳草無歸路，騎向清溪沙上行。

又《牧牛睡意》 曾隨黄犢卧閒行，夢入虚林春草青。爲報南山空扣角，漫漫長夜爲誰醒？

明 高棅《題牧牛圖》《閩中十子詩》卷一〇 金壇張公將出宰，新寧持《牧牛圖》來求題用，是知公有牧人之術矣。遂倣唐儲光羲家，法賦《牧童詞》以贈之。

大澤饒綠草，古陂湛清泉。泉清濯我足，草綠護我眠。我牛既擾馴，麾之不庸鞭。並岸多魚蝦，涉流可羅筌。機忘信所適，得喪常晏然。獨樹帶殘日，遙村生暝烟。寒臯隨我飛，横吹導我前。白石無悲歌，青山多甫田。契茲理人術，庶以全其天。

明 凌雲翰《柘軒集》卷一《牧牛圖》 桃林地瘠奈牛何？此日周王已止戈。芳草平原春萬里，牧童能唱太平歌。

明 劉春《東川劉文簡公集》卷二四《戲嘲謝解元便面溪林牛牧》 我昔居田間，親從牧牛犢。細草含烟緑，滿川牟然礪。角紛馳，逐辛勤。犂杷不暫亭，一啖安能獲充腹？邇来京國十年餘，眼看老牿更苦之。東牽西拽填道左，不但樹藝爲農資。忽觀此畫真自適，豈是桃林方縱逸。【下闕】

又《題牧牛圖》 青山崺岮霧重重，春風紅紫綴芳叢。細雨田疇隨處滿，連坡草色緑蒙茸。沿堤柳條如線彈，帶露籠烟紛裊娜。蘆管新聲何處來？一曲昇平玉連瑣。舉頭遥見牧牛童，荷笠隨牛逐午風。杏花亂放紅如錦，好鳥和鳴暖日烘。乃知世運属亨嘉，干戈不擾長禾麻。田家按堵趨農事，有牛可日入而歸。長林茂樾相因依，是時東原露方晞。草光照映三春暉，老牛出齕朝正飢。有角繭栗鳴相隨，鳴聲何長又何悲。吾聞受人之牛為牧之，要令所欲無欠虧。亦猶主家養兒時。樹根盤礴春熙熙，坐見白日花閒移。吁嗟兒兮將安為，食主之食衣主衣，牛飢牛飽曾無知，主家可罔心，誰欺牧牛兒。無是非不信，牛瘦兒長肥。

明 高啓《高太史大全集》卷二《牧牛詞》 尔牛角彎環，我牛尾禿速。共拈短笛與長鞭，南隴東岡去相逐。日斜草遠牛行遲，牛勞牛飢唯我知。牛上唱歌牛下坐，夜歸還向牛邊卧。長年牧牛百不憂，但恐輸租賣我牛。

明 顧璘《顧璘詩文全集》卷四《牧牛圖二首》 牛背澤且適，牛肩高嶙峋。登之挽其角，懽如就文茵。原草被雨綠，芳樹夏葉新。行歌重陰外，何羨輜軒塵。

牧兒三尺箠，烏犍唯所使。吻渴不及泉，奔逸顧乃爾。大德在順情，民物同一理。馭衆有安危，毋謂悉由己。

明 管時敏《蚓竅集》卷八《牧牛圖》 四海熙熙大有年，青山牛牧夕陽前。誰知六國黄金印，不及秋風二頃田。

明 韓奕《韓山人詩集・牧牛圖》 冲頸長吟飽飯餘，閑隨牧引入烟墟。只今在野無遺士，角上何人去掛書？

明 金幼孜《牧牛圖爲師尚書題四首》《題畫詩》卷七〇 日出騎牛去，日暮遂牛歸。年豐耕作好，食飽望牛肥。

雲谷翠森森，冰霜閲歲深。已看能鳳舞，還聽作龍吟。

夜雨翻龍攫，春風長鳳梢。佇看清廟薦，美韻叶笙匏。

逸態謝炎凉，貞姿炯冰玉。君子思切磋，無忘詠淇澳。

明 林景清《牧牛圖》《題畫詩》卷七〇 山南碧坡春草香，山下合流春水長。楊柳風前氣蕭爽，原是田家出牧場。牧兒放牛依水草，坐石眠雲情自好。偷閒學得弄山禽，夕陽在山牛亦飽。隔崦茅簷舊世居，朝出煙邨莫返閭。牛尾何須縛田火，牛角何曾挂漢書。蓑衣箬笠紅塵表，萬事忘機心不擾。明日公田布穀催，一犁耕趁南村曉。

明 李東陽《懷麓堂集》卷二〇《牧牛圖》 雨足平田水亂流，秪應牛背穩如舟。歸來記得前村夢，月滿千山一笛秋。月明吹笛過前溪，牛背歸來夜不迷。還似小西門外望，淡烟芳草路東西。

牧何咨嗟。我願海隅皆似此，官無逋租民易使。太平誰好言無象，即此便爲堯舜理。

明 劉溥《草窗集》卷下《牧牛》 日日相隨柳岸頭，曲聲高和苗聲幽。莫嫌牛背無多好，不載人間一點愁。

明 劉嵩《槎翁詩集》卷二《題牧牛圖》 清晨跨牛出，日暮吹笛歸。草野不逢人，田烏相逐飛。山中有風雨，蓑笠莫教遲。

又 卷七《題牧牛圖爲鄒季章賦》 野性自馴擾，不煩施箠鞭。東皋新雨足，日上種春田。

其二

向晚雨來急，出山牛步遲。儂家隔溪住，阿母望時歸。

又《題李唐牧牛圖四首》 滚滚長風起，飄飄一笠吹。回頭看寥廓，失手墮羈縻。

其二

風雨滿輕簑，騎牛逐處過。春來晴景少，烟草四山多。

其三

日夕山氣昏，獨歸愁路遠。猶戀草青青，遲回下前阪。

其四

天寒放牛遲，野曠風獵獵。獨來長林下，吹火燒山葉。

又 卷八《題牧牛圖》 牧子食牛牛性馴，一鞭斜日過平津。如何躍馬金鞍客，不及逍遥壠上人。

明 倪謙《倪文僖集》卷一〇《牧牛圖》 怪雨盲風撼柳梢，便騎老牸返前郊。任將破笠輕掀去，莫捲江村屋上茆。

弄鶵牧豎倚陂陀，閒縱芳村緑草多。殘喘只今誰復問，古槐陰處痒頻摩。

明 平顯《松雨軒詩集》卷三《題牧牛圖》 長風蕭蕭古陂曲，野燒回痕破纖緑。日斜老牸猶抱饑，孤影原頭如觳觫。行人戍歸投遠村，牧童指認林間門。昔年群牸耳濕濕，服箱引重今何存？公田紫苕三百畊，獨力春來事畊踐。此饑此勞惟自知，不敢臨風向人喘。君不聞桃林之野腹皤皤，或降或飲無驚吪。誰知聖澤被八表，亦有南山扣角歌。

明 盧雍《題牧牛圖上少宰震澤王公》《吴都文粹續集》卷二六 芳草芊芊春雨餘，平原飽卧正安如。明公入相陰陽理，問喘何煩特駐車。受牧勤求牧與芻，牛肥自喜事無餘。長歌白日何人聽，一卷清風角上書。

明 錢子正《三華集》卷一〇《題牧牛圖》 宿麥含胎雉子班，水田耕罷隴牛閒。回頭向犢如相語，春雨紛紛已過山。

又 卷一八《牧牛圖》 東皋二月春草生，江邊放牛花雨晴。牧兒唱歌牛齕草，穩坐牛背隨牛行。牛角擸擸耳濕濕，斷隴荒陂隨意入。煙蒲風柳不勝情，日暮歸來荷蓑笠。我本山林牧牛叟，濫著朝衫今白首。擬買江南黑牡丹，乞取閒身老農畝。

明 邵圭潔《北虞遺文》卷二《題牧牛圖竹枝詞四首》

其一

江路春深青草齊，及時牧牛牛漸肥。官家倉廩須牛力，若是牛饑年也饑。

其二

年來租額百千頭，那得田中幾倍收。牛肥滿有新租望，只恐舊租催賣牛。

其三

牛背兒童無是非，放鶵吹笛隴東西。官税私逋俱不管，也愁家盡沒牛騎。

其四

連年旱田耕不開，驅牛躑躅牛同哀。今年雨多省牛力，還望官租緩緩催。

明 申時行《賜閑堂集》卷一《應制題牧牛圖四首》 横笛風前信口吹，夕陽山徑下來時。嬉遊始識田家樂，却悔當年賣劍遲。

春郊牧豎晚來過，按拍臨風口自哦。一曲昇平元有調，何如長夜飯牛歌？

壠上歸來跨犢行，揚鞭遥指暮雲生。明朝共把春犂去，聞道君王欲省耕。

短笠輕簑意態閒，蕭蕭風雨逐牛還。牧人定有維魚夢，聖主寧憂稼穡艱。

明 葛一龍《葛震甫詩集・獨往篇・牧童詞》 牧童不識字，口授田中曲。一唱柳絲黄，再唱草根緑。日落卧牛背，雨至潛牛腹。雖曰不須歸，村村有茅屋。

明 石珤《熊峰集》卷八《題守堅李翁所藏牧牛圖》 空山無人雲自流，草色不喚王孫遊。平波粼粼動烟縠，高柳拂地黄金柔。路旁白石浄於几，松膏竹杖亦易求。蒼巖翠壁幾千仞，此中敢謂無巢由。巢由巢由不可見，牧豎悠悠下長坂。烏犍濈角春正肥，短笛横吹不知晚。已判乘月過前村，不道林深路猶遠。嗟哉！長安豪俠千金軀，奔車驊馬光路衢。掛角寧須二三卷，徒聞十斛計明珠。春華秋葉忽飄轉，誰憐數尺高珊瑚。乃知抗志貴世表，眼底得喪真區區。君不見，豐城李翁今皓鬢，積書教子勤且劬。人生意得會有娱，霄漢豈與山林殊。我知翁意固如此，不待臨風看畫圖。

明 史傑《襪綫集》卷二《牧牛圖》 花滿園林春正妍，一犂初謝雨餘天。叮嚀須飽溪邊草，來日還耕谷口田。

明 查應光《麗崎軒詩》卷四《放牛歌》 有屠兒驅牛之肆，道經金子重門。牛忽跆地悲鳴，鞭策不進。金君爲償值而放之東皐，付僧飼之。余常至菴，見牛耳帖角崩一，若解人意者。爰歌以志其事云。

一自中陰入鬪城，披毛戴角獸中行。三途不滅性靈現，時節到來因地鳴。金君夙種菩提子，率爾相逢貸一死。縱放東皐善息地，横木無加弛穿鼻。浄域悠悠日月長，刀几餘生好卷藏。偃仰檀林蔭慧日，青原風煖野泉香。四生佛性原匪異，曠刼沉淪不識避。狸奴白犢證無生，知有權標第一義。時向宗門觀幻師，人牛兩忘任所之。雪山神糞非別類，矜全物命莫相嗤。

明 胡奎《斗南老人集》卷一《題牧童騎牛圖》 牛背穩於馬，騎過南山下。竹鞭三尺長，不用紫游繮。四郊干戈罷，歸放桃林野。一曲太平歌，爾童奈樂何。

又 卷五《牧牛晝睡圖》 草軟坡平午樹涼，人牛此際兩相忘。曾知亦有無眠者，馬上雞聲滿路霜。

明 孫承恩《文簡集》卷二〇《牧牛詞》 郊原一雨餘，煙草柔更緑。田家兒約伴，騎牛趂晴牧。風日和煦坡壠平，徐徐且弗驅之行。烏犍既飽還復卧，夕陽倒射牛背明。老牸顧犢每却立，犢子喜躍時一鳴。安閒了無觳觫態，物意順適如人情。古槐陰陰如夏屋，兒亦槐根閣雙足。莫言飼牛多辛苦，一飽已矣無庸心。牛飽兒欲饑，有餉不勞翁嫗攜。暝色沉沉迷遠樹，短笛横吹却歸去。

明 孫蕡《西庵集》卷三《牧牛詞》 朝出牛亦出，暮歸牛亦歸。牧午如種樹，貴在不擾之。放牛散倉山下草，草香水甜牛易飽。

明 汪舜民《静軒先生文集》卷二《牧牛圖二首爲朱君烘題》 牛飽下山晚，倒騎牛背歸。掉頭認歸路，擁笠遮短衣。雖無書掛角，心曠情以夷。西疇將有事，耕深賴牛肥。道旁應不喘，丙相奚問爲。

騎牛渡淺水，牛背平可卧。呼牟一犢隨，龍駒不能過。顧子牛性哉，愛物人情那。春雨足扶犂，廣蒔秔與穤。再置負郭田，明年犢亦大。

明 王伯稠《王世周先生詩集》卷一九《牧牛詞》 花落空山碧磵春，事來白犢飲流頻。笑他短服寒星夜，長作哀歌白石人。

明 柯潛《竹巖集》卷二《牧牛圖》 千山萬山春雨收，遠村近村烟草稠。田家牧兒朝放牛，穩騎牛背如乘舟。溪南兩牛俱引犢，食飽相依卧山麓。溪北兩牛不畏人，日暖沙頭戲相觸。昔年縣吏督租嚴作程，民日苦饑牛苦耕。今年屢下詔書征税薄，民有餘閒牛自樂。牧兒亦解知帝恩，拍手唱歌度林壑，歌聲徹雲雲漠漠。

明 王恭《白雲樵唱集》卷二《牧牛圖》 禪客觀心如牧牛，人牛兩忘心即休。恰如牛上小童子，百慮不關神自由。黄桑貫鼻素絲索，水淺莎長草衣薄。馴擾由來任本貞，倒行逆拽空牢落。

又 卷四《書蕭子厚牧牛圖》 閒吹蘆葉應村謳，貪弄山禽忘却牛。原草青青陂水緑，莫令文綉感莊周。

明 謝晋《蘭庭集》卷下《牧牛圖》 水田高下秧針緑，桑暗不聞鳴布穀。家家牛閒僮亦閑，盡向村前來放牧。清晨騎牛出門去，薄暮牽牛歸囤宿。郊原草肥牛可芻，陂塘水暖牛堪浴。風外時將短笛横，吹出無腔太平曲。不愁身上衣裳單，但願家中食充足。

明 徐有貞《武功集》卷五《牧牛詞》 大童髮遮目，小童頭半秃。日日跨牛同放牧，陂南草深没人處。水畔蒼蒼多老樹，婆娑樹底恣游嬉。牛飽牛飢總不知，早歸却怕家長駡，聊復遷延到昏夜。

明 張寧《方洲集》卷一一《牧牛詞》 桑樹陰陰啼布穀，野草青青隔湖緑。驅牛渡水湖南牧，中流水深莫放犢。蒲草繮繩槿樹鞭，横騎牛背穩如船。但令草長牛常飽，不怕公私田不了。

明 張適《張子宜詩文集·詩集》卷四《題牧牛圖》 江草青青江雨足，斜陽日滿，堤牛尚牧。黄瞳童睡起，坐樫陰長笛，一聲江水淥。晨興自出暮自歸，不愁風雨短簑衣。牛肥春作宜早務，九月當足公家賦。

明 張以寧《翠屏集》卷一《題牧牛圖二首》 返照在高樹，歸牛度曾坡。一犢牟然赴其母，老牸反顧情何多！牧兒見之亦心惻，人間母子當如何？日暮倚門烏尾訛。

中園有樹葵，大田亦多稼。牧人急曳牛鼻迴，恐爾踐之隣父駡。何時睡起兩相忘，吹笛西風柳陰下，青山白日秋瀟洒。

明 趙迪《鳴秋集·牧牛圖》 林木忽蕭蕭，滄洲風雨疾。荷笠投前邨，策犢歸烟逕。問喘寂無人，扣角空傷甯。回首獨淹留，商歌不堪聽。

芳郊雨初歇，宛若桃林埜。風冷緑簑寒，獨立垂楊下。誰知箕山人，乃是牧牛者。千古想清風，幽圖逈堪寫。

又《牧牛圖》 折得垂楊策犢歸，柴門空掩已斜暉。林僧共語忘歸後，松露紛紛月上衣。

明 释如蘭《牧牛》《古今禪藻集》卷二六 平原芳草凄迷，放牛朝出東溪。長笛晚風三弄，短蓑春雨一犁。

明 鄭本忠《安分先生集》卷九《題柳陰牧牛圖》 楊柳碧依依，平原草正肥。秦平風景好，相顧澹忘歸。

明 李開先《李中麓閑居集》卷二《牧童》 糲飯日三餐，有時把釣竿。居惟宜草澤，生不識長安。風笛吹無調，雨簑補未完。棄牛為野戲，饑飽漫無干。

明 凌雲翰《柘軒集》卷三《牧童畫》 田家養牛緑種穀，童不解耕還解牧。日暮麾之匍匐歸，猶向籠中顧鳴鵠。西風入樹秋有聲，千村萬落皆收成。截來短笛吹未得，拍手時時歌太平。太平氣象難摹寫，依稀似在桃林野。披圖見此黑牡丹，始信戴嵩善畫者。

明 劉嵩《槎翁詩集》卷七《牧童》 牧童驅牛行，水寒衣敢涉。相呼楓林下，吹火燒山葉。

明 沈周《石田詩選》卷四《牧童謡》 朝牧牛，暮牧牛，朝朝暮暮牛放收。騎牛喫草抱牛睡，牛若渡水我亦泅。牛東信東西信西，我弗強牛牛自由。不勞不饑肥且長，背肉秋來平似掌。逢春耕田牛得力，大凡要用先須養。家中大哥氣力無，一春築城夏鑿渠。交秋又點征匈奴，我為大哥鼓龍胡。

明 王伯稠《王世周先生詩集》卷九《牧童四時樂》 春雨細，春草深，白雲短笠眠春陰。風煖桃花細吹落，蒼犢時向烟中吟，落日携餉來相尋。

夏雲滃，夏風清，樹下牛眠飽不驚。長鞭暫停濯流碧，緑陰忽囀黄鸝聲，騎驢何處邯鄲行。

秋山空，秋漢，牛背斜陽照林薄。橫笛吹破千峰青，夢斷不知山月落，雲中又聽天鷄喔。

冬嶺孤，冬雪白，醉牽黄犢卧岩側。醒來烏鵲盡驚棲，爭㖞枯枝寒月出，不知巖上虎行跡。

明 吴節《吴竹坡先生詩集》卷一三《牧童詞》 朝牧牛，上隴頭，夕牧牛，下滄洲。滄洲有溪牛可飲，上隴草深牛自肥。牛行戀羣不相觸，贏得身閒鬭鴝鵒。君不見，梁王愛牛憐觳觫，又不見，甯戚飯牛扣牛角。何如罷少恣貪饕，夜竊耕牛朝賣肉。我願皇家重耕稼，描寫豳風上圖畫。大平無事戢干戈，年年放尔桃林野。

明 夏尚樸《東巖詩文集·詩集》卷五《代牧童賦》 騎牛遠入白雲，關峭壁奇峰。指顧間篤惜煙光，看不厭倒騎牛背出青山。

明 謝肇淛《小草齋集》卷二八《題牧童吹篴圖》 細草初生澗水新，郊原何處不青春。橫吹短篴斜陽外，咲殺當年扣角人。

明 熊明遇《文直行書詩文·詩部》卷九《牧童歌》 緑草橫江，兩岸黄牛。被野千頭，逃雨洞中。曉暮迎風，笛裏春秋。

明 徐有貞《武功集》卷五《題牧童圖二首》 東臯牧罷晚涼天，牛背橫騎穩似船。學得山歌猶未熟，避人唱過柳陰邊。

生來便解跨烏犍，短髮鬅鬙始被肩。誰道不知憂稼穡，學歌也只唱豐年。

明 姚廣孝《逃虚子集·詩續集·牧童詞》 草豊茸兮牛肥，畊之深兮牛不知疲。朝群出兮暮還歸，壠坂漫漫兮嗟行以遲。無犯人之苗兮在我之為。

明 葉廷秀《詩譚》卷五《賦牧童詩》 黄魯直七八歲時，《賦牧童詩》云：騎牛遠遠過前村，短笛風吹隔隴聞。多少長安名利客，機關用盡不如君。魯直舞象之年，已勘破世局如此！

明 張適《張子宜詩文集·詩集》卷三《牧童詞》 牧牛童，日出放牛荒村中。牛自飽，童自逸。却眠牛背柳陰風，柳堤南來近官道。黄塵赤日人暍倒，牛方牧飽已斜暉，再吹一笛風中歸。

明 張羽《静居集》卷一《牧童詞》 朝牧出湖田，暮牧還山道。山路無豺狼，湖田多豐草。大牛耳濕濕，小牛角嫋嫋。脫笠掛踈籬解蓑，曝篠有繩不妄牽，牽多牛易撓有箠。不妄施臨鬪解其，擾坦腹卧空林日。夕牛自飽歸來吹，短笛悠然發長嘯。助樂在湏更，何如南山皓。

明 正勉《古今禪藻集》卷四《牧童》 牛得自由騎，春風細雨飛。青山青草裏，一笛一簑衣。日出唱歌去，月明撫掌歸。何人得似汝？無是亦無非。

明 周是修《芻蕘集》卷二《牧童謡》 遠牧牛，朝出東溪溪上頭。

溪頭草短牛不住，直過水南芳草洲。脱衣渡水隨牛去，黄蘆颯颯風和雨。老鴉亂啼野羊走，絶谷無人驚四顧。寒藤枯木暮山蒼，同伴相呼歸又忙。石稜割脚茅割耳，身上無有乾衣裳。却思昨日西邊好，曠坂平原盡豐草。短蓑一卧午風輕，長笛三吹夕陽早。

明 劉嵩《槎翁詩集》卷二《養牛》 養牛事春畊，春去畊苦遲。扶犂向牛嘆，我饑力已疲。宿草交舊阡，嘉苗蔚新菑。鋤荒豈不勤，稼事良在兹。無食乃勞生，有營常後時。所以驅牛行，不忍鞭朴之。窮達諒有定，放牛安所為。

又 卷四《養牛嘆》 田家養牛如養子，愛惜皮毛少鞭箠。一冬霜雪無青草，還餧鹽羹齕糠粃。全家性命繫一牛，牛肥即喜瘦即愁。木闌土屋護乾煖，出入更防人夜偷。亂來買牛如買馬，典盡春衣酬買價。寸田尺土未得耕，軍來牽牛誰敢爭。攔街號哭送牛去，青草空餘舊眠處。君看新來山寨軍，前日亦是耕鋤人。即今打糧不耕土，身着牛皮食牛脯。

明 汪朝仕《古溪牧笛》（乾隆）《開化縣志》卷二 放犢春溪上，平原緑草長。數家連水竹，一徑共徜徉。笛響風前韻，簑歸柳外庄。生涯牛背穩，應笑馬蹄忙。

明 汪道昆《太函集》卷一一九《飯牛蹊》 石瀨生春水，牽牛飲上流。伊耆去我久，誰復問巢由？

明 王璲《青城山人集》卷八《寧戚飯牛圖》 寧辭掩骭褐衣單，叩角長歌坐夜闌。有志欲逢堯舜禪，如何功止霸齊桓。

明 張鳳翼《句注山房集》卷二《飯牛歌》 維彼南山其石崔，嵬有堉者坂欲開。未開載荷蓑，笠盍歸乎來。飯牛不肥奈何哉，郭門之外徒徘徊。

又 卷九《牧兒》 春深芳草緑於蘿，三五追隨扣角歌。踏盡斜陽牛背穩，數聲羌管落梅多。

明 廖道南《秋山牧牛圖》《題畫詩》卷七〇 碧寒黯澹雲門陰，落葉滿徑虚寒岑。憑欄幽眺野空澗，倚樹長嘯秋蕭森。石勢參差亂峰出，水光明滅迴溪深。春來即擬問牛喘，先遣牧童穿遠材。

明 趙完璧《海壑吟稿》卷四《次韻吹笛牧兒》 短笛山童學跨牛，英音不著利名愁。雨昏楊柳堪腸斷，月冷關山合淚流。三弄緩歸荒落晚，數聲吹老緑蕪秋。太平有象清風外，飄落梅花遍海陬。

明 佚名《元音遺響》卷二《題十牛六牧圖》 生生育物類，人道歸全仁。撫養在時須，飢牧渴飲津。天皇十二頭，澹泊化自淳。代亡用其教，

利物不及身。先哲歎才難，司牧貴得人。于以託耒耜，食天子萬民。十食纔一牧，五子意已勤。得人一已足，非才害彌殷。所害良匪輕，失力乖常倫。季世獨貴我，及物愛益貧。堯禹道寘昧，人獸無全羣。孰為憂撫養，此志久埃塵。石爛夜漫漫，長歌竟誰陳。猶恐怒特祠，武都客妖氛。毋使亂義苗，展圖鼻酸辛。

明 李東陽《北原牧笛》（萬曆）《嘉興府志》卷三〇　北原草青牛正肥，牧兒唱歌牛纔歸。兒家在原牛在坂，歌聲漸低人更遠。山蒼茫，水清淺。

明 鮑寧《松岡牧笛》（萬曆）《旌德縣志》卷一〇　松岡十里翠如織，鬱鬱蚪枝露華濕。微風吹動蒼龍髯，萬頃秋濤聲不息。誰家牧子心悠悠，數聲短笛響林幽。梅花吹落無人問，滿腔爽氣澄清秋。

明 陳政《牧牛詞》（嘉慶）《增城縣志》卷一八　曉光晴逗林霏滅，烏犍踏破春郊雪。升沉榮辱耳不聞，横笛一聲山石裂。

明 趙玒《榆林夕照》（康熙）《延慶州志》卷九　陣陣牛羊下遠坡，疎林返照夕陽多。數聲牧笛歸村疃，幾縷炊煙出薜蘿。古木撑空鴉噪晚，枯枝墮地鵲争窠。柴門未暝家家撞，恐有前山猛虎過。

明 姚履素《西峰牧笛》（康熙）《澄邁縣志》卷一〇　樹石連綿曲逕開，峯頭牧豎漫遲廻。新苗雨過青如髮，細草春深緑似苔。錯認桓伊横笛至，却疑李耳跨牛來。臨風信口吹成調，一任疎林返照催。

明 曾拱璧《西峰牧笛》（康熙）《澄邁縣志》卷一〇　西風迢遞隴西開，風送笛聲隔岸廻。蒻笠斜連雲外影，芒鞋踏破雨餘苔。非爲扣角懷人至，漫作斷腸入韻來。處處杏村遥在眼，夕陽山自任相催。

明 劉慶餘《西峰牧笛》（康熙）《澄邁縣志》卷一〇　亂石荒村小逕開，斷橋流水復縈廻。一犂春雨牽黄犢，半畝芃苗映菉苔。柯竹響生天籟動，梅花韻疊楚歌來。臨風三弄同歸去，不覺西風夕照催。

明 饒愍學《西峰牧笛》（康熙）《澄邁縣志》卷一〇　緑野春深景亂開，杏村遥指任低廻。參差竹笛聞清響，長短簑衣映碧苔。嫋嫋餘音天外曉，遲遲郊牧曉歸來。倒騎牛背頻相笑，不怕斜暉返照催。

明 劉案《西峰牧笛》（康熙）《澄邁縣志》卷一〇　牛背青山日脚收，數聲横笛震林丘。四時誰説長如夏，吹出炎方一片秋。

明 王紹寰《西峰牧笛和姚履素》（康熙）《澄邁縣志》卷一〇　西陲村落徑蹊開，短笛聲聲嶺畔廻。滄海雲生迷緑樹，黎山霧起鎖蒼苔。騎牛似向函關去，扣角何殊甯戚來。古驛正多興廢感，無邊衰草夕陽催。

明 姚應素《西峰牧笛》（乾隆）《瓊州府志》卷九　樹石連綿曲逕開，峰頭牧豎漫遲回。新苗雨過青如發，細草春深緑似苔。錯認桓伊横笛至，卻疑李耳跨牛來。臨風信口吹成調，一任疏林返照催。

明 吴裕《過太湖》（同治）《太湖縣志》卷四四　青山遠接太湖波，煙樹蒼茫入望多。遙聽牧童牛背上，一聲聲唱太平歌。

明 費元禄《甲秀園集》卷九《賦得牧人驅犢返》　寒蕪殘照外，驅犢向前村。林下獨歸去，溪頭争渡喧。背看新月小，唇引落梅還。一徑深深處，人煙隔古原。

清 查慎行《敬業堂詩續集》卷三《題勝予侄牧牛圖五章章四句》　飯之則肥，飲之則瘦。緩爾商聲，聆予雅奏。爰四其足，可菑可畬。亦兩其角，可以挂書。兩牛來思，釋兹在兹。既辭輓軛，盍解厥縻。黄金籠頭，飼于豢牢。與其爲帘，毋寧爲陶。出關者青，露地者白。自我牧矣，各適其適。

又 卷四《題烏程令王懿誦牧牛圖小照》　出門便是草，已到使牛處。却关臨濟師，逢人猶問路。鼻孔何用牽，放開付阿對。露地常在前，人牛各自在。官今方牧民，寓意在調伏。可知母憶子，不異牛舐犢。我有十幅圖，與牛作公案。除却《牧牛歌》，請君加判斷。

清 宋振麟《牧童詞》（乾隆）《淳化縣志》卷二九　驅犢北山側，折而復南去。亂草皆覆石，得意須何處。捲蘆向天吹，幽谷和鳥語。挽角坐犢背，雨股任箕踞。澗水清淺流，牽犢飲上頭。養生已爲贅，滿腹又何求。試聽牧童詞，無樂亦無憂。牧童心似愚，得如牧童休。

清 陳昌圖《南屏山房集》卷一《題馮津牧牛圖》　八字觸巑烏犉牛，韓家粉本不妨偷。郭椒丁櫟休爭譽，卻恐他時金絡頭。二頃良田穫歲租，烏犍掉尾牧童娱。約君共買雙頭耜，身入堯民擊壤圖。

清 孫原湘《天真閣集》卷五《牧歌》　上牛坐，伏牛卧，牧童光陰牛背過。牛尾禿速牛角彎，牛肥牛瘠心先關。母呼兒飯兒不飯，人餓須知飼牛晚。放之平皋，以寛牛勞；浴之清淺，以息牛喘。牛能養人識人意，一牛全家命所寄。阿耶牽牛去輸租，勸耶賣牛寧賣吾。

清 褚人穫《堅瓠集·二集》卷三《牧牛圖詩》　宋姚鏞爲吉州判官，以平冦功，擢守章貢，爲人豪雋，自號雪篷。令畫工肖像，騎牛於澗谷之間。

索郡人趙東野題詩。東野題云：『騎牛無笠又無蓑，斷隴横岡到處過。煖日和風不嘗有，前村雨暗却如何？』蓋規之也。後忤帥臣，卒貶衡陽。又明蘇人劉完庵珏爲僉事，將致政，有憲司索題《牧牛圖》，完菴題曰：『牧子騎牛去若飛，免教風雨濕簑衣。回頭笑指桃林外，多少牧牛人未歸。』憲臣感悟，掛冠而去。

清　陳祖法《古處齋詩集》卷三《牧童詞》　敝蓑朝烟織，短襪晚露　。豈不悲憔悴，職此何言劣。枕石宿荒墓，奔突食苗節。責償無仁理，驅之就家歇。棄牛主嗤加，索牛隣怒烈。牧事太瘡刈，進退兩周折。幸無輕牧童，牧童原委哲。在昔孔夫子，茁壯號人傑。

清　高景芳《紅雪軒稿》卷六《牧童》　蓑衣短，布衫長。騎黄犢，上前岡。一聲横笛自來腔。尋不見，鄰家牯，在何方。竹林裏，炊烟起，日日日，斜歸去。垂柳畔，晚風凉。柴扉側，剛行到，月昏黄。

清　耿汝愚《江汝社稿》卷四《牧童同得村字》　不知名利貴，生事在荒村。出去星常見，歸來日每昏。罷吟還短笛，索飲只汙尊。百里何多事，早棲秦國門。

清　顧光旭《響泉集・詩》一五《牧童詞》　牽牛識牛性，驅牛惜牛力。能使牛不疲，能使牛不逆。飲水春尚寒，扶犂露猶白。既耕喜多暇，牛臥童自適。草澤任散行，夕陽漸西匿。田父倚門看，晚風送牧笛。君其察馴擾，毋徒課勞逸。

清　斌良《抱冲齋詩集》卷六《敬題先大人自作牧笛圖遺迹》　彷彿江村二月中，柳隄煙暖碧黏空。兒童也荷安閒福，牛背斜陽一笛風。遺墨殘縑手澤傳，披圖振觸轉凄然。卌年江海求芻牧，未得歸耕二頃田。

清　石卓槐《留劍山莊初稿》卷一四《牧笛》　咽咽平田岸，悠悠古道旁。爾胡發清響，我正對斜陽。入耳道心寂，忘機天籟長。羨他牛背穩，回首思茫茫。

清　顧景星《白茅堂集》卷四《牧童詞》　山深草長溪水清，牽牛出牧隴坂平。東郊戎馬自成群，馬蹄蹋處牛不行。牛頭無稅身無名，牛頭稅見《金史》。眼前不見吏與兵。情知山中有猛虎，吾牛多力不畏汝。

清　蔣時雨《藤香館詞・綺羅香　隄柳陰中牧童横卧牛背唱自來腔真自在也》　水漲三篙，花穠十里。芳草芊綿如繡，萬綠陰中畫稿。教誰圖就也不管，春去春來都付與。一鞭消受聽無腔，短笛横吹夕陽返。照斷橋口。遥指前村有酒，望去青帘一角。林梢微漏，白板柴扉。前度客來今又看，依依墟裏孤烟漸籠上隔溪。桃柳掃風軒麥飯，安排倚門相念久。

清　李調元《童山集・詩集》卷六《牧童詞》　奕世為農家，頗念牛力苦。既耕亦且種，原上草方膴。大牛穿林去，小犢鳴遠浦。牽牛浴前溪，水淺不及肚。馴擾既可欣，相觸亦不怒。日暮騎牛歸，遥村笛無數。

清　厲鶚《樊榭山房集》卷一《詩甲・牧童詞擬張司業》　主人授我烏犉牛，爲言主人百不憂。朝逐水草暮歸宿，不使飛虻傷牛目。牽牛且向南陂嬉，不知牛腹飽與飢。一朝牛病逃鞭笞，主人自能問牛醫。

清　馬惟敏《半處士詩集》卷下《牧童》　短笛横牛背，隨風三兩聲。羲皇應不遠，古色滿山生。

清　彭孫貽《茗齋集》卷一六《牧童詞》　山有兕虎谷暗，牛羊疑擇善。遠患害平林，草豐時，兒童惟嬉謡所唱，不知詞。息樹悅美蔭，飽眠無思維。足水赴沮澤，多蟲避蒿萑，摩墜松子，觸鬪崩茅茨。横笛忘草間，歸來愁鞭治。

清　錢澄之《藏山閣集・詩存》卷八《牧童詞》　野老朝起早，送牛出柴門。倚門囑稚子，慎勿離近村。騎牛穿坂去，同類聚正喧。得類任牛放，豈復憶翁言。大牛下溪臥，新犢沙上奔。不知遠與近，隨路齧草根。隔林遥相呼，白牯過前墩。觳鞭叱之返，詈罵理亦存。老翁盼不歸，裹飯候黄昏。

清　塞爾赫《曉亭詩鈔》卷四《牧童詞》　牧山芻飲，溪水朝出。牛背寒午，睡陽坡美。三三兩兩笑歌來，横篴一聲隨處起。八月風涼綠漸稀，十里平川木葉飛。滿身烟雨荷蓑去，日暮牛飢空自歸。

又　卷二三《王翬平林散牧圖》　秋水漣漪荻芽短，桑田一望開平遠。遠烟幕幕鳴春禽，青入長天横絕巘。槿籬芳樹何人宅，放出牛羊驅亂石。一片斜陽落葉聲，側耳猶疑聞短篴。許我相從願牧兒，丹青誰信王翬筆。翬今歸老難相見，十年侍直南薰殿。胡不為我一寫監，牧圖歸馬華陽四十萬。

清　沈起元《敬亭詩文・詩草》卷六《牧童詞》　東家牛黑西家黄，牧童短短春草長。草長牛喜齕且行，牧童歌笑烏雅翔。河頭風起雲似墨，雨脚如麻歸不得。不辭雨打牧童頭，但恐牛飢減牛力。五月晴多亦日高，野田無樹青無蒿。不辭日炙牧童背，但恐草枯牛耳焦。朝驅牛出暮驅歸，童心牛性兩相知。昨日牽來犁石田，石田犖确吾牛疲。長鞭鞭出牛背血，夜半牧童啼哽咽。

清 施閏章《學餘堂集·詩集》卷二《牧童謡》 上田下田傍山谷，三年播種一年熟。老牛亂後生黄犢，版築將營結茅屋。催科令急畏租吏，室中賣盡牛亦棄。今年逋租尚有牛，明歲田荒愁不愁！前山吹笳後擊鼓，殺牛饗士如礫鼠。牛兮牛兮適何土！

清 釋等安《偶存軒稿》卷一《牧童歌》 阿兄種稻阿父收，大嫂清朝篩米頭。飽喫我儂小弱弟，連天青草卧看牛。弟兮弟兮青草多，放牛割草要牛馱。明日入城換枝笛，一邊吹起一邊歌。

清 湯貽汾《琴隱園詩集》卷三《八港牧童》 細雨横塘新漲平，牧童行處草偏生。笋皮笠子掛牛角，行出竹林剛晚晴。

清 翁方綱《復初齋外集·詩》卷一三《河東岳君皞畫牧童騎牛圖，介其友宋芝山，見贈久未報詩，鳳陽道中即目賦此三首，昔閩人上官竹莊名周，見《查初白集》嘗畫此圖，其孫惠携至潮州贈予，前自粤歸途閑失去，故末章及之，即用竹莊自題詩韻》 淮流氣接暮雲昏，樹綠禾黄見遠村。一點蒼茫煙雨外，向來只就畫中論。舊本幾時摹五牛，晉公意匠猝難求。田歌自古知多少？故合詩於行役酬。竹莊游粤畫蠻村，那並江邊樹色論。覓句榕陰眞一夢，前因說與宋公孫。芝山為野柏前輩之孫，亦工畫。

清 吴俊《榮性堂集》卷一〇《玉圃比部仿儲太祝樵父牧童田家諸詩并和其韻，醇古渾厚直追古人，予詩剽疾未能幾也，顧讀之而愛不忍釋，即不能無作效顰之誚，所不辭耳和樵父辭》 伐樹不伐根，肩荷杈枒枝。妻孥置酒問，勞苦心自知。谷鳥朝喚出，溪風暮送歸。渴飲谷底水，倦憩溪邊茨。雲霞淬我斧，麋鹿銜我衣。尋聲逐伴侣，度仢忘險危。借問父年歲，甲子半是非。

又《和牧童辭》 十牛九將犢，泥滑牛蹄深。十童九胸笛，笛聲馴犢心。犢遨童亦遨，渡溪水濺襟。童寢犢亦寢，息此高柳陰。繅車響茅屋，賽鼓喧青林。相傳南山下，猶有白石吟。童子閒竊聽，按歌不成音。

清 邢昉《石臼集·前集》卷三《牧童詞》 遠牧牛，牧牛渡溪水，食牛愛草長，飲牛愛水美。八月茭蒲新綠好，放牛散行逐莘草。牛多食，茭茭始稀茭。鷄哺子，忽驚飛。柳條作弓蓬作箭，日暮射鷄牛未歸。

清 許兆椿《秋水閣詩文集》卷二《見牧童騎牛浮水戲爲三絶》 騎得烏犍飲上流，浪花分處穩如舟。長途不少風波客，勒馬爭誇五鳳樓。

四圍野色平於掌，一幅波光静欲迎。老去田單君莫問，消閒贏得棹歌聲。

浴罷牽餘曬晚陽，閒眠芳草麴塵香。生綃為寫波中影，不獨雙瞳米老忘。

清 薛敬孟《擊鐵集》卷一《牧童曲》 朝牧牛，南山南，暮牧牛，北山北。山南山北笛相聞，那畏山深多白雲。倦來抛牛眠細草，爾牛莫食山下稻。兩牸忽爾角相觸，踏碎新畬一畝粟。老婦奔來哭向天，舊歲田租尚未足。歸當賣牛輸官斛，牧童含淚驅牛隨，呼嫗賣牛莫賣犢。

清 閻爾梅《白耷山人詩文集·詩集》卷四《牧童曲》 沙田種楊柳，溪灣注秋水。深村徑僻多煙蘿，行人錯走蘆塘裏。小橋東折酒帘香。農夫辛苦何曾嘗，牧童摘瓜醉籬旁。一路山歌驅牛去，飯牛已肥醉不妨。

清 趙翼《甌北集》卷四六《牧童》 西日銜山欲落遲，晚風何處笛横吹？牧童豈解摹潘閬，也跨歸牛作倒騎。

清 董元度《舊雨草堂詩》卷二《贈牧牛子》 吾愛牧牛子，佯狂老布衣。浮雲頻過眼，鷗鳥早忘機。箬笠青藜杖，茅堂白板扉。悠然絃指外，一任賞音稀。

誰識勳門舊，尋常百姓家。輕塵棄圭組，古洞買烟霞。身似孤飛鶴，心如不繫槎。蒼茫成獨詠，聊以送年華。

清 費錫璜《掣鯨堂詩集》卷七《牧牛歌》 時不我與吾何求，明將海隅騎羸牛。篛笠樓蓑麻不借，巢父之外非我儔。荒汀野澤風景暮，斜日深烟蔓草秋。菰蒲青青牛飽飯，狂夫驅牛去不返。誰人解歌白石意，驅爾歸來時未晚。

清 高景芳《紅雪軒稿》卷二《牧牛圖》 平林豐草何芊綿，牧童驅犢牛在先。小大成群散丘壠，置簑與笠坐且眠。楊柳垂絲桑長葉，恍如三月江南天。吾家燕京門第峻，少小不至中堂前。及隨嚴君任江右，府庭外内常肅然。自歸清河舟適吴，途間閲歷皆陌阡。熟知農務重畜牧，村村兒童能執鞭。披卷渾如倚水窗，短笛一聲吹暝烟。

清 顧永年《梅東草堂詩集》卷五《唐伯虎牧牛圖》 耕烟喘月五花蹄，丫角兒童雨一犂。春社晚行人後策，逆風牽挽鼻偏提。山歌不斷如相引，荷笠歸來爲指迷。畫虎畫龍兼畫馬，此圖何似載嵩題。

清 侯樹屏《南原村中即事》（嘉慶）《介休縣志》卷一三 城南原上郜，背郭十餘里。春風策蹇來，滿目花如綺。闤閈四五家，宛在畫圖裏。苔逕穿深林，柴門臨溪水。水邊板橋橫，迢迢接峰嶺。崖迴路轉斜，褰裳行且止。不覺置身高，足下炊烟起。小憩坐雲根，超然意遠矣。山光悅道心，泉聲洗塵耳。風景問牧童，嘯歌答樵子。我欲結草廬，日讀書於此。木石鹿豕間，應添一居士。

清 洪亮吉《卷施閣集·詩》卷二〇《牧牛詞》 門前黃牛老，牧兒甫襁褓。兒年四五卽，飼牛牛轉惜。兒年過小六七歲，甫交兒肩及牛腰。昨年上書兒八歲，兒足居然跨牛背。飼牛已了仍牧牛，牛知兒心喜出遊。登隴涉水無時休，半年送兒入村塾。半歲書從牛背讀，兒思阿耶牛憶犢。卻鼓長鞭入牛屋，牛背下來書爛熟。

清 胡敬《崇雅堂詩鈔》卷一《牧牛歌》 秧鍼刺水波瀰瀰，牧事春郊煙雨裏。短衣遮骭來壠坻，吒吒驅牛聲不已。大牛前行角雙犄，小牛後隨拳短尾。陰虹絡頭軛斜倚，力盡鋤犂汗霑髀。畦東西走不計里，憊臥荒塍鞭不起。牛兮辛苦無我詈，欲鞭不鞭主人意。區區芻秣報已多，主人責牛心太苛。

清 黃本驥《三長物齋詩略》卷五《題錫堂郡守隆恩牧牛圖》 前人羨牧牛，皆言牛背穩。須知仕宦場，即是安身本。牧民民不勞，官顯心愈遠。何必深林中，笛弄風聲晚。我公達者流，家世多繡幰。假守未三周，春田盡新墾。治靜民俗淳，耕深牛力損。今聞移岳陽，湖水侵堤堰。得公肱一麾，積潦成良畹。從此歷通途，牧熟牛不蹇。可笑沅民愚，猶望公速返。誰知甯相心，偶為齊牛飯。豈甘抱犢眠，日與牛仰偃。視茲良牧圖，出自名畫苑。鞭箠寓仁幰，蓑笠勝華衮。柳陰初日晴，降阿還陟巘。懶作函谷游，羞與箕山遁。牧意既閑閑，牛心亦宛宛。要將問喘才，遍達民勤懇。我欲揚仁風，長夏困羈圈。試為扣角吟，聊以志繾綣。

清 金之俊《金文通公集》卷七《和普明禪師牧牛圖頌》

未牧

狂心正熾任咆哮，觸步荆榛路轉遙。仇殺山童來管束，幾時回首憶根苗。

初調

鼻孔生來須用穿，從今切莫怨伊鞭。無端劣性千鈞重，好把芒繩儘力牽。

受制

漸加降伏懶奔馳，嚙水呑芻逐步隨。只恐狂風來谷口，芒繩緊捏敢言疲。

回首

牽拴日久忽回頭，毛色漸移性亦柔。要識還家途不遠，綠楊堤畔且遲留。

馴伏

水碧雲濃古澗邊，相隨到此意悠然。斜陽欲動歸來好，撒手回看不用牽。

無碍

經年調御漸如如，着地安眠永不拘。放下鞭繩無一事，數聲羌笛月明餘。

任運

信步踏來芳草中，不饑不渴綠陰茸。山童枉費閒心力，贏得藤蘿一枕濃。

相忘

人牛相看白雲中，爾既無求我亦同。擬議于今都斷絕，悠悠江水自流東。

獨照

原來剩得一身閒，雙手拍開到此間。了却萬緣無半點，悄然已透末重關。

雙泯

人牛非有那尋踪，皓月澄秋萬里空。若問個中消息也，虛亭綠滿草叢叢。

清 釋佛寃《和普明禪師牧牛頌》《重修昭覺寺志》卷七

走偏天涯日吼哮，空山往往歷途遥。幾回飲水連溪動，那得相將保稼苗。未牧

扭著鼻頭急急穿，從教劣性緊追鞭。今朝歸伏童兒手，處處行來步步牽。初調

氣志頻頻不枉馳，溪山雲影轉相隨。朝風暮雨幾多日，且得山童勿厭疲。受制

清機撥着便回頭，那得剛兮那得柔。觸處不教忙歇下，時時趨逼豈停留。回首

水草齊足臥松邊，人亦牛兮牛亦然。卻把鞭繩俱放下，呼來喝去不須牽。馴伏

倏然得意體如如，萬派千岐無繫拘。坐對松陰輕演曲，清平處處樂無餘。無礙

一段風流宇宙中，烟山烟水草茸茸。山深樹密忘懷也，高枕無憂臥正濃。任運

廓落乾坤掌握中，光呑萬象體和同。雲烟一片終難別，一任西兮一任東。

相忘

輝光鑑地日安閒，四野頻分內外間。趺宕輕烟留月色，當陽獨自照幽關。

燭照

處處人牛無蹟蹤，一輪明月挂長空。歸來意已多端的，一派風聲壯古叢。

雙泯

清　景星杓《拗堂詩集》卷四《牧牛詞》　朝牧牛，牧牛向隴頭。暮牧牛，牛歸隴下休。隴頭牧牛朝復暮，驅牛自識隴頭路。隴頭草青牛喜眠，渴來還飲隴下泉。泉甘草芳牛爭食，牛多草盡空驅還。牛多草盡牛苦饑，牧兒步步鞭棘枝。棘枝創多體流血，痛苦不獲通言詞。我昔朝暮供驅使，糧車遠負赤日裏。一犁獨闢數頃田，轉槔夜戽青苗水。我今衰老筋力疲，牧兒時時恒我欺。羣行獨後雙淚垂，堂中阿翁知不知？

清　廖志灝《燕日堂録七種》卷一《牧牛頌用梁山禪師韻同逐萍子作》

尋牛

前溪幾度漫追尋，迢遞山高又水深。烟雨瀟瀟經歲月，一番悵望一沈吟。

見跡

春明曉霽慨無多，頻步蹤由擬恁麽。冰底蟲唫枝上吠，認眞蠡管辨非他。

見牛

前村花鳥懶求聲，倦眼朣朧儵盼青。一向何方迷水草，等閒落得舊生成。

得牛

夢到蕉林已識渠，無心湊合不乘除。信手牽來繩索穩，嶒嶸頭角遂幽居。

牧牛

孤峰十字落閒身，悄地風光不惹塵。直侯西宮添一線，藍田玉種解何人。

騎牛到家

函關深處别無家，安許人烹露地霞。料得源頭霜藥盡，大雄山下俟排牙。

亡牛存人

來到臺山去徑山，兼程萬里特安閒。長安古道君忘卻，短笛無腔逸草間。

人牛俱亾

火燄無言法亦空，瞎驢徑過石橋通。精金入匣何須鑛，湫嶽掀翻别有宗。

清　林佶《樸學齋詩稿》卷一〇《題牧牛圖》　柳塘蒲短緑陰垂，牧豎牽牛掛耒推。欲及春時趂耕種，秋成為釀壽龎眉。

清　林直《壯懷堂詩初稿》卷一《牧牛詞》　平岡草長村童牧，牛角崢嶸牛尾禿。輕簑短笛日相隨，行過山南轉山麓。一鞭歸去斜陽晚，歌罷還從牛後宿。麾肱指導牛能馴，燥溼寒暄吾所熟。君不見，牧民無術牛不如，怨聲往往盈鄉閭。

清　劉墉《劉文清公遺集》卷二五《和涪翁竹石牧牛韻》　人與牛俱閒，石緣竹得緑。行行且止止，了不見觳觫。突兀石似雁，宛轉筍如角。前村夕照明，吹破一枝竹。

清　陸紹曾《古今名扇録・金趙文秉文題牧牛扇頭》　一牛顧其犢，一牛軒尻睢。傍有牧犢子，窺巢攀樹枝。嗟尔有餉具，不念鴉雛飢。烏鳥各天性，飛來護其兒。汝親亦念汝，而人獨不知。不如兩相忌，人禽兩娱嬉。

清　陸錫熊《篁村集》卷八《張梅溪牧牛遺照其子西潭觀察屬題》　喬柯八九株，淺草三兩叢。低坡接深畂，宛轉藏牛宮。爾牛戴彎環，非觡非觭橦。馴性不待羈，搖頭脱繮籠。飲趨緑潺湲，臥藉青蒙茸。曠野任所適，無拘萬緣空。誰歟跂雙脚，矍鑠霜髯翁。蕭然塵外心，愛此生機充。原非扣角叟，不學跨背童。相看憺忘歸，日夕烟濛濛。翁傳黄右書，鼓角轅門雄。曾浮下瀨船，早挂天山弓。生逢太平時，白首嬉田農。寓意寫此圖，天游妙何窮。軍中椎亦豪，隴上叱自工。平生不留物，一笑將無同。嗒焉存吾眞，拂絹懷清風。

清　潘高《南村詩稿》卷二一《題牧牛圖》　平堤草長散芳洲，野岸風低見逸牛。落日坡陀無數在，一時横笛過溪頭。

清　潘奕雋《三松堂集・詩集》卷七《牧牛圖》　慕貴希鳴騶，求仙羨控鶴。何如多牛翁，無榮亦無辱。奢或啖其心，富或量以谷。何如抱犢子，無營亦無欲。却笑南山歌，扣角自局促。况無乘田任，奚事憂芻牧。鐵牛鼻可穿，白牛肥不瘯。揮手謝嗇夫，考槃矢弗告。

清　彭藴章《松風閣詩鈔》卷六《題張君度仿普明禪師牧牛圖》　著力馴調溯最初，禪機雙泯入空虛。笑他扣角南山矸，一點名心總未除。

清　史簡《鄱陽五家集》卷七《飯牛》　飯牛夙志老方酬，看似溈山水牯牛。水草尋常自調伏，鼻端不用拽繩頭。

清　宋起鳳《大茂山房合稿》卷二《飯牛曲有引》　斜昜在樹，榮杖衡門，牧人驅犢來歸。兩兩謳吟響答，林樾怡然樂之。作數調，使稚子詠焉。

不受風寒不耐饑，木牀高枕日遲遲。隣家邀我賞春湮，隔著桃花問是誰。
前邨沽湮騎青驢，驢背稍來幾束書。歸到小橋高柳下，新罾網得撥鱗魚。
女兒插花請紫姑，偏忌詩翁隔戶嘑。且莫惱它脂粉性，匡牀攜出聽鵓鴣。
種得杏花邨路迷，一風一雨爛成泥。不須燕燕羣銜去，飽殺旾來教子雞。
昨夜醉眠叠旾雷，清辰海棠帶睡栽。猶嫌土膏濕不透，再滴珍珠酒一杯。
後人不知田下墳，犂頭曲曲雨中勤。夜深埜火青如漆，靜聽哀哀鬼哭群。
花裏何人送酒罇，隣翁清話挈兒孫。紅氊共醉青鯖鮓，贈寫陶詩墨潑痕。
對客踈慵不著冠，倦譚汲水洗幽蘭。山中未諳孫通禮，金紫如同鸜鵒看。
蚕春農事與花閒，甕湮緘茶互迭還。得個詩僧同結社，斜昜煙外坐潺湲。
對酒數聲舞板曲，裹旾幾幅浣花牋。逢人莫訝清狂態，松下橫琹自在眠。
帶露肥蔬滿筥挑，爐中榆火碧如蕉。調羹本出山癯味，豈与宮花助鬢嬌。
春水纔添綠半篙，畫船橫繫枕谿桃。旋敲石火烹花乳，坐待垂楊小月高。
柳圍茆屋水圍沙，爲愛鸎聲到湮家。小犬忽驚人語驟，隔籬不住吠桃花。
三尺荼蘼編作墻，養蠶曲曲遍栽桑。採桑女兒偷喚曲，猶恐人聽隔竹藏。
火發乳泉雪半鐺，怪羊石背賭碁枰。不須黃鳥嘑朋友，自有名花作弟兄。
四面桃花斗大亭，瘦牀石几艸玄經。爲嫌麛鹿來窺月，結得駝松側作屏。
挈家已作雲山客，浪跡眞同瓢笠僧。何日結茆山坳裏，迷人紅樹種千層。
榻上南華松下琹，陶罇獨駮硃砂古。山人韻事何所饒，枕上塡詞教鸎鵡。
花不闌珊詩不了，詩成又有雙黃鳥。除非病湮与傷春，竹裏燈殘聲悄悄。
疊石爲墻茆作瓦，藏書斗室花盈把。春歸紅雨亂繽紛，穿籠猶炤黃鸝打。
山隣庖鹿紅餉脡，湮醉蕉陰臥不醒。小鬟試點蚕春茶，一片驚雷沸石鼎。
食蔬早食花朝韭，種蓮先種清明藕。蔬肥荷出著書忙，縱有繁紅不擁帚。
古書美湮紅蓮社，周鼎秦章青雀舫。若逢露白兼葭夜，三尺枯藤秋水旁。
雨生蝌蚪青成籀，戲擬圖章消白晝。簷籠鸜鴿喚茶聲，却爲閨人捲春繡。
醉秋多種籬邊菊，刻詩濃蔭窗前竹。鳥聲不亂人不來，讀罷騷經茶正熟。
花欲凝霞柳欲雪，攪亂閨情啼百舌。妄思紅汗可披書，除是肥妃玉壺血。
山冠帶粉初製簟，深衣趺坐青麛鞹。貪看桃花瀑水飛，亂石谿中斜日落。
枕上初成鬪艸檄，護花鈴杳春聲寂。山深人畏出山行，改火炮茶尚無曆。
曉井清寒乘月汲，洗得梧桐片片濕。短衫蓬鬆踞胡牀，露氣一天花欲泣。
乞取牡丹紅一捻，艷冶如同解語妾。刻酒徵詩罰未成，輸卻嬌香与蛺蝶。
古寺邨荒不放鐘，谿梁老樹怪成龍。月明隔水驚眠鹿，恰是僧歸曳短笻。
閒中葺室自誅茆，幾日輕陰綠暗郊。客若到門惟有醉，湮瓢夜挂杏花梢。
著書務使驚丹篆，作字猶輕換白鵝。自古生前知己少，卻當死後慕名多。
助情夜合與宜男，閨裏栽花韻取三。多恐郎心無定處，荒夫買得鬢邊簪。
世情已逐雲容澹，生計還同鶴性廉。問我山邨誰作友，爲憐燕子一開簾。

又 卷八《**題金翁牧牛歌後**》 我幼在田間，頗識牧牛趣。寒蓑煙雨林，短笛斜陽路。十年陷世網，自悔一念悞。歸來丘壑中，幸不失吾素。平生愛顏闔，甯戚非所慕。古今樂此事，僂指自有數。阿翁老無營，尺箠了朝暮。絶勝介葛盧，未鳴意已悟。長謠遠屬我，真實見情愫。勿遣兒輩覺，千載有知遇。

清 孫枝蔚《**溉堂集·前集**》卷三《**代寧戚作別牛歌題飯牛圖**》 鯉魚長尺半，迺在康浪之。水中甯戚是，大臣迺在，南山之南東門東，半夜開門爓火紅。迎客者誰曰：『桓公牛今大，臣將別爾異哉。歌聲車下起，吾不與爾適楚矣。』寄語後來人，緼縷何足嗔。長過青青松栢下，念吾鬱鬱賤且貧。

清 劉佳《**牧牛曲**》（同治）《江山縣志》卷一一 夕陽一角下平楚，牧童三五拍手舞。但願四時青草肥，牛肓不生犢如虎。短蘆作篴篠為鞭，赤脚蓬頭亂踏煙。隔水歸來不喚渡，馱人牛背穩如船。

清 田蘭芳《**逸德軒詩文集·詩集**》卷下《**夜聞舍弟飯牛**》 塒上膠膠聲不惡，土蜂喚起人夜作。破帽緼袍冒曉寒，雙鬟鬅鬙霜花落。減食屑豆拌細草，甯使人饑牛須飽。蹲向牛前勸快嚼，叩門鄰父牽牛早。半飽逍遙供春耕，牛饑無力曳犂行。壠上羸肩鞭屢下，叱牛聲聞淚縱橫。將軍戰馬田父牛，相憐眞欲託死生。今宵藉草近牛臥，皁邊視草通宵坐。膨脝但使牛腹充，龜坼不計十指墮。吁嗟向老猶碌碌，毫髮無力及骨肉。短衣急縛到牛前，忘問牛草叩牛角。

清 釋道忞《**布水臺集**》卷二一《**牧牛圖**》 歷劫沒名字，彰爲者頭角。縱然打得囘，無繩還自縛。要知者般頑賴底，任你踢偏天涯，掀翻海嶽，撞到彌勒佛。下生豈敢保討伊，頭鼻不著阿呵呵。他家自有好風規，畢竟按圖難索摸。

清 簡佐《**牧牛圖**》（同治）《新喻縣志》卷一五 故人冒雨何從來？手握一軸臨風開。蒼茫烟霧霎時起，彷彿景象天安排。懸崖老蔓千百尺，茸草盈盈江浸石。牧人兩兩來何思，牛背相逢若相識。一牛去去且回頭，一牛得地仍相投。左歌右簉樂還舞，此際不識公與侯。前嗟世人若好事，銀鞍金勒長安路。豈知牛背有江山，月色泉聲美無度。我曹本是隱几人，遭逢堯舜思致身。披圖一見山間樂，兩翮欲奮何由申？牧人牧人休見棄，牛兮牛兮可相伺。桃林已際聖明時，未必南陽在天際。

清 釋讀徹《蒼雪和尚南來堂詩集》卷三《牧牛》 横牛鼻子着繩牽，短笛回歸日暮天。風雨驟時忘戴笠，烟雲暖處每貪眠。不將伎倆同山鬼，時拙聰明放木鴦。多病從人尋藥餌，東垣無術治詩癲。

清 孫星衍《孫淵如先生全集》卷一《題牧牛圖爲孫令良炳作》 風景桃林得自由，戴嵩名迹偶然留。夕陽芻牧憑誰問，却怪他人畫鬥牛。

不施鞭策自天全，藉草看雲一晌眠。誰識牧人辛苦意，待他蕃息已經年。

乘田小試有前塵，休養能回萬物春。畢竟牧民還似此，中朝問喘望何人。

清 鐵保《梅庵詩鈔》卷四《書家牧牛子詩集後二首》 落拓牧牛子，孤吟任別裁。途窮空有舌，詩冷欲無胎。昂首天應泣，嘔心鬼亦猜。何人鑄賈島，標此掞天才。

幾卷驚人草，光芒動日星。士窮詩任過，才大地分靈。偃蹇垂花甲，飄零剩白丁。吉光留片羽，千載眼誰青？

清 屠倬《是程堂二集》卷一《題牧牛圖》 春畦雨足泥破塊，繡偏田塍紫花碎，綠楊夾覆高下坡，黄犢烏犍不成隊。老翁圓笠獨速衣，牧兒丫髻横竹吹。老牯步遲犢健走，牧兒忽前翁忽後。水深蹄没牛不愁，扶犂叱叱翁不憂。林閒布穀苦相喚，秧歌拉雜牛鳴牟。閒來飯牛看牛浴，浮鼻清谿戲相逐。井亭四面綠陰濃，翁已酣眠枕碌碡。牧兒歸來牛背駝，牛飢齧草兒唱歌。承平海寓二百載，處處佩牛風俗改。吁嗟乎老！翁之樂樂何如，白髮田園終荷鋤。不羨道傍叩角取。齊相不學市上騎牛讀漢書。生兒得似黄犢健，且喜殘年喫飽飯。

清 汪由敦《松泉集·詩集》卷五《題放牛圖》 抛却長鑱愛綠莎，柳陰深處午風和。笑他露骭南山客，辛苦還成叩角歌。草輭泉甘野性便，短犂長謝隴頭鞭。畫中金絡原無意，可許兒童背上眠。

又 卷八《牧牛詞》 牛角彎彎尾秃速，平坡草軟春烟綠。冬暖閒依枯樹眠，晝長喘向清溪浴。隴頭一笛夕陽遲，好語青蓑背上兒。長鞭短軛苦不辭，為念泥深雨滑時。

清 王仲儒《西齋集·題李子修牧牛圖》 李子吟詩風格清，向余開卷說平生。曾無一事堪聊賴，去傍春田叱犢行。

清 韋謙恒《傳經堂詩鈔》卷一《牧牛圖》 細草鋪平岡，飼牛識牛性。寢訛全其天，庶免衆生病。年年服春犂，掉尾不知苦。欲絫最上乘，相期問白牯。

清 文昭《紫幢軒詩集》卷下《牧牛詞》 梅根渚上春草短，一徑驅牛牛意嬾。長鞭插腰短笛吹，炙面斜陽半笠滿。牛飢草短意未央，浮鼻直過溪南岡。牧兒力小挽不住，渡水那顧衣淋浪。唱歌自擷山頭蕨，早返家翁有訶責。爾牛蹊田牛自爲，我牧惟知足衣食。

清 吴省欽《白華前稿》卷三七《爲西潭觀察題尊甫右丞協領牧牛遺照》 長林積風摇暮寒，莎肥草輭春滿灘。幽人獨往賞泉石，短衣至骭頭不冠。五十之年鬢鬖白，為茸行廬坐籌策。協領於康熙間，督工金山七日，而鬢盡白。少時奇服倚雕弧，老去狂歌拓金戟。千蹶貨殖良可咍，廟犧繒繡莊所哀。彎環者角秃速尾，一麾一叱心悠哉。爾牛亦得自由趣，垂吻清流目雙注。尻高於背項隱肩，欲行非行住非住。一羊九牧乖牧芻，翁本識字新田夫。不廻藏史出關駕，且拜將軍懸閣圖。

清 吴翌鳳《與稽齋叢稿》卷下《牧牛詞》 朝牧牛，平疇豐草青油油。暮牧牛，飲牛卻在溪西頭。有時放牛牛散行，牛蝱撲撲牛不驚。牧童吹笛樹邊坐，日暮衣單腹中餓。牛來不來何處尋，得牛乃在山之陰。白雲英英天欲雨。叱叱驅牛渡溪去。

清 吴振棫《花宜館詩鈔》卷一《張敔柳陰牧牛圖》 曲波如環漱石齒，禿柳枕江臥不起。一鞭叱叱驅歸牛，羣鴉驚飛拍江水。牛乎牛乎何夷猶？一生不受金絡頭。老翁傴僂與牛語，柳陰團團且休汝。

清 邢昉《石臼集·前集》卷一《牧牛詞》 牧童牧牛亦牧犢，沿溪放牛一白額。秋田將熟牛尾秃，犢角如栗摩其腹。食草眠草犢相逐，牛背童子清溪曲。茭叢雄雞高兩足，射以短箭抱滿束。落日跨牛過溪宿，牧牛左溪勝左谷。明日射雞乘早旭。

清 徐駿《石帆軒詩集》卷二《牧牛詞》 春山繞籬落，春溪斷小橋。布穀催農事，飯牛在東皐。弄笛日欲暮，跨牛過淺濠。平蕪鋪花茵，縱突新犢驕。

亂流方濯足，咄咄鳴鞭招。鶯花媚長薄，歸當傾邨醪。可憐簪組客，空勸罷公勞。

清 徐元文《含經堂集》卷一三《題周白川牧牛圖》 荻風淒淒秋雨急，晚渡青溪牛背濕。牧童不識風雨愁，轉面閒吟覆青笠。尚書清峻稱人宗，筆墨曾師白石翁。何異貞元韓僕射，規橅戴氏留遺蹤。

清 薛熙《明文在》卷一七《牧牛圖》 谷口鶯啼雨歇，柳陰芳草春還。試問太平樂事，夕陽牛背青山。

清 楊鸞《邈雲樓集六種·邈雲三編·牧牛女》 牧牛牧牛山之曲，牧牛女兒髮未束。拖藍短衣露雙足，天然野意林樸樕、揚州十里珠簾開，如雲如綺臨粧臺。豈知世有牧牛女，即在平山山下住。

清 尤侗《西堂雜組》卷六《鍾子夔牧牛圖贊》 牛何之？在中野。誰來思？簑笠者。鬻皮擅，扣角假。咄鍾子，獨瀟洒。水潺潺，前溪瀉。草茸茸，斜陽下。飲之食之聊自寫，牛乎牛乎君莫捨。君不見，長安馬。

清 張丹《張秦亭詩集》卷五《牧牛詞》 曉起牧牛身披蓑，村深草肥牛食多。鸜鵒飛立老牛背，牛行不動上高坡。牛渴飲溪溪水熱，水蝱飛飛嘬牛血。柳條拂拭不暫停，令我力少骨欲折。日暮驅牛下隴去，牛跡盤盤穿枯樹。

清 張符升《蘇門山人詩鈔》卷三《題雲間唐苻溪孝廉牧牛小照二首》 席帽单衫引興長，岡頭閑趁午陰凉。儂家只在山南北，牛背歸來每夕陽。鼓腹昇平樂自如，力田常笑帶經鋤。荒山識字都無用，牛角閑閑不掛書。

清 趙懷玉《亦有生齋集》卷二《牧牛兒》 牧牛兒，夢未闌，茅君忽遣離牛欄。頭顱杯寬腥血熱，滅賊除非逢堵截。蛛絲作字枯桐華，孤忠性自孤兒結。潯江夜半難召兵，蒼梧南望愁雲生，結交十遁誰留名。

清 趙文哲《媕雅堂詩續集》卷二《爲張西潭觀察題尊甫梅溪右丞牧牛圖遺照》 青山四圍碧波瀉，老樹刺天半榆檟。我陵我阿復我池，此中合為牛所舍。一石如削平不頗平，一翁布坐屈一踝。寬鞋斜繫腳不襪，禿衿微袒腰不絝。修髯乍雪顏尚朱，獨對薰風意瀟灑。養牛有道目無牛，王鞅衮韝盡從捨。斯牛碩大兩角觰，厥名曰犉合周雅。前有豐草牛自知，行來早覺唇垂哆。單繩掛背那用捺，無喘可咨況瘖瘂。翁之寄托寧苟且，為農胡不鞠犁把。生逢堯舜垂衣裳，白石南山和歌寡。心期久可付虛舟，世事何須喻飄瓦。古人頗羨多牛翁，翁也聞之笑至嗢。此圖貌出閱小刦，翁容已矣翁心寫。踪跡原殊穎水倫，風神自傲香山社。江南如畫翁舊經，牧笛斜陽遍村野。偶收好景著閑身，聊與耕夫共游治。洵知太平一事無，善刀而藏策非下。不然當年建牙北府騰萬馬，誰謂翁非矍鑠者。

清 鄭虎文《吞松閣集》卷一二《題張西潭觀察尊甫梅溪將軍牧牛圖》 維農何依牛則依，朝驅之出暮與歸。牛乎汝勞嗟汝饑，爲休其勞釋不鞿。空山春深細草肥，放牛喫作牛毛稀。草稀禾美足食衣，此情非農孰依稀。牧失其牧可嗟欷，不牧之牧圖其微。臂鷹脫韝馬解騑，功成身閒餘不祈。鑄劍作器情庶幾，習勞運甓同一機。牛背之樂安足希，或云其然吾所非。

清 陳恭尹《獨漉堂詩文集·詩集》卷六《放牛》 幸免爲犧用，未將文繡加。青留函谷樹，白轉法王車。長角終何取，花蹄不足誇。小童吹短笛，歸老老農家。

清 陳文述《頤道堂集》卷一〇《放牛詩用前韻》 吳門董君个亭，憫牛之有功於農，而老病者之不得其死也。集同志爲放牛之會得隙地於胥門日暉橋，飼牛有芻，宿牛有欄，牧牛有人，瘞牛有坎，其所以重農功而培仁心者甚至，家大人出貲佐之，命爲作詩。

牛耕始中古，種米復釀汁。食報曾幾何，一束生芻溼。不見太倉粟，非此曷能得。二月買黃犢，事比水火急。老病付湯鑊，宰割等雞鴨。豈知大典禮，太牢用巾幕。奈何縱口腹，不畏官符赤。董君性仁慈，胸懷亦坦白。聞善即起行，不暇裹冠幘。技廢庖丁愁，感極老農泣。各勉慈悲願，庶補造化缺。春意靄桃林，美德歎行客。農重歲白豐，飛鴻永安集。

清 葛祖亮《花妥樓詩》卷四《放牛桃林》 入望桃林峻，齊天草色柔。將軍休白馬，車騎釋青牛。尾曳紅塵起，鼾生紫霧浮。篴聲吹快雨，僊樹蔭新州。不飲星河水，還來漁父舟。潼關千古鎮，偃武頌成周。

清 閔華《澄秋閣集》卷一《放牛》 牧豎雙丫髻，橫騎齕野原。偶然吹短篴，隨意過前邨。與息桑林下，更浮溪水渾。夕陽歸路晚，各自識柴門。

清 錢大昕《潛研堂集·詩集》卷七《題張右丞秋原放牛遺像》 華陽真逸自畫牛，一絡其首一脫繈。楊岐禪宿靜者流，升堂羨渠得自由。斯圖寓意其然不，一翁方瞳更白頭。忘機兀坐與天游，秋林深處聊夷猶。烏犍神駿如驊騮，縱之平坡俾小休。中青本白厥角捄，自飲自齕鳴聲牟。文犧被繡非我儔，底須叩角為商謳。天空野闊任所投，善刀而藏可自謀。從茲不作穿鼻羞，翁今已去其神留。披圖仿佛瞻前修，湛然心跡不繫舟。此意得之蒙莊周。

清　湯貽汾《琴隱園詩集》卷二三《又題放牛圖》　庖丁縛牛繩忽斷，里巷東西牛亂竄。市人走避兒童驚，牛何之兮牛求生。轅門朝啟百官集，兵衛森嚴牛直入。牛不能言但涕泣，門外有屠執刀立。笞屠活牛牛值償，黔人貝道公慈祥。放牛猶慮園囿小，澗草蒙茸翠屏山。名窈豈公悟徹澌，山禪生佛非關戎乘傳。蓦鼻堪嗤石犖牧，觳觫不殊屠機肉。披圖即此見公仁，放鼉又是放牛人。嗚呼！一物之微尚如此，何況江淮千萬民。

清　吴嵩梁《香蘇山館詩集》卷一七《翠屏山放牛歌爲見亭方伯作》　翠屏山下烟草肥，爾牛何幸獲所歸。前宵性命寄呼吸，今日果腹看游嬉。維犉三百嗟來思，九死一生無此奇。奏刀倖脱市屠手，衣繡不爲宗廟犧。當其就縛勢窮急，一躍倉皇公廨入。觳觫居然免釁鐘，泥首堂前應感泣。贖身先與擲黄金，豢養誰知惠更深。司牧有人給芻豆，放生此地即桃林。嗚呼！一牛尚如此，何況痌瘝胥赤子。四海恩推不忍心，物阜民康可知矣。郎公蘇門觀察筆妙。戴嵩比爲牛，寫真大歡喜。歌詞温厚音節和，詩畫流傳皆信史。牧民我亦戒煩苛，佩犢遺風漸荷蓑。他年問喘留佳話，天下知公燮理多。

清　楊鳳苞《秋室集》卷七《放牛》　芳草連坡緑，烏犍掉尾嬉。野煙平渡腎，斜照入林遲。未省闌牢詠，休歌敕勒詞。遙村横笛起，隱隱見茆茨。

清　張澍《養素堂詩集》卷二六《寧戚放牛》　風塵賢士困，待旦夜悠悠。爛石方游鯉，南山且放牛。挽衣裁掩骭，洗耳好聽牟。上坂驅黄犢，揮鞭認白州。遲遲芳草岸，得得夕陽洲。書未隰朋薦，詩將碩鼠謳。大臣堪自命，霸主竟相投。五羖芳蹤並，遺經尚可求。

清　朱昆田《笛漁小稿》卷七《題秋原放牛卷二首》　犇角常懸一縹壺，花村草市酒堪沽。每思細雨溟濛裏，寫作騎牛第二圖。　寂憶秋田秔稻香，催租吏不到村莊。閒跨烏犉尋鄰叟，横笛歸來已夕陽。

清　孫枝蔚《溉堂集・前集》卷八《與村童飲牛于溪》　牛背諸童子，笛聲愁殺人。黄巾初叛主，甯戚未爲臣。

清　姚文田《邃雅堂集》卷八《途中見飲牛者漫成》　滿目征塵暗，臨流此獨閒。且依牛口下，安事馬蹄間。落日横殘店，疎林隔遠山。薄游吾未已，行路正多艱。

清　查嗣瑮《查浦詩鈔》卷一一《爲沈甥椒園題羅飯牛畫册》　溪横略彴疑無路，亭倚坡陀絶四鄰。如此山林如此畫，杞茅尋藥可無人。　萬株松影影葱葱，隔斷烟雲變滅中。只有好山真面目，不隨今古自當空。　溪邊樹影瘦於鵠，雨後山光溼似雲。樹下人家山下路，我曾三訪卞田君。

又《題勝予飯牛圖》　讓與村童占緑蓑，寒烟細草滿春坡。生逢堯舜無長夜，不用單衣叩角歌。

清　黄任《秋江集》卷五《題寧愚川飯牛圖》　短褐單衣牧事多，晚凉荷笠下層坡。前村一笛風吹斷，遥和高人扣角歌。　生計唯應恣獵漁，英雄田蓄意何如。一壺添在蒲韉上，牛背由來有漢書。

清　樂鈞《青芝山館詩集》卷五《吴娃飯牛圖爲白庵題五首》　吴郎一袍青似草，吴娃兩足白於霜。料應識字康成婢，不遣烏犍亂觸牆。　家家游女繡弓鞋，掩骭衣裙獨剪裁。驅犢不穿紅錦韈，恐人疑是踏青來。　緑竹鞭梢白木闌，山花常點野田□。句姨紅豆調鸚鵡，不及儂看黑牡丹。　隔岸桃花紅不紅，亂鴉飛傍酒旗風。笛聲散在斜陽外，遥看春山下牧童。　細草柔莎遶屋生，一年天雨復天晴。飛霜墮月長安道，多少征人秣馬行。

清　劉嗣綰《尚絅堂集・詩集》卷二〇《飯牛行爲李歗坪題圖》　吴兒生小愛飯牛，東家飯牛兒出遊。騎牛日日牛背坐，牛穩如山兒忽臥。一枝短笛吹出門，桃花杏花紅滿邨。呼牛入林作牛飯，人意亦如牛意懶。角端攜得一卷書，盡日行吟欲忘返。我吟我歇牛不知，我行我息牛則思。有田可歸歸不得，三尺蒲鞭安所之。午橋莊上年年草，昔日烏犍今已老。披圖忽見飯牛人，雨笠烟簑一傾倒。吁嗟乎！甯戚飯牛終得君，牛兮叩角胡弗聞。回頭笑語牛背客，明日騎牛歸亦得。

清　施閏章《學餘堂集・詩集》卷一九《酒間和浮山長短句贈飯牛山人》　老夫官舍如僧室，咀嚼新詩似崖蜜。飲牛處士梅川來，酒氣却從十指出。千鈞力縱一筆大，書如斗鶩電疾山。田不荒，粟可種，驅犢閒時且抱膝。不然揮毫潑墨為遠山，商歌扣角非今日。

清　王士禎《帶經堂集》卷五七《見田家飯牛者意有所感賦得牛飯就松凉》　黄犢東臯暇，青松北澗生。卧餘芳草軟，飯處午陰清。甯戚歌偏拙，華陽計早成。勞勞行役者，三歎憶巖耕。

清　吴嵩梁《香蘇山館詩集》卷二一《題白庵吴娃飯牛圖》　君不歌白石爛儂，不踏金蓮花青芻。滿把飯烏犉霜明，兩足鬟堆雅吴下。沃壤天下無稻田，千頃圍石湖茶磨。山翠落春水，一行晴雪飛。春鋤此時驅犢，吳娃俱笠影衫痕，皆畫圖叢篁，老樹歸逕紆。斜陽吹笛聲嗚嗚，山花濃笑滿頭插。不知世有傾城姝，此時飯飽縱牛卧。鵞黄酒可傾千觚，妖姬十二釵，寶馬三百匹，富貴庸奴吾所叱，耦耕有約偕吳儂，願君但作多牛翁。

清　徐昂發《畏壘筆記》卷四《飯牛歌》　《吕氏春秋》載：甯戚飯牛居車下，望桓公而悲擊牛角疾歌。高誘注：歌，歌碩鼠也。案：詩有『逝將去女，適彼樂土』等語，自是甯戚意中事。高説甚長，必有承受。《漢書》注：應劭所引『南山矸，白石爛』之詩，或是漢人擬作亦未可定。《容齋隨筆》議之恐非篤論。

清　嚴首昇《瀨園詩文集·詩集後集·飯牛》　垂老生謀在一壥，蒲韉犢背自周旋。山中倘入當時夢，不舉宏詞舉力田。

又《飯牛三章章六句》　飯我牛矣，東山之巔。不稼而圃，瓜蔓在門。雙手一瓢，用灌我園。

飲我犢矣，于谿之萍。葛蕨不贍，遑復采苓。饑人憂讒。哀此餘生。

駕我竹兆，于彼玄石。我舟我楫，月生江白。念我哲人，江天靡極。

清　曾燠《賞雨茅屋詩集》卷五《飯牛詞》　婦子嗷嗷飯不足，爾牛有力荒能熟。南山豆苗今又稀，買豆無錢新典衣。牽向門前繫碌碡，隔林呼犢相隨歸。爾牛既飽力須使，官府收糧需好米。朝來靈雨土膏渥，田有牛耕良已樂。不聞秦楚田多荒，軍令捉牛常運糧。

清　周拱辰《聖雨齋集》卷一《寗戚飯牛賦》　予讀寗戚相牛經，陰虹屬頸者千里。注云：即寗戚所飯者也。戚固傑士，牛亦神物，以相牛者相主，叩角而疾商歌，有合之者矣。某願爲鷄前，依然牛後。嘉歌石之朋，羨後車之載。鯉魚尺半，何時作緣。唐絃於俞有作，瓦盆語耳，非豪士本色。輒爲賦此，爲甯大夫作叩角先聲，兼以自廣。觀者勿訝爲介葛盧知牛鳴也。其辭曰：

若有人兮崗之陬，冠葛巾兮帶蒯緱。謠儵儵而誰向，對雉飛而長愁。策黄犢兮趑趄，裁至骭兮敝服。斜陽落兮牛背紅，新月掛兮牛角緑。書一帙兮在手，書聲朗兮滿谷。羌倚空而自嘯，甫收絅而慟哭。苦乃莒葉始茁，杏花欲細。謝豹催耕，籛鎛殷忙。脫牛衣以服犁，借短策於牛郎。饁飯無婦，傭田有耦。耨鼓淵闐，菑不停肘。奠竇穡以逢年，農丈人兮勞酒。奈何值東西之爭帝，丁生人之熬煎。漢陽之諸姬日蹙，南風之腥焰誰兼。欲牧兮無中原一頃，欲芻兮無負郭半阡。枵腹兮長飢，露立兮無眠。欲之魯兮，迷陽刺足；欲之晉兮，蒺藜摩肩；欲之杞宋兮，眢井不食；欲之秦虢兮，霜藿不甜。祇餘潁陽上流一泓之水兮，淺不盈掬愁苦寒。吾欲服以莘野之犁，乘以塗山之樏。飲以作楫之霖，濯以釣璜之水。候天駟以啓功，俟田畯而致喜。帝嘉迺績，剪諸閒田，為茲牲食邑以與后稷齒。豈不亦遠勝蒼靈之雌兮，大收衆維魚之美。奈何哉，白石欲爛，讀書可憐。碧簑兮歲歲，芳草兮年年。飽食終日兮，牛亦泚顙。牛衣對泣兮，人亦甲顔。竭人事以叩天，天不爲應；借牛腹以貯愁，愁幾欲穿。於時牛若鼻語者，而曰其然豈其然。不見夫中原之執耳，已動箕星；宋志：將羈齊桓，人五星箕。陽城之贅壻，甫高乘馬。麟與鳳兮卑羅，璧與珠兮騰價。將償種以倍收，豈穡勤而穫寡。遂乃叩角歌曰：南山矸兮石昉，長夜里兮暾將出。牛兮努力食細草，大臣在爾側，吾將去爾適楚國。

百里奚爵禄不入於心，故飯牛而牛肥。甯戚一肚皮爵禄矣，飯牛而牛亦肥。其氣焰以取之也，讀之神魄俱雄。吾欲爲牧童，吹笛和之。

清　姚鼐《惜抱軒詩文集·詩集》卷一《元人散牧晚歸圖》　日落未落東皋黄，搖風欲靜千絲楊。榆莢雨後邨塢涼，澤中草長人微茫。牛從雜遝老牸將，刓促或走或羊望。或掉尾立銜藏莨，牛背短箠二尺强。握坐者牧舟樹樯，或來以笛吹其旁。據牛橫坐如胡牀，後有蓬髮趨踉蹡。前有招之右袂張，首伏牛後尻前昂。二人蓑薜行驅羊，掀笠偃背丫髻長。其一糾笠風中颺，林木度盡橫陂塘。前邨暝色寒蒼蒼，一人先俟牛宮旁。遶宅榆柳青蒼筤，老翁飽腹飯黄粱。出攜幼稚嬉徜徉，少婦機杼鳴東廂。人生正可知農桑，春夏耕牧秋築場。不見臧穀羊皆亡，嗟哉此畫眞吾鄉。

清　厲鶚《樊榭山房集·續集》卷六《李迪秋原放牧圖爲旭瞻作》　角觸觸，耳溼溼，考牧詩中全物色。天蒼蒼，野茫茫。敕勒歌裏西風涼。西風老樹莽蕭瑟，認得三朝畫師筆。平顯《題李迪畫》詩：歷事三朝老畫師。縱橫直是谷量餘，躑躅疑從畦種出。暎坡蔽隴下層阿，夕陽滿地沙草多。一人韋裳轉首坐，天晴堆積笠與蓑。從來畜獸圖非易，盜著青紅掃魑魅。今觀此卷態逼眞，令我他年勞夢寐。汪生讀書古人齊，兼金購此索我題。不如長五牸，畱二羝。君看富如猗頓貴卜式，無過西河南兩牧兒。

清　釋曉青《高雲堂詩集》卷一五《放牧圖》　草綠如雲牛正肥，夕陽坡畔路逶迤。牧童心事歸雲識，指點春山曉更宜。

清 祝德麟《悦親樓詩集》卷一四《題徐耕堂春郊放牧圖》 春郊百草回霜腓，一雨洗綠爭菲菲。牧人放青穿林霏，穩騎牛背鞭不揮。跨坑歷澗來祈祈，平原如毯稀驂騑。游行自狂齧且嘰，合口軟嚼牛不饑。春流濊濊鳴曲碕，波紋赴吻聲轉微。兩管在上雙眶睎，似愛蝴蝶過橋飛。人牛兩喪忘因依，枕青箬笠藉蓑衣。柳絲踠地臥夕暉，夢入杏花邨巷晞。青帘招轉翩桂旗，美酒初熟香馡馡。百壺一醉無訶譏，覺來徑跨牛背歸。牛自識路投柴扉，年年牧牛孳育肥。劉家牡丹四面圍，錦鞍公子盛羈鞿，相較不知誰是非。

清 李宏《戢思堂詩鈔》卷下《題春牧圖》 弱柳何當牛礪角，動植殊途力不若。柳自傷兮牛自樂，枯楊瞥見再生荑，牯牛力盡空寥落。牛自傷兮柳自樂，鼾然無夢牧童子，蕉鹿都忘天宇濶。牛兮柳兮童子樂。

清 薛敬孟《擊鐵集》卷八《雨中歸牧》 綠簑閒擁石頭眠，歸牧林邊晚自穿。細雨不知青草路，數聲笛响白雲天。

清 趙藩《向湖村舍詩初集》卷一二《水村歸牧便面》 莫歌白石爛，莫讀項羽傳。風雲騰踔筋力摧，老覺扶犂計差便。戴我雨笠披烟簑，秋江淼淼浮鼻過。牛背之穩如陂陀，不知何地愁風波。笛聲轉側松林裏，繁星下照門前水，兒童進酒翁心喜。三爵酕醄吾醉矣，明日飯牛還早起。

清 蔣士銓《忠雅堂文集》卷八《王燮堂春郊懶牧圖》 老牛不受黃金羈，况被文繡充廟犧。齕草春塍礪雙角，舐犢樹陰偎兩兒。秧針刺水風日暖，彼牧何人似牛嬾，麾之竊喜鞭箠閒，勞者相憐筋力緩。江鄉老農歌豐年，門外白水連青天。爾牧不占夢中語，此意隱向圖閒傳。君昔牧民得牧理，至今牛羊共歡喜。疲來忽動曳尾心，寫去應傷牛後志。千金之犗服紺幰，屋角偃臥輸烏犍。乃知耕耘牽挽之債有定分，不見出關青兕僕僕馱神仙。君云兩犢卽吾子，千里之駒何必爾。是牛是馬數則然，角挂遺經背書字。君不見長江浩渺萬斛船，安穩不如牛背閒。今歸去訪牛眠處，可似當時抱犢眠？

清 趙希璜《四百三十二峰草堂詩鈔》卷一《牧兒歌》 鄉有牧者，拴牛飽卧。虎出於林，牛奮鬥以死，牧遂獲免。爲作《牧兒詞》紀之。

牛兮牛兮，牧兒牧兒。老牛舐犢情何悲！以身寄汝隨鞭笞。朝騎牛背嬉復嬉，暮騎牛背嬉復嬉。深山亂踐虎行跡，牧兒夢夢牛知之。拴牛大樹方飽卧，眈眈虎視饞涎垂。牛護牧兒勝舐犢，厲角奮鬥相撐持。須臾牛斃虎亦死，糢糊血肉交淋漓。主人尋牛入山麓，牧童酣睡忘傾危。吁嗟性命皆汝爲，以身報汝不暫違。牛兮牛兮，牧兒牧兒。

清 段雲襄《清丘煙柳》（康熙）《曹州志》卷一八 會壇餘霸氣，梵剎已嵯峨。古意登臨出，年光入望多。依依迷野色，漠漠暗春和。牧笛空回首，離情奈若何。

清 羅存禮《榆林夕照》（康熙）《延慶州志》卷九 山色蒼凉樹影低，征車塵静客行稀。沙乾凫鴈呼群宿，村暝牛羊逐伴歸。戍卒已無烽燧警，田家多有稻粱肥。清時要識堯民樂，繫壤長歌未掩扉。

清 李鴻楷《紅巖牧笛》（同治）《高縣志》卷四八 牧童收隊未還家，短笛横吹弄晚霞。一遞林中飛鳥亂，數聲山外夕陽斜。高騎牛背尋歸路，紛出蠶叢數落花。簑笠荷來風力倦，村煙處處飯胡麻。

清 傅仲辰《心孺詩選》卷四《與牧人語》 連天莎草暖，羣牧嬉芳塵。一牛耳溼溼，形容鮮苦辛。春耕正皇遽，致此寧無因。田夫起告予，牧牛如牧民。要當以時食，更須悦其神。量力施鞭策，儼與牛一身。斯言通大道，卓哉邁夷倫。我負躬耕志，首肯隨書紳。君不見，扣角升昏夜，五羖佐西秦。千古奇男子，中多飯牛人。

清 吴嵩梁《香蘇山館詩集》卷一《矮松夾岸芳草沿坡笛聲來斜陽細雨中牛背横吹溪山皆應作牛坳吹笛圖》 蒼龍吟罷聲裂竹，反照林閒映歸牧。松風一徑落梅花，吹遍山中招隱曲。人海驚濤去拍天，此聲只在溪雲邊。轉舵收帆無處好，始知牛背穩於船。

又 卷二《陳耳庵鴻緒牛背讀書圖》 江南好解元，乃作跨牛客。牛背一本書，朗誦聲至夕。長安車馬塵漲天，誰及此君意閒適。山鳥一聲杏花白，我願驅牛柘塘側。耕牧養親計殊得，讀書不成且吹笛。

清 江濬源《介亭詩文集·詩鈔·芷江牧人》 春風煦煦和，春草芊芊美。牧人行放牛，風草澹煙水。所望飼牛肥，牛肥卽已矣。前溪復後溪，麾來母與子。信口吹短角，天籟自起止。我欲與之言，微茫隔涯涘。

清 梅曾亮《柏梘山房全集·詩集》卷五《爲人題跨牛圖》 風疎疎，春漠漠，長坂通津帶林薄。春衫短策騎烏犍，草色青青送行腳。沙平柳轉不知遠，花氣如潮隔山落。前有兩犢載兩兒，谷口先向桃源嬉。謂我何遲當鞭之，我鞭非鞭折楊枝。寄語小兒休疾走，看花那用分前後！

雜録

隋 庾季才《靈臺秘苑》卷一二《牛宿》　牛宿距中大星去極一百八度半。星明大則王道昌，關梁通或牛貴。怒則馬貴，不明失常，穀不登。直則羅賤，曲則羅貴。時則占細為賤，動為灾炎，亡及中星移為死，遠漢為貴，入漢中為疫。月犯其下有憂，將死，牛馬及穀貴，犧牲死灾。在其宿有變，犧牲事之四足殃疫，關梁不通，將有農令。木星干犯，吳越來貢。入則貴人及小兒多死，歲多寒，臣有謀，民饑，虎害人。守則陰陽不和，萬物不成，民病，人死，六畜、賊牛疫。火星犯守，諸侯多疾，破軍殺將，臣有謀。一云守又為兵起，牛車用，將死，牛貴，有犧牲事，臣謀，穀不成收，大人有疾。入牛中，四月越地君長凶，羅貴。土星犯守，有土工事。守則又為大赦，多雨雪，人民、牛、馬疫，其分多忠臣、義士，天下有急令。金星犯守，諸侯不通，妖言無益，又曰將軍失衆，其分凶。守則地氣泄，城中多死。入之，天下失車用。水星犯守，破軍殺將，有謀，人多死，又為穀不收，關梁不通，又為牛疫，多水，其分憂。客星犯之，有犧牲事。守之，越地起兵，又為來獻，牛馬貴，江淮多盜，歲多水。入之，諸侯客來，出則占如斗，又地動，牛馬貴三倍。彗孛出之，改元，羅貴，牛死。又曰天下合謀，人主憂。客彗孛干犯，越地兵自攻。流星出之，色赤，將出，如星所之，以占四方。入，將受命。黑色，牛馬疫；黄則昌盛，關梁不通。干犯則王欲改，事及將出，氣之入，黑，牛多疫死；黄白，蕃息；赤為兵。

唐 馮贄《雲仙雜記》卷五《飼牛以天麻飯》　青齊間遇春耕，則飼牛以天麻飯。仍用錦縷繫于角上。

《太平廣記》卷四二六《牧牛兒》　晉復陽縣里民家兒常牧牛，牛忽舐此兒，舐處肉悉白，兒俄而死。其家葬此兒，殺牛以供賓客。凡食此牛肉男女二十餘人，悉變作虎。

宋 晁補之《雞肋集》卷三三《張汝平牧牛圖贊》　吳機殘幅，或休于屋。有訛其前，亦鬬而觸。《鼓文》周篆，缺不可續。《鐃歌》漢辭，亡不可屬。東坡歎此，折劍毀玉。是畫非筆，牧者非牧。誰能觀此？亦目非目。

宋 黄庭堅《豫章黄先生文集》卷一三《跨牛庵銘》　吉州太和縣普覺禪院，其東北皆脩竹，長老楚金，開息軒於竹間。予作縣時，嘗謂金爲我結草菴於竹北，金方經營經藏，未暇也。它日菴成，予已去。金知予隨食於四方，不能有是菴也，則自名曰『跨牛』，而乞予銘。金蓋學牧牛於鄧峯永，永學牧牛於黄蘗南，南無牛，來者穿鼻焉。永牧牛者也，然其牧不勤，其牛不煩；金之牛純白矣，跨而不敢下，恐其蹊人之田。予之與佛者游，觀蹊田之牛，其角觝觝，如金之能自牧者，蓋寡矣。故作銘：唯水牯牛，頭角堂堂，以作意力，偏行道場。舉頭看月，終不觀指，浮鼻渡河，蹴蹋源底。三界爲田，衆生爲稻，由我深耕，世無寸草。我跨此牛，無繩與鞭，要下即下，馬後驢前。

又卷一四《畫牧牛贊》　鼻之柔也，以繩牧之。心之柔也，以道牧之。縱而不蹊人之田，其惟早服之。

宋 吴开《優古堂詩話·牛帶寒鴉過遠村》　張芸叟詩：夕陽牛背無人臥，帶得寒鴉兩兩歸。與東坡所記《蘇叔黨詩》：葉隨流水歸何處？牛帶寒鴉過別村。與張詩相類。

宋 吴渭《月泉吟社·騎牛翁》　已學淵明早賦歸，東風吹醒夢中非。鶯聲睍睆來談舊，牛背安閒勝策肥。時聽樵歌時牧笛，間披道氅間農衣。篇詩那可形容盡，何似忘言對夕暉。

宋 釋師範《無準師範禪師語録》卷五《題牧牛圖》　誰家牯，誰家犢？谿東谿西，水甘草足。宜乎後夜當春耕，懷袖應難秘斯軸。

宋 釋居簡《北磵文集》卷七《題彧侍者牧牛圖》　牧牛看牛，孄安大仰，無所用吾力也。佛印四牛，畫蛇也。梁山十牛，蛇足也。自得六牛，足屨也。按圖索牛，猶索馬也。孄安大仰，逸嚮遺韻掃土矣。舉圖而捐之，不見全牛，而頭角全露。至於人牛兩忘，入鄽垂手，皆此牛也。昧夫在御而他求，何獲焉？

宋 李光《莊簡集》卷一六《牧牛圖贊》　博白蘇令汝文出此圖相示，二童子各牧一牛，其一牛背上吹笛，其一坡上箕踞而坐，云是唐韓晉公筆。晉公書與族人幹本相上下，及位將相，耻以自名當時，固已不傳矣。然此本筆跡蕭散，自是名筆，何必託之斯人哉！因以書其後云。

平原曠野，熟視牛跡；豐草長林，隨意所適。彼二牧童，逍遥自得；陽坡箕踞，牛背橫笛。咄哉慧藏，狂念未息；孔鼻拽來，費許多力。

宋 朱熹《晦庵先生朱文公文集》卷八三《跋唐人暮雨牧牛圖》　予老於農圃，日親犁耙，故雖不識畫而知此畫之爲真牛也。彼其前者却顧而徐行，後者驤首而騰赴，目光炯然，真若相語以雨而相速以歸者。覽者未必知也，良工獨苦，渠不信然？延平余無競出示此卷。卷中有劉忠定、鄒忠公題字，覽之并足使人起敬。而龍山老人又先君所嘗趨走焉者也，俛仰存没，爲之慨然。因識其後而歸之。紹熙壬子中冬壬辰，新安朱熹。

宋 陸游《渭南文集》卷二九《跋韓晋公牛》 予居鏡湖北渚，每見村童牧牛於風林煙草之間，便覺身在圖畫。自奉詔紬史，逾年不復見此，寢飯皆無味。今行且奏書矣，奏後三日，不力求去，求不聽輒止者，有如日。嘉泰癸亥四月一日，笠澤陸某務觀書。

宋 胡伸《唐越國汪公行狀》《新安文獻志》卷六一 九歲爲舅牧牛，每出常踞坐磐石，指使羣兒，如將帥指揮狀。有張士損者，常以失期不至，公擊踣之，羣兒各駭散。張氏欲執之，公曰：『此易爾。吾能使之死，獨不能使之生乎？』因撫視之，良久復蘇。嘗令羣兒曰：『處山澤間，卒遇風雨，無所庇盍。』相與刈苫簷屋。既又令曰：『室成，吾且椎牛以犒若等。』卒取舅牛分食之，牛尾插地。既歸，舅問牛所在，對已入地矣。舅視牛尾入地中，不可拔，既素異之，不深詰。

宋 魏了翁《儀禮要義》卷四七《養牛羊曰芻豕犬曰豢豕亦稱牢》 少牢饋食之禮。釋曰：自此盡『如初儀』論卿大夫祭前十日，先筮日之事。云礼將祭祀必先擇牲繫于牢而芻之者，案《周礼·地官·充人職》云：『掌繫祭祀之牲牷，祀五帝，則繫于牢，芻之三月，享先王亦如之。』注云：『牢，閑也。必有閑者，防禽獸觸齧。養牛羊曰芻，三月一時節氣成。』案《楚語》諸侯卿大夫等雖不得三月，亦皆有養牲之法。故鄭據焉。言芻之唯據羊，若犬豕則曰豢，故《地官·槁人職》云：『掌豢祭祀之犬。』《樂記》亦云『豢豕作酒，非以爲禍』，不言豕曰豢，文略也。云羊豕曰少牢者，對三牲具爲大牢，若然，豕亦有牢稱。故《詩·公劉》云『執豕扵牢』。下經云『上利升牢心舌』，注云：『牢，羊豕也。』是豕亦稱牢也。但非一牲即得牢稱，一牲即不得牢名，故郊特牲與士特牲皆不言牢。

宋 魏了翁《周易要義》卷三《離以柔爲正不可畜剛故畜牝牛吉》 ䷝離下離上。離，利貞，亨。離之為卦，以柔為正，故必貞而後乃亨，故曰『利貞亨』也。畜牝牛，吉。柔處于內而履正中，牝之善也。外强而內順，牛之善也。離之為體，以柔順為主者也。故不可以畜剛猛之物，而吉於畜牝牛也。

又《柔麗乎中正故亨謂六五六二》 《正義》：『柔麗乎中正，故亨，是以畜牝牛吉』者，釋經『亨』義也，又總釋『畜牝牛吉』也。柔麗于中正，謂六五、六二之柔，皆麗于中，中則不偏，故云『中正』。以中正為德，故萬事亨。以中正得通，故畜養牝牛而得吉也。以牝牛有中正故也。案諸卦之《彖》，釋卦名之下，乃釋卦下之義，于後乃歎而美之。此《彖》既釋卦名，即廣歎為卦之美，乃釋卦下之義。與諸卦不例者，此乃夫子隨義則言，因文之便。此既釋『離』名麗，因廣說日月草木所麗之事，然後却明卦下之義，更無義例。

宋 吴渭《月泉吟社·騎牛翁》 伏以月泉舊社，久依文字之輝；春日新題，洊寫田園之興。如五雜組敵雙南金執事，剌手鯨牙射光，牛背覺東風之吹夢，寧不委心對夕暉而忘言。還有真意埽空俗，韻增重齊盟，某披吟以還，起敬無斁，不觚而堪歎。乃令識良梓之斧斤布，不布則已，微所願應，深衣之繩，矩束毫匪腆鏤板再供。

元 張之翰《西巖集》卷一八《跋煙村縱牧圖》 歲在馬羊，赤地千里。不下一粒種，饑民食牛將盡。忽見此童縱數牯於煙村風柳中，方熙熙適意。不知童之為牛，牛之為童，有物我相忘之態，其可喜也夫。

明 王叔英《靜學文集》卷二《題牧童挽牛圖》 一牛之力，千童莫敵；一童之知，千牛莫知。雖然以牛之力敵童之知，一觸之間可致之死，胡為爾牛受童之制於乎？豈童之能用其知，而牛之不能用其力歟。抑牛知徇童之情，而童不知順牛之力歟，有識者必能辨之矣。

明 楊榮《文敏集》卷一五《恭題御賜牧牛圖後》 右《牧牛圖》一幅，皇上親寓翰墨寫以賜臣榮者。其平原草長春流汗漫之態，與夫牧豎嬉戲牛犢閒逸之狀，皆精妙入神。夫牛實耕農之本，牧之者貴得其性情，賢才之牧民使皆能如牧者之識。其性而順遂，其生又烏有不得其所者哉？且放牛於桃林，武王所以偃武修文也。然則上於斯圖，豈無意哉！臣榮受賜惶悚，惟思夙夜竭心，庶幾或有毫髮可以上副聖意，因題于末，簡而謹藏之。

明 葉廷秀《詩譚》卷四《題牧牛圖詩》 蘇州劉完庵鉦爲僉事，將致政，有憲臣索題《牧牛圖》，詩曰：『牧子驅牛去若飛，免教風雨溼簑衣。回頭笑指桃林外，多少牧牛人未歸。』憲臣亦感之，掛冠去。昔龔舍初仕楚王非其欲，見飛蟲觸蜘蛛網而嘆曰：『仕宦亦人之網羅也。』遂掛冠而退。時人謂蜘蛛隱，可謂勇退矣。

明　王寵《宋無名氏牧牛圖》《紅豆樹館書畫記》卷一　粗絹本高一尺，寬四尺三寸。兩牧豎牽牛，前行其牛，一正一側，又有牝牛，聳立犢子，就乳其下，一豎藉草吹笛，一豎置笠於地，倩人代覓頭虱，旁有雀籠一，具筆力遒勁，墨色深默。李竹嬾評韓晉公《五牛圖》云：『骨骼轉折，筋肉纏裹處，皆以粗筆辣手取之。』所言與此相合。卷爲磁州張雨香鑱舊藏，云：『是宋畫，因絹素霉爛，裝池時截去題跋，今無由知爲誰某矣。』

清　戴熙《習苦齋集》卷四《牧牛圖跋》　東坡先生《祈雪霧豬泉》詩：『歲晏風日暵，人牛相對閒。』施司諫注：引果州清居和尚述《牧牛圖》：第十章，露地白牛安眠，牧者禪寂；第十一章，牛亡而鞭箠尚在；第十二章，人牛俱亡。施注：本刊宋嘉泰間，則《牧牛圖》由來舊已。童時先大夫假畊心和尚藏本，命予圖錄，此事垂四十年，今夏病瘧，僵臥累月，忽悟此圖。與子輿氏求放心之旨，合聖經知止節，魯論志學章均與此圖大意相類。偏索舊稿竟失之，曹葛民藏淨意軒刻蓮大師原本以示予，恍睹童時所圖錄者，因重橅一本。壽諸梓察予書者，兒子有恒；助予朽畫者，猶子以恒也。

清　蔣鳴珂《古今詩話探奇》卷下《題牧牛圖》　清狂道人郭翊，畫有天趣。王陽明初以尋常畫史待之，後見其畫《牧牛晚歸圖》，題云：『雨脚風聲滿樹頭，隨身蓑笠勝羊裘。柴門猶道牛歸晚，江上風波未泊舟。』陽明稱賞，以賓禮優之。

清　孫岳頒《佩文齋書畫譜》卷九〇《牧牛圖》　吳水部《牧牛圖》卷，內作三大樹為一叢，下滿地作豐草。約三尺長，卷盡處纔作一石，牧童二，一放牛坐水次而吹笛，一倒乘牛以繩挂肩立牛背而逆牽牛，轉勢甚奇。予觀其點樹葉、界樹身、皴石與衣折，並是唐人，張翥跋為李唐，非也。

（同治）《高縣志》卷一三《紅巖牧笛》　在縣西三十里，山勢高聳，迤邐十里，中間民居相望，牧童騎牛成隊，一望天然畫致。

相牛

論說

清　喻仁《水黃牛經大全》卷上《論古來有異相牛第三》　郭子璞《禍冥記》曰：『秦時有獻花踶牛，高六尺，尾長，繞角生四耳。』干寶《搜神記》曰：『晉天興元年，有牛生一犢，一頭八足，兩尾而共一腹。』又云：『昔有人曰，叔保患病垂死。醫者曰：此病須得大白牛厭爲藥，病方得痊。時楊子玄有大白牛，求之不得。後一日，有六白牛從西而來，欲見叔保，叔保聞之驚惶，其疾卽愈。』又關令尹喜傳曰：『周無極元年，老子度關，尹喜先誡門吏曰：若有乘青牛車而來者，勿令過去。果有乘青牛扳車而來，吏白曰：乘青牛車者已。至喜曰：我遇聖人矣。卽帶印綬而出迎之，執弟子之禮以見焉。』

清　方以智《物理小識》卷一〇《牛》　耕牛眼去角近，眼欲大，眼中有白脈貫瞳，頸稍長大，後腳股闊，竝快。毛欲短密，疎長則不耐寒。齒牙欲白，耳角欲近，角欲得細，身欲得粗，尾稍長大，無帶抱喉及臨耳者竝吉。俗呼旋謂之『箭』，四箭、六箭相對者佳，面短毛赤。登尾稍亂，毛轉，竝主命夭。凡母牛毛白乳紅，孳子多。乳疎黑，無子。謂之『飄沙』。其生子時，子臥面相向，吉。相背，子疎，一夜便糞三次，一年生一子，一夜一次，三年生一子。《甯戚相牛經》、《褚榮陽法》皆後作也。《酉陽》云：毛少骨多、有力，溺射箭者，良牛也。眼下旋毛曰『淚滴』。齒齦有緣招官災，兩角間有亂毛、妨主。耳後旋毛、招盜賊。

綜述

寧戚《相牛經》《事文類聚》卷三九　牛岐胡，壽。岐牽兩服，下分為三。去角近，行駛。眼欲得大。眼中有白脉貫瞳子，最快。頸骨長且大，駛。壁堂欲得闊。脚股間也。倚欲得如絆馬。聚而正也。膺庭欲得廣。胃前。天關欲得成。背接骨。雋骨欲得垂。脊中央欲得下。蘭株欲得大。尾林。豐岳欲得大。膝材。骨垂頭欲得高。百體欲得緊。垂星欲得有怒肉。蹄上巴肉覆蹄間名怒肉。力柱欲得大而成。當車骨也。懸蹄欲得如八字，陰虹屬頸。陰虹者，有雙筋自尾骨屬頸。陽鹽欲得廣，陽鹽者，夾尾股前兩膝上。常有似鳴者，有黃也。洞胡無壽。珠淵無壽。旋毛當目下也。上池有亂毛，妨主，凶。上池，角中央也。身欲得促。形欲得如卷。大膁疎肋，難飴。龍頭突目，好跳。號筋欲得成就，筋後橫筋也。毛欲得短密，若長疎，不耐寒氣。尾不用至地，尾毛少骨多者有力。膝上肉欲得豎。角欲得細。鼻如鐘則雄牽。口方易飴，櫜府方，易飴。

宋 曾慥《類説》卷三七《相牛經》　蘭珠欲大，尾林也。豐岳欲高，膝骨也。垂星欲高，蹄也。上柱欲大。車骨也。

元 佚名《居家必用事類全集》丁集《養牛類》　【養牛法】相耕牛：眼去角近，眼欲大，眼中有白脈貫瞳子，頸骨長大，後腳股門，並快使。毛欲短密，踈長者不耐寒。角欲得細，身欲得粗尾稍長大，吉。尾稍亂，毛轉，主命短。

【相母牛法】毛白乳紅，多子。乳踈黑，無子。生時子臥面相向：吉。相背，子踈，一夜下糞三堆，一年生一子，一夜只一堆，三年生一子。

明 宋詡《竹嶼山房雜部》卷一二《牛》　相牛法：耕牛去角近，眼欲大，眼中有白脈貫瞳子，頸稍長大，後腳股潤，並快使。毛欲短密，踈長不耐寒。齒牙欲白，耳角欲近，角欲得細，身欲得麤。尾稍長大，無帶抱喉及臨耳者並吉。面短，毛赤，豎尾稍亂，毛轉，並主命夭。凡母牛毛白乳紅，孳子多。乳踈黑，無子。生子時子臥面相向：吉。相背，子踈，一夜便糞三次，一年生一子，一夜一次，三年生一子。祖甯戚《相牛經》、《酉陽雜俎》云：毛少骨多有力。溺射前，良牛也。《埤雅》云：牛走順風。又曰：牛性前順。

牛忌眼下有旋毛，名淚滴，主喪服。齒齦，口斤切有緣招官災。兩角間有亂毛，妨主。後有旋毛，招盜賊。

明 慎懋官《華夷花木鳥獸珍玩考》卷一〇《相牛經》　牛岐胡，壽。岐牽兩腋，下分為三。眼去角近，行駛。眼欲得大，眼中有白脈貫瞳子，行最快。頸骨長且大，壁堂欲得濶。脚股問也。踦欲得如縱馬。馬驟而去也。膺庭欲得廣。胸前。天關欲得成。背接骨。雋骨欲得垂。脊中央欲得下。蘭株欲得大。尾株。豐岳欲得大。膝骨。種頭欲得高，百躰欲得緊，垂星欲得有怒肉。蹄上巴肉覆蹄，間名怒肉。力性欲得大而成。當車骨也。懸蹄欲得如八字，陰虹屬頸。陰虹者，有雙筋白尾骨屬頸。陽鹽欲得廣。陽鹽者，夾尾林前兩膁上。常有聲似鳴者，有黃也。洞胡無壽。珠淵無壽。毛當目下也。上池有亂毛，妨主凶。角中央也。身欲得促，形欲得如卷，大膁疏肋，難飴龍頭突目，好跳。豪筋欲得成就。脚後橫筋。毛欲得短，密若長疏，不耐寒氣。尾不用至地，尾毛少骨多者有力。膝上肉欲得堅，角欲得細，鼻如鏡，則難牽。口方易飴，綮府方，易飴。水牛肚大，尾青，最有力。

明 朱國禎《湧幢小品》卷三一《相牛法》　古之視牛者，以耳病則耳燥，安則溫潤而澤，《詩》云：『爾牛來思，其耳濕濕』是也。舊又云：牛相，壁堂欲闊，膺廷欲廣，豪筋欲就，雋骨欲垂，插頸欲高，排脇欲密。尾不用至地，頭不用多肉。角欲得細，身欲得圓，眼欲得大。口方易飼，鼻廣易牽。倚欲如絆馬，行欲如羊，形欲如卷懸，蹄欲如八字。亂睫好觸，龍頸突目好跳。毛拳角令有病，毛少骨多有力，岐胡有壽，常有似鳴有黃。《嘉泰志》：中州焠潼取酥酪，以雍酥爲冠。晉王武子指羊酪示陸士衡云：『卿江東何以敵此？』疑當時南方尚未有也。

明 徐光啓《農政全書》卷四一《牧養·牛》　便民圖曰：相母牛法，毛白乳紅者多子，乳疎而黑者無子。生犢時，子臥面相向者吉，相背者生子疎。一夜下糞三堆者，一年生一子。一夜下糞一堆者，三年生一子。

明 佚名《便民圖纂》卷一四《牧養類》　相牛法：相耕牛，要眼去角近，眼欲大，眼中有白脈貫瞳子，脛骨長大，後脚股闊，並快使。毛欲短密疎，長者不耐寒。角欲得細，身欲得麄，尾梢長大者吉。尾梢亂，毛轉者，命短。

明 宋詡《竹嶼山房雜部》卷一二《畜獸法》

牛水牛黃牛

相牛法：耕牛眼去角近，眼欲大，眼中有白脉貫瞳子，頸稍長大，後脚股潤，並快使。毛欲短密疎，長不耐寒。齒牙欲白，耳角欲近，角欲得細，身欲得麤。尾稍長大，無帶抱喉及臨耳者並吉。面短毛赤，豎尾稍亂，毛轉，並主命夭。凡母牛毛白乳紅，孳子，多乳疎黑、無子。生子時，子卧面相向、吉，相背、子疎。一夜便糞三次，一年生一子。一夜一次，三年生一子。《祖甯戚相牛經》《酉陽雜俎》云：毛少骨多，有力，溺射前，良牛也。埤雅云：牛走順風。又曰：牛性前順。

牛忌：眼下有旋毛，名淚滴，主喪服。齒齦，口斤切有緣招官災。兩角間有亂毛，妨主。後有旋毛，招盜賊。

牛畏熱，又畏寒，草食雜荳飼之，俾息而齝丑之切。肥潤耳濕，冬以牛衣，則無病也。牛草脹，以醋灌之，或從後探去其毒。牛瀉痢，煎人參敗毒散、黃連解毒湯飲之。

清 張宗法《三農紀》卷八《牛》　相法：《甯戚相牛經》云：頭小腦大，首長身大，角立臼圓，脊高臂底，食毛不分，立齊足，可耕。《牛經》云：牛眼近角者良，眼大者吉，目中有白脉貫瞳者快而有力。胸欲圓面濶，肩中央欲得下，膝欲圓，尾根欲大，腕下欲肉，蹄欲豎緊。又法：頭欲瘦小，不宜多肉，面欲長正，不宜短促，耳欲豎厚，不宜遠角，角欲去目近，不宜後回，又欲方短，不宜細紋。鼻欲軟大，不宜硬小。口欲方大，不宜尖小。齒欲白齊，不宜踈胎，毛欲短也。不宜稀長，前足要直而潤，後足要曲而開。股欲小而瘦，前後無帶者吉。尿射前者快，尿直下者良，糞如螺旋者福，母牛乳紅者喜産子，乳黑者少産子。牛産犢，犢向外卧者不吉，向内者吉，一夜下糞三堆者一年一子。下糞一堆者三年一子。又云：面短者壽，促眼赤者有人，目不有旋紋傷主，目有綠波者召官災。角下生乱毛不吉，耳後有旋遭盜。毛長稀，惧寒。肚下有横毛，使卽倒行。前帶至耳，早死。尾稍乱毛拳曲，壽夭。角相去尺餘者，名龍門牛，畜之獲福。外踶圻包内者，主召吉。額有黄花者，召吉慶。買前有荅白如拳者，主穀豐。毛如鹿斑者，主冷退。頭白尾白者名喪門牛，主遭凶。頭脚俱青，獨角白者，名黄旛牛，主災害。

又 相法：農父口授訣云：水牛眼要環大，瞳要光明，耳要緊小，去角近者耐暑，角要長細，大過于身者有壽。口要齊，易肥，齒要鐵桿，力大，頭見筋者快，鼻扁而長者壽。皮欲急而細，毛欲粗而直，頸大胸寬，後足開，四踶枉者有力。踶外拆向内包者召福，拆内空者善耕，頸下白帶無者良。口内白如積雪，黑如遍漆，紅加噴血者并吉，若有靨紋者少吉。牯牛頭牸牛者吉，牸牛頭牯牛者良，絶青者吉。白色，角踶黑者吉。九齒者壽，長鬚者壽，額土分水毛中者壽。餘與相旱牛同法。相旱牛惟洛人，相水牛惟楚人。聞之察齒以定其年，審鋒而平其歲。

清 徐時棟《烟嶼樓讀書志》卷一四《相牛經》 甯戚飯牛車下，世遂傳《甯戚相牛經》，其荒誕不足詰也。然其文僅二百餘言，而奇古有氣息。較之《浮邱公相鶴經》、《朱仲相貝經》、《張華禽經》又有上下牀之別矣。

清 喻仁《水黄牛經大全》卷上《辨牛將來有黄井相牛法第四》 《甯戚相牛經》曰：任重致遠，以利天下，牛爲利也。《傳》載：牛口常有似鳴者，當有牛黄。又曰：牛羊無角者謂之㸯音利，牛眼近角者及牛眼大者，及眼中有白線貫入童子者，其牛行最快。壁堂欲得闊。胷堂四脉下之堂也。膺延欲得廣，平也胸前之色。肩中央欲得下，豐岳欲得太體岳，膝也，尾下欲得大，脚腕下欲得肉覆踶。又宜體緊身促，此相法之大略也。口中斗者，肉重千斤。唯水牛肚大尾青，最是有力。最大者，肉重千斤。最小者亦數百斤，出廣州高涼郡也。

又《相耕田牛第五》 須頭小腦大，頭長身短，角方眼圓，脊高臂低，食毛不分，立齊足，乃爲可耕。力頭欲瘦小，不用多肉，面欲正長，短則命促。經云：面高正長，有齒無旋，面若頭低，半年損身。眼欲得大，去角要近，有白脉貫瞳，吉。眼赤者觸人，眼下有旋毛，名淚滴，主喪服。鼻欲軟而大，易牽，鼻上毛逆，凶，鼻如鎊鼻，難牽無力。口欲方大，易旋能食，齒欲白，若眼有緣脛，主災。經云：齒牙雪白，多招田宅。角短方大，絞浪角，形如仰弓，吉。角向前吉，向後凶。兩角間有亂毛起，名頭吒，妨主。經云：角圓紋細，使卽遲滯。耳去角要近，略可容指，方好，多長毛，不耐寒。耳後有旋毛，名剌環，招盜賊。經云：牛耳角近促，不用營禄。耳去角遠，千里不轉。頸骨欲得長大。肩旅目欲得窊，若窊則爲雙肩，主有有力，若不窊者，爲單肩，少力。毛短密而黑者耐寒。踈長如鼠毛者怕寒。毛赤堅，自害損主。倚毛向前大吉，向後大凶。肚下有横毛，使卽到行。前脚欲直而潤，後脚要曲而開，股瘦小則徤快。經云：前脚如箭，後脚如弓。蹄欲得大，青黑紫爲鐵蹄，吉。經云：蹄色黄白，行不滿百，陰虹屬頸者，于里牛也。前帶抱喉及臨耳者，早死。經云：前後無帶，至老無害。後帶半長，法主横傷。乳紅，多子，吉，乳踈黑，無子。生袋來隱力吉，横出者凶。尿射前胯者快，直下者鈍。屎欲蹲放。經云：屎如螺旋，用力如電。身欲得圓，昭欲得密，脊欲尖欲絞，角欲厚重，尾骨簏、少毛者，有力。尾稍長，大吉也。

又 黄牛、青牛、黑牛、赤牛，總有額上一花黄者，養之，主人多吉慶康寧喜事，招横財，大吉之兆也。

又 黄牛若胃前一荅自如手掌大者，此是上相之牛。養主並宜添丁進業，五穀豐熟，大吉利也。

又 白牛頭黄者，名爲牛中王。養之，主人家多招資財，富貴雙全，子孫昌盛，六畜蕃衍。牛食相得二千石豆也。

又 牛角闊相去一尺者，名爲龍門牛，牛中王也。若有人家養才，主人丁興旺，六畜犧牲，大吉利也。

又 牛黄黑色者，當脊背上一條白者，名爲蒿牛。人家養者，主家道豐衣足食，孝子順孫，一門和氣，大吉之利也。

又 牛有鹿斑者養之，主人家財業冷退，所作不遂，田蚕不成，若有此牛，切不可養，大當戒之。

又 牛若有頭上白者，名爲孝者，生養之，主人家多凶禍，喪事官事，連纏，口舌興生，大不利也。

又 黑牛，頭白尾白者，名曰喪門之牛。有養之者，主多招凶禍惡事，田蠶、六畜、財帛等甲俱不美也。

又 青牛，頭脚俱黄，角白者。名曰黄旛牛。若有人養之者，主大凶，令人家消折，所作不遂意也。

藝文

清 陳錦《補勤詩存》卷二〇《相牛》以牛赴耕謳，吟道之收縱。應聲如春有，相是爲相牛 如歌似嘯雜田謳，不相鄰舂便相牛。那得烏犍偏解語，介盧僊去兕王愁。

牛欄 牛屋 牛舍 牛室 牛棚 牛庵 牛宫

題解

漢 袁康《越絶書》卷三 吳所畜牛、羊、豕、雞也，名為牛宫。

唐 釋一行《大毗盧遮那成佛經疏》卷四《入漫荼羅具緣真言品》 牛欄者，西方聚落，牧牛共在一處，去村或十里、五里。既積多時，牛屎尿遍地重積。梵俗亦以爲淨。雖然，須牛移去，若牧牛見在亦不中作也。河灘，正翻當云擯流處，謂有兩水，或多水於此處會合，此側及中間。頻經泛漲，蕩滌無諸穢惡，天廟是宗事世天者，齋祈之室，亦多清閑，然有諸外道邪見不信。則不應於此處作也。空室，謂世人所造居室，後時捨之而去，以無諸憒雜故堪作法，仙人得道處，是世間求五通者，久所棲止得成就處。必無餘好處，亦可於中造漫荼羅也。復次制底，是建立高勝義，謂此人常能建立白法志不屈撓，雖未現修聖教，當知先世樹福内有善根故名爲塔。又火能樊滅荒穢，謂此人身口意，雖未能清昇出離，然内有慧性好行淨業有過能改，故名火祠。牛是行義，欄是閑防義，謂此人質性調柔易可馴御，兼於五情嗜欲，能自制止，不至放逸，故名牛欄。

（紹定）《吴郡志》卷二 牛欄，亦名牛宫，吴地下濕，冬寒，即牛入欄。唐人謂之牛宫，陸龜蒙有《祝牛宫詞》，其序曰：冬十月，耕牛違寒，築宫納而造之。建之前日，老農請乞靈于土官，以從鄉教，予勉之而為辭：四牸三牯，中一去乳，天霜降寒，納此室處。老農物物，度地不畝。東西幾何，七舉其武。南北幾何，丈二加五。偶楹當間，載尺入土。太歲在亥，餘不足數。上締蓬茅，下遠官府。耕耨何時，飲食得所。或寢或卧，免風免雨。宜爾子孫，實我倉庾。

宋 鄭虎臣《吴都文粹》卷二 牛闌亦名牛宫，呉地下濕，冬寒，牛即入闌。唐人謂之牛宫。

清 祁寯藻《馬首農言·農器》 牛室。耕牛爲寒築室納而阜之也。

論説

唐 釋一行《大毗盧遮那成佛經疏》卷一〇《世間成就品》 牛欄者，牛是五淨所生，能却穢，除障，成就清淨之事，以牛淨所養故，細草豐茂自然滋長。此菩提心牛欄亦爾，能防妄想分別之過淨諸心地。以大悲水灑之平等地，所生功德任運成長也。

綜述

宋 邵雍《夢林玄解》卷一五《牛棚羊棚》 占曰：此富厚之占，占有棚無畜者，不祥。

元 王禎《農書》卷一八《牛室》 牛室門朝陽者宜之。夫歲事逼冬，風霜淒凜，獸既氄毛，率多穴處，獨牛依人而生，故宜入養密。室閒之老農云：牛室内外，必事塗墍，以備不測火災。最爲切要。陸龜蒙序云：冬十月，耕牛爲寒築室，納而阜之。建之前日，老農請乞靈於土官，以從鄉教。序勉而爲之辭云：四牸三牯，中一去乳，天霜降嚴，入此室處。老農拘拘，度地不畝，東西幾何，七舉其武，南北幾何，丈二加五，偶楹當間，載尺入土。太歲在亥，餘不足數。上締蓬茅，下遠城府。耕耨以時，餘食得所。或寢或訛，免風免雨。宜爾子孫，實我倉庾。

又 卷二六《法製長生屋》 凡農家居屋、廚屋、蠶屋、倉屋、牛屋，皆宜以法製泥土爲用。先宜選用壯大材，木締構既成，椽上鋪板，板上傅泥，泥上用法製油灰泥塗飾。待日曝乾，堅如瓷石，可以代瓦。凡屋中内外材木露者，與夫門窗壁堵，通用法製灰泥圬墁之，務要匀厚固密，勿有罅隙，可免焚焮之患，名曰「法製長生屋」。是乃禦於未然之前，誠爲長策。

明 劉基《多能鄙事》卷七《相牛屋法》 牛屋水流出辰巳、午未，吉。寅卯，凶。水流申酉，其牛不安居。水流戌亥，牛多病。水流子丑，犢不成，且常有患害。牛欄地欲得乹亥，高連丑、艮、坤、丁、巳、午，平遠流水入寅、囲、辰、巳，上祭。丑、未，對高吉。地形乹高，連亥丑，吉。丑高至乹，吉。戌高至坤，吉。未高至午，吉。丑未對高，吉。諸處乾缺，吉。有小無午，小牸有午，無子小牸，有丑無未。小牸有未，無丑失盗。坤未太高，及有坤無艮，皆主牛乏力。坤艮並有，吉。有坎無離，吉。無坎，凶。坎離皆有吉。有乹無巽吉。有巽無乹招盗，乾巽皆有吉。震缺兑高吉。兑缺震高凶。牛屋東北有水吉。西北有水吉。東有岡來吉。南有岡凶。東北岡來大吉。西北岡水來吉。牛屋高七尺，用松栗木吉。新舊木雜凶。牛屋一間吉。二間前吉。後凶。屋下水流凶。屋宜安申地，西未大凶。屋壁不用坭，四角埋鼠吉。亥地埋蠶沙吉。繫牛春宜短，夏長三尺七寸，冬放欄中。

明 午榮《魯班經》卷二《五音造牛欄法》 夫牛者本姓李，元是大力菩薩，切見凡間人力不及，特降天牛來助人力。凡造牛欄者，先須用術人揀擇吉方，切不可犯倒欄殺，牛黄殺，可用左畔是坑，右右畔是田王，牛犢必得長壽也。

又《造欄用木尺寸法度》 用尋向陽木一根，作棟柱用，近在人屋在畔，牛性怍寒，使牛温暖。其柱長短尺寸用壓白，不可犯在黑上。舍下作欄者，用東方採株木一根，作左邊角柱用，高六尺一寸，或是二間四間，不得作单間也。人家各别椽子用，合四隻則按春夏秋冬陰陽四氣，則大吉也。不可犯五尺五寸，乃爲五黄，不祥也。千萬不可使損壞的爲牛欄開門，用合二尺六寸大，高四尺六寸，乃爲六白，按六畜爲好也。若八寸係八白，則爲八敗，不可使之，恐損羣隊也。

又《占牛神出入》 三月初一日，牛神出欄。九月初一日，牛神歸欄。宜修造，大吉也。牛黄八月入欄，至次年三月方出，並不可修造，大凶也。

又《造牛欄樣式》 凡做牛欄，主家中心用羅線踏看，做在奇羅星上吉。門要向東，切忌向北。此用雜木五根爲柱，七尺七寸高，看地基寬窄而佐不可取，方圓依古式，八尺二寸深，六尺八寸濶，下中上下枋用圓木，不可使扁枋爲吉。

住門對牛欄，羊棧一同看，年年官事至，牢獄出應難。

又《論逐月造作牛欄吉日》 正月庚寅，二月戊寅，三月己巳，四月庚午、壬午，五月己巳、壬辰、丙辰、乙未，六月庚申、甲申、乙未，七月戊申、庚申，八月乙丑，九月甲戌，十月甲子、庚子、壬子、丙子，十一月乙亥、庚寅，十二月乙丑、丙寅、戊寅、甲寅。

右不犯魁罡、約絞、牛火、血忌、牛飛廉、牛腹脹、牛刀砧、天瘟、九空、受死、大小耗、土鬼、四廢。

明 佚名《便民圖纂》卷一〇《作牛欄》 甲子，戊辰，己巳，庚午，甲戌，乙亥，丙子，庚辰，壬午，癸未，庚寅，庚子，戊午，己未，辛酉。忌建、破、魁、罡、勾絞、牛大血、血忌、牛飛廉、牛腹脹、牛刀砧、天賊、天瘟、九空、受死、小耗、大耗、九土鬼、正四廢。

明 吳國仕《造命宗鏡集》卷一一《修造欄枋須忌淨欄殺**》** 淨欄殺，例以太歲上起建，順行逢執破是也。又名大小耗星。

又《造牛屋》

年凶方　子丑寅卯辰巳午未申酉戌亥

歲牛神　震巽艮西南欄東卯巽辰巳坤南乾

牛黄七殺　巽艮乾巽艮乾巽艮乾巽艮乾

月凶方　子丑寅卯辰巳午未申酉戌亥

淨欄殺　巳午未申酉戌亥子丑寅卯辰

畜官符　午未申酉戌亥子丑寅卯辰巳

月災殺　正五九月丙壬方二六十月丁癸方三七十一月甲庚方四八十二月乙辛方只忌牛畜餘畜不忌

又《牛屋吉向方》　向丑自歸　向艮無盗賊　向辰大旺　向巽牸牯吉　向卯吉　向酉半吉　向坤申牛大發　向戌招盗賊　向亥子母成群

凡剋擇取年家太陽、奇羅會日、月家太陽奇羅併臨爲吉，月德到處吉。忌金星、暗建、的殺、血刄到方，兇。

又《造牛屋吉年月》　申、子、辰、亥、卯、巳年，不論向背，大吉。二、四、六、七、八、九月大吉。

春戊子亥日凶　夏寅卯丑日凶　秋己午辰日凶　冬申酉未日凶

又《造牛屋吉日》　壬子　壬寅　甲寅　戊辰　戊申　壬辰　戊午　戊寅

清　張宗法《三農紀》卷九《牛欄》　牛之于農，上關賦稅，下係衣食，在一牛之助，牛命即農命也。須造室以蔽虱霜，設欄以禦盗賊。卜方古日，須知宜忌，割穿教納，當曉合辰。造欄須選向陽青萃木一根作棟柱，短長尺寸宜壓白，不可犯黑。間架宜雙勿單，高底尺寸俱宜合六白，然八亦屬白。又云八敗，故忌乙。不可犯五，五乃五黄，石砮。宜合二、四、六數，吉。欄前禁壘石，欄後勿行路，欄內汚汙損胎。當人屋門不利，開門宜向草畝，吉。《養生書》云：安六畜以正五行，長生位上起，坐山陽，順陰逆，遍數力位，宜置長生、帝旺、臨官、胎養、墓衰方，大吉。量起處寬狹，以活法取用爲當。

宜忌：乾坎艮震四山，利甲庚丙壬丁癸方，巽離坤兑四山，利壬癸乙辛方。動土宜天歲月德，德合母倉，忌癸辛一丑戌午日，逐月戌日。豎欄宜天歲月德，德合三合母倉。春忌成亥，子夏忌丑寅卯，秋忌大忌修造。放水：宜貪巨武輔四星，吉，其祼文兼破弼，不吉，或放墓方、衰方亦可。放水宜審其地勢裁度之。修宜四五六七月，吉，餘月有忌。穿鼻：宜成收、開日。今人多用社日。忌厭破、破閉口。教犢：宜天歲、月德、德合母倉，大明、黄道、旺相生氣日，建收，執成日。買牛：宜成收，開日。納牛：宜天歲月德德合，三合母倉。忌乙丑、壬申、癸丑日，丑日破羣。宜甲寅、庚寅、壬辰、戊辰、己卯、庚申。收牛：忌初三、初六、十二、十三、十六、十七、十八、二十六日。鍼牛：忌丑日、平定、血刄日。割牛忌：血刄丑日。牛胎：二八月，占欄。出糞：宜除日，每月二十九日。

【典故】《説苑》：秦穆公使賈人載塩車，百里笑以五羖之皮將車之，公觀塩見其牛肥，問何以致也。對曰：飲食以時，使以不以暴，目險先後之以身，是以肥也。公知其吾子，以爲卿。《莊子》：聲氏牛夜巳而遇夔，氏而問焉。我有四足，動而不善，子一足而超踊，何以然。曰：以吾一足王于子矣。《漢書》：龔遂爲渤海守，務農，贖劍買牛，勸人賣刀買犢。曰：佩牛佩犢。

清　丁宜曾《農圃便覽》　白露。晴半月，倒糞、耕地俱善。雨多，瓜、菜生虫，牛草黴黑，播種失時。此後驢馬當歸棚，六畜房圈及時修理，不使受寒致疾。前塌之地，至此再轉熟，更驗糞之粗細，七八日後，即種蕎麥，大麥。蓋旱澇常多，若待恰好時候，恐有躭悞。故如其晚也，不如其早，而人反謂早種長過了苗。吾鄉莊農可知矣！當速送糞，并催犂戸拔豆角藤，塌起種麥，製牛草。

又　霜降。【略】牛須喂料。若牛具軟弱，耕半亦可。然必晌午露乾方可耕，若掩霜入地，來春多折苗。搭牛棚，遇雨雪，拴棚內。

又　初九日，牛鬼初降，初十夜，西天王降，廿八日人神在陰，并忌苙墻垣，修理牛棚。

（乾隆）《震澤縣志》卷二五　邑內多以人耕，亦間有以牛耕者。《吳郡志》云：吳地下濕，冬寒，牛即入欄。至今家有牛欄，亦稱牛棚。即唐人所謂牛宫，陸龜蒙有《祝牛宫詞》是也。

紀事

清　姚之駰《元明事類鈔》卷一六《居牛棚》　明《戚元佐集》：海寧祝先生教授生徒，學者雲集，吳昂短褐草鞋，負書走數十百里從學。先生奇之，曰：生來晚，書室盡滿，惟室旁一牛棚幸無牛生，寧居乎。昂曰：唯唯。先生乃令人掃除塗塈，昂解衣雜塗人共作，不日就舍，後學業大成，登進士，仕至方伯。

藝文

唐 陸龜蒙《甫里集》卷一六《祝牛宮詞并序**》** 冬十月，耕牛為寒，築宮納而皁之，建之前日，老農請乞靈于土官，以從鄉教，予勉之而為詞曰：四牸三牯，中一去乳。天霜降寒，納此室處。老農拘拘，度地不亟。東西幾何，七舉其武。南北幾何，丈二加五。偶楹當間，載尺入土。太歲在亥，餘不足數。上締蓬茅，不遠官府。耕耨以時，飲食得所。或寢或訛，免風免雨。宜爾子孫，實我倉庾。

牛闌亦名牛宮，吳地下濕，冬寒，牛即入闌，唐人謂之牛宮。

宋 蘇泂《泠然齋詩集》卷二《青牛宮》 青年宮中青草生，數間老屋徒欹傾。老人婆娑坐牛背，似怪關尹聞其名。東來萬里西遊客，倚遍宮前舊時栢。巫咸大招不可期，欲向青牛問消息。

宋 汪藻《浮溪集》卷三二《飯牛庵》 相從龍具中，耕稼亦吾學。所求一飽同，安用瑩蹄角。

宋 范成大《石湖詩集》卷二七《秋日田園雜興》 乾高寅缺築牛宮，卮酒豚蹄酹土公。牯牸無瘟犢兒長，明年添種越城東。

宋 方岳《秋崖集》卷一《飯牛庵》 寧與厓下人，烟雨耕犖确。讀書亦何為，謹勿累吾角。

又 卷六《牛庵睡起》 自東生芻起飯牛，隔林扣角更深幽。半分不得詩書力，一飯常存畎畝憂。老去有腸堪貯酒，生來無骨可封侯。開荒厓下田無幾，種秫寧須與婦謀。

又 卷一二《牛屋》 苦以連茹茅，編以帶葉篠。俾予藺栗犢，安臥煙雨曉。架犂初學耕，敲扑固不少。我廩何時高，爾室勿嫌小。半山月荒涼，四壁雲繚繞。相期一飽外，短笛秋渺渺。黃鍾忽滿脰，聲欲撼林杪。豈歎不耕人，華榱上雲表。

宋 劉克莊《後村集》卷二六《田舍即事》 閩土資生少，農家作苦多。尚能盖牛屋，未肯入雞窠。社裏戴花舞，原頭拾穗歌，設令生漢代，堪冠力田科。

又 卷三九《竹溪間道至水南不入城而返小詩問訊》 牛屋方將扣角同，漁磯亦擬共披蓑。即今耆舊多凋謝，從古文章要琢磨。一老少曾聞正始，六人五已相元和。白頭賴有溪翁伴，頗怪高軒不我過。

宋 陸游《劍南詩稿》卷一七《初冬雜題》 荒郊寒雨晚凄凄，四壁穿穨旋補泥。物我元須各安穩，自苫牛屋織雞棲。

又 卷三一《雪中至近村》 荒山風雪歲將殘，貸粟迢迢犯苦寒。急燎征裘憩牛屋，旋沽村酒挂驢鞍。清貧徹骨初無憾，老健逢人强自寬。深夜還家未能睡，解囊吹火取詩看。

又 卷四二《東村》 雨霽山爭出，泥乾路漸通。稍從牛屋後，却過鸛巢東。決決沙溝水，翻翻麥野風。欲歸還小立，為愛夕陽紅。

又 卷五五《農家歌》 村東買牛犢，舍北作牛屋。飯牛三更起，夜寐不敢熟。茫茫陂水白，纖纖稻秧綠。二月鳴搏黍，三月號布穀。為農但力作，瘠鹵變衍沃。腰鎌卷黃雲，踏碓舂白玉。八月租稅畢，社瓮醲如粥。老稚相扶攜，閭里迭追逐。坐令百世後，復覩可封俗。君不見朱門玉食烹萬羊，不如農家小甑吳粳香。

又 卷五七《題旅舍壁》 泥淖停牛屋，風埃坐簀牀。絳人難諱老，楚客自嫌狂。浪迹江湖大，回頭日月長。村村有餅餌，正可不賫糧。

宋 郭印《雲溪集》卷八《留宿田家》 遲落前溪水，田家借一椽。容身函丈地，闔眼濕薪烟。馬飼牛欄下，人眠狗竇邊。此行頻窘澁，吾意亦安然。

明 王世貞《弇州四部稿》卷一九《醉題曹子念壁》 君家一椽如牛屋，門外輪蹄宛相續。老儂自好歌鷓鴣，上客時能舞鴝鵒。牀頭莫問明日米，盤中且辦今夜肉。我笑曹丘非長者，君言王湛真癡叔。丈夫有錢不解使，老向兒曹作駒犢。

明 高啓《高太史大全集》卷二《牛宮詞》 豕豢于苙，鷄棲于塒。嗟爾烏犍，何所止斯。歲聿云暮，雨霜以風。乃築環堵，以爲尔宮。既用爾力，宜恤爾寒。庇處密固，我心孔安。

明 午榮《魯班經》卷二《詩曰》 魯般法度剏牛欄，先用推尋吉上安。

必使工師求好木，次將尺寸細詳看。但須不可當人屋，實要相宜對草崗。時師依此規模，作致使牛牲食祿寬。

又《**合音指詩**》 不堪巨石在欄前，必主牛遭虎咬遭。切忌欄前大水窟，主牛難使鼻難穿。

又《**詩**》 牛欄休在污溝邊，定墮牛胎損子連。欄後不堪有行路，主牛必損爛蹄肩。

又《**定牛入欄刀砧詩**》 春天大忌亥子位，夏月須在寅卯方。秋日休逢在己午，冬時申酉不可裝。

又《**起欄日辰**》 起欄不得犯空亡，犯着之時牛必亡。癸日不堪行起造，牛瘟必定兩相妨。

明 呂克孝《**過田叟**》《明詩紀事》卷一八 我欲驅黃犢，移家傍屋東。但容茅蓋頂，先爲築牛宫。

清 鄭珍《**巢經巢詩文集·詩後集**》**卷四**《**讀書牛欄側三首**》 讀書牛欄側，炊飯牛欄傍。二者皆潔事，所處焉能當。讀求悦我心，食求充我腸。何與糞壤閒，豈有臧不臧。

幽幽小窗光，耿耿微炭火。蕭蕭白髭叟，把卷終日坐。雨中十餘日，亦覺腰膝跛。來時杏初花，起視花已墮。

閏歲耕事遲，一牛常卧旁。齝草看人讀，其味如我長。置書笑與語，相伴莫相妨。爾究知我誰，我心終不忘。

清 斌良《**抱冲齋詩集**》**卷三三**《**茶肆小憩頗得幽趣偶題小詩疥壁**》 蝸殼三間屋，牛欄半畝宫。山延可窗翠，花愛出牆紅。玩賞人無暇，謳吟句頗工。丰昌饒景象，半在驛亭中。

清 黄釗《**讀白華草堂詩初集**》**卷九**《**冬日閑居雜詩**》 儲米剛三月，藏書近五車。業農雖雪淡，為士郤風華。牛屋棚堆草，雞窗筆幻花。耕田兼識字，有此秀民家。

清 錢澄之《**田間詩文集·詩集**》**卷一〇**《**過庭玉雍產村居即事**》 牛屋重重架，湖田面面青。船成下水試，網曬過山腥。晝靜人皆出，宵勤戶不扃。移居凡幾代，頓有百餘丁。

吾愛堤楊下，家家繫小船。一門工射鴨，四季得烹鮮。野芡堪充飯，池蓮正值錢。蕭條憐二子，轉覺廢書賢。

一村皆可過，生計在湖濱。爨密居疑偪，產多分亦貧。荒原無棄地，深巷少閒人。暗惜詩書種，休令世澤泯。

清 朱休度《**小木子詩三刻**》**卷中**《**繫牛棚**園東南隅有稻田，若夏旱，則使牛盤水車灌之，故棚設焉。》 水車之槅犖犖轉，水車之盤團團尋。我田無多牛易力，搭棚蓋汝楊柳陰。

清 田雯《**古歡堂集**》**卷一**《**牛宫辭**》 日将夕，牛來歸，水莎飯牛牛不饑。黄昏牛卧蝙蝠飛，雨濕牛欄生箬衣。新築牛宫添兩扉，丈十加五土墻圍，老牸秃速小犢肥。浮鼻過溪鴉鳴柳，挂書牛角一癯叟。

清 陳維崧《**湖海樓詩集**》**卷四**《**謝孝廉彙先**》 半畆牛宫繞菜田，鋤畦汲水亦徒然。芒鞵一緉千金直，不踏城中二十年。

清 洪亮吉《**更生齋集·詩**》**卷三**《**十八日戴村土人約食河豚因放舟詣其居并留刺宿**》 牛宫斜對讀書堂，纔出堂扉便廣場。不種疎梅與桃李，門前十里菜花黄。

清 閔華《**澄秋閣集·二集**》**卷四**《**四歌**》 桒柘陰陰，十畝閑閑兮，牛宫雞柵叢居其間兮。五風十雨幸逢年兮，醉歌烏烏言我田兮耕。

清 余元甲《**淮海英靈集·乙集**》**卷三**《**祝牛宫辭**》 農事休役户，墐向塞牛寒。不屋霜雪侵，逼爰築其宫。晝藏夜匿寅，缺乾高相度。斜直腰下插，斧椓之檝檝。牖一締三陰，不能賊上茅。縛苫下木豎，柵牸母牯父。於焉宴息或，寢或興式飲。式食耳溼而潤，角直以澤春雨。架犂策爾，一力神官有靈，玆土是職，願享牲俎，更鑒冬醴牝吉，牿亨俾彼蕃，殖服我南畝子孫千億。

雜録

宋 黄庭堅《**豫章黄先生文集**》**卷一三**《**跨牛庵銘**》 吉州太和縣普覺禪院，其東北皆修竹，長老楚金開息軒於竹間。予作縣時嘗謂金：『爲我結草菴於竹北。』金方經營經藏未暇也，他日菴成，予已去。金知予隨食於四方，不能有是菴也，則自名曰『跨牛』，而乞予銘。金蓋學牧牛於鄧峰永，永學牧牛於黄蘗南。南無牛，來者穿鼻焉。永，牧牛者也，然其牧不勤，其牛不煩。金之牛純白矣，跨而不敢下，恐其蹊人之田。予之與佛者游，觀蹊田之牛，觵觵其角。如金之能自牧者蓋寡矣。作銘。

唯水牯牛，頭角堂堂，以作意力，偏行道場。舉頭看月，終不觀指。浮鼻渡河，蹴踢源底。三界爲田，衆生爲稻。由我深耕，世無寸草。我跨此牛，無繩與鞭。要下即下，馬後驢前。

宋 洪邁《夷堅支志》庚卷六《金神七煞》 吴楚之地，俗尚巫師，事無吉凶，必慮禁忌。然亦有時而效驗者。如居舍脩營，或於比近改作，必盡室遷避，謂之出宮。最所畏者金神七煞之類，各視其名數以禳之。俟家人出竟，乃誦呪施法，用七鴨卵從外擲之堂中，視其在亡，以應占訣。樂平一富家，以築室方隅之禁徙出，徑日而歸，七卵在地，但餘破殼而已，大鼠死於傍。蓋室内無人，羣鼠謀食，遇卵焉，各啖其一，故犯禁而隕，考其厭禱之理，疑若以物數相代然。予叔父中造牛欄於空園，術士董猷見之，曰：『欄之一角犯九梁煞，常急解之。』呼巫焚紙錢埋桃符以謝。既而言：『人可以免，恐牛當有災。』後一月間，相繼斃其五，而三犉有胎，一犉雙犢，正合九數云。

耕牛

論説

宋 司馬光《冤牛問》《淵鑒類函》卷四三五 華州村往歲有耕田者，日晡疲甚，乃枕犂而卧。乳虎翳林間，怒髭搖尾，張勢作威，欲啖而食之。屢前，牛輒以身立其人之體上，左右以角拉虎甚力，虎不得食，垂涎至地而去。其人則熟寢，未之知也。虎行已遠，牛具離其體。人則覺而惡之，意以爲妖，因杖牛，牛不能言而犇，輒自逐之，盡怒而得。愈見怪焉，歸而殺之，解其體，食其肉，而不悔。夫牛有功而見殺，盡力於不見知之地，死而不能以自明。向使其人早覺而悟虎之害己，則牛知免而獲德矣。惟牛出身捍虎於其人未覺之前，此所以功立而身斃也。

宋 周必大《平園續稿》卷一四《曾氏農器譜題辭》 紹聖初元，蘇文忠公軾南遷，過泰和，邑人宣德郎致仕曾公安止獻所著《禾譜》，文忠謂其温雅詳實，爲作《秧馬歌》，又惜不譜農器。時曾公已喪明，不暇爲也。後百餘年，其姪孫耒陽令之謹始續成之，凡耜耒、耨鎛、車戽、簑笠、銍刈、蓧蕢、杵臼、斗斛、釜甑、倉庾，厥類惟十，附以雜記，勒成三卷。皆考之經傳，參合今制，無不備者，是可輔伯祖之書，成蘇公之志矣。其叙牛犂，蓋一編之管轄。予嘗學稼，因演其説。《山海經》曰：『后稷之孫叔均始作牛耕。』世以爲起於三代，予謂不然。牛若常在畎畝，武王平定天下，胡不歸之三農，而放之桃林之野乎？故《周禮》祭牛之外，以享賓、駕車、犒師而已，未及耕也。不然牽以蹊田，正使藉稻，何足爲異，乃設奪而罪之之喻耶？在《詩》有云：『載芟載柞，其耕澤澤。千耦其耘，徂隰徂畛。』又曰：『有略其耜，俶載南畝。』以明竭作於春，皆人力也。至於穫之積之，如墉如櫛，然後殺時犉牡，有捄其角，以爲社稷之報。若果使之耕，曾不如迎猫迎虎，列於蜡祭乎？厥後王弼《傳易》以爲稼穡之資。宋景文公祁闢之曰：『古者牛惟服車，《書》：「肇牽車牛」，《易》：「服牛乘馬」。漢趙過始教牛耕。』蓋本賈思勰《齊民要術》。予謂輔嗣固失矣，賈氏及景文亦未爲得也。按《論語》：『子謂仲弓曰：「犂牛之子騂且角，雖欲勿用，山川其舍諸？」』此聖人格言也。蓋犂田之牛，純雜牝牡皆可，祭牛則非純非牡不可，故曰騂且角也。注疏乃以牛爲雜色，騂爲赤純色，角爲周正。近世諸儒并從此義。今觀《周禮·牧人》，時祀牲必用牷。牷，純色也。外祭毁祀用尨。尨，雜色也。是則純雜之辨也。《封人》『設其楅衡』，《魯頌》『夏而楅衡，白牡騂剛』，是則言角之意也。竊疑耕犂起於春秋之間，故孔子有犂牛之言，而弟子冉耕亦字伯牛。彼《禮記》、吕氏《月令》『季冬出土牛，示農耕早晚』。賈誼《新書》、劉向《新序》俱載鄒穆公曰『百姓飽牛而耕，暴背而耘』，大率在秦漢之際，何待趙過？過特教人耦犂共一牛，費省而功倍爾。《易傳》出於魏晋，第見牛耕，不復考其初。而賈公彦《考工正義》遂謂起於後漢，其失尤甚。然則《山海經》果荒誕歟？曰：班固《藝文志》《山海經》十三篇，而劉歆所校凡三十二篇，定爲一十八篇，固已不同，歆又云出於唐、虞之際。今考《史記》以不窋爲稷子，譙周已謂世代不合，况叔均乎？故無錫尤袤定爲先秦之書，非夏禹及伯翳所作甚明，其在春秋之後無可疑者。世人習熟見聞，多惑是説，予之諄諄亦可哂哉！若杷之屬，揚雄《方言》往往三名，耒陽既書之矣；宦游寖遂，他日所至，枚舉名物，采方言而附之，非所謂後世復有子雲者耶！嘉泰辛酉八月。

宋 樓鑰《攻媿集》卷九一《直秘閣廣東提刑徐公行狀》 十一月

陛辭，奏：『【略】竊嘗詢究淮上治田之具，蓋每招一家必首給錢百二十緡，以其二買牛，一爲室廬耒耜之資。是知淮上不惟人稀，牛亦艱得，計道途之費，固應倍于内地。又緣經歷商税，費亦寖重。臣恭覩仁宗皇帝《國史》，凡鬻牛者免算税。紹興敕令云：「若以牛販賣，其過税勿收，即遇災傷，放税及五分，過往税亦免。」欲望遵仁廟之法，申甲令之文，並免販牛過税。至兩淮者，住税亦免。耕牛輻湊，則曠土日闢矣。臣恭聞陛下方發内帑，委守臣備耕具，招歸正人營田，若更免牛税，則必欣然從事于畎畝。農隙閲以武事，邊備之至計也。』上大悦，且曰：『牛税可免，卿能保歸正人樂于耕乎？』對曰：『臣豈敢爲嘗試之説？蓋詰以「汝輩未歸此時，在北方亦耕夫耳」，咸曰「然」。【略】』

宋 鄭樵《六經奥論》卷六《牛耕耦耕辨三代井田，未用牛耕**》** 嘗謂古人耒作者少，而天下有惰農，後世耒作者多。而天下無惰農，豈古今人情相反邪。抑時世使之然邪。説者謂古者之田，出於公，故人人得以自耕，而天下有惰農。後世之田出於私，貧者無可耕之地，故天下無惰農，此説固然也。然又有一説，蓋古之耕也，以耦耦則二人併力，以發一耜，此古人之所以有惰農也。今之耕也，以牛，牛則用力，少而耕倍，此後世之所以無惰農也。求之六經，古牛惟以服車，不用於耕。《書》曰：肇牽車牛遠服，賈又曰：放牛於桃林之野。《易》曰：服牛，乘馬。《詩》曰：睆彼牽牛，不以服箱皆。以服車爲言，否則用以祭祀而已。《周禮》：牛人之職，共享牛、膳牛、犒牛、兵車之牛而已。又否則如田單之縱火，齊王之釁鐘而已。以牛為耕，秦漢之上未之前聞也。禹式耦耕，《月令》：季冬令民計耦耕事。《語》曰：長沮，桀溺耦而耕，皆兩人併力以發一耜，此三代井田之制，不用牛耕明矣。史稱趙過始教民牛耕，牛耕之利自趙過代田始，前乎此者，晁錯募民耕，實塞下，廬舍蒺藜之具，靡不備後乎。此者，充國上屯田，簿器用橋亭之物，無不詳，獨不以牛為急者，蓋牛耕之利未聞也。嗚呼！三代井田之制，行而天下有惰農，後世阡陌之法，行而天下無惰農，其教牛耕之力歟。不可以不辨。後世有牛耕，及年號改元之事，皆三代所未言。

宋 陳旉《農書》卷中《牛説》 或問：牛與馬適用於世，孰先孰後，孰緩孰急？孰輕孰重？是何馬之貴重如彼，而牛之輕慢如此？答曰：二物皆世所資賴。而馬之所值，或相倍蓰，或相什伯，或相千萬，以夫貴者乘之，三軍用之，芻秣之精，教習之適，養治之至，駕馭之良，有圉人、校人、馭夫、馭僕，專掌其事。此馬之所以貴重也。牛之爲物，駕車之外，獨用于農夫之事耳。牧之于蒿萊之地，用之于田野之間。勤者尚或顧省之，惰者漫不加省，飢渴不之知也，寒暑不之避也，疫癘不之治也，困踣不之恤也。豈知農者天下之大本，衣食財用之所從出，非牛無以成其事耶！較其輕重、先後、緩急，宜莫大于此也。夫欲播種而不深耕熟耰之，則食用何自而出。食用乏絕，卽養生何所賴。傳曰：『衣食足，知榮辱；倉廩實，知禮節。』又曰：『禮義生于富足，盜竊起于貧窮。』惟富足貧窮，禮義盜竊之由，皆農畝之所致也。馬必待富足，然後可以養治。由此推之，牛之功多于馬也審矣。故愚著爲之説，以次農事之後。

宋 葉夢得《石林奏議》卷一一《奏措置買牛租賃與民耕種利害狀》 臣近准御前金字牌封下尚書省劄子，以淮西及本路等處牛疫死損，奉聖旨專委臣措置，取撥常平所管諸色錢物，委官於出産耕牛去處廣行收買，令人户租賃，應副耕種，務要不失農時，仍許從長酌度，隨宜施行。除已即時行下所部州軍，取會各管常平錢物數目，委自逐州選差官就近體訪出産去處，計會收買外，仍委本府倚郭兩縣知縣并職官、本司屬官各一員，於本府界内詢究闕牛人户見各如何處置接濟耕種；并下管内五縣，取責今年内開剥過倒死牛比較分數。據申，今年倒死牛共約計一千二百餘頭，比去年計多兩倍。係疫死之數，未知一路多寡。今年正月以後，節次疫氣流行，有一家三五頭並皆倒死，一家十頭全無死損者，各自不等。其牛疫之家、無力下户，多是於無死損有餘之家通那租賃，或於客販處連合財本就近收買。其有力上户即於兩浙温、台、明、越等州興販歸鄉耕種，或租賃與人，有無相通，粗已耕墾，趁種早禾了當。惟有二麥收刈後合重行耕犂，再種晚禾，今已將畢，約至六月終週遍，亦且依前措置，止是闕少錢本。契勘牛疫路分，自湖南北直至淮西，悉皆被害，其出産路分不過二廣、兩浙。二廣路遠，決不可往，兩浙雖有，前四州竊慮所餘不多，若諸路並差官前去争買，農民乘時邀價，必難多致。縱有，至速亦須一月餘日方可到本路州軍，即於晚稻耕種已不及用。兼牛畏暑，不能行遠，兩浙經隔程途，若遠處多是船載。其間賣牛人户弊倖不一，所差官未必盡能辯認，或因而通同作過，却致不堪使用。兼牛非農人不能究知水草飼養之方，在路別無人部押照管。既到地頭州軍，須是召人情願租賃，若不堪使用，或農畏憚倒死備償，不敢與官中交易，即難以抑配，不免却有空閑。數目既多，日久因循死損，非獨民間不受實利，兼枉有失陷官錢。伏睹紹聖常平免役令，災傷放税七分以上，并不及七分第四等以下户乏種食者，有結保借貸，給限一年，隨税送納免息之法。今來耕牛與種食事體相類，采訪民言，若官司各隨逐州目今牛價，許令民間不限等第頭數，依種食法結保借錢，或三兩户共借一頭，各令任便，或於本鄉村有餘之家，或於隔路出産去處，自行計置收買，應副使用，亦限一年，免息隨税還納元本，則官無差官道路飼養之勞，民心無畏避死損備償之擾，各得良牛，及時使用，一切弊倖，更不須關防，委是公私兩便。伏望聖慈特降睿旨，下有司相度，如可采取，即乞速賜行下，以憑遵守施行。臣遵奉從長酌度，隨宜指揮，行下本路州軍，一面令出牓曉諭，召人於所屬結保投狀，依借貸種法，聽候朝廷指揮。干冒天威，臣無任惶懼激切屏營之至。謹録奏聞，伏候勑旨。

宋 胡安國《時政論》《歷代名臣奏議》卷四七　凡制國者不能周知山川道里、形勢險易，與夫土地之宜，足食足兵之具，則不可與謀，以貽後患。【略】自畿西、河朔諸郡，每歲必資耕牛於川峽，軍興已來，道路艱阻，不過漢沔六年矣。耒耜之設，服牛引重，聖人所作以利天下。若出峽牛，至于荆渚，則門墻之內耳，此二利也。

宋 楊萬里《誠齋集》卷一一八《宋故資政殿學士朝議大夫致仕廬陵郡開國侯食邑一千五百户食實封一百户賜紫金魚袋贈通議大夫胡公行狀》　今募民營田，官給之牛，且貸之種，美矣。然湖之南土牛之所生，市之以出鄉，則無全牛，降之嘉種，官有其費，漁之於吏手。則無實惠。』

宋 羅璧《識遺》卷六《牛耕》　古以牛引重任載，次則供祀。六經載：祀外，無言牛服耕者。《周禮》：牛人掌養公牛，以待國之政令曰享牛、求牛、膳牛、犒牛、奠牛，兵車之牛，亦不及耕，盖古人尚耦耕，耦者，人力兩相佐助，共發地通畎畝。長沮，桀溺耦而耕。《詩》曰：十千維耦，千耦其耘。《禮》曰：以歲時合耦於耡。賈公彦《禮疏》謂教民牛耕自漢趙過始。按：過為搜粟都尉，創代田之法，始言用耦犂，二牛三人。但余考孔門弟子冉伯牛、司馬牛皆名耕，以牛釋耕，周末已然，似不始漢也。

宋 方大琮《鐵庵集》卷三三《廣州乙巳勸農文》　農以牛爲主，『一粒盤中飯，數滴牛頷血』，謂其辛苦耳。近日官禁頗嚴，屠販漸省。今勸諸墟市，細讀昔人戒食牛肉文，改宰牛業可乎？

宋 魏了翁《周易要義》卷三《牛者稼穡之資六三借耕有司繫牛》

六三无妄之災，或繫之牛，行人之得，邑人之災。以陰居陽，行違謙順，是无妄之所以為災也。牛者，稼穡之資也。二以不耕而穫，利有攸往。而三為不順之行，故或繫之牛，是有司之所以為獲，彼人之所以為災也。《正義》曰：无妄之災，或繫之牛，行人之得，邑人之災者，无妄之世邪。道不行。六三陰居陽位，失其正道，行違謙順，而乖臣範，故无妄之所以為災矣。牛者，稼穡之資，六三僣為耕事，行唱始之道，而為不順王事之行，故有司或繫其牛，制之使不妄造。故曰：或繫之牛也，行人者，有司之義也。有司繫得其牛，是行人制之得功。故曰：行人之得，彼居三者，是處邑之人，僣為耕事，受其災罰。故曰：行人之得，邑人之災也。象曰：行人得牛，邑人災也者，釋行人之得。

明 徐光啓《農政全書》卷二一《農器》　牛，耕牛也。《易》曰：『黄帝、堯、舜，服牛乘馬，引重致遠，以利天下，蓋取諸隨』。未有用之耕者。《山海經》曰：后稷之孫叔均，始作牛耕。世以爲起於三代，愚謂不然。牛若常在畎畝，武王平定天下，胡不歸之三農，而放之桃林之野乎。故《周禮》祭牛之外，以享賓、駕車、犒師而已，未及耕也。即在《詩》有云：『載芟載柞，其耕澤澤。千耦其耘，徂隰徂畛。』又曰：『有略其耜，俶載南畝。』以明竭作于春，皆人力也。至于『穫之』、『積之』、『如墉』、『如櫛』。然後殺時犉牡，有捄其角，以爲社稷之報。若使果用之耕，曾不如迎貓、迎虎，列于蜡祭乎。蓋牛之耕，起于春秋之間，故孔子有『犂牛』之言，而弟子冉耕字伯牛。《禮記》《吕氏》《月令》：季冬『出土牛』，示農耕早晚。前漢趙過又增其制度，三犂一牛，後世因之，生民粒食，皆其力也。然知資其力，而不知養其力，力既竭矣，曾不審寒暑之異宜，疫厲之救藥。有冬鬻春租，冀免芻豆之費；壯鞭老殺，猶圖皮肉之貲。今『勸農』有官，牛爲農本而不加勸，以致生不滋盛，價失廉平。田野小民，歲多租賃，以愒目前，計其所輸，已過半直，是以貧者愈貧，由不恤農之本故也。若爲民牧者，當先知愛重祈報，使不敢慢易，絕其妄殺，憫其羸瘠，豐其菽牧，潔其欄牢，則無不字育蕃息，札瘥不作，耕種不失，足致豐盈。此誠善政務本之意也，其可忽諸。

清 喻仁《水黄牛經大全》卷上《論牛保第一耕牛係養民之道》　僕

聞古今聖帝明王，享國裕民之道，莫先於耕種。若以勸課耕桑爲急務，則其富有天下者宜也。此民之力穡爲勞。而耕牛者，又以其力而代民之勞者也。如此則力田者，可不知放牧饑飽之宜哉。苟放牧違時，飲餵失度，則致多傷損，或承饑而致瘦，或身患而衝風。自此暴病卒生，不知察病揀方，及時醫療，卻信巫師詐言鬼祟，或燒錢而祭醮，或壓禳而書符，不但轉加瘴疫，且益傷損頭疋。僕雖不田而食，生長田間，備知養牛之理，乃於諸家《牛經》內，芟煩撮要，凡耕牛毛色相貌之吉凶壽夭，證納之異同，方藥之纖悉，皆備論焉。扣角牧之，庶無不忝於飯牛之職耳。

又《天子藉田勸農第二》　《傳》曰：藉者，借也。天子耕千畝，但三推發，再三推而止，其後借民力治之。其所收之穀，藏於神倉，以供祀天地宗廟神祇之用也。天子以身先耕於天下者，所以勸農也。以建寅之月，而郊以北郊，即所收之穀而祭也。郊而後耕者也。郊用辛日，而耕用亥日。蓋亥之地直止是天倉星。又以建辰月祭靈星，以求農耕也。靈星是天田星，此亦慎於辰位。故農宇之辰，亦此義也。若諸侯之耕百畝，以祀宗廟，所耕在東郊少陽之位。自天子以及諸侯皆以身先於農，所以重農事也。

清　杭世駿《道古堂全集·文集》卷二四《牛耕説》　以牛耕，於經無所證。《周禮·大司徒》言任地者備矣，獨勿及是，是牛不常耕也。鄭康成前聞博古，即其前後所解，於茲事亦確無定見。注閭師云：『掌六畜數者，農事之本也。』賈《疏》六畜，惟牛可爲農事。注：『里宰』云：『以歲時合耦於耡，合人耦則牛耦亦可知也。』據此二言，則似六典未設以前已有牛耕之事。至注《考工記》云：『古者耜一金，兩人併發之，今之耜岐頭，象古之耦。』賈公彥申之云：『後漢用牛耕種，故有岐頭兩腳耜。』據此則是古無牛耕，牛耕始於漢也。漢平都令光教趙過以人輓犁，始見於《班書·食貨志》，後遂以爲牛耕之肇始。宋之學者，多不信之，浚儀王氏引《山海經》，謂后稷之孫叔均始作牛耕。夫《山經》出於伯翳，與后稷並時，焉知其孫叔均之事乎。此爲後人所羼入可知。平園周氏據賈誼、劉向，以爲『飽牛而耕』，出于郲穆公之語。水心葉氏以孔子弟子冉伯牛、司馬牛皆名耕，若非用耕，於牛何取。夫《新書》、《新序》掇拾舊聞，皆出於秦火之後，異人爲說，不可爲據。孔子弟子之有字，所據非史遷之列傳，即文翁之《學堂圖》，而《家語》一書，又出於王肅之增加，皆不得謂孔氏之遺言。若以爲春秋之世已有行之者，當時計功言利之臣，齊若管仲，越若計然，凡所以富强之術，講之靡不析，用之靡不盡，奚獨此天地自然之利，顧反忽而不察乎？即至李悝盡地力，商鞅開阡陌，錐刀競，而耕犁之利未開，非心計疎也。當時徵發繁興，人車牛輦，悉以供戰鬭之用，其所以不得兼者，勢也。杜元凱上疏云：『古者匹馬邱牛，居則以耕，出則以戰。』其言似有可聽，而實則廓然一無所據。夫預固癖於《左》者，《春秋》二百四十二年，三《傳》之文，炳若日月，而未有及于此，可以證《春秋》無牛耕之制矣。余以爲牛耕之制，蓋自秦始創之，平原君云：『秦以牛田之水通糧。』其明證也。故呂不韋作《月令》云『季冬出土牛示農耕早晚』，亦因其國之所利言之也。當時六國艷其利，遊說之徒轉相傳說，故太史公《律書》言：『牽牛云牛者，耕植種萬物也。』夫牽牛本於《星經》，《星經》本於甘、石，甘、石之徒生於戰國，耕植種萬物之云，非因秦之制乎？若趙過之以人輓犁，則漢世遂以爲常法，《王莽傳》假貸犁牛種食。而非其所特創者歟？

賈思勰《齊民要術》序曰：『九眞、廬江不知牛耕，任延、王景令鑄作田器，教之墾闢。燉煌不曉作耬犁，及種，人牛，皇甫隆乃教作耬犁。龔遂爲渤海使，賣劍買牛，賣刀買犢。顔裴爲京兆，課民無牛者令畜豬，投貴時賣以買牛。』

綜述

唐　韓鄂《四時纂要》卷一　揀耕牛法：耕牛眼去角近，眼欲得大，眼中有白脉貫瞳子，頸骨長大，後腳股開。並主使快。旋毛當眼下，無壽。兩角有亂毛起，妨主。初買時牽來牛口開者，凶，不可買。赤牛，黃牛烏眼者，妨主。白頭牛白過耳，主群。倚腳不正者病。毛欲得短密，疎長者不耐寒。耳多長毛不耐寒。尿射前腳者快，直下者不快。毛不用至地，頭不用多肉，尾骨龐大少毛者有力，角欲得細，身欲得圓。鼻如鏡鼻者難牽，口方易飼，筋欲密，鼻欲大而張，易牽仍易使，『陰虹』屬頸者，千里牛也。『陰虹』屬頸而白尾者，昔甯戚所飤者，『陽塩』欲廣，『陽塩』者，夾尾前兩尻上。當陽中間脊欲得窊，如此者佳，若窊則為雙脣，主多力，不窊者則為單，背少力。

宋　趙恒《放牛税詔》《宋大詔令集》卷一八三　農牛之力，田畝是資。念疫癘之所傷，寔耕墾之有廢[illegible]，以助蒸民。諸[illegible]買賣牛稅，并放一年。

宋 歐陽修《歐陽文忠公集》卷四五《通進司上書》[illegible]時，嘗貸陳、蔡民錢，使市牛而耕。真宗皇帝時，亦用耿望之言，買牛湖南而治屯田。今湖南之牛，歲賈於北者，皆出京西，若官爲買之，不難得也。又宜重爲法以困所謂私牛之客者，使不客於民而樂爲官耕，凡民之已有牛者，使自耕，則牛不足而官市者不多。

宋 李覯《直講李先生文集》卷七《周禮致太平論》 用耦犁，二牛三人。一歲之收，常過縵田畝一斛以上，善者倍之。民或苦少牛，過奏故平都令光，以爲丞，教民相與庸輓犁，以故田多墾闢，用力少而得穀多。

宋 陳祥道《禮書》卷二九《牛耦》 《詩》曰：十千維耦。《周禮・里宰》：合耦于耡。《匠人》：二耜為耦，一耦之伐廣尺深尺，謂之甽。《月令・季冬》：命農計耦耕事。《語》曰：長沮、桀溺耦而耕。鄭氏釋《周禮》謂：古者耜一金，兩人併發之。又謂：合人耦，則牛耦亦可知。王弼釋《易》亦曰：牛者，稼穡之資，而孔子之時，冉耕字伯牛，則古者，耦耕不特以人，亦以牛也。然史稱漢趙過始教民牛耕，而王、鄭且云爾者。賈公彦曰：或周兼有牛耦，至漢趙過乃絶人耦，專用牛耦，於義或然。

宋 程大昌《演繁露》卷七《放牛租》 《通鑑》記：周太祖放免租牛。《五代會要十五》：晉天福四年，戸部已申放矣。

宋 釋居簡《北磵文集》卷六《白牛銘》 施力養人，惟牛為能，負力於牛，惟人寡恩。故君子不忍觳觫，以小易大，飲以清泠，遠洗耳處。比及後世，王澤寖息，淫祀肆作，椎擊屠割，享非其鬼。濫觴嶺海，蕩汩中土，靡然成俗。蚩蚩之氓，老羸易少壯，堂堂馳駈，使就鋒刃。壯者既羸，亦復若是。當其貿易之時，其死已兆。不見舊主，徨徨欲訴，苦不能語。謂其不語，是自欺耳。視大白之塚，巋然榛棘中，抑有感焉。某年月日，圓覺寺造僧伽方塔十一級，以尺計者，頂踵拔地三百六十，塼甓土木之運緣半天。微大白，孰能舉之，塔成而斃，嘻，殆於此矣。某年月日也。寺之陰不越大界相，得爽塏，營其葬而策勲焉。後若干年，某來住山，聞諸故老，為之銘。銘曰：舍爾畊，勞爾生。弗踐青，金地行。牟然鳴，中黄鍾。頽然臥，蟠玉虹。忘其勞，食其力，成浮圖，十一級。身溘然，功巋然，與浮圖，相永年。

宋 葉夢得《石林居士建康集》卷七《又與秦相公書》 前日忽奉金字[illegible]浙[illegible]湖南北[illegible]西路牛疫，恐民無以耕，委令逐路各取常平諸色錢物，遣官出産[illegible]租賃與民。仰見君相勤恤民隱，纖悉備盡，[illegible]諸州見管[illegible]錢物，選擇差官。然詢之民間，蓋有可疑者，不敢但已。今歲耕牛疫死處誠廣，不但牛而已，雖虎豹麞鹿猿鹿野獸等棄死山林原野，所在皆有，然幸在春耕之後。今民犁田，已插秧種蒔，用牛不多，正使得之，已不及事，但可收刈後，於秋冬間，爲來歲之備爾。其所損路分，自湖湘至唐鄧，無有不被害者，所餘惟兩浙、福建、二廣。出産除福建外，止是二廣，次則兩浙。二廣非數月不可致，兩浙昨經淮南營田收買後，亦不多有。今正暑時，牛畏暑而行緩，日僅三二十里。田家作苦，護養餵飼，不敢竭其力，置之林薄陂塘陰涼之所，如視其子，朝暮惟恐有傷。今少則不足濟其用，多則不惟難得，蓋不可使冒熱遠行。且賣牛者多姦弊，病疾老瘠，所遣官未必能盡辨，皆不敢任責。萬一强之使行，或倒死道路，或至此疫未已，而細民懼死必償直，不敢從官司租賃，遂成無用。其卧起之節，水草之候，兵卒所不解，須寄養於民，亦必非其所欲，不免科擾。久之損折，則坐失常平錢不貲。連日遣邑官偏歷農畝，其言大抵略同，未知他路利害如何。此吾君惻怛惠下之澤，有司奉行唯恐後，而民言似不爲無理。故竊私布之執事，幸乞試留聽采。如有可議，即冀詳度行下。

《續資治通鑑長編》卷六〇 [景德二年六月] 前知廣德軍，有祠山廟，素號靈應，遠近之民多以耕牛爲獻。自僞命已來，聽鄉民租賃，每一牛歲輸絹一匹，供本廟費。近者絹悉入官，望給四百匹，完葺祠宇。

宋 謝深甫《慶元條法事類》卷七九《紹熙三年閏二月二十八日》 敕：路、州、軍約束屬縣，如遇人户報耕牛倒斃，不得輒收報牛錢，亦不得折錢收税。如有違戾，許人户越訴，仍從監司常切覺察施行。

宋 張嵲《紫微集》卷一三《閔俱爲差赴宣撫使司交領支降耕牛三十二頭管押赴將其牛節次倒死過二十三頭等降兩官伊重爲監造平躬弓不合令弓匠將木胎錯磨怯薄就材改作軟弓特降兩官史信爲隊下效用高儀與妻相打令節級用荆棒决本人臂上瘡發身死追三官勒停制》 敕：爾等或護送孳畜，多至斃踣；或董作器用，不中程式；或笞人過律，遂至非命：皆從貶奪，以示創懲。尚體寬恩，益思毖慎。可。

元 王禎《農書》卷一《牛耕起本》 嘗聞古之耕者用耒耜，以二耜爲耦而耕，皆人力也。三代以來，牛但奉祭、享賓、駕車、犒師而已，未及於耕也。至春秋之間，始有牛耕用犂，《山海經》曰：后稷之孫叔均，始作牛耕，是也。故孔子有『犂牛』之言，而弟子冉耕字伯牛。《禮記》、《呂氏》、《月令》：季冬『出土牛』示農耕早晚。其例見於此，後世因之，皆賴其力。然牛之有功於世，反不如貓虎列於蜡祭，典禮實有闕也。嘗考之，牛之有星，在二十八宿丑位，其來著矣。謂牛生於丑，宜以是月致祭牛宿，及令各加蒭豆養牛，以備春耕。請書爲定式，以示重本。

又 卷八《牛耕》

牛，耕牛也。《易繫》：『黄帝堯舜，服牛乘馬，引重致遠，以利天下，蓋取諸隨，』未有用之耕者。《山海經》曰：后稷之孫叔，均始作牛耕，世以爲起于三代，愚謂不然。牛若常在畎畝，武王平定天下，胡不歸之三農，而放之桃林之野乎？故《周禮》祭牛之外，以享賓、駕車、犒師而已，未及耕。不然，牽以蹊田，正使藉稻，何足爲異，乃設奪而罪之之喻耶。在《詩》有云：『載芟載柞，其耕澤澤。千耦其耘，徂隰徂畛。』又曰『有略其耜，俶載南畝』，以明竭作于春，皆人力也。至於『穫之』、『積之』、『如墉』、『如櫛』，然後『殺時犉牡，有捄其角』，以爲社稷之報。若果使之耕，曾不如迎貓、迎虎、列于蜡祭乎？蓋牛之耕，起于春秋之間，故孔子有『犂牛』之言，而弟子冉耕字伯牛。《禮記》、《呂氏·月令》：季冬出土牛，示農耕早晚。前漢趙過又增其制度，三犂一牛，後世因之，生民粒食，皆其力也。然知資其力而不知養其力，力既竭矣。曾不審寒暑之異宜，疫癘之救藥，有冬霽春租、冀免芻豆之費，壯鞭老殺、猶圖皮肉之貲。今『勸農』有官，牛爲農本而不加勸，以致生不滋盛，價失廉平。田野小民，歲多租賃，以救目前，計其所輸，已過半直，是以貧者愈貧，山不恤農之本也。若爲民牧者，當先知愛重祈報，便不敢慢易，絶其妄殺，憫其羸瘠，豐其來牧，潔其欄牢，則無不字育蕃息，札瘥不作，耕種不失，足致豐盈。此誠善政，務本之意也。其可忽諸。柳宗元賦云：若知牛乎？牛之爲物，魁形巨首，垂耳抱角，毛革疎厚。牟然而鳴，黄鐘滿脰，抵觸隆曦，日耕百畝。往來修直，植乃禾黍，自種自斂，服箱以走。輸入官倉，已不適口，富窮飽飢，功用不有。陷泥蹶塊，常在草野，人不慙愧，利滿天下。皮角見用，肩尻莫保，或穿緘縢，或實俎豆。由是觀之，物無踰者，不如羸驢，服逐駑馬，曲意隨勢，不擇處所。不耕不駕，藿菽自與，騰踏康莊，出入輕舉。喜則齊鼻，怒則奮擲，當道長鳴，聞者驚辟。善識門戶，終身不惕。牛雖有功，於己何益。命有好醜，非若能力，慎勿怨尤，受以多福。嶺南舊俗，皆好殺牛。東坡嘗書此，以諭其知者。

《宋史》卷一七五《食貨志》 紹興府欑宮田園、諸寺觀、延祥莊，并租牛耕牛合蠲和買，并於省額除之；坊場、鹽亭户見敷和買物力，及坍江田、放生池合減租税物力，并覈實取旨。

清 徐松《宋會要輯稿·食貨一七》 ［淳化元年四月］興化軍、兩浙僞命日，以官牛賦于民，歲輸租，牛或死傷，則令民買償。自今除之，仍以官牛給租牛户。

又 ［天聖四年八月七日］汝潁之間近值大水，衝注牛畜。雖有原田，無牛耕種。乞下汝州，應有百姓買賣耕牛特免税錢。

又《食貨六三》 ［天禧元年八月戊寅］諸州賣買耕牛税錢，更放一年，三司不須比較。

又 ［紹興二年四月］昨承指揮，於榷貨務支降見錢五萬貫，充淮東人户借貸，收買牛具。緣本路牛畜價高，欲分遣官前去兩浙路收買。

又［紹興四年六月］乞支降錢，專充買牛，借與歸宗人户，責限還本，庶幾接濟貧民，以廣耕殖。

又［紹興五年閏二月］見措置屯田，乞取買耕牛，趁時耕種。今措置下項：

一、浙東、福建係出産牛去處，欲令兩路收買水牛一千頭，並依市價，委税務官一員置場和買，限三箇月數足。

一、逐路買到耕牛，每一百頭作一綱起發，日行三十里，選差兵士二十人，將校級、節級及各一名，管押赴淮東宣撫使司交納。仍每頭用牌子標號齒口格尺，別用申狀依此開具。令宣撫司照會交割，以防换易。

一、牛綱所至去處，並仰依數應副草料，不得違滯。

一、合干人並仰如法餵養，不管瘦損。每綱交納了畢，如倒死不及五釐，將校、節級並與轉一資，管押人支賜銀、絹各一兩、匹。如死損過分，從杖一百科罪，仍依元買價陪償。

又［紹興七年四月］江淮州縣地有肥磽，田有水陸，用力有多寡，收成有厚薄。若以總數均之逐鄉，或人丁少而不能耕，或云家遠而不能耕，或瘠薄甚而不堪耕，或不曾摽撥而不可耕，而出租課，人有受其害者。又况輸納之際，專多端邀乞，水旱之變，官司艱於撿放。寄養之牛，來自廣西，乍遇寒凍，多有死損。其有置莊去處，人耕百畝，給牛一具，耕作既勞，猶多困斃。慮官吏之不虔，立賞罰以勸懲之，又遣省寺官以提領之，又命樞密院計議官躬詣州縣鄉村詢究利害。欲望申勅所差官，所詢審的確利害，無或苟簡，無或觀望，必去其所害，成其所利。

又［紹興二十二年十一月］勘會租佃營田并寄養諸色官牛，每歲兩科收納課子，其間有災傷田、元租官牛倒死，官司勒令陪填，往往並不與除放，及老弱牛隻不堪耕使，勒令依舊虚納租課，甚爲民害。仰諸路漕司及提領營田官體究，特與除放；老弱不堪牛隻，並行拘收出賣，其堪使耕牛，亦仰相度可與不可出賣，務從民便。具利害以聞。

又［紹興二十八年九月］竊見關外營田，行之有叙，若不繼此增修，將見弛廢。【略】內田段多有未曾開墾，宜委官躬親體量畝數，行下諸莊，偏令開墾。如內有費牛力多處，令莊官具實以聞。今諸莊耕牛少，又純養牡牛，當收買牝牛二分散養，以資蕃庶。

又［紹興二十九年二月］兩淮營田，募民而耕之，官給其種，民輸其租，始非不善。應募者多是四方貧乏無一定之人，而有司拘種斛之數，每遇逃移，必均責鄰里，謂之『附種』。近年以來，逋亡者衆，有司以舊數歲督其子利，致子孫、鄰里俱受其害，牛十年之後則不堪耕，今給於民者二十有三載矣，一牛之斃，則償於官，况連歲牛疫而不免輸租。收牛之家逋亡，而責鄰里代輸。望詔本路漕臣與守，倅務從其實，一切蠲除之。

又［紹興三十二年五月］見今歸業之民，朝廷憐其凋殘之後，少缺耕牛，已令江、浙常平司支錢買牛，不若以江、浙買牛價錢發赴淮南常平司，令州縣出榜招人販賣，沿路與免商税。仍令州縣預先根刷下户缺牛之人，先次五家立爲一堡，籍定姓名，候官買到牛，依名次支給。

又［乾道元年］近取會到揚、楚州，高郵，盱眙軍天長縣見管係官荒田共五萬八千餘頃。所用種本，收買耕牛，置辦農器，修蓋廬舍寨屋，差撥軍兵列屯耕作，使臣管幹監轄，雖蒙朝廷降到銀、絹，止總計錢五萬餘貫。若下手措置收買牛畜、蓋屋之類，大段數少。欲望廣行支降錢本應副使用。

又［淳熙十年六月］淮西荒田，如昨來和州興置屯田五百餘頃，廬州管下亦有三十六圍，皆瀕江臨湖，號稱沃壤。自後廢罷，撥還逐州，召人請佃。【略】合用耕牛，六人耕田頃給牛三頭，以一千頃爲率，計合用牛一千五百頭。

又［淳熙十六年正月］奉詔增廣措置屯田，契勘屯田，耕牛最繫利害，而牛畜死損不常，若不隨宜措置，未免時復申請支降錢物，源源不已。竊見屯田每歲收成物斛，官中與耕作軍人中停分給。今相度，乞將逐年所收穀麥以十分爲率，內八分依舊分給，二分從總領所收糴，支撥價錢，付本司置曆收附，專充買牛使用。

又［嘉定七年八月］昨準省劄，委同措置，將官買到荒田并拘收賊人鄒世良荒田開墾作營田官莊。純之等遵禀措置，今已招到莊客三百一十九丁，開墾水陸田一萬六千一百一十八畝，於澧州收買到水牛一百五十三頭，又於本州自買到黄、水牛共二十頭，並已給付莊家，見今耕作。但照得未墾田數尚多，合在秋成之後，照已成規模買牛招客，接續開墾。且以三百二十丁爲率，合用牛一百六十頭，百色支用錢二萬八貫七百。除已見今於公使等庫常賦之外撙節措辦，撥入營田庫應副支用外，所有買牛錢，本州實無所出。欲望朝廷支降錢五千八百貫文，并前項劉從善侵支過本州營運錢四百九十三貫八佰文，早賜支降。乞下京湖制置司，令澧州同共收買，庶幾秋冬之交可到本州，得以趁時開墾。

又《食貨七〇》［淳熙七年三月］鳳州梁泉、兩當、河池三縣，并成州栗亭，以人户見耕牛具數目爲準，均敷二税，以是民間畏避，莫敢畜牛。乞只以乾道七年逐州元籍定牛具爲科敷則例，自此如有新添牛畜，更不收入爲額，輒增科敷。

清 王棠《燕在閣知新録》卷二〇《牛耕》 《井觀瑣》言：云《宋景文公筆記》曰：古者牛帷服車。《書》曰：肇牽車牛。《易》曰：服牛乘馬。漢趙過始教人用牛耕。吾宗夾漈先生亦云：求之六經，古牛惟以服車，不用於耕。否則用以祭祀。又否則如田單縱火，齊王釁鐘而已。以牛爲耕，秦漢以上未聞也。按：孔門弟子冉耕，字伯牛。司馬犂，亦字子牛。而古犂字，亦從牛，故上虞李衍爲牛耕不始於漢，棠查。《山海經》云：后稷之孫叔均始作牛耕。賈誼《新書》載：穆公曰：百姓飽牛而耕。《月令》：季冬出土牛，示農耕早晚。可知牛耕不起於趙過，而趙過勸民牛耕，故歸功於過云耳。

清 趙翼《陔餘叢考》卷一九《牛耕不始于趙過》 郑樵《通志》谓牛耕起于赵过。古者惟以牛服车，不用于耕。《书》曰：肇牵车牛远服贾。又曰：放牛于桃林之野，《易》曰：服牛乘马。《诗》曰：宛彼牵牛，不以服箱。皆以服车爲言，否則用以祭祀。《周礼》牛人之职，供享牛、膳牛、犒牛、兵车之牛而已。否則如田单之纵火，齐王之衅钟而已，未闻以牛耕也。《月令》：季冬令民計耦耕事。《論語》长沮、桀溺耦而耕。盖三代以上，皆两人并力发一耜，不闻用牛耕也。宋景文《笔记》亦云：汉赵过始教人作牛耕，而以王弼传《易》所云牛稼穑之資者，爲不知汉以前无牛耕之事。独王伯厚《困学紀闻》則以爲牛耕不始于赵过，而引冉伯牛名耕之说以证之。若三代不用牛耕則冉子何以名耕字伯牛也？此論甚确。不特此也，《韩非子・外储篇》：少室周与力士牛子耕角力而不胜。又《史记》司马牛亦名耕，字子牛，《家語》并云司马黎耕字子牛，黎、犁字古通，則尤是牛耕之明证。盖古时原有人耕、牛耕二法。《國語》耕籍之制，王耕一墢。韦昭注：一耜之墢也。王无耦，以一耜耜。《左傳》：二五耦。杜预注亦云：二耜相耦，广一尺。共起一伐，言二人共墾，伤晋室也。此則人耕之说也。《月令》：耕籍之制，天子三推。若人耕，則安用推？此則牛耕之说也。《管子・形势篇》：神农教耕，生谷以致民利。此尚未指明人耕牛耕。《山海經》：稷之孙叔均始牛耕。《山海經》纵伪書，然《史记》已引之，則爲汉武以前之書，而已有牛耕之说，則牛耕非起于汉武时审矣。王充《論衡》：舜葬苍梧，有象爲之耕。其说虽荒幻，然亦可见耕之用兽也。且《易》云：神农氏揉木爲耒。《論衡》亦云：神农挠木爲耒。耒乃牛耕之具，若人耕，安用揉挠之使曲乎？則以理推之，神农氏已用牛耕矣。景文、夹漈所引，盖本崔实《政論》。汉武使赵过爲搜粟都尉，教民以牛耕，遂以爲确据。不知南北风俗不同，有用牛耕者，有不知用牛耕者，过第就其不知牛耕者教之用牛，如后汉《王景传》百姓不知牛耕，景教以牛犁，由是垦辟倍多；又任延爲九真守，亦以牛耕教民，皆是开此一方农事之所未有，而其实非自景与延创也。赵过之以牛耕得名，盖亦本古法而施之于不知牛耕之地，后世遂以爲牛耕之始耳。且景文所云，亦未深考也。《汉書・食貨志》：武帝以赵过爲搜粟都尉，过能爲代田，本古法也。后稷始甽田，以二耜爲耦，广尺深尺曰甽，一亩三甽。岁代种之，用耦犁，二牛三人，一岁之收常倍他田。过使教田太常、三辅，二千石遣善田者受田器，学种法。民或苦少牛，亡以趋泽，故平都令光教过以人挽犁。过奏光爲丞，教民相与庸挽犁。据此，則二牛三人之法，本始于后稷，过第用其法以教人。其后牛不足，而平都令又教以用人挽犁，則以人挽犁转始于过与平都令，而非牛耕始于过也。景文、夹漈徒据崔实《政論》一語，遂以爲据，而不复详考，亦太疏矣。至《诗》《書》所云牵车，服箱之类，盖各就其一事以爲言，有不可执一以例其余者。即如江以南六朝时皆用犊车，今江南之人語以牛可驾车，必骇异以爲无是理，而不知今云南、广西尚有以牛驾车者，大河以北牛车更多。又如驴马之类，江以南知其可以乘骑，而北人兼用以耕。夹漈、景文之論，毋亦囿于一说矣。又《涌幢小品》谓：中國耕田必用牛，若铁齿耙土，乃东夷担罗國之法，今江南皆用之，不知中國原有此法耶？抑唐以后始仿而爲之也？是又以人耕爲中國所本无矣。

清 顧棟高《毛詩類釋》卷一一《釋農器》 《説文》曰：耜耒下耓也。耒耜上句音鉤木也。古者耒耜皆以木為之，易斵木為耜，揉木為耒。濮氏曰：周頌有畧其耜，畟畟良耜，以起土者，言之祭義。天子諸侯躬秉耒，以手所執柄言之。

臣謹案：牛耕起於後世，古者只用耜起土，雖耕藉，亦躬秉耒也。又案：

《大田》云：以我覃耜。載芟云：有略其耜。覃略皆云：利也。又畟畟良耜。孔疏云：畟畟，是刃利之狀，則耜當以金為之。《周禮》注：古者耜一金，兩人併發之，其說近是。若說用木太厚，則不能入土，銳而利，則虞缺折。《大易》所云：殆如結繩為書，契之始耳。

《事物紀原》：後漢末，趙過為搜粟都尉，始教民牛耕，三犂共一牛，一人將之，實勝耒耜之利。

案：《後漢書・王景傳》：明帝建初八年，景遷廬江太守。先是，百姓不知牛耕，致地力有餘，而食常不足。郡界有楚相孫叔敖所起為陂稻田，景乃驅率吏民修起蕪廢，教用犂耕，由是墾闢倍多，遂銘石刻誓。據此則牛耕之法不始於趙過矣。又宋末陽令曾之謹，撰《農器譜》三卷。周益公為之序曰：譜凡耒耜、耨鎛車、戽、蓑笠、銍、刈、篠、蕡杵臼、斗斛、釜、甑、倉庾厥類，惟十而牛犂，蓋一編之館，轄予因演其說。《山海經》曰：后稷之孫叔均，始作牛耕。世以為起於三代，予謂不然，牛若常在畎畝，則武王平定天下，胡不歸之三農，而放之桃林之野乎？蓋古者祭牛之外，惟以享賓、駕車、犒師而已，未及耕也。其在詩曰：載芟載柞，其耕澤澤。千耦其耘，徂隰徂畛。又曰：有略其耜，俶載南畝。以明竭作於春，皆人力也。至於穫之、積之，然後殺時犉牡，以為社稷之報。若使之耕，曾不如迎貓、迎虎，列於蜡祭乎？厥後《王弼傳》：易以為稼穡之資。宋景文公祁闢之曰：古者牛惟服車。《書》：肇牽車牛。《易》：服牛乘馬。漢趙過始教民牛耕，蓋本賈思《勰齊民要術》。予謂輔嗣固失。賈氏及景文亦未為得也。案：《論語》曰：犂牛之子，騂且角，蓋犂田之牛，純雜牝牡皆可，用祭牛則非純非牡不可，故曰：騂且角也。注疏：乃以犂為雜色，近世諸儒並從此義。今考《周禮・牧人》：時祀牲必用牷，牲純色，外祭毀事用尨。尨，雜色。是則純雜之辨，雜色謂之尨，不謂之犂也。竊疑犂起於春秋之世，故孔子有犂牛之言，而弟子冉耕，亦字伯牛。《禮記》、《月令》：季冬出土牛，示農耕早晚。賈誼《新書》、劉向《新序》俱載：鄒穆公曰：百姓飽牛而耕，暴背而耘。大率在秦漢之際，何待趙過。過特教人耦犂，共二牛費省而功倍爾。《易傳》出於魏晉，第見牛耕，不復考其初，而賈公彥考工正義，遂謂起於後漢，其失尤甚。臣案：益公之言甚辨，以犂牛為耕田之犂，冉耕字伯牛說，極新異可喜。然孔子之世，沮溺耦耕，又云耰而不輟，皆用人力，不聞其以牛也。又賈思勰、宋景文俱云：博雅，但說牛耕起於趙過，而不及王景，豈未讀《後漢書》此傳耶？景傳云：先是，百姓不知牛耕，則自秦及西漢其不用牛耕審矣。益公之言，聊備異。聞云爾，又云耦犂，共二牛，詢之老農，未嘗有此，謹書之，以俟知者。

清　喻仁《水黃牛經大全》卷上《木刻耕夫織婦贊第六》　序云：神農氏斲木爲耜，揉木爲耒，耒耨之利，以教天下，蓋取諸益。黃帝垂衣裳而天下治，蓋取諸乾坤。是知千乘之城，非粟無以守，民之五十，非帛無以煖。故后稷配廟社之享，蚕室有后妃之制。則耕桑爲當世之先務，何可廢也。耕於歷山者，所以顯重華之德。遷於岐陽者，所以表大姒之美。千畝不敢廢三推之恭，北郊不容罷蚕室之政。凡此者，皆以開衣食之源，興禮節之風耳。若夫列五鼎者，飽良種以紅粟，不知稼穡之艱。誇盛餙者，被墻屋以文綉，不念織耕之苦，豈足諳力本之道以裁成三代風俗之變哉。我皇家撫安疆土，文德誕敷，武功昭著，風雨時而五穀登，教化行而兆民泰。聖皇聽政之殿，端居穆清，閟宮中之儀，思達三代之好，晶勞五色。黃屋乃帝堯之心，播殖五穀。躬耕是禹稷之事，所以身率藉田。化民成俗，農桑之務，乃命有司，刻木爲耦人，又爲織婦蚕女之復，置於紫薇。大矣哉。聖人功義姦本之意歟。語不云乎：上有所好，下必甚焉。風行草偃，疾如建瓴。將無豳風復盛，同顯九穗之瑞，可翹首以待也。臣近因召對，蒙宣示，拭目竊觀，拜首稱賀，職預司言，敢蔽君善。銅爵應侯，將觀南畝之嘉祥，仙龍載降，願紀東郊之盛禮。跪述贊曰：

良匠度木，物無遁情。匠出心計，形逐意生。
功爭造化，色奪丹青。像彼綠野，列於彤庭。
仙蚕扶桑，徒有虛名。寒耕暑耨，上感皇情。
帝語影轉，條條欲行。宮簾風度，札札有聲。
吾皇都之，信可經營。井田是念，侈心不萌。
乾行日健，離照爲明。其道罔息。其德彌馨。
神農帝舜，我后遵從。直書史策，敢告寰瑩。

清　李鴻章《李文忠公奏稿》卷三三《滿蒙官民捐助耕牛請奬摺》光緒四年十二月十九日　奏爲察哈爾內外各旗羣，滿蒙官員兵民捐助直省耕牛，援照節次成案請奬，恭摺仰祈聖鑒事。竊臣前因河間等屬災重之區耕田牛馬宰賣殆盡，奏蒙恩旨，賞給察哈爾牧羣孳生馬三千匹，並聞察哈爾內外滿蒙官民，尚可捐助牛隻，當經派委候選知縣查宗仁，前往稟商都統臣穆圖善，會同旗民各官，妥籌勸辦。穆圖善念切鄰災，籌顧大局，各旗員亦交相勸勉，共樂輸將，遂核定每牛一隻作價實銀十四兩，業將辦理情形附片陳奏聲明，俟捐竣，援照成案，開單奏懇恩施從優給奬。奉旨：該衙門知道。欽遵在案。除臺員茂、林慶林捐牛三百隻已另行奏奬外，計察哈爾內外各旗羣滿蒙官員兵民一百五十三員名，共捐牛三千二百八十七隻，已飭委員隨收隨解，撥發河間保定冀州各屬災區，分給有地無力貧農領收，以資耕作。正值冬麥布種之際，獲益非淺。查同治年間，察哈爾本處收捐馬駝請奬，皆蒙特旨允准，即部議亦謂凡與成案相符，或比照成案相去不甚懸殊者，均經奏准。誠以該處旗羣蒙古，向隸外藩，較昔苦累而能急公好義，踴躍捐輸，有裨大局，故奬勵亦應從優。此次集捐直省耕牛至三千二百八十七隻之多，且值近年旗羣生計艱窘，慨分畜產以惠農甿，尤屬救災恤鄰，實心爲善，既非內地勸捐可比，實與尋常捐案不同，自應各按捐數，援照節次奉准成案，從優擬奬。謹開單恭呈御覽，仰懇天恩，俯准照擬奬敘，以昭激勸，理合恭摺具陳，伏乞皇太后、皇上聖鑒，訓示，謹奏。

又《查宗仁留直片光緒四年十二月十九日**》** 再，此次勸捐察哈爾耕牛，本屬創舉，且牧羣蒙古遠在塞外，語言文字多不相通，尤難接洽。同知銜候選知縣查宗仁，憫念災黎窮困，懸耒待耕，力任斯役，稟商都統臣穆圖善，及與旗民各官計議後，即帶同通事出口，周歷各牧羣地面，竭誠勸導，風餐露宿，艱苦備嘗。蒙臺官民見其實心爲公，相率感奮，或轉爲勸助，或首先倡捐，於是集腋成裘，遂得耕牛三千數百隻。該員一面驗收，一面商派牧羣弁兵陸續押解進口，及時分給貧農應用，實屬有裨災區，異常出力。擬懇天恩，將該員查宗仁仍以知縣留於直隸，儘先前補用，以資臂助。理合附片具陳，伏乞聖鑒，訓示。謹奏。

紀事

宋　蘇軾《蘇文忠公全集》卷五五《與章子厚》 某啓：僕居東坡，作陂種稻，有田五十畝，身耕妻蠶，聊以卒歲。昨日一牛病幾死，牛醫不識其狀，而老妻識之，曰：『此牛發豆斑瘡也，法當以青蒿粥啖之。』用其言而效。

《續資治通鑒長編》卷六三［景德三年七月庚戌］渭州、鎮戎軍，向來收獲蕃牛，以備犒設。自今並轉送內地，以給農耕，宴犒則用羊豕。

又［元豐五年二月］熙河路四州軍弓箭手開拓之初，所借牛、種、借助等錢及承地認欠之數，近諸州軍依例檢舉督索。緣逐人欠在軍前，方此休養，望令倚閣，候歲豐日依料次送納。

宋　李心傳《建炎以來繫年要録》卷一六九《紹興二十五年八月十四日》 都督府所置官莊及牛租，可日下放免，今後不得起理，元降指揮更不施行。

宋　洪邁《容齋隨筆》卷四《牛米》 燕慕容皝以牛假貧民，使佃苑中，稅其什之八；自有牛者，稅其七。參軍封裕諫，以為魏、晉之世，假官田牛者不過稅其什六，自有牛者中分之，不取其七八也。予觀今吾鄉之俗，募人耕田，十取其五，而用主牛者，取其六，謂之牛米，蓋晉法也。

宋　胡銓《論改官及興水利營田疏》《歷代名臣奏議》卷四九　後魏文帝大統十一年，李彪請以贓贖雜物市牛科給。唐開元二十五年，諸屯田用牛耕墾，土軟處每一頃五十畝配一牛，彊硬處一頃二十畝配一牛，稻田每八十畝配一牛。諸營田若五十頃外，更有地剩配耕牛者，所收斛斗，皆準頃畝折除。是也。【略】其耕具則請權住廣西馬綱三年，專令市牛。蓋廣西雷、化等州，牛多且賤。

明　馮夢龍《智囊補》卷八《耕牛》 治平间，河北凶荒，继以地震，民无粒食，往往贱卖耕牛，以苟岁月。是时刘涣知澶州。尽发公帑之钱以买牛。明年震摇息，逋民归，无牛可耕，价腾踊十倍。涣以所买牛，依元直卖与，故河北一路，唯澶州民不失所。

《授時通考》卷四一《牧事》［龔］遂爲渤海太守，見民有帶持刀劍者，使賣劍買牛，賣刀買犢。曰：『何爲帶牛佩犢。』

［王］景遷廬江太守，先是，百姓不知牛耕，致地力有餘，而食常不足。景乃驅率吏民，教用犁耕，由是墾闢倍多，境內豐。

又 北方旱田陸地，一犁必用两牛、三牛。或四牛。以一人执之。量牛强弱。耕地多少。其耕皆有定法。南方水田埿耕：其田高下闊狭不等。以一犁用一牛挽之。作止回旋、惟人所便。又有一等水田，埿淖极深。能陷牛畜。則以禾扛横亘田中。人立其上而锄之。南方人畜耐暑，其耕，四時皆以中晝。

藝文

宋 韓琦《安陽集》卷一〇《駕幸西太一宫陌上耕者叱牛聲厲左右皆笑之》 皇心閔雨出西坰，親禱靈宫致潔誠。扈蹕不知農事苦，輦前爭笑叱牛聲。

宋 文同《丹淵集》卷四《大熱見田中病牛》 壠上病牛良可悲，皮毛枯槁頭角垂。兩鼻谽谺只自喘，四蹄屴岌曾不皮。牧童黙坐罷牽挽，耕叟拱立徒嗟咨。朝驅暮使氣力盡，爾死主人安得知。

宋 李綱《梁溪集》卷二〇《病牛》 耕犁千畝實千箱，力盡筋疲誰復傷。但願衆生皆得飽，不辭羸病卧殘陽。

宋 韓駒《陵陽集》卷四《題雙牛圖》 駃牛蹢躅知何事，定自春山細雨來。漫漫平沙相逐去，可無人掣鼻頭回。

好事誰如公子賢，千金買盡亦欣然。老夫若有沉牛二，春一作帶雨，歸耕負郭田。

宋 周紫芝《太倉稊米集》卷二《五溪道中見群牛蔽野問之容州來感其道里之遠乃作短歌以補樂府之闕》 淮田一廢不復秋，五夫扶犁當一牛。番兵大入郡不守，青窠未熟官來收。狐狸晝嘯荆棘裡，此事最貽廊廟憂。羽檄徵牛牛蔽野，問言萬里來容州。容州價賤苦易得，四蹄纔堪一劍易。來時草青今草黄，道路既遠多死傷。沙場草淺食不飽，夕陽時見烏銜創。江北江南幾阡陌，幾牛能滿千家倉。願言田父各努力，會見西風禾黍長。將軍官大馬亦壯，宜使敵騎窺漢疆。

又 卷一〇《題趙鈐家墨牛圖》 昔我築室花姑川，短蓑青帽耕春田。一犁落盡菖葉雨，雙犢自分春草眠。向晚歸來卧牛背，小巷疎林日猶在。繫牛柳下門未關，隣翁攜酒牛邊醉。回頭往事無十年，田入冨家牛賣錢。草荒春隴賊燒屋，十口有家無一椽。眼昏頭禿不如意，此畫一見心惘然。河間豈是田家子，書多自可天禄比。平生眼厭玉騂騮，水牯作圖聊復爾。北陌東阡喚未歸，空遺農人告春事。田間望月看吳牛，老子從來乃如此。一便當火急解龍泉，換取四蹄耕雨水。

又 卷二一《題黄縣丞墨牛》 一牛飽卧春草緑，一牛下坡引黄犢。長安可笑人海中，眼前見此三觳觫。詩翁老去飢滿腹，歸把春犁豈非欲。人生所願能幾何，百畝良田一牛足。

宋 許綸《涉齋集》卷四《憫牛行》 牢牛得肉那忍喫，匪論陽報談陰德。憶牛初生成犢時，隨母耕田眼先識。繭栗漸長初勝犁，脱軛項間染能赤。一行錯誤隨後鞭，習得犁行如界直。耕來耕去禾稻成，得閒放食行田塍。稻秫掠嘴不敢食，自齧枯草甘如餳。馬終蒙帷犬蒙蓋，牛豈無功遭横害。

宋 趙孟堅《彝齋文編》卷四《二牛贊》 川平草肥，竟日忘返。及爾還歸，山昏路遠。噫，吾竊笑夫迷途而見晚者也。努力深耕，贍活大衆。却行不前，牽拽乃踵。噫，吾每鄙夫有力不施於用者也。

元 宋無《翠寒集·老牛》 草繩穿鼻繫柴扉，殘喘無人問是非。春雨一犁鞭不動，夕陽空送牧兒歸。

元 陳高《不繫舟漁集》卷四《題牛圖二首》 耕牛息樹陰，身老筋骨疲。牧夫鞭之起，強起力不支。噫噓嚱，世無葛盧哀鳴徒爾為，道傍問喘今有誰？

牧子晨出牧，原野露未晞。牛嚙松下草，露甘春草肥。草肥食飽牛力強，城南飢牛還復箱。

明 劉溥《草窗集》卷下《畫牛》 西疃新苗一夜長，桔槔分水過池塘。此時黄犢無耕事，卧向茅簷趁午涼。

明 楊榮《文敏集》卷五《宋徽宗耕牛圖爲黄福少保之子題》 春原過雨春日熙，春樹連陰春草肥。田家力耕貴及時，手挽牛兮肩負犁。草香泉美牛步遲，農心汲汲應何為？上恐公家賦税虧，下慮私門妻子饑，吁嗟牛兮胡不知。宣和之初能念兹，九重燕暇親寫之。驕奢一動萬事隳，塞草黄沙千載悲。

明 馮裕《雨後試牛耕》《海岱會集》卷一七 雨晴原隰正勻勻，農事今年又一新。聞鳥每驚林外曙，試牛先破隴頭春。青郊潤色還通海，洋水田間却似豳。良耜好音應有續，欲將椽筆倩詩人。

清 孫枝蔚《溉堂集·前集》卷一《秋耕》 出門葉盡落，晚稻初上場。倉廪幸稍實，且免憂凶荒。驅牛復入田，黄犢鳴其傍。豈不憚蚤起，勤苦祗自傷。縣帖前日至，鄰舍半逃亡。耦耕竟無人，隨牛轉高岡。羣歌聲奮厲，獨歌聲淒涼。安得借寒風，吹聲到君王。周公爲大臣，九月念肅霜。

清　傅仲辰《心孺詩選》卷四《牛背鸜鴿》　東皐烟雨濛，叱咤耕夫疾。鸜鴿紛追隨，翩翩牛背暱。彷彿海上鷗，機忘色無拂。何以能忘機，用志凝于一。當春苟勿勤，終歲功難必。人生貴乘時，豈乎不可失。

清　顧永年《梅東草堂詩集》卷六《李次山牛背圖》　右軍眞妙手，誤點犊猶傳。夜喘憎吳月，春耕破隴烟。願爲丞相塵，肯羡祖生鞭。短笛橫吹倦，軿軿背上眠。

清　張開東《白蒓詩集》卷一四《重渡金水溝因以錢給牛人有序》　金水，洽水之別名也。《郃陽縣志》稱：洽水，漢永平間忽絕，蓋洽去水而為郃，猶洛水竭之，去水而為雒也。此水絕而復流，土人重之，故名金水。其溝深千尺，兩岸陂陀人馬憚行。官吏令以牛數頭，負曳而奔，倍極勞頓，余前過此，欲薄償牛人，而其人已去，至是，命從者分給焉。

兩岸陂陀嶺，重行渡此溝。可憐金水束，翻令玉驄愁。春去澄還沸，年來斷復流。古今欽聖澤，吾亦愛耕牛。

清　錢維喬《竹初詩文鈔·詩鈔》卷六《題汪子跨牛小照》　春犂細草粘天長，晴枝啅啅送喜忙。單衣短笠白苧韁，不歌南山歌滄浪。一編挂角尚多事，我羅百憂爲識字。不如但作畊田夫，生不求名何況利。

清　馮詢《子良詩存》卷一五《頻年兵火田野半荒偶見耕牛如逢瑞物口號二章》　刼到桃林第幾番，落花啼鳥過春殘天。憐農圃無顔色，夜雨催開黑牡丹。

盛時蕃息亂時稀，看爾沉吟首重低祥。瑞有麟威有虎，於人無益是閒蹄。

清　洪亮吉《更生齋集·詩續集》卷八《耕牛》　平田一頃事春耕，滿背淋淋瀉雨聲。脚下馬蝗頭上鵲，尾稍仍有鶺鴒鳴。

清　羅汝懷《綠漪草堂集》卷二《悼耕牛文有叙》　家蓄耕牛，服田廿八，育犢四五子，齧母留齒加長矣。今年丙午秋，陽縱驕潦水盡涸，中田龜坼，舊井禽亡。田蕪不治，用牛力者數畝而已。然且，謹厥牢闌，豐其膏菽陌南陌，北覘遊牧之方。三芻三時，守齊民之術。良以藉爾力以代人，則與群獸異等。資其勞而得食，宜與八蜡同，功且牛孕，已彌厥月也。十月廿有四日，帶曦而出。薄暝不歸，蹟諸西鄰，則僵於山磵中。其上壁立數仞，蓋牛從坦夷處入山，窺人藩籬。逐之者，網三面張故鋌而走險也。猶冀肢體雖折，喘息可延。具艸飼之，已不能食，口夜遂斃。案：《謣書》稱：郭舒嘗有人盜殺其牛。事覺，來謝。舒曰『：卿飢，所以食牛耳，餘肉可共啖之。』又廣州《先賢傳》：羅威有鄰家牛，數食其禾，乃為刈芻著牛家門中。牛主後覺相約檢犢，不敢復侵威田，夫舒之，寬怒固所當師。而威之，長厚夾為可㳒。全一蔬之生機，致兩牛於死地。世風不古，鄉俗之澆抑至此乎。本無蹊田之罪，而罰甚。奪牛聊從名谷之愚，或事同失馬。然而牛冤終不可抑也。乃為文悼之。其辭曰：

維爾之生，載角歧蹏。同阜太驥，觸藩殊羝。葭霜覆軏，杏雨霑犁。耕煙艸陌，喘月桑畦。播厥百穀，惠我群黎。我夫下農，先疇久服。惟賴秋成，頻占歲孰。資爾蕘蹏，實余枵腹。既叱烏犍，灰牽黃犢。昝聞賣劍，今還易書。犇牟鬻犢，以其值市，方輿書一部。觸牆成字，叩角慚儒。我為爾牧，爾如我奴。十載服勞，一朝遘閔。眾如虎逐，驚同鹿窘。失勢一落，含孕雙殞。推督厥由，食芥二本。損人豪髮，報爾齏粉。哀爾無知，嘻人其忍。牛宮已寂，牛衣尚溫。室賸殘芻，原杳歸魂。出戶立息，淚惻主恩。人禽雖殊，同此生气。之生致死，見大於細。聊用寫懷，灰以諷世。

清　潘高《南村詩稿乙集》卷四《耕牛詞》　爾家耕牛耕幾畝，梅子黃時苦復苦。兒背圓笠唱歌來，卻繫門前老棠樹。憶自去歲買牛歸，舉家安穩無是非。年年燒紙牛欄下，日日牽歸屋角西。牛肩有瘡烏勿啄，牛聽我言牛低角。

清　徐寶善《壺園詩外集》卷三《耕牛嘆》　一日不兩食，人生長苦饑。南阡與北陌，人力惡能治。服牛耕田代農力，高黍下稷人得食。耕時跔跔蒸四蹄，頭低角戢汗入泥。饑食黃芻渴飲淖，豐年家家足囷窖。朝耕暮耕無息期，胡垂一尺牛力疲。烏虖力盡牛不哭，力盡還食身上肉。

雜錄

宋　方岳《秋崖集》卷三四《瘞牛伯耕銘》　牛氏之先蓋出宓犧氏，爲風姓。宓犧畫卦爲《坤》，說者曰《坤》爲牛，其繇曰：『魁然而形，牟然而聲。乃庚乃京，三登其泰平。此其利子，母牛之貞乎！』子孫因自別爲犧，爲牛氏。帝炎斲木爲耜，揉木爲耒，始教民播種，于是牛氏功在百世矣。至伯耕不知其幾傳也，其可考見者丑生弘農太守特，因占名數爲弘農人。特生犂，積勞至農都尉，大司農奏課連最。犂生伯耕，伯耕雅不肯仕，獨喜與芸夫蕘子同卧起夫須襏襫間，旦暮從事于田農，觸隆曦，陷霖潦，甚苦。嘗輟耕之隴上，嘆曰：吾何爲若是哉！人生長短相除，亡慮二萬五千日，日飯二百籥，凡五百萬籥，自籥以登，則爲斛五百，鱻薧菜茹鹽醯稱是，顧不能有毫分於世，則是五百斛者，盗天之時，殄地之財，以養區區塊然無用之臠也。則又等而上之，爲千石，爲二千石，爲萬石，顧有貪如狼者，有狠如羊者，有不忠孝如梟如獍者，則是千石、二千石、萬石者，盗天之時，殄地之財，以養狼、養羊、養梟獍也，是率獸而食人也。而吾芻豆不飽，吾何爲若是哉！無何墜崖死。予不忍其尸解也，培土爲竁而封之。以其功在天下而不得保其生，利及後世而不得食其力，法應銘。銘曰：

有貂其冠，有螭其碑。匪韓侯柳，金玉厥辭，而於伯耕，亦或愧之。不稼不穡，視此銘詩。

宋 牟巘《陵陽集》卷一七《題百牛圖》 我有沉牛二，去耕綿上田矣。黑牡丹何用許耶，然亦可見或降或飲，或寢或訛氣象。

明 陳耀文《正楊》卷一《牛耕》 《困學紀聞》：論牛耕不始於趙過，引冉耕字伯牛是也。但未有明証。按：《山海經》曰：稷之孫，曰叔均，是始作牛耕。王伯厚，豈亦未考及此耶。

《紀聞》周禮篇云：人耦、牛耦，鄭氏注：合耦並言之。疏謂：周時未有牛耦耕，至漢趙過始教民牛耕。今考《山海經》，后稷之孫叔均始作牛耕。周益公云：孔子有犁牛之言，冉耕亦字伯牛。賈誼書《新序》載：鄒穆公曰：百姓飽牛而耕。《月令》：季冬出土牛，示農耕早晚。何待趙過，過特教人耦犂，費省而功倍爾。

此《紀聞》所載也。乃以為未考，何耶！

五雲，太甲紀聞之説也。《周官》馬政，《玉海》所載也。大書，特書，遂免評駁，伯厚幸哉。

清 杭世駿《訂訛類編・續補》卷上《牛耕始于叔均》 《丹鉛總錄》、《困學紀聞》：論牛耕不始于趙過，引冉耕字伯牛是也。但未有明證。按：《山海經》曰：稷之孫，曰叔均。是始作牛耕。王伯厚豈亦未考及此耶！

清 袁枚《隨園隨筆》卷二〇《牛耕不始于趙過》 賈公彦以爲古無牛耕，牛耕始于漢趙過。故《周禮》牛人之職，不言耕事。然《山海經》曰：后稷之孫叔均，作牛耕。孔子弟子冉耕字伯牛，似乎三代時已有牛耕矣。嚴冬友曰：平原君云：秦以牛田之水，通糧。當爲牛耕之始。故《吕氏春秋》：季春出土牛，示農耕早晚。此其國俗也。又《史記・律書》言：牽牛云，牛者，耕種萬物也。

清 朱亦棟《群書札記》卷一二《牛耕》 《宋景文筆記》：古者牛唯服車。《書》曰：肇牽車馬。《易》曰：服牛乘馬。漢趙過始教人用牛耕。王弼《易傳》曰：牛，稼穡之資。是不原漢始牛耕之意。按《山海經》：后稷之孫叔均，長始作牛耕。注：始用牛犂也。又聖門弟子冉耕字伯牛。司馬牛名犂，則牛耕之由來久矣。《劉跂暇日記》：竇子野言：人言趙過始為牛耕也。然冉耕何故字伯牛，當知牛耕其來遠矣。按：子野，名苹。即作酒譜者是也。

牛禁 禁屠 禁販 戒殺

論説

宋 范純仁《言行龜鑒》卷二《雜志》 古人自奉簡約，類非後人所能及。飲食高下，各有制度，諸侯無故不殺牛，大夫無故不殺羊，士無故不殺犬豕。

宋 洪適《盤洲文集》卷六二《跋戒殺文》 《禮》云：『牛羊犬豕，無故不殺』蓋君子心根於仁，必不至暴殄天物。佛家者流，集殺生事，作文以戒世，使中人覽之，可以止殺遷善，此書，其仁者之用心乎！

宋 胡潁《宰牛當盡法施行判》《名公書判清明集》卷一四 牛之爲物，耕稼所資，舉天下之人得以含哺鼓腹，左餐右鬻，仰以事父母，俯以育妻子者，皆其力也。朝廷以其有功於生人甚大，故不以他畜産待之，特嚴宰殺之禁。當職起身田間，親見其服勤耒耜之苦，尤不忍其無罪而就死地。是以於到任之初，首先開坐條法，備榜曉示。將謂民間已知警畏，不敢犯於有司，而數日已來，聞諸道途之言，自界首以至近境，店肆之間，公然鬻賣，遂密切遣人緝捉，及至捕獲，原來不但在郊關之外，而城市之中亦復滔滔皆是。小人之無忌憚，一至於此。

宋 陳淳《北溪大全集》卷四八《與仙游羅尉論禁屠牛懲穿窬札》 某少有所聞，敢浼台聽。此間鄉民，甚感戴前政禁屠牛，懲穿窬二件德惠之美，三年內，四境編民，晏然奠枕。兹者幸遇台旌之來，鄉民深望其舉行故事，以爲帡幪之賜。蓋前政於此二件處，不可坐視其俗之惡，而聽其所之。若坐視其俗，而聽其所之，是乃恣其俗，而助之爲惡也。今獻歲在近，舊俗將作，不如稟官長預先出榜，明文戒約；又逐鄉責保司與團司罪狀入按，令他預隨門戒喻，不能止絶者，同坐。當其時，更遣人郊外默默緝之，或所在有此風不改者，以違法論，追保司團司及犯人，痛行懲治，押逐鄉號令，則人必畏戢，而惡俗可革矣。區區所聞，不敢不以告也。更在台慈詳之，以爲百里編氓之惠，且以爲兼善天下之兆，自此而始。尤千萬之望也。

宋 蔡戡《定齋集》卷一三《隆興府勸農文》 吾聞病農者非一，莫甚於爲盜。每閱訟牒，未嘗不惻然，念爾民之拙於謀身，而輕於犯法也。【略】耕必用牛，屠者且有禁，况盜殺他人之牛乎？

明 李漁《禁私宰弭盜》《折獄龜鑑補》卷四 禁宰耕牛一事，是弭盜良方，不知者僅以爲修福，是實政而虛談之矣。蓋大盜必始於穿窬，而穿窬之發軔，又必以盜牛爲事。何也？民間細軟之物盡在臥榻之旁，非久於竊盜者，鮮不爲其所覺。惟耕牛畜之廊廡，且不善鳴，牽而出之甚易，盜牛入手，即售於屠宰之家，一殺之後，即無贓可認。是天下之物最易盜者是牛，而民間被盜之物最難獲者亦是牛。盜風之熾，未有不階於此者。彼屠牛之家，明知爲盜來之物，而購之惟恐不速者，貪其賤耳。從來宰牛之場，即爲盜賊化贓之地。禁此以熄盜風，實是端本澄源之法。而重農止殺，又有資於民生不淺。爲民上者，亦何憚而弗力爲哉。

清 黄六鴻《福惠全書》卷三一《禁宰耕牛》 夫牛所以代人而耕，以備農功之用者也。若聽人宰殺屠儈，得以資血肉之利。而骨角皮飭，又商賈以之，網利於四方。是生者不勝，其殺者之多，彼力作南畆之夫，又將奚賴以勤耒耜乎。夫民以食爲天，農以牛爲力。故律例禁私宰，明旨戒勿殺，皆所以重農用，而憫其服勞，以資民食也。至於冥報，厭忌之說，猶其末者耳。宜出示通行曉諭，牛代爾農服勞，爲爾民資食之。故不可擅行宰殺。莊頭鄉地等，互相覺察，如有擅宰耕牛者，即公同驗明赴官，舉首審實，照律問，罪容隱者竝究。若老病不堪使用及死者，須向鄉地等說明，驗其果眞，投結報官，許宰殺食賣。如扶同假捏，發覺竝究。按律例，凡宰殺耕牛，幷私開圈店及知情販賣牛隻與宰殺者，俱問罪，枷號一個月，發落。再犯、累犯者，免其枷號，發附近衛克軍。若盜而宰殺及貨賣者，不分初犯、再犯，枷號一個月。照前發遣，示內宜以此曉。

清 陸次雲《尚論持平》卷一《諸侯無故不殺牛》 太玉山人曰：律禁殺牛，不知始於何代。《南史・梁傳》：昭性篤，謹有親餉以牛肉。曰：食之犯法，告之則不可，埋之古人之，守禮如此。《王制》：祭天地之牛角繭栗，祭宗廟之牛角握，賓客之牛角尺，則不特祭祀，饗客亦用之矣，然不及於士庶人之家，則士庶人之不可殺牛，從可知矣。又曰：諸侯無故不殺牛，苟無故，諸侯且不輕殺，况其下乎。史載：第五倫下，屠牛之禁甚嚴。自東漢已然矣。要之服田力穡，牛實有功於人，君子仁人寧忍以供口腹乎！上帝好生，經文之示人，深矣。

清 張爾岐《蒿庵集》卷三《廣戒殺牛文》 自習俗恬杀，仁人君子未尝不以杀爲首戒。而近岁以来，独重杀牛。上自朝廷缙绅学士，下至闾巷细民，无不知杀牛之爲大戾者。或著爲文章，编爲颂偈，或刻册流布，或单纸粘壁，不下十余种。予每遇而读之，未尝不叹其恻隐之至切，而又未尝不惜其用心之狭与立言之不备也。昔齐王不忍一牛，孟子以爲是心足王。予以爲当今之世而人人推其戒杀牛之心，君可以为尧舜，臣可以为皋、夔、稷、契，布衣韋帶亦可以為顏、曾、思、孟而不難也。戒殺牛之心何心也？不忍之心也。不忍於牛而忍於人者，世必無此心，世必無此人。乃不忍於牛，則真不殺牛，真相戒以不殺牛；不忍於人，則未必真不殺人，未必相戒以真不殺人者。何也？殺牛之慘，人見之，人能言之；殺人之慘，人未必見之，人又未必敢言之也。殺牛之慘，戰懼迫蹙，血肉淋漓而已；殺人之慘，則有戰懼而不暇，迫蹙而無地，血肉淋漓，充滿世間而莫測其際者。何也？殺牛者，刀砧而已，殺人者不止一刀砧也。邵子曰：『殺人之多，不必以刃。』謂天下之人無生路可移也。又況以刃多殺天下之人乎！使天下之人無生路可移，相率委溝壑而死，即為殺人矣。所謂生路者，衣食也，安樂也，義理也。催科急而衣食之路絕矣，刑禁苛而樂生之心亡矣，盜賊熾而使人不敢詰盜，風俗偷而日迫人於偷，義理之路絕矣。三者之路絕，死於饑寒者有之，死於桎梏冤濫者有之，死於劫掠困辱無聊者又有之。其幸而存者，相率而蹈於苟且之途，為禽獸之歸者又有之。診氣所結，澆風所扇，喪亂凶災，相尋狎至，而人之能生者有幾乎？夫人之與人，肢體色貌同也，血氣心知同也，好惡聰明又無不同也。相生相養則為倫常，相滋相嬗則爲世宙，其所翊戴則爲君父之尊、公卿之貴，其所供給則為玉食之奉、祿予之需。其視牛之墾地服箱，爲功於人，又甚相倍也。嗚呼！人與牛有間矣！牛之見殺，則人憐之，人之見殺，而人不憐，何也。嘗推其故矣，人之殺牛，利牛之有，而不恤其死也。人之殺人，得非亦利其，有而不暇恒其死乎？人殺牛而人戒之，有二氏因果、報應之説以惕之也。人殺人而不知戒，得無因果，報應之説不為殺人設乎？抑殺人不以刃者之罪，異於以刃乎？人日殺牛，則鬼神察之。人日殺人，上天獨不鑒之乎。吾願今之人推不忍於牛之心，而仁不可勝用也。推相戒勿殺牛之心，而畏威避禍之心，亦不可勝用也。

綜述

《太平御覽》卷八九八《獸部・牛上》 《曲禮》下曰：諸侯無故不殺牛。

《文苑英華》卷五四七《射牛判》 萬年縣申：王祚告侯明射牛。明疑狼入圈中齧牛，將弓射狼，誤中牛事。

對

三元赫赫，牛星紀於北方。八極悠悠，牛山建於東國。錢塘水上，遠浮金鎖之輝。蜀郡江前，遥沉石犀之影。豈止披蹄載角，玉鞅華鞦。南州聞果下之名，西域表花津之異。固以《禮》標極敬，大祀資於潔圭。《易》贊神明，引重憑於致遠。由是降兹綸綍，著彼科條，姜牙絶其鼓刀，庖丁息其游刄。侯明鄉閭賤品，稼穡庸夫，常傳甯戚之經，乆習高堂之法。西河資産，希十千而萬計，東州奔駿，方一日而千里。俄而野心興暴，縱目爲災，引騂角之雕弓，控青筌之箭羽。異天弧之垂象，空法向狼之星，殊《封禪》之舊章，便爲射牛之事。悞殺不禁，著自彜章，罪疑從輕，聞諸古實。

又《驅犢蹊園判》 乙驅犢蹊丑園，丑怒，留其犢。乙訴：强刼。

對

人守堅貞，克終無替，苟失廉節，其弊斯生。乙棲心丘園，放志閒雅，忘負鼎之事，從叩角之遊。徘徊泉石，躑躅林草，雅志情遠，防微理乖。事須正子夏之冠，避朱仲之李，豈得牽壽春之犢，踐於陵之園。人而失圖，一至於此。丑也奚據，罰彼何深。所損既在於場苗，取酬便過於佩犢，叔時作喻，蹊田罪輕。丘明述事，奪牛刑重，前文已決，後見須依。

又《殺牛判》 丙告丁殺牛事，丁別款丙鑄錢。州斷盡處極刑，使出從徒。

對

議獄緩死，先典攸慎，聽言觀色，法貴詳平。刑罰暫虧，手足無措，眷彼丁矣，有異里仁。見蒲葉之生春，無聞曳耒，入桃林之鉅野，爰事鼓刀。遂令河渚風秋，奄沉星彩，蜀山路險，不見金生。丙匪良交，遂來相訴，芳蘭入詠，遽展契於風雲。叢棘議刑，幾窮詞於刀筆。搖尾求食，斯之謂乎，朝歌殺牛，理非謬矣。方引循環之辨，翻露鑄錢之責。緬監厥跡，奚其若斯，未盡金潭之由，更起淮陽之獄。州司振藻，處以極刑，使者彈毫，將爲徒坐。諒哀矜而勿喜，何輕重其若斯。狀外不推，使司得其折衷，案中論死，州法酷其深文。結以徒刑，吾無間矣。

又《爲父殺牛判》 韓孝隨父行，牛驚觝人，恐損父，遂以刀殺牛。牛主論告，孝請價陪填事。

對

天經地義，道冠生靈，立身揚名，德光終始。見危授命，宣尼以為美談，臨難捐軀，馬遷述其遺烈。韓孝不忝人子，先隨父行，逢瑩角之初驚，以衝燕壘，遇奔蹄之暫躍，若走秦郊。蒼黄貽性之憂，倏忽慮庖之患。霜鋒一舉，若庖丁之刄游，氷鍔聊揮，似宰夫之斷割。原始雖稱犯罪，要終未可論辜。既符名教之規，還申壯勇之節。酬價匪虧公理，與直有愜私家。庶叶平反之詞，以表從輕之典。

又《父病殺牛判》 壬父病殺牛祈禱，縣以行孝，不之罪，州科違法。

對

力施南畆，屠則干刑，祭比東隣，理難逢福。冠帶縱勤於侍疾，鉒刄寧同於彼祅，壬憂或滿容，殺非無故。愛人以德，未聞易簀之言。獲罪於天，遂抵椎肥之禁。志雖行孝，捨則亂常。父病雖切於肺肝，私禱豈侔於繭栗。且宋人皆用，或免乘城之虞，魏郡不誅，終非棄市之律。令不惟反，政是以常，縣恐漏魚，州符佩犢。

宋 竇儀《刑統》卷一五《故殺誤殺官私馬牛并雜畜》 故杀误杀官私马牛并杂畜诸故杀官、私马牛者，徒一年半。赃重及杀余畜产，若伤者，計减价准盗論，各偿所减价；价不减者，笞三十。见血踠跌即爲伤。若伤重五日内致死者，从杀罪。其误杀伤者，不坐，但偿其减价。主自杀马牛者，徒一年。

【疏】諸故殺官、私馬牛者，徒一年半。贓重及殺餘畜產，若傷者，計減價准盜論，各償所減價，價不減者笞三十。注云：見血踠跌即爲傷若傷重五日内致死者，從殺罪。

【議曰】官、私馬牛，為用處重：牛為耕稼之本，馬即致遠供軍，故殺者徒一年半。『贓重』，謂計贓得罪，重於一年半徒。假有殺馬，直十五疋絹，準盜合徒二年，此名『贓重』。『及殺餘畜產』，除馬牛之外，並為餘畜。『若傷』，謂雖不死而有損傷。自馬牛及餘畜，各計所減價，準盜論。『減價』，謂畜產直絹十疋，殺訖唯直絹兩疋，即減八疋價；或傷止直九疋，是減一疋價。殺減八疋償八疋，傷減一疋償一疋之類，其罪各準盜八疋及一疋而斷。『價不減者』，謂元直絹十疋，雖有殺傷，評價不減，仍直十疋，止得笞三十罪，無所陪償。注雲『見血踠跌即為傷』，見血，不限傷處多少，但見血即坐；踠跌，謂雖不見血，骨節差跌亦即為傷。『若傷重』，謂所傷處重，五日内致死者，亦從殺罪及償減價。

又云：其誤殺傷者，不坐，但償其減價。主自殺馬牛者，徒一年。

【議曰】『誤殺傷者』，謂目所不見，心所不意，或非繫放畜產之所而誤傷殺，或欲殺猛獸而殺傷畜產者，不坐，但償其減價。『減價』同上解。主自殺馬牛，徒一年；誤殺者，不坐。

諸官、私畜產毀食官、私之物，登時殺傷者，各減故殺傷三等，償所減價；畜主備所毀。臨時專制亦為主。餘條準此。其畜產欲觝齧人而殺傷者，不坐、不償。亦謂登時殺傷者。即絕時，皆為故殺傷。

【疏】諸官、私畜產毀食官、私之物，登時殺傷者，各減故殺傷三等，償所減價；畜主備所毀。注云：臨時專制亦爲主。餘條准此。

【議曰】畜產不限官、私。或毀食官私之物者，毀謂有所唐突，或觝蹋之類。因其毀食，物主登時即殺傷者，各減前條『故殺傷』罪三等，若殺馬牛，杖九十；其傷馬牛及殺傷餘畜產，各計所減價，計贓準盜論，減三等。如所殺馬牛，準所減價，當絹十五疋者，徒二年上減三等，合杖一百，如此計贓得罪重，即從重論。仍各償所減價，畜主備所毀。假有一牛，直上絹五疋，毀食人物，平直上絹兩疋，其物主登時傷殺此牛，出賣直絹三疋，計減二疋，牛主償所損食絹二疋，物主酬所減牛價絹亦二疋之類。注云『臨時專制亦為主』，假如甲有馬牛，借乙乘用，有所毀食，即乙合當罪，仍令備償。餘條準此，謂下條『犬殺傷他人畜產』及『畜產觝齧人而應標幟羈絆』之類，雖非正主，皆罪在專制之人。

又云：其畜產欲觝齧人而殺傷者，不坐不償。注云：亦謂登時殺傷者，即絶時皆爲故殺傷。

【議曰】其畜產欲觝齧人而殺傷者，不坐、不償。故注云：『亦謂登時殺傷者。』其事絶之後，然始殺傷者，皆依『故殺傷』之法，仍償減價。畜主亦依法得罪。

諸殺緦麻以上親馬牛者，與主自殺同。殺餘畜者，坐贓論，罪止杖一百，各償其減價。

【疏議曰】『緦麻以上』，謂内外有服者。相殺馬牛，得罪『與主自殺同』，合徒一年。殺餘畜者，準減價坐贓論，罪止杖一百。準此律文，緦麻以上傷畜產者，不合得罪；若因傷重，五日内致死，依上條亦同殺法，並償所減價。

【問曰】誤殺及故傷緦麻以上親畜產，律無罪名，未知合償減價以否？

【答曰】律云：『殺緦麻以上親馬牛者，與主自殺同。』主傷馬牛及以誤殺，律條無罪；諸親與主同，明各不坐。不坐即無備償，準例可知，況律條無文，即非償限。牛馬猶故不償，餘畜不償可知。臣等參詳，今後故殺官、私馬牛者，請決脊杖二十，隨處配役一年。放。殺自己馬牛，及故殺官私駞、騾、驢者，並決脊杖十七，放。殺自己駞、騾、驢者，決臀杖十七，放。故殺他人犬者，決臀杖十五，放。殺自己犬者，決臀杖十下，放。殺惡畜產者，准律處分。

又 卷一九《盗官私馬牛殺割牛鼻，斫牛腳**》** 諸盜官私馬牛而殺者，徒二年半。

【疏議曰】馬牛軍國所用，故與餘畜不同。若盜而殺者，徒二年半。若準贓重於徒二年半者，以凡盜論加一等。其有盜殺犛牛之類，鄉俗不用耕駕者，計贓以凡盜論。

臣等參詳。今後應有盜官、私馬牛及雜畜而殺之，或因讎嫌憎嫉而潛行屠殺者，請並爲盜殺。如盜殺馬、牛，頭首處死，從者減一等。盜殺駞、騾、驢者，計生時價，估贓錢定罪，各准近敕處分。罪不至死者，加凡盜二等，加不至死。盜殺犬者，決臀杖十七，放。如有盜割牛鼻，盜斫牛腳者，首處死。從減一等。瘡合可用者，並減一等。如盜割盜斫至三頭者，雖瘡合可用，頭首不在減死之限。

宋 趙恒《禁屠殺牛詔大中祥符九年八月癸未**》**《宋大詔令集》卷一九九 藪牧之畜，農耕所資，盜殺之禁素嚴，阜蕃之期是望。或罹宰割，深可憫傷。自今屠耕牛及盜殺牛、罪不至死者，並繫獄以聞，當從重斷。

宋 范成大《右迪功郎餘潁可右從事郎制》《永樂大典》卷七三二五　牛爲耕稼之本，盜輒敓而殺之，固刑所不貸。爾能盡得其黨羽，則賞其可廢哉！

宋 吴泳《周次旦降授修職郎制》《永樂大典》卷七三二五　敕具官某：宰耕牛之禁，國家之至仁也。强民之斃牛以爲殺，則不仁亦甚矣。尉親民者也，而所爲若是。一階之罰，尚何辭？可。

宋 吴説《書簡帖》《石渠寶笈三編》　殺牛之戒，前輩爲政急先務，況法禁甚嚴，所當遵守。而浙東諸州，使府特盛，不但村落彌滿，雖府城通衢，亦皆畐塞。欲乞大書板榜揭示禁賞罪名，仍鏤板下管下諸邑散印，徧及鄉村，不唯可以奉法，兼亦陰德不淺。

宋 李心傳《建炎以來繫年要録》卷一六四　［紹興二十三年二月］福建、江浙販牛屠宰，十百爲羣。乞重立賞格，許人告捕。

宋 陳淳《北溪大全集》卷四八《與仙游羅尉論禁屠牛懲穿窬》　某少有所聞，敢浼臺聽。此間鄉民，甚感戴前政禁屠牛，懲穿窬二件德惠之美，三年内，四境編民，晏然奠枕。茲者幸遇臺旌之來，鄉民深望其舉行故事，以爲帡幪之賜。蓋前政於此二件處，不可坐視其俗之惡，而聽其所之。若坐視其俗，而聽其所之，是乃慫其俗，而助之爲惡也。今獻歲在近，舊俗將作，不如稟官長預先出榜，明文戒約，又逐鄉責保司與團司罪狀入按，令他預隨門戒喻，不能止絶者，同坐。當其時，更遣人郊外默默緝之，或所在有此風不改者，以違法論，追保司團司及犯人，痛行懲治，押逐鄉號令，則人必畏戢，而惡俗可革矣。區區所聞，不敢不以告也。更在台慈詳之，以爲百里編氓之惠，且以爲兼善天下之兆，自此而始。尤千萬之望也。

宋 孫諤《禁百姓殺牛埋藏告廟文》《祠山事要指掌集》卷五　伏見鄉村百姓因仍故事，買牛作樂，迎至廟廷，號爲埋藏。禱神祈雨，不卜於神，便行止約，謂雖亡狀，豈有事神如此其敬，而獨愛一牛乎？此雖神靈亦當察，謂之不如是也。然牛不宰殺，民不埋藏，而大雨隨應，此雖愚民亦明知王之不好殺也。始聞傳言，初牽牛而至堂下，先卜於王，至二三十數，皆不得吉，然後知王之不欲殺。若因茲以革陋俗、易弊事，亦足以昭吾王之靈，德在於救物，而不在於殺物也。謹告。

《續資治通鑑長編》卷一二〇　［景祐四年十二月］民殺牛以活將死之命，與盜殺者異，若不禁之，又將廢穡事。今歲小稔，請一切放還，復其業。

宋 謝深甫《慶元條法事類》卷二九　［乾道四年四月二十八日］勑：商旅販牛過淮，并知情、引領、停藏、負載之人，并透漏去處，賞罰並依鰾膠過淮已得指揮施行。

又 卷七九　［慶元元年四月十七日］諸路應干産牛地分，除覺察盜販過淮依已降指揮施行外，自餘商旅興販自淮而南者，聽其往來，勿得阻節。如有違戾，提刑司按劾以聞，必寘之罰。

宋 陳淳《北溪大全集》卷四七《上傅寺丞論民間利病六條札》　屠牛之風，與盜賊實相表裏。蓋屠牛者盜殺人之牛，與承盜者之牛而屠之，以盜遇盜，豈但姑爲一牛之故而已？必無不盜之所由長也。此間屠牛，在城是宗室不檢者，鄉村是亡命浮浪者，近日肆行，蓋緣前政以軍需牛皮，不欲科配，只出官錢付吏和買。承吏因自收錢入己，只分些少與屠家爲名，屠家因是公然牽人之牛而屠之。村民失牛者，拱手相視，無敢誰何。今使府新政之初，尚稍觀望歛戢。既而旬日，便遂縱横無顧忌。春功將動，耕牛有限，安能供日日無窮之屠？恐不可不申嚴約束。如有犯者，若是亡命浮浪人，宜借一人重行懲治，以警其餘，未可只與一决杖快便而去，須索烹宰之具槌毁之，錮身徧押諸下縣，納牛肉錢，及徧號令四境諸鄉村以苦之。到一年後，有犯者代之，方可聽放。若是宗室，亦如前决竹篦，窮年閉之自訟齋，以善治之。又嚴左右鄰甲告首，若容隱必同坐。如此，則人自不敢犯。果屠牛能禁止，則是亦去盜賊之一端也。

明 張時徹《芝園集》卷五《禁革私宰耕牛案》　一、為禁革私宰耕牛，以弭盜賊事。本院撫臨以來，訪得所屬府州縣，有等無藉棍徒，不務本等生理，專一私開圈店，宰殺耕牛覓利。因而接買竊盜牛隻，為非百端。查得大明律内一款，若盜馬牛而殺者，杖一百，徒三年。又問刑條例内一款，凡私宰耕牛，并私開圈店，及知情販賣牛隻與宰殺者，俱問罪枷號，一箇月發落。再犯累犯者，免其枷號，俱發邊衛充軍。每宰牛一隻，還罰牛五隻。除欽遵外，為照前項律例，不為不嚴。今乃恣意違玩，各該府州縣掌印巡捕官不行嚴禁，以致盜竊蜂起，鄉民受害，相應申嚴禁約，以靖地方。為此案仰本府官吏，照案事理即將發來告示，分發所屬各州縣，如式刊刻，於市鎮去處張掛，曉諭。撫屬軍民人等，今後各宜恪遵明例，不許收買外境來路不明牛隻，及將自己耕牛私自宰殺覓利。若係老病倒死者，俱要告官驗明給帖，方許開剝。敢有頑民不遵禁例，仍蹈前非者，許諸人赴本府州縣指實首告，量加給賞。仍照例枷號，問擬追罰申詳。本院定衛發遣各該巡捕官，仍嚴督軍兵常川巡察，但有犯者，即使擒拏究問，如或阿縱不舉，事發一體連坐，决不輕恕。俱毋違錯未便，抄案依準申來。

明　朱淛《天馬山房遺稿》卷六《誓禁屠牛鄉約》　君子在朝則美政，在野則美俗。風俗薄惡，非吾士夫之責哉。吾鄉科甲輝聯人物富厚，屋宇之盛甲於海邦，廉耻之風傳諸故老。民生既庶，人心靡齊，間有慣習屠牛，陰通盜賊，行兇逞暴，作過爲非。凡有失盜之家，便來此中尋覓，呌號喧鬧無日無之，雞犬爲之不寧，鄉里被其污衊。今逢府主雲泉吳老先生嚴加禁約，吾輩視此寧無靦顔。夫牛出力耕作，殺而食之，誠爲殘忍。況夫盜而得者，鈎其舌以出穴，錐其肉以速行，或殺母及子，或剖腹墜胎，慘毒之形不可名狀。吾輩具知其情，買而食之，克類至義之盡，是亦賊而已矣。夫水名貧泉，志士不飲，況親於其身爲不善者乎。今鄉中父兄子弟同興善心，共立約會，就於大日之下重發誓願，除老疾暫食之外，斷絶此味。如有私買其肉及焙乾者，烹之於鍋，嘗之於口，饋之於人者，天神誅殛，使身生惡瘡，家遭凶疫，滅姓墜氏，以償此牛之命，以雪貧民之寃。夫山毛海錯，百品千般，俱足養生，奚須於此。亦有置客買諸他處，欲清弊源，宜併禁絶。如有故犯，并宜遣讀。今立此簿，與各人的筆，自書名姓。歲時朔望，告於里社，呈於鄉衆。期於共守，以還淳風。如有習惡不悛，怙終無忌，此眞口體小人，穿窬下類，鄉人共擧，不與並齒。謹告，十四年乙未秋約。

又《申禁鄉屠牛鄉約》　吾鄉士夫耆宿前年禁約屠牛，漸成美俗。吳府尊先生就明倫堂上，對衆稱説，洗舊日惡。名夫牛出力耕作，殺而烹之，食者甚美，死者甚苦。有傷陰隲，遺累子孫。禁之數年，待客養生未嘗闕乏。夫事易忘，人心易怠。近聞鄉間漸爾開禁，家中食用多買此物。以致外鄉賊徒横挑此物入境，公然無畏，亦甚可惡。前年指天共誓，几以牛肉入口，烹之於鍋，饋之於人者，身生惡瘡，家罹横禍，以償此牛之命。今再申誓如前。倘有不願入約者，姑亦聽之。古人云，父母愛之，鄉人稱之，諸君何不爲君子。吾輩父祖子孫世居于此，共相觀勉，以成善俗，甚幸。十九年八月申誓。

又《申禁屠牛小帖》　屠牛之禁行已十年，風俗齊同，遠近安帖。各家父兄所宜訓飭子弟，鈐束僮僕，母更復爲此事，以啓惡業之端。夫治生百方，何取此事。養生百味，何須此物。君子能舍之不用，小人自止而不爲。口體之末甚微，風俗所關甚大。嘉與吾黨共守前盟。二十五年秋九月申約。

明　高濂《遵生八箋》卷二《戒殺牛文》　我勸世人，勿食牛肉，服耕劬勞，返遭殺戮。爾食何來，忍爲烹鬻。吁嗟此牛，莫云是畜。六道輪迴，互相報復，焉知前世，非爾眷屬。豈爲無知，臨死觳觫。口不能言，垂泪若哭。皮解體分，猶張兩目。目匪徒張，看爾反覆。能保他年，不變爲犢。念我同胞，貪饞縱欲，只愛口爽，不思中毒。牛生惡瘡，瘟黄臌腹，殺而食之，頃刻命促。獄字犬言，牢字牛足，不食牛犬，可免牢獄。有餅充饑，得蔬是福，何必食牛，以快爾欲。食之三日，神嗔鬼逐，戒之三日，名書金籙。鑒戒分明，再三是囑。

明　文翔鳳《皇極篇》卷一四《禁宰牛》　大明律一欵，凡私宰自己牛馬者，杖一百。故殺他人牛馬者，杖七十，徒一年半。若計贓重於本罪者，准盜論。若病死而不稟官開剝者，笞四十。觔、角、皮、張入官。大爲嚴切。古人犬馬死，尚瘞以帷。蓋牛之功，人力不啻。犬馬八蜡之祭，尚及於猫、虎。牛之功，人力又不啻。一猫、一虎，食其力，遂及其肉，不義而背本宜乎。風雨不調，五穀不熟，境内敢有故犯者，許詰告。如地方隣佑不擧者，并坐。

明　雷夢麟《讀律瑣言》卷一六《宰殺馬牛》　凡私宰自己馬牛者，杖一百。駝、騾、驢，杖八十。誤殺者，不坐。若病死而不申官開剥者，笞四十。觔角皮張入官。若故殺他人馬牛者，杖七十，徒一年半。駝、騾、驢，杖一百。若計贓重於本罪者，准盜論。謂故殺他人馬牛，估價計贓得罪重於杖七十，徒一年半。駝、騾、驢，價計贓得罪重於杖一百，並准竊盜斷罪。係官者，准常人盜官物斷罪。並免刺，追價給主。若傷而不死，不堪乘用，及殺猪羊等畜者，計減價，亦准盜論。各追陪所減價錢。價不減者，笞三十。減價，謂馬牛等畜直錢三十貫，殺訖止直錢一十貫，是減二十貫價。損傷不死，止直錢二十貫是減一十貫價。即以所減價錢計贓，亦准竊盜斷罪。係官者，亦准常人盜官物斷罪之類。仍於犯人名下，追徵所減價錢陪償。價不減者，謂畜産直錢一十貫，雖有殺傷，估價不減，仍直錢一十貫。止笞三十，無所陪償。其誤殺傷者，不坐罪，但追陪減價。爲從者，各減一等。若故殺緦麻以上親馬、牛、駝、騾、驢者，與本主私宰罪同，殺猪、羊等畜者，計減價坐贓論，罪止杖八十。其誤殺及故傷者，俱不坐，但各追陪減價。若官私畜産，毁食官私之物，因而殺傷者，各減故殺傷三等。追陪所減價，畜主陪償所毁食之物。若放官私畜産損食官私物者，笞三十。贓重者，坐贓論。失者，減二等。各陪所損物。若官畜産毁食官物者，止坐其罪，不在陪償之限。若畜産欲觸觝踢咬人，登時殺傷者，不坐罪，亦不陪償。

《瑣言》曰：馬能致遠，牛能代耕，壯用其力，老棄其身，不仁也。故凡民間私宰自己馬、牛者，杖一百。若駝、騾、驢，其爲用稍輕，私宰自己駝、騾、驢者，杖八十。其誤殺者，不坐。若病死而不告官，擅開剥者，笞四十。凡私宰、誤殺及擅開剝之皮張入官。若故殺他人馬牛者，杖七十，徒一年半。駝、騾、驢，杖一百。若計馬、牛、駝、騾、驢之贓，重於杖七十、徒一年半與杖一百者，准竊盜論罪。係官者，准常人盜官物論。曰：『准』者，依名例至死減一等，亦罪止杖一百、流三千裏。免刺，追陪全價還官主。若傷而不死，不堪乘用，及殺他人豬羊等畜者，並計殺傷後所減之價為贓，亦准盜論：私物准竊盜，官物准常人盜，各論罪。各追徵所減價錢。如馬牛等物本值一百貫，今被傷，不堪乘用，止值四十貫，則減價六十貫矣，即以六十貫科罪。如豬羊等畜本值三十貫，今殺訖，止值二十貫，則減價一十貫矣，即以一十貫科罪。於犯人名下追補價錢，並所殺傷之畜，通給還官主。其誤殺傷官私畜産者，原無殺傷之心，不科其罪，止令陪償減價。蓋殺死而皮肉猶堪變賣，亦足准其本價之一二，故但追陪所減價，亦以見其與故殺不同也。爲從者，各減一等，謂故殺、故傷他人畜産爲從者言也。若係官者，准常人盜官物論，則不分首從矣。若故殺內外緦麻以上有服親屬之馬、牛、駝、騾、驢者，與本主私宰同，馬、牛杖七十，徒一年半，駝、騾、驢杖一百；殺豬羊等畜者，計所減之價，坐贓論，一貫以下，笞二十，罪止杖八十。其誤殺馬牛等畜，及故殺傷而不死，不堪乘用者，俱不坐罪，但與故殺各追陪減價。在故殺者，問罪而追減價，誤殺及故傷者，不問罪，而追減價，與所殺傷之畜産，俱給親屬收領。此雖故殺，不追全價，以其異於他人之物也。若官私畜損食官私之物，因而殺傷者，各減故殺傷之罪三等，追陪所減價，給還畜主。又於畜主名下追陪所損食之物還物主。若故放官私畜産，損食官私物者，畜主笞三十。損食之物，計贓重者，坐贓論罪。雖官畜食私物，亦不減，私畜食官物，亦不加，以所損食者畜也。若無縱放之情，止是失於關防，以致畜産走出，因而損食官私物者，減二等。畜主笞一十。私物於畜主，官物於牧養之人名下，各追陪所損食之物，給與被害之人。若官畜産毁食係官之物者，止坐應該牧養之人笞三十、笞一十之罪，不在陪償之限。若畜産欲抵觸踢咬人，而人因制之登時殺傷者，不坐罪，亦不追贖畜價。非登時而邂逅殺傷，即故殺傷矣。

問刑條例：一、凡宰殺耕牛，並私開圈店，及知情販賣牛隻與宰殺者，俱問罪，枷號一箇月，發落。再犯、累犯者，免其枷號，發邊衛充軍。若盜而宰殺及貨賣者，不分初犯再犯，枷號一箇，月照前發遣。

清 徐松《宋會要輯稿・職官四八》［政和二年四月三日］縣令於境內親詣田疇，勸諭勤惰，以爲力田之倡。【略】八曰戒宰牛。謂牛爲耕稼之本，當務孳生，況其功力最大，尤不當殺。

又《刑法二》［紹興元年九月二十九日］越州內外殺牛、知情、買肉人，並徒二年，配千裏，立賞錢一百貫。

又［紹興五年二月二十五日］應殺官私牛，罪一等，官司斷罪不如法，杖一百；其告獲殺官私牛及私自殺者，每頭賞錢三百貫。

清 祝慶祺《刑案匯覽》卷一二《宰殺馬牛》 東撫咨：劉世倌私宰牛隻並窩留竊賊一案。查例載：盜牛殺者枷號一個月，發附近充軍。又律載：竊盜窩主，若不造意但分贓而不行者，仍爲從論。又例載：宰殺耕牛私開圈店，初犯枷號兩個月，杖一百，若計隻重於本罪者，照盜牛例治罪。又盜牛十隻以上，杖一百，流三千裏各等語。此案劉世倌因張二禿子起意糾竊，囑該犯窩留分贓。該犯應允，並令其子劉臣跟隨張二禿子等竊得牛驢，牽至該犯家內，將牛宰賣，得錢分用。該犯旋又私開圈店，陸續買得耕牛十餘隻宰賣。查劉世倌係聽從窩留分贓，並非造意，應以爲從論，按盜牛宰殺爲從之罪止應滿徒。惟該犯私開圈店，宰殺耕牛至十餘隻之多，應從重照盜牛十隻以上例科斷，該省將該犯依宰殺耕牛、私開圈店，計隻重於本罪者，照盜牛例治罪。盜牛十隻以上，擬杖一百，流三千里，與例相符。至劉臣於伊父私開圈店，宰殺耕牛，明知不首，係律得容隱，固可免議。惟該犯先跟隨張二禿子竊牛，牽至伊父家內宰賣。雖宰牛出於伊父之意，第盜牛宰殺，係侵損於人，律庸依凡人首從論按例，罪應滿徒。今該省將該犯依盜牛一隻爲從例，擬以枷杖，是將宰牛之罪獨坐伊父，而僅科該犯以盜牛爲從之條，殊未允協，應交司另行改擬。

提督奏送楊四開設湯鍋宰殺堪用馬九匹案內之王三，明知楊四宰賣馬匹，代買馬七匹，按五匹以上計算，尚未及四匹加等之數，將王三比照牙行及賣馬之人減一等例，於宰殺堪用馬四匹徒一年例上減一等，擬杖一百。

直隸司嘉慶二十三年正月二十三日奉上諭：方受疇奏審擬馬販妥女興縱馬踐食麥苗，被村民驅逐失散一案，已交刑部議奏矣。農畝禾苗，攸關民食，朕每遇巡幸地方，恐隨扈人等乘馬踐踏青苗，特派員查禁，違者照例懲治，原以保護農民生計。乃販馬奸商，輒將馬羣晝圈夜行，縱令踐食田禾，大爲閭閻之害。著該督等出示徧行曉諭，嚴禁馬販人等不准縱馬夜行，如有不遵禁令，帶領馬羣乘夜行走踐食麥千者，該村民即行報官追拿，除將馬販照例治罪外，其所販馬匹由營縣衙門拿獲，即報明該管上司全行入官，以充營驛公用。欽此。應行文各督撫欽遵辦理。

清 方觀承《賑紀》卷七《禁農民賣牛示》 被災各處，秋成無望，全在廣種麥田，此時正資牛力。詎各鄉村因旱乏草，飼養維艱，紛紛出賣。遂有刁民乘機興販牟利，百十成羣，驅之北赴。在爾等剜肉醫瘡，固為計出無奈，獨不思目下得雨既足，正宜及時種麥，牛具被棄，豈能徒手而耕？無網罟不能得魚，無斧斤不能得薪，事甚明顯，本道深為爾等顧惜籌慮。今按臨各屬勘災放賑，並酌定借種之法，總以牛具為憑。如爾等有應種之麥地，先須驗明牛具，始准借領。倘有地無牛，不能種即不准借。至於奸販挾帶銀錢，在於村莊市集賤價收買耕牛射利，並偷宰病農等獘，業奉督部院通飭文武各衙門分路嚴拏，盡法究處，並將所販之牛，全數入官。爾等慎毋聽其誘惑，自絕生理。

又《院禁私殺耕牛示》 力田之家，耕犁載運，全賴牛力。因其有益農功，是以律嚴私宰。開圈宰賣者，有計隻論罪初犯再犯之條，枷杖徒流，不少寬宥。本年河間、天津各屬夏麥失收，秋禾復歉，惟藉來年麥熟，以資生計。今正值播種之期，需牛甚殷。本部院恐被災窮民無力飼養，輕為棄賣，又恐有地無牛，雇借艱難，業經奏請借給牛草雇價銀兩，奉旨俞允。是民間畜牛，斷宜愛恤存留，以資力作。若祇圖微利，宰殺售賣，不特有誤秋耕，更至身罹法網，追悔莫及。乃無知愚民仍有私宰並賣與圈店者，更有嗜利奸徒收買販運者，藐法妨農，漫無止戢，合飭地方官亟行出示嚴禁，並於因公下鄉之時，諄切勸誡。仍令本管鄉地不時查，察如有前弊，即稟官按律懲治，勿稍寬縱。鄉地狥隱，事發連坐。

清 沈書城《則例便覽》卷四七《失察私宰耕牛》 地方官失察私宰耕牛，一、二、三、四隻，十五隻以上，罰俸三、六、九個月。一年三十隻以上，降一級留任。拿獲究治者，均免議。

清 王廷掄《臨汀考言》卷一七《禁宰耕牛》 照得農民務本，非服牛無以成功。而天道好生，惟殺牛尤為重孽，此律法有私宰之條，而古今亦不少戒殺之書也。乃有無知愚民，惟利是視，終歲藉其力役，一朝貨與屠夫，有功以及生民難免殺戮之慘，無罪而就死地，誰憐觳觫之形。不惟上干天和，抑且顯犯國法，況私宰之禁不嚴，則竊盜之風益熾，蓋有牛之家，不能深藏內室，是竊賊之易盜者惟牛。兼之一經開剝，失主難於認識，是賍物之易化者亦惟牛。於是盜牛之賊，惟求賍物之速售，勢必投昇夫砧宰。而宰牛之人，只圖價值之甚賤，情甘取給於穿窬，以屠夫而為窩家，藉屠行而成盜藪，奸宄出沒，更切地方隱憂。合亟嚴禁，為此示仰府屬軍民人等知悉。嗣後，如有耕牛病斃者，務須報明該縣給照開剝，即將皮張牛角繳縣貯庫，彙報本府以憑轉報，倘有不法之徒，仍前私宰圖利，許約地居民諸色人等，連賍拏獲稟報，該縣轉解本府，將私宰之人重責枷示，仍將所宰之牛賞給捕獲之人。如約地鄰佑通同容隱，或經巡役查出，或被旁人首告，除將本犯照前發落外，其約地人等定行一體連坐，決不姑恕，各宜凛遵，毋貽後悔。

又《禁止牛販》 照得農夫稼穡全賴耕牛。故律禁盜賣，例嚴私宰，皆所以重民事，而絕穿窬。近聞寧清歸一帶，地方有牛販十餘人，趕牛數十頭，踐食田禾，鄉農為之理論，彼衆此寡，莫可誰何。大干法紀，且此輩成群結黨，橫行無忌，非買盜來之牛，即係賣去私宰，甚或夜至鄉僻村莊，公然偷盜，亦未可知。擬合通行，出示嚴禁為此，示仰府屬官吏，約地軍民人等知悉。嗣後，凡遇前項牛販違禁販賣耕牛，踐食禾稼，遭塌沿途碑亭者，許即協拿送官，查究來歷，即以盜賣從重治罪。爾民將自己耕牛，除賣與本處鄉民勿論外，如有賣與外來牛販者，查出一體治罪。各宜凛遵，毋得通同狥縱，自貽伊慼。

清 賀貽孫《水田居文集》卷三《戒殺牛編序》 殺人者之不待教而誅也，人能訟其死也。殺牛者之教而不誅也，牛不能訟其死也。雖不能訟，而有陰為之訟者矣。能訟者，惟貨惟來，尚有失出。不能訟而陰為之訟者，鬼瞰神怒，不恕豪强。夫是以殺牛之報烈於殺人，而殺者不知也，顧反脣以相誚。曰：三代聖人，皆以牛、羊、雞、豚，供祭充庖。何吾子言之激也。余曰：不然，三代以前，兩人共舉一耜而耕，謂之耦耕，未嘗以牛耕也。

《詩》、《書》、《易》、《禮》及諸傳記，皆稱牛為駕車、負芻、引重致遠之物，后稷教稼，未聞用牛。《管》、《商》、《呂覽》諸書，其言農事若耒耜、鎛銚、糞草、畚鍤之具，綦詳矣。獨無一語及牛，其畜牛也，與羊、豕無異。是以聖人不以為戒也。自漢之趙過，為搜粟都尉，始教民以牛代耕，五穀所需，皆出於牛。於是牛勞而人逸，牛戴犂而人加鞭，仁人君子，以為既食其力，復食其肉，是可忍也，孰不可忍。安得而不戒哉。且夫殺人者，必以怨，而殺牛者，必以德。殺人者，因害而生忮，而殺牛者，因利而生忍。夫德怨利害之相去，亦已遠矣。殺其所怨，以除其害，尚在必誅，況殺其所德，以侔其利，滅理傷情，天地之所不容，此報殺牛者，所以烈於殺人也。因妻弟周叔向有是編，故為之序。

德怨之分，人豈盡憒，加以殺所德之名，則必不服。執此報誅殺牛之罪，其誰能逃之，究之。木鐘、土鼓，無奈擊之不應何。後學□□□謹識。

清 楊捷《平閩紀》卷一三《嚴禁私宰耕牛》 爲嚴禁私宰耕牛，以培農本，以杜盜源事。照得閩省地方遭海逆荼毒之後，人民失散，田地拋荒，以致五穀無收，價值騰踴。茲逆經敗遁，島嶼廓清。欲培邦本，亟須勸農耕。作然力田所恃，牛畜為先。近訪各村落殘黎，貧苦無措，每數家共養一牛。即使勤心殫力，次第輪耕，已不免後時之歎。乃有一種無賴亡命，哨集黨夥，往往竊刦耕牛。復有奸徒串同兵厮，射利圖賤，轉買宰殺。竟使貧民耕作無資，坐視田園荒廢。飽奸利而病災黎，熾盜風而傷本業，莫此爲甚，擬合亟行嚴禁。爲此示仰地方奸棍并兵厮人等知悉。務宜凛遵法紀，恪守營規，敢有串同射利盜買耕牛宰殺市賣者，許諸色人等擒赴本將軍轅門，定以窩通强盜，從重究處。法在必行，毋自貽戚。慎之慎之！毋忽。康熙十九年三月二十日。

清 沈家本《歷代刑法考》律令六《販牛過淮》 《孝宗紀》：乾道四年四月戊午，詔販牛過淮者，論如興販軍需之罪。

又 律令七《屠牛》 三年閏三月申明，屠宰牛罪律。

又 律令八《私殺馬牛》 中統二年五月，禁私殺馬、牛。三年十二月，申嚴屠殺牛馬之禁。至元三年十一月，申嚴殺牛馬之禁。十二年六月，申嚴屠牛馬之禁。

按：此即明律之宰殺馬牛，元志在禁令門，曰：諸私宰牛馬者。

清 王明德《讀律佩觿》卷四《屠牛以豕名》 《明律》舊註《辯疑》謂，如盜大祀未進神御之犧牲，合杖一百、徒三年。此牲字兼牛羊豕說。蓋祀神祇用犢，仁祖配之，即加羊豕。雖供仁祖，若有盜殺豕者，罪與盜殺牛同科，皆坐滿徒，無減等也。明德謹按：《辯疑》謂，指大祀未進神御犧牲言，最是。但內云：牲兼牛、羊、豕言，其說似未盡然。夫一元，大武牛也。即畧而言之。亦曰太牢。羊曰少牢。而律中正文，則明有牲牢二字，未見其無分。如曰牲，包牛羊豕言。然則所云牢，又何物耶？而世更有謂犧牲之犧爲牛者，其說皆係習而未察。夫毛色純而不雜曰犧牲。可包有豕在內。若牲，則難以包乎羊與牛也。愚謂凡盜大祀未進神御牛羊等物，引律讞獄多不曰牲牢，而第曰牲畜，其即以豕名之義耶！姑存以竢高明正之。

清 俞正燮《癸巳存稿》卷九《禁殺牛》 古殺牛之禁，寬嚴不同。《淮南子・說山訓》云：『殺罷牛可以贖良馬之死，莫之為也。殺牛必亡之數，以必亡贖不死，未有行之者矣。』高誘注云：『牛者，所以植穀者，民之命也，是以王法禁殺牛。民犯禁殺之者誅，故曰「必亡之數」。』是漢法不得殺牛。並巳淪訓》云：『馬免人於難者，其死葬之；牛死，葬以大車為薦。』死而埋之，其不殺可知。《後漢書・第五倫傳》云：『為會稽太守，有妄屠牛者，吏即行罰。』《魏志・陳矯傳》云：是時耕牛少，殺者罪至死，為『魏郡西部都尉，曲周民父病，以牛禱，縣結正棄市。矯曰：此孝子也，表赦之。』《高堂隆傳》云：『明帝時，度支經用，吏每不足，牛肉小賦，前後相繼。』以此為賦，所以有私宰之禁，其言私者，對官言之也。《晉書・張茂傳》云：『初起義兵，元帝辟為掾屬。官有老牛，將賣之，茂曰：『殺牛有禁，又不任耕稼，是以無用之物收百姓利也。』飛南史》云：『梁傅昭子婦家餉牛肉，昭曰：『食之則犯法，告之則不可，取而埋之。』《唐律・廄庫》云：『故殺官、私牛，徒一年半。』《盜賊三》云：『盜殺者，徒二年半。』其法似輕，然唐赦文多曰十惡五逆，火光行劫、持刀殺人、官典犯贓、屠牛鑄錢、合造毒藥，不在原赦之限。《五代史・唐莊宗紀》云：『同光元年十二月十一日，敕百姓將牛驢及馬宰殺貨賣便仰擒捉，不問軍民高低，隨在處斬訖奏。』《明宗紀》云：『天成二年三月丁卯，詔：糾察殺牛賣肉，準條科斷。其自死牛許賣，斤不過五錢。民家各報所由，準例輸皮入官。』宋則《燕翼貽謀錄》云：『淳化二年閏二月己丑，詔曰：開櫃房，屠牛馬驢狗以食，犯者定行處斬。』《青箱雜記》云：『張詠尹益都，李順黨殺牛，避罪亡逸。許首，顧望，就命斬之。」《厚德錄》云：『張逸知益州，歲饑，民殺耕牛，皆配關中，明歲，乃奏還之。」《折獄龜鑑》鄭克撰云：『包拯知揚州，錢和知秀州，有仇盜割，牛舌者皆使歸屠牛散肉，遂為仇所告，以此獲仇盜。』王鞏《聞見近錄》云：『張文懿為社洪令，村寺神每告僧迎之。一日，僧不出迎，神言長官誤斷殺牛事，天符已下不，復相矣。文懿遂改正。』《安南大越史記・李仁宗本紀》云：『龍符二年八月，詔：盜殺牛杖八十，徒犒甲，其妻杖八十。徒桑室婦，鄰家杖八十。』時當宋也，並罪及其妻。明沈景倩《野獲編》云：『萬曆丙戌丁亥間，巡城御史楊四知榜禁殺牛，引太祖所定充軍例，懸賞購人告發。』是殺牛自古有禁。順治十一年五月甲午端午，上諭賜饌大臣曰：『朕甚憫耕牛勞苦，不忍食其肉。』又序刻《牛戒匯抄》，既而大學士魏裔介魏裔介又輯刊《牛戒續抄》。雍正七年六月，上諭曰：『聞外間訛傳，六月二十四、五將開屠宰耕牛之禁，回民等將欲齊來謝恩。又聞民間竟有私宰耕牛之事。今朝廷所需，惟祭祀照例供用，其餘一概不用牛肉矣。如有違禁私宰耕牛，立即鎖拿，按律盡法究治，該管官從重議處。』嘉慶十年十二月，巡視西城御史奏請開牛禁，坊官驗明，準令回民宰賣。上責以此御史又非回教中人，矢口亂道，荒謬已極，不可復任御史。回教中聞之，亦稍斂跡也。回回殺牛者諉之老教，實亦不然。回教以駝為大牲，祭用之，牛為小牲，祭與賓用之。用者即不以負，知非耕牛也。《天方典禮》引《天方書》云：『市有懸牛，聖化不入，天方眾國無以屠牛為業者。』又云：『穆罕墨特至默底那見市屠牛，曰：『蓋易諸？』民遂舍牛而易羊。』《大唐西域志》云：『天竺啖牛豕者鄙恥，眾所穢惡，屏居郊外，希跡人間。』今京城禮拜寺，言回回禮拜日殺牛者不得升堂。

清 顧南樓《禁宰牛》《居官寡過録》卷三　為嚴禁宰牛，以肅功令，以禳旱災事。照得屠牛之禁，疊奉嚴綸，屢蒙憲檄，本縣禁飭再四，不啻穎頹舌敝矣。奈罔利之輩怙惡不悛，貪戀蠅頭，甘蹈法網，不思萬物之中惟牛最靈，亦惟牛最苦：佐民耕稼，則犁雨鋤雲；力任挽輸，則任重致遠。誠以力濟人之物，有功於世者其大。乃肉飛血灑，慘目傷心，就戮而哀鳴，鼓刀而墮淚，觀其觳觫，深可憫憐。故殺牛之禁，不惟王法甚嚴，抑且冥責尤重，歷觀因果，報應昭然。爾等誠於清夜捫心，自反積孽。百務皆可資生，何必操刀為活；五味盡能適口，奚難舍此一臠？目今上天垂戒，入夏亢陽，民力竭矣，何堪再罹凶年？過則改焉，庶可挽回天意。為此示。

清 王廷掄《臨汀考言》卷一八《批清流縣約地廖光榮等呈明祭神宰牛》　按：《祀典》太牢之饗，惟大祀宗廟方始用之。中祀以下，一槩不許濫用。據呈樊神廟，向用牛隻祭賽，此蓋從前愚民無知，僭用太牢，神其有靈，必不歆格。況宰牛有禁，何得藉此以上干朝廷三尺法乎。嗣後，永遠不許用牛，準用羊、豕祭賽，可也。

清 陶元淳《南崖集》卷一《禁屠》　竊惟海南之賦稅及菜牛，昌邑之賦，并稅及耕牛。夫稅及菜牛，則不能禁其屠割，稅及耕牛，則百姓且代受牛之屠割。今大人嚴禁宰殺，既已恩及禽獸矣。抑知縣之意，尤望大人之功，先百姓也。

清 湯來賀《內省齋文集》卷一八《廣勸勿食牛肉序》　天下之至苦者，莫如牛。牛之所食不過木草，未嘗有損于人也。乃三時勞苦，弗思矜恤。一旦忘其功，而食其肉，人之負義，一至於此哉。觀其曳入屠門，潸焉涕淚，懸諸市，肆筋猶戰慄，稍有人心者，念黍稷所從來，能不惻然動念乎。況宰牛原無重利，惟私受盜贓，稍有所得，蓋盜來之牛立刻宰殺，則可以滅其蹤，而牛主不能識。著見農家守夜，冒風霧致傷寒者衆矣。又有失去耕牛，而賣兒鬻女以賠償者，其苦不勝言矣。食肉下箸時，亦曾念及於斯乎。嗟乎！牛有功而無罪，人所咸知也。屠牛不禁，則必聚盜而傷農，亦人所咸知也。然而不能禁者何哉！飲食之人利其價輕，而安於積習也。且謬以爲有補，而不知其有毒也。予見誤食病牛，立致殞身者，不可勝紀。蓋氣羶而色紫，牛肉之常也。其病傷難辨，不若猪肉之有病可以審其氣，辨其色也。又見以牛肉截瘧者，皆致痞滿而成痼疾。蓋其性凝滯，尅化最難，病人胃薄，而脾虛，勢必爲梗於胸腹也。是以近日名醫逞逞以茲爲戒，豈無所見而然哉。且觀感應廸吉及牛戒諸書，而知天道之不遠也。有三世不食牛肉，而一家免疫者，有數人共戒食牛，而世方免疫者，夫惟戒殺之家，靈神守護，邪祟自不能入，理有固然，非飾說也。予不必遠引，即先祖不食牛肉，享年八十有九。兼以康彊，而子孫又多高年，豈非好生戒殺之明驗哉。家大人少時應鄉試，寓章門，夜夢三十九人皆服青衣，拱手相向，號呼救命。翌日，有市田雞者，計其數則三十有九也。於是惕然感悟，遂戒殺甚嚴，而於勸勿食牛，尤諄諄焉。誠念耕稼之需，又非尋常戒殺之比也。予見邇年各方多有奇病，皆惶懼無計，或斷屠數日，或請僧念佛，或茹素禱神，雖有悔過遷善之心，而未得其道，曷有應乎。即使佛而有靈，亦必視其人之善行而降之福，豈請托僧人，急時諂瀆之所能致哉。至若斷屠茹素，頗爲近理，然與其禁屠，於數日何如戒殺於終身。與其茹素於一時，何如闔家自誓永戒食牛之爲愈乎。世之饕餮者，謂其價輕，較之猪肉，可以省費耳。不思有病，則延醫禱神所費不滋多乎。且古者王政重養老，未七十者不得食肉，盤間即闕肉，又何損焉。竊見屠牛者，衆皆繇食肉者，多乃今世之人，或觸目宰牛，亦嘆慘傷，亦憂聚盜，然而不能戒食，予不識其何心，豈謂一身一家所食無幾，或不妨於從俗乎。昨有一友云：先時未戒牛肉，凡遇集期必購三四觔，通計一家所用，終歲幾四百觔。繇是觀之，則一鄉一里，用肉蓋靡涯矣。屠者易行而多利，則其敢於窩盜，而輕於抗法不亦宜乎。是故好食牛肉，即以助屠而啓盜，罪莫大焉。倘使人人戒食，則牛肉腐敗而無可市，彼雖嗜殺，所獲幾何，能不廢然改業乎。今遵家大人屢諭廣，勸鄉鄰共戒牛肉，因倣聞于將設簿一册，願從者登名，至冬臘吉旦用，昭告于城隍社令，其悔過也，誠矣。其禦災也，必矣。夫趨吉避凶，人之恒情，費財祈禱猶不惜焉。況今不用一錢，而可以免疫，可以延年，又可以弭盜而安農，亦何憚而不爲此。李緝敬先生宴會約云：其間有一必當禁者，曰牛。耕農之需，太牢之味，斷不敢登於俎，洵名言也。幸有心者，廣勸而共行之。

徐仲光曰：戒牛是善行第一事，而嚴禁屠宰功德尤大，又當官善政第一義。佐平正説旁説，無限苦心，想其濡墨揮灑□，筆端應有白毫光現。

魏冰叔曰：天理人情之至，可使中下人共喻。

李懸圃曰：談理而近情，古人以不忍之心。仁及庶類，先生得之矣。

倪闇公曰：此爲廣勸平人而設，故言取明晰，復雜引徵，驗以明之知，先生之苦心，訓世也。

紀事

《太平御覽》卷八九八《獸部·牛上》 《漢書》曰：邴吉嘗出。逢羣斗者，死傷橫道，吉過之不問。前行，逢人逐牛，牛喘吐舌，止，使騎吏問：『牛行幾里』。或讖告，告曰：『民斗殺傷，長安令、京兆尹職所當禁備逐捕，丞相課其殿最，不親小事也。方春少陽用事，未可以熱，恐牛近行，因暑故喘，此時氣失節，恐有所傷害者。三公典調和陰陽，職所當憂也。』

宋 趙恒《牛羊司畜孳乳者勿宰殺詔》景德三年十二月二十日 《宋會要輯稿·刑法二》 牛羊司畜孳乳者，并放牧之，無得宰殺。

宋 楊傑《無爲集》卷一三《故朝散郎致仕朱君墓志銘》 境内有靈濟王祠，江左人欽事，歲殺牛數百以祀之。君至，且戒止，民未甚信。父老告於廷曰：『神禍福影嚮，苟易其牲，何以逃咎？』君曰：『牛者，稼穡之資，殺有常禁。神以庇民爲惠，將陷民有罪而享其牲，神必不然。』父老益懇懼，君曰：『民欲殺牛而享，不聽者令也。神之福宜歸民，譴宜歸令。必欲用牛，當生致於廟廷，官爲貿錢，以備祠費。』父老欣然從命，廣德不殺牛以享神，自君始也。

宋 趙佶《告獲殺牛賞依元豐格詔》大觀四年三月二十七日 《宋會要輯稿·刑法二》 告獲殺牛，賞依元豐格，并見行斷罪。並令刑部檢坐申明行下，常切遵守施行。

宋 趙鼎臣《竹隱集》卷一八《韓至之墓志銘》 湯陰田舍翁亡其耕牛之舌，來訴至之，至之謝曰：『牛不可活矣，恣烹之。』俄有告翁屠牛者，亟執之曰：『若盜牛舌，奈何又以是誣翁？』盜立服。

宋 桂萬榮《棠陰比事》卷上《吕婦斷腕包牛割舌》 包副樞初知楊州天長縣，時有訴盜割牛舌者，拯密令歸屠其牛而鬻之，繼有告其私殺牛者，拯詰之曰：『何為割其家牛舌，而又告之，』其人驚伏。

宋 吴曾《能改齋漫録》卷二《禁殺牛》 《南史》梁傳：昭性尤篤謹，子婦嘗得家餉牛肉以進昭，昭召其子曰：『食之則犯法，告之則不可，取而埋之。』乃知牛之禁殺，自梁已然矣。

宋 洪邁《夷堅志》丙志卷五《長生牛》 绍兴元年，车驾在会稽，时庶事草创，有旨禁私屠牛甚严，而卫卒往往犯禁。有水牛，顶插刃，由禹庙侧突入城，见者辟易。厢卒虑其蹂躏，欲阑执之，爲所触，几死。时府治寓大善寺，牛迤逦入三门，过西廊。一马系廊下，见牛至，奋蹄蹴之。牛怒，触其腹，腹裂，肠挂于角。怒愈甚，逢人则逐，径诣廷中。郡守陈汝锡方治事，牛望见，乃缓行，引首悲鸣，遂卧阶下。陈令健卒爲去刃傅藥，兀然不动。且告以立赏捕屠者，命牵付圆通寺作长生牛，即就绁而去，与常牛无以异。

后數年方死。

又《夷堅志》乙志卷一《趙子顯夢》　趙公稱，字子顯。舊居泉南。紹興二十八年贛州守，族人以窮來相依。舍之它館，日饋食之，每約飭使勿為過，嘗晝寢，夢居門庭毛血狼籍，命掃除之，隨即如故。旁舍人來告：已屠牛若干矣。瞿然而寤，護戎以還事入白曰『宗室某子自泉州來，以舊識使君，屠數牛為市。』考其數與夢合。子顯悟神告，逮捕窮治抵，其僕於罪，遣出境，遂嚴其禁。

又《夷堅支志》己卷五《泰寧牛夢》　陳知縣在泰寧日，夢到一處，遇三牛當道，急側身避之。其牛作人立而言曰：『告你，教人莫殺我。』醒而告妻子曰：『今日詢狀，須有來判憑者。』以此縣故例，凡遇開剝病牛者，必投狀給公憑乃許之，蓋欲防私宰殺也。明日治事，第一狀曰：『家有一耕牛染瘴病死，乞行開剝。』陳怒叱之，曰：『汝有牛三頭，如何但說為一？』其人駭愕不能對。即遣一吏隨往驗視，果見三牛。其一已就屠，舁致庭下，陳親引手按摸，尚有暖氣，方未死時元無疾，乃依法置於罪。次年，又夢與一客在野路交語，一牛齧草在傍。良久客去，牛亦作人言曰：『謝使者。』驚而覺。明日，眾手力具陳狀云：『歲例用牛賽神，適有黃牛病瘴，已合錢買得，願賜判許。』陳命牽至，則壯脂無所苦。立撻詞首，而舍牛付道士觀，令耕墾場圃，數月產一犢。陳以兩夢靈異，念牛有功於民，遂申嚴法禁，約束諭曉，自是此風為戢。

又壬卷一〇《汪三宰牛》　鄱陽石頭鎮汪三，常以宰牛為務，多與其侶陳二者共本。慶元元年十一月，買得水牯甚大，牽歸殺之，將如常日煮肉與肚髒，就門上掇出售，而掛頭蹄於房內。二人方往來廚舍鑊邊，以候肉熟，忽聞房內有聲云：『枉屈殺了吾！』汪趨入視之，無人焉，以為耳妄聞，閉戶再出廚，其聲如初，而愈加冤厲。複視之，亦無所睹。俄至於三，識其為怪，提屠刀罵而入，乃見牛頭張口言：『汪三哥，吾與汝無怨惡，今日卻殺我！』汪大怒，提刀直前，欲斬其嘴。不料為所掛牛蹄蔗其右脅，即掩肋大叫，痛不堪忍，陳二扶之付厥妻，漸覺腫撇，遂成大疽，七日而死。

宋　周必大《省齋文稿》卷三四《恭州太守任君續墓志銘》　璧山有淫祠，民病輒解牛以祭。君下令禁止。訛言：『神云守奪吾祀，民與牛皆將疫死。』郡人大恐。君知廟巫實導之，係郡獄，巫駭服。

宋　劉斧《青瑣高議》卷四《陳貴殺牛》　封丘潭店有陳貴屠牛為業，前後殺牛百萬頭。一日病瘦，數日後日後發狂，走於田野間，食苗禾，其家執之而歸。自此惟食蒭，經月乃死。前為牛吼數日，死亦有尾生焉。後經歲，比隣張生家牛產一犢，腹下白毛隱隱有陳貴二字，衆人皆嘆異。其妻以財贖歸，是夜夢吏謂其妻：『取此犢當鞭笞施力之苦，汝何故敢違神明，而贖之也。當殺汝。』妻乃止矣。

明　徐復祚《花當閣叢談》卷六《屠牛之報》　餘王父每勸人勿食牛，所至官下，輒以為戒，至刻圖名曰《禁牛八善》，播之交知。或以為末節也，而笑之。癸亥夏，偶讀《稽神錄》：廣陵朱氏，夏夜殺牛，事以為異，而坐客談屠牛得惡報，不食牛得善報，甚夥，不能悉載。以餘所睹，記而極異者，無若湯屠。蓋吾邑四十年前，以屠牛為生者，止兩家，一居南關外，忘其姓；一則姓湯，居南關內，與餘家鄰近。蓋三世業此，所屠者不啻幾百頭矣。人呼為『湯牛頭』，亦曰『湯剝皮』雲。祖父孫七口聚活，孫名應元，充邑門役。萬曆十六年戊子，吳中疫癘盛行。先是，元日夜三更後，應元已寢，忽聞街中呵道聲甚厲，意甚疑之，謂必河下有使客，邑侯出拜耳。然日中何無聞也？已復念曰：何有使客元日來至，且何不天明往拜，乃乘夜出乎？亟披衣起，從門隙窺，則見燈火甚繁，儀衛甚設，然非平日衙門中人，無一識面者。始疑其為陰司，不敢啟門出，但屏氣窺之。則見節道中，有枷杻者，有鎖項者，紛紛不記其數。後一大轎，坐兩官人，一衣紅，一衣綠。舁者十五六人。至應元門署停，從人來稟曰：『此家七口。』衣紅者問曰：『何生？』曰：『屠牛。』隨取一簿登記。乃出南關去。應元常往來餘家，次日偶來言及，毛聳髮立，曰：『予家必有大禍矣！奈何？公向勸我改業，勿屠牛，非我不能從，祖父不肯耳。』餘曰：『何不以昨暮所見言之？』曰：『今早已言之矣！彼固以我為不誠也。』餘曰：『汝但自弗屠，未必不獲善報。』曰：『有是言乎？』餘曰：『向見《宣室志》中載一事：武林郡賈人朱峴，有女為夜叉攝去，置浮屠中，其夜叉宿浮圖上，則見本形，將曉下浮圖，行裏中取飲食則變人形。一日既下，女竊視之，見其遇一白衣人，辟易不敢近，及暮歸，女詰之曰：何故避白衣人？夜叉曰：此人自小不食太牢，故不得近。問其故，夜叉曰：牛耕田為生人之本，故不食肉者，上帝佑之。女默祝曰：兒若得見父母，願終身不食牛！纔祝畢，夜叉跳起，曰何？有異志我今不得近子矣！遂下浮圖去。』應元拱手曰：『若如此，不但願改業，願終身不食太牢！』迨五月，應元之祖及祖母、父母，一日同病疫，同作牛聲，或時躍起，自相抵觸，大類牛狀。三日同死，則應元及一弟一妹又病矣，死者縱横臥室中，無與斂。病者呻吟展轉床蓐，莫與扶持。又七日，而弟妹相繼死，止存應元一人，又兀兀若醉若癡，不省人事。鄰人雖有相善者，以此疾易於傳染，悉閉門避去。餘遣一老蒼頭護視之，先贈公方施轉掩骼丐得六轉，又向應元熟識人乞惠，始能經理其六人之喪。又遷應元於樓上，是夜更餘，應元從昏瞶中，忽聽樓梯閣閣有聲，見一人入，長丈餘，面如銀盤，大耳細目，身衣青，儼然神也。入樓來，異香滿室，就牀捫應元面而去。自此遂省人事，踰月而愈。今尚存，遂改業。而南關外屠牛某者，亦以是月死疫矣。甲辰春，餘侍馮憲長元成、名時可、號元嶽，先生偶言及此，先生曰：『餘家亦累世不食牛，即今三四代來，竝無一人犯疫，婢妾輩俱然。』又有同年胡冏卿子仁、名宥、號金峰，偶於城西見屠牛，將解牛，牛哀鳴觳觫。冏卿市而豢之，王？塚間，且數年矣。後冏卿卒於滇，訃至日，牛輒不食而死。又，趙清為齊河尹，曾以勘事過邑之洪店，有盜王山，殺人於王臻宅旁，眾誣執臻。臻不勝掠，遂誣服。清還過洪店，有一牛犇向清，跪悲鳴，若有所訴。清問：『誰氏牛？』眾曰：『王臻牛也。』清曰：『王臻其有冤乎？』抵邑即辨，釋王臻父子。尋鞫大盜王山，即得其殺人狀。山款服曰：『誠然，牛為臻訴矣，更何詞？』齊河人作《義牛記》。先是，有兩宦居間一事趙公，張目不應，及以牛故釋王臻，兩宦相謂曰：『趙公遇我不如牛公聞之曰牛無私若有私若行誠不如牛時傳以為口實。由此言之，食牛豈但得惡報哉！乃其義亦自不宜食耳。

郇老曰：偶覽潘士藻《闇然堂集》，復得屠牛二事，並誌之：某子甲與乙，遊鎮陽，一日，屠人將解牛，方礪刃，其牛垂淚，跪其前。乙偶見之，語屠人曰：『姑舍之！』馳告甲，甲即出橐中金，為乙贖其牛。市人聚而環視之，一人曰：『牛信有知，誰活汝？汝能作謝狀乎？』牛即環視，跪甲前。一曰：『誰報甲？汝得生，能謝報者乎？』牛復跪乙前。僉驚嘆異之頃餘裏中屠牛牛觳觫，跪屠人，屠人憐而釋之，轉賣溪之東復將解之，方鼓刀欲屠，牛觳觫，跪如前狀。屠人竟殺之。是夕，醢牛火燎其肆。嗟！亦異哉！郇老又曰：《闇然堂集》所記事多不核，此屠牛二事，不妨收之以勸善。此老素有許丞之疾，其所就書，非由目擊耳聞，不過取他人所記，雜採之以成帙耳。餘內伯張伯起，其人品最高。然多吳人儇薄好奇習氣，故其筆氣，若《談輅》等書，有止圖屬對精切之病。士藻往往摭拾其剩吐，何哉？

郇老又曰：或問餘所謂止圖屬對精切者何解？昔有人以詩謁一鉅公，開口便云：『舍弟江南死，家兄塞北亡。』鉅公曰：『豈意君家有此凶憫？』其人曰：『實未有此，但圖屬對精切耳。』聞者捧腹。

明 劉萬春《守官漫録》卷四《外編殺牛之報》計九條 唐翟楫，五十無子，室內繪大士像，祈禱甚虔，婦方娠，夢白衣女子，以盤槃一兒，甚韶秀，欲抱取之，一牛横隔其中，竟不可得，已而生男，不育。虔禱如初，或曰：子嗜牛肉，所以不得抱子也。楫悟，舉家誓不食牛，遂踰年而舉子。

雲南安寧州張碧塘素，母臨娩，時其父見所善趙道人入其室而生。趙道人者，故昆明屠兒。一日，縛母牛將屠之，淬刃于水濵石，因置焉。而母牛之犉睨其側，竊啣刃，納石罅中。若不忍母牛之屠者，屠亟，索刃不得，旁見者告之。故不信，以為誑已，吾日所節解無算，犉何知，乃能竊吾刃，因復置刃石上，而身隱以伺，之見犉復竊刃如初。廼大驚，悔恨平生所為，遂棄其屠，而與牛俱上華山華亭菴，日叩頭佛前，懺甚力。久之，額頼肉隆，隆起如瘤。山下去溪橋取水，約三四里。許道人以桶架牛背，徐拽至橋邊。居民認為趙道人牛，争為汲水，置桶，牛復拽之而上。供庵爨如是二十年。餘而道人故往來張長者家碧塘既生，額有痕，隆起如圓珠。登第，歷官至都御史。

宋時劉肇夫婦屠牛，且嗜食。一夕有童子敲門送簡云：『六畜皆前業，惟牛最苦，辛君看横死者，盡是食牛人。』讀畢忽不見，夫婦不悟，屠嗜如昨，居年許肇，夢到冥府。王者怒曰：『汝傷牛命甚多，勸化不轉，』叱夜乂以長釘釘其頭，痛極而醒，次蚤氣絶。妻騎牛入市易棺，不覺臀髀與牛皮相連，牢不可脱，數日乃死。

滁州來安某屠牛為生，每令其子視已用刀之法，欲世其業，一日從屠肆歸酣寢於牀，子持牛刀而入劃，然斷其首。里人共執之，詰以何忍殺父，因泣曰：我合萬死。但我初見是牛不是父。父嘗教我殺牛。牛眠姑試刀法耳。

何大經父鷟世為屠牛業，生一子，常作牛鳴，以竹自鞭，食草及芻毛，不嗜五穀，其家常縛之，十八歲而没。大經因此改業。龍泉葉參將家，一牛賣屠者，牽過花橋，花橋上有十四亭，亭旁成市，或曰此牛有孕，柰何殺之，牛即墮淚狂走，市人辟易，牛竟入縣門跪署印某丞前，淚出不止，牽之不動，丞命吏胥醵銀贖付主家。養湯文學易說。

乙酉歲，京師有一牛，狂奔至某大僚朝房跪下出淚，其蹄甲已去，知為就屠。而逸者曰：爾欲免死，可隨我行，隨至途中，下車拜客，又至廳事跪下，乃隨至家，遂捐貲贖之，朱其角，付某寺給養。

海鹽王囬子者，以屠牛成家，日命家丁行屠，已主使而已。一夏日，偶觀縛牛，忽裂縛崩角抵王就壁，踰時而放，且復抵幸乘間得脫，竟以傷重死。牛奔渡水至秦駐山，為人所獲，竟與主俱斃。

江陰長溪馮氏子，臘月念五日宰牛。是日天大寒，先割牛舌作羹以下，沸酒十餘椀，不覺醉，極將刀割牛，誤舉刀口向上，自屠死。見者共嘆，業報之，不爽云。

藝文

宋 何夢桂《潛齋集》卷一〇《贊汪愛蓮諭食牛》 天使牛耕，民乃能穀，既食其力，忍食其肉。惡死愛生，萬生同欲。力不人競，俯首就戮。暴殄物命，恣飫口腹。太上好生，昭示禍福。人能戒欲，天為錫祿。仁哉愛蓮，欲並生育。明聽告言，矜此觳觫。

宋 王炎午《吾汶稿》卷八《賀高逢齋訟殺牛者搶奪帽并珠菊節後官懲**》** 斷大道爲公，小敵亦勇。本非忤物，終還合浦之珠，尚及登高，還我龍山之帽。進虎穴而取子，正牛舌之逃奸。不妨老子之投閒，旋報兒輩之破賊。親朋吐氣，閭里揚聲。某適阻塵，坌末由躬賀。賣刀買犢。要令民俗之相歡，化劍爲龍，願養神鋒於旣試。

清 吴世杰《甓湖草堂集・屠牛泣》 老犢牽來向城陌，奏刀砉然飛霹靂。纍纍斷肌投釜中，以骨代薪薪不惜。煮豆燃萁古所嗟，誰料屠牛炊牛骨，少盡其力老殺身，爲君辛苦亦何益。

雜録

宋 黄庭堅《山谷全書・正集》卷一七《太平州蕪湖縣吉祥禪院記》 有屠者故凶忍，於是方欲解牛，三夕不能奏刀，已而牛見夢：『送我吉祥院。』屠以語市中人，市中人則共買牛與吉祥，至今以供麥磑。

宋 何薳《春渚紀聞》卷三《牛王宮芒飯》 陶安世云：張觀鈐轄家人嘗夢為人追至一所，仰視榜額，金書大字云『牛王之宮』。既入，見其先姨母驚愕而至，云：『我以生前嗜牛，複多殺，今此受苦未竟。所苦者，日食鋩飯一升耳。』始語次，即有牛首人持飯至。視之，皆小鐵蒺藜，其大如麥粒，而鋒鋩甚利。飯始入咽，則轉次而下，痛貫腸胃。徐覺臂體間燥癢，即以手爪爬搔，至於癢極，血肉隨爪而下，淋漓被體。牛首人則取鐵杷助之，至體骨現露，鋩飯盡出。一呼其名，則形體複舊。家人視之，恐怖欲逃。牛首人即呼持之，曰：『汝亦嘗食此肉四兩，今當食飯二合而去。』號呼求解，不可得，即張口承飯。飯才下咽，則痛楚不勝。宛轉之次，忽複夢覺，腮頰舌皆腫，不能即語。至翌日，始能言，因述其夢云。

又 卷六《牛酒帖》 先生在東坡，每有勝集，酒後戲書，以娛坐客，見於傳錄者多矣。獨畢少董所藏一帖，醉墨瀾翻，而語特有味，云：『今日與數客飲酒，而純臣適至。秋熱未已，而酒白色，此何等酒也？入腹無臟，任見大王。既與純臣飲，無以侑酒。西鄰耕牛適病足，乃以為炙。飲既醉，遂從東坡之東直之出，至春草亭而歸，時已三鼓矣。』所謂春草亭，乃在郡城之外。是與客飲私酒，殺耕牛，醉酒逾城，犯夜而歸。又不知純臣者是何人，豈亦應不當與往還人也？

宋 劉克莊《宰牛者斷罪拆屋判》《名公書判清明集》卷一四 劉棠忝預鄉書，顧以屠殺爲業，每有屠牛之訟，常是掛名檢，又不畏憲綱。在法，曾得解人止免公罪杖，而殺牛乃是私罪徒。又殺牛馬三頭者，雖會赦猶配鄰州，計劉棠平日所殺，何啻累千百頭。罪至徒流，恐又非解元之所能免。本合將劉棠送獄，根勘前後過犯，解府從條施行，屬當盛暑，刑獄使者方且奉詔慮囚，不欲淹延枝蔓，劉棠勘杖一百，牒尉司差人監下都保，將劉棠酒坊肉店日下拆除。

宋 劉克莊《屠牛于廟判》《名公書判清明集》卷一四 國家三歲始殺一牛，餘外別無殺牛之條。使神其有知，其肯歆此祭乎。云云。

宋 陳造《江湖長翁集》卷二二《記王尚書事》 王佐宣子守平江，政聲第一，尤長聽訟。【略】議者謂與湯致遠治告牛肉者同科。湯爲江州，斷殺牛嚴甚，不盡止也，則設賞以捕食肉者。有民荷瓜入城，及門被捕。湯物色之，蓋藏瓜中也。捕者乃税胥。民云妻病不他食，惟思牛肉，故置瓜中，冀達之。湯引其妻與胥前，臨之以威，皆承其姦。蓋妻與胥謀陷其夫者，湯致之法。

明 朱國禎《湧幢小品》卷三一《牛禁》 宣武門外多回夷聚居，世以宰牛爲業。巡城楊御史四知榜禁之，衆皆鼓譟，諸大臣知狀，弛其禁，乃定。此戊子年事，蓋禁殺牛，自美事，而京師不可行，想各邊亦當然。

又韓晃以賊非牛酒不嘯結，乃禁屠牛，以絕其謀，犯令者誅及鄰伍。滉特禁屠，以盜賊為名，可重共罰，此機變也。

清 朱亦棟《群書札記》卷二《屠牛坦解牛》 屠牛坦一朝解十二牛，而芒刃不頓讀鈍者，所排擊割，剝皆衆理解也。案：《管子・制分篇》：屠牛坦朝解九牛，而刀可以莫注猶削也鐵，則刃游間也。莊子庖丁之論，蓋本諸此。

清 佚名《折獄便覽・私宰牛隻》 問牛從何來，是否病癈，何人宰殺，何人帮同下手，有無開圈。

積慣宰牛，并私宰器，具地方是否知情，賄縱。

清 朱軾《清律集解附例》卷一六《宰殺馬牛》 凡私宰自己馬牛者，杖一百。駝、贏、驢杖八十，觔角皮張入官。誤殺及病死者，不坐。若故殺他人馬、牛者，杖七十、徒一年半。駝、贏、驢杖一百。官畜産同。若計贓重於本罪者，准盜論。追價給主。係官者，准常人盜官物斷罪。並免刺。若傷而不死，不堪乘用及殺猪羊等畜者，計殺傷所。減之價，亦准盜論。各追賠所減價錢。完官，給主。價不減者，笞三十。其誤殺傷者，不坐罪。但追賠減價。爲從者，故殺傷。各減一等。官物不分首從。若故殺緦麻以上親馬、牛、駝、贏、驢者，與本主私宰罪同。追價賠主。殺猪羊等畜者，計減價坐贓論，罪止杖八十。其誤殺及故傷者，俱不坐。但各追賠減價。若官私畜産毀食官私之物，因而殺傷者，各減故殺傷三等，追賠所減價。還畜主。畜主賠償所毀食之物。還官主。若故放官私畜産損食官私物者，笞三十。計所食之。贓重於本罪。坐贓論。罪止杖一百，徒三年。失防者，減二等。各賠所損物。還官主。若官畜産失防。毀食官物者，止坐其罪，不在賠償之限。若畜産欲觸觝踢咬人，登時殺傷者，不坐罪，亦不賠償。兼官私。

註此分別人己之畜産，以定殺傷之罪也。凡私宰自己馬、牛者，杖一百。駝、贏、驢杖八十。不當宰而宰，故將觔角皮張入官。如係誤殺及病死者，聽其開剝，不坐私殺之罪。若故殺他人馬、牛者，杖七十，徒一年半。駝、贏、驢杖一百，以生時之價計之。贓重於本罪者，准竊盜論。若傷而未死不堪乘用，及殺他人豬羊等畜者，計殺傷所減之價，亦准竊盜論。仍追賠減價，官畜則還官，民畜則給主。若雖殺傷，而估價不減者，止笞三十。其誤殺傷者，不坐罪。但追賠減價。以上故殺傷他人之馬、牛、豬、羊爲從者，各減一等。若故殺緦麻以上親之馬、牛、駝、贏、驢者，與本主私宰罪同。仍追價給主。殺豬、羊等畜者，計殺死所減之價，坐贓論，至六十兩以上，罪止杖八十。其誤殺及故傷者，俱不坐罪。但各追賠減價，若官、私畜産，毀食官私之物，物主因而殺傷者，仍分別馬、牛、駝、贏、驢各減。故殺傷罪三等追減價以賠畜主，仍著畜主賠償所毀食之物還官、給主。減罪盡者無科，若故放官私畜産，損食官私之物者，俱笞三十。贓重於笞者，坐贓論。若失防官私畜産，損食官私之物者，俱減故放罪二等。各追償損食之物，還官、給主。若失防官畜産，毀食官物者，止坐牧養人減二等之罪，笞一十，不在賠償之限。若官私畜産，欲傷人而登時殺傷者，不坐罪，亦不賠償，仍責令畜主領回，以人重物輕故也。

條例

增例：一、康熙三十一年九月内，奉上諭：以後一應馬匹，不許宰殺貨賣，著永行禁止，交與步軍統領，五城嚴察。如有殺馬賣者，拏送刑部，從重議罪。

一、凡屠戶將堪用牲畜買去宰殺者，雖經上税，仍照故殺他人駝、贏律，杖一百。若將竊盜所偷堪用牲畜不上税、買去宰殺者，與竊盜一體治罪。

欽定例：一、盜牛一只，枷号一个月、杖八十、二只，枷号三十五日、杖九十。三只，枷号四十日、杖一百。四只，枷号四十日、杖六十、徒一年，五只，枷号四十日、杖八十、徒二年：五只以上者，枷号四十日、杖一百、徒三年。十只以上，杖一百、流三千里二十只以上，不計赃数多寡，拟绞監候。其虽在二十只以下，除計赃輕者，分别枷杖徒流外，如計赃至一百二十两以上者，仍照律拟绞監候。盜杀者，枷号一个月，发附近充军，俱照窃盗例刺字：其窝家知情分赃者，与盗同罪知情不分赃者，杖一百。若窝窃牛之犯至三人、牛至五只者，杖一百，徒三年。若人至五人、牛至十只者，发边充军。对私开圈店及贩卖耕牛之人，初犯俱枷号两月，杖一百，再犯，发附近，累犯，发边，俱充军。盗杀及盗卖者，初犯枷号一月，发附近，再犯，枷号一月，发边，累犯，枷号一月，发烟瘴地方：各充军。杀自己牛者，計只照盗牛例治罪。故杀他人牛者，仍照律杖七十，徒一年半。若計只重，厂本罪者，亦照盗牛例治罪，俱免刺，罪止杖一百、流三千里。其残老病死者，勿論』。

牛神 牛王 土牛 春牛 祭牛 牛祭

論説

宋 何耕《録二叟語》《成都文類》卷四九 立春日，通天下郡邑，設土牛而磔之，謂之『班春』，所從來舊矣。其説蓋微見於《吕令》，而詳於《續漢禮儀志》，大抵先王謹農事之遺意也。成都大都會，自尹而下，茗、漕二使者之治所在焉。將春前一日，有司具旗旄、金鼓、俳優、侏儒、百伎之戲，迎所謂『芒兒』土牛以獻於二使者，最後詣尹府，遂安於班春之所。黎明，尹率掾屬相與祠句芒，環牛而鞭之三匝，退而縱民磔牛，民歡譁攫攘，盡土乃已，俗謂其土歸置之耕蠶之器之上，則蠶孳而稼美，故争得之，雖一丸不忍棄，歲率以爲常。紹興丙子余往觀焉，見二叟立牛側，一叟撫牛而歎曰：『是孰象似汝，孰丹堊汝，孰引群吏俎豆而羅拜汝？方旗旄、金鼓、俳優、侏儒、百伎之戲，雜然而前陳，以導汝至此，而而空一府之人以觀汝也，不亦榮而甚可樂與？俄而梃者競進，擊者交下，而汝始碎首折骨矣，譟者、奪者、負者、趨者，而汝始蕩爲游塵，散爲飄風矣，嗚呼，悲哉！今夫富貴之家、高明之門，倚勢而怙寵，役物以自奉，噓吸生風雲，叱咤爲雷霆，偃然自以爲莫己若也，有不似兹牛之始至者乎？及其權移而運去，大者隕身赤族，小者觸刑抵罪，雖三尺孺子莫不聞而哀之，有不似兹牛之既磔者乎？吾悲夫禍福之無常，而慶弔之相躡於俯仰之間也，吾又悲夫造物者之戲人胡爲而至斯極也，吾是以歎。』一叟局局然笑曰：『子何言之陋邪，是安從生？自土而爲泥，自泥而爲牛，土不知其爲牛也；自牛而遭磔，磔而復爲土，土不知其非牛也。彼既不知其爲牛矣，則雖象似之、丹堊之、俎豆而羅拜之，與夫旗旄、金鼓、俳優、侏儒、百伎之戲，雜然而前陳，以導汝至此，而空一府之人以觀汝也，不亦榮而甚可樂與？俄而梃者競進，擊者交下，而汝始碎首折骨矣，譟者、奪者、負者、趨者，而汝始蕩爲游塵，散爲飄風矣，嗚呼，悲哉！今夫富貴之家、高明之門，倚勢而怙寵，役物以自奉，噓吸生風雲，叱咤爲雷霆，偃然自以爲莫己若也，有不似兹牛之始至者乎？及其權移而運去，大者隕身赤族，小者觸刑抵罪，雖三尺孺子莫不聞而哀之，有不似兹牛之既磔者乎？吾悲夫禍福之無常，而慶弔之相躡於俯仰之間也，吾又悲夫造物者之戲人胡爲而至斯極也，吾是以歎。』一叟局局然笑曰：『子何言之陋邪，是安從生？自土而爲泥，自泥而爲牛，土不知其爲牛也；自牛而遭磔，磔而復爲土，土不知其非牛也。彼既不知其爲牛矣，則雖象似之、丹堊之、俎豆而羅拜之，與夫旗旄、金鼓、俳優、侏儒、百伎之戲，迎而致之，空一府而觀之，彼且何榮而何喜乎哉？彼既不知其非牛矣，則雖擊之、碎之、敗之、奪之，彼且何懼而何戚乎哉？牛固無所喜愠，而世之人方且認外物爲己有。其未得也，挾術用數，以致其必來；而其既去，則猶殫智極力，以幸其少留也，可不爲之大哀乎？其有愧於兹牛多矣，而造物者初何與焉。《莊子》曰：『適來時也，適去順也。安時而處順，憂樂不能入也。』子無庸歎，嘗試以是觀之。』余竦然異其言，迫而問之：『若何爲者也？』二叟皆不告而去。余歸而録之，蜀固多隱君子哉！

宋 魏了翁《禮記要義》卷六《出土牛》 《正義》曰：出土牛以送寒氣者，出猶作也。此時强陰既盛，年歲已終。陰若不去，凶邪恐來歲更爲人害。其時月建丑，又土能刻水，持水之陰氣，故特作土牛，以畢送寒氣也。注云：出猶作也，丑爲牛，牛可牽止也，送猶畢也。

又 卷一一《王親祭用牛及惣論牲色》 王者之祭，無不用牛。又禮緯云：『六宗五嶽四瀆之牛角尺。』則日月以下之祀皆用牛者。蓋日月以下，常祀則用羊，王親祭則用牛。故《小司徒》注云：『玄冕所祭。』據王親祭也。此《郊特牲》指用而言，故下文云：『用騂犢。』故牧人云：『陽祀用騂牲，毛之。』注云：『陽祀，祭天於南郊及宗廟。』以此約之，夏殷以上，祭感生之帝，各用其正之色，其迎五方之帝，其牲上已備陳，帝牛稷牛，其牲雖異，其色宜同。凡配祭之人，牲與天同色也。其四月大雩，九月大饗，其天及配人，其牲各依當方之色。其文武汎配，則用大牢，其牲色無文，周人尚赤，當用騂也。《論語》云：『敢用玄牡，敢昭告于皇皇后帝。』注云：『帝謂大微五帝。』用玄牡者，彼謂告祭也。其四鎮五嶽之等，各用當方之色，故《收人》云：『望祀，各以其方之色牲，毛之。』若尋常山川時祭以下，則用純物，不隨四方之色。若國外表貉磔禳之等，則用雜色。』故《牧人》云：『凡時祀之牲，則用牷物。凡外祭毀事，用尤可也。其常祀之牲，則皆用牡，祈禱之祭，或用牝，唯孟春禁之。』故《月令》孟春犧牲無用牝。

又 卷二四《麗牲毛牛封取膟膋燗腥祭》 祭之日，君牽牲，穆答君，卿、大夫序從。既入廟門，麗于碑，卿、大夫袒，而毛牛尚耳。鸞刀以封，取膟膋，乃退。燗祭、祭腥而退，敬之至也。注云：祭，謂祭宗廟也。穆，子姓也。答，對也。序，以次第從也。序，或爲豫。麗猶繫也。毛牛尚耳，以耳毛爲上也。膟膋，血與腸間脂也。燗祭祭腥，祭燗肉腥肉也。湯肉曰燗，燗祭祭腥，或為合祭腥、泄、腤、孰也。正義曰：卿大夫序從者，卿大夫佐幣，士奉芻，依次第而從君也。『既入廟門麗于碑』者，麗繫也。君牽牲入廟門，繫著中庭碑也。王肅云：以紖貫碑中，君從北待之也。『鸞刀以封取膟膋』者，謂用鸞刀封割牲體，又取血及腸間脂血以供薦，而膋以供炙肝及爇蕭也。案：《說文》及《字林》云：膟血、祭膋是牛腸間脂也，是膟爲血，膋爲腸間脂也。云『燗祭祭腥祭燗肉腥肉也』者。既疊出經文燗祭之事、祭腥之語，然後解云謂『祭燗肉』也、『腥肉』也，『祭燗肉』即經之『燗祭』也，云『腥肉』即經之『祭腥』也。其祭腥肉、燗肉並當朝踐之節。此腥肉，則《禮運》云：『腥其俎』也。燗肉，即《禮運》云『孰其殽』也。此先云『燗』者，記者便文耳。非先後之次。云『湯肉曰燗』者，以鬼神異於生，雖曰孰殽，但湯肉而已，若其小祀，則烹肉令孰。故《郊特牲》云『一獻孰』，是燗與孰，又別也。云『燗祭，祭腥，或云合祭腥，泄腤孰也』者，謂『燗祭祭腥』四字，《禮記》他本爲『合祭腥泄腤孰』六字者，故云『或』。

又《崔氏祭日月三説皆非玄冕祭皆用牛》 祭日於東，祭月於西。以别外内，以端其位。日出於東，月生於西。注云：端正正義曰：端正也，日爲陽在外，月爲陰在内。今祭日於東，用朝旦之時，是爲外祭。月於西，鄉夕之時，是爲内，是以别外内，以正其位也。而崔氏云：祭日於壇，祭月於坎，還據上文郊祭之時。今謂若是郊祭日與月，當應同處，何得祭日於壇，祭月於坎，日於東，月於西，祭不同處？則崔氏説非也。崔又云：日月有合祭之時，謂郊祭天而主日配以月，其禮大用牛。各祭之時，謂春分朝日，秋分夕月，其禮小，故祭法用少牢。今謂《小司徒》云：『小祭祀，奉牛牲。』鄭注謂『玄冕所祭』。自玄冕皆用牛也，何得用少牢。今謂祭法日月用少牢，鄭云：『禱祈之祭也。』崔氏説又非。崔氏又云：迎春之時，兼日月者。今案諸文，迎春迎秋無祭日月之文。小宗伯云：『兆五帝於四郊，四望、四類亦如之。』謂：四望、四類之祭，亦如五帝在四郊。故鄭云：『兆日於東郊，兆月與風師於西郊，』不謂兆五帝之時，即祭日月，崔氏又非。

清 李調元《童山集》卷八《略平牛王廟樂樓碑記》 牛王者何也，農耕田，必用牛，牛於農有功。故神之爲王，而共祀之也。樂樓者何也？每歲祀牛王，必演劇，劇必有樓，所以悦神而共樂之也。牛王廟不知始于何時，惟《列異傳》載，秦文公立怒特祠，應肇於此。今諸廟多塑像如觀音，而以牛爲坐騎，稱之爲牛王菩薩，不知何故。考《清異錄》，陽翟莊舍有田老者，謂牛爲黄毛菩薩，大抵皆農人以牛爲命，故尊之曰王，而親之曰菩薩也。王制，諸侯無故不殺牛，註，穀者，民之命，牛植穀，王法禁絶。故本朝世祖章皇帝首重殺牛之戒，而名處地方有司，並嚴湯鍋之禁，蓋爲此也。夫戒殺牛，非細事也。昔齊宣王不忍一牛，孟子以爲是心足王，使今人而盡推此心，則君卽舜堯也，臣卽臯、夔、稷、契也，士卽顔、曾、思、孟也。不忍於牛，卽不忍于人矣。故曰足王也。今之祀牛王而並建樂樓者，豈非不忍之心所感，而並思悦牛神以求保衆牛哉。考《大玉匣記》，牛王神誕本在七月二十五日，今以十月初一爲祭日者，蓋七月農方收穫，故相沿改期以便民也。略平牛王廟本無樂樓，今之樂樓，乃嘉慶元年十月某日衆士民捐資所創立，例刻名於碑陰，而總其事者，覃泰山也。

綜述

唐 李涪《刊誤》卷上《出土牛》 《月令》：出土牛以示農耕之早晚。謂於國城之南立土牛。其言立春在十二月望，策牛人近前，示其農早也。立春在十二月晦及正月朔，則策牛人當中，示其農中也。立春在正月望，策牛人在後，示其農晚也。為國之大計，不失農時。故聖人急於養民，務成東作。今天下州郡，立春日制一土牛，飾以文彩，即以綵杖鞭之，既而碎之，各持其土，以祈豐稔，不亦乖乎。

唐 陸龜蒙《甫里集》卷一六《祝牛宫辭并序**》** 冬十月，耕牛爲寒，築宫納而皁之。建之前日，老農請乞靈于土官，以從鄉教，予勉之。而為之辭：

四牸三牯，中一去乳。天霜降寒，納此室處。老農拘拘，度地不畝。東西幾得，七舉其武。南北幾何，丈二加五。偶楹當間，載尺入土。太歲在亥，餘不足數。上締蓬茅，下遠官府。耕耨何時，飲食得所。或寢或卧，免風免雨。宜爾子孫，實我倉庾。

五代 丘光庭《兼明書》卷一《土牛義》 《禮記·月令》曰：『出土牛以示農耕之早晚。』不云其牛别加彩色。今州縣所造春牛，或赤、或青、或黄、或黑、又以杖扣之而便棄者。明曰，古人尚質，任土所宜。後代重文，更加彩色，而州縣不知本意，率意而為。今按：《開元禮·新制篇》云：『其土牛，各隨其方。』則是王城四門，各出土牛，悉用五行之色。天下州縣，即如分土之議。分土者，天子太社之壇，用五色之土。封東方諸侯，則割壇東之青土，以白茅包而賜之，令至其國，先立社壇，全用青土。封南方諸侯，則割赤土。西方，則割白土。北方，則割黑土。今土牛之色，亦宜効彼社壇。或問曰：『今地主率官吏，以杖打之，曰「打春牛」，何也？荅曰：『按《月令》只言示農耕之早晚，不言以杖打之。此謂人之妄作耳』。又曰：『何謂「示農耕之早晚？」』荅曰：『以立春為候也。立春在十二月望，即策牛人近前，示其農早也。立春在十二月晦及正月朔，即策牛人當中，示其農事也。立春正月望，即策牛人近後，示其農晚也。』又問曰：『按《月令》，出土牛在十二月，今立春方出，何也？』荅曰：『季冬之月，二陽已動，土脉已興，故用土作牛，以彰農事。今立春方出，農已自知，何用策牛之人，在前在後也。斯自漢朝之失，積習為常。按《漢書》，立春之日，京都百官青衣，立青幡，施土牛耕人于門外。又按《誊繕令》，立春前二日，京城及諸州縣門外，各立土牛耕人。斯皆失其先書示農之義也。』又問曰：『幾日而除之？』荅曰：『七日而除。蓋欲農人之徧見也、今人打後便除。又乖其理焉。』

《太平御覽》卷八九八《獸部·牛上》 季冬，命有司出土牛，以示農耕之早晚。

宋 劉敞《公是集》卷五〇《祭勾芒文》 今兹立春，農事將興。爰出土牛，曉寤耕者。惟爾有神，克相黎庶，是顧是歆，無有後艱。

宋 蘇軾《蘇文忠公全集》卷一二《祭勾芒神祝文》 夫帝出乎震，神實輔之。兹日立春，農事之始。將平秩於東作，先恭授於人時。乃出土牛，以示早晚。惟神其祐之。

又 春律既應，農事將作。爰出土牛，以爲耕候。維爾有神，實左右之。伏願雨暘以時，螟螣不作。俾克有年，敢忘其報。

宋 黄庶《伐檀集》卷下《春牛祝文》 祭於勾芒之神。惟神職此木行，生物之佐。乃今甲辰，是爲立春，陳根可拔，田事其始，乃出土牛，示民以時。國有常祀，吏敢弗懈。農無灾害，惟此之祈。不腆之具，神食其意。尚饗！

宋 洪適《盤洲文集》卷七一《祭勾芒神文》 推天駟以觀祥，不愆舉目；出土牛而首事，何惜碎身！率屬乞靈，爲農祈穀。願鑑汙邪之祝，使歌華黍之詩。

又 天子命我，盡牧南海之民；農人告予，將有西疇之事。念銅虎謹班春之職，出土牛示嗣歲之期。敢恭明神，以庇此土。俾曰暘曰雨之若，致如茨如梁之收。

宋 張栻《南軒集》卷四二《祭勾芒神祝文》 惟時新春，陽氣肇舒，乃出土牛，以首農事，致祀於神，實曰彝典。惟神孚祐，時其雨暘，順乃嘉生，賜以豐年，其敢忘神之德！

宋 樓鑰《攻媿集》卷八二《祭勾芒神祝文》 正月惟閏，既望始春。甘雨霢霂，土膏墳興。祀牛于門，協氣是迎。司我穡事，惟帝與神。歆此菲奠，用介豐登。

宋 周必大《省齋文稿》卷三七《祀勾芒神文》 青陽開動，太皞御辰。天地和同，根荄發生。爰出土牛，以告農耕。祈薦醪羞，徼福神明。克相東作，以底西成。

宋 黄震《黄氏日鈔》卷七四《申尚書省乞禁本軍再行牛祭事》 照得本軍有祠山張王廟，民俗嘗祭以牛。前太守孫公謂、洪公興祖皆謂禮不可僭，易以素饌，連歲獲稔，事載本軍書籍庫張王事迹，昭然甚明。後來官司失於檢舉，民間又復私用牛祭，縣吏不法，反攬以擾民，科祭牛甚於科軍需，差會首甚於差户役，其弊已不止如孫、洪二公所謂僭禮而已。續又有棄城之將，謫居本軍，祈哀非鬼，遷祠山廊下别一鬼神，卜地方山，大興廟宇。自此祠山漸衰，而方山驟興。祠山歲用一牛，方山則廣德縣管下七百二十餘保各用一牛，歲用七百二十餘牛。方山既每保用牛，而每保之社廟又各用牛，并其餘非泛乞福，因亦用牛。一斗大壘，逐至歲殺二千餘牛，若當時屠販小人因而宰殺者，又不預焉，以故耕牛耗及鄰郡，户産朘於數祭，風俗大壞，良可痛傷。近年幸奉朝旨，張王改封真君，法用素祭，此風宜可革矣。而習俗既成，自祠山之一牛，及方山各保之一二千牛，殺祭如故。蓋廣德軍之殺牛，如他郡之殺雞，安若故常，全無忌憚。然而殺牛邀福，終亦無福。如近歲丁未之旱，本軍未嘗不殺牛，其旱自若。甚至如咸淳二年他郡不遭旱，本軍反以山田易涸，旱獨偏聚一方，未見殺牛之能救旱也。如近歲辛酉之水，本軍未嘗不殺牛，水亦自若。甚至如咸淳四年，他郡不遭水，本軍獨以山溪易漲，水嘗三入城市，未見殺牛之能救水也。以是知天時自有定數，地勢又各不同，神之依人，豈不陰相？事之在天，終難盡斡。曾謂正直正直如祠山，靈祐如祠山，疊受朝廷封爵如祠山，而肯視牛之殺不殺爲禍福哉？某一介非才，叨恩佐郡，既傷殺牛淫祀之非禮，又訝多殺耕牛之非法，遂於今春僭申諸司，繼荷諸司各榜禁戢，風俗爲之一變，闔郡無復殺牛，雖宜興、安吉、溧陽郡不逞之徒，刀鎗千百，習亂方山者，亦爲屏息，無敢入境，千里士民，方相稱賀。至今年六月初五日，某偶被檄慮囚寧國，聞新知軍下車之初，首索某申檢施詳，已不謂然；至七月十七日，聞本軍盡收諸司之榜，許追賽歲例。五月初殺一牛，說謂闕雨，須還十祭，七月二十日又聞抛珓卜，用八月初二、初六、初八日殺牛，皆不從，牛牲既設，將以初八日强致之。某因切伏思念，前日某之申明爲百姓耳，今日本軍之更革亦爲百姓耳，事不同而心則同，若未甚害。所慮官所開禁，雖止殺祠山一牛，民所倣傚，又將殺方山各保一二千牛，宜興、安吉、溧陽兇徒刀鎗習亂者，亦必聞風踵至，此則不可不防。兼念近者闕雨，正亦未必因牛。蓋某之申明在三月常年之牛，今年不賽者在五月，祠山若以不殺牛而不雨，當自三月或五月即不雨矣，不應至七月初而後闕雨也。又七月初之闕雨，鄰郡如寧國、安吉等處皆然。七月十一日至十五日一連五日四郊雷雨，亦鄰郡如寧國、安吉等處皆然。及十七日收榜許牛，不復雷雨；二十日抛珓殺牛不從，雲氣自此反絶。祠山若以不殺牛而不雨，罪當有及某一身矣，不應併累鄰郡闕雨。未幾復賜之雨，既許殺牛，反又不雨也。神不能語，某亦何證？但本軍既謂因不殺牛而闕雨，則某前此之申明禁殺，實此邦致灾之罪魁，何可更一朝强顔此邦士民之上？用敢瀝忱露罪，并録元申及諸司備榜、書判繳連在前，控申公朝，乞賜敷奏，速將某解官離任，或予祠禄，以全小臣去就之誼。仍乞詳酌前件祠祭合不用牛事理，劄下本軍照應，永遠遵守，併將李士達晚創方山淫祠毀拆，以絶群小亂萌，實非小補，須至申者。

宋 陳祥道《禮書》卷二九《土牛》 《月令》季冬，命有司大難，旁磔，出土牛，以送寒氣。出，猶作也。作土牛者，丑為牛，牛可牽止也。送，猶畢也。《正義》曰：其時月建丑，又土能尅水，特水之陰氣故特作土牛，以畢送寒氣也。《唐月令》曰：季冬，命有司出土牛，以示農耕之早晚。若立春在十二月晦，則策牛人近前，示其農早也。立春在正月晦及二月朔，則策牛人當中，示其農平也。立春近正月望，則牛人近後，示其農晚也。《後漢志》：冬之月，立土牛六頭於國都郡縣城外丑地，以送大寒。《月令章句》：是月之會建丑，丑為牛。寒將極，是故出其物類形像，以示送達之，且以升陽也。土勝水，牛善耕，勝水，故可以勝寒氣，善耕，故可以示農耕之早晚。《月令》：季冬之月，大難旁磔，然後出土牛。則出土牛，驅除之終事也。既乃告民出五種，命農計耦耕，事則出土牛，又農耕之始事也。後世土牛之法，以歲之幹色為首。甲至癸為十幹，甲乙木，其色青。丙丁火，其色赤。戊己土，其色黃。庚辛金，其色白。壬癸水，其色黑。寅至丑為十二支，寅卯木，其色青。巳午火，其色赤。申酉金，其色白。亥子水，其色黑。辰戌丑未，土其色黃。納音色為腹。若甲子乙丑，金其色白，丙寅丁卯，火其色赤。他皆放此。以立春日幹色為角、耳、尾，支色為脛，納音色為蹄。設令甲子歲，甲為幹，其色青，則青為牛首。子為支，其色黑，則黑為身。納音金，其色白，則白為腹。又若丙寅日立春，丙為幹，其色赤。則赤為角、耳、尾，寅為支，其色青，則青為脛。納音火，其色赤，赤為蹄。其説蓋有所傳然也。

宋 陳元靚《歲時廣記》卷五《呼畜類》 《五行書》元日向晨，至門前呼牛馬雜畜令來，仍置粟豆於灰，散之宅內。云可以招牛馬，未知所出。

又《驗牛卧》 《玉堂閑話》：正月一日，於牛屋下驗牛俱卧，則五穀難生苗，半卧半起，歲中平，牛若俱立，則五穀大熟。

宋 劉一止《苕溪集》卷二六《祭勾芒文》 故事，立春出土牛，耕以示耕之早晚，惟帝布令，神實相之。尚左右民，俾以爲善歲。

宋 周孚《蠹齋鉛刀編》卷二九《立春勾芒文》 惟春之元，國有常典，爰出土牛，以戒農事。導迎善氣，迓續豐年，惟神之休，神其鑑之。

宋 蔡戡《定齋集》卷一三《勾芒神祝文》 盛德在木，獻歲發春。爰出土牛，以戒農事。爲酒爲醴，敢敬請于有神：如茨如梁，庶終期于無害。

明 周祈《名義考》卷二《土牛》 《月令》：季冬之月，出土牛以送寒氣，非立春日也。《成都記》：太平興國二年，縣司以土牛呈知府，就午門前薦以香燈、酒果，知府程給事曰：芒兒耕墾之人，不宜上廳，無祭先農之事也。今有司迎春造土牛芒神，至日於門外，酒果朝服以祭，祭畢擊而碎之，謂祭先農，似太簡。謂祭牛與芒兒似太過，謂勸耕，不應反碎之，以傷牛。

謂為勾芒，不應策牛以慢神，失不自今，相襲之誤也。

明 尹直《謇齋瑣綴録》卷一《視牲本末》 國朝大祀之牲，皆預養於犧牲祈所，在天壇西南隅。歲以臈月朔旦，駕親臨閱，文武堂上官皆先候於所南門外。駕至，則樂舞生群行叩頭禮，錦衣指揮使奏落輦，尚膳監太監進茶一鍾，上乃降輦。禮部、太常寺堂上官分酋以入，衆官皆從，立門內。俟駕周視各牲畢，送出門，升輦進茶畢，乃退。以後每夕輪一大臣繼視之，蓋自五府及吏戶禮、兵、工、五部，通政、輪林堂上官之無故者皆與焉。太常寺則先期以次坐日具聞。至次當往者，則太常典簿廳先日徑具乎本稟請。是日早，總兵官遣一頭目先受約束。至晚，率五十騎卒，候鍾定入靜，乃具監服，騎卒導從正陽門出，所過火甲籠燈，夾道侯迓。抵西天門，釋與駐騎，徒步入門，循道旁行，道以禦嘗行故也。至所北門，則禮部委官及養牲士卒、知觀、提點皆候。肅入，自兎房、鹿檻、羊棧、牛枋、豬圈，周行歷視，乃坐官亭。所官具牲數揭帖以呈，蓋牛犢二十九，北羊二十二、鹿二、兔十四、豬三十四也。辭出，騎卒火甲仍導，抵城，闔入啟鑰，皆入歸第，乃散。明早，則具絳袍，先百官入左掖門，至丹墀，立於鳴贊官之右，俟上禦寶座，靜鞭鳴第二聲，稍前，立於大漢將軍之南。三鞭止，即上禦道中跪，自稱某官某看牲復命，俯伏三叩頭，興，退立於常朝班之東，俟衆官行禮畢，乃還班。其日或值輟期，亦須絳袍，惟自正旦以後，上禦殿則或朝服或公服從衆，獨加布履，升陛由殿東第一門入內立，後駕臨鞭止，復命如前。起，越王門之東之乃出。者值傳制，則其朝服先入華蓋殿，復命也。夫用騎卒者，傳自宣德間始，所以防不虞也。蓋故事，視牲屬明曉，往還率遇中霄，以久漸差，至僅二皷，已還矣，亦莫知其非也。因循簡便，豈啻是哉！

清 孫承澤《春明夢餘録》卷一四《犧牲所》 犧牲所建於神樂觀之南，初為神牲所，設千戶並軍人專管牧養其牲。正房十一間，中五間為大祀牲房，即正牛房，左三間為太廟牲房，右三間為社稷牲房。前為儀門，又前為大門，門西南遇視牲之日設小次。大門東連房十二間，西連房十二間，前為晾牲亭三間，東西有角門，東角門北為北羊房五間，山羊房五間，又北為煖屋，滌牲房五間，倉五間，大庫一間，西角門北為北羊房五間，山羊房五間，穀倉二間，看牲房一間，黄豆倉一間，官廳三間。正牛房之北為官廨十二間，東為兎房三間，又東為鹿房七間，鹿房前亦為曬晾亭三間，又前為石柵欄。官廨西為便門，門西又為官廨四間，又而為小倉三間。東羊房後為新牛房後牛房十間，餧中祀小祀牛，正北為神祠。西羊房後正南房五間為大祀豬圈，西房十間為中祀小祀豬圈，北有井。又草厰東北為司牲祠。《周禮》：充人，掌繫祭祀之牲牷，繫於牢，芻之三月。封人，凡祭祀飾其牛牲，設其楅衡，置其絼，共其水稾。飾謂刷治潔清之也，楅衡所以持牛令不得觝觸，楅設於角，衡設於鼻，絼繩也，所以繫牛者。《公羊傳》曰：養牲必有二，帝牛不吉以為稷牛，帝牛必在滌三月，稷牛惟具滌牛宮也。謂之滌者，蕩滌牢中，使潔清也。三牢各主一月，其一月在外牢，一月在中牢，一月在明牢。必三月者，取一時氣成以充其天性也。牢閑也，繫而飼之，所以防其損傷也。歷代以來，並廩犧局滌潔。《唐令》：凡大祀養牲，在滌九旬，不得箠撲傷損，死則瘞之，病則易之。凡牲，方色難備則代以純色。凡養牲必有副，省牲而犢鳴，則免之而用副。宋元大祀牲牢入滌別養，一依唐制。

神牲所設官二人，牧養神牲。祀前三月，付廩。犧令滌治如法，其中祀滌三十日，小祀滌十日者，亦如之。

凡郊廟犧牲已在滌者，或有傷則出之，死則埋之，其有疾者，亦養於別所，待其肥腯，以備小祀、中祀之用。若未及滌或有傷疾者，歸所司別用。景泰四年，令禮部鑄造牲字，牢字火印各一。會同太常寺及禦史印記各處解到大祀牛羊。

舊制：歲以十二月朔旦駕親臨閱，以後每夕輪一大臣繼視之，蓋自五府及吏、戶、禮、兵、工五部，通政、翰林堂上官之不司刑者，皆與焉。凡兎房、鹿檻、羊棧、牛枋、豬圈，周行歷視，出入皆騎卒火甲人等護衛。每夕鐘定人靜乃出，至中宵始回，城門啟鑰以入，次蚤復命。用騎卒自宣德年始。

（道光）《萬州志》卷三《風俗》 立春前一日，州所官僚盛服於東關颶風亭，亭圯，今於先農壇。祭勾芒神。既竣，以優人辦故事，今無為昏牛前導。牛過，羣穀豆擲之，曰：壓痘疹次，日鞭牛令碎，曰：鞭春爭敢以補竈焉。【略】冬至戒耕牛，牧童用鳳尾草織成囊，裝米煮熟，携至牧所較勝，大小羣食嬉戲，謂之牛生日。

清 段汝霖《楚南苗志》卷六《祭牛王神》 士人每歲四月十八，傳為牛王誕辰。是日，不使牛，先夜預辦祭饌，雞初鳴即祭，祭畢，闔室男女團坐飲食之，仍停工作一日，以祭餘米、餅，携送親友家。

紀事

宋 楊傑《無爲集》卷一三《故朝散郎致仕朱君墓志銘》 君諱定國，字興仲，姓朱氏。【略】境内有靈濟王祠，江左人欽事，歲殺牛數百以祀之。君至，且戒止，民未甚信。父老告於廷曰：『神禍福影響，苟易其牲，何以逃咎？』君曰：『牛者稼穡之資，殺有常禁。神以庇民爲惠，將陷民有罪而享其牲，神必不然。』父老益懇懼，君曰：『民欲殺牛而享，不聽者令也。神之福宜歸民，譴宜歸令。必欲用牛，當生致於廟廷，官爲貿錢，以備祠費。』父老欣然從命，廣德不殺牛以享神，自君始也。

宋 洪邁《夷堅支志》乙卷八《江牛屠》 婺源姦民以屠牛爲業者，或能用藥毒牛，但慢火焚烏頭汁，濟以他藥，浸鐵針長三寸餘，插于牛脅皮中，不經日必死，則喚之使宰剥，肉既非帶疫，人食之無害，謂爲良殺，厥價差高。數年前，鄱陽村屠頗傳習之。有江六三者，居城東十五里，常得此伎。農民見牛不病而斃，莫能曉，悉付鬻賣，雖鄰里鄉曲，皆無一人知其事者。紹熙五年十二月十三日出外，至昏著不歸，妻子遍詣平日所來往處訪尋，彼人皆云不曾見。明日過午，妻見群鴉及鵰，鷹翔噪居舍百步間污池畔，試往視之，江已溺死于中，水才深尺耳。臨棺殮，仵匠於其腰囊得鐵鍼兩枚，方知行詐已久，時將謀適何人家而爲鬼所誅也。

又 辛卷六《牛頭王》 婺源畢村皆一姓所居，有畢應者，專意屠牛，每與人夸說，所殺至千頭矣，死後須得做牛頭王。漸老，不能操刃，而聞他處宰剥，必往觀之，喜見顔色，蓋其天性嗜殺致然。一日，歸自盧嶺，為群牛所逐，登木轉避，牛爭奮角抵觸，木幾斷折，哀呼乞救。衆牧童奔趨鞭退，方得解厄。到家卽臥，病覺寒不可支，命其子生火起炙。繼又發渴，索酒，子自提瓶出沽，傍無陪侍，疲困已甚，倒身火際，誤伸左手置焰中，元不自知。子從外來，連聲撼叫始醒，初不言痛，至夜乃云：『有金甲神人來與我說曰：「欠一斤，還一斤，欠一兩，還一兩。殺物命，成業障。當初擬做牛頭王，而今果報自身上。」』自是不復語，但時時拈瘡上肉虛空與人，肉盡見骨，又月餘方死。

又 壬卷一〇《汪三宰牛》 鄱陽石頭鎮汪三，常以宰牛為務，多與其侶陳二者共本。慶元元年十一月，買得水牯甚大，牽歸殺之，將如常日煮肉與肚臟，就門上掇出售，而掛頭蹄於房内。二人方往來廚舍鑊邊，以候肉熟，忽聞房内有聲云：『枉屈殺了吾！』汪趨入視之，無人焉，以爲耳妄聞，閉戶再出廚，其聲如初，而愈加冤厲。復視之，亦無所睹。俄至於三，識其為怪，提屠刀罵而入，乃見牛頭張口言：『汪三哥，吾與汝無怨惡，今日却殺我！』汪大怒，提刀直前，欲斬其嘴。不料為所掛牛蹄趯其右脅，卽掩肋大叫，痛不堪忍，陳二扶之付厥妻，漸覺腫焮，遂成大疽，七日而死。

宋 周密《齊東野語》卷一四《食牛報》 曾鳳朝陽，廬陵人，余嘗與之同寮。忽以疾告。數日，余往問之，因云：『昔年病傷寒，旬餘不解。昏睡中，忽覺為牛所吞，知境界陡黑，知此身已墮牛腹中。於是矍然曰：「身不足惜，如老母何！」因發誓，自此復見天日，當終身不食太牢。悚然驚寤，流汗如雨，疾遂良愈。持戒已十年矣，昨偶飲鄉人家，具牛炙甚美。朋舊交勉之，忍饞不禁，為之破戒，歸卽得疾。疇昔之夜，夢如往年，恐懼痛悔，以死自誓，今幸汗解矣。』余聞其說異之，且嘗見傳記小說所載食牛致疾事極衆，然未有耳目所接如此者。余家三世不食牛，先妣及余皆稟賦素弱，自少至老多病。然瘟疫一證，非惟不染，雖奴婢輩亦復無之，益信朝陽之說為不誣。因併著之，以為世戒。

藝文

唐 盧肇《文標集・補遺・謫連州書春牛榜子》 陽和未解逐民憂，雪滿群山對白頭。不得職田飢欲死，兒儂何事打春牛。

唐 常惟堅《立春出土牛賦以平秩東作敬授人時爲韻**》**《文苑英華》卷二五 月周於紀，水次於行。其候凛冽，其氣清英。倏歲陰之將盡，復陽春之載明。知北陸之寒光向斂，喜東郊之暖氣先迎。是以候鴈思朔，潛鱗或驚。裂金火以取諸助氣，策土牛以示乃發生。在弦望而宜早，當晦朔而得平。我皇於焉以設教，賢相由是以持衡，請循其本也。太史告時，有司選吉，冬官蔵事，牛人乃出。將恊地紀，克符天秩，約歲時之儉泰，示農耕之遲疾。惟穀是登，惟人是恤，察前後之準，祈倉廩之實。故知丑以牛為用，牛以土為質，合陰陽之妙旨，齊冬夏之秘術，豈比夫作享昊天，為牲繭栗而已哉。於是時，既斯得令，無不通。候農祥而取正，引丁壯而就功。我疆我理，自西自東。以茲政行而化洽，宜其人和而年豐。徒觀乎彼蟄將啓，斯牛是作，正我耒耜，務我耕鑿，首巍巍以山聳，角戢戢而林錯，制以紅縻，飾以丹雘，出北陸以送寒，佇西成而取穫。野人知五畝可樹，遊子懷二頃負郭。國之有令，罔敢不敬。一人布和，萬邦咸慶。恩深草木，澤浸翔泳。考来今之規矩，立振古之龜鏡，自得上行下效，紛紛輝映。然後鼎取新，革去舊。惟利是持，惟時是授，自可家給而人足，無乃兵强而國。富曾孫之稼克稔，唐叔之禾乃秀，不忤於物，有利於人。稽乎天文，上列於乾象，究諸地志，下協於坤珍。不獨山川其捨，曷云九十其犉。夫如是，物各遂其性，農不奪其時。仰崇丘之翼翼，登春臺而熙熙，相陳力而久矣，顧負重而来斯。永懷種德，巽念茲而在茲。

唐 陳仲師《土牛賦以示農耕之早晚爲韻**》**《文苑英華》卷二五 服牛是比，合土成美。將十鈞之重斯得，而一撮之多有以。雖欲勿用，泥蟠之質初分，誰謂爾無，塊立之形酷似。是月也，採吕氏時令，徵圬人巧指。始辨塗附，寧分脉起。誠安塊乎角立，復何勞於肉視。然後遵土訓，啓人時。戒曉而出，迎春是資。于以審先後之節，有以占疾徐之期。仰白榆之文，𣤩其睆彼。叶葱犗之色，則而象之。能首出於泥滓，豈羣分於毫釐。彼芻狗之列，飾文繡以求媚。泥龍之興，因舞雩而取類。曷若標國典，配田噐。比物以作則，順時以相示。同乎非馬，契莊叟之至言。偶彼真龍，殊葉公之繪事。質美埏埴，巧逾覆簣。那虞食角之患，寧假熒蹄之異。俾遊刃者訝全之於目，運斤者喜墁之在鼻。且耒耜斯呈，我則正春扈於農耕。干戈既偃，我則歸郊馬於歲晚。將物候自然，諒人情何遠。必也擥洪縻，親紺幰。覩似是之足，尚謂来思。使畜疑之人，猶將屢飯。由是出五種，命三農。乃修故事，于彼窮冬。闢我疆則厥壤爰度。考爾牧則其犉有宗。今也物被殊私，形分大造。載之以厚地之德，奉之以先天之道。時將敬授，在三推播植之前。物或肇牽，察庶物生成之早。其用則大，其儀可考。故曰：如土委地者，豈必以載牛為寶。

唐 佚名《第二以四聲爲韻**》**《文苑英華》卷二五 維土作稼，維牛配坤。將底法於田賦，故侔形於國門。其聽也非喘，其視也非奔。協東風之表慶，俾南畝之司存。戒期於彼，發令於此。知出者之在衢，見觀者之如市。三之日可以于耜，四之日可以舉趾。稽小大之聿修，標遠近而稱美。為德不殊，建功能大。思負軛之無虧，豈蹊田之有害。曾是獨立，農人咸集。非芻茭之是仰，豈鞭策之云及。騂而且角，異魯國之山川。花以為蹄，同漢朝之井邑。若乃擇元辰，司上春，塗泥萃，丹雘陳，牛從繩兮則正，人從物兮惟新。既牽之而不復，亦繫之而克馴。其儀可采，其跡難改。奚中立而不倚，若將行而有待。假使越俗多方，武侯專思。或封泥作雨，或刻木成噐。五穀以之惟豐，三軍以之不匱。徒見機而有作，匪應節而攸利。豈如我以牛為名，以土為質。示菑畬之早晚，驗播植之舒疾。在天成象，望北陸而分區。在地成形，近東郊而候律。百王傳而靡替，丸扈司而弗失。等農祥於程度，祈帝籍之充實。

唐 佚名《第三》《文苑英華》卷二五 土牛所置，惟民是利。將立表以勸農，勝陶冶而為噐。相牽之状，或垂象而在天，觀出之期，諒成形而在地。所以無芻豢之損，殊死生之類。寔大塊之所資，豈一撮之所致。故乃用為恒典，蔵其成事。執農政之後先，因策人以相示。觀夫出康莊之際，當立春之期。既合土而成象矣，還服箱而似之。誠鞭策而無用，信耒耜之是持。異彼土龍，每因旱而方致。同夫芻狗，表至仁而無私。若非農為國本，曷能敬授人時。原其事始，誠則有以。圖白巫以侔形，每葱犗而在視。寧同日夕，與羣羊而下来，諒在月窮，惟御人之所指。是以先春斯舉，農正是供。察之者覺順時而行令，觀之者知有事於上農。既惟人而是瞻，豈與驥而同阜。足以符務農之政，足以叶勸人之道。立之於後，訝春事之尚遲，御之於前，悟農功之在早。令出惟行，百姓昭明。既有象而垂則，表得時而親耕。立以示農，豈憂燧尾之禍。莫由而飯，奚聞扣角之聲。事有開而必先，義任重而致遠。既遵之而為早，方驗之而知晚。非同金鎖，入寒渚而無蹤，有異紺幰，行籍田而方墾。夫然，則土牛之出也，可以為農政之本。

宋 宋祁《景文集》卷二四《祭土牛文》 刺史奉甲，令修漢祠，事出肖象，以示農人。惟立春在故歲，而月隔来年，耕事得中，既以告百姓。又氣本諸丑，惟神能牽制長陰，止四司之病。東作有常，厥祐穰穰，醪進饗升，須神迪嘗。

惟神協靈丑位，肖象玄武，參聞時令，具載國章。春管肇初，膏脈云動。告我穡事，契茲農祥。儺陰祈歲，并奉馨薦。百穀早暮，神實尸之。

宋 文彦博《文潞公文集》卷二一《土牛賦春祀牛設，農作無忒**》** 國家以上遵古典，下示蒸民，出土牛而應候，俾農事以知春。塊然不群，自取授時之制；卓爾可象，殊無引重之因。原夫欲示農時，爰陳春祀。命圬人以備物，俾司存而謀始。遂合土以為牛，非任重而服軛。有典有則，成形而既取坤為；不欹不傾，尚象而爰因脈起。徒觀天寂然不動，莫與之儔。雖顯逸風之狀，實非喘月之流。在泥蟠而著美，豈肉視以包羞。俯以觀之，異伯陽之昧狗；逼而察也，殊葛亮之木牛。於是當解凍之嘉辰，乃立春之令節。覩其儀之攸序，見斯牛之遂設。禮無違者，俾三務之罔愆；人必知之，得四時之有別。美哉！土者五行之本，牛者六畜之宗。何瑩蹄之成象，假聚壤以為容。爰殊木偶，匪類泥龍。用還非於薦廟，義實本於勸農。庖刃如投，破塊之虞是切；甯歌或叩，擊壤之名可從。五色爰資，一毛靡落。其用也待時而動，其制也因人而作。規模乍設，想覆簣以無虧；丹閉俄施，諒衣繒而有若。是何觀形象以雖著，考動靜而則無。耕耘自我以無爽，先後因茲而不逾。候日土圭，信方斯而異類；翔風石燕，實并此以殊途。盛矣哉！標祀典而聿脩，稽舊章而罔忒。觀其形，雖類於角立，賾其本，爰符於土德。所以示諸溥率之民，俾常勤於力穡者也。

宋 蘇頌《蘇魏公文集》卷七一《祭土牛文》 爰出土牛，示民早晚。因茲肇序，恭薦令芳。教民有初，抑用敦本。神其昭監，祐以善祥。災沴不生，蠶稼登茂。敢忘毖祀，用答純禧。

二

條風解凍，陽律茲始。土牛著象，以示農耕。惟神協輔帝功，發育生類。用是昭薦，默祈純祐。宵雪屢降，壠苗既滋。庶蒙善祥，克遂豐衍。民食無害，蓄禧所臨。敢忘禋祀，祇答靈貺。

宋 劉敞《公是集》卷一七《土牛行》 立春自昔為土牛，古人設象今人愁。豈有飽泥作頭角，便可代天熙九疇。村夫田婦初不知，繽紛圍遶爭相祈。皆云宜蠶又宜穀，拜跪滿前同致詞。由來人事常反覆，久立要津寧爾福。請看今者拜跪徒，少選分張取其肉，牛實無知何用祭，牛能有情豈不愧。化育萬物非爾才，世人資爾聊為戲。

宋 韓維《南陽集》卷一《立春觀杖牛》 清霜凉初曙，高門肅無譁。行樹迎初日，微風轉高牙。茲辰亦何辰，見此氣候嘉。有司謹春事，象牛告田家。微和被廣陌，纓弁揚蕤葩。伐鼓衆樂興，剡剡綵杖加。盛儀適未已，觀者何紛拏。因思古聖人，時儆在不差。禮實久已廢，所重存其華。吾非魯觀賓，胡為亦咨嗟！

宋 蘇軾《蘇文忠公全集》卷六二《土牛祝文》 三陽既應，庶草將興。爰出土牛，以戒農事。丹青設象，蓋惟風俗之常；耕穫待時，必有陰陽之助。仰惟靈德，佑我穡人。尚饗。

又《立春祭土牛祝文》 敢昭告于勾芒之神，木鐸傳音，官師相儆；土牛示候，稼穡將興。敢徼福于有神，庶保民於卒歲。無作水旱，以登麥禾。尚饗。

宋 蘇轍《欒城集》卷三《土牛》 大地非不仁，萬物自芻狗。土牛適成象，逡巡見屠剖。田家挽雙角，歸理繅絲釜。生無負重力，死作初耕候。碎身初不辭，及物稍無負。君看劉表牛，豈脫曹公手。

宋 劉摯《忠肅集》卷一〇《祭土牛文》 粤若自古為國，事莫重于農耕；有功于民，禮具存于祀典。土膏奮動，天駟南躔，爰攷舊章，用祈純嘏。惟神祐此耘穫，屏其札瘥。俾迓有年之祥，以永事神之報。

宋 吕陶《净德集》卷三四《觀打春牛和韻》 塊然形質本何殊，似為春來出舊墟。以色配年疑未可，與耕為候信非虛。升陽蓋自寅正始，取類還當丑位初。但得碎身資穡事，豈須功效載農書。

宋 楊萬里《誠齋集》卷一二《觀小兒戲打春牛》 小兒著鞭鞭土牛，學翁打春先打頭。黃牛黃蹄白雙角，牧童綠蓑笠青篛。今年土脉應雨膏，厺年不似今年樂。兒聞年登喜不飢，牛聞年登愁不肥。麥穗即看雲作帚，稻米亦復珠盈斗。大田耕盡却耕山，黃牛從此何時閑。

宋 李石《方舟集》卷四《和楊子土牛之什》 陌上花開又一春，起來酒伴覓南鄰。煙霞笑我雖成疾，霜雪於君恐不仁。柏葉殊思金馬舊，柳枝偏向土牛新。相忘已約形骸外，老守先能墮醉巾。

金 王寂《拙軒集》卷二《春牛》 土木形骸聊假合，丹青毛角巧相宜。老拳痛手交攻爾，粉骨碎身知爲誰。不似驚狂持索處，正如觳觫過堂時。漆園傲吏真達者，未肯生爲太廟犧。

雜録

宋 何薳《春渚紀聞》卷三《牛王宮芒飯》 陶安世云：張覲鈐轄家

人嘗夢為人追至一所，仰視榜額，金書大字云『牛王之宮』。既入，見其先姨母驚愕而至，云：『我以生前嗜牛，復多殺，今此受苦未竟。所苦者，日食芒飯一升耳。』始語次，即有牛首人持飯至。視之，皆小鐵蒺藜，其大如麥粒，而鋒鋩甚利。飯始入咽，則轉次而下，痛貫腸胃。徐覺臂體間燥痒，即以手爪把搔，至於痒極，血肉隨爪而下，淋漓被體。牛首人則取鐵把助之，至體骨現露，芒飯盡出。一呼其名，則形體復舊。家人視之，恐怖欲逃。牛首人即呼持之，曰：『汝亦嘗食此肉四兩，今當食飯二合而去。』號呼求解，不可得，即張口承飯。飯才下咽，則痛楚不勝。宛轉之次，忽復夢覺，腮頰舌皆腫，不能即語。至翌日，始能言，因述其夢云。

宋 黃庶《伐檀集》卷下《春牛祝文》 祭于勾芒之神：惟神職此木行，生物之佐。乃今甲辰，是為立春。陳根可拔，田事其始。乃出土牛，示民以時。國有常祀，吏牧弗懈。農無災害，惟此之祈。不腆之具，神食其意。

宋 歐陽守道《巽齋文集》卷二三《謝春牛》 竊以人愛趙卿之日，何待送寒，天回昊帝之春，又催教稼。特枉象牛之惠，俯及受廛之氓。成毀須臾，多荷喚泥塗之夢，崎嶇窈窕，何時遂丘壑之懷。秖叙感悰，仰祈融照。

又 土牛以送寒氣，喜花縣之先春。學稼不如老農，感萊田之非昔。賜之斯受，牽此何之。用子游刀，既許小人之學道。負陳相耒，更請一廛而為氓。感負實深，融鑒幸甚。

宋 魏了翁《周易要義》卷六《祭祀莫盛于修德故牛祭不如禴》 九五東鄰至大來也。正義曰：牛祭之盛者也。禴，殷春祭之名，祭之薄者也。九五居既濟之時，而處尊位，物既濟矣，將何爲焉。其所務者，祭祀而已，祭祀之盛，莫盛修德，九五履正居中，動不為妄，修德者也。苟能修德，雖薄可饗。故曰：實受其福也。象曰：不如西鄰之時也者。詩云：威儀，孔時言周王廟中，羣臣助祭，皆威儀肅敬，甚得其時。

宋 魏了翁《古今考》卷三二《用特自舜典始，一牛曰特，豕馬皆曰特》 《舜典》：歸格于藝祖用特，若言禰則考亦特一牛。《史記·五帝本紀》：舜歸至于祖禰廟，用特牛。《禮記》：郊特牲，而社稷大牢，《儀禮》：特牲饋食禮。《周禮》：凡馬特居四之乙佚特攻特。紫陽方氏曰：書舜典用特，此古書用牛祭，宗廟之始也。一牛，曰：特孔注也。《史記》無注，而祖下添一。禰字，古書言祖則兼禰矣。互文也。《禮記》郊特牲，不注特字，亦是一牛之義。《儀禮》特牲饋食，禮乃是諸侯之士，以一豕祭，先則豕，亦曰特。《周禮》馬官之特，乃馬之牡者，亦曰：特。然則，牛、馬、豕皆可稱特。

又《召誥卜洛牛羊豕之數》 《召誥》：成王在豐，欲宅洛邑，使召公先相宅，惟二月既望，越六日乙未，王朝步自周，則至于豐。《孔傳》：周公攝政七年二月十五日，日月相望，于巳望。後六日，二十一日，成王朝行，從鎬京則至于豐，以遷都之事告文廟。先文王，則告武王，可知以祖見考。三月惟丙午朏，越三日戊申，太保朝至于洛，卜宅。朏明也。月三日，明生之名，三月丙午朏，越三日戊申，三月五日，召公至于洛，越三日庚戌，太保攻位于洛汭，今洛水北，河南城也。越五日甲寅，位成。位洛邑之始，若翼日乙夘，周公朝至于洛，則達觀于新邑營。越三日丁巳，用牲于郊，牛二。越翌日戊午，乃社于新邑，牛一、羊一、豕一。《孔傳》：于乙卯三日用牲，立郊位于天，以后稷配，故二牛。后稷貶于天有羊豕，羊豕不見，可知，又告立社稷之位，用太牢也。共工氏子曰：句龍能平水土，祀以為社，周祖后稷能殖百穀，以為稷，社稷共牢。紫陽方氏曰：此周公、召公共營洛邑之初之祭也。二月，召公相宅，三月丙午朏，至乙卯，成王與周公同至洛。三月十二日也。丁巳三月十四日也。周公用牲于郊，牛二。戊午社于新邑，牛一、羊一、豕一。三月十五日也。詳偽孔傳所解，似俱不然。其說曰：告立郊位，告立社稷之位，已似未當，回謂祭天，以告遷都，在三月十四日。祭地以告遷都，在三月十五日，非告郊位也。亦非告社稷之位也。何以言之新邑未有宗廟，則不告廟，而且告天地也。此一可疑也。借曰：告郊位，則郊有南郊、北郊，告南郊之位乎，告北郊之位乎，周法左宗廟，在王宮門內之左，七廟南向右。社稷在王宮門內之右，北向何以告立社稷之位，而不告立宗廟之位乎。此二可疑也。成王年十三即位，周公攝政歲在丙戌，《通鑑外紀》、《何許紀年圖》皆同六年辛夘，周公制禮作樂，説者謂成王即位之後，方始頒行，此年壬辰，未見得周公即以后稷配天。孔傳謂以后稷配，故二年后稷貶于天，有羊豕，羊豕不見，可知孔傳自是偽作，正經無之，而解經自立一説，以二牛。為一天一稷，稷又有羊豕，果何所據，洛邑在此，年末周公猶告成王，肇稱殷禮，于是遽用新禮，以后稷配新邑，告立郊位之禮，其果然乎。此三可疑也。祭天南郊，祭地北郊，圜丘、方丘，鄭玄分為四祭，陳祥道合為二祭。《周禮》陽祀用騂牲祭天，騂犢也。陰祀用黝牲謂祭地。北郊及社稷祭地，其牲黑，亦蠒栗，而社稷太牢，則用牛、豕、羊。然古人多以郊社對言，杜佑《通典》不言祭地之禮，如何《周禮·大宗伯》言祀昊天上帝，而不言祭地，但以社稷、五祀、五嶽、山林、川澤、四方百物，對天帝，及日、月、星、辰、風、雨師。此回所謂古人多以社對郊也。大司樂奏太蔟歌，應鍾舞，咸池以祭地祇，此則以地祇對天神。注：地祇所祭于北郊，及社稷。而《通典》乃于祭社稷之中，入大司樂，地祇之禮，其禮三獻，取血、埋瘞，次禮神于王尸前，薦爓及籩豆，王酌獻尸，為朝踐一獻。薦熟，宗伯亞獻尸食訖，賔長酳尸三獻。不如祭天七獻之詳，回竊謂祭天南郊，祭地北郊，其說甚遠。杜佑乃以祭地祇之禮，混于祭社稷之中，故或者謂社，即是祭地。回謂此之牛一、豕一、羊一，不過祭地祇，以告遷都。其牛二者，不過祭天神，以告遷都。二牛之說，回竊疑古祭天用一赤犢，燔之于柴之上矣。後來正祭薦熟，別用何牲意者，更有一牛與羊豕，不然則所謂郊禘之事，有全脅者。全體一牲，已焚之矣。祭尸，薦熟之俎，用何物乎。若大禮，冬至之郊，以后稷配，則后稷自別有牛、羊、豕，而亦當立二尸，二主乎。噫！古禮之難攷也，久矣。而又二鄭，杜子春，周禮不同，康成《禮記》、《儀禮》自不同，偽孔安國書傳注，尤多非，易王弼，韓康注，雜老莊學者，白首窮經，未易卒了也。

又《小子掌祭祀羊全脅豚解折俎之疑沈辜侯禳一牛一羊二牛二羊之疑刉衈釁》 《夏官·小子》掌祭祀，羞羊肆羊殽肉豆。鄭司農注：羞進也。羊肆體薦全脅也。羊殽體解節折也。肉豆者，切肉也。玄謂：肆讀為鬄，羊鬄者，所謂豚解也。紫陽方氏曰：《正義》從後，鄭非也。郊禘之事有全，脅康成以禘為祭天，非之尤者，故一非而百非，郊祭天者，全脅禘宗廟，大祭有全脅，其全體也。康成以豚解訓，全脅亦非也。先鄭讀羊肆之音為肆，陳之肆又音賜，康成以為羊鬄，音剔，意謂祭而用羊，非祭天，殊不知宗廟之禮，有牛有羊有豕，以禘為祭天，既非矣。又疑祭天不用羊，故非之又非。李心傳引王安石肆其體而進之，未知其從何音，何義。心傳謂：天子宗廟之祭，腥其俎，不害于全脅，熟其殽，然後體解為二十一，回，謂如此則全脅一牛、一羊、一豕也。體解二十一，又一牛、一羊、一豕也。嘗疑祭天燔柴，已焚全脅之一犢，後乃迎尸入牲，別用何犢。心傳兼取全脅體解，且姑以羊言之薦腥者，一全脅之羊乎。薦熟者，一體解之羊乎。先鄭一說，後鄭一說，王介甫一說，李心傳又一說，學者詳之，然回欲從先鄭。但一疑二羊，而二用乎，二羊而各腥，各熟乎。《小子》又曰：而掌珥于社稷，祈于五祀。凡沈辜侯禳，飾其牲。釁邦器及軍器。凡師田，斬牲以左右徇陳。祭祀，贊羞，受徹焉。鄭司農：珥，社稷以牲頭祭也。玄謂：珥，讀為衈，祈，讀為刉，音機又古愛公，內二反，刉衈者，釁禮之事，用毛牲。曰刉羽牲，曰衈衈刉。社稷、五祀謂始成，其宮兆時也。鄭司農云：沈謂祭川。《爾雅》曰：祭川。曰：浮沈。辜謂：磔牲以祭侯禳者，候四時惡氣，禳去之，衈而志反。釁邦器，謂禮樂之器，及祭器。《雜記》曰：宗廟之器，成則釁以豭豚。紫陽方氏曰：刉衈之說，後鄭用釁法解，李心傳不從，祈字為刉，則釁與否何從，回謂亦不足較矣。釁鐘以牛，齊宣欲以易羊，則古者，牛、羊、豭、豚、鷄之血，皆可以釁後世，廢其禮久矣。釁社稷之壇，釁五祀之所謂門行竈霤諸主乎，抑各以其物乎。

水牛 水牯

綜述

《太平廣記》卷四三四《潛牛》 勾漏縣大江中有潛牛，形似水牛，每上岸鬬，角軟還入江水，角堅復出。

宋 洪邁《夷堅支志》景卷七《汝嶺牛虎》 建昌縣控鶴鄉有汝嶺，絶高，從顛至麓且十里。民居於嶺西者，蓄一水牛甚大，每旦則命小兒牧於嶺下，聽其齕草，至暮牽以歸。淳熙己亥之冬，忽失所在，一家長幼山中遍索，無有也，意爲盜所竊，聞於保伍。後三日，有樵夫言曰：『爾牛過嶺東方，與虎鬬，且遭食矣。』於是聚衆，鳴鑼持矛，越嶺赴救，正見牛倚石崖下臨虎，虎作勢相拒，衆莫敢逼。民子頗勇壯，奮刃宜前，將刺虎，則牛虎皆已立死。時方盛寒，故僵而不仆。民輿二畜還，屠剥之，視其內，虎無他異，獨牛之心膽皆破裂，蓋雖力可格虎，而振懼至是云。

又 戊卷四《黃池牛》 黃池鎮隸太平州，其東即為宣城縣境，十里間有聚落，皆亡賴惡子及不逞宗室嘯集。屠牛殺狗，釀私酒，鑄毛錢，造楮幣，凡違禁害人之事，靡所不有。王元卿叔端與表兄盛杲子東，淳熙十三年六月同往寧國府，過其處，見野園內繫水牛五頭，杲指第二牛曰：『此明日當死。』

王曰：『何以知之？』曰：『其四皆食草，惟是牛眼中淚下，且獨不食。』因詢茶肆人：『此誰家者。』曰：『乃趙三使所買，欲待旦屠宰。』已而果然。遂再往視之，其第四牛亦有昨日之態，望兩人來，拱雙蹄跪地，如拜訴狀。復詢肆人，曰：『一客今早至此，頓買三頭，惟餘其一。旦夕殺之矣。』杲勸王使買之，置于近莊，以賒其死。王即訪主人，優償厥值，牽以歸，至今猶存。

又 辛卷七《張三公作牛》 徐俅之僕程華，典張三公田，為錢二十五千，約不立契，冀可省庸書人數百之直，且謂華曰：『我與爾素厚，斷不負汝，雖無文約何害？』經三歲，張自占為己業，一切租入，了無所償。華往訪之，未抵其居，遙見一新冢，詢之，則張近死，此其所葬也。歎曰：『翁言不負我，今死矣，何所復望。』遂輟行歸臥，夢張著皂衣白領巾，扣門曰：『來共布田。』及覺，水牛正生一犢，毛黑頭白而長，售於人，恰得二十五千。

（淳熙）《新安志》卷二《畜擾》 水牛色蒼而多力，其角如環，古所謂吳牛也。

金 元好問《續夷堅志》卷二《范元質決牛訟》 范元質令平輿，函頭村彭李家兄弟皆豪於財。彭李三水牯生一犢，數日死，棄水中。隣張氏水牯亦生一犢。李三為牧兒所誘，竊張犢去，今其家水牯乳之。張家撻之，遂告張曰：『李家犢死投水中，今所乳君家犢也。君告官，我往證。』張愬之官。元質曰：『此不難。』命汲新水兩盆，刺兩牛耳尖血瀝水中，二血殊不相入。又捉犢子亦刺之，犢血沥水上，随與張牛血相入而凝。即以犢歸張氏。縣称神明。元質名天保，磁州人。

明 盧和《食物本草》卷下 水牛肉，味甘，平，無毒。一云冷，微毒，止消渴并吐洩，安中益氣，養脾胃，心，主虛忘。肝，主明目。腎，主補腎氣，益精。齒，主小兒牛癇。髓，味甘，溫，主安五臟，平三焦。溫骨髓，補中，續絶傷，益氣，止洩痢，消渴，以酒服之良。角療時氣寒熱頭痛。牛角鰓味苦，氣溫，性澁，無毒。下閉血，瘀血疼痛，女人帶下，血崩不止。膽味苦，氣太寒，可丸藥，又除心腹熱、渴、利、口焦燥，益目精。屎寒，主水腫惡氣，用塗門戶。著壁上者燔之，主鼠瘻、惡瘡。

清 方旭《蟲薈》卷二《水牛》 西番譯語水牛，西番呼初浪。《本草綱目》水牛肉，宜忌與黃牛同。孟詵曰：婦人無乳，以水牛鼻作羹，食之不過兩日，乳下無限。

清 張宗法《三農紀》卷八《牛》 水牛，南人呼曰水牛，其性好浴也。曰青牛，云其色也。不耐寒暑。大腹銃頭，其狀類豕，角若搭矛，可與虎鬭。力大性緩，色有青窘，亦有白者。可耕可駕，角可造弓弩，皮可爲甲胄，骨可治饕鈕。惟地氣和暖，近江河處畜之。

藝文

唐 顧況《華陽集》卷中《杜秀才畫立走水牛歌》 崑崙兒，騎白象，時時鑠着獅子項。奚奴跨馬不搭鞍，立走水牛驚漢官。江村小兒好誇騁，脚踏牛頭上牛領。淺草平田擦過時，大蟲着鈍幾落井。杜生知我戀滄洲，畫作一障張床頭。八十老婆拍手笑，妬他織女嫁牽牛。

宋 楊億《民牛多疫死水牛多自湘廣，商人販至民間，青市之，以給用**》**《宋文鑑》卷二四 南海逸風如失性，東吳喘月不逢醫。一元祀典古所重，九穀民天命在斯。眞相柅車寧致問，族庖更刃亦焉施。炎神癘鬼爭爲虐，度虎消蝗復是誰。

宋 梅堯臣《宛陵集》卷一六《十九日出曹門見水牛拽車》 只見吳牛事水田，只見黃犂負車轅。今牽大車同一羣，又與騾驢走長陌。印頭闊步塵蒙蒙，不似綏耕泥汩汩。一一夜眠頭向南，越鳥心腸誰辨白。

宋 司馬光《温國文正公文集》卷三《謝胡文學九齡惠水牛圖二卷》 牛生天地間，益物用最大。其功配坤元，彖爻參衆卦。血毛類上帝，肸蠁景福介。宗廟及賓客，百禮無不在。引耒刺中田，粒食烝民賴。服箱走四方，竭力任重載。昔聞戴叟筆，圖寫窮纖芥。胡君繼其妙，差肩立異代。公卿仰名聲，一觀不可匃。如何散賤者，遽有雙圖賚。所嗟性顓愚，雅不曉佳畫。有如歌九韶，鐘鼓樂聾聵。得之乃虛嚚，無異居大蔡。神物恐化去，立召風雨怪。雙圖雖卷還，重貺敢不拜。

明 倪宗正《倪小野先生全集》卷四《水牛圖》 野堂春草新如織，綠煙十里散初日。苗田如雲小雨餘，一犂功成合閒逸。桃林曾論百戰勞，田單火陣角置刀。稼穡艱難自年歲，須念力盡留皮毛。

清 王士禎《帶經堂集》卷二一《世祖章皇帝御畫渡水牛戲以指上螺紋成之賜中官某臣從黃州通判臣宋犖得觀恭賦一章》 章皇握乾符，武功燀旁魄。孚齋世祖宮中游息之地。春晝長，游藝睠圖籍。泉壑窮窈窕，煙雲羅幽賾。寶繪賜近臣，往往等球璧。常從青箱堂，今御史大夫王公第。奎藻覩赫奕。營丘及河陽，到眼堪一擲。想見憂勤暇，勝情寄山澤。戲作渡水牛，生態妙盤辟。肉怒垂星圓，筋突陰虹直。脰似滿黄鐘，角堪扣白石。彈指九牛毛，森疎如刻畫。水波稍演迤，浮鼻未没脊。髣髴緑楊風，掩映春蕪碧。神武十八載，文教洽重譯。干戈與弓矢，包用黄牛革。小雅賡宣王，爾牛何濕濕。旐旟牧人夢，考牧周官職。應知翰墨餘，與世登衽席。龍髯去已遠，謳思徧荒僻。雲漢爛天章，典謨布方策。聖主念紹庭，率由正無射。小臣沐皇風，流涕記飛白。

雜録

宋 李廌《德隅齋畫品·渡水牛出林虎》 皆朱梁時道士厲歸真所作。缺岸平波，遠山坡地，青林淺草，牛與牧人情味俱適。筆閒意盡，氣韻蕭爽，與戴嵩、韓滉所畫，未知其孰賢也。歸真畫虎，毛色明潤，其視眈眈，有威加百獸之意。嘗作棚於山中大木上，下觀虎，欲見真態。又或自衣虎皮，跳躑于庭，以思倣其勢。今觀此圖，非心識意解，未易得其自然也。

清 獨逸窩退士《笑笑録》卷二《鄭村水牛》 許州蘇嗣之蠢骁，富於財，以貲入官。士大夫笑其肥碩，呼爲『蘇胖』。余嘗與希顔談及之，雷曰：『頗聞夜僵水牛之説乎』？余對不知也。雷曰：『昔東坡生，一夕眉山草木盡死，今蘇胖生，一夕鄭村水牛盡死也。』

清 錢泳《履園叢話》卷一四《水牛》 國初，安東縣長樂北鄉名團墟，鄉民張姓者，畜水牛百頭，入水輒失其一。一夕，張夢牛云：『我已成龍，與桑墟河龍鬬，不勝，君可於吾角上繫二刀以助之乎。』張旦起，視群牛中誰可繫刀者，有一牛最大，腹下起鱗如龍，然遂以雙刃繫之。次日，大風雨，桑墟河龍傷一目遁去，此牛遂入大河，化為龍。今過大河，諱『牛』字，過桑墟，諱『瞎』字，否則風濤立至矣。丁丑秋日，余遊海州雲臺山，聞之舟人所述如此。

清 汪价《中州雜俎》卷一六《破蔡諸異》 蔡之將破，有水牛黑色入池浴，既出，身白，皎然，惟頭不變；又有雀數百，同為一窠，皆緑絮為之；有群鳥同巢，一旦盡棄擲其雛而去；有馬生牛蹄者。蔡州既平，憲宗命道士張某至境，置醮於紫極宮。宮本吴少誠生祠也，裴令公毁之為宮。有道士院，階前種麻，生高如墉，道士葺為藩屏。其醮日，霹靂麻屏兩片，下有穴五寸許，有狸迹。尋之上屋，其蹤稍大如馬，亦如人足，直至屋上而滅。其韓碑石，本吴少誠德政碑，與狄梁公碑對立。其吴碑亦流汗成泥，狄梁公碑如故。不十日中使至，磨韓之作而刊改制焉。

牦牛

综述

宋 孔寧子《犛牛賦》《歷代賦彙補·遺卷》一七 惟兹獸之攸生，亦棲遐而憑阻；遁緜野於岷隅，挹清源於庸渚。奔逸躅而倫轸，載墳首而乳犴。茸長氂之髟鬣，戾狼情而首鼠。邁羔羊之如膏，伴蜉蝣之楚楚。既作表於禮樂，又為容於軍旅。奉藩岳之休明，被戎荒而既序。班睬賂而來庭，超邛蒟乎其所。

明 李時珍《本草綱目》卷五一《犛牛》 釋名：毛犀《廣志》貓牛《漢書》注摩牛音麻犏牛音作。竹牛《昨夢録》犨牛音抽。時珍曰：犛者髦也，其髦可為旌旄也。其體多長毛，而身角如犀，故曰毛犀。汲冢周書作犛牛，顔師古作貓牛，《爾雅》作摩牛，音皆相近也。《山海經》作犏牛，西人呼為竹牛，因角理如竹也。或云竹即犏音之轉，而犨又竹音之轉也。楊慎《丹鉛録》云：毛犀即象也。狀如犀而角小，善知吉凶。古人呼為貓豬，交、廣人謂之豬神是矣。

集解時珍曰：摩牛出西南徼外，居深山中野牛也。狀及毛、尾俱同牦牛，牦小而摩大，有重千觔者，其尾名曰摩，亦可為旌旄纓帽之用。唐、宋西徼諸州貢之。《中山經》云：荊山多摩牛。郭璞註云：牦牛之屬也，其色黑。又《昨夢録》云：西夏竹牛，重數百觔，角甚長而黄黑相間，製弓極勁。彼人以偽犀角，卒莫能辨。曹昭《格古論》云：毛犀即摩牛也，角之花斑，皆類山犀，而無粟紋。其理似竹，不甚為奇，故謂毛犀。觀此，則摩之角勝于牦，而牦之毛尾勝于摩也。又有野牛與此相類者，並附于左。

附録犩牛音。危又名夔牛。如牛而大，肉重數千觔，出蜀山中。牛《廣志》云：出日南及潯州大賓縣。色青黄，與蛇同穴。性嗜鹽，人裹手塗鹽取之。其角如玉，可為器。海牛《齊地志》云：出登州海島中。形似牛，鼉脚鮎毛，其皮甚軟，可供百用。脂可然燈。《寰宇志》名潜牛。《廣志》名犺牛。月支牛《玄中記》云：出西胡及大月氏國。今日割取肉，明日其創即復合也。山牛狀如牛，而角有枝，如鹿茸。

角

氣味：酸、鹹，涼，無毒。

主治：驚癇熱毒，諸血病。

黄

氣味：苦平。

主治：驚癇癲狂。

發明時珍曰：犛牛亦有黄，彼人以亂牛黄，但堅而不香，云功用亦相近也。其角亦可亂犀，但無粟紋，蘇頌《圖經》誤以為牯犀角者是也。亦可用，而功不及犀，《昨夢録》、《格古論》説之詳矣。

又《牦牛》 釋名犛牛音氂。《爾雅》。犏牛音偏。時珍曰：牦與旄同，或作毛。《後漢書》云：冉駹夷出牦牛，一名犛牛，重千觔，毛可為旄，觀此則旄牛之名，盖取諸此。顔師古云：牦牛即犏牛也。而葉盛《水東日記》云：毛牛與封牛合，則生犏牛，亦類毛牛，偏氣使然。故謂之犏。然則犏又毛之遺種耶！

集解時珍曰：牦牛出甘肅臨洮，及西南徼外，野牛也。人多畜養之。狀如水牛，體長多力，能載重，迅行如飛，性至粗梗。髀、膝、尾、背、胡下皆有黑毛，長尺許。其尾最長，大如斗，亦自愛護，草木鈎之，則止而不動。古人取為旌旄，今人以為纓帽。毛雜白色者，以茜染紅色。《山海經》云：潘侯之山有旄牛，狀如牛，而四足節生毛，即此也。其肉味美，故《吕氏春秋》云：肉之美者，牦、象之肉也。

喉靨

主治：項下癭氣。

發明時珍曰：牦牛，古方未見用者，近世《臞仙壽域方》載治癭氣方，用其喉靨，亦因類之義也。其方用犏牛喉脆骨二寸許一節，連兩邊扇動脆骨取之，或煑或燒，仰臥頓服。仍取巧舌，即靨子也，嚼爛嚥之，食頃乃嚥。病人容貌必瘦減，而癭自内消矣。不過二服即愈，云神妙無比也。

清 方旭《蟲薈》卷二《牦牛》 牦牛犛牛也。出甘肅臨洮，及西南徼外，其狀如水牛，體長多力，髀膝胡背毛黑色長尺餘，尾大如斗。甚自愛護，草木鈎之，則止而不動。人取以爲纓帽，其雜白色者，以茜染紅色用之，肉味美。

又 牦牛産西番及雲南永甯府。

又 《字典》顔師古以牦牛爲犏牛，誤。

又《犏牛》 西番譯語，犏牛西番呼母作。

《廣輿記》犏牛産四川、陝西、甘肅等處。

《水東日記》牦牛與犎牛合生犏牛，其狀亦類牦牛。

又《犛牛》 《本草纲目》：犛牛卽《廣志》之毛犀。《漢書》註之貓牛。《爾雅》之犘牛。《山海經》之㸲牛也。西人呼竹牛，又音轉爲犨牛。《丹鉛録》云：卽象也。出西南徼外，狀及毛尾俱同牦牛。但牦小而犛大，肉數千斤，毛黑色，尾亦可爲纓帽。《昨夢録》云：其角甚長，而黄黑相間，製弓極勁。《格古論》云：其角花斑類山犀，而無粟，文其理似竹。

《赤雅》：象耳濈濈，其大如掌，行動鼓舞，目常帶笑，有歡悦發揚之意。其狀似犀，而角小，産兩粤東，曰茅犀，西曰豬神，遇之吉。

清 張宗法《三農紀》卷八《牦牛》 《牦物志》云：一名犏牛。邊人云：各一種。犏牛身壯、毛長，頭若犢，形若犋，色有黄、白、黑、斑，天者重四、五百斤，土人解食以當飯，呼爲菜牛。肉可乾，爲未作餱糧。收乳可造酥。一種牦，不及犏之多肉。毛白者，扳可茜紅作纓絡，餘色者可刮毛獲利。其物以當稼穡，喜寒惡熱，不居華中。

酥油取法：得哺犢、母牛隔開半日，不令乳。須人以手搦半乳于木桶内，畢，用蓋密封固，摇弄不計其數，計良久乃止。澄收浮面一層結者，者爲酥塊，色白微黄，名爲酥油，乃品之最上者。外地人稱馬思哥。其渣名乳腐，又名醍酸，皆澄渣造者，食之甘美耐飢。羊酥，色白不黄，次之；馬酥，色黄味酸，又次之。外土以馬酥釀酒，味甘而微酸，忌與膾同食，與醋相反。中華宜夏月以瓶盛藏理土中，不致敗臭。

本性：肉，性緩，味甘，滋血益氣；酥，益精養神，可耐飢渴，老弱人甚宜。又能炙脯，諸骨角能制弓。

【典故】《玄中記》：大月支及西胡地，有牛，今日割收其肉三五斤，至明日其肉創得合，不刮則牛亦不壯，反生病。《莊子》，庖丁為齊惠公解牛，曰：臣之刀十九年，解數百牛而刀刃若新發者。以彼節者有間，而刀刃無厚，以無厚入其間，恢恢乎其有餘也。自述：有農老常悦翁者與芋善，常牧牛於溪澗，予亦牧而遇之，坐柳蔭談日今之相牛者味味，醫牛者茫茫，不知今之牛經乃古之牛經乎？予曰：聞之，牛經自黄帝始，後寧戚傳百裏奚，漢世薛公得其書，後魏高堂生得之，薛之書傳晉高祖，其後王愷得之，而秘其書，竟絶與世，今之所談，為之杜撰。

牛衣 耕索 呼鞭 鍘料桶 草籃

題解

元 王禎《農書》卷二六《農器圖譜》

耕索

耕索牛所輓繩也。古名綯。牛索也。《爾雅》曰：『綯，絞也。』謂『糾絞繩索』也。《詩》云：『宵爾索綯。』郭注云：『綯，繩之別名。』方言曰：『車紂，自關而東謂之緻，或謂之曲綯，或謂之曲綸。自關而西謂之紂。』農家紉麻合之，以輓耕犁。按：舊說遼東犁，轅長可四尺，回轉相妨。今秦晉之地，亦用長轅犁，其轅端橫木，如古車之制，以駕二牛。然平田則可，至於山隈水曲，轉折費力。如山東及淮漢等處，用三牛四牛，大小不等，高下不齊，既難並駕，動作之間，終不若用索之便也。《詩》云：農家藝麻枲，耕繩皆自繹。槃軛憑後先，牛力利回轉。卷去跡若藏，伸來力還展。或者駕長轅，彊直殊未善。

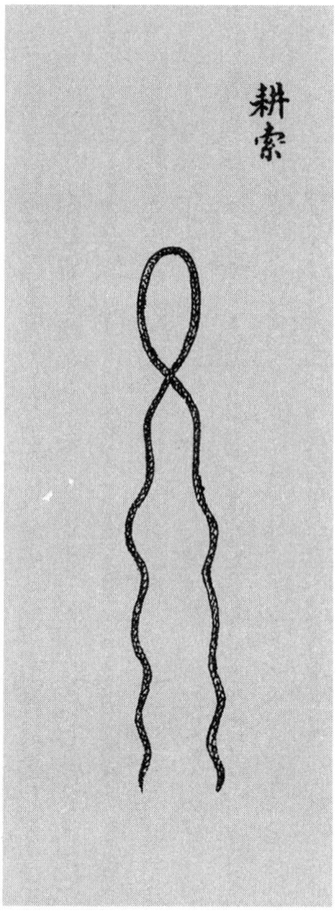

牛衣

顏師古曰：『編亂麻爲之，即今呼爲龓具者。』《前漢・王章傳》：嘗『臥牛衣中』。《晉書》：劉實好學，少貧苦，口誦手繩。『賣牛衣以自給』。據牛之有衣，舊矣。以此見古人重畜，不忘農之本故也。今牧養中，唯牛毛疎，最不耐寒。每近冬月，皆宜以冗麻續作紝緊，編織毯段衣之，如裋褐然，以禦寒冽；不然必有凍慄之患。農耕之家，不可不預爲儲備。王荆公詩云：百獸冬自煖，獨牛無氄毛，無衣與卒歲，坐恐得空牢。主人覆護恩，豈啻一綈袍？問汝何以報，穲穲滿東皋。

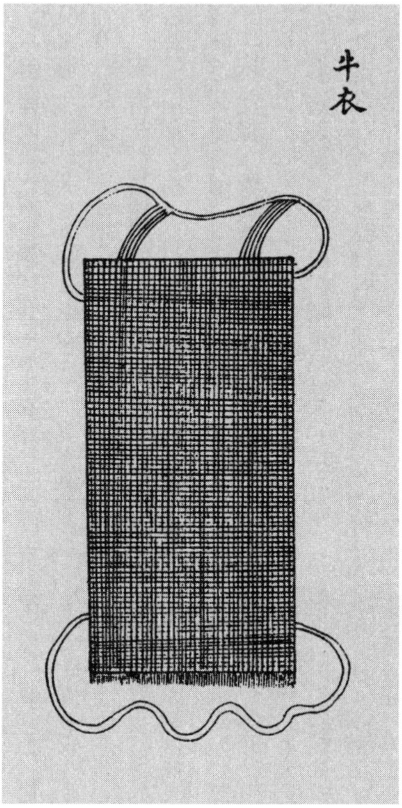

呼鞭

呼鞭驅牛具也。字從革從便；曰策，曰鞓，曰鞘，備則成之。《春秋傳》云：『鞭長不及馬腹。』此御車鞭也。今牛鞭，犁後用亦如之。農家紉麻合鞭，鞭有鳴鞘，人則以聲相去聲之，用警牛行，不專於撻，世云呼鞭，即其義也。詩云：何物耕牛服並驅，長鞭輕裊配歌呼。寄聲莫作鳴鞘急，飼養曾添宿料無。

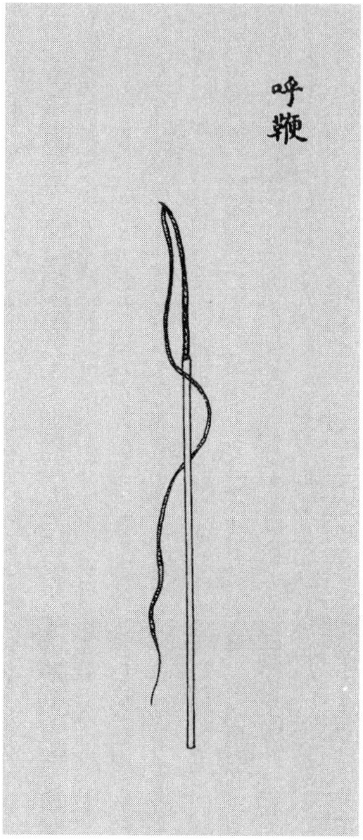

《授時通考》卷四一《牧牛具各圖說》

鍘圖說

鍘：切草也，又作劕。凡造鍘，先鍜鐵爲背，厚可指許，內嵌鍘刃，如半月而長；下帶鐵袴，以插木爲柄。截木作碪，長可三尺有餘，廣可四五寸。碪首置木簨，高可三五寸，穿其中以受鍘首。剉草飼牛用之。

鍘

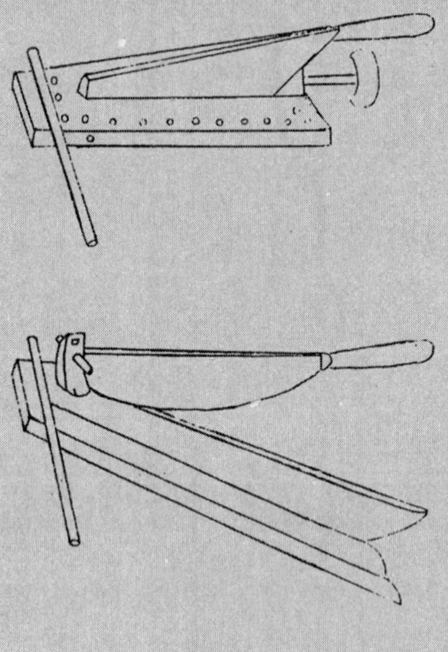

料桶圖說

料桶：以木爲之，用盛料以飼牛也。《說文》云：『桶，木方器。』《博雅》：『方斛謂之桶。』今桶之制多圓，亦不觚之觚也歟？

料桶

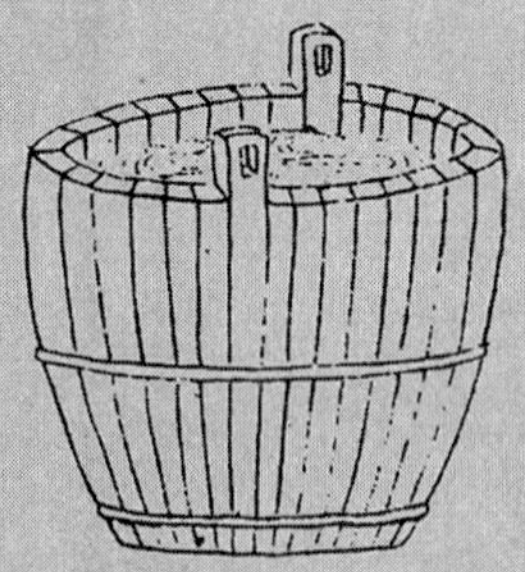

草籃圖說

草籃：以竹爲之，所以盛草也。或疏或密，制有不同，携之負之，惟其所便。

草籃

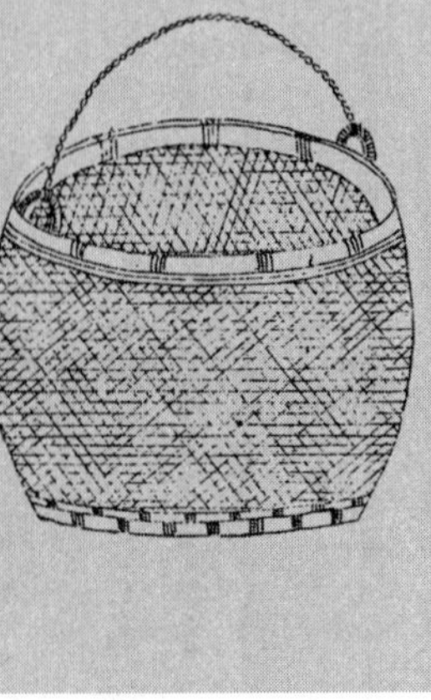

綜述

宋 程大昌《演繁露》卷二《牛衣》 王章臥牛衣中。注：龍具也。龍具之制，不知何若。案：《食貨志》：『董仲舒曰：『貧民常衣牛馬之衣，而食犬彘之食。』然則牛衣者，編草使暖，以被牛蹄、體，蓋蓑衣之類也。』

宋 方岳《秋崖集》卷三七《牛衣贊》 月寒甯戚之歌，雨濕王章之泣。藉盤礴乎愛景之春，忍觳觫於繁霜之夕。予取而棲耕舍之壁間，亦聊以愧夫無補于世，而襲重綿之麗密者也。

宋 楊侃《兩漢博聞》卷七《牛衣》 牛衣，編亂麻為之，即今俗呼為龍具者。

清 褚人穫《堅瓠集·補集》卷六《牛衣》 顏師古曰：牛衣編亂麻爲之。漢王章嘗臥牛衣內。晉劉實家貧好學，賣牛衣以自給。王安石詩云：百獸冬自煖，獨牛無氄毛，無衣與卒歲，坐恐得空牢。主人覆護恩，奚啻一綈袍。問汝何以報，雞黍滿東皐。

清 袁枚《隨園隨筆》卷一八《牛衣非牛》 王章與妻卧牛衣中。牛衣，師古註：『以亂麻爲之，號龍具，非牛皮也。』

牛皮 牛角 牛筋 牛黄 牛胆

題解

《太平御覽》卷九八八《犀角》 《本草經》曰：犀牛角，味鹹，治百毒。

又《牛黄》 《本草經》曰：牛黄，味苦，生隴西平澤特牛膽中。治驚寒熱。生晉地。

《吴氏本草經》曰：牛黄，牛出入鳴吼者有之。夜視有光，走牛角中，死，其膽中如雞子黄。

明 李時珍《本草綱目》卷五〇《牛黄》 釋名：丑寶。時珍曰：牛屬丑，故隱其名。《金光明經》謂之瞿盧折娜。

清 杭世駿《訂訛類編·續補》卷下《牛黄》 《本草經》疏云：牛食百草，其精華凝結成黄，猶人之有内丹，故能散火、消痰、解毒，爲世神物。或云牛病，乃生黄者，非也。

論説

宋 蔡襄《言科配牛皮之害札子》 《國朝諸臣奏議》卷一〇一 數内一條，臣所謂殺牛納皮，仍科徒罪。諸州造甲，須用牛皮作線穿聯。自前條貫，私家敢藏牛皮科罪，更出賞錢，所以民間牛皮多已入官。然官中不合須要配百姓。臣見潤州見配到甲數，工匠至少，計工三四年亦未了當。本州郡計所用牛皮，只限一月送納，其皮只作甲線。又定下闊狹尺數，稍小者即退百姓。浙中不産黄牛，盡是過江收買。程限急切，至殺牛納皮，稍小納不中官，州縣捕捉，又科殺牛之罪。臣不知生民何辜，受此苦毒！

宋 廖剛《高峰文集》卷一《乞減造軍器札子》 臣聞賣劍買牛，賣刀買犢，古人以爲美談，爲其知敦本也。艱難之時，雖未能去刀劍，然人必粒食，耕必用牛，其所須獨可闕乎？臣竊見朝廷大治軍器，如造弓弩，費牛至多，嘗試訪得其數，今歲拋買牛筋凡一萬五千四百餘斤，每殺一牛，不過得筋六兩，計牛用四萬一千一百餘頭矣；買六千二百餘斤，計殺牛一萬六千七百餘頭矣；未買之數，尚計用牛二萬四千四百餘頭。豈惟耕牛難有存者，而所傷和氣亦多矣。臣竊聞昔人有『三箭定天山』之語，如澶淵之役，成不世之功，所費纔一鏃耳。軍器豈務過多，在人能用之耳。耕牛固不可不存也。且如糜費，臣未暇論。伏望聖慈降旨，痛賜裁減，庶幾營田之利可圖也。

又 卷六《八月初三日進故事》 自古帝王之盛德，未有不以勤儉爲先，是以必仁民而愛物。仁民則不忍其勞，愛物則不侈其用，所謂暴殄天物，以奉一己之私者，無有也。夫惟以不忍人之心，行不忍人之政，下逮鳥獸草木蟲魚，必使之各由其道，各得其宜，則帝王之治舉矣。太宗皇帝仁民愛物之至，史册所書，不可殫舉。【略】又若官造弓弩，屠牛至多，乃令惟縱理用牛筋，餘悉以羊馬代之，歲省牛筋可千萬。

宋 張綱《華陽集》卷一四《論買牛筋角札子》 臣竊謂方今國家之急有二：一曰治兵，二曰務農。治兵所以强國，務農所以足食，二者相須以濟，殆難以偏廢也。夫兵無弓矢，固不可以戰；然農無牛，亦安能服田力穡？此正宜今日之所圖者。臣伏見近日軍器所打造弓一萬張，計用牛筋六千七百四十五斤，角一萬一千隻。續奉聖旨，分一半下浙東收買。此乃陛下留神武備，修治器械以攘夷狄，深得夫宣王復古之意矣。有司奉行指揮，獨患筋骨數多，無人出賣，州郡決不能以時應辦。蓋一牛得筋不過數兩，約用三牛可得筋一斤；今所買六千餘斤，無慮二萬牛矣。緣自兵火以來，遠近耕牛驅擄屠殺殆盡，至有以人代耕，田畝荒蕪，莫之墾闢。頃者朝廷察知，故嚴立罪賞，禁人屠殺，自是人稍知戒。然所在孳養未久，正須遵行法禁，以俟蕃息。今乃分科筋角下州縣收買，州縣必須科下人户。人户之牛，自死者其筋角既已依條納官，緣何更有出賣？深恐官司務欲辦事，妄行促迫，則小民畏懼，勢須殺以應命。顧罪賞如此，誰敢輒殺？設或姦猾之民，以所須筋角爲名，遂復恣爲屠割，不知州縣何以處之？欲加以罪，筋角無所從出；欲縱之，法令不行，而殺牛滋多，益廢耕耨。是於國家務農之意有未至也。臣訪聞温、台、衢、婺等州，昨爲鄰境盜賊竊發，其間豪民多緣扞禦，收蓄良弓。今筋角指揮既行，所買必不能足數，臣愚欲望聖慈下三省相度，除一面收買筋角外，浙東人户能以堪用好弓力及八斗以上者赴官投賣，即令州縣每張約筋角若干，而給還其直，總計所買弓，補充今來所降筋角之數。如此，不唯收買易辦，且得存養耕牛，農人不至失業，兼使民間兵器以漸納官，是一舉而獲三利也。區區管見，干犯天威，無任惶悚戰懼之至。取進止。

宋 項安世《周易玩辭》卷一〇《鞏用黃牛之革》 黃，中也；牛，順也；中順者，六二之德也。其言於初九何也。初九用六二之德也，故曰鞏。鞏者，外束内也，方事之初，未可革也，而初九以剛居之，故爲之設戒，但當束以六二之德，而不可以自用也。六二自大壯六五來，大壯六五即遯六二之反對，其辭故曰執之用黃牛之革也，以自守則曰執，以制他人則曰鞏，明以遯二制革初也。革主變更，此皮革也，亦得借用者，居初而用二，亦革己從人之義也。

綜述

唐 孫思邈《千金翼方》卷三《犀角》 味苦，酸，鹹，寒，微，寒無毒。主百毒蠱疰，邪鬼瘴氣，殺鉤吻鴆羽蛇毒。除邪，不迷惑魘寐。療傷寒，溫疫，頭痛寒熱，諸毒氣。久服輕身駿健。生永昌山穀及益州。

《太平御覽》卷七六六《雜物部·筋角》 《周禮》曰：凡相角，秋閷音殺者厚，春閷者薄，稺牛之角直而澤，老牛之角紾而昔。紾，徒展切。昔，讀爲交錯之錯。疢疾險中，牛有久疾，則角裏傷。瘠牛之角無澤。少潤氣也。角欲青白而豐末。豐，大也。角長二尺有五寸，三色不失理，謂之牛戴牛。三色，本白中青，末豐也。牛戴牛，角一直牛也。

又曰：凡相筋欲小簡而長，大結而澤，則其爲獸必剽，以爲弓，則豈異於其獸，筋欲敝之敝。嚼之當孰也。

《禮》曰：祭天地之牛角繭栗，宗廟之牛角握，賓客之牛角尺。《左傳》曰：鼷鼠，食郊牛角。

《爾雅》曰：北方之美者，幽都之筋角焉。幽都，山名，謂野牛筋角也。

《魏略》曰：大秦國出駭雞、犀角。

《書》曰：王凱以帝舅奢豪，有牛，名『八里百駿駭』，常瑩其蹄角。《後魏書》曰：桓帝英傑魁岸，馬不能勝，常乘安車，駕大牛，角容一石。

《呂氏春秋》曰：甯戚飰牛，扣角而歌。

《淮南萬畢術》曰：燒角入山，虎豹自遠。

《東方朔占》曰：昔武帝亡劍，不知取者誰，無主名，請朔往，入宮，見人持兩刺，手中復持小牛角。朔曰：『陛下宮中，當有親林名字魚者取之。』帝曰：『有之。』即收考，子魚服，出劍。帝曰：『朔何其工乎，且說其占。』朔對曰：『入宮時，見人持二刺，手中復持小牛角，因占之二木，林字，故知名字，魚者取之。』

又 卷八九八《獸部·牛上》 又曰：祭天地之牛角繭栗，宗廟之牛角握，賓客之牛角赤。《周禮·地官·封人》曰：凡祭祀，飾其牛牲，設其楅衡，置其絼，供其水藁。楅在鼻，衡在角，言不得觸絼，繫牛鼻繩。絼夲又作紖，持忍反。

又《冬官·考功記》曰：稺牛之角直而澤，老牛之角終而昔。昔讀爲交錯之錯，謂角錯也。角長二尺有五寸，三色不失，謂之牛戴牛。三色，夲白中清，未豐也。戴牛角直一牛。

又 卷九八八《獸部·牛黃》 《文士傳》曰：延篤爲京兆尹，桓帝時，梁冀專政，時皇太子疾，詔書發京兆出牛黃。冀遣諸生齎書持牛黃詣篤賣，篤以爲詐，論殺之。

《本草經》曰：牛黃，味苦，生隴西平澤特牛膽中，治驚寒熱，生晉地。

《吳氏本草經》曰：牛黃，牛出入鳴吼者有之，夜視有光，走牛角中，死，其膽中如雞子黃。

宋 范仲淹《范文正公政府奏議》卷上《奏爲置官專管每年上供軍須雜物》 臣竊見兵興以來，天下科率，如牛皮、筋角、弓弩、材料、箭幹、鎗幹、膠鰾、翎毛、漆蠟，一切之物，皆出于民，謂之和買。多非土産之處，素已難得，既稱軍須，動加刑憲。物價十倍，吏辱百端，輸納未前，如負重罪。一年之中，或至數四，官中雖給價直，豈能補其瘡痍？蓋是國家不能素備，禍及生民。伏望聖慈委三司選差官并有行止心力司屬三五人，別置一司，專管天下科率應副，每年合要上供并軍須雜物，先勘會諸處見在數目，置簿拘管。如朝廷取索并外處奏乞之時，即先點檢見在物色，支撥應付外，將少數下諸處和買，亦大段減得分數。仍于土産處，許將二稅沿納錢并場務課利，依市價取人戶情願折納，不得抑勒。據納到數目，如尚少闕，亦只就土産處置場收買。如此，百物有備，更無非時科率，其非土産之處，自無煩擾。國家大計，須爲經久，豈可逐度須索，旋行誅求？蘇息萬民，無切于此。如允臣所奏，即乞特降敕命指揮。

宋 歐陽修《歐陽文忠公集》卷一一七《乞放行牛皮膠鰾》 臣累據

轄下州軍狀申，爲刱造添修兵器，乞牛皮、筋、角、膠鰾物。勘會本路見在常是全然闕絶，民間雖有禁法，合逐旋納官，及點檢帳曆，亦全無人户納到數目。亦曾聞奏及申三司，乞自京師支撥。又爲京師諸庫各稱亦是數少，或累申奏，不曾支得，縱或支下，亦數目不多，應副使用不足。其諸州軍，又爲上下催促造作甚嚴，每於難得之中，或時支得些小，不暇柬擇好弱，兼更使用不足，須至減料那融，只且備數修刱，僅能成器，全不堪用。今河北一路兵器萬數，雖然不少，而精好堪用之器十無一二。臣究其弊，蓋爲皮、角、筋、膠難得之故。臣因勘會自來國家明有禁法，民間筋、角須盡納官，河南膠鰾又不許過河北。既有此禁，便合民間更無兵器。今河北見管義勇十七萬有餘，人人自有私弓弩，此是官司明知其數者。更有不係義勇之家，例有弓弩不少。其筋、角、膠鰾從何而得，能致弓弩如此之多？以此見國家禁法未便，只是禁得官中絶無，民間不能禁止。臣今有起請擘畫事件，伏乞朝廷特賜詳度。如允臣所請，乞賜施行，庶得今後更不專仰朝廷輟那支撥，而物料漸有，兵器可精。今具畫一如後：

一、未兵興以前舊制，民間自死牛，皮、筋、角並中賣入官，量爲三等支價錢。其不及等者退還百姓，及許客旅販賣，官中置場收買。當時公私却不闕少。自兵興後來，改法甚嚴，人户自死牛馬，皮、筋、角限半月赴官送納，許人陳告隱藏者支賞。自有此指揮，後來人户絶更不曾經官送納，亦無人告首隱藏者。豈可二年之内，舉河北牛馬全然不倒死？以此足見改法之弊。蓋其抛死牛馬，已是下民之苦，更不支得價錢，令人户白納，及更令陪錢於官司使用了納，又令盡底納官，絶却民間使用，以此民不爲便。緣此等物，各是民間要用之物。陳告又支賞錢不多，所以各相蔽蓋，無由發露。今年雖亦許破官錢收買，緣已有上項盡底納官之條，民若不納官而中賣，即是違禁之物，以此收買不得。臣今欲乞却依《天聖編勑》及前後舊條，許人户自死牛馬，皮、筋、角中賣入官，分爲三等支錢。不及等者退還本主，及置場收買客旅興販者。如有及等皮、角，不中官賣，即許人陳告。如此，所貴却似舊日，公私各獲濟用。【略】

右，謹具如前。所有牛皮、筋、角等，臣只見得本路利害，仍乞更下諸路轉運司相度利害。取進止。

又 卷一一八《再乞放行皮角札子》 近臣爲兵興以來改法，禁絶民間牛皮、筋、角等，令人户盡底直納入官，因此却致官中闕絶使用。後來雖亦許破官錢收買，緣已有上項盡底納官禁法，民若不納入官却於官場中賣，即是違禁之物，致人户不敢赴場中賣。乞却依《天聖編敕》及前後舊條，許人户自死牛馬皮、筋、角中賣入官，分爲三等支錢。其不及等者，退還本主，及置場收買客旅興販者。所貴却似舊日，公私各獲濟用。曾具利害劄子奏聞，至今未奉朝旨。臣近體問得河東路亦爲禁止牛皮、筋、角已來，闕絶使用，近已卻依舊放行，即今河東大段有牛皮、筋、角等使用，甚爲利便。勘會本路合修兵器萬數不少，自來累據諸州乞支物料，本司只是牒逐處拘攔使用，及申奏乞自京支撥。檢會只自今年正月後，諸州所少牛皮、筋、角等七萬一千餘事件，累次申省乞支撥，及令逐處拘攔自死者使用。據諸州軍所申，即云無可拘攔，乞行支撥，及申奏乞支撥，即準省牒，又卻令逐處拘攔。空煩行遣文字繁多，積壓下未修軍器萬數，終是無由了當。況今見行之法，其弊易見。禁民令盡納，則絶無納者；置場收買，則民礙法不敢中賣。兼河東近已放行，甚見其利。欲乞朝廷檢會臣前奏劄子，特賜詳酌，明降指揮，許依舊法。令人户將三等牛皮、筋、角入官中賣，支與價錢，及許收買客旅興販者。其不中等者，退還本主。所貴公私各獲濟用，不至時時紊煩朝省，乞行支撥。及不空費文移，令逐處拘攔，虚積壓下未修軍器，久遠深爲不便。今取進止。

宋 蘇軾《蘇文忠公全集》卷二九《上韓丞相論災傷手實書》 近者軍器監須牛皮，亦用告賞。農民喪牛甚於喪子，老弱婦女之家，報官稍緩，則撻而責之錢數十千，以與浮浪之人，其歸爲牛皮而已，何至是乎！

又 卷七二《神宗惡告訐》 熙寧、元豐之間，每立一法，如手實、禁鹽牛皮之類，皆立重賞以許告捕者。

宋 周必大《周文忠公奏議》卷一一《乞免閩浙收買軍器所牛皮札子》 臣仰惟陛下以浙東禱雨未應，内批禁止屠宰甚嚴。夫雞、猪、鵝、鴨本以養人，聖意尚且曲推不忍之心，況牛者稼穡所資，固不欲其觳觫而就烹剥。但器甲所需，誠有不容已者。臣前日見密院關因軍器所陳乞抛買牛皮一萬張，行下浙東、福建兩路，限一季收買。臣初謂急闕要用，不敢有言。連日詢訪，却知近日歲額諸路取解黄牛皮二萬五千張，而第十三料又收買三萬八千餘張，數目浩瀚，緣實到者常不及半，然而已能足用，故本所申出剩牛皮六千一百張，此則其未至缺用明矣。臣今欲乞出自聖意，念浙東歲事既未可必，來年耕牛不可多殺，令軍器所且將出剩牛皮對減兩路抛買之數，或寬展期限，免致州縣僋緣科擾。臣每觀陛下仁民愛物無所不用其至，常懼無以少效其愚，偶有所見，冒昧以言。伏望聖明特賜矜恕。

宋 朱熹《晦庵先生朱文公文集》卷一八《按唐仲友第三狀》 仲友因修造兵器，前後發買牛羊皮穿甲及生絲打弓弩弦，支破不可勝計。其牛羊皮買來甚少，錢亦不歸。

又 卷九四《敷文閣直學士李公墓志銘》 復除江南西路轉運副使【略】會詔市牛筋五千斤，公奏一牛之筋才四兩，今必求此，是欲屠二萬牛也。上悟，爲收前詔，且思公前言，召以爲吏部侍郎。

《續資治通鑑長編》卷一三 ［開寶五年三月］中國每租二十石，輸牛革一，準千錢。西川尚循僞制，牛驢死者，革盡輸官。蠲去之，每租二十石輸牛革一，準錢五百者。

又 卷一二八 ［康定元年七月］陝西民差配之苦，數倍常歲，止如鄜州買駱駝、驢騾、牛羊、紅花紫草、橋瓦、鞦轡、箭翎、白氈三事、子羊皮裘、牛皮筋角弓胎之類，宜一切權罷，仍令安撫司與逐州長吏減省他役，顯應邊上科率。

又 卷二一七 ［熙寧三年十一月］據梓州路轉運司奏：本路多以小小官物爲名，起發綱運，枉破衙前重難分數。如戎州近年起發牛筋、角三綱，載送官員至荊南，共載牛筋四十有五斤，角九十對，差兵稍五十有五人，借過紬、絹、布一百餘匹，綿三百餘兩，大錢二十四貫有奇，糧米一百四十八碩有奇。瀘州發牛筋、角八綱，所載物及借請錢、糧等，其數多少，大略與戎州相去無幾，而又所差兵士借請錢、糧、綿、絹，動經一年以上，或一年半不還，緣路請過錢、糧尚不在此數。所差衙前，押牛皮綱，又最爲第一等重難。今來已將昌、普等七州軍所納筋、角綱，止附搭成都府下水綱船至荊南。及梓、遂等七州軍，貯以樓籠，差遞鋪兵擔至鳳州交割，更不別差船綱，見今亦無積壓未發數目。及團併陸路綱，會共減一百三十六綱，并減定本路諸州軍監遠近接送知州、通判、簽判衙前，及減罷押綱隨送得替官員衙前，共二百八十三人，及省諸州軍監縣差役公人共五百一人。【略】梓州路轉運司獨能上體陛下憂恤百姓之意，率先諸路奉承詔旨，講求上件利害，公忠之實，宜被旌賞，乞特加奬諭。

又 卷二四五 ［熙寧六年五月］播州楊貴遷在夷人中最強盛，以老，遣子光震、光榮獻鞍馬、牛黄、麝香。

又 卷二五〇 ［熙寧七年二月庚辰］軍器監除依新樣造兵車外，仍以牛皮及氈木製車上蔽陳之物，臨時因民車使用。

又 卷二五五 ［熙寧七年八月丙寅］軍器監於諸路州軍除知縣外，許不拘常制選官，計會轉運司劃刷州縣牛皮、筋、角，如能點檢失陷及擘畫拘收數多者，等第酬奬。

又 卷二六九 ［熙寧八年十月乙卯］溪峒與內地不同，若有自死牛，聽收皮角勅置器甲。佗蠻準此。

又 卷三三三 ［元豐六年二月庚午］聞熙河路守具闕氈、皮，委王欽臣具氈三千領、牛皮萬張，隨州縣發夫般運。

又 卷三六七 ［元祐元年二月］臣再詳司馬光所言『下戶出免役錢，驅迫貧民，剝膚椎髓，弱者轉死溝壑，強者聚爲盜賊』，及言『民間求錢納官，至於拆屋伐桑以賣薪，殺牛以賣肉』，其言太過。【略】訪聞中間西事軍興科率及科買軍器物料牛皮筋角極爲騷擾，民間往往殺牛取皮筋角納官，并田產牛具，伐桑柘毀屋以應副軍期，即非役法所致，大抵光所論事亦多過當。

宋 張守《毘陵集》卷七《措置江西善後札子》 本路收買軍器物料起發數目浩瀚。臣竊見自軍興以來，軍器所與諸路作院所造軍器，十餘年間數目不少，降付諸軍及諸軍又自諸降錢物製造各已備足，極有寬剩。今欲乞將本路軍器物料權住收買三年，內牛皮筋角諸州拘收到自合起發。

小貼子：紹興八年九月二十七日樞密院劄子節文：奉聖旨，數內江西，今將紹興九年分本路十一州軍合起歲額上供軍器，下項物料徑赴轉運司交納，發赴岳飛軍，自造軍器。鐵甲葉六十九萬九千四百三十八片，牛角六千三百三十四隻，生黄牛皮九千一百八十三張，牛筋四千一十斤一十二兩。【略】

宋 謝深甫《慶元條法事類》卷二九 勑立定下項：鰾膠、漆、牛皮、筋角、弓弩、竹木槍桿、簳榦箭鏃、箭頭、白鑞、翎毛、皮鞾、鞾皮底、生熟鐵、羊鹿獐麖麂麂兔犬馬皮，皆爲軍須之物。

一、契勘逐項物件，若不分所販州軍一例禁，緣其間有係民間及州縣所用之物，欲除筋不許興販外，其餘名件不許販海，及指往應緣邊州縣出賣外，許於所置買州縣具物數目於税場官司出給公據，指往近裏州縣出賣，所經由税場，照驗放行。若不經官司請給公據，又不依所指州軍出賣，并賣訖不毀公據，及買者人不照公據收買者，各科杖一百，並許人告，支賞錢一百貫，其所賣物没官。雖有官司公據，若往次邊緣邊州縣出賣者，並依後項所立罪賞施行。

一、今後興販軍須之物泛海，不以是何州縣捉獲，及其餘水陸路往次邊州軍捉獲者，徒二年；以物估價及二貫加一等過，徒三年；三貫加一等；徒罪皆配千里，流罪皆配遠惡州。若於極邊州軍捉獲者，徒三年；以物估價，及二貫加一等；徒罪皆配三千里，流罪皆配海外。十貫絞。已過界捉獲者，不以多寡，並依軍法定斷，仍並奏裁。許諸色人告捕。其知情、引領、停藏、負擔乘載之人，並減犯罪一等，各依犯人配法。經由透漏州縣，官吏、公人、兵級減犯人罪一等。以上並不以去官、赦降原減。

一、今後告捕興販軍須之物往極邊并次邊及其餘州軍貨賣者，除盡給隨行物與告捕人充賞外，徒罪：命官轉一官，次邊止減磨勘三年，其餘州軍止減磨勘二年。諸色人錢一千貫，仍補進義副尉。次邊止給賞錢，其餘處賞錢給半。流罪：命官轉一官，仍減磨勘三年，次邊止轉一官，其餘處止減磨勘三年。諸色人錢一千五百貫，仍補進義校尉。次邊止給賞錢，其餘處賞錢給半。死罪：命官轉兩官，仍減磨勘三年，諸色人錢二千貫，仍補承信郎。

一、知情停藏、同舡同行梢工、水手能告捕，及人力、女使告首者，并與免罪，與依諸色告捕支賞補官。

宋 劉昉《幼幼新書》卷四《牛黄法》 《千金方》：与朱蜜竟，与牛黄不獨益肝膽除熱，定精神止驚，辟惡氣，又除百病。

真牛黄一塊，好蜜鍊熟成膏。每服一豆大，乳汁化，時滴口中。形色不實者，不宜多服。若胎熱，身體黄色，宜多服之。

宋 楊侃《兩漢博聞》卷一〇《牛黄》 吴普《本草》曰：牛黄味苦，無毒，牛出入呻者有之。夜有光走角中，牛死，入膽中，如雞子黄。《神農本草》曰：療驚癇，除邪逐鬼。

宋 寇宗奭《本草衍義》卷一六《牛黄》 亦有駱駝黄，皆西戎所出也。駱駝黄極易得，醫家當審别考而用之，爲其形相亂也。黄牛黄輕鬆自然微香，以此爲異。蓋又有犛音貓牛黄，堅而不香。

又《犀角》 凡入藥須烏色，未經湯水浸煑者，故曰生犀。川犀及南犀，紋皆細。烏犀尚有顯紋者露，黄犀紋絶少，皆不及西番所出紋高雨腳顯也。物像黄外黑者爲正透，物像黑外黄者爲倒透。蓋以烏爲正，以形像肖物者爲佳。既曰通犀，又須紋頭顯，黄黑分明，透不脱，有雨腳滑潤者爲第一。鹿取茸，犀取尖，其精鋭之力盡在是矣。犀角尖，磨服爲佳，若在湯散則屑之。西番者佳。

又《牛角䚡》 此則黄牛角䚡。用尖，燒爲黑灰，微存性，治婦人血崩，大便血及冷痢。又白水牛鼻，乾濕皆可用。治偏風口喎斜，以火炙熱，於不患處一邊熨之，漸正。

明 李時珍《本草綱目》卷五〇《牛黄》 釋名丑寶時珍曰：牛屬丑，故隱其名，《金光明經》謂之瞿盧折娜。

集解《别録》曰：牛黄生隴西及晉地，特牛膽中得之，即陰乾百日使燥，無令見日月光。普曰：牛死則黄入膽中，如雞子黄也。弘景曰：舊云神牛出入鳴吼者有之，夜視有光走入牛角中，以盆水承而吐之，即墮落水中。今人多就膽中得之。一子大如鷄子黄，相重疊。藥中之貴，莫復過此。一子及三二分，好者值五六千至一萬也。多出梁州、益州。恭曰：牛黄今出萊州、密州、淄州、青州、嶲州、戎州。牛有黄者，必多吼喚，喝迫而得者，謂之生黄，最佳。黄有三種：散黄粒如麻豆，漫黄若鷄卵中黄糊，在肝膽間，圓黄為塊，形有大小，並在肝膽中。多生于特牛，其牛未聞有黄也。頌曰：今出登、萊州。他處或有，不甚佳。凡牛有黄者，身上夜有光，眼如血色，時復鳴吼，恐懼人。又好照水，人以盆水承之，伺其吐出，乃喝迫，即墮下水中，取得陰乾百日。一子如雞子黄大，重疊可揭折，輕虚而氣香者佳。然人多僞之，試法但揩摩手甲上，透甲黄者為真。雷曰：此有四種：喝迫而得者，名生神黄，殺死在角中得者，名角中黄，牛病死後心中剥得者，名心黄，初在心中如黄漿汁，取得便投水中，沾水乃硬，如碎蒺藜及豆與帝珠子者是也。肝膽中得者，名肝黄。大抵皆不及生黄為勝。宗奭曰：牛黄輕鬆，自然微香。西戎有犛牛黄，堅而不香。又有駱駝黄，極易得，亦能相亂，不可不審之。

修治斆曰：凡用，單搗細研如塵，絹裹定。以黄嫩牛皮裹，懸井中一宿，去水三四尺，明早取之。

氣味苦，平，有小毒。日華曰：甘，涼。普曰：無毒。之才曰：人參為之使。得牡丹、菖蒲，利耳目。惡龍骨、龍膽、地黄、常山、蜚蠊，畏牛膝、乾漆。時珍曰：《别録》言牛黄惡龍膽，而錢乙治小兒急驚疳病，涼驚丸、麝香丸皆兩用之，何哉？龍膽治驚癇解熱殺蟲，與牛黄主治相近，亦肝經藥也，不應相惡如此。

主治驚癇寒熱，熱盛狂痓，除邪逐鬼。療小兒百病，諸癇熱，口不開，大人狂顛，又墮胎。久服，輕身增年，令人不忘。主中風失音口噤，驚悸，天行時疾，健忘虚乏。安魂定魄，辟邪魅，卒中惡，小兒夜啼。益肝膽，定精神，除熱，止驚痢，辟惡氣，除百病。思邈　清心化熱，利痰涼驚。痘瘡紫色，發狂譫語者可用。

發明 李杲曰：牛黄入肝，治筋病。凡中風入臟者，必用牛、雄、腦、麝之劑，入骨髓，透肌膚，以引風出。若風中腑及血脈者用之，恐引風邪流入於骨髓，如油入麪。莫之能出也。時珍曰：牛之黄，牛之病也。故有黄之牛，多病而易死。諸獸皆有黄，人之病黄者亦然。因其病在心及肝膽之間，凝結成黄，故還能治心及肝膽之病。正如人之淋石，復能治淋也。按《宋史》云：宗澤知萊州，使者取牛黄。澤云：方春疫癘，牛飲其毒則結為黄。今和氣流行，牛無黄矣。觀此，則黄為牛病，尤可徵矣。

明 慎懋官《華夷花木鳥獸珍玩考》卷七《牛黄》 出林縣，凡牛有黄者，毛皮光澤，睛色如血，時鳴吼，而好照水。人以盆水承之，伺其將吐，乃喝迫之，即墮水中，如雞子黄大，重疊可揭，輕盈而香，摩爪甲上，其色不落者佳。

明 田藝蘅《留青日札》卷三〇《牛黄》 牛黄在膽。牛有黄者，或吐弄之，人得所吐黄，剖之，中有物如蝶飛去，惟以活取者爲難得。治痰火、癲癇。凡牛有黄者，時常有聲，以秋月夜，盆水取之，則活。

清 徐松《宋會要輯稿·職官一六》 ［景德二年九月］弓弩院打造弓弩五作，物料不等，其虎翼弩及竹胎、出跳、馬黄弩三作，須上好牛筋、鰾膠、里沙角減輕弓團靶。馬黄弩許兼用羊馬筋。牛膠力軟，不得堅好，自今止用牛筋。其添修弓弩，亦用次用牛筋及脚筋。

又 ［紹興三十二年七月二十三日］造軍器合用筋角、牛皮、翎毛、鰾膠、箭笴之類，見令安撫司回易庫拘催收買，恐償直艱阻，自今後並免拘催，許客人徑赴御前軍器所中賣，令合干人依市價即時支給見錢，不得減剋。

又《食貨一七》 ［紹興二十七年八月二十四日］殿前司收買造軍器筋角、牛羊皮、箭苛、條鐵，可與免臨安府及沿路收税。

又《食貨六三》 ［隆興元年十二月二十四日］廣西合起牛羊皮、軍器物料，并廣東路未起發牛羊皮，並予蠲免。

又 ［隆興二年六月二十九日］淮南西路科買朴硝并牛皮等物，及應干科敷，并予蠲免。

又《食貨七〇》 ［建隆四年七月］先令諸道州府人户所納牛皮、筋角，每夏秋苗共十頃納皮一張，角一對，黄牛乾筋四兩，水牛乾筋半斤。其牛馬驢騾皮、筋、角，今後官中更不禁斷，即不得將入他外敵境。所納皮、筋、角，限至年終了絶。如無大絶，即牛皮一張並隨皮、筋、角，許共納價錢一貫五百文。

又 諸道州府將逐年都催牛皮數目内，七分許納價錢，仍令三司以皮、角定爲三等，取中、下兩等。隆興諸州勒人户送納，内下等皮三折中等皮二，下等角三折中等角二。今據三司言：『見管筋、角不闕供使，其本色牛角，望令住納。』宜自來年以後，所納三分本色皮、筋，只仰本縣收納，至農税稍閑，差借門内脚乘般送赴州。如小有孔竅，不妨使用，不得退却。其本色牛角，權任，止納價錢。

又《刑法二》 ［淳化五年五月十二日］先是，歲用蒿數十萬圍，供甄官及尚方染作，自今染作以木柿給之。造弓弩先用牛筋，自今工官爲弓弩，其縱理用牛筋，他悉以羊馬筋代之。

清 顔世清《約章成案匯覽·乙篇》卷一二《總署咨俄商運赴張家口牛皮等貨照内地土貨均應逢關納税文 同治三年**》** 為咨覆事案，準咨開俄商所運牛皮貨物，前據俄國領事官照會，或完子口半税，或照内地土貨逢關納税，均無不可當，經本大臣函商總署旋準函覆，準其照土貨逢關納税辦理，等因，現據俄商將運赴張家口牛皮八十張，報請查驗收税，已按照天津鈔關税則徵收，内地税餉給予正税，單除行文，户部坐糧廳張家口監督查照，如遇俄商運往牛皮到境，各照本關内地税則徵收，税餉切不可照洋税徵收，免其藉口。嗣後俄商販運内地牛皮等貨赴張家口銷售，未領三聯單者，係應逢關總税均照此次，各按本關内地税則徵收，内地税餉並咨明崇文門監督查照，轉飭東壩委員一體遵照，外理合咨呈等因，準此本衙門覆核無異，相應咨覆貴大臣查照辦理可也。須至咨者。

又《總署咨俄商販出張家口牛皮等貨按陸路通商例不得運回銷售文 同治三年**》** 為咨行事兹準函稱：前因俄國領事來文，内有俄商由張家口運貨赴南省販賣，均經照章完過正半各税，現有未經銷售之牛皮，由漢口水路運至天津，仍運回張家口，請發給執照以便前往等因，當查新章。俄商由津運貨赴張家口應用三聯執照，該商所運牛皮雖係出口時完過税餉，與由天津起運土貨赴恰克圖不同，惟既由陸路通商章程，路途運送自應一律發給三聯執照，以期沿途有所稽考。因於三聯照尾上註明該俄商運貨，如在張家口全數銷售，所有照尾及俄國原發執照即由張家口監督一併截留，彙送總署備案，以清眉目而免兩歧。業經辦理在案，昨又據俄領事來文，俄商又有牛皮六包於上年到津完過稅銀，至今亦未售出，仍欲運回張家口請領執照，不願請領三聯執照，當告以前次所辦係於照尾後註明，今可仍照前次辦法。如該商販貨運入內地不按通商陸路章程，仍可請領入內地執照，今該商運送牛皮由陸路前赴張家口，總應遵照總署新章一概請領三聯執照，以期一律辦理。而俄領事再三面請，總以該貨係因未經銷售運回張家口，似可無須發給三聯執照，請示遵辦等因。前來本衙門查俄國陸路通商章程第九款，俄商在議定南北各口販買土貨，及由俄國販洋貨由水路出口進口，仍照各國總例辦理。又第四款，俄商路經張家口酌留十分之二於口銷售，該口不得設立行棧。又十一年，本衙門與各國大臣議定海口章程，洋商運土貨復進口，交復進口半稅，如再轉運別口，應發給半稅存票，至別口時仍交復進口半稅。又議定洋商在內地買土貨出口章程，應先向各海關請領報單，然後準其前往等語。此項牛皮如果係由俄國運來，按照陸路章程，亦只準在經過之張家口留銷十分之二，是該貨於前經張家口時業已留過二成，此次不得運回張家口銷售，若係張家口土產，俄領事欲引照各國買土貨出口總例，則應查明，從前未置貨之先曾否預向海關請領報單，如未經領報單，則是有違定章例，應罰辦。如已經領過報單，並完過出口正半各稅，其運至上海漢口，應領有交過復進口半稅，存票實據運回天津，仍應納復進口半稅。始準在津售賣從無，該處所買貨物仍準運回該處之理，是此項牛皮無論是俄國所産，中國所産，不得運回張家口銷售，相應咨覆貴大臣，即希轉飭俄領事知照，一面詳細查明以上各情節，分别辦理可也。須至咨者。

清　周廣業《過夏雜録》卷六《牛角》　《考工記》稱：材之美者，首燕之角。《淮南子》曰：北方之美者，有幽都之筋角焉。《列女傳》曰：傅弓以燕牛之角，盖取其瑩潤緻密，至今猶然，以製器亦佳。

清　太醫院《藥性通考》卷四《牛黄》　味苦，氣平，有小毒。入肝經。專除筋病，療小兒諸癇、驚吊客忤、口禁不開。治大人癲狂發痓、中風痰壅不語，除邪逐鬼，定魄安魂，聰耳明目。孕婦忌服，因墮胎元。蓋性大寒，只可少服，不宜多用。宜與人參同用，以治小兒諸病，切忌獨用，反致悮事。或問中風不宜服牛黄，恐其引風入臟，有白麪入油之喻，因可服乎？曰：牛黄治中風，乃治眞中風也。世間眞中風者絶少，此牛黄之所以不可服也。眞中風之病，其人元氣不虚，從無痰病，素必身健，且係少年，一時中風，乃猝然之症，非血氣之虚，風入而生痰也。其症必眼紅口渴，吐痰如魂或如敗絮，其色必黄，必非清水，口欲吐而不出，手必捻拳不放，躁動不安者，乃眞中風也。此症萬人中一二也，可用牛黄治之。其餘俱作虚治，切戒妄用牛黄。原是虚寒，又益之以寒藥，輕則變成半肢之風，重則痰厥，喪亡傾刻，是牛黄之不可輕服也。岐天師教人用牛黄一丸，即用人參五分煎湯，共飲乃不虞。或問牛黄有用之以治水蠱，可乎？曰：牛黄，消痰開竅之物，非卻濕利水之品也，似與治水蠱者無涉，然亦有用之以成功者。蓋水入於心胞之宫，非牛黄不能下，牛黄耑能入於心胞也。然心胞容水，久必化痰。牛黄化痰而不化水，是牛黄仍非利水之藥，乃消痰之物耳。治水蠱而效者，化其心胞之痰也。心胞痰散，而心胞外之水自不能入於心胞之内，然後以治腎利水之藥治其本源，則水蠱之症可消。即謂牛黄之能治水蠱，亦無不可。

《清會典則例》卷一六八《内務府·武備院》　一徵收皮張。順治初年，定馬牛駝皮由馬牛羣及各莊園交納，鹿麅熊麞豬野豬等皮，由尚膳房移送。象皮由光禄寺移送，均收貯備用。又定每年委庫官一人，率領催匠人往張家口，會同稅務監督於遊牧處倒斃馬駝牛皮内，選取足用，令監督運送至京。十六年題準盛京將軍每年交送鹿皮一百六十張，麅皮一百四十張。十八年題準每年由戸部支取朝鮮國青黍皮即緑斜皮一百五十張，鹿皮五十張。康熙七年題準朝鮮國進貢青黍皮二百八十張，鹿皮百張，腰刀十口，每年由禮部移送。十三年定外藩進貢熏皮，啟奏收貯内庫，估價給賞。十八年題準盛京將軍，每年止徵鹿皮百張。二十五年題準緑斜皮停止，由戸部支取，著本院自行成造。二十六年題準盛京佐領每年交送上用皂皮三十張，官用皂皮七十張，其染造需用五棓子三十斤，由院置買給付。雍正元年免朝鮮國進貢青黍皮。四年，奏準牛馬皮停止差官往張家口交稅務監督會牧場總管揀選運送至京。又定張家口每年額送馬皮二千張，馬駒皮千張，駝皮百張牛皮三百張，小牛皮千五百張，犢皮二百張。八年定馬皮駒皮、駝皮、停支交送，俟應用時行文支取。乾隆六年定張家口交送牛皮，每年增五百張。十一年定盛京佐領每年交送上用皂皮十五張，官用皂皮停止交送。

又　一徵收毛角筋膠。順治初年，【略】又定各莊園牛羣牛角，尚膳房鹿角鹿筋，均隨時交送貯庫。

清　張璐《本經逢原》卷四《牛黄》　苦平，小毒。試眞假法，揩摩透甲，其體輕氣香，置舌上先苦後甘，清涼透心者爲眞。喝迫而得者名生神黄，圓滑，外有血絲，嫩黄層多者爲上。殺後取者，其形雖圓，下面必扁者次之。在角中者名角黄，心中剝得者名心黄，膽中得之名膽黄，則又次之。産西戎者爲西黄，産廣東者名廣黄。

本經：主驚癇寒熱，熱盛狂痓，除邪逐鬼。

發明

牛有黄是牛之病也。因其病之在心及肝膽之間凝結成黄，故還治心及肝膽之病。《本經》治驚癇寒熱，狂痓邪鬼，皆痰熱所致。其功長於清心化熱，利痰涼驚，安神辟惡，故清心牛黄丸以之爲君。其風中心藏者亦必用之，若中經中府者誤用引邪深入，如油入麪莫之能出，宜詳審而用可也。

又《犀角》　苦微鹹大寒，無毒。鎊成以熱手掌摸之香者爲眞，臭者卽假。忌滷鹽、烏附。孕婦勿服，能消胎氣。

發明

犀之精靈皆聚於角，足陽明胃爲水穀之海，飲食藥物必先受之，故犀角能涼血、散血，及畜血驚狂斑痘之證，皆取以通利陽明血結耳。《別録》治傷寒溫疫，頭痛寒熱諸毒。《枹樸子》云：犀食百草之毒，及衆木之棘，所以能解毒。凡蠱毒之鄉遇有飲食，以犀筋攪之，有毒則生白沫，無毒則否。宗奭曰：鹿取茸，犀取尖，其精鋭之力盡在是也。其治吐血、衄血、大小便血，犀角地黄湯爲之專藥。若患久氣虚又爲切禁，以其能耗散血氣也。痘瘡之血熱毒盛者尤爲必需，然在六七日灌漿之時，又爲切禁，以其能化膿爲水也。而結痂後餘毒癰腫則又不忌。惟氣虚毒盛之痘切不可犯。其性大寒，無大熱邪者愼不可用。凡中毒箭，以犀角刺瘡中立愈。又感山嵐瘴氣，射工溪毒，用生犀磨汁服之卽解。

傳記

宋　楊萬里《誠齋集》卷一一六《李侍郎傳》　改知婺州，進職秘閣修撰。【略】詔衢、婺市皮角若干，而筋居五千斤。椿奏：『一牛之筋四兩，是屠二萬牛也。』上爲收前詔。

宋　許及之《宋尚書右僕射觀文殿學士正議大夫贈特進洪公行狀》《盤州文集》附録　馬司治馬甲，買牛皮五千五百，而御前又買五萬，内侍復傳旨下工部買十三萬。公奏浙西去年水潦，漕司期限逼，民多殺牛納皮。上曰：『如此卻是公然使人殺牛，軍器所妄計耳，衹買一萬。』奏曰：『陛下務農重穀，恤民如此，天下幸甚。』

記事

《太平御覽》卷九八八《牛黄》　《文士傳》曰：延篤爲京兆尹，桓帝時，梁冀專政，時皇太子疾，詔書發京兆出牛黄，冀遣諸生齎書持牛黄詣篤賣，篤以爲詐，論殺之。

宋　翟耆年《忠惠集》附録《翟忠惠家傳》　東武多牛，朝廷歲須牛黄，牛失黄輒瘠死，民坐黄破産者相屬。公曰：『守勸民耕者，而督黄致斃其牛，此孟子所謂以政殺也。』天府藥物所聚，宜易致，遣牙校往求以獻。公言：『黄以享上，臣敢有辭？請歲輸錢，就市輦轂。』徽宗皇帝大德至仁，降旨直免。

宋　周必大《雜著述》卷一〇《思陵録上》　八日申時，王涇、馬希古來看脈，稱太上熱盛，風痰大作，不宜進鐵彈丸之類，宜用人參湯，進牛黄清心丸。壽聖皇后謝遣劉確等，日令涇、希古進牛黄清心丸，晝夜大便三二十次。十八日，進金籙萬安丹。二十二日，壽聖皇后復宣劉確等依舊進蝎梢湯。涇、希古云痰盛面赤，不當進蝎梢湯，復進牛黄清心丸等藥。二十六日午正，進硼砂丸，并用大黄調祛風丹。十月一日午正，又進麥門冬湯調祛風丹、牛黄清心丸。

清　趙翼《廿二史札記》卷三〇《牛皮船》　石抹案只攻宋敍州，江不得渡，乃聚軍中牛皮，作渾脱及皮船乘之，奪其渡口。又宋兵屯萬州，汪世顯從上流鼓革舟襲破之。

藝文

宋　謝邁《謝幼槃文集》卷六《以牛膽漬槐子送董之南二首》　雪霜

無賴黠君髩，五十龍鍾成老翁。急分槐實要腦滿，佇見頭青雙頰紅。解牛得膽大如斗，投以元槐功更加。來歲青袍映緑髮，不妨看盡九衢花。

元 劉因《静修先生文集》卷六《挂書牛角圖》 長安江都搏手空，台司光禄誰雌雄。大事既去乃爾耳，渠頭不斫將安容。喑嗚千年楚重瞳，將軍視之猶楚公。掛書牛角亦偶爾，史臣比擬良未同。青青澤中蒲，秀色自凌空。可憐徐包徒，學術皆凡庸。君不見羣兒驅羊竟何功，晉陽桃李亦秋。風緌山圖畫有如此，何如長作多牛翁。

明 午榮《魯班經》卷二《牛》 牛黄一十起于坤，二十還歸震巽門。四十官中歸乾位，此是神仙妙訣根。

清 喻仁《水黄牛經大全》卷上《頌美政納牛皮榜示》 牛皮榜，牛皮榜，展對公衙南壁上。憫惜農家利益多，讀者聽者皆嘆仰。復誦斯文殊有理，改納恐殺耕牛死。上行下效俗依然，保國安民爲法軌。法軌行來眞恩報，遐邇貴賤欽王化。無皮錢納一千餘，不必須徵此項價。候我皇王闢夷土，深念耕田苦中苦。秋收春種不曾閒，時當禁殺宜遵古。州縣鄉村知榜意，因兹容辨徵無恣。天時地利一人慈，是以年年倉廩備。倉廩備兮用卻舒，南畝東疇牛莫捨。牛莫捨兮生息蕃，瘦弱尫羸放林野。

僕十年前親讀牛皮傍，默而喜曰：『此朝廷美事，可無歌乎？』遂作此歌，補牧養之闕也。

又牛角腮味苦甘，性澁。又云氣溫，無毒。

水牛角味苦，氣平。又云氣冷，無毒。

又沙牛角味苦，氣温，無毒。

清 王培荀《寓蜀草》卷二《牛皮甲》 犀甲輕矯奮爭先，鐵甲耀日軍容鮮。有客來談牛皮甲，清溪縣庫堆百千。片片刀截僅方寸，漬以生漆年復年。繩貫若銜尾，片綴如連錢。囊可比其輕，鐵未等其堅。下不掩骭上披肩，矛刺不入矢不穿。夷匪奔走履山川，横突堅陣仰射天。有甲足深恃，那肯輕棄捐。何故爲我獲，客云聽吾宣。堂堂對陣無與敵，操刃挫折似空拳。蠻人赤腳走如飛，誘入深谷爭向前。深谷偏布鐵蒺藜，鋒利刺足踣且顛。捆縛如豕逃無路，蹈藉死亡溝壑填。出奇决勝善用權，破其所長攻其偏。知已知彼計萬全，能戰能守可防邊。吁嗟乎！良醫無定藥，牛溲疾可痊。良將無定律，制敵謀如淵。伊昔劉綎守斯地，誘之出巢聚殲旃。及兹瞻對破狂寇，策定不懼道路艱。始知大帥貴智不在勇，用衆那如威令專。不信請看清溪庫，欲將皮甲城門縣。

清 李繼聖《尋古齋詩文集·詩集》卷一《扣牛角示及門周蓮》 白水浩浩兮，青草莫莫兮。黄牛之革光以澤兮，仲父聽之心，不憚妾人聞，之心實獲南海儵。北海忽瑞雲擁，泉石元纒裹圭璧，倒屣傾筐陳前席。昨日蓑笠過一夕，腐儒萬卷乏奇策。賦罷凌雲郎執戟，管仲妾名婧，知白水之歌出古詩，又仲妻自稱妾人。

雜録

唐 白居易《白氏長慶集》卷四九《得甲獻弓蹲甲而射不穿一扎有司詰之辭云液角者不得牛戴牛角》 貫革乖方，則宜致詰。相角失理，亦可徵辭。甲奠體以成，執簫而獻。中規不撓，六材雖則合三。捁拔有愆，七扎不能穿一。宜恐傷人之甲，不曰堅乎。而非戴牛之弓，無自入也。液信虧於巧者，射遂爽於臧兮。周典足徵，彼自乖於三色。楚君明試，此無愧於二臣。咎且有歸，責之非當。

唐 王績《王無功文集》卷五《寧戚扣牛角》 甯生不遇，商歌飯牛。夜長難曉，人生若浮。寧唯石爛，觀覩金流。世無堯舜，誰當見求。

宋 方岳《秋崖集》卷三七《牛衣贊》 月寒甯戚之歌，雨濕王章之泣。藉盤礴乎愛景之春，忍觳觫於繁霜之夕。予取而棲耕舍之壁間，亦聊以愧夫無補于世。而襲重綿之麗窸者也。

清 趙翼《陔餘叢考》卷三三《牛皮船》 西番一帶，山巒陡險。溪流湍悍，舡不得施。土人有用牛皮爲船者。按：《後漢書·匈奴傳》：北匈奴遣騎候望朔方，作馬革船，欲度南匈奴叛者。《鄧訓傳》：任尙擊迷唐羌，縫革爲船，置牌上以渡河。《晉載記》：慕容垂擊翟釗軍於黎陽，爲牛皮船百餘艘，欲渡以誘之。《北史》：室韋國以皮爲舟，又嘉良夷有水，濶百餘丈，用皮爲舟以濟。《新唐書》：東女國有弱水，縫革爲船，白香山《蠻子朝》詩云：汎皮船兮渡繩橋，來自嶲州道路遙。《元史》：世祖取大理，乘革囊渡金沙江。《汪世顯傳》：宋兵屯萬州，世顯從上游鼓革舟徑渡，襲其兵。《速哥傳》：帥帥攻蜀，至馬湖江，以革爲舟夜渡，是牛皮船，由來久矣。皆出於番俗也。然沈攸之進攻濃湖，造皮艦十乘，拔其營柵。周世宗親攻壽春，趙太祖乘皮船入壽春濠中，則内地亦有用之者。《明史・唐龍傳》：時吉囊居套中，西抵賀蘭山，限以黄河，不得渡，乃用牛皮爲渾脱渡，入山後，然渾脱非船比，乃縫羊皮吹氣令飽，而人乘之以渡耳。

清 臧琳《經義雜記》卷二《鼷鼠食郊牛角》 春秋成七年春王正月，鼷鼠食郊牛角，改卜牛。鼷鼠又食其角，乃免牛。《左氏》《公羊》無傳，徐疏引《異義》《公羊説》云：『鼷鼠初食牛角，咎在有司。又食，咎在人君。取己有災，而不云改更者。』穀梁傳：『過有司也，郊牛日展觓角而知傷，展道盡矣，其所以備災之道不盡也。改卜牛，鼷鼠又食其角，非人之所能也。所以免有司之過也。』《五行志》中上：劉向以爲，不敬而儩霿之所致也。昔周公制禮樂，成周道。故成王命魯郊祀天地，以尊周公。至成公時，三家始顓政，魯將從此衰，天愍周公之德，痛其將有敗亡之禍，故於郊祭而見戒云。鼠，小蟲，性盜竊，鼷，又其小者也。牛，大畜，祭天尊物也。角，兵象，在上，君威也。小小鼷鼠，食至尊之牛角，象季氏乃陪臣盜竊之人，將執國命以傷君威而害周公之祀也。改卜牛，鼷鼠又食其角，天重語之也。成公怠慢昏亂，遂君臣更執于晉。至于襄公，晉爲溴梁之會，天下大夫皆奪君政。其後三家逐昭公，卒死于外，幾絶周公之祀。董仲舒以爲，鼷鼠食郊牛，皆養牲不謹也。案：何注《公羊》云：《京房易傳》曰：祭天不慎，鼷鼠食郊牛角。又食者，重錄魯不覺寤，即本董義。又云：角生上指，逆之象。則於義無取，劉子政以『角，兵象，在上，君威也。食角爲傷君威』，得之據。徐疏引《異義》《公羊》説，知《公羊》無傳，説者本穀梁言之，劉子政之義，尤爲深切著明。

清 俞樾《茶香室叢鈔》卷二一《牛黄清心丸》 《癸辛雜識》云：和劑局方，乃精集諸家名方。至提領以從官内臣參校，可謂精矣。然差舛亦不少，且以牛黄清心丸言之，凡用藥二十九味，寒熱訛雜，殊不可曉。一名醫云：此方止是前八味至蒲黄而止，自乾山藥以後凡二十一味乃補虚，名中山芋丸，當時誤寫在此方之後，因循不曾改正。據此，知古方流傳，亦不可恃甚矣。醫之難言也。

又《校牛黄清心丸方》 《癸辛襍識》云：和劑局方差舛亦不少，且以牛黄清心丸言之，用藥二十九味，寒熱訛襍。一名醫云：此方止是前八味至蒲黄而止，自乾山藥以後凡二十一味乃補虚，名中山芋丸。當時訛寫在此方之後。此説余既載之叢鈔二十一矣，今得和劑局方，乃以兩方細校之，牛黄清心圓在第一卷中，共藥二十九味，大山蓣圓在第五卷中，共藥二十味。今並錄之凡牛黄丸方之藥與山蓣丸方同者共十九味，尚少熟乾地黄一味，而牛黄丸方除此十九味，尚存十味，與《癸辛襍識》所言止八味者又多其二，然其兩方差舛之迹，則居然可見也，當與精醫者審之。

牛黄清心圓方

牛黄	麝香	羚羊角	龍腦	當歸同	防風同
黄芩	白朮同	麥門冬同	白芍藥同	柴胡同	白茯苓同
桔梗同	杏仁同	芎藭同	肉桂同	阿膠同	大豆卷同
蒲黄	神麯	人參同	雄黄	甘草同	白斂同
乾薑同	犀角	金箔	大棗同	乾山藥同	

牛乳

論説

清 張璐《本經逢原》卷四《酪》 甘平，無毒。

發明 凡牛羊駝馬之乳，竝可作酪。南人惟知熱酒沖食，北人必以熬熟沖茶漿服。大能清胃，不助溼熱，止煩解渴，除心膈熱悶，潤腸胃燥結摩腫，生精血補虚損，壯顔色。戴原禮云：乳酪，血液之屬，血燥者宜食，較之人乳尤勝，以其無怒火淫毒也。華元化云：蜒蚰入耳，以酪灌入即出。

綜述

明 陳繼儒《致富奇書》卷四《牛乳益氣方》 黄牛乳最宜老人，性平，補血脈，益心氣，長肌肉，令人身體康健。或作乳餅，或作乳飲，恣意常食爲妙。

明 高濂《遵生八箋》卷一三《益氣牛乳方》 黄牛乳最宜。老人性平，補血脈，益心氣，長肌肉，令人身體康强潤澤，面目光悦，志不衰。故人常須供之，以為常食。或為乳餅，或為乳飲等，恒使恣意充足為度。此物勝肉遠矣。

明 宋懋澄《九籥集・前集》卷一〇《餉陸三黄雀牛乳及魚豚》 牛乳匪白，黄雀無環，聊藉土物以爲食，德之。報足下齒舌甚利。異日吾當魚肉之二物，又以志也一噱。

清 丁宜曾《農圃便覽・炖牛乳》 用牛乳壹宋碗，細羅過净，入雞蛋清五箇，攪勻，細火炖之。

清 張宗法《三農紀》卷八《牦牛》 酥油取法：得哺犢、母牛隔開半日，不令乳。須人以手擲半乳于木桶內，畢，用蓋密封固，摇弄不計其數，計良久乃止。澄收浮面一層結者，者爲酥塊，色白微黄，名爲酥油，乃品之最上者。外地人稱馬思哥。其渣名乳腐，又名醒酸，皆澄渣造者，食之甘美耐飢。羊酥，色白不黄，次之；馬酥，色黄味酸，又次之。外土以馬酥釀酒，味甘而微酸，忌與膾同食，與醋相反。中華宜夏月以瓶盛藏埋土中，不致敗臭。

清 張岱《陶庵夢憶》卷四《乳酪》 乳酪自駔儈爲之，氣味已失，再無佳理。余自豢一牛，夜取乳置盆盎，比曉，乳花簇起尺許，用銅鐺煮之，瀹蘭雪汁，乳觔和汁四甌，百沸之。玉液珠膠，雪腴霜膩，吹氣勝蘭，沁入肺腑，自是天供。或用鶴觴、花露入甑蒸之，以熱妙，或用豆粉攙和，漉之成腐，以冷妙。或煎酥，或作皮，或縛餅，或酒凝，或鹽醃，或醋捉，無不佳妙。而蘓州過小拙和以蔗漿霜，熬之、濾之、鑽之、掇之、印之，爲帶骨鮑螺，天下稱至味。其製法秘甚，鎖密房，以紙封固，雖父子不輕傳之。

純生氏曰：使人咽喉間作甘露快。

清 喻仁《水黄牛經大全》卷上 牛乳：味甘，氣微寒，無毒。

又牛乳腐即乳餅：利十二經脉，通大小便难。

牛酥：味甘氣凉。又云：微寒無毒。

主治：補五臟，利腸胃大効。益心肺，止渴嗽如神。固腫踠跳由瘀。潤毛髮，口瘡立祛。除肺痿有準，止吐血尤靈。

紀事

宋 吴曾《能改齋漫録》卷一一《江子我作牛酥行》 宣和初，有鄧其姓者，留守西京，以牛酥百斤遺梁師成。江子我端友作《牛酥行》云：『有客有客官長安，牛酥百斤親自煎。倍道奔馳少師府，望塵且欲迎歸軒。守閽呼語不必出，已有人居第一先。其多乃復倍於此，台顔顧視初怡然。昨朝所獻雖第二，桶以純漆麗且堅。今君來遲數又少，青紙題封難勝前。持歸空慙遼東豕，努力明年趁頭市。』

藝文

宋 韓駒《陵陽集》卷四《問江西漕使乞酒及牛乳》 中郎玉節駐江西，飲慣黄封厭赤泥。寄與衰翁時一醉，四山揺落雨凄凄。

近聞酥酪出中厨，想肯分留寄病夫。不為長齋飯蘸糲，暮年消渴亦時須。

明 倪宗正《倪小野先生全集》卷七《牛乳》 惠我青牛乳一瓢，曾經玉女手親調。煎霜煑雪翻溫輭，搗蘂揉花轉嫩嬌。點點落梅浮蟻罩，紛紛細藕膩鸞刀。素廚此日真清勝，平胃和衷度永宵。

清 趙翼《甌北集》卷三七《入冬日飲牛乳一升以代朝粥戲成絶句》 曾傳著粥養衰翁，服食還輸乳汁功。白髮人爲黄口哺，老夫奇訣已還童。

清晨飫我乳花香，省得張蒼子婦忙。笑問妳婆何姓氏，遙遙華胄出奇章。

訛寢蕭閒顧影驕，愧無錦薦護寒宵。柵欄爲築新牢就，也算莊嚴貯阿嬌。

服匿盛來日一甌，瓊漿滿引潤枯喉。即看下咽如脂滑，不用周官更祝鳩。

縱無燥濕效微勤，乳哺功深自策勳。合請戴嵩爲寫照，丹青貌出野王君。

久食功堪奏養和，君羶氣亦染身多。老饕自愛醍醐味，任把臊胡喚達磨。

昔人曾飽穀於莵，何似芻牢給所需。老健定堪牛鬥虎，看余矍鑠執殳驅。

書生貧易德壺飧，飲酪先誇至味存。何限世間豪貴客，還將人乳去蒸豚。

鬭牛

綜述

宋 蘇軾《仇池筆記》卷上《戴嵩鬭牛》 有藏戴嵩鬭牛者，以錦囊繫肘後隨，出與客觀。旁有牧童曰：『鬭牛力在前，尾入兩股間，今畫鬭而尾掉，何也？』黄荃畫飛鴈，頭足皆展。或曰：『飛鳥縮頭則展足，縮足則展頭，無兩展者。』驗之，信然。

明 張大復《聞雁齋筆談》卷一《沈先生格鬭牛》 沈先生自言其少時騎馬或騾，道遇橋塹，輒挾之而走。或言先生能格鬭牛，余不敢信。先生笑曰：『有之，然非牯牛也。』

明 慎懋官《華夷花木鳥獸珍玩考》卷八《牛鬭尾入股間》 有藏戴嵩牛鬭，與客觀。旁有一牧童曰：『牛鬭力在前，尾入兩股間，今尾掉，何也？』

清 汪价《中州雜俎》卷一六《洛水牛鬭》 咸通四年秋，洛中大水，苑囿廬舍，靡不淹沒。厥後，香山寺僧云：『於日將暮，見暴雨自龍門川北下，有如決海潰江，鼓怒之間，殷若雷震。有二黑牛於水上，掉尾躍空而進。衆僧與居人憑高望之，謂城中悉為魚矣。俄見定鼎、長夏二門，陰曀間，有二青牛奮勇而出，相去約百步，黑牛奔走而回，向之怒浪驚瀾，翕然遂低数丈。』

藝文

宋 文同《丹淵集》卷一九《毛老鬭牛》 牛牛爾何爭？於此輒鬭怒。長鞭鬧兒童，大炬走翁嫗。蒼獿八九子，駭立各四顧。何時解角歸？茅舍江村暮。

宋 釋寶曇《橘洲文集》卷三《題老融鬭牛圖》 牛鬭不可近，近則和爾觸。摩撫不動摇，愧此老觳觫。慰我有生意，憐渠無怒心。伊誰爲證據，斷崖楓樹林。

宋 謝民師《戲題指紋鬭牛圖》《聲畫集》卷七 左者前其角，右者後其足。浼君雙指螺，戰此兩觳觫。草長水遠日悠悠，不向桑間自在休。蝸頭尚可屠蠻觸，壁上從今鬭二牛。

宋 李彭《日涉園集》卷六《觀法華牛鬭戲呈戒上座》 雞棲于塒晚山碧，兩牛偃蹇萬鈞力。黄鐘滿脰鳴相歡，欻起緣何作勍敵。水牯敗績秋風前，穿林觳觫蹊人田。幾無將軍破燕虜，適堪衛尉駕車轅。碧眼山僧可人意，大牛小牛與穿。鼻更須宴坐三十年，直待無鞭更無轡。

明 王璲《青城山人集》卷三《鬭牛圖》 時雨新收芳草緑，水田犂歇春畊足。牧童高卧古樹陰，隴上閒牛自相觸。各爭勝負氣轉雄，不知為私還為公。應笑當年掛書者，誤隨李密遊山東。

清 樂鈞《青芝山館詩集》卷八《觀牛鬥歌》 烏犍兩角彎强弓，小視黄牯如牛童。旁有一牛形與同，負氣不下來爭雄。一牛埋頭欲上觸，一牛豎脊將旁攻。似解用力兼用巧，往往避實乘虚空。若綬結腰入水門，若火燒尾穿城衝。野田十畝倚峭壁，枯樹倒挂摇顛風。吾聞爾牛結陣可卻虎，服輈能追騏驥蹤。不留爾力待有用，同類相殘終兩凶。況今歲晏休三農，無復耕作勞田功。炎方氣燠野草豐，胡不飽卧斜陽紅。牛兮無知詎足詰，爾牧牛者寧弗聰。執鞅曳鞭復何事，乃令并命畎畝中。憑誰爲報多牛翁，速牽兩牛歸牛宮。

清 劉嗣綰《尚絅堂集・詩集》卷四〇《鬭牛行》 牛聲殷床雷穴地，觀者盤旋走如蟻。夕陽莊上風騷騷，村後村前牛噫氣。東家翁富稱多牛，輕羅纏腰絲絡頭。伺牛出門識牛性，各各呼名牛解應。老牛突奔如兕狂，欲礪牛角摧山岡。小牛掣首低復昂，待執牛耳登壇場。牛心怒生牛力死，勝者賜緋兼賜紫。飲牛飯牛進甘旨，作使而翁若孫子。杏花紅過桃林青，一鞭揚揚牛所令。黄金虚牝空自擲，白石高歌誰復聽。從來成敗有倚伏，不及還家抱黄犢。叱羊漫説山人戲，得馬寧論塞翁福。吁嗟乎！觸蠻爭鬭徒爾豪，紛紛世事如牛毛。

清 石韞玉《獨學廬稿・三稿》卷三《金華觀鬭牛歌》 我生嗜奇樂異聞，採訪風俗心殷勤。金華之鄉牛善鬥，父老傳説都云云。涼秋八月爽天氣，一櫂夷猶至其地。廣場如砥十畝寬，田有沮洳發縱利。鳴鉦擊鼓聲如雷，東阡西陌羣牛來。紅綃繫角金飾額，一一名字標英魁。植竿相對作門户，兩牛相逢怒如虎。進不能遂退不甘，觀者如牆色飛舞。萬人歡笑兩牛嗔，人謂游戲牛謂真。牴牾既久兩不下，解紛釋結還需人。嗚呼凡戲皆無益，季郈鬭雞竟成隙。金籠蟋蟀賈平章，玩物玩人均喪德。歲時洽比鄉鄰安，莫因好弄開争端。賢相停車問牛喘，哲人所戒惟游盤。

羊部

羊

題解

《初學記》卷二九《羊》 《說文》曰：羊，詳也；羔，羊子也；羜，五月生羔也；䍪亡具反，六月生羔也；羍他達反，七月生羔也；䍌雉矯反，羊未卒歲也；牂，牝羊也；羒扶分反，牡羊也；羠因几反，騬羊也；羳扶貞反，黄腹羊也；羥猪閒反，羊名也。《廣雅》曰：吴羊，牝，一歲曰牝䍌，三歲曰羝；牡，一歲曰牸䍌，三歲曰牂。吴羊犗居謁反曰羠蒲各反，羖羊犗曰羯。羍䍪羜羵思究反，羊也。《爾雅》曰：麢，大羊。似羊大，角員鋭，在山崖間。羱如羊。音元，似吴羊。羊，牡羒墳，牝牂，夏羊。黑羖䍽也。牡羭，牝羖，未成羊。羜，絕有力，奮。《禮記》曰：凡祭宗廟之禮。羊曰柔毛。譙周《法訓》曰：羊有跪乳之禮，雞有識時之候，雁有庠序之儀，人取法焉。

宋 魏了翁《周易要義》卷九《釋馬牛龍鷄豕雉狗羊之象》 乾為馬，至兊為羊。《正義》曰：此一節説八卦畜獸之象，畧明遠取諸物也。乾象天，以行健，故為馬也。坤為牛，坤象地任重而順，故為牛也。震為龍，震，動象，龍，動物，故為龍也。巽為雞，巽主號令，雞能知時，故為雞也。坎為豕，坎主水瀆，豕處汙濕，故為豕也。離為雉，離為文明，雉有文章，故為雉也。艮為狗，艮為靜止，狗能善守，禁止外人，故為狗也。兊，為羊，兊説也。王廙云：羊者，順從之畜，故為羊也。

明 李時珍《本草綱目》卷五〇《羊》

釋名

羖亦作羧、羝音低、羯。時珍曰：《説文》云：羊字象頭角足尾之形。孔子曰：牛羊之字，以形似也。董子云：羊，祥也。故吉禮用之。牡羊曰羖，曰羝。牝羊曰羘，曰牂（音臧）。白曰羒，黑曰羭，多毛曰羖䍽，胡羊曰羦羺，無角曰羶，曰羫，去勢曰羯，羊子曰羔，羔五月曰羜（音宁）。六月曰䍪（音務）。七月曰羍（音達）。未卒歲曰䍌（音兆）。内則謂之柔毛。又曰少牢。《古今注》謂之長髯主簿云。

明 彭大翼《山堂肆考》卷二二一《羊》 《説文》：羊，祥也。象四足角尾之形。《格物論》：羊，褐、白、黑三色，亦有青者。牡，一歲曰䍌，三歲曰羝。牝，一歲曰羜，三歲曰牂。吴羊，犗曰羠。羖羊，犗曰羯。羊子曰羔，曰羍，鳴曰芈。五月生羊曰羜，六月生曰䍪，七月生曰羍。《易林》：羊腸九縈。《埤雅》：羊性茟善羣，每成羣則以一雄為主，舉羣聽之。今俗所謂壓羣是也。北人謂之羊頭。羊性前逆，牛性前順，故羊宜驅，而牛宜牽。羊性畏露，晚出而早歸。舊説羊春夏早放，秋冬晚出。《要術》：羊有疾輒相汙。徐鉉曰：羊主給膳，以瘦為病，故羸从羊。又有羚羊似羊而大角，夜則懸角木上以防患。羱羊似吴牛，角橢，善鬬至死。一云此羊狀若騾，而羣行，暑天塵露在其角上生草，戴行，愛之獨寢。《代都賦》所謂羱羊養草，以盤旋是也。其角尤大。

羸角

《易》：大北羝，羊觸藩，羸其角。陸氏云：角既觸，籬則羸而不動，進退兩難矣。

柔毛

《曲禮》：凡祭宗廟之禮，羊曰柔毛。按：柔毛，《周禮・内饔》：辨腥臊羶香之不可食者，曰羊泠毛而毳，羶泠毛長，毳毛結。

墳首

《詩・小雅》：牂羊墳首，三星在罶，人可以食鮮，可以飽。注云：墳，大也。羊瘠則首大。

長鬚

《古今注》：羊，一名長鬚主簿。《述異記》：一名胡鬚郎。又陝西同州沙苑出蠒耳羊，其羊耳小，味美。

清 陳元龍《格致鏡原》卷八六《羊・别名》 《曲禮》：凡祭宗廟之禮羊曰柔毛。《古今注》：羊，一名長髯主簿。《述異記》：古人説羊，一名胡髯郎。又名青鳥。《紺珠》：羊，一名白石道人。又同州佳羊，名細肋卧沙。又李栖筠家稱羊為獨笋子仇池。《筆記》：王中令賦《蒸豚詩》：若把羶根來比並，羶根自合喫藤條。羶根，羊也，亦名卷婁。《莊子》謂舜為卷婁，以其有羶行也。李朝威《柳毅傳》：毅遊涇陽，遇婦人牧羊道畔，自言是洞庭龍君小女。毅問：『牧羊何所用，神祇豈宰殺乎。』女曰：『非羊也，雨工也。』『何謂雨工。』曰：『雷霆之類也。』毅復視之，則皆矯顧怒步，飲齕甚異，而大小毛角則無別羊焉。

清 方旭《蟲薈》卷二《羊》 《周禮》：羊曰少牢。

《曲禮》：羊曰柔毛。

《古今注》：羊，一名髯鬚主簿，又名髯鬚參軍。

《述異記》：羊，一名胡髯郎。

《文選註》：中牟羊也。

《事物紺珠》：羊，一名白石道人。

《庶物異名疏》：羊，一名卷婁。

《譯史紀餘》：羊，緬甸呼赤。

《西番譯語》：羊，西番呼路。

清 顧棟高《毛詩類釋》卷一七《釋獸・羊 牂 羖 羜 達 羝》 《爾雅》：羊牡牂。郭註《詩》曰：牂，羊墳首。孔疏：牝羊，小羊也。首必稱身，小羊而責大首，無是理也。牝羖，邢疏：白羊牝者，名牂。黑羊牝者，名羖。羖羊之性，牝牡皆有角。賓筵詩曰：由醉之言，俾出童羖。責以必無之物用以為戒也。未成羊名羜。郭註：俗呼五月羔為羜。《小雅》：既有肥羜，以速諸父是也。牡羊名羝，生民取羝以軷是也。

臣謹案：《生民詩》曰：誕彌厥月，先生如達。鄭箋曰：達，羊子也。薛綜答韋昭曰：羊初生名達，小者名羔，未成羊名羜，大曰羊。

右《爾雅》別羊之種類，其見於詩者凡三：曰牂，曰羖，曰羜。牂羖皆牝羊也。以色之白黑分，羜五月羔羊也，羊以小者為貴。

清 厲荃《事物異名録》卷三七《羊》 柔毛：《禮記》：『羊曰柔毛。』

未日主人：《抱朴子》：『山中未日稱主人者，羊也。』

火畜：《禮・月令》：『食麥與羊。』註：『羊，火畜也。』又馬，亦名火畜。

少牢、中牢：《漢書註》：『少牢謂羊豕也，亦謂之中牢。』《野客叢書》專以羊為少牢。

義獸：《獸經》：『羊，義獸也。』

長髯主簿：《古今注》：『羊一名長髯主簿，或作髯鬚主簿。』

胡髯郎：《述異記》：『羊一名胡髯郎，又名青鳥。』

嵩山君：《搜神記》：『梁文家有神祠，帳中忽自呼嵩山君。文納手帳中，髯鬚甚長，聞作羊聲，引之出，乃羊也。』

白石道人、獨笋子：《事物紺珠》：『羊一名白石道人。』又李栖筠家稱羊為獨笋子。

卷婁：《庶物異名疏》：『羊亦名卷婁。』

［雨工］：李朝威《李毅傳》：『毅遇婦人牧羊，問何所用。女曰：「非羊也，雨工也。」「何謂雨工，」曰：「雷霆之類也。」』

羶根：《仇池筆記》：『王中令賦《蒸豚詩》云：「若把羶根來比並，羶根自合喫藤條。」羶根，羊也。』

羖、羝、羜、牂、羒、羭、羖攊、羦羺、羶、羓：《本草綱目》：『牡羊曰羖、曰羝。牝羊曰羜、曰牂。白曰羒，黑曰羭。多毛曰羖攊，胡羊曰羦羺。無角曰羶、曰羓，去勢曰羯。』

旋子：《刊謬正俗》：『問：小羊為旋子何？曰：《字林》：「羜，未晬。」羊言旋者，語訛耳，當言羜子也。』

麙羊：《本草綱目》：『羚羊一名麙羊。羚本從鹿，後人作羚。麙，《山海經》作羬。』

九尾羊：《星槎勝覽》：『阿丹國羚羊自胸中至尾垂九塊，名九尾羊。』

羱羊、野羊、莧羊：《本草綱目》：『安景曰：「山羊即《爾雅》羱羊，羌夷以為羚羊。」恭曰：「山羊大如牛，或名野羊。」時珍曰：「山羊一種角細者，《說文》謂之莧羊。」』

清 桑靄直《字觿補》卷六《羊》 羊者，祥也。合三以生，以養士也。故羊高三尺。

清 徐鼎《毛詩名物圖說》卷二《羊》 《說文》：羊字，象頭角足尾之形。《陸德明釋文》：小曰羔，大曰羊。董仲舒《春秋繁露》羔，有角而不用，如好仁者，執之不鳴，殺之不嗥，類死義者，飲其母必跪，類知禮者，故以為贄。愚按《爾雅》云：牝牂者，即苕之華牂，羊墳首是也。又云未成羊羜者，即伐木，既有肥羜是也。毛有黑白，聲似小兒，呼阿孌，孕四月生子，其目無神，其腸薄回，一名髯鬚主簿。

清 姚炳《詩識名解》卷五《羊》 羜。未成羊。羜，《釋畜文》郭璞謂今俗呼五月羔是也。或駁之以爲羊自始生時形體雖微，即已成羊，未可謂羜爲未成羊，此迂論耳。所謂未成者，乃極形其小，猶今童子謂之未成人，不得謂之非人也。

《説文》訓羜爲五月生羔。羅瑞良疑其似謂仲夏所生。引《齊民要術》五六七月生者，兩熱相仍，惡中之甚，以速諸父不應用此，當是生及五月者是也。

【略】

羖。《小雅·賓筵》篇：夏羊，牡羭牝。羖釋畜明文，《説文》反以羖爲牡羊，遂致後人通羖作牯，其誤甚矣。觀郭璞夏羊註：謂之黑羖䍽，則當時便統謂夏羊爲羖，其實但爲牝者，專名也。且夏羊自有黑白二種，又不得專以羖爲黑者耳。

《抑詩》彼童而角，童字，訓作幼字，謂牛羊之幼者無角也。此童羖之童，乃無角之稱。如人之無髮，山之無木者，皆謂之童。傳所謂羖羊不童是矣。

牂。《小雅·苕之華》：篇釋畜云：羊牡羒牝牂，則牂自是吳羊牡者之名。《説文》亦易牝作牡，不知何据。《廣雅》謂吳羊牝一歲曰𦍩䍳，三歲曰牂，則牂非小羊也。《正義》欲合墳首之義，訓爲牝，小羊，羅瑞良駁之是。

《傳》訓墳爲大。羅瑞良謂猶羒也。牂羊羒首，喻婦人而爲男子之事，何元子引焦氏《易林》作羵謂《説文》有羒無羵，其字當通。然終嫌非詩本字，不如仍依傳作大訓，謂饑饉之餘，百物凋耗，羊瘠則首大，故但見其墳首爲通。

達。《大雅生民》篇箋訓達爲羊子，何氏辨之，謂羊子名羍。詩乃達字，非羍也。達通也，以言語相通也。此時后稷未生，而如有神焉。告語之者，即下不坼二句是也。愚按：小羊作羍，此作達。《説文》本分二字，《正義》因鄭説便以其訓羍者，實之恐未當也。然何氏謂神以言語相通，丁詞旨不似，愚謂不過后稷當彌月時通達。易生亳無留難二語足畢其解。下不坼不訓，正所謂如達耳。

羝。生民篇《廣雅》謂吳羊三歲者名羝。羅瑞良以爲羝，是牡羊之總名，而羒，乃吳羊之羝者。古者大率多言羝易羝羊觸藩。《漢書》蘇武牧羝。又《齊民要術畜》牧之法大率十羊二羝皆是。然則此詩所指當統謂牡羊，非必謂吳羊之羝者也。

《尸子》卷下 大牛為犉，七尺。大羊為羬，六尺。大豕為豟，五尺。

《爾雅·釋畜》注疏云：《尸子》説六畜云：羊不任駕鹽車，椽不可為楣棟。

《管子》卷一《經言二》 山高而不崩，則祈羊至矣。淵深而不涸，則沈玉極矣，極至也。山不崩，淵不涸，興雨之祥。故羊玉而祈祭耳。羊以祭，故曰祈羊。

《韓非子》卷二《揚權》 一棲兩雄，其鬭㘖㘖。爭鬭貌。豺狼在牢，其羊不繁。豺狼，喻吏之貪殘者。

唐 張廷珪《論萊州置監牧及和市牛羊奴婢表》《文苑英華》卷六一六 臣廷珪言，竊見國家於河南、北和市牛羊，及荊、益等州市奴婢，擬於登、萊州置監牧。此必有人謂頃歲以來，軍裝所資，國用不足。或將見陶朱公、公孫弘、卜式之事，而為陛下陳其策耳。臣愚以齷齪小算，有損無益，不足為盛明天子行法於代也。何以明之，彼三人者，實為匹夫。藉空虛之地，罄勤勞之力，畜牧積歲，增致千金。苟以一家言之，其計得也。今聖朝疆域四海，臣妾萬方，天覆地載，莫非所有，而欲必取於人，從牧於國，何示人之不廣，而近樹私也。況和市遞送，所在騷然，公私煩費，不可勝計。臣聞諸古人曰：『百姓足，君孰與不足？百姓不足，君孰與足？』蓋君之與人，上下同體，無所間也。今河南牛疾甚處，十不一存，傷農豈徒百姓而已。又今牧童取其牛在將者，下俚尤要，一無此十一字。一則利其孳產，二則不廢營農。家家保之，豈願輒賣。今雖和市，甚於抑奪百姓之望，是牛再疫而農重傷，此則有損無利一也。頃者諸州雖定估價，既緣併市，則雖平準，加其簡擇，事須賄求，侵刻之端，從此而出。牛羊踴貴，必倍於常，百姓私賠，則破家業，一作產雖官得一牛一羊，而百姓已失兩牛兩羊價矣，此則有損無利二也。登、萊之境，是稱海隅。因之水氣，加以風迴，秋則早寒，春則晚煦，深山大澤，咸生蛟虵。一作產若置群牧，必多死損，此則有損無利三也。高原之田，百姓耕植。下濕之地，不堪放牧。若奪百姓高處，兩州皆失丁田。至于牛羊，復相踐暴。久長如此，閭境不安，非直百姓被侵，蓋失國家租賦，則有損無利四也。且又荊、益等州親疑是和市奴婢，多是國家戶口，姦豪掠來，一入於官，永無雪理。況南北既遠，風土非宜，乍到登、萊，必生疾疫，此則有損無利五也。且方今東泊滄海，西泊流沙，亭障多虞，甲胄未息，戎機調發，歲時相繼。由是丁兵逃散，戶口流亡，略舉大凡，十有數四。陛下天憐黔首，光啓元猷，將命使臣，分道巡撫，簡而靜鎮，難必乂安。矧乃征伐外繁，徵求內廣，欲使萬方兆庶安堵復業。亦猶剪烏之翼，而望其騰騫，一作飛騰脫魚之鱗，而願其遊泳。臣又聞之，君所恃者人，人所生者食，食所資者耕，耕所恃者牛。廢耕則去食，去食則無人，人無以生，君將何恃。然則牛者君國字人之本，豈可無故一旦取之哉！臣又度羊之為湏，非軍國切要。假命畜牧能遂繁滋，三數歲間，億萬可致，陛下豈可鬻之於外蕃，射其利為用乎！又可鬻之於中土，割其命為資乎！牛之為損則如彼，羊之無益則如此。臣雖愚戇，知其必不可也。伏願陛下特加審慎，詳圖損益，諸有所和市及新置監牧等。儻迴聖慮，即日停絕，天下蒼生，豈勝幸甚，昧死上奏以聞。

宋 歐陽修《詩本義》卷七《無羊》 論曰：無羊之義，簡而易明。然毛不解，以雌以雄，使學者何所從。鄭以爾爲斥宣王，又謂衆維魚矣。維此豐年，謂人衆相與捕魚，是歲熟，庶人相供養之祥。室家溱溱，爲人之子孫衆多。既不關考牧事，因謂占夢之官獻夢於王，皆失之矣。且一篇之中所爾者，皆是牧人，豈特於無羊。無牛爲爾宣王。鄭亦何從而知，此爾宣王，而彼爾牧人邪。以雌以雄，鄭爲牧人搏禽獸迂矣。據《詩》衆維魚矣，但言魚多爾，何有捕魚之文。及人之子孫衆多，皆不關牧事。《詩》人本爲考牧，不應汎言獻夢，而爲鄭學者，遂附益之，以爲庶人無故不殺雞豚，惟捕魚以爲養。此爲繆说，不待論而可知。《鴟鴞》曰：余未有室家，則鳥獸以所居，爲室家矣。牛羊牢闌，亦其室家也。

《本義》曰：宣王既修厲王之廢，百職皆舉，而牧人所掌牛羊蕃息。詩人因美其事，呼牧人而告之曰：誰謂爾無牛羊乎，其數若此之多也。其曰：以薪以蒸，以雌以雄者，謂牛羊在野，牧人有餘力於薪蒸。而牛羊以時，合其牝牡，所以云：此者見人畜各遂其樂也。魚之爲物生子最多，故夢魚者，占爲豐年。歲無水旱，則野草茂，而畜牧飽，此牧人之樂也。室家溱溱，謂牛羊蕃息衆多也。

宋 陸佃《埤雅》卷三《羊》 羊性善羣，故於文羊為羣，犬為獨也。羊每成羣，則要以一雄為主，舉羣聽之，今俗所謂『壓羣者』是也，北人謂之『羊頭』。鄭氏《儀禮注》云：『羊取其後帥。』蓋言此矣。《詩》曰：『爾羊來思，其角濈濈。』羊前其剛以觸者也，故以其角齊聚為善。又曰：『爾羊來思，矜矜兢兢，不騫不崩。麾之以肱，畢來既升。』矜矜，言羊之愛牧人也。兢兢，言羊之畏牧人也。牧之為道，擾之以順其性，故能使物愛，支之以制其放，故能使物畏。或降于阿，或飲于池，或寢或訛，所謂『擾之以順其性』也。『麾之以肱，畢來既升。』所謂『支之以制其放』也。《傳》曰：『騫，虧也。崩，羣疾也。』羊之為物，以瘦為病，而又死善耗敗，故於『不騫不崩』本羊言之也。《禮》云：『羽鳥曰降，四足曰漬。』『曰漬』者謂死相瀸漬而善耗敗也。六畜之死皆善耗敗，而羊為甚，故是詩如此。《要術》曰：『羊有疾，輒相汙。』徐鉉曰：『羊主給膳，以瘦為病，故羸从羊。』亦豕善肥，羊善瘦，故羸从羊也。《詩》曰：『不騫』，為是故也。《易》曰：『兊為羊。』羊性前止，故兊為羊，兊陰在上故也。羊性前逆，牛性前順，故傳以為『使堯牽一羊，舜荷箠而隨之，不能前矣』。又曰：『今使烏獲藉蕃從後曳牛之尾，尾絕而不從者，逆也。若指之桑條以貫其鼻，則五尺童子牽而周四海矣。』《禮》曰：『羊曰柔毛。』柔毛，謂其不疾瘯蠡也。《詩》曰：『羊牛下來。』先羊後牛者，羊性畏露，晚出而早歸，常先於牛故也。《管子》曰：『凡聽商，如離羣羊，凡聽角，如雞登木以鳴，音疾以清。』《易》曰：『兊為羊。』抑又以其聲歟？《內饗》曰：『羊泠毛而毳，羶；犬赤股而躁，臊。』蓋言羊泠毛而毳，則羶；犬赤股而躁，則臊矣，皆物之不可食者，故於文臊从躁省，羶从氈省也。鄭氏以為泠毛而毳，毳謂毛別，聚氈不解者是也。《管子》曰：『山高而不阤，則祈羊至矣；淵深而不涸，則沈玉極矣。』或言羊或言玉，相備也。《山海經》曰：『縣以吉玉。』縣，山祭也，肆師立大祀用玉帛牲牷，而今此山川更言玉者，則以祈祭故也。《易林》曰：『羊腸九縈。』舊說羊春夏早放，秋冬晚出。《字說》曰：『羊大則充實而美。美成矣，則羊有死之道焉。』老子曰：『天下皆知美之為美，斯惡已。』

又 卷五《羜》 《釋畜》曰：未成羊，羜。羜，未成羊也，故从宁。宁，佇也，宁其美成而後足用。《詩》曰：既有肥羜，而後言既有肥牡，明其禮有加而無已。且其一章曰伐木許，許釃酒有藇。既有肥羜，以速諸父，言燕禮也。二章曰陳饋八簋，言食禮也。三章曰籩豆有踐，言饗禮也。《周禮》：朝事之籩，其實麷蕡，白黑形鹽，豆實韭菹，醓醢昌本。而傳謂：饗有昌歜，白黑形鹽，其言應禮。則籩豆有踐為饗可知矣。蓋禮，以爵言之，謂之朝獻，以籩豆言之，謂之朝踐。朝踐，即踐朝事之豆籩也。謂之朝事，以象朝事其親所進也。朝事象朝時所進，則饋食象食時所進矣。《詩》於八簋言饋，籩豆言踐，則其為食饗又明矣。朝踐之豆籩當饗，饋食之豆籩當食，則加豆加籩，蓋當燕矣。加豆之實，深蒲醓醢，笱菹魚醢，適當燕禮，故《詩》曰其蔌維何？維笱及蒲，籩豆有且，侯氏燕胥也。然則饗具四豆四籩之實食，禮則自饋食而下，無朝事之豆籩也。燕禮則自加豆加籩而下，無饋食之豆籩也。故禮莫重於饗，食次之，燕又次之。《聘義》曰：壹食再饗，燕與時賜無數。

又《羝》 羝性好觝突，故從抵省。字從抵省，音從低者，以低其角，然後能宿氏突故也。《易》曰：『羝羊觸藩，羸其角。』九三重剛而不中，又勤以造也，故有羝羊之象。然則上六亦曰『羝羊』，何也？蓋大壯士之桎疑於羝羊，貓坤之上六疑於青邕雨。《博雅》曰：『吳羊牡一歲曰牡挑，三歲曰羝；牝一歲曰㹈挑，三歲曰牂。』麓曰：『智如禹湯，不如更睿。』是以樊遲莆暈稼，孔子曰：『吾不如老晨。』然則氅臀之智獵有所未逵，而沉於凡庸者乎？故曰：『三折肱，知醫良臀。』又曰：『亡羊治牢，未男晚也。』

又《羔》 大曰羊，小曰羔。羔性羣而不黨，又皆跪乳象禮，其德宜施於朝，故古者以為朝服。《詩》曰：『羔裘如膏，日出有曜。』言日出有曜，然後見其如膏，且亦聽朝之時也，而反以游燕，又與狐裘以朝、狐裘在堂異矣，故是詩後之也。《玉藻》曰：朝，辨色始。入君日出而視之，退適路寢聽政。《詩》曰：羔羊之皮，素絲五紽。素絲五紽，所以英裘，其制然也，此言其節。羔羊之革，素絲五緎。革者，言敝而因故以改造也，此言其儉。羔羊之縫，素絲五總。革而又敝，則補緝以縫之，此言其儉之至。《西京雜記》曰：五絲為䊵，倍䊵為升，倍升為緎，倍緎為紀，倍紀為緵，倍緵為襚。此乃自少之多，自微至著也。紽今無所考據，以類反，之緎寡於總，紽蓋宜寡於緎也。《周官》曰：卿執羔。說者以為羔取羣而不黨。卿執羔，非特為其羣而不黨。《繁露》曰：凡贄卿用羔。羔有角而不用，類仁者，執之不鳴，殺之不嘷，類死義者，羔飲其母必跪，類知禮者。《禮》曰：飾羔、鴈者以繢，以言其德足以衣被而又有文章也。《字說》曰：羔从羊从火。羊，火畜也。羔，火在下，若火始然，可進而大也。又曰：羹从美从羔。羊大而美成，羔未成也。美成為下，和羹是也。未成為上，大羹是也。禮豆先大羹。

宋　蔡卞《毛詩名物解》卷一〇《羊》 羊性善羣，故於文羊為羣，犬為獨也。羊每成羣，則要以一雄為主，舉羣聽之，今俗所謂『壓羣者』是也，北人謂之『羊頭』。鄭氏《儀禮注》云：『羊取其後帥。』蓋言此矣。《詩》曰：『爾羊來思，其角濈濈。』羊前其剛以觸者也，故以其角齊聚為善。又曰：『爾羊來思，矜矜兢兢，不騫不崩。麾之以肱，畢來既升。』矜矜，言羊之愛牧人也。兢兢，言羊之畏牧人也。牧之為道，擾之以順其性，故能使物愛，支之以制其放，故能使物畏。或降于阿，或飲于池，或寢或訛，所謂『擾之以順其性』也。『麾之以肱，畢來既升。』所謂『支之以制其放』也。《傳》曰：『騫，虧也。崩，羣疾也。』羊之為物，以瘦為病，而又死善耗敗，故於『不騫不崩』本羊言之也。《禮》云：『羽鳥曰降，四足曰漬。』曰『漬』者謂死相瀸漬而善耗敗也。六畜之死皆善耗敗，而羊為甚，故是詩如此。《要術》曰：『羊有疾，輒相汙。』徐鉉曰：『羊主給膳，以瘦為病，故羸从羊。』亦豕善肥，羊善瘦，故羸从羊也。《詩》曰：『不騫，為是故也。』《易》曰：『兑為羊。』羊性前止，故兊為羊，兊陰在上故也。羊性前逆，牛性前順，故傳以為使堯牽一羊，舜荷箠而隨之不，能前矣。又曰：『今使烏獲藉蕃從後曳牛之尾，尾絶而不從者，逆也。若指之桑條以貫其鼻，則五尺童子牽而周四海矣。』《禮》曰：『羊曰柔毛。』柔毛，謂其不疾瘯蠡也。《詩》曰：『羊牛下來。』先羊後牛者，羊性畏露，晚出而早歸，常先於牛故也。《管子》曰：『凡聽商，如離羣羊，凡聽角，如雞登木以鳴，音疾以清。』《易》曰：『兊為羊。』抑又以其聲歟？《內饗》曰：『羊泠毛而毳，羶；犬赤股而躁，臊。』蓋言羊泠毛而毳，則羶；犬赤股而躁，則臊矣，皆物之不可食者，故於文臊从躁省，羶从氈省也。鄭氏以為泠毛而毳，毳謂毛別，聚氈不解者是也。《管子》曰：『山高而不阤，則祈羊至矣；淵深而不涸，則沈玉極矣。』或言羊或言玉，相備也。

宋　洪邁《容齋隨筆》卷一三《兑爲羊》 兊為羊，易之稱羊者凡三卦。夬之九四曰『牽羊悔亡』，《歸妹》之上六曰『士刲羊，無血』，皆兑也。大壯內外卦為震與乾，而三爻皆稱羊者，自復之一陽推而上之，至二為臨，則兑體已見，故九三曰『羝羊觸藩，羸其角』，言三陽為泰而消兑也。自是而陽上進，至於乾而後已。六五『喪羊於易』，謂九三、九四、六五為兑也，上六復『觸藩不能退』，蓋陽方夬決，豈容上兑儼然乎？九四中爻亦本兑，而云『不贏』者，賴震陽之壯耳。

明 馮復京《六家詩名物疏》卷六《羔羊篇》

羔

《說文》曰：羔，羊子也。羜，五月生羔也。䍮，六月生羔也。羍，七月生羔也。䍮，羊未卒歲也。宗伯以禽作六摯，卿執羔。注：羔取其羣，而不失其類。《士相見禮》：上大夫相見以羔。注云：羔，取其從帥羣而不黨。《春秋繁露》云：凡贄，卿用羔。羔，有角而不用，如好仁者。執之不鳴，殺之不嗥，類死義者。飲其母，必跪，類知禮者。故羊之為言猶祥，故以為贄。《禮記》云：羔裘，緇衣以裼之。《論語》：緇衣羔裘。鄭注云：諸侯視朝之服。《禮記疏》：凡在朝，君臣同服。

按：羔裘，古之禮服。《周禮》：王祀昊天上帝則服大裘，而冕祀五帝亦如之。鄭注：黑羔，裘也。其五冕之服，亦同用黑羔裘。鄭注《論語》云：羔裘諸侯視朝之服，在朝君臣同服，則卿大夫之朝服，亦緇衣羔裘也。凡裘人君用全，其臣則褎飾為異。《鄭風》云：羔裘豹飾是也。鄭注《鄭風・緇衣》云：居私朝之服者，以卿士朝於天子，服皮弁服，其適治事之舘，改服緇衣，此私朝在天子宮內，非謂緇衣羔裘為大夫燕居之服也。朱子以私臆說詩云：大夫燕居之服，其釋檜風羔裘逍遥。又云：諸侯朝服，彼此自相矛盾矣，羔裘必用黑者，衣裘同色，裼既用緇，則羔必是黑。或云：羔取其有禮，黑取其合道，以道行禮，以禮成道，先王之所尚也。自宋人不考古，喜變先儒之說，故羅願以為羔裘用白，素絲亦因羔裘之色，此皆戲論。今人束注疏於高閣，但習朱傳幾不知燕服朝服之別。與羔裘為何色矣。《禮》天子卒食，玄端而居，諸侯適小寢釋服。鄭云：釋服服玄端，此玄端緇衣朱裳，則羔裘乃天子諸侯之燕服也。其卿大夫燕居之裘，則用狐貉。《論語》云：狐貉之厚以居。鄭注：在家接賓客，殆即所云褻裘也。陳祥道云：古者行禮之裘，必以羔與麛，燕居之裘，必以狐與貉，雖庾禮家人君狐白視朝之旨。然亦以羔裘為禮服足破朱說矣。

羊

《說文》曰：羊，祥也。象頭角足尾之形。孔子曰：牛羊之字，以形舉也。羊在六畜，主給膳也。羊大則美，故從大羸瘦也。羊以瘦為病，故羸從羊。《爾雅》云：羊角不齊，觤，角三觠。羷，羳羊，黃腹，絕有力奮。《禮記》曰：祭廟羊曰柔毛。又云：大夫無故不殺羊。又云：羊泠毛而毳，羶。《周禮》云：羊人掌羊牲，凡祭飾羔。又云：凡膳食羊宜黍。又云：冬行鱻羽，膳膏羶。《春秋說題辭》云：羊，祥也。合三而生，以養士也。故羊高三尺。《五行傳》云：視之不明，則有羊禍。《尸子》云：大羊為羬，六尺。《埤雅》云：羊性善羣，故於文羊為羣，犬為獨也。羊每成羣要以一雄為主，舉羣聽之。《易》曰：兌為羊，兌陰在上，故羊性前逆，牛性前順。《詩》曰：羊牛下來，先羊而後牛者，晚出早歸，常先于牛故也。《合璧事類》云：羊褐、白、黑三色，亦有青者，南人所罕見。

明 李蘇《見物》卷二《羊》 山有羚羊，家畜二種，毛可織，可氈。

論曰：羊爲少牢，毛可爲禦寒，具非止解齕草耳。史稱：泰山之高也，而跛羊牧其上，似多其力，然牧豎之相失，則豺狼嚙之，非人莫保，宜人葅醢之矣。性狠而顚，其陵崇峻亦愚也。《易》曰：牽羊，又曰：羸角，夫引之宜進，乃不欲進。羸之可退，又不悟退，非愚如何，其愚戇惛濁，自遂其不肖者歟。

贊曰：羊不受牽，羸復莫退，澗隕狼食，懞懞昧昧。

明 趙時春《稽古緒論》卷上《子貢欲去告朔之餼羊》 名實之不孚，君子之所深憂也。世之弊於名久矣，彼方竊以自大，眩以自高，而孰與相憂。如是，則其實不容以不盡廢，名徒存而實盡廢，天下幾何，而不入於大亂乎。夫亂之生，君子之所深憂也。憂之將奈何？夫將欲憂大亂，則必有大聖人以濟之。於大治之域，此非君子之力所能强而至者。故卒之以無策，則憤其名，而欲併去之，此君子之所以存心，非君子之所能爲世。固不當以聖人之所為病君子，君子亦不當以聖人之所為强自任也。子貢欲去告朔之餼羊，而孔子教之曰：爾愛其羊，我愛其禮。子貢憤世之名，隆而實敝。故欲剗去其名以矯世之病，孔子懷名實相須之道，故欲即其名以成其實。孔子，聖人也。聖達權凡事變之出於非常，君子之所謂舉不可為者，聖人皆有道以濟之，此非君子之所預知。故曰：不可知之謂聖，君子量力而行，度德而任者也。故不敢以自大自高之詞，欺世而盜名。夫欺世而盜名，君子之所深嫉者也。甚矣哉，世之不知君子也。非徒不知，乃更矯誣聖人之言以詆君子，甚矣。其病吾聖人而昧於君子之道也。抑嘗求夫所謂名者，非言之可命者乎。所謂實者，非行之可以成功者乎。即子貢之名，而考其實，孔子嘗目之以達而賜也。建破齊存魯之功，聞性與天道之妙，則達之實，固乎也。又嘗名之以瑚璉之器矣，而賜也。聞一知二自許於顔子之下，綏來動和，又測夫神化之機，則器之實，又乎也。由是觀之，則孔子之所以教子貢，子貢之所以受教於孔子，名之不可苟，而實之必相稱，必不敢以自大自高之辭文，致而面謾也，固矣。宜其問難授受之間，必量力度德而後有言者也。試考之告朔之禮，非三代聖王之所傳，而周公之所制乎。夫禹、湯、文、武、周公固皆聖人也，數聖人所傳之禮，而一魯文公墮之甚矣。禮之難行而易廢，名之易建而實之難舉也。子貢有憂焉，曰：魯之不能告朔，上方乎命下逆乎民時，前以毀聖制，而後以迷來哲甚矣。魯之無王非聖之罪，當誅也。甚矣，魯之廢時失事之罪，當誅也。然而天子不能討，方伯不能詰，聖如孔子亦未聞以為非焉。何哉？豈非魯以存羊之虚名誑之乎。夫誑天子、方伯一人之耳目，耳誑聖人則塞萬世之耳目，子貢於是乎有深憂，故譏之曰：與其存虚名之羊以誑人，不如併其羊而去之以彰魯之罪。且使世之務為虚名，而不事實行者，無所容其奸，而君子得以攻其惡，有王者出必將取而誅之，以大警於世。嗚呼！子貢之憂世何其深且切，而於名實之辨何其謹且嚴哉。雖然此君子守常之心，非聖人達權救弊之理也。此其所以直以廢禮之言，告聖人而無愧色者也。聖人曰：魯父母之邦，不可誅也。名可因而進之以求其實，不可退而更損其名也。使吾得位而行道，則唐虞三代之禮樂復之如反掌耳。行憂時，乘殷輅，服周冕，奏韶樂，魯非春秋之魯，而周公伯禽之魯也。羲和四岳之職，璇璣玉衡之秘，吾舉而運之掌上，彼告朔之禮，特餘事耳。吾何憂而去其羊哉。此内聖外王之業，真孔子之能事。可以語子貢而非所以責子貢也。為子貢者，將柰何得百里之國而治之，慎典章謹法制富民尊主守信明義，要之名實相孚，而上下不二，此子貢之行可以底於成功者也。聖門亦不獨子貢，如由求之言志，宰我之論喪，子夏之言學，皆各以力之所至實言之，不敢爲虚名以苟自高大，此其所以卒底於成，而非後世好名無實之徒所可企及也。故曰：聖門之學在務實。

清 陳元龍《格致鏡原》卷八六《羊・總論》 《説文》：羊，祥也。象四足角尾之形。羊，火畜，屬夏。《周易》：兑為羊，吳氏注：羊，外柔能悦草，而内剛狠，故兑為羊。《埤雅詩》曰：羊牛下來，先羊後牛者，羊性畏露，晚出而早歸，常先於牛故也。《説文》：羊大則美，故从大羸瘦也。羊以瘦為病，羔羊子也。咩羊鳴也，羴羊臭也。《春秋繁露》云：凡贄，卿用羔。羔，有角而不用，如好仁者。執之不鳴，殺之不嗥，類死義者。飲其母，必跪，類知禮者。故羊之為言猶祥，故以為贄。《晉書》鄭氏婚物贊曰：羊，者祥也。然則婚之有羊，自漢末始也。《禽獸決録》：羊性淫而狠名。《義考》：羊性狠，愈牽愈不進，其曰：狠戾，言不順從也。《埤雅》：羊性善羣，故於文羊為羣，犬為獨也。羊每成羣，則要以一雄為主，舉羣聽之，今俗所謂『壓羣者』是也，北人謂之『羊頭』。《松漠紀聞》：北羊不觝觸，善牧者，每羣必置羖，羝羊數頭仗其勇得行，必居前羣羊隨之。《封氏聞見記》：凡新羊入羣，為諸羊所觸，不相親附，火燒其尾，則定。蕭大亨《夷俗記》：羊之羔，每一年一産。産於春月者，為佳。羊有一年再産者，然秋羔多有倒損之患，故牧羊者每於春夏時以氈片裹羝羊之腹，防其與牝羊交接也。《郡國志》：吳房堂溪有白羊淵，漢武元封二年有白羊出此淵，畜牧者禱祀之，初出一羊，婦人大驚拍手，羊自此絶焉。今俗生羊，禁婦人拍手，是效古也。《易林》：羊腸九縈。《易注》：羊無睛而能視，死不瞑目。《周禮・内饔》辨腥臊羶香之不可食者，羊冷毛而毳，羶。注：冷毛長毳毛結。《續秘笈》取羊乳，俟羔能齕草，驅至他所，將牝羊每兩雙其頭相對，束縛之使不動，人從羊尾後取之。取畢始解其束，縛令母子相聚也。《舊唐書・拂林國》：有羊羔生於土中，其國人候其欲萌，乃築垣以環之，防外獸所食，然其臍連地，割之絶則死。惟著甲走馬擊鼓駭之，其羔驚鳴而臍絶因逐水草，以一二百口為羣。劉郁《西使記》：壠種羊出西海，以羊臍種土中，溉以水，聞雷而生。臍系地中，及長，驚以木聲臍斷便行嚙草，至秋可食。臍内復有種。姚桐壽樂郊私語：大漠迤西俗能種羊，凡屠羊用其皮肉，惟留骨以初冬未日埋著地中，至春陽季月上未日為吹笳咒，語有子羊從土中出，凡埋骨一具可得子羊數雙，此蓋四生胎外之化也。《丹房鏡源》：羊脂，柔銀軟銅。羖羊角，縮賀。賀，錫也。《留青日札》：羊哀在腸，形如小鼠子，可治鬲食翻胃。蟫史按：牛有黄，狗有寶，羊有卵石，俱在腹中。附膽而生羊卵，白石色如玉，絶類狗寶，可治翻胃，及羊病。《物相感志》：鑄鐵不消以羊頭骨灰致之乃消融。《燕北雜記》：契丹行軍不擇日，用艾和馬糞於白羊琵琶骨上灸，灸破便出，不破便不出。一云占卜，每用羊髀骨以鐵錐錐之，視其兆拆，以決大事。《丹鉛總録》：元朝主中國，日用羊皮寫詔，謂之羊皮聖旨。《庶物異名疏》：草木子云：北人殺小羊，自脊上開一孔，逐旋取去内頭，骨肉外皮皆完，揉軟用以盛乳酪、酒湩，謂之渾脱。按：宗晉卿舞渾脱，公孫大娘渾脱舞，長孫無忌以烏毛為渾脱氈帽，皆喻其柔軟，若無骨而脱，亦謂消肉臞也。《南史》：江東謂羖羊角為皁莢。《格古要論》：花羊角多出北地，黑身白花者，高白身黑花者，低作刀靶，染油不滑，凡刀靶鸂鶒木為最佳。花羊角次之，他物皆不及也。《玄中記》：千歲之樹精化為青羊。《抱朴子》：山中未日稱主人者，羊也。白澤圖羊有一角，當頂上，龍也，殺之震死。《白六帖》：玉羊，瑞器也。鐘律調和五聲，當節則見。《列仙傳》：葛由好刻木羊賣之，一旦騎羊入蜀。《五代史·劉鋹》：四年苑中羊吐珠，樊胡子以為符瑞，諷羣臣入賀。

清 顧棟高《毛詩訂詁》卷下《斯干無羊論》 序：以斯干為宣王考室，無羊為宣王考牧。此序之可從者，蓋厲王流彘宮室頽敗，物產彫耗，宣王能興復之。故作詩致美，朱子定為築室，成而燕飲以落之，不言誰室似太拘。謹案：斯干，即鎬水之干。南山，即終南山。竹苞松茂非王居而何，生子而宜君。宣王，非宣王不足當之詩。蓋謂我周妣祖開造丕基，中葉圮壞，而王似續之。《無羊》曰：誰謂離亂之後，爾無羊乎。計群凡三百矣。誰謂爾無牛乎，犉牛一色者，且九十矣。彫耗之後，所望在富庶，而牧人之夢皆喜幸之詞，其為宣王詩無疑。朱子不定其為何王，似少著落。

臣謹案：詩自《車攻》、《吉日》鴻雁庭燎，皆宣王之詩。中閒《沔水》《黃鳥》、《我行其野》三詩，說諸侯放恣不道，民人流離失所，宣王晚節未必至此。豈幽王詩之錯簡乎。庭燎夜半，期諸侯之來朝，而水云：諸侯不道，鴻雁説勞來安定。使人劬勞于野。而黃鳥二詩，說民人不得其所，頓爾相反，殊覺不倫，豈編詩者之誤入耶。他如祈父，為宣王料民太原而作，鶴鳴為教王用賢，白駒刺宣王之不能留賢，致賢者之有遐心，于道理猶說得通。

清 顧廣譽《學詩詳說》卷一八《無羊》 宮室之成，有燕飲。而牧事之成，不必有燕飲。《箋疏》、《集傳》、《呂記》均所不言。王氏、陳氏謂牧成。考之嚴氏，因以爲落成，是其一失。陳氏啟源辨正之可矣，辭氣似過激也。

《箋》：以首章兩爾字，斥宣王。歐陽氏謂呼牧人而告之。戴氏亦以爾指牧人。顧氏學詩以爲篇中所爾者，皆是牧人。箋義爲非。案：國君氣象，小牧馬事又重。故衛文、魯僖皆歸重其君，王者氣象，大牧牛羊，事較輕。故篇中只言牧人，牧人克舉其職，而宣王之興復可知矣。然則何以不言牧馬也。曰觀六月采芑之詩，則宣王初年之馬，固未嘗秏乏也。

《詩》兩曰：爾牧來思，一言暑雨，飲食俱用心於牧，一言薪蒸，雌雄各得其宜，而牧人之稱職，盡是矣。上下之言，牛羊無非以言牧人也。羊不可以色別，故以羣言之。三十維物，雖不明云牛，實專指牛言也。篇中或牛羊對言，或牛羊合言，或牛羊散言，變動不拘。

《箋》：牧人有餘力，則取薪蒸搏禽獸以來歸。王氏謂及其將歸，而又辨其雌雄者，視其多寡之數，其解以雌，句未善。蘇氏謂取其薪，蒸合其牝牡，近是蓋以薪以蒸飼食之，以時也，以雌以雄合之以時也。此正牧人之本，務若朱氏鬱儀謂以薪以蒸別牧也。以雌以雄別羣也。皆牧法也。范氏詩，瀋述之不如蘇義之允。

《傳》：陰陽和則魚眾多矣。旐旟所以聚眾也。說本正當，案詩中有此句法。如虡業維樅賁，鼓維鏞亦與此相似。詩人取其會韵，又相對成文耳。以斯干夢辭例之可見，箋集傳解上句，張子集傳解下句，均未安。宜從傳義。嚴氏曰：考牧之詩，亦當有頌禱之語以終之。魚麗爲萬物盛多之象，故爲豐年。旐旟所以聚眾，故爲人民蕃庶。皆設辭以頌禱耳。

陸氏《埤雅》曰：俗云：春魚遺子如粟，埋於泥中，明年水及故岸，則皆化而爲魚。如遇旱乾水不及故岸，則其子爲日暴，乃生飛蝗。故說者以爲陰陽和則魚多，豐年夢魚理或然也。案此，後世北方恆有之患，故陸以爲言若三代溝澮脩治事，必不同以雲漢之亢旱，而無一語及螽蝗也。毛氏溯及陰陽和意，亦未必在此。盧氏札記，述丁希曾解，直謂：眾乃蟓字之省。蟓不爲蝗而爲魚，故爲豐年之徵則義。益，隘矣。

姜氏《廣義》曰：時和年豐，室家稱慶，然後萬物得所是，以上三章言牧事之成，而末章即以富庶之徵繼之。

呂氏謂：以斯干無羊之卒章觀之，所願乎。上者子孫昌盛，所願乎。下者歲熟民滋，皆不願乎。其外也。彼秦漢好大喜功之主，肎以是爲可願哉。此可見詩人立言，不過其則牧事之成，必在歲熟民滋之後矣。猶以是爲吉祥者，蓋歲熟民滋，不可以有止也。已熟而益，求其熟已滋而益，求其滋國之迓天庥者，有在矣。錢氏詩學謂讀無羊而知爲盛之終，衰之始。顧氏謂二詩之終辭多夸飾。公羊氏所謂震而矜之者，殊未見其然。

清 焦循《易通釋》卷一〇《祥 詳 羊 翔》 循按：《履・上九》視履考祥。古祥字，通作羊。考祥，卽考羊也。履二之謙五，成无妄。能視能履，故云視履。上之三成革，革上兌羊也，故云考祥。大壯羝羊觸藩，則四之觀初成泰，故不能退不能遂。《傳》云：不詳也。不詳，卽不祥，亦卽不羊。蓋用壯則成革，上有兌羊爲祥。二不用壯於五，而四觸藩且羸其角。不成革，故不祥也。《困・六三・傳》云：入于其宮，不見其妻。凶。不祥也。已成大過，上原有兌羊，入于其宮。而四又之初成需，上無羊，故不祥。困賁相錯爲革，失道成需，與大壯成泰同矣。大壯二之五，與渙二之豐五同。大壯不成革爲不祥，豐成革則祥，故《上六・傳》云：豐其屋，天際翔也。際，接也。革五互乾爲天，上接兌羊。乾天與兌羊相接，故云天際翔。孟喜、鄭康成、王肅，皆詳、翔，作祥。不可云考羊，故借作祥。不可云天際羊，故借作翔。《易經》、《傳》以聲音假借爲鉤貫，其例如此。祥有吉義。兌在五當位吉，則變羊而稱祥。大壯成泰，四雖亦互兌，乃失道不吉。第爲羝羊，而不可爲祥。此假借中取義之妙也。

清 戚學標《四書續談・外編》卷上《子貢欲去告朔之餼羊》 《周禮・春官・太史》：正歲年以序事，頒告朔於邦國，則告，乃布告之義。《春秋・文六年》：閏月不告朔。《傳》以不告朔為棄時政，何以為民。又十六年，四不視朔。《穀梁》云：公不臣也，以為厭政已甚矣。蓋天子修歲事，分告諸侯。又使諸侯每月聽治，此朔之政布告於士民，因名曰告朔。並不以告廟為義。《月令》：合諸侯制百縣，為來歲受朔日，記在季秋之月，一年之朔，先年秋時已定，即自秋起按照遠近頒之，非月月而頒，故餘月不載，非頒止。季秋一月，天子重其事，故必命使，諸侯重天子之命，故藏之祖廟，每月於朝廟時請而行之。諸侯每月有朝享，祭不欲數，必無朝享。外又有告朔之祭，朝享豈有不用羊者。又用羊不當曰：餼羊。《說文》：餼，本作氣。僕客芻米也。《周禮・司儀》：致饔。餼，注：小禮曰饔，大禮曰餼。《經》云：主國使卿歸，饔餼五牢，盖於芻米之外，又兼有牲牢。《傳》所謂餼牽，因餼，禮有之故，牲亦以餼名，此餼乃特為天子命使之來，有此供名，餼羊固不止一羊也。其後周既失政，不復遣使諸侯，雖猶奉朔，不復聽治，轉布於國，賴此羊之存，尚識王朝頒告之禮，與諸侯所以欽承王命，尊禮王人之意。觀《春秋傳》所責祇是棄政，及顯斥公之不臣，並不罪其不告朔，為蔑祖也。所謂猶告於廟，言朝享未廢，視朔則已廢，對不播告於士民言之耳。鄭康成於《詩》，《傳》。解贈曰：餼又言供生，牲曰餼，其說兩岐，致特羊告廟之說，後人盡為所誤。夫頒朔藏之於廟，聽亦在廟，豈有不告之理。其事即左，朝享時行之一日，決無二祭，天子之大命以告祖考，何等鄭重，一羊又成禮乎。汪瑟菴先生知餼羊之為禮，使而告朔之為布告，非告廟，未之辨因。脩論之以彰尊王之義。鄭注以告朔、朝享為兩事，先告朔，後朝享。疏用其意，遂以天子告朔於明堂，朝享於五廟，諸侯告朔於太廟，朝享止皇考三廟，是告朔大典，而有告有不告，且告朔、視朔、聽朔，許多典禮，待其事畢，再行廟享，豈質明行事之敬，亦理所難通。諸侯告朔，僅用特羊。朝享必當無羊，為禮亦太減矣。子貢欲去，自是綜核名實之意，云有激而言則為禮起見，又待夫子說耶。

清 汪梧鳳《詩學女爲》卷二《羔羊六則》 臣鳳伏讀御纂《詩經》、《傳說》、《彙纂》曰：《詩》序云：羔羊大夫節儉正直也。裘敝不易，節儉可知也。人常自得，正直可知也。君子是以知周之隆也。苿莒和平，室家無事也。羔羊從容，朝廷亦無事也。夫其無事者，非不事也。君心清則臣節儉，君心明則臣正直，事之可已者，無不已。其不可已者，亦順應而無容私焉。日事事而行，所無事故不見有事也。或多事而事廢，或省事而事理，爲治者，可以審所向矣。臣謹按：是詩非聖人恭己率物，躬致如成周之隆者，必見不及此用，敢恭錄以私備省覽。

羔，《說文》：羔，羊子也。羜，五月生羔。䍪，六月生羔。羍，七月生羔。羊，《爾雅》：羊角不齊，觤角三觠羷。羳羊，黃腹絕有力奮。《埤雅》：羊性喜羣，故於文羊爲羣，犬爲獨也。

序云：德如羔羊。朱子以爲衍說。而孔疏云：衣服多矣，何以獨言羔裘。宗伯注云：羔取其羣，而不失其類，士相見。注云：羔取其羣，而不黨。《公羊傳》：何休云：羔取縶之不鳴，殺之不號。乳必跪而受之，死義生禮者，此羔羊之德也。據此似序說，亦有義存參。

《素絲五紽》孔疏：織絲爲組，紃以英飾，裘之縫中。按：紽，釋文作它。又作他，英裘之紃也。鄭風云：三英粲兮，亦紽數也。或三，或五，皆約畧言之。

退食。《朱傳》退朝而食於家也。鄭箋訓減膳。孔疏引趙盾魚飧。公孫宏飯脫粟。解之非是。古人非天災，無減膳之制，當從朱傳。羔羊之革。《毛傳》：革，猶皮也。《說文》：獸皮治去，其毛曰革。《朱傳》：從毛。《寫官記》：革，非皮也。革不可爲裘皮也。而似革儉也。其說似勝。

又 卷一八《無羊三則》 《無羊》疑亦刺幽王詩。《左傳》隨季良云：聖主先成民，而後致力於神，故奉牲以告曰：博碩肥腯，謂民力之普存也。謂其畜之碩大，蕃滋也。謂其不疾，瘯蠡也。謂其備腯，咸有也。於是民和而神降之福。幽王則二年增賦，五年作宮，民生凋敝，而畜牧蕃盛，異於季良所云矣。故詩人疾而歌之，若曰：爾則無民矣。誰謂爾無羊，誰謂爾無牛也。於是極寫牛羊之各得其所，而繼之以夢，且繼之以占夢。所謂實維豐年，室家溱溱者，虛境幻想耳。民曾牛羊之不若矣。長歌之悲。甚於痛哭者，此也。舊說皮相，或恐未然。

《爾雅》：黑脣犉。又云：牛七尺爲犉。按《爾雅·釋犉》有二義。註：皆引此詩，今兩存之。七尺爲犉。郭云：亦見，《尸子》。

以薪以蒸，以雌以雄言。芻牧孕字之得其時也。禽言牝牡，獸言雌雄，古多互稱。麾之以肱，畢來既升。兼牛羊言之。上文專言羊者。新經義云：羊喜耗，敗故也。言羊不耗敗，牛可知矣。

清 夏炘《讀詩札記》卷八《維羊維牛》 正義云：祭天用騂犢，而得有羊者，是配者與天。異饌又引《夏官·羊人》云：釁積共羊牲，積柴非祭天，當謂槱燎。祀司、中司命之等有羊也。其辨詳矣。陳氏祥道曰：明堂之祭於郊爲文，於廟爲質。故郊埽地藁秸而已，明堂則有堂有筵，郊特牲而已。明堂則維羊維牛。楊氏復曰：郊祀配天，明堂配上帝，天與上帝一也。祀上帝禮，並如郊祀。然月令有大享之文，我將詩有維羊維牛之語。則明堂之禮爲尤備矣。按明堂之祭，二代所無，周公特制以尊文王，其禮不純郊祀，而亦不純廟享。陳、楊二氏之言最爲得實。疏家必執郊天例之是以徵引，雖詳，而無當於經意也。

清 臧琳《經義雜記》卷九《維牛維羊》 《詩》：我將我將我享，羊維牛維，天其右之。本作維牛維羊，羊與享韻，非牛與右韻也。箋云：我奉養我享祭。之牛羊可證。明監注疏本，箋中本，作牛羊。後依經改爲羊牛。今箋牛字上，尚宛然存羊字之跡。識者審之，知余言不誣也。正義本作維牛維羊，後人妄移牛字於下。如我所美，大我所獻薦者，維是肥羊，維是肥牛，此非孔氏原本。孔釋序云：以此經言，維牛維羊非徒特牲而已。又此之維牛維羊則是祭之大禮。其釋經云：以此，牛羊所以得肥者，維爲上天其佑助之故。得無傷病也。其釋箋云：謂以此牛羊奉養明神也。牛羊充盛肥腯，有天氣之助。又明牛羊肥而無疾，是天之力助。又維天佑之當，是佑助於人而已。爲佑助牛羊者，以下句乃云：既佑饗之，則此未是佑人，文連牛羊，知是佑助牛羊，此皆孔氏原本作維牛維羊之證。俗人止改其正釋一處，前後俱未及盡改，故猶得考正之。《周禮疏·羊人》曰：故我將《詩》云：惟牛惟羊，惟天其祐之。又《隋書·宇文愷傳》曰：臣愷按《詩》云：我將祀文王於明堂，我將我享，維牛維羊，據此知，唐以前本皆作維牛維羊。故孔氏據之，開成石經誤作維羊維牛，今本遂沿襲之也。

清 楊屾《豳風廣義》卷三《論羊》 羊，祥也，故吉禮用之。在畜屬火，故易繁而性熱，在卦屬兌，故外柔而內剛。其性喜燥惡濕，其味甘美豐厚，內則謂之柔毛，又曰少牢。五方所産不同，而種類甚多：哈密一種大尾羊，尾重一二十斤。大食一種胡羊，高三尺餘，尾大如扇，土人歲取其脂，不久復滿。臨洮一種洮羊，重六七十斤，尾小。江南一種吳羊，頭身相等，而毛短。英州一種乳羊，身肥而無血肉之分。我秦中一種綿羊，頭小、身大、尾長、多脂、最美，其毛柔軟，一歲三剪，以爲氊物，臨渭兩岸，其毛更細，可作緞、氊、氆衣衫等，物絕佳。一種羖攊羊，俗名駒攊羊，項下有鬚，毛粗長，作沙毡，避濕氣，性揵善緣屋壁，其味亦美。同華之間一種同羊。甚大，供饌又勝諸羊。大抵南方之羊少味發病，北方之羊味厚大補，蓋土地使然也。羊之牡曰羖，曰羝牝，曰羭、曰牂，白曰羒，黑曰羭，去勢曰羯，羊子曰羔，羔五月羜，六月䍪，七月羍，未卒歲曰䍩。諸羊孕四月而生，其目無神，其腸薄而縈曲。食鉤吻而肥，食仙茅而肪，食仙靈脾而淫，食羊躑躅而死。物理之宜忌，不可不知者也。

清 姚炳《詩識名解》卷五《羊》 羔羊。舊說羔之德，宜施於朝，故古者以爲朝服。《春秋繁露》云：羔羣而不黨，有角而不用，類仁。仇之不鳴，殺之不嗥，類義。飲其母必跪，類禮。又《公羊傳註》云：死義，生禮者，此羔羊之德也。【略】

羅瑞良謂：諸父用小羊，諸舅用大牛，隆殺不同者。食禮享禮之分，各有所宜也。此說非理。詩限於韻，束於句，所謂釃酒、灑掃、陳饋，羜牡皆一時行。舅父皆一時速，互文以相通，亦因韻以成章耳。正義舊分上爲燕，下爲食，又謂二者爲一禮，皆不必泥，要之，三禮之學，不可以說詩也。

亦謂：自三以上蓋一則，獨兩則耦皆不可以言羣，故羣爲三以上之通稱。

若依《正義》必三百之衆始成一羣。而羣又不可勝數，恐無是理。愚意當其降阿飲池時，或三五，或什伯，各自爲羣，約計羣數，則饒有三百云爾。《史記》卜式脫身出分，獨取畜羊百餘入山，牧十餘歲致千餘，可知孳息亦非易事，讀詩者，善會之可也。

濈濈有聚意，有斂意，惟聚且斂而不相觸。故和然所謂聚者，卽聚於降阿飲池。寢訛之所，非歸也。三章麾肱來升，乃正言其歸耳。嚴華谷謂羊不歸而聚，則不見其角之濈濈，恐未然。羊行安緩，同羣不爭先後，此言矜兢。有相路前行矜愼不躁之意。故能不患騫崩也。傳訓堅彊無此義，陸農師以矜矜爲愛牧人兢兢，爲畏牧人不免體物過當。何元子謂矜之爲言，兢也，兢之爲言，兢也。陵兢不讓兢先爭歸，乃是羊態。如此則詩何不云兢兢競競，而云矜矜兢兢耶。

騫之爲虧，義可通。崩之爲羣，疾殊不倫。陸農師以死善耗敗訓崩，尤非其旨。何元子有二說，其一謂天保騫崩，指山體言山中有虧損者，有崩圮者，今羣羊皆從正道而行，未嘗奔逸，傍出於崎嶇險仄之處，致難收攝，故謂之不騫崩，此爲近之。其一引《說文》解騫爲馬腹縶通崩，作綳爲束縛，義則强合矣。愚按：字義，騫亦訓輕儇，躁進貌柳州乞巧，文沓沓騫騫是也。又自上墜下曰崩，蓋羊行矜愼安，緩無輕儇躁進之態，故能馴擾隨人，山中自上而下不患崩墜，所以麾之以肱皆來升入於牢也。核之詩義，覺較諦當。

清 俞正燮《癸巳類稿》卷三《羊車說》 車人爲車，羊車二柯，有三分柯之一。注云：鄭司農曰：羊車，謂車羊門也。按《釋名》云：羊，祥也。祥，善也。善飾之車，今犢車是也。立人，象人立也。或曰：陽門，在前曰陽，兩旁似門。蓋古車自後登，羊車則犢車自前登，如今之轎車矣。鄭康成則云：羊，善也，若今定張車，較長七尺。疏云：漢世定張車，未知何用，但知在宮內所用，故差小，謂之羊車。古以羊爲吉祥，故宮中小車謂之羊車，亦曰定張車也。《魏志》注引《文士傳劉楨》事，言太祖乘步牽車乘城。《晉書·車服志》云：羊車一名輦車，其上如軺，伏菟箱漆畫輪軛，《齊書·輿服志》、《隋書·禮儀志》同，謂羊車金漆牽車，漢時以人牽之。《梁·高僧傳》云：天監八年，敕給銅三千斤，見羊車傳詔，是其時宮中所出之車，俗皆謂之羊車。又按《北史·斛律金傳》言：詔金朝見，聽乘步挽車至階，《李諧傳》則言：賜斛律金羊車上殿，是羊車以人步挽。《隋書·禮儀志》云：隋馭童年十四五者二十人，謂之羊車小史，駕果下馬，其大如羊。《唐志》云：屬車，三曰白鷺車，七曰羊車，白鷺非駕鷺，羊車何必定駕羊。《志》又云：羊車小史，五辮髻，青耳屩，紫碧腰襻，亦指御者，非言乘者。杜佑《通典·禮二十四》、鄭樵《通志·器服略二》乃曰：隋御童青衣乘之，駕果下馬，其大如羊，謂小史乘之，尤爲謬誤。《釋名》又有騾車、羊車，云：各以所駕名之，則小兒別有羊車，非古之羊車，《宋史志》云：羊車駕牛及二小馬，亦爲別制。晉武帝宮中乘羊，車文人不知羊車爲何等車，《胡貴嬪傳》妄云：宮人望幸，爭以竹葉插戶，鹽水灑地，以引帝車。又誣及宋文帝潘淑妃，謂羊嗜鹽，舐地不去，邀帝住，是不知羊車始末也。

清 袁枚《隨園隨筆》卷一八《羊車非羊》 鄭注《周禮》：羊車，善車也。若今定張車。非羊所牽也。大車為柏車，小車為羊車。然晉宮人以鹽汁灑地，竹葉引羊，則明是羊所駕之車矣。《隋書·禮儀志》：煬帝置羊車，小吏駕果下馬，其小如羊。是又以馬為羊也。晉羊琇乘羊車，為司隸劉毅所劾。

清 張宗法《三農紀》卷八《羊》 羊，《說文》云：祥也。象四足頭尾之形。孔子云：牛羊之字以形舉也。《爾雅》云：未成羊，羜，絶有力，奮。古禮用羊，乃孝獸，跪而食乳。《內經》云：風生毛，羊乃毛獸也。《博物》云：六九五十四，主時，時乃四月而生。九竅四足，岐歸戴角，缺齒，口少神，腸薄縈而曲，胃多，能回焦還艸，出矢勺凡。在卦屬兌，在宿屬金，在辰屬未，易生繁而性燥，外柔而內，剛愛聚羣居。《詩》云：誰謂爾無羊，三百維羣。食勾吻而肥，食仙茅而肋，食仙靈謂而淫，食躑躅草而死。牧曰羖，曰羝，牝曰羒，曰羚，多毛曰羖䍽，胡羊曰羱羺，無角曰羶，曰羫子，曰羔。《肘後經》去勢曰羯，白曰粉，黑曰羭。《內則》：謂之柔毛，《曲禮》謂之少牢。《古今注》謂之長鬚王簿。涼州背有封，西域如驢大。大秦國有地生羊，羊臍種土巾，聞雷而生，與地連，至秋及長，驚以木聲，臍斷乃食艸，若收拔卽死，牧至秋可食，臍內復有種可種。又云：漠人種角而生。江南臭羊頭身相等，而足短，江北夏羊，頭小身大而毛長。土人一歲兩剪其毛，造毡氈毳衣之俱。刮柔以製瑨璔褊褐，哆囉呢之屬。丹契以骨占灼，謂之羊卜。南番以皮去毛作紙，吴人采餙爲燈，北人硝製爲裘，工人整毛造筆。遇狼則奔而又聚，見虎則觸而自投，亦物之性耳。牧者喚曰：綿綿，取其蕃盛也。

清 焦循《易通釋》卷一〇《祇 羝》 《複·初九》『無祇悔』，《坎·

九五》『祇既平』。《釋文》引鄭康成云：『祇當作坻，小邱也。』祇、坻皆從氏，氏之義與底同。物之有底，皆在下。《坤·六四》『括囊』，有底曰囊。坤主受，乾二未之坤五，而四之坤初，成複。象物之有底者，故為囊也。坤成複有底，複通於噬。噬四不之初則無底，故云『無祇悔』。『祇』即底也。坎二不之離五，而離四之坎初，成節，猶坤成複也。坤成複，失在有底。坎成節，亦失在有底。成節成複，皆不成屯，故坎不盈。不盈則不平。節通於旅，則底平矣。故云『祇既平』。車之有轅，亦如囊之有底。複為囊，亦為車輯。坤成複，則乾成小畜。複通噬，『無祇悔』矣。而小畜通豫，則『輿說輹』。複有底，豫無底也。兩『祇』字與『囊』字『轅』字相發明。至奇至曲。徒訓為安為病，或作提，或以為辭，於《易》義殊汶汶矣。《大壯。九三》『羝羊觸藩』。羝與底亦同聲假借，謂大壯二不之五而四之觀初。在大壯四之觀初成益為底，在觀初之大壯四成泰，互兌為羊。因有兌羊，乃借底為羝耳。《說文》『下，底也』。《文言傳》『潛龍勿用下也』。此『下』字，正指乾四之坤初。乾四之坤初為『底』，即為『下』。底借為祇。祇猶抵也。《說文》訓『抵』為『擠』，亦訓『摧』為『擠』，是『摧』與『抵』同義。《晉·初六》『晉如摧如』。『摧』謂央四之謙初，即潛龍而用下也。摧即抵也。《論衡·氣壽篇》『兒生號啼之聲，嘶喝濕下者』。《說文》『坦，下入也』。濕與煜同。《文言傳》『水流濕』，謂乾二先之坤五有坎水，乾四之坤初應之，為『濕』。『濕』之為下，猶『羝』之為下也。抵亦觸也。大壯四之觀初成益，益下震為蕃，故觸藩。觸之於抵為轉注，羝之於底為假借巾。

清　陸次雲《尚論持平》卷一《羝羊觸藩羸其角》　《易》曰：羝羊觸藩，羸其角。蓋物各用其所長，而終以所長見困。羊恃角喜觸，故其羸亦在角也。如韓非辯者也，故死於說。晁錯智者也，故死於謀。申徒狄介者也，故死於憤。黔婁潔者也，故死於餓苟。使學而知道權而得中，則所長爲懿德矣。豈徒殺身不足以成仁乎。是以君子莫先於務，學得其中正也。

清　方以智《通雅》卷四六　羊名羶，根羖攊黑夏羊也。《仇池筆記》曰：王中令賦《蒸豚詩》：若把羶根來比，竝羶根自合喫藤條。羶根，羊也，亦名卷婁，見《莊子》。陳無功取之。智按：莊故寓言，然詳上文卷婁非羊名，蓋盛羊肉之器，猶聚僂也。若舊解，拘攣則俚語耳。《爾雅》夏羊，牡羭音，余牝羖音，古注：牡羭黑羝也。今以牂羖為白黑羊名。疏云：白牝牂黑牝羖焦光歌本為殺牂羊，更殺羖，攊言無白黑。今東璧以羖為牡，豈《爾雅》誤乎。古今異稱乎，葉盛水東日記，莊浪衛近雪山有饕羊，土人歲取其脂，不久復滿。郭義恭《廣志》云：西域驢羊，今洮羊，重百斤是也。此羊，羊皮蹄可以割黍。又有地生羊，姚桐壽樂郊私語言：楚石禪師詩，自言羊可種，不信繭成絲，嘗以為疑，後見吳立夫有西域種羊皮書，褥歌劉有出使西域記，言以羊臍種，聞雷生臍，驚以木聲，臍乃斷，至秋可食。臍內復有種。名瓏種羊，叚公路北户錄言：大秦國地生羊，臍與地連，走馬擊鼓以驚絶之。吳策淵潁集言：以脛骨種可信，物理猶今以火灰伏鴨卵，飯合稈暴日掩土而種，蟲飼雞也。大尾羊即靈羊，細毛薄皮，西藩以為紙，杭州以作燈。達名羵子刊繆正俗曰：吕忱字林羵，未晬羊也。今言小羊為旋子者，訛當言羵子也。達，亦小羊。

清　陳大章《詩傳名物集覽》卷三《羊牛下來》　《朱傳》：日夕，則羊先歸而牛次之。《說文》：牛，大牲也。象角頭三、封尾之形，牛爲大物，天地之數起于牽牛。《釋畜》：摩牛、犦牛、犤牛、犩牛、犣牛、犝牛、犑牛，角一俯一仰，觭，皆踊，㸷，黑脣，犉，黑眥，牰，黑耳，犚，黑腹，牧，黑腳，犈。其子，犢。體長，牬。絶有力，欣犌。《易》：畜牝牛吉，又服牛乘馬，引重致遠，又革卦鞏，用黃牛之革。《禮記》：祭天子以犧牛，諸侯以肥牛，大夫以索牛。注：毛色純曰犧，養于滌曰肥，求而用之曰索。又牛曰：一元大武。注：元首也。武，足跡。牛肥則跡大。又諸侯無故不殺牛。注：穀者，民之命。牛能植穀，故禁之。又帝年不吉，以爲稷牛。帝牛必在滌三月，稷牛惟具所以別事天神與人鬼也。又祭天地之牛角繭栗，宗廟之牛角握賓，客之牛角尺。《周禮》：庖人春行羔，豚膳膏香。大司徒祀五帝，奉牛牲羞其肆，享先王亦如之，封人祭祀，飾其牛牲設其楅，衡牛人掌養國之公牛以待國之政。令凡祭祀共其享牛，求牛以授職人而芻之。又凡軍事共其犒牛。又戎右贊牛耳。《桃苅廣志》：犦牛，一曰犎牛。有赤豹。封牛，周留水牛，毛青腹大狀似豬。有牧牛項上堆肉，大如斗，似駝駝，日行三百里。出徐門有犤牛，庳小謂之稷牛。又呼果下牛，出高涼郡。犩牛，肉數千觔，出蜀中。夔牛千觔，出上庸郡。旄牛，長毛花蹏高六尺四耳，角端有肉蹏如蓮花。麟牛，似鹿又似羊，肉美。牥牛，如駝駝能行。又有犛牛，莊子所云：大若垂天之雲也。《左傳》：介葛盧來朝，聞牛鳴曰：是生三犧，皆用之矣。問之信，又鼷鼠食郊牛。

角世本骸作服牛骸黄帝臣也。又曰：少昊時，人始駕牛。《山海經》稷之孫曰：叔均是始作牛耕。《五行傳》：思之不容則有牛禍。《甯戚相牛經》：牛岐胡，壽。眼中有白豚貫瞳子，最快，璧堂腳股間也欲闊，依欲如絆馬，膺庭欲廣，天關背接骨欲成，雋骨脊也欲垂，蘭株欲大，捶頭欲高，百體欲緊，豐岳膝骨欲大，垂星蹏上也欲得，有怒肉，力柱欲得大而成。當車骨懸蹏欲得如八字，陽鹽夾尾前兩廉上欲得廣，常有似鳴者，有黄也。身欲得，如卷毛少骨多者，有力。雅翼，特牛謂之犅，牛父謂之特，子謂之犢，吳人謂犢曰犢。牛羊無子謂之犗，二歲謂之犢，三歲謂之犙，四歲謂之牭，騬牛謂之犗，純色謂之牷，駮謂之犖白黑雜毛謂之牻椋。黄白色謂之犥駁。如星謂之犢，黄牛虎文謂之犕，黄牛黑脣謂之犉，白脊謂之犡。又謂之犢。長脊謂之犢，白牛謂之㸌。《埤雅》：牛，土畜也。馬，火畜也。土緩而和，火性健決躁速。故易坤爲牛，乾爲馬。牛病則耳燥，安則溫潤而澤，故古之視者以耳。祭義所謂牛毛尚耳，是也。天玄主物，論牛齒有下無上。三歲二齒，四歲四齒，五歲六齒。目瞳竪而不横，牛生望前，則子行母前。牛生望後，則子行母後。隨其天也。《抱朴子》曰：鴈銜蘆而捍，網牛結陣以卻虎。牛善角，虎環其首。外觸詩曰：殺時犉牡有捄，其角捄長貌社稷之牛，角尺故曰捄角牛。膏曰香其耳，無竅以鼻聽也。《管子》：凡聽宮如牛鳴，窌中牛含宮聲，故柳子以爲黄鐘在脰也。《周官》牛夜鳴則庮，許叔重曰：庮久屋朽，牛夜鳴則臭，如之言，其病也。《左傳》云：執牛耳，牛耳無竅聽以鼻盟者，聽于神人，故執而正之，以不聽爲戒。《易林》牛，龍耳聵聋，龍亦聾者，先儒以爲面牛鼓簧爲聾故也。《造化權輿》曰：乾爲馬，陽也。故蹏圓坤爲牛，陰也。故蹏折陽病則陰勝，故馬病則臥陰，病則陽勝，故牛疾則立。馬陽，故起先前足臥先後足。牛陰，故起先後足臥先前足。世但以坤牛取順，乾馬取健，知其一而已。《左傳》：風馬牛不相及。按：牛走順風，馬走逆風，牛馬風逸往往相及。故云：莊子庖丁解千牛，十九年而刀刃如新。又子見犧牛乎，衣以綵繒，食以蒭菽，及其牽而入太廟，欲爲孤犢，其可得乎。桓譚《新論》：畜生賤也，然猶有善者，皆見記識，故馬稱驊騮、驥騄。牛譽郭椒丁櫟。

又 卷四《既有肥羜》 《朱傳》：羜，未成羊也。《爾雅》：未成羊羜。郭云：俗呼五月羊爲羜，陸農師云：羜从宀宁也宀其美，成而後足用。詩先言肥羜，而後言肥牡，明其禮，有加而無已。羅氏云：《說文》稱五月生羔，似謂仲夏所生。按《齊民要術》五月、六月、七月生者，兩熱相仍惡中之甚古。稱肥羜以速，諸父不應用此。當是生及五月者耳。《字通》羜，稺羊也。六畜稺者，味旨自始生形體雖微卽已成羊。未可謂未成羊也。《說文》五月羔，爲近羊，生五月爲稺，羔其別名也。

清 李元《蠕範》卷八《羊》 羊，柔毛也，少牢也，胡髯也，青烏也，羶根也，高山君也，長髯主簿也。角無，枝目無神，腸薄而曲，性淫而狠，惡溼喜燥。又性善羣，每羣一雄爲主舉羣聽之，謂之壓羣。又性畏露，早出晚歸。又性嗜百草，不擇所噉。食仙茅則肪，食鉤吻則肥。食仙靈脾則淫，食躑躅則死好。食鹽瓦器砌鹽於圈內，則羊戀鹽還圈，不勞人收矣。羔飲母乳必跪，似知禮者。凡新羊入羣，爲諸羊所觸，火燒其尾，則定。其頭骨灰投冶，則鐵自融。脛骨灰磨鏡則明。其脂可以柔銀輭銅。羖羊角可以縮錫。懸羊頭於門，則賊盜驚不敢入。有羊肝石白色如玉，似狗寶，附膽而生。羊死不瞑目，以其無睛也。家畜二種，曰吳羊、羶羊，也。滑羊也，頭身相等，毛直而短，曰夏羊。綿羊也，頭小身大，毛卷而長。綿羊有大尾者，謂之靈羊。尾方闊，而肥。忽魯謨國所出身重七八十觔，尾重二十餘觔，行則以車載之。其別種曰龍種羊，地生羊也。以臍肉或脛骨種土中，溉以水，聞雷則羔生於土。臍與土連，割臍則死，唯走馬擊鼓驚而斷之，便逐水草。大如兔，皮可爲褥，出西海、大漠、拂林、波斯諸國。曰羥花羊也。鹿羊也，牛羊也，深褐黑脊白斑似鹿，或似牛，曰羳羊。䍽耳羊也，耳小肋細腹黄善走，喜臥沙地，曰羒羊。蹏羊也，蹏皮至剛，可以割黍，曰水羊。皮細可織爲布，出海西。曰赫羊紅羊也，體大而色赤。曰橘綠羊，迭角羊也。四角或六角，角兩相對，味劣不入鼎俎。周成王時，有獻者曰驊。似麢四角馬尾有距善旋，其名自呼。出太行山，曰羬羊，嗛羊也。羊身馬尾，出錢來山，曰羺羖。羺羖也。胡羊也，九尾四耳，其目在背，其尾自胸至尾九塊。又阿丹羚羊亦有九尾，曰龍羊。似畜羊而大，其角繚上，重八九兩，黑質白章，可爲帶胯。曰青羊，尾毛如翠，出罽賓國。曰一角羊，角當頂上實龍種，食其肉者殺人，或宰之受雷震。曰大羊食鹿豕，出春山。曰葱聾羊。身有赤鬣出符，禺山曰𦍩羊，構子也。𦍩𦍩也，一角一目目在耳後，出代州雁門谷口。曰雹麢羊，大如榛牛出九眞。曰蛟羊，似羊無角，食之有毒。曰狗尾羊，似山羊，尾長二尺餘，出忽魯謨斯。曰鬪羊，高二三尺，前體毛長委地，後體毛短似剪，角彎向上，出忽魯謨斯。

曰阿丹羊，白毛無角，項有袋如牛，毛短如犬，尾大如盤。曰白沙龍，其膏最嫩，出馮翊。曰五色羊，漢南越王尉陀所獻。曰羦羊，無口不可殺，出洵山。曰土螻似羊，有四角，食人，出崑崙山。曰阿羊，九頭而更食，國亂乃生。曰二首羊，兩首相背，隋漢王諒總管并州時出。曰滛羊，一日百交脯，不可食，但著牀席已自驚人，出陰夷山。曰吐珠羊，南唐劉鋹苑中所產。曰黃羊，北方產食之，不羶。曰斤羊，善躍上下峭巖，如跌，出涼州。又金精化羊，千歲樹化羊，梓樹精化青羊。又百年而紅，又百年而黃，又五百年而蒼，又五百年而白。

綜述

北魏 賈思勰《齊民要術》卷三《雜説》 作假蠟燭法：蒲熟時，多收蒲臺。削肥松，大如指，以為心。爛布纏之。融羊、牛脂，灌於蒲臺中，宛轉於板上，挼令圓平。更灌，更展，麤細足，便止。融臘灌之。足得供事。其省功十倍也。

又 卷六 懸羊蹄，著戶上，辟盜賊。澤中放六畜，不用令他人無事，橫截羣中過，道上行即不諱龍魚。《河圖》曰：羊有一角，食之殺人。

《藝文類聚》卷九四《獸部中·羊》 《爾雅》曰：羚，大羊，音靈，似羊而大，角圓銳，好在山崖間。羱，如羊，似羊而大角，出西方。羊牡羒，墳音。牝，羊墳首。夏羊，黑牡羭，羭黑班。羳羊黃腹，未成羊羜，音佇，詩云肥羜，俗云五月羊。絕有力奮，羊六尺為羬，羬羊馬尾，今大月支國有大羊，馬尾，五鹹反，尸子，羊為羬六尺。

《說文》曰：羊，祥也，象四足角尾之形，孔子曰：牛羊之字以形舉，咩，弭音。羊鳴也，羔，羊子也，羜，五月生羔也，撻六月生羊也，羍，恥達反。七月生羊也，兆音。羊未卒歲也。

《易》曰：小人用壯，君子用罔，貞厲，羝羊觸藩，羸其角。又曰：兑爲羊。

《毛诗》曰：羔羊，鹊巢之功致也，召南之國，化文王之政，在位皆节俭正直，德如羔羊也，羔羊之皮，素丝五紽，退食自公，委蛇委蛇。又曰：无羊，宣王考牧也，谁谓尔无羊，三百维群，尔羊来思，其角戢戢。

《周禮》曰：賓客則羊人供法羊，羊泠毛則毳膻，又曰：羊人，掌羊牲，凡祭祀飾羔，祭祀割羊，登其首，凡祈珥供其羊牲，若牧人無牲，則受布於司馬，使其買牲而供之。

鄭氏婚禮謁文贊曰：群而不黨，跪乳有家。

《左傳》曰：華元殺羊食士，其禦羊斟不與，及戰，曰：疇昔之羊，子為政，今日之事，我為政，與入鄭師，故敗。又曰：楚子圍鄭，鄭伯肉袒牽羊以逆，曰：孤不天，不能事君，使懷怒以及弊邑，孤之罪也。

《論語》曰：子貢欲去告朔之餼羊，子曰：賜也，爾愛其羊，我愛其禮。又曰：葉公語孔子曰：吾黨有直躬者，其父攘羊其子證之，孔子曰：吾黨之直者，異於是，父為子隱，子為父隱，直在其中矣。

《龍魚河圖》曰：羊有一角，食之殺人。

《周書》曰：子夏曰：桀德衰，夷羊在牧，飛蛤滿野。

《家語》曰：季桓子穿井，獲如土缶，其中有羊焉，使問仲尼，曰：吾穿井得羊，何也，對曰：以丘聞羊也，木石之怪，夔魍魎，水之怪，龍罔象，土之怪，墳羊也。

《列子》曰：楊朱見梁惠王，言治天下如運諸掌，王曰：先生有一妻一妾而不能治，三畝之園而不能耘，言治天下何也，曰：君見夫牧羊者乎，百羊為群，使五尺童子，荷箠而隨之，欲東而東，欲西而西，使堯牽一羊，舜荷箠而隨之，則不能前也。

《莊子》曰：臧與穀二人，相與牧羊，而俱亡其羊，問臧奚事，則挾策讀書，問穀奚事，則博塞以遊，二人事業不同，其亡羊均也。《孫卿子》曰：仲尼將為魯司寇，沈猶氏不敢朝飲其羊。

《史記》曰：宋義下令軍中曰：很如羊，貪如狼，不可使者皆斬之。又曰：蔔式者，河西人，式有少弟，式脫身出分，獨取畜羊百餘，田宅財物盡與弟，式入山牧十餘歲，羊致千餘，上曰：吾有羊在上林中，欲令子牧之，式乃拜為郎，布衣草蹻而牧，歲餘，羊肥息，上過其羊，問之，式曰：非獨羊也，治民亦猶是也，惡者輒去，無令敗群，上以式為奇，拜為緱氏令。又曰：盧綰與高祖俱學書，相愛，裏中賀兩家以羊酒。

《地鏡圖》曰：金百斤已上，至三百斤，精如羊者。

《玄中記》曰：千歲之樹，精為青羊。

《春秋繁露》曰：凡贄，卿用羔，羔有角而不用，如好仁者，執之不鳴，殺之不謗，類死義者，羔飲其母，必跪，類知禮者，故羊之為言猶祥，故以為贄。

《列仙傳》曰：葛由者，羌人，周成王時，好刻木作羊賣之，一旦騎羊而入蜀，蜀中王侯遣人追之，上綏山，山在峨眉山西南，無極，隨之者不得還，皆得仙道，山上有桃，故裏諺曰：得綏山一桃，雖不得仙，亦足以豪，山下立祠。

《左傳》曰：昔有攘羊者，以羊頭遺晉叔向，向母埋之不食，後三年，攘羊事發，追捕向家，檢羊，骨肉都盡，唯有舌在，國人異之，遂以羊舌為族。

唐 張説《爲留守奏羊乳麞表》《文苑英華》卷六一二 臣某言：臣聞靈感無方，每先時以見象，神監集作鑒不昧，必憑物以示人，有德著而休歸，或祥來而事應。伏惟天策金輪聖神皇帝陛下端扆馭天，舞干柔遠。南越瑞貢，久通譯而歸仁，西域奇山，近隨方而應聖。臣今月集作日得所部萬年縣令鄭國忠狀。送新出慶山下羖牝羊乳麞麑一頭，狎擾因依，動息隨戀，如生集作從所産，若素同羣，理有可嘉。事無前例，臣聞異物集作竊以異類相育，外方慕化之徵，野畜自馴，荒服來王之兆，必有遠夷鮮辮，歡心百獸之庭。獷俗懷音，稽首三朝集作稽顙三乘之會，臣言可驗，翹足自期，昔馬或生羊，易占得人安之體，犬時養彘，天鏡顯代康之文，援此比蹤，實為同貫。況復晨飲醴，浦夕下靈山，翳仙杏之奇花，拾嘉禾之餘穗，羊禎甚玉，麞慶踰集作如銀，晦朔未移祥符累集。福應之盛，今集作前古未聞，臣忝尹京都，屢薦嘉瑞，慶忭集作忭躍之至，兼倍恒流。謹差某官奉表隨進。

唐 張説《進鬬羊表》《文苑英華》卷六一二 臣某言：臣聞勇士冠鶡，武夫戴鶡，推情舉類，獲此鬬羊。遠生越嶲，蓄情剛决，敵不避强，戰不顧死，雖為微物，志不可挫。伏惟陛下選良家於六郡，求猛士於四方，鳥無遁材，獸不藏伎。如蒙効奇靈囿，角力天場，却鼓怒以作氣，前躑躅以奮擊。䟦古冘切疾也若奔雲之交觸，碎如轉石之相叩，裂骨賭勝，濺血争雄，敢毅見而充冠，鷙狠聞而擊節。冀将少助明主市駿骨、揖怒蛙之意也。若使羊能言必将曰苦鬬不觧，立有死者。所賴一作願至仁無殘，量力取勸焉。臣縁損足，未堪履地，謹遣男附馬都尉垍謹詣金闕舊唐書作明門陳進。輕冒宸嚴，伏深戰越。

《初學記》卷二九《羊》 時之候，雁有庠序之儀，人取法焉。王充《論衡》曰：解豸者，一角之羊也，性知有罪。皋陶治獄，其罪疑者，令羊觸之。

崔豹《古今注》曰：羊一名長髯主簿。《瑞應圖》曰：鐘律和調則玉羊見。《白澤圖》曰：羊有一角當頂上，龍也，殺之震死。《山海經》曰：羬羊尾如馬尾，出錢來之山。《涼州異物志》曰：封羊其背如駝。《廣志》曰：驢羊似驢。

五代 馬縞《中華古今注》卷下《羊》 一名髯須參軍。《禮》云：羊曰柔毛。《易》曰：羝羊觸藩，羸其角，不能進不能退，蓋羊好能抵觸牆垣。

《太平御覽》卷九〇二《羊》 《説文》曰：羊，祥也。像四足角尾之形。孔子曰：牛羊之字以形舉。又曰：羔，羊子也。羜，五月生羔也。䍪，六月生羔也。羍，七月生羊也。羒兆，羊未足歲也。牂，牝羊也。羒公，牡羊也。羠，乘羊也。羳，黃腹羊也。羥，羊名也。

《廣雅》曰：吴羊，牝一贖曰羒兆，三歲曰羝。牡一贖曰羜，三歲曰牜羊。吴羊羒害居八切。曰羒專，蒲各切。羖羊羒害曰羒曷。羍、羵、羜、羒巽，思憲切。羔也。《爾雅》曰：羚，大羊。似羊，大角員鋭，在山岩間。羱，如羊。音玄，似吴羊。羊，牡羒，音汾牝牂。夏羊，黑羖羒曆。牡羭，音榆，黑羝。牝羖。角不齊，觤一短一長。角三觠，羷。觠，卷三匝。羳羊，黃腹。未成羊，羜。絕有力奮。郭義恭《廣志》曰：大尾羊，細毛薄皮，尾氏旁廣，重且十斤，出康居。又曰：驢羊，似驢。《字林》曰：羒兒、女奚切。羺，女溝切。胡羊也。羫，口弄切。羊臘也，似羊，四耳九尾，目在背。羒患，音還似羊，無口。羒亜，乙間切。群羊相積。一曰羊羼，初莧切。羊相膞羵。羴，羊臭也。羴，式延切。

《玄中記》曰：千歲之樹精為青羊。

崔豹《古今注》曰：羊，一名美髯須主簿。

《禮記・曲禮下》曰：祭廟，羊曰柔毛。

又曰：大夫無故不殺羊。

又《月令》曰：孟春，天子食麥與羊。

又《内則》曰：羊，冷毛而毳膻。

《詩・小雅・無羊》曰：誰謂爾無羊？三百維群。

又曰：爾羊來思，其角戢戢。

又曰：《羔羊》，《鵲巢》之功致也。召南之國化，文王之政，在位皆儉節正直，德如羔羊也。羔羊之皮，素絲五紽。

又曰：牂羊墳首，三星在罶。鄭玄注曰：羊牝曰牂。墳，大也。

《易·說卦》曰：兌為羊。

又《大壯》曰：九三，小人用壯，君子用罔。貞厲。羝羊觸藩，羸其角。《周禮·夏官上》曰：羊人，掌羊牲，凡祭祀，飾羔。羔，小羊也。《詩》曰：四之日其早，獻羔祭韭。祭祀割羊牲，登其首。登，昇也。升首，報陽也。升首於室。凡祈珥，共其羊牲。共猶給也。賓客，供其法羊。法羊，飧饔積膳之羊。凡黍辜、候禳、釁積，共其羊牲。積，故書為眥。鄭司農云：眥，讀為漬，謂畔國寶，漬軍器也。玄謂：積，積柴禋祀，楢燎實柴。

《周禮·天官·食醫》曰：凡會膳，食羊宜黍。

《左傳·宣上》曰：華玄殺羊食士，其御羊斟不與。及戰，曰：疇昔之羊，子為政；今日之事，我為政。與入鄭師，故敗。

又《宣下》曰：楚子圍鄭，鄭伯肉袒牽羊。

《論語》曰：子貢欲去告朔之餼羊，子曰：賜也，爾愛其羊，我愛其禮。

又曰：葉公語孔子曰：吾黨有直躬者，其父攘羊而子證之。攘，盜。

《史記》曰：武王克殷，微子持其祭器，肉袒面縛，左牽羊把茅，膝行而前。

又曰：蔔式者，河南人。式入牧百餘羊十餘歲，羊致千餘。上曰：吾有羊在上林中，欲令子牧之。乃拜式為郎，布衣草蹻而牧羊。蹻音腳。歲餘，羊悉肥。上過其羊，善之。式曰：非獨羊也，治民亦如是也。拜緱氏令。

又曰：秦襄公始用羝羊祠西疇。

《漢書》曰：楚懷王孫心在人間為人牧羊，項梁立為懷王。

又曰：蘇武使匈奴。匈奴知武不可降，使北海上無人處牧羝，羊乳乃得歸。武在海上，廩食不至，掘野鼠草荄而食之。杖漢節牧羊，臥起持節，節旄盡落。

《東觀漢記》曰：甄宇，北海人，為州從事，徵拜博士。每臘，詔書賜博士一羊。羊有大小肥瘦，時博士祭酒議欲殺羊稱分其肉，宇曰：不可。又欲投鉤，複恥之。甄博士宇先自取其最瘦者，猶是不複有爭訟。後召會，詔問瘦羊甄博士。

《後漢書》曰：更始二年至長安，尤嗜酒，不聽政事。所任皆賈豎、膳夫，庖人。長安為之語曰：灶下養，中郎將。爛羊胃，騎都尉。爛羊頭，關內侯。

又《廣陵思王荊傳》曰：光寫襖，大行在殿。荊哭不哀，而作飛書令蒼頭詐稱東海王強、舅況書，與強構為大逆。其辭曰：當為秋霜，無為檻羊。秋霜，肅殺於物；檻羊，受制於人。

崔鴻《十六國春秋·後錄》曰：羌抑摩獻羊，六角二口，四角八口。《北史》曰：隋漢王諒為並州總管，潞州有官羊生二角相背。以為諒之咎征。

《帝王世紀》曰：湯問葛伯何故不祠，曰：尾敿供犧牲。湯遺之以羊。

《穆天子傳》曰：犬戎胡觴天子於雷首之阿，乃獻良馬四六。天子使孔牙受之，曰：雷死戱平，爰有黑牛白角，爰有黑羊白血。

又曰：天子飲於文山，乃獻豪牛。四節有豪。

又曰：春山大羊食鹿豕。

《山海經》曰：錢來之山有獸，如羊而馬尾，名曰鍼羊。

《周易是謀類》曰：太山失金雞，西嶽亡玉羊。鄭玄注曰：金雞、玉羊，二嶽之精。

《春秋說題辭》曰：羊者祥也，合三而生以養王也，故羊高三尺。○《雜五行書》曰：懸羊頭門上，除盜賊。

《春秋繁露》曰：凡贄，卿用羔。羔飲之其母，必跪，類知禮者。故羊之為言祥，故以為贄。

又曰：善養生者如牧羊，後者鞭之。

《莊子》曰：臧與穀，二人相與牧羊而亡羊。問臧奚事，則挾策讀書；穀奚事，則博塞以遊。二人事業不同，其亡羊均也。

《墨子》曰：齊莊公之臣王國卑、中裏徼者訟，三年而獄不斷。恐失有罪，使二人共一羊盟齊之社。二子相從，以羊血灑社。讀王國卑之辭已盡，中裏徼之辭未半，祭羊砌獰囊觸中裏徼。齊人以為有神驗。

《列子傳》曰：楊朱見梁王，言治天下如運諸掌。王曰：先生有一撇筳妾而不能治，三畝之園而不能芸，言治天下，何也？曰：君見夫牧羊者乎？百羊而群，使五尺童子荷箠而隨之，欲東而東，欲西而西。使堯牽一羊，舜荷箠而隨之，則不能前矣。《孫卿子》曰：仲尼為魯司寇，沉猶氏不敢朝飲其羊。

《尸子》曰：羊不任駕鹽車，椽不可為楣棟。

《龍魚河圖》曰：羊有一角，食之殺人。

《周書》曰：夏桀德衰，夷羊在牧，飛蛤滿野。

《韓詩外傳》曰：魯哀公使人穿井，三月不得泉，得一玉羊焉。公以為玉羊，使祝鼓舞之，欲上於天，羊不能上。孔子見曰：死戮精為玉，土之精為羊。願無怪之，此羊肝土也。公使殺之，視肝即土矣。

《國語》曰：季桓子穿井，獲如玉缶，其中有羊。

《符子》曰：魏文侯見宋陵子，三仕不識，文侯曰：何貧？鐘曰：王見楚富者，牧羊九十九，而願百。常訪邑裏故人，其鄰人貧有一羊，富者拜之曰：吾羊九十九，今君之一，盈我成百，則牧數足矣。鄰者與之。從此觀焉，富者非富，貧者非貧也。

《呂氏春秋》曰：百裏奚未遇時，亡虞，飯牛於秦。傳鬻以五羖羊之皮，公孫直悅獻諸繆公。繆公用之，謀無不當，舉必有功。

《淮南萬畢術》曰：阿羊九頭而更食，國亂乃出。

揚雄《法言》曰：敢問質？曰：羊質虎皮，見草而悅，見豺而戰。忘其皮之虎也。

王充《論衡》曰：獬豸者，一角之羊也。性知有罪。皋陶治獄，其罪疑，乃令羊觸之。

《山海經》曰：羬羊尾如馬，出錢來之山羬。羬音針。《玉篇》作古鹹反。

《瑞應圖》曰：鍾律和調，則玉羊見。

《白澤圖》曰：羊有一角當頂上，龍也。殺之震死。

《博物志》曰：胡蕙，蜀中本尾藭。洛中有人驅羊入蜀，其子著羊毛，蜀人取種。因名禾羊負來。

又曰：陰夷山有淫羊，一日百遍，脯不可食，但著床席間，已自驚人。又有作淫羊脯法。取羖、羊字各一，別系，令裁相近而不使相接。食之以地黃、竹葉，飲以麥汁米瀋。百餘日後解放之，欲交未成，便牽兩殺之，膊以為脯。男食羖，女食羊字，則並如狂，好醜亦無所避，其勢數日乃歇。治之方，煮茱萸、菖蒲汁飲之，又以水銀宮脂途陰，男子即痿。宮脂，鹿脂也。《杜預奏事》曰：臣前在南，聞魏興北山有野羊，大者數百十斤。試令固求，今者各得一枚，並頭角蹄，案其形，不與土羊相似。然是野獸，世所希有。

《新言》曰：初年懸羊頭、磔雞羊以求富。餘以問河南服君，服君曰：是月草木萌，羊能齧草，雞啄五穀，故懸二物助陽氣。今人殺羊、雞，自作不祥。

《涼州異物志》曰：有小羊稱若斥，頗熱，峭山如壁，上下無跌。

又曰：有羊大尾，車推乃行，用累其身。

又曰：封羊，蒲俺如駝。

宋永初《山川記》曰：九真都龍縣有羚羊，大如牛秦牛。

《春秋後語》曰：張儀謂楚王曰：夫為從者，尾驅群羊而攻生虎。虎之與羊，不格亦明矣。格，鬥也。羊與不能與虎鬥明矣。今王不與虎而與羊，臣竊以為大王之計過。

《衛玠別傳》曰：玠少時乘白羊車於洛陽，市共觀，鹹曰：誰家璧人？

《述異記》曰：羊而不角呼蛟羊，一名胡髯郎，一名青烏。

又曰：周成王時，東夷進六角羊。周厲王玄年，外國貢三角羊。《尹喜內傳》曰：老子與喜別，曰：尋吾於成都市青羊之肆。喜後求而得之。

葛洪《神仙傳》曰：皇初平年十五，家使牧羊。有道士見良謹，將至華山石室中，四十年不誤念其家。其兄初起行索初平，見道士，引至山。與弟語畢，問平羊何在，平曰：近東。初起視，不見羊，但見白石，卻謂平曰：山東無羊。平曰：兄自不見爾。與兄俱往，平乃叱之，白石一時皆起，成羊數萬頭。初起曰：弟得仙道以如此。遂棄妻子，服松柏伏苓五萬日，遂得仙，易姓為赤松子。

又曰：曹公收左慈，慈走入群羊，識雈之所在。追者疑化為羊，乃令人數羊。羊本千口，簡之長一口。知化為羊，乃謂曰：若是左公者，但出無苦也。有一羊跪言詎如許？址者欲執之，於是群羊皆長跪曰：詎如許？址者乃去。

《搜神記》曰：宣帝時，陰子方者，至孝，有仁恩。正當臘日，晨炊而灶神形見。子方再拜，家有黃羊，因以祠之。

又曰：南陽宗定伯，少年夜行，忽逢一鬼。鬼問為誰，定伯乃欺之曰：我亦鬼也。遂相與為侶向遠。行妓悃，相擔。問鬼曰：鬼何所畏？曰：惟不喜人唾。欲至宛，便擔鬼著頂上，徑詣宛市，化為羊。恐蒲須，亟唾之。賣之得錢千五百。買者系之，明視之，但繩在。時人名：宗定伯賣鬼，得錢千五百。

《列仙傳》曰：葛由者，羌人。周成王時，好刻木作羊賣之。一旦騎羊而入蜀中，王侯貴人追之上綏山，在峨嵋山西南，高無極。隨之者不得還，皆得仙道。山上有桃，故裏諺曰：得綏山一桃，雖不得仙，亦足以豪。

又曰：昔有攘羊者，以羊遺叔向，叔向母埋之，不食。後三年，攘羊事發，追捕向家，檢羊骨肉都盡，惟有舌在。國人異之，遂以羊舌為族矣。

《續搜神記》曰：顧沛者，吳之豪士。送就於昇平亭，時有一沙門在坐，是流俗道人。主常欲殺羊，羊繩斷，便走來入此道人膝中，穿頭入袈裟下。道人不能救，即將去而殺之。既行炙，主人先割以啖道人。道人食炙下喉，炙便自走行道人皮中，痛毒不可忍。呼醫來針之，以數針貫之，炙猶動搖。乃破出之，故是一臠肉耳。道人於是得病，作羊鳴、吐沫。還寺，少時即死。

劉義慶《幽明錄》曰：洛下有澗穴，婦欲殺夫，推下。經多時，至底，乃得一穴，宮館金飾，明逾三光，人長三丈。如此九處。最後至告饑，長人指樹下一羊，令跪將羊須。初得一珠，長人取之。次亦取，後令啖，即療饑。請問九處名，求停不去，答云：君不得停。《續異記》曰：吳興俞亮，以永明八年補護軍府史。於常眠者聞有羊聲，疑為神怪。竊於戶窺之，見其床下有一羊，可高二尺，毛色若丹，光耀滿室。

《金樓子》曰：修羊公於華陰山以道幹景帝，禮遇之。數歲，道不可得。有詔問修羊公能何，發語未訖，於床氏化為白石羊，題其脅曰：修羊公謝天子。後置石羊於通靈臺。

《嶺表錄異》曰：常有人自青杜泛海閩，為惡風所飄，五日夜，不知行幾千裏也。至一島，忽見群羊，人向之亦不驚避。初疑人所牧放，而絕無人跡，乃知野生者。舡人方餒，因取食之。

宋 陳彭年《重修玉篇》卷二三《羊部》 羊，余章切，豕屬也。《禮》云：凡祭宗廟之禮，羊曰柔毛。芈，彌爾切，羊鳴也。又姓，楚之先也。羔，古刀切，羊子。羜，丈與切，未成羊。𦍧，亡具切，六月生羊。羭，與朱切，牡羊也。羍，他達切，生也，小羊也。𦍒，同上。羝，丁兮切，牡羊。𦍯，雉矯切，夷羊，又羊一歲。羒，父云切，牝羊也。牂，子唐切，羝羊也。羖，公户切，羖𦍩羊。羖，同上，俗。𦍩，音歷，羖𦍩。羠，居謁巨謁二切。羯，犗羊也。羯，同上。羠，因以以脂二切，犍羊也，騬羊也。羳，扶元切，羊黄腹。𦎗，楷間切，羊也。𦍦，子各切，羊名。又亭名，在汝南。羥，於間切，黑羊也。羣，羊相積也。羸，力為反，弱也，病也，瘦也，劣也。羧，於偽切，羊相羧積也，或作委。積，子漬切，羧積。羣，巨云切，朋也，輩也。羋，七移切，羊名，蹄皮可以割黍。美，亡鄙切，甘也，善美或作□。羷，力冉切，羊名。羑，弋九切，導也，進也，善也。今作誘。羗，同上。𦏁，丘向切，後陳公子名。羌，去央切，西方國也。楚語辭也，卿也，反也，章也，强也。羶，式然切，羊脂也，羊氣也，或作羴。羬，午咸渠炎二切，羊六尺也，又獸名。羬，同上。羱，胡關切，又胡慢切，句山有獸名之曰羱，其狀如羊，稟氣自然也，不可殺之。羝，都弄切，秦戲之山有獸狀如羊，一角。羹，古衡切，常所食美也。羱，魚袁牛丸二切，羱羊大角，西方野羊也。羭，似余切，野羊。羫，口弄口江二切，羊肋。羵，扶云扶刎二切，雌雄未成也。抨，普耕切，使也，亦作抨。羛，方味切，人姓也。羦，胡官切，獸似羊惡也。羺，布莫切，羺羪，獸也，似羊，九尾四耳，目在背上，或作𤜜。羪，大何切，羺羪也。𦏴，子舍切，羊鮑也。𦏓，九劣切，病也，跳皃也。羺，士兗切，羊也。羪，女奚切，羺羪，胡羊也。羺，奴溝切，羺羪。𦏲，力侯切，似羊，四角也。𦍴，公侯切，取羊乳汁也。羛，音希，地名，又音蟻也。羫，音争，羊子也。羶，大紅切，無角羊。羥，口莖切，羊也。羚，魯丁切，羊子也。羵，户関切，獸似羊無口。𦍲，丑練切，尾長也。羣，音預，羊也。羕，音洋，又音翔。羯，音猶，羊也。𦏇，音厥，羊也。羺，紀力切。

宋 歐陽修《歐陽文忠公集》卷一一八《乞住買羊札子》 勘會河北自前不曾配買羊畜，自西事已來，分配於河北收買。竊見京師羊畜有備，準三司指揮，截住榷場上供羊綱，於西路州軍牧放一萬六千餘口，至冬深死却五千餘口。所有今年人户配買羊已上京送納訖，却儹下榷場羊綱在邢、洺等州牧養，竊慮冬深，枉有死損。臣等相度剩數羊綱見在河北州軍牧養，只以盡數上京，自可供用得足。乞今後河北特住配買羊數，委得公私俱利。仍乞今後京師羊少，卻於陝西依舊配買。取進止。

宋 蘇軾《蘇文忠公全集》卷七二《曹瑋知人料事》 天聖中，曹瑋以節鎮定州。王鬷爲三司副使，疎決河北囚徒。至定州，瑋謂鬷曰：『君相甚貴，當爲樞密使。然吾昔爲秦州，時聞德明歲使人以羊馬貿易於邊，課所獲多少爲賞罰。時將以此殺人。其子元昊年十三，諫曰：「吾本以羊馬爲國，今反以資中原，所得皆茶綵輕浮之物，適足以驕墮吾民。今又欲以此殺人，茶綵日增，羊馬日減，吾國其削乎？」』乃止不戮。

宋 陳普《石堂先生遺集》卷五《召南羔羊》 《禮》曰：幼子常視毋誑。謂其血氣未動，當有以養其耳目。一其視聽以全其真淳，而為少壯成立之基。人之交物莫要於目，蔽交於前，其中則遷，欲之不可禁者，以目之接，不得其正也。此雖強盛之年，知方有守之士，亦或失於墻壁之不密，備禦之不豫。而况于幼子，未知善惡，而惟物之從乎。故古之愛其子者，常以法度之物，日用之不可無者示之，其非法不度足以奮其目而摇其心者，痛除深屏不使至於其前，故其視聽有常，表裏不亂。至於二三十孝弟之教，詩書聖賢之舉，有不待鞭策勸勉，而沛然以趍之者，何也。其本端而其事習也。君之於民也，亦然民猶子君父母也。父母之於子，愛之教之，無不至君之於民也。愛教兩盡，始無忝於為君，故曰：天降下民作之，君作之師惟其克相上帝，君者，所以愛之養之，師者，所以教之成之也。此天理之當然，天心之所在。故曰：克相上帝，謂民皆天民愛教二者，君之所以代天者也。康誥曰：若保赤子，夫所謂若保赤子者，豈徒愛之育之，其所以爲之謀者，固無所不忠也。民之為道也。耳目口鼻各有所欲，而耳目者，物之所集。心之邪正，昏明安危，理亂之所関也。二者之中，目為尤甚，是故不役耳目，耳度惟貞而不見，可欲則心不亂禮，以養目，樂以養耳，而聖門四勿以視為先，是故古之君人者，昭德塞違守法持正，去奢從儉厚質薄文，以為天下先。凡服器飲食，宫室車輿，步趨行上會遇交接，在群黎百姓之目中者，大自日月山龍，小至藻率鞸鞛，大自明堂清庙，小至樧滌牢庖，大自郊祎朝宗，小至飲食講問，君臣上下，各加持守，交相警救，凡理法度數之當然，不敢有一毫之踰，越一日之放逸者，所以一天下之耳目，而定民志也。其理義之自然，既有以得生民之常性，而不待於作爲其執守之確然，復有以養天下之淳風，而不至於惑亂。所以三代之民，禮教之俗常如無在水草，木在風雲雨露中，但有生長收歛，而莫知其所以為之者，此其所以為盛也。吾嘗味召南羔羊一篇，而知周之所以為周，文王之化，近見於振振之公子，綢直之士女讓畔，讓路之小人而遠。見於南国之在位，五紽五緎五總服之不貳也。退食自公委蛇，委蛇貌之無欲也。所謂心廣體胖是也，足有欲者，必見乎四体。古之所謂失足於人，失色於人，人之視己，如見其肺肝者，皆欲之誠於中形於外，有不能以自持者。南國之大夫，其衣服不貳，而其行止進退從容有常，如此文王之道化於是爲深矣。由其如此，故以刑其家則有采蘋之法度，草蟲之自脩，以臨其民則有漢廣之不可犯。野有死麕之如玉，南国之大夫如此，則岐豊之大夫可知，岐豊之士女民庶，皆小大之臣，咸懷忠良之所化，則夫漢廣死麕之俗，豈非在位之節儉、正直，與大夫妻之法度齊敬，有以感動鼓舞而使之然哉。虞芮之不爭，不但愧其民之讓路。讓路，是亦兼見其大夫、士女從容澹静有禮無欲，足以刑其闘辨貪競之惡耳。漢廣死麕之女，固皆文王太姒之化，足亦南國臨民有位之人，朝夕在其目中，其有常不競。脩身齊家之風，足以相薫相翼，而趨於善也。其色不可犯，其容不可誘，則其衣服必整齊，坐立必端方，行步必詳雅語，言必謹静，故曰：舒而脱脱兮，無感我帨兮，無使尨也。吠此其風儀容止，至今猶使人起敬。若如唐之水邊有麗人，衣裳照暮春，凝粧耀洲渚繁吹蕩人心者，又豈有不可犯之色，不可誘之容哉。嗚呼！有自來矣，夫欲之不可禁也。若火之燎于原，使在上有位之人，不深思而敬守之，則天下之心莫知其所止矣。夫十二章之尊卑，多寡之難辨，舜以此事責之耳目。股肱之臣，豈不欲其制節。謹度詳其辨而特其常，以定天下之志哉。《易》曰：上天下澤履，君子以辨上下定民志，古人之所辨衣服，庫輿，居十之七八矣。使如賈生所舉秦人之餘風，以告漢孝文者，天下之欲豈得而禁哉。古之王者，関譏市，察異言異服，志淫好辟，皆所必究，使有位者不先謹於其身其家，則民之不從其令，而從其好者，豈関市之所能禁哉。自鄭子臧聚鷸，冠楚子王作瓊弁，春申君曳珠履蘇，秦張儀誇車騎輜重，商鞅廢井田築冀闕，始皇作阿房，漢武起建章，而王制遂盡壞，天下之俗惟欲是從，莫知紀極。四海之内皆禮記所謂，無方之民也。而况於金谷之步障，新豐驪山之錦繡，有國有天下者，不為民人社稷之計，有家亦不為子孫之計，上下交逞，其欲不惟爭民施奪，而又以生姦雄，胡羯之心。然則三復羔羊，都人士緇衣，羔裘之詩，安得不使人重傷，今而思古哉。紽總雖不可詳，大抵皆縫之義五其數也。緎疑有界域之意，是其限也。推此則純總可知，羔羊之皮，或者以為取其有禮，則夫狐麑豹袪之類，豈有所取而為之。讀詩者優游涵泳取其聲音氣象，以為存心養性之具可也。或有古制之不可詳，而必穿鑿以就吾之私説，則反有害於温柔敦厚之全體矣。

《續資治通鑑長編》卷五二　［咸平五年七月癸亥］增川峽路京朝使臣等月給添支及羊直，令如銅錢界。其知州公用酒亦如之。

又　卷六三　［景德三年七月庚戌］渭州、鎮戎軍，向來收獲蕃牛，以備犒設。自今並轉送内地，以給農耕，宴犒則用羊豕。

又　卷一三二　［慶曆元年五月］讎已和斷，輒私報之及傷人者，罰羊百、馬二，已殺者斬。負債爭訟，聽告官爲理，輒質縛平人者，罰羊五十、馬一。賊馬入界，追集不起，隨本族每户罰羊二，質其首領。賊大入，老幼入保本寨，官爲給食，即不入寨，本家罰羊二，全族不至者，質其首領。

宋 李心傳《建炎以來繫年要録》卷一七三 〔紹興二十六年七月十七日丙辰〕明、婺、嚴、衢州所買發納牛羊司羊口，令椿支合用官錢，依市價和買，不得依前抑配民户。

宋 周必大《齋文稿》省卷三四《直敷文閣致仕魯公訔墓志銘》 縣舊科羅本、乾薑、羊錢歲二萬緡，二十六年有詔蠲免，而州家用不足，別取之民。公經畫榷酤，以其贏代横斂，公私便之。

宋 陳祥道《禮書》卷一三七《羊車》 鄭司農曰：羊車謂車羊門也。謂羊善也。羊車，若漢定張車較長七尺。《書》曰：肇牽牛車輈人，曰大車轅，直必縊其牛，則大車，牛車也。牛車大則柏車，中車羊車小車也。大車以行澤，柏車以行山，羊車以行宮。中車人所謂行澤者，欲短轂行山。欲長轂行澤者反輮。史謂下澤車行山者，仄輮。此大車，柏車之辨也。鄭氏謂羊車，若漢定張車，宮内所用，蓋有所受之也。大車兩轅也，故車人言凡為轅三其輪崇，徹廣六尺，鬲長六尺。轍廣六尺，則與駟車八尺之轍不同。鬲長六尺，則與六尺六寸之衡不同，是兩轅之車，一牛在轅内，故衡短而轍狹，一轅之車，兩服在轅外，故衡長而轍廣也。大車轂長尺五寸，圍尺五寸，輻長四尺五寸，渠圍二丈七尺，輪崇九尺，牙圍尺五寸，綆一寸，轅二丈七尺。柏車轂長二尺，圍二尺，輻長三尺，渠圍一丈八尺，輪崇六尺，牙圍尺二寸，綆大半寸，轅一丈八尺。大車輪高轅長，柏車輪卑轅短，輪高轅長而轂短小，輪卑轅短而轂長大者，以其行山澤不同故也。大車牝服二柯，有三分柯之二，則八尺矣。羊車二柯，有三分柯之一，則七尺矣。柏車二柯，則六尺矣。柏車較短而轂輻牙長，羊車較長而轂輻牙小者，以其行山與宮中不同故也。輪人之牙車，人謂之渠海物，有曰：車渠蓋以其象名之也。輿人之較車人謂之牝服。詩曰：終日牽牛不以服箱，毛氏曰：服牝，服也。輿人之衡，車人謂之鬲，輿人之為車，起度於輿廣，車人之為車，起度於柯長，輿人之車其箱廣而不方。廣六尺六寸，隧四尺四寸，車人之車箱方而不廣，則其制之異，可知矣。《語》曰：大車無輗，小車無軏，先儒以大車為牛車，小車為羊車。羊車轄耑曰軏，牛車轅耑曰輗。《説文》輗亦作輗，或然也。《詩》曰：役車其休。《周禮》曰：士乘棧車，庶人乘役車，先儒以役車為牛車是也。以棧之車為役車，非也。

宋 周去非《嶺外代答》卷九《花羊》 花羊，南中無白羊，多黄褐白斑，如黄牛。又有一種，深褐黑脊白斑，全似鹿。䍧放山谷望之真鹿也。肴饌中羊皮率青黯可憎，以無白羊故也。

又《綿羊》 綿羊出邕州溪峒及諸蠻國，與朔方胡羊不異。有白黑二色，毛如罽纊，剪毛作氊，尤勝朔方所出者。

宋 輔廣《詩童子問》卷一《羔羊》 殷音隱其靁，在南山之陽。何斯違，斯莫敢或遑。振振音眞君子，歸哉，歸哉。興，也殷，靁，聲也。山南曰陽。何斯斯此，人也。違斯斯此所也。遑暇也，振振信厚也。南國被文王之化，婦人以其君子從役在外而思念之故，作此詩言殷殷，然雷聲則在南山之陽矣。何此君子獨去，比而不敢少暇乎。於是又美其德，且冀其早畢事而還歸也。童子問 此詩明白只涵詠便自見，念其勞美其德，冀其早畢事以還歸，無棘欲無怨辭，可謂得其情性之正矣。婦人而能如此，文王之化深矣。殷其靁，在南山之側。叶莊力反 何斯違斯，莫敢遑息，振振君子，歸哉，歸哉。興也，息止也。殷其靁，在南山之下。叶後五反 何斯違斯，莫或遑處，尺煑反，振振君子，歸哉，歸哉。興也。

宋 袁燮《絜齋毛詩經筵講義》卷二《羔羊篇》 臣聞：人臣委質以事君，所食者，君之祿也。然得之而由其道，居之而稱其職，無愧于此心，則雖官尊祿原食之安焉。反是則不安矣。何者，君子無終食之間違仁，苟非其道，無其功，而徒食，其食則其違仁也甚矣。嗟來之食，雖死不受，義重于死故也。此詩三章，皆以退食自公爲言，進而入于公朝，有補于國，退而食于私家，無愧于心，委蛇委蛇者，此心無愧，所以舒泰而有餘裕也。羔，小羊也。素絲，所以英裘，紽數緎縫也。總亦數也，曷爲有取于羔羊。曰：禽獸之食，不擇美惡，苟可以飽而已。不苟于食者，其爲羊乎。人或踐之則不食，稍有塗汚則不食，寧終日飢餓而所不欲者，終不可彊。表裏莫不精潔，古人貴之，故取以爲裘，而又英之以素絲，大夫服之以居服，其服而無愧心，則可以稱其服矣。食其食而不能如羔羊之精潔，將何以稱斯服乎。序詩者曰：鵲巢之功，至聖人之化，始于閨門，而達于朝廷。故在位者，皆節儉而正直也。後之爲人臣者，誦此一詩，豈可不勵其精潔之操，而深以貪濁爲戒。君天下者，觀此一詩，豈可不崇獎夫精潔之臣，而屏去夫貪濁之吏哉。

宋 魏了翁《儀禮要義》卷四七《雝爨羊豕魚腊之竈凡概陳之告挈》 雍人概鼎、匕、俎于雍爨。雍爨在門東南，北上。釋雍人掌割亨之事者，周礼雍人職文云：凡概者皆陳之而後，告挈者，案特牲視濯時皆陳之，視訖告挈，亦當然。注：羊、豕、魚腊，皆有灶，灶之西有鑊。

又《鼎在羊豕鑊之西魚腊與膚統於牲》 定雍人陳鼎五，三鼎在羊鑊之西，二鼎在豕鑊之西。釋曰：自此盡簞巾于西階東，論鼎及豆籩槃匜等之事，云魚腊從羊膚從豕，統於牲者。案：公食大夫云：甸人陳鼎，鄭注云：甸人冢宰之屬，兼亨人者，此大夫雍人陳鼎者。《周礼》甸人掌供薪烝與亨，爨聯職相通，是以諸侯無亨人，故甸人陳鼎此大夫，又無甸人，故使雍人與亨人聯職。故亨人云：職外内饔之爨亨，故使饔人也。云魚腊從羊膚從豕者，上文概鼎時。鄭云：羊豕魚腊皆有灶，今陳鼎宜各當其鑊，此三鼎在羊鑊之西，二鼎在豕鑊之西。故云魚腊從羊膚從豕也。其實羊豕魚腊各有鑊也。此直有羊豕言皆有鑊，前注何知魚腊皆有灶。案：士虞礼云：側亨於廟門外之右東面，魚腊爨在廟門外東南。

又 卷四八《釋柔毛剛鬣嘉薦普淖》 主人西面祝在左，主人再拜稽首祝，祝曰：孝孫某敢用柔毛剛鬣嘉薦普淖，用薦歲事于皇祖伯，某以某妃配某氏，尚饗。主人又再拜稽首。注：羊曰柔毛，豕曰剛鬣，嘉薦，菹醢也；普淖之黍稷也。普大也，淖和也，德能大和，乃有黍稷。《春秋傳》曰：奉粢以告曰：絜粢豐盛，謂其三時不害而民和年豐也。釋曰：云羊曰柔毛，豕曰剛鬣，下《曲礼》文，羊肥則毛柔，濡豕肥則鬣剛也。彼注云：號生物者，異於人用也。引春秋者，證黍稷大和之義。案：彼左氏桓六年傳文。

又 卷四九《儐尸增俎實爲尸加設故有湇》 羊肉，湇臑、折正脊一、正脅一、腸一、胃一、祭肺一，載于南俎。于云肉湇，肉在汁中者，以增之俎，實爲尸加也者。以決之，正祭之，鼎直升也。牲体無湇者，以正祭之，俎非加今儐。尸之云：增俎實爲尸，故加有湇也。凡牲礼皆出汁者也。不言湇，又下豕脅，亦出于汁，皆不言湇。此特得之湇名者特牲少牢，正祭升牲休於鼎時，皆無匕湇，故直云升体于俎。設於尸前鼎内，亦無匕又湇升丈。今此升牲体于尸前，匕湇亦升焉，故得湇名。以在俎實無汁，故進羊肉湇，必先進羊匕之湇，然後進羊肉湇。見此湇爲肉而有，故在羊肉湇前進之，使尸嘗之故。鄭下注云：之也，嚌湇者，明湇肉加耳。嘗之以其汁，尚味是也。若然豕亦有，有匕湇，不名肉湇，而名豕脅者，互見爲之文。言脅者，見在俎無汁，言肉湇者，見在鼎内時，有之汁也。若然羊豕互見爲文魚，何以不言魚湇，而云湇魚者。羊先言肉後言湇，使肉前進之匕湇明，是湇從肉來，可知。魚前無進匕湇，故此先言湇，以明魚在湇可知。魚無匕湇者，可知鄭下注云：不羞魚匕湇，畧小味也。羊有正俎，羞匕湇，肉湇，豕無正俎，魚無匕湇，隆汙之殺。

又《俎如羊湇豕脅等有正有加》 云：此以下十有一俎，俟時而載，於此歷説之爾者，案下文卒升，賓長設羊俎於豆南。賓降，尸升筵，唯設此一俎，餘十一俎皆未。又主人、之主婦升席時乃設之，是其俟時而載，今又云於此已下，雖未載，之固前俎遂歷陳説之耳也。十一俎者，即尸之羊肉湇，一也。豕，脅俎二也者。侑之羊俎，三也。豕俎，四也。主人羊俎，五也。又羊肉湇俎，六也。豕脅七也，主婦羊俎，八也。又者尸、侑、主人，三者皆有魚俎，是其十一，通尸羊之正俎爲十二俎。其面俎尸、侑，主人、主婦載羊体俎、皆爲正俎、其餘八俎、雍人所執二俎、益送徃還，故有八，其實止二俎也。

宋 魏了翁《古今考》卷三二《召誥卜洛牛羊豕之數》 《召誥》：成王在豐，欲宅洛邑，使召公先相宅。惟二月既望，越六日乙未，王朝步自周則至于豐。《孔傳》：周公攝政七年二月十五日，日月相望于巳，望後六日二十一日，成王朝行從鎬京，則至于豐，以遷都之事告文廟，先文王則告武王，可知以祖見考。三月，惟丙午朏。越三日戊申，太保朝至于洛，卜宅。朏，明也。月三日明生之名。三月丙午朏，越三日戊申，三月五日，召公至于洛，越三日庚戌，太保攻位于洛。汭，今洛水北，河南城也。越五日甲寅，位成，位，洛邑之始。若翼日乙夘，周公朝至于洛，則達觀于新邑，營越三日丁巳，用牲于郊牛二，越翌日戊午，乃社于新邑，牛一、羊一、豕一。《孔傳》：于乙卯三日用牲，立郊位于天，以后稷配，故二牛。后稷貶于天，有羊豕。羊豕不見，可知。又告立社稷之位，用太牢也。共工氏子曰句龍，能平水土，祀以為社。周祖后稷能殖百穀，以為稷。社稷共牢。紫陽方氏曰：此周公、召公共營洛邑之初之祭也。二月召公相宅，三月丙午朏至乙卯，成王與周公同至洛，三月十二日也。丁巳，三月十四日也。周公用牲于郊牛二，戊午社于新邑，牛一、羊一、豕一。三月十五日也。詳偽《孔傳》所解似俱不然。其説曰：告立郊位，告立社稷之位，已似未當。回謂祭天以告遷，都在三月十四日。祭地以告遷都在三月十五日，非告郊位也。亦非告社稷之位也。何以言之，新邑未有宗廟則不告廟，而且告天地也。此一可疑也。借曰：告郊位，則郊有南郊、北郊，告南郊之位乎，告北郊之位乎。周法，左宗廟在王宮門内之左，七廟南向。右社稷，在王宮門内之右，北向。何以告立社稷之位，而不告立宗廟之位乎。此二可疑也。成王年十三即位，周公攝政歲在丙戌。《通鑑外紀》、《何許紀年圖》皆同六年辛夘，周公制禮作樂，説者謂成王即位之後，方始頒行。此年壬辰，未見得周公即以后稷配天。《孔傳》謂以后稷配，故二年后稷貶于天，有羊豕，羊豕不見，可知《孔傳》自是僞作，正經無之。而解經自立一説，以二牛，為一天一稷，稷又有羊豕，果何所據。洛邑在此年末，周公猶告成王肇稱殷禮，于是遽用新禮以后，稷配新邑，告立郊位之禮，其果然乎，此三可疑也。祭天南郊，祭地北郊，圜丘、方丘，鄭玄分為四祭，陳祥道合為二祭。《周禮》：陽祀用騂牲祭天，騂，犢也。陰祀用黝牲謂祭地。北郊及社稷祭地，其牲黑，亦璽栗。而社稷太牢則用牛、豕、羊，然古人多以郊社對言。杜佑《通典》不言祭地之禮，如何《周禮·大宗伯》言祀昊天上帝，而不言祭地，但以社稷、五祀、五嶽、山林、川澤、四方百物對天帝，及日、月、星、辰、風、雨師，此回所謂古人多以社對郊也。大司樂奏太蔟歌，應鍾舞，咸池以祭地祇，此則以地祇對天神。注：地祇所祭于北郊及社稷，而《通典》乃于祭社稷之中，入大司樂地祇之禮。其禮三獻，取血埋瘞，次禮神于王尸，前薦燗及籩豆，王酌獻尸為朝踐。一獻薦熟，宗伯亞獻尸食訖，賔長酳尸三獻，不如祭天七獻之詳。回竊謂祭天南郊，祭地北郊，其説甚遠。杜佑乃以祭地祇之禮混于祭社稷之中，故或者謂社即是祭地，回謂此之牛一豕一羊一，不過祭地祇以告遷都。其牛二者，不過祭天神以告遷都。二牛之説，回竊疑古祭天用一赤犢，燔之于柴之上矣。後來正祭薦熟，別用何牲，意者更有一牛與羊豕，不然則所謂郊禘之事有全脅者，全體一牲已焚之矣，祭尸薦熟之俎用何物乎。若大禮冬至之郊以后稷配，則后稷自別有牛羊豕，而亦當立二尸二主乎。噫！古禮之難攷也，久矣。而又二鄭、杜子春，《周禮》不同康成《禮記》，《儀禮》自不同《僞孔安國書》，傳注尤多非，易王弼，韓康注，雜老莊學者，白首窮經，未易卒了也。

又《小子掌祭祀羊全脅豚解折俎之疑沈辜侯禳一牛一羊二牛二羊之疑刉衈釁》《夏官·小子》：掌祭祀羞羊肆羊殽肉豆，鄭司農注：羞，進也。羊肆，體薦，全脅也。羊殽，體解，節折也。肉豆者，切肉也。玄謂：肆讀為鬄，羊鬄者，所謂豚解也。紫陽方氏曰：《正義》從後鄭非也。郊禘之事有全脅，康成以禘為祭天非之尤者，故一非而百非，郊祭天者全脅，禘宗廟大祭有全脅，其全體也。康成以豚解訓全脅亦非也。先鄭，讀羊肆之音為肆陳之肆，又音賜，康成以為羊鬄音剔，意謂祭而用羊，非祭天。殊不知宗廟之禮有牛有羊有豕，以禘為祭天，既非矣。又疑祭天不用羊，故非之又非。李心傳引王安石肆其體而進之，未知其從何音何義。心傳謂天子宗廟之祭腥，其俎不害于全脅，熟其殽然後體解，為二十一，回謂如此則全脅，一牛一羊一豕也。體解二十一，又一牛一羊一豕也。嘗疑祭天燔柴已焚全脅之一犢，後乃迎尸入牲，別用何犢，心傳兼取全脅，體解且姑以羊言之薦腥者，一全脅之羊乎。薦熟者，一體解之羊乎。先鄭一説，後鄭一説，王介甫一説，李心傳又一説，學者詳之，然回欲從先鄭，但一疑二羊而二用乎。二羊而各腥各熟乎。《小子》又曰：而掌珥于社稷，祈于五祀，凡沈辜侯禳飾其牲，釁邦器及軍器。凡師田斬牲，以左右徇陳祭祀贊羞受徹焉。鄭司農珥社稷以牲頭祭也。玄謂：珥讀為衈，祈讀為刉，音機又古愛公内二反，刉衈者，釁禮之事，用毛牲曰刉羽，牲曰衈衈刉，社稷、五祀謂始成其宫兆時也。鄭司農云：沈謂祭川，《爾雅》曰：祭川曰浮，沈辜謂磔牲以祭侯禳者，候四時惡氣禳去之，衈而志反釁。邦器，謂禮樂之器及祭器。《雜記》曰：宗廟之器成則釁以豭豚。紫陽方氏曰：刉衈之説，後鄭用釁法解，李心傳不從，祈字為刉，則釁與否何從。回謂亦不足較矣。釁鐘以牛，齊宣欲以易羊，則古者牛羊豭豚鷄之血皆可以釁。後世廢其禮久矣。釁社稷之壇，釁五祀之所，謂門行竈霤諸主乎，抑各以其物乎。

又《羊人掌羊牲》 羊人掌羊牲，凡祭祀飾羔。祭祀割羊牲，登其首。凡祈珥，共其羊牲，賔客。共其法羊：凡沈、辜、侯、禳、釁、積，共其羊牲。若牧人無牲，則受布于司馬，使其賈買牲而共之。紫陽方氏曰：王介甫謂飾羔鴈以繢，乃贄見之禮，非祭祀之事。李心傳衣文繡之説，事出《莊子》，恐先王不然。匈奴谷量牛馬，不言羊，可知也。王者有天下十二閑之馬，僅三千餘匹，官吏牧圉養之者六十餘人。《周禮》不可信也，牧人無牲，則受布于司馬使，其賈買牲而共之，天子以天下之大共犧牲祭祀，而牧人以無牲告無牧地乎。無牧之民乎。請布旋買，此不足信。近世餘杭南渡，藉越羊以給内外之用，則有買矣，然亦置牛羊司。劉歆《周禮》待王者，若窮乞兒之家，悲夫！

宋　謝維新《事類備要·別集》卷八三《羊》　《格物總論》：羊褐白黑三色，亦有青者，南人所罕見。牡一歲曰羜，雄犒瓦三歲曰羝，牝一歲曰牸，三歲曰羘，吳羊牿曰羖，羖羊牿曰羯。羖羊毛長尺餘，北人引犬羊以此為羣首。北地、河西、陝西、河東，羊最佳。其次淮南州郡亦有佳者，閩粵廣不及也。羔羊子也，羜五月生。肇務六月生。□它達反七月生。

《事類》羸角羝，羊觸藩，羸其角。《易》墳首牂羊墳首，《詩》苕之華。柔毛凡祭宗廟之禮，羊曰柔毛。《曲禮》長髯羊一名長髯主簿。《古今注》不殺羊大夫無故不殺羊。《曲禮》不畜羊伐冰之家，不畜牛羊。《大學》使羊備堯使其子九男二女百官，牛羊倉廩备，以事舜於畎畝之中。《孟子》爾羊來宣王考牧，誰謂爾無羊，三百維羣，爾羊來思，其角濈濈。或降於河，或飲於池。證父攘葉公語孔子曰：吾黨有直躬者，其父攘羊，而子證之。告朔餼子貢欲去告朔之餼羊，子曰：賜也。爾愛其羊，我愛其禮。《國語》土之怪季桓子穿井獲如土缶，其中有羊焉。使問仲尼曰：吾穿井得羊也，對曰：丘聞之土之怪羵羊也。《家語》嶽之精太山失金雞，西嶽玉羊。鄭玄注曰：二嶽之精也。《周易・謀類》堯舜不前楊朱見梁惠王言治天下如運諸掌。王曰：先生有一妻一妾而不能治，三畝之園而不能耘，言治天下何也。曰：君見乎牧羊者乎，百羊之羣，使五尺童子荷箠而隨之，欲東而東，欲西而西，使尧牽一羊，舜荷箠而隨，則不能前也。《列子》臧穀俱亡臧與穀二人相與牧羊，而俱亡其羊，問臧奚事則挾册讀書，問穀奚事則博塞以遊。《莊子》多歧亡羊揚子之鄰人亡羊，既率其黨又請楊子之豎追之。楊子曰：嘻！亡一羊何追之者衆，鄰人曰：多歧既返問獲羊乎，曰：亡之矣。曰：奚亡之，曰：歧路之中又有歧焉。吾不知所之所以反也。《列子》肉袒牽牛楚子圍鄭，鄭伯肉袒牽牛以逆，曰：孤不天不能事君，使懷怒以及敝邑，孤之罪也。《左傳》羊斟非人羊宋華元殺羊食士，其御羊斟不與。及戰，曰：疇昔之羊子為政，今日之事我為政，與入鄭師，故敗。君子謂羊斟非人也，以其私憾敗國殄民。宣二年。羊舌為氏昔有攘羊者，以羊頭遺晉叔向，向母埋之不食。後三年攘羊事發，追捕向家撿羊，頭肉都盡，惟有舌在，國人異之，遂以羊舌為氏。說亦屠羊屠羊說楚人，隱於屠肆。昭王失國，說徃從王，王反國，欲將賞說，說曰：大王失國，說失屠羊，大王反國，說亦屠羊，臣之爵祿，亦復矣，又何賞之有。使司馬子綦延之以三珪之位。說曰：願長反屠羊之肆耳，遂不受。《高士傳》鬼化為羊南陽宗定伯，年少時夜行逢鬼，問鬼所忌，唯不喜人唾，定伯便擔鬼着頭上，急持行徑至市中，下着地化為一羊，唾之，恐其變化。賣之，得錢五千。雄異傳卜式牧羊卜式有少弟，出分獨取畜產百餘，田宅財物盡與弟。式入山牧十餘歲羊千餘，上曰：吾有羊在上林中，乃拜式為郎。布衣草蹻牧羊，歲餘羊肥息，上見其羊問之，式曰：非獨羊也，治民亦猶是也，惡者輒去，無令敗羣。上以式為奇，拜緱氏令。《本傳》蘇武牧羝蘇武徃使匈奴，匈奴知武不可降，使北海上無人處牧羝，羊羝乳乃得歸。武至海上廩食已盡，乃掘野鼠草荄而食，武仗漢節牧羊，卧起常操持節，旄盡脫。《本傳》爛羊都尉更始劉聖功納趙萌女為夫人，故委政於萌，日夜飲宴後庭，羣臣欲言事輒醉不能前，以至羣小膳夫皆濫授官爵。長安為之話曰：竈下養中郎將，爛羊胃騎都尉，爛羊頭關內侯。《通鑑》瘦羊博士甄宇，北海人。建武中青州從事，徵拜博士，每臘詔賜博士羊人一頭。羊有大小肥瘦，時博士祭酒議欲殺羊，稱分其肉。宇曰：不可乂欲投鉤，宇復恥之。宇因先取其最瘦者，後召問瘦羊博士。所在京師因以為號。《東觀漢記》左慈化羊左慈字元放，曹操嘗出近郊，從者百許人。慈為齎酒一升脯一斤，手自斟酌，百官醉飽，操怪之，使行視諸壚，悉亡其酒脯。操懷不喜，欲因坐上殺之，慈卻入壁中，霍然不知所在，或見於市。又捕之市人，皆變形與慈同，莫知誰是。後人逢慈於陽城山頭，因復逐之，遂走入羊羣，操知不可得，令就羊中告之曰：不復相殺，本試君術耳。忽一老羝屈前膝人立言曰：遽如許即競徃赴之羣羊，數百皆變為羝，並屈膝人立言曰：遽如許遂，莫知所取。初平化羊牧黃初平年十五，家使牧羊，有道士見其良謹，便將至金華山石室中。四十餘年忽然，不復念家。其兄初，起行索初平，歷年不得後見。市中有道士乃問之，道士曰：金華山中有牧羊兒，姓黃，字初平，兄乃隨道士與初平相見，語畢問羊何在，曰：在山東，兄徃視，但見白石，不見羊。初平曰：羊在耳，兄自不見，初平乃徃叱羊，羊起，於是白石皆起成羊，數萬頭。《神仙傳》牧羊學書事見蒲門，牧羊讀書楊俊同郡王象少孤，特為人僕，时年十七八，見使牧羊，即私讀書，因獲捶，楚俊美其才質，即贖象回家婚娶立屋，然後與別。象官至散騎常侍。《魏志》宮人引車晉宮人以鹽塗竹葉，引羊车。衛玠乘車衛玠，總角乘羊车入市，見者皆以為玉人。女曰非羊柳毅遇洞庭女牧羊，曰：吾不知子之牧羊何所用哉。神祇豈宰殺乎。女曰：非羊，雨工也。何謂雨工？曰：雷霆之類也。毅復視之，則皆矯顧挐步飲齕甚異，而大小毛角則與羊無別焉。當食萬羊相國李德裕為太子少保分司東都。嘗召一僧已之休咎，僧曰：公災當萬里南，去曰：南去遂不還乎。僧曰：當還耳，公訊其事，對曰：相國平生當食萬羊，今食九千五百矣，所以當還者未盡五百羊耳。公慘然而嘆曰：吾師果至人且我。元和十三年為丞相，張公從事於北都，嘗夢行晉山見山上盡目皆羊，有牧羊者十數迎拜我，我因問牧者，牧者曰：此侍御平日所食羊，吾嘗識此夢不洩於人，今者果如師之說耶。後旬日振武節度使米暨遣使至書於公，且饋四百羊，公大驚，即召告其事，僧嘆曰：萬羊將滿，公其不還乎。公曰：吾不食之亦可免耶。曰：羊至此已為相國所有，公戚然不悦。旬日貶潮州司馬，連貶崖州司户，竟没於荒裔。《太平廣記》望為羣羊王處存以輕兵三千蒙羊皮，夜布之野，李全忠軍望為羣羊，爭趨之。《李茂勳傳》思食燒羊仁宗性仁恕，一日晨興，語近臣曰：昨夕因不寐而甚饑，思食燒羊。侍臣曰：何不降旨取索，仁宗曰：比聞禁中每有取索，外面遂以為例，誠恐自此逐夜宰殺，以備非時供應，則歲月之久，害物多矣。豈不忍一夕之餒，而啟無窮之殺也。時左右皆呼萬歲，至有感泣者。《魏泰記》藕子瞻贊畫黃初平牧羊圖先生養生如牧羊，放之無何有之鄉。止者自止，行者行，先生超然坐其旁，挾册讀書羊不亡。化而為石起復僵，流涎磨牙笑虎狼。先生指呼羊服箱，號稱雨工行四方。莫隨上林芒屩郎，觵門舐地尋鹽湯。詩集仙人騎畨禺五仙人，騎羊各一色，手持六秬穗，翺翔遶城壁，翩然去乘雲，諸羊化為石，至今留空祠，異像猶可識。曾聞經猛火毫髮無痕跡，五仙寧復來，三說頗難測，只憂風雨至，半夜隨霹靂，君不見，匡廬劉越之洞天，萬象森羅無一尺。郭功甫《五仙謠》兒童駕細肋柔毛飽卧沙，煩公遣騎送寒家。忍令無罪充庖宰，留與兒童駕小車。黄魯直《戲答張祕監饋羊》。

（嘉泰）《會稽志》卷一七《羊》　《禮》云：羽鳥曰降，四足曰漬。曰漬者，謂死相瀸漬，而善耗敗也。六畜之死皆善耗敗，而羊爲甚。《禮》曰：羊曰柔毛，柔毛謂其不疾瘯蠡也。《詩》曰：羊牛下，來先羊後牛者，羊性畏露，晚出而早歸。常先於牛。《會稽往》：歲販羊，臨安渡浙江置羊艎版下，羊齧船茹，舟漏而沉溺者甚衆，至今人以爲戒。

（嘉泰）《吳興志》卷二〇《羊》　舊編云：安吉長興接近江東，多畜白羊。按：《本草》以青色為勝，次烏羊，今鄉土閒有無角斑黑而高大者，曰胡羊。

元　駱天驤《類編長安志》卷八　《㔶耳羊》新説曰：同州沙苑出卧沙㔶耳，羊其耳小如㔶，細脇如筋，其味偏美，別處到此大耳羊，生小耳，羊小耳，羊生㔶耳。羊，其地脉如此。

（萬曆）《兗州府志》卷二五　羊。《說文》曰：羔羊子也，羜五月生羔也。具六月生羔也。羍音達，七月生羔也。羒羊未卒歲也。牂，牝羊也。羒邠，牡羊也。《廣雅》曰：吴羊，北一歲曰北羒，三歲曰羝，其北一歲曰牸，羒三歲曰祥。吴羊犗曰羵，傳羖羊犗曰羯。羖羊毛長尺餘，北人引大羊以此為群。首記凡祭宗廟之禮羊曰柔毛。《古今注》曰：一名髯鬚主簿。《白澤圖》云：羊有一角，當頂上者，龍也。殺之震死。《春秋繁露》云：凡贄卿用羔，羔有角而不用，如好仁者。執之不鳴，殺之不謗，類死義者。跪飲其母，類知禮者。羊之為言，猶祥。故以為贄。大尾眠角者曰：綿羊直角，小尾者曰山羊，今鄒縣歲辦土貢。

明　陳耀文《天中記》卷五四《羊》　形舉，羊，祥也。象頭角足尾之形。孔子曰：牛羊之字以形舉也。羊在六畜，主給膳也。羊大則美，故从大羸瘦也。羊以瘦為羔羊子也。咩，羊鳴也。羴，羊臭也。《說文》云：達小羊也。薛綜答韋昭曰：羊子初生達小名，羔未成羊曰羜。大曰羊，長幼之異名。詩生民疏大羊為羬，六尺。《尸子》小羊曰：集韻柔毛，凡祭祀宗廟之禮，羊曰柔毛。

髯鬚主簿。羊一名髯鬚主簿。《古今注》：羊而不角曰羖，羊一名胡鬚郎。又名青鳥。蛟羊似羊，而無角，啖之毒。

羊贄。凡贄卿用羔，羔有角而不用，如好仁者。執之不鳴，殺之不謗，類死義者。羔飲其母必跪，類知禮者。羊之為言猶祥。故以為贄。《春秋繁露》、《譙周法訓》曰：羊有跪乳之禮，鷄有識時之候，鴈有庠序之儀，人取法焉。鄭氏《婚禮謁文》讚曰：羣而不黨，跪乳有敬，禮以為贄，吉事之宜。

六飛：有人黄頭大腹，出天齊政，三百四歲春秋命歷序神次之，號曰皇神。出淮，駕六飛羊，政三百歲，五葉千五百歲。六角羊，周成王時東夷進六角羊。周厲王元年，外國貢三角羊。

白血：犬戎朝天子于雷首之河，乃獻良馬四駟，天子使孔牙受之，曰：雷水之中，爰有黑牛面角黑羊白血也。《穆天子傳》：刲羊齊攻魯，魯使柳下惠于齊，齊侯曰：魯君將懼乎。柳下惠曰：齊魯之初封也，相與出周，南門刲羊，而約曰：自後子孫敢有相攻者令其罪，若此刲羊矣。臣之君固以刲羊不懼矣。齊侯乃解兵三百里。

羊舌為氏：昔有攘羊者，以羊頭遺晉叔向，向母埋之不食。後三年攘羊事發，追捕向家檢羊，骨肉都盡，唯有舌在，國人異之，遂以羊舌為氏。

尚羔：魯定公會晉師于瓦，范獻子執羔，中行文子、趙簡子皆執鴈，魯於是始尚羔。魯以前同贄，始知執羔之貴。謀羞：魯侯時欲以孔子為司徒，將召三桓而議之。左丘明曰：周人有愛裘而好珍，羞欲為千金之裘而與狐謀其皮，欲具少牢之珍而與羊謀其羞，言未卒，狐相率迯於重丘之下，羊相呼藏于深林之中，故周人之謀失之矣。今君欲以孔子為司徒，召三桓而謀之，亦與狐謀裘，與羊謀羞哉。

土怪：季桓子穿井，獲如土缶，其中有羊焉。使問仲尼曰：吾穿井得羊何也。對曰：以某所聞非羊也，木石之怪夔，魍魎，水之怪龍罔象，土之怪羵羊也。《家語》：魯哀公使人穿井，三月不得泉，得一生羊焉。公使祝鼓舞之，欲上於天，羊不能上，孔子見曰：水之精為玉，土之精為羊，此羊肝土也。公使殺羊，視肝即土。問仲尼曰：穿井獲狗何也。仲尼曰：以某所聞羊也。

植羊：晉文種菜，曾子植羊，非性闇蠢不辨方隅，以其運大不習小務也，

《劉子觀量篇》謂：刲羊皮，用土和之也。

羊盟：齊莊公之臣王國卑與中裏徼訟，三年獄不斷，使二人共一羊，盟齊社，以羊血灑社，讀中裏徼之詞未半，羊起而觸之，人以為有神。

隱於屠肆：屠羊説楚人，隱於屠肆，昭王失國，説往從王。王反國，將欲賞説。説曰：『大王失國，説失屠羊；大王反國，説亦屠羊。臣之爵祿複矣，又何賞之有？』王使司馬子綦延之以三圭之位，説曰：『願長反屠羊之肆耳。』遂不受。

拜鄰：魏文侯見宋陵子，三仕不願。文侯曰：『何貧乎？』曰：『王見楚富者，牧羊九十九而願百。嘗訪邑裏故人，其鄰人貧有一羊者，富拜之曰：「吾羊九十九，今君之一，盈成我百，則牧數足矣。」鄰者與之。從此觀焉，富者非富，貧者非貧也。』

臧穀亡羊：臧與穀二人相與牧羊，而俱亡其羊。問臧奚事則挾策讀書，問穀奚事則博塞以遊，二人事業不同，其亡羊均也。

荷箠：楊朱見梁惠王言治天下如運諸掌。王曰：先生有一妻一妾而不能治，三畝之園而不能耘，言治天下何也。曰：君見夫牧羊者乎，百羊為羣，使五尺童子荷垂而隨之，欲東而東，欲西而西。使堯牽一羊，舜荷垂而隨之，則不能前也。《列子・格虎》：張儀謂楚王曰：夫為從者，無異驅羣羊而致生虎，虎之與羊不格，亦明矣。今王不與虎而與羊，臣竊以為大王之計過也。《春秋後語》：鄭太對董卓驅虎兕，以赴犬羊。

將狼：黥布反，上病欲使太子將往擊之。四皓説建成侯曰：今諸將皆陛下故等夷，乃令太子將此屬，無異使羊將狼，莫肯為用。

敗羣：蔔式牧百羊，十餘歲致幹餘，上曰：吾有羊在上林，令子牧之，乃拜為郎。式布衣蹻而牧羊。歲餘，羊悉肥。上過其羊，善之。式曰：非獨羊也，治民亦如是。以時起居，惡者斥去。拜緱氏令。

出澗：《郡國志》云：吳房堂溪有白羊淵，淵水舊出山羊。漢武帝封二年，有白羊出此淵，畜牧者禱祀之，初出，一羊婦人大驚拍手，羊自此絶焉。今欲生羊，禁婦人拍手，是効古也。

牧讀：路温舒鉅鹿人，父為里監門，使温舒牧羊，温舒取澤中蒲截以為牒，編寫書《漢書》。王育，字伯春，京兆人也。少孤貧，為人慵牧羊，每過小學必戲欷流涕，時有暇即折蒲學書，忘而失羊，為羊主所債，育將鬻已以償之，同郡郭子章聞而嘉之，代育償羊，給其衣食，使與子同學，遂博通經史。子章以兄之子妻之。

叱石：皇初平年十五，家使牧羊，有道士見其良謹，便將至金華山石室中，四十餘年，忽然不復念家。其兄初起行索初平，歷年不得，後見市中有道士，乃問之，道士曰：金華山中有牧羊兒，姓皇字初，平兄乃隨道士與初平相見。語畢，問羊何在，在山東，兄往視但見白石不見羊。平曰：羊在耳，兄自不見，平乃往叱之曰羊起，於是白石皆起成羊數萬頭。

鬼化羊：南陽宗定伯夜行，忽逢一鬼。鬼問伯為誰，伯欺之曰吾亦鬼也遂為侶向宛。行倦，因相擔，問鬼曰鬼何畏曰鬼唯不喜唾耳欲至宛，便擔鬼著頭上，詣宛市，鬼化為羊。伯恐其變，遂唾之，因賣得錢千五百。買者將還系之。明旦見繩在。時人語曰宗定伯賣鬼，得錢千五百。

化羊。慈走入群羊中，而追者不分。乃數奉羊，果餘一口，乃知是慈化為羊也。追者語主人意，欲待見先生，暫還無怯也。俄而有大羊前跪而曰：『為審爾否？』吏相謂曰：『此跪羊，慈也。』欲收之。於是群羊鹹向吏言曰：『為審爾否？』由是吏亦不複知慈所在，乃止。《仙傳》：羊車，武帝平吳後多內寵，莫知所適，嘗乘羊車恣其所之至便宴寢。宮人乃取竹葉插户，以鹽汁灑地，而引帝車。胡貴嬪芳最蒙愛幸，殆有專房之寵。

宋之帝好乘羊車：經諸房潘淑妃每粧飾褰帷以候，并密令左右以鹽水灑地，帝每至户羊輒舐地不去。帝曰：羊乃為汝徘徊，況于人乎。以此愛傾后宮。《南史后妃傳》：劉毅奏羊琇乘羊車，請免官。詔曰：羊雖無制，非素乘者，可如其奏。

牧羊。張華少孤貧，自牧羊，同郡盧欽見而器之，鄉人劉放亦奇其才，以女妻焉。

質羊。桓彝亡後，子沖兄弟并少，家貧母患須羊以解，無由得之。温乃以沖為質羊，主甚富，言不欲為質，幸為養買得郎，買得郎沖小字也。及沖為江州，出射羊主于堂，邊看沖識之曰：我買得也，遂厚報之。

負魚：石虎嘗晝寢夢見羣羊負魚從東北來，寤以訪浮圖證，證曰：不祥也，鮮卑其有中原乎。慕容氏後果都之。

投客。顧霈者，吳之豪士。送客於昇平亭時，有一沙門在坐，是流俗道人，主當欲殺羊，羊繩斷便走來入此道人膝中，穿頭入袈裟下，道人不能救，即將去，而殺之，既行，炙主人先割以啖道人，道人食炙下喉，炙便自走行道人皮中，痛毒不可忍，呼醫來針之，以數針貫之，炙猶動搖，乃破出之，故是一臠肉耳。道人於是得病，作羊鳴吐沫，還寺少時便死。王克為永嘉郡守，有人餉羊集賓欲讌，而羊繩解來投一客，先跪兩拜，便入衣中，此客竟不言之，固無救，請須臾宰羊為炙，先行至客，一臠入口便下皮內周行，遍體痛楚，號叫方復說之，遂作羊鳴而死。

羊怪。吳興俞亮以永明八年補護軍府吏，於長眠處聞有羊聲，疑為神怪。竊於户窺之，見其床下有一羊，可高二尺，毛色若丹光耀滿室。

夢盜入獄。京兆許超夢盜羊入獄，問於楊元慎曰：君當得陽城令，其後有功封陽城侯。

青衣乞命。隋大業中，長安趙文若嘗因使暫憇一驛廳，上夢一青衣婦女乞命甚急。文若驚寤，問之乃驛長將殺青牸羊相待也，即贖放之。

鬬羊。王君㚖破吐蕃於青海西。張説策其且敗，因上巂州鬬羊於帝，以申諷諭，曰：使羊能言，必將曰鬬，而不解，立有死者。所賴至仁無茂，量力取歡焉。帝識其意，納之，賜綵千匹。後西舍利凡曲名十有二五曰：鬬羊勝驃云來，乃昔有人見二羊鬬海岸，強者則見弱者入山，時人謂之來，乃來乃者勝勢也。食頭。開元末有人好食羊頭者，嘗晨出有怪在門焉。羊頭人身怪衣冠甚偉，告其人曰：吾未之神也。其屬在羊，吾以汝好食羊頭，故來告汝，輟食則已，若不爾，吾將殺汝，其人大懼，遂不復食。

食羊。邠公杜悰福壽，少倫日食五飧，一食之費皆至萬錢，京西李客見人牧羊遍滿山谷，不知幾千萬口，詰之自何而來，自鄜夏供相公食耳。指顧之際，轉首恍然並無所覩，乃神靈所授也。中朝故事，李德裕為太子少保分司東都，嘗召一僧問已之休咎。僧曰：公災，當南行萬里。公曰：南去遂不還乎。僧曰：當還耳，公究其事對曰：相國平生當食萬羊，今食九千五百矣。所以當還者，未盡五百羊耳。公慘然而嘆曰：吾師果至人且我。元和十三年為丞相，張公從事於北都嘗夢行晉山，見山上盡目皆羊，有牧羊者十數迎拜，我因問牧羊者，牧者曰：此侍御平生所食羊。吾嘗識此夢不洩於人，今者，果如師之説耶。後旬餘，振武節度使米塈遣使至書於公，且饋四百羊。公大驚，即召僧告其事，僧嘆曰：萬羊將滿，公其不還乎。公曰：吾不食之亦可免耶。曰：羊至此已為相國所有，公戚然不悅。旬日，貶潮州司馬，連貶崖州司户，竟沒於荒裔。一品集冥數論云：余嘗三遇異人，非卜祝之流，惟再謫，南服未嘗有前知者，則萬羊之説，疑即杜公事，而宣室志等傳聞之誤耳。

蒙皮。王處存以輕兵三千蒙羊皮夜布之野，李全忠軍望為羣羊，爭趍之。

羶根。薛昭緯經巢賊亂流離絶粮，遇舊識銀工延昭緯飲食甚豐，以詩謝之曰：一楪氈根數十皴，盤中猶更有紅鱗。早知文字多辛苦，悔不當初學治銀。

請命。黄載，字元吉，精究經史，遂不復進取，肄業之士多從之，諸生醵會市羊以俻饌，載夢一羊前跪請命，晨出見羊跪，伏如所夢載。以已緡償諸生而畜其羊。又畜一犬，亦頗馴，出入則羊，犬聯隨潭倅。夏中正為作犬羊仙序以記其事。《南唐書》：羊生人手寧州真寧縣，有牽羊教化者，其羊胸前有一手，抱胸如人。手有六指甲，如羊頗長。皆言前身為人，因過惡致此。縣令張元弼疑之，主簿尹良臣曰：此無他人與羊交耳，衆人皆伏。

苦泉羊。梁氏志云：馮翊朝邑縣許原下地有苦泉水，味醎苦，羊飲之肥，而肉美。今於泉側置羊牧，因相传渭沙苑細肋羊。諺曰：苦泉羊，洛水漿。

一角。龍魚，《河圖》曰：羊有一角，食之殺人。《白澤圖》曰：羊有一角，當頂土龍也。殺之震死。

如驢。僧玄裝至西域，大雪山高嶺上有一村養羊，大如驢。生土拂林國有羊羔，生于土中，其國人候其欲萌，乃築垣以環之，防外獸所食，然其臍連地，割之絶則死。惟人著甲走馬擊鼓駭之，其羔驚鳴而臍絶。因逐水草，以一二百口為羣。

大尾。月氏有羊尾重十斤，稍割以供食，尋生。如故宋膺《異物志》康居出大尾羊，尾上旁廣重十斤。靈羊，尾大者，重二十斤，行則以車載羊。

取脂。大食勿斯離國産胡羊，高三尺餘，其尾如扇。每歲春時割取脂二十餘斤，再縫合，仍生。不取則脹死。又莊浪有䝼羊，土人歲取其脂，羊久復滿腹。

二種羊。有二種不可食，毛長而黑壯者曰骨攊，白而有角者曰古羊，皆羶臭，發病。羊之大者，不過五十斤，奚中所産者，百餘斤。

龍羊。龍羊出吐蕃及蜀威茂州，形似畜羊而大，其角繚上，重八九兩，黑質而白文，帶以為帶胯，其用亂犀。

青羊。千歲之樹精為青羊。《玄中記》厨賓國出野青羊，如翠色，土人食之。

四種。忽魯謨斯國羊有四種。大尾綿羊重七八十斤，其尾濶一尺餘，拖地重二十斤。狗尾羊如山羊，尾長二尺餘。鬬羊高二尺七八寸，前截毛長拖地，後半皆剪浄頗似綿羊。角彎向前上，帶小鉄牌好鬬，好事者養之，賭博為戲。瀛羊《勝覽》尾毛短如犬，阿丹國綿羊，白毛無角，於角處有兩搭圓，黒甚異，其項下如黄牛袋，毛短如犬，尾大如盤。

跛牂。故十仞之城樓季弗能踰者，峭也。千仞之山，跛牂易牧者夷也。故明王峭其法而嚴其刑也。韓子《五蠹》：李斯對二世書曰：城高五丈而樓季不輕犯也。太山之高，百仞而跛牂牧其上夫樓季也。而難五丈之量豈跛牂而易，百仞之高哉陗塹之勢，異也。

五角。蜀復山郡有五角羊。

羬羊。羬羊之㲲，鳴不類。羬羊，大羊也。

虎皮。或曰：有人焉，自姓孔而字仲尼，入其門升其堂，伏其几襲其裳，則可謂仲尼乎。曰：其文是也，其質非也，敢問質。曰：羊質而虎皮見草，而説見豺而戰，忘其皮之虎也。楊子、吾子滛佷，卞彬為禽獸决録目禽獸云：羊性淫而佷，猪性卑而率，鵝性頑而傲，狗性險而出，皆指斥貴勢。其羊淫佷，謂呂文顯。猪卑率謂朱隆之。鵝頑傲謂潘敞。狗險出謂文度。其險詣如此。

皂莢。江東謂羖羊角，為皂莢。

融鉄。鑄鉄不銷，以羊頭骨灰致之，乃消融也。

變羊。萬壽年中長安百姓李審言忽得病如狂，須與羊同食，家人無以止，求醫不效，後忽西走近將百里，路傍遇羣羊，遽走入其内，逐之者方至，審言已作為一大羊於衆中不能辨認，及家人齊至泣而釋之，其一大羊乃自語曰：將我歸，慎勿殺我，我為羊快樂，人何以比，遂將歸飼養，以終天年。

明　胡應麟《少室山房筆叢・乙部》卷八《夷羊》

《史記・周紀》武王曰：維天不享殷，自發未生于今六十年，夷羊在牧，蜚鴻滿野。徐廣曰：夷羊，怪物也。蜚鴻，蟣蠓也。張守節曰：夷羊，一本作麋鹿，喻小人在朝也。飛鴻，喻君子放棄。鄭玄曰：蜚鴻，鴈也。知避陰陽寒暑，喻民去無道，就有道。慎按：三説皆如，眯目而道黒白者，詳此文。攄實事言非喻也。紂有鹿臺以養鹿，故曰麋鹿在牧。蜚鴻，馬名，若白蟻，紫燕，之類，蓋良馬也。養麋鹿，而棄良馬，故曰麋鹿在牧，飛鴻滿野，言其養無用，而害有用也。

按：晦伯正楊歷引諸證辯，鹿臺非養麋鹿之所，商辛非棄良馬之人，確矣。第《史記》此文，全引《逸周書》。《逸周書》本曰：夷羊在牧，不曰麋鹿也。二字自是史記誤。徐廣但云夷羊怪物，孔晁周書注，及諸家史記注，並不言。余考《竹書紀年》，帝辛四十八年，夷羊見，正與《逸周書》合。蓋商羊，羵羊之類，殷將亡之兆也。諸注略無及此者，至引喻設譬尤迂，而可笑因錄後云。

明　李時珍《本草綱目》卷五〇《羊》

集解

《別錄》曰：羊生河西。弘景曰：羊有三四種。入藥以青色羖羊為勝，次則烏羊。其㹀羴，為藥不及都下者，然其乳、髓則肥好也。頌曰：羊之種類甚多，而羖羊亦有褐色、黑色、白色者。毛長尺餘，亦謂之人引大羊以此為群首，又謂之羊頭。詵曰：河西羊最佳，河東羊亦好。若驅至南方，則筋力自勞損，安能補益人？今南方羊多食野草、毒草，故江浙羊少味而發疾。南人食之，即不憂也。惟淮南州郡或有佳者，可亞北羊。北羊至南方一二年，亦不中食，何況於南羊，蓋土地使然也。宗奭曰：羊出陕西、河東，尤狠健，毛最長而濃，入藥最佳。如供食，則不如北地無角白大羊也。又同、華之間有小羊，供饌在諸羊之上。時珍曰：生江南者為吴羊，頭身相等而毛短。生秦晉者為夏羊，頭小身大而毛長。土人二歲而剪其毛，以為氈物，謂之綿羊。廣南英州一種乳羊，食仙茅，極肥，無複血肉之分，食之甚補人。諸羊皆孕四月而生。其目無神，其腸薄而縈曲。在畜屬火，故易繁而性熱也。在卦屬兑，故外柔而内剛也。其性惡濕喜燥，食鉤吻而肥，食仙茅而肪，食仙靈脾而淫，食躑躅而死。物理之宜忌，不可測也。契丹以其骨占灼，謂之羊蔔，亦有一靈耶？其皮極薄，南番以書字，吴人以畫采為燈。

附錄

大尾羊時珍曰：羊尾皆短，而哈密及大食諸番有大尾羊。細毛薄皮，尾上旁廣，重一二十斤，行則以車載之。《唐書》謂之靈羊，雲可療毒。胡羊《方國志》云：大食國出胡羊。高三尺餘，其尾如扇。每歲春月割取脂，再縫合之，不取則脹死。葉盛《水東日記》云：莊浪衛近雪山，有饕羊。土人歲取其脂，不久複滿。洮羊出臨洮諸地，大者重百斤。郭義恭《廣志》云：西域驢羊，大如驢。即此類也。羊出西北地，其皮蹄可以割漆。封羊其背有肉，封如駝，出涼州郡縣，亦呼為駝羊。地生羊出西域。劉鬱《出使西域記》：以羊臍種於土中，溉以水，聞雷而生，臍與地連。及長，驚以木聲，臍乃斷，便能行齧草。大秦國有地生羊，其羔生土中，國人築牆圍之。臍與地連，割之則死。但走馬擊鼓以駭之，驚鳴臍絶，便逐水草。吴策《淵穎集》云：西域地生羊，以脛骨種土中，聞雷聲，則羊子從骨中生。走馬驚之，則臍脱也。其皮可為褥。一云：漠北人種羊角而生，大如兔而肥美。三説稍異，未知果種何物也？當以劉説為是，然亦神矣。造化之妙，微哉！羵羊土之精也，其肝土也，有雌雄，不食，季桓子曾掘土得之。又千歲樹精，亦為青羊。

明　孟思《孟龍川文集》卷一〇《訟盜羊上劉憲吾明府》　當道觸惡，幸逢冠廌之神。君挾筴讀書，乃有亡羊之臧僕。治居隣壤，屬此乘田維事瑣瑣，得轄如毛柰，氓蚩蚩困羸其角，敬躑躅於臺下，仰鳴吐其情衷。竊以某役志芸，編棲身草野，嗟有術而圖，伯難望范蠡之養生，媿無才以晚成。又非馬援之畜牧，恒心存為士之業。常産固農家者，流餼牽柔毛，遵周典而供祀，炰羔烹羜，效楊惲以自勞沙苑。雖宜臣勝未長故，就在坰之野，特委求芻之僮，因彼悼塞以遊失此，荷竿之役日之夕矣。曷不下來月出皎兮，莫知其鄉。旁求諸野，兼無涇水之雨，工以時入山，莫非金華之白石。正迷多方之岐路，忽來彼黨之直躬為寇。有言牽羊而信尔，羝觸藩不進也，不退也。我昆于易乃縶之，乃維之，士刲而女承筐，右牽而左其首蒸而爛，與漢關內可證。其頭瘞以謾藏，晋大夫尚存其舌，彼已反屠說之肆，我猶為華元之疑，此而有容，孰不可忍，不矜細行利，見大人恭惟。

閣下海內才雄，斗南名士于英萬傑，寔寰宇之眞材，四瑚八璉為廟廊之重器。獝怪洽聞東魯續宣尼之學，羔羊素節召南詠大夫之賢。其為人也，克清克慎，克勤於從政乎。有猷有為有守，故能去。卜式害群而良于牧，用乘田茁壯以肥其民。選瘦羊而過其清威乳乕以懲其惡。如漢之廌吏，盜牛束歸體魯之眞儒。晨羊不飲用茲敏手試以儁才。果足以攝鼠竊之奸，明有以燭虎皮之詐，證既具乎。両造折不待以片言，殷罰有倫，辠人斯得，然猶擴其不忍以充易牛之仁惜乎。無傳而存玄羊之禮，善明刑而弼教能盡法，以全恩宰天下之宏。猷牛刀小試位台啫之首座，鵲印終開歌咏誕，䟦企蹺佇俟。某株學待兔，鞭失後羊以致弟證其兄攘，共笑堯牽而舜牧，蠻觸蝸戰奚争為富不仁。秦塞狗偷，盖欲小懲大戒，波及河潤汙納海涵，以君子之心，置小人之心，民皆服一可信。辨犬羊之鞟，非乕豹之鞟，政可媲。三不欺奚，但鄙儒能揚，良宰殊蒙，公庇曷謝私忱三薰沐以裁章。九頓首而遺使，有慚冒瀆，無任凌兢。

明　彭大翼《山堂肆考》卷二二一《羊》

欲去餼羊

《論語》：子貢欲去告朔之餼羊。

不食攘羊

《列仙傳》：昔有攘羊者，以羊遺叔向，向母埋之不食。後攘羊事發，追捕向家，驗羊，骨肉都盡，唯有舌存，國人異之，遂以羊舌為族。

無睛能視

《易》注：羊無睛而能視，死不瞑目。

有角不用

《春秋繁露》：凡贄卿用羔有角而不用，類仁者。執之不鳴，殺之不嗥，類死義者。飲其母必跪乳，類知禮者。故以為贄。譙周法訓：羊有跪乳之禮，雞有識時之候，鴈有庠序之儀，人取法焉。

宜黍

《周禮》：羊宜黍，注云：羊火畜，黍火穀，故羊宜黍也。

悦草

臨川吳氏：羊外柔能悦草，而內剛狠，故兑為羊。《禽獸决錄》：羊性淫而狠。

嶽精

《易是類謀》：泰山失金雞，西嶽亡玉羊。鄭玄注：金雞、玉羊，二山之精。

逆楚

左宣十二年，楚子圍鄭，鄭伯肉袒牽羊，以逆曰：孤不天不能事君，使懷怒，以及敝邑，孤之罪也。

華元食士

左宣二年，宋華元殺羊食士，其御羊斟不與。及戰，曰：疇昔之羊子為政，今日之事我為政，與入鄭師，故敗。君子謂，羊斟非人也。以其私憾敗國殄民。

沈猶詐人

《孫卿子》曰：魯販羊者，曰沈猶氏朝飲其羊以詐市人。孔子為魯司寇，不敢飲羊。

麾肱畢來

《小雅》：爾羊來思，矜矜兢兢，不騫不崩，麾之以肱，畢來既升。

燒尾則定

《侯鯖錄》：新羊入羣，與諸羊相觸，火燒其尾，則定。

盟社

《墨子》曰：齊莊公之臣王國卑與中里㢢者訟三年，而獄不斷。恐失有罪，乃使二人共一羊盟齊之社，二子相從以羊血灑社，讀王國卑之詞已盡，檄之詞未半，祭羊起而觸中里檄，齊人以為神。

尾如馬

《山海經》：羬羊尾如馬。

背如駝

《涼州異物志》：封羊，其背如駝。《廣志》曰：驢羊如驢。

望為羣羊

《李茂勳傳》：王處存以輕兵三千，蒙羊皮夜布之野，李全忠軍望為羣羊，爭趨之，遂致敗。

羊脂柔銀

《丹房鏡源》：羊脂柔銀軟銅，羖羊角縮賀，賀錫也。

羊腹生石

按：牛有黃，狗有寶。羊有卵石，俱在腹中。附膽而生，羊卵石白色如玉，絕類狗寶，可治翻胃及羊病。

明 鄭若庸《類雋》卷三〇《羊》 【跪乳】《春秋繁露》曰：凡贄卿用羔，羔飲乳于其母必跪，類知禮者。故羊之為言祥，故以為贄。【臧穀】《莊子》云：臧與穀二人相與牧羊，而俱亡羊。問臧奚事則挾策讀書，穀奚事則博塞以游，二人事業不同，其亡羊均也。【荷箠】《列子》云：楊朱見梁王言治天下如運諸掌。王曰：先生有一妻一妾而不能治，三畝之園而不能芸，言治天下何也。曰：君見夫牧羊者乎，百羊而羣，使五尺童子，荷箠而隨之，欲東而東，欲西而西。使堯牽一羊，舜荷箠而隨之，則不能前矣。【皮質】楊雄《法言》云：敢問，質曰羊質，虎皮見草而悅，見豺而戰，忘其皮之虎也。【淫脯】《博物志》云：陰夷山有淫羊，一日百遍脯，不可食。但着牀席間，已自驚人。又有作淫羊脯法，取羖羖各一別，繫令相近，而不使相接食之，以地黃竹葉，飲以汁米，瀋百餘日後，鮮放之，欲交未成便牽，兩殺之，膊以爲脯，男食羖女食羖則並如狂，好醜亦無所避。其勢數日乃歇治。方煮茱萸、菖蒲汁飲之，又以水銀宮脂塗陰，男子即痿。宮脂，鹿脂也。【類異】《述異記》云：羊而不角，呼蛟羊。一名朝髯郎。一名青鳥。【祀竈】《搜神記》云：宣帝時，陰子方者極孝，有仁恩。正當臘日晨炊，而竈神形見子方再拜。家有黃羊，因以祠之。【舌存】《列神傳》云：昔有攘羊者，以羊遺叔嚮，母埋之不食。後三年攘羊事发，向追捕嚮家，檢羊，骨肉都盡，唯舌有在，因人異之，遂以羊舌為族。【異類】《字林》云：羺，胡羊也。羫，羊腊也。似羊四耳九尾，目在背。【樹精】《玄中記》云：千歲之樹精化爲青羊。【髯簿】崔豹《古今注》云：羊一名美髯鬚主簿。【柔毛】《曲禮》云：祭羊曰柔毛。【宜黍】《周禮・天官・食醫》云：凡會膳食羊宜黍。【取敗】《左傳》宣上曰：華元殺羊享士，其御羊斟不與。及戰，曰：疇昔之羊子爲政，今日之事我爲政，輿入鄭師，故敗。【肉袒】《史記》云：武王克殷，微子持其祭器，肉袒面缚牽羊，把茅膝行而前。【食鹿】《穆天子傳》云：舂山大羊食鹿豕。《三合春秋説題辭》云：羊者，祥也。合三而生，以養王也。【將狼】《史記》云：黥布反，欲使太子將往擊之。四皓謂建成侯曰：今諸將皆陛下故等夷，乃令太子將此屬，無異使羊將狼。【各類】《説文》曰：羔羊子也，羜，五月生羔也。六月生羔也。羍，七月生羊也。挑，羊未卒歲也。牂，牝羊也。羒，壯羊也。羠，乘羊也。羳，黃腹羊也。羥，羊名也。【各名】《爾雅》云曰：羸大羊，羱如羊，羊牡，羒牡，牂，夏羊，牡羭。羳，羊黃腹。未成羊，羜絕有力，奮羊六尺爲羬。【角戢】《毛詩》云：無羊宣王考牧也。誰謂爾無羊，三百維羣，爾羊來思，其角戢戢。【土怪】《家語》云：季伯子穿井，獲如玉缶其中有羊，使問仲尼，曰：吾穿井得羊，何也。對曰：以丘所聞非羊也，木石之怪，夔魍魎水之怪，龍罔象土之怪，羵羊也。【壁人】《傳》云：衛玠少時乘白羊於洛陽市，市人觀之咸曰：誰家壁人。於是家聞州黨，遂號曰壁人。【負來】《博物志》云：胡熏蜀中本無，洛中人有軀羊入蜀者，胡熏子着羊毛，蜀人取種，因名曰羊負來。又外國得胡麻豆，或曰戎菽。【懸頭】《雜五行書》云：懸羊頭門上，除盜賊。

明 張以誠《賜也爾愛其羊》《四書文》卷二 聖人議存羊，其觀禮深矣。夫羊與禮非有二也，愛禮而羊弗得議去矣，賜豈見及此哉？昔先王制禮，名實相維，始則因實以立名，既則因名以稽實。故有禮失而求諸守藏，征諸故典者，則名未亡也二乃今告朔者而徒羊乎哉？以跡觀之則羊，以實求之則禮也。想昔先王忠孝之思莫有隆焉，猶藉歲供之靡文以表實意；況後人恪共之念日益替矣，可捐故府之遺跡以泯舊章。故此一羊也，爾見以為羊，則可以己意議去留，而虛縻不若節省之策便；我見以為禮，則當為萬世計絕續，而惜費不若存名之慮長。以先王之精意，有出於牲栓告虔之外，則是羊者小物也。不知惟小物猶克共而後見禮，系尊王有無巨無細而不敢廢墜者，其兢兢一念猶在也。以今日之陵夷，不過為奉行故事之常，則是羊者虛文也。不知惟虛文猶克謹而後見禮，系勤民有無盛無衰而不敢苟且者，其凜凜一念猶存也。王跡雖熄，而太史所頒，未嘗不以一羊志正朔之未改。則顧瞻舊典，因而知有先公先王，其所遏抑者多矣。況循名責實，興複固有待乎？時政雖棄，而太祝所掌，未嘗不以一羊紀月令之屢新。則式瞻廟貌，因而知有作事厚生，其所維系者大矣。況援今證古，振起易為力乎？如謂羊可去，則先王既已創禮，焉用置羊？其故可思也。魯人敢於廢禮，何未敢於去羊？其故又可思也。魯國雖小，猶號秉禮，奈何以一羊故，泯先王遺意哉？

說因羊以存禮，尚多一層，推原即羊即禮，更覺親切有味。用意深微，脱盡此題膚語。

明 陳際泰《賜也爾愛其羊》《四書文》卷二　聖人以事存禮，故有慎用其愛者焉。蓋羊者禮之寄也，禮重而羊不得獨輕，聖人之愛所以異於賢者之愛與？且宗廟之事即遠，有廢而無立，此有為之事，一偏之言耳二要其有關於禮法之大者，與其過而廢也。毋寧過而存之。即如告朔之餼羊。而賜乃議去，賜於此可謂不善用其愛矣，夫以綜練名實之心擬賜，則浮費而無用者，皆從節嗇，羊雖小，去之所以例乎羊之外者，即以感慨時事之意諒賜，則空存而無實者，無事虛糜二羊雖具，去之所以憤乎羊之前者，賜之見非不謂然。然吾獨惜其愛止及於一羊也。夫羊也而豈徒羊也乎？論羊於昔日，是告朔之禮存而俱存者也。禮既居其重焉，而羊不得獨輕。論羊於今日。是告朔之禮亡而不盡亡者也。禮既值其輕焉，而羊不得不重，何也？凡人之情，當其多焉不甚惜，當其少焉而愈惜之矣，今日之羊是也。天下之廢敗不可知，而但於廟中足占天下焉。求所為丕顯丕承之故跡了不複存，而僅留一羊，此陳寶赤刀所為珍秘也，一羊無恙。即一禮無恙，我所沾沾護持而不敢輕議者。誠謂此一脈之所寄焉耳？凡人之情，當其少焉不甚貪，當其多焉則既貪之矣，亦今日之羊是也。異時之興複不可知，而但於今日可待異時焉。蓋賴此先王先公之神靈不容盡泯，而乃遺一羊，此剝果蒙泉所為發生也二一羊無恙即一切之禮無恙，我所為斤斤寶貴而不敢一擲者，誠為此全體之所存焉耳一賜乎，奈何爾之所愛，乃不如我之所愛也哉！為節嗇故而去羊。志既狹而不廣；即為感憤之故而去羊。智複淺而不深。先王之禮。不幸一厄於先公之不視朔，又不幸再厄幹賜之欲請去羊也。悲夫！

中二比於實理虛神推闡曲盡，却只是註中猶得以識之而可復焉之意，可知文人無筆，雖有顯思亦不能達也。

明 王罃《群書類編故事》卷四《宮中羊車》　晉武帝多內寵，平吳之後，復納孫皓宮人數千，自此掖庭殆將萬人，而並寵者甚衆。帝莫知其所適，常乘羊車，恣其所之，至便宴寢。宮人乃取竹葉插户，以鹽汁灑地，而引帝車。

清 徐松《宋會要輯稿·刑法二之四》［淳化二年七月］先是，黄門方保言獻議于邠、寧、慶等州買羊，分遣官健牧養村野間，侵民田，妨種藝，數郡被其害。自今宜罷之。

又《食貨三五之四六》［景德二年五月二日］陝西沿邊州軍，蕃部罰納、獻送羊畜，悉籍入公帑，以給軍中用度。

又《禮一四之一二一》［紹興二年三月］景靈宮，諸殿神御酌獻食，合用羊三百三十八口，以三分爲率減一分。

又《職官二一之一四》［紹興二十九年八月］牛羊司有不堪宰殺，及有宰殺下不堪供奉羊口，令監官躬親驗實，牒送臨安府，依市價三分減一分出賣。收到錢，令本府赴左藏庫送納，守取朱鈔牒送本司照會。

清 陳元龍《格致鏡原》卷八六《羊·詳類》　邢昺《爾雅疏》：白羒，謂吳羊也。其牝者，名牂。云夏羊者，黑羖攊也。其牡者，名羭。即助斌也。其牝者，名羖。郭璞云：今人便以牂，羖，為白黑羊名。其實白羊牝者名牂，黑羊牝者名羖。羊角不齊，一長一短者，名觤觠捲也。羊角捲三匝者，名羷。羊之黄腹者，名播。羊新生未成羊者，名羜。郭云：俗呼五月羊為羜。詩《小雅·伐木云》：既有肥羜是也，壯大絶有力者，名奮。《廣雅》：牡一歲曰羝，三歲曰羝，牝一歲曰牸，二歲曰牂。吳羊犗曰羠，羖羊犗曰羯，羊子曰羜。《説文》：羜，五月生羔也。羍，六月生羔也。羍，七月生羔也。羠，羊未卒歲也。羠，乘羊也。羥，羊名也。《玄中記》：羺，胡羊也。羫，羊腊也。《爾雅》：羊六尺為羬。《博物志》：羊而不角曰羖羊。《太玄》：羦羊之毅鳴不類。注：羦羊，大羊也。刋繆正俗問，小羊未成為旋子。何答曰：按《呂氏字林》羴音選，未晬羊也。今言旋者，語訛耳。當言羴子也。達亦小羊。詩云：先生如達，羊子易生。無留難也。《廣博物志》：羊以正月產者為上，羔仲冬產者為次，羔季春以後產者為下。羔，《楊膳夫録》：羊有二種不可食，毛長而黑壯者，曰骨攊。白而有角者，曰古羊。皆羶臭發病。羊之大者，不過五十觔。奚中所産者，百餘觔。《本草綱目》：生秦晉者為夏羊，頭小身大毛長，土人剪其毛為氈，謂之綿羊。《瀛涯勝覽》：阿丹國綿羊白毛無骨，於角處有兩搭圓頂甚異，其項下如黄牛袋，毛短如犬，尾大如盤。忽魯謨斯國有大尾綿羊重七八十斤，其尾濶一尺餘，拖地，重二十斤。狗尾羊如山羊，尾長二尺餘。鬭羊高二尺七八寸，前截毛長拖地，後半皆剪淨頗似綿羊，角彎向前上，帶小鐵牌，好鬭。好事者養之，賭博為戲。《事林廣記》：大食勿斯離國産胡羊，高三尺餘，其尾如扇，每歲春時割取脂二十餘斤再縫合，仍生，不取則脹死。《續漢書》：鮮卑國有原羊。《廣志》：羱羊，角重於肉。《埤雅》：羱羊似吳羊而大角，角橢善鬭至死。《釋獸》：所謂驨如馬，羱如羊者，即此是也。羱羊之在原，不可牢畜者也。一曰狀若騾，而羣行，暑天塵露，在其角上生草戴行，愛之獨寢。《爾雅》：麢大羊，註：麢羊似羊，而大角圓鋭，好在山崖間。《寰宇志》：安南高石山出羚羊，一角極堅，能碎金剛石。《埤雅》：羚羊似羊，而大角有圓繞蹙文，夜則懸角木上，以防患。《語》曰：麢羊掛角，此之謂也。今以其角為馬排沫，特善。《本草拾遺》：羚羊角有神，夜宿以角掛樹不著地。《鳥獸續考》：麢羊類羊，青而大，其角長一二尺有節如指，極堅勁。今用以角，有掛痕者良。《星槎勝覽》：阿丹國羚羊谷，九尾羊。《益州方物贊》：龍羊出吐蕃及蜀威茂州，形似畜羊而大，其角繚上重八九兩，黑質而白文，以為帶胯。其用亂犀。《酉陽雜俎》：僧玄奘至西域大雪山，高嶺上有一村養羊，大如驢。《事物紺珠》：驢羊生韃靼，大如驢，尾巨而厚類扇。自脊至尾，或重五斤，皆脂，以為假熊，白能順行至數百里。毛欲落如絮，可綫。《博物志》：蛟羊似羊，而無角。啖之毒。《急就篇》顔氏注：夷羊重百斤者為羠。王應麟補注：夷羊，怪獸殷之衰。夷羊在牧。《山海經》：錢來山有獸，其狀如羊，而馬尾，曰羬。注：今大月氏國有大羊如驢，馬尾是也。《涼州異物志》：封羊其背如駞。《本草》：羊出西北地，蹄皮可以割黍。《虞衡志》：廣西英州多仙茅，其羊食之舉體化為筋，不復有血肉，名乳羊。《清波雜志》：河北羊之頭有重百斤者。呂忱《字林》：野羊大角者也。《本草》：羳羊出西番耳，甚小，西人謂之羳耳。《異物志》：月氏有羊，大尾，稍割以供賓，亦稍自補復。《廣志》：大尾羊，細毛薄皮，尾上旁廣重且十斤，出康居。《事物紺珠》：大尾羊亦名羯，尾大者三斤。小者一斤，肉似熊白，出哈密。《天中記》：忽魯謨斯國有靈羊，尾大者重二十斤，行則以車載尾。《酉陽雜俎》：向北有濮固羊大而美。《寰宇記》梁氏志云：馮翊朝邑縣許原下地有苦泉，水味鹹苦，羊飲之肥而肉美。今於泉側置羊牧，因相傳謂沙苑細肋。羊諺曰：苦泉羊，洛水漿。《天中記》：莊浪有饕羊，土人歲取其脂，非久復滿腹。《穆天子傳》：雷水之中爰有黑羊白血。《道書》：食黄羊者，仙。《酉陽雜俎》：罽賓國出野青羊，尾如翠色，土人食之。《潛確類書》：北方有紅羊，為世珍味。《南越志》：尉佗之時，有五色羊以為瑞，因圖之府廳。《王會圖》：高夷貢嗛羊四角。《述異記》：周成王時，東國進六角羊。周厲王元年，外國進三角羊。《後漢書》：蜀復山郡有五角羊。《北史》：吐谷渾拾寅通使於宋，獻四角羊。

旭按：羊，吳羊也。頭身相等，今處處有之，産湖州者，毛細而長，可爲筆。

清　方旭《蟲薈》卷二《羊》　《談薈》：羊一歲而三生，其生江南以東者，多白。生江南以西者，多黑。其脂可柔銀，其頭骨燒灰，能消鐵。

《格致鏡原》：羊目無睛。

《致富全書》：羊以正月、十二月生者，爲佳。

又　夏羊。《本草綱目》：夏羊，綿羊也。生秦晉間，其頭小而身大毛長。土人二歲一剪其毛，以爲氊。

又　水羊。《八紘譯史》：占城多水羊。

又　乳羊。《坤輿外紀》：南印度産乳羊，頂生兩乳下垂，乳甚肥壯。旭按：《桂海虞衡志》云：乳羊出英州，其地多仙茅，羊食之舉體悉化爲肪，不復有血肉，食之宜人，疑此乃別一種乳羊。

又　莧羊。《本草綱目》：莧羊似山羊，而角甚細。

又　綿羊。《桂海虞衡志》：綿羊出邕州溪洞及諸蠻國，與朔方胡羊不異。旭按：此與上綿羊異。

又　羜羊。《本草綱目》羜羊出西北地，其蹄皮可以割黍。

又　野青羊。《酉陽雜俎》：罽賓國有野青羊，尾翠色，土人食之。

又　大頭羊。《西域記》：回地有大頭羊，角長而盤，生肉甚粗劣，皮則温煖。

清　郝懿行《證俗文》卷七《牛羊曰足》　《貨殖傳》：牛千足，千足羊。師古曰：凡言千足者二百五十頭也。案《禮》、《曲禮》牛曰：一元大武，注云：元，頭也。武，迹也。此則武亦足也。又牛亦可曰頭矣。牛亦曰：蹏角。《貨殖傳》：牛千蹏角。孟康曰：百六十七頭也。馬貴而牛賤，以此為率也。師古曰：百六十七頭牛則為蹏與角。凡一千二也。言千者，舉成數也。羊彘皆曰：足，亦曰雙。《貨殖傳》：澤中千足彘，羊彘千雙。師古曰：彘即豕。

清 黃中松《詩疑辨證》卷一《羔羊篇》 序曰：《羔羊》、《鵲巢》之功致也。召南之國，化文王之德，在位皆節儉正直，孔云：毛以儉素由于心，服制形于外。章首二句，言裘得其制，是節儉也。無私存於情，得失表於行。下二句言行可蹤跡，是正直也。鄭以退食為節儉，自公為正直，羔裘言德能稱之，委蛇者自得之貌，皆節儉正直之事也。德如羔羊也。朱子云：此序得之，但德如羔羊一句為衍說耳。今攷鄭、孔釋德如羔羊句。鄭云：《鵲巢》之君，積行累功，以致此《羔羊》之化。在位卿大夫競相勸化，皆如此《羔羊》之人。孔云：《宗伯》注云：羔取其羣，而不失其類，士相見。注云：羔取其羣而不黨。《公羊傳》何休云：羔取其贄之不鳴，殺之不號，乳必跪而受之死，義生禮者，羔羊之德也。今人之德，皆如羔羊也。固為迂曲。《論語》鄭注：緇衣羔裘，諸侯視朝之服。在國，君臣同服，君用全臣衰飾為異。孔氏於此亦引之為說，則大夫之羔裘，既取其德如羔羊，將諸侯之羔裘，亦取其贄之不鳴乎。藍田吕氏云：德如羔羊，如羔羊之詩也。黃櫄從之。序首句之義亦未明。蓋《鵲巢》序言：夫人之德初不及君之德。夫元首明而股肱良，上有愛賢之君，斯朝無不賢之臣，以臣之賢，由於君之聖，致之則可耳。奈何歸之夫人之德乎。蘇氏之說云：君子能治其外，而內無良妻妾以和。其室家雖欲委蛇，而不可得也。此所以為鵲巢之功致。較為近理。然詩中實無此意，何苦自生枝節。

清 嵇璜《續通典》卷六二《羊車》 宋羊車即古輦車，亦為畫輪車，駕以二小馬，赤質畫龜文，金鳳翅緋，幰衣絡，帶門簾，皆繡瑞，羊童子十八人。

遼羊車赤質，兩壁龜文鳳翅緋幰絡帶門簾，皆繡瑞，羊畫輪駕，以牛童子十八人服繡瑞，羊挽之。

金羊車赤質，兩壁油畫龜文金鳳翅幰衣絡帶，並繡瑞羊，二轅。

清 李賡芸《炳燭編》卷二《羒羊》 《釋嘼》：羊牡羒，牝牂，是羒。為羊之牡者。然《元史·太宗紀》：敕蒙古民有馬者，輸牝馬一。牛百者，輸牸牛一。羊百者，輸羒羊一。是又以羒為牝羊。

清 吳寶芝《花木鳥獸集類》卷下《羊》 《易》：大壯羝羊，觸藩羸其角。陸氏云：角既觸籬則羸而不動，進退兩難矣。

《周禮·內饔》辨腥臊羶香之不可食者曰羊冷毛而毳，羶。冷毛長，毳毛結。《詩小雅》：牂羊墳首三星在罶，人可以食鮮，可以飽。注云：墳大也，羊□則首大。

《古今注》：羊一名長髯主簿。《述異記》一名胡髯郎。又陝西同州沙苑出[illegible]耳。羊其羊耳，小味美。

《周易·謀類》：泰山失金雞，西嶽亡玉羊。鄭玄注：金雞、玉羊，二山之精。

清 吳浩《十三經義疑》卷六《謂五官各有牛人羊人犬人豕人之等》 六牲分屬五行，故五官各主之。司徒主牛，有牛人。司馬主羊，有羊人。司冦主犬，有犬人。冬官缺無豕人，而言豕人者，推牛人之類，而知之也。又宗伯主雞，有雞人。大司馬喪祭奉詔，馬牲皆於之等二字中，該之矣。

清 楊屾《豳風廣義》卷三《擇種》 羊種以十二月、正月生者爲上，十一月、二月生者次之。其餘之月生羔，則皮毛焦卷，骨髓細小，不堪爲種。欲畜羊者，須在九十月間，於羊市上揀買肥大、毛粗、尾長，懷羔母羊一二十口。同州者爲上，西北山者次之。羝羊一口，羝少則不孕，羝多則亂羣。不孕者必瘦，瘦則非惟不蕃息。經冬則死，羝以無角者更佳。依法牧養，冬月漸次生羔。若值嚴寒，夜間必須然火，不然多凍死。綿羊二三日，即母子俱放。羖羴羊一二日即放。初生之羔，宜煑穀豆飼之。及至春月可得羊五六十口，便成羣矣。羊之生息易蕃，獲利甚速，但我處無湖灘，曠上不能廣畜，爲可惜耳。

清 姚炳《詩識名解》卷五《羊》 王風于□篇牛羊，羊牛，行文者偶倒其詞，非有義也。陸農師謂：先羊後牛者，羊性畏露，而早歸，常先於牛，此固物理有之。然詩人亦念不及此，今坊本次章作牛羊。俗詁以爲，下山時羊先於牛到家，時牛先於羊，或云首章敘歸之先後，次章論類之大小，皆是鑿說。

詩中先羊後牛者，凡四見。《小推無羊篇》何元子謂羊躁進競前。又其性畏露，歸先於牛，與《于役》意同。《周頌我將篇》何元子謂明堂祭天當用特牛，而有羊者。《周禮》積共羊牲，乃積柴祭天則用羊。實柴先柴後，獻故維羊文在維牛之上。《絲衣篇傳》云：先羊後牛者，從小及大也。郝仲輿主繹祭之說謂，祭牲入先太牢，後少牢，徹故羊先出，而牛從之。諸說紛如，愚謂《于役》、《無羊》、《我將》三詩不過從小及大錯舉之耳。絲衣則以牛叶紑韻，不必別爲穿鑿也。

清　張英《淵鑑類函》卷四三六《羊一》

原《說文》曰：羊，祥也。一作詳象四足角尾之形。孔子曰：牛羊之字，以形舉。增《埤雅》曰：羜，佇也。佇其美成而後足用。又曰：羝性好觸，突故從抵省字，從抵省音。從抵者，以低其角然後能抵突故也。原《爾雅》曰：䍽，大羊。音靁似羊，而大角圓鋭，好在山崖間。羱如羊，似羊而大角，出西方。羊牡羒。音墳 牝牂，夏羊。黑羖䍽牡羭，羭黑斑牝羖，今以牂、羖為白、黑羊名。羳羊黃腹，未成羊，羜音佇，詩云肥羜，俗云五月羊。絶有力奮，羊六尺為羬。羬羊馬尾，今大月支國有大羊馬尾，尸子曰：大羊為羬，六尺。《說文》曰：咩，音弭 羊鳴也。羔羊子也。羜五月生羔也。䍵六月生羊也。羍恥達反七月生羊也。䍮音兆羊未卒歲也。又曰：牂，牝羊也。羒，扶分反牡羊也。羠，因几反乘羊也。羳，扶員反黃腹羊也。羥，間，反羊名也。《廣雅》曰：吳羊，牡一歲曰牡，䍮三歲曰羝，其牝一歲曰牸，䍮三歲曰牂，吳羊，犗居謁反曰䍸，蒲各反羖羊，犗曰羯。羍羍羜羵思究反羔也。增《類說》曰：羶，根羊也。原崔豹《古今注》曰：羊，一名長頷主簿。增《博物志》曰：羊而不角，呼羖羊。一名胡頷郎，一名青烏。原《易》曰：兊為羊，又曰：羝羊觸藩，羸其角。《毛詩》曰：爾羊來思，其角戢戢。聚其角而息，戢戢然。《周禮》曰：賓客則，羊人供法羊，法羊，食饗，積膳之羊。又曰：羊人，掌羊牲，凡祭祀飾羔，祭祀割羊，登其首。登首報陽也，升首於室。凡祈珥供其羊牲，若牧人無牲，則受布於司馬，使其買牲而供之，布泉也。《禮記》曰：凡祭宗廟之禮，羊曰柔毛，內則曰羊泠毛，而毳羶。泠毛長毳，結總也。《山海經》曰：羬羊尾如馬尾，出錢來之山。羬音鍼，玉篇作五咸反。增《穆天子傳》曰：春山大羊食鹿豕。《南史》曰：江東謂羖羊角為皁莢。原《凉州異物志》曰：封羊其背如駝。《廣志》曰：驢羊如驢。增《宋永初山川記》曰：九真都龍縣，有黿䍽羊，大如犢牛。《桂海獸志》曰：緜羊出邕州溪洞及諸蠻國，與朔方羊不異。原《春秋繁露》曰：凡贄卿用羔，羔有角而不用，如好仁者，執之不鳴，殺之不號，類死義者。羔飲其母必跪，類知禮者。故羊之為言，猶祥，故以為贄。增《尸子》曰：羊不任駕，鹽車。《太玄經》曰：觤羊之毅鳴不類。原《譙周法訓》曰：羊有跪乳之禮，雞有識時之候，鴈有庠序之儀，人取法焉。鄭氏《婚禮謁文》贊曰：羣而不黨，跪乳有儀禮以為贄，吉事之宜。《白澤圖》曰：羊有一角，當頂上龍也。殺之，震死龍魚。《河圖》曰：羊有一角，食之殺人。《瑞應圖》曰：鍾律和調，五聲當節，則玉羊見。《地鏡圖》曰：金百斤以上，至三百斤，精如羊者。《玄中記》曰：千歲之樹精化為青羊。增《述異記》曰：梓樹之精化為青羊。又百年而紅，又百年而黃，又五百年而色蒼，又五百年而色白。原《雜五行書》曰：懸羊頭門上，除盜賊。《博物志》曰：胡蕙蜀中本無，洛中人有驅羊入蜀者，胡蕙子著羊毛，蜀人取種，因名曰羊負來。又外國得胡麻豆，或曰戎菽，又曰蛟羊似羊而無角，噉之毒。增《玄中記》曰：羺，胡羊也。羫，羊腊也。似羊，四耳九尾，目在背。卞彬《禽獸沒録》曰：羊性淫而很。《齊民要術》曰：羊有疾輒相汙。《酉陽雜俎》曰：濮固羊大而美。《瀛海勝覽》曰：忽魯謨斯國，羊有四種，大尾綿羊重七八十斤，其尾闊一尺餘，拖地重二十斤。狗尾羊，如山羊，尾長二尺餘。鬭羊高二尺七八寸，前截毛長拖地，後半皆翦淨，頗似緜羊，角彎向前上，帶小鐵牌，好鬭。好事者養之，賭博為戲。又曰：阿丹國緜羊白毛無角，於角處有兩搭，圓黑甚異，其項下如黃牛袋，毛短如犬，尾大如盤。陶穀《清異録》曰：馮翊産羊，名白沙龍膏嫩第一。言飲食者，必推馮翊白沙龍為第一。《膳夫録》曰：羊有二種不可食，毛長而黑壯者，曰骨䍽。白而有角者，曰古羊，皆羶臭，發病。羊之大者不過五十斤，奚中所産者百餘斤。《格物論》曰：羊有褐、白、黑三色，亦有青者，南人所罕見。《夷堅志》曰：西戎用羊卜，謂之跋焦。以艾灼羊髀骨，謂之死跋焦。又有先咒粟以食羊，羊食粟則自摇其首，乃殺羊視其五藏，謂之生跋焦。武珪《燕北雜記》曰：契丹行軍不擇日，艾和馬糞於白羊琵琶骨上灸。破便出行，不破即不出。

又《羊四》

原不畜伐冰之家，不畜牛羊。不殺禮，大夫無故不殺羊。死肆鄭伯有死于羊肆。反肆《高士傳》曰：屠羊，說楚人，隱於屠肆，昭王失國，說往從王，反國欲將賞說，說曰：大王失國，說失屠羊，大王反國，說亦屠羊，臣之爵禄已復矣。又何賞之有，王使司馬子綦延之以三珪之位。說曰：願長反屠羊之肆耳，遂不受。孟春食孟春食麥與羊。仲春獻仲春獻羔開冰。或寢，或訛，或剥，或烹。俱《詩經》。增過廳羊《青州雜記》曰：熊翻每會客，酒至半，旋殺羊，令客自割，隨所好者，綵線繫定記號，畢蒸熟自認取，以竹刀切食，號過廳羊。大官羊黃庭堅詩曰：春風飽識大官羊。紅羊北方有紅羊，為世珍味。青羊《尹喜內傳》：老子與別曰：尋吾于青羊之肆。淫羊《博物志》曰：陰夸山有淫羊，一日百徧，脯不可食，但著牀席間，已自驚人。野羊《嶺表録異》曰：嘗有人自青杜泛海歸閩，為惡風所飄至一島，忽見羣羊人向之，亦不驚避，初疑人所牧放，而絶無人迹，乃知生者，船人方餒，因取食之。黃羊杜甫詩，黃羊飫不羶。注云：大觀三年，郭隨使北，舉此詩以問北使，時立愛，立愛云：黃羊，野物可獵取，食之不羶。花羊《桂海獸志》曰：南中無白羊，多黄褐白斑，如黄牛。又一種深褐黑脊白斑，全似鹿。嗛羊王會圖所貢諸物其有異者，周頭之煇羬高夸之。嗛羊，周頭高夸皆國名，嗛羊四角。玉羊《九國志》曰：吴越錢元瓘，先是有胡僧以玉羊一獻於鏐，曰：得此當生貴子，元瓘果以丁未歲生。

清 陳大章《詩傳名物集覽》卷四《取羝以軷》　《朱傳》：羝，牡羊也。孔疏祭不用牝也。《爾雅》：羊牡羒，注謂吴羊，白羝。《易》：大壯九三，羝羊觸藩，羸其角，上六，羝羊觸藩，不能退，不能遂，无攸利，艱則吉。《廣雅》：吴羊，牡一歲曰牡，羝三歲曰羝，雅翼羝是牡羊總名，而羒乃吴羊之羝者，蓋羝性好抵觸。《齊民要術》：畜牧之法，大率十羊二羝，以爲羝少則不孕，多則敗羣。尤取其無角者，恐其抵觸以傷胎也。蓋羝爲白羝，羭爲黑羝。《埤雅》：羝性好觸，故从抵省音以羝者，低其角然後能觝突也。《易》曰：羝羊觸藩，九三重剛而不中。又動以進，故有此象。上六亦以羝羊者，蓋大壯之極，疑于羝羊。猶坤之上六，疑于龍爾。史匈奴謂蘇武羝羊，乳烏頭白。

清 張璐《本經逢原》卷四《羊》　甘温，有毒。羊類多種，惟白羯者良，胡羊毛捲，洮羊毛豐，肉厚、皮薄，竝可爲裘。牂羊墳首，羳羊色黄、形羸味薄，不堪供饌。凡煮羊，忌用銅器。有宿熱者不可食，大病食之必發熱，瘡家及痼疾家食之必發，以其食百草之毒也。羊肉不可共生魚鮓，食能害人。白羊黑首，食其腦作腸癰。羊肝共生椒，食之傷人五藏。羊蹄中有白珠者，名羊懸，食之令人癲。羊獨角及四角者，關外有之，皆有毒，不宜食。

發明

羊為肺家之獸，目無瞳子，周身之氣皆聚於肺，故其氣最腥膻，而性味甘溫。色白補肺，是以昔人有人參補氣、羊肉補形之說。《金匱》治產後腹中虛痛，及少腹寒疝，並用當歸生薑羊肉湯，專取羊肉之甘溫。煮湯去滓，以助當歸生薑辛散之力，虛滯得以開矣。羊腎治腎虛，膀胱蓄熱、胞痹、小便淋瀝疼脹，《千金》腎瀝湯以之為主。羊石子即羊之外腎，治腎虛精滑，《本事》金鎖丹用之。羊脬治下虛遺溺，溫水漂淨；入補骨脂，焙幹為末，臥時溫酒服半兩，不過四五服即瘥。羊肝補肝，專主肝經受傷，目無精光之病。膽治青盲、目暗，膽開竅於目，膽汁充則目明，膽汁減則目暗。古方碧雲膏，臘月取羯羊膽以蜜盛滿懸簷下，待霜出掃藏，點眼神效。羊乳潤而且補，反胃人宜時時食之，取開胃脘潤大腸之燥也，青羊者尤良。羊肺治嗽止渴，久嗽肺虛者宜之。羊臟主反胃止汗，治虛羸，小便數。羊脂生主下痢脫肛，取潤之導之，補中寓瀉也。熟主賊風痿痹，潤肌膚

人膏透經絡，風熱毒氣，婦人產後腹中絞痛，丸劑中最宜。羊膽滌除髒腑垢膩，與豬髒同功，而人肺祛痰尤捷。羊骨稟西方堅勁之氣最銳，得火煅以濟之，可以消銅鐵，故誤吞銅鐵者用之。觀磨鏡者非此不明。其治賊風痹痛，同虎骨煆灰酒服，皆隨痛處取用。羊須燒灰敷小兒頦瘡，並療蠼螋尿瘡。羊胎炙幹人藥，亦能

補人，與鹿胎、紫河車同入六味地黃丸中，名三臺丸，調補腎虛羸瘦最為得力。羊血解石藥毒，《外臺》云：凡服丹石人忌食羊血十年，一食前功盡亡。凡服石藥覺毒發，刺羊血熱飲一升即解，服地黃、何首烏補藥者忌之。

清 張澍《續黔書》卷八《小羊》　吾涼出封羊，其背如駝。高者六尺許，春夏之交，青草豐茂，毛澤而肥，食其肉可以胜身，飲其酪可以養性，眞俊味也。余來黔一載矣，雖日飾廚傳，給供驛使未嘗自求口食，以快端頤，有部民饋一羊，辭不獲，受之，不忍無故而殺。養於驛內數月，偶至牧所視焉。輒來依衣裾間不去，稱之則十三斤，如六七月之羜羍也。案杜預奏事，言魏興北山有野羊，千數百斤其形不與中土羊相似。《廣志》云：驢羊似驢，今黔之驢，竟無龐肰大者，而羊復幺，麽抑又何耶。

論曰：余聞之卜式云：非獨羊也，治民亦猶是也。惡者輒去，無令敗羣，式其人雖不足取，而言則不易。今之牧民者，以神自畜，既不能禁觚譎之朝飲，復不能如觟觽之觸邪。而肉食者鄙，反視羵首之民而不恤，是何異狼牧羊也。

紀事

《藝文類聚》卷九四《獸部中・羊》　《漢書》曰：蘇武往使匈奴，匈奴知武不可降，使北海上無人處牧羝羊，下乳乃得歸，武作海上，廩食不至，乃掘野鼠草荄而食之，武杖漢節牧羊，臥起持節，旄盡落。又曰：路溫舒，钜鹿人，父為裏監門，使溫舒牧羊，溫舒取澤中蒲，截以為牒，編用寫書。

《東觀漢記》曰：甄宇，北海人，建武中，為州從事，徵拜博士，每臘，詔書賜博士羊，羊有大小肥瘦，時博士祭酒議，欲殺羊，稱分其肉，宇曰：不可。又欲投鉤，複恥之，宇因先自取其最瘦者，猶是不複有爭訟，後召會，

詔問瘦羊甄博士，京師因以號之。

《魏志》曰：楊俊同郡王象，孩少孤特，為人僕隸，年十七八，見使牧羊，而私讀書，因獲捶楚，俊美其才質，即贖象著家，娉娶立屋，然後與別，象官至散騎常侍。

衛玠少時，乘白羊，於洛陽市，市人觀之，鹹曰：誰家璧人，於是家聞州黨，遂號曰璧人。

《博物志》曰：胡蕙蜀中本無，洛中人有驅羊入蜀者，胡蕙子著羊毛，蜀人取種，因名曰羊負來。又，外國得胡麻豆，或曰戎菽。王隱《晉書》曰：王尼嘗為兵，洛中名士王澄胡母輔之等，齎羊酒詣護軍，門吏請見將軍，澄等先過尼，炙羊飲酒訖，逕去，將軍聞之，與尼長假。

《神仙傳》曰：皇初平年十五，家使牧羊，有道士見其良謹，便將至金華山石室中，四十餘年，忽然不複念家，其兄初起，行索初平，曆年不得，後見市中有道士，乃問之，道士曰：金華山中有牧羊兒，姓皇字初平，兄乃隨道士與初平相見，語畢，問羊何在，在山東，兄往視，但見白石，不見羊，平曰：羊在耳，兄自不見，平乃往，言叱叱羊起，於是白石皆起成羊數萬頭。又曰：曹公收左慈，慈走入群羊中，失慈之所在，追者疑化為羊，乃令人數羊，羊本千口，揀之，長一口，知果化為羊，乃謂曰：若是左公者，但出無苦也，有一羊跪雲，詎如許，追者欲執之，於是群羊皆跪曰：詎如許，追者乃去。

《搜神記》曰：宣帝時，陰子方者至孝，有二息，嘗臘日晨炊，而灶神形見，子方再拜受慶，家有黃羊，因以祠之，自是暴至巨富，子方常言，我子孫必將強大，至識三世，而遂繁昌，故後常至臘日祠灶，而薦黃羊焉。又曰：南陽宗定伯夜行，忽逢一鬼，鬼問伯為誰，伯欺之曰：我亦鬼也，遂為侶，向宛行倦，因相擔，問鬼曰：鬼何畏，曰：鬼唯不喜唾耳，欲至宛，便擔鬼著頭上，詣宛市，鬼化為羊，伯恐其變，遂唾之，因賣得錢千五百，買者將還系之，明旦見繩在，時人語曰：宗定伯賣鬼，得錢千五百。

《續搜神記》曰：顧霈者，吳之豪士，送客置酒，有一沙門在坐，主人殺羊，羊繩斷，便走來，入道人膝中，穿頭入袈裟下，道人不能救，即將去殺之，既行炙，主人便先割以啖道人，道人食炙，下喉，便自行道人皮中，痛毒不可忍，呼醫來針之，以數針貫三炙，猶動搖，乃破出之，是故一臠肉耳，道人於此得病，作羊鳴，少時便死。

崔豹《古今注》曰：羊一名髯須主簿。

《幽明錄》曰：洛下有洞穴，不測，有一婦欲殺夫，推夫下，經多時至底，乃得一穴，匍匐行數十裏，漸見明曠，郛郭宮館，金寶為飾，明逾三光，人皆長三丈，被羽衣，如此九處，至最後所，饑，長人指中庭大柏樹，近百圍，下有一羊，令跪持羊須，捋之得一珠，長人取之，次亦取，後將令啖，即療饑，乃問詣九處名，及求住，答云，君不得停，還問張華，當知，乃複行，出交州，還洛問華，華曰：九處地仙，名九館大，羊為螭龍，初一珠，食之與天地等壽，次者延年，後者充饑而已。

《雜五行書》曰：懸羊頭門上，除盜賊。

贊晉郭璞羊贊曰：月氏之羊，其類在野，厥高六尺，尾亦如馬，何以審之，事見爾雅。

杜預奏事曰：臣前在南，聞魏興北山有野羊，大者千數百斤，試令求之者，各得一枚，並頭角蹄，按其形不與中土羊相似，然是野獸中所希有。

《太平廣記》卷四三九《月氏稍割》 月氏有羊大尾，稍割以供賓，亦稍自補復。有大秦國北有羊，子生於土中。秦人侯其欲萌，為垣以遶之，其臍連地，不可以刀截，擊鼓驚之而絕。因跳鳴食草，以一二百口為群。

又《西域大羊》 僧玄奘至西域，大雪山高嶺上有一村，養羊大如驢。

又《罽賓青羊》 罽賓國出野青羊，尾如翠色，土人食之。

又《齊訟者》 齊莊公時，有里徵者訟三年而獄不決，公乃使二人具一羊詛於社，二子將羊而刺之，灑其血，羊起觸二子殪，於盟所。

宋 范仲淹《范文正公集》卷一一《宋故同州觀察使李公神道碑銘》

爲三司使，陝西舊科吏人采木送京師，度三門之險，破散者太半，又每歲市羊，亦遣吏送，而羊多斃于道二者，吏皆破産以償，西人苦茲五十年矣。公請募商旅送木于京師，如入粟法，售以池鹽。又請許其吏私市羊以副之，免關征算，得補其亡失。自是西人鮮復破産。

宋 曾鞏《元豐類稿》卷四三《司封員外郎蔡公墓志銘》 公諱充，字公度【略】知絳州，又爲提點荊湖北路刑獄公事。【略】於絳州，州歲市羊數萬供京師，公奏減之，至今賴其法。

《續資治通鑒長編》卷二六六 ［熙寧八年七月壬申］訪聞通遠軍三岔堡地，近累有西人叫呼，理索逃背人口及失去牛羊、地分，官多不與應報，或稱並無，致西人不絕辭說。久之恐生邊事，可令經略司選官一員體量根究，如有盜牛羊投來者，盡送本界還之。

宋 洪邁《夷堅志・乙志》卷一《羊寃》 吳道夫說，其妻族弟為淮西一邑主簿。邑陋甚，無人屠羊，簿與令尉議共醵金，買諸旁郡字養之，非祭祀及大賓客與公家所當用，勿得以私意殺。約已定。久之，簿妻妹自遠來，相見喜甚，買酒款曲，倉卒無以具饌，輒烹一羊。酒罷，二婦人同宿，簿獨寢外舍，且五更，聞羊鳴床下，其聲怒而哀。拊床驚之，不止。少選，登床，以角觸簿，且齧且罵，作人言曰：『買羊待殺，爾之謀也，與眾為誓而首背之。我某日當祭社乃死，今遽殺我，不義，必償我命乃可。』簿曰：『是我之罪，不敢逃死，姑容入室別妻子，且囑後事，可乎？』羊曰：『當爾殺我，肯少貸邪？』簿亟入扣寢門呼妻，妻方與妹酣寢，寂不應。簿曰：『我以寃督死甚急，故欲與爾別，忍不相應。我死矣，爾勿得嫁，否則當為厲以報爾。』妻驚覺，啟門，則其夫已臥血中死。直宿小史云：『但見簿說爭時事，無所睹也。』妻尚少，父母欲嫁之，每媒氏至，必夢故夫責己，竟守志焉。

又《丙志》卷一七《仙巖三羊》 建炎中，北方士大夫多寓南土。王顯道侍郎唤挈家來信州之貴溪，止於近郭仙岩下一山寺。裏落相往還者，饋之生羊三。王氏素戒殺，亦不忍賣，放諸山間，無人牧視，任其棲止。羊逐食登高，遂至絕巘，既而不可下，留止岩穴，望之宛然，飲噍自若。凡三歲，王氏它徙，三羊尚存，後人遂目之為仙羊，過二十餘年乃不見。仙岩距龍虎山不遠，靈跡甚多，蓋神仙窟宅也。張南仲說。

宋 洪邁《夷堅支志》丙卷一〇《商德正羊》 淳熙十三年冬，隆興進賢縣舒致政以生羊饋府士商德正，留家旬日，進往塔園豢養。明年夏，貨之於屠者孔生，牧於東湖傍。至初冬，將殺之，忽失所在。是日正午，德正在家，見一羊自外奔入，至堂而跪，為赴愬哀鳴之狀，已而喘臥廚中。認其為元物，呼詢孔屠，得其事，歎曰：『羊向者來此，少日即去。今相隔一年，吾所居升平坊距塔園五裏，中間岐路不易識，而能逃死就生如是，豈冥冥有神使之然以警世耶？』即還元直而存之。郡人盧國英為作《跪羊記》。又三年，羊死，瘞之塔園，因與寓客田穎叔語如此。其夕，夢抵西山朱橋莊，遇婦人繈乳兒來拜曰：『兒被公恩，今得為丁家子，敢不敬謝。』翌旦，往審之，耕僕丁氏，果以羊死之日生男子。穎叔又為之記。

又 壬卷一〇《石門羊屠》 鄱陽石門屠者羊六，以宰羊為生累世矣。慶元二年二月，一道人過門，伸扇覓錢，屠謂曰：『爾形軀偉然，且無殘患，世上有千行百戶，不尋一般做經紀，只是懶惰，我平昔不將一錢與乞道人，伏請穩便。』道人怒，指手罵曰：『汝也是難教化，汝家子殺父，父殺翁，三代輪回作畜類，何得了期！汝今晚殺一羊，又系汝父，卻教姓蔡人得吃。』屠聞言憤甚，擕柴杖出擊之，倏已不見。是日將暮，市戶蔡五遣僕齎錢來買羊一脾，並須肝肺。適盤上肉已盡，但有老雄羊一口，欲殺而售之。執刀臨圈，方擬曳出，羊忽作人聲叫云『兒殺爺』，隨即僕人地死。屠始大悔懼，為之改業，而傾竭家資，廣修佛事，以懺宿惡。

宋 陳起《江湖小集》卷九五《羊羔》 唐屠耆王甲，將刲一母羊，忽失其刀。尋覔次蹴起羊羔，見所失刀藏腹下，已分機上肉，誰藏腹下刀。安知羊不死乃復自羊羔。

金 元好問《續夷堅志》卷三《暴雨落羊頭》 貞祐二年，豊州楊雲卿為崞縣令。夏月暴雨，過関南列十餘里，落羊頭一，大如車轂。角上豎，高三尺。以物怪中代州，州下軍資庫收，聞之朝。

《文獻通考》卷三一二《羊禍》 魯定公时，季桓子穿井，得土缶，中得虫若羊缶，盎之属，即今之盆。近羊祸也。羊者，地上之物，出於土中，象定公不用孔子之言而听季氏，暗昧不明之應。一曰，羊去野外而拘土缶者，象鲁公失其所而拘於季氏，季氏亦将拘於家臣也。是岁阳虎囚季桓子。後三年，虎劫公伐孟氏，兵败，窃宝玉大弓出亡。晋成帝咸和二年五月，司徒王導厩羊生无後足。此羊祸也。京房《易传》曰：『足少者，下不胜任也。』明年，苏峻破京都，導与帝俱幽石头，是其應也。

隋文帝开皇十二年六月，繁昌楊悦見雲中二物，如羝羊，黄色，大如新生犬，斗而坠。悦获其一，数旬失所在。近羊祸也。《洪範五行传》曰：『君不明，逆火政之所致也。』状如新生犬者，羔类也。雲体掩蔽，邪佞之象。羊，國姓。羔，羊子也。皇太子勇既升储贰，晋王阴毁之而被废黜。二羔斗，一羔坠之應也。恭帝义宁二年，麟游太守司马武獻羊羔，生而无尾。时议者以爲楊氏子孙无後之象。是岁，炀帝被弑，恭帝逊位。又太原獻羖羊，无头而不死。

唐元宗开元二年正月，原州獻肉角羊。二年三月，富平县有肉角羊。武宗会昌二年春，代州崞县羊生二首連頸，兩尾。占曰：『二首，上不一也。』

懿宗咸通三年夏，定陶民家羊生羔如犢。僖宗乾符二年，洛阳建春门外因暴雨，有物墮地如羖羊，不食，頃之入地中，其迹月馀不灭，或以爲雨土也。占曰：『当旱。』汉刘餦苑中羊吐珠。

宋高宗绍兴五年，江东、西羊大疫。班固以爲『暑岁，羊多疫死及爲怪。』十七年，汀州羊生无角。宁宗嘉定九年，信州玉山县羊生骈角。

元 佚名《群書通要》卷八《羊類》 【宣王考牧】宣王考牧，誰謂爾無羊，三百惟群。爾羊來思，其角濈濈。或降于阿，或飲于池，或寢，或訛。爾牧來思，何蓑何笠，或負其餱。三十維物，爾牲則具，爾牧來思。以薪以蒸，以雌以雄。爾羊來思，矜矜兢兢，不騫不崩，麾之以肱，畢來既升。

【存羊愛禮】子貢欲去告朔之餼羊。子曰：賜也，爾愛其羊，我愛其禮。

【略】

【亡羊多岐】揚子之鄰人亡羊，既率其黨，又請揚子之竪追之。揚子曰：嘻，亡一羊，何追者之衆。鄰人曰：多岐，既反，問獲羊乎。曰：亡之矣。曰：奚亡之曰：歧路之中，又有岐焉。吾不知所之，所以反也。

【屠羊肆】屠羊說，楚人，隱於屠肆，昭王失國，說往從王，王反國，欲將賞說。說曰：大王失國，說失屠羊，大王反國，說亦屠羊。臣之爵禄已復矣，又何賞之有。王使司馬子綦延之以三珪之位，說曰：願長反屠羊之肆耳。遂不受。

【卜式牧羊】卜式有少弟，出分獨取畜羊百餘，田宅財物盡與弟。式入山牧十餘歲羊千餘。上曰：吾有羊在上林中，乃拜式為郎。布衣草蹻而牧，歲餘羊肥息，上見其羊問之，式曰：非獨羊也，治民亦猶是也。惡者輒去，無令敗群。上以式為奇，拜為緱氏令。

明 閔文振《涉異志・小羊訴冤》 禦史沈子公正德戊寅秋視屯田於江北，未至全椒三裏縣，人迎訴者甚衆，沈默數而目識之，既而失其一人，問之左右，漫然答曰：『散去矣。』至縣坐行臺，訴者入，末一人蓬首跣足敝衣，乃道中失去者，沈問何處人，答曰：『全椒人。』問何名，曰：『小羊。』曰：『訴何事？』曰：『有冤。』曰：『有詞乎？』曰：『無有。』沈叱使出，忽不見，急索之不得，蓋是時獨沈見之，與之言，左右皆無所見，沈知為妖，大駭，流汗嘔利交作，縣官問疾，沈語之故。詢之曰：『縣中得無冤者乎？』對曰：『往年有顧景祥者為其弟所殺並及其子，事適敗露，殆為是耶？』蓋景字下為小祥去示為羊也，沈執其弟一訊服罪，乃知小羊又景祥乳名也。

明 王罃《群書類編故事》卷二四《左慈化羊》 後漢左慈，字元放。曹操嘗出近郊，從者百許人。慈為『齎酒一門，脯一斤，手自斟酌，百官醉飽。操怪之，使行視諸壚，悉亡其酒脯。操懷不喜，欲因坐上殺之。慈卻入壁。中，霍然不知所在。或見於市，又捕之，市人皆變，形與慈同，莫知誰是。後人逢慈於陽城山頭，因複逐之，遂走入羊群。操知不可得，令就羊中，告之曰：『不複相殺，本試君術耳。』忽一老羝屈前膝人立，言曰：『遽如許。』即競往，赴之，群羊數百皆變為羝，並屈膝人立，言曰：『遽如許。』遂莫知所取。

又《初平化羊》 皇初平，年十五，家使牧羊。有道士見其良謹，便將至金華山石室中。四十餘年，忽然不便念家。其兄初起行索初平，曆年不得，後見市中有道士，乃問之。道士曰：『金華山中有牧羊兒，姓皇字初平。兄乃隨道士與初平相見，語畢，問羊何在，曰：『在山東。』兄往視，但見白石，不見羊。初平曰：『羊在耳，兄自不見。』初平乃往叱羊：『羊耗』。千縣白石皆起，成羊數萬頭。

明 張龍翼《兵機類纂》卷一五《牛羊塞巷》

石勒襲執王浚

石勒欲襲王浚於薊州，先折節上表，使既無备，又期親上尊號，乃軍達易水，浚將佐請擊之，浚不聽勒，晨至薊，叱門者開門，猶疑有伏兵，先驅牛羊數千頭，聲言上禮，實欲塞諸街巷，遂升其廳，而執浚殺之。

清 褚人穫《堅瓠集・廣集》卷四《羊車》 史稱晉武帝平吳之後，荒於遊幸宮中，乘羊車任其所適。宮人望幸者，以塩汁灑地，竹葉插户，冀欲引羊。然羊性狠劣，實不能駕車。考《隋・輿服志》：羊車，一名輦車。護軍羊琇私乘之，司隸劉毅劾其罪。其制如軺車，金寶飾，紫錦幰，朱絲網，馭童二十人皆兩鬟髻服青衣，取年十四五者，謂之羊車小史，駕以果下，馬其大如羊，武帝所乘，實此車，非真以羊駕車也。插竹酒塩，殊爲傅會。

清 郝懿行《證俗文》卷三《羊車》 《考工記・車人》職曰：羊車二柯有三分柯之一。鄭注云：羊，善也。善車，若今定張車，較長七尺。賈疏云：後鄭雖舉漢法以曉人，漢世去今久遠，亦未知。定張車何所用，但知宮內所用，故差小謂之羊車也。晉書武帝掖庭並寵者眾，莫知所適，乘羊車恣其所之，宮人乃取竹葉插戶，鹽汁灑地，以引帝車。案《釋名》云：羊車，羊，祥也。祥，善也。善飾之車，今犢車是也。合之《考工記》注：則知羊車，特車之小者耳。非是以羊駕車。而《釋名》又一條云：羸車、羊車，各以所駕名之也。是則羊車即謂以羊駕車，與前說又異。故知《晉書》竹葉鹽汁，史書亦有不盡失實者也。今京師人以羸車爲貴，至於驢馬所駕，謂之羊車，並行街衢，避由狹路不容同軌。又與《釋名》異矣。案雞栖車，見《日知録》杜詩注。

清 吳寶芝《花木鳥獸集類》卷下《羊》 左宣十二年，楚子圍鄭，鄭伯肉袒牽羊以逆，曰：孤不天，不能事君，使懷怒，以及敝邑，孤之罪也。

左宣二年，宋華元殺羊食士，其御羊斟不與。及戰，曰：疇昔之羊，子為政。今日之事，我為政。與入鄭師，故敗。君子謂羊斟，非人也。以其私憾，敗國殄民。

《孫卿子》曰：魯販羊者曰：沈猶氏朝飲其羊，以詐市人。孔子為魯司寇，不敢飲羊。

《墨子》曰：齊莊公之臣王國卑與中里徼者訟，三年而獄不斷。恐失有罪，乃使二人共一羊，盟齊之社，二子相從以羊血灑社，讀王國卑之詞已盡徼之詞未半，祭羊起而觸中里徼，齊人以為神。

《李茂勳傳》：王處存以輕兵三千，蒙羊皮夜布之野，李全忠軍望為羣羊，爭趨之，遂致敗。

清 姚之駰《元明事類鈔》卷三八《羊》

歲輸羊

《元史》：宣徽院言：世祖時，鴻吉哩歲輸尚食羊二千。成宗時，增為三千。今請增五千，英宗不許。

種羊

《西使記》：壟種羊者，以羊臍納入土，溉以水，聞雷而生，臍繫地中，及長，驚以木，臍斷便行嚙草，至秋可食，臍肉復有種。案《舊唐書》載：拂林國，羊生土中，即此然，不言種也。

二羊鬭

納延《龍門詩》自注：元統間，知樞密院都拉過峽中，見二羊鬭山椒樹間，頃刻大雨水溢輜重，姬妾皆為漂沒。

兩剪毛

《虞集文》：右丞盧世榮以掊克為功。董文用曰：牧羊者，歲常兩剪其毛，今牧人日剪其毛，而獻之主者固悅。其多，然羊無以避寒熱，即死，且盡毛。又安可得哉。

心供佛

《輟畊録》：至元帝初入戒壇，見瑪哈噶拉佛前有物為供，因問此何物，曰：羊心。上曰：曾聞有用人心肝者，有諸答曰：凡人萌反心害人，事覺，則以其心肝作供。上曰：此羊曾害人乎。帝師不答。

大如兔

《輟耕録》：漠北種羊角能産羊，其大如兔，食之肥美。

日減一羊

《輟畊録》：尚膳日用五羊，至元時自即位日減一羊，以歲計之為數，多矣。

六角羊

楊允孚詩，奴視山陰對角羊，自注：橘緑羊，或四角，六角者謂之迭角，亦曰對角。毛角既奇香，味逈別。《湧幢小品》：松潘出六角羊，土人云羊與鹿交，故多角。

秋腯

許有壬《黄羊詩》；草美秋先腯，沙平夜不藏。

湯羊

楊允孚詩：宰輔乍臨閶闔表，小臣傳旨賜湯羊。

頭生羊角

《埤雅廣要》：永樂時，設科取士，廬陵錢畢發解南省，皆首冠。及將廷試忽，夢頭生羊角，人以為頭角崢嶸之兆。一人曰：羊角，乃觧字也。倘有觧姓者，復居首耶。及傳臚狀元，果觧縉也。

長生羊

《孝宗實録》：永樂北征獲羊萬餘，令順天府所屬州縣分牧，歲辦羊毛價銀，謂之長生羊。宏治間，府尹黄傑言：歲久羊已無存，民猶輸納，甚苦，得旨除豁。

靈羊詩

《戚元佐集》：周崑令，玉山有殺人，獄久不決，公夜訊之，忽一羊自外突入長鳴者。三公曰：神告我矣，鳴三殺人者，三人也。有三人色動，蓋兇殘，久秘身混衆中，一鞠而服，士大夫為賦靈羊詩。

乳羊博沽

《歸有光集》：坦上翁者，前工部尚書劉公麟也。與名士吳琉陸崑輩為湖社。建安李尚書，嘗稱見翁峴山，了無宿具，惟以乳羊博市沽。風雨瀟瀟，欣然達夜，高風可想。

清 張英《淵鑒類函》卷四三六《羊三》 原觸藩、跪乳上詳羊一《易經》，下詳羊一《婚禮謁文》。土怪、嶽精上詳羊二《家語》，《易是謀類》曰：秦山失金雞，西嶽亡玉羊。鄭康成注曰：金雞、玉羊，二嶽之精。柔毛、賁首上詳羊一《禮記》，《詩》曰：牂羊賁首，三星在霤。鄭康成注曰：羊牝曰牂，賁大也。叱石、啗珠上詳羊二《神仙傳》，下詳羊二《幽明録》。丹毛、白血《續異記》曰：吳興俞亮，以永明八年補護軍府史。於常眠處聞有羊聲，疑為神怪。竊於户窺之，見其牀下有羊，可高二尺，毛色若丹，光曜滿室。《穆天子傳》曰：犬戎朝天子於雷首之阿，乃獻良馬四匹，天子使孔牙受之。曰：雷水之平，爰有黑牛白角，爰有黑羊白血。五羖、六飛《呂氏春秋》曰：百裏奚未遇時，號亡，奚飯牛於秦，傳鬻以五羖羊之皮，公孫枝得獻諸繆公。繆公用之，謀無不當，舉必有功。《春秋命曆序》曰：有人黄頭大腹。出天齊政，三百四歲為神次之，號日皇神。出淮，駕六飛羊，政三百歲，五葉千五百歲。重十斤、高三尺郭義恭《廣志》曰：大尾羊，細毛薄皮，尾上旁廣，重且十斤，出康居。《春秋說題詞》曰：羊者，詳也，詳以改也。合三為生，以養士也，故羊高三尺。五色、四角沈懷遠《南越志》曰：尉陀之時，有五色羊以為瑞，因圖之府廳。周成王時，人獻四角羊。攻虎、將狼《漢書》：譬如使豺狼逐羣羊，無異驅羊攻虎。《史記》：黥布反，上病，欲使太子將往擊之。四皓說建成侯曰：今諸將皆陛下故等夸，乃令太子將此屬，無異使羊將狼，莫肯為用。千足、五皮《食貨志》：羊千足，其人與千户侯等。下百里奚事。童羖、肥羜詩俾出童羖注。羖羊，不童也。無角曰童，羖之性皆角。童羖必無之物。詩既有肥羜，以速諸父。注云：羜，未成羊。來思、絜爾《詩》：爾羊來思，又絜爾牛羊以往蒸嘗。咍氄、坐皮上蘇武事，下楊茂事。割尾、捋鬚《西域志》云：割尾更生。又宋膺《異物志》曰：月氏有羊，尾重十斤，稍割以供食，尋生如故。下見羊二《幽明録》。亡岐、喪易上詳羊二《列子》。《易》：喪羊於易，注：易，平也。言不待險難，而失之。士刲、子證《易》：士刲羊無血。下詳羊二《論語》。竹葉引、樹精花上詳羊二《晉書》，下詳羊一《玄中記》。獻子執、鄭伯牽魯定公會晉師于瓦，范獻子執羔，中行文子、趙簡子皆執雁。魯於是始尚羔，魯以前同贄，始知執羔之貴。下詳羊二《左傳》。毛裹雪、角觸藩蘇武飢窮以羊毛裹雪而吞之。下見羊一《易經》。下來、畢升《詩》曰之夕矣，牛羊下來。又麾之以肱畢來既升。注言：馴擾，從人意。九牧、千走十羊九牧，一狼走千羊。鬻廟、告朔鬻廟用羊，下詳羊二《論語》。荷蓑、刻木荷蓑牧羊。下詳羊二《列仙傳》。畜擾、通淫《周禮》：畜事教擾，下同。宜黍、銜穀《周禮》：凡會膳，食羊宜黍。《廣州記》曰：昔高固為楚相，五羊銜穀至其庭，因以五羊名其地。增火畜、金精《周禮注》曰：羊火畜，黍火穀，故羊宜黍也。下詳羊一《地鏡圖》。翠尾、黄腹《酉陽雜俎》曰：罽賓國出野青羊，尾如翠色。下詳羊一《爾雅》。食葛、悅草《本草》：人食野葛而死，羊食野葛而肥。揚子《法言》曰：羊質而虎皮，見草而悅，見豺而戰，忘其皮之虎也。臨川吳氏曰：羊外柔能悅草而內剛狠，故兑為羊。望翼、取脂盛均大旱，解郡守不清其政，而待龍貸雨，是猶乗樺適海，豢羊望翼，何可冀乎。大食勿斯離國產胡羊，高三尺餘，其尾如扇，每歲春時割取脂二十餘斤，再縫合仍生，不取則脹死。又莊浪有饕羊土人，歲取其脂，非久復滿腹。懸頭、燒尾《新言》曰：初年懸羊頭，磔雞頭以求富。羊能齧草，雞啄五穀。故懸二物以助陽氣。《聞見記》曰：凡新羊入羣，為諸羊所觸，不見親附。火燒其尾，則定。故初拜官，朋僚合宴，謂之燒尾。璽耳、細肋《述異記》曰：陝西同州沙苑出璽耳。羊其羊耳，小味美。同州沙苑有佳羊，謂之細肋。故山谷詩云：細肋柔毛飽臥沙。食仙茅、飲苦泉《桂海獸志》曰：廣西英州多仙茅，其羊食之舉體化為肪，不復有血肉，名乳羊，食之宜人。《寰宇記》曰：馮翊朝邑縣許原，下地有苦泉水，味鹹苦，羊飲之肥而肉美。今於泉側置羊牧。諺曰：苦泉羊洛水漿。對角、翦毛元張憲《灤京雜詠》云：皮囊乳酒鑼鍋肉，奴似山陰對角羊。自注：羊或四角，或六角者，謂之迭角羊。以其角之相對也。毛角雖奇，香味稍別。不升之鼎俎。東坡詩曰：翦毛胡羊大如馬，誰記鹿角腥盤筵。骨鎔鐵、脂柔銀《物類相感志》曰：鑄鐵不銷，以羊頭骨灰投之乃銷融也。《丹房鏡源》曰：羊脂柔銀軟銅，羖羊角縮賀，賀，錫也。腹生石、角養草按牛有黄，狗有寶。羊有卵石俱在腹中，附膽而生。羊肝石白色如玉，絶類狗寶，可治翻胃及羊病。《埤雅》曰：羱羊之在原，不可牢畜者也。其狀若騾而羣行。暑天塵露在其角上生草，戴行，愛之獨寢。《代都賦》所謂羱羊養草以盤旋，是也。九頭、六角《淮南子》曰：阿羊九頭而更食，國亂乃出。《述異記》曰：周成王時，東夸進六角羊。二首、九尾《北史》：隨漢王諒為并州總管，潞州有官羊二首相背，以為諒之咎徵。阿丹國出羚羊，名九尾羊。易牧、宜驅《韓子》曰：千仞之山跛，牂易牧者，夸也。《埤雅》曰：羊性前逆，故宜驅。壓羣、善鬭《埤雅》曰：羊性善羣，故于文羊為羣，每成羣則以一雄為主，舉羣聽之。今俗所謂壓羣是也。北人謂之羊頭。又曰：羱羊似吳羊而大角，角橢善鬭至死。尾如馬、角亂犀上詳羊一《山海經》。《益州方物略記》曰：龍羊出吐蕃及蜀威茂州，形似畜羊而大其角繚，上重八九兩，黒質而白文，以為帶胯其用亂犀。化狼、乳麞《述異記》曰：洛南有避狼城，云幽王時羣羊變狼食人，故築城避之。張說奏有羊乳麞表，見後。盟社、祀竈《墨子》曰：齊莊公之臣王國卑與中里徼者訟三年而獄不斷。恐失有罪，使二人共一羊，盟齊之社，二子相從以羊血灑社，讀王國卑之詞已盡，中里徼之詞未半，祭羊起而觸中里徼，齊人以為有神驗。下詳羊二《搜神記》。繫轅、補牢《隱逸傳》曰：王敬弘以女適孔淳之之子，以烏羊繫所乘車轅，提壺為禮，至則盡歡。《戰國策》曰：亡羊補牢，未為晚也。蒙皮、輟肉《李茂勳傳》曰：王處存以輕兵三千，蒙羊皮夜布之野，李全忠軍望為羣羊，爭趨之，遂致敗。韓偓《金鑾密記》曰：上輟御前羊肉一盤，賜全誨。以下曰：難得之際，且與同味。吐珠、化石《孔帖》曰：五代南唐劉鋹四年，苑中羊吐珠，樊胡子以為符瑞。諷羣臣入賀。郭功父《五仙謡》曰：番禺五仙人騎羊各一色，手持六秬穗翺翔繞城壁，翩然去。乘雲諸羊化為石，至今留空祠，異像猶可識。借書投、索帖換《唐餘録》曰：倪若水積書萬卷，聽人賃閲，凡借書者先投束脩羊。《宋類苑》曰：黄魯直戲東坡曰：昔右軍字為換鵞，字韓宗儒性饕餮。每得公一帖，於殿帥姚麟處換羊數斤。可名二丈書為換羊書矣。公在翰苑，一日以生辰製撰紛冗，宗儒作簡以圖報荅來人，督索甚急，公笑曰：傳語，本官今日斷屠。相公食、學士羹《中朝故事》曰：邠公杜悰福壽少倫，日食五餐，一餐之費皆至萬錢。京西李客見人牧羊遍滿山谷，不知幾千萬，口詰之自何而來。曰：自鄜夏來供相公食耳，指顧之際，轉首怳然，並無所覩。《清異録》曰：竇儼嘗病，目幾喪明，得良醫愈之。勸令頻食羊眼，儼遂終身服之，其家名雙暈羹，世人有呼為學士羹者。格虎、負魚《春秋後語》曰：張儀謂楚王曰：夫為縱者無異驅羣羊而攻生虎，虎之與羊，不格亦明矣。《高僧傳》曰：石虎嘗晝寢夢見羣羊負魚從東北來，寤以訪佛。圖澄澄曰：不祥也。鮮卑其有中原乎，慕容氏後果都之。碧落洞、金華山《清波雜志》曰：英州碧落洞乳羊，飲鍾乳潤水體白如乳。李白詩曰：金華牧羊兒，乃是紫煙客。挂角、斷臍《埤雅》曰：羚羊，似羊而大角，有圓繞蹙文。夜則懸角木上以防患。《語》曰：羚羊挂角，此之謂也。《舊唐書》曰：拂菻國有羊羔生於土中，其國人候其欲萌乃築垣以環之，防外獸所食。然其臍連地，割之絕則死。惟人著甲走馬駭之，其羔驚鳴而臍絕。因逐水草，以一二百口為羣。出淵、種土《郡國志》曰：吳彥堂溪有白羊淵，淵水舊出山羊。漢武元封三年，有白羊出此淵，畜牧者禱祀之。初出一羊，婦人大驚拍手，羊自此絕焉。今俗生羊，忌婦人拍手，是效古也。《元姚桐壽》云：大漠迤西，俗能種羊。凡屠羊用其皮肉，惟留骨以初冬未日埋著地中，至春陽季月上未日為吹笳咒語，有子羊從土中出。凡埋骨一具，可得子羊數隻。此蓋四生胎外之化也。波斯國亦有此事，以脛骨種之。《輟耕録》曰：漠北種羊角，能產羊。其大如兔，食之肥美。《劉子觀量篇》曰：晉文種菜曾子植羊，非性闇蠢，不辨方隅，以其運大不習小務也。注謂刲羊皮，用土種之也。西海以羊臍種土中，溉水聞雷而生，臍系地中，及長，驚以木，臍斷，便行齧草，至秋可食。臍内有種。無睛能視、有角不用《易經注》羊無睛而能視，死不瞑目。下詳羊一《春秋繁露》。粧點芳草、蹋破菜園《雲仙散録》曰：午橋莊小兒坡茂草盈里，裴晉公每使數白羊散於坡上。曰：芳草無情，賴此粧點。《啓顔録》曰：有人常食蔬茹，忽食羊肉，夢五藏神曰：羊蹋破菜園矣。賜八百蹄、具三十物《孔帖》曰：回紇達干既行日賜羊八百蹄，詩曰：三十維物，爾牲則具。秋陰之氣、未位之神《杜陽雜編》曰：牛羊共居丑未之位，羊色白，雖雜毛而白多，近於秋陰之殺氣，故草木經羊嚙之餘必顛頓。《泊宅編》曰：有人好食羊頭，嘗晨出見一羊頭人身，衣冠甚偉。曰：吾未位之神也。其屬在羊爾，食羊頭甚多，故來取汝，若輟食，則可不。然吾將殺汝，其人懼，不復食羊。給膳、謀羞《埤雅》曰：徐鉉云：羊主給膳以瘦為病，故羸從羊。符子曰：魯候欲以孔子為司徒，將召三桓而議之。左丘明曰：周人有欲具少牢之珍，而與羊謀，其羞羊相呼。藏於深林之中，今君欲以孔子為司徒，召三桓而議之，亦與羊謀，羞哉。上峭山、鬬海岸《涼州異物志》曰：有小羊，稱若斥。峭山如壁，上下如跌。西舍利凡曲名十有二五曰：鬬羊勝驃云來。乃昔有人見二羊鬬海岸，強者則見弱者入山，時人謂之來乃，來乃者勝勢也。喜鹽、畏露《東齊記事》曰：牧羊惟遠水為善。日一飲緩驅行，勿停息，春夏早收，秋冬晚出。以瓦器砌羊闌中地，羊喜鹽，自還嗽之，不勞人收。《埤雅》曰：羊性畏露，晚出早歸。故詩曰：羊牛下來，常先於羊也。遠視、長生《漢書注》曰：鄭康成謂羊畜之遠視者。故《史記》、《家語》：孔子謂文王眼如望羊。《百官志》：凡羊至廚而乳者釋之長生，大齊日尚食，進蔬食釋所殺羊為長生供奉。鬼化、人變上詳羊二《搜神記》。《瀟湘録》曰：萬壽中，長安百姓李審言忽得病如狂，倏與羊同食。家人無以止，求醫不效。後忽西走，近將百里，路傍遇羣羊，遽走入其内。逐之者方至，審言已化為一大羊，於衆中不能辨認。及家人齊至，泣而擇之。其一大羊，乃自語曰：將我歸，愼勿殺我，我為羊快樂，人何以比，遂將歸飼養，以終天年。

清　昭槤《嘯亭雜録》卷三《以羊運糧》

乾隆末，廓爾喀用兵時，和制府琳督糧餉。以久戰荒徼，艱於轉運，公乃命驅羊負米，以濟軍食，人服其智。按《金史》：承安中北邊准蔔叛，命丞相襄征之。賊人遁，路既遼遠，僉患乏食之虞，完顔安國曰：『人得一羊，可食十餘日，不如驅羊以追之。』襄從其言，遂擒賊首，固先有行之者矣。

清　趙翼《陔餘叢考》卷四《其父攘羊》

《呂氏春秋・當務篇》：楚有直躬者，其父竊羊而告之上，上將執而誅之，直躬者請代父死。將誅矣，告吏曰：『父竊羊而告之，不亦信乎！父誅而代之，不亦孝乎！信而孝而誅之，不亦悖乎！』荊王聞乃赦之。孔子曰：『異哉，直躬之為信也！一父而再取名焉。』此即葉公所稱攘羊之事也，而記載不同，亦可參觀。《莊子・盜蹠篇》亦云：直躬證父，尾生溺死，信之害也。《淮南子》亦云：直躬父攘羊而證之，尾生與婦人期而死之。

藝文

唐 王棨《麟角集·牛羊勿踐行葦賦》皇化所加德同周道爲韻 育物恩庸，垂衣道豐。流德渾於行葦，示仁心於牧童且曰胚雨牛羊，勿近萋萋之道，恐其蹄角，踐儔泥泥之韜。斯乃家園攸用，莘夷所同。俾遂生粲之性，仍敦忠厚之凰。是以騷自睿情，指乎幽渚。伊方苞方髓之地，匪或寢或靴之所。未逢至化，其生有頰於蒿萊，今被仁凰，所責不殊於稷黍。懿夫拂水沙隙，搖堙路傍。安可袱三糍而蹂躪，放千足以跳踉。莫不欽裏教，感吾皇，戒彼畜之奔逸，免斯僚之折儔。由是綠野分臚，苔葮共保，但蹋桃林之阪，自齙金莘之草。春凰渾畔，如生腓字之心，落日山遺，盎恝下來之道。況乎挺本方茂，屬航可嘉。露靡而孚芳苻蘖，參差而兢秀茼芽。若使大武斯履，柔毛所加。則八月洲前，燕後凝霜之蘗，三秋江上，鞋逢似雪之花。是以成仰嘉猷，式遵元德。牧者既以承其教，虞人得以修其融。故能隔鰲蹄於平野，莫往莫束，限精首於荒郊，自南自北。然後潭靡不洽，恩燕不周。固有殷充之寅，家燕罄匱之委。綢不入於汙池，斯言莫偶，斧以疇於林藪，厥羲靴侔。俸夫至理孺彰，前短可駕。速符大雅之什，允協文王之化。因知皇王之教，所萎不惟禾稼。

唐 李嶠《羊》《佩文齋咏物詩選》卷四〇八 絶飲懲澆俗，行驅夢逸才。仙人擁石去，童子馭車來。夜玉含星動，晨氊映雪開。莫言鴻漸力，長牧上林隈。

宋 吴淑《事類賦》卷二二《羊賦》 《易》曰：兑為羊。《易·説卦》云。有力曰奮，《爾雅》曰：未成羊羜，絶有力奮。取義於祥。《説文》曰：羊，祥也。象四足角尾之形。孔子曰：牛羊之字以形舉也。既聞其荷箠而驅，《列子》曰：初陽朱見梁王，言治天下如運諸掌。王曰：先生有一妻一妾，而不能治，三畝之園，而不能芸。言治天下，何也。曰：君見夫牧羊者乎？百羊而羣，使五尺童子，荷箠而隨之，欲東而東，欲西而西。使堯牽一羊，舜荷箠而隨之，亦不能前之矣。亦因其挾策而亡。《莊子》曰：臧與穀二人相與牧羊，而俱亡羊。問臧奚事則挾策讀書，問穀奚事則博簺以游，二人事業不同，其亡羊均也。勿被虎皮，《法言》曰：羊質虎皮。見草而悦，見豺而戰，忘其皮之虎也。寧為秋霜。《後漢書》曰：光武崩廣，陵王荆作飛書構逆曰：當為秋霜，無為檻羊。注：秋霜，肅殺於物。檻羊，受制於人。見决獄於皋陶，《論衡》曰：獬廌者，一角之羊也。性知有罪，皋陶治獄其罪，疑者，令羊觸之。聞治訟於齊莊。《墨子》曰：齊莊公之臣王國卑與中里檄者訟三年而獄不斷。恐失有罪，使二人共一羊盟齊之社，二子相從以羊血灑社，讀王國卑之詞已盡，中里檄之詞未半，祭羊起而觸中里檄。齊人以為有神。直躬既異於吾黨，《論語》曰：葉公語孔子，吾黨有直躬者，其父攘羊，而子證之。告朔仍傳於愛禮。《論語》曰：子貢欲去告朔之餼羊，子曰：爾愛其羊，我愛其禮。一歲曰䍺，《廣雅》曰：吴羊牡一歲曰䍺，三歲曰羝。牝一歲曰牸，三歲曰牂。三百維羣。《詩》曰：誰謂爾無羊，三百維羣。晉武平吴，宫女競求於竹葉，衛玠在洛，列肆咸觀於璧人。並見《車賦》捋彼羊鬚，注。亦有捋鬚得珠，見《珠賦》捋彼羊鬚，注。觸藩羸角。《易》曰：羝羊觸藩，羸其角。叱白石於金華，見《石賦》初平叱羊，注。亡玉精於西嶽。《周易·是謀類》曰：泰山失金鷄，西嶽亡玉羊。鄭玄注：金鷄、玉羊，二山之精。《禮》標為贄，《春秋繁露》曰：凡贄卿用羔，羔飲乳母必跪，類知禮者。又羊之為言祥，故以為贄。《詩》美來思。《詩》曰：爾羊來思，其角戢戢。處千年之樹，《玄中記》曰：千歲之樹精為青羊。賣五羖之皮。見《牛賦》百里載於秦國，注。尹喜曾尋於老子，《尹喜内傳》曰：老子與喜别曰：尋吾於成都青羊之肆，喜後尋而得之。曹公難求於左慈。《神仙傳》曰：曹公收左慈，慈走入羊羣，失慈之所在。追者疑化為羊，乃令人數羊，羊本千口，簡之長一口，知化為羊。乃謂曰：若是左公者，但出無苦也。有一羊跪曰：詎如許。追者欲執之。於是羣羊皆長跪曰：詎如許，追者乃去。詎見將狼，《史記》曰：黥布反，欲使太子將，往擊之。四皓謂建成侯曰：今諸將皆陛下故等夷，乃令太子將此屬，無異使羊將狼。寧能格虎。《春秋後語》曰：張儀謂楚王曰：夫為從者，無異驅羣羊而致生虎，虎之與羊不格亦明矣。今王不與虎而與羊，臣竊以為大王之計過也。嘉卜式之有言，《史記》曰：卜式牧百羊，十餘歲致千餘。上曰：吾有羊在上林，令子牧之，乃拜為郎。式布衣蹻而牧羊，歲餘羊悉肥，上過其羊善之。式曰：非獨羊也，治民亦如是，以時起居惡者斥去。拜緱氏令。何羊斟之不與。《左傳》曰：華元殺羊食士，其御羊斟不與。及戰，曰：疇昔之羊子為政，今日之事我為政。與入鄭師，故敗。《周禮》已著於餙羔，《周禮》曰：羊人，掌祭杞飾羔。時令亦聞於宜黍。《周禮》曰：食羊宜黍。或因舌以為族，《列仙傳》曰：昔有攘羊者，以羊遺叔向，母埋之不食。後三年，攘羊事發，追捕向家，驗羊骨肉都盡，唯有舌在，國人異之，遂以羊舌為族。或剖肝而得土。《韓詩外傳》曰：魯哀公使人穿井，三月不得泉，得一生羊焉。公使祝鼓舞之，欲上於天。羊不能上，孔子見曰：水之精為玉，土之精為羊，此羊肝土也。公使殺羊，視肝即土。穿井而獲者季桓，見《井賦》獲羊既駭於季子，注。持節而牧者蘇武。《漢書》曰：蘇武使匈奴，匈奴欲降之，武不肯降。使北海上無人處牧，羝羊乳乃得歸。武在海上，廩食不至，掘野鼠、草荄而食之，杖漢節而牧羊。遺之既警於不祀，《帝王世紀》曰：湯問葛伯：何故不祀？曰：無以供犧牲。湯遺之以羊。殺之亦誡於無故。《禮》曰：大夫無故不殺羊。或有鬚郎之號，《述異記》曰：羊而不角呼蛟羊，一名胡鬚郎。或傳爛胃之名。《後漢書》曰：更始所任皆賈豎膳夫。長安中語曰：竈下養，中郎將。爛羊胃，騎都尉。爛羊頭，關内侯。誦素絲於五紽，《詩》曰：《羔羊》、《鵲巢》之致也。召南之政，在位皆節儉正直，德如羔羊也。羔羊之皮，素絲五紽。瞻羵首於三星。《詩》曰：牂羊羵首，三星在罶。在牧用彰於衰世，《周書》曰：夏桀德衰，夷羊在牧，飛蛤滿野。鞭後式明於養生。《莊子》曰：養生如牧羊，後者鞭之。單豹巖居而水飲，行年七十，有嬰兒之色，而虎食之。張毅高門懸箔，無不趨也，而内熱以死。單豹養内，而虎傷其外，張毅養外，而内熱以死，皆不鞭其後者也。絕沈猶之朝飲，仰宣尼之典刑。《孫卿子》曰：仲尼為魯司寇，沈猶氏不敢朝飲其羊。

宋 梅堯臣《宛陵集》卷一八《逢羊》 予晨過北郭，見群羊，有羝處前，其首卬然而偉腯，其角拱然而聳。其毛茸然而長，自膊至腕，綿綿與纓胡相若。其群狠逐而擁趨如奉焉。及其宰也，羝存而群死之。予歸作詩示諸友云。

牧人垂長髯，驅羊從北道。老羝壓大群，毛比長髯好。暮歸同一欄，朝出不擇草。既肥當用烹，從羝羝獨保。狡誘以全軀，角尾徒爲老。

宋 劉敞《公是集》卷五《和聖俞逢羊》 道旁逢羣羊，問羊將何之。朝供大官膳，躑躅未自知。觳觫此何罪，無乃芻豢為。肥軀一報德，鼎俎安可辭。寧辱泥塗中，故人所以悲。

宋 韓維《南陽集》卷四《和聖俞逢羊》 雉以媒就獲，鹿以由見羈。物情非本然，實自巧者為。惟人莫或使，勢利中奪移。朝游固金石，暮變險穽機。世路有如此，君無獨羊悲。

宋 郭祥正《青山集》卷一五《五仙謡》 番禺五仙人，騎羊各一色。手持六秬穗，翱翔遶城壁。翩然去乘雲，諸羊化爲石。至今留空祠，異像猶可識。曾聞經猛火，毫髮無痕跡。五仙寧復來，三說頗難測。只憂風雨至，半夜隨霹靂。君不見羌廬劉越之洞天，萬象森羅無一尺。

宋 王阮《義豐集・題四羊圖》 三百維群世不見，廼以四羊為一圖。人言此圖出韋偃，不知韋偃有意無。巖巖參天一古木，下有輕荑滿郊綠。雪鬟隱約黑暈中，沙肋微茫筆端足。昔聞韋侯畫馬工，杜陵長歌歌古松。孰知畫羊更如此，世間絕藝誰能窮。蘄春太守好事者，珍藏有此希世畫。嗟予得見雙眼明，此一轉語又難下。三羊遊戲芳草茵，一羊輒登枯樹根。安得添我作牧人，為公鞭此一敗群。

宋 曹勛《松隱集》卷三《嘉游歌》 紫殿香風暖，珠簾璧月斜。閣中調寶瑟，門外駐羊車。

宋 牟巘《陵陽集》卷三《群羊踏菜畦戲作》 活計元堪笑，毛羣尚見欺。蹴蔬元匪夢，樊柳竟何裨。正爾敗諸葛，從何捉左慈。若鞭其後者，猶得養生規。

元 許有壬《秋羊》《佩文齋咏物詩選》卷四〇八 塞上寒風起，庖人急尚供。戎鹽春玉碎，肥羜壓花重。肉淨燕支透，膏凝琥珀濃。年年神御殿，頒餕每霑儂。

明 郭勛《雍熙樂府》卷七《哨遍・羊訴冤》 十二宮分了巳，未禀乾坤二氣成形質。顏色異種多般，本性善羣獸難及。向塞北，李陵臺伴，蘓武坡前，嚼臥夕陽外。趂滿目無窮草地，散一川平野，走四塞荒陂。馭車善致晉侯歡，拂石能逃左慈危。捨命拎家，就死成仁，殺身報國。么篇告朔何疑，代釁鍾偏稱宣王意。享天地濟民飢，據雲山水陸無敵。盡之矣！馱蹄魼掌，鹿脯獐豝，比我都無滋味。折草亰炮煮煎爍蒸炙，便塩醃將𣊬，醋拌糟焙。肉糜肌鮓可為珍，蕈菜鱸魚有何尚。於四時中無不相宜。耍孩兒從黑河邊赶我到東吳內，我也子望前程萬里。想道是物勵鄉貴有些峥嶸，撞著箇主人翁少東沒西。無料喂把腸胃都抛做糞，無水飲將脂膏盡化作尿，便似養虎豹牢監繫。從朝至暮。坐守行隨。三煞見一日八十番覷我膘脂，除我柯枝外別有，甚的許下浙江等處惡神祇，又請過在城新舊相知。待任與老火者殘歲裏乘高戲，要顧與小子弟新年中扮社直。窮養的無巴壁，待准折舞裙歌扇，要打摸暖帽春衣。二煞把我蹄指甲要舒心晃窓，頭上角要鋸做觧錐，瞅着頷下須緊要拴搗筆。待生㨶我毛衣鋪氊，待活剥我監兒踏磾皮。眼見的難回避多應早晚，不保朝夕。一煞火裏赤磨了快刀，忙古歹燒下熱水。若客都来抵九千鴻門會。先許下神鬼㓟了前膊，再請下相知揣了後腿，圇我在垓心内。便休想一刀兩叚，必然是萬剮凌遲。煞尾我這裏刺荅着兩箇淹耳朶，滴溜着一條粗硬腿。我渾身恰便似蝙蝠模樣精精的，要祭賽那窮神下的呵嘆。

明 黃佐《泰泉集》卷五《六羊僊人歌贈方棠陵》 君行南越復閩越，邂逅凌江對秋月。持觴不飲語甌窶，仰天大笑纓欲絶。飄颻揮手凌紫烟，騎羊抱月成飛僊。戲摘匏瓜解殘暑，匏瓜、星名。織女黃姑皆粲然。昔從九天謫下土，車駕前頭遇威武。都人觀者如堵牆，摇筆賦詩罵平虜。正德中作車駕詩，直斥江彬，幾得詩禍。平虜敢嗔未敢言，即麾羖攊登天門。扣閽每逢虎豹睡，墮地便作蛟龍蟠。有時乘軺向江漢，忽然牧牛耕石澗。仙乎仙乎豈無有，眼底見君能變幻。今年騎羊来我州，六十五日去不留。亡烏飛鳴獨鶴舞，空餘孤樹堂之幽。帶圍有花開頃，刻頃刻又作黃金色。前驅壺公後九鯉，白日果能生羽翼。只今五羊城下歌豐穰，謂是五僊騎来曾降祥。君来匹之頓成六，觸邪持法陳紀綱。君不見，獬豸稱神羊。

明 李昌祺《運甓漫稿》卷一《題亡羊圖》 澹無組紱累，夙志愛林泉。挾册驅羝羣，箕踞叢篠邊。玩繹造芒芴，超遥謝蹄筌。微風延衆籟，落日明長川。心景適相契，物我遽兩捐。爾羊本非闕，我書亦空詮。不寫穀生博，畫師無乃偏。執業雖各途，亡羊奚異旃。固知東陵愚，豈及西山賢。徇名與徇利，均死何後先。棄置且勿較，呼兒進杯棬。

清 陸紹曾《古今名扇録・孝宗題五羊圖》 霜風不動節毛塵，同沐中原水草春。蘇武還朝典屬國，一時高爵豈庸人。

清 吳省欽《白華前稿》卷四三《青羊宫觀銅羊》 青羊宫左羊帖伏，十指捫摩滑如縠。遂寧相國供道場，不自屠羊肆中鬻。漁洋初至蜀，尚有石羊，再至則失之矣。今羊係遂寧所施。錦官古城稀勝遊，石室元亭莽平陸。城南騰蹋信馬蹄，記說關門度函谷。傳經豈待河上詮，後會還從蜀中卜。尹於羊肆來克期，一笑忘言慰幽獨。金文照耀誰共窺，紫氣縈回那留宿。爾時爾羊知在無，不化青牛角觳觫。一從灰劫經紅羊，陌上銅駞草皆鞠。唐宗故事祠混元，莫怪黃巾誣七曲。坑儒之厄茲適丁，月黑天陰鬼紛哭。爾羊幸不生爾時，免與鼎彝付錢局。獻賊詭稱試士，驅至青羊宫殺之。又括蜀藩所蓄古鼎及城内外銅象，鑄大順錢。方今討逆越松維，麕走麏驚賊日蹙。羊如有神能觸之，笵像于門酬亦足。區區戀此復奚為，銘字無多且百讀。流聞疴癢闕剝膚，恣摸羊頭及羊腹。手所乍到痛輒蠲，醫院銅人效同速。我無美疢容諦觀，琳宇盤桓媿清福。豆瓜灌圃水汩汩，松檜翻階風謖謖。鞭之不動叱不麠，何處五羊穗銜穀。

清 宋琬《安雅堂文集》卷一《獄中之羊賦》 秋官之狱，有羝焉，未捻其所坐之故，與余同待命於咎繇之庭。大司冠留之，食囚脉之食，仰糜太官之廪庾者，日斟有三升。久之，肥腈驯攫而且事，眷吏之来，厥角若崩，脉人狎而捽之，以其肱臆茆而跽，哔然悲嗡，鲍鲍兢兢，似掊人罄。客有南冠而缧艘者，哀桶簿之相频，涕承睫以霭膺，曰：嗟乎，羊之燕罪电。皮不足以敝狐貉之温，智不足以至膊躺之盗。未践畏榻之苑囿，弗藕上林之粱稻。壹臧與穀之不戒欺：衍多岐而叱叱。不然者，牢燕峻皐之與高陵，胡鹅摩圜扉之是蹈？吾缄不忍其拘擎号，恨中心之孔悼。余曰：鸣呼噫嘻，客奚此之弔。子昕捐夔一足之蟒炫，而蝴與避鸠更柑猖哄也。盖吾峇同之拎牲牛，物含囊而负氟。则莫涨遁天之刑。是敝瓣廒綮，山雉經，虎豹有畸而槛，筵牛之在其缨。猿以便捷见赌，雁以不鸣召烹。矧蠢兹之微狞，呵刀俎之酴亡。司意者不付之拎宰夫，俾腊敲而鹅羮。乃漫假之努秣之餐，贷其徽缝之程。逵将褴解绷之深仁，敝罪疑而惟輊。羊之鹅羊兰，固己爨拎舐糟之麋，而簿拎披编之牲。且夫狱非鹅禽默投也，本以平寛静而真醒民。慨氓情之施满，致傺令之纷缩。地有黄沙之批，黯如黑水之津。苟危橇之偶觸，或不密以陷身。雕有勇遇賁育，孝愈曾冈，周勃之位望翕艴，到向之文章炳烧。莫不髓网三木，首戴檬巾。琅蹭磴磴，厥重六钧。化昆吾耦统指，摧劲柘拎斧斤。吏卒咆哮，瞠目宣龈。状狰猝而聱噶沓，又何異乎群犬之狺狺。使甬羊之不幸，浸假化而精人。胃秋荼之纲罟，来此地以沉淪。必将弑髓驹之扳橛，徒左校之鬼薪。两不兕夫赭衣蓬垢，荷校而比比者乎。臭贯鹅連，危同豢豕。霓游岱澈之除，血污成陨之市。肌唐己触乎莓苔，骨肉尚晰夫瘩瘠。戲有揽槛呼天，絶吭蓄指。魏其侯之引裁，茼塞令之庚疚。朝露溘然，生平己矣。射聱之疚泣不沓，莨弘之碧血虚甬。乃其身名灰减，家室星雕。望若虚芎篱里，渺音筒芎天涯。

陛母斷葱而不见，酉妻封爱以何期。欲蹄德而寄萝，忪魂魄之糕雉。鸣乎，民士。寅雌，雉物之倦。往逞错迕，遭逢若斯。信雀角之町以穿屋芎，羊膈黏曲而除峨。彼雄翡之斷羽芎，单了知其赫橇。何凰人之善拎言愁芎，羑茛楚之热知。吾與于曾捙羊之弗着芎，又奚暇嗅彼之鬃需。客乃雪涕投袂而甜曰：曩也缪矣，子言裝吾覆矣。羊芎羊芎，求甬牧矣。使介葛廬而犸理芎，其有以驄斯狱矣。

清 錢澄之《田間詩文集·詩集》卷九《癡羊行》 昔聞龍女牧雨工，散地食草與羊同。山邊有羊非凡種，呼作雨工雙目竦。士人致禮爭求觀，竹枝灑鹽恣飽餐。天旱迎羊往祈雨，羊登雨壇亂撾鼓。鼓聲驚起虎來爭，癡羊屈膝哀且鳴。隨虎還山入虎穴，早晚只是虎口血。羊非兩工心自知，士人無識空相疑，士人自癡羊不癡。

清 謝元淮《養默山房詩稿》卷六《引羊車》 羊車來，千門萬戶一時開。羊兮不來，令人猜。羊車去，羊車今宵去何處，教人空灑門前路。羊車何遲遲，竹葉何垂垂，不怨車中人，但怨駕車之羊迷所歸。羊車遊，羊車戲，深夜沈沈，天方醉。九重羊車樂宮中，五胡戎馬生郊內。

清 陶元藻《泊鷗山房集》卷一四《牛羊勿踐行葦賦》 神皋日麗，沃壤雲油。孳生偏野，萌茁盈邱。羌一動而一植，乃或剛而或柔。自並育而毋犯，雖相值而何尤。緬化理之宏敷，感深牧豎，亦陰陽之善燮，喘罷吴牛。寓物興懷，喻嘉庥於小雅，揚徽著美，傳公讌於成周。若夫綿芊山麓，披拂池塘，形隨荻短，色擬葭蒼。迎春方盛，繞轍初長。蘼蕪競秀，苜蓿爭芳。幾偃風而克順，聿向日而相羊。甘與芻蕘，跡並西岐之柞，寧辭蹄齧，枝同杞柳之戕。爾乃駕軛餘閒，觸藩微物。每避蒙茸，慣憐葱鬱。倘非驅者之防能保蠢然之迄。宛如麟趾，履誰禁而恆無，絕類甘棠，翦何傷而竟勿。穗擕來於百粵，智本如仙，笛吹入於三生，心原似佛。象應巽而毛柔，體符坤而角繭。初飲罷於平池，斯下來於翠巘。非同馬埒之有閑，不作牛山之忽踐。豈真或繫，滋蔓無淩，縱有維羣，菁英自展。三百兩桃林悉放，未必槎蘖俱矜，十九年屬國長留，恐亦榮枯難辨。披簑犢背，賢詩五殺之司，叱石山腰，神等初平之遺。彼踏青之士女，倏動驚疑，在鬬草之兒童，還增恤懊。惟繇惟夭，若拒若迎。一任叢生而處，常思閒道而行。河畔青青，儼似鯤鮞之禁，林間濈濈，終無蹂躪之驚。戒爾奔馳，敢曰急何能擇，同茲長養，應貴時靡有爭。得行人而其途莫紊，亡岐路而厥草猶榮。化並農商，讓耕讓畔，祥如風雨，不破不鳴。惟王心仁沛乎蒼黔，故民志慈流於萑葦。敞春臺而樂育，物盡熙熙，聞嵩祝以騰歡，情皆亹亹。騶虞仁獸，疊至郊圻，蓂莢靈根，恆昭黼扆。蓼蕭湛露，沾濡已偏於躬桓，棫樸菁莪，培養無遺於葑菲。

清 屈大均《翁山詩外》卷一四《題綿羊圖》 平沙漠漠艸如茵，只見綿羊不見人，北海不知羝乳否，白頭蘇武欲歸秦。

雜録

《詩序》卷上《召南》 羔羊鵲巢之功致也。召南之國化文王之政，在位皆節儉正，直德如羔羊也。此序得之，但德如羔羊一句為衍說耳。

《子夏易傳》卷五《乾下兑上》 九四，臀无膚，其行次且，牽羊悔亡，聞言不信。象曰：其行次且，位不當也。聞言不信，聰不明也。

志進決柔，而逼於上坐不能安，行不能正剛，而不當其位也。羊者觝突，不迴之物，比之用壯焉。能自牽，繫其志不縱，其壯則悔亡也。是語也，聽之而不能明昧，為其道者也。

又 卷八《繫辭下》 太古鳥獸萬物多而人寡，不待易物之財，人人自保其資也，至於人寖而盛物斯鮮矣。食用艱矣，則智者有易。仰觀象於天，得四時之易也。俯觀法於地，承天時而易也。觀鳥獸之文類，聚羣分就利違害，而從其易也。觀其情，而得其宜也。健以施下，順以承上，可則動之，否則止之險，則經之親，則麗之外柔以說之，內順以巽之，近得於身也。天乾而地坤，雷動而山止，日照而雨濡，風散而澤潤，物之大者也。在乎萬物其生也，含陰陽而生，其受也。偏象之氣，故【略】兑為羊，是以天下之受可得矣。於是始畫八卦，見其象，察其數，運於無形，明於顯著，混萬物而為一，而咸得其情，則知其所麗矣。網罟內虛而外堅，維之離之，象也。魚禽麗之而不脫，弱能麗其强，離之義也。遂犧而供其庖焉。天下之利，衆歸往而取法焉。故曰：庖犧氏之王天下，立其位，而行其道也。

《初學記》卷二九《羊》 觸藩跪乳 《周易》曰：羝羊觸藩，羸其角。鄭氏《婚禮謁文贊》曰：群而不黨，跪乳有敬，禮以為贄，吉事之宜。《譙子法訓》曰：羊有跪乳之禮，雞有識時之候，而人取法焉。士怪嶽精 《國語》

曰：桓子穿井，獲如土缶，其中有羊焉。使問仲尼曰：『吾穿井得狗，何也？』對曰：『以丘所聞，羊也。木石之怪夔魍魎，水之怪龍罔象，土之怪曰羵羊也。』《周易·編謀類》曰：太山失金雞，西嶽亡玉羊。鄭玄注曰：金雞玉羊，二嶽之精。柔毛羵首 《禮記》曰：凡祭宗廟之禮，羊曰柔毛。《詩》曰：牂羊羵首，三星在溜。鄭玄注曰：羊牝曰牂羊。羵，大也。叱石瞰珠 葛洪《神仙傳》曰：黄初平者，丹溪人也，年十五。牧羊，有道士便將至金華山。其兄初起，行索初平，曆年不得。見市中有道士，乃隨求弟。相見語畢，問羊何在，平曰：『羊近山東。』兄往視，但見白石。平言叱叱羊起，於是白石皆起，成數萬頭羊。劉義慶《幽明録》曰：洛下有淵穴，婦欲殺夫，推下。經多時至底，乃得一穴。宮館金寶為飾，明逾三光，人長三丈。如此九處。至最後告饑，長人指樹下一羊，令跪捋羊須。初得一珠，長人取之；次亦取一，後令啖，即療饑。請問九處名，求停不去，答云：『君不得停。』丹毛白血 《續異記》曰：吳興俞亮，以永明八年補護軍府史。於常眠處聞有羊聲，疑為神怪。竊於戶窺之，見其床下有羊，可高二尺，毛色若丹，光耀滿室。《穆天子傳》曰：犬戎觞穆王於雷首之阿，乃獻良馬四匹。天子使孔牙受之，曰：『雷水之平，爰有黑牛白角，爰有黑羊白血。』五羖六飛 《呂氏春秋》曰：百裏奚未遇時，號亡，奚飯牛於秦，傳鬻以五羖羊之皮，公孫枝得獻諸繆公。繆公用之，謀無不當，舉必有功。《春秋命曆序》曰：有人黄頭大腹，出天齊政，三百四歲為神次之，號曰皇神。出淮，駕六飛羊，政三百歲，五葉千五百歲。重十斤高三尺 郭義恭《廣志》曰：大尾羊，細毛薄皮，尾上旁廣，重且十斤，出康居。《春秋說題辭》曰：羊者，詳也，詳以改也。合三為生，以養士也，故羊高三尺。

《太平御覽》卷七七五《羊車》 《釋名》曰羊車以羊所駕名車也。

《釋名》曰：羊車，以羊所駕名車也。

《晉書》曰：武帝平吳之後，複納孫皓宮人數千。自此，掖庭殆將萬人，而並寵者甚眾。帝莫知所適，常乘羊車，恣其所之。至，便宴寢。宮人乃取竹葉插戶，以鹽汁灑地，以引帝車。

又曰：衛玠，字叔寶。五歲，風神秀異。總角，乘羊車入市，見者以為玉人，觀者傾都。

《晉太元起居注》曰：司隸校尉劉毅奏護軍羊琇，私角弩四張，又乘羊車，請免官，罪。詔曰：『羊車雖無制，非素所乘者，可如所奏。』

又 卷九一三《羬羊》 《山海經》曰：華山之首曰錢來之山，有獸狀如羊，而馬尾名曰羬。羊其胎可以已腊，治體腊也。

宋 謝翺《晞髮集》卷八《游赤松觀羊石記》 金華洞爲初平叱石處，余髫而聞之，髮種種乃一至，而叱石處復不在金華洞。未至洞十五里，有山曰赤松，今爲寶積觀，觀傍祠二仙，即皇氏兄弟是其處也。石故在山之顛，變怪牴牾，宛然如羊，多爲樵牧及好事者取去。道士拾其遺蓄觀中，余得借而觀之者三處：其一天井東，僅十數，角嶄然，羣伏且起狀，無牴觸意，苔蒙茸若草藉地，可近而玩，其一並曲池之北岸，累石爲山，參布伍列，犬牙其上，卧者十八九，伏者十七，抵者蹶者十五，歷險而跂者十三，倚而齕、跪而乳者十一，若觀古鼎彝尊之蹟於石，形不求完而意自足。其一積小坻，位置加密，跂伏齕乳牴蹶，與前變態略同。復有拱而人立者，奇崛特甚，道士易以他名，使不與羣羊伍。余曰：「是不可易，左元放之遇曹瞞，其化而爲羊，與茲羊之化爲石，是或一物也。今而後觀茲石，若憑而游，若蜕而休，茫乎日與對，而泊不知所求，其有不復化爲是物乎？」道士顧笑，衆皆岑寂，起立若植，以余言爲然，故書以啓後之遊者。其所觀三處道士倪守約、唐元素、王德厚云。石去初平仙後若干年，爲樵牧好事所取及移來此又若干年，道士悉能言之，於遊者非有所係，故不書。

宋 魏了翁《禮記要義》卷一二《牛犬鷄羊屬土金木火》 《正義》曰：案《洪範·五行傳》云：思之不睿，則有牛禍。牛屬土也，言之不從，則有犬禍。犬屬金也。貌之不恭，則有雞禍，雞屬木也。視之不明，則有羊禍，羊屬火也。今四時各有所剋，脂膏而和膳食，故知牛膏薌，犬膏臊，雞膏腥，羊膏羶也。

宋 吳曾《能改齋漫録》卷九《羊城》 高適送柴司户之嶺外詩云：海對羊城潤，山連象郡高。按《南郡新書》云：吳修為廣州刺史，未至州，有五仙人騎五色羊，負五穀而來。今州廳梁上畫五仙人騎五色羊為瑞。故廣南謂之五羊城。又《廣州記》云：六國時，廣州屬楚，高固為楚相，五羊銜穀至其庭，以為瑞，因以五羊名其地。又鄭熊撰《番禺雜記》云：廣州者，有五仙騎羊而至，遂名五羊。新書與熊所記同，惟《廣州記》為異，當有辨其非是者。

宋 項安世《周易玩辭》卷七《喪羊于易》 晁説之氏曰：『易』古文疆埸字也。今按：埸在兩界之間，常有喪失牛羊之事，故聖人取之以為兩爻相易之象。大壯之時，其性太很，故六爻皆惡當位而喜易位。九三止於純剛，故粗很用壯，而羸其角；上六止於純陰，故愚很不詳，而羸其角。惟九四、六五易位而處，四以剛居柔，故藩決而悔亡，五以柔居剛，故羊喪而無悔。四性剛，未必能安於易位，故先貞而後吉，先悔而後亡；五性柔，能安於易位，故為喪、為易、為不當位，而居然無悔也。四之所決，即九三所觸之藩；五之所喪，即上六不退之羊。三以剛居剛，故貞則有厲；四以剛居柔，故貞則有吉。此又貞厲、貞吉之辨也。大壯四、五易位而喪其很，故無悔；旅五、上易位而喪其順，故凶。此又牛與羊之辨也。

宋 楊侃《兩漢博聞》卷一〇《原羊鮮卑傳》 鮮卑出原羊。注云：郭璞注《爾雅》曰：原羊，似吳羊而大，角出西方三臺。《袁紹傳六十四上》注云：漢官，尚書為中臺，御史為憲臺，謁者為外臺。

宋 佚名《錦繡萬花谷·續集》卷一四《羊》 跪乳。鄭氏《婚禮謁文》贊曰：羣而不黨。跪乳，有敬禮以為贄，吉事之宜。譙子《法訓》曰：羊有跪乳之禮，而人取法焉。土怪桓子穿井獲如土缶，其中有羊焉。使問仲尼曰：吾穿井得狗，何也。對曰：以丘所聞羊也。木石之，怪，夔、魍魎水之怪，龍，罔象，土之怪。曰：羵羊也。《國語》

嶽精。《周易·異謀類》曰：泰山失金雞，西嶽亡玉羊。鄭玄注曰：羊，二嶽之精也。

賁首。《毛詩》曰：牂羊賁首三星在霤。鄭玄注曰：羊，牝曰牂，賁大也。

噉珠。劉義慶《幽冥録》曰：洛下有澗穴，婦欲殺夫，推下。經多時至底，乃得一穴。行至數十里明，踰三光，人長三丈，引過九處。其人乃告饑，長人指樹下一羊，令羊跪捋羊鬚，初得一珠，長人取之曰：取後一珠，令噉即療，饑。

元 熊太古《冀越集記》卷上《羊馬駝牛》 羊馬臥而起，必先前足。駝牛臥而起，必先後足。羊馬屬陽，駞牛屬陰。羊馬駝牛前足屈後，後足屈前，惟象似人前足向前，後足向後。両乳在胸，與他獸不同也。馬有墨在腎，牛有黃在膽，然不皆有也。

明 傅梅《嵩書》卷一一《左慈陽城山變羊》 《後漢書》云：曹操欲收殺左慈，慈屢變形避之。『後人逢慈於陽城山頭，因複逐之，遂入走羊群。操知不可得，乃令就羊中告之曰：「不複相殺，本試君術耳。」忽有一老羝屈前兩膝，人立而言曰：「遽如許。」即競往赴之，而群羊數百皆變為羝，並夕，並屈前膝人立云：「遽如許。」遂莫知所取焉。』

明 陸化熙《詩通》卷二《無羊》 詩重中興考牧，而末段發出。天下國家大計，大率民安物阜。關國家之氣運，原是一齊來的。夢之有無不足深論，誰謂字打，從前此所無説。來羊以三百為一群，至其郡數則不可悉。數九卜，其惇以例，其餘也，羊苦不和，牛苦不安，今既和且安，便見無損傷，無病耗，所以驗其衆多。

中二章，正如一幅牧事畫圖。參差叙述總見其盛，若以人煩物情，為物所由盛，反看小了。別其色有三十様，非每色有三十也。牲兼祭祀，燕享説，何笠負餱。薪蒸雌雄，俱是寫景，不必拘泥，牽合四以字俱粘牧來説。爾羊來思，舉羊以見牛也。矜矜兢兢，有堅强之狀。不騫不崩，無損折之虞。是一正一反，少損曰虧，全壞曰崩，羊有疾畢相污。故曰：群疾畢來自野入家也，既升自家入牢也。

衆魚旐旟，只是恍惚之意，非人變魚，旐變旟也。豐年家室內要發，宜王中興非復向之民靡，有黎稼稽卒痒意陰陽不和，魚何以育。故夢衆而魚，則為豐年生聚不繁，□何所統。故夢旐而旟則為人衆，不獨以少致多而已也。

明 慎懋官《華夷花木鳥獸珍玩考》卷七《乳羊》 本出英州，其地出仙茅，羊食茅，舉體悉化為肪，不復有血肉，食之宜人。

又《燒尾》 《封氏聞見記》曰：凡新羊入群，為諸羊所觸，不相親附，火燒其尾，則定。故初拜官別□□之□之燒尾。貞觀中太宗嘗問朱子奢，既□連□□□為對。

明 夏樹芳《詞林海錯》卷一《望羊》 《史記·世家》謂：孔子稱文王眼如望羊。注引王肅曰：望羊，視也。而不言其義。按《漢書注》鄭玄謂：羊畜，之遠視者也。以此言之，孔子稱文王之明，能遠也。

清 陳大章《詩傳名物集覽》卷四《牂羊墳首》 《朱傳》：牂羊，牝羊也。墳，大也。羊瘠則首大也。《爾雅》：羊，牡、羒，牝，牂。郭云：謂吳羊。《博雅》：吳羊，牝一歲曰牸。羝三歲曰牂。又土中壯羊曰：羵羊大也。又土神名。《李斯傳》：泰山之高百仞，跛牂牧其上。《史記》本作牂。

又《先生如達》 《朱傳》：先生，首生也。達，小羊也。羊子易生無留難也。《毛傳》：達，生也。鄭箋：羊子也。孔疏傳，文略耳。非謂達爲生也。《說文》：羍，小羊。又曰七月生羊也。从羊，大聲。薛琮答韋昭云：羊子初生達小，名羔，未成曰羜，大曰羊。長幼之異名。《大戴禮》：人十月而生。《史記》以爲及春則周，一年矣，未可信也。一說達卽通達之義。言其生之易，無坼副也。必泥如字立解，以小羊比后稷，以牝羊配姜嫄，誤也。《刊繆正俗》曰：呂忱字林，羍未晬羊也。今言小羊爲旋子者，訛。當言羍子。達亦小羊，字通達，一作羍，音獺。

又《取羝以軷》 《朱傳》：羝，牡羊也。孔疏祭不用牝也。《爾雅》：羊，牡羒。注：謂吳羊，白羝。《易》：大壯九三，羝羊觸藩，羸其角。上六，羝羊觸藩，不能退，不能遂，无攸利，艱則吉。《廣雅》：吳羊，牡一歲曰牡，牸三歲曰羝。雅翼羝是牡羊總名，而羒乃吳羊之羝者，蓋羝性好抵觸。《齊民要術·畜牧之法》大率十羊二羝，以爲羝少則不孕，多則敗羣。尤取其無角者，恐其抵觸，以傷胎也。蓋羝爲白羝，羭爲黑羝。《埤雅》：羝性好觸，故从抵，省音以羝者，低其角，然後能觝，突也。《易》曰：羝羊觸藩，九三，重剛而不中。又動以進，故有此象。上六，亦以羝羊者，蓋大壯之極，疑于羝羊，猶坤之上六。疑于龍爾。《史》：匈奴謂蘇武羝羊，乳烏頭白。

清 傅山《霜紅龕集》卷二〇《茶毘羊記》 方山門未闢時，陶竇窈窕，生客未谿也。日衆經行，見羣狗子直竇嘷睨之，壹羊規竇入，羣狗子格之，雖劇，不退轉。僧慈悲，揮狗子去，引羊入，羊如少安穩。謂逸諸牧。翌日，有尋羊來，云潘氏役，塗次大恐怖，幸生還，許賽羊關帝，明日且賽，忽逸出，迺至此，請牽羊。僧曰：是羊逃死來道場，有放生，無殺生，請贖之。役曰：柰得罪關帝。僧曰：關帝在伽藍，共禱而鬮之。擘赫蹏，寫一殺，一不殺，役鬮得不殺。僧衆念佛，役亦念佛，如是願留羊常住，去。於是羊得大安穩常住。芻豢月餘，一夜無故殂。大則曰：善來有緣。羊，佛子。普請律衆，爲羊轉咒，茶毗附普同。

清 郭夢星《午窗隨筆》卷四《羊溝》 《莊子》：羊溝之雞，三歲爲株。注：羊溝，鬬雞處。崔豹《古今注》：長安御溝，一曰楊溝。謂植楊於上也。又曰：羊溝，因羊喜抵觸，故爲溝以限之。今齊、魯閒，於牆下留隙洩水之處，謂之羊溝。則存其名，而失其義矣。

清 杭世駿《訂訛類編》卷三《羊溝》 《金壺字考》云：羊溝，謂羊喜抵觸垣牆，爲溝以隔之，故曰羊溝。又名楊溝。《古今注》：長安御溝，謂之楊溝，謂植高楊于其上也。俗謂陽溝，與陰溝對，非也。

清 焦循《易通釋》卷一二《喪牛于易 喪羊于易》 循按：《說卦傳》：坤爲牛，兌爲羊。《大壯·六五》：喪羊于易，无悔。《旅·上九》：喪牛于易，凶。大壯之喪羊，本於歸妹之刲羊，漸上之歸妹三成革，兌羊在上而中未亡。今歸妹二不之五而漸上來征於三。征伐者，克殺之事也。故刲羊，謂不成革而成大壯也。歸妹之五已亡，大壯二未能遽進於五，故喪羊。惟易而旁通於觀，則大壯二之五，仍不異歸妹二之五，此喪羊于易，所以无悔也。夬二之剝五，與大壯二之五同。夬成革，兌羊在上，而羊不喪，則宜牽而通於蒙。喪羊而易則无悔，羊不喪而牽則悔亡，其義甚明。乃大壯二不之五，而四之觀初。大壯成泰，觀成益，是爲羝羊觸藩。羊而觸藩，羊之不順者也，故羸其角而不能退不能遂。壯則不羸，遂則不喪，牽則不刲。羊在五則能遂而壯，羊在三則不能退而羸。刲羊，羊喪。羸其角，羊亦喪。凡稱刲羊、喪羊、牽羊、羝羊，一貫如此。漸上之歸妹三，與睽上之三同。睽二之五，上有乾馬，睽成大壯。大壯二之五，上有兌羊。喪羊者，據易而得羊，豫探言之也。節二之旅五，與睽二之五同。探其所得，宜亦云喪馬。旅上之節三，旅成小過，節成需。需小過相錯卽大壯蹇，與漸上之歸妹三相比例。若豫以中孚二之小過五探之，則亦宜云喪羊。乃小過五不成兌而四之初，成明夷，無馬無羊，而但有坤牛，故喪牛于易。大抵羊宜在上，不宜在下。牛宜在下，不宜在上。旅成明夷，牛在上則凶。解成萃，蒙成觀。牛在下則吉，離成家人而通解。解二之五成萃，爲畜牝牛。萃通大畜。大畜二之五，爲童牛之告，皆指萃下坤也。萃家人相，錯爲革觀。《革·初九》鞏用黃牛之革，謂通於蒙。蒙二之五成觀。觀下坤，卽萃下坤也。革觀相錯爲家人萃二先之五，使牛不在上而在下故不喪。不喪則童，用牛而不黃，則蒙大畜將成泰，同於旅之喪牛。用黃牛則蒙成觀，用黃牛之革則先成觀後成益。故遯亦用黃牛之革。謂遯成咸通損，而損成益也。革通蒙則蹇通睽，睽成益爲其牛掣。睽二之五成无妄。无妄成益，猶睽成益。《无妄·六三》或繫之牛，卽其牛掣之牛也。益之牛在三，既濟東鄰之殺牛，卽益上之三也。《說卦傳》既言坤爲牛，又言坤爲子母牛。牛兼子母，正指萃觀之牛。蠱成大畜通於萃，則有子。革通蒙，蒙二之五，則子克家。牛兼子母，則爲黄牛，爲童牛。彼東鄰殺牛，終而無續，則牛而不子者也。牛而不子，緣不能畜牝牛，則亦或繫之牛也。《易釋文》：引陸作埸，解爲疆埸。古埸字本作易。《漢書·食貨志》：瓜瓠果蓏，殖於疆易。張晏曰：至此易主，故曰易。《桓公十七年·左傳》：疆埸之事，慎守其一。《正義》云：至此易主，故名曰埸。疆埸之埸，本取義於交易之易。取易爲埸，猶取羊爲祥。喪羊于易，自其辭而言之。爲羊亡於疆埸，自其本義而言之，則羊指革上之兑，易指大壯通觀，羊與易皆借焉者也。

清 陸以湉《冷廬雜識》卷六《羊車》 《周禮·考工記》羊車註謂：羊，善也，若今之定張車。疏謂漢世去今久遠，亦未知定張車將何所用。但知在宫内所用，故差小為之，謂之羊車也。《釋名》：羊車。羊，祥也。祥，善也。善飾之車，今犢車是也。《隋禮·儀志》：羊車，小兒數人引之，漢代或一人牽，或駕果下馬。梁貴賤通得乘之，名曰牽子，是羊車未嘗駕羊也。《南史》宋文帝潘淑妃《傳》：帝好乘羊車，經諸房，淑妃密令左右以鹹水灑地。帝每去戶，羊輒舐地不去。羊車駕羊，始見於此。

清 孫岳頒《佩文齋書畫譜》卷八五《元趙孟頫二羊圖》 予嘗讀《杜工部畫馬讚》云：良工惆悵，落筆雄才，未嘗不歎世之畫者難其人也。晉唐而下姑未暇論，至如近代趙文敏公書畫，俱造神妙。今觀此圖後復題曰：雖不能逼近古人，氣韻有得，非公誇言，真妙品也。好事者其慎保諸。吳龍門山樵良，琦寓玉d遠緑軒題。時為洪武十有七年秋七月十九日。

趙文敏公為仲侶寫《二羊圖》，展卷間如行河湟道中，與旃裘索擇之牧羝奴，逐水草而棲止。昔稱廊廟材器，稽古入妙者，信矣。汝陽袁華書于鼇峰寓舍。同上。

昔李伯時好畫馬，遇大比丘戒墮馬胎，乃畫一切佛，得三昧妙。松雪翁亦善畫馬。今披此圖，又善畫羊。觀龍門所題，想含此意。予又惜其丹青之筆，不寫蘇武執節之容，青海牧羝之景也。為之三歎。東郭牧者張大本寫岷山客館，與琦龍門同觀，書此。

子昂肖物之妙，無所不造極。此二羝乃其偶作，而宛然置人于黄沙白草間。評者紛紛徵藕卿事，我恐此妙趣正復當面蹉過也。吾深歎其亡羊，竹嬾李日华。

清 王引之《經義述聞》一一《諸侯之祭牲牛，大夫之祭牲羊，曰饋食》 諸侯之祭牲，牛，曰大牢。大夫之祭牲，羊，曰少牢。士之祭牲特，豕，曰饋食。孔氏《補注》曰：大牢舉牛以該羊豕，少牢舉羊亦該豕也。引之謹案：孔説非也。《天官·宰夫》鄭注曰：牛羊豕具爲一牢。《晉語》韋注曰：凡牲一為特，二為牢。則凡稱牢者皆非一牲。若云諸侯之祭牲牛，大夫之祭牲羊，則是一牲矣，記當謂之曰特牲，何得尚謂之牢乎。尋檢文義，牛下蓋脱羊豕二字，羊下蓋脱豕字。桓八年《公羊傳》何注：禮天子諸侯卿大夫，卿大夫上當有天子之三字。盧注曰：天子之大夫亦大牢，牛羊豕，凡三牲，曰大牢。天子元士，盧注曰：天子之士亦少牢，諸侯之卿大夫，羊豕，凡二牲，曰少牢。諸侯之士特豕，天子之牲角搔盧注搔作握諸侯角尺，卿大夫索牛。盧注同此篇正文及注多與彼同，則諸侯之祭牲牛下亦當有羊豕二字，大夫之祭牲羊下亦當有豕字，寫者脱去耳。盧注不釋大牢，單稱牛少牢，單稱羊之義，則所據本牛下有羊豕二字，李善注《東都賦》引《大戴禮》牛曰大牢，則牛下已脱羊、豕二字。羊下有豕字也。曰饋食，曰字蓋因上文兩曰字而衍，特豕饋食四字連讀，《士虞禮》特豕饋食文與此同特豕饋食者，謂士之饋食，以特豕而無牛羊，即儀禮之特牲饋食禮也。大夫之祭以羊豕則曰少牢，饋食禮士之祭與大夫同名饋食，而牲則不同，故曾子辨異之。若有曰字，則是以饋食之名專屬之士祭，何以解於大夫之祭亦名饋食乎。盧注特豕饋食曰：不言特牲，其文已箸，又與大夫互相足也。言《儀禮·特牲饋食禮》與少牢饋食相對，上文言少牢，則此宜言特牲，今不言特牲者，特豕即特牲，其文已箸，故不須更言曰特牲也。又少牢特豕皆饋食之牲，於士之特豕言饋食，正以見大夫之少牢亦饋食也，故曰與大夫互相足，不與諸侯互相足者，饋食乃宗廟之祭，諸侯之祭，兼宗廟、社稷、山川，非饋食所能該也。盧據特牲饋食以解特豕饋食，則饋食上無曰字可知。

清 吳其貞《書畫記》卷一《劉松年叱石爲羊圖絹畫一幅》 高一尺四五寸，廣則半之。氣色尚佳。畫一老人撫樹而坐，看地上石多化為羊，有一羊後半段石尚未化完，背有流泉水痕皆正面湯湯流來。此法為畫家最難，非松年不能措手，為神品也。識三字曰松年作，書在樹上。

又《羅稚川村莊牛羊圖絹畫一卷》 是為水墨者，氣色尚佳。寫人物、樹木、墻垣，用筆古雅，而牛羊頗工細，内一牛渡水，身沉水下，惟鼻角尾露水上，意思似真，神品也。此圖觀于長孺姪家。姪諱祚、子含，去非父也，儀容瓌偉，敦禮義，事寡母，以孝稱于宗黨，處富貴而謙約自如。迨崇禎未年，慌亂之際，賙息一方，人多賴之。時戊寅十一月二十四日。

清 張英《淵鑑類函》卷四三六《羊五》 增詩唐李嶠《詠羊詩》曰：絶飲懲澆俗，行驅夢逸材。仙人擁石去，童子馭車來。夜玉含星動，晨氊映雪開。莫言鴻漸力，長牧上林隈。宋黄魯直《戲荅張祕監餽羊詩》曰：細肋柔毛飽臥沙，煩公遣騎送寒家。忍令無罪充庖宰，留與兒童駕小車。梅堯臣《江鄰幾寄羊羓詩》曰：細肋胡羊臥苑沙，長春宮使踢霜羓。蒺藜苗盡初蓄息，苜蓿盤空莫歎嗟。自乏良謀甘更鄙，猶能大嚼快無涯。磨刀為削朝霞片，時引清杯興更嘉。文天祥《詠羊詩》曰：長髯主簿有佳名，羵首柔毛似雪明。牽引駕車如衛玠，叱教起石羨初平。出都不失成君義，跪乳能知報母情。千載匈奴多牧養，堅持苦節漢蘇卿。

增表唐《張説為留守奏羊乳麞表》曰：狎擾因依，動息隨戀。如從所産，若素同羣。理有可嘉，事無前例。又《進鬬羊表》曰：遠生越巂，蓄情剛決，敵不避強，戰不顧死，雖為微物，志不可挫。如蒙效奇靈囿，角力天場，却鼓怒以作氣，前躑躅以奮。擊趹如奔雲之交觸，碎如轉石之相叩，裂骨賭勝，濺血争雄，敢殺見而衝冠，鷙很鬬而擊節。冀將少助明主市駿骨、揖怒蛙之意。原贊晉郭璞羊贊曰：月氏之羊，其類在野，厥高六尺，尾亦如馬，何以審之，事見《爾雅》。

原奏晉杜預奏事曰：臣聞魏興北山有野羊千數百斤，試求之得一。按其形不與中土羊相似，然野獸中所希有。

序宋梅堯臣《逢羊詩》序曰：予晨過北郭，見羣羊，有羝處前。其首昂然而偉腯，其角拱然而聳。其毛茸然而長，自膊至腕，綿綿與纓胡相若。其羣很逐而擁趨如奉焉。及其宰也，羝存而羣死之，予歸作詩示諸友云。

清 張澍《養素堂文集》卷三〇《牛羊勿踐履解》 夫公劉仁矣，其時之牛羊亦能仁乎。吾不信也。小序云：仁及草木，言公劉之仁及草木，未嘗言牛羊之仁及草木也。然則詩言牛羊勿踐履何耶。蓋其時葭葦叢生，蒼蒼一碧，風晨雨夕，滿目蕭蕭，殆與周原堇荼，有郃瓜瓞，同其矜貴，殊可游觀爲之，界以藩籬時其察眡，不令牛羊之踐履耳。或曰騶虞仁獸也，不食生物不踐生草焉。知牛羊感公劉之化而無惜葦之心耶。余曰：所謂行葦者，蓋在車轍所過之旁行人必由之徑也。彼牛羊者，降阿飲池曰：夕來下牧人習，聞國君之令驅之徑去，不令踐之履之。詩人則以為牛羊勿踐履矣。漢文帝春時巡幸，解其驂騑，不令傷及草木，亦猶是意也哉。

清 方旭《蟲薈》卷二《羬羊》 《西山經》：錢來山有羬羊，狀如羊，而馬尾。註：今大月氏有大羊如驢馬，尾卽此。此卽《爾雅》高六尺之羬也。

養牧 牧羊 養羊 棧羊

論説

宋 蘇軾《蘇文忠公全集》卷七三《食芡法》 吾在黄岡山中見牧羊者，必驅之瘠土，云：「草短而有味，羊得細嚼，則肥而無疾。」羊猶爾，況人乎？

元 胡炳文《雲峰集》卷七《牧菴箴為王伯武作》 《書》：九言牧，保養吾民。《易》：言自牧，保養吾。心謙而又謙，存心過厚。譬彼善牧，羊先牧後。放羊能牧，放心弗求。欲動情勝，氣暴神浮。牧之何如，敬而無失。常自繩檢，毋令放逸。母喜而馳，母怒而競。防壯之觸，執謙之柄。梏牛豶豕，馬閑其輿。畜之既極，何天之衢。

明 陳繼儒《致富奇書》卷二《養羊》 羊種以臘月、正月生者爲上。母羊十隻，羝羊只用二隻，少則不孕，多則亂羣。羊性惡濕，棚棧宜高燥，常常掃除糞穢。巳時放之，未時牧之。二日一飲水，緩驅行，勿停息。春夏早放，秋冬晚放。食熟物則腹脹不能轉草，以水洗眼，及鼻中濃汚令净，再用塩擦其舌，立愈。

明 郎瑛《七修類稿》卷一七《牛羊食草》 凡草木經牛啖之必茂，經羊啖之多枯。故諺曰：牛食如澆，羊食如燒。意以二物皆畜類而草食者也。何相反之如是？静思牛土畜，土能養物也。故牛色蒼而龐厚，有春生之象焉。羊金畜，金主殺伐，故羊色白，而氣腥膻有秋殺之象焉。見死而無懼，亦喜殺之性也。二物稟性既異，必其口中涎沫，亦具是性，故草木之茂枯者，生殺之氣致然耳。贅此以俟博物君子。

明 孫瑀《歲寒集》卷上《牧羊者對》 余乘軺適大梁之野，遇牧羊者，不知其何許人能牧羊，若是其蕃且肥而馴也。下車坐而問焉，牧羊者對曰：僕晉鄙人也。居太行之陰，牧羊已有年矣。吾之牧羊，心常在羊，察其氣候，審其水草，别其群類，以遂其生。故時將寒，恐其凍也。牧於野，就原隰之暄焉。時將暑，恐其熱也。牧於山，就林木之陰焉。時其饑也，放之就草而食焉。時其渴也，引之就泉而飲焉。恐其疾，以瘦損也，風寒雨濕，預為之所。三伏啖之以鹽，冬春之交，飼之以豆，惡者亟去，毋令敗若群焉。恐其苦於虎狼也。畜良犬夜知更以防護焉。以羝之最鉅者率先，而群羊隨之，其前奔者，旁逆者，後不進者，鞭之，使勿離其群焉。雖有價，不多鬻，無故不妄殺。牂羒得之以時，乳羔而日孳焉。若五月之羜，六月之犛，七月之羍，未卒歲之䍮。各自為群，而小大無雜焉。由是群分類聚，不失馳驅，欲左則左，欲右則右，欲行則行，欲止則止，欲卧則卧，欲起則起，而不煩驅策焉。吾始牧羊，數不滿百，絫百而千，累千而幾萬焉。吾一家之衣、食於羊取給，而不至凍餒焉。余聞之曰：昔臧與谷二人相與牧羊，而俱亡其羊。問臧奚事則挾冊讀書，問谷奚事則博塞以遊。是其心不在羊，毋怪其羊之亡也。今牧羊者用心如此，宜其羊之蕃且肥而馴也。漢卜式牧羊上林布衣草蹻而牧，歲餘羊肥息，漢帝見其羊，問之式曰：非獨羊也，治民亦猶是也。噫！為民父母者，能推此心以牧夫民，使民無饑寒疾苦之憂，遂生息，群倫之樂焉。有不庶且富，而可教以親，其上也哉。

綜述

北魏 賈思勰《齊民要術》卷六《養羊》 氈及酥酪、乾酪法，收驢馬駒、羔、犢法，羊病諸方並附：常留臘月、正月生羔為種者上，十一月、二月生者次之。非此月數生者，毛必焦卷，骨骼細小。所以然者，是逢寒遇熱故也。其八、九、十月生者，雖值秋肥，然比至冬暮，母乳已竭，春草未生，是故不佳。其三、四月生者，草雖茂美，而羔小未食，常飲熱乳，所以亦惡。五、六、七月生者，兩熱相仍，惡中之甚。其十一月及二月生者，母既含重，膚軀充滿，草雖枯，亦不羸瘦；母乳適盡，即得春草，是以極佳也。大率十口二羝。羝少則不孕，羝多則亂群。不孕必瘦，瘦者非唯不繁息，經冬或死。羝無角者更佳。有角者，喜相抵觸，傷胎所由也。擬供廚者，宜剩之。剩法：生十餘日，布裹齒脈碎之。牧羊必須大老子、心性宛順者，起居以時，調其宜適。蔔式云：『牧民何異於是者。』若使急性人及小兒者，攔約不得，必有打傷之災；或勞戲不看，則有狼犬之害；懶不驅行，無肥充之理；將息失所，有羔死之患也。唯遠水為良，二日一飲。頻飲則傷水而鼻膿。緩驅行，勿停息。息則不食而羊瘦，急行則坌塵而蚛顙也。春夏早放，秋冬晚出。春夏氣軟，所以宜早；秋冬霜露，所以宜晚。《養生經》云：『春夏早起，與雞俱興；秋冬晏起，必待日光。』此其義也。夏日盛暑，須得陰涼；若日中不避熱，則塵汗相漸，秋冬之間，必致癬疥。七月以後，霜露氣降，必須日出霜露晞解，然後放之；不爾則逢毒氣，令羊口瘡、腹脹也。【略】羊一千口者，三四月中，種大豆一頃雜穀，並草留之，不須鋤治，八九月中，刈作青茭。若不種豆、穀者，初草實成時，收刈雜草，薄鋪使幹，勿令鬱浥。豆、胡豆、蓬、藜、荊、棘為上；大小豆萁次之；高麗豆萁，尤是所便；蘆、薍二種則不中。凡乘秋刈草，非直為羊，然大凡悉皆倍勝。崔寔曰：『七月七日刈芻茭』也。既至冬寒，多饒風霜，或春初雨落，青草未生時，則須飼，不宜出放。

又《積茭之法》 於高燥之處，豎桑、棘木作兩圓柵，各五六步許。積茭著柵中，高一丈亦無嫌。任羊繞柵抽食，竟日通夜，口常不住。終冬過春，無不肥充。若不作柵，假有千車茭，擲與十口羊，亦不得飽：群羊踐躡而已，不得一莖入口。不收茭者：初冬乘秋，似如有膚，羊羔乳食其母，比至正月，母皆瘦死；羔小未能獨食水草，尋亦俱死。非直不滋息，或能滅群斷種矣。餘昔有羊二百口，茭豆既少，無以飼，一歲之中，餓死過半。假有在者，疥瘦羸弊，與死不殊，毛複淺短，全無潤澤。餘初謂家自不宜，又疑歲道疫病，乃饑餓所致，無他故也。人家八月收獲之始，多無庸暇，宜賣羊雇人，所費既少，所存者大。傳曰：『三折臂，知為良醫。』又曰：『亡羊治牢，未為晚也。』世事略皆如此，安可不存意哉？寒月生者，須燃火於其邊。夜不燃火，必致凍死。凡初產者，宜煮穀豆飼之。白羊留母二三日，即母子俱放。白羊性很，不得獨留；並母久住，則令乳之。羖羊但留母一日，寒月者，內羔子坑中，日夕母還，乃出之；坑中暖，不苦風寒，地熱使眠，如常飽者也。十五日後，方喫草，乃放之。白羊，三月得草力，毛床動，則鉸之。鉸訖於河水之中淨洗羊，則生白淨毛也。五月，毛床將落，又鉸取之。鉸訖，更洗如前。八月初，胡葈子未成時，又鉸之。鉸了亦洗如初。其八月半後鉸者，勿洗：白露已降，寒氣侵人，洗即不益。胡葈子成，然後鉸者，非直著毛難治，又歲稍晚，比至寒時，毛長不足，令羊瘦損。漠北寒鄉之羊，則八月不鉸，鉸則不耐寒。中國必須鉸，不鉸則毛長相著，作氈難成也。

又《凡驢馬牛羊凡驢馬牛羊收犢子駒羔法》 常於市上伺候，見含重垂欲生者，輒買取。駒、犢一百五十日，羊羔六十日，皆能自活，不複藉乳。乳母好，堪為種產者，因留之以為種，惡者還賣：不失本價，坐贏駒犢。還更買懷孕者。還賣不失本價，坐贏駒犢。還更買懷孕者。一歲之中，牛馬驢得兩番，羊得四倍。羊羔臘月、正月生者，留以作種。餘月生者，剩而賣之。用二萬錢為羊本，必歲收千口。所留之種，率皆精好，與世間絕殊，不可同日而語之。何必羊犢之饒，又贏酪之利也。羊有死者，皮好作裘褥，肉好作乾腊，及作肉醬，味又甚美。犢子駒羔法：常於市上伺候，見含重垂欲生者，輒買取。駒、犢一百五十日，羊羔六十日，皆能自活，不複藉乳。乳母好，堪為種產者，因留之以為種，惡者還賣：不失本價，坐贏駒犢。還更買懷孕者。一歲之中，牛馬驢得兩番，羊得四倍。羊羔臘月、正月生者，留以作種。餘月生者，剩而賣之。用二萬錢為羊本，必歲收千口。所留之種，率皆精好，與世間絕殊，不可同日而語之。何必羊犢之饒，又贏酪之利也。羊有死者，皮好作裘褥，肉好作乾腊，及作肉醬，味又甚美。

又 家政法曰：養羊法，當以瓦器盛一升鹽，懸羊欄中，羊喜鹽，自數還啖之，不勞人牧。

又 羊有病，輒相污，欲令別病法：當欄前作瀆，深二尺，廣四尺，往還皆跳過者無病，不能過者入瀆，中行過，便別之。

唐 馮贄《雲仙雜記》卷四《白羊妝點芳草》 午橋莊小兒坡茂草盈里，晉公每使數群白羊散于坡上。曰：『芳草多情，賴此妝點也。』

唐 韓鄂《四時纂要》卷二《正月》 收羔種。《要術》云：『羔正月生者為上，以其母含重之時足乳，食母乳適盡，即得春草，而羊兒不瘦。是故十二月及正月生者為上，十一月者次，之收為種。』放羊勿近水，傷水則蹄甲膿出。但二日一飲。緩驅行，急行則傷。春夏宜早放，秋冬宜晚，冬日收圈。圈不厭寬，架北墻為廠，圈中立臺開竇勿使停水。二日一除糞。圈內須傍竪柴棚圈匝。令棚出墻，勿令狼虎得越。又恐羊揩墻土，即毛不堪入用。羊有疥者，即須別著。羊疥方：藜蘆根㪇打令皮破，以泔浸之，瓶盛，塞口，安於竈畔，令常煖。數日味酸，便中用。以甎瓦刮疥處令赤，若堅硬者，湯洗之，去痂，拭令乾，以藥汁塗之。再上即愈。疥若多，逐日漸漸塗之，勿一頓塗，恐不勝痛也。又方：猪脂和臭黃塗之，愈。羊中水方：羊膿鼻眼不淨者，皆以水洗治之。其方用湯和塩杓中，研令極鹹，候冷，取清者，以角子可受一雞子者，灌兩鼻各一角。五日後必肥。以眼鼻為侯。未差再灌。羊膿鼻方：羊膿鼻及口頰生瘡如乾癬者，相染多致絕群，治之方：竪長竿圈中，竿頭致板，令獼猴居上，辟狐狸而益羊差病也。羊夾蹄方：取羖羊脂，和煎令熟，燒鐵令微熱，勻脂烙之，勿令入泥水，不日而差。凡羊經疥，疥差後至夏肥時，宜速賣之，不爾，春再發。引羊法：《家政令》曰：『養羊以瓦器盛塩一二升，挂羊欄中，羊喜塩，數歸啖之，則羊不勞人收也。』別羊病法：當欄前後作坑，深二尺，廣四尺荆、湖、江、浙以南，多是山羊，可廣五尺。往來皆跳過者，不病。如有病，入坑行，宜便別著，恐相染也。貯羊糞：牛羊糞正月貯之，充煎乳，大軟而無患，柴火則易致乾焦也。雜事：竪籬落。糞田。開荒，租放地。修蠶屋。織蠶箔。春米。此月人閑造菓機。造麻鞋。放人工，築垣墻。孟春行夏令，則雨水不時，草木先落。行秋令，則人有大疫，飄風暴雨揔至，藜、莠、蓬、蒿並興。行冬令，則水潦為敗，雪霜大摯，首種不入。是月也，宜蔬齋持戒，課誦經文，謂之三長月。三長月，正、五、九月是也。

宋 趙恒《令有司豢養犧牲詔》《宋大詔令集》卷一四八 朕以歲臻豐懋，時格和平，蓋神道之垂休，致黎民之蒙福。宜申昭報，用達至誠。潔以牲牢，增乎典禮，勉從振舉，庶盡嚴恭。自今祠祭犧牲，歲初委有司擇純色別養豢之，令太常寺提舉，在條不得捶打，並依舊典。其中小祠止用羊豕肉者，並加用一羊。四郊壇壝，悉令嚴潔，圭幣豆籩之數，宜命禮官檢討，未及古制者增之。仍令監察御史俞獻可、張士遜充監祭使，與禮官同檢察之，月給錢十千，免其出使。

宋 董逌《廣川畫跋》卷三《書牧羊圖》 《牧羊圖》本曾魯公于紓以罪沒入秘閣，畫羊獸皆异狀，如墳墓間蹲羊伏獸，牧者羽服道士，初未有賞者，以是不入校錄。明年，少監羅畸始令工者就裝軸列畫錄中，同舍方會昇工圖之，既成，三月有詔取入留禁中，或疑其名。餘曰：此金華牧羊兒也。昔初平牧羊道士見之，將入石室四十餘年，其兄索得，問羊何在。曰：山東，兄往視之，但見白石，平乃往言，咄咄羊起，于是白石皆起成羊。衆曰：然，請余書之。

宋 曾慥《類說》卷四五《養羊》 養羊常留臘月、正月生羔種者，上。十一月、二月生者，次之。牧羊惟遠水為好，二日一飲，緩驅行，勿停息。

春夏早放，秋冬晚出。養羊法：以瓦器盛鹽，放羊欄內，羊喜鹽，自數還啖之，不勞人牧。羊有一角，食之殺人。

元 王禎《農書》卷五《養羊類》 羊當留臘月、正月生羊羔爲種者，第一。十一月、二月生者，次之。大率十口一羝，羝無角者更佳，擬供廚者宜剩之。牧羊者必須老人，其心性宛順，起居以時，調其宜適。卜式云：牧民何異於是，惟遠水爲良，二日一飲。緩緩驅行，勿使停息。春夏早放，秋冬晚出。圈渠院切不厭近，必須與人居相連，開窗向圈。架北牆爲廠，圈中作臺開竇，勿令停水。二日一除，勿使糞穢。圈內須貼牆竪柴柵，令周匝。羊一千口者，三四月中種大豆一頃，雜穀并草留之，不須鋤治，八九月中，刈作青茭。若不種豆穀者，初草實成時，收刈秋青雜草，薄鋪使乾，勿令鬱浥。既至冬寒，多饒風霜，或春初雨落，春草未生時，則須飼，不宜出放。此牧羊之大要。其羊每歲得羔，可居大羣，多則販鬻，及所剪毫毛作氈，并得酥乳，皆可供用博易，其利甚多。諺云：『養羊不覺富』，正謂此也。

元 佚名《居家必用事類全集·丁集·養羊類》 養羊法 羊者火畜也，其性惡濕，利居高燥作棚棧，宜高常除糞穢。巳時放之，未時收之。若食露水則生瘡，凡羊種以臘月、正月生羔為種者，上。十一月、二月生者，次之。大率十口二羝，少則不孕，多則亂群。羊有疥者，間別之，不使相染。不爾則合群致死，治疥以梨蘆根，以泔浸致竈邊常煖數日，以甎刮患處，以藥汁塗之。再上即愈。若病多，漸漸塗之，恃塗則痛。

棧羊法 向九月初買羊，羖羯羊多則成百，少則不過數十頭。初來時與細切乾草，少着糟水拌，經五七日後，漸次加磨破黑豆，稠糟水拌之，每當少飼，不可多與，多則不食，可惜草料，又兼不得肥。慎勿與水，喫水則退膘、溺多，可一日六七次上草，不可太飽，太飽則有傷，少則不飽，則減膘。欄圈常要潔淨，一年之中慎勿喂青草，喂之則減膘、破腹，則不肯食枯草。

又《牧養擇日法》 買羊吉日 甲子、丙寅、庚午、丁丑、庚辰、辛巳、壬午、癸未、甲申、己丑、甲午、乙未、庚子、丁巳、戊午。

納羊吉日 癸未。

買納羊凶日 七月戊己日，九月己日，十干功食日。

羯羊凶神 血忌，天狗食畜。

明 宋詡《竹嶼山房雜部》卷一二《羊》 臘月孳者良。牡羔三日即綸絲結瘻於危切其外腎，食草雜糯穀荳則易肥。䝤私列切則無病。春夏早放早收，收晚遇巳午時，熱必汗出，有龍塵入膚，即生疥癩。秋冬晚放，放早食露水草，口生瘡。又鼻生膿，又腹瀉，則去表而墳首也。羊棧宜高宜乾，久在泥中，則生繭蹄亦作癩，癩易害羣。性好鹽，常以鹽啖之。綿毛至四月剪之，遇夏不熱。至八月再剪，其毛令長氄音冗毛，以禦冬寒。《埤雅》曰：羊性前逆。羊疥癩，用蕎麥子炒為黑灰，雜白礬硫黄末油調，先刮其癩至傷擦之，即愈。羊夾蹄，用羖羊脂熬熟去滓，取鐵篦子一枚，煉火熘令熱，將脂勻於篦上烙之，勿令入水，次日即愈。猗頓聞陶朱公富，往問術焉。告之曰：子欲速富，畜五牸，乃適西河，大畜牛羊于猗氏之南。十年之間，子息萬計，貲擬王公。漢翁伯販脂而至千金，富傾縣邑。

明 范欽《嘉靖事例·司牲司羊隻》 廣西清吏司案呈，奉本部送於户科抄出，欽差巡視錢糧吏科給事中等官呂應祥等題：臣等準户部，廣西清吏司手本前事內開：奉本部送據光祿寺，呈準本寺寺丞彭黯牒照得司牲司，先經嘉靖七年查過，留養羊數不過五六百隻，以備各宮取討禮物，及本寺供用，即今積久日多，已有二千五百一十七隻。查得每羊一隻，該支料豆二石八斗八升，草二十四束，以官價計之，每豆一石該銀四錢九分，草一束該銀三分二釐，通計一年，該銀二兩一錢七分九釐二毫。及至本寺取用多是不堪，大者不過四十觔，估以市價，約值銀三錢有餘。況今在司所養，不止一二年，餘者，是以户部數兩之費，猶不供本寺數錢之用，若不查處，誠為妄費。合無查照嘉靖七年事例，將瘦小不堪者，發順天府給與鋪行變賣，量減一分商人，則一年之內所省亦不下數千矣。為此，除知會科道外，具牒本寺合無查處施行等因，具呈到部，看得光祿寺所呈前因，足見節財裕國之意，相應依擬合候命下本部，劄付光寺祿，并委官主事劉鑚及行監督，錢糧科道親詣司牲司，遵照前項題準事例，將見在羊隻逐一驗看，揀選膘壯者照舊收養聽用，其瘦小不堪者，盡發順天府斟酌時估量，減價值以便商人變賣，銀兩送寺收貯，專備買辦牲口接濟供用，不許別項花銷，事完具揀選，并發過變賣數目，開報本部查考。再照收養畜産具載律條，今司牲司料草，歲派如常，而羊隻瘦小不堪公用，顯是該司經管人官不行用心餧養，以致糜費錢糧，似難輕貸，合行科道官并本部委官主事劉鑚一體查明，指實參奏定奪，伏乞聖裁等因，該本部尚書梁等具題，奉聖旨依擬，欽此欽遵。擬合通行為此，除外合連送口司仰用手本前去，欽差巡視錢糧，衙門照依本部題奉欽依內事理，欽遵查照施行等因到臣，準此看得，司牲司羊隻原係光禄寺，發下餧養專備各宮取討禮物，及本寺供用之數，今積數多，日漸羸瘦，妄費料草，乞要查照舊例，見在羊隻揀選變賣一節，既該本部據呈議，擬題奉欽依備行到臣，臣等相應會議查處。就於嘉靖十五年正月二十八日臣等遵奉欽依内事理會，同親詣司牲司逐一驗看揀選，得膘壯羊六百零三隻，責令該司照舊餧養，就彼當官逐隻印記，該司驗印取用，以杜抵換之弊。其揀下瘦小不堪者，并本寺續發下變價，羊共二千一百三十三隻，盡發順天府照依題準事例斟酌，時估量減價直以便商人，變賣銀兩徑送光禄寺收貯，備買牲口。供應臣等通將揀選存留，并發過變賣羊隻數目，已經通行開送户部查照外，仍令本府將賣過羊隻價值銀兩照數開送户部，并科道衙門查考施行。再照該司寄養羊隻多有瘦小不堪供用，實為虚費錢糧，且如本寺贖發下羊六十九隻，當日已死九隻，況經年發積二千余隻，中豈無虧損，及該得寄養之後，内有倒死者，養牲軍人陪補。中間豈無以小易大情弊，節年餧養糜費數萬，誠為可惜，如蒙乞勅户部劄付光禄寺，今後凡遇各處進到羊隻，務揀選上膘者，就留本司。應用中膘堪養者，仍發司牲司如法餧養。果係瘦小疲病不堪者，經發順天府變賣，銀兩送寺收貯，用時召商收買，一則省朝廷錢糧之費，一則免軍人陪償之苦，誠為有益，惟復别有定奪。伏乞聖裁，遵照施行。參照該司尚膳監左監丞楊棟，右監丞黎恩，長隨申英蕃牧，千户所原任署正千户蘇鏞，新任正千户張思恭，百户索蘭、馬相，戢司養牲，心甘玩愒，計一歲之費約有六千觔，驗瘦小之羊，已踰貳千隻，非提調查點之欠數，定盗賣抵換之。盗隱軍人李永、朱聽、徐鎮、劉榮，田傑、徐進、李進、王欽、楊榮、田俊、喬順、張欽、程太、劉瑾、龍通、孟傑等，均有收養之責，慣習作弊之風，律法雖設，而玩視，餧養無實而有名，誠恐中間不無乘出納之機，而侵冒以肥已。顧妻之私，而尅減以瞞公，以致羊隻堪用者甚少，而瘦小者太多，誠為虚費糧餉，妄費料草者也。事屬有違法，難輕貸，乞勅法司將楊棟等行提到官，研究羊隻瘦小根因，從重問擬，則國法以照人心，知懼錢糧不致妄費，而羊隻斯可供用矣。緣楊棟、黎森、申英，係内臣，蘇鏞、張思恭、索蘭、馬相，係軍職。緣係供應牲口，及奉欽依事理，未敢擅便等因，題奉聖旨。蘇鏞等，并李永等，法司提了問，干礙楊棟等，一併參奏。寄養羊隻，户部還議處耒說，欽此欽。遵抄出送司案查，先為前事。據光禄寺呈，該本議擬題奉欽依劄付光禄寺，并委官主事劉鑛及行監督錢糧科道官公同親詣司牲司，將見在羊隻逐一欽遵驗看，揀選去後，續準光禄寺典簿廳手本開稱：查得本署節年中送司牲司寄養羊隻，俱係襄府等府，凡遇聖節冬至、正旦等節，并謝恩等項，進到禮物，羊隻於午門前候旨，下直日長隨内使，同校尉人等送寺，發署照數收外，本署為因地方窄狹不便餧養，就彼棟選膘壯者存署供應，瘦小不堪者，申寺發寄司牲司餧養，中間若有膘壯者，遇有節令等項，申寺預取。供辦茶飰應用等因，通查案呈到部，看得廵視錢糧吏科等衙門給事中等官，吕應祥等題稱，遵奉欽依，會同委官親詣司牲司看揀，得膘壯羊六百零三隻。責令該司餧養，其瘦小不堪，并本寺續發下變賣，共二千一百二十三隻。盡發順天府變賣，乞要今後凡遇進到羊隻，務要揀選上膘者就留本寺應用，中膘堪養者，仍發司牲司如法餧養，果係瘦小疲病不堪者，徑發順天府變賣，銀兩送寺收貯。用時收買一節為照前項，羊隻俱係襄府等府，凡遇聖節冬至、正旦等節并謝恩等項進到禮物之數，中間膘壯者甚少，而瘦小不堪者十常七八，及送司牲司寄養，每歲每羊一隻約用草料銀二兩一錢七分有零，時價不過值銀三錢。以上餧養虚費錢糧，倒死累軍陪補，所以給事中等官吕應祥等具題前因，相應議處，欲候命下本部劄付光禄寺，今後凡遇各處王府等衙門進到羊隻發下，即時揀選，上膘者，就留本寺應用，其餘瘦小疲病不堪者，徑發順天府量減時價，責付鋪長變賣，銀兩送寺收貯備。買羊隻應用庶官，軍免於陪累，錢糧不致虚費，而牲口得有實用矣。伏乞聖裁等因，嘉靖十五年四月初一日本部尚書梁等具題，本月初叁日奉聖旨，羊隻十分瘦小者變賣，有中膘的還送司牲司寄養，以便取用。

明 畢自嚴《度支奏議・廣西司》卷二《司牲司》 每歲春秋二季買草六千六百六十餘束，黑豆七百八十餘石，約用京糧銀八百餘兩。係京五草場監督帶管，每年喂養羊隻，止解羊羔二百八十一隻赴光祿寺交納，隨給本寺行户領去交價，每隻不過交價三錢，合無免僉商役，將銀折給該司，内監自行買用，庶錢糧易完，小民得甦。

明 徐復祚《花當閣叢談》卷一《司牲所》 所中養羊三百六十餘隻，每隻日飼黑豆八合，草一觔。牧羊軍一百二十名，官吏二名。

明 朱國禎《湧幢小品》卷二《司牲所》 養羊三百六十餘隻，每隻黑豆八合，草一觔，牧羊軍一百二十名，官吏二名。五年内支過黑豆二千八百餘石，每石價四錢二分，該銀一千二百餘兩。草二萬四千餘束，每束價二分，該銀五百餘兩。米八千八百餘石，布花銀七百餘兩。支數如此，費十而用不得一，光禄卿趙錦奏免。

明 劉基《多能鄙事》卷七《養羊法》 羊性惡濕，喜高燥。作棧宜高，常除汚穢。已時放未時收，食露水則生瘡，宜避之。

凡羊種，以臘月、正月生者，良。十一月、二月生者，次之。大率十口二羝，小不孕，多則亂群。

又 卷九《買羊吉日》 甲子、丙寅、庚午、丁丑、庚辰、辛巳、壬午、癸未、甲申、乙酉、甲午、乙未、庚子、丁巳、戊午。忌七月戊巳，九月巳日。

又《納羊吉日》 癸未。忌同買羊。

清 徐松《宋會要輯稿・職官二一・牛羊司》 在普寧坊，掌畜牧羔羊棧飼，以給烹宰之用。景德中，牛羊之孳乳者，詔無得宰殺。又以每歲冬首蕃殺為賜，傷生頗甚，令代以八節羊。又河東舊有孳生羊務，而市羊於民，死者令民償之。鹹平六年，真宗以其煩擾罷之。以京朝官、諸司使副及三班三人監廣牧二指揮千一百二十六人。真宗鹹平五年十二月，帝謂宰臣曰：『禦廚歲費羊數萬口，市於陝西，頗為煩擾。近年北面榷場貿易頗多，尚慮失於豢牧。』呂蒙正言：『洛陽南境有廣成川，地曠遠而水草美，可為牧地。』命遣使視之。六年五月，詔：『牛羊司招置軍士，但年二十已上，無疾少壯、堪牧放者，不拘人材，即與招收。』十一月，詔廢河東孳生羊務。先是，轉運司請於民處配市，有死亡者令民償之，頗有勞擾。乃選使乘傳，取所償數，體量停廢。景德元年三月，詔：『牛羊司廣牧指揮如闕員僚，即於本指揮揀年勞能部轄十將補副都頭，即不差殿侍權管。節級軍士月給麻屨，合與月糧同曆勘支。』二年六月，詔：『牛羊司外送納死羊及諸處取索羊肉、羊，並須每口實定觔重，出抄申破，不得止憑估羊節級懸估。』十月，詔：『外 死羊，委側近縣尉監造 送官。其頭、肚五月至七月埋窖，三月至九月量估價出賣。』三年十二月，詔：『牛羊司畜孳乳者，並放牧之，無得宰殺。』四年六月，詔：『牛羊司牧羊，少失羊決罰之數：一口至三口，頭笞四十，牧子加一等；四口至六口，頭杖六十；七口至十口，頭杖七十，巡羊十將笞三十；十口至十五口，頭杖八十已上，牧子遞加一等，巡羊十將杖六十，員僚笞三十；十五口至二十口，牧子徒一年，配外州牢城，頭杖一百，降充牧子；巡羊十將杖八十，降一資，員僚杖六十；二十口已上，牧子徒一年半，頭徒一年，並配遠惡州府，十將杖一百，降二資，員僚杖八十，降一資，巡羊使臣奏劾替，與降等差遣。』大中祥符三年四月，詔：『牛羊司每年棧羊三萬三千口，委監官揀少嫩者棧圈，均兼供應。四月至十一月，每支百口給棧羊五十口；十二月至三月，每支百口給七十口。』五月，詔：『每秋棧羊入圈，每圈給三司印曆抄上，候宰殺時，每日輪一圈供殺。每年比較，棧羊須二十三觔已上，草羊四月至十一月肥月十五觔已上，十二月至三月瘦月十二觔已上，即殺。』五年九月，詔：『中牟牧羊 頭、牧子所請月糧，如全帶外 者，只支米豆二色，月給醬菜錢二百，麻履錢一百。十一月至二月，借皮裘一，至三月一日納官。牧羊使臣給軍士五人當直。』十二月，詔：『中牟縣牧羊造，九月一日至正月終，令津般赴京，自餘送皮剝所賣錢入官。』天禧四年六月，詔：『牛羊司三棧圈自今只差三班使臣，不令內侍省差人勾當。』仁宗天聖八年，提舉司言：『牛羊司每月宣賜臣僚添廚月俸節料草棧羊多不一並請領，卻令本司出給寄羊曆，逐旋請領，仍破官中草豆養喂。欲望自今每月支賜並限十日依色額請領出圈，出限不請。今本司將元支文字繳送三司毀抹，更不支給。』從之。嘉祐四年六月二十九日，詔省牛羊司西北棧圈官四員。神宗熙寧三年五月二十一日，制置三司條例司言：『諸路科買上供羊，民間勞費不細。河北榷場買契丹羊數萬，至牛羊司則死損及半，屢更不從止。一歲公私之費，共四十餘萬貫。乞募屠戶，官預給約，以時日供羊，人多樂從，得以充足年計。仍令牛羊司棧養羊常滿三千口為額，省其費十之四。』從之。高宗建炎三年四月十三日，詔奶酪院並入牛羊司。四年十一月十三日，詔牛羊司兵級權以七十人為額。以本司見管兵級四十六人，見闕二十四人，故有是命。同日，詔：『牛羊司見闕軍兵，許招收一十人填闕一次。其請給依無舊曆人兵則例，及招軍例物，止支錢五貫文，於本司收到碎肉頭肚等錢內支給。』同日，牛羊司言：『本司省記條法，頭副指揮使、都頭、副都頭、節級為資級。今來本司上有都頭、副都頭，其副指揮使並未曾遷補。欲副指揮使依見行條法遷補施行，各與支破本等請給。』從之。紹興四年二月七日，詔臨安府修蓋滌宮，遇祀昊天上帝，合用牛犢入滌養餧。八年七月十八日，詔：『今後牛羊司遇有攢剩羊口數目，令本司具的確數目，申省部審驗詣實，即行撥充別項使用。及遇有講筵並非泛等合用羊口，數內有剩數，亦令本司申明省部，改撥充數使用。』禮部言：『見今牛羊司宰供禦膳羊，每日宰羊一口供應，每月依已降指揮，收四十口為額，內一十口充泛索使用；天章閣祖宗神禦，每月酌獻羊以一十七口為額。緣泛索羊往往不曾赴牛羊司取索宰供，及神禦羊亦有剩數。緣不住據牛羊司申，乞將上件攢剩羊口數目以後充禦膳並神禦羊使用，令所買州軍權住收買。候將欲支供盡絕，即卻依已降指揮行下元買州軍收買，應副使用。申部申明朝廷，等降指揮，顯見紊煩。』故有是命。十二年八月十七日，詔：『供進皇太後每日常膳並生料，每月實計用羊九十口，及節料節序添供，每年實計用羊一十八口。令兩浙轉運司收買赴司，交納宰供。所有闕少事件等，依例下臨安府市令司取索。』從本司請也。十三年三月二十六日，詔：『牛羊司權以元減定七十人額內，將見闕人數許行招收一次。合得請給，並依本司祿格則例支破。內月糧料錢與口食錢米，從一多給。』十二月九日，詔：『臨安府限一日收買羊一百口，豬三十口，赴牛羊司養餧，准備使用。其供使過豬羊，從本司報臨安府，限次日收買，補發數足。』從本司請也。十五年三月二十九日，詔：『牛羊司許令招收兵級二十人，通以九十人為額。副知、貼司各與添置一名，內副知仍將目今頭名手分遞遷。其退下手分名闕，於無違礙諸司官踏逐抽差一次。日後遇闕，召募貼司揀試充填，依條遞遷。副知如界滿，自到司入仕及十年以上，別無贓私罪犯及無官物綰系，許依解發出職，從本司請也。二十九年八月十九日，詔：『牛羊司有不堪宰殺，及有宰殺下不堪供奉羊口，令監官躬親驗實，牒送臨安府，依市價三分減一分出賣。收到錢令本府赴左藏庫送納，守取朱鈔，牒送本司照會。』淳熙十四年八月二十七日，詔：『牛羊司減手分一人，節給一人，曹司一人，宰手四人，頭二人，兵士七人。』先是，牛羊司副知一人，手分二人，貼司一人，副指揮使一人，正都頭一人，副都頭一人，節級四人，揣子二人，曹司二人，秤子二人，宰手一十五人，承局一人，門子一人，牛羊承頭七人，兵士五十三人。於是司農少卿吳燠請減冗食，下敕令所裁定，而有是命。嘉定十四年正月二十一日，禮部言：『牛羊司申，人員張椿等日常宰供禦膳及酌獻神禦食料祇應，委是事務繁重，乞照禦廚、翰林、儀鸞司等處支給雪寒錢。』詔依嘉定三年四月十六日指揮，照諸州軍例減半支給。

《清會典則例》卷一六五《內務府·慶豐司》 牧所定額。順治初年，設內牛圈三，於西華門外。設外牛圈三，供乳餅圈一，於南苑。設羊圈六，於豐臺。設牛羣一百九十八，羊羣二百四十，於張家口外游牧地方。康熙二十三年奏準，內三牛圈，每圈養全耳騸牛五，其分例乳牛專供內廷，取乳者，隨時增減，無定額。南苑三牛圈，每圈養全耳騸牛七，分例乳牛額外，乳牛均隨時增減，備給莊園。騸牛六，又乳牛八十，別自為圈，專供乳餅、乳湩。又奏準，豐臺六羊圈，定額一等羊千有二十，二等羊二千四百，牝羊六十。又奏準，張家口外游牧處，增設牛羣四十二，羊羣一百二十。三十一年奏準，養什木設牛羣五，每羣乳牛九十，牡牛五，騸牛五，於張家口外牛羣內撥給。又定內三圈，遇有增換之牛，向外三圈取用，外三圈及乳餅圈，豐臺六羊圈牛羊歲於張家口外取用，不堪畜養者，並送口外牧放。三十四年奏準，豐臺六羊圈內減一等羊五百四十，定為四百八十，減二等羊一千三百二十，定為一千八十。又奏準，凡蒙古王、貝勒等年例所貢之羊，均入豐臺六圈餧養。三十八年覆準，張家口外游牧處，增設牛羣二十。三十九年議準，於張家口外羊羣內撥萬羊於達里岡崖，分設三十羣。四十年奏準，內三牛圈增駕車牛六，牡牛三，青牛一。四十二年奏準，達里岡崖增設羊羣三十。又奏準，張家口外游牧處，增設牛羣三，羊羣九十一。又覆準，每年七月委官往張家口外領取牛羊，將選定牛羊烙印入圈，如印記糢糊，於覆看時補印，其游牧各羣，及在京牛羊圈所用鐵印記，如年久損壞，交武備院更換。四十四年覆準，張家口外游牧處牛羊羣額，牛三萬，羊二十一萬，牛一百二十為一羣，羊四百為一羣。又奏準，張家口外游牧處增設牛羣二十二，羊羣九十九。四十五年奏準，達里岡崖增設羊羣七十。五十二年議準，達里岡崖羊羣定額十萬，羊不準闕少。五十八年奏準，內三牛圈減全耳騸牛三，南苑三牛圈減全耳騸牛十有三，備給莊園牛盡行裁汰，供乳餅牛圈減乳牛十有五。又奏準，豐臺六半圈減一等羊一百二十，定為三百六十，減二等羊三百六十，定為七百二十，減牝羊二十，定為四十。六十一年奏準，豐臺六羊圈增一等羊一百二十，定為四百八十，增二等羊二百四十，定為九百六十。雍正元年奏準，豐臺六羊圈增一等羊一百二十，定為六百，增二等羊二百四十，定為一千二百。又覆準，供乳餅牛圈增乳牛十。又奏準，每年取用張家口外牛定為五百，羊一千八百。送回口外牧養牛不得過二百，羊不得過六百。二年覆準，供乳餅牛圈減乳牛十有五。三年覆準，內三牛圈增乳牛十有二。四年奏準，以烏朱穆秦羊，歸入豐臺一等羊內餧養。五年奏準，每年取用張家口外羊，定為二千七百。六年奏準，減張家口外游牧處羊羣十。又覆準，餧養烏朱穆秦羊，定為二十。九年奏準，每年取用張家口外羊，定為三千五百有餘。於次年應取數內扣除。十年議準，達里岡崖所養十萬羊，除賞給移駐兵丁九萬五千一百四十外，所剩無多，令歸并張家口外羊羣內牧養。十一年議準，於張家口外羊羣內撥羊十萬送往軍營。乾隆元年覆準，供乳餅牛圈增乳牛二十。又議準，於軍營羊羣內選取十萬，以三萬於達里岡崖牧養，復設羊羣九十，其餘七萬，歸張家口外羊羣牧放孳生。三年覆準，供乳餅牛圈增牛二十。六年覆準，達里岡崖原牧及孳生羊共六萬一百有餘，除原設九十羣外，增設羊羣二十，每羣以五百為率。九年議準，達里岡崖復設羊羣一百一十，每羣五百餘，共計六萬一百餘羊。今合見在孳生之數，共羊八萬五千二百二十有九，每羣至七百餘羊，不能牧放請存留六萬，仍作為一百一十羣，以一萬四百六十撥往張家口外補足，彼處二十一萬之額尚餘羊一萬四千七百六十有九。應請變價奉旨除存留達里岡崖牧養羊六萬外，共餘二萬五千二百二十九羊。以一萬四百六十撥往張家口外羊羣補足原額，尚餘一萬四千七百六十九羊。仍令達里岡崖羣內均分暫養，俟孳生繁多再行請旨。

典牧。順治初年，定內三牛圈，外三牛圈，各設廄長三人，廄副三人。內三牛圈廄丁六十六名，鍘草服役人六名。外三牛圈，廄丁三十六名，鍘草壯丁十有六名。供乳餅圈設廄長一人，廄丁八名，鍘草壯丁二名。六羊圈設廄長六人，廄副六人，廄丁五十七名，篩豆壯丁六名。南苑豐臺牛羊諸圈，共設壯丁頭目一名，廄長闕，於筆帖式，執事人護軍，廄副、內廄副闕。於廄丁內各簡選充補，廄長各食原俸餉，廄副月給銀二兩，廄丁等一兩，每銀一兩各隨米一斛，頭目給地一頃，壯丁各給地三十五畝，有闕各以其子弟充補。又奏準，張家口外牛羊羣每十羣設長一人，每羣設壯丁二名，共設牛羣十羣，長十有九人，牧丁三百九十六名。羊羣十羣，長二十四人，牧丁四百八十名。每牛羊五羣，各設領催一名。康熙二十三年奏準，內三牛圈，外三牛圈，供乳餅圈，六羊圈，每圈各增設廄副一人。又奏準，張家口外牛羣增設十，羣長四人，牧丁八十四名，羊羣增設十羣，長十有二人，牧丁四十名。二十四年覆準，內三牛圈每圈裁廄丁七名，增設鍘草服役人七名。又奏準，六羊圈共增設廄丁十有五名。三十年奏準，張家口外牛羊羣十羣，長月給銀二兩，領催、牧丁各一兩不隨米。三十一年奏準，養什木牛羣，設牧長一人，領催一名，牧丁十名。牧長月給銀二兩，領催、牧丁各一兩。交盛京將軍於蒙古等子弟內選補。三十二年奏準，內三牛圈、外三牛圈、六羊圈，每圈各增設廄丁二名。三十三年奏準，張家口外設牛羣協領三人，筆帖式六人，羊羣協領三人，筆帖式六人。牛羣設領催四十六名，羊羣設領催七十二名，協領由京補授者，仍食原俸。由口外人員補授者，月給銀三兩。蒙古筆帖式，月給銀一兩。三十四年奏準，六羊圈每圈裁廄丁二名，內三牛圈、外三牛圈，每圈增設廄丁二名。三十六年奏準，內三牛圈共增設鍘草服役人十有四名。三十七年議準，張家口外馬、駝、牛、羊羣，共設總管一人。三十八年奏準，張家口外增設牛羣十羣，長二人，領催四名，牧丁四十名。三十九年議準，達里岡崖羊羣設翼領一人，筆帖式一人，十羣長三人，領催六名，牧丁六十名，隸張家口游牧總管管轄。翼領仍食原俸，十羣長、蒙古筆帖式，領催、牧丁等，均如張家口外給銀之例。四十一年奉旨，張家口外馬、駝、牛、羊羣，著分任管理，設馬、駝羣總管，牛羊羣總管，各一人。並照大淩河例，各設副管一人，其補授副管，著內務府總管，無論外旗內府，將出過稅，差家道殷實者，列名具奏，均以原品，管理三年更代。四十二年奏準，張家口外增設牛羣牧丁六名，羊羣十，羣長九人，領催十有八名，牧丁一百八十二名。又奏準，羣長三人，領催六名，牧丁六十名，隸張家口游牧總管管轄。翼領仍食原俸，十羣長，蒙古筆帖式，領催、牧丁等，均如張家口外給銀之例。四十一年奉旨，張家口外馬、駝、牛、羊羣，著分任管理，設馬、駝羣總管，牛羊羣總管，各一人。並照大淩河例，各設副管一人，其補授副管，著內務府總管，無論外旗內府將出過稅，差家道殷實者列名具奏，均以原品，管理三年更代。四十二年奏準，張家口外增設牛羣牧丁六名，羊羣十，羣長九人，領催十有八名，牧丁一百八十二名。又奏準，員闕以各部院保送，司官及府屬官協領闕，以上三旗蒙古都統所屬護軍校驍騎校及該總管保送之，委署協領十羣長等，均引見補授。筆帖式員闕，由該總管於廄丁內選補，副管三年更代。筆帖式三年任滿來京補用，達里岡崖羊羣翼領員闕，準張家口總管咨文，以該處保送之。委署翼領十羣長等，引見補授。雍正元年奉旨，嗣後牛羊羣總管由五品官補授者為四品，由四品官補授者，為三品。由大員補授者，著以原品。管理永著為例。又奉旨，牛羊圈廄長、廄副闕，即著內務府總管選補。二年奏準，張家口外牛羊羣副管，如由無品級委署副管補授者，定為六品。四年奏準，張家口外牛羊羣協領，如由無品級人員補授者，定為六品。六年覆準，裁張家口外羊羣十，羣長一人，領催二名，牧丁二十名。七年覆準，達里岡崖增設委署翼領二人，其由無品級委署翼領補授，翼領者定為六品，其由十羣長委署翼領者，均開闕別補，不令兼辦。九年覆準，張家口外牛羊羣副管，如由六品協領補授者，定為五品。十年議準，張家口外牛羊羣各增設委署協領六人。又議準，張家口外協領達里岡崖翼領，見食半俸者，均給全俸，委署者，仍照十羣長之例，月給餉銀二兩。十年議準，於上駟院、太僕寺，三旗牛羊羣三處游牧，蒙古丁內簡選千名調往軍營奉旨，此項兵丁俟凱旋時著，即為三處游牧羣簡選兵丁，令防守牧羣以備緝捕盜賊之用。又議準，裁達里岡崖羊羣，其翼領牧丁歸於張家口外牛羊羣。十一年覆準，裁內三牛圈鍘草服役人二名。又議準，於張家口外三旗牛羊羣內簡選副管一人，防禦四人，驍騎校四人，護軍校四十二人，護軍三百七十六人，調往軍營。十三年議準，於調往軍營護軍校內裁減二十五人。乾隆元年議準，達里岡崖羊羣復設翼領一人，委署翼領二人，筆帖式二人，十羣長九人，領催十有八名，牧丁一百八十名。又議準，軍營撤回之官兵，除副管、防禦、驍騎校，繫管轄之員毋庸議外，嗣後凡牧羣協領、翼領員闕，均於護軍校、護軍內簡選，不必開闕，食原俸餉，見在達里岡崖復設羊羣所需官役，亦即於此內選補，其餘護軍校、護軍等，各令防範牧羣緝捕盜賊。又覆準，張家口外牛羊羣設効力筆帖式二人，每人月給俸銀二兩。六年覆準，達里岡崖羊羣增設十羣長二人，領催四名，牧丁四十名。除盡將防範牧羣之護軍校、護軍等，頂補兼役外，不敷牧丁於游牧處幼丁內選充。又覆準，自軍營撤回之游牧蒙古人丁共五百四十一名內，張家口外三百三十二名，達里岡崖二百九名，其達里岡崖兵弁經該總管奏準，俟其十羣長牧丁等闕，以次頂補，兼役食原俸餉，其不敷牧丁，方於牧羣幼丁內選充，張家口外兵弁亦應照此辦理，其副管防禦驍騎校等，令專管兵丁緝捕盜賊。九年奏準，張家口外牛羊羣副管員闕，停其於各部院出，過稅差家道殷實官員內簡選補授，令該總管於該處蒙古官內簡選，諳練牧事能約束人者，送京引見補授。令其分翼各管羣牧，仍兼緝捕賊匪之事。十八年奏準，張家口外牛羊羣總管保送補授護軍校、驍騎校之人皆繫口外居住，蒙古每次前來引見往返，難免花用路費，嗣後亦照補授。歸化城驍騎校之例，於引見時將擬陪之人應否記名，聲明繕單一并具奏。

供用。順治初年，定每年四孟月坤寧宮敬神，每次用全耳騸牛二頭，用畢交會計司變價。康熙年間，定太皇太后、皇太后用乳牛各二十四。皇帝、皇后共用乳牛一百。皇貴妃用乳牛七。貴妃用乳牛六。妃用乳牛五。嬪用乳牛四。貴人用乳牛二。皇子、福晉用乳牛十。均每牛取乳二觔，交送尚茶房。又議準，尚膳房日用羊每十日一次，由尚膳房將用過數目移會奉司彙入年終具題。又定外三牛圈每日取乳十二壺，交送尚茶房。供乳餅圈每年取乳湩八十觔，乳漿一百五十觔，交送尚膳房。又奏準，凡遇列聖、列后忌辰及清明、端陽、重陽、霜降、祭奉先殿，每次用羊二，由六圈交進。二十九年奉旨，太常寺所用牛不必於山東採買，著於張家口採買，將應用合式黑牛行文內務府取用，遵旨議準。每年令委往張家口外取送，牛羊官於該處牧羣內選取合式黑牛，盡數交太常寺犧牲所，由司於年終具題。三十一年奏準，養什木牛羣歲納乳酥三百七十觔二兩，大乳餅一百六十四觔八兩，小乳餅六觔乳酒一百六十觔，由司據盛京將軍咨文交送尚膳房。四十一年奏準，張家口外牛羣歲納乳酥一百二十二觔十有五兩，大乳餅四千四百十有七觔八兩，蒙古乳餅一百五十八觔二兩，乳酒四千九百二十七觔八兩，由司據該總管咨文交送尚膳房。又奏準，內廷各宮殿，寺廟，每年所用供獻大白乳餅，均由南苑乳餅圈成造交進。又奏準皇子婚娶，初定禮用羊三十六，成婚禮用羊四十五，合巹禮用羊五，給來使用羊四。如親王等之子，奉旨由內廷婚娶者，均據掌儀司奏準羊數給與。凡公主初育喜，生男給牛四羊四十，生女給牛二羊二十。郡主給牛二羊二十，縣主、縣君各給牛二羊十。公主初回蒙古部落，沿途日給羊二，每七日給牛一，陪嫁人每戶給駕車牛二。郡主、縣主日給羊一，陪嫁人每戶給駕車牛一。縣君陪嫁人每戶給駕車牛一，均據掌儀司咨文給與。又奏準凡皇子分封之後，府中初次敬神用全耳騸牛一，據掌儀司奏定日期，移會奉司交送。又奏準，每年御馬羣，大馬羣出牧，每羣各賞羊一，於張家口外羊羣取給。大凌河騍馬羣出牧，每羣各賞羊二，於豐臺六圈取給，均據上駟院咨文辦理。四十六年奏準，喜峯口至古北口共五十八莊，每莊給與乳牛十頭，不取孳生亦不準倒斃，每年十月朔至次年二月終，令該莊頭等各出芻菽牧養，抵銷正賦，如遇車駕巡幸口外，照口內備用乳牛數目取乳，交送尚茶房。又奏準，凡巡幸備用牛羊均無定額，乳牛由尚茶房，羊由尚膳房，各如需用之數撥往。雍正元年，定每年春秋二季清茶房造乳餅，日用牛乳五十觔，由外三牛圈撥乳牛十五頭送入，內三牛圈餧養取乳，至停造乳餅時，仍歸原圈。二年奉旨，耕耤牛二頭著交內務府總管，於潔淨處加意飼養。三年奉旨，耕耤典禮朕每歲舉行，所交內務府牛著於南苑圈內加意牧養，届期仍用此牛，遵旨議準，每年耕耤後，順天府送到耕耤牛交南苑三牛圈牧養，至次年耕耤前順天府仍行取用，不堪用時，聽順天府別行採買。又議準，奉旨凡來奏事之王大臣著賜茶，請於內三牛圈增乳牛十有二，每日取乳三十觔，交尚茶房備用。嗣後尚茶房、尚膳房等處，如有額外增用牛乳，於內三圈應交牛乳外盡數取乳交送，再有不敷，移付掌儀司轉咨光祿寺令其交送。七年奏準，每年萬壽聖節及秋季致祭內城隍廟、永佑廟，每次各用羊二，由六圈豫期交送。九年覆準，張家口外羊羣歲納大乳餅減為千觔，俟不敷用，再行增取。十年奏準，賞給三姓地方增設一千兵丁，種地牛五百，內不敷牛一百二十三頭，於口外各莊備養五百八十乳牛內選給。又議準，凡由在京蒙古都統下補授之游牧，察哈爾總管賞給乳牛九牡牛一羊八十，副管乳牛七牡牛一羊六十，扎爾呼齊乳牛五牡牛一羊四十，均於張家口外牛羊羣內取給。十三年議準，凡賞給羊每羊折銀一兩。乾隆元年奏準，犧牲所一年祭祀需用及備養牛共二百四十頭，令太常寺於春秋二季將應用牛數，豫行內務府於各牛圈內選取合式黑牛，盡數交送。不敷由太常寺採買。四年覆準，養什木等處馬羣應賞騸牛，停其在京領取，就近於盛京牛羣內賞給，其外三圈所養備賞之騸牛三十，送往張家口外入羣牧養。七年奏準，凡遇車駕巡幸口外，自京至長山峪豫備之乳牛加增兩站，移至熱河，自圍場至博羅河屯豫備之乳牛加增一站，移至中關，其口外各莊備養乳牛，除陸續倒斃，三百七十六頭毋庸買補，照例折價，限三年分交廣儲司外，其見存乳牛百有一頭，應撤歸張家口外牛羣牧養。十年奏準，每年各壇廟祭祀應用黑牛，向由順天府承買，二百頭外仍須備用黑牛四十頭，經禮部議準，歲於張家口外牛羣擇其毛角整齊堪入犧牲之選者，盡數交送牧養備用，倘入選者少豫行，知會太常寺行文順天府增買，如入選過額，亦行文順天府減買。見今口外牧羣計二百八十有五，牛三萬餘頭，令特設黑色牛羣分場別牧。俾無攙雜惟是。見有黑牛一百三十頭，雖足一羣，然必多設牧羣孳生，始足供用應。令該總管將附近居住之蒙古等所有黑牛，每年盡數以官牛抵換，或以騸牛易乳牛，或以大牛易小牛，使蒙古得沾實惠，則換者必多。再將官羣孳生之黑牛陸續撥換，至百牛即立一羣，歲終該總管以本年所立羣數及孳生數目報府察覈。令小心牧養，毋庸增設領催，牧丁。每年孳生入選之黑騸牛，仍盡數交送太常寺備用。其於定額四十頭，多得者豫行知會太常寺行文順天府減買，俟黑牛牧羣漸次蕃盛，一年孳生之數，足敷供用。該總管再將黑牛羣數定額具奏。

芻菽。康熙二十三年奏準，內三圈每騸牛一頭，日給草二束，豆一升五合。乳牛並犢日給草二束，豆一升五合。外三圈牛日給草一束，豆一升。備用乳牛日給草一束，豆五合。額外乳牛日給草一束，備給莊園騸牛日給草一束，豆一升。供乳餅圈乳牛並犢日給草一束，半豆一升。豐臺一等羊日給草半束，豆一升。二等羊每三羊日共給草一束，各給豆五合。牝羊與二等羊同。又奏準，各圈餧養牛羊草豆，每年於八月內將需用之數，移知會計司勻撥各莊交送，再有不敷由會計司轉咨戶部領取。又奏準，六羊圈所用羊草，每圈歲需七千餘束不等，由會計司覈明移，咨奉宸苑撥給，由司出具印領向南苑領取，每束脚價銀三釐，由會計司轉咨戶部領取。三十三年奏準，內三圈乳牛並犢每年自十月朔起至次年二月終止，日增豆五合。四十年奏準，內三圈騸牛日增豆二升五合，乳牛並犢增草半束，自三月朔至九月終日增豆五合，隨圈餧養之駕車牛、牡牛、青牛，每頭日增草二束豆二升。外三圈備用乳牛日增草半束，額外乳牛日增草半束豆五合，隨圈餧養乳牛日增草束半豆五合。四十四年覆準，張家口外牛羊羣解送乳酥等物來京，自到京日起，每駕車牛一頭，日給草二束，由會計司給發，回程時自京至張家口日給草一束，由戶部給發信票按站支取。又奏準，從張家口外取來之牛沿塗每牛日給草一束，送口外牧放之牛亦如之。取來之羊每四羊日給草一束，均由戶部給發信票按站支取。五十三年奏準，內三圈乳牛自三月初一日起至九月終止，每牛並犢日減草半束豆三合六勺。外三圈備給莊園騸牛日減豆九合。備用分例乳牛日減草半束，備給莊園牛於五十八年裁汰。雍正二年議準，寄養南苑之耕耤牛，每牛日給草一束半豆三升六合。四年議準，每年一等羊出青牧放時，烏朱穆秦羊日給草半束豆一升八合。俟一等羊進圈後即歸入一等羊內，隨羣餧養不支草豆。十年奏準，各廐圈所需草豆停向戶部支取，除收各莊應交草豆外，不敷之草各委直年官一人，會廐圈人員確訪時價採買。除正價外，每草千觔給苫蓋堆垜銀四錢，不敷之豆，於戶部奏準。山東、河南，每年運到改折黑豆內領用，各廐圈覈計應用數目移付會計司呈堂轉咨戶部具印領支取。內三圈每石脚價銀三分五釐，外三圈及豐臺等處每石脚價銀六分。十二年覆準，各廐圈應領戶部黑豆如不敷用，交直年官確訪時價採買，所需銀同草價苫蓋堆垛銀均由會計司覈明付廣儲司支領。乾隆十六年奏準，餧羊羊草既指南苑領取，其每束草價銀三釐五毫一絲，停其於户部支領，至車脚苫蓋之費每束用銀三釐，亦無庸向戶部領取，即於廣儲司收貯，南苑所交羊草銀內照數支領。十七年奏準，嗣後每年除由張家口外牧羣額取三千五百羊外，增取一千五百羊，額定每年取羊五千，至歲終將實在用過數目覈銷具題，如本年餘剩羊若干，則於次年應取羊數內少取若干，再所增之羊皆陸續取到，毋庸別增草豆。即於定額一千八十四羊分內通融餧養。

出牧。康熙二十三年奏準，內三圈牛經年餧養不令出牧，外三圈牛每年於三月初一日出青牧，放十月初一日歸圈。餧養豐臺六羊圈一等羊於四月初一日出青牧放，九月十五日歸圈。餧養此內選出一半於出青前半月歸圈，後半月但餧料豆，不給草。二等羊、牝羊出牧歸圈之期與外牛圈同，均於南苑出牧放青，先期移咨奉宸苑。三十六年，議奏外三牛圈定於四月初一日出青牧，放十月十五日歸圈餧養，奉旨著改於二十日歸圈，春季亦照此例，著過二十日出青。雍正二年覆準，外三牛圈供乳餅圈均於三月二十日出青牧放，十月初一日歸圈餧養。又奏準，外三圈寄養耕耤牛令經年餧養，停止出青牧放。六年覆準，六圈內所有烏朱穆秦羊均令經年餧養，停止出青牧放。乾隆五年覆準，外三牛圈供乳餅圈均於四月初一日出青牧放，十月十一日歸圈餧養。六圈一等羊四月初十日出青牧放，九月二十五日歸圈餧養。二等羊牝羊於三月十五日出青牧放，十月十五日歸圈餧養。

支領官物。順治十八年定內三圈需用黃絨繩如有朽壞由營造司更換，供乳餅圈每年需用三線布黃麤布由廣儲司支給，外三圈、供乳餅圈、六羊圈每年牛羊出牧需用帳房三年一次由武備院更換，內外各圈餧養牛羊木槽三年一次由營造司更換，內外各圈每年共需用竹箒、笤箒、草筐、瓢桶、柳罐、檾麻、轆轤、繩索、木楸、木杴、扁担、簸箕等項，由掌關防內管領處支給。內外各圈共需用斗秤如有損壞由工部更換，以上均令各廐長呈本司轉行各該處給發。康熙二十三年奏準，每年往張家口外取送牛羊，委本司官日給盤費銀一錢，牛圈廐長四人，羊圈廐長三人各八分，牛圈廐丁一名，羊圈廐丁六名各五分，定為往返四十日，於戶部支領，並於兵部領出口信票。又奏準，凡內外各圈煑豆，每倉石一石四斗四升，隨煤四十五觔，炭四觔八兩，除半莊額徵秫稭每束抵煤七觔八兩炭十有二兩外，不敷煤炭移付會計司轉咨工部具印領取。用內三圈各歲給鐙油一百二十觔，外三圈各歲給鐙油六十觔，供乳餅圈歲給鐙油五十觔，均由會計司分撥各莊交送。又覆準，內三圈每年自六月初五日至七月十五日，日給冰三塊，由掌關防內管領處給發。雍正二年奏準，供獻大白乳餅所用蜜糖麥麪由掌關防內管領處給發。又覆準，外牛羊圈周圍土牆如有倒壞，該廐長呈報本司勘實，按每長一丈高六尺需用制，錢九十文合計，數目移付官房收租庫領取修理。乾隆七年覆準，內三圈所用運豆、草、車、鍘刀、鐵鍋，如有破壞，均呈本司轉咨營造司更換。

勸懲。康熙二十一年奏準，牛羊圈廐長均授為八品。二十三年奏準，每年一次察看，內外各圈所養牛羊如較別圈疲瘦者，廐長罰俸六月，廐副鞭五十，二年皆屬疲瘦者，廐長革職，與廐副各鞭一百，充為廐丁。如三年之內餧養牛羊皆較別圈肥盛者，量加給賞。二十四年議準，每三年一次察驗，倒斃牛羊除遇瘟疫倒斃者存案不議外，每牛百頭倒斃七頭以下，每羊百隻倒斃五隻以下，廐長賞給緣蟒段領袖段袍一領，廐副緣紬段領袖彭段袍一領。牛倒斃八頭以上十二頭以下，羊倒斃六隻以上九隻以下，皆無庸議。牛倒斃十三頭以上，羊倒斃十隻以上，廐長罰俸六月，廐副鞭五十。二十九年奉旨，牛羊圈廐長自賞給官職以來，牛羊鬬少疲瘦，更甚皆著革職，仍照前例，不必給與品級。三十年奏準，每牛百頭倒斃十三頭以上，羊百隻倒斃十隻以上，廐長鞭八十，廐副鞭五十。三十二年奏準，餧養牛羊乃廐長、廐副專責，較別圈肥盛倒斃數少給賞之例均應停止。三十三年奏準，張家口外牧羣定為牛三頭，每三年孳生一牛，羊三隻，每三年孳生二羔。如於額外多一牛二羔者，牧丁各賞毛青布一疋。少一牛，牧丁責二鞭。少一羊，責一鞭。多三牛十五羊者，五羣領催各賞毛青布一疋。少三牛十五羊者，領催各責一鞭。多六牛三十羊者，十羣長各賞毛青布一疋。少六牛三十羊者，十羣長責二鞭。多十五牛七十羊者，協領各賞毛青布一疋。少十五牛七十羊者，協領各責一鞭。賞布不過六十疋，罰鞭不過百，再協領繫職官應賞毛青布至二十疋，折賞段一疋，鞭責準其折贖。四十五年覆準，張家口外牧羣每三牛三年孳生一牛，少一牛者，牧丁責二鞭，少三牛者，五羣領催責二鞭，少六牛者，十羣長責二鞭，鞭責皆不過百。牧丁於額內少一牛至十者，枷一月鞭八十。少十一至二十者，枷四十五日。少二十一至三十者，枷兩月。少三十一至四十者，枷七十五日，以上各鞭一百。少四十以上枷三月鞭一百，發遣捕牲烏喇充當牲丁。每三羊三年孳生二羊，少一羊者，牧丁責一鞭，少十五羊者，五羣領催責二鞭，少三十羊者，十羣長責二鞭，少百羊者，照例合計治罪。外少一百五十者，牧丁枷一月。少二百者，枷四十日。少二百五十者，枷五十日。少三百者，枷兩月。少三百五十者，枷七十日。少四百者，枷八十日。少四百五十者，枷三月。少五百者，枷百日以上，各鞭一百。少五百五十以上，枷百日鞭一百，僉妻子發給捕牲烏喇牲丁為奴。少千五百者，將十羣長照例合計治罪。外少二千枷一月，少二千五百枷四十日，少三千，枷五十日，少三千五百，枷兩月，少四千，枷七十日，少四千五百，枷八十日，少五千，枷三月，少五千五百，枷百日以上，各鞭一百。少六千以上，枷百日鞭一百，革退十羣長充當牧丁。四十八年議準，嗣後游牧牛羊羣於定額內不準闕少，闕少者，從重治罪。其三年一次均齊議行賞罰之例槩行停止，凡有額外孳生者，該總管察明奏聞。雍正六年奏準，捕牲烏喇見存牛二百十有八頭，亦照牧羣之例，每三牛閱三年取孳生牛一頭，令直年官報府，如有闕少照例治罪。十三年奏準，停遣烏喇直年官每年孳生牛由該總管呈報。乾隆五年議準，內三圈所養乳牛之牛犢如有倒斃，由司確勘按月呈堂存案統計，一年出入牛犢百頭內，額準倒斃五十頭，按三箇月覈算呈堂注册，如逾額倒斃十頭以上記過一次，二十頭以上記過二次，再逾者按十頭之數遞加覈計，如倒斃未及額數一半者，記功一次，並無倒斃者，記功二次。外三圈、乳餅圈所養乳牛之牛犢如有倒斃，亦統計一年出入牛犢百頭內額倒斃三十頭，按三箇月覈計呈堂注册，如逾額倒斃五頭者記過一次，再逾者按五頭之數遞加覈計，如倒斃未及額數一半者記功一次，並無倒斃者記功二次，以上內外牛圈均扣至一年彙報功過，有功一次準抵過一次，其記過之廐長由堂辦理，廐副以上由司責處記功者酌量保舉以示鼓勵，果繫時疫災傷，由司勘實注册免議。六年議準，凡隨圍出外備往乳牛之牛犢，令本司扈從官嚴飭廐長等加意餧養，如有倒斃損傷別行記過，如果塗遇寒暑以致倒斃亦由本司扈從官確勘，回京之日呈堂注册。

交納官物。康熙二十三年議準，凡圈內全耳騸牛如有倒斃均令瘞埋，乳牛、騸牛、青牛、牡牛、牛犢，遇有倒斃，牛皮移交武備院。每月尚膳房用過羊及倒斃羊皮，均移交廣儲司。倒斃牛羊肉據奉宸苑咨文，交景山暢春園、圓明園等處餧虎及餧鷹，鷹如奉文停止。牛肉瘞埋，羊肉由廐長分別一二等羊定價變賣，銀交廣儲司。又議準，張家口外牧羣所有老疾不堪牧養之牛羊，該總管察明具奏，到日移咨吏部委各部院家道殷實司官前往該處變賣，事竣奏聞，以所變價銀交廣儲司。四十二年奏準，張家口外牛羊羣每羣給牡馬一，騾馬二，不準倒斃，於三年均齊時每羣交孳生駒一。四十五年奏準，達里岡崖羊羣亦照張家口外例，每羣給馬取孳生。五十年覆準，游牧各羣額外孳生牛羊及老病不堪餧養者，均令變價銀交廣儲司。又議準，凡內羊圈外羊羣歲於春秋二次剪羊，毛送交武備院。又覆準，張家口外牧羣每年倒斃牛羊皮該總管呈報到日，武備院、廣儲司各委官一人率領催匠役前往，會同稅務監督於倒斃牛羊皮內揀選堪用者酌量應用，額數令該監督雇車運送至京。五十八年奏準，張家口外游牧處開墾地二十六頃，每畝歲交穀一斗。雍正元年覆準，游牧處開墾地畝尚多，除應交穀二百六十石外，再加穀二百四十石，共為五百石。每穀二石折米一石，共應交米二百五十石，於下堡城內建倉收貯。四年議準，停止委官率領催匠役往張家口外揀選牛羊皮，令稅務監督會同該總管揀選運送至京。是年該總管奏請，仍照舊例令庫官率領匠役等出口揀選皮張，奉旨仍令該總管會同稅務監督量一年足用揀選，佳者交送。又議準，每年額交武備院牛皮三百張，小牛皮一千五百張，犢皮二百張，所交廣儲司羊皮視其倒斃之數擇佳者盡數交送，無定額。五年奏準，每年張家口外除交送牛羊皮外，餘剩牛皮均令變價交廣儲司，餘剩羊皮賞給看守牧羣之窮苦蒙古。其倒斃牛羊皮內如朽爛牛皮五張羊皮八張者，牧丁責十鞭，領催八鞭十，羣長五鞭，多者，按數遞加，不過百鞭，如朽爛牛皮至二百張，羊皮至八百張者，總管、副管，有品級協領等，各罰俸六月，無品級協領，鞭三十，加一倍者，總管等各罰俸一年，無品級協領鞭五十，再加一倍者，總管等各降一級，無品級協領鞭六十。六年奏準，下堡城內收貯之米準其借給無力蒙古，秋收徵還。乾隆二年奏準，游牧處歲徵米二百五十石，歸并萬全縣倉收貯，仍準借給蒙古，秋收還倉。五年奏準，游牧處地畝遇有災荒，亦照戶部之例蠲免。十五年奏準，每年春季二歲以上羊每隻剪毛六兩，新生羊羔剪毛二兩，秋季除齒老殘疾生羔母羊並新生羊羔不剪外，其二歲以上羊每隻剪毛五兩，交納仍令該總管每年將春秋二季所有羊數及交過羊毛數目造具清册呈報付司察覈，如於定額闕少，將該總管、副管、協領等分別叅處。

奏銷。康熙二十三年，定每年内外十三圈出入牛羊數目，於次年二月内呈堂繕本題銷。四十八年議準，游牧牛羊羣，每年額外孳生數目，據該總管具奏以交司日起，限一月之内奏銷。

《清律例》卷四〇　牧養羊以百頭為率，若死者、損者、失者，牧長、牧副，四頭笞一十，每三頭加一等。過杖一百，每十頭加一等，罪止杖七十，徒一年半。牧養畜産，不如法律。

清　楊屾《豳風廣義》卷三

治圈法

圈與人居相連，必須開窗向圈。羊性最弱，不能禦物性，往狼犬入圈，咬傷殆盡。其性惡濕，利居高燥，作棚宜高。架北牆爲厰，宜寒凉，熱則生疥癬。冬月入田，尤不耐寒。圈内常撒乾土，積糞以爲膏腴之本，無令停水，勿使糞污。穢則污毛，停水則挾蹄，眠濕則腹脹。圈内須並墻樹柴柵令周匝。不樹柴者，羊揩墻土，毛皆成氊，若不揩土，毛長自淨。又竪柵出墻，虎狼犬俱不敢踰。

牧放法

羊必須老人及心性婉順者放之，方得起居以時，調其宜適。卜式云：牧民何異於是者。若使急性人及小兒攔約不得，必有打傷之災，或嬉戲不看則有狼犬之害，嬾不驅行，無肥充之理，將息失所，有羔死之患。惟遠水爲良，二日一飲。俗云：水馬旱羊，西北缺水處羊甚多，或十日半月不飲亦無妨，若頻飲則傷水而鼻膿，今近水之羊甚瘦者，多以此故。緩驅行，勿停息。息則不食而羊瘦，急行則坌塵而羊顙也。春夏宜早放，秋冬宜晚出。二月以後氣熱，所以宜早。夏月盛暑須得陰凉，若日中不避熱，則塵汗相滯，秋冬之間必致疥癬。八月以後霜露氣降，必須日出晞解，然後出放，不爾則逢毒氣，令羊口瘡腹脹。又綠蜘蛛在露草上，羊食之多死，日照則匿去。每於羊羣之中，擇其肱而大者立之主，一出一入，使之倡先，則魚貫而行，免踐害路旁禾稼。又在春月羊食，青草時將鹽碾末，薄撒於甎石上，令羊出入少食，則易肥而少病。

收食料

畜羊必積食料，若不預算，以至冬雪溝地，或大雨連綿，不能出放，無物飼養，以致餓損，不惟不孳息，往往有斷種者。須在三四月間以羊之多少預種大豆，或小黑豆、雜穀，並草留之。不須鋤治，八九月間帶青色穫取晒乾，多積苜蓿亦好。或山中黄白菅，並一切路旁河灘諸色雜草羊能食者，於春夏之間草正嫩時，收取晒乾，以備冬用。若值羊不能出放之日，須於高燥處豎立雜木作數圓柵，各五六步許，將草堆積柵中，雖高一丈亦無妨，任羊遶柵而食，竟日通夜，口常不住，終冬過春，無不肥充。若不作柵，假有一車草擲與十羊，口亦不得飽，羣羊踐蹋而已。圓柵之制所費有限，所得甚多，不可不知。【略】

飼肥羊法

羊須騸過最美。羊生十餘日便騸，名曰羯羊。飼時不拘多少，初飼時將乾草細切，少用糟水拌過。飼五六日後，漸次加磨破黑豆或諸豆，並雜穀、燒酒、糟子、稠糟水拌。每羊少飼，不可多與，與多則不食，浪棄草料，又不得肥。勿與水與水，則溺多退膘，當一日上草六、七次，勿令太飽，亦不可使饑。攔圈常要潔淨，勿餧青草，否則減膘破腹，不肯食枯草矣。亦間飼食鹽少許，不過一兩月卽肥。

治羊病法

羊有疥者，另置一處，否則相染，以致合羣俱病，不可不知。治羊疥方：疥先著口者，難治多死。用藜蘆根搗碎，以米泔水浸入瓶内，塞其口，置於竈邊，常令温暖，數日瓶内泔發變酸便可用。先以甎瓦片刮疥令赤，再用葱白湯刮洗令淨，拭乾，以藥汁塗之，再上卽愈。若多者，不可通身盡塗，須節節治，若通身盡塗，羊皮不堪藥力則死矣。

又方：用臘月猪脂，調熏黄末塗之卽愈。熏黄卽雄黄，色黑氣臭者。凡羊經疥得瘥者，至夏後肥時便賣，不然來年再發必死。

治羊脾脹方：其症來時，肚脹眼大亂跑，用大針一個，在左邊前夾第二根肋枝縫中，以針刺入一二寸卽愈。

治羊膿鼻眼不淨者，以湯和鹽，研之極鹹塗眼鼻，再將清鹽水，用小鐵灌角，灌入兩鼻内，半鍾不瘥，再灌，五日勿見水。凡羊倒圈者，乃瘟症。用獮猴一個，置圈中高竿上頭，以避惡氣。又用雄黄、藜蘆、蒼术、乳香、火硝、細辛、甘松、川芎、降眞香等分爲末，不論有病無病，凡羊兩鼻中，用竹筒各吹一遍。

治羊兒風，用艾在頭中旋内炙五六壯卽愈。

治羊漏蹄方：羖攊羊脂煎熟去渣，取鐵箭頭一個，燒大熱，將羊脂油塗箭頭烙患上，勿令見水。治之不愈者，出蹄甲内毛虫兩個，再烙卽愈。

清　魯九皋《翠巖雜稿》卷三《嚴禁縱羊殘害田地》　爲嚴禁縱羊残害田地，以全民食以衛民生事。照得民間禾麥，國課攸關，即菜蔬亦衛民食，此皆農民本業，豈容牲畜恣殘。乃爾羊販之徒，不念農爲國本，食乃民天，只圖一己之利，販買羊雙，伯什成羣，日則縱其踐踏田地，夜則縱其恣食麥菜。以致庄民目覩心傷，從而邀截責償，爾等不服，因而打架，動持金刃，互致損傷。本縣涖任甫及一月，庄民羊販彼此訐訟者不一而足，覩此情形殊堪痛恨。前經出示嚴禁諭令，各安本分，毋得彼此鬬争，仍恐患民無知，謂其姑恕羊販，而爾羊販藉此得志，任意縱羊残害田地。合再明白曉諭爲此示，仰各羊販知悉，爾等販買羊雙，所過地方行，則引之大路，毋令越過田界，止則收之歇舖，不許一雙在外，倘有仍前縱放羊雙殘害田地，許令鄉地庄民指名稟報，本縣定即立拿重處斷不姑寬。爾等庄民亦不得藉端肇衅，致干察究，各宜凛遵，毋違特示。

清　孫岳頒《佩文齋書畫譜》卷九〇《牧羊圖》　《牧羊圖》，本曾魯公子紆以罪没入祕閣，畫羊皆獸異狀，如墳墓間蹲羊伏獸，牧者乃羽服道士。初未有賞者，以是不入校録。明年少監羅畸始令工者就裝軸列畫録中，同舍方會昇工圖之，既成，三月有詔，取入留禁中。或疑其名，余曰：此金華牧羊兒也。昔初平牧羊，道士見之，将入石室四十餘年。其兄索得，問羊何在？曰山東兄往視之，但見白石。平乃往言：咄咄羊起，於是白石皆起，成羊。衆曰：然請書之。

清　張英《淵鑒類函》卷四三六《羊二》　原《毛詩》曰：《羔羊》、《鵲巢》之功致也。召南之國化，文王之政，在位皆節儉，正直德如羔羊也。羔羊之皮，素絲五紽，退食自公，委蛇委蛇。《列仙傳》曰：葛由者，羌人，周成王時，好刻木作羊賣之。一旦騎羊而入蜀。蜀中王侯遣人追之上，綏山。山在峨嵋山西南無極，隨之者不得還，皆得仙道。山上有桃，故里諺曰：得綏山一桃，雖不得仙，亦足以豪。山下立祠。《毛詩》曰：無羊，宣王考牧也。厲王時，牧人廢，宣王復之。誰謂爾無羊，三百維羣。《左傳》曰：華元殺羊食士，其御羊斟不與。及戰，曰：疇昔之羊，子為政。今日之事，我為政。與入鄭師，故敗。又曰：楚子圍鄭，鄭伯肉袒牽羊以逆，曰：孤不天，不能事君，使君懷怒，以及敝邑，孤之罪也。又曰：昔有攘羊者，以羊頭遺晉叔向，向母埋之不食。後三年，攘羊事發，追捕向家，檢羊骨，肉都盡，惟有舌在，國人異之，遂以羊舌為族。《論語》曰：子貢欲去告朔之餼羊。子曰：賜也，爾愛其羊，我愛其禮。又曰：葉公語孔子曰：吾黨有直躬者，其父攘羊，而子證之。孔子曰：吾黨之直者，異於是，父為子隱，子為父隱，直在其中矣。孫卿子曰：仲尼将為魯司寇，沈猶氏不敢朝飲其羊。《家語》曰：季桓子穿井，獲如土缶，其中有羊焉。使問仲尼，對曰：以丘所聞非羊也，木石之怪，夔魍魎，水之怪，龍罔象，土之怪，羵羊也。增《韓詩外傳》曰：魯哀公使人穿井，三月不得泉，得一生羊焉。公使祝鼓舞之，欲上於天，羊不能上。孔子見曰：水之精為玉，土之精為羊。此羊肝，土也。公使殺羊，視肝即土。原《列子》曰：楊朱見梁惠王言，治天下如運諸掌。王曰：先生有一妻一妾，而不能治，三畝之園而不能耘，言治天下何也。曰：君見夫牧羊者乎，百羊為羣，使五尺童子荷箠而隨之，欲東而東，欲西而西，使堯牽一羊，舜荷箠而隨之，則不能前也。增又曰：楊子之鄰人亡羊，既率其黨，又請楊子之豎追之。楊子曰：噫！亡一羊，何追者之衆。鄰人曰：多岐路。既返，問獲羊乎。曰：亡之矣。曰：何為亡之。曰：岐路之中，又有岐焉。吾不知所之，所以返也。原《莊子》曰：臧與穀，二人相與牧羊而俱亡其羊。問臧奚事？則挾策讀書。問穀奚事？則博塞以遊。二人事業不同，其亡羊均也。《神仙傳》曰：皇初平年十五家，使牧羊，有道士見其良謹便将至金華山，石室中四十餘年。忽然不復念家，其兄初起行索初平，歷年不得，後見市中有道士，乃問之道士曰：金華山中有牧羊兒，姓皇字初平，兄乃隨道士與初平相見。語畢，問羊何在？云在山東。兄徃視，但見白石，不見羊。平曰：羊在耳，兄自不見。平乃往，言叱，叱，羊起，於是白石皆起，成羊數萬頭。《漢書》曰：楚懷王孫心在人間，為人牧羊，項梁立為懷王。《史記》曰：盧綰與高祖俱學書，相愛，里人賀兩家以羊酒。增《埤雅廣要》曰：沛公始為亭長，夢逐一羊，拔角尾皆落。辨者曰：羊去角尾乃，王也。《金樓子》曰：修羊公於華山陰以道干，景帝禮遇之，數歲，道不可得。有詔問：修羊公語未訖，於牀上化為白石羊，題其脅曰：修羊公謝天子。後置石羊於通靈臺。原《史記》曰：卜式者，河南人。式有少弟，式脱身出分，獨取畜羊百餘，田宅財物盡與弟。式入山牧十餘歲，羊致千餘，上曰：吾有羊在上林中，欲令子牧之，式乃拜為郎。布衣草蹻而牧，歲餘羊肥息，上過見其羊，善之。式曰：非獨羊也，治民亦猶是也。惡者輒去，無令敗羣，上以式為奇，拜緱氏令。《漢書》曰：蘇武往使匈奴，匈奴知武不可降，使北海上無人處牧羝，羝乳乃得歸。武處海上杖漢節牧羊，臥起持節，旄盡落。又曰：路温舒，鉅鹿人，父為里監門。使溫舒牧羊，溫舒取澤中蒲，截以為牒，編用寫書。《搜神記》曰：宣帝時，陰子方者至孝有二息。嘗臘日晨炊，而竈神形見，子方再拜受慶。家有黄羊，因以祀之。自是暴至巨富。子方嘗言：我子孫必將强大，至識三世而遂繁昌，故後常至臘日祀竈，而薦黄羊焉。《東觀漢記》曰：甄宇，北海人。建武中，為州從事，徵拜博士。每臘詔令曰：賜博士羊，羊有大小肥瘠，博士祭酒議欲殺羊，稱分其肉。宇曰：不可，又欲投鉤，復恥之。宇因先自取其最瘦，者由是不復有争訟。後召會，詔問瘦羊甄博士，因以號之。《神仙傳》曰：曹公收左慈，慈走入羣羊中，失慈所在。追者疑化為羊，乃令人數羊。羊本千口，揀之，長一口，知果化為羊，乃謂曰：若是左公者，但出，無苦也。有一羊跪云：詎如許。追者欲執之。於是羣羊皆跪曰：詎如許。追者乃去。《魏志》曰：楊俊同郡王象，孩少孤，特為人僕隸。年十七八，見使牧羊，而私讀書。因獲捶楚，俊美其才質，即贖象著家，聘娶立屋，然後與别。象官至散騎常侍。又曰：衛玠少時，乘白羊車於洛陽市，市人觀之咸曰：誰家璧人，於是名聞州黨，遂號曰：璧人。增《晉書》曰：武帝平吳後多内寵，莫知所適，嘗乘羊車恣其所之，至便宴寢。宫人乃取竹葉插户，以鹽汁灑地，而引帝車。原《幽明録》曰：洛下有一洞穴不測。有一婦欲殺夫，推夫下，經多時至底，乃得一穴，匍匐行數十里，漸見明曠，郛郭宫館，金寶為飾，明踰三光。人皆長三丈，被羽衣，如此九處。至最後訴飢。長人指中庭大柏樹近百圍，下有一羊。令跪捋羊鬚捋之，得一珠，長人取之。次亦取，後將令噉，即療飢。乃問詣九處名，及求住。荅曰：君不得停，還，問張華當知。乃復行，出交州，還洛，問華。華曰：九處地仙名九館，大羊為螭龍。初一珠食之，與天地等壽。次者延年，後者充飢而已。《搜神記》曰：南陽宗定伯夜行，忽逢一鬼，鬼問伯為誰，伯欺之曰：吾亦鬼也，遂為侶。向宛行倦，因相擔，問鬼曰：鬼何畏？曰：鬼唯不喜唾耳。欲至宛，便擔鬼著頭上。詣宛市，鬼化為羊，伯恐其變，遂唾之，因賣得錢千五百。買者將還繫之，明旦見繩在，時人語曰：宗定伯賣鬼，得錢千五百。王隱《晉書》曰：王尼嘗為兵，洛中名士王澄胡母輔之等，齎羊酒詣護軍，門吏請見將軍，澄等先過尼，炙羊飲酒訖，徑去。將軍聞之，與尼長假。增《太元起居注》曰：劉毅諷羊琇乘羊車，請免官。詔曰：羊雖無制，非素乘者，如其奏。原《續搜神記》曰：顧霈者，吳之豪士。送客置酒有一沙門在坐，主人殺羊，羊繩斷，便走來，入道人膝中，穿頭入袈裟下，道人不能救。即將去殺之，既行炙，主人便先割以噉道人，道人食炙，下喉，便自行道人皮中，痛毒不可忍，呼醫來鍼之，以數鍼貫其炙，猶動摇，乃破出之，故是一臠肉耳。道人於此得病，作羊鳴，少時便死。增《南史》曰：宋文帝好乘羊車經諸房，潘淑妃每密令左右以鹽汁水灑地，帝每至户羊輒舐地不去。帝曰：羊乃為汝徘徊，况於人乎。宋陶穀《清異録》曰：天后好食冷修羊，賜張昌宗《冷修羊手札》曰：珍郎殺身以奉國。孔帖曰：王君㚟破吐蕃於青海，西張説識其且敗，因上巂州鬭羊於帝，以申諷諭。曰：使羊能言，必將曰鬭而不解，立有死者，所賴皇仁並茂量力取勸焉。《宣室志》曰：李德裕為太子少保，分司東都。嘗召一僧，問已之休咎，僧曰：公災當南行萬里，公曰：南去遂不還乎？僧曰：當還耳，公究其事，對曰：相公平生當食萬羊，今食九千五百矣。所以當還者，未盡五百羊耳。公慘然而歎曰：吾師果至人我。元和十三年為丞相，張公從事於北都，嘗夢行晉山，見山上盡目皆羊，有牧羊者十數迎拜我。因問牧羊者，牧者曰：此侍御平日所食羊。吾嘗識此夢，不洩於人。今者果如師之説耶。後旬餘鎮武節度使朱暨遣使致書於公，且饋四百羊，公大驚即召僧告其事，僧歎曰：萬羊將滿，公其不還乎。公曰：吾不食之，亦可免耶。曰：羊至此已為相公所有，公戚然不悦，旬日貶潮州司馬，連貶崖州司户，竟歿於荒裔。唐《五行志》曰：僖宗乾符中，洛陽建春門外暴雨，有物隋地如羖羊不食，頃之入地中，其跡月餘不滅，或以為雨工也。占曰：當旱。《靈異傳》曰：柳毅遇洞庭女牧羊，曰：吾不知子之牧羊，何所用哉？神祇豈宰殺乎？女曰：非羊也，雨工也。何謂雨工，曰：雷霆之類也。毅復視之，則皆矯顧怒步，飲齕甚異，而大小毛角則與羊無異焉。《南唐書》曰：黄載字元吉，精究經史，遂不復進取，肄業之士多從之，諸生醵會市羊，以備饌載，夢一羊前跪請命，晨出見羊跪伏如所夢載，以己緡償諸生而畜其羊。又畜一犬，亦頗馴，出入則羊犬聯隨，潭倅夏中，正為作羊犬仙序，以記其事。《清波雜志》曰：宰相張齊賢，布衣時嘗遊嵩嶽，醉臥巨石，夢人驅羊於前，曰：此張相公食料羊也。既貴每食數觔，猶未厭，飫健噉世無比者，此與李德裕夢人謂平生當食萬羊之兆符合。《魏秦記》曰：宋仁宗性仁恕。一日晨興，語近臣曰：昨夕因不寐，而甚飢，思食燒羊。侍臣曰：何不降旨取索，仁宗曰：比聞禁中每有取索，外面遂以為例，誠恐自此遂夜宰殺，以備非時供應。則歲月之久，害物多戾。豈不忍一夕之餒，而啟無窮之殺也。時左右皆呼萬歲，至有感泣者。王鞏《甲申雜記》曰：宣仁同聽政日，御廚進羊乳及羔兒肉。宣仁蹙然動容曰：羊方羔而無乳，則餒矣。又曰：方羔而烹之，傷夭折也。却而不食，有旨不得宰羊羔以為膳。《山房隨筆》曰：辛稼軒帥浙東時，晦菴、南軒任倉憲使。劉改之欲見辛，不納。二公云：改之豪傑也，善賦詩，可試納之。改之至，長揖。公問能詩乎？曰：能。時方進羊腰腎羹，辛命賦之。改之對：寒甚，願乞巵酒。酒罷，乞韻。時飲酒手顫，餘瀝流於懷，因以流字為韻。即吟云：拔毫已付管城子，爛首曾封關內侯。死後不知身外物，也隨尊酒伴風流。辛大喜命，共嘗此羹，終席而去，厚餽焉。《遼史·禮志》曰：柴冊儀，有司讀冊訖，宰相、北南苑大王，請部帥進赭白羊各一羣。又曰：下城克敵，祭天地，牲以白黑羊。《輟耕録》曰：元朝凡帝即位，必先受佛戒。至元帝初入戒壇，見馬哈喇佛前有物為供，因問此何物。曰：羊心。上曰：曾聞有用人心肝者，有諸荅曰：有之，凡人萌歹心害人者，事覺則以其心肝作供耳。上再問曰：此羊曾害人乎？帝師無荅。又曰：每日進膳例用五羊，自帝即位日減一羊，以歲計之，為數多矣。《埤雅廣要》曰：永樂初設科取士，廬陵錢畢發解南省，皆首冠。及將廷試，忽夢頭生羊角。同年曰：頭角崢嶸，在此舉矣。一人曰非也。羊角乃鮮字也。恐有鮮姓者復居首耶。及拆殿牓臚傳，狀元果鮮擢也。

清 張宗法《三農紀》卷八《羊》 牧芻，羊性惡濕，利處高燥，作棧須高，常除糞穢。宜巳時收之，未時收之。儿羊，以十二月、正月產者可作種，十一月、二月者次之，餘月不宜。大率十口一羝，少則不孕，多又乱羣。羝取無角者良。《述異記》云：無角爲有角者，喜相觸，傷胎。牧老云：母羊生母羊，十年一千羊。牧宜遠水，須二日一飲，飲後驅行，毋便停息。春夏放宜早，秋冬放宜晚。星露艸不宜占脣，易肥，且無疰。羊成羣，擇其肱大者立爲主，凡出入令其倡先，統率羣羊，各從而不亂。羊及千日，須春間收糞，上地一頃，耕熟，至三四月種，雜穀豆並草，長至深秋，芟收晒乾，收停高密處，至冬雪雨，以草喂之，免出牧。每歲得羔，可居大羣，可鬻販，又可剪毛刮毬，收乳治酪，其利甚溥，惟近山有曠處者宜之。南方有草魚塘，宜修羊棧于塘拜上，每晨以羊矢掃塘中以飼魚，草魚之糞以飼鰱，此一舉而羊魚之利兩收。將羊繫子處所，煮豆拌鹽，合草日日飼之，勿多飲水，一月即肥。

療治。羊食物，病腹滿不能轉草者，水洗眼鼻濃汚令凈，再以食鹽擦舌。凡染症，白藊豆、甘草、芒硝末，和童便啖，或苦參汁啖。染疫，蒼朮、臯角、雄黃末焚棧中，又以皂角、雄黃、藜蘆吹鼻令嚏。

清 張履祥《補農書》卷上 養胡羊十一雙，一雄十雌，孕育以時，少則不孕，多則亂群。胡羊不可一日缺食。冬餓一日，夏必死；夏餓一日，冬必死。右羊十一雙，每日吃葉草四十觔，每年共計一萬五千餘觔，除自葉不算外，自葉抵小羊食，買枯葉七千觔。六月內長安人來，預撮葉價每千觔三錢之外，冬天去載，計七千觔約價三兩。買羊草七千觔，七月內崇桐路上買，算除泥塊，約價四錢，七千觔亦該三兩。墊柴四千觔，約價二兩。約共葉草八兩數。每年羊毛三十觔之外，約價二兩；小羊十餘雙，約價四兩；可抵葉草之本。每年淨得肥壅三百擔；若墊頭多，更不止於此數。羊性喜燥惡濕，墊窠常要幹燥。每日申時飼食一番，隨與清水一大擔。又羊性搶食，恃強者為勝，不顧其子；小羊十餘觔以外已離乳者，另棚飼之。羊指腳內，每患有蟲食毛。如見羊腹上毛損，即與裁甲捉蟲；否則，患腳軟而斃矣。用蕎麥楷掛梁上，則羊不生虱。養山羊四雙，三雌一雄，每年吃枯草、枯葉四千觔，墊草一千觔，約本二兩數。計一年有小羊十餘雙，可抵前本而有餘；每年淨得肥壅八十擔餘。

清 方以智《物理小識》卷一〇《羊》 臘月孳者良。牡羔三日卽綸絲結痿其外腎。以草雜糯豆則易肥。春夏早放早收，收遲遇午熱汗出，有龍塵入膚，卽生疥癩。秋冬遲放，若食早露水草，口生瘡。又鼻生膿，或腹瀉，則表減而墳首也。棧宜高乾，久在泥中，則生蹢踶作癩。羊好鹽，鹽啖之則綿毛，四月翦之不熱，八月再翦之，令長毹過冬。凡疥癩，炒蕎麥子爲黑灰，和白礬硫黃末油調，先刮癩而擦之，愈。羊夾踶，火燔鐵筧而熬羖羊脂，勻上烙之，勿令入水，次日卽愈。羊爲火畜，功主青盲，北羊爲勝。《埤雅》曰：羊性前逆。王延德《高昌行記》：羊尾重三觔，大尾羊卽靈羊，細毛薄皮，西番以作紙，杭州以作燈。王麟洲曰：黑羊皮能療，杖瘡閩中盛產羊，獨汀不產羊，羊食仙茅，舉體皆脂。外紀際刺產異羊，羢細無比，雨中衣之，略不沾濡。

《授時通考》卷七一《畜牧》 棧羊法：向九月初，買㬼羯羊，多則成百，少則不過數十羫。初來時，與細切乾草，少著糟米拌。經五七日後，漸次加磨破黑豆，稠糟水拌之。每羊少飼，不可多與，與多則不食，可惜草料，又兼不得肥。勿與水與水，則退脿溺多，可一日六七次上草，不可太飽，則有傷。少則不飽，不飽則退脿。欄圈常要潔淨。一年之中，勿餵青草，餵之則減脿破腹，不肯食枯草矣。

又 養羊法當以瓦器盛一升鹽，懸羊欄，羊喜鹽，自數還啖之，不勞人收。又羊有病，輒相污，欲令別病法：當欄前作瀆，深二尺，廣四尺，往還皆跳過者無病。不能過者，入瀆中行過，便別之。

清 方大湜《桑蠶提要》卷一《桑葉》 初桑葉炙熟可代茶，二桑葉霜後可餧羊。

清 王有光《吴下諺聯》卷二《羊去吃草鵝去趕》 羊與鵝皆善食草，羊吃於前，鵝趕於後，鵝羊相繼，而草危矣。鵝見羊之先己而吃也，必求過乎羊，羊見鵝將奪己之草也，且放量而吃，鵝羊相忌，而草益危矣。於是鵝專食草，何暇以趕羊為事，羊知鵝意，亦不以趕己為虞，鵝羊相濟，而草之為草，不至於濯濯不止也。

又《牛吃糞澆羊吃火燒》 此言種植之物也。牛効犁鋤灌溉，一切禾麻菽麥，叨牛之功。牛過而食之，莫謂草木無知，亦有感激鼓舞之意。故勃然興之，如糞之澆也。若乃羊，平時一無功於種，作一旦肆其貪心，恣啖橫飽，棉豆禾麻，但受其蹂躪吞噬之苦，豈能復動其生機，得不如火之燒也哉。

清 楊鞏《中外農學合編》卷一二《羊》 羊火畜也。性惡溼，利居高燥，作棚宜高，常除糞穢。若食秋露水草則生瘡。留臘月、正月生羔爲種者，上。十一月、二月生者，次之。非此月數生者，毛必焦卷，骨髓細少。所以然者，是逢寒遇熱故也。其八、九、十月生者，雖值秋熱，比至春暮，母乳已竭，春草未吐，是故不佳。其三、四月生者，雖茂美，而羔小未能食，常飲熱乳，所以亦惡。六、七月生者，兩熱相仍，中之尤甚。十一月及二月生者，母既含重，膚軀充儲，草雖枯，亦不羸瘦。母乳適盡，即得春草，是以亦佳也。大率十月一羝。羝少則不孕羝多則亂羣。不孕者必瘦，瘦則非惟不蕃息，經冬或死。羝無角者更佳。有角者，喜相觝觸，傷胎所由也。供廚者，宜剩。剩亦作剰，之剩法，十餘日，用布裹齒捶碎也。羊必須老人及心性宛順者，起居以時，調其宜適。卜式云：牧民何異於是者。若使急性人及小兒者攔約不得，必有打傷之災。或勞戲不看，則有狼犬之害。懶不驅行，無肥充之理，將息失所，有羔死之患也。惟遠水爲良，二日一飲。頻飲，則傷水而鼻膿。緩驅行，勿停息。息則不食而羊瘦，急行則坌塵而羊顙也。春夏早放，秋冬晚出。春夏氣輭，所以宜早。秋冬霜，露所以宜晚。《養生經》云：春夏早起，與雞俱興，秋冬晏起，必待日光，此其義也。夏月盛暑，須得陰涼。若日中不避熱，則塵汗相漸，秋冬之間，必致癬疥。七月以後，霜氣降。後必須日出，霜露晞解然，後放之，不爾則逢毒氣，令羊口瘡腹脹也。

【略】

羊一千口者，三四月中，種大豆一頃雜穀，並草留之，不須鋤治，八九月中，刈作青茭。若不種豆、穀者，初草實成時，收刈雜草，薄鋪使幹，勿令鬱浥。豍豆、胡豆、蓬、藜、荆、棘爲上；大小豆其次之；高麗豆萁，尤有所便；蘆、虉二種則不種。凡秋刈草，非直爲羊，然大凡悉皆倍勝。崔實曰：十月七日，刈芻茭。既至冬寒，多饒風霜，或春初雨落，青草未生時，則須飼，不宜出放。積茭飼之：於高燥之處，豎桑、棘木作兩圓柵，各五六步許。積茭著柵中，高一丈亦無嫌。任羊繞柵抽食，竟日通夜，口常不住。終冬過春，無不肥充。若不作柵，假有千車茭，擲與十口羊，亦不得飽：群羊踐躡而已，不得一莖入口。不收茭者：初冬乘秋，似如有膚，羊羔乳食其母，比至正月，母皆瘦死。羔小未能獨食水草，尋亦俱死。非直不滋息，或滅羣斷種矣。寒月生者，須燃火於其邊。夜不燃火，必凍死。凡初產者，宜煑穀豆飼之。白羊留母二三日，即母子俱放。白羊性狠，不得獨留，並母久住，則令乳之。羖羊得留母一日，寒月生者，內羔子坑中，父母還，而出之。坑中煖，不苦風寒，地熱使眠，如常飽者也。十五日後，方吃草，乃放之。白羊，三月得草力，毛牀動，則鉸之。鉸訖於河水之中淨洗羊，則生白淨之毛也。五月，毛牀將落，鉸取之。鉸訖，更洗如前。八月初，胡葈子未成時，又鉸之。鉸了亦洗如前。其八月半後鉸者，勿洗。白露已降，寒氣侵人，洗即不益。胡葈子成，然後鉸者，匪直着毛難治，又歲稍晚，比至，寒時毛長不足，令羊瘦損。漠北塞之羊，則八月不鉸，鉸則不能便民圖齊以耐寒。中國必須鉸，不鉸則毛長相著，作氊難《成民要術》。向九月初買羊脿，羯羊多則成百，少則不過數十頭。初來時與細切乾草，少著糟水拌，經五七日後，漸次加磨破黑豆稠糟水拌之，每當少飼，不可多與，多則不食，可惜草料。又兼不得肥，慎勿與水，喫水則退脿溺多。可一日六七次上草，不可太飽，太飽則有傷，少則不飽則減脿。欄圈常要潔淨，一年之中慎勿喂青草，喂之則減脿破腹，則不肯食枯草矣。又法：當以瓦器盛一升鹽，懸羊欄，羊喜鹽，自數還啖之，不勞人收。又羊有病，輒相污，欲令別病法：當欄前作瀆，深二尺，廣四尺，往還皆跳過者無病。不能過，入瀆中行則，便別之。牧養須已出未入，不使沾星露之草，則無耗。羊一羣，擇其肱而大者而立之主。一出一入，使之倡。先或圈於魚塘之岸，草糞則每早掃於塘中，以飼草魚。而羊之糞，又可飼鰱魚。一舉三得矣。露草上有綠色小蜘蛛，羊食之卽死，故不宜早放。羝羊四月末、五月初銓之。性不耐寒，早銓，寒則凍死。雙生者多，易爲孳息。性既豐乳，有酥酪之饒，毛堪酒袋，兼繩索之利。其潤益又過於白羊。羊有疥者，間別之。不別，相染污，或能合羣致死。羊疥先著口者難治，多死。

豢羊善法。豢羊之法：擇種爲先，相時種子，不可不講。倘徒賴芻草爲喂料，則下種不宜太急，須待細草叢生之後，誕出小羊，俟其斷乳，草已鮮茁，不虞缺食矣。凡羊方字乳時，母羊復孕，則所生之小羊，非瘦卽羸，此擇種豢種之要訣也。至於喂養草料一節，凡牧場陳草，不宜令其多齕，卽過肥鮮草，亦宜食之有節，不可恣其咀嚼，致令過飽，礙其胎孕。故牧羊者，宜時時遷地爲良，不可株守一二畝草場，遂以爲羊糧充牣也。果其喂養得法，則羊身肥澤，毛色亦佳，價値必增十倍。

治羊疥方。取藜蘆根㕮咀令破，以泔浸之，以瓶盛塞口，於竈邊常令煖，數日醋香，便中用。以磚瓦刮疥令赤，若强硬痂厚者，亦可以湯洗之，去痂拭燥，以藥汁塗之，再上愈。若多者，日別漸漸塗之，勿頓塗令徧羊皮不堪藥勢便，死矣。

又方。去痂如前，洗燒葵根爲灰，煑醋澱熱塗之，以灰厚傅，再上愈。寒時勿剪毛，去毛卽凍死矣。

又方。臘月猪脂加熏黃，塗之卽愈。

羊膿鼻眼不淨者，皆以中水治方。以湯和鹽，用杓研之極鹹，塗之爲佳。更待冷，接取清以小角，受一雞子者，溝兩鼻各一角，非直水瘥，永息天蟲。五日後，必飲。以眼鼻淨爲候，不瘥，更溝，一如前法。

羊膿鼻、口頰生瘡，如乾癬者，名曰『可妬運』，迭相染，易著者多死，或能絕羣。治之方。竪長竿於圈中，竿頭施橫板，令獮猴上居數日，自然瘥。此獸辟惡，常安於圈中亦好。

治羊挾蹄方：取羝脂，和鹽熱使熟，燒熱令微赤，著脂烙之。著乾勿令水，汎入七日，自然瘥耳。

凡羊經疥得瘥者，至夏後初肥時，宜賣易之。不然，後年春，疥發必死矣。

治羊火蹄方：以羖羊脂熱熟去滓，取鐵篦子燒熱，將脂匀塗篦上烙之，勿令入水，次日卽愈。

分羊之種類有數法；以被毛言之，有具緬毛者，又有單生粗毛者。以生產地形勢言之，有低地種，高地種，山地種，荒原種等之別。以尾形言之，可分長尾、短尾二種。以主用言之，有肉羊，有毛羊。以頭骨言之，亦可分廣頭、狹頭二種。或視出產地，細分其種類者，往往有之。然主要者在眉利挪種，及英國種眉利挪種，主採毛，英國種主取肉，種羊可供繁殖之用者，須按種類，以選其體質强健且富於遺傳力者，尋常種類適繁殖之齡，牝牡皆始於一歲至一歲。九月晚熟之羊，如眉利挪種，則二歲至二歲有半。總之，牡迄五六歲，牝迄六七歲，可繼其繁殖之用。牝羊之發情恆在秋冬，若不交尾或交尾而不孕妊，則經二三週日而復發情一二日。乳羊娩產後，經二月至四月而更至遊牝期。其餘母羊，則經三四週日而復有遊牝期。交尾之時，任牧羊家所好，以經濟言之，子羊產於冬日爲不便，其產於夏日爲便利。八九月令交尾，則二月產子羊，而不逢冬日尤便，於育成一二月令交尾，則五六月產子羊，卽値夏日，此使母羊於剪毛之前畢其分娩也。一牡所配牝之頭數，視交尾法而有差異，多數牝牡混放而自由交尾，爲粗放之法。有使其牡羊消耗其勢力之虞，是法以牡一頭配牝二十五至三十頭，牡一頭配牝一羣。稍爲集約之法，其牝羣以四十至五十頭爲適宜，據是法無混配之虞，可明辨其父母之血統。交尾法最集約者，在令牝牡別居，待牝之發情引而至牡羊之處交尾，已畢則再令分離也。據是法，一牡能配牝七八十頭，妊娠之期百三十九日至百六十一日，平均爲百四十七日，妊羊宜成一羣，使飼養管理易盡其法。如冷水酸敗飼料及激動等皆須避之，最易受胎而分娩，亦無難已。分娩後，母羊羝其子，子羊求乳房而吮其乳，如氣候溫煖之時，娩生後約一週日可放母子運動於舍外，迨經二三週日子羊稍食生草，如此管理，少煩勞。子羊生於秋冬之候者，置母處約四週，日嗣後使母子別居，其別居之初，每日三次定時而引至母處使哺乳，既而減爲二次，復爲一次，其間補給以乾草穀類，漸增其所施之數，而遂至斷乳，是頗煩勞。子羊至二月可斷乳，惟充繁殖之用者，必須哺乳至四月。牡羊除種牡外，娩生後四週至八週皆可去勢。蓋剷羊肉，質毛、質易爲佳良也。牝羊至四週或八週宜行斷尾子，羊經六月須分離而放之，惟去勢者，可任放之。羊甚易飼育，其飼料爲單簡，夏時放牧專賴牧草，時時施以食鹽足矣。間有通年放牧者，冬時依舍飼，則以乾草、藁稈爲主料，補以少量之穀類、油粕、菜根等。放牧之期視風土而有長短不同，大抵亘七月最良，牧場每一町步可放二十頭至二十八頭，中等草場則十頭至十四頭，下等草場則二頭至五頭。羊之食草須順其性，如生草富饒之地，先放馬，次放牛，終放羊，使食其所餘之草亦可。牧場分羊羣爲數隊而管理之，一羣羊數百五十頭至二百頭，可分爲數小羣。如牝羊之羣，牡羊及剩羊之羣，幼羊之羣，等畜舍擇乾燥地面，東南而築之，務使温煖，舍中常須清潔，否則有使毛染不潔之虞，布藁宜頻換或備特別寢室則尤。妙羊舍每一頭需面積約三尺平方，妊羊及牡羊則二倍之，羊之依舍飼者，每日三次給其飼料，且供以清水，任其所飲，若食鹽則每日給以四至六克。朗姆肉羊施以肥育之料，養其脂肉，剪毛有二法：先洗羊體去其塵埃，及脂肪一分，而後剪截之，此爲其一法。或不須洗清而剪截之，亦另爲一法。其洗清者不僅易剪，其所剪之毛自便於搬運，然洗羊體者苟無愼意則害於羊之康甯，亦損於毛之品質，且毛粗細相混，無一定品位，多不樂於購買。洗羊體者尤須選水質，凡軟水如河水、溜水、雨水等皆可用，惟硬水如湧水等則不可，蓋硬水者有損於毛之品質也。水温宜在攝氏十七度至三十五度之間，温低則無洗滌之效，高則害於羊之康甯，且使毛減其彈力，卽毛之堅硬性。洗淨法種類不一，令羊泳於河中及池中亦爲一法。池深三四尺長六十尺闊六尺，使羊在其中來往數次則足矣。凡羊具粗毛且少脂肪者，據是法可得洗淨，惟多脂肪者及細毛已全者，更輕摩以手而洗滌之可也，或由管道而引水使落於羊背而洗淨之。其水高二尺至六尺，視水量而有差異，或以水滿桶中以洗羊體。是法用水温攝氏三十五六度者，洗毛必選晴天温暖之日而行之。已洗淨者經三四日可察其毛已乾燥而剪之，剪羊毛每年一次爲其常，或剪毛至二次之上者往往有之，如是需費反多，且使毛自短，有時害於羊之康甯。故非長毛羊在最適之時者則不可爲之剪毛，一次宜行之於六月，若二次則行之於四月及九月，剪毛者必用剪毛鋏先將羊之臀部安於一處，將羊背夾在間令不能動，乃從頭頸而剪其毛，漸及於腹部，次令羊立起而移鋏於肩背及側部，剪全體羊毛，總若一枚。據是法一人一日能剪毛十五頭至三十六頭，牧羊場規模廣大者，備以特殊剪毛器械，一時剪毛頗多。

附外洋養山羊法

山羊體頗强健，受疾疫極少，能甘於粗食，不厭管理粗惡，恆兼諸用，異於別種家畜。故飼育頗易，費資不多，少致意外之損害。如日本乏於善良芻草，小農家各飼山羊數頭，供榨乳之用，尤妙。山羊種類甚多，大別爲二種，曰乳種，曰毛種。山羊之種，畜亦宜選健體之完備種類，牡體形勇壯，頭强頸不長，腳短而强，腿具豐肉，性活潑，富特別臭氣。牝全體强壯，密被細毛有光澤，胸闊十字部善發暢，乳房大且軟，腳不過長舉動輕快，尤適於種畜。山羊之繁殖與羊無大差，早熟者娩生後約七月而成熟，然充繁殖之用者，牝、牡皆始於二歲而終於七八歲。牡一頭恆配牝八十頭至百頭，牝之發情在八月至十一月之間，受胎頗易，若不受胎，則經三週日而再發情。山羊在妊娠期者，忌餌食之，激變及衝動等亦如他妊畜，宜懇切管理，課以適度之運動，近分娩期則減濃厚飼料，而多給牧草。受胎後百五十四日而分娩，分娩恆無難，初年產一子，次年以後則產二子，間亦有舉三四子者，一子先產，隔三四十分時再產一子。母畜已娩產後食慾大進，然初日祇宜給以牧草、麩汁等，其後約八日尚用淡質飼料，不可一時給多量。一母一產多於二子則宜，以所多之數託他母飼之，或育以牛乳。山羊之繁殖每年一次爲其常，惟强健者產後十二三日復發情，如此則可娩產二次。十一、二月及五、六月爲交尾之時，子之始生宜置於軟乾草上，使其體易乾燥，然後扶以引接母畜乳房。天晴氣温自第二日卽宜使母子運動於舍外，子漸食軟草，則減其哺乳之量，凡四至六週日卽全斷乳。斷乳後，日日給以牛乳少許尤妙，主榨乳者必令子與母相分離，子之離居，當初時榨母乳而令飲之，經十日給以牛乳及穀粉汁，經二週日稍給以青草、嫩葉等，至第四週稍加以碎穀粒第，六至八週卽可放牧。於是僅補以麩穀粉、食鹽等，則成育略盛。牡之取肉或採毛者，娩生後約三週日而去勢，其性頗好乾燥，除乳種山羊自幼時慣汁食者外，皆忌多汁食料。取水多則易受病，且產弱子。然山羊於家畜中最强健不厭粗食，芻草可不選其種類，凡樹葉、木實、根菜等至香辛類莫不爲其所食，尤嗜粗硬青草，又好食菊薯。根菜類。法國自古飼養山羊，餌以葡萄榨汁之粕及葡萄葉，僅加以藁稈而成，育頗盛能產良乳，可見其能甘於粗食。飼山羊者冬時則用乾草、藁稈、穀實等，夏時則多用青草、落果樹葉等飼料，無庸烹煑調味，惟加以食鹽，每一頭一日約三匁，幼畜則每日須給以燐酸石灰少量。乳種每日施給以麩麥、油粕等二三百匁，則使泌乳加多。飼養之法略準於羊之例，然山羊有貪飽之性，其食料每日分給四五次，且時時換其種類可也。山羊在白晝務宜放牧，使自由運動，選乾燥地周繞以木柵，中設樹陰及飲水場，可以充牧場。然性頗粗暴所觸多加害焉，宜爲之備。舍須築乾燥地，使温煖且易通氣，羊舍及食器等以清潔爲旨，若不潔則惡臭染於乳，損其品位，且害其泌乳之性。

布棄須乾燥清潔，體毛時時梳整之，而軀體常保其清潔。寬室令多數羣居則多煩惱，如乳種每一房納二三頭，每頭繫留以鎖其泌乳之量，較體重殊多良畜，一年能出四石。乳汁濃厚，含脂肪較牛乳尤多，風味亦頗佳，不如牛乳有播肺結核之虞，育嬰孩者可放心用之。山羊乳能造乳油，白色柔軟過於淡味多飼，養山羊者恆用以製乳餅，質堅而富，滋料味頗佳，其產於意國者，稱利哥塌，尤著名。山羊嫩弱者肉味優良，尤適於滋養之食，惟成畜之肉品質甚劣，山羊之牡及閹畜有强力，如在歐美諸邦，以供農耕、輕役間，亦有令之挽重車或輕車。

傳記

《漢書》卷五八《卜式傳》 卜式，河南人也。以田畜為事。有少弟，弟壯，式脫身出，師古曰：脫身謂引身出也。脫音徒活反。獨取畜羊百餘，田宅財物盡與弟。式入山牧，十餘年，羊致千餘頭，買田宅。而弟盡破其產，式輒複分與弟者數矣。師古曰：數音所角反。時漢方事匈奴，式上書，願輸家財半助邊。上使使問式：『欲為官乎？』式曰：『自小牧羊，不習仕宦，不願也。』使者曰：『家豈有冤，欲言事乎？』式曰：『臣生與人亡所爭，邑人貧者貸之，師古曰：貸音土戴反。不善者教之，所居，人皆從式，式何故見冤！』使者曰：『苟，子何欲？』師古曰：言子苟如此輸財，必有所欲。式曰：『天子誅匈奴，愚以為賢者宜死節，有財者宜輸之，如此而匈奴可滅也。』使者以聞。上以語丞相弘。弘曰：『此非人情。不軌之臣，師古曰：軌亦法也。不可以為化而亂法，願陛下勿許。』上不報，數歲乃罷式。式歸，複田牧。歲餘，會渾邪等降，縣官費眾，倉府空，師古曰：倉粟所積也，府錢所聚也。貧民大徙，皆卬給縣官，師古曰：卬音牛向反。無以盡贍。式複持錢二十萬與河南太守，以給徙民。河南上富人助貧民者，上識式姓名，曰：『是固前欲輸其家半財助邊。』乃賜式外繇四百人，蘇林曰：外繇謂戍邊也。一人出三百錢，謂之過更式，歲得十二萬錢也。一說在繇役之外，得復除四百人也。師古曰：一說是也。式又盡複與官。是時，富豪皆爭匿財，師古曰：匿藏也。唯式尤欲助費。上於是以式終長者，乃召拜式為中郎，賜爵左庶長，師古曰：第十爵。田十頃，布告天下，尊顯以風百姓。師古曰：風，讀曰諷。初，式不願為郎，上曰：『吾有羊在上林中，欲令子牧之。』式既為郎，布衣草蹻而牧羊。師古曰：蹻即今草屨也。南方謂之蹻，字本作屩，並音居畧反。宋祁曰：注文，今草屨也。景本，作今之鞋也。歲餘，羊肥息。師古曰：息生也。言羊既肥，而又生多也。上過其羊所，善之。式曰：『非獨羊也，治民亦猶是矣。以時起居，惡者輒去，師古曰：去，除也。音邱巨反。毋令敗群。』上奇其言，欲試使治民。拜式緱氏令。

紀事

唐 王松年《仙苑編珠》卷上《初平松脂鳳綱花卉》 《神仙傳》：皇初平，丹谿人也。年十五，家遣牧羊，遇道士將入金華山，四十年，其兄初起尋之，相遇問羊。云：在東山，往看盡是白石。初平叱之，悉化爲羊，兄弟二人共服松脂、茯苓至萬日，坐在立亡，同昇天。初平改姓赤氏，號松子。初起號赤須子。今婺州赤松觀，是其地也。鳳綱者，元陽人也。常採百草，花水漬，泥封埋之百日。丸之，死者以一丸内口中立活，綱服藥不老，仙去。

《續資治通鑑長編》卷二五四 ［熙寧七年六月辛巳］ 聞夏國旱災，擁羊馬牧於緣邊河。令六路經略軍馬司嚴戒，當職官吏常禁察漢蕃户，無致侵竊。

宋 劉斧《青瑣高議》卷四《羊童記》 家人見身報冤賊。封丘縣東富村吳德家小兒牧羊於野，一日為人殺，奪其衣，莫得其人。家為童作齋日，忽有小童坐於靈席上，食其所享祭物。家人驚問其故，兒曰：子家之童，若常時與我戲於野。童曰：我家人今日有聚會，共汝同去。我與之同來，方食，外有哭聲而入者，童指曰：彼殺我也，我不欲見，乃去。詢其所指者，乃童之姨壻也。由是吳公訟之於官，求其人殺之賍驗明白，遂伏罪焉。

宋 周密《癸辛雜識・別集》卷上《牧羊子》 湖州卜者牧羊子，識章文莊於未遇時。及仕再筮，皆不許其得禄，果連丁艱。既而曰：今可仕矣，且不在外。遂由掌故以致兩地。又嘗語醫者李屋父曰：君當飲於省中。鄉人傳以為笑。後文莊貴，常招之胗脈，留與共飯於省閣，因舉舊話一笑。

明 陸粲《庚巳編》卷七《祝氏牧兒》 海鹽祝主事家有牧羊兒，年十餘，素善飯。一日，牽羊歸就午食，庖婦故不與，以戲之。牧兒去，泣於田間。一道士過，見之問曰：『汝何哭？』告以無飯。道士出懷中黑丸，大如龍眼，授之曰：『食此，自當得飽，勿嚼碎。』兒吞之，覺腹中充然。道人戒曰：

『無語人也。』遂去。兒暮歸不餐，明日亦不饑，絶穀者五六日。庖婦疑其盜米自食也，白於主人。主人召兒，將鞭之，兒畏而吐實，主人異之。明日，使他兒與俱，曰：『若複遇道士，一人力挽其衣，一人歸報。』二兒到向地，則道士又至矣，語兒曰：『為何漏言？』謝曰：『畏主責耳。』道士以一手支其頷，一手擊其頂間，前黑丸自喉躍出，複藏於懷。兒極力挽留，問此何物，曰：『汝知有所謂交梨火棗者乎？此火棗也。』久之，主人聞報而至，將去數百步，道士雙足遽陷入土中，稍近，益下，僅露其首，既而首亦不見，土上都無竅穴。驚顧道士，已在隔岸拱手而滅。自是牧兒複食。吾鄉戴區人蘇盤，時為祝塾師，親見其事。

明 彭大翼《山堂肆考》卷七六《治民猶牧羊》 漢卜式，河南人。以田畜為事。武帝朝願輸家財助邊，召拜中郎。式不願為郎，令牧羊上林。歲餘羊肥息，上善之。式曰：非獨羊也，治民之道亦猶是矣。時其起居惡者斥去，毋令敗羣。上奇其言，拜緱氏令。

清 張澍《續黔書》卷八《小羊》 吾涼出封羊，其背如駝，高者六尺許。春夏之交，青草豐茂，毛澤而肥。食其肉可以胜身，飲其酪可以養性，眞俊味也。余來黔一載矣，雖日飾廚傳，給供驛使，未嘗自求口食，以快端頤，有部民饋一羊，辭不獲，受之，不忍無故而殺，養於驛內數月，偶至牧所視焉。輒來依衣裾閒不去，稱之，則十三觔，如六七月之羜羍也。案杜預奏事言：魏興北山有野羊，千數百觔其形不與中土羊相似。《廣志》云：驢羊似驢，今黔之驢，竟無龐肰大者，而羊復幺麼，抑又何耶。

論曰：余聞之卜式云：非獨羊也，治民亦猶是也。惡者輒去，無令敗羣。式其人雖不足取，而言則不易。今之牧民者，以神自畜，既不能禁觚譎之朝飲，復不能如觟觻之觸邪。而肉食者鄙，反視羵首之民而不恤，是何異狼牧羊也。

《授時通考》卷七一《畜牧》 卜式河南人也。以田畜爲事，入山牧十餘年，致羊千餘頭。上書願輸家財助邊，上使使問：欲爲官乎。式曰：自少牧羊，不習仕宦，不願也。歸復田牧，復持錢二十萬與河南太守以給徙民，召拜爲中郎。上曰：吾有羊在上林中，欲令子牧之。式既爲郎，布衣草蹻而牧羊，歲餘羊肥息，上過其羊善之。式曰：非獨羊也，治民亦猶是矣。以時起居惡者輒去，毋令斅羣。上奇其言，拜緱氏令。

清 祝慶祺《刑案匯覽》卷二九 陝撫題：閆居智等因惠信生牧羊踐食麥苗，將惠信生其毆身死一案查辦理擅殺之案。如官差因拘捕致死罪人，及應捕之人致死姦盜罪人，或挾讐放火棍徒擾害，或鄉紳士豪倚勢欺壓，並假差訛詐等項，有被人殺傷者係各照律例以擅殺定擬，此外例無明文者均不得以擅殺論罪。檢查嘉慶十七年本部審擬直隸河間縣回民孔六等放羊三百隻，在王進才李秀等地內踐食麥苗，復因李秀等向伊索賠麥苗，率同回民六人執持兇器將村人毆傷，被地保李景雲糾衆用鳥鎗毆打互傷一案，將李景雲、孔六等各照鳥鎗及兇器傷人本例分別問擬充軍奏結。又道光元年廣西省題桂平縣民韋昌榮因陸熊威鴨隻放入伊田內食禾，韋昌榮向斥致相爭毆，戳傷陸熊威身死一案，將韋昌榮依鬬殺本律擬絞監候題結。各在案。此二案均係照凡鬬殺傷問擬，並非以擅殺傷科斷。此案閆居元因專信生等放羊二百餘隻在伊地內踐食麥苗，起意糾毆，致閆居智毆傷惠信生斃命。查巳死惠信生牧放羊隻踐食閆居元地內麥苗，既據查明尚在冬至以前，無礙長發，應免議賠，是惠信生本屬無罪之人，卽縱畜踐食稼穡，律有應科罪名，並非姦盜等項罪人可比。其被閆居智等其毆致斃，未便遽以擅殺科斷。該省將閆居智閆居元等依其毆人致死律分別問擬絞候、滿流，核與律例及成案均相符合。至任橙偉於鬬毆之後喝令閆居幅等將惠信生羊隻趕賣，係屬公然攫取，正與因鬬毆而奪人財物之律相符。該省將該犯依本與人鬬毆因而奪去財物律計贓擬流，聽從之閆居幅減等擬徒，亦屬允協，應請照覆。

藝文

南朝陳 陳子高《曹夫人牧羊圖》《聲畫集》卷七 日長永巷車音細，插竹灑鹽紛妒恃。美人零落涇水寒，雨鬢風鬟一揮涕。柔毛絮絮與人羣，兒女恩怨徒紛紛。洞房那復知許事，但畫遠牧連空雲。槲葉飄蕭晚風勁，羖攊相追寒鵲並。短童何處沙草深，族走羣飛各天性。向來鞍馬曹將軍，文采班班今尚存。林下夫人更超絶，新圖不作五花文。

宋 蘇頌《蘇魏公集》卷一三《北人牧羊羊以千百爲群，縱其自就水草，無復欄柵，而生息極繁**》** 牧羊山下動成羣，噛草眠沙淺水濱。自免觸藩羸角困，應無挾策讀書人。氈裘冬獵千皮富，湩酪朝中百品珍。生計不贏衣食足，土風猶似茹毛純。

宋 蘇軾《蘇文忠公全集》卷二一《顧愷之畫黃初平牧羊圖贊》 先生養生如牧羊，放之無何有之鄉。止者自止行者行，先生超然坐其旁。挾策讀書羊不亡，化而爲石起復僵。流涎磨牙笑虎狼，先生指呼羊服箱。號稱雨工行四方，莫隨上林芒屩郎，齅門舐地尋鹽湯。

宋 林希逸《鬳齋續集》卷一八《爲郎牧羊》 卜式何為者，清班粉省郎。不騎沙苑馬，只牧上林羊。謾詫窠名錦，何如屩曳芒。含香休向闕，挾冊且隨臧。列宿從嗤我，三星喜詠牂。尚懷肥報國，抗疏欲烹桑。

宋 劉克莊《後村集》卷二八《爲郎牧羊》 式也堪其選，非貲所可為。誰知省郎者，自處牧羊兒。夜襆清綾被，晨趋白玉墀。都忘列宿貴，甘慕乘田卑。衣布猶平日，烹桑聳一時。迴頭憐大子，空獻上抹辭。

宋 陸游《劍南詩稿》卷四八《牧羊歌》 牧羊忌太早，太早羊輒傷。一羊病尚可，舉羣無全羊。日高露晞原草緑，羊散如雲滿川谷。小童但搢竹一枝，豈必習詩知考牧。

宋 牟巘《陵陽集》卷一七《題牧羊圖》 左慈以身化羊，黃初平叱石為羊，神仙人乃作此等狡獪事。舜舉此筆法，可謂得言外意。觀牧羊，悟此生，余於此圖亦云。

宋 薛季宣《浪語集》卷四《武昌射圃後山與江接走植柳竹方茂每爲民家羊群所齕日有毆羊之事昔贊皇公以祝鷄翁自况走亦可謂牧羊兒矣》 有欲即有累，無營了無為。且非割雞宰，寧是牧羊兒。甲解木方遂，苞屯芽定萎。江山萬里道，好去莫遲疑。

宋 陳長方《唯室集》卷四《牧羊圖》 畫史含毫欲下時，筆端新意有誰知。滿山羖攊燕然北，快取奇功慎莫遲。

宋 周紫芝《太倉稊米集》卷三六《余手植木芙蕖數十本山亭之下比聞頗爲群羊踐履》 春去無花伴白顛，旋栽紅艷照霜前。髯郎莫剪柔柯去，留作秋風一醉眠。

宋 鄭思肖《鄭所南詩文集・詩集・蘇武牧羊假寐圖》 十九年間墮渺茫，饑來齧雪齒生香。一心只夢飛歸國，雙眼何曾看見羊。

又《王初平牧羊圖》 兄弟參商四十春，金華山裏問斜曛。相逢不是牧羊客，白石顛頂冷笑君。

宋 文天祥《題蘇武忠節圖三首》《題畫詩》卷三五 忽報忠圖紀歲華，東風吹淚落天涯。蘇卿更有歸時國，老相兼無去後家。烈士喪元心不易，達人知命事何嗟。生平愛覽忠臣傳，不為吾身亦陷車。

獨伴羝羊海上遊，相逢血淚向天流。忠貞已向生前定，老節須從死後休。不死未論生可喜，雖生何恨死堪憂。甘心賣國人何處，曾識蘇公義膽不。

漠漠浮雲海成迷，十年何事望京師。李陵罪在偷生日，蘇武功成未死時。鐵石心存無境變，君臣義重與天期。縱饒夜久胡塵黑，百鍊丹心涅不緇。

宋 韓駒《題趙君發牧羊圖》《題畫詩》卷七〇 王孫豈識田家趣，妙畫聊因好古收。唯有野人開卷笑，憶騎牛背下西疇。

元 揭傒斯《文安集》卷四《牧羊圖》 求牧既已得，敗羣還復去。白晝搨蝨眠，清風滿高樹。

元 柳貫《待制集》卷六《題牧羊圖》 氄毛成毳酪成漿，沙水分流草滿場。說侣老羝人立處，金華山下茯苓香。

元 吕誠《來鶴亭詩》卷七《題牧羊圖》 牧羝絶域卧穹廬，廿載空傳雁足書。屬國歸時總頭白，壯心杖節鬢毛疎。

元 沈夢麟《花溪集》卷三《小兒牧羊圖二首》 小兒坡下草盈墟，濈濈羣羊食有餘。誰道牧童長在野，截蒲曾見路温舒。

又 塞上荒荒古戰場，夕陽芳草幾芸黃。可憐漢節歸來晚，遺下兒猶替牧羊。

元 宋禧《庸庵集》卷六《題牧羊圖》 高鼻羣羊塞北來，晴原花竹是誰栽。牧人何處占春夢，草逕應看落日迴。好雨一簑當有備，豐年四海已無災。翻思持節蘓卿苦，風雪憑凌白髮催。

元 王惲《秋澗集》卷二七《跋燕肅牧羊圖》 行飲溪流喜降阿，歸鞭影淡夕陽坡。侶將濈濈維千角，辨作宣王考牧歌。

又 卷三二《黃初平牧羊圖》 金華春草碧淒迷，牧到亡羊事可疑。風袖一揮岩石起，道人還有此神奇。

元 謝應芳《龜巢稿》卷六《過烈塘祖墓里人牧羊于壟上以詩呈郡邑》 鳳橋之西烈塘東，我祖我禰馬鬣封。向來松栢蟠蒼龍，灰飛烟滅丘前風。卜年天造開鴻濛，恩沾萬國生育同。壟頭萌蘖春棠茸，藤枝棘花裸青紅。牛羊斧觔集如蠭，一年一度一掃空。白頭遺孤抱哀恫，麾之不去欺龍鍾。無階上天訴天翁，呑聲躑躅淚滿胸。府公賴渤海龔，琴堂長貳明且聰。令行如風偃蒿蓬，樵夫牧人乃絶踪。將來宰木蔽幽宮，九泉感戴恩無窮。嗚呼！九原感戴恩無窮。

元 袁桷《清容居士集》卷一三《牧羊圖後有閻先生詩次韻感舊因成二首》 嬰兒御氣草堤眠，能使雙羊合自然。莊叟不知蝴蝶夢，覺來重作養生篇。

玉質堂堂地下眠，雲龍風虎各加鞭。松陰舊日趨庭客，整佩蘭皋駐集仙。

又 卷一五《蘇武牧羊抱雛圖》 寒氈齧盡節旄稀，野曠風低短草肥。忽見嬋娟新月上，却疑身似夢中歸。

又 卷四五《牧羊圖》 高柳風清曉日蒼，牧童隨處候陰涼。侶嫌挾策當年客，物我胷中兩未忘。

元 鄭元祐《僑吴集》卷六《蘇武牧羊圖》 飛鴻歷歷度天山，何處孤雲是漢關。不滴望思臺下血，君王猶及見生還。

元 黃溍《金華黃先生文集》卷六《牧羝圖》 屬國歸馳舊使車，披圖仍是牧羝奴。不知它日麒麟童，如此風埃滿面無。

元 周權《此山詩集》卷三《牧羝行》 朔風吹沙浩漫漫，冷光射目愁雲昏。茫茫大漠亘萬古，何處有路通中原。羣羝牧老草枯死，倚節自誓無生還。餐氈嚙雪氣自倍，婉孌兒女懷飢寒。夜長空望漢月白，幾度弔影憐羇單。已將傲兀壓憂患，獨仗大義排堅頑。此生自信羝不乳，豈意雁足傳間關。歸來屬國豈不厚，區區一飯皆君恩。

元 楊維楨《題蘇武牧羊圖》《乾坤清氣集》卷一二 未入麒麟閣，時時望帝鄉。寄書元有雁，食雪不離羊。旄盡風霜節，心懸日月光。李陵何以别，涕淚滿河梁。

元 劉詵《蘇武持節圖》《題畫詩》卷三五 朔雪漫沙幾白羝，胡風吹凍滿氈衣。少卿駝馬彌山谷，何似中郎一節歸。

明 朱元璋《明太祖文集》卷二〇《牧羊兒土鼓》 羣羊朝牧遍山坡，松下常吟樂道歌。土鼓枹時山鬼聽，石泉濯處澗鷗和。金華誰識仙機密，蘭渚何知道術多。歲久市中終得信，叱羊洞口白雲過。

明 程敏政《唐氏三先生集》卷八《題蘇武牧羊圖》 身逐羣羝草色秋，手持漢節雪蒙頭。可憐屬國償勳薄，談笑紛紛盡列侯。雪暗穹廬少日光，嚙氈那得飫中腸。誰言漢使心如鐵，也為姬人一笑忙。

明 胡奎《斗南老人集》卷三《題蘇武牧羊圖》 十九年中仗節旄，祁連山下夢勞勞。一行書寄邊鴻遠，萬里心懸漢月高。沙磧塵隨歸日騎，河梁淚灑别時袍。畫中偶識麒麐像，忍見秋霜點鬢毛。

明 郭勛《雍熙樂府》卷六《粉蝶兒·蘇武牧羊》 羊角風揸地揸天，鵞毛雪撲頭撲面。恰便似落瓊花粉甸山川，接天涯，侵海角，都凍做寒冰一片。休咲俺牧羊人聳乞雙肩，你便是鐵石人也凍的撼頦打戰。醉春風：雪打的我眼難開，風吹的身倒偃。似這般風吹雪打蕩散了群羊，漫山中微微的顯，顯。單于王地占了三山，漢武帝早分了千頃，蘇武呵，幾時餂勾户封八縣。迎仙客：我這里望塞邊，則聽的鴈聲喧，元來是這舞寒風漸離了雲漢遠。呀呀的一聲低，忽忽的兩翅軟，有分的正落在我根前，莫不是天與俺行方便。石榴花：這一封寄帛書全央你箇塞鴻傳。則要你乘風勢駕雲軒。者莫你宿蘆花穿柳岸過平川，哎，鴈也，休戀着水食地面，將日月俄延。則你那六稍翎疾隄防着鵰翎箭。驀然間禱告青天，碩孤飛影裡青雲現，便休題風緊鴈行偏。鬪鵪鶉：你若到富貴中華，尋取那皇宮内院。你過的天塹黃河，那的是長安建都建都地面。我這里專等招賢武帝宣。單于王若可憐，我則去那淩烟閣，上標名哎，鴈也，你索在那禽書中把你姓顯。快活三：見一人下的駿駝，直來到我根前，元來是李陵兄弟到居延。兄弟也，莫不是我作念的你魂靈兒現。朝天子：你住漢苑，我居在塞邊，誰想這荅兒重相見！則俺昇霞去的武帝，撇下禁苑漢社稷誰請佃！你一般兒武職文臣，隨朝遷轉，你問我這和畓的怎生過遣？我離皇都數年，盼中華地面，幾時餂勾拜舞在金鑾殿？上小樓：謝你箇兄弟可憐，將你這哥哥錯見。謝兄弟不避驅馳，遠遠而來，置酒張筵。我則這腹内寃，口内言，向誰行分辯？我這里望長安茂陵澆奠。么篇：非你愚，非我賢；不尤人，不怨天。喒若是犯法違條，罪若當刑，死而無怨。赤緊的我家屬，您親戚，都遭刑憲。不知是怎生了俺滿門良賤？㝢孩兒碩兄弟腰金衣紫身榮顯，从鎮着雄威地面。聖人云死生由命在扵天，免的俺妻男婦女遭愆。我情碩再受塞上十年苦，不戀您腰間金印懸。舉意而甘貧賤，常則是隨旌而立，每日家冒雪而眠。四煞：兄弟，你官差不自由，我饑寒守自然。喒便得功名休相道身榮顯。休咲我持一竿漢節隨羊後，強如您列兩行朱衣在馬前。兩般兒各自人心戀，不由人悲悲切切，常則是雨淚漣漣。三煞：這領新皮襖毛兒恰正軟，舊皮襖羊毛兒不甚倦，何時趂得平生碩？則你那錦衣綉襖輪班兒着，不如我皮襖皮裘換套兒穿。兩般兒自把清濁辨，您穿的粧身扮體，爭如我赤手空拳。二煞：你為官有望加，我牧羊不驟前。似這般無情日月難消遣！則你這李陵咫尺六七載，誰不知蘇武爭襟十九年。我於漢國心無倦，你休忘了李陵臺上，我不離了蘸武坡前。一煞：那里有淋淋雨若絲，常則是紛紛雪似綿，颼颼風緊疾如箭。幾曾見茸茸芳草生南陌，儘一眼漠漠平沙際碧天。這荅兒凍餓死誰人見！想殺人十親九故，盻殺我也八水三川。煞尾：比着那漢武帝將我来宣，兄弟也，全仰你單于王根前保奏的言。則我這一鞭行色歸心戀，遥望長安路兒遠。

明 楊士奇《東里集》卷四五《漢使牧羝贊有序**》** 河南布政使盱江饒君示：余李伯時漢使牧羝圖，嗟乎！蘇公之大節偉矣。敬為贊曰：有漢之英，烈烈子卿。奉使北庭，挺其忠貞。幽窖阨窮，飢齧旃毛。摧屈愈厲，氣振愈豪。川嶽可移，志不可奪。陵律何人，甘語乖刺。羝也不乳，鴈有帛書。漢節來歸，神明翼扶。壯齡而出，皓首言返。上謁茂陵，淚血兼潸。人臣之義，表表子卿。終古弗磨。日星其明，奕奕麟閣。有像儼如，千歲之下。亦有畫圖，圖傳者貌。史著者心，永作臣軌，來世攸欽。

明 李培《水西全集》卷四《牧羊持節》 齧雪餐氊日，羝羊那乳生。若非上林雁，北海老蘇卿。

明 倪岳《青溪漫稿》卷一《蘇武牧羊圖爲劉閣老祐之》 子卿重遠使，武皇侈邊功。如何常勝徒，竊搆單于中。身拘志弗移，抱節甘長終。牧羝豈望乳，聊以安其窮。迢迢北海上，終見南飛鴻。廿年歸絶域，千古憐孤忠。麒麟耿遺像，丹青照旻穹。翻嗟茂陵樹，落日生悲風。

明 錢琦《錢臨江先生集》卷二《題牧羊圖》 無論仗孤節，不作漢家羞。卽看个日畫，猶起昝時愁。墨染雲偏重，綃含雪未妝。數羝安得乳，空白子卿頭。

明 孫蕡《西庵集》卷三《牧羊詞》 隴羊尾褷褷，山虎毛離離。願得山虎生，隴羊長自肥。蒼茫大化良亦苦，作抵生羊復生虎。

明 唐龍《漁石集》卷四《牧羊臺》 登臺頻灑淚，不見漢江鄉。目斷林中鴈，肱麾海上羊。風霜心膽赤，歲月鬢毛蒼。完節老歸國，麟圖執戟郎。

明 陶諧《陶莊敏公文集》卷一《望蘇武牧羊臺賦有序**》** 考誌，有蘇武牧羊山在鎮蕃東南。而甘人所指牧羊臺，乃在甘州城東北，相去幾千里，豈復有所謂牧羊臺耶？是日登城送目，而野色昏霾，殊無所見，徙倚久之，歸作此賦。

陟層樓之崔嵬兮，佪公臺以遙望。于炎漢之中葉兮，胡阨公于是方，黄塵飛息以明滅兮，烟艸掩怏于□。蒼命居人予指示兮，極目力於渺茫。步徙倚而延佇兮，喟反覩而增仰。惟厥土之培塿兮，乃砥柱乎漢邦。壯乾坤之基軸兮，撑幾頹之綱常。左皐蘭之雄峙兮，右祁連之岌嶪。背陰山之岧嶢兮，望焉支之峻嵲。藐茲臺之中起兮，名巃嵸而竝留。時公節其少屈兮，何異乎姦檜之首。丘緊昔虜之陷公兮，謂易與羈而縶也。豈知瑞世之麟鳳兮，固犬羊之異也。故寧覆身于煴坎兮，不忍受辱于丁靈也。寧延頸以就刃兮，不忍椎結而毁纓也。寧數日不食以饑餓兮，不忍一開口以染腥也。寧與羝爲侶兮，不忍隨陵律而寵榮也。寧二十年窮阨于無人之境兮，不忍一日立于無禮義之庭也。知吾生之有君父兮，孰吾死之可憐。心專專而不可化兮，貞金石之彌堅。朝托宇宙以爲室廬兮，夕叩閶闔而晏安。餐六氣而漱沆瀣兮，挾王喬之飛仙。伯夷起與執節兮，叔齊爲之驅羊。皐陶直其臥起兮，龍逢攘其不祥。春與太昊逍遙兮，聊裵回于扶桑。夏乘風于南巢兮，邀祝融以周章。少昊憫其悲秋兮，令蓐收與婾娛。玄冬閉而苦寒兮，顓頊玉以遺女。扮神人之戀眷兮，蹈險巇而樂康。曰有死而竟生兮，乃歸來乎故鄉。慨采薇之絶響兮，世愈濁而愈傾。迄炎祚幾千歲兮，杳若公之忠貞。惜夫薦珪璋之球琳兮，裁瑱氍毹柱。明堂之梗柟兮，斡椽門廡置。量德之崇階兮，典屬國以窮年。豈昭宣之不察兮，時乃博陸之愆。覩其折虜之侃侃兮，諒籌樽俎之優優。履陷阱之坦坦兮，將坐廊廟之休休。既大節之凜凜兮，於托孤乎何有時。若安平之庸謬兮，羌與之以同升。彼其病變告而汗議兮，孰與濵死而從容。豈蛾眉之見嫉兮，自前世而固然。將方圓之異道兮，用齟齬而不咸嗟。蘭蕙之抱馨兮，豈覬人之攬採。矯莫邪以解牛兮，惟光芒其猶未改。古聖賢之不可及兮，豈必履乎高位。苟吾行之耿介兮，雖廢捐其奚害。邈既往之莫諫兮，漫鬱邑而中傷。遭予步而罷望兮。忽回首以夕陽。重曰賢人逝兮，莫留名。留臺兮千秋，悠悠兮予懷。渺渺兮使予以愁，伊誰兮穹其臺，瞻四方兮訓將來。

明 王翰《梁園寓稿》卷一《牧羊》 羔羊不受秣，呦呦索晨牧。稚子懼出門，動與虎狼觸。垂鞭不敢前，常向風雨哭。我老輕其生，仗策入幽谷。

歸馴馬，詠諧方朔已緋袍。中郎老迓歸來寵，獨把青銅歎鬢毛。

明 周復元《欒城稿》卷三《恒南牧羊歌》 白雲一片西山頭，煙水茫茫風颸颸。牧羊之人心何苦，經營芻牧百計求。昨夜前村雨一蓑，滿原青草月明多。手挽柳鞭隨步緩，大羝小角翻然和。獨有一羊剛似鐵，頭角輪囷蹄翻折。嚙草即教草莖枯，飲水一時水泉竭。身負襏襫煙霞開，依微暝色渡河來。宿鳥東飛入城市，前山後山封莓苔。瞠目大視只一咲，回首顧羊頭不掉。寥寥天地無纖塵，浩浩乾坤有靈曜。君不見造化小兒一何苦，凌雲大人靜為主。陽春總是海宇色，毛瑣何須較不武。

明 劉炳《題蘇子卿牧羝圖》《題畫詩》卷三五 穹廬十九年，坐臥持漢節。歸來滿鬢斑，疑帶天山雪。

明 程敏政《屬國冬牧圖》《題畫詩》卷三五 天山雪花大如席，瀚海東頭絕人跡。羣羊散落沙磧間，齧盡寒氊歲云夕。塞垣孤月十九冬，手持節旄歸漢封。不知麟閣丹青手，曾寫當時憔悴容。

明 謝復《題趙子昂蘇武牧羊圖》《題畫詩》卷三五 誰寫漢中郎，風流趙子昂。雪中持漢節，海上牧羝羊。氣與風霜勁，忠爭日月光。君為宋家子，揮翰亦堪傷。

明 李麟《牧羊圖》《題畫詩》卷三五 萬死間關抗虜塵，廿年北海未亡身。牧羊不羨彌山富，仗節惟拚齧雪貧。已分此身甘苜蓿，豈知他日畫麒麟。河梁相向降奴泣，白髮憐看漢老臣。

明 尹耕《胡人牧羊圖》《題畫詩》卷七〇 邊庭四月始知春，沙草初青柳復新。金鏑未須窺漢月，氊帷時亦靜胡塵。黃髮小胡花插首，腰下寶刀光射肘。日斜驅羝入東林，草美泉香誇富有。君不見，虞廷干羽兩階陳，白雉黃熊入貢頻。聖王有道四夷守，沙場閒殺射鵰人。

清 斌良《抱沖齋詩集》卷三六《南墩道中見牧羊者》 風翻麥浪綠雲鋪，牛鼻浮涼儼畫圖。細草如茵敷輭翠，酣眠堪羡牧羊奴。

清 蔡衍鎤《操齋集》卷五《牧羊歌》 水悠悠，山靡靡，吾聽吾羊之所至。我生不辰空谷裏，旦暮無聊與汝處。羊在山我在山，羊在水我在水，山水漫漫還相俟。飲之食之須努力，飽然後，各適其適。羊兮羊兮，汝知吾，爲蘇卿，爲卜式。

清 程恩澤《程侍郎遺集》卷六《題劉子敬大令牧羊圖》 劉累能擾

原平散漫食，逕狹相追逐。霜餘野草白，沙寒山水綠。荒磴隨漁樵，深林雜麋鹿。讀書坐磐石，撈蒲向臯陸。為感蒙莊言，歸塗不可暮。

明 王雲鳳《博趣齋稿》卷五《題蘇武牧羊圖》 蘇卿辭漢持漢節，夜半呼妻作死別。雙膝誓不屈氊廬，飢嚼大窖十日雪。胡服胡馬者何人，漢天子將為胡臣。隴西萬古慚不刷，徒將軟語生人嗔。鴈飛不來羝不乳，度十九年一朝露。白頭歸盡麒麟閣，老淚雙沾茂陵樹。胡為胡婦生胡兒，無乃鳥鼠同雄雌。古今大節不易數，君臣大義屬蘇武。

明 吳伯宗《榮進集》卷二《牧羊兒土鼓應制》 維羣三百飽青芻，土鼓消閒化日舒。笋籜綠垂風煖後，豆花紅綻雨晴初。山中草長雲生石，野外風柔塊作桴。萬物欣欣皆自得，吾皇端拱紹唐虞。

明 謝肇淛《小草齋集》卷二九《題蘇中郎牧羊圖》 沙滿氊裘雪滿天，節旄零落海雲邊。上林飛鴈來何晚，空牧羝羊十九年。

明 董說《董說集・詩集》卷九《海上牧羝曲》 海風蕭蕭，吹墮節毛。牧羝祝羝羝不乳，生不願衛律見，羝可與語。子卿足下，聽陵一言。汝羝來前，汝陵勿言。

明 李東陽《懷麓堂集》卷一《牧羝曲》 嗟汝陵！咄汝律！羝可乳，節不可屈。咄汝律，嗟汝陵，寧為我死，不作汝曹生。潘云：句奇律兀，甚稱題目，臨江節士，辭恐不及。生入朝，身已老，有淚猶沾茂陵草。潘云：意極可愛。天遣生還入畫圖，不然誰識冰霜貌。潘云：結亦新意然佳處，却不在此，可與知者道耳。

又《牧羝圖》 仗節驅羊不自憐，白頭歸國意茫然。陵亡律死須臾事，誰更能消十九年。

明 李時勉《古廉文集》卷一一《牧羝曲》 漠漠黃沙外，寒氊抱雪眠。此心誰復識，白日在青天。

明 徐渭《徐文長文集》卷七七《將牧羊庚戌元旦筮之得明夷之上六》 入地登天兩不妨，從來作戲在逢場。門前晝靜堪羅雀，城上春深好牧羊。披褐家門孫令尹，入山經紀卜中郎。已知此意無人會，閒坐看雲點太陽。

明 趙迪《鳴秋集・牧羊圖》 扣角商歌聽未休，幽人清隱在林邱。為嫌洗耳溪無水，更入雲深飲上流。

明 趙完璧《海壑吟稿》卷四《次韻胡虛白公蘇武牧羊圖》 羝乳何年仗節旄，中原君相久忘勞。珊鈎歌擊秋風細，金屋沉酣夜月高。多病茂陵龍，梁鶩解豢虎。物媚養己者，不使妄喜怒。其神其猛摯，晏然臥堂廡何況圈溷物。赤手可循拊，勇力能化裁。君略極雄武，用仁不用略。黽勉求治譜，食少生齒繁。萬室同一苦，譬如芻秣知。齡齣不能普，養民如養兒。如何缺其乳，定知循政至。天付好風雨，原頭積芳艸。盎底蓄糜腐，茁壯夕陽群。纍纍腹如鼓，語其徬徨時。晝夜思所補，藉非詩禮深。焉能逆有睹，不稔何山谷。來迓劉榮祖，牧人有吉夢，夢俗比鄒魯。

清　孫枝蔚《溉堂集前集**》卷一《秋牧》**　牧人無寒暑，秋深露雨脛。不知誰家墓，驅羊上其頂。欺彼已死骨，秋風吹不醒。感茲增深悲，學道昧綮肯。昔有叱石客，焉知非君等。

清　方文《嵞山集》卷一二《左夏子書堂有牧羊圖索予題之》　左生壁間挂此圖，一見使我長嗟吁。今人豈但無此事，肯挂此圖人亦無。飢寒一日耐不得，蘇武如何十九年。應笑此翁太癡絕，李陵衛律是豪賢。五言古體由君始，四首皆於出塞時。海上年年多雁足，何爲不寄一行詩。

清　高其倬《味和堂詩集》卷一《牧羊詞》　朝牧羊，牧羊亂山裏。夕牧羊，牧羊幽澗底。澗深山高徒侶稀，採梠拾橡長苦飢。夜夜露卧枕老羝，布襆作被還作衣。可憐性命寄豺虎，牧得羊肥歸牧主。經年負直不肯償，乞索頻遭主人拒。故家舊有南山田，蕪没不治今三年。長鎌短笠寄隣壁，逡巡欲去不敢前。田收已畢公家賦，賦外未輸行省怒。牧羊猶可更主家，縣吏捉人無避處。

清　洪亮吉《更生齋集·詩續集》卷八《牧羊》　漫把蘆笙漫著鞭，牧童行處草芊芊。菜花黃外春波綠，日暖青羊抱子眠。

清　李嘉樂《仿潛齋詩鈔》卷一《蘇武牧羊》　顯名豈較衛青殊，麟閣酬庸豔畫圖。漢代功臣兩奇絕，牧豬奴與牧羊奴。

清　梁以壯《蘭扃前集》卷三《牧羊》　亂石荒原外，煙濱影共鄰。入山非背世，為物亦依人。一嘯微陽下，數莖白髮新。長年披五羖，不是牧羊貧。

清　梁雲構《豹陵集》卷八《牧羊奴》　持竹牧羊去，樹底恣鼻睡。日久羊頗馴，不殘道傷穗。

清　林昌彝《衣讔山房詩集》卷五《牧羊圖爲黙深賦》　百年前牧羊，人與寢訛於牧場。十年前牧羊，不見羣羝見稻粱。朝貢牧豆百斛，夕貢牧芻百束。芻豆皆盡，羝毛亦希。牧與羝，皆苦饑。野曠風冷，日黃天低。訴主人，主人哈，汝但司汝芻牧爲。羊肥瘠，何必知。羊不行，汝但笞。山雨來，日將夕。且呼羸羝，下山求食。雨爲蓑，雲爲笠，夜聞鄰牧笛聲急。

清　史簡《鄱陽五家集》卷一二《題蘇武牧羊圖》　墮蕃十九年，坐卧持漢節。歸時兩髩斑，疑是天邊雪。

清　湯貽汾《琴隱園詩集》卷一三《牧羊》　山草短，南山長，他人牧牛我牧羊。牧羊苦，天明出門饑過午。饑時探懷餺飥僵，帶雪寒吞不得煮。不辭風雨況寒暑，只畏山深有狼虎。虎甯食我莫失羊，失卻一羊難見主。牧羊樂，頭上煙雲腳底落。群羊食草，我閒眠，但遇樵夫笑相謔。有廬人束茅，有田人把鑁，擔薪汲水應門戶。萬事不勞心上著，日日日斜歸一宿，到老何須入城郭。嗚呼，牧羊苦樂，誰能識，但要群羊適其適。正當四月五月青，卻望千山萬山白，家家有羊有牧人，羊瘠羊肥牧人責，借問何人牧最良，請君試歷山南北。

清　唐仲冕《陶山詩録》卷九《牧羊篇》　有羊三百羣，爰擇牧人牧。時其飽與飢，付之芻及粟。豈惟閑降飲，亦復馴羝觸。爾羊生日滋，爾牧功可録。他牧或惰窳，其羊苦蠡瘯。謂爾置爾羊，姑往監其畜。鞭後爾無權，亡岐爾當扑。歸而視爾羊，麾肱費追逐。臧獲同見譏，五羖竟誰贖。不考牧辛勤，安望羊蕃育。

清　汪仲洋《心知堂詩稿》卷一三《題趙仲穆畫蘇卿牧羊圖》　一節之奇千古快，一事之失千古慨。蘇卿但知身屬漢，王孫底用國封魏。阿雍畫此豈有意，何乃不為尊親諱。畫意不可知，畫工良獨奇。飛霜似上老臣鬢，平沙欲没枯樹枝。黃雲亂卷節旄脱，酸鼻屹立邊風吹。塞雁無書傳未死，羝羊不乳何由歸。嗚嗚角聲起，匈奴獵初罷。雕弓羽箭横腰胯，虬髯髬髵聲叱咤。別有空騎出隊後，似是單于遣相迓。但使肝膽稍變更，遭遇豈出李陵下。左校王博隴西羞，雪窖臥免世人罵。事本可傳畫亦佳，筆力欲突松雪齋。偶然墨戲須檢擇，立身大義胡可乖。圖成倘使而翁見，夢炎葉李俱非儕。滄桑變幻幾回首，漢耶元耶復何有。此畫歷劫誰寶藏，乃與蘇卿同不朽。

又　卷一五《牧羊兒》　剡溪舟，次見岸上一小兒牧羊歸，去哭呼哥哥，不絶愴然感之。

牧羊兒，年約八九歲。手持枯竹枝，頭戴笠子，身無衣。一步一回顧，一顧一聲啼，空山日暮，哥哥何之，乃不與牧羊兒同歸。惸惸無所依，淚下猶絏縻。群羊濈濈如有知，聲與牧兒相和悲。兒勿悲羊勿悲兒，不知聽者心更摧。哥哥不應，我已七載空呼爲。

清 王猷定《四照堂詩文集·詩集》卷一《溪上見梁叔鸞携其子牧羊城東戲拈長句爲贈》 兀兀城東日將暮，城頭唯見鴉團樹。樹外町畦叢草生，數羊升降斜陽路。一人携兒行且止，兒持羊尾聲芊芊。旋復置兒別有思，布袍岸幘臨溪水。正憶當年北海人，突兀眼前叔鸞子。吁嗟，叔鸞之貧不言貧，數間茅屋容千春。胸中雷電書幾尺，豈知天地有新陳。有時大叫嘯鸜鵒，牀上悲歌擊魚鼓。十年喪亂雉媒啼，短日幽幽下荒土。試望蕉蕘一鶴歸，城郭凄迷神仙苦。君家伯鸞出秦關，鴻濛奚必灞陵山。百拜已辭名姓去，五噫之聲滿闤闠。人生百年埒過客，何暇忙求萬古宅。不見金華石室騎羊兒，不去鞭羊去鞭石。與爾寺前聽晚鐘，明朝牽羊西復東。

清 翁方綱《復初齋詩集》卷五八《顧杞巖畫黄初平牧羊二首》 誰見薪蒸刈短童，鈎衣石角暮山空。後來閬苑無窮事，卻借坡公問仲通。

使君攜自五羊城，爲我尋詩訊舊盟。正有黎陳芳艸句，道人相與話平生。

清 吴鼒《吴學士詩文集·詩集》卷五《題蘇武牧羊圖》 畫工貞說雁傳書，麟閣丹青又此圖。十九年羝終不乳，王郎可是管夷吾。

清 袁枚《小倉山房集》卷三一《題鄒若泉牧羊圖》 白艸黄沙望眼迷，荒荒落日雪山西。羣羊似解孤臣意，翹首南雲一剪齊。李廸丹青筆最超，鄒生粉本更親描。擬教添个蘇卿婦，幾點胭脂染節毛。

清 華喦《離垢集》卷三《題蘇子卿牧羝圖》 圓靈函凄陰，霄氣鬱已結。夐块蕩晨飈，赴聲溧且洌。遊隊出蒼垠，飛鶩擾流雪。佳人何其悲，自來國音絶。感慨河梁詩，整纓奉漢節。守一不榮邀，寸丹矩冰鐵。投足非所方，枉處曷可折。自慰溦中腸，惸影弔白月。歲運固有移，文字無銷滅。緬垂千載名，清芬播賢哲。

清 夢麟《大谷山堂集》卷二《蘇武牧羝圖》 似烟非煙霜凍鬚，欲雪不雪雲塞塗。西海北海冰膠艫，釣者鱳得陰飈噓。麏麚藺足鶩鴿呼，貆豬黄獐潛伏墟。有羵其首來于于，非羍非羍亦非羭。曰羒羳羯厥壯殊，羚羚濈濈誰謂無。長肱不麾十指瘃，陰岡斷坂遨以娛。或羣或友亦步趨，寢訛降飲朋與俱。散坡嚙草草則枯。凌兢帖耳儕厥徒，何人重戴氊裹襦。短箠不假招蕃奴，高寨玉節持不孤。翠旄歷落紆丹朱，未央建章黄雲徂。酸飈獵獵翻干旟，哀哉子卿今牧芻。絶食大窖神女扶，皸瘃慘慄愁弗舒。羝乳則歸歸或誣，齕齬菅蒯甘不荼。有雪爲嚙旃爲茹，阿誰寫真充顧厨。鉛黄粉墨生態紆，麒麟漫漶丹青渝。畢讙效死真丈夫，少卿衛律嗟哉都。拜恩賜號封新除，兩甄馳逐形魁梧。驪騮蕃碩來余吾，祁連獵罷休氊廬。漿鹿脯封駞酥，寒笳按拍聲嗚嗚。紅羅綺組排妙姝，地罏獸蓺紅氍毹。君獨胡爲拘櫪株，子卿善覷千金軀。繳檠弓弩良可圖，上林雁帛來神書。

清 彭孫貽《茗齋集》卷一《題子卿牧羝圖》 屬國歸來後，麒麟貌已高。當時困沙磧，大漠在秋毫。冰柱懸羝角，天花墜節旄。李陵臺下雪，潼乳没黄羔。

清 錢陳群《香樹齋詩文集·詩集》卷一一《題蘇武牧羝圖》 鵝毛亂點雪片麄，射人朔風金僕姑。官屬別置絶叫呼，悲哉子卿為人俘。受羊三百司牧事，鞭就水草草則枯。八尺之節六尺軀，嚙氊不死眞壯夫。地用既無生角馬，飛者更無頭白烏。羝不乳兮不可圖，野鼠作食延須臾。於軒愛弟新單于，小隊自領千龍駒，明朝會獵其來乎。

清 裘曰修《裘文達公詩集》卷五《題蘇子卿牧羝圖》 黄沙漠漠天蒼蒼，羣羊蝟縮難成行。豈眞執箠效驅策，百折不死來此場。餐氊嚙雪易事耳，誓與漢節同存亡。千年絹素宛可識，一再拂拭增慨慷。當時聽得單于語，分不生還漢家土。誰言射雁上林中，帛書姓字題蘇武。兩家和好歸使臣，屬國居然列樽俎。是知冥漠通精誠，何必羝羊不生乳。何必羝羊不生乳。嗚呼！李陵計拙心獨苦。

清 吴省欽《白華前稿》卷四二《武功題蘇武牧羝圖》 海雲壓天墮鶬鴰，冰窖蕭條赭流沫。誤落羊群十九年，崢嶸偏向草間活。中朝虎節脱牛旄，拜命無忘臥起操。肯為窮荒生馬角，怕教性命付鴻毛。牧羝令下轉凄緊，比似關門禁游牝。單于解愛漢孤臣，縱使乳成歸未準。或齮或寢或施鞭，不學降人袒左牽。五口無聊長飲酪，三生有數免吞氊。終堂老母遲羔跪，沙幕茫茫信遷徙。折箠難令異種馴，傳書忽詰穹廬宄。刀鐶熟視更何人，相對沾衣雙鬢循。祇道觸藩作胡鬼，誰知取較送王臣。甲帳樓臺路非昨，特牢告廟空冥漠。屬國長麋窦窳鄉，眞形高上麒麟閣。忠信由來蠻貊孚，試從州里訂頑愚。丹青要表貞魂苦，恥作河梁泣別圖。

清 吳翌鳳《與稽齋叢稿・牧羝曲》 鼠可掘，雪可齧。氈毛可咽，血可泣。寧死不受左伊秩。咄爾陵，咄爾律，那識子卿心似鐵。牧羝十九年歸來，鬢毛白。鬢毛白，節旄脱，羞殺石頭城，令人求故節。

清 張九鉞《紫峴山人全集・詩集》卷一八《題龍女牧羊圖》 碧雲貴主翩然住，曾向涇陽作嫠婦。維羣三百惰雨工，荷筆相隨紅淚注。一朝破陣錢塘返，貝闕金堂奏弦管。柳郎高義寄書人，璚樹釵聲敲欲短。羊城畫客白描手，愁態仙姿非世有。虚齋懸出對瀟湘，波濤似欲迎龍叟。魚魼山前昔問津，明瑠飄忽陷池濱。誰知朱槿紅蕉裏，猶見風鬟霧鬢人。

清 張澍《養素堂詩集》卷一〇《題蘇武牧羊圖》 十九季來苦牧羊，上林飛雁趣還鄉。故人情重牖弓贈，哭拜茂陵秋草長。

清 朱孝純《海愚詩鈔》卷二《題牧羊圖》 我昔跨驢背，曾入金華山。人稱黄初平，牧羊於其間。今披此圖一掀髯，知君意欲巢神仙。人生百年等駒隙，朱顔那得常如前。此事無乃未可信，瑤臺蓬島俱雲烟。且自醉臥北牕下，何爲牧羝南山邊。君不見金華山色青聯緜，黄公不知何處去，至今白石如羊眠。

（康熙）《通州志卷》卷一二《牧羊臺》 在州城南，傳是蘇子鄉牧羊處。

劉廷諫：『牧羊臺上生蒿草，牧羊臺下成官道。塊土千年却不刊，行人感慨秋風老。胡笳漢月思紛紛，多少興亡空白雲。轉訝天公猶缺事，此間應有李陵墳。』

清 徐宗幹《牧羝》（道光）《武城縣志續編》卷一四 牧童天暮未歸家，繚繞鞭絲夕照斜。莫辨群羊眠隴上，沿村一片木棉花。

清 周凱《種桑十二咏・收霜葉葉經霜而落，收之餵羊，甚肥，兼治目疾》《詩鐸》卷七 葉經霜而落，收之餵羊，甚肥。兼治目疾。枯桑知天風，風多氣已寒。嚴霜昨夜降，林間葉聲乾。爾羊忽來思，晨夕供飽餐。牧童有餘情，坐看丹楓丹。

清 陳章《放羊行爲改堂先生作》《詩鐸》卷二四 雉城南去羣山荒，孳生貛免鹿與麞。獵人獲羊不敢私，繩牽後鞭輸黄堂。黄堂太守非不愛，血染鸞刀家所戒。豈因口腹累先規，笑謝來人餽毋再。此羊偉腯如雄驎，左角屈斷右彎弓。蒼毛緜緜纓胡同。老翁傳説明季時。跳擲嘗見深山中，太守聞之詫至夕。亟修尺書走赤幘，令放幽林邃谷間。我爲汝句應不惜，縣令承言莫敢留。墮牢破檻如縱囚，已分方爲機上肉。忽然復得山中遊，焉知不是初平叱石左慈化。來試仁公肯相赦，歸敏谿陰石洞門。仙人拍手長松下，余嘗暇日讀史書。塵編紀載何事無，采花飢雀有楊寶。臨水放龜聞孔愉，玉環金印報自有。我所太息非區區，要識吳興寬大政，物命猶憐况民命。

清 鄧顯鶴《沅湘耆舊集》卷一〇五《西涼曲》 七月西風撲西涼，清晨韋幙滿飛霜。沙場白草無人割，但見蕃兒早放羊。

清 寶鋆《文靖公詩鈔》卷一《山凹時見群羊戲成絶句》 夕陽明滅寫丹黄，點綴山坳幾白羊。大笑名園隨處有，小兒坡指午橋莊。

又 卷二《風吹草低見牛羊賦》 紫塞秋曉，蒼烟野空。谷量莫極，目斷無窮。乍高低而不定，忽隱見而難同。蕃牧蕃於陰山，四圍茂草，妙吹噓於廣漠，幾許清風。昔斛律金之在敕勒川也，恃牛羊爲儲備，逐水草而恬嬉。以生以聚，載驅載馳。自安沙磧，不設藩籬。據草莽而雄豪，穹廬大饗。嘯風雲而拉雜，畫角横吹。爾乃歷歷平，原緜緜遠道。谷口青連，裊腰翠掃。幾叢亂石平堆，無限夕陽自好。擬扣角而無從，思捋髯而奚討。但見模糊障錦，駝渡黑河，時見漭瀁飛雲，鵰盤白草。無何爽逼山谿，驚沙欲迷。冷然善也，薰且時兮。醒牧人於旟旐，任天籟而東西。吹殘滿地嫣紅，塞花影瘦，吹亞一川遠碧，胡燕聲低。力極扶摇，光分葸蒨。牧犢聞情，乳羝真面。認訛寢於四週，聯池阿而一片。豈是黄昏飯罷，甯戚歌來，忽如白石叱成，初平術見。槲葉颾颾，笛聲自秋。關山北向，隴水西流。十里五里，千頭萬頭。天蒼蒼兮野茫茫，喜維風之偃草，耳濕濕兮角戢戢，羌自羊而徂牛。維金也家習朔漠，功佐晉陽。掃烽烟而後勁，生明月而前光。猶復率其質樸，發爲詞章。可能香草美人，有聲遹駿，直比大風猛士，得意相羊。我國家寸草恩培，仁風德樹。廣開孳息之源，宏啟蕩平之路。便信使兮往，來慰遠人兮景附。小臣仰承巽命，幸持虎節以綏藩，博覽坤輿，更畫龍沙而作賦。

清 揆敘《益戒堂詩集・詩集》卷四《採菱曲有序》 自寧夏以來黄河北岸蒙古部落，無牛羊畜牧之利，夏秋之交，率就河濱采野菱以自給，冬春則乾以爲糒而續食。覩之心惻，因作是詩。

黄河東趨受降城，沙黄千里草不生。逢人憔悴色如土，夫婦寧諳織與耕。問渠何以歲自給，云向溪頭採菱實。從來塞外資牛羊，牛羊幷乏誠可傷。窮荒生計真無那，水果奚堪救饑餓。韓詩水果剥菱芡。爾今且食莫嗟咨，猶勝凶年剥樹皮。恩賜從官，乳酥分霑均。侍從拜賜動歡呼，捧處初疑雪，嘗來始識酥。點茶成沆瀣，汎酒壓醍醐。遠勝投醪惠，人人感奮殊。

又《塞外觀馬牛羊群》 國家幅員廣，絶域俱化疆。大開甌脱區，爲我羣牧埸。牛羊既茁壯，駃騠皆騰驤。按籍不勝稽，直以山谷量。天顔顧而喜，爛若雲錦張。太和在宇宙，物産欣繁昌。

雜録

宋 李光《密齋筆記》卷五《薦羊疏文》 諸處餽羊，既不忍殺，十有三頭，畜養滋久，遂無脱期。今轉變到净財五十貫足，躬就報恩禪寺齋供佛僧，看轉經文，仍設水陸，薦拔群羊超生人天者。先輩重物命如此，余亦效尤，爲之懺悔。

宋 董逌《廣川畫跋》卷三《書牧羊圖》 牧羊圖，本曾魯公于紓以罪没入秘閣。畫羊獸皆异狀，如墳墓間蹲羊伏獸，牧者羽服道士。初未有賞者，以是不入校録。明年少監羅畸，始令工者就裝軸，列畫録中。同舍方會界工圖之。既成，三月有詔取入留禁中。或疑其名，餘曰：此金華牧羊兒也。昔初平牧羊，道士見之，將入石室，四十餘年，其兄索得。問羊何在？曰：山東。兄往視之，但見白石。平乃往言：咄咄羊起于是白石皆起，成羊。衆曰：然，請余書之。

宋 魏了翁《儀禮要義》卷四七《養牛羊曰芻豕犬曰豢豕亦稱牢》 少牢饋食之礼，釋曰：自此盡如初。儀論：卿大夫祭前十日，先筮日之事。云礼將祭祀必先擇牲繫于牢而芻之者。案《周礼·地官·充人職》云：掌繫祭祀之牲，牷祀五帝，則繫于牢，芻之三月，享先王亦如之。注云：牢，閑也。必有閑者，防禽獸觸齧。養牛羊曰芻，三月一時節氣成。案《楚語》諸侯卿大夫等雖不得三月，亦皆有養牲之法。故鄭據焉。言芻之唯據羊，若犬豕則曰豢。故《地官·槁人職》云：掌豢祭祀之犬。《樂記》亦云：豢豕作酒，非以爲禍，不言豕曰豢，文畧也。云羊豕曰少牢者，對三牲具爲大牢，若然豕亦有牢稱。故《詩·公劉》云：執豕扵牢。下經云：上利升牢心舌。注云：牢，羊豕也。是豕亦稱牢也。但非一牲即得牢稱，一牲即不得牢名，故郊特牲與士特牲皆不言牢也。

宋 謝枋得《詩傳注疏》卷中《無羊三則》 首章：模寫牛羊之多，其聚皆可觀矣。

二章：前三句，模寫牛羊上下動息之狀，各得其所，各適其性，此所以蕃多也。後三句，模寫牧人早起，放牛羊，求芻牧之時也。

三章：前三句，模寫日夕羊牛下來之時，牧人之情狀也。中三句，模寫牛羊肥腯之狀也。後二句，模寫羊性馴擾之狀也。

元 陳旅《安雅堂集》卷一三《跋牧羝圖》 右漢典屬國蘇子卿《牧羝圖》也。曷為牧羝？子卿使單于不降，役之北海上，言羝乳乃得歸也。抱子卿而泣者誰？降將李陵也。陵來，從三人馬五者何？單于使陵説子卿而邀之也。子卿所執者何？漢節也。夫人情至于不能堪忍者，烈丈夫或亦卒動其心而變其所守。子卿飢餓困苦，在荒絶無人之地十九年，母死妻嫁兄弟在漢皆以罪死，此人情之至不能堪忍者。而子卿則揆以大義，强忍以全其節。若陵則戰敗力屈而遂降矣，母死卒不復歸漢。虞常、張勝謀刼單于母，更殺衛律，子卿實與其謀。是子卿得罪單于，其情甚于陵，而單于終不忍害之。使陵時特能忍不降，未必見殺，何至羞見子卿，泣下沾襟乎？《傳》曰：必有忍，其乃有濟。有志之士，未嘗不三復于斯言也。雖然，猶懷生死之心以事其上，君子不為也。予直就陵言之，亦念如陵才武而不能强忍以全其節，為可惜也。

明 夏樹芳《詞林海錯》卷六《飲羊》 《文選》：邑居不聞夜吠之犬，牧人不覩晨飲之羊。注：劉寛下車，犬不夜吠。魯之販羊者，當晨朝飲羊使飽，以詐市人，孔子爲司寇，則不敢詐爲飲羊也。

明 張懋修《墨卿談乘》卷三《晨飲之羊》 《家語》：孔子為大司寇。初魯之販羊者沈猶氏，嘗朝飲其羊，以欺市人，及孔子為政，則沈猶氏不敢朝飲其羊。按各家有引此語者，俱無所解。但羊何故朝飲者，即為欺人，豈羊不飲乎。飲不欲朝乎。尚當問之，河北牧者，而後可也。《説苑》曰：沈猶氏嘗朝飲其羊，飽之以欺市人。按：飽之二字，是餙肥也。但飽不當飲，而羊朝入市，又豈宜飢之，不與飲食。令日損瘦乎？

清 李伍漢《鬱雲篇文集》卷七《題蘇武牧羊圖》 右蘓武牧羊圖一卷，不知為何人手筆。男女各八人，其為一卷。有悲、有怒、有恨、有歡、有愉、有勞、有逸、有惰、有倦，各于其神情態度。得之其持杯斝以進者，為李少卿耶。抑于軒王，憫武窮困，而賜之牛羊氊帳服匿耶。余察其眸子殊有精悍鬱勃之氣，定為陳洪綬章侯之筆。但章侯生平作畫卽以畫筆題欵，恣意而書畧無繫。恠此卷無題而草木頗似南方向榮之景，非海上苦寒蕭寂之色，是耶非耶，必有能辨之者。

清 褚人穫《堅瓠集・廣集》卷四《牧羊處昭君墓》 漢時蘇武牧羝處則今陝西鋃畓衛也，山因以蘇武名，廟在鴈門關之外。王昭君嫁匈奴，其墓所則今山西大同也。李陵臺乃本今昌平州。然則古所云絕域，今皆在版圖，爲衣冠往來之衝要，不亦盛乎。

清 吴其貞《書畫記》卷四《周昉蘇武牧羊圖絹畫一卷》 氣色粲然。寫蘇武牧羊，與李陵相見號泣，似乎有聲，侍者亦作墮淚狀。此非昉筆，乃宋人畫也。前程雲南題『蘇武牧羊圖』五篆書，卷後元明兩朝十四人題跋。

又 卷五《李安忠牧羊圖絹畫一幅》 精彩如新。畫羣羊食草于坡上，有一牧童上樹捕八哥，一牧童在樹下張望，意思種種類真。在吳門觀于崑山李公繩手，時癸卯正月望日。

又 卷六《廣歸真牧羊圖紙畫一卷》 紙墨尚佳。畫十羊放於山坡之上，曲盡意態。前段有牧童牽一蝦蟆，戲在古木寒林之下。畫法不工不簡，無修無飾，妙得天然，為之神品，却非歸真，乃北宋人高筆也。此圖觀於寧波沈氏手，時則觀劉氏書畫日。

清 錫珍《吏部銓選則例》卷四《孳生牛羊議叙》 養什牧總管三年期滿，任内畜養牛羊於正額外孳生牛犢至五十條者，准其紀錄一次，多者以次遞加。

清 張澍《養素堂文集》卷三〇《牛羊勿踐履解》 夫公劉仁矣，其時之牛羊亦能仁乎，吾不信也。小序云：仁及草木，言公劉之仁及草木，未嘗言牛羊，之仁及草木也。然則《詩》言：牛羊勿踐履，何耶？蓋其時葭葦叢生，蒼蒼一碧，風晨雨夕，滿目蕭蕭。殆與周原堇荼，有郃瓜瓞，同其矜貴，殊可游觀。爲之界以藩籬，時其察眡，不令牛羊之踐履耳。或曰騶虞，仁獸也。不食生物，不踐生草焉。知牛羊感公劉之化，而無惜葦之心耶。余曰：所謂行葦者，葢在車轍所過之旁，行人必由之徑也。彼牛羊者，降阿飲池。曰：夕來下牧人習聞，國君之令驅之徑去，不令踐之履之，詩人則以為牛羊勿踐履矣。漢文帝春時巡幸，解其驂騑，不令傷及草木，亦猶是意也哉。

清 褚人穫《堅瓠集》卷四《牧羊處昭君墓》 漢時蘇武牧羝處則今陝西鋃畓衛也，山因以蘇武名，廟在鴈門關之外。王昭君嫁匈奴，其墓所則今山西大同也。李陵臺乃本今昌平州。然則古所云絕域，今皆在版圖，爲衣冠往來之衝要，不亦盛乎？

羊欄 羊棧 羊圈 羊棲

題解

宋 朱輔《溪蠻叢笑・羊棲》 犵狫以鬼禁所居，不著地。雖酋長之富，屋宇之多，亦皆去地數尺，以巨木排比，如省民羊柵，葉覆屋者，名曰羊棲。

綜述

北魏 賈思勰《齊民要術》卷六《養羊》 圈不厭近，必須與人居相連，開窗向圈。所以然者，羊性怯弱，不能禦物，狼一入圈，或能絕羣。架北牆為廠。為屋即傷熱，熱則生疥癬，且屋處慣煖，冬月入田，尤不耐寒。圈中：作臺、開竇、無令停水。二日一除，勿使糞穢。穢則汚毛，停水則『挾蹄』。眠濕則腹脹也。圈內：須並牆豎柴柵，令周匝。羊不揩土，毛常自淨。不豎柴者，羊揩牆壁，土鹹相得，毛皆成氊，又豎柵頭出牆者，虎狼不敢踰也。

元 佚名《居家必用事類全集・丁集・牧養擇日法》 【作羊棧吉日】戊寅、己卯、辛巳、甲申、庚寅、甲午、乙未、庚子、甲辰，棧下深埋銀少許，旺相大吉。

【安羊棧門法】【商音】宜於庚、辛、壬、癸地安，吉；開甲、壬門，大旺。【角音】宜於丁、壬、丑、未地安，吉；開己、丙門，大旺。【徵音】宜於丙、丁、子、癸地安，吉；開丁、壬門，大旺。【宮羽音】宜於未、申地安，吉；開庚、辛門，大旺。只宜作子、午，向水流乾、巽，吉。用丑、未日兼寅、戌山高。

明 呂毖《明朝小史》卷一四《羊房》 永樂時尚膳監有羊房，景泰移之西琉璃廠，牧地十三頃，司牲官吏、軍士歲費數千金。至帝時，始以羊入光禄，而裁其冗員。

明 吴國仕《造命宗鏡集》卷一一《造羊欄訣》 羊之爲物，易旺易衰。

凡造羊棧，取太歲九宮生旺方位，併本命位未方吉。羊屬商音，宜長生併臨官方，大吉。又取年紫炁臨之爲妙。

明 佚名《便民圖纂》卷一〇《作羊棧》 丁卯、戊寅、己卯、辛巳、甲申、庚寅、壬辰、甲午、庚子、壬子、癸丑、甲寅、庚申、辛酉。

明 午榮《魯班經》卷二《五音造羊棧格式》 按《啚經》云：『羊本姓朱，人家養羊作棧者，用選好素菜菓子，如椑樹之類爲好，四柱乃像四時，四季生花綠子長青之木爲美，最忌切不可使枯木。柱子用八條，乃按八節。柱子用二十四根，乃按二十四炁。前高四尺一寸，下三尺六寸，中間作羊枅並用，就地三尺四寸高，主生羊子綿綿不絶，長遠成羣，吉。不可信，實爲大驗也。紫氣上宜安四主，三尺五寸高，深六尺六寸，闊四尺零二寸，柱子方圓三寸三分，大長枋二十六四根，短枋共四根，中直下牕齒，每孔分一寸八分，空齒仔二寸二分，大門開向西方，吉。底上止用小竹串進，要疎些，不用密。

又《逐月作羊棧吉日》 正月：丁卯、戊寅、己卯、甲寅、丙寅。二月：戊寅、庚寅。三月：丁卯、己卯、甲申、己巳。四月：庚子、癸丑、庚午、丙子、丙午。五月：壬辰、癸丑、乙丑、丙辰。六月：甲申、壬辰、庚申、辛酉、辛亥。七月：庚子、壬子、甲午、庚申、戊申。八月：壬辰、壬子、癸丑、甲戌、丙辰。九月：癸丑、辛酉、丙戌。十月：庚子、壬子、甲午、庚子。十一月：戊庚、庚寅、壬辰、甲寅、丙辰。十二月：戊寅、癸丑、甲寅、甲子、乙丑。

右日不犯天瘟、天賊、九空、受死、飛廉、血忌、刀砧、小耗、大耗、九土鬼、正四廢、凶敗。

明 劉基《多能鄙事》卷七《養羊法》 羊，性惡濕，喜高燥，作棧宜高，常除汚穢，已時放，未時收，食露水則生瘡，宜避之。【略】作羊棧要未申，上仰覆微傾，如卧蚕，便爲傷敗，水流乾，申吉戌高被犬壞，午未缺陷，卤酉風吹多牸，未申風吹及寅高皆凶。坐子向午多生牸子，水流巽，吉；坐午向子多生羖子，水流乾，吉。棧羊向九月初買半膁羯羊，初来與細乾草切，少着糟水拌，經六七日漸加，磨破黒豆，以稠糠水拌，每飼宜少，勿多食，畢又與不食，且止勿與水飲，飲水則退膁，一日五六次，上草勿傷，飽及不可與青草。

又 卷九《作羊棧吉日》 戊寅、辛巳、甲申、庚寅、己卯、甲午、乙未、庚子、甲辰。

明 宋詡《竹嶼山房雜部》卷一二《羊》 羊棧宜高，宜乾，久在泥中，則生藺蹄，亦作癩癩，易害羣。

《宋會要輯稿·職官二一之一一》 〔天禧四年六月〕牛羊司，三棧圈自今只差三班使臣，不令内侍省差人勾當。

清 楊鞏《中外農學合編》卷一二《羊》 圈不猒近，必須與人居相連，開窻向圈。所以然者，羊性怯弱，不能禦物，狼一入圈，或能絶羣。架北牆為廠。爲屋即傷熱，熱則生疥癬，且屋處慣煖，冬月入田，尤不耐寒。圈中：作臺、開竇、無令停水。二日一除，勿使糞穢。穢則汚毛，停水則『挾蹄』。眠濕則腹脹也。圈内：須並牆竪柴柵，令周匝。羊不揩土，毛常自淨。不竪柴者，羊揩牆壁，土鹹相得，毛皆成氊，又竪柵頭出牆者，虎狼不敢踰也。

清 張照《協紀辨方書》卷三五《事類總集》 凡新立宅舍，尚未歸火入宅，即於宅内新造牛欄、馬枋、羊棧、猪牢等屋，並不問年月方道，如在百二十步之外，須看年月方道無凶煞占方，宜起手修作。

清 張宗法《三農紀》卷八《羊》 南方有草魚塘，宜修羊棧，于塘拜上，每晨以羊矢掃塘中，以飼魚草，魚之糞以飼鰱，此一舉而羊魚之。

又 卷九《羊棧》 陸畜之利廣者莫過于羊，致富五牸之首重者也。畜得其法則蕃息萬壯，收利無窮。業者必先造棧以衛之。若無棧，日有牧而夜無收，受風霜雨露之害，則百災生之，難計其盛，而利踈矣，安敢不爲棧乎。既以爲棧，必擇方位，既得方位，則必選日以迎良辰。作棧，先採生子青茂木爲材，宜高造離地，免受濕浥。棧卜宜潔净，不受穢氣，門宜開向艸場，生息綿綿。宜忌：造棧宜天歲月德，德合母倉定成日。忌未日，煞破，厭空，及執破，閉曰。買羊宜成收日。鐵羊宜伏斷日。羊胎，三五六八月占。放水宜貪巨武輔，青。

【典故】《列子》：楊朱初見梁王，言治天下如運之掌上。王曰：『先生一妻不能治，三畝不能芸，言治天下者何也？』曰：『君見本牧羊者乎！百羊而羣，使五天之童子，荷箠而配，欲東而東，欲西而西，使堯牽一羊，舜荷箠而隋之，亦不能前之矣。』《史記》：下式牧百羊，十餘蕢至于餘。上曰：『吾有羊在上林，令子牧之，拜爲郎。』式布衣蹻而牧羊，歲餘，羊悉肥。上過，見其羊，善之。式曰：『非獨羊也，治民亦如是，以時起居，惡者拆去。』《漢書》：衛青少時，其父使牧羊，兄弟皆奴畜之。嘗有鉗徒見之曰：『此子必封侯。』青曰：『吾爲奴僕，願無笞辱足矣。安有他望乎！』

山羊 羖羊 羱羊 埜羊

題解

晉 郭璞《爾雅疏》卷一〇 羱如羊羱羊似吴羊而大角，角橢，出西方。〇羱音元【疏】羱如羊〇釋曰：《字林》云：野羊，大角者也。郭云：羱羊似吴羊而大角，角橢，出西方。橢，謂狹而長也。

宋 高似孫《剡録》卷一〇 羱，出《山居賦》。《爾雅》注曰：『羱羊似吴羊而大，其角橢，出西方。』《義訓》曰：『羱羊養草以盤旋。』注曰：『暑天塵露在其角上，取生草戴之而行，愛之獨寢。』又《廣志》曰：『羱羊角，重於肉。』《代都賦》曰：『大角謂之羱。』

明 李時珍《本草綱目》卷五一《山羊》 釋名 野羊《圖經》羱羊時珍曰：『羊之在原野者故名。』

論説

宋 陸佃《埤雅》卷五《羱羊》 羱羊似吴羊而大角，角橢，善鬬至死，《釋獸》所謂『驨如馬，羱如羊』者即此是也。羱羊之在原，不可牢畜者也。一云狀若騾而羣行。暑天塵露在其角上生草，戴行，愛之獨寢，《代都賦》所謂『羱羊養草以盤旋』是也。《廣志》曰：『羦羊角，重於肉。』舊云羱、羠並以時墮角，其羱角尤大。

宋 羅願《爾雅翼》卷二二《羱》 羱者，西方野羊。似吴羊而大角，故曰羱如羊也。狀若驢而羣行，其角甚大，受斗餘。夏天塵露，在其角上生草載行，愛玩之獨寢，餘者不敢近也。《代都賦》云：『羱羊養草以盤旋。』切詳萬物之生，皆依於物，故魚依水，草依土。鸛巢有水，則能畜魚；羱角有土，則能養草，皆生非其類。此羱乃與麢羊不同，故《釋獸》『羱，如羊』『麢，大羊』。陶隱居稱羚羊多兩角，一角者為勝，角甚多節，蹙蹙圓繞。別有山羊，角極長。惟一邊有節，節亦疏大。《爾雅》名羱羊，而羌夷云，只此名羚羊。唐本乃云，羚羊如牛大，其角堪為鞍轎，一名羱羊，俗名山羊，或名野羊，善鬬至死。而陳藏器稱山羊、山驢、羚羊三種相似，則唐本之説似非矣。顔監解《上林賦》云：『埜羊，今所謂山羊也。』

清 陳大章《詩傳名物集覽》卷四《俾出童羖》 《朱傳》：『童羖，無角之羖，羊必無之物也。』《毛傳》：『羖羊，不童也。』鄭箋：『羖羊之性，牝牡無角。』《爾雅》：『夏羊，牡羭，牝羖。』注：夏羊，黑羖攊也。今人便以牂羖爲白黑羊。名羅氏云：『羖本夏羊，牝者之名。吴羊白，夏羊黑，羖羊角主明目，安心益氣，輕身。』而《詩》云：『俾出童羖。』脅以必無之物，猶言而無實不爲用也。羖在今世，但爲黑羊之名，不取牝義，而音又通于牯。故《本草》稱『牯羊』，牯乃牡之名。李氏《本草》：『生秦晉者爲夏羊，頭小、身大、毛長，土人翦其毛爲氈，謂之綿羊。』《爾雅》：『夏羊，牝羖。』《説文》：『夏羊，牡曰羖。』疑譌舊注沿正韻以羖爲牡誤。《詩》曰：『俾出童羖。』所以恐之也。

清 朱彝尊《曝書亭集》卷五八《五羖辨》 《孟子》：『百里奚自鬻于秦養牲者五羊之皮，食牛。』趙岐注：『人言百里奚自賣，五羖羊皮，爲人養牛，自賣句截。五羖羊皮，爲人養牛，蓋言衣此食牛也。』朱子《集注》云：『人言其自賣于秦養牲者之家，得五羊之皮，而爲之食牛。殆言因自鬻得五羊之皮。解者遂疑鬻身止得五羊皮，非已。《扊扅歌》云：『百里奚，初娶我時五羊皮。』又曰：『西入秦，五羖皮。』然則奚蓋服五羊之皮入秦者，紉五羊爲裘，毛之最豐，而賤者所服也。』曩客代州，言之李孔德，孔德不以爲然。偶讀范處義《詩補傳》釋羔羊之詩云：『素絲必以五，言蓋合五羊之皮爲一裘，循其合處，以素絲爲英飾也。百里奚衣五羊之皮，爲秦養牲，蓋仿古制。古之羔裘，其製甚精。養牲者被五羊之皮，蓋賤者之服。而《召南》在位之君子亦服之，非節儉而何？其説竟與予合。按《史記》：百里奚亡秦走宛，楚鄙人執之，繆公聞百里奚賢，欲重贖之，恐楚人不與，乃使人謂楚曰：『吾媵臣百里奚在焉，請以五羖羊皮贖之楚。』楚遂許與之。蓋百里奚在秦，五羖其素所被服。繆公慮楚不信，故以奚所衣之服與之。不然，則五羖微物，楚人豈貪之乎！太原閻百詩好駁正注疏之失，作《孟子劄記》，書此質焉，并以寄孔德。

綜述

宋　唐慎微《證類本草》卷一七　羖羊角：味鹹苦温，微寒，無毒。主青盲，明目，殺疥蟲，止寒洩，辟惡鬼、虎狼，止驚悸，療百節中結氣，風頭痛及蠱毒吐血，婦人産後餘痛。燒之殺鬼魅，辟虎狼。久服安心益氣輕身。生河西川谷。取無時，勿使中濕，濕即有毒。菟絲為之使。唐本注云：『此羊角，以青羝為佳，餘不入藥用也。』臣禹錫等謹按《藥性論》云：『羖羊角，使。治産後惡血煩悶，燒灰酒服之。又主輕身，治小兒驚癇。』又曰：『青羊角，亦大寒。』日華子云：『牯羊角，退熱，治山瘴，溪毒，燒之去蛇。』

羊髓：味甘，温，無毒。主男女傷中，陰氣不足，利血脉，益經氣。以酒服之。青羊膽：主青盲，明目。唐本注云：『羊膽，療疳濕，時行熱熛瘡，和醋服之良。』臣禹錫等謹按目瞖通用藥云：『青羊膽，平。』《藥性論》云：『青羊肝，服之明目。膽點眼中，主赤障，白膜，風淚，主解蠱毒。』

羊肺：補肺，主欬嗽。唐本注云：『羊肺療渴，止小便數。并小豆葉煑食之，良。』

羊心：止憂恚，膈氣。臣禹錫等謹按日華子云：『心有孔者殺人。』

羊腎：補腎氣，益精髓。唐本注云：『羊腎合脂為羹，療勞痢甚效。蒜薤食之一升，療癥瘕。』臣禹錫等謹按日華子云：『腎，補虚，耳聾，陰弱，壯陽，益胃，止小便，治虚損盗汗。』羊齒：主小兒羊癇寒熱，三月三日取。羊肉：味甘，大熱，無毒。主緩中，字乳餘疾，及頭腦大風汗出，虚勞寒令，補中益氣，安心止驚。唐本注云：『羊肉，熱病差後食之，發熱殺人。』臣禹錫等謹按孟詵云：『羊肉，温。主風眩，瘦病，小兒驚癇，丈夫五勞七傷，藏氣虚寒。河西羊最佳，河東羊亦好。縱驅至南方，筋力自勞損，安能補益人。肚，主補胃，小便數，以肥肚作羹，食三、五度差。』又云：『羊肉，患天行及瘧人食，令發熱困重致死。』日華子云：『羊肉治腦風并大風，開胃，肥健。頭，凉。治骨蒸，腦熱頭眩，明目，小兒驚癇。脂，治遊風并黑䵟。』

羊骨：熱。主虚勞，寒中，羸瘦。羊屎：燔之，主小兒洩痢，腸鳴，驚癇。陶隱居云：『羖羊角，方藥不甚用，其餘皆入湯煎。羊有三、四種：最以青色者為勝；次則烏羊；其羪羺羊及虜中無角羊，正可噉食之。為藥不及都下者。其乳、髓則肥好也。羊肝，不可合猪肉及梅子、小豆食之，傷人心、大病人。』唐本注云：『羊屎，煑湯下灌，療大人、小兒腹中諸疾，疳濕，大小便不通。燒之熏鼻，主中惡，心腹刺痛，熏瘡，療諸瘡，中毒，痔瘻等。骨蒸弥良。羊肝，性冷。療肝風虚熱，目赤闇無所見，生食子肝七枚，神效。羊頭，療風眩，瘦疾，小兒驚癇。骨療同。羊血，主女人中風，血虚悶，産後血暈悶欲絶者，生飲一升，即活。』今按陳藏器《本草》云：『羊乳，補虚，與小兒含之，主口瘡，不堪充藥，為其膻故。羊五藏，補人五藏。肝，主明目，薄切，日乾為末，和決明子，蓼子並炒香，擣篩為丸。每日服之，去盲暗。皮作臛，食之去風。屎燒灰沐髮長黑，和鴈肪塗頭生髮。』臣禹錫等謹按孟詵云：『羊毛，醋煑裹脚，治愽筋。角灰，主鬼氣，下血。』日華子云：『牯羊糞燒灰，理聤耳并署刺。』

《圖經》曰：『羖羊角，出河西川谷，今河東、陝西及近都州郡皆有之。此謂青羝羊也。餘羊則不堪，取無時。勿使中濕，濕則有毒。羊齒、骨及五藏皆温、平而主疾，唯肉性大熱，時疾初愈，百日内不可食，食之當復發及令人骨蒸也。羊屎，方書多用。近人取以内鯽魚腹中，瓦缶固濟燒灰，以塗髭髮，令易生而黑，甚效。乳，療蜘蛛咬，偏身生絲者，生飲之即愈。劉禹錫《傳信方》載其效云：「貞元十一年，余至奚吏部宅坐客，有崔員外因話及此。崔云：「目擊有人為蜘蛛咬，腹大如有姙，偏身生絲，其家弃之，乞食於道，有僧教喫羊乳，未幾而疾平。」」胃，主虚羸，張文仲有主久病瘦羸，不生肌肉，水氣在脇下，不能飲食，四肢煩熱者。羊胃湯方：羊胃一枚，朮一升，並切，以水二斗，煑取九升，一服一升，日三，三日盡，更作兩劑，乃差。肉多入湯劑。胡洽羊肉湯，療寒勞不足，産後及身腹中有激痛方：當歸四兩，生薑五兩，羊肉一斤，三味以水一斗二升，煑肉取七升，去肉，内諸藥煑取三升。一服七合，日三夜一。又有大羊肉湯，療婦人産後大虚，心腹絞痛，厥逆，氣息之少，皆今醫家通用者。又有青羊脂丸。主疰病相易者，皆大方也。羊之種類亦多，而羖羊亦有褐色、黑白色者。毛長尺餘，亦謂之羖攊羊，北人引大羊以此羊為群首。又孟詵云：「河西羊最佳，河東羊亦好，縱有驅至南方，筋力自勞損，安能補人？」然今南方亦有數種羊，惟淮南州郡或有佳者，可亞大羊。江、浙羊都少味而發疾。閩、廣山中，出一種野羊，彼人謂之羚羊，其皮厚硬，不堪多食，肉頗肥軟益人，兼主冷勞，山嵐瘧痢，婦人赤白下。然此羊多噉石香薷故腸藏頗熱，亦不宜多食也。謹按《本經》云：「羊肉，甘。」而《素問》云：「羊肉，苦。」兩説不同。蓋《本經》以滋味言，而《素問》以物性解。羊性既熱，熱則歸火，故配於苦。麥與杏、薤性亦熱，並同配於苦也。又下條有白馬陰莖、眼、蹄、白馬懸蹄、赤馬蹄、齒、鬐頭膏、鬐毛、心、肺、肉脯、頭骨、屎、溺及牡狗陰莖、膽、心、腦、齒、四蹄、白狗血、肉、屎中骨，《本經》並有主治。惟白馬莖、眼、懸蹄用出雲中平澤者，餘無所出州土。今醫方多用馬通，即馬屎也，及狗膽，其餘亦稀使，故但附見於此下。』

食療。角，主驚邪，明目，辟鬼，安心益氣。燒角作灰，治鬼氣并漏下惡血。羊肉，妊娠人勿多食。頭肉，平。主緩中，汗出虚勞，安心止驚。宿有冷病人勿多食。主熱風眩，疫疾，小兒癇，又方治木刺入肉中不出、痛。取乾羊屎燒灰，和猪脂調塗，不覺自出。

又方治卒驚悸，九竅血皆溢出。取新屠羊血，熱飲二升，差。

肘後方治白禿。以羊肉如作脯法，炙令香，及熱以搨上，不過三、四日差。

又方治眼暗，熱病後失明。以羊膽傳之，旦、暮時各一傳之。

又方治誤吞釘并箭、金、針、錢等物，多食肥羊肉。肥脂諸般肥肉等，自裹之，必得出。《外臺秘要》同。

又方療面目，身辛得赤班，或痒或瘭子腫起，不即治之，日甚煞人。羖羊角燒為灰，研令極細，以雞子清和塗之，甚妙。

又方療面多皯䵴如雀卵色。以羖羊膽一枚，酒二升，合煑三沸以塗拭之，日三度，差。

經驗後方治五勞七傷，陽氣衰弱，腰脚無力。羊腎、蓯蓉羹法：羊腎一對，去脂膜細切，肉蓯蓉一兩，酒浸一宿，刮去皺皮，細切，相和作羹，葱白、塩、五味等如常法事治，空腹食之。

梅師方治産後餘血攻心，或下血不止，心悶面青，身冷氣欲絶。新羊血一盞飲之，三、兩服妙。

又方目暗，黄昏不見物者。以青羊肝，切，淡醋食之，煑亦佳。

孫真人食忌羊蹄筋膜中珠子，食之令人癲。羊一角者害人。

食醫心鏡主風眩羸瘦，小兒驚癇，丈夫五勞，手足無力。羊頭一枚，燖洗如法，蒸令熟，切，以五味調和，食之。又，主腎勞損精竭。炮羊腎一雙，去脂細切，於豉汁中，以五味、米糅如常法，作羹食，作粥亦得。又，治産後大虚，羸瘦無力，腹肝痛，冷氣不調。又，腦中風，汁自出。白羊肉一斤切，如常法調和，腌醋食之。又，治風胎瘦病，五勞七傷，虚驚悸。白羊頭一枚，等如食法，煑令及熟，切於豉汁中，五味調和食之。又，治脾胃氣冷，食入口即吐出。羊肉半斤，去脂膜，切作生，以蒜虀、五辣、醬、醋，空腹食。又，主下焦虚冷，小便數，瘦兼無力。羊肺一具細切，内少半肉，作羹食之，煑粥亦得。又主下焦虚冷，脚膝無力，陽事不行，補益。羊腎一箇熟煑，和半大兩鍊成乳粉，空腹食之，甚有效。又，益腎氣，强陽道。白羊肉半斤，去脂膜，切作生，以蒜虀食之，三日一度，甚妙。又，主腎藏虚冷，腰有轉動不得。羊存骨一具，嫩者搥碎爛，煑，和蒜虀，空腹食之。兼飲酒少許，妙。又，理目勢赤痛，如隔紗㲉，看物不分明，宜補肝氣，益睛。青羊肝一具，細起薄切，以水洗漉出瀝乾，以五味、醬、醋食之。又，理風眩瘦疾及小兒驚癇，兼丈夫五勞七傷。羊頭一枚，治如食法，煑令熟作鱠，以五辣、醬、醋食之。

兵部手集療無故嘔逆酸水不止，或吐三、五口。食後如此方：羊屎十顆，好酒兩合，煎取一合，頓服，即愈。如未定，更服看大小加減服之，六、七歲即五顆。

子母秘録療産後寒熱，心悶極脹百病。羖羊角燒末，酒服方寸匕，未差再服。

姚和衆治小孩食土方：候市人合時，買市中羊肉一斤，以繩繫之，令人着地拽至家，以水洗，兼補胃虚損及丈夫五勞骨熱。熱病後宜食羊頭肉。肚，主補胃病虚損，小便數，止虚汗。肝，性冷。治肝風虚熱，目赤暗痛。熱病後失明者，以青羊肝或子肝薄切，水浸傅之，極効。生子肝吞之尤妙。主目失明，取羖羊肝一斤，去脂膜薄切以未著水新瓦盆一口，揩令浄，鋪肝於盆中，置於炭火上煿，令脂汁盡。候極乾，取決明子半升，蓼子一合，炒令香為末，和肝杵之為末。以白蜜漿下方寸匕，食後服之，日三，加至三匕止，不過二劑，目極明。一年服之妙，夜見文字并諸物。其羖羊，即骨歷羊是也。常患眼痛澁，不能視物，及看日光并燈火光不得者，取熟羊頭眼睛中白珠子二枚，於細石上和棗汁研之，取如小麻子大，安眼睛上，仰卧。日二夜二，不過三、四度差。羊心，補心肺，從三月至五月，其中有蟲如馬尾長，長二、三寸已来，須割去之，不去令人痢。又，取皮去毛煑羹，補虚勞。煑作臛食之，去一切風，治脚中虚風。羊骨，熱。主治虚勞，患宿熱人勿食。髓，酒服之，補血。主女人風血虚悶。頭中髓，發風。若和酒服，則迷人心，便成中風也。羊屎，黑人毛髪。主箭鏃不出。糞和鴈膏傳毛髪落，三宿生。白羊黑頭者，勿食之。令人患腸癰。一角羊不可食。六月勿食羊，傷神。謹按：南方羊都不與塩食之，多在山中喫野草，或食毒草。若北羊，一、二年間亦不可食，食必病生爾。為其来南地食毒草故也。若南地人食之，即不憂也。今將北羊於南地養三年之後，猶亦不中食，何況於南羊能堪食乎？盖土地各然也。

聖惠方：治風，心煩恍惚，腹中痛，或時悶絶而復甦。用羖羊角屑微炒，擣羅為散。不計時候，温酒調下一錢匕。

又方：治硫黄忽發氣悶。用羊血服合效。

《外臺秘要》：崔氏療傷寒，手足疼欲脱。取羊屎煑汁以灌之，差止。亦療時疾，陰囊及莖熱腫。亦可煑黄蘗等洗之，並除傷寒之疾。

又方治小兒瘖。羊膽二箇，和漿水灌下部。猪膽亦得。

又方救急治天行後，嘔逆不下食，食入即出。取羊肝如食法，作生淡食，不過三度，即止。

又方療氣癭方：羊靨一具，去脂，含汁盡去之，日一具，七日含，便差止。

千金方療尿床方：羊肚盛水令滿，繫兩頭熟煑開，取水頓服之。即差。

又方治目赤及瞖。羊眼睛暴乾為末，傳兩目。

又方療目眦眦。青羊肝，内銅器内煑，以麪餅覆面上，上鑽兩孔如人眼，止以目向上，熏之，不過兩度。

又方治小兒口中涎出，取白羊屎内口中。

又方治髪不生，以羊屎灰淋取汁，洗之三日，一洗不過十度即生。

又方治被打頭青腫，帖新羊肉於腫上。

又方辟蛇法：蛇到，燒羖羊角令有煙出，蛇即去矣。

炒炙依料，與兒喫，如未喫食，即煑汁餵。【略】

丹房鏡源羊脂柔銀軟銅，羖羊角縮賀。賀，錫也。

《衍義》曰：『羖羊角，出陝西、河東，謂之羖䍽羊，尤很健，毛最長而厚，此羊可入藥。如要食，不如無角白大羊。《本草》不言者，亦有所遺尔。又同、華之間，有卧沙細肋，其羊有角似羖羊，但低小供饌，在諸羊之上。張仲景治寒疝，用生薑羊肉湯，服之無不驗。又一婦人產當寒月，寒氣入產門，臍下脹滿，手不敢犯，此寒疝也。醫將治之以抵當湯，謂其有瘀血。嘗教之曰，非其治也；可服張仲景羊肉湯，少減水，二服遂愈。』

《太平御覽》卷九一三《羷羊》 土移者切，張揖注：《上林賦》曰：『羷羊，麢羊也，似羊而青。』

（嘉定）《剡録》卷一〇《羱》 出《山居賦》。《爾雅》注曰：『羱羊似吳羊而大，其角橢，出西方。』《義訓》曰：『羱羊養草以盤旋。』注曰：『暑天塵露在其角上，取生草戴之而行，愛之獨寢。』又《廣志》曰：『羱羊角，重於肉。』《代都賦》曰：『大角謂之羱。』

明 李時珍《本草綱目》卷五一《山羊》 集解弘景曰：『山羊即《爾雅》羱羊，出西夏，似吳羊而大角。角墮者，能陟峻坂，羌夷以為羚，羊角極長，惟一邊有節，節亦踈大，不入藥用。』恭曰：『山羊大如牛，或名野羊，善鬬至死，角甚為鞍橋。』頌曰：『閩、廣山中一種野羊，彼人謂之羚羊。其皮厚硬，不堪炙食，其肉頗肥。』吳瑞曰：『山羊似羚羊，色青。其角有掛痕者為羚羊，無者為山羊。』時珍曰：『山羊有二種，一種大角盤環，肉至百觔者；一種角細者，《說文》謂之莧羊（音桓）。』陸氏云：『羱羊狀如驢而羣行，其角甚大，以時墮角，暑天塵露在上，生草戴行。故《代都賦》云：「羱羊養草以盤桓」。』

肉，氣味：甘，熱，無毒。頌曰：『南方野羊，多噉石香薷，故腸藏頗熱，不宜多食之。』主治：男人食之，肥軟益人，治冷勞山嵐瘧痢，婦人赤白帶下。蘇頌 療筋骨急强、虛勞，益氣，利產婦，不利時疾人。吳瑞

明 盧和《食物本草》卷下 山羊爾雅謂之羱羊有觔力甚能陟險峻生深山谷穴中皮可製靴履味甘於家羊用亦如之又野外黃羊同

明 羅日褧《咸賓録》卷五 羱羊重者數百斤，其角甚大。

明 徐㶿《筆精》卷一《莧陸》 《顏氏玩詞》曰：『莧音丸，山羊也。陸，其所行之路也，猶「鴻漸于陸」之「陸」。兑為羊，在上卦有山羊之象。』㶿按《說文》：『莧，山羊細角也。從兎足，莧聲，讀若丸。「莧」字從此。』徐鍇按：『《本草注》：莧羊似鹿，羊角，有文，俗作羱。』

明 魏濬《西事珥》卷六《山羊》 山羊出平樂深山中，其血能治撲跌傷損及諸血症。以一分許調酒飲之，神效。土人云：『見人則決驟而去，跳躍飈迅，非足力所及。須密布繩草間罥其足，始能生得。刺取其血，乾而藏之，亦甚貴，不易得也。』

清 王士禎《香祖筆記》卷四 羱，蜕角者，羱，野羊也。大者重千斤，方蜕時，自投紀厓冀震撼以自解，而羱亦自決死矣。

清 方旭《蟲薈》卷二《羱羊》 《廣輿記》：陝西、甘肅、韃靼產羱羊。旭按：此卽俗所謂山羊也。或說大者如驢，毛灰白色，其角長而灣，上面有節文，人取以爲鞍橋。牝者曰『羠羊』，角畧小，並以時墮角。

《塞北小鈔》：『塞外產盤羊，鹿身細尾，兩角盤背，上有蹙文。依《爾雅》、《本草》諸說考之，蓋卽羱羊也。』

《槐西雜誌》：『羱羊肉與常羊無異。』

《粤西偶記》：『取雞血半杯，投山羊血米，許過宿，卽化爲水，否則僞充。』

《正字通》：『羱羊角若沾土，暑天露浥之，則生草其上，甚自愛護。』

又《野羊》 《西域記》：『回地有野羊，大如驢，青白色，毛長被體，其面似人形，頦下有鬚，長六七寸，亦類人之落腮鬍。回人謂其神靈，不敢殺也。』旭按：《西域記》又言：『巴喇哈有獨角野羊。』又尤侗《竹枝詞》載：『小葛蘭有羊，青色，腳高二尺許。』

又《野青羊》 罽賓國有野青羊，尾翠色，土人食之。

清 陸次雲《峒溪纖志》卷下《山羊》 山羊，蹄角如玉，能行數百里，自山巔跳下山麓，筋骨無損，故顛撲損傷、稍有氣者，飲其血，三釐卽愈。

清 汪森《粤西叢載》卷二二《山羊》 山羊，出平樂深山中，其血可治撲跌傷損及諸血症。以一分許調酒飲之，神效。土人云：『見人則決驟而去，跳躍飈迅，非足力所及，須密布繩草間，罥其足始能生得。刺取其血，乾而藏之。亦甚貴，不易得也。』

清 趙翼《簷曝雜記》卷三《山羊石羊》 山羊之血治刀斧傷最靈，是物生山箐中，嘗食三七故也。粤人餽遺多有贋者。余在鎮安，土官有饋生者，似羊而大如驢，生取其血，較可信。又一種石羊身較小，其膽在蹄中，凡山巖陡絕處能直奔而上力乏則曲蹄於口佸之，力輒完復奔而上。故其膽

可止喘。

藝文

元 胡祗遹《紫山大全集》卷七《跋唐段思審畫拓跋他悉羅等射羱羊圖》 畫尾題云：景龍二年秋七月，奉詔寫蕃人拓跋他悉羅等《射羱羊圖》。朝散大夫、行工部尚書兼楚州長史、宮苑勾供奉段思審寫。

百戰神功定八區，太宗洪業付微軀，羱羊一箭何多羨？自有蕃王職貢圖。

元 耶律楚材《湛然居士集》卷一四《去歲秋獮余謁龍岡因弹秋水龍岡出山羊一雙爲贈渠笑曰己過價矣余愛容多設鹿尾漿今年上獵于秋山龍岡託以鹿尾可入藥得數十枚悉以遺余因録近和人詩數篇以報仍作詩二絶爲引聊發一笑耳》 秋水清聲忽變商，龍岡曾遺二山羊。今年祗奉詩三首，為報先生鹿尾漿。

去歲山羊酬過價，今年鹿尾不直錢。龍岡藥物都竭底，只得髯翁詩数篇。

明 王伯稠《王世周先生詩集》卷一一《山羊》 何物山羊好，班然見此身。奇安疑小鹿，野性似鷺鵵。嚙草寧随伴，穿林遠避人。吾生偏愧汝，雲壑縱難馴。

清 林直《壯懷堂詩·二集》卷一《宿處州山中村民獻小虎二山羊一時溪漲橫流貣糧未至藉餉軍士作詩勵之》 栝州山勢蹲虎形，巖石倒落聞虎腥。虎出食人遺小虎，村氓持與山羊伍。草繩縛置來軍前，共道願獻不取錢。爪牙去盡勢猶猛，顧盼臨風意思逞。小虎吼，山羊驚，起觸破壁何翻騰？山羊呼，小虎怒，近嗅人衣欲奔赴。一羊二虎非同羣，蓄之轉使軍心紛。況當三日怨枵腹，殺虎烹羊一飽足。君不見南山羣盗方狓猖，裹脅百姓如驅羊。明朝擣穴得其子，獻俘營門還舉觴。

羚羊 麢羊 麙羊

題解

明 李時珍《本草綱目》卷五一《麢羊》 釋名 羚羊俗麙羊音鈴九尾羊［時珍曰］按王安石《字説》云：鹿則比類，而環角外向以自防，麢則獨棲，懸角木上以遠害，可謂靈也。故字從鹿，從靈省文。後人作羚。許慎《説文》云：麙，山羊也。大而細角。《山海經》作羬，云：狀如羊而馬尾。費信《星槎勝覽》云：阿丹國羚羊，自胸中至尾，垂九塊，名九尾羊。

清 厲荃《事物異名録》卷三七《麙羊》 《本草綱目》：羚羊，一名麙羊羚，本從麢，後人作羚。

論説

宋 陸佃《埤雅》卷五《羚羊》 《釋獸》云：『麢，大羊；麠，大麃；麔，大麢。』羚羊似羊而大角，有圓繞蹙文，夜則懸角木上以防患。語曰：『麢羊掛角。』此之謂也。今以其角為馬排沫，特善。《字說》云：『鹿比其類，環其角外嚮以自防；麢獨棲其角木上，是所謂「霝」。夫其如此，亦以遠害。其「霝」也，亦所以為「靈」也。』

明 張懋修《墨卿談乘》卷一二《羚羊壞剛貘糞切玉》 羚羊角曲而有節，挂樹而棲，金剛狀如紫石英，出西域，百煉不銷，切玉如泥；置之山頂，陷入至底，見金方止，其剛鋭如此，惟羚羊角扣之即壞也。

綜述

宋 唐慎微《證類本草》卷一七 羚羊角，味鹹苦，寒，微寒，無毒。主明目益氣，起陰，去惡血，注下，辟蠱毒。惡鬼不祥，安心氣，常不魘寐。療傷寒、時氣寒熱，熱在肌膚，温風注毒伏在骨間，除邪氣，驚夢，狂越僻謬，及食噎不通。久服強筋骨，輕身，起陰益氣，利丈夫。生石城山川谷及華陰山，採無時。陶隱居云：今出建平、宜都諸蠻中及西域。多兩角，一角者為勝。角甚多節，蹙蹙圓繞。別有山羊角極長，惟一邊有節，節亦踈大，不入藥用。《爾雅》名羱羊。而羌夷云：只此名羚羊角，甚能陟峻。短角者乃是山羊爾。亦未詳其正。唐本注云：《爾雅》云：羚，大羊。羊如牛大，其角堪為鞍橋。一名羱羊，俗名小羊，或名野羊，善闘至死。又有山驢，大如鹿，皮堪靴用，有兩角，角大小如山羊角。前言其一邊有蹙文又陳慢者是此也。陶不識，謂山羊，誤矣。二種並不入藥，而俗人亦用山驢角者。今用細如人指，長四五寸，蹙文細者。南山、商、浙間大有。今出梁州、直州、洋州亦貢之。今按：《陳藏器本草》云：羚羊角，主溪毒及驚悸，煩悶，卧不安，心胸間惡氣毒，瘰　。肉，主蛇咬，惡瘡。山羊、山驢、羚羊三種相似，醫工所用，但信市人，遂令湯丸或致乖舛。且羚羊角有神，夜宿以角掛樹不着地。但取角彎中深鋭緊小，猶有掛痕者即是真，慢無痕者非，作此分別，餘無佗異。真角，耳邊聽之集集鳴者良。陶云一角者，謬也。臣禹錫等謹按《藥性論》云：羚羊角，臣，味甘。能治一切熱毒風攻注，中惡毒風，卒死昏亂不識人，散産後血衝心煩悶，燒末酒服之。主小兒驚癇，治山瘴，能散惡血。燒灰治噎塞不通。孟詵云：麢羊，北人多食。南人食之，免為蛇蟲所傷。和五味子炒之，投酒中經宿，飲之治筋骨急強，中風。又，角，主中風筋攣，附骨疼痛，生摩和水塗腫上及惡瘡，良。又，卒熱悶，屑作末，研和少蜜服。亦治熱毒痢及血痢。

《圖經》曰：羚羊角，出石城山谷及華陰山，今秦、隴、龍、蜀、金、商州山中皆有之。戎人多捕得来貨，其形似羊也，青而大，其角長一二尺，有節如人手指握痕，又至堅勁。今入藥者皆用此角。謹按：《爾雅》云：麢與羚同，太羊。羱，音元，如羊。郭璞注云：麢，似羊而大，角圓鋭，好在山崖間。羱似吳羊而大角，角橢，出西方。許慎注《説文解字》云：麢，大羊而細角。陶隱居以角多節，蹙蹙圓繞者為羚羊，而角極長，惟一邊有節，亦踈大人者為山羊。山羊，即《爾雅》所謂羱羊也。唐注以一邊有蹙文又踈慢者為山驢角，云時人亦用之。又以細如人指，長四五寸，蹙文細者為堪用。陳藏器云：羚羊夜宿以角掛木不着地，但取角彎中深鋭緊小，猶有掛痕者是。觀今市貨者，與《爾雅》所謂羱羊。陶注所謂山羊，唐注所謂山驢，大都相似。今人相承用之，以為羱羊其細角長四五寸，如人指多節蹙蹙圓繞者，其間往往彎中有磨角成痕處，京師極多，詳本草及諸家所出，此乃是真羱羊，而世多不用，不知其所以然者何也？又陳藏器謂：真角，耳邊聽之集集鳴者良。今牛羊諸角，但殺之者聽之皆有聲，不必專羚角也，自死角則無聲矣。

雷公：凡所用亦有神羊角。其神羊角長有二十四節，內有天生木胎。此角有神力，可抵千牛之力也。凡修事之時，勿令單用，不復有驗。須要不拆元對，以繩縛之，將鐵錯子錯之，旋旋取用。勿令犯風，錯末盡處，須三重紙裹，恐力散也。錯得了即單擣，擣盡，背風頭，重篩過，然入藥中用之，若更研萬匝了，用之更妙，免刮人腸也。

《食療》：傷寒熱毒，下血末，服之即差。又療疝氣。

《外臺秘要》：治噎。羚羊角屑不拘多少自在末之，飲服方寸匕，亦可以角摩噎上，良。

《千金方》：療産後心悶不識人，汗出。羚羊角燒末，以東流水服方寸匕，未差再服。

《肘後方》：血氣逆心煩滿。燒羚羊角若水羊角末，水服方寸匕。

《子母秘録》：治胸脇痛及腹痛熱滿。燒羚羊角末，水服方寸匕。

又方：治小兒洞下痢。羊角中骨燒末，飲服方寸匕。

《産寶》：令易産。羚羊角一枚，刮尖為末，以酒調方寸匕。

《衍義》曰：羚羊角，今皆取有掛痕者。陳藏嚣：取耳邊聽之集集鳴者良。亦强出此説，未嘗遍試也。今將他角附耳，皆集集有聲，不如有掛痕一説盡矣。然多偽為之，不可不察也。

宋 鄭樵《通志》卷七六《麢羊》

《爾雅》曰：『麢，大羊。』音靈。陶隐居云：『其角多節，蹙蹙員繞者為眞，惟一邊有節，節踈大者為山羊。』按此二角俱似羊而大，在山崖間。又曰：『羱，如羊。』音元。郭云：『似吳羊而大角，角橢，出西方。』

明 李時珍《本草綱目》卷五一《麢羊》

集解《別錄》曰：羚羊角出石城及華陰山谷。采無時。弘景曰：今出建平、宜都諸蠻山中及西域。多兩角，一角者為勝。角多節，蹙蹙圓繞。別有山羊角極長，惟一邊有節，節亦踈大，不入藥用。乃爾雅云羱羊者，羌夷以為羚羊，能陟峻岅。恭曰：羚羊，南山、商、洛間大有，今出梁州，真州、洋州亦貢。其角細如人指，長四五寸，而文蹙細。山羊或名野羊，大者如牛，角可為鞍橋。又有山驢，大如鹿，皮可作靴，有兩角，大小如山羊角，俗人亦用之。陶氏所謂一邊有粗文者是此，非山羊也。《藏器》曰：山羊、山驢、羚羊三種相似而羚羊有神，夜宿防患，以角掛樹不著地。但角彎中深鋭緊小，有掛痕者為真，如此分別，其踈慢無痕者非也。真角，耳邊聽之集集鳴者良。陶言一角者謬也。《頌》曰：今秦、隴、龍、蜀、金、商州山中皆有之，戎人多捕得來貨。其形似羊，青色而大。其角長一二尺，有節如人手指握痕，又最堅勁，郭璞註：《爾雅》云：麢似羊而大，其角細而圓鋭，好在山崖間。羱似吳羊，其角大而墮，出西方，《本草》諸註各異，觀今所市者，與《爾雅》之羚羊，陶註之山羊，蘇註之山驢，大都相似。今人相承用之，以為羱羊。細角長四五寸者，往往彎中有磨角成痕處。詳諸説，此乃真羱羊角，而世多不用何也？又閩、廣山中，出一種野羊，彼人亦謂之羚羊也。陳氏謂耳邊聽之鳴者良。今牛羊諸角，但殺之者，聽之皆有聲，不獨羚角也。自死角則無聲矣。宗奭曰：諸角附耳皆集集有聲，不如有掛痕一説為盡之。然有偽作者，宜察焉。時珍曰：羚羊似羊，而青色毛粗，兩角短小；羱羊似吳羊，兩角長大；山驢，驢之身而羚之角，但稍大而節踈慢耳。陶氏言羚羊有一角者，而陳氏非之。按《寰宇志》云：安南高石山出羚羊，一角極堅，能碎金剛石。則羚固有一角者矣。金剛石出西域，狀如紫石英，百鍊不消，物莫能擊；惟羚羊角扣之，則自然冰泮也。又貘骨偽充佛牙，物亦不能破，用此角擊之即碎，皆相畏耳。羚羊皮，西人以以作座褥。【略】

羚羊角［修治］斅曰：凡用，有神羊角甚長，有二十四節，內有天生木胎。此角有神力，可抵千牛。凡使不可單用，須要不折元對，繩縛，鐵銼銼細，重重密裹，避風，以旋旋取用，擣篩極細，更研萬匝入藥，免刮人腸。氣味：鹹，寒，無毒。《別錄》曰：苦，微寒。《甄權》曰：甘，温。主治：明目，益氣起陰，去惡血注下，辟蠱毒惡鬼不祥，常不魘寐。《本經》除邪氣驚夢，狂越僻謬，療傷寒時氣寒熱，熱在肌膚，濕風注毒伏在骨間，及食噎不通。久服，强筋骨輕身，起陰益氣，利丈夫。《別錄》治中風筋攣，附骨疼痛。作末蜜服，治卒熱悶，及熱毒痢血，疝氣。摩水塗腫毒。孟詵治一切熱毒風攻註，中惡毒風，卒死昏亂不識人，散産後惡血衝心煩悶，燒末酒服之。治小兒驚癇，治山瘴及噎塞。藥性治驚悸煩悶，心胸惡氣，瘰癧惡瘡溪毒。藏器平肝舒筋，定風安魂，散血下氣，辟惡解毒，治子癇痙疾。時珍

發明時珍曰：羊，火畜也，而羚羊則屬木，故其角入厥陰肝經甚捷，同氣相求也。肝主木，開竅于目；其發病也，目暗障翳，而羚羊角能平之。肝主風，在合為筋；其發病也，小兒驚癇，婦人子癇，大人中風搐搦，及筋脉攣急，歷節掣痛，而羚角能舒之。魂者，肝之神也；發病則驚駭不寧，狂越僻謬，魘寐卒死，而羚角能安之。血者，肝之藏也；發病則瘀滯下注，疝痛毒痢，瘡腫瘻癧，産後血氣，而羚角能散之。相火寄于肝膽，在氣為怒；病則煩懣氣逆，噎塞不通，寒熱及傷寒伏熱，而羚角能降之。羚之性靈，而筋骨之精在角；故又能辟邪惡而解諸毒，碎佛牙而燒烟走蛇虺也。《本經》、《别錄》甚著其功，而近俗罕能發揚，惜哉！

附方舊七、新四。噎塞不通羚羊角屑為末，飲服方寸匕，并以角摩噎上。外臺。胸脇通滿羚羊角燒末，水服方寸匕。子母秘錄。腹痛熱滿方同上墮胎腹痛血出不止。羚羊角燒灰三錢，豆淋酒下。普濟。産後煩悶汗出，不識人。千金：用羚羊角燒末，東流水服方寸匕。未愈再服。又方：加芍藥、枳實等分（炒），研末，湯服。血氣逆煩羚羊角燒末，水服方寸匕。肘後方。臨産催生羚羊角一枚，刮尖末，酒服方寸匕。産寶。小兒下痢羚羊角中骨燒末，飲服方寸匕。秘錄。遍身赤丹羚羊角燒灰，鷄子清和，塗之，神效。外臺。赤癍如瘡瘙痒，甚則殺人。羚羊角磨水，摩之數百遍為妙。肘後方。山嵐瘴氣羚羊角末，水服一錢。集簡方。

肉，氣味：甘，平，無毒。主治：惡瘡。藏器和五味炒熟，投酒中，經宿飲之，治筋骨急强，中風。北人恒食，南人食之，免蛇、蟲傷。孟詵肺，氣味同肉。主治：水腫鼓脹，小便不利。時珍

發明時珍曰：羚羊肺《本草》不收。《千金翼》載：大醫山璉治韋司業水腫莨菪丸用之，蓋取其引藥入肺，以通小便之上源也。其方用羚羊肺一具，沸湯微煠過，曝乾為末。莨菪子一升，用三年醋浸一伏時，蒸熟搗爛和，丸梧子大。每用四十丸，麥門冬湯食後服，候口中、乾妄語為驗。數日小便大利，即瘥。無羚羊，以青羊膽代之亦可。

膽，氣味：苦，寒，無毒。主治：面上皯黯，如雀卵色，以二升，同煮三沸，塗四五次良。時珍

附方新一。面黷羚羊膽、牛膽各一枚，醋二升，同煮三沸，頻塗之。外臺。

鼻，主治：炙研，治五尸遁尸邪氣。時珍

明 慎懋官《華夷花木鳥獸珍玩考》卷一〇《龍羊》 出吐蕃及威、茂州，形似畜羊而大，其角繚上，重八九兩，黑質而白文，工以為帶胯，其用亂犀。

又《麢羊》 出盧氏。《埤雅》曰：『麢羊類羊，青而大，其角長一二尺，有節如指，極堅勁。夜則懸角木上以防患。語曰：麢羊掛角，此之謂也。今用之以角有掛痕者良。

明 曹學佺《蜀中廣記》卷五九 《爾雅》云：『麢，大羊。』疏略曰：『西域多兩角，有一角者爲勝。角甚多節，蹙蹙圍繞，别有山羊角極長，惟一邊有節，節亦疎大，而不入用。羌夷云：此即名麢羊，一名龍羊。』《益州方物略》：龍羊出吐蕃及威茂州，形似蓄羊而大，其角繚繞重八九兩，黑質而白文，可以爲帶胯，其用亂犀。贊曰：『羊質而大，角繚于首。以角之珍，軀殘獵手。』按《本草》：麢羊質堅，可碎金剛，一絲貫頂，持入耳邊自鳴，能清肝肺熱，夜眠倒掛于樹上，人覓之不可得，禪家有麢羊掛角之喻也。市所鬻者山羊耳。《益部談資》云：羚羊皮毛色青，兵中卧之，有警則自動。又云：羊名蟠者，其角年久而蟠，皮可坐數人。恐亦祇可作談資也。

清 方旭《蟲薈》卷二《羚羊》 《廣輿記》：羚羊産四川、陝西、湖廣及安南等處。旭按：羚羊與羱羊相似，但羚羊角短，而羱羊角長，羚羊角兩面有節，而羱羊角祇一面有節。又《本草》云：阿丹國有羚羊，自胸至尾垂九塊，又名九尾羊。又云：安南出一角羚羊，其角能碎金剛石及貘骨。又《正字通》云：閩、廣山中有野羊，彼人亦呼羚羊。

《爾雅正義》：羚羊夜宿以角掛樹，不着地。

清 吴士玉《駢字類編》卷二一三《麢羊》 《爾雅》｜大｜注｜｜似羊而大。按鄭注：角多節，蹙蹙圜繞者爲。｜｜角長惟一邊有節，節亦踈大者爲山羊。按：此二羊俱似羊，而大在山崖間。《漢書·司馬相如傳》：手熊羆，足埜羊。注：張揖曰：埜羊｜｜也，似羊而青。師古曰：埜羊，今之所謂山羊也。非｜｜矣。《山海經·西山經》：大次之山，其陽多堊，其陰多碧，其獸多㸺牛。｜｜《本草》｜｜時珍曰：按王安石《字説》云：鹿則比類，而環角外向以自防，麢則獨棲，懸角木上以遠害，可謂靈也。故字從鹿，從靈省文。

清 方以智《通雅》卷四六 麢羊，九尾羊也。《説文》：『麢，山羊也。』《山海經》作羬。角以細蹙節挂痕為真。真白言一角，而藏器非之。山羊、山驢、羚羊相似。《寰宇志》實載有一角者，為真羚羊。二角、不蹙節者皆山羊，所謂羱羊、莧音桓羊之類。《説文》曰：細角者山驢。則王會《儀

禮》之所謂閒也。廣西多山羊，血治跌傷，能起死回生。

藝文

宋 宋祁《宋景文集》卷四七《羚羊贊并序》 出北番及茂、威等州，形似畜牛之大。其角繚頭上，重者八九十斤，黑質而白文，工以爲帶胯，可用亂犀。贊曰：羊質之大，角繞於首。以角之稱，軀殘獵手。

黄羊

題解

明 李時珍《本草綱目》卷五〇《羊》

黄羊綱目

釋名 羳羊音煩。蠒耳羊，時珍曰：『羊腹帶黄，故名。或云幼稚曰黄，此羊肥小故也。《爾雅》謂之羳，出西番也。其耳甚小，西人謂之蠒耳。』

清 陳立《句溪雜著》卷四《祁奚字黄羊説》 羊之腹下黄色者，名羳羊。後世所謂黄羊也，是羳即黄羊之名。

論説

清 汪士鐸《汪梅村先生集》卷三《黄羊説》 《呂覽・去私篇》注：『祁奚，字黄羊。』按：此以『奚』爲『豯』也。《周禮・職方氏》：『其澤藪曰「豯養」。』杜子春讀『豯』爲『奚』是也。古人形容辭多取雙聲、疊韻，黄羊疊韻，形容水之廣大也。黄羊爲潢洋之省。《楚詞・九辨》：『然潢洋而不可帶。』注：猶浩蕩。劉向《九歎》：『赴陽侯之潢洋兮。』揚子法《次五縭陸》：『陸缾置腹井潢洋。』嚴遵《道德指歸論》：『冥冥窅窅，潢洋堂堂。』《新序九》：『鬼神潢洋無所食』是也。字又作『潢瀁』。《論衡》鄒衍之書，『瀇洋無涯。』《淮南子》：『潦水不泄，瀇瀁極望。』《後漢書・馬融傳》：『瀇瀁沆漭錯紾盤委。』枚乘《七發》：『道悠長而路阻，河瀇瀁而無梁』是也。又作『滉瀁』。《吳志薛綜傳》：『加以洪流滉瀁。』潘岳《西征賦》：『滉瀁瀰漫，浩如河漢。』他如《史記》，司馬相如《子虛賦》，然後『灝溔潢漾』注：潢漾水無涯際也。馬融《長笛賦》：『彷徨縱肆，曠瀁敞罔。』《家語》：『齊楚合戰於漭瀁之野。』《漢書・禮樂志》：『福滂洋。』《史記・莊周傳》：『其言洸洋自恣以適己。』《楚詞》：『遠遊沛罔瀁而自浮。』左思《吳都賦》：『澒溶沆瀁。』木華《海賦》：『沖瀜沆瀁。』郭璞《江賦》：『極望數百，沆瀁皛溔。』雖字隨方易，而聲義相同。彷徉之爲方羊，襄羊之爲相羊，常羊之爲尚羊，皆潢洋之變衍也。

清 何紹基《東洲草堂文鈔》卷五《祁黄羊大夫字説》 羊之肥白者曰羳，其腹多黄，以理推之，黄為中央土色，凡物之肥大者，其腹必多黄，故黄亦有大義，羊而黄腹曰黄羊，猶人而黄髮曰黄耇也。

清 梁章鉅《浪迹三談》卷五《黄羊》 余在蘭州，飽食黄羊，所謂池北八珍也。僉謂口外之黄羊，則更肥美。元楊允孚《灤京雜詠》云：『北陲異品是黄羊。』即此。其狀絶不類羊，而與麞相似。許圭塘詩『無魂亦似麞』，亦即此。惟麞角大而黄羊角小，又其尾短而根白色為差異。戴侗《六書故》直以黄羊為麞，誤矣。按漢陰子方祀竈用黄羊，竊謂陰是貧家，祀竈安得此異品？考《爾雅・釋畜》『羳羊黄腹』，陰所祀當是羳羊，而邵二雲先生《爾雅正義》直以今之黄羊當之，恐誤。《周禮疏》：『《爾雅》：「在野曰獸，在家曰畜。」』黄羊其可畜乎？

綜述

明 李時珍《本草綱目》卷五〇《羊》 集解時珍曰：『黄羊出關西、西番及桂林諸處。有四種，狀與羊同，但低小細肋，腹下帶黄色，角似羖羊，喜卧沙地。生沙漠，能走善卧，獨居而尾黑者，名黑尾黄羊。生野草内，或羣至數十者，名曰黄羊。生臨洮諸處，甚大而尾似麞、鹿者，名洮羊。其皮皆可為衾褥。出南方桂林者，則深褐色，黑脊口斑，與鹿相近也。』

肉，氣味甘温，無毒。《正要》云：煑湯。少味腦。不可食。主治補中益氣，治勞傷虚寒。時珍。

髓，主治補益，功同羊髓。《正要》。

明 夏樹芳《詞林海錯》卷七《黄羊》 《後漢書》：陰識，光烈皇后前母兄也。宣帝時，陰子方嘗臘日晨炊，竈神形見，子方再拜受慶。家有黄羊，因以祀之，自後暴富。至識三世，遂繁昌。

又 卷一三《黄羊》 張詵曰：『吾肉非黄羊，必不畏喫血；非野馬，必不畏刺。』杜祁公詩：『雙凫乘鴈常深愧，野馬黄羊亦過求。』

明 鄭明選《鄭侯升集》卷三三《黄羊》 杜詩：『黄羊飫不羶，虜酒多還醉。』按《本草》：黄羊出北方沙漠中，善走，腦不可食。陰子方以黄羊祀竈即此。

清 查慎行《人海記》卷下《黄羊》 黄羊，興安嶺上獨石口一帶草中有之，高三尺餘，背毛淺黄色，腹下白。百十為群，每合圍，遥望拍拍如鵝鴨，所得以千計。有耳無角，尾似麞，聲似麂，本鹿類而以羊名。

清 方旭《蟲薈》卷二《黄羊》 《爾雅正義》：羊之腹下黄色者名羳羊，《本草》謂黄羊狀與羊同，腹下帶黄色，猶未得其真也。

後世所謂黄羊也。狀如羊，而庳小、細筋、纖耳，角似羖羊，生野草間，而善羣。又有尾黑者，又有尾似麞鹿者，又有黑脊白斑者，皆其別種也。旭按：黄羊一名羶耳羊，出關西、西番及桂林諸處。其尾黑者，名黑尾黄羊，出沙漠地，善走；其尾似麞鹿者，名洮羊，甚大，出臨洮。皮皆可爲衾褥。其黑脊白斑者，出桂林，狀頗似鹿。以上俱見《本草》。又《坤輿外紀》云：『利未亞産異羊，一尾重十斤，味至美，或亦此類。』又《西域記》云：『郭罕之羊，高八九寸，長一尺，則較黄羊而尤小矣。』

清 汪森《粤西叢載》卷二二《黄羊》 黄羊出關西、西番及桂林諸處。有四種，狀與羊同，但低小細肋，腹下帶黄色，角似羖羊，喜卧沙地。生沙漠，能走善卧，獨居而尾黑者，名黑尾黄羊。生野草內，或羣至數十者，名曰黄羊。生臨洮諸處，甚大而尾似麞、鹿者，名洮羊。其皮皆可為衾褥。出南方桂林者，則深褐色，黑脊口斑，與鹿相近也。

清 汪价《中州雜俎》卷一一《黄羊祀竈》 漢宣帝時，南陽陰子方者，性至孝，積恩好施，喜祀竈。臘日晨炊，而竈神形見。子方再拜受慶，家有黄羊，因以祀之。自是以後，暴至巨富，田七百餘頃，輿馬僕隸，比於邦君。子方嘗言吾子孫必將強大至識三世，而後遂繁昌。家凡四侯，牧守數十。故後子孫嘗以臘日祀竈，而薦黄羊焉。

清 郝懿行《爾雅義疏》卷下 羳羊黄腹 腹下黄

《說文》：羳，黄腹羊。李時珍云：即黄羊也，狀與羊，同但低小細肋，腹下帶黄色，其耳甚小，西人謂之羶耳羊。

清 俞樾《春秋名字解詁補義·晉祁奚字黄羊》 樾按：『奚』讀作『鮭』。《說文·角部》：『鮭，牝牂羊生角者也。』然則名『鮭』字，黄羊義，正相應作『奚』者，聲近叚借也。魯公子奚斯字子魚，王氏曰：『「奚」讀爲「鮭」。「鮭」，《廣韵》古攜苦圭戶圭三切音皆與奚相近。「鮭之爲「奚」，猶「鞋」之爲「鞵」也。』按：王說是也。『祈奚』之『奚』當讀作『鮭』，亦如『奚斯』之『奚』當讀作『鮭』矣。《說文·言部》：『「謑」從言，奚聲。』重文謑曰『謑』或從『奊』，『奊』字從『圭』得聲，然則『謑』之或體，從『奊』聲，即從『圭』聲也。此尤『奚』、『圭』聲近之明證矣。可補王氏引證所未及。

清 張澍《蜀典》卷九《羳羊》 《本草》：羳羊出西番，耳甚小，西人謂之羶耳羊，棪威、茂州出龍羊。

藝文

元 許有壬《黄羊》《佩文齋咏物詩選》卷四〇八 草美秋先腯，沙平夜不藏。解絛文豹健，臠炙宰夫忙。有肉須供蟻，無魂亦似麞。少年非好殺，假爾試穿楊。

明 胡廣《胡文穆公文集》卷二〇《直行帳蒙恩賜食黄羊》 聖恩日優渥，侍從念儒臣。賜食黄羊美，兼嘗綠蟻醇。上軍嚴虎旅，禁衛列鉤陳。夜久依帷帳，更休轉北辰。

明 徐渭《徐文長文集》卷六《黄羊》 味絶勝，善走。俺答偶馳饋宣鎮，故五六云然。三四晏子語言也，七八戲言耳，雖貴胡亦未聞駝者。

紫塞黄羊美，超騰不易供。蹄雖千里外，命寄一廚中。誰致西河俎，言穿老上弓。賓筵三動指，早晚到駝峰。

明 鄭明選《鄭侯升集》卷三三《黄羊》 杜詩：『黄羊飫不羶，虜酒多還』醉。按《本草》：黄羊出北方沙漠中，善走，腦不可食，陰子方以黄羊祀竈，即此。

清 宋長白《柳亭詩話》卷八《野馬黄羊》 杜祁公詩：『雙凫乘雁常深愧，野馬黄羊亦過憂。』按張說云：吾肉非黄羊，必不畏喫血，非野馬，

必不畏飲。。公詩蓋本此上句則用馬懷素詩今茲對南浦乘雁與雙鳧

清 汪士鐸《悔翁詩鈔・補遺・黄羊》 黄羊有力奮，黑羊角才拳。黄羊墨自語，眼見羖攊飛。上天黄羊化老婦，祖竈禮數虔。黑羊能生羔作裘祀，蒼玄抑或產肥豜。釃酒諸父筵羺羝，計較審恐其觸藩。致罪愆開牢，使之去墳首誠。可憐我更憐鄭，伯才拙不解。左右牽搔首，追感叱白石。悄悄往事成雲烟。

清 寶鋆《文靖公遺集》卷一〇《謝醖邸分惠黄羊肉方截句二首》 割鮮野味惹天香，感舊低徊校獵場。合唱憲王新樂府，石頭敲火炙黄羊。

東來紫氣憶追陪，故里松花江溯洄。禁臠分甘今興會，風光遠勝白龍堆。

清 成書《多歲堂詩集》卷三《黄羊》 已謂身無患，沙岡保歲年。生憐赴湯火，不復飲流泉。没羽奔還急，登盤飫不羶，邊夷充供頓。行帳爲烹鮮，使者巡閲沿山同衆，輒銃擊以獻。

清 揆叙《益戒堂詩集》卷三《黄羊》 黄羊孳乳宜龍沙，髣髴羖攊兼麐麚。眼明身健擅剽疾，狐妖兎狡徒相誇。邊庭二月草未芽，獵徒陣列常山蛇。毛羣羽族皆窘迫，左顛右蹶喘且呀。就中爾獨捷於鳥，突圍直走誰能遮。蒼鷹向後黄犬倦，何況槍弩同羅置。將軍怒策追風駒，踰山驀澗窮幽遐。弓鳴霹靂餓鴟叫，數肋俄見一矢加。歸來割鮮醉蘆酒，始驗杜老詩無差。嗟爾矜長在善走，至竟同盡隨貑貏。何如般般樂君囿，春田吾欲歌鄒牙。

羊皮 羊毛 羊絨 羊毫 羊裘 羔裘

論説

宋 歐陽修《詩本義》卷四《羔裘》 論曰：羔裘晏兮，三英粲兮。毛鄭皆以『三英』爲『三德』者，本無所據，蓋旁取《書》之三德，曲爲附麗爾。六經所在，三數甚多，苟可曲以附麗，則何説不可。據《詩》三章皆上兩言述羔裘之美，下兩言稱其人之善。其一章曰：『羔裘如濡，洵直且侯』者，言此裘潤澤，信可以爲君朝服。洵，信也。至其下言則稱其人曰：『彼其之子，守命不變』也。其二章曰：『羔裘豹飾，孔武有力。』言裘所以用豹爲飾者，以豹有武力之獸也。故其下言稱其人云：『彼其之子，邦之司直』者。謂服以武力之獸爲飾，而彼剛彊正直之人，稱其服爾。其三章曰：『羔裘晏兮，三英粲兮。』亦當是述羔裘之美，其下言始云：『彼其之子，邦之彦兮』者。謂稱其服也。英，美也。粲，衣服鮮明貌。但『三英』失其義，不知其爲何物爾，故闕其所未詳。

宋 袁燮《絜齋毛詩經筵講義》卷四《羔裘篇》 臣聞之《書》曰：天命有德，五服五章哉。夫衣服所以章德也，天之所命奉而行之，非以私意與之也。有如是之德，斯有如是之服，當與而不與，不當與而與之，皆非所以奉天命，故古人于是致意焉。羔裘，大夫之服也；濡，潤澤也；豹飾，緣以豹皮也；晏，鮮盛也；英，裘飾也；其服可謂華矣。其人必賢，乃能相稱。不然，則所謂彼其之子，不稱其服矣。洵直且侯，信其直且美也。舍命不渝見，危授命也。彦，美稱也。此古之君子皆稱其服者也。鄭之大夫，所服之裘，非不粲然可觀，而察其爲人，瑣瑣碌碌，非所當服而服焉。詩人不顯攻之，而思古人，以寓規警之意，知彼之爲優，則知此之爲劣，所謂辭不迫切，而意獨至也。嗚呼！人臣策名委質，立乎人之本朝，固將有益于國家也。其可無以稱其服乎。人君設官分職，錫之朝服，以華其躬，非徒富貴之也。其可不求夫可以稱其服者乎。三復是詩，深求其義，則君臣之道兩得不然，則俱失之矣。可不謹哉。

明 鄭明選《鄭侯升集》卷三一《紽緎總》 羔羊之詩，一章曰羔羊之皮，素絲五紽。二章曰羔羊之革，素絲五緎。三章曰羔羊之縫，素絲互總。朱文公註：緎字無解，紽字，總字，皆云未詳。按《西京雜記》曰：五絲為䌰，倍䌰為升，倍升為緎，倍緎為紀，倍紀為緵，倍緵為襚，以數計之，當是二十絲為緎，八十絲為緵。《儀禮》注：八十縷為一宗，正與此合。總緵音義俱同，獨紽字無可考。

清 陳大章《詩傳名物集覽》卷三《羔羊之皮》 《朱傳》小曰羔，大曰羊。所以爲裘，大夫燕居之服。《説文》：羔羊子也，羜五月生羔也，䍮。六月生羔也，羍。七月生羔也，䍺。羊未卒歲也。《周禮》：春行羔、豚。《禮記》：仲春獻羔開冰，宗伯以禽作六摯，卿執羔。注：羔取其羣而不失其類，士相見禮，上大夫相見以羔。注云：羔取其從帥，羣而不黨。《春秋繁露》：凡贄卿用羔，羔有角而不用，如好仁者，執之不鳴，殺之不嗥，類死義者，飲其母必跪，類知禮者，故羊之爲言猶祥，故以爲贄。《禮記》：羔裘緇衣以裼之。鄭注：諸侯視朝之服。《禮記疏》：凡在朝君臣同服，小羔大羊，對

文爲異。此說大夫之裘，宜直言羔，兼言羊以協句。名物疏：羔裘古之禮服。《周禮》：王祀昊天上帝，則服大裘而冕，祀五帝亦如之。鄭注：黑羔裘也，其五冕之服，亦同用黑羔裘。鄭注《論語》云：羔裘諸侯視朝之服，在朝君臣同服，則卿大夫之朝服，亦緇衣羔裘也。凡裘人君用全，其臣則褎飾爲異。《鄭風》云：羔裘豹飾是也。鄭注《鄭風·緇衣》云：居私朝之服者，以卿士朝于天子，服皮弁服，其適治事之館，改服緇衣，此私朝在天子宮内，非謂緇衣羔裘爲大夫燕居之服也。朱子釋此章云：大夫燕居之服，其釋檜風羔裘逍遥。又云：諸侯朝服，羔裘必用黑者，衣裘同色，裼既用緇，則羔必是黑。或云：羔取其有禮，黑取其合道，以道行禮，以禮成道，先王之所尚也。宋羅願以爲羔裘用白，素絲亦因羔裘之色，今人束注疏于高閣，幾不知燕服朝服之别，與羔裘爲何色矣。《禮》：天子卒食，玄端而居，諸侯適小寢釋服。鄭云：釋服服玄端，此玄端緇衣朱裳，則羔裘乃天子諸侯之燕服也。其卿大夫燕居之裘，則用狐貉。《論語》云：狐貉之厚以居。鄭注：在家接賓客，殆卽所云褻裘也。陳祥道云：古者行禮之裘，必以羔與麛，燕居之裘，必以狐與貉，雖戾禮家人君狐白視朝之旨，然亦可知羔裘爲禮服矣。

《說文》：羊，祥也。象頭角足尾之形。牂，牝羊也。羒，牡羊也。孔子曰：牛羊之字，以形舉也。羊在六畜，主給膳也。羊大則美，故從大，羸瘦也。羊以瘦爲病，故羸從羊。《爾雅》：羊角不齊觤，角三觠羷，羳羊黄腹，絶有力奮。《禮記》祭廟羊曰：柔毛。又曰：大夫無故不殺羊。又云：犬赤股而躁臊，羊泠毛而毳羶，皆物之不可食者。《易》：羝羊觸藩羸其角。《周禮》：羊人掌羊牲，凡祭祀飾羔。又云：凡膳食羊宜黍。又曰：羊人掌羊牲，凡祭祀飾羔割羊登其首。又云：冬行鱻羽，膳膏羶。春秋說題辭，羊祥也。合三而生，以養士也。故羊高三尺。《五行傳》視之不明，則有羊禍。《尸子》云：大羊爲羬，六尺。《埤雅》：羊性善羣，故于文羊爲羣，犬爲獨也。羊每成羣，要以一雄爲主，舉羣聽之，今俗所謂壓羣者是也。北人謂之羊頭。鄭氏《儀禮》注云：羊取其後帥，蓋謂此矣。易曰：兑爲羊，兑陰在上，故羊性前逆，牛性前順。《詩》曰：羊牛下來，先羊而後牛者，晚出早歸，常先于牛故也。《合璧事類》：羊褐白黑三色，亦有青者，南人所罕見。《廣雅》：吴羊牝一歲曰䍮，三歲曰羝，一歲曰羜，三歲曰牂。吴羊犗曰羠，羖羊犗曰羯。古今注：羊一名髯鬚主簿。《左傳》：宋華元將與鄭戰，殺羊食，士其御，羊斟不與。及戰曰：疇昔之羊子爲政，今日之事我爲政，與入鄭師。楊朱曰：百羊而羣，使五尺童子荷箠隨之，欲東而東，欲西而西，使堯牽一羊。舜荷箠隨之，則不能矣。《莊子》：臧與穀牧羊，而俱亾其羊，臧挾策讀書，穀博塞以遊，事業不同，其于亾羊均也。《虞衡志》：英州多僊茅羊，食之舉體化爲筋，不復有血肉，名乳羊。

皮革 《朱傳》革，猶皮也。《周禮》：掌皮掌秋斂皮，冬斂革，遂以式法頒皮革于百工，其其毳毛爲氈，以待邦事。又云：荆州其利齒革。《考工記》：攻皮之工，函鮑韗韋裘，函人爲甲，鮑人之事，望而眡之，欲其荼白也。進而握之欲其柔而滑也，卷而摶之欲其無池也。眡其著欲其淺也。察其線欲其藏也。韗人爲皋陶釋名皮被也。被覆體也。又剥取獸革。生曰：皮理之曰革，柔之曰韋。《莊子》：豐狐文豹，棲于山林，伏于巖穴，然且不免于網羅機辟之患。皮爲之災也。《說文》：獸皮治去其毛曰革，革更也。《正義》：對文則皮革異，散文則通。司裘曰：大喪飾皮車謂革，輅去毛得稱皮，明是有毛則稱，革故攻皮之工，有函鮑韗韋裘，是皮革通言也。《爾雅》：革中絶謂之辨，革中辨謂之韏。注：辨中斷皮也，韏復分平也。又云：東北之美者，有斥山之文皮焉。注：虎豹之屬，皮有文采者。《左傳》：宋城者謳曰：從其有皮，丹漆若何。

清 戚學標《四書偶談·外編·五羊之皮食牛》 言衣此五羊之皮食牛，連五羊皮爲裘，蓋賤者之服。而奚素所衣者，不定所得之值也。《風俗通》奚爲秦相，其妻歌曰：百里奚初娶我時五羊皮，可知奚服此已久。《史記》夷亡，秦走宛，秦以五羖皮贖之，特持其平日所衣爲驗，明將用之耳。曾謂五羊皮之賤，奚一身得值止此。而秦且以向大國贖逋逃之臣哉。大意本《朱竹垞》。

清 周炳中《四書典故辨正》卷一七《五羊之皮食牛》 《集註》人言其自賣于秦養牲者之家，得五羊之皮而爲之食牛。《朱竹垞》五羖辨曰：趙註：『人言百里奚自賣五羖羊皮爲人養牛自賣』句，截五羖羊皮爲人養午，蓋言衣此食牛也。扊扅之歌云：百里奚初娶我時五羊皮，又曰西入秦，五羖皮，然則奚蓋服五羊之皮入秦者。紉五羊爲裘，毛之最豐，而賤者所服也。曩嘗言之李孔德，孔德不以爲然。偶讀范處義《詩補傳》釋《羔羊》之詩云：素絲必以五言。蓋合五羊之皮爲一裘，循其合處，以素絲爲英餙也。百里奚衣五羊之皮，爲秦養姓，蓋彷古制。古之羔裘，其製甚精，養牲者被五羊之皮，蓋賤者之服，而《召南》在位之君子亦服之，非節儉而何。其説竟與予合。按《史記》百里奚亡秦亡宛，楚鄙人執之，繆公聞百里奚賢，欲重贖之，恐楚人不與，乃使人謂楚曰：吾媵臣百里奚在焉，請以五羖羊皮贖之，楚遂許與之。蓋百里奚在秦，五羖其素所被服，繆公慮楚不信，故以奚所衣之服與之。不然，五羖微物，楚人豈貪之乎？愚按：《扊扅歌》乃漢詞賦家所爲，本不足據。其以《史記》贖奚事爲證，亦非是。《史記》言欲重贖之恐楚人不與者，此即齊欲請管仲于魯，而桓公謂知吾將用之，必不與我矣之意。故其謂楚人曰吾媵臣，微之也。請贖以五羖羊皮，示其無足重輕也。所以杜楚人之疑，而使之不忌也。若謂以此取信于楚，則奚之素所被服，楚人惡得知之？《史記・商鞅傳》又載趙良之言曰：五羖大夫，荆之鄙人也。自鬻于秦客，被褐食牛，期年，繆公知之，舉之牛口之下，而加之百姓之上。史遷所傳，已自相矛盾。則并贖奚之事，亦屬傳疑，不足信也。至所引范處義釋《詩》之説，則尤爲不根。夫五紽、五緎、五總，絲數，非縫數也。戴侗《六書・故》曰：紽、緎、總俱以五言，皆絲之量數。更証之《西京雜記》云：五絲爲䋐，倍䋐爲升，倍升爲緎。是緎爲絲數，益無可疑。范氏謂合五羊爲一裘，則羔羊，兒羊也，豈有兒羊而五皮而可以成裘者哉。嘗考《韓詩外傳》云：百里奚，齊之乞者也。逐于齊，自賣五羊，皮爲一軛車入秦。《戰國策》百里奚，虞之乞人，傳買以五羊之皮。《説苑》：百里奚自賣取五羊皮伯氏養牛。又《臣術篇》云：賈人買百里奚以五羖羊皮，使將塩車之秦。又《善説篇》云：百里奚自賣五羊之皮，爲秦人虜，繆公得之。諸説並以五羊皮爲自鬻之直。與集註同竹垞所云，則昔人未有作此解者。惟《莊子・庚桑楚篇》云：湯以庖人籠伊尹，秦繆公以五羊之皮籠百里奚。陸德明《音義》既引《史記》贖奚事，又曰：或云，百里奚好五色皮裘。此頗合于竹垞之解，而又不能引據，徒割截趙註，以就其説。宜孔德之不以爲然也。

清　夏炘《讀詩札記》卷三《羔羊　羔羊之裘》　《毛》云：大夫羔裘以居。《正義》云：謂居於朝廷，非居於家也。《論語》云：狐貉之厚以居，則在家不服羔裘矣。炘按：經明云退食，自公何得云居於朝廷，狐貉以居，指隆冬之時，而言非始寒即衣狐貉也。古羔裘之服，通於上下，除禮服五冕朝服外，天子、諸侯、大夫士、庶人燕居莫不服羔裘。隆冬則衣狐貉，以今準古，知古亦不異於今。玉藻，天子元端而居，元端羔裘，是天子之居羔裘也。犬羊之裘，不裼。庶人無禮服其居，服亦羔羊也。朝元端夕深衣。注云：謂大夫士也，朝與夕對，深衣與元端對，元端羔裘則深衣，亦羔裘深衣燕居之服，是大夫士羔裘以居也。諸侯夕深衣祭牢肉是諸侯深衣亦與大夫士同也。《傳》曰：大夫羔裘以居者，釋經之退食，自公非謂惟大夫之居服羔裘也。疏援《論語》狐貉之文，反謂居於朝廷，不亦大失《毛》義乎。

清　姚炳《詩識名解》卷五《羊》　《傳》謂大夫羔裘以居。《正義》辨之以爲居於朝廷，非居於家是也。如羔裘，逍遥檜君以朝服而道，燕詩猶刺之，豈有大夫而反爲私居服者。況下云，退食自公明是由朝歸家，其非燕居時。可知嚴華谷、何元子，皆主趨朝之服是也。

緎紽總，皆令絲所成，卽俗稱綫是也。《西京雜記》謂五絲爲䋐，倍䋐爲升，倍升爲緎，倍緎爲紀，倍紀爲緵。蓋綫麤細之殊名耳。此乃爲縫裘之用，非餙裘之名也。陸農師乃謂緎寡於總，紽寡於緎，以昭儉德何居，且謂裘革縫爲裘，敝之漸尤非理。夫既儼然在位，而一裘裳戎可謂儉不中禮矣。奚爲反舉羔羊美之耶。

《詩》所謂五者，明是紽與緎與總，而補傳因序中儉字立説。易作五羊之皮，此大可哂。姚旅又謂皮小則合縫多，而用絲繁，五紽見其皮之大，皮大則賤。正言其儉皆傅會也。夫《詩》既稱羔羊，則皮必小，皮小則一裘必非五羊所能成明矣。且裘縫内藴不露，何用復假素絲以餙其外耶。通論云：大夫羔裘乃當時之制，何得謂之節儉，此詩固贊大夫，然無一字及其賢，何以獨知其爲正直乎。若夫或以其服羊裘，及以言革言縫爲節儉，或以爲羊性柔順，逆牽不進，像上難易進退爲正直，所謂豈徒順之。又從爲之辭，已閲此可爲掃却一切。

《鄭風・羔裘篇》三英之爲裘，餙無文，可據范祖禹謂：五紽、五緎、五總皆所以英裘。是之謂三然，紽、緎、總只是縫皮之綫而已，豈爲裘外餙者。且古亦無餙裘之制，其訓英爲餙者，蓋因二矛重英之英訓爲矛餙云，然不知彼亦但作鋭字解，不可云餙也。此疑卽三事，大夫之稱，傳訓三德，謂剛克柔克正直，亦太泥。

《檜風・羔裘篇》脂膏色白，此羔裘當指其白者，言所謂白亂烝肪是也。故日出照耀有光，非但取潤澤義耳。

清　黄以周《禮説》卷三《羔裘》　古大裘以象天，純樸無緣。其他禮服之裘，皆縫絲組爲英飾。凡縫之大小有五，謂之五緎，《毛詩·羔羊》傳已明箸之。後之解《詩》者多背毛立訓，其申毛者亦多違戾而失其恉以致古人縫裘之制，不明於後世。古組紃皆以五采絲爲之，雜記。薄闊爲組，圜似繩者爲紃。內則疏。紃施縫中，雜記注。組以維持其所縫者也。干旄箋。大夫英裘當以三采，故《鄭·羔裘》之詩謂之三英。今羔裘兼用羊而組以素絲，故序謂之節儉。其縫組之㳒賫正直，不尚奇衺，故《鄭·羔裘》之詩謂之洵直。洵，均也，見傳。此序亦曰：在位皆節儉正直，德如羔羊，謂德如羔裘也。《釋訓》云緎，羔裘之縫也。羔裘色黑，故《說文》緎字從黑，作黬。裘，黑色，而以素絲飾之，其界域明㬎。故傳曰素絲以英裘。謂之英者，明所飾在表不在裏也。縫，讀如縫齊倍要之縫，謂緣飾其邊殺處。故傳釋縫曰：縫，殺縫。殺者，猶衣之言緣邊也。羔裘之縫殺，凡五，一曰領，二曰衽，三曰袂，四曰齊，五曰邊。領、衽、邊之縫如矩方。袂縫如規圓，如繩直，齊縫如衡平。故傳釋素絲以英裘，曰不失其制。何以言之？古緣深衣之㳒曰純袂緣純邊，鄭注云：純，謂緣之也。緣袂，謂其口也。緣，緆也。邊，衣裳之側。凡衣之用緣者，皆在殺處，則裘之五緎，亦縫裘之殺處可知也。深衣之緣袷，廣二寸，純袂緆邊，皆廣寸半，有二㳒。裘之組用素絲，亦有大小之別，故傳於卒章總釋其義曰縫言縫殺之大小尋其制。縫殺之小者，即所謂紽是也。其大者，即所謂總是也。凡布八十縷曰總，經注史傳有明文。紽之數，無可考，王伯申以爲五絲，徐樸亭以爲四十縷。雖皆無實據，要之，紽爲數之小，總爲數之大，可知也。毛公於紽、總，不明言若干縷，但曰：數也。又於紽數，自申其義曰：不失其制。於總數，先明其義曰：尋其制。是毛公舉絲縷之數，以通數制之數明素絲五緎中，或施小數紽，或施大數總，皆不失其制云爾。紽、總既有小大之別，故各箸其數。而紽、總之數不關五，故并厺五，而但言紽數、總數，此又傳之用字之緻也。紽、總之所施，傳未明言，今以深衣袷廣二寸，袂緆邊寸半例之，總，其施諸袷衽。紽，其施諸袂緆邊者與。然則裘之長如深衣乎？曰：不然。深衣，連衣裳。羔裘，如緇衣，長不及膝。《論語》曰：褻裘長則禮服之裘不長，可知也。深衣續衽要縫，非裘所有。而羔裘如緇衣，有帶，下尺長，當二尺有二寸，傳以此爲大夫燕尻之服，豈謂其褻裘之長者與。

清 江永《鄉黨圖考》卷六《緇衣羔裘考》 疏云：緇衣、羔裘者，謂朝服也。《玉藻》云：諸侯朝服以日視朝於內朝。○《士冠禮》云：主人元冠朝服，緇帶素韠。注：元冠，委貌。朝服者，十五升布衣。而素裳布八十縷爲升不言色者，衣與冠同色。是朝服色元，元卽緇衣之小別。五入爲緇六人爲元《玉藻》亦云：緇衣以緆之，是羔裘用緇衣，明其上正服亦緇色也。下云；羔裘元冠不以弔，是羔裘所用配元冠，羔裘之上必用緇布衣爲緆，緆衣之上正服亦是緇色，又與元冠相配，故知緇衣羔裘是諸侯君臣日視朝之服也。在朝君臣同服，俗解緇衣取象，臣北面君南面，亦緇衣，又何以說乎。

按：緇衣、羔裘又爲祭服，《刑疏》不備補考於後。

《王制》三公一命。卷，疏云：諸侯大夫、士自祭，士則元端，大夫則朝服。故《儀禮》特牲士祭元端少牢，大夫祭朝服。《儀禮·少牢》饋食，禮云：筮於廟門之外，主人朝服。疏云：爲祭而筮還服，祭服是以上篇特牲，筮亦服祭服。又明日主人朝服，卽位於廟門之外。

按：大夫以朝服爲祭服，如冬月必是緇衣、羔裘。元端卽朝服之衣，易其裳韠，如夫子未爲大夫，以元端祭，亦必是緇衣羔裘，兼朝祭義始備。俗解遺祭服者非。

清 俞正燮《癸巳類稿》卷二《檜羔裘義》 《詩》言羔裘屬卿大夫者，則曰『羔裘豹飾』，『羔裘豹袪』，『羔裘豹褎』。《羔羊正義》雲『《論語》鄭注，緇衣羔裘，諸侯視朝之服，卿大夫朝服亦羔裘，惟豹袪與君異。』《詩》但詠羔裘者，謂諸侯朝服也。《檜風》雲『羔裘逍遙，狐裘以朝』。『羔裘翱翔，狐裘在堂』。『羔裘如膏，日出有曜』。其謂羔裘者檜君也，狐裘者大夫自言也。《玉藻》雲『君衣狐白裘，錦衣以裼之』。士不衣狐白，則卿大夫衣狐白，惟不以錦衣裼耳。《正義》言『錦衣狐裘諸侯之服，在天子之朝則服之，歸其國則不服，在國視朔受聘服麑裘』。今案《箋》以羔裘為檜君朝服，則羔裘指檜君矣。《左傳》雲『臧之狐裘』，臧非命卿，亦狐裘，知此狐裘為檜大夫矣。《序》雲『大夫以道去其君也，國小而迫，君不用道，好潔其衣服，逍遙遊宴，而不能自強於政治』。故《詩》言羔裘之君，逍遙而已，翱翔而已，日出膏曜而已，有道之臣，衣狐裘在朝堂，豈不惟君之思？而君不能自強於政治，則惟忉忉焉憂悼。蓋君務逸，臣雖在朝堂，不能有成，道當去也。《傳》雲『狐裘以適朝』，不雲視朝，知是大夫以朝也。《傳》雲『堂』，公堂也』。若君正堂，不須言公堂，知是有道大夫在堂也。《序》言『君好潔其衣服』，《詩》言『羔裘如膏，日出有曜』。不關大夫狐裘也。《箋》雲『檜君朝服燕而祭服朝』，是潔其衣服，先燕後朝不自強，頓改《傳》義，今案《傳》義甚隱，故為申之。

综述

《毛詩》卷七《羔裘三章，章四句》 素冠刺不能三年也。丧礼：子爲父，父卒爲母，皆三年。時人恩薄礼廢，不能行也。爲于僞，反，下同。庶見素冠兮，棘人欒欒兮，庶，幸也。素冠，練冠也。棘，急也。欒欒，瘠貌。箋云：喪禮：既祥祭而縞冠素紕，時人皆解緩，無三年之恩於其父母而廢其喪禮，故覬幸一見素冠。急於哀感之人，形貌欒欒然肢瘠也。欒，力端反。瘠，情昔反。縞，古老反。紕，婢移反。解，佳賣反。覬音冀。膠本亦作瘦，所救反。勞心慱慱兮。悼悸，憂勞也。箋云：勞心者憂不得見。悼，徒端反。庶見素衣兮，素冠，故素衣也。箋云：除成喪者，其祭也，朝服，縞冠。朝服、緇衣、素裳，然則此言素衣者，謂素裳也。我心傷悲兮，聊與子同歸兮。願見有禮之人，與之同歸。箋云：聊猶且也。且與子同歸，欲之其家，觀其居處。庶見素韠兮，箋云：祥祭，朝服素樣者。孛從裳色。韠音畢。我心蘊結兮，聊與子如一兮。予夏三年之喪畢，見於夫子，援琴而弦，衎衎而樂作，而曰先王制禮，不敢不及。夫子曰：君子也。閔子騫三年之喪畢，見於夫子，援琴而弦，切切而哀作，而曰：先王制禮不敢過也。夫子曰：君子也。子路曰：敢問何謂也？夫子曰：子夏哀已盡，能引而致之於禮，故曰君子也。閔子騫哀未盡，能自割以禮，故曰君子也。夫三年之喪，賢者之所輕，不肖者之所勉。箋云：聊與子如一，且欲與之居處，觀其行也。蘊，紆粉反。夏，戶雅反。下同。見，賢遍反，下同。援音袁。下同。衎，苦旦反。樂音洛。夫三音符。其行，下孟反。

北魏 賈思勰《齊民要術》卷三《種蘭香》 燒馬蹄羊角成灰，春散著濕地，羅勒乃生。

又 卷六《養羊·作氈法》 春毛秋毛，中半和用。秋毛緊強，春毛軟弱，獨用太偏，是以須雜。三月桃花水時，氈第一。凡作氈，不須厚大，唯緊薄均調乃佳耳。二年敷臥，小覺垢黑，以九月、十月，賣作韉氈，明年四五月出氈時，更買新者；此為長存，永不穿敗。若不數換者，非直垢汙，穿穴之後，便無所直，虛成糜費。此不朽之功，豈可同年而語也？

又《令氈不生蟲法》 夏月敷席下臥上，則不生蟲。若氈多無人臥上者，預收柞柴、桑薪灰，入五月中，羅灰遍著氈上，厚五寸許，卷束，於風涼之處閣置，蟲亦不生。如其不爾，無不蟲出。羖羊，四月末，五月初鉸之。性不耐寒，早鉸值寒則凍死。雙生者多，易為繁息；性既豐乳，有酥酪之饒；毛堪酒袋，兼繩索之利：其潤益又過白羊。

又 卷七《貨殖》 屠牛羊彘千皮，穀糴千鍾。師古曰：謂常糴取而居之。【略】牛千足，羊彘千双，僮手指千。孟康曰：僮奴婢也，古者無空手游日，皆有作務，作務須手指，故曰手指，以別馬牛蹄角也。師古曰：手指謂有巧伎者，指千則人百。【略】狐貂裘千皮，羔羊裘千石。師古曰：狐貂貴，故計其數。羔羊賤，故稱其量也。

又 卷九《筆墨》 韋仲將《筆方》曰：『先次以鐵梳梳兔毫及羊青毛，去其穢毛，蓋使不髯。茹訖，各別之。皆用梳掌痛拍整齊毫鋒端，本各作扁，極令均調平好，用衣羊青毛縮羊青毛去兔毫頭下二分許。然後合扁，卷令極圓。訖，痛頡之。『以所整羊毛中截，用衣中心名曰「筆柱」，或曰「墨池」、「承墨」。複用毫青衣羊青毛外，如作柱法，使中心齊，亦使平均。痛頡，內管中，寧隨毛長者使深。寧小不大。筆之大要也。』

唐 陸璣《毛詩草木鳥獸蟲魚疏》卷下《羔裘豹飾》 豹，赤豹，毛赤而文黑。謂之赤豹。毛白而文黑，謂之白豹。

唐 韓鄂《四時纂要》卷三 剪羊毛。是月候毛床動，則鉸鉸。訖以河水洗，則生毛潔白。

宋 陳祥道《禮書》卷一二《裘制》 《周禮》司裘掌為大裘，以供王祀天之服。大裘，黑羔裘，服以祀天，示質。中秋獻良裘，王乃行羽物。良善也，良裘王所服也。季秋獻功裘，以待頒賜。功裘，人功微麤，謂狐青麛裘之屬。鄭司農云：功裘卿大夫之服也。又曰：大喪廞裘飾皮車。皮車遣卓之革路，故書廞為淫。鄭氏云：淫裘陳裘也。凡邦之皮事掌之，歲終則會。唯王之裘與其皮事，不會。司服祀昊天上帝則服大裘，而冕。大裘，羔裘也。又曰：郊祀裘冕，二人執戈，送逆尸從車。裘，大裘也。《記》曰：童子不衣裘裳，曾子襲裘而弔，子游裼裘而弔。曾子指子游而示人曰夫夫也，為習於禮者，如之何其裼裘而弔也，主人既小斂，袒、括髮，子游趨而出，襲裘帶絰而入。曾子曰我過矣，我過矣，夫夫是也。夫子曰：始死，羔裘玄冠者，易之而已。羔裘玄冠，不以弔。不以吉服弔喪。練鹿裘衡長袪，袪裼之可也。裼表裘也，有袪而裼之。晏子一狐裘三十年。《月令》孟冬，天子始裘。《內則》男子二十而冠，可以衣裘帛。《玉藻》惟君黼裘以誓省，大裘，非古也。大裘，羔裘也。黼裘，以羔與狐白雜為黼文也。省當為獮。君衣狐白裘，錦衣以裼之。君之右虎裘，厥左狼裘。士不衣狐白。君子狐青裘豹褎，玄綃衣以裼之。麛裘青豻褎，絞衣以裼之。羔裘豹，飾緇衣以裼之。狐裘，黃衣以裼之。錦衣狐裘，諸侯之服也。犬羊之裘，不裼不文飾也。不裼，裘之裼也，見美也，服之襲也，充美也。弔則襲，不盡飾也。君在則裼，盡飾也。無事則裼弗敢充也。童子不裘不帛，禮不盛服不充，故大裘不裼。《學記》曰：良冶之，子必學為裘。喪大記，弔者襲裘，加武帶絰與主人。拾踊詩羔羊曰：羔羊之皮，素絲五紽。紽，數也。古者素絲以英裘。羔羊之革，素絲五緎。緎縫也。羔羊之縫，素絲五總。總數也。旄丘，責衛伯也。狐裘蒙戎匪車不東，鄭羔裘刺朝也。羔裘如濡洵直，且侯羔裘豹飾孔武有力。羔裘晏兮，三英粲兮。三英，三德也。晉羔裘刺時也，羔裘豹袪自我人居，居簉羔裘豹袪在位卿大夫之服。羔裘豹褎，自我人究究。蒹葭曰：君子至止，錦衣狐裘。毛曰：狐裘朝廷之服。檜羔裘曰：羔裘逍遙，狐裘以朝，羔裘翱翔，狐裘在堂，羔裘如膏，日出有曜。豳七月一之日取彼狐狸為公子裘。都人士曰：彼都人士狐裘黃，黃大東曰：舟人之子熊羆是裘。毛曰：舟舟楫之人，鄭舟當作周裘，當作求。《家語》大裘以黼之。《論語》曰：羔裘玄冠不以弔，緇衣，羔裘，素衣，麑裘，黃衣，狐裘。褻裘長，短右袂。狐貉之厚以居。又曰：公西華乘肥馬，衣輕裘。又曰：衣敝縕袍，與衣狐貉者，立而不恥者，其由也歟。子路曰：願車馬衣輕裘。荀子曰：若挈裘領詘五指而頓之順者，不可勝數也。淮南子曰：夏之不被裘，非愛之也。燠有餘於適也。冬之不用翣，非簡之也。清有餘於適也。《左傳》曰：東郭書晳幘而貍製。又曰：臧之狐敗我於狐駘。又曰：蔡昭侯如楚持羔裘二一。又曰：渾良夫紫衣狐裘。列子曰：榮啟期被裘，帶索林類底，春被裘，拾遺穗。又曰：北國之人鞨巾而裘，中國之人冠冕而裳。

又《羔裘黑羔裘**》** 王大裘以祀天，諸侯羔裘以朝。先儒皆曰：黑羔，裘也。蓋羔取其有禮。羣而不黨，乳而必跪，贄之不鳴，殺之不號。黑取其合道，以道行禮，以禮成道。固先王之所尚也。然大裘尚質，羔裘有文。故《詩》曰：羔羊之皮，素絲五紽；羔羊之革，素絲五緎；羔羊之縫，素絲五總。毛氏曰：古者，素絲以英裘。紽，總數也。《爾雅》曰：緎，縫也。孫炎曰：緎，界也。蓋羔裘以素絲為組，施於縫中，以為英飾。其界有緎、有殺、有縫，其別有紽，其聚為總，而又飾之以豹，此所以與大裘異也。羔裘豹飾，狐青裘豹褎，麛裘青豻褎，何也。豹取其武而有文，青豻取其仁而能守；武而有文，諸侯視朝之事也。仁而能守，天子視朝之事也。狐青以燕居褎亦以豹，則武而有文亦非燕居之所可忘也。《詩》曰：羔裘豹飾，孔武有力。又曰：羔裘豹袪，自我人居。居其託物同而意異者，義緎縫也。孫炎曰：緎，界也。蓋羔裘以素絲為組，施於縫中，以為英飾。其界有緎、有殺、有縫，其別有紽，其聚為總，而又飾之以豹，此所以與大裘異也。羔裘豹飾狐青裘豹，褎麛裘青豻褎何也。豹取其武，而有文青豻取其仁而能守，武而有文，諸侯視朝之事也。仁而能守，天子視朝之事也。狐青以燕居褎亦以豹，則武而有文亦非燕居之所可忘也。《詩》曰：羔裘豹飾，孔武有力。又曰：羔裘豹袪，自我人居。居其託物，同而意異者義。

《續資治通鑑長編》卷二一八《熙寧三年十二月己卯》 前日提舉司言，物料庫、牛羊司所蓄氈毛，舊以給宗室嫁娶，昨一例折支錢，今已委積數萬斤，皆同糞壤。三司不以見在物料爲之，而遠勤民力於河東，可令據見在并自今所收白羊毛擀造。其褥骨之類，即許用黑毛代之。

宋 輔廣《詩童子問》卷一《羔羊》 羔裘，大夫燕居之服者。毛氏謂大夫羔裘以居紽，蓋以絲飾裘之名者。毛氏謂舌者，素絲以英裘。其說皆當有所本，然《論語》孔氏緇衣羔裘乃用黑羊皮何也。豈用黑羊支故以素絲飾之耶。羔裘素飾，可見其節儉，退公委蛇，可見其正直。故《集傳》謂南國化文王之政，在位皆節儉正直。故詩人美其衣服有常，而從容自得如此也。所謂美其衣服有常，而從容自得如此，則所包者廣儘可玩味。若南軒先生之說，謂重言委蛇爲舒泰，而有餘裕，止賦其退食之際，則在公之正直，可知其說益詳，而其味益短。至於王氏出公入私，出私入公之說，則太急迫。

宋 李樗《毛詩集解》卷一六《檜羔裘詁訓傳》 羔裘，大夫以道去其君也。國小而迫君不用道，好絜其衣服，逍遙遊燕，而不能自強於政治，故作是詩也。

羔裘逍遙，狐裘以朝。直遥反豈不爾思勞心忉忉。羔裘翱翔，狐裘在堂。豈不爾思我心憂傷。羔裘如膏，古報反日出有曜。豈不爾思中心是悼。

李曰：檜乃少昊之後，為鄭所并。國小而迫，近於大國，君不能用人君之道以理國家，而徒修絜其衣，服逍遥而自樂，遊燕而無度，政事不勉。大夫去其君，故作是詩也。羔裘逍遥，鄭氏以為諸侯之朝，服緇衣羔裘。大蜡而息民，則有黃衣狐裘。鄭氏之意，謂羔裘朝服也。今乃宴而用之，狐裘祭服，今乃朝而用之，其好絜衣服如此，不如蘇氏之說，謂羔裘諸侯之朝服也。狐裘，朝天子之服也。羔裘，朝服宜其朝也。今乃以宴而用之，狐裘朝天子之服，宜其朝天子也。今乃一國之朝亦用之，以見其好絜衣服。如此，孔氏又以為《玉藻》云：君衣狐白裘，錦衣以裼之。既有狐白裘，又曰君子狐青裘，豹褎玄綃衣以裼之。則禮又有狐青裘矣，此經直言狐裘，可知非狐白狐青，而必知是黃衣狐裘者。以諸侯之服狐白裘，惟在天子之朝爾。在國視朝之服，則素衣麑裘，無狐白裘矣。若檜君用狐白以朝，則違禮僭上，若以狐裘，為僭上則非也。狐裘乃諸侯朝天子之服，使果為僭上，則非是好潔也。以朝天子之服，而朝於一國，不過言其好修潔，如此孔氏之説非也。羔裘翱翔，至中心是悼。翱翔，猶逍遥也。在堂，謂正寢人君日出視朝，乃退適路寢以聽政，今乃衣狐裘以聽政於正寢，故曰：在堂如膏者，言所服羔裘之色潤澤如脂膏，然日出有光照耀之時，覩其裘色如脂膏也。言其鮮潔，如此此詩上二句則言其好潔衣服。下二句則言豈不爾思，但言大夫之去國也。大夫非不愛其君，而至於勞心忉忉，則去國豈得已哉。中心是悼，亦憂思也。鄭氏謂以道去其君者，三諫不從待放而去，亦不如蘇氏之説，謂以朝服而遊燕以朝天子之服而朝夫君之為是也。則過矣，然而非大惡也。而大夫以是去之何哉。孔子之去魯，為女樂故也。而曰：燔肉不至，蓋諱其大惡，而以微罪。行檜大夫之羔裘，則孔子之燔肉也。此所謂以道去其君者，此言是也。

論曰：古之君臣相待之以禮，相接之以恩，君之於臣惟盡其待之之道，及其有罪，則愛臣之心，亦不替焉。臣之於君，惟盡其事之之道，及其得罪，則愛君之心亦不替焉。古者大臣有罪，而陷於不廉者，不謂之不廉，而謂之簠簋不飾。有陷於汚穢者，不謂之汚穢，而謂之帷薄不修。有罷軟不勝任者，不謂之罷軟，而謂之下官不職。此《賈誼傳》遷就而為之，諱不忍暴白其過。至於大臣愛君，則亦以微罪而行不替，其愛君之心，夫以人君尚不忍暴白其臣之過，則為之臣者，又安肯暴白其君之過乎。大抵古者風俗淳厚，君臣之分雖分，而其親愛之心常若無間。及至後世，君疑其臣，臣疑其君，較之於古殆不可同日而語。今檜國大夫以微罪行，既似孔子之去魯，及其去國，豈不爾思。又似孟子之出晝，其人可謂賢矣。惜乎名氏之不見於世也。

黃曰：觀羔裘一詩，見臣子愛君之心，未嘗一日忘。雖去國矣，而不敢無憂國之念。君雖不用道矣，而不敢言其君之過，託其意於羔裘，而寓其情於憂傷。邶之君子不能奮飛，孟子之三宿出晝，皆此意也。鄭氏謂好潔其衣服，亦非大惡，而大夫以是去之何哉。孔子之去魯為女樂也。而曰：燔肉不至，蓋欲以微罪行。檜君之好潔衣服，必有大不可正救者，不止於此。大夫不忍言其君之過，而特曰：逍遥遊燕，此其微意也。作序者謂大夫以道去其君，可謂深於詩矣。

宋 曾慥《類説》卷一三《叙筆》 番禺諸郡多以青羊為筆，或用鷄鴨毛，或以山雉，五色可愛得非江淹夢中所得者乎。每有置狐之毫，虎僕之毛，鼠鬚，羊毛，麝毛，貍毛，羊鬚胎髮，然未若兔毫。按《博物志》蒙恬製筆，董仲舒答牛享問曰：蒙恬以枯木為管，鹿毛為柱，羊毛為被，所謂蒼毫非兎毫竹管也。夫有筆之理，與書同生。《尚書》中候云：龜負圖，周公援筆寫之，其來尚矣。

又 卷二五《席帽》 本羌服，以羊毛為之。秦漢靴以故席，女人亦戴之，四緣垂網子，飾以珠翠，謂之席帽。煬帝幸江都，御紫雲樓，觀市，欲見女人姿容，詔令去網子。

宋 朱長文《墨池編》卷六 後漢韋仲將《筆墨方》先於鐵梳梳兔毫。及青羊毛去，其穢毛訖。別用梳掌製正毫齊鋒端，各作扁極，令調平均好，用表青羊毛，去兔毫頭下二分，然後合扁極固，訖痛頡訖以所正青羊毛中截，用衣筆心，名為筆柱，或曰墨池承墨。復由毫，青外如作柱法，心齊亦均，痛頡內管中，寧心小不宜大，此筆之要也。

宋 莊綽《鷄肋編》卷上 江浙無兔，系筆多用羊毛，惟明、信州為佳，毛柔和而不攣曲。亦用鹿毛，但脆易禿。湖南二廣又用雞毛，尤為軟弱。高麗用猩猩毛，反太堅勁也。其用鼠須，只一兩莖置筆心中。如狸毛則見於《唐史》，疑亦太弱。南方春夏梅雨蒸濕，墨皆膠敗，滯筆而無光。徽州世出墨工，多佳墨，雲以置灰中，則陰潤不能壞也。

宋 魏了翁《毛詩要義》卷四《緇衣羔裘諸侯之朝服》 羔裘如濡，洵直且侯。如濡潤澤也，洵均侯君也。箋云：緇衣羔裘諸侯之朝服也。言古朝廷之臣皆忠直且君也。君者言正其衣冠，尊其瞻視儼，然人望而畏之。《正義》曰：《經》云羔裘知緇衣者。《玉藻》云：羔裘緇衣以裼之。《論語》云：緇衣羔裘，是羔裘必緇衣也。《士冠禮》云：主人玄冠朝服，緇帶素韠。注云：衣不言色者，衣與冠同也。是緇衣爲朝服也。《玉藻》云：諸侯朝服以日視朝，故知緇衣羔裘是諸侯之朝服也。

元 司農司《農桑輯要》卷七《剪羊毛》 三月，候毛牀動，則剪。剪訖，以河水洗，即生毛潔白，八月候胡菓子未成時剪之，不爾，則損毛。中旬後剪，則勿洗，恐寒氣損羊。

明 趙志皋《內閣奏題稿》卷四《題減織羊絨》 二月初八日，謹題：臣等先蒙發下織染局僉書御用監太監柳用等一本，欽奉聖諭，行陝西職造羊絨，奉聖旨：是，工部知道。後又蒙發下工部一本，爲織造事，令臣等擬票。竊思織造羊絨袍服，先朝已行，皇上臨御二十餘年，乃始傳諭織造，此臣子所當奉行之不暇者。而工部乃有此請，蓋因工部左侍郎沈思孝，二年前巡撫陝西，親見陝西地方火酋猖獗於甘、涼，孛賊反叛於寧夏，地方極其殘破，錢粮耗於轉輸，庫藏已稱匱竭矣。加以災沴洊臻，荒蕪益甚，民不聊生，是官民俱困之時也。若一旦加之以一百六十萬之織造，豈惟民力有所不堪，而官帑亦不能給。雖有該部料價等銀，歲不過二萬餘兩，以有限之數，而供莫大之工，其何能濟。臣等見其言之懇切，而其疏又從中發，臣等仰見皇上之心，必俯從其請，輒敢擬以減半織造，陸續解進。又查得萬曆四年，織造局傳造袍服段疋，因科臣具奏，遂減三分之一。七年，承運庫傳造袍服段疋，又因科臣具奏准減半織造。此皆皇上推心以愛民，約己以裕下，至今傳頌不替，豈於今日而靳其施哉。此臣等所以輒敢擬票，而請自上裁也。臣等竊念袍服係關上用，既不可已，而陝西民窮，財困又不能支，伏願皇上俯從部臣之請，工部原疏發下，量從減省，行令議處，一歲可得銀幾萬兩，并發本部，料價銀以濟之，先將上用之要緊者，酌量一歲可織多少，分爲幾運至於次年，又計該省銀數，并料價銀，可織多少，分爲幾運，限以幾年方完，庶民力易辦，而上用不缺矣。臣等豈敢故違工意，而于譽小民哉。蓋誠知其地方兵荒困苦，而不得不爲君父陳之耳。伏惟皇上賜察臣等無任仰祈之至。

奉聖旨：覽卿等所奏，朕已知道了。此織造乃不得已，原数朕已織造了亦臣等知。

明 喬祺《收成命以防後患疏》《皇明兩朝疏抄》卷四 臣等竊惟聖人責未然之防，而人臣有先事之戒。蓋事關利害，幾伏安危，有目前之所不必憲，而為他日之大可憂者，惟在乎人主早見，而預圖思患而預防之耳。近該浙江鎮守太監鄧文請易敕書，內織染局太監刁永請差官往陝西織造羊絨袱，近該科道論劾該部執奏，未蒙一俞允。臣等遠在南都，聞之甚駭，以為陛下明聖，而一旦忽有此舉，切恐非陛下本意也。陛下臨御以來節用愛人，絕遠方珎怪之物，禁內庭玩好之供。一供役之必慎，一用舍之不輕惓惓乎。周天下之慮，以圖萬世之安，薄海內外皆有以知，聖人之所作為出於尋常萬萬矣。今即此二事觀之，若有異焉。臣等妄料決非陛下本意也。臣等請舉其甚不可者，為陛下陳之。祖宗設鎮守太監於各省者，凡以為安地方計也。自張慶請勑以便已私，而兩浙生靈至今受困，又況成化弘治年間，民殷物阜已不能堪，即今水旱頻仍，邑里蕭索，生民凋敝，莫此為甚。若是而更加以此曹之剥削，兩浙之民如之何而可以生活耶。訪得鄧文見在浙江以惡弟為謀主，養無賴為爪牙，擅作威福，多方害人，索杠有分利，魚塩有供應，粮長機户索取銀兩段疋，富家大戶無故訪拏，必得重賄方肯釋放。知府以下官員，勒要拜見銀兩方許進見。地方軍民甚是不堪，道路以目，既如此而又賜之以勑，是猛虎而益之以翼也。民不堪其命者必矣。陛下設鎮守以安民，而使民不堪命，亦何以利於是哉。畢眞浦知覆轍在前，切恐此勑之換亦非鄧文之福也。至於差官往陝西織造羊絨袍袱，尤為不可。蓋陝西地方連年苦於兵革，病於饑饉，祖宗百五十年以來所患者惟陝西邊境之最要也。其在今日，甘肅則有回夷跳，岷河州則有亦不剌延寧，固原則有套賊，邊警不時，支給不暇，連年動遣重臣震壓其境。雖收薄效，尚未底寧，而今乃復有此舉，差官一出，供應不貲，參随瓜牙之徒惟利是索，有司驛傳恣意誅求。陝西地方近已匱，於軍餉民情皇皇，今復加以科擾，必將騷動地方，震驚邊庭，譬猶抱薪以救火也。其不動外夷之覬覦者或寡矣。陛下宵衣旰食，內修外攘，言及邊事，輒勞宸慮，今瘡痍之民尚未全瘳，邊方之警尚未寧息，而又可重於此等騷動之哉。切恐此舉殆非國家之利也。夫天下大勢在東南浙江，為財賦之區在西北山陝為藩蘺之地。近年以來東南民力罄竭無餘，西北兵威困憊不振，譬之人身，元氣索然，强自支持，其不仆者，無幾識治者，每為國家危之，今又重以軍民不堪之甚者，忽然加之，臣等恐天下之大可憂者，必無出於此矣。臣等待罪言官，有事當言，而言當盡使廟堂之上有此不令之舉以遺後日之憂。一旦變生噬臍無及異，時臣等雖身伏斧鑕，亦無以逭其責矣。伏願陛下不以成命為難回，不以微言為可忽，緬念萬姓之艱危，俯從諸臣之論諫，將鄧文亟賜罷黜以為生事者之戒，另選安靜老成之人以充鎮守陝西織造羊絨，乞如該部所議，著令彼處官司照數織造解送來京，以給公用。庶幾地方不擾，民生得安，而後患可以潛弭矣。國家億萬年靈長之休端在於是，臣不勝懇切待罪之至。

明 楊一清《憫人窮以昭聖德疏》《皇明兩朝疏抄》卷四　臣近者被召赴京，途間聞朝廷以内織染局之奏，差官前去陝西織造，心竊疑焉。陝西之民極矣，方懼寬之未有其道，拯之不得其方，果有是舉，則如見火之烈，顧欲從而膏之，似與陛下平日恭儉愛民之德不類也。既入京師，則聞工部尚書趙璜等，工科都給事中張嵩、王科等，御史陳察、王朝用等；在陝西，則提督軍務尚書王憲、巡撫都御史王藎，巡按御史郭登庸、吉棠、王鼎節有論列，俱欲停止前項織造，取回差去内臣，連章累牘，未聞尚回天聽，則又隱憂深念。以為人心所存即天理所在，内外之論不約而同，事關地方安危，誠非細故。乃皆不蒙省覽，而獨於内織染局之言是用，似與陛下平日聽言納諫之美不侔也。前日，臣在閣見發下工部所覆各官奏本，大學士費宏、石珤、賈詠與臣擬票，當依該部所擬，乞請停止。昨日早送下，欲仍照前旨施行，臣等相顧驚愕。除仍將原票封進外，伏乞臣久官陝西，近又初自三邊取回，生民愁苦之狀，戎虜強横之勢，邊方利害之情，觸目興嗟，經心抱痛。忽聞是舉，若默不作一言，則陛下斷自宸衷，引而置之輔導之地，將何用哉。竊惟尺下之事，有重有輕，臣下之言，有緩有急。以輕重言，則邱民固本，安内攘外，其最重者也。而該局所奏各色羊絨織彩龍袍、曳撒鞠衣之類，既非先王之制，又非常用不可無之物，其間輕重固自有別矣。以緩急言，各官極陳地方凋敝，錢粮缺乏，憂外患之方殷，内變之將作，其最急者也。而該局之奏，止恐有悞供應，其緩急亦復不同矣。及查陝西織造，非先朝舊典，弘治年間始有之。彼時套内無賊，腹裏有收，間一舉行，民不重困。孝宗皇帝采納人言，旋行旋罷。至正德年間，太監廖銮等以織造之故，剥民膏脂痛苦入骨，當事者厚網其利而朝廷獨任其怨。向非天啓聖衷掃除弊政，群奸伏辜，地方稍得安堵，不然，事勢所激，不知至於何地也。今陛下所造内臣，縱使謹原安靜，不蹈前人覆轍，而帶去官舍匠作人等，豈皆一一能守禮法。假借聲勢，生事擾人之害，難保必無。切見延綏、河套達賊雖大勢過河，而伏藏久住之賊，其數尚多，不時窺伺侵掠，冬寒河凍，難保不復入套。寧夏賀蘭山後又多賊營，河西亦不刺賊衆盤據西海，近渡江在我洮河，番境住牧，此腹心之疾也。而甘肅回夷之儆，旦夕難測，較之弘治年間，可憂不啻數倍。平、凉、鳳翔等處盜賊，又復肆行劫掠，各該守臣，方將調集兵粮，以備戰守，復恐公私匱竭，無以為謀。事勢至此，而欲蹈正德年間之弊政，以不急之務，而重困夫奄奄垂盡之民乎？誠恐民愈窮而盜愈熾，外寇乘之而入，河西、洮、岷之地將非國家所有，臨、鞏、平、陽諸郡安能保其晏然無事乎？故今日陝西差官織造，臣反覆思之，誠未見其可也。及又查得，陝西各府、州、縣，拖欠各王府祿米并折色不下數十萬石，負欠官軍俸粮至三五年未支。節奉明旨責限令其補支。所司瞠目束手，無從處給。拆東補西，僅支目前，不經之費如之此地，甚非所宜。且織造開局雖在西安，而羊絨必取之臨、洮蘭州。此地凋敝已甚，年成薄收，見今銀每錢止羅粟米六七升，民不聊生。若更迫之，密邇賊巢，非死於溝壑，則驅之從賊耳。夫工部尚書、侍郎為朝廷之股肱，科、道為朝廷之耳目，而提督、巡撫、巡按等官又口朝廷簡用以寄一方之命者也。今諸臣合辭乞罷，悃懇意切，彼豈不知逆耳之難入，而順志之為安哉。亦職掌所在，利害切身，有不容不言者耳。臣仰窺聖意，蓋以成命已下，難於追改，差官已久，不可復回。然因時制宜，聖賢明訓，從諫弗咈，人君盛德。始因該局之請而行之，繼因群臣之言而罷之，則陛下視民如傷之仁，改過不吝之勇，上有光於前古，下作則於方來若之何其不可也。況該局原奏止言，各色羊絨見在數少，不敷供應，不言欠缺。而各官所懇，亦欲該衙門將緊關該用供應絨服開數，行令陝西鎮巡官如式織造，亦未嘗敢議停止。若依其所言，上用既不有悞，下人亦無所擾，似不難從，而何必規規於該局先入之奏，以拂中外之公言哉。且天子至尊無對，若服用之常，必不可缺，惟正之供，何足為過。但羊絨初本庶民賤者之服，非宫庭所宜御，故常貢之所不及。近年奸巧之徒，造為織金粧花之飛，麗五彩閃色之華，人始貴之。一袍費至百餘金，一疋價可十餘両。在先王嘗置諸淫巧之科，在今日常申嚴侈靡之禁。從而重之以病吾民，聖明亦偶未之思耳。不然則陛下嗣位以來勤恤民隱，寬徵之令無歲不降。軫念邊方，内帑之銀不時及發。不以玩好奪心志，不作無益害有益，仁聲善政，莫磬名言，何獨於此一事執之甚堅，豈非視之輕而不覺其為害之重若是乎。伏望陛下，慎守儉德，以廣邺民之仁，慱納讜言，以成從諫之美。乞早降德音，將差去太監梁玉取回，一應該織羊絨袍服等件交付陝西鎮守太監，晏宏，巡撫都御史王藎等，督同三司官員如式織造，陸續進用。惟復照依工部所擬，令太監梁玉先將急缺上用龍袍攢造完備，定限回京，其餘可從緩者，與見織未完者俱交付鎮、巡等官織進。一應錢粮，寧取諸官帑，無派於軍民。若是年歲荒歉，或虜惜緊急，即便具奏停止，侍年成有收，地方無事之日舉行。如此，庶使民心不摇，邦本自固，而各官得以盡心督徵邊儲，防禦外寇，地方可保無虞矣。

明 吉棠《暫停織造以蘇邊民疏》《皇明兩朝疏抄》卷四　臣見邸報，該內織染局太監刁永等題稱：供應羊絨袍服不敷，奉欽依差官織造，隨該科道交章論奏，欲要停止，未蒙聖允，仍欲差官臣見聞之，餘不勝憂懼。竊惟絨袍，止是弘治五年鎮巡官織造一次。正德二年差官未久隨即停止，後被太監廖鑾等假此大肆科取，箄及銖錙，剥民骨髓，至今追思，無不蹙額，幸逢聖明御極，詔革一切浮費。二四年間，疲□之民方脱横征之厄，依棲舊業而窯崖堡洞十常九空，重以北虜，在套土魯番出没，甘泉亦不剌占據，青海四面受敵，報無虚日，今歲買戰馬，明年易粮草，攻守之計未成，倉廩之虚益甚。平居無事，人有隱憂。况今流賊竊發，平凉雖擒首惡，餘黨尚存，亦不剌壓枕。洮境大肆侵掠，掣兵防禦，而洮地不産五穀，全靠腹裹，雖銀一錢止糴粮七八升。民經抑買，破家幹運，供億不前，外廹於搶擄，内追於銀粮，勢若水火，人心驚惶。此正所謂門庭之寇，腹心之疾。萬一其患不止，不獨臨鞏可憂，雖全陝不得安枕而卧也。當此困極之時，正宜多方休息，加意愛養，乃復差官織造，以增一番之徵，求啟百孔之漁獵。臣恐貧民甚有不堪其苦者矣。陛下亦嘗垂念全陝，特復總制節發内帑銀數千萬兩接濟軍餉，以裕民力。至於差官織造，獨不暫為停止，臣固知非陛下之本心也。且今西征將士枕戈而卧，茹藿而食，臣仰窺陛下雖有絨袍亦當自服之不安顧，乃務要差官織造，重耗財力。疲瘠之民何時得蘇。伏望陛下憫念時艱，俯就衆論，收回成命，停亡差官，或暫命鎮巡等官查照舊規減半織造，或待邊患稍寧照舊舉行，庶全陝之疲民，霑用一緩二之恩。各邊之軍需無顧此失彼之患矣。

明 張嵩《乞止差官織造疏》《皇明疏鈔》卷一三　近該内織染局太監刁永等題稱：供應羊絨袍服不敷，欲照先年事理請勑差官前去陝西織造。惟復勑工部另行計處，奉聖旨准寫勑差官前去織造。臣等聞之，竊謂此等舉動皆非陛下意也。何者，陛下御極之初，嘗禁革各處織造矣。先帝差去内臣，即日取回天，下至今稱頌，聖明不衰，是蓋洞知差官織造之為地方害也。審矣，豈昔知之，而今顧不之知耶。子惠困窮人主之盛德也。關陝往歲以織造之故，廖鑾輩肆為侵擾財利兩空，怨讟四作，賴陛下起而休養之數年方迴更生之望。而又回夷作梗，北虜多事，歲輸月餉，民不聊生者，視昔有加焉。乃復重之，以此恐非陛下之所忍也。前此蘇杭織造段疋，左右以差官請陛下，既誤聽之矣。臣等言之，宰執言之，竟未之能回，至今尚有遺恨，可容再誤耶。且紵段猶切扵用，而蘇杭為財賦之地猶或僅可支持，羊絨則固可緩者。而關陝土瘠民貧，人心悍勁，一有不堪，易扵生亂，况當此憔悴之極乎。是誠不可不先為之慮也。異時或有他變，為計亦晚矣。按請者曰：惟恐一時取用織造不前，其意真若為公也。陛下亦以為職掌，則然也。殊不知名為假公實則營私，不過曲遂欲去者之鑚，求而交濟其欲耳。使其果出扵公，則弘治四年，正德十一年，皆止是賫司禮監揭帖行彼處鎮巡等官織辦，其例具在，雖非經典，猶足為訓，何至獨舉差官為説哉。我孝廟深仁厚澤，培固邦家，末年差官一節，未免為純德之累，然其所可法者多矣。該監獨擇其累德者，為陛下當遵，不亦逢迎之甚哉。又曰四宫供應不敷其意，亦真若為公也。殊不知窺伺陛下孝愛之心，可以易動，故假此以聳天聽，以决其必行之計，陛下偶未之察耳。不然則仁壽宫舊為昭聖皇太后攸寧之所，急扵興作，亦未為過，而陛下方且以地方困弊，採木之官既差復止，其視此舉輕重如何，顧乃緩扵彼而急扵此。臣等以是知此舉斷非陛下意也。夫古之賢君，未嘗不以崇節儉為天下先，是故禹惡衣服，漢文帝衣弋綈，我祖宗亦嘗服布素澣濯之衣，豈為勢之不足哉。事在得已，不以天下而奉一人也。陛下動遵古訓，躬行素約，以勵維新之治，百凡玩好不急一切報罷，海内方忻忻然慶幸，以謂聖人在上，當日覩太平之盛。夫何緣此一二左右而不保克終之譽，切為陛下惜之。伏望陛下無以得已之請，而易節儉之心，無以自奉之故，而傷惠綏之政。俯從臣等之言，收回成命，不必差官。如前項羊絨袍服果不敷用，乞勑工部議處，經其工費定以數目，移文陝西鎮巡衙門如法督辦。完日即便責委人員齎進，既不失朝廷供應之需，而又無累扵皇上聖明之德，惟陛下採納焉。天下幸甚。宗社幸甚。

明 蕭廪《乞恩裁省以安民生疏》《皇明疏鈔》卷二六　臣聞：陝西羊絨，與羅段迥異其織造，必視天時，非若羅段之可常織。其收貯僅可一二歲，非若羅段之可常收。若使多織而久藏之，或致蛀壞，是又可惜也。如蒙天恩勑下工部，會同該監將所開數目酌量緊等，行令監官織造，其稍可緩者，俯賜裁省數目，少則易完物料，少則易辦而加派，少則艱疾災傷之民，亦尚易供，而不至驚駭迯移。且監官亦自易處而不至遲久留滯，陛下休養之恩同符父母，而陝民生成之感，永戴天地者，寧有窮乎。民生乂安，聖德彰顯，此又愚臣一念。憂民愛君所以不避斧鉞，而拳拳言之者也。臣干冒天威。

明　葉向高《綸扉奏草》卷二六《回奏聖諭詔赦事情揭》　該文書官王體乾傳出聖諭：諭內閣覽卿等所擬赦詔，內寛釋楚宗幽禁姑准所擬，其蠲免陝西駁造羊羢袍服，朕豈不憫念民情困苦，但係緊急上供，且數不多，難以停免，各省額進稅課，准以每年所徵三分量減一分，以彰慈恩恤民德意。其二分照舊徵收，分解進用，接濟急需，待三殿工有次第，即行停止。起廢遺建言謫戍等官已有旨了。故諭欽此。臣等連日正爲此事甚懷懸望，今蒙聖裁發下于臣等所擬赦條，自陝西羊羢外盡蒙允行，于所揭請起廢罷稅二事，又蒙皇上親自裁定廢，臣則分別敘用稅則減三分之一，至楚宗沈錮已十餘年，一旦得覩天日此皆，皇上孝誠純篤超絶古今。于聖母遺命不但遵行，而且推廣薄海臣民，孰不頌如天之仁，而戴聖母之德千萬年無窮極也。臣等不勝歡欣，不勝感服，所奉聖諭，臣謹即傳宣，以慰中外饑渴之望。謹先具回奏以聞。萬曆四十二年三月二十日。

明　何士晋《工部廠庫須知》卷九　白山羊絨四百三十八斤十二兩，每斤銀三錢，共該銀一百三十一兩六錢二分五厘。

白綿羊秋毛一萬三千一百六十二斤八兩，每斤銀九分，共該銀一千一百八十四兩六錢二分五厘。

黑綿羊秋毛六千一百四十二斤八兩，每斤銀一錢，共該銀六百一十四兩二錢五分。

白山羊毛一萬三千一百六十二斤八兩，每斤銀一錢，共該銀一千三百一十六兩二錢五分。

又　白山羊羢二百五十斤，每斤銀三銀七十五兩。

秋白綿羊毛二百五十斤，每斤銀九分，共該銀二十二兩五錢。

黃綿羊皮二百五十張，每張銀二錢，共該銀五十兩。

又　陝西羊羢原無額數，偶遇缺乏，欽降花樣定擬數目，揭帖差人賫送彼處。鎮巡等官照數織辦，如或差及內監官員，節該本部及科道官執奏停止。惟嘉靖五年差太監梁玉織造，七年以陝西災傷取回。二十四年差太監孟忠織造，二十九年以絨疋稀鬆，奉旨着錦衣衛官校將忠拏解來京。是後間有織造，止係行文，並未差遣內臣矣。近年該省解羊羢一次鋪墊不貲，又每次四五十疋，揑稱不堪應退，要行補織，而原絨仍留內□庫，不肯發回地方，苦之。

明　馮復京《六家詩名物疏》卷六《皮革》　《周禮》掌皮掌秋斂皮，冬斂革，遂以式法頒皮革于百工。共其毳毛為氊，以待邦事。又云：荆州其利齒革。《考工記》攻皮之工：函、鮑、韗、韋、裘，函人為甲，鮑人之事，望而眡之，欲其荼白也。進而握之，欲其柔而滑也。卷而摶之，欲其無迆也。眡其著欲其淺也。察其線欲其藏也。韗人為皐陶。《釋名》云：皮，被也。被，覆體也。《說文》云：獸皮治去其毛曰革，革更也。《正義》云：對文則皮革異，散文則通。司裘曰：大喪飾皮車，謂革輅，去毛得稱皮，明是有毛則稱革，故攻皮之工有函、鮑、韗、韋、裘，是皮革通言也。《爾雅》云：革中絶謂之辨，革中辨謂之韏，注辨中斷皮也。韏復分平也。又云：東北之美者，有斥山之文皮焉。注：虎豹之屬皮，有文采者。

明　李時珍《本草綱目》卷五〇《羊》　皮，主治一切風，及脚中虛，風補虛勞，去毛作羹、臛食。孟詵。濕皮臥之，散打傷青腫。乾皮燒服，治蠱毒下血。時珍。脂青羊者良。氣味甘，熱，無毒。《丹房鑑源》云：柔銀軟銅。主治生脂：止下痢脱肛，去風毒，産後腹中絞痛。思邈。治鬼疰。蘇頌。胡治方有青羊脂丸。去遊風及黑䵟。《日華》熟脂：主賊風痿痺飛尸，辟温氣，止勞痢，潤肌膚，殺蟲治瘡癬。入膏藥，透肌肉經絡，徹風熱毒氣。時珍。

附方新十三：下痢腹痛羊脂，阿膠，蠟各二兩，黍米二升，煮粥食之。《千金》。妊娠下痢羊脂如棊子大十枚，温酒一升，服，日三。《千金》。虛勞口乾《千金》用羊脂一雞子大，淳酒半升，棗七枚，漬七日食，立愈。《外臺》用羊脂雞子大，納半斤酢中一宿，絞汁含之。卒汗不止牛、羊脂，温酒頻化，服之。《外臺》。脾横瓜赤煎羊脂摩之。《外臺》。産後虛羸令人肥白健壯。羊脂二斤，生地黃汁一斗，薑汁五升，白蜜三升，煎如飴。温酒服一盃，日三。《小品》。婦人陰脱煎羊脂頻塗之。《廣利方》。發背初起羊脂、豬脂切片，冷水浸貼，熱則易之。數日瘥。《外臺》。牙齒疳䘌黑羖羊脂、莨菪子等分，入盃中燒烟，張口熏之。《千金方》。小兒口瘡羊脂煎薏苡根塗之。活幼心書。豌豆如疥赤黑色者煎青羊脂摩之。《千金方》。赤丹如疥不治殺人。煎青羊脂摩之，數次愈。《集驗》。誤吞釘鍼多食豬羊脂久則自出。《肘後》。【略】

[羖羊]毛，主治轉筋醋煑裹脚。孟詵。

鬚，羖羊者良。主治小兒口瘡，蠼螋尿瘡，燒灰和油敷。時珍。

附方新二：香瓣瘡生面上耳，瘡浸淫水出久不愈，用羖羊鬚荆芥乾，棗肉各二錢，燒存性入輕粉半錢，每洗拭清油調搽，二三次必愈。聖惠方。口吻瘡。方同上。

明　陸化熙《詩通》卷一《羔裘》　三章。摠是即其服之美，而嘆其德之稱。舍命不渝，安處于天理之正而不變也。如宅舍之舍，曰舍，則自不得渝矣。義極精而包得潤。註言：當生死之際，見非生死所關，可知孔武有力，指豹飾。言司直不專，精諫君及瓶國人之是非，乃中立不倚，危言危行，主持直道之謂彥以德。言光養既粹人文宣朗，足以潤色皇猷，故謂之彥。

又《羔裘》 此詩應依小序，刺大夫不恤民，說居居究究，若從好邊說，則一是身與之相依，一是心與之相體。鄭氏以居居為懷惡不相親比之貌，則責數大夫甚矣。說詩不妨含蓄，末二句形容仰望之切，而不恤其民意在言外。

又《羔裘》 羔裘不以視朝而以私居狐裘，不以朝君而以朝臣，其好自修飾不容心于治，可見却不重在違制。忉忉思之也。憂傷危之也。悼則悼其不可復救，細味此詩，于擔君所以可憂處，到底不曾說出。

明 毛晉《毛詩陸疏廣要》卷下《羔裘豹飾》 《易》云：君子豹變，其文蔚也。《本草圖經》云：豹皮人寢，可以驅溼癘。今黔蜀中時有貘，象鼻犀目，牛尾虎足，土人鼎釜，多爲所食。其齒以刀斧錐鍛，鋏皆碎落，火亦不能燒，人得之，詐爲佛牙佛骨，以誑俚俗。《衍義》云：豹毛赤黄，其文黑如錢而中空，比比相次，此獸猛捷過虎，故能安五臟，補絕傷，輕身。又有土豹，毛更無文，色亦不赤，其形小，此各有種，非能變爲虎也。《王會篇》云：屠州有黑豹。白豹別名貘，今出建寧郡，毛黑，白臆似熊而小能，食蛇以食舐鋏，可頓進數十斤。溺能消鐵爲水。《列女傳》：陶谷子妻云：南山有玄豹，霧雨七日不下食者，何也。欲以澤其衣毛而成其文章，故藏以遠害。《洞冥記》：青豹出浪坂之山，狀如虎色如翠。《禮書》云：豹取其武而有文。《埤雅》：豹花如錢，黑而小於虎。文晉人刺在位不恤其民，其詩一章曰：羔裘豹祛，自我人居居。二章曰：羔裘豹褎，自我人究究。言大夫體柔以剛，文之而已。今其用暴如此，則非所以稱其服也。居居以言不通，究究以言不恕，豹祛，下大夫也，豹褎，上大夫也。《詩》曰：羔裘豹飾。又言：國君體柔而文之以剛，其義上達也。《玉藻》曰：狐青裘豹褎玄，綃衣以裼之，羔裘豹飾緇衣以裼之，則豹飾明非褎矣。《毛詩傳》曰：飾爲緣以豹皮則緣，蓋言領人君之服也。管子曰：上大夫豹飾，列大夫豹幨，此齊一時之數，非古也。古云：虎豹之駒，未成文，已有食牛之氣，及長退毛，然後疎朗渙散，蓋亦養而成之。《傳》曰：文豹隱霧十日不食，欲以澤其衣毛，成其文彩，殆謂是也。《語》曰：豹死留皮，人死留名，故君子疾沒世而名不稱焉。豹一名程。《列子》曰：程生馬。古詩曰：餓狼食不足，飢豹食有餘，言狼貪，豹廉，有所程度而食，其字從勺豹之勺，猶虎之擬也。《字說》曰：虎、豹、狸皆能勺物而取焉。《博物志》云：豹死守窟，言不忘本也。《淮南子》曰：蝟使虎申，蛇令豹止，物各有所制也。《爾雅》：翼豹似虎，而圈文有數種，有赤豹。《山海經》云：幽都之山有玄虎，有玄豹。王會篇云：屠州有黑豹。有白豹別名貘。淮南曰：軍正執虎豹皮以正其衆，豹尾車周制也。象君子豹變以其尾言謙也。古者，軍正建之漢大駕，屬車八十一乘，作三行，尚書御史乘之，最後一乘縣豹尾，豹尾以前皆爲省中。《周禮》云：射以皮飾侯。《詩》云：羔裘豹飾瑱。《語》云：范獻子獵遺其豹冠。《爾雅》云：貘獸似熊，象鼻犀，目師首豺髮小頭，庳脚，黑白駁能舐，食銅鐵及竹銳，髻骨實無髓皮，辟溼以爲坐毯臥褥，則消膜外之氣，字從膜，省蓋以此也。《蜀都賦》云：戟食鐵之獸卽貘是也。劉子曰：飛齬甘烟走貘，美鐵所居隔絕，嗜好不同，未足怪也。舊云：貘糞爲兵，可以切玉。

（弘治）《貴州圖經新志》卷一六《牧羊爲産》 新志土宜羊，土入皆牧以為生，歲兩取其毛，以為毡，而資貿易焉。

清 徐松《宋會要輯稿·刑法二之五》 ［淳化五年五月］先是，歲用蒿數十萬圍，供甄官及尚方染作，自今染作以木柿給之。造弓弩先用牛筋，自今工官爲弓弩，其縱理用牛筋，他悉以羊馬筋代之。

《大清會典則例》卷一六八《内務府·武備院》 一、徵收毛角筋膠。順治初年，定每年春秋二季，慶豐司剪取羊毛，並廣儲司所有熟皮羊毛交送收貯。【略】又定每年差庫官一人率領催匠人往張家口會稅務監督，於游牧處剪得羊毛，内揀選可用者，令監督運送至京，其寒羊毛羊絨由戶部支取。康熙九年題準，游牧場春秋二季所剪之毛，令其交送付沙河氊作。四十八年奏準，寒羊毛羊絨停於戶部支取，寒羊毛交臨清關稅務監督，每年辦三千斤羊絨，交河東鹽政，每年辦千斤運送。五十四年定，寒羊毛由山東巡撫辦送。雍正元年奏準，停止河東交送羊絨，遇用時動廣儲司庫銀採買。四年議準，張家口牧場所剪之毛停止差官辦理，交該稅務監督，會馬駝牛羊羣總管揀選運送。乾隆三年奏準，貯庫黑白羊毛如不敷用，奏交張家口稅務監督購買交送。

清 曹煜《繡虎軒尺牘·三集》卷三《與陳允升》 貧吏不能市好裘，

聞貴治出羊羢，特遣价來買數斤，即欲煩喚工人作羢衣數件以禦寒冬。羢價工價取之小僕之手不煩清照也。瑣屑之事，幸惟勿厭是荷。

清 方以智《物理小識》卷六《衣服類》 羊絨褐以蘭州姑姑羢爲上，其羊甚大，亦取橐駝羢污油自脱。次曰褐尖。劉客生曰：蘭州一師姑，積年爲之，色白可受紅花百斤，今皆倣者。瑣服出哈烈國，鳥毳爲之，一作梭服。廣東碾絹爲之，亦起雲。叵羅撒哈剌則絨毛厚織之，氆氌毼毲類也。火浣石絨，則炎洲火鼠毛爲之。或鎖鎖木不灰草爲之。

又 氈羢。陝西平涼畜羊，一年兩翦之。先梳下羢，其粗毛以桿氈。春毛氈作襏襫，雨不入，以有力也。南方加絮，故不可勝雨，滇氈雨衣亦佳，其犏牛羢則出西寧小西天者，秦邊畜收爲生，羊自環角外衛以卻狼。其犏牛成羣，行人備紅衣擲之，羣牛爭此紅衣，則行人過去矣。

拔羢。一簑衣羊，一喬芳羊，內毳細爽曰山羊，以別於綿羊也。山羊羢有二，搊羢，梳下也。拔羢，手捋也。

清 洪頤煊《讀書叢録》卷三《羊泠毛而毳》 內饔羊泠毛，而毳羶。鄭注：泠毛，毛長總結也。疏：泠毛，謂毛長也。而毳，謂毛別聚結者。頤煊案：泠與零同，泠毛，謂毛零落，而又毳結。《禮記・內則》、《正義》泠，謂毛本稀泠，毳，謂毛頭毳結斯得之矣。

清 汪師韓《韓門綴學》卷一《羔羊節儉》 羔羊之詩，小序云：在位皆節儉正直，德如羔羊。漢宋諸儒遵其説，而不易。然於所謂節儉者，則俱解之未明。鄭氏以退食爲節儉，固未有當。孔疏曰：首二句言裘，得其制，是節儉也。宋李迂仲樗曰：以羔羊爲裘，而五紽可以見其節儉意，皆未明。竊思《毛傳》謂大夫羔裘，以居疏云：謂居於朝廷，非居於家也。大夫在朝禮當羔裘，何由見其節儉至五紽之解。《毛傳》曰：素，白也。紽，數也。古者素絲以英裘，不失其制。次章曰革猶皮也。緎，縫也。三章曰縫，言縫殺之大小得其制，總數也。《朱子集傳》於首章曰：紽，未詳，蓋以絲飾裘之名也。次章曰：革，猶皮也。緎裘之縫界也。三章曰：縫，縫皮合之以爲裘也。總亦未詳。若是，則皮革無别，紽總無分。三章一意，與今詩之押韻，湊韻何異哉。蓋其文義以漸而進，故合三章，而節儉乃見。但觀首章未見其爲節儉也。皮者合毛與革之名，一裘需五羊之皮。《扊扅歌》云：百里奚初娶我時，五羊皮。宋范處義《詩補傳》云：素絲必以五言，蓋合五羊之皮爲一裘。五皮自須用五皮之線。孔疏云：織素絲爲組，紃以英飾，裘之縫中。又云：傳知素絲不爲線，而得爲飾者，若線則凡衣皆用，非可美，故素絲以英裘，非線也。其説未當。而線必用素，則今之縫裘者皆然。皮之縫處在革，革無不白，故用素絲，是亦何足爲異。紽者，元胡雙湖一桂曰：縫之突兀爲紽，此乃線隱於毛中之貌。羔裘黑，而絲用素，黑白不同，而紽則不顯。次章言革，則裘敝毛脱，而素絲出矣。孔疏謂對文，則皮革異。散文則皮，革通。此以爲裘，明非去毛，亦未是。緎者，孔疏引孫炎云：緎縫之界，域毛脱而五皮之聯絡處，其界域顯然也。三章言縫，則不但毛脱，而革且破裂，裂無定處，所以縫之者，或縱，或横，是之謂總。總有縱横之義也。三章之淺深層次，其字義分明，若此解者，自忽畧耳。

清 王有光《吴下諺聯》卷四《六月內凍殺湖羊話也情長》 湖羊毛深穠縟，剪下搊之為毯，疊之成褥，所謂挾纊慚温，吹綸愧煖者也。是性能熱人，豈不能自熱其身，而反至凍殺乎？況在六月內，雖寒瘦之體，尚欲納涼，任裸裎袒裼無傷也。曷慮温厚如湖羊者哉！不知天下事有大謬不然者。嗟乎！象有齒，故焚之。蠶有緜，故煮之。羊有温毛故剪之，剪之。多於六月，誠慮其凍也。而凍卽因此。蓋六月中疾風暴雨，固所時有，方見烈火薰炙，蘊隆蟲蟲，俄而興雲降雨，颶風大作。羊甫被剪，躑躅鋋走，奔避莫及，通體盡鞟，毫無遮蓋，中寒而斃，往往有之。向使湖羊自小希革，慣歷星霜，而堅老其皮骨，卽衝風冒雨，斷無凍殺之情也。乃蒙茸之態，養成嬌嫩，一經祁寒暑雨，不克自保矣。《孟子・舜發》章反覆詳論，勞筋骨，餓體膚，言之長矣。素史氏耳熟此諺，初不之信，既與湖人聚首，具道其情如是。是可供一夕之話也。

清 楊屾《豳風廣義》卷三《鉸毛法》 綿羊三月得草力，毛牀動則鉸之。鉸時先將羊用水洗淨晒乾，以鐵抓子抓之，令毛和軟，然後鉸。鉸畢，將羊又以水洗之，則生白淨之毛。六月毛長復鉸，仍如上法。至八月初，胡葈子未成時，又錢如上法。若天氣覺寒，不用洗。若胡葈子成，然後鉸者，非值著毛難净，又歲稍晚，至冬寒毛長不足，令羊凍損。

清 俞正燮《癸巳存稿》卷一〇《喫羊皮》 羊皮爲裘，本不應入烹調。釣磯立談云：韓熙載使中原，中原人問：江南何故不食剝皮羊。熙載曰：地產羅紈故耳。乃通達之言。洪皓《松漠記聞》云：金人宰羊但食其肉，貴人享重客，間兼皮以進。必指而誇曰：此燖羊也。或金人召皓食，效南味，故指而告之，使之多食，未必，亨重客用此且亦何至誇也。著書者多不識人本意，致失其實。嘉慶甲戌乙亥，後鐵門有回回賣兼皮羊，名曰禮羊。其價倍於市價，必四斤而後賣，由此致富，眞能人也。

清 吴士玉《駢字類編》卷二一七 羔皮詩羔裘如濡，傳言古之君子在朝廷之上服羔皮為裘。其色潤澤如濡濕之，然古之君子以風其朝焉。

羔裘詩羔裘，如濡洵直，且侯彼其之子舍命不渝。序羔裘，刺朝也。又見豹袪下，又羔裘，逍遥狐裘以朝，豈不爾思勞心忉忉。序羔裘大夫以道去其君也。《禮記·玉藻》羔裘豹飾緇衣以裼之，注飾猶褎也。孔子曰：緇衣羔裘。

清 黄中松《詩疑辨證》卷三《羔裘篇》 《序》曰：羔裘刺時也。晉人刺其在位不惜民也。朱子初説本從序，集傳以居居究究義未詳，不敢强解攷。《毛傳》曰：居居懷惡，不相親比之意。究究猶居居也。此本《爾雅》為説也。《爾雅·釋訓》曰：居居究究惡也。李巡注曰：居居不狎習之惡。孫炎注曰：究究窮極人之惡。孔疏申毛引李孫二説，而解之曰：懷惡而不與民相親，是不狎習也。用民力而不恤其困，是窮極人也。此説之最古者也。宋元諸儒各為異説。王安石曰：居居固而不變也。究究窮而不通也。李迂仲已譏其鑿矣。張横渠曰：自我人居居，自我人而晏安之也。自我人究究，言得我而察察作威也。范逸齋曰：居之為安也，謂安其業也，究之為言察也，謂察其疾苦也，居居則安之。又安究究則察之，又察也。二説雖同，而范為明順。蘇子由曰：君甚尊而由有民以安其居，此解自我人人字為順，而詩刺在位何必言君乎。又以究為乆，謂君之所以能乆，於此者由有民也，義更無据。金仁山以為婦人留所愛之詞，以魏晉之俗等於鄭衛，尤可發粲。夫立説必期有本未，可以意為斷也。《爾雅》一書出於毛公之前，非毛公一人之私言也。特毛公以《爾雅》居居究究倶訓惡，故言究究猶居居也。孔氏曰：孫説可通，故申成其義，此詩果刺在位不恤民，則孔説有意味。《左傳》祈招之詩曰：形民之力而無醉飽之心，乃用民力而恤其困者。歟《子貢傳》曰：晉大夫賢明，國人美之，賦《羔裘》。則此詩與《召南》鄭風之羔裘同義矣。夫人不以服重，而服實以人重，人足以稱其服，則服與有榮人，不足以稱其服，則服與有辱同，一羔裘也。固難必此詩之不為刺，然觀晉當曲沃作亂之日，沃數得志，而晉屢立君，五世之後，迫於王命，而後已九宗五正，頃父之子嘉，父輩非能居之。又居究之，又究安其居宅，察其疾苦，斯民何以遭沃侵殘卒流離困苦，而不忍去也哉。則其書雖膺其理可通，未必非釋經之一助云。

清 戚學標《四書偶談·内編上·緇衣羔裘三句》 皆是禮服，但不必分貼朝聘祭。以黄衣為蜡服，尤非經世，驪珠辨之詳矣。衣以裼裘，眼目在裘，不在衣。裼襲只一衣袒，而不盡露。其裘曰裼，全覆而不使裘外見，曰襲襲藏也，非重也。

清 徐鼒《讀書雜釋》卷五《黑羔裘》 羊皮裘古有貴有賤。《周禮》掌爲大裘，以共王祀天之服。鄭司農云：大裘，黑羊裘服以祀天，示質。又黑羊裘通乎上下，諸侯視朝及卿大夫等同用黑羔裘。《玉藻》云：羔裘緇衣以裼之。鄭注《論語》云：緇衣羔裘諸侯視朝之服是也。是古以黑羊裘爲重也。《爾雅》牡羒郭注謂吴羊白羝牝牂。《毛傳》牂羊，牝羊也。《説文》云：羒，牂羊也。牂，牡羊也。許氏以白羊統名牂羊，故以羒爲牂羊也。古以牂羊之裘爲惡衣。故《墨子·兼愛篇》云：晉文公好士之惡衣，故文公之臣皆牂羊之裘，是古以黑羊裘爲貴，白羊裘爲賤。今吏胥牙儈臧獲之人皆服黑羊裘，是以古朝祭之服爲賤者衣也。

清 趙紹祖《讀書偶記》卷二《緇衣羔裘》 邢疏云：緇衣羔裘謂朝服也。《玉藻》云：諸侯朝服以日視朝于内朝。《士冠禮》云：主人元冠朝服，緇帶素韠。註不言色，衣與冠同色，是朝服色。元玉藻亦云：羔裘緇衣以裼之，明其上，正服亦緇色也。是羔裘用緇衣爲裼，裼衣之上正服亦是緇色，故知是君臣日視朝之服也。先君子曰：邢疏言緇衣未兼祭服，於義不備。《王制》三公一命卷，疏云：諸侯大夫、士自祭，士則元端，大夫則朝服。故儀禮特牲士祭元端少牢，大夫祭朝服少牢，饋食筵於廟門之外，主人朝服，明日主人朝服卽位于廟門之外，故知祭服卽朝服也。

清 周炳中《四書典故辨正》卷八《緇衣羔裘》 緇衣羔裘諸侯與臣視朝之服。大夫士助祭於君，亦服之。而邢疏及孔氏詩疏並專指朝服。言孔云：羔裘裼用緇衣，其上正服，亦緇色。以十五升緇布爲衣又與元冠相配，明是朝服可知。愚按：朝服與祭服本不異，但朝裳用布而色素，祭裳用絲而色纁，其裳各別耳。疏家專指朝服，蓋舉其常用者言之，不爲疎漏。

清 張璐《本經逢原》卷四 羖羊角，羖音古黑羊也鹹平無毒。

《本經》主青盲明目，止驚悸寒，泄久服安心益氣輕身殺毒蟲。入山燒之，辟惡鬼虎狼。

發明

羖羊與羚羊俱是野獸。羖則雄猛倍甚，角亦起稜，與羚羊不殊，但色黑如漆。故專伐腎邪辟不祥，與羚羊大都彷彿互糸。《本經》此言青盲明目，即羚羊之專主明目也。此言止驚悸，即羚之治魔寐也。此言止寒泄，即羚羊之去惡血注下也。此言久服安心益氣輕身，即羚羊之益氣起陰氣也。此言殺毒蟲辟惡鬼虎狼，即羚羊之辟蠱毒、惡鬼不祥也。但此主寒泄本乎腎虛，不能攝津。彼主惡血注下係乎肝傷不能統血。而《別錄》治蠱毒吐血，又與羚羊主治相符，究其大綱，此專補救瞳人，彼專消磨瞖障，一皆證治之常。至於燒之辟惡鬼虎狼，如此奇突，迥出意表，非尋常之可擬也。

紀事

五代 和凝《疑獄集》卷一《惠仕拷羊皮》 後漢李惠仕為雍州刺史。有負薪、負鹽者爭一羊皮。各言其籍背之物。惠仕謂州吏曰：此羊皮可拷知主。羣下默然。惠仕令置羊皮席上，以杖擊之，見少許鹽屑。使爭者視之，負薪者乃伏其罪。

宋 高似孫《緯略》卷七《羊裘》 嚴光變姓名隱，光武思其賢訪之齊國。上言：有男子披羊裘釣澤中，馬援嘆曰：殖貨財者，貴其施賑也。不然則守錢虜耳。迺散頒昆弟故舊，身服羊裘皮袴，羊裘始于此。

宋 佚名《錦繡萬花谷別集》卷一二《脱羊裘佩珠玉》 《北史》高恭之字道穆，孝涉經史，所交皆名流，雋士每謂人曰：人生厲心立行，貴於見知，當使夕脱羊裘，朝佩侏玉。若時不我知，須退迹江海，自求其志。

明 吕毖《明朝小史》卷三《雨打羊毛》 帝爲太孫時，太祖每慮其不克善終。嘗以詩對試之，偶一日在禁中觀獵馬，忽疾馳而過，太祖出對與文皇，同對云：風吹馬尾千條線，文皇曰：日照龍鱗萬點金。帝乃對云：雨打羊毛一片羶，語雖工而意則讓文皇矣。

明 王世貞《弇山堂別集》卷九九 ［嘉靖三年］三月，工科給事中張嵩等言：陝西織造羊絨已奉詔裁革，今太監刁永復以四宮缺用為辭乞遣官織造，陛下姑以奉親之故，屈意從之，殊不知陝西外因畨醜内被征徭民困未息，不堪中使之擾。請改命工部經度其費，而以其事屬之撫臣，便御史陳言等亦以為言。上謂業已遣官，不允。

明 涂山《明政統宗》卷三〇 ［隆慶五年］七月命陝西織造羊絨，計三萬二千二百四十疋，計價七十五萬兩。巡按御史乞寢之，不聽。

明 馮夢龍《智囊補》卷九《杖羊皮 杖蒲團》 魏李惠為雍州刺史，有負薪、負鹽者同弛擔憩樹陰，將行，爭一羊皮，各言藉背之物。惠曰：此甚易辦！乃令置羊皮于席上，以杖擊之，鹽屑出焉。負薪者乃服罪。江淮省游平章顯沿，爲政清明。有城中銀店失一蒲團，後于隣家認得，隣不服，爭詈不置。游行馬全問其故，嘆曰：一蒲團直幾何，失兩家之好。杖蒲團七十，棄之可也。及杖，得銀，星逐罪其隣。

明 張龍翼《兵機類纂》卷一五《蒙羊皮破敵唐王處存復取易州**》** 唐盧龍禆將劉仁恭克易州。王處存夜遣卒三千蒙羊皮造城下，龍兵以為羊也，爭出掠之。處存奮擊，大破之，復取易州。

清 凌揚藻《蠡勺編》卷一五《羊皮聖旨》 元初主中國，日用羊皮寫詔，謂之羊皮聖旨。其字用蒙古書，中國人亦習之。張孟浩詩云：鴻濛再剖一天地，書契復見科斗文。張光弼輦下曲云：和甯沙中潄遬筆，史臣以代鉛槧事。百司譯寫高昌書，龍蛇復見古文字。見《丹鉛總錄》黄俞邰千頃堂藏書有革書一種，紀正統北狩事甚詳，塞外無紙，書之於革，故名革書。

清 許起《珊瑚舌雕談初筆》卷七《羊毛痧》 嘉慶甲子秋冬之際，昆明疫氣大作，死者無數。鼠先人死，病人皮膚中生羊毛，蔬果亦生之，俗名羊子，即所謂羊毛瘟也。相傳天燈可以祈禳，一時風靡，各家門首樹竿懸鐙，火光燭霄漢。限滿一百八日始罷。計清油之費逾萬金，亦異事也。當時有詩云：羊毛著物能生死，鼠鬼隨人有後先之句。至咸豐三年夏五六月間，地上生毛，凡街衢巷陌及人家庭除無不有之毛，色白或帶灰色，長一二寸許，形似羊毛，如草之生於地焉。於時病有傳為羊毛痧，生於病者之背，余初不信，一日於里南雅盟濱，馬氏忽值陣雨，畱憩其家，馬農婦時患發熱體痛，四鄰咸以爲羊毛痧。如法用乾麪半觔燒酒拌和搓成糰，向病者背旋轉纔三四徧，剥開麪糰，見有細絲拔出，則宛似羊毛。屢滾屢有，至四五十根後漸微而絶，病遂愈矣。於是歸後遍檢方書，於痧證中果有此名。因天氣鬱勃潮溼酷熱，夜不能睡，將曙露體承涼，風中有絲乘虛而入者也。惟地生之毛，仍未詳解，或謂災異，未幾果遭兵燹焉。

藝文

宋 黄庭堅《山谷外集》卷九《試張耕老羊毛筆》 老羝拔顥，霜竹斬幹。雙鈎虚指，八法回腕。張子束筆，無心為樸。雞著金距，鹿戴千角。

宋 朱熹《晦庵集》卷九《劉子澄遠寄羊裘且有懷仁輔義之語戲成兩絶爲謝以發千里一笑》 短棹長簑九曲灘，晚來閑弄釣魚竿。幾回欲過前灣去，却怕斜風特地寒。誰把羊裘與醉披，故人心事不相違。狂奴今夜知何處，月冷風凄未肯歸。

宋 方岳《秋崖集》卷一五《諸公賦翠毛筆因次韻爲羊毛筆嘆》 髯參草卧殘陽浦，拔毛竟作文中虎。金華化石久已陳，玉署摛辭疾於羽。醉猩耆酒少遒勁，狡兔飽霜工媚嫵。礫殘鼠鬚肯收録，剝落雞毛誰比數。文章諸公多好奇，往往得名專翰府。乃知草聖不世出，罕識公孫大娘舞。君不見，華元分羹奇禍作，糜身鼎烹竟無補。又不見，晉宮灑鹽兒女曹，憤鬱令人噤難吐。物生正係遭不遭，敢向詞林嘆辛苦。椽書大硯如南溟，吾其鵬乎爾鸕鷀。

宋 鄭剛中《北山集》卷一九《無兔而用鷄毛無直幹而用粗竹坐是二者故封川難得筆近有工以羊毛易鷄以松梢當竹筆既勁利而管尤可喜爲賦四絶句》 小鏤松梢作管城，肉枯鱗瘦不妨輕。快隨醉客翩翩處，尚帶山頭風雨聲。老根先入遠煙膠，更取纖枝束細毫。再作一家香氣聚，幽人研美亦風騷。何用生花曾入夢，豈須大筆要如椽。自應優冠湘東品，斑竹容渠作比肩。梁元帝為湘東王筆有三品，金管、銀管、斑竹管。不因蒙製巧相規，柯葉風霜未改移。今抱寸心何所用，助君多寫歲寒詩。

宋 劉克莊《後村集》卷四《羊毫筆一首》 拔到髯生族，多因兔穎稀。只宜茅舍用，難向玉堂揮。弄翰虚名似，吹毛本質非。兒曹貪價賤，鴟蚓掃如飛。

宋 舒岳祥《閬風集》卷七《郭似山道士寄惠竹筆兩束啓緘乃羊毫也作詩戲之》 似山惠我筍絲筆，乃是長髯公子毫。竹簡固應同祓滌，琅函寧肯近腥臊。若非月裏霜麑穎，恐是仙家雲鹿毛。潤筆定須三百束，爲君滴露注莊騷。

宋 許綸《涉齋集》卷一八《周畏知遺二毫筆雖舊猶耐書戲作六言奉簡》 我愧不能扛鼎，君安得此如椽。拔羊兎毛以利，較夔蚿足相憐。不肯羊質欺世，寧作兎園隱居。令尹雖舊令尹，中書今尚中書。

宋 李正民《大隱集》卷一〇《題羊裘軒詩》 世祖馳驅復漢家，故人高卧老烟霞。至今只説羊裘好，拜衮誰思鄧仲華。

元 黄樞《後圃黄先生存集》卷一《黄伯容羊毫筆歌》 我生結髮耽書史，便爾敦交管城子。猩毛兔穎與鼠鬚，美譽俱蒙文士齒。猪鬃羊毫亦可憐，近世適市寧論錢。今慚學落事畊稼，不夢五彩詩如椽。伯容小姪姿清淑，貽我羊毫抵雙玉。自言巧製得諸心，將信還疑是虚辱。春窓無塵花日紅，雲生龍尾香煤濃。溪藤點點暮鴉濕，臨池始得觀奇功。容乎容乎藝無敵，愛莫助之三歎息。我家初平不可招，何當為爾叱盡起山東石。

元 吴萊《淵穎集》卷四《西域種羊皮書褥歌寄李仲羽》 波斯谷中神夜語，波斯牧羊供雜虜。當道剸刀羊可食，土城留種羊脛骨。四圍築垣聞杵聲，羊子還從脛骨生。青草叢抽臍未斷，馬蹄踣鐵繞垣行。羊子跳踉卻在草，鼠王如拳不同老。飫肉莛開塞饌肥，裁皮褥作書林寶。南州侯客遇西人，昔得手褥今無倫。君不見冰蚕之錦欲盈尺，康洽年来貧不貧。

明 曹學佺《石倉詩稿》卷三二《羊皮燈》 同異寧論白與堅，彩毫能使朽姿鮮。娟娟玉質留餘潤，滴滴金膏豈聚羶。叩處有聲同鷺鼓，張時無力借鵾絃。海西曾伴蘇卿節，皎潔長疑漢月懸。偶觀元微之集琵琶歌，有纏絃不敢彈羊皮之句，予第六用事，頗與相合。

明 費元禄《甲秀園集》卷九《羊皮彩燈屏》 鶴熖連千炬，羊肪列九微。屏開紛麗女，花體鬭春輝。氣受燃蘭馥，清隨落月飛。盈盈皎容色，詎藉繡羅衣。

明 胡維霖《胡維霖集》卷四《十三夜留羅空如毛羽皇玩紗燈羊皮燈介聰鼓吹行牙籤春令詩》 上年佳客慶年華，次第彩燈開艷花。五色紗籠映夜月，千絲錦燦絢朝霞。羊皮光耀山龍火，鼉鼓敲吹引鳳車。知己興高拚一醉，牙籤酒令唱春葩。

明 王鏊《震澤集》卷七《戲題羊皮燈》 刳腸何罪有誰憐，化作光明照綺筵。百里粥從春市裏，五星明聚夜堂前。兔輪避滿哉生魄，魚枕潜輝宿解懸。只恐左慈工幻化，故來東壁弄清妍。

明 楊慎《升庵集》卷二二《羊皮彩燈屏》 鴈足懸秦殿，鯨膏朗魏宮。何似靈羱鞹，揚輝玄夜中。百琲添絢爛，七采鬬玲瓏。洛洞金光徹，《異苑》

洛洞穴中，金寶交飾，明奪三光，中有神羊居之。東岳玉華融。易是類謀，東岳亡玉羊，劉孝綽詩玉羊東岳上，金虎西方出。雪毫羞曜日，雲母詎障風。白石望如近，素絲看若空。青精千歲樹，丹影五仙虹。餘明如不息，還持繼燭龍。張禺山曰：凡詠物詩，不工則泛，太工則弱。此詩咏物極工，而體句在古樂府中表獨步。

明 周復元《欒城稿》卷六《謝人餽羊皮燈》 燈製羊皮七寶粧，誰將明月掛虛梁。須知定有氷壺態，不是華堂不敢張。

明 姚夔《姚文敏公遺稿》卷五《謝納言寄羔裘并致懷二首》 遠寄羔裘念我寒，着來偏稱跨朝鞍。應當愛惜如平仲，二十年來還共看。

人生出處苦難齊，海向東風憶起居。若問阿兄何所似，鬢邊華髮漸蕭疏。

明 王尚絅《蒼谷全集》卷二《咏羊裘》 冬烝宰素羊，因之製裘領。乃知林壑間，千載空忍冷。烘㶿展雙肩，蒙茸護脩頸。綦繫易攬結，拜趨妻嚴整。回首舊緼袍，臃腫如病癭。嘉陽免暴檐，臨風忻造請。盤觴詎不惜，豹狐工爲省。粵心既允安，云胡論衣裝。卓哉富貴翁，玆理已前省。

明 瞿佑《羊毫筆》《佩文齋咏物詩選》卷一七九 毛顯年深老不能，中書模畫歎難勝。管城忽現左元放，草澤不容嚴子陵。壁上榴皮功可述，門前竹葉事無憑。剛柔何必吹毛問，耐乆真堪作友朋。

清 陳廷敬《午亭文編》卷一〇《賜貂裘羔衣各一襲二首》 銅龍曙色接彤幃，棗筆螭頭候北扉。玉漏早催當直夜，清霜曉點侍臣衣。忽聞天語春溫至，曾賜宮貂故事稀。最是小儒尤忝竊，皇情珍重及寒微。

曾陪貂珥金璫貴，載詠羔羊豹飾榮。綃帕籠牀趨玉陛，香烟滿褎直乾清。便教累葉傳君賜，何止終身荷聖情。蚤罷西征諸將士，尚方服御到書生。

清 李調元《童山集·詩集》卷八《沈利羊毫筆歌》 沈利作筆世無雙，截玉為銛鋭莫當。貯雲藏霧纖毫裏，出手肅肅生秋霜。從來羊鬚埒不得，無乃叱自初平石。山間老穎不敢窺，疑是金華洞中客。制成作字如飛，龍學士珍重藏裘鍾。我道宜行不定楷，只作柔毛問價買。

清 劉大紳《寄庵詩文鈔·詩鈔續》卷六《向董竹溪索小羊毫筆》 青春有客過山村，緹封透出烟雲痕。籐花樹底乍傳覽，奇光異彩盈庭軒。橫披長幅不知數，虞歐楮薛猝相遇。蠅頭扇面尤難能，細看心手兩無拒。文人之筆武人刀，鷫鷞拂拭瑩秋毫。懦夫懷鉛試一割，豚肩鷄肋徒自勞。外間不少乞書客，不惜縑素惜筆墨。尋常羖糎皆雨工，欲拔一毛豈可得。君家大筆如修椽，一枝持贈從神仙。銀毫玉管十萬衆，紛紛亂插珊瑚前。蟲饑鼠飽未爲病，多恐冠裳互爭競。秋風空遺雙鯉魚。蕫芽歛手愧由命。妓樓僧舍茶酒坊，新成粉壁紅泥墻。松煤淡淡磨一斗，毛錐無穎傾皮囊。東塗西抹正容易，盡署董家竹溪字。書名敗壞追悔遲，君其早與管城計。

清 趙翼《甌北集》卷四七《筆工胡生以羊毫裹兔穎名之曰綿裏針頗馴健可書戲爲二絶》 老來那得更還童，自分中書老不中。忽得銀毫濡墨寫，白頭公變黑頭公。

柔毛何意内含剛，恰與詞人寫錦囊。放出晶芒高萬丈，依然佛頂白毫光。

清 法若真《黄山詩留》卷五《御史張青樵遺羊裘答謝》 貪吏不可為，廉吏不可幾。百年餘疏拙，不復嘆知希。兒女苦裋褐，老婦掺杼機。此身尚不死，未了寒與饑。上既有聖主，我則何所依。下亦有賢相，我則何所歸。生不騎戰馬，馳驅如鳥飛。生不佩弓刀，殺賊張國威。所抱數卷書，誰為解是非。黄山千萬峰，不能掩柴扉。長安轟車馬，出門與衆違。舉頭鴻鴈來，低頭雨雪飛。反為故人憂，惆悵羞輕肥。司農遺之粟，柱史遺之衣。法生忽不貧，襟帶動光輝。

清 傅山《霜紅龕集》卷二《羊裘》 皚皚羊裘，可以禦寒。五月負薪，披之實難。道傍遺金，可以易單。獨恥不拾，癡公何無。暑煩亦有，故人天子，物色求焉。衰衰尨尨，遠垂大澤，一竿釣不必得魚，性之觀裘亦非狂。土木之安，爰至於杭山。中文舉先生，或遺韋衣爛。不到躬豈不過矯，天賦寒情吁嘻哉。寒能傷體，溫亦負恥，饑不可忍，飽亦有悔。少不勤行，長不趁時，百歲林老，拾穗春畦，行歌何樂，樂不在裘。

清 李慈銘《越縵堂詩續集》卷四《仲彝爲余贖羊裘詩以志謝兼寫所懷》 一領羊裘直十千，禦冬深荷故人憐。綈袍贈豈同須賈，裌布寒猶媿百年。兩世褫衣無此物，先大母先妣皆以奉佛不著裘，内子亦守此戒。一家裋褐自前緣。京邸中家人皆以絮衣過冬。宵來別有安禪法，絮被如烘裏足眠。安禪字見范忠宣詩。

清 厲鶚《樊榭山房集》卷三《初寒著敝羊裘戲作》 一領尨茸歷十霜，西風重見出空箱。忍寒貰酒無多直，穿袖吟詩定幾章。敗絮何慙擁王霸，險衣今笑裹周郎。漸看不隱山肩瘦，萬丈虚言蓋洛陽。

清 彭孫貽《茗齋集》卷一五《戲咏羊裘十韻》 曾曳桐江去，相從老客星。帶蓑臨釣石，振雨落蹄汀。乆積千羔毳，還分五羖形。選純同集翠理亞梳翎二仲披蒿徑。成羣執雁庭，剪毬當腋短，環腳離胎腥。籠抉霜全起，緑裾雪屢經。毛稀羝似乳，樹挂角疑靈。舌腁寧懷素，牂墳不愛青。願隨衣氅侶，訪皓卧林坰。

清 盛大士《蘊愫閣詩集》卷九《汪侍御齋中分賦羊裘》 深宵挾纊未成温，黯澹青袍韡尚存。秦相功名新入夢，嚴陵煙水舊留痕。寒禁北地三冬雪，煖曝東方一綫暾。博士漫憐消瘦甚，且堪貰酒醉黄昏。

清 石韞玉《獨學廬稿》二稿卷一《題嚴棣華羊裘獨釣圖》 七里嚴陵道，扁舟昔往還。伊人兹宛在，佳境若重攀。小隱桐江上，秋心釣竹間。祗愁六鰲客，天未許投閑。

清 陶元藻《泊鷗山房集》卷二五《羊裘》 黑貂裘敝剩羊裘，嗜飲休教付酒樓。客路共嘗辛苦雪，寒山獨擁泬寥秋。縱輸鄭國三英譽，不被秦人五羖羞。欲謝風塵隨釣侶，富春烟水自悠悠。

清 吴嘉紀《陋軒詩·哀羊裘爲孫八處士賦》 孫八壯年已白頭，十年歌哭古揚州。囊底黄金久散盡，笥中存一羔羊裘。晨起雪渚渚，取裘覆兒女，停午號朔風，兒持衣而翁。風號雪急亱滿牖。慇勤自鮮護老頰。裘之温暖誠足珍，不得衆身為一身。吁嗟乎，長安天子非故人，羊裘冷落對邗水。他年姓字齊严光，今日餓寒累妻子。

清 易順鼎《盾墨拾餘》卷七《喪禮有鹿裘之文殆謂麄裘也余嚴冬北行不敢服裘笠堂舅蓼湘兄憫其以寒致疾各贈羊裘一襲賦此志悲》 重棉在御久顔赬，鐵甲何如十萬兵。縫線遲遲游子淚，綈袍戀戀故人情。裹尸馬革知何日，對泣牛衣畢此生。構壑殘軀甘凍餒，愧君猶念歲寒盟。

清 袁枚《小倉山房集·詩集》卷二三《謝書巢太守贈羊裘》 我自黑貂敝，便作青山遊。山中朔風時，詩骨寒颼颼。東昌太守賢，遠寄三英裘。慮我高卧僵，牛衣淚暗流。得毋釣澤中，少人物色不。特加尺素書，星飛千里郵。其色白如霜，稱我雪滿頭。其氄深而温，勝于姹女柔。我乃招縫人，配以朝霞紬。鍼袵一以畢，吃吃笑不休。我本陰重客，而兼陽虚侯。常苦勳躉累，敵寒如敵仇。忽然毛羽豐，堅冰吾何憂。縱與狐貉立，不忮亦不求。曹交九尺身，晏子三十秋。倶蒙使君管，春風生衣褠。昔者輕裘共，聖門稱仲由。又聞曹夫人，官綿貽楊彪。較此將毋同，高情尤綢繆。報君無寸芹，勉君敢一謳。願持羔羊節，善把魯民鳩。願推白傅心，長裘覆九州。會見五羖相，賢名重山邱。

清 張雲璈《簡松草堂詩文集·詩集》卷五《七修類稿載宋人題嚴陵詩云一著羊裘用意深羊裘豈是釣魚心當時但著簑衣去江水茫茫何處尋予謂五月披裘似乎示異其實深山大澤之中盛憂猶寒嚴先生止此一領羊裘偶著以垂釣要非有心子陵之矯在乎堅卧不應加足帝腹爲過當耳羊裘非所怪也因口占一絶爲先生解嘲》 五月涼風大澤深，漁翁也自畏寒侵。偶然一著羊裘出，枉被猜疑却聘心。

清 周長發《賜書堂詩鈔》卷三《御史孫虚船先生一羊裘服之二十四年矣作爲長歌索予和之》 翩翩烏府諸大夫，豻青狐白麗且都。雪案先生獨清絶，退詠素絲今有無。人生寒餓亦何極，布可縫裳藿可食。朔吹凌兢澤腹堅，栗烈風霜慘顔色。放眼太息何以堪，衣被蒼赤心所諳。敝裘在笥還無恙，長伴勁骨英成三。千金不少豪華客，紫綺白鞸事烜赫。先生百結守素風，歲華二紀仍無斁。吾聞啟期行謌長，帶索曝背南榮有。餘樂齊相蒙茸三十年，先生對之眞無怍倘。念無衣卒歲艱，我輩猶慚縻好爵。願將儉德詒子孫，總有綺紈勿輕著。

清 翟金生《泥版試印初編·查堉雨門贈羔裘》 衰年怕冷合羔羊，喜爾貽來趁久涼。半子親同屬毛裏，渾身溫自熱心腸。輕裘便當披狐貉，瘦骨能令傲雪霜。若再得穿三十載，人間無此壽耇長。

雜録

宋 孫奕《示兒編》卷一三《皮革》 羊詩曰：羔羊之皮。又曰：羔羊之革。毛曰：革猶皮也，初無區別。孔曰：《說文》謂獸皮治去其毛曰革。對文則皮革異。散文則皮革通。鄭註：掌皮曰皮，謂若虎豹熊羆有文章者，革謂無文章者，去毛而獻之。王光遠曰：未練治謂之皮，已練治謂之革。此一說也。司裘曰：大裘飾皮革，謂革輅也。去毛得称皮，有毛得稱革。此又一說也。然《論語》虎豹之鞹，猶犬羊之鞹，虎豹與犬羊別者，並以毛文異耳。乃知鞹即革也。按：八音之中，有革謂鼗鼓也。則革已去毛無疑矣。若夫《帝王世紀》曰：黄帝煞夔以其皮為鼓，庸非毛氏所謂革猶皮也。

元 佚名《居家必用事類全集·戊集·文房適用》 【評筆】 番禺諸郡多以青羊毛為筆，或用鷄鴨毛，或以雉毛五色可愛。又有豐狐毛，虎僕毛，鼠鬚，羊毛，麝毛，狸毛，羊鬚，胎髮等，然皆未若兔毫。亦須取崇山絶仞中之兔，八九月收之，若中秋無月，則兔不孕，兔不孕則毫少，筆貴。夫筆須鋒齊勁健，今世筆皆鋒長少損，已秃不中用矣。宣州諸葛高，常州許頓，造鼠鬚，散卓長心筆，絶佳。

明 陸化熙《詩通》卷一《羔羊》 羔裘，大夫居私朝之服。私朝與燕居不同，縫中突兀為紽，有界限謂之緎，合二為一謂之總。總是以絲縫裘，因以為飾。委蛇，義取委曲和婉與逶迤義，亦相通。服有常，即是節儉，若正直則在委蛇上一層，蓋惟其正直，方能從容自得也。正韓詩所謂心志既定，舉無不中，神氣自若，故能委蛇而自得說。此詩只須順文體貼自然，見得節儉正直，不須推原。革者毛□而革存也。縫者，革敝而縫見也。晏子一狐裘三十年。必希革而縫見，亦是一證。

明 楊慎《秇林伐山》卷一四《斑罽青頓毞毲羊羖》 《史・西域傳》冉駹人能作斑罽青頓毞毲羊羖。斑罽，今之雜色。毲青頓，今名絲頓。頓音墩，毞毲今紫毲也。羊羖今寶裝羊皮，酋長婦女以為背飾。

明 楊慎《升庵集》卷五八《龍衮羊裘》 宋人題《釣臺》詩曰：龍衮新天子，羊裘老故人。陳白沙竊為己句云：七尺羊裘幾銖兩，千秋龍衮共低昂。子陵豈有意與龍衮較低昂乎？兼句法亦贅，又不及宋人矣。

清 陸奎勳《陸堂詩學》卷一《羔羊二則》 《詩》美大夫向無異論。鄭箋以退食為減膳，則泥。序所云：節儉而失之安成。劉氏曰：猶周南之有兔罝也。

胡新安曰：縫之突兀謂紽，有界限謂緎，合二為一謂總。五義無考。戴侗云：疑皆絲之量數，嚴緝補傳曰：合五羊之皮為一裘，循其合處以素絲為英餙也。按百里奚稱五羖大夫，其義亦主節儉，此嚴説所本。第觀鄭風三英粲兮，則戴說為優。蓋英裘有緎，或五或三，皆約略而言之。

又 卷三《羔裘三則》 以美為刺，序説失之。詩傳云：子皮爲政，忠直文武，子産美之。按《左傳》鄭六卿餞韓宣子，子産賦鄭之羔裘。則是詩久繫國風矣。東遷而後記事之詳，賴有左氏一書，于此尚不研精，而奚以説詩為。

集傳既以羔裘爲賦，洵直且侯，義當歸美大夫，毛順而美，訓釋未安。

次章兼言豹飾，末章三英自應指裘飾言。毛傳訓，素絲五紽，既云：古者素絲以英裘，而此復訓三德何也。

又 卷四《羔裘二則》 今說以刺爲美，其悞甚矣。金仁山作淫女之辭，亦謬。依序說刺時者，鄭箋云：羔裘豹祛卿大夫之服也。此民卿大夫采邑之民，故云豈無他人，可歸往而我不去者，乃念子故舊之人。李黄集解云：晉人在位，不恤其民，是爲曲沃歐民也。二條近似，朱子直云：不知所謂蓋闕疑也。

按全詩不甚費解，但居居究究用字小異耳。《爾雅》爲釋詩之祖，既訓居居究究爲惡，後人烏得不從。李廵云：居居不狎習之惡。孫炎云：究究窮極人之惡。《埤雅》云：居居以言其不通，究究以言其不恕。余謂以究究爲待人之不恕，訓釋當矣。居同倨，居居者，謂持己之不謙也。《家語》子路盛服見孔子，子曰：由是倨，倨者，何也。可爲明証。

清 汪梧鳳《詩學女爲》卷七《羔裘》 《詩傳》子皮爲政，忠直文武，子産美之。賦《羔裘》。《左傳》六卿餞韓宣子，子産賦。鄭之羔裘，則是詩已列於風，非子産作也。序曰：刺，朝也。言古之君子以風其朝焉。朱傳曰：蓋美其大夫之辭，然詩三章不露一毫諷意美也，非刺也。從朱傳命天所賦於我者，舍則居之而安也。侯，美也。本韓詩。毛傳曰：君也，稱大夫爲君，於理不順。三英，裘飾也。程子曰：素絲五紽之類。毛傳訓五紽云古者素絲以英裘，而此復訓三德，未免矛盾。

又 卷一〇《羔裘》 《序》羔裘刺時也。晉人刺其在位不恤其民也。朱傳此詩不知所謂，居居究究未詳。按《爾雅》居居究究惡也。李巡曰：居居不狎習之惡。孫炎曰：究究窮極人之惡。《埤雅》居居以言其不通，究究以言其不恕。鳳謂是詩為黨私妨賢之在位者而作。其曰：羔裘豹祛，羔裘豹褎者，言其位也。其曰：自我人居居，自我人究究者，言自此人在位，皆以我人爲居居究究，而不足用矣。其曰：維子之故，維子之好者，言豈眞無他人可用，而維子之故舊親好是庸乎。居居究究，从《爾雅》□釋而曲，尋本詩文義僭立，別解似猶可通，若如序言刺不恤民，則末二句難通。若如箋疏之解，末二句則民猶愛好此不恤民者，豈人情乎。吾有以知不然矣。

又 卷一三《羔裘》 《序》羔裘大夫以道去其君也。國小而迫，君不用道，好絜其衣，服逍遥游燕而不能自強於政，故作是詩也。嚴氏曰：凡人憂勞戒懼，則不暇於外飾。禹惡衣，文王卑服，衛文大布之衣是也。檜君絜其衣，服逍遙暇豫，而一無所爲，是偷安歲月，而待亡也。能無中心之悼哉。《毛傳》狐裘不言色。《玉藻》狐裘黄衣以裼之。又曰：君衣狐白裘錦衣，以裼之。又曰：君子狐青裘豹褎元綃衣，以裼之，是狐裘非一色也。鄭箋：大蜡而息民，則有黃衣狐裘。按孔疏引郊特牲，蜡祭用素服，息民之祭，用黃衣，是檜君以朝服燕以息民之祭。服朝，非大蜡之服也。

食羊 羊肉 羊肝 羊頭 羊肚 羊血 羊膽

綜述

北魏 賈思勰《齊民要術》卷八 肉醬法。牛、羊、麞、鹿兔肉皆得作。取良殺新肉，去脂，細剉，陳肉乾者不任用。合時令醬膩。曬麴令燥，熟熱，絹簁。大率肉一斗，麴末五升，白鹽二升半，黃蒸一升，曝乾，熟擣，絹簁。盤上和令均調，內瓮子中。有骨者，和訖先擣，然後盛之。骨多髓，既肥呢，醬亦然也。泥封，日曝。寒月作之。宜埋之於黍穰積中。二七日開看，醬出無麴氣，便熟矣。買新殺雉煮之，令極爛，肉銷盡，去骨取汁，待冷鮮醬。雞汁亦得。勿用陳肉，令醬苦膩。無雞、雉，好酒解之。還着日中。

又 作卒成肉醬法。牛、羊、麞、鹿、兔肉、生魚，皆得作。細剉肉一斗，好酒一斗，麴末五升，黃蒸末一升，白鹽一升，麴及黃蒸，並曝乾絹簁。唯一月三十日停，是以不須鹹，鹹則不美。盤上調和令均，擣使熟，還擘碎如棗大。作浪中坑，火燒令赤，去灰，水澆，以草厚蔽之，令坩中纔容醬瓶。大釜中湯煮空瓶，令極熱，出，乾。掬肉內瓶中，令去瓶口三寸許，滿則近口者燋。椀蓋瓶口，熟泥密封。內草中，下土厚七八寸。土薄火熾，則合醬燋；熟遲氣味好。燋是以寧冷不燋；食雖便，不復中食也。於上燃乾牛糞火，通夜勿絶。明日周時，醬出，便熟。若醬未熟者，還覆置，更燃如初。臨食，細切葱白，著麻油炒葱令熟，以和肉醬，甜美異常也。

又 作燥脠法。羊肉二斤，猪肉一斤，合煮令熟，細切之。生薑五片，橘皮兩葉，雞子十五枚，生羊肉一斤，豆醬清五合。先取熟肉著甑上蒸令熱，和生肉；醬清、薑、橘皮和之。

又 生脠法。羊肉一斤，猪肉白四兩，豆醬清漬之，縷切。生姜、雞子，春，秋用蘇、蓼，著之。崔寔曰：『正月，可作諸醬，肉醬、清醬。四月，立夏後，鮦魚醬。五月，可爲醬。上旬𪎭豆，中庚煮之。以碎豆作「末都」。至六、七月之交，分以藏瓜。可作魚醬。』

又 作五味脯法。正月、二月、九月、十月為佳。用牛、羊、麞、鹿、野豬、家豬肉。或作條，或作片，罷，凡破肉，皆須順理，不用斜斷。各自別搥牛羊骨令碎，熟煮取汁，掠去浮沫，停之使清。取香美豉，別以冷水淘去塵穢。用骨汁煮豉，色足味調，漉去滓。待冷，下：鹽；適口而已，勿使過鹹。細切葱白，擣令熟；椒、薑、橘皮，皆末之，量多少。以浸脯，手揉令徹。片脯三宿則出，條脯須嘗看味徹乃出。皆細繩穿，於屋北簷下陰乾。條脯浥浥時，數以手搦令堅實。脯成，置虛靜庫中。着煙氣則味苦。紙袋籠而懸之。置於瓮則鬱浥；若不籠，則青蠅、塵汙。臘月中作條者，名曰『瘃脯』，堪度夏。每取時，先取其肥者。肥者膩，不耐久。

又 作度夏白脯法。臘月作最佳。正月、二月、三月，亦得作之。用牛、羊、麞、鹿肉之精者。雜膩則不耐久。破作片，罷，冷水浸，搦去血，水清乃止。以冷水淘白鹽，停取清，下椒末，浸。再宿出，陰乾。浥浥時，以木棒輕打，令堅實。僅使堅實而已，慎勿令碎肉出。瘦死牛羊及羔犢彌精。小羔子，全浸之。先用暖湯淨洗，無復腥氣，乃浸之。

又 羹臛。《食經》作芋子酸臛法。豬羊肉各一斤，水一斗，煮令熟。成治芋子一升，別蒸之，葱白一升，著肉中合煮，使熟。粳米三合，鹽一合，豉汁一升，苦酒五合，口調其味，生薑十兩。得臛一斗。

又 作鼈臛法。鼈且完全煮，去甲藏。羊肉一斤，葱三升，豉五合，粳米半合，薑五兩，木蘭一寸，酒二升，煮鼈。鹽、苦酒，口調其味也。作豬蹄酸羹一斛法。豬蹄三具，煮令爛，擘去大骨。乃下葱、豉汁、苦酒、鹽，口調其味。舊法用餳六斤，今除也。

又 作羊蹄臛法。羊蹄七具，羊肉十五斤。葱三升，豉汁五升，米一升，口調其味，生薑十兩，橘皮三葉也。

又 作酸羹法。用羊腸二具，餳六斤，瓠葉六斤。葱頭二升，小蒜三升，麵三斤，豉汁、生薑、橘皮，口調之。

又 作胡羹法。用羊脇六斤，又肉四斤，水四升，煮；出脇，切之。葱頭一斤，胡荽一兩，安石榴汁數合，口調其味。

又 作瓠菜羹法。用瓠葉五斤，羊肉三斤。葱二升，鹽蟻五合，口調其味。

又 作雞羹法。雞一頭，解骨肉相離，切肉，琢骨，煮使熟。漉去骨，以葱頭二升，棗三十枚合煑。羹一斗五升。

又　胏膜蘇本反法。羊肺一具，煑令熟，細切。別作羊肉臛，以粳米二合，生薑煑之。

又　作羊盤腸雌斛法。取羊血五升，去中脉麻跡，裂之。細切羊胳肪二升，切生薑一斤，橘皮三葉，椒末一合，豆醬清一升，豉汁五合，面一升五合和米一升作糝，都合和，更以水三升澆之。解大腸，淘汰，復以白酒一過洗腸中，屈申以和灌腸。屈長五寸，煑之，視血不出，便熟。寸切，以苦酒、醬食之也。

又　羊節解法。羊肶一枚，以水雜生米三升，葱一虎口，煑之，令羊熟。取肥鴨肉一斤，羊肉一斤，豬肉半斤，合剉，作臛，下蜜令甜。以向熟羊肶投臛裏，更煑，得兩沸便熟。治羊，合皮如豬豘法善矣。【略】

胡炮普教切肉法。肥白羊肉，生始周年者，殺，則生縷切如細菜，脂亦切。著渾豉、鹽、擘葱白、薑、椒、蓽撥、胡椒，令調適。浄洗羊肚，翻之。以切肉脂内於肚中，以向滿為限，縫合。作浪中坑，火燒使赤，却灰火。内肚著坑中，還以灰火覆之，於上更燃火，炊一石米頃，便熟。香美異常，非煑、炙之例。

又　蒸羊法。縷切羊肉一斤，豉汁和之，葱白一升著上，合蒸。熟出可食之。

又　卷九　羊、牛、麞、鹿肉皆得。方寸臠切。葱白研令碎，和鹽、豉汁，僅令相淹。少時便炙，若汁多久漬，則肕。撥火開，痛逼火，迴轉急炙。色白熱食，含漿滑美。若舉而復下，下而復上，膏盡肉乾，不復中食。

又　肝炙。牛、羊、豬肝皆得。臠長寸半，廣五分，亦以葱、鹽、豉汁腩之。以羊絡肚素千反脂裹，橫穿炙之。

又　灌腸法。取羊盤腸，淨洗治。細剉羊肉，令如籠肉，細切葱白，鹽、豉汁、薑、椒末調和，令鹹淡適口，以灌腸。兩條夾而炙之。割食甚香美。

又　《食經》曰：作跳丸炙法。『羊肉十斤，豬肉十斤，縷切之，生薑三升，橘皮五葉，藏瓜二升，葱白五升，合擣，令如彈丸。別以五斤羊肉作臛，乃下丸炙煑之，作丸也。』

又　《食經》曰啖炙。『用鵝、鴨、羊、犢、麞、鹿、豬肉肥者，赤白半，細研熬之。以酸瓜菹、筍菹、薑、椒、橘皮、葱、胡芹細切，鹽、豉汁，合和肉，丸之。手搦汝角切爲寸半方，以羊、豬胳肚裹之。兩歧簇兩條簇炙之，簇兩臠，令極熟。奠，四臠。牛、雞肉不中用。』

又　作菹消法。用羊肉二十斤，肥豬肉十斤，縷切之。菹二升，菹根五升，豉汁七升半，切葱頭五升。

唐　孫思邈《千金翼方》卷三　羊髓：味甘，温，無毒。主男女傷中，陰氣不足，利血脉，益經氣，以酒服之。

又　青羊膽：主青盲明目。

又　羊肺：補肺，主欬嗽。

又　羊心：止憂恚、膈氣。

又　羊腎：補腎氣，益精髓。

又　羊齒：主小兒羊癇、寒熱，三月三日取之。

又　羊肉：味甘，大熱，無毒。主緩中、字乳餘疾、及頭腦大風汗、出虚勞寒冷，補中益氣，安心止驚。

唐　王燾《外臺秘要》卷一《集驗方五首》　右十味，切，以水一斗，煮取三升，去滓，温服一升，日三服，忌海藻、菘菜、羊肉、餳。范汪加人參三兩，餘並同《千金》用芍藥，不用枳實。

又　卷二《傷寒中風方九首》　乾薑二兩，半夏半升，洗去滑。

右六味，切，以水一斗，煮取六升，分六服，忌海藻、菘菜、豬、羊肉、餳。

又　卷三七《羊肉中蒸石英及石汁炰猪肉兼作薑豉服餌法三首》

羊肉中蒸石英服餌法

精羊肉一斤，白石英三兩。

右二味，先取肉擘作兩叚，鑽作孔，内石著肉中，還相合，即用荷葉裹。又將臘紙裹，又將布裹。於一石米飯中蒸之，候飯熟即出。欲石後，取肉細切，和葱椒薑等絶小作餛飩子，熟煮，每旦空腹冷漿水中呑一百子。呑訖，將冷飯壓之，百無所忌。宜春夏服大驗，其石永不發，勿令餛飩破碎，其石三兩廼，用之乃換之。

《太平御覽》卷九四二《羊蹄》　《臨海水土物志》曰：『羊蹄似蚌，味似車螯，羅江小盧有之。』

《太平廣記》卷三〇二《食羊人》　開元末，有人好食羊頭者，常晨出，有怪在門焉，羊頭人身，衣冠甚偉。告其人曰：『吾未之神也，其屬在羊，吾以汝好食羊頭，故來求汝。輟食則已，若不爾，吾將殺之。』其人大懼，

遂不復食。出《紀聞》

宋 歐陽修《歐陽文忠公集》卷一一五《倚閣忻代州和糴米奏狀》 忻州差配名目尤多，去年一年內，除稅賦、和糴沿邊送納外，配銀送納見錢，收買肉羊，羊皮數目不少。

宋 蘇軾《蘇文忠公全集》卷七《書韓維讀三朝寶訓》 上讀《三朝寶訓》【略】又祀汾陰日，見一羊自擲道左，怪問之。曰：『今日尚食殺其羔。』真宗慘然不樂。自是不殺羊羔。

又 卷二七《繳進陳繹詞頭狀》 臣等勘會陳繹知廣州日，私自取索，用市舶庫乳香斤兩至多，本犯極重，以元勘不盡，至薄其罪。外買生羊寄屠行，令供肉，計虧價錢三十七貫有餘。

又 卷五五《與馮祖仁》 節辰蒙惠羊邊、酒壺，仁者之餽，謹以薦先，感佩不可言也。

又《與林天和》 骨肉遠至，重爲左右費，羊麪、鱸魚，已拜賜矣，感怍之至。

又 卷五九《與趙仲修》 公清貧，更煩輟惠羊邊，謹以拜賜，使我有數日之飽，公亦乃無浹旬蔬食耶？一噱。

又《與朱康叔》 兼承以舍弟及賤累至，特有厚貺羊麪酒果，一一捧領訖，但有慚怍。

又 卷六〇《與子由弟》 惠州市井寥落，然猶日殺一羊，不敢與仕者爭。買時，囑屠者買其脊骨耳。骨間亦有微肉，熟煮熱漉出，不乘熱出，則抱水不乾。漬酒中，點薄鹽炙微燋食之。終日抉剔，得銖兩於肯綮之間，意甚喜之。如食蟹螯，率數日輒一食，甚覺有補。

又 卷六六《書南史盧度傳》 余少不喜殺生，然未能斷也。近來始能不殺猪羊，然性嗜蟹蛤，故不免殺。

又 卷七二《黎子明父子》 黎子明之子，爲繼母所讒，出數月。其父年高，子幼，不給於耕，夫婦父子皆有悔意而不能自還。予爲買羊沽酒送歸其家，爲父子如初，庶幾潁谷封人之意。

宋 周必大《文忠集》卷四九《題癸丑謝何同叔送羊羔酒詩贈尹德鄰》 永豐尹直卿德鄰學富而贍於文，有能詩聲。紹熙癸丑補中太學生，兼試《問寢龍樓曉詩》，末句云：『書生憂國切，幾白九分頭。』學官嘆服，置名第一。謁告還鄉，屢枉佳篇。今將衆學，見索鄙句。老詩無辭可措，偶記頃在長沙有《謝何同叔運判雪中送羊羔酒》四韻，後欲再賦，以酒有『浮蟻』，可押『慕羶』，對未成而止，今錄舊作，請直卿爲足之。若自有壓倒元、白之句，則九萬里風斯在下矣。庚申臘月十七日。

宋 趙必瑑《覆瓿集》卷四《李梅外歸里送羊酒》 文星歸次，岫雲光華仁里。某一癯如昨，萬間焉依云云，芹獻至微，或可旌野人之意；李塲堪托，願從游先生之門。

宋 朱翼中《北山酒經》卷下《白羊酒》 臘月取絕肥嫩羯羊肉三十斤肉三十斤，內要肥膘十斤，連骨，使水六㪷已來入鍋，煮肉令極軟，漉出骨，將肉絲擘碎，留著肉汁炊蒸酒飯，時勻撒脂肉拌飯上，蒸令軟，依常盤攪，使盡肉汁六㪷潑饋了。再蒸良久，卸案上，攤令溫冷得所，揀好腳醅依前法酘拌，更使肉汁二升以來，收拾案上及元壓面水，依尋常大酒法日數，但麴盡於酴米中用爾。一法：腳醅發祇於酘飯內方煮肉，取腳醅一處搜拌入甕。

元 李鵬飛《三元延壽參贊書》卷三《走獸》 羊肉，性大熱。時病愈，百日內，不可食。食則復，令骨蒸。和鮓食，傷人心；和生魚酪食，害人。生脂，宿有熱者，不可食。蹄甲，中有珠子，白者，名懸筋，發人瘨。肝和猪肉及梅子、小豆食之，傷人心。大病人妊娠，食肝，令子多厄。一切羊肝，共生椒食之，破五臟，傷心。小兒彌忌之。肚子，病人共飯常食之，久成番胃，作噎病；共甜粥食之，多唾，吐清水。腦子，男子食之，損精，少子。欲食者，研細，醋和之，猪腦亦然。不食，佳。白羊黑頭，食其腦，作腸癰。飲酒後，不得食羊豕腦，大害人。心有孔者殺人，一角者殺人。羖羊，青羝羊也。肉，以水中柳木及白楊木，不得於銅器內煮。食之，丈夫損陽，女子絕陰，暴下不止。髓及骨汁合食，煩熱難退，動利。六月勿食，以益神氣。青羊肝和小豆食之，目少明。羊，不醬同食，久而生癩，發痼疾。

元 佚名《居家必用事類全集·巳集·麴酒類》 【羊羔酒法】用精羊肉五斤，用炊單裹了，放糜底，蒸熟，乾，批作片子。用好糯酒浸一宿，研爛，以鵞梨七雙去皮核，與肉再同研細，紗濾過，再用浸肉酒研濾三四次，用川芎一兩為末，入汁內攪勻。潑在糯米腳糜肉下腳，用麯依常法。

又《腌藏肉品》 【羊紅肝】肥羊肉十五斤，半斤作一條。用塩十五兩，醃三伏時，取出。却用糟三斤，塩三兩拌匀，再醃三宿，取出。不去糟，拴竈上猛柴煙熏乾。次年五六月洗刷煮食。

【羊鹿獐等肉】作條或片，去筋膜，微帶脂。每斤用塩一兩。天氣煖加分半。醃半日，入酒升半、醋一盞。經兩宿，取出曬乾。

【羊牛等肉】去骨浄。打作小長叚子。乘肉熱，精肥相間，三四叚作一垛。布包石壓。經宿，每斤用塩八錢、酒二盞、醋一盞，醃三五日。每日翻一次。醃至十日，後日曬至晚，却入滷汁，以汁盡為度。候乾，掛厨中煙頭上。此法惟臘月可造。

又《庚集·飲食類》 【法煑羊頭】撏燎浄下鍋煑，入葱五莖，橘皮一片、良薑一塊、椒十餘粒，滚數沸，入塩一匙尖，慢火煑熟。放冷，切作片，臨食木椀盛。酒灑蒸熱，入楪供，勝燒者。作簽亦佳。羊棒、臆、尾靶皆可製。

【法煑羊肺】切為數叚，晾，洗，入沙罐煑。用生薑三片、良薑、椒、塩各少許，葱三握，濕紙覆罐口，勿泄味，慢火煨。候半熟，再切細，添些酒再煑軟，供，羊肚，托胎，硬髓皆可。禁中謂『雜𩜹』。【略】

【蒸羊眉突】羊一口。燖浄，去頭蹄腸肚等，打作事件。用地椒、細料物、酒、醋調匀，澆鹵上，浸一時許。入空鍋内，柴棒架起，盤合泥封。發火，不得大緊熱。候熟，碗内另供原汁。【略】

【羊肚餡】羊軟肚二箇、軟肺一箇、羊舌熟者五箇，乘熟縷切，精生羊肉半斤、脂四兩，縷切，用葱十五莖、醋三合、生薑四兩、陳皮二片、椒、茴香各一錢。煉熟油打炒葱，入麪捧、塩少許，打拌滋味得所，作餡用。

明 高濂《遵生八箋》卷一二《炒羊肚兒》 將羊肚洗淨，細切条子，一邊大滚湯鍋，一邊熱熬油鍋。先將肚子入湯鍋，笊籬一焯，就將粗布紐乾湯氣，就火急落油鍋内炒，將熟，加葱花、蒜片、花椒、茴香、醬油、酒、醋調匀，一烹即起，香脆可食，如遲慢，即潤如皮条，難吃。

又 卷一二《羊羔酒》 糯米一石，如常法浸漿，肥羊肉七斤，麯十四兩，杏仁一斤，煑去苦水，又同羊肉多湯，煑爛。留汁七斗，拌前米，飰加木香一兩，同醞，不得犯水。十日可吃，味極甘滑。

明 陸應陽《廣輿記》卷四《土産》 羊羔酒出孝義。煑羊羔爲漿，雜以温藥，有補虚之。

明 李時珍《本草綱目》卷二五《酒》 羊羔酒大補元氣，健脾胃，益腰腎。宣和化成殿真方：用米一石，如常浸漿，嫩肥羊肉七斤，麴十四兩，杏仁一斤，同煮爛，連汁拌末，入木香一兩同釀，勿犯水，十日熟，極甘滑。一法：羊肉五斤蒸爛，酒浸一宿，入消梨七个，同搗取汁，和麴、米釀酒飲之。

又 卷五〇《羊》

附録

羊肉，氣味：苦、甘，大熱，無毒。詵曰『温』，頌曰『《本經》云：「甘」』，《素問》云『苦』。蓋經以味言，《素問》以理言。羊性熱屬火，故配於苦。羊之齒、骨、五臟皆温平，惟肉性大熱也。時珍曰：『熱病及天行病、瘧疾病後食之，必發熱致危。妊婦食之，令子多熱。白羊黑頭，黑羊白頭，獨角者，並有毒，食之生癰。』《禮》曰：『羊毛而毳者羶。』又云『煑羊以杏仁或瓦片則易糜，以胡桃則不臊，以竹鼦則助味。中羊毒者，飲甘草湯則解。銅器煑之，男子損陽，女子暴下。物性之異如此，不可不知。』汪機曰：『及半夏、菖蒲。同蕎面、豆醬食，發痼疾。同醋食，傷人心。』主治：暖中，字乳餘疾，及頭腦大風汗出，虚勞寒冷，補中益氣，安心止驚。別録。止痛，利産婦。思邈。治風眩瘦病，丈夫五勞七傷，小兒驚癇。孟詵。開胃健力。

發明 頌曰：『肉多入湯劑。胡治方有大羊肉湯，治婦人産後大虚，心腹絞痛厥逆，醫家通用大方也。』宗奭曰：『仲景治寒疝，羊肉湯服之，無不驗者，一婦冬月生産寒入子户，腹下痛不可按，此寒疝也。醫欲投抵當湯。予曰：「非其治也。以仲景羊肉湯減水，二服即愈。」』。李杲曰：『羊肉有形之物，能補有形肌肉之氣。故曰補可去弱，人參、羊肉之屬。人參補氣，羊肉補形。凡味同羊肉者，皆補血虚，盖陽生則陰長也。』時珍曰：『按《開河記》云：隋大總管麻叔謀病風逆，起坐不得。煬帝命太醫令巢元方視之。曰：「風入腠理，病在胸臆。須用嫩肥羊蒸熟，糝藥食之，則瘥。」如其言，未盡劑而痊。自後每殺羊羔，同杏酪、五味日食數枚。觀此則羊肉補虚之功，益可證矣。』

附方 舊八，新十六。羊肉湯 張仲景治寒勞虚羸，及産後心腹疝痛。用肥羊肉一斤，水一斗，煑汁八升，入當歸五兩，黄芪八兩，生薑六兩，煑取二升，分四服。胡治方無黄芪。《千金方》有芍藥。《金匱要畧》。産後厥痛 胡治大羊肉湯：治婦人産後大虚，心腹絞痛，厥逆。用羊肉一斤，當歸、芍藥、甘草各七錢半，用水一斗煑肉，取七升，入諸藥，煑二升服。産後虚羸 腹痛，冷氣不調，及腦中風汗自出。白羊肉一斤，切治如常。調和食之。《心鏡》。産後帶下 産後中風，絶孕，帶下赤白。用羊肉二斤，香豉、大蒜三兩，水一斗，煑五升，納酥一升，更煑二升服。《千金方》。崩中垂死 肥羊肉三斤，水二斗，煑一斗三升，入生地黄一升，乾薑、當歸三兩，煑三升，分四服。《千金》。補益虚寒 用精羊肉一斤，碎白石英三兩，以肉包之，外用荷葉裹定，於一石米下蒸熟，取出去石英，和葱、薑作小餛飩子。每日空腹，以冷漿水吞一百枚，甚補益。《千金翼》。**壯陽益腎** 用白羊肉半斤切生，以蒜、薤食之。三日一度，甚妙。《心鏡》。**五勞七傷** 虛冷。用肥羊肉一腿，密蓋煮爛，絞取汁服，并食肉。**骨蒸久冷** 羊肉一斤，山藥一斤，各爛煮研如泥，下米煮粥食之。《飲饍正要》。**骨蒸傳尸** 用羊肉一拳大，煮熟，皂莢一尺炙，以無灰酒一升，銅鐺內煮三五沸，去滓，入黑錫一兩。令病人先啜肉汁，乃服一合。當吐蟲如馬尾為效。《外臺》。**虛寒瘧疾** 羊肉作臛餅，飽食之，更飲酒暖臥取汗。燕國公常見有驗。《集驗方》。**脾虛吐食** 羊肉半斤作生，以蒜、薤、醬、豉、五味和拌空腹食之。《心鏡》。**虛冷反胃** 羊肉去脂作生，以蒜薤空腹食之，立效。《外臺》。**壯胃健脾** 羊肉三斤切，粱米二升同煮，下五味作粥食。《飲饍正要》。**老人膈痞** 不下飲食。用羊肉四兩切，白麪六兩，橘皮末一分，薑汁搜如常法，入五味作臛食，每日一次，大效。《多能鄙事》。**胃寒下痢** 羊肉一片，莨菪子末一兩和，以綿裹納下部，二度瘥。《外臺》。**方身面浮** 腫商陸一升，米二斗，煮取一斗，去滓，羊肉一斤，切，入肉煮熟，下葱、豉、五味調和如臛法，食之。《肘後方》。**腰痛脚氣** 木瓜湯：治腰膝痛，脚氣。羊肉一脚，草菓五枚，粳米二升，回回豆即胡豆半升，木瓜二斤，取汁，入砂糖四兩，鹽少許，煮肉食之。《正要》。**消渴利水** 羊肉一脚，瓠子六枚，薑汁半合，白麪二兩，同鹽、葱炒食。《正要》。**損傷青腫** 用新羊肉貼之。《千金方》。**婦人無乳** 用羊肉六兩，麞肉八兩，鼠肉五兩，作臛啖之。崔氏。**傷目青腫** 羊肉煑熟熨之。《聖惠方》。**小兒嗜土** 買市中羊肉一斤，令人以繩繫，於地上拽至家，洗淨，炒炙食。或煑汁亦可。姚和衆。**頭上白禿** 羊肉如作脯法，炙香，熱搨上，不過數次瘥。《肘後方》。

頭蹄，白羊者良。**氣味：甘，平，無毒。**大明曰『涼』。震亨曰『羊頭、蹄肉，性極補水。水腫人食之，百不一愈。』**主治：風眩瘦疾，小兒驚癇。**蘇恭。**腦熱頭眩。**《日華》。**安心止驚，緩中止汗補胃，治丈夫五勞骨熱，熱病後宜食之，冷病人勿多食。**孟詵。《心鏡》云：『已上諸證，並宜白羊頭，或蒸或煑，或作膾食。』**療腎虛精竭。**

附方 新三。**老人風眩** 用白羊頭一具，如常治食之。**五勞七傷** 白羊頭、蹄一具淨治，更以稻草燒烟，薰令黃色，水煑半熟，納胡椒、畢撥、乾薑各一兩，葱、豉各一升，再煑去藥食。日一具，七日即愈。《千金》。**虛寒腰痛** 用羊頭、蹄一具，草果四枚，桂一兩，薑半斤，哈昔泥一豆許，胡椒煑食。《正要》。【略】

血，白羊者良。**氣味：鹹，平，無毒。**時珍曰：『按夏子益奇疾方云：「凡豬、羊血久食，則鼻中毛出，晝夜長五寸，漸如繩，痛不可忍，摘去復生。惟用乳石、硇砂等分為丸。臨臥服，十丸自落也。」』**主治：女人血虛中風及產後血悶欲絕者，熱飲一升即活。**蘇恭**熱飲一升，治產後血攻，下胎衣，治卒驚九竅出血，解莽草毒、胡蔓草毒，又解一切丹石毒發。**時珍。出《延壽諸方》。

發明 時珍曰：『《外臺》云：「凡服丹石人，忌食羊血十年，一食前功盡亡。此物能制丹砂、水銀、輕粉、生銀、硇砂、砒霜、硫黃乳、石鍾乳、空青、曾青、雲母石、陽起石、孔公蘖等毒。凡覺毒發，刺飲一升即解。又服地黃、何首烏諸補藥者，亦忌之。」《嶺表異録》言其能解胡蔓草毒，羊血解毒之功用如此，而本草並不言及，誠缺文也。』

附方 舊二，新五。**衄血一月**不止，刺羊血熱飲即瘥。《聖惠》。**產後血攻**或下血不止，心悶而青，身冷欲絕者，新羊血一盞飲之，三兩服妙。梅師。**大便下血**羊血煑熟，拌醋食，最效。吳球便民食療。**硫黃毒發**氣悶，用羊血熱服一合效。《聖惠方》。**食菹吞蛭**蛭啗臟血，腸痛黃瘦，飲熱羊血一二升，次早化豬脂一升飲之，蛭即下也。《肘後方》。**誤吞蜈蚣**刺豬羊血灌之，即吐出。昔有店婦吹火筒中有蜈蚣入腹，店婦仆地，號叫可畏。道人劉復真用此法而愈。《三元延壽書》。**妊娠胎死**不出，及胎衣不下，產後諸疾狼狽者，刺羊血熱飲一小盞，極效。《聖惠方》。【略】

腦，**氣味：有毒。**詵曰：『發風病，和酒服，迷人心，成風疾。男子食之，損精氣，少子，白羊黑頭，食其腦，作腸癰。』**主治：入面脂手膏，潤皮膚，去鼾黯，塗損傷、丹瘤、肉刺。**時珍

附方 新二。**發丹如瘤**生綿羊腦，同朴消研，塗之。瑞竹堂方。**足指肉刺**刺破，以新酒、酢和羊腦塗之，一合愈。《古今録驗》。

髓，**氣味：甘，温，無毒。主治：男子女人傷中，陰陽氣不足，利血脈，益經氣，以酒服之。**《別錄》。**却風熱，止毒。久服不損人。**孫思邈。**和酒服，補血。主女人血虛風悶。**孟詵。**潤肺氣，澤皮毛，滅瘢痕。**時珍。刪繁治肺虛毛悴，酥髓湯中用之。

附方 新五。**肺痿骨蒸**煉羊脂，煉羊髓各五兩煎沸，下煉蜜及生地黃汁各五合，生薑汁一合，不住手攪，微火熬成膏。每日空心温酒調服一匙，或入粥食。《飲膳正要》。**目中赤翳**白羊髓傅之。《千金》。**舌上生瘡**羊脛骨中髓，和胡粉塗之，妙。《聖惠》。**白禿頭瘡**生羊骨髓，調輕粉搽之。先以泔水洗淨。一日二次，數日愈。《經驗方》。**痘痂不落**痘瘡痂疙不落，滅瘢方：用羊骨髓（煉）一兩，輕粉一錢，和成膏，塗之。陳文仲方。

心，下並也，用白羝羊者良。**氣味：甘，温，無毒。**日華曰：『有孔者殺人』。**主治：止憂恚膈氣。**《別録》。**補心。**《藏器》。

附方 新一。**心氣鬱結**羊心一枚，咱夫蘭（即回回紅花），浸水一盞，入鹽少許，徐徐塗心上，炙熟食之，令人心安多喜。《正要》。

肺，**氣味同心。**詵曰：『自三月至五月，其中有蟲，狀如馬尾，長二三寸，須去之。不

去令人痢下。』主治：補肺，止欬嗽。《别録》傷中，補不足，去風邪。思邈。治渴，止小便數，同小豆葉煑食之。蘇恭。通肺氣，利小便，行水解毒。時珍。

附方 舊一，新六。久嗽肺痿作燥。羊肺湯：用羊肺一具洗浄，以杏仁、柿霜、真豆粉、真酥各一兩，白口二兩，和勻，灌肺中，白水煑食之。葛可久方。欬嗽上氣積年垂死。用莨菪子（炒）、熟羊肺（切曝）等分為末，以七月七日醋拌。每夜服二方寸匕，粥飲下。隔日一服。《千金》。水腫尿短青羖羊肺一具，微炸切曝為末，莨菪子一升，以三年醋漬，搗爛，蜜丸梧子大。食後麥門冬飲服四丸，日三，小便大利。佳。《千金》。小便頻數下焦虚冷也。羊肺一具（切）作羹，入少羊肉，和鹽、豉食不過三具。《集驗》方。渴利不止羊肺一具，入少肉和、鹽豉作羹。食不過三具愈。《普濟方》。解中蠱毒生羊肺一具割開，入雄黄、麝香等分，吞之。《濟生方》。鼻中瘜肉羊肺湯：用乾羊肺一具，白朮一兩，肉蓯蓉、通草、乾薑、芎藭各二兩，為末食。後米飲服五兩。《千金方》。

腎，氣味同心，主治：補腎氣虚弱，益精髓。《别録》。補腎虚耳聾陰弱，壯陽益胃，止小便，治虚損盜汗。日華。合脂作羹，療勞痢甚效。蒜、薤食之一升，療癥瘕。蘇恭。治腎虚消渴。時珍。

發明 時珍曰：『《千金》、《外臺》、《深師諸方》，治腎虚勞損，消渴脚氣，有腎瀝湯方甚多，皆用羊腎煑湯煎藥。蓋用為引嚮，各從其類也。』

附方 舊二，新六。下焦虚冷脚膝無力，陽事不行，用羊腎一枚煑熟，和米粉六兩，鍊成乳粉，空腹食之，妙。《心鏡》。腎虚精竭羊腎一雙切，於豉汁中，以五味、米糅作羹、粥食。《心鏡》。五勞七傷陽虚無力，經驗：用羊腎一對（去脂切），肉蓯蓉一兩（酒浸一夕去皮），和作羹，下葱、鹽、五味食。《正要》：治陽氣衰敗，腰脚疼痛，五勞七傷。用羊腎三對，羊肉半斤，葱白一莖，枸杞葉一斤，同五味煑成汁，下米作粥食之。虚損勞傷羊腎一枚，米一升，水一斗，煑九升，服日三。《肘後方》。腎虚腰痛《千金》：用羊腎去膜，陰乾為末，酒服二方寸匕，日三。《正要》：治卒腰痛，羊腎一對，咱夫蘭一錢，水一盞浸汁，入鹽少許，塗抹腎上，徐徐炙熟，空腹食之。老人腎硬治老人腎藏虚寒，内腎結硬，雖服補藥不入。用羊腎子一對，杜仲（長二寸，濶一寸）一片，同煮熟，空心食之。令人内腎柔軟，然後服補藥。《鷄峯備急》方。脇破腸出以香油抹手送入，煎人參、枸杞子汁温淋之，喫羊腎粥十日，即愈。危氏。羊石子即羊外腎也。主治腎虚精滑。時珍。本事金鎖丹用之。

肝，青羖羊者良。氣味：苦，寒，無毒。頌曰『温』，弘景曰『合豬肉及梅子、小豆食，傷人心。』思邈曰『合生椒食，傷人五臟，最損小兒。合苦筍食，病青盲。妊婦食之，令子多厄。』主治：補肝，治肝風虚熱，目赤暗痛，熱病後失明，並用子肝七枚，作生食，神效。亦切片水浸貼之。蘇恭。解蠱毒。吴瑞。

發明 時珍曰：『按倪維德原機啓微集云：「羊肝補肝與肝合，引入肝經。故專治肝經受邪之病。」今羊肝丸治目有效，可徵。汪機曰：「按《三元延壽書》云：凡治目疾，以青羊肝為佳。有人年八十餘，瞳子瞭然，夜讀細字。云别無服藥，但自小不食畜獸肝耳」。或以《本草》羊肝明目而疑之。蓋羊肝明目性也，他肝則否。凡畜獸臨殺之時，忿氣聚於肝，肝之血不利於目宜矣。』

附方 舊四，新十一。目赤熱痛看物如隔紗，宜補肝益精。用青羊肝一具切洗，和五味食之。《心鏡》。肝虚目赤青羊肝，薄切水浸，吞之極效。《龍木論》。病後失明方同上。小兒赤眼羊肝切薄片，井水浸貼。《普濟》。翳膜羞明有淚，肝經有熱也。用青羊子肝一具（竹刀切），和黄連四兩，為丸梧子大。食遠茶清下七十丸，日三服，忌鐵器、豬肉、冷水。《醫鏡》。目病䀮䀮以銅器煮青羊肝，用麵餅覆器上，鑽兩孔如人眼大，以目向上熏之。不過三度。《千金方》。目病失明青羖羊肝一斤，去膜切片，入新瓦内炕乾，同決明子半升，蓼子一合，炒為末。以白蜜漿服方寸匕，日三，不過三劑，目明。至一年，能夜見文字。《食療》。不能遠視羊肝一具，去膜細切，以葱涤一勺，炒為末，以水煑熟，去滓，入米煑粥食。《多能鄙事》。青盲内障白羊子肝一具，黄連一兩，熟地黄二兩，同搗，丸梧子大。食遠茶服七十丸，日三服。崔承元病内障喪明，有人惠此方報德，服之遂明。《傳信方》。牙疳腫痛羯羊肝一具煮熟，蘸赤石脂末，任意食之。《醫林集要》。虚損勞瘦用新豬脂煎取一升，入葱白一握煎黄，平旦服，至三日，以枸杞一斤，水三斗煮汁，入羊肝一具，羊脊膂肉一條，麴末半斤，着葱，豉作羹食。《千金方》。病後嘔逆天行病後嘔逆，食即反出。用青羊肝作生淡食，不過三度，食不出矣。《外臺》。休息痢疾五十日以上，一二年不瘥，變成疳，下如泔淀者。用生羊肝一具切絲，入三年醋中吞之。心悶則止，不悶更服。一日勿食物。或以薑薤同食亦可。不過二三具。《外臺》。小兒癇疾青羊肝一具，薄切水洗，和五味、醬食之。婦人陰䘌作痒，羊肝納入引蟲。《集簡方》。

膽，青羯羊者良。氣味：苦，寒，無毒。主治：青盲，明目。《别録》點赤障白翳、風淚眼，解蠱毒。甄權。療疳濕、時行熱熛瘡，和醋服之，良。蘇恭。治諸瘡，能生人身血脈。思邈。同蜜蒸九次，點赤風眼，有效。朱震亨。

發明 時珍曰：『肝開竅於目，膽汁減則目暗。目者，肝之外候，膽之精華也。故諸膽皆治目病。《夷堅志》載：二百味草花膏治爛弦風赤眼，流淚不可近光，及一切暴赤目疾，用羯羊膽一枚，入蜂蜜於内蒸之，候乾研為膏，每含少許，並點之。一日淚止，二日腫消，三日痛定。蓋羊食百草，蜂採百花，故有二百花草之名。又張三丰真人碧雲膏：臘月取羯羊膽十餘枚，以蜜裝滿，紙套籠住，懸簷下，待霜出掃下，點之神效也。』

附方 舊三，新四。病後失明羊膽點之，日二次。《肘後》。大便秘塞羊膽汁灌入即通。《千金》。目為物傷羊膽二枚，鷄膽三枚，經魚膽二枚，和勻，日日點之。《聖惠方》。面黑皯皰羖羊膽、牛膽各一箇，淳酒三升，煑三沸，夜夜塗之。《肘後》。產婦面皯產婦面如雀卵色，以羊膽、豬胰、細辛等分，煎三沸。夜塗，旦以漿水洗之。《録驗》。代指作痛崔氏云：『代指乃五臟熱注而然，刺熱湯中七度刺冷水中。三度，即以羊膽塗之立愈，甚效。』《外臺方》。小兒疳瘡羊膽二枚，和醬汁灌下部。《外臺》。

胃，一名羊膍胵。氣味：甘，温，無毒。思邈曰：『羊肚和飯飲久食，令人多唾清水，成反胃，作噎病。』主治：胃反，止虛汗，治虛羸，小便數，作羹食，三五瘥。孟詵。

附方 舊一，新六。久病虛羸不生肌肉，水氣在脇下，不能飲食，四肢煩熱者，用羊胃一枚，白术一升（切），水二斗，煑九升，分九服，日三。不過三劑瘥。張文仲方。補中益氣羊肚一枚，羊腎四枚，地黃三兩，乾薑、昆布、地骨皮各二兩，白术、桂心、人參、厚朴、海藻各一兩五錢，甘草、秦椒各六錢為末，同腎入肚中，縫合蒸熟，擣爛晒為末，酒服方寸匕。《千金》。中風虛弱羊肚一具，粳米二合，和椒、薑、豉、葱作羹食之。《正要》。胃虛消渴羊肚爛煑，空腹食之。《古今録驗》。下虛尿牀羊肚盛水煑熟，空腹食，四五頓瘥。《千金》。項下瘰癧用羊膍胵燒灰，香油調敷。蛇傷手腫新剥羊肚一箇（帶糞），割一口，將手入浸，即時痛止腫消。《集要》。

脬，主治：下虛遺溺。以水盛入，炙熟，空腹食之，四五次愈。孫思邈。

胰，白羊者良主治：潤肺燥，諸瘡瘍。入面脂，去鼾黷，澤肌膚，滅瘢痕，時珍。

附方 新三。遠年欬嗽羊胰三具，大棗百枚，酒五升，漬七日，飲之。《肘後》。方婦人帶下羊胰一具，以酢洗浄，空心食之，不過三次。忌魚肉滑物，犯之即死。《外臺》。痘瘡瘢痕羊胰二具，羊乳一斤，甘草末二兩，和勻塗之。明旦，以豬蹄湯洗去。《千金》。

舌，主治補中益氣。《正要》：用羊舌二枚，羊皮二具，羊腎四枚，蘑菰糟薑，作羹肉汁食之。

靨，即會咽也。氣味甘，淡温無毒，主治氣癭。時珍。

發明 時珍曰：『按古方治癭多用豬、羊靨，亦述類之義，故王荆公癭詩有「內療煩羊靨」之句。然癭有五：氣、血、肉、筋、石也。夫靨屬肺，肺司氣。故氣癭之證，服之或效。他癭恐亦少力。』

附方 舊一，新二。項下氣癭《外臺》：用羊靨一具，去脂（酒浸，炙熟），含之嚥汁，日一具，七日瘥。《千金》：用羊靨七枚（陰乾），海藻、乾薑各二兩，桂心、昆布、逆流水邊柳鬚各一兩，為末，蜜丸芡子大。每含一丸，嚥津。《褋病治例》：用羊靨、豬靨各二枚，昆布、海藻、海帶各二錢（洗，焙）牛蒡子（炒）四錢，右為末，擣二靨和，丸彈子大。每服一丸，含化嚥汁。

睛，主治：目赤及翳膜。曝乾為末，點之。時珍。出《千金》。熟羊眼中白珠二枚，於細石上和棗核磨汁，點目翳羞明，頻用三四日瘥。孟詵。

發明 時珍曰：『羊眼無瞳，其睛不應治目，豈以其神藏於內耶？』

筋，主治：塵物入目，熟嚼納目中，仰卧即出。《千金翼》。

明 盧和《食物本草》卷下 羊肉，味甘，大熱，無毒。主緩中，字乳餘疾，頭腦大風，汗出，虛勞寒熱，開胃，補中益氣，肥健人，安心止驚。又云：羊肉比人參、黃耆，參耆補氣，羊肉補形。頭肉，涼，主骨蒸腦熱，緩中安心止驚，熱病後宜食，冷病人不宜食。腦，發風，若和酒食則迷人心。五臟，温，平五臟。肺，補肺，止咳嗽，止渴，小便數。心，止憂恚膈氣，麞心。肺有孔者勿食。肝，明目，主肝風虛熱，目赤睛痛。腎，補腎氣，益精髓，壯陽，健胃，補虛損，止小便，盗汗，耳聾。髓，味甘，温，主男女傷中，陰氣不足，和血脉，益經氣，以酒服之。齒，主小兒羊癇寒熱。膽，主青盲，明目，又療時行熱燥瘡并淋濕。又點眼中赤瘴白膜，風淚。又觧蠱毒。皮，補虛勞，去一切脚中虛風。血，主女人產後血虛悶。脛骨，治牙齒踈豁。羚羊角，味鹹、苦，氣寒，無毒，屬木，入厥陰經。主明目，益氣起陰，去惡血注下，辟蠱毒惡鬼不祥，安心氣，常不魘寐，虛傷寒，時氣寒熱，熱在肌膚，温風注毒，伏在骨間，除邪氣驚夢，狂越僻謬，小兒驚癇，治山瘴，散產後血衝心煩悶，燒末酒服之。又治食噎不通。久服强筋骨，輕身益氣，利丈夫。羖羊角，用同此羊。謂北地責羊也。若南羊，則多受濕，濕則有毒，又山中吃毒草，故不堪用。若言其味，則浙東一種山羊，味甚甘美，諸家謂南羊味淡，或見之未悉。南人食之甚補矣。但以其能發，病者皆不可食，犯之即驗，此其不及北羊也。北地一種無角大白羊，食之甚勝。又，同、華之間卧沙細肋角低小者，供饌在諸羊之上，醫家諸湯丸，用之即効。

明 陳繼《羊謝少保楊東里》《古今振雅雲箋》卷七 昨羊羹遍及，而知關內侯之善治庖也。及步園林芳艸中，粧點者不一而足，而又知緱山令之善司牧也。僕以瘦羊博士得擾，萬羊宰相分之不敢明矣。殊愧荆州從事申謝。羊羹遍及：《戰國策》：『中山享士司馬子期在焉。羊羹不遍，怒走楚説伐中山。』關內侯：漢王莽簒位，諸將立淮陽王更始，更始委政于趙萌，日夜飲燕，至羣小膳夫皆官爵，長安語曰：『爛羊胃，騎都尉；爛羊頭，關內侯。』芳艸中粧點于午橋庄小兒坡茂艸盈里，晉公使群羊散于其上，曰：『芳艸多情，賴此粧點。』緱山令：卜式牧羊千餘皆肥息，漢武帝善之，式曰：『治民猶是，惡者去之，毋令敗群。』上拜式為緱山令。瘦羊博士：漢甄宇為博士，每臘賜羊，先取最瘦者，後召問：『瘦羊博士何在？』

萬羊宰相：唐李德裕召僧卜，休咎曰：『公當食萬羊，今九千五百矣。』後旬日，米暨饋羊五百，公大驚。荆州從事：羅友作荆州從事，桓温為王車騎，敘別友進，坐良久，辭出，温曰：『卿咨事何以便去？』答曰：『友聞白羊肉美，一生未曾得喫，故冒求前耳，無事何咨。今既已飽，不復須駐，了無慚色。』

明 鄧志謨《羊胙送友人》《古今振雅雲箋》卷八　學中偶頒羊胙，僕，先取最瘦者熟而薦之，先人以佳者獻之足下，足下璧人，必重聖賢，餘享者幸收之俎間。先取最瘦者，《漢記》：甄宇拜博士，每臘詔賜博士羊時，祭酒欲殺羊分稱其肉，宇曰：『不可。』因先取最瘦者。後上問召：『瘦羊博士何在？』因以為號。熟而薦之出鄉黨。璧人衛玠在洛，嘗乘羊車入市，皆謂其璧人，因玠美丰姿故也。

清 徐松《宋會要輯稿·職官二一之一〇》［景德二年六月］牛羊司，外羣送納死羊及諸處取索羊肉羊羓，并須每口實定斤重，出抄申破，不得止憑估羊節級懸估。

又《職官二一之一〇》［景德二年十月］外群死羊，委側近縣尉監造羓送官，其頭肚五月至七月埋窖，三月至九月量估價出賣。

又《禮一四之一二》［景德二年十二月］南郊禮畢，從祀行事官當賜胙者，五使、亞獻、終獻、司徒、司空、太常卿、親王、樞密院凡十六段，并賜犢；使相至知雜御史凡五十二段，并賜羊豕。

又《食貨五五之一五》［景德三年五月］内東門買賣司，應内降出賣匹段，自今明上簿歷，令使臣當面差人印記，具關子送下雜買務出賣，所有金銀印封記交付，更不得私將抵换匹帛，下行出賣。【略】又内中所買羊肉，自今並令使臣上歷，出給印押帖子，差輦官下行取買。諸宫院準此。

又《禮二二之一六》［大中祥符元年九月］皇帝自告廟即進疏食；從官、衛士至鄆州，即禁葷茹；公私羊豕，不至嶽下。

又《職官二一之一一》［大中祥符三年五月］每秋棧羊入圈，每圈給三司印歷抄上，候宰殺時，每日輪一圈供殺。每年比較，棧羊須二十三斤已上；草羊四月至十一月，肥月，十五斤已上；十二月至三月，瘦月，十二斤已上，即殺。

又《食貨五五之四六》［大中祥符四年十二月］宰殺務選差使臣二人立界勾當，不屬牛羊司，每日據數撥與牛羊，先團估斤重，監視宰殺，據寔秤肉數給憑由收破。使臣除食直、骨血錢外，增給羊糞錢百四十，二年一替。如年滿無公私罪犯，與家便差遣。

又《食貨三八之二八》［大中祥符五年閏十月］河北榷場所市食羊死于路者，無得抑市人鬻之。

又《職官二一之一一》［大中祥符五年十二月］中牟縣牧羊造羓，九月一日至正月終，令津般赴京，自餘送皮剝所賣，錢入官。

又《食貨五五之四六》［天禧元年四月］供庖務狀，每排頓造食羊，新城内即大務供應，新城外即就彼供殺。其供過數及使不盡物係收管錢官，只憑御廚手分、宰手寫白劄子開説，并無使臣押書，切慮隱落。乞今後令勾當使臣躬親點檢，據數宰殺外，有供使不盡者，出給憑由二道，簽押實封，各付御廚手分、宰手點對照證，免茲弊倖。又每聖節，本務預期殺上好羊約三千餘口，璧牙數少，多在地用箔堆放。若遇雨雪，損污官物，或供用不盡，難以轉供。乞今後將至聖節，御廚預行計的實合使斤數，報務宰殺，一併送納。又親王宫宅、御廚、禮賓院每日食羊，并本處官員書歷放數，内會靈觀只憑手分白劄子取撥。乞今後令本管官員置歷赴務供納，及乞勒手分攢寫文狀，赴御廚勘會入帳點對，月終別出憑由開破。應諸宫造食羊，并是憑諸宫放數品配，除正色額外，以次者品配訖，宰手爲賫赴逐處。内有嫌肉下者，不問日下，只憑局分，并宰手送省勘斷，卻旋發好羊送納，以致宰手典質陪填。乞今後似此退嫌者，勾取元定羊赴省看驗。如是品配依得條例，亦乞區斷戒勵。若不依例，乞罪品配節級。若只羊瘦，即罪養羊手分。又每日差節級曹司秤子驅羊赴御廚宰殺供應，多是揀肥羊殺外，退次瘦者。本廚只是手分寫白貼子旋放數，與本務節級宰殺供應。雖有監秤人員，自來只管秤斤兩，失陷官物，無以點檢。伏見御廚有監後門使臣二人，常輪一人直宿。欲乞今後應赴廚殺羊，就差點檢品配監殺，與牛羊司人員同秤交付御廚。今後應殺羊數，并具官員專副手分押書劄子，候供應畢亦具數目及供使不盡名件，係宰手某人管係文字二道，令監秤使臣點檢，各赴御廚與本務節級賫歸，照證入歷。若有違者，許知次第人經所在官司陳告，勘鞫不虚，重行嚴斷。又每年差宰手隨三番接伴契丹使。離京之日，人請盤纏錢一千、皂衲棉披襖一，緣路日請驛券食錢四十。蓋都亭驛内亦得皂衲棉披襖一、絹袴一，日得饑餬二分。了日，每人錢五百。其陳橋、長垣等處祇應者，直候二番使過，方始驅喝供使不盡羊赴務。其供使不盡頭肚、圈脂、白腸合納官，各不送納。乃是元不曾請例物盤纏，又無驛券，元給憑由只言供使御肉，不言骨血收錢入官。今後乞依三番例支賜。

又《**帝系六九**》［紹興五年七月］南班不帶遥郡大將軍至率府副率，特依御厨第等食折支錢例支給，其見折支羊肉錢更不支破。

又《**職官二一之一三**》［紹興十二年八月］供進皇太后每日常膳并生料，每月實計用羊九十口，及節料節序添供，每年實計用羊一十八口，令兩浙轉運司收買，赴司交納宰供。所有闕少事件等，依例下臨安府市令司取索。

又《**職官二一之一四**》［紹興二十九年八月］牛羊司有不堪宰殺，及有宰殺下不堪供奉羊口，令監官躬親驗實，牒送臨安府，依市價三分減一分出賣。收到錢，令本府赴左藏庫送納，守取朱鈔牒送本司照會。

清　方旭《**蟲薈**》**卷二**《**羊**》《本草綱目》：羊肉性温，無毒，然能發病。其黑羊白頭、白羊黑頭及獨角者有毒，宜忌。旭按：獨角曰『蛟羊』，殺人。

《利濟外編》：誤吞金銀，以羊脛骨燒灰，服之卽下。

臍有人宰羊，肚中得珠盈掬，圓大如豌豆。一老人云：『羊食仙草，或雷雨時與龍交則生珠。』

《抱朴子》：山中未日稱主人者，羊也。知其名則不爲害。

清　黄元御《**金匱懸解**》**卷一七**《**寒疝**》　寒疝腹中痛及脇痛裏急者，當歸生薑羊肉湯主之。寒疝腹中痛及脇痛裏急者，風木寒鬱而剋溼土也。當歸生薑羊肉湯，當歸滋木而息風，生薑羊肉行鬱而温寒也。

當歸生薑羊肉湯：當歸三兩，生薑五兩，羊肉一觔。

右三味，以水八升，煮取三升，温服七合，日三服。若寒多者加生薑成一觔；痛多而嘔者加橘皮二兩，白术一兩。加生薑者亦加水五升，煮取三升二合，服之。

清　屈大均《**廣東新語**》**卷二一**《**乳羊**》　廣東綿羊，少有所產，羊肉味甚澹，惟英德乳羊食仙茅，肥甘補人，予詩『仙茅春食乳羊肥』。凡羊腦不可食，《醫經》云：『羊食百草，其病在腦。』乳羊則不然，一名茅羊，《本草》云：『羊食鉤吻而肥，食仙茅而肪。』石湖云：『羊食仙茅，舉體卽化爲肪，不復有血肉，食之宜人。』外有花羊、石羊，石羊色黑，類人家羊而蹻捷。无悶云：『羊羶而魚腥，二者鮮食之則美。故字以魚羊為鮮。』東南少羊而多魚，邊海之民，有不知羊味者；西北多羊而少魚，其民亦然，二者少得而兼，故字以魚羊為鮮。

清　沈維材《**樗莊詩文稿·文稿**》**卷三**《**黄耆汁煮羊肉招同成衛宗早飯啓**》　臨韭花之帖，頗愛珍饈繙瓠葉之詩。如聞燔炙在客俎，何嘗無肉，要以邊口爲佳，卽官庖亦豈有心，只是易牙難得，偶分羊胛煮，用黄耆爰托魚鱗，招同白飯，東宿何妨西食，總屬館餐，北來作此南烹，彌懷鄉味。雖素志不求温飽，而丹方亦載肥鮮，獨享爲慚惠臨是望。

清　張璐《**本經逢原**》**卷四**《**山羊血**》　鹹温，無毒。苗人以麋竹通節削鋒利，活刺心血收乾者良，宰取者不堪用。

發明

山羊產滇蜀諸山中，性善走逐好鬭，肉能療冷勞，山嵐瘧痢，婦人赤白帶下。其心血《綱目》失載。性温味鹹，爲和傷散血之神藥。其治跌撲損傷，單用酒服，取醉，醉醒其骨自續，每用不過分許，不可多服，雖不傷耗元氣，而力能走散陰血。然必初患便服得效最速。若過三五日血凝氣滯，無濟於治矣。但舉世用者絶罕，間有收取，而市者其價重等於牛黄，且心血絶不易得。滲血丹用之，眞虚勞失血之續命丹也。

清　陸廷燦《**南村隨筆**》**卷一**《**山羊血**》　山羊，出廣西左江，大者百餘觔，小者六七十觔，跳越山頭如飛鳥，非千百人不可得一。生得剖者，心血爲上，餘血亦佳。如跳墮山谷跌死者，速剖之，其血已凝，力次之。若遲取，則仍蕕，復跳去矣。欲驗真假，取鷄血半盃，投山羊血一米粒，過宿，血成水。或以久凝臭鷄血一塊，投入山羊血，過宿反成鮮血矣。

清　太醫院《**藥性通考**》**卷四**《**山羊血**》　性鹹，氣寒，入肺、心二臟，嵩活死血，故五絶之死可救。大約只用一分，以酒化開，用葱管入口，啣之，含藥酒，乘人氣送下喉中，少傾卽活。無血，磨山羊角一分，亦入酒中，如前法送下亦活。但山羊必須四目者，否則功減半耳。

又　**卷六**《**羊肉**》　味甘、辛，大熱，能補虚勞，益陰、強陽，健脾開胃、健力通氣、發瘡，同當歸煮食，名當歸羊肉湯，能補氣血、收虚汗、補肝明目。用羊膽汁冲酒飲之，明目效，羊油治湯火傷瘡，神效。反半，夏菖蒲，忌銅器。

又《**吴下諺聯**》**卷四**《**東到吃羊頭西到吃猪頭**》　此隨地類舉耳，不必准准東羊西猪，以辭害志也。吃其餘不足，又顧而之他，於是東西皆到矣。言取其頭，自尊之意。羊頭味美而小，必取益於猪：猪頭肉多而粗，必選勝及羊。

致廣大，盡精微，無少欠缺矣。到東則以西耀之，曰：『彼餽我猪頭之大。』到西又以東耀之，曰：『彼餉吾羊頭之美。』二處皆懼後至，乃爭獻其頭矣。由東到西，由西到東，對直徑行中間一路，採鮮無不給也。由東轉西，由西轉東，遶道旋行南北兩旁，獻禽無不至也。有羊復有猪，兩美必合；有猪更有羊，二者得兼。無遠弗屆，無微不入，此其為饜足之道也。

清 楊屾《豳風廣義》卷三 羊肉食忌：天行熱，病人新愈，勿食羊；獨角者勿食，食之生癰；不可用銅鍋煑肉，能損人；又不可同蕎麪、豆醬食，食之發痼疾。

清 尤乘《壽世正編》卷下《服餌忌羊血》 服餌之家忌食羊血，雖服餌數十年，一食則前功盡喪，以其能解藥力如此。

清 俞樾《茶香室叢鈔》卷二三《鑒虚煮羊脾法》 唐陸龜蒙《零陵總記》云：『鑒虚爲僧，頗有風格，而出入内道場，賣弄權勢，杖殺於京兆府。城中言鑒虚善煮羊脾，傳以為法。』按唐趙璘《因話録》言：『鑒虚有煮肉法，余已載於《叢鈔》卷十三矣。又記此事，為闔黎一笑也。』

又《南北人食羊不同》 宋人《釣磯立談》云：『韓熙載使中原，中原人問：「江南何故不食剝皮羊？」熙載曰：「地產羅紈故耳。」按此則南北人食羊有剝皮、不剝皮之異，自古然也。』

清 張宗法《三農紀》卷八《羊》 本性，性剛，肉甘，補氣血，益虚羸，與參蓍同功。但心能損血，肺能發風，併有孔者殺人。腎可益腰，肝可明目，乳酥養神。黑頭白身獨角者禁食，服地黃補劑者皆忌，有疾虚宿者熱勿食。同豆腐食、蕎麪食，發病；同酢食，傷人；心入八角茴，殺人；煮銅器，有毒。煮羊肉，以杏仁入内，易糜；入胡椒，辟膻；加竹鰡肉，助美。凡羊蹄皆間兩岐中有竅，藏臭卷毛，食者宜割去之，百病無忌。中毒者飲甘草湯則解。骨硬者，用砂糖一匕，銅青一匕，和勺，滴麻油一兩，茶調下，令吐，如不吐，兩手伏地，清水一盤，以鷄鵝翅羽攪喉中，便吐。肉，生五斤，熟兩斤，餘過食則飽脹。

方治：脛骨可磨鏡，頭骨可化鐵，小兒誤吞金銀銅鐵，羊骨燒存性，爲末，米飲服，次則便出。治一切目疾，脂中收胆，人大黑豆一二合，懸簷下風乾，每服二十一丸。點一切目疾，胆入蜜爲艸花丹，作丸服更妙。

清 趙翼《簷曝雜記》卷三《山羊石羊》 山羊之血，治刀斧傷最靈。是物生山箐中，嘗食三七故也。粤人餽遺多有贋者。余在鎮安，土官有饋生者，似羊而大如驢，生取其血，較可信。又一種石羊，身較小，其膽在蹄中。凡山巖陡絶處，能直奔而上。力乏，則曲蹄於口恬之，力輒完，復奔而上。故其膽可止喘。

清 鄭復光《費隱與知録・石羊膽寒故能止喘》 問石羊膽頗貴重，可止喘，醫書不載。《簷曝雜志》言其膽在足，倦則舐足，復健如初，故人謂其膽能止喘。何故？曰：『余不諳藥性，但推其理，凡膽味苦性寒，人之喘，因行急氣熱，則肺爲之鼓，而内氣不能充，故喘。寒能解熱，使肺斂而小，則氣無不充矣。石羊膽想寒更甚耳。存此以俟博雅通雅。』廣西山羊血治跌打，能起死回生。余家有石羊膽二匣、山羊心血二瓶，瓶、匣俱甚小，銀爲之，似一處之産，未知即此羊一物二名，或一類二種否？《粤西偶記》亦載有山羊心血。又見一書，忘其名。言廣西山羊行走如飛，捕之者須百人圍山，漸次逼攏，方可得之，若圍急，或從高跌下，如死，即須速擒，不則甦醒，復跳躍而去矣。

清 周廣業《過夏雜録》卷六《蒲萄羊肉》 《畫墁録》云：『陶隱居注《本草》「蒲萄」：「北人多肥健，諒食此物。」卻不知有羊肉麪。胡羊尾極肥。《淮南子》曰：「無角者膏而無前，有角者脂而無後。無角者犬豕之屬，肥從前起者也；有角者犁羊之屬，肥從後起者也。」』又曰：『禽獸之性大者為首，而小者為尾，尾大於要，則不掉矣。今獸之大者無如象與駱駝及牛三物，尾皆極小，故多力。胡羊尾雖短，而肥大，故行遲。』

清 丁宜曾《農圃便覽・燒羊肉》 用肥羊肉，投以核桃，煮熟，加塩、醬椒、茴、葱、姜、醬油、香油、酒、醋，文火熬至湯將乾，取出，放冷切用。

又《炒羊肚》 將肚洗净，切細條。壹邊大滚湯鍋，壹邊熬熱油鍋；笊籬盛肚入滚湯，壹焯卽取出，用粗布速扭净湯氣，火急入油鍋内炒。將熟，加葱花、蒜片、醬油、椒、茴末、酒、醋，調勻，壹烹卽起，香脆異常。若遲，卽成皮條，不堪入口。

清 李虹若《都市叢載》卷七《燒羊肉》 喂羊肥嫩數京中，醬用清湯色煮紅。日午燒來焦且爛，無羶滋味膩喉嚨。

又《烤羊肉》 嚴冬烤肉味偏高，大酒缸前轉一遭。火炙最宜生嗜嫩，雪天爭得醉燒刀。

清 厲荃《事物異名録》卷三七《羊》 羊石子：《本草綱目》：「羊石子，即羊外腎也。」

紀事

唐 馮贄《雲仙雜記》卷二《羔羊揮淚》 程皓以鐵床熁肉，肥膏見火則油焰淋漓。皓戲言曰：「羔羊揮淚矣。」又云：「我以三十萬錢償鐵匠，而得此奉養，豈不太過？」方得遠《金陵记》。

又 卷二《過廳羊》 熊翻每會客至酒半，堦前旋殺羊，令衆客自割，隨所好者綵線繫之，記號畢，烝之，各自認取，以剛竹刀切食。一時盛行，號過廳羊。

《續資治通鑑長編》卷六六 [景德四年九月丁亥] 每歲冬首以蕃八節羊殺羊爲賜，如聞傷生頗甚，自今以八節羊代之。

又卷八一《大中祥符六年九月壬子》 御厨所賜羣臣燎羊，自今以八節熟羊代之。

宋 李心傳《建炎以來繫年要録》卷六三 [紹興三年二月十五日辛丑] 天章閣神御二十五位，旦望節序、帝后忌辰，依舊逐位排設。內應用羊肚者，以他物代之。

宋 洪邁《夷堅支志》壬卷八《佛授羊肝圓》 明州定海人徐道亨。善相法，父沒之後，奉母同遊四方，事之盡孝。淳熙初，到泰州宿於逆旅。因患赤眼而食蟹，遂成內障，欲進路不能。素解誦《般若經》，出丐市里，所得錢米，仍持歸養，凡歷五年。忽夜夢一僧，長眉大鼻，托一鉢盂，盂中有水，令徐掬以洗眼，復告之曰：「汝此去當服羊肝圓一百日。」徐知為佛羅漢，喜而下拜，願乞賜良方。僧曰：「用淨水洗夜明沙一兩，當歸一兩，蟬殼一兩，木賊去節一兩，共碾為末，買羊肝四兩，白水熟煮，爛擣如泥，然後入前藥拌勻，圓如梧桐子大，每食後以溫熟水下五十粒。」語畢，徐敬書於片紙，如不病者，欻然而寤，已似微有所睹。見夢中所書在側，即如方製藥服之，滿百日復舊。與母還鄉，母亡既葬，乃棄家入道。

宋 釋惠洪《冷齋夜話》卷一〇《禅師知羊肉》 毗陵承天珍禅師，蜀人也，巴音夷面，真率不事事。郡守忘其名，初至不知其佳士，未嘗與語。偶攜客來遊，珍亦坐于旁，守謂客曰：「魚稻宜江淮，羊麵宜京洛。」客未及對，珍輒對曰：「世味無如羊肉，大美；且性極暖，宜人食。」守色變瞋視之，徐曰：「禅師何故知羊肉性暖？」珍應曰：「常卧氊知之，其毛尚爾暖，其肉不言可知矣。如明公治郡政美，則立朝當更佳也。」

宋 吳曾《能改齋漫録》卷一八《張相公食料羊》 張相公齊賢，洛人。布衣時嘗春遊嵩嶽廟，飲酒，醉卧於巨石。夢人驅羣羊於前，謂曰：「張相公食料羊。」後張每食，數斤方厭，世無比者。

宋 佚名《錦繡萬花谷別集》卷一二《半斤羊肉幾時肥》 舊制三班奉職月俸錢七百驛券，肉半斤。祥符中，有人為詩題所在驛舍間，曰：「三班奉職實堪憑，微賤孤寒即可知。七百料錢何日富？半金肉幾時肥？」朝廷聞之曰：「如此何以責廉隅？」遂增月俸。

宋 佚名《古今類事》卷一二《德裕食羊》 李德裕分司東都，召僧問休咎僧結壇作佛事，觀之曰：「當還。」公問其事，僧云：「公生平當食萬羊，今來未盡五百，所以當還。」公驚歎曰：「我元和十三年為丞相，張公從事於北郎，夢行晉山上，滿目皆羊，有牧者曰：「此相公平生所食羊也。」嘗記此夢，無有知者，師言驗矣。」後旬日，振武節度使遺書於公餉四百羊，公遽召僧告之。僧曰：「公不還矣。」果貶崖州，竟沒荒裔。《宣室志》

元 佚名《氏族大全》卷八〇《羊羹之怨》 羊斟為宋華元御士，元殺羊食士，而不及斟，斟曰：「疇昔之羊子為政，今日之事我為政。」與入鄭師故敗。

明 馮夢龍《古今譚概》卷一一《白羊肉羹》 羅友，字他仁，襄陽人，作荆州從事。桓宣武爲王車騎治集別，友進坐良久，辭出。宣武曰：「卿向欲咨事，何以便去？」答曰：「友聞白羊肉羹，一生未曾得喫，故冒求前耳，無事可咨。今已飽，不復駐。」了無作色。

又 卷一三《羊脾》 歸登常爛一羊脾，旋割旋啖，封其殘者。婦於封處割少許食。登驗之，大怒，誓不食肉。

又 卷一八《換羊書》 宋韓宗儒性饕餮，每得東坡一帖，於殿帥姚麟換羊肉數觔。黃魯直戲東坡云：「昔右軍字爲換鵞，今當作換羊書矣。」公在翰苑，一日以生辰製撰紛冗，宗儒又致簡以圖報書。來人督索甚急，公笑曰：「傳語本官今日斷屠。」

又 卷二四《羊蟹》 尤延之極短小。壽皇嘗問：『外廷謂卿爲秤鎚，何故？』對曰：『秤鎚雖小，觔兩分明。』上喜之。楊誠齋嘗戲呼尤延之爲蝤蛑。延之呼誠齋爲羊。一日食羊白腸，延之曰：『秘監錦心繡腸，亦爲人所食。』誠齋笑吟曰：『有腸可食何須恨，猶勝無腸可食人。』世稱蟹爲『無腸公子』，一坐大笑。

明 傅梅《嵩書》卷一一《張齊賢醉卧嵩石見自己食料羊》 《清波雜志》云：『淳化中，宰相張公齊賢布衣時，嘗春遊嵩嶽。醉臥巨石上，見人驅群羊過於前，曰：「此張相公食料羊也。」既貴每食數斤，猶未厭飫。健啖，世無比者。』此與唐贊皇李德裕夢人謂平生合享萬羊之兆符合。

明 王罃《群書類編故事》卷二《臘取瘦羊》 甄宇，北海人，建武中，青州從事徵拜博士。每臘，詔賜博士羊，人一頭，羊有大小肥瘦。時博士祭酒議欲殺羊，稱分其肉，宇曰：『不可。』又欲投鈎，宇復恥之，宇因先自取其最瘦者，後召問瘦羊博士，所在京師因以為號。

又 卷一七《羊羹報德》 中山君饗都大夫，司馬子期在焉。羊羹不徧，子期怒而走。於是以伐中山君，中山君亡走。有挈戈隨其後者，顧謂二人：『子奚爲？』對曰：『臣父嘗餓且死，君下壺飡餔臣父，臣父且死曰：「中山有事，汝必死之。」故來死君也。』中山君慨然曰：『吾以一杯羊羹亡國，以一壺飡得二人。』

又 卷二四《當食萬羊》 唐相國李德裕爲太子少保，分司東都，嘗召一僧問己之休咎。僧曰：『公災當萬里南去。』曰：『南去遂不還乎？』僧曰：『當還耳。』公訊其事，對曰：『相國平生當食萬羊，今食九千五百矣。所以當還者未盡五百羊耳公。』慘然而嘆曰：『吾師果至人，且我元和十三年為丞相，張公從事於此都。嘗夢行晉山，見山上盡目皆羊，有牧羊者十數迎拜我，我因問牧者，牧者曰：「此侍御平生所食羊。」吾嘗識此事，不洩於人，今者果如師之說耶！』後旬日，振武節度使米暨遣使致書於公，且饋四百羊。公大驚，即召告其事，僧嘆曰：『萬羊將滿，公其不還乎！』公曰：『吾不食之亦可免耶？』曰：『羊至此，已為相國所有。』公戚然不悦。旬日，貶潮州司馬，連貶崖州司戶，竟没於荒裔。

清 褚人穫《堅瓠集·二集》卷四《羊羹》 辛稼軒卽浙東時，朱晦庵、張南軒任倉憲。劉改之欲見稼軒，不納。二公云：『某日公燕，君可來，門者不納，但喧争之，必可入。』既而改之如所教。門外果咀譁，稼軒間故，門者以告。稼軒怒，二公因言：『改之豪傑也，善賦詩，可試納之。』改之至，長揖。時方進羊腰腎羹，稼軒命賦之。改之寒甚，乞卮酒，酒罷乞韵。飲酒手顫，餘瀝流於懷，因以流字為韵。卽吟曰：『拔毫已付管城子，爛首曾封関内侯。死後不知身外物，也隨尊酒伴風流。』稼軒大喜，命其嘗此羹，終席而去。又稼軒守京口時，大雪，帥僚佐登多景樓。劉改之敝衣曳履而前，稼軒令賦雪，以難字爲韻。改之卽吟云：『功名有分平吳易，貧賤無交訪戴難。』自此莫逆云。

又 《六集》卷四《殘羊會客》 彭齊未第時，常謁南豐宰。宰不喜士，平居未嘗展禮。一夕虎入縣廨，咥所畜羊，棄殘而去。宰卽以會客，彭亦預。翌日，彭獻詩謝曰：『昨夜黄斑入縣來，分明踪跡印蒼苔；幾多道德驅難去，些子猪羊引便來。令尹聲聲言有過，錄公口口道無灾；思量也解開東閑，留取頭蹄待秀才。』南方謂押司録事爲録公，覽者絶倒。

清 梁紹壬《兩般秋雨盦隨筆》卷七《羊腎羹》 彭文勤跋《龍洲道人集》云：『龍洲常在辛稼軒席上賦《羊腎羹》云：「拔毫已付管城子，爛胃曾封關内侯。死後不知身外物，也隨樽俎伴風流。」』詩甚風趣。按『羊腎羹』可對『牛心炙』。

清 桑靈直《字觸補》卷六《羊》 袁簡齋先生一生不講《說文》。一日宴會，家人上羊肉，客有不食者，先生曰：『此物是味中最美，諸公何以不食耶？試看古人造字之由，「美」字從「羊」，「鮮」字從「羊」，「善」字從「羊」，「羹」字從「羊」，卽吉祥字亦從「羊」，「羊」卽「祥」也。』滿座大笑。似又深通《說文》者。

清 朱元英《左傳博議拾遺》卷上《華元殺羊食士其御羊斟不與》 羊斟以口腹之故，不忠於御，而陷華元於鄭師。羊斟之無良，國之罪人也。使羊斟不以私憾而盡心厥事，免華元於師中，華元而歸其復見斟也。將愧謝無地以君子事斟，而恐不及焉。斟不爲此，而乃出於惡。故君子曰：『羊斟非人也。雖然華元爲軍帥而分羊不均，致闕於其御，華元可謂不知兵矣。君子上義，武夫上氣，大師之中，進退由於一人，勝敗爭於一事。巵酒臠肉之細，可以得人之心，況武夫之所尤爭者，將軍一顧之榮也。今將軍殺羊食衆，而我獨不與，恥孰大焉！恥生憾，憾生亂，賊於其上而害及國，彼武夫之所不復念也。且夫詰朝之事，方將深用其人，而殺羊不頒非以怒之乎。卽偶忘其人而羊不及，則怨士尤甚。爲主將者，怨士之害甚於怒士，矧其所怨者御也，左右股肱也，怒士者殺其身，怨士者亦殺其身。華元懵，不知此而來羊斟之侮昧於兵者也。夫將軍者，己之愛妾可以賜士，而況巵酒臠肉乎。巵酒臠肉之間，大勝大敗之機也。彼羊斟者不足道。而華元以此辱師，華元不可將矣，雖勿贖可也。

藝文

宋 黃庭堅《豫章黃先生文集》卷九《戲答張秘監饋羊》 細肋柔毛飽臥沙，煩公遣騎送寒家。忍令無罪充庖宰，留與兒童駕小車。

宋 曹勛《松隱集》卷一五《謝楊監丞雪中送羊羔酒》 朝回六出勢飛浮，歷亂初看積瓦溝。漫以郢人歌白雪，曲煩從事到青州。因知洗吻羊肪滑，可但傾腸鼠腹休。紙帳熏爐今已矣，鮮嘲得免繼前修。

宋 晁公遡《嵩山集》卷七《飲兵厨羔羊酒》 沙晴草軟羔羊肥，王肪與酒還相宜。鸞刀薦味下麴蘗，釀久骨醉疑浮脂。朝來清香發甕面，起視綠漲微生漪。入杯無聲瀉重碧，僅得一醉夫何為。君不見先王作誥已刺譏，後來為此尤可悲。

宋 王之道《相山集》卷一一《次韻沈元吉兵火後初食羊》 時難盆甑久無羶，夢寐何郎食萬錢。一臠乍驚肥羜美，五紽應喜敝裘全。好從牛炙論蓴菜，堪笑河鲀詠柳綿。弹鋏得魚良不惡，先生何用鄙烹鮮。

宋 舒岳祥《閬風集》卷二《生日仲素惠羊酒作此奉謝》 去年蝶軒饋羊酒，主人憐我空無有。座上六客皆解吟，一翁不吟開笑口。今年病叟早還山，烹雞炰鼈翁對媪。五男四婦六稚孫，更有曾孫依乳姥。往來兩載總遭荒，瓦缾聊以挹酒漿。山蔬滿盤白雪白，野橘堆飣黄金黄。荒村得此已自足，羣奴飢啄撐空腸。忽聞棠谿有書至，袁詩陳賦兩輝煌。一松正可枯槔比，五雛眞與羣雞爭。來詩有『一松五鳳雛』之句。舉家病瘧涉三月，一日計減一斗糧。留儲到此作素供，問君何爲特殺生。臟神見夢羊蹋菜，便呼茗椀來袚禳。君當戒屠我辟穀，輕身與蝶同飛揚。

宋 王十朋《梅溪集》卷一〇《趙果州致羊酒走筆戲酬》 十日廬山游，蔬腸作雷鳴。對食有長鋏，論文無麴生。清浄似齋戒，遲留欲修行。翩翩佳公子，憐我厭黎羹。魚酒致遠意，詩篇慰西征。葷新微帶糟，鮓美香流罌。今宵羊踏園，蒐萝定須驚。回首白蓮社，姑作陶渊明。

宋 周必大《文忠集》卷四《十二月二十二日葛守送羊羔酒戲占小詩》 馬乳三年隔大官，羊羔今日倒芳樽。淺斟低唱非吾事，醉夢惟應踏菜園。

又《再賦羊羔酒》 日日茅柴帚掃愁，羶葷暫逐富兒游。山中萬足天美禄，牘作酒材供拍浮。

又《二月十七日葛守錢倅出所和胡邦衡羊羔酒詩再次韻簡二公》 德似羊羔春共頒，政如醇酎野多歡。屬厭靖節杯中物，屢費將軍行裹槃。疇昔調飢惟飲濕，祗今軟飽不言寒。唱酬妍麗歸公等，自笑梅翁語帶酸。

又 卷八《臘旦大雪運使何同叔送羊羔酒拙詩爲謝》 未雪兵厨已擊鮮，雪中從事到尊前。淺斟未辨銷金帳，快瀉聊憑藥玉船。東坡黄州詩『試開雲夢羔兒酒，快瀉錢塘藥玉船。』醉夢免教園踏菜，富兒休詑饌羅氈。爛頭自合侯關內，何必移封向酒泉。

宋 陳起《江湖小集》卷九五《羊羔》 唐屠耆王甲將封一母羊，忽失其刀，尋覓，次蹴起羊羔，見所失刀藏腹下。已分機上肉，誰藏腹下刀。安知羊不死，乃復自羊羔。

宋 陳造《江湖長翁集》卷一八《張守送羊羔酒将以三絶次韻答之》 生嘗跪乳資名教，死去遺芳謚碧香。洗盞開嘗吾未敢，稱寃肯入菜羹腸。俗云：秀才食羊，踏破菜園。

小槽清凝帶羶香，釀法知非羸角羊。拜賜未辭乾講舌，呼兒留得薦蒸嘗。

甕中別作一家春，羒羜微生得效珎。少貸陶家煎雪水，更論徐邈對賢人。

又《再次羊羔酒韻三首》 元放諸孫憐遽許，截肪醉骨薦馨香。茂先九醞猶須問，自是詩翁石作腸。

萊子杯盤別樣香，春浮親面日相羊。老夫底幸霑餘瀝，却笑無魚客孟嘗。

他時阿奮辭髯簿，來作東風席上珎。安得方平鞭亂石，百觚陸續丐吾人。

宋 洪皓《鄱陽集》卷二《食羊次韻》 骯髒無聊但獨愁，未甘降服作秦囚。分羹正值償私憾，食肉安能有遠謀。祈死難沽千日酒，苦寒誰贈五雲裘。包羞忍耻隨緣分，深愧空餐自訟休。

宋 戴復古《石屏詩集》卷六《胡倅送羊烹以會客》 烹羶會賓客，

花酒一時來。愁逐歌聲散，心随笑口開。飲疑金盞漏，醉到玉山頹。借問歡娱地，相逢能幾回。

宋 方大琮《鐵庵集》卷一三《莆田宰送羊酒》 某一斥之後，七旬乃還。幸儕故老於田廬，恐辱令君之土地。敢圖謙眷，不棄逐臣，餉以乘壺，重之牽餼。若曰慰勞牢落之狀，謹不敢辭；所謂歡愜寵榮之詞，疑未能曉。

又《新南海方尉碩子送羊》 某客京，念歸久，既歸反，重為宗族親舊擾，前日小四哥監元饋以餼牽，既再辭，遂烹之。以來示其不容辭，於是有烹。至于三者，則又辭。今不以全而以半者相繼恐，又當辭蒙帖與賜俱欲辭。不敢遂使羅雀之門翻成屠羊之肆，可發一笑。

明 方孝孺《遜志齋集》卷二四《食羊虎肉》 白額咆哮振山谷，老羝見之驚且伏。一朝强弱两不存，此肉都歸野人腹。腹中惟恐相啖吞，急呼美酒爲觧紛。酒酣一醉更懷古，千載英雄羝與虎。

明 田藝蘅《香宇集續集》卷一五《酬徐茀之翁雪中招飲青霞杯之作來句羊羔酒蟹眼湯真絶唱也故反而和之》 裘帽籠頭帛疊裳，玉樓晴雪凍鴛鴦。薰罏慢爇龍涎餅，茗盌頻充蟹眼湯。詩草凝去聲香風有韻，梅花浮影月生光。去年此會行當續，酒滿青霞唤窈娘。

老去誰能逸興添，風流對客幾掀髯。暖回玉帳羊羔酒，寒辟金鋪烏骨簾。韋布著書稱笠澤，籃輿有子荷陶潛。遥知雪霽苕溪上，詩思憑凌九鏁尖。

明 陶汝鼐《榮木堂合集·詩集》卷八《小除日同譚錦秋吴既閑泛東湖登眺夜烹羜集春及堂》 冬盡湖晴氣不寒，小舠來往芙清瀾。祠當此亘黄羊貴，興欲凌風緑蟻寬。共喜晚晴淹雪棹，更為良友用春盤。尊前未厭遼東帽，酒醉當歌一岸冠。

明 文洪《文氏五家集》卷一三《韓太史再送羊脯》 同學如君最妙年，優柔雅度玉堂仙。文章似昔推韓愈，太史于今媿孟堅。亟饋有勞頒鼎肉，踏蔬無夢媿前賢。感君不忘山陽社，默坐時歌既醉篇。

清 董平章《秦川焚餘草》卷四《歲暮托凝如刺史慨分清俸兼拜羔酒米麥之賜戲成短古呈謝》 故人來作秦州牧，不爲豬肝嫌閔叔。歲晚方深瓶罄憂，廪人繼粟庖繼肉。青州從事佐清歡，白水真人屈芳躅。鼷鼠鷦鷯飲與棲，滿腹一枝不求足。無端阿堵羣飛來，篋溢囊盈塞破屋。本領既大心計粗，餅師恐負渭城曲。

清 耿汝愚《江汝社稿》卷七《畲王信卿雪中見召羔酒之會四首》

其一

滿地瓊瑶映綺羅，謝家庭上女兒多。豪華王氏元相並，試問堂前今若何。

其二

誰能窮苦效孫袁，鶴氅翩翩出遠村。何似玉猷清興淺，反扳彩筆到梁園。

其三

庭畔梅花媚早春，忽添霄雪更精神。風流金帳羊羔酒，詎意分歡到故人。

其四

風雪蕭蕭朱第開，烹羔煑酒亦豪哉。但教熾炭重茵設，應有相知呼嫂來。

清 盧世漼《尊水園集略》卷四《祈寒之朝蒙魯詹二哥以羊羔酒見貺一飲到臍頹然自得遂成口號用答來美并寄老懷》 酒到羊羔分外親，扶衰煖老及清晨。空心無限休休意，多謝良朋餉好春。

清 孫原湘《天真閣集》卷一三《炰羔》 肥羜甘鮮實小筐，佐君談笑引壺觴。千皮恰比書生賤，一臠宜分御士嘗。只要封侯博關内，何勞持節向鑾荒。與君濯髮吹簫去，莫羨他家食萬羊。

清 姚燮《復莊詩問》卷三二《消寒第三集分咏食物得炰羔二十二韻》 朱門如天高，戒寒車馬稀。夕風凌厲中，頗聞簫聲低。庭樹森過樓，紅燭隱有輝。密帳垂銷金，釵黛方合圍。官厨老宰手，宰羊猶割雞。投七輒不悦，側目嫌瘦肥。有力需所供，求適亦其宜。未遣窮巷艱，吾難於彼譏。今兹二三友，愛我何偏私？特殺圈中羔，陳饋來勸巵。膏然琥珀色，和以松煙脂。膠牙疑餳酥，齧切歸爛糜。自憐三年來，減食養病脾。安能對此豪，絡繹同啜醨。海鄉凍頽雲，下澤方鴻啼。窘民鮮安堵，傷亂失援依。日煮一升飯，不救全家飢。徘徊思野蕨，雪路風凄凄。吾人恃天力，差可安粥虀。越節及上烹，恐遭造化唶。撤筵剪殘燭，感歎爲此詩。借問党家翁，健骨今何其？

清 盛大士《藴愫閣詩集》卷一二《以羊脯饋盟孫并贈以詩》 樵蘇不爨荒齋冷，博士笐笐抱孤影。饋食誰分公膳雞，圍爐漫説官厨餅。山膚豢豹臁且腴，朱門上客讙歌呼。三星羵首鮮可飽，腐儒罯潤枯腸枯。道逢成連東海客，願築糟邱浮大白。羝羦臑熟作吴羹，和以酸鹹厚肥澤。吾曹口實惟自求，補牢悔不工營謀。騎都尉與關内侯，觸藩羸角殊堪羞。但得園壓聊補葺，三百維羣荷蓑笠。歲時伏臘招親朋，草草杯盤慰岑寂。君不見秦相功名五羖皮，中年憔悴憶烹雌。何由醉卧黄粱熟，叱石山頭遇牧兒。

清 張開東《白蒓詩集》卷一三《學使曹劍亭復招同朱方伯南厓院長蘇園公飲羊羔酒至夜深賦答時九月廿九日》 長向高齋捧玉巵，叨陪不惜夜遲遲。笑逢三九無虚日，前重陽同遊千壽寺，十九日同遊白雲寺，今廿九，故云。醉憶重陽似舊時。燈下菊花常五色，月中桂子已多枝。太原儘有羊羔酒，忍使秋風遽別離。學使將復命，赴都余亦南旋。

清 斌良《抱冲齋詩集》卷一三《晚宿那林果爾住蒙古氊帳食羊》 霜凝毳幕壓平岡，輭腳殷勤捧酪漿。今夜夢神應有訴，氈根只供踏蔬羊。

又卷二五《伯爾霍帳中食羊感成》 大地春回草褪黄，白翎雙雀囀圓吭。綏邊祇効馳驅力，也學中書食萬羊。

清 屈復《弱水集》卷九《食羊并序**》** 余三十一年於外無不食，物惟白羊，未能染指。甲辰九月五日，同邑羅君法，吾鄉製之客中一餐恍歸故里。

逢秋每思此鹽梅，邑俗食羊自秋始。一碟羶根筋欲摧，客久人情鄉味美。菊將花日故交來，捉刀豈少英雄手。司馬眞難宰割才，已道登高不當作。歲時斗酒憶曾開。

清 沈赤然《五研齋詩文鈔・詩鈔》卷一五《食羊尾戲咏四十字》 竟體無如此，冬來飫老饕。軟堅唯熱酒，切玉只鉛刀膩，勝山藷細肥，非雁翠臊尾。株紅一點，玫瑰嵌糍餻。

清 翁方綱《復初齋外集・詩》卷三《客餉風乾羊肉蘋果各賦一詩》 北地蒸羊入饌初，估船徑達海邊廬。誤書漫爾同徵芋，訴夢猶然憶蹴蔬。夜雪飲非低唱處，春風筵記大官餘。誰知荔實椰漿外，澆沃香羹卻要渠。

本性甘和熱不侵，漫誇南武荔成陰。誰從燕薊樹邊摘，來傍蘋婆訶子林。萬里貯憐甏甏遠，幾宵色映紺盤深。鹽梅調劑堪蒸鴨，豈比哀梨脆不禁。

清 嚴熊《嚴白雲詩集》卷一八《孫巨禾許餉羊肉又以無肥美者爲辭戲同湘靈速之》 羊羹不與華元敗，博士從來取瘦羊。食指蠕蠕連日動，鼎中片臠亦何妨。

清 趙翼《甌北集》卷五二《庖人具羊肉味極雋美戲書》 食單空滿幅，雋味獨炰羔。既飽仍頤朶，非飢亦腹枵。漫誇燒胃爛，應是易牙調。口福今何幸，儒餐無此肴。

清 寶廷《偶齋詩草》卷一〇《羊頭肉》 肉食休云鄙，封侯屬此君。虎頭雖貴相，僅得號將軍。封侯雖匪難，數奇惟自歎。無端項虖强，百鍊弗肯爛。犬豕莫同比，曾聞挂角奇。可憐因悦草，竟致送頭皮。

清 朱黼《畫亭詩草》卷一八《羊尾酥炙薦以豆粥餉之玉槎山長惠報長歌遂次元韻》 學官有常饌，苜蓿榮於花。素餐十五載，白髮盈搔爬。菜園踏破得幾日，爛頭熟胛紛交加。終慚身厠大夫後，無故不殺誰從掔。猶能日糴太倉米，磨菽作糜調，乳華垂涎花。豬肉泔粒不豢豭，水澤堅彭亨凍折長鬚蝦。忽逢三百破羣出，封尾行炙維其嘉。敢同玉糝薦左右，致煩毛顛相驚譁。君憶燕山遊，囊余亦辭家。擊鮮預西獵，飲酪充南茶。爾時羶香不識味，悞視美穀如邱麻。老來嘆想盤馮地，野火燒盡回萌芽。悠哉身世久濩落斷，虀劃粥殊未涯。蕪蔞亭子無此樂，莫以割瘦啗冰衙。乘田委吏爲貧仕，解嘲於我夫何嗟。今茲餉遺豈免俗，計我負腹則已。奢如君言語妙天下，遙情勝概矜修姱。長公放翁不可作，匪我爲政憑君誇。

雜録

唐 莫休符《桂林風土記》《開元寺震井》 隋曰緣化寺。後因紗燈延火燒燬重建，元宗期改名開元寺。有前使褚公親筆寫金剛經碑，在舍利塔前。西有觀音寺井。貞元中，有李氏因左遷，寓居僧院，屬暑月，以食餘熟羊脾懸井中，逡巡，雷震暴作，羊肉置於隙地，而烟氣薰灼，犬不食，蟻不附。至今僧俗衆言井有龍至云。愚以理裁，有異於此。夫龍嗜血食肉，重牢醴，人有享祭，必選良肉醇酒，潔饌珍羞，然後精禮，寧有一羊脾而迅雷震之者。蓋以伽藍井中，奉獻諸佛衆僧，而遽以肉味羶汚神祈之所，是以不容，乃致雷擊去，理必然矣。其井終亦塌壞。先令狐相從事當府，因撰《震井記》。然以羊微事，曾未移時。天鑑已知，則人之善惡或愈於此，又豈殲遺於陰報乎？昔董卓縱暴，為呂布殺而曝屍其亭，後有故吏收其灰，以小棺殯於郡城，又遭風雨漂流，失其所在。楊國忠以貴妃因椒房承寵，綰三十二使印綬，天寶十三載二月拜司空，册命之日，天雨土霑朝服，未幾族滅於馬嵬。關西楊氏，遠四知，去三惑，歷千載而慶延子孫，則禍福無門，唯人所召矣。故孔明有言：『勿以惡小而為之，勿以善小而不為。』苟能佩服斯言，以神祇為證，則終身不居有過之地。

宋 歐陽修《太常因革禮》卷一二 太廟、元德皇太后廟饗用犢，孝惠諸后廟親饗用犢，攝事用羊豕。

宋 彭乘《續墨客揮犀》卷九《忌食羊血》 馬昭甫云：『服餌之家忌食羊血，雖服藥數十年，一食羊血則前功盡喪。』又云：『有目疾者，切忌浴，令人目盲。』

宋 張耒《説經》《柯山集拾遺》卷一〇 昔齊人有嗜羊者，一嗜其瘠，一嗜其肥。肥之庖皆善羊也，而瘠羊之病棄而不售者，舉集于嗜瘠者之門。夫彼之所嗜者瘠而已，未及夫病也，而病者集，何也？夫肥者天下之所共好，不可以僞欺也。

宋 楊萬里《誠齋集》卷五七《謝周丞相送冬節羊麵啓》 嚼冰飲水，久甘木客之山飧；落雪卧沙，走送玳筵之綺饌。夫何天上之相國，猶念山中之病身？饋節叠雙，拜嘉則百。恭惟某官有粉米舜裳之妙巧，有鹽梅商鼎之丕功。以德飽人，豈空爲畫地之餅？作羹食士，未嘗偏前日之羊。嗟腐儒之莧腸，駭厨珍之飫賜。既將之以鐵畫銀鈎之牘，復華之以瓊琚玉佩之詞。炙硯燃薪，聊寫苦吟而摧謝；冷窗凍壁，頓回春意之暄妍。懷感孔多，頌言無斁。

又《回周丞相賀年送羊麵啓》 伏以玉衡之正，泰階密運，發春於隴首；銀鈎之明，繭紙有來，守歲之咸家。舉林鴉櫪馬以皆驚，顧宮柳野梅而亦喜。恭惟某官以整頓乾坤之手而對盛德之木，以開闔日星之機而哦獻頌之椒。吐辭爲經，妙者三天而兩地；染雲作葉，忽然萬草而千花。既下詒謂一之瓌文，復飫賜疊雙之節物。霏霏落雪，如聞天旋雷動之聲；溅溅飲池，想見風吹草低之狀。自嗤一室之懸罄，那得二美之所鍾？已飽而歌，益習其讀。瞠若奔逸，恍失一交臂之間；待其春容，惟有九頓首而坐。摧謝不恪，誦言未央。

又 卷五八《謝周丞相賀年送羊麵并麞啓》 伏以花燃錦帳，占玉蟲金粟之何祥？冰照雪山，映柏酒椒觴而呈瑞。忽騎吏瓊瑤之跡，臨野人雲月之家。天落上台之書，風清垂露之字。龍蛇動篋，滃然霧結而烟霏；珠璧連文，皭若霜開而電坼。長哦吉語，足制隤齡。加饋歲之兼三，賞迎春而無兩。烝花壓玉，笑渠沈氏之飲朝；煮餅澆葱，試作廣微之薄夜。更珍餉銀麞之美，覺揮毫玉兔之窮。摧謝不莊，仰惟鈞察。

又 卷一〇六《送俞憲羊麵》 某伏自道塗相傳，玉節光華，將照臨先人之敝廬，日掃花徑，以俟東來之紫氣。惟是荒村去城差遠，山厨土銼索然，不給於鮮。遣人賒市，唤婦自饌，豈不夙夜？然高牙虛徐，而日昊食乾矣。一易再易，則亦如之。偵伺之久，倉猝之頃，不免效荷蓧之殺雞，盧氏之烝鴨，溪毛野蔌，此固不足以羞於王公者。不腆乘壺羊腔麪碩，敢贄諸行厨，惟洞視其禮不足而敬有餘，不鄙而揮之，有萬其幸。

宋 方大琮《鐵庵集》卷一三《莆田宰送羊酒》 某一斥之後，七旬乃還。幸儕故老於田廬，恐辱令君之土地。敢圖謙眷，不棄逐臣，餉以乘壺，重之牽餼。若曰慰勞牢落之狀，謹不敢辭；所謂歡悵寵榮之詞，疑未能曉。

又《謝新南海方尉碩子送羊札》 某客京念歸久，既歸，反重爲宗族親舊擾。前日小四哥監元饋以餼牽，既再辭，遂烹之以來，示其不容辭。於是有烹至于三者，則又辭。今不以全而以半者相繼，恐又當辭。蒙帖與賜俱欲辭，不敢遂使羅雀之門，翻成屠羊之肆，可發一笑。

宋 魏了翁《古今考》卷三三《七月朋酒羔羊之饗》 紫陽方氏曰：《豳風》：『七月流火，九月授衣。』八章，章十一句。周公遭變，陳后稷先公風化之所由，致王業之艱難也。周公欲成王知先公、先王致王業之由，民之勞力趨時，稼穡之艱難如此。多陳歲序，節物之遷，人事當及時耳。第七章言『十月收歛之事』，第八章言『夏正十二月鑿冰之事』，則歲功成矣。乃又歌曰：『九月肅霜，十月滌場。朋酒斯饗，日殺羔羊，躋彼公堂。稱彼兕觥，萬壽無疆。』呂東萊曰：『幽之先公，國容未備無君民之間。』故曰：『朋酒羔羊，躋彼公堂。』毛氏曰：『兩樽曰朋。』回謂兩樽之簡，羔羊之微民，得以升人君之公堂，名之曰『饗』，非儀禮饗禮亡之饗也意者。周公作此詩，亦必以樂官弦歌之，而以諷成王。

宋 朱輔《溪蠻叢笑·不乃羹》 牛羊腸臟畧擺洗，羮以饗客，臭不可近，食之既則大喜。《嶺表録異》曰：『交趾重不乃羹，先鼻引其汁，不乃者，反切擺也。』

宋 佚名《錦繡萬花谷別集》卷五《烹羊炮羔》 前楊熚《報孫會宗書》云：『田家作苦，歲時伏臘，烹羊炮羔。斗酒自勞。』

清 錢大昕《十駕齋養新録附餘録》卷二《羊斟不與》 宣二年，朱華元殺羊食士，其御羊斟不與。據後文羊斟兩見是羊，斟爲人姓名。案：淮南《繆稱訓》云：『魯酒薄而邯鄲圍，羊羹不斟而宋國危。』則斟爲斟酌之義，當以羊爲其御之名，斟不與三字爲句。細玩下文，其御字叔牂正與羊名相應，則淮南說亦可通傳，文後兩斟字或後人所加。

清 夏炘《讀詩札記》卷四《朋酒斯饗曰殺羔羊躋彼公堂》 《毛傳兩樽》曰：『朋饗者，鄉人飲酒也。鄉人以狗，大夫加以羔羊。公堂，學校也。』鄭箋：『十月民事男女俱畢，無飢寒之憂，國君閒于政事而饗羣臣。』又《月令·孟冬月》云：『是月也，大飲烝。』注云：『十月農功畢，天子、諸侯與其羣臣飲酒於大學，以正齒位，謂之大飲，別之於燕。』其《禮》云烝引此詩『十月滌場』以下云是大飲之詩，是鄭以斯饗爲大飲羔羊，爲大飲之牲，公堂爲太學，與毛不同。按：《說文》：『饗，鄉人飲酒也。从鄉，从食。』是許之說同于毛也。汪叔辰龍曰：『按：《豳》言民事，《傳》義爲正。』

清 褚人穫《堅瓠集》廣集卷三《羊狗腸絃》 房千里《大唐雜錄》載：『春州土人彈小琵琶，以狗腸爲絃，聲甚悽楚。』《紫挑軒雜綴》載：『杭州貧人婦女日夜槌羊腸作彈絮虧絃售人。蓋由手狗腸俱勁韌可用耳。』

羊角 羊骨

綜述

《太平御覽》卷九八九《靈羊角》 《本草經》曰：靈羊角安心，氣不猒。

宋 寇宗奭《本草衍義》卷一六《羖羊角》 今皆取有掛痕者。陳藏器：取耳邊聽之，集集鳴者良，亦强出此說，未嘗遍試也。今將他角附耳，皆集集有聲，不如有掛痕一說盡矣。然多僞爲之，不可不察也。

又《羖羊角》 出陝西、河東，謂之羖攊羊，尤很健，毛最長而厚。此羊可入藥，如要食，不如無角白大羊。本草不言者，亦有所遺爾。又同、華之間，有臥沙細肋，其羊有角似羖羊，但低小，供饌在諸羊之上。張仲景治寒疝用生薑羊肉湯，服之無不驗。又一婦人產當寒月，寒氣入產門，臍下脹滿，手不敢犯，此寒疝也。醫將治之以抵當湯，謂其有瘀血。嘗教之曰：非其治也，可服張仲景羊肉湯，少減水，二服遂愈。

唐 孫思邈《千金翼方》卷三《羚羊角》 味鹹、苦寒、微寒、無毒。主明目益氣，起陰，去惡血注下，辟蠱毒惡鬼不祥，安心氣，常不魘寐，療傷寒時氣寒熱，熱在肌膚，溫風注毒伏在骨間，除邪氣驚夢。狂越僻謬及食噎不通，久服強筋骨，輕身，利丈夫。生石城山川谷及華陰山，採無時。

又《羖羊角》 味鹹，苦溫，微寒，無毒。主青盲，明目，殺疥蟲，止寒洩，辟惡鬼虎狼，止驚悸，療百節中結氣，風頭痛及蠱毒吐血，婦人產後餘疾，燒之殺鬼魅，辟虎狼，久服安心益氣，輕身。生河西川谷，取無時，勿使中濕，濕即有毒。

又《羊骨》 熱主虛勞，寒中羸瘦。

明 李時珍《本草綱目》卷五〇《羊》 羖羊角，青色者良。氣味：鹹，溫，無毒。《別錄》曰：『苦，微寒。取之無時。勿使中濕，濕即有毒。』甄權曰：『大寒。兎絲為之使。』《鑑源》云：『羖羊角灰縮賀。賀，錫也。出賀州。』主治：青盲，明目，止驚悸寒洩。久服，安心益氣輕身。殺疥蟲。入山燒之，辟惡鬼虎狼。《本經》。療百節中結氣，風頭痛，及蠱毒吐血，婦人產後餘痛。《別錄》。燒之，辟蛇。灰治漏下，退熱，主山障溪毒。《日華》

附方 舊三，新七。風疾恍惚心煩腹痛，或時悶絕復。甦以青羖羊角屑，微炒為末，無時溫酒服一錢。《聖惠》。氣逆煩滿水羊角燒研，水服方寸匕。《普濟方》。吐血喘欬青羖羊角炙焦二枚，桂末二兩，為末。每服一匕，糯米飲下，日三服。同上。產後寒熱心悶極脹百病。羖羊角燒末，酒服方寸匕。《子母秘錄》。水洩多時羖羊角一枚，白礬末填滿，燒存性為末。每新汲水服二錢。《聖惠方》。小兒癇疾羖羊角燒存性，以酒服少許。《普濟》。赤禿髮落羖羊角、牛角燒灰等分，豬脂調敷。《普濟》。赤瘢瘭子身面卒得赤瘢，或瘭子腫起，不治殺人。羖羊角燒灰，雞子清和塗，甚妙。《肘後》。打撲傷痛羊肉灰，以沙糖水拌，瓦焙焦為末。每熱酒下二錢，仍探痛處。《簡便》。脚氣疼痛羊角一副，燒過為末，熱酒調塗，以帛裹之，取汗，永不發也。

齒，三月三日取之。氣味溫，主治小兒羊癇寒熱。《別録》。

頭骨，已下並用羖羊者良。氣味：甘，平，無毒。時珍曰：『按張景陽七命云：耶溪之鋌，赤山之精。消以羊骨，鏵以鍛成。註云：羊頭骨能消鐵也。』主治：風眩瘦疾，小兒驚癇。蘇恭。

脊骨，氣味：甘，熱，無毒。主治：虛勞寒中羸瘦。《別録》補腎虛，通督脈，治腰痛下痢。時珍。

附方 舊一，新八。老人胃弱羊脊骨一具槌碎，水五升，煎取汁二升，入青粱米四合，煮粥常食。《食治方》老人虛弱白羊脊骨一具剉碎，水煑取汁，枸杞根剉一斗，水五斗，煑汁一斗五升，合汁同骨煑至五升，去骨，瓷盒盛之。每以一合，和温酒一盞調服。《多能鄙事》。腎虛腰痛《心鏡》用羊脊骨一具，槌碎煑，和蒜虀食，飲少酒妙。《正要》用羊脊骨一具槌碎，肉蓯蓉一兩，草果五枚，水煑汁，下葱，醬作羹食。腎虛耳聾羖羊脊骨一具炙研，磁石煅，醋淬七次，白术、黄芪、乾薑炮、白茯苓一兩，桂三分，為末。每服五錢，水煎服。《普濟》。虛勞白濁羊骨為末，酒服方寸匕日三。《千金》。小便膏淋羊骨燒研，榆白皮煎湯，服二錢。《聖惠方》。洞注下痢羊骨灰，水服方寸匕。《千金方》。痔瘡成漏膿水不止。用羊羔兒骨，鹽泥固濟，煅過研末。五錢入麝香、雄黄末各一錢，填瘡口。三日外必合。《總微論》。

尾骨，主治：益腎明目，補下焦虛冷。《正要》。

附方 新一。虛損昏聾大羊尾骨一條，水五碗，煑減半，入葱白五莖，荆芥一握，陳皮一兩，麵三兩，煑熟，取汁搜麵作索餅，同羊肉四兩煑熟，和五味食。《多能鄙事》。

脛骨，音行。亦作骱，又名骨，胡人名頞兒必。入藥煅存性用。氣味：甘，温，無毒。詵曰：『性熱，有宿熱人勿食。』《鑑源》云：羊骨伏硇。主治：虛冷勞。孟詵脾弱，腎虛不能攝精，白濁，除濕熱，健腰脚，固牙齒，去䵟黯，治誤吞銅錢。時珍。

發明 杲曰：『齒者骨之餘，腎之標。故牙疼用羊脛骨以補之。』時珍曰：『羊脛骨灰可以磨鏡，羊頭骨可以消鐵，故誤吞銅鐵者用之，取其相制也。』按張景陽《七命》云：『耶溪之鋌，赤山之精。消以華骨，鑠以鍛成。』註云：『羊頭骨能消鐵也。』又《名醫録》云：『漢上張成忠女七八歲。誤吞金鐀子一雙，胸膈痛不可忍，憂惶無措。一銀匠炒末藥三錢，米飲服之，次早大便取下。叩求其方，乃羊脛灰一物耳。談野翁亦有此方，皆巧哲格物究理之妙也。』

附方 新十一。擦牙固齒《食鑑》用火煅羊脛骨為末，入飛鹽二錢，同研勻。《日用》。又方：燒白羊脛骨灰一兩，升麻一兩，黄連五錢，為末，《日用》。瀕湖方：用羊脛骨燒過、香附子燒黑各一兩，青鹽煅過、生地黄燒黑各五錢，研用。濕熱牙疼用羊脛骨灰二錢，白芷、當歸、牙皂、青鹽各一錢，為末，擦之。東垣方。脾虛白濁過慮傷脾，脾不能攝精，遂成此疾。以羊脛骨灰一兩，薑制厚朴末二兩，麵糊丸梧子大。米飲下百丸，日二服。一加茯苓一兩半。《濟生方》。虛勞瘦弱用頞兒必四十枚，以水一升，熬減大半，去滓及油，待凝任食。《正要》。筋骨攣痛用羊脛骨，酒浸服之。月水不斷羊前左脚脛骨一條，紙裹泥封令乾，煅赤，入棕櫚灰等分。每服一錢，温酒服之。䵟黯醜陋治人面體黧黑，皮厚狀醜。用羖羊脛骨為末，雞子白和敷，旦以白粱米泔洗之。三日如素，神效。《肘後》。誤吞銅錢羊脛骨燒灰，以煑稀粥食，神效。談埜翁方。咽喉骨哽羊脛骨灰，米飲服一錢。《聖惠》。

明 曹昭《新增格古要論》卷六《花羊角》 花羊角多出北地，黑身白花者高，白身黑花者低。作刀靶，染油不滑。凡刀靶，鸂鶒木爲最佳，花羊角次之，他物皆不及也。

清 張璐《本經逢原》卷四《麢羊角即羚羊角》 鹹寒，無毒。鎊碎胸前煨熱令脆，研如粉，不則粘人腸胃。

《本經》主明目，益氣起陰，去惡血注下，辟蠱毒惡鬼，不祥魘寐。

發明

羚羊屬木，入足厥陰，伐肝最捷。目暗瞖障，而羚羊角能平之。痘瘡正面稠密不能起發，而羚羊能分之。小兒驚癇，婦人子癇，大人中風搐搦及筋寒歴節痛，而羚羊角能舒之。驚駭不甯，狂越魘寐，而羚羊角能安之。惡鬼不祥，而羚羊角能辟之。惡血注下蠱毒疝痛，瘡腫瘻瀝，産後血氣，而羚羊角能散之。溼熱留滯，陽氣不振，陰氣衰痿，而羚羊角能起之。煩懣氣逆，噎塞不通，鬱爲寒熱，而羚羊角能降之。詳《本經》所主皆取散厥陰血結耳。愚按：諸角皆能入肝散血解毒，而犀角爲之首推，以其專食百草之毒，兼走陽明，力能祛之外出也。故痘瘡之血熱毒盛者，爲之必需。若痘瘡之毒并在氣分，而正面稠密不能起發者，又須羚羊角以分解其勢，使惡血流於他處，此非犀角之所能也。人但知羚羊角能消目瞖，定驚癇而散痘瘡惡血之功，人所共昧。羖羊角治青盲目暗與羚羊角不殊，而辟除邪魅蠱毒亦相彷彿，惜乎從未之聞。惟消乳癖，《丹方》用之。白羯羊角亦能消乳癖，而方家每用琉璃角燈磁片刮取薄屑，置胸中候脆，杵細，酒服方寸匙屢效，專取宿腐之味，以消陳積之垢也。其鹿角刮屑善消虛人乳腫，未潰即消，已潰即斂，即《本經》主漏下惡血之治。龍角治神魂不甯，功用與龍齒畧同。《千金方》中有齒角並用者。牛角腮專主閉血、血崩，牛之一身惟此無用，而《本經》特爲採録，《千金》尤爲崩漏要藥，可見天地間無棄物也。

清 太醫院《藥性通考》卷四《羚羊角》 味鹹、苦，氣寒，無毒。耑走肝經。解傷寒之熱在於肌膚，散濕風注毒伏於骨內，安心氣，除魘寐驚夢狂越，辟邪氣，祛惡鬼。小兒驚癇，産婦敗血，皆能治之。亦備用。以待變者也。不可輕用宜於治實症，而不宜於治虛症。或問羚羊角，別本載久服強筋骨，輕身，起陰益氣，利丈夫，似爲強陽助氣之品。繆仲醇謂：火熱則陰反不能起，而筋骨軟。鹹寒入下焦，除邪熱，則陰自起，氣自益，筋骨強，身自輕也。其言未嘗非是，然羚羊角實不能補虛。仲醇亦因《本草》載有利益之語，故曲爲解之，終不可據之，以望其滋補也。

紀事

唐 馮贄《雲仙雜記》卷五《三年不見羊角》 皮蕃去北，而復來鄱陽，食竹笋，曰：『三年不見羊角，哀矣。』

明 佚名《夢學全書》卷一《夢拔羊角》 沛公始為亭長，夜夢逐一羊，拔其角尾俱落。解曰：『羊去角尾，乃「王」字也。』及送徒咸陽，見始皇鑾駕，嘆曰：『大丈夫當如此！』後果為漢王，以應此兆也。

又《夢生羊角》 國朝永樂初設科取士，廬陵錢舉，發解南省，及將廷試，忽夢頭生羊角，同年解曰：『頭角崢嶸，在此舉矣。』傍一人曰：『非也，羊角乃解字也。恐有解姓者復居首耶！』及折殿榜傳臚，上果得解縉也。

清 獨逸窩退士《笑笑録》卷二《食羊骨》 惠州市肆寥落，猶日殺一羊。不敢與仕者爭買，時屬屠者，買其脊骨。耳骨間亦有微肉，熟漉出，漬酒中，點薄鹽，炙微焦，食之。終日抉剔，得銖兩於胥榮之間，意甚喜之。數日輒一食，甚覺有補。子由三年食堂庖，豈復知此味乎？戲書此紙遺之，實可施用也。然此法行，則衆狗不悦矣。

又 卷三《羊尿配餅食》 李侍講說：『中和貴人在龍廷時，以贍對無時，恒備物以充飢。一士在邸舍，師每與之分甘。一日師復求之，辭無有。託便，旋食焉。師知之，因曰：「沙漠羊，與中土桑，用略同，肉充飢，毛作氈，皮爲裘，角爲杯匜。此人所共知。不意近年羊尿，又可配餅食也。」』

羊乳

綜述

北魏 賈思勰《齊民要術》卷六《作酪法》 牛羊乳皆得。別作、和作隨人意。牛產日，即粉穀如糕屑，多著水煮，則作薄粥，待冷飲牛。牛若不飲者，莫與水，明日渴自飲。牛產三日，以繩絞牛項、頸，令偏身脉脹；倒地即縛，以手痛挼乳核令破，以脚二七偏蹴乳房，然後解放。羊產三日，直以手挼核令破，不以脚蹴。若不如此破核者，乳脉細微，攝身則閉；核破脉開，將乳易得。曾經破核後産者，不須復治。牛產五日外，羊十日外，羔、犢得乳力強健，能噉水草，然後取乳。捋乳之時，須人斟酌：三分之中，當留一分，以與羔犢。若取乳太早，及不留一分乳者，羔、犢瘦死。三月末，四月初，牛羊飽草，便可作酪，以收其利，至八月末止。從九月一日後，止可小小供食，不得多作：天寒草枯，牛羊漸瘦故也。大作酪時，日暮，牛羊還，即間羔犢別著一處，凌旦早放，母子別羣，至日東南角，噉露草飽，驅歸捋之。訖，還放之，聽羔犢隨母。日暮還別。如此得乳多，牛羊不瘦。若不早放先捋者，比竟，日高則露解，常食燥草，無復膏潤，非直漸瘦，得乳亦少。捋訖，於鐺釜中緩火煎之，火急則著底焦。常以正月、二月預取乾牛羊矢煎乳，第一好：草既灰汁，柴又喜焦；乾糞火，無此二患。常以杓揚乳，勿令溢出；時復徹底縱橫直勾，慎勿圓攪，圓攪喜斷。亦勿口吹，吹則解。四五沸便止。瀉著盆中，勿便揚之。待小冷，掠取乳皮，著別器中，以為酥。屈木為棬，以張生絹袋子，濾熟乳著瓦瓶子中臥之。新瓶即直用之，不燒。若舊瓶已曾臥酪者，每臥酪時，輒須灰火中燒瓶，令津出，廻轉燒之，皆使周匝熱徹，好乾，待冷乃用。不燒者，有潤氣，則酪斷不成。若日日燒瓶，酪猶有斷者，作酪屋中有蛇、蝦蟇故也。宜燒人髮、羊牛角以辟之，聞臭氣則去矣。其臥酪待冷煖之節，温温小煖於人體為合宜。適熱臥則酪醋，傷冷則難成。濾乳訖，以先成甜酪為酵，大率熟乳一升，用酪半匙著杓中，以匙痛攪令散，瀉著熟乳中，仍以杓攪使均調。以氊、絮之屬茹瓶令煖。良久，以單布蓋之。明旦酪成。若去城中遠，無熟酪作酵者，急揄醋飧，研熟以爲酵，大率一斗乳，下一匙餐，攪令均調，亦得成。其酢酪為酵者，酪亦醋；甜酵傷多，酪亦醋。其六七月中作者，臥時令如人體，直置冷地，不須濕茹。冬天作者，臥時少令熱於人體，降於餘月，茹令極熱。

又《作乾酪法》 七月、八月中作之。日中炙酪，酪上皮成，掠取。更炙之，又掠。肥盡無皮，乃止。得一斗許，於鐺中炒少許時，即出於槃上，日曝。浥浥時作團，大如梨許。又曝使乾。得經數年不壞，以供遠行。作粥、作漿時，細削，著水中，煮沸，便有酪味。亦有全擲一團著湯中，嘗有酪味，還漉取，曝乾。一團則得五遍煮，不破。看勢兩漸薄，乃削研，用倍省矣。

又《作漉酪法》 八月中作。取好淳酪，生布袋盛，懸之，當有水出滴滴然下。水盡，著鐺中蹔炒，即出於盤上，日曝。浥浥時作團，大如梨許，亦數年不壞。削作粥、漿，味勝前者。炒雖味短，不及生酪，然不炒生蟲，不得過夏。乾、漉二酪，久停皆暍氣，不如年別新作，歲管用盡。

又《抨酥法》 以夾榆木椀為杷子。作杷子法：割却椀半上，剜四廂各作一團孔，大小徑寸許，正底施長柄，如酒杷形。抨酥，酥酪甜醋皆得所，數日陳酪極大醋者，亦無嫌。酪多用大甕，酪少用小甕。置甕於日中，旦起，瀉酪著甕中炙，直至日西南角，起手抨之，令杷子常至甕底。一食頃，作熱湯，水鮮，令得下手，寫箸甕中。湯多少，令常半酪。乃抨之。良久，酥出，下冷水。多少亦與湯等。更急抨之。於此時，杷子不須復達甕底，酥已浮出故也。酥既偏覆酪上，更下冷水，多少如前。酥凝，抨止。水盆盛冷水著盆邊，以手接酥，沈手盆水中，酥自浮出。更掠如初。酥盡乃止。抨酥酪漿，中和飧粥。盆中浮酥，待冷悉凝，以手接取，搦去水，作團，著銅器中，或不津瓦器亦得。十日許，得多少，併內鐺中，然牛羊矢緩火煎，如香澤法。當日內乳涌出，如雨打水聲；水乳既盡，聲止沸定，酥便成矣。冬即內著羊肚中，夏盛不津器。初煎乳時，上有皮膜，以手隨即掠取，著別器中；寫熟乳著盆中，未濾之前，乳皮凝厚，亦悉掠取；明日酪成，若有黃皮，亦悉掠取；併著甕中，以物痛熟研良久，下湯又研，亦下冷水，純是好酪。接取，作團，與大段同煎矣。

明 高濂《遵生八箋》卷一三《羊髓方》 用羊乳子或牛乳子半瓶，攙水半鍾，入白麵三撮，濾過下鍋，微微火熬之，待滾，隨手下白沙糖，或糖霜亦可。然後用緊火，將木爬打一會，看得熟了，再濾過入壺，傾在碗內入供。

明 李時珍《本草綱目》卷五〇《羊》 乳，白羚者佳。氣味：甘，溫，無毒。主治：補寒冷虛乏。《別録》。潤心肺，治消渴。甄權。療虛勞，益精氣，補肺、腎氣，和小腸氣。合脂作羹，補腎虛，及男女中風。張鼎。利大腸，治小兒驚癇。含之，治口瘡。《日華》。主心卒痛，可溫服之。又蚰蜒入耳，灌之即化成水。孟詵。治大人乾嘔及反胃，小兒噦啘及舌腫，並時時溫服之。時珍。解蜘蛛咬毒。頌曰：『劉禹錫《傳信方》云：貞元十年，崔員外言：「有人為蜘蛛咬，腹大如妊，偏身生絲，其家棄之，乞食。有僧教啖羊乳，未幾疾平也。」』

發明 弘景曰：『牛羊乳實為補腎，故北人食之多肥健。』恭曰：『北人肥健，由不啖鹹腥，方土使然，何關飲乳？陶以未達，故屢有此言。』時珍曰：『方土飲食，兩相資之。陶説固偏，蘇説亦過。丹溪言反胃人宜時時飲之，取其開胃脘、大腸之燥也。』

附方舊一，新二。小兒口瘡羊乳細濾入含之，數次愈。小品方。漆瘡作痒羊乳傅之。千金翼。面黑令白白羊乳三斤羊脏三副和搗每夜洗浄塗之旦洗去。總録。

清 徐松《宋會要輯稿・職官二一》 乳酪院隸左騏驥院，掌供御厨乳餅酪酥。舊有南北兩院，差監官。景德二年合為一，以騏驥院監宮專副兼充。乳匠七人。眞宗大中祥符五年五月，詔：『北乳酪院節級工匠并養喂長行，依南院例，支端午紫平絹衫，十月皂綿袍各一領。』七年正月，詔：『自令乳酪院應管乳餅酥酪等，置計賬上三司點勾。所有竪收乳汁、變造乳餅酥酪，每月輪教駿員僚一各勾當。』

清 吴士玉《駢字類編》卷二一七 羝乳《漢書・蘇武傳》：『匈奴徙武北海上無人處，使牧羝，羝乳乃得歸。』袁桷《題伯常雁足》詩：『不須羝乳終回漢，肯學雞鳴詐度關。』

藝文

清 劉友光《香山草堂集・元夕嚴司農招集署中醉後更出羊乳酪酥同酌》 小時白玉盤，清輝今一處。綺疏照玲瓏，亦到我逆旅。連宵九曲珠，一一散寶炬。哀我腹便便，有字不堪煑。瀟洒辭仙仗，金尊延素侶。口腹竟累人，往往厭肥羜。一飽思經營，傾身何足語。述酒非一材，印泥滴羊乳。酪酥又踐更，屢辭忘爾汝。東風已簾閣，汎溢掃寒緒。遠憶洞庭春，黃柑色衰沮。聖人雖足中，老兵猶可語。幸母多酌我，醒狂昔所許。南隣連北里，簫管亦偹舉。寶馬墮髻雲，飛蛟娶男女。參橫催玉漏，舄錯歡時序。荣木感人心。把翫同楚楚。

羊哀 羊卵

綜述

明 徐應秋《玉芝堂談薈》卷二九《羊哀狗寶》 今藥店醫人，但知牛黃而不知有羊哀、狗寶。羊哀治翻胃，而牛黃、狗寶治驚癇也。牛黃常用易識，羊哀形如濕茅紙，狗寶乃生於狗胞中，其形質如鵝卵石，而色至白，碎之，內有文理數十層。主治噎食及癰疽癰瘡。又見《越巽集》中云：『馬有馬黑在腎，此尤罕聞。又有雞棲皆不知何所用也。』謝在杭曰：『狗或不飲不食，望月而嗥者，非瘦，乃腹有狗寶，治噎疾。余在東郡獲其一，以施醫家，不甚效。』田藝衡《留青日札》：『羊哀在腸，形如小鼠子，可治膈食，翻胃，余見其三。

狗寶，凡狗有寶，則羸瘦毛落，不勝其熱，入水自濡。嘉靖四十四年春，吾鄉一小民家屠一狗，腹中有白石三塊如栗。破之，可千葉，入藥可治毒瘡。』其說與顧不同。《神異志》：『鳳凰來儀，候其棲止處，掘脚下土二三尺有物，圓似石，白如卵，治驚邪、癲癇、發熱、狂走、勞損，水磨服之，名「鳳凰臺」。』今牝雞所生亦有白臺，名文公臺，即白稾。《酉陽雜俎》：『虎夜視一目放光，一目看物，獵人候而射之，光墜入地成白石，主止小兒驚。』

明 田藝蘅《留青日札》卷三〇《羊哀》 羊哀在腸，形如小鼠子，可治鬲食、翻胃，余見其三。

明 李時珍《本草綱目》卷五〇《羊》 羊胲子，乃羊腹内草積塊也。主治翻胃。煅存性，每一斤入棗肉、平胃散末一半，和勻。每服一錢，空心沸湯調下。葉氏摘玄

明 顧起元《説略》卷三〇 今藥店醫人，但知牛黄、羊哀、狗寶三種之藥。羊哀謂治翻胃，而牛黄、狗寶治驚癇也。然牛黄嘗用易識；羊哀形如涇茅紙，時亦用之。

明 彭大翼《山堂肆考》卷二二一《羊腹生石》 按：牛有黄，狗有寶，羊有卵石，俱在腹中，附膽而生。羊卵石白色如玉，絶類狗寶，可治翻胃及羊病。

清 方旭《蟲薈》卷二《羊》 《留青日札》：『羊哀在腸，其形如小鼠子，得之可治鬲食、翻胃。』旭按：或說此物色白如玉，形類狗寶。

清 鈕琇《觚賸》卷二《羊珠》 陸佃曰：『龍珠在頷，蛇珠在口，魚珠在眼，鮫珠在皮，鼈珠在足，蛛珠在腹。是知物類皆能孕珠，非獨蚌也。近日嘉興九里滙農人徐心橋，畜一牂羖，已五六歲。因爲子娶婦，宰以饗客。屠者覺羊肚中纍纍然，剖而濯之，得珠盈掬圓，大如豌豆。有老人云：「羊食仙草，或雷雨時與龍交則生珠。」然博物之書所未載也。」

清 王有光《吴下諺聯》卷二《止顧羊卵子弗顧羊性命》 羊味美，而美尤在卵子。昔日有嗜食此者，每食必須，晨湌羊卵子，午湌羊卵子，晚湌羊卵子。夫羊味誠美，但通體皮肉可食也，則日殺一羊已足耳。若止取羊之卵子，則每日所殺不下數羊，傷羊性命不亦多乎！而若人弗顧也。吴下人惡其奢，嘗其貪，疾其殘忍，故有此諺。

清 吴寶芝《花木鳥獸集類》卷下《羊》 按：牛有黄，狗有寶，羊有卵石，俱在腹中，附膽而生。羊卵石白色如玉，絶類狗寶，可治翻胃及羊病。

清 陳元龍《格致鏡原》卷八六 羊哀在腸，形如小鼠子，可治鬲食、翻胃。《蟫史》按：牛有黄，狗有寶，羊有卵石，俱在腹中，附膽而生。羊卵白石色如玉，絶類狗寶，可治翻胃及羊病。

羊糞

綜述

唐 孫思邈《千金翼方》卷三《羊屎》 燔之，主小兒洩痢腸鳴，驚癇。

唐 王燾《外臺秘要》卷二《傷寒手足欲脱疼痛方七首》 取羊屎煮汁以淋之，差止。亦療時疾。陰囊及莖腫，亦可煮黄蘗洗之。

又《千金療毒熱病攻手足腫疼痛欲脱方》 煮馬糞若羊糞汁漬之，豬膏和羊糞塗之亦佳。

明 李時珍《本草綱目》卷五〇《羊》 溺，主治傷寒，熱毒攻手足，腫痛欲斷，以一升和鹽豉搗，漬之。李時珍。

屎，青羖羊者良。氣味：苦，平，無毒。時珍曰制粉霜。主治：燔之，主小兒洩痢，腸鳴驚癇。《別錄》。燒灰，理聤耳，并署竹刺入肉，治箭鏃不出。日華燒灰淋汁沐頭，不過十度，即生髮長黑。和雁肪塗頭亦良。藏器。頌曰：『屎納鯽魚腹中，瓦缶固濟，燒灰塗髮，易生而黑，甚效。煑湯灌下部，治大人小兒腹中諸疾，泔熱，大小便不通。燒烟熏鼻，治中惡心腹刺痛，亦熏諸瘡中毒、痔瘻等。治骨蒸彌良。蘇恭。

附方 舊五，新十六。痟痢欲死。新羊屎一升，水一升，漬一夜，絞汁頓服，日午乃食。極重者，不過三服。總録。嘔逆酸水羊屎十枚，酒二合，煎一合，頓服。未定，更服之。兵部手集。反胃嘔食羊糞五錢，童子小便一大盞，煎六分，去滓，分三服。聖惠。小兒流涎白羊屎頻納口中。千金。心氣疼痛不問遠近。以山羊糞七枚，油頭髮一團，燒灰酒服。永斷根。孫氏集效方。妊娠熱病青羊屎研爛塗臍以安胎氣。外臺秘要。傷寒肢痛手足疼欲脱。取羊屎煑汁漬之，瘥乃止。或和豬膏塗之，亦佳。外臺。時疾陰腫囊及莖皆熱腫。以羊屎、黄蘗煮汁洗之。外臺。疔瘡惡腫青羊屎一升，水二升，漬少時，煑沸，絞汁一升，頓服。廣濟方。裹外臁瘡羊屎燒存性，研末，入輕粉塗之。集要。痘風瘡證羊屎燒灰，清油調，敷之。全如心鑑。小兒頭瘡

羊糞煎湯洗浄，仍以羊糞燒灰，同屋上懸煤，清油調塗。普濟。頭風白屑烏羊糞煎汁洗之。聖惠。髮毛黄赤羊屎燒灰，和臘猪脂塗之，日三夜一，取黑乃止。聖惠方。木刺入肉乾羊屎燒灰，豬脂和塗，不覺自出。千金。箭鏃入肉。方同上。反花惡瘡鯽魚一箇去腸，以羯羊屎填滿，燒存性。先以米泔洗過，搽之。瘰癧已破羊屎（燒）五錢，杏仁（燒）五錢，研末，豬骨髓調搽。海上。濕瘡浸淫新羊屎絞汁塗之。乾者燒烟薰之。聖濟總録。雷頭風病羊屎焙研，酒服二錢。普濟方。慢脾驚風活脾散：用羊屎二十一箇（炮），丁香一百粒，胡椒五十粒，為末。每服半錢，用六年東日照處壁土煎湯調下。聖濟録。

清　楊鞏《中外農學合編》卷五《羊糞》　糞乾奏效緩，然力頗耐久，培果樹最宜。

附外洋法

羊咀嚼食物較牛馬爲細密，故其糞含水分少，而含窒素多，以施於多含植物質土壤最有效。又於立夏前施於藕田，則其根肥大，但於恭菜不宜。

清　獨逸窩退士《笑笑録》卷三《羊尿配餅食》　李侍講説：中和貴人在龍廷時，以瞻對無時，恒備物以充飢。一士在邸舍，師每與之分甘。一日，師復求之，辭無有，託便，旋食焉。師知之，因曰：『沙漠羊與中土粲，用略同：肉充飢，毛作氈，皮爲裘，角爲杯匜，此人所共知；不意近年羊尿又可配餅食也。』

賜羊

論説

明　葉向高《綸扉奏草》卷一一《謝賜羊酒鈔錠疏》　奏爲恭謝天恩事。頃該臣以二品三年考滿，伏蒙聖恩，特遣牌子劉昇，齎賜原封鈔二千貫、羊一隻、酒十瓶，臣謹焚香叩頭祗領訖。伏念臣猥以庸愚，擢自疎遠，三年素食，曾莫効乎分毫，一旦書庸，真何裨于殿最？方虞幽黜之必及，乃辱天寵之洊加。寶鏹頒來，分重珍于御府，黄封瀉出，流法醖于天庖，兼以牲餼之供，莫非駢蕃之錫。惟拊躬而悚惕，謹稽首以登嘉。口腹何饜？已犯鼴鼠飲河之戒。肝腸尚在，寧忘駑駘歷塊之勞。臣不勝感切頂戴之至，除報名廷謝外，謹具奏謝以聞。奉聖旨：『覽卿奏謝，朕知道了。禮部知道。』萬曆三十八年十二月二十日。

明　于慎行《穀城山館文集》卷三六《考滿謝賜羊酒疏》　禮部左侍郎兼翰林院侍讀學士，臣于慎行奏為恭謝天恩事。萬曆十七年五月二十九日，該臣以歷正三品俸三年考滿，吏部照例引奏。六月初二日，奉聖旨：『着復職。』初四日，復蒙欽遣御前答應牌子陳朝頒賜新鈔二千貫、羊一隻、酒十瓶，到臣私第，臣當即望闕叩頭祗領訖。伏念臣猥緣淺殖，謬玷清班，侍講幄以多年，開陳鮮効，佐容曹以累歲，忝竊彌深，茲當課績之期，宜被黜幽之典，顧蒙高厚，曲賜包容，仍承隆越之恩，特降便蕃之賚。函開寶楮，驚分内帑之珎品。備尊牢幸，厠大官之饗奉。綸音而馳賜勤，勑使以臨頒。寵溢班行，光生門巷。頂踵難酬乎大造，銘鐫矢結於微衷。臣不勝感微屏營之至。謹具本親齎奏謝以聞。萬曆十七年六月初四奏，初六日奉聖旨：『知道了，禮部知道。』

又《謝患病遣官臨問齎賜猪羊酒米疏》　奏爲恭謝天恩事。近該臣以患病具奏，欽蒙聖恩賜假調理，隨於本月初八日，欽遣御前苔應牌子高昇，齎賜鮮猪一口、鮮羊一腔、白米二石、酒十瓶、甜醬瓜茄一罈，到臣私第，臣謹於吟榻叩頭祗領訖。伏念臣夙嬰疢瘵，漸致疲羸，每逢寒暑之侵，輒有陰陽之沴。懽曠瘵之廢日，因疾痛以呼天。敢期上軫乎宸慈，乃至特勞乎勑使。出導官之白粲，兼分八簋之珍；頒御苑之金莖，更備雙牢之品。起色忽生於擁塞，恩光遥溢於歡傳。舉七箸以加湌，嘗必正席；佐刀圭而入藥，藉以蠲痾。苟髪膚獲托於生成，即頂踵敢忘於報稱。臣不勝感激，荷戴之至，緣係伏枕，不能廷謝，爲此具本，令辦事官袁萬朝賫捧奏謝以聞，伏候勑旨。萬曆十八年七月初八日上，初十日，奉聖旨：『覽卿奏謝，知道了。禮部知道。』

明　余繼登《淡然軒集》卷一《謝羊酒鈔錠疏》　為恭謝天恩事。萬曆二十六年四月日，伏蒙聖恩，以臣三年考滿，欽遣御前答應牌子李虎，齎賜原封鈔二千貫、羊一隻、酒十瓶，到臣私寓。臣謹焚香望闕叩頭祗領訖。伏念臣章句凡儒，草茅賤士，遭逢聖主叨厠詞林，執經講帷，何有沃心之益。備員卿佐，深慚典禮之司，虚縻未効一籌，荏苒已驚三載。自廿幽黜，敢望明恩，乃荷聖慈特加寵錫，發内庭之鏹楮，勤中使以傳頒醇醪，分玉府之珍肥，羜出大官之畜，儒紳增重，蓬戶生光，敢不竭駑力於涓埃，仰以答鴻仁於天地。奉聖旨：『覽奏謝，知道了。禮部知道。』

明　趙世卿《司農奏議》卷一四《恭謝鈔錠羊酒疏》　奏爲恭謝天

恩事。萬曆三十三年二月二十三日，該吏部以臣歷正二品俸二年考滿，題奉聖旨：『着復職，欽此。』伏蒙皇上欽遣御前答應牌子郭朝頒賜臣鈔二千貫、羊一隻、酒十瓶，臣私寓卽望闕叩頭祗領訖。除赴鴻臚寺報名，次日早廷謝外臣。仰荷鴻私，不勝榮幸，不勝感戴天恩之至等因，萬曆三十三年三月二十一日具奏，二十三日奉聖旨：『覽卿奏謝，知道了。禮部知道，欽此。』

明 周用《周恭肅公集》卷一六《謝賜鈔羊酒疏》 嘉靖二十五年三月十九日，臣因歷二品俸九年考滿，該吏部題奉聖旨：『周用加太子少保，着照舊供職，欽此。』除謝恩外，本月二十八日，伏蒙欽遣中官謝昇，齎賜臣鈔二千貫、羊一隻、酒十瓶，到臣私第，臣卽望闕叩頭祗領訖。伏以九載服勤僝功，莫試一朝拜辱。湛澤旁霑，沛若加隆，懍然增慄。竊念臣素業寒微，備嘗窶乏，藜羹不糝，久茹酸辛，駑乘下材，倍勞鞭策。伏自濫叨甄拔，久玷資名，茲當考績黜陟之期，宜服居官瘝曠之罪。顧蒙宸睠進陟宮階，既徼就日之恩，復荷自天之賜。布泉稱賚，頒內帑之豐儲；尊俎登嘉，備大庖之名物。平生韋布，每懷隕穫而赧顏；家世農田，幸免汙萊而枵腹。霈雲敷潤，俄驚陋室之滿盈；晉書錫蕃，莫效微軀之報塞。冀及桑榆之末，照勉酬雨露之鴻。私傳《大學》之十章，道存絜矩，陳《洪範》之八政。義亟厚生，載誦生民泂酌之篇；無忘大雅，蚤習立政牧夫之訓。願獻嘉猷，臣不勝感荷天恩之至。

明 畢自嚴《度支奏議·堂稿》卷三《恭謝考滿欽賜羊酒疏》 奏為恭謝天恩事。崇禎元年十一月十九日，該吏部以臣歷正二品俸三年考滿，具題本月二十二日奉聖旨：『著復職，欽此。』該吏部移咨到臣。本月二十九日，又蒙皇上欽遣御前答應牌子王忠頒賜臣原封鈔二千貫、羊一隻、酒十瓶，到臣私寓，當即望闕叩頭，祗領訖。伏念臣草茅賤士，樗櫟庸流，荷乾坤浩蕩之恩，濫竽二品矢中外。犬馬之力，祇役三年。曾安攘之無成，徒公私之交困，持籌握筭，祇深鰥曠之羞；程功課能，宜在黜幽之列。詎期綸音煥發，勑中使以儼臨寶鈔；寵頒出尚方，而亟餽少牢珍膳。侈甘膬於庖厨，旨酒澄醪，藹芯芳於樽俎。鴻慈愈渥，報稱彌艱。除赴鴻臚寺報名，俟次日恭詣廷謝外，臣誠不勝榮幸，不勝感戴天恩之至。為此具本謹奏謝以聞。崇禎元年十二月初二日具奏，本月初五日，奉聖旨：『覽卿奏謝，知道了。該部知道。欽此。』

唐 常袞《謝社日賜羊酒等表》《文苑英華》卷五九五 臣某言：內常侍王子昇至，宣奉聖旨，以社日賜臣羊酒、脯腊、海味、油、麵、粳米等，仍特賜藥飲者。喜抃失容，兢慙無措，臣誠惶誠悚，頓首頓首。臣叨踐台階，已速官謗，聖慈矜宥，殊貸曲全。猶使省近掖之文，重高門之地，白骨再起，飛魂復還。感恩若驚，雖死何答？伏以宰輔之任，爕和所關，自頃僭陽，向逾累月，近方降雨，今復周旬。致令水旱不時，陰陽失序。若令歸責，臣亦何逃？故事昭然，所宜黜免，且勾龍立社，祀典攸書，大稷主農，國章斯在，以享田祖，以報秋成。今潁實未登，粢盛乖望，是君積憂之日，是臣獲戾之時。豈望慶自雲天，曲容酒食之宴；恩霑疵賤，下及膏粱之珍。醉樂空比於堯人，宰乎實慙於漢相，無功受賜，有靦何逃？上戴寵私，益深惶惕。無任忭躍屏營之至。

唐 常袞《謝冬至賜羊酒等表》《文苑英華》卷五九五 臣某言：中使某至，奉宣恩旨，以至節賜臣米、麵、羊、酒、猪、鹿、雜味等。伏以非才曠官，微臣之愧耻，待寬責薄，聖造之矜容。負罪則多，負恩已甚，進思無補，退復何顏？以周官之職，且乖於水旱；而漢臣之賜，空積於歲時。屬北陸涸陰，南郊迎日，古今良節，朝野同休。天慈過深，榮賚逾厚，王人結駟，膳宰駢輜。特減內庖之珍，遍賜遠方之異，光華里閈，充溢門閭。臣本布衣，列於賤品，千年遇聖，忽至層霄。萬死酬恩，豈裨大化，素甘藜糗，既飽於粱肉；多乏濁醪，既醉於醇酎。荐沐非常之寵，不知所忝之由，少長對筵，悲歡相慶，何功而至此，何力以任之？捧戴若驚惝惶交集，無任。

唐 常袞《社日謝賜羊酒海味及茶等狀》《文苑英華》卷六三二 右中使某至，伏蒙聖慈，賜前件羊酒等。臣謬塵重任，已積歲時，日有餐錢，月受高俸。過蒙溫飫，常愧有餘，內省謀猷，實慙不足。益彰尸忝，深誡滿盈，屬上戊御辰，勞農報社。賜兼海陸，品極珍鮮，上減御飧一作饗，下豐私室何功而受？承寵若驚，惶恐拜恩，戰懼交集。無任戴荷欣抃之至。

唐 常袞《謝米麵羊酒等狀》《文苑英華》卷六三二 右中使某至，奉宣恩命，以至節恩賜米、麵、羊、酒、猪、鹿及雜口味等者。聖旨頻降，榮賚過優，以周官百品之珍，載頒其實；雖魏臣五釜之貴，豈容其多？受賜踰涯，拜恩失序，臣出自孤賤，素甘貧苦，不過滿腹，竊誡終身。且祭不掩豆，飯惟脱粟，昔聖之美，其儉可師。敢望豐盈，重彰尸曠，而雨露偏施，歲時益榮。俾奉先之饗，味兼海陸，合族之宴，及於膏粱。又沐深慈，下霑中饋，以感以慶，啓處難任，無德無功，慙惶罔措，不任戴荷兢惶之至。

宋 宋祁《景文集》卷四〇《代李副樞生日謝賜羊酒米麵表》 危心締感，永念於劬勞，多物有容，茂昭於慶賜。夫何庸懵，有玷寵私。竊念臣偶以薄材，累更煩使。入佐本兵之地，亶逢偃節之期。恩有墜而無酬，力不能而將止。聖猷天縱，大度山藏，弗暴所疵，冀收云補。推御人之為大，記射矢之有初，寵以稻醴，申之醪饌。況臣煢煢在疚，齪齪叨榮，懷顧復以滋深，荷匪頒之尤異。竊同騷客，私有託於庚辰；何幸絳師，上乃知於甲子。惟内捫於肺腑，冀匪懈於仕塗。獲報萬分，無忘九殞。

又《代鄭公謝生日賜牲餼表》 臣某言：伏蒙聖慈以臣生日特降詔書，賜臣羊麪者。

又《代參政生日詔書賜牲餼謝表》 臣某言：伏蒙聖慈以臣生日特降詔書，賜臣羊米酒麪者。

又 卷四〇《代生日謝賜羊酒米麵等表》 臣某言：禮本自生，劬勞之常感，寵加多物，錫予之至慈。荷居所之頒分，動私門之距躍。竊念臣系承單素，仕遘亨嘉。緣樸移忠，因儒儒武。進貳惟幾之地，問聞甚衆之言。舛命自嬰，親闈見背。亟蒙勉詔，還攝攸司。楚臣離散之魂，胡能立事；漢后回容之庇，居不為瑕。屬震肅之初辰，動沈緜之深嘆。陔蘭隕露，遂無欲報之期；門矢生塵，長結已孤之想。敢謂陛下俯矜餘息，申奬有家。雖當惕景之餘，亦侈陳庭之賜。仰緣滋旨，更極摧號。收景西山，還齡司命。不家而食，頓荷於扶衰；有踵可摩，敢忘於陳力。苦言增吶，感膈奚宣。

宋 胡宿《文恭集》卷一一《謝羊酒表》 臣某言：伏蒙聖慈，以臣生日，特降詔書，賜臣羊酒米麪者，王人傳詔，天語宣恩，捧戴有初，兢惶無措。中謝。竊念臣出于單緒，起自孤生，曾乏異才，本繇白望。寖竊禁嚴之職，謬叨内密之司。半策靡施，寸長莫效，徒尸稍食，重費飧錢。加以享大官之珍甘，叨内府之賚予。夕冰之懼，每積于愚心；秋毫之微，莫非于帝力。負乘為愧，幽黜是虞。豈圖當辰之尊，特記設弧之旦，餼牽加賜，醪酒俯霑，申以粲醴，光于圭蓽。此蓋伏遇皇帝陛下，睿慈曲施，宸照周融，未捐曠素之臣，特舉匪頒之典。誓當殞瘁，以答寵嘉。

又 伏蒙聖慈，以臣生日，特降詔書，賜臣羊酒米麪者。使驛馳臨，詔綈俯降，辱彝儀之豐腆，加旅物之便蕃。拜賜為榮，省躬知幸。中謝。伏念臣腐生少賤，曲士至愚，端遇重華之辰，進竊内樞之任。智謀淺昧，曷陪坐幄之籌；廩稍優豐，益取伐檀之刺。惟名器之踰分，虞負乘之致災。式是仲商，屬茲誕日，設弧感往，列鼎念親。永惟罔極之恩，重愧無庸之質。豈謂伏蒙皇帝陛下，慎隆國體，加惠近司，醴酒餼羊，籩麷豆米，併為異數，賚及私庭。等乾坤之施，愧無以報；戴嵩衡之賜，懼不能勝。惟堅忠藎之誠，少答睿明之施。

宋 夏竦《文莊集》卷八《謝賜生日羊酒米麵表》 臣某言：函詔垂文，篚羞異數。循惟榮會，内積感悰。中謝。竊以宴饌之私，飧牢有等。本《周官》五藪之給，及漢酎上尊之良。務勸賢庸，俾從禮食。矧近庭之備列，繇誕日以將恩。事出先規，名存彝範。如臣者起於羈薮，早竊盛名，以斐章而潤帝言，以淺識而參内務。不稼而取禾百億，每媿素飧；縣弧而有志四方，洊逢嘉序。感念肯堂之訓，聿深轉轂之悲。豈謂伏蒙尊位皇帝陛下，曲禮空孱，特延賚及。降使璫於禁闥，輟膳具於君庖。鼎爨踰豐，觴罍有衍。會里中相愛之舊，共喜屬厭；備俎間決勝之謀，何階補職？惟誓竭忠之効，庶為圖報之期。

宋 蘇頌《蘇魏公集》卷四〇《謝賜生日羊酒米麵》 臣某伏蒙聖慈以臣生日，特遣中使降詔書賜臣羊酒米麪者。丞轄備官，猥叨于器使；弓蓬記日，嗣辱于匪頒。荷飲賜之所加，顧人流之非稱。臣某中謝。伏念臣才非遠用，仕遘亨辰。守樸學以為資，躐通班而冒進。荷囊就列，久塵清切之塗；陪幄宣謀，初預弼諧之寄。所慚菲陋，上誤咨俞。適經載育之辰，深切免懷之念。豈謂伏蒙皇帝陛下、太皇太后陛下推隆盛禮，假寵輔臣，發詔璽以敷言，豐燕肴而示惠。餼牽物腆，廩稍數優。對使馹之光華，懷家庭之榮觀。雖親生劬瘁，愴弗逮于承顔；而君賜便蕃，誓益思于砥節。仰酬鴻造，敢愛微生。臣無任。

宋 司馬光《温國文正公文集》卷五七《謝生日賜羊酒米笏記》 臣遭會聖辰，謬塵機任。屬是門弧之旦，方慙鼎食之榮。敢意睿慈，重加蕃錫。内循朽薄，徒極悸惶。

宋 王安石《臨川集》卷四八《賜樞密使西川節度使守司空兼侍中文彦博生日差内臣賜羊酒米麵等口宣》 有勑，卿明謨經國，碩望冠朝。方兹誕育之辰，宜有燕私之禮。當加賜賚，以示眷懷。

宋 劉摯《忠肅集》卷二《謝生日賜羊酒米麵表》 恩班中禁，慶集私門。每於生育之辰，膺此便蕃之寵，義無以避，情不自遑。臣既齔而孤，為貧以仕，賦分涼薄，逢時盛明，遂以斗筲之微，越承廊廟之任。設弧復旦，自傷弗逮於親存；頒餽示恩，敢謂不緣於人廢。綸言温厚，使節光華，將内府之醪牽，兼太倉之稻麥，禮雖有舊，恩實非常。此蓋皇帝陛下守位曰仁，使臣以禮，道契兩儀，仁函萬類，恩爰慶賞，槩及疎愚。盡鹿鳴之心，非徒推飲食之惠；効天保之報，願以致岡陵之崇。璽書將訓，玉府班常，發為好賜之仁，寵及誕彌之日，拜嘉興感，揣分戴慙。伏念臣學本小知，器難遠用，幸遭聖明才不求備之旦，亦玷左右民所具瞻之司。惟涉事多艱，故易銷於精鋭，而尸官既久，徒自積於謗譏。留顯絀而未行，識包荒之已厚，尚矜舊物，曲記始生。皇乎使節之光華，肅傳天語；餽以公臺之儀物，榮發私門。此蓋伏遇皇帝陛下謹六聖之典章，本二儀之亭育，亦既飲食，推所以燕嘉賓之心，繼之廪庖，行所以養君子之道。顧惟極陋，孤奉至恩，誓堅忠義之持，仰報生成之施。

誕育紀辰，方起思親之感，匪頒錫福，遽瞻遣使之華，餐牽有加，醪醴惟旨。伏念臣志愚於古，材散而蟠，越承共政之圖，曾乏尊朝之德。留連歲月，辱三禁之四遷；窮竭技能，無萬分之一補。竊位之刑未正，匿瑕之澤己深。會析木之集辰，實左弧之紀日。敢期眷記特沛訓詞。馳酒正之上尊，綴饔人之厚餼，歲膺慶式，幸積私庭。此蓋伏遇皇帝陛下體貌四鄰，興行百禮。嘉與四海，同忠厚之政；惠及臣下，得燕樂之心。不緣無能，而廢故事。祿不逮養，虚饗推食之恩；進思盡忠，豈獨屬饜之幸。

猥以誕辰，上紆睿眷，敕公臺而發餽，賁私室以為光。拜受以還，兢慙莫喻。臣越從羇宂，誤被延登，徒殫小知，無補興運。下考清議，未免竊位而妨賢；仰賴至仁，有以包荒而含垢。敢謂此日，記其始生，方懷顧復之恩，遽拜匪頒之渥。此葢伏遇皇帝陛下體貌近輔，勸養衆材。飲食已盡其心，既冒嘉賓之賜；福禄以報其上，敢忘萬壽之歌。誓竭忠愚，用酬覆燾。

生育復辰，方起思親之感；光華遺使，遽膺錫福之仁。内自省循，莫勝慙懼。臣志雖慕古，慮不極深，區區歲月之間；録録弼諧之地，上焉萬分之何所補，下焉多士之無所稱。尚容素飡，已愧善貸，豈謂門弧之舊旦，更頒函詔之深詞。餽以餼牽，勞之酒醴。此蓋太皇太后陛下道成萬物，公御羣臣，推所欲以及其私，不以人而廢其禮。祿不逮養，空饗儀物之豐；孝可移忠，惟誓捐糜之報。

使節皇皇，詔詞噩噩。賁以匪頒之數，寵其誕育之辰。内惟至愚，曷稱優渥。臣本非遠業，偶玷近司，雖葵藿自然，知傾於委照，而腹背之細，何益拎高飛。素飡懷不稼之憂，肉食甘無謀之誚，未蒙澄汰，更辱眷存。禄弗及親，方感門弧之旦；人無廢禮，亟蒙臺餽之恩。授受以還，進退無所。此盖伏遇皇帝陛下德冒萬物，政稽二儀，欲以盡忠臣之心，推此養君子之道。予以馭其幸，仰戴于至仁；忠可移于君，誓堅于素節。臺之有餽，本所以養賢；辰及始生，誤叨於錫福。感深銘骨，愧極汗顔。臣幸遭異知，擢備近輔。事君以道，福敗取於容，容當官而行，功不聞於赫赫。空饕優廪，日懼大詞，尚煩推食之恩，政及設弧之日。兹惠之渥見於訓言，餼醴之豐榮於私室。此蓋伏遇皇帝陛下體天丕冒，合日大明，道成乎物而不遺，禮不為人而或廢。欲養不俟，常拜賜而念親；作忠可移，期捐軀而報國。

宋 汪藻《浮溪集》卷六《代何㮚中書謝生日賜羊酒米麵表》 叙顧復于私庭，幸光初度；出旨嘉于中禁，益愧空餐，繇禮厚于股肱，致恩均于口腹。詔頒甚渥，跽受知榮。伏念臣禀性迂愚，起家寒遠，少依親膝，，但知駒犢之從；長冒儒冠，未免簞瓢之陋；積叨誤寵，遂汙近司。初無寸効之經綸，每辱淵衷之記錄。門弧夙設，雖嘗有志于四方；鼎食載加，大懼黜幽于終歲。仰荷戚休之共，坐令飢渴之忘。兹蓋伏遇皇帝陛下道格三無，禮優四近。謂捐身許國，既資于父以事君；方推食用人，宜醉以酒而飽德。肆垂異數，昭示羣工。況臣千載逢時，雙親就養，用羞甘旨，無煩穎谷之陳；誓竭疲駑，何止翳桑之報？

又《代陳過庭中書謝生日賜羊酒米麵表》 閒史記時，叙劬勞于親膝；臺臣致餽，分食飫于君庖。駭備物之前陳，拜私庭而登受。伏念臣材非敏劭，世本單平，早雖被于簡求，中嘗遭于堙阨。年書亥首，甘爲絳縣之老人；氣禀崧高，敢意周邦之良翰偶承人乏，參預政機，徒驚蒲柳之衰，莫致涓埃之効。孰云淵抱，每記孤蹤，乃因載育之辰，更厚屬厭之賜。兹蓋伏遇皇帝陛下天臨萬物，子睎羣臣，曲垂體貌之私，用贊股肱之喜。臣敢不退而飽德，進以忘身？持奉旨甘，固異小人之食；誓堅忠義，永為孝子之門。

宋 呂頤浩《忠穆集》卷四《生日謝賜羊酒米麵表》 慶澤如天，寵頒於異數；措躬無地，自悼於孤生。難名洪造之恩，罔極劬勞之慕。中謝。伏念臣少無奇節，早際盛時，荷三朝聖神之知，乏一日忠嘉之報。逮真人之臨御，躐羣俊以超升。適丁載育之辰，俄被既繁之錫。此蓋皇帝陛下仁深洽物，禮厚馭臣，每軫念於股肱，故曲加於體貌，榮迂中使，慶溢外庭。五鼎徒陳，弗及遺羹之日；萬鍾雖竊，莫追負米之年。惟勤夙夜之思，庶答生成之賜。

宋 綦崇禮《北海集》卷二五《代李邴謝賜生日羊酒米麵表》 弧矢在門，還遇始生之日；饗醪備物，首膺妍好之儀。仰對寵休，俯增愧惕。臣某中謝。伏念臣忠雖許國，仕本為親。永言誕育之勤，實負劬勞之德。乃煩上賜，徒作身榮。矧寵命未安，方循墻而請避；顧多儀遽及，當拜貺以知慚。此蓋伏遇皇帝陛下禮以使臣，物其將意。屬閶胥之紀旦，斥臺餽以疏恩。厚矣不貲，缺然奚稱？粗知學古，敢貽餔啜之羞；苟可報君，願効縻捐之節。

宋 沈與求《龜溪集》卷六《謝賜生日羊酒等表》 使馭星馳，詔凾天降；寵將飫賜，榮賁私庭。伏念臣系緒寒微，技能淺薄。親蒙殊奬，叨與繁機。一節不渝，雖每虞於顛沛；千鍾弗洎，終永念於劬勞。適紀左門之弧，更拜上臺之餽。藐無足稱，悸不自任。茲蓋伏遇皇帝陛下隆禮養賢，至誠接下。睠言體貌，用為邇列之光；式是匪頒，不廢彝章之渥。臣敢不益推朴學，深戒素餐。責食功於後圖，酬恩何有？佩移忠之先訓，畢命以之。

宋 劉一止《苕溪集》卷二〇《皇太后慶壽八十詔長吏致禮加賜羊酒粟帛謝啓》 藩侯下賁，布宣寬大之書；里巷驚傳，創見榮華之錫。夫何殊異，逮此龍鍾。伏念某受才不長，聞道最晚，壯也之武尚不如人，老也楚丘遂多忩事。既乞身而知止，固絶望於饗榮。屬長樂之禮成，偕高年而澤被。至於越匪頒之常式，優侍從之舊臣。撫己自慙，幾人得此。茲盖伏遇某官仁深覆育，道格邇遐。問畝丘之年，謬承稱美；憫伏生之老，姑使授書。豈徒加寵於一夫，殆欲垂芳於千載。捫心懷感，投足知歸。

宋 楊侃《兩漢博聞》卷八《八月賜羊酒》 鄭均為尚書，以病乞骸骨，拜議郎，告歸。元和元年，詔曰：『鄭均前在機密，以病致仕，守善貞固，黄髮不怠，其賜均穀千斛，常以八月長吏存問，賜羊酒，顯茲異行。』注云：『《東觀記》曰：「賜羊一頭，酒二斗，終其身。」問遺賢良，必以八月，諸物老成，故順其時氣助養育之也。』

宋 張嵲《紫微集》卷一九《張順等係收復海州與金兵戰亡之人各贈兩官恩澤兩資及銀絹錢米羊麵酒制》 勅：爾等比與寇确，殞命戎行。嘉其死國之忠，宜有追榮之典。其攽書命，襚以武階，仍錫官榮，恤録嗣子。或以故秩，即畀後人。賻贈有加，併申褒恤。惟其未泯，尚克歆承。可。

明 敖文禎《薛荔山房藏稿》卷五《賜羊酒謝疏》 奏為恭謝天恩事。該臣因患脾病，於本月二十五日具本奏乞給假調理，奉聖旨：『准給假調理，吏部知道，欽此。』隨於二十九日，伏蒙欽遣御前答應牌子邢忠，賫賜臣鮮豬一口、鮮羊一羫、白米二石、酒十瓶、甜醬瓜茄一罈，臣謹於卧榻焚香叩頭祗領訖。伏念臣猥以庸流，備員史局；頃承人乏，冒厠講筵。雖經義日陳，効空言於筆札。而天顔歲隔，靡實補於涓埃。瘝曠難逃，尤易積遂嬰犬馬之疾，休沐仰祈，據荷天地之仁；生全曲賜，詎期殊典，緊及微臣，勤中使之特臨，錫尚方之諸品。肥牷兼味，驚生藜藿之光；精粲芳醪，頓易簞瓢之色。此儒紳之異數，豈賤士所堪承，病骨淩兢，餘生悚息，小人厭腹，敢忘一飯之恩？大賚踰涯，矢竭終身之報。臣不勝感戴激切之至，緣係伏枕，不能廷謝，謹具本奏謝以聞。

明 孫承恩《文簡集》卷六《考滿謝賜羊酒疏》 勤勞莫罄，濫延六載之榮，寵禄已踰仍荷一朝之賜。省循内愧，瞻戴中兢。伏念臣本草茅，謬叅流品，叨塵禁苑，荐歷清華，顧資名已積於歲年，而廩禄虚糜於日月。方切懷憂於瘝曠，何期錫賚以駢蕃。尊俎登嘉，榮溢大官之饗；門閭增色，恩叨内醖之頒。惟天地之覆幬同仁，故雨露之霑濡畢達。臣感恩罔極，報德無由，敢不益竭忠誠，寧自諉於駑蹇，愈加策勵，期少効於涓埃，臣無任云云。

明 王錫爵《王文肅公文集》卷三一《謝賜豬羊粥米疏》 奏為：伏蒙聖恩特遣御前牌子孫朝賫賜臣錫爵鮮豬一口、鮮羊一羫、甜醬瓜茄一罈、白米二石、酒十瓶。臣謹於卧榻叩頭祗領訖。伏念臣本以衰殘，擢自廢朽，犬馬之力，曾靡效于涓埃，蒲柳之資，已遽嬰于疾疢。竊自憐悼，負此遭逢。惟聖主少裁高厚之恩，斯微臣庶逭陰陽之罰，豈圖餘喘，曲軫宸慈，爰勤中使之特臨，並錫尚方之諸品，精粻色瑩，兼分醽醁之春，雜俎香浮，更藉牲牷之旨，用以佐刀圭而施上藥，因之扶羸瘵而制頹齡。受寵彌隆，循涯愈溢。挹金莖之湛露，勉效加餐，參玉鼎之和羹，終虞覆餗。祗三肅而拜賜，期一飯以輸忠。臣不勝感激荷戴之至。緣伏枕，不能廷謝，謹具本奏謝以聞。伏候勅旨，奉旨：『覽卿奏謝，朕知道了。禮部知道。』

又 卷四〇《謝賜猪羊粥米疏》 奏為恭謝天恩事。本月十一日欽蒙聖恩，以臣病，患特遣御前牌子李虎頒賜臣鮮猪一口、鮮羊一羫、甜醬瓜茄一罈、白米二石、酒十瓶，臣謹於私第恭設香案扶掖叩頭祇領訖。伏念臣詣闕方新，沉痾頓劇，所不敢預乞短假、而即請長休者，蓋心慚於負國，志決於引身，而不欲援病臣在告之例，以干聖主推食之恩也。乃茲温綍方頒，大烹洊辱，玉粒備苾芬之薦，金漿兼毛鬣之牲，而重以中使親臨，光于蓬蓽，臣採薪不任之弱體，驚寵未定之殘魂，至此愈增其隕越矣。顧惟聖念惓惓若此，不過欲臣之早出，而臣亦豈不願黽勉加餐，以圖萬一之報？所愧愚忠未效，世責日加，徒叨醉酒飽德之恩，而不能效和羹作醴之用，雖有移孝為忠之志，而不能矢難進易退之操，誠恐愁病益深，而報主終於無曰耳。臣不勝激切感戴之至。緣臣伏枕不能廷謝，謹具本奏謝以聞。奉旨：『覽卿奏謝，朕知道了。禮部知道。』

明 夏言《夏桂洲文集》卷一〇《謝賜考滿寶鈔羊酒表嘉靖十四年十月二十六日**》** 伏蒙聖恩，以臣三年考滿，欽遣中官齎送寶鈔二千貫、羊一雙、酒十瓶，頒賜臣者，臣誠惶誠恐，頓首頓首。竊以一品官階，久玷清班之首，三年廩祿，眞慚素食之先，何最績之可書？顧寵恩之薦，被仰奉玉音之晉錫載，勤中使之賁臨，寶鏹千緡重。豈百朋之錫，黃封十道，多於一鹵之榮，加以大官之羊，俱出尚方之賜。龍光煥被，鴻霈優霑，省分非堪，感恩益惕。茲蓋恭遇皇上知人邁堯之哲，克己勵禹之勤。性成仁孝之全，學造聖神之極。丕承七聖式和萬邦，操八柄以馭羣臣，斂五福以錫庶類。郊禋之禮，定宏百王不易之規；廟享之制，明肇千載無疆之緒。九族協德，維藩固盤石之宗；四夷嚮風，山海集梯航之貢。恒法天以凝命，寔稽古以象賢。延攬曲盡於衆才，采擇不遺於下體。而臣猥以小器，繆辱大恩，報莫罄於涓塵，施已同於天地。深惟慚員，益用汗惶。臣敢不淬礪初心，激昂晚歲。冀收尺寸之効，尚殫夙夜之勤。誓秉勿欺之忠，庸酬不世之遇。臣無任感天，荷聖激切，屏營之至。

明 徐階《世經堂集》卷九《謝賜十八年考滿羊酒等》 伏念臣幸際昌時，濫叨重任計。竊祿於一品，雖有歲年語，酬知於兩朝，實無績效。方伏俟罷黜之命，乃過叨賚予之恩。金幣寶緡，輝煌於織，篚上尊肥，羜充於敝廬。豈惟縉紳以為至榮，實乃簡冊所稱奇遇。臣感增鏤刻，頌莫名言，惟祝聖人荷天之休，引慶祉益隆於祚胤，仍乞明主擇賢而任，賜衰庸早返於山林。

又《謝賜三年考滿羊酒鈔貫》 乾坤覆載，幸塵芥之並，容雨露霑濡，愧分涯之彌，溢瞻天感激，伏地兢惶切。念臣猥以陋庸，濫陪輔弼，階聯一品，既首玷於班行，俸歷三年，復多糜乎廩餼語，遭逢則受恩特重，計報塞則效力未能。昔周家以忠厚待臣，賚予雖優其禮數，而虞廷以黜陟馭下，考績必覈其幽明豈期獲逭於條章，更爾過叨乎寵錫。牽醪寶品，給自太官，楮鏹珍封，頒從內府。閭里煥焉，動色冠裳，燁矣生輝。茲盖伏遇皇上至仁率育，淵度曲涵，任官惟賢，才固恒慎於簡擢；與人無求，備實不輕於棄捐。此臣所以得竊祿治朝，而又荐蒙渥澤者也。臣敢不檢身以正勉，企服羔之風；約情以和務，廣飲醇之義。用仰承乎造就，期少答於裁成。伏願永荷玄庥，茂膺帝貺。祥流祚胤，允徵既醉之歌；慶洽寰區，疊奏無羊之雅。

又《謝賜六年考滿羊酒鈔貫》 竊念臣學非用世，才不逮人，誤蒙知遇之隆，遂至叨塵之甚。班聯一品，分毫莫報於乾坤，俸積六年，荏苒空驚於歲月。方幸黜幽之獲免，乃承寵賚之荐頒。何功以堪非望所及？茲盖伏遇皇上心涵玄造，德體天明，合萬物以曲成，恩覃無外，因群才而器使，化洽有孚。欲示激勸之意於時賢，特霈優渥之澤於末品。俯循愚分，允愧悚之交深。仰戴洪慈，式銘鏤之益切。臣敢不秉終始不欺之節，持夙夜匪懈之誠，祝聖壽萬歲以御皇圖，永依光於久照。贊熙朝三載而計吏，治勉效力於先驅。

又《謝賜考滿羊酒等》 竊念臣猥以凡庸，濫塵輔贊，徒糜歲月，殊乏建明，按日以課，成功則已，積曠官之咎，計食而求稱事，亦不勝素餐之譏。顧幸免於黜幽，仍叨膺於錫命，兼金文幣輝聯寶，鏹以煥頒肥羜，上尊美協珍羞而並賚。榮逾意望，對揚曷罄於名言，寵溢分涯，循省彌增於感悚。誓惟祗奉忠誠公正之訓，用以勉酬簡知眷答之恩。輔一人建極綏猷，必使聲教弘敷於四海；贊五位祈天永命，允瞻壽禧，茂衍於萬年。

明 黃佐《翰林記》卷一六《賜鈔幣羊酒》 聖祖最慎於賞，必有功勞者乃賚以鈔幣之屬，惟文學近侍多有匪頒。洪武初，學士宋濂等恒受是賜。十六年正月，以右贊善董倫為左春坊大學士，賜文綺六疋、鈔五十錠。十七年三月，賜學士宋訥文綺、帛各二疋，鈔十錠，尋又賜訥子安鈔十錠。二十九年三月，賜本院官人各高麗布一疋。永樂初，內閣解縉等七人者嘗拜鈔帛之賜。六年正月，賜綵幣白金、鈔米。七年七月，楊榮議事歸自甘肅，賜米鈔；十一月，復還自甘州復命，陳邊境便宜十事，上嘉納之，賜以襲衣、鈔幣。宣德元年以後，大學士楊士奇等議事稱旨，屢賜白金、文綺、鈔幣。四年九月甲辰朔，賜內閣白金、珍珠、鈔幣、白磁器、蘇合香丸等物。十二月朔，霜，寒甚，上命光禄賜在廷文臣侍讀學士錢習禮等羊酒以禦寒，曰：『皇祖考在位，每旦常有賜。今朕多事忘之，汝勿忘。』辛巳，賜內閣白金、鈔幣、羊酒等物。四年七月，大學士曾棨顧問稱旨，屢賜白金、文綺、鈔幣，使直文淵閣。五年正月，賜內閣大學士人各鈔一萬貫，并猪羊海魚等物。四月丁巳，皇太后千秋節，賜內閣大學士人各鈔三貫。正統元年三月，賜讀卷官羊酒，遂以為常。其後惟內閣考滿，賞勞、問疾、給假，遣中官以鈔幣、羊酒賚之。而五年二月丙戌，楊榮以展墓行賜白金、紵絲、鈔幣及上尊羊豕，諸餽稱是，且命內侍阮江伴行，最為盛典。

明 雷禮《鐔墟堂摘稿》卷一《尚書考滿謝賜新鈔羊酒》 嘉靖三十九年九月初七日，該臣歷正二品俸三年考滿，欽蒙聖恩賜臣復職，茲復遣御馬監左監丞張琦，頒賜臣原封鈔二千貫、羊一隻、酒十瓶，臣謹焚香望闕叩頭祇領。隨赴鴻臚寺報名廷謝外，臣誠榮誠感，稽首頓首，上言：職課虞廷，方愧百工之叙；恩覃堯殿，仰承三錫之頒。焜燿有加，兢營無措。竊念臣生由草莽，器本斗筲，幸養育於明時，久叨重委，荷曲成於洪造，屢陟崇階，並長憲於西臺。正典機於冬省，飭五材以祇嚴。命樗朽難勝程，衆役而新大工，涓埃莫助。茲當明試，自分黜幽。詎意慈矜，更垂寵賚，肥羜分從御府，皜乎白石之精，瓊漿給自尚方湛矣。金莖之露，侑兼寶鏹，賁以使華，拜盛典之駢蕃，重愚臣之赧悚。省循彌切，感激惟殷。恭惟皇上道合太清，治通玄化，溥至仁而澤物，孱弱不遺，秉大智以官人，幽微必燭，如臣淺薄。亦與包含，容復職以滌宿愆；假榮施而需來效。臣敢不飲醇思德，戒瓦缶之易盈；退食懷公，希羔裘之洵直。慎錙銖而裕財用，夙夜匪懈於虔恭；積絲縷以綜事功，始終不忘乎報稱。伏願皇圖永固，景福隆昌，拱北斗以奉宸居，輯千萬年之玉帛，瞻南山而頌聖祚，稱億兆載之壽觴。

明 李默《群玉樓稿》卷四《遺題思柔公主神主賜金幣羊酒謝表》 謹奏為恭謝天恩事。臣原任禮部右侍郎，欽蒙遺題思柔公主神主禮成，臣隨改吏部。嘉靖二十九年三月二十七日，伏蒙聖恩，以臣前項差遣欽賞銀二十兩、紵絲二表裏、鈔三千貫、羊一羫、酒十瓶，頒賜到臣，臣謹叩頭祇領。伏以金綺盈奩，詔忽自天而下，尊牢屬路寵驚，何地以居揣分，實踰叨恩知誤。竊念臣奮身蓬藋際，國昌明拔，置成均感收，召之未晚。擢陪禮局思稱塞以逾難曾題：主之何勞？遽干懋賞，豈酬庸之特典，猥逮遷官，襲幣兼金寶，鏹不嫌於蕃錫。上尊豐饎美禄，仍備乎大烹，誠感溢愧餘，而榮生望外者也。恭惟我皇上德侔乾覆雨露，匪擇物而後施化，洽泰交天道。每先時而下濟，是以如臣頑鈍，亦垂陶冶之仁，分尔孤寒，曲荷衣被之澤。羔羊以示，勵茆麴蘖，用警交修。凡臣所蒙，與天罔極。臣敢不竭力犬馬，精白以媚一人；矢志捐糜，喜起而歌五福。伏願堯仁廣運湛恩，普及千窮；簷禹教覃敷嵩祝，共期于浴日。臣下情無任，忻躍感戴之至。

明 李賢《古穰集》卷二《三年考滿謝賜寶鈔羊酒》 今日伏蒙皇上以臣賢三載考滿，特遣太監牛玉，賜臣鈔五千貫、羊三隻、酒三十瓶，臣拜領之際，愧悚無涯。竊以異數之頒，乃昭代優賢之禮，腆儀之賚，實聖君待士之誠，宜有勞而後加。豈無功而遽受如臣者，名習藝文，實疎學業，顧才力何補于當宁，而眷注特異於在廷。幸幽黜之偶寬，豈晉錫之敢望顔，忸怩而罔，措心跼蹐以不安。恩重丘山，懼深淵谷，尚冀臻於實效，庶少塞於空餐，睿獎夙叨，懽悰彌極，俯殫駑鈍，仰服龍光。臣不勝感荷聖情之至。

又《六年考滿謝賜寶鈔羊酒》 今日伏蒙皇上以臣賢六年考滿，遣太監牛玉，齎鈔五千貫、羊三隻、酒三十瓶，至臣第宅賜之，臣拜受之，餘愧悚不已。竊惟明君待士，必伸眷注之隆，昭代重才不吝，便蕃之賚，顧惟異數。豈及常流如臣者，資本腐儒，生逢盛世，官崇而效寡，禄厚而報微，面形撻市之慙心，抱履冰之懼有妨。賢路無補，聖朝晉錫，忽臨危悰，益甚冀塞，論思之責，用酬覆燾之仁，勉竭葵誠，尚殫駑力。臣不勝感荷聖情之至。

明 沈一貫《敬事草》卷三《謝賜猪羊酒米等物疏》 奏為恭謝天恩事。臣以抱病乞休，本月二十一日，伏蒙聖慈特遣御前牌子蔡廷，頒賜臣鮮猪一口、鮮羊一羫、白米二石、酒十瓶、甜醬瓜茄一罈，臣謹于私寓恭設香案，令典籍王益代臣叩頭。隨該蔡廷進臣卧內，臣力疾就床叩頭謝恩恭領訖。伏念臣攝身鮮術，病力不前，無能為國分憂，顧藉屢恩生色。臚卿宣諭，既銜温渥之天言，中使傳恩，更拜駢闐之法膳，御廪之玉粒，上尊之金漿；牲兼毛鬣之多，蔌有苾芬之備。光輝蓬户，充塞莧腸，感服隆施，唏嘘被臆。愚忠未畢，豈不望一起以效犬馬之誠；丘隴在心，亦願得再生以奉蒸嘗之事。所恨病與身仇，身與心左，醫為病勝，不能勝病，舉事多違，觸目生苦，即今天恩滿庭，先後再至，而臣不能扶掖拜賜，豈其冥頑至此，誠亦無可柰何，恐無多于延年，願終聽其引去也。臣不勝激切感戴之至。奉聖旨：『覽卿奏謝，朕知道了。卿宜慎加調攝，痊可即出佐理，以慰眷懷。該部知道。』

又 卷七《謝考滿賜鈔錠羊酒疏》 奏為恭謝天恩事。臣以一品三年考滿，伏蒙聖恩遣御前牌子李虎，賜臣原封鈔二千貫、羊一隻、酒十瓶，齎捧到臣私寓，臣謹焚香叩頭祇領訖。伏念臣性資薄劣，才術疏庸，猥蒙特達之知，謬辱贊襄之寄，優游一品，荏苒三年。民有仳離，蓋鮮阜安之策，國多氛沴，曾無燮理之方，未遑逃禄以歸耕，長愧尸居而素飽。會兹考績，顯誒黜幽，乃荷聖慈，更隆晉錫，逭靈誅而存舊，拜駢貺以轉新，寶鏹累千，分重珎于御府，牲醪維旅，流温玉於天庖。恩自中來，益從外至。念支離之已久，憂責方深，承拂拭之過勤，感銜彌甚。何以仰酬天地，誓惟俯竭股肱。以飲冰食蘗自將，少圖尺寸，第補衮調羹無術，終負高深。臣不勝頂戴感切之至。除報名廷謝外，謹具奏謝。五月二十日上。

又 卷八《謝賜猪羊酒米疏》 奏為恭謝天恩事。近該臣以患病給假調理，伏蒙聖恩遣御前答應牌子邢忠，齎賜臣鮮猪一口、鮮羊一羫、白米二石、酒十瓶、甜醬瓜茄一罈，到臣私寓。臣謹于卧榻叩頭祇領訖。伏念臣適以衰齡，誤膺重寄，七年竭蹶，曾無調鼎之功，萬苦侵尋，遂抱採薪之疾，仰勤慈眷，特賜矜憐。昨遣上醫，已飲和於仙劑。今煩中使更分貺於天庖，味旨且多，感深以泣。恩深推食，覺七箸之生春，諭重加湌，扶尫羸而起色。儻未先於朝露，尚仰答乎高旻。九月二十二日上。奉聖旨：『覽卿奏謝，朕知道了。禮部知道。』

清 張英《文端集》卷三九《恩賜羊酒食物謝表》 康熙二十二年十二月二十三日，蒙恩賜臣英羊二牽、酒二罇、鹿一、雉八、鮮魚鹿尾各六，給付臣男、翰林院編修臣廷瓚。臣望闕九叩首，謹奉表稱謝者。伏以恩從天上，蓬茅沾玉露而增榮；春到江南，枯蠹沐瓊膏而起色。憶昔囊書深殿，每分輝於伏臘之時；詎意卧疾空山，復拜賜於嘉平之節。澤愈徵其優渥，感自倍於恒常。恭惟皇帝陛下，文治光華，武功赫濯。運睿慮於穆清之上，措邦家於磐石之安。仁浹生民，薄征徭而誦聲在野；義孚藩服，韜戈甲而譯使來庭。近者，紀聖略於球圖，昭回千禩；煥天章於雲漢，炳耀六經。宏猷允駕乎昔王，芳軌逈超夫前代。臣英葑菲薄植，荷簡拔於昌時；樗櫟微材，隨步趨於經幄。恩深十載，寵溢多生。仰瞻聖學高深，獲覲宸衷勤毖。玉階待曙，早看三殿鐙輝；金鑰傳聲，夜聽九門漏徹。層霄清切，異數駢蕃。翠釜銀罌，常飽調蘭之饌；珍裘紫綺，還裁疊雪之衣。錦雉分自御園，良驥頒從内廐。春風簾幙，宫櫻堆赤玉之盤；秋水蒹葭，河鯉出珊瑚之網。每當除歲，宫使早叩衡門，羅列尚方珍味，懽騰稺子，庖登仙獸，瓮發天香。歷數殊榮，皆成盛事。臣英未有涓埃愚悃，報聖澤之帡幪；猥以草土私情，違天顔於咫尺。枌榆暫返，寒暑再更。聽紫陌之雞聲，近移茅舍；盼觚稜之日影，遠到田間。雖負士之情少酧顧復，而采薪之疾益覺纏綿。蓋桐以心虚，未霜而落；柳因質弱，望秋而衰。身雖雜於漁樵，念舊恩而倍悚；夢常依於君父，欲奮飛而未能。乃上廑睿懷，垂注無殊曩昔；近當令序，流膏特畀幽遐。爰開白獸之樽，用勵羔羊之素。嘉魚貢於遼海，瑞鹿致自闗山。昔忝詞曹，故有文禽之錫；近棲山澤，并分野雉之珍。計頒賚於内廷，正當雪候；逌郵傳於寒谷，恰值春温。宸眷彌殷，臣衷益愧。乍聞而心惕，永念而涕零。思臣舊侍彤闈，惟切曠瘝之懼；自離紫闥，久無夙夜之勞。臣父得奉龍章典禮，貺嘉於泉壤；臣英屢承天語德音，遙下於江湖。臣雖糜頂踵之微茫，而無能酬生成之萬一者也。伏願景祐日升，聖功時懋，俗登三古，治冠百王。臣雖結伴山農，同為擊壤堯衢之侶；倘得捐除宿疾，再侍賡歌舜日之班。臣不勝惶悚之至，謹奉表稱謝以聞。

藝文

宋 張綱《華陽集》卷三七《某上章辭免召命蒙恩矜許仍賜羊酒存問自念衰殘辱此異數不勝感天荷聖之情謹課成拙詩一首》 昧死飛章上九天，懇辭嚴召卒餘年。綸言寵念桑榆迫，臺餽恩垂雨露偏。異數一時真創見，窮鄉萬口徧誇傳。吾衰忝冒知難報，結草它年敢避先。

明 雷禮《鐔墟堂摘稿》卷二〇《尚書考滿蒙頒賜寶鈔羊酒》 尚書初考達楓宸，中使傳綸寵更新。寶鏹遥分天府製，餼漿竝出尚方珍。恩隆三錫慙非分，運際千年慶此身。圖報所希陽道泰，坐看海宇盡皆春。

明 羅欽順《整庵存稿》卷二〇《壽府免見遣官來賜羊酒》 靈光伊邇愧塵容，肥羜芳樽禮意濃。因憶先皇虞蜀險，愛深同氣此移封。

明 温純《温恭毅集》卷二二《西臺滿考謝賜羊酒鈔錠》 朱衣使者

降從天，下拜懽承雨露偏。楮幣何緣分內帑，綸音似欲赦前愆。委蛇愧乏羔羊節，醉酒深慚飽德篇。不是作霖逢大旱，投醪漫想古人賢。

清　高士奇《高士奇集》卷三《恩賜食品羊酒恭紀》　序轉青陽近，烟收瑣闥寒。椒花和貫鼎，柏葉映辛盤。玉食分偏渥，藜腸報愧難。烹羔北堂上，共頌萬年歡。

其二

家住薇垣裏，光輝接紫宸。韶華看獨早，福履賜常新。守歲開芳醞，稱觴擘異珍。春風歌德澤，時作紀恩人。

清　陳祖法《古處齋詩集》卷七《倪石麓明府税課早竣中丞以羊酒幣帛獎賜賦詩爲謝次韻》　不日遲君進豸冠，勤勞猶自廢饔飧。星軺徧勸千疇稼，霜檄亦生萬井歡。彩映珠樓當湖有弄珠樓。光欲動。酒連湖水色同寒，中丞計吏惟平允，為似君家昔日寬。

清　顧宗泰《月滿樓詩文集・詩集》卷三五《禮親王賚羊賦長律四十言奉謝》　底事無羊歎，驅來眂後鞭。《莊子》：『若牧羊然，視其後者而鞭之。』放從幽檻出，《後漢書》：『無爲檻羊。』注：檻羊，受制于人。餉自大官傳。陸游詩：『豈律細肋大官羊。』品別三星什，人慙五緎篇。多情芳草後，裴晉公散羊陂上云：『芳草多情賴此妝點。』遺韻巨花前。曹唐詩：『喫盡溪頭巨勝花。』腸說珍郎好，《清異錄》：『天后好郎食冷修羊腸。』張昌宗曰：『珍殺身以奉國。』鬚稱主簿妍。《古今注》：『羊，一名髯鬚主簿。』有蔬應許蹴，《啓顔錄》：『有人常食菜，忽食羊，夢五臟神，曰「羊踏破菜園。」』陸游詩：『腸枯那有蹴蔬羊。』惟黍最宜餾。《禮記》：『牛宜稌，羊宜黍。』豈愛藏書借，偏勞束脡先。《雲仙雜記》：『倪若水藏書甚多，借書者先投束修羊。』戲云餅可賣，《魏略》：『鍾繇以左氏爲大官廚，公羊爲賣餅家。』樂此酒難捐。李白詩：『烹羊宰牛且爲樂，會須飲酒三百杯。』養學初平善，《神仙傳》：『黄初平年十五歲，家使牧羊，有道士見其良謹，遂將至金華山石室中，其兄初起歷年尋索，後道士引至山，問：「羊何在？」見白石叱曰：「羊起。」石皆成羊。』蘇軾《初平牧羊贊》：『先生養生如養羊，放之無何有之鄉。』治懷卜式賢。《卜式傳》：『式牧羊肥息，曰：「非獨羊也，治民亦猶是矣。」』亡誰臧穀問，《莊子》：『臧與穀相與牧羊，俱亡其羊。問臧則挾筴讀書，問穀則博塞以游，兩人事業不同，其于亡羊則均也。』病且舜堯牽。《列子》：『五尺童子，荷箠而隨之，欲東而東，欲西而西，使堯牽一羊，舜荷箠而隨之，則不能前矣。』欲醒紅塵夢，應須白石仙。食寧誇萬口，李德裕分司東都時，問一僧曰：『南行還乎？』曰：『公食羊萬口，有五百未滿，必當還。』陸游詩：『富貴何妨食萬羊。』壽謾指千年。《元中記》：『千歲之梓樹精爲青羊。』但使藩无觸，何當竈可燀。《後漢書・陰識傳》：『宣帝時，陰子方臘月晨炊，而竈君形見，子方再拜受，慶家有黄羊，因以祀之。』白斑疑鹿小，《桂海虞衡志》：『又一種黑脊白斑似鹿。』黄腹類羳鮮。《爾雅》：『羳羊黄腹。』細肋良爲美，事物紺珠，佳羊名，細肋。芳腴信不羶。杜甫詩：『黄羊飫不羶。』烹催秋雨夕，爛報曉霜天。好客緇衣似，娱賓牡羜便。幸依粱苑座，每忝穆生筵。胛熟驚華歲，歐陽修詩：『歲月纔如熟羊胛。』風低和雅弦。《勅勒歌》：『風吹草低見牛羊。』賜生嘉惠感，爾雅一分箋。

羊異（神羊　靈羊　奇羊　羊神　種羊　夷羊）

論説

明　張懋修《墨卿談乘》卷一二《神羊觸邪神狗齧正》　古者神人以鷹遺黄帝，見人鬥則觸不直者，聞人論則咋不正者，名神羊，今之画豸也。

明　鄭明選《鄭侯升集》卷三八《羵羊玉羊》　《國語》：『季桓子穿井，獲如土缶，中有羊焉。使問之仲尼曰：「土之怪曰羵羊。」』唐云：『羵羊，雌雄不成者也。』又《韓詩外傳》：『魯哀公使人穿井，三日不得泉，得一玉羊。孔子曰：「水之精為玉，土之精為羊，此羊肝必土也。」使人殺羊，肝乃土也。』二事相類。然玉羊之説可疑，《周禮》：『王齊則共食玉。』注云：『玉是陽精之純者，食之以禦水氣。』疏云：『玉聲清清則屬陽。』又引《楚語》云：『玉足以庇蔭嘉穀，使無水旱之灾，則寶之，珠足以禦火，則寶之。』服氏云：『珠，水精，足以禁火。』則玉是火精，可知據此則玉是火精。外傳以為水精，賈公彥《周禮・庖人疏》云：『羊屬南方火。』鄭玄於司徒注云：『火為視，羊亦視，故屬火。』據此則羊屬火，而外傳以為土精，疑外傳所云因羵羊之事，而造為之，非其實也。

明　徐應秋《玉芝堂談薈》卷三四《壠種羊》　凡卉植之類，麗土而生，含氣蠕動，必繇孕育。昔人有種米植羊之喻，謂事理之所無也。然動物固有種而生者，北齊高昂《從征行》曰：『壠種千口羊，泉連百壺酒。朝朝圍山獵，夜夜迎新婦。』浦江吳立夫有《種羊皮書褥歌》：『嘗道輒刀羊可食，土城留種羊脛骨。四圍築垣聞杵聲，羊子還從脛骨生。青草叢抽臍未斷，馬蹄踣絶繞垣行。』楚石大師《懷古詩》有『自言羊可種，不信繭成絲』之句，人以問師，師曰：『大漠迤西，人能種羊，取羊骨以初冬未日埋地中，初春未日為吹笳咒語，即有小羊從地中出。凡埋骨一具，可得子羊數隻。』《雙槐歲抄》：『西域人殺羊而食，埋其脛骨，舉杵堅築，久之，羔從脛骨而生，臍未斷，時馬傍踏振之，即跳躍而起。入饌肥腴，其皮宜作書褥。』《西使記》：『壟種羊出西海，以羊臍種土中，溉以水，聞雷而生。臍繫地中，及長，驚以木，臍斷，便能囓草，至秋可食，臍內復有種。』《異物志》：『大秦國北有羊子生於土中。秦人候其欲萌，為垣繞之，其臍連地，不以刀截，擊鼓驚之而絶，因跳鳴食草。』今閩人種蟶田，又種蠣房，以殼為灰，按時種之，則翌歲蠣叢生。吳人鬭蟋蟀，大將軍死，以金為棺。將軍死，以銀為棺。瘞於後園，則來歲於瘞所得生者，俗謂之種蟋蟀。所謂四生胎化之外也。《博物志》：『取鱉挫於棋池澤間，經擣赤莧汁和令厚，以茅包之。六月投於池內，即成鱉。』此等理殊不可解。

綜述

唐　羅隱《讒書》卷一《題神羊圖》　堯之庭有神羊，以觸不正者。後人圖形像，必使頭角怪異，以表神聖物。噫！堯之羊，亦由今之羊也。但以上世淳朴未去，故雖人與獸皆得相指令。及淳朴消壞，則羊有貪狠性，人有封割心。有貪狠性，則崇軒大廈不能駐其足矣；有封割心，則雖邪與佞不敢舉其角矣。是以堯之羊，亦由今之羊也，貪狠搖其至性，刀几制其初心，故不能觸阿諛矣。

唐　瞿曇悉達《唐開元占經》卷一一九《羊休徵》

玉羊見

《瑞應圖》曰：『鍾律調，五音當節，則玉羊見師曠時。』

羊疫　夷羊　羊兩口　羊六頭　羊多角

《漢書五行志》曰：『視之不明，是謂不哲，時則有羊禍，多疫死及為恠。』《國語》曰：『商之亡也，夷羊在牧。』賈逵注曰：『夷羊，神獸也。』《貨食傳》曰：『羊，揚也。』許慎注《淮南子》曰：『大羊也。牧，商牧野。』《天鏡》曰：『羊一頭兩口，其年不熟，民飢亡。』《灾異圖》曰：『王侯二千石不祇上命，刻暴百姓吁嗟，則一羊六頭。』《異苑》曰：『石虎建武初，秦州南安虞大柳摩獻六角及四角羊各十，山羌中有三角五角羊，又旄牛有一角，皆其類也。江陵黄丘村有羊兩頭，一頭下，不能鳴。』

羊四耳　羊無足　羊生犬馬

《河圖》曰：『黑羊四耳，目在腋下，名孽，見即有起王。』《天鏡》曰：『羊無後足，前吉後凶。』又曰：『羊無前足，先憂後悦。』晉《中興徵祥説》曰：『咸和元年，司徒府羊產無後足，其後蘇峻作逆。』《天鏡》曰：『羊生犬，國被外賊。又曰：羊生馬，天下將兵起。』

《太平廣記》卷二九一《土羊神》　隴州汧源縣，有土羊神廟。昔秦始皇開御道，見二白羊鬭，遣使逐之，至此化為土堆，使者驚而回。秦始皇乃幸其所，見二人拜於路隅。始皇問之，答曰：『臣非人，乃土羊之神也。以君至此，故來相謁。』言訖而滅。始皇遂令立廟，至今祭享不絶。

元　楊維楨《麗則遺音》卷四《神羊》　按《異物志》：『東北之荒，有獸名獬豸，狀如羊而一角。性至忠，見人鬭則觸不直者，聞人論則咋不正者。古以任法吏比之。』予獨悼高元禮所教其奴侯思止之言，而有以不學辱豸者，因感而為賦。

異矣哉，毛族之中有至忠之表，至直之風。青衣翠羽，突角孤峰。骨如立鐵，心如渥丹叶東。耳通腦而匪鶚，首印定而非熊。食必擇夫芳薦，棲必偶夫孤松。步不罹於機擭，鳴實中乎金舂。蓋嘗出乎軒轅之世，而用乎放勳之宮。帷薄以之而取肅，狴犴以之而折中。迨乎芊國，獲兹神羊。秦奪后服，賜乎爾肱。故任法吏象之，則冠為惠文，班為押綱。朱繡乎衣裳，鐵石乎肝腸。甘摧身以立勇，擔碎首以全剛。佞山觸而必折，狠石碎而莫當。龍鱗敢於批逆，薤本嚴於拔強。故其斷如咎繇，決如弦章。齊桓獄臣。刺如葛豐鮑永，按如綱張滂范。高臺為之震電，白簡為之飛霜。皇綱以之正，國法以之張。斯無愧任法獸之稱號，而有以立惠文冠之顔行。故是獸也，上應乎法星，地尊乎柏府。其揚若鷹，其視若虎。晉崔鴻為中丞，號老虎。名配乎皂雕，王志愔號皂雕御史。號儕吾驄馬。桓典號驄馬御史。顯則麟儀而鳳師，隱則狐號而鼪舞。彼其峻酷有鷙，碩貪有鼠。貂不足兮狗續，鷹既蒼兮虎乳。麋耗我穀禄，流離我子女。又有志梟兮聲鳳，行獍兮軀麟。懷狼子之性，詭騶虞之仁。雜糅我邪正，回惑我偽真。法雖嚴於疾惡，帝實難於知人。非爾一觸兮，枉直之行辨；一咋兮，正譎之論分。

則壬人何由而膽落，善類何由而氣伸。嗚呼，蟬之戴也，僅取其潔；貂之服也，徒尚其溫。曷比茲獸，匡正義存。此其儀在位而比德，載于圖而絶倫者也。夫何不識字之有譏，為任法臣之所辱。遂有自截爾角，自塗爾目。郭彰嘗言：劉暾御史曰『我能截君角』。踞南牀而成癡，南牀曰癡牀，言至此者皆驕傲而癡也。毦白筆以自福。辛毗曰：御史簪白筆以奏不法，今直備位，但毦筆而已。名或移於白兎，王弘義事。檄或過於狼毒。同上，酷吏事。是不悖吾豸之辨紫朱，而失吾豸之明直曲者乎。亂曰：皇天開乎正氣兮，比叶氣而生嘉。草為指佞兮，獸為觸邪。莽師劉歆賣國兮，李父輔國悖家。金谷拜塵兮石潘，柿林聚汙。王任，叔文。何爾獸之弗如兮，乃心異乎匪他。冠鐵柱兮峩峩，循吾繩兮不頗。雖不量鑿以正枘兮，矢余心其不阿。

明 萬民英《星學大成》卷二三《神羊觸邪》 未上巨獬之分野，獬乃神羊之獸，遇惡則觸。古者帝王置之殿庭，以警不忠。如未生人又在未上安命，純得凶星者為貴。若不背日月，而安命在戌上，白羊之位亦是。太乙居紫微，東纏赤道，内警凶惡而斬姦邪，進良善而佑忠直。蓋遇善星則為善，遇惡星則為惡。愛巨獬之宫，謂之金羊。若見邪穢，無不擊觸。凡人命在未宫，而得孛星入者，皆秉性忠直，面刺人過，内無隱情，故號神羊觸邪。凡乙人得孛，與木、金同在未宫者，官可至御史三公。

明 陳耀文《天中記》卷六〇《獬廌》 一角羊，觟鯱者，一角之羊也，性知有罪。皋陶治獄，其罪疑者，令羊觸之。有罪則觸，無罪則不觸。斯盖天生一角聖獸，助獄為驗，故皋陶敬羊起坐事之【略】產神羊，開元二十一年，富平縣産一角神羊，肉角當頂，白毛上捧，識者以為獬豸。

明 徐應秋《玉芝堂談薈》卷三四《赤羊》 《續錄異記》：『吳興俞亮，以永明八年補護軍府吏。於長眠處聞有羊聲，疑為神怪。竊于户視之，見其床下有一羊，可高二尺，毛色若丹，光耀滿室。』《酉陽雜俎》：『僧玄奘見西域大雪山高嶺上，有一村養羊，大如驢。』郭義恭《廣志》：『罽賓國青羊，色如翠，人食之。』又乳羊出英州，其地出仙茅，羊食茅，舉體悉化為肪，不復有血肉，食之宜人。又龍羊出吐蕃，及成化州，形似畜牛而大，其角繚繞，重八九兩，黑質白文，可以為帶胯。宋紹興中，廣西海壖有海獸，如馬蹄，鬣皆丹，夜入民家，聚衆而殺之。明日海溢，民多溺死，近馬祸也。

明 慎懋官《華夷花木鳥獸珍玩考》卷七《大尾羊》 大尾羊：羊尾大者重三升，小者一升，肉如熊，白而甚美。

又《壠種羊》 出西海，以羊臍種土中，溉以水，聞雷而生。臍繫地中，及長，驚以木，臍斷，便行囓草，至秋可食。臍内復有種。

明 孫能傳《剡溪漫筆》卷五《種羊》 大漠迤西，俗能種羊，凡屠羊用其皮肉，惟留骨，以初冬未日埋著地中，至春陽季月上未日爲吹笳呪語，有子羊從土中出，凡埋骨一具，可得子羊數隻。楚石琦禪師《漠北懷古》詩云：『自言羊可種，不信繭成絲。』盖紀實也。吳立夫菜亦有《西域種羊皮書褥歌》云：『波斯國中神夜語，波斯牧羊俱雜虜。當道剸刀羊可食，土城留種羊脛骨。四圍築垣聞杵聲，羊子還從脛骨生。』詳姚桐壽樂郊私語羊可種，而生亦異聞也。

明 夏樹芳《詞林海錯》卷五《種羊》 《樂郊私語》載種羊事甚詳，且載楚石沙門吳立夫詩。又宋景濂連珠曰：西戎羊角，土種之而成形。又大秦國有羊羔，自然生於土中。其臍與地連，割之絕則死，擊物驚之則絕。與吳立夫正相近，曰：『青草叢抽臍未斷，馬蹄踣鐵遶垣行。』

明 沈德符《萬曆野獲編》卷二四《種羊》 古語云：北人不信南中有萬石舳艫，南人不信北地有千人穹廬。外國人不信中國有蟲吐絲成繭，繅以作帛，此語固也。又如西域人種羊一説，每以語人，亦多不信。其俗種法，將羊剝皮取肉，獨不碎其骸與五臟，埋之土中，次年春雨後，種處生泡纍纍，乃延僧持呪吹螺伐鼓，地中聞聲，即跳出小羊無數。但其臍帶尚聯死羊腹中，僧又以法唄誦割之。羊各迸走，待其大而食之，次年如前法又種，源源不絕。此西域人時時能道之，中國人入彼土者，亦多見其事，但未經目，則疑之耳。又如吳中之種鱉，以莧菜和鱉剉成小餅，與牝豕食之，久之，豕産小鱉以百計，畜之池塘，最肥而不甚大，今所謂馬蹄鱉是也。又如鄞人之種蚶，取蚶椎碎，置竹杪，其脂血滴入斥鹵中，一點成一蚶，其種地多蚶田，值最貴，若以語北人亦未必肯信。《唐書·西域傳》：『驢分國羊生土中，臍屬地，俗介馬而馳，擊鼓以驚之，羊臍絶，則食水草，與所紀略同，但不云種耳。』元人白珽詩亦云：『漠北種羊角，産羊。其大如兔，食之肥美。』

明 胡應麟《少室山房筆叢·乙部》卷八《夷羊》 《史記·周紀》武王曰：『維天不享殷，自發未生于今六十年，夷羊在牧，蜚鴻滿野。』徐廣曰：『夷羊，怪物也；蜚鴻，蠛蠓也。張守節曰夷羊一本作麋鹿，喻小人在朝也。飛鴻喻君子放棄。』鄭玄曰：『蜚鴻，鴈也，知避陰陽、寒暑，喻民去無道就有道。』慎按：三説皆如眯目而道黑白者。詳此文攄實事言，非喻也。紂有鹿臺以養鹿，故曰麋鹿在牧。蜚鴻馬名，若白蟻、紫燕之類，蓋良馬也。養麋鹿而棄良馬，故曰麋鹿在牧，飛鴻滿野。言其養無用而害有用也。

按：晦伯《正楊》歷引諸證，辯鹿臺非養麋鹿之所，商辛非棄良馬之人，確矣。第《史記》此文全引《逸周書》，《逸周書》本曰：『夷羊在牧』，不曰『麋鹿』也。二字自是《史記》誤。徐廣但云：『夷羊，怪物。』孔晁《周書》注及諸家《史記》注並不言。余考《竹書紀年》帝辛四十八年，夷羊見。正與《逸周書》合。蓋商羊、羵羊之類。殷將亡之兆也。諸注略無及此者，至引喻設譬，尤迂而可笑。因録後云。『蜚鴻』今《周書》作『飛鴻』，詳本文起語及夷羊屬對，必亦怪物，以他無可考，不强為説云。

明 馮夢龍《古今譚概》卷三五《種羊》 大漢迤西，人能種羊。取羊骨，以初冬未日埋地中，初春未日爲吹笳呪語，即有小羊從地中出。中國有種蚶、種鼈法，種羊未是鑿空。

清 陳元龍《格致鏡原》卷八六《羊·羊異》 《韓詩外傳》：『魯哀公穿井得土羊，公懼，孔子曰：「臣聞水之精為玉，土之精為羊，是羊肝必土。殺羊，視之果然。」』《國語》：『季桓子穿井，獲一土缶，中有羊焉。使問仲尼，對曰：「木石之怪曰夔魍魎，水之怪曰龍罔象，土之怪曰墳羊。」』《山海經》：『泰山有辣，狀如羊，一角一目，目在耳後，自呼其名。』《淮南萬畢術》：『阿羊，九頭而更食，國亂乃出。』《晉書》：『成帝咸和二年五月，司徒王導廐羊生，無後足，此羊禍也。』《隴州圖經》：『隴州汧源縣有土羊神廟，昔秦始皇開御道，見二白羊鬭，遣使逐之，至此化為土堆。』《述異記》：『梓樹之精化為青羊，五百年而紅，五百年而黄，又五百年而色蒼，又五百年而色白。』《搜神記》：『漢齊人梁文家有神祠，座上施皁帳，後因祀事，帳中忽有人語，自呼「嵩山君」。文納手帳中，得持其頤，髯鬚甚長，文漸繞手，卒然引之，而聞作羊聲，文引之出，乃袁公路家羊也。』《神仙傳》：『黄初平，年十五，家使牧羊，見白石叱之，石起成羊數萬頭。』《搜神記》：『南陽宗定伯夜行，忽逢一鬼。問鬼：「何畏？」曰：「鬼唯不喜唾耳。」便擔鬼著頭上。詣宛市，鬼化為羊，伯恐其變，遂唾之。因賣得錢千五百。』

清 方旭《蟲薈》卷二《豪羊》 《穆天子傳》註：『豪羊似牦牛。』

又《玉羊》 《瑞應圖》：『王者律吕調和則玉羊見。』旭按：《南越志》云：『尉佗時有五色羊，以為瑞，因圖之府廳，即此類。』

又《墳羊》 《本草綱目》：『墳羊，土之精也。其肝皆土。』旭按：季桓子穿井，嘗得此羊，説詳《國語》。又千年樹精亦化青羊。

又《紅羊》 《潛確類書》：『北方有紅羊，爲世珍味。』

又《龍羊》 《格致鏡原》：『龍羊出吐蕃，形似羊而大，其角繚上重八九兩，黑質而白文，以爲帶胯，可亂犀角。』

又《鬭羊》 《瀛涯勝覽》：『忽魯謨斯產鬭羊，高二尺七八寸，前截毛長拖地，後截皆剪净，頗似綿羊，角彎向前，性好鬭，人畜之賭博爲戲。』

又《嗛羊》 《逸周書》：『高夷嗛羊。嗛羊者，羊而四角。』旭按：《西山經》云：『土螻似羊而四角，食人，即此。』又《金史》載：『熙宗七年，有三角羊。』又《後漢書》載：『蜀復山郡有五角羊。』又《述異記》載：『周成王時，有六角羊。』

又《封羊》 《廣輿記》：『封羊，産陝西鳳翔府。』旭按：『即駝羊也。背有肉如駝峯。』

又《胡羊》 《事林廣記》：『大食勿斯離産胡羊，高三尺，其尾大如扇，土人每歲正月割取其脂二十餘斤，仍縫合之，不取則脹死。』

又《壠種羊》 《西域記》：『壠種羊出西海，以羊臍種土中，聞雷而生，臍系地。及長，驚以木聲，斷臍而行。』旭按：此即地生羊也。或謂之『骨種羊』：以羊骨一具埋土中，次年可得子羊數隻。

又《大尾羊》 《廣輿記》：『忽魯謨斯及撒馬兒罕出大尾羊。』旭按：此即《唐書》之靈羊也。其尾重一二十斤，可療毒。

又《䍶》 《南山經》：『洵山有獸曰「䍶」，狀如羊而無口，不可殺也。』

又《獬廌》 《西藏記》：『西藏産獬廌，羊身獨角。』旭按：即獬豸也。《一統志》謂之『抵詭獸』。《神異經》謂之『任法獸』，其性忠直，能觸奸邪。又王充《論衡》云：『皐陶治獄，其罪疑者令獬豸觸之。』據此則虞廷士師何人，不可爲焉，用皐陶且疑罪既可決於獬豸，則皐陶時宜無疑罪矣。何以《大禹謨》又曰『罪疑惟輕乎』？

又《辣辣》 《北山經》：『泰戲山有獸曰「辣」，辣狀如羊而一角一目，目在耳後。』

又《葱聾》 《山海經圖》：『葱聾，似羊而赤鬣，出符禺山。』

又《獱訑》 《山海經圖》：『獱訑，似羊九尾四耳，其目在背，出基山。』

又《饕餮》 《北山經》：『鈎吾山有獸曰「狍鴞」，狀如羊而人面、虎齒、人爪，其目在腋下，其音如嬰兒，食人。』註即『饕餮』也。《天祿識餘》：『饕餮，龍子，性好食，故立於鼎。』

又《驒》 《北山經》：『歸山有獸曰「驒」，狀如羚羊而四角，馬尾有距，善旋。』註：旋，言旋舞也。

清 程岱葊《野語》卷七《骨種羊》 初不甚重。近時以其皮爲裘製衣帽，惟黑白相間，細而色勻者尤貴，名『草上霜』。孔平仲《雜説》載：『楚石大師言「大漠迤西，俗能種羊。初冬未日未時，以羊骨埋地中。至季春上未日，爲吹笳呪語。有羊從土中出。此蓋四生胎外之化也。」』西域、波斯國則以羊脛骨種之，見浦江吴立夫詩。元劉郁《西使記》又云：『黑契丹名乞里彎壠，以羊臍種土中，溉以水，聞雷而生，臍系地中。及長，驚以木，系斷便行，至秋可食。是種法不一，今其皮甚多，蓋中土亦能種矣。』

《續文獻通考》卷二二七《羊禍》 臣等謹按馬端臨《通考》，羊禍亦起《春秋》、《左傳》，迄慶元三年，自後宋遼元無所考。

金熙宗皇統七年十一月乙亥，兵部尚書秉德進三角羊。臣等謹按此已見《毛蟲之異・反牛禍門》以志作牛紀作羊故互載之。

明神宗萬歷三十八年四月，崞縣民家羊產羔，一首二眼四耳三尾八足。三十九年四月，降夷部産羊羔，人而羊身。

清 凌揚藻《蠡勺編》卷四〇《種羊》 姚桐壽《樂郊私語》曰：『大漠迤西，俗能種羊。凡屠羊，用其皮肉而留其骨，以初冬未日埋著地中。至春陽季月未日，為吹笳呪語，有子羊從土中出。凡埋骨一具，可得數子羊。此蓋四生胎外之化。』

清 陸廷燦《南村隨筆》卷五《種羊》 廣中人以羊骨種於地，有雷雨即成小羊。人以鑼鼓聲驚之即起，臍與地連，一驚即斷，離地便能走，而食草矣。

清 王士禎《池北偶談》卷二三《羊馬》 西域種羊：或云『以皮肉埋地』，或云『以脛骨』，率用初冬季春未日，其詳見於《異物志》、《剡溪漫筆》諸書，吴立夫《淵穎集》有《波斯國種羊皮書褥歌》。又元僧楚石詩『自言羊可種，不信繭成絲。』予嘗考之不自立，夫楚石，始也。北齊高昂詩『隴種千口羊，泉連百壺酒。朝朝圍山獵，夜夜迎新婦。』形諸歌詠其來久矣。《雙槐歲鈔》：『以骨羊草馬作對云。』雲南越賧故地之西，多薦草，產善馬。始生若羔，歲中，紐莎縻，飲以米瀋。七年可御，日馳數百里，世稱越賧駿。見《唐書》。《周嬰巵林》云：『《太平廣記》引談藪作壠種于《千口羊詩紀》詩所乃云「千口牛」，誤也。』

清 張岱《夜航船》卷一七《種羊》 西域俗能種羊。初冬，擇未日，殺一羊，切肉方寸，埋土中。至春季，擇上未日，延僧吹胡笳，作呪語，土中起一泡，如鴨卵。數日，風破其泡，有小羊從土中出，此又胎卵濕化之外，又得一生也。

清 鄭光祖《一斑録・雜述七・種羊之妄》 南方有萬斛舟，北方有千人帳；塞外牧牲畜，逐水草，日日遷徙，無屋廬，以牛羊毛爲氈，行則分駕馬背，止則片片聯成巨帳，容多人，以避風雨。南方有火烘蛋，鴨類不一囒，其雛自出家，鳧濱春深日，知伏卵，野鴨積卵，水乘春令哺坊，火暖悶室，卵入成雛。北方有地種羊。此語相傳久矣。然今四海一統，北盡沙漠、外蒙古，西盡哈薩克、巴達克山，何處有地種羊之事？據傳：剝羊皮而食其肉，勿碎其骸骨，亦勿傷其內臟。埋淺土而上覆以草，經春雨，復長皮肉而活，其臍貼地，須擂鼓怖之，使自脫，皆附會也。惟西土有重骨羊，其肉瘠，其骨重，而其皮則佳，美其名曰『種羊皮』，殆因此而訛。

古語類不足據，即如西域息雞草馬不食者也。班固謂：『馬一食即飽，土蜂自有子。』荀子言：『以青蟲呼類我而化。』文人不能精究物情，東坡《石鐘山記》喚醒迂儒不少。

清 周人甲《管蠡匯占》卷一二《羊異占》 羊生子一首兩口，其年不熟，民流。臣不祇上命刻剝百姓，則羊多頭。羊生四耳，目在腋下，是謂羊孽，其地有自王者。羊生子無後足，先吉後凶。無前足，先憂後樂。羊生犬國，被外賊。羊生馬，大兵起。有物如羊，自空隕而入地中，其地大旱。羔生無尾，主無後。

清 朱亦棟《群書札記》卷一《夷羊》 《周語》：商之興也，檮杌次于丕山。沈約《竹書》附注：『檮杌之神，見于邳山。其亡也，夷羊在牧。』韋注：『夷羊，神獸。』案：《逸周書・度邑解》：『夷羊在牧，蜚鴻遍野。』《史周本紀》作『麋鹿蜚鴻滿野。』徐廣曰：『此事出《周書》。』及隨巢子云：『夷羊在牧。牧，郊也。夷羊，怪物也。』索隱注：蜚鴻云：』案：高誘曰：「蜚鴻，蠛蠓也。言飛蟲蔽田滿野，故為災。非是鴻雁也。」隨巢子作飛拾。飛拾，蟲也。然竟不知夷羊為何物也。』

又 卷六《夷羊在牧》 韋注：夷羊，神獸。按：《莊子·達生》篇：『西北方之下者，則泆陽處之。』《莊子音義》：『「泆」音「逸」。』司馬彪云：『泆陽，豹頭，馬尾，一作狗頭，一云神名也。』芹按：夷乃泆之乎聲，泆乃夷之入聲。則夷羊即泆陽也。《易說》：『卦兌為羊。』鄭作：陽則羊，與陽通也。

清 方以智《物理小識》卷一〇《種羊法》 吳萊有《西域種羊皮畫褥歌》，劉郁《出使西域記》言：『以羊臍種，聞雷生臍，驚以木聲，臍乃斷，至秋可食。臍內復有種，名壠種羊。』《北戶錄》亦言：『大秦有地生羊，臍與地連，但走馬擊鼓以驚絕之。』吳萊《淵穎集》言：『以脛骨種可信物理，猶今以火灰伏鴨卵，飯合稗暴，掩土而種，蟲飼雞也。』《東山紀》言：『有四角、六角、九尾羊。䍽羊，即《山海經》之羬。』費信《星槎勝覽》云：『阿丹國羚羊自胸生尾，垂九塊，名九尾羊。即挂樹甓節之䍽羊也。有遺瞿稼軒年伯者，如指大，有十六節耳，就之有聲。』

清 張澍《蜀典》卷九《五角羊》 《後漢書》：『蜀汶山郡有五角羊。』校：《九州要記》云：『汶山郡有鹿，又有五角牛。疑牛字誤。』《北史》：『吐谷渾拾寅通使于宋，獻四角羊。是松茂一帶兼有五角、四角羊也。』

紀事

明 黃瑜《雙槐歲鈔》卷八《草馬骨羊》 雲南越睒故地之西，多薦草，產善馬。始生若羔，歲中，紐莎縻，飲以米瀋。七年可御，日馳數百里，世稱越睒駿。見《唐書》。西域人殺羊而食，理其脛骨，舉杵堅築。久之，羔從脛骨而生，臍未斷時，馬傍踏振之，即跳躍而起。入饌，肥腴最美，其皮宜作書褥。見吳萊《淵穎集》。吾廣溫焊鴨卵出雛，或以東廣火焙鴨，對西域骨種羊，予謂不如草馬之尤奇也。

明 謝肇淛《塵餘》卷二 長樂北鄉龍塘尤抜言，表親王姓者養羊爲生。一日晝憩恍惚間，見鄉人鄭三，穿白衫以花帨繫腰，直入羊欄。王自言：『鄭三已死三年，何由至此？』遂入欄視之，羊已生三子，中有白者腰花色，異之。終不肯售。一日王有佃戶娶婦，欲得大羊，王貶價與之。佃疑，問田主：『此羊何輕直若是？』王道其來歷云：『鄭只負我會銀四錢，今足其數，不可多得。』佃亦大駭云：『鄭亦負我會銀二錢五分。』二人相對嘆曰：『生前負人些微，乃輪廻畜道，兩償其債耶！』遂俱持齋行善。

清 鈕琇《觚賸》卷六《對羊》 羅次縣山素無野豎登牧，忽見羣羊數百，偏散嶺谷，齧者、奔者、卧者、奮者，各自成對，不紊匹耦。縣人異之，上山競觀，萋草蒼然，一無所覩。未幾，遂有吳逆之亂。

清 齊學裘《見聞隨筆》卷一七《上海廟神羊》 上海城隍廟後園，最大放生之羊，不下百數，日日出游城外，渡黃浦，船至浦東，遊倦乃還。老羊毛拳垂地，角長插天，居民游客無敢害之者。據云：長毛作亂之時，夷兵在城幫守，有一夷勇盜殺一羊食之，其勇立斃，亦一奇也。書之爲私殺放生六畜者戒。

清 屈大均《廣東新語》卷五《五羊石》 周夷王時，南海有五仙人，衣各一色，所騎羊亦各一色，來集楚庭，各以穀穗一莖六出，留與州人。且祝曰：『願此闤闠永無荒饑。』言畢騰空而去，羊化為石。今坡山有五仙觀，祀五仙人。少者居中持粳稻，老者居左右持黍稷，皆古衣冠。像下有石羊五，有蹲者立者，有角形微彎，勢若抵觸者，大小相交，毛質斑駁。觀者一一摩挲，手迹瑩然，諸番往往膜拜之。薰以沉水，有煙氣自竅穴中出，若石津潤而生雲也。予詩云：『神靈所窟宅，厥惟祝融鄉。浮丘與安期，來往亦不常。何者五仙人，各騎一色羊。手持五穀穗，芃芃三尺强。黍稷居兩旁，粳稻居中央。羊亦銜果蓏，以種遺炎方。豐年再三祝，倏滅餘景光。越人念粒我，春秋修蒸嘗。報賽若先農，水旱仍遑遑。作觀楚庭西，五仙列成行。少者反當中，老者左右方。膝前各一石，或蹲或翱翔。或立或僵臥，大小相低昂。抵觸勢有餘，角形彎以長。言是羊所變，毛質皆青蒼。一卷自周時，摩挲歷帝王。斑駁見手澤，表裏含光芒。番夷多膜拜，薰用蘇合香。餘竅出煙氣，一縷何飛颺。恍若白雲核，氤氳所含藏。尺寸天所留，所關乃雨暘。

清 王棠《燕在閣知新録》卷二九《種羊》 元至正間，桐江釣叟姚桐壽，字樂年，所著《樂郊私語》云：『楚石大師爲沙門尊宿，嘗從駕上都，有《漠北懷古》諸作。余嘗讀其「自言羊可種，不信繭成絲」之句，疑以爲羊可種乎？因以問師，師曰：「大漠迤西，俗能種羊。凡屠羊用其皮肉，惟留骨，以初冬未日埋着地中，至春訪季月上未日爲吹笳呪語，有子羊從土中出。凡埋骨一具，可得子羊數雙。此蓋四生胎外之化也，亦不足怪，特非中國所有，致生疑耳」」。後讀浦江吳立夫《西域種羊皮書褥歌》云：『波斯牧羊俱雜虜。當道剚刀羊可食，土城留種羊脛骨。四圍築垣聞杵聲，羊子還從脛骨生。青草叢抽臍未斷，馬蹄踣鐵繞垣行。羊子跳踉却在草，鼠王如拳不同老。飫肉筵開塞饌肥，裁皮褥作書林寶。南州俠客遇西人，昔得手褥今無倫。君不見，冰蠶之錦欲盈尺，康洽年來貧不貧。』此又云『以脛骨種之』，與琦師目見之者不同也，蓋波斯國別有種法。如吳詩所聞耳。棠謂藺成絲隨在有之，何以獨不信也？

清 袁枚《新齊諧》卷三《羊骨怪》 杭人李元珪，館于沛縣韓公署中，司書稟事。偶有鄉親回杭，李托帶家信，命館童調麵糊封信。家童調盛碗中，李用畢，以其餘置幾上。夜聞窸窣聲，以爲鼠來偷食也，揭帳伺之，見燈下一小羊，高二寸許，渾身白毛，食糊盡乃去。李疑眼花，次日，特作糊待之，夜間小羊又至，因留心細觀其去之所在，到窗外樹下而沒。次日告知主人，發掘樹下，有朽羊骨一條，骨竅內漿糊猶在，取而燒之，此後怪絕。

又 卷五《羊踐前緣》 康熙五十九年，山東巡撫李公樹德生日，司、道各具羊酒爲壽。連日演戲，諸幕客互相娛宴，徹夜不臥。有刑名張先生，酒酣逃席，入房將就寢。聞紗帳內囁囁有聲，若男女交媾狀。怒，以爲他幕客昵優童，借其床爲淫所。大呼揭帳，則兩白羊跪而人淫，即群官送禮之羊也。見人驚散，張笑以爲奇，遍告同人。少頃，張昏迷仆地，以手自批其頰，罵曰：『老奴可惡，我與謝郎生死因緣，隔四百七十年方得一聚，談何容易！又被汝驚散。破人婚姻，罪不可饒。』言畢，又自批頰。撫軍聞之來視，笑慰之曰：『謝家娘子，何必如此。吾生日本意放生行善，今將爾等數百隻盡行放生，聽汝配偶，以了夙緣，何如？』張聽畢，叩首曰：『謝大人。』躍然起矣。此事梁瑤峰相公言。

清 張宗法《三農紀》卷八《羊》 典故 《論衡》解：羴者，一角之羊也。性有罪，能辨屈直。皐陶治獄，其罪疑者，令羊觸之。《墨子》：齐莊公之臣王國卑與中里檄者訟，三年而獄不決。使二人共一羊，盟齐之社，二子相從，以羊血滴社，讀王國車之詞已畢，中里機之詞未牛，祭羊起而觸中里檄，齐人以爲有神。《莊子》：臧與穀二人，相與牧羊，而俱亡羊。問臧奚事？則挾讀書。問穀奚事？則博□六□，二人事業不同，其亡羊汤也。《列子》云：揚子之鄰人亡羊，率其黨以進之。楊子曰：『亡一羊何追之者衆？』卽反，問獲乎？曰：『亡之矣。』曰：『奚亡之。』曰：『岐路之間有歧路焉，吾不知其所以，所之故返也。』《莊子》：履生如牧羊，後者□之。單豹岩居水飲，行年七十，有嬰見之色，而虎食之。張毅高門懸箔，無不趋也，而內热以死，單豹養內，而虎傷其外，張毅養外，而熱死其內，皆不能鞭其後者也。《漢書》：蘇武使匈奴，匈奴欲降之。武不肯降，使北海上無人處牧羝，羊乳乃得歸。武在海上，稟食不至，掘野鼠艸荄而食之。杖漢節而牧羊。《高士傳》：宋□之少孤，不慕者名利，通明易理，以信義見稱。丞相孔光間而辟之。曰：『大所樂者，其我之願。』乃去遊太原，從□越牧羊，以琴書自樂。自述：予友被蓑翁，一日供羊飲酒卒，嘗爲难語云：『羊食艸糞九者乃蘗火也，何其均勺乎？』子爲言之。予曰：『妙哉問也。天下事各有因果，一毫莫爽，方其入腸時，一口一咽，此其因也。乃槽相而出，力均勺者此其果也。則人在母腹中，方結胎時，其天時地利與父母之精血編全，于後來形而窮達邪丑早巳定矣，吾之喻是平非乎？』進酒一縮，以啓再問。

清 朱亦棟《群書札記》卷二《曾子植羊》 劉子新論《觀量篇》：『晉文種菜，曾子植羊，非性闇蠢，不辨方隅，以其運大不習小務也。』注謂：剉羊皮，用土種之也。西海以羊臍種土中，溉水，聞雷而生，臍系地中，及長，驚以木，臍斷，便行齧草，至秋可食，臍內有種。按：此本《淮南子》：『文公樹米，曾子駕羊，猶為智也。』陸賈《新語》：『文公種米，曾子駕羊，淮南本此。』尸子曰：『羊不任駕鹽車，』則駕羊似作服牛、乘馬。解劉子易，駕為植，則植作種羊解矣。考陶九成《輟耕錄》：『漠北種羊，角能產羊，其大如兔，食之肥美，則羊固有種者矣。』

清 王履泰《畿輔安瀾志》卷四《祠廟》 大鳴泉廟卽辣羊神祠。

【正定縣志】在城西二十里，廟在泉旁，洪武中，中書平章李伯昇建知府，郭勉記，隆慶三年重修。

【謹案】邑有大鳴泉辣羊神祠，記以爲不知何所取義，考《山海經》：泰戲之山有獸焉，其狀如羊，一角一目，目在耳後，其名曰辣辣，其名自叫，滹沱之水出焉，此後世所由以辣羊爲滹沱河神也，記蓋未考耳。又《元史本紀》：至正元年冬十二月，加封眞定路滹沱河神爲昭佑靈源侯。《張起巖傳》：滹沱河水爲眞定害，起巖論封河神爲侯爵，而移文責之，復脩其隄防，瀹其湮鬱，水患遂息，豈卽辣辣神耶，又郭勉記謂郡守高固熙寧中禱其神，立靈源侯祠，則是滹沱河神在宋已封靈源侯，而元又加封昭佑也。

（康熙）《昌平州志》卷二六《斬羊》 時昌平白羊城有物，能幻禍福，居民祠之，不祠且災，歲必祭，祭必以童男，弗敢恤也。狄仁傑為令，廉知其事，獨往詣，則白羊一耳，拔所佩劍斬之，輒化為龍氣飛去，因毀其祠，民不復祭，終亦不復有災。

藝文

宋 劉敞《公是集》卷一《奇羊賦并序》 今年有貨藥於市者，牽一羊，有三口，觀者異之。或謂物有同類而殊名，六合內，毛羽鱗介，不可勝紀也，其罕見者，人則怪之。此儻自一物，而未必羊也，爲作賦訂其意。庚子作。

伊造化之播物兮，猶巧冶之曲變。雖轇轕而紛錯兮，亦同形而相嬗。何兹羊之瑰異兮，邈獨違於天理？孰祖胄之自出兮，不屬毛而離裏？察飲齕其如衆兮，駭形貌之特詭。咢兮運頤，粲兮嚼齒。剛外柔中，名祥實毁。安芻豢之近禍兮，衆樞機以便己。彼率然之救首兮，雖謝害而弗如。蚍蜉利而自傷兮，愧厥貪之有餘。揆四氣之平分兮，察五緯之盈虛。萬物莫能兩大兮，是曷德而至於斯？體離明之炎上兮，曾何視之不遠？象兑説之引吉兮，又奚很之甚反？抑神靈所不化兮，宜兹世之或鮮，儻殊方之異稟兮，固非吾人之能辨。或曰：士之怪羵羊兮，殆季孫之所嘗。得無將聖之玄覽兮，夫孰鑑其肝鬲？或曰：羊之神獬豸兮，自堯時而來覿。蔑庭堅之明允兮，尚焉辞夫枉直？試刑之而不嗥兮，諒以判夫群惑。誠存之而勿論兮，慕哲人之遺則。

元 耶律鑄《雙溪醉隱集》卷一《大尾羊賦并序》 端卿持節使博囉，或曰舊康居也。其國多羊，羊多大尾，其大不能自舉，土人例以小車使引負其尾，車推乃行；且乞余爲道其所以，乃爲之賦。

世有癡龍，發迹康居音渠；播精惟玉，效靈惟珠。一角獨邪，名動神都；六蜚奮御，聲振天衢。肥遯金華，與道爲徒。體純不雜，質眞不渝。惟仁是守，惟善是圖。不食生物，幸遠庖廚。含仁懷善，其德不孤。義合麒麟，與夫騶虞。駝背上異，烏尾後殊。末大之名，是專是沽。小心惴惴，中抱區區。務以自保，支體毛膚。青蠅莫逐，白鳥莫祛。尾大不掉，可怪也夫！前傴而僂，後蜷而痀。牽草縈茅，上曳泥隻。蘇其土苴，載以後車。聽其自引，縱其所如。進不能卻，退不能趨。莫順而情，實累而軀。冬委冰霜，夏混蟲蛆。末木之咎，其至矣乎。吁！枝大於幹，腓大於股。不折不披，是其證與？是其鑑與？

元 楊維楨《神羊賦有序》《歷代賦彙》卷一三六 按《異物志》：東北之荒，有獸名獬廌，狀如羊而一角。性至忠，見人鬭，則觸不直者；聞人論，則咋不正者。古以任法吏比之。予獨悼高元禮所教其奴侯思止之言，而有以不學辱廌者，因感而為賦。

異矣哉，毛族之中，有至忠之表，至直之風，青衣翠羽，突角孤峰，骨如立鐵，心如渥丹。耳通腦而匪鶚，首印定而非熊。食必擇夫芳薦，棲必偶夫孤松；步不罹於機擭，鳴實中乎金舂。蓋嘗出乎軒轅之世，而用乎放勳之宮。帷薄以之而取肅，狴犴以之而折中。迨乎芊國，獲兹神羊。秦奪后服，賜乎爾肱。故任法吏象之則冠，為惠文班為押綱。朱繡乎衣裳，鐵石乎肝腸。甘摧身以立勇，誓碎首以全剛。佞山觸而必折，狠石碎而莫當。龍鱗敢於批逆，薤本嚴於拔强。故其斷如咎繇，決如弦章。剌如葛鮑，按如綱滂。高臺為之震雹，白簡為之飛霜。皇綱以之正，國法以之張。斯無愧任法獸之稱號，而有以立惠文冠之顏行。故是獸也，上應乎法星，地尊乎柏府。其揚若鷹，其視若虎。名配乎皁雕，號儕吾驄馬。顯則麟儀而鳳師，隱則狐號而鰍舞。彼其峻酷有鷙，碩貪有鼠。貂不足兮狗續，鷹既蒼兮虎乳。糜耗我穀禄，流離我子女。又有志梟兮聲鳳，行貌兮軀麟。懷狼子之性，詭騶虞之仁。雜糅我邪正，回惑我偽真。法雖嚴於疾惡，帝實難於知人。非爾一觸兮枉直之行辨，一咋兮正譎之論分。則壬人何由而膽落？善類何由而氣伸？嗚呼，蟬之戴也僅取其潔，貂之服也徒尚其温。曷比兹獸，匡正義存。此其儀在位而比德，載於圖而絶倫者也。夫何不識字之有譏，為任法臣之所辱？遂有自截爾角，自塗爾目，踞南牀而成癡，眊白筆以自福。名或移於白兔，檄或過於狼毒。是不悖吾廌之辨紫朱，而失吾廌之明直曲者乎？亂曰：皇天開乎正氣兮，比叶氣而生嘉草；為指佞兮獸為觸邪，莽師賣國兮李父悖家。金谷拜塵兮柿林聚汙；何爾獸之弗如兮，乃心異乎匪他。冠鐵柱兮峩峩，循吾繩兮不頗。雖不量鑿以正枘兮，矢余心其不阿。

明 謝承舉《恭題靈羊圖》《佩文齋咏物詩選》卷四〇八　宣宗御筆也。羊圖三頭，坡下一犬，有欲博之狀，而羊意馴擾，感賦長句。塞上春深草初綠，黄河套邊堪放牧。何來羌羚攜乳畜，旁有韓盧將搏逐。羣羚不奔且不驚，輶車無影鸞無聲。持旄已歸蘇子卿，挾册未見皇初平。羊何安閒盧何猛，以静制動清邊境。我皇執筆發深徵，意在和雍化强梗。是時賢相惟三楊，昇平輔理稱虞唐。九重優游翰墨場，天與人文垂四方。

明 范鳳翼《范勛卿詩文集・詩集》卷一《神羊操》　簪危冠兮立柱下，乘駿馬兮驅雄覇。請尚方兮法無赦，亂庶有豸兮宣王化。

清 陳文述《頤道堂集・外集》卷三《神羊行贈王懷祖給諫》　重華協帝天地光，慶雲糺縵開紫閶。丹墀獨立觸邪去，一角嶽嶽森神羊。貪狼星隕旄頭墜，從此八荒静無事。原本忠孝別貞邪，始信神羊原識字。

清 沈壽榕《玉笙樓詩録》卷七《羊神廟》神為羊首人身，廟在雲南省城南郭。　往來憧憧婦兒笑，攜錢競走羊神廟。陳牲洗斝祀必恭，老吏傴僂向余告。雲南分野應鬼宿，潦旱有靈事祈報。相傳星曰鬼金羊，追溯其名狀其貌。村巫請禱如媚竈，長跽庭階擲杯珓。丹青畫壁見龍蛇，塵土空梁落飛鼦。滇有飛鼠嘗聞祭，之非禮是為諂利。養民生先以教，誰伸正氣毁淫祠。賢臣古重西門豹。十七年前亂群盜，沙蟲劫應欃槍耀。衣冠符楦混麒麟，草澤包藏育狼獥。吁嗟乎！獝狂作勢紛夔魖，魁頭入市當驅除。功名敢薄封侯爛，我亦羞稱羖大夫。

清 徐世昌《晚晴簃詩匯》卷八四《有以西域骨種羊裘見貽者謝却之因綴長句》　天公幻化紛奇譎，攫弄人心成蠱惑。冰蠶作繭火鼠衣，鶡尾雉頭恣絢飾。傳聞萬里流沙西，瀚海外環哈薩克。滿山羖䍽異丁零，達生自地非坼副。羊死以骨種之士，考牧依然勤力穡。細思西域兑所位，羊爲兑象全陰德。至陰不生乃無死，感以陽精復滋息。斷虺可聯鼉可藝，理有固然非臆測。兹羊留骨兼重皮，其中純黑尤難得。貴人争購踰狼荒，一裘價可半千直。有客持奇致珍重，開緘觀者俱動色。旋珠細疊螺髻圓，黝光潤奪鴉雛墨。我生長物本何有，蔽體聊取充要襋。忽看奇服映懸鶉，翻似杜陵鶖翠織。人生百事鬬新異，稱此以求焉紀極。美好雖得時俗詩，暴殄恐有神明殛。亟揮還客心始恬，朗詠素絲安退食。

雜録

宋 羅願《爾雅翼》卷一八《廌》　廌，似山羊，一角。一名神羊，一名解，東北荒中獸也。見人鬬，則觸不直者。聞人論，則咋不正者。古者神人以廌遺黄帝，帝曰：『何食何處？』曰：『食薦。夏處水澤，冬處松栢。』薦者，澤草之名。司馬彪云：『美草也。』崔云：『甘草也。』王蒼云：『六畜所食曰薦。』《莊子》亦云：『麋鹿食薦。』故薦從艸從廌也。《荆楚歲時記》稱，屈原以夏至日赴湘流，百姓競以食祭之，常苦為蛟龍所竊，以五色絲合楝葉縛之。又以為獬廌食楝，将以信其志，然則所食又不止薦爾。說者以為人君刑罰得中，則生於朝廷，主觸不直者。《說文》亦云：『古者决訟，令觸不直。』故又名任法。《論衡》曰：『臯陶欽平，任坐以明，至公所在，任法而不任人也。』古法字作灋，從水，以言其平之如水。從廌去者，廌之所去，法之所取。後世灋去廌，豈時不及古，不可常得，從而闕之耶？而廌冠之制，則傳於今。《淮南子》曰：『楚文王好服解冠，楚國效之。』以廌角安冠上，漢之法冠，所謂柱後恵文者是也。史氏以為『楚王嘗獲之，故以為冠。』《春秋傳》所謂南冠者也。秦滅楚，以其君服賜執法近臣，御史服之。《異志》以為解廌一角，今冠兩角，非象也。然漢史氏特云『法冠』或謂『解廌冠』，不正决之，則亦不全取象於廌。若貂若鶡，亦兩植之爾。《太平廣記》曰：『安南有象，能知人曲直。有鬬訟者，行立而嗅之。有理者則過；無理者，以鼻卷之，擲空數丈，以牙接而刺之。』亦廌之類。《論衡》曰：『觟䚦者，一角之羊也。性知有罪。臯陶治獄，其罪疑者，令羊觸之。有罪則觸，無罪則不觸。』獬之字或作獬䚦，廌之字或作觗䚦，豸通作豸。唐開元二十年，有一角獸肉角，當頂白毛上捧，識者以為獬豸。

明 周嬰《卮林》卷五《種羊》　《詩紀》載：北齊高昂《征行詩》曰：『壠種千口牛，泉連百壺酒。朝朝圍山獵，夜夜迎新婦。』

解之曰：《太平廣記》引談藪此詩作『隴種千口羊』詩紀及詩所乃云『千口牛』誤也。《史記正義》及《太平廣記》引宋膺《異物志》曰：『大秦國北附庸[illegible]中，候其欲萌築墻繞之，恐獸所食也。其臍與[illegible]絶，則逐水草，以一二百口為羣。』豈[illegible]也。

其類乎？然此不言種之也。四明孫能傳一之。《剡溪漫筆》曰：『大漠迤西，俗能種羊，凡屠羊用其皮，肉惟留骨。以初冬未日埋著地中，至春陽季月上未日，為吹笳呪語，有子羊從土中出。凡埋骨一具，可得子羊數隻。』楚石琦禪師《漠北懷古》詩云：『自言羊可種，不信繭成絲。』蓋紀實也。吳立夫萊亦有《西域種羊皮書褥歌》云：『波斯國中神異語，波斯牧羊俱雜虜，當前刲刀羊可食，土城留種羊脛骨。四圍築垣聞杵聲，羊子還欲脛骨生。』桃洞壽《樂郊私語》：『羊可種而生，亦異聞也。』據此則『隴種千口羊』蓋實有是事，書之為牛，將牛亦可種耶。

明 徐應秋《玉芝堂談薈》卷三三《一角羊》

《瑞應圖》曰：『一角獸者，瑞獸也。六合同歸，天下太平，則至觟䚦，一角之羊也，一名解柬。《舊唐書》：『開元二十一年，富平縣産一角神羊，肉角當頂，白毛上捧，識者以為獬豸。』《龍魚河圖》曰：『羊有一角，食之殺人。』《白澤圖》曰：『羊有一角，當頂土龍也。殺之震死。周成王時，東夷進六角羊。周厲王元年，外國進三角羊。』又按《天祿》：『如鹿一角，兩角者辟邪。』《鼎錄》：『天監二年，安豐得一角靈龜。武帝遂作一鼎，投得龜處。』太平興國九年十月，嵐州獲一角獸，似鹿無斑，角端有肉，性馴善。羣臣參驗曰麟也。《古今注》：『明帝永平中，三角鹿見江陵。』宋《高僧傳》：『釋元康先居山野，見一鹿角分八岐。』《爾雅》：『麐，大麃，牛尾，一角。』漢武帝郊雍得一角獸，謂之麟。此即麃也。驨如馬，一角；不角者，騏。元康八年，九真郡得一角獸，大如馬，一角，角如鹿，此即驨也。羚如羊，兩角；一角者，䝞；蛞蝓四角；蝸牛四角；矔疏如馬而一角，諸懷如牛而四角，驒如麐羊而四角。㺖，㺖如羊，一目一角，目在耳后，㹦㹦如馬，牛尾而四角，騂馬牛尾而白身，一角。獬豸，一角識罪而觸邪角端一角能言而惡。殺騎馬牛尾，其角一蟲雕豹狀。其角二土螻如羊而四角，驒如鹿四角而馬尾，猙如赤豹五尾而一角。獓𤘍如牛，白身而四角。合浦有鹿額帶斜藤，一枝四條，直上丈餘。永徽四年，來州有異獸髙丈餘，一角，鹿形、馬蹄、牛尾，五色有翅。《爾雅》注：『兕一角，青色，重千斤。』《交州記》：『兕，一角，長三尺餘。形如馬鞭柄。』《宋書》：『三角獸，先王法度修則至。六足獸，王者謀及衆度則至。』《晉書》：『大康七年，四角獸見于河間，角兵象四者，四方也。后河間王遂連四方之兵為亂。』

玄覽土螻也，嗛羊也，諸懷也，貅貅也，夫諸也，四角之獸也，長石也，䍶羵也，四耳之獸也，麋也，山馬也，四目之獸也。獬豸䝟駮矔疏㺖，㺖一角之獸也。縱從六足，㹠三足，蠪蛭九首，蔡茂兩頭一足之鳥，有橐𩇯焉，有跂踵焉，有畢方焉，有商羊焉。三足之鳥，有瞿鴛焉，有酸與焉。三首之鳥，有鵸䳜焉。九首之鳥，有鶬焉，有鬼車焉。

明 夏樹芳《詞林海錯》卷一〇《夷羊》

《史記》：『夷羊在牧，蜚鴻滿野。』徐廣曰：『夷羊，怪物也。蜚鴻，蠛蠓也。』

清 褚人穫《堅瓠集》卷二《石羊鳴》

《西樵野記》載：徐武功有貞謫金齒，過一寺，見老僧治果茗遠迎。武功訝而問之，僧曰：『吾寺有石羊，每異人至則鳴。宋時一鳴，蘇相至。昨夕復鳴，而公適至，故治菓茗以進。』

又《廣集》卷五《猪羊蕩》

《挑燈集異》：寧國府城外地名豬羊蕩。野中有黑白二石各數畝餘，黑者爲黑，白者爲白，各聚一處，絕不間亂。土人云：『昔傳有一人驅羊豕各一羣行至此地。道旁一人見之，疑而問曰：「爾莫不是神佛化身？何故徒行管攝許多豬羊？」其人聞言忽不見，豬羊悉化爲石矣。至今石尚存，色不改。』

又《石牛石羊》

《湧幢小品》：昔有神人驅石之海，祝曰：『蒼蒼爲牛，鑿鑿爲羊。牛羊來斯，共驟同驤。』石皆奔逸。見老姥，曰：『見吾羊否？見吾牛否？』姥曰：『惟見奔石，牛羊不見。』神曰：『惜爲道破。』悉化爲石。

清 郝懿行《證俗文》卷一二《地生羊》

拂林國有羊羔生於土中，然其臍與地連，割之則死，惟人著甲走馬，擊鼓駭之，其羔驚鳴而臍絕，便逐艸矣。案：此蕷羊之類。見《家語》。又，唐陸勳《集異志》：『晉元帝時，廬江灊縣何旭家，忽聞地中有犬子聲，掘得一母犬，青黎色，狀甚羸瘦。』又載：『乾符中，洛陽建春門外，因暴雨，有物墜地，如羖羊，不食，頃之入地中云云。』至於今骨重羊，還是羊産，菲土中生。而世俗謠傳，謂為骨種羊，以骨種之而生，非也。其羊毳短而細，卷曲如環，其形瘠小，骨豐肉薄，故謂之骨重羊，皮可為裘及帽檐，出葉爾羌之西布哈拉。

清 永瑆《詒晉齋集》卷二《骨種羊》

語自北齊始，高昂壟種詩。封羊仍瘞骨，食肉且蒙皮，卜戰爲軍政。回人以燒羊骨卜戰勝。祈晴有祝詞，復有燒羊骨。祈晴者此言問，回紇揮手道無之。

清 徐文靖《竹書統箋》卷六 四十八年夷羊見 箋：按《周書・度邑解》：『王曰：「嗚呼！旦，惟天不享于殷，發之未生至于今六十年，夷羊在牧，飛鴻遍野。」』又《周語》：『内史過曰：「商之興也，檮杌次于丕山，其亡也，夷羊在牧。」』韋昭注：夷羊，神獸，牧商郊牧野。《續博物志》曰：『武王既勝殷，登邠之阜，以望商邑，曰：「自發未生六十年，麋鹿在牧，飛鴻滿野。」』徐廣引内史編之言曰：『夷羊在牧。』張華以為文王之詞，曰：『水潦東流，飛鴻滿野。』與《竹書》所紀微有不同，但夷羊不知何物。《史記・貨殖傳》：『其民羯羠不均。』徐廣：羠，音兕，一音囚，几反皆徤羊名，當即是夷羊也。

猪部

猪

題解

五代 馬縞《中華古今注》卷下《猪》 一名參軍，一名豕，豕曰剛鬣。《禮》云：豚曰豚肥，亦曰彘，江東呼為豨，皆通名也。豕生子多謂之豵。

宋 祝穆《事文類聚·後集》卷四〇《豕》 《羣書要語》豕，豬也。《爾雅》豰，許卜反，小豚也。豯豚生三月也。豵豚生六月也。或曰一歲曰豵，豝，牝豕也豣。二歲豕，豭牡豕也。豶羊箠反，豶也。《說文》燕朝鮮之間，謂之豭。關東謂之彘。或謂之豕。南楚謂之豨。其子謂之豚，或謂之豯。吴揚之間謂之豬子。方言，一名長喙将軍。《古今注》凡祭祀之禮，豕曰剛鬣，豚曰腯肥。《曲禮》士無故不殺犬豕。《王制》居澤者，不以鹿豕為禮。《禮器》捭豚，古禮也。《禮記》中孚信及豚魚。中孚豶豕之牙。大畜豕負塗。睽卦有豕白蹢，烝涉波矣。漸漸之石。狗彘食人，食而不知檢，二母彘。《孟子》桂林風俗，日食蛙，曰豈不勝於黑面郎哉。黑面郎，謂豬也。《承平舊纂》。

明 陳耀文《天中記》卷五四《猪》 異呼。豬，燕、朝鮮之間謂之豭；關東西謂之彘，或謂之豕；南楚謂之豨。其子或謂之豚，或謂之豯；吴揚之間謂之豬子。方言

梁州以豕為豬，河南謂之彘，吴楚謂之豨，漁陽以大豬為豟，齊徐以小豬為豵。豷白豕黑頭也，豱豕奏毛也。何承天纂文。【略】

烏金。洪州有人畜猪以致富，因號猪為烏金。

明 田藝蘅《留青日札》卷三一《彘》 彘，豕也。後蹄廢，謂之彘。足與鹿足同。今湖州浮玉山有獸，狀如猴四耳，虎身牛尾，音吠如犬，名曰彘。是亦野豬之類，别一種異獸也。古之劍鼻，玉彘或取象，于此必非因豕而得名也。即璏，王莽碎玉劍璏。

明 李時珍《本草綱目》卷五〇《豕》 釋名。豬《本經》豚同上。豭音加。彘音滯。豶音墳。時珍曰：按許氏《說文》云：豕字象毛足而後有尾形。林氏《小說》云：豕食不潔，故謂之豕。坎為豕，水畜而性趨下喜穢也。牡曰，曰牙；牝曰彘，曰音巴，曰音婁。牡去勢曰。四蹄白曰。豬高五尺曰音厄。豕之子，曰豬，曰豚，曰音斛。一子曰特，二子曰師，三子曰，末子曰麼。生三月曰，六月曰。何承天纂文云：梁州曰頌曰：按：揚雄《方言》曰：燕朝鮮之間謂豬為，關東西謂之彘，或曰豕，南楚曰，吴揚之間曰豬子，其實一種也。《禮記》謂之剛鬣，崔豹《古今注》謂之參軍。

明 彭大翼《山堂肆考》卷二二一《豕》 《說文》豕，彘也。牡豕，謂之豬。小豕，謂之豚。牝豬，謂之豝。何承天《纂文》梁州以豕為豬，河南謂之彘，吴楚謂之豨。漁陽以豬為豟，齊徐以小豬為豵。方言，北燕朝鮮之間謂之豭。

明 岳元聲《方言據》卷下《豭》 牡豕曰豭音加。《左傳》既定爾婁豬盍歸，吾艾豭。《禮記》釁之以豭豚，又子路佩豭，通作豭老豕也。俗云豬爹。

又《豘》 小豬，謂之豘。徒孫切《莊子》豘子食于其死母者，與豚音近。

又《豵》 豚離乳可養，曰豵。子紅切幼從母意，詩言私其豵。又一發五豵，皆小豕也。《廣雅》云：豕，一歲爲豵。

清 厲荃《事物異名録》卷三七《豕》 剛鬣。《禮記》：豕曰剛鬣。

亥日人君。《抱朴子》：山中亥日稱人君者，豬也。

魯津伯。《符子》：朔人有獻大豕於燕相，令膳夫烹之。豕既死，見夢於燕相，曰：仗君之靈得化，今始得為魯之津伯也。

長喙將軍、參軍。《古今注》：猪，一名長喙將軍，一名參軍。

黑面郎。《承平舊纂》：桂林風俗日食蛙。有來中朝為御史者，或戲之曰：汝之居乃蛙臺也。答曰：此名圭虫，豈不勝于黑面郎哉！黑面郎，謂猪也。

烏金。《朝野僉載》：拱州有人畜猪以致富，因號猪為烏金。又墨與鐵皆名烏金。

烏鬼。《懶眞子》：老杜詩云：家家養烏鬼。《筆談》以為鸕鷀，非也。僕見一峽中士人言，烏鬼，猪也。峽中人家多事鬼，家養一猪，非祭鬼不用，故於猪群中，特呼烏鬼以别之，此言良是。又鴉亦名烏鬼。

大蘭王。《俳諧集》：北燕伯使使者豪豨，册命大蘭王。按：謂猪也。

又陳造《燒猪詩》：彼美大欄君。

糟糠氏。《清異錄》：僞唐陳喬食蒸豚，曰：此糟糠氏面目殊乖，而風味不淺也。

烏將軍。《幽怪錄》：郭元振夜行入一宅，遇烏將軍，取佩刀斷其腕，烏將軍失聲而走，天明視其手，乃猪蹄也。

豭、彘、豕、豨、⿰豕聶。《方言》：北燕、朝鮮之間謂豬為豭，關東西或謂之彘，或謂之豕，南楚謂之豨。又何承天《纂文》：梁州曰⿰豕聶，河南曰彘，吳楚曰豨。

豝、豵。《纂文》：漁陽以大猪為豝，齊、徐以小猪為豵。

封豨。左思《魏都賦》註：大猪曰封豨。

豧子、么豚。《爾雅》：豧，豶，么幼。疏：豧，一名豶，俗呼小豶，豬為豧子，么幼，最後生者，俗呼為么豚。

蘭子。《正字通》：豚，小豕也，一名蘭子。《列子》云：牢有欄子，即蘭子。

貗、豭。《左傳》：既定爾貗豬，盍歸吾艾豭。按：牝曰貗，牡曰豭。又《方言》：北燕總謂豬為豭。

羸豕。《易》：羸豕孚蹢躅。疏：羸豕，牝豕也。豭強而牝弱，故謂牝豕為羸豕。

清 徐鼎《毛詩名物圖說》卷二《豕》 《爾雅》豕，子豬。郭璞註：今亦曰彘，江東呼豨，皆通名。方言，豬，燕朝鮮謂之豭，關東西謂之彘，或謂之豕，南楚謂之豨。其子謂之豚，或謂豯，吳揚之間謂之豬子。《曲禮》豕曰剛鬣，豚曰腯肥。《淮南子》豕，四月而生。愚按：豕，水畜也。故《易》曰：坎為豕，韓詩說云：犬喜雪，馬喜風，豕喜雨，故天將久雨，則豕進涉水波。故曰：有豕白蹢烝涉波矣。《爾雅》云：四蹢皆白，豥又豕牝，曰豝。豕生三為豵，詩壹發五豝，壹發五豵是也。在辰屬亥，亥字象豕之形，故子夏之晉過衛，有讀史者曰：晉師三豕渡河，子夏曰：非也，是己亥也。

論說

宋 陸佃《埤雅》卷五《豕》 彘也。竭其尾，故謂之豕。犬喜雪，馬喜風，豕喜雨。故天將久雨，則豕進涉水波，詩曰：有豕白蹢，烝涉波矣。月離于畢俾滂沱矣，此之謂也。牛順，羊很，豕躁。有豕白蹢，則又其躁者，故詩以況。夷狄橫猾難制之強，四蹢白曰豥，即此是也。《說卦》曰：坎為豕，坎性趨下，豕能俯其首，又喜卑穢亦水畜也。故坎為豕。大畜六四曰童牛之牿，六五曰豶豕之牙牢。謂之牿牙者，所以畜豶豕之杙也。今東齊海岱之間，以杙繫豕謂之牙。賦曰：置牙擺牲是也。六四畜初，以外制內也。有牿之象，六五畜九以小制大也。有牙之象，子曰：棖也慾，焉得剛。又曰：君子易祿而難畜，夫人之所以不剛，且易畜者，大抵以欲自累也。則私欲不行，剛而不累於物，剛而不累於物則難畜矣。畜賢之道，如牿之駐，童牛之繫豶豕於是為至，故孔子於四曰有喜，五曰有慶也。禮曰羊，曰柔毛，豕曰剛鬣，羊於毛也。柔豕於鬣也。剛，《周官》曰豕，盲眂而交睫。腥腥，《說文》音姓以為星，見食豕，令肉生息肉也。今俗謂之腥肉，蓋豕有米肉如星，則其臭腥而肉，不可食，故其字又通於腥。而內饔辨腥、臊、羶、香，之不可食者，曰豕，盲眂而交睫腥也。鄭云：腥，當為星，肉有如米者似星，不知所謂息肉似星者，即腥。其實一也。《說文》已象蛇之形，亥象豕之形，蓋一陽生於子至已。而六陽備一，陰生於午，至亥而六陰，備故此二字皆象形也。已蛇也，亥豕也。故子夏之晉過衛，有讀史者曰：晉師三豕渡河。子夏曰：非也。是己亥也。林氏小說曰：以其食不絜，故名之豕。

又《豚》 《曲禮》曰：豚，曰腯肥。《說文》云：牛羊曰肥，豕曰腯，豚曰腯，肥，盖兼之也。《易》曰：信及豚魚。正言豚魚者，豚微物，而遁逸。魚微物，而潛逃，信所難及故也。《玉藻》曰：圈豚行不舉足，齊如流端，行頤霤如矢弁，行剡剡起屨，執龜玉，舉前曳踵，蹜蹜如也。先儒以為弁疾也。端，直也。圈，轉也。豚之言若有所循，皆非是，盖畜養之閑曰圈，豕子曰豚。端讀如端弁之端，弁讀如弁冕之弁。圈豚臨行不舉，足齊如流，執龜玉，舉前曳踵蹜蹜如也。則禮以其物記行容，端行頤霤如矢弁，行剡剡起屨，則禮以其服記行容，互相挾也。古者祭祀必先擇牲，繫而養之於牢，君袞冕而臨之，則行不舉足齊，如流所以致敬，且稱其服容也。《祭義》曰：天子為籍千畝，冕而朱。紘躬秉耒，諸侯為籍百畝，冕而青紘躬秉耒以事天地，山川、社稷，先古以為醴，酪齊盛於是乎。取之，敬之，至也。古者天子諸侯必有養獸之官，及歲時，齊戒沐浴而躬朝之，犧牷祭牲必於是取之，敬之至也。君召牛，納而視之，擇其毛而卜之，吉，然後養之。君皮弁素積，朔月月半君巡牲，所以致力孝之至也。又曰君皮弁素積，卜三宮之夫人、世婦之吉者。使入蠶于蠶室。世婦卒蠶，獻繭于夫人。夫人副禕而受之，以為黼黻文章以祀先王，先公敬之至也。由是觀之，君冕而親耕籍田，則冕而豢牲不為過矣。皮弁素積，卜三宮之夫人、世婦之吉者。使入蠶于蠶室。夫人副禕而受繭，則君皮弁卜牲冕而圈之。又不為過矣。莊子曰：祝宗人玄端臨牢筴，説彘曰：吾將三月豢汝，十日戒，三日齋。夫禮祝宗人玄端臨牢筴擇彘，則天子皮弁，召牛納而視之，卜之吉，然後養之，固其禮也。或言牛，或言彘，其實一也。擇之以弁則豢之，以冕禮，又宜然也。然則行不舉足齊，如流冕行之容也。頤霤如矢，端行之容也。剡剡起屨弁，行之容也。

清 孫治《孫宇台集》卷一九《屠者將死爲猪説》 余館于淳佑橋之王氏其里，有屠者曰朱。鷄初鳴，則鼓刀以屠，至于日出乃止，猪畏死，其聲獰然。余每聞而恐怖其死而不能為之所者。如是者五載，計所殺不下萬猶。余告王氏子曰：『幾如此，而不死，殆無天乎。』云。少焉，屠者死，余征其死狀，則反其唇而為豬，又聲獰然，若豬之就刃者，數日而後氣絕。余以遷裏，故嘗居於北郭之外。有獵者王其姓，日入山殺獐、鹿、雉、兔以市予人，及其死也，然屢變，聲亦屢變，達於戶外，聞之者無不以為山獸之聲，而非人聲也。余又嘗寓居東裏，有橋曰『菜市』，有乞者於其下，日煮蛇為食。一日得一黄蛇而食之，大喜過望。明日與蛇俱化，頭目手足皆為脂膏，委流於草褥間。之三者，非獨余見之，里之人無不見之也。余以為造物者不知其有無久矣，然其變化，則無日不然也。屠者之為豬，獵者之為獸，非所謂變耶？捕蛇者之就銷毀，非所謂化耶？然則，變化者皆人之所為，天非必有意於其間也。雖然，天道好生而惡殺，予人既然，於物亦莫不然，物雖賤，亦天之所生，日殺天之所生，而曰天無意於其間，吾不信也。以余所見，三者皆可以為世戒也。

清 王引之《經義述聞》二八《豕子猪》 豕子豬，家大人曰：豬，卽豕，非豕子也。子字蓋涉上文兔子嬎而衍，自唐石經已然，而邢疏遂治其誤。疏云：其子名豬。《廣韻》引《爾雅》豕子豬，亦誤。案郭注云：今亦曰彘，江東呼豨，皆通名。郭以豕豬彘豨為一物，則豬非豕子甚明。今人皆謂豕為豬，無謂豕子為豬者，下文之豶豮幺幼奏者，豱皆指豕，言之非指豕子言之。豶豮謂豕之犍者，幺幼謂豕之小者，奏者豱，謂豕之皮理腠蹙者。至豕生三豵二師一特，乃言豕子多寡之異名耳。又案方言云：豬，北燕朝鮮之閒謂之豭，關東西或謂之彘，或謂之豕，南楚謂之豨。《小爾雅》豕，彘也。彘，豬也。其子或謂之豚，或謂之豯，吳楊之閒謂之豬子，然則豬也。豭也，彘也，豕也，豨也，五者一物也。豚也，豯也，豬子也。豕子也。四者一物也。今以豕子與豬為一物可乎。《説文》豬豕而三毛叢居者，亦不以豬為豕子也。定十四年《左傳》，既定爾婁豬，盍歸吾艾豭，婁豬，艾豭皆豕也。但有牝牡之分耳。則不得以豬爲豕子明矣。小雅漸漸之《石傳》及《楚辭》，大招注並云豕豬也。卽用《爾雅》之文，則《爾雅》原無子字，可知今本，《左傳》《正義》及《急就篇》注，《藝文類聚》獸部中引此，並作豕子豬。則後人依誤，本《爾雅》加之也。案《左傳正義》云：《釋獸》云：豕、豬、牝豝、牝者謂之豝，則豭是豬之牡。是孔以豭為牡，豝爲牝，豬爲總名也。今改豕豬為豕子豬，則與孔説不合矣。《急就篇》注云：豕之三毛藂居者曰豬。而《春秋左氏傳》曰：既定爾婁豬。《爾雅》曰：豕豬然則亦其通稱也。是顏以豬為豕之通稱，今改為豕子豬，則又與顏説不合矣。《藝文類聚》引《爾雅》云：豕、豬、豶、豮、幺、幼，奏者豱，皆謂豕，非謂豕子也。今改爲豕子豬，則又與下文不合矣。《初學記·獸部》《太平御覽·獸部十五》引此，並無子字，正與郭注，毛傳方言合，今據以訂正。

清 楊屾《豳風廣義》卷三《論猪類》 論豬類，豬類甚多，各處不同，稱名亦異。牡曰豭、亦曰牙豬，牝曰彘、亦曰豝豬，去勢曰豬、四蹄白曰豥豬、高五尺曰豟、豬之子曰豚、一子曰特、二子曰師、三子曰豵、末子曰么生，其實一種也。生於青兖徐淮者耳大，生於燕冀者皮厚，生於匿者頭白，生於鐳者耳小，生於嶺南者白而肥，生於雍梁者足短。豬乃水畜。性趨下而喜穢，在天應室；在卦屬坎，乃北方之獸也。南方之豬味酸冷而有小毒，食之動風、生痰，弱筋骨，虛人肌，不可久食。北方水深上厚，風氣高燥，其肉味甘、性平、無毒，大能補腎氣虛損、壯筋、骨健氣血。而秦中之猪甲天下，尤非他處可比此，皆不可不知者也。

清 陳元龍《格致鏡原》卷八七《豕》 【總論】易坎為豕。《春秋説題辭》：斗星時散精為彘。《淮南子》：六九五十四四主時，時主豕，故豕四月而生。《朝野僉》載：豕之性能水，故牧豕之所在必水草之交，此所以豬从豬，蓋豬豬所食息也。《埤雅》：豕喜雨，故天將雨則豕進涉水波。《卞子》：豬性卑，而率頤，生論豬無筋，羣碎録桐花飼豬，肥大三倍。《本草會編》：凡豬骨細，少筋多膏，大者有重百餘斤，食物至寡，故人畜養之甚易生息。《周禮》：辨腥臊，膻香之不可食者，豕盲眡而交睫腥。《符子》：朔人獻燕昭王以大豕，曰：養奚若？使曰：『非大圊不居，非人便不珍，今年百二十矣。人謂豕仙。』《正字通》：峽中家多事，鬼養一猪，非祭鬼不用，故於猪羣中，呼鬼猪以别之。《後山談叢》：御厨不登彘肉，太祖常畜兩彘，謂之神豬。熙寧初罷之，後有妖人登大慶殿，據鴟尾，既獲，索彘血不得，始悟祖意，使復畜之，蓋彘血解術云。《史記》：留長孺以相彘，立名。《孔六帖》：扶南人喜鬭豬。《河東備録》：申王謂豬既供飨，不宜處於穢弊，乃以氈龕粟粥待之，取其毛刷淨，令巧工織壬癸席，光而且滑。《魏志》：挹婁在扶餘，東地寒甚，穴居，九梯俗好養豬，食其肉，衣其皮，以豬脂塗身厚數分，以禦冬。夏則裸袒而已，養生要集，白豕白蹄，青爪不可食。

清　李塨《恕谷後集》卷九《豚彘説》　幼聞一狎客問一先生曰：『今旗人食彌猪，古亦食否？』先生曰：『古人豈有此？』客曰：『不然。孟子言文王令民二母彘，彘子必繁，難以畜，家有之則不可賣，不食何為？』其人无以應。予註《孟子》，至『雞豚狗彘之畜』，訝雞犬皆一，而豕獨二，何與？因考《埤雅》曰：豕子曰豚，玉藻圈豚，行不舉足，齊如流。古者祭祀必先擇牲，謂養豚于圈，君衮冕而臨之，則行不舉足，齊如流。所以致敬，且稱其服容也，是彌彘古用以祭矣。《左傳》有『牲牷肥腯』之文。《曲禮》曰『豕曰剛鬣，豚曰腯肥。』二物二名，二用分如也。《説文》則曰『牛羊曰肥，豕曰腯，豚曰腯肥。』蓋言兼之。豕卽盛滿而鬣勁毛長，不可言腯肥矣。腯肥非豕子而何？雖欲勿用，神其舍諸？神不舍，則人食之固宜，議禮者勿少見而多怪也。

綜述

北周　庾信《庾子山集》卷九《謝滕王賫猪啓》　白腹見珍，度遼東之水。赤欄爲重，對襄陽之城。忽降全恩，謹充炮烙。孫弘牧於淄水，唯以求錢。卜式養於上林，豈知其味。

《初學記》卷二九《豕》　【敍事】《爾雅》曰：豕，豬也；江東呼為豨。豕，豶，豕隋，俗呼小豶豬為子也。麼豚，最後生者，俗呼為麼豚。奏者貆。音溫，今貆豬。短頭，皮理腠蹙也。豕生三豵，二師一特，所寢槽，四蹢商皆白。豥，其跡刻，絕有力；豕，豕高五尺者。牝豝，彘五尺為豕。大豕為。今漁陽呼豬大者為也。許慎《説文》曰：豰，小豘也；豯，豘生三月也，豵，豘生六月也。或曰：一歲曰豵。豝，牝豕；豶，豕也；豜，三歲豕；豕，壯豕也；豕，豶也；豭，俗名豬曰豭；豕，豕息也；豢，以穀圈養豕也。何承天《纂文》曰：梁州以豕為豬，河南謂之彘，吳楚謂之犬希。漁陽以豬為豕，齊徐以小豬為豕。豲，白豕黑頭也；貆，豕奏毛也。《禮記》曰：凡祭祀之禮，豕曰剛鬣。《春秋説題辭》曰：斗星時散精為彘，四月生，應天理。崔豹《古今注》曰：豬一名參軍。《山海經》曰：豕豬，大者肉至千斤；豪豬，狀如豚而白毛，毛大如笄而黑端。郭璞曰：豬，豬也。夾髀有粗毫，長數尺，能以頸上毫射物也。

【事對】剛鬣　攢錐　《禮記》曰：凡祭祀之禮，豕曰剛鬣，豚曰腯肥。郭璞《山海經圖豪彘贊》曰：剛鬣之族，號曰豪豨；毛如攢錐，中有激矢。【白頭　青爪】《東觀漢記》曰：朱浮《與彭寵書》，責之曰：伯通自伐，以為功高天下。往時遼東有豕，生白頭，異而獻之。行至河東，見群豕皆白，懷慚而還。若以子之功，論於朝遷，則為遼東豕也。《養生要集》曰：豕白蹄青爪，不可食也。長垣澤　木蘭橋　《東觀漢記》曰：吳佑年二十喪父，獨居，家無擔石，而不受贍遺。常牧豕於長垣澤中。習鑿齒《襄陽耆舊傳》曰：木蘭橋者，今之豬蘭橋是也。劉和季以此橋近荻，有蔽菜，於橋東大養豬。襄陽太守皮府君曰：『作此豬屎臭，當易名作豬蘭橋耳，莫複云木蘭橋也。』初如戲之，而百姓遂易其名。魯津伯　大蘭王　《符子》曰：朔人有獻燕昭王大豕者，宰夫膳之。豕既死，乃見夢於燕相曰：『造化勞我以豕形，食我以人穢。今仗君之靈而化，始得為魯津之伯也。』

【文】宋袁淑大蘭王九錫文大亥十年，九月乙亥朔，十三日丁亥，北燕伯使者豪豕冊命大蘭王曰：咨惟君稟太陰之沉精，摽群形於玄質，體肥腯而洪茂，長無心以遊逸。資豢養於人主，雖無爵而有秩，此君之純也。君昔封國殷商，號曰豕氏，葉隆當時，名垂千世，此君之美也。白蹄彰於周詩，涉波應乎隆象；歌詠垂於人口，經千載而流響，此君之德也。君相與野遊，唯君為雄；顧群數百，自西徂東。俯噴沫則成霧，仰奮鬣則生風；猛毒必噬，有敵必攻。長驅直突，陣無全鋒，此君之勇也。

《太平御覽》卷九〇三《豕》　《爾雅》曰：豕，豬。江東呼爲豨。豶、豶、豮羊箠反。俗呼小豶猪爲豮子也。么、幼、最後生者，俗呼爲么豚。奏者。音溫。今貆猪矩頭，皮理腠蹙也。豕生三豵，音宗。二師一特。所寢，橧。疾陵切。四蹢皆曰豥。音該。其跡，刻。絕有力，豟音厄。豕高五尺者。牝豝彘。五尺爲豟。大豕爲豟今漁陽呼豬。大者爲豟也。

《説文》曰：豰，許蔔切。小豚也。豯，豚生三月。豵子公切。豚生六月也。或曰：一殨曰豵。豝，牝豕。豶，豕也。豜，公妍切。三歲豕。豭，牡豕也。豕，豶也。豛，音役。大豰名豬曰豛。豷，於麗切。豕息也。豢，以穀圈養豕也。

何承天《纂文》曰：梁州以豕為豥，之涉切。河南謂之彘，吳楚謂之犬希。火豈切。漁陽以大豬為豝，齊徐以小豬為豥。叱主切。豲，音覓白豕黑頭也。貆，豕奏毛也。

《方言》曰：豬，燕、朝鮮之間謂之豭，關東謂之彘，或謂之豕，南楚謂之犬希。其子或謂之豚，或謂之貕，音奚吳揚之間謂擲靚子。《春秋說題辭》曰：斗星時散精為彘，四月生應天理。

崔豹《古今注》曰：豬一名長喙，一名參軍。

《易・說卦》曰：坎為豕。

又《睽卦》曰：上九，睽孤，見豕負途，載鬼一車。

又《大畜》曰：六五，豶豕之牙，吉。

又《姤卦》曰：初六，系於講鋕尼，貞吉。有攸往，見凶。羸豕孚蹢躅。

《禮記・曲禮下》曰：凡祭，豕曰剛鬣，豚曰腯肥。

又曰：士無故不殺犬豕。

又《月令》曰：孟夏，農乃登麥，天子以彘常麥。

又《王制》曰：秋薦黍以豚。

又《禮器》曰：腓平仲祭其先人，豚肩不掩豆。

又《內則》曰：豕望視而交睫，腥。望視，遠視也。腥，當為星。星，肉如米者。

《論語》曰：陽貨欲見孔子，孔子不見，饋孔子豚。《詩・國風・騶虞》曰：彼茁者葭，一發五豝。豕牝曰豝。

又曰：彼茁者蓬，一发五豵。一賤曰豵。《箋》云：豕三岁曰豵。

又《魚藻・漸漸之石》曰：有豕白蹢，烝涉波矣。

《左傳・莊八年》曰：齊無知弒其君。十二月，齊侯遊於姑棼，遂田於貝丘。見大豕，從者曰：『公子彭生也。』公怒曰：『彭生敢見！』射之，豕人立而啼。公懼，墜於車，傷足，喪屨。反，誅屨於徒人費，弗得，鞭之，見血。走出，遇賊於門，劫而束之。費曰：『我奚御哉。』袒而示植黨，信之。費請先入，伏公而出，鬥，死於門中。石之紛如死於階下。遂入，殺孟陽於床，曰：『非君也，不類。』檻瀚之足於戶下，遂殺之，而立無知。

又《昭七》曰：昔有仍氏生女樂正居，夔取之，生伯封。實有豕心，貪婪無厭，謂之封豕。又曰：衛靈公夫人南子與宋朝通。衛太子使齊，過宋，宋野人以婁豬刺而歌之云：『既定爾婁豬，盍歸吾艾豭？』

《史記》曰：子路性鄙，好勇伉直，冠雄雞，佩豭豚。

《漢書》曰：公孫弘，菑川人。少時為獄吏，有罪免，家貧，牧豕海上。

又曰：郅都，景帝時為郎。常從入上林，賈姬在廁，野彘入廁。上目召都，都不行。上欲自持兵救賈姬，都諫之，乃止。彘亦不傷賈姬。

又曰：燕刺王旦將作亂，廁中群豕出，壞太官灶。

《東觀漢記》曰：承宮字少子，琅琊人。少孤，年八歲，人令牧豕。鄉裏徐子盛明《春秋經》，授諸生數百人。宮過其廬下，見諸生講誦，好之，因棄豬而聽經。豬主怪不還，行索見宮，欲笞。門下生共禁止，因留精舍門下拾薪執苦。數年遂通經。又曰：朱浮與彭寵書，責之曰：『伯通自伐，以功為高天下。往時遼東有豕生子白頭，異而獻之。行至河東，見群豕皆白，懷慚而還。若以子功論於朝廷，則為遼東豕也。』

《續漢書》曰：曹萌字玄偉，以仁厚稱。鄰人有亡豕者，與萌豕相類，詣門認之，萌不與爭。後所亡豕自還，其主大慚，送所認豕，辭謝萌，萌笑而受之。

袁山松《漢紀》曰：吳祐放豬於長垣澤中，誦經而行，遇父故人，謂之曰：『子二千石，子掉鞭而誦經，行吟於澤畔，縱子無恥，奈君父何？』祐守志如初。與北海公沙穆遊太學，資蔽乏，變服為傭，祐賃使舂，遂為死交於杵臼之間。

張璠《漢紀》曰：莎車王殺於闐王。於闐大人都末出城見野豕，欲射之。豕乃語曰：『無殺我，我為汝殺莎車將軍。』都末異之，即與先共時莎車王。

謝承《後漢書》曰：朱穆字文玄，常養豬，豬有疾，使人賣之於市。語之曰：『如售，當衷告買者，言病也。』賣豬者售，不言病，且直過多。穆怪其故，齎半直以還買豬者，買豬者辭不敢，穆棄錢而去。《魏志》曰：挹婁國在夫餘東，常穴居土，氣寒劇於夫餘。其俗好養豬，食其肉，衣其皮，冬以豬膏途身。

又曰：管輅常至郭恩家，碓上鳩鬥，謂恩曰：『當有老人將豚一口從東候公舍，有小口傷，亦無所苦。』明日，果有親知老翁攜豚饋恩。恩射鳩為饌，箭著小女子腳。舉家惶怖，竟無所害。又有人失婦，使輅蔔之，輅曰：『君明日於路見擔豬者，乃逐之。』行次，豬忽繩斷，走入他舍，突破主人甕。見其婦出看豬，遂擒之。《晉書》曰：阮鹹至宗人間共集，不用備劈斟酌，以大甕盛酒，團坐相向，大酌更飲。時有群豕來飲其酒，鹹直接去其上，便共飲之。

又曰：湣懷太子常從帝觀豕牢，言於帝曰：『豕甚肥，何不殺以享士而使久費五穀？』帝嘉其意，即使亨之，因撫蒲俺謂廷尉傅祗曰：『杆兒當興我家。』

又曰：韓友字景先，廬江龍舒人也。龍舒長鄧林父礎積年，垂死。友為筮，使畫作野豬，著臥處屏風上。因是遂差。又曰：呂光死，其子纂立。有豬生子，一身三頭。又有龍出糾晷，蟠於殿前。纂以為美瑞，羅什獨以為災。俄而呂超殺蛛。又曰：劉聰時，豕著進賢冠升聰殿，與犬鬥。

《北史》曰：陸逞累除京兆尹。郡界有豕生數子，鞠挾而死。其家又有豶豕，遂乳養之，諸豚賴之以活。時以逞仁政所致。皇甫謐《高士傳》曰：孫期字仲彧，濟陰人。與諸生講《京氏易》、《古文尚書》。家貧，事母至孝，牧豕於大澤中，以奉養焉。遠人從其學者，皆執經壟畔以追之。裏落化其仁讓。黃巾賊起，過期裏陌，相約不能犯孫先生舍。郡舉方正，遺吏齎羊、酒請期。期驅豕入草，不顧也。

《三輔決錄》曰：五門子孫，凡民之伍。馬氏兄弟五人，共居此地，作客舍，養豬賣豚。故民謂之曰：苑中三公，鉅下二卿，五門嚄々，但聞豚聲。

《董正別傳》曰：司馬徽字德操，時人呼為水鏡。常有人妄認徽豬，徽便推與之。後數日，亡豬者以豬還徽，乃叩頭謝自責，徽又厚謝。

《華陽國志》曰：何隨字季業，清廉退讓。常有屠者牽豬過隨門，索斷失之，強認隨溷中豬，隨牽與之。屠人尋自得亡者，還隨，隨以與之。

《越絕書》曰：雞山豕山者，勾踐以畜雞豕，將伐吳，以食死士也。《墨子》曰：孔子窮於陳蔡之間，藜羹不糂。桑感切。子路烹豚，孔子不問肉所從來而食之。

《符子》曰：朔人獻燕昭王以大豕，曰：『養奚若？』使曰：『豕也。非大圊不居，非人便不珍，今年百二十矣，人謂豕仙。』王乃命豕宰養。六十五年，大如沙墳，足如不勝其體。王異之，令衡官橋而量之，折十橋，豕不量。又命水官舟而量，其重千鈞，其巨無用。燕相謂王曰：『奚不饗之？』王乃命宰夫膳之。夕見夢於燕相曰：『造化勞我以豕形，食我以人穢，吾患其生久矣。仗君之靈，得化吾生，始得為魯津之伯。』燕相遊貉諳津，有赤龜奉璧而獻。一云夜光珠。

《孝經援神契》曰：彘水伏，故去脈。

《淮南子》曰：六九五十四，四主時，時主豕，故豚四月而生。

又曰：黃帝理天下，狗彘吐菽粟於路，無忿爭之人。

《山海經》曰：貓大者，肉重千萬斤。豪豬，如豕而白毛，毛大如笄而黑端。郭璞症曰：貓，豬也，夾脾而有粗豪，長數尺，能以頸上毫射物。

《博物志》曰：商丘子有養豬法，蔔式有養豬羊法。祖臺之《志怪》曰：吳中有一士大夫，於都假還。至曲阿塘上，見一女子甚美，留其宿。士解臂金鈴系挪帝，令暮更來。遂不至，使人求，都無此色。過豬圈，見一母豬臂上系金鈴。

《養生要集》曰：白豕，白蹄青爪，不可食也。

《異物志》曰：鬱林大豬，一蹄有四五甲，多膏。買者以鐵椎刺其頭，入七八寸，得赤肉，乃動。

習鑿齒《襄陽耆舊傳》曰：木蘭橋者，今擲靚欄橋是也。

《山海經圖·豪彘贊》曰：剛鬣之族，號曰豪犬希。毛如攢錐，中有激矢。

宋袁淑《大蘭王九錫文》曰：太亥十年九月乙亥朔，十三日丁亥，北燕伯使使者豪犬希冊命大蘭王曰：『咨！惟君稟太陰之沉精，摽群形於玄質。體肥腯而洪茂，長無心以遊逸。資豢養於人主，雖無爵而有秩，此君之純也。君昔封國殷商，號曰豕氏，葉隆當時，名垂於此，此君之美也。白蹄彰於周詩，涉波應乎隆像，歌詠垂於人口，經欽簇而流響，此君之德也。君相與野遊，惟君為雄，顧群數百，自西徂東。俯噴沫則成霧，仰奮鬣則生風。猛毒必噬，有敵必攻。長驅直突，陣無全鋒。此君之勇也。』

宋　陸佃《埤雅》卷五《豝》　牝豕曰豝。《說文》云：二歲曰豝，能相把拏也。詩曰：彼茁者葭，壹發五豝。彼茁者蓬，壹發五豵。《正言》豝與豵者，豝，把拏，豵，叢聚，皆蕃殖之意也。葭茁於下，蓬茁於上，豝獲於前，豵獲於後，以言上下草木鳥獸蕃殖。

宋　潘自牧《記纂淵海》卷六一《獻豕遼東》　遼東有豕，生子白頭，異而獻之至河東，見群豕皆白，懷慚而還，若以子之功論於朝廷，則爲遼東豕也。

宋　魏了翁《古今考》卷三二《六牲馬牛羊豕犬鷄字數》　豕部八十字，豕豬豨之總名，而古文豪從豕也。猪毛如笄，羼別豕子豚，籀文彘字在彐部，居列切彙類也。無人用彖字，從彑他類切。

宋 謝維新《事類備要・别集》卷八三《豕》 格物總論豕豨，豬之總名。生三月曰豯，六月曰豵，二歲曰豜。豝牝，豕豭，牡豕，老豬曰豥，小豬曰豘，小母豬曰豨，七俱反。老母豬曰豵，山甲反。求子豬曰貗豯，之涉反。良豬也。野豬謂之豨，音豨。

事類。剛鬣凡祭祀之禮，豕曰剛鬣，豚曰腯肥，記曲禮。長喙一名長喙將軍，古今注。白蹢有豕白蹢，烝涉波矣，詩漸漸之石。黑面桂林風俗，日食蛙，曰豈不勝於黑面郎哉。黑面郎，謂豬也。承平舊纂。饋豚陽貨欲見孔子，孔子不見，而饋豚，饋豚語。佩豭子路性鄙好勇力，冠雄雞，佩豭豚。史。祭先晏平仲儉祭先人，豚肩不掩豆，禮記。啖子孟子少時，聞東家殺豬，問母何為，曰欲啖汝，既而母悔，曰吾嘗教以割不正不食，席不正不坐，今適有知而欺之，是教之不信也。乃買鄰豬肉以食之。韓詩外傳，伯封貪，昔有仍氏生女樂正，后夔取之生啖子，實有豕心，啖婪無厭，謂之封豕，左昭七。彭生見齊無知殺其君，十二月齊侯游於姑棼，遂田於貝丘，見大豕，從者曰公子彭生也。公怒曰彭生敢見射之，豕人立而啼，公懼墜於車傷足喪屨，遇賊於門，遂殺之。而立無知。左莊八。野人歌衛靈公夫人南子與宋朝通，衛太子使齊至宋，宋野人以婁豬刺而歌之云：既定爾婁豬，盍反吾艾豭，左昭七。

朔人獻朔人獻，燕昭王以大豕曰養奚，若使曰豕也。非大圊不居，非人便不豢。今年百二十矣。人謂豕仙，王乃命豕宰養之，大如沙犢，足如不勝其體，甚巨無用，燕相謂王曰：奚不享之王，乃命宰夫膳之，夕見夢於燕相曰：造化勞我以豕形，食我以人穢，吾患其生久矣。仗君之靈，得化吾生，始得為魯津之伯，燕相游乎。魯津有赤龜奉璧而獻。符子。項羽賜項羽賜樊噲卮酒彘肩。公孫牧公孫弘少時為獄吏，有罪，家貧牧豕海上，並本傳。持兵救郅都為中郎將，從景帝入上林，賈妃在厠，野彘入厠，上目都，都不行，上欲自持兵救賈妃，都曰：亡一妃，復亦妃進，天下所少寧妃等耶。陛下縱自輕，奈宗廟太后何，上還彘亦不傷妃。利兵刺竇太后好老子書，召轅固問老子，固曰此家人言耳。太后怒曰安得司空城旦書乎。使固下圈擊豕，景帝知太后怒，而固直言無罪，乃假固利兵下圈刺豕，正中其心，應手而倒，太后默然，乃罷之。遼東獻朱浮責彭寵書曰：伯通自伐以功，為高天下。往時，遼東有豕，生子白頭，異而獻之。行至河東，見羣豕皆白，懷慙而還。若以子功論於朝廷，則為遼東豕也。橋東養襄陽橋曰大蘭橋者，今之猪蘭橋也。劉弘季以此橋近荻有蕺菜，於橋東火養豬，襄陽太守府君曰：依此豬尿，當易名作蘭橋耳。復大蘭橋也。初如戲之，而百姓遂易其名也。白氏帖。送豕謝萌曹萌以仁厚稱，鄰人有亡豕者，與萌豕相類，詣門認之，萌不與爭，後所亡豕自還，其主大慙，送所認豕以謝萌，萌笑而受之。以豬還徽司馬徽嘗有人妄認徽豬，豬與之，後得亡豬，以豬還徽，叩頭自責，徽厚謝之。常買輙得閔仲膠居安邑，家貧，不能得錢買肉。安邑令候之，問諸子：何飯食？對曰：但食豬肝。屠者或不肯與之，令出敕市。後嘗買輙得，仲叔怪問，其子道狀如此。乃歎曰：叔豈以口腹累安邑耶？遂去之。半直以還宋穆嘗養豬，有病，使人賣之於市。買豬者售不言病，且直過多，穆怪其貴，故半直以還，買豬者，辭不取，穆棄錢而去。梁鴻牧豕梁鴻家貧牧豕上林苑中，曾誤遺火燒及他舍，乃以豕償之，其主猶以為少，鴻願以身居作主人許，因為執勤不懈，耆老見鴻非常人，乃共責讓主人，於是悉還其豕，鴻不受乃去。馬氏賣豬馬氏兄弟五人，共作客舍，養豬賣豬，故氏謂之曰苑中三公，門下二卿，五門嚄嚄，但聞豬聲。三輔決録。以乳蒸豚晉王濟性豪侈，帝幸其家，供饌盛豐蒸豚尤美，上問其故，對曰以人乳蒸之上色不平，食未畢而去。拔劒斷豕唐佺獵洛陽苑，羣豕突出於林，帝射四發，輙殪四豕。一豕躍及鐙佺，投馬搏之，帝拔劒斷豕。顧笑曰：天策長史不見上將擊賊耶。何懼之甚。佺對曰：陛下神武定四方，豈復快心於一獸耶。安禄山化安禄山嘗夜宴，醉卧化為黑猪而龍首，左右遂言之，玄宗曰猪龍也，無能為者。禄山事迹。烏將軍娶郭元振，開元中下第，自晉之汾夜行失道，有宅門宇甚峻，堂上燈燭，而悄無人，俄聞女子哭聲，公曰人耶，鬼耶，曰妾鄉有烏將軍，能禍福，人每歲鄉人擇美女嫁焉。父利鄉人之金，潛以應選，醉置此室而去，將軍二更當來，公大憤曰：吾力救不當殺身以徇，女未久車馬駢闐，紫衣吏入復走曰：相公在此，既而將軍入，公出揖曰聞今夕嘉禮，願為小相將軍，喜而延坐，公取佩刀斫其腕而斷之，將軍失聲而走，天明視其手，乃猪蹄也。俄聞哭聲漸近，乃父母舁櫬而來，將收其屍，公具告焉。乃令鄉人執弓矢尋血而行，入大冢中，見大猪無前蹄，走出而斃，公納其女為側室。《幽怪録》豕為民患卢杞爲虢州刺史，奏言虢有官豕三千，爲民患。德宗曰徒之沙苑杞曰同州亦陛下百姓，臣谓食之便帝曰守虢而忧它州，宰相材也诏以豕赐贫民，遂有意柄任矣。豬入録廳張端為河南司録，府當祭社，買豬已呈尹，突入録廳即殺之。吏以白尹，尹問，端對曰：按律諸無故夜入人家，主人登時殺之勿論，尹大笑，為别市豬。貢父詩話。誣告猪肉經筵官會食資善堂，東坡盛稱河豘之美，吕原明問其味，曰『直那一死』再會，又稱猪肉之美，范淳甫曰：『柰發風何？』東坡笑曰：『淳甫誣告猪肉。』訴失豭猪淳化中，京畿民牟暉擊登聞鼓院，訴家奴失豭猪一，詔令賜千錢償其直，因謂宰相曰：似此細事，悉訴於朕，亦為聽決，大可笑，然此推心以臨天下，可以無寃民矣。魄蒸猪頭王中令既平蜀，饑甚。入一村寺。主僧醉，甚箕踞，公欲斬之，僧應對不懼，公奇之。公求蔬食，云有肉無蔬。愧蒸豬頭，甚美，公喜。問：『止能飯酒肉耶，尚有他技也？』僧言能詩。公令賦蒸豚，立成云：『嘴長毛短淺含脆，久向山中食藥苗。蒸處已將蕉葉裹，熟時兼用杏漿澆。紅鮮雅稱金盤釘，熟軟真堪玉箸挑。若把氈根來比並，氈根自合吃藤條。』公大喜，與紫衣師號。仇池筆記。【略】

詩集。司原豢豨。司原豢俗豨，目見容陰昵，喜此為白麟，惟憂不豐溢。烈飇澤雨作，真聲向人出，司原悔何由，肝膽空駭慄。梅都官先生，饋肉老夫畏。熱飯不能司，原豢豨香傾。城霜刀削下，黄水精月斧。斫出紅松明，君家猪紅蠟。前作是時雪，後呉山脚公。子彭生初解，縛糟丘挽上。凌烟閣却將，一臠配兩螯。世間真有楊州鶴，楊廷秀吴春卿，餉臘猪肉，戲作古句。

明 李時珍《本草綱目》卷五《猪槽中水》 主治蟲毒，服一盞，又療蛇咬瘡，浸之効。藏器

又 卷七《猪槽上垢土》 難產，取一合和面半升，烏豆二十顆，煮汁服。藏器。火焰丹毒，赤黑色，取槽下泥敷之，幹又上。時珍。

又 卷三八《縛猪繩》 主治：小兒驚啼，發歇不定，用臘月者燒灰，水服少許。藏器

又 卷五〇《豕》 頌曰：凡猪骨細，少筋多膏，大者有重百餘斤。食物至寡，故人畜養之，甚易生息。時珍曰：猪天下畜之，而各有不同。生青兖徐淮者耳大，生燕冀者皮濃，生梁雍者足短，生遼東者頭白，生豫州者味短，生江南者耳小，謂之江猪，生嶺南者白而極肥。猪孕四月而生，在畜屬水，在卦屬坎，在禽應室星。【略】

齒，氣味甘平，主治小兒驚癇，五月五日取燒灰服。《别録》又治蛇咬。《日華》中牛肉毒者，燒灰水服一錢。又治痘瘡倒陷。時珍

骨，主治中馬肝、漏脯、菓、菜諸毒，燒灰水服方寸匕，日三服，頰骨：燒灰，治痘陷，煎汁服，解丹藥毒。時珍

附方。新三。主消渴疾猪脊湯：用猪脊骨一尺二寸，大棗四十九枚，新蓮肉四十九粒，炙甘草二兩，西木香一錢半，水五碗，同煎取汁一碗，渴則飲之。三因方。浸淫諸瘡猪牙車骨年久者椎破，燒令脂出，乘熱塗之。普濟方。下痢紅白臘猪骨燒存性，研末，温酒調服三錢。

豚卵，釋名豚顛，《本經》猪石子。《别録》曰陰乾藏之，勿令敗。頌曰：豚卵，當是猪子也。時珍曰：豚卵，即牡猪外腎也。牡猪小者，多犗去卵。故曰豚卵。濟生方謂之猪石子者是也。三因治消渴方，中有石子，薺苨湯治産後蓐勞，有石子湯，並用猪腎為石子，誤矣。

氣味甘温，無毒。主治驚癇癲，疾鬼疰蠱毒，除寒熱，賁豚五癃，邪氣攣縮。本經除陰莖中痛。孫思邈治陰陽易病，少腹急痛，用熱酒吞二枚，即瘥。時珍。又《古今録》驗治五癇莨菪散中，用之。

附方新一。驚癇中風。壯熱掣。瘲吐舌出沫，用豚卵一雙，細切當歸二分，以醇酒三升，煑一升分。服。普濟。

母猪乳，時珍曰：小兒體屬純陽，其驚癇亦生於風熱。猪乳氣寒，以寒治熱，謂之正治。

氣味甘，鹹，寒，無毒。主治小兒驚癇及鬼毒，去來寒熱，五癃綿蘸吮之。蘇恭小兒天弔，大人猪雞癇病。日華

發明。初生小兒至盈月，以猪乳頻滴之，最佳。張煥云：小兒初生無乳，以猪乳代之，出月可免驚癇痘疹之患。楊士瀛云：小兒口噤不開，猪乳飲之甚良。月内胎驚，同朱砂、牛乳少許，抹口中甚妙。此法諸家方書未知用，予傳之。東宮吴觀察子病此，用之有效。

附方。舊一。斷酒，白猪乳一升，飲之。千金。【略】

懸蹄甲，一名猪腿。思邈曰：酒浸半日，炙焦用。時珍曰：按古方有用左蹄甲者，又有用後蹄甲者，未詳其義也。

氣味鹹平，無毒。主治：五痔，伏熱在腹中，腸癰内蝕。本經同赤木燒烟薰，辟一切惡瘡。仲景

附方。舊二，新五。肺氣喘嗽猪爪甲二枚燒灰研，入麝香一分同研，搽服。普濟。定喘化痰用猪蹄甲四十九箇，洗浄，每甲納半夏白礬，各一字罐盛固濟煅赤為末，入麝香一錢七，每用糯米飲下，半錢。經驗良方。火欬喘急猪蹄甲四十九枚，以瓶子盛之。安大南星一枚蓋之，鹽泥固濟，煅烟出為度。取出，入欵冬花半兩，麝香、龍腦少許，研勻每服一錢，食後煎桑白皮湯下，名黑金散。總録。小兒寒熱及熱氣中人，用猪後蹄甲燒灰，乳汁調服，一撮，日二服。千金。痘瘡入目猪蹄爪甲燒灰，浸湯濾浄，洗之甚效。普濟方。癍痘生翳半年巳上者，一月取效，一年者不治。用猪懸蹄三兩，瓦瓶固濟煅蟬蛻一兩，羚羊角一分，為末。每歲一字，三歲，巳上三錢温水調服，一日三服。錢氏小兒方。小兒白禿猪蹄甲七箇，每箇入白礬一塊，棗兒一箇，燒存性，研末。入輕粉，麻油調搽，不過五上愈。

尾，主治：臘月者，燒灰水服，治喉痺。和猪脂，塗赤禿髮落。時珍出千金

毛，主治：燒灰，麻油調，塗湯火傷，留竅出毒則無痕。時珍出袖珍

附方。新一。赤白崩中。猪毛燒灰三錢，以黑豆一椀，好酒一碗，半煑一碗，調服。

屎，一名猪零。日華曰：取東行牡猪者為良。頌曰：今人又取南行猪零，合太乙丹。時珍曰：古方亦有用豭猪屎者，各隨本方，猪零者，其形纍纍零落而下也。

氣味寒，無毒。主治：寒熱黄疸濕痺。《别録》主蠱毒，天行熱病。並取一升浸汁，頓服。日華燒灰，發痘瘡，治驚癇，除熱解毒，治瘡。時珍血溜出血不止，取新屎壓之。吴瑞

發明。時珍曰：《禦藥院方》治痘瘡黑陷無價散、錢仲陽治急驚風癇惺惺丸皆用之，取其除熱解毒也。

附方。舊一，新十六。小兒客忤偃啼面，青豭猪屎二升，水絞汁，温浴之。小兒夜啼

豬屎燒灰，淋汁浴兒，并以少許服之。《聖惠方》。小兒陰腫豬屎五升，煑熱袋盛，安腫上。《千金方》。霧露瘴毒頭痛，心煩項强，顫掉欲吐。用新豬屎二升，酒一升，絞汁暖服，取汗瘥。《千金》。中豬肉毒豬屎燒灰，水服方寸匕。《外臺》。婦人血崩老母豬屎燒灰，酒服三錢。《李樓方》。解一切毒母豬屎，水和服之。《千金》。攪腸沙痛用母豬生兒時抛下糞，日乾為末，以白湯調服。口唇生核豬屎絞汁温服。《千金方》。白禿髮落臘月豬屎燒灰敷。《肘後》。疔瘡入腹牡豬屎和水絞汁，服三合，立瘥。《聖惠方》。十年惡瘡母豬屎燒存性，傅之。《外臺方》。消蝕惡肉臘月豶豬糞燒存性一兩，雄黄、檳榔各一錢，為末。敷洗。《直指方》。胻疽青爛生於腨脛間，惡水淋漓，經年瘡冷，敗為深疽青黑，好肉虛腫，百藥不瘥，或瘥而復發，先以藥蝕去惡肉，後用豭豬屎散，甚效。以豬屎燒研為末，納瘡孔令滿，白汁出，吮去更傅，有惡肉，再蝕去乃傅，以平為期，有驗。《千金方》。男女下疳母豬糞，黄泥包，煅存性為末。以米泔洗淨，搽立效。《簡便單方》。雀瘻有蟲母豬屎燒灰，以臘月豬膏和敷，當有蟲出。《千金方》。赤遊火丹母豬屎，水絞汁，服并傅之。《外臺》。

㷭豬湯，主治解諸毒蠱魘。蘇頌産後血刺，心痛欲死，温飲一盞。汪機治消渴，濾净飲一碗，勿令病人知。又洗諸瘡，良。時珍豬窠中草，主治：小兒夜啼，密安席下。勿令母知。《日華》縛豬繩主治小兒驚啼，發歇不定，用臘月者燒灰，水服少許。藏器

明 李蘇《見物》卷二《豕、豨》 《爾雅》載豨名甚多，其野豨類豬豢者，性汙。

論曰：豕能多食，而性不潔。易稱負塗，昭其汙也。諺云：塗老𨱉亦穢之也。然割剝之爲膚，虀人弗吐焉。今舉世一朝，可屠豕萬計，亦不啻刈草菅矣。觀郭無振遭烏將軍，事事若不經，然不可謂無知識也。穢行多奸，謀意者，信乎。

贊曰：豕而負塗，涉波莫，雪爲禍，招屠人，仇益結。

明 彭大翼《山堂肆考》卷二二一《豕》

俯首

《易説》卦坎為豕，性趨下，豕能俯其首。又喜卑穢，亦水畜也。

交睫

《天官》内饔供后及世子之膳，羞辨腥臊羶香之不可食者曰豕。盲眡而交睫腥。注云：腥，當作星，肉成米，似星。

明 呂毖《明朝小史》卷四《猪脬環腰》 帝師渡淮時，無一葦之楫，有人于囊中取乾猪脬十餘，納氣其中，環著腰間，泅水而南，徑奪舟，以濟北軍。

又 卷一一《猪與朱同》 帝以猪字聲音同于朱字，犯御姓，令天下禁殺猪。

明 張懋修《墨卿談乘》卷一二《駝性知水豕性知雨》【略】天將久雨，則豕進而涉水波。白蹢之豕，尤躁進者。故詩曰：有豕白蹢，烝涉波矣。月離於畢，俾滂沱矣。

清 褚人穫《堅瓠集·五集》卷二《猪脬油囊》 靖難兵至淮，無舟可渡。有兵人於囊中取乾猪脬十餘，納氣其中，環繫腰間，泅水而渡，奪南舟以濟北軍。《挑燈集異》載：汶上人用油塗生牛皮作囊，納身其中，止露眼鼻，雖深亦不溺，登涯則解如蟬蜕，衣履不霑，捲囊而去。

又 《秘集》卷四《象畏鼠猪》 象畏鼠，見地有鼠跡，終日不敢動。《海語物産篇》載：象嗜田禾，經旬數畝立盡。島夷縛孤豚於深樹中，喔喔不絕聲，象聞而怖，乃引類而遁。昔王威寧平兩廣夷人，畏象戰，因覓小豚數千縱之，象果披靡。人以為豚類鼠，不知豬聲固象所畏也。

清 方旭《蟲薈》卷二《豕》 《曲禮》豕曰剛鬣。旭按：豕今通稱爲豬。或以牝牡大小別之，泥。

《古今注》豕，一名參軍。

《承平舊纂》黑面郎，豬也。又名魯津伯。

《西番譯語》豕，西番呼怕。

《本草綱目》豕，生青、兖、徐、淮者耳。大生江南者耳，小生燕冀者，皮厚生豨粱者，足卑生遼東者，頭白生豫州者，味短生嶺南者，肥大。

《嶺南雜記》豬出南雄府者，耳小，腳卑，爪細，重一二十斤，皮薄，肉嫩，與常豬不同。廣人甚貴之。又出江西贛州龍南縣。

《頤生論》豬無筋。

《孔子家語》豕，四月而生。

《埤雅》豕喜雨。

《致富全書》桐花飼豬肥大三倍，如病，但割去尾尖出血卽愈。若瘴疫，以蘿蔔飼之。

《簡效方》豬齩以龜版，燒灰蔴油調敷。

《本草備要》豬肉忌黃連、烏梅、桔梗，犯之，下痢。

《抱朴子》山中亥日稱神君者，豕也。知其名，則不爲害。

清　李鍾珏《禁猪仔議》《清經世文續編》卷八六　南方以物之稚者曰仔。豬仔者猶言小豬也。閩廣兩省生齒繁盛。當海禁未開，南洋群島如蘇門答臘、加拉巴、小呂宋等處，中國人民商販出洋，家於其地者，不可勝數。海外獲利數倍。內地愚民豔之，日趨日眾。然皆因其戚友，安然無害。未嘗有拐騙販賣，驅良民而置之死地者也。同治初年，泰西英荷諸國，開辟荒島，乏人墾治。以重貲誘往做工。遂有販賣豬仔之事。當時閩之廈門，粵之香港，澳門，公然設館。被拐者驅人舟中，縶其手足，如載群豕，其苦難言。及至外洋，更遭慘酷，十必死五。而奸民則坐獲重利。後經地方紳士，據情稟報，上達總署，通行沿海各省，嚴密查禁，又照會英國，定以三十餘款，可謂詳備。而英國不允，其法未行。特豬仔之館，不複公然開設。比年以來，較之同治間，風亦少息。然廈門、香港、汕頭，每一輪船開行，凡下艙搭客，往往數百人，多至千餘人。其中自願出洋者固多，而被拐之豬仔，何船無之。中國雖不設館，新加坡仍有客館，專收豬仔。前年中國駐坡領事官，設法議禁。英員不允。後經移請潮惠嘉道出示查禁，以為清源之策。而示懸旬日，卒為駐粵英領事齒斤齒斤於大府，檄令收回。於是拐販之徒，知中國禁令不行，益複肆行無忌。上年粵東火船，查出被拐良民至六十人之多。則其他之未經破案者，可知矣。為今之計，欲與西官商禁，則總署之照會，且不允行矣。地方之告示，且不准憑矣。即執公法輿論，亦必強詞奪理，徒費口舌。惟有責成就地紳士，購線查緝。其法在閩粵沿海各州府，選擇公正紳士，諭以緝匪之事。每一輪船開行，於埠頭密查下船之客，必一一過目。如遇形跡可疑，詳細盤究。平日又訪查拐匪，不使入境。紳士不同委員，氣誼聯而耳目近，訪查較易而確。此猶古者守望相助之法。彼外人不能阻我者也。況閩粵人好仗義。凡有益地方之舉，皆肯為官府將伯之助。近年粵東清理匪鄉一事，亦經紳士幫辦。以之助禁豬仔，焉有不樂從哉。此誠簡便易行之策也。

清　胡廷光《傷科彙纂》卷一二《猪咬傷》　耀山曰：無豕不成家，會字意也。天下之猪，固家養供膳之畜，雖易地而殊名，性總趨下而喜穢，本無大毒，亦不噬人，逼之大緊，偶或反咬，傷人者少，方故不多。惟山中野猪能傷人，豪猪箭亦能射人，書無方法，若以比類而施醫藥，法亦不相甚遠矣。

《千金方》：治猪嚙成瘡，用松脂煉作餅貼之良。

葉氏《摘玄方》：治豬咬成瘡，用龜版燒存性，研爲細末，以香油調和搽之極妙，簷溜下泥塗之亦妙。

清　陸廷燦《南村隨筆》卷四《龍猪》　龍猪重一二十觔，小耳、庳脚、細爪，土人醃熏，以竹片綳之。皮薄肉嫩，與常猪不同。出江西贛州府龍南縣。又出南雄府東北百里龍王巖。

清　錢泳《履園叢話》卷一一《畫猪》　或謂文中之時藝，猶畫中之猪，余駭然問故。曰：牛羊犬馬，各有專家，曾見有以剛鬣為點染者乎？今所流傳字幅詩文詞賦以及雜言小說，無不可書之屏幛，曾見有録荆川、鹿門、歸、胡、陶、董之制義者乎？

清　王棠《燕在閣知新録》卷二八《髮價不及猪毛》　身體髮膚，不敢毀傷，古謂之孝。今遵□制剃髮留辮，所剃之髮，當積貯一處，投於河中，方不致爲人踐踏。近聞江南種秧例用猪毛牛鞋等物，使秧易於茂盛，乃有用頭髮攙入猪毛，此可三嘆也。猪毛價二兩百斤，南京城內髮價一兩二錢百斤，城外一兩百斤，城內肉食者多，故城外髮不及城內髮也。

清　楊鞏《中外農學合編》卷五《猪糞》　較牛羊糞奏效速，農家每雜人糞用之，施於各種植物類皆宜。《農書》

附外洋法

猪糞比牛糞質尤冷，醱酵亦較難，臭氣頗甚，若獨用此爲肥料，其臭能移傳於植物中，故於蔬菜類不宜，若麻類及其他不供食用者，皆可。《肥料效用篇》

清　俞正燮《癸巳存稿》卷八《正德禁殺猪》　傳維鱗《明書·武宗紀》云：『正德十四年九月，上次保定，禁民間畜猪，著爲令。民間畜豬，著為令。十一月，住清江浦。十二月辛酉，住揚州。乙酉，渡江。十五年，在南京。四月，弛豬禁。』毛奇齡《武宗外紀》云：『正德十四年十二月，至揚州，所至禁民間畜豬，數百裏內屠殺殆盡，田家有產者悉投諸水。是歲，凡祀牲，有司輒以羊代之。』其事甚奇，又毛《外紀》以九月為十二月。檢明沈德符《野獲編》云：『正德十四年十二：月，行在，兵部左侍郎王憲，抄奉欽差總督軍務、威武大將軍、總兵官、後軍都督府、太師鎮國公鈞帖：照得宰豬常事，但當爵本命，又姓字異音同，況食之隨生瘡疾，深為未便，為此諭，豕牲不許喂養及易賣宰殺，如若故違，本犯並當房妻小發極邊永遠充軍。』其事如此，蓋九月在保定發鈞帖，蔔二月又在揚州抄奉示諭，南方始知之。沈、毛乃南人紀載也。沈謂宋徽宗以壬戌生，亦禁殺犬。而黃光異《昭代典則》云：『豬音同國姓，且信佛法也，各處城市、鄉村居民所養豬口，盡減價賤售，小豬埋棄。』蓋速殺賤賣，其云信佛法，則何不廣言牛、羊、雞、犬？武宗通梵語，其豹房實多回人，又未有子嗣。孫真人《千金方》言豬肉久食令人少子。《食忌》云：『豬腦，食之損男子陽道，臨房不能行事。』蓋武宗有所感，回人慫慂之，托之國姓朱，武宗亥生，故有此鈞帖。回人不欲見扈從者持豬肉，鈞帖止行一路。《外紀》言『數百裏內』，為當時事實。鈞帖不行刑部內閣，《明書》言『著為令』，非也。

清 朱翊清《埋憂集》卷五《秦檜爲猪》 順治初，蔚州魏果毅公官刑部尚書。嘗夢至冥司，代陰曹決冥中事。一日，湯文正公斌訪之，值公午睡，待之良久，甫出。湯因晝寢諫，公笑曰：『非寢也，此事本不欲言，因有關臣節匪細，故不妨為知己道也。適夢至冥司，提問秦檜公案耳。』湯驚問：『此案至今猶未了乎？』公曰：『非未了也。渠前世本在汲州一富家為犬。其夜有數盜持刀入，執縛主人。主人不敢號，任其搜括。盜猶未慊，疑其尚有窖藏，脅以刀，使指其處。而室中實無餘蓄，盜舉刀欲砍。犬從旁力齧其足，盜反身斷其首，而主人得乘間逸去。冥官嘉其義，俾其托生秦氏為子，故身後眼有夜光也。不意忘其本來害賢賣國，罪惡至此。閻羅用罰令三十世為豬，以示殺忠良之報也。而檜仍欲乞為犬。』湯公曰：『犬豈有勝於豕乎？』公笑曰：『此其所以為奸狡也。犬不盡殺而豕則未有能免屠割者也。適笞之三百，渠猶不承，繼以炮烙，乃服。今押往汴州為豬去矣。』問：『以前卻在何處？』曰：『此案未可驟結，自瀛國公人燕以後，始令其世世投生獄氏，為鼠，以飼其貓，俾償武穆之怨。迄今才令往生他處耳。』湯曰：『宋自和議成，而歲貢金幣，偷安半壁。君臣遊燕荒嬉，無複中原之志，以迄於亡。而南自南、北自北之議，檜發之，檜實成之。是其賣國之罪更大也。』曰：『此意授自金人，主於高宗，南渡享國不長，半由自取。既斬檜嗣，俾其先宋而亡，已足蔽其辜矣。但其斃武穆於獄，及誅殺不附和議諸賢，罪孽尤難末減。需為豬三十世，乃可泄一朝忠臣之憤也。』湯歎息而退。湯與陸清獻，皆為公所薦引者也。

又按：《異識資諧》：萬曆丙子，京口鄔汝璧遊於杭，見屠豕者，去毛盡，腹上有五字云：『秦檜十世身。』康熙中，震澤某遊武陵。適屠家宰一豬，蹄上及肺管，皆有『秦檜』字，眾無敢買者。某毅然買之，攜歸付僕。煮既熟，率眾攜至嶽王祠，羅拜以獻。祀畢恣啖。聞者大快。青州徐相國溥家，嘗宰一豬，好去毛，肉內隱有字云：『秦檜七世身。』烹而食之，臭惡異常。相傳相國之祖，在宋朝為秦檜所害。故生平最敬武穆，特於青州城北建嶽王祠，鑄秦檜、萬俟離像跪階下。此豕豈以示償歟？然則果毅之說，信有征矣。《堅瓠集》又載：萬曆戊戌，去鳳陽城三十裏朱家村，雷震一白牛，燎毛盡，背有『秦檜』二字。豈為其所規免，故不為豬而為牛？而卒死於雷，奸臣之不能逃天網也如是夫！

清 多隆阿《毛詩多識》卷一〇《有豕白蹢烝涉波矣》 《毛傳》云：豕，豬也。蹢，蹄也。犬喜雪，馬喜風，豕喜雨，故天將久雨，則豕進涉水波。《爾雅·釋獸》云：四蹄皆白豥。孔疏云：豥者，躁疾之言，白蹢名之爲豥，是躁疾於餘豕。夫躁疾驚駭，凡豕皆然，不必蹄白者始。然《爾雅》祇言名豥，非驚駭也。《易》曰：見豕負塗，是豕喜處泥中。白蹄爲泥所塗，不恆見至雨，多泥爲雨滌，白蹄見矣。有豕白蹢，久雨之徵也。

清 張英《淵鑒類函》卷四三六《豕一》 原：《爾雅》曰：豕子豬。江東呼為豨。豴、豶、豴羊垂反，俗呼小豶豬，為豴子也。么、幼，最後生者，為么豚。大、一作奏。者豱。音溫，今豱豬，短頭皮理腠蹙也。豕生三豵，宗。二師，一特。豕生子，常多故，取少者名之。所寢橧四蹢，皆白豥。該，其跡刻絕有力，蹢音厄。牝豝。巴彘五尺為豝。大豕為豴。今漁陽呼豬大者，為豴也。許慎《說文》曰：豰，許卜反。小豘也。豯豘生三月也。豵，子公反豘生六月也。或曰一歲曰豵豝，牝豕豶豶也。豣公妍反。三歲豕豭牡豕也。豴豶也。豛役俗名豬，曰豛。豷於麗反豕息也。豢以穀圈養豕也。增《廣雅》曰：頓丘梁豨之陟反重顱盧豲。原方言曰：豬，燕朝鮮之間謂之豭，關東西謂之彘，或謂之豕，南楚謂之豨。其子或謂之豚，或謂豯奚，吳揚之間謂之豬子。何承《天纂文》曰梁州以豕為豬，之於反，河南謂之彘，吳楚謂之豨，火豈反漁陽以豬為豝，齊徐以小豬為豨仕主反，豶，白豕黑頭也。豱豕，奏毛也。《易》曰見豕負塗，又曰坎為豕。《詩》曰：有豕白蹢，蒸涉波矣。注：蹢，蹄，蒸，衆也，涉水而起。《禮記》曰：孟夏食菽與彘。又曰：凡祭祀之禮，豕曰剛鬣，豚曰腯肥。《春秋說題辭》曰：斗星時散精為彘，四月生，應天理。《山海經》曰：貓，豬大者，肉至千斤，豪豬狀如豚，而白毛，毛大如笄而黑端。郭璞曰：豬，猪也。夾脾有麤，豪數尺，能以頸上豪射物。增《魏志》曰：挹婁在扶餘東北處山林之間，嘗穴居，土氣寒於扶餘，其俗好養豬食其肉，衣其皮，冬以豬膏塗身厚數分，以禦風寒。《虞衡志》曰：嶺南一種嬾婦豬，似山猪而小，常噉田禾，惟以機柚紡織之具置田，所則不復近。《五行傳》曰：豕畜之居，閑衛而聽者，屬聽。崔豹《古今注》曰：豬一名長喙參軍。孔帖曰：扶南人喜鬬豬。《異物志》曰：鬱林大豬，一蹄有四五甲，多膏，買者以鐵錐刺其頭，入七八寸得赤肉，乃動。《夏鼎志》曰：掘地而得豚，名曰邪，空同子曰：豕主食，故一乳十七八。《天中記》曰：北狄渤海俗，所貴者曰鄭頡之豕。

又《豕二》 原：《論語》曰：陽貨欲見孔子，孔子不見，饋孔子豚。墨子曰：孔子窮陳蔡之間，藜蒸不糂，子路烹豚，孔子不問肉所由來，即食之。《史記》曰：子路性鄙，好勇力，冠雄雞，佩猳豚，凌暴孔子，孔子設禮，稍誘子路，後服委質，因門人請為弟子。增《越絕書》曰：雞山、豕山者，句踐以畜雞豚，將伐吳以食死士也。原《韓詩外傳》曰：孟子少時，東家嘗殺豬，孟子問其母曰：『東家殺豬何以為？』其母曰：『欲噉汝。』其母悔失言，曰：『吾懷妊是子，席不正不坐，割不正不食，胎教之也。今適有知而欺之，是教之不信也。』買東家豬肉，以食之，明不欺也。《史記》曰：竇太后好老子書，召袁固問老子，固曰此家人言耳。太后怒曰：『安得司空城旦書乎？』使固下圈擊豕，景帝知太后怒，而固直言無罪，乃假固利兵下圈刺豕，正中其心，應手而倒，太后默然，乃罷之。《漢書》曰：公孫弘菑川人，少時為獄吏，有罪免，家貧牧豕海上四十餘。乃學春秋雜說。年六十，以賢良徵為博士，進丞相，封平津侯。又曰：郅都東海人，景帝時為郎，嘗從遊上林，賈姬在廁，野彘入廁，上目都，都不行，上乃欲自持兵救賈姬，郅都上前曰：『亡一姬一姬進，天下所少寧賈姬耶？陛下縱自輕，柰宗廟太后何？』上還，彘亦不傷賈姬。增《洞冥記》曰：漢武未生，景帝夢一赤彘從雲中直下崇芳閣，帝覺見赤氣，如雲霞來，蔽户牖，乃改崇芳閣為猗蘭殿，後王夫人生武帝於此殿。原《張璠漢記》曰：莎車王殺于闐王，于闐大都末出城見野豕，欲搏之，乃人語曰：『無殺我，我為汝殺莎車將軍。』都末異之，即與兄弟共殺莎車王。《東觀漢記》曰：閔仲叔居安邑，家貧不能得錢買肉，安邑令候，之問諸子：『何飯食？』對曰：『但食豬肝，屠者或不肯與之。』令出敕市，後常買輒得，仲叔怪，問其子，道狀如此，乃歎曰：『叔豈以口腹累安邑耶。』遂去之。又曰：吳祐年二十喪父，獨居，家無擔石，而不受贍遺，嘗牧豕於長垣澤中，行吟經書，遇父故人，謂之曰卿二千石子，而杖鞭牧豕，縱子無恥，柰君父何，祐辭謝而已，守志如初。又曰：梁鴻家貧而尚節，博覽無不通。畢乃牧豕於上林苑中，曾誤遺火，延及他舍。乃尋訪燒者，問所失，悉以豕償之，其主猶以為少，鴻曰：『無他財，願以身居作。』主人許，因為執勤不懈，耆老見鴻非恒人，乃共責讓主人，而稱鴻長者，於是始敬異，悉還其豕，鴻不受乃去。《續漢書》曰：曹騰父萌，以仁厚稱，鄰人有豕者，與萌豕相類，詣門認之，萌不與爭，後所亡豕自還其家，主人大慙，送所認豕，并辭謝萌，萌笑而受之。皇甫謐《高士傳》曰：孫期濟陰人，少為諸生，治《京氏易》《古文尚書》，家貧，事母至孝，牧豕於大澤中，以奉養焉。遠人往從其學，皆執經壟畔以追之，里落化其仁讓，黄巾賊起，過其里陌，相約不犯孫先生舍，辟舉方正，遣吏齎羊酒請期，期驅豕入草不顧。司徒黄琬特辟，不就，終於家。《董正別傳》曰：司馬徽，字德操，時人呼為水鏡，嘗有人妄認徽豬，徽便推豬以與之，後數日，亡豬者得其豬，既以豬還徽，乃叩頭自責，徽又厚謝之。郭子曰：劉道真少時嘗魚釣草澤，善歌嘯，聞者莫不留連，有一老嫗，識其非常人，甚樂其嘯，乃殺豘以進之，道真食豘盡，了不謝，嫗見其不飽，又進一豘，又食半餘半，還之，後道真為吏部郎。嫗兒為小令史，道真乃超用之，兒不知所由，問母而後知之，於是齎牛酒以詣道真，道真笑曰：『去！去！無復相報。』增《晉書》曰：呂光死，其子纂立，有豬生子一身三頭，俄而呂超殺纂。《伽藍記》曰：有劉胡者，兄弟四人，以屠為業。永安年中，胡殺豬，豬忽唱乞命，聲及四鄰，鄰人謂胡兄弟相毆鬬而來觀之，乃豬也。即舍宅為歸覺寺，合家人入道焉。《後周書》曰：陸逞為京兆尹，都界有豕生數子，經旬而死，其家又有豶豕，遂乳養之，諸豚賴之以活，時論以逞，仁政所致。《隋五行志》曰：開皇末，渭南有人寄宿他舍，夜中聞二豕對語。其一曰：『歲將盡，阿爺明日殺我供歲。何處避之？』一荅曰：『可向水北姊家。』因相隨而去。天將曉，主人覓豕不得，意是宿客而詰之。宿客言狀，主人如其言而得豕。《大唐新語》曰：太宗射猛獸於苑内，有羣豕突出林中，太宗引弓射之，四發殪四豕，有一雄豕躍及鐙，吏部尚書唐儉投馬搏之，太宗拔劒斷豕，顧而笑曰：『天策長史，不見上將擊賊耶。何懼之甚？』儉對曰：『陛下神武，定四方，豈復逞心於一獸。』太宗善之，因罷獵。《禄山事跡》曰：安禄山嘗夜宴，醉臥化為異豬而龍首，左右遽言之，明皇曰豬龍也。無能為者，盧杞為虢州刺史，奏言虢有官豕三千，為民患。德宗曰：徙之沙苑，杞曰：『同州亦陛下百姓，臣謂食之便。』帝曰：『守虢而憂他州，宰相才也。』詔以豕賜貧民。《唐五行志》曰：元和八年，長安西市有豕生子，三耳八足。又曰：乾符六年，越州山陰民家有豕入室内壞器，用銜椀缶置於水次陶穀。《清異録》曰：僞唐陳喬食蒸豚，曰此糟糠氏，面目殊乖，而風味不淺。《仇池筆談》曰：王中令既平蜀，飢甚，入一邨寺。主僧醉，甚箕踞，公欲斬之，僧應對不懼，公奇之。因求蔬食，云有肉無蔬。餽蒸豬頭，甚美，公喜，問：『止能食肉耶？為有他技也』僧言能詩。公令賦《蒸豚》，立成，云：『觜長毛短淺含臕，久向山中食藥苗。蒸處已將蕉葉裹，食時兼用杏漿澆。紅鮮雅稱金盤飣，軟熟真堪玉箸挑。若把羶根來比並，羶根自合喫藤條。』公大喜。遂與之紫衣師號。淳化中，京畿民牟暉擊登聞鼓院，訴家奴失豭豚一，詔令賜千錢償其直。《冷齋夜話》曰：宋神宗一日見後苑有牧豭豘者，問何所用，牧者對曰：『自祖宗以來，長令畜，自稚養以至大則殺之。又養稚者，前朝不敢易，亦不知果安用。』神宗詔付所司，自是禁中不復畜。數月，衛士忽獲妖人，急欲血澆之，禁中卒不能致，因悟太宗遠略，亦及此。《清波雜志》曰：崇寧二年三月一日，衛州獲嘉縣民某氏殺豬祭神，而民劉氏獵犬，得其棄骨銜之，狺狺，四日不食，剖視之，其左牡齒臼中，得一如來像，像如拇，髻有珠，如粟，瞑目趺跏坐，莊嚴畢具，觀者萬人。《夷堅志》曰：『岳飛門僧惠清言：岳微時居相臺，為市遊儌，有舒翁者，善相術，嘗密謂之曰：「君乃豬精也。精靈在人間，必有異事，然豬之為物，未有善終，必為人屠宰，君如得志，宜早退步。」』岳笑不以為然，後秦檜下岳於大理獄，周三畏鞫之，遇夜，周往間行至鞫所。一夕月微明，見古木下一物，似豕而角，周疑惑却步，此物徐行入獄旁小祠而隐，經數夕復往，月甚明又見前怪，首上有片紙書。《發字纂要》曰：元順帝一夕夢大豕決城，因禁民畜豬，及大兵至，召百官議戰，忽有二狐自内殿出，帝歎且泣，命開建德門北去。嗚呼，豬者，朱也。天之示人良亦顯矣。又曰：正德十四年冬，有旨禁約，人民不許養豬，違者，永遠充軍。以俗呼豕為豬，音同國姓，且信佛法也。旬日之間，遠近盡殺，減價賤售，小豬埋棄，一時駭異。

又《豕三》　原：剛鬣、攢錐、上詳豕一，禮記下，見郭璞豪彘贊。白頭、青爪《東觀漢記》曰：朱浮與彭寵書責之曰：伯通自伐，以為功高天下，往時遼東有豕，生子白頭，異而獻之，行至河東，見羣豕皆白，懷慙而還。若以子之功論於朝廷，則為遼東豕也。《養生要集》曰：豕白蹄、青爪不可食也。長垣澤、木蘭橋上詳豕二。《東觀漢記》襄陽耆舊傳曰：木蘭橋者，今之豬闌橋是也。劉和季以此橋近荻有蕺菜，於橋東大養豬，襄陽太守皮府君曰作此豬尿臭，當易名，作豬闌橋耳。莫復云木蘭橋也。初如戲之，而百姓遂易其名。魯津伯、大蘭王符子曰：朔人有獻燕昭王大豕者，令宰夫膳之，豕既死，乃見夢於燕相曰：『造化勞我以豕形，食我以人穢，今仗君之靈，而化始得為魯津之伯也。』下見袁淑俳諧集。四月生、期年食《家語》六九五十四，四主時，時主豕。故豕四月生，文子曰先王之法也。犬豕不期年不食。賜肩、齧脚項羽賜樊噲巵酒彘肩，魏志關羽夢豬齧其脚。交睫、去腦《周官》曰：豕望視而交睫，腥不可食禮豚去腦五豵、千足詩一發五豵，貨殖傳千足彘，與千户侯等。宜稷、食糠上周禮糟糠薦食。蒸豘、獻豣晉王濟性豪侈，帝嘗幸之，供饌甚豐，蒸肫尤美，上問其故，對曰以人乳蒸之，上色不平，食未畢而去，詩經云：獻豣于公。字誤、性卑古人有讀史者云：三豕日渡河，子貢曰：己亥日渡河，校之果然，以己為三，以亥為豕，齊卞彬，禽獸浅録曰：豕性卑而率。掩豆、負塗禮晏平仲儉祭先人，豚肩不掩豆，下詳豕一，易經。為封豕、歸艾豭吳為封豕，長蛇以薦食上國，注：封，大也。《傳》曰：既定爾婁豬，盍歸吾艾豭。注：婁豬求子豬也。喻衛夫人南子也。艾豭，喻宋朝也。牙剛暴、物貪焚豶豕之牙獷滑，剛暴難制，下見郭璞《封豕贊》。士不殺、人而啼禮士無故不殺犬豕，傳齊侯田于貝丘，見大豕，從者曰公子彭生也。公怒，射之，豕人立而啼，公乃懼之。增嘗麥調糠《月令》曰：孟夏農乃登麥，天子以彘嘗麥豢豕者，翁為調糠，而嫗為之，擇蝨豈愛豕哉，利其肉也。銜鬴、飲酒《漢書》曰：昭帝時，燕王宫、永巷中豕出圂壞都竈，銜其鬴六七枚置殿前。《晉書》曰：阮咸至宗人間共集，不用杯觴斟酌，以大甕盛酒，圓坐相向，大酌更飲。時有羣豕來飲其酒，咸直接去其上，便共飲之。寢橧、入門《爾雅疏》曰：豬所臥處名橧，橧是所居之處。《客退記談》曰：豬突入人家，以為不祥，必割其耳。王隆家方割豬耳，適有神降於伍氏，隆往問曰：『豬入門可乎，』神荅曰：『豬入門，百福臻。』又問曰：『割其耳何如？』曰：『割其耳傷於矢。』明日隆觀射，果傷其臂，里中異之，自是人家惟恐豬不入門矣。食圈、舞圂《白帖》曰：紫姑每食於圈裏。孔帖曰：咸通七年，徐州蕭縣民家豕在圂舞。又牡豕多將鄰里，羣豕而行，復自相齒齧。**破甕、繫杙**《魏志》曰：有人失婦，求管輅卜之，輅曰：君明日於路覓擔豬者，乃逐之行次，豬忽繩斷走入他舍，突破主人甕，見其婦出看豬，擒之。《埤雅》曰：大畜六五曰豶，豕之牙，牙者，所以畜豶，豕之杙也。今齊東海岱之間，以杙繫豕，謂之牙。杙，音弋橛也。**竭尾、俯首**《埤雅》曰：彘也，竭其尾，故謂之豕。又曰：易說卦曰坎為豕，坎性趨下，豕能俯其首，又喜卑穢，亦水畜也。**五尺、千鈞**《尸子》曰：大豕為豟五尺。《史記》曰：朔人獻燕昭王以大豕，王命豕宰養之十五年，大如沙豶，足如不勝其體。王異之，命衡官橋而量之，折橋，豕不量。又命水官舟而量之，其重千鈞，其大無用。**化石、能水**《水經》曰：蜻蛉縣有石豬，圻長谷中有石豬子母數千頭，長老傳言夷昔牧此。一朝，化為石。今夷人不敢往牧。《三才圖會》曰：豕之性能水，牧豬之所必在，水草之交。**與犬交、下馬搏**《晉書五行志》曰：劉聰末年，犬與豕交，有豕著進賢冠，升聰坐犬冠，武冠帶綬，與豕幷升，俄而鬬死殿上，宿衛莫有見其入者。下見豕二，大唐新語。**喜雨、發風**《埤雅》曰：豕喜雨，故天將久雨，則豕進涉水波。經筵官會食資善堂，東坡盛稱河魨之美，呂原明問其味，曰直得一死再會。又稱豬肉之美，范淳甫曰奈發風何，東坡笑曰淳甫誣告豬肉。**長孺善相、商丘能養**《史記》曰：留長孺以相彘，立名。博物志曰：商丘子有養豬法，好吹竽牧豬，七十不娶。償失火，還半直上詳豕二。《東觀漢記》、《後漢書》曰：朱穆嘗養豬，有病，使人賣之。語之云：當買者，言病賤，取其直賣豬者到市，即售，亦不言病，其直過價，穆怪之，問其故，齎半直，以還買豬者，買者辭不受，穆棄錢而去。**膏塗身、毛織席**上詳豕一。《魏志河東備録》曰：申王謂豬既供餐，不宜處於穢弊，乃以氈龕粟粥待之，取其毛刷淨，令巧工織。壬癸席光而且滑。**信難及、惡勿類**《埤雅》曰：易曰信及豚，魚豚微物而遁，逸信所難及故也。子華子曰：子車氏之猳，其色粹而黑，一產三豚，其二如之，其一則駮而白，惡其勿類，於己也。齧而殺之，其同於己也。則字之惟恐傷也。**名戰艦、畫屏風**梁王琳每戰勝，艦則有聲如野豬，其戰艦千數以野豬為名。《晉書》曰：韓友字景先，廬江舒人也。舒尉鄧林，父病垂死，友為筮使畫作野豬，著臥屏風上，因是遂差。**性觸突、喜卑穢**服虔曰豬性觸，突人故曰豬突豨勇，下詳俯首注。**養客舍、畜禁中**《三輔決録》曰：馬氏兄弟五人，共作客舍，養豬賣豚，故民謂之曰苑中三公，鉅下二卿。五門嘍嘍。但聞豚聲。下詳豕二，冷齋夜話。**食梓肥、遇槐止**《本草》曰：擣梓葉飼豬，肥大三倍。闕史曰：咸通初，有渤海僧隆多羅者寓於四明精舍，能通老獸之言，一日秋暑方炎，與朝客數人，將納涼於城西別墅。路逢牝豕，引諸豚而行，咯咯有聲，一朝士戲云：此豬有語否，僧曰：巨彘顧諸，雛云：行行向前，樹陰下喫奶，料其不遠，當遇官槐而止，且飼羣子矣。偵之果然。**老翁餽、司原獲**《魏志》曰：管輅嘗至郭恩家，碓上雞鬬，謂恩曰當有老人將豚，一口從東來候公舍，有小口傷，亦無所苦，明日果有親，知老翁攜豚饋恩，恩射雞為饌，迸前著。小女子脚舉家惶怖，竟無所害。《潛夫論》曰：今觀宰司之取士也，有似乎司原之佃也。昔有司原氏者，燎獵中野。鹿斯東奔，司原縱譟之。西方之衆有逐豨者，聞司原之譟也，競舉音而和之。司原聞音之衆，則反輟已之逐而往伏焉。遇夫俗惡之豨，司原喜，而自以為獲白瑞珍禽也。盡芻豢、傾囷倉以養之。豕俯仰嚘咿，為作容聲，司原愈益珍之。居無何，烈風興而澤雨作，灌巨豕而惡塗渝，遂駭懼，真聲出，乃知是家之艾猳耳。此隨聲逐響之過也。**畜致富、夢得官**《朝野僉載》曰：唐洪州有人畜豬以致富，因號豬為烏金。又曰：饒陽李瞿曇勳官，番滿選夜夢一母豬，極大李仙藥占之，曰：母豬，豘主也。君必得屯主，數日果如其言。**繫金鈴、偷氈履**《志怪》曰：吳中有一士夫于都假還至曲阿，塘上見一女子甚美，留其宿，士解臂上金鈴繫女臂，令暮更來，遂不至。使人求，都無此女。過豬圈見一母豬，臂上繫金鈴。《搜神記》曰：李汾撫琴於四明山，月夜有女子至，端正無比，惟覺口帶高緇黑色，留宿極歡，汾偷女子青氈履一隻，女泣求不與及，明見鮮血滿地，驗履乃豬蹄殼也。汾惶駭，尋血至山前，張氏圂中見一牝豕，後足已刓一殼，豕視汾瞋目咆哮，如有怒色，汾以事白張叟，叟即殺之，汾即棄山院，別遊他邑。**祭社、禳田**劉貢父詩話曰：張端為河南録，府當祭社買豬已呈尹，豬突入端廳，即殺之，更以白尹，尹問端，對曰：按律豬無故夜入人家，主人登時殺之，勿論。尹大笑，為別市豬。淳于髡謂齊威王曰：臣見道旁有禳田者，操一豚肩，斗酒而祝曰：甌窶滿篝汙邪，滿車吾見其所持者，狹所欲者奢。**棄而聽經、驅之入草**《東觀漢記》曰：承宮少孤，家人令牧豕，徐子盛明，春秋授諸生，宮棄豬而聽經。下詳豕二。皇甫謐高士傳。宗人説彘、監市履豨《莊子》曰：祝宗人玄端，以臨牢筴説彘，曰：汝奚惡死吾將，三月豢汝七日，戒三日，齋藉白茅，加汝肩尻乎。雕俎之上，則汝為之乎。為彘謀曰：不如食以糟糠，而錯之牢筴之中。又曰：正獲之問于監市履豨也。每下愈況豨大豕，監市之履，豨以知其肥瘦者，愈履其難肥之處，愈知豕肥之要。**久費五穀、愛食薄荷**《晉書》曰：愍懷太子嘗從帝觀豕牢，言於帝曰：豕甚肥，何不殺以享士，而使久費五穀，帝拊其背曰：此兒當興吾家。《洞微志》曰：僧辨聰遊五臺，將還京師，有老僧託以書，其上題曰：東京城北尋勃賀分付。僧竊啓視之，云：度衆生畢早來，苟更强住，切恐造業。復封之至京，尋訪不見其人，一日於五丈河側見一小兒，逐一大豬，名勃賀屠者。趙氏豬能令羣豬不亂，逸愛食薄荷，故以名。僧試呼其名，以書投之，豬遽食其書，人立而化。僧徑之五臺，訪其老僧，亦化去矣。**喜鬬、食生**上詳豕一。孔帖，孔帖曰：南詔尋傳蠻射豪豬，生食其肉。

又《豕四》【略】

原贊：晉郭璞封豕贊曰：有物貪婪，號曰封豕。薦食無厭，肆其殘毁，羿乃飲羽獻帝效技。又豪彘贊曰：剛鬣之族，號曰豪豨。毛如攢錐，中有激矢，厥體兼資，自為牝牡增啟。梁庾信謝滕王賚豬啓曰：奉教垂賚肥豕一腔，白腹見珍，度遼東之水，赤闌為重，對襄陽之城。忽降全恩，謹充炮烙。孫弘牧於淄水，惟以求錢，卜式養於上林，豈知其味。

紀事

宋 佚名《錦繡萬花谷》卷一四《豕》 伯封貪。昔有仍氏生女，樂正后夔取之，生伯封，實有豕心，貪婪無厭，謂之封豕。

彭生見。齊無知殺其君，十二月，齊侯游于姑棼，遂田于貝丘，見大豕，從者曰：『公子彭生也。』公怒曰：『彭生敢見。』射之，豕人立而啼，公懼，墜于車，傷足喪屨，遇賊于門，遂殺之，而立無知。

梁鴻牧豕。梁鴻家貧，牧豕上林苑中，曾誤遺火，燒及他舍，乃以豕償之。其主猶以為少，鴻願以身居作，主人許，因為執勤不懈，耆老見鴻非常人，乃共責讓主人，於是悉還其豕，鴻不受，乃去。

誣告豬肉。經筵官會食資善堂，東坡盛稱河豚之美，呂原明問其味，曰『直那一死』。再會又稱豬肉之美，范淳甫曰：『柰發風何？』東坡笑曰：『淳甫誣告豬肉。』

明 陳耀文《天中記》卷五四《猪》 徽猪。司馬徽，字德操，時人呼為水鏡，嘗有人妄認徽猪，徽便推猪以與之。後數日，亡猪者得其猪，既以猪還徽，乃叩頭自責，徽又厚謝。《董正別傳》

人語。莎車王殺于闐王，于闐大都末出城見野豕，欲搏之，乃人語曰：『無殺我，我為汝殺莎車將軍。』都末異之，即與兄弟共殺莎車王。《張璠漢記》【略】

犬豕交。劉聰末年，犬與豕交，有豕著進賢冠升，聰坐犬冠，武冠帶綬，與豕并升，俄而鬬死殿上，宿衛莫有見其入者。《晉五行志》

接飲。阮咸至宗人間，共集不用杯觴斟酌，以大瓮盛酒，圓坐相向，大酌更飲時，有羣豕來飲其酒，咸直接去其上，便共飲之。《晉書》【略】

猪王。廢帝狂悖無道，因諸父殿中，以明帝肥壯，用竹籠盛而稱之，號為猪王。嘗以木槽盛飯，内諸雜食，攪令和合，掘地為坑穽，實之以泥水，倮明帝内坑中，和槽食置前，令太宗以口就槽中食，用之為歡笑。時廷尉劉曚妾孕，臨月，迎入後宮，冀其生男，欲立為太子。太宗嘗忤旨，帝怒，乃倮之，縛其手脚，以杖貫手脚内，使人縛付太官，曰：『即日屠猪。』休仁笑謂帝曰：『猪今日未應死。』帝問其故，休仁曰：『待皇太子生，殺猪取其肝肺。』帝意乃解，曰：『且付廷尉。』一宿出之。《宋書休仁傳》【略】

相乳。陸逞為京兆尹，都界有豕生數子，經旬而死，其家又有豶，遂乳養之，諸豚賴之以活，時論以逞仁政所致。《後周書》【略】

豘主。饒陽李瞿曇，勳官番滿選，夜夢一母猪極大，李倕藥占之曰：『母猪豘主也。君必得豘主。』數日。【略】

隨聲遂狶。今觀宰司之取士也，有似于司原之佃也。昔有司原氏者，燎獵中野。鹿斯東奔，司原縱譟之。西方之衆有逐狶者，聞司原之譟也，競舉音而和之。司原聞音之衆，則反輟已之逐而往伏焉。遇夫俗惡之狶，司原喜而自以為獲白瑞珍禽也。盡芻豢，單囷倉以養之。豕俛仰嚘咿，為作容聲，司原愈益珍之。居無何，烈風興而澤雨作，灌巨豕而惡塗渝，遂駭懼，真聲出，乃知是家之艾猳耳。此隨聲逐響之過也。《潛夫論》

甂甌食狗彘。不澤甂甌而食，偷肥其體，而顧近其死，鳳凰高翔千仞之上，故莫之能致。《淮南說林》

明 馮夢龍《智囊補》卷一四《猪脬渡淮》 太宗以北兵渡淮，時無一葦之楫，有人于囊中取乾猪脬十餘，内氣其中，環著腰間，泅水而南，徑奪舟以濟。

清 慵訥居士《咫聞録》卷一二《騙二猪害三命》 鄞縣東鄉大河，五十裏而遙，沿河聚落，大小不等。一小戶濱河，矮屋數間，夫婦子三人居之。旁鄰相隔不遙，亦零落稀疏。一日，父子二人，小舟載兩豕入城，距家二十餘裏，早去晚回。抵午到城之東關外王家墳頭，挽船。父令子在船看守豕物，不許上岸玩耍，己往行家售豕。登岸時，又回顧船中，叫其子名：『將所帶小紅桶拿上與我，好買飯來與你吃。』半晌時，有人呼其子名，子聞喚答應。其人將紅桶一個，交其子曰：『桶内飯與菜，是你父叫我送與吃。』子見紅桶相若，遂信其說。曰：『白豬已賣成，得錢若幹，爾父現在行裏吃飯，叫將兩豕交我二人扛進行中。少停，你父攜錢回來，便好開船回去。還有搭膊一個，也叫拿出裝錢。』其子見桶内魚肉，思食急，信之不疑，將豬交二人扛去。不一時，其父帶扛夫並售主來船估價，豬已無矣。詰之，答以前二人來云云，紅桶飯尚在。其父看桶，果然一樣無二，無怪子之受騙也。泛棹回波，於邑無奈，行至半途，自思解目前之急者，惟此二豬；豬失而急從何解？怒子貪食誤事。子以父不該上船，言近頂撞。氣急提槳，向子背打去，登時殞命。

其父一面哭子，一面搖櫓，抵家，已日暮矣。妻曰：『何只身上來？』夫坐而不答，但垂頭喪氣而已。婦知有變，急往船看，乃一子屍，並無錢文，哀號大哭曰：『吾所望者惟此子，今失所望，亦不願再生矣！』沉水而死。夫待良久，不見妻回，支身出看，妻亦無蹤，知其必死，亦自懸於梁上。居鄰遠隔，因暮夜無人出入，迨曉而見屍浮，撈認其妻；踵其家而告之，夫懸於梁。又見昨往城賣豕之舟，尚未卸篷，登舟而視，子亦死矣，村中姻友，鹹駭一家同死之奇，若報之於官，必追究所因，無言可答；官亦不肯只此完結，某等受累無窮。不如乘此無人知覺，收三屍而埋之，某等均鉗口勿揚，密不外聞，可安枕無擾矣。洎對年六月，赤日薰天，當午，忽朵雲矗起，躁雷震烈，於盛店橋東西兩岸，擊死二人，皆跪土中，如植立然。一人有雨傘一柄，一人有搭膊負錢二千。眾視之，則均有字記，顧不知死者二人為何地人，又不知傘中名姓，搭膊字號，又為何地人。地方以無頭事，亦不報官。次日，該鄉賣豬者鄰右路不隔裏許，聞雷擊之事可異，乃特來訪看，已疑有此案。至則見雨傘名姓，並搭膊字號，乃一一說出二豬殞三命之案。剛剛一年而周，雷擊二人，即王家墳頭爛匪云。此事陽官不得而察，陰曹乃誅殛焉，天理不已昭昭乎？更異者，一匪從南來，一匪從南去，二人均帶一證左，使眾目共駭；而一霹雷，二人齊齊植立，且霎時雲去雨收，天仍赫曜。此亦吾友謝稻直所目睹者。

藝文

宋 梅堯臣《宛陵集》卷四八《豕》 司原豢俗豨，日見容陰昵。喜比爲白麟，惟憂不豐溢。烈飈澤雨作，眞聲向人出。司原悔何由，肝膽空駭慄。

宋 趙蕃《淳熙稿》卷一一《俗有社日不飲酒變爲猪之説作詩示兒曹》 雨勢来相續，陰霾鬱不舒。舉觴随楚俗，酌醴従枯魚。宰肉非吾事，祈田願歲儲。龍豬自有分，社飲不關渠。

元 戴良《九靈山房集》卷九《豕圖行》 胡風吹沙黄入天，胡馬奔騰西出関。邊頭人民格鬭死，路旁突出惟孤豕。群胡竦馬逐豕逃，彎弓奮戟意氣豪。一人自足當豕力，衆騎盤旋追不得。當時豈為一豕謀，只恐功成恩寵休。豈知此豕命既脱，荐食郊原竟難遏。秋來草黄馬正肥，將軍處處事驅馳。何時射豕得豕歸，嗚呼！何時射豕得豕歸。

元 周權《此山詩集》卷二《西山書館植菊爲隣豕所踐》 耽書息世慮，種菊袪俗塵。閒攜手中書，往訪西家隣。雨露分寸苗，書暇策我勤。無何彼艾豭，縱逸戕其真。懷哉楚屈平，憔悴窮夕曛。榮枯固有數，悵然念芳芬。信知洛中花，乃壞逸驥羣。寧如擁腫樗，不夭匠石斤。挾策嗟自誤，亡羊監前因。所貴本根在，生意喜復信。歲晚同襟期，而我及數君。採芝豈辭漢，種桃非逃秦。摘英泛濁醪，孰非東籬人。

明 劉嵩《槎翁詩集》卷八《猪龍潭有序》 石上有虎與人迹，或傳伏虎禪師騎。虎至潭口逐一猪，入水化為石人疑。為龍云。

猪龍已化潭中石，石上空餘人虎迹。老僧騎虎不曾歸，溪水潺潺山葉碧。

明 吕坤《去僞齋文集》卷八《豕》 瘦時猶自免，肥來未爲福。如何見糟糠，終日爭不猪。

清 戴敦元《戴簡恪公遺集》卷五《畫猪》 成家何如養春豕，惜墨不嫌多肉似。烝涉心忘獻白頭，負塗名誤儕烏鬼。董龍雞狗亦可憐，幾見鳴吠登雲天。性俾甘伴拖腸鼠，終始陬維配元武。

清 嚴元照《柯家山館遺詩》卷四《題畫猪并序》 為歙縣程秀才洪溥作也，秀才生於亥，故畫以乞題。云：

魯史已亥不可詳，校書能事推卜商。仲任著書論物勢，辰屬之說見論衡物勢篇信知此理非冥茫。平生意氣程公子，不畫龍鸞犀虎兕。眼前突兀大蘭王，九錫文成說彼美。畫師自是通神者，能以彭亨見蕭灑。戴嵩之牛韓幹馬，紛紛盡出此豬下。

清 華希閔《廣事類賦》卷三八《豕》 涉波詠詩，見詩，負塗占易，見易執之於牢，見詩嘗之宜稷。【周禮】豕宜稷。既曰腯肥，亦云剛鬣。見禮。貴在豶牙，見易先防交睫。【周禮】豕盲眂，而交睫腥。峽中之養常烏。【漫搜詩話】陝中人嗜豬肉，家家養豬，呼猪作烏鬼聲，故謂之烏鬼。【杜甫詩】家家養烏鬼，河東之頭多白。【朱浮與彭寵書】遼東有豕，生子白頭，異而獻之，行至河東，見群豕皆白，懷慚而退，若以子之功論，於朝廷則為遼東豕也。孫弘海上之家。【漢書】公孫弘家貧，牧豕海上四十餘，乃學春秋雜說。吳祐長垣之澤。【東觀漢記】吳祐家無擔石，嘗牧豕于長垣澤中。德操推之以高明。【東觀漢記】司馬徽，字德操，有人妄認其豬，即推以與之，後亡豬者得其豬，以豬還，乃叩頭謝罪。伯鸞償之以表節。《後漢書》梁鴻牧豕于上林苑中，曾悞遺火，延及他舍，乃悉以豕償之，其主猶以為少，鴻曰：『願以身居作。』劉道眞食豚而不疑。【郭子】劉道眞善歌嘯，一老嫗識其非常人，殺豚以進道眞，食豚盡，了不謝，嫗又進一豚，又食半餘半，還之，後道眞為吏部，乃超用其子。閔仲叔棄肝而不屑。【世說補】閔仲叔居安邑，家貧不能買肉，但食豬肝一片，屠者或不與，安邑令聞之，敕吏常給焉。仲叔怪之，其子具言其故，乃嘆曰：『仲叔豈以口腹累安邑耶。』遂去。爾乃郎稱黑面。【承平舊纂】桂林風俗曰食蛙，有來中朝為御史者，或戲之曰汝之居乃蛙臺也。答曰：以圭鼁奉養，豈不勝于黑面郎哉。黑面郎者，蓋謂豬也。王是大蘭。【袁淑册文】大亥十年某月日，北燕伯使，使者豪豨，册命大蘭王。號烏金而致富。【朝野僉載】唐洪州有人畜豬以致富，因號豬為烏金。夢豚主而得官。【朝野僉載】饒陽李瞿曇，夜夢一母豬極大，李仙藥古之曰：『母豬豚主也，君必得屯官。』果如其言。更有食梓而肥。【本草】擣梓葉，飼豬肥，六三倍。遇槐而止。【闕史】渤海僧隆多羅能通獸言，一日路逢牝豕，率諸豚而行，咯咯有聲，一朝士戲云此豬有語否，僧曰：『巨彘顧諸雛云，行行向前槐陰下吃奶，料其不遠，當遇官槐而止。』偵之果然。宗人所臨。【莊子】祝宗人元端以臨牢筴說，彘曰汝奚惡死音，將二月擄汝十日，戒三日，齋藉白茅，加汝肩尻乎。雖俎之上，則汝為之乎。監市所履。【莊子】夫子之問也。固不及質正獲之問於監市履稀也。每下愈況。郅都偃蹇而不行。【史記】郅都從入上林，賈姬如厠，野彘卒入厠，上目都，都不行。轅固慷慨而能刺。【史記】竇太后好老子書，轅固生曰此家人言耳。太后怒，使固入圈刺豕，景帝假以利兵，下圈刺豕，正中其心，應手而倒。屏風圖像。【晉書】鄧林父病垂死，韓友為筮，使畫野豬，著臥屏風，上病遂差。戰艦聞聲。【梁書】王琳每戟蔣發艫有聲如豬，故其戰驢千數，以野豬為名。偷留氊履。【搜神記】李汾撫琴于四明山，月夜有女子至，留宿極歡，汾偷女子青氊履一隻，女泣求不與，及明見鮮血滿地，驗其履乃猪蹄殼也。私繫金鈴【志怪錄】吳中一士，于曲阿塘上見一女甚美，留宿士解臂上金鈴繫女臂，令暮更來，遂不至，使人求之，無此女，過猪圈見一母猪，臂上繫金鈴。破甕而術驚管輅。【管輅傳注】有人失婦，輅卜之教，使明旦於東陽城門中伺擔豚者，牽與共鬭，具如其言，豚逸走入人舍，突破主人甕，婦從甕中出。攀車而怪出彭生【左傳】齊侯田於貝邱見大豕從者，曰：『公子彭生也。』公怒曰：『彭生敢見射之。』豕人立而啼，公懼，墜於車，傷足喪屨。若乃衛國貽羞於艾豭。【左傳】衛靈公為夫人南子召宋朝，太子列瞶過宋野，野人歌之曰：『既定爾婁豬，盍歸吾艾豭。』漢殿徵奇於赤彘。【洞冥記】漢武帝未生之時，景帝夢一赤彘從空下入崇芳閣，帝覺見赤氣如雲來蔽日牖，乃改崇芳為猗蘭殿，後王夫人生武帝於此殿。豬有名王。【南史】宋廢帝以明帝肥，號為豬王。豝還稱帝。【五代史】契丹德光滅晉北歸，死于殺胡林，衆破其腹，去其腸胃，實以鹽載而歸，晉人謂之帝豝。山海有豪豨。【山海經】竹山有獸，其狀如豚，而白毛大如笄，而黑端以豪射物，名曰豪豨。吳邦為封豕。【左傳】吳為封豕常蛇以薦食上國。誰云長喙參軍【古今注】猪，一名長隊參軍。却有糟糠風味。【清異錄】僞唐陳喬食蒸豚曰此糟糠氏，面目殊乖，而風味不淺。九可異者，祿山既是豬龍。【祿山事迹】祿山夜臥化為異豬而龍首，左右遽言之，明皇曰此豬龍也，莫能為者。岳鄂亦曰豬精。【夷堅志】岳飛微時，有舒翁相之曰：『君乃猪精也。精靈在人間，必有異事，然終為人屠，寧宜早退步。』岳笑不以為然。化作魯津之伯。【傳子】朔人有獻大豕於燕相，令宰夫烹之，豕夜見夢曰：『造化勞我以豕形，食我以人穢，仗君之靈而化，今始得為魯津之伯矣。』現出如來之形。【雜志】嘉縣民殺猪祭神，劉氏獵犬得其棄骨，微之猶信，四日不已，剖視之，其左牡齒臼中得一如來像。像如拇，髻有珠，如粟，瞑目趺跏坐，莊嚴畢具，觀者萬人。勸東家之勿殺。【韓詩外傳】孟子少時，問東家殺猪何為，母曰欲啖女，旋悔失言，曰：『今適有知而欺之，是教之不信也。』乃買肉以食之，明不欺也。君獨不聞乎乞命之聲【伽藍記】有劉胡者兄弟四人，以屠為業。永安中，胡殺猪，猪忽唱乞命，聲及四鄰，即捨宅為歸覺寺，合家入道焉。

清 潘江《木厓集》卷二四《豕》 檻中黑面郎，饕餮不知止。狀貌本貪污，莫怪肉食鄙。

清 湯貽汾《琴隱園詩集》卷二三《六舟以畫豕索題》 淤泥彳亍同疲癃，誰能知汝豝與豵。殘杯冷炙腹不空，貪婪得無嗤伯封。長喙參軍或號龍，何為臥此圈半弓。回頭不見公孫宏，頭白曷不歸遼東。雲堂忽見圖屏風，居然低眉佛子容。屠刀放下欣相逢，長生不入糟糠中。

清 汪曰楨《玉鑒堂詩集》卷四《豕》 圈豢牢囚亦太愚，豳風誰寫獻豜圖。心傷人彘刑章酷，耳熟妃豨樂府呼。難免就烹歸鼎俎，竟甘自辱負泥塗。憐他饜飫糟糠味，博得脂膏待翦屠。

又 卷六《讀後漢書戲咏遼東豕》 一生短栅伴雞棲，誰遣修蛇共品題。自詡白頭堪上獻，終然刀俎付屠刲。

雜録

明 陳耀文《天中記》卷五四《猪》 縠。小豚也。豯豚，生三月也。豵豚，生六月也。或曰一歲曰豵，豝牝豕豶豲也。豕，豜三歲豕；豭，壯豕也。豮，豶也。上谷名豬曰豰，豷豕息也。豢以穀圈養豕也。《說文》大豕為豜，五尺。《尸子》

寢檜豕。所寢檜郭云：檜郭所卧蓐方言云：其檻及蓐曰檜。舍人曰：豕所寢草名為檜。某氏曰臨淮人謂野豬所寢為檜。李巡曰豬卧處名檜，檜是所

居之處。《爾雅疏》

四月生斗星，時散精為彘，四月生應天理。《春秋説題辭》六九五十四，四主時，時主豕，故豕四月而生。《淮南子》

人立而蹄，齊無知殺，其君十二月，齊侯游于姑棼，遂田于貝丘，見大豕從者曰：『公子彭生也。』公怒曰：『彭生敢見射之。』豕人立而啼，公懼，墜于車，傷足喪屨，遇賊于門，遂殺之，而立無知。左莊八

封豕。昔有仍氏生女曰玄妻，樂正后夔取之，生伯封，實有豕心，貪婪無厭，忿類無期，謂之封豕。昭二十八

婁猪。衛靈公為夫人南子召宋朝，會于洮，太子蒯聵獻盂于齊，過宋野，野人歌之曰：既定爾婁猪，盍歸吾艾豭，太子羞之。定四十

烹豚。孔子窮陳蔡之間，藜羹不糁，子路烹豚，孔子不問肉所由來，即食之。《墨子》

佩豭。子路所鄙，好勇力，冠雄鷄，佩假豚，凌暴孔子，孔子設禮稍誘子路，子路後儒服委質，因門人請為弟子。史

牢筴。祝宗人玄端以臨牢筴，説彘曰『汝奚惡死，吾將三月豢汝，十日，戒三日齊，藉白茅，加汝肩尻乎彫俎之上，則汝為之乎。』為彘謀曰不食，食以糠糟而錯之牢筴之中。《莊子》

弗顛。子車氏之豭，其色粹而黑，一産三豚，其二如之，其一則駁而白，惡其弗類于己也。囓而殺之，其同於巳也。字之惟恐傷也。子華子

視性，韓昭釐侯見所以祠廟之牲，其豕小，昭釐侯令官更之，官以是豕來也。昭釐侯曰：『是非嚮者之豕邪？』官無以對，命吏罪之，從者曰：『君王何以知之？』君曰：『吾以其耳也。』申不害聞之，曰：『何以知其聾，以其耳之聰也。何以知其育，以其目之視也。何以知其聾，以其耳之聰也。何以知其盲，以其目之明也。何以知其狂，以其言之當也。』

魯津伯朔人獻燕昭王以大豕，曰：『養奚若。』使曰：『豕也。非大圊不居，非人便不珍，今年百二十矣。人謂豕仙。』王乃命豕宰養之。十五年，大如沙犢，足如不勝其體，王異之，命衡官橋而量之。折橋，豕不量，又命水官舟而量之，其重千鈞，其巨無用，燕相謂王曰：『奚不享之？』王乃命宰夫膳之，豕既死，乃見夢於燕相曰：『造化勞我以豕形，食我以人穢，吾患其生久矣。仗君之靈，得化吾生，始得為魯津之伯而浮舟者，食我以粳糧，欣君之惠，將報子焉。』後燕相游于魯津，而赤黿銜夜光而獻。符子 一云奉璧。

相彘。留長儒，以相彘立名。《史記》

明 鄭若庸《類隽》卷三〇《豕》【異名】《爾雅》云：豕猪，豶、豮、么、幼奏者，豱豕生三豵，二師，一特。所寢橧四蹢皆白，豥其跡刻絶有力，豟牝豝彘五尺爲豝豟。

【釋名】《説文》云：㲉，小豚也。豯豚，生三月豵也。豚生六月也。或曰一歲曰豵，豝牝豕豶也。豜，三歲，豕豭，牡豕也。豶豶也。豛，大谷名猪。曰豛豷豕息也。豢以穀，圈養豕也。

【異地】何承天纂文云：梁州以豕爲豨，河南謂之彘，吳楚謂之狶，魚陽以大猪爲豝。齊徐以小猪爲豵，豱白豕黑頭也，豱豕奏毛也。

【方言】方言云：猪燕朝鮮之間謂之豭。關東謂之彘，或謂之豕，南楚謂之狶，其子或謂之豚，或謂之豯，吳楊之間謂之猪子。

【應天】《春秋説題辭》曰：斗星時散精為彘，四月生，應天時。

【彖軍】崔豹《古今注》云：猪一名喙，一名彖軍。

【剛鬣】《曲禮》云：九祭豕曰剛鬣，豚曰腯肥。

【艾豭】《左傳》云：衛靈公夫人南子，與宋朝通，衛太子使齊過宋，宋野人以婁猪刺而歌之，云：既定爾婁猪，盍歸吾艾豭。

【佩豭】《史記》曰：子路性鄙，如勇伉直，冠雄鷄，佩假豚。

【不食】《養生要集》云：白豕，白蹄青爪不可食。

【豪狶】《山海經圖》云：豪彘讃曰：剛鬣之族號曰豪狶，毛如攢錐，中有激矢。

【白頭】《越絶書》曰：朱浮與彭寵書，責之曰：伯通自伐，以功爲高天下，徃時遼東有豕生子白頭，異而獻之，行至河東見羣豕皆白，懷慙而還，若以子功論於朝庭，則爲遼東豕也。

清 陳大章《詩傳名物集覽》卷四《有豕白蹢》 箋云：豕之性，能水。又唐突難禁制，四蹢皆白曰駭，則白蹢，其尤躁疾者。《爾雅》豕子，豬、豶、豮、么，幼奏者，豱所寢，橧四豴皆白，豥其迹，刻絶有力，豟彘五尺爲豝。《説文》豕彘總名。孕四月生在卦屬坎，在畜屬水，在禽應室星。易繫辭坎爲豕，言坎性趨下，豕俯首也。《曲禮》豕曰剛鬣，言豕肥則鬣剛也。《方言》豬，燕朝鮮謂之豭，關東西謂之彘，或謂之豕，南楚謂之狶，其子謂之豚，或謂豯。

吳揚之閒謂之豬子。《說文》豕絆足行豕，豕也。何承天纂文梁州以豕爲豬，河南謂之彘，吳楚謂之豨，漁陽以猪爲豝，齊徐以小豬爲豵，豝白豕黑頭也。貔豕奏毛也。易睽上九曰見豕負塗大畜，六五曰豶，豕之牙吉姤，初六曰羸，豕孚蹢躅。禮士無故不殺犬豕，又豚去腦不可食。又晏子祭先人，豚肩不掩豆。又居澤者，不以鹿豕爲禮。《月令》孟夏天子以彘嘗麥。《王制》秋薦黍以豚。韓詩說犬喜雪，馬喜風，豕喜雨。《春秋說題辭》斗星散爲彘，四月生。《淮南子》六九五十四，四主時，時主豕，故豕四月而生。古有讀史者云，三豕渡河。子貢曰：已亥日也，校之果然。《山海經》貓豬大者，肉至千觔。豪豬狀如豚，而白毛，毛大如笄而黑端。文子先王之法，犬豕不期年不食。《養生要集》豕白蹏青爪不可食。《五行傳》聽之不聰則有豕禍。《埤雅》豕喜雨而躁，大畜六四曰童牛之牿，六五曰豶豕之牙，牢謂之牿牙者，所以畜豶豕之杙也。今東齊海岱之閒，以杙繫豕謂之牙。賦曰：置牙擺牲是也。六四畜初，以外制內也。有牿之象，六五畜九，以小制大也。有牙之象，周官豕盲眂而交睫腥，蓋豕有米肉如星，則其臭腥而肉不可食。《說文》巳象蛇形，亥象豕形，蓋一陽生于子至，巳而六陽備一陰，生于午至亥，而六陰備，故此二字皆象形也。《林氏小說》曰：以其食不潔，故名之豕。列子牢有欄子，張湛注，小豕也，一名蘭子，凡物不知生之主，謂之蘭，以肉言，則豚爲全體，爻爲分體。《李氏本草》豕生青徐者耳大生，燕冀者皮厚，生梁雍者足短，生遼東者頭白，生豫州者味短，生江南者耳小，生嶺南者白而肥。按古遯字作逯，象卽豚也，詳見疑始。

清 陳元龍《格致鏡原》卷八七《豕》【詳類】《爾雅疏》豬，今亦曰彘。江東呼豨，皆通名也。《說文》云：豬，豕而三毛叢居者。《字林》云：豕，後蹄廢，謂之彘。《小爾雅》云：彘，豬也。其子曰豚，大者謂之豝，豬一名豶。郭云：俗呼小豶，豬為豴子，謂豶犍豬也。幺幼者，豕之最後生者名也。郭云：最後生者，俗呼為幺豚。《爾雅》彘五尺為豟，註尸子曰大豕為豟五尺。《說文》豰，小豚也。豯，豚生三月也。豵，豚生六月也。或曰一歲曰豵，豝牝豕豶豥也。豜三歲，豕豭牡豕也。上谷名豬曰豰，豷豕息也。豢以穀圈養豕也。《方言》：豬，北燕朝鮮之間謂之豭，關東西或謂之彘，或謂之豕。南楚謂之豨，其子或謂之豚，或謂之豯，吳揚之間謂之豬子。何承《天纂文》梁州以豕為䝔，河南謂之彘，吳楚謂豨，漁陽以大豬為豝，齊徐以小豬為豵，豝白豕黑頭也。貔豕奏毛也。《左傳》註：婁，豬求子豬也。思通淫則狂走，得牡則定。《本草綱目》豕類非一。生青、兗、徐、淮者，耳大。生燕、冀者，皮厚。生梁、雍者，足短。生遼東者，頭白。生豫州者，喙短。生江南者，耳小。生嶺南者，白而肥。朱浮與彭寵書徃時，遼東有豕生子白頭，異而獻之，行至河東，見羣豕皆白，慙而還。《淮南子》野彘有艽莦，槎櫛堀虛連比以象，宮室陰以防雨，景以蔽日，亦其智也。事物原始在山曰野豬，形類家豬，但腹小而脚長，色褐而肉赤，三歲膽中有黃蟫。史野豬一名豨，生山中似豕而大，毛黃而踈，皮堅而厚，好踐食荳稼，為民患，大者重二百斤，能以頭觸人倒地，以牙挑腸而食之，於叢鬱處，含枯柴作窠，藉以草茅。《正字通》野豕狀如豬，《通志》名山豬，郭璞云：吳楚呼為鸞豬，俗呼為豝豬。《朝野僉》載野豬中藥箭，㧗薺苨而食。《山海經》豪豬狀如豚，而白毛，毛大如笄，而黑端。郭璞注：夾髀有麤毫長數尺，能以頸上毫射物也。《山海經圖》剛鬣之族號曰豪豨，毛如攢錐，中有激矢。《長楊賦》拕豪豬。師古注：豪豬，名帶貆也。自為牝牡者也。貆，音桓。《事物紺珠》毫彘厥體兼資，自為牝牡，而生子夾髀，粗毫本白，端黑長七八寸，怒則激去射物，恃此為能人以出類奇之。故曰豪彘。《倦遊雜録》泡魚大者如斗，身有刺化為豪豬。五雜組豪豬似野豕，而大能與虎鬬，其毛如矢，人取以為簪，云令髮不垢。本草豪豬名蒿豬。《虞衡志》嶺南一種懶婦豬，似山豬而小，嘗噉田禾，惟以機軸紡織之具置田所，則不復近。《南越志》昔有懶婦睡機上，姑怒之，遂走，投水，化為此獸，一枚可得脂三四斛，燃之，照紡績則暗，照歌舞則明，習懶之性不革也。今安平七源等州，峒俱有之。《唐書・北狄傳》渤海俗所貴者曰鄚頡之豕。《說文》㣇音異修毫獸。《集韻》作希，河內豕。《山海經》猫豬大者，肉重千斤。《丹鉛録》毛犀，即象也。狀如犀角小，善知吉凶，古人謂之貓豬。廣人謂之豬神。《湧幢小品》象，豕類也。張腹，而臧畢露者也。

清 顧棟高《毛詩類釋》卷一七《豕、特、豵、豝、白蹢、豜》《爾雅》豕生三子曰豵，一子曰特。召南詩一發五豵，魏風胡瞻爾庭，有縣特是也。牝曰豝，召南一發五豝，吉日詩發，彼小豝是也。四豴，音滴，皆白曰豥。音垓，《小雅》有豕白蹢。蹢，蹄也。

右《爾雅》辨豕之種類，其見於詩者有四，曰豵，曰特，曰豝，曰白豴。《豳風》又有言私其豵，獻豜于公。《毛傳》曰：豕生一歲曰豵，三歲曰豜，大獸公之，小獸私之，其釋豵與爾雅特異。孔疏云：一歲、三歲，蓋相傳為然，無正文也。鄭箋從爾雅，豕生三子曰豵，其釋豜則無文。臣案：《召南騶虞》及《小雅》皆説田獵所得之豕，非畜豕也。大雅篤公劉執豕于牢，牢是牧豕之處，其為畜豕明矣。有豕白蹢，亦宜為畜，豕若田獵所得之豕，則宜藏匿于山野，何由于道路之間，知其為白蹢乎。

清 姚炳《詩識名解》卷六《豕》 豕《小雅·漸漸之石篇》豕有豬，有豶，有豚，有豨，有豭諸名。《釋獸》謂豕子爲豬，孔鮒謂豬子爲豚，《字林》謂蹄廢者爲豶，《方言》謂朝鮮之間呼爲豭，南楚呼爲豨，《説文》云竭其尾，故謂之豕象，毛足而後有尾，則豕固其總名耳。羅瑞良以爲，凡六畜之屬，皆見於《釋畜》，惟豕見《釋獸》以豕者通，田豕之名，故別異之，是也。

豕類非一，舊謂生青、兖、淮、徐者，耳大。生燕、冀者，皮厚。生梁、淮者，尾短。生遼東者，頭白。生豫州者，喙短。生江南者，耳小。生嶺南者，白而肥。今豬最佳者，稱南雄，蓋物土然也。

豕爲亥位，屬水，此後人五行之説，理或有之，然非謂竟習於水如魚鼈然也。豕性不過喜卑下穢濕之所，易稱見豕負塗是矣。羅瑞良乃穿鑿，豬，豥字，義謂豕爲水畜。又應於水爲能充其類，是欲驅負塗者而游泳清波，此不問而知其誣者，其意總欲爲涉波，作一實證耳。

《正義》云：馬驚謂之駭，則駭者，躁疾之言。釋豕，四蹢皆白，名爲豥是躁疾，於餘豕。駭與豥字，異義同也。據此則其所以從亥者，并不必作水畜，應水之説矣。

《傳疏》以涉波爲雨，徵其後説，家皆謂豕羣涉水，是久雨而停，潦多故。蹢濯其塗而見白，非以涉波爲雨兆也。愚謂將雨既雨諸説紛如，總皆泥下離畢之義。認苦雨爲眞，與鸛鳴蟻出之説同一。可笑，夫出師曠日持久，三年六月不知幾歷雨暘，武人何沾沾以此爲苦。若東山零雨，特就歸塗所過以爲言，不可以此例彼也。即令豕性喜雨，不過羣聚卑濕之，所苟游泳波漣鮮不載，胥及溺矣。蓋二者皆以不得其所爲興，豕性負塗，而今涉波，月行中道，而今離畢，武人有家室，而今東征是以行役，久病不遑他事，兩兩相兄，意直捷而味深雋，詩人可作，倘亦許我爲同心耶。

鄭氏謂豕離其㯻牧之處，與衆涉入水之波漣，喻荆舒之君率民去，禮義之安而居亂亡之危賤之。故比方於豕也。非是通詩語意，惟怨憤自憐，更無憎疾之旨，况云進涉波漣，亦豈穢賤之事耶。

烝，木火氣上升之義。故又訓爲進涉，説文云徒行厲水也。進而涉水，必以足，故即舉共白蹄者以爲言耳。彼以白蹢爲躁進於他豕，又謂久雨則濯其塗而見白，皆穿鑿。

或疑此豕爲江豚，此皆泥涉波而云然者，不知豕非水族，而云涉波，猶魚游涸轍之意。説詩者皆認涉波爲眞，故推類及江豚，尤可哂也。何元子辨之云，江豚乃風信，於雨無與，亦見其惑已。

豐坊僞本，於此章上又有一章，其詞云：馬鳴蕭蕭，陟彼崕矣。月離于箕風楊沙矣。武人東征，不遑家矣。蓋因春秋有月離、箕風、楊沙之語，而妄益之，此不足論也。但就其文以風配雨，而上云：馬鳴陟崕於風，無與則以涉波爲雨，徵者其識，殆又出豐氏下矣。

《廣雅》云：獸一歲爲豵，二歲爲豝，三歲爲肩，四歲爲特。則此四者，乃羣獸小大之通稱，非豕之專名也。豝、豵、特，三者，豕屬亦有其名。舊解并謂豜亦從豕，因以一歲二歲文訓之，遂與釋獸文相刺謬，不可不辨。今考騶虞春田之盛也。長林豐草，百獸咸集，一發見五，豈必盡是豕屬。七月四章爲裘，禦寒也。若以豜豵爲豕，恐豕皮未必供裘用，惟吉日以豝對兕伐檀，以特對貆鶉，不妨實指田豕言之耳。余因論次豕屬，備列如左，於豝豵特三者，存其名於豜，并黜其類。婁豬艾豭，亦勿使有亂耳矣。

豝《召南·騶虞篇》廣雅謂豝爲獸二歲通稱，不專屬豕是也。豕之名，豝者，則以釋獸文爲正。豕而牝，其體必大。故崔豹云：漁陽以大豬爲豝。孔鮒亦云：大者，謂之豝，皆非誣也。王安石謂：巴猶婁，婁豬求子之豬，即其牝者，仍與舊説不異。若説文二歲，把拏之説，宜通羣獸言之，不應專謂豕耳。

羅瑞良謂射牝，何足爲仁，豝蓋牝豕之小者。何元子亦謂，春蒐，乃擇取不孕者。若云：豕牝則有孕道，當從二歲名。愚謂如廣雅之説，固當通羣獸言，則亦不必定作牝豕，覩自無害乎，其仁心耳。

《集傳》訓豝爲牡豕，與釋獸諸書異，不知何據。

一發五豝，一言其少，五言其多，皆不可泥。若謂惜物之命，不忍多殺，則選徒命卒攻車同馬，僅區區爲一發已耶。嚴華谷直謂止於一發，不忍盡殺，則過泥仁心之説也。

馮時可云：獸五惟一發者，不忍盡殺，仁心如是，而宋儒以爲中必疊雙，是後世之巧射，窮兵黷武者，所爲非三代之禮射矣。至謂四矢爲一發，偶一發疊雙乃得五，尤附會可笑。愚謂馮說甚當，然云五惟一發，則與中必疊雙之說，迂泥相似，不知方春和時，庶類繁殖，豝豵皆獸之小者，羣相聚於草木之際，一發矢而驚起騰躍，其類約以五計焉。不遑極言其多之意耳。不可執成數，以相求也。

《小雅・吉日篇》此可專指田豕，言以與下兕爲對，豝謂之小儷兕之大者也。羅瑞良據二歲文謂小豝之名，因此何元子又謂豝之小者，無孕道故騶虞春田取之，並非羅瑞良牽序說。合論二詩以謂吉日之臣，白豝而殪大兕不私於己，所以爲奉上騶虞之君，上於豝而已亦不私於己，所以爲仁，此鑿說也。田獵所獲不一，禽獸詩特舉一物，以例其餘耳。使春田僅止於豝，何以云盛。且下文無燕賓奉祭之文，何以見其不私己而爲仁。至若言日乃虞人驅禽以待天子之射，豈得謂不私，所有以奉上耶。

豵《召南・騶虞篇》釋獸以豕生三爲豵。傳以一歲爲豵。正義兩從之，謂豵雖生數之名，大小皆得名之言，私其豵。謂小時此國君所射，未必小也。愚意不然，傳一歲爲豵，蓋通謂獸之一歲者。此詩所云正當指此，若豕之名豵，應以釋獸文生三爲正。鄭志所謂過三，以往猶謂之豵是矣。而說文別云豵豕生六月，豚則不足据也。

釋獸稱三爲豵，乃一豕所生。此詩稱豵有五，則羣豵所聚，必謂文王化行，庶類向之。生三者，今且廣而至五，是刻舟膠柱之見也。

豐坊謂專取豝豵以其獨害稼。郊特牲迎虎爲其食，田豕所以除農害也。果爾則春田之際，雖盡殪之亦不爲過，何爲又有不忍多殺之說耶。以此知，豝豵之俱不可泥爲豕也。

葭蓬豝豵以草木禽獸分，言各見其盛。季明德謂豝大，故藏於葭。豵小，故藏於蓬。試思葭乃蘆葦，蓬則彫胡野茭之類，皆近水之草，豈田豕之所棲息者乎。

《豳風・七月篇》傳於此詩，實指豕一歲爲豵。正義但云相傳爲然，無正文也。愚謂：定當能指羣獸之一歲者言耳，說見前。

特《魏風・伐檀篇》傳謂獸三歲曰特。正義云不知出何書，何元子引《爾雅》豕生三豵，二師，一特之文，以爲此詩，蒙上狩獵，言如田豕是也。愚按：特義不一，以上貆下鶉推之，或當如何。氏說爲田，豕蓋各指一物而言，且有釋獸文可據耳。

附：豜《豳風・七月篇》釋獸豕屬無豜，名惟麎屬有之，亦非其字。傳獨以字從豕，便定爲豕三歲者，說文謂三歲豕肩相及，因通齊風之肩，亦爲豕。愚謂肩與豜同，乃羣獸三歲名耳。鄭氏易傳疑豜爲麎鹿之類，不屬豕，可謂隻眼。但以于貉推之，又當通謂諸獸，即上狐貉類爲長。

養猪　牧猪

綜述

南北朝　賈思勰《齊民要術》卷六《養猪》　《爾雅》曰：『豶，豮。幺，幼。奏者，豱。四豴皆白曰豥。絶有十，豝。』《爾雅》云：『彘、豬也。其子曰豚。一歲曰豵。』《廣志》曰：『豨、狙、彘、豚，豕也也。豰、又豯也。』母豬取短喙無柔毛者良。喙長則牙多；一廂三牙以上則不煩畜，為難肥故。有柔毛者，㸌治難淨也。牝者，子母不同圈。子母一圈，喜相聚不，則不。壯者同圈則無嫌。牡性遊蕩，若非家生，則喜浪矣。圈不厭小。圈小則肥疾。處不厭穢。泥穢得避暑。亦須小廠，以避雨雪。春夏中生，隨時放牧。糟糠之屬，當日別與。糟糠夏輒敗，不停故。八、九、十月，放而不飼。所有糟糠，則畜待窮冬春初。豬性甚便水生之草，杷耬水藻等令近岸，豬則食之，皆肥。初産者，宜穀飼之。其子三日掐尾，六十日後犍。三日招尾，則不畏風。凡凡犍死者，皆尾風所致耳。犍不截尾，則前大後小。犍者，骨細肉多；不犍者，骨麤肉少。如犍牛法者，無風死之患。十二月子生者，豚，一宿，蒸之。蒸法：索籠盛豚，著甑中，微火蒸之，汗出便罷。不蒸則腦凍不合，出旬便死。所以然者，豚性腦少，寒盛則不能自煖，故須煖氣助之。

供食豚，乳下者佳，簡取別飼之。愁其不肥，共母同圈，粟豆難足，宜埋車輪為食湯，散粟豆於內，小豚足食，出入自由，則肥速。

《雜五行書》曰：『懸臘月豬羊耳著堂梁上，大冨。』《淮南萬畢術》曰：『麻鹽肥豚豕。』取麻子三升，擣千餘杵，煑為羹，以鹽一升著中，和以糠三斛，飼豕則肥也。

唐　王松年《仙苑編珠》卷上《牧豕商丘鑄治陶安》　商丘子胥者，高邑人，好牧豕吹竽。服朮、菖蒲，飲水，不飢不老人。世世見之，三百年。不知所之。【略】

《文苑英華》卷五四七《養鷄猪判》　甲爲郡守，令百姓養母猪及鷄，督郵諫其擾人，不許。

對

扇以仁風，阜財為急，教之畜擾，利俗則多。甲位列馮熊，政司佩犢，將除饑餒之患，用先蕃息之資。俾爾生生，非予擾擾。二彘既侔於龔遂，五牸足驗於陶朱。訓養雖勤，割烹斯利，既符孳貨，庶罔食貧。使荷蓧之夫，不空為黍，倚杖而牧，豈獨割葵。人無見卵之思，俗皆掩豆而祭。寔惟務本，焉用他規。且異米鹽之煩，寧懼糾繩之誅。

宋 魏了翁《古今考》卷三二《豕人官亡》 《紫陽方氏》曰：『牧人通掌祭祀六牲牛人雞人羊人犬人各掌一人豕人當在冬官而冬官亡矣馬牲則別置官甚多。《射人職》祭祀贊射牲注，烝嘗之禮有射豕者。《國語》曰：禘郊之事，天子必自射其牲。漢武封禪泰山，令侍中儒者皮弁薦紳射牛。

明 陳繼儒《致富奇書》卷二《養猪 猪肉食之，令人暴肥，蓋虛風所致也。宜少食為妙。風狂歌笑，用煆猪肉，煮熟切膾，和醬食之**》** 母猪取短喙、無柔毛者良。喙長則牙多，一廂三牙以上則不須畜，以其難肥耳。牝者，子母不同圈。若同圈，則喜相聚而不食。牝者同圈無害。圈不厭小，處不厭穢。亦須小廠以避雨雪。春夏草多，隨時放牧，糟糠之類，當食則與。八九月放而少飼。有病，割去尾尖，出血卽愈。瘴疫，以蘿葡葉飼之。

明 朱國禎《湧幢小品》卷二一《學士少年牧豕》 曾學士棨，少不得于父。父督之貨豕，豕突蹇其足，又息不豐，逐之。學士即牧，手書筴不棄，遂擢大魁，事父至孝。

明 陳耀文《天中記》卷五四《猪》 養猪。商丘子有養猪法，卜式有養羊法。《博物志》

牧豕。公孫弘，菑川人。少時為獄吏，有罪。家貧，牧豕海上。四十餘乃學《春秋雜記》。《漢書》

銜黼。昭帝時，燕王宮永巷中，豕出圂壞都竈，銜其黼六七枚置殿前。《漢五行志》

遼東豕。《朱浮為幽州牧與彭寵書》曰：『伯通自伐，以為功高天下。往時遼東有豕，生子白頭，異而獻之。行至河東，見羣豕皆白，懷慙而還。若以子之功論於朝廷，則為遼東豕也。』

賤事。吳祐，字季英，年二十喪父，獨居，家無儋石，而不受贍遺。常牧豕於長垣澤中，行吟經書。遇父故人，謂曰：『卿二千石子，而自業賤事，縱子無耻，奈先君何？』祐辭謝而已，守志如初。《後傳》

售猪過。真公沙穆嘗養猪，有病，使人賣之於市，語之言：『如售，當告買者，言病，賤取其直，不可言無病，欺人取貴價也。』賣猪者到市即售，亦不言病，其直過價。穆怪之，問其故。齎半直，以還買猪者，買者辭不取，穆棄錢而去。謝書養猪嘍嘍，五門子孫，凡民之伍決録，馬氏兄弟五人，共作五門客舍，養猪賣豚。故民謂之曰：『苑中三公，鉅下二卿。五門嘍嘍，但聞豚。』聲注

驅豕。入孫期，濟陰人。少為諸生，家貧，事母至孝，牧豕於大澤中，以奉養焉。遠人往從其學者，皆執經壟畔以追之。里落化其人讓。黃巾賊起，過其里陌，相約不犯孫先生舍。辟舉方正，遣吏齎羊酒請期，期驅豕入草不顧。司徒黃琬特辟，不就，終於家。皇甫【略】

石猪。啨蛉縣有石猪圻，長谷中有石猪，子母數千頭。長老傳言，夷昔牧此，一朝化為石，迄今夷人不敢往牧。

鄭頡豕。北狄渤海俗所貴者曰『鄭頡之豕』。

豢豕。豢豕者，翁為調糠，而媼為擇之蝨，豈愛豕哉？利其肉也。

清 汪价《中州雜俎》卷一五《虢州官猪》 盧杞除虢州刺史。奏言：『臣聞虢州有官猪數千，頗為患。』上曰：『為卿移於沙苑，何如？』對曰：『同州豈非陛下百姓？為患一也。臣謂無用之物，與人食之為便。』德宗歎曰：『卿理虢州，而憂同州百姓，宰相材也。』由是屬意於杞，悉聽其奏。姦人營進，以小惠沽名喚上意旨如此。

清 王有光《吳下諺聯》卷二《猪睏長肉人睏賣屋》 猪受人豢養，不勞心，不勞力，一睏恬然，而能事畢矣，焉得不長肉乎？乃有人焉，見猪之受用便宜，羡之慕之，從而效之，亦不勞心，不勞力，猶是一睏恬然，意蓋冀其肉之長也；然而賣屋矣。須知廢時失事，生計全荒，斷無不破產者。縱家有餘資，而假手他人，亦遭侵沒，不至凋落不止，況晏安酖毒，天不假易，亦理所不容。

又 卷四《東到吃羊頭西到吃猪頭》 此隨地類舉耳，不必准准東羊西猪，以辭害志也。吃其餘不足，又顧而之他，於是東西皆到矣。言取其頭，自尊之意。羊頭味美而小，必取益於猪；猪頭肉多而粗，必選勝及羊。致廣大，

盡精微，無少欠缺矣。到東則以西耀之，曰：『彼餽我猪頭之大。』到西又以東耀之，曰：『彼餉吾羊頭之美。』二處皆懼後至，乃争獻其頭矣。由東到西，由西到東，對直徑行中間一路，採鮮無不給也。由東轉西，由西轉東，遶道旋行南北兩旁，獻禽無不至也。有羊復有猪，兩美必合；有猪更有羊，二者得兼。無遠弗屆，無微不入，此其為饜足之道也。

清 洪頤煊《讀書叢録》卷九《圈養豕也》 《豕部》：豢，以穀圈養豕也。頤煊案：圈是圂字之譌。口部：圂，廁也。从口，象豕在口中也。《一切經音義》卷九引蒼頡圂，豕所居也。字从口，豕在其中也。《漢書·五行志》：豕出圂，壞都竈。師古曰：圂者，養豕之牢。《禮記·少儀》：不食圂腴。釋文：圂與豢同。

清 楊屾《豳風廣義》卷三《論擇種法》 母猪惟取身長、皮鬆、耳大、嘴短、無柔毛者良。嘴長則牙多，飼之難肥。猪以三牙爲上，有柔毛者治難淨。猪孕四月而生。母猪懷子時，不可餧以細食，恐猪肥油大，則生子難活。猪忌五月配圈，恐九月生子，少腦難成。生子後，母猪當餧以細食，生乳以奶豚子。

又《養猪有七宜八忌》 宜冬暖卧處宜向陽，嚴冬宜遮蔽、夏凉夏日圈中，常積水池，使得避暑。再圈中傍牆多栽樹木亦好；一宜窩棚小廠，以避風雨；一宜飲食臭濁和食不可用生水、淸水，常宜窨令酸臭；一宜細篩揀柴凡草末糠粃一切食料，務宜細篩揀柴乾淨，食粗者宜碾令極細；一宜除虱、去賊牙猪身生虱者，用菸筋或菸軒泡水飼之即除，槽牙後有□牙者，即打去之；一宜藥餌避瘟猪惟有瘟症最惡，往往有淨圈者，須預防之。宜蒼术、貫衆搗爲細末，三五日和入食中一飼，足以避瘟；一忌牝牡同圈牝牡同圈則亂鬧，憙聚不食，豚子六十日，即可擇出雄者另飼，雄猪不必多留，一雄可配羣雌；一忌圈内泥濘泥濘則多疾不長；一忌猛驚撓亂；一忌急驟驅奔；一忌飼餧失時；一忌重擊鞭打；一忌狠犬入圈；一忌悞飼酒毒猪□最軟，餧酒酵時有酒味，厚者便能毒死；或種烏藥、南星、半夏處，不可牧放，往往悞食毒死，不可不知。

又《飼豚子法》 豚子初生，宜煑穀飼之，或大麥屑，或豆屑，蕎麥穄秫屑，務宜煑熟，少加草末糠麩飼之。不可與母猪同食。或置木栅欄，留空只容豚子出入。或圈牆下開一小竇，令豚子出外飼之亦可。六十日後閹之俗呼爲鳖猪。閹了則骨細肉多，易長易肥。必須截去尾尖。閹不截尾，則前大後小。豚子閹後，待瘡口平復，取巴豆兩粒，去殼搗爛，和食中飼之，半日後當大瀉，其後則易長肥大。十二月生子者，必須置温暖處，常以火烘之，或將地下掘空如匠樣，下煨以火；不然則腦凍不合，出旬便死。欲養肥猪者，須於豚子中擇長大、皮鬆、嘴短、牙少、毛稀者，其共食乳時居下者最佳，揀取別飼之。宜將碎小、不堪，牙多、食少者早賣之。

又《收食料法》 養猪以食爲本，若純買麩糠飼之則無利。大凡水陸草葉根皮無毒者，猪皆食之，唯苜蓿最善，採後復生，一歲數剪，以此飼猪，其利甚廣，當約量多寡種之。春夏之間，長及尺許，割來細切，以米泔水或酒糟豆粉水，浸入大甕窖内或大藍瓮内令酸黄，拌麩雜物飼之。亦可生餧。若欲積冬月食料，須於春夏之間，待苜蓿長尺許，俟天氣晴明，將苜蓿割倒，載入場中，攤開晒極乾，用碌碡碾爲細末，密篩篩過收貯。待冬月合糠麩之類，量猪之大小肥瘦，或二八相合，或三七相合，或四六，或停對，斟酌損益而飼之。且飼牧之人，宜常採雜物以代麩糠，拾得一分遂省一分食。稍有空閒之處，即可牧放，放得一口，即省一日之費。總要慇懃細心掌管，自然其利百倍矣。

又《飼肥猪法》 欲餧肥猪，先擇佳種。至三、五十斤者，猪多則總設一大圈，内又分小圈，每一小圈止容一猪，使不得閑轉，則易長肥。飼法：用貫衆三兩、蒼术四兩、黄豆炒一斗、芝麻炒一升共爲末，拌入細食内飼之，食後每猪再餧生大麥一升，不過半月即肥。又方：用麻子二升搗爛，鹽一升和糠三升，煑熟雜入細食内，飼之即肥。

又《治猪病方》 猪有病時，割去尾尖及耳，出血即愈。若瘟疫，用蘿葡及梓樹葉與食之即愈，不食者死。又猪纔病不食，即用滚湯一椀沃其頭，半日即食。又猪將肥時，内生冰鈴，每食數口，即遊走不食，用鍜下磨子的石渣子爲細末，羅過拌食中飼之，不過數頓即愈。

清 楊鞏《中外農學合編》卷一二《豕》 母猪取短啄、無柔毛者良，啄長則牙多，三牙以上則不煩畜，爲難肥故。有柔毛，治難淨也。牝者子母不同圈，子母一圈，喜聚不食，則不能充肥。牡者同圈則無嫌，圈不厭小，圈小肥疾。處不厭穢，處穢則避暑。亦須小廠以避雨雪。春夏中生，隨時放牧。糟糠之屬，當日別與。八、九、十月，放而不飼。所有糟糠，則蓄待冬末春初。豬性甚愛水生之草；杷取水藻等，近岸；豬食之，甚肥。初生者，宜煑穀飼之。其子三日掐尾，六十日後犍。三日則不畏風。凡死者，皆尾風所致耳。犍不截尾，則前大後小。犍者，骨細肉多，不犍者，骨粗肉少。如犍牛法者，無風死之患。十二月子生者豚，一宿，蒸之。蒸法：索籠盛。腦凍不合，出旬便死。所以然者，豚性腦少；寒盛，則不能自煖，須煖氣攻之。供食豚，乳下者佳，簡取別飼之。

愁其不肥，共母圈，粟豆難足，宜埋車輪爲食場，散粟豆於內，小豚足食，出入自由，則肥速。江南水地多湖泊，取近水諸物，可以飼豬。凡占山皆用橡食、藥苗，謂之山豬，其肉爲上。江北陸地，可種當約量多寡，計畝數種之，易活耐旱。割之，比終一畝，其初已茂。用之漸切，以泔糟等水浸於大檻中，令酸黃，或拌麩糠雜飼之，特爲省力，易得肥腯。前後分別，歲歲可鬻，足供家費。閹後待瘡口乾平，復取巴豆兩粒，去殼搗爛，和麻秈糟糠之類飼之，半日後當大瀉，其後日見肥大。豬多總設一大圈，細分爲小圈，每小圈只容一豬，使不得鬧轉，則易長也。肥豬法：用管仲三觔，蒼朮四兩，黃豆一斗，芝麻一升，各炒熟，共爲末，餌之，十二日則肥。《齊民要術》、《農桑通訣》、《四時類要》、《農政全書》。肥豬法：麻子二升，搗十餘杵，鹽一升，同煑，和糠三升，飼之立肥。治豬病法：割去尾尖，血即愈。若瘟疫，用蘿蔔或梓樹葉與食之，不食難救。

附外洋法

豚性能耐風土之變，寒暖乾溼莫不適宜。不選食料而併食動植兩物，質如庖廚農場等之殘滓及廢質，皆足以利用。家養豚若干頭，任其所好，豚體略無可廢棄之處，不問年齒老弱，任時取其肉，味常佳良，又易於貯藏，或以製乾肉，毫不損味，恆富於繁殖，生長甚速，易於肥厚，故養豚以小資本，而殖利頗迅速。現時日本肉類告缺乏，價位頗昂貴，農家以養豚爲其副業，則所利必大。豚專爲肉畜，當其生存之時，別無利用之途，是畜貪食殊甚。若養以貴重之料，或農產則收利不能償其所費，故養豚者先須求法，以獲廉價之飼料不可乏少。養豚之業，在都城附近，或農產製作尤盛之地尤其易行，蓋利用其價廉之殘渣耳。豚之飼養，取肉及脂肪之生產，或以供種豚取肉者最多，如在都城附近及農產殘渣富饒之地，富養小形早熟種，使速肥滿，風味佳良，便於售賣生肉。僻養之地，用粗放飼養法則宜養骨格强大之豚種，製造哈姆火腿、倍根、臘肉等，或求富於脂肪。豚之可充種殖者，無論何種，須選其强壯、富精力、食慾旺盛、遺傳力確實，體形合用、承多產之血統者，種牝所貴者，在外觀雄健，頭不失於短小、頭短、厚皮、膚軟、被毛粗、胴長闊、前體善發暢、全體强壯；種牝所選者，在頭小、頸細、軀體較長、相貌柔和、後體善發暢、多具乳房，乳房之數少者六，多者十六，種牝必選其多於十二者，其性質剛愎，有惡癖厭哺乳之煩，或貪食子豚者，不能用以作種。出生後三四月發情，而適種殖者，往往有之其嫩弱者，生殖不良，小種八九月，大種十月至十五月適於繁殖之用，牡二三歲繁殖力最强盛，一頭能配牡二十五至四十頭，嗣後漸增其脂肪，性加暴而繁殖力頓衰，所配之牝宜減至二十或二十五頭，迄五歲則全廢，其種殖之用，牝豚迄六歲可充種殖。牝冬時發情最盛，發情則舉動不穩，食慾減退，鳴聲異常，交尾易顯效。若不受胎，則經三四週日而再發情。妊娠期平均爲百十六日，可知一年二次行種殖爲不難矣。惟初年祇取一次，爲得第一次種殖，必期三四月之交而令分娩；二次種殖則分娩期三、四月及九、十月之交，如此使子豚易發育。豚之在妊娠期者，飼養管理以懇切爲旨，尤忌激變。近分娩期即顯其狀態，給以藁片多量，且令室中陰暗以致靜穩，此時牝豚造巢於室之一隅，橫臥以待其分娩，已產第一子後，隔五分至十分時而產第二子，如此凡一二小時而產子六頭至十二頭，最多者產十八頭。母豚分娩時，務宜在傍而監視之，若有死子則速除之，胎盤出下則速棄之，勿令母豚食之，否則生其食子之惡癖。分娩已畢，則供母豚以滋養質易消化之食物，如麩、穀、粉等之液汁，使靜養而徐回復其元氣，嗣即引子豚而一一接乳房，若產子之數多於乳房之數，察其弱質而除去之，或按其所多之數，以燒酎塗體軀，乃引而至外托他母豚而哺育之，或用牛乳以飼育之。豚若干頭亦可據是法，初一二日以匙挹加溫之牛乳而飲於豚子，迨第三日所用之牛乳稍混以麥粉等，子豚隨母豚而出舍外，適宜運動則有利於發育，已經三四週給以煑熟之麥、薯根、菜等，漸減其哺乳之量，迨第五六週則全斷乳，惟充種畜者哺乳宜久至七八週或十二週。牡豚不爲種畜者，經五六週割去其睪丸，豚之去勢施術頗簡，人皆可行之，牝畜三月去勢則有利焉，然牝之去勢易致失敗，故不多行之。子豚斷乳後，給以多量之滋養飼料，如麩、麥、粕油粕等，若有牛乳、滓乳等則加用之，約二週日而懇切，其飼養子豚發育至四月則育成頗易，嗣後取飼料略如成。畜豚能雜食諸種飼料，自穀類麩、糠類，庖廚殘屑，酪農殘渣，如滓乳、乳漿等，根菜類如薯、蕪菁萘菜等，農產製造渣，粕類如油粕、麥酒粕、澱粉等，以至葉菜、牧草、樹實、落果，莫不爲其所嗜食，養豚者宜察其地之情形，而選價廉之飼料。惟豚生長甚速，食慾旺盛，需食極多，故飼料之供給尤須潤澤，飼料中薯類殊見重用，然薯富於炭水化合質，而含蛋白質甚少，加以蛋白質飼料，如麩麥粕、滓乳等，令營養率約五，則可得發育完善，蛋白質飼料尤優良者爲肉粉，每一頭一日給以肉粉三十匁至百三十匁，則增體重殊著。豚消化力雖强盛，然消化管甚短，故飼料皆須調味，質固者和以多汁之料，乏養質者混以富滋質之料，如薯類、麥類，先煑熟之淆以渣乳等而壓碎之，待其再冷合宜而施給之可也。飼料必盛於潔器，子畜則每日四次，成畜則三次，定其量而施之，令其無過不及，變換飼料亦宜徐徐易之。豚一頭一年須食鹽四五百匁，時時分給可也，或隨時給以木、炭、粉、小石等，則足以促食慾，幼畜至三四月，每日混加飼料以骨粉、燐酸、石灰等，每一頭四五匁，則能使骨格堅固，且生長迅速。豚之放牧，不僅節減其飼料之費，又自由運動致體質强健，地有槲山毛櫸等繁茂，則豚食其子實而自得肥厚，如此則放牧尤有利。其依舍飼者，亦宜卜晴天勉以放之，於牧場必備以水，任豚所飲，又栽植樹木，以充陰涼之地，放牧場生草多，豚自食之，然在舍中，朝夕二次仍可給以飼料少許。豚之取肉及脂肪者，利於肥育其主肉者，宜取其娩生後六月至九月，主脂肪者則取其二三歲，皆選其性之穩和。肥育之時，令豚居温暖陰暗之室，禁其運動，懇切靜養之，嚴守其給食之時，且增其次數每日至四五次，如冬日更加以朝夕二次，務使食多量。肥育促其豐厚，以多食爲切要，給食豐足，若見其食慾減衰，則每日宜給以浸水和鹽之麥或糖類少量，或食以安的摩尼，每一頭涉八日至十四日用其二三匁，則可得食慾回復。肥育初期所用之飼料，須富於蛋白質，如渣乳混和以煮熟之薯，及碎粉麥等者尤佳，根菜類如胡蘿蔔、甜菜等則次之，或利用釀酒、粕類、澱粉粕等亦可，肥育漸進則加以豆類、麥類、玉蜀黍等之穀粒，漸增其炭水化合質之數，令營養率加廣根菜類，宜截裂而煮熟之，豆類則浸於水，麥類則粉碎而用之，肥育經十二週至二十週則達，肥滿之極不復增其體重，嗣後易減其體重，而有受疾病之虞，宜速屠殺之，勿失其機。欲使豚發育强健，則豚舍亦爲緊要，豚舍須選乾燥地，冬温夏涼處而築造之，使易通氣四壁，以堅牢爲主，造以煉瓦、石厚板等，高八尺至一丈，舍口闊約四尺，備以堅强之戶，向外而開屋，葢葺以板瓦等，牀作以三和土厚板、燥瓦石等務令勿含水，作斜坡，形後高前低，端設溝便於排除污水，牀之鋪石者，不利於衛生，牀之面積，在種牡及帶子之牝豚，則以九尺至十二尺平方爲準；在肥育之豚，則六尺平方，多數同居者，則每一頭四尺平方，備於豚之發育。換氣亦爲緊要，大舍宜有窗，開閉自如，復附設以通氣之口。食器闊一尺二三寸，深八九寸，長二尺，其材料主用鑄鐵石、塞門德等，間亦有以木煉、瓦石等製造者，其共用多於二頭者，必按頭數而區分，令給食時勿致雜踏，其結搆考究。已多產子室、育成室，距四壁約一尺，各横架圓木高約一尺，如此則母豚横臥無壓殺子豚之虞。豚似好不潔而實好清潔，惟能耐不潔耳，豚舍不潔則害於豚之發育，使易受疾，豚舍每日必掃清之，去其糞屎等污質，且布以藁、木、葉、砂等，以保其乾燥清潔。豚舍不可無附屬之運動場，運動不足則害於豚之康甯及發育，如種畜大減繁殖力，運動場宜接於豚舍，周繞以垣，高約五尺，中設樹陰，復利用流水以充飲水場，亦如放牧場，場中處處備以横棍，距地高二尺，使有摩擦豚體之便。

紀事

宋 祝穆《事文類聚・後集》卷四〇《牧豕償火》 梁鴻家貧，牧豕上林苑中，曾誤遺火，燒及他舍，乃以豕償之。其主猶以為少，鴻願以身居作，主人許。因為執勤不懈，耆老見鴻非常人，乃共責讓主人，於是悉還其豕。鴻不受，乃去。

又《養猪嚄嚄》 馬氏兄弟五人，共作客舍，養豬賣豚，故民謂之曰：『苑中三公，鉅下二卿。五門嚄嚄，但聞做聲。』

宋 周密《癸辛雜識・續集》卷下《猪禍》 至元癸巳十二月内，村落間忽偽傳官司不許養猪，於是所有悉屠而售之，其價極廉，不知何祥也？

明 馮夢龍《智囊補》卷二《禁中猳猪》 宋神宗一曰行後苑，見牧猳猪者，問：『何所用？』牧者曰：『自太祖來，嘗令畜，自稚養至大，則殺之，更養稚者。累朝不改，亦不知何用。』神宗命革之，月餘，忽獲妖人，于禁中索猪血澆之，倉卒不得，方悟祖宗遠慮。

明 王同軌《耳談類增》卷二一《猪金》 萬曆初，姑蘇滸墅関王序三家，豢一猪已二載。一日，啣其主衣裙行。異之，隨其所往。以嘴掀土，出瘞金千兩。取之，家遂大饒。自是德猪，飼以香飯，澡以浄泉，衣綿藉氈，一十年大可比牛，遠近皆来借觀焉，稱其家金為『猪金』。後死，棺殮祭奠如人禮。朗哉譚。吾里團江一家，父亡而猪後生。又夢父稱是此猪。倍加愛養，不忍殺宰。至八年，肥大不可行。人競来觀之，丁酉年始死。

藝文

宋 韓淲《澗泉集》卷一四《孫期牧豕》 祝雞牧豕其非誤，逐鹿屠龍也是閒。用破心時無活路，得全身處有名山。洪纖高下皆儌幸，終始乘除每好還。一任鳳歌仍豹隱，多應蟻夢與蝸蠻。

金 元好問《遺山集》卷五《驅猪行黄臺張氏庄作**》** 沿山蒔苗多費力，辦與豪豬作糧食。草菴架空尋丈高，擊板摇鈴鬧終夕。孤犬無猛噬，長箭不暗射。田夫睡中時叫號，不似㹠豬似稱屈。放教田鼠大於兎，任使飛蝗半天黑。害田争合到渠邊，可是山中無橡术。長牙短喙食不休，過處一抹無禾頭。天明壠畝見狼藉，婦子相看空淚流。旱乾水溢年年日，會計収成纔什一。資身百備粟豆中，儋石都能幾錢直。兒童食麋須愛惜，此物群豬口中得，縣吏即來銷税籍。

元 許有壬《至正集》卷九《虎食隣豕》 疲氓一豕闔歲計，翁媪旦夕勞豢視。敢思口腹資禦冬，擬待今秋了租税。於菟乘夜夔其壁，攫去怒嚼無餘骴。豪家有羊過千百，爾不掠剩寧有畏？乘虚凌弱犬亦恥，天賦爾質徒猛摯。太山昔聞無苛政，荒村今復增酷吏。草萊蹂踐迹未泯，是我昨日攀緣地。卞莊周處世豈無，畢竟爪牙何足恃！

明 尹嘉賓《平原道中見牧豕者》《佩文齋咏物詩選》卷二二九 天門室宿鬱如虹，海上蕭條牧豕翁。會得平津開閤意，一竿寒日野田中。

清 寶廷《偶齋詩草・内集》卷七《莫養豬》 莫養豬，養豬奪人粥。花豬腹中脂，餓殍身上肉。奪人飼畜人不足，畜肥人瘠人羨畜。吁嗟，養豬心胡毒！

清 俞樾《春在堂詩編・己辛編・以猪一頭放之雲棲山中内子姚夫人遺意也并媵以鷄一尾而紀以詩》 物命滿天地，何者不當惜。吾自去歲來，久擬斷葷血。苦從兒輩諫，兼采門生説。謂已花甲周，未容肉食缺。姑為議食單，略使有區別。為我特殺者，一槩從擯斥。羽族如鷄鶩，水蟲若魚鼈。一物有一命，忍以充肴核。閒或未忘味，百錢付屠伯。易其肉一臠，亦足供餔啜。獨念老孟光，遺言發垂絕。乃買豬一頭，厥狀頗肥腯。媵以鷄一尾，毛羽皚如雪。載之如雲棲，縱之就欄柵。永遠免刀砧，逍遥在泉石。明知所見小，區區誠無益。物固不勝放，放一而遺百。惟思臨死言，何忍付一吷？爰將所因由，具為老僧述。略予芻豢資，年月登簿籍。既償逝者心，亦以免吾孽。何肉尚為累，藉此庶稍釋。

清 法若真《黄山詩留》卷八《牧豕二首》 風高雪盡萬山空，牧豕何妨到澤中。聖主雄才駕漢武，小臣敢避海門東。

又 行行列陣黑如雲，鐵甲聲喧入夜聞。莫怪威稜人立起，相逢大半是將軍。

清 紀昀《紀文達公遺集・詩集》卷一三《江船豕詩答春磵》 春磵作江船豕詩，蓋《風人》《相鼠》之義，意未盡然，書此荅之。

豕於六畜中，爲物躁而擾；江船偶豢此，行客厭聒攪。竹篷五尺餘，局促三板小。何堪卧榻旁？狼籍日相惱。苦求耳目清，剸刄恨不早。我聞三嘆息，恩怨何繳繞。中婦愛烏圓，攜之涉長道。一飯未忍忘，魴鯉和秔稻。是雖利牙距，鼠輩豈盡剿。徒以媚取憐，珍惜侔雜寶。几榻竊跳踉，盆盎暗攻剽。小婢畏主人，知罪不敢討。嗟此負塗狀，所志惟一飽。形骸頗擁腫，肺腑無機巧。正似荆州牛，垂腴齧枯槀。儻爲盜鴨貍，茲事吾能保。既不窺爾池，何須怒一絞。洪爐鑄衆形，錯雜兼醜好。褰裳涉楚澤，蕭艾雜蘭草。一氣之所生，誰能盡除掃。碧落本空虚，流雲任縹緲。苟未肆搏噬，豈不容微渺。鷄蟲互得失，反復無時了。注目對寒江，吾憶杜陵老。

清 戚學標《景文堂詩集》卷一《豕灾》 皇天胡不仁，降割到猪豕。方其被患時，十九狼藉死。朝猶聞呼飼，夕即斷穅秕。諦視股腋間，俱形一片紫。頗若官印然，方潤逾五指。是皆害氣乘，熱發癰疽似。或謂神所收，正直宜無此。牛馬古有醫，【後漢書】黄憲父爲牛醫。列子范氏門徒往，遇乞兒馬醫，勿敢辱也。於書獨無是。爾生不能言，爾病奚從理。徒令相藉亡，眴眴目猶視。【莊子】豚子食於其死母，少焉眴若，皆棄之而走，注目眴視也。家人畏傳毒，不聽賣之市。雖無帷蓋恩，【檀弓】敝帷不棄，爲埋馬也；敝蓋不棄，爲埋狗也。得以完肌體。爾死良可悲，吾轉爲爾喜。熊魚人所嗜，均以味之美。爾於諸豢中，不宜獨甘旨。就令全汝生，庸能免刀几。況遭鼎鑊烹，慘痛及骨髓。先後一死間，視此猶勝彼。爲爾賀考終，【洪範】五福一曰考終命。吾甘飽疏水。

清 汪如洋《葆冲書屋集・外集》卷二《賦得牧豕聽經得經字》 有士工求牧，從師儼受經。亡羊寧得計，豢豕更勞形。戲早撝蒱謝，榮逾鼓吹聆。圜橋他日願，歸笠寸心銘。賤業牛醫則，羈蹤馬磨停。渡河祛積誤，賣餅乞餘靈。翁子長貧日，公孫未壯齡。菑畬依聖訓，麟瑞集郊坰。

清 祝德麟《悦親樓詩集・外集》卷一《列子食豕》 列生工豢養，杜德返衡茅。蠢蠢寧人立，皇皇但豕交。精心營圈柵，壹志課芻茭。豈有從招慮，應無弗愛嘲。伺如同類近，專不異情抛。為彘謀何切，於豚察恐淆。御風聊息駕，執爨井治庖。莫以遼東見，卑之共斗筲。

猪欄　猪棡

綜述

明　吳國仕《造命宗鏡集》卷一一《造猪欄》　取太歲干陰合陽，次吉陽合陰，上吉合奇羅、紫炁，擇重辰日造之，猪旺又不招災。紫微卦中生炁不必吊取，到方爲驗。又法：取每年台將星會日月家台將星到方大吉。

明　午榮《魯班經》卷二《猪棡樣式》　此亦要看三台星居何方，做在三台星上方吉。四柱二尺六寸高，方圓七尺，横下穿枋，中直下大粗窗，齒用雜方堅固。猪要向西北，良工者識之，初學切忌亂爲。

又《逐月作猪棡吉日》　正月丁卯，戊寅。二月乙未、戊寅、癸未、己未。三月辛卯、丁卯、己巳。四月甲子、戊子、庚子、甲午、丁丑、癸丑。五月甲戌、乙未、丙辰。六月甲申。七月甲子、戊子、庚子、壬子、戊申。八月甲戌、乙丑、癸丑。九月甲戌、辛酉。十月甲子、乙未、庚子、壬午、庚午、辛未。十一月丙辰。十二月甲子、庚子、壬子、戊寅。

明　佚名《便民圖纂》卷一〇《作猪圈》　甲子、戊辰、壬申、甲戌、庚辰、戊子、辛卯、癸巳、甲午、乙未、庚子、壬寅、癸卯、甲辰、乙巳、戊申、壬子。忌天瘟、天賊、九空、受死、飛廉、刀砧、血瘟、土鬼、破日、正四、廢小耗、大耗。

清　張宗法《三農紀》卷九《猪棡》　豕乃貪畜，嗜揭嗜喙，非棡不能以止其鄙；懼寒懼暑，非棡不能以蔽其膚。得棡則易曰易肥，養生者須以先造爲。卜方：宜生旺、食禄、養墓方。用材湏按六白，工畢，命工人在棡內須暢食快飲，浄噐而出，切忌言笑剩落，可以吉。此猗頓致富之訣也。

宜忌：作棡，宜天歲月德，德合母倉，生氣、旺相、大明吉日。放水，訣云：寅卯水大旺，辰放客猪來，巳□病瘦死，午方日食胎，申去家猪壯，酉位遭官災，戌逢□無猶，絶種亥宮排，子水無一蹤，門亦忌其開。安□，□□旺在□，天歲月德德合，三合六合母滄生旺，□□□吉。忌月煞、厭，空破、執破、閉日。割，宜伏斷日。修，宜申、子、辰日。買，宜成收日，忌亥，不出不殺離羣日。猪胎，正、二、十一、十二月，占。

【典故】別傳：司馬德操畜一豕，鄰人妄認，即推與之，後亡者得其豕，以豕還，謝罪。曰：物之相同，何罪也，不責。《漢書》：公孫弘家貧，不得遇，牧豕四十年，于海上讀《春秋》不輟，時人莫知其操。

豪猪

題解

明　李時珍《本草綱目》卷五一《豪猪》　釋名。蒿豬《唐本》　山豬《通志》　獂貐音原俞。貆豬音丸。鸞豬時珍曰：《説文》云：豪，豕鬛如筆管者，能激毫射人故也。郭璞曰：吳楚呼為鸞豬。《星禽》云：壁水貐，豪豬也。

明　慎懋官《華夷花木鳥獸珍玩考》卷九《豪猪》　師古曰：豪猪，一名帚獂也，自為牝牡者也。獂，音運。邕州山猪，即毫猪，身有棘刺。

清　厲荃《事物異名録》卷三七《豕》　帚獂。揚雄《長楊賦》：拕豪豬。師古註：豪豬名，帚獂也。

蒿豬、獂貐。《本草綱目》：豪豬，一名蒿豬，一名獂貐。

鸞豬、貆豬。《正字通》：野豕狀如猪。《通志》名山豬。郭璞云：吳、楚呼為鸞豬，俗呼為貆豬。按野豕即豪豬之類。

豨。《蟫史》：野猪，一名豨。

論説

宋　曾豐《緣督集》卷一二《豪猪説》　余兒時，見里中有蓄豪猪箭者。其大如箸長稱之。其本如萌，其末如穎。其膚白黑相間，白者如蒲差硬，黑者如角差軟耳。老長言：『箭生毛間，氣怒則身張，身張則箭發，所中能殺人，人不敢近。』予雖聞之，實始未見。意《説文》所謂豪豕鬛如筆笎者是也。歲在丁未，余年四十六矣，自廣東漕掾，滿航而歸。至清遠之茭塘，其左岸有自山逐猪而下者，猪至水瀨，前不能進，後不能退，舟人遂以篙殺之，曰：是豪猪也。余起而視之，爪牙毛甲、咽項腹背，皆與世所蓄等所異者，其目如猴，其鬣如兎，其體如鱗，箭誠生毛間。諏之舟人：『汝獨不懼為箭所中耶？』曰：『猪出於前之伺，迫於後之逐，氣雖怒而不張，箭雖發而不遠。此篇之所以得施也。』靜循猪之所為，自雄族類間，其心徃徃，恃吾有箭，內足以衛身，外足以中物，安知一有怵迫，則箭發而不遠。嗟夫！猪中之豪，真豪也，一怵於伺，迫於逐，身猶不免；況世之人，姑以豪名，徒恃吾有衛身中物之伎，輙自雄於衆，日逞而不已，余恐有起而逐其後，伺其前者矣，其終能免乎？

綜述

唐 劉禹錫《劉夢得文集》卷二二《代京兆韋尹進野猪》 野豬一口，右伏以收穫之餘，田獵有獲。異於芻豢，著在方書。既堪充庖，輙敢上獻。前件野豬，謹隨狀上進。謹奏。

宋 周密《癸辛雜識・續集》卷上《大野猪》 北方野猪大者數百斤，最獷悍難獵。每以身揩松樹，取脂自潤，然後卧沙中，傅沙於膏。久之，其膚革堅厚如重甲，名帶甲野猪，雖勁弩不能入也。其牙尤堅利如戟，馬至則以牙梢之，馬足立傷，雖虎豹所不及也。又云獵犬之良者最畏狐，蓋狐善以穢氣薰犬，目即瞽收，獵者凡見狐必收犬，蓋恐為所損也。

宋 周去非《嶺外代答》卷九《山猪》 山猪即毫猪，身有棘刺，能振發以射人。三二百為羣，以害苗稼，州峒中甚苦之。

明 張懋修《墨卿談乘》卷六《野猪樂器》 臣王維言：伏見今月七日中書門下勅，道士申太芝奏稱：奉恩旨，令臣往名山修功德。去載六月二十日，於南海葛洪居處，至誠祈請。中夜怳惚見一老人，云是茅山羅浮神人，嘗於七曜洞未往，昔曾於九疑山桂陽石室中藏天樂一部，歲月久遠，變為五野猪，彼郡百姓捉獲，汝可往取獻皇帝。每祈祭，但依方安置奏之，即五音自和，天仙百神，應聲降福，所求必遂，壽命延長。臣奉神言，即往桂陽尋問百姓，云：天寶二載，村人嘗見有五野猪，逐之便走於石室，就裏尋覓，化為石物五枚，衆共驚異，今將奉進者。維表有句曰：『龎眉皓髮，遥同入昴之仙；真訣玄言，未告馭風之客。棲身七曜，以竢唐堯；藏樂九疑，不傳虞舜。』

按：古器物出，見其精爽化形誠亦有之。龍躍平津，蛇飛武庫，載在《晉史》。彼王維表賀，夫豈云誣若，但以其道士傳言，遂疑怪誕。是使龍圖赤文、龜甲綠字，古神聖盡為依託矣。雖然不經之事，存而勿論是也，若夫新室符命，則矯誣之罪魁元祐天書，則持道之濫觴矣。

明 李時珍《本草綱目》卷五一《野猪》 【集解】宗奭曰：野豬，陝、洛間甚多。形如家豬，但腹小脚長，毛色褐，作羣行，獵人惟敢射最後者；若射中前者，則散走傷人。其肉赤色如馬肉，食之勝家豬，牝者肉更美。詵曰：冬月在林中食橡子。其黃在膽中，三歲乃有，亦不常得。時珍曰：野豬處處深山中有之，惟關西者時或有黃。其形似豬而大，牙出口外，如象牙。其肉有至二三百觔者。能與虎鬭。或云：能掠松脂、曳沙泥塗身，以禦矢也。最害田稼，亦啖蛇虺。《淮南子》曰：野彘有艽莦槎櫛，堀虚連比，以象宮室，陰以防雨，景以蔽日。亦其知也。范至能《虞衡志》云：嶺南一種嬾婦，似山豬而小，善害田禾。惟以機軸紡織之器置田所，則不復近也。

肉【氣味】甘，平，無毒。宗奭曰：微動風。詵曰：不發病、減藥力，與家豬不同。但青蹄者不可食，微動風。時珍曰：服巴豆藥者忌之。

【主治】癲癇，補肌膚，益五臟，令人虛肥，不發風虛氣。孟詵。炙食，治腸風瀉血，不過十頓。《日華》

【附方】舊一。久痔下血。野豬肉二觔，著五味炙，空腹食之。作羹亦得。《食醫心鏡》。

脂臘月鍊過取之。

【主治】鍊淨和酒日三服，令婦人多乳，十日後，可供三四兒。素無乳者亦下。孟詵。悅色，除風腫毒，治疥癬。《日華》。

黃【氣味】甘，平，無毒。《唐本》。【主治】金瘡，止血生肉。療癲癇，水研如棗核許服之，日二服，效。《唐本》。研水服，治血痢疰病。藏器。治惡毒風，小兒肝氣，客忤天弔。《日華》。

膽【主治】惡熱毒氣。孟詵。鬼疰癲癇，小兒諸疳，水研棗許服，日二。時珍。出《衛生方》。

齒【主治】燒灰水服，治蛇咬毒。藏器。

頭骨【主治】邪瘧。《聖惠方》中用之。

【附方】新一。積年下血，野豬頭一枚，桑西枝一握，附子一枚，同入瓶内煆過為末，每服二錢，粥飲空心服。《聖惠方》。

外腎【主治】連皮燒存性研，米飲服，治崩中帶下，及腸風瀉血，血痢。《日華》。

皮【主治】燒灰，塗鼠瘻惡瘡。時珍。《外臺方》中用。

又《豪猪》 釋名。蒿豬《唐本》山豬《通志》豲貐音原俞。䝔豬音丸。鸞豬時珍曰：《説文》云：豪，豕鬣如筆管者，能激毫射人故也。郭璞曰：吴楚呼為鸞豬。《星禽》云：壁水貐，豪豬也。

集解。頌曰：豪豬，陝、洛江東諸山中並有之。髦間有豪如箭，能射人。時珍曰：豪豬處處深山中有之，多者成羣害稼。狀如豬，而項脊有棘鬣，長近尺許，粗如筯，其狀似笄及帽刺，白本有黑端。怒則激去，如矢射人。羌人以其皮為鞾。郭璞云：貆豬自為牝牡而孕也。張師正《倦遊録》曰：南海有泡魚，大如斗，身有棘刺，能化為豪豬，巽為魚，坎為豕，豈巽變坎乎？

肉【氣味】甘，大寒，有毒。頌曰：不可多食。發風，令人虚羸。【主治】多膏，利大腸。蘇頌。

肚及屎【氣味】寒，無毒。【主治】水病，熱風，鼓脹。同燒存性，空心温酒服二錢匕。用一具即消。孟詵。乾燒服之，治黄疸。蘇恭。連屎燒研，酒服，治水腫，脚氣，奔豚。時珍。

【發明】詵曰：此豬多食苦參，故能治熱風水脹，而不治冷脹也。時珍曰：豪豬本草不載，惟孟氏《食療本草》蝟條説之。

清 查慎行《人海記》卷下《野猪》 野猪，毛深黑色，高五六尺，長八九尺。絶有力，上下四牙長出口外，人莫敢攖，弓矢不能勝，利用火攻。味之美尤在皮，行廚以供上膳，非拜賜不得食。

清 方旭《蟲薈》卷二《野猪》 《槐西雜志》：烏魯木齊多野豬，猛鷙亞於野牛，毛革至堅，鎗矢不能入，其牙利如刃，馬足觸之皆中斷。旭按：野豬處處有之，狀似豬，毛褐色，口外有兩牙甚長，食蛇大者，重三四百斤，能與人鬬。

《本草綱》：目野豬，齒燒灰水服，治蛇咬。

又《豪猪》 《爾雅正義》：豪豬一名豨，又名

《本草綱目》：蒿豬、山豬、鸞豬、貆豬、貒貐，皆豪豬之別名。其狀似豬而項脊有棘，鬣長尺許，粗如箸，白本黑端，怒則能激射人。今處處有之，害田稼，肉有毒。

《倦游録》：南海泡魚，大如斗，身有棘刺，老則化豪豬。

清 桂馥《札樸》卷一〇《豪猪》 永昌順寧多豪豬，能發豪射人，或取其豪代箸，遇毒輒作聲，滇俗慣下毒，惟此物能拒之。

清 屈大均《廣東新語》卷二一《箭猪》 箭豬，即封豕也。封者大也，故象亦曰『封獸』。封豕初本泡魚，泡魚大如斗，身有棘刺，故化為毫豬。毫在項脊間，尺許如箸，白本黑端，人逐之則激毫以射人，婦女以金銀鑲之為簪，能止頭癢，除白屑。其毫如蒿然，亦曰『蒿豬』。又有山豬，雄大而多力，口旁出兩牙長，六七寸，甚猛利。肉味美多脂，以多食禾稻故也。一名『懶婦』，以機軸紝織之器置田間，則不敢近。齒長輒入海化為巨魚，狀如皎螭而雙乳垂腹，名曰『奔鯚』。諺曰：『朝為泡魚，暮為蒿豬。朝為懶婦，暮為奔鯚。』刺婦女之不能服勤者也。以奔鯚油為燭，照飲酒則紫焰生花，照讀書則昏昧作暈。湛若詩：『丁年誤買奔鯚燭，丙夜誰傳太乙書。』箭豬以魚始，山豬以魚終，物之相變如是。

清 汪森《粤西叢載》卷二二《猪》 山猪，即豪猪，身有棘刺，能振發以禦人。二三百爲羣，以害苗稼。《方輿勝覽》

野猪類家猪，腹小脚長牙利，人不敢近。又一種豪猪，鬃有箭，怒則奮以射人，其箭可簪。《南寧府志》

鬱林大猪，一蹄有四五甲，多膏，買者以鐵錐刻其頭，入七八寸得赤肉大動。《異物志》

山瘠草稀，故不宜羊，吉凶之外，無屠肆也。豕特腯甚。《百粤風土記》

清 汪价《中州雜俎》卷一六《射豕》 唐儉從帝洛陽苑，群豕突出平林，帝射四發，輒殪四豕。一豕躍及鐙，儉投馬縛之。帝援劍斬豕，笑曰：『天策長史，不見上將擊賊，何耶懼之甚？』儉對曰：『陛下神武定四方，豈復快心於一獸？』

清 張澍《續黔書》卷八《豪彘》 物之自為雌雄者，亶爰之類，沛帶山之鵸鵌，或云即鶩離陽山之象蛇，火眼之狻猊，而豪彘亦然。其為狀如豚而白，毛如笄而黑端，夾脾有麤，豪長數尺，能以脊上豪射物。郭景純謂之貆豬。《長楊賦》注謂之豪貒。《通志》略謂之山豬。《唐本草》謂之蒿豬，亦謂之貒貐。吴楚又呼爲鸞豬也。大定府有之，俗名刺豬。苗人拾其豪以爲簪，猶海嶠之用蝦須也。聞南海有泡魚，大如斗，身有棘刺，能化為豪豬。夫巽為魚，坎為豕。巽變為坎，理或然矣。《穆天子傳》有豪馬、豪牛、豪羊。郭注：豪髦也，與豪豬之豪不同。

紀事

宋 祝穆《事文類聚·後集》卷四〇《野彘鷩姬》 郢都為中郎將，

從景帝入上林，賈姬在廁，野彘入廁，上目都，都不行。上欲自持兵救賈姬，都曰：『亡一姬復一姬進，天下所少寧姬等耶？陛下縱自輕，奈宗廟太后何？』上還，彘亦不傷賈姬。

明 徐樹丕《識小録》卷三《野猪後身》 吾吳有縉紳而為僧者，其生平中甲科，歷官藩臬至三品，性喜與猪卧起。凡猪之與卧起者，輒解其意，便溺亦不汙床席也。一二年後，猪肥腯，便殺食之。前後積猪蹄爪盈箱，時時出而嗅之，以為異香也。性喜淫，忽一日，將生平所與淫男女，盡數寫出付梓，以為發露懺悔，竟披剃為沙門，彼教中相傳，以為野猪精轉世也。

明 錢希言《劍莢》卷一六《劍斷豕》 唐太宗擊破武周部將宋金剛，追至太原，武周懼而北走，唐儉乃封府庫，收兵甲，以待太宗。高祖嘉儉身没虜，心存朝闕，復舊官，仍爲并州道安撫大使，以便宜從事，并賜獨孤懷恩田宅貲財等。使還，拜禮部尚書，授天策府長史，兼檢校黄門侍郎，封莒國公，與功臣等元勛恕一死，仍除遂州都督，食綿州實封六百戶，圖形淩烟閣。貞觀初，使于突厥，説誘之，因以隋蕭后及楊正道以歸。太宗謂儉曰：『卿觀頡利可圖否？』對曰：『銜國威恩，亦可望獲。』遂令儉馳傳至虜庭，示之威信。頡利部落歡然定歸欵之計，因而兵衆弛懈。李靖率輕騎掩襲破之，利北走，儉脱身而還。歲餘，授民部尚書。後從幸洛陽苑射孟獸，羣豕突出林中，太宗引弓四發，殪四豕，有雄彘突及馬鐙，儉投馬搏之，太宗拔劒斷豕，顧笑曰：『天策長史，不見上將擊賊耶！何懼之甚？』對曰：『漢祖以馬上得之，以馬上治之；陛下以神武定四方，豈復逞雄心於一獸。』太宗納之，因爲罷獵。

清 方濬頤《二知軒文存》卷二〇《馬迹山捕豕記》 捕豕未之前，聞《聞諸譚序》：初，太守曰：今之馬蹟山卽古夫椒，矗立太湖之中，隸陽湖縣，圍徑百餘里，有田千頃，載在圖籍。咸豐末，爲粵寇所踞。同治初，元官軍擊賊殲之，野無居人，草木繁茂，維禽獸是宅，迨流亡漸復，而豕出害稼，爲豵爲豝，或羣或友，奪民之食，以食耕者苦之，走告邑宰籲大府請緩徵，如是者已十年。歲在甲戌，鈞培來守常州，陽湖令以告且曰：『民患豕，逐之東奔西，突急則渡湖竄新塘鄉。列獲阱，豕能避之；投以餧獸之藥，豕亦弗嘗也。民困課絀，可奈何？』鈞培語令曰：『是可捕也。天下蠢然者莫豕，若豕猶縱之，奚以禦寇。』乃白諸上官，請火器、火藥、彈丸若干，募獵者七十餘人，於光緒初元仲春，守與令率之操舟而往抵山麓。登其巔以觀，狀如覆釜，岡巒回互，谿澗環繞，桃柳成行，松柏蓊翳，濱湖皆鱗，原繡壤時，菜花初放，香風滿野，萬點黄金，四面以碧，琉璃浸之，洵勝境也。胡糟糠氏爲虐於此耶？山凡九圖，圖有長里，有正巡檢司之則，召司與長正至曰：『將烈而焚之耶？山木民所薪也，民不願焚也。將以兵擊之耶？慮其擾民，且兵擊民不得從，兵退而豕仍爲民害也。豕其可盡乎？是宜以兵法部勒之，而仍資民力焉。』『今太守與民，約凡爾之老若幼、婦若女，閉戶毋出。有壯者厥明咸集敢後者，罰召獵者挾火器、囊藥與彈，聽太守令，敢違者罰。』乃度山爲東西兩界，令曰：『東則趨。詔獵者居澗，底澗四人罝一長，毋敢越，有豕至則擊之。』僉曰：『諾詔壯者，列山岡人手一梃；能火器者，與之藥使虚發。』五人爲伍，伍一長，凡數百人。咸止齊，有愆於步者罰。於是鼓之，使皆譟，人聲與火器聲喧轟不絶，山木大震，禽鳥亂飛，豕乃盡駭而起，遇梃與刃則下，馳獵者迎擊之，鮮不中。乃命壯者與獵者蒐，無使逸。戶簡一人，俾夜鳴鉦於山間，勿令西者徂東。越日復大集，則更爲搜捕之法。檄舟師長登山執旂以爲號令，俾衆合圍於山西，壯者居上，獵者居下，麾之曰：『左則皆左。』左豕盡，麾之曰：『右則皆右。』豕蓋，靡有孑遺矣。乃鼓勇渡湖，復大蒐於新塘鄉。飲至，數獲則倍之。牡者牝者，大者小者，充牣於庭，大或重數千銖，牝或孕十餘子。頒實行賞，費才五百緡。山中之民，咸遮道驩呼曰：『此太守伐也。』太守曰：『惟令之勤。』令曰：『惟民之力。』云予昨往吳中道毘陵聞都人士，嘖嘖稱太守賢。今聞太守言，乃益信。豕之爲害十年，無有過問者，太守下車之始，卽殷然爲民除害，不遺餘力若此，其他善政之及民者，度必次第舉行而罔有廢闕也。已爰記之，以爲凡爲二千石者勸常之。人曰：『馬蹟山爲迎春鄉。』

藝文

明 徐渭《徐文長逸稿》卷三《野豕》 宣鎮將觴一御史令营參，故虜馬孔英獵得之。故戲以日磾，比三四，轅固彭生事。五六以獸脂多膩而彌脆，其致針中此。七八謂余今穀菜且斷矣。況豕葷乎？鶡胡兒李廣傳，謂用鶡翎矢而射者也。

誰獵野豨歸，鶡胡此日磾。轅生老難刺，公子立能啼。所貴膏彌脆，何由噬免臍。野人渾絕粒，一丈長青藜。

明 朱讓栩《長春競辰稿》卷六《野豕》 草際荒坡牧野豨，西風吹灑亦無寒。皇仁德溥休畋獵，飽食隨眠任自寬。

清 陳兆崙《紫竹山房詩文集·詩集》卷九《野猪》 昨過張三營，曾見汝鼻祖。塞外峰多奇，而張三營有峰甚惡。青烏家見，此定當張目也。隆然豐其背，抱嶺以終古。掀脣睨高空，不畏天漏雨。烏兔側足飛，聊用避吞吐。人言怒蛙形，實則封豕伍。東南有白塔，高丈三百五。在青城距此六十里。佛火遙通光，陋體詎敢侮。逶迤北山盡，戾氣此鼓弩。鉤爪而鋸牙，恣飽山族脯。奇毛敵金鐵，迸箭走熊虎。前圍獲其一，重以千斤數。今復獲其三，腥風起亭午。怪物迭殲滅，餘事昭聖武。何當移黃鉞，歸獄始開乳。決吻斷腰膂，塊然成委土。

清 俞樾《春在堂詩編·乙甲編·箭猪》 辛丑冬，大雨雹，德清鄉間忽來一物，如豬而巨，竊食羊豕，能激豪射人。鄉人聚衆斃之，莫知何物。實即箭豬也。因賦詩紀之。

積霾没至脛，百獸山中藏。不知是何物，食我檻下羊。伺之物果至，搖尾踰我牆。謂貔頭不黑，謂㝅腰不黃。謂獨喙不短，謂豻尾不長。但見毛毵然，乃有尺半強。其本白而密，其端黑有鋩。一夫攘臂進，頗思斧其吭。不能制彼命，而反為彼傷。是物偏體豪，有如萬弩張。既異蝟毛細，更較豕鬣剛。肌膚傷猶可，而乃集于眶。相顧盡失色，失色行踉蹌。踉蹌走相告，環環聚一鄉。有竹縛狼筅，無木刳馬柳。青石即利鏃，白棓皆長槍。爾角我則掎，爾鉤我則鑲。近者備其攻，遠者防其颺。是物失所恃，負怒逾跳踉。始若戰沙虎，繼若失林麞。無何鋭亦盡，惟賸毛鬇鬤。驅以鐵鉦鉾，繫以木倉琅。父老扶杖看，兒童磨刀忙。遠近齊來問，乍見猶恇恇。究之是何物，有目皆如盲。我讀山海經，偶出一語商。竹山有豪彘，非豺復非狼。能以豪射人，見者走且僵。吳楚曰鸞豬，茲土乃吳疆。得毋即此物，出為居民殃。又讀粵新語，語較山經詳。云此名箭豬，具生在南方。借問始何物，則在水中央。既非四足鮪，又非一脊鯧。厥名曰泡魚，不入群魚倉。生于南海中，潮汐衆洸洋。鯤鵬有變化，是亦物理常。而何一變後，偏體如鍼芒。乃知天生物，怪哉不可量。一編異物志，安得云荒唐？吾詩非務博，聊復搜枯腸。萬事想當然，且學蘇賢良。

猪肉 猪血

論説

明 楊廷和《請免禁殺猪疏》免禁殺猪 《明經世文編》卷一二一 謹題。近日傳聞直隸及山東等處鎮巡等官欽奉聖旨，禁約地方人等，不許養豕及易賣宰殺。違者發極邊衛分，永遠充軍。遠近流傳，旬日之間，各處城市、鄉村居民畏避重罪，隨將所養之豕盡行殺賣，減價賤售。甚至將小豕掘地埋棄者有之。人心惶駭，莫測其由。臣等切思，民間豢養牲豕，上而郊廟朝廷祭祀、宴饗膳羞之供，下而百官萬姓日用飲食之資給。皆在於此，不可一日缺者。孟子曰：雞豕狗彘之畜，無失其時，五十者可以食肉矣。古先哲王之治天下，所以制民之産，其道如此。且八年五十非肉不飽，則豚豕之畜，正養生之具，而非所以致疾也。人生瘡痍，乃血氣内傷，風濕外感所致，是食豕肉而致然乎。況小民畜養貿易，以此為生理之資，正宜教之孳息蕃育，是可禁乎？至于十二支生辰，所屬物畜，乃術家推算星命之説，鄙俚不經，不可為據。若曰國姓字音相同，古者嫌名不諱。蓋以文字之間雖當諱者，尚且不諱嫌名，今乃因其字之音，而并諱其物之同者，其可乎？又況民間日用牲豕，比之他畜獨多。牛以代耕，亦非可常用之物。私自宰殺，律有明禁，不可縱也。此事行之雖若甚微，而事體關係甚大。如此傳之天下後世，亦非細故，誠不可不慮也。伏望皇上洞察物情，詳審命令，亟勑所司，追寢前旨。仍通行曉諭各處地方人等，各安生業，毋致驚疑，則事體不乖，而人心慰悦矣。

清 費啓泰《救偏瑣言》卷一〇《論猪尾血》 諸血居補，惟此血最活動，而搜剔凝結之瘀，所以産婦多有食之，取其能破敗惡露也。論痘非血不載，非血無漿，況補血之功不易，何反取其破敗為哉。毒鬆透者，血得載毒而出，痘雖稠密，色必紅活，自無凝滯之患。若毒火雄烈萌動即熾，血遇之即凝結而瘀矣。血本載毒者也，瘀則連血亦為毒血矣。不第此瘀為毒已也，一有瘀毒，并周身之血，悉為此毒攝伏，而不得灌輸於痘，以故痘有空殼，以故有與肉色一般，此痘之最惡者也。如女人懷娠，通身之血，朝毓于娠，上乳下經皆絕響矣，不則天下有無血之孩乎？其次則乾紅晦滯，紫艷乾焦，或蚤癡蚊迹，種種皆內瘀之符也。然此瘀非猶夫血魂癥瘕之類，無論小大皆係殺瘀攻毒，但小則日期緩，大則日則迫耳。緩則桃仁、地丁、紅花、赤芍亦能取效，迫則必需于此。猪血固能破瘀，而出自尾尖，尤為活動緊關之處，而且取破血下流之義，得冰片為佐，開泄腠裏，通達內外，內結散而外滯疏，此瘀一活，則一身之血，皆得灌輸于痘，而立轉紅活矣。是以血活血，猶之以血補血，草木之味，烏能及焉。如用之輕必盞許，重則四五盞或十數盞，方可取效。如方書所云一二點，此亦習聞而未能經驗者也。

綜述

唐 馮贄《雲仙雜記》卷五《鴨肝猪肚》 王縉飲酒，非鴨肝猪肚，箸輒不舉。

唐 王燾《外臺秘要》卷三七《羊肉中蒸石英及石汁炰猪肉兼作薑豉服餌法》 又石汁中炰豬肉，餌法。

白石英。一大兩

右一味。絹袋盛，以水三斗，煎取四大升，去石。以豬肉一斤，細切，椒葱鹽豉一如食法煮之，任意服隔十日一度打碎煮之，一無所忌，甚妙。

又石英汁作薑豉服餌法。

白石英，二大兩，肥豬肉，三斤。通按中破者，打作兩塊也。

右二味，以水八升，煮石英取五升，量煮豬肉得爛熟爲度。取豬肉汁下葱豉，切肉作薑豉食之，一劑可六七日，喫令盡。二兩石英三度煮之，第一度全用，第二度中破，第三度擣碎煮之。每煮皆用白練袋盛之，其石經三度煮，即須換新者。二月以前八月以後，皆可作餌也。

又《猪肚中煮石英及飼牛取乳兼石英和磁石浸酒服餌法三首》 《千金翼》豬肚煮石法。年四十以下服二大兩，年四十、五十乃至六十以上，加二兩，常用。四月以後服之者，緣石性重，服經兩月以後，石力若發，即接秋氣，石力下入其藏，腰腎得力，終無發理。

宋 周必大《文忠集》卷一五《題六一先生家書紙背猪肉帖》 右熙寧三年春歐陽文忠公家書一通，蓋其仲子下第時也。前二年，公方自亳帥青，故戒以勿令入城。所謂黎君，即州學教授，公集中嘗贈答三詩者。曹，不知何人，其舊吏或邦人之賢者與？紙背乃壽光邑官光穎謝書，偶無其姓。壽光，青屬邑。公職帶觀文官，為兵書屬吏，捨職呼官，又不稱在朝前銜，當時大率不以為簡也。所送纔猪肉斤餘，非上丁分胙，則例冊如此。前雖剪去，度不過尊酒之類，豈敢如近歲公違甲令，上下以貨泉為禮耶？以狀易牒，蓋自元豐四年十一月改行公式，士大夫亦改之云。見司馬氏《書儀》第一卷注。淳熙十二年十月十一日。東里周某書。

宋 魏了翁《禮記要義》卷一七《不食豢腴謂猪犬腸》 君子不食圂腴，注云：《周禮》圂，作豢。謂犬豕之屬，食米穀者也。腴有似於人穢。《正義》曰：腴豬，犬腸也。言豬、犬亦食米穀，其腹與人相似，故君子但食他處，辟其腴，謂腸胃也。故鼎闕一也。

又 卷四二《三虞亦當言牲此云特豕饋食》 《士虞礼》特豕饋食。注：饋猶歸也。釋曰：自此盡南，順論陳鼎鑊於祭器。凡筵等之事。案《左氏傳》云：卜日曰：牲是以特牲。云：牲大夫已上稱牲，亦稱牢。故云少牢。此虞為喪祭。又葬日，虞因其吉日，故畧無卜牲之礼。故指豕体而言，不云牲。大夫已上亦當然。《襍記》云：大夫之虞也，特牲。又此下記云：陳牲於廟門外。《檀弓》云：與有司視虞牲皆言牲者。記人之言，不依常例故也。然少牢云司馬刲羊，士擊豕，不言牲者，據殺時須指事而言，亦非常例也。云饋，猶歸也。謂以物與神及人皆言饋，是以此虞及特牲少牢皆言饋。坊記云：父母在饋獻不及車馬，是生死皆言饋。

又 卷四四《亨豕魚腊以鑊各一爨》 亨，煮也。煮豕魚腊以鑊，各一爨。釋曰：知用鑊者，下少牢，云爨。定雍人，陳鼎五，三鼎在羊鑊之，西二鼎在豕鑊之。

又 卷四七《豕腸胃不實于鼎膚脅革肉》 云豕無腸，胃君子不食溷腴者。《礼記・少儀》文倫膚九知脅革肉者，下文云：膚九而俎，亦橫載革順故知膚者，是脅革肉倫擇也。

元 劉一清《錢塘遺事》卷一《大理寺豕祭》 舊傳三歲拜郊或明堂大禮，凡在前誤国奸臣，首級在大理寺者，必以矢祭。蓋訛傳謂以穢物祭之。其實豕者，少牢也。其文云：『國家三歲恩霈，汝雖誤國，然亦不忘汝之舊，特用豕以祭。』而謬傳乃若此，豈朝廷寬大之恩哉？

元 陳櫟《定宇集》卷一〇《謝星源王正山猪肝及酒》 懶殘爐邊，

六花誤約。孤負燈花，如此空樽何。青州從事，與公子彭生，携手同行，惠而好我。從事曰：相與入醉鄉，可乎。彭生曰：吾平生吐出肝腸，豈曰豕交之哉！二子辨不已，某捫腹而謂之曰：此中空洞無物，能容卿等數百人。願借前箸籌之。二子曰：善。竟歸心腹。

元 齊德之《外科精義》卷下《猪蹄湯出聖惠方**》** 升麻、甘草、芍藥、蒴藋，已上各等分。

右㕮咀每用藥四兩，水一斗，猪蹄一對。煮蹄輭取出，次下藥再煎十沸，帛蘸淋溻之。

明 陳耀文《天中記》卷五四《猪》 蒸豕尤美。王濟性豪侈，帝幸其家，供饌甚豐，蒸豚尤美。上問其故，對曰：以人乳蒸之，上色不平，食未畢而去。《晉書》

明 高濂《遵生八箋》卷一一《筭条巴子》 猪肉精肥各另切作三寸長条，如算子様。以砂糖、花椒末、宿砂末調和得所，拌勻，晒乾蒸熟。

又《燥子蛤蜊》 用猪肉，肥精相半，切作小骰子塊，和些酒煮半熟，入醬，次下花椒、砂仁、葱白、鹽、醋和勻，再下菉豆粉或麵水調下鍋內作膩，一滚盛起。以蛤蜊，先用水煮，去殼，排在湯鼓子內，以燥子肉洗供，新韮、胡葱、菜心、猪腰子、笋、茭白同法。

又《川猪頭》 猪頭先以水煮熟，切作条子，用砂糖、花椒、砂仁醬拌勻，重湯蒸、頓、煮、爛，剔骨，扎縛作一塊，大石壓實，作膏糟食。

又《釀肚子》 用猪肚一箇，治淨，釀入石蓮肉，洗擦苦皮十分淨白，糯米淘淨，與蓮肉對半，實裝肚子內，用線扎緊，煮熟，壓實，候冷，切片。

又《腌猪舌牛舌法》 每舌一斤，用鹽八錢一方，用五錢好酒一碗，川椒、蒔蘿、茴香、麻油少許，細切葱，白醃五日，翻三四次，索穿掛當風處陰乾，紙裝盛藏煑用。

又《糟猪頭蹄爪法》 用猪頭、蹄爪、煮爛去骨，布包攤開，大石壓匾實，落一宿，糟用甚佳。

又《水煠肉又名擘燒**》** 將猪肉生切作二指大長条子，兩面用刀花界如磚堦様。次將香油、甜醬、花椒、茴香拌勻，將切碎肉揉拌勻了。少頃，鍋內下猪脂熬油一碗，香油一碗，水一大碗，酒一小碗，下料拌肉，以浸過為止。再加蒜榔一兩，蒲盖悶。以肉酥起鍋，食之如無脂油，要油氣故耳。

又《清蒸肉》 用好猪肉煮一滚，取淨方塊，水漂過，刮淨，將皮用刀界碎。將大小茴香、花椒、草菓、官桂用稀布包作一包，放盪鑼內，上壓肉塊。先將鷄鵝清過好汁，調和滋味，澆在肉上，仍盖大葱、醃菜、蒜榔入湯鍋內，蓋住蒸之。食時，去葱、蒜、菜并包料食之。

又《炒腰子》 將猪腰子切開，踢去白膜，劤絲、背面刀界花兒。落滚水微焯，漉起，入油鍋一炒，加小料、葱花、芫荽、蒜片、椒、薑、醬汁、酒、醋，一烹即起。

又《糖炙肉并烘肉巴》 猪肉去皮骨，切作二寸大片。將砂糖少許，去氣息醬、大小茴香、花椒拌肉。見日一晾即收。將香油熬熟，下肉盖定。勿燒火，以酥為度。肉巴，用精嫩切條片，鹽少醃之，後用椒料拌肉，見日一晾，炭火鉄床上炙之，食。

又卷一三《雪花餅方》 用十分頭羅雪白麵，蒸熟十分白色。凡用麵一斤，猪油六兩，香油半斤，將猪脂切，作骰子塊和少水，鍋內熬烊，莫待油盡，見黄焦色，逐漸笊出。未盡再熬，再笊。如此則油白，和麵為餅。底熬盤上，畧放草柴灰，面鋪紙一層，放餅在上熯。

又《韭餅方》 帶膔猪肉作燥子，油炒半熟。韭生用，切細，羊脂剁碎，花椒、砂仁、醬拌勻。捍薄餅兩，箇夾餡子熯之。薺菜同法。

又《捲煎餅方》 餅與薄餅同，餡用猪肉二斤，猪脂一斤，或雞肉亦可，大槩如饅頭餡，須多用葱白或笋乾之類，裝在餅內，捲作一條，兩頭以麵糊粘住，浮油煎令紅焦色，或只熯熟，五辣醋供。素餡同法。

又《燥子肉麵法》 猪肉嫩者，去筋、皮、骨，睛肥相半，切作骰子塊，約量水與酒，煮半熟，用胰脂研成膏，和醬傾入，次下香椒、砂仁，調和其味得所。煑水與酒不可多其肉先下肥，又次下葱白，不可帶青葉。臨鍋調菉豆粉作糰。

明 沈德符《萬曆野獲編》卷一《禁宰猪》 宋徽宗崇寧間，範致虛為諫官，謂上為壬戌生，於生肖屬犬，人間不宜殺犬，徽宗允其議，命屠狗者有厲禁。此古今最可笑事，而正德十四年十二月亦有之。時武宗南幸至揚州行在，兵部左侍郎王口抄奉『欽差總督軍務威武大將軍總兵官後軍都督府太師鎮國朱』鈞帖：『照得養豕宰猪，固尋常通事，但當爵本命，又姓字異音同，況食之隨生瘡疾，深為未便。為此省諭地方，除牛羊等不禁外，即將家不許喂養及易賣宰殺，如若故違，本犯並當房家小發極邊永遠充軍。」然則範致虛之說，又行於本朝矣。今古怪事堪作對者，何所不有。王侍郎為王憲時，扈上親征逆濠，後見知世宗，仕至太子太保、兵部尚書，謚康毅；範致虛從宋高宗南渡，亦拜宰相。

又《禁殺怪事》　古今殺牛，自郊祀外有厲禁，唯邊塞則不盡遵，此亦理勢宜然，內地則兩京俱日日享飫太牢，雖明旨不能遏也。乃禁殺更有可笑者，如正德己卯，武宗南巡禁宰猪，則民間將所畜無大小俱殺以醃藏，至庚辰春祀孔廟，當用豕牲，儀眞縣學竟以羊代矣。

明　沈一貫《敬事草》卷三《謝賜猪羊酒米等物疏》　奏為恭謝天恩事。臣以抱病乞休，本月二十一日伏蒙聖慈特遣御前牌子蔡廷頒賜臣鮮猪一口，鮮羊一羫，白米二石，酒十瓶，甜醬瓜茄一罈。臣謹于私寓恭設香案，令典籍王益代臣叩頭，隨該蔡廷進。臣臥內，臣力疾就床叩頭謝恩，恭領。訖伏念臣攝身鮮術，病力不前，無能為國分憂，顧藉屢恩生色，臚卿宣諭，既銜溫渥之天言，中使傳恩，更拜駢闐之法，膳御廩之玉粒，上尊之金漿牲，兼毛鬣之多蕤，有苾芬之備，光輝蓬户，充塞莧腸，感服隆施唏噓，被臆愚忠，未畢豈不望一起以效犬馬之誠。丘隴在心亦願得再生以奉蒸嘗之事，所恨病與身仍身與心，左醫為病勝，不能勝病，舉事多違，觸目生苦。即今天恩滿庭，先後再至，而臣不能扶掖拜賜，豈其冥頑。至此誠亦無可柰何，恐無多于延年，願終聽其引去也。臣不勝激切感戴之至。奉聖旨，覽卿奏謝，朕知道了。卿宜慎加調攝，痊可即出佐理，以慰眷懷，該部知道。

又　卷八《謝賜猪羊酒米疏》　奏為恭謝天恩，事近該臣以患病給假調理，伏蒙聖恩遣御前答應牌子邢忠齎賜臣鮮猪一口，鮮羊一羫，白米二石，酒十瓶，甜醬瓜茄一罈，到臣私寓。臣謹于臥榻叩頭祗領，訖伏念臣適以衰齡，誤膺重寄，七年竭蹶曾無調鼎之功，萬苦侵尋，遂抱採薪之疾。仰勤慈眷，特賜矜憐。昨遣上醫已飲和於仙劑，今煩中使更分貺於天庖味旨，且多感深以泣恩，深推食覺七箸之生，春論重加飡扶尫羸而起色，儻未先於朝露，尚仰答乎。高旻九月二十二日，上奉聖旨，覽卿奏謝，朕知道了，禮部知道。

明　王錫爵《王文肅公文集》卷三一《謝賜猪羊粥米疏》　奏為伏蒙聖恩特遣御前牌子孫朝齎賜臣錫爵鮮猪一口，鮮羊一羫，甜醬瓜茄一罈，白米二石，酒十瓶。臣謹於臥榻叩頭祗領，訖伏念臣本以衰殘，擢自廢朽犬馬之力，曾靡效于涓埃，蒲柳之資已遽，嬰于疾疢，竊自憐悼負，此遭逢惟聖主少裁高厚之恩。斯微臣庶逭陰陽之罰，豈圖餘喘曲軫宸慈，爰勤中使之特臨，並錫尚方之諸品，精粻色瑩兼分醽醁之春，雜俎香浮更藉牲牷之旨，用以佐刀圭而施上藥。因之扶羸瘵而制，頹齡受寵彌隆，循涯愈溢挹金莖之湛露，勉效加餐參玉鼎之和羹，終虞覆餗祇三肅而拜賜，期一飯以輸。忠臣不勝感激荷戴之至。緣伏枕不能廷謝，謹具本奏謝以聞。伏候勑旨，奉旨覽卿奏謝，朕知道了，禮部知道。

又　卷三二《謝賜猪羊粥米疏》　奏伏蒙皇上遣御前牌子賜臣猪羊等物，臣謹叩頭祗領。訖伏念臣猥以孱庸，久塵密勿力未輸於犬馬病已，中于膏肓方蒙優假以偷安，更軫鴻慈而賜賚綴衣。輟御驚顧使之自天尚食，匪頒荷多儀之及物，啓芝囊而授粲，兼羸雜蕤之芬，分桂醑以調羹載備嘉牲之俎，豈揆殘息獲此噓。培承露金莖清燕，恍陪於法從，含香積寶大藥疑授於醫。王臣蒲質，早凋葵心，夙矢望九重而扶拜，期一飯以不忘，雖才疏鼎餗之調，深虞折足，乃志感壺餐之報，願效捐軀。臣不勝感激，荷戴之至。

又　卷三五《謝賜猪羊粥米疏》　奏為恭謝天恩事。本月十三日，欽蒙聖恩以臣患病，特遣御前牌子某頒賜臣鮮猪一口，鮮羊一羫，甜醬瓜茄一罈，白米二石，酒十瓶。臣謹於私第恭設香案伏枕叩頭祗領，訖伏念臣燮調罔效菑患頻徵，深虞重寄之難，勝遂致沉疴之復劇，籲嚴宸而祈罷，未許投閒。厪溫詔以勉留，仍蒙予假，惟聖主曲憐簪履之敝。故愚臣猶荷蓋帷之私，陳規方儆于幾康，伏枕敢當乎。問饋御庖賜飱，天使臨頒金漿兼毛鬣之牲，玉粒備苾芬之蕤分大烹于鼎鼐，若作和羹夢清宴于巖廊，徒驚素食。臣銜恩欲報，飲愧何言，矧當桑林，雩禱之時，自顧蒲柳衰殘之質，第恐嗸嗸之可慮焉。知衎衎之為安，儻頹齡有賴于加餐，獲蘇瞑眩期盛世，無憂于覆餗永矢捐，糜臣不勝感激屏營之至。緣臣病臥不能廷謝，謹具本奏謝以聞。奉聖旨覽卿奏謝，朕知道了，禮部知道。

又　卷四〇《謝賜猪羊粥米疏》　奏為恭謝天恩事。本月十一日，欽蒙聖恩以臣病患，特遣御前牌子李虎頒賜臣鮮猪一口，鮮羊一羫，甜醬瓜茄一罈，白米二石，酒十瓶。臣謹於私第恭設香案，扶掖叩頭祗領。訖伏念臣詣闕方新，沉疴頓劇，所不敢預乞短假，而即請長休者，蓋心慚於負國，志決於引身，而不欲援病，臣在告之例，以于聖主推食之恩也。乃茲溫綍方，頒大烹洊辱玉粒，備苾芬之薮金漿，兼毛鬣之牲而重。以中使親臨光于蓬蓽，臣採薪不任之弱體，驚寵未定之殘魂至此，愈增其隕越矣。顧惟聖念惓惓若此，不過欲臣之早出，而臣亦豈不願黽勉加餐，以圖萬一之報。所愧愚忠未效世責，日加徒叨醉酒飽德之恩，而不能效。和羹作醴之用，雖有移孝為忠之志，而不能矢難進易退之操，誠恐愁病益深，而報主終於無曰耳。臣不勝激切感戴之至，緣臣伏枕不能廷謝，謹具本奏謝以聞。奉旨覽卿奏謝，朕知道了，禮部知道。

又 卷四九《謝賜猪羊粥米疏》 奏為恭謝天恩事。今日伏蒙聖恩以臣病患，再遣御前牌子李虎齎賜鮮猪一口，鮮羊一腔，白米二石，酒十瓶，甜醬瓜茄一罈到臣私寓。恭設香案，仍令男衡叩頭代領，訖隨，該李虎進臣臥內，而宣聖恩，臣感極涕零，當即就床叩頭恭謝。外竊念臣自蒙恩拔擢以來，何年不病，每承皇上遣醫賜饌之命，尚能裹頭束帶強起至堂，中謝恩而今不能矣。尚能口占，數言具表稱謝，而今亦不能矣。尚能略嘗欽賜之品物，而今亦不能矣。臣之狼狽何至此，極惟有一息尚存，寸心不昧，知仰戴我皇上天地父母之恩，而竟不知何以為報也。臣不勝感激慚惶之至，謹具奏恭謝以聞，奉旨覽卿奏，謝朕知道了。

明 夏言《夏桂洲文集》卷一五《謝遣中使問疾并賜猪羊米酒醬菜疏 嘉靖十五年九月初四日**》** 伏蒙聖恩，以臣疾病，特遣中使問勞，齎賜鮮□一口，鮮羊一腔，白米二石，酒十瓶，甜漿瓜茄一□者。國醫問疾，上軫眷衷，臺餽示恩重，勤中使□□頒之異數，禮竝相臣捧慰藉之温綸，情深慈□□。惟疵賤誤被寵光感涕長零。病身欲奮，臣敢不烹調藥石，需瞑眩之有瘳宜節陰陽冀膏青之必去。永懷報稱，敢斁糜捐，臣無任感天戴聖，激切屏營之至。

明 于慎行《穀城山館文集》卷三六《謝患病遣官臨問齎賜猪羊酒米疏》 奏爲恭謝天恩事。近該臣以患病具奏，欽蒙聖恩賜假調理，隨於本月初八日，欽遣御前答應牌子高昇齎賜鮮猪一口，鮮羊一腔，白米二石，酒十瓶，甜醬瓜茄一罈到臣私第。臣謹於吟榻叩頭祗領，訖伏念臣夙嬰疢瘵，漸致疲羸，每逢寒暑之侵，輒有陰陽之沴，懼曠瘝之廢日，因疾痛以呼天，敢期上軫乎。宸慈乃至特勞乎。勑使出導官之白粲，兼分八簋之珍，頒御苑之金，莖更備雙牢之品，起色忽生於擁塞，恩光遥溢於歡傳，舉七箸以加飡，嘗必正席佐刀，圭而入藥，藉以蠲痾。苟髪膚獲托於生成，卽頂踵敢忘於報稱，臣不勝感激荷戴之至，緣係伏枕不能廷謝，爲此具本，令辦事官袁萬朝賫捧奏謝以聞。萬曆十八年七月初八日上，初十日奉聖：『旨覽卿奏謝，知道了，禮部知道。』

明 李時珍《本草綱目》卷五〇《豕》 豭豬肉，氣味：酸，冷，無毒。凡豬肉：苦微，寒有小毒，江豬肉：酸，平，有小毒，豚肉：辛，平，有小毒。《別錄》曰：豬肉治狂病。凡豬肉能閉血脈，弱筋骨，虛人肌，不可久食，病患金瘡者尤甚。思邈曰：凡豬肉久食，令人少子精，發宿病。豚肉久食，令人遍體筋肉碎痛乏氣。鼎曰：江豬多食，令人體重；作脯，少有腥氣。詵曰：久食殺藥，動風發疾。傷寒瘧痢痰痼痔漏諸疾，食之必再發。時珍曰：北豬味薄，煮之汁清；南豬味濃，煮之汁濃，毒尤甚。入藥用純黑 豬。凡白豬、花豬、豬、牝豬、病豬；黄膘豬、米豬，並不可食。黄膘煮之汁黄，米豬肉中有米。《說文》『豕食於星下則生息米』，《周禮》『豕盲視而交睫者星』，皆指此也。反烏梅、桔梗、黄連、胡黄連犯之令人瀉利及蒼耳令人動風。合生薑食，生面 發風；合蕎麥食，落毛 發，患風病；合葵菜食，少氣；合百花菜、吳茱萸食，發痔疾；合胡荽食，爛人臍；合牛肉食，生蟲；合羊肝、雞子、鯽魚、豆黄食，滯氣；合龜、鱉肉食，傷人。凡煮豬肉，得皂莢子、桑白皮、高良薑、黄蠟，不發風氣；得舊籬篾，易熟也。

主治療狂病久不愈。《別録》壓丹石，解熱毒，宜肥熱人食之。《拾遺》補腎氣虛竭。《千金》療水銀風，並中土坑惡氣。《日華》

發明。時珍曰：按錢乙治小兒疳病麝香丸，以豬膽和丸，豬肝湯服。疳渴者，以豬肉湯或弘景曰：豬為用最多，惟肉不宜多食，令人暴肥，蓋虛肌所致也。震亨曰：豬肉補氣，世俗以為補陰誤矣，惟補陽爾。今之虛損者，不在陽而在陰。以肉補陰，是以火濟水。蓋肉性入胃便作濕熱，熱生痰，痰生則氣不降而諸證作矣。諺云：豬不薑，食之發大風，中年氣血衰，面發黑 也。韓曰：凡肉有補，惟豬肉無補，人習之化也。

附方。舊五，新十五。禁口痢疾臘肉脯，煨熟食之，炒。李樓奇方。小兒刮腸痢疾，禁口閉目至重者，精豬肉一兩，薄切炙香，以膩粉末半錢，鋪上令食，或置鼻頭聞香，自然要食也。活幼口議。上氣欬嗽煩滿用豬肉切作鎚子，豬脂煎熟食之。心鏡。浮腫脹滿不食用豬脊肉一雙，切生以蒜、薤食之。心鏡。身腫攻心用生豬肉以漿水洗，壓幹切膾，蒜、薤啖之，一日二次，下氣去風，乃外國方也。張文仲方。破傷風腫用生豬肉以漿水洗，壓幹切膾，蒜、薤啖之，一日二次，下氣去風，乃外國方也。簡便。白虎風病用豬肉三串，以大麻子一合，酒半盞相和，口含 上。將肉擘向病處，咒曰：相州張如意、張得興，是汝白虎本師，急出。乃安肉於床下，瘥則送於路，神驗。近效。風狂歌笑行走不休，用豭豬一斤，煮熟切膾，和醬食。或羹粥炒，任服之食醬。心鏡。解丹石毒發熱困篤，用肥豬肉五斤，葱、薤各半斤，煮食或作 食。必腹鳴毒下，以水淘之得石，沙石盡則解鐘乳毒，下利不止，食豬肉則愈。千金翼。解鍾乳毒下利不止，食豬肉則愈。千金翼。服石英法白石英一斤，袋盛水三斗，煎四升，以豬肉一斤鹽豉煮食，一日一作。同上。傷損不食凡打撲傷損，三五日水食不入口。用生豬肉二大錢，打爛，溫水洗去血水，再擂爛，以陰陽湯打和。以半錢用雞毛送入咽内，卻以陰陽湯灌下之。其食蟲聞香拱開瘀血而上，胸中自然開解。此乃損血凝聚心間，蟲食血飽，他物蟲不來探故也。謂之騙通之法。邵氏。打傷青腫炙豬肉榻之。千金。小兒重舌取三家屠肉切指大，摩舌上立啼。千金方。小兒痘瘡豬肉煮汁洗之。譚氏方。小兒火丹豬肉切片，貼之。漆瘡作癢宜啖豬肉，嚼穄穀塗之。千金。男女陰蝕肥豬肉煮汁，洗不過二十斤，瘥。千金方。山行辟蛭山中草木枝上有石蛭，著人足則穿肌入肉中害人，但以臘豬膏和鹽塗足，脛趾即不著人也。千金方。竹刺入肉多年燻肉切片，包之，即出。救急方。

豭豬頭肉，已下並用豭豬者，良豶豬亦可。氣味有毒時珍曰：按生，生編云：豬肉毒惟在首，故有病者食之，生風發疾。主治寒熱五癃鬼毒。《千金》同五味煮食，補虛乏氣力，去驚癇五痔，下丹石，亦發風氣。《食療》

臘豬頭燒灰，治魚臍瘡。

發明。時珍曰：按《名醫錄》云：學究任道病體瘡腫黑，狀狹而長。北醫王通曰：此魚臍瘡也。一因風毒蘊結，二因氣血凝滯，三因誤食人汗而然。乃以一異散敷之，日數易而愈。懇求其方。曰：但雪玄一味耳。任遍訪四方無知之者。有名醫郝允曰：《聖惠方》治此，用臘豬頭燒灰，雞卵白調敷，即此也。又《圖纂》云：五月戊辰日，以豬頭祀灶，所求如意；以臘豬耳懸梁上，令人豐足，此亦厭禳之項肉，俗名槽頭肉，肥脆，能動風。

項肉，俗名槽頭肉，肥脆能動風。主治酒積，面黃腹脹，以一兩切如泥，合甘遂末一錢作丸，紙裹煨香食之，酒下。當利出酒布袋也。時珍。出普濟。

脂膏修治，時珍曰：凡凝者為肪為脂，釋者為膏為油，臘月煉淨收用。恭曰：十二月上亥日，取入新瓶，埋亥地百日用之，名 脂。每升入雞子白十四枚，更良。弘景曰：勿令中水臘月者，歷年不壞。項下膏謂之負革，肪入道家煉五金用。

氣味甘，微，寒無毒。反烏梅、梅子。主治煎膏藥，解斑蝥、芫青毒。《別録》解地膽、亭長、野葛、硫黃毒、諸肝毒，利腸胃，通小便，除五疸水腫，生毛髮。時珍。破冷結，散宿血。孫思邈。利血脈，散風熱，潤肺，入膏藥，主諸瘡。蘇頌。殺蟲，治皮膚風，塗惡瘡。《日華》。治癰疽。蘇恭悅皮膚作手膏，不皸裂。陶宏景。胎產衣不下，以酒多服佳。徐之才。鬐膏生髮悅面。《別録》

附方。舊五，新二十八。傷寒時氣，豬膏如彈丸，溫水化服，日三次。肘後方。五種疸疾黃膽、穀疸、酒疸、黑疸、女勞疸，黃汗如黃柏汁。用豬脂一斤，溫熱服，日三，當利乃愈。肘後方。赤白帶下煉豬脂三合，酒五合，煎沸頓服。千金方。小便不通豬脂一斤，水二升，煎三沸，飲之立通。千金方。關格閉塞豬脂、薑汁各二升，微火煎至二升，下酒五合，和煎分服。千金。痘瘡便秘四五日，用肥豬膘一塊，水煮熟，切如豆大，與食。自然藏府滋潤，痂疕易落，無損於兒。陳文仲方。卒中五尸仲景用豬脂一雞子，苦酒一升，煮沸灌之。肘後方。中諸肝毒豬膏頓服一升。千金方。食髮成瘕心腹作痛，咽間如有蟲上下，嗜食與油者是也。用豬脂二升，酒三升，煮三沸服，日三次。上氣欬嗽豬肪四兩，煮百沸以來，切，和醬，醋食之。心鏡。肺熱暴瘖豬脂油一斤煉過，入白蜜一斤，再煉少頃，濾淨冷定。不時挑服一匙，即愈。無疾常服，亦潤肺。萬氏方。小兒噤風小兒百日內風噤，口中有物如蝸牛，或如黃頭白蟲者。薄豬肪擦之即消。聖惠方。小兒蚘病羸瘦豬膏服之。千金方。產後虛汗豬膏薑汁白蜜各一升，酒五合煎，五上五下，每服方寸匕。千金翼。胞衣不下豬脂一兩，水一盞，煎五七沸，服之，當下。聖惠方。吹奶寒熱用豬肪冷水浸搨熱，即易之，立效。子母秘錄。髮落不生以酢泔洗淨，布揩令熱。以臘豬脂，入細研鐵上生衣，煮三沸，塗之，遍生。千金翼。冬月唇裂煉過豬脂，日日塗之。十便良方。熱毒攻手腫痛欲脫，豬膏和羊屎塗之。外臺。手足皴破豬脂著熱酒中洗之。千金方。代指疼痛豬膏和白墡土傅之。小品方。口瘡塞咽用豬膏、白蜜各一斤，黃連末一兩，合煎取汁熬稠。每含如半棗許，日四五。千金。疥瘡有蟲豬膏煎芫花，塗之。肘後。鼠瘻瘰癧用豬膏淹生地黃，煮六七沸，塗之。漏瘡不合以紙粘臘豬脂納瘡中，日五夜三。千金翼。漆瘡作癢豬膏頻塗之。千金。咽喉骨哽吞豬膏一團，不瘥更吞之。千金方。身面疣目以豬脂揩之，令血出少許，神驗不可知。千金。誤吞鐵釘豬脂多食令飽，自然裹出。普濟方。雜物入目豬脂煮取水面如油者，仰臥去枕點鼻中，不過數度，與物俱出。聖惠方。蜈蚣入耳炙豬肪掩耳，自出。梅師。蟲蟻入耳。方法同上。發背發乳豬脂切片，冷水浸貼，日易四五十片，甚妙。急救方。

腦，氣味甘，寒，有毒。時珍曰：《禮記》云：食豚去腦。《孫真人食忌》云：豬腦損男子陽道，臨房不能行事。酒後尤不可食。《延壽書》云：今人以鹽酒食豬腦，是自引賊也。主治風眩腦鳴，凍瘡。《別録》主癰腫，塗紙上貼之，乾則易。治手足皸裂出血，以酒化洗，併塗之。時珍。

附方。新一。喉痺已破瘡口痛者，豬腦髓蒸熟，入薑、醋喫之，即愈。普濟方。

髓，氣味甘、寒、無毒。主治撲損惡瘡。頌塗小兒解顱、頭瘡、及臍腫、眉瘡、瘑疥，服之補骨髓，益虛勞。時珍

發明。時珍曰：按丹溪治虛損補陰丸，多用豬脊髓和丸。取其通腎命，以骨入骨，以髓補髓也。

附方。新七。骨蒸勞傷豬脊髓一條，豬膽汁一枚，童便一盞，柴胡、前胡、胡黃連、烏梅各一錢，韭白七根，同煎七分，溫服。不過三服，其效如神。瑞竹堂方。小兒顱解豬牙車骨煎取髓傅，三日。千金方。小兒臍腫豬頰車髓十二銖，杏仁半兩，研傅。千金。小兒眉瘡豬頸骨髓六、七枚，白膠香二錢，同入銅器熬傅待冷為末，麻油調塗。小兒瘑瘡豬牙車骨年久者槌碎，炙令髓出，熱取塗之。小品。小兒頭瘡豬骨中髓，和膩粉成劑，火中，煨香，研末。先溫鹽水洗，淨敷之，亦治肥瘡出汗。普濟方。小兒疳瘡。方同上。

血，氣味鹹，平，無毒。思邈曰：澀，平。時珍曰：服地黃、何首烏諸補藥者忌之，云能損陽也。同黃豆食，滯氣。主治生血療賁豚暴氣，及海外瘴氣。日華。中風絕傷，頭風眩運，及淋瀝。蘇恭卒下血不止，清酒和炒食之。思邈清油炒食，治嘈雜有蟲。時珍壓丹石，解諸毒。吳瑞

發明時珍曰：按陳自明云：婦人嘈雜，皆血液淚汗變而為痰，或言是血嘈，多以豬血炒食而愈，蓋以血導血歸原之意爾。此固一說，然亦有蛔蟲作嘈雜者，蟲得血腥則飽而伏也。

附方新五。交接陰毒腹痛欲死，豭豬血乘熱和酒飲之。肘後。中滿腹脹旦食。不能暮食用不著鹽水豬血，漉去水，曬乾為末，酒服取洩，甚效。李樓奇方。杖瘡血出豬血一升，石灰七升，和劑燒灰，再以水和丸，又燒，凡三次，為末敷之，效。外臺。中射罔毒豬血飲之即解。肘後。蜈蚣入腹豬血灌之。或飽食，少頃，飲桐油，當吐出。

心血，主治調硃砂末服，治驚癇顛疾。吳瑞治卒惡死，及痘瘡倒靨。時珍

發明。時珍曰：古方治驚風癲癇痘疾，多用豬心血，蓋以心歸心，以血導血之意。用尾血者，取其動而不息也。豬為水畜，其血性寒而能解毒制陽故也。韓飛霞云：豬心血能引藥入本經，實非其補。沈存中云：豬血得龍腦直入心經，是矣。

附方。新三。心病邪熱用豬心一個取血，靛花末一匙，朱砂末一兩，同研，丸梧桐子大。每酒服二十丸。奇效。痘瘡黑陷臘月收豬心血，瓶盛掛風處幹之。每用一錢，入龍腦少許，研勻，溫酒調服。須臾紅活，神效。無幹血，用生血。沈存中方。婦人催生開骨膏，用豬心血和乳香末，丸梧桐子大，朱砂為衣。面東酒吞一丸。未下再服。婦人良方。

尾血，主治痘瘡倒靨，用一匙，調龍腦少許，新汲水服。又治卒中惡死。時珍

附方。舊一，新一。卒中惡死斷豬尾取血飲，並縛豚枕之，即活。此乃長桑君授扁鵲法也。出《魏夫人傳》。肘後方。蛇入七孔割母豬尾血，滴入即出也。千金方。

心，氣味甘、鹹、平、無毒。頌曰：多食，耗心氣。不可合吳茱萸食。主治驚邪憂恚。別録虛悸氣逆，婦人產後中風，血氣驚恐。思邈補血不足，虛劣。蘇頌五臟主小兒驚癇，出汗。蘇恭

發明。劉完素曰：豬水畜也。故心可以鎮怳惚。

附方。舊一，新三。心虛自汗不睡者，用豶豬心一箇，帶血破開，入人參、當歸各二兩，煮熟去藥食之。不過數服，即愈。證治要訣。心虛嗽血沉香末一錢，半夏七枚，入豬心中，以小便濕紙包煨熟，去半夏食之。證治要訣。產後風邪心虛驚悸，用豬心一枚，五豉汁煮食之。心鏡。急心疼痛豬心一枚，每歲入胡椒一粒，同鹽酒煮食。

肝，入藥，用子肝。氣味苦，溫，無毒。時珍曰：餌藥人，不可食之。合魚食，生癰疽；合鯉魚腸、魚子食，傷人神；合鵪鶉食，生面䵟。《延壽書》云：豬臨殺，驚氣入心，絕氣歸肝，俱不可多食，必傷人。主治小兒驚癇。蘇恭。切作生，以薑、醋食，主腳氣。當微洩，若先利即勿服。藏器治冷勞臟虛，冷洩久滑赤白，帶下以一葉薄批揾著訶子末炙。之再揾再炙盡末半兩，空腹細嚼，陳米飲送下。蘇頌補肝明目，療肝虛浮腫。時珍

發明。時珍曰：肝主藏血，故諸血病用為向導入肝。《千金翼》治痢疾有豬肝丸，治脫肛有豬肝散，諸眼目方多有豬肝散，皆此意也。

附方。舊六，新八。休息痢疾豬肝一具切片，杏仁炒一兩，於淨鍋內，一重肝，一重杏仁，入童子小便二升，文火煎幹。取食，日一次。千金。浮腫脹滿不下食，豬肝一具，洗切，著蔥、豉、薑、椒炙食之。或單煮羹亦可。心鏡。身面卒腫生豬肝一具細切，醋洗，入蒜、醋食之。勿用鹽。腫自足起方法同上。風毒腳氣豬肝作生膾，食之取利。水腫溲澀豬肝尖三塊，綠豆四撮，陳倉米一合，同水煮粥食，毒從小便出也。中蠱腹痛支太醫秘方以豬肝一具，蜜一升，共煎，分二十服，或為丸服。肘後。食即汗出乃脾胃氣虛也。豬肝一斤薄切，瓦上曝幹為末，煮白粥，布絞汁和，眾手丸梧桐子大。空心飲下五十丸，日五。心鏡。目難遠視肝虛也。豬肝一具細切去皮膜，蔥白一握，用豉汁作羹，待熟下雞子，三箇食之。普濟方。肝熱目赤疹痛用豬肝一具薄切，水洗淨，以五味食之。食醫心鏡。牙疳危急豬肝一具煮熟，蘸赤芍藥末，任意食之，後服平胃散二、三貼，即效。節要。女人陰癢炙豬肝納入，當有蟲出。肘後。打擊青腫炙豬肝貼之。千金。急勞疾悴日晚即寒熱，驚悸煩渴。用豬肝一具切絲，生甘草末十五兩，於鐺中布肝一重，摻甘草末一重，以盡為度，取童便五升，文武火煮幹，搗爛，眾手丸梧桐子大。每空心米飲下二十丸，漸加至三十丸。聖惠方。

脾，俗名聯貼。氣味澀，平，無毒。時珍曰：諸獸脾味如泥，其屬土也可驗。思邈曰：凡六畜脾，人一生莫食之。

主治脾胃虛熱，同陳橘紅、人參、生薑、蔥白、陳米煮羹食之。蘇頌

附方，新二，脾積痞塊豬脾七個，每個用新針一個刺爛，以皮硝一錢擦之，七個並同。以瓷器盛七日，鐵器焙幹。又用水紅花子七錢，同搗為末。以無灰酒空心調下。一年以下者，一服可愈，五年以下者，二服；十年以下者，三服。保壽堂方。瘧發無時胡椒、吳茱萸、高良薑各二錢，為末。以豬脾一條，一半不滚，以墨記定，並作餛飩煮熟。有藥者吞之，無藥者嚼下。一服效。衛生家寶方。

肺，氣味甘，微寒，無毒。頌曰：得大麻仁良。若與白花菜合食，令人氣滯發霍亂。八月和飴食，至冬發疽。主治補肺。蘇頌。療肺虛欬嗽，以一具，竹刀切片，麻油炒熟，同粥食。又治肺虛嗽血，煑蘸薏苡仁末食之。時珍。出要訣諸方。

腎俗名腰子。氣味鹹，冷，無毒。思邈曰平。日華曰雖補腎，而久食，令人少子。詵曰久食，令人傷腎。頌曰冬月不可食，損人真氣，兼發虛壅。主治理腎氣，通膀胱。別録補膀胱水臟，暖膝，治耳聾。日華補虛壯氣，消積滯。蘇頌除冷利。孫思邈止消渴，治產勞虛汗，下痢崩中。時珍

發明時珍曰：豬腎，《別錄》謂其理腎氣，通膀胱。《日華》亦曰補水髒膀胱，暖腰膝；而又曰，雖補腎，久食令人少子。孟詵亦曰：久食令人腎虛。兩相矛盾如此，何哉？蓋豬腎性寒，不能補命門精氣。方藥所用，借其引導而已。《別錄》理字、通字，最為有理；《日華》暖腰膝、補膀胱水髒之說為非矣。腎有虛熱者，宜食之；若腎氣虛寒者，非所宜矣。今人不達此意，往往食豬腎為補，不可不審。又《千金》治消渴有豬腎薺苨湯，補腎虛勞損諸病有腎瀝湯，方甚多，皆用豬、羊腎煮湯煎藥。

附方。舊四，新十九。腎虛遺精多汗，夜夢鬼，交用豬腎一枚切開去膜，入附子末，一錢濕紙裹煨熟空心食之，飲酒一盃，不過三、五服，效。經驗方。腎虛陰痿羸瘦精衰少力，用豶豬腎一對，切片枸杞葉半斤，以豉汁一盞，同椒鹽煑羹食。經驗方。腎虛腰痛用豬腰子一枚切片，以椒鹽淹去腥，水入杜仲末三錢，在內荷葉包煨食之，酒下本草權度。閃肭腰痛用豬腎一枚批片，鹽、椒淹過，入甘遂末三錢，荷葉包煨熟食，酒送下。儒門事親。老人耳聾豬腎一對去膜切，以粳米二合，蔥白二根，薤白七根，人參二分，防風一分，為末，同煮粥食。奉親養老方。老人腳氣用豬腎一對，以酣、蒜、五味治食之，日作一服。或以蔥白、粳米同煮粥食亦可。奉親養老方。卒然腫滿用豬腎批開，入甘遂末一錢，紙裹煨熟食。以小便利為效，否則再服。肘後方。肘傷冷痛豬腎一對，桂心二兩，水八升，煑三升，分三服。肘後。卒得欬嗽豬腎二枚細切，幹薑三兩末。水七升，煮二升，稍服取汗。肘後方。久嗽不瘥豬腎二枚，入椒四七粒，水煑啖之。張文仲方。心氣虛損豬腰子一枚，水二碗，煮至一碗半，切碎，入人參、當歸各半兩，煮至八分。百一選方。酒積面黃腹脹不消，豬腰子一箇，批開七刀，葛根粉一錢，摻上合定，每邊炙三遍，半手扯作六塊，空心喫之，米湯送下。聖濟總録。久泄不止豬腎一箇批開，摻骨碎補末，煨熟食之，神效。頻湖集簡方。赤白下痢腰痛用豬腎二枚研爛，入陳皮，椒、醬，作餛飩，空心食之。食醫心鏡。赤白帶下常炙豬腎食之。張文仲方。崩中漏下。方同上。產後蓐勞寒熱，用豬腎一對，切細片，以鹽、酒拌之。先用粳米一合，蔥、椒煑，粥、鹽醋調和。將腰子補於盆底，以熱粥傾於上蓋之，如作盦，生粥食之。濟生。產後虛汗發熱，肢體疼痛，亦名蓐勞。《永類鈐方》用豬腎一對切，水三升，粳米半合，椒、鹽、蔥白煮粥食。梅師用豬腎同蔥、豉、和成作臛食之。小兒軀啼小兒五十日以來，胎寒腹痛，啼上視，聚唾弄舌，微熱而驚，此癇候也。豬腎一具，當歸一兩焙，以清酒一升，煮七合。每以杏仁大與咽之，日三夜一。聖惠方。小兒頭瘡豬腰子一個，批開去心、膜，入五倍子、輕粉末等分在內，以沙糖和面固濟，炭火炙焦為末。清油調塗。經驗良方。傳屍勞瘵豬腰子一對，童子小便二盞，無灰酒一盞，新瓷瓶盛之，泥封，炭火溫養，自戌至子時止。待五更初溫熱，取開飲酒，食腰子。病篤者，只一月效。平日瘦怯者，亦可用之。蓋以血養血，絕勝金石草木之藥也。邵真人經驗方。癰疽發背初起者用豶豬腰子一雙，同飛麵搗如泥，塗之即愈。

脏。音夷。時珍曰：一名腎脂。生兩腎中間，似脂非脂，似肉非肉，乃人物之命門，三焦發原處也。肥則多，瘦則少。蓋頤養賴之，故謂之頤。

氣味甘，平，微毒。頌曰：男子多食，損陽。主治肺痿欬嗽，和棗肉浸酒服。亦治痃癖羸瘦。蔵氣，又合膏，練繒帛。療肺氣乾脹喘急，潤五臟，去皴皰，䵟䵳殺斑蝥、地膽、毒，治冷痢成虛。蘇頌一切肺病欬嗽，膿血不止。以薄竹筒盛，於煻火中煨熟，食上啖之。良心鏡通乳汁。之才

附方。舊二，新九。豬胰酒治冷痢久不瘥。此是脾氣不足，暴冷入脾，舌上生瘡，飲食無味，或食下還吐，小腹雷鳴，時時心悶，幹皮細起，膝脛酸痛，羸瘦，漸成鬼氣，及婦人血氣不通，逆飯憂煩，四肢無力，丈夫癖，兩肋虛脹，變為水氣，服之皆效。此法出於傳屍方。取豬胰一具細切，與青蒿葉相和。以無灰酒一大升，微火溫之，乘熱納胰中，暖使消盡。又取桂心末一小兩，納酒中。崔元亮海上方。膜內氣塊豬脏一具炙，蘸玄胡索末食之。衛生易簡方。肺氣欬嗽豬脏一具苦酒煑，食不過二服，肘後方。二十年嗽豬胰三具，大棗百枚。酒五升漬之，秋冬七日，春夏五日，絞去滓。七日服盡，忌鹽。遠年肺氣豬脏一具膩粉一兩，瓷瓶固濟上留小竅煨煙，盡為末，每服二錢，漿水下。服石發熱豬腎脂一具，勿中水，以火炙取汁，每服，三合，日夜五六服，石隨大便下。總録。撥雲去翳用豬胰子一枚五錢，蕤仁五分，青鹽一錢。共搗千下，令如泥。每點少許，取下膜翳為效。孫氏集效方。赤白癜風豬脏一具，酒浸一時，飯上蒸熟，食不過十具。壽域方。面粗醜黑皮濃者，豬胰五具，蕪青子二兩，杏仁一兩，土瓜根一兩，淳酒浸之。夜塗旦洗，老者

少，少者白，神驗。肘後。手足皴裂以酒桴豬脏，洗並傅之。肘後。唇燥緊裂豬脏浸酒搽之。葉氏摘玄方。

肚，氣味甘，微，溫無毒。主治補中益氣止渴，斷暴痢虛弱。別録補虛損殺勞蟲，釀黃糯米蒸搗為丸，治勞氣並小兒疳蚘黃瘦病。日華主骨蒸熱勞，血脈不行，補羸助氣，四季宜食。蘇頌消積聚癥瘕，治惡瘡。吴普

發明。時珍曰：豬水畜，而胃屬土，故方藥用之補虛，以胃治胃也。

附方。舊二，新九。補益虛羸用豬肚一具，入人參五兩，蜀椒一兩，幹薑一兩半，蔥白七個，粳米半升在內，密縫，煮熟食。千金翼。水瀉不止用豬肚一枚，入蒜煮爛搗膏，丸梧桐子大。每鹽湯或米飲服三十丸。丁必卿云：予每日五更必水瀉一次，百藥不效。用此方，入平胃散末三兩，丸服，遂安。普濟。消渴飲水日夜飲水，數門者心鏡。用雄豬肚一枚，煮取汁，入少豉，渴即飲之，肚亦可食。煮粥亦可。仲景豬肚黃連丸，治消渴。用雄豬肚一枚，入黃連末五兩，栝樓根、白粱米各四兩，知母三兩，麥門冬二兩，縫定蒸熟，搗丸如梧子大，每服三十丸米，飲下。食醫心鏡。老人腳氣豬肚一枚，洗淨切作片，以水洗，布絞乾。和蒜、椒、醬、醋五味，常食。亦治熱勞。養老方。溫養胎氣胎至九月消息。用豬肚一枚，如常著蔥五味，煮食至盡。千金髓。赤白癜風白煮豬肚一枚，食之頓盡，忌房事。外臺。疥瘡癢痛豬肚一枚，同皂莢煮熟，去莢食之。救急。頭瘡白禿《普濟》用新破豬肚勿洗。及熱榻之，須臾蟲出不盡再作。孫氏方用豬肚一箇，入砒一兩，劄定，以黃泥固，濟煆存性為末油和傅，以椒湯洗。蟲牙疼痛用新殺豬肚尖上涎，絹包咬之，數次蟲盡即愈，唐氏用枳殼末拌之。

腸，氣味甘，微寒，無毒。主治虛渴，小便數補下焦虛竭。孟詵止小便。日華去大小腸風熱，宜食之。蘇頌潤腸，治燥，調血痢臟毒。時珍洞腸治人，洞腸挺出血多。孫思邈。洞腸廣腸也。

附方。新三。腸風臟毒《救急》：用豬大腸一條，入芫荽在內，煮食。《奇效》：用豬髒，入黃連末在內，煮爛，搗丸梧桐子大。每米飲搗為丸如梧桐子大。每服五十丸，溫酒下。脇熱血痢方法同上。臟寒洩瀉體倦食，減用豬大臟一條去脂，洗淨，以吳茱萸末填滿縛定，蒸熟。搗丸梧子大，每服五十丸，米飲下。奇效良方。

脬，亦作胞。氣味甘，鹹，寒，無毒。主治夢中遺溺，疝氣墜痛，陰囊濕癢，玉莖生瘡。

發明。時珍曰：豬胞所主，皆下焦病，亦以類從爾。蘄有一妓，病轉脬，小便不通，腹脹如鼓，數月垂死。一醫用豬脬吹脹，以翎管安上，插入廷孔，撚脬氣吹入，即大尿而愈。此法載在羅天益《衛生寶鑒》中，知者頗少，亦機巧妙術也。

附方。新八。夢中遺溺用豬脬洗炙食之。千金。產後遺尿豬胞、豬肚各一箇，糯米半升，入脬內，更以脬入肚內，同五味煮食。醫林集要。產後尿床方法同上。疝氣墜痛用豬脬一枚洗，入小茴香、大茴香、破故紙、川楝子等分填滿，入青鹽一塊縛定，酒煮熟食之，酒下。其藥焙搗為丸服之。消渴無度乾豬胞十箇，剪破去蒂，燒存性為末，每溫酒服一錢。聖濟總録。腎風囊癢用豬尿胞火炙，以鹽酒吃之。救急。玉莖生瘡臭腐用豬胞一枚，連尿去一半，留一半，以煆紅新磚焙乾為末，入黃丹一錢。摻之，三五次瘥。先須以蔥、椒湯洗。奇效方。白禿癩瘡洗刮令淨，以豬胞乘熱裹之，當引蟲出。

膽，氣味苦，寒，無毒。主治傷寒熱渴。《別録》骨熱勞極，消渴，小兒五疳，殺蟲。蘇頌敷小兒頭瘡，治大便不通，以葦筒納入下部三寸灌之，立下。藏器通小便，敷惡瘡，殺疳䘌，治目赤目翳，明目，清心臟，涼肝脾。入湯沐髮，去膩光澤。時珍

發明。成無己曰：仲景以豬膽汁和醋少許，灌穀道中，通大便神效。蓋酸苦益陰潤燥而瀉便也。又治少陰下利不止，厥逆無脈，幹嘔煩者，以白通湯加豬膽汁主之。若調寒熱之逆者，冷熱必行，則熱物冷服，下嗌之後，冷體既消，熱性便發，故病氣自愈。此所以和人尿、豬膽鹹苦之物，於白通熱劑之中，使其氣相從，而無拒格之患也。又云霍亂病吐下已斷，汗出而厥，四肢拘急，脈微欲絕者，通脈四逆湯加豬膽汁主之。蓋陽氣太虛，陰氣獨勝。純與　汪機曰：朱奉議治傷寒五六日出，有豬膽雞子湯。時珍曰：方家用豬膽，取其寒能勝熱，滑能潤燥，苦能入心，又能去肝膽之火也。

附方。舊六，新十四。少陰下利不止厥逆無脈乾嘔者，以白通湯加豬膽汁主之，蔥白四莖，乾薑一兩，生附子一枚，水三升，煮一升入人尿，五合豬膽汁一合，分服。仲景傷寒論。或瀉或止久而不愈，二聖丸，用黃連黃蘗末各一兩，以豬膽煮熟，和丸如菉豆，大量兒大小，每米飲服之。總微論。赤白下痢十二月豬膽百枚，俱盛雄黑豆入內，著麝香少許，陰幹。每用五、七粒為末，如紅痢，甘草湯下；如白痢，生薑湯調服。奇效方。濕　下痢不止：幹嘔羸瘦，多睡面黃。以膽汁和薑汁、釅醋同灌下部，手急撚令醋氣上至咽喉乃止，當下五色惡物及蟲而愈也熱病有　，上下蝕人：用豬膽一枚，醋一合，煎沸服，蟲立死也。拾遺。熱病蟲䘌上下用豬膽一枚，醋一合煎沸服，蟲立死也。梅師。瘦病欬嗽豬膽和人溺、薑汁、橘皮、訶黎勒、桃皮同煮汁，飲之。拾遺方。小便不通《肘後》：豬膽一枚，熱酒和服。又用豬膽連汁，籠住陰頭。一、二時汁入自通。消渴無度雄豬膽五個，定粉一兩，同煎成，丸芡子大。每含化二丸咽下，日二。聖濟總録。傷寒癍出豬膽雞子湯用豬膽汁苦酒各三合雞子一箇合煎三沸分服汗出即愈。張文仲方。疔瘡惡腫十二月豬膽風乾，和生蔥搗傅。普濟方。目翳目盲豬膽文火煎稠，丸黍米大，每納一粒目中，

良。目赤腫痛豬膽汁一枚，和鹽碌五分，點之。普濟方。火眼赤痛豬膽一箇，銅錢三文，同置盞內蒸乾，取膽丸粟米大，安眼中。聖惠方。拔白換黑豬膽塗孔中，即生黑者。聖惠方。小兒初生豬膽入湯浴之，不生瘡疥。姚和衆。産後風瘡因出風早用豬膽一枚，栢子油一兩，和傅。杏林採要。湯火傷瘡豬膽調黄蘗末，塗之。外臺。瘭疽出汁生手足肩背，纍纍如赤豆。剝淨，以豬膽塗之。千金。喉風閉塞臘月初一日，取豬膽不拘大小五、六枚，用黄連、青黛、薄荷、僵蠶、白礬、樸硝各五錢，裝入膽內，青物蓋定。候至立春日取出，待風吹，去膽皮、青紙，研末密收。每吹少許神驗，乃萬金不傳之方。邵真人經驗方。

膽，皮主治目翳如重者，取皮曝乾，作兩股繩如筋大，燒灰出火毒，點之，不過三五度瘥。時珍。出外臺秘要。

膚，汪機曰：豬膚，王好古以為豬皮，吳綬以為燖豬時，刮下黑膚，二說不同。今攷禮運疏云：革膚內厚皮也。膚革外厚皮也。則吳説為是，淺膚之義。

氣味甘，寒，無毒。主治少陰，下痢咽痛。時珍

發明。張仲景曰：少陰病下利，咽痛，胸滿心煩者，豬膚湯主之。用豬膚一斤，水一斗，煮五升，取汁，入白蜜一升，白粉五合，熬香，分六服。成無己曰：豬，水畜也。其氣先入腎，解少陰客熱。加白蜜以潤燥除煩，白粉以益氣斷利也。【略】

鼻、唇，氣味甘，鹹，微寒，無毒。多食動風。主治上唇：治凍瘡痛癢。思邈煎湯，調蜀椒目末半錢，夜服治盜汗。宗奭鼻治目中風翳，燒灰水服方寸匕日二服。時珍。出千金。

舌，主治健脾補不足，令人能食，和五味煮汁食。孟詵

靨，音掩俗名咽舌是矣。又名豬氣子。王璽曰：在豬喉系下，肉團一枚，大如棗微扁色紅。主治項下癭氣，瓦焙研末，每夜酒服一錢。時珍【略】

附方。新二。癭氣《杏林摘要》：用豬靨七枚，酒熬三錢，入水瓶中露一夜，取出炙食。二服效。醫林集要。開結散豬靨焙四十九枚，沉香二錢，真硃砂罐煆四十九粒，沉香二錢，橘紅四錢為末。臨臥冷酒徐徐服二錢。五服見效，重者一料愈。以除日合之。忌酸、鹹油、膩、澀氣之物。【略】

蹄，已下並用母豬者。氣味甘，鹹，小寒，無毒。主治煑汁服下乳汁，解百藥毒。洗傷撻諸敗瘡。别録滑肌膚，去寒熱。蘇頌。煮羹通乳，脲托癰疽，壓丹石煮清汁，洗癰疽，漬熱毒消毒氣，去惡肉有效。時珍。外科精要，洗癰疽有豬蹄湯，數方用豬蹄煮汁，去油煎衆藥，蘸洗也。

附方。舊五，新二。婦人無乳《外臺》：用母豬蹄一具，水二斗，煮五六升，飲之。或加通草六分。《廣濟》：用母豬蹄四枚，水二斗，煮蔥、豉作粥或羹食之。或身體微熱，有少汗出佳。未通再作。癰疽發背母豬蹄一雙，通草六分，綿裹煑羹食之。梅師。乳發初起方同上。天行熱毒攻手足，腫痛欲斷，用母豬蹄一具去毛，以水一斗，蔥白一握，煑汁，入少鹽漬之。肘後。老人面藥令面光澤，用母豬蹄一具，煑漿如膠。夜以塗面，曉則洗去。千金翼。硇砂損陰豬蹄一具，浮萍三兩，水三升，煑汁半升，漬之。冷即出，以粉傅之。外臺。

明 朱橚《普濟方》卷二五二《解食牛馬猪羊犬鷄鴨魚蟹中毒》

凡猪無毒，其間野放，或食雜物而遇死，此則肉有毒，人食之則毒入臟腑，故令人吐痢困悶不安也。【略】凡猪肉脯，若放在茅草屋，雨漏則有大毒，人食乃成暴癥，不可治。亦有始食下即殺人也。凡猪肉脯炙之不動，得水則動，故不可食。凡脯肉及熟肉皆不可深窑收藏，令氣不泄，食之殺人也。

清 褚人穫《堅瓠集·六集》卷一《燒猪肉》

東坡喜食燒豬肉，佛印住金山時，每燒豬以待。一日為人竊食，坡至無矣。戲作詩曰：『遠公沽酒飲陶潛，佛印燒豬待子瞻。采得百花成蜜後，不知辛苦為誰甜。』又在黄岡時戲作食肉詩云：『淨洗鐺，少著水，柴頭罨煙焰不起。待他自熟莫催他，火候足時他自美。黄州好豬肉，價賤如泥土。貴者不肯吃，貧者不解煮。早晨起來打兩碗，飽得自家君莫管。』此東坡以文滑稽。而《雲仙散錄》載黄升日食鹿肉二斤，自晨煮至午，則日火候足矣。乃知坡老雖食肉亦用故事。

清 李化楠《醒園録》卷上《腌火腿法》

每十斤猪脚，配鹽十二兩，極多加至十四兩，將鹽炒過，加皮硝末少許，乘猪鹽兩熱擦之，令勻置大桶內，上面用大石壓之，五日一翻，候一個月，將腿取起晾於風處，四五個月可用。

又法

金華人做火腿，每斤猪腳配炒鹽三兩，或云原方配六兩，不無太鹹。用手將鹽擦完，石壓之，三天取出用手極力揉之，肉軟為度，翻轉再壓，再揉至肉軟如棉，取出掛之風處，約當於小雪後，起至立春，後方可掛風，不凍。

又《腌猪肉法》

每猪肉十斤，配鹽一斤，肉先作條片，用手掌打四五次，然後將鹽炒熱擦上，用石塊壓緊，俟次日水出，下硝少許。一天翻，一天醃，六七天撈起，夏天晾風，冬天晒日，均俟微乾，收用。

又法

先將猪肉切成條片，用冷水泡浸半天，或一天撈起。每肉一層，配稀薄食鹽一層，裝入盆內，上面用重物壓之，蓋密，永無搬動。要用，照層次取起，

仍留鹽水。若要薰吃，照前法。用鹽浸過三天，撈起晒微乾，用甘蔗渣同米佈放鍋底，將肉鋪排籠內，蓋密安置鍋上，粗糠慢火焙之，以蔗、米烟薰入肉內，內油滴下，味香，取起掛於風處。要用時，白水微煮，甚佳。

又《腌熟肉法》 凡有事，餘剩之熟雞、豬等肉，欲久留以待客，雞當破作兩半，豬肉切作條子，中間剖開數刀，用鹽於內外及剖縫處搓得極勻，但不可太鹹。裝入盆內，用蒜頭搗爛，和好米醋泡之。以石壓其上，一日須翻一遍，二三日撈起，晾略幹，將鐵鍋抬起，用竹片搭十字架於灶內。或鐵絲編成更妙。將肉鋪排竹上，仍以鍋覆之，塞勿出煙。灶內用粗糠或濕甘蔗粕生火薰之，灶門用磚堵塞，不時翻轉，總以幹香為度。取起收入新罈內，口蓋緊，日久不壞而且香。

又《醬肉法》 猪肉用白水煮熟，去白肉併油絲，務令淨。盡取純精的切寸方塊子，醃入好豆醬內，晒之。

又《做猪油丸法》 將猪板油切極細，加雞蛋黄、菉豆粉少許，和醬、油酒調勻，用杓取收掌心轟丸。下滚水中，隨下隨撈，用香菰、冬笋俱切小條，加葱白同，清肉汁和水煮滚，乃下油，丸煮滚取，起食之甚美。

又《蒸猪頭法》 猪頭先用滚水泡洗，刷割極淨，纔將裏外用鹽擦遍，暫置盆中二三時久。鍋中纔放涼水，先滚極熟後，下猪頭，所擦之鹽不可洗去。煮至三五滚撈起，以淨布揩乾內外水氣。用大蒜搗極細，如有鮮柑花更妙。擦上內外，務必週遍，置蒸籠內蒸至極爛。將骨拔去，切片，拌齊芥末、柑花蒜、醋，食之俱妙。

又法

猪頭買來，悉如前法。洗淨裏面，生葱連根塞滿，外面以好甜醬抹勻一指厚，用木頭架於鍋中，底下放水，離猪頭一二寸許，不可淹着。上面以大磁盆覆蓋，週圍用布塞極密，勿令稍有出氣。慢火蒸至極爛，取出去葱，切片吃之，甚美。

又《做肉鬆法》 用猪後腿整個緊，火煮透，切大方斜塊，加香蕈，用原湯煮至極爛，取精肉，用手扯碎。次用好甜酒、清醬、大茴末、白糖少許，同肉下鍋，慢火拌炒至乾，取起收貯。

又《煮老猪肉法》 以水煮熟取出，用冷水浸冷，再煮即爛。

又《醃肉法與前醃肉二條參看**》** 豬宰完，破開，切成二斤或斤半塊子，取去骨頭，將鹽研末，以手提抹擦肉皮一遍。再將所取之骨，鋪於缸底，先下整花椒，拌鹽一層，後下肉一層，其肉皮當向下，總以一層肉，一層鹽、椒，下完，面上多蓋鹽椒，用紙封固，過十餘天可吃。如吃時取出，仍用紙封固，勿令出氣。其肉缸放不冷不暖之處方好。醃豬頭亦如是，其骨棄之。

又《風猪小腸法》 豬小腸放磁盆內，先滴下菜油少許，用手攪勻，候一時久，下水如法洗淨，切作節段，每節量長一尺許。用半精白豬肉，銼極碎，下豆油、酒、花椒、蔥珠等料和勻，候半天久，裝入腸內。只可八分，不可太滿。兩頭紮緊。鋪層籠內蒸熟，風幹。要用，當再蒸熟，切薄片，吃之甚佳。

又 卷下《做滿洲餑餑法》 外皮，每白麵一斤，配猪油四兩，滚水四兩攪勻，用手揉至越多越好。內面每白麵一斤，配猪油半斤，如攪乾些，當再加油。揉極熟。總以不硬不軟為度，纔將前後二麵合成一大塊揉勻，擀開打捲切作小塊，擀開包餡，即核桃肉等類。下爐熨熟，月餅同法。或用好香油和麵更妙，其應用分兩輕重，與猪油同。

清 梁紹壬《兩般秋雨盦隨筆》卷一《禁宰犬猪》 宋徽宗崇寧間，範致虛為諫議，謂『上生壬戌，於生肖屬犬，人間不宜殺犬。』徽宗允其議，命屠狗者有厲禁。明武宗南幸揚州，兵部左侍郎王抄奉欽差總督軍務、威武大將軍總兵官、後軍都督太師鎮國公朱鈞帖云：『照得養豕宰豬，固尋常通事，但當爵本命，且姓字異音同，況食之隨生瘡疾，深為未便。為此曉諭地方，除牛羊等不禁外，將豕牲不許喂養，並易賣宰殺，如敢故違，本犯及當房家小，發極邊永遠充軍。古今怪事，無獨有偶如此。

又 卷三《麻蛋燒猪》 煎堆一名麻蛋。以麵作團，炸油鑊中，空其內，大者如瓜。粵中年節及昏嫁，以爲餽遺。德清佘半眉欽曾以八律咏之，警句云：安得規模如此大，不堪心腹竟全空。四面圓光皆客氣，一番投贈半虚花。又粵俗最重燒豬，娶婦得完璧，則壻家以此餽女氏，大族有用至百十頭者，蓋誇富也。如不致送，則媒氏隨押妝匳，背負其女而歸矣。其他賽愿敬神等事，率皆用之。最足奇，者觀音誕辰亦薦此品，豈佛門清淨之戒，不到南天歟。

清 平步青《霞外攟屑》卷一〇《猪頭》 越俗祀神，以豬頭爲敬，黎雲問於古有之乎。曰：有之。鄭獻甫愚一錄卷六。《周禮》小子掌珥於社稷，祈於五祀。鄭司農曰：珥社稷以牲頭祭也。疏謂漢時祈禱。有牲頭祭，據此。則後世所謂晴喫羊頭、雨喫豬頭者，固有本也。若晏子之祭先人，則只云豚肩。涫于所言祭田神，則只云豚蹏。庸按。小谷說本通俗編卷十九。翟云：郊特牲用牲于庭，升首于堂，謂既用全牲以祭，復登其首於北牖下也。今人只用牲頭，蓋沿珥祭之制，今越人有不用牲頭者，只用髀髆一方，即晏子之豚肩，左宣十六年傳所云折俎也。有只用豬爪者，即湻于豚蹏，小繁露豬頭條，引夷堅志周狗師條，謂宋時已然，似非。

清 裘君弘《妙貫堂餘譚》卷五《東坡喜食猪肉》 世傳東坡爲五戒禪師，後身然。坡喜食燒猪，佛印住金山，每燒以待。其來一日，爲人竊食，坡戲作小詩云：遠公沽酒飲陶潛，佛印燒猪待子瞻。採得百花成蜜後，爲誰辛苦爲誰甜。余觀空門人，或自好飲酒食肉，遇居士至輒以素茹相餉，以視印公此舉又何妨碍耶。坡詩直名古人，而以已表字押之，想見清狂之態，正如天半秋鶻摩入空青也。坡在黄州，又有食猪肉詩云：黄州好猪肉，價錢等糞土。富者不肯喫，貧者不解煮。慢着火，少着水，火候足時他自美。每日起來打一椀，飽得自家君莫管。余嘗笑謂富者不肯喫二語，可作猪肉雅謎，然富者即肯喫，亦未必解煮也。山鄉近市者常□肉以待客，余再爲補二句云：鄉人藏之腐貴人，食之鄙客大笑。

清 太醫院《藥性通考》卷六《猪肉》 味甘鹹，氣辛寒。心血用作補心藥之嚮導，蓋取以心歸心，以血導血之意。尾血和龍腦，冰片。治痘瘡倒黶。肝主藏血，補血藥用之，入肝明目。雄者良同夜明砂作丸，能治雀目。雀目者，夜不能視，濕痰及肝火盛也。肺補肺，治肺虚咳嗽，咳血者，同薏仁末食。肚入胃，健脾。腎鹹冷，而通腎，治腰痛、耳聾。腸入大腸，治腸風血痢。膽汗苦入，心寒勝熱，滑潤燥瀉，肝膽之火，明目殺疳，沐髮光澤，醋和灌穀，道治大便不通。浴初生小兒，永無瘡疥。猪脬治遺溺，疝氣，用作引經猪脂。甘寒，凉血，潤燥行水散風，解毒，殺虫，故瘡藥多用之。利腸能通大便，退諸黄，煎膏藥，主諸瘡，臘月者，佳古方用之最多，治咳嗽亦用之。猪蹄煮湯，通乳汁，加通草二兩，佳浣敗瘡。懸蹄甲治寒熱痰喘，痘瘡入目，五痔腸癰，猪肉反黄連、烏梅、桔梗、犯之瀉痢。

清 王清任《醫林改錯》卷下《蜜葱猪胆湯》 治通身腫肚腹不大。

猪胆一個，取汁。白蜜四兩，兩調和一處。葱頭，四個，帶白一寸。黄酒半觔。用酒煎葱兩三沸，將酒冲入蜜胆內，服之立効。

清 俞樾《茶香室叢鈔》卷二〇《賽猪頭》 宋陸務《觀入蜀記》云：二十五日，以一豨、壺酒謁英靈助順王祠。祠屬金山寺，寺以二僧守之。榜云賽祭豬頭。例歸本廟，觀者無不笑。按今俗祀神必用豬頭，觀此知宋俗，已然矣。

清 允禄《滿洲祭神祭天典禮》卷一《坤寧宫月祭儀注》 正月初三日，每月初一日，坤寧宫祭朝祭神。【略】屆時司香點香，司俎太監、司俎等進猪二於坤寧宫門外之右首，皆北向。【略】司香舉臺琖授於司祝，司俎太監等舁一猪入門，置炕沿下，首西向。司俎滿洲一人屈一膝，跪按其猪。司俎官及司俎、首領太監、内監等奏三弦、琵琶，鳴拍、板拊掌。司祝跪於炕沿下三折紅氊上，斜向西南，舉臺琖獻酒一次，司俎等照前歌鄂囉羅。獻畢，司祝致禱，以二琖酒合注一琖中，司俎滿洲執猪耳，司祝灌酒於猪耳內，以臺琖授司香，一叩頭，三弦、琵琶、拍板暫止。司俎滿洲執猪尾移轉猪首向東，司俎太監等進前舁猪暫順放於包錫大桌上。司香舉臺琖授司祝，司祝接受臺琖，舁第二猪入門，獻酒、灌酒如前儀。以包錫大桌上二猪俱令首西向横放，省之，每桌前令司俎婦人二舉銀裹木槽盆接血。司香婦人撤去氊，進紅漆長高桌設於西炕前，以接血木槽盆列高桌上，撤去所供餻酒與果。猪氣息後，司俎等轉猪首順桌向南直放，去其皮，按節解開，煑於大鍋內，其頭蹄及尾俱不去皮，惟燎毛燖淨，亦煑於大鍋內，以臟腑置於錫裹木槽盆舁出，另內室整理潔淨舁進，以盛血木槽盆就地安置。司俎滿洲一人進於高桌前，屈一膝跪，灌血於腸，亦煑鍋內。司俎太監等置皮於盛皮木槽盆內，撤去包錫大桌二及油厚高麗紙，仍以膽與蹄甲貯紅漆小木碟內，置於炕上所設之大低桌北首邊上。俟肉熟時細切胙肉一椀，設箸一雙，供於大低桌正中。以二猪之肉分置二銀裹木槽盆內，前後腿分設四角，胸膛向前，尾椿向後，肋列兩旁，合湊畢，置猪首於上，復以臁貼連油整置於鼻柱上，供於神位前長高桌。司香點香司香，婦人鋪黄花紅氊。一司香舉醴酒椀，一司香舉空椀，齊進拱立，又一司香舉臺琖授司祝，司祝進跪獻酒三次。是獻也，凡獻酒、換琖、注酒及司俎太監等奏三弦、琵琶，司俎等鳴拍板，司俎滿洲拊掌歌鄂囉羅三次，俱如前儀。三獻畢，以臺琖授於司香。叩，頭興，合掌致敬。【略】於近炕沿處置醴酒一椀，空琖一於炕沿上司俎太監等舁猪入門，置炕沿下首北向，司俎滿洲一人屈一膝，跪按其猪。司祝跪於炕沿下三折紅氊上，斜向東北，從盛酒椀內挹酒注於琖中，舉捧禱祝。司俎滿洲執猪耳，司祝灌酒於猪耳內，以琖置炕沿，一叩頭，司俎太監等進前舁猪，暫順放於包錫大桌上。司祝跪，從酒椀內挹酒注於琖中。舁第二猪入門，仍如前儀。獻酒禱祝灌酒畢，一叩頭，興，退，置猪於包錫大桌上二猪俱令首西向，省之。每桌前令司俎婦人二舉銀裏木槽盆接血。司香婦人撤去氊，進紅漆長高桌設於北炕前，以接血木槽盆列長高桌上，撤去大低桌上所供之餻，惟留一盤，其餘餻酒與果亦俱撤去。猪氣息後，司俎等轉猪首順桌向南直放，其去皮節解、灌血腸、煑肉，以及撤出包錫大桌油紙等件俱如朝祭儀。惟膽與蹄甲於竈內化之。俟肉熟時，細切胙肉五椀，每椀設箸一雙，供於炕上二大低桌之上。以二猪之肉分置二銀裏木槽盆內，如朝祭儀。供於神位前。【略】

又《朝祭灌酒于猪耳禱辭》 上天之子、三軍之帥、關聖帝君。某年生小子，某年生小子，為某人祭則呼某人本生年。敬獻粢盛，嘉悦以享兮。

又《夕祭灌酒于猪耳禱辭》 上天之子，年錫之神，安春阿雅喇、穆哩穆哩哈、納丹岱琿、納爾琿軒初、恩都哩僧固、拜滿章京、納丹威瑚哩、恩都蒙鄂樂、喀屯諾延。某年生小子，某年生小子，為某人祭則呼某人本生年，敬獻粢盛，嘉悦以享兮。

又《祭神翌日祭天儀注》 祭神翌日祭天，預期如前儀。恭請佛、菩薩像供於坤寧富西楹大亭，司俎太監等於神杆東北鋪油厚高麗紙，設包錫紅漆大案一，西向，卸下神杆，以杆端向東斜仰于倚柱上，杆首拄於地，撤舊夾淨紙、舊穿頸骨，置銅海內化之。神杆石前向上設紅漆高案一，供銀碟三，中碟盛所灑米，兩旁二空設，置淨紙一張於案上，離神杆石稍遠西北方，設紅漆架一，架上覆以紅氈，架南設花木方盤桌一，紅漆方盤二，俱向後挨次而設。盤內置案板數枚，移紅銅鍋並銅海，設於木盤之北，灶門東向，屆時，司俎太監等進猪，置於神杆石之東旁稍後，首向南。一皇帝親詣行禮，司香婦人於坤寧宮門內近楹處，鋪皇帝行禮黃花紅氈。皇帝進門，對神杆向上跪，司俎滿洲進向前立，捧米碟灑米二次。禱祝祭天畢，又灑米二次，退。皇帝行禮，興，退。如同皇后行禮，皇帝居中，皇后在西行禮。司俎等俱退出於外，太監等率祝禱祭天之司俎滿洲背立。如遇皇帝、皇后不親詣行禮日，司祝捧皇帝御衣叩頭，畢，司俎太監等轉猪首向西，置於包錫大案上省之。司俎太監二舉銀裏木槽盆接血，列於高案上。猪氣息後，轉猪首向南順放。司俎等即於院內去猪皮，先以頸骨連精肉取下，並擇取餘肉煑於紅銅鍋內，餘俱按節解開擺列於銀裏木槽盆內。置首於前，以皮蒙蓋其上，南向，順放於包錫大案上。腸臟修整後亦貯於木槽盆內，以盛血木槽盆横放於盛肉木槽盆之前。肉熟時，司俎等向東列坐於木盤後，以熟肉細切為絲，先取精肉頸骨，供於高案西邊所設銀碟內。膽貯於東邊所設銀碟內，細絲小肉成後盛小肉絲二椀，各置箸一雙，稗米飯二椀各置匙一枚，從東向西飯肉相間以供。皇帝親詣行禮，司俎滿洲仍如前儀捧米碟，灑米一次。禱祝祭天畢，又灑米二次，退。叩頭畢，司俎官司俎等以頸骨穿於神杆之端，精肉及膽並所灑米俱貯於神杆斗內，立起神杆，淨紙夾於神杆與倚柱之間，東首所供之小肉飯撤入坤寧宮內。皇帝、皇后受胙，獻於皇帝、皇后。如遇皇帝、皇后不行禮之日，令在坤寧宮內人等食之。西首所供之小肉飯，留於外同鍋內，所餘湯肉令司俎及太監等食之。其餘生肉並銀裏木槽盆及包錫高案油厚高麗紙俱移入坤寧宮內，如祭神儀。取頭蹄燎燖，腸內灌血煑於大鍋內，大肉熟後盛於盤內，置原處，亦不許出戶，令大臣、侍衛等進內食之。食畢，司俎太監撤出油紙高案及皮與骨，皮油送交膳房，骨則司俎官送潔淨處監視化而投之於河。恭請佛菩薩像至西楹，安奉於原位。鍋海置於原處，神架方盤等物各收於原處，如遇雨雪，司俎及司俎太監等張大油紙繖遮於祭天桌鍋之上。如為皇子祭天，皇子叩頭。如皇子不叩頭，司祝捧皇子衣服叩頭。

又 卷二《坤寧宮常祭儀注》 每日坤寧宮祭朝祭神，預將鑲紅片金黃緞神幔用黃棉線繩穿繫其上，懸掛西山牆所釘之雕龍頭髹金紅漆三角架，以淨紙二張各四折，鏤錢四，掛於神幔兩端，舁供佛之髹金小亭連座奉安於南首啟亭門。次於神幔上懸菩薩、像又次懸關帝神像，均於大炕上東向供奉。炕上設紅漆大低桌二，桌上供香碟三，淨水三琖，方切灑餻分為十盤，以九盤供於桌上，一供桌下。北首炕沿前鋪黃花紅氊，設司祝叩頭小低桌，司俎太監等預於中間屋內鍋前地上設油厚高麗紙二張，進包錫紅漆大桌二，西向，分為二行各置於油高麗紙上。屆時，司香點香，司俎太監、司俎等進猪二，於坤寧宮門外之右首，皆北向。奏三絃、琵琶之司俎太監二，司俎官、司俎八，首領太監二，以次進三絃、琵琶，在前次十人分二層排列，均向上盤膝坐，奏三弦、琵琶，鳴拍板，其後司俎滿洲等屈一膝跪，拊掌，司香舉神刀授司祝，司祝執神刀進，司俎等復奏三弦、琵琶，鳴拍板，拊掌。司祝一叩頭，興司俎等歌鄂囉羅。司祝擎神刀禱祝三次，誦神歌一次。擎神刀禱祝時，司俎等復歌鄂囉羅，誦神歌三次，如前儀。如是九次畢，司祝跪，一叩頭，興，又禱祝三次。以神刀授於司香，奏三弦、琵琶，鳴拍板人等起立避於旁。皇帝親詣行禮，司香移司祝叩頭小低桌於北首，皇帝進於朝祭神位前正中向上立。司祝先跪，皇帝跪，司祝祝畢皇帝行禮，興，退，司祝叩頭，興，合掌致敬。如同皇后行禮，皇帝在南，皇后在北行禮，司俎官、司俎等俱出外，惟留司俎婦人、太監等在內。如遇皇帝、皇后不行禮之日，司祝叩頭畢，司香撤佛、菩薩前供淨水二琖，闔供佛小亭門，撤菩薩像恭貯於黃漆木筒，司俎太監等恭舁供佛小亭，並所供二香碟移奉於坤寧宮西楹大亭，香碟供於前小亭，座移置於後，復移神幔稍南位關帝神像於正中，所供淨水並香碟皆移正中，奏三弦、琵琶，鳴拍板人等進坐於原處，司香婦人斂氊三折之鋪於近炕沿處，司香舉臺琖授於司祝。司俎太監等舁一猪，入門置炕沿下，首西向，司俎滿洲一人屈一膝跪按其猪，司俎官及司俎首領太監、內監等，奏三、絃琵琶鳴，拍板，拊掌。司祝跪於炕沿下三折紅氊上，斜向西南，舉臺琖獻淨水一次。司俎等照前歌鄂囉羅，獻畢，司祝致禱，以二琖淨水合注一琖中，司俎滿洲執猪耳，司祝灌淨水於猪耳內，以臺琖授司香，一叩頭，三弦、琵琶，拍板暫止。司俎滿洲執猪尾移轉猪首向東，司俎太監等進前舁猪暫順放於包錫大桌上，司香舉臺琖授司祝，司祝接受臺琖，舁第二猪入門，獻淨水灌淨水如前儀。以包錫大桌上二猪，俱令首西向橫放省之。每桌前令司俎婦人二，舉銀裏木槽盆接血，司香婦人撤去氊，進紅漆長高桌設於西炕前，以接血木槽盆列高桌上，撤去所供餻，猪氣息後，司俎等轉猪首順桌向南直放。去其皮按節解開煮於大鍋內，其頭蹄及尾俱不去皮，惟燎毛燖淨亦煮於大鍋內。以臟腑置於錫裏木槽盆舁出，另室內整理潔淨舁進，以盛血木槽盆就地安。置司俎滿洲一人進於高桌前，屈一膝跪，灌血於腸，亦煑鍋內，司俎太監等置皮於盛皮木槽盆內，撤去包錫大桌二及油厚高麗紙，仍以膽與蹄甲貯紅漆小木碟內，置於炕上所設之大低桌北首邊上。俟肉熟時細切胙肉一椀，設筯一雙，供於大低桌正中，以二猪之肉，分置二銀裏木槽盆內前後腿分設四角，胸膛向前，尾椿向後，肋列兩旁，合湊畢，置猪首於上，復以臁貼連油整置於鼻柱上，供於神位前長高桌。司香點香，司香婦人鋪黃花紅氊，設司祝叩頭小低桌，一司香舉淨水椀，一司香舉空椀齊進拱立，司祝進跪。又一司香舉臺琖授司祝，司祝接受，獻淨水三次。是獻也，凡奏三絃、琵琶之司俎太監，鳴拍板之司俎官、首領太監、司俎以及拊掌之司俎滿洲等，進前列坐如前儀，司祝每一獻將所獻之淨水注於空椀內，復自盛淨水椀內挹新淨水注於二琖中以獻。每一獻，司俎等歌鄂囉羅，三獻畢，司祝以臺琖授於司香，一叩頭，興，合掌致敬。三弦、琵琶、拍板止，衆俱起立退，司祝跪祝之。皇帝、皇后親詣行禮如前儀。神肉前叩頭畢，撤下祭肉不令出户，盛於盤內，於長桌前按次陳列，或皇帝率皇后受胙，或率王、大臣等食肉之處，請旨遵行。如遇皇帝不受胙之日，令值班大臣、侍衛等進內食之。食畢，司俎太監等撤去皮、骨、皮油送交膳房，其骨、膽、蹄甲，司俎官送潔淨處化而投之於河。隨將神幔收捲，其所掛紙錢存俟月終貯高麗紙囊內，除夕送赴堂子，與堂子內所掛淨紙及神杆同化之。所有關帝神像恭貯於紅漆木筒，其供佛小亭、恭貯菩薩像木筒及二香碟仍移奉西楹，以小亭安奉於亭座上。菩薩像、關帝神像二筒安奉於西山牆繪花紅漆抽屜桌上，供香碟三於桌之東邊。其夕祭神儀預將鑲紅片金青緞神幔繫於黑漆架上，用黃色皮條穿大小鈴七枚，繫樺木桿梢懸於架梁之西，恭請穆哩罕神自西按序安奉架上，畫像神安奉於神幔正中，設蒙古神座於左，皆於北炕南向，炕上設紅漆大低桌二，桌上供香碟五，淨水五琖，以灑餻如前分為十盤，其九盤供於桌上，一供桌下西邊。未進猪之前，恭請佛、菩薩像並二香碟供於西楹大亭，預令司俎太監等鋪油紙設桌，俱如朝祭儀。屆時，進猪置於常放之處，司香點香，司香婦人以司祝祝禱時所坐黑漆杌置神位前。司俎太監以鼓連架近杌安置，司祝繫閃緞裙，束腰鈴，執手鼓進於神位前，司俎太監二人進，西向立，一太監擊鼓，一太監鳴拍板。司祝先向神位坐於杌上擊手鼓，誦請神歌祈請，擊鼓太監一手擊鼓一點以和手鼓。司祝拱立，初次向後盤旋蹡步祝禱，擊鼓太監雙手擊鼓三點以和手鼓。司祝復盤旋蹡步前進祝禱，擊鼓太監雙手擊鼓五點以和手鼓。司祝拱立，初次誦請神歌擊鼓五點，拍板三鳴以和之。二次向後向前盤旋蹡步祝禱，惟擊鼓七點司祝拱立誦神歌以禱仍擊鼓五點。拍板三鳴三次祝禱，亦惟擊鼓十一點，司祝拱立三次誦神歌以禱，擊鼓四點末以雙槌交擊一次，拍板仍三鳴以和之，三次誦神歌禱畢。司祝祝禱時惟擊鼓四點三鼓而止，退，司祝以手，鼓授司香婦人，釋閃緞裙、腰鈴。司香婦人鋪黃花紅氊，皇帝親詣行禮，司香婦人移置司祝叩頭小低桌於西首，皇帝進，於夕祭神位前正中向上立，司祝先跪祝畢，皇帝行禮。如朝祭儀，如同皇后行禮皇帝在東，皇后在西行禮。如遇皇帝、皇后不行禮之日，司祝叩頭畢，司香婦人斂氊三折之鋪於近炕沿處，置淨水一椀空㼝，一於炕沿上。司俎太監等舁猪入門，置炕沿下首北向。司俎滿洲一人屈一膝跪，按其猪，司祝跪於炕沿下三折紅氊上，斜向東北，從盛淨水椀内挹淨水注於㼝中，舉捧禱祝。司俎滿洲執猪耳，司祝灌淨水於猪耳内，以㼝置炕沿，一叩頭。司俎滿洲執猪尾，移轉猪首向南，司俎太監等進前舁猪，暫順放於包錫大桌上。司祝跪，從淨水椀内挹淨水注於㼝中，舁第二猪入門如前儀，禱祝灌淨水畢，一叩頭、興、退。置猪於包錫大桌上，二猪俱令首西向省之。每桌前令司俎婦人二，舉銀裏木槽盆接血，司香婦人撤去氊，進紅漆長高桌，設於北炕前，以接血銀裏木槽盆列長高桌上，撤去大低桌上所供之餻，惟留一盤。猪氣息後，司俎等轉猪首順桌向南直放。其去皮節解灌血腸，煮肉一及撤去包錫大桌油紙等件，俱如朝祭儀，惟膽與蹄甲於竈内化之。俟肉熟時細切胙肉五椀，每椀設筯一雙，供於炕上二大低桌之上，以二猪之肉分置二銀裏木槽盆内，如朝祭儀，供於神位前長高桌。司香點香，司香婦人鋪黄花紅氊，司祝進，跪祝叩頭合掌致敬。司香婦人收氊，以司祝所坐之杌置夕祭常放處，又設小桌，小腰鈴列於桌上，神鈴置於桌之東，撤出香碟内火並鐙，掩竈内火，展背鐙青綢幙蔽之，衆俱退出闔户。擊鼓太監以鼓移幙前近處，司祝坐於杌上，初次誦神歌向神鈴祈請時，擊鼓四點，又雙槌交擊一次，拍板三鳴以和之。次司祝執鈴桿振鈴誦神歌以禱，鼓擊五點、拍板三鳴以和之。司祝置神鈴初次誦神歌向腰鈴祈請，鼓擊四次，又雙槌交擊一次，拍板三鳴以和之。司祝摇腰鈴、誦神歌以禱，鼓擊五點、拍板三鳴以和腰鈴之聲禱畢。擊鼓三點，拍板一鳴而止。捲起背鐙神幙開户移入鐙火，撤祭肉送交膳房，恭請佛、菩薩像並二香碟仍安奉西楹原位，二香碟亦供於原處，收捲神幔撤夕祭神畫像，並蒙古神、穆哩罕神，俱恭貯紅漆匣内安奉於北牆繪花黑漆抽屜桌上，供香碟五於桌之南邊。

又 卷二《朝祭灌淨水于猪耳禱辭》 上天之子三軍之帥，關聖帝，君某年生，小子某年生。小子為某人祭，則呼某人本生年。敬獻粢盛，嘉悦以享兮。

又《夕祭灌淨水于猪耳禱辭》 上天之子，年錫之神，安春阿雅喇、穆哩穆哩哈、納丹岱琿、納爾琿軒初、恩都哩僧固、拜滿章京、納丹威瑚哩、恩都蒙鄂樂、喀屯諾延，某年生小子、某年生小子為某人祭則呼某人本生年，敬獻粢盛，嘉悦以享兮。

又 卷三《朝祭灌淨水于猪耳禱辭》 上天之子，三軍之帥，關聖帝君，某年生小子，某年生小子為某人祭則呼某人本生年，敬獻粢盛，嘉悦以享兮。

又 卷四《夕祭灌酒于猪耳禱辭》 上天之子，年錫之神，安春阿雅喇、穆哩穆哩哈、納丹岱琿、納爾琿軒初、恩都哩僧固、拜滿章京、納丹威瑚哩、恩都蒙鄂樂、喀屯諾延，某年生小子，為某人之馬祭則呼某人本生年，今為牧羣繁息，敬獻粢盛，嘉悦以享兮。

紀事

宋 祝穆《事文類聚·後集》卷四〇《猪肝勞人》 閔仲叔，居安邑，家貧，不能得錢買肉。安邑令候之，問諸子：『何飲食？』對曰：『但食豬肝。』屠者或不肯與之，令出敕市，後常買輒得。仲叔怪問，其子道狀如此，乃歎曰：『仲叔豈以口腹累安邑耶？』遂去。

明 陳耀文《天中記》卷五四《猪》 進豚。郭子曰：劉道真少時嘗漁釣草澤，善歌嘯，有一老嫗識其非常人，乃殺豚以進道真，食盡。嫗又進一豚。又食半，餘半還之。後道真為吏部郎，嫗兒為小令史，道真乃超用之，兒不知所由，問母而後知之。於是賫牛酒以詣，道真笑曰：去去，無復相報。

明 樂天大笑生《解慍編》卷一《買猪千口》 一縣官寫字潦草，欲置酒延賓，批票付隸人買猪舌，字寫太長，隸人錯認，只謂買猪千口，遍鄉尋買，只得五百口，赴縣哀告，願減一半，縣官笑曰：『我令你買猪舌，如何認作買猪千口？』隸人對曰：『今後若要買鵞，千萬寫短些，休要寫作買我鳥。』

明 慎懋官《華夷花木鳥獸珍玩考》卷九《肝》 後漢閔仲叔居安邑，家貧不能得肉，日買猪肝一片，屠者不與，安□令問勑吏給焉。仲叔曰：豈以口腹累。

明 田藝蘅《留青日札》卷二七《猪頭和尚》 和尚，宋衢州人，戒律精嚴，平生惟嗜食猪首。人以猪首與之，日食數十枚，曾不見其骨。人皆異之，稱為活佛。與趙清獻公友善。今骨相尚留定光寺中，從者捧一猪首侍之，仍當時之名，故曰猪頭和尚。其壁有石刻趙公碑記。

明 祝允明《祝子志怪録》卷三《猪肉火光》 姻家湯君渭，以赤縣尹遷贊，留都宗人，府幕便途還家。親友携酒相賀，宴罷，從者收餘肴入庖厨，有一熟猪首在方，暑以麻布罩之，其夜暗中有光，熒熒然燄青而闇，正類螢火而大，視之乃起於猪首，天明而滅。湯既禮上，無幾疽發背死。

清 褚人穫《堅瓠集·三集》卷二《蒸猪頭》 鬱履行《謔浪編》：王中令嘗入一村寺，主僧大醉箕踞。王需蔬食，僧曰：『有肉無蔬。』饋蒸豬頭甚美，王曰：『止能飯酒食耶？』僧曰：『能詩。』即令詠蒸豚，僧立就云：『嘴長毛短淺含膘，久向山中食藥苗。蒸處已將蕉葉裹，熟時兼用杏漿澆。紅鮮雅稱金盤訂，白軟真堪玉箸挑。莫把髭疑作擅根來比並，彘根自合吃藤條。』王大喜，與號紫衣。

清 游戲主人《笑林廣記》卷五《母猪肉》 有賣猪母肉者，囑其子諱之。已而買肉者至，子即謂曰：『我家並非猪母肉。』其人覺之，不買而去。父曰：『我已吩咐过，如何反先說起。』怒而撻之。少頃，又一買者至，問曰：『先肉皮厚，莫照母者肉乎？』子曰：『何如，難道這向無也，是我先說起的。』

藝文

宋 蘇軾《仇池筆記》卷下《煮猪頭頌》 净洗鍋，淺着水，深壓柴頭莫教起。黄豕賤如土，富者不肯吃，貧者不解煮，有時自家打一碗，自飽自知君莫管。

宋 蘇軾《蘇文忠公全集》卷一〇《猪肉頌》 净洗鐺，少著水，柴頭罨煙焰不起。待他自熟莫催他，火候足時他自美。黄州好豬肉，價賤如泥土。貴者不肯喫，貧者不解煮。早辰起來打兩椀，飽得自家君莫管。

宋 李光《莊簡集》卷七《昌化肉不常得予蔬食已慣每聞有猪則召一二友生同飯月不過二三四月二日聞有猪亟令召三職事》 顔樂簞瓢孔飯蔬，先生休歎食無魚。小兵知我須招客，市上今晨報有猪。

宋 呂本中《東萊詩集》卷五《往歲在白沙見江上往来祠神者殺猪羊鵝鴨日夕相屬也有感于心後至濟陰因成長韻當託白沙故人投之廟前庶幾神少知自戒乎》 今日殺一羊，明日殺一豬，問神何所樂，而必為此歟。羊死噤無聲，豬死足號呼，傷哉鴨與鵝，閉目頸已朱。問神此何負，神亦何所取，吾知斯民愚，非是神所許。江船一帆風，江田一犁雨。民或謝神勞，尚使相告語。但采澗溪毛，足以薦筐筥。何須汙刀幾，而後羞鼎俎。於物固無怨，於神亦無苦。更令嗚嗚歌，時送坎坎鼓。

宋 楊萬里《誠齋集》卷一九《吴春卿郎中餉臘猪肉戲作古句》 老夫畏熱飯不能，先生饋肉香傾城。霜刀削下黄水精，月斧斫出紅松明。君家豬紅臘前作，是時雪没吳山脚。公子彭生初解縛，糟丘挽上凌煙閣。却將一臠配兩螯，世間真有揚州鶴。

明 釋真可《紫栢老人集》卷一〇《猪偈》 養豬充口腹，因愛結成讐。豬若知此意，終朝不食愁。愁兼與不食，豬死肉有不。頗賴豬未知，肥肉過汝喉。終來汝作豬，還須償豬油。此理果弗謬，勸汝養豬休。

清 成書《多歲堂詩集》卷四《樂齋畫僧携猪頭戲爲作偈 樂齋名福爾洪阿蒙古人時爲葉爾羌帮辦大臣》 伊蒲之供非所求，老僧此口亦贅疣。幻身蓄養竟何用，他日代我填渠溝。以此頓悟無身訣，革囊本自盛膏血。過門大嚼亦何妨，笑指屠兒作檀越。波若湯濃蒜氣清，方盤託出光晶瑩。一臠入口醍醐性，餘骨擲地玻璃聲。腸肥腦滿美一睡，已覺身證菩提地。豬不生頭我口閒，請君看取西來意。

清 高士奇《高士奇集》卷八《賜御饌燒猪》 邊頭小市惟羊胛，法饌親教撤彘肩。醯醬燔成紅玉美，周廬卓午飫肥鮮。

清 劉嗣綰《尚絅堂集·駢體文》卷一《謝餽小猪肉啓》 某史書對校方訛，渡豕之文，樂府旁搜偶辨。呼豨之字何來，白蹢忽賜。黄腔猪不稱苓，豭亭笑艾。昔者召南美其，壹發遼東。慚其再見雖加，大蘭之錫。未設瓠葉之筵，彘肩啖。我奉斗酒，其敢辭猪肝，累人酬尺書以爲報。

清 沈欽韓《幼學堂詩文稿·詩稿》卷一七《子經惠猪肉野鷄用山谷謝張泰伯惠黄雀鮓韻報謝》 五年在寧國，攢眉進杯箸。薄酒近稍嘗，庶羞終寡助。老兵久龍斷，辜較籠雉兔。惟買似米豕，更沽著水酢。食指忽暗搖，塵羹莫輕絮。花豬與肥雉，口福無多數。親屬皆乖憒，朋交煩將護。佳辰强歡喜，罷士難調御。當翔松頂鶴，休乾紙上蠹。既罷聞達科，何落此奴度。侑尊且加餐，兩日免啖茹。叱嗟羅腥膻，熱官幽屋具。老夫愧獨享，甘腴妻孥與。此邦無可戀，端爲碩交住。殺雞投秫醪，請召亦能屢。

清 孫衣言《遜學齋詩鈔·續鈔》卷一《穀甫送猪肝并有詩來穀甫自

言豢一猪將賣以助賑今自食之矣戲用其韻爲問》 君云賣猪活百姓，鼓刀迺付屠家屠。權卑智小固無術，且辦一飽爲歡娱。爲憐病守遺送似，餘饜童僕羣歌呼。作詩相報更相謔，眼花字大如墨猪。睢陽不食今幾月，或羹其妻自啜之。邢得風流如二老，坐忘相向大宗師。

又《毅甫爲言皖南賑事已發米六百石矣甚喜此事毅甫蓋有力焉用前餽猪肝韻示毅甫兼呈伯昭》 書生義不忍獨飽，此議偉哉由老屠。毅甫自號 西江汲水潤涸轍，尉佗志大聊自娱。監河羣公各發粟。首山百諾才一呼。嗸嗸者鴻竟得活，不似枯蝨隨焦猪。書生讀書要濟世，一念之仁天鑒之。天河倒挽洗兵馬，更乞風師與雨師。

清 汪琬《堯峰文鈔》卷五《題佛印燒猪圖爲子瞻解嘲二首》 慙愧闍黎用意烹，老饕差覺愜平生。菜邊肉食眞禪味，何似他時玉糝羹。

任罨柴頭火候前，坐中談笑各欣然。也知不少鹽和醬，肯羨諸方五味禪。

清 曾畹《曾庭聞詩》卷一《法雲庵有獻猪頭訓願夭醫堂者感而賦此》 入肆啖豬頭，布袋以爲寶。亦嘗飲米汁，混跡跡如掃。仙人非彌勒，肸蠁何顛倒。深日而長喙，瘯蠡焉可保。博大肥腯中，彭亨脹腹飽。道人畏且憎，神豈塩其腦。矯誣祀淫昏，愧辭祝以禱。不如脡脯羞，蠲烝糗粱稻。

清 張應昌《彝壽軒詩鈔》卷七《謝滋伯惠山猪肉》 河魚負疾困頻年，百藥功輸一□肩。春陌看花腰腳健，屠門得肉悶愁蠲。不妨樊噲粗材鄙，自愛雍巫異味鮮。讓我老饕君莫笑，沈郎瘦腹已便便。坡公詩：沈郎清瘦不勝衣，邊老便便帶十圍。

清 趙翼《甌北集》卷五二《江南猪》 揚州一屠肆，專賣江南豬。不論肉多寡，印以紅圖書。其價貴什一，遂爲衆所趨。豈知毛已去，誰能辨肌膚。倘遇石季倫，味別雞骨烏。不免□物敗，貽笑柔福姑。

清 顧宗泰《月滿樓詩文集・詩集》卷三二《賞豕肉恭紀》 直散仙莊宴樂多，執牢分逮感恩波。初烹竊喜肥知許，既食增慙鄙奈何。畜牧自馴諸俗茂，豝豵必發驗時和。小臣□箸沾餘潤，勝彼秋風□葉歌。

清 李紱《穆堂類稿・初稿》卷一〇《晚春生辰張匠門先生以彘肩名酒見貽既秋先生初度無物可將輒呈小詩自嘲藉取笑樂》 太上貴德次報施，賢者與人如忘遺。伋生雖賤匪溝壑，有交不報奚以爲。季春之月馬齒及，走匿固閉愁人知。惟公餽肉佐以酒，暮歸驚見黃琉璃。割肉命酒成一醉，縱羊踏破園籬籬。平生狷介謝流俗，殘杯冷炙心所悲。朱門瑟縮掩耳過，惟公命飲恒不辭。食熊豈肥鼋豈瘦，飛光儵欻驚奔馳。黃花秋風試晚節，屬公覽揆初度期。逡巡來逐衆賓末，躋堂不能持一巵。簡點齋厨憶前惠，如渡東海投尾閭。潘璋博蕩負酤債，言豪當還終不欺。我生四十仕不達，問天我豪當何時。還持公酒爲公壽，有酒與公斟酌之。

清 梁雲構《豹陵集》卷五《喜衆力士兼程各致家報犒以彘肩羊股侑以一詩呈諸公》 重繭齊來衆紀綱，各抛褦襶色飛揚。纓餘塵垢當吾浣，履曳風雲爲主□。羊羖腰刀猛士手，彘肩卮酒壯夫腸。淋漓傾倒莫辭醉，今日方知勝故鄉。

清 周長發《賜書堂詩鈔》卷三《移居後齊次風同年見貽羊豕餅餌作詩報謝》 入洛曾移四草堂，疏牕雨過曉風涼。叩門手揭鰕鬚箔，餉友勞承鹿眼筐。拆字紛紛堆餅餌，抽刀霍霍向豬羊。食單添得荒厨品，贈自高人分外香。

清 劉秉恬《公餘集》卷五《王丹崟書案陳生彘一肩戲作》 案頭生彘帶凝肪，肉味書香兩可嘗。君素多謀非食鄙，切而啗之潤詩腸。

猪異

綜述

唐 瞿曇悉達《唐開元占經》卷一一九《豕咎徵》 豕能言 豕自食子 豕自食尾

京氏曰：豕能言，吉凶如其言。豕書同時俱鳴，此謂哭，主歲不成。又曰：豕自食其子，家破。又曰：豕反自食其尾，家富，歲且凶。

豕登屋入宫

京氏曰：豕之屋上，其邑得賢士。豕入君室中，其社稷邑君且亡。《漢書五行志》曰：昭帝元鳳元年，燕王宫永巷中豕出圂，壞都竈，銜鬴六七枚置殿前。劉向以為竈者生養之本，豕陳鬴於庭，竈将不用，宫室廢矣。燕王不改，卒伏誅。《地鏡》曰：野猪入宫室中，其軍将圍，小人失宅。京氏曰：豕無故入君室屋，且有女憂為亂。又曰：赤彘見於國，不出三年，必有大禍，野人為政。

豕生子異形

《災異圖》曰：王侯刺史二千石令長不祇上命，則豕一頭兩身六脚。《古今注》曰：哀帝大初三年，長安彘生兩頭三目，一目在項中。京氏曰：豕生子有角，其邑有福禄。豕生子有二口以上，其邑且安。豕生子鼻一穴，郡有九侯。豕生子五足以上，其邑有大咎，兵。豕生子三足，其歲不熟。豕生子一陰，其邑分無後。豕生子目在四支，其邑兵行得地。豕生子目在腹下及旁，其邑有大咎。豕生子口在背，邑主弱，羣臣奪，王令不行。豕生子口在腹，其邑饑。豕生子口在四肢，民饑，兵作，邑亡。豕生子口在陰，邑有大謀。豕生子耳鼻在腹及背，臣謀其主。豕生子耳鼻在四肢及在首上，兵作邑中。豕生子足在首上，亡社稷。豕生子足在其腹，邑有大事。豕生子足在背，其民勞於兵。豕生子尾在腹及首，邑有大事。豕生子無口，其邑亂。豕生子無目，其邑臣奪主令。豕生子無尾，其邑兵弱。豕生子無尾有羽，邑亡。

豕生人

京氏曰：豕生人之形，即純行，聖人且行，兵不純，行其邑，失社稷。豕生人而有六畜形者此，邑亂亡。豕生人形而有飛鳥者，其邑大水。豕生人形而有野獸形者，其邑兵。豕生人形，如物各有不居其位，邑失地。

豕生六畜

京氏曰：豕生六畜，其邑易主。《吕氏春秋》曰：亂國之妖，有豕生狗。《天鏡》曰：豕生狗，不出三年，國王走於野中死。京氏曰：豕生犬，其君走謀於野中。豕犬形不具，邑有兵，諸兵數起。豕生六畜，有人形，邑且更令。豕生六畜，一首二身，邑分。豕生六畜二鼻以上，邑有兵行。豕生六畜二口以上，其邑亡地，臣亂。豕生六畜三鼻三目以上，其邑大恐。豕生六畜無首，其邑不安。豕生六畜無目，邑令不行。豕生六畜無耳。其邑君且不聽政。豕生六畜無口鼻，其邑民流亡。豕生六畜無陰，其邑無嗣子。豕生六畜無四肢，其君不治。

豕生野獸蟲魚飛鳥蜂虵

《運斗樞》曰：人主以不孝仁之名侵犯大道，則豕生鹿。大道者，君政也。京氏曰：豕生野獸，其邑民饑，有兵。豕生飛鳥，其邑水。豕生魚，其邑大水災。豕生蟲蠅，其邑流亡。

豕矢金石草木

京氏曰：豕矢金鐵，邑兵大作。豕矢土，邑增土。豕矢石，邑大兵强，勝四方也。豕矢五穀，歲成熟。豕矢草木，其邑有喪。

《太平廣記》卷一〇〇《菩提寺猪》　唐開元十八年，京菩提寺有長生豬，體柔肥碩，在寺十餘年。其歲猪死，僧焚之，火既燼，灰中得舍利百餘粒。

宋　晁補之《鷄肋集》卷六九《猪齒臼化佛贊并序**》**　豬齒臼化佛者，崇寧二年三月一日，衛州獲喜縣民職氏殺豬祭神，而民劉氏獵犬得其棄首骨，銜之狺狺，四日不食。民使其子析之，其左牡齒臼中得肉如拇，色酣酣由醉玉，諦視之，如來像也。髻有珠如粟，瞑目跏趺，瞳子隱然，莊嚴畢具，觀者萬人。補之從弟新鄉令載之目覩其事，記于石，以示補之。補之聳然曰：佛菩薩誓救苦衆生，菩薩至不愛頭目髓腦，度人畜鬼出無量苦。而具縛凡夫以利養，故殺害不已，俱入劇苦大火坑中，號呼恐怖。過又不改，佛菩薩動於威神為警。此輩因懼生信，令諸闡提槃彌戾車於沸鑊湯，蓮花涌出。是佛菩薩心欲此事流布十方，諸惡衆生有芥子許過去善根，皆大恐怖，戒悔殺害，普作回向。諸佛現前，不覺心喜身躍，復作是言。從不可説劫，民有齒牙，知相食，故無日不殺，由大地草萬死萬生。而佛哀愍，故動於希奇，如優鉢曇花，時一現耳。夫以不可説劫，無日不殺，萬死萬生之中，而佛之威神纔得一現，而乃獨動於職氏之豬與劉氏之犬，現已應傳，而若覩若不覩，若信若不信，至千萬人。夫於千萬人中，而我兄弟兩人者，又獨得而記且贊之，則凡職氏與所祭若神，所使若屠，所殺若豬，與劉氏所銜若犬，所析若子，與記者吾弟，贊者補之，於過去世是一段事，本末輕重，皆有因緣。惟有佛眼，悉知悉見，次第顯出，終始圓成。如利寶刀斷多羅木，意已斷故，業不復萌，無始怨仇，辯意不殺，決定自知。令四天下與未來世因此希奇，與此文字，俱為眷屬。由是增長渙般若，因一切諸佛之所護念，豈不勝哉！豈不大哉！三年七月二十七日初夜，援筆為贊，頃刻而成，若佛力助，文不加點云。

吾觀鳥獸，諸食肉形。鉤吻鋸牙，慘劇羅刹。如是一類，是彊非彊。業力所驅，啖彼養已。是遭食者，死已能生。反誅其償，如汝啖我。版築上下，無有盡時。此業甚渙，佛所不度。牛馬草食，口方齒平。業淺易超，無對復苦。人非牛馬，齊貝瓠犀。食穀果蔬，形善應爾。云何不若，牛馬異生。無凶吻牙，而作鋒刃。虎鷹受報，形凶則然。人形佛形，而慘鷹虎。故死受報，甚於馬牛。

我誦此言，普勸横目。血入牙故，殺生不休。至人無心，同仁一視。視人如我，視豬如人。人自不知，是豬何等。或其前世，諸眷屬因。云何無明，日殺眷屬。刺心取血，血大謦流。揚湯燖毛，毛須彌聚。死者不捨，萬豬常隨。汝莫鼓刀，謂豬賤畜。是熱血裏，有丈六身。南無佛陀，南無僧佉。我不敢殺，諸佛現前。一切衆生，若飛若走。若潛若穴，小大妍媸。其血肉中，各具一佛。云何見佛，而欲鼓刀。汝欲殺豬，應作是念。罽賓國主，殺尊者時。未及捨刀，臂已墮落。白乳涌出，六種震驚。亦如此豬，腦破佛出。佛不在外，佛不在中。佛不在空，佛不在色。是豬不死，彼佛儼然。世分别心，自説人貴。謂羊豕業，本以供人。彼以業來，我何故受。受則羊豕，業歸我身。往有大豬，生不啖穢。食薄荷草，度羣業豬。菩薩威神，示入異類。汝自肉眼，何鄙識豬。藏汝之刀，莫加豬首。驚齒臼內，跏趺坐人。稽首世尊，在我齒臼。我不敢慢，無豬無人。惟願現前，諸見聞者。如菩薩誓，念念勿疑。以此勝因，普薦三世。父母師長，若冤若親。化柔軟心，去毒害意。捨熱血汁，獲甘露漿。苦海悉乾，同一安隱。

《文獻通考》卷三一二《豕禍》 《左傳》：齊襄公田于貝邱，見豕，從者曰：『公子彭生也。』公怒射之，豕人立而啼，公懼墮車，傷足，喪屨。劉向以為近豕禍也。未幾，公為公孫，無知所弑。

漢昭帝元鳳元年，燕王宮永巷中豕出圂，壞都竈，師古曰：『圂者，養豕之牢也。』都竈，烝炊之大竈。圂，胡頓反。銜其鬴六七枚置殿前。鬴，古釜字。劉向以為近豕禍也。時燕王旦與長公主、左將軍謀爲大逆，暴急無道。竈者，生養之本，豕而敗竈，陳鬴於庭，鬴竈將不用，宮室將廢辱也。燕王不改，卒伏其辜。京房《易傳》曰：『衆心不安君政，厥妖豕入居室。』

吴孫皓時，野豕入右司馬丁奉營。此豕禍也。後奉見遣攻穀陽，無功而反。皓怒，斬其導軍。及舉大衆北出，奉及萬彧等相謂曰：『若至華里，不得不各還也。』此謀泄，奉時已死，皓殺其子溫，家屬皆遠徙。豕禍之應也。龔遂曰：『山野之獸，來入宮室，宮室將空。』又其應也。

晉懷帝永嘉中，壽春城中有豕生兩頭而不活，周馥取而觀之。時識者云：『豕，北方畜，胡狄象。兩頭者，無上也。生而死，不遂也。天戒若曰，勿生專利之謀，將自致傾敗也。』周馥不悟，遂欲迎天子令諸侯，俄為元帝所敗，是其應。石勒亦尋渡淮，百姓死者十有其九。元帝建武元年，有豕八足。此聽不聰之罰，又所任邪也。是後有劉隗之變。成帝咸和六年六月，錢塘人家豭，音加，牡豕也。豕産兩子，而皆人面，如胡人狀，其身猶豕。京房《易傳》曰：『豕生人頭豕身者，危且亂。』今此豭豕而産，異之甚也。孝武帝太元四年四月，京都有豚，徒渾反。一頭二脊八足。十三年，京都人家豕産子，一頭二身八足。並與建武同妖也。是後宰相沈酗，香弓反。不恤朝政，近習用事，漸亂國綱，至於大壞也。

劉聰末年，犬與豕交於相國府門，又交於宮門，又交司隸、御史門。有豕著進賢冠，升聰座。犬冠武冠，帶綬，與豕並升。俄而鬬死殿上。宿衛莫有見其入者。劉曜時，武功豕生犬。

隋文帝開皇末，渭南有沙門三人，行投陁法於人場圃之，上夜見大豕來詣其所，小豕從者十餘，謂沙門曰：『阿練，我欲得賢聖道，然猶負他一命。』言罷而去。賢聖道者，君上之所行也。皇太子勇當嗣業，行君上之道，而被囚廢之象也。一命者，言爲煬帝所殺。渭南有人寄宿他舍，夜中聞二豕對語。其一曰：『歲將盡，阿耶明日殺我供歲，何處避之？』一答曰：『可向水北姊家。』因相隨而去。天將曉，主人見豕不得，意是宿客而詰之。宿客言狀，主人如其言而得豕。其後蜀王秀得罪，帝將殺之，平樂公主每匡救，得全。後數年而帝崩，歲盡之應。

唐太宗貞觀十七年六月，司農寺豕生子，一首八足，自頸分為二。德宗貞元四年二月，京師民家有豕生子，兩首四足。首多者，上不一也。是歲，宣州大雨震電，有物墮地如豬，手足各兩指，執赤班蛇食之。頃之，雲合不復見。近豕禍也。憲宗元和八年四月，長安西市有豕生子，三耳八足，自尾分為二。足多者，下不一也。懿宗咸通七年，徐州蕭縣民家豕出圂舞，又牡豕多將鄰里群豕而行，復自相噬齧。僖宗乾符六年，越州山陰民家有豕入室內，壞器用，銜案缶置水次。廣明元年，絳州稷山縣民家生如人狀，無眉目耳髮。占為邑有亂。

宋太祖乾道六年，南雄州民家豕生數豚，而首各備他獸形，亦有人首者。占為邑有亂。光宗紹熙二年三月，辰州敘浦縣常平倉敖墻壁為群豕所穴，食倉米五十石。彘食人食，近豕禍也。寧宗慶元初，饒州樂平縣民家豕生豚，與南雄豕禍同占，而更具他獸蹄。京房《妖占》曰：『豕生人頭豕身者，危且亂。』三年四月，饒州餘干州民家生八豚，其二為鹿。福州古田縣民生嬰兒為豕所食。皆豕禍也。

明 杜應芳《補續全蜀藝文志》卷五三《猪鯉》 青神縣，宋初百年前，有牝猪伏于水，次化為二鯉在泉中，而莫有見者。蘇子瞻偶見之，以告其友王愿，愿以爲誕，子瞻因禱于泉，二鯉復出。

明 王圻《續文獻通考》卷二二四《豕異》 元順帝至正三年秋，建寧浦縣民家豕生豚，二尾八足。十二年，江陰永寧鄉陸氏家一猪産十四兒，内一豚人之首面手足而猪身。十五年，鎮江民家豕生豚如象形。二十四年，保德州民家豕生豚，一首二身八蹄二尾，又海塩趙氏營室以居宰猪，落成小豚皆已修治，忽併如蛇蜿蜒而走，將及里許而止。

明 楊嗣昌《楊文弱先生集》卷五《豕異疏》 崇禎六年二月十二日，據永平道左叅政王凝祚呈，蒙臣批：據建昌路中軍劉芳聲揭報，本月初一日，軍人沈學之家有豕生子十二，内有一子一頭二身四耳八蹄二尾，隨出隨死等因。據此隨批：該道行永平府轉行遷安縣查覈相同，仍因單騎建昌查閲兵馬，親取前子，驗明無異等因，回覆到臣。該臣竊聞，凡物反常皆謂之妖。豕者，民間凡畜。一首二，身體近分裂。四耳聽熒，多足不任，雙尾並掉，皆咎徵也。臣不測事，應不敢遠引，惟在臣屬方幅之地，冷口雨雹非常，遷安地震屢儆，今茲豕異復見建昌，皆臣不職召災。除鞠躬屏息，靜俟聖明幽黜以塞天譴外，理合具實奏聞。

崇禎六年二月初一日。奉旨：咎徵示儆，楊嗣昌著率屬修備，不必引陳。該部知道。

清 褚人穫《堅瓠集・九集》卷三《猪齒臼化佛》 崇寧閒，衡州護喜縣民職氏殺豬祭神，而劉氏獵犬得其棄首骨，銜之狺狺，四日不食。劉使其子析之，其左牡齒臼中得肉如栂，色酣酪由醉王，諦視之，如來像也。髮有珠如栗，紺目跏趺，瞳子隱然，莊嚴畢具，觀者萬人。龜補之從弟目覩其事，記於石以示補之，補之爲之贊。

清 藍鼎元《鹿洲公案》卷下《猪血有靈》 舉練都草湖鄉有訟師陳興泰焉，窮兇極惡，終日唆訟爲生，常創詭名架虚詞，赴道府控告素不相善之家。或指海洋大盜，或稱强寇劫掠。上司提解羈縶牢獄，久之以無原告對質，釋寧行銷。其人已皆磨累破家不堪復問矣。而教唆命案，代告包訴，平地興無風之波，尤興泰長技也。鄉有蔡阿竃、阿辰、阿完、阿尾兄弟四人，無妻無室，共宿神廟。日或登山刈草換米度活，倘遇天時陰雨則盗採園薯，沿門丐食皆爲常事。一日，阿竃以瓦罐代鍋烹薯爲食，火烈爆震罐破竃，兩足被湯沃爛，不能出門丐食，饑寒抱病而死。興泰聞之喜甚，以爲奇貨可居也。呼阿辰、阿完、阿尾至其家，啗以粥食，謂之曰：『汝三人貧困，兄死無所殮，吾甚憐之，今有奇策，可得美棺衾。且弟兄皆免困窮不愁乏食。』三人請其故。教以移屍陳興覲家中，則財可入手。三人猶豫未決。興泰復以白米六升給之，皆歡喜過望，共舁兄屍造陳興覲門首賴之。興覲大驚，呼天叫地，投明蔡姓房族蔡立興、蔡立暢、蔡廷爵及陳姓族人陳孟皆、陳孟發等齊集屍所共斥其非。阿辰、阿完亦知理屈，羞慚無地，遂將興泰所給之米轉給陳廷鳳、陳曰功托其舁屍瘗埋。興泰大失所望，然此心愈不能已矣。復將蔡阿尾誘養在家，希圖索詐代寫狀詞，以打死抑埋來告，云：興覲買屋僥價恨索，遣男陳阿添將阿竃活活打死，佈賂族惡蔡光輔、蔡滋茂縛尾弟兄拘禁，令陳曰功、陳廷鳳抬屍强埋，保正鄭悦可據。余心疑之。時臘月十八日也。而陳興覲已先一日以藉死移賴埋後詐嚇來稟。經准，票差拘訊。合觀兩詞，似命案全屬子虚。但未訊明不敢臆度。飭差一併拘審。俟開印之日詳請起屍檢驗。正月初旬，余因公赴省，蔡阿尾復控于郡，請飭隣縣檢驗。陳興覲亦往郡控族人陳孟皆、陳孟發等皆不平公憤赴府僉呈，蒙檄發縣審理。陳興泰恨甚，竟率其叔兄弟姪陳曰壽、陳阿和併拳師張福等多人執械直擁陳孟發家中，將陳孟發、陳紹贊擒曳痛打，頂門腮頰臀足皆重傷，而孟發左臂棍傷尤重，至骨爲之折。衣服酒瓶等類盡皆搶，奪不復知其爲三代叔祖也。復駕船伏械截陳興覲于和平橋，剝衣叢毆，奪去銅錢一千五十文及魚肉雜物。興覲赤身奔逃，愬于保正馬孟端，及孟端追至則船已搖去江心矣。余省旋，飭差拘訊，興泰又似有所憚，不欲赴審，止令其母吳氏混稟陳紹贊圍捉抄家衣服搶訖，冀掩其統衆毆奪之罪，潛踪抗延直至五月初六日始拘到案。庭訊之下，蔡阿尾仍執前説，不肯吐實。呼蔡阿辰、蔡阿完來前，以天理良心聳動之，則並稱伊兄阿竃委係病死廟中。遂將興泰給米，移屍圖賴併誘養阿尾在家始末實情絲毫不諱。余曰：『直哉！汝二人大有良心，當不至餓死也。』興泰利口强辯，堅供並無養藏阿尾、其阿辰、阿完，乃係興覲誘養在家者。興覲叩頭力爭，余曰：『噫，此易辨耳。阿辰、阿完面有菜色，半青半黄純是餓殍之氣，其乏人養贍無疑。阿尾與辰、完同胞，同無家室，同宿廟中乞食，何以其面獨有紅白之色，竟似數月飽食不饑不寒，其被興泰誘養在家又無疑也。阿辰又言半年不見阿尾之面，今在興泰家中出審，非養藏而何？』於是蔡阿尾知不可欺，亦遂將興泰教唆寓養情由及圖賴嚇詐深心直供不諱。且言興泰曾騙過陳紹浩錢三千文，保正鄭悅分去二百。問：『興泰、興觀有何深仇？』阿尾曰：『無之，因我父有地基鬻與興觀多年，興泰向我重買，興觀不肯讓是以恨之。然意在圖賴得財，亦不關恨不恨也。』問陳曰功、陳廷鳳皆言，得阿辰等米六升代埋阿竄屍是實。問蔡滋茂、蔡光輔、蔡立興。干証林可興，保正馬孟端及陳孟皆、鄭奕可等二十餘人皆言：陳興泰傷天害理，平空架禍，唆訟殃民，不容于堯舜之世，宜正法以靖地方。陳興泰亦俯首服罪。不待動刑，將唆囑阿辰、阿完移屍圖賴及誘留阿尾寫狀代告，併毆搶陳孟發衣服，酒瓶打傷孟發折臂，截毆興觀于和平橋，奪其布衣二件及索詐陳紹浩三千錢皆直認不辭。余曰：『噫，訟師之惡至此極矣。』命曳下責之四十。差役押令起出原賍，律擬招解。而興泰竟爾潛逃。又以賊刼縣諱等事用血書呈奔控道憲。蒙批海陽縣查審。興泰揚揚得志，日在道轅游衍，不復歸來。余以命案不敢遲滯，嚴比原差周瑞，添差蕭岐、蔡靜于六月廿一日在郡城西門外緝獲陳興泰前來，追比原賍。興泰堅不繳出，乃命羈禁。興泰潛使其父陳曰貴往海陽縣稟關移提，又連赴道轅喊冤，檄行數次，余見其刁健非常，呼而問之曰：『汝何時爲賊所刼？本縣何案諱報？汝以賊刼縣諱誣控道轅其說可得聞與？』興泰曰：『陳興觀毆我耳。不以危詞控告則憲必不行，弗能脱此罪戾。』問：『用血書呈何也？』曰：『不如是不足以明迫切。冀憲異而憐我也。』問：『血何來，汝從偷雞得之乎？』興泰微笑曰：『猪血耳。是日買半斤猪血爲羹以供早膳，留小半杯蘸筆書呈，但有人問及則云，是「刺指出血」。總之罪無所逃，思爲解脱之計，非敢故多事也。』余曰：『汝將所搶原賍繳出，吾寬汝。』興泰曰：『賍物係父收藏，我寄書往取之。』而陳曰貴逃匿郡城不肯歸賍，弗得出。會海陽縣關差催提，余以誣命、誣盜均關重大，應否將陳興泰移交海陽縣質審抑就原發命案確審，妥擬從重歸結，詳請批示。及至憲批行縣確訊，而余已離任矣！向非血呈之功何能文移往返數月，掣肘遷延竟致吞舟漏網哉？署令從寬，擬責荷校一月而罷。追錢三千文入官，餘槩不問。陳興泰抵掌笑語，以爲猪血有靈也。

稂莠不除，必害嘉禾，陳興泰窮兇極惡，合訟師鬭寇鬼蜮爲一身，此則田間之螟螣蟊賊難。以一日姑容，不但如稂莠已也。罪狀既彰，便當一棒打死與狗子喫。胡聽其乞靈猪血，竟致遷延網漏哉！可見凡事粘着上司便拖泥帶水不得了局。令君平日決斷不肯輕易通詳，蓋有以知受人掣肘之難也。

清 錢泳《履園叢話》卷一六《猪首人身》 甘肅張佩青先生，乾隆辛丑進士，官至翰林學士。未第時，同其友人王元堂，攜二僕，俱在蘭州皋蘭書院肄業。路經猪嘴鎮，是日適有大官過境，大小店住宿俱滿，惟西口一小舖，尚有空房三間，云素有怪，不敢招人。張、王兩公不得已，將就借宿。至三更時，四人俱熟睡，忽訇然一聲，元堂先驚醒，見有一物，高七八尺許，猪首人身，藍毛垢面，彳亍而來，一見大駭，恍如夢魘。佩青亦驚覺，大聲呼僕，皆不應。店主人聞之，亦驚起，視之，一僕死矣，不知何怪也。後元堂僅舉於鄉，得大挑，為校官耳。此膚施張芥航河帥為余言之。

清 汪价《中州雜俎》卷一六《長生猪》 開元中，崔日用為汝州刺史，宅舊凶，世無居者。日用於堂中明燭獨坐，有烏衣數十人坐階下，有跛者、眇者，自陳：『某等罪孽，悉為猪身，不幸散在諸寺，號「長生猪」。然素不樂此生受諸穢惡，求死不得。今相公為郡，求轉此身。』日用許之，拜謝而去。異日，僚佐來見日用，莫不訝其無恙。衙畢，命取諸寺長生猪，至或跛或眇，不殊所見，令司法為作名，乃殺而賣其肉，為造經像，收骨葬之。他日又來謝恩，皆作少年狀也。又問文中京菩提寺有長生猪，體柔肥碩，在寺十餘年，一日猪死，僧焚之，火既燼，灰中得舍利百餘粒。

又《猪乞命》 洛陽貨殖里民劉胡兄弟四人，以屠為業。永安中，胡殺猪，猪忽唱乞命，聲及四隣。隣人謂胡兄弟相毆來觀，乃猪也。胡即捨宅為歸覺寺，合家人入道焉。

清 王棠《燕在閣知新録》卷二八《猪蹄子》 康熙四十六年，山東新邑東唐山店民家有猪生子，人面、眉目、口鼻悉具，惟兩耳及身則豕也，擊殺之。又轅固莊猪生四子，其一則人面、人身、手足亦如人，惟爪似豕，而兩耳則居然豕也。其一人身、手足亦如人，而無首兩耳生肩上，怪而擊殺之。此上猪生人也。予康熙四十年在邗家躋姪，自盱眙至云見一人，人身獨手仍猪蹄，能知三世事，予作《猪蹄子》記其事。詩曰：地獄畫變相，道生我所疑。晉世三世說，亦爲知者嗤。吾姪自北來，云見一男兒。在盱眙城摩頂放踵外，惟手見離奇。黑皮雜翎毛，踜音跪踽如猪蹄。自言生前事，作豕披黑衣。寢食無復苦，生死兩大悲。死是聞鼓刀，生是與豭離。如此已屢世，方去黑衣披。解衣衣連肉，如膠與漆爲。可憐人獸關，至痛魂不歸。因此脱未盡，猪脚常相隨。

清 俞樾《茶香室叢鈔》卷二三《薩多羅解猪語》 唐高彥休《闕史》云：咸通初，有渤海僧薩多羅能通鳥獸之言。一日，與小朝客數人，將納涼於城西別墅。路遇牝豕引諸豘而行，喀喀有聲。一朝士戲曰：『此猪有語否？』對曰：『巨彘顧諸雛云：「行行行，向前樹陰下喫妳。」』因緩轡以偵，果抵木陰，踞乳諸子。按此與介葛盧之辨牛鳴，真天然對偶也。

清 袁棟《書隱叢説》卷一三《托生爲猪辨》 相傳蘇州王某者，生爲富翁死後托生爲猪，于近處人家托夢于其妻子，為憐而贖之豢于家，世人皆以爲輪廻之報。古來雜説往往有此等事，余以爲大不然，釋氏輪廻之説，原為下乘人説，法以悚懼為惡者耳，非真有是事也，如果有是事，何人生多昧前因，而不明示以某人托生爲某人，某人托生爲某物，如王法斬絞徒流，昭著世間乎。千人萬人之中，間有一二人因夢境而生疑，因生疑而認真，遂哄傳爲果報之彰，彰不亦惑乎？夫夢境甚難憑矣，有未爲此事而先形之于夢寐，至期毫髮不爽者，偶然先幾之露也，有欲爲此事而即形之乎，夢寐如其意中之所欲得者，積想所致也。有夢吉而反凶，夢凶而爲吉者，盈虛消息之道也。有夢吉而不吉，夢凶而不凶者，無謂之遊思也。有實見是境，而明日果有此境，却無關重輕者，猶寤時之閒情也。有實見是人，實聞此語，而明日果有是人，果有此語，而其中情節不甚相符者，終屬惝怳無憑之境也。偶記舊事云：有丈夫出外良久，忽見夢于其妻曰：『余已死于某處，今歸告汝，某處門板上有金釵一股，汝可取之。』其妻不曉門板上有釵也，詰旦捫之，果得釵焉。遂發喪，制服不久，其夫乃歸焉。又王諸先娶陳氏，後娶崔氏，家綿中欲遷于江陵，王先同崔舅詣江陵治室，囑其二妻浮江，後至一日，王忽夢陳氏披跣泣曰：『兒爲崔氏推墮三峽水中矣。』其舅之夢正同，各相驚愕。明夜，二人又復夢如前，因驚疑不定曰：『且俟其來。』不久崔至，而陳氏果墮三峽水中矣。王與舅深信不疑，謂崔之暴，百計詬詈，崔無以自明，忿懟而死。後王客遊他處，忽見有婦宛似陳氏，因細詢姓氏及言前之墮水見夢本末，陳曰：『冤哉！某自失足跌墮水中，何關崔氏？死後二日，某救甦，遂爲其妻，故得相見耳。』觀此二事，金釵之得，三峽之墮，何嘗不逼真！然金釵得而其夫不死，三峽墮而崔氏未推，則夢境果可憑耶？古來記諸托生爲猪爲牛之事，往往以夢境為憑，王氏亦憑夢境而遂，可謂毫髮不爽乎。在爲妻子者，不可謂有是夢無是事，而恝然置之，明理者觀之，不可謂有是夢即有是事，而深信不疑也。況其形容爲猪者，入室由户之熟徑，見妻見子之吽號，此固尋常猪犬之所或有者也，又何足道哉！故余因是事而論其托生之無是理，而夢境之不足凴也。

清 浩歌子《螢窗異草·初編》卷三《化豕》 西藏佛國，其地故無君長，主之者惟番僧，即所謂大寶法王者是已。余聞之某公言：後藏距華極遠，曾有女僧主之。貌綦美，術且通神，亦觀音大士化身爲妙莊公主之類。某年，有侍衛以差入藏，往參達賴。僧適來前藏，與談禪機，故在座。侍衛入見，輒膜拜無算，遲久不起。達賴不言，僧惟顧之微笑。及出，人詰侍衛，則曰：『予閲人多矣，未有如若人之豔絶者。因假和南以飽秀色，豈爲仆仆如是哉！』問者笑而去。乃侍衛啓行，未及半日程，馬逸墮於岩下，深且百丈，雖無所毀傷，苦無樵徑可尋，百計不能出。從人知爲僧故，亟反見達賴哀之。僧故未去，達賴乃正色諍之。僧又微笑，而侍衛早踵門入謝矣。蓋從人甫返轡，侍衛之身倏忽已履坦途，不惟天塹絶無，抑且平沙一望。震驚其異，遂亦回驂謝過。見僧則肅然致敬，如對神明。禮畢，趨而出。其異類如此。後值西域某部兵來，絶雄健，無能禦者。前藏人衆，幾無孑遺。後藏人情凶懼，咸謀奔竄。僧乃集衆，語之曰：『逋能免乎？有我在，必不使汝曹罹於兵燹！』因率闔藏人衆至一山，群峭摩天，中有隘口。僧盡麾之使入，已乃趺坐於要衝。無何，敵之前鋒猝至，見僧，舉咀噱不止，將奮往擒之。僧忽化爲野豕，隘通百騎，豕以一身塞之，別無餘地。而剛鬣鳥喙，又複醜惡駭人。敵衆辟易。適其渠酋亦至，競往白之。笑曰：『此妖術也。以矢攢而殪之，若屠彘然，何懼爲。』衆領諾，控弦數萬，一時畢集。弓矢未張，豕早自崖而墜。刹那間，百千萬億，舉如前豕蠢蠢然，平川複無閑隙。敵衆大潰，渠酋亦莫可如何，斂兵自退。僧亦不傷一騎，收法趺跏。其人出視之，則故胡然天帝也。故當是時，二藏之中，惟後藏巋然獨存。迨聖朝撫之生聚，始各複其舊。

外史氏曰：佛稱象教，象固獸之巨擘也。此豕直可吞象，大且無倫，況益以恒河沙數乎？其消虎狼之威，而保鯨鯢之衆，其有大造于藏，即有偉伐於佛矣。至於警輕薄而莊嚴自見，又非《聊齋》之《續女》所可同年而語已。

《續文獻通考》卷二二七《豕禍》 臣等謹按馬端臨《通考·豕禍》，起春秋迄慶元自，後宋遼金三朝無可見者。

元順帝至正三年秋，建寧浦縣民家豕生豚，二尾八足。十五年，鎮江民家豕生豚如象形。二十四年春正月庚辰，保德州民家豕生豚，一身二首八蹄二尾。

臣等謹按王圻《續通考》載：至正十二年，江寧永寧鄉陸氏家，一豬産十四兒。內一豚人之首、面、手、足而豬身。二十四年，海鹽趙氏宰豬，小腸皆已脩治，忽併如蛇蜿蜒而走，將及里許而止，此亦豕異也。

明世宗嘉靖七年，杭州民家有豕，肉膜間生字。

神宗萬歷二十三年春，三河民家生八豕，一類人形，手足俱備，額上一目。三十八年四月，燕河路營生豕，一身二頭，六蹄二尾。六月，大同後衛生豕，兩頭四眼四耳。四十七年六月，黄縣生豕，雙頭四耳，一身八足。七月，寧遠生豕，身白無毛，長鼻象嘴。

熹宗天啟三年七月，辰州翫平溪生豕，豬身人足，一目。四年三月，神木生豕，額多一鼻逆生，目深藏皮肉，合則不見。四月，榆林生豕，一首二身，二尾八足。六月，霍州生豕，二身二眼，象鼻，四耳四乳。

愍帝崇禎元年三月，石泉生豕類象，鼻一目甚大，身無毛，皮肉皆白。六年二月，建昌生豕，二身一首，八蹄二尾。十五年七月，聊城生豕，一首二尾七蹄。

清 周人甲《管蠡匯占》卷一二《豕異占》 豕入宮室，衆心不安，君失政。

豕言，吉凶如其言。

豕無故同時晝夜鳴，是謂哭，主有大喪。

豕自食其尾，歲且凶。自食其子，其家破。

豕登屋，國得賢士。

豕入君室中，社稷易，君亡。一曰有女亂家，國同占、

豕突入灶中，家有爭鬥刑傷。

野彘入人家，其人失宅。入軍中，軍敗。

野豬奔入城，兵象，火災，凡野畜遊市城，將邱墟，若入宮室，大不祥也。

赤彘見，不出三年，國有大禍，野人爲政。

豕生子，一首兩身六足，臣下不祗上命，強臣淩主。三足，歲不熟。五足以上，大兵。二陰，君無後，國分。目在四肢，其國兵起得地。目在腰下或腹內旁，國有大咎。口在背，臣執權，君令不行。口在腹，邑飢。口在四肢，兵亂國亡。口在陰，國有大謀。耳鼻在腹或在背，臣謀主。耳鼻在四肢及在首上，兵起邑中。足在首，社稷亡。足在腹，國有大事。足在背，民勞於兵。尾在腹或在首，國有大事。無口，國亂。無目，臣奪主命。無尾，國弱。無毛有羽，國亡。

豕生人，其君失社稷。生人而有六畜形，其國亂亡。生人而有飛鳥形，大水生。人而有異獸形，兵起。生人形不具或不居其所，國失地。人首豕身，其地有亂。人頭牛身，亂危之象，豕乃北方物也，又主北狄入中國。豕生狗，君走死於野。豕生他畜，國易主。生他畜且有人形，有更令。生他畜二首，其國分。二鼻以上，兵行。二口以上，有亂臣，國失地。三目三鼻以上，國有恐。生六畜無首，國不安。無目，君令不行。無耳，君不聽政。無口鼻，民流亡。無陰，君絶嗣。無四肢，國無良臣，政亂。

豕生野獸，國飢，有兵。生魚，水災。生蟲蛇，民流亡。

豕屎金，鐵兵大作。屎土，國益地。屎石，國兵大强。屎五穀，歲熟。屎草木，有喪。

紀事

宋 何薳《春渚紀聞》卷三《懸豕首作人語》 秀州東城居民韋十二者，於其庄居，豢豕數百，散市杭、秀間數歲矣。建炎初，因幹至杭，過肉案見懸一豕首，顧之。而人言曰：『韋十二，我等償汝債亦足矣。』從者亦聞其言。韋愕然悔過。還家盡毀圈牢，取所存豕市之。得錢數千緡，散作佛事，及印造經文，冀與羣豕求免輪迴刀劤之苦。知者謂韋善補過矣。

宋 祝穆《事文類聚・後集》卷四〇《大豕化黿》 朔人獻燕昭王以大豕，曰『養奚若』。使曰：『豕也，非大圊不居，非人便不珍，今年百二十矣。人謂豕仙。』王乃命豕宰養之，大如沙犢，足如不勝其體。甚巨無用，燕相謂王曰：『奚不享之？』王乃命宰夫膳之。夕見夢於燕相，曰：『造化勞我以豕形，食我以人穢，吾患其生久矣。仗君之靈得化吾生，始得為魯津之伯。』燕相游乎魯津，有赤黿奉璧而獻。《符子》

宋 洪邁《夷堅志・甲志》卷一五《豬精》 紹興十年春，樂平人馬元益赴大理寺監門，與婢意奴俱行，至上饒道中，同謁一神祠丐福。是歲六

月，婢夢與馬至所謁祠下，有親事官數輩傳呼曰：『大卿請。』指前高樓云：『大卿在彼宰猪為慶，會召寮屬。』明日，馬以語寺卿周三畏，意建亥之月，當有遷陟。明年冬，寺中作制院鞫岳飛，遇夜，周卿往往間行至鞫所。一夕月微明，見古木下一物，似豕而角，周疑駭卻步。此物徐行，往獄旁小祠而隱。經數夕，復往，月甚明，又見前怪。首上有片紙書『發』字。周謂獄成當有恩渥，既而聞岳之門僧惠清言：『岳微時居相臺，為市游徼，有舒翁者善相人，見岳必烹茶設饌，嘗密謂之曰：「君乃猪精也。精靈在人間，必有異事，它日當為朝廷握十萬之師，建功立業，位至三公。然猪之為物，未有善終，必為人屠宰。君如得志，宜早退步也。」岳笑，不以為然。至是方驗。』元益說。

又《乙志》卷六《猪足符》 聶景言居衡陽，有細民欲舉債，買豬蹄來獻，聶受之，付廚作羹。庖婢舉刀，破爪間，見小紙書符在其內，亟出告。使呼其人還之。人曰：『適從屠杌買來，方有求於君家，豈敢以符為厭呪？』復持與屠者，責誚之。屠者曰：『今旦方封豕，安得有是？』取元直畀民，而自攜歸煮食之，一家四人皆死。

又《丙志》卷一三《福州異猪》 政和七年正月，福州北門賣豆乳人家，猪夜生七子，但一爲猪，餘皆人頭馬足，肌體悉類人，淨無一毛。初生時，呱呱作兒啼。其家懼，亟瘞於厠後。鄰人聞啼聲，伺曉入視，猶及見其二，取以示里中，斯須聞觀者如市。郡守知爲不祥，命亟殺之。時方尚祥瑞，不敢以聞於朝。

又卷一八《猪耳鐶》 將仕郎宋衛，自蜀道出峽至雲安關，殺猪賽廟。洗牲時，見耳下一方鐶，墨色猶明潤。蓋必前身爲人而犯盜者也。

又卷一九《濰州猪》 宣和六年，强休父知濰州，屠者以猪皮一片來呈，上有六字，如指大，云：『三世不孝父母。』朱書赭然，表裏相透。郡中爭傳觀之，屠者亦即日改業，宗子趙不設，侍父爲儀曹，及見之。

又《丁志》卷二《丘氏豕禍》 乾道六年，南雄州攝助教丘悅家病疫，其家大猪育數子，或人頭、雞頭、豹首、馬首，儼如塑繪瘟鬼狀，遂殺豬祭而禳之，其禍愈甚。悅與妻皆死，長子如岡□魁鄉薦，亦夫婦併亡，凡八九喪。百計禱禬，久□乃定，此近豕禍也。

宋 洪邁《夷堅支志》戊卷一《福州民家猪》 福州古田小民家育一豬。其居窄隘，常置之寢室中。民有子未脫襁褓，其母出隣舍啜茶，以卧籃貯兒於床上。豬銜薦拽下，而籃隨仆地，遂嚙兒雙足至股，又食其臂幾盡。經宿方死。

又己卷二《姜七家猪》 壽春民姜七，居於府市，邀接商旅作牙儈。慶元三年七月，常聞後園有悲泣之聲，開戶審視，則無所睹，又兩月，五客負販南藥至，一姓陶，一姓祝，一姓何，一姓吴，一姓董，同宿房中。其夜，聞泣聲切切，於門隙窺之，乃圈中牝豬也。五客偕出，呼問之曰：『爾已墮畜類，故應受業，何得示此變怪？』猪應答如人言：『我是姜七之祖婆。緣在生之日，專養母豬，多育豚子，貿易與人，一歲之間，動以百數。用此成立家計，遂受罰償填，追悔無及。』明日，衆以告姜，勸其如法飼養。姜怫然曰：『畜生之言，何足爲信，我已數月來知之矣。見怪不怪，其怪自壞。設若真個是祖母，又且如何？不可聽他，一任自在。』衆皆不復語。祝客者，建昌人，申戒尤力。姜發怒責之。纔兩日得疾，恨豬爲祟，喚王屠執縛去，宰殺取錢。閱三日，姜手足盡生黑毛，化爲四脚，呻叫痛苦，若就刃時。到晚而絕。妻正懷孕，滿十月生女，頭面兩手是人形，惟兩豬足，而徧體黑毛。母抱棄于水中。

又辛卷六《王發猪》 石黄坑吴漆匠義子王發家，猪生十二子，身皆虎斑文，或三足，或兩足，或一足，或無足，略無全體。其家惡之，縛而沉諸深淵而貨其母。猶憂災禍忽作，後亦無他事。

又卷一〇《李三夫妻猪》 臨安赤山居民李三，屠家也。紹熙元年，養一猪甚肥腯，與妻議，欲趁冬至前宰殺，克應人家時節使用，比之常日，可贏得千百錢。妻以為然。迨夜，各就睡，夢猪來作人言泣告曰：『謝主人餵飼一年，豈不知恩！身是畜獸，於刀几屠割，正是本分，萬中無一可逃。知有殺之期，擬乞展向冬後三日，使了此生業債，便可託生。千萬垂意！』丁寧再三，乃拜而出。李驚覺，告其妻，妻曰：『春夢秋屁，何足為憑！不及時做一場經紀，更何所待！』語畢復寢，竟以其日烹鬻。人爭買肉，頃刻而盡。過節第一日，妻忽傷風頭痛，遽困臥於床，膳飲不能入口。其夜夢前猪執狀來云：『我告汝夫妻，只要延三日命，了得我業報，堅不相從。已經閻羅王處押狀，直要取汝兩人入冥照對，如今便請行。』蹶然而寤，僅能說與夫，而沉綿愈甚。明日，李三亦病，同時而死。

又癸卷六《許僕家豕怪》 欒平廣衛人許光仲之僕，畜一牝豕。凡

聲及四憐。憐人謂胡兄弟相歐鬭，而來觀之，乃猪也。即舍宅為歸覺寺，合家人入道焉。《伽藍記》【略】

豕語。開皇末，渭南有人寄宿他舍，夜中聞二豕對語其一曰：『歲將盡，阿耶明日殺我供歲，何處避之？』一答曰：『可向水北姊家。』因相隨而去。天將曉，主人覓豕不得，意是宿客而詰之。宿客言狀，主人如其言而得豕。《隋五行志》

化為異猪。安祿山嘗夜宴，醉臥，化為異猪而龍首。左右遽言之，玄宗曰：『猪龍也，無能為者。』《祿山事跡》【略】

烏將軍。郭元振開元中下第，自晉之汾，夜行失道，有宅門宇甚峻，堂上燈燭而悄無人。俄聞女子哭聲，公曰：『人耶，鬼耶？』曰：『妾鄉有烏將軍，能禍福人，每歲鄉人擇美女嫁焉。父利鄉人之金，潛以應選。醉妾此室而去，將軍二更當來。』公大憤曰：『吾力救，不得當殺身以狥女。』未久，車馬駢闐，紫衣吏入復走，曰：『相公在此。』既而將軍入，公出揖曰：『聞今夕嘉禮，願為小相。』將軍喜而延坐，公取佩刀，斫其腕而斷之，將軍失驚而走。天明視其手，乃猪蹄也。俄聞哭聲漸近，乃父母舁櫬而來，將收其屍，公具告焉。乃令鄉人執弓矢，尋血而行。入大冢中，見大猪，無前蹄，走出而斃。公納其女為側室。

識豕語。咸通初，有渤海僧隆多羅者，寓于西明精舍，能通鳥獸之言。一日秋暑方炎，與朝客數人，將納凉于城西別墅，路逢牝豕引諸豚而行，咯咯有聲。一朝士戲云：『此猪有語否？』僧曰：『巨彘顧諸雛云：「行行，向前樹陰下吃妳。」』料其不遠，當遇官槐而止，且飼羣子矣。』徵之果然。

關史勃賀僧辨聰遊五臺，將還京師，有老僧託書，書其上題云：『東京城北尋勃賀。』分付僧竊啟封眎之，云度衆生畢早來，苟更强住切，恐造業，復封之。至京，尋訪不見其人。一日於五丈河側，見一小兒逐一大猪，名勃賀屠者，趙氏猪能令羣猪不亂，逸愛食薄苛，故以名。僧試呼其名，以書投之，猪遽食其書，人立而化，僧徑之五臺，訪其老僧，亦化去矣。《洞微志》

明 姜南《蓉塘詩話》卷三《黑猪變白》 成化二十三年寧夏，衛庠生胡璉家黑猪變而爲純白。人咸以爲凶，璉獨曰：『此善變者也。』殺而爲牲。是年，其子汝礪領鄉薦，明年登進士，累官兵部尚書。

明 郎瑛《七修類稿》卷四八《猪肉生字》 吾杭嘉靖七年五月間，歷歲，每生豚必以十數，滿三月則出鬻，累積二百不啻，獲利已多。慶元初，忽産數異，一爲馬頭，一爲人首，一羊首，一雞首四足，各有他狀。僕絶以爲懼，既而曰：『是必造業年深，還債了足，欲就屠宰以託化，故現此怪耳！』盡擊殺之，投於溪流，而貨其母於屠肆。自後不復豢養。

金 元好問《續夷堅志》卷三《猪善友》 洛西永寧一屠肆，豢猪數十頭。一日，子弟問屠伯當宰何猪，屠伯攀圈指示，羣猪驚擾，獨一猪安然不動。屠伯指此猪云：『此猪食甚少，養飼已久，可宰之。』子弟入圈曳之，就縛，噤不出一聲，及刺刃，喉無血，亦不死。子弟白之屠伯，屠伯自加刃，以手探之，此猪乃無心肺。屠伯大驚悟，以為神像所化，擲刃於地，拜天地四方，誓願改業。此猪既不死，安然入圈。尔後，其家不復以糟糠飼之，目曰：『猪善友。』閭里喧傳，有自遠來觀者，無不驚歎。一隣家來請猪善友齋，此猪如應諾。明旦，請者未至，猪已坐於此家之門，此家以齋食與之。如是三十三日，歷旁近民家幾徧，蹲坐一墓園中不動，視之，已死矣。辛愿敬之為作傳。

元 佚名《群書通要・庚集》卷八《豕人立啼》 齊無知殺其君。十二月，齊侯遊于姑棼，遂田于貝邱。見大豕，從者曰：『公子彭生也。』公怒曰：『彭生敢見！』射之，豕人立而啼。公懼，墜于車，傷足喪屨。遇賊于門，遂殺之，而立無知左。

明 朱國禎《湧幢小品》卷三一《豕》 萬曆初，滸墅關王序三家養一豕，忽啣主以裙行，異之。隨所往，以嘴掀土，出瘞金千兩，家遂大饒。自是飼豕以飯，澡以泉，衣綿□氈，几十年，大可比牛。遠近皆來觀，稱其家金為豕金。

明 陳耀文《天中記》卷五四《猪》 繫金鈴。吳中有一士大夫，於都假還。至曲阿塘上，見一女子甚美，留其宿。士解臂上金鈴繫女臂，令暮更來。女遂不至，使人求，都無此色。過猪圈，見一母猪臂上繫金鈴。《志怪》

為妖。李汾撫琴于四明山。月夜，有女子至端正無比，惟覺口帶高緇黑色，留宿極歡，汾偷女子青氊履子一隻，女泣求，不與。及明，見鮮血滿地，驗履乃猪蹄殼也，汾惶駭尋血，至山前張氏溷中，見一牝豕後足已刓一殼，豕視汾瞋目咆哮，如有怒色，汾以事白張叟，叟即殺之，汾即棄山院，別遊他邑。《搜神記》《誌怪録》尹縦之事同。【略】

乞命。有劉胡者兄弟四人以屠為業，永安年中，胡殺猪，猪忽唱乞命，官巷口屠兒李姓偶殺猪，吳姓者買去，未及烹，第見油膜內字文隱隱，起膜視之，則油上如印成之書四行，其色如蜜，其大如豆，其文曰：『贏官手璧雨身畝，功在鷄魚則廉矣。』初行五字，第二行二字，第三行五字，末行二字，共四行，似前後尚有字焉。乃爲衆分買而食之矣。此則親見者。又聞嘉興正德年間，曾殺一猪，背上三圈，每圈中有王字一個，亦不知何說也。

明 陸粲《庚巳編》卷三《猪犬生兒》 壬申春，長洲陽城湖旁民家母猪產一雛，猪頭而人手足。十二月十六日，嘉定二十二都民家犬生一兒，形狀皆人，但足根短，背微有毛。或以人與畜交而生，理或然也。

明 沈周《客座新聞》卷六《猪首變頭》 昔蘇有一人，失記姓名，夜與隣家出遊，在路相鬭，一拳打死在地。黑夜拖至南教場，空地而埋其屍，人皆不曉。隔三載，至晚，其人行至此地，追想此事，忽出恭，其地現出銀錠一，玟而拾。見其地金銀甚多，只取有数帰家，買猪首獻神。忽買一猪首回家，放在桌上。鄰家張，見桌上有一人頭而報，保甲数人縛解夲縣。責罰不可忍，訴拾銀其情。縣主差皂甲数人押至此地，空下二尺許，見一屍而無頭也。合並一同問罪不可逃。此冤報甚速不差也。

明 田藝蘅《留青日札》卷三一《猪妖》 嘉靖六年，吾鄉蔡家一母豬，忽入房，卧于牀上。其家怪而欲殺之。忽作言曰：『我欠汝家債，今已償完，後當養子以報杜家，非汝所有也。』遂生小豬十二頭，即領至河濱叢棘中藏之。偶杜某者來蔡家索債，蔡因前怪，即以豬與之，復生五乳，訖無他異。因思至正八年杭州施鹽商家有母豬，自食其子，喂者箠之，即作人言曰：『你不喂我食，我飢而自食其子，干你何事？』其主怪而將殺之。又曰：『我祇欠你家錢三千七百五文，賣我足矣。』遂貨之，得錢如數。二事正相類。

明 王同軌《耳談類增》卷六《天柱令朱公斷豕》 靖州天柱縣令淮安人朱梓，事多神斷。庚子元旦謁城隍，於道值猪跪吼。朱曰：『此必鳴冤也，冤則隨我來。』猪即自行抵邑堂，而不能言。朱令人隨所往，乃其主家。拘主家至，反覆錯詰其家事，皆曰：『無之。』曰：『而與人訟乎？』曰：『然。』曰：『孰勝？』曰：『民勝。』曰：『何由勝？』曰：『渠將民奴毆死。』曰：『汝自毆死，誣人也。猪即其奴矣。』猪聞，搶地吼鳴叩首如人狀。主驚懼，欵服，列事始末，始以坐法。而被誣者釋。令也，人爾神，亦神啟之乎！

又 卷二〇《猪首異》 重慶任秀才，其先任棠進士。戊戌年除夜，秀才家烹二猪首於釜中，覆以木蓋。度其熟，發視，乃二人首，髮皆極長。一家驚怖，瘞土中。然亦無他災祥。倪史部與黃太史談。

又 卷五〇《李雄家豕》 鄂城民李雄，於庚子秋供場宴，將屠三豕。忽一豕乘人不見，啣刀避匿草糞中。搜獲，雄傷之，不忍宰。曰：『候爾病死，始屠爾也。』歲終，始病且死。召家屠宰，不至。以他屠宰之，賣銀三兩五分。一日，家屠過門，雄怒其不至。曰：『其夜夢故父令我緩屠，欲償主人債，價不足也。』而雄適檢簿，其父應償已銀三兩五分。其避匿有故矣。咸寧陰孝廉談。

明 張仲華《吳猪記》《明文海》卷三四八 張子虞侯將之雲陽之邑，見御史大夫，見繡衣直指聲華亭，項侯之善政，為百萬黎借寇君，道經吳之澁墅艤筏。闕西有孺子行遊河，梁歌而過，張子曰：『彼其之子有豕，若牛欲報之德，瘞衾與裯。』張子訝問故，孺子不能對。有丈人傴僂，而告張子曰：『是河以南有王姓者業市廛，嘗畜猪於家。一日走出町疃，銜金一錙歸授主人，主人盛驚喜，又銜主人衣引至其處，喙掘地得金若干緡，主人因是遄富，致土木潤厥屋而高廣其礎，至於今操奇贏。經營子母家殷，殷肥深德猪也，欲渥馭之盛以夏廡，茹以鑿粱藉以細薪，疾病則宰卷隻而禱，務延其天年，殆一紀有餘於此矣。肢體曼胡重十數百鈞，主人蚤以治棺槨，襯具都人士稔知顛末，爰天下里歈豎子習歌之。已爾野人之音，何足煩大雅之聽。』張子耳其言，滋怪甚，請以目覩。時偕張子而來者有友五人焉，郁子成叔、陸子君，從陶子伯昌、王子仁仲、董子仲明連袂，前趨訪所稱畜猪者家，廵河之南北折而巷，果有王姓者，踵其門，則主人念觀猪者日駢闐而不勝應也，廼屋猪中門之外，聽人縱觀弗迓御交口未從知主人名。張子親睹猪之異也，已不任頫仰，特以側卧，命侍兒策起之，則劃然長鳴，矍然怒步，兩牙夾唇，四股垂地，高擬於黃犢而肉倍之，訊所繇於隣，父與丈人言若合符券，張子因感愴太息曰：『猪於六畜最蠢，而此事實最異，且一事也具二美焉。夫猪所食糟餕耳，廼知竭心報主忠也，得財不私廉也，世人享萬鍾，割茅土猶不嚼，勵清白人弗猪若哉！』王德猪之財豢，老其齒兼恤其後世，有荆棘甫平誅夷，輒追兎死狗烹者於王，何如畜良於組圭，市井賢於華纛，是不可鏡哉！嗟嗟吾尚有以敕猪而規王也，猪以身事人，當作鼎中臠爾，今且食人食，葬人葬，何甚幸耶！異時毋襲烏。將軍故事，一遇郭相國，恐腕落於鹿腊也，財視其所守，是故管寧鋤地捐金艷稱宇內，即吳之先賢被裘，公廿負薪苦作，不拾路遺於季子矣。澁墅去延陵咫尺，王不聞古人風乎？廼晏然賓此豰䝋，非必天倪如介，何諸子抵掌曰：『張子不言，言必可諷。』張子歸姑蘇，見百穀王子，張子以諸子之言告王子，王子曰：『彘有靈，人有義。虞侯之言有脊，盍命墨卿用補稗官。』張子唯唯返於篷廬之間，扣舷作《異猪記》。他日華亭侯徵是記覽之，哂曰：『莊書王種寓言十九卮哉記也，事微而寓洪。』張子進言曰：『君侯之政成矣，民安之士頌之矣，今而後惟無倦乎。臣願君侯之牧黎也，嘗似吳人之牧豕也，惟恐其傷之也，不饑不寒不夭札養生，送死不憾也。將使蝗出境，虎渡河，鳳集屋，記在太史，一豕之異，何足以存竹帛！』

清 褚人穫《堅瓠集·續集》卷一《秦檜猪牛》 《異識資諧》載：萬曆丙子，京口鄔汝璧遊于杭，見屠猪者去毛盡，猪腹有五字曰：『秦檜十世身。』又萬曆戊戌，鳳陽城三十里外朱家村，雷震死一白牛，火燎毛盡，背有秦檜二字，深入皮中。又康熙中，震澤某同友遊武陵，適屠家宰一猪，蹄上有秦檜字，并肺管上亦有其名，衆競往觀，無敢買者。某毅然買之，同行者皆竊笑。彼乃令僕煮蹄及肺熟，携至岳王廟，率衆羅拜，對神禱祝，祝畢恣啖，聞者大快。夫檜誤國陷忠，六七百年，猶受豕戮雷誅，陽罪止於一時，陰罪乃至千百載，可不畏哉！

又《香猪》 袁小修《珂雪齋柿肺錄》載：萬曆庚戌冬，比隣鄧星得償債猪一口，數日不食，方礪刃欲殺之，忽異香滿室，徧覓之無有，細聞乃從猪身出也，耳目口三處九香。小修聞而驚異，往視之，猪適在門，殊馴擾，以手摸之，香氣酷烈，若零陵香然，手至次早香猶馥郁。感而作《香猪贊》。香猪至甲寅十月中死，茶毘之異香遠聞云。

又 卷二《賄中爲猪》 太倉顧寧人言：一夕夢入文廟，見猪一隊，數幾及千，押之者烏紗大衣，苦廣文先生也。中有一猪獨人面未改，近視則其故姐夫孝廉劉某。駭問何以致此，泣曰：『生前因行賄得中，累罰爲猪以祀先聖。凡纍纍同行老，皆吾等輩耳。』噫，欺聖盜名，罰固允當，但目前營營苟得者不少，恐先聖亦不可勝食也！

又《餘集》卷一《岳武穆猪精》 岳武穆微時，居相臺爲市游徼。有舒翁者善相術，見岳必烹茶設饌，密謂之曰：『君乃猪精也，精靈在人間，必有異事，他日當爲朝廷握十萬之師，建功立業。但猪之爲物，未有善終，君如得志，宜早退步。』岳笑不以爲然。後秦檜下岳于大理獄，周三畏鞫之。遇夜，周徃徃閒行至鞫所。一夕月明，見古木下一物，似豕而角，周疑却步，此物徐行八獄旁小祠而隱。數夕復往，所見皆然。

清 齊學裘《見聞隨筆》卷一二《猪異》 文登縣于次鶴壽之通守，從河南來泰州與余述：乙丑年，河南督學歐陽保極考衛輝府，有豆腐店所豢老母猪，攔輿長跪不去，使者問猪：『有冤乎？』猪即點頭，遂命差隨猪去。到店空地上，猪鑿地差掘地，得屍一具，使者發省究問，傳聞逆子殺母也，按律誅之。

又《猪言》 丁庶常又言：揚州東臺縣地名安豐場有曹四者，畜一猪壯。將賣之日午，有客來許價五千六百文，曹索錢六千未售。晚間曹出，其妻忽聞曰：『曹四，汝莫賣我也。』其妻驚聞以爲人聲，秉燭尋之則無。次曰，客復來出價五千八百，曹復不售，晚間又聞曰：『曹四，汝莫賣我也。』聲音極似其母，急燭之，則正在猪柵内猪方流淚，問猪：『是誰？』猪乃言曰：『我汝母也。』問：『何至於此？』曰：『汝嫡母生產時，爲我所害而死，故致此報。』蓋曹之父故妻妾二人，曹乃其妾生，妻以產死，爲妾所害，無知者，使非自言，則終無知之者。因涕泪交流言憶其女，其姊妹皆奔歸。鄰居有孝廉姚古亭名典在，目擊其事，爲釀錢五千六百文買，送東臺三昧寺放生。余亦道光十年正月，在三昧寺親見之。紫琳曰此猪得免于烹宰，幸矣！意別有小善，以解此厄耶。然烏知非天之故，留以示報也。

又 卷一三《范天球投猪還借》 同治四年，宜興東鄉下瀆、張鳳岡養猪，賣與屠戶得錢數千文，剝白見猪耳上有『范天球』三紅字，詢張姓有欠債人名范天球否，其家尋舊券，果得范天球欠錢十千未。還此事陶士寅親眼見之，與我述其顛末如此。

又 卷一五《逆婦化猪》 盧云嘉慶初年間，江西南昌府某姓，婦性行不端，與人有私，忌其瞽，目姑覺察，欲毒死之。炊飯三團囑曰：『媳往母家寗兩日始回，姑無人饔，自當温食之。』婦去後，忽有募緣僧叩門求飯，媪對以故，僧曰：『予有米三升與汝，易此飯充飢。』媪許之，僧臨去并將女衣一件爲贈媪，權于鄰人寄炊。第二日婦回，見姑無恙，驚問其故，媪告以實，婦見飯團在門前樹椏上，視所遺衣甚佳，攘著之。晚間，忽脫不下，周身發痛，生毛化豬矣，口中號咷，告人曰：『氏以淫行欲謀害姑，今遭天譴受此苦楚，願衆人毋效我也。』四方哄觀者，日以千計。

又《猪打筋斗》　道光十八年夏，余游黄山途中，下輿小憩，長亭喫茶。見司茶人家畜一老母猪，能通人語，與之食饅頭，命之翻筋斗，旋轉如環璣瓏之，至可發一笑亦一奇也。大凡物之靈者，如猴之串戲，犬之踏碓，鼠之盤圈，蛙之教學，孔雀之開屏，金魚之排陣，鸚鵡之能言，如斯靈異，不一而足，至於猪之爲物，飢則食，困則眠，不識不知一味。頑鈍而已，誰知竟有能通人語，翻筋斗爲戲以娱人者，豈非絶無而僅有者哉！書之以示世之嬾怠無匹徒飽食終日，無所用心覥，然人面不如，此猪者鑒。

又卷一七《雷擊惡媳變猪》　同治四年，興化縣民間有瞽姑在堂，一子出門營生，一媳在家事姑極惡，煮肉供饍，自食其肉，以皮骨和糞另蒸食姑。一日子從外來，問母：『供饍有肉否？』瞽母曰：『有則有矣，只是肉皮與骨，還有臭味，不能食耳。』子入厨，見鍋中所蒸皮骨一盤，取而嗅之，穢氣難聞，細審乃知是糞和皮骨，子正怒婦不孝，思撻之。天忽起黑雲一朵，雷擊惡婦，婦變爲猪，人面人足，猪身猪尾，日尋糞食，見之者皆曰：『天眼甚近，報應不爽。』書之爲世之事姑不孝者鑒。李佩蘭寄女口述如此。

又卷二〇《活人投猪》　婺西畢坑有黄某、趙某，友善多年。黄家頗裕，趙僅自給，離黄家數里，趙因歲晚缺用，向黄借銀十兩，黄即如數相付，欵待以酒，殷勤相待，趙遂大醉，辭歸，遺失銀於黄家桌上。趙至家，妻見其醉甚，即扶歸寢，趙昏昏而睡，毫不記憶，直至天明始醒，急搜兜肚內竟空空，仔佃思之，記得銀放黄家桌上，起赴黄家查問，黄硬抵賴不承，趙無可奈何，垂頭喪氣而歸，妻駭其狀，詰得故，嘆曰：『何不早言？我有錢數千，如不足再質衣飾，何用借為？』趙忿曰：『悔未與子謀，至有此失耳。』妻云：『無憂。憐家母猪將產，買一畜之，售出可償此債。』數日後，母猪產，內一牯猪較大，遂買畜之，猪長甚速，黄於猪産日得疾昏卧，經年不起。次年，黄妻令子向趙索債，趙告以售猪即可償，遂同黄子看猪，黄子一望，實非猪，是其父，駭極，歸告母前賴銀事，其母盡悉即令持券并銀付趙，誑之曰：『吾母云正少猪用，今與叔商貼。叔糠食銀十兩，付猪繳約，與叔兩清。』趙諾猪付黄子。至中途，猪陡斃，黄子埋之，黄父霍然而愈。此道光二十六年事，張志仁述。

清 慵訥居士《咫聞録》卷五《宰猪無血》　大理伍家，世祀壇神，三年一醮，謂之慶壇。巫人帳掛神像，例用牲血。對門有屠，遂招致之。將猪紲絆迎於案前，用尖刀向猪項下一捅，刀出無血，如是者三。衆見屠頭上，黑氣一團衝出，屠撲地，與猪同斃焉。屠家興訟，邑宰驗屍無傷，責令事主買棺掩埋之。

又卷一〇《生變猪》　余于是書將付梓時，攜請銅陵名士選拔章澧南先生覿訂。先生閲而憶及，厥祖在日，有對河居住之佃户，癱瘓三年，忽自呼曰：『吾非病，吾負章宅銀，冥罰作他家豕，以償其貸。今三年矣，雖爲人，實乃畜也。爾等往請速宰，了此前愆，或可冀轉世爲生。』其妻詣章門，而訴以夫言。章翁曰：『家畜肥腯，留備大事。鄉鄰之負吾者不少，寧獨于佃之負而施報乎？』然聽其妻言，念『是佃困病之年，與畜豕之年相若，冥報不爽，于今見之，吾當招屠宰之而已。』宰之日，豕就刀大啼，佃在牀亦大啼，儼同豕音。沸湯刮膚，豕不啼，而佃又大啼，且身起白泡，恍如湯火之傷。分臠時，佃又大號，須臾，聲低而斃。世之載冥報夥矣。大半在影響之間。惟此事身猶生養于家，而魂已變豕他所，可見財者非特欲辨清白，且當分人己。彼詡詡者，猶云假貸勝于詭詐，負亦無傷。余聞之熟矣，故誌之以爲當代鑒。

清 袁枚《新齊諧》卷六《猪道人即鄭鄤》　明季華山寺中養一豬，年代甚久，毛盡脱落；能持齋，不食穢物。聞誦經聲，則叩首作頂禮狀。合寺僧以『道人』呼之。一夕，老病將死，寺中住持湛一和尚者，素有道行，將往他處說法。召其徒謂曰：『豬道人若死，必碎割之，分其肉啖寺鄰。』衆僧雖諾之，而心以爲非。已而豬死，乃私埋之。湛一歸，問豬死作何處分？衆僧以實告。且曰：『佛法戒殺，故某等已埋葬之。』湛一大驚，即往埋豬處，以杖擊地，哭曰：『吾負汝！吾負汝！』衆僧問故，曰：『三十年後，某村有一清貴官，無辜而受極刑者即此豬也。豬前生系宰官，有負心事，知惡劫難逃，托生爲畜，來求超度。我故立意以刀解法厭勝之，不意爲汝輩庸流所誤，然此亦大數，無可挽回也。』崇禎間，某村翰林鄭鄤素行端方，在東林黨籍中。爲其舅吴某，誣以杖母事，淩遲處死。天下冤之。其時湛一業已圓寂，衆方服其通因果也。

又卷二〇《良猪》　江南宿州睢溪口民被殺，投尸于井。官驗無凶手。忽一猪奔至馬前，啼甚慘。從役驅之不去。官曰：『畜有所訴乎？』猪跪前蹄，若叩首狀。官命隨之行。猪起前導，至一家，排户入。猪奔卧榻前，以嘴嚙地出刀，血迹尚新。執其人訊之，果殺人者。鄉人義之，各出貲養猪于佛舍，號曰良猪。十餘年死，寺僧爲龕埋焉。

又 卷二四《猪乞命》 奉天錦州府之南有天橋廠，海泊交易處，屠人縛一猪，將殺以入市。其猪乘間嚙斷繩索，奔至海客前，屈雙足伏地。屠人執繩追至，海客詢其市價，如數付與，以此猪舍于海會寺之龍神廟。人呼『猪道人』則應；曰『何得無禮』，則屈前雙足，向人作叩首狀。牙長數寸，脚爪環裏如螺，其大倍于常猪。

又《美人魚人面猪》 崇明打起美人魚，貌一女子也，身與海船同大。舵工問云：『失路耶？』點其頭，乃放之，洋洋而去。雲栖放生處有人面猪，平湖張九丹先生見之。猪羞與人見，以頭低下，拉之才見。

清 鄭光祖《一斑録·雜述三·元旦猪頭怪異》 張墅西北十里湯家橋，橋接海塘，下跨高浦，又北沿海二里，婁曾尚所居。曾尚，字靳文，素端謹勤儉，一方推爲長者，自道光十四年，辦理白茆，徐六涇之後，至十七年四月病，中風，歿，年届杖鄉亦稱壽。考是年歲底，其家場上覆有空缸。十八年元旦，見缸底上有一小豬頭，似是彌月，小豬以刀切下之頭也，詢訪無有悉其來由，即隣近亦無有蓄小豬者，及夏婁氏一家病疫，靳文所生五子二女連喪，長幼兩子慘莫甚豬頭，豈妖孽先見與？

又《雜述五·豕肉如螢》 嘉慶十九年春，老徐墅屠戶，兩家一時，販到之豬蓄欄中。入夜，豬身光明如聚螢，宰割，四分其肥肉，塊塊如是，精肉則否烹而熟之，尚不改，後蓄者、食者並無恙。是歲，大旱，亦未必豬爲之兆也。不過事值偶然耳，此蕉香顧君，目擊其異。

清 景星杓《山齋客譚》卷七《彘示主屍》 湧金門外腐肆民吴翁，以勤劬積財藏之土，爲工人所覘。康熙丙申七月，聯一健兒及西湖舟子，共飲於翁肆。及夜，伺翁寐熟，縛而將縊之。翁覺呼救，乃以斧揕其背死，負而置之城下，推頹垣掩之。復杜其門，烹分其藏，從竇以逸門。更二日不啟，鄰衆疑之，毁門而入，見血盈牀笫，知有變，罔測屍。所翁所畜母彘，於城下以吻坌土，曳露其屍，聞之宫，不數日，三囚竝獲，置之法焉。

藝文

明 釋真可《紫柏老人集》卷八《跋宋猪齒曰化佛文》 物物有佛，物物不知。以不知故，遞相噉食。如汲井輪，長刦無已。佛憫物故，流慈齒臼。猪口出佛，梵相圓滿。狀若拇指，亦如秋月。光明顯露，若聞若見。生希奇想，俱大恐怖。自是戒殺，等不殺己。我發是願，佛即現前。非色非空，非凡非聖。凡聖中出，以是之故。物物是佛，云何業醉佛心？佛佛相食，願是慈波注入。衆齒如一燈，光分百千燈。燈燈續分光，光無盡物覩。佛光普照三世，於此實語。凡見聞者，號呼涕泣。如猪正殺，受痛即我。作如是觀，殺習頓止。

明 袁中道《珂雪齋近集》卷八《香猪贊》 萬曆庚戌十二月之十一日，予居沙市，閒同衲子寶方過十方菴，逢周居士念淨，云其比鄰鄧氏，偶得償債猪一口，數日不食，欲殺之。方礪刀次，而異香忽滿室，徧覓室中無有，則從猪身出也，耳目口三處尤香。予與寶方遂拉居士偕往觀之，至鄧氏，猪適在門，殊馴擾。予與寶方以手抹其耳，有異香，眼淚尤甚。手至次早，香尤郁然。感而作《香猪贊》。

含靈雖同，報趣迥別。或處于山，或居于澤。即屬養物，亦多蠲潔。不淨之尤，惟茲剛鬣。盤餐糞壤，園觀溝渠。喙與穢會，身惟虱都。專供鸞刀，業報靡逾。如何此畜，忽出妙香。香氣滿耳，香淚盈眶。香滿牙齒，氤氳非常。或云偶爾，樂虛菌蒸。是大不然，兹實有情。不同頑質，幻變無因。或云爲災，或云爲瑞。或云宿業，少福多罪。如比丘尼，宿誦法華。以破戒故，後墮淫家。以誦經故，口吐蓮花。茫茫業海，因果無差。多生罪累，感此艾豭。一念之善，香氣交加。是誠有之，猶屬常見。惟我大士，異類中現。五臺薄荷，豕中說法。鼂氏所書，佛在齒頰。一月普攝，印滿千江。入流分身，處處放光。天見天身，龍見龍王。蠕族蜎種，螘國蟻邦。擊大法鼓，建大法幢。維此異猪，莫作豜豵。亦非斗精，亦非仙牧。我方教體，純用聲音。彼衆香國，佛事香雲。是大士者，從衆香至。以香說法，吸引諸類。聞此香者，普發深信。是謂大士，説法已竟。猗與此香，旃檀難同。旃檀之香，但能逆風。不能使人，心地開通。猗與此香，遠勝牛頭。牛頭之貴，價直閻浮。不能使人，增長薰修。此香大士，不可思議。如阿欬國，遇不再遇。嗟爾衆生，日夜鼓刀。一餐不肉，預憂腹枵。豈知中有，大士之曹。何忍屠戮，是烹是熬。有戒則香，無戒則臭。身是行厠，心如糞豆。香海浣洗，亦莫能救。試觀大士，芬香酷烈。是何因緣，可不努力。我來隨喜，彌耳閉目。雙淚横流，如見舊識。以手撫摩，一宿猶熾。矢心精進，同歸香國。和南作讚，以代心勒。

清　錢澄之《藏山閣集・詩存》卷六《義猪行》予閑坐池館親覩此異即景命筆用寄吾人

端居臨水檻，往還物與徒。羣豕隨時來，游戲清池偶。一豕墜波中，出没同泛鳬。厥類駭以散，奔竄若將濡。卓哉此義畜，遶池灌灌呼。竭蹶不獲救，奮身勢與俱。相銜踏淺渚，得途乃並趨。向時奔竄輩，視此愧怍無？萬物各有賦，唯豬爲至愚。人秉五常生，負義反不如。處素盛交情，臨危誰見扶？我歌義豬行，慷慨寄薄夫。

清　陳瑚《確庵文稿》卷五《檀林豕》　孝感之邑檀林嘴，吴家有豕生六子。子生墮地一夕死，厥二人形足四指。時維仲秋歲庚子。

清　郭儀霄《豕道人》《詩鐸》卷二　宿遷民家有大豕。夜中火作，豕狂號破門入，主驚起，急撲滅。放此豕極樂庵中，每出聽經，僧呼爲『老道』。

中夜破門闖封豕，家人棼棼走驚視。但聞豕狂喊未巳，祝融燄燄火光起。四鄰撲救挽江水，頃刻撲滅大歡喜。主人感豕全其軀，送養佛寺益蒼肥。聽經彷佛如僧徒，僧寮重之老道呼。吁嗟老豕具靈覺，一點眞心尚昭灼。世上侏儒徒齷齪，儼然爲人不如畜。

犬部

犬 狗

題解

《莊子》卷一〇 狗非犬。司馬云：狗、犬同實異名，名實合，則彼所謂狗，此所謂犬也。名實離，則彼所謂狗，異於犬也。

又 白狗黑。司馬云：狗之目眇，謂之眇狗；狗之目大，不曰大狗。此乃一是一非。然則，白狗黑目，亦可爲黑狗。

《藝文類聚》卷九四《獸部中・狗》 《爾雅》曰：犬生三，猣宗二，師。一，玂。旂未成毫，狗。狗子未生，翰毛長喙。獫，力艷短喙。猲，歇。獢，囂，詩載獫猲獢絶有力，狣，挑多力㺜狗也。狗，四尺為獒。《山海經》曰：蜪犬如犬，青色食人，從首始。《易》曰：艮為狗。

五代 馬縞《中華古今注》卷下 狗，一名黄耳犬曰羹獻。巤犬，周成王時渠搜國獻巤犬，能飛食虎豹。

宋 陸佃《埤雅》卷五《釋獸・狗》 《爾雅》曰：『未成毫，狗。』家獸也。孔子曰：『狗，叩也，叩氣吠以守也。』許慎以爲『從犬，句聲』，蓋狗從苟。《韓子》曰：『蠅管狗苟。』狗苟，故從苟也。《爾雅》曰：『犬未成毫，狗。』又曰：『龍，狗也。』然則狗非田犬，亦犬子也。非田犬者不自搏食，苟食而已，若犬子則雖田犬亦然，故皆曰『狗』。熊虎醜其子謂之『狗』，亦以待餔如狗也。《易》曰『艮為狗。』狗善警吠止架，又其性前超，故『艮為狗』。艮，陽在上故也。《釋畜》曰：『爲喙獫，短喙猲獢。』長喙善獵，短喙善吠以守。《莊子》曰：『狗不以善吠爲良。』凡犬，長喙上，短喙次之。《傳》曰：『狡兔死，良犬烹。』良犬即今細狗。長喙曰『獫』者，是所招不以善吠爲良也。《詩》曰：『不狩不獵，胡瞻爾庭有縣特兮？』蓋獵以逐之，狩以守之，而長喙善逐，短喙善吠以守。《詩》曰：『載獫歇驕。』獫以田獵，歇驕以狩故也。故《序》曰：『始命有田狩之事，園囿之樂焉。』《傳》曰：『狗性險而出。』獫從險省，其以此乎？《詩》又曰：『無感我悅兮，無使尨也吠。』《爾雅》曰：『尨，狗也。』狗善猜警，非禮相陵則警吠，故《詩》以惡無禮。《屈子》曰：『邑犬羣吠，吠所怪也。』《詩》一章曰『盧令令』，二章曰『盧重環』，三章曰『盧重鋂』者，言田事彌飾，而彌以有制，所以刺荒也。令令，鈴聲也，鈴以令之，環以制之，重鋂又言貫制之衆。《說文》曰：『旂有衆鈴，以令衆也。』《傳》曰：『賜之環則反，賜之玦則絶。』且盧，犬也，正言犬者，又以刺好衆弋。《義訓》曰：『良犬，韓有盧，宋有鵲。盧，黑色；鵲，黑白色。』《淮南子》曰：『若鵲之駁。』言黑白雜也。《荊楚記》曰：『雞寒狗熱。』

又《釋獸・犬》 《說文》曰：狗之有縣蹏者也，象形。孔子曰：視犬之字，如畫狗也。凡肉，豚宜炮，犬宜羹，故犬曰：羹獻。而《禮》有犬羹，又楚人烹猴，召其鄰，以為狗羹而甘之是也。《禮疏》以為犬以餘羹飼之，令犬善肥，故曰羹獻，何其繆也。《傳》曰：犬有三種，一者田犬，二者吠犬，三者食犬，食犬若今菜牛也。《五行傳》曰：雞畜之有冠翼者屬貌，犬畜之以口吠者屬言，羊畜之遠視者屬視，豕畜之居閑衛而聽者屬聽，牛畜之任重者屬思。《雜令》曰：蹄人者絆其足，齧人者截其耳。此謂犬馬之弗馴者，宜示幖幟曉人也。《說文》曰：牛觸人，角箸横木，所以告人也。從口从牛。然則示幖幟以告人其來尚矣。《爾雅》曰：犬生三，猣，二，師，一，玂。師，衆也。猣，言其叢聚。

宋 魏了翁《周易要義》卷九《釋馬牛龍鷄豕雉狗羊之象》 乾為馬，至兑為羊。《正義》曰：此一節說八卦畜獸之象，畧明遠取諸物也。乾象天以行健，故為馬也。坤為牛，坤象地，任重而順，故為牛也。震為龍，震動象龍動物，故為龍也。巽為雞，巽主號令，雞能知時，故為雞也。坎為豕，坎主水瀆，豕處汙濕，故為豕也。離為雉，離為文明，雉有文章，故為雉也。艮為狗，艮為靜止，狗能善守，禁止外人，故為狗也。兑為羊，兑説也。王廙云：羊者，順從之畜，故為羊也。

明 李時珍《本草綱目》卷五〇《狗》 釋名 犬《說文》地羊 時珍曰：狗，叩也。吠聲有節如叩物也。或云：為物苟且，故謂之狗。韓非云：蠅營狗苟是矣。卷尾有懸蹄者為犬，犬字象形。故孔子曰：視犬字如畫狗。齊人名地羊。俗又諱之，以龍稱狗。有烏龍、白龍之號。許氏《說文》云：多毛曰尨，長喙曰獫，音斂。短喙曰猲，音歇去。勢曰猗，高四尺曰獒。狂犬曰猘，音折。生一子曰，曰玂，音其。二子曰獅，三子曰猣。

清 方旭《蟲薈》卷二《犬》 《中華古今注》犬一名黄羊，又名龔獻。

《事物紺珠》犬一名義畜，又名家獸。

《本草綱目》犬，齊人呼地羊。

《西番譯語》犬，西番呼氣。

《正字通》犬乃狗之通稱。或說大曰犬，小曰狗泥。

清 顧棟高《毛詩類釋》卷一七《犬、獫、歇驕、尨、盧》 《爾雅》長喙曰獫。短喙曰猲。猲郭註《詩》秦風載獫猲獢是也。今詩作歇驕。又齊風盧令《令毛傳》曰：盧田犬也。《戰國策》韓盧，天下之駿犬也。又《召南》詩無使尨也。吠，《爾雅》尨狗也。狗四尺為獒。許氏《說文》云：多毛曰尨。

右《爾雅》辨犬之種類，其見於詩者，凡三：曰獫、曰猲獢、曰尨盧。則《爾雅》無文。臣案：獫猲獢係田犬，尨則守犬也。獒，見《尚書》旅獒。

清 趙翼《陔餘叢考》卷二二《犬》 犬，即狗也。《月令》孟春母殺孩蟲，胎夭飛鳥。《說文》未生曰胎，初生曰夭也。《呂氏春秋》則云：無殺孩蟲胎犬飛鳥。高誘注曰：麛子曰：犬則又有以犬爲麛子者，此《說文》、《玉篇》諸書皆未見。

論説

宋 劉敞《公是集》卷四二《說犬馬》 由漢以來，苟進言於天子，無不以犬馬自予者。嗚呼，犬馬之賤，誠若是甚矣！使夫治國守道之臣，進以義，退以禮，而犬馬之況不已貶乎？使夫亂國偷容之臣，進以利，退以刑，而犬馬之況不以僭乎？今夫犬之爲人用也，不過受一器之食，然而外則有獲獸之效，內則有禦寇之猛，斯可謂適其材矣。今夫馬之爲人用也，不過盡一鈞之芻，然而外則有兵戰之捷，內則有馳獵之奉，斯亦可謂適其材矣。故功著而利不益，身勤而事不害，此雖廉能之士，盡瘁不貳，何有能過焉？若夫亂世偷容之臣，享五鼎，祿萬鍾，非特一器之食也；高堂華宇，寵章美服，非特一鈞之芻也。挾虛譽而邀利，竊主權以移國，外之無獲獸之效，內之無禦寇之猛者，世不可勝紀也。所謂功薄而罪尤，身利而事害，如此，何以自比犬馬耶？且吾聞賊臣之喪國矣，未聞犬馬之亂世也。誠使桓、靈、惠、懷之君，其左右前後盡若犬馬也，則天下何喪焉？故吾以謂亂國之臣，其不若犬馬，未可以爲比也。用貴擬賤之謂讓，用賤擬貴之謂僭。然而以彼亂國之臣而比犬馬，吾見其僭，不見其讓也。

宋 李覯《直講李先生文集》卷二〇《潛書》 犬之無事時，叱則走，遺骨則爭。及其噬人也，臨之以箠而弗抑，投之以食而弗顧。愛其家不敢愛其身也。受天子祿，守天子土，械姦民，劾惰吏而致之法。上官一言，巨室一金，則解而出之不待旦。睎勢而懼，懷賂而喜，妥首搖尾，良犬之恥。

宋 楊萬里《誠齋集》卷九三《庸言》 楊子曰：犬之性猶牛之性，牛之性猶人之性，此孟子言也，非意也。孰意也？告子之意也。一以告子爲犬，不可以守盧，一以告子爲牛，不可以駕車。然則人也，牛也，犬也，其性爲一乎，爲二乎？

宋 鄭思肖《心史・雜文・犬德》 元賊南破中國，至於犬亦殺食幾於盡。今之犬續續而有，皆元賊南破中國後漸生者也。我行道路間，六七載以來，數數見羣犬吠頂笠者，衣冠之人過之則不顧，處處皆然。犬尚能吠頂笠者，衣冠之人過之則不顧，處處皆然。犬尚能吠頂笠者，人乃不能惡頂笠者，人而不如犬乎？頂笠者，韃賊也。以是知韃賊又犬之所嫉者也。犬且不與之，天地豈與之乎？犬誠義物也！

宋 許棐《獻醜集・瘖犬説》 別墅二犬，一犬瘖廢，羣佃交議曰：『職吠者無聲，當與不鳴鴈俱死。』予召而喻之曰：『夫瘖於聲者未必瘖於心也。是畜呼之而來，叱之而去，不瘖於進退者也。賓戚升堂，噤而迎之，塗人過門，哆而逐之，又不瘖於親疏者也。視夫衛輒吠父，王莽吠君，管象吠兄弟，怒聲徒嘈嘈於天下後世耳。爾不原其心，而鳴者生，瘖者死，是冒持聽衡，謬操刑柄，生者幸而死冤矣。』羣佃相視而歎曰：『吾儕瘖於心者也，念不到此，敢不與是畜俱生。』拱而退。

元 王惲《秋澗集》卷四五《磔犬者説》 王子遊於市，見群犬逐一叟，號呶而不去。詢其故曰：屠犬者也，於是乎有感。夫人之爲不善，禍從而磯之，亦何以異於是歟，且犬之吠逐，非有見於物也，特爲氣所感而已，至若雷霆之威人，有叛父母、褻神明者，或下擊而斃之，豈造物者區區環域中特索夫若人而敝之邪。故先儒有言：迅霆者，天地之怒氣。無良之人，其凶戾與天地之氣自相感激，遂震以死，此略無疑者。彼犬之見逐，雖小大不殊，理固然也。從是而觀，人之方寸，胡可萌一毫不善之念哉。微則至於物怒而見搏，大則至於天威下罰。故横浦云：一念善，則祥風和氣在於是，一念惡則妖星癘鬼亦在于是。可不敬畏之哉！是知天氣下感於人，人氣上通於天者，犬昭昭矣。因筆此，有以明夫感應正理，不眩惑於鬼神怪誕之説云。

明　田藝蘅《留青日札》卷三〇《狗》　狗，叩也，見人而叩事也。孔子曰：叩氣，吠以守是也。狗，苟也。遇類而苟合也。韓子曰：蠅營狗苟是也。

清　方以智《通雅》卷四六　賨犬即贙。又有狡犬，有鼩犬。異獸似犬者生，生禍斗兩貴。《通典》大秦國有賨出西海，有養者似狗。智按《爾雅》贙注：西海大秦犬有養者，則賨即贙之訛也。音鉉杜八哀詩贈蘇源明不惡懸黄金，胡為投乳贙注：音犬出大秦國，今從舶來，西洋犬多皆曰獒，有極獷者，贙類也。王會北漠狡犬，渠叟鼩犬，都郭生，生欺羽生，生如黄狗，鼩犬即《山海經》馬成山之露犬。如白犬而黑頭者，能逐虎。王融曲水序用紈牛露犬是也。《太平廣記》禍斗如犬，食火糞亦為火，能燒人屋。《白澤圖》臺屋之精曰兩貴，狀如赤犬，見而以其名呼之，使人目明。

清　李元《蠕範》卷八《狗》　狗，犬也，地羊也，黄羊也，羹獻也，守門使也，性善警止禦。又性前趨孕三月而生，豺見之跪，虎見之醉，食番木鼈則死，過臘肭臍則驚，其血辟不祥，以血灌蠮燒之可以集鼠，其皮毛燒灰止天風，其肝和土泥竈令婦妾孝順，其腹有物似白石而青者，謂之狗寶。凡多毛者龐，高四尺者獒，狂者猘，長喙者獫，謂之田犬，善獵。短喙者猲，謂之吠犬，善守。其名之異，高辛犬曰槃瓠，殷犬曰虞，周犬曰礜，穆王犬曰白重工徹止蘿猳，徐君犬曰鵠倉，楚犬曰茹黄，晉犬曰獒，韓犬曰盧，宋犬曰鵲，南越犬曰獿㺜，匈奴犬曰狡，吳李信純犬曰黑龍，晉楊萬年犬曰青骹，李亭犬曰修毫釐睫白望青曹，庾翼犬曰白龍，陸機犬曰黄耳。張林犬曰阿永，陳張彪犬曰黄倉，華隆犬曰的尾，張平犬曰飛燕，齊高緯犬曰赤虎。唐楊貴妃犬曰猧子，王鐸犬曰花鴨，趙澤民犬曰桃花，廖習之犬曰黄奴，杜光庭犬曰吠雲，宋虞經臣犬曰渠來，蘇東坡犬曰烏喙。裴至德犬曰青花。張朝犬曰小狸。呂本中犬曰雪童。仙人裴眞君犬曰白靈。韋善俊犬曰烏龍。又周處風土記。犬有青鶡白雀飛龍虎子渴獢五魚。其別種曰貘。虎爪有甲，曰獨獳身彘鬣有鱗，曰蝸如犬，青色，食人，曰蠻犬，如獵犬，剛而善警，出桂海曰天犬，赤色，出金門山，曰天馬，似犬，白首黑身，出馬成山，曰天狗，似貍，白首，出陰山，曰豹犬，錐口赤身，高四尺。出匈奴，曰狡，少狗也。巨口黑身，豹文牛角，出匈奴，曰雞邊，谷遺也。席其皮者不蠱，出天帝山，曰大狗，其大如驢，赤色，搖耗於數里之外，可以呼至，出罽賓，曰赤小犬，色如火，元至正中昆明玉案山産。曰般第狗，晝潛水中，夜臥旱地，咬斷樹木，利如刀，出西洋，曰鬱林犬，垂耳拳尾，極高大，曰拂狗，高六寸，長尺餘，性慧，能曳馬銜燭，唐武德中高昌獻，曰從。從六足犬也。出拘狀山，曰木狗玄豹也。似犬，黑色，能登木，皮可爲褥，出川廣曰雙，角狗，漢文帝齊雍城門外産，曰兩首犬，唐神功元年安國獻。

清　陸次雲《湖壖雜紀・狗葬》　或曰狗葬，所葬非狗也，宋秦丞相檜葬此矣。人也而狗名之，惡之也，謂其不得比於人也。或曰狗葬所葬非人也。昔有狗濡水濕草救主於野燒之中，狗斃而葬此矣。狗也而葬稱之，美之也，謂其不複同於狗也。夫以檜為狗，檜無辭也，以狗為狗，狗無辭也。若以救主之狗誤以為檜之狗，狗必不樂。以檜為狗，而使狗汙於檜也。

清　王棠《燕在閣知新録》卷二三《喪家之狗》　孔子適鄭，與弟子相失，孔子獨立郭東門，鄭人或謂子貢曰：東門有人，其顙似堯，其項類皐陶，其肩類子産，然自腰以下不及禹三寸，纍纍然若喪家之狗。子貢以實告孔子，孔子欣然笑曰：形狀未也，而似喪家之狗然哉。又曰：孔子出衛東門，姑布子卿迎而視之，顧子貢曰：是魯孔丘，歟吾固聞之。子貢曰：賜之師何如。子卿曰：得堯之顙，舜之目，禹之頸，皐陶之喙，從前視之盎盎乎，似有王者從。後視之，高肩弱脊，此惟不及四聖者也。子貢吁然。子卿曰：子何患焉，汙面而不惡葭喙，而不藉遠而望之羸乎。若喪家之狗。子貢以告孔子，無所辭，獨辭喪家之狗耳。曰丘何敢乎。子貢曰：汙面而不惡，葭喙而不藉，賜已知之矣。不知喪家之狗何足辭也。子曰：喪家之狗，既斂而椁，布器而祭，顧望無人，意欲施之上無明王，下無賢士，方伯萬姓縱心，莫之綱紀，是人固以丘爲欲當者也。丘何敢乎，一喪家之狗，前以爲然，後辭不敢，當不應一事相懸若此。予謂前説不謬，後則似戰國時口氣，非是聖人氣象。

清　王有光《吴下諺聯》卷一《白狗趕羊駒裏》　羊食草，狗食屎，豈可入驹。奈有一种白狗，易於混杂，若曰狗虽狗，幸而是白，便赶入驹里。

羊若曰，白虽白，畢竟是狗，何便赶入驹来。狗一挨进，始則慕羊而人群，漸且噬羊而敗群易・系。曰方以类聚，物以群分吉凶生矣。

又 卷二《老和尚看狗練我不如他》 世以此為羡慕語也。素史氏曰：不然。夫老和尚終日打坐蒲團，燒清香，吃苦茶，常對世尊金容，享今生清福，培來世善根，俯視眾生畜類，每苦不能度盡。至於狗，乃眾生畜類中尤賤者，披毛食屎橛，無可比倫，野合而練，固與人風馬牛不相及也。老和尚偶然寓目，將字頓斷，曰不如他。號如字作字解，不作字解我不如之者，甚絕之之詞。由是推之，吾人素位而行，不願乎外，貯冰心於玉壺，放冷眼於塵世，顧影自憐，心心念念，常自作老和尚觀。於人間無謂之周旋，度外之耽樂，擾擾紛紛，皆當作狗練觀，毅然決然曰：我不如他，我不如他。

清 陳大章《詩傳名物集覽》卷四《遇犬獲之》 孔疏謂田犬也。犬有守犬、田犬。禮效犬者，左牽之。注：以右手防其齧噬，又犬曰：羹獻。注：凡肉豚宜炮犬宜羹，又敝蓋不棄爲埋狗也。《周禮》犬赤股而躁臊。又犬人掌犬牲，凡祭祀用牷物伏瘞亦如之，相犬者屬焉。注：牷用純色，才伏軷祭也。瘞謂薶物二者，亦用牷，物相犬相，毛色擇其可祭者。又坊記大夫不坐羊，士不坐犬，以此防民猶有爭利忘義以亾其身者。《易》艮爲狗。《左傳》趙盾曰：棄人用犬，雖猛何爲。《說文》犬，狗之有懸蹏者。孔子曰：視犬之字如畫狗也。何承天纂文守，犬爲獖，隴西以犬爲猷。宋均注：狗斗精之所生也。屈子曰：邑犬狺狺吠所恠。《廣雅》殷虞晉獒，楚獷，韓盧，宋獵，皆良犬名。《夏鼎志》曰：掘地得犬曰賈。《尸子》地中有犬名地狼。《穆天子傳》犬一名重工。《說苑》客謂孟嘗君曰：周氏之嚳，天下之疾狗也。《石藥爾雅》白狗膽一名瓠汁耳。上血曰白龍，柒蓋以槃瓠之名，故稱汁耳。《通典》大秦國有贊，出西海。《通雅》云：《爾雅》贊注：西海大秦犬則□卽贊之訛也。音鉉。杜甫八哀詩不惡懸黃金，胡爲投乳。贊注：音犬出大秦國，今從海泊來，西洋多犬，皆曰獒。有極獷者，贊類也。《王會圖》北漠狡犬，渠叟，鼩犬，都郭生，生欺羽，能逐虎。

清 陳庚煥《說犬上》《國朝文録》卷一 余生平未嘗敢罵人以犬，誠觀於犬而重有愧焉。蓋人之動以犬相訾謷也，謂賤且愚，莫犬若耳。然予觀張禹之帝師，馮道之王爵，留夢炎之狀頭，非不貴也。孔光之經術，劉秀之博聞，華歆之雅望，非不知也。而卒之忘君鬻國，徒為天下萬世唾罵嗤笑之資，犬寧若是之賤且愚哉。今夫犬，厭粱肉於朱門素封之家者，特千萬之什一耳。尋常祿犬，不過殘飯菜汁，又下則飯汁糠覈，以酬犬庸而已。然夜深人靜，偶有風聲鶴唳之警，厭粱肉者固吠，即飽糠覈者，亦不以禄之薄而不吠也。犬固職吠，然主人者，初未嘗丁寧教戒，責以必吠，而犬卒不以無責而不吠也。主家即失盜，戮不及犬，而犬卒不以無戮而不吠也。風聲鶴唳之警，群犬吠其主人，主人者起，未始不斥其妄吠，而犬卒不以一斥而不再吠也。即不幸糠覈不飽，貪緣入鄰廚，饜其粱肉，犬誠不能為介。然既饜而退，無或二心於粱肉之家，即或持闔而縶維之，亦必信狺。奪門，伺閒脫走，歸其故主而後即安，又何其貞也。飽糠覈之犬，縶而進之朱門素封之家，亦既厭粱肉，而不復知有糠覈之味矣。一旦遇其糠覈之主人，猶必搖尾、眷眷，有故主之戀，又何其厚也。向使張禹、孔光、劉秀、華歆、留夢炎輩之為人臣，咸知求無愧於犬，則兩漢、唐、宋安得有覆亡之禍哉。然則人而胥無愧於犬，斯亦足矣，尚安用以犬相訾謷哉。

中間敘犬之善處，筆筆有精神，字字有針對，眞乃奇文妙文。

又《說犬中》 或曰：子所云愧於犬者，是則然已。然獨無狺狺嘷嘷，猘惡狼藉，實可賤惡者乎。余應之曰：彼猘惡狼藉者固可賤惡，然方其為主人鞭笞束縛，一遇風聲鶴唳之警，有不為其主吠者乎。入鄰廚而遭維縶，有不奪門脫走，歸其故主者乎。然則即是猘惡狼藉之犬，已彌足愧乎。溫文恭遜之張禹、孔光、劉秀、華歆、馮道、留夢炎輩矣。且物之生，莫不各有其純駁。彼猘惡狼藉亦千百之一二耳，惡足為犬累。憶兒時家所畜犬，馴謹雅潔無比，家人於歲節夜團肉為餌，初出於甑，甘芬遠聞懸以巨籃，緶絕委地無知者。犬終夜坐守其旁，籃中物滿飣無一失，見可欲而不亂，處暗室而不欺，是豈特可愧乎。古忘君負國之臣。即古談心講學之儒，方之無愧色者，殆亦鮮矣，予之不敢罵人以犬，蓋自是始。

前一截以最劣言，下截又以最善者況。

清 陳元龍《格致鏡原》卷八七《犬》 【總論】《說文》犬狗之有懸蹄者也。孔子曰：視犬之字如畫狗也。狗叩也，叩氣吠以守也。

《春秋考異》鄆大斗精所生七九六十三。陽氣通故狗三月而生，高三尺，白六帖犬者金精。《易》艮為狗。

《晉書》狗，二星在南斗，魁前主吠守。

《埤雅》卞子曰：狗性險而出。

《談苑》偷能禁犬，使不吠，唯牝犬不可禁也。或云紋如虎斑亦難禁。

好事集以胡麻麨啖犬，則光黑而駿獵必大獲狐兎，又可十歲。陰陽自然變化，論狗不見雪。

《埤雅》犬喜雪。諺云：雪落狗喜。

《酉陽雜俎》豺遇狗輒跪，如拜狀狗為豺舅也。

《抱朴子》山中戌日稱人姓字者，犬也。

《癸辛雜志》虎食犬則醉，犬虎之酒也。

《留青日札》狗食木鱉而死。

《禮記》凡祭宗廟之禮，犬曰羹獻。

《尹文子》康衢長者，字犬曰善噬。

《清異録》武宗十玩圖，謂犬為守門使。

《古今注》狗一名黄羊。

《紺珠》狗一名義畜，一名家獸。

《尸子》齊有貧者，命其狗為富。

《劉攽詩話》今人呼秃尾狗為厥，尾衣之短後者，亦曰厥。

《五行書》白犬虎文，南斗君，畜可致萬石也。黑犬白耳，人犬王犬也。畜之令人富貴。白犬黄頭，家大吉。黄犬白尾，代有官。黑犬前兩足白者，宜子孫。黄犬白前兩足者，利人。犬生四子，取黄子養之，犬生五子，取青子養之，六子取赤子養之，七子取黑子養之，八子取白子養之。白犬烏頭令人得財，白犬黑尾令人世世乘車。

《白澤圖》黒狗白頭，耳長尾卷，龍也。

《廣異》魏元忠嘗呼蒼頭，未應犬，輒代呼之。元忠曰：此孝順狗也。乃能代我勞。後亦無恙。

《彙苑》猘猘犬開口争吠之聲，楚辭猛犬猘猘而迎吠。

《羣碎録》左傳國狗之瘈無不噬也。杜預注云：瘈狂犬也。今云猘犬。宋書云張收為猘犬所傷，食蝦蟆膾而愈。

《五雜組》瘈狗齧人令人腹中長狗雛而死，急以藥治之，狗從小便中出，即有齧衣服者，亟捲衣置圃上經數宿，必有狗雛無數死，其中又有一種狗不飲不食，常望月而嗥者，非瘈也。乃肚中有狗寶也。寶如石大者，如鵞卵，小如雞子，專治噎食之疾。

《留青日札》凡狗有寶則羸瘦，毛落不勝，其熱入水自濡其塊如栗，同胞破之可千葉，入藥治毒瘡。

《七修類藁》狗寶生於狗胞中，其形質如鵞卵石，而色至白，碎之内有文理，數十層。

《石藥爾雅》白狗膽一名瓠汁，一名陰龍瓠汁，白狗耳上血，名曰龍柒。

清 徐芳《懸榻編》卷一《鷄犬説》 翼者，啄也。有遊吾庭，吾祝之鷄也。而呼焉，軒焉者，有所思焉，蹄者躅也。有猘吾門，吾視之犬也。而號焉，跂焉，若有所望焉。他日過山中，有貌類鷄而啄者，聞吾聲翔焉，吾呼之而翔益疾也。問之人，或以為鵲也。有貌犬而躅者，望吾影突焉。吾號之，而突益力也。問之人，或以為鹿也。鷄與犬非德于吾也，而狀若德焉。其就焉，豈非性近于人乎。鵲與鹿，非怨予吾也，而狀若怨焉，其避焉，豈非性遠于人乎。雖肰人之情，見近我者喜之，其遠我者怒之，喜之至欲其生，而怒之極則為殺，亦勢使肰也。推是心，則凡鷄與犬于世無不生，而所怒而殺者，必鵲與鹿也。然吾觀之，人其所束縛，而烹割者，必鷄犬之属，而鵲與鹿之死，于殺者百一也。豈喜怒之變。如是無亦近人者，死而遠者生乎。嗟乎，甚矣。鷄犬之無罪也。其代依于人弟，且慧可喜不可怒，而終不得與無情之鴞鹿同免于一死，人亦可謂不仁哉。□與鹿而招之，近必不肯，鷄犬而欲遠之，抑又不能也。使其能，未必不俱生，則人之不仁，彼固有以取之矣。鵲與鹿細物也。吾而鷄犬之不可柰之，何麟與鳳也。而吾得以致鷄犬者，致之耶。

商裂□烹黄椅，方卧白雲歌紫芝也，天外麟鳳，其誰致之。

综述

漢 應劭《風俗通義・祀典八・殺狗磔邑四門》 俗説狗別賓主善守禦，故著四門以辟盜賊也。

謹按《月令》九門磔禳以畢春氣，蓋天子之城十有二門，東方三門生氣之門也。不欲使死物見於生門，故獨於九門殺犬，磔禳犬者，金畜禳者，却也。抑金使不害春之時所生，令萬物遂成其性，火當受而長之，故曰以畢春氣，功成而退，木行終也。

《太史公記》秦德公始殺狗，磔邑四門以禦蠱菑，今人殺白犬以血題門戶，正月白犬血辟除不祥，取法於此也。

隋 巢元方《諸病源候總論》卷三〇《咽喉心胸并諸侯》 狗咽喉内忽有氣結塞不通，世謂之狗咽。此由風熱所作，與喉痺之狀相似。但俗云：誤吞狗毛所作。又云：治此病者，以一摶飯共狗分食便瘥，所以謂之狗咽。

又 卷三五《創病諸侯》 狗癬候。俗云：狗舐之水，用洗手面，即生癬，其狀微白，點綴相連亦微痒是也。其裏亦生蟲。

又 卷三六《獸毒病諸侯》 猘狗嚙侯。凡猘狗嚙人，七日輒一發，過三七日不發，則無苦也。要過百日方大免耳，當終身禁食犬肉。及蚕蛹，食此发則死，不可救矣。瘡未愈之間，禁食生魚、猪、雞、膩。過一年禁之乃佳，但於飲下飯，蒸魚及於肥器中便發，若人曾食落葵，得犬嚙者，自難治。若瘡瘥十數年後，食落葵便發。

狗嚙重發侯。凡被狗嚙瘡忌食落葵，及狗肉。云雖瘥經一二年，但食此者，必重。重者與初被嚙不殊，其猘狗嚙瘡重，則令人狂亂，如猘狗之狀。

《藝文類聚》卷九四《獸部中・狗》 《穆天子傳》曰：天子之狗，走百里執虎豹。

《初學記》卷二九《獸部・狗》

敍事

《春秋考異郵》曰：狗三月而生，陽主於三，故狗各高三尺。《爾雅》曰：犬生三猣宗，二師一玂祈，未成毫狗，絕有力狣兆狵，狗四尺為獒。《說文》曰：狡，犬多毛也；獨盧謁切，短喙犬也；獫，犬吠不止也；獒，犬人心可使也；犷言佳反，壯犬也；狄，赤犬也。呂忱《字林》曰：犬盧，韓良犬也；猈鵲，宋良犬也；豣五見反，逐虎犬也。何承天《纂文》曰：守犬為獖扶本反。隴西以犬為猶酉。獿乃容反、粍，皆多毛犬也；獟乃校反、猘居例反、犯彫，屈尾犬也。《周官》曰：犬赤股而躁臊。《後漢書》曰：帝高辛氏有狗名槃瓠，其文五色。時犬戎兵強，乃募能得犬戎吳將軍首者，賜以少女。槃瓠得之，於是少女隨槃瓠升南山，產子男女十二，自相夫妻。後繁盛也。干寶《搜神記》曰：槃瓠者，本高辛氏宮中老婦人，有耳疾。醫者挑治之，有物大如繭。以瓠離盛之，以槃覆之，有頃化為犬，其文五色，因名槃瓠。《雜五行書》曰：白犬虎文，南斗吾畜之可致萬石。黑犬白耳，大王犬也，畜之，令富貴。黑犬白前兩足，宜子孫。白犬黃頭，家大吉。黃犬白尾，代有衣冠。黃犬白前兩足，利人。

事對

金畜斗精應劭《風俗通》曰：殺犬磔禳，犬者金畜。禳，卻也，抑金使不害也。《春秋考異郵》曰：七九六十三，陽氣通，故斗運，狗三月而生。宋均注曰：狗，斗精之所生也。曰烏龍青陶潛《搜神記》曰：會稽句章人張然，養一狗甚快，名曰烏龍。周處《風土記》曰：犬則青白雀，飛龍虎子，駉良捷警，難狎易使也。竦耳注精賈岱宗《大狗賦》曰：竦耳側聽。《搜神記》曰：張然有少婦，與奴通，謀殺然。因作飯共食，奴拔刀倚戶。然有犬名烏龍，注精舐唇視奴。然亦覺之，大喚曰：『烏龍！』犬應聲傷奴，奴僕地。遂取刀斬之。黃《函頁》赤精許慎《說文》曰：獫，黑犬黃《函頁》也。傅玄《走狗賦》曰：轉視流光，朱耀赤精。長耳短喙《白澤圖》曰：黑狗白頭，長耳卷尾，龍也。《蔡氏清論》曰：望視之兔，白蹄之豕，短喙之犬，修頭之馬，斯禽獸也。猶形乎勢觀，況君子之貌，獨無表告者哉。旅獒周狗《尚書》曰：西旅獻獒。《公羊傳》曰：靈公有周狗，謂之獒也。鈴蹄鋸齒傅玄《走狗賦》曰：舒節急筋，豹耳龍形，蹄如結鈴，五魚體成。周處《風土記》曰：犬則青鶵白雀，飛龍虎子，猲獢五魚，狼牙鋸齒。宋淖韓盧《莊子》曰：介門閭裏有狗，宋人之駑狗也。其家命之為淖，逐狗不及，止而望之，自以為過矣。《戰國策》曰：齊欲伐魏，淳於髡謂齊王曰：『韓盧者，天下之壯犬也；東郭《兔》者，海內之狡兔也。韓盧逐東郭《兔》，環山者三，騰山者五，兔極於前而犬疲於後，各死其處。』白首素牙《山海經》曰：陰山有獸焉，其狀如狸，白首，其名天狗。傅玄《走狗賦》曰：足懸鉤爪，口含素牙，首類驤螭，尾如騰蛇。齎書銜卵《述異記》曰：陸機家在吳，謂犬曰：『我家絕無書信。』以竹筒系之犬頸。犬疾走向吳。其家作答，內竹筒中，仍馳還洛。郭緣生《述征記》曰：古徐國宮人，娠而生卵，棄之水濱。有犬名後蒼，銜而歸。俄而成人，遂為徐嗣君。走百裏高三尺《穆天子傳》曰：天子之狗走百裏，執虎豹也。郭頒《魏晉俗語》曰：太康七年，天郊壇下，有白犬，高三尺，光色鮮明，恒臥。見人則去。

五代 宋齊邱《玉管照神局》卷下《狗形》 夫狗形者，其形身與腳相等，睛黃，頭項粗，面尖，性急，飲食無厭。小人多憎惡，於人有心力。人此相者為卿相。女人人相為夫人。有權柄。詩曰：面尖額闊眼睛黃，喜怒乎生自不常。指示得逢蕭相國，一生心力佐高皇。

宋 王禹偁《小畜集》卷二六《放五坊鷹犬詔》 敕：王者狩必以時，除灾害于黎庶；射而登俎，表孝薦于祖宗。過此以還，盡爲非禮。朕祇膺大寶，弗敢盤遊。爰自國初，因其舊制，五坊設畋獵之備，四海貢鷹犬之儔。雖則存而勿論，未如不作無益。況又青骹黃耳，耗民用以居多；雨血風毛，匪朕心之所欲。宜從釋放，式表憂勤。應五坊鷹鶻等，並委本坊使即時放散。所有狗犬，人願收養爲警備者，亦聽。仍敕天下，今後不得更進鷹犬。庶使發狂之言，遐遵于老氏；外荒之戒，無愧于古書，亦所以見朕惠及于飛走也。告布中外，稱朕意焉。

宋 趙恒《放鷹犬詔》《宋大詔令集》卷一四五 朕自膺瑞命，即絶畋遊。蒐獮之郊，咸恣其耕墾；羽毛之族，盡罷于縶維。其或詔蹕時巡，官司景從，罝罘弋獵，禁止甚嚴，動植昆跂，毫芒靡犯，庶乎品彙，普洽至和。但以每歲殊鄰，常用鷙禽充贐，執而將命，誠叶禮文，憫彼見羈，深違物性，釋其籠檻，俾遂飛翔。其所養鷹鶻獵犬五十三頭，宜令入内内侍省因投龍簡使臣，賫放名山高僻之所。

宋 釋智圓《閑居編》卷二七《感義犬并序**》** 錢唐縣西北，水行十八里，有村曰『義犬』者。昔人養犬甚馴，行邁于是，醉卧草間，野火四至，將焚焉。犬能亟至河岸，以身濡水濕其草，主遂免禍。睡覺，犬力殫斃矣，感其義，因葬之。鄉人命其地曰『狗葬』，後刺史以『義犬』之名易『狗葬』之名。予舟行過其地，遂爲文以感之。

浩浩動物，唯人爲貴。立人之道，曰仁與義。二者不行，與畜同類。畜能行是，與人曷異。懿矣斯犬，立功斯地。救主免焚，濡草以智。其身雖斃，其名不墜。於戲！

人有畜心，以形見親。畜有人心，以形見親。是非心焉，形何辨旃。犬形之人，爲善于是。人形之犬，孕惡不止。傷哉兇人，胡不遄死！刺史贈名，爲教有旨。

宋 董逌《廣川畫跋》卷二《書犬戲圖》 畫者得之犬戲，而且曰能觀其變矣。有而易之，將不止人立而冠也。故負乘序行，擁戟前列，據案臨軒，指呼趨走，形態百出。若可人事而盡求者，疑當德光陷中原時，畫者故爲此也。然形類意相，各有至到處，又知游戲于畫而能得其筆墨自然者，此其异也。昔有人爲齊王畫者，問之畫孰難，對曰狗馬最難，孰最易，曰鬼魅最易，狗人所知也。旦暮于前，不可類之，故難，鬼魅無形，無形者不可睹，故易。豈以人易知故畫難，人難知故畫易邪。狗馬信易察，鬼神信難知，世有論有一無有字理者。當知鬼神不异于人，而犬馬之狀，雖得形似而不盡其理者，未可謂工也。然天下見理者少，孰當與畫者論而索當哉。故凡遇知理者，則鬼神索于理，不索于形似爲犬馬，則既索于形似複求于理，則犬馬之工常難若夫畫犬而至于變矣。則有形似而又托于鬼神怪妖者，此可求以常理哉，猶之戲可也。昔韋叔堅狗，人立而行于家。曰：狗見人行，效之何傷解冠榻上，狗戴而走。曰：誤觸冠纓耳至于上。竈起舞，曰：兒婦皆在田中，狗助畜火幸可不煩鄰里，何能作怪，而石良劉晋格犬之被甲持兵弩者數人，郅伯夷與郡一作犀犬蒲博，蓋畫者知此。因廣其意而爲之，因以著時之禍，以見當時畫者之不能忍耻事人彼，仕于此者，猶求寵榮一時，可以重嘆也。畫之後書曰晋清泰三年制，餘是以知也。

宋 王十朋《梅溪先生後集》卷二五《與安撫論張侍郎論魯六傷犬》 契勘張侍郎論魯六等傷犬事，蒙判魯六勘杖八十。某切見魯六傷犬，事涉不明，厢界供証出於符合。張侍郎官居侍從，心明法律，必不肯以一犬之故誣害平民。今來若將魯六斷罪，事屬無辜，深恐議者謂府屬觀望，輕人重犬。不獨某坐誤斷之罪，其於張侍郎名德亦有所損。所有魯六勘案尚未敢書，伏候台旨。

宋 謝維新《事類備要》卷八四《畜産門·狗》 格物總論 狗，家畜，以吠守。種類不一，犬懸蹄者，狵多毛者，獫長喙者，獢短喙者，猈步買反短脛者，獵，黃色犬往之，句反，黃身黑頭犬，猈濁，猛犬猘狂犬，猉。宋良犬，獹。韓駿犬，午晏反，獟犬，能逐虎，猢所姦反惡。健犬、獒犬，高四尺，知人心，可使者。其名色之衆如此。

事類名槃瓠。槃瓠者，本高辛氏宫中老婦人，有耳疾毉者，挑治之，有物如繭，以瓠離盛之，以槃覆之，有頃化為犬，其文五色，因名槃瓠。《搜神記》。妻槃瓠。昔高辛氏有犬戎之寇，帝患其侵暴，而征伐不克，乃訪募天下有能得犬戎之將吳將軍者，賜黃金千鎰，邑萬家，又妻以少女，有畜狗，其毛五彩，名曰槃瓠，下令之後，槃瓠俄銜人頭詣闕下，羣臣怪而診之，乃吳將軍首也。帝大喜，且謂槃瓠不可妻之以女，又無封官之道，議欲報之而未知所宜，女聞皇帝下令，不可違信，因請行，帝不得已，以女妻槃瓠。槃瓠得女，負而走入南山石室中，險絶人迹不至，經三年，生六男、六女，槃因自夫妻好色衣服，製裁皆有尾，其母復以狀白帝，於是迎諸子，衣裳斕斑，言語侏儺，好山壑不樂平曠，帝順其意，賜以名山廣澤。其後滋蔓，號曰蠻夷，今長沙武陵蠻是也。《後漢南蠻傳》。少康逐犬。少康逐犬而顛隕，厥首注：言少康因獵放犬逐獸，於是舍所宿也。《楚辭》。西旅獻獒。西旅獻獒，太保作旅獒尚書。犬名鵠倉。徐國宫人娠娠而産卵，以為不祥，棄於水邊，孤獨老母有犬，名鵠倉，獵於水濵，得所棄卵，銜以來歸，獨母以為異，覆煖之，遂拂蝍成小兒，生時正偃，故以為名，徐君宫中聞之，乃更收養，長而仁智，襲徐君國。鵠倉臨死，更生角而九尾，實黃犬也。偃王葬之，今名狗壠偃，王志。**犬曰善噬**尹文子曰：康衢長者，字僮，曰善搏。犬曰善噬，賓客不過其門三年，長者怪而問之，以實對，於是改之，賓客復往。**狗死而埋**仲尼畜狗死，使子貢埋之，曰：吾聞弊帷不棄為埋狗也。丘也。貧無盖於其封也，亦與之席，毋使其首陷焉。記。**狗迎而吠**楊朱之弟曰：布衣，素衣而出，天雨解素衣，衣黑衣而返。其狗迎而吠之，楊布怒將撲狗。楊朱曰：子無撲矣，子亦猶是也。向者使汝狗白而往，黑而來，豈能無怪哉。《列子》**公㗇失獒**晉侯飲趙盾酒，伏甲將攻之，其右提彌，明知之趨登，曰：臣侍君宴，過三爵非禮也。遂扶以下，公㗇失獒焉。明搏而殺之，盾曰：棄人用犬，雖猛何為鬭，而出提彌明死之左。**人逐瘈狗**國人逐瘈狗瘈狗入於華臣氏，國人從之華臣皆遂奔陳。《左氏》**有犬欲噬**晉仲將死，謂桓公曰：有犬嗺嗺欲噬，我假而不使也。君必去之，言易牙豎貂必為亂也。《管子》**求犬弗與**秦伯有囓犬弟鍼，欲請之，秦伯不與，鍼以百兩金易之。又不聽，因逐鍼而奪其爵，左昭元年。**牽出上蔡**李斯為趙高所誣謀反，具五刑論腰斷咸陽市，斯出獄與其中子俱執顧，謂中子曰：吾欲與若復牽黃犬，臂蒼鷹，俱出上蔡東門，逐狡兔，豈可得乎。遂父子相哭，而夷三族。**放之新豐**漢高祖以太上皇思豐沛，故作新豐如豐沛道路，人家雞犬放之，皆識家。《白氏帖》**狡兎走狗**范蠡之齊遺大夫種書曰：狡兎死，走狗烹。**逐獸者狗**漢高祖曰：諸公知獵乎，為人逐獸者狗也。發跡指人者，人也。蕭何功人也。**屠狗為事**樊噲以屠狗為事。《本傳》**走狗為樂**宣帝好鬬雞走狗為樂。《本紀》**母前叱狗**鮑永養後母至孝，妻甞於母前叱狗，永即去其妻。**臺中三狗**丁謐外似疎濫而内明慧，雖與何晏鄧颺等同列，而皆少之，唯以聲勢屈於曹爽。爽亦敬之，言無不從，故于時謗書謂臺中三狗，唾不可當一狗，憑嘿作疽囊。三狗謂何、鄧、丁也。默者，爽小字也。其意言三狗皆欲囓人，而畜疽也。《上畧》**怪狗上臺**公孫淵未亡家，數有怪狗冠幘絳衣上臺。《魏志》**白犬自天**王敦敗京都之後，夢白犬自天而下噬之，孫盛晉春秋。**書繫犬頸**陸機好獵，在吳豪客獻一犬名黃耳，機後仕洛，戲語犬曰：我家絕無書，汝能馳往否，犬摇尾作聲應之，機為書盛以竹筒書之。繫犬頸，犬出驛路，走向吳，饑則入草噬肉取飽，每經大水輒依渡者，弭毛掉尾向之，其人憐愛，因呼上船，裁近岸，即騰上速去，及到機家，開筒取書看畢。犬又伺人作聲，如有所求，其家作答書内筒，復繫犬頸，犬既得答，仍馳還洛，計人行五程，犬往還纔半月，後犬死，示之遺還葬，去機冢二百步，呼黃耳。《冢述異記》**瓠繫狗頸**杜預初攻吳，吳人憚其智，以瓠繫狗頸示之，預恨之，及平，盡殺之。《本傳》**犬銜其衣**諸葛恪，元遜蘊峻謀害恪，將出，犬銜其衣，恪曰：不欲我行，出乘入坐，少頃，又嘀衣，令從者逐之，升車，果被害。**犬救其主**狗，晉太和中，楊生養狗甚愛之，後生飲酒行大澤草中眠，冬月野火起，風又猛，狗報喚，生不覺，前有一坑水，狗便走往水中，還以身洒生，左右草沾水得着，地火尋過去。他日又闇行，墮於空井中，狗呻吟徹曉，有人過怪之，往視見生，生曰：君可出我，當厚報君，人曰：以此狗相與，便當相出，生曰：此狗曾活我，於己死不得相與。餘即無惜人，曰若爾便不相出，狗因下頭向井生，知其意，乃語路人，以狗相與。人乃出之，繫狗而去，後五日狗夜走歸。《續搜神記》**狗報婦姦**會稽勾章氏張然滯役在都，經年不得歸家。有少婦遂與奴私通，然在都養一狗，甚快名烏龍。後假歸，奴與婦謀，欲得殺然。然及妻作飯食共坐下，食未得噉，奴當户倚張弓、括箭、拔刀。然以盤中肉飯與狗，狗不取，唯注睛舐唇視奴，然亦覺之。奴催食轉急，然決計拍髀，大喚曰：烏龍。狗應聲傷奴，奴失刀伏倒地，狗咋奴頭，然因取刀斬奴，以婦付官，殺之。《搜神記》**狗如人立**桂陽太守汝南韋叔堅，少時為從事，狗如人立行，家人皆言當即殺之，叔堅云：犬馬諭君子，狗見人行，效之何傷。叔堅為縣送解冠榻上，狗戴而走，家人驚愕，復云誤觸冠，冠之挂着耳。狗又於竈前畜火，家益怔營，復云兒婦在田中，狗助畜火，幸可不煩鄰里，此又何怪，遂不肯殺。後數日，狗自暴死，卒無他異，叔堅終享大位。《風俗通》**羣犬競走**北齊徐之才與朝士出遊，遥望羣犬競走，諸士令目之。之才應聲曰：為是宋㹩，為是韓盧，為逐李斯東走，為負帝女南征。**羣犬驚吠**梁徐勉為侍中時，師方侵魏，候驛塡委，勉參軍書，動經數旬，一還家羣犬驚吠，勉曰吾憂國忘家乃至於此，吾亡後，亦是傳中一事也。**郡無吠狗**岑熈為魏郡太守，人歌曰：吠狗不驚足下生氂。**里無吠犬**李栖筠為常州刺史，郡無吠狗。**蜀犬吠日**庸蜀之南常雨少日，日出則犬吠柳。**越犬吠雪**大雪踰嶺被南越中數州，數州之犬皆蒼黃，吠噬狂走者，累日至無，雪乃止。《並柳宗元書》**生男為狗**北狗國，人身狗首，長毛不衣，手搏猛獸，語為犬嘷，其妻皆人，能漢語，生男為狗，生女為人。自相婚嫁，穴居食生，而妻女人食熟。甞有中國人至其國，其妻憐之，使逃歸。與其筯十餘隻，教其每走十餘里遺一筯，狗失追之，見其家物，必啣歸，則不能追矣。《五代史》。**不禁殺狗**東坡云：今日廂界有殺狗公事，司法言近新書不禁殺狗，問其說，出於禮鄉飲酒，烹狗於東方，不禁然。則禮云：賓客之牛角，尺亦不當殺牛乎。孔子曰：敝帷不棄，為埋馬也。敝盖不棄，為埋狗也。死猶不忍食其肉，況可殺乎。《志林》**烹食寺狗**滕元發少居鄉里，寺中修業烹寺犬食之，僧笑曰：能作滕先生偷狗賦，即不申埋。其破題，僧惟不淨狗也。宜偷餅餌，引來猶擺，續貂之尾，索綯牽去，難四顧兎之眸。又云：既欲思於實腹，遂乃設於空喉，取狗器也。《侯鯖録》

詩集

桃花宮中有犬桃花名，絳繒圍頸懸金鈴。先皇為愛馴且異，指顧之間知上意。珠簾未捲扇未開，桃花摇尾長先至。夜靜不離香砌眠，朝饑只傍御床餧。彩雲路熟不勞牽，瑶草風微有時吠。無何軒后鑄鼎成，忽遺弓箭棄寰瀛。迢迢松闕伊州上，遠逐龍輤十數程。兩目漣漣似垂涙，骨見寒毛頓憔悴。萬人見者倏傷心，微物感恩猶若是。韓盧備獵何足嘉，西旅充庭空為瑞。聞君奉詔修實録，一字為褒應不曲。白魚赤鴈且勿書。願君書此懲浮俗。李呈桃花犬歌，呈修史錢侍郎。

烏喙烏喙，本海獒。幸我為之主，食餘已瓠肥，終不憂鼎俎。晝馴識賓客，夜悍為門户。知我當北還，掉尾喜欲舞。跳踉趁僮僕，吐舌喘汙雨。長橋不肯躡，徑度清深浦。拍浮似鵝鴨，登岸劇虓虎。

盜肉亦小疵，鞭箠當貫汝。再拜謝恩厚，天不遺言語。何當寄家書，黃耳定乃祖。嵇子瞻予來，儋耳，得吠狗名烏喙。甚猛，而馴墮予遷合浦，過澄邁，泅而濟，路人皆驚，戲作此詩。

宋 魏了翁《古今考》卷三一《犬人掌犬牲》 秋官犬人掌犬牲，凡祭祀，共犬牲，用牷物。伏瘞亦如之。凡刉珥沈辜，用駹可也。凡相犬牽犬者屬焉，掌其政治。鄭司農伏謂：伏犬以王車轢之，瘞祭地曰：瘞埋也。《正義》已祭祀，共犬牲，犬是金畜，故《五行傳》云二曰：言言之不從，則有犬禍，故連類在此。犬有兩義，按説卦艮為狗，艮卦在丑，艮為止，以能吠守止人，則屬艮，以能言則屬兑，兑為言故也。李心傳體全曰：牲伏軷祭也，生民曰：取羝以軷，故鄭注：聘禮，犬、羊皆可用。

元 佚名《群書通要》庚集卷八《走獸門·狗類》 犬名槃瓠。槃瓠者，本高辛氏宮中老婦人，有耳疾毉者，挑治之，有物大如繭，以瓠離盛之，以槃覆之，有頃化為犬，其文五色，因名槃瓠。

女嫁槃瓠。昔高辛氏有犬戎之寇，帝患其侵暴而征伐不克，乃訪募天下有能得犬戎之將吳將軍者，賜黃金千鎰，邑萬家，又妻以少女。有畜狗，其毛五彩，名曰槃瓠。下令之後，槃瓠俄銜人頭詣闕下，群臣怪而診之，乃吳將軍首也。帝大喜且謂槃瓠不可妻之以女，又無封爵之道，議欲報之而未知所宜，女聞以為皇帝下令不可違信，因請行，帝不得已，以女妻槃瓠。槃瓠得女，負而走入南山石室中，險絶人跡，不至經三年，生六男六女，槃瓠因自夫妻，好色衣服製裁，皆有尾，其母後以狀白帝，於是迎諸子，衣裳讕斑，言語侏好入山壑，不樂平曠，帝順其意，賜以名山廣。其後滋蔓，號曰：蠻夷。今長沙武陵蠻是也。

東門牽犬。季斯為趙高所誣謀反，具五刑，論腰斷咸陽市。斯出獄，與其中子俱執，顧謂中子曰：吾欲與若復牽黃犬，臂蒼鷹，俱出上蔡東門，逐狡兔，豈可得乎。遂父子相，而夷三族。

黃耳傳書。陸機好獵，在吳，豪客獻快犬名黃耳。機後仕洛，戲語犬曰：『我家絶无書，汝能馳往否？』犬摇尾，作聲應之。機爲書，盛以竹筒，繫之犬頸。犬出驛路，走向吳，饑則入草，噬肉取飽；每經大水，輒依渡者弭毛掉尾向之。其人怜愛，因呼上船。才近岸，即騰上速去；到機家，口銜筒，作聲示之。機家开筒，取書看畢，犬又向人作聲，如有所求。其家作答書，内筒，复繫犬頸，犬復馳還洛。計人行五旬，犬往還才半。後犬死，還葬機家南二百步。聚土爲坟，村人呼之爲『黃耳冢』。

北狗國。北狗國，人身狗首，長毛不衣，手搏猛獸，語為犬嗥，其妻皆人，能漢語，生男為狗，生女為人自相婚嫁，冗居食生，而妻女人食熟。嘗有中國人至其國，其妻憐之，使逃歸，與其筯十餘隻，教其每走十餘里遺一筯，狗夫追之，見其家物，必銜歸，則不能追矣。

南犬吠雪。庸蜀之南，常雨，少日，日出，則犬吠。予以為過，言前六七年僕來幸大雪踰嶺，被南越中數州，数州之犬皆蒼黃吠，噬狂走者累日。至無雪，皆已。然後，始信前所聞者。

明 彭大翼《山堂肆考》卷二二二《狗》 易繫辭艮為狗，狗善警吠止禦。又其性前趨。《爾雅》狗善猜警，非禮相陵則警吠。屈子曰：邑犬羣吠，吠所怪也。《格物論》狗，家畜種類不一，懸蹄者，犹多毛者，獫長喙者，猲短喙者，狎短脰者。玃，黃色犬曰狂。黃身黑頭犬曰猈。猛犬曰猘。狂犬曰猰。宋良犬獹。宋駿犬豣。《廣雅》殷虞晉獒，楚獷，宋猑，韓盧，皆良犬名。猑，一作鵲。《清異錄》狗曰守門使。

金畜

《風俗通》殺犬磔禳者，犬金畜，禳却也。抑金使不害也。

斗精

《春秋考異郵》七九六十三，陽氣通。故斗運，狗三月而生。宋均注：狗斗精之所生也。【略】

弄于西園

《漢書》靈帝于西園弄狗，著進賢冠帶綬。又昌邑王有狗戴方山冠。

呼周

《公羊傳》晉靈公食，趙盾公曰：聞子劍利以示我，盾将起進劍，提彌明曰：何故拔劍于公所，盾知之踖而止。公有周狗謂之獒，呼而屬之，彌明逆而踆之，絶領。盾顧曰：君之獒不，若臣獒也。注云：周狗言可與比周，所指如意之狗，踆以足逆蹋之地。【略】

犬名槃瓠

《搜神記》槃瓠者，本高辛氏宮中老婦人，有耳疾，毉者挑治之，有物如繭，以瓠盛之，以槃覆之，有頃，化為犬，其文五色，因名槃瓠。後漢南蠻傳有帝以女妻盤瓠之説，今不盡載。

犬名鵠倉

《偃王志》徐國宮人妊娠而産卵，以為不祥，棄于水濱。孤獨老母有犬名鵠倉，獵于水濱，銜所棄卵以歸。孤獨母以為異，覆煖之，遂蚺蝍成小兒，生時正偃，故以為名。徐君宮中聞之，乃更收養，長而仁智，襲徐君國，鵠倉臨死，更生角而九尾，實黄龍也。偃王葬之徐梁界内，今名狗壠。

叩氣

《説文》狗，叩也。叩氣，吠以守也。

懸蹄

《説文》犬狗之有懸蹄者也。《爾雅》犬生三猣，二師，一玂，未成毫狗。

牙如交戟

魏賈岱《宗狗賦》爪類刀戈，牙如交戟。

蹄如結鈴

晉傅玄《走狗賦》舒節，急筋，豹耳，龍形，蹄如結鈴，五魚體成。

青骹

《西京雜記》楊萬年有獵狗，名青骹，直百金。又茂陵少年李亭，好馳逐鷹犬，皆有佳名，狗則有脩毫氂睫，白望青曺之號。

白雀

《風土記》犬則青鶤、白雀、飛龍、虎子，馴良捷瞥，難狎易使也。

短喙

《爾雅》釋畜長喙善獵，短喙善吠。莊子曰：狗不以善吠為良，凡犬長喙為上，短喙次之。

長耳

《白澤圖》黑狗白頭長耳卷尾，龍也。

白首

《山海經》陰山有獸，狀如貍。白首，其名天狗。

素牙

《傅玄賦》足懸鉤，爪口含素，牙首類驤，螭尾如騰蛇。

識家

《白帖》漢高祖以太上皇思豐沛，故作新豐，與豐沛無異。人家雞犬放之，皆識家。

完褚

魏太祖云：我有丁斐，猶人家有盜，狗善捕鼠，雖小有所損，而完我衣褚，

飛食虎豹

《周書渠搜》犬者，露犬也。能飛食虎豹。

志在麞麋

《吕氏春秋》齊有善相狗者，隣人藉之買鼠，狗朞年而得，曰良狗也。其隣畜之數年，不噉鼠，以告相者曰：此志在麞麋豕鹿，不在鼠，欲其鼠也。則桎其後足，遂取鼠。

迎吠楊布

《列子》曰：楊朱之弟布衣素衣而出，天雨，解素衣，衣黑衣而返，其狗迎而吠之，布怒将扑狗。朱曰：子無扑矣，子亦猶是也。向使汝狗白而往，黑而來，豈能無怪哉。【略】

上臺

《魏志》公孫淵未亡時，家數有怪，犬冠幘絳衣上臺。

哭市

隨巢子曰：昔三苗大亂，龍生于廟，犬哭于市。

明　慎懋官《華夷花木鳥獸珍玩考》卷七《兩首犬》　神功元年，安國獻兩首犬，首多者，上不一也。

又《女直狗車》　形如船，以數十狗洩之，往來遞運木馬形如彈弓，繫足激行，可及奔馬，二者止可冰雪上行。

又《生男爲狗》　北狗國，人身狗首長毛不衣，手搏猛獸，語為犬嘷，其妻皆人。能漢語，生男為狗，女為人自相婚嫁，穴居食生，而妻女人食熟。嘗有中國人至其國，其妻憐之，使逃歸。與其筯十餘隻，教其每走十餘里遺一筯，狗夫追之，見其家物，必銜而歸，則不能追矣。其説如此。

又卷一〇《贙》　贙有力，贙呼犬，反郭云：西海大秦國有養者，似狗，多力，獷惡。

又《海狗》　海狗純黄，形如狗，大乃如猫，嘗群遊背風沙中。遥見船行則没海，漁以技獲之，盖利其腎也。醫工以為即膃肭臍云。按《本草》膃肭出西戎，豕首魚尾而二足。《圖經》云：黄毛三莖一竅，恐别種也。

明　李時珍《本草綱目》卷五〇《狗》　集解。時珍曰：狗類甚多，其用有三：

田犬長喙善獵，吠犬短喙善守，食犬體肥供饌。凡本草所用，皆食犬也。犬以三月而生，在畜屬木，在卦屬艮，在禽應婁星。豺見之跪，虎食之醉，犬食番木鱉則死，物性制伏如此。又遼東有鷹背狗，乃鷹産三卵，一鷹一雕一犬也。以禽乳獸，古所未聞。詳見雕條。又有老木之精，狀如黑狗而無尾，名曰彭侯，可以烹食。無情化有情，精靈之變也。

肉。黄犬為上，黑犬、白犬次之。氣味鹹、酸，溫，無毒。反商陸，畏杏仁。同蒜食，損人。同菱食，生癲。思邈曰：白犬合海鮋食，必得惡病。時珍曰：鮋，小魚也。道家以犬為地厭，不食之。凡犬不可炙食，令人消渴。妊婦食之，令子無聲。熱病後食之，殺人。服食人忌食。九月勿食犬，傷神。瘦犬有病，猘犬發狂，自死犬有毒，懸蹄犬傷人，赤股而躁者氣臊，犬目赤者，並不可食。主治安五臟，補絶傷，輕身益氣。宜腎。補胃氣，壯陽道，暖腰膝，益氣力。補五勞七傷，益陽事，補血脈，濃腸胃，實下焦，填精髓，和五味煮，空心食之。凡食犬若去血，則力少不益人。

發明。弘景曰：白狗、烏狗入藥用。黄狗肉大補虚勞，牡者尤勝。大明曰：黄犬大補益人，餘色微補。古言薯蕷涼而能補，犬肉暖而不補。雖有此言，服終有益。但因食穢，不食者衆。震亨曰：世言犬能治勞損陽虚之疾，然人病多是陰虚。若陽果虚，其死甚易，亦安能措手哉？時珍曰：脾胃屬土，喜暖惡寒。犬性溫暖，能治脾胃虚寒之疾。脾胃溫和，而腰腎受蔭矣。若素常氣壯多火之人，則宜忌之。丹溪獨指陰虚立儶諸虚證，有黄犬肉丸，藥多不載。

附方。舊三，新六。戊戌酒。大補元氣。用黄犬肉一只，煮一伏時，搗如泥，和汁拌炊糯米三斗，入曲如常釀酒。候熟，每旦空心飲之。《養老》方戊戌丸。治男子、婦人一應諸虚不足，骨蒸潮熱等證。用黄童子狗一只，去皮毛腸肚同外腎，於砂鍋内用酒醋八分，水二升，入地骨皮一斤，前胡、黄芪、肉蓯蓉各四兩，同煮一日。去藥，再煮一夜。去骨，再煮肉如泥，擂濾。入當歸末四兩，蓮肉、蒼術末各一斤，濃樸、橘皮末十兩，甘草末八兩，和杵千下，丸梧桐子大。每空秘韞》。脾胃虚冷。腹滿刺痛，肥狗肉半斤，以水同鹽豉煮粥，頻食一兩頓。心境。虚寒瘧疾。黄狗肉煮臛。入五味，食之。氣木鼓脹。狗肉一斤切，和米煮粥，空腹食之。心鏡。浮腫屎澀。肥狗肉五斤熟蒸，空腹食之。心鏡。卒中惡死。破白狗拓心上，即活。肘後方。痔漏有蟲。《鈐方》：用狗肉煮汁，空腹服，能引蟲也。危氏：用熟犬肉蘸濃藍汁，空心食，七日效。

蹄肉氣味酸平，主治煑汁，能下乳汁。

血。白狗者良。氣味鹹，溫，無毒。白狗血和白雞肉、烏雞肉、白鵝肝、白羊肉、蒲子羹等食，皆病患。時珍曰：黑犬血灌蟹燒之，集鼠。白狗血：治癲疾發作。烏狗血治産難橫生，血上搶心，和酒服之。補安五臟。熱飲，治虚勞吐血，又解射罔毒。點眼，治痘瘡入目。又治傷寒熱病發狂見鬼及鬼擊病，辟諸邪魅。

發明。時珍曰：術家以犬為地厭，能禳辟一切邪魅妖術。按：《史記》云：秦時殺狗磔四門以禦災，風俗通義云今人殺白犬血題門以辟不祥，則自古已然琅琊有女子，右股病瘡，癢而不痛，愈而複作。佗取稻糠色犬一只系馬，馬走五十裏，乃斷頭向癢處合之。須臾一蛇在皮中動，以鉤引出，長三尺許，七日而愈。此亦怪證，取狗之血腥，以引其蟲耳。

附方。舊二，新四。熱病發狂。傷寒、時氣、溫病六七日，熱極發狂，見鬼欲走。取白狗從背破取血，乘熱攤胸上，冷乃去之。此治垂死者亦活。無白犬，但純色者亦可。肘後方。鬼擊之病。脅腹絞痛，或即吐血、衄血、下血，一名鬼排。白犬頭取熱血一升，飲之。百一方。小兒卒癇。刺白犬血一升，含之。並塗身上。葛氏方。卒得瘑瘡。常時生兩腳間。用白犬血塗之，立愈。肘後方。兩腳癬瘡。白犬血塗之，立瘥。奇效。疔瘡惡腫。取白犬血頻塗之，有效。肘後。

心痹心痛。取和蜀椒末，丸梧桐子大。每服五丸，日五服乳汁。白犬者良。十年青盲。取白犬生子目未開時乳，頻點之。狗子目開即瘥藏器。赤禿發落，頻塗甚妙。

附方。新二。拔白。白犬乳塗之。千金。斷酒。白犬乳，酒服。千金。

脂並脏。白犬者良。主治手足皴皺。入面脂，去皯。柔五金腦。主治頭風痹鼻，中瘜肉，下部䘌瘡。《別録》猘犬咬傷，取本犬腦敷之，後不復發。

附方。新一。眉髮火瘢不生者：蒲灰以正月狗腦和敷日三，則生。聖惠方。

涎主治諸骨硬，脫肛，及誤吞水蛭。

附方。新三。諸骨哽咽。狗涎頻滴骨上，自下。仇遠稗史。大腸脫肛。狗涎抹之，自上也。扶壽精方。誤吞水蛭。以蒸餅半箇，絞出狗涎，喫之。連食二、三其物自散。德生堂方。心主治憂恚氣，除邪。別録治風。

痺鼻衄及，下部瘡，狂犬咬。

腎氣味平，微毒。時珍曰：《内則》食犬去腎，為不利人也。主治婦人産後腎勞如瘧者。婦人體熱用豬腎，體冷用犬腎。

肝時珍曰：按沈周《雜記》云：狗肝色如泥土，臭味亦然。故人夜行土上則肝氣動，蓋相感也。又張華《物類志》云：以狗肝和土泥灶，令婦外家孝順。則狗肝應土之説相符矣。主治肝同心腎搗，塗狂犬咬。又治腳氣攻心，切生以薑，醋進之取洩，先洩者勿用。

附方。舊一，新一。下痢腹痛。狗肝一具切，入米一升煑粥，合五味食。心鏡。心風發狂。黄石散：用狗肝一具批開，以黄丹、硝石各一錢半，研勻擦在肝内，用麻縛定，水一升煮熟。細嚼，以本汁送下。《楊氏家藏》。

膽。青犬、白犬者良。氣味苦，平，有小毒。斅曰魚插樹，立便幹枯；狗膽塗之，卻還榮盛。主治明目。本經。鼎曰：上伏日采膽，酒服之。敷痂瘍惡瘡。別録。療鼻齆鼻中瘜肉。甄權主鼻衄聤耳，止消渴殺蟲，除積能破血。凡血氣痛及傷損者，熱酒服半箇，瘀血盡下。時珍　治刀箭瘡。日華。去腸中膿水。又和通草桂為丸服，令人隱形。孟詵。

發明慎微曰：按《魏志》云：河内太守劉勳女病，左膝瘡癢。華佗視之，用繩系犬後足不得行，斷犬腹取膽向瘡口，須臾有蟲若蛇從瘡上出，長三尺，病愈也。

附方。舊二，新七。眼赤澀癢。犬膽汁注目中，效。聖惠。肝虚目暗。白犬膽一枚，營火蟲二七枚，陰乾為末點，之。聖惠。目中膿水。上伏日采犬膽，酒服之。聖濟總録。聤耳出膿。用狗膽一枚，枯礬一錢，調匀，綿裹塞耳内，三四次即瘥。奇效良方。

拔白換黑。狗膽汁塗之。千金。血氣撮痛。用黑狗膽一個半幹半濕剜開，以篦子排丸綠豆大，蛤粉滚過。每服五丸，以燒生鐵淬酒送下，痛立止。《經驗方》反胃吐食。不拘丈夫婦人老少，遠年近日。用五靈脂末，黃狗膽汁和，丸龍眼大。每服一丸，好酒半盞磨化服。不過三服，即效。《本事》痞塊疳積。五靈脂炒煙盡、真阿魏去砂研等分，用黄雄狗膽汁和，丸黍米大。空心津咽三十丸。忌羊肉、醋、面。《簡便》赤白下痢。臘月狗膽一百枚，每枚入黑豆充滿，麝香少許。每服一枚，赤以甘草、白以幹薑湯送下。《奇效良方》。牡狗陰莖釋名狗精。六月上伏日取，陰乾百日。別録氣味鹹，平，無毒。思邈曰：酸。主治傷中，陰痿不起，令強熱大，生子，除女子帶下十二疾。本經治絶陽及婦人陰瘻。日華補精髓。孟詵陰卵主治婦人十二疾，燒灰服。蘇恭

皮主治腰痛，炙熱黃狗皮裹之，頻用取瘥燒灰，治諸風。時珍

發明。時珍曰：《淮南萬畢術》云：黑犬皮毛燒灰揚之，止天風。則治風之義，有取乎此也。

毛主治產難蘇恭。頸下毛：主小兒夜啼，絳囊錢，治邪瘧。尾：燒灰，敷犬傷。時珍。

附方。舊一。湯火傷瘡。狗毛細翦，以烊膠和毛敷之。痂落即瘥。《梅師》

齒氣味平，微毒。主治癲癇寒熱，卒風痱，伏日取之。別録磨汁，治犬癇。燒研醋和，敷發背及馬鞍瘡。同人齒燒灰湯服，治痘瘡倒陷，有效。時珍。

頭骨。黄狗者良。氣味甘、酸，平，無毒。主治金瘡止血。別錄燒灰，治久痢、勞痢。和乾薑、莨菪炒見煙，為丸空心白飲服十丸，極效。甄權燒灰壯陽，止瘧。日華治癰疽惡瘡，解顱女人崩中帶下。時珍頷骨主小兒諸癇，諸瘻，燒灰酒服。蘇恭。

附方。舊三，新十。小兒久痢。狗頭燒灰，白湯服。千金。小兒解顱。黃狗頭骨炙為末，雞子白和，塗之。直指。赤白久痢。臘月狗頭骨一兩半燒灰，紫筍茶末一兩，為末。每服二錢，米飲下。《聖惠方》。赤白帶下。不止者：狗頭燒灰，為末。每酒服一錢，日三服。《聖惠》。產後血亂。奔入四肢，並違墮。以狗頭骨灰，酒服二錢，甚效。《經驗後方》打損接骨。狗頭一個，燒存性為末。熱醋調塗，暖臥。《衛生易簡》附骨疽瘡。狗頭骨燒煙，日熏之。《聖惠》

癰疽節毒。狗頭骨灰、芸苔子等分，為末，醋和敷之。《千金》惡瘡不愈。狗頭骨灰同黃丹末等分，敷之。《壽域方》長肉生肌。老狗頭腦骨瓦炒二兩，桑白皮一兩，當歸二錢半。為末。麻油調敷。《直指》鼻中瘜肉。狗頭灰方寸匕，苦丁香半錢，研末吹之，即化為水。或同硇砂少許，尤妙。《朱氏集驗》夢中洩精。狗頭鼻梁骨燒研，臥時酒服一錢。頭風白屑。狗頭骨燒灰，淋汁沐之。《聖惠方》

骨。白狗者良。氣味甘，平，無毒。主治燒灰，生肌，敷馬瘡。別録燒灰，療諸瘡瘻，及妬乳癰腫。弘景燒灰，補虚理小兒驚癇客忤。蜀本煎汁，同米煑粥，補婦人，令有子。藏器燒灰，米飲日服，治休息久痢。豬脂調，敷鼻中瘡。時珍

附方。舊二。產後煩懣不食者：白犬骨燒研，水服方寸匕。《千金翼》桃李哽咽。狗骨煑湯，摩頭上。子母秘録。

屎。白狗者良。氣味熱，有小毒。《丹房鑑源》云：白狗糞煑銅。主治疔瘡。水絞汁服，治諸毒不可入口者，蘇恭療疽徹骨癢者，燒灰塗瘡，勿令病者知。又和臘豬脂，敷瘻瘡腫毒，疔腫出根。藏器燒灰服發痘瘡，倒靨治霍亂癥積止心腹痛，解一切毒。時珍。

發明。時珍曰：狗屎所治諸病，皆取其解毒之功耳。

附方。舊三，新五。小兒霍亂猝起者：用白狗屎一丸，絞汁服之。心痛欲死。狗屎炒研，酒服二錢，神效。勞瘧瘧。用白狗糞燒灰，發前冷水服二錢。聖惠方。月水不調。婦人產後，月水往來，乍多乍少。白狗糞燒末，酒服方寸匕，日三服。《千金》魚肉成癥。並治諸毒，用狗糞五升燒末，綿裹於五升酒中浸二宿，取清月三服，癥即便出也。外臺。漏脯中毒。犬屎燒末，酒服方寸匕。肘後。發背癰腫。用白犬屎半升，水絞取汁服，以滓敷之，日再。外臺。疔瘡惡腫。牡狗屎五月五日取燒灰塗敷，數易之。又治馬鞍瘡，神驗。《聖惠》屎中粟。白狗者良。一名白龍沙。主治噎膈風病，痘瘡倒陷，能解毒也。時珍。

附方。新二。噎隔不食。黃犬幹餓數日，用生粟或米幹飼之。俟其下糞，淘洗米粟令淨，煮粥，入薤白一握，泡熟去薤，入沉香末二錢，食之。《永類鈐方》痘瘡倒靨。用白狗或黑狗一只，喂以生粟米。候下屎，取未化米為末，入麝香少許，新汲水服二錢。《保幼大全》

屎中骨主治寒熱，小兒驚癇。《別録》

明　盧和《食物本草》卷下　山狗，貛形如家狗，脚微短，好餂食果。食味甘美，皮可為裘，有數種，在處有之，蜀中出者，名天狗。

明　田藝蘅《留青日札》卷三〇《小狗》　今之矮爬狗，即古小狗之種。蓋輿中國狗交而浙高大者也。馬監狗長四五寸，可藏之馬鐙中者。唐高祖時上南昌獻狗二局六寸，長尺，能曳馬銜燭，云出拂蘇國，中國始有拂棘狗。秣，或作森。元延祐間，佛霖國使來二日國當日沒之處，有水銀海，周圍四五十裏。健夫駿馬貼金薄馳，還引水銀，沸逐取之，用香草同煎，即成花銀矣。杜環穴經行記氣拂林在苫國西，一名犂軒。《一統志》其國東自大食，及於闐、回紇，抵中國洪武四年朝貢，土産不載。今杭城此種甚多，其最小者，沈舉人汝文家得一對自徐閣老處，紫毛可愛。

明　楊清叟《仙傳外科集驗方》卷七《經驗風狗咬人方》　如風狗才傷人了，即便喫清油半盞，能清心。急用雄黃炒斑猫去頭翅足，爲細末，一日服一箇，及雄黃以酒調服，七七四十九箇，以喫四十九日，冷水少入清油亦可。以小便利，下惡毒爲度。如不利，多進一服，利後腹肚疼痛，急用冷水調青靛服之以解，黄連水煎服亦可。服藥之後，不宜便喫熱，物即絶根愈矣。瘡口莫等好，如不破，可以炙破，等出血，去毒氣，不發也。如是小便出血，不可治之，必死。

又　傷人死對周急解之。傷人後，至周年或百日内發者，已死，但心間温者，便可救之。急用槐花一斤，用酒水二大碗，煎至碗半，以温，用物挑開口灌入喉中，少時便醒。一箇時辰後，用温清粥與喫，則箇即無事矣。不然，再用藥滓服之。不可與冷水、羊肉、發風毒物，切忌之。

明　陳耀文《天中記》卷五四《犬》　犬，狗之有懸蹄者也。孔子曰：視犬之字如畫狗也。狗叩也，叩氣吠以守也。《説文》尨犬多毛也。猲短喙犬也。獫犬吠不止也。獒犬如人心，可使也。犴健犬也。狄赤犬也。狡少狗也。匈如地有狡犬巨，口而黑，身㹶猨。南越名犬也。上獹，韓良犬也。猉鵲，宋良犬也。豣逐虎犬也。呂忱，字林守。犬為獚，隴西以犬為猶獿，毦皆多毛犬也。獟猘也。炤屈尾犬也。何承天纂文。狗有懸蹄短尾之號，殷虞晉獒，並犬名也。《廣雅》

槃瓠，昔高辛氏有犬戎之寇，帝募有能得其將吳將軍《搜神》作吳將軍。《玄中記》作犬戎。頭者，厚賞之，妻以少女。時帝有畜狗，其毛五采，名曰槃瓠。下令，亡三月，以其首來，帝乃以女配之。槃瓠負女而走，入南山止石室中，經三年，生六男六女。槃瓠死後，因自相夫妻，其母後歸以狀白帝，於是，使迎致諸子，賜以名山廣澤。其後滋蔓，號曰蠻夷。今長沙武陵蠻是也。《後漢》高辛氏有老婦，居王室，得耳疾，挑之乃得物，大如繭，婦人盛瓠中，覆之以槃，俄頃，化為犬。其文五色，因名槃瓠。署武溪山高可萬仞，半有槃瓠石窟，可容數萬人。窟中有石似狗，形蠻俗相傳，即槃瓠也。《武陵記》每歲七月二十五日，種類四集於廟，扶老攜幼，環宿其旁。凡五日祠以牛彘酒鮓，椎歌歡飲。即還，惟不用犬云。《辰陽風土記》

逐犬　少康逐犬，而顛隕厥，言夏後少康，因田獵放犬逐獸，遂襲殺，澆而斷其頭。《楚詞》

執犬　周成王時，渠搜國獻鼩一作鼩犬，鼩犬者，露犬也。能飛，食虎豹。

矩狗　湯四方獻令，伊尹請正南以矩狗為獻。孔氏曰：矩狗，狗之善也。《周書王會》

執虎豹，天子之狗，走百裏執虎豹。《穆天子傳》

龍狗　天子東征，以行流沙，天子之豪牛、豪馬、龍狗、豪羊。上注：龍，龍茸，謂猛狗，或曰龍，亦狗名。

鵠蒼　徐君宮人娠而産卵，以為不祥，棄於水濱。孤獨老母有犬名鵠蒼獵於水濱，得所棄卵，銜以來歸，獨母以為異，覆煖之遂[illegible]蝍成小兒。生時正偃，故以為名。徐君宮中聞之，乃更録取收養，長而仁智，襲君徐國。後鵠蒼臨死更生角而九尾，實黄龍也。偃王葬之徐梁界中，今名狗壟鵠蒼，或名後蒼。《偃王志》《博物志》

周狗　晉侯飲趙盾酒，伏甲將攻之。其右提彌明知之，趨登曰：臣侍君宴，過三爵，非禮也。遂扶以下，公嗾夫獒焉，明搏而殺之。盾曰：棄人用犬，雖猛何為。鬬且出，左宣二靈公食趙盾，公曰：聞子之劍蓋利劍也。子以示我，我將觀焉。盾起將進劍，祁彌明自下呼之曰：盾食飽則出，何故拔劍於君，所盾知之躇階而走。公有周狗謂之獒呼，而屬之獒，亦躇階而從之，彌明逆而踆之，絶其頷。趙盾顧曰：君之獒，不若臣之獒也。《公羊》注：躇猶超遽，周狗可以比周之狗，所指如意，踆以足逆蹋之。

瘈狗　宋國人逐瘈狗，瘈狗入於華臣氏，國人從之臣懼遂奔陳。左襄十七

猘狗　鄭子陽剛毅而好罰，其於罰也，執而無赦。舍人有折弓者，畏罪而恐誅，則因猘狗之驚以殺，子陽此剛猛之所致也。《淮南氾論》

茹黃荊　文王得茹黃之狗，宛路之矰，以畋雲夢，三月不返，得舟之姬，期年不朝。葆申束細箭五十，跪而加之王背。出而自沈於淵，荊王乃殺茹黃狗，折矰放舟之姬。《呂覽》

噬犬　秦伯有噬犬弟鍼，欲請之，秦伯不與，鍼以百兩金易之。又不聽，因逐鍼而奪其爵。昭元事兄有噬犬弟，何欲易之，以百兩卒無祿。《楚詞》

吠狗　叔孫婼如晉，晉人執之，館諸箕。吏人之與叔孫居於箕者，請其吠狗，弗與。及將歸殺而與之，食之。叔孫所館者，雖一日必葺其牆屋去之，如始至。昭二十三

作狗吠　文種過範蠡之門，蠡於狗洞作狗吠，文種曰：狗當吠人，蠡乃以我為人，迴車至其門，入內而拜，薦為越相。劉子《知人篇》曰：範蠡於犬竇，文種聞而拜之。

給祭　景公走狗死，命外供之棺，內給祭。晏子諫公曰：亦細物也，特與左右為笑耳。晏子曰：孤老凍餒無食，狗死有祭，鰥寡不恤，而死狗有棺，行辟若此，百姓聞之，必怨吾君，諸侯聞之，必輕吾國。而乃以為細物，君其圖之。公曰：善，趣庖治狗，以會朝屬。《晏子春秋》

蓋埋　仲尼之畜狗死，使子貢埋之，曰：吾聞之弊帷，不棄為理馬也。弊蓋不棄，為埋狗也。丘也，貧無蓋，於其封也。亦與之席，無使其首陷焉。《檀弓》

國狗　吳徵會於衛，子木曰：長木之弊，無不摽也。國狗之瘈，無不噬也。而況大國乎。

宋淖　介闕閭裏有狗，宋人之駑狗也。其家命之為淖，逐狗不及，止而望之，自以為過矣。《莊子》

韓盧　齊欲伐魏，淳於髡謂齊王曰：韓子盧者，天子之壯犬也。東郭□者，海內之狡兔也。韓子盧逐東郭□環山者，三騰山者，五兔極於前，犬疲於後，犬兔俱罷，各死其處，田父見而獲之，無勞勌之苦，而擅其功。今齊魏相持頓兵弊，衆臣恐強秦、大楚承其後，而有田父之功也。《戰國策》騏驥長鳴，白樂昭其能，盧狗悲號，韓國知其才。曹子建《求自試表》。昔韓盧之取兔也，上觀下獲，不甚多殺，願次卿少緩誅罰，思行此術。張敞《與嚴延年書》。嚴尤謂陳茂曰：是猶紲，韓盧而責之獲也。《莽傳》

周嚳　客謂孟嘗君，臣聞周氏之嚳，韓氏之盧天下疾狗也。見菟而指屬則無失兔矣。望見而放狗也。則累世不能得兔矣。狗非不能屬之者，罪也。《說苑》

迎吠　楊朱之弟曰：布衣素衣而出，天雨，解素衣，布衣而反，其狗迎而吠，楊布怒將樸狗，楊朱曰：子無樸矣。向者使汝狗白而往，黑而來，豈能無怪哉。《列子》

蹠狗　貂勃常惡田單，於廟單召而問之，貂曰：勃然蹠之狗，可使吠堯，非貴蹠而賤堯，狗自吠非其主者。且公孫子賢，而徐子不肖，然而公孫子與徐子，聞徐子之狗攫公孫子之腓，而噬之哉。單乃任貂勃於王。《春秋後語》高祖詔齊捕蒯通，通至上曰：若何教淮陰侯反，對曰：然蹠之狗吠堯，堯非不仁，狗故吠非其主。《史記》

相狗　齊有善相狗者，其鄰籍之買鼠，狗期年而得，曰良狗也。其鄰畜之數年，不噉鼠，以告相者，曰：此志在麞麋，豖鹿，不在鼠，欲其取鼠也。則桎之，其鄰桎其後足，則狗取鼠。《呂氏春秋》徐無鬼曰：嘗語君吾相狗也。下之質執飽而止，是狸德也。中之質，若視日上之質，若亡其一。《莊子》

命狗　齊有貧者，命其狗為富，命其子為樂，方將祭，狗入於室，叱之曰：富出祝，曰：不祥，家有禍。長子死哭之，曰：樂乎，而不自悲也。《尸子》

字犬　康衢長者，字僮。曰：善搏。字犬，曰善噬。賓客不過其門三年，長者怪而問之，以實對，於是改之，賓客復往。《尹文子》

據掖　呂後七年三月中祓，還過軹道，見物如蒼犬，據後掖，忽弗復見。蔔之，云趙王如意為祟，後遂病掖傷崩。《史記》

生角　文帝後五年，齊雍城門外有狗生角，京房《易傳》曰：執政失，下將害之，厥妖狗生角，君子苟免，小人陷之，厥妖狗生角。《漢五行志》天狗下梁，而吳楚攻梁，狗生角於齊，而三國圍齊。

青骹　楊萬年有獵狗，名青骹，直百金。《西京雜記》

白望　茂陵少年李亭，好馳逐鷹犬，皆制佳名，狗則有修毫、釐睫、白望、青曹之號。

與人鬭　成帝河平元年，長安男子石良劉音，相與同居，有如人狀。在其室中，擊之為狗走出，去後有數人被甲持弓弩至石家，良等格擊，或死或傷，皆狗也。自二月至六月乃止，其於洪範皆犬禍也。《漢五行志》

青狗為怪　占仲子婢死，有女四歲，數來撫循，亦能為沐頭浣濯。甚令人惡之。道士云：其家青狗為之，殺之便止，楊仲文亦言，能知家嫗死未葬，忽起飲食，醉後而坐，祭床上，如此，三四家益厭苦。其後醉形露，壞垣得老狗，便行打死之，推問乃裏頭沽家狗。《桓譚新論》《搜神記》以李德事同。

人行　桂陽太守汝南韋叔堅，少時為從事。其家狗忽人立而行，家中皆請殺之。叔堅云：『犬馬喻君子，狗見人行，行效之何傷』。叔堅為縣令還，解冠榻上，狗戴持走，家人驚愕，復云誤觸冠，冠纓掛著耳。狗尋於竈前畜火，家益驚愕。叔堅曰：『兒輩皆在田中，狗助畜火，幸可不煩鄰裏，亦何所惡也。』遂不肯殺。後數日，狗自暴死，卒無纖芥之異。叔堅至太尉，終於位。《風俗通》

著冠　靈帝熹平四年，於西園弄狗，著進賢冠帶綬以為笑樂，有一狗突出走入司徒府門，或見之者，莫不驚怪。配人　光和四年，又於西園弄狗以配人。《袁山松書》

不吠　漢末富春有桑君者，養犬數年不吠，孫文臺微時經此，犬忽吠之，桑謂文臺曰：君其異相乎，及貴欲報桑，無祈好，惟好張畢捕魚，文臺為作九裏畢以贈之，文臺堅字也。《郡國志》上屋　公孫淵未亡，家數有怪，犬冠幘絳衣上屋。《魏志》

烏狗　雍闓欲絳，魏說夷曰：官欲得烏狗三百頭，膺前盡黑，螨腦三𣁾，斲木溝三丈者三千枚，汝能得不夷，皆從闓。《華陽國志》

沾草　孫權時，李信純，襄陽紀南人也。家養一狗，字曰『黑龍』，愛之尤甚，行坐相隨，飲饌之間，皆分與食。忽一日，於城外飲酒大醉，歸家不及，臥於草中。遇太守鄭瑕出獵，見田草深，遣人縱火爇之。信純臥處，恰當順風。犬見火來，乃以口拽純衣，純亦不動。臥處比有一溪，相去三五十步，犬即奔往，入水濕身，走來臥處，周回以身灑之，獲免主人大難。犬運水困乏，致斃於側。俄爾信純醒來，見犬已死，遍身毛濕，甚訝其事。睹火蹤跡，因爾慟哭，聞於太守，太守憫之曰犬之報恩甚於人！人不知恩，豈如犬乎即命具棺槨衣衾葬之。今紀南有義犬塚，高十餘丈。《搜神記》太和中，廣陵人楊生養狗，甚憐愛之。行止與俱。後生飲酒，醉行大澤草中，眠不能動。時冬月野火起，風又猛，狗周章號喚，生醉不覺。前有一坑水，狗便走往水中，還，以身灑生左右。草沾水得著地，火尋過去，生醒，方見之。他日又闇行，墮空井中，狗呻吟徹曉。須臾有人過，怪之就視，見生。生曰：君可出我當厚報君，人曰：以此狗見與便當相出。生曰：此狗曾活我於已死，不得相與，餘即無惜。人曰：若爾，便不相出。狗因下頭目井，生知其意，乃語路人以狗相與。人乃出之，繫狗而去。後五日，狗夜走歸。《續搜神記》

天公狗　王姥，黃龍中九歲病死，自朝至暮復蘇。云見一老嫗，挾將飛見北斗，君有狗如獅子大，深目，伏井欄中，云此天公狗也。《洋明録》

崖柴　丁謐為尚書，多所忽畧，雖與何晏、鄧颺同位，而皆少之。惟以勢屈於爽，爽亦敬之，言無不從。故於時謗書，謂臺中有三狗，二狗崖柴不可當，一狗憑默作疽囊。三狗謂何、鄧、丁也。默者，爽小字也。言三狗皆欲嚙，而謐尤甚。《魏畧》類聚作啀喍事類賦，作睚眥。

引衣　孫峻與亮謀誅諸葛恪，恪將見之，夜精爽擾動，通夕不寐，嚴畢趨出，犬銜引其衣。恪曰：犬不欲我行乎，還坐頃刻，乃復起。犬又銜其衣，恪令從者逐犬，遂升車，被殺。《吳志》

黃耳　陸機少時，頗好遊獵。在吳豪盛，客獻快犬名曰黃耳。機後仕洛，常將自隨。此犬黠慧，能解人語。又嘗借人三百裏外，犬識路自還，一日至家。機羈旅京師，久無家問，因戲語犬曰：『我家絕無書信，汝能齎書馳取消息不？』犬喜搖尾，作聲應之。機試為書，盛以竹筒，系之犬頸。犬出驛路，疾走向吳，饑則入草噬肉取飽。每經大水，輒依渡者，弭耳掉尾向之，其人憐愛，」因呼上船。裁近岸，犬即騰上，速去如飛。徑至機家，口銜筒作聲示之。機家開筒取書，看畢，犬又向人作聲，如有所求；其家作答書內筒中。復繫犬頸，犬既得荅仍馳還洛，計人行程五旬，而犬往還裁。半月後，犬死，殯之，遣送還家，葬機村，南去機家二百步，築土為墳，村人呼為黃耳塚。《述異記》犬名黃耳。崔豹《古今注》

三尺　太康七年郊天，壇下有白狗，高三尺，光色鮮明恒臥，見人則去。《魏晉俗語》

犀犬　元康中，婁縣瑤懷家忽聞池中有犬聲，視之得犬子，雌雄各一，長老云此名犀犬，得之者富。《搜神記》晉志云：經宿失所在。

的尾　晉大興二年，吳人華隆好獵，養一快犬，號曰的尾，常時自隨。隆後至江邊伐荻，犬暫出渚次，隆為大虵圍繞周身，犬還，便咋虵，虵死。隆僵無所知，犬彷徨涕泣，走還船，復反草中。同伴怪所以，隨往，見隆悶絕將歸家。二日犬為不食，隆復蘇，乃始進飯，隆愈愛惜，同於親戚。

地狼　大興四年，盧江灊縣何旭家，忽聞地中有犬子聲，掘之得一母犬青釐色，狀甚羸瘦。走入草中，不知所在，視其處，有二犬子，一雄一雌，哺而養之，雌死雄活，及長，為犬，善噬野獸，其後，旭裏中為蠻所沒，《晉五行志》地中有犬，名曰地狼。《尸子》掘地得犬，名曰賈夏。《鼎志》

烏龍　會稽張然滯役，有少婦無子，惟與一奴守舍，奴遂與婦通焉。然素養一犬，名「烏龍常以自隨。後歸，奴欲謀殺然，盛作飲食。婦曰與君當大別離，君可強啖奴已張弓拔矢，須然食畢。然涕泣不能食，以內及飯擲狗，祝曰養汝經年，吾當將死，汝能救我否犬得食，不啖，惟注眼視奴。然拍膝大呼曰烏龍犬應聲傷奴。奴失刀遂倒，狗咋其陰。然因取刀殺奴，以妻付縣殺之。《搜神記》

韋善　俊挾一犬號烏龍，後化龍乘之飛昇而去。《續仙傳》韓渥詩，洞房深閉不曾開，横臥烏龍作妬媒。

守死訴寃　安帝義熙年，譙縣崔仲文與會稽石和俱為劉撫軍府吏。仲文養一犬，以獵麞鹿，無不得也。和甚愛之，乃以丁奴易之，仲文不與。和及仲文入山獵，至草中，殺仲文，欲取其犬。犬齧和，守其主屍，爬地覆之。後諸軍出獵，見犬守屍，人識其主，因還啟劉撫軍。石和假還，至府門，犬便往牽衣，號吠，人復白撫軍，曰：此人必殺犬，主因録之，撫軍栲問，果得其實，遂殺石和廣。《古今五行記》

夢咋　張天錫在涼州夢一緑色犬，甚長，從南來，欲咋天，錫林上避之。乃墮地，後苻堅遣苟萇著緑地錦袍從南來攻，未入門，大破之。李産《集異傳》

歌梅花　嘉興縣朱休之有一弟。宋元嘉中，兄弟對坐。家有一犬來，向休之蹲，遍視二人，遂搖頭而笑曰：言我不能歌，聽我歌梅花，今年故復可，奈汝明年何。其家驚，懼斬犬，榜首路側。至來歲梅花時，兄弟相鬬，並被囚，係經歲得免。至夏舉家時疾，兄及弟皆死。《述異記》

大氉狗　宋袁粲父子以舉兵為齊所害，有小兒數歲，乳母將投粲門生狄靈慶，靈慶遂抱以首，乳母號泣，呼天曰：公昔於汝有恩，故冒難歸汝，奈何欲殺郎君以求小利。若天神有知，我見汝滅門，此兒死後，靈慶常見兒騎大氉狗戲如平常。經年餘鬬場忽見一狗，走入其家，遇靈慶子庭噬殺之。少時，妻子皆沒，此狗即袁郎所常騎也。《南史》廣古今記，其妻子皆沒於狗。

白靈　陶弘景云：裴真君好養白犬，白鷄犬，名白靈鷄，名白，精學道之士，或居山林，此可以辟邪。

目犬　北齊徐之才與朝士出遊，遙望羣犬競走，諸人令目之，之才厲聲曰：為是宋鵲，為是韓盧，為逐李斯，東走為負帝女南徂。《本傳》

波斯狗　齊南陽王綽始十餘歲，研守晉陽，愛波斯狗。尉破胡諫之，綽倏然斫殺數徇，狼籍在地。破胡驚走，不敢複言。後有婦人抱兒在路，走進入瞽，綽奪其兒飼波斯徇。婦女號哭，綽怒，又縱狗使食。狗不食，塗以兒血乃食焉。《北齊》

赤儀　齊高緯以波斯狗為赤虎，儀同逍遙郡君飼以梁肉食。縣邑常於馬上設蹬褥以抱之。《三國典畧》高思反與諸貴書云：駮龍得儀同之號，逍遙受郡君之名，犬馬班位，榮冠軒冕。《北史》後主時，為開府儀同雌者，有夫人郡君之號。《隋五行志》取箭　北齊廣寧王孝珩嘗畜一犬，守外人不得趨近，孝珩每射，令其取箭，亦解呼召，左右牽衣而進。《三國典畧》

還家犬吠　徐勉為侍中。時師方侵魏，候驛填委。勉參掌軍書，劬勞夙夜，動經數旬，乃一歸家，群犬驚吠。勉歎曰：『吾憂國忘家，乃至於此：』它日，亦是傳中一事。《梁傳》

抱犬義　陽朱詹，好學，家貧累日不爨，乃時吞紙以實腹。寒無氈被，抱犬而臥。犬亦饑，虛起行盜食，呼之不至，哀聲動隣，猶不廢業，卒成學士，為孝元所禮。《顏氏家訓》

黄蒼　張彪敗後，與妻楊氏去，唯常養一名黄蒼狗，左右前後，未曾捨離。乃還入若邪山中，沈泰説陳文帝遣章昭達領千兵重購之，並圖其妻，彪眠未覺，黄蒼驚吠，刼來便嚙，一人中喉即死。及彪被害，黄蒼號叫彪屍側，宛轉血中，若有哀狀。昭達殯彪喪墳塚既畢，黄蒼又俯伏塚間，號叫不肯離。

銜兔　張元性仁孝。幼時村陌有狗子，為人所棄者，元見即收而養之。其叔父怒曰：何用此為，將更棄之，對曰：有生之類，莫不重其性命，若天之生殺，自然之理，今為所棄而死，非其道也。是以收養之，叔父感其言，遂許焉。未幾，有狗母銜一死兔置元前而去。《後周書》

持齋　文帝時，魏州四月八日立舍利塔，有一黑狗耽耳白胷，於舍利塔前舒左股屈右腳，見人行道，即起行道，見人持齋，亦即持齋，非時與食不食，唯欲得飲淨水，至後日旦起解齋與粥，始喫。且寺內先有數箇猛狗，但見一狼狗，無不競來吠嚙，若見此狗入寺，悉皆低頭掉尾。《隋書》

銜燭　唐武德中，高昌王文泰獻狗，雄雌各一，高六寸長尺，餘性甚慧，能曳馬。銜燭云：本出拂菻國，中國有拂菻狗，自此始也。《舊唐通典》

五狗　武三思嘗與宗楚客兄弟，紀處訥、崔湜丗、元東相驅煽，王同皎、周憬、張仲之等不勝憤，謀殺之。為冉祖雍宋之遜李悛所白，皆坐。因逮染五王，而崔湜遣周利貞就殺之，時人號祖雍、姚紹之等五人為三思五狗。

脫禍　神龍時，唐休景為相，有門僧出言多中。一日，謂休景曰：『公有大禍不遠數月，然可以禳之。』公懼而問計，僧曰：『可於卑宂官中孤寒有才幹者用為曹州，因得張君為之。』乃問所為，僧曰：張君赴部之時，當令求二犬，高數尺而神駿者。張到郡即求得二犬，高四尺獻之。休璟大悅，召僧視之，僧曰：極善，育後旬日，有二刺客，為犬所嚙而斃。《宣室志》

作人言　宗楚客家畜一犬，一日，忽戴楚客冠人立，楚客怒曰：『畜類敢作妖，僭越犯分！即殺之！』犬作人言曰：『公亦作妖，僭越犯分，亦即見殺』未幾，韋氏敗，楚客被斬。

孝順　魏元忠嘗呼蒼頭未應，犬輒代呼之，元忠曰：此孝順狗也。乃能代我勞，後亦無恙。《廣異記》

知難　劉巨麟，開元末為廣府都督，在州恒養一丈雄勁多力犬，至馴附有異於他。巨麟常夜迎使，犬忽遮護，不欲令出，巨麟亦悟曰：犬不使我行耶，徘徊良久。人至，白使近。巨麟叱曰：我行部從如雲，寧有非意之事。使家人鬬犬而出。上馬之際犬亦隨之，忽咋一從者喉中，頃之死。巨麟驚愕。搜死者，懷中得利七首。初巨麟常鞭箠此僕，故修其怨，私欲報復，而犬逆知之，是以免難。《摭異記》

人性　裴令公度，性好養犬。凡所宿設燕會處，悉領之。所食物餘者，便和碗與犬食。時子婿李甲見之，數諫。裴令曰：『人典犬類，何惡之甚？』犬正食，見李諫，乃棄食，以目視李而去。裴令曰：『此犬人性，必讐於子。竊慮之。』李以為戲言。將欲午寢，其犬乃蹲而向李。李見之，乃疑犬讐之。犬見未寢，又出其戶。李見犬去後，乃以巾櫛安枕，多排衣服，以誑覆之，其狀如人寢。李乃藏於異處視之。逡巡犬入其戶，將謂李已睡乃跳上寢牀，當喉而齧，齧訖知謬，犬乃下床憤跳，號吠而死。《集異記》

小狸　鄱陽人張朝，為猛獸所搏噬，其家犬名小狸救之，獲免。《南部新書》

青花　捧硯者，裴至德家僮也。其母曰：春紅配騶人，高璠而生一歲時，有卑腳犬，曰：青花忽來。噬兒陰食之，至德有良藥封之愈。明年夏，青花復併兒外，又食訖工以前藥，傅之及愈，為宦者焉，字之曰捧硯，委以內堅之職。

花鵲　僖宗朝宰相王鐸所愛，卑腳犬曰花鵲，有刺官匿於梁上，為犬所覺，而免。

吠雲　杜光庭犬名吠雲，可行萬裏。

肖像　寧德大學生黄嶽者，乾寧中，王審知節度武威軍，累辟不為動，及審知據閩必欲起之，嶽投淵而死。其父母妻子、二弟、一白犬俱赴水死焉。偽使者宗舒趙田四人亦死，邦人哀之，俱肖像祀之廟，稱忠烈王云。《福寧州志》

桃花　淳化中，合州貢羅江犬。甚小而性慧，帝馴擾於禦榻之側，每坐朝，犬必掉尾先吠，人乃肅然。太宗不豫，犬不食，及上仙，犬號呼涕泗以至疲瘠。章聖初即位，左右引，令前導，嗚吠徘徊，意若不忍。章聖令諭以奉陵，即掘尾飲食如故。詔造大鐵籠，施素裀，置鹵簿中，行路見者隕涕。後因以斃，詔以弊，蓋葬於熙陵之側。李至作桃花犬歌，以寄史官，錢若水末句云：白鱗赤鳳且勿喜，願君出此懲浮俗。《古今詩話》

送歸　康定中，侍禁李貴為西邊寨主，妻為昊賊所虜去。家中白犬頗馴擾，妻祝曰：『我聞犬之白，乃前世為人也。爾能送我歸乎？』犬俯仰如聽命。即裹糧隨之。有警則引伏草間，渴即濡身而返。凡六七日，出賊境。其夫無恙。朝廷封崇信縣君。《江隣幾雜記》慶歷中，渭州廵檢張殿直事，同回家後，夫妻朝暮所食，必分三器，一以飼犬。《括異志》

羅江　慶歷中，衛士有變，震驚宮掖，臺官宋禧上言，蜀有羅江狗，赤而尾小者，其警如神，願養此狗於掖庭以警，倉卒時，謂之宋羅江。《東軒華録》

渠來　虞經臣策元祐時為給事中，初入臺，值都城開渠，忽有異犬自渠中出，直入其家，熟服若素畜養者，家人輩愛之。名曰渠來。但無事，惟喜睡，至或亂毀簾幃窗□之類，則經臣必有遷改錫資之慶。自爾每遇慶事，則飼以肉一斤，必欣喜跳躍，然後食之，以為常。凡數年，經臣敗，前一夕渠來亦死。

靈犬　楊光遠之叛青州也，有孫中舍者，居圍城中，族人在西州別墅，城閉既久，內外隔絕，食且盡，舉族愁嘆，有所畜犬，徬徨其側，似有憂思者，中舍因囑曰：爾能為我至莊取米耶。犬搖尾若應狀，至夜，置一布囊並簡置犬背上，犬自水竇出至莊，嗚吠居者，開門識其犬，取簡視之，令負米還，未曉入城。如此數月，以至城開，孫氏闔門，賴以不餒。孫氏愈愛畜之，後數年斃，葬於別墅之南。至其孫彭年，語龍圖趙師民刻石表其墓。

義犬　鹹溪童家畜二犬，一白一花，共出一母，性狡獪，善知人意。後白者雙目俱盲，弗能進牢而食，主家作草窩臥於簷外。花者日含飯吐而飼之，夜則臥於其傍，白者既死，主憐之，埋於門前山麓間。花者朝夕往埋所，遶數匝，若拜泣，狀臥其旁，少頃始返。《建寧志》

齧殺　宣和五年，京師城北乃官民牧羊地，忽有野犬不知所從來，入羊羣中，鳴呌左右前後，諸犬皆往聚會一羊間。一犬黑白交映，至次日，城內外諸犬畢集，或縛者並斷索而來。凡擾擾兩日，犬多羊少，皆齧殺其羊，識者知為不祥，後果有靖康北狩之禍。《宣靖妖化録》

烏喙　蘇子瞻耳得吠犬名，烏喙甚猛，而馴闕。

遷合浦　過澄邁，涸而濟，路人皆驚。《本集》

青鸛　犬則青顫、白鵲、飛龍、虎子、馴良、掟警，難伸易使也。《周處風土記》

駮犬　波斯國多白馬駮犬，或赤日行七百裏者，駮犬今所謂波斯犬也。《舊唐》

如驢　罽賓犬狗，大如驢。赤色數裏，搖鞉以呼之。郭義恭《廣志》

南斗犬　犬虎文南斗君犬也。畜之，可致萬石。黑犬白耳，大王犬也，畜之令富貴。黑犬白前兩足，宜子孫。白犬黃頭，家大吉。黃狗白尾，代有衣冠。黃犬白前兩足，利人。《雜五行》

尾龍　黑狗白頭耳，長卷尾，龍也。《白澤圖》

豺跪狗，豺之舅，豺遇狗輒跪，如拜狀。《酉陽》

鷹背　唐伯剛云：北方凡皂雕作巢，所在官司必令人窮巢探卵多寡，若三枚必設圍以守之，及其出一乃狗也。取而飼養之，長則獻於朝廷，與常狗無異，但耳上多羽毛耳。田獵之際，鵰則上飛，狗則陸行，所逐同至，名曰鷹背狗。《東園客談》遼鵰巢中生獵犬，性識頗異，每獵而護十倍常犬，然極難得。《使遼録》

狗國　北狗國，人身狗首長毛不衣，手搏猛獸，語為犬嗥，其妻皆人，能漢語，生男為狗，女為人，自相婚嫁，穴居食生，而妻女人食云。嘗有中國人至其國，其妻憐之，使逃歸，與其筯十餘隻，教其每走十餘裏遺一筯，狗夫追之，見其家物，必銜而歸，則不能追矣，其說如此。《五代史四夷附録》

嗺嗺　管仲寢疾，言於桓公曰：東郭有狗，嗺嗺且暮欲齧我，猳而不使也。謂牙牙等之不可用也。《管子》

猚猚　豈不鬱陶而思君兮，君之門以九重，猛犬猚猚而迎吠兮，關梁閉而不通。《九辨》

明　郎瑛《七修續稿・詩文類・馬踐犬》　《芥隱筆記》歐陽與同院李士出遊，遇馬踐犬，死於道。公試書其事，同院曰：有犬卧於通衢，逸馬蹄而殺之。公曰：使子修史，萬卷未已也。莫若逸馬殺犬於道。《捫虱詩話》又載此事，為穆修云：馬逸有黃犬遇蹄而斃，張景云：有犬死奔馬之下。沈存中云：奔馬踐死一犬，以為渾成，過穆張也。予以二書所紀必一事也。乃因前人之議，而後人復擬以較勝耳。文意固似歐陽者，然攄其時，則穆在先矣。芥隱之言，恐亦簾視壁聽者耶。亦未為古，五十年前，予同編修，金美之知縣顧潤夫，員外王蔭伯，共論此事，予戲曰：馬逸踐大死可矣。何數賢之議，如是哉。金戲予曰：可借當時無洓，予徐曰：歐穆何可當也。但以一言論之耳。顧曰：然今偶見二書不同，思三兄俱卒識之。

明　李蘇《見物》卷二《犬》　《爾雅》載：犬名甚多。《廣雅》又稱：殷、虞、晉，獒楚、茹黃、韓盧、宋鵲之良。

論曰：世計犬功則類，以獵兔論然較之。守夜拒奸，孰重輕乎。禮云：敝蓋以埋狗意酬之也。人不食者，以此今沿，謂不潔，何不卻豕炙哉。至于沾焚救主，項箭傳書。又犬之才者，吁犬畜也。有僕隸之勞焉。今強僕悍隸，反噬其主，豈及犬畜哉。宜誅之，如磔犬。

贊曰：犬知衛主，敝蓋覆之，強僕反噬，推刃戮之。

明　袁表《閩中十子詩》卷七《悼犬行》　沙村月黑無人行，猛獸咆哮繞舍鳴。時來攫取村中犬，突入籬落居人驚。韓盧烏喙誇疾足，平地寧知罹虎毒。十家九室無吠聲，更恐穿牢噬黃犢。君不見岑君昔在魏郡時，吠狗不驚足生氂。又不見九江當年有循吏，羣虎渡河俱遠避。方今政美時復平，那得此物來縱橫。誰能驅屏入窮谷，却使騶虞地上行。

（萬曆）《兗州府志》卷二五《狗》　家畜也。種類不一，懸蹄者曰犬，多毛者曰厖，長喙曰獫，短喙曰獵，猗短脰曰猈，豣黃色曰獨，黃身黑頭曰往，猛大曰猼，狂犬曰猘，盧韓之駿大猆，宋之良，大豜逐虎犬也。犬高四尺曰獒。知人心，可使者記。凡祭祀犬曰羹獻。詩盧令，令□載獫□□獢。又毋使厖也。

吠《酉陽雜俎》狗是狼之舅，狼遇狗輒跪，如拜狀。

清 張璐《本經逢原》卷四《狗》 鹹酸，温，無毒。熱病後忌食，妊婦食之，令子無聲。

發明

狗屬土而有火，故歹人履其地雖卧必省。天時亢熱則卧陰地。下元虚人食之最宜，但食後必發口燥，惟啜米湯以解之。敗瘡稀水不歛，日噉狗肉最佳。痔漏人歲久不愈，日食自瘥。凡食犬肉不消，心下堅或腹脹口乾大渴，心急發熱，妄語如狂，或洞下泄，以杏仁一升，合皮熟研，沸湯三升，和取汁，分三服，利下肉片大驗。狗膽，《本經》主明目，取其夜能見物也。陰莖，治傷中陰痿不起，除女子帶下十二疾。狗頭骨煅末，止婦人崩中下痢，取其温而能散也。狗屎中米，名戌腹糧，又名白龍砂，主噎膈風病，及痘瘡倒靨。用此催漿爲最，取其性温熱也。若乾紫黑焦爲血熱毒盛，慎勿悮用。其血能破妖邪，以性屬陽，陰邪不能勝之也。

清 王有光《吴下諺聯》卷一《白狗趕羊駒裏》 羊食草，狗食屎，豈可入駒。奈有一種白狗，易於混雜，若曰狗雖狗，幸而是白，便趕入駒裏。羊若曰，白雖白，畢竟是狗，何便趕入駒來。狗一挨進，始則慕羊而人群，漸且噬羊而敗群易系。曰方以類聚，物以群分吉凶生矣。

清 方以智《物理小識》卷一〇《犬》 焚艾煙熏其鼻，長則捕鼠，食竹茹則啞，食木鼈則死。廬山紀事曰：以芒麻烏頭和豚肉，使狗食之則瘖。雜五行志曰：白犬虎文，畜之至萬石，黑犬白耳主富貴。黑犬白前兩足，宜子孫。白犬黄頭，黄犬白尾，或白前兩足，皆吉。瑣碎錄曰：黑犬能辟伏屍，舌青斑者識盗賊，無故掘坑者有災，獵犬瘦而長。爾雅所謂長喙獫短喙猲獢也。大者曰獒，今西洋多有來者。狗生七日乃開眼能行。諺曰：春臭夏蠅，秋靈冬蠢，小犬吠不止，滴香油鼻中。沈周雜記云：狗肝色如泥土，臭味亦然，故人夜行土上，則肝氣動，蓋相感也。孟詵曰：狗膽和通草桂爲丸服，令人隱形，魏志華陀以狗膽治劉勳女膝瘡，出蟲若蛇。故人傳曰：白赤犬膽爲能辟邪，晉元永昌二年，訛言蟲病得白犬膽可救是也。楮記室曰：至治元年，玉案山産小赤犬，羣吠遍野，暗厄利亞犬猛，一犬可殺一虎，遇獅亦不避也。哥而西加産犬能戰，一犬可當一騎。暄曰：犬以溺記，路回嗅而知之。

清 方旭《蟲薈》卷二《犬》 《淮南子》犬孕三月而生。

《支雅》犬食木鱉子則死。

《續博物志》白犬辟邪。

《埤雅》犬喜雪。

《清異錄》武宗呼犬曰：守門使。

《抱朴子》山中戌日稱人姓氏者，犬也。知其名，則不爲害。

《靈應錄》犬不食其類。

《急救方》凡犬頸硬頭低，耳落尾䩠，直向前行，不能返身顧後，闖入人家，不拘生熟，卽亂齩者，此癲犬也。春夏曰桃花，癲秋冬曰梅花，癲人若中其毒，重則七日，輕則七七日，定當發作，不急治，必死。惟初齩時，急就無風處，以冷水洗浄，隨服韭菜汁一碗，七日又一碗，至四十九日共服七碗，始可無慮。然百日内，當忌鹹酸，一年内，忌魚腥，終身忌狗肉，蠶蛹，否則必發。

又《豹犬》 《逸周書》渠叟以豹犬，豹犬者，露犬也。能飛食虎豹。旭按：匈奴有狡犬，亦此類。

又《蠻犬》 《桂海虞衡志》蠻犬如獵狗，警而猘。旭按：此疑卽爾雅之獒也。似狗獷惡多力，又八紘譯史云：意大理亞有犬能戰，一犬可當一騎，亦此類。又獒字，或書作誤。

又《鬱林犬》 《桂海虞衡志》鬱林犬出鬱林州，形極高大，垂耳拳尾，與常犬異。

又《犼》 集韻犼，北方獸名，似犬食人。旭按：此與上馬屬之犼異。

又《禍斗》 《太平廣記》禍斗似犬，食火糞，復爲火能燒人屋。

又《草上飛》 《八紘譯史》吐番有草上飛形似犬，色如玳瑁，獅子虎豹皆畏之。

又《貔貅》 隴蜀餘聞峩嵋山産貔貅，形類犬，黄質白章，甚遲鈍，羣犬好侮之，其聲似念陀佛。

又《狢即》 《中山經》鮮山有獸曰狢，卽狀如膜犬，而赤目赤喙白尾，見則有火。〇旭按：膜大犬之猥毛多力者。

又《渾沌》 《神異經》崑崙西有獸，狀如犬，長毛四足似羆，而無爪。兩目不見，兩耳不聞，有腹而無五臟經過者，有德行則抵觸之，有凶德則依據之，名曰渾沌。

又《獜》 《中山經》依軲山有獸曰獜，狀如犬而虎爪有甲，食之不風。

註甲鱗也，不風，不畏風也。

又《狡》 《西山經》玉山有獸曰狡，狀如犬而豹文牛角，鳴如犬吠，見則其國大穰。

又《猔猔》 《東山經》栒狀山有獸曰猔，猔狀如犬而六足，鳴自詨。

又《山𤟤》 《北山經》獄法山有獸曰山𤟤，狀如犬而人面，見人則笑，其行如風。

又《天馬》 《北山經》馬成山有天馬，狀如白犬而黑頭，有翼，見人則飛。

又《馬見愁》 天祿識餘西域有獸如犬，含水噀馬目，則馬瞑眩欲死，故馬皆畏之，名曰馬見愁。其皮編爲馬鞭，一揚卽走，謂之不須鞭。

又《碧芬》 《明皇雜錄》太宗時，林氏國貢碧芬之裘，碧芬者，騶虞與豹交而生，大如犬，碧如黛，香聞數十里，彼國人名鮮渠上沮。

又《海狗》 《譯史紀》餘海狗似狗而小，魚尾毛黄色，一雄百雌，偏偶不倦，其腎卽膃肭臍，冬月置水中，水不凍。

《談薈》膃肭臍駭犬。

又《田狗》 《廣雁蕩山志》田狗似狗而小，毛深温厚。旭按：此卽吾鄉之倒田狗也。狀似狗，而庳小喙尖，毛黄黑色。

又《竹狗》 《廣雁蕩山志》竹狗似狗而大尾，有毬善走，毛亦如田狗，而色鮮麗。旭按：竹狗皮似狐，但質稍重。

又《木狗》 《本草綱目》木狗形如黑狗善登木，産廣東左右江山中，其皮爲裘褥，能運動血氣。

又《般第狗》 《坤輿外紀》意大理亞産般第狗，色不一，晝潛於水，夜卧陸地，能齧樹木，其利如刀。

又《西番狗》 《東軒主人述異記》西番狗，形質稍高于常狗，而前兩足指長如猴，足作活與人無異。命之掃地，卽奉箒至庭下掃除甚潔，雖磚石中草根亦以爪剔浄，掃畢奉箒跪復命于主人之前。又可命之燒火，屈薪爲把，進火如人，樹枝長者，則以刀折之，饌既熟擊竈數下卽止火矣。其他雜役，亦過於人，若與之肉，拜而後食，食畢復稽首三四焉。

又《溪邊》 《西山經》天帝山有獸曰谿邊，狀如狗，卧其皮者不蠱。

又《彭侯》 《白澤圖》彭侯木之精也。似黑狗而無尾。旭按：《搜神記》載彭侯狗身人面，肉可食，其味如狗肉。又或說木之精，曰賈朏，狀如豕。

又《幸》 《南華經音義》幸狀如狗而有角，文身五采。

又《狗獾》 《本草綱目》狗獾，蜀人名。天狗，其狀似狗而小，尖喙，足與尾並短，毛黄褐色，皮可爲裘。旭按：一種尾長者，名豣。

又《海獾》 《本草綱目》遼東女直有海獾皮，亦可爲裘。

又《犲》 《爾雅》正義犲善搏噬，羣行，虎亦畏之。旭按：卽犲狗也。狀似狗而瘦，尾長毛黄褐色，其鳴如狗吠，或說獵人誤擊之，多不祥。

清 桂馥《説文解字義證》卷三〇 ，狗之有縣蹏者也。象形，孔子曰：視犬之字，如畫狗也。凡犬之屬，皆從犬。苦泫切。

狗之有縣蹏者也，者縣蹏在前足上。徐鍇曰：縣蹏足趾高。顔注：《急就篇》狡，少犬也。謂狗之有縣蹄者也。《廣志》狗有縣蹄短尾之號。傅元《走狗賦》足縣鉤爪。甯戚《相牛經》縣蹄欲得如八字。《五音集韻》采獸縣蹄，馥案：易剝牀以辨。虞注：指間稱辨，辨卽采字。《曲禮正義》通而言之，狗犬通名，若分而言之，則大者爲犬，小者爲狗。故《月令》皆爲犬。而《周禮》有犬人職，無狗人職也。

，孔子曰：狗叩也，叩气吠以守，從犬句聲。古厚切。

《釋畜》未成豪狗。郭注：狗子未生𩋳毛者。《九家易》斗爲犬，斗詘，故犬卧詘也。《春秋考異郵》七九六十三陽氣通，故斗運狗三月而生也。宋均注：狗陽至於三，故狗各高三尺，斗之精所生也。

孔子曰：狗叩也，叩气吠以守者。狗、叩、守三字聲相近。《爾雅》釋文引字林，狗家獸也，餘與本書同。《玉篇》狗，家畜以吠守。《白帖》犬有守禦之勞。包氏《論語章句》犬以守禦。《易説卦傳》艮爲狗。九家云：艮止主守禦也。《周禮》犬人疏云：艮卦在丑，艮爲止，以能吠守止人則屬艮。昭二十三年。《左傳》吏人之與叔孫居於箕者，請其吠狗。正義云：狗有吠守者。《檀弓》仲尼之畜狗死，注云：畜狗，馴守。鄭注：大傳犬畜之以口吠守者也。《漢書五行志》犬以吠守。《晉書天文志》狗，二星主吠。守張淵觀象賦，天狗接狼，以吠守。《通鑑》東魏楊愔曰：畜狗求吠，今以數吠殺之，恐將來無復吠狗。

，南越名犬獿狡，從犬安聲。所鳩切。

《玉篇》猣，秋獵也。經典作蒐。隱五年，《左傳》春蒐夏苗。又案《論語》人焉，廋哉。方言，廋隱也。文十八年《左傳》服讒蒐慝。注云：蒐隱也是，廋竝借蒐字。

南越名犬獿狡者，名犬。《六書》故引作犬名。《五音集韻》南越人謂犬爲獿狡。

，犬之多毛者，從犬從彡。詩曰：無使尨也吠。莫江切。

犬之多毛者。《增韻》犬𤡔毛者爲尨。《釋畜》絶有力，狣尨狗也。《穆天子傳》天子之豪馬、豪牛、尨狗、豪羊。注云：尨，尨昔謂猛狗。或曰尨，亦狗名。馥案：僖五年。《左傳》狐裘，尨昔。杜注尨昔，亂貌。《七修類稿》唐武后時，藥王韋善俊有犬名烏尨，或借厖字。《說苑》如厖之守戶詩曰：無使尨也。吠者，召南野有死麕。《文傳》云：尨狗也。

少狗也。從犬交聲，匈奴地有狡犬，巨口而黑身。古巧切。

少狗也者。《玉篇》狡獸名少狗也。淮南俶眞訓，狡狗之死也。割之有濡，高注：狡，少也。詩彼狡童兮，傳云：昭公有壯狡之志。匈奴地有狡犬，巨口而黑身者。《白帖》匈奴獻豹犬，錐口赤身，四尺。《急就篇》猳豶狡犬野雞雛，顏注：狡犬，匈奴中大犬也。鉅口赤身。《周書王會》匈奴狡犬，狡犬者，巨身四足，馥謂當爲四尺。

狡獪也，從犬會聲。古外切。

狡獪也者，狡，當爲訬。《本書》訬，訬獪，方言，央亾嘿㞘婚獪也。江湘之閒，或謂之無賴。或謂之㺒。凡小兒多詐，而獪，謂之央亾。或謂之嘿㞘。或謂之婚。婚，娗也。或謂之猾。皆通語也。

犬惡毛也。從犬農聲。奴刀切。

犬，犬惡毛也者，《廣韻》獿，長毛犬。《纂文》獿毴，皆多毛犬也。《字林》獿，多毛犬也。《爾雅》旄毛。郭注：旄，毛獿長。

短喙犬也。從犬曷聲。詩曰：載獫，猲獢。《爾雅》曰：短喙犬，謂之猲獢。許謁切。

短喙犬也者。《玉篇》作猲，云猲獢，犬短喙也。周處《風土記》猲獢，五魚，狼牙鋸齒。蔡氏《清論》短喙之犬，脩頭之馬。《詩》曰：載獫猲，獢者，秦風。駟鐵文，彼作歇驕。《傳》云：歇驕，田犬也，短喙。曰歇驕。釋文歇本又作猲。《爾雅》曰：短喙犬，謂之猲獢者。《釋畜》短喙，猲獢。

猲獢也，從犬喬聲。許驕切。

《詩》作驕，《釋文》本又作獢。

長喙犬，一曰黑犬黃頭，從犬僉聲。虛檢切。

長喙犬者。《釋畜》長喙獫。《詩毛傳》長喙曰獫，一曰黑犬黃頭者。《初學記》引作黃□。

黃犬黑頭，從犬，主聲，讀若注。之戍切。【略】

短脛狗，從犬卑聲。薄蟹切。

短脛狗者，脛當爲脰。《玉篇》猈狗短脰。《廣韻》猈犬短頸。《徐鍇韻譜》猈，短頸狗。

犗犬也。從犬奇聲。於离切。

犗，犬也者。《廣韻》猗犗犬出宇林，趙宧光曰：猗犗竝割勢異名。

犬視皃，從犬目口。古闃切。

闕處是聲字，徐鍇本可證。本書倏從攸聲，讀若叔，是其例。

竇中犬聲，從犬從音，音亦聲。乙咸切。

犬暫逐人也。從犬黑聲，讀若墨。莫北切。

犬暫逐人也者。戴侗引《唐本》暫作潛。

犬從艸，暴出逐人也。從犬卒聲。麤沒切。

犬從艸暴出逐人也者。《玉篇》猝犬從草中暴出也，言倉猝暴疾也，突也。今作卒。馥案《廣韻》卒急也。司馬相如上書卒然遇軼才之獸。《史記秦本紀》不可以應卒。

猩猩犬吠聲，從犬星聲。桑經切。

犬吠不止也。從犬兼聲，讀若檻，一曰兩犬爭也。胡黯切。

犬吠不止也者。徐鍇本作不正。韻會同鍇繫。《傳》曰：謂小犬學吠聲，未正。《玉篇》作不出，獫與獵義同。《廣韻》獵，惡犬吠不止也。

小犬吠，從犬敢聲，南陽新亭有㺖鄉。荒檻切。

小犬吠者。《玉篇》㺖，小犬。馥謂當有吠字。《廣韻》㺖，小犬聲，南陽新亭者。《兩漢志》南陽無新亭，或新野，新都之誤。

犬吠聲，從犬畏聲。烏賄切。

犬吠聲者，《集韻》猥犬，衆吠也。

獿㺜也，從犬夒聲。女交切。

獿㺜也者。《玉篇》獿㺜，謂犬吠。《廣韻》獿犬驚。《集韻》犬驚吠皃。

犬獿獿咳吠也，從犬翏聲。火包切。

犬獿獿咳吠也者。咳當爲駭。《玉篇》㺜犬，擾駭也。《五音集韻》獿㺜，犬駭吠聲。

犬容頭進也。從犬參聲，一曰賊疾也。山檻切。

犬容頭進也者。《增韻》作頭進，一曰賊疾也者。《廣雅》𤢃，賊也。

嗾犬厲之也。從犬，將省聲。卽兩切。

嗾犬厲之也者。《廣韻》嗾使犬，宣二年。《左傳》公嗾，夫獒焉。厲當爲勱，本書勱勉力也。俗作勵小。《爾雅》獎率，勵勸也。

齧也，從犬戔聲。初版切。

齧也者。《史記晉世家》先縱齧狗。

惡健犬也，從犬刪省聲。所晏切。

惡健犬也者。《廣韻》狦，獸名，似狼。《廣雅》狦，狼也。

犬鬬聲，從犬艮聲。五還切。

吠鬭聲者。《玉篇》《集韻》竝作犬鬭聲。

，犬鬭聲，從犬番聲。附袁切。

，犬怒皃從，犬示聲，一曰犬難得。代郡有狋氏，縣讀又若銀。語其切。

犬怒皃者。《玉篇》狋犬，怒也。兩犬爭也。《漢書東方朔傳》狋吽牙者，兩犬爭也。一曰犬難得者。《集韻類篇》竝引作犬難，附代郡有狋氏縣者，見《漢志》。讀又若銀者，孟康音權。

，犬吠，聲從犬斤聲。語斤切。

犬吠聲者。《玉篇》犷，與狺同。《楚辭九辨》猛犬狺狺而迎吠兮。賈岱宗《大狗賦》夜吠狺狺。

，犬猲猲，不附人也。從犬曷聲。南楚謂相驚曰猲，讀若愬。式署切。

《爾雅釋文》引《廣雅》殷虞晉獒，楚獷，韓獹，宋浞，皆良犬也。浞音鵲。馥案：浞，卽猲。桓譚《新論》犬首，韓盧，宋浞。鄭注：少儀畜養者，當呼之名，謂若韓盧，宋鵲之屬。魏文帝云：狗於古則韓盧，宋鵲。《博物志》：宋有駿犬曰：鵲，孔叢《執節篇》韓盧，宋鵲，盧黑色，鵲白色。賈岱宗《大狗賦》昔宋人有鵲子之譽。《大荒北經》叔歜國有黑蟲如熊，狀名曰獵。獵注云或作猲同。

犬猲猲，不附人也者。《玉篇》猲猲犬，不附人而驚。皃南楚謂相驚曰猲。讀若愬者，徐鍇本讀若，南楚相驚曰猲，方言猲驚也。宋、衛、南楚，凡相驚曰猲。

，犬獷獷，不可附也。從犬廣聲，漁陽有獷平縣。古猛切。

犬獷獷不可附也者。一切經音義二，獷彊也。《說文》獷犬不可附也。劇秦美新狙獷而不臻。李善引《說文》獷犬不可親附也。《漢書敘傳》獷獷亾秦滅我聖文。顔注：獷獷，麤惡之貌，言無親也。劉騊駼與李子堅書吏民彊獷。《南齊書・顧歡傳》戎氣强獷。《陳書南康王子方泰傳》少麤獷與諸惡少年羣聚。馥案：《玉篇》犬不伏，牽卽不可附意。漁陽有獷平縣者，見漢志。服虔音鞏。《魏志・武帝紀》攻鮮于輔於獷平。裴注：引《續漢書・郡國志》獷平縣，名屬漁陽郡。

，犬形也從犬爿聲。鉏亮切。

犬形也者。視犬之字如畫狗。《後漢書・馬援傳》：畫虎不成反類於狗，言似狗形也。

，妄彊犬也。從犬從壯，壯亦聲。徂朗切。

《战國策》韓盧者，天下之壯犬也。卽此奘。

，犬如人心，可使者，從犬敫聲。春秋傳曰：公嗾，夫獒。五牢切。

犬如人心，可使者。者如當爲知。《釋畜》狗四尺爲獒。《釋文》引《說文》作知《左傳》釋文及《正義》《字林》《集韻》《增韻》《韻會》《通志》竝同使。如《左傳》使鶴之使。《廣韻》嗾使犬。《周處風土記》犬則馴良、捷警、難狎、易使也。宣六年，《公羊傳》靈公有周狗，謂之獒。何注：周狗可以比周之狗。所指如意。《春秋傳》曰：公嗾，夫獒者。宣二年，《左傳》文杜注：獒，猛犬也。

，怒犬皃，從犬需聲，讀若槈。奴豆切，又乃矦切。

怒犬皃者，《玉篇》獳犬怒也。讀若槈者，易需卦歸藏作溽。廣韻搆擩詎譳，竝屬槈紐。

，犬食也。從犬從舌，讀若比目魚鰈之鰈。他合切。

犬食也者。《玉篇》犬食也。與狧同九家。《易》犬火之精，畏水不敢飲，但舌舐水。《百本書》歠也。《漢書・吳王濞傳》：狧糠及米，從舌者。徐鍇本作舌，聲讀若比目魚鰈之鰈者。本書無鰈字，釋地東方有比目魚，其名謂之鰈。《玉篇》狧同。

，犬可習也，從犬甲聲。胡甲切。

《賈誼書》欲以刑罰慈民，辟猶以鞭狎狗，雖久弗親矣。

犬可習也者。字林狎習也。釋詁狎習也。襄四年，《左傳》民狎其野。杜注：狎，習也。襄六年，傳少相狎。杜注：狎，親習也。周語未狎，君政韋注，狎習也。《曲禮》賢者，狎而敬之。鄭注：狎習也。又不好狎。注云：人則習爲好狎，經典借甲字，詩芄蘭能不我甲。傳云：甲，狎也。箋以爲狎習。釋文云：韓詩作狎，書多方甲于內亂。釋文引鄭王，竝作狎。

，犬性驕也，從犬丑聲。女久切。

犬性驕也者。《左傳正義》引作狎也。徐鍇本作犬，性忕也。《鍇繫傳》曰：忕，慣習也。《廣韻》狃，習也，相狎也。釋言狃復也。郭注狃伏復爲馥，謂伏當爲忕，忕從小大之大，俗從犬，故誤爲伏。書君陳狃于姦宄。傳云習于姦宄，詩大叔于田將，叔無狃。傳云狃習也。桓十三年，左傳莫敖狃於蒲騷之役。杜注狃忕也。正義云說文狃狎也。忕習也。郭璞云：貫忕也。今俗語皆然，則狃忕皆貫習之義。晉語今我不擊，歸必狃，一夫不可狃，況國乎。韋注：狃，忕也。不擊而歸，秦必狃忕，而輕我也。《後漢書・馮異傳》忸忕小利。注云：忸忕慣習也。或作忸。荀子議兵篇，忸之以慶，賞注云忸，與狃同。

，侵也從犬㔾聲。防險切。

《書》大禹謨茲用不犯于有司。《論語》其爲人也，孝弟而好犯上者，鮮矣。《曲禮》介胄則有不可犯之色。

侵也者。《廣韻》犯干也，侵也廣雅。《廣雅》犯，侵也。釋詁犯勝也。郭注：陵犯得勝也。《史記》灌夫起舞，屬丞相，丞相不起，夫從坐上語侵之。

，恨賊也從犬青聲。倉才切。

恨賊也者。《廣韻》猜疑也，恨也。《玉篇》同小。爾雅廣言猜恨也。方言猜恨也。僖九年，左傳耦俱無猜。杜注：兩無猜恨。《史記・吳起傳》猜，忍人也。

，健犬也，從犬孟聲。莫杏切。

郊特牲虎豹之皮，示服猛也。《地理志》西河郡，有虎猛縣。

健犬也者。《廣雅》猛健也。韓策齊大夫諸子，有犬大猛。

健犬也，從犬亢聲。苦浪切。

健犬也者。《廣雅》犺，健也。

多畏也，從犬去聲。去劫切。

多畏也者。經典用怯字，釋名怯脇也。見敵恐脇。《後漢書・光武紀》見小敵怯，見大敵勇。《賈誼書》反勇爲怯。《易林》鴛孱遷怯，如猬見鵲，偃示怒腹，不敢拒格。

杜林說，狧從心。

健也。從犬粦聲，詩曰盧獜獜。力珍切。

健也者。《廣韻》獜獜，犬健也，出說文。《廣雅》獜，健也。詩曰：盧獜獜者，齊風盧令文，彼作令令。傳云：盧田犬令，令纓環聲，非本書義。《漢志》金城郡有令，居縣。令音，力延切，令獜，聲近借令字。

疾跳也。一曰急也，從犬睘聲。古縣切。

疾跳也者。《玉篇》獧跳也。《廣韻》獧躍也，或借儇字方言，儇宋楚之閒謂之倢。郭注：言便倢也。一曰急也者，本書懁急也。《廣雅》獧急也。《玉篇》獧與狷同。《續漢書》范丹自以狷急，不能從容常佩韋。《後漢書・陰興傳》豐亦狷急。孫嚴《宋書》少帝幼而狷急。

走也。從犬攸聲，讀若叔。式竹切。

走也者。韻會引作犬走疾也。字鑑引同廣韻倏忽犬走疾也。讀若叔者，莊子大宗師翛然而往，徐邈音叔。

犬行也。從犬亘聲，周書曰尚狟狟。胡官切。

《玉篇》狟武皃也，今作桓，漢桓道縣。《魏志》作狟道。《廣雅》桓，桓武也。《釋訓》桓桓烈烈威也。郭注：皆嚴猛之貌。《詩・周頌》桓桓武王。箋云：桓桓有威武之，武王。《魯頌》桓桓于征。《傳》云：桓桓威武皃。《漢書・地理志》：河南郡原武莽。曰原桓隴西郡，襄武莽曰相桓安定郡。安武莽曰安桓左馮翊。武城莽曰桓城西河郡。武車莽曰桓車五原郡。武都莽曰桓都鴈門郡。武州莽曰桓州遼東郡。武次莽曰桓次河閒國。武隧莽曰桓隧。《周書》曰尚狟狟者，牧誓文，彼作桓桓。鄭注：桓桓，威武皃。

過弗取也。從犬聲讀若孛。蒲沒切。

過弗取也者。當云：過也，拂取也。《玉篇》犮過。《集韻》拂，取也。竝之異文。

犬張耳皃，從犬易聲。陟革切。

犬張耳皃者。朱君《文藻》曰：徐鍇本作犬，開張耳皃，開當爲闢。

犬張齗怒也。從犬來聲，讀又若銀。魚僅切。

讀又若銀者。《左傳》厥憗。《公羊》作屈銀。

走犬皃從犬而丿之曳其足，則剌犮也。蒲撥切。

走犬皃者。《玉篇》廣韻九經字樣竝作犬走皃從犬而曳之者本書丿抴也曳其足則剌犮也者本書足剌也

曲也。從犬出戶下戾者，身曲戾也。郎計切。

曲也云云者，字林戾曲也。從犬出戶，而身曲戾也。

犬相得而鬭也。從犬蜀聲，羊爲羣，犬爲獨也。一曰北嚻山有獨浴獸如虎，白身豕鬣，尾如馬。徒谷切。

犬相得而鬭也者。犬好鬭，故難朋聚。羊爲羣，犬爲獨也者。羣從羊，獨從犬。《詩》吉日，或羣，或友。《傳》云：獸三曰羣。《曲禮》大夫不掩羣。《正義》羣，謂禽獸共聚也。《廣韻》獨，單獨。《詩毛傳》獨，單也。方言一蜀也。南楚謂之獨，一曰北嚻山云云者。北山經北嚻之山，有獸焉。其狀如虎，而白身。犬首馬尾，彘鬣，名曰獨浴。《集韻》浴獸名如虎，而豕鬣。

獨浴獸也。從犬谷聲。余蜀切。

秋田也，從犬璽聲。息淺切。

釋天秋獵爲獮。釋文獮說文從繭，或作從示。《玉篇》與獮同秋，曰殺也。又璽與繭同，璽繭也。徐鍇本禰秋畋也。從示爾聲。馥案：獮爲獮之誤。璽爲獵之誤。禰爲祢之異。文本書闕璽字。《史記魯世家》作肹誓。徐廣曰：一作鮮，一作獮。索隱鮮獮也。言於肹地誓衆，因行獮田之禮，以取鮮獸而祭。故字或作鮮，或作獮。徐鍇曰：按經義獮少也。取禽獸少也。馥謂徐讀爲鮮少，不如索隱之說義長。

秋田也者。釋詁獮殺也。郭注：秋獵曰獮應殺氣也。《管子小匡篇》秋以田曰獮。齊語秋以獮治兵。韋注：秋田曰獮。《周禮》肆師獮之日，涖卜來歲之戒。鄭注：秋田爲獮，大司馬遂以獮田。鄭注：秋田爲獮，獮殺也。秋田主用罔中殺者多也。隱五年，《左傳》故春蒐夏苗秋獮冬狩。杜注：獮殺也，以殺爲名，順秋氣也。周語獮於既烝。韋注：秋田曰獮，獮，殺也。順時始殺也。《漢書刑法志》秋治兵以獮。顔注：治兵，觀威武也。獮，應殺氣也。《主父偃傳》春蒐秋獮，諸侯春振旅秋治兵，所以不戰也。顔注：春爲陽，中其行木也，秋爲陰，中其行金也。金木兵器所資，故於此時蒐獮治兵也。獮應殺氣也。《西京賦》白日未及移晷已獮。其十七八。薛注：獮殺也。《宋書禮志》獮者，殺也。從秋氣，所殺多也。

獮或從豕宗廟之田也。故從豕示。經典作獮字。

宗廟之田也者。徐鍇說禰字云獵者，所以爲宗廟之事也。《左傳》曰：鳥獸之肉，不登於俎，則君不射，故從示。《廣雅》王者以四時畋，以奉宗廟。《白虎通》王者諸侯所以田獵，何爲苗除害，

上以共宗廟，下以簡集士衆也。《穀梁傳》四時之田，皆爲宗廟之事也。

，放獵逐禽也，從犬巤聲。良涉切。

《尸子》宓犧氏之世天下多獸，故教民以獵也。

放獵逐禽也者。《集韻韻會》引作效，獵類篇，引作校獵。

，獵也，從犬聲。力照切。

獵也者，《文選·七啓》：獠徒雲布。李善引本書同釋天宵田爲獠。郭注管子曰：獠獵畢弋，今江東亦呼獵爲獠，或曰即今夜獵載鑪照也。馥案：《詩》大叔于田，火烈具舉。《正義》云：此爲宵田，故持火炤之。《漢書·司馬相如傳》：於是乃羣相與獠於蕙圃。文穎曰：宵獵爲獠。

，犬田也從犬守聲易曰明夷于南狩。書究切。

犬田也者。《類篇》引作火田也。韻會同釋天火田爲狩。孫炎曰：放火燒艸，守其下風。《周禮》羅氏蜡則作羅襦。鄭注：今俗放火張羅，其遺教。王制昆蟲未蟄，不以火田。春秋桓七年，焚咸邱。杜注焚火田也。正義云以火焚地明爲田獵，定元年。左傳田於大陸焚焉。杜注：火田，竝見燒也。周語逐田於大陸焚而死。韋注：田以火田也。《管子》輕重甲篇，齊之北澤，燒火光照。堂下注云：獵而行火，曰燒。《列子·黃帝篇》趙襄子率徒十萬狩於中山，藉芿燔林扇赫百里。韓非内儲說魯人燒積，澤天北風火南倚恐燒國。哀公懼自將，衆趣救火者，左右無人，盡逐獸而火不救。《漢書刑·法志》冬大閱，以狩。顔注：狩火田。《文選七發》徼墨廣博望之圻。李善云：墨燒田也。言逐獸於燒田。廣博之所而觀望之，有圻堮也。《易》曰：明夷於南狩者，明夷九三文。

，禽走臭而知其迹者，犬也。從犬從自。尺救切。

禽走臭而知其迹者，犬也者。《玉篇》犬逐獸走，而知其迹，故字從犬。徐鉉曰：犬走以鼻知臭故從，自馥案：禽走者，野禽走逃也。走屬野禽不屬犬。徐語未了。賈岱宗《大狗賦》逆風長厲，野禽是覓鼻嗅微香，眼裁輕迹。《周禮》迹人。鄭注：迹之言迹，知禽獸處。馥在嶧縣，見夜獵者，放犬人山，隨其後，犬臭露草，知貛狸所在。

，獵所獲也，從犬蒦聲。胡伯切。

獵所獲也者。本書捷獵也。軍獲得也。《月令》章句獵者，捷之名也。韓詩趯趯兔遇犬獲之，獲得也。謂狡兔數往來，逃匿其迹，有時遇犬得之。周禮大司馬獲者，取左耳。鄭注獲得也。得禽獸者，取左耳，當以計功，山虞及獘田植，虞旗于中，致禽而珥焉。鄭注田上樹旗令獲者，皆致其禽，而校其耳，以知獲數也。襄二十四年，左傳收禽挾囚。杜注禽獲也。馥案：展獲，字季禽是也。襄三十一年，傳譬如田獵射御，貫則能獲禽，若未嘗登車，射御則敗，績厭覆是懼，何暇思獲定。九年傳得用焉。曰獲，杜注若麟爲田獲俘，爲戰獲。公羊傳旗獲而過我也。何注旗獲，建旗縣所獲得以過魯也。《子虛賦》烏有先生問曰：今日畋樂乎，又問獲多乎，又與使者出田乃欲勠力致獲以娱左右，又鈞獵者之所得獲。《西京賦》置互擺牲頒賜獲虜七命叩鉦，數校舉麾旌獲。《宋書禮志》殿中郎率其屬收禽，以實獲車。

，頓仆也，從犬敝聲。《春秋傳》曰與犬犬。毗祭切。

頓仆也者。一切經音義，四引作仆也，蹪也。釋言：獘，踣也。孫炎曰：前覆曰：踣，襄三十年。《左傳》泰，侈者，因而斃之。杜注：因其罪而斃踣之。隱元年傳必自斃，閔元年傳難不已將自斃，二十七年。傳單斃其死，哀二年。傳鄭人擊簡子中肩斃于車中。杜注竝云斃踣也。晉語不與皆斃，韋注：斃，踣也。《千金序》晉朝南移，士族不習水土，皆患軟脚之疾染者，莫不獘踣，此皆本爾雅者也。釋木，木自獘神。郭注：獘踣。馥案：神即，槇字，仆木也。又立死甾蔽者，翳詩皇矣。毛傳孔疏俱作獘，獘與立死對言亦踣也。《周禮》獸人及獘田，大司馬獘旗誅後，至者司常及致民置旗獘之。鄭注始置旗以致民，民至仆之。檀弓射之斃一人，又吾得正而斃焉，斯已矣。表記斃而後已，鄭注竝訓仆也。僖七年，左傳既不能彊，又不能弱，所以斃也。僖十四年，傳失援必斃，襄二十四年，傳象有齒，以焚其身服。注焚讀曰僨，僨，僵也。爲生齒牙，僵其身，定八年，傳與一人俱斃。杜注斃仆也。哀八年，傳魯雖無與立，必有與斃。范式碑潤枯斃於荆。漢春秋傳曰與犬，犬獘者，僖四年。左傳文彼作斃，晉語犬斃，韋注斃死也。

，斃或從死。

，宗廟犬名羹，獻犬肥者，以獻之，從犬鬳聲。許建切。

宗廟犬，名羹獻者。《曲禮》犬曰羹獻。犬肥者以獻之者，釋詁享獻也。本書亯獻也。《周禮》宰夫膳獻。

，獟犬也，從犬幵聲，一曰逐虎犬也。五甸切。

獟犬也者。《廣韻》獟，狂犬。《類篇》獟，獷也。《史記匈奴傳》誅繞馹一曰逐虎。犬也者。《初學記》引《字林》逐虎犬也。《廣韻》逐獸犬。

，獟犬也，從犬堯聲。五弔切。

猏犬也者。《玉篇》獟，狾狗也。狂狗也。《廣雅》獟，狂也。纂文獟屈，尾犬也。

，狾犬也，從犬折聲。《春秋傳》曰：狾犬入華臣氏之門。征例切。

狾也者。狾或作猘，折制聲相近。莊子尋常之溝，而鯢鰌爲之制。注云：制，折也。纂文猘，狂犬也。《本草拾遺》猘犬，狂犬也。《淮南説林》訓猘狗，不自投於河。吳歷曹公聞孫策平江南，常呼猘兒，難與爭鋒。《宋書·張暢傳》弟收嘗爲猘犬所傷，醫者，云食蝦蟇可療。《北史·王晞傳》獨孤信署爲開府記室，晞稱先被犬傷不赴，有故大疑其所傷非猘，書勸令赴。《通鑑》東魏斛律羌舉曰：黑獺舉國而來，欲一死決譬猘狗。或能噬人，字又作㺃。《後漢書馬融傳》獄，熊注云：亦狂也。又作。《廣韻》狂犬別名。《春秋傳》曰：狾大人華臣氏之門者，襄十七年。左傳文彼云：

國人逐瘈狗，瘈狗入於華臣氏之門。釋文瘈字林作狾云狂犬也。《漢書五行志》引，作狾。顏注：狾，狂也。《呂氏春秋》適威篇，遂應猘狗而弒子陽。高注國人有逐狡狗之擾。哀十二年。左傳國狗之瘈無不噬也。杜注：瘈狂也。

狂，狾犬也，從犬聲。五王切。

《晉書五行志》旱歲犬多狂死。

㤮，古文從心。

從心者。《書》微子我其發出狂。《正義》狂生於心，而出於外。應璩詩積念發狂，癡是其事也。《廣雅》狂，癡也。韓非《解老篇》心不能審得失之地，則謂之狂。老子馳騁田獵，令人心發狂。

類，種類相似，唯犬爲甚，從犬頪聲。力遂切。

《玉篇》類種，類也。荀子禮論先祖者，類之本也。楊注類種類也。《後漢劉平傳》平抱弟仲女曰仲不可以絶類。

狄，赤狄本犬種，狄之爲言，淫辟也。從犬，亦省聲。徒歷切。

赤狄本犬種者。《初學記》、《御覽》竝引云：狄，赤犬也。案此三字，當在赤狄上。春秋宣三年，赤狄侵。齊宣十五年，晉滅赤狄。潞氏十六年，滅赤狄。甲氏及留吁。杜注：皆赤狄別種成三年。《左傳》晉郤克衛，孫良夫伐廧咎，如討赤狄之餘焉。狄之爲言，淫辟也者。狄，辟聲近，本書。孔子曰：貉之爲言惡也，此亦應出孔子。《廣雅》狄，辟也。《白虎通》狄者，易也。辟易無別也。《大戴禮千乘篇》北辟之民曰狄，肥以戾。

清　金堡《徧行堂續集・文》卷九《題狗銜枯骨》　前來食有羣豬，此處骨無二狗。橦著無限喜懽，銜了不消抖擻，更尋僻地蹲身，齩得甘涎溢口，雖然獨喫自痾，幸不出乖露醜。

清　來集之《倘湖樵書》卷三《尼站狗站》　《輟畊錄》載：高麗以北名別十八華，言連五城也。罪人之流奴兒干者，必經此其地，極寒海亦冰，自八月即合，至明年四五月方解。人行其上，如履平地。征東行省，每歲委官至奴兒干，給散囚糧，須用站車，每車以四狗挽之，狗悉諳人性，站有分例，若剋減之必嚙其主至死。乃已名之曰狗站。癸辛後，識載臨平明隱寺大尼刹也。往來僧官每至，必呼尼之少艾者，供寢寺中苦之，于是專作一寮貯尼之常有違濫者，以供不時之需，名之曰尼站。此二站，其名甚卑，細書之者，紀異也。顧狗站者，狗而諳人之性，尼站者，人而為狗之行矣。

清　屈大均《廣東新語》卷二一《番狗》　蠔鏡澳多產番狗，矮而小，毛若獅子，可值十餘金。然無他技能，番人顧貴之，其視諸奴囝也萬不如狗，寢食與俱，甘脆必先飼之，坐與立，番狗惟其所命。故其地有語曰：寧為番狗，莫作鬼奴。

清　汪森《粵西叢載》卷二二《蠻犬》　蠻犬如獵狗警而猘，諸蠻率携一犬自防盜，莫敢近。

清　汪師韓《韓門綴學》卷三《牛驛狗站》　驛馹字，皆從馬驛。傳固以馬名也。元世祖中統三年，自燕至開平立牛驛給鈔，市車牛。兵志所載，雖陸站無不有馬，而或兼有牛，若干隻驢，若干頭羊，若干口獨無騾耳。遼陽且有狗站一十五處，原設狗三千隻，後除絶亡倒死，外實在狗二百一十八隻。《文宗本紀》至順元年，黑龍宋瓦二江水溢，末魯孫一十五狗，驛狗多餓死，賑糧兩月死者，給鈔補市之近，見桐城方公式濟所著。《龍沙紀畧》云：鄂倫春與俄羅斯接壤，地無馬多鹿，乘載與馬無異，廬帳所在皆有之用。罷任去招之卽來，有殺食之。斯不復至，錢塘馮一鵬。《詩話》云：寧古塔以北人皆使犬，烏蘇里以北人皆使鹿。

清　吳寶芝《花木鳥獸集類》卷下《狗》　《風俗通》殺犬，磔攘者，犬，金畜，攘却也。抑金，使不害也。

《春秋考異郵》七九六十三陽氣，通故斗運，狗三月而生。宋均注：狗斗精之所生也。

清　吳士玉《駢字類編》卷二一七《狗》　狗吠。詩無使尨也。吠，傳尨狗也。非禮相陵則狗吠。《孟子》雞鳴狗吠相聞而達乎。四境，《史記・淮陰侯傳》蒯通曰：跖之狗吠堯，堯非不仁，狗固吠，非其主。又《主父偃傳》中國無狗吠之驚。《後漢書・岑熙傳》遷魏郡太守，輿人歌之曰：狗吠不驚，足下生氂。注：氂，長毛也。犬無追吠，故足下生氂。《山海經》南山經見狸力下，五燈會元雞，啼曉月狗吠。枯樁只可默會，難入思量。張衡《天象賦》野雞佚兵，而據市天狗吠盜，而映漣。陶潛歸園田居詩，狗吠深巷中，雞鳴桑樹顛。梅堯臣缺月詩，缺月來照屋角時，西家狗吠東家疑。

清　俞樾《茶香室叢鈔》卷二三《狗挽車》　《癸辛襍識》云：高麗以北地名別十八，華言乃五國城也。其地極寒，海水皆冰，自八月卽合，直至來年四五月方解。人物行其上，如履平地，站車往來，悉用四狗挽之，其行如飛。

元劉郁《西使記》云：至麻阿中，以馬拏拖牀遞鋪，負重而行疾，或曰乞里，乞四易馬以犬。

清 陳元龍《格致鏡原》卷八七《犬》【詳類】《三才圖會》犬有三種，一名田犬，二曰吠犬，三曰食犬。食犬猶今之菜牛也。《爾雅》犬生三猣，二獅，一玂。未成毫狗。

《爾雅》狗四尺為獒。

《尸子》五尺犬為豫。

《爾雅疏》犬子未生軨毛者，名狗。長喙者，名獫。短喙者，名猲獢。壯大絕有力者，名狣。

《說文》獫，黑犬。黃頤也。尨，犬多毛也。獿，犬吠不止也。獒犬，知人心可使也。犴，健犬也。狄，赤犬也。狡，少犬也。匈奴地有狡犬，巨口而黑身。玃狻，南越名犬也。

《周官》士射犴侯注：犴，胡犬也。似狐而小，黑喙善守。

呂忱《字林》獹，韓良犬也。猆，宋良犬也。逐，虎犬也。

何承《天纂文》守犬為獖，隴西以犬為猶、獀、㲦，皆多毛犬也。獟猘也，狚，屈尾犬也。

《格物總論》：狗，家畜以吠守，種類不一。猈，短脛者。獵，黃色犬。狂，黃身黑頭犬。猝，猛犬。猘，狂犬。豣獟，犬能逐虎。猏，惡健犬。

《庶物異名疏》賨犬類。

《通典》大秦國有賨出西海，有養者，似狗，多有獷惡。

《瑞應圖》匈奴獻豹犬，錐口赤身，四足。

《通典》唐武德中，高昌王文泰獻狗雌雄各一，高六寸長尺餘，性甚慧，能曳馬銜燭。云本出拂菻國，中國有拂菻狗，自此始。

《舊唐書》波斯國多白馬駁犬，或赤，日行七百里者。駁犬，今所謂波斯犬也。

《崑崙奴傳》一品宅有猛犬，守歌妓院門，非常人不得輒入，入必噬殺之。其警如神，其猛如虎，即曹州孟海之犬也。

《古今詩話》淳化中，合州貢羅江犬甚小，而性慧，常馴擾於御榻之側，每坐朝犬必掉尾先吠，人乃肅然。

《東軒筆録》慶歷中，衛士有變震驚宮掖，臺官宋禧上言，蜀有羅江狗赤而尾小，其警如神，願養此狗於掖庭，以警倉卒。

《事物紺珠》鬱林犬出鬱林，極高大，垂耳拳毛。

《庶物異名疏》那上聲害，虜中名犬也。見岷峨山人譯語，一曰訥害兒，狗曰厄冽訥害，母狗曰厄滅訥害，見重譯。

《事物紺珠》矮爬狗有純、黑、黃紫三色，大如貓，或長四五寸，可藏馬鐙，云馬鐙狗。

《海語》海狗，形如狗大，如猫，純黃色。嘗海遊，背風沙中，遙見船行則投海，漁人以技獲之，蓋利其腎也。醫工以為即膃肭臍云。

《庶物異名疏》：《本草》膃肭，一名骨肭，獸似狐而大長尾，皮上有白、黃毛。三莖共一穴，生西戎，或曰膃肭。魚類豕首兩足，其臍紅紫色。陳藏器云：骨肭，胡人呼為阿慈勃，他其臍似麝香，黃赤色。《臨海志》膃肭，若鹿，頭似狗，長尾，遇日出則浮在水面。《藥性論》謂之海狗。《爾雅》雌仰鼻而豎尾似狐，而大尾長，皮白毛黃，三莖一穴，謂之海狗。性孝，一名膃肭。諸說稍異，録以並攷。熊大古冀越集木，狗出廣東左右江中，形似黑狗，能登木，皮為衣褥，能運動脚氣。元世祖足疾，取其皮為袴，人遂貴重之。

【古名犬】《汲冢書》湯四方獻，令伊尹請正南，以短狗為獻。孔氏注：短狗，狗之善者。

《周書》西旅獻獒。《周書王會》成王時，渠搜國獻鼩。一作鼩犬鼩，犬者，露犬也。能飛食虎豹。

《穆天子傳》：狗名重工、徹止雚、猳來、白龍。狗，天子東征，以行流沙，天子之豪牛、豪馬、尨狗、豪羊。注：尨，尨茸謂猛狗，或曰尨，亦狗名。

《廣雅》殷虞，晉獒，楚獷，韓盧，宋鵲，皆犬屬。

《義訓》良犬，韓有盧，宋有鵲。盧，黑色，鵲，黑白色。

《說苑》荆王得茹黃之狗，宛路之矰，以畋雲夢。

《西京雜記》楊萬年有獵狗名青骹，直百金。又茂陵少年李亨好馳逐鷹犬，皆有佳。名狗則有修毫、氂睫、白望、青曹之號。

《周處風土記》犬則有青鶻、白雀、飛龍、虎子、猲獢、五魚、狼牙、鋸齒、馴良、捷警、難狎、易使。

《御覽》陶弘景云：裴眞君好養白犬，名曰白靈。學道之士，或居山林，此可以辟邪。

《搜神記》孫權時，李信純襄陽紀，南人也。家養一犬，字曰黑龍。

《述異記》陸機有犬曰黃耳。機至洛中，久無家問，因以筒盛書繫犬頸，犬出尋路南走，達家答馳還。後犬死，葬機村，南村人呼黄耳冢。

《馮元城集》華亭黄耳寺，以犬得名。《相獸經》犬白身而黄耳者，能知人家吉凶事。是犬為陸機傳信三千里，亦異犬也。《幽明録》晉泰興二年，吳人華隆好弋獵畜，一犬號曰的尾，每將自隨，隆後至江邊，被一大蛇圍身，犬遂咋蛇，死焉。

《廣古今五行記》晉嘉興張林有狗，名阿永。

《事物紺珠》飛燕，張平子犬。

《南史》張彪敗其將，沈泰申進皆叛彪，唯常所養一犬名黄蒼在彪前後未曾捨離。《三國典略》齊高緯以波斯狗為赤虎，儀同逍遥郡君，飼以粱肉，食縣邑，常於馬上設蹬，褥以抱之。

《五代史》齊後主時，犬為開府儀同，雌者有夫人、郡國之號。

《南部新書》鄱陽人張朝為猛獸所搏噬，其家犬名小狸救之，獲免。韓元吉桐陰舊話，韋善俊唐武后朝京兆人，長齋奉道法，嘗攜黑犬，名烏龍，世俗謂為藥王云。

《續仙傳》韋善俊犬號烏龍，後化為龍，乘之飛昇而去。

《搜神記》會稽勾章氏張然，養一狗，甚快，名烏龍。

《詞林》海錯杜光庭有犬名吠雲，可行萬里。

《博異記》南陽張遵言：塗次商山，山舘中夜晦黑，東墻下一物凝白耀人，視之乃一白犬。犬如猫，鬚睫爪牙皆如玉色，毛彩清潤悦澤可愛，遵言愛之，目為捷飛。

《清異録》耒陽廖習之家有一黄犬，識人喜怒，頤指可使，名曰黄奴。習之常作歌云：吾家黄奴類黄耳。

三水小牘，僖宗朝宰相王鐸所愛卑脚犬曰花鴨。有刺客匿於梁上，為犬所覺，而免。捧硯者，裴至德家僮也，生一歲時，有卑脚犬曰青花，忽來齧兒陰食之，至德有良藥，封之愈。

《偃曝談餘》趙澤民為山西廉使時，畜一犬，名桃花。善獵，有客至，即呼名嗾之。語家人先具酒果良久，桃花必致一物，如麞鹿雉兔之類，無虚往。

《泊宅編》虞經臣策，元祐時為給事中，初入臺値，都城開渠，忽有黑犬自渠中出，直入其家。家人輩愛之，名曰渠來。但無事，惟喜睡，至或亂據簾幃窗牖之類，則經臣必有遷改，錫賚之慶。

《合璧事類》蘇子瞻來僧耳，得吠狗名烏喙，甚猛而馴，過合浦邁，泗而濟，路人皆驚。

清 姚炳《詩識名解》卷六《犬》 犬（小雅・巧言篇），犬與狗一類，故《說文》謂犬爲狗之有懸蹏者，然有田畜，家畜之分。《釋畜》所謂未成毫乃犬子，蒙上而言者也。是以熊虎之子，亦稱狗。郭璞引律云：捕虎一購錢三千，其狗半之是矣。與家畜之狗不同，《禮檀弓》仲尼之畜狗死。《左傳》叔孫婼如晉吏人取其吠，狗弗與，此狗爲家畜之證。《史李斯傳》牽黄犬出上蔡東門，逐狡兔。《述異記》載陸機少時頗好獵，在吳豪客獻快犬名曰黄耳。此犬爲田畜之證。大抵犬主逐，狗主吠。《傳》謂犬有田犬、食犬、吠犬三種，要亦混而言之，不可無辨。

箋云：遇犬，犬之馴者，此語殊不可解。《正義》善爲説辭，謂遇非犬，名以能獲兔，知是犬之馴擾者，然據其文則直，謂遇爲訓犬，名矣。

尨（《召南》野有《死麕篇》）。尨，《說文》謂犬之多毛者。字從彡。《廣韻》以爲毛長也。徐鍇云：多以羽毛爲飾彡，彡然則彡義，於長較合，惟長故愈覺其多。尨，蓋狗之長毛者。今俗呼獅毛狗。疑卽是此。此乃已成毫之狗，與未成毫犬子絶異。觀詩稱感帨其爲家畜，可知。故釋畜别而言之，云尨狗也。蔡元度乃謂未成毫則能吠而已，能吠而大，故謂之尨，直是臆説。

狗性猜警吠，所怪者，此詩故爲家常韻，語以絶人，其凛然不可犯之意。自見於言外塡詞，所謂門外猧，兒吠知是伊人至，貞淫雖别其語，况正復相似。舊解謂正行，昏禮不得有狗吠，則風雅之趣，索然矣。所以然者，由其强以麕鹿之肉，爲昏姻禮物耳。

盧（齊風盧令篇）何元子云：韓盧、宋鵲，盧黑色，鵲黑白色。《說文》齊謂黑爲黸，則盧當作黸是也。然盧與旅通，舊皆借爲黑色之稱，故蒲樗戲號呼盧。瓊采有五，皆黑者曰盧，盧爲最勝之采。劉裕挼喝五木成盧，可證。則亦不必定作黸耳。蓋田犬之黑者，皆名盧，惟韓氏之盧，稱駿於天下。此詩所云，亦取其色而已。今世俗呼犬聲近盧，盧要非其字。程大昌以爲借韓盧之名，與犬爲高，亦未必然也。

正義解傳以爲令，令卽下環鋂聲是也。陸農師乃謂令，令鈴聲也。鈴以令之環以制之。重鋂又言貫制之衆，則非矣。玩詞義令，令上繫以盧，則明是盧項下所帶環，鋂行相繫成聲令，令然耳。豈可引《說文》別以爲旂鈴之聲耶。

重環頷帶雙環，非一大貫一小之說。若鋂更無一環貫二之理，果爾則重鋂，是一犬六環矣。犬以便捷輕利爲主，安得如許繫項以躓其行乎。《說文》云：鋂大鎖也，則應是頷帶雙鎖者耳。

獫《秦風·駟鐵篇》釋畜獫但云長喙，未言毛色。《說文》別謂黑犬黃頭爲獫，不知何据。

歇驕《駟鐵篇》正義云：此說獵事，故知獫與歇驕皆田犬，非守犬也。陸農師云：長喙善逐，短喙善吠，以守詩載獫歇。驕獫以田獵，歇驕以守故也。兩說互異，然農師所云：守對逐而言，乃謂田犬中之善守者，非家畜之守犬，則仍與正義不謬耳。一說短喙，非田犬，存考。

《傳》据釋畜文作猲獢，當是其本。《字說》文亦同。《西京賦》云：屬車之簉，載獫猲獢皆可證。補傳反謂《爾雅》改，從犬以合毛氏，則誤矣。又王雪山嚴華谷戴岷隱皆不作犬，名謂歇驕，歇其驕逸，即休其足力之意於義亦似。愚謂如其說，則驕又不當屬犬，言衛風四牡有驕，所謂驃逸，若不受控制者，今四馬既閑則車，以載犬馬不從禽，其驃逸難控之勢。至此得少休歇，所謂歇驕是矣。似此本上四馬而言，較有根據，未知是否。

鄭氏訓載爲始非也，遊園當是從狩後事。若云始試習，獫與歇驕之犬，皆曉達搏噬之事。故今狩於囿中多所獲得，則詞意皆屬添足，玩本文脫甚。

傳記

清 陳鼎《留溪外傳》卷一《狗屠傳》 狗屠，江陰青陽里人，失其名。尚書張有譽之族兄也。狗屠以屠狗養二親，能盡道。明末二親皆老，俱好飲狗，屠日沽美酒奉之，且鼓腹謳吳歈於膝下。或說笑，談或手舞足蹈，高聲唱。蕭相國月下追韓淮陰，曲以勸二老，二老歡，然爲盡酣，二老年九十餘而卒。狗屠年亦七十矣。痛哭如孺子，至失聲，既葬狗屠，以屠業付二子，二子亦能事父母。狗屠三年喪畢，日携一樽酒入社祠，與羣乞兒雜坐，飲醉則或謳吳歈，或說笑談，或高聲唱。蕭相國月下追韓淮陰，曲以自樂。甲申北京陷，思宗殉宗社，狗屠聞之，大哭，不欲生，二子泣勸之再，然後已及聞我朝滅李賊，狗屠大喜，遍走告人曰：李賊滅矣，李賊滅矣。似恐人不知者，既而福王立南京，狗屠益大喜，遍走告人曰：是猶朱氏之天下也，是猶朱氏之天下也。及我師定江南，狗屠蹙額曰：朱氏斷根矣，朱氏斷根矣，即持屠刀自屠而死，年七十有四。

外史氏曰：狗屠，屠狗夫耳。非有國家爵禄冠帶之榮者也。國亡而身與俱亡，豈非忠義，出於天性哉。

古之奇人，多隱于屠沽信乎，此中有人矣。

紀事

《藝文類聚》卷九四《獸部中·狗》 《左傳》曰：晉侯飲趙盾酒，伏甲將攻之，其右提彌明知之，趨登曰：臣侍君宴，過三爵，非禮也，遂扶以下，公嗾夫獒焉，明搏而殺之，盾曰：棄人用犬，雖猛何為，鬥且出。又曰：國人逐瘈狗，瘈狗入於華臣氏，國人從之，華臣懼，遂奔陳，又曰：取郲師，郲人愬於晉，晉人來討，叔孫婼如晉，乃館諸箕，吏人之與叔孫居於箕者，取其吠狗，弗與，及將歸，殺而與之食。【略】

《晏子》曰：晏子短，使楚，楚人為門於犬門側，延晏子，《晏子》曰：使狗國者從狗門入，今使楚王，不當從此門入。

《列子》曰：楊朱之弟曰布，衣素衣而出，天雨，解素衣，衣黑衣而返，其狗迎而吠之，楊布怒，將樸狗，楊朱曰：子無樸矣，子亦猶是也，鄉者使汝狗白而往，黑而來，豈能無怪哉。

尹《文子》曰：康衢長者，字僮曰善搏，字犬曰善噬，賓客不過其門三年，長者怪而問之，以實對，於是改之，賓客複往。《楚辭》曰：何少康逐犬，而顛隕厥首，又曰：兄有噬犬弟何欲，易之以百兩卒無祿。又曰：豈不鬱陶而思君兮，君之門兮九重，猛犬狺狺而迎吠兮，關梁閉而不通。

《呂氏春秋》曰：齊有好獵者，終日不得獸，入則媿其友，推其所以不得獸，狗惡故也，欲得良狗則家貧，家富則求良狗，得狗則數得獸矣，非獨獵也，百事皆然。又曰：昔文王得如黃之狗，宛路之矰，遊於雲夢，三月不反。

《韓子》曰：宋有酤酒者，斗概甚平，遇客甚謹，為酒甚美，懸幟甚高，然而酒不售，酒酸，怪其故，問所閭長者楊青，青曰：汝狗猛耶，曰：狗猛，狗猛何故不售，曰：人畏焉，或令孺子懷錢挈壺往酤，而狗迎齕之，酒所以酸而不售，夫國亦有猛狗，有道之士懷其術，而欲以明萬乘之主，大臣為猛狗，迎而齕之，此人主所以蔽脅，有道之士所以不用也。

《史記》曰：範雎說秦昭王曰：夫以秦而治諸侯，譬若縱韓盧而搏蹇兔也，今閉關十五年，不敢闚兵於山東者，是穰侯為秦謀不忠，而大王之計有所失也。

又曰：高祖詔齊捕蒯通，通至，上曰：若何教淮陰侯反，對曰：然，臣固教之，蹠之狗吠堯，堯非不仁，狗固吠非其主，當是時，臣獨知韓信，非知陛下也。

《戰國策》曰：齊欲伐魏，淳於髡謂齊王曰：韓盧者，天下之壯犬也，東郭兔者，海內之狡兔也，韓盧逐東郭兔，環山者三，騰山者五，兔極於前，犬疲於後，犬兔俱罷死其處，田父獲之，無勞倦之苦，而擅其功，今齊魏久相持，以頓其兵，弊其衆，臣恐強秦大楚承其後，而有田父之功獲，齊王懼，休將士。

《說苑》曰：梁相死，惠子欲之梁，渡河，遽，墮船，船人救之，曰：子欲何之而遽，曰：梁無相，吾欲往相之，船人曰：子居船楫之間而溺，無我則死矣，何能相梁，惠子曰：居廣艘長楫之間，則我不如子，至於安國家，全社稷，子不比我，子蒙蒙如未視之狗子耳。又曰：孟嘗君寄客於齊王，三年不見用，故客反見曰：不知臣之罪耶，君之過也，孟嘗君曰：寡人聞之，縷因針而入，不因針而急，嫁女因媒而成，不因媒而畜，夫子之才必薄矣，當何怨寡人哉，客曰：臣聞韓氏之盧，天下疾狗也，見兔而指屬，則不失兔，望見而放狗，則累世不能得兔，狗非不疾，不能屬者罪也。

《漢書》曰：樊噲，沛人也，以屠狗為事。

《漢武故事》曰：公孫卿至東萊，云見一人，長五丈，牽一黃犬，把一黃雀，欲謁天子，因忽不見。

《東觀漢記》曰：鮑永少有志操，治歐陽尚書，事後母至孝，妻嘗於母前叱犬，而永即去之。

《風俗通》曰：桂陽太守汝南韋叔堅，少時為從事，在家，狗人立行於家中，皆言當殺之，叔堅云，犬馬諭君子，狗見人行，效之何傷，叔堅為縣令還，解冠榻上，狗戴持走，家人驚愕，複云，誤觸冠，冠纓掛著耳，狗又上灶，家益怪，複云，兒婦皆在田中，狗何能作怪，遂不肯殺，後數日，狗自暴死，卒無纖芥之異，叔堅至太尉，終於位。

《魏略》曰：丁謐外似疏濫，而內明慧，雖與何晏鄧颺等同列，而皆少之，唯以聲勢屈於曹爽，爽亦敬之，言無不從，故於時謗書，謂臺中三狗啀喍不可當，一狗憑默作疽囊，三狗謂何鄧丁也，默者爽小字也，其意言三狗皆欲齧人而畜疽也。

《華陽國志》曰：雍闓欲降魏，說夷曰：官欲得烏狗三百頭膺前盡黑腦三升，汝能得不，夷皆從闓。

《玄中記》曰：狗封氏者，高辛氏有美女，未嫁，犬戎為亂，帝曰：有討之者，妻以美女，封三百戶，帝之狗名槃護，三月而殺犬戎之首來，帝以為不可訓民，乃妻以女，流之會稽東南二萬一千裏，得海中土，方三千裏而封之，生男為狗，生女為美女。

《雜五行書》曰：犬生四子，取黃子養之，犬生五子，取青子養之，六子，取赤子養之，七子，取黑養之，八子，取白養之，白犬烏頭，令人得財，白犬黑尾，令人世世乘車，黑犬白耳，犬主畜之，令人富貴，黑犬白前兩足，宜子孫，黃犬白尾，令人世世衣冠。

孫盛《晉陽秋》曰：王敦敗京都之後，夢白犬自天而下噬之。

《搜神記》曰：東越閩中，有庸嶺，高數十裏，下北隰中，有大蛇，長七八丈，大十餘圍，常病都尉及長史，下夢巫覡，欲得啖女童，常八月祭送蛇穴，蛇輒吞之，已用九女，時將樂縣李誕，有小女名奇，應募而行，乃請好劍咋蛇犬，作數斛餈，蜜灌之，置穴口，蛇出頭，大如囷，目如二尺鏡，先啖餈灌，奇便放犬咋蛇，以劍斫殺之，得九女髑髏，越王乃娉奇為後。又曰：高辛氏有老婦人，居王宮，得耳疾，醫為挑治，得一物，大如繭，婦人盛之以瓠，覆之以盤，俄頃而化為犬，其文五色，名盤瓠。又曰：漢成帝河清元年，長安男子石良劉晉，相與同居，有如人狀在其室，擊之為狗，去複至，數人被甲持兵弩來，格之或傷，盡狗也，自二月至六月乃止，其於洪範，皆犬禍，言不從之咎也。又曰：成山陽王瑚，字孟璉，為東海蘭陵令，夜半時，輒有黑幘白單衣吏，詣縣扣閤，迎之則忽然不見，如此數年，於外伺之，見一老狗，黑頭白軀，至閤便為人，殺之乃絕。

《續搜神記》曰：會稽句章民張然，滯役在都，經年不得歸，家有少婦，遂與奴私通，然在都，養一狗甚快，名烏龍，後假歸，奴與婦欲謀殺然，作飯食，共坐下食，未得啖，奴當戶倚，張弓栝箭拔刀，然以盤中肉飯與狗，狗不啖，唯注精舐脣視奴，然亦覺之，奴催食轉急，然決計，拍髀大喚曰：烏龍，狗應聲傷奴，奴失刀仗倒地，狗遂咋奴頭，然因取刀斬奴，以婦付官殺之。又曰：晉太和中，廣陵人楊生，養狗，甚憐愛之，行止與俱，後生飲酒醉，行大澤草中，眠不能動，時冬月野火起，風又猛，狗周章號喚，生醉不覺，前有一坑水，狗便走往水中還，以身灑生左右，草沾水得著地，火尋過去，生醒，方見之，他日又闇行，墮空井中，狗伸吟徹曉，須臾，有人過，怪此狗向井號，往視見生，生曰：君可出我，當厚報君，人曰：以此狗見與，便當相出，生曰：此狗曾活我於已死，不得相與，餘即無惜，人曰：若爾，便不相出，狗因下頭目井，生知其意，乃語路人，以狗相與，人乃出之，系狗而去，後五日，狗夜走歸。又曰：休慮山下有亭，每過宿者，或病死，常云有十許人男女，合雜衣，或黑或白，輒來為害，有郅伯夷者，過宿，明燭而坐誦經，至中夜，忽有十餘人來，與伯夷並坐蒲博，伯夷密以鏡照之，乃是群犬，因執燭起，陽誤以燭燒其衣，作燃毛氣，伯夷懷刀，捉一人刺之，初作人喚，遂死成犬，餘悉走去。又，晉穆哀之世，領軍司馬濟陽蔡詠家狗，夜輒群眾相吠，往視便伏，後日使人夜伺，有一狗，著黃衣白帢，長五六尺，眾狗共吠之，尋跡定是詠家老黃狗，即打殺之，吠乃止。

秦氏《三秦記》曰：有白鹿原，周平王時，白鹿出此原，原上有狗枷堡，秦襄公時，有天狗來下其上，有賊，天狗吠而護之，故一堡無懼心。

《述征記》曰：彭城東岸有一丘，俗謂之狗葬，或云斯則徐偃王葬後倉者也，未詳，古徐國宮人，娠而生開，棄之水濱，有狗名後倉，銜而歸，蛓而成人，遂為徐之嗣君，純筋無骨，曰偃王，偃王躬行仁義，眾附之，得朱弓朱矢之瑞，周穆王命楚滅之，後倉將死，生角尾，實黃龍也。

《述異記》曰：陸機少時，頗好獵，在吳，豪客獻快犬，名曰黃耳，機後仕洛，常將自隨，此犬黠慧，能解人語。又嘗借人三百裏外，犬識路自還，一日至家，機羈旅京師，久無家問，因戲語犬曰：我家絕無書信，汝能齎書馳取消息不，犬喜，搖尾作聲應之，機試為書，盛以竹筒，系之犬頸，犬出驛路，走向吳，饑則入草，噬肉取飽，每經大水，輒依渡者，弭毛掉尾向之，其人憐愛，因呼上船，裁近岸，犬即騰上速去，先到機家口，銜筒作聲示之，機家開筒取書，看畢，犬又伺人作聲，如有所求，其家作答書，內筒，複系犬頸，犬既得答，仍馳還洛，計人行程五旬，犬往還裁半月，後犬死，殯之，遣送還葬機村，去機家二百步，聚土為墳，村人呼為黃耳塚。又曰：宋元嘉中，石玄度家有黃狗，生白雄子，母孕其子，異於常狗，銜食食之，子大，其狗出獵未反，輒門外望之，後玄度病，輒危困，醫為處方湯，須白狗肺，市索卒不能得，乃殺所養白狗，以湯供其用，母向子死處，跳踴嗥呼，倒複起，竟日不息，其家煮狗子肉共食之，投骨於地，母輒銜著窟中。

【詩】晉張華詩曰：如黃批狡兔，青骹撮飛雉，鵠鷺皆盡收，鳧鷖安足視。

【賦】晉傅玄狗賦曰：何世來貢，作珍皇家，骨相多奇，儀表可嘉，足縣鉤爪，口含素牙，首類驤螭，尾如騰蛇，細頸闊焜，廣前稍後，豐顱促耳，長叉緩口。

魏賈代宗狗賦曰：餘處大魏之祚，迸在朔陽，越彼西旅，大犬是獲，形體如翦削，像濬如刻畫，毛翰紫豔光，雙眉如白璧，爪類刀戈，牙如交戟，盼攀而奮怒，揮霍而振擲，譬若天梁折，地柱劈，倒曳白象挫其腰，齧掣六駮折其脊，爪處如鉤牙，才傑創似矛刺。

宋 司馬光《錢學士傳》（乾隆）《河南府志》卷八七　至道三年春，太宗宴駕，有馴犬號呼不食，詔送陵寢。

宋 彭乘《續墨客揮犀》卷一《扈興屠狗爲事》　扈興府界，酸棗縣市民也。始以屠狗為事，間或亦宰牛豕，而又善庖，邑人多用之悉呼之，曰扈廚。一日，市牛歸，纆之屋後，將欲殺之也。牛見興，雙跪其前足，若拜焉。興曰：汝欲免死乎，若然者更拜，即不殺焉。牛又如前拜不止。興方乘酒醉而反怒曰：汝拜我不已，我弗信也。乃竟殺之，剖腹中有犢焉。興有三子不踰半歲皆死。嗟曰：始笑而許，中怒而殺三子皆夭，今一身老且孤，復貧，因天道遠乎。扈興今為手力厨，子於縣衙年七十餘歲矣。

宋 蘇軾《蘇文忠公全集》卷七三《記徐州殺狗》　今日廂界有殺狗公事。司法言，近勑書不禁殺狗。問其說，云：《禮・鄉飲酒》：『烹狗於東方，書不禁。』然則《禮》云：『賓客之牛角尺。』亦不當禁殺牛乎？孔子曰：『弊帷不棄，爲埋馬也。弊蓋不棄，爲埋狗也。』死猶當埋，不忍食其肉，況可得而殺乎？

宋 周密《癸辛雜識》續集卷上《狗站》　伯機云：高麗以北地名巴實伯里。　華言：乃五國城也。其地極寒，海水皆冰，自八月即合，直至來年四五月方解。人物行其上，如履平地，站車往來，悉用四狗挽之。其去如飛，其狗悉諳人性，至站亦破，狗分例稍不如儀，必至囓死其人。

宋 佚名《錦繡萬花谷別集》卷五《以狗禦蠱》 史秦德公二年，初伏以狗禦蠱。孟康曰：六月伏日初也，周時無至此，乃有之。徐廣曰：年表云，初作伏祠社，磔狗邑四門也。

金 元好問《續夷堅志》卷三《獵犬》 泰和五年，道陵獵雲龍川。興州羣犬，宗室咬住進數犬，云可備射虎。因上令試之。犬見虎，一前出誘之，虎奔逐，衆犬羣起，或前或後，左古伺便搏囓。虎艱於周旋，或怒躍一二丈，意欲逸去，而群犬隨及，虎既困而卧，衛士前射之，竟斃於羣犬。

明 彭大翼《山堂肆考》卷二二二《狗》

戴叔堅冠

《風俗通》：桂陽太守韋叔堅，汝南人，少為從事，家有狗，如人行，家人言當即殺之。叔堅云：犬馬喻君子，狗見人行效之，何傷。頃之，叔堅冠解榻上，狗戴而走，家大驚，叔堅曰：悞觸冠纓挂之耳。狗又於竈前蓄火，家益怔忪，叔堅復云：兒婢皆在田中，狗蓄火幸可不煩鄰里，此又何恠遂，不肯殺。後數日，狗自暴死，卒無他異。叔堅終享大位。

引諸葛衣

《吳志》：孫峻謀誅諸葛恪，恪將見之，是夜精爽擾動，通夕不寐，嚴駕畢趨出，犬引其衣，恪令從者逐犬，遂升車，果及禍。

咋奴

《搜神記》會稽勾章民張然，滯役在都，經年不得歸，家有少婦，遂與奴私通。然在都養一狗，甚快，名烏龍，後假歸，奴與婦謀欲殺然。然命妻作飯未噉，奴當户倚張弓括箭拔刀，然以盤中肉飯與狗，狗不取，唯注睛舐脣視奴，然亦覺之，奴催食轉急，然拍髀大喚曰：烏龍，狗應聲傷奴，奴失刀仗倒，地狗咋奴頭，然因取刀斬奴，以婦付官，殺之。

救主

《續搜神記》：晉太和中，楊生養狗，甚愛之。後生飲酒，行大澤草中眠。時冬月，野火起，風又猛，狗號喚，生不覺。前有一坑水，狗便走往水中，還以身灑生，左右草沾水得著地，火尋過去，生醒方見。他日又昏行，墮於空井中，狗呻吟徹曉。有人過，怪之，往視見生。生曰：『君可出我，當厚報君。』人曰：『以此狗相與，便當相出。』生曰：『此狗曾活我於已死，不得相與，餘即無惜。』人曰：『若爾便不相出。』狗因下頭向井，生知其意，乃語路人『以狗相與』。人乃出之，系狗而去。後五日，狗夜走歸。

供棺

齊景公走狗死，命外供棺内給祭，晏子諫其不可，公從之。

改字來客

尹文子曰：康衢長者，字童曰善搏，字犬曰善噬。賓客不過其門三年，長者恠而問之，以實對，于是改字之，賓客復往。

示慓曉人

褋令蹄人者，絆其足齧人者，截其耳。此謂犬馬之弗馴者，宜示慓轍曉人也。

抱褥

《三國典畧》齊高緯以波斯狗為赤虎，儀同逍遥郡公，常于馬上設鐙褥，以抱之。

繫瓠

《晉書》杜預有癭疾，初攻吳，吳人憚其智，以瓠繫狗頸示之，及平吳，盡殺之。

宜子孫

《五行書》：白犬虎文畜之可致萬石。黑犬白耳大王犬也，畜之令富貴。黑犬白前兩足宜子孫。白犬黄頭家大吉，黄犬白尾代有衣冠，黄犬白前兩足利人。

識喜怒

《清異錄》耒陽廖習之家有一黄犬，識人喜怒，頤指可使，名曰黄奴。習之常作歌云：吾家黄奴，類黄耳。

迎宿客

《杜詩》犬迎曾宿客。

吠屠人

《程氏遺書》犬吠屠人，世傳有物隨之，非也。此正如海上鷗爾。

黄耳

《述異記》陸機在吳，豪客獻快犬名黄耳。機後仕洛，戲語犬曰：我家絶無書信，汝能馳往否，犬摇尾作聲應之。機為書，盛以竹筒，繫之犬頸，犬遂尋路南走至機家，得答書還洛。後犬死，殯之遺還，葬去機家二百步，呼黃耳塚。

烏喙

《蕉子瞻》曰：予來儋耳，得大狗，曰烏喙，甚猛而馴。隨予遷合浦，過澄邁，泗而濟，路人皆驚。戲作詩云：烏喙本海獒，幸我為之主。食餘已瓠肥，終不憂鼎俎。晝馴識賓客，夜悍為門户。知我當北還，掉尾喜欲舞。跳踐趂僮僕，吐舌喘汗雨。何當寄家書，黃耳定乃祖。

之才為辭

《三國典畧》：徐之才嘗與朝士出遊，望羣犬並走，諸人請目之，之才應聲為辭曰：為是宋鵲，為是韓盧，為逐李斯東走，為負帝女南徂。

明 錢希言《劍莢》卷一〇《劍狗》 張頎西域校尉，張頎以怨殺麴儉，臨死有恨言，後頎夜見白狗，自拔劒斫之，不中，頎便倒地不起，左右見儉在旁，遂以暴卒。

又《引劍防犬猧》 貞觀十七年七月，民訛言官遣張根殺人以祭。犬猧云：其來也，身衣狗皮鋏爪，每于暗中取人心，移時而去。于是更相震怖，每夜驚擾，皆引弓劍自防，無兵器者，削竹爲之。郊外不敢獨行。太宗惡之，令通夜開諸坊門，宣旨慰諭，月餘乃止。

明 慎懋官《華夷花木鳥獸珍玩考》卷七 楊朱之弟布素衣出，黑衣返，其犬迎吠之，布欲殺犬，朱曰：若使狗白而出，黑而入，爾能無怪乎。

又 晉元帝大興四年壬午，廬江灊山縣何旭家忽聞地中有犬聲，掘之得一犬母。青黑色，狀甚羸，走入草中，不知所在，視其處，有犬子，一雌一雄，哺而養之，雌死雄活，及長，善噬獸，其後旭里中為蠻所没。

又 卷一〇 至正二十一年，昆明縣玉案山下產赤小犬，色如火，群吠遍野。

明 田藝蘅《留青日札》卷一一《狗葬、良犬鋪》 余鄉東北十餘里，地名狗葬。其鋪曰良犬。初不解其義。《述征記》彭城東岸一丘，俗謂之狗葬，或云徐偃王葬后倉者也。徐國宫人娠而生，開棄之水濱。有狗名后倉，銜歸成人，遂為徐之嗣君。純筋無骨曰偃。王躬行仁義，眾附之，得朱弓朱矢之瑞。周穆王命楚滅之。后倉將死，生角及尾，實黃龍也。余鄉之狗葬，或曰狗濡身濕草，以救野火焚其主人之故。

明 王罃《群書類編故事》卷二四《鵠倉啣卵》 徐國宫人妊娠而產卵，以為不祥，棄於水邊。孤獨老母有犬，名鵠倉，獵於水濱，得所棄卵，銜以來歸。獨母以為異，覆暖之，遂砩蝍成小兒。生時芷偃，故以為名。徐君宫中聞之，乃更收養。長而仁智，襲徐君國。鵠倉臨死，更生角而九尾，實黃龍也。偃王葬之，今名狗壟。

又《黃耳傳書》 陸機好獵，在吳豪客獻快犬名黃耳。機後仕洛，戲語犬曰：我家絕無書，汝能馳往否。犬摇尾作聲應之。機為書，盛以竹筒，繫之犬頸，犬出驛路，走向吳，饑則入草，噬肉取飽，每經大水，輙依渡者，弭毛掉尾向之，其人憐愛，因呼上船。纔近岸，即騰上速去，及到機家，開筒取書看畢。犬又伺人作聲，如有所求，其家作答，書内筒，復繫犬頸，犬既得答，仍馳還洛，計人行五程，犬往還纔半月。後犬死，殯之遺還，葬去機家二百步，呼爲黃耳冢。

明 夏樹芳《詞林海錯》卷一一《犬爵》 齊後主時，犬爲開府儀同雌者，有夫人郡國之號，亡何後主遂滅。

明 佚名《夢學全書》卷一《三夢芻狗》 魏周宣善占夢，有人三夢芻狗，其占不同皆驗。宣曰：芻狗祭神之物，故始夢云：當得美食祭訖，則為車所輾，故中夢云：當折車脚，其後必以為薪故。後夢云：當失火也，三解俱驗。

清 褚人穫《堅瓠集・補集》卷六《詹材孝狗》 《夷堅志》：德興詹材家貧，牝狗生子，無所飼養。鹿坡王氏相去半裏，求其子歸，飼以糠粞，每食竟，即掉尾歸嘔所餐以哺母，至暮複然，雖風雨不輟。士人為賦《孝狗歌》，其一篇云：『慈烏反哺古所稱，不聞乳狗能效顰。鹿坡王氏世吉人，乞得乳狗於良鄰。良鄰家貧並日食，狗母長饑骨柴立。乳狗食竟掉尾歸，嘔食飼母使母肥。朝餐歸嘔暮複續，獸類之中穎考叔。紛紛養志多缺如，慚愧四足之韓盧。』語雖未工，足以垂訓薄俗。

清 吳寶芝《花木鳥獸集類》卷下《狗》 《列子》曰：楊子之弟布衣素衣而出，天雨解素衣，衣黑衣而返，其狗迎而吠之。布怒，將朴狗。朱曰：子無朴矣，子亦猶是也。向使汝狗白而往，黑而來，豈能無怪哉。

又 《吳志》孫峻謀誅諸葛恪，恪將見之。是夜精爽擾動，通夕不寐，嚴駕畢趣出，犬引其衣，恪令從者逐犬，遂开車，果及禍。

又 《三國典略》：徐之才嘗與朝士出遊，望羣犬並走，諸人請目之，之才應聲為辭曰：為是宋鵲，為是韓盧，為逐李斯東走，為負帝女南徂。

藝文

三國魏 賈岱宗《大狗賦》《歷代賦彙》卷一三六 余生處大魏之祚政，遭王路之未闢，進不得補過之功，退不得銜國之册。帝曰疇咨，进在朔易，越彼西旅，大犬是獲。其頭顱也，不可論以盡。其骨法也，不可辨而釋。傞俄蹴蹌，雄姿猛相，厄然高八九尺，形體如箭鏑，象貌如刻畫，毛踰紫豔光，雙眥如白璧。時頻伸而振迅，若應龍之騰擲。爪類刀戈，牙如交戟。聞林獸之羣爭，欻斷鏁而齕石，逆風長厲，野禽是覓。鼻嗅微香，眼裁輕跡。盼眄而奮怒，揮霍而振闕。譬天梁折，地柱劈。倒曳白象挫其腰，齧掣六駮折其脊。拓索熊羆破其胸，捽抄獸頭斷其脈。爪處如劒㧓，牙創似鈹刺。視其未死之間，血泉涌如箭射。於是驅麋鹿之大羣，入窮谷之峻阸。走者先死，往者被擊，前無孑遺，後無一隻。然其所折伏，敬主識人。晝則無窺窬之客，夜則無姦淫之賓。通聽百里，夜吠狺狺。若乃蠻夷猾夏，列士異操，輕槻單集，人馬銜枚，猛火先覺，音聲正摧。竦耳側聽則恒山動，南向嚾嚾則霍山頹。眈精直視則曾丘魂，虓㘖奔突則重闉開。非吾畋獵之有益，乃可安國家衛四鄰者也。昔宋人有鵲子之譽，韓國珍其大盧，彌明振之於巨獒。槃瓠受之於蠻都，淪百代之名狗，敢餘犬之能俱，絶騆鐵之歇驕，云何盧令之足書。

三國晉 張儼《賦犬》《古詩紀》卷三〇 守則有威，出則有獲。韓盧宋鵲，書名竹帛。

晉 傅玄《走狗賦》《歷代賦彙》卷一三六 蓋輕迅者莫如鷹，猛捷者莫如虎。惟良犬之稟性，兼二儁之勁武。應天人之景暉，順儀象而近處。憑水木之和氣，鍊金精以自輔。統黔喙於秋方，居太素之内寓。諒韓盧其不抗，豈晉獒之能禦。既乃濟盧泉，涉流沙踰三光，跨大河，希代來貢，作珍皇家。骨相多奇，儀表可嘉。足懸鈎爪，口含素牙。首類驤螭，尾如騰蛇，修頸闊腋，廣前捎後。豐顱促耳，長乂緩口。舒節急筋，豹耳龍形。蹄如結鈴，五魚體成。勢似凌青雲，目若泉中星。轉眎流光，朱耀赤精。震茄黄而慴宋鵲兮，越妙古而揚名。於是尋漏跡，躡遺踪形疾騰波，勢如駭龍。邈朝鳥之輕機兮。絶奔獸之逸軌。漂星流而景屬兮，逾窈冥而騰起。陵岡越壑，横山超谷，原無遁兔，林無隱鹿。顧芷隰以嬉游兮，步蘭皋而騁足。然後娱志苑囿，逍遥中路，屬精萊以待蹤，逐東郭之狡兔。既洋洋以衍衍，逞妙觀於永路。既迅捷其無前，又閒暇而有度。樂極情遺，逸足未殫。抑武烈而就羅兮，順指麾而言旋。歸功美於執紲兮，其槃瓠之不虞。感恩養而懷德兮，願致用於後田。聆輶車之鸞鑣兮，逸獨猗而盤桓。

晉 張華《狗詩》《佩文齋咏物詩選》卷四〇九 如黄批狡兔，青骹撮飛雉。鵠鷺皆盡收，鳧鷖安足視。

唐 白居易《白氏長慶集》卷六三《犬鳶》 晚來天氣好，散步中門前。門前何所有，偶覩犬與鳶。鳶飽凌風，飛犬暖向日眠。腹舒穩帖地，翅凝高摩天。上無羅弋憂，下無羈鏁牽。見彼物遂性，我亦心適然。心適復何爲，一詠逍遥篇。此仍著於適，尚未能忘言。

唐 佚名《傷斃犬賦》《歷代賦彙》卷一三六 何仲尼之仁智，雖敝蓋之不棄，憫畜狗之將死，恐肝腦以塗地。豈不以其守禦之功多，惻隱之情至。況歲年馴養，倏忽非命。生而効能，死不因病。分以身首，委其陷穽。我誠拙於人謀，彼何傷於物性。雖無衛生之智，且有天然之識，出其門吠非其主，知其愛摇尾求食。傳尺書而致遠，逐狡兔而盡力。信聰慧之兩兼，亦忠勇而何極。原夫萬物莫不以智遇禍，以材喪身。象以其齒，龜以其神。蟬得美蔭而忘已，魚貪芳餌而挂綸。由此言之，莊周達者，老氏至人，吾將師之，養素全真。

唐 杜甫《杜工部集》卷一九《天狗賦》并序 天寶中，上冬幸華清宮。甫因至獸坊，怪天狗院列在諸獸院之上。胡人云：此其獸猛捷，無與比者。甫壯而賦之，尚恨其與凡獸相近。其詞曰：

瞻華清之莘莘漠漠，而山殿戌削，縹焉天風，崛乎回薄。上揚雲旓一作髾兮，下列猛獸。夫何天狗嶙峋兮，所獨神秀；色似狻猊，小如猿？忽不樂雖萬夫不敢前兮，非胡人焉能知其去就？向若鐵柱攲而金鎖斷兮，事未可救；瞥流沙而歸月窟兮，斯豈逾晝？日食君之鮮肥兮，性剛簡而清瘦，敏於一擲。威解兩斗；終無自私，必不虚透。常觀乎副君暇豫，奉命於畋；則蚩尤之倫，已脚渭戟涇。提挈邱陵，與南山周旋；而慢圍者戮，實禽有所空。伊鷹隼之不制兮，呵犬豹以相纏；蹙乾坤之翕習兮，望麋鹿而飄然。由是天狗捷來，發自於左，頓六軍之蒼黄兮，劈萬馬以超過。材官未及唱，野虞未及和。矢與流星兮，圍要害而俱破；洎千蹄之並集兮，始拗怒以相賀。真雄姿之自異兮，已曆塊而高臥；不愛力以許人兮，能絕等以為大。既而群有唊咋，勢爭割據，垂小亡而大傷兮；翻投跡以來預，劃雷殷而有聲兮，紛膽破而何遽。似爪牙之便禿兮，無魂魄以自助。各弭耳低徊，閉目而去。每歲天子騎白日，禦東山；百獸秋蹌以皆從兮，四猛仡銳乎其間。夫靈物固不合多兮，胡役役隨此輩而往還？惟昔西域之遠致兮，聖人為之豁迎風，虛露寒；體蒼螭，軋金盤。初一顧而雄材稱是兮，召群公與之俱觀；宜其立閶闔而吼紫微兮，卻妖孽而不得上幹。時駐君之玉輦兮，近奉君之渥歡。使奧處而誰何兮，備周垣而辛酸？彼用事之意然兮，匪至尊之賞闌；仰千門之崚嶒兮，覺行路之艱難。懼精爽之衰落兮，驚歲月之忽殫；顧同儕之甚少兮，混非類以摧殘。偶快意於校獵兮，尤見疑於喬捷。此乃獨步受之於天兮，孰知群材之所不接？且置身之暴露兮，遭縱觀之稠疊。俗眼空多，生涯未愜；吾君倘憶耳尖之有長毛兮，寧久被斯人終日馴狎一作服已。臭處，一作臭處。

宋 王禹偁《小畜集》卷一《園陵犬賦》 嘉彼御犬，既良且馴。蒙先朝之乃眷，向皇宮而託身。有警蹕以皆從，無起居而不親。繡組飾以煒煒，金鈴奮而振振。飼以公庖，彭澤之魚兮曾何足道；畜之土性，西旅之獒兮詎得同倫！健逐天步，慵眠地茵。効珍比夫異獸，供命等乎邇臣。若乃風暖掖庭，花繁禁籞，扇挨錦翼之雉，籠近雪衣之女。入赭袍兮曳尾，聞霓裳兮率舞。循遶乎金塘，徘徊乎瑤圃。睥睨爐煙，追隨蠟炬。見觀書于乙夜，聽求衣于未曙。既無吠乎投籤，每夙興于曉鼓。莫不默識聖心，潛知天語。備指顧以弗迷，奉周旋而見撫。第辰遊而夕嬉，又安在乎逐麋而捕鼠？彼宋浞之與韓盧，又安得同羣而接武者哉！嗟乎，事戀人天，時移今古。秦皇采藥，島中之士未迴；軒后鍊丹，湖上之龍已去。欠舐鼎以登仙，對遺弓而變主。臥錦薦兮罔安，啗鮮食兮彌苦。豐顱載減，負重鍮而不勝；病骨其羸，求弊蓋于何所？赫赫顧命，明明嗣皇，念犬馬之微誠，義存始卒，徵父母之所愛，深增轟傷。俾守園陵之地，且殊盤瓠之鄉。縻索綯以璀璨，豖籠檻而熒煌。仗陪鹵簿，車逐轀輬。鎖玄宮兮黯黯，號白日兮茫茫。松阡夜月，柏城曉霜。依六尺之輿，已成疇昔；盜一抔之土，亦足隄防。表終天之巨痛，甘朽骨于龍岡。狡兔盡而見烹，理殊炎漢；駿馬死而陪葬，事類皇唐。邈予生之介立，荷太宗之維縶。叨澤宮之一第，玷承明而三入。恥懷祿以不言，惟報君之是急。胡薄命之多屯，顧寸功而莫集。嗟白首于郎署，慟梓宮而嗚悒。生未得圖形煙閣，想英、衛之難追；死不當賜葬長陵，豈蕭、曹之能揖。異臣哉之可歌，信龙也之罔及。聊作賦以自傷，寄毫端而雪泣。

宋 夏竦《文莊集》卷二三《狗盜狐白裘賦以心計所成知得歸國爲韻》 智士多機，羣心莫知。念狐裘之可致，非狗盜以難期。竊粹白之珍，寧宜鼠首，雜重原缺疑。當其禁衛方嚴，珍奇莫得。爰憑齊客之計，庶買秦姬之力。掖垣徒峻，雖崇百雉之高，宮藏非深，必遂千金之飾。俄而猶豫心決，狐趨計成。越虎門而潛伏，映麟殿以宵征。悄過獬豸之庭，無虧狗態，默傍狻猊之柱，敢作豺聲。已而內府潛通，天閽不阻。闇啟扃鐍，偏搜囊楮。疑羔袖之難辨，喜豹袪之我與。鼠偷既遂，乍懷輕暖之資。狼顧何忙，便出深嚴之所。是知四衛非謹，千門豈深。既得闇欺之便，詎聞夜吠之音，漸下螭階，覺忘蹄而有意，猶憎桂影，知顧兔以無心。蓋其志在忘身，誠思報德。潛開篋笥之固，果竊蒙茸之色。明眸素齒，既私狐貉之衣。輕蓋軺軒，遂脫虎狼之國。故得鷹揚前席，扈從東歸。犬馬之勞既立，貔貅之勇皆微。闕吏難留，不媿雞鳴之智。秦謀既失，曾無虎視之威。則知小道不遺，殊功遂濟。翻因守禦之類，特作穿窬之計。故先王嚴管籥，謹宮闈，懼有慢藏之弊。

宋 吳淑《事類賦》卷二三《狗賦》 《易》曰艮為狗。易說卦曰：艮為狗，在畜為金，《風俗通》曰：殺犬磔禳者，犬金畜，禳却也。抑金，使不害。稟精於斗《春秋考異郵》曰：七九六十三陽氣，通故斗運，狗三月而生。注：狗斗精所生。荊楚茹黃劉向《說苑》曰：荊王得茹黃之狗，宛路之矰，以畋雲夢，三月不返，保申跪而笞王，出而自沈於淵。荊王乃殺狗折矰。匈奴巨口《說文》曰：狡，少犬也。匈奴地有狡犬，巨口而黑身。隨巨公則窮海而遊《漢武故事》曰：公孫卿至東萊云：見一人長五丈，自稱巨公，牽一黃犬，把一黃雀，云欲竭天子，因忽不見。逐東郭則環山而走《戰國策》曰：齊欲伐魏，淳于髡謂齊王曰：韓盧者，天下之疾犬也。東郭㕙環山者，三騰山者，五兎極於前，犬疲於後。犬兎俱罷，各死其處，田父見之，無勞倦之苦而擅其功。今齊魏久相持，臣恐强秦、大楚起承其後，而有田父之功。齊王懼，謝將休士。若乃高辛槃瓠《玄中記》曰：昔高辛氏犬戎為亂，帝曰：有討之者，妻以美女，封三百户。帝之狗名槃瓠，亡三月，而殺犬戎，以其首來。帝以女妻之，於會稽東南得海中土三百里而封之。生男為狗，生女為美人，封為狗氏。徐君鵠倉《博物志》曰：徐君宮人娠而產卵，以為不祥，棄於水邊。孤獨老母有犬名鵠倉，獵於水濱，得所棄卵，銜以來歸，母以為異，覆煖之，遂成小兒。生時正偃，故以為名，長而仁智，襲君徐國。後鵠倉臨死，生角而九尾，實黃龍也。偃王葬之徐梁界內，今有狗國。頻伸振迅魏賈岱宗《大狗賦》曰：時頻伸而振迅，若應龍之騰擲。警捷馴良《周處風土記》曰：犬則有青鸇、白雀、飛龍、虎子，馴良警捷，難狎易使。杜預則恨其繫瓠《晉書》曰：杜預有瘿疾，初攻吳，吳人憚其智，以瓠繫狗頸示之。及吳平，預盡殺之。丁斐則用在完囊《魏志》曰：太祖云我有丁斐，猶人家有盜，狗善捕鼠，雖小損而完我囊褚。史黯試之於簡子《國語》曰：趙簡子田於螻，史黯以犬待於門，曰：有所得犬，欲試之苑。趙簡子曰：何得不告，曰：主將適螻，而麓弗聞，臣敢煩。當日簡子乃還。注：螻晉君之囿，麓王囿之官，言主田君囿不使麓以告君。故臣亦不敢煩，直日以自白也。鄄韓獻之於穆王《穆天子傳》曰：鄄韓之人，獻天子良犬七十，鄄之然切。既號左牽《曲禮》曰：效馬效羊者，右牽之，效犬者左牽之。亦名羹獻《曲禮》曰：凡祭犬曰羹獻。甘始則飼之靈藥《抱朴子》曰：甘始以往年藥餌，食新生鷄犬，皆不長，食白犬則毛黑。邗子則養其長翰《列仙傳》曰：邗子者，蜀人。好放犬，犬走入山穴，邗子隨之，行數百里出，山頭有殿屋官府。仙人吏使甚嚴，見其故妻主，洗魚與邗子一函藥發函魚子也。著池中養之一年，皆為龍。邗子後還山，見犬色更赤，有長翰隨，邗子遂留山上。時時下護其宗族，蜀人立祠焉。及夫晉使嚭盾《左傳》曰：晉侯飲趙盾酒，伏甲將攻之，其右提彌明知之，趨登曰：臣侍君宴過三爵非禮也。遂扶以下，公嗾夫獒焉。明搏而殺之。盾曰：棄人用犬，雖猛何為。桀令吠堯《史記》曰：高祖詔齊捕蒯通，通至上曰：若教淮陰侯反乎。對曰：桀狗吠堯，堯非不仁，狗固吠非其主。當是時，臣獨知韓信，非知陛下也。見魏臺之睚眦《魏畧》曰：明帝時謗書，謂臺中三狗睚眦不可當，一狗憑默作蛆囊。三狗謂何宴、鄧颺、丁謐也。默者，曹爽小字也。謐尤阿爽。聞齊國之逍遥《三國典略》曰：齊高緯以波斯狗為赤虎，儀同逍遙郡君。常於馬上設蹬，褥以抱之。白雀青鸇飛龍虎子見上警，捷馴良注。雄姿猛相魏賈岱宗《大狗賦》曰：其頭顱也不可論，以盡其骨法也不可辨。而釋蹴蹌雄姿猛相。難狎易使見上警捷馴良注。復有狺狺莫近《楚辭・九辨》曰：豈不鬱陶而思君兮，君之門以九重猛犬。狺狺而迎吠兮，關梁閉而不通。令令可嘉《詩》曰：盧令，令其人，美且仁，注盧田犬。繫石良之室《漢書五行志》曰：成帝河平元年，長安男子石良、劉音相與同居。有如人狀在其室之中，繫之，為狗，走去。復有數人披甲持弓弩至良家，良等繫之，或傷皆狗也。自二月至六月乃止，其於《洪範》皆犬禍也。入華臣之家《左傳》曰：宋國人逐瘈狗入於華臣氏，國人從之華臣懼，遂奔陳。即迎吠於緇衣《列子》曰：楊朱之弟曰：布衣素衣而出，天雨解素衣，緇衣而反。其狗迎而吠，楊布怒將扑拘，楊朱曰：子無扑矣，向者使汝狗白而往，黑而來，豈能無怪哉。復肇禍於梅花《述異記》曰：朱休之家犬歌曰：言我不能歌，聽我歌梅花。今年故復可，明年當奈何家殺犬，明年並死。思摩曾守於北門《唐書》曰：貞觀中，彌泥孰可汗李思摩詔錫其土，南至大河北有白道川，後還其國。因上言曰：非分蒙恩，立為落長實，望子孫竭誠奉國，作國家一狗，守吠北門。晏子嘗譏於楚國晏子曰：晏子短，使楚，楚人為門於犬門側延晏子。晏子曰：使狗國者，從狗門入，今使楚不當從此門入。哭三苗而雖或成妖隋巢子曰：昔三苗大亂，龍生於廟，犬哭於市。禍叔堅而豈能勝德《風俗通》曰：桂陽太守李叔堅為從事，家有狗，人行，家人言當殺之。叔堅曰：犬馬喻君子，狗見人行效之，何傷。頃之，狗戴叔堅冠走家，大驚。叔堅曰：悞觸冠纓挂之耳，狗又於竈前畜火，家益怔營。叔堅復云：兒婢皆在田中，狗助畜火，幸可不煩隣里，此有何惡。數日狗自暴死，家卒無纖芥之異。復有稱叩氣《說文》曰：狗叩也，叩氣吠以守也。號縣蹏《說文》曰：犬狗之有縣蹏者也。聞感帨《詩》曰：無感我帨兮，無使尨也吠。見銜衣《吳志》曰：孫峻謀誅諸葛恪，恪將見之，夜精爽擾動通夕不寐，嚴畢趨出，犬銜引其衣。恪曰：令從者逐犬，遂升車果及禍。敝蓋載禮見馬賦，淪軀敝帷注。重環見詩《詩》曰：盧重環，又重鋂。諫齊景之葬晏子曰：景公之走狗死，命外供棺内給祭，晏子諫其不可，公從之。攫公孫之腓《春秋後語》曰：貂勃常惡田單，於朝單召而問之。貂勃曰：然跖之，狗可使吠堯，非貴跖而賤堯，狗自吠非其主者。且公孫子賢，而徐子不肖，然而公孫子與徐子鬬，徐子之狗攫公孫子之腓而噬之，若乃去不肖，而為賢者，狗豈特攫而噬之哉。單乃任貂勃於王。隨登仙於劉安《述異記》曰：濟陽山麻姑仙處，俗云千年則金鷄鳴，玉兎吠。又云：淮南王劉安仙處鷄鳴，天上犬吠雲中。喻喪家於仲尼《史記》曰：孔子適鄭，與弟子相失，獨立郭東門。鄭人或謂子貢曰：有人顙似堯，項類皐陶，肩類子産，自腰以下不及禹三寸，纍纍若喪家之狗。子貢以告孔子，子曰：形狀未也，似喪家之狗然哉。賈后既言於繫尾《晉書》曰：齊王入廢賈后，后問齊王起事者誰。曰：梁。趙后曰：繫狗當繫頸，今反繫其尾，何得不爾。岑熙亦見於生尨《後漢書》曰：岑熙為魏守人歌曰：我有枳棘，岑君伐之。我有蟊賊，岑君遏之。吠狗不驚，足下生尨。尨長毛也。犬無追吠，故生尨。美張元之不棄《後周書》曰：張元性仁孝，村陌有狗子為人所棄者，元見即收而養之。其叔父怒曰：何用此，為將更棄之。對曰：有生之類，莫不重其性命，若天之生殺，自然之理，今為所棄而死，非其道也，是以收養之。叔父感其言，遂許焉。未幾有狗母銜一死兎置元前而去。嘉之才之有辭《三國典略》曰：徐之才嘗與朝士出遊，望羣犬並走，諸人請目之。之才應聲曰：為是宋鵲，為是韓盧，為逐李斯東走，為負帝女南徂。別有韓盧宋鵲《廣雅》曰：殷虞，晉獒，楚茹黄，韓盧，宋鵲，皆犬屬。豹耳龍形傅玄《走狗賦》曰：豹耳龍形，虎如結鈴。楊氏則青骹作號《西京雜記》曰：楊萬年有獵狗，名青骹，直百金。李家則白望為名《西京雜記》曰：茂陵少年李亭好馳逐鷹犬，皆制佳名。狗則有修毫、釐睫、白望、青曹之號。牙如交戟賈岱宗《大狗賦》曰：爪如刀戈，牙如交戟。目若泉星傅玄《走狗賦》曰：勢似陵青雲，目若泉中星。戴方山於昌邑《續漢書》曰：昌邑王見狗冠，方山冀。遂曰：王之左右皆狗而冠。冠進賢於漢靈《後漢書》曰：靈帝於西園弄狗，著進賢冠帶綬。又駕四驢躬自操轡。獻之既自於西旅《書》曰：西旅獻獒，太保作旅獒。跛之復值於彌明《公羊》曰：靈公食趙盾。公曰：聞子劒利，以示我，盾將起進劍，彌明曰：何故拔劍於公所，盾知之躇而止。公有周狗，謂之獒呼。而屬之獒，亦躇階從，彌明逆而跛之絶領。趙盾顧曰：君之獒，不若臣獒也。注：躇猶超遽，周狗可與比，周所指如意跛，以足逆蹋之。袖棁則逝《淮南子》曰：削薄其德，增累其刑，而欲以為治，無異執彈而來，鳥袖棁而狎犬也。注：棁杖也。投骨而爭劉向《說苑》曰：饑馬盈廐，饑犬在宮，見芻與骨，動不可禁。嘗因其女嫁而賣《晉書》曰：吳隱之為奉朝請，謝石請為衛將軍主簿。隱之將嫁女，石知其貧，潔遣女必當率薄，乃令移厨帳助其經營。使者至，方見婢牽犬賣之，此外蕭然無辦。亦知其兎死當烹《史記》曰：范蠡之齊，遺大夫種書曰：蜚鳥盡，良弓藏，狡兎死，走狗烹。至有下金門而動兵《山海經》曰：金門之山有赤犬，名曰天犬。下則天下兵起。出渠搜而食虎《周書》曰：渠搜，犬者，露犬也。能飛食虎豹。繫頸則吳客附書《述異記》曰：陸機有犬曰黄耳。機至洛中久無家，問戲語，犬曰：汝能賫書取消息否，犬搖尾作聲，機因以筒盛書繫其頸。犬出尋路南走，達家得書，馳還。後犬死，葬機村南村，人呼黄耳冢。桎足而齊人捕鼠《呂氏春秋》曰：齊有善相狗者，其隣藉之，買鼠狗，朞月而得曰：良狗也。其隣畜之，數年不噉鼠，以告相者，曰：此志在麞麋豕鹿，不在鼠，欲其鼠也，則桎之，其隣桎其後足，則狗取鼠。斯歇驕之善噬蓋有功於守禦《詩》曰：載獫歇驕。《說文》曰：歇驕，短喙狗也。尹文子曰：康衢，長者，字童。曰善搏。字犬曰善噬賓客，不過門三年，於是改之，賓客復往。

宋　梅堯臣《宛陵集》卷四八《犬》　常隨輕騎獵，不獨朱門守。鷹前任指蹤，雪下還狂走。人思上蔡遲，書寄華亭後。莫將呼作龍，梁肉纔經口。

宋　蘇軾《蘇文忠公全集》卷七《予來儋耳得吠狗曰烏觜甚猛而馴隨予遷合浦過澄邁泅而濟路人皆驚戲爲作此詩》　烏喙本海獒，幸我為之主。食餘已瓠肥，終不憂鼎俎。晝馴識賓客，夜悍為門戶。知我當北還，掉尾喜欲舞。跳踉趁僮僕，吐舌喘汗雨。長橋不肯躡，徑度清深浦。拍浮似鵞鴨，登岸劇虓虎。盜肉亦小疵，鞭箠當貰汝。再拜謝恩厚，天不遣言語。何當寄家書，黄耳定乃祖。

宋　滕元發《盜犬賦》《梁溪漫志》卷一〇　僧既無狀，犬誠可偷。輟藍宮之夜吠，充絳帳之晨羞。搏飯引來，猶掉續貂之尾；索綯牽去，難回顧兔之頭。

宋　劉宰《漫塘文集》卷四《野犬行》　野有犬，林有烏。犬餓得食聲咿嗚，烏驅不去尾畢逋。田舍無煙人跡疎，我欲言之涕淚俱。村南村北衢路隅，妻喚不省哭者夫。父氣欲絶孤兒扶，夜半夫死兒亦殂。屍横路隅一縷無。烏啄眼犬銜鬚，身上那有全肌膚叫呼。伍伯煩里閭，淺土元不蓋頭顱。過者且勿嘆，聞者且莫吁，生必有死數莫逾，饑凍而死非幸歟。君不見荒祠之中荆棘裏，臠割不知誰氏子。蒼天蒼天叫不聞，應羨道旁饑凍死。

宋　樓鑰《攻媿集》卷四《趙南仲寄王樸畫猫犬戲爲之賦》　鬣鬖兩狻猊，胡爲到庭戶。細觀畫手妙，摹寫眞態度。意足謝繁筆，不待丹青汙。亂掃腹背毛，頭足巧分布。尨也如愁胡，眉攢眼光注。豈惟足生氂，垂耳紛敗絮。掉尾固自若，狸奴爲驚懼。側耳實畏之，衝目猶敢怒。誠知取形似，不吠亦不捕。對之輒一笑，聊用慰沈痼。

宋　周紫芝《太倉稊米集》卷四二《瘞犬銘》　十年司夜，完我墻壁。

未嘗吠堯，侶我以跖。鄉其獒也，誰適獻之周宁；今其斃也，我乃與以孔席。

宋 賈似道《秋蟲譜》卷下《土狗形》 頭垂項凋肚低拖，翼翅生來半背鋪。牙紫腿肥身巨圓，當頭起線叫如鑼。

宋 連文鳳《百正集》卷上《吠犬》 爪牙淬霜戟，眼睛耀銅鈴。輕猥更健捷，羣獸此最靈。吠堯非無知，怪不類桀形。一片愛主心，庸作警世銘。哀哉乞憐者，搖尾偷餘齡。

元 董壽民《元懶翁詩集》卷上《梅雨次兄芳弟韻時有烹狗者隨受火殃》 赤日轟雷豈震驚，禱山祈水不勝情。烹羔神已誅三厭，霑溉天應鑒一誠。灯下簡編聞夜誦，煙中蓑笠見晨耕。老夫喜極不能寐，洗耳風簷坐達明。

元 虞集《黃荃芙蓉乳狗》《題畫詩》卷一〇七 西旅初聞効貢來，金毛覆地不凡材。騶虞麟趾同靈囿，抱子花陰臥石苔。

元 柳貫《待制集》卷六《題窠石海狗圖》 越犬初隨賈舶来，閑堦芙影小徘徊。花陰滿池濃如雪，鮮下金鈴不用猜。

元 貢性之《南湖集》卷下《題犬》 深宮飽食恣狰獰，臥毯眠氊慣不驚。卻被捲簾人放出，宜男花下吠新晴。

元 謝應芳《龜巢稿》卷三《狗寨謡》 往聞淮西軍食人，狗亦有寨屯如軍。是時江南幸無事，尚謂傳者言非真。安知吾鄉今亦爾，地方百里皆荊榛。三村兩村犬成羣，見人如見東郭兎。跳踉大噉猛于虎，坡陀高踞聲狺狺。路旁青草堆白骨，天外飛鳶銜斷筋。征夫早去胆欲落，冤鬼夜哭情難伸。可憐性命葬饞腹，往往多是逕鄉民。向來喪家狗絶食，遺骸或與狐狸分。乘時為暴至若此，此事千古同悲辛。寢皮食肉不可得，張牙弄爪何由馴。虞廷九官分厥職，益必掌火山澤焚。犬乎犬乎胡不革爾心、全爾身、主爾主、鄰爾鄰。摇尾乞食仍相親，毋使犬砦之名天下聞。

元 袁桷《清容居士集》卷四五《海狗窠石圖》 靈壁層峯負六鼇，藥欄花檻翠周遭。如何畫史同羣吠，不與君王繪旅獒。

元 王禮《麟原文集·後集》卷二《贊猫犬圖》 維猫維犬，維家之寶。鼠竊穿窬，莫我敢暴。或無寐以防奸，或素餐而忘報。載繪爾容，非資玩好。昔圖功于麒麟，託久遠乎丹。青念爾勞之交修，爰用播其芳馨。重為告曰：有形必神，有功必祀。蜡典可推，有引無替。各聽誓言，勿荒女事。我服我器，曁我書契。舉切吾身，一不可廢。毋使嘐嘐聱，聱祇攪我睡。于嗟乎蒙貴。踰垣沃樞，柳下之弟。罄人所藏，欲忽以游。遇則盡死以嚙，毋徒聲吠。于嗟乎善噬。犬曰善噬。

元 袁士元《書林外集》卷一《題畫犬 七八犬皆睡一犬獨獰然而立**》** 愛爾妨姦者，纓頭總絳羅。護家奚獨少，貪困不勝多。月下夜初靜，花邊春正和。相忘渾自得，竊食奈如何。

元 周霆震《石初集》卷三《犬鶏嘆》 雄雞奮翼銜怒蛙，蛙被啄取聲咿啞。犬來雞斃蛙竟逸，轉步犬驚逢惡蛇。兩强相厄須俱殞，過客驚怪頻咨嗟。君不見，下宮將軍輕杵臼，綠珠金谷來孫秀。世間萬事每如斯，莫負尊前卯時酒。

明 張鳳翼《處實堂集》卷四《題犬》 玉勒追隨子夜風，金鈴搖月吹梧桐。明朝較獵長楊館，萬騎叢中第一功。

明 高啓《高太史大全集》卷一一《走狗塘》 春堤長，春草淺，此地吳王曾走犬。獵場四面圍畫旗，紅炬照輦還宮遲。割鮮夕宴誰共食，臺上西子非樊姬。春宛年來草仍綠，韓盧已去多麋鹿。君不見，漢皇縱狗殊有功，逐兎直到烏江東。

又 卷一六《題李迪畫犬》 護兒偏吠客，花下卧晴莎。莫出東原獵，春來光乳多。

又 卷一八《畫犬》 獨兒初長尾茸茸，行響金鈴細草中。莫向瑶堦吠人影，羊車半夜出深宮。

明 周南老《走狗塘》《吴都文粹續集》卷一一 遊田陟長洲，塘堤如坦途。吳王曾走狗，一一皆韓盧。猗狡逐潛兎，扼噬奔雄狐。追蹤極蹂躪，徒搏爭馳驅。胡為兩黑尨，南北同嘷呼。陰匿既符夢，霸業誰與圖。

明 王賓《走狗塘》《吴都文粹續集》卷一一 吳人來築費黃金，縱犬奔騰快一心。偏惜子胥先賜劍，越王不死役謀深。

走狗塘在城西，吳王遊獵處也。越絶書云：闔閭走犬長洲。

明 田藝蘅《香宇集》續集卷二三《走狗塘》 日落長洲苑風生走狗塘誰教唇齒國竟作豵盧亡

明 宋緒《元詩體要》卷七《走狗謡》 走狗走狗，狗匍匐。帝騎赤龍，呼狗逐鹿。兎既死，騅亦追。鹿馳鹿走，軹道窮無歸，赤龍赤龍上天飛。歸來雌雉作雄吼，長樂宮中烹走狗。嗚呼，兎死狗烹，狗及豨。如何不存走狗，制雉雞。反殺走狗聽雞啼。

明 王尚絅《蒼谷全集》卷三《埋狗》 守犬朝來斃，衡門念爾勞。朔風驚晚覺，涼月聽淸號。歸遠先常迓，聞刑暗已逃。中唐無穢矢，牆角有殘膏。掣電明雙眼，旋花氄毛。釜空曾共餓，簷曝計同搔。去魯纍纍夜，臨烹嗾嗾宵。階盾喊如意，盧令頃解絛。何處逢奔馬，前星隕二旄。俊才失狡猾，俗吏鄙貪饕。關外遺黃耳，雲邊墮錦袍。籍茅防陷首，爲隴憶連尻。埋狗真如賜，臺山慎旅獒。

明 陶汝鼐《榮木堂合集》卷一 靈帝熹平中，禁庭雜劇無度，嘗取西園狗著進賢冠帶綬以為笑。樂時有，一狗突出，走入司徒門見，者莫不驚怪。作《西園拘》歎。

鴻都門前賣官旨，五百萬錢賜金紫。西園厖狗綬且冠，登牀繞席為上歡。公然走入司徒門，非錢亦得新承恩。司徒者誰莫相恩，悔不小靳至千萬。

【考注】按：靈帝時開鴻都門榜賣官爵，公卿列郡下至黃綬有差。崔烈因傅母入錢五百萬，得司徒。拜日，天子臨軒，百僚畢會。帝顧左右曰：『悔不小靳，可至千萬。』

明 葛麟《葛中翰遺集》卷七《山犬賦》 天台山中多虎狼，人不夜行。予夜過山家，見其主人夜歸，一犬隨之，詢其故。曰：予有此，不畏虎也。及呼其名，馴狎甚，其殆勇激於義耶？抑犬之名猏者，能食虎耶？壯而賦之。

艮索列象，婁宿分精。華藺散彩，蒼雲肖形。衛主秉義，司閽擅靈。西域旅獒，載於周典，左牽效犬，著於禮經。無使厖吠，警淫泆於南國，載獫及獢，賦遊獵於西秦。齊風美其令，令楚詞刺其狺狺。喪家孰擬於夫子，論功乃比乎漢臣。維狗有國，踞於北荒之野，維犬有種，雄於南蠻之濱。老羆矜拔木之獰，而犬絕其脰，妖狐煽拜月之魅，而犬嚙其臏。犬之類也不一，犬之駿也雜陳。所謂殷虞楚獷，宋猔韓盧者，不可數計。而殫論若夫負奇抱異，超倫絕類。銜吳將軍之首，而盤瓠六男，發徐偃王之胎，而鵠蒼九尾。噬殺弒主之奸奴，則張然救其亡。暫歸拯主之塗人，則楊生免於死。喜北遷而浮濟兮，羨東坡之烏喙。徑南征而致書兮，頌平原之黃耳。伴朱倉之夜讀兮，情類泣牛衣之室家。殉宋帝之升遐兮，誼過攀龍髯之臣子。哲人美其篤摯，烈士壯其奇偉。固宜報之以孔子之席，而薄夫怯子縮首而不敢比。別有深山幽澗，逸韻奇踪。華子岡頭聲如豹，華陰崖畔形為龍。服魏伯陽之丹，遊於霞表。餐淮南王之藥，吠於雲中。傳寶掌之信，穿巖越嶂。隨曹嫗而化，淩波御風。元虬矯兮難擾，吐雌霓兮雄虹。若乃和氣致祥，乖氣致異。同牢徵九族之敦睦，生尨表使君之善治。覆雞於董生之階，固協其孝慈，哺猫於李迪之庭，乃符其愷悌。八主裾兮，嚴其遊之遠歸。銜主衣兮，哀其戮之將至。戴方山之冠，特垂乎天戒，竊叔堅之巾，適足以自斃。嘷群於夏桀之淵，告以淪亡，交冢於劉聰之門，象其淫穢。何凶吉之不齊，乃善惡之殊致。獨有月高村巷，雲暖山衕。客來煙嶂，社散日斜。籬邊犬吠，户外人譁。守登場之禾黍兮，巡繞屋之桑麻。逐隣翁而躑躅兮，狎牧子而婆娑。避九衢之奔馬兮，逐四陌之遊騣。臥松關而無盜兮，護桃溪而有花。匪如童牛之牿，異乎豶豕之牙。輞川識摩詰之宅，柴桑知靖節之家。幸主人之高居兮，分餘樂於煙霞。任天年之考終兮，食敝蓋之報嘉。樊噲之屠不能及，馮京之偷不能拏，提彌明之搏不能奮，崑崙奴之椎不能加。固可與伊尼同其閒適，無憂乎唯唯而噬其猳。及乎榆嶠韜靄，櫟徑橫黔。風高鼯嘯，雨細猬吟。主人沈醉而夜歸兮，山犬刨然而相尋。爾乃經虎豹之穴，涉豺狼之林。尾捎殺而搣裂兮，似巨彗之與長槐。眸曜爀而睒睗兮，若月落而橫參。牙鈹刺而戟交兮，蹄結鈴而鉤金。擲五虞之猛質兮，吼百獸之淋滲。儼恆動而霍頹兮，威稜震乎嶔崟。固可以齧掣白額折其脊，拓索黃頭抉其心。矧貍群與貛黨，又奚勞乎見擒。所以主人行歌於黑松之下，而猛獸竄伏於灌莽之鄰。又何異乎三河老將，夜看旄頭之宿。五原戰士，宵征鐵磧之陰。彼紛紛乎敗軍之臣，失守之吏，何足供此狗之朝嚙而夕搏。既歸來而馴擾，復伺旨而候音。信感德而懷義，誠智深而勇沈。噫嘻噫嘻，犬之蠢也，人其心而獸其形，世之衰也，獸其心而人其形。君不見，夫戴狗尾之朝士，由狗竇之大臣。受指嗾而妄噬，貪腥穢以隕身。狼貪豺暴，剝民脂以自豢，狐潛鼠畏，負主恩而相循。拘方守格，少見多怪兮，何異乎蜀犬吠日，越犬吠雪，黨同伐異，交攻聚訟兮，何殊乎一犬吠影，百犬吠聲。維昔魏之三狗，匡柴乎王室。唐之五狗，株連於帝廷。朱補闕方欲為雞刀之殺，趙京兆乃甘為叢薄之鳴。固千剎之莫贖，乃靦顔自號於紳纓。嗚呼！李斯腰斬咸陽，空悲牽犬之不再。韓信身擒雲夢，自嗟走狗之當烹。信天地之芻狗萬物，笑古今之畫虎未成。反不如山家之犬兮，嘷隔林之火而掣花下之鈴。

余非欲備舉鳥獸之事，正以見此類之有傷斯人之不若也。夫為子當孝，為臣當忠，斯固天地之常經，古今之定分，發於自然而不待勉强者。無何世衰道微，亂臣賊子毫無君父之心。嗟乎！春秋之不作也久矣。余搆此以為醒世之詞，若以為訕世之言，則非知我者。自記。

二賦小引

治天下無容多求，忠孝二字而已。今之世，識此二字者幾人哉。余痛之思，所以為言。偶檢敝篋，得少時所作孝烏賦一篇，謂其可以勸孝也。山犬賦一篇，謂其可以勸忠也。遂出之，以普勸乎天下。然而憤世嫉邪之甚，近乎訕矣。夫莊語之不動，故笑罵之。至笑罵之不動，甘於不若禽獸，將何誅焉。明則有朝廷之典刑，幽則有鬼神之譴責，不子不臣之輩，終無所逃於天地之間。彼辱親而喪道，欺君而敗德者，其亦當知警爾。

明 徐伯齡《蟫精隽》卷七《盜犬賦》 費襄《梁溪漫志》宋滕達道未遇時，與諸生講學於僧舍，主僧出諸生，夜盜其犬而烹之。事聞，有司欲治其罪，滕公為丐免守，素聞其能賦，因諭之曰：能為《盜犬賦》，則將釋之。滕即口占其辭，惟僧不淨犬也。宜偷徹藍宮之夜吠，充絳帳之晨羞。既欲思於實腹，遂乃設於空喉餅餌，引來猶掉續貂之尾，索綯牽去難回，顧兔之眸，守大笑，即置不問。

明 馮夢龍《古今譚概》卷二七《偷狗賦》 滕達道讀書潛山僧舍，僧有犬，烹之。僧訴於縣，縣命作《偷狗賦》有警聯云：撤梵宮之夜吠，充絳帳之晨羞。團飯引，來喜掉續貂之尾。索綯牽去，驚回顧兎之頭。令歎賞。

明 龔詡《野古集》卷上《風狗行》 風狗風狗名為猘，舌吐涎流尾垂曳。狂奔迅走不知歸，惡勢横行無所忌。行人萬一為渠囓，失療死亡知必至。鄉村城市一經過，誰不丁寧戒迴避。白日都忘戀主心，黑夜全無防盜意。必當為人擊死棄中流，帷盖終無可埋地。

明 李東陽《懷麓堂集》卷一《毨狗嘆》 石頭城中鎮將死，父忠臣，兒孝子。袁家小兒匿不住，乳母怒，門生喜，殺郎君，要賊利，天地鬼神須鑒汝。鬭塲開，毨狗戲，狗噬狂生如噬豕，狗亦有知能報主，齊朝司空，空姓褚。

明 胡廣《胡文穆公文集》卷二〇《滕縣隨獵觀犬囓虎》 隨獵入深山，山深多乳虎。虎見人來却負嵎，人一向之號而怒。群犬聞虎聲，競趋至虎傍。下口亂咋虎，莫當犬視囓虎如囓羊。須臾犬散虎即死，虎本啗犬犬乃爾，駮食虎豹貍伏師子。吁嗟！猛悍不可恃，失水鱣鯨制螻螘。昔聞泰山麓有虎，相馳逐尼父駐遊，車下問，婦人哭。嗚呼，安得此犬在當時，盡驅猛虎食其肉，更啗貪殘噬苛酷。

明 蕭士瑋《春浮園集・詩集・送李仲達始仲達同楊左諸公合力攻權璫與南樂南樂佯病不視事㗂權璫盡逐諸人去至是始出復縱走狗噬仲達矣》

其一

毋嗟去與住，舌齒異堅柔。棉以彈而起，蘭因門不留。需泥虞遯尾，朿甲慎當頭。亦受知先著，微軀恥自謀。

其二

寥闊弋猶慕，洵無可避矰。望歸愁似歲，得去賀同陞。竟爾㗂曹節，因之誣李膺。棄人而用犬，雖猛亦何稱。

明 鄭鄤《峚陽草堂詩文集・詩集》卷八《賦得狗騎馬》 乞兒作劇猴騎狗，乃今重見狗騎馬。車塵馬足原戲塲，紛紛詫說胡爲者。韓盧家往郭門東，一躍能清狐兎踪。誰云報主都無功，消得霜蹄千里雄。吁嗟乎！道上行人莫相指，沐猴而冠乃可耻。

又《賦得狗渡河》 黄河浩蕩天無垠，出行人立飛雲津。百里而遙誰苦辛，人不顧狗狗顧人。横波激浪豈無意，聊存臣主相隨義。中流險阻何星避，直前一往無骫骳。吁嗟乎！猙獰彪虎胡不然，掉頭搖尾隨所憐。

明 史謹《獨醉亭集》卷上《題花下乳犬圖》 一犬吠，一犬默。項帶金鈴背花立，宋猔韓盧世難得。二犬英姿亦無匹，他年見汝獵平原，狡兎妖狐定無迹。

明 張鳳翼《處實堂集》卷二《咏犬》 新月挂踈桐，金鈴小閣東。旅獒初入貢，槃瓠未成功。校獵應追驥，傳書可代鴻。不删厖也吠，垂訓百篇中。

又 卷四《題犬》 玉勒追隨子夜風，金鈴搖月吹梧桐。明朝較獵長楊館，萬騎叢中第一功。

清 葛祖亮《花妥樓詩》卷五《乞狗》 曾許猧猧越犬兒，母哺今億可相離。厞鹽箬裹聊為聘，推祿筐儲穩共支。白晝花陰憑卧永，黄昏柳影任歸遲。他時步屧勞君問，門閉猶應吠短籬。

清 蔣楛《天涯詩鈔》卷二《兒輩乞得隣家小狗戒還之》 而翁猶是喪家狗，汝勿翻令狗喪家。迎客可能歸道左，寄書何路到天涯。勞勞苦吠霜中月，小小輕抛乳下花。寄語東隣須擇主，侯門托足好張牙。

清　蔣薰《留素堂詩删》卷一《蕃狗》　常恨晉廷嗾，却怙吴宫嗥。蕃客牽犬來，趁趄四尺高。大掉金獅尾，亂茸黄狐毛。截竹貫長繩，投鮮割佩刀。凌晨至隴西，昨夜過臨洮。觀者立如堵，怒狺風雨號。國中憎猘狗，西旅何獻獒。

清　廖志灝《燕日堂録七種》卷一《狗子有佛性也無》　吠落紅雲有萬千，老獒無福氣炎炎。趙州不展雲門棒，也喫牟尼佛半邊。

清　劉大紳《寄庵詩文鈔・詩鈔續》卷三《戲和狗吠吕翁詩同韻》　既生神仙復生狗，豈肯默默閉其口。未見形影先怒嗔，張牙露齒相待久。記曾幔亭開宴時，與汝主人坐飲酒。鸞鳳餘骨屢投與，摇尾情態汝忘否。明知一吠無能爲，腰劍不拔揮以手。昂昂七尺中道行，雲霞衣裾飏左右。若使結黨潛噬人，誰敢瞻前復顧後。吁嗟！神仙來遊事亦偶，我輩終身地上走。人家好養仁騶虞，縱有神獒莫亂蔟。

清　毛曙《野客齋詩集》卷三《猲狗》　吠暴僅堪司閫閾，衣文忽漫厠蒸嘗。結骸充腹唯茅草，禮樂何端混與將。

清　潘江《木厓集》卷二四《狗》　尾欲將貂續，聲疑與豹同。如何堯是主，翻助跖興戎。

清　戚學標《景文堂詩集》卷四《臨清狗》　日操船，夜喫酒。船中何有，有一狗。騰蛇作尾，驤驪首。【傅元走狗賦】首類驤驪，尾如騰蛇。重鐶金色朱絲紐，終日上船船頭走。見者愛惜等韓盧，【説苑】韓氏之盧，天下疾狗也。拊弄爬搔忍離手。問之云自臨清州，傾囊三百售誰某。無心往往遇好物，靈性上秉由天斗。【考異郵】注：狗，斗精所生。目光瞯睒如有疑，【庾信賦】木魅瞯睒。寒毛忽竪威抖擻。【梵語】杜多漢言：抖擻謂三毒，如塵能振掉除去。狰獰更復厲其牙，狺狺啀啀不住口。【楚詞】猛犬狺狺而迎吠兮。【管子】有犬啀啀旦暮欲噬，我猳而不使也。山東地曠村落稀，漕河是處栽楊柳。念秧既聞多匪人，江湖間局騙曰念秧。胠箧時或遇小醜。【莊子】將爲胠箧，探囊發匱之盜，而爲守備。津鼓不鳴柝聲休，【鄭祇謨麗農詞】注：津鼓客行鼓也。羣奴沉睡如死朽。此狗每起數百廵，環騰不離船左右。自古物類貴有用，羽毛皮肉皆所後。吾家畜此亦數輩，一一摇尾猶刷帚。但解花陰帖耳眠，兼逢投骨相踐蹂。嗚呼，吾獨不能得此狗，完吾囊褚爲吾守。【魏志】我有丁斐，猶人家有盜，狗善捕鼠，雖小損而完吾囊褚。倍爾之直酌爾酒，問爾舟人肯賣否。

清　石卓槐《留劍山莊初稿》卷七《遣役人桎狗》　犬以伺盜賊，用之完我囊。魏太祖曰：狗善捕鼠，雖小損而完我囊。所貴在警捷，亦欲其馴良。豈惟一家托，隣里得共防。奈何肆其惡，使我出入傷。前日殺隣雞，驅之上土墻。昨日噬隣豕，拉折摧其腸。連日噬殺隣雞三，豕二。雞豕雖微物，半為貧者糧。哀哉我隣人，叠遭爾兇猖。我來結隣里，急難各相將。爾既為隣賊，寧獨非我戕。胡可愛惜爾，縱之等虎狼。殺爾既不仁，棄爾義不忘。乃令桎其足，朝夕繫户傍。飼爾得一飽，守禦當所長。寧使偶吠堯，毋為物類殃。慎勿踈狐鼠，反志在麇麞。

清　釋曉青《高雲堂詩集》卷一六《瘂狗二首有序》　山家有犬，不知其所從，來隨衆食宿不鳴不吠，人疑其瘂，遂以瘂狗呼之。

桀犬吠堯無足怪，吠非其主分當然。何如瘂卻嘮叨口，客賊俱來聽自便。

磨兜堅豈汝知之，緘默沈沈若有思。自是喪家歸未得，乞憐無地且隨時。

清　楊彝珍《東郭有嗥狗行爲蒲城王相國作》《道咸同光四朝詩史・甲集》卷二　東郭有嗥狗，旦暮囓我猳，欲語不敢吐，坐恐貧無家。青天照明月，羅幕翻重遮。低徊就别室，百憂稠如麻。空牀甘獨守，但感恩無涯。匣中所賜珠，夜静猶光華。深堂鳴錦瑟，列坐多新娃。不察孤衷苦，笑語紛讙譁。起歎倚庭柱，深厭年華賒。一死明寸心，委土生銅花。鑄作雙秦鏡，貽君長辟邪。

清　孫枝蔚《溉堂集・前集》卷三《走狗塘》　吴王厭對宫中柳，獵場日暮不回首。西山高處捲珠簾，多少美人看走狗。堤上愁逢伍相來，宰嚭勸王且勿回。今朝射殺林中鹿，明歲應無鹿上臺。王阮亭曰：二句更妙于前篇，那得此間有麋鹿，滑稽之妙，亦自寇從東來，令麋鹿觸之足矣。開出。君不見種蠡高才復捷足，炯炯雙眸常四顧，却視夫差如狡兎。王西樵曰：夫差殆，兎而不狡。

清　童槐《今白華堂詩録補》卷一《猛狗行》　酤美酒日懸幟，去聲謹遇客平升概。孺子抱甕攜錢來，猛狗迎齕駭。且避駭且避衆，隨喧彼，宋人愚可憐。語意本韓非子及《説苑》嗚呼，猛狗弗緤將齕賢，求賢無若宋人然。

清　萬壽祺《隰西草堂詩文集・詩集》卷二《狗》　載爾田車上，恭聞獫歇驕。棄人皆似晉，非主不知堯。君子慚相比，故交情更饒。狗門誰肯入，三尺亦逍遥。

爭欲持門户，安能識主翁。宣淫時露合，狂吠夜雷同。甘與羊同族，誰言龍是雄。嗟哉爾且苟，逐臭一何工。

繫尾亦何益，搖頭徒熱中。雖能隨馬足，不復念車工。哭市歸邦害，喪家非道窮。何需狡兔死，遺恨愧良弓。

清　吴騫《拜經樓詩集》卷五《戲咏清明狗》　杏粥香和粉錯牙，蒼黄巧製出山家。韓盧宋鵲非無勇，輸爾年年玩物華。

汲汲喪家狀亦奇，尾長寧謂續貂宜。英雄自古羞功狗，莫共寒芳薦子推。

清　俞樾《春在堂詩編・甲丙編・狗》　狺狺如豹亦堪豪，臥守閒庭敢憚勞。搖尾宛能通主意，論功殊覺勝奴曹。但求食粟恩無媿，莫笑看人眼不高。可奈青蠅飛似雨，花前小坐自爬搔。

清　查揆《篔穀詩文鈔・詩鈔》卷一四《洋犬》　猘兒滚雪尾摇金，抱上氍毹吠不禁。從此貍奴無住著，自擒蝴蜨過花陰。

清　馮雲鵬《掃紅亭吟稿》卷八《盜犬行》　五弟勘灾赴泗水，橋憩於野寺，見負擔者作趦趄狀。問之，寺僧云：此人慣盜犬，售其肉，因見官長，故欲退，命役執之，釋其犬，犬將斃，畜諸寺，即以縛犬繩牽盜入署杖之。荷校三月，盜犬之風乃少減。云：

滋邑頑民天不管，盜馬盜牛兼盜犬。東家聞言失青猧，西家聞言少黑獥。那知爛熟賣街頭，仰者為盂覆者盌。聞賣犬肉者，但云羊視其擔，頭仰盂者，爲羊覆乃犬。狺狺獷獷何足誇，守夜司晨日希罕。邑宰猝逢荷犬人，其行趦趄半遮掩。執而鞫之即此徒，某郭某村偷早晚。以繫犬繩繫其元，以擊犬杖擊其踠。攻子盾者子之矛，請君入甕何能免。荷校減頂苦難言，問汝盜犬敢不敢。

清　桑調元《弢甫集・弢甫五嶽集・恒山集》卷一《犬逐鷹并序》　蚌湖多寶灣一帶漲沙千頃，犬見一鷹掠地，奔逐欲噬之，飛且下數四，狂逐不已，予目犬之至愚無知，而希妄得也，作此詩以哀之。

蚌湖秋水漫兩涯，案衍千頃成荒沙。禾黍青青盡蕩没，農人極望生咨嗟。日暵水乾沙一片，茫茫空闊開江甸。一鷹掠地犬見之，盡力奔馳疾于箭。垂及趣起高飛揚，遠顧所徃增徬徨。羽翩翩翻忽已下，逸足四逐奔尤狂。狂奔日夕猶不止，眼飽心飢憊欲死。謬學虎視殊耽耽，毛血豈曾膏汝齒。終焉絶影遠奮飛，向空矯首何其癡。舟人漁子共譁笑，蹴踏塵沙空爾為。誰家惠養應畜爾，媚主低頭還帖耳。狺狺入夜護小村，未用苦搖求食尾。倏看飛者覷横吞，飛沙十丈輕追奔。詎思豪家嘗食肉，亦欲大嚼過屠門。鷹犬由來足倫比，發縱指示如人意。臂鞲手掣共擾馴，奇哉反眼戕同事。犬乎犬乎爾誠能，平沙淺草爭蹺騰。草中狐兎任猛噬，酬功得食從驕矜。胡為背主逞私獵，縱然攫得啗剽刼。老鷹戲爾誠可憐，狂逐安能勝趫捷。嗟爾貪饞愍爾頑，誤爾恰在多寶灣。

清　沈壽榕《玉笙樓詩録》卷三《天河釣叟畫犬歌有序》　畫絹本長尺八寸，廣八寸。犬黑色，首向西，坐紅裀上，尾作欲起勢，纖細畢，具神采飛動，中鈐天河釣叟，朱文小印，方寸許，蓋明世宗御筆也。左方詩云：獵罷歸來萬馬屯，不教狐兎占秋原。金鈴小犬雖無力，此際還知報主恩。小犬花陰為守宮，蒼鷹搏擊志相同。君恩已是難圖報，况復圖形記汝功。臣嵩奉敕謹題，辛酉三月，獲觀於會稽章君宗城處，為賦長歌。

君不見宋徽宗畫鷹入神妙。蔡京旁贊詞注曰：臣奉詔，又不見明世宗畫犬，紅裀中天河釣叟，印方寸，奉敕謹題，臣嚴嵩畫。既精微詩亦好，字仿歐陽筆尤老，圖形便似上麒麟，發蹤敢說功名小。家有璽書珍寶藏，鈐山堂後忠弼堂。瓊翰流輝帝親賜，忠勤敏達鐫銀章。一家竊柄成盜藪，吠影吠聲門下走。爪牙搏擊心腹同，彼類依然三主斗。猘兒狂噬横殺人，駢誅西市羅龍文。為防款段出都去，徐公之計先如神。吁嗟乎，世宗何不畫獬豸，盡觸群邪崇正士。嚴嵩何不諫旅獒，讜言古義清風高。奈何哉，世宗之好惟狗馬，丹青粉飾胡為者。嚴嵩之才類鷹犬，搖尾乞憐知悔晚。我披此卷還躊躇，乾綱解紐資匡扶。誰陳金鑒千秋録，再上流民鄭俠圖。

清　謝元淮《養默山房詩稿》卷二九《黠犬行和澹懷》　黄耳食不潔，一朝厭粱肉。食肉猶未奇，臥之錦繡褥。掉尾意氣豪，金貂眞可續。鳳皇惡吠遷其巢，孔雀遭逐遺羽毛。猰貐磨齒聲怒嗥，呼引共踞瀛山高。瀛山長蛇，毒霧千里，黄耳狺狺。猰貐聞之喜，以爪探蛇螯。黄耳踆踆，逃之深巖裏黠哉。黄耳爾不上，隨劉安去作雲中仙，洛陽繫書甘爲傳，李斯顧歎不復東門牽。飽食安得花陰眠，愼勿爲瘈發狂顛。狗屠霍霍礪刃來，汝前猰貐，已死誰汝憐。

清　徐豫貞《逃莽詩草》卷七《二犬一名黑子一名斑兒》　黑子斑兒弟與兄，音欣依依也復戀同生。傍籬夜月駢肩臥，遶舍最霜接跡行。每爲澤毛常互舐，澤毛字用陶荅子妻語不緑投骨便相爭。人問荆樹多憔悴，静念能無媿汝情。

雜録

《晏子春秋・内篇諫下二・景公欲以人禮葬走狗晏子諫》 景公走狗死，公令外共之棺，內給之祭。晏子聞之，諫。公曰：『亦細物也，特以與左右為笑耳。』晏子曰：『君過矣！夫厚藉斂不以反民，棄貨財而笑左右，傲細民之憂，而崇左右之笑，則國亦無望已。且夫孤老凍餒，而死狗有祭，鰥寡不恤，死狗有棺，行辟若此，百姓聞之，必怨吾君，諸侯聞之，必輕吾國。怨聚於百姓，而權輕於諸侯，而乃以為細物，君其圖之。』公曰：『善。』趣庖治狗，以會朝屬。

漢 應劭《風俗通義・恠怪神第九・世間多有狗作變怪》 世間多有狗作變怪，樸殺之，以血塗門戶，然眾得咎殃。

謹按：桂陽太守汝南李叔堅，少時為從事。在家，狗人立行，家言當殺之。叔堅云：『犬馬諭君子，狗見人行，效之何傷？』叔堅見縣令還，解冠榻上，狗戴持走，家大驚，時複云：『誤觸冠，冠纓掛著之耳。』狗於灶前蓄火，家益怔忪。複云：『兒婢皆在田中，狗助蓄火，幸可不煩鄰裏，此有何惡？』裏中相罵，不言無狗怪，遂不肯殺。後數日，狗自暴死，卒無纖介之異。叔堅辟太尉掾、固陵長、原武令，終享大位。子條，蜀郡都尉；威龍，司徒掾。凡變怪，皆婦女下賤。何者？小人愚而善良，欲信其說，類複裨增，文人亦不證察，與俱悼懾，邪氣承虛，故速咎證。《易》曰：『其亡，斯自取災。』若叔堅者，心固於金石，妖至而不懼。自求多福，壯矣乎！

昔晉文公出獵，見大蛇，高如堤，其長竟路。文公曰：『天子見妖則修德，諸侯修政，大夫修宮，士修身。』乃即齋館，忘食與寢，請廟曰：『孤犧牲瘯蠡，幣帛不厚，罪一也；遊逸無度，不恤國政，罪二也；賦役重數，刑罰僄克，罪三也。有三罪矣，敢逃死乎！』其夜守蛇吏夢天殺蛇。曰：『何故當聖君道為！』及明視之，則已臭爛。武帝時迷於鬼神，尤信越巫，董仲舒數以為言。武帝欲驗其道，令巫詛仲舒，仲舒朝服南面，誦詠經論，不能傷害，而巫者忽死。

《太平廣記》卷四五八《狗仙山》 巴前地區有許多峨岩危崖。水怪木怪。無所不有。百姓住在溪壑間，以狩獵為生。高崖懸空的地方有一個洞穴，探測不到它通往哪裏。獵人縱狗到這兒，則往往呼狗不回。狗瞪眼搖尾，望著洞口。這時就有彩雲降下，迎獵狗升上洞口。年年都發生過這類瞻。好道的人稱這兒為狗仙山。有位智者卻不信，便牽著一條狗，帶著弓箭來到山中。他用粗繩拴住狗腰，系在一棵大樹上，然後從遠處觀望。彩雲降下，但狗被控著不能升上去。狗嗥叫不已，便見有一物，頭大如甕，兩眼像電光，鱗甲鮮明，光照溪穀，漸漸地出洞往下看狗。智者把毒藥塗在箭上射去，射中了，那物就不再出現了。過了十天，滿山臭氣。獵人從山頂縋著繩子下到洞口，見一條大蟒蛇腐爛在裏面。狗登仙的事，就再也沒有了。

《文苑英華》卷五四七《不埋狗判》 城外多死狗，法司責京兆府不埋。訴非掩骼時。

對：惟犬守禦，居人是要。混鷄而入，坐識於新豐。伴鷹而遊，行傳於上蔡。是故閭閻密邇，音響相聞。喧雀成譁，表貧吏之節噬，腓起戎，陳爲主之誠。何畜養之是均，而城外之多死。知殃預兆，未銜吳相之衣，遘釁遄深，爲食驪姬之藥。流穢行路，彰聞法司，舉過從愆，事關京兆。且弊帷從棄，孔丘之義有虧，掩骼候時，周公之禮可守。二途交戰，須定是非，執禮而行，斯亦爲得。

《太平御覽》卷四三《吠狗山》 《地理志》曰：吠狗山，宋武北伐南燕之時，至此山，夜間犬吠，明日視之，唯見石狗。

宋 蘇軾《仇池筆記》卷下《眾狗不悅》 惠州市寥落，然每日殺一羊。不敢與在官者爭買，時囑屠者買其脊骨，間亦有微肉。熟煮熟漉，若不熟則泡水不除。隨意用酒，薄點鹽，炙微焦食之。終日摘剔，得微肉於牙綮間，如食蟹螯。率三五日一食，甚覺有補。子由三年堂庖，所食芻豢，滅齒而不得骨，豈複知此味乎？此雖戲語，極可施用。用此法則眾狗不悅矣。

宋 陳師道《後山居士文集》卷九《羆説》 晋人以犬獵，以五犬逐一羆。羆騺而力，長於用大，所與敵者皆天下彊有力也。犬弱而捷，巧於用小，顧左而右，逐前而後，羆不能搏也。行不十數里，羆憊而伏，犬更前而殺之。獸之騺者，爪莫如虎，齒莫如豕，而羆食之，故稱勇力必曰羆。羆而受制于犬者，遇非其敵，困于群也。《詩》云『憂心悄悄，愠于群小』，羆之謂矣。

宋 程大昌《演繁露》卷一五《相鷄狗術》 荀子《儒效篇》：堅白異同之分隔也，不知，無害爲君子，曾不知相雞狗之可以爲名也。是此種雜術，

又 卷一五《燕礼公食鄉礼亨狗注各不同》 亨于外門東。方注：亨于門外，臣所掌也。釋曰：此君礼，故云臣所掌。案《公食記》云：亨于門外，東方注云：必於門外者，大夫之事也。注不同者，以其饗食在廟，嚴宜親監，視不得，言臣所掌。故注云：大夫之事也。鄉飲酒亨狗于堂東北者，非君礼，是臣于東堂北，不在外者，宜主人親供人法，陽氣之所始，故三者注皆不同。

又 卷一八《大射先燕燕法牲用狗羞用鱉鯉等》 士羞、庶羞。注：羞，進。至鶉鴽。釋曰：知有膷肝膋者，此大射先行燕礼，法其牲，唯有狗。又案《內則》云：肝，膋取狗肝一，幪之，以其膋，濡炙之。舉燋，其膋不蓼。注云：膋腸間脂，故知此羞，中有肝膋也。又知有狗胾醢者，以其公食，大夫有牛胾炙、羊胾炙、豕胾炙，此燕無三牲，故此胾醢亦用狗，知有炮鱉膾鯉者。案六月詩云：吉甫燕喜，既多受祉。又云：飲御諸友，炰鱉膾鯉，故知有此也。公食，大夫有王事之勞，乃有之。故六月詩鄭注：以吉，甫遠從鎬地來。又日月長久，今飲之酒，使其諸友恩舊者侍之。又加其珍美之饌，所以極勸之也。是有王事之勞，乃有之無王事之勞，則無故公食大夫不見也。又知有雉兎鶉鴽者，公食大夫二十豆，有此四者。

又 卷四一《喪車無飾故白狗幦蒲蔽犬服等》 白狗臂。案《王藻》云：士齊車鹿幦，此喪車無飾，故用狗白臂以覆。笭云：未成豪狗者。《爾雅》釋畜文也。蒲蔽注：藩也。謂車両邊禦風而藩蔽，以蒲草亦無飾也。御以蒲菆，御，謂御車者，士乘惡車之時，御車用蒲蔽以策馬。喪中士不在於驅馳，云：蒲菆，蒲莖者。案：宣十二年，楚雄負羈，因知罃牡知莊子，以其族反之，厨武子御，每射抽矢菆，納諸厨武子之旁。服注云：菆，好箭。又云：厨子怒曰：非子之求，而蒲之愛。注云：蒲，楊柳，可以爲箭。以此而言，蒲非直，得策馬，亦爲矢幹也。犬服云：笭間兵者，服凡兵器建之于車上，笭間喪中乘車，亦有兵器自衛，以白犬皮爲服。故云：以犬皮爲之，取其堅固也。云亦白者，臂用白狗皮，明此亦用白犬皮也。木錧其車，錧常用金，喪用本是取少聲也。約綏約轡，知約是绳者。案：哀十一年，《左傳》云：人約尋昊髮短。杜注云：約，绳也。故知此約亦謂绳也。平常吉時，綏轡用索，爲之今喪中，取其無飾，故皆用绳爲之也。木鑣，平常用馬鑣，以金爲之，今用木，故知亦取少聲也。

又 《大夫以上有貳車士在喪有貳車》 貳車白狗攝服。釋曰：依正礼，古已有之。

宋 洪邁《夷堅志・丁志》卷七《僧化犬賦》 陳茂秀才，建陽人，工為文，聚徒數十人於開福寺地藏院。院僧德輔，能誦孔雀經，主持水陸。戒律頗嚴。陳之徒擾之已甚。稍不副其欲，浸潤於陳，陳遂撰《德輔白晝化犬賦》播於外。其隔聯云：『饑噬米糠，幾度尋思於樂食，冷眠苕帚，這回抛棄於禪床。』闔邑士民驚而來問，四遠傳者皆以為然。輔不勝忿，且疏告天地，旦旦登鐘樓，以額扣鐘，一扣一拜，日百拜乃止。已而陳得疾。瘡穢遍體，不複能聚徒。困悴以死，衆謂口業招讟，然僧之用心報複亦爲已甚矣。

又 卷一八《劉狗摩》 南城人劉生，別業在城南三十裏，地名鯉湖，時往其所檢視錢穀，至則必留旬日，徘徊不忍舍。嘗赴鄰家飲，中夜未歸，守舍僕倦甚，就臥主榻，少頃見婦人，衣二紅衫，自外徑人，登床熟視，審非劉生，罵曰：『爾何人輒睡於此？』僕應聲推之，脫手亟去，翻身逾垣。時月色正明，隨逐之，化為花狗走出。僕因是始疑主翁留連不去之意，蓋為所惑也。明日告鄰人，則其家所畜者，殺之，剖腹，中已有異。方知其怪變如此，後鄉人目之為劉狗摩。

又 卷二〇《二狗怪》 臨川縣曹舍村吳氏女，未嫁而孕，父母責之，女云：『每夕黄昏後，有黄衣人逾牆推戶入，強我與交，因遂感孕。』家人密伺之，果如女言。將人，迎棒以刀，即死，取火照視，乃鄰家老黄狗也。以藥去其胎，得異雛焉。南城竹油村田家，嘗失少婦，尋捕無跡，半月而後歸。云：『為烏衣官人迎入山處大屋下，飲宴相歡，不知何人也。』自是常常去之，或至旬日，家人以為山鬼，率鄰裏壯男子，渾入探逐，正見大石穴如屋，黑狗抱婦酣寢，不虞人至，無複能化形，遂擊殺之；以婦歸。

宋 魏了翁《儀禮要義》卷八《羹定謂狗孰爲速賓之節》 羹定注肉，謂之羹定猶孰也。釋曰云：肉謂之羹者。《爾雅》文言肉正謂其狗，孰云：定者，孰即定止。然故以定言之言此者，以與速賓時節爲限，不敢煩勞賓，故限之也。

又 卷一〇《羞狗胾醢所以盡愛》 乃羞注羞進也。釋曰：知所進者，狗胾醢者。案下記云：其牲狗。《禮記》又云：薦羞不踰牲，則所羞者，狗胾也。但醢是舊作之物，諸經又不見以狗作醢，則胾必狗也。醢則當兼有餘牲也。云：鄉設骨體，所以致敬也。今進羞，所以盡愛也者，骨體貴人不食。故云：致敬胾醢，賤人所食，故云盡愛也。

大夫以上有貳車，士卑無貳車，但以在喪，可以副貳之車，非常法。則又兵服，服又加白狗皮，緣之攝服。

宋 周密《癸辛雜識》續集卷上《狗畏鼻冷》 狗最畏寒，凡臥必以尾掩其鼻，方能熟睡。或欲其夜警，則翦其尾，鼻寒無所蔽，則終夕警吠。

元 齊德之《外科精義》卷下《治風狗咬破傷風》 此病非爲小可，及九死一生之病，可急用之。

好班猫，柒箇，去翅足。

右爲細末，酒調服之，於小便盆内見衣沫，似狗形者，爲効。如無，再服七次，雖無狗形，亦不再發也。此方累試經驗，今附於此。

元 釋行秀《從容庵録》卷二《趙州狗子》 萬松示衆云水上葫蘆，按著便轉。日中寶石，色無定形。不可以無心得，不可以有心知，沒量大人語脈裏轉却，還有免得底麽。

舉僧問趙州：狗子還有佛性也無。攔街趁塊。州云：有。也下曾添。僧云：既有，爲甚麽却撞入這箇皮袋。一款便招，自領出頭。州云：爲他知而故犯。且莫招承，不是道爾。又有僧問狗子還有佛性也無。一母所生。州曰：無。也不曾減。僧云：一切衆生皆有佛性，狗子爲什麽却無。煞狗趁鷂子。州云：爲伊有業識在。右具如前，據款結案。

若道狗子佛性端的是『有』，後來卻道『無』；端的是『無』，前來卻道『有』若道道『有』道『無』且是一期應機，拶著說出各有道理，所以道『明眼漢沒窠臼』。這僧問處要廣見聞，不依本分：趙州道『有』，以毒去毒，以病醫病二這僧又道：『既有，為甚撞入這皮袋？』不知自己生入狗腹中了也出。州云：『為他知而故犯：』一槌兩當，快便難逢：這僧將謂依因判果，若恁麼會，作座主奴也未得二後來有僧再問便卻道『無』是他得底人，道『有』電有出身處，道『無』也有出身處。這僧依文按本道：『一切眾生皆有佛性，狗子為什麼卻無?』似這一拶，敢道撥天關底手轉身無路。是他款款道個『為伊有業識在』，二爾且道這僧皮下還有血麼喜天童不銻。向赤肉瘢蔔更著艾憔。

頌云：

狗子佛性有，狗子佛性無。打做一團，鍊做一塊。直釣元求負命魚。這僧今日合死。逐氣尋香雲水客，穿却鼻孔也下知。嘈嘈雜雜作分疎。競齧枯骨，唓嗏嘷吠。平展演，沒蹺欺，休廝詸。大鋪舒，材高語壯。莫怪儂家不慎初。一言出口駟馬難追。指點瑕疵還奪璧，白拈巧偷。秦王不識藺相如。當面蹉過。

『狗子佛性有，狗子佛性無』，兩段不同，一並拈出，正如雪竇道：『一有多種，二無兩般叫。』天童要與趙州相見，故如是頌。應天真道：『直鉤釣獰龍，曲鉤釣蝦蟆。』後來逐氣尋香，如獵犬相似，嘈雜分疏，枯骨上有甚汁？趙州雖大開鋪席，要且只是平展商量。天童與趙州解腕，『莫怪依家不慎初』。歸宗問秀才：『業何經史勢？』才云：『會二十四家書體：』宗向空中一點云：『會麼？』才云：『不會。』宗云：『又道會二十四家書體，永字八法也不識。』刺史李渤問：『三乘十二分教即不問，如何是祖師西來意？』宗亦豎拳云：『會麼？』李云：『不會。』宗云：『這個措大，拳頭也不識。』萬松道：翻身師子大家看。不唯狗子佛性道有道無，只這『知而故犯』，『業識性在』，也大曬顧前哈後，慎初護末。《史記》：趙惠王得楚和氏璧，秦昭王以十五城易之。藺相如奉璧人秦，王喜，傳示美人及左右，左右皆呼萬歲。相如視王無割城之意，乃前曰：『璧有瑕，請示之。』王授璧，相如因持起立倚柱，發上沖冠，曰：『趙王齋戒五日，使臣奉璧送書於庭，嚴大國之威，以修敬也。今見王禮節甚倨，得璧傳示美人，似戲弄臣，無割城意，故臣複取璧。必欲急臣，臣頭與璧俱碎於柱矣。』王辭謝，按圖割城，亦齋五日。相如使從者衣褐懷璧，徑道歸趙。趙州先縱後奪，有相如手段。天童別曾有頌云：『趙州道有，趙州道無。狗子佛性，天下分疏：面赤不如語直，心真必定言粗。七百甲子老禪伯，驢糞逢人換眼珠。』趙州心真語直，便是『直釣元求負命魚』。周文王出獵，見薑子牙硒溪之穀去水三尺，直鉤釣魚。王異之日：『直鉤如何得魚？』子牙日：『但求負命之魚：』『驢糞逢人換眼珠』，赵州心真語直，便是『直钓元求負命鱼』。周文王出獵，見姜子牙硒溪之谷去水三尺，直钩钓鱼。王异之曰：『直钩如何得鱼?』子牙曰：『但求負命之鱼，』『驴粪逢人换眼珠』，此如相如夺璧也。佛鉴拈出患子数珠云：『诸人還见么？』良久云：『此是老僧来京师换得底。诸人各自归堂摸索看。』佛鉴用患子，赵州用驴粪，萬松既无用处不曾移换。诸人若信得及，依旧眼在眉毛下。

明 郎瑛《七修類稿》卷四三《狗寶馬黑》 今藥店醫人，俱知牛黃、羊哀、狗寶三種之藥。羊哀謂治翻胃，而牛黃、狗寶治驚癇也。然牛黃常用易識；羊哀形如濕茅紙，時亦用之；狗寶不特未用，見者亦罕。餘友人親得之，乃生於狗胞中，其形質如鵝卵石，而色至白，碎之，內有文理數十層。考之《本草》未收，不知何所用，而何人傳也。又見《越冀集》中云：馬有馬黑在腎。此尤不特罕見。亦罕聞者，又不知何用。

明 李時珍《本草綱目》卷四〇《狗蠅》 集解 時珍曰：狗蠅生狗身上，狀如蠅，黃色能飛，堅皮利喙，啖狗耳中。

氣味微毒。

主治痎瘧不止，活取一枚，去翅、足，面裹為丸，衣以黃丹。發日早，得吐即止。或以蠟丸酒服亦可。又擂酒服，治痘瘡倒。

發明 時珍曰：狗蠅古方未見用者，近世《醫方大成》載治瘧方，痘方，蓋亦鼠負、牛虱之類耳。周密云：同僚括蒼陳坡，老儒也，言其孫三歲時痘出而倒。色黑，唇口冰冷，危證也。遍試諸藥不效，恰有藥可起此疾，甚奇。因為經營少許，持歸服之，移時即紅潤也。常懇求其方，乃用狗蠅七枚擂細，和醅酒少許調服爾。夫痘瘡固是危事，然不可擾。大要在固髒氣之外，任其自然爾。然或有變證，則不得不資於藥也。

又 卷五〇《狗寶》 集解 時珍曰：狗寶生癩狗腹中，狀如白石，帶青色，其理層疊，亦難得之物也。按賈似道《悅生隨抄》云：任丘縣民家一犬甚惡，後病衰，為眾犬所噬而死。剖之，其心已化，似石非石，其重如石，而包膜絡之如寒灰，觀其脈理猶是心，不知何緣致此？嘗聞人患石淋，有石塊刀斧不能破。又嘗見龍脛骨中髓皆是白石，虎目光落地亦成白石，星之光氣也落則成石，松亦化石，蛇、蟹、蠶皆能成石。萬物變化如此，不可一概斷也。時珍嘗靜思之，牛之黃，狗之寶，馬之墨，鹿之玉，犀之通天，獸之荅，皆物之病，而人以為寶。人靈於物，而猶不免此病，況物乎？人之病淋有沙石者，非獸之荅乎？人之病癖，有心似金石者，非狗之寶乎？此皆囿於物而不能化者，故禽鳥有生卵如石者焉。按《程氏遺書》載：有波斯人發閩中古塚，棺內俱盡，惟心堅如石。鋸開觀之，有山水青碧如畫，傍有一女，靚妝憑欄。蓋此女有愛山癖，朝夕注意，故融結如此。又宋潛《溪文集》載：臨川浮屠法循，行般舟三昧法，示寂後火焚，惟心不化，出五色光，有佛像高三寸，非骨非石，百體具足。又徽水有優婆塞，行禪觀之法，及死火葬，心內包觀音像如刻成。此皆志局於物，用志不分，精靈氣液，因感而凝形，正如孕女感異像而成鬼胎之類，非祥也，病也，有情之無情也。

氣味甘、鹹，平，有小毒。主治噎食及癰疽瘡瘍。時珍

附方 新四。噎食病附方新四。噎食病數月不愈者。用狗寶為末。每服一分，以威靈仙二兩，鹽二錢，搗如泥，將水一鐘攪勻，去滓調服，日二。不過三日愈，後服補劑。《杏林摘要》。狗寶丸治癰疽發背諸毒，初覺壯熱煩渴者。用癩狗寶一兩，臘月黑狗膽、臘月鯉魚膽各一枚，蟾酥二錢，蜈蚣炙七條，硇砂、乳香、沒藥、輕粉、雄黃、烏金石各一錢，粉霜三錢，麝香一分，同為末。用首生男兒乳一合，黃蠟三錢，熬膏和丸綠豆大。每服一丸或三丸，以白丁香七枚研，調新汲水送下。暖臥，汗出為度。不過三眼立效，後食白粥補之。《濟生方》。赤疔瘡狗寶丸：用狗寶八分，蟾酥二錢，龍腦二錢，麝香一錢，為末，好酒和丸麻子大。每服三丸，以生蔥三寸同嚼細，用熱蔥酒送下，暖臥，汗出為度。後服流氣追毒藥，貼拔毒膏，取愈。《通玄論》。反胃膈氣丁丹崖祖傳狗寶丸：用硫黃、水銀各一錢，同炒成金色，入狗寶三錢，為末。以雞卵一枚，去白留黃，和藥攪勻，紙封泥固，焙火煨半日，取出研細。每服五分，燒酒調服，不過三服見效。楊氏《頤真堂方》。

又 卷五一《貛》 釋名狗貛音歡。天狗。時珍曰：貛又作，亦狀其肥鈍之貌。蜀人呼為天狗。

集解 汪穎曰：狗貛，處處山野有之，穴土而居。形如家狗，而腳短，食果實。有數種相似。其肉味甚甘美，皮可為裘。時珍曰：狗貛似小狗而肥，尖喙矮足，短尾深毛，褐色。皮可為裘領。亦食蟲蟻瓜果面有海貛皮，可供衣裘，亦此類也。

肉氣味甘、酸，平，無毒。生治補中益氣，宜人。汪穎小兒疳瘦，殺蛔蟲，宜噉之。蘇頌功與貒同。時珍

又《木狗》 集解 時珍曰：按熊太古《冀越集》云：木狗生廣東左右江山中。形如黑狗，能登木。

其皮為衣褥，能運動血氣。元世祖有足疾，取以為褲，人遂貴重之，此前所未聞也。珍嘗聞蜀人言：川西有玄豹，大如狗，黑色，尾亦如狗。其皮作裘、褥，甚暖。冬月遠行，用其皮包肉食，數日猶溫，彼土亦珍貴之。此亦木狗之屬也，故附見於此云。

皮主治除腳痺風濕氣，活血脈暖，腰膝。時珍

又《豺》 音儕 釋名豺狗。時珍曰：按《字說》云：豺能勝其類，

又知祭獸，可謂才矣。故字從才。《埤雅》云：豺，柴也。俗名體瘦如豺是矣。

集解　時珍曰：豺，處處山中有之，野狼屬也。俗名豺狗，其形似狗而頗白，前矮後高而長尾，其體細瘦而健猛，其毛黄褐色而其牙如錐而噬物，群行虎亦畏之，又喜食羊。其聲如犬，人惡之，以為引魅不祥。其氣臊臭可惡。羅願云：世傳狗為豺之舅，見狗輒跪，亦相制耳。

肉氣味酸，熱，有毒。詵曰：豺肉食之，損人精神，消人脂肉，令人瘦。

皮氣味熱。主治冷痺軟腳氣，熟之以纏裹病上，即瘥。蘇恭療諸疳痢，腹中諸瘡，煑汁飲，或燒灰酒服之。亦可傅䘌齒瘡。孟詵又曰：頭骨燒灰和酒灌解槽，牛馬便馴良附人。治小兒夜啼，百法不效。同狼屎中骨燒灰等分，水服少許，即定。時珍。出總録。

又　卷五一《狼》　釋名毛狗。時珍曰：《禽書》云：野狼逐食，能倒立，先蔔所向，獸之良者也。故字從良。《爾雅》云：牡曰獾，牝曰野狼，其子曰：音叫。

集解　藏器曰：野狼大如狗，蒼色，鳴聲則諸孔皆沸。

時珍曰：野狼，豺屬也，處處有之，北方尤多，喜食之，南人呼為毛狗是矣。其居有穴。其形大如犬，而鋭頭尖喙，白頰駢脅，高前廣後，腳不甚高。能食雞鴨鼠物。其色雜黄黑，亦有蒼灰色者。其聲能大能小，能作兒啼以魅人，野俚尤惡其冬鳴。其腸直，故鳴則後竅皆沸，而糞為烽煙，直上不斜。其性善顧而食戾踐藉。老則其胡如袋，所以跋胡尾，進退兩患。其象上應奎穎曰：狽足前短，知食所在；野狼足後短，負之而行，故曰野狼狽。

明　鄭明選《鄭侯升集》卷三一《喪家狗》　孔子適鄭，與弟子相失，獨立東郭門。外或人謂子貢曰：東門外有一人焉，其長九尺有六寸，河目隆顙其頭似堯，其頸似皋陶，其肩似子産，然巨腰以下不及禹者三寸，纍然如喪家之狗。按註：喪家狗，主人哀，荒不見飯食，故纍然不得意，孔子生於亂世，道不得行，故纍然是不得意之貌也。然則喪字乃平聲，讀作去聲非。

明　鄭若庸《類雋》卷三〇《犬》　【斗精】《春秋考異》云：犬，斗精所生。七九六十三陽氣通，故狗三月而生，各高三尺。【烏龍】《搜神記》云：會稽句章人張然，養一狗，甚快，名曰烏龍。【青鶻】《周處風土記》云：犬則青鶻，白雀，飛龍，虎子馴良捷警，難伸易使。【龍犬】《白澤圖》云：黑犬白頭，長耳捲尾，龍也。【白蒼】《述異記》云：古徐國宮人娠而生銜卵，棄之水濱，有犬名曰蒼。負而歸，俄而成人，遂為徐嗣君。【茹黄】劉向《説苑》云：荆王得茹黄之狗，宛路之矰，以畋雲夢，三月不返，保申跪而笞王，出而自沉於淵，荆王乃殺狗，折矰。【瓠頸】《晉書》曰云杜預有癭疾，初攻吳，吳人憚其智，以瓠繫狗頸示之，及吳平，預盡殺之。【完囊】《魏志》云：太祖言我有丁斐，猶人家有盜，狗善捕鼠，雖小損而完，我囊褚。【養龍】《列仙傳》云：刋子者，蜀人好放犬，犬走入山穴，刋子随之行數百里出，山頭有殿屋，官府仙人使甚嚴，見其故妻，主洗魚與邗子，一幽藥發，幽魚子也。著池中養之一年，皆爲龍。邗子後還山，見犬色更赤，有長翰隨邗子，遂留山上，時時下護其宗族，蜀人立祠焉。【青骹】《西京雜記》云：楊萬年有獵狗，名青骹，直百金。【佳名】《西京雜記》云：茂陵少年李亭，好馳逐鷹犬，皆制佳名，狗則有脩毫、釐睫、白望、青曹之號。【袖棁】《淮南子》云：削薄其德，增累其刑，而欲以爲治，無異執彈而來，鳥袖棁而狎犬也。注棁杖也。【牽賣】《晉書》云：吳隱之爲奉朝請，謝石請爲衛將軍主簿，隱之將嫁女，石知其貧，絜遣女必當率薄，乃令移厨帳助其經營使者，至婢方啼犬賣之，此外蕭然無辨。【□足】《吕氏春秋》云：齊有善相狗者，其鄰藉之買鼠狗，朞年而得，曰良狗也。其鄰畜之數年，不噉鼠，以告相者，曰此至在麞麋豕鹿，不在鼠，欲其鼠也，則桎之，其鄰桎其後足，狗遂取鼠。【縣蹄】《説文》云：狗，犬之有懸蹄者也。孔子曰：視犬之字，如畫狗也。【叩氣】《説文》云：狗，叩也。叩氣，吠以守也。【黄羊】《古今注》云：狗，一名黄羊。又《曲禮》云：効羊者，右牽之。効犬者，左牽之。又《曲禮》云：凡祭祀犬曰羹獻。【蓋埋】《檀弓》云：仲尼之初狗死，使子貢埋之，曰：吾聞之弊，惟不弃爲埋馬也。弊蓋不弃為埋狗也。丘也，貧無盖於其封也。亦與之席，無使其首陷焉。【生氂】《後漢書》云：岑熙爲魏太守，無爲而化，視事二年，與人歌之，曰我有枳棘，岑君伐之，我有蟊賊，岑君遏之，吠狗不驚，足下生氂。【渠溲】《周書》云：渠溲大者，露犬也。能飛食虎豹。【疾畊】《吕氏春秋》云：齊有好獵者，不得獸，欲湏良狗，家貧不能得，乃還疾耕，疾耕則家富，家富則有良狗，有良狗則數得獸也。獵常過人，霸王亦然。【禦災】《風俗通》云：秦始殺狗磔四門，以禦虫災。今人殺白犬，以血題門户，曰正月白犬血，辟除不祥。【犬類】《爾雅》云：犬生三猣，二師，一獮。未成毫，狗。長喙獫，短喙猲，獢狗絶有力，狣獷狗也。狗四尺爲獒。【殺□】《左傳》云：晉侯飲趙盾酒，伏甲將攻之。其右提彌明知之，趨登曰：臣侍君宴，過三爵，非禮也。遂扶以下，公嗾夫獒焉，明搏而殺之。盾曰：棄人用犬，雖猛何爲，鬬而出。【迎吠】《列子》云：楊朱之弟曰：布衣素衣而出，天雨無素衣，衣黑衣而返，其狗迎而吠之。楊布怒，將朴狗。楊朱曰：子無朴矣，子亦猶是也，嚮者使汝狗白而往黑，而未豈能無怪哉。【出妻】《東觀漢記》云：鮑永少有志操，事後母至孝，妻嘗於母前叱犬，而永即去之。【盤瓠】《玄中記》云：高辛氏有美女未嫁，犬戎爲亂，帝曰：有討之者，妻以美女，封三百戶。帝之狗名槃瓠，三月而殺犬戎之首來，帝以爲不可訓民，乃妻以女，流之會稽，東南二萬一千里，得海中土方三千里而封之。生男爲狗，生女爲美女。又《搜神記》云：高辛氏有老婦人居王官，得耳疾，醫爲挑治，得一物，大如繭，婦人盛之，以瓠覆之以盤。俄而，而化爲犬，其文五色，名盤瓠。【犬子】《雜五行書》云：犬生四子，取黃子養之。犬生五子，取青子養之。六子，取赤子養之。七子，取黑子養之。八子，取白子養之。白犬烏頭，令人得財。白犬黑尾，令人世世乘車。黑犬白耳犬，主畜之，令人富貴。黑大白前兩足，宜子孫。黃犬白尾，令人世世衣冠。

清 褚人穫《堅瓠集·秘集》卷四《畫虎類狗》 紫桃軒又綴爾雅·釋畜犬子曰狗釋獸虎子、熊子皆曰狗。又漢律：捕虎一購錢三千，獲狗半之。然則所謂畫虎類狗，蓋指虎子，亦未大懸絶耶。

清 桂馥《札樸》卷七《狗》 《釋獸》熊虎醜，其子狗。《左傳疏》引李巡云：熊虎之類，其子名狗。郭注：引律捕虎，一購錢三千，其狗半之。《集韻》引漢律捕虎購錢三百，其狗半之，狗熊虎子。馥案：《列子釋文》說白豹云：《爾雅》熊虎醜其子豹，豹熊虎之子也。是狗豹，皆豹之訛。

清 洪頤煊《讀書叢録》卷一六《噬狗》 《說山訓》：亡者不敢夜揭炬，保者不敢畜噬狗。高注：保城郭居也，保饒人也，不敢畜噬人狗也。頤煊案：保酒家傭也。鶡冠子《世兵篇》伊尹酒保，韓非子外儲說，右上篇》宋人有酤酒者，升槩甚平，遇客甚謹，爲酒甚美，著然不售。酒酸，問其所知長者楊倩。倩曰：汝狗猛邪。曰：狗猛則酒何故而不售。曰：人畏焉，或令孺子懷錢挈壺罋，而往酤，而狗迓而齕之，此酒所以酸，而不售也。是說其事。高注非。

清 焦循《易通釋》卷一〇《狗、拘》 循按：《說卦傳》前云：艮爲狗，後於艮，又云爲狗。虞仲翔云：指屈伸制物故爲拘，拘舊作狗，上已爲狗字之誤。經文不言狗，而言拘，隨上六拘係之謂蠱，成蹇下艮，艮爲拘是也。其艮爲狗者，狗卽拘也。拘之義爲止，狗叩氣，以守亦取於止。經無狗，而傳言狗者，明經文假借之例，與馬牛豕羊並言，則爲狗。不可云狗，係之則爲拘，拘之爲狗，猶祥之爲羊也。

清 王有光《吴下諺聯》卷四《狗咬呂洞賓》 洞賓仙師風骨淩雲，人皆景仰。狗何物也，乃敢自取罪戾，嗥然肆其一咬乎！且夫仙師未蔔先知，狗而欲咬，何不將葫蘆中藥物斃之，背上寶劍斬之，狗曷能為。不知祖師藥本濟人，不用毒狗；劍惟誅妖，不欲屠狗。狗若欲咬，亦不屑逆料以矜先見，所謂與禽獸又何難焉。獨是為狗計之，當向洞賓仙師拜之跪之，求其度之，庶不複墮畜生道中，竊糟糠食屎橛也。何反從而咬之哉？素史氏曰：此其所以為狗也歟。

清 俞樾《易學管窺》卷一四《艮爲狗》 《說卦傳》艮為狗。而六十四卦無取象於狗者，安見艮之為狗。按：艮為門闕，為閽寺，狗以守戶，同一義也。繫辭重門，擊柝以待暴，客蓋取諸豫，豫上震下，坤上震倒，艮下坤互艮，艮為門，亦為狗，故象重門，而狗守其外也。

清 周人甲《管蠡匯占》卷一二《犬異占》 《京房》曰：佞臣在側，則犬妖生。歲多蝗蟲，大兵且至，或曰狗主守犬爲妖，則失其所守。

犬吠其主，其主且亡，一曰逆吠其主，有殃，不宜遠行。

犬作人聲，世主易。

大嗥街巷中，有賊在邑，不出三年一犬吠，羣犬和之，其地有兵，羣嗥城中，國邑爲墟。

犬晨夜吠於家庭，家有喪。在邑，則主守者。亡天鏡曰：春嗥室堂，男女有喜，朝嗥室中，父母憂。日中嗥室，中男得爵祿，女有喜。夕嗥室中，長女死。

犬羣會於野，或人家，或街衢中，大賊起。一曰守禦之臣叛。

犬忽上人床，其下謀主。

犬窺井自照，有姦事。犬作人行，守臣謀叛。

犬自食其子，多盜賊，一曰有牢獄事。

犬子反哺其母家，有大慶。

犬負子自外入國中，其國不用兵，而遠人來。負子出，門，民去其國。

犬生子於野，臣有外謀，三年國亡。

犬與豕交，夫婦不嚴，有兵亂，家國同。凡異類相交，皆主淫亂。

犬無故多死，軍弱不可用。犬無故自死當邑門，國失其守凶。

犬羣入水中，浴兵大起。

犬戴人冠，京房曰：君不正，臣欲篡。厥妖狗冠出朝門，地坼出犬名曰地狼。其地有兵，若在人家，則其家有兵刃之災。一曰犬從地中出，國君死，有大水。

犬生角，下犯上。一曰世主益地。京房曰君失政，小人進，則犬生角。

犬生子，三耳以上，邑有亂臣。三目以上，臣謀主。二口，邑有憂。鼻一孔，邑有兵。三足以下，國分。五足以上，邑兵大行。二，陰國君。多子二尾以上，君徙。

犬生子口在背，有反臣。口在陰，臣強主弱，命不行。口在四肢，臣殺君。口在腹下及兩旁，邑有大憂。口在腹，民大飢。生子鼻在四肢，有兵。足在腹，邑有徙君。足在背，有反臣。足在首，其君有大仇。尾在腹，臣謀主。尾在背及四肢，國有三主爭。生子無毛，臣謀君。無目，主者病。無口鼻，民飢無足穀。不成無尾，民貧。無頭，其家亡。

犬生人，國有兵，行君失位，生人形不具，其邑有兵。

犬生野獸，大夫爲賊謀，君有憂。

犬生六畜，國易命，有大事。生豕，歲大熟，民安生。六畜一首二身，國主廢。兩口三鼻以上，大臣爲亂。生六畜無首，有大凶事。無耳，君不用事。無目，其邑兵出。無口鼻，民流亡爲亂。無四肢，國有亂兵。無陰，國君暴死。

犬生子人形畜獸身，有亡君邑大殃。人形鳥身，有大災。人形魚身，有水災。人形鼠身，其邑大榪。

犬生野獸，且有人形，邑有大兵生。飛鳥，大水，大兵。一曰犬生子爲飛鳥，蟲有更令犬生蟲，蛇。邑飢人流。

犬生異物，或人形，或形體不居其所，皆爲兵起。

犬生鼠，歲虛，民流亡。

犬生魚，有大水。

犬忽人悲者，有大喪。

犬忽見主呼不動，邑里有賊，政令不行。

他犬自來入室不去，有憂官事。

豕犬無故亡不還，有亡命事憂，女子禍。

犬相與入水中及屋上，有兵喪。

犬忽窺井，憂驚恐。

犬上屋及登城牆，賊來，必破。兵將投降。無故上屋，有火災。一曰其家有喪主人失位，屋乃高危之地亢陽之象也。

犬忽變毛色奇異，理家者死，或被刑罰。

宮室人家犬嘷不止者，內外有交兵，流血從內起。

犬羣溺邑門外內，國兵作。人家亦同。犬屎君門之中，君有喜。屎君門之外，君有憂。

犬屎尿宮門及大道，或井側、堂廟、牀席，皆大禍。至一云羣犬屎大道中，兵起。無故當大道屎而行，大凶。屎邑社五日以上，邑亡社移。

犬糞床上及灶上，有暴禍。

犬溺人，其人亡，遠不出三年。

犬屎石其國，臣強君弱。屎金鐵，邑兵大作。屎土國，益地。屎五穀，邑昌，歲成。屎草木，有大喪。

獒

論說

宋 范純仁《范忠宣集》卷九《尚書解·旅獒》 召公作《旅獒》，訓於成王曰：德盛不狎侮。狎侮君子，罔以盡人心；狎侮小人，罔以盡其力。不役耳目，百度惟貞。玩人喪德，玩物喪志。志以道寧，言以道接。不作無益害有益，功乃成；不貴異物賤用物，民乃足。犬馬非其土性不畜，珍禽奇獸，不育於國。不寶遠物，則遠人格。所寶惟賢，則邇人安。嗚呼！夙夜罔或不勤，不矜細行，終累大德。爲山九仞，功虧一簣。

臣某曰：『孔子謂使民如承大祭，則君之盛德在不狎侮而成也。人之聰明志意，惟可用之於道，不役於無益之事，則百度斯正。當以賢者爲寶，不以珍奇爲寶，又能不忽細微，則大功可成。君或不恤小過，而憚於改爲，終將虧損大德。九仞之山，起於累土，或闕一簣，則妨成功，况甚於一簣者乎！」

宋 張九成《橫浦先生文集》卷九《旅獒論》 余讀《孟子》，嘗怪其云『人不足與適，政不足與間也，惟大人爲能格君心之非，君仁莫不仁，君義莫不義，君正莫不正，一正君而國定矣』。夫君心之非，何由而見之？及讀《旅獒》，見召公諄諄如此，然後知古之大人，其事君也，猶子事父母也。子于父母，同氣而異息，同心而異體，故人子之心拳拳體父母之心，知其喜怒哀樂、寒煖燥濕之節，以調養之。臣之於君亦然，專體君之心而察之。召公體武王之心，故武王稍有放怠，則召公已知之，而訓戒已洋洋乎耳目之間矣。夫當紂之未誅也，天下之責在武王，天命之定在武王，文王之業在武王。武王於是時，其心肅然，無敢少怠。使西旅於此時而獻獒，武王敢受之乎？及紂既受誅矣，天下之責已塞矣，天命之歸已定矣，文王之業已成矣，使武王之心常如紂之未誅時，則西旅獻獒，固將却之。今武王既誅紂，既通道於九夷八蠻，其心亦稍放且怠，而漸起狎侮之心矣。何以知其稍放且怠而起狎侮之心乎？召公於受旅獒時而見之，故召公區區爲此篇以訓焉。深察其言，有若嚴師尊父之訓於未知稼穡艱難者。何哉？夫仁義何常之有，蹈之則爲君子，背之則爲小人。使武王此心一開，不有以救之，其去紂也不難矣。觀其『不矜細行，終累大德』、『爲山九仞，功虧一簣』之言，何其悲辛警切如此也！嗚呼！綿綿不絕，蔓蔓奈何，毫毛不拔，將用斧柯，勿恃聖人之資而輒放怠也。非召公高識遠見，體武王之心，見其微有放怠之非、狎侮之漸，格而正之，則武王未可知也。武王自是其敢少怠而入狎侮之路乎？豈不見晉武帝自平吳後而侈心作，唐憲宗自平淮西後而侈心作，唐莊宗自弒朱梁後而侈心作，皆爲不終之君。使無召公之訓，烏知武王之克終乎？孟子曰『湯、武反之』，蓋謂此也。余於《旅獒》得孟子格君心之義，故表而出之，使爲人臣子者，當如是也。

宋 周紫芝《太倉稊米集》卷四六《救奢論》 武王伐商，通道於九夷八蠻，而西旅遣奉獒之使，獒犬未足爲珍，蠻夷歸命而受其獻，猶未甚損於聖德。召公作書以戒，其辭曰：『不貴異物，賤用物，民乃足。』又曰：『珍禽奇獸，不育於國。』武王賢聖，豈貴異物而從禽獸者？奭之戒所以丁寧反覆而不已者，杜其源也。

綜述

宋 釋居簡《北磵集》卷六《瘞獒銘》 某之仲氏有獒，黧文，名黧，獰而警，不以善吠爲良，夜聲先羣，晝食後衆。仲用恕體柔，黧化之。季之狸虎文，曰斑，以輕翾捷疾變。季畜之經年，狡穴洗空，挾寵以暴非其類。他獒磔之，血濺黧首。季勇復讐，擊黧首而斃之。仲趣援黧，噬臍矣，徹食終日，瘞以弊帷蓋。過余，道所以然，曰：『吾傷焉。吾傷者三：斑化暴，死暴也。斑死暴，益季暴也。黧化吾恕，盍死於恕乎？』予曰：『何傷乎！吾敢賀而不以弔也。恕本仁，一物不得其所，若己推而納諸溝中，閔焉，閔深則愈恕。廣而充之，仁不勝吾用。暴虐之慘，甚於燎原，雖自己有所不暇顧，於黧何有？黧死恕，得死所矣。』仲氏矍然而作曰：『然則不可以不銘。』銘曰：

黧與斑，化其主。暴死暴，恕死恕。恕有光，暴自取。繫襟裾，不遄死。

明 彭大翼《山堂肆考》卷二二二《狗》 貢于西旅。《周書》：西旅底貢厥獒，太保乃作《旅獒》。

明 田藝蘅《留青日札》卷三〇《大狗》 獒，大狗也。《漢書》：『罽賓國出大狗。』郭義恭《廣志》曰：『狗大如驢，赤色，數里搖鞉以呼之。』

清 洪頤煊《讀書叢録》卷六《周狗》 靈公有周狗，謂之獒。何注：周狗，可以比周之狗，所指如意。頤煊案：《爾雅・釋畜》。郭璞注：《公羊傳》曰：『靈公有害狗，謂之獒。』周，害字形相近。《説文》：猗犗犬也。害疑卽犗字之省。

清 沈濤《銅熨斗齋隨筆》卷二《害狗》 《釋畜》注引《公羊傳》：『靈公有善狗，謂之獒。』宋雪窗書院本、元大德本皆作『害狗』，或讀『害』爲『割』。如犗牛、騬馬之比，然未聞割勢之狗猛於噬人者，害與周字形近而誤，蓋周誤爲害，害又誤爲善耳。何氏《公羊》注解爲：『可以比周之狗，義亦紆曲。』杭編修世駿云：『周狗，周地所出，如韓盧宋鵲是矣。』

藝文

元 方回《桐江續集》卷二八《義犬行》 古滕東溪御史王公之先公，

豢一獒十五載，東溪葬廬墓，從至其地，不食而死，以古禮埋之。紫陽山方回賦《義犬行》：

君不見，周興西旅貢厥獒，今日天下新建橐。遠方不許進異物，閈却三畧兼六韜。又不見，王孫昔歎走狗烹，今日天下永太平。保全功臣決無此，花村夜不爭雉鳴。陸平原家養黃耳，繫書不隔江淮水。金陵音問還洛陽，徃來何啻萬餘里。杜少陵寓鄜州居，舊物低徊入衣裾。宗文宗武共入蜀，愛憐想亦如相如。古滕東溪王御史，先公豈弟世無比。一犬育之十五年，送葬至墓不食死。一飯糟糠何足論，恒飽不饑謝乾坤。垂深井韁馬救主，銜明月珠蛇報恩。世上紛紛輕薄子，飜雲覆雨喪廉恥。動輒反噬不識人，可似韓盧烏喙之徒知義理。

犴

題解

宋 陸佃《埤雅》卷五《釋獸・犴》 犴，胡犬也。似狐而小，黑喙，善守。其字从干，《釋言》曰：「干，扞也。」

綜述

《太平御覽》卷九〇八《犴音岸》 《說文》曰：「犴，胡地野狗也。」《異物志》曰：「犴，猨屬，頭形正方，髮長尺餘，皆蒼色。犬類似人，欲有所視，輒搖頭，兩手披髮；不尒，則覆鄣其兩目。衣毛皤皤，若披狐裘。木居，洄藏，窞向乃得見耳。」

宋 陸佃《埤雅》卷五《釋獸・犴》 《記》曰：「君子狐青裘豹褎，麛裘青犴褎。」豹取「制服」，犴取「扞守」也。《周官》：「七射犴侯。」犴，胡犬也，其守在夷，士以能勝四夷之守為善，亦其伏節死制而聽命於主，士之事也，故「射犴侯」。《傳》曰：「桀犬吠堯，非堯之罪，犬各護其主爾。」巾車曰漆車，藩蔽犴禊雀飾，盖祥事禫而就吉，則其守將在四夷，故犴禊也。《儀禮》曰：「大侯九十，參七十，干五十。」即所謂虎九十弓，熊七十弓，豹、麋皆五十弓者也。鄭云：「「參」讀為「糝」。糝侯者，豹鵠而麋飾。「干」讀為「犴」。犴侯者，犴鵠犴飾。」皆非是。王射虎侯，則於熊侯、豹侯為大，故「虎侯」一名「大侯」，《詩》傳所謂：「大侯，君侯也。」「參」即熊侯，言其參於虎侯、豹侯之中也。「干」即豹侯，言其以下干上，又繼熊虎之後也。《梓人》曰：「張皮侯而棲鵠，則春以功；張五采之侯，則遠國屬；張獸侯，則王以息燕。」鄭云：「皮侯，以皮所飾之侯也；五采之侯，謂以五采畫正之侯也；獸侯，畫獸之侯也。」《詩》曰：「終日射侯，不出正兮。」正，所射也，《詩》傳以為「二尺曰正」。蓋王射采侯，九節五正，則其居侯中，地方丈矣。「梓人為侯，廣與崇方，參分其廣，而鵠居一焉。」鄭氏以為鵠方六尺，則大射之鵠小而中難，賔射之正大而中易。理或然也。《呂子》曰：「射帖者欲中小，射獸者欲中大。」然則大射射鵠，賔射射正，鄉射射質，燕射則因鄉射之侯。鄭氏注《儀禮》，以為燕射乃張獸侯，而鄉射當張采侯二正，又誤矣。諸侯之射也，必先行燕禮；大夫之射也，必先行鄉飲酒之禮。故其射侯皆相因。而記鄉射者正言獸侯，如《梓人》、《燕禮》。又以謂若射，則大射正為司射，如鄉射之禮也。《司裘職》曰：「王大射，則共虎侯、熊侯、豹侯，設其鵠。」則大射射鵠之證也。《射人職》曰：「王以六耦，射三侯，三獲三容，樂以《騶虞》，九節五正。」則賔射射正之證也。三侯即虎侯、熊侯、豹侯，其侯中皆以五采畫正，所謂五采之侯。鄭云：「三侯，五正、三正、二正之侯。」又誤矣。《射人》曰：「王射三侯，九節五正。」則明此三侯皆九節五正。下云：「士射犴侯，五節二正。」則又明犴侯內以二采畫正。士射犴侯，內以二采畫正，則王射五采畫正之侯，亦以虎侯、熊侯、豹侯明矣。下云：「若王大射，則以貍步張三侯。」則又明此五采畫正之侯，既不棲鵠，又不以貍步張之，所以異於大射者如此。且王大射，則張皮侯而棲鵠，又獨張以貍步者，盖於此以擇士，則宜擬度而取焉。又欲其中微，故放貍步而棲鵠也。鴻鵠一舉千里，射者難中，故於大射射之，以擇其巧者。《鄉射禮》曰：「凡侯，天子熊侯白質；諸侯麋侯赤質。大夫布侯，畫以虎豹；士，布侯，畫以鹿豕。」凡畫者丹質，則鄉射射質之證也，質亦所射也。《詩》曰：「發彼有的。」《傳》云：「的，質也。」後鄭以為白質、赤質皆謂采其地，亦誤矣。蓋《禮》曰：「大夫布侯，畫以虎豹；士布侯，畫以鹿豕。」凡畫者丹質則明。凡此布侯畫獸，乃射丹質，而熊侯白質、麋侯赤質，非畫者矣。

鄭氏云：『丹質，謂以丹采其地。』亦誤也。然則皮侯無正有鵠，采侯無鵠有正，獸侯有質無鵠無正。《司弓矢》曰：『澤，共射椹質之弓矢。』正弓、弧弓以授射甲革、椹質，則澤射椹質，所以選試其力。《孟子》曰：『其至，爾力也；其中，非爾力。』『夾弓、庾弓，以授射豻侯、鳥獸者』，蓋豻侯五十步，而士以弱弓射之，則其力之強弱莫知焉。故使於澤宮，先射椹質；已射於澤，而後射於射宮。則於是焉張皮侯而棲鵠，又以擇其巧。巧力不具，非所以為善射。

明 譚綸《譚襄敏公遺集》卷三《義似豻猻》 豻，胡犬也。似狐而小，黑喙，善守。其字以干。《釋言》曰：『干，扞也。』取扞守之義。二十八宿曰：『婁金狗，井木豻。』狗亦豻類。孔子曰：『狗，叩也。叩氣，吠以守也。』《易》曰：『艮爲狗，狗善警，吠止禦，又其性前趨，故「艮爲狗」。艮，陽在上故也。』《釋畜》曰：『長喙善獵，短喙善守以吠。』《傳》曰：『狡兎死，走狗烹。』走狗即今長喙細狗也。《語》曰：『桀犬吠堯。』犬各吠非其主爾。又猻獸，似猿，青身，黑頰，有鬚，鬚黑，其手亦黑。性好理鬚，又愛其類，生相序，死相赴，雖遇患難不捨去。舊説猻皮五色，中爲裀毯。人取以藥射之，其偶爲拔其矢，因以自刺，與之俱斃。其義性如此，一名果然。夫豻也，猻也，皆善相守，不肯負其主，不肯去其難。而將士為主守邊守營見敵來乃有棄而走者反物之不如乎是可愧死也羞殺也。

清 方旭《蟲薈》卷二《豻》 《正字通》：『豻，胡犬。似黑狐，頭生一角，身長七尺，老則有鱗，食虎豹，獵人亦畏之。』〇旭按《談薈》云：『豻有兩種。一種能食虎豹，一種是胡犬，不能食虎豹。』

畜犬 養狗 馴犬

論説

元 王惲《秋澗集》卷四五《犬相乳説》 轉運楊公家有犬生子而斃，求哺無所獲，嗚咿咿殊可憐。有斃犬之母，性甚獰，既老，乳久絶，走而顧睞，彷徨躑躅，即其棲附而乳之。既乳而乳眞有，遂盡活所棄子。噫！犬之畜也，非有慈祥不忍之性，特感於所畜者如此，然老而復乳，此亦異之大者。楊公，北燕人，世為鉅族，盛年以勇毅從事兵間，其活人捄物，釋難解紛，功亦多矣。雖揚歷州郡爲顯宦，其友愛之情，日篤一日，事姊如事親，敬兄如敬長，以致弟念天顯，兄鞠子哀，一門之内，兄兄弟弟，怡然而理順，曖然而氣和，若棣華之相承，手足之互爲用耳，何其偉哉！《傳》曰：『國之本在家，家之本在身。』蓋一家之隆替，繫一身所行如何爾，其善惡感召，殆影響之應形聲也。昔北平王道行於家，有猫相乳之兆；董召南孝且慈，有雉哺其犬之祥。今楊氏大感於所畜，極不忍弃其後之意者，表公樂於爲善之心，油然生乎其中也。其乳絶復生，意者見公福禄將老而未艾也。已棄之物遂獲生全，意者勉公故舊之恩，所當復也。世之人以犬之悲嘷爲不祥。非犬也，殃自人召也。是犬也，持性於不忍，爲姑乳之，亦非犬致然也。福開有先也。夫富貴福禄，人之所大欲也，故韓子有云：『得之之難，未若待之之難也。』得之於功，或失之於行；得之於身，或失之於子孫。今吉祥止於楊氏者如此，其厚而陰有所積也必矣。宜乎有犬相乳之報云。嗚呼！楊氏其善持之。既談其事，懇予以叙，故書。

明 劉城《嶧桐文集》卷九《峽川之犬》 峽川人家多畜犬，群相舐，骨相牙，無異也。中有素馴擾者，一日復噛一貓，折脇死。人叱之，走而遇貓，復噛之斷喉。群逐之，遇數鷄又噛焉。已，遇其類之熟狎者，亦張吻向之不置。眾乃恐，謀曰：『是狂猘也矣，懼小兒之不及避，且將及吾儕。』然不敢近，以鳥銃擊之，靡爛死。主人曰：『是嗺嗺者，司昏夜頗謹。然人之遇之，恩亦摯矣。使安常分而老死、疾病死，或以職死，豈不有帷蓋之賜哉！無故而狂噬，不擇物，則人將懼焉，不得不先發以制之。肢體狼藉，卒膏鼎鑊，惜哉！』

綜述

唐 馮贄《雲仙雜記》卷二《胡麻啖犬》 以胡麻麨啖犬，則光黑而駿，使獵必大獲孤兔。又可得三十歲。

《太平御覽》卷九〇四《狗上》 《爾雅》曰：犬生三猣音宗，二師一音祈，未成毫，狗。長喙，獫音廉，又音險。短喙猲音歇，獢許嬌切。狗絶有力，狣音兆。尨，狗也。狗四尺爲獒。《説文》曰：犬，狗之有懸蹄者也。孔子曰：『視犬之字，如畫狗也。』

又曰：狗，叩也，叩氣吠以守也。

又曰：尨，犬之多毛者也。猲，短喙犬也。獫，黑犬黄頭也。往之句切，黄犬黑頭也。猈音罷，短脰狗也。獭胡斬切，犬吠不止也。獒，犬如人心，可使也。㹊居卅切，狂犬也，狄亦犬也。

又曰：狡，少狗也。匈奴有狡犬，巨口而黑身。

吕忱《字林》曰：獹，韓良犬也。猉音鵲，宋良犬也。犭开五見切逐虎犬也。何承天《纂文》曰：守犬為獚。扶卒切隴西以犬為猶。酉獳乃乃居切切。犴乃庚切，皆多毛犬也。獟五校切。猘居例切也。貂音彫，屈尾犬也。《廣雅》曰：殷虞、晉獒、楚茹黄、韓盧、宋鵲，並犬屬。《廣志》曰：狗，有懸蹄、短尾之號。《古今注》曰：狗一名黄羊。

《易卦》曰：艮為狗。《詩·國風·盧令》曰：盧令令，其人美且仁。盧田犬令令環聲盧重環，其人美且鬈。

又曰：《國風·野有死麕》曰：無撼我帨兮，無使尨也吠。尨，狗也。

《禮記·曲禮》曰：馬效羊者右牽之，效犬者左牽之。

又《曲禮》曰：凡祭祀，犬曰羹獻。

又《內則》曰：狗赤股而躁，臊。

又《檀弓》曰：仲尼之畜狗死，使子貢埋之，曰：『吾聞之，弊帷不弃，為埋馬也；弊蓋不弃，為埋狗也。丘也貧，無蓋，於其封也，亦與之席，無使其首陷焉。』封，當為窆。陷，謂没於土。

《尚書·洪範》曰：西旅獻獒西戎遠國貢大犬，太保作《旅獒》，召公也。

宋 王禹偁《小畜集》卷二六《放五坊鷹犬詔》 王者狩必以時，除災害於黎庶；射而登俎，表孝薦于祖宗。過此以還，盡為非禮。朕祇膺大寶，弗敢盤遊。爰自國初，因其舊制，五坊設畋獵之備，四海貢鷹犬之儔。雖則存而勿論，未如不作無益。況又青骹黄耳，耗民用以居多；雨血風毛，匪朕心之所欲。宜從式釋放，式表憂勤。應五坊鷹鶻等，並委本坊使即時放散。所有狗犬，人願收養為警備者，亦聽。仍敕天下，今後不得更進鷹犬。庶使發狂之言，遐遵于老氏；外荒之戒，無愧于古書。亦所以見朕惠及于飛走也。告布中外，稱朕意焉。

又《批答處士陳摶乞還舊山表》 所上表事具悉。昔者帝堯臨于大寶，許由稱之外臣，雖居萬乘之尊，不屈匹夫之志。想彼貞節，朕常嘉焉。卿不仕王公，多歷年歲，雅有神仙之態，蔚為高尚之人。爰自近年，屢云請見。雖玉堂金闕，暫喜于來朝；岫幌雲欞，遽求于歸隱。可認不羈之行，用全獨善之心。披閱奏章，良多嘉尚，所請宜依。

宋 周去非《嶺外代答》卷九《蠻犬》 蠻犬，如獵狗，警而猘，諸蠻以馬互市於横山，皆作茅舍野次，謂之茅寮，率攜一犬以自防，盜莫敢近。

宋 魏了翁《古今考》卷三二《槁人掌豢犬》 槁人苦報，反掌豢祭祀之犬。鄭氏注：養犬豕曰豢，不于 。人言其共至尊，雖其潘瀾上芳袁反亦作畨下魯旦反戔餘，不可褻也。戔，即殘字。《紫陽方氏》曰：經文言豢犬，不言豢豕，省文也，舉犬則豕可知也。故鄭注：兼言犬豕禮，君子不食豢腴。故牛羊取腸胃以為祭饗之俎，而犬豕之腸胃不用，惟豕取其膚。則有膚，俎豕不剥皮，而牛羊各剥其皮以為皮革也。潘，今米瀋也，亦曰米泔、曰潘瀾。戔，餘古語也。今之殘羹剩汁棄餘之物，以釘甕盛之，人家及食店每晨則有豢豕之人取去，以和糟糠飼豕豢犬。則今人不以為祭祀賓客之用，以田獵以守吠，而犬豕二畜尤穢野放之，豕豈可以為賓祀之用乎？然則周公制禮，雖臭穢殘餘之汁，亦有所用，豕人、犬人令其徒晨取於庖厨也。

宋 姚勉《雪坡舍人集》卷四二《精舍名犬》 精舍未有犬為防，丐諸鄰而得之。欲以名呼焉，命之曰：『學虎』。『學虎』之義有二：欲其為吾學舍之虎也，欲其學虎之威以御暴客也。或曰畫虎不成反類於狗，狗不可以比虎也。予曰不然。畫虎而類狗固不可，名狗而比虎奚不可？名以此，固可以見吾精舍之地，雖養狗亦如養虎也；亦可以見吾精舍之人，其馴虎必猶蓄狗也，何不可之有哉！於是寫餕于槽，投骨于地，呼『學虎』而命之曰：『汝犬也，而名汝以虎，要當如駑之睎驥可也。是必視如虎之眈然；吠如虎之闞然，步如虎之妥然，蹲如虎之昂然。夫如是，則伏而齸齬使之不敢晝而趍屏，而狐狸使之不敢宵而啼，穿窬之類息心，胠篋之夫遁迹。使吾精舍之人，居有旁護行無後顧，汝學虎之功也。汝當學虎之威嚴，而不當學虎之暴而饞。汝當學虎之深居而簡出，不當學虎之鬬勇而衝突。吾不願汝秉識含靈；墮虛無穽而為趙州之有佛性。亦不願汝舐鼎食丹，入幻妄闕而為淮安之吠雲間。吾不願汝逐鷹兎而為斯之牽黄，亦不願汝執虎豹而如穆之來白。吾不願汝為韓之盧，亦不願汝為宋之猉。吾不願汝為華之猘，亦不願汝為旅之獒。嗚呼，汝其能以力報主，遠為書郵如黄耳乎？抑能以義戀舊，從遷隨返如烏喙乎？

其能銜骨而獻鹹乎？抑能保金而不去乎？其能忠君而不食乎？抑能以仁而哺異雛乎？使厖者固不可不吠，而能詩之客來山林則又當如何？將軍之出迎也，習靡固不可拂主人意。而功名之會鼎至，則亦不必為魏元忠之家怪也。謹無溺井而齧人于門，以制人口舌。謹無驚越之雪而蒼黃吠噬，以召鬧取喧。謹無以尾續貂，而亂真偽。謹無身服繡罽，而啓僭奢。謹無効桀暴，而吠仁堯。謹無聽晉嗾，而搏宣孟。謹無以一食之怨，而挾憤以殺客。謹無以一饑之廹，而懷饕以舐砧。謹無竊秦宮之裘，而甘為盜之名。謹無効盤瓠之僣，而化荆蠻之俗。能如是，則可以稱是「學虎」之名矣，虎亦且不汝狗若矣。汝有功於主人如此，他日主人學優而仕，當清其政刑，遠屏攘敓，使汝之樂於卧花陰，安於生足蓭也，以是報汝。今名汝以學虎，尚有以稱其名哉。』於是學虎摇尾如喜、拜足如謝而去。

金 李俊民《莊靖集》卷一〇《悼犬》 余家有畜犬，始善終惡。衆勸烹之，姑息間，其惡彌甚。戊戌秋，烹以饗衆，衆意頗快，獨惻然悼之：

非土性而畜，常戒於書；祖陽氣而烹，敢違於禮。生豈不好，禍皆自求。爾心則獸心，食者人食。其志不如粲瓠，其力不及韓盧。盜如在齊，吠如在桀。楚人之井為汝溺，宋人之酒為汝酸。孝子為之去妻，里媪為之逐婦。徐勉不敢以還宅，楊布不敢以易衣。饑則乞憐，飽則反噬。不敬而養，雖猛何為？稍能聽指跟於蕭何，自可得終老於栢直。孔門弟子，寧無弊蓋之思；噲等少年，爭効鼓刀之勇。有此行者，其能免乎？盖與衆而棄之，豈無故而殺者。雖然逐兔難忘上蔡之情，可柰嗾獒終速桃園之禍。

元 楊維楨撰，清 樓卜瀍注《鐵崖樂府注》卷七《狗馬詞》 狗有烏龍兮，馬有的盧，的盧狗主兮，烏龍食奴。於呼交之借兮無觧，孤之託兮無嬰。吁嗟烏龍兮，狗之觧。吁嗟的盧兮，馬之嬰。

《續搜神記》：會稽句章民張然，滯役於都，養一狗甚快，名曰『烏龍』。後其婦與奴私通，遂謀殺然，當户拔刀，狗数注睛舐唇視奴，然覺之，大喚曰：『烏龍！』狗應聲傷奴頭，奴失刀仆然，因殺奴，以婦付縣，殺之。《世語》：劉備屯樊城，劉表曾請宴會，荆越蔡瑁欲因會取備。備覺之，僞如厠，潛遁。所乘馬名的顱。至襄陽城西檀溪中，溺不得出，備急曰：『的顱，今日厄，可不努力！』的顱一踴三丈，遂得出。《史記・游俠傳》：郭觧，軹人，以軀借交報仇。又《趙世家》：屠岸賈攻趙氏於下宮，殺趙朔、趙朔。客公孫杵臼謂程嬰曰：『立孤與死孰難？』程嬰曰：『死易，立孤難耳。』公孫杵臼曰：『子彊為其難者，吾爲其易者，請先死。』程嬰卒立趙孤。趙孤既立，遂自殺。

元 佚名《居家必用事類全集・丁集・牧養擇日法》 【買犬吉日】

壬午甲午辛巳己酉

【取犬吉日】 辛巳乙酉壬辰乙未丙午丙辰戊午密日。

【取犬凶日】 戊日不乞狗。

【殺犬凶月】 正月殺狗不祥。

元 王禮《麟原文集・後集》卷一二《瘞犬志》 余任贛時，寓家于雩，有餽黑犬雛者。稍長，代猫有功。動静率解人意，主適外，必隨。叱之返，徬徨帖耳不忍去。囬數十步，駐足，目逸遠，不見冠盖始還舍。迨歸，俛首俯伏，若拜不自休。後二年，浮家東歸。家僮摇樵艇，載雞犬器皿，尾余舟行，下皇恐灘。縱之岸，忽風順，湍駛不得收。自斷必失，乃穿灌翳，望舟疾馳百餘里。舟至亦至，嚴霜必卧篷上，若防警然。過家，家久墟矣。狸獸交跡，雖無雞，無能畜者，自是巷曲晏然。時夜繁滋，親戚有及門者，曰斯犬目深銜潤，趾密而尾輕，獵材也，惜無人出之負其駿耳。假以合圍，不獻其技而逃歸。數日復求易之，余止之曰：『彼必不肯違舊以從新，歸而有阻利他人矣。』是冬，復辟地曲溪。永和書畫、米粟悉置樓上。犬未始登樓，鼠引幾夜，增竹柝驅之，卒莫能禁。犬在下吗噉，不勝其忿。于是，令童竪掖之以登樓。次夜，即不待掖，已而升降甚習。聞影嚮即至，捕獲無遺。橐橐不廢壞，皆其力也。近病癬亦立，憐其寒，命女僮衣以廢襁。越數日，將斃。適有山農艘櫺至者，願輸數擎得之。余曰：『斯犬相從危難之間，有功多矣，忍令人烹食之耶？』斃即深瘞墻陰，實壬寅臘也。嗟乎！受衷秉彝以生者，食君之禄，不肯致身以除害，又安然違之，余惡乎不悼斯犬之喪？予惡乎不悼斯犬之喪？作《瘞犬志》。

元 王惲《秋澗集》卷六二《瘞畜犬文有銘》 犬之於人有功矣：晝則守禦，夜則警盜；其健則能搏物，猛則能取威；窮則不遺其主，靈則不失其家。茲犬德之大率也。子有畜犬曰蒼頭，髯狵被體，耽耽然有獅猛之姿，誠猥之上品也。其為德，則不貪饞，不舐穢，不虛吠，不狂遊。寢有常處，履擇其地。投之物，非嗾之不敢囓；叱之退，非招之不敢前。至於親屬賔客一及於門墻者，聆其聲亦能識其人。指揮馴狎，咸會又意，可謂有人性而無狸德矣。嗚呼！物之生，穉而壯，壯而老，老而病，病而死，順常理也。主人何憾焉！且計其歸于我以至於死，蓋十有一年于兹，其服勤守禦，功亦多矣。主人惻然而興，命童子具畚鍤，裹以寢簀，枕用玄石，瘞於古堞之下，亦弊蓋不弃，毋使首陷之義也。記曰捕田鼠者祀之，矧犬有功於人也昭昭矣，故係之銘。其辞曰：嗟嗟奇狵，獚之種，曰守曰禦，或靜或動。靡失其常，風鳴意聳。卧護我家，取威于衆。相非狸德，尔馴且勇。唯有稱德，与良馬共。生也服勤，死當礼送。弊蓋之義，敢不是奉。

明 黎貞《秫坡先生集》卷一《恤狗》 看家狗，憐爾苦，照管主人門與戶。朝朝暮暮防盜來，賊聞狗聲走無路，護得主人金與銀。護得主人命與身，一朝狗病主不恤，卻將賣與屠宰人。狗身被賣與屠宰，叫嗷主人全不采。被賣出門尚回頭，悠悠戀主心長在。獸形人心人不識，人面獸心安可測？堪嘆平生結交友，人心不似狗心久。人見人貧情自疎，狗見人貧長相守。有錢莫結無義人，無錢莫賣看家狗。慇懃奉勸世間人，路逢無義須回首。

明 范景文《戰守全書》卷一四《置警犬》 《通典》曰：置警犬於城上，吠處則須加備。

《武經總要》曰：賊夜圍城，則每五十步以一犬繫城下，置食其前，城上聞犬吠，則縋火下照，舉表加備。

《乘城要法》云：一於城下四面各鑿一小狗竇，以通城內外。或繫犬城下，平時飼以水食，教演成熟。賊若夜來攻城，城下犬吠，城上人知。

面置一家，家養數犬。別爲犬窟于濠牆之下，其人犬蓋以窟爲廬，以濠牆爲院落，一有風息，則犬以警人，人以叩堡。

明 馮夢龍《古今譚概·怪誕部》卷二《飼犬》 暢師文好奇尚怪，總帥汪公張具延飲。主人方送正飯，師文忽頤使其童，瀉羹於地，羅籠餅其側。主命再供。既至，又復如前，逕推案上馬而去。後使人問之，因作色曰：『獨不見其犬乎？』或寢或訛，列於庭下，是不以犬見待，且必以犬見噬也。吾故飼之而出耳。

犬客竝列，亦是主人不謹，莫怪莫怪！

清 王有光《吳下諺聯》卷四《小狗啣大屙練》 世間惡臭，無過於屙，人皆掩鼻而過，狗且逐臭而來，嗜屙之練，因其無胃使然。獨是狗既小，法當取小者，乃其貪心却不小，練愈大，望之愈喜，及近屎所，自覺其口之小，不能下咽，啣之而走。小狗醜類，見而争焉，終覺其練之大，亦相與啣之而已。大犬過此，嗥然一瞰，羣小曳尾而散，其屎練被犬大嚼，不留餘滓。若小狗者，多見其不知量也。

又《引狗不得上眠》 狗，賤物也。然為主守夜，頗見小忠；主出則隨，主歸則喜，亦為小信；時而舞跳滾撲可玩，似覺小有才。故恒令人引。引之不已，從而眠之，且眠而上之，或於櫈，或於桌，或於牀榻，成何體局。故諺特戒之，勿如此也。眠，安置也。眠小孩，吴人作去聲，平讀亦可。此諺義通。

明 郎瑛《七修類稿》卷三七《桑犬二詩》 世傳吾杭少保于公題《桑》曰：『一年一度伐枝柯，萬木叢中苦最多。爲國爲民皆是汝，却教桃李聽笙歌。』題《犬》曰『護主有恩當食肉，却銜枯骨惱饑腸。于今多少閑狼虎，無益于民盡食羊。』意二詩不類于公本集之句，予問之先輩，則曰：『聞有親筆于某家。』蓋句雖俚而意則尚也，似其爲人，或不經意而云者，若『手帕蘑菇』之詩亦然。或曰《犬》詩乃先正李時勉者，未知孰是。

清 張定鋆《三餘雜志》卷八《狗官》 齊高緯以波斯狗爲赤虎，儀同逍遥郡君，飼以粱肉，食縣邑，常於馬上設蹬褥以抱之。

又 齊後主時犬爲開府儀同，雌者有夫人郡國之號。

清 張英《淵鑑類函》卷一三六《狗一》 原《爾雅》曰：犬生三猣宗，二師一玂旂。未成毫，狗狗子未生翰毛。長喙，獫力。短喙，猲歇獢囂詩載獫猲獢。絕有力，狣多挑反。狵，狗也。狗四尺為獒。《說文》曰：狡犬，多毛也。猲虛謁反，短喙，犬也。獫胡斬反，犬吠不止也。獒，犬之知人心可使也。狺言佳反，狂犬也。狄，赤犬也。增又曰：猈音罷，短脇狗也。狡，小狗也。又曰：犬，狗之有懸蹄者也。孔子曰：視犬之字如畫狗也。狗，叩也，叩氣以守也。原呂忱《字林》曰：獹，韓良犬也。猩鵲，宋良犬也。犭開五見反，逐虎犬也。孔叢子曰：盧黑色，鵲黑白色。何承天《纂文》曰：守犬為獖扶本反。隴西以犬為猶。酋獚乃容反、毨乃更反，皆多毛犬也。獟乃校反，猘居例反，貂彫，屈尾犬也。《易》曰：艮為狗。增《毛詩》曰：無使尨也吠。原《周官》曰：犬赤股而躁，臊。增《禮記》曰：凡祭祀，犬曰羹獻言犬肥則可為羹以獻也。原《春秋考異郵》曰：狗三月而生，陽主于三，故狗各高三尺。增《家語》曰：七九六十三，三主斗，斗主狗，故狗三月而生。原《山海經》曰：蜪犬如犬，青，色食人從首始。

吳越《春秋》曰：狡兔死，走狗烹。《荊楚記》曰：雞寒狗熱。增《桂海獸志》曰：鸞犬，如獵狗，警而猘。又曰：鬱林犬，出鬱林州。極高大，垂耳拳尾，與常犬異。《莊子》曰：犬不善吠為良。《淮南子》曰：猘犬不自投於河。《尸子》曰：地中有犬，名曰地狼。《夏鼎志》曰：掘地而得犬，名曰賈。《京房易傳》曰：執政失，下將害之，厥妖狗生角。《五行傳》曰：犬畜之以口吠者屬言。《三才圖會》曰：犬有三種，一者田犬，二者吠犬，三者食犬。食犬若今菜牛也。《埤雅》曰：狗非田犬，亦犬子也。非田犬者不自搏食，苟食而已。原《雜五行書》曰：犬生四子，取黃子養之；生五子，取青子養之；六子，取赤子養之；七子，取黑子養之；八子，取白子養之。白犬虎文，南斗君，畜之，可致萬石。白犬烏頭，令人得財；白犬黑尾，令人世世乘車；黑犬白耳，大王犬也，畜之令人富貴；黑犬白前兩足，宜子孫；白犬黃頭，家大吉；黃犬白尾，令人世世衣冠；黃犬白前兩足，利人增金樓。子曰：入名山，牽白犬，抱白鶴，山神大喜，芝草及寶玉等自出。《古今注》曰：狗，一名黃羊。《清異録》曰：狗曰守門使。《老學菴筆記》曰：筇竹杖擊狗，皆節節斷折物，理之不可推者。原《楚辭》曰：豈不鬱陶而思君兮？君之門兮九重！猛犬狺狺而迎吠兮，關梁閉而不通。增蘇軾《上神宗書》曰：畜犬本以防姦，不以無姦而養不吠之犬。韓愈詩曰：躍犬疾翥鳥。李後邨詩曰：犬眠花影地。梅堯臣詩曰：吠犬憎倦僕。孫覿詩曰：睢盱犬透籬。

又《狗二》 原《後漢書》曰：帝高辛氏有狗名槃瓠。時犬戎兵強，乃募能得犬戎吳將軍首者，賜以少女。槃瓠得之，於是少女隨槃瓠升南山，産子男女十二，自相夫妻。後繁盛也。《玄中記》曰：狗封氏者，高辛氏有美女，未嫁。犬戎為亂，帝曰：『有討之者，妻以美女，封三百户。』帝之狗名槃瓠，三月而殺犬戎之首來。帝以為不可訓民，乃妻以女，流之會稽東南二萬一千里，得海中土方三千里而封之。生男為狗，生女為美女。《搜神記》曰：高辛氏有老婦人，居王宮，得耳疾。醫為挑治，得一物，大如繭。婦人盛之以瓠，覆之以槃，俄頃而化為犬，其文五色，名槃瓠。《楚辭》曰：何少康逐犬，而顛隕厥首？言少康因田獵放犬逐獸，遂襲殺浞而斷其頸。增湯四方獻令伊尹請正南，以矩狗為獻。孔子曰：矩狗，狗之善者也。原《穆天子傳》曰：天子之狗走百里，執虎豹。言筋力猛增又曰：鸜韓之人，獻天子良犬七十。《博物志》曰：周穆王有犬，名耗。毛白。原《述征記》曰：彭城東峁有一丘，俗謂之狗葬，或云斯則徐偃王葬后倉者也。古徐國宮人妊而生卵，棄之水濱，有狗名后倉銜而歸。弗乳而成人，遂為徐之嗣君。純筋無骨曰偃王。偃王躬行仁義，衆附之，得朱弓朱矢之瑞。周穆王命楚滅之。后倉將死，生角而九尾，實黃龍也。辛氏《三秦記》曰：有白鹿原，周平王時，白鹿出此原。原上有狗枷堡。秦襄公時，有天狗來下。其上有賊，天狗吠而護之，故一堡無懼心。《呂氏春秋》曰：楚文王得如黃之狗，宛路之矰，遊於雲夢，三月不返。又曰：齊有好獵者，終日不得獸，入則媿其友。推其所以不得獸、狗惡故也。欲須良狗，家貧不能得。乃還疾耕，疾耕則家富，家富則有良狗，有良狗則數得獸矣。非獨獵也，百事皆然。《左傳》曰：晉侯飲趙盾酒，伏甲將攻之。其右提彌明知之，趨登曰：『臣侍君宴，過三爵，非禮也。』遂扶以下。公嗾夫獒焉。明搏而殺之。盾曰：『棄人用犬，雖猛何為！』鬬且出。又曰：國人逐瘈狗，瘈狗入於華臣氏，國人從之。華臣懼，遂奔陳。華臣心不自安，見逐狗而驚去。增又曰：晉侯伐齊，范鞅門於雍門，其御追喜以戈殺犬於門中。示閒暇也。原又《楚辭》曰：兄有噬犬，弟何欲？易之以百兩，卒無祿！兄謂秦伯景公也。秦伯有齧犬，弟鍼欲請之，秦伯不與，鍼以百兩金易之，又不聽，因逐鍼而奪其爵。《左傳》曰：取郱師，郱人愬於晉，晉人來討。叔孫婼如晉，乃館諸箕。吏人之與叔孫居於箕者，取其吠狗，弗與。及將歸，殺而與之食。晏子曰：『晏子短，使楚；楚人為門於犬門側，延晏子。晏子曰：『使狗國者，從狗門入，今使楚王，不當從此門入。』增又曰：景公走狗死，命外供之棺，內給祭。晏子諫公曰：『亦細物也，特以與左右為笑耳。』晏子曰：『孤老凍餒，而死狗有祭；鰥寡不恤，而死狗有棺。行辟若此，百姓聞之，必怨吾君；諸侯聞之，必輕吾國。而乃以為細物，君其圖之。』公曰：『善。』趣庖治狗以會朝屬。莊子曰：徐無鬼見魏文侯，曰：『吾相狗也。下之質執飽而止，是狸德也；中之質若視日，上之質若忘其一。』原《列子》曰：楊朱之弟曰布，衣素衣而出。天雨，解素衣，衣黑衣而返。其狗迎而吠之。楊布怒，將朴狗。楊朱曰：『子無朴矣，子亦猶是也。嚮者使汝狗白而往，黑而來，豈能無怪哉？』《戰國策》曰：齊欲伐魏，淳于髡謂齊王曰：『韓盧者，天下之壯犬也。東郭㕙者，海內之狡兔也。韓盧逐東郭㕙，環山者三，騰山者五，兔極於前，犬疲於後，犬兔俱疲，各死其處。田父獲之，無勞倦之苦，而擅其功。今齊、魏久相持，以頓其兵，敝其衆，臣恐強秦、大楚承其後，而有田父之功也。』齊王懼，休將士。《說苑》曰：孟嘗君寄客於齊王，三年不見用，故客反見曰：『臣聞韓氏之盧、周氏之譽，天下疾狗也。見兔而指屬，則不失兔；望見而放狗，則累世不能得兔！狗非不疾不能，屬者罪也。』詳薦舉增。《春秋後語》曰：貂勃嘗惡田單，安平君聞，故為酒而召貂，勃曰：『單何以得罪於先生，嘗見惡於先生乎？』勃曰：『然。公孫子賢而徐子不肖，然而公孫子與徐子鬬，徐之狗攫公孫子之腓而噬之。若乃得去不肖，為賢者狗，豈特攫而噬之哉！』安平君曰：『敬聞命矣。』明日，任之於王。原《尹文子》曰：康衢長者字僮曰善搏，字犬曰善噬，賓客不過其門三年。長者怪而問之，以實對。於是改之，賓客復往。《韓子》曰：宋有酤酒者，斗槩甚平，遇客甚謹，為酒甚美，懸幟甚高，然而酒不售，而酸，怪其故，問所閭長者楊青。青曰：『汝狗猛耶。』曰：『狗猛，狗猛何故不售？』曰：『人畏焉。或令孺子懷錢挈壺往酤，而狗迎齕之，酒所以酸而不售。』夫國亦有猛，狗有道之士懷其術，而欲以明萬乘之主，大臣為猛狗，迎而齕之，此人主所以蔽脅，有道之士所以不用也。《漢書》曰：樊噲，沛人也。以屠狗為事。《史記》曰：高祖詔齊捕蒯通，通至。上曰：『若何教淮陰侯反？』對曰：『然。臣固教之，跖之狗吠堯，堯非不仁，狗固吠非其主，當是時，臣獨知韓信，非知陛下也。』增《漢書・五行志》曰：文帝後五年六月，齊雍城門外有狗生雙角。原《漢武故事》曰：公孫卿至東萊，云見一人，長五丈，牽一黃犬，把一黃雀，欲謁天子，因忽不見。《搜神記》曰：漢成帝河清元年，長安男子石良、劉晉相與同居。有如人狀在其室，擊之，為狗，去。復至數人被甲，持兵弩來格之，或傷，盡狗也。自二月至六月乃止。其於洪範，皆犬禍，言不從之咎也。又曰：東越閩中有庸嶺，高數十里。西北隙中，有大蛇，長八九丈，大十餘圍。東治都尉及長吏，或夢巫、覡，欲得噉童女。常八月祭，送蛇穴，蛇輒吞之。已用九女。時將樂縣李誕有小女名寄應，募而行。乃請好劒咋蛇犬，作數斛餈，蜜灌之，置穴口，蛇出。頭大如囷，目如二尺鏡，先噉餈灌。寄便放犬，咋蛇以劒斫殺之，得九女髑髏，越王乃聘寄為后。又曰：昔山陽王瑚，字孟璉，為東海蘭陵令。夜半時，輒有黑幘白單衣吏，詣縣扣閤，迎之則忽然不見。如此數年。於外伺之，見一老狗，黑頭白身，至閤便為人，殺之，乃絕。《東觀漢記》曰：鮑永少有志操，治歐陽尚書。事後母至孝，妻嘗於母前叱犬，而永即去之。《風俗通》曰：桂陽太守汝南韋叔堅，少時為從事，在家。狗人立，行於家中。皆言當殺之。叔堅云：『犬馬喻君子，狗見人行，效之何傷？』叔堅為縣令，還，解冠榻上。狗戴馳走，家人驚愕。復云：『誤觸冠，冠纓挂著耳。』狗又上竈，家益怪。復云：『兒婦皆在田中，狗助畜火，何能作怪？』遂不肯殺。後數日，狗自暴死，卒無纖芥之異。叔堅至太尉，終於位。《續搜神記》曰：林慮山下有亭，每過宿者或病死。嘗云有十許人，男女合雜，衣或黑或白，輒來為害。有郅伯夷者，過宿明燭而坐誦經。至中夜，忽有十餘人来，與伯夷並坐蒱博。伯夷密以鏡照之，乃是羣犬。因執燭起，陽誤以燭燒其衣，作燃毛氣。伯夷懷刀，捉一人刺之。初作人喚，遂死成犬。餘悉走出。增《郡國志》曰：漢末富春有桑君者，養犬數年不吠。孫文臺微時，經此，犬忽吠之。桑謂文臺曰：『君其異相乎？』及貴欲報，之桑無所好，惟好張畢捕魚，文臺為作九里畢以贈之。又曰：朱建平，善相術。謂應璩云：『君年六十三位為常伯，當有厄，先此一年，當獨見一白狗，而旁人不見也。』璩年六十一為侍郎，直內省，欻見白狗，問之衆人，悉無見者。於是游觀田里，飲宴自娛，過期一年，果卒。原《華陽國志》曰：雍闓欲降魏。說夷曰：官欲得烏狗三百頭膺前盡黑螨腦三升，汝能得否，夷皆從闓。增《吳志》曰：孫峻與亮謀誅諸葛恪，恪、嚴駕畢趨出，犬銜引其衣，恪曰：『犬不欲我行乎？』還坐，頃刻乃復起，犬又銜其衣，恪令從者逐犬，遂升車，被殺。原《述異志》曰：陸機少時，頗好獵。在吳，豪客獻快犬名曰黃耳。機後仕洛，常將自隨。此犬黠慧，能解人語。又嘗借人三百里外，犬識自還，一日至家。機羇旅京師，久無家問，因戲語犬曰：『我家絕無書信，汝能齎書馳取消息否？』犬搖尾作聲應之。機試為書，盛以竹筒，繫之犬頸。犬出驛路，走向吳，飢則入草噬肉取飽。每經大水，輒依渡者，弭毫掉尾向之，其人憐愛，因呼上船。裁近岸，犬即騰上速去，先到機家口，銜筒作聲示之。機家開筒取書，看畢，犬又伺人作聲，如有所求，其家作荅書，內筒，復繫犬頸，犬既得荅，乃馳還洛。計人行程五旬，犬往還裁半月。後犬死，殯之，遺送還葬機邨，去機家二百步，聚土為墳。邨人呼為黃耳冢。孫盛《晉陽秋》曰：王敦敗京師之後，夢白犬自天而下，噬之。增《晉・五行志》曰：晉元帝大興四年，廬江灊縣何旭家忽聞地中有犬子聲，掘之得一犬母，青鳌色，狀甚羸瘦，走入草中，不知所在。視其處有二犬子，一雄一雌，哺而養之，雌死雄活。及長，善噬野獸。其後旭里中為蠻所沒。《集異傳》曰：張天錫在涼州，夢一綠色犬甚長，從南來欲咋。天錫上林避之，乃墮地。後苻堅遺苟萇著，緑地錦袍，從南來攻，未入門大破之。原《續搜神記》曰：會稽句章民張然滯役在都，經年不得歸家。有少婦遂與奴私通。然在都養一狗，甚快，名烏龍。後假歸，奴與婦謀欲殺然。作飯食共坐下，食未得噉，奴當户倚，張弓挾箭拔刀。然以盤中肉飯與狗，狗不噉，惟注睛舐脣視奴。然亦覺之。奴催食轉急，然決計，拍髀大呼曰：『烏龍！』狗應聲傷奴，奴失刀伏倒地。狗遂咋奴頭，然因取刀斬奴，以婦付官殺之。又曰：晉穆哀之世，領軍司馬濟陽蔡詠家狗，夜輒羣衆相吠，往視便伏。後日，使人夜伺，有一狗，著黄衣，白帢，長五六尺，衆狗共吠之。尋跡，定是詠家老黄狗，即打殺之。吠乃止。又曰：晉太和中，廣陵人楊生，養狗，甚憐愛，行止與俱。後生飲酒醉，行大澤草中，眠不能動，時冬月野火起，風又猛，狗周走號喚，生醉不覺。前有一坑水，狗便走往水中還，以身灑生左右，草霑水得著地，火尋過去，生醒，方見之。他日又暗行，墮空井中，狗呻吟徹曉。須臾，有人過，怪此狗向井號，往視見生，生曰：『君可出我，當厚報君。』人曰：『以此狗見與，便當相出。』生曰：『此狗曾活我於已死，不得相與，餘即無惜。』人曰：『若爾，便不相出。』狗因下頭目井，生知其意，乃語路人，以狗相與，人乃出之，繫狗而去。後五日，狗夜走歸。增《廣古今五行志》曰：安帝義熙年，譙縣崔仲文與會稽石和俱為劉撫軍吏。仲文養一犬，以獵麞鹿，無不得也。和甚愛之，乃以丁奴易之。仲文不與。及仲文入山獵，至草中，和殺仲文，欲取其犬。犬齧和，守其主尸，爬地覆之。後諸軍出獵，見犬守尸。人識其主，因還啓劉撫軍。石和假還，至府門，犬便往牽衣號吠。人復白撫軍。曰此人必殺犬主因録之。撫軍考問，果得其實，遂殺石和。《晉・五行志》曰：大興中，輔國將軍孫無終家於既陽，地中聞犬子聲，尋而地坼，有二犬子，皆白色，一雄一雌，取而養之，皆死，後無終為桓靈寶所滅。《南史》曰：袁粲父子以舉兵為齊所害，有小兒數歲，乳母將投粲門生狄靈慶。靈慶遂抱以首。此兒死後，靈慶常見兒騎大羝狗，戲如平常。經年餘，忽見一狗走入其家，遇靈慶於庭，噬殺之，少時妻子皆殁。此狗即袁郎所常騎也。原《述異記》曰：宋元嘉中，石元度家有黄狗，生白雄子，母孕其子，異於常狗，銜食食之，子大，其狗出獵未返，輒門外望之，後元度病，輒危困，醫為處方，須白狗肺，市索卒不能得，乃殺所養白狗，以湯供其用，母向子死處，跳踊嘷呼，倒復起，竟日不息，其家煑狗子肉共食之，投骨於地，母輒銜著窟中。增又曰：宋元嘉中，嘉興縣朱休之兄弟對坐，家有一犬，來向休之蹲，徧視二人，遂摇頭而笑曰：『言我不能歌，聽我歌梅花。今年故復可，柰汝明年何。』其家驚懼，斬犬，牓首路側。至來歲，梅花時，兄弟相鬭，並被囚繫，經歲得免。至夏，舉家時疾，兄弟皆死。《北齊書》曰：徐之才與朝士出游，遥望羣犬競走。諸人令目之，之才厲聲曰為是宋鵲，為是韓盧，為逐李斯東走，為負帝女南徂。《陳書》曰：張彪敗後，與妻楊氏去，惟嘗養一犬名黄蒼。在彪前後，未曾舍離，乃還入若耶山中。陳文帝遣章昭達領千兵重購之，彪眠未覺，黄蒼驚吠，劫來便齧，一人中喉即死。及彪被害，黄蒼號叫彪尸側，宛轉血中。若有哀狀，昭達殯彪喪墳冢。既畢，黄蒼又俯伏冢間，號叫不肯離。《隋書》曰：文帝時魏州四月八日立舍利塔。有一黑狗，耽耳白胷，於舍利塔前舒左股，屈右脚，見人行道，即起行道；見人持齋，亦即持齋。非時，與食不食，惟欲得飲淨水耳。至後日，解齋，與粥始喫。且寺内先有數猛狗，但見一很狗，無不競來吠齧。若見此狗入寺，悉在低頭掉尾。《宣室志》曰：神龍時，唐休璟為相，有門僧出言多中，一日，謂休璟曰：『公有大禍不遠數月，然可以禳之。』公懼而問計，僧曰：『可於卑冗官中孤寒有才幹者用為曹官，因得張君為之。乃問所為，僧曰：張君赴部之時，當令求二犬，高數尺而神駿者。張到部即求得二犬，高四尺獻之。休璟大悦，召僧視之。僧曰：『極善。』育後旬日有二刺客為犬所齧而斃。孔帖曰：武后初，酷吏丘神勣家狗生子無首，當項有孔如口，晝夜鳴吠，俄失所在。《摭異記》曰：劉巨麟開元末為廣府都督，在州恒養一犬，雄勁多力。犬至馴附，有異於他。巨麟常夜迎使，犬忽遮護，不欲令出。巨麟亦悟曰：『犬不使我行耶？』徘徊良久。人至，白使近。巨麟叱曰：『吾行部從如雲，寧有非意之事。』使家人闔犬而出。上馬之際，犬亦從之。忽咋一從者喉中之，頃之死。巨麟驚悸。搜死者懷中，得利匕首。初巨麟常鞭箠此僕，故脩其怨，私欲報復。而犬逆知之，是以免難。《酉陽雜俎》曰：天寶中，上嘗於夏日與親王棊，貴妃立於局前觀之。上數子將輸，貴妃放康國猧子於坐側，猧子乃上局，局子亂，上大悦。柳宗元《非國語》曰：近世京兆杜濟穿井獲土缶，中有狗焉。投之於河，化為龍。《廣豔異編》曰：唐貞元中，有大理評事韓生者，僑寓西河郡南。有一馬，甚豪駿。嘗一日清晨，忽委首於櫪，汗而且喘，若涉遠而殆者。至明日，其馬又汗而喘。圉人異之，是夕，竊臥廄舍，乃於隙中窺之。忽見韓生所畜黑犬至廄中，且嗥且躍，俄化為一大人，衣冠甚黑，既挾鞍至馬上駕而去。門垣甚高，其黑衣人以鞭擊馬，躍而過。黑衣者乘馬而去。逮來廄，下馬解鞍，黑衣人又嗥躍，還化為犬。圉人驚異，不敢洩於人。後一夕，黑犬又駕馬而去，及曉方歸。圉人因尋馬蹤，以天雨新霽，歷歷可辨，直至南十餘里一古墓前，馬跡方絶。圉人乃結茅齋於墓側。來夕，先止於齋内以伺之。夜將分，黑衣人果駕馬而來，下馬，繫於野樹。其人入墓，與數輩言笑極歡。圉人在茅齋中俯而聽之，不敢動。近食頃，黑衣人告去，數輩送出墓，至於野有一褐衣者顧謂黑衣人曰：『韓氏名籍安在？』黑衣人曰：『已收在擣練石下。吾子無以憂。』褐衣者曰：『毋輕洩。洩則吾屬不全矣。』黑衣人：『謹受教。』褐衣人曰：『韓氏穉童有名乎？』曰：『未也。』伺有字，即編於名籍，不敢忘。』褐衣人曰：『明夕再來，當得笑語。』而黑衣催去。及曉，圉人歸，遂以其事密告於韓生。生即命以肉誘其犬。犬即至，因以繩繫；乃次所聞，遂窮擣練石下，果得一軸書，具載韓氏妻子兄弟家僮名氏，蓋所謂韓氏名籍也。有子生一月矣，獨此子不書，所謂『穉兒未字』也。韓生大異，致犬於庭，鞭而殺之。熟其肉以食家僮。已而率鄰居子千餘，執弧矢兵仗，至郡南古墓前，發其墓，中有數犬，毛狀皆異，盡殺之歸。《集異記》曰：裴令公度性好養犬，凡所宿設宴會處，悉領之，所食物餘者，便和碗與犬食，時子婿李甲見之，數諫，令公曰人與犬類，何惡之甚犬正食，見李諫，乃棄食，以目視李而去。裴公曰此犬人性，必讎於子。切慮之李以為戲言，將欲午寢，其犬乃蹲而向李，李見之始疑犬讎已。犬見未寢，又出户。李見犬去後，乃以巾櫛安枕，多排衣服，以被覆之，其狀如人寢。李乃藏於異處視之。逡巡犬入其户，將謂李已睡乃跳上寢牀，當喉而齧。齧訖知謬，乃下牀，憤跳號吠而死。《五行志》曰：咸通中，會稽有狗生而不能吠，擊之無聲。狗職吠以守禦，其不能者，象鎮守者不能禦寇之意。《古今詩話》曰：淳化中，合州貢羅江犬，甚小而性慧，常馴擾於御榻之前。每坐朝，犬必掉尾先吠，人乃肅然。太宗不豫，犬不食。及上仙，犬號呼涕泗，以至疲瘠。章聖初即位，左右引令前導，嗚吠徘徊，意若不忍。章聖令諭以奉陵，即摇尾飲食如故。詔造大鐵籠，施素裀，置鹵簿中。行路見者隕涕，後因以斃，詔以敝蓋葬於熙陵之側。《澠水燕談録》曰：平原陸永錫，天聖末，以虞曹外郎知千乘縣。一日，與門生對食，永錫以饅頭食畜犬，生曰：『犬彘食人，古人所譏，況珍味耶？』犬不食，瞋視之以去，數日不知所在。一夕，犬至，跑門閾，將入。生起視之，知其將害已，卷衾，作人卧於牀上，升棟避之。犬入，登牀噬之，覺非人，吼怒出户，擲尾作聲而死。《江鄰幾雜志》曰：康定中，侍禁李貴為西邊塞主，妻為昊賊擄去，家中一白犬頗馴擾，祝之曰：『我聞犬之白乃前世為人也，爾能送我歸乎？』犬俯仰如聽命，即裹糧隨之。有警則引伏草間，渴即濡身而返，凡六七日出賊境，其夫無恙，朝廷封崇信縣君。《東軒筆録》曰：慶歷中，衛士有變，震驚宮掖。臺官宋禧上言：『蜀有羅江狗，赤而尾小者，其警如神。願養此狗於掖庭，以警倉卒。』時人謂之宋羅江。《泊宅編》曰：虞經臣策，元祐五年作監察御史。初入臺，值都城開渠，忽有異犬自渠中出，直入其家，馴服若素畜養者，家人輩愛之，名曰『渠來』。但無事惟喜睡，或亂毁簾幃窗牖之類，則經臣必有遷改錫賚之慶。自爾每遇慶事，則飼以肉一斤，『渠來』必歡喜跳躍，然後食之以為常。凡數年，經臣卒前一夕，『渠來』死。又曰：狀頭時邦彥，母懷之彌月，夢九人皁衣，肩輿一金紫人徑入房中。明日，犬生九子皆黑，晚遂生邦彥，故小名十狗。《同年録》見之。終吏部尚書。宣靖《妖化録》曰：宣和五年，京師城北乃官民牧羊地。忽有野犬不知所從來，入羊羣中鳴叫，左右前後諸犬皆往聚會，一羊間一犬黑白交映。至次日，城内外諸犬畢集，或縛者并斷索而來。凡擾擾兩日，犬多羊少皆齧殺，其羊識者知為不祥。《吴聞總録》曰：青州老人朱先生，以賣藥自給，攜一妻一妾一犬，往來贛州。紹興丁丑四月，有邨民託言母病，邀至其家。盡奪其貲，囊殺三人，埋於林間。犬隨而叫號，俄舍去，詣縣。伏庭下，如有所訴。縣宰即遣弓兵隨犬所至至埋所，發穴得尸。復引至賊家，盡獲凶黨。《夷堅志》曰：紹興中，樂平魏彥成安行，為徐州守。全椒縣結正一死囚獄案，云：縣外二十里有山菴，頗幽僻，常惟樵農往來。一僧居之，獨雇邨僕供薪爨之役。養一貓極馴，每日在傍，夜則宿於牀下。一犬尤可愛，俗所謂獅狗者。僧嘗遣僕買鹽，際暮未返。凶盜乘虛抵其處，殺僧，而包裹鉢囊所有，出宿於外。明日入縣，此犬竊隨以行。遇有人相聚處，則奮而前，視盜嗥行。又隨之，至於四五；乃泊縣市，愈追逐哀鳴。市多識菴中犬，且訝其異，共扣盜曰：『犬如有恨汝意，得非去菴中作罪過乎？』盜雖強辨數四，然低首如怖伏狀，即與俱還菴。僧已死。時正微暑，貓守臥其旁，故鼠不加害。執盜赴獄，不能一詞抵隱，遂受刑。賈似道《悦生隨鈔》曰：舅氏慈遠公，好記異事。一日遠來相訪，言：『任丘縣友人養犬，甚猛，羣犬莫能勝。晚年既衰瘁，為衆犬所齧，憒憒不食而死。刳其心，已化為石，而膜絡包之，似石非石，色如寒灰，重如磚瓦，觀其脈縷，真心也，不知緣何至此耳。』目所不聞見者何限哉。范成大《攬轡録》曰：乾道六年，奉命使金至邯鄲縣，牆外居民以長竿磔白犬，懸其首。別一竿，縛茅浸酒揭於上。云本國人用以祭天禱病。《遼史》曰：八月八日，國俗屠白犬，於寢帳前七步瘞之，露其喙。後七日中秋，移寢帳於其上，謂之捏褐耐。捏褐，犬也；耐、首也。《松漠紀聞》曰：金國天會十四年四月，中京小雨，大雷震，羣犬數十，争赴土河而死，所可救者纔二三耳。《永昌雜志》曰：至正二十一年，昆明縣玉案山下，産赤小犬，色如火，羣吠徧野。《輟耕録》曰：至正壬寅八月中，上海縣三十四保辰字圖金壽家，已閹雄狗生小狗八，其一觜爪紅如鮮血。犬之為妖，多見之於占驗之書，未有若此者。又曰：高麗以北為別十八，華言連五城也，地極寒，每歲委官給散資糧，每車以四狗挽之。狗悉諳人性，站有狗分例，若剋減之，必齧其主者，至死乃已。又曰：北方皁雕作巢，所在官司，必令人窮巢探卵，較其多寡，如一巢而三卵者，置卒守護，日覘視之，及其成轂，一乃狗耳。取以飼養進之於朝，其狀與狗無異，但耳尾上毛羽數根而已。田獵之際，雕則戾天，狗則走陸，所逐同至，名曰鷹背狗。《彙苑》曰：弘治中，究之魚臺縣有民家畜一白犬甚馴，其主出，犬常隨之。他日，主商於遠方，犬亦去。經旬三日，犬化為主輒歸，妻問其故，曰：『途中遇盜，財物俱盡，幸逃得性命耳。』妻信不疑，閱歲，其真夫歸，形狀悉同，各争真僞。妻及鄰里白於官，命置之獄中。忽一小卒語於妻，妻曰：『先歸者犬精也。視婦脅間，有爪紋則辨矣。』卒以白官。召婦問其故，裸而視其脅，間有血紋，密使以血厭之僞，夫化犬，立撲殺之。

又《狗三》

【原金畜、斗精】應劭《風俗通》曰：殺犬磔禳。犬者，金畜；禳者，却也。抑金使不害也。《春秋考異郵》曰：七九六十三，陽氣通，故斗運，狗三月而生。宋均注曰：狗，斗精之所生也。【烏龍、青鶠】上詳狗二續《搜神記》、周處《風土記》曰：犬則青鶠、白雀、飛龍、虎子，馴良警捷，難狎易使也。【竦耳、注精】上詳《大狗賦》，下詳《續搜神記》。【黄顱、赤精】許慎《説文》曰：獫，黑犬黄顱也。狂黄犬黒頭也。下見傅休奕《走狗賦》。【長耳、短喙】《白澤圖》曰：黑狗白頭，長耳卷尾，龍也。《蔡氏清論》曰：望視之兔，白蹄之豕，短喙之犬，修頭之馬，斯禽獸也。猶形乎勢觀，況君子之貌，獨無表告者哉。【旅獒、周狗】《尚書》曰：西旅獻獒。《公羊傳》曰：靈公有周狗，謂之獒也。【鈴蹄、鋸齒】上見傅休奕《走狗賦》、周處《風土記》曰：犬則獝獢五魚，狼牙鋸齒。【宋淖、韓盧】《莊子》曰：介闞閭里有狗，宋人之鶩狗也。其家命之為淖，逐狗不及，止而望之，自以為過矣。下詳狗二《戰國策》。【白首、素牙】《山海經》曰：陰山有獸焉，其狀如狸，白首，其名天狗。下見傅休奕《走狗賦》。【齎書、銜卵】上詳狗二《述異記》，下詳狗二《述征記》。【走百里、高三尺】上詳狗二《穆天子傳》，郭公《魏晉俗語》曰：太康七年，天郊壇下，有白犬，高三尺，光色鮮明，恒臥。見人則去。【黄耳、赤身】上詳狗二《述異記》，《瑞應圖》曰：匈奴獻豹犬，錐口，赤身高四尺。【食虎、逐麋】《瑞應圖》曰：周成王時，渠搜國獻鼩犬，能飛食虎豹。逐麋之犬不顧兔耶，謂求大也。【敝蓋、重鐶】仲尼畜狗死，使子貢埋之，曰：『吾聞敝蓋不棄，為埋狗也。』詩曰：盧重鐶。又曰：盧重令。重鋂注：令，狗鐶聲也。【升仙、負女】淮南王雞犬皆升仙，下詳狗二《玄中記》。【獟毒、訴冤】晉太子申生歸胙姬毒，而薦之與犬，犬獟。《齊諧志》云：屍以訴冤。【傷張收、吠楊布】宋張收為猘犬所傷，醫云宜食蝦蟆膾食之愈。下見狗二《列子》。【牽上蔡、吠深巷】李斯曰：『牽黄犬出上蔡門，豈可得乎？』古詩：犬吠深巷中。【不夜吠、畜土性】無事犬不夜吠，傳犬馬非土性不畜。【搏噬守禦】曹植表：盧狗悲號，國知其才，乃試之用於搏噬，犬有守禦之勞。【問名、吠形】獻犬者既受，乃問犬名。《潛夫論》曰：一犬吠形，百犬吠聲。【不叱、左牽】尊客之前不叱狗，效犬者左牽之。【宜粱、去腎】《周禮》：狗宜粱。【移而識家、賣以嫁女】漢祖移新豐，雞犬各識其家。晉㬎隱之，字處嘿，將嫁女。家貧，牽犬賣之，此外蕭然無辦。【累累喪家、狺狺迎吠】孔子去魯至鄭東郭，有人見曰：『累累若喪家之狗。』下見狗一《楚辭》。【猳而不使、猰無不噬】管子曰：『管仲將死，謂桓公曰：「有犬嗤嗤，旦暮欲噬我，猳而不使也。君必去之。」』言易牙豎刁為亂也。傳曰：國狗之猰，無不噬也。猰，狂狗也。【戀主、噬人、猛相、雄姿、躡遺蹤、尋漏跡、增黄蒼、白望】上詳狗二《陳書》、《西京雜記》曰：

茂陵少年李亨好馳逐，鷹犬皆製佳名。狗則有修毫釐睫白望青曹之號。【白靈、青骹】陶弘景曰：裴眞君好養白犬、白雞，犬名白靈，雞名白精。學道之士或居山林，此可以辟邪。《西京雜記》曰：楊萬年有獵犬名青骹，價直百金。【黒膺、烏喙】上詳狗二《華陽國志》、蘇子瞻云：子來儋耳，得大狗，曰烏喙，甚猛而馴，隨子遷合浦，過澄邁泅而濟，路人皆驚。【卑脚、長翰】《三水小牘》曰：捧硯者，裴至德家僮也。一歲時，有卑脚犬曰青花，忽來。齧兒陰食之。至德有良藥封之，及愈為宦者。字之曰捧硯，委以内豎之職。《列仙傳》云：蜀人邗子，好放犬，犬走入山穴，邗子隨之行數百里出山頭，有殿屋官府。仙人吏使甚嚴，見其故妻主洗魚，與邗子一函藥，發視之，乃魚子也。養之池中，一年皆為龍。邗子後還山，見犬色更赤，有長翰隨邗子，遂留山上。時時下護其宗族，蜀人立祠焉。【生氂、有角】《後漢書》曰：岑熙為魏郡太守，無為而化，民歌之曰：「狗吠不驚，足下生氂。」《小名録》曰張狗兒母夢有物如犬子，頭有角觝之，因感而有妊，故小名狗兒。【桎足、繫頸】《呂氏春秋》曰：齊有善相狗者，其鄰藉之賈鼠狗，期年而得，曰：「是良狗也。」其鄰畜之數年不噉鼠，以告相者，曰：「此志在麞、麋、豕、鹿，不在鼠。欲其取鼠也則桎其後足，遂取鼠。」《晉書》曰：齊王冏入廢賈后，后問曰：「起事誰？」曰：「梁趙后。」曰：「繫狗當繫頸，今反繫其尾，何得不然！」【巨口、短尾】《說文》曰：匈奴地有狡犬，巨口而黑身。《廣志》曰：狗，有懸蹄、短尾之號。【守夜、吠日】《抱朴子》曰：陶犬無守夜之益。柳宗元書曰：庸蜀之南，常雨少晴，日出則犬號吠。【吠雲、噬雪】《天中記》曰：杜光庭有犬名吠雲，可行萬里。又杜詩：仙家犬吠白雲中。《柳宗元集》曰：僕大雪踰嶺，被南越中數州。數州之犬，蒼黃吠噬狂走者數日，至無雪乃已。【磔道止風、投井降雨】《爾雅注》曰：今俗當大道中磔狗，云以止風。《尚書故實》曰：舒州灊山下有九井，實九眼泉也。旱即殺一犬投其中，大雨必降，犬亦流出。【捕鼠、醉虎】《魏志》曰：太祖云：我有丁斐猶人家有盜狗。善捕鼠，雖小有所損而完我囊儲。《茅亭客話》曰：凡虎食狗必醉。狗，虎之酒也。【曳馬、化龍】《舊唐通典》曰：唐武德中，高昌王文泰獻狗雌雄各一，高六寸長尺餘，性甚慧，能曳馬銜燭，云本出拂菻國。中國有拂菻狗自此始也。《續仙傳》曰：韋善俊挾一犬號烏龍，後化龍，乘之飛升而去。【咋蛇、銜兔】《幽明録》曰：晉大興二年，吳人華隆好獵，養一犬，號曰的尾。常時自隨隆後至江邊伐荻，犬暫出渚次隆，為大蛇圍繞周身，犬還便咋蛇，蛇死。隆僵無所知，犬彷徨涕泣，走還船，復反草中。同伴怪，所以隨往，見隆悶絶，將歸家。二日犬為不食，隆復蘇，乃始進飯。隆愈愛惜，同於親戚。《後周書》曰：張元性仁孝。幼時邨陌有狗子為人所棄者，元見即收而養之。未幾，有狗母銜一死兔，置元前而去。【狸德、豹聲】上詳狗二《莊子》、唐王維《與裴迪書》云：深巷寒犬，吠聲如豹。【待門、扣閽】《國語》曰：趙簡子田于螻，史黯聞之，以犬待于門。簡子見之，問：「何為？」曰：「有所得犬，欲試之兹囿。」簡子曰：「何以不告？」黯曰：「君行臣不從，為不順。主將適螻而麓弗聞，臣敢煩當日。」簡子乃還。下詳上狗二見《干寶》、《搜神記》。【哭市、上臺】《隋巢子》曰：昔三苗大亂，龍生於廟，犬哭於市。《魏志》曰：公孫淵未亡，家數有怪，犬冠幘絳衣上臺。【防庫、共牢】《夷堅志》曰：復州簽判廳，主管諸司錢物，故畜犬以警盜，名為防庫。一黄犬在彼十餘年，吳興周礪居官，尤加意飼養。洎秩滿有代者。周未去間，謁犬認所乘轎，識為故主，迎擾馴伏，掉尾戀戀。周解其意，使置於船中。後數日，船至巴河，犬登岸未返，而船人解纜東下，犬望見，跳躍嗥鳴，奔隨不置，凡三四十里。周顧見之，命小船呼載，既得上，不勝喜，遂至湖州。孔帖曰：五代南唐時，江州陳氏族七百口，畜犬百餘，共一牢而食，一犬不至，諸犬不食。【運水、銜磚】《搜神記》曰：孫權時，李信純，襄陽紀南人也。家養一犬，名曰「黑龍」。忽一日，於城外飲酒大醉，歸家不及，臥於草中。時遇太守鄭瑕出獵，見田草深，遣人縱火爇之。信純臥處北有一溪，相去三五十步，犬即奔往，入水濕身，走來臥處，周廻以身濕之。獲免主人大難。犬運水困乏，致斃於側。俄而信純醒來，見犬已死，徧身毛濕，甚訝其事。周廻覩火蹤跡，因爾慟哭。聞於太守，太守憫之，即命具棺槨衣衾，葬之。今紀南有義犬冢，高十餘丈。《聞奇録》曰：僧子捷建靈隱高峰浮圖，養一花犬，每隨工徒銜塼置於塔所。又寺人於荒榛收得一石佛而少右耳，犬即跑古寺，基深可三尺，取得佛耳。塔成犬斃。【銜怒、代勞】《夷堅志》曰：李元佐在鄂州，得襄間二犬，軀幹獰猛，迥與他異。命畜於後圃，慮其或傷人，常加維繫。一日守卒暫解縱之，使自如，猶束其頸。圃與禁營，柵為鄰，垣不固，營犬十數成羣，競至其旁，肆意侮齧。襄犬以頸索拘縻之故，不能敵，俱遭搏噬。守卒擊逐，羣犬去，而曳以歸，後繫諸故處。遂十日不食，若忿恨狀然。衆相與言：「此犬非儕輩可比，反遭傷害。今而弗食，豈亦懷報復之志乎？盍為去其縛，使得逞憾以□勝負？」僉以為然，乃縱之。營犬望見，謂如前可欺，羣吠而至。二犬奮迎之，勢若猛虎之視羊豕，或絶其咽，或破其脅，皆立死。凡殺四五犬，餘悉奔遁。衆卒烹食死犬肉厭飫之外，復以遺妻子。經旬日，顧念得肉之利，又解縱如初。徘徊抵暮，略無一來者。俄有兩虎龍頗大，出不意而至，雖持梃毆逐，不肯退。少焉，客主各殞其一。存者流血呻呼而散，不越夕并死。蓋四犬競鬭，皆不獲免，畜產銜怒不可解如此。《廣異記》曰：魏元忠嘗呼蒼頭，未應，犬輒代呼之。元忠曰：「此孝順狗也，乃能代我勞！」後亦無恙。【負米、銜飯】《澠水燕談》曰：楊光遠之叛青州也，有孫中舍者居圍城中，族人在西州別墅。城閉既久，內外隔絶，食且盡，舉族愁歎。畜犬傍徨其側，似有憂思者。中舍囑之曰：「爾能為我至莊取米耶？」犬搖尾若應狀。至夜，置一布囊，并簡繫犬背上。命犬曰水竇出，犬至莊鳴吠。居者開門，識其犬，取簡視之，令負米還，未曉入城。如此數月，以至城開。孫氏闔門賴以不餒，孫氏愈愛畜之。後數年斃，葬於別墅之南。其孫彭年，語龍圖趙師民，刻石表其墓，曰「靈犬誌」。《建寧志》曰：咸溪童鏞家畜一犬。一白一花，共出一母，性狡獪，善知人意。後白者雙目俱盲，弗能進牢而食。主家作草窩臥於簷外。花者日銜飯吐而飼之，夜則臥於其旁。白者既死主憐之，埋於門前山麓間。花者朝夕往埋所，繞數匝，若拜泣狀。臥其旁少頃，始返。【八乳、兩首】《閒窗括異》曰：秀州魏塘邨方通判乳媼周氏，臨安人。有蔡公者負其錢最多，屢索不還，媼呼而責之，蔡公言曰：「今歲再背約，當為八乳牝狗以報。」未幾蔡死，而方家因得一八乳犬。媼常呼曰：「汝是蔡公耶？」即掉尾而前。唐《五行志》曰：神功元年，安國獻兩首犬。【乳貓、償鹿】孔帖曰：李迥秀所居犬乳鄰貓，中宗以為孝感。《陳隨隱漫録》曰：安晚鄭公，私居青田府。鹿食民稻，犬噬殺之。府囑守黥犬主。幕官擬曰：「鹿雖帶牌，犬不識字。殺某氏之犬，償鄭府之鹿足矣。」守從之。【赤虎、白龍】《三國典要》曰：齊高緯以波斯狗為赤虎儀同、逍遥郡君，飼以粱肉，食縣邑，常於馬上設蹬褥以抱之。《晉書》曰：庚翼嘗令郭璞筮其後，璞曰：『卿後並貴盛，然有白龍者凶徵至矣。』後庚氷子蘊為廣州刺史，其妾產犬子，不令蘊知。狗長大，蘊入，見狗眥目分明而形異於衆，後失所在。蘊慨然曰：『殆白龍乎！』後為桓氏所滅。【戴冠、取箭】《朝野僉載》曰：宗楚客家畜一犬一日，忽戴楚客冠人立，楚客怒曰：『畜類敢作妖，僭越犯分！殺之！』犬作人言曰：『公亦作妖，僭越犯分，亦即見殺。』未幾，韋氏敗，楚客被斬。《三國典略》曰：北齊廣寧王孝珩嘗畜一犬，守外，人不得近。王每射，令其取箭。亦解，呼召左右，牽衣而進。【如貍、似狐】上詳白首注《周官》曰：士射豻侯。豻，胡犬也。似狐而小，黑喙善守。【小貍、花鴨】《南部新書》曰：鄱陽人張朝，為猛獸所搏噬，其家犬名小貍救之，獲免。《三水小牘》曰：僖宗朝宰相王鐸，所愛卑脚犬曰花鴨。有刺客匿於梁上，為犬所覺而免。【銜箸、登木】《五代史》曰：契丹北有狗國，人身狗首，長毛不衣，語若犬嗥。其妻皆人，能漢語，生男為狗，女為人，自相婚嫁。穴居食生，妻女食。嘗有中國人至其國，妻使逃歸，以箸十餘隻，教其每走十餘里，遺一箸。狗見其家物，必銜歸，則不能追矣。木狗，形如鬼，車能登木，其皮可為衣褥。【善噬、性險】上詳狗二《尹文子》、《南史》。卞彬為《禽獸決録》云：狗，性險而屈。【入衣、帶鈴】杜詩曰：舊犬喜我歸，低徊入我衣。宋詩曰：犬帶金鈴臥落花。【黃奴、雪童】《清異録》曰：末陽廖習之家有一黃犬，識人喜怒頤指。可使名曰黃奴，習之嘗作歌云：『我家黃奴類黃耳。』宋呂本中畜犬名雪童。【東方烹、西園弄】《鄉飲酒禮》曰：烹狗于東方，祖陽氣之發於此也。漢靈帝熹平四年，於西園弄狗，著進賢冠，帶綬，以為笑樂。有一狗突出，走入司徒府門，或見之者，莫不驚怪。【袖稅狎、搖鞞呼】《淮南子》曰：削薄其德，增累其刑；而欲以為治，無異袖稅而狎犬也，稅杖也。《廣志》曰：罽賓大狗大如驢，赤色，數里搖鞞以呼之。【吠所怪、應其主】《楚詞》曰：邑犬羣吠，吠所怪也。《論衡》曰：亡獵犬於山林，犬呼犬名，則鳴號而應其主。人犬異類，聞呼而應者，識其主也。【割之猶蠕、動不可禁】《淮南子》曰：狡狗之死也，割之猶蠕蠕動也。《呂氏春秋》曰：飢狗盈宮，漠然未見骨也，見則動不可禁蒙。【蒙未視、呀呀而走】上詳狗二《說苑》、柳宗元《與楊誨之書》曰：盧狗之遇嗾，呀呀而走，不顧險阻，惟嗾者之從。【辟惡、禦災】《風俗通》曰：罽賓犬，善守衛，著以辟惡。又曰：《太史公記》云：秦始殺狗磔四門，以禦蠱災。今人殺白犬，以血題門。户曰：正月白犬血，辟除不祥。【豕交、豺跪】《京房易傳》曰：夫婦不嚴，厥妖狗與豕交。《酉陽雜俎》曰：狗，豺之舅。豺遇狗輒跪，如拜狀。【禁殺、好屠】《東坡志林》曰：今日廂界有殺狗公事，司法言，近新書不禁殺狗。問其說，出於《禮・鄉飲酒》：烹『狗於東方，不禁。』然則《禮》云：『賓客之牛角尺。』亦不禁殺牛乎？孔子曰：『敝蓋不棄，為埋狗也。』死猶不忍食其肉，況可殺乎？《史記》：荊軻好屠狗。【抱臥、賦偷】《顏氏家訓》曰：義陽朱詹，好學家貧，寒無氈被，抱犬而臥。犬亦飢虛，起行盜食，呼之不至，哀聲動鄰。猶不廢業，卒成學士，為孝元所禮。《侯鯖録》：滕元發少居鄉里寺中修業，一日，烹寺犬食之，僧笑曰：『滕先生能作偷狗賦，即不申理。』其破題曰：『僧惟不淨，狗也宜偷。餅餌引來，猶擺續貂之尾，索綯牽去，難回顧兔之眸。』又云：『既欲思於實腹，遂乃設於空喉。』空喉，取狗器也。【吠屠人、迎宿客】《程氏遺書》曰：犬吠屠人，世傳有物隨之，非也，此正如海上鷗耳。杜詩：犬迎曾宿客。【噉胡麻、舐魚碪】《好事集》曰：以胡麻麪噉犬，則光黑而駿，獵必大獲狐兔。又可十歲。盧延讓詩：饞犬舐魚碪。【續貂不足、畫虎反類】《晉書》曰：趙王倫篡位，奴卒亦加爵位。每朝，貂蟬盈坐語曰：『貂不足，狗尾續。』馬援《戒子書》曰：效季良不得，所謂畫虎不成，反類狗者也。【配人、謝母】《袁山松書》曰：光和四年，帝於西園弄狗以配人。《後魏書・蠻夸傳》云：獠性若同禽獸。若殺其父，求得一狗以謝，其母不懷嫌恨。又以大狗一頭買生一口。【識喜怒、善猜警】上詳黃奴注《埤雅》曰：狗，善猜警。非禮相淩則警吠。又曰：狗善警，吠止禦。又：其性前趨，故艮為狗。【狼狐狂、獖】狂，音注獖，音焚。《廣雅》曰：皆犬屬也。【獿獀、萑猳】《說文》曰：獿獀，南越犬名也。《穆天子傳》：狗名重工、徹止、萑猳、來白。

又《狗四》

【原無投骨】《禮》：長者之前，無投與狗骨。【無使吠】詳狗一《毛詩》。【狗監】漢楊得意為狗監。【狗盜】孟嘗君客能為狗盜。【猘狗】《淮南子》曰：鄭子陽剛毅而好罰舍。人有折弓者，畏罪而恐誅，則因猘狗之驚以殺子陽，玉犬。《述異記》曰：濟陽山有麻姑仙處，俗云山上千年則金雞鳴、玉犬吠。【天公狗】《幽明録》曰：王姥，黃龍中，九歲病死，自朝至暮復蘇。云：見一老嫗，挾將飛見北斗君。有狗如獅子大，深目，伏井闌中，云此天公狗也。【海狗】《海語》曰：海狗，形如狗、大如貓，純黃色。常遊海背風沙中，遙見船行，則投海。漁人以技獲之，蓋利其腎也，醫工以為即膃肭臍云。【駮犬】《舊唐書》曰：波斯國多駮犬。【天犬】《山海經》曰：金門之山有赤犬，名曰天犬，下則天下兵起，乃天狗之星光飛流注而生。所生之日或數十，其行如風；聲如雷，光如電；吳楚七國反時，嘗吠過梁野。【龍狗】見《穆天子傳》注：龍，龍茸，謂猛狗。或曰：龍，亦狗，名犀犬。《搜神記》曰：元康中，婁縣懷瑶家忽聞地中有犬聲，視之得犬子，雌雄各一。長老云：『此名犀犬，得之者富。』

又《狗五》

《原詩》晉張華詩曰：『如黃批狡兔，青骸撮飛雉。』鴞鷺皆盡收，梟鸞安足視。』增唐蘇拯《獵犬行》曰：『獵犬未成行，狐兔無柰何。獵犬今盈羣，狐兔依舊多。自爾初跳躍，人言多掣攫。常指天外狼，立可口中嚼。骨長毛衣重，燒殘煙草薄。狡兔何曾擒，時把家雞捉。食盡者飯翻，增養者惡壯。可嗟獵犬壯復壯，不堪兔絕良弓喪。』宋孔平仲《狂犬》詩曰：『吾家有狂犬，其走如脫兔。撐突盤盂翻，搜爬堂廡汙。逢人吠不止，雞噪貓且怒。固難在家庭，只可守村墅。不見已半年，意謂少懲懼。昨日至城東，摇尾喜若赴。銜衣復抱膝，屢叱不可去。一躍數尺高，其強乃如故。豈惟性則然，汝分亦天賦。未聞有驊騮，蹄齧豈中路。安敢攜汝歸，重令兒女怖。』梅堯臣《犬詩》曰：『常隨輕騎獵，不獨朱門守。鷹前任指蹤，雪下還狂走。人思上蔡遲，書寄華亭後。莫將呼作龍，粱肉纔經口。』蘇軾《烏喙》詩曰：『烏喙本海獒，幸我為之主。食餘已瓠肥，終不憂鼎俎。晝馴識賓客，夜悍為門户。知我當北還，掉尾喜欲舞。跳踐趁僮僕，吐舌喘汗雨。長橋不肯躡，徑度清深浦。浮游似鵝鴨，登岸劇虓虎。盜肉亦小疵，鞭箠當貰汝。再拜謝厚恩，天不遺言語。何當寄家書，黄耳定乃祖。』李至《呈修史錢侍郎桃花犬歌》曰：『宫中有犬桃花名，絳繒圍頸懸金鈴。先皇為愛馴且異，指顧之間知上意。珠簾未卷扇未開，桃花摇尾常先至。夜静不離香砌眠，朝飢祇傍御牀餧。彩雲路熟不勞牽，瑶草風微有時吠。無何軒后鑄鼎成，忽遺弓劒棄寰瀛。迢迢松闕伊川上，遠逐龍輴十數程。兩眥漣漣似流淚，骨見寒毛頓顦顇。萬人見者俱傷心，微物感恩猶若是。韓盧備獵何足嘉，西旅充庭豈為瑞。聞君奉詔修實録，一字為褒應不曲。白魚赤雁且勿書，願君書此懲浮俗。』吕本中《畜犬》詩曰：『主人長年閑，柴户終日閉。雖云伴我嬾，常有跋扈志。端如在籠鶴，又若伏櫪驥。舉首望道路，久欲從此逝。恨無陸探微，寫此獅子戲。如何尚摇尾，更作求食計。』元貢性之《題犬》詩曰：深宫飽食恣猙獰，臥毯眠氈慣不驚。却被卷簾人放出，宜男花下吠新晴【略】。

清 張宗法《三農紀》卷八《犬》 犬，一名狗。《字説》云：狗者，叩也，吠聲如叩物狀。陸佃云：爲物苟旦，故謂之狗。《韓非予》云：蠅營苟是矣。《曲禮》云：羹獻，古祭用之。《禮記》注疏云：小曰狗，大曰犬。卷毛有懸蹏者爲犬。孔子云：犬字猶畫形也。犬者眷也，有親眷之義，見王人則摇尾而迎，遇暴客則憤噛以拒。首戴龍會骨，故有變化之説。長喙善獵，爲田犬。有人水捕獺者，有土山捕鹿者。短喙善守，爲守犬。有畜以召咎者，畜以來祥□。其□□□□□青蒼斑文偈花樣。許氏云：多毛曰狵，辰喙曰儉，短喙曰獨，高大曰獓。《後經》去：勢曰猗，病狂曰猘。《廣雅》云：虞、晉獒、楚獚、韓獹、米猆，皆名大也，齊人呼犬爲地羊。《風俗通》云：以色黄者爲黄羊，外地産者，形大如驢，巨口深毛；形小如猫，豎耳帚尾。牧者喚曰天天，取其暢爽而悦人也。《博物志》云：七九六十三，三主升，升王犬，故犬三月而生。在宿屬婁，在辰屬戌，在卦屬艮。狼遇而跪，豺見而親，虎食而醉，食木鱉子則死，亦物之性也。《造化》書云：馬喜風，豕喜雨，犬喜雪。血能厭邪。秦德公始殺犬磔四門以禦蠱。皮可辟濕，肉可祀灶。性，窮極守故，不改其節；惡極，戀主不二其心。若貪福背義之人，不如一獸之操也。

相法：眼大珠圓，鼻乾孔透，耳緊曰深，頭團腦正，項骨尖起，脥小，勝直，尾卷。口内横紋多者良，舌生痣者猛，頦下孤鬚者勇，卯生毛者力，身毛細密者強。珹毛獅者召祥。純黑純黄者宜家。黑身白耳，犬之士品；曰身黑耳，犬之至貴；身黄尾自，主秦；雙足白者召吉；青斑者識盜；四眼者辟邪；白虎絞者利家；白身黑睫毛者益主；聲吰大者主慶；眼泪聲泣，夾尾囚頭，及純白者禁畜，主召咎。蹝紋不過節者壽天，春産者病猘，夏産者召蠅，秋産者毛臭，冬産宜畜。

飼養：喂不宜過飽，每早晚與食，不宜鈌食。食□□生瘙，外敷靛汁。以白糖飼小狗，食塩飯則足孪促，每晨以洗面水洗其足。【略】

【典故】《述異記》：陸機付洛陽，畜一快犬，名黄耳，戲語目：『我家絶無書音，再能馳賫杳？』犬摇尾作聲應之。以竹筒封書繫犬頸，出，尋路南走，答家還。後犬死，機不忍弃，遺因葬南材，呼爲黄耳塚。《風俗通》：李叔堅家有犬作人行，家人云：『當殺之。』叔堅曰：『大馬喻君子，效人行何傷。』頃之，犬載冠走，家人大驚，曰：悮觸冠□，桂之耳。犬又于灶前奇火，家人亦驚。曰：『見婢皆在田中，大助畜火，幸吟，不煩隣里，此有何惡。』數日犬自暴死，家卒無纖芥之異。《吕氏春秋》：齊有善相大者，其隣藉之買，相人□而得，目：『良人也。』其鄰畜之數年，不嚴鼠。以告相者，曰：『志在麋麈，下在鼠也，欲鼠則桎之。』其鄰桎其後足，則大捕鼠，逐之山林，取野獸不遺。《列仙傳》：薊人邦子者好放大，犬走人山穴，隨之。出山頭見宫以芘嚴，遇故安主洗魚，與邦子一函。藥発而魚子也。著池中，一年化爲龍。邦子後還山，見犬色更赤，有長翰隨，邦子遂留山上。《春秋後語》：貂勃常惡田單丁朝。單名而問之？貂勃曰：『然。』跖之犬可使吠堯，非貴跖而賤堯，犬自吠非其王者。旦公孫子賢，而徐子不肖，然而公孫子與徐子間，徐子之犬攫公孫之册而斷之，苔乃去不肖而爲賢者犬，豈特攫而噬之哉。單乃在貂勃于王。

又 卷九《納犬》 犬之爲物也，性能守夜，勢禦暴客；百步之外，能聞踐聲；羣眾之內，可識主人，乃家之生雛，爲門之活鎖。又且，形壯宅觀，聲應地靈，是以納犬有日，古人載籍，今不得不詳而志之，以更帝者。納犬人家，宜喂門外，以食盛磚石板上，令食訖，翻壓勿移，可免遁逃。

宜忌：入宜德力，納宜龍虎口，及建定成開日。天歲月德德各，母倉大明、壯相日。忌月厭、破空日。戊不乞犬，宜忌之。

【典故】《列子》：楊宋之弟名布，一日衣素而出，天雨解素更□衣而反，其犬迎而吠，布怒將殺犬。楊朱曰：『下無利矣。』向者便汝犬白而往，黑而來，豈不怪哉！《玄中記》：高辛氏戎爲乱。帝曰：『能討者妻以美女，封三百戶。』有犬名槃瓠，亡三月而殺戎主，以其首獻。帝妻以美女，于會稽東南得海中十三百里而封之，爲大氏。《博物志》：徐君宮人産卵，棄之水邊，孤獨老毋有犬名鵠倉，獵□得所牽卵，邪歸母，覆暖遂出小兒，生時正偃，故以爲名，長而仁智，襲君徐國。後鵠倉□死，生角而九尾，實黄龍也。偃王□之。

清 昭槤《嘯亭雜録》卷一《鷹狗處》 鷹狗處向在東華門內長街，設總統二人，以侍衛兼之，豢飼御前鷹狗，以備蒐獮之用。其牧人皆以世家子弟充之，許其蟒袍緯帽，爲執事人中之品最高者。今上壬戌，以其非急務，不宜蓄於禁垣內，因命遷於東安門內長房，其職事爲之稍賤，衆視爲宂員焉。有吾宗室琅巖侍衛薩彬圖者，素好與文士交，及兼鷹狗總統，因書鷹狗處少卿銜帖，投刺於翰苑家，衆爭笑之。

清 梁章鉅《浪迹續談》卷八《猫衰犬旺》 吾閩有『猫衰犬旺』之諺，謂人家有貓犬自來，主此兆也。然此語亦自古有之，而各不同。婁氏《田家五行》云：凡六畜自來，可占吉凶。諺云：『猪來貧，狗來富，貓兒來，開寶庫。』此與閩語不合。又江盈科《雪濤談叢》載其邑諺，有：『猪來窮來，狗來富來，貓來孝來。』故猪貓二物皆為人忌，有至必殺之。又《雅俗稽言》云：俗稱『貓兒來，帶麻布。』又稱『貓兒來耗家。』蓋其家多鼠耗，故貓來捕之。因耗誤為孝，又因孝布轉為麻布耳。金海住先生云：此等語聞諸長老，謂是已然之效，非將然之祥也。窮則牆坍壁倒，猪自闌入之；富則庖厨狼藉，狗自赴之；開當舖則羣鼠所聚，貓自共捕耳。

清 戴熙《習苦齋集》卷四《書二犬》 丁未之春，余寓居宣武城外，繩匠衚衕之南。余女之歸吴氏者，寓其北相望也。女數來省余，一日攜乳犬來，愛而飼之，日壯以大。是歲夏，余女死，余對犬悽然，犬亦若甚悲者，尋不食五日，亦死。北鄰趙氏者，畜三犬，趙氏選官去，程氏來居，一月，程氏又他徙，余移居焉。三犬出迎，余甚余暱也，守余戶尤嚴。一夕，余私忖曰：『身乃獨居，而三犬環衛不已，泰乎？』明日，一犬亡入程氏，招之不來，汎汎若不相識者，之二犬一死一去，偶然耶？不偶然耶？或者曰：『之二犬動於天者也。』噫！彼犬也，亦有天也耶。

清 田蘭芳《逸德軒詩文集·文集》中卷《侯氏之犬》 睢陽侯氏善豢犬，嘗至其庭，以名辨而識之者凡三焉，比而游意無黨讎也。一旦，兩犬狺而鬬，其一帖耳旁觀自若也。未幾，一犬遺以骨而嗾之，則起猛搏，夫不與骨者，一如己所欲讐焉。嗚呼！物之貪而無常也，宜如是哉。田子曰是殆類，夫狗利而忘其故好者。

清 王士禎《池北偶談》卷二二《波斯犬》 嘗於慈仁寺市見一波斯犬，高不盈尺，毛質如紫貂，聳耳尖喙短脛，以哆囉尼覆其背，云通曉百戲，索價至五十金。亦宋太宗桃花犬之屬也。

清 楊鞏《中外農學合編》卷一二《犬》 犬一名狗。齊人名地羊。其類有三：若守犬短喙善吠，畜以司昏。食犬體肥不吠，養以供饌。惟田犬長喙細身，毛短腳，尾卷無毛，使之登高履險甚捷；胎三月而生，其性比他犬尤烈；豺見之跪，兔見之而藏；每牽之出獵，以鷹為眼目，鷹之所向，犬即趨而攫之。故好獵者多畜之。又一種高四尺者，名獒。毛多者，名尨，狀若獅子，腳矮身短，尾大毛長，色絨細如金絲，亦善吠兼能捕鼠，至老不過貓大者，俗名金絲狗。最宜於書室，曲房之外，金鈴慢响。凡人家，勿養高腳狗。多喜上棹櫈上。竈養矮腳者便益。《爾雅·便民圖》

治犬病方：用水調平胃散灌之，加赤殼巴豆尤妙。

又方：磨烏藥與之飲，立卽愈。

治犬卒死，方用葵根塞鼻內，卽活。

治犬癩方：狗徧身膿癩，用百部濃煎汁塗之。狗蠅多者，以香油徧身擦之，立去。

紀事

唐 王松年《仙苑編珠》卷中《邢子好犬木羽因兒》 《列仙傳》云：

邢子者，蜀人也。好犬，犬走入山穴，邢隨犬入。十餘宿行，數百里，上出山頂。有臺殿宮府，青松森然，仙吏侍衛與邢符一函，令送與城都令喬君。喬發函，皆魚子也。池中養之，一年皆成龍。邢復隨犬，往來百餘年。乃上山不還也。

【略】

《太平御覽》卷九〇四《狗上》　《左傳・宣上》曰：晉侯飲趙盾酒，伏甲將攻之。其右提弥明知之，趍登曰：『臣侍君宴，過三爵，非禮也。』遂扶以下。公嗾大敖焉。明搏而殺之。盾曰：『弃人用犬，雖猛何爲！』

又曰：襄三曰：國人逐瘈狗，瘈狗入於華臣氏，國人從之。華臣懼，遂奔陳。

又曰：昭六曰二十三年，遂取邾師，獲鉏、弱、地。邾人愬于晉，晉人來討。叔孫婼如晉，乃舘諸箕。使人與叔孫居於箕者，請其吠狗，弗與。及將歸，殺而與之食。示下愛。

《公羊・宣公》曰：靈公食趙盾，公曰：『聞子劍利，以示我。』盾將起進劍，彌明曰：『何故拔劍於公所？』盾知之，躇而湍走躇猶超，遽不暇以次。公有周狗可與比周，所指如意謂之獒，而屬之，獒亦躇階從。弥明逆而踆之以足逆蹋之曰踆絶頷。趙盾顧曰：『君之獒不若臣之獒也。』

《史記・淮陰傳》云：高祖詔齊捕蒯通，通至，上曰：『若教淮陰侯反乎？』對曰：『然，臣固教之。跖狗吠堯，堯非不仁，固吠非其主。當是時，臣獨知韓信，非知陛下也。』

又《徐偃王志》云：徐君宮人任娠而産夘，以爲不祥，弃於水邊。孤獨老母有犬名鵠倉，獵於水濵，得所弃夘，銜以來歸。獨母以爲異，覆煖之，遂蟲弗蝍成小兒。生時正偃，故以爲名。徐君宮中聞之，乃更録取収養。長而仁知，襲君徐國。後鵠倉臨死，更生角而九尾，實黄龍也。偃王葬之徐梁界中。今見有狗壟云。又曰：范蠡之齊，遺大夫種書：『蜚鳥盡，良弓藏；狡兎死，走狗烹。』又曰：范睢說秦昭王曰：『夫以秦而治諸侯，譬若縱韓盧而愽蹇兎也。閉關十五年，不敢窺兵於山東者，是穰侯不忠而大王之計有所失也。』

《漢書・五行志》曰：文帝後五年六月，齊雍城門外有狗生角。又曰：成帝河平元年，長安男子石良、劉晉相與同居，有如人狀在其室中，擊之爲狗，走。復至數人，被甲持弓至良家，等擊之或傷，皆狗也。自二月至六月乃止。其於《洪範》，皆犬禍也。

《後漢書》曰：岑熈爲魏太守，無爲而化。視事二年，輿人歌之曰：『我有枳棘，岑君伐之。我有蟊賊，岑君遏之。吠狗不驚，足下生氂。』

又曰：靈帝於西園弄狗，着進賢冠，帶綬。

《續漢書》曰：靈帝寵用便嬖，弟子轉相汲引。賣關内侯，直五百萬。令長強者貪如豺狼，弱者略不類物，實狗而冠也。

又曰：昌邑王見狗冠方山冠。龔遂曰：『王之左右皆狗而冠。』《魏志》曰：太祖云：我有丁斐，猶人家有盜狗盖捕鼠，雖小損而完囊儲。

又曰：公孫淵未亡，家數有怪，犬冠幘絳衣上臺。

又曰：朱建平善相術，謂應璩云：『君年六十三，位爲常伯，當有厄。先此一年，當獨見一白狗，而旁人不見也。』據六十一爲侍中，直内省，欻見白狗，問之衆人，悉無見者。於是遊觀田里，飲宴自娯。過期一年，年六十三卒。

《魏略》曰：丁謐外似疎濫而内明慧。雖與何晏、鄧颺等同列而皆少之，唯聲勢屈於曹爽。爽亦教之，言無不從。故于時謗書謂：『臺中三狗，嗤喍不可當，一狗憑黠作蛆囊。』三狗，謂何、鄧、丁也。黠者，爽小字也。其意言三狗皆欲嚙人而畜蛆也。《呉志》曰：孫峻謀誅諸葛恪。恪將見之夜，精爽擾動，通夕不寢。嚴畢趍出，犬銜引其衣。恪曰：『犬不欲我行乎？』還坐有頃，乃復起，犬又銜其衣。恪令從者逐犬，遂升車。

《晉書》曰：當陽侯杜預初攻呉，呉人憚其智，以瓠繫狗頸示之。預恨之。及平，盡殺之。

雜録

《太平御覽》卷九〇四《狗》　又曰：齊王冏入廢賈后，后呼帝曰：『陛下有婦使人廢，亦行自廢。』又問冏曰：『起事者誰？』冏曰：『梁趙。』后曰：『繫狗當繫頸，今反繫其尾，何得不然？』

又曰：呉隱之爲奉朝請，謝石請爲衛將軍主簿。隱之將嫁女，石知其貧素，遣女必當率薄，乃令移厨帳助其經營。使者至，方見婢牽犬賣之，此外蕭然無辦。

又曰：庚翼常令郭璞筮其后，璞曰：『卿后並貴盛，然有白龍者凶徵至矣。』後庚氷子蘊爲廣州刺史，其妾産犬子，不令蘊知。狗轉長大，蘊入，見狗眉目分明而異形於衆，後失所在。蘊慨然曰：『殆白龍乎！』後爲桓氏所滅。

又《藝術傳》曰：嚴卿，會稽人也，善卜筮。鄉人魏序欲暫東行，荒年多抄盜，令卿筮之。卿筮曰：『君愼勿東行，必遭暴害之氣，而非刼也。宜有以禳之。可索西郭外獨母家白雄狗，繫着船前。』求索正得駁狗。卿曰：『其色不純，當有小毒，正及六畜，尔無復憂。』序行半路，狗忽有聲甚急，如被人擊。比視已死，吐黑血斗餘。其夕，序墅上白鵝數頭無故自死，而家無恙。

《後魏書・蠻夷傳》云：獠性同禽獸。若殺其父，求得一狗以謝，其母不懷嫌恨。又以大狗一頭，買一生口。

《北史》曰：齊南陽王綽始十餘歲，留守晉陽，愛波斯狗。尉破胡諫之，綽欻然斫殺數狗，狼籍在地。破胡驚走，不敢復言。後有婦人抱兒在路，走避入草，綽奪其兒飼波斯狗。婦人號哭，綽怒，又縱狗使食。狗不食，塗以兒血乃食焉。

《後周書》曰：張元琮性仁孝。村陌有狗子爲人所弃者，元見即收而養之。其叔父怒曰：『何用此爲？』將欲更弃之，元對曰：『有生之類，莫不重其性命。若天生殺，自然之理。今爲人所弃而死，非其道也。若而不收養，無仁心也，是以收而養之。』叔父感其言，遂許焉。未幾，乃有狗母銜一死兎，置元前而去。

《三國典略》曰：齊高緯以波斯狗爲赤虎儀同、逍遥郡君，常於馬上設蹬褥以抱之。鬥鷄亦号爲開府。馬皆籍以氈罽，被以金玉，号爲蛟龍儀同。其將合牝壯，則設青廬黼帳，牢具過於諸王婚禮。齊主常親視焉。

又曰：齊廣寧王孝珩嘗畜一犬，守外，人不得趣近。孝珩每射，令其取箭。亦解；呼召左右，牽衣而進。

又曰：徐之才嘗與朝士出遊，望郡犬並走，諸人令目之，之才應聲曰：『爲是宋鵲，爲是韓盧，爲逐李斯東走，爲負帝女南徂。』《陳書》曰：張彪敗後，與妻楊氏去。唯常所養一犬黄倉，在彪前後，未曾捨離。乃還入若邪山中。沈泰說陳文帝遣章昭達領千兵重購之，并圖其妻。彪眠未覺，黄倉驚吠，刼來便噬，一人中喉即死。及彪被害，黄倉嗥叫宛轉血中。

《唐書》曰：貞觀中，弥泥孰可汗李思摩部落濟河，於故定襄城爲牙帳，户三萬，勝兵四萬，馬九萬疋。思摩之初建也，詔錫其土，南至大河，北有白道川。而白道收田處龍荒之寂，突厥咸競其利。思摩以北接延陁，種落初集，其力尚微，未敢北徙，至是始還其國。因上言曰：『非分蒙恩，立爲落長，實望子孫竭誠奉國，作國家一狗，北門守吠。若延陁侵逼，請家口徙入長城。』詔許之。

郭頒《魏晉世語》曰：郊天壇下有白狗，高三尺，光色鮮明，恒卧，見人則去。

《周書》曰：渠渡大者，露犬也，能飛食虎豹。

《春秋考異郵》曰：七九六十三，陽氣通，故斗運，狗三月而生宋均注曰：狗，斗精之所生也。

又曰：狗三月而生。陽至於三，故狗各高三尺。

《天子傳》曰：郪韓之人，獻天子良犬七十。郪之然切。

又曰：天子之狗，走百里，執虎豹。

《山海經》曰：陰山有獸焉，其狀如狸，白首，其名天狗。

又曰：犬戎國，黄帝之後弄明生白犬二頭，自爲牝牡，故爲此國也。

又曰：金門之山有赤犬，名曰天犬，下則有兵。

又曰：蜪音陶犬，如犬而青。食人，從首始。

《白澤圖》曰：黑狗白頭，耳長卷尾，龍也。

《國語》曰：趙簡子田于螻晉君之囿，史黯聞之，以犬待於門晉太史黯也。簡子見之，何爲？曰：『有所得大，欲試之兹囿。』簡子曰：『何以不告？』對曰：『君行臣不從，爲不順譏簡子曰：獵君囿，不從君而自行也，主將適螻而麓弗聞麓，主君苑囿之官。《傳》曰：山林之木，衡麓守之。臣敢煩當日？』當日，謂直日者也。主將之君囿，不煩麓以告君，臣亦不敢煩主之直日以自白也。簡子乃還覺所譏也。

《戰國策》曰：齊欲伐魏。淳于髠謂齊王曰：『韓子盧者，天下之壯犬也。東郭逡者，海内之狡兎也。韓子盧逐東郭逡，環山者三，騰山者五，兎極於前，犬疲於後。犬兎俱罷，各死其處。田父見之，無勞倦之苦而擅其功。今齊魏久相持，頓其兵，疲甚衆。臣恐強秦大楚承其後，而有田父之功。』齊王懼，謝將休士。

《春秋後語》曰：貂勃常惡田單，曰：『安平君小人也。』安平君聞之，故爲酒而召貂勃，曰：『單何以得罪於先生，常見惡。』貂勃曰：『然。跖之狗吠堯，非貴跖而賤堯，狗自吠，非其主也。且公孫子賢而徐子不肖，然而公孫子與徐子鬭，徐之狗攫公孫子之腓而噬之獸以足曰攫。攫，音居縛切。腓，腨腸也，音肥。噬，齧也。若乃得去不肖，爲賢者狗，豈特攫而噬之哉！』安平君曰：『敬聞命矣。』明日，單任之於王。

《漢武故事》曰：公孫卿至東萊，云見一人，長五丈，自稱巨公，牽一黃犬，把一黃雀，欲謁天子，因忽不見。

《西京雜記》曰：楊萬年有獵狗名青骹，買直百金。

又曰：茂陵少年李亭，好馳駿狗逐獸。或以鷹、鷂、兎，皆以爲佳名。狗則有脩毫、釐睫、白望、青曹之名。

《東方朔別傳》曰：天下之良馬，將以捕鼠深宮之中，曾不如跛犬也。

宋 洪邁《夷堅志·甲志》卷八《永福村院犬》 福州永福縣有村律院，伯仲二僧同房。伯僧愛一犬，每食必呼使前。仲甚惡之，見必叱逐，或繼以鞭箠，如是累歲。伯嘗出外旬日，歸不見犬，責仲曰：『汝常日讎犬特甚，乘我之出，必殺食之矣。』仲力辯，不得已，乃言：『因其竊食，誤擊殺之，埋諸後圃，非食也。』伯殊不信，潛往瘞所發視，急歸語仲曰：『犬雖異類，心與人同。汝與結寃非一日。適吾視其體，頭已為蛇，會當報汝。汝不宜往，可倩所知者再觀之。』洎別一人往視，則蛇頭愈長。始大恐，問所以解寃之策。伯教以盡鬻衣鉢，對佛懺謝。遂入懺堂，晝夜不息。凡數年。一夕，焚紙鏹，覺盆中有物，意其鼠，撥灰視之，蛇也。乘仲張口，急奔入喉中，遂死。

又《丙志》卷九《鄭氏犬》 福州人奉議郎鄭某，宣和中知樂平縣，自鄉里攜一犬來，常時馴擾不噬人。邑有販婦，以賣花粉之屬爲業，出入縣舍，鄭氏甚重之。嘗白晝入堂，犬迎齧其乳，仆地幾死。鄭叱家童縛犬，念其遠至，不忍殺，持以與報本寺僧。是夜，鄭被盜，後半月捕得，鞫之，乃此婦爲囊橐導賊至，始悟犬之靈識，復呼以歸。

又《丁志》卷二《鄒家犬》 筠州新昌縣民鄒氏，豢犬極馴，每主翁自外歸，無問遠近，必搖尾跳躍迎于前。鄒生嘗負租繫獄，踰旬得釋，比還家，日已晚。犬喜異常時，爪誤罥主衣，衣爲之裂。鄒以爲不祥，語妻曰：『我恰出獄，犬乃爾。遼山寺方作屋，吾欲犒匠，可殺犬烹之，副以麪五斗往。』妻如其言。明日，鄒詣寺，命童負一合自隨，至則僧待於門，迎白曰：『勿啓合，得非以犬與麪來乎？』鄒愕然，問所以。僧曰：『檀越入坐堂上，玆事言之則不忍，不言則負所託。昨夜夢檀越之父曰：「我以貪戀故，不能超脫，託生爲本家犬，故見吾兒歸必出迎。適以其釋囚係而還，喜甚，誤敗其衣，兒遂與婦謀而殺我充饋。雖然就死，亦幸捨畜身，若得免刲臠之苦，師恩厚矣。生時有銀若干，密埋于竈外，恐爲人盜取，常睡卧其上。煩戒吾兒發取之，爲作佛事，以資冥福，持所餘尚足營生也。」』鄒聞言悲慟，且云：「犬日夜實寢于彼。」遂瘞之寺後。歸發其藏，果得銀如數，乃設水陸於寺中。

又《夷堅支志》乙卷六《復州防庫犬》 復州僉判廳主管諸司錢物，故蓄犬以警盜，名爲防庫。一黃犬在彼十餘年，吳興周礪居官，尤加意飼養。犬亦知感恩者，常坐卧其傍。洎滿秩，予姪阜之代之，以小兒女多，慮或爲所驚齧，牽以附浮橋之南二十里外蓮臺寺，明日復來，又執拘以往，已而復爾。周未去間，嘗謁阜，犬認所乘轎，識爲故主，迎繞馴伏，搖尾戀戀，伺其退，即隨以行。阜解其意，語周使置于船中。後數日，船至巴河，登岸未返，而船人解纜東下，犬望見，跳躑嘷鳴，奔隨不置，凡三四十里。周顧見之，命小艇呼載，既得上，不勝喜，遂至湖州。

又 乙卷九《全椒猫犬》 紹興中，樂平魏彥成安行爲滁州守。全椒縣結證一死囚獄案，云縣。外二十里有山庵，頗幽僻，常時惟樵農往來，一僧居之，獨雇村僕供薪爨之役。養一貓極馴，每日在旁，夜則宿於床下。一犬尤可愛，俗所謂獅狗者。僧嘗遣僕買鹽，際暮未反，凶盜乘虛抵其處殺僧，而包裹鉢囊所有，出宿於外。明日入縣，此犬竊隨以行，遇有人相聚處，則奮而前，視盜嘷吠。盜行，又隨之，至于四五，乃泊縣市，愈追逐哀鳴。市人多識庵中犬，且訝其異，共扣盜曰：『犬如有恨汝意，得非去庵中作罪過乎？』盜雖强辨，然低首如怖伏狀。即與俱還庵，僧已死。時正微暑，貓守護其傍，故鼠不加害。執盜赴獄，不能一詞抵隱，遂受刑。此犬之義，甚似前志所紀無錫李大夫庵者也。蠢動含靈，皆有佛性，此又可信云。

又 景卷七《鄂總二犬》 李元佐在鄂州得襄、漢間二犬，軀幹獰猛，迥與它異，命畜於後圃。慮其或傷人，常加維縶。一日，守卒暫解縱之，使自如，猶束其頸。圃與禁卒營柵爲鄰，牆垣不固，營犬十數成羣，競至其傍，肆意侮齧，襄犬以頸索拘縻之故，不能敵，俱遭搏噬。守卒擊逐羣犬去而曳以歸，復繫諸故處，遂數日不食，若忿恨然。衆卒或相與言：『此二犬非儕輩可比，反遭傷害，今而弗食，豈亦懷報復之志乎？』盍爲去其縛，使得逞威，以決勝負。』僉以爲然，乃縱之。營犬望見，謂如前可欺，羣吠而至。二犬奮迎之，勢若猛虎之視羊豕，或絶其咽，或破其脅，皆立死。凡殺四五犬，餘悉奔遁。衆卒烹食死者肉，厭飫之外，復以歸遺妻子。經旬日，顧念得肉之利，又解縱如初，徘徊抵暮，略無一來者。俄有兩龍類犬，出不意而至，雖持梃毆逐，不肯退。少焉客主各隕其一，存者流血呻呼而散，不越夕併死。蓋四犬競鬬，皆不獲免，畜産銜怒不可解如此。

又《王宣二犬》 紹興二十九年冬，撫州宜黄縣劇盗謝軍九聚衆百輩，椎埋剽劫，至戕殺里豪董縣尉家。知縣李元佐適在郡。尉遣弓兵出討捕，都頭劉超者，領數十人前行。翌日，王宣者繼之。與盗遇，超即遁，宣所部不及盗之半，大呼索戰，鏖鬬黄山下。宣素蓄猛犬二，每出必從，是時亦奮呼噬齧。盗死者且二十人，遂奔潰。宣退休山上。已而盗復還，盡斷死者首攜以出，蓋慮爲官兵所得，識其形狀姓名，累及親族。宣望之甚怒，曰：『我殺之而縱彼取頭顱去，則何從藉手，必取之！』於是率衆趨下，再戰移晷，翻爲所敗。宣與二兵得三級，馳取徑路，絶田而西。方穿槀桔中，陷於淖，盗追及，俱遭屠臠，二犬猶存守其尸。保伍環集，以事白於縣。元佐回邑，厚恤三家，命治棺往殮，仍即彼處立小廟。犬凝立經日不食，見家人來，摇尾迎導至尸所。宣既歸葬，犬亦死。邑人嗟異，爲塑於廟內，以彰其義云。

又 辛卷二《張八道人犬》 樂平八間橋農民張八公，壯年亡賴，不事生理。一日，忽自悔悟，積善存心，自稱道人，唯賒放米穀，取其贏息以贍家。每歲置一簿，遇貸則書之，已償則勾去。近村程七借大麥二斗五升，為錢五百，秋成不曾償，至於累歲，張亦不復索。程死後，張育一犬甚俊，歷九年，老而不食。程七之子百三爲屠，過其門，張以鬻犬為言，需值五百，程曰：『此犬老瘦，能有肉幾何？』只還其半，張令牽去。而將至橋，犬盤旋不肯行，遂作人語呼百三曰：『來，我是汝爺，以紹興二年二月某日賒了張小八公大麥，失於還錢，今責罰作犬，陪填宿債。雖在它家有吠守之勞，然日食糟糠之費積之不少，汝當盡還元錢，使我託化。』子且信且疑，繫之橋柱，反詢張公，乞假紹興故簿檢視，果如所言。遽奉上半直，以犬歸，餵飼加謹，未幾而斃。子殮以棺衾，埋諸野，仍為設僧供資度之。

又《劉和尚犬》 鄱陽石陂村庵僧法希，養一黄犬，性極馴，晝不傷人，而夜吠甚警，不食葷穢。僧日以米一升作粥，盛以瓦盆，用竹篦子分畫為二，戒之曰：『以供爾早晚兩頓喫。』犬奉約甚謹，更不敢過，累歲如一。慶元元年七月，忽因早餐誤侵一角，僧拈柴杖擊之，且罵責不置，犬舍之而走，到夜不歸。石陂池畔居者陳婆，夢婦人著黄衫來相見，問為誰，曰：『我是庵內劉和尚之母，為生前有罪，受罰入畜類。兒子將百五十錢買我，侍養十年，偶昨朝食粥過多，被兒打詈，思之悶絶，無處理訴，已自投溺於池。特來説過，煩老人明日報兒子使他知。』陳婆駭怖而覺，旦以告僧，即領僕詣池撈漉，果得犬尸而收殮，誦經備禮，埋於故母墓側。

又 辛卷八《韓德高犬》 朔漢人下班祗應韓德高來鄱陽，養一黄牡犬，高三尺餘，目之為黄兒。每食則置飼于前，睡則使臥于床下。主人從外歸，犬迎門，以手挽其頭，且嗅其緣，無穢氣則已，稍或犯之，則罰不與食。凡坐起飲食，與人無間。一日忽失之，至晚，但聞床上如人作聲，夫婦趣往視，犬從床躍下，似將言，長鳴數聲，拱雙足，抱頸而死。

金 元好問《續夷堅志》卷四《軍中犬》 征西軍中畜一犬，每大帥舉酒，部曲輩前列唱《落葉曲》，則犬亦隨之，聲節高下，少不差異，曲罷，一聲不復作。吾州王百户辛丑年親見之。

明 陸粲《庚巳編》卷一《守銀犬》 家君説，閶門一民家，忘記姓名，以開行爲業。家蓄一犬甚健，日卧一檻旁，頃刻不離。人有至其所者，輒噬之，家人相戒莫敢犯。有商人至門，不知而近之，犬噬其股流血。商號呼罵其主，其主亦惡犬，謝曰：『君姑勿怒，明日當烹之共食耳。』商歸邸中，夜夢若有告之者曰：『吾乃主人之父也，死若干年矣。有銀數百兩埋檻下，生時不及語吾子，子不知也。一念不忘，復生爲犬，所以朝夕不去者，蓋前此冥數未可傳于子，故守以待之耳。不意誤犯君，今子欲烹我，我欲告以故，彼必不見信，君幸往見之，令不吾殺也。』商竦然驚覺，即起奔詣其家，扣門。主出迎，商問犬安在，則已被烹且熟矣。商人惋恨，具語以所夢。其主猶未信，商請驗之。撤檻，果得一瓦鉢，盛銀四百餘兩。痛悔無及，乃哀其犬而瘞之。

又 卷五《凌氏犬》 甫里凌糧長家，畜一白犬已數年，甚健而馴。前此有佃戶負米若干石而死，一夕忽見夢于其子曰：『吾生時負凌氏米，因轉生其家爲白犬以償。今尚少數斛，汝當納還，併以錢贖吾歸。』子如言賫米往納，因求買其犬，不許。乃具述所夢，家人未信，犬已躍入舟，蹲卧不肯起。凌氏嘆異，遂以歸之，而却其直云。

明 梅鼎祚《青泥蓮花記》卷一三《婺州富家犬》 婺州富人，失其姓名，居金華、義烏之間。有散樂倡女來，方入謁下拜，其家一馴犬至前，主人叱之不退。遽扼主而齧其喉，次齧娼，皆即死。家人起於不料，驚痛束手。有老婢自厨出，行步舉措，絕類主人，作其聲音與妻子言曰：『汝勿怨嘆，此生前冤業也。我前世在湖州為男子，嘗買一妾，不為妻所容。不㝵已蓄于別舍，一僕往來受使令。久而妻聞之，屢肆爭鬩。我以為漏泄，痛箠之，諱不肯伏，我益怒，加箠百數，殞於杖下。當時畏彰露，拽赴湖岸，縋以石，按水中，自謂獲免矣。今我復為人，而此倡即妻也。僕以無他善緣，故墮異類，展轉為犬。渠本性已昏迷，下復省記。會此倡至，遂驀憶宿冤。幽冥定數，畢竟難脱，命之所遭，尚何可悔？』垂泣而別。婢仆地即甦。其家遂殺犬而後治喪。

明 錢希言《獪苑》卷一〇《衣藏劍》 鄭韶者，隋煬帝時左散騎常侍。大業中，授閩中太守。韶養一犬，憐愛過于。韶有從者數十人，內有薛元周者，韶未達之日，已事之。韶遷太守，略無恩恤。元周忍恨，以伆久伺其便，無得焉。時在閩中，隋煬帝有吏到，韶排馬遠迎之。其犬乃嚙拽衣襟，不令出宅。館吏馳告云：『使入郭。』韶將欲出，爲犬拽衣不放。韶怒，令人縛之於柱。韶出使宅大門，其犬乃掣斷繩而走，依前拽韶衣，不令去。韶撫犬曰：『汝知吾有不測之事乎？』犬乃嘷吠，跳身于元周隊内，咬殺薛元周。韶差人搜元周衣下，果藏短劍耳。

明 朱國禎《湧幢小品》卷三一《犬》 江口備倭官宋儒，畜一黑犬。至夜，輒踰出，或竊隣肉以歸，隣患之，訴於儒。儒因伺之，良是，售之狗屠，得百錢。旦日啓扉，犬已逃至，摇尾就儒作乞憐狀。儒與犬約，自後勿復竊隣肉，則貸汝一死，仍以原錢歸屠。犬即彌耳馴伏，投以骨，一嗅輒去，甘守糠覈，見者咸歎異云。

清 劉熙載《昨非集》卷一《蔣氏狗》 有蔣氏者得一狗，善吠，一日之中，見客而吠者數數焉，蔣氏甚喜，以爲能警盜也。豢之以粱肉，惟恐不饜。一夕，盜夌户而入，擔囊揭篋而出，狗臥户側，寂無聲焉。旦日，蔣氏語鄰叟曰：『吾不恨喪資，恨狗之不稱其吠也，將餓斃之。』鄰叟曰：『子之咎狗，似也，然恐狗之不受也。吾聞古有能知鳥獸之言者，如夷隸、貉隸是也，子嘗學此乎？曩子畜狗之始，狗嘗言吠晝必吠夜，吠客必吠盜乎？』曰：『不知也。』曰：『狗之智勝子乎？子且謂子之逆料夫狗之必能者，狗知之乎？』曰：『否。』曰：『是亦猶子之不知其言也。顧子於己之不知則自恕焉，於狗之不知則責之備焉。是以爲己當愚，狗當智也。自非狗智素出己上，詎宜以此施之哉？』

清 吴寶芝《花木鳥獸集類》卷下《狗》 《公羊傳》：晉靈公食趙盾，公曰：『聞子劍利，以示我。』盾將起進劍，提彌明曰：『何故拔劍于公所。』盾知之躇而止。公有周狗，謂之獒。呼而屬之，彌明逆而跛之，絶頷。盾顧曰：『君之獒不若臣獒也。』注云：周狗，言可與比。周，所指如意之狗。跛，以足逆蹋之也。《漢書》：靈帝于西園弄狗，著進賢冠帶綬。又：昌邑王有狗戴方山冠。

又 《西京雜記》：楊萬年有獵狗，名青骹，直百金。又茂陵少年李亨好馳逐鷹犬，皆有佳名。狗則有脩毫、釐睫、白望、青曺之號。

又 《吕氏春秋》：齊有善相狗者，隣人藉之買鼠狗。朞年而得，曰良狗也。其鄰畜之，數年不噉鼠。以告相者，曰：『此志在麞麋豕鹿，不在鼠。欲其鼠也，則桎其後足遂取鼠。』

又 《述異記》：陸機在吴，豪客獻快犬名黄耳。機後仕洛，戲語犬曰：『我家絶無書信，汝能馳往否？』犬搖尾作聲應之。機為書，盛以竹筒，繫之犬頸。犬遂尋路南走，至機家得答書。還洛後犬死，殯之。遣還葬，去機家二百步，呼黄耳塚。蘇子瞻曰：予來儋耳，得大狗曰『烏喙』。甚猛而馴，隨予遷合浦，過澄邁泅而濟。路人皆驚戲，作詩曰：『烏喙本海獒，幸我為之主。食餘已瓠肥，終不憂鼎俎。晝馴識賓客，夜捍為門户。知我當北還，掉尾喜且舞。跳踉趁童僕，吐舌喘汗雨。何當寄家書，黄耳定乃祖。』

清 吴士玉《駢字類編》卷二一七《狗》 狗號。《太平廣記》：晉太和中，廣陵人楊生，養狗，甚憐愛，行止與俱。後生飲酒醉，行大澤草中，眠不能動，時冬月野火起，風又猛，一周走一喚，生醉不覺。前有一坑水，狗便走往水中還，以身灑生左右，草霑水得著地，火尋過去，生醒，方見之。他日又暗行，墮空井中，狗呻吟徹曉。須臾，有人過，怪此一向井一，往視見生，生曰：『君可出我，當厚報君。』人曰：『以此狗見與，便當相出。』生曰：『此狗曾活我於已死，不得相與，餘即無惜。』人曰：『若爾，便不相出。』狗因下頭目井，生知其意，乃語路人，以狗相與，人乃出之，繫狗而去。後五日，狗夜走歸。

又 狗赤。《東軒筆録》：慶歷中，衛士有變，震驚宫掖。臺官宋禧上言：『蜀有羅江一，一而尾小者，其警如神。願養此狗於掖庭，以警倉卒。』時人謂之『宋羅江』。

清 褚人穫《堅瓠集·餘集》卷一《黄犬》 《偃曝談餘》：慱羅何宇，母死廬墓。家無僕從，蓄一黄犬，間日輒候墓所，有所需，即書片紙繫其頸，家人見之，具備繫使負還。史稱陸機黄大寄書，良不誣也。又趙澤民爲山西廉使時，畜一犬名桃花，善獵。有客至即呼名嗾之，語家人先具酒果，良久桃花必致一物如麞、鹿、雉、兎之類，往無虚反。

清 俞樾《茶香室叢鈔》卷二三《獬犽小狗》 明宦官劉若愚《酌中志》云：萬歷年間，神宫監掌印太監杜用養一獬犽小狗，最爲珍愛。東厰李太監訪知之，指為違禁，欲参奏，費千餘金，方得免。按今北人尚喜畜之，俗作『哈叭』，據此當作獬。犽然字書，無犽字也。

清 齊學裘《見聞隨筆》卷三《祖妣俞太恭人蓄孝犬》 先祖母俞太恭人，居婺源冲田老宅時，蓄一犬。犬母對門隣家所蓄，老犬也。犬每食粥飯，必先迎犬母來食，飽送之歸，再來就食餘飯。十有餘年，風雨無間。犬母死，犬亦號哭，絶食斃。時人謂先祖母之孝化於蓄犬也，良然。

藝文

宋 李至《桃花犬歌呈修史錢侍郎》《宋文鑒》卷一三 宫中有犬桃花名，絳繒圍頸懸金鈴。先皇爲愛馴且異，指顧之閒知上意。珠簾未卷扇未開，桃花摇尾長生至。夜静不離香砌眠，朝飢祇傍御牀餧。彩雲路熟不勞牽，瑶草風微有時吠。無何軒后鑄鼎成，忽遺弓劍弃寰瀛。迢迢松闕伊川上，遠逐龍輴十數程。兩皆漣漣似垂淚，骨見毛寒頓憔悴。萬人見者倍傷心，微物感思猶若是。韓盧備獵何足嘉，西旅充庭豈爲瑞。聞君奉詔修實録，一字爲褒應不曲。白魚赤鴈且勿書，願君書此懲浮俗。

宋 秦觀《淮海集》卷六《病犬》 犬以守禦用，老僨將何為。跟蹌劣扵行，纍然抱渴饑。主人恩義易，乃為升斗資。追随不肯去，猶若戀藩蘺。屠膾意得逞，烹庖在須斯。糟糠固非意，豚豕同一時。念昔初得寵，青韉纓毯絲。飼養候飢飽，動止常相随。胡云不終始，委逐在衰遲。犬死不足道，固為主人悲。

宋 吕本中《東萊詩集》卷一八《畜犬》 主人長年閑，柴戶終日閉。雖云伴我懶，常有跋扈志。端如在籠鶴，又若伏櫪驥。舉首望道路，夂欲從此逝。恨無陸探微，寫此師子戲。如何尚摇尾，更作求食計。

又 卷一九《畜犬雪童黠甚勝人壬戌夏暴死作詩傷之》 它生與我有微因，來見防家最後身。共住世間均是夢，未應心境不如人。浮雲妻變本無迹，义路多歧莫問津。此後窮愁走南北，更誰隨馬踏埃塵。伴我走道途，直前無葛藤。三年貧病裏，幾度送亡僧。

宋 王炎《雙溪類稿》卷五《覓李尉白犬》 長安少年好狗馬，日日遨遊五陵下。八尺騰驤行地龍，突過無前追疾風。一箭穿空兩鵰墮，尚挾白羽腰騂弓。回鞭更踏南山路，射殺山中白額虎。却解重環四尺獒，快逐豐狐搜狡兔。獵罷歸来喚歌舞，釃酒割鮮供笑語。窮巷書生那有此，毛顥陶泓守環堵。老来無力跨蹇驢，少日青鞋只徒步。何况平生非獵師，何須有犬如韓盧。青氊舊物猶在室，吹燈未滅憂穿窬。似聞黄耳雲來孫，豐顱拳尾雪不如。從公覓取扞門户，主人高枕偷兒避。

元 艾性夫《剩語》卷上《猫犬嘆》 飯猫奉魚肉，憐惜同寢處。飼犬雜糠粃，呵斥出庭户。犬行常低循，猫坐輒箕踞。愛憎了不同，拘肆固其所。虚堂夜搜攪，忽報犬得鼠。問猫爾何之，翻甕竊醢脯。犬雖出位終愛主，猫兮素餐烏用汝。

元 范梈《范德機詩集》卷六《山僧養犬》 不見巖扉净業君，山僧養犬謾成羣。人知自此來看少，秪向山中吠白雲。

元 楊維楨《鐵崖古樂府》卷七《狗馬辭》 狗有烏龍兮馬省的盧，狗主子烏龍食奴。於乎交之借兮無觧，孤之託兮無嬰。吁嗟烏龍兮狗之觧，吁咲的盧兮馬之嬰。

元 虞集《道園學古録》卷四《黄筌夫容乳狗》 西旅初聞效貢來，金毛覆地不凡材。騶虞麟趾同靈囿，抱子花陰卧石苔。

元 貢性之《南湖集》卷下《題犬》 深宫飽食恣狰獰，臥毯眠氊慣不驚。郤被捲簾人放出，宜男花下吠新晴。

元 吕不用《得月稿》卷六《孝犬詩爲舅氏作曾云事足異作亦異趣好**》** 黄

子孝且仁，有犬稟亦純。酬恩辭葬母，異事忽若人。當時湯鑊烹，尒母人亦安。知尒心厚，孝感無間。母未烹孝感，今形母烹後。人若早知斯孝感，未必人情忍烹狗。母兮形已忘，母兮骨在傍。鼻嗅勿敢嘗，口啣那淂傷。饞情非昨日，剜土異尋常。遂令道傍樹，下有麗兒墓。薜荔爲叢生，行人重回顧。嗚呼！當年漢賊戎馬交，悲風落日秋蕭騷。烏鳶喙人腸，鷄犬無鳴號。人間孝子豈絶跡，可憐白骨亂荒郊。

明　陳函煇《小寒山子集・小狗波斯種也至舟求之弗得》　不向長林豐中間，東門牽去也安閒。多從帝子歸波島，豈逐韓盧過別山。一去杳然黄耳信，十離應續綠衣鬟。比來口竇容人出，貂尾今看兔穎删。

明　高啓《高太史大全集》卷一一《走狗塘》　春堤長，春草淺，此地吴王曾走犬。獵場四面圍畫旗，紅炬照輦還宫遲。割鮮夕宴誰共食，臺上西子非樊姬。春苑年來草仍綠，韓盧已去多麋鹿。君不見，漢皇縱狗殊有功，逐兔直到烏江東。

明　程敏政《篁墩集》卷八六《家畜一犬甚馴每出入必隨至山斗宗侄希達家戲作》　掉尾長隨竹轎行，深山窮谷了無驚。似知騶從都星散，終日棲棲管送迎。

明　姜埰《敬亭集》卷四《悼犬》　營丘故國事依然，仗爾成家已七年。雛下傳書猶報主，雲中移宅也昇仙。何來暴客偏相忌，此去孤魂孰放眠。風雨門庭淒冷夜，誰憐嫁女竟無錢。

明　李光元《市南子・詩文》卷三《徙居四十里犬先行喜賦》　令令素不習，去去將安之。遠徙憑誰語，前驅赴所司。若羞奴隸引，特愛主人知。邑犬惟羣吠，爾來應獨奇。

明　李濂《嵩渚文集》卷一一《犬詩二首》　黄耳久戀陸，烏喙馴依蘇。阻川泗濟浦，傳緘倏至吴。敝帷古靡棄，憐爾邯鄲盧。

逐麋不憚勞，吠衣能辨色。金鈴度風響，碧草眠花昃。馳獵固所優，警夜汝之職。

明　李夢陽《空同集》卷一二《犬詩》　警夜力不贍，逐兎非所任。吠花春院閉，戲草日移陰。家貧稱戀主，時乖堅始心。

吠尨聞昔詠，走盧欽故名。遊園方載獫，重鋂寧自行。發踪難可遇，霑草空含情。

明　劉嵩《槎翁詩集》卷二《獵犬篇》　晨起同出獵，跳梁相叫嗥。歲久識主情，指顧能周遭。山石穿我蹄，荆棘罥我毛。為主逐肥鮮，不辭奔走勞。窮深抉幽險，狂狡焉得逃。咂血不顧餘，一飽隨所遭。主人獲雋歸，意氣方盛豪。纍然妥其尾，偃卧牆東蒿。

又　卷五《家犬爲虎所斃詩以致悼》　聞說於菟橫，羣行不畏驅。公然入江市，半夜取韓盧。委肉憐輕敵，防奸憶應呼。忠良死殘暴，悲恨若為圖。

明　邢大道《白雲巢集》卷六《厨丁喂犬》　東厨齋罷有羡湯，且啖饑人莫犬嚐。麦死草枯天下雨，幾家妻子厭糟糠。

明　張寧《方洲集》卷一二《廣寧諸屯衛騎士皆以獵犬自隨所至有獲戲作畜犬詞》　舂米莫棄糠，湧釜莫棄漿。飼喂須教飽，驅逐毋令傷。營中畜犬勝畜羊，晨將犬出暮烹獐。邊城無盜不須吠，明日燒荒出城去。

明　張自烈《芑山詩文集・馴犬詩并序**》**　世傳宋太宗愛馴犬，犬常在側。帝崩，犬哀嗥不食死。侍臣李至作歌紀事。余謂猤族頗蕃，高辛時槃弧以討外服著；秦襄公時，天狗下鹿堡，賊至則吠而護之。事誕不足信。他烏龍逆料外叛，智；韓盧善逐東郭兔，勇；黄耳繫書抵吴，得答馳還洛，信。自餘碌碌而已，未有感恩殉節如馴犬者。惜事瑣，史軼不載。然戀主之誠，不可令湮沒失傳也。余志存闡幽，故重作《馴犬詩》。

斗精族姓何連犿，走趁掖庭羣踆踆。奘犾猰㺜競相逐，恣娭肆怚誰能馴？怚，字書譌从女，作『姐』。君侍罘罳謹慛極，恩微感重蠹心臆。攀髯噃嗥豈市名，之死靡他熙陵側。太宗葬永熙陵君家自昔封槃弧，世稱『狗封氏』。烏龍咋盧盧莫逋。滅讐殄亂俠且怪，不聞報主曾捐軀。阿紫歸終仍憑彪，狐自稱阿紫。歸終，神獸，能知來。白麟赤鳳未爲瑞。李至歌有『赤鳳白麟君莫書，勸君書此懲浮俗』之句。維君殉節史宜書，詩代董狐崇君謚。

揭濳銘曰：一馴犬耳，芑山獨侯然『君』之者，尊之之辭也。犬不幸不齒卿大夫之列，雖忠主殉節，史不得書。賴芑山是詩存馴犬，庶幾不朽哉！

明　鄭元勳《媚幽閣文娱》卷一《憎畜犬賦》　鄰邑有公子者，便辟脩潔，容止閑都，寄跡城市，游意詩書，雅飲浮白，善博呼盧，澹然于聲色之好，獨耽乎狗馬之娱。于犬尤癖，珍受特殊，豢以美芻，鈴以金珠，豐毛利齒，高頷嶽顱，青豻白猘，班猰黔獝，牙喙之猛，畢聚其居，客有至者，炰烋奮攫，羣來奔趨。大者穿足斷脛，小有毀衣噬膚。僕嘗出行，過于主人，主人他出，有犬在門，方幸其假寐，喜其尚蹲，既而驚覺，乃怒黃瞳，裂蒼眥。吠聲如豹，幾將齧之，僕廼掩耳疾走，憤恚而歸。嗟狂童之好犬，俾愧汗之紛披。嗚呼！棄人用犬，率獸食人，盧之令令，其人匪仁，古稱韓盧，昔美宋鵲，相彼毚兎，時亦搏獲，厥或好之，情志廼惑，匪畋匪獵，愛而弗釋，彼何爲斯，懼亂斯作。昔者仲尼辱于東門，華子敗于鄭澤，布易緇而吁嘻，牽黃而斯歎息。太保之明訓，却貢于西，姑胥之妖夢，有嘷以北。狺狺兮阻夫帝閽，黝黝兮據于后掖。嗾盾謟靈，吠堯助跖。衣鞶帶于衰朝，冠方山于昌邑。酸主人之酒以喪其家，拒國君之士而亡其國。先王肆賤之以名戎，鄉人徙用之以禦賊。羹不若羊，裘孰與貉。音無足以聽聞，毛奚有乎文澤。居蜀而吠月之光，經燕而象雲之色。茲謂在地之祆，是爲背天之德。子不居乎僻遠，未從事乎田獵，奚為置之庭側哉。且家非有千溢慢藏之竇，室無紅綃冶容之姬。閨門清肅，畜亦何為。公子默然不應，顧其左右而嘻。鞠摩撫愛，彌老不衰，自是賔客不至其門，親戚不窺其惟。昔人作犬，吠以徼媚。但罰讀此文百遍。

明 祝祺《樸巢詩集》卷一《牽犬出郭門》 黑繩貫青竹，牽項驅行速。犬戀不肯前，長跪泪相續。主人鞭受謂爾何癡？上有嚴諭安敢辭爾。徒逞長喙有人嗔爾，如梟鴟爾聲雖不惡。送爾潛行出城郭，免驚貴人車入耳。有勿樂吠影，吠聲苦主人，十日烏能免大索！

又 卷三《匄犬行》 冷廟丐兒風雪天，黑繩繫犬夜伴眠。早來牽引入城去，口啣木碗求佈錢。人知犬能夜守户，有時爭食遭主惡。那知貧賤獨相依，忩却主人爲瞽婦。嗚呼！二十年前走帝都，相逢滿目鼠與狐。盜竊官倉壞城社，此犬安得非騶虞。

清 李慈銘《越縵堂文集》卷一一《瘞狗文》 嗟爾狗之產罶兮，計及今而五年。高四尺以半獒兮，尾犍白而體元。非康名以善噬兮，時狺狺而守關。戒田果之富出兮，呼觸觸而來前。余偶出而夜歸兮，輒迎門而後先。銜余衣而不去兮，聲嗚嗚以告人。媿畜汝之不至兮，胡感戀於我恩。忽一夕之猛吠兮，似攫搏以追奔。偷越牆以驚逸兮，遂遺毒於爾身。腹彭亨而漸傫兮，形儡傑而不完。見殘食而低頭兮，臥睢盱而不安。詎一旦之立僵兮，枕門棫而踣顛。當是日之向晨兮，猶啀喍以警巡。葢一息之未死兮，守汝職而不㑋。及禺中而余飯兮，尚冀匄夫腥羶。不謂爾之遽化兮，任爾睨而爾蹲。余飯畢而對客兮，爾就獘而無聞。家人不以予告兮，遽棄爾於郊原。舁獨木爲輀車兮，土爲椁而泥棺。悲汝之以勤事而橫隕兮，益媿余之不仁。彼凡百之有位兮，盍感發於斯文。

清 文昭《紫幢軒詩集・蕃狗》 蕃狗貓來大，毰毸毛盡拳。漸諳中土性，永失八荒天。得食昂頭嚼，分氈插嘴眠。迎門解牽袂，欲乞主人憐。

清 陳章《吴興孝狗行》《詩鐸》卷二一 署中一狗黑如漆，孳生四子各毛質。或死或逸去其三，只有一狗不相失。日月易邁此狗老，兩眼模糊難了了。嘗聽人過尾獨搖，空見涎垂腹不飽。其子遑遑東復西，候筵帖耳還首低。賓客餐餘每投棄，銜致老狗骨與臠。我見謂其偶然耳，明日試之亦若此。不惟跪奉如羔羊，堅硬猶先囓以齒。今有儼然成丈夫，華衣甘食惟自圖。老親餓死倚墻壁，遠遊若不關肌膚。此誠吴興狗不如。

清 百齡《守意龕詩集》卷一〇《夜有偷兒爲犬所逐》 寒宵耿不寐，警枕遠鐘扣。遙光入窗隙，瑟縮瞰星斗。忽聞乾葉鳴，墮地訝誰某？亭亭倚柱睨，冉冉循墻走。倉皇掩衣袖，隱約辨肩肘。勢將轉門樞，入室縱豪取。呼僮遠莫譍，遽失左右手。啈啈黃耳吠，一發隨指嗾。木末許猱升，嵎眞奪虎負。逡巡踰垣去，借隣爲逃藪。吁嗟天壤間，此輩亦黔首。奸宄出寒餓，豈不畏鞭杻。安能曷有恥，一一歸畎畝。人情不可測，吾圉聊自守。捍禦策奇勳，一笑屬功狗。

清 斌良《抱冲齋詩集》卷二四《余畜小犬甚馴戲呼曰小鬟偶效昌黎體作五古一首》 大造品彙廣，惟情莫能律。精誠偶貫注，信可豚魚及。羊祜戴金環，黃鳥報恩澤。柳毅尺素將，龍女結親暱。漫輕羽鱗微，感通理則一。矧犬性最靈，守夜傍家室。黃耳昔傳書，千里往來疾。近余畜靈犬，小鬟呼頗佚。喜其任使令，戲把佳名錫。毛尾垂鬣鬖，黑章而白質。脛短宛截鶴，睛圓疑點漆。臥僵肖獅蹲，拜起學人立。厥性殊善馴，跬步罔或失。知喜躍相從，逢怒避莫出。跳踉穿帟帷，殷勤守户閾。飢鼠瞰鐙昏，怖鴿棲檐隙。宵半警聲聞，狺狺吠難息。有客忤主人，爪牙猛搏擊。牽衣嚙腳踝，救護肯遺力。主人坐觀書，錦茵儼屈膝。主人值他往，奔走到處覓。門外聽車轔，踉蹌走前逆。䑛甜吐舌頻，三嗅偎襞績。搖尾豈乞憐，昂頭似相憶。性中並靡他，戀主常悚怵。因之余有感，畜馴僕難必。人爲萬物靈，奈何自屏黜。訶斥偶然加，忸怩色莫懌。珍玩肆攘盜，饕餮恣狼藉。一見主人貧，求去勢孔急。驀聞鄰家富，豔羨口啾唧。面從而心違，轉背後言嘖。飢驅媚相依，身飽瞥颺逸。通衢偶相值，覿面不相識。殆更有甚焉，反噬髮堪擿。凡此種種因，伊誰致愆慝。側聞紀河間，司閽諷尤劇。堂以師犬顏，嬉笑喻程式。紀曉嵐先生有義犬，隨行至烏魯木齊，斃於戍所。後先生入相，嘗顏其司閽之室曰『師犬室』，我詠《靈犬詩》，勸戒義深植。

又 卷二九《二犬》 鎮日相偎臥錦茵，毛香足淨絕纖塵。琴書典盡奚奴走，兀自殷勤戀主人。

清 戴敦元《戴簡恪公遺集》卷二《遣犬》 縹緲仙游一舸橫，尚牽黃犬未忘情。竹枝鞭去聊成笑，茅舍呼來肯借聲。丹鼎不知何日舐，蒼雲又見暫時更。無腸腐鼠還同恨，獨聽天鷄喔喔鳴。

搖尾風塵欲訴難，爾身得所我心安。情如健僕初辭主，迹似齋僧暫寄餐。持贈雄姿真劍拔，皈依净業免蠅鑽。他年邂逅能相識，臨去回頭仔細看。

清 傅占衡《湘帆堂集》卷二〇《獵犬》 獵犬健如龍，隨人歸亂峰。甘間逐兎手，專爲絕狐踪。不厭貧無餌，休憎吠弗工。勞臣誰似此，草入殿當中。

清 高一麟《矩庵詩質》卷三《瘞犬》 有犬有犬不盈尺，日日庭前伺晨夕。毛順而黝秀且文，跳躍圓轉隨驅役。半晌不見主人翁，見之狂喜聲嘖嘖。搖尾舉喙囓我裳，偃臥滾塵妙無迹。詎知造物妬其良，一朝化作溝中瘠，嗚呼！敝蓋不棄爲爾惜。

清 桂超萬《養浩齋詩稿》卷五《守門犬》 守門犬何猙獰，粱肉坐飽高軒乘。狂猘噬人虎牙露，咆哮拒客狼聲宏。客與主人如股肱，舉足欲蹙鴟眼瞠。往告主人主人醉，抱犬入懷擁衾睡。

清 桂馥《未谷詩集》卷四《犬》 夜宿投空房，檐虛少窗牖。四顧寂無人，燈暗獨坐久。童僕鼾如雷，一犬卧門首。未受豢養恩，何故爲我守。笑簞有餘飯，胡不飽犬口。犬食餘飯盡，飯盡犬亦走。

清 恒仁《月山詩集》卷二《小犬》 小犬卧前除，君看何所如。銜蟬形畧近，逐兎計全疎。可喜諳人性，須防裂客裾。兒童偏解事，作使駕鳩車。

清 胡敬《崇雅堂詩鈔》卷五《平叔出都時留一僮一犬與余僮名興兒犬名黑子今興兒以余貧辭去而黑子甚馴書簡平叔》 劇憐操作等勞薪，辭我休疑我意嗔。本未有恩甯責汝，果然無欲肯依人。清貧能耐誠難事，門户重投也爲身。寄語汀州賢太守，不關僮約過艱辛。

深巷彎環別一村，窮居全仗爾司昏。乞憐狀類奴新聘，寄養心知主舊恩。得食自甘隨老婢，託身何苦定豪門。不多長物勞相護，坐有青氈一片存。

清 黃鉞《壹齋集》卷二四《猫犬》 飢猫日以魚，噉狗多與肉。非嘉守捕功，取以悅吾目。貓飽但游堂，狗肥乃善噬。主人情嗜偏，奴隸怒裂眥。我亦有室家，我亦供役使。奈何彼不如，飢寒至于此。

清 厲鶚《樊榭山房集》卷七《金壽門有犬名曰小鵲要予賦長歌》 高人寓物意本廉，祝雞抱犢初無厭。要與衆嗜相鍼砭，何來小犬皙且黔。細骹茸尾厥喙尖，美淨不使塵泥霑。似舐丹鼎垂礚硈，碧桃花下瑤草䉼。仙姝門戶防俗覘，一聲吠上金背蟾。何人盜取歸重櫩，先生得之笑婆妗。勝聘狸奴裹吳鹽，練香熏透毛鬑鬑。字以宋產辭頗謙，晝筒書櫑伺守嚴。虹月舟載僧廬淹，昏鐘幾杵霜氣銛。麩炭火爐雪一枕，讀倦抱汝寒無嫌。主人齋盎芹茆醃，飯餘分供味亦甜。魚砧饞沫休重拈，風人田車詠載獫。卞彬險出泱錄槧，烏龍錦茵羡香𣛙。冬郎妒媒語詹詹，一時豪豔誠難兼。愛才蕭僕得汝添，絳繒不逐高門炎。邊鸞爲君拂新縑邊頤公，下視李迪筆勢纖。低頭欲入衣褵襜，歸來濤江卧茅苫。越山鈿朵青刺簾，手栽花護娛老髯，雪麞名共縹囊籤張伯雨還錢唐詩：雪麞應護手栽花。自注：雪麞，元洲犬名也。

清 林直《壯懷堂詩·三集》卷一二《悼犬并序》 庚午冬，轉餉京師，監者贈以二犬，世所稱『哈叭狗』也，牡黃而牝蒼，嗥躍皆解人意。辛未夏，初附海艘，旋粵夷酋，見而攫之，出多金贖。歸既于役，東官挈以行，奴子飼之過飽，牝者反胃。獘孟冬，還廣州，牡者又為瘈犬所噬。惜哉！犬身長尺有咫，警敏異常，每隨余行，未嘗離跬步，夜伏牀下，聞窸窣聲輒起，蓋畜之。有知識者，甫一年而相繼化去，為之惻然，作《悼犬詩》：

趫捷雙番犬，追隨忽一年。偕歸萬里路，並赴九重泉。吠影花茵下，聽吟繡榻前。夜清霜柝緊，憶汝不成眠。

清 劉大紳《寄庵詩文鈔·詩鈔續附》卷一一《夜聞犬吠》 五載離羣賦索居，養馴黃耳好傳書。夜深不肯垂頭睡，風鶴驚心守敝廬。

清 盧紘《四照堂詩集》卷五《畜犬代猫》 辜恩猫久去，群嚙任猖狂。有職專司夜，兼能捕跳梁。衛人方見義，出位更何傷。似爾餐無素，終身托護防。

清 陸錫熊《篁村集》卷一〇《舟中犬》 舟中細犬黠且儇，善解人意來人前。岸頭彎環百丈牽，跳踉追逐如風旋。撇波一躍還上船，天寒月黑野岸邊。嗺嗺亂吠荒雞連，老夫擁被寒入肩。三更聒耳愁無眠，吾行訪舊里數千。不是騎鶴誇腰纏，麻衣游謁暗自憐。枉汝守望慚吾顔，荒江破屋棲數椽。江南斗米五百錢，尸饔有母勞憂煎。嬌兒繞膝行蹁躚，牙牙學語雪兩顴。棄之遠去心悲酸，南來無雁書難傳。截筒紫汝馳故園，我家黄耳非虚言。長吟問犬犬不然，但和村豹聲交喧。

清 路德《檉華館詩集》卷三《鄰犬》 東鄰有黄犬，猛健殆無兩。見慣少嫌猜，呼羣曰來往。夜靜重門扃，牆高一躍上。入廚開釜鬵，竊肉罄盆盎。飽食恣貪饕，追蹤絶影響。庖人憤久積，家僮技亦癢。當門具機械，要路設罘網。巧伺將甘心，奮擊必中顙。我聞急禁訶，若輩休鹵莽。有罪不至死，輕殺無乃枉。人竊尚可原，狗盜安用榜。不見孟嘗客，學狗蒙上賞。

清 閔華《澄秋閣集・二集》卷一《犬聲》 一種狰獰性未馴，傍人門户苦狺狺。月明輞水莊前夜，花落桃源洞裏春。与子同仇生客過，干卿何事故衣貧。要知此輩非閑蓄，也勝當時不吠臣。

清 鈕琇《臨野堂詩文集・詩集》卷七《許鄭之間遇有黑犬相隨甚驍且馴收而畜之名曰黑子》 遥思鄭叔于田日，忽遇重鐶古鄭墟。千里從猶添健僕，五更守不離寒廬。官貧已散依田客，家遠誰傳入雒書。錫爾嘉名爲黑子，春花秋雨伴相如。

清 彭孫貽《茗齋集》卷一〇《犬擊鼠行和朱大》 空齋静不眠，羣鼠夜争席。翻瓶倒罍醆，吟嘯故唧唧。當晝且出遊，啣尾更接迹。主家韓子盧，人夸善搏擊。逐鼠竟登床，幔帟恣狼藉。堇惟徒見裂，湯書未伏磔。吁嗟語若盧，發蹤何倉卒。鼠輩固縱横，公等太克斥。摽賊稱將功，厲階起言職。凡事皆復然，臣獒何足責。

清 祁寯藻《䜩䜣亭集》卷一六《鞭吠犬詩》 小園有吠犬，晝吠夜則眠。曾無禦寇勞，而有搏人權。其性惡襤褸，尤喜窘少年。行者畏其猛，次且不敢前。主人怒其横，召僕施以鞭。僕云犬無辜，吠影固所然。且恐挫辱之，後難爲用焉。僕誠爲主謀，毋乃溺於偏。吏不捕盜賊，而乃暴市廛。官不治豪猾，而乃淩愚顓。迎貓噬鸜鵒，羅雀養鷹鸇。安用爪牙爲，徒以斂怨愆。古來郅甯輩，每爲窮怒遷。酷者貪之媒，其流乃柔牽。吾願用吠犬，吠暴毋吠賢。不爲利所啖，不爲威所詮。其犬足生毳，其人美且鬈。吾鞭不□妄得，搖尾奚求憐。

清 屈復《弱水集》卷八《和傷斃犬》 汝惜小黄犬，予情亦所思。如拳解人意，摇尾更誰嬉。夜吠金鈴月，風吹花影時。重來歲云暮，感物有餘悲。

清 桑調元《弢甫集》卷一四《寒夜犬聲》 寒夜聞狺狺，聲大信如豹。未知見底物，欻起向空叫。惺忪候籓籬，猛迅出藜藿。羣然逐聲影，百吠祇取鬧。客睡纔朦朧，倏使清夢覺。披裘出前楹，宵景展孤眺。寓久頗熟識，低垂尾頻掉。曠野濃霜飛，中天白月照。我欲延幽人，繁愁釋繚繞。

清 沈赤然《五研齋詩文鈔・詩鈔》卷六《冬日西郊小獵因作鷹犬行》 郊原十月寒欲雪，駿馬驕行蹄踣鐵。三三五五左右馳，小隊分來亦成列。健兒左臂凌霄君，三尺烏龍右牽掣。鳴鞭四望角弓開，鴉肉腥臊彈不屑。村童好事遮道迎，導余更往西南行。遥看沙際果躍躍，脱鞲鷹閃金睟明。側翎疾落爪觜健，解制要害先啄睛。犬因乘弊逞狂喙，齒牙所咋安得生。須臾殺兔已四五，鷹犬皆疲日卓午。長官惻隱惡多殺，傳語撤圍無太苦。快刀割兔啖鷹飽，啄腐吞腥暴如虎。回看彼犬獨枵然，一臠難分不敢怒。犬饑鷹飽豈有私，此理吾猶能說之。鷹性凶殘嗜生物，糠糜飼犬當有時。況鷹迅疾犬不逮，論功行賞亦有差。爾犬爾犬毋乃癡，助鷹爲虐不免饑。嗚呼！助鷹爲虐不免饑。

又 卷一一《貧飲二犬踵至其一爲先至者所逐喪氣去此則蹲伺良久竟無所得余甚愧焉戲爲長歌謝之》 黑犬搖尾來，白犬繼踵至。主人方孤斟，鹽豉不滿器。豈有大臠投，勞爾久窺伺。犬顧不余信，眈眈欲裂眥。偶然一揮手，爭以鼻嗅地。已而兩相牙，狺狺若交詈。一犬負痛去，此犬彌得志。一壺酒已乾，對之適增媿。家貧肉食稀，無以慰來意。何不往西隣，庖厨臭餚胾。犬聞行不顧，悻悻如怨懟。早知枵腹歸，奈何噬同類？爾犬且勿嗔，一語爾當記。吾將師桑研，逐取三倍利。張筵日高會，廉空更察二。彼時可偕來，同飽莫相忌。

清 沈德潛《歸愚詩鈔》卷一七《犬》 綠蘿門逕少車音，如豹聲傳小巷深。長夜破雲嘷月魄，短籬斜照臥花陰。也隨鈴柝防家具，略近腥羶諒主心。況復多情迎舊客，知予還往重朋簪。

清 宋琬《安雅堂未刻稿》卷二《三犬行》 君不見堵侯義犬天下無，霜毛黑質形於菟。獸三爲羣繞環堵，一聞剝啄聲號呼。主人于髺出迎客，搖尾屏息來座隅。寒暄問荅各有以，主人顧犬良嗟吁。自言搴帷過通肆，狗屠牽犬犬惴惴。俸錢贖歸事偶然，兒童解縛官廚飼。夜繞周廬共踐更，奴子蒼頭得飽睡。自從解綬傷羈旅，我突不黔愁糗糒。吏人鳥散呼不來，重鋂零落韓盧淚。支離幸免腰如磬，稂莠蠨蛸滿三徑。西鄰豪華競田獵，擇人而事惟汝聽。犬雖不言對以臆，樂飢甘守萊蕪甑。出隨贏馬入銜衣，長貧我亦心爲定。客聞茲語涕如瀉，對此髭髯不忍吒。多少人倫懷二心，至交賣友生妻嫁。子密不義封通侯，豺虎肝腸人面假。朝蒙濯溉暮彎弧，丹雞白狗胡爲者？堵侯大笑酒復醺，爲犬作傳留奇聞。君有敝蓋幸無棄，豢養終始當殷勤。萬一飢寒有一斃，埋向崑山黃耳墳。

又 卷五《舟中見獵犬有感而作》 青油畫舫見重鋂，疑自盧龍塞上來。記得雪深牽汝出，破巢生取阜雕廻。秋水蘆花一片明，難同鷹隼共功名。檣邊飽飯垂頭睡，也似英雄髀肉生。戲馬臺前好合圍，符離城外兔初肥。鞲奴右臂鶖蒼鶻，獵得黃獐倒載歸。黃耳傳書事不訛，松江高塚尚嵯峩。韓盧烹後功臣死，莫向淮陰祠下過。吠月何須永夜喧，閒眠實愧主人恩。咸陽市裡金張客，兩度悲號上蔡門。

清 田雯《古歡堂集》卷一五《李公凱同年恵二犬戲答》 老不如人言語大，飊肩斗酒氣難降。來朝獵兔秋原去，馬後韓盧宋鵲雙。

人生聚散誰能料？四十餘年老鬢催。它日倘成千里別，好教黃耳送書來。

清 汪曰楨《玉鑑堂詩集》卷四《犬》 偶聞怪事説歌梅，飽食狺狺日幾回。逐兔有時隨獵騎，化龍爲我守書堆。心知衛主忠臣節，力足當關大將才。舐鼎便登仙籍去，吠聲吠影漫疑猜。

清 王岱《了庵詩文集·詩集》卷八《畜四犬一日俱失旋歸其三其一竟亡》 敝廬猶有主，豈作喪家行。失路空搖尾，臨岐謾吠聲。傳書勤可念，扶醉義關情。驟使韓盧去，豺狼尚縱橫。

又 定爲華氏逐，豈念朱啓貧？生反難逃漢，孤亡或入秦。垂頭慚舊主，喪氣向何人？失伴非無故，相垂懲戒眞。

又 獵圍同捷足，黃耳獨亡身。抱信寧捐舊，辜恩莫似人。塚邱無義立，鼎俎頗羞陳。微物何關係，飄零傷我神。

清 吴翌鳳《與稽齋叢稿·人有畜二犬者齒不齊而性亦異戲錫以名各系一詩》 翩耳

翩耳好毛質，畜養亦已久。雖爲殊方產，鄉音宛在口。金鈴繫當胸，拂拭未爲醜。野性誰能馴？懶惰莫與偶。執飽呼不前，盤曲屈其首。當其睡足時，宛宛階下走。一去杳無迹，自午將及酉。獰薌盈槃案，徑至那待嗾。投骨不肯齧，彳亍嗅瓦缶。似嫌精瀝稀，據地作牛吼。天性使之然，苟食又何咎。

狡耳

狡耳性獰惡，嗥聲聒朝夕。似矜年齒高，加卅便到百。茸茸一尾禿，睒睒雙睛碧。廨舍多閒庭，盤踞聊自適。或時張其威，同類盡辟易。其性輿衆殊，吠堯不吠桀。趫非韓盧馴，狂作國猰咋。惜無手中杖，恣意賜一擲。主人閔其老，呼喲破成格。投閒拂所欲，反噬肆橫逆。有子亦槃散，朋比窟深宅。莫解舐犢私，交首相護惜。當其飲噉來，甘脆愛肉腊。攫攘哺其兒，抛棄到骸骼。險螯本性成，鞭箠復何益。黃耳且傳書，烏龍能殺賊。賢奸畜類分，使我三歎息。

清 薛雪《抱珠軒詩存》卷一《賣犬行》 廣州刺史嫁女時，百無一辦空有辭。宦拙儒寒賣此犬，齷齪偓促俱在茲。我無官階更食貧，亦作街頭賣犬人。犬兮努力報新主，未必如余還賣汝。

清 張開東《白蒓詩集》卷一《傷犬行》 昔我偶出門，僮僕常隨後。僕長忽已逋，小犬輒前走。遇羣輕狎侮，不量勝與負。我歸先已歸，喘息白主婦。我自遠方來，迎跳環左右。知我遠方去，十里不回首。日不妄吠人，夜長為我守。昔我好登臨，時擕盤與卣。不呼自相從，雄心越林藪。趺坐醉草茵，傍眠當吾肘。俟我餘興畢，分僕餘所有。取給不在多，欣然向我受。促我早且還，夕陽下陵阜。兩載歷□園，嘉賞驚鄰友。臨宵倏踰扃，露伏遭虎口。是夜雞將鳴，疾風薄戶牖。日出啟蓬扉，百喚尚在否。蕭然籬落静，虎跡見隴畝。行止不自安，中心增抖擻。衆為我欷歔，四顧還自咎。保聚媿無方，猛獸恣吞嗾。東南悲士女，西北傷童叟。涕零不能言，摧折門前柳。海㮨詩猶重，黃耳恩亦厚。貴人以賤畜，吾何愛一狗。

又 卷三《家久無犬適有母犬自外至逐之不去因名自來及臘日產二子喜而記之》 爾果何方至，慇勤喚自來。貧家雖不□，故宅詎相猜。飽吠當門戶，寒眠戀草灰。空牢時出入，勿用巧安排。

旦暮依人慣，生兒竟不歸。頭顱易長大，毛毿並光肥。每夜穿窬警，連年虎豹稀。樊籬兒懶散，為我伴荆扉。

又 卷六《逐犬行》 小犬隨我三五里，回頭一見輒掉尾。揮之以肱令還家，若迎若距張兩耳。轉過山頭去復來，僕夫叱咤竟不止。忽忽潛遁寂無踪，又從間道遥相俟。我揚鞭箠示之威，將身顛仆随地委。再投以石終不去，但願相随不畏死。爾何不歸守邱園，奔走他鄉寧得已。我為欷歔復哽咽，林落一嘯悲風起。去冬今秋聞我歸，懽跳如出雲霄裏。只今僮僕杳無人，獨經千山并萬水。不知此處到何方，茫茫前途更奚似。老婦每念傷人心，微物多情亦如此。人生驕兒恩成仇，頑兒遭斥反目視。我呼小犬且同歸，入門從容語吾子。

清 張世進《著老書堂集》卷一《寒犬》 寒犬眞堪念，依依戀主恩。燒原隨獵騎，雪夜吠柴門。殘炙餐長冷，閑階臥不温。朱魯曾抱汝，苦志復誰論。

清 張五典《荷塘詩集》卷一二《紀犬》 朱生有犬如奚奴，讀書獨夜依座隅。眄隨隴畔不須呼，生夭深林閉孤壙。摸金蔑視疾雷將，犬啣破巾走市上。汗雨蒼黄作往返，悲號僵仆咽殘喘。翻身畫地類蟲篆，人從收骨向空山。廻頭不見繫重鐶，依稀聲落暮雲間。

清 趙翼《甌北集》卷五〇《寓舍有二犬余飯時只一犬來詢知乃母犬讓其子得殘炙也感賦》 一骨抛投母不爭，小尨因得飽餘烹。由來舐犢關天性，不但人情也物情。

同牢百犬兆家和，讓食何為只犬婆。旁有黠奴心暗笑，主人餘惠本無多。

又 卷五一《驕犬》 饘粥纔供旦夕資，舉家已似宦成時。小尨不食無葷飯，家運潛衰槩可知。

清 周韓瑞《擷芙蓉集・失犬二首》 一僕投人新背我，胡然犬又費追尋。鈴蹄鋸齒渾無跡，恐有輕貧媚富心。

我以窮居百慮清，門開睡穩犬無驚。若投富室須防夜，慮是鞭笞不汝輕。

清 朱昆田《笛漁小稿》卷九《鄰犬》 主人昔未貧，來往客如織。咄嗟具盤餐，不復計省嗇。童僕飽有餘，瀋汁棄溝洫。其時有鄰犬，摇尾來趁食。主人憐其飢，呼蹴無不即。出入庖廚間，徘徊几案側。夜吠繞垣牆，午眠帖閫閾。迎門攔乞兒，踞竇拒竊賊。儼然等家犬，舊主那復憶。歲月忽屢更，人事難忖測。主人一朝貧，有突不得黑。掉頭從此去，眨眼若不識。磨牙欲反噬，聞者為惕息。君看翟公門，野雀可羅弋。客去惟恐遲，轉盼忘大德。彼人而且然，此犬何足責？

清 朱穎《秋蟬吟草》卷四《戲咏小犬》 鼠黠豚呆那足論，豈無物類具天真。金鈴小犬魼知義，不向花前吠主人。

雜録

《文苑英華》卷五四七《狗傷人有牌判》 癸家養狗傷人，乙論官請償，辭云：有牌記，行者非慎。

對：畜狗不馴，傷人必罪。有標自觸，徵償則非。既縣迎吠之書，寧忘慎行之道。癸非用犬，乙豈尤人。防虞自失於周身，齧噬尚貪於求貨。有牌記而莫慎，則欲請庚；無標識而或傷，若為加等。徵詞可擬，往訴何憑。

《太平御覽》卷九〇五《狗下》 《列子》曰：楊朱之弟曰布，衣素衣而出。天雨，解素衣衣緇衣而反，其狗迎而吠。楊布怒，將扑狗，楊朱曰：『子無扑矣，子亦猶是也。向者使汝狗白而往，黑而來，豈能無怪哉？』

《晏子春秋》曰：晏子短，使楚，楚人爲門於大門側延晏子。晏子曰：『使狗國者從狗門入。今使楚，不當從此門入。』

又曰：景公走狗死，公命外供之棺，内給祭。晏子諫不可，公曰：『善』。《韓子》曰：宋有酤者，斗槩甚平，遇客甚謹，爲酒甚美，懸幟甚高，而酒不售，遂致於酸。問楊長倩，長倩曰：『汝狗惡也。孺子懷錢挈壷往酤，輒有狗齧之，猶大臣齕有道之士。』

《尸子》曰：齊有貧者，命其狗爲富，命其子爲樂。方將祭，狗入於室，叱之曰：『富出！』祝曰：『不祥。』家果有禍。長子死，哭之曰：『樂乎！』而不息悲也。

《隋巢子》曰：昔三苗大亂，龍生于廟，犬哭于市。

《尹文子》曰：康衢長者，字僮曰善搏，字犬曰善噬，賓客不過其門三年。於是改之，賓客復往。

《吕氏春秋》曰：齊有善相狗者，其隣藉之買鼠，狗朞年而得，曰：『是良狗也。』其隣畜之，數年不噉鼠。以告，相者曰：『此良狗也。志在麞麋豖鹿，不在鼠。欲取其鼠也，則桎之。』其鄰桎其後足，則狗取鼠。

又曰：齊有好獵者，不得獸。欲須良狗，家貧不能得。乃還疾耕，疾耕則家富，家富則有良狗，有良狗則數得獸也，獵常過人。霸王亦然。

又曰：荆王得茹黄之狗，宛路之繒，以畋雲夢，三月不返。保申跪而笞王出，而自沉於淵而死。王乃殺狗拆繒。

又曰：鄭子陽之難，猘狗潰之。子陽，鄭伯。逐猘狗。《春秋》亦去。齊高固之難，失牛潰之。逐失牛，如逐猘狗也。當其時，狗牛猶可以爲人倡，而况夫以人爲倡乎？飢馬盈厩嗼然，嗼，無聲也。未見芻也；飢狗盈宫嗼然，未見骨也。見骨與芻，動則不可禁。

《淮南子》曰：削薄其德，曾累其形，而欲以爲治，無以異於執彈而來鳥，袖棁而狎犬也。棁，仗也。

又曰：馬之死也，剥之若槖；槖，治槖也。雖含氣而形不能摇。狡狗之死也，割之猶蠕。狡，少也。蠕，動也。

又曰：狂馬不觸於木，猘狗不自投於河，聾蟲不自陷，况人乎？聾，無知也。

《淮南萬畢術》曰：取馬毛、犬尾，置朋友、夫妻衣中，自相憎矣。《抱朴子》曰：陶犬無守夜之益，瓦鷄無同晨之警。

又曰：甘始以駐年藥餌食新生雞犬，皆不長。食白犬，則毛黑。

《説苑》曰：梁相死，惠子之梁，渡河而遽墮舡。舡人救之，問欲何之，曰：『欲相梁。』舡人曰：『子居舟檝之間而溺，無我則死，又安能相梁乎？』惠子曰：『居廣長檝之間，我不如子；至於安國家，全社稷，子不比我。吾視子，蒙蒙若未視之狗子耳。』

《論衡》曰：亡獵犬於山林，大呼犬名，其犬則鳴號而應其主。人犬異類，聞呼而應者，識其主也。

《潛夫論》曰：一犬吠形，百犬吠聲。

桓譚《新論》曰：占仲子婢死，有兒年四歲，葬後數來撫循之，亦能爲兒沐頭。甚令人惡之，以告方士，曰：『有狗効之，婢遂不復來。』

又曰：楊仲文家嫗死，巳歛未葬，忽起坐棺前牀上，飲酒醉而狗形見，殺之。

《風俗通》曰：殺狗，磔邑四門。俗云狗别，賓善守衛，着以辟惡。又曰：太史公《記》云：『秦始皇殺狗，磔四門以禦凶災。』今人殺白犬，以血題門户，曰正月白犬血，辟除不祥。

又曰：殺犬磔禳。犬者金畜，禳者却也，抑金使不害也。

又曰：桂陽太守汝南李叔堅，少時爲從事，在家，狗如人立行。家人言當殺犬，叔堅云：『犬馬喻君子，狗見人行，効之，何傷？』叔堅見縣令還，解冠擱上，狗戴持走。家大驚，堅復云：『悞觸冠，冠纓挂着之耳。』狗於竈前畜火，家益怪，堅復云：『兒婢皆在田中，狗助畜火，狗何能作怪？』遂不肯殺。後數日，狗自暴死卒無纖芥之異。叔堅辟太尉掾，固陵長、原武令，終享大位。

《金樓子》曰：入名山牽白犬、抱白鶴，山神大喜，芝草及寶玉等自出。

又曰：王思微性好浄潔，左右提衣悉令白紙裹手指。在宅有犬汙柱，思微令門生洗之。意猶不巳，更令刮削。復言未足，遂令易柱。

《洞林》曰：楊州從事慎曜伯婦病困，經日發作，有時如聞物往來者。其兄周彦武令人作卦，得蹇，身在戊戌與坎鬼并卦中，當有從東北田家市黒狗畜之，以代人任患死。當有無幾時，狗便死。復更養如前，凡三遇養，輙皆吐血而死，婦病亦差。

《雜五行書》曰：白犬虎文，南斗君，畜之可致萬石也。黒犬白耳，大王犬也，畜之令富貴。黒犬白前兩足，宜子孫。白犬黄頭，家大吉。黄犬白尾，代有衣冠。黄犬白前兩足，利人。

《玄中記》曰：昔高辛氏犬戎爲亂，帝言曰：『有討之者，妻以美女，封三百户。』帝之狗名槃瓠，亡三月，而殺犬戎，以其首來。帝以女妻之，於會稽東南得海中土三百里而封。生男爲狗，生女爲美人，封爲狗氏國。

于寶《搜神記》曰：槃瓠者，夲高辛氏宫中老婦人有耳疾，醫者挑治之，有物大如繭，以瓠離盛之，以槃覆之，有頃化爲犬，其文五色，因名槃瓠。

秦氏《三秦記》曰：有白鹿原，周平王時，白鹿出此原。原有狗枷堡，秦襄公時，有天狗來其下。凡有賊，天狗吠而護之，一堡無患。

《凉州異物志》曰：犬狗如驢，希見其牙。

周處《風土記》曰：犬則青鷗、白雀，飛龍、虎子，馴良捷警，難狎易使。

《述異記》曰：濟陽山有麻姑仙處，俗説山上千年則金鷄鳴、玉狗吠。漢末，皆云淮南王昇仙其處，鷄鳴天上，犬吠雲中。又曰：朱休之家犬歌曰：『言我不能歌，聽我歌梅花。今年故復可，明年當柰何。』家殺犬，明年並死。

又曰：宋元徽中，呉縣中都里石玄度家，有黄狗生白雄子。母愛其子異於常犬，銜食飴之。子成大狗，子每出獵未反，母輒門外望之。玄度乆患氣嗽，轉就危困。醫爲處湯，湏白犬胏，市索卒不得，乃殺所養白狗以供湯用。母向子死處跳踊嘷呼，倒地復起，累日不息。其家煑狗肉與客共食之，投骨於地，母輒銜置窟中。食畢，移入後園大桑樹下掘土埋之，日向樹嘷喚，月餘乃止。玄度漸劇，臨死屢言湯不救，恨殺此狗。其弟法度從此終身不食狗肉。

又曰：陸機少時，頗好遊獵。在呉，豪盛客獻快犬名曰黄耳。機往仕洛，常將自隨。此犬黠惠，能解人語。又常借人，三百里外，犬識路自還，一日至家。機羈官京師，乆無家問，機戲語犬曰：『我家絶無書信，汝能賫書馳還取消息不？』犬喜，摇尾作聲應之。機試爲書，盛以竹筩，繫之犬頸。犬出驛路，疾走向呉。飢入草噬肉取飽。每經大水，輒依渡者弭耳掉尾向之。其人怜愛，因呼上舡。載近岸，犬即騰上，速去如飛。逕至機家，口銜竹筩，作聲示人。機家開筩取書，看畢，犬又向人作聲，如有所求。其家作荅内竹筩中，復繫犬頸。犬既得荅，仍馳還洛。計人程五旬，而犬往還裁半。後犬死，殯之，遣送還家。葬機村南，去機家二百步，築土爲墳，村人呼爲黄耳冢。《異苑》曰：東海何澹之，隆安初，屢入關中。後還，得一犬，壯大非常。何每行來，輒巳知處。澹之後抱疾，犬亦疾。及其亡，犬一嘷而斃。

《神仙傳》曰：李仲甫者，能隱形。初隱百日、一年，復見形，後遂長隱。但聞其聲，與人對接、飲酒食如常。有諸張欲從學，甫云：『卿性急，未中教。』張守之，至費用五十疋，了無所得。張大怒，乃懷上手而往，先與仲甫語，畢，因依聲左右斫之。甫巳在他牀，笑云：『天下乃當有汝曹愚人，學道未得而殺人也？我寧可得殺？我真得殺，汝但頑癡不足問耳。』使主人呼一犬來，着諸生前，看能殺之否。俄尓犬頭在地，犬腹巳破，叱諸生云：『卿言我能使卿如犬形否？』諸生下地叩頭乃止，遂不教之。

《列仙傳》曰：列子者，自稱蜀人，好放犬。犬走入山穴，列子隨十餘宿，行度數百里。出，山頭上有殿屋官府，松樹仙人，吏使甚嚴。見其故妻，主江魚，與列子一函藥。發函，魚子也。着池中，養之一年，皆爲龍。列後送函上山，犬色更赤，有長翰，常隨列往來。百餘年，遂留山上，時時下護其宗族。蜀人立祠於穴孔，常有皷似傳呼聲。

《搜神記》曰：山陽王瑚字孟璉，爲東海蘭陵令。夜半時，輒有黒幘白單衣吏詣縣扣閣，近之則忽然不見，如此數年。後令伺之，見一老狗，黒頭白軀。至閤便爲人。以白孟璉，殺之乃絶。

又曰：鄱陽趙壽有犬蠱。有陳岑家，有黄犬六七，群出吠岑。後令伯婦與壽婦食，吐血幾死，屑桔梗飲之乃愈。

又曰：東越閩中有墉，下北隰中有大虵，長七八丈，大十餘圍。嘗八月送童女至虵穴，輒吞之。噉九女。時樂縣李誕有小女名奇，應募而行。乃請好劒、咋虵犬詣之。至則放犬咋虵，以劒擊之。越王奇之，娉以爲后。

《續搜神記》曰：林慮山下有亭，有過宿者，或病或死。常云有十餘人，男女各雜衣，或黒或白，轉來爲害。有劉伯夷者過宿，明燭而坐誦經。至中夜，其怪復集。伯夷密以鏡照之，乃一群狗也。因陽以燭悮灼其衣，作燃毛氣，乃以刀刺之，遂死。餘大悉走去。

又曰：晉穆哀之世，領軍司馬濟陽蔡詠家犬夜群相吠。伺之，見一狗着黄衣戴帢，爲衆犬所吠。打殺，乃是詠家老黄犬。

又曰：晉太和中，廣陵人楊生養狗，甚怜愛之，行止與俱。後生飲酒醉，行經大澤，草中眠，不能動。時冬月，有野火起，風又猛。狗周章號喚，生醉不覺。前有一坑水，狗便走往眠水中，還以身壓生左右草，沾濕着地，火尋過去，生方醒。他日又闇行墮空井中，犬呻吟徹曉，湏更有人逕過，怪犬向井號，往視見生，生曰：『君可出我，當厚報君。』人問以何物見與，生云：『唯君耳。』人曰：『以狗見與，便相出。』生曰：『此狗曾活我於巳死，不得相與，任君。』人曰：『若尓便不成相出。』狗因下頭目井，生知其意，乃語路人以狗相與。乃出之，繫狗而去。却後五日，狗夜走還。

又曰：會稽人張然，滯役經年不歸，婦遂與奴私通。然養一狗，名曰烏龍。後歸，奴與婦欲謀殺然。狗注精舐脣視奴。然烏龍與手應聲盪奴，奴失刀仗，然取刀殺奴也。

《幽明録》曰：晉太興二年，呉民華隆生獵，養一快犬，号曰的尾，常將自隨。隆後至江邊伐荻，犬暫出渚次，隆爲大虵所圍繞周身。犬還便咋虵，虵死，隆僵仆無所知，犬彷徨涕泣，走還舡，復反草中。伴怪所以，隨往，見隆悶絶，將歸家。二日，犬爲不食，隆復蘇乃始進飯。隆愈愛惜，同於親戚。後忽失之，二年尋求，見在顯山。

《嶺表録異》曰：嘗有人自青社泛海歸閩，爲惡風所飄，五日夜，不知其幾千里也。經一處，同舡有新羅人，云是狗國。逡巡，果如人，躶形，抱狗而出，見舡驚走。

《楚辭九辨》曰：豈不鬱陶而思君兮，君之門以九重，猛犬唁唁而迎吠兮，關梁閉而不通。

魏賈岱宗《大狗賦》曰：其頭顱也，不可論以盡。其骨法也，不可辨而釋。時頻伸而振傞蹴踖，雄姿猛相。兀然高八九尺，毛踰紫艷光，雙眉如白璧。時頻伸而振迅，若應龍之騰擲。瓜類刀戈，牙如交戟。西晉傅玄《走狗賦》曰：骨相多奇，儀表可嘉。足懸鉤瓜，口含素牙。首類驤螭，尾如騰虵。脩頭闊腋，廣前捎後。豐顱促耳，長又緩口。舒薄急筋，豹耳龍形。蹄如結鈴，五魚體成，勢似凌青雲。目若泉中星，轉視流光采，曜赤精。震茹黄而慴朱鵲兮，越妙古而揚名。

宋 吴曾《能改齋漫録》卷八《蓄不吠之犬》 東坡《上神宗書》曰：『養猫以待鼠，不可以無鼠而蓄不捕之猫；蓄狗以防姦，不可以無姦而蓄不吠之狗。』蓋取《北史·宋遊道傳》楊遵彦曰：『譬之蓄狗，本取其吠，今以數吠殺之，恐將來無復吠狗。』

明 馮夢龍《古今譚概》卷九《狗馬》 齊紉主性愛狗馬之屬，馬則藉以氈罽，將合牝牡，則設青廬，具牢饌而親觀之。犬則於馬上設褥以抱之，馬及鷹犬乃有儀同、郡君之號，故有赤彪儀同、逍遥郡君、凌霄郡君。鬭雞亦號開府。

始皇封松五大夫，武后封栢五品大夫，道君封石盤固侯，至狗馬有封號，而爵禄不足榮矣。

明 慎懋官《華夷花木鳥獸珍玩考》卷七《桃花犬》 羅江淳化中貢桃花犬。李程《桃花犬歌》：宫中有犬桃花名，絳繒圍頸懸金鈴。

清 游戲主人《笑林廣記》卷三《小犬窠》 有人畜一金絲小犬，愛同珍寶。恐其天寒凍壞，内外各用小棉褥鋪成一窠，使其好睡。不意此犬一日竟卧于兜藍内，主人見之大笑曰：『這畜生好作怪，既不走内窠，又不往外窠，倒鑽進小兒窠三窠字音仝科裡去了。』

清 俞樾《茶香室叢鈔·四鈔》卷二九《羅江犬》 宋王得臣《麈史》云：慶歷中衛士之變，言事官乞禁中畜羅江犬。羅江蓋蜀邑也，產犬，善噬。其章云仍舌班尾卷者，善也。然世以為舌班尾卷乃曹南犬也。

按此事言者爲宋禧，世皆以為笑柄；當時即有宋羅江之號。乃王氏載此事，似亦不甚以爲非，且為辨其所稱舌班尾卷之誤，則轉似惜其言之未核矣。

清 趙翼《簷曝雜記》卷一《犬斃虎》 虎食犬，常也。獨圍場中犬能斃虎。其犬鋭喙高足，身細而長，望之如蛇之四足者。侍衛逐虎不能及，則嗾犬突而前。嗾必三犬，虎方奔不暇回噬。一犬前嚙其後足，虎掙而脱；一犬又噬其一足，虎又一掙；兩掙之間，一犬從後直嚙其頷，而虎倒矣。然犬恃人為威，非有人嗾之不敢也。

清 徐芳《懸榻編》卷五《犬舂》 犬性最重有教之。舂者支木為架，横板為杵，用軸活之，寘架于地。犬輒竪前兩足扳搭架上之横木，若手□□，徐以後足印板踏而運之，一高一下，杵聲戞戞，□□□也，呼之止即止。欲舂又復驅之，一日歷數十家，無倦主反仗足以食得，不困舂人事也，而犬效之。所謂略似人形者乎，其不倦焉，亦曰『食主之食，惟主之役』而已矣。忠之屬也。

義犬 孝犬

論説

清 褚人穫《堅瓠集·八集》卷一《犬》 世呼媚懽攻人者曰犬。但犬有至性，家雖貧弗嫌也，鄰□賔弗趨也，遇非其主則吠之，夜則觸邪防奸，蓋義獸也。若奸邪小人，擔誰之爵，祈誰之圭，享誰之禄，而甘爲權門出死力、成戕類之人也，犬且羞之矣。

综述

唐 高彦休《唐闕史》卷上《義犬》 禁軍大校有瑛名而齊姓者，始以馳騁大承恩寵，以是假御史銜至千劇憲。家蓄良犬四，嘗畋迴廣中，輒飼以粱肉。其一獨塡茹咽喉齒牙間以出，如隱叢薄然後食，罄則復至，齊切異之。一日，勅僕伺其所往，則圮垣枯竇，有母存焉，老瘠疥穢，吐哺以飼。齊亦義者，可歎久之。乃命筐牝而歸，以敗茵席溫之，餘餅餌飽之。犬則搖尾俛首，若懷感激。爾後擒奸逐狡，指顧如飛。齊將扈獵駕前，必獲豐賞。逾年牝死，犬彌加勤。又更律琯，齊又殂落。犬嘷吠終夕，呱呱不輟。越月將亢事於邱隴，則留四獒以禦奸盜。及懸窆之夕，斯犬獨舉足培土成坳，俛首叩棺見血，掩土未畢，犬亦致斃。

參寥子曰：『噫，被毳於蹄走，而能兩有忠孝，嗟夫！』

宋 洪邁《夷堅支志》景卷四《陸思俊犬》 秀州呂氏老幹陸思俊家蓄一犬，甚馴。凡七八年，陸夫婦繼亡，遂空其室而扃之，犬猶日卧户下傫傫然。間往來他處，已復歸。常作聲烏烏，若有所尋索而悽咽者。鄰人不忍視，或以糟糠呼飼之，亦不食。久之，肉消骨立，長號數聲而斃。

金 元好問《續夷堅志》卷二《王氏孝犬》 王懷州家小兒子五哥，畜一犬，甚馴。五哥十二三死，犬隨至葬所，徘徊望顧，如有所見者。自後日一往墓側，墓乃歸。如是近百日，人以『孝犬』目之。

又《原武閻氏犬》 原武附城堤下閻老家，其翁母遭辛卯冬兵亂死。其家墻下丁壯被虜，不及埋掩。此時僵尸滿野，例為狐犬所食，不辨誰某。閻氏犬亦食人，但守護翁母，日與衆犬鬭，他犬無敢近者，前後月餘。閻氏子姪有逃歸者，竟得全骸而瘗，真孝犬也。

元 劉壎《水雲村稿》卷四《義犬傳》 永嘉江心寺長老祖傑，閩人也。累任僧録，挾貲豪恣。會僧選罷，營求鉅利，得主席江心。有知識陳某者，家城中，薄有資産，州縣利其富而懦，數因户役，困苦之積不堪，與妻謀捐田入寺，依傑勢苟活。請於傑，傑欣諾，遂棄里居，徙家近寺而身任庫院之職。傑頻造其廬窺其妻，始猶間往不常，久則輿至方丈，或累日彌旬乃反。妻每怒罵夫曰：『初為避官府，謀庇身，今反失身，如此汝為人夫，甘忍辱邪？』其夫固恨，乃密謀遠徙。適獲房宇於別島嶼，嶼瀕海，大聚落也。地有巡檢司，又有一佛閣，竟浮家宵遁，近閣而居。傑聞其逸，大怒，訪知所在，厚募惡少年十有四人，飫以豐饌餌，以重賞使往屠之，曰：『截取婦人雙乳來。』為證惡少年如命，夜舟徑造，盡殺其家七口，懷其雙乳而還。紛擾中，俄衝，曉，惡少年悅窘，疾趨舟鼓棹去。獨一人追逐弗及，旁皇失措，潛登佛閣，隐壁間。巡檢聞變，亟領卒掩捕，茫無蹤跡，留連佛閣前。里社役首進飯，見事主家一犬，跳嗥左右不已，叱去復來，嗥愈厲。巡檢舉餐，則又跳嗥大躍，至衝散其臺盤酒食，衆怒擊犬，復不去。巡檢起，犬又隨後銜其衣襟，引至佛閣，仰而嗥，若欲言者。巡檢乃驚訝曰：『是豈有異乎？』領卒登閣周視，則壁角微有衣露，迫之，見一夫懷刃，立即禽下，搜出雙乳。鞫問，備言傑長老主謀，因悉捕其黨送縣，引問具伏，上於府。初，府有同知與傑交，暇日嘗絶江訪傑，傑辭以出。同知還至，半途遇總管亦往訪，同知請無往，總管曰：『我往彼必納也。』邀同知偕往。因復絶江同入寺，傑果迎待，置酒而還。同知由此銜傑。及事露，同知即議移檄萬戸府遣兵圍寺，傑出迎曰：『吾既能作事，豈不能當事？官姑少寬我，容入房收衣鉢行矣。』許之。傑囊橐充斥，既裒金、寶、鈔貨凡四擎授其徒，令疾赴都求内援，又取所蓄玉器滿案，置堂上，語人曰：『此固吾所愛者，事已至此，復何用？』舉杖一揮，墮地盡碎。既就逮，至有司，引伏械送總管猶欲全之，故緩其事待京報。未幾，果聞懿旨召傑。同知令獄卒曰：『僧姦良人婦，又謀殺七人，可恕乎？汝速處置，明當賞汝。』卒入獄，命傑醉飽，起立縣枷梢於梁，囊沙置腦後扼其氣，遂死，人皆快之。既死而旨至，無及矣。同知以是得名，省臺交稱焉。延祐甲寅春，予往延平，總管韓君玉國寶之子邦彦從予學。一日，有所厚泉州教授林南谷來訪韓。南谷，永嘉平陽人，而總管前仕浙東，與林舊，是以來也。予從坐間，屢聞二公談傑長老不已，顧不知其端，乃詳叩二公，具述如上。且謂當日非此犬，則失此賊，七人銜寃無訴矣。故傳其事，以愧世人之不如犬者。

贊曰：傳為義犬作也。然因是而思斯人，避官府虐害而謀遷，遷非其所而蹈禍，乃至一家絶祀死刃下者七。蔓延奸僧惡少，死於官者十有五。推究禍原，皆當時官吏驅之入死地也。人孰不欲安土而樂生？非困於虐政，必不逃，不逃則奸僧之謀必不啟，謀不啟，則羣衆必可不死。哀哉！天道無知則已，誠有知者，則彼官吏者，伏寘誅禍後嗣决矣！

明 王罃《群書類編故事》卷二四《犬救其主》 晉太和中，楊生養狗，甚愛之。後生飲酒，行大澤草中眠。時冬月，野火起，風又猛，狗號喚，生不覺。前有一坑水，狗便走往水中，還，以身洒生左右，草沾水得着地，火尋過去，生醒方見。他日又昏行墮，於空井中。狗呻吟徹曉，有人過怪之。往視，見生。生曰：『君可出我，當厚報君。』人曰：『以此狗相與，便當相出。』生曰：『此狗曾活我於已死，不得相與，餘即無惜。』人曰：『若爾，便不相出。』狗因下頭向井，生知其意，乃語路人：『以狗相與。』人乃出之，繫狗而去，後五日，狗夜走歸。

明 朱國禎《湧幢小品》卷三一《犬》 李明道，豐城人，家富于貲。乘亂起兵，附徐壽輝，後附陳友諒。及見獲于胡大海，太祖宥之，命為行省糸政，令與曾萬中等守吉安。兩人不相能，明道復叛，附于友諒。及友諒敗滅，明道復走歸豐城，剪其鬚髮，逃匿武寧山中。有茶容識之，縛送武昌。上數其反覆之罪，明道無以對，遂磔于鮎魚口沙上。明道嘗有所畜犬，為我軍所得，携至武昌。犬見明道被戮，嗥鳴躑躅不已，啣聚其肉，跑沙瘞之。上義此犬，因命斂葬明道。

秦邦者，家饒，好貨殖。永樂初，年已四十，將往京師。卜之不利，妻許氏苦諫，不聽。邦畜一白犬，相隨出入，甚有靈性。是日解纜，犬忽呼號躑躅，躍入舟中，啣邦衣裾，若阻行者。邦不悟，遂挈之偕行。舟次張灣，有寇登舟，俱被刺，死于水。惟白犬從後艙躍出，嚙一盜手幾殞，衆持刃來逐，犬赴水遁。賊既去，犬潛尾到家，默認其處，晝則覓食，夜伏水次守邦。如是數月，人皆異之。未幾，巡河御史呂希望至，見白犬號呼岸傍，狀如泣訴，異之，曰：『此必有冤。』命吏卒從。犬足爬地，果見邦屍，犬嗥叫屍傍不去，希望曰：『此必故主被謀害，但不知兇人何在？犬能指其處乎？』犬搖首，遂行，命吏隨之。里許，至一室，賊方會飲，犬徑入嚙之，吏縛賊至，拷掠未服。忽一人，啼而前訴曰：『某乃秦邦僕也。吾主被劫死，某亦被刺落水，幸而不死，此屍即吾主也。』賊遂伏罪。其僕舁主柩還，犬亦隨到家，晝夜跧伏柩側，時或悲號。葬甫畢，犬觸樹而死。許氏義之，埋犬塚傍。許氏守節終身，被旌。

王日就，字成德，分水縣人。少負俠氣，夜獵，從騎四出，有畜犬，嗚嗚啣衣，捶之不却，且道且前，怪之，亟隨以歸。明日，覆視其處，虎跡縱橫。歎曰：『犬，人畜也，猶知愛主。吾奉父母遺體，不自愛，可乎？』散其徒，讀書。中年傳家政于子，堅坐二十餘年。淳熙元年，年六十五，正衣冠，泊然而逝。

明 王同軌《耳談類增》卷二一《義馬義犬》 某孝廉下第買舟歸。舟人養一犬，因維舟河岸，犬逸而走。解維失犬月餘，有他舟人收養舟中。一日，舟人于前途登岸，道遇犬，犬搖尾躍而迎之。已近舟，舟人嗾之歸，則啣舟人衣反走而曳之行，直抵他舟所。他舟人固奪不與，舟人告之故，給以收養錢，他舟人從之。犬即躍他舟中，從舟人歸，不踰時矣。鄧太史浴寰談，皆其作孝廉時所見云。

又《義猫義犬》 予僦居城西衛营，距城東王河橋五里許，揚潮家在焉。予方苦鼠嚙，假其猫歸。在道，蒼頭覆其面，俚俗故如此，虞其歸也。形最小，亦絕無聲，而鼠絕。數日驚犬，遂失所在。凡三宿抵楊宅，皮毛淋漓，饑疲酣眠，大為可憐之狀。中隔天門，萬家鱗次，不知何繇識道！然自是鼠絕。頃者籍没巨璫宅，始必空其室門，外加封鑰。有犬出為守户，晝夜哀號不去。人或餌之，亦不食。觀者雲集，數日死。可謂義猫義犬也。

又 卷五〇《義犬報乙冤》 浙西某子甲與某子乙隣居，甲擁官勢，張甚，貪殘無已；而乙席父産，稱饒。甲常朶頤耽耽。會甲中盜，盡胠其橐去，因誣乙謂其主盜。而指其所有，皆為已贓，悉乾没之。而乙亦斃獄中。先是乙有高犬，頗善鳴噬，乙甚憐愛之。自是常往甲家就食，甲亦善蓄之。而夜則歸故宅，垂首悲泣，又復作訴聲。人無不異之者，年餘，甲有疾，方卧床上，犬忽跳躍上床，噬其頭，斷其喉。家人驚救，加刃斷犬首，而其齒猶切切有聲也。姚叔祥談。犬就食其家而伺便以殺，豫讓之義不過是。彼其垂首悲泣，復作訴聲，壯士之氣，白虹貫日矣，柰何以犬稱之！

又《義犬報賈人冤》 有大賈率四蒼頭適旅，假宿一寺中，寺僧迎欵甚虔。已謂修寺，出其募緣簿相請。賈素佞佛，即解金施三百兩。僧揣其橐重，故治酒欵賈醉，夜深，以盤盛四猪首出，視之，乃四蒼頭頭也。大懼，伏地丐免。僧曰：『安有生理？』出白綾帨絞頸死，納棺中，舁出瘞道旁，重橐皆為僧有。是日，鎮遠侯顧公奉命往鎮淮過此，樓舡簾中，見有白犬往來牽綷，若有訴者。公異之，令人隨犬行。犬自抉穴，棺出，忽失犬所在，棺人尚有白綾帨頭露出。知是冤，令發棺，賈尚活，盡言前事。公故匿賈舟中，戒勿洩，而托言欲建無遮大會，為太夫人作福，盡召諸寺僧有法行者至。前寺僧亦畢集，賈窺於屏內，曰：『是也。』于是盡縛之。僧見，不待鞫問，皆伏。以関白所司，盡殺之。毁其寺。朗哉談。

又《義犬報商冤》 成化間，有富商寓京西華門內，寺僧揣其貲重，而商又单弱，乞施焉，與其徒刺商，而先刺死二僕者，埋土中。越二日，有貴官遊賞過寺，一犬嗥鳴不已，逐出復來，如有訴者。命人隨犬去，至尸地，以足抉而悲號。發之，二尸出。尸下有呻吟聲，乃商復活，言僧殺之。以聞於朝，諸僧皆斬於市。是歲例當度僧，以是罷，不度。楊善談。

又《遼陽義犬義馬》 劉釗，鐵嶺人。畜一犬，出入必從。釗常以一馬負薪山中，犬亦從。至是獨歸，向釗子國勳鳴躍不已，勳異之。隨其所往，見釗為盜所殺，棄屍石間，取其馬去。勳為瑩葬，畢，人皆罷歸，犬獨守冢不去，日夜悲泣，淚濕草土，數日抉土及棺，死棺旁。錢良用，亦遼人。畜一獵犬，獵必多獲。黯夜，忽躍起，啣良用衣，引至林薄間，亦自伏無聲。已而，虜騎至，惟良用以匿免。往往如此，蓋虜騎氣動，而犬先覺也。有蕭氏貪是犬，重貲購得之。已經年，犬不為用，復以返良用。良用貧，貲廢不能償，以語犬，令隨之去。犬始為蕭氏用，常多獲焉。【略】

清 景星杓《山齋客譚》卷五《義狗》 杭人吴全吉畜狗甚義，其長孫則又兇逆，至欲持刀弒父，有人至家，與全吉爭毆，狗見主人不利，乃奮猛噬其人腓搖撼之，其人負痛逃去，吉義之粱肉，以終其身死而哭之，加棺殮焉。

清 慵訥居士《咫聞録》卷三《狗報恩》 某商家養一狗，兇惡異，常見衣冠齊整者進之，視而不吠；衣衫襤褸者進之，非惟吠，必咬之。至晚猶緊，以故友欲往探，必整其衣冠。而若商自得此犬，從未失竊。一夕，竊從後院踰牆而進。是犬領衆犬將賊圍住，隨吠隨咬，勢甚兇勇。無可躲避，見有一高桶在院，賊卽覆轉，藏躲桶中，計俟犬散可逃。誰知犬皆守住，不能脱身。次早，主人見狗圍桶，究屬何意，啟之，乃一人也。賊以實告，哀求釋放。主人意未失贓而釋之。後是犬豢已多年，毛落殘。至更深，大對主語曰：『前生我貧難度活，承養我年餘，心起不良，欲圖汝銀，以致逐出。復以此爲恨，在外辱駡。冥府罰我在汝家作狗。今過已消矣，當辭去。』次日狗斃。主人念其守夜甚勤，而埋之。

清 陳梓《删後文集》卷五《黄犬記》 丁丑臘月朔五更，聞犬吠，知犬去而復來，俄鄰叟忽嘆曰：『此犬周旋於口之間，大費周折，固良犬也。』余聞而隱然有感，遂作犬記誌其事。蓋余今年五月下浣夜，梁上君子渡河入室，書墨衣被席捲一空，噶諸縣廉得是南村許姓，卽余門下之同族也。間數月，犬一夕哭入厨下，驅之不去，從者曰：『諺云：狗來富，口采亦佳。主人盍留之。』未幾，去而復來者數四，其主家至筠谷，自述其故，犬亦不之吠也。馴然書几下隱示人，以臣亦擇君之意，非懷二心負故主也。已而天大雪，犬忽去，諸生盡擬之，謂：『今夕可徵物性矣。』夜半聞犬吠，行人殊急，隨入吾籬，臥雪階下，待從者起扉，搖尾吾榻前若告罪，然亦奇哉。余急呼從者飼以粥，曰：『此徙義犬也。』余方作文表之，從者大笑謂先生兒夭已無家，可寄書，何惓惓也。余聞之增一慟云。

清 蒲松齡《聊齋志異》卷五《義犬》 潞安某甲，父陷獄將死，搜括囊蓄，得百金，將詣郡關説。跨騾出，則所養黑犬從之。呵逐使退。既走，則又從之，鞭逐不返，從行數十里。某下騎，趨路側私焉。既，乃以石投犬，犬始奔去；某既行，則犬欻然復來，嚙騾尾。某怒鞭之，犬鳴吠不已。忽躍在前，憤齕騾首，似欲阻其去路。某以爲不祥，益怒，回騎馳逐之。視犬已遠，乃返轡疾馳，抵郡已暮。及捫腰橐，金亡其半，涔涔汗下，魂魄都失。輾轉終夜，頓念犬吠有因。候關出城，細審來途。又自計南北沖衢，行人如蟻，遺金寧有存理。逡巡至下騎所，見犬斃草間，毛汗濕如洗。提耳起視，則封金儼然。感其義，買棺葬之，人以爲義犬冢云。

又 卷九《義犬》 周村有賈某，貿易蕪湖，獲重資。賃舟將歸，見堤上有屠人縛犬，倍價贖之，豢養舟上。舟人固積寇也，窺客裝，豐蕩舟入莽，操刀欲殺。賈哀賜以全尸，盜乃以氈裹置江中。犬見之，哀嗥投水，口銜裹具，與共浮沈。流蕩不知幾里，達淺擱乃止。犬泅出，至有人處，狺狺哀吠。或以爲异，從之而往，見氈束水中，引出斷其繩。客固未死，始言其情。複哀舟人，載還蕪湖，將以伺盜船之歸。登舟失犬，心甚悼焉。抵關三四日，估楫如林，而盜船不見。適有同鄉估客將携俱歸，忽犬自來，望客大嗥，喚之却走。客下舟趁之。犬奔上一舟，嚙人脛股，撻之不解。客近呵之，則所嚙卽前盜也。衣服與舟皆易，故不得而認之矣。縛而搜之，則裹金猶在。嗚呼！一犬也，而報恩如是。世無心肝者，其亦愧此犬也夫！

清 齊學裘《見聞隨筆》卷二《義犬》 道光間，奉天甯遠州西鄉，有陳姓者，兄弟二人同居。弟娶未久死，其妻有孕，招鄰婦爲伴。姒婦利其貲，陰結鄰婦，如生男，絕其命，當酬錢五十緡。始難之而終許之。及產，果男。鄰婦以大針刺兒腹，氣閉。產婦不知，直謂其兒死耳，當以綠帶縞巾包裹埋之山坎。未幾，母家憐其女遭夫喪，復失遺腹子，命其子以車迎歸。道過埋兒處，尚隔數十步，忽有一犬，奔躍前來，遶其車。婦驚曰：『此吾夫家司戶犬也，月前曾產數犬，一日不見，小犬失乳俱斃，今何爲在此？』叱之不去。鞭之，急投轅中，咬婦衣作欲令下之狀。婦兄駭甚，曰：『汝有冤，可前行，吾從汝。』犬俛首去，婦兄尾之。至一所，菽葉圍繞成堆，大發其覆，兒啼，婦兄抱至車，前婦熟視包裹巾帶，不覺失聲哭曰：『此吾兒也，何死而復生耶？』卽邀其兄回夫家。似婦見之曰：『何處抱兒來也？』遂告之故，似婦訝甚。陽若有喜色，及易中帶，見腹間皮裹膜外，橫揷一大針，始知姒婦之肆其毒也。

婦兄鳴之官，官鞫得其實，置姒婦及鄰婦以法，而責其夫兄以不能正家之罪。是兒埋時，至回家中，隔十數日，所以不死者，賴其犬以乳乳之也。徐旋卿曰：『聞之友人陳氏非富家，而妯娌相殘，圖絶其後，犬之不若何哉？兒之不死天也。不然大針刺腹，壯夫亦危，况嬰兒哉。此吾友徐旋卿所説義犬事，顛末如此。』因作此詩以警斯世，時丁未臘八日，詩曰：『姒婦之心惡獸惡，鄰嫗之手毒蛇毒。兒亦何辜罹其毒，墮地便遭針刺腹。針刺腹兒不生縞，巾綠帶埋田塍斷送。一命五十緡，圖産陰謀人不聞。人不聞犬獨知，姒婦殺兒犬活之。子文虎乳兒犬乳，一虎一犬皆千古。人言横江惡姒婦，風波更難度。人言饕餮貪，鄰嫗狼心更不堪。婦雖有肉犬不食，義犬之名奸婦出。碎身粉骨有餘辜，人心之險有是夫。嗚呼！人心之險有是夫，義犬義犬古且無。』

又 卷三《蓮溪禪師蓄義犬》 揚州蓮谿和尚善畫，蓄二犬，一名小午，一名小興，小而靈，同宿一榻，性愛潔，視茶有色、水不清者，則不食也，粥飯亦然。蓮谿吸鴉片烟，人以潤筆番銀十元投烟盤中，蓮谿送客出門，許久始歸，視盤中銀不見，所在正蒼皇間，犬從枕底一一啣出，如數置盤中，知犬恐爲人竊銀代匿枕底，爲蓋藏也。鎮江營官來見，二犬甚憐之，向蓮谿索一犬，蓮谿肯與而犬不願從，奔號跑齧堅定不去，營官回鎮，思犬不置，後遣兵數名，船一隻禮物數色重到蓮谿處，送禮索犬，蓮谿好言慰犬，命犬從之去，犬垂淚大哭，勉强從之。下船絶食數日，唯哭而已。至鎮，營官見犬淚漬滿面，絶食悲啼，憫而放之歸。歸見蓮谿作孺子，慕始就食焉。時蓮谿寓興化禪院，余聞沈旭庭言，因有感於世人受養育之恩，不圖報德，而反謗害者，真義犬之所不齒也。俗語云：衆生好度人難度，只度衆生不度人，良不誣也。

又 卷四《犬報讐》 有客過阜田院，見乞丐縛犬將就烹，客惻然曰：『犬肯賣乎？』乞丐曰：『肯賣。』客開銀包取金買犬而去，犬隨客行未里許，乞丐二人持梃追客，斃客取銀包，埋屍山下。犬見之，作人啼，奔進縣堂，值官審案，犬向官跪哭如訴冤狀，吏役叱之不去，官曰：『犬有冤乎？』犬點首，官擲籤，犬啣籤前走，役隨之至山麓。犬以足搔土，哭不絶聲，役掘土得屍。犬又引役徧尋兇丐，遇之便咬，役獲二犯到案。犬與同質驗屍得斃傷，嚴鞫得實，按律誅之，犬蓄官署云。

又 卷七《犬還債》 無錫高某欠徐某四萬青錢，生前未還徐家。一日，母犬生下數犬，中有一犬肚底黑毛，生成高某姓名三字，徐知高投犬還債也。善養之犬長大，終日看家甚勤。一夜賊穿窬入室，偷衣服食物，犬即頭脚打主人房門，如泣如訴，主人知有變，持梃出房，見大門已開，數賊運物將出，見徐持梃大呼，賊遂奔散，計所竊物不下百金，一物未失，犬之力也。徐老病死，犬亦隨斃。沈旭庭與余述此事記之，爲借人錢財執意不還者戒。

又 卷一五《忠犬殉主難》 咸豐二年，上海土匪作亂，縣令袁公又村死之，屍横縣堂之上，一犬卧其側，晝夜不去，士人徐隨軒買棺殮公。停柩堂中，其犬仍卧靈前，與之食不食而斃。鄉人造袁公像入昭忠祠，座下造一犬蹲其旁，與袁公共受萬年香火。如斯忠犬，大可風世矣。

又《犬救主母》 南潯張秀才書訓，號笏山。壬戌夏間，長毛將至，先載笥篋，往鄉覓宅，作遷避計。留其婦在家居守。一日，有一賊首至其家，見婦年少，逼之登舟。婦求死不得，方倉皇號立間；其家一犬，聞聲從内奔出，直撲賊身，齧其面。時賊手無器械，從者皆出掠無人在，不得已，釋婦禦犬。犬終哮撲齧不放，婦乃得間避出後户。適遇其夫，掉舟來迓，遂相將登舟。行未里許，此犬亦奔至，躍入舟。後聞此賊因受犬傷而斃。未數日，此犬亦死。蓋與賊鬬久，已力竭也。葉調生口述。

又《犬守主屍》 太湖營副將王之敬，字毅齋，奉化人。庚申秋冬，在東山禦賊甚力。辛酉二月朔，賊乘間登岸，王公拒於教場灘陣亾，屍棄蘆葦間。素蓄一犬，守之不去。終日嗥叫，其家人跡得之，已十餘日矣，而屍不變。遂得棺殮，犬不知所往。木瀆徐秀才誦芬有詩記之。後其子呈報忠義局，叙出因犬得屍之由，應編入忠義錄。此犬亦千古不朽矣。葉調生口述。

清 齊學裘《見聞續筆》卷七《犬鳴冤》 同治六年秋間，伍祐場官金君蓄一犬，被吴裁縫剪傷犬鼻血流不止，奔到場官案下，叫喊官謂犬曰：『誰人傷汝鼻？汝引役去拿來。』犬遂向前奔至吴店，伏地而死。役鎖吴至衙官，罰吴厚具衣衾棺木以禮葬之。令吴衣白爲犬子嗣，後吴連喪三子，家業蕭條。時吾次女寄居伍祐場，親聞其事，對余述之如此。

又 卷二二《義犬塔》 山東某乘醉夜行，犬隨其後。某醉卧在地，犬環侍之。忽見野火燒來犬急下谿以身取水撲草淋漓往反數十次犬力竭而斃矣醉漢得濕草圍身得免於焚某感犬救命之恩遂葬犬於野築小塔以表之名之曰義犬塔嗟乎世之爲人臣爲人子為人弟為人友爲人役者能無愧於犬之忠心竭力焉

則亦幸矣以上二則張子颺述

清 盛楓《嘉禾徵獻録》外紀七《義犬》 海鹽國子生朱玘好施同里，有宋姓者，嘗逋官錢，貸玘數十金，貧甚，無償理，臨死泣曰：『我負朱公，死有作犬償耳。』踰年，玘忽夢宋至，曰：『昔久公恩債，公家明日犬生子，色純白而左股上有橫黑點者即我也。』旦起視犬生子，其一毛色如夢中言，不覺驚嘆，家人共知。後此犬輒依依其旁，每夜羣犬嘷，此犬或否迨，此犬嘷必有警矣。一夕，有二十餘賊來刼玘家，方抵門，此犬繞室而嘷，人得盡覺，玘知有異，急開户携妻孥走，呼僮僕伏屋外邀之，殺一人生獲一人，乃東陽人為戍卒在海鹽者，獻之戍將，訊得餘黨，盡伏辜，時隆慶辛卯六月十八日也。明日此犬長嘷不食，自投階下若欲死者，玘曰：『若報我竟殆欲去耶，吾非若數十口皆為賊刄矣。』犬似側耳而聽者已，復悲嘷數聲，躑躅而死，玘泣下為文祭之。其孫諸生學章作《義犬記》。《快雪堂集》：海鹽城隍廟西有小菴，比邱尼所居。一尼年少好容，冶盥面水常再三易。後死見夢於他尼，曰：『我以多用面水罰某家作黄膘猪，明早就屠某處，幸救我，不能亦來一看。』如言往，已就屠矣。其肉果黄膘，不堪食。

清 王有光《吴下諺聯》卷三《犬有義而可養》 陸雲峯曰：『吾聞諸金翁：昔有徽商，僑業富陽。挾資回籍一豢犬隨之，莫能遣去。中途腹急，入僻徑而便焉。時已暮，忽失犬所在。歸家，檢橐中，遺白金一緘。嗣後乃詣富陽，憶前遺金，恍惚失於便所，踹之，則犬斃其處。商惻然，倩土人埋之，徙犬而金固在。蓋犬知主物，恐為他人有，以其身臥金而殉也。主即以遺金建亭於其地，顔曰「義犬亭」。素史氏曰：以身殉金，在犬爲義犬也，可養在人為利徒也，不可學。』

清 吴肅公《街南文集》卷一九《書義犬事》 吴有遺奴徵租於佃者，奴以其犬歸，將橐之。客同舟者不忍也，請償以金，啓橐燦然。奴睨而心動，語客曰：『若行仁而我受金乎？曷沾飲。』遂沾酒强客醉，以二囊囊客，擠水中，悉有其貲以去。客之溺也，犬躍入水，曳囊泊渚上，沿隄而望。有二農耦而治田，解衣畔間，犬嚙其衣疾走渚。農追犬至渚，則囊見焉。遂解囊；而客以酒故，雖濡水，猶惛然微動不死。徐乃甦，叱問，乃知所以，相視而嘻。客乃大哭曰：『嗚呼！微犬，吾腐魚腹久矣。』然莫知奴主名，而囊故有識宛然，視之主人姓字也。於是攜囊訴主人，主人大驚，匿客室中，俟奴至。而奴以為客固已死，久之乃來，施施如也。主問租，詭辭以對。問囊，曰：『忘之。』主曰：『囊已在是，特水濡耳。』奴愕然。急呼客出，奴乃伏，置之法，而還其貲。客以犬歸養焉。

予友李峚山自吴歸，為予言如此。嗟乎，客之脱其烹也，感恩之義，物庸有之。而跳身風波險阻，力援而拯之，人猶難焉矣。其拮据卒荼，以及渚間，亦豈不以死殉者哉！然使非嚙衣致農於渚；客生未有期也，又可不謂智焉。

莊鄰詹氏子死，而厝於野。常所畜犬，伏柩前累日，餓而死。里人異之，予間行陌間，有獰犬前吠，且嚙予，予倉卒莫知所避。俄一犬嚙猙足而曳之，又兩足蹴其頸，伏地弗使前，而回首視予，若速予行者。待予遠而始釋之。二犬皆詹畜也。嗟夫！彼感恩而死固宜，且稗史所誌，及耳目覩記，予録之闡義夥矣！乃予則何德於犬，急而護我，豈熟其鄰而然耶？抑人有恣睢爲暴，有排難解紛者，犬亦有然耶？然予嘗遭齮齕於人，吠聲吠影，而莫予卹，予能無異玆犬哉？壬寅仲春書。

書盜書女，用春秋法。書犬，用詩法。微文罕喻，後世自得其妙，覺毛穎、郭橐駞傳，猶涉排諧。

清 徐芳《懸榻編》卷四《義犬記》 丙申秋，有太原客南賈還，策一衛，橐金可五六百。偶過中牟縣境，憇道左，有少年，以梃荷犬至，亦偕憇。犬向客呷啞，若望救者。客買放之，少年窺客裝重，潛躡至僻處，以梃搏殺之，曳至小橋水中，蓋以沙葦，負橐去。犬見客死，陰尾少年至其家，識之，却詣縣中。適縣令升座，衙班甚肅，犬直前攎地叫號，若哭若訴，驅之不去。令曰：『爾何冤？吾遣隸隨爾。』犬導隸出，至客死所，向木而吠。隸掀葦得屍，還報，顧無從得賊，犬亦復至，號□如故。令曰：『若能知賊乎？我且遣隸隨爾。』犬又出，令又遣數隸尾去，行二十餘里，至一僻村人家。犬竟入，逢一少年，跳而嚙其臂，衣碎血濡，隸因縛之到縣，具供殺客狀。問其金，尚在，就家取之，因于橐中得小籍，知其邑里姓字。令乃抵少年辟，而籍其橐歸庫。犬復至令前吠不已，令因思曰：『客死，其家固在，此橐金安屬？犬快，將無是乎？』乃復遣隸直往犬原，此犬亦隨去。既至，其家方知客死，又知橐金無恙，大感慟。客有子，束裝偕隸至，賊已庾死獄中。令乃取橐驗而付之，此犬仍尾其子至，扶櫬偕返，還往數千里，旅食肆宿，與人無異。論曰：夫人赴幾在智，觀變在忍。禍起倉卒，張皇懾而不知所出，智不足也；不忍忿忿之心，□義赴難，而規畫疏略，志雖誠而謀卒無濟，忍不足也。故曰成事難。使犬當少年戕客之時，奮其齒牙以與賊角，糜身巨梃而不之避，烈矣，然于客無補。啣哀茹痛，疾走控籲，而于賊之窟宅未能曉識，縱令當事憐而聽我，荒畦漫野，于何索之？冤雖達，賊不可得也。惟明有報賊之心，而不驟起以駭之，知縣之可訴，而姑忍以俟，踆巡追躡以識其處，賊已在吾目中，而後走訴之，已落吾彀中，而後奮怒于一嚙，而讐可得，金可還，太原之問可通，而客之襯可以歸矣。其經營細稱，不必痛之遽伸，而務其忠之克濟，是荊軻、聶政之所不能全，子房、豫讓諸人所不得遂，而竟遂之者也。豈獨狺訟公庭，旅走數千里外之奇且壯哉！夫人孰不懷忠，而遇變則渝；孰不負才，而應猝則亂。智取其深，勇取其沉，以此臨天下事，何弗辦焉！予既悲客，又甚羡客之有是犬也，而勝人也。

借犬為喻負心人，媿有心人深。

又《義犬記放生報》　采石有某大姓者，家畜舟，募水手撐駕，以是取利。贏徽商某，于其家傭舟載米，往吳門糶之，價適騰貴，二三日即盡，獲利且倍，趨還再販至哀口，前船尚在，□之歸。水手問狀，知其橐之豊也，心利焉，商不察也。□發舟，適有繫犬過者，商憐而買之，寘舟間。是夜阻□野岸，將就寢，水手執商索金，擬刅之。商乞免不得，則曰：『幸以氊衣裹我擲江中，即以此葬。』許之。商落水，犬□躍下，啣其衣不釋，氊既輕厚，又犬曳與俱泛，遂不溺，得泊蘆汀淺處。質明，有漁父就汀，脱衣而網。犬□至，啣其衣走。父追去，兄有赭然泊者，解之得商，息□未絕，以火煦之，良久而甦。自言為舟子所害，又論知犬啣衣狀，呼祝，則已登舟買放者也。商感嘆，因億舟阻風行難，而已由陸路，可先達采石，亟携犬往，至則舟尚未到。商入見主人，言狀。主人曰：『毋喧，藏我家□，俟至擒之，聊以自明而贖過也。』數日，舟返，主人伏勇士室中，呼諸水手入，勞以酒食，問商所在，皆設應，出商質之，水手如變，欲走，勇士出，盡縛之，送官論死。仍于舟中得原金焉，商乃携犬歸後。此崇禎戊寅年事。夫水莫大于江，而犬毅然赴之。當此之時，急商之難，不復自計其生死也。而幸而得泊，則待旦以守之。漁父之可告而遠不能語，則啣其衣以致之濟奇變于呼吸之頃，運精心于絕續之際，忠以誠全膳由識出犬于此眞不凡矣。今之詆人者曰犬，則勃然怒，即人莫不甚之至如此。犬豈人所易及哉？雖然商不贖此犬，必長委逝波不惟金不可還身，且不復有矣。犬之報商商之仁，有以致之也。吾故樂舉以誡人之負恩而又為好生者勸也。

一念好生遂獲奇報，可愧世之搖尾乞憐而反噬忘恩者。

清　徐旭旦《世經堂初集》卷五《義犬記》　凡人有性，凡物亦有性。性也者，天命之也。第人性漸染澆漓，有時而乖物，性純一無僞，所稟者厚也，試舉其一以証之。庚申歲，三台耙侯鮑明府延余於署齋之，霞起亭纂修耙志。曉起，曙光初矚，千山拱翠，如屏如障；晚則赤城霞起，萬壑凝紅，若錦若繡，品隲筆削之。暇日與鮑明府李司馬王別駕觴詠其間，時有一犬子，虎頭豹彩，聲若獅吼，真穀於菟山中物耳。衆皆鞭撻之、驅逐之，余獨憐而鞠之、育之，名之曰『虎子』。恒每依依不離左右，晝夜司閽，警策勇猛異於常犬。志成歸里，虎子率羣犬送至中渡，適山水大發，舟人擠之深淵，虎子跳躍上岸，伏地哀號，羣犬逐之而去，此八月十八日事也。越歲花朝，余方讌客，張燈演劇正笙歌鼎沸之際，忽有一犬遶氊踰三匝，家犬與隣犬爭嚙之，奚奴又從而撻伐之，殊無畏色。優孟衣冠春臺金鼓俱爲辟易，余起而視之曰：『此非虎子耶。』搖尾帖耳，雙足躑躅，似叩首不已狀，果虎子也，座客爲之大噱。噫！異哉，三台至武林七百餘里，其間崇山峻嶺如關山會墅深潭大澤如中渡清溪，且有錢塘天塹，洪波巨浸，卒難以渡，葢山可踰，而過水不可躍而濟也。虎子其登舟而來乎？涉水而來乎？矧杭城十門、三衢、九市烟火，何止千百萬家？即遣一介之使，賚三寸舌，八行書，憧憧往來，尚多錯悞，虎子又無人前導，何突至筵前？噫！誠異矣。猶有異焉。主家司閽異於赤城，與衆犬同牢而食，隣犬無一敢至者，余出入必隨之，因靳司空于中丞特辟治河檄催就道，家人相戒曰：『此遠役也，勿令虎子知之。』越三日，薄暮泊舟，吴閶舉杯邀月，叩舷而歌，歌曰：『山蒼蒼兮水瀰瀰，明月樓頭照玉人。何處洞簫吹一曲？梅花落盡不知春。』未竟，虎子又上鷁首矣，啣衣乞憐，情寔可矜，余曰：『子何靈心？若是卽挾之，江之東西，淮之南北，以及海口十場，曉夜護持，無間寒暑，九十萬軍餉露積無恐也。』又善伺人，頤旨，余未出，先趨。既歸，後奔僉曰：『此徐監理之虎子也。』九載底績敘功入都，虎子渡河衛僕馬馳百餘里抵神州。余躡嶠登泰山，宿丈人峯，蚤起看浴日，忽失。虎子所在時，亦壬申八月十八日也。

清　慵訥居士《咫聞録》卷一二《義犬》　四川江津人某甲，身繫四百金，清早出門，幹辦急事。行路亦急，一氣跑十里外，回頭見家犬尾之而來，謂犬曰：『因爾每行必跟我，殊屬多事。今我須遠走百里外，是以將爾閉置房中，且不教食，爾今如何又能同來？將來必力乏而死。』斤之轉，不去。猛踢兩腳，狗乃解意，帖帖然去。甲又走十里許，回頭見狗仍在，因解橐中所藏乾粢飼之。銜食尾行，緊漫相從。行至百里外，甲力疲而倦。因將次可到，乃少弛而坐，犬亦旁侍而蹲。無何，甲乃悠悠睡入黑甜鄉，固不知日之將暮也。已而日已沉西，野火倏近。甲鼾睡不醒，任犬號跳，終不之覺。犬乃跑溪中，滚入水中，一身濡足，上主人睡處，四周攪草使濕。如是者不知幾次，甲仍不知覺。火將及身，大嚙其辮而曳之，甲乃醒翻身起視。幸月色微茫，急急趕路。犬暴蹃而號，甲不審何爲。忽記銀包尚在草堆，拾時始知草四處皆濕。感犬之義，不覺淚涔涔下。呼犬同行，犬走不十餘步，嗷然一聲，倒斃在地。甲乃推入坑中，還時葬之，且立義犬石以徵之。

清 袁枚《新齊諧》卷六《義犬附魂》 京中常公子某，少年貌美，愛一犬，名花兒，出則相隨。春日，豐台看花，歸遲人散，遇三惡少方坐地轟飲。見公子美，以邪語調之。初而牽衣，繼而親嘴。公子羞沮遮攔，力不能拒。花兒咆哮，奮前咬噬。惡少怒，取巨石擊之，中花兒之頭，腦漿迸裂，死於樹下。惡少無忌，遂解帶縛公子手足，剝去下衣，兩惡少踏其背，一惡少褪褲，按其臀，將淫之。忽有癩狗從樹林中突出，背後咬其腎囊，兩子齊落，血流滿地。兩惡少大駭，擁傷者歸。隨後有行人過，解公子縛，以下衣與之，始得歸家。心感花兒之義，次日往收其骨，爲之立塚。夜，夢花兒來，作人語曰：『犬受主人恩，正欲圖報，而被凶人打死，一靈不昧，附魂於豆腐店癩狗身上，終殺此賊。犬雖死，犬心安矣。』言畢，哀號而去。公子明日訪至賣腐家，果有癩狗。店主云：『此狗奄奄，既病且老，從不咬人，昨日歸家，滿口是血，不解何故。』遣人訪之，惡少到家死矣。

清 陳鼎《孝犬傳》《虞初新志》卷一二 孝犬，廣東東莞縣隱士陳恭隱家牝犬也。色白而尾騂，四足皆黑。恭隱痛父死國難，矢志不進取，隱居山中以吟飲自縱，不與時人通。此犬隨恭隱，未嘗須臾離。每出則犬先行數百步，若以爲導者；遇豺狼蛇虎則亟返囓恭隱衣袂曳之還，若不使前者，恭隱悟卽旋，犬又隨後離數十步作大聲嘷，若以爲衛者。以是爲常。夜則於盧舍前後巡且吠，達旦不少休。數年，犬一乳五子皆牡，既長，恭隱分贈前後左右鄰家畜，皆能司門戶不怠。初分之歲餘，母犬日往各家視乳犬一週，若訓之勤者。有食，乳犬輒讓母犬食。乳犬既壯，母犬卽不往視，而乳犬每早輒齊來恭隱家視母犬。又數年，母犬病癩，瘦將死，乳犬日齊來爭與母犬舐癩，遂愈。每至元旦，五乳犬輒齊來，遶母犬搖尾若爲母犬賀歲狀。後母犬死，五乳犬皆哀號不止，恭隱憫之，瘞之後山，五乳犬每早輒齊往瘞處號，如是者數年不輟。

外史氏曰：世之人能以酒食養父母，輒自詡曰孝，且有德色。子曰：至於犬馬皆能有養，其難者，敬耳！覩兹五犬之慇慇其母，敬矣哉！嗚呼！世之人不若者，衆矣！

張山來曰：義犬事甚多，不勝其載。今此犬獨以孝聞，故特存之。

清 昭槤《嘯亭雜録》卷三《質莊王義犬》 質莊王嘗畜小犬名蘋婆，頗馴順解識人意。王薨，犬不食，三日斃，亦一異也。

清 周廣業《過夏雜録》卷三《義犬傳》 《水雲村稿》有《義犬傳》絕奇。略云：『閩僧祖傑挾貲豪恣，求得永嘉江心寺主席。有知識陳某者，本家城中，薄有資産，州縣利其富而懦，數因戶役困苦之，積不堪，與妻謀捐田入寺，依傑勢苟活，乃徙近寺，為任庫院之職。傑頻造其廬，窺其妻。始猶閒往，久則輿至方丈，或累日彌旬乃反。妻怒，罵其夫曰：「初為避官府謀庇身，今反失身如此。汝為人夫，甘忍辱耶？」乃密謀遠徙于別島嶼瀕海大聚落也。有巡檢司又有一佛閣，宵遁，近閣而居。傑聞大怒，訪知所在，募惡少年十四人，使往屠之。約截取婦人雙乳來為證。少年如命，夜舟徑造，盡殺其家七口，會天銜曉，倉皇鼓棹去。獨一人追逐弗及，潛登佛閣隱壁間。巡檢聞變，亟領卒掩捕，茫無踪跡。留連佛閣前。里社役首進飯，見事主家一犬跳嘷左右不已，叱去復來，嘷愈厲。巡檢舉餐，則又跳嘷大躍，至銜散其臺盤酒食，衆怒，擊犬，復不去。巡檢起，犬隨後啣其衣襟引至佛閣，仰而嘷，若欲言者。巡檢乃驚訝，曰：「是豈有異乎？」領卒登閣周視，則壁間微有衣露，視之，見一夫懷刃立，禽之，搜出雙乳，鞫得實，送縣上府。初，府有同知與傑交，後以疏慢啣之，及事露，即檄萬户府遣兵圍寺。傑囊槖充斥，裒金寶鈔貨凡四擎，授其徒，令疾赴都求内援。所蓄玉器悉碎之，既就逮。械送總管。總管其所素厚，欲全之，故緩其事，待京報。未幾，果聞懿旨召傑。同知令獄卒曰：「僧姦良人婦，又謀殺七人，可恕乎？汝速處置，當賞汝！」卒命傑醉飽，立懸枷梢于梁，囊沙置腦上，扼其氣，遂死。人皆快之，既死而旨至，無及矣。當日非此犬則失此賊，七人啣冤無訴矣。故傳之以愧世人之不如犬者。然斯人因避官府虐害而遷，遷非其所而蹈禍，至一家絕祀死刃下者七，蔓延奸僧惡少死于官者十五。推究禍原，皆當時官吏驅之入死地也。天道無知則已，誠有知，則彼官吏者伏冥誅禍後嗣決矣。』

清 朱翊清《埋憂集》卷一《義犬塚》 吴江之簡村有農婦趙氏，家在東村，去簡村止三里許。婦素孝于其母。方初冬，偶得黄雀數枚，嘗之而美，輒留其餘。次日晨起盥櫛，易裙釵，攜雀往視其母。母適臥病，取所攜雀哺之，母為之加餐。午飯後，復呼與細談，不覺迫暮。婦以時方收穫，遂告歸。及村外，天漸曛黑，遥望林間，微火射出。趨至，則數丐圍坐寺門外晚炊，婦告以迷路乞火。一丐曰：『昏黄至此，非與小和尚有密約耶？』又一丐笑曰：『火卻容易，然須以汝之水相易。』遂起，將逼淫焉。婦怒批其頰，大呌『殺人』。丐怒，取土塊塞其口。呼羣丐共褫其衣袴，取腰間汗巾縊殺之。舁入一空壙，解其巾，覆以瓦礫，各自竄去。夜半婦忽甦，張目四顧，見斜月未落，四野霜濃，陰風砭骨，寒戰不能遽起，但呼『救命』。適其鄰一屠者路經村口，聞之，尋聲而至，將曳之出。婦拒曰：『身無寸縷，無論凍已僵，亦何面目出見人乎？』屠者悟，亟走告其夫，取衣袴，導至其處，乃去。時天已曉，婦出，哭告以故，相隨還家。村農赴訴於縣令，即飭嚴緝，未獲。居數日，忽聞譁傳前屠為人縛石沉河而死，村農奔視，果然。先是，屠每于侵曉往前村肆中屠羊，嘗有一黑犬相隨。是日店主早起相伺，屠竟不至。忽見犬狂奔入門，啣其衣，嗚嗚作哭聲，叱之不去。其人心動，隨之出門，行里許，至寺後河畔乃止。而犬已躍入水中，俄而曳一尸出登岸。就視，則屠者也，反接其手而繫以石。駭絕，奔告其子，相將至河上，則犬亦踡臥尸旁而死矣。子乃泣請其人同返，往訴於邑。捕得丐者誅之，命瘞犬於塚旁，立石表之曰『義犬塚』。

藝文

明 劉嵩《槎翁詩集》卷七《義犬詩》 喪亂誰懷豢養恩，弱孤反噬正紛紛。栗原義犬眞堪傳，解守羅家孺子墳。

清 高一麟《矩庵詩質》卷三《孝犬行》 有犬疑練復疑雪，其母色黝如積鐵。素性不逐東郭㕙，慣守門閭防盜竊。同牢而食先推母，母腹未裹未敢餐。晝行宵卧喜相隨，帖耳低喙無媟褻。一朝母病病且死，伏屍嘷吼目流血。目流血良可怪，三日不食甚矣憊。生養死葬雖無儀，哀毀骨立頗能解。犬兮犬兮孝何純，堪歎世上人倫壞。寄語習藏梟獍者，若遇此犬當下拜。

清 桂超萬《養浩齋詩稿·續稿》卷四《二犬隨至高廬塘戲題二首》 義犬戀主人，追隨若綱紀。我非拔宅來，吠聲亦雲裏。我聞渠搜國，露犬食猛獸。虎豹憾當關，能否并力鬥。

清 胡榮《容安詩草》卷三《義犬行》 盧氏之重環，美為詩所取。毋怪嘷嘷鳴，吠各為其主。未敢作明言，此中多楚楚。古有展草奇，不為焚溺迕。而今世道衰，人事翻難許。恩怨較人物，意氣真消沮。吾家有舊屋，畜犬忘年數。一旦此宅空，犬有喪家苦。朝出寄人食，暮還守外户。有日故主來，欣喜若欲吐。眷戀不復離，余心惻如縷。彼知恩所從，我念生物與。遠過黄耳靈，不僅周狗伍。歷歷耳目間，情義誰能侶。

清 李調元《童山集·詩集》卷二七《酬張林川時管軍需局讀書倉中余訪之以新作義犬記質于余時將進京赴選》 宗魯文章錦不如，胸中別有智珠儲。郵傳驛裏閒敲句，輪粟倉中自讀書。義犬識家因戀主，隻鷄過訪爲憐余。只愁貢禹彈冠去，林下何從覓鯉魚。

清 樓錡《于湘遺稿》卷一《義犬行》 潤州有賈客，遠販淮南米。忽遇風浪惡，孤舟檥江汜。一犬何遑遑，投客如故主。麾之不肯去，乞憐但搖尾。舟人泣垂涎。將欲薦刀几，出錢買豚蹄。願以貸其死，衆利槖中裝。倉卒禍所倚，縛客盛鴟夷。昏黑投諸水，犬若從死然。上下隨波靡，裂吻曳鴟夷。夜久達涯涘，此際遠村區。在野惟古寺。犬以頭觸扉，老僧出啟視。疑有怪物焉，近瞰知人耳。負歸一息存，驚問述緣起。詣縣請討捕，三日事得理。向使無此犬，已作河伯鬼。嗚呼恩異類，獲報乃若此。如何凶暴徒，而獨昧斯理。割肉試啖犬，犬亦不屑爾。

清 劉鍾英《義犬行》《道咸同光四朝詩史·乙集》卷四 戊子正月，假館長沙，守犬隨路，遣僕偕返，中道迷失。越四日，竟抵家，聞之怦然，作《義犬行》。

家食苦喧聒，世網嬰百憂。絶裾謀升斗，臨發還復留。侵晨就長道，黄耳隨征騶。驅之不復反，前卻鶩平疇。似憐行路難，搖尾逐道周。道周動羣吠，一靜息百咻。晝繞征車足，夕卧客牀頭。渡口厭人衆，亂水不上舟。見者咸嘖嘖，相從何所求。人生重意氣，感此百綢繆。遣僕慎歸路，毋使他人收。距家百餘里，倏如鷹脱鞲。望望逾四日，薄暮偏自投。貪夫貴苟得，豈無攘羊儔。間關忍饑餓，隻身免虔劉。乃知心志一，鬼神能爲謀。建歸信屈虜，武歸陵事仇。人固不如物，豈惟翟客羞。

清 吴仰賢《小匏庵詩存》卷一《義犬行》 上海令袁公祖悳爲隨園太史孫，有政聲，土匪『小鏡子』者，粤産也，素不法。公按之，撻幾斃。爲豪家某保釋去，遂糾衆作亂，夤夜突入縣署，僕役輩聞變駭走，公出叱，賊遂遇害。署畜犬五，當賊之戕公也，奔嗥唐突若捍衛然。賊散，則守屍不去。士民入殮公，五犬俯首，嗚嗚作銜哀狀。殮畢，均不食，先後斃。咸豐癸丑八月事。

天狗鳴，國狗驚，磨牙反噬胡狰獰。袁公鐵面威錚錚，力能服猛手長纓。一朝縛虎復縱虎，貙狼嗥呼入官府。神羊一角難枝梧，禽驚獸駭亡其伍。夜半力竭死節時，無一義士有犬五。犬不如人寸鐵無，能出死力衛遺軀。枕屍慟哭若有意，忍饑待斃忘其愚。君不見，舊時僮養十九走。安樂則共憂患否，可以人而不如狗。嗚呼！此狗論功當封關内侯，《西堂雜組》：有戲封苟變爲關内侯文。彼何人哉爛羊頭。

瘈狗 狂犬 猘犬 犬傷

題解

明 夏樹芳《詞林海錯》卷一二《猘犬》 狂犬也，《春秋傳》猘犬入華臣氏之門。

綜述

晉 葛洪《肘後備急方》卷七《治卒爲猘犬凡所咬毒方》 療猘犬咬人方：

先嗍却惡血，灸瘡中十壯，明日以去，日灸一壯，滿百乃止。姚云：忌酒。

又云：地榆根，末服，方寸匕，日一、二。亦末，傅瘡上。生根，搗傅，佳。

又方：刮虎牙，若虎骨，服一匕。已發如猘犬者，服此藥即差。姚同。

又方：仍殺所咬犬，取腦傅之，後不復發。

又方：搗薤汁傅之，又飲一升，日三瘡乃差。

又方：末礬石，内瘡中裹之，止瘡不壞，速愈，神妙。

又方：頭髮、猬皮，燒末，水和飲一杯。若或已目赤口噤者，折齒下之。姚云：二物等分。

又方：搗地黄汁飲之，并以塗瘡，過百度止。

又方：末乾薑，常服，并以内瘡中。

凡猘犬咬人，七日一發，過三七日不發，則脱也。要過百日，乃爲大免耳。每到七日，輒當飲薤汁三、二升。又當終身禁食犬肉、蠶蛹。食此，發則不可救矣。瘡未差之間，亦忌生物、諸肥膩及冷。但於飦下蒸魚，及就膩氣中食便發，不宜飲酒。能過一年乃佳。

若重發療方：

生食蟾蜍鱠，絶良，驗。姚同。亦可燒炙食之，不必令其人知。初得嚙，便爲之，則後不發。姚剥作鱠，吞蒜齏下。

又方：搗薑根汁，飲之，即差。

又方：服蔓菁汁，亦佳。

又凡犬咬人：

取竈中熱灰以粉瘡，傅之。姚同。

又方：火炙蠟，以灌瘡中。姚同。

又方：以頭垢少少内瘡中，以熱牛屎塗之，佳，姚同。

又方：挼蓼，以傅瘡上。

又方：乾薑末，服二匕。薑汁服半升，亦良。

又方：但依猘犬法，彌佳。燒蟾蜍，及末礬石傅之，尤佳。

得犬嚙者難療。凡犬食馬肉生狂方：

及尋常忽鼻頭燥，眼赤不食，避人藏身，皆欲發狂。便宜枸杞汁，煮糜飼之，即不狂。若不肯食糜，以鹽伺鼻，便忽塗其鼻，既舐之，則欲食矣。神驗。

附方

《梅師方》治狂狗咬人：

取桃白皮一握，水三升煎取一升，服。

《食療》治犬傷人：

杵生杏人，封之，差。

唐 孫思邈《千金寶要》卷三《虎犬馬傷》 狂犬咬人，毒有七日一發，百日内殺人者，每到七日，搗韭汁飲一二升，當終身禁食犬肉、蚕蛹，若犯則死不可救。瘡未愈之間，禁食生魚及諸肥膩冷食。但于飯下蒸魚及于肥器中食便發，不宜飲酒，過一年乃佳。

猘犬嚙人，搗地榆，絞汁塗瘡。無生者，取乾者，以水煮汁飲之。亦可末之，服方寸匕，日三。兼傅之，過百日止。

又方：搗韭絞汁，飲一升，日三。瘡愈止。

又方：以豆醬清塗之，日三四。

又方：刮虎牙或骨，服方寸匕。

猘犬毒，燒虎骨傅瘡及熨。又微熬杏仁，搗、研，取汁服之良。又取燈盞殘油灌瘡口。此皆禁生菜、猪肉、魚、酒。

又方：用韭根、故梳二枚，以水二升，煮取一升，頓服。

又方：桃東南枝白皮一握，水二升，煮取一升，分二服，吐出犬子。

又方：服莨菪子七枚，日一。

又方：梅子末，酒服。

猘犬所嚙，惡血未盡，灸上一百壯，以後當日灸一壯。若不血出，刺出其血，百日灸乃止。禁飲酒、猪、犬肉。

凡犬嚙人，以熱牛屎塗之佳。

唐 王燾《外臺秘要》卷四〇《狂犬咬人方二十二首》 《千金》論曰：凡春末夏初，大多發惡狂，必誡小弱持杖，預以防之。而不免者，莫出於灸，百日之中，無闕一日者，方得免難。若初見瘡差痛定，即言平復者，此最可畏，大禍即至，死在旦夕。凡狂犬咬人著訖，即令人狂，精神已別。何以得知？但看灸時，一度火下，即覺心神中醒然，方知咬已即狂，是以深須知此。此病至重，世人皆輕之，不以爲意，坐之死者，每年常有之。臣昔初學醫，未以爲業，有人遭此。將以問臣，臣了不知報荅，以是經臣手而死者非一。由此鋭意學之，一解以來，療者皆愈，方知世無良醫，枉死者半，此言匪虚。故將來學者，非必此法，餘一一方皆須沉思，留作心意勤學之，乃得通曉。莫以粗解一兩種法，即謂知說，極自誤也。因方中此一言，言不盡意耳。

又療狂犬咬人方：

蛇脯一枚，去頭炙，擣末，服五分，七日二。

又方：

服青布汁三升。

又方：

飲驢尿一、二升良。

又方：

擣莨菪根，和塩以敷之，日三度。

《肘後》療猘犬咬人方：

先嗍去惡血，乃須灸瘡中十壯，明日以去，日灸一壯，滿百日乃止，忌酒。

又方：

擣地榆根，絞取汁塗瘡，無生者，可取乾者以水煮汁飲之，過百日乃止，日末服方寸匕，日三，兼敷瘡上。

又方：

擣薤絞取汁敷之，又服一升，日三，須瘡差乃止。亦治已差復發者。《千金》同。又方：以豆醬清塗瘡，日三、四差。

《小品》療狂犬咬人方：

刮狼牙或虎牙骨末，服方寸匕，已發狂如猘犬者，服此藥即愈。

又方：

頭髮、猬皮，燒作灰末，等分，和水飲一盃。若或已目赤口噤者，可折齒灌之。

又方：

擣地黄汁飲之，并塗瘡上，過百日止。

又衆療不差，毒攻人煩亂，唻已作犬聲者方。通按唻音董，多言動也。

髑髏骨燒灰末，以東流水和服方寸匕，以活止。凡狂犬咋人，七日輒應一發，過三七日不發則免也。要過百日，乃爲大免。每至七日，法當擣薤一作韭汁，飲二、三升。又當終身禁食犬肉、蠶蛹。若食此，發則不可救之。瘡未差之間，亦忌食生魚，諸肥膩肉，及諸冷食。但於飯下蒸生魚，及就膩器中食，便發。不宜飲酒，能過一年乃佳。

又若重發者療之方：

生食蟾蜍膾，絕良。亦可燒炙食之。不必令其人知，初得嚙便爲此，則不發。

宋 竇儀《刑統》卷一五《犬傷害人畜標幟羈絆畜犬**》** 諸犬自殺傷他人畜產者，犬主償其減價；餘畜自相殺傷者，償減價之半。即故放令殺傷他人畜產者，各以故殺傷論。

【疏議曰】犬者，性能噬齧，或自殺傷他人畜產，犬主償其減價。以犬能噬齧，主須制之，爲主不防制，故令償減價。餘畜，除犬之外，皆是。自相殺傷者，謂牛相觝殺，馬相踏死之類。假有甲家牛，觝殺乙家馬，馬本直絹十匹，爲觝殺，估皮肉直絹兩匹，即是減八匹絹，甲償乙絹四匹，是名『償減價之半』。即故放令殺傷他人畜產者，或有犬性好噬猪羊，其牛馬能相觝踏，而故放者，責其故，各與故殺傷罪同，謂同上條『故殺官、私馬牛者，徒一年半。計贓應重若傷及殺餘畜產者，計減價准盜論，償所減價；價不減者，笞三十。』兩主放畜產，而鬬有殺傷者，從『不應爲重』，杖八十，各償所減價。

謂同上條『故殺官、私馬牛者，徒一年半。計贓應重若傷及殺餘畜產者，計減價准盜論，償所減價；價不減者，笞三十。』兩主放畜產，而鬬有殺傷者，從『不應爲重』，杖八十，各償所減價。

【疏】諸畜產及噬犬，有觝踏齧人，而標幟羈絆不如法，若狂犬不殺者，笞四十，以故殺傷人者，以過失論。若故放令殺傷人者，減鬬殺傷一等。【議曰】依雜令：『畜產觝人者，截兩角；踏人者，絆足；齧人者，截兩耳。』此爲標幟羈絆之法。若不如法，并狂犬本主不殺之者，各笞四十。以不施標幟羈絆及狂犬不殺之故，致殺傷人者，以過失論。過失者各依其罪，從贖法。律無異文，總依凡法，不限尊貴，其贖一也。若本應輕者，聽從本。其故放令殺傷人者，謂知犬及雜畜，性能觝踏及噬齧而故放者，減鬬殺傷一等，其犯貴賤、尊卑、長幼、親屬等，各依本犯，應加減爲罪。其畜產殺傷人，仍作他物傷人，保辜二十日，辜內死者，減鬬殺一等；辜外及他故死者，自依以他物傷人法。假令故放雜畜產觝踏及齧殺子孫，於徒一年半減一等，合徒一年；餘親卑幼，合各依本服，於鬬殺傷上減一等。【略】

宋 王執中《針灸資生經》卷七《犬傷》 外丘治猘犬所傷，毒不出發寒熱，速以三壯艾可灸齧處，立愈。銅春末夏初，狂犬咬人，即令人狂，過百日乃得免。當終身禁食犬肉、蠶蛹，食此則發，不可救也。先去卻惡血，灸瘡中十壯，明日以後，日灸一壯，百日乃止。忌酒。每七日搗韮汁飲一二盞。

金 張從正《儒門事親》卷七《犬傷脛腫》 麻先生兄，村行爲犬所齧，舁至家，脛腫如罐，堅若鐵石，毒氣入裏，嘔不下食，頭痛而重。往問戴人，女僮曰：『痛隨利減。以檳榔丸下之，見兩行，不瘥。』適戴人自舞陽回，謂麻曰：『脛腫如此，足之二陰三陽可行乎？』麻曰：『俱不可行。

又方：

擣生薑汁一升以來，服之佳。

崔氏療狂犬咬人方：

凡被狂犬咬，即急嗍去血，急吐之，勿錯嚥之。然後擣杏人，和大蟲牙捻作餅子，貼瘡上，頓灸二七壯，從此以後每日灸一兩壯，貼杏人餅子灸之，須要滿百日乃止，百日內必莫使大差。如無大蟲牙，可單用杏人亦得。狂狗咬人，每至七日即合一發，值至七日，即須擣韮汁服一大合，日再服之。縱非至七日，值一日、兩日，服一、兩合大妙。如冬月無，可取韮根擣汁服之。又三、兩日取杏人一合擣碎，熟研，濾取汁和大蟲牙齒，無牙齒，骨亦可用，熟煎取一大升汁，又燒竹瀝一合，以和杏人酪汁，更煎一、兩沸，分三服，一日使盡，又取所咬犬腦，以塗瘡大佳，取大蟲牙齒末，或大蟲脂塗之便佳。

又方：

以大蟲骨灰，和杏人膏以塗之，甚良。

又急療狂犬齧人，無問深淺者方：

初被咬便以冷水洗令血斷，封裹著。如其瘡大及深，宜放流水中浸之，血斷，依法封裹，更不用餘裹。忌風。千萬不畏。凡初被咬，即覓一切物與喫，後不發。

《必効》療狂犬咬方：

梔子皮燒灰，石硫黃末。

右二味，擣爲末，敷瘡，日一易。

又方：

取蚯蚓糞，水和之如泥，以封之。上有毛，以毛盡即差。

又方：

驢屎汁飲一升即差。

又方：

杏仁切去尖，豆豉各一兩。韭根一握，淨洗。

右三味，擣爲餅，可瘡大小，厚一、二分，貼咬處，大作艾炷以灸餅上，熱徹即差。

又方：

虎骨，石灰。

右二味，以臘月猪脂和作餅子，暴乾擣末，以敷之良。

如是，何不大下之？』乃命夜臨臥服舟車丸百五十粒，通經散三四錢，比至夜半，去十四行，腫立消，作胡桃紋，反細於不傷之脛。戴人曰：『慎勿貼膏紙，當令毒氣出，流膿血水常行。』又一日，戴人恐毒氣未盡，又服舟車丸百餘粒，濬川散三四錢，見六行。病人曰：『十四行易，當六行反難，何也？』戴人曰：『病盛則勝藥，病衰則不勝其藥也。』六日其膿水盡。戴人曰：『膿水行時不畏風，盡後畏風也。』乃以愈風餅子，日三服之。又二日方與生肌散，一傅之而成痂。嗚呼！用藥有多寡，使差別相懸。向使不見戴人，則利減之言非也。以此知知醫已難，用醫尤難。

元 謝應芳《龜巢稿》卷一八《猘犬文》 東家翁以防盜，畜獰犬數十。平居多齧人，翁或纵之。其一忍口吐舌，妥尾疾行而不顧，齧同類則其狀亦如。翁坐視若無見焉。人曰：『猘犬也，宜謹避之。』里有膂力者忿曰：『我，人也，誅鮫搏虎，吾力能為，何避此為。』適猘突如其前，遂怒踢之，躓而不死。厥足脛微有所傷，不數曰㕦號而咥人，為衆所殺。嗚呼！犬之猘者，固病也。翁坐視縱羣悪為害無算，不仁甚矣。然世之人形獸心，害同類而無厭者謟滔也，豈特猘犬哉。

明 陳實功《外科正宗》卷四《風犬傷》 風犬乃朝夕露卧，非時不正之氣所感，故心受之，其舌外出；肝受之，其目昏蒙；脾受之，其涎自流；肺受之，其音不出；腎受之，其尾下拖。此五臟受毒，成為風犬，乃禀陰陽肅殺之氣，故經此必致傷人。隨咬即服救生散，小便中行出血片。忌諸口味、麻物、赤豆等俱不可見，百日乃安。治之遲者，毒大而小便難出，必攻臟腑，久則成形，腹脹攻急，人聲若犬，眼神露白者，俱為不治。有愈後復犯前，禁觸之仍死。

救生散。救生散用七斑□，惟用全身翅足鐃，杭粉一錢，同作末，空心酒服效功高。

治風犬咬傷，用生斑□七個，去頭翅足，杭粉一錢，同研，空心温黄酒調服，一時許，小便行出血片白脂。乃惡物也。如便疼，煎甘草湯飲之自利。如毒未盡，次早再一服，以小便清白，方為毒盡。

又方：治風犬咬有效。其人頂中必有紅髮一根，急須拔去，以追風如聖散敷傷處抽毒氣，服救生散。

追風如聖散。追風如聖散防風，川草烏芎薄荷同白芷、細辛蒼术等，雄黄加上效無窮。

治風犬蛟傷，隨用敷之，其毒即可拔出。

細辛、防風、川烏、薄荷、草烏、川芎白芷、蒼术各一兩，雄黄四錢。共為末，温酒調敷傷處，以紙蓋扎，早晚換二次。

風犬傷之要靜居，諸麻赤豆太葷祛。百日之中都忌見，敢教患者樂年餘。

明 薛鎧《保嬰撮要》卷一六《風犬傷》 《丹溪衍義》云：犬屬陽，其性熱。大抵熱極生風，風熱相搏，則為顛狂驚駭之狀，此物理之自然者。今人治風犬咬傷，反以巴豆、斑猫等燥熱之劑瀉毒，從小便出，如犬之形狀，殊不知以熱濟熱，血被傷而然，非犬之毒也。切宜慎之。余見呉中凡被犬傷或出血發熱者，輒服斑猫、巴豆等藥，或至發搐咬牙，即以為毒甚，服之益堅，遂致殞喪。殊不知凡被傷受驚之症，皆肝經所主，肝屬木，木生火，火生風，故發搐咬牙之疾，被犬驚傷所致為多，不必風犬為然也。若為風邪所襲，牙關緊急，腰背反張，宜用定風散，童便調服；更以漱口水洗浄傷處搽之。若出血不止，用燈草貼之。其有他症，從破傷風法治。丹溪之戒，不可不知。若真為猘犬所傷，則斑猫、巴豆之藥，亦當暫用。蓋以毒攻毒，理勢自然，毒既内中，非此不去，但病去即止，便與調補，可保無虞，不宜確服耳。大凡猘犬之狀，必吐舌流涎，尾垂眼赤，誠為易辨，其被傷病甚之時，必作犬吠，亦自不同，不可一槩施治也。

一小兒犬咬出血，抽搐痰盛，敷玉珍散、服抱龍丸而愈。

一小兒素怯弱，犬咬出血，惡寒發熱，過服斑猫之藥，殊類破傷風，與玉珍散敷之，服十全大補湯，倍加鈎藤鈎而愈。

一小兒被犬傷，面青發搐咬牙，此因驚所致，或謂風犬致傷，用斑猫等藥而歿。

一小兒犬傷，牙關緊急，兼熱發搐，余以為急驚風，不信，乃服斑猫等藥而歿。

一方治風犬咬，用斑猫七箇，去頭翅足，將糯米一撮同炒，米黄色為度，為末空心用水調服。

又法：用朱砂、雄黄各五錢為末，空心，香菜油調下。

明 佚名《平冤録・蟲鼠犬咬傷》 檢見身死人沿身有破處，看幾道，各方圓多少，各深多少。死后被蟲鼠傷，即皮破無血，兼破處周迴有蟲傷齧破痕跡、皮頭不齊去處。可驗是本人死後蟲鼠咬傷，即不是生前時別有他故。分別較大時，即大蟲大咬傷。

明 彭大翼《山堂肆考》卷二二二《逐瘈》 左襄十七年宋華閲卒，

華臣弱臯比之室，使賊殺其宰華吳。十一月國人逐瘈狗，瘈狗入于華臣氏，國人從之，華臣懼，遂奔陳。注云：瘈狗，狂狗也。

明 張懋修《墨卿談乘》卷八《犬傷》 《宋書》：張收為猘犬所傷，食蝦蟆膾而愈。又椎碎杏仁敷之，即愈。

明 朱橚《普濟方》卷三〇六《猘犬嚙附論**》** 凡春末夏初，犬多發狂，必誡小弱持杖以預防之。防而不免者，莫出於灸，百日之中，一日不闕者，方得免難，若初見瘡瘥痛定，即言平復者，此最可畏，大禍即至，死在旦夕。凡狂犬咬人着訖，即令人狂，精神已別，何以得知？但看灸時一度火下，即覺心中醒然，惺惺了了，方知咬已即狂，是以深須知此，此病至重，世皆輕之，不以為意，坐而死者，常年有之。

凡猘犬咬人，七日輒應一發，三七日不發則脱也，要過百日，乃得免耳。每到七日，輒當搗韭汁飲一二升，又當終身禁食犬肉、蠶蛹，食此則發，死不可救矣。瘡未愈之間，禁食生魚，及諸肥膩冷食，但於飯上蒸魚，及於肥膩器中食者便發。不宜飲酒，能過一年乃佳。乃若人曾食落葵，中犬咬必難治。若已瘥十數年後，食之者便發也。若重發者，生食蟾蜍，鱠絶良。亦可燒炙食之。不必令其人知，初得嚙毒便為之，則於後不發也。《儒門事親》書云：『麻先生兄材行為犬所嚙，舁至家，脛腫如罐，堅若鉄石，毒氣入裏，嘔不下食，頭痛而重，往問戴人。女僮口誦隨利減以梹榔丸下之，見兩行不瘥。適戴人自舞陽回，謂麻曰：「脛腫如此，足之二陰三陽可行乎？」麻曰：「俱不可行，如是，何不大下之。」乃命夜臨卧服舟車丸百五十粒，通經散三四錢。比至夜半，去十四行，腫立消，作胡桃紋，反細於不傷之脛。戴人曰：「慎勿貼膏紙，當令毒氣出，流膿血水常行。」又一日，戴人恐毒氣未盡，又服舟車丸百餘粒，濟川散三四錢，見六行。病人曰：「十四行易當，六行反難，何也？」戴人曰：「病盛則勝藥，病衰則不勝其藥也。六日其膿水盡。」戴人曰：「膿水行時不畏風，盡后畏風也。」乃以愈風餅子，日三服之。又二日，方與生肌散，一傅之而成効。嗚呼！用藥有多寡，便差別相懸，向使不見戴人，則利減之言非也。以此知醫已難，用醫尤難。』

方

桃白散出《聖惠方》：

治猘犬咬人毒氣攻心悶亂方：

桃白皮三兩，甘草半兩，炙微赤剉，杏仁三十枚，湯浸去皮，尖双仁麸炒微黄而成，膏桂心一兩。

右細剉，以水三大盞，煎至一盞，去滓，入杏仁膏攪令匀，分為二服，良久再服。

蟬花散出《衛生寶鑑方》：

治夏月犬傷，及諸般損傷，蛆虫極盛，臭惡不可近之者。

蛇退皮一兩，用炭燒存性，研為末。蟬殼半兩，青黛半兩，華陰細辛三錢半。

右為細末，每服三錢，酒調下。如六畜損傷成瘡，用酒灌。如犬傷，用梅子和喫，蛆皆化為水，蠅子不敢再落，又以生寒水石末糁上。

韭根散出《聖惠方》：

治猘犬咬人疼痛不止方：

豉一合，雄鼠糞一兩，杏仁、韭根各一兩。

右件藥相和，爛研傅破處，良。

金黄散出《聖惠方》：

治狂犬咬傷損疼痛方：

白礬一兩，燒灰，硫黄、梔子灰各半兩。

右件藥都研為末，傅咬損處，即瘥。

杏豆散：

治瘈狂犬咬方：

杏仁切去皮尖，豆豉各一兩，韭根一握淨洗。

右搗為餅，可瘡大小，厚一二分，貼咬處。大作艾炷，以灸餅上，熱即差。

猬皮散出《千金方》：

治猘犬毒方：

頭髮、猬皮各等分。

右燒灰，水和飲一盃，口禁者，折齒内藥。

枸杞散出《聖惠方》：

治犬咬方：

枸杞葉少許，塩少許。

右同搗，令熟后傅於瘡上即愈。

杏桃散出《聖惠方》：

治狂犬咬人傷痛方：

杏人四十枚去皮，尖双人拍碎，桃白皮切二升。

右用水二升先煑桃皮，取汁一升，去滓，下杏人再煑，减半，去滓，温分三服，得吐，乃効。

金粒丹：

治風狗毒蛇所傷：

雄黄一兩，透明者。大硃砂一錢。

右研極細，旋取温蟾酥為丸，如麻子大。每服一丸，温酒下，不忌口，一服奏効。

立効散：

治風狗所傷：

蒜、杏仁。

右各等分，一處搗爛，次用些少消風、急風散一捻在蒜内，連瘡口四畔傅訖，將艾炷灸之，次服消風、急風二散。忌鱔鰻發風等物。

定風散出《衛生家寶方》：

治風狗咬破。先口噙漿水洗淨，用綿揾乾，貼藥更不再發。天南星生，防風各等分。

右為細末，乾上藥，更不再發，無膿大有神效，不可具述。凡惡犬傷人咬破多，或一二年三年至七八年，咬破處或時疼痛，或先發增寒，甚至發風，遍身搐搦，數日不食，十死八九。余親見者數十人服此藥，但凡犬咬破者，無有不愈。

雄麝散出《醫方集成》：

治猘犬傷。或經久復發，無藥可療者，用之極驗。

雄黄色黄而明者五錢，麝香五分。

右各等，研和匀，用酒調二錢服。如不肯服者，則撚其鼻而灌之。服藥后，必使得睡，切勿驚起，任其自醒，候利下惡物，再進前藥，即見効矣。終身禁食犬肉、蚕蛹。此毒再發，則難救。

梔子散：

治療狂犬咬方：

梔子皮燒灰，石硫黄末。

用搗為末傅瘡，日一易，救急用二三度差。

虎骨散：

治療狂犬咬方：

虎骨、石灰。

右二味以臘月猪脂和作餅子，暴乾，搗末以傅之良。

治凡犬嚙人方出《千金方》：

用取竈中熱灰，以糁瘡中，帛裹繫之。

又方出《千金方》：

用燒自死蛇一枚，令焦為末，内瘡孔中。

又方出《千金方》：

用鼠屎為末，以臘月猪膏傅之，或用鼠一枚，猪膏煎傅之。

又方出《千金方》：

用飲生姜汁一升，一方用白姜炙熨之良，韮汁亦佳。

治狂狗咬出《本草》

用菘耳葉煑，服之。

又方出《千金方》：

用燒犬尾為末傅瘡，日三。

又方出《千金方》：

治犬咬人重發瘡。

用頭垢少許内瘡中，以熱牛糞塗之佳。

又方出《千金方》：

治凡犬嚙人：

用苦酒和灰，塗瘡中。

治小兒狗嚙方出《千金方》：

用月一日，以水一升灌之，勿令狗主打狗，若月盡日，三升水灌之。

治猘犬毒方出《千金方》：

用搗韮絞取汁，飲一升，日三，瘡愈止。愈後復發者，用韮根故梳二枚，用水二升，煑一升，頓服。

又方：

治猘犬咬人、毒氣攻心悶亂方：
用蝦蟆一枚，燒灰，細研為末，以粥飲調服之，即愈。一方蝦蟆作膾而愈，一方用砂糖同搗汁服。沈約《宋書》曰：『張收嘗為猘犬所傷，醫云：宜食蝦蟆膾，收甚難之。醫含笑先嘗收，因此乃食，瘡亦即愈。』
治猘犬囓重發方出《聖惠方》：
用乾姜搗為細末，每服二錢，以温水調下，不拘時侯，一方用末傅瘡口，立差。
治犬咬成瘡漏方出《聖惠方》：
用石灰細研為末，以醋和塗瘡上。
治犬咬方出《聖惠方》：
用取地龍爛搗，封根咬處，當有毛，或收得乾者搗末，用油調封之。
又方出《聖惠方》：
用【中闕】燒灰，細研為末，以醋調塗之。
治狗咬
用杏仁研細，先切葱湯洗，然後傅塗傷處。一方同馬藺根研細塗之，一方搗杏仁傅之，服汁亦佳，熬成膏令黑，傅亦可。
又方出《危氏方》：
用蓖蔴子五十粒，去殼，井水研成膏。先以鹽水洗咬處，次以此膏傅貼，或用虎骨末及虎膏，一方無虎骨末。
莽草散出《危氏方》：
治狗咬涎入瘡，令人昏悶。用上好浸椒水調莽草末，塗之。
又方出《仁存方》：
治虎犬咬人。
用白礬為末，糝瘡內裹之，立愈。
治犬咬凍瘡出《危氏方》：
並以秫米嚼傅。
治狂犬咬人出《聖惠方》：
用蚯蚓屎和鹽研，封狂犬傷毒處，出犬毛殊有神效。一方井口蚯蚓糞濕傅瘡上，以物包定，即差。
治療猘犬咬人出《醫方大成》：
用刮虎牙若虎頭骨為末，酒服方寸七，或刮狼牙骨末服，已發狂如猘犬者，服即愈。
又方：
用髮及猬皮少許燒灰水和服之
又方出《千金方》：
用燒虎骨傅瘡及熨之。又微熬杏人搗研，取汁服之良。又取燈盞殘油灌瘡口。此皆禁酒、猪肉、魚、生菜。
又方出《千金方》：
用桃東南枝白皮一握，水二升，煑取一升，分二服，吐出犬子。
又方出《千金方》：
用服莨菪子七枚，日一度，以水服之差止。又取其猘狗腦上毛燒灰，傅瘡上不發。一方用莨菪爛搗和，塩傅之。
又方出《千金方》：
用梅子末，酒服之。
又方出《千金方》：
用豆醬清塗之，日三四差。
治狂犬囓人方出《千金方》：
用蛇脯一枚，炙去頭搗末，服五分七，日三。
又方出《千金方》：
用青布浸汁，服三升。
又方出《千金方》：
用飲驢尿一二升，或驢屎汁飲一升，即差。
治風狗傷出《濟生拔粹方》：
用口噙漿水洗浄，以乾薑末塗貼。
又方出《濟生拔粹方》：
用吮去血漿水洗畢，紙上炒黄丹赤色，貼之。
蟾蜍灰散出《肘後方》：
治狂犬咬人重發者。
用蟾蜍三个燒灰，搗羅為末。每服二錢，温水調下，服時不得令人知。
一方焙乾傅之，又剥作鱠，呑蒜虀下。

用仍殺所咬犬，取腦傅之，後不復發。

治猘犬咬人出《千金方》：

用煑地榆汁飲之，兼末傅瘡上，服方寸匕，日三服，忌酒。若治瘡已差者，擣生韮汁飲之一二升。一方無韮汁，地榆絞汁無生者，乾水煑飲之，傅上。一方為散水調服二三錢，日三次服，兼可傅瘡上，過百日止。

解狗毒：

杏人、礬石、韮根、人尿各等分。

研細，爛傅毒處。

治犬咬人重發：

用服蔓菁汁佳。一方地榆為末咬處，立差。

治狗咬傷：

用鍋墨為末，桐油調塗。又方：

用嚼杏仁沃破處，以帛繫定。一方以人屎汁傅，尤良。

治瘋狗傷：

用真茶末桐油濃調，塗傷處。

治顛狗咬人：

用清油泥於破咬處擦成條，掐斷看油泥內直至無狗毛為度，如有毛更擦，然後用水調嫩米糠為膏貼之，此一方賀都目傅，清油泥俗云油尿。

治顛狗咬人出《經驗良方》：

用斑猫七箇，去翅足為末，夏間豆豉四十九粒，去皮，滴水研為膏，入和斑猫末為丸，如梧桐子大，盡數服，白熟水下，却將穢桶盛水，令病人尿小便於內，停半日，見小便桶內水中氣凝結如狗形則愈。如不下，再合服，至七次始獲全安。

清油散出《經驗良方》：

治顛狗咬人：

用生麻油滴豉為膏，弹子大，常常拭揩所咬瘡口，分開豉弹，見有狗毛茸茸，此毒出即安，至無茸毛為度，日間常行食用加杏子食之，尤妙。

又方出《經驗良方》：

凡被顛癲狗咬，不可便用水洗，及飯擦，可用草藥名鉄薄荷，又名接骨草，用葉并根梗，以水洗去土，擂爛傅傷處，用絹帛包定，無令着水，神効。其草如菊花葉，兩葉相對，到秋有青花，如小蓼花相似。

治風顛狗咬人出《經驗良方》：

用前方須要服藥後，方可常食杏仁逐其毒。

又方出《德生堂方》：

用斑猫七箇，去頭足翅，研為細末，温酒調服。其毒亦從小便中出，膏膜形如狗狀。如小便雖出，不見狗形，須服七次方可。如大小便俱澁不下，却用火麻燒灰存性，同沒藥末茶各少許，用温湯調服引導其毒，即下。

又方出《經驗良方》：

當時被咬如藥不便，隨即用生葱連白不以多少，擂爛，先塗咬傷處，然後服前藥。

虎骨膏。

治犬咬：

有一人被咬，以蚯蚓屎、黄泥各少許，入些虎骨同調，傅瘡口上，一服便愈，曾有驗。

治狗咬着破傷風欲死者。

用遍白狗糞燒灰，温酒下，神効。

紫荆皮散。

治狂犬傷人：

先以杏仁擣爛，焙去毒。以紫荆皮煎水，又以沙糖調紫荆皮末塗。

治風狗咬：

用路厠架上乾屎刮下，用帶皮柳木搥，熟擣成膏，攤紙上，貼傷處，睡去，睡覺則汗出而愈，永不再發，不忌口。

治猘犬咬人出《肘後方》：

用擣乾地黄汁飲之，并塗瘡口上，百度止。

立効散。

治風狗咬傷：

用餓老鷹胆一箇，温酒調下，或四十日，或百日不瘥者，不過三服愈。

治顛犬所傷出《醫方集成》：

用斑猫大者二十一隻，去頭翅并足，用糯米一勺，先將斑猫七枚入米內，於微火上炒，不令米赤，去此斑猫，別入七隻，再於前米内炒，令斑猫色變，復去之。又別用七隻，如前法炒，以米出青烟為度。去斑猫不用，以米研為粉，用冷水入清油少許，空心調服，須又再進一服，以小便利下惡毒為度。如不利再進一服，利后腹肚疼痛，急用冷水調青靛服之，以解其毒。否則有傷，或煎黃連水亦可。不宜便食熱物。

治猘狗嚙：

用葛根末傅之。

髑骨散出《肘後方》：

治狂犬咬人，及諸犬咬瘡不瘥，吐白沫者。為毒攻入心，人煩亂喚吽作犬聲者方。

用髑髏骨燒灰末，以東流水和服方寸匕，以活止。凡狂犬咋人，七日輒應一發，過三七日不發，則免也。要過百日，乃為大免。每至七日，輒當搗薤一作韭汁飲二三升，又當終身禁食犬肉、蚕蛹，若食此發則不可救矣。瘡未瘥之間亦忌食生物，諸肥膩肉，及諸冷食。但於飯上蒸生魚，及就膩器中食便發，不宜飲酒，能過一年乃佳。

杏仁膏：

治狂犬咬人：

凡被狂犬咬人，即急嗍去血，急吐之，勿錯嚥之。然后搗杏仁和大虫牙捻作餅子，貼瘡上，頓灸二七壯。從此已后，每日灸一兩壯，貼杏仁餅子灸之，須要滿百日乃止。百日内必莫斷使瘡瘥，如無大虫牙，单用杏仁亦可。狂犬咬人，每至七日即合一發，但至七日即須搗韭汁服一大合。日再服之，縱非至七日，但一日兩日服一兩合大妙。如冬月無韭，取韮根搗汁服之。又三兩日取杏仁一合搗碎，熟研濾取汁，和大虫牙齒、骨亦可。用熟煎取一大升汁，又燒竹瀝一合，以和杏仁酪汁，更煎一兩沸，分三服，一日使盡。又取所咬犬腦以塗瘡大佳，取大虫牙齒末，或大虫脂塗之，更佳，須忌酒。

治救急療狂犬嚙人、无問深淺者方：

初被咬便以冷水洗令血斷，封裹著，如其瘡大及深，宜放流水中浸之，血斷依法封裹，更不用餘藥，忌風，千萬可畏。凡初被咬即覔一切物與喫，后不發也。

治風狗咬出《瑞竹堂》：

用桃核殼半箇，將野人肝即人之大糞也填滿，以榆皮盖定，掩於傷處，用艾於桃核上灸二七十四炷，即愈，永不發作。

治風犬傷：

用白糞虫去肚中黑，研之一二盌，頭頂上有赤髮，多火拔去以虫傅之。

治療猘犬咬人方出《千金方》：

用火炙蠟以灌瘡中，一方挼蓼以傅瘡上。

又方：

用白芷末湯茶調服，永不發。

又方：

用槐皮並葉傅之。

又方：

用枇杷葉以臈酒一瓶，新開傾出酒令乾，將枇杷葉火上燒過，作黑色，捺入瓶中，用紙密盖，一椀飯時取出葉灰，研為細末，糁於被傷處，隨即痛定痊可，絕妙。

皂角散：

治療猘犬咬人方：

用淨洗口，以獨蒜切片子，安在口上，却用葱、鹽、全蝎、皂角四味，同擂細，安在上，用艾灸黃水出為度。

治狗咬傷方：

用磚青和牛糞傅之。

治狂犬出《肘後方》：

以犬腎心搗傅咬處。

治狂犬咬寒熱欲發者。

刺熱人血飲之。

治狂犬毒入心悶絕不識人方出《聖惠方》：

用取黑豆煮汁服之，甚良。

治犬咬方出《千金方》：

用熱牛糞塗傅咬處佳。如無濕糞，以乾糞為末，小油調塗，立效。風狗亦無害。

治狂犬嚙人出《聖惠方》：

用乾蛇一條，酒浸炙令黃色，又搗為末，水調二錢，日四五服。

治犬咬人傷處毒痛心悶方出《聖惠方》：
用火炙瘡中毒上，以擣韭汁飲三合，日四五服，瘡瘥即止。
治犬傷出《十便良方》：
鼠糞為末，用冷井水洗瘡，淨乾，別用津調塗，紙靨之，帛子縛之，濕者乾糝。
治犬傷出《如意方》：
麝香、沉香、防風各等分。
右為末，以生杏仁研，酒下。
治犬傷：
細研鼠糞，以生油膩調塗，立効。
治狂犬咬人：
取鼠屎二升燒末，研傅瘡上。
治狂犬咬、發狂欲死：
以蟾蜍作鱠食之，頻食數頓。
治狗咬瘡：
用見腫消生苗葉，爛擣貼瘡。
治狗咬破傷風：
人參不計多少，桑柴火上燒令煙絶，用盞子合研為末，糝在瘡上，立効。
治狗咬：
用山豆根水研傅之，若猘犬咬，以水調服二錢。
治狂狗咬：
取百家筯煎汁飲之，一方就人家乞取煎汁服之。
療狂狗咬人欲發者，及蛇蝎惡虫等毒藥毒：
以韮葉及根生擣，絞汁服。
治狂犬毒：
以紫珠煑汁，服之。
治犬咬瘡：
用屋漏水，即以水澆屋簷，承取用洗之。又以水滴簷下，令土濕，取土以傅犬咬處瘡上。
治猘犬咬人出《肘後方》：
用牀四脚下土和成泥，傅瘡上灸之，一七壯，瘡中得犬毛者愈，猘犬狂犬也。
療猘犬咬人出《肘後方》：
用地榆根末，服方寸匕，日一二服亦擣，傅瘡上更佳。
治狗咬瘡：
右以竹藍耳燒灰，傅狗咬處良。
治狂犬傷毒：
以白頸蚯蚓屎封之，出犬毛神驗。
治犬咬：
右用黄荆葉擣，急罨瘡口，即安。
治狂狗咬人：
取桃白皮一握，水三升，煎取一升服，桃白皮味苦辛平。

又 卷四二三《治猘犬所傷不出發寒熱見外邱穴**》** 速以三姓人飯敷之，可灸咬處，立愈。春末夏初狂犬咬人，即令人狂，過百日乃得免，當終身禁食犬肉、蠶蛹，食此則發，不可救也。先去卻惡血，灸瘡中十壯，明日以後，日灸一壯，百日乃止。忌酒。每七日擣韭汁飲一二盞。

又《治狂犬咬人》 令人吮去惡血盡，灸百壯後，日日灸，百日止。若血不出，一生忌酒猪肉。

清 胡廷光《傷科彙纂》卷一二《狗咬傷》 耀山曰：狗類不一，其性皆同。豺見之跪，虎食之醉，犬食番木鱉則死，物性制伏如此。諸犬皆能咬人，若被咬傷，皮破血出，腫痛而已。惟瘋癲之狗傷人，毒如蛇螫，皮或不破，血或不出，旬日之內，人亦發狂，呌如犬吠，至九死一生之候，不可不急治。是犬因毒蛇冬含土伏穴，春則出穴，連涎吐於草間，犬食之中毒發狂，遇人即咬，名爲瘈狗。按毒中犬心經者舌出，毒中肝經者眼赤，毒中脾經者流涎，毒中肺經者聲啞，毒中腎經者尾垂。凡被咬者，頂上即有紅髮，須先拔去，急以通利解毒爲主，或用番木鱉磨水服，併選良方治之，則無害矣。

藏器云：犬咬瘡，用屋漏水洗，更以澆屋簷，取滴下土傅之效。又云：猘犬咬，用床脚下土和水傅之灸七壯。又方：用猪蔹草擣塗之。又方：以五月五日采一百種草隆乾燒灰，和石灰爲團煆研，傅犬咬并治金瘡止血皆效。
又方：治犬狂狗咬者，乞百家筯煎汁飲之靈效。或刮肉店墩上油膩，拌砂糖敷良。《千金方》：治犬咬血出，以新汲水洗至血止，綿裹之。又方：治犬咬傷人，用苦酒和石灰傅之，或熱湯和之，俱效。

《肘後方》：治犬傷人，用白礬末納入裏之，止痛尤妙。重發者，用蔓菁根搗汁服之佳。

《梅師方》：治犬咬傷，煮地榆汁并爲末傅之效，又白湯服末，日三次效，忌酒。

《便民圖纂》：治狗咬昏悶者，浸椒水調莽草末傅之。葛洪方：治犬咬傷，以薤白搗汁飲之，并塗之，日三服，瘥乃止。

寇氏云：狗咬傷成瘡，嚼杏仁塗之妙，或嚼白果仁塗之亦效。

葛氏方：治犬咬瘡發，以黄蠟溶灌入瘡中良。

《別録》云：治狗齧瘡，用虎脂油傅之效。

《經驗方》：治犬咬，用舊屋瓦上刮下青苔屑按之即止。又方：治狗咬，風傷腫痛者，用人參置桑柴炭上燒存性，以盌覆定少頃，爲末摻之立瘥。

《圖經》云：見腫消草，春生苗，葉莖皆紫色，高一、二尺，葉似桑而光，面青背紫，治狗咬，搗葉貼之良效。日華子：治犬咬，以熱尿淋洗，或嚼秫米傅之，並良。陶弘景云：治狗囓瘡，用烏桕即火薰乾柿餅也搗爛傅之。

《肘後方》：治惡犬咬傷，用蓼葉搗泥傅之。

《千金方》：治惡犬咬傷，以莨菪子七枚吞之，日三服。《小品方》：治惡犬咬傷，用虎骨刮末，水服方寸匕，并傅之。又方：用狼骨刮末水服亦效。

藺氏《經驗方》：治惡犬咬傷，用左盤龍即人屎也厚封之，數日即愈。按毒蛇、狂狗咬傷，莫妙乎此。

李時珍曰：治猘犬傷發狂，刮虎牙末，水服方寸匕。又云：凡被狂犬咬者，愈後永不可食葵菜，食之即發，慎之！

蘇恭方：傅狂犬傷，用蚯蚓泥，吸出犬毛神效。又方：用葛根搗汁飲，并末傅之。又方：用葱莖白搗爛塗之。

《救急良方》：治風狗咬傷，用雄黄五錢，麝香二錢，爲末酒下，作二服。

《本經》曰：白鬼霍，即白葛，治猘狗毒，諸藥莫敵，兼治蛇虺蜂蠆等毒。

《濟急方》：治風犬咬毒，用胆礬末傅之，立愈。

《百一方》：治猘犬咬傷，用生地黄汁，飯餅塗之，百度乃愈。

《外臺秘要》：治狂犬咬人，用莨菪根搗傅，日三上。又方：用故梳、非根各二枚，水二升，煮一升，頓服。又方：用蚺蛇脯爲末，水服五分，日三服。無蚺蛇，他蛇亦可。又方：用蝟皮、頭髮等分燒灰，水服。

《小品方》：治猘犬傷人，飲生薑汁即解，或以乾薑末水二匕，并以薑炙熱熨之。

《生生編》：治風狗咬傷，用瓦松、雄黄研貼，即不發。

《千金方》：治猘犬傷毒，用烏梅末，酒服三錢。又方：用自死蛇一枚，燒焦爲末，納入瘡孔中。又方：用頭垢，蝟皮等分燒灰，水服一盃，口噤者灌之。如重發者，以頭垢少許納瘡中，用熱牛屎封之。又方：用紫蘇葉嚼傅之。

《質實談耳》云：海角春間犬吸毒輒瘋，被其嚙者，往往孕小犬，彌月腹痛不可忍，多懸梁投井而死。有仙憐之，標靈異於嘉定道院以示其方，因名集仙宫。宫後嘗有二丐，植枯竹一枝，旁覆以椀。數日即生枝葉，逾年成林。道士見而訝之，建瑞竹軒以誌其祥。又發其覆椀則治瘋犬方在焉。方載桃仁、滑石各三錢，硃砂、雄黄、炙川山甲各二錢，方八三枚，斑貓七箇，麝香五分，共研爲末，每服三分，調以醇酒。凡遇瘋犬，非其夙冤，服之得活。王宗滩題其軒云：一枝枯竹寄天蹤，直節干雲密影重，解說手中通造底，須歸敕葛坡龍。以述還其事。按瘋犬傷人，甚於蛇蠚，初或不覺，毒即入腹，發則如狂，似與蓄血症熱結膀胱似狂非狂相類。紬繹此方，以桃仁破血，滑石利水爲君；硃砂鎮驚，雄黄解毒爲臣；佐以山甲，透經絡，通表裏，無所不到；使以斑貓毒蟲，直達下竅，麝香通閟，搜逐毒物。方八即番木鼈子，其性瀉熱而能毒狗，物受其制，而疾得其瘳矣。遍究方書，巧玅無逾於此。信屬仙方無疑。

《辨證奇聞》云：人有爲癲狗所傷者，人必發癲如狂之症，世人以爲其人必生小狗於腹中，此悮傳也。因發癲狂，人如狗狀，見人則咬，逢女則嬲，大小便閉，出恭虛努，似若生産艱難，人遂信腹中生狗不能産而死，又謂腹痛者乃小狗内咬也，豈不可唉哉。其實狗悮食毒物發癲。夫犬性最熱，或食性熱之物而狂，人被所傷，熱毒之氣傳染於人，最可畏之病也。然而得其法以解熱毒，則病去如掃，逢異人傳授奇方，不敢自秘，謹傳以救世焉。用木鼈子三箇切片土炒班猫七箇去頭足，糯米一撮炒，生大黄五錢，劉寄奴五錢，茯苓五錢，麝香一分，各研細末和匀，黄酒調服三錢，一服而毒氣全消，至神之方也。毒未净，必須多服數劑，忌色慾發物。是方用木鼈、班猫者，以犬最畏二物也。况木鼈大凉瀉熱，得大黄以迅掃之。寄奴善逐惡血，尤走水竅，佐茯苓利水更速。麝香通竅，引班猫毒蟲，攻毒從小便而出也，病即愈矣。按此方乃太醫院使錢松所傳，與前方稍異，其稱爲活命仙丹，非無因也。

《梅師方》：治狂狗咬傷，用桃白皮一握，水三升，煎一升服。又方：用巵子皮燒研，石硫黄等分，爲末傅之，日三次。又方：用鼠屎二升，燒末傅之。

《仙傳外科》：治猘犬咬傷，用紫荆皮末，沙糖調塗留口退腫，口中仍嚼杏嚥下，毒去則愈。

《肘後方》：治猘犬咬傷，每七日一發，生食蝦蟇膾絶良，亦可燒炙食之，勿令本人，知之自後再不發也。《袖珍方》：治風犬傷，即用蝦蟇後足搗爛，水調服之，先於頂心拔去血髮三、兩根，則小便内見沫矣。

又方：用萞麻子五十粒去殼，以井花水研膏，先以鹽水洗吹痛，乃貼此膏。

《簡便方》：治猘狗咬傷，七日當一發，三七日不發乃脱也。急于無風處，以冷水洗淨，即服韭汁一盌，隔七日又一盌，四十九日共服七盌，須百日忌酸鹹，一年内忌食魚腥，終身忌食狗肉，方得保全，否則十有九死。徐本齋云：此法出《肘後方》，有風犬一日咬三人，止一人用此得活，親見有效。

談野翁方：凡風犬咬傷，不治即死，紅娘子二箇，斑蝥五箇，並去翅足，若四十歲各加一箇，五十歲各加二箇，青娘子三箇去翅足，四十歲加一箇，五十六歲加二箇，海馬半箇，續隨子一分，乳香、沉香、桔梗各半分，酥油少許，爲末，十歲者作四服，十五歲作三服，二十歲作二服，三十歲作一服。《衛生易簡方》云：凡風狗咬傷，此乃九死一生之病，急用斑蝥七枚，以糯米炒黄，去米爲末，酒一盞，煎半盞，空心温服，取下小狗肉三四十枚爲盡，如數少，數日再服，七次無狗形，永不再發矣，累試累效。《醫方大成》：用大斑蝥三七枚，去頭翅足，用糯米一勺畧炒過，去斑蝥，別以斑蝥七枚，如前炒色變，復去之，別以七枚，如前炒至青烟爲度，去蝥，只以米為粉，用冷水入青油少許，空心調服，須臾再進一服，以便利下毒物為度，如不利再進，利後肚疼，急用冷水調青靛服之，以解其毒，否則有傷，黄連水亦可解，但不宜服一切熱物也。

《醫宗金鑑》云：犬因五臟受毒而成瘋犬，故經其咬，必致傷人，九死一生之證也。初被咬時，急就咬處刺令出毒血，以口含漿水吮洗傷處，或以拔法拔之，或以人尿淋洗，拭乾，即用核桃殼半邊，以人糞填満，罨在咬處，上着艾火灸之，殼焦糞乾再易，灸至百壯，以玉真散唾津調敷，次日再灸，漸灸至三、五百壯爲度。於初灸時即服扶危散，逐惡物血片從小水中出。若毒物血片堵塞莖中，致小水澀滯如淋者，即服琥珀碧玉散以通利之。被咬之人，頂心有紅髮一根，速當拔去。一法用豆豉研末，香油調稠，丸如弹子大，常揩拭所咬處，掐開看豉丸内若有狗毛茸茸然，此係毒氣己出，再揩至無茸毛方止，甚效。始終禁忌必當慎重，終身忌食狗肉及蠶蛹、赤豆，百日内忌見麻物，忌飲酒，三年内忌食一切毒物及房事。可常食杏仁以防其毒。若治遲，犬毒入心，煩亂腹脹，口吐白沫者，用虎頭骨、虎牙、虎脛骨為末，酒調二錢服之。若發狂叫喚，人聲似犬聲，眼神露白者逆，終始犯禁忌不救。扶危散：以蟹蝥按日數用之，如犬咬已竟七日用七個，十日用十個，去翅足，加糯米同炒去米，滑石一兩水飛，雄黄一錢，麝香二分，共研細末，每服一錢，温酒調下，不飲酒者米湯調下。琥珀碧玉散：滑石六兩，甘草一兩，琥珀五錢，青黛八分，共研細末，每服三錢，燈心煎湯調下。又瘋犬咬傷拔法：用砂燒酒壺兩箇，盛多半壺燒酒，先以一壺上火令滚無聲，傾去酒即按在破傷瘡口，拔出污黑血水，滿則自落，再以次壺仍按瘡口，輪流提拔，以盡爲度，其證立愈。玉真散：原方天南星、防風二味等分，今加白芷、白附、天麻、羌活，亦等分為末，除外敷，亦可熱酒沖服，熱童便調服亦效，每用三錢，並治破傷中風發痙皆效。俗傳：雞子加斑毛七箇蒸食甚效，治亦效。孫真人云：猘犬齧，惡血未盡，灸百壯，以後日灸一壯，若不血出，刺出其血，百日灸乃止，禁飲酒、猪犬肉、蠶蛹、魚腥、油膩。《針灸大成》云：猘犬傷，毒不出，發寒熱，速以三姓人灸所咬處及外丘、光明二穴，穴在足外踝上七寸、五寸等處，或針刺出血亦效。

清 臧琳《經義雜記》卷二七《猘狗》 《左傳》襄十七年，宋人逐瘈狗，瘈狗入於華臣氏。釋文：瘈狗，徐居世反，一音制。《字林》作『狾』，九世反，云：『狂犬也。』案《説文》部無瘈字，犬部狾狂犬也。从犬折聲。《春秋傳》曰：『狾犬入華臣氏之門。』《論衡》：盛熲云：瘈狗入華臣之門與《説文》同有『之門』字。狾，大也，从犬聲。然則左氏古文本作狾，瘈與狾聲相近，俗字也。《字林》卽本《説文》。《漢書·五行志》載：《左傳》亦作狾狗，蓋據西漢儒傳授之本。故與許合《淮南子十三則》因猘狗之驚，以殺子陽。高注云：國人逐猘狗以亂擾。

清 張尚瑗《三傳折諸》卷一五《瘈狗入于華臣氏》 《通考》：華臣弱臯比之室，大亂國政，炕暴失義，故犬禍至，以奔亡也。

清 程林《聖濟總録纂要》卷二二《猘犬齧》 論曰：『猘犬齧者，犬發狂疾跑躁齧，人若中之，令人疼痛不止，發狂如犬聲，不急治之，亦能殺人，男子過三日不治，婦人過五日不治。

治猘犬齧方：

地榆一兩，

水二升，煮汁一升飲之，兼為末傅瘡上，每服末三錢，白湯下，日三服，忌酒，若瘡已差者，搗生韭汁飲三升。

又方：

治猘犬齧瘡。

礬石

為細末，摻内瘡中，裹之立止痛，其瘡即愈。

又方：

生地黄

搗汁，飲四五合，并塗瘡口。

治猘犬齧方：

小兒胎髮炒、新香附、野菊花。

研細末，酒調服，盡醉。

又方：

鼠屎二升，

燒存性為末，傅瘡上。

清 金武祥《粟香隨筆·粟香五筆》卷五《治瘋犬咬傷良方》 傳曰：『國狗之瘈，無不噬也。』《釋文》：『瘈，狂犬也。《漢書·五行志》作猘，《淮南子·氾論訓》作猘。』蓋蛇虺啟蟄時，吐所含之土，其氣腥而毒。犬或吞之，遂爲瘈，吴俗呼爲瘋狗。於驚蟄後多患之。或云春夏爲桃花癲，秋冬爲梅花癲。謂蛇虺啟伏有呼吸之氣，常流穴外，犬觸其氣即病狂。毒發時，犬必頸硬、頭低、耳垂、尾蜱，向前奔竄，遇人、畜，即噬。人略被銜衣，即受其毒，急則七日，緩則七七日至百日，必發。其時，心腹絞痛，神識不清，痛甚而搯胸、嚙指至嚼衫袖，瓷石，三、四日即不救。其驗病之是否，先以葵扇扇之，便縮身戰慄，聞鑼聲便驚擾。即驗被染之犬，亦然。遍考方書，俱無良法，間有先用斑蝥及草藥猛攻，使惡血從便溺而出。然以毒攻毒，究恐傷人。道光二十六年冬，有人過湘中之沙灣，目擊一米船篙工猝病如前狀，衆莫能識。會鄰船有醴陵人，以葵扇向病者一揮，大呼曰『殆哉！此中癲犬毒也。酬我六緡，有秘方可立愈。』船主哀告謂：『工人貧窶，當代酬半數。』衆咸勸之，醴人不允。由是衆怒其忍，縛醴人置病者側。醴人懼染毒，願治，不索酬，請解縛。衆慮其食言，謂必傳方，愈病，乃釋。醴人始口稱：『用大劑《人參敗毒散》，加生地榆、紫竹根煎服。如病者牙關已閉，須擊去門牙灌之。一劑而神識清，兩劑而病若失。方用真紋黨三錢、羌活三錢、獨活三錢、前胡三錢、紅柴胡三錢、炒枳殼二錢、桔梗三錢、茯苓三錢、甘草三錢、撫芎二錢、生薑三錢、生地榆一兩、紫竹根一大握，共十三味，濃煎，溫服。』又醴人云：『凡遇癲犬被毒，畏扇風及鑼聲。七日進此藥一劑。至二七日嚼生黄豆以驗有無留毒：如豆作生氣，心惡欲嘔，是毒已盡除；若不作生氣，急再服一劑。三七日如前再試。至三服，而毒無不盡矣。即孕婦亦可服。或常犬被咬，亦用此方，另加烏藥一兩，濃煎和飯與食，即愈。』此病所在多有，前方宜廣傳之。

清 齊學裘《見聞隨筆》卷一二《犬咬符咒》 人被犬咬，即於土地上書一虎字，口念咒曰：『一二三四五，金木水火土，凡人被犬咬，請土地揭起土來補。』咒念罷，即以口涎吐在土上，揭土敷在患處，以手摩之立愈。

清 張璐《張氏醫通》卷九《猘犬傷》 凡猘犬咬人，七日輒應一發，三七日不發，腹中不作小犬吠聲，則無害，要過百日乃得免，終身禁食犬肉、蠶蛹，食此則發。瘡未愈時，禁食生魚及諸肥膩冷食，又不宜飲酒，禁一年乃佳。治法：先以熱章便洗去惡血牙，便解被傷髮，看有紅者拔去之，即以髮方、猬皮灰，水和服之，并以韭搗絞汁飲一升，日三。瘡愈止，外以杏仁五合熬令黑，研爛成膏敷之。

紀事

宋 洪邁《夷堅志·丁志》卷六《犬齧緑袍人》 崇安人彭盈，納粟得將仕郎，既受命，詣妻家致謝。其家養七八犬，甚大且惡，居深山間素無官人登門。彭服緑袍，拜妻母未竟，羣犬不吠，同時而出。一犬先齧幞頭，衆犬環搏之，面皮耳鼻皆破，滾轉于地。家人驚迫，以巨棒痛擊，方退。彭已困卧血中，惛不能知人，兩日而死。犬吠所怪，蓋真有之。鍾士顯侍郎只一子，蔭補入官，往妻族講禮，斃於犬，其事正同。

明 陸粲《庚巳編》卷六《瘈狗》 嘗聞瘈狗噬人，令人腹中生狗雛，不能產而死，頗疑其妄。近里中跨塘橋周氏有犬，一日就地舐物，忽發狂，奔走嚙人。周有養女婿，年十五，被嚙而死，死後焚其屍，滿腹中皆泥也。狗亦死，剖腹視之，中有泥裹小蛇一團，其大如指。人言蛇交遺精於地，狗食之，故然，然人腹乃亦生泥，是可怪也。

明 錢希言《劒莢》卷一〇《引劍防犬猧》 貞觀十七年七月，民訛言官遣張根殺人，以祭犬猧。云其來也，身衣狗皮，鐵爪，每于暗中取人心移時而去。于是更相震怖，每夜驚擾，皆引弓劒自防，無兵器者削竹爲之；郊外不敢獨行。太宗惡之，令通夜開諸坊門，宣旨慰諭，月餘乃止。

清 吴寶芝《花木鳥獸集類》卷下《狗》 襄公十七年：宋華閱卒，華臣弱皋比之室，使賊殺其宰華吳。十一月國人逐瘈狗，瘈狗入于華臣氏，國人從之，華臣懼，遂奔陳。注云：瘈狗，狂狗也。

清 和邦額《夜譚隨録》卷二《癲犬》 粵西某村，居民數千家，俗尚畜犬以爲食。值夏日酷暑，其犬盡癲，人被傷而死者，日以百數。有術士來禳之，犬咸聚其前，人立嗥吠，若有所訴。術士喃喃似有解慰之說，犬悉俯首，淚下如雨。術士齧破其指，以血噀之，其犬四散，不知所之。

蘭岩曰：枉殺之冤，癲而爲厲犬，已得一報其怨。彼遭荼毒而不能伸其冤者，多矣，亦有幸有不幸耳。

藝文

宋 孔平仲《狂犬》《清江三孔集》卷二〇 吾家有狂犬，其走如脫兔。撑突盤盂翻，搜爬堂廡汙。逢人吠不止，鷄譟猫且怒。固難在家庭，只可守村墅。不見已半年，意謂少懲懼。昨日至城東，摇尾喜若赴。銜衣復抱膝，屢叱不肯去。一躍數尺高，其强乃如故。豈惟性則然，汝分亦天賦。未聞有騂騮，蹄嚙棄中路。安敢携汝歸，重令兒女怖。

明 陳子龍《安雅堂稿》卷一四《悲瘈狗文》 陳子輿而出，有犬齕其僕夫，踰月斃焉。問之醫，曰：『此瘈狗也。狗之失其職者，無以飼，則求食於野。凡壞墟奥草之間，莫不纍纍焉索之。蛇於冬也，含土而蟄。二月雷乃發聲，則蜿蜒蠕動，初鼓其毒。狗于時觸之，必煩悶狂惑，冥然不知所適，遇物則噬，群犬皆畏避遠去。雖齧人之衣，不速棄，猶致攣瘇不可治。故狗之瘈也，恒於春。《傳》曰『國狗之瘈，無不噬也。』』陳子曰：嗟乎，蛇之毒也，豈狗所慕哉。以求食之故，冒犯壯邪，其心昏然，其目眊然，異性殊嗜，以肆其惡。當其時豈獨輿臺之是吠，雖王公貴人，被藻米之衣，鏗瓊琚之佩，幸而弗遇，遇之必無幸也。雖聖如仲尼，賢如墨翟，智如晏嬰，幸而弗遇，遇之必無幸也。彼豈忍為此態哉？邪感於中，而氣墳於外，不得已焉耳。是故畜狗者宜豐其食，謹其牽，柰何使之饑困而化為蛇虺，以逞毒於人也？予獨憐之，作悲瘈狗云。噫，嗟來汝狗。汝甚猛且迅，為人司昏。亦驅麋麅，胡不汝育畜，而中野是擯。循墻而走，撥榛而進。既嗅既抵，惟食是殉。食不可得，而自求厥疢。有殷其雷，時惟中春。穴處咸奮，蟄蟲競賑。蠕蠕者蝮，解結舒鱗。久銜毒志，未知所申。亟試其凶，借物傷人。狗之感斯，回惑不已。蒼黃頹駭，丹目卷尾。不嚎不食，終日徙倚。彼昏曷知，齕人於市。或噬肌膚，或裂繒綺。厥病固爾，非用為喜。其形則犬，其性則虺。雖有衣冠，不辨朱紫。雖有賢豪，曷免瘢痏。一市大呼，操挺而起。嗚呼，我欲按汝科，麗汝刑，付汝屠，盛汝鉶。則汝狂眩杳冥，至死不醒。我欲寬汝罪，釋汝縛，縱之山林，驅之廣漠，則後人遇之將怨予詈予，而以予為養惡。庶幾夫汝疾，還汝情，以保汝生。一陷凶穢，終身莫更。我非陰陽，孰與之爭。嗚呼，汝之所苦，在於朝饑。曷不小忍，以俟粢糜，翕納害氣，咥喋蚩蚩。既傷於物，而已必尸。又重為告曰：豐犒厚禄，養君子兮。亦有升斗，小人旨兮。犬欲求食，安知恥兮。化為虺蜴，將焉悔兮。

清 劉大紳《寄庵詩文鈔・詩鈔續》卷二《瘈狗》 麒麟白澤已無有，不畏猛虎畏瘈狗。猛虎斑斑不食人，瘈狗嗤嗤張其口。能令大道荆棘生，國門晝閉無人行。神雅高飛社鬼伏，弧矢星殞天狗明。我有歐冶鐵百鍊，殺人隱約血一線。出匣常教兕象驚，及鋒要與蛟龍戰。嗟爾何足汙吾刀，當塗置棒如牛毛。一狗伏尸衆狗竄，磨牙礪齒空自豪。

清 彭孫貽《茗齋集》卷一一《僧鑒傷于瘈狗戲拈調之》 粵犬吠雪蜀吠月，炎峽千村閑黄擾，君身跛衲帶風花。孱骨寧堪齒牙揟，僧寮敗籬長不牢。時見鄰偷觸，門槩幾年外。道屢摩禅心，不亂康國猧。是何短尾，其舅豺吠。我非主穿，我柴似尋。槃瓠共啄矢，誰睞臣獒使躇階。君家白棒不離手，獰龍毒象鉗椎走。直饒相遇古伽文，亦教棒殺將餇狗。只今狂藥滿泥塗，紛紛長啄皆瘈奴。權門摇尾子盧輩，捫足避若公莫呼。從此豁然破疑滯，狗子誰云佛性無。

清 沈學淵《桂留山房詩集》卷一《瘈狗行》 烏臺雌烏子八九，滨山龍蛇作淵藪。猰貐饕餮皆人形，赤股狺狺惟瘈狗。石門開瘈狗來，官符不避五百里。妖狐夾道迎狼豺，職方何嘗如狗賤。狗戴進賢學人面，胡牀踞坐忽大嘷。手擲鋃鐺飛雪練。甲寅秋冬乙卯春，大無麥禾東海濱。溝瘠已腐不可食，滨巷豹吠無居人。無人猶尚可有錢，急貫青苗神催逋賦。瘈狗怒，二月新絲一尺布。游徼嗇夫使要路，要路不已要入城。入城從此無餘生，磨牙礪齒嚙殘骨。堂下犬子群相争，猜量黔首瘦莫是。青衿肥朱封一紙。鉤黨籍宮牆四匝，成圜扉東村明經。夜方讀馬箠撾破，讀書屋倉皇對簿。莫寘辭兩頰淋漓，飛血肉肉滿几。瘈狗喜盧令令噬，乾胏狗食遺民勝。食穢虎餕狗餘醉，若死我聞獵狗喙。長守狗謷食狗體，肥不服猛奈何汝。狗獨披猖安得瓠盧，縛汝頸乃知天狗。墮地為天殃譬如，歷劫歌紅羊瘈狗。到居民。瘈狗行，民叜生。斑蝥芫青巨鑊煑方書中瘈狗毒者以二藥治之，以湯沃狗伐毛髓。華氏之門不容汝，晝伏夜行狗似鼠。

清 桂超萬《養浩齋詩稿・續稿》卷五《聞梅村一帶有犬食人傷之》 田無牛耕野無雞鳴，狂猘亂吠犬作豹聲。犬無人飼胡為得生，體何肥碩狀何猙獰。狀貌非本來，化為當道豺。卷舌舐人血，張牙齧人骸。犬眼赤犬尾，伏食人慣見。人撲晉靈之，獒奚嗾為趙。盾雖逃還尾，追郤不噬賊。噬行客助賊，殘害犬亦賊。瘈狗之尾伏而不揚。

清 王岱《了庵詩文集・詩集》卷八《猘犬失司户之義專事噬嚙故病心而狂見人奔吠物觸恒傷久乃自斃漢志有妖狗生角有狗冠方山冠有持兵入人室數十逐之作狗走旬月乃息皆此類也》 不思搖尾舊，敢肆吠堯音。倔傲噬成性，貪饞病入心。國狂寧足恕，天戒已垂深。怪敗知難久，無勞獒蓋箴。

屠狗 食狗 狗肉

綜述

明 盧和《食物本草》卷下 狗肉，味鹹，酸，温。主安五臟，補絶傷，輕身，益氣力血脉，厚腸胃，實下焦，煖腰膝，填精髓。一云，所補在血，去血不益人。心，主憂恚氣，除邪。腦，主頭風痺，下部□瘡，鼻中身肉。頭骨，主金瘡，止血。膽，主明目，痂瘍惡瘡。脚蹄，主下乳。齒，主癲癇，寒熱卒風沸。乳汁，主責盲，取白犬生子目未開時汁，注目中，療十年盲，犬子目開即差。牡狗陰莖，味鹹，平，無毒。主傷中，陰痿不起，令強熱犬，生子，除女子帶下十二疾。白狗、烏狗入藥，牡者勝。又云，黄狗大補，白黑次之，餘者微補。犬欲顛者不可食，陰虚發熱人與姙娠勿食。不可炙食，致消渴。又不可與蒜同食，頓損人。嘗見人食犬者多致病，南人為甚，大抵人之虚多是陰虚，犬肉補陽，世俗往往用此，不知其害，審之。

明 劉宗周《人譜類記》卷五《記警食牛犬》 《禮》曰：『諸侯無故不殺牛，大夫無故不殺羊，士無故不殺犬豕。』無故不殺，則有故而殺者無幾矣。夫養親祀先敬賓，大禮所在，不得已而烹宰。若徒為口腹斷，宜減省。至于六畜之中，有功于世而無害于人者，惟牛與犬，尤不可食。故昔人云：『牢字從牛，獄字從犬，不食牛犬，牢獄永免。』使居官者能循是說，而多方禁約，其功德寧可思議乎！【略】

蜀民李紹好食犬，前後殺犬不可勝計。嘗買一黑犬，甚雄壯，紹養之。一日，因醉夜歸，犬迎門號吠，紹怒，取斧擊犬。其子自內奔出，正中其額而死，索犬不知所之，未幾，紹病，作犬嘷而死。

清 丁宜曾《農圃便覽・製犬將》 犬肉煮熟，加塩醬壹盅，黄酒三斤，整葱，鮮姜，花椒，再煮，至湯將乾，加香油四兩，醬油四兩，少時取用。狗肚洗净，裝入雞蛋十個，狗脂，狗腸，椒，茴末，葱，姜，香油，醬油，黄酒，用線縫之，入湯煮。

清 吴士玉《駢字類編》卷二一七《狗》 狗胾。《儀禮・燕禮》：羞庶羞。注：謂膷肝膋、一一醢也。疏此及大射其牲皆用狗，故知肝膋一一。又《鄉飲酒禮》：乃羞。注：羞，進也。所進者一一醢也。疏《按下記》云：其牲狗。《禮記》又云：薦羞，不踰牲則所羞者一一也。

又 狗肉。《南史・周山圖傳》：義鄉縣長風廟神姓鄧，先經為縣令，死遂發靈。山圖啟乞加神位輔國將軍。上答曰：『足一一便了事，何用階級為？』

又 狗羹。《淮南子》：『楚人有烹猴而召其鄰人，以為一一而甘之，後聞其猴也，據地而吐之。盡瀉其食，此未始知味者也。』

又 狗身。《搜神記》：吴先主時陸敬叔為建安太守，使人伐大樟樹，下數斧，忽有血出。樹斷，有物人面一一，從樹中出。敬叔曰：『此名彭侯。』乃烹食之，其味如狗。《白澤圖》曰：『木之精名彭侯，狀如黑狗，無尾，可烹食之。』

清 夏炘《學禮管釋》卷四《釋鄉飲酒禮牲用狗》 《饗禮》之篇亡，《鄉飲酒禮》其權輿也。《說文》：『饗，鄉人飲酒也。从鄉从食，鄉亦聲。』《豳風》：『朋酒斯饗，曰殺羔羊。』毛公云：『兩樽曰朋。饗者，鄉人以狗，大夫加以羔羊。』炘按黨正屬民而飲酒於序謂之鄉飲酒者黨也者鄉之屬也黨正下大夫與飲酒者鄉人之士也其牲狗是大夫之饗士用狗也。』毛公云：『大夫加以羔羊，則大夫饗，大夫用羊矣。地官，牛人饗食，共其膳羞之牛。秋官，掌客王合諸侯而饗禮，則具十有二牢。』雜記既饗，卷三牲之俎歸於賓館。是天子諸侯饗用牛矣，庶人無饗燕之禮。以士無故不殺犬豕，推之則庶人飲酒并不得用犬。依士禮而用一獻，賓主各兩爵而禮成。《詩·小雅·瓠葉》：『酌言獻之。酌言酢之。酌言醻之是也。』其詩云：有兔斯首，則苟取備物不得用犬明矣。燕禮輕於饗，諸侯燕大夫亦用犬，則諸侯與諸侯燕、及天子燕諸侯，必以牛羊無疑。今天子之燕，《禮》亡無文以言之也。射取擇人鄉射，及大射儀俱用犬，則天子之三射，或亦以犬與。

清 徐鼒《讀書雜釋》卷九《狗爲食犬》 今國法禁宰牛殺犬，重耕田守夜也。而吾邑民及滁州人多食牛犬，官或治之。則曰：『吾所殺非耕牛，菜牛也。』此小人無忌憚之言，然其由來已古，蓋宋時已有菜牛之名。陸佃《埤雅》云：『《傳》曰：「犬有三種：一者田犬，二者吠犬，三者食犬。」食犬若今菜牛也。』是此說宋時有之矣。又《周禮》疏亦云：『犬有三種。』按《爾雅》『長喙獫，短喙猲獢』者，田犬也；『尨，狗』者，吠犬也；無云食犬者。邵晉涵《正義》曰：『雞、豚、狗、彘之畜，無失其時。』是狗爲食犬也。邵氏蓋以『尨』爲吠犬，『狗』爲食犬也。

清 游戲主人《笑林廣記》卷七《戒狗肉》 乞兒戒吃狗肉，衆勾勸曰：『不必。』曰：『我不食之久矣。』衆曰：『你便戒他，他却不戒你。』

清 俞樾《茶香室叢鈔》卷九《禁屠狗》 宋朱弁《曲洧舊聞》云：崇甯初，范致虛上言：『十二宮神，狗居戌位，為陛下本命。今京師有以屠狗為業者，宜行禁止。』因降指揮，禁天下殺狗，賞錢至二萬。按：此禁甚為可笑。若然，使人主生丑年、未年，祭祀當不得用牛羊矣。

清 袁枚《新齊諧》卷九《夢乞兒煮狗》 陳秀才清波，處館紹興。夜間夢游土地廟，廟後有數乞兒，狀貌獰惡，擁土爐剝黃狗而烹之。狗似新受棍傷者，血猶淋漓，陳心惡之。忽門外有衣冠人來，罵曰：『我家狗被汝偷食，我將告官。』語未畢，群丐起而毆之，衣冠者倒地死，陳驚醒。越三日，夢青衣皂隸持城隍牌票示之，曰：『狗主人被惡丐打死，其鬼已控城隍。牒內寫君作證，故來相招。』陳視票，果有己名，且有聽審日期，覺而惡之，然自念此事與己無干，不過暫往陰司作證，因辭館歸，以二夢語其親徐某，且托曰：『我死當復生，誠恐陰陽隔路，一時靈魂迷失，乞君購白雄鷄，書我姓名，臨期到城隍廟招呼，免我迷路。』徐以爲夢幻難憑，笑允之，恰終不信也。至某月日，陳果無疾而逝。家人泣報于徐，徐急買白鷄，書陳姓名而往，適城隍廟搭台演戲，衆人蜂擁，至日仄，方能到神座下，大呼招魂。及歸家，六月盛暑，尸已腐矣。

清 梁紹壬《兩般秋雨盦隨筆》卷一《禁宰犬豬》 宋徽宗崇寧間，范致虛為諫議，謂『上生壬戌，于生肖屬犬，人間不宜殺犬。』徽宗允其議，命屠狗者有厲禁。明武宗南幸揚州，兵部左侍郎王抄奉欽差總督軍務、威武大將軍總兵官、後軍都督太師鎮國公朱鈞帖云：『照得養豕宰猪，固尋常通事，但當爵本命，且姓字異音同，況食之隨生瘡疾，深為未便。為此曉諭地方，除牛羊等不禁外，將豕牲不許喂養，並易賣宰殺，如敢故違，本犯及當房家小，發極邊永遠充軍。』古今怪事，無獨有偶如此。

清 徐鼒《讀書雜釋》卷九《狗爲食犬》 今國法禁宰牛殺犬，重耕田守夜也。而吾邑民及滁州人多食牛犬，官或治之。則曰：『吾所殺非耕牛，菜牛也。』此小人無忌憚之言，然其由來已古，蓋宋時已有菜牛之名。陸佃《埤雅》云：『《傳》曰：「犬有三種：一者田犬，二者吠犬，三者食犬。」食犬若今菜牛也。』是此說宋時有之矣。又《周禮》疏亦云：『犬有三種。』按《爾雅》『長喙獫，短喙猲獢』者，田犬也；『尨，狗』者，吠犬也；無云食犬者。邵晉涵《正義》曰：『雞、豚、狗、彘之畜，無失其時。』是狗爲食犬也。邵氏蓋以『尨』爲吠犬，『狗』爲食犬也。

紀事

明 朱國禎《湧幢小品》卷三一《犬》 殺狗磔縣四門，起于秦德公。蓋狗別賓主，善守禦，故以為禳，以辟盜賊。《月令》曰：『犬者，金屬。抑金以畢春氣，使不為害，今萬物遂成其性。』今惟夷狄行之，中國則否。

狗後有懸爪者曰犬，善礬苟食，故目人之卑污者曰狗。古者有田犬，有吠犬，有食犬。記曰：士無故不殺犬、豕，指食犬也。

清 崔述《無聞集》卷三《冉氏烹狗記》 縣人冉氏，有狗而猛。遇行人輒搏噬之，往往為所傷。傷，則主人躬詣謝罪，出財救療之。如是者數矣。冉氏以是頗患苦狗；然以其猛也，未忍殺，姑置之。劉位東謂余曰：『余嘗夜歸，去家門里許，羣狗狺狺吠，冉氏狗亦迎而吠焉。余以柳枝横掃之，羣狗皆遠立，獨冉氏狗竟前欲相搏，幾傷者數矣。余且鬬且行，過冉氏門而東，且數十武，狗乃止。當是時身憊甚，幸狗漸遠，憩道旁良久始去，狗猶望而吠也。既歸，念此良狗也，藉令有仇盜夜往刼之，狗拒門而噬，雖數人能入咫尺地哉！聞冉氏頗患苦此狗，旦若遇之於市，必囑之使勿殺。此狗累千金不可得也。居數日，冉氏之隣至。問其狗，曰：「烹之矣。」驚而詰其故，曰：「日者冉氏有盜，主人覺之，呼二子起操械，共逐之，盜驚而遁。主人疑狗之不吠也，呼之不應，徧索之無有也。將寢，聞卧牀下若有微息者，燭之，則狗也。卷屈蹲伏，不敢少轉側，垂頭閉目，若惟恐人之聞其聲息者。主人曰：嘻！吾向之隱忍而不之殺者，為其有倉卒一旦之用也，惡知其搏行人則勇，而見盜則怯乎哉！以是故，遂烹之也。」』嗟乎！天下之勇於搏人而怯於見賊者，豈獨此狗也哉？今夫市井無賴之徒，平居使氣，暴横閭里間；或竄名縣胥，或寄身營卒，侮文弱，凌良懦，行於市，人皆遙避之。怒則呼其羣，持械圜斫之，一方莫敢誰何，若壯士然。一旦有小刼盜，使之持兵仗入府廨防守，不下百數十人。忽廐馬夜驚，以為賊至，手顫顫，拔刀不能出鞘；幸而出，猶震震相擊有聲。發火器，再四皆不然。聞將出戍地，去賊尚數百里，距家僅一二舍，輒號泣別父母妻子，恐不復相見，其震懼如此。故曰：勇於私鬬而怯於公戰，又奚獨怪於狗而烹之？嘻，過矣！雖然，畜猫者，欲其捕鼠也；畜狗者，欲其防盜也。苟其職之不舉，斯固無所用矣，况益之以噬人，庸可留乎？石勒欲殺石虎，其母曰：『快牛為犢，多能破車，汝小忍之。』其後石氏之宗卒滅於虎。貪牛之快而不顧車之破尚不可；况徒破車而牛實不快乎？然而婦人之仁，今古同然。由是言之，冉氏之智，過人遠矣。人之材，有所長則必有所短，惟君子則不然。鍾毓與參佐射，魏舒常為畫籌。後遇朋人不足，以舒滿數。發無不中，舉坐愕然。俞大猷與人言，恂恂若儒生，及提桴鼓立軍門，勇氣百倍，戰無不克者。若此者，固不可多得也。其次醇謹而不足有為者，其次跅弛而可以集事者。若但能害人而不足濟事，則狗而已矣。雖然，吾又嘗聞某氏有狗竟夜不吠；吠則主人知有盜至。是狗亦有過人者。然則搏噬行人而不禦賊，雖在狗亦下焉者矣。

清 褚人穫《堅瓠集・廣集》卷六《燈中犬嘷》 《挑燈集異》：萬曆中，無錫王養醇問卿性嗜犬肉，每食必供。丙戌歲除，僕曰：『明日歲朝，市無犬肉，家中老犬不任事矣，盍殺之以供明旦用？』王曰：『善。』乃命殺犬。其犬被縶，大聲京號，既殺而號不絕，血盡氣没，其聲乃在篝燈中嘷焉，久而不止。衆驚報於夫人，夫人親聽之，驚告問卿。問卿不信，至厨下試聽之，號聲果從燈中出，問卿始惑焉。夫人追咎其平日嗜此味也，今如是，宜急解禳之。問卿終不以爲然。及病痊，起復登途，竟不得其死。與《間羊集》載宣城某方伯事同，但方伯聞聲遂不復食。

藝文

清 褚人穫《堅瓠集・二集》卷四《偷狗賦》 宋滕達道讀書潛山僧舍，僧有犬烹之，僧訴於縣，縣命作《偷狗賦》。其警句云：『撤梵宮之夜吠，充絳帳之晨羞。團飯引來，難掉續貂之尾；索綯牽去，驚回顧兎之頭。』令歎賞。

又《六集》卷一《賦犬》 《蹇齋・綴錄》：坐客偶談，有人好食犬，主人知其意，命賦犬詩，以塩字爲韵。客立就云：『幾年辛苦伴虀塩，長夜巡行護短簷。戀戀見人渾識舊，依依向主肯趨炎。臥從芳草苔痕破，立傍梅花雪片粘。曾向山中擒狡兎，拔毫製筆與君拈。』主人喜，殺犬食之。

清 姚燮《復莊詩問》卷三四《題周公子閑屠狗圖》 君不手縛師子爲大雄，又不短衣射虎深山中。君不屑低頭屈膝下作號寒蟲，又不能行雲施雨上隨天門龍。一刀在手三尺短，此身於世君何從。此身在世刀在手，亂蓬拂肩柳生肘。蹭蹬十年餓八口，自歎蹣跚逐牛後。牛後既苦逐，雞口難自爲。意氣日怫名日卑，側目而睨旁知誰。側目而睨哆口誚，蹻也惟廉夷也盜。睚眦之仇必思報，人如其人暴易暴。我昨入市攜零星，羊肥豕胖魚鰕腥。誰家獒犬蒼毛獰，流涎掉尾從我行。歸來臠煮飫之骨，守我門户巡我更。我將豢之畜之愛惜之不暇，而何爲乎水炮火烙戕其生？樊噲豈是英雄身，灌夫肆駡猶殺人。願君低頭俯首師我韓王孫，否則朝酣暮醉效彼劉伯倫。倘更讀書擊節閉門學子隱，何至甯戚以賤爲役嗟沈淪？君今作此鋒芒淬厲難摸捫，必使眼前之子盡君讐怨無君恩。君亦思舌鎗唇劍之利四森布，闕君于門俟君路。嗟哉可危吁可怖！曷不和平養其度？憤無益已徒傷時，此圖爲君摧燒之。君如迂我疑我辭，君不見百里之妻烹伏雌，王家夫婦泣牛衣。

清 黄鉞《壹齋集》卷一《聞鄰人烹犬戲作》 我居之南鄰，有屋僅一廈。平眉短垣繚，借蔭古桑而。主人未相識，聞聲知不雅。取帚時詆諆，戛羹肆嫚罵。遲明啟寢扉，咿軋門聲閜。嬌女汲井華，綆斷急呼姐。昨來賃此居，鳧鴨喧春夏。摵摵秋宇涼，稍稍言語寡。山齋薄莫虛，衣帶寒飆惹。林疎繁翠彫，籬茂新黄冶。驀驚舉族狂，如獲奇珍者。自言東門夾，有衆觀如堵。蒼犬繒牽頭，白梧人在把。捲喉赤豹哮，碎首桃花灑。昔恃守門功，詎肯出其髂。今雖搖尾憐，不免當頭打。食頃礫復來，爭買傾邨社。我從旁朵頤，青錢喜不假。探囊三十餘，乃得此一踝。牛哃知不能，蚊聚可聊且。燀炏爆濕薪，奇偶支飄瓦。主人咽唾頻，稺子垂涎下。相商水淺深，互戒釜傾寫。甘擬豢豹胎，鮏鄙癡龍鮓。燈光睒上牆，人影走如馬。衆喙聚一臠，有口皆喑啞。因聞喘似牛，想見顔渥赭。更闌始寂然，惡少咸歸也。我悲羣兒愚，痼疾中心瘕。戒殺豈遠庖，無故非祝嘏。佛法與聖經，二者相搏撦。竟類乞兒貪，甚欲性命捨。不知秋嘗麻，原自登彝斝。禮本先王垂，語斥齊東野。餘景林杪移，殘淚燭灰灺。作詩告友朋，聊以供一嗰。

狗皮 狗毛 狗筋

綜述

明 慎懋官《華夷花木鳥獸珍玩考》卷一〇《木狗》 木狗形如鬼車，能登木，其皮可為衣褥，能運動人身氣血。昔聞世皇有足疾，取其皮為袴，故人貴之也。

傳記

清 陳鼎《留溪外傳》卷一七《狗皮道士傳》 狗皮道士者，不知何許人，亦未詳其姓氏。明末，嘗冠道冠，躡赤舄，披狗皮，乞食成都市。每至人家乞食，輒作犬吠聲，酷相類。家犬聞之，以爲眞犬也。突出吠之，道士輒與對吠不休。鄰犬聞之，亦以爲眞犬也，輒羣集遶吠之。主人厭之，急與食而羣犬吠不絕。道士怒，忽作虎嘯聲，羣犬皆辟易。每獨居破廟，至深夜，輒作一犬吠形聲。少頃，作衆犬吠聲，聲儼然百十犬相吠也。久之，通國之犬皆吠，而達乎四境矣。歲餘，獻賊入冦，道士突至賊馬前數十步，大作犬吠聲。獻賊怒，令羣賊策馬逐殺之。道士故徐徐行，賊數策馬，馬不前。獻賊益怒，令飛矢射之，如雨，皆不中。獻賊益大怒，以爲妖，親策馬射之。中其首不入，矢還中賊馬，馬斃，獻賊大駭，乃已。他日獻賊僭尊號，元旦朝賊百官，忽然道士披狗皮，列班行，執笏作犬吠聲。獻賊大怒，令羣賊縛之。道士乃大作犬吠聲，盈庭如數千百犬爭吠狀，聲徹四外，合城之犬，聞聲從而和吠之，聲震天地。獻賊大聲呼，衆皆不聞，爲犬聲亂也。獻賊大驚而退，既退，犬聲息，道士亦不知何往。

外史氏曰：世之言神仙者比比，余則疑信相半。今觀狗皮道士之作爲，豈非神仙哉？不然，何侮弄獻賊如緦絏小兒哉？

世固有如許，無其理而有其事，尤奇在列班，行執笏作犬吠聲，獻賊無如之何此時，如入狗國矣。

『一犬吠形，衆犬吠聲』，自古及今比比然矣。獨吠獻賊，吠非其主，固是堯之犬，非跖之犬也。噫！安得此狗皮道士常見於世哉？

藝文

清 李調元《童山集·詩集》卷一《狗皮道士歌》 狗皮道士，不知姓名，以乞匄為生，嘗着狗皮學狗吠，故名。每侮獻賊，賊入成都，嘗攔馬作狗吠，賊怒，以刀斫之，不入，彎弓自射之，反中賊馬，賊遂避之。元旦，賊僭登殿，受朝賀，忽見道士狗皮執笏立班中，令人縛至。道士作狗吠，賊城中狗皆吠，吠聲震天，對面不聞人語，賊乃退，道士亦不見。陳定九鼎曾為作傳。

狗皮道士不知名，以皮為衣狗為聲。乞食成都偶一吠，城中百犬皆吠驚。忽聞獻賊前騶至，突向馬前作狗吠。賊怒彎弓射不入，反中賊馬馬立斃。是時獻賊僭稱皇，百官拜賀如朝堂，忽見道士立班內，狗皮執笏隨班行。獻賊由來狗天子，一時百官狗而已。道士以狗為詼諧，反借狗皮整綱紀。嗟乎，狗皮尚把賊為戲，豈有人皮反畏！避君不見，驅賊入蜀，楊嗣昌：『人皮不若狗皮良』。

清 王鑨《大愚集》卷二六《見鬻犬革者》 狐鼠世所寶，狗皮亦值錢。人爭做獵户，荒了上等田。

狗寶 狗蠅

綜述

明 田藝蘅《留青日札》卷三〇《狗寶》 凡狗有寶則羸瘦，毛落，不勝其熱，入水自濡。嘉靖四十四年春，吾鄉一小民家屠一狗，腹中有白石三塊，如栗，同胞，破之，可千葉。入藥，可治毒瘡。

明 徐應秋《玉芝堂談薈》卷二九《羊哀狗寶》 顧隣初《說畧》：今藥店醫人，但知牛黄，而不知有羊哀、狗寶。羊哀治翻胃，而牛黄、狗寶治驚癇也。牛黄常用易識，羊哀形如濕茅紙，狗寶乃生於狗胞中，其形質如鵝卵石，而色至白，碎之，內有文理數十層，主治噎食，及癰疽瘍瘡。又見《越冀集》中云：馬有馬黑在腎。此尤罕聞又有雞棲，皆不知何所用也。謝在杭曰：狗或不飲不食，望月而嗥者，非瘈，乃腹有狗寶，治噎疾。余在東郡，獲其一，以施醫家，不甚效。田藝衡《留青日札》：羊哀在腸，形如小鼠子，可治膈食、翻胃。余見其三。狗寶，凡狗有寶則羸瘦，毛落，不勝其熱，入水自濡。嘉靖四十四年春，吾鄉一小民家屠一狗，腹中有白石三塊，如栗，破之，可千葉。入藥，可治毒瘡。其說與顧不同。《神異志》：鳳凰來儀，候其棲止處，掘脚下土二三尺，有物圓似石、白如卵，治驚邪，癲癇，發熱狂走，勞損，水磨服之，名鳳凰臺。今牝雞所生亦有白臺，名文公臺，即白橐。《酉陽雜俎》：虎夜視，一目放光，一目看物。獵人候而射之，光墜入地成白石，主止小兒驚。

清 張璐《本經逢原》卷四《狗寶》 甘苦温小毒，狀如白石微帶青色，擊碎其理如蟲，白臘者眞。

發明

狗寶專治噎膈、反胃之病，取苦能下降，温能開結也。予嘗推廣其用。凡癰疽潰瘍不收，癲狂冷痰積結無不可用。惟鬱結傷脾、氣血枯槁者，誤投則有負薪救火之厄。

清 方旭《蟲薈》卷三《狗蠅》 《本草綱目》：狗蠅生狗身上，似蠅，黄色能飛，堅皮利嘴，啖狗血，冬藏狗耳。凡痘瘡、倒靨，用七枚，擂碎，和酒服最良。

清 吴士玉《駢字類編》卷二一七《狗》 狗寶。《本草集解》時珍曰：生癩狗腹中，狀如白石，帶青色，其理層疊，難得之物也。

又 狗蠅。《齊東野語》：小兒瘡痘用一七枚，擂細，和醅酒少許調服。蠅夏月極多，易得，冬月，則藏于狗耳中，不可不知也。又《梅譜》：蠟梅凡三種以子種出，不經接，花小香淡，其品最下，俗謂之『狗蠅』。一一梅經接，花疎，雖盛開花常半含，名『磬口』。梅最先開，色深黄如紫檀，花密香濃，名『檀香梅』，此品最佳。

藝文

清 彭孫貽《茗齋集》卷一〇《狗蠅》 炎令滋羣蠢，行游匝地生。隨蠅堪附驥，咋犬過蜚䖟。酷暑蜎蠕飽，創人吮血驚。諸君功比狗，當不減韓彭。

犬異 化犬

綜述

唐 瞿曇悉達《唐開元占經》卷一一九《犬咎徵》

犬狂疾

《洪範・五行傳》曰：『犬禍者，西方也，以口守言之類也，言氣毀則犬傷疾矣，故曰犬傷禍也，旱歲犬多狂死，或言氣亂則犬為怪，以期占之。』京房曰：『佞臣在側則犬妖生，歲多蝗蟲。任佞則羣物盡傷，犬妖則軍兵將至。』又曰：『犬能言吉凶，如其言。』又曰：『犬呼其主，主且亡。』《天鏡》曰：『犬作人音聲，世主移。』

犬羣嘷　犬自食子　犬反哺　犬負子　犬不囓鼠

《淮南子》曰：『夏桀在位，亂四時之政，而萬物失所，犬羣嘷起淵。』《運斗樞》曰：『七政亂，主見禁，則天下犬嘷。』《天鏡》曰：『犬嘷街巷中，不出其年，有賊在邑。犬羣嘷街巷中，不出其年，外內戒嚴，君臣交兵，從朝廷起。二犬嘷，衆犬和，兵必起。犬羣嘷城池，不出三年三月，國內虛空。犬嘷屋上，國有喪。犬嘷門巷中，其邑不寧。京房曰：犬晨夜嘷堂室上，家且有喪，邑亦然。』《天鏡》曰：『犬羣嘷，暮嘷室中，男若女必喜，朝嘷室中，長女死。』《墨子》曰：『三苗大亂，天命傾覆，則犬嘷於市中。』《天鏡》曰：『犬逆吠，其主必遠行，若國君遠征，傷將，亦傷兵。』京房《易傳》云：『犬羣嘷，國將亡。』《天鏡》曰：『犬自食子，國無盜賊。又曰：犬子初生，反哺其母，國有義。』又曰：『犬負其子走，來入城池中，其國不征伐，隣國歸。犬負其子入巷，民去其鄉。』京房曰：『犬無故皆見鼠不動，邑且有賊臣，公不禁下。』

犬聚宮門　犬浴水中　犬從地中出

京氏曰：『犬死無故當邑門及宮門，聚如尸，皆大凶。』又曰：『犬無故相從浴水中，兵大作。』又曰：『犬自地中出，邑大水，君且貧。』《晉書徵祥説》曰：『興平二年，吴郡府舍地中得犬子，二頭，一雄一雌。太守張懋聞齋內牀下犬子聲，地自拆，見有二犬，取而養之，皆成。尋而懋為洗充所害。』注云：《夏鼎志》曰：『掘地而得狗名曰假。』《尸子》曰：『地中有犬，名地狼也。』又曰：『晉孝武帝大元中，廬江灊縣何旭家忽聞地中有犬子聲，即於聲處掘之，見一狗母狀，甚羸瘦，走入菰中，不知所在。視其處，有犬子二頭，一雄一雌，取而養之，雌死雄活，及長為犬，善噬野獸。其後旭里中為蠻所沒。安帝隆安中，輔國將軍孫無終家既陽中地中聞犬子聲。尋穴地有折，犬子皆白色，一雄一雌，取而養之皆死。後無終為桓玄所誅。』

犬戴冠

京房曰：『君不正，臣欲篡，厥妖狗冠，出朝門。』《漢書·五行志》曰：『昌邑王賀為王時，見白犬冠方出冠而無尾，此服妖，示犬禍。龔遂曰：天戒在君也。賀既廢死，不得置後，犬無尾徵也。』《續漢書·五行志》曰：『熹平中，省內冠狗□綬，以為娛樂。有一狗突出，走入司徒府門，或見之者，莫不驚怪。靈帝寵用便嬖，西園賣官，實狗而冠也。』

犬生角　犬兩首　犬入宮室淫連　犬豕交

天鏡曰：『犬生角，世主增地。』京房曰：『犬生角，必人主失政小，人進用。』《漢書·五行志》曰：『文帝後元五年，齊城門外有狗生角，齊悼惠王亡，後帝分齊地，立其庶子七人皆為王，兄弟並强，有亢陽心，故犬禍見。犬守衛，角兵家，在前向上也，犬不當生角，猶諸侯不當舉兵向京師也。』《運斗樞》曰：『狗兩首人行銜刀。』宋均注云：『狗為人吠守而設，兩頭且主行，銜刀兵是宿衛之臣欲判。自作主而妖也。』《地鏡》曰：『犬入室中淫連，君亡之象。』《呂氏春秋》曰：『亂國之妖，犬彘乃連。』注云：案《漢書·五行志》曰：『景帝三年，邯鄲狗與彘交，悖亂之氣近犬豕禍也。比時趙王遂悖亂，與吴楚謀為逆，遣使匈奴求助，卒伏誅。』京房曰：『人君夫婦不嚴，厥妖狗與豕交，兹謂反德，國有兵革。』

犬生子異形

京氏曰：『犬生子三耳以上，邑且有亂臣。犬子生一目，邑有臣事二主者。犬生子三目以上，邑有大臣謀主。犬生子有二口，邑有憂。犬生子鼻一孔，邑有兵。犬生子有二鼻，邑且有兵。犬生子三足以上，其邑主有公侯。犬生子有五足以上，其邑且大卒行。犬生子有二陰，君多子。犬生子有二尾以上，邑有徙亡。犬生子口在背，邑有反臣。犬生子口在陰，邑臣强，主命弱，令不行。犬生子口在四足，臣殺其君。犬生子口在腹下及腹旁，邑大憂。犬生子口在腹，民大飢。犬生子口在四支，其邑君亡。犬生子有鼻在四支，邑有兵。犬生子足在腹，邑有徙亾。犬生子足在背，邑有大咎。犬生子足在首，邑君且有大仇。犬生子尾在腹，邑有大臣殺君。犬生子尾在背四支，邑有三主爭者。犬生子無尾，邑大臣殺君。犬生子無目，邑主病。犬生子無口鼻民飢。犬生子無足，穀不成。犬生子無尾，邑民貧。』

犬生人

京氏曰：『犬生人，其邑君失位，兵行。犬生子人形不具，其邑有兵。犬生子人之形，而物各不居其所者，主亡。犬生人之形而六畜身，主亡，大有咎。犬生人之形而飛鳥身，邑大水。犬生人之形而野獸身，此有亡主。犬生人之形而魚身者，邑大水。犬生人之形而鼠形者，其邑虛。』

犬生六畜　犬生鼠生魚　犬生野獸　犬生飛鳥　蜂虵

京氏曰：『犬生六畜，其邑易命，有大事。犬生六畜，一首二身，邑有廢。

犬生六畜，兩身，邑且二君，流。犬生六畜，兩口以上，邑大臣亂。犬生六畜三鼻，其邑有亂臣。犬生六畜有人形者，邑易主。犬生六畜無首，其邑有大事。犬生六畜無耳，邑不用事。犬生六畜無目，其邑兵行。犬生六畜無口鼻，民流亡，作兵。犬生六畜無四支，邑不治，有兵。犬生六畜無陰，主且暴死。犬生豕，歲大熟，民樂。』《天鏡》曰：『狗生豕，吉，不出三年，國安樂。』京氏曰：『犬生六畜，其邑易命，有大事。犬生六畜，一首二身，邑有廢。犬生六畜，兩身，邑且二君，流。犬生六畜，兩口以上，邑大臣亂。犬生六畜三鼻，其邑有亂臣。犬生六畜有人形者，邑易主。犬生六畜無首，其邑有大事。犬生六畜無耳，邑不用事。犬生六畜無目，其邑兵行。犬生六畜無口鼻，民流亡，作兵。犬生六畜無四支，邑不治，有兵。犬生六畜無陰，主且暴死。犬生豕，歲大熟，民樂。』《天鏡》曰：『狗生豕，吉，不出三年，國安樂。』

犬矢溺宮室道路　犬矢金石雜物

京氏曰：『犬矢宮室中殿堂上三日以上，邑空虛。犬矢王門中，其主有喜。犬矢王門外，邑主有憂。犬矢邑社，不及大神，五日以上，邑亡。犬皆羣溺於邑門外及內，兵作，人家亦然。犬無故大道矢而行，邑大凶。羣犬無故皆矢大道中，兵行，犬矢人民牀席上，其殃大。犬矢井中，家虛，邑亦然。犬無故溺人，其人不出三歲亡。』又曰：『犬矢石，其邑臣强君弱。犬矢金鐵，邑兵大作。犬矢土，邑愈墜，墜地也。犬矢五穀，邑昌歲成。犬矢布帛，邑有暴政。犬矢草木，邑人有喪。』

《文獻通考》卷三一二《犬異》

《春秋左氏傳》襄公十七年十一月甲午，宋國人逐猘狗，猘，狂也，征例反。猘狗入于華臣氏，華元子。國人從之。臣懼，遂奔陳。先是，臣兄閱為宋卿，閱卒，臣使賊殺閱家宰，遂就其妻。宋平公聞之，曰：『臣不唯其宗室是暴，大亂宋國之政。』遂逐之。左師向戌曰：『大臣不順，國之恥也，不如蓋之。謂掩覆其事也。』公乃止。華臣亢暴失義，內不自安，故犬禍至，以犇亡也。

威烈王二十七年乙亥五月，晉有三大犬率眾犬數萬聚于絳，殺一犬于東方，一犬于西方。

漢高后八年三月，祓霸上師古曰：『祓者，除惡之祭也，音廢。』還過枳道，見物如倉狗，撠高后掖，師古曰：『撠謂拘持之也。撠音戟。拘音居足反。』忽而不見。卜之，趙王如意為祟。遂病掖傷而崩。先是高后鴆殺如意，支斷其母戚夫人手足，摧其眼以為人彘。師古曰：『摧謂敲擊去其精也。摧音口角反。凡言彘者，皆豕之別名。』文帝後五年六月，齊雍城門外有狗生角。師古曰：『雍城門者，齊門名也。《春秋左氏傳》平陽之役，趙武及秦周伐雍門之荻是也。』先是，帝兄齊悼惠王亡後，帝分齊地，立其庶子七人皆為王。師古曰：謂齊孝王將閭、濟北王志、菑川王賢、膠東王雄渠、膠西王卬、濟南王辟允，并城陽恭王喜，是為七王。兄弟並彊，有炕陽心，故犬禍見也。犬守御，角兵象，在前而上鄉者也。師古曰：『鄉讀曰嚮。此下亦同。』犬不當生角，猶諸侯不當舉兵鄉京師也。天之戒人蚤矣，師古曰：『蚤，古早字。』諸侯不悟。後六年，吳、楚叛，濟南、膠西、膠東三國應之，舉兵至齊。齊王猶與城守，與讀曰豫。三國圍之，會漢破吳、楚因誅四王。故天狗下梁而吳、楚攻梁，狗生角於齊。而三國團齊漢卒破吳、楚於梁，誅四王於齊。京房《易傳》曰：『執政失，下將害之，厥妖狗生角。君子茍免，小人陷之，厥妖狗生角。』

景帝三年二月，邯鄲狗與彘交。悖亂之氣，犬豕之禍也。師古曰：『悖，惑也，音布內反。此下亦同。』是時趙王遂悖亂，與吳、楚謀爲逆，遣使匈奴求助兵，卒伏其辜。犬，兵革失眾之占；如湻曰：『犬吠守，似兵革外附他類，失眾也。』豕，北方匈奴之象。逆言失聽，交於異類，以生害也。京房《易傳》曰：『夫婦不嚴，厥妖狗與豕。交茲謂反德，國有兵革。』昌邑王有狗冠方山冠事。詳見服妖門。成帝河平元年，長安男子石良、劉音相與同居，師古曰：『二人其止一室。』有如人狀在於室中，擊之，為狗走出。去後，有數人被甲持兵弩至良家，良等格擊，或死或傷，皆狗也。自二月至六月乃止。鴻嘉中，狗與彘交。

魏公孫淵家有犬冠幘絳衣上屋。此犬禍也。屋上，亢陽高危之地。天戒若曰，亢陽無上，偷自尊高，狗而冠者也。及淵自立為燕王，果為魏所滅。京房《易傳》曰：『君不正，臣欲篡，厥妖狗出朝門。』魏侍中應璩在直廬，欻見一白狗出門，問眾人，無見者。踰年卒。近犬禍也。

吳諸葛恪征淮南歸，將朝會，犬銜引其衣。恪曰：『犬不欲我行乎？』還坐。有頃復起，犬又銜衣，乃令逐犬，遂升車，入而被害。

晉武帝太康九年，幽州有犬，鼻行地三百餘步。天戒若曰，是時帝不思和嶠之言，卒立惠帝，以致衰亂，是言不從之罰也。惠帝元康中，吳郡婁縣人家聞地中有犬子聲，掘之，得雌雄各一。還置窟中，覆以磨石，經失所在。天戒若曰，帝既衰弱，藩王相譖，故有犬禍。永興元年，丹陽內史朱逵家犬生三子，皆無頭。後逵爲揚州刺史曹武所殺。孝懷帝永嘉五年，吳郡嘉興張林家狗人言云：『天下人餓死。』有二胡之亂，天下饑荒焉。愍帝建興元年，狗與豬交。按《漢書》，景帝時有此，以為悖亂之氣，亦犬豕禍也。犬，兵革之占也。豕，北方匈奴之象。逆言失聽，異類相交，必生害也。俄而帝沒於胡，是其應也。元帝太興中，吳郡太守張懋聞齋內牀下犬聲，求而不得。既而地自坼，見有二犬子，取而養之，皆死。尋而懋為沈□所害，京房《易傳》曰：『讒臣在側，則犬生妖。』太興四年，廬江灊縣何旭家忽聞地中有犬子聲，掘之得一母犬，青蒼音黎，黑而黃色。色，狀甚羸瘦，走入草中，不知所在。視其處，有二犬子，一雄一雌，哺而養之，雌死雄活。及長為犬，善噬野獸。其後旭里中爲蠻所沒。安帝隆安初，吳郡治下狗恆夜吠，聚高橋上，人家狗有限而吠聲甚眾。或有夜覘敕艷反視之云：『一狗假有兩三頭，皆前向亂吠。』無幾，孫恩亂於吳會焉。是時輔國將軍孫無終家於既陽，地中聞犬子聲，尋而地坼，有二犬子，皆白色，一雄一雌，取而養之，皆死。後無終為桓玄所誅滅。按《尸子》曰：『地中有犬，名曰地狼。』《夏鼎志》曰：『掘地得犬，名曰賈。』此蓋自然之物，不應出而出，為犬禍也。

桓元將拜楚王，已設拜席，群官陪位。元未及出，有狗來便其席，莫不驚怪。元性猜暴，竟無言者，逐狗改席而已。天戒若曰，桓元無德而叨竊大位，故犬便其席，示其妄據之甚也。八十日元敗亡焉。【略】

北齊文宣天保四年，鄴中及頓邱，並有犬與女交。《洪範・五行傳》曰：『異類不當交而交，誖亂之氣。犬交人為犬禍。』犬禍者，亢陽失眾之應也。時帝不恤國政，恩澤不流於其國。後主時，犬為開封儀同，雌者有夫人、郡君之號，給兵以奉養，食以粱肉，藉以茵蓐。天奪其心，爵加於犬，近犬禍也。天意若曰，卿士皆類犬。後主不悟，遂以取滅。後周武帝保定三年，有犬生子，腰已後分為兩身，二尾六足。犬猛畜而有爪牙，將士之象也。時宇文護與侯伏侯龍恩等有謀懷貳。犬體後分，此其應也。

隋煬帝大業元年，雁門百姓間犬多去其主，群聚於野，形頓變如狼而噉噬行人，數年而止。《五行傳》曰：『犬，守禦者也，而今去其主，臣下不附之象。形變如狼，狼色白，為主兵之應也。』其後帝窮兵黷武，勞役不息。天戒若曰，無為勞役，守禦之臣將叛而爲害。帝不悟，遂起長城之役，續有西域、遼東之舉，天下怨叛。及江都之變，並宿衛之臣也。

唐高祖武德三年，突厥處羅可汗將入寇，夜聞犬群嗥而不見犬。武后初，酷吏邱神勣家狗生子無首，當項有孔如口，晝夜鳴吠，俄失所在。神功元年，安國獻兩首犬。首多者，上不一也。元宗天寶十一載，李林甫晨起盥飾將朝，取書囊視之，中有物如鼠，躍於地即變為狗，壯大雄目，張牙視林甫，林甫射之，中，霅然有聲，隨箭沒。武宗貞元七年，趙州柏鄉民李崇真家黃犬乳犢。

憲宗會昌三年，定州深澤令家狗生角。宣宗大中初，狗生角。京房曰：『執政失將害之應。』又曰：『君子危陷，則狗生角。』懿宗咸通中，會稽有狗生而不能吠，擊之無聲。狗職吠以守禦，其不能者，眾鎮守者不能禦寇之兆。成汭為荊南節度使，城中犬皆夜吠，曰者向隱以為城郭將邱墟。僖宗中和二年秋，丹徒狗與彘交。占曰：『諸侯有謀害國者。』

宋高宗紹興六年四月中，京大雪雷震，群犬數十爭赴土河而死，可救者纔二三。戎狄，犬類也。戎狄亂華，將自斃也。寧宗慶元二年，撫州有犬人，坐於郡守治事之上。後守臣林廷彥卒於官。

明 張懋修《墨卿談乘》卷一二《神羊觸邪神狗齧正》 東方朔《神異經》曰：『窮奇狀如牛而色貍，狗頭人形，鉤爪鋸牙，逢忠信之士，齧之；逢奸邪之人則捕禽獸而飼之，名神狗也，此二獸政邪正之分。』《山海經》：窮奇，一名神狗，能逐妖，何相反也？且《左傳》窮奇列之惡獸比四凶則非佳物矣。方朔之言為是。

明 慎懋官《華夷花木鳥獸珍玩考》卷七《鷹背狗》 北方凡皂鵰作巢所在，官司必令人窮巢探卵，較其多寡。如一巢而三卵者，置卒守護，日覘視之，及其成鷇，一乃狗耳。取以飼養，進之于朝，其狀與狗無異，但耳尾上多毛羽數根而已。田獵之際，鵰則戾天，狗則走陸，所逐同至，名曰鷹背狗。

明 徐應秋《玉芝堂談薈》卷二五《掘地得犬》 王元美曰：『季桓子穿井而獲土缶，中有羊焉。使人問仲尼曰：「穿井而獲狗，何也？」孔子曰：「以丘所聞，羊也。土之怪曰羵羊，然則夫子以土無狗也。按：《尸子》曰：「地有犬，名地狼，有人名曰無傷。」《夏鼎志》曰：「掘地得犬曰賈，掘地得豚名曰邪，掘地得人名曰聚，聚即無傷也。」晉太興元四等年，隆安初皆于地中得犬。元康中，吳郡袁琦于地得犬，雌雄各一，長老云：「此名犀犬，得之者富。」是地中有犬矣。』愚再考：《晉書》：廬江何旭家忽聞地中有犬聲，掘得一犬，并雌雄二雛，後里中有蠻夷之禍。晉輔國將軍孫無終，于既陽地中聞犬聲，尋而地坼，有犬二，皆白色，一雌一雄，取而養之，皆死，後為桓玄所滅。又吳郡太守張懋家亦然，而亦不善終。《睽車志》：治平丁未，漳州地震，裂開數十丈，濶丈餘，有狗自中出，視其底，皆林木，枝葉蔚然。又不獨元美所述也，穿井獲羊事，《韓詩外傳》亦載之。稱魯哀公使人穿井，三月不得泉，得一玉羊，哀公甚懼。孔子曰：『丘聞之水之精為玉，土之精為羊，此羊肝乃土耳。』使人殺羊，肝果為土。與上說不同。《續博物志》：秦穆公時，有人掘地得物若羊，將獻之。道逢二童子，曰：『此名為蝹，常在地中，食死人腦。若欲殺之，以柏東南枝捶其首。』繇是今人墓皆植柏。懷帝永嘉元年，洛陽步廣里地陷，有蒼白二鵝出，蒼者飛翔沖天，白者止焉。貞元十年，京師地震，侍中渾瑊第有樹湧出，樹枝皆挂蚯蚓。王子年《拾遺記》：建安三年，胥圖國獻沉鳴石，雞色如丹，大如燕，常在地中，應時而鳴，其國無雞，人聽地中以候晷刻。《道書》云：昔仙人相君採石入穴，得丹石雞，舂以為藥，服者令人有聲氣，後天而死。

明 湛若水《湛甘泉先生文集》卷一八《犬乳猫記》 甘泉子，世居增城之野，甘泉都。甲午春，家有猫犬先後同時而生子者，犬之子四長也，猫之子二幼也。母猫常去，不乳其子，子來求乳，則掌其子而去之，不得食，則一子饑以死焉。其一獨存，犬見是猫子之無乳，悲鳴而咿嚶也。就而乳之，以左手枕其首，以右手抱之而乳焉。日月率以爲常，愛之如已出焉。犬之子與猫之子羣然而食，羣然而走，羣然而臥，忘乎其孰爲犬，孰爲猫也。婦者、男者、愚者，曰：『嫉哉，犬也，不專其子，而乳猫之子也。』智者曰：『仁慈哉犬也，不私其子而猫之子乳也。至於母猫與其子同氣而分者，乃反若甚嫉妬焉。其子瀕於饑且死而不動其心焉。忍哉猫也，愚者知者乃莫知惡之，又何也？』後四年，甘泉子以便歸省墓，家人告其事如此，甘泉子曰：『嘻異哉！計其時，是爲南都禮部宅猫相乳之前一年也。是爲乳猫死，予瘞之池爲義猫塚之，前二年也。猫相乳猶爲同類也，而犬猫異類也，猶有如此者，其諸異於義猫也遠矣。不可不書之，表之爲天下後世女子丈夫同類之爲慈者，勸爲妬者戒。』

明 張懋修《墨卿談乘》卷一二《鵰生犬》 北方皂鵰巢有三卵者，元之官司必守護，候其成㲉，必有一狗取飼之，進御以獵時，鵰則唳天，狗則走陸，所逐同至，名鷹背狗，其狀全是狗，但耳尾上有毛數莖。

清 周人甲《管蠡匯占》卷一二《犬異占》 京房曰：佞臣在側，則犬妖生，歲多蝗蟲，大兵且至。或曰：狗主守犬爲妖，則失其所，守犬吠其主。其主且亡。一曰：逆吠，其主有殃，不宜遠行。犬作人聲，世主易；大嘷街巷中，有賊在邑，不出三年。一犬吠，羣犬和之，其地有兵；羣嘷，城中國邑爲墟。犬晨夜吠於家庭，家有喪，在邑則主守者亡。《天鏡》曰：春嘷室堂，男女有喜；朝嘷室中，父母憂曰；中嘷室中，男得爵祿，女有喜；夕嘷室中，長女死。犬羣會於野，或人家或街衢中，大賊起。一曰：守禦之臣叛，犬忽上人床，其下謀主；犬窺井自照，有姦事；犬作人行，守臣謀叛；犬自食其子，多盜賊。一曰：有牢獄事，犬子反哺其母；家有大慶，犬負子自外入國中，其國不用兵而遠人來，負子出國門，民去其國；犬生子於野，臣有外謀，三年國亡；犬與豕交，夫婦不嚴，有兵亂家，國同。凡異類相交，皆主淫亂；犬無故多死，軍弱不可用。犬無故自死，當邑門國失其守；凶犬羣入水中浴，兵大起；犬戴人冠，京房曰：『君不正，臣欲篡厥，妖狗冠出朝門。』地坼出犬，名曰地狼。其地有兵，若在人家，則其家有兵刃之災。一曰：犬從地中出，國君死，有大水；犬生角，下犯上。一曰：世主益地。京房曰：『君失政，小人進，則犬生角。犬生子三耳以上，邑有亂臣；三目以上，臣謀主；二口，邑有憂；鼻一孔，邑有兵；三足以下，國分；五足以上，邑兵大行；二陰；國君多子；二尾以上，君徙；犬生子口在背，有反臣；口在陰；臣强主弱，命不行；口在四肢；臣殺君；口在腹下及兩旁，邑有大憂；口在腹，民大飢；生子鼻在四肢，有兵；足在腹，邑有徙君；足在背，有反臣；足在首，其君有大仇；尾在腹，臣謀主；尾在背及四肢，國有三主爭；生子無毛，臣謀君；無目，主者病；無口鼻，民飢；無足，穀不成；無尾，民貧；無頭，其家亡；犬生人，國有兵行、君失位；生人形不具，其邑有兵；犬生野獸，大夫爲賊、謀君有憂。犬生六畜，國易命有大事；生豕，歲大熟、民安；生六畜，一首二身，國主廢；兩口三鼻以上，大臣爲亂；生六畜無首，有大凶事；無耳，君不用事；無目，其邑兵出；無口，鼻民流亡爲亂；無四肢，國有亂兵；無陰，國君暴死。犬生子人形畜獸身，有亡君、邑大殃；人形鳥身，有大災；人形魚身，有水災；人形鼠身，其邑大耗。犬生野獸且有人形，邑有大兵；生飛鳥，大水大兵。一曰：犬生子爲飛鳥，蟲，有更令；犬生蟲蛇，邑飢人流；犬生異物，或人形、或形體，不居其所，皆爲兵起；犬生鼠，歲虛民流亡；犬生魚，有大水。犬忽人悲者，有大喪；犬忽見主呼不動，邑里有賊，政令不行；他犬自來入室不去，有憂官事；冢犬無故亡不還，有亡命事、憂女子禍；犬相與入水中及屋上，有兵喪；犬忽窺井，憂驚恐；犬上屋及登城牆，賊來必破兵，將投降；無故上屋，有火災。一曰：其家有喪，主人失位，屋乃高危之地，亢陽之象也。犬忽變毛色奇異，理家者死或被刑罰；宮室人家犬嗥不止者，內外有交兵流血從內起；犬羣溺邑門外，內國兵作人家亦同；犬屎君門之中，君有喜；屎君門之外，君有憂；犬屎尿宮門及大道或井側堂廟牀席，皆大禍至。一云：羣犬屎大道中，兵起；無故當大道屎而行，大凶；屎邑社五日以上，邑亡社移；犬糞床上及灶上，有暴禍；犬溺人，其人亡，遠不出三年；犬屎石，其國臣强君弱；屎金鐵，邑兵大作；屎土，國益地；屎五穀，邑昌歲成；屎草，木有大喪。

清 屈大均《廣東新語》卷二一《狗》 韶州有赤狗穴居，吠則不祥。雷州有喙夜食，尾大而喙甚長，夜從樹上取食不以晝，故曰喙夜食。蓋狗之族，其曰豺狗者豺也，曰毛狗者狼也。粵東少豺狼，故不識者以為狗。或曰封川多狼，青色尾特大，作聲諸竅皆沸，能食犬羊攫小兒。

清 孫治《孫宇台集》卷一九《南山狗食豹説》 南山之村有招提僧指數千集群房之守狗亦以百數，有豹焉。每夜撮狗而嚙之，不及月，餘狗去其三分之一，羣僧閔然，相為計曰：『誠如是，不盡狗不止而，又且及人。』於是集捍子弟，各持挺而索之。捍子弟在前，群僧繼之，群狗皆狺然而從之。追及于山巔之嶂，見有鬣首而駄其身者，伏于篁中，曰：『此豹也。』豹亦畏人，不敢動罙。有一狗張牙而起，直嚙其足。豹方怒目，而捍子弟已執挺斃其首矣。于是衆狗群然而食之，豹且盡。或異其事，以告余。余曰：『有是哉，此豹失其威而狗集其勢也。狗之于豹視若雷霆鬼神而能食之者，此以知豹失其威而狗集其勢也。』嗟乎！豈獨狗與豹然哉？昔有功曹陷文殺人，一旦功曹有罪，群捽而踢之至于死。又有豪長者為暴于里中，少焉變作群不逞之徒，碎豪長者之首而戮辱其妻子，又暴其死父之骨于地下，而揚其灰。嗟乎！此功曹與豪長者，非南山之豹之類耶？又非特此周厲王之虐道路以目然，一旦出之于汾水之上。秦始皇殺人如亂麻，然及其死也，驪山之宮火三月不止。諺曰：『聚蚊或雷言，弱之可爲强也。』《詩》曰『衆夫成城』言衆之可畏也。故詳著其事，以風有位者。母逞其曰殘殺，人之性若南山之豹，至于失其威而爲狗所斃也。

《續文獻通考》卷二二七《犬異》 宋恭帝德祐元年五月壬申，揚州禁軍民毋得蓄犬，城中殺犬數萬，輸皮納官。

遼穆宗應歷十八年六月甲戌，特烈於鶻巢中得牝犬來進。互見毛蟲之異門。

臣等謹按《金史》無《犬異》可見，王圻《續通考》亦闕之。

元成宗元貞丙申秋，大都南城武仲祥家，有乳犬懷胎，左脇下忽腫成瘡。六七日後於，瘡內生五子，色皆青蒼，每當脊梁自頂至尾，生逆毛一道，又數日瘡亦平復。順帝至正二十一年，昆明縣王案山下産赤小犬，色如火，羣吠遍野。二十二年八月，上海縣金壽一家，已閹雄狗生小狗八，其一嘴爪紅如鮮血。

明世宗嘉靖二十年，民家生一犬，八足四耳四目。

神宗萬歷四十七年七月，懷寧民家産一犬，長五寸高四寸，一頭二身八脚，狀如人。【略】

清 方旭《蟲薈》卷二《鷹背狗》 《輟耕錄》：鶻生三卵，其一爲狗，其狀與狗無異，但自背至尾有羽毛數莖，田獵之際隨母影而走，所逐無不獲者，名鷹背狗。

清 俞樾《茶香室叢鈔》卷二九《鷹背狗》 無名氏《東園友聞》云：『北方凡阜鶻作巢所在，官司必令人窮巢探卵，較其多寡。若三枚必設置以守之，及其出乃一狗也，取而飼養之，長則獻於朝廷。與常狗無異，但耳上多羽毛數根耳。田獵之際，鶻則上飛，狗則陸行，所逐同至，名曰鷹背狗。蓋凡物生三子，必有一異，惜人未有聞焉。』

清 陳元龍《格致鏡原》卷八七《犬》 【異犬】《山海經》：天門山有赤犬曰天犬，見則有兵，乃天狗星光飛流注而生，行如風，聲如雷，光如電。

《山海經》：陰山有獸，其狀如貍，白首素牙，名曰天狗。

《楮記室》：至治元年，王案山産小赤犬，占曰天狗，墮地為赤犬，其下有六軍覆境。

《尸子》：地中有犬，名曰地狼。

《夏鼎志》：掘地得犬，名曰賈。

《搜神記》：晉元康中，吳郡婁縣懷瑶家忽聞地中有犬子聲，掘視之，得犬子，雌雄各一，目猶未開，形大於常犬也。哺之而食，左右咸往觀焉，長老或曰此名犀犬，得之者令家富昌。

晉《五行志》：大興四年，廬江灊縣何旭家，忽聞地中有犬子聲，掘之得一母犬，青鼇色，狀甚羸瘦。走入草中，不知所在。視其處有二犬，一雄一雌，哺而養之，雌死雄活。及長為犬，善噬野獸。《三水小牘》：汝南臨汝縣南十八里，廣城陂之西，有小山崆峒。其顛洞穴如盎，將有大風雨，則白犬自穴出，田夫以為候。

《東園客談》：唐伯剛云：『北方凡皁雕作巢所在，官司必令人窮巢探卵多寡，若三枚必設宜以守之，及其出，一乃狗也。取而飼養之，長則獻於朝廷，與常狗無異，但耳上多羽毛耳。田獵之際，鵰則上飛，狗則陸行，所逐同至，名曰鷹背狗。』

《西使記》：皁鵰一産三卵，內一卵生犬，灰色而毛短，隨母影而走，所逐禽無不獲者。《雷民傳》：嘗有雷民畜畋犬，其耳十二。每將獵，必笞犬，以耳動為獲數。

《山海經》：蜪犬如犬，青色，食人，從首始。

【犬異】《風俗通》：高辛氏有老婦，居王宮，得耳疾，挑之，乃得物，大如繭，婦人盛瓠中，覆之以盤，俄頃，化為犬，其文五色，因名盤瓠。

《玄中記》：昔高辛氏犬戎為亂，帝曰：『有討之者，妻以美女，封三百户。』帝之狗名盤瓠，亡三月，而殺犬戎，以其首來，帝以女妻之，於會稽東南得海中土三百里而封之。生男為狗，生女為美人，封為狗氏。《五代史》：北狗國，人身狗首長毛不衣，手搏猛獸，語為犬嘷，其妻皆人，能漢語，生男為狗，生女為人，自相婚嫁，穴居食生，而妻女人食熟。嘗有中國人至其國，其妻憐之，使逃歸。與其筯十餘隻，教其每走十餘里遺一筯，狗失追之，見其家物必銜歸，則不能追矣。

《博物志》：徐君宮人娠而産卵，以為不祥，棄於水邊。孤獨老母有犬名鵠倉，獵於水濱，得所棄卵，銜以來歸。母以為異，覆煖之，遂成小兒。長而仁智，襲君徐國。後鵠倉臨死，生角而九尾，實黄龍也。偃王葬之徐粱界內。

《山堂肆考》：朱孺子汲於溪上，見二花犬相趁，因逐之，入於枸杞叢，下掘之，根形如二犬，烹而食之，忽覺身輕，飛於峰上，雲氣擁之而去。

《搜神記》：文帝後元五年六月，齊雍城門外有狗生角。京房《易傳》曰：『執政失，下将害之，厥妖狗生角。』漢《五行志》：成帝河平元年，長安人石良見物如人狀在其室中，擊之，為狗走去。後有數人被甲持兵弩至，良格擊，或死或傷，皆為狗。

《晉書》：公孫文懿家有犬，冠幘絳衣上屋，此犬禍也。

《郭頒世語》：武帝時幽州有狗，鼻行地三百餘步。

《郡國志》：宋武帝伐南燕，至吠狗山，夜聞狗吠，明日視之，見石狗。

《述異記》：朱休之家犬歌曰：『言我不能歌，聽我歌梅花。今年故復可，明年當奈何。』家殺犬，明年並死。

《北史》：周保定間，有犬生子，腰以後分為二身，兩尾六足。

清 齊學裘《見聞隨筆》卷一七《人面犬》 戊辰三月，上澣滬城四牌樓翦店內産一羣犬，中有人面犬身者，觀者如堵。主人斃犬埋之，以滅其怪。宋恆銀刻字先生親眼見之，來與余言。

清 沈起鳳《諧鐸》卷六《識字犬》 孩時畜一小犬，名進寶。繼入書塾，必提抱與俱。偶置案頭，見予讀書，輒注目凝想，若有所得。予奇之，戲書『進寶不許入塾』六字，粘諸座隅。犬審視良久，垂首喪氣而出，三五日不敢入塾。予呼之始至。益奇之，增其字曰『慧兒』。犬搖尾踴躍，作感恩狀，猶名士之愛呼表字也。犬自識字後，頗敦品格，食必擇器，寢必擇地。偶出游街市，夷然不屑與凡犬伍。殘羹剩炙，蹴而與之，怒目不顧去。里中周孝廉聞而异之，配以牝犬，終歲不與同食宿。犬一無所好，惟好臥塾中，爲予守架上書。後予隨先大父宦淮甸，置犬于家。偶遣老仆回，必銜衣若問訊者。出平安書示之，始歡跳去。垂二十年，聞其忽發狂疾，見藍縷者，歡迎憨跳；遇鮮衣華服者，必狂吠。因嘆曰：『積怪成癖，畸士類然。然反乎常性，恐自此取禍矣！』不半載，爲東鄰子啖以竹弓而斃。家中人因予豢養，瘞諸桑樹之下，志以片石，曰『識字犬』。繼聞牝者終日叫號，亦觸墻而死。喟然曰：『穀則异室，死則同穴，是犬其苦而節者乎？或亦識字者狷介之報也！』郵信命井瘞之，以全是犬之志云。

鐸曰：『識字爲造物所忌，矧墮畜生道中，敢恃才陵傲耶？反常性以取禍，真覺世之言也。乃始以狂死，繼以節報，或造物忌其生，不忌其死耳。鶴雖挂牌，犬不識字，一番冤獄，全賴不識字救解。若以此犬當之，未免試宸濠之劍矣。

犬而識字，誠爲禍階。」

又 卷七《犬婢》 清平王太常，乞假歸里，夫人欲購一婢，有貧婦攜女來，面黃體瘠，目灼灼如犬。問其直，索金百兩。夫人笑曰：『爾女醜拙若此，何所長而視爲奇貨耶？』貧婦曰：『是兒雖陋相，然天生慧眼能，于昏夜視物，洞如白晝。』夫人曰：『姑留此試之。』貧婦去。至夜，諸女伴于燈下綉太常朝服，命其穿針暗處，易如投芥。夫人喜，明日如數予之；名其婢曰喜兒。喜兒外朴內慧，善伺夫人意旨，夫人鍾愛，幾齒諸子女行。夜輒引以爲戲，時出金纏臂銀約指，于黑夜搏弄，能辨其色高下；或取千錢，散布暗室中，令喜兒往拾，不遺一錢。嘗謂太常曰：『紅綫掌箋，芳姿咏扇，即劉家俊婢誦得《魯靈光殿賦》，總不似我如願兒，勝婆利市碧眼賈也！』一夕，太常秉燭內室，爲吏部某公作墓志，急欲征事班、史，遣喜兒于書架上取第幾部第幾卷書，喜兒噭聲而去，往返數次，徒手而來，詰之，痴立不語。太常曰：『暗中摸索，本非易事。』因自起持燭出外，揀之架上，其書宛然。笑謂夫人曰：『卿家碧眼賈，今亦迷五色哉？』夫人不解，但咎其懶。喜兒曰：『夫人誤矣！昔阿娘中年不育，祈嗣楊太尉祠，命以座下犬托生爲女。故婢子遍體賤骨，唯雙眸獨炯。但犬之爲物，遇金銀什物，雖黑夜能見之；若文章詞翰，縱光天化日中，瞪目不知爲何物，况于昏暮間求之乎？』夫人憮然爲間曰：『弃人用犬，宜明于小而暗于大也。自今以後，吾知悔矣。』太常曰：『不然，眼前碌碌，豈止若輩？凡遇財物則雙眼俱明，遇文字則一丁不識，皆犬之種類耳！奴價倍婢，未是知言。』夫人乃大笑，而喜兒之寵不衰。

鐸曰：『朱氏金鈴，梅花度曲；陸生黃耳，洛下傳書。誰謂文章詞翰，非畜類所敢近哉？但度曲而不知曲中之義，傳書而未識書上之文，弃人用犬，終非長策。』

清 汪价《中州雜俎》卷三《崆峒山白犬》 崆峒山在汝州，即黃帝問道于廣成處也。上有丹霞觀，觀內登仙石，廣成足跡尚存，洞中有白犬，往往外遊。

紀事

宋 洪邁《夷堅志·甲志》卷一《犬異》 金國天會十四年四月，中京小雨，大雷震，羣犬數十争赴河而死，所可救者才三耳。

又 卷五《蛇報犬》 世傳犬能禁蛇，每見，必周旋鳴躍，類巫覡禹步者。人誤逐之，則反為蛇所齧。林明甫家犬夜吠，燭火視之，見一蛇屈蟠，犬繞而吠，凡十數匝，蛇死，其體元無所傷，蓋有術以禁之也。林宏昭言：『溫州平陽縣道源山資福寺，有犬名花子，善制蛇。蛇無巨細，遇之必死，前後所殺以百數。一日，大蟒見于香積厨，見者奔避。僧急呼花子，令噬之。未及有所施，蛇遽前迎齧其頷，犬嗚號宛轉，須臾，死于階下。蛇亦不見，豈非其鬼所為乎？物類報復蓋如此。』

又 卷八《梅三犬》 饒州東湖傍居民梅三者，紹興二十年除夕，縛一牝犬，欲殺已刺血煮食，恍惚間不見。夜夢犬言曰：『我犬也，被殺不辭，但欠君家犬子數未足，幸少寬我。梅許諾。明日，自外歸，恬然無所傷，乃復育之。』

又 卷一一《陳大録爲犬》 秀州華亭縣吏陳生者為録事，冒賄稔惡，常帶一便袋，凡所謀事，皆書納其中。既死，夢于家人曰：『我已在湖州顯山寺為犬矣。』家人驚慘，奔詣寺省問。一犬聞客至，急避伏衆寮僧榻下，連呼不出，意若羞赧，其家不得已遂還。既去，僧語之曰：『陳大録宅中人去矣。』方振尾而出。此犬腹下垂一物，正方宛如便袋狀，皮帶周匝繫其腹，猶隱隱可辨。洪慶善嘗與葛常之侍郎至寺見之，詢諸僧云然。

又 卷一五《犬齧張三首》 唐州方城縣典吏張三之妻，本倡也，凶暴殘虐。婢使小過，輒以錢縋其髮，使相觸有聲。稍怠則杖之。或以針籤爪，使爬土。或置諸布囊，以錐刺之。凡殺數妾，夫畏之，不敢言。後殺其子婦，婦家詣縣訴，縣檄尉檢尸。小婢出呼曰：『牀下又有死者，可併驗也。』獄具，以倡非正室，與平人相殺等，尸於唐州市。張自是亦病，左支皆廢，涕淚出不禁，以首就桉始得食，三年而死。既葬，為野犬齧墓，揭棺銜首，擲之縣門外而去。

又 《乙志》卷二《人化犬》 姑蘇翟秀才家乳婢王氏，平生無一善，見人誦佛，則笑毀之。年四十歲時，贅生於尻，日以痛楚。用膏藥傅之，愈益大，至尺餘，則成狗尾矣。自是不能行，據兩手於地，匍匐移足乃可動。伺犬彘就槽輒隨之食，夜與共寢，踰半歲乃死。又節級徐忠，因病亦生一尾，謂妻子曰：『我坐抛飲食之過。夢入城隍廟，令詣曹供狀，自今勿得食人食，惟舐糠口。可，且和糠來。』既至，蹲踞而食，與犬亡少異。其家為作浮屠供悔。謝，旬日而死，時紹興三十年五月也。

又《丙志》卷一二《蛇犬斃》 林廷彥爲臨川守，之任未幾被疾。廷中人正晝見人坐於廳事椅上，以爲使君病間能出矣。或前視之，乃州宅犬母焉，又二蛇蟠於側。取杖欲擊之，蛇去不見，但斃犬，貨於屠肆。是年林卒。又宜黃縣涂千里者，夏日與賓友坐於所居之燕堂，犬銜蛇徑至前，齧殺之，委於地而去。客以爲此楊震鸛雀銜鱣之瑞，千里愀然曰：『吾生於乙巳，今行巳運而有蛇禍，吾殆不免乎！』不一歲果卒。

又《丁志》卷五《四眼狗》 建陽黃德琬，買一犬，純黑，而眉下兩點白如眼，然因呼爲四眼。居三歲，田僕陳六來告曰：『宅主衆犬屢齧殺羊。』驗之而信，家凡六犬，命悉擊殺之，勿令遺類，以相教習，五犬死，獨四眼佚去，過兩夕來，夢於黃妻云：『官欲盡殺犬，我實無罪，平生不咬羊，只在後門，夜守賊，願免一死。』妻言之於黃，明日再究詰，果不與同類混跡，心欲貸之，已復歸矣。自是，真宿後牆下，又七年尚存。

又《員家犬》 員琦爲建康軍統領官日，部有四人善盜，晝解人衣，夜探雞犬，無虛日。琦諭隊將戒之，貸其前過，曰：『後勿復犯。』琦家養狗，黑身而白足，名爲銀蹄，隨呼拜跪，甚可愛。忽失之，揭牓募贖，凡兩日餘，老兵來報：『四偷方殺狗亨食。』亟遣驗視，狗已熟，皮毛儼然。琦命虞候瘞埋，又以灰印印地面，使不可竊取。窮究曲折，果四人同謀，二人用索鈎罥之於東門外城下。琦呼責將官，猶以已微物，使勿深治。將官取同謀者杖背五十，正盜者鞭滿百，旬日內受鞭者皆死，一夕，琦門內聞狗爬聲，絶似銀蹄，家人皆笑曰：『豈狗鬼乎？』呼之即應，及啓門，搖尾而入，銜人衣，且拜且躍，悅樂不勝名狀。明日驗瘞處，印如初，土亦不陷，但穴中空空。又疑向所殺者爲他人家畜，復具載形色遍牓外間，許人識認，亦無尋訪者，始知其寃業所召云。銀蹄再活十年方死。

又 卷六《僧化犬賦》 陳茂秀才，建陽人，工爲文，聚徒數十人於開福寺地藏院。院僧德輔，能誦孔雀經，主持水陸，戒律頗嚴。陳之徒擾之已甚，稍不副其欲，浸潤於陳，陳遂撰《德輔白晝化犬賦》播于外。其隔聯云：『飢噬米糠，幾度尋思於藥食，冷眠苕帚，這回抛棄於禪床。』闔邑士，民驚而來問，四遠傳者皆以爲然。輔不勝忿，具疏告天地旦旦，登鐘樓以額扣鐘，一扣一拜，日百拜乃止。已而，陳得疾，瘡穢遍體，不復能聚徒，困悴以死。衆謂：口業招譴然，僧之用心報復，亦爲已甚矣！

宋 洪邁《夷堅支志》庚卷一《詹村狗》 德興詹村田舍民牝狗生子。民至貧，自無以食。狗之子母，終日無所飼養，皆瘦悴骨立。相去半里鹿坡王氏，求其子歸，飫於糟糠。每日竟，即掉尾返故處，嘔出所餐以哺母，至暮復然，雖風雨不輟。彼鄉士人為賦《孝狗歌》，屬和者盈卷軸。其一篇云：『慈烏反哺古所稱，不聞乳狗能效顰。鹿坡王氏世吉人，乞得乳狗於良鄰。良鄰家貧併日食，狗母長飢骨柴立。乳狗食竟掉尾歸，嘔食餵母使母肥。朝餐歸嘔暮復續，獸類之中穎考叔。紛紛養志多缺如，慚愧四足之韓盧。』言語雖未工，足以垂訓簿俗，故表出之。

又 辛卷八《社壇犬》 乾道三年八月，饒學釋奠，諸生家在城內者，多以當夜日四更往赴禮。王貢之至朝天門，早雙闔尚扃。閽卒言：『已請鑰匙于府中，便當到，小駐頃刻可也。』遂留坐。俄一白衣男子行相近，王慮暗中不別識，預咳嗽警之，欲使聞有人在彼。白衣乃變成一犬，轉社壇巷而不見。將去，以詢閽卒，卒曰：『渠無夕不出，每來逼人，及遭逐，則奔竄，其怪久矣。』王嗟異而行。

明 王同軌《耳談類增》卷五一《金氏變狗》 觧州關聖祠極靈顯。有金氏者，欺夫瞽不見，常無禮於其姑，食以悪草。一日，拾糞蟲拌之，姑覺臭難食而哭其傍。忽一日失金氏，姑疑人誘去。方禱聖祠，有犬吠至，作人言曰：『我金氏也。神以我飯姑不潔，墮此業。』哀鳴不已。姑亦慘然。又入市，徧向人語曰：『世人勿如我作業。』旬日不食死。何本江談。

明 王罃《群書類編故事》卷二四《女嫁槃瓠》 昔高莘氏有犬戎之寇，帝患其侵暴而征伐不克，乃訪募天下：有能得犬戎之將吳將軍者，賜黃金千鎰，邑萬家，又妻以少女。有畜狗，其毛五彩，名曰槃瓠。下令之後，槃瓠俄啣人頭詣闕下。群臣怪而診之，乃吳將軍首也。帝大喜，且謂槃瓠不可妻之以女，又無封爵之道，議欲報之而未知所宜。女聞之，以為皇帝下令，不可違信，因請行。帝不得已，以女妻槃瓠。槃瓠得女，負而走，入南山，石室中險絶，人跡不至。經三年，生六男六女。槃瓠因自夫妻，好色衣服，製裁皆有尾。其母後，以狀白帝，於是迎諸子。衣裳斕斑言語侏离。好入山壑，不樂平曠。帝順其意，賜以名山廣澤。其後滋蔓，號曰蠻夷。今長沙武陵蠻是也。

又《烏龍噬奴》 會稽句章氏張然滯役在都，經年不得歸家。有少婦遂與奴私通，然在都養一狗，甚快，名『烏龍』。後假歸，奴與婦謀，欲得殺然。然及妻作飯食共坐下，食未得啖，奴當户倚，張弓、括箭、拔刀。然以盤中肉飯與狗，狗不取，唯注睛舐脣視奴，然亦覺之。奴催食轉急，然决計拍髀，大喚曰：『烏龍。』狗應聲傷奴，奴失刀仗倒地，狗咋奴頭，然因取刀斬奴，以婦付官，殺之。

又《狗人國》 北狗國，人身，狗首，長毛不衣，手搏猛獸，語為犬嗥。其妻皆人，能漢語，生男為狗，生女為人。自相婚嫁，穴居食生，而妻女人食熟。嘗有中國人至其國，其妻憐之，使逃歸，與其筯十餘隻，教其每走十餘里遺一筯。狗夫追之，見其家物，必啣歸，則不能追矣。

明 陳堯《虚舟集·犬子》 海上有婦與犬合而生子，隣人惡之，磔犬瘞諸野。其子稍長，與里中群少射獵馳逐，或烹犬共食之。隣人竊笑之曰：『汝食汝父耶！』其子聞之，問其母，母告之故，乃具豚肩卮酒，詣犬墓祭哭盡哀。復以餕餘饗其母，頓首別去。越數年，率其黨盡殺隣人，無少長皆割其首置犬墓前，負其母而去。虚舟子曰：『犬子之生恠矣，事誠鄙陋無足談，然能復父之讐，亦甚異焉。使父非犬父，子非犬子，能伸大義于天下，豈不毅然烈士乎哉？彼有忘親事讐，反面交懽，視伍員王裒之徒，曾不足為奴者，方以衣冠游行天地間，視犬子何如哉？』

明 夏樹芳《詞林海錯》卷一一《狗撠》 漢高后八年三月，祓霸上還過軹道，見物如蒼狗，撠高后掖，忽不見。卜之，趙王如意爲祟，遂病，腋傷而崩。以爲人彘之報。

明 徐樹丕《識小録》卷一《食狗報》 京師人不鮮食狗。萬曆初年吴人有宦于京者，倡為戍會前後殺狗無數，其後殺一狗叫嗥甚悲，絶繩而逸，作人跪乞命狀。巨椎中其腦，既絶聲不止，至于釜汁靡爛猶汪汪，徹重屋已盛椀，椀中復然，擲碗十餘片，片片作聲，一時座客皆避去，獨主人飽啖自若。一月後暴病，見數百犬爭噬之，呼痛大叫，伏枕作群吠聲而殁。

明 徐𤊹《榕陰新檢》卷一二《獅走狗吼》 福州舊有讖云：『獅兒走狗兒吼，狀元在門首。』皆莫曉，至黄朴賜第之年元日，其家相對屋上瓦獅墜地，群犬從而吠之，已而黄魁天下。

明 朱孟震《河上楮談》卷一《周公狗》 有周公者，余鄉人。去余舍僅一里許，其像乃肉身，瀕江舊有廟，後圮，家人移入舍祀焉。相傳公為水神，大著靈應。有爬沙狗，能爬沙湧泉水。余舍之後廻大江，岸高三四丈，上多民居。近十年岸崩，及民居下爲一深潭，潭上下水甚駛，潭中有一物，狀如黑犬，第脚稍長。每炎暑時，從潭中出，曝對岸沙中，人競噪之。輒復入水，或投之石，殊不懼，如是者三四年。今潭又稍平，是物無復見矣。豈張司空所謂癡龍者乎？抑即公狗也。

明 祝允明《祝子志怪録》卷一《白犬怪》 崑山一少年子未娶，每夜有美婦來與之合，是得瘵疾，醫療莫痛，猶自秘其事。一日，坐肆中，有道士過之，謂曰：『此子妖氣甚濃。』言畢而去。其父聞之，乃詰子曰：『吾兒不言定死矣。第言之，吾不譴責。』子乃以實告，父以翦刀與之，曰：『伺其再來，必堅拒之。但翦其衣，當可驗治。』子謹受命。其夜婦至，密翦其片裾懷之，却厲聲呵叱，婦乃去。旦視之，白毛也。父曰：『此必獸怪。』既而見鄰家一牝白犬毛有缺處，因共杖殺之，子疾隨痊。

又 卷二《張氏犬》 鳳村張氏畜一黄犬，每夜分，或護張氏門下，或越水又護前溪陳老籬下。若往若來，吠聲徹夜張陳，咸愛之。一日，犬對衆泣，如人聲，或爲其不瑞，欲斬之，犬言曰：『無斬為，我為某平生欺虐小民，爲害不一。今張陳之報方休，又將某處作畜，是以泣。』言罷，長吁數聲斃焉。

又 卷三《狗姦》 往年京師有一民遠出，其妻獨久，淫想甚熾，家惟有一牡犬，婦乃恒裸露以誘之，犬猶不動，又以脂膏塗體，狗遆漸近之，遂恒與交。既而夫歸，方與婦同寢，狗突入房就床嚙之，去其人陰九，遂死。鄰坊不能知，第以聞于官，官召問婦，婦力諱之，官不能决，淹繫良久。後新任一士來試，謂婦曰：『此狗姦也，我知之矣，汝不可諱。』婦乃驚服，故犬猶在，因繫之來，命裸婦以近狗，狗卽從而姦之，與人不異，遂斃狗而寘婦于法。

又《狗孽》 成化癸卯秋，予自應試南都歸，而先君背棄矣，家禍方殷。一夕，獨入書室中，見一物卧榻上，視之家所畜黑狗也。頭閣枕上，其身舒布，儼若人焉。大惡之，急擊而殺。是歲，先大父繼捐館舍，終天之痛連於半載，信狗孽之不爽也。

又《沈斷南家犬》 相城沈繼南，名召啟，南先生弟也。秀粹而早夭，其家一犬頗異。予嘗作《異犬傳》曰：『異犬者，沈惟明家畜也。始惟明先人繼南甫之壟，在家西數百步，既乃東遷，亟宇圩去，故爈四里許治塚。時犬偶隨一往返，塚成犬數，數宵失旦，復家人怪之，昏時相伺察犬，見犬浮門外，而東卽尾覘之犬，或丕或游，踰三四川，逕奔塚前，跧伏帖帖，如慕焉者，如是累年，霜雨無變。比過惟明，惟明道犬事，意欲使勿晦落呼至示予，予故爲之筆記。』犬正黑色領，足間白而長僅四尺，先生又説：『此犬常隨繼南往太倉舟，停時，犬偶登岸比解，維諸僕都忘覓犬，至家方怒，惜之少選，犬亦來會，乃陸行而歸也。相川至太倉且百十里，犬又相行，犬性亦靈矣。』

又《瞿生死爲狗》 閶門瞿生者，開館訓蒙頗有法，儀節可觀，然其人貌腯濁，喜謔浪語無厭，既死經年，素所卧床家人置之門屋下，不以為意。其對門吴氏偶得一犬，忽入瞿家，徑登床安枕而卧，吴氏終日叱喝鞭撻逐歸，暫歸乘隙復去已，而日日如之，人戲之曰：『豈瞿學究後身耶？』其家醜之，鬻此床于南濠尉氏。床既去，吴家犬亦不見。明日有人來語吴曰：『君家犬昨日不在尉家門外乎？蓋潛隨而往也。』尉氏初得犬不以為意，既聞此語大惡之，急復賣床于遠人，甫成鬻，犬亦逝矣。

明 傅梅《嵩書》卷一一《韋老師嵩嶽寺洗犬變龍騎之昇天》 《驚聽錄》云：『嵩山道士韋老師常養一犬，多毛，黃色。每以自隨，或獨坐山林，或宿雨雪中，或三日五日至嶽寺，求齋餘而食，人不能知也。唐開元末，復牽犬至寺，向僧徒求食以食犬。僧發怒慢駡，令奴盛殘食與之。老師悉以與犬。僧又慢駡，欲毆之。犬視僧色怒，老師撫其首。久之，衆僧稍引。去老師乃出於殿前池上洗犬。俄有五色雲遍滿溪谷，僧駭視之，雲悉飛集池上。頃刻之間，其犬長數丈成一大龍。老師亦自洗濯，服綃衣，騎龍坐定，五色雲捧足，冉冉昇天而去。寺僧作禮，懺悔已無及矣。

明 蔣以化《西臺漫紀》卷六《紀異犬》 楚昌地固剽悍，其間非徒、烈女、節婦、孝子、才人相繼而出，即異類、賤畜亦多。戀舊念主，豈九嵕瀼水之靈異不獨鍾於人而？且及於物亦土地然哉。余辛卯例當入覲，先遣女奴南返矣。空衙北上，留一犬徬徨，余憫其喪家無依也。命庫吏收豢之，吏從命，呼之不出，擒之不出，持杖逐之，復不出。余所留者，空櫝中僅僅案間簿書而已。犬覘其當守也，張牙嚙吏，吏不淂已，封其闥，借一隙拋食療之。余往返半載，而此犬戀茲六尺，旦暮防守，不不以吏廚濃郁易，我空齋消索耳。余返衙，犬覩舊主，搖尾相向如舞，每見一人則俯首投地，若叩拜者。然夫犬一賤畜耳，主人非有厚恩相結而念其主，歷寒暑不渝，彼僕夫廝養具鬚眉亦號為人，主人多所眄睞而於離合去留久近之際，不勝叮嚀告戒，旋反眼而妄意其藏者，何限即不然亦棹手而聽其暴𤚐，甚至有下石墮井，甘心於其主者，視此犬寧不泚哉？天奴一賤隸耳，彼擔人爵禄者，朝燕而暮秦，相示指天日者，翻雲而覆雨。使此犬有知，必從旁噬嚙之矣。余非為賤人貴畜之論，人性雜而物性專，雜則何所不至哉？噫嘻！專乎人當勉矣。

明 郎瑛《七修類稿》卷二五《白犬》 宋人杜修妻薛氏，爲白犬所奸，杜知黜妻，犬複負去山中，生子人形而有白毛，後爲盜殺。今世謂白犬成精，駡人狗種者，亦或是歟。

明 陸粲《庚巳編》卷三《猪犬生兒》 壬申春，長洲陽城湖旁民家母猪產一雛，猪頭而人手足。十二月十六日，嘉定二十二都民家犬生一兒，形狀皆人，但足根短，背微有毛。或以人與畜交而生，理或然也。

又 卷九《犬精》 弘治中，兗之魚臺縣有民家畜一白犬甚馴，其主出行，犬常隨之。他日，主商於遠方，既去，犬亦不見。經兩三日，主輒歸，妻問其故，曰：『途中遇盜，財物都盡，幸逃得性命耳。』妻了不疑，周旋閲歲，其真夫歸，形狀悉同，不可辨。兩人各自争真僞，妻及鄰里不能明，乃白於縣。縣令逮兩人至，亦無如之何，皆置之獄。縣一小卒聞其事，以語其妻，妻曰：『是不難辯，先歸者殆犬精也。欲驗之，當視其婦胸乳間，有爪傷血紋卽是矣。蓋犬與人交，常自後以爪按其胸故也。』卒以白令。令召其婦問：『爾家嘗有犬乎？』曰：『有白犬，前隨夫出矣。』裸而視其胸，有血紋甚多，令知爲怪，密使人以血灑其僞夫，卽成犬形，立撲殺之。令從容問卒：『汝計善矣，何從得之？』謝曰：『吾妻所教也。』令諭之曰：『汝妻不與犬通，何緣知此？汝歸第密察之。』卒歸，看妻亦有紋，比此婦尤多，以令語責之。妻窮吐實，乃知亦與一犬通故也。妻慚自縊死。五鄉陳都御史璘，時奉使彼中，得其案牘。

明 田藝蘅《留青日札》卷一一《狗葬、良犬鋪》 余鄉東北十餘里，地名狗葬，其鋪曰良犬，初不解其義。《述征記》：『彭城東岸一丘，俗謂之狗葬。』或云：『徐偃王葬后倉者也。』徐國宫人娠而生開，棄之水濱。有狗名后倉，銜歸，成人，遂為徐之嗣君。純筋無骨，曰偃王。躬行仁義，衆附之，得朱弓、朱矢之瑞。周穆王命楚滅之。后倉將死，生角及尾，實黃龍也。余鄉之狗葬，或曰狗濡身濕草，以救野火焚其主人之故。其事見《縣志》。

明　王圻《續文獻通考》卷二二四《犬異》　宋寧遠縣民畜一犬，一日跳足坐垂堂，犬忽齧其履置諸門，主訶而逐之，復齧而前，再逐復前，既里許，乃止，及回顧，則家已陷矣。咸溪童鏞家畜二犬，一白一花，共出一母，性狡獪，善知人意。後白者雙盲，弗能進牢而食，主家作窩卧於簷外。花者日御飯吐而飼之，夜則卧于其旁。白者既死，主憐之埋于門前山麓間，花者朝夕往埋所邊數匝，若拜泣狀，卧其旁，少頃始返。

元成宗元貞丙申秋，大都南城武仲祥家，有乳犬懷胎，左脇下忽腫成瘡。六七日後，于瘡内生五子，色皆青蒼，每當春梁自頂至尾，生逆毛一道，他無所異。又數日，瘡亦平復。

順帝至正二十二年八月，上海縣金壽一家已閹雄狗生小狗八，其一嘴爪紅如鮮血。然牡物而生兒，陽化陰也。又犬屬火，一嘴爪紅，紅亦火也。豈非主兵火者與？

明　王同軌《耳談類增》卷二一《百金犬》　嘉靖末，山東某山谷有神狼，飛而攫人，道路阻絶，非聚衆叢戈莫往。時有鬻犬者，謂能搏虎狼，價必百金，久無售者。貴瑺常公銜命其地，意神狼安可搏乎，是人為大言，何妨虚償。因如数與媾曰：『姑試之。』鬻者亦知公意，在神狼也，曰：『謹如約。』于是為期，縱犬、狼出角閗，久之，狼死，犬曳以歸。觀者歡聲沸谷。竟與百金成媾。月餘，犬失所在。署中李公宅客杜公談，以始淂之常公。昔秦伯弟鍼欲以百金易其囓犬而不與，固已有夙價矣。

又《犬乳猫》　甘泉子家增城。甲午春，有猫犬同時生子。犬子四，猫子二。母猫常棄子不乳，子來求乳，則加掌而去之，遂饑死其一，獨其一存，悲鳴而呻嚶也。犬見而就乳焉，以為常，愛之如己出。犬之子與猫之子，群然而食，群然而走且卧，忘其為非犬也。後四年，甘泉子歸省，家人告其事。甘泉子曰：『嘻，異哉！計其時是為南都禮部宅猫相乳之前一年也。乳猫死，予瘞之池南，為義猫冢焉。猫相乳猶為同類，而犬猫異類乃相乳，不其義乎！』此甘泉先生自為記畧云。嗟乎！值其順，犬猫可相乳；值其逆，肝膽相楚越。若此者，皆此一念以充仁不仁之類之盡耳，又何詫乎！

又　卷二七《靈犬菴》　予所菹蕃育有義犬庵，以萬曆中菴犬盜搏隣鷄，隣以詬主僧宗住。宗住執犬佛前撻之，而聲其罪。他日復犯，宗住縛置，將以就屠。犬忽撑拄作乞憐狀，宗住曰：『汝能悛，尚可宥也。』因架石作穽，高不踰尺，置犬其中，意若授戒。亦是偶然，犬自是蟠跼穽中不出，食避葷腥。一日出到佛前，伸兩足，伏首作頂禮狀。宗住知其且化去，為誦《涅槃經》送之，始化。菴以此得名孫茂材道隆有記，予更名曰靈犬云。

又　卷五〇《犬驢發劉松寃》　東明民劉松，往斐子岩販花不歸。其父西於店主家淂松秤，訟謂店主殺之。時朱公清泠宰東明，曰：『殺人則必焚秤埋錘，以滅其跡。晋秤則殺必非也。』半載餘，西淂松瘞屍於王官營，為犬抉出，傷脊。屍傍有白髻子，而猶謂殺者店主也。公曰：『此店主有服者家殺也。』問誰家有服，因淂楊守分。先拘其隣人鞫之，詐云出首，遂一訊吐實。掺其家，贓物兇器皆淂。問置白髻屍傍何意，曰：『安有殺人置白髻者？我家新喪，此固舊髻，原所未有，盖鬼神所為，以見為喪家殺也。』先是，守分殺松瘞岩下，家驢常踐嗅其地，不肯他適。守分猜駭，宰驢市肉，而褁石其皮中，沉於溪水。村人舉網淂之，以為巨魚，呼人助力。溪素無巨魚，聞此，村人皆集。既舉，乃驢皮兼石。又守分不宜宰驢市肉，皆異之。驢死而皮見，屍瘞而犬抉出，故無物不欲發其寃者。且沉石而疑魚，舉魚而聚衆，人之察也，皆已機也。是孰為之哉？守分曰：『死不敢辭，但與某某三人分財，一人死，不甘耳。』公曰：『一人死，一人抵償，足矣。何必及他！』盖以安二人心，使不逃也。明日，二人果來辨理，再審淂實，皆以死償。此即公神察，而實神為之也。人可獨殺哉！魏胡質决獄，正類此，因附其後，以見明察皆自情理生也。質守東筦，有士盧顯，不知為誰所殺。質曰：『聞此士無讎，而家有少妻。』因悉召見其比隣。有少年為書吏，問之色動，窮詰其狀，即自首。故曰：皆自情理生也，自是良讞者法。不然，而徒峻以刑，淂情者少矣。

明　徐應秋《玉芝堂談薈》卷三三《無頭犬》　惠帝永興元年，丹陽内史宋逵家犬生三子，皆無頭。後逵為揚州刺史曹武所殺。唐高祖義寧二年三月，太原獻羖羊，無頭而不死。武后時酷吏丘神勣家，狗生子，皆無首，當頂有孔如口，晝夜鳴吠，俄失所在。德宗貞元三年，潤州魚鱉蔽江而下，皆無首。唐高宗調露元年，鳴鷄羣飛入塞，相繼蔽野，至二年復還，北飛至靈夏北，悉墮地而死，視之皆無首。《菽園雜記》：弘治癸丑五月，薊州大風雷，牛馬在野者多喪其首。民家一産五子，三男皆無首，肢體蠢動，二女臍下各有口眼，啼則上下相應，數日皆死。吁可怪也。

《北戶錄》注：石季龍時，利州谷錦縣山北溪中有鱉數十頭，登山暴田苗被軍殘毀，至今鱉無頭也。《山海經》：赤獸如馬而無首，號戎宣王尸。

明 朱國禎《湧幢小品》卷二七《犬逐通判》 嘉靖甲辰大荒，平湖尤甚。有趙通判者下縣催徵，刑法嚴刻，邑人大恐。時乞兒甚多，有犬作人言，語之云：『趙通判領庫銀三千行賑，曷往懇？』相牽詣趙，倏忽數百人。無賴子又乘之大噪，趙惶懼，踰牆遁去，乃得停徵。

又 卷三一《犬》 余氏有老僕，畜一犬，甚猛。僕怪其囓人，每欲殺之犬輒遁去，異日復還，囓人如故也。後竟殺之。犬忽憑僕之妻，佯狂而啼，具言：『我前身獵徒也，再世為秀才，今為犬，後身將復為人。我無罪，何妄殺我？始我匿竹中數日，謂汝意已解，故復來歸，汝竟殺我，我何罪耶？』啼數日，尋愈，後亦無恙。

清 茆泮林《玄中記·狗封氏》 狗封氏者高辛氏，有美女未嫁，犬戎為亂，帝曰：『有討之者，妻以美女，封以三百戶。』帝之狗名槃瓠，亡三月而殺犬戎之首來，帝以為不可訓民，乃妻以女，流之會稽東南二萬一千里，得海中土，方三百里而封之，生男為狗，生女為美女，封為狗民國。

清 錢泳《履園叢話》卷一六《天狗》 蘇州宋文恪公墓在沙河口，乾隆中，有墳旁老嫗陸姓，月下見一物如狗者從空而下，躍水中，攫魚食之，如是者旬餘，不解其故。一日，守墓者遙見華表上少一天狗，過數日，天狗如舊，或疑此物為怪，擊碎之。

又 卷二一《狗醫》 吳郡新郭里有藥材鋪，鋪主人姜姓者，浙江慈溪人。姜素知醫理，里中有疾病，輒請其調治，頗有驗。家畜一狗甚馴，姜每出診，狗必隨之，搖尾侍坐以為常。一日主人偶他出，有鄉人患濕氣，一腿甚紅腫，不知其所由，來以示姜。此狗忽向其腿上咬一口，血流滿地，作紫黑色。主人歸，痛打其狗，而以朱藥敷之，一宿而愈，有患隔症者，姜誤以為虛弱，開補中之劑，狗又號其旁，乃改焉，飲數服卽痊。有孕婦腹便便，飲食漸減，姜認其水痼，狗侍其側，作小兒聲，乃悟其旨，而以安胎藥治之，越月而孿生，產母無恙也。姜以此狗知醫，每出診必呼其同行，一時哄傳，有狗醫之目。後狗忽亡去，不知所之，姜歎曰：『吾道其衰乎！』未幾亦病死。余聞之笑曰：『江南之人最信醫藥，而吳門尤甚。是狗既知內外科，而又兼婦人科，以匡主人之不逮，歷數諸醫中，豈可多得哉？以視今之舟輿出入，勒索請封，若有定價，而卒無效驗，或致殺人者，真狗彘之不若也。』

清 汪价《中州雜俎》卷一六《黃耳》 陸機有駿犬，名黃耳，機寓京師，久無家問，笑語犬曰：『汝能齎書歸家否？』犬搖尾作聲。機乃為書，竹筩盛之，繫犬頸。尋路南走，遂至家，得報還洛。劉貢父《詩話》云：『此未必然，自洛至吳，歷江涉淮，犬豈能遠涉如此哉？或陸氏奴名也。』

又 《犬妖》 林慮山下有一亭，人過此宿者多病死。有郅伯彝者宿此，明燭而坐，夜忽十餘人來，自供蒱博，伯彝以鏡照之，乃群犬也。

又 《白狗變人》 宋王仲文為河南郡主簿，居緱氏縣北。得休，因晚行澤中，見車後有白狗，仲文甚愛之。欲取之，忽變形如人，狀似方相，目赤如火，磋牙吐舌，甚可憎惡。仲文大怖，與奴共擊之，不勝而走。呼家人十餘輩，持刀捉火視之，不知所在。月餘，仲文忽復見之。與奴並走，未到家，伏地俱死。

又 《狗蓄火》 漢李叔堅汝南人，少時為從事，在家，狗人立而行，家人言當殺之，叔堅云犬馬諭君子，狗見人行效之，何傷？叔堅見縣令還，解冠榻上，狗戴馳走，家人大驚，復云誤觸冠，冠纓挂着之耳狗於竈前蓄火，家益怔忪。復云：『兒婦見在田中狗為蓄火有何惡？』後為固陵長。

清 吳寶芝《花木鳥獸集類》卷下《狗》 《搜神記》：槃瓠者，本高辛氏宮中老婦人，有耳疾，醫者挑治之，有物大如繭，以瓠盛之，以槃覆之，有頃化為犬，其文五色，因名槃瓠。後漢《南蠻傳》有帝以女妻槃瓠之說，今不盡載。

清 吳士玉《駢字類編》卷二一七《狗》 狗立。《風俗通》：桂陽太守汝南韋叔堅，少時為從事，在家。一人一行於家中。皆言當殺之。叔堅云：『犬馬喻君子，狗見人行，效之何傷？』叔堅為縣令，還，解冠榻上。狗戴馳走，家人驚愕。復云：『誤觸冠，冠纓挂著耳。』狗又上灶，家益怪。復云：『兒婦皆在田中，狗助畜火，何能作怪？』遂不肯殺。後數日，狗自暴死，卒無纖芥之異。

清 慵訥居士《咫聞録》卷四《狗哺嬰兒》 有狗而哺嬰兒者，嘉慶丙子事也。李生從欽州來，見余誌近日怪事。閱至狗報恩一節，曰：『狗之奇，無有奇于欽州之事者。此耳所未聞、目所未見、史所未載也。廣東一人而娶三四妻者夥矣，名曰並妻，以長爲尊。欽州某鄉土民，家康過佚，有三妻。

長妻妬而毒。次妻生一子，甫三月。其夫遠出，日講羣妻，咸礙名分，忍氣吞聲。一日，次妻見子熟睡，過鄰家閒談。長妻窺其牀獨睡嬰兒，而母不在，竊提其兒，棄之穢室。次妻歸，不見兒，出而喊曰：「誰抱吾兒以往？」鄰曰：「並不見他人之入爾室，出爾室也。」尋之無蹤。私想之，必獨婦藏而欲害是子也，不敢過問，惟日夜啼哭而已。旬餘日，夫忽回，驚知之，即向長妻跟追。初猶不吐，痛擊三四次，荆楚難忍，方告前情。忙入穢室，見牝狗俯息草窠中，乳小狗，兼乳嬰兒。急抱而走，喜告次妻曰：「兒已得矣。」次妻曰：「兒在誰家？」夫曰：「余家之狗，慈于余婦。昔者令尹子文，生而棄于野，虎乳之。今是子棄穢室而狗乳之，他日必出人頭地，須珍護之！」對長妻曰：「狗尚知憫人之死。兒之不死，乃命也，命難奪矣。何苦用此毒心，以成惡名乎？且殺子有條，子其改之。」長妻默然不應。相安數月，夫復出，辱逼更甚。次妻避其鋒，抱兒歸母家。其兄恨極，控之于庭。刺史唐直圃，亦早聞狗哺嬰兒之事，准其詞，而傳其長妻至案，大加呵斥。即將次者所生之子，交與長者，令好好撫養，諭曰：「子之惡已成案矣。如再起惡屋惡鳥之心，而暗滅是子，當重治以罪，不再寬恕。」』夫獸之中，依人爲食者，狗也；以其性之近乎人也，故能管家，能知報恩。今能知主人之兒而恤之，分其乳以飼之，是超乎衆狗之外，而實類乎人也。吁！世之欲食人、欲殺人者，不知凡幾；則是曾狗之不若也，可恨也夫！

又　卷一〇《狗知朔望》　粵西新寧埠，畜一烏犬，强囓異常。飼時，烏犬不至，羣犬不食，惟朔望讓羣犬食之，而烏者一日不食。黎明，四足跪于神佛供前，頭踏于地，似作叩首狀，蓋其前生茹素、禮佛者也。常見主人憂，則黑者低頭垂尾，斂聲不揚；主人喜，則搖首縱身，膝間虛繞。一日，主人遇得意事，掀髯大笑，烏犬亦跳躍大快，衆皆異之。且能不侍筵宴，恐千主之怒叱也；不吠華胄，恐嘉客之受驚也。後聞其主死，嗚咽七宵，絕食而斃。雖爲家畜，實具人性，故以敝衣裹而理之于郊。曾有詩以記其異，詩云：『搖尾搖頭室裏穿，吠星吠月曉風眠；能知朔望禮神佛，生死相隨人性全。』

清　游戲主人《笑林廣記》卷一一《狗啣錠》　狗啣一銀錠而飛走，人以肉喂他不放，又以衣罩去，復鬼脫。人謂狗曰：『畜生，你直恁不捨，既不愛吃，復不好穿，死命要這銀子何用？』

清　俞樾《茶香室叢鈔》卷一九《狗頭人》　國朝陳鼎《滇黔紀遊》云：『金沙江兩岸皆白沙，佛書所謂恒河沙也，上流即狗頭國。今年大水，漂一狗頭人至岸，上下衣服同中國，口耳眉目皆狗也。逾日得土氣，狗人復生。問其言，答之如狗吠；與之飲食，大嚼也。軍門命土官解還原處，解人行一百二十餘日，始抵其國。國中無城郭，有宮室，國王朱冠皁履，跨白馬佩刀，官吏皆如之。服食起居中國同也，婚嫁則非。按此則知世間真有狗國，非晏子之戲語矣。』

清　朱翊清《埋憂集》卷三《周爛面》　嘗有村嫗粥犬于屠人，逸入逢其家。嫗尾至，百呼不出，償其值而遣之。自是犬恒不離逢其側，及逢其殁，臥柩旁不食，數日死。

又　《狗羹飯》　乾隆甲午，山東王倫之變，馬要沈笠亭先生殉難壽張。時署中一黑犬，晝夜伏靈柩前，哀號不食。比殮，犬狂躍數四，以首觸棺而死。家人義之，載歸，爲 于先塋之側。相約歲時掃墓，必設狗羹飯祀之。至今猶不廢云。

清　褚人穫《堅瓠集・廣集》卷六《鄧氏白犬》　《白醉璅言》：瘍醫鄧橘泉與劉某居相對，鄧有白犬，畜之年久。萬曆庚子冬，劉氏一婢出外，爲鄧犬銜其裙，即覺昏迷。少頃，大變爲人，頭帶孝巾，身衣白，與婢交，往來不能禁。其夫與鄧言之，鄧鎖其犬，婢即無所感。放之，婢被迷如前矣。凡物純白者，年久多成精，即白雞、白鼠亦無不然。

又　《秘集》卷一《應氏白犬》　《湖海搜奇》：縉雲應某，夜無故大門自啓，到曉復合，而拴不上。應翁疑之，至夕潛伺，見家白犬人行至門，舉前兩足如拱手狀，門拴自墜。翁尾之行，至一池中浴，浴畢向月百拜，口嗚嗚作聲，儼若人熊。應翁潛返不言。犬入，以喙扃其扉，以足扶拴，拴不能起，乃已。明夜，應翁操杖匿扉旁，俟犬方立而揖，力杖殺之，剖其腹腸，中得草一莖如蓆緯，鮮翠如生。或云是仙草也。

又　《犬活死兒》　《白醉璅言》：南京水西門外王寶石家偶來一大黑犬，逐之不去，又非比隣物也。數日後，清晨時，行人以擔荷一小棺過，犬躍起囓其手，棺墜地遂破，其中嬰兒甦矣。行人聚觀，犬忽不見。是犬來專爲活此兒也。

清　浩歌子《螢窗異草・初編》卷一《犬婿》　余友邵次彭具生花之舌，言事極其酷肖。一日謂餘曰：『近有一异聞，非君莫可與語，能不濯以污淥乎？』

餘曰：『願聞其概。』邵曰：『家有曠室，每聽人之僦居，值之軒輊，弗計也。客歲仲春，有一婦，年約二旬，貌頗妖冶，來賃屋。家人與之約，每月半緡，亦不較，遂徙來居焉。家無丈夫，只一犬，獰毛獅尾，豺口狼牙，龐然大物也。初來，人無敢近；久之，覺甚馴，亦無异常畜者。唯有男子入婦室，則人立而咋之，噬衣裂膚，勢甚詾詾；家之婢媪若往，則搖尾承迎，引導而入。余以爲召南之尨，能衛如玉之女。居既久，婢媪皆熟識，默伺之，迹甚奇詭。夫人之畜犬，不過食以殘炙，飲以餘瀝已耳。婦則每食必呼曰：『飯具矣』，犬即昂然入。婦遜犬上坐，敬以食置其前。犬食訖，婦乃食。窺之者不禁疑訝，謂是犬也，何相敬如賓之若是哉！一夕，某仆之婦服役于内，歸甚遲，將就己室，而適經彼室，聞窗中有犬聲，疑其未寢，穴而覘之。時正望後月明，見婦白身偃臥，犬如人形俯伏其上，絕類交媾者，犬猖猖而婦亦睥睨有態，乃大駭。旋聞婦作顫聲曰：『毛毿毿刺人肌膚，頗不可耐。』又曰：『予倦矣，若何未饜耶？』遂寂然，視犬則已下榻矣。不覺捧腹。明日言之同輩，哄傳以爲笑柄。余聞之，意殊不信。至冬，婦誕一子，周身皆長毫，形狀如猱，因弃之不育。犬若忿恚，不食者累日。事益宣泄。媪有與婦善者，私以謂之曰：『若人也，奈何以犬爲婿耶？』婦靦然者久之，蹙額曰：『此誠夙孽，姥勿言，願以實告。予生十有五年，父母將爲擇婿。人既問名矣，忽得奇疾，若患瘋癎，狂言者竟日。給以飲食，盡揮之，惟索人便，父母亦堅不肯與。一日自言曰：「若致我爲畜，若乃擇人而事耶？」其聲音都不類予。父母疑而詰焉，則曰：「我某也。汝女前世爲人婦，曾與我私。既而利盡交疏，乃與夫謀，置我于死。我歿後，訴之冥司，冥王不以我爲直，反怒我淫，謫之爲犬，今且三世矣。汝女以改從貞，仍得爲人。予不忿，又訴之，冥王判令生汝家，與汝女爲匹偶，以彰果報。詰朝將誕，汝女若適他人，我必殺之。」語已，予頓仆。少頃即蘇，舊疾如失。明晨，家犬生五子，其一即是犬也。父母以予故，將盡坑之。又以事涉荒誕，一斃數命，有所不忍于心，遂不果殺。次年，予甫二八，犬亦成立，跬步必隨予。有執柯者至，咋之幾死。因以巨練縶之，夜深，斷其索，入予室，登予榻，噬予衾褥，但不及膚，若以之示意者。父母懼，乃不敢以予字人。及秋，父母皆病疫，予之宿疾又作，且發狂，裸裎而奔，人挽之亦不能止。夜恒臥土室中，堅不出，惟犬相從。未幾，父歿母愈，予又夜奔，予母往迹之，則犬俯予身，其辱不可勝言矣。母爲此氣結，尋亦卒。親族知其事，遂不以人類待予，議析予産。乃人甫及室，犬即狂噬，無有能禦之者，家資賴以不散。予亦弗狂，而迷惘中亦知與犬爲牝，心甚耻之，然愈後自思：親枝且緣此不齒，况他人孰肯以予爲婦？于是决意從犬。滌其垢污，美其飲食，事之如夫，今五年矣。生三胎，皆不敢育，將隱忍以終身，夫複何言！』婦語畢泪零。媪故善謔，乃笑而詰曰：『犬之樂，亦猶人之樂歟？』婦默然良久，亦破涕曰：『今遇痴婆子，予不忍匿矣。人之樂，予不能知。乃自與犬寢處，初在病中，昏然罔覺；及愈，更蒙面受辱；久而相習，始得其樂。諒壯男子不過如是，因而愛戀弗舍，不知其他。但犬性奇妒，予若見一幼童，亦囓予身，瘡痏者數日。彼亦從不另覓他雌，朝夕相守，儼然伉儷。此系不傳之秘，姥勿聞之于人，益增予媿也。』媪遂笑而去。翌日，婦竟他徙，不知所往。邵言已畢，餘笑曰：『此殆君之生花舌耳。世豈真有是事哉！』邵亦相視而笑。既而思之，冥報或者不爽，良有此奇緣，因以爲异，而筆之于書。

外史氏曰：槃瓠，犬也，以功竟得佳配，載之傳記，雖誕而有可徵。今此犬又以夙冤而獲美婦，似屬不經。但婦能降心事之，不以犬待犬，直以夫待犬，『嫁犬隨犬』，婦蓋有味乎其言也？嗚呼，世之以犬待夫者亦多矣，不誠犬婦之不若哉！

清 和邦額《夜譚隨録》卷二《異犬》 某侯襲爵之前一歲，年甫十七，丰姿如玉，而癖好鬥雞走狗。嘗豢一黄犬，甚愛之，至同寢食。至夏日，率犬出東門，遊行郊坰。大雨驟至，避一墓門下。墓前有積潦，廣袤數畝，蘆荻滿之。坐未安，複有三惡少鞲鷹負弩而至，見侯各耳語。侯故白晰，一惡少作韻語曰：『黑者黑如鐵也，赤者赤如血也，白者白如雪也。』其二人和之以笑。侯雖微，固世家之裔，且懦弱孤立，聞之大懼，冒雨欲行，惡少挽留甚力，侯大窘曰：『汝等欲何爲？』惡少皆笑而不答，但相與拘持之。犬在旁大嘷來齧，惡少以巨石投之，中腦，犬悶絕。乃盡褫侯衣，不留寸縷，縛手足，俯而捺諸草中，欲淫之。侯哭叫聲嘶，滾地不定。會有數騎自林間來，惡少倉皇逸去。騎者至，見而詫異，解其縛而詢其故，侯蝟縮而泣，告之。騎者憐其遭，衣而送之家。犬亦踉蹌隨之歸，數日不食，創昏潰而斃。侯大慟，瘞之園中，祝而祭之，如喪良朋也。是夜夢犬作人言，謂侯曰：『主人遇我厚矣，將有以圖報。主從此出門，須慎。苟際危急，我受豢養恩，至時必相救。』乃覺以爲異，謹志之。一日，有事於通州，歸而泛舟於大通河，仍見前三惡少，更同二少年，掉臂趁船，咸目侯而笑。侯懼甚，至閘上泊舟，同載者星散。侯混入旗亭，潛視三惡少去遠，始覓僻徑急行。約里餘，猝見三惡少，突起黍稷中，捉侯入幽僻處，掩其口，褫其衣，一少年方欲奸之，忽一巨犬竄出垝垣，直前齧其陰，少年痛絕而踣。犬更追其二人，一落其腓，一傷其臀。侯得無恙，著衣躡履，蹊田而奔。犬返走，侯尾而喚之，直至一茅舍前，犬踣於籬落下，就視之，則一病癩黃狗也，意頗恍然。有老嫗掃麥于場，諦侯而笑曰：『此吾家老犬也，病癩半年，昨夜死矣。小哥薄而觀之，獨不嫌其穢乎？』侯漫應之，惓惓而返。夜複夢犬來告：『主人之恩已少酬報，冥中憐我之忠，行當托生爲人，於焉拜辭，再見無由矣。』言訖，涕泣叩頭而去。侯深感其義，計犬死期，每七日必設祭於瘞所，至今不衰。後聞知三惡少，二作廢人，傷陰者，越宿即殞。恩茂先爲侯内兄，茂先深知其事。侯今襲爵三年，予曾于茂先湯餅會中識之，真璧人也。

蘭岩曰：食其祿而報其主，犬誠忠矣。乃死後猶借手癩狗，以舒其猛烈之氣。犬固不昧其靈，而能如是，可以人而不如犬乎？

清 齊學裘《見聞續筆》卷二〇《犬異》 婺西樟村項姓養一幼媳，年十二歲，家蓄一犬，喫剩飯，盛之以籃，縣於梁間。每日項與妻出外，則被犬竊食。項妻皆謂幼媳偷喫，常毒責之。隔壁空屋數間，某先生訓蒙其内。一日，知項家無人，聞拖櫈聲，遂於壁縫窺見其家蓄犬人立而行，拖櫈至掛籃處，犬以後足立櫈上，以前足將籃探下，菜飯食完，將器皿安放籃内蓋好掛上，將櫈移開。其夫婦回又責媳，先生聞之則代白其冤，犬卽怒視而吠，先生見之大懼，反身回館，犬卽逐而齧之，項怒杖殺之。道光二十八年事。

清 錢泳《履園叢話》卷一四《地中犬》 嘉慶八年，瞿城顧浦地方東岸民家，掘地得二犬，雌雄各一，置之甕中，旋失所在。按《晉書》：元康中，婁縣人懷瑤家，聞地中有犬聲，掘之得犬子，大于常犬，哺之能食。還置穴中，覆以磨石，越宿失所在。與此事相同。《尸子》曰：『地中有犬名地狼。』《夏鼎志》曰：『掘地得狗名賈。』蓋前古已有之矣。

又 卷二四《知音犬》 吾鄉孫方伯藩家有一犬，聞曲聲便至，坐於笙笛者之前，暗暗然似遥相和狀，驅之不去，聞之又來，共呼之曰『知音犬』。此犬前世必是優伶。聞紀曉嵐相國之祖姚安公，有里人負其金不還，反出怨言。其人死後，姚安公忽夢此人來，適園中生一青騾，疑其託生，以其名呼之，輒昂首作怒狀。此人平生好彈三弦，唱《邊關調》。辛彤甫先生有詩云：『六道誰言事杳冥，人羊轉轂迅無停。三弦彈出《邊關調》，親見青騾側耳聽。』卽紀其事也。

清 王士禎《池北偶談》卷二六《小獵犬》 八座某公未第時，夏日常晝臥，忽見一小人騎而入，人馬皆可寸餘，腰弓矢，臂鷹，鷹大如蠅。繼至一人，亦如之，牽獵犬，大如巨螘。二人繞屋盤旋，久之，甲士數千沓至，星旄雲罕，繽紛絡繹，分左右盂合圍，大獵室中，蚊蠅無噍類。其伏匿者，輒緣壁隙抉出之。一朱衣人下輦，坐別榻，衆次第獻俘獲已，遂上輦肅隊而出，甲士皆從，如煙霧而散。起視一無所覩，惟一小獵犬彷徨壁間，取置篋中，馴甚，飼之不食，卧則伏枕畔，見蠅蚋，輒齧去之。事見蒲秀才松齡《聊齋志異》。又宋中丞牧仲犖曾於柏鄉魏相國座間見一小鹿，長二寸許，雙角嶄然，與大鹿無異。見中丞《筠廊偶筆》。

清 鄭光祖《一斑録·雜述》卷八《鷄犬之異》 犬之所司，守戶吠盜或勤或惰，終無大異。乃余家前有一犬能捕鼠，今某家又有一犬能捕魚，下河灘靜待魚至，近噬之。此絕無僅有事也。志之見物性變常，非意計可及。

【略】。

清 朱翊清《埋憂集·續集》卷二《償債犬》 邑中某，嘗畜一犬，每夜輒涉水至河南某氏家守宿。一日，某呼犬詈之曰：『汝食於我，而爲他人守夜，明日必覓殺犬者賣汝矣。』是夜，某夢犬人立而嗥曰：『我曾負河南人家錢，故每夜往守以償。今止欠十三文，償畢，卽不渡河，誓報主人大德也。』至曉，某呼犬至前，以十三文繫其頸曰：『昨夢汝云云，今往還之，可免涉水矣。』犬垂首受戒，遂帶錢往擲其家而返。從此更不復去。後某以探女，更深醉歸，失足溺池中。犬大嗥躍入，啣其衣拖至岸上，跳而至家，以首撞門，主母驚起。隨至池邊，見某僵臥未醒，扶至家，迨晚乃蘇。語其故，夫曰：『前夢犬云：誓必報德。今果不食其言矣。』越數月，家中不戒於火，舉家方熟睡。犬復走某寢，以頭撞門，且撞且吠。夫婦驚起視之，則火燄燄將及屋矣，急救得熄。後犬死，主人以棺埋焉。此楊園先生《果報見聞録》所記也。噫！夫犬也，而能不忘所報如是乎？是殆戰其面，而不獸其心者歟？余故節書之，以爲世之負恩而背主者戒。

《夷堅志》：許元惠卿，樂平士人也。其父夢有烏衣客來語曰：『吾昨貸君錢三百，今以奉還。』未及問其爲何人及何時所負而覺。平常畜十餘鴨，是日歸，於數外見一黑色者。小童以爲他人家物，約去之。鴨盤旋於旁，遺一卵，乃去。自是歷一月，每日皆然，凡誕三十卵，遂去不至。竟不知爲誰氏者。計其值，恰三百錢。蓋負人而不敢忘報，雖禽獸往往有之，奈何以人而不如禽乎？

藝文

清　查嗣瑮《查浦詩鈔》卷七《執留狗》　執留狗歲已久，赤其股黄而牡主。人加恩亦云厚，飼之粥糜日一斗。投之以骨輒跪受，出入衣裾間左右。朝來白衣出黑衣歸，亦偶胡為忽當門，狺狺恣狂吼或云。毒偶觸中風瘈而走，或云人所逐為彼。李彪嗾答言：『吠乃犬之職，吠不擇人，性所狃，堯有聖之德，彼豈識古后。屈子紉芳蘭，入門乃羣詬。康衢客將散，宋酤恆覆瓿。所怪逢穿窬，跧伏翻匿首。牢合訓狐目，堅閉螺蚌口。』吾聞昔有三犬兩啀喋，其一居然隨默守。爾能兼之集衆醜，爾猘則然爾曹則否。當時黄耳與青骹，彼雖非人亦不朽。嗟哉！狗兮人言陽感通當七九，爾胡不逢斗之運而乃爲鬼之臼。倚鷹為友狼爲舅，絳衣進賢冠帶綬。眼看狡兎盡，况汝無功有凶咎。我葴敝席逾十年，毋使他年陷汝首。

清　趙翼《甌北集》卷一四《娘娘叫狗山上有廟塑一老姥又鑄銅犬于旁**》**　蒼松參天山拔地，孤雲一握崇祠倚。中有仙姥趺坐深，黄耳鑄銅案旁侍。相傳武侯昔南征，夜迷失道絶探偵。忽聞此姥一呼犬，尋聲得路始度兵。玆事史策軼不睹，像設莊嚴非無故。宛如獨母撫鴿倉，莫疑帝女偶槃瓠。獨思公也眞天人，綸巾羽扇將畧神。削木能爲牛馬運，壘石便作蛇鳥屯。天南孟獲小醜耳，謀非仲達勇豈惇。渡瀘來宜唾手取，無煩搏兎全力振。擒之縱之弄股掌，何異兒戲軍棘門。豈知當日實勞瘁，手提孤軍入荒昧。即此徬徨覓路時，想見深宵不能寐。照夜安得流螢光，識途已窮老馬智。陰陵或慮漢卒圍，荒谷行愁楚將縊。若非此嫗爲導引，何異羝藩困危地。功成千古傳美談，局中之人幾心悸。乃知古來立事功，未有不出危苦中。十倍之才尚艱阻，何况人本非英雄。我來懷古鞭梢控，恰值征蠻兵事動。從軍敢歎身獨勞，料敵端資策能中。陰符不望驪母傳，方物終期旅獒貢。

驢騾部

驢騾

題解

北魏 賈思勰《齊民要術》卷六《養牛馬驢騾》 驘驢覆馬生驘，則准常以馬覆驢，所生騾者，形容壯大，彌復勝馬。然必選七八歲草驢，骨目正大者，母長則受駒，父大則子壯。草騾不産，産無不死。養草騾，常須防勿令雜群也。

驢，大都類馬，不復別起條端。

宋 戴侗《六書故》卷一七《馬之諧聲》 驢，𩧺，力居切，馬類。

又 驘，𩦺，洛戈切，驢類，又作騾。驢父馬母曰驢騾，馬父驢母曰馬騾。《說文》曰驢父馬母。

又 驉，𩥭，莫紅切。《說文》曰驢子也。

清 馮祖繩《救貧捷法・養牲・驢》 驢善走而行快。其性頑，多詐僻。善行陸，惡淤泥，懼津渡。食少易喂。可乘，可耕，可駕，皮可韋。飼養治症，均與馬同。

相驢

面純、耳勁、目大、鼻空、頸厚、胸寬、膂密、臁狹、足豎、蹄圓，起走輕快，臀滿尾垂，可致遠。聲長大，連鳴九聲者，善走。

又《騾》 騾之形大於驢，力健於馬。其勁在腰，脊有騎紋，腿生斑痕，有肝無膽，豎鬃長尾，此與馬分別者也。其飼養與馬同，可乘，可耕，可駕，可任重致遠，皮可韋。

相騾

騾性頑劣，取純者良。頭欲昂而配身，面欲善而有肉，目欲大而和緩，耳欲豎而無黑稍，四肢欲端，四蹄欲圓，鬃尾欲重，皮毛欲潤，行走欲輕，動止欲穩，最忌面無肉、耳軟、目陷囪而偷視。

清 方以智《物理小識》卷一〇《鳥獸類上》 驢，以鳴聲數多者強，耳似翦，踶似錘，尾似刷，一連三滾者，有力也。忽里謨斯國有福祿，似驢而花文，卽《儀禮》所謂閭也。騾耐走，不多病，病則難治。生騾同馬法。段成式曰：「驘不孳乳。」愚者按阨入多國騾能傳種。《說文》：「騾，驢父馬母；駃騠，馬父驢母；駝駬，驢父牛母。」漢《匈奴傳》所謂奇畜也。

（光緒）《順天府志》卷五〇《食貨志二・物産・獸屬》 驢，《甯河關志》：驢有蒼、黑、白三種。《昌平宋志》：似馬而耳長，不甚駿。《日知錄》曰：自秦以上，傳紀無言驢者，至漢而名，大抵其種出於塞外。

又 騾，本字作驘。《甯河關志》：騾形大於驢，力健於馬，其力在腰，後有鎖骨不能開，故不孳乳。《昌平宋志》：似驢而健，驢力在髀，騾力在腰。按：《古今注》：驢爲牡，馬爲牝，卽生騾。

綜述

明 陳耀文《天中記》卷五五《驢》 漢驢：驢，一曰漢驪，其子曰驉。何承天纂文。

奇畜：匈奴奇畜，卽驢騾也。《史記》

駕驢：靈帝於宮中西園駕四白驢，躬自操轡，驅馳周旋，以為大樂。於是公卿貴戚轉相倣效，至乘輜軿，以為騎從，互相侵奪，賈與馬齊。夫驢，乃服重致遠，上下山谷，野人之所用耳，何有帝王君子而驂服之乎？遲鈍之畜，而今貴之天意，若曰國且大亂，賢愚倒植，凡執政者皆如驢也。《後五行志》

漢靈帝養驢數百頭，常自騎之駈馳遍京師，有時駕四驢入市。《金樓子》

起死：薊子訓駕驢車與諸生俱詣許下，道過滎陽，止主人舍，而所駕之驢忽然卒僵，蛆蟲流出，生遽白之。子訓曰：「乃爾乎？」方安坐飯，食畢，徐出以杖扣之，驢應聲奮起，行步如初，即復進道。其追逐觀者常有千數。《後漢》

長面：諸葛恪父瑾，長面似驢。孫權大會羣臣，使人牽一驢入，題其面曰『諸葛子瑜』。恪跪請筆益兩字，續其下曰『之驢』。舉坐歡笑，乃以驢賜恪。《吳志》

作鳴：王濟卒，將葬時，賢無不畢至。孫楚雅敬濟而後來床曰：「卿嘗好我作驢鳴，我為卿作之。」體似聲真，賓客皆笑。楚顧曰：「諸君不死，而令王濟死乎。」《晉書》

頭當似猪：王導謂諸葛嘗見驢。謝大傅問：『陛下遥相其形，當何所似？』孝武掩口而笑，荅曰：『頭當似猪』。《世説》

驢勝馬：王導謂諸葛恢曰：『人言王葛，不言葛王。』恢曰：『人言驢馬，不言馬驢，豈驢勝馬也？』《晉書》

赤驢：釋道安宇内式瞻，嘗乘赤驢往來荆襄間，朝夕而見。今河東寺上有驢，臺峴有中驢村史，或云皆虚也。中驢之名，本是閭國郄國之故地也。

耀靈：後廢帝於耀靈殿上養驢數千。《宋書》

驢王：東海王凡劣，前廢帝號為『驢王』。《劉體仁傳》魏元坦傲狠凶麤，安豐王延明每狠責之曰：『昔宋有東海王禕志性凡劣，人號曰「驢王」。我熟觀汝所作亦，恐不免驢號。』當時聞者號為『驢王』。《北史》

比令：僕王奐初拜僕射。劉祥與奐子融載，行至中堂，見路人驅驢，祥曰：『驢，汝好為之，如汝人才，皆已令僕矣。』《南齊》

運粮受絹：公孫軌，字元慶，為虎牢鎮將。初，大武將此征，發民驢以運糧，使執部調雍州。軌令驢主皆加絹一疋，乃與受之。百姓語曰：『驢無彊弱，負絹自壯。』衆共嗤之，坐徵還。《後魏書》

嗜驢肉：陳後主入，隋文帝問監者：『叔寶何嗜？』對曰：『嗜驢肉。』問：『飲酒多少。』曰：『與其子弟日飲一石。』文帝大驚。《南史》

為驅驢狀：蘇世長容貌醜陋，頗有學識，性滑稽，古雜諧調。隋大業中為都水使者，煬帝嘗謂之曰：『卿面何類驅驢？』世長再拜，叫呼以手據地，蹙項敗面，為驅驢之狀，羣臣掩口而笑，煬帝大悦，賜帛百疋。《舊唐》

驅驢御史：武后初稱周，恐下心不安，乃令人自舉。供奉官正員外，多置裏行，拾遺、補闕、御史，至有『車載斗量』之詠。有御史臺令史將入室，值裏行御史數人聚立門内，令史不下驢，衝過其間。諸御史大怒，將杖之。令史云：『今日之不實在此驢，乞先數之，然後受罰。』御史許之謂曰：『汝技藝可知，精神極鈍，何物驢畜，敢於御史裏行。』於是羞赧而止。《國朝傳記》

麒麟楦：唐楊炯每呼朝士為麒麟楦，或問之曰：『今假弄麒麟者，必脩飾其形，覆之驢上，宛然異物。及去其皮，還是驢耳，無德而朱紫，何以異是？』《僉載》

驅驢宰相：王及善後為右相，無甚施設，惟不許令史輩將驢入堂，終日驅逐，號驅驢宰相。上

寶鞍：郭英乂知運子也，鎮劍南。頗恣狂蕩，取女人，令乘驢擊毬，以寶鈿為驢鞍，賞賜巨萬，以為笑樂。《唐書》

跨長耳：咸通末，執政以進士，車服僭差，奏請不許乘馬。時場中不下千，皆跨長耳。或嘲之曰：『今年敕下盡騎驢，短轡長鞦滿九衢。清瘦兒郎猶自可，就中愁殺鄭昌圖。』鄭光業軀幹偉大，故云。《摭言》

夏侯驢子：唐夏侯籍學吟詩，遊西川，依託勳臣，為幕下從事，時人號為夏侯驢子，言其鄙也。《北夢瑣言》

夢化驢：漢高祖鎮太原，周太祖為漢衛。時令隱帝監符璽，頗相戲狎。暨從征鄴城，旦夕同侍。一旦語太祖曰：『我夜來夢尔為驢，負我昇，既捨爾乘，俄變為龍，捨我南去，何祥也？』曰：『公謂驢作，少意知，勿空見玩。』撫掌而罷。《册府》

死為驢：陸軫云：天聖中，侍中馮拯卒，次年京城南錫慶院側人家生一驢，腹下白毛，成馮拯二字。馮氏以金贖之，潛育於室中，四方皆知之。《泊宅編》

聽鶯聲：嶺南有驛，名翠嵐。往來者多飼馬堂上，吏止之不聽，乃題壁云：『犬馬本非堂上畜，莫言郵舍暫經過。大都人畜須分別，不聽鶯聲可奈何。』聽鶯聲者，蓋昔人為《驢吃牡丹賦》云：『展似鉄之雙蹄，驚回蝶夢。聳如船之兩耳，不聽鶯聲。』驛吏之言出此。《墨客揮犀》

衛：代呼驢為衛，於文字未見。今衛地出驢，義在斯乎？或説以其有軸、有槽，譬如諸衛有胄曹也，因目為衛。《資暇集》或曰：『晉衛玠好乘之，故以為名。』《爾雅翼》

嗚欨矣欯亞：驢鳴也，率以午及五更初而鳴。

驢仙：有驢仙者，享五百員，負乘而不輟，歷無定主，大驛於天下。《符子》

驢運：烏場國特檀山，山中有寺，大有衆僧，日日有驢運食，無控御者，自來留食還去，莫知所在。《西域志》

廬山公：宋袁淑《徘諧集·廬山公九錫文》云。

賣驢：開成初，東市百姓喪父，騎驢市凶具。行百步，驢忽曰：『我姓白，名元通，負君家力已足，勿復騎我。南市賣麩家，欠我五十四百，我又負君，錢數亦如之，今何賣我。』其人驚異，即牽行旋訪主賣之。驢甚壯，報價只及五千，詣麩行，乃還五千四百，因賣之，兩宿而死。《酉陽雜俎》

金驢：晉僧朗住金榆山，及卒，所乘驢上山失之，時有人見者，乃金驢矣。

樵者往往聽其鳴響，士人言：『金驢一鳴天下太平。』上

服駕：驥垂兩耳兮，中坂蹉跎。蹇驢服駕兮，無用日多。《楚辭》

明　陳耀文《天中記》卷五五《騾》　四類：騾，驢父馬母也；駃騠，驢馬父母也。《說文》驢為牝，馬為牡，則生贏。有馬與牛而生者皆鶩。《古今注》駏驉，驢父牛母。《玉篇》蜀中縣，有馬與牛合而生者，皆牛為牡，馬為牝，故今川廣皆産騾。生于廣者，蹄輕；産于蜀者，蹄重，以大武之遺體也。《爾雅翼》

騾醫：趙簡子有兩白騾而甚愛之。陽城胥渠處廣門之宮，夜欵門而謁曰：『主君之臣胥有疾，醫教之曰：「得白騾之肝病則止，不得則死。」』謁者入通。董安于御于側，愠曰：『譆！胥渠也欺吾君，請即刑焉。』簡子曰：『夫殺人以活畜，不亦不仁乎？殺畜以活人，不亦仁乎？』於是召庖人殺白騾，取肝以與陽城胥渠。處無幾何，趙兵興而攻翟。廣門之左七百人，右七百人，皆先登而獲甲首。人主其胡可以不好事？《吕覽》

駮騾：元封四年，脩彌國獻駮騾，高一丈毛，色赤班，皆山色旋成日月之象。常以金瑶物器盛蒭以飼之，置於黄門厩。東方朔曰：『比六畜之下者，無為深愛。昔夏侯滛于原獸，以亡其國；況戎翟獻其鄙獸，費財毁德，非所以示天下也；楚莊好馬，叔敖知其失政。願陛下省物金國家之機事，騾鄙獸宜置之於負乘，不用則棄之於野。』上乃放之，後野人見有赤蛇自天屬地，有雲氣來繞地，及雲徐馳，復變為赤龍，騎之入雲。有人來告，上曰：『滑稽兒使我失龍矣。』朔曰：『龍何難值，恐陛下費金瑶，終化為驢騾耳。』帝納其言而深忌之。《洞冥記》

非驢非馬：龜兹王絳賔朝漢，樂漢衣服制度。歸國治宫室如漢家儀，外國之人皆曰：『驢非驢，馬非馬，若龜兹王所謂贏也。』《漢書》高昌性難伏，乃作歌曰：『驢非驢，馬非馬，言高昌似騾也。』上

白騾將軍：明皇將登封太山，益州進白騾至，潔朗豐潤，權奇偉異。上遂親乘之，柔習安便，不知道降之勞也。告成，禮畢，復乘而下。纔及山址，上休息未久，有司言白騾無疾而殪，上嘆異久之，謚之曰『白騾將軍』。命有司具槽櫝，壘石為墓，墓在封禪壇北數里，至今存焉。《開天傳信記》

騾子都：吳少誠摅蔡州，地既少馬而廣畜騾，乘之教戰，謂之『騾子軍』，尤稱勇悍，而甲仗皆畫為雷公星文以為厭勝。《舊唐》吳元濟叛其將，有董重質者，守洄曲，其部下乘騾即戰，號『騾子都』，寂為勁悍，官軍恒警俻之。上

縶騾進士：李詹平生廣求滋味，取騾縶于庭中，圍之以火。騾渴即飲，以灰水蕩其腸胃，然後取酒，調以諸辛味，復飲之。騾未絶，而為大所逼爍，外已熟矣。其法狄慎思小諫所傳也，無何俱卒。《玉泉子》

鵁鶄青：靖康元年，金人犯濬州，徽宗微服，出通津門，御小舟，將次雍丘，沮淺，船不得進。夜出縣，上御駮騾，名鵁鶄青，望睢陽而奔。《揮麈録》

雄騾為戲：錢昂治郡有聲，以才能稱于崇觀間。嘗帥秦州，時童貫初得幸，為熙河措置邊事，恃寵驕倨，將迎不暇，獨昂未嘗加禮。昂短小精悍，老而矍鑠。一日赴天寧開啓待貫之來，久之方至，昂曰：『太尉來何暮耶？』貫曰：『偶以所乘騾小而難騎，動必跳躍，適方欲摅鞍，忽盤旋庭中甚久，以此遲遲。』昂曰：『太尉之騾雄者耶？雌耶？』貫曰：『雄者也。』昂曰：『既爾難柰何，不若閹之。』貫雖一時愧怒而莫能報，其後貫大用事，卒致遷責。上

力在腰：馬力在前髆，驢力在髀，贏力在腰，騎乘者随其力而進退之。贏股有鎖骨，故不能生。其狀大骨若白而口小，小骨若杵而頭大，小口御大頭，故不可出此。贏之所以不滋息焉。《爾雅翼》

明　李時珍《本草綱目》卷五〇《驢唐本草**》**　釋名時珍曰：『驢，臚也，臚，腹前也。馬力在膊，驢力在臚也。』

集解時珍曰：『驢，長頰廣額，磔耳修尾，夜鳴應更，性善馱負。有褐、黑、白三色，入藥以黑者為良。女直、遼東出野驢，似驢而色駁，鬃尾長，骨格大，食之功與驢同。西土出山驢，有角如羚羊，詳羚羊下。東海島中出海驢，能入水不濡。又有海馬、海牛、海豬、海獾等物，其皮皆供用。』藏器曰：『海驢、海馬、海牛皮毛在陸地，皆候風潮則毛起，物性如此。』

肉，己下通用，烏驢者良。氣味甘，涼，無毒。思邈曰：『酸、平。』吳瑞曰：『食驢肉，飲荆芥茶，殺人，妊婦食之，難産。同鳧茈食，令人筋急。病死者有毒。』主治：解心煩，止風狂。釀酒，治一切風。《日華》主風狂，憂愁不樂，能安心氣，同五味煑食，或以汁作粥食。孟詵補血益氣，治遠年勞損，煑汁空心飲。療痔引蟲。時珍野驢肉同功。《正要》

發明宗奭曰：『驢肉食之動風，脂肥尤甚，屢試屢騐。《日華》子以為止一切風狂，未可憑也。』

頭肉，主治：煑汁，服二三升，治多年消渴，無不瘥者，又以漬麴醞酒服，去大風動搖不伏者。孟詵亦洗頭風風屑。《日華》同薑虀煑汁日服，治黄疸百藥不治者。時珍，出張文仲方。

附方舊一。中風頭眩心肺浮熱，肢軟骨疼，語蹇身顫。用烏驢頭一枚，如食法，豉汁煮食。《心鏡》。

脂，主治：敷惡瘡疥癬及風腫。《日華》和酒服三升，治狂癲，不能語，不識人。和烏梅為丸，治多年瘧，未發時服二十丸。又生脂和生椒搗熟，綿裹塞耳，治積年聾疾。孟詵和酒等分服，治卒欬嗽。和鹽，塗身體手足風腫。時珍，出《千金》。

附方舊一，新一。滴耳治聾烏驢脂少許，鯽魚膽一箇，生油半兩，和勻，納樓葱管中，七日取滴耳中，日二。《聖惠》眼中瘜肉驢脂、白鹽等分，和勻，注兩目眥頭，日三次一月瘥。《千金方》

髓，氣味甘，溫，無毒，主治耳聾。時珍

附方新二。多年耳聾重者用三兩度，初起者一上便效。用驢前脚脛骨打破，向日中瀝出髓，以瓷盒盛收，每用綿點少許入耳內，側臥候藥行。其髓不可多用，以白色者為上，黃色者不堪。又方：驢髓以針砂一合，水二合，浸十日，取清水少許，和髓攪勻，滴少許入耳中。外以方新磚半箇燒赤，潑醋，鋪磁石末一兩在磚上，枕之至晚。如此三度，即通效。並《普濟方》

血時珍曰：『熱血，以麻油一盞，和攪去抹，煮熟即成白色。此亦可異，昔無言及者。』氣味鹹，涼，無毒。主治：利大小腸，潤燥結，下熱氣。時珍

乳，氣味甘，冷利，無毒。思邈曰：『酸，寒。』小兒熱急黃，多服使利。《唐本》療大熱，止消渴。孫思邈小兒熱，急驚邪赤痢。蕭炳小兒癇疾，客忤天弔風疾。《日華》卒心痛連腰臍者，熱服三升。孟詵蜘蛛咬瘡，器盛浸之。蚰蜒及飛蟲入耳，滴之當成水。藏器頻熱飲之，治氣鬱，解小兒熱毒，不生痘疹。浸黃連取汁，點風熱赤眼。時珍，出《千金諸方》

附方舊一，新三。心熱氣癇黑驢乳，暖服三合，日再服。《廣利方》小兒口噤驢乳、豬乳各二升，煎一升五合，服。《千金》重舌出涎方同上。撮口胎風先炙兩乳中三壯，後用此方大驗。用烏驢乳一合，以東引槐枝三寸長十根，火煨，一頭出津，拭淨，浸乳中。取乳滴口中甚妙。《聖惠方》

陰莖，氣味甘，溫，無毒。主治：強陰壯筋。時珍

駒衣，主治：斷酒，煆研，酒服方寸匕。《外臺》

皮，主治：煎膠食之，治一切風毒，骨節痛，呻吟不止。和酒服更良。孟詵膠食，主鼻洪吐血，腸風血痢，崩中帶下。其生皮，覆瘧疾人良。《日華》詳見阿膠。

附方舊一，新一。中風喎僻骨疼煩躁者，用烏驢皮燖毛，如常治淨蒸熟，入豉汁中，和五味煮食。《心鏡》牛皮風癬生驢皮一塊，以朴硝醃過，燒灰，油調搽之，名一掃光。李樓奇方。

毛，主治：骨頭中一切風病，用一觔炒黃，投一斗酒中，漬三日。空心細飲令醉，暖臥取汗。明日更飲如前。忌陳倉米、麪。孟詵

附方新二。小兒客忤剪驢膊上旋毛一彈子，以乳汁煎飲。《外臺》襁褓中風取驢背前交脊中毛一拇指大，入麝香豆許，以乳汁和，銅器中慢炒為末，乳汁和，灌之。《千金》

骨，主治：煮湯，浴歷節風。孟詵牝驢骨煮汁服，治多年消渴，極效。時珍

頭骨，主治：燒灰和油，塗小兒顱解。時珍

懸蹄，主治：燒灰，傅癰疽，散膿水，和油，小兒解顱，以瘥為度。時珍

附方舊一，新三。腎風下注生瘡用驢蹄二十片燒灰，蜜陀僧、輕粉各一錢，麝香半錢，為末，傅之。《奇效方》天柱毒瘡生脊大椎上，大如錢，赤色，出水。驢蹄二片，胡粉熬一分，麝香少許，為末，醋和塗之，乾則摻之。《聖惠》飲酒穿腸飲酒過度，欲至穿腸者。用驢蹄硬處削下，水煮濃汁，冷飲之。襄州散將樂小蠻，得此方有效。《經驗方》鬼瘧不止用白驢蹄剉炒、砒霜各二分，大黃四兩，菉豆三分，雄黃一分，硃砂半分，研，丸梧子大。未發平旦冷水服二丸，即止，七日忌油。《肘後》

溺，氣味辛，寒，有小毒。主治：浸蜘蛛咬瘡，良。藏器治反胃噎病，狂犬咬傷，癬癘惡瘡，並多飲取瘥。風蟲牙痛，頻含漱之，良。時珍，出《千金諸方》。

發明震亨曰：『一婦病噎，用四物加驢尿與服，以防其生蟲，數十帖而愈。』時珍曰：『張文仲備急方言：「幼年患反胃，每食羹粥諸物，須臾吐出。貞觀中，許奉御兄弟及柴、蔣諸名醫奉勑調治，竟不能療。漸疲困，候絶旦夕。」忽一衛士云：服驢小便極驗，遂服二合，後食止吐一半。晡時再服二合，食粥便定，次日奏知，則宮中五六人患反胃者同服，一時俱瘥。此物稍有毒，服時不可過多。須熱飲之，病深者七日當效，後用屢驗。』

附方新三。狐尿刺瘡烏驢尿頓熱漬之。《千金》白玷風驢尿、薑汁等分，和勻頻洗。《聖濟錄》耳聾人中白一分，乾地龍一條，為末，以烏驢駒尿一合和勻，瓷器盛之，每滴少許入耳。《聖惠》

屎，主治：熬之，熨風腫漏瘡。絞汁，主心腹疼痛，諸疰忤。癥癖，反胃不止，牙齒痛，治水腫，每服五合，良。晝體成字者為燥水，用牝驢屎；不成字者為溼水，用駁驢屎。《唐本》燒灰吹鼻，止衄甚效，和油，塗惡瘡濕癬。時珍

附方新四。卒心氣痛驢屎絞汁五合，熱服即止。《肘後方》經水不止及血崩，用黑驢屎燒存性，麪糊丸梧子大。每空心黄酒下五七十丸，神妙。《龔雲林醫鑑》疔瘡中風腫痛，用驢屎炒，熨瘡上五十遍，極效。《普濟方》小兒眉瘡黑驢屎燒研，油調塗，立效。《聖惠方》

耳垢，主治：刮取塗蠍螫。崔氏

尾軸垢，主治：新久瘧無定期者，以水洗汁，和麪如彈丸二枚，作燒餅。未發前食一枚，發食一枚，效。恭

溺下泥，主治：傅蜘蛛傷。藏器

驢槽，主治：小兒拗哭不止，令三姓婦人抱兒臥之，移時即止，勿令人知。藏器

發明時珍曰：『錦囊詩云：「繫蟹懸門除鬼疾，畫驢挂壁止兒啼。」言關西人以蟹殼懸之，辟邪瘧；江左人畫倒驢挂之，止夜啼。與驢槽止哭之義同，皆厭禳法耳。』

又《騾食鑒》 釋名時珍曰：騾古文作蠃，從馬，從蠃，諧聲。

集解時珍曰：騾大于驢而健于馬，其力在腰。其後有鎖骨不能開，故不孳乳。其類有五：牡驢交馬而生者，騾也；牡馬交驢而生者，為駃騠音决題；牡驢交牛而生者，為馲，音它陌；牡牛交驢而生者，為驕驨音謫家；牡牛交馬而生者，為駏驉。今俗通呼為騾矣。

肉，氣味辛、苦，温，有小毒。甯原曰：『騾性頑劣，肉不益人，孕婦食之難產。』時珍曰：『古方未見用騾者，近時小籍時有其方云。』按《吕氏春秋》云：『趙簡子有白騾甚愛之，其臣陽城胥渠有疾，醫云得白騾肝則生，不得則死。簡子聞之曰：「殺畜活人，不亦仁乎？」乃殺騾取肝與之，胥渠病愈。』此亦剪鬚以救功臣之意，書之于此，以備醫案。

蹄，主治：難產，燒灰，入麝香少許，酒服一錢。《普濟方》

屎，主治：打損，諸瘡，破傷中風，腫痛。炒焦裹熨之，冷即易。時珍

清 張宗法《三農紀》卷八《驢》 驢，《說文》云：臚也。臚在腹前，其力在前。北人呼曰衛，取共善走而行快也。一名蹇驢，其形長碩、廣額、碩耳，修尾，鳴聲長大，可能應更。有肝無膽，豎鬃圓蹄。《域外志》云：『有獸名盧，食草木葉，吐柔絮，人取之爲緒，作布如華中之蠶是也。』錦囊詩云：『繫蟹懸門出鬼疾，畫驢掛壁止兒啼。』應歲而産，形有大小，色有黑、白，靑、偈。能馱駝致遠，善行陸，惡泥淤，懼津渡。食少易喂，其劣偏多，許僻馴教貴善。西北以兩驢代耕駕。皮可牽。晉代尚其品，唐宋名士亦多乘遊，飼牧與馬同養，染症與馬同治，但性賦與馬異耳。

相法：宜面純耳勁，目大鼻空，頸厚胸寬，脇密臁狹，足頸蹄圓，起走輕快，臀滿尾垂者可致遠。聲大而長，生鳴九聲者善走，不合其相者非良物也。

本性：性劣，肉辛，動氣，發痼疾。孕婦利病，有瘡者禁食。腦髓味美，其禁先重。鞍下肉，毒。

方治：《唐書》：許爲宗奉御，調治反胃，竟不能療。忽一衛卒服驢尿得痊，次日奏知，但宫人反胃者同服，初服二合，食止吐，半肺時可服，食乃定。服不可過多，病深者七日當好。凡幼泩反胃者，并可服之。

【典故】《近錄》：子非公居鍾山，出問弟不，一人暗之，或甘松石之五，或田野之家，或入寺逆，行木當無書。與喻秀老至寧，公方假寐，秀老私跨驢，入法宜。起，乃曰：『攸盜路吾驢。』喻請贖罪，公別松聲詩一首，立就，其交構善。《柳集》：黔地無驢，有跨者放之野，虎見龐然以爲神，蔽林間窺之，鳴則虎驢，以爲噬已。然往視無異能，益習其聲，近之終不能傳，稍近益狎衛胃，驢不勝怒，蹄之。虎因喜，計曰：技止此耳。此躍大敢，于是乃斷其喉，盡其肉。

又《騾》 騾，《說文》蠃，乘畜也。異父別母，假類而産。騾字從累，乃陰陽錯累之物，氣血參差之畜。其形大于驢，力健于馬，其勁在腰，孕歲而産，色與馬同，但脊有騎紋，腿生斑痕，有肝無膽，豎鬃修尾。《造化權輿》云：『其類有五，牡驢交馬産者名騾，騾者佳。牡馬交驢産者名駃騠，騷者佳。有牡生交驢産者、安馬産者，名駝駝。有牡馬牡驢交牛産者名驕，其性頑劣，難爲育馴。惟騾與駃騠頗易育養，須善爲教馴，可任重致遠，可乘可耕駕，皮可韋。』飼養與馬同，染症當以純剛藥味治之，爲其秉賦故也。

相法：騾性頑劣，取純者良。頭須乘而配身，面須善而有肉，目須大而和緩，耳須竪而無黑稍，四支欲端，四蹄欲圓，祟尾欲重，皮毛欲潤，行走欲輕，動止欲隱者良。最忌者面無肉而耳軟，目啗悶而偷視。

本性：性健，内辛，動風發瘡，痼疾大禁，與酒同食致暴疾，雄者禁食。

虚治：産難者，騾蹄燒灰，酒調，加囊者也，肝用。

【典故】《洞冥記》：修彌國獻駿騾，色赤斑，武帝飼置黄門廄，東方朔喜曰：『此帝之下者。』帝問而放之野。後，野人見自天屬地有雲氣來繞，変爲赤龍入雲去。《呂武春秋》：趙簡子有騾，自者，甚愛之。其臣陽城胥渠夜欸門，而謂欲得白騾肝治厲。簡子曰：『殺畜以濆人，不亦仁乎？』子是遂殺自騾，取肝與之。口述：予反里，奴子讀時珍《本神》，以騾有頊骨，不孕致問。予曰：牝有頊骨不孕，固是。牝交而不孕者何？夫不覌諸水接博則花芬實美，實稗不生，大抵其氣不純故也。不見夫騾，初行則緩，蹄然則速，汗出則精力加倍，以此推之，是偏于氣四也，豈能孕乎？古之人因螟蛉而接木，因接木而孕騾，巧千奪造化之攉，而易物理之妙。非特物也，

而人亦有之者，猩胎而靈，眩孕而神，可見理之難據者情之有由，亦天地綜錯，變化之道，類聚笔分之象也。

清 陳元龍《格致鏡原》卷八三《驢》 何承天纂文：『驢，一曰漢驪，其子曰驝，其鳴歐歆。驢似馬而長耳，低小不甚駿，故稱蹇驢。一名爲衛，猶龜之名蔡也，率以午及五更初而鳴。』《資暇錄》：『代呼驢爲衛，於文字未見。今衛地出驢，義在斯乎？或說以其有軸，有槽，譬如諸衛士有胄曹也，自目爲衛。』《山堂肆考》：『驢性能旋磨及馱負，麗褐色，其子一名驕。』《潛確類書》：『驢馬駒，月初生者，先母行生；月中者，並母行生；月終者，後母行。』《物類相感志》：『凡驢狗初生來墮地，口中有一物，如肉名，媚如婦人，帶之亦有媚。』《漢書》：『靈帝於西園弄狗，駕四驢，親操轡。京師相效，驢價與馬齊。』柳宗元文：『黔之驢一鳴，虎大駭，以爲且噬己，稍近益狎，蕩倚衝冒。驢不勝怒，蹄之。虎喜曰：技止此耳。斷其喉，盡肉去。』王元禎《湖海搜奇》：『陝西民家畜一驢，其壻借乘入市，踰時往返百里如飛，壻心切愛之。翁問歸何太早，壻詭曰：「驢劣，行十里即臥，不肯起，因牽之歸耳，乃誤我一日。」翁憎其驢，壻去，殺而烹之，壻聞亟止，曰：「我戲耳。」然驢已皮矣，惋恨間取其腹，視腰有六腎，蓋千里驢也。翁怒絶其壻。』《下帷短牒》：『王粲好驢，家畜數頭，其價有至百金者，其一曰落鈫，其二曰遠遊，其三曰鶩翼，其四曰白鳳，其五曰臨江，其六曰上雲，其七曰奔濤，其八曰飛星。』袁淑《俳諧集》封驢爲廬山公。《清異錄》：『武宗《十玩圖》謂驢爲長耳公。』《廣博物志》：『釋道安常乘赤驢，往來荆襄間，一日而徧。』陳繼儒《筆記》：『洪崖跨白驢，曰「雪精」。今樹上至今有雪精遺跡。』《虎苑》：『國朝劉馬太監，從西番得一黑驢進上，能一日千里，又善鬭虎。上取虎城牝虎與鬭，一蹄而斃。又鬭牡虎，三蹄而斃。後取鬭獅，獅折其脊。劉大慟，蓋龍類也。』《洞冥記》：『修彌國多神馬騾驢，十丈，毛色皎然，能行水，上有兩翼，或飛於海上，常與牧馬合則生神驢。』《南史》：『滑國出野驢，有角。』《潛確類書》：『海驢形似驢，常於秋月登島產乳，皮製雨具，雨不能潤。』《海語》：『海驢多出東海，狀如驢。舶估有得其皮者，毛長二寸許。晴則毵毵下垂，陰則氂綵整整也。或以製臥裀，善人御之，竟夕安寢；不善人枕籍，魂乃數驚矣。島夷詑其靈，不敢蓄也。』《庶物異名疏》：『閭，山驢也。《周書》：北唐以閭，亦見鄉射禮。《山海經》：有閭麋。郭璞云：閭，即羭也，似驢而岐蹄，角如麢羊，一名山驢。贊曰：閭善躍嶮。』《酉陽雜俎》：『晉僧朗住金榆山，及卒，所乘驢上山失之，有人見者，乃金驢矣。樵者往往聽其鳴響，士人言：「金驢一鳴天下太平」。』《明皇雜錄》：『張果常乘一白驢，日行數萬里，休則重疊之，其厚如紙，置於巾箱中，乘則以水噀之，還成驢矣。』

又《騾》 《古今注》：『驢爲牡，馬爲牝，則生贏同騾。』《玉篇》：『馲駋，驢父牛母。』《說文》：『駃騠，馬父驢母也。』《爾雅翼》：『蜀中縣有馬與牛合而生者，皆牛爲牡，馬爲牝，故今川廣皆產騾。生於廣者，蹄輕；產於蜀者，蹄重，以大武之遺體也。馬力在前髆，驢力在髀，贏力在腰，騎乘者隨其力而進退之。贏股有鎖骨，故不能生。其狀大骨若臼而口小，小骨若杵而頭大，小口啣大頭，故不可出，此贏之所以不滋息焉。』《蟫史》：『騾不生育，性剛，善走。視馬則小，視驢則大。北方人多取以駕車，力耐遠行而不困。』《潛確類書》：『贏，似驢，健於馬，舊非中國所產，故《漢書》以爲匈奴奇畜。』《五雜組》：『贏之爲畜，不見於三代，至漢時始有之，匈奴北地馬驢游牝自相交合而生。今北方以爲常畜，其價反倍於馬矣。俗言：贏骨無髓。故不能交合生子。』《呂氏春秋》：『趙簡子臣陽城渠胥有疾，醫云得白騾肝則生，不得則死。簡子殺所愛白騾，取肝與之。』《鄭棨傳信記》：『上將登封泰山，益州進白騾至，潔朗豐潤，權奇偉異。上遂親乘之，柔習安便，不知登降之倦。告成，禮畢，復乘而下。纔下山坳，休息未久，而有司言白騾無疾而殪，上歎異之謚曰「白騾將軍」。命有司具槥櫝，疊石爲墓，在封禪壇北一里餘，於今存焉。』《舊唐書》：『吳少誠據蔡州，地既少馬而廣畜騾，乘之教戰謂之「騾子軍」，尤稱勇悍，而甲仗皆畫爲雷公星文以爲厭勝。』《洞冥記》：『修彌國獻駮騾，高十尺，毛色赤斑，皆有日月之象。帝以金埏爲鏁絆，以寶器盛芻以飼之，後變爲赤龍入雲去。』《揮麈錄》：『徽宗御駮騾，名鵓鴿青。』

清 張英《淵鑒類函》卷四三五《驢一》 原許慎《說文》曰：『驢，似馬長耳。驝，驢子也。驝，亡東反。』何承天纂文曰：『驢，一曰漢驪，其子曰驝。』增又曰：『其鳴歐意歆啞，率以午及五更初而鳴。』《爾雅翼》曰：『驢力在髀。』《酉陽雜俎》曰：『驢走，少有雙擲者，但四足迅行耳。』《山堂肆考》曰：『性能旋磨及馱負，麗褐低小，不甚駿異，故曰蹇驢。』《清異錄》

曰：『驢名長耳公。』《資暇集》曰：『代呼驢為衛，於文字未見。今衛地出驢，義在斯乎？或曰以其有軸，有槽，譬如諸衛有胄曹也，因目為衛。』《爾雅翼》曰：『晉衛玠好乘之，故以為名。』《漢書・西域傳》曰：『烏桓國有驢，無牛。』南史曰：『滑國者，車師之別種也。野驢有角。』原《楚辭・九懷》曰：『驥垂兩耳，中坂蹉跎。蹇驢服駕，用日無多。』增又曰：『駕蹇驢而無策，又何路之能極。』柳宗元文曰：『白義騄耳之得康莊地，逐奔星，先飄風，而跛驢不出泥滓。』李白詩曰：『驊騮拳跼不能食，蹇驢得志鳴春風。』杜甫詩曰：『騎驢三十載，旅食京華春。』又《偪仄行》曰：『東家蹇驢許借我，泥滑不敢騎朝天。』宋蘇軾詩曰：『蹇驢步武碎。』宋陸游詩曰：『野橋孤店跨驢行。』又曰：『白驢依舊繫斜陽。』又曰：『乘無禿尾驢。』宋王庭珪詩曰：『長安道上醉騎驢，忍凍不知蹄屢蹶。』何夢桂詩曰蹇：『驢豈解思長道。』

又《驢二》 原符子曰：『有驢仙者，享五百歲，負乘而不輟，歷無定主，大驛於天下。』《漢書・五行志》曰：『靈帝於宮中西園駕四白驢，躬自操轡。』吳志曰：『諸葛恪父瑾，長面似驢孫。權大會羣臣，使人牽一驢入，長檢其面，題曰「諸葛子瑜」。恪跪請筆益兩字，恪續其下曰「之驢」。舉坐歡笑，乃以驢賜恪。』《世說》曰：『王仲宣好驢鳴。既葬，魏文帝臨其喪，顧語同遊曰：「王好驢鳴，可各作一聲以送之。」赴客皆作驢鳴。』《文士傳》曰：『晉文帝大親阮籍，恒與談戲，任其所欲，不迫以職事。籍從容常言：「平生曾遊東平，樂其土風，願得為東平太守。」文帝大悅即，從其意，籍便騎驢，徑到郡。至皆壞府舍諸壁障，使內外相望，然教令清簡。十餘日，便乘驢去。』《晉陽秋》曰：『胡威少有志尚，厲操清白。父質為荊州，守自京都省之。家貧無車馬僮僕，自驅驢單行。拜見父，停廄中。十餘日，辭歸。每至客舍，自放驢取樵爨食。』增《世說》曰：『孝武帝未嘗見驢。謝太傅問：「陛下遙想其形，當何所似？」孝武掩口而笑，答曰：「頭當似猪。」』原《陳武別傳》曰：『武本休屠胡人，常騎驢牧羊。諸家牧豎十數人，或有和歌者，武遂學《太山梁甫吟》之屬。』增《宋書》曰：『後廢帝昱於耀靈殿上養驢數十。』又曰：『吏部尚書庾仲文。荀萬秋嘗詣仲文，逢一客姓夏侯，言有佳驢。仲文便答云：「甚是所欲。」客出門，遂與相聞索之。』《南齊書》曰：『王奐初拜僕射。劉祥與奐子融載，見路人驅驢，曰：「驢，汝好為之！如汝人才，皆已令僕矣。」』《北史》曰：『公孫軌為虎牢鎮將，發民驢以運糧，令驢主加絹一疋。乃與受之百姓語曰：「驢無强弱，負絹自壯。」衆共嗤之。』又曰：『後魏車駕往，征蠕蠕，司馬楚之與濟陰公盧中山等督運以繼大軍。時鎮北將軍封沓亡入蠕蠕，說令擊之以絕運。蠕蠕乃潛遣覘楚之軍，截驢耳而去。有告失驢耳者，楚之曰：「必覘賊截之為驗耳，賊將至矣。」乃伐柳為城，水灌令凍，城立而賊至，不可攻逼，乃走。』散《三國典略》曰：『東魏靜帝遷都鄴，尚書郎以下，盡令乘驢。』又曰：『齊蕭慤為太子洗馬，常患腰痛，不堪馳馬。齊主令乘驢以見，見者笑之。』《唐書》曰：『郭英乂鎮劍南，取女人，令乘驢擊毬，以寶鈿為驢鞍。』《朝野僉載》曰：『唐楊炯每呼朝士為麒麟楦。或問之曰：「今假弄麒麟者，必修飾其形，覆之驢上，宛然異物。及去其皮，還是驢耳。」』又曰：『王及善後為右相，無甚設施，惟不許令史輩將驢入室，終日驅逐，號「驅驢宰相」。』《國朝傳記》曰：『武后初稱周，恐下心不安，乃令人自舉。供奉官正員外多置裏行、拾遺、補闕、御史，至有「車載斗量」之詠。有御史臺令史將入室，值裏行御史數人聚立門內，令史不下驢，衝過其間。諸御史大怒，將杖之。令史云：「今日之過，實在此驢，乞先數之，然後受罰。」御史許之，謂曰：「汝技藝可知，精神極鈍，何物驢畜，敢於御史裏行。」於是羞赧而止。』《食貨志》曰：『天寶三載，海內富貴，道路列肆，具酒食以待行人，店有驛驢。』《孔帖》曰：『敬宗寶歷二年六月甲子，觀驢鞠角觝於三殿。』《宋史》曰：『范廷召為殿前都指揮使，尤不喜驢，鳴聞必擊殺之。』《東軒筆錄》曰：『韓魏公琦帥陝西，日將四路進兵以取夏。定計大兵一入界，則倍道兼程而進。幕客楚執中曰：「糧道豈能兼程？」公曰：「吾已盡括關中之驢，運糧行速，可與兵相繼也。萬一深入而糧食盡，自可殺驢而食矣。」執中曰：「驢子大好酬奬。」』韓公惡其無禮，不使入幕。』《續聞見近錄》曰：『王荊公歸金陵，居鍾山下，出即乘驢，一卒牽之而行。若牽卒在前，聽牽卒；所之若牽卒在後，則聽驢矣。欲止即止，或坐松石之下，或田野耕鑿之家，或入寺。隨行未嘗無書，或乘而誦之，或憩而誦之。仍以囊盛餅十數枚，食罷即遺牽卒，牽卒食餘即以飼驢。』《宜春傳信錄》曰：『彭伉之妻，湛貲之姨也。伉舉進士，湛猶為縣吏，嘗侮之未數歲一舉登第。伉方跨長耳，縱遊郊郭。忽有僮馳報湛郎及第，伉失聲而墮，故友人謔曰：「湛郎登第，彭伉落驢。」今落驢橋是其地也。』《玉壺氷》曰：『魏野居陜州東郊，出即乘白驢。』宋程頤《家世舊事》曰：『族父文簡公應舉來京師，惟乘一驢，更無餘資，至則賣驢得錢數千。伯祖殿直輕財好義，待族人甚厚，日責文簡公具酒餚，欲觀其器度。文簡公訴曰：「驢兒已喫至尾矣。」』宋司馬光《詩話》曰：『韓退處士放誕不拘，以詩自名，常跨一白驢。自有詩曰：「山人跨雪精，上便不論程。嗅地打不動，笑天休始行。」為人所稱，好着寬袖鶴氅，醉則鶴舞石。曼卿贈詩曰：「醉狂黝鶴舞，閑臥白驢號。」』《金史》曰：『□世祖嘗乘醉騎驢入室中，明日見驢足跡，問而知之，自是不復飲酒。《下帷短牒》曰：『國朝劉馬太監，從西番得一黑驢進上，能一日千里，善鬭虎。上取虎城，牝虎與鬭，一蹄而虎斃。又鬭牡虎，三蹄斃之。後取鬭獅，折其脊。劉大慟，蓋龍種也。』

又《驢三》　原名駒奇畜上見臧道顏《弔驢文》。《史記》曰：『匈奴奇畜，即驢騾也。』

廣額長耳上見袁淑俳諧文。下詳驢一。

子瑜面孫楚聲上詳驢二。《吳志》《晉書》曰：『王濟，字武子，好驢鳴。武子死，孫楚哭之甚哀，曰：「子好驢鳴，為汝作一聲。」而形體俱似，弔客皆笑。楚怒曰：「諸君不死，而使武子死乎？」』

乘賣藥用為葷張楷，字公超，隱華陰山，乘驢車至縣賣藥。後漢鄧訓用驢為葷。

入市　至門後漢向栩，字興甫，狀若狂，好披髮，跣足騎驢入市乞匄。後徵拜趙相，時人謂其必脱素從儉，而栩更鮮車、御良馬，世疑之。晉劉兆，字延世，博學受業者數千人。嘗有人着韡騎驢至兆門，云：『欲見劉延世。』門人大怒。白兆。兆曰：『聽前。』進則倨牀問兆經義，因為兆辨。難，兆不能對。去，不知姓名。

常鳴　忽死戴良母喜驢鳴，良常作之以樂其母。後漢薊子訓與諸生酳許。駕驢車道上過，主人驢忽死，蟲蛆流出，主人遽白訓，訓乃安坐。飲食畢，徐以杖叩之，驢遂如初。

獲千頭　續兩字石勒將劉堂以驢千頭運糧，祖逖追擊之，於汴遇獲之。下見驢二《吳志》。

增耳大　形羸《孔帖》曰：『李忠臣，帝嘗謂卿耳大，真貴兆。對曰：「臣聞驢耳大，龍耳小。」帝喜其野而誠。』下見後柳宗元文。

百金　千里《下幃短牒》曰：『王粲好驢，家畜數頭，其價有百金者。其一曰落釵，其二曰遠遊，其三曰驚羽，其四曰白風，其五曰臨江，其六曰上雲，其七曰奔濤，其八曰飛星。』《湖海搜奇》曰：『陝西民家畜一驢，其壻借乘入市。踰時往返百里如飛，壻心竊愛之。翁問：「歸何太早？」壻詭云：「驢劣，行十里即臥，不肯起，因牽之歸耳，乃誤我一日。」翁憎其驢，壻去，殺而烹之。壻聞，急止曰：「我戲耳。」然驢已皮矣，惋恨間取其腹，視腰有六腎，蓋千里驢也。翁怒絶其壻。』

載酒　運食《避暑録話》曰：『酒有名「騎驢酒」，當是以驢載之而行也。』《西域志》曰：『□烏場國特檀山，山中有寺，大有衆僧。日日有驢運食，無控御者。自來留食還去，莫知所在。』

養殿上　繫殿中上詳驢二。《宋書類雋》曰：『崔浩留陡夸，繫驢殿中。』

青衫跨　素服乘《東軒筆錄》曰：『盧多遜自宰相責厓州司户，出獄日，青衫跨驢。』《孔帖》曰：『五代劉鄩王師範敗，降梁。從周為具齎裝，送鄩歸梁。鄩曰：「降將蒙恩不誅，幸矣！敢乘馬而衣裘乎乃？」素服乘驢。』

出遊作賦　偷跨罰詩《宋史》曰：『陳彭年常因京城大酺，跨驢出遊搆賦，自東華門至闕前，已口占數千言。』《冷齋夜話》曰：『王安石嘗與俞秀老至報寧，公方假寐，秀老私跨驢，入法云謁寶覺禪師，公知之。有頃，秀老至，公佯睡，睡起，遣秀老下階曰：「為僧子乃敢盗跨吾驢。」秀老叩頭，願有自贖，公曰：「罰松聲詩一。」首秀老立就，極佳，山中人忘之，後人為之補曰：「萬壑摇蒼烟，百灘渡流水。下有跨驢人，蕭蕭吹醉耳。」』

舞柘枝　驚蝶夢《歸田録》曰：『咸平五年試進士，以《有教無類題》，王沂公為第一。其警句有：「神龍異稟，猶嗜欲之可求」云云。時有輕薄子擬作四句云：「相國寺前，熊翻觔斗。望春門外，驢舞柘枝。」雖鄙俚，亦着題也。』《墨客揮犀》曰：『昔人曾有為《驢吃牡丹賦》云：「展似鐵之雙蹄，驚回蝶夢。聳如船之兩耳，不聽鶯聲。」』

造丞相廳　遊華陰縣《墨客揮犀》曰：『賈魏公為相日，有方士許姓，對人無貴賤皆稱「我」。公欲見之，邀之數四，卒不至。後苦邀致之，許竟欲騎驢造丞相廳門。吏止之曰：「此丞相廳門，雖丞郎亦須下。」許曰：「我無所求於丞相，丞相召我來。若如此，但須我去耳！」不下驢而去。門吏急追之，不還。』《摭遺》曰：『李白失意遊華山，縣宰方開門决事，白乘醉跨驢過門。宰不知太白也，怒引至庭下，曰：「汝何人？輒敢無禮。」曰：「乞供狀。」無姓名，曰：「曾用龍巾拭唾，御手調羹，力士脱靴，貴妃捧硯。天子殿前尚容走馬，華陰道上不許騎驢。」』

鄭圃往來　灞橋風雪《蒙齋筆談》曰：『咸平景德間，隱士楊朴居鄭州，號能詩，性僻。嘗騎驢鄭圃，每欲作詩，即伏草中冥搜。或得之，則躍而起，適遇之者無不驚。』《瑣言》曰：『鄭綮云：「詩思在灞橋風雪中驢子背上。」』

子厚意似　浪仙吟苦《源流至論》曰：『張子厚聞驢鳴，而知己意之相似。』《彙苑詳注》曰賈：『島苦吟，雖逢公卿貴人，皆不知覺。一日在驢上作，推敲二字未安，見京兆出，跨驢不避呼，詰之，久乃得釋。』

果老噀成　希夷笑墜《續仙記》曰：『張果老白驢休則疊之如紙，置巾箱中，以水噀之，復成驢矣。』《山堂肆考》曰：『陳摶乘驢入汴，中途聞宋太祖登極，大笑墜驢，曰：「天下於是定矣。」』

畫壁踏具　過橋留跡《盧氏雜記》曰：『吳道子嘗訪僧，不禮，遂畫一驢於壁。一夜僧具踏破，惱亂不堪。』《一統志》曰：『趙州安濟橋，相傳張果嘗乘驢過此橋，所踏跡尚存。』

短轡長鞦　迴衡負磨《摭言》曰：『唐咸通中，以進士車服僭差，不許乘馬。時場中不減千人，雖勢可熱手，亦皆騎驢。或嘲之曰：「今年敕下盡騎驢，短轡長鞦滿九衢。清瘦兒郎猶自可，就中愁殺鄭昌圖。」』下見宋袁淑九錫文。

據鞍讀書　嗜草觸木江鄰幾調藍山尉，騎驢赴官，每據鞍讀書，至迷失道，家人求之，乃覺。《宋史》曰：『杜常折節學問，嘗跨驢讀書，驢嗜草失道，不知覺觸桑木而墮，額為之傷。』

入宣政殿　起裸遊館《孔帖》曰：『蘇源明疏云：聖皇巡蜀之初，都内財貨、吏民家產，糜散於道路之中，至有騎馬乘驢入宣政、紫宸者。』《拾遺記》曰：『靈帝初平三年，起裸遊館於西園，使内豎驢鳴於館北。』

雲中騎碧　夢裏着緋李賀詩曰：『誰使任公子，雲中騎碧驢？』《韻府羣玉》曰：『張鷟夢着緋騎驢。』

主簿自控　法掾騎歸《類書纂要》曰：『李若谷為長社主簿，赴任自控妻驢。』《澠水燕談錄》曰：『祥符中，有劉偁者為陝西司法參軍，廉慎至貧。罷官無以為歸計，賣所乘馬辦裝，跨驢以歸。魏埜以詩贈行曰：「誰似甘棠劉法掾，來時騎馬去乘驢。」』

毛成字　鳴應更《泊宅編》曰：『天聖中，侍中馮拯卒。次年京城南錫慶院側人家生一驢，腹下白毛，成馮拯二字。馮氏以金贖之，潛育於室中。』又《潛確類書》曰：『林化士隱跡武當山，過襄陽題疏，累年不歸，所化錢物皆以非理喪盡。一夕，合山道衆夢林歸。明日，乃莊户送一驢上山，馱載身上毛成林字，呼其名即應。下見袁淑九錫文。』

笑似磨　喻衆禪東坡詩曰：『應笑謀生拙，團團似磨驢。』《傳燈錄》曰：『道人不解心即是佛，真是騎驢覓驢。』

渡水　衝泥《盧雲詩》曰：『渡水蹇驢雙耳直。』宋孫覿詩曰：『騎驢渺渺衝泥入。』

又《驢四》　增**神驢**《洞冥記》曰：『修彌國多神馬驢，高十尺，毛色皎然，能行水上，有兩翼，或飛於海上。嘗與牝馬合，則生神驢。』

海驢海驢形似驢。嘗於秋月登島產乳，皮製雨具雨不能潤。《海語》曰：『出東海，舶估有得其皮者，毛長二寸許，晴則毿毿下垂，陰則髦絿整整也。』或以製臥褥，善人御之竟夕安寢，不善人枕籍魘乃數驚矣。島人詫其靈，不敢畜也。

金驢《酉陽雜俎》曰：『晉僧朗住金榆山，及卒，所乘驢上山失之。時有人見者，乃金驢矣。樵者往往聽其鳴響，土人言：「金驢一鳴天下太平。」』

赤驢釋道安嘗乘赤驢往來荆襄間，朝夕而見。今河東寺上有驢臺峴，南有中驢村。

死驢《風俗通》曰：『凡人相罵曰「死驢」，醜惡之稱也。董卓陵虐王室，執政皆如死驢。』

跛驢《葛洪傳》曰：『藏逸跡於跛驢之伍。』

又《驢五》　原文宋袁淑《俳諧集・廬山公九錫文》曰：『若乃三軍陸邁，糧運艱難，謀臣停算，武夫吟嘆。爾乃長鳴上黨，慷慨應官，崎嶇千里，荷囊致餐。用捷大勳，歷世不刊，斯實爾之功也。音隨時興，晨夜不嘿。仰契元象，俯協漏刻。應更長鳴，毫分不忒。雖挈壺著稱，未足比德，斯又爾之智也。若乃六合昏晦，三辰幽冥，猶憶天時，用不廢聲，斯又爾之明也。青脊隆身，長頰廣額，修尾後垂，巨耳雙磔，斯又爾之相也。嘉麥既熟，實須精麫，負磨迴衡，迅若轉電，惠我衆庶，神祇獲薦，斯又爾之能也。爾有濟師旅之勳，而加之以衆能，是用遣中大夫閭丘騾，加爾使銜勒、大鳴鴻、臚斑脚大將軍、宮亭侯，以揚州之廬江、江州之廬陵、吳國之桐廬、合浦之珠廬，封爾為廬山公。』臧道顔《弔驢文》曰：『夫徵祥契於有感，景行表於事迹，故銓才授任，必求之卓越，考能覈用，亦存乎望實，以貌定名，則稱謂而標聲色，位號則由焉而授。爰有奇人，西州之馳驅，體質強直，稟性沉雅，聰敏寬祥，高音遠暢，真盧氏之名駒也。』增唐柳宗元《黔之驢》曰：黔無驢，有好事者船載以入，至則無可用，放之山下。虎見之，龐然大物也，以為神。蔽林間窺之，稍出近之，慭慭然莫相知。他日，驢一鳴，虎大駭遠遁，以為且噬己也，甚恐。然往來視之，覺無異能者。益習其聲，又近出前後，終不敢搏。稍近益狎，蕩倚衝冒，驢不勝怒，蹄之。虎因喜，計之曰：「技止此耳。」因跳踉大㘎，斷其喉，盡其肉，乃去。噫！形之龐也類有德，聲之宏也類有能，向不出其技，虎雖猛，疑畏，卒不敢取。今若是焉，悲夫！

又《騾一》　增《廣志》曰：『騾，北方或曰罔。』許慎《說文》曰：『騾，驢父馬母也。駃騠，馬父驢母也。』《爾雅翼》曰：『蜀中縣有馬與牛合而生者，皆牛為牡，馬為牝。故今川廣皆產騾，生於廣者，蹄輕；產於蜀者，蹄重，以大武之遺種也。』又曰：『贏力在腰，騎乘者隨其力而進退之。贏股有瑣骨，故不能生，其狀大骨若臼而口小，小骨若杵而頭大，小口銜大頭，故不可出，此騾所以不滋息也。』《蟫史》曰：『騾不生育，性剛，善走。視馬則小，視驢則大。北方人多取以駕車，力耐遠行而不困。』《潛確類書》曰：

『騾似驢，健於馬，舊非中國所產，故《漢書》以為匈奴奇畜。』《抱朴子》曰：『世不信騾乃驢馬所生，云各自有種。況乎仙者，難知之事哉。』

又《騾二》 增《呂氏春秋》曰：『趙簡子有兩白騾，甚愛之。陽城胥渠處廣門之官，夜欵門而謁曰：「主君之臣胥有疾，醫教之曰：「得白騾肝，病則止，不得則死。」謁者入通，董安于御於側愠曰：「嘻！胥渠也，欺我君，請即刑焉。」簡子曰：「夫殺人以活畜，不亦不仁乎？殺畜以活人，不亦仁乎？」於是召庖人殺白騾，取其肝以與陽城胥渠。無幾何，趙兵興而攻翟。廣門之左七百人，右七百人，皆先登而獲甲首。人主胡可以不好士？』《洞冥記》曰：『元封四年，修彌國獻駮騾，高一丈，毛色赤斑，旋成日月之象。帝以金瑶物器盛芻以飼之，置於黄門廄。東方朔曰：「此六畜之下者，無為深愛，況戎翟獻其鄙獸，費財毁徳，非所以示天下也。宜置之於負乘，不用，則棄之於野。」上乃放之。後野人見有赤蛇自天屬地，有雲氣來繞地，及雲徐馳，復變為赤龍，騎之入雲。有人來告，上曰：「滑稽兒使吾失龍矣。」朔曰：「龍何難值，恐陛下費金瑶終化為驢騾耳。」』《史記》曰：『大將軍衛青圍，匈奴薄暮乘六騾，壯騎可數百，冒圍去，追之不及。』《漢書》曰：『龜兹王絳賓朝漢，樂漢衣服制度，歸國治宫室如漢家儀。外國之人皆曰：「驢非驢，馬非馬，若龜兹王所謂騾也。」』又曰：『高昌性難伏，乃作歌曰：「驢非驢，馬非馬。」言高昌似騾也。』晉諸公讚曰：『劉禪降，乘騾車詣鄧艾。』《東坡詩註》曰：『明皇騎青騾入蜀。』《唐書》曰：『吳少誠據蔡州，地既少馬而廣畜騾，乘之教戰，謂之「騾子軍」，尤稱勇悍。』又曰：『吳元濟叛其將，有董重質者，守廻曲，其部下乘騾即戰，號「騾子都尉」，最為悍勁，官軍恒警備之。』陳摶騎白騾入華山。

又《騾三》 增封將軍逐神仙《開元傳信記》曰：『明皇將登封泰山，益州進白騾至，潔朗豐潤，權奇偉異。上遂親乘之，柔習安便，不知登降之勞也。告成，禮畢，復乘而下。纔及山趾上，休息未久，有司言白騾無疾而殪，上嘆異久之，謚之曰「白騾將軍」。命有司具槥櫝，壘石為墓，墓在封禪壇北數里，至今在焉。』《神仙傳》曰：『薊子訓，齊人也。到京師，諸貴人欲見之，子訓曰：「我非有重瞳八彩，欲見我，我亦無所道。」遂去，諸貴人各走馬逐之，望見子訓。騾徐行而名馬逐之不及，乃各罷歸。』

龜兹國　芙蓉城上見騾二。《漢書》：『石曼卿乘青騾，主芙蓉城。』

從公　卿遊與子弟遁《三國典略》曰：『齊陽休之，嘗乘騾遊於公卿，略無慚色。』又曰：『侯莫陳悦，既與其子弟及麾下數十騎遁走，至牽屯山，不知所趨，乃棄馬山谷，乘騾而去。』

次蒲坂　遊雍丘《揮麈錄》曰：『靖康元年，金人犯滄州，徽宗微服出，通津門，御小舟，將次雍丘，阻淺，船不得進。夜出隄，上御駮騾，名鵓鴿青，望睢陽而奔。』《魯女生別傳》曰：『李少君死後百餘日，後人有見少君在河東蒲坂，乘青騾。帝聞之，發棺，無所有。』

雜録

宋　趙希鵠《調變類編》卷四《鳥獸》　凡兒騾，馬產者，見馬必嚙。驢產者，見驢必嚙，多有嚙死者。異氣配合自多矯揉也，行路之人不可不防。

清　馮祖繩《救貧捷法・養牲・驢》　驢肉忌　肉忌與騾肉同。其腦髓味美，尤禁食，鞍下肉毒。

又《騾》　騾肉忌　肉動風發，瘡痼疾大。禁與酒同飲，至暴疾。妊婦禁食。

清　趙學敏《本草綱目拾遺》卷九《浙驢皮膠》　黄雲盛言：近日浙人所造黑驢皮膠，其法一如造阿膠式，用臨平寶莊水煎熬而成，亦黑色、帶綠、頂有猪鬃紋，與東阿所造無二，入藥亦頗有效。蓋阿膠眞者難得，有浙膠則較勝於用雜膠也。寶莊在臨平湖西岸，有寶莊泉，土人名爲大力水，云食之多力。向聞虎跑泉水，注大缶中平口，投錢於中，能吞一百六十青錢，而水不溢。他水至八十，已浸漫於外矣，故虎跑泉食之益氣力。寶莊水能吞二百青錢不溢，其力更可知，以此水作膠，自可敵伏流之濟水。然予每索此膠於市，遍詢藥客，皆云造者亦少，不易得。而雲盛言之甚詳，姑存之以備異日考証。

補血潤燥，功同阿膠，治內傷腰痛，强力伸筋，添精固腎，尤別有殊能也。

養驢騾

記事

北魏　賈思勰《齊民要術》卷六《養牛馬驢騾》　凡驢馬駒，初生忌灰氣，遇新出爐者輒死。經雨者則不忌。

明 徐光啓《農政全書》卷四一《六畜》 凡驢馬駒，初生忌灰氣，遇新出爐者輒死。經雨者則不忌。

《四時類要》曰：『凡驢馬牛羊，收犢子駒羔法。』常于市上伺候，含重垂欲生，輒買取。駒一百五十日，羊羔六十日，皆能自活，不復藉乳。乳母好堪爲種產者，因留之以爲種。惡者還賣，不失本價，坐贏駒犢。還更買懷子孕者，一歲之中，牛馬驢得兩番，羊得四倍。羊羔臘月正月生者，留以作種，餘月生者剩而賣之。用二萬錢爲羊本，必歲收千口。所留之種，率皆精好，與世絶殊，不可同日而語之。何必羔犢之饒，又贏酪之利也？羔有死者，皮好作裘褥，肉好作乾腊，及作肉醬，味又甚美。

又 附驢：大都類馬。驢覆馬，生贏則准，常以馬覆驢，所生騾者，形容壯大，彌復勝馬。然選七八歲草驢，骨口正大者。母長則受駒，父大則子壯。草驢不產，產無不死，養草驢常須防，勿令離羣也。

治驢漏蹄方鑿厚磚石，令容驢蹄，深二寸許。熱燒磚，令熱赤。削驢蹄，令出漏孔，以蹄頓著磚孔中，傾鹽、酒、醋，令沸，浸之。牢捉勿令脚動。待磚冷，然後放之，即愈。入水遠行悉不發。

治驢打磨破潰方馬齒菜、石灰，一處搗爲團。晒乾後，復搗，羅爲末。先口含鹽漿水洗淨，用藥末貼之，驗。

清 方以智《物理小識》卷一〇《鳥獸類上》 凡馬騾皆畏騎者足夾之，當胸箕心之傍搥之，則彼痛颷。養驢馬者令後足低於前足，使其箕心漸大，亦一法也。箕心大者，力足，自不踹邊樸路。凡眼泡上有小窩，窩有直筋、横筋則强。凡生跛而醫愈者，其足之筋必起小珠，如豆大，以此爲驗。老馬食地黄爲駒，食鼠糞腹脹，食雞糞生骨眼，飲猿溺辟瘟。其嚙人者，以殭蠶塗其喙。馬尾後抽彎破者，以蛇蜕燒灰、香油調敷或乾摻之。破脊以臭溝泥塗之愈。馬駒生，布灰作圈，駒止圈中，謂之新灰拘駒。驢馬駒隨母，則知月中月末。月初生者，在母前。月後生者，在母後。萬畢曰：『螢火裹皮置土中，馬見之鳴叫，不敢行。』贊寧說：『海馬骨在地，則馬不肯行。』吳人呼疾速爲飛風。唐制，風印右髆，飛印左髆，止監尚乘局尾側印三花。

雜録

明 宋詡《竹嶼山房雜部》卷一二《畜獸法走者爲獸獸曰牝牡》 驢忽里譔斯國有福禄，似驢而毛文可愛。

次於馬，食不易肥，生子同馬法。

騾《說文》：騾，驢父馬母。駃騠，馬父驢母。漢《匈奴傳》曰奇畜，即騾驢也。又驢父牛母曰馲驀。駃，古穴切。騠，丁奚切。馲，陟格切。驀，莫百切。

耐走，不多病，病則難治，生騾同馬法。段成式云：『騾不孳乳。』

附：馬八尺以上為龍，七尺以上為騋，六尺為馬。良曰天馬、曰驥、曰駿。鈍曰駑駘、曰駄段。騋，力才切。駑，乃乎切。駘，大來切。

《相馬訣》云：『三十二相眼為先，次觀頭面要方圓。眼似垂鈴鮮紫色，滿腔凸出不驚然。白縷貫瞳行五百，斑如撒荳不同看。面顱倒擊如鐮背，鼻如金盞可藏拳。口又須深牙齒遠，舌如垂劍色如蓮。口無黑靨須長命，唇似垂箱蓋一般。食槽寬潤肥無肉，咽要平分筋有蘭。耳如楊葉刀批竹，燕骨高兮髀不堅。八肉分弓彎左右，龍會高兮上古傳。項長如鳳須彎曲，鬃毛茸細要如綿。鬐長膊潤槍風小，臆高胷潤脚前寬。膝要高兮圓似掬，骨細筋麤節要攢。蹄要圓實須卓立，身中充潤要平安。肋骨彎弓須緊密，排鞍肉厚穩金鞍。三峰壓壓須藏骨，臥如猿落重如山。鵝鼻申直須停穩，尾似流星散不連。膏筋大小須匀壯，下節攢筋緊一錢。半髭有距如雞距，能奔急走日行千。以上貴相三十二，萬中難選一俱全。』祖李伯樂《相馬經》相馬旋歌云：項上雖生旋，有之不用誇。還緣不利長，所以號騰蛇。後有喪門旋，前膁有挾屍。勸君不用畜，無事也須疑。生額并銜禍，非常害長多。古人如是說，此事不虛歌。帶劍渾閒事，喪門不可當。的盧如入口，有福也須防。黑色耳全白，從來號孝頭。假饒千里足，亦勸不須留。背上毛生旋，驢騾亦有之。生當鞍貼下，此者是駝尸。銜禍口邊銜，時間禍必逢。古人看是病，焉敢不言凶？眼下毛生旋，遥看是淚痕。假饒福也病，無禍亦防侵。毛病深如害，妨人不在占。大都如此類，無禍也宜嫌。槍耳駝鬃項，雖然毛病殊。若然兼抱尾，有實不如無。

馬畏暑，不畏寒，編以皂棧，飼以蕡何間切荳，間雜以貫衆抹之，使肥充不瘏音塗。病宜洗澡，不宜日晒。常閑之以走法，不騰劣也。易胎，駒生時，遂以乾土塵染於其體，遍揉捻之，能馴而不蹄，嚙以銀聱，分界其鬃，則兩開。《埤雅》云：『馬走逆風。』韓鄂《四時纂要》云：『常係獮猴於馬坊內，辟惡，消百病，令馬不著疥。』元雲南行省言：『亦乞不薛之地，所牧國馬歲給鹽，以每月上寅日啖之，則馬俱無病。』

駝部

駝

題解

明　李時珍《本草綱目》卷五〇《駝》

釋名

橐駝《漢書》，駱駝時珍曰：駝能負囊橐，故名。方音訛為駱駝也。

明　李蘇《見物》卷二《駝》　北夷之大獸，力負千斤，日行百里，能知泉脈。

清　查慎行《人海記》卷下《駱駝》　駱駝有紫色、白色兩種。蒙古與中國貿易，膘健者每頭直價二三十金。以其卧而齕草，腹不貼地，故曰明駝。

清　厲荃《事物異名録》卷三七《駝》

橐駝

《說文》：「駝，負荷也，能負囊橐，故曰橐駝。」

明駝

《酉陽雜俎》：「駝卧腹不貼地，屈足漏明，故曰明駝。一說駝眼下有毛夜明，故云。」

山驢王

《諧噱録》：「趙崇佯不識駱駝，呼為山驢王。」

廬山精

《三水小牘》：「劉秉仁為江州刺史，自京將駱駝至郡，放之山下。野人見而大驚，共射之，乃以狀白州，曰獲廬山精於某處。劉命致之，乃所放駝耳。」

封牛

《本草綱目》：「時珍曰：《西域傳》云大月氏出一封駝，脊上有一峰隆起若封土，故俗呼封牛，亦曰犎牛。《穆天子傳》謂之牥牛，《爾雅》謂之犦牛。」

肉屏

《滇載記》：「元阿禚主詩：『肉屏獨坐細思量，西山鐵立風瀟灑。』自註：『肉屏，駝也。』」

論說

宋　陸佃《埤雅》卷四《駝》　《義訓》曰：牛之聲曰牟，駝之聲曰圂。駝卧腹不帖地，屈足漏明，則行千里。背有肉鞍如峯，長頸高脚善負，知泉脉所在，遇處輒停不行，其糞煙直上如狼煙也，又知風候。叚氏云：駝亦齝今其毛縟温厚，煖於狐貉，極堪禦寒，遇夏常退毛至盡，乃能避熱，故古者冬取皮於狐類而裘成，夏取毛於駝類而褐成也。《金柯要訣》曰：行之善者如龜、如龍、如馬、如駝、如鷹、如鴈。

元　熊太古《冀越集記》卷上《南北之獸》　南方之畜猪牛，其獸之大者曰象；北方之畜羊馬，其獸之大者曰駝。然其性每相反。猪水畜喜卑溼，羊火畜喜高燥。馬涉遠，牛負重。健順之性不同也。繫牛宜低，拴馬宜高。牛食多卧，有病則立；馬食多立，有病則卧，亦相反也。駞走陸耐寒，象浴水耐热。駞之卧，胸著地而後高；象之卧，臀著地而前高。故駝之交臀相向，象之交胷相向，又各不同也。

又《象駝》　象能言，有人知其言，故通南方之語者名曰象。余在南寧、左江、黄安、撫出，獵得四十餘象，一象死，群象哭之，餘象後中傷，皆望西而斃，亦有首丘之義焉。人掘坑，坎以草木覆之，或象陷于坑中，餓數日，人以草飼之，與之曰：「我能飼汝象。」不應。又越一二日，飢倦不勝，又以草飼之，且曰：「若從我，我能掘坑作平地，使汝出求食。」象若應之，即登其身，拊摩之不動，得出坑，終身不敢傷此人。駞涉沙漠籬歷年，餘能記其所涉之途。大元後，宫有喪葬，沙漠不封不樹，以萬馬平其地，春草生籬，守衛者莫知原。葬時例殺一駞駒祭墓，駞母叫號不已。下年墓祭，乘駝往彼，直至其所，兼地高少水，駝以前足蹙沙，長號掘之即有泉出，獸之禀性，各有能也。

明　胡廣《胡文穆公文集》卷一九《駝封》　大月氏國出一封橐駝，

顏師古謂脊上有一封也。封言其隆高若封土也。杜子美詩：『紫駝之峯出翠釜。』亦言其肉高如峰。然則封、峯不同，二説孰是？但封字尤古，而峰字亦明白。要之，無害於義。

明 李蘇《見物》卷二《駝》 論曰：牛以引重，馬以致遠，而駝兼焉。又潛識伏泉，其智微矣。夫任重道遠士之所難，燭深照隱識之所貴，君子觀駝之奇，當不獨德乎驥云。

贊曰：北乃生駝，力雄性婉。測厚識深，任重道遠。

明 張懋修《墨卿談乘》卷一二《明駝千里》 宋計有功纂唐詩紀事載成式《酉陽雜俎》曰：古樂府《木蘭篇》：『願馳千里明，送兒還故鄉。』明字多改為鳴字者。不知千里馬，卧腹不帖也，屈足漏明，是相馬法也。今觀《酉陽雜俎》一段實曰：駝性羞。《木蘭篇》：『明駝千里脚。』多誤作鳴字。駝里漏明，卧不以腹帖地，則一行千里。夫唐末引古詩之不同，詠馬駝之頓異，何也？豈宋時段成式之書特全而計，君所采與今本不同乎，然不宜千里明，一加之駝，一加之馬，豈古詩有兩《木蘭篇》，而二人各引，所以誤改鳴字乎？是必計公一時記憶未真，偶筆耳。楊用修引《木蘭辭》：『願借明駝千里足，送兒還故鄉。』或改明為鳴，非也。唐制：驛置有明駝，使非邊塞軍機不得擅發，夫均一《木蘭篇》也。三家所引，何其殊也。

清 周廣業《過夏雜録》卷六《駱駝》 駱駝本名橐駝。《漢書》作『橐佗』。常惠、匈奴等傳。師古曰：『言能負橐而駝物也。』《鹽鐵論》作『馳馳』。郭義恭《廣志》作『馳馳』。《龍龕手鑑》作『驝馳』。其義同也。《逸周書》王會解云：『伊尹為四方獻令，正北空同、太夏、莎車、姑他、且略、貌胡、戎翟、匈奴、樓煩、月氏、孅犁、其龍、東胡，請令以橐馳、白玉、野馬、騊駼、駃騠、良弓為獻。』明非中原所有，而蘊秦言燕代橐駝、良馬，是六國時北方已有之，燕代在漢為漁陽、右北平、鴈門等郡。何太史公《史記》又稱橐駝為匈奴奇畜？文帝時嘗獻一匹，其貴如此。及武帝伐大宛時，出燉煌者驢、橐駝以萬數，則又不勝其多。此所難强解者。今燕地饒産，幾同牛馬。舊説力負千斤，雖末盡爾，然實能勝重，居平用駄煤炭等物，狀如胡羊，昂首短尾，背隆起二處，足三折，其卧屈足，灣不着地，而漏明者名明駝，最能遠行。古詩『願借明馳千里足』是也。冬春之交，鬍毛秏。音其。秏音奈，多毛也。夏秋則疥，或遂禿剥。北魏邢子才謂劉晝《六合賦》『正如疥駱駝，伏而無娬媚』是也，其鳴曰圂，乙鎋反。能知水脉所在。《博物志》云：『遇其處，以足蹋地，不肯行。』又知風信，東夷且末國西北有流沙數百里，夏中有熱風將至，惟老駝知之，即相聚埋其口鼻于沙中。人每以為候，亦即將毡擁護鼻口，其風迅疾，斯須過晝，若犯者必至危斃。蓋亦靈獸也。《漢書・西域傳》又言：『大月氏國出一封橐駝。』師古曰：『脊上有一封也，封言其隆高若封土也。今俗呼為封牛。封音峰，本亦作犎。』《後漢書・順帝》記陽嘉二年『疏勒國獻師子、封牛。』李賢曰：『《東觀記》……封牛，其領上肉隆起若封然，因以名之。即今之峰牛。』夫項領隆高，而又名以一封橐駝，宜封牛與橐駝為一物矣。然與師子同貢方物，又謂之牛，自別一物。顏、李《注》雖不詳，不謂郎今駱駝，説者因杜少陵詩有云『紫駝之峰出翠釜』，《酉陽雜俎》載將軍曲良翰有駝峰羹，為衣冠家名食，遂欲混合為一。不知此在《爾雅》名為犦音雹牛，郭璞注：『即犎牛也，領上肉犦肰起高二尺許，狀如橐馳，肉鞍一邊。健行者日三百餘里，今交州合浦徐聞縣出此牛。』此《注》極其明白。少陵及柯古所稱駝峰，蓋亦指此。《癸辛雜識》云：『駝峰之雋，列于八珍，駝似豕，其背隆起，特肥美，今奉天亦産之。與駱駝似是而實非也。』古諺云：『少所見多所怪，見橐駝道是馬腫背。』格物洵不易哉！

綜述

《藝文類聚》卷九四《駱駝》 華嶠《漢書》曰：南單于遣使詣闕，奉蕃稱臣，入居於雲中，遣使上書獻駱駝二頭、文馬十疋。

《博物志》曰：燉煌西渡流沙，往外國，濟沙千餘里中，無水，時有伏流處，人不能知，駱駝知水脉，過其處，輒停不行，以足踏地，人於所踏處掘之，輒得水。

《洛中記》曰：有銅駞二枚，在宮之南四會道，頭高九尺，頭似羊，頸身似馬，有肉鞍兩箇相對。

《異苑》曰：西域茍夷國，山上有石駱駞，腹下出水，以金鐵及手承取，即便對過。唯葫蘆盛者，則得飲之，令人身體香淨而成仙。其國神秘，不可數過。

贊：郭璞《橐駝贊》曰：駝惟奇畜，肉鞍是被。迅騖流沙，顯功絶地。潛識泉源，微乎其智。

《初學記》卷二九《駝》【敘事】《淮南萬畢術》曰：橐駝之本出泉渠。《廣志》曰：天竺以北多馲駝。《山海經》曰：號山陽光之山，獸多橐駝。善行流沙中，日三百里，負千斤。《漢書・西域傳》曰：鄯善國多馲駝。

【事對】出天竺 關龍祠 《廣志》曰：橐駝亦出天竺國。《東觀漢記》曰：河西太守竇，遣使獻橐駝。南單于上書獻橐駝，單於歲於龍祠走馬，橐駝以為樂事。識泉源 知水脉 識泉源見後郭璞《山海經圖・橐駝讚》中。張華《博物志》曰：敦煌西度流沙往外國，流沙千餘里，中無水。時有伏流處，人不能知。皆乘橐駝。駝知水脉，遇其處停不肯行，以足蹋地。人於其所蹋處掘之，輒得水矣。實外廄 夾中陽 《史記・蘇秦傳》曰：蘇秦説楚威王曰：『大王誠能用臣之愚計，則韓齊燕趙鄭衛之妙音、美人，必充後宮；燕代橐駝良馬，必實外廄。』陸翽《鄴中記》曰：二銅駝如馬形，長一丈，高一丈，足如牛，尾長二尺，如馬鞍。在中陽門外，夾道相向。

《太平廣記》卷四三六《明駝》 明駝千里脚，多誤作鳴字，駝臥腹不貼地，屈足漏明，則行千里。出《酉陽雜俎》

又《知水脉》 燉煌西渡流沙往外國，濟沙千餘里，無水。時有伏流處，人不能知，駱駝知水脉，過其處，輒不行，以足踏地。人於其所踏處掘之，輒得水。出《博物志》

又《風脚駝》 于闐國有小鹿，角細而長，與駝交生子。曰：『風脚駝』。日行七百里，其疾如吹。出《洽聞記》

又《兩脚駝》 悒怛國治烏滸河南，本漢大月氏地。劉璠梁典云，出兩脚駱駝。

又《白駱駝》 哥舒翰常鎮於青海，路既遙遠，遣使常乘白駱駝以奏事。日馳五百里。出《明皇雜錄》

《太平御覽》卷九〇一《橐馳》 《淮南子》曰：橐馳之本出泉渠。《廣志》曰：天竺以北多馲馳。

《山海經》曰：號山陽之光山，獸多橐馳，善行流沙中，日三百里，負千斤。

《史記・匈奴傳》曰：其奇畜則橐馳。

又曰《蘇秦傳》曰：蘇秦説楚威王曰：『大王誠能用臣之愚計，則燕代橐馳、良馬必實外廐。』

《漢書・西域傳》曰：鄯善國多馲馳。

《東觀漢記》曰：河西太守竇融遣使獻橐馳。南單于上書獻橐馳。單于歲祭三龍祠，走馬玆橐馳，以爲樂事。

華嶠《後漢書》曰：南單于遣使詣闕，奉蕃稱臣，入居於雲中，遣使獻橐馳。

《南史・四夷傳》曰：滑國有兩脚橐馳，野驢有角。

《後魏書》曰：高祖不飲洛水，常以千里足名馳更牙向恒州取水，以供贍焉。

《後周書・四夷傳》曰：且末西北有流沙數百里，夏日多熱風，爲行旅之患。其風欲至，唯老馳知之，即預鳴而聚立，埋其口於沙中。人以爲候，即以氊擁其鼻口。其風迅速，須臾即過，不尒則至危斃。

《鹽鐵論》曰：齊陶之縑，南漢之布，中國以一端縵得匈奴累金之物。驢騾駱馳，可使銜尾入塞。

《博物志》曰：燉煌西渡流沙，千餘里中無水，時時伏流處，人不能知，皆乘駱馳，馳知水脉，遇其處，輒停不肯行，以足蹋地。人於蹋處掘之，輒得水。

《洛中記》曰：有銅馳二枚，在宮之南四會道頭，高九尺，號銅馳路。

陸翽《鄴中記》曰：二銅馳如馬形，長一丈，高一丈，足如牛，尾長二尺，脊如馬鞍。在中陽門外，夾道相向。

《外國》曰：大秦國人長一丈五尺，猨臂長脅，好騎駱馳。

《異苑》曰：西域苟夷國，山下有石駱馳，腹下出水。以金鐵及手承取，即便對過；瓠蘆盛之者即得。飲之令身體香浄而昇仙。其國神秘，不可數遇。

《楚辭》曰：鼂黽遊乎華池，腰褭奔亡，勝駕橐馳。腰褭，駿馬。

郭璞《山海經圖・橐馳讚》曰：馳惟奇畜，肉鞍是被。迅騖流沙，顯功絶地。潛識泉源，微乎其智。

宋 歐陽修《歐陽文忠公集・内制集》卷五《賜夏國主進奉賀正馬馳詔》 詔夏國主：省所差人進奉賀正馬、馳共一百頭疋事，具悉。履端紀歲，萬邦咸稟於王正；効貢以時，奕世克修於藩職。載閱充庭之實，深惟守土之勤。遐體傾輸，不忘歎奬。今回賜銀、絹、茶等，具如別録，至可領也。其差來人所賜物色，亦具賜目。故玆詔示，想宜知悉。春寒，比平安好否？書，指不多及。

宋 胡宿《文恭集》卷二六《賜夏國主進奉賀正馬馳口宣》 王歳肇新，人正伊始，眷乃世藩之舊，主玆邦土之封，爰效忠規，聿修貢式。緬懷款至，良用歎嘉。

宋 蘇頌《蘇魏公集》卷二六《皇帝賜夏國主進奉賀正馬駝回詔》 詔夏國主：省所差人進奉賀正馬駝共一百頭匹事，具悉。春朝講禮，外服輸忠。走專使以來庭，縶良蹄而在御。風宜所尚，歲貢靡愆。省閱之餘，嘉歎良厚。今回賜銀、絹、茶等，具如別録。至，可領也。其差來人所賜物色，亦具賜目。故茲詔示，想宜知悉。春寒，比平安好否？書，指不多及。

宋 王洋《東牟集》卷七《雷進押駱駝轉官制》 具官某：帥四川之臣，貢一封之獸，而爾紀綱其至，視護無傷。寵進品階，用旌勞勸。

宋 吳曾《能改齋漫録》卷七《明駞》 洪駒父詩話云：『古樂府：「願得明駞歸故鄉。」今本明作鳴，非是。《酉陽雜俎》謂：「世傳明駞千里脚，謂駞卧屈足，腹不著地而漏明，最能遠行。」』以上皆洪說。予按，朝野僉載云：『後魏文帝定四大姓，李氏恐不入四姓，李氏夜乘明駞至洛。時四姓定訖，故人謂駞李氏。』明駞事又見此，乃知駒父偶忘此事。

宋 周密《癸辛雜識·續集》卷上《駝峰》 駝峰之雋，列於八珍。然駝之壯者兩峰堅聳，其味甘脆，如熊白妳房而尤勝。若駝之老者，兩峰偏嚲，其味淡韌，如嚼敗絮。然所烹者皆，老而不任負重者，而壯有力者，未始以為饌也。

明 陳耀文《天中記》卷五五《駱駝》 陽光。號山陽光之山，獸多橐駞。善行流沙中，日三百里，負千斤。《山海經》

兩峯。駝背有兩峯，如鞍。其足三節，色蒼褐，几欲脊載輒先屈足，受之所載未盡量終不起。古語謂之『橐佗』。《爾雅翼》：泉渠橐駞之，本出泉渠。《淮南萬畢術》

獻橐駝。南單于上書獻橐駝。單于歲祭三龍祠，走馬鬭橐駝，以為樂事。《東觀漢記》

取水供贍。高祖不飲洛水，常以千里足明駝更互回恒州取水，以供贍焉。《後魏書》

明駞。明皇時父趾貢龍腦香，禁中呼為『瑞龍腦』，上賜貢妃十枚，妃私發明駝，使持三枚遺禄山，明駝使復下有毛，夜能明，日馳三百里。《楊妃外傳》駝性羞。《木蘭篇》：『明駝千里脚』，多誤作鳴字。駝卧腹不帖地，屈足漏明，則行千里。《酉陽雜俎》耕餘《博覽》云：明駝使眼下有毛，夜明見物，日行三百餘里，亦異人也誤。

述密國。迷國正平元年，遣使獻一峯黑橐駝。《北史八十五》

取經。磁州山中有竹林寺，五百羅漢所居，隱而不見。按齊志云：天寶末，嘗使人往此等取經函，使者辭以不知。文宣曰：『卿取我駱駝乘之，則自至矣。』使者入山，東見一寺之門，有數僧相謂曰：『高洋駱駝來也。』問使者曰：『尔天子使汝來何求？』曰：『帝命于寺東廊，從北第一房取經函及尺八黃帕等。』僧共取與之，後不復見。胡礪鼓山常樂寺碑

駝負函養魚。虞孝仁性奢華，伐遼之役，以駱駝負函盛水養魚以自給。宋孫承祐從太宗伐，以駱駝駝負大函貯水，養魚自給。

吉駱駝。天官侍郎吉頊長大昂頭行，視郎中張元，一目貯弱柳吉駱駝。

白駱駝。哥舒翰嘗鎮于青海，路既遥遠，遣使嘗乘白駱駝以奏事，白駝日行五百里。《明皇雜録》

廬山精。乾符中，劉秉仁為江州刺史，自京將駱駝至郡，擊射至斃。乃以狀白州曰：『獲廬山精。』劉公訝其事，既至，愀然曰：『此吾橐駝也。』乃命瘞于江壖。《三水小牘》

雙峯成。自虛自渭南晚過東陽驛，遇雪夜止。佛廟有老病僧曰：『安知高在焉？』夜吟詩曰：『擁褐藏名無定蹤，流沙千里度衰容。傳得南宗心地後，此身應便老雙峯。』

山驢。梁朱溫常言于明皇：『趙崇是輕薄圓頭，於鄂州坐上，祥不識駱駝，呼為山驢。』《南部新書》

鬼乘龍。周世祖征濠，夜遣兵持炬乘橐駝，絶淮，濠兵驚以為鬼乘龍也，遂名『乘龍洲』。《寰宇記》

駝語。有駝坊使臣夜坐，聞户外語云：『舍人來日當有之萬里之役，然遂免此苦，吾將奈何？』荅云：『諫議願自寬，會當免耳！』使臣竊窺之，乃庭中二駝。也次早有旨，差一駝載軍衣入蜀，遂死蜀中矣。《清明投轄録》

一封。西域大月氏國出一封橐駝，注：脊上有一封也，封言其隆高若封土也，今俗呼為『封牛』。《漢書》吐沓獨峯駝，日行千里，知水脈。焞煌西渡流沙往外國，流沙千餘里中無水，時有伏處，人不能知，皆乘駱駝，知水脉，遇其處輒停不肯行，以足蹋地。人於蹋處掘之，輒得水。《博物志》

知風。鄯善，古樓蘭國也。西北有流沙數百里，夏日有熱風，為行旅之患。風之欲至，唯老駝知之，即鳴而驟立，埋其口鼻於沙中。人每以為候，亦即

將氊擁蔽鼻口。其風迅駛，須臾過盡，若不然者，必至危斃。《後周異域傳》

風脚駝。于闐有小鹿，角細而長，與駝交生子，曰『風脚駝』。日行七百里，其疾如風。《洽聞記》波斯國出名馬、大駝及駝，往往有日行七百里者，富室至有數千頭。《北史》

兩脚。滑國者，車師之別種也。有兩脚駱駝，野驢有角。《南史》：糞烟如狼，駱駝糞煙直上，如狼煙。

駝峯。駝峯倒者齒老矣，少健者峯直。《瑣碎録》

駝聲。《義訓》曰：牛之聲曰牟，駝之聲曰圔。

石駱駝。西域拘夷國山有石駱駝，腹下下出水。以金鈇及手承取，即便對過，瓠蘆盛之者，則得飲之，今身體香浄而昇仙。其國神祕，不可數遇。《異苑》互見水。

明 李時珍《本草綱目》卷五〇《駝》

集解

馬志曰：野駝、家駝生塞北、河西。其脂在兩峯内，入藥俱可。頌曰：野駝，今惟西北番界有之。家駝，則此中人家蓄養生息者，入藥不及野駝。時珍曰：駝狀如馬，其頭似羊，長項垂耳，脚有三節，背有兩肉峯如鞍形，有蒼、褐、黄、紫數色，其聲曰圔，其食亦齝。其性耐寒惡熱，故夏至退毛至盡，毛可為毼。其糞烟亦直上如狼烟。其力能負重，可至千觔，日行二三百里。又能知泉源水脈風候。凡伏流人所不知，駝以足踏處即得之。流沙夏多熱風，行旅遇之即死，風將至駝必聚鳴，埋口鼻於沙中，人以為驗也。其臥而腹不著地，屈足露明者名明駝，最能行遠。于闐有風脚駝，其疾如風，日行千里。土番有獨峯駝。《西域傳》云：大月氐出一封駝，脊上有一峯隆起若封土，故俗呼為封牛，亦曰犏牛。《穆天子傳》謂之物牛，《爾雅》謂之犦牛，嶺南徐聞縣及海康皆出之。《南史》云：滑國有兩脚駝，諸家所未聞也。

駝脂，即駝峯。脂在峯内，謂之峯子油。入藥以野駝者為良。宗奭曰：家駝峯、蹄最精，人多煑熟糟食。氣味甘，温，無毒。鑑源曰：能柔五金。主治頑痺風瘙，惡瘡毒腫死肌，筋皮攣縮，踠損筋骨。火炙摩之，取熱氣透肉。亦和米粉作煎餅食之，療痔。《開寶》。治一切風疾，皮膚痺急，及惡瘡腫漏爛，並和藥傅之。大明。主虚勞風，有冷積者，以燒酒服調之。《正要》

附方。新一。周痺野駝脂鍊浄一觔，入好酥四兩，和勻。每服半匙，加至一匙，日三服。《聖濟總録》。肉氣味甘，温，無毒。主治諸風下氣，壯筋骨，

乳。氣味甘，冷，無毒。主治補中益氣，壯筋骨，令人不饑。《正要》黄氣味苦，平，微毒。主治風熱驚疾。時珍。

發明。時珍曰：駱駝黄，似牛黄而不香。戎人以亂牛黄，而功不及之。

毛，主治婦人赤白帶下，最良。蘇恭。頷毛：療痔，燒灰。酒服方寸匕。時珍。出崔行功《纂要》。

附方新一。陰上疳瘡駝絨燒灰，水澄過，入炒黄丹等分為末，搽之即效。龔氏《經驗方》。

屎，主治乾研嗜鼻，止衄。寇宗奭。燒烟，殺蚊虱。《博物志》。

明 徐𤊹《榕陰新檢》卷一六《駝蹄荔枝》

唐制，驛置有明駝使，非邊塞軍機，不得擅發。楊貴妃私發明駝使賜安禄山荔枝事，見小説，予近作荔枝譜成，陳幼孺賦荔枝詩十首，中有詠駝蹄荔枝云：『朱實西來驛路長，明駝驕蹴滿蹄霜。當時也合馳千里，不獨涪州馬足忙。』其用事妥帖，予思慮所弗及者，贊服久之。

明 張懋修《墨卿談乘》卷一二《駝性知水豕性知雨》

自燉煌往外國者，多乘以涉水，其流沙千餘里中無水，時有伏流處，駝獨知之，遇其處輙停不進。以足踏地掘之，常得泉。又有熱風者，老駝亦預知之，引項而鳴，以鼻口埋沙中，人知之以氊擁蔽面，而避其患也。【略】

明 鄭若庸《類雋》卷三〇《橐駞》

【出處】《淮南子》曰：橐駞本出泉渠。【天竺】《廣志》云：天竺以北多駞駞。【寶厩】《史記・蘇秦傳》云：蘇秦説楚威王曰：『大王誠能用臣之愚計，則燕代橐駞、良馬必實外厩。』【鄯善】《漢書・西域傳》傳云：鄯國多馲駞。【兩脚】《南史・四夷傳》云：滑國有兩脚橐駞，野驢有脚。【知風】《後周書》云：西北有流沙數百里，夏日多熱風，為行旅之患，其風欲至，唯老駞知之，即預鳴而聚立，埋其口於沙中，人以爲候，即以氊擁其鼻口，其風迅速，須臾即過，不爾則至危斃。【□尾】《塩鐵論》云：齊陶之縑，南漢之布，中國以一端縵得匈奴累金之物，驢騾駱駞，可使御尾入塞。【知水】《傳物志》云：墩蝗西渡流沙，千餘里中無水，時時伏流處，人不能知，乘駱駞，駞知水脉，遇其處，輙停不肯行，以足蹋地，人於蹋處掘之，輙得水。【顕功】郭璞《山海經圖讚》云：駞唯奇畜，肉鞍是被。迅騖流沙，顕功絶地。潛識泉源，微乎其智。

清 阿桂《軍需則例・户部》卷四《騎駄馬駝》

隨營辦事部院文職官員騎駄馬駝

一部院文職官員派往軍營辦事：一品大臣大學士，尚書都察院左都御史，

各給馬十六匹、駝四隻。照都統例。二品大臣侍郎，給馬十三匹、駝三隻。仍照舊例。內閣學士雖係二品，與侍郎不同，今擬照副都御史。三品京堂等官，各給馬十二匹、駝二隻。照總管例。四五品京堂，及內閣侍讀學士，翰林院詹事府，四五品官國子監，滿司業，六科給事中，各道監察御史，各給馬十匹、駝二隻。照參領例。各部院郎中、員外郎、主事，內閣侍讀，翰林院詹事府，六七品官國子監，漢司業，欽天監監正、監副，太醫院院使、院判，及各衙門五六品官，各給馬八匹、駝二隻。照副叅領例。內閣中書各衙門七八品小京官，太醫院御醫各給馬八匹、駝一隻。照佐領例。各衙門九品小京官，及筆帖式、天文生等，各給馬六匹、駝一隻。照前鋒校例。官役每五名合給馱馬二匹。照滿營跟役例。如無騾駝處，所以牛馬二匹隻折駝一隻，牛馬騾駝皆無。駝每隻，折夫四名；牛馬每匹隻，各折夫二名。照西陲例。京城、盛京、黑龍江、吉林、滿洲官兵騎馱馬、駝一，京城滿洲官兵騎馱馬、駝。經略大將軍給馬二十五匹、駝六隻。仍照舊例。將軍及大將軍之副將軍，給馬二十匹、駝五隻。舊例：大將軍之副將軍，給馬二十二匹、駝五隻。將軍給馬二十匹、駝五隻。查大將軍之副將軍，與將軍相等，且鹽糧等項並無區別，未便，多馬二匹。今酌擬照將軍之例，給馬二十匹。副將軍給馬十八匹、駝四隻。仍照舊例。叅贊大臣給馬十七匹、駝四隻。舊例：與都統前鋒統領一例，給馬十六匹、駝四隻。緣叅贊大臣係特簡，軍營叅贊軍務與都統等不同，今酌擬加給馬一匹。盛京、吉林、黑龍江三處，將軍及京城都統，各給馬十六匹、駝四隻。西陲雲南、金川並未辦過，東三省將軍成例，查將軍與都統品級相等，今照京城都統例，給馬十六匹、駝四隻。前鋒統領護軍統領、副都統，各給馬十三匹、駝三隻。舊例：前鋒統領給馬十六匹、駝四隻。護軍統領、副都統，各給馬十三匹、駝三隻。查前鋒統領與護軍統領、副都統相等，今擬照護軍統領之例，一體支給。其作爲領隊大臣者，副都統以上等官，各按本身實任支給。如副都統以下官員，作爲領隊大臣者，無論品級，均按副都統分例，一體支給。領隊大臣係現派品級，本非一定，故舊例未載，今酌量定擬。御前侍衛、乾清門侍衛、巴圖魯侍衛、領隊侍衛，均不論品級，總管城守尉，各給馬十二匹、駝二隻。舊例：只開總管領、隊侍、衛巴圖魯侍衛，各給馬十二匹、駝二隻。至御前侍衛，舊例未載。乾清門侍衛，舊例如派出領隊行走者，照領隊侍衛例支給。如無領隊字樣，各按本身等次分例支給。伏查御前侍衛、乾清門侍衛，一切差使俱係特旨指名差派，若派往出征，自與尋常派往侍衛官員不同，如御前侍衛、乾清門侍衛兼大臣者，照所兼大臣分例給與。若無兼大臣職銜者，均照領隊侍衛例給與，以示區別。又巴圖魯侍衛等官，鹽糧等項向例與總管領隊侍衛一體支給，城守尉一官係三品，專城大員與三品叅領等官不同，其應得馬駝酌擬均應統照總管領隊侍衛之例，支給以昭平允。營總翼長各給馬十一匹、駝二隻。舊例：營總給馬十一匹、駝二隻。翼長給馬八匹、駝二隻。查翼長品級與營總品級相同，雖係總管分管之責，亦係承總辦理營務之員，且舊例鹽菜跟役均係一律所有，應得馬駝亦應一律支給，以昭畫一。頭等侍衛、前鋒叅領、護軍叅領、叅領署叅領協領，各給馬十匹、駝二隻。舊例：協領未載。今查協領與頭等侍衛品級相同，應照西陲頭等侍衛等官之例，一律支給。二等侍衛前鋒、侍衛副護軍叅領、副叅領、防守尉，各給馬八匹、駝二隻。舊例：只開二等侍衛、前鋒侍衛、副叅領，給馬八匹、駝二隻。防守尉舊例未載，今酌擬照二等侍衛之例，一體支給。三等侍衛、藍翎侍衛佐領、委署前鋒叅領、委署護軍、叅領防禦，各給馬八匹、駝一隻。舊例：三等侍衛、佐領防禦與二等侍衛一體，給馬八匹、駝二隻。藍翎侍衛、驍騎校，各給馬六匹、駝一隻。查三等侍衛防禦與二等侍衛品級不同，佐領雖與二等侍衛品級相同，但京城佐領係副叅領所屬，駐防佐領係四品，防守尉所屬未便，與副叅領防守尉一律支給，自應量爲稍減。藍翎侍衛雖係六品，其職任差使與三等侍衛同，今酌擬均照三等侍衛分例，各給馬八匹、駝一隻。親軍校前鋒校、護軍校、驍騎校，各給馬六匹、駝一隻。仍照舊例。副前鋒校、副護軍校、翎長賞給、空翎拜唐阿，各給馬四匹，每二名合給駝一隻。空領拜唐阿，舊例未載。副前鋒等校、翎長舊例與兵丁一律支給馬三匹，每三名合給駝一隻。惟查副前鋒校等官，究係兵丁之長，空翎拜唐阿，係現戴頂翎之人，均未便與兵丁毫無區別，今擬加增馬一匹，每二名合給駝一隻。兵丁每名給馬三匹，三名合給駝一隻。官兵之跟役，每五名合給馱馬二匹。仍照舊例。鑾儀衛大小各官，按品級照侍衛對品，分例支給世職各官，各按品級委用職任分例支給，以上職銜未能盡載者，查照品級比較支給。至派調官兵、帶兵行走官員，有一定額缺，實任官員不敷，由各該大臣揀選委署，一面報明兵部及軍營將軍大臣有案者，是爲部委其應得分例，照所委之銜支給。如僅係軍營將軍大臣鼓勵委署，並非指定額缺報部有案者，仍照本身分例支給。如無騾駝處所，以牛馬二匹隻折駝一隻，牛馬騾駝皆無，每隻折夫四名；牛馬每匹隻，各折夫二名。照西陲例。

各省駐防官兵騎馱馬駝

一派往出征各處駐防滿營官兵，自原營起程前赴進征省，分乘騎本身例，馬兵丁借支庫存馬價，雇買馬、騾，馱載軍裝。仍照舊例。至用兵省分前赴軍營，該承辦督撫詳查該官兵等騎，來原馬如果膘壯力足，毋庸辦理外，倘路途遙遠，行走迅急，膘力疲乏不堪，再爲長驅者，將原營騎馬、馱馬，點交該省查收分別應用變價，另行辦給。現在酌擬。將軍都統給馬十六匹、駝三隻。副都統給馬十一匹、駝三隻。總管城守尉各給馬十匹、駝二隻。營總協領給馬九匹、駝二隻。參領給馬八匹、駝二隻。防守尉副參領給馬七匹、駝二隻。佐領防禦給馬七匹、駝一隻。恩騎尉、驍騎校、駐防，筆帖式，給馬五匹、駝一隻。舊例：駐防副都統給馬十三匹、駝三隻。總管給馬十二匹、駝二隻。協領給馬十一匹、駝二隻。參領給馬十三匹、駝二隻。佐領防禦給馬八匹、駝二隻。恩騎尉、驍騎校、筆帖式，給馬六匹、駝一隻。查京城及東三省官員，應得一切較各省駐防官員，均屬較優，所有駐防官員騎馱，亦應酌減給與，以歸一律。兵丁給馬三匹，每三名合給駝一隻，官兵之跟役每五名，合給馱馬二匹。仍照舊例。若騎馱馬匹難於辦理，或該地方不產駝隻，或軍營山路陡仄，馬不得力，其馱載馬駝應照例每駝一隻折馬二匹，每馬一匹折夫二名，兵丁騎馬及官員餘馬，均照折支例，一律辦理。查駝隻一項，西陲定例：每駝一隻折馬二匹；川省每駝一隻折馬一匹。伏查每駝一隻可馱四五百斤，每馬一匹只可負重一二百斤，相去本屬懸遠。官兵奉派遠征，一應軍械、行李勢所必需，騎馱得力方足以利遄行，若以一駝所負移于一馬，勢必不能員載，似應仍照西陲例，每駝一隻折馬二匹，如馬匹不敷，或辦理不及，照川省例每馬一匹折夫二名，庶昭平允。至派調官兵，帶兵行走官員，有一定額缺，實任官員不敷，由各該大臣揀選委署，一面報明兵部，及軍營將軍大臣有案者，是謂部委其應得分例，照所委之銜支給。如僅係軍營將軍大臣，鼓勵委署，並非指定，額缺報部有案者，仍照本身分例支給。其世職各官，各按品級委用職任分例支給。

蒙古王公官員兵丁騎馱馬駝

一各處蒙古親王給馬十八匹、駝四隻。郡王給馬十六匹、駝四隻。貝勒給馬十五匹、駝三隻。貝子給馬十三匹、駝三隻。公扎薩克台吉給馬十一匹、駝二隻。協理台吉給馬八匹、駝二隻。管旗章京、副管旗章京，給馬六匹、駝一隻。管旗章京，仍照舊例。副管旗章京，舊例未載。緣鹽菜條下議，以一律支給應得馬駝數目，亦應一律定擬以免參。差閑散台吉參領，各給馬四匹、駝一隻。仍照舊例。佐領給馬三匹、駝一隻。舊例未載。查鹽菜口糧條下，參領月支鹽菜銀四兩，跟役六名。佐領月支鹽菜銀三兩六錢，跟役四名。今佐領應給馬駝，自應較參領例，酌減馬一匹，只給馬三匹、駝一隻。驍騎校給馬三匹，二員合給駝一隻。兵丁每名給馬三匹，每三名合給駝一隻。官兵之跟役，每五名合給馱馬一匹。如前項蒙古王公有兼參贊大臣者，其應得馬匹、駝隻本銜數目多者，照本銜支給少者，照參贊分例支給。仍照舊例。如需折支處，所照內地官兵折支之例折給。現在酌擬。

外省文職官員騎馱馬駝

一派往軍營辦差，地方文職官員，除藩臬以上不給外，其餘各官所需騎馱馬匹，無論本省、隔省道員，給騎馱馬九匹。知府給騎馱馬八匹。同知通判、知州、知縣給騎馱馬六匹。佐雜等官給騎馱馬四匹。試用委署丁艱，派委軍營及降革並無餘罪，復奏留辦事入員，均各按品查照前例支給，其革職留營効力贖罪之員，不准支給。查西陲案：內辦差道府等官給與騎馱，與四川減定騎馱數目，雖屬相等，但四川案內隔省派委等官，所給騎馱與本省官員應支之數幾及加倍，似屬過多。查外省文職官員奉差軍營署任之員，並不分支養廉，即或隔省一至用兵，省分與本省官員前往軍營者，一體行走，其乘騎馬駝又何須大加增添？徒滋糜費。今擬以無論，本省、外省派往軍營辦事官員，概照四川本省減定條例，按品應付，以昭平允。

各省綠營官兵騎馱馬駝

一派調各省綠營官兵、官員乘騎，本營例馬外委馬步兵丁每二名給馱馬一匹。照金川例。官員之跟役，每五名給馱馬二匹。照西陲例，如馬匹不敷，或山路崎嶇，馬不得力之處，按每兵百名給夫八十名，除去例帶跟役，餘丁共三十名外，仍給夫五十名跟役。按應得馬數，每馬一匹折夫二名，口內口外安站處，所均用站夫應付未安站，地方僱夫應付每名給工食銀五分，不給口糧。照金川例。

清　蔣超伯《南漘楛語》卷一《相駝》　相駝之法：峰豎則行速，以鼻完者為佳。餵駝之法：飲畢少飼以鹽。牽時謹護其鼻，恐擁擠，壞其鼻則力減。見張文端《鵬翮俄羅斯行程記》。凡馬八歲一變，語云『七驄八白』，言馬至八歲，驄變而白也。《埤雅說》。馬子蒸其母則生駁馬。孔平仲《談苑》。

清　李鴻章《李文忠公奏稿》卷一六《籌購駝隻片》同治九年二月三十日　再，運解軍糧、子藥，駝隻最宜。臣往年督師剿捻，每派員出口購辦，凱撤已久，散失無存。茲倉卒西征，若待委員往辦，必致貽誤。查綏遠城東北一帶素產橐駝，可否懇恩飭下綏遠城將軍定安酌派妥員就近代爲采購膘壯駝隻二千匹照料？進口該價銀若干知照臣處籌付，臣入關後即派員前往迎提以濟急需。伏乞聖鑒，訓示，謹附片具奏。

又《采糧購駝情形片》同治九年四月二十二日　再，陝甘用兵以糧運爲第一要件，糧運未經籌妥，則兵勇乏食，一切調度布置皆無實濟。臣於二月間奉旨援陝，先行奏請晉省采辦米麥各二萬石寄儲備撥，綏遠城將軍代購駝隻二千匹原係豫爲之備，嗣准山西撫臣李宗羲函稱，晉省糧價極昂，擬派近河各州縣分投采辦，祗能以米麥二萬石爲率，約計需價銀十萬兩。惟司庫爲京協防餉所累，無款可墊，不得已借動地丁正項，商請奏明酌抵京餉等語。臣深知部庫艱難，何敢遽請抵撥？惟此次倉猝西行，各省添協之餉本屬無多，招軍買馬，整備行裝，沿途采辦轉運實已竭蹶萬狀，若再令臣湊撥晉省糧銀十萬兩，力何能逮？若不准抵又恐該省因此諉延致誤急需，此項糧價可否仰懇聖恩飭部准抵山西京餉五萬兩，其餘五萬兩暫由該省籌措，俟臣營協餉解到稍可周轉卽行解還歸款。至綏遠城駝隻欽奉三月二十一日寄諭令察哈爾都統文盛於西林果勒捐駝内調撥，如不足數，由定安設法購買補足，或於四愛曼等處量爲添撥，飭臣斟酌由内地設法運解等因。臣查内地向無駝隻，有騾匹可資載運。中原被兵多年，騾産既稀，各軍購辦愈形艱貴。臣已派員采買雇用，難遽湊齊，且騾非麸料不食，陝境荒瘠多虞，飢羸槖駝喂養較易，又可任重耐勞，自古西北行軍胥賴此物，未知文盛等能否照撥？臣已分函諄懇並令此次出口買馬員弁稟商定安設法代辦，俾不致停軍待運，擬懇飭催文盛定安務於秋後如數撥給臕壯駝隻，勿稍遲誤。臣爲籌備軍需起見，附片瀆陳，伏乞聖鑒，訓示，謹奏。

又《**分撥駝隻片**同治九年八月十九日》 再，臣春間督師赴陝，以糧運艱，難請由綏遠城將軍定安采購駝隻二千匹解營應用。旋准定安咨稱，該城産駝不旺，奏請飭由察哈爾都統文盛在於察哈爾西林果勒捐駝内湊撥，嗣因移師赴直，函知文盛就近酌解，茲奉八月初九日上諭，據文盛等奏，勸捐駝隻足敷二千，應否全數解赴直隸，抑或分撥陝西以資轉運之處？著李鴻章酌量情形咨照文盛妥爲撥解等因。欽此！遵查臣所部各軍現紮數處，均距後路遼遠，糧械軍火等件分途挽運，需駝正亟。惟陝甘督臣左宗棠督飭各營進攻金積兼圖河州，正在攻剿喫緊之際，該處糧運艱阻，駝騾缺乏，尤應分撥協助，謹遵旨酌量情形於此項捐駝内分出一千隻請由文盛徑解保定以便分給劉銘傳、郭松林、周盛傳各軍之用。其餘一千隻卽由文盛就近委解綏遠城交將軍定安驗收，聽候左宗棠撥用。除分咨文盛、定安、左宗棠查照外，理合附片覆陳，伏乞聖鑒，謹奏。

清 王士禎《池北偶談》卷二三《鬬駝鬬象》 《圭塘小藁》有《鬬駝賦》：蓋蹄角羽毛之屬，無不可教鬬者。康熙中，駕幸南苑，觀象與虎鬬，虎竟為象所斃，此又一奇也。

清 顔世清《約章成案匯覽・乙篇》卷一二《總署咨駝絨應估價按值百抽五徵税文同治三年》 為咨行事，同治三年九月初七日準函稱，津關前議徵收駝絨税，赫總税司原議每百觔徵銀三錢五分，本大臣擬徵七錢尚未定妥。茲與赫總税司核定，以後駝絨一項，仍應隨時按照估價抽税，如時值每百觔十五、六兩，則按照時價值百抽五徵税；若時價但值七、八兩，則即按七、八兩徵收，總按時價之貴賤，以定徵收之多寡。現已與之定明等因前來本衙門，查通商善後條約第一款内開，儻有貨物名目進、出口税則均未賅載，又不在免税之例者，應核估時價照值百抽五例徵税等語。駝絨一項，既為税則所不載，應即核估時價照值百抽五例徵税。相應咨覆貴大臣查照辦理可也。須至咨者。

右咨三口。

清 張英《淵鑒類函》卷四三五《駱駝一》 原：《淮南萬畢術》曰：槖駝之本出泉渠。《廣志》曰：天竺以兆多槖駝。《山海經》曰：虢山陽光之山，獸多槖駝，善行流沙中，日三百里，負千斤。《漢書》曰：大月氏，本行國也。出一封槖駝。脊上有一封，封高也，若封土然。《西域傳》曰：鄯善國多駱駝。增《南史》曰：滑國者車師之別種也，有兩脚槖駝，善負重而行。《洽聞記》曰：于闐有小鹿，角細而長，與駝交生子。曰『風脚駝』。日行七百里，其疾如風。《後周書》曰：鄯善，古樓蘭國也。西北有流沙數百里，夏日多熱風，為行旅之患，其風欲至，惟老駝知之，即預鳴而聚立，埋其口於沙中。人以為候，以氊擁其鼻口，其風迅速，須臾即過，不爾則至危斃。原《博物志》曰：燉煌西渡流沙往外國濟沙，千餘里中無水，時有伏流處，人不能知，皆乘駱駝，駱駝知水脉，過其處，輒停不行，以足踏地。人於所踏處掘之，輒得水。增《外國紀錄》曰：大秦國人長一丈五尺，好駱駝。《孔帖》曰：五代回紇以槖駝耕而種。又曰：西域龜茲，歲朔鬬槖駝觀勝負，以卜歲盈虛。原《異苑》曰：西域苟夷國，山上有石駱駝，腹下出水，以金鐵及手承取，即便對□；惟葫蘆承者則得。飲之令人身體香浄而成仙。其國神祕，不可數過。《洛中記》曰：有銅駝二枚，在宮之南四會道頭，高九尺，頭似羊，頸身似馬，有肉鞍兩箇相對。增《爾雅翼》曰：駝，外國之奇畜，背有兩峯如鞍，其足三節，色蒼褐，負物至千斤。凡欲脊載，輙先屈足受之，所載未盡，終不起。古語謂之槖佗。槖，囊也。佗，負荷也。今云駱駝，蓋槖音之轉。《酉陽雜俎》曰：駝，性羞。《木蘭篇》：明駝千里脚。多誤作鳴字。駝臥腹不帖地，屈足漏明，則行千里。《瑣碎錄》曰：駝峯倒者齒老矣，少健者峯直。《埤雅》曰：駝毛縟温厚，煖於狐貉，遇夏，常退毛至盡，乃能避熱。故古者冬取皮於狐類而裘成，夏取毛於駝類而褐成也。駝性耐寒惡熱。駱駝糞烟直上如狼烟。《楚辭》曰：腰褭奔亡勝駕駱駝。牟子引古諺曰：少所見多所怪，見槖駝以為馬腫背。

又《駱駝二》 增：《拾遺記》曰：周時有韓房者，自渠胥國來，獻玉駝高五丈。原華嶠《漢書》曰：南單于遣使詣闕，奉藩稱臣，入居於雲中，遣使上書獻駱駝二頭，文馬十匹。增《酉陽雜俎》曰：漢元帝竟寧元年，長陵銅駝生毛，毛端開花。《後魏書》曰：高祖不飲洛水，嘗以千里足明駝更互向恒州取水，以供膳焉。《北齊書》曰：劉晝綴辭古拙。邢子才曰：君賦如疥駱駝，伏而無嫵媚。《酉陽雜俎》曰：唐置，驛置明駝，使非邊塞軍機不得擅發。唐《五行志》曰：神龍以後，民謡曰：『山南烏鵲窠，山北金駱駝。鐮柯不鑿孔，斧子不施柯。』山南，唐也。烏鵲窠者，人居寡也。山北，異域也。金駱駝擄獲而重載也。《三水小牘》曰：乾符中，劉秉仁為江州刺史，自京將駱駝至郡，因風而逸於廬山下，南土無此畜，人見而大驚，因聚徒擊射而斃，乃以狀白州曰：『獲廬山精。』劉公訝其事，既至，愀然曰：『此吾槖駝也。』乃命瘞於江壖。《南部新書》曰：梁祖言於昭宗曰：『趙崇是輕薄團頭，於鄂州坐上，佯不識駱駝，呼為山驢。』王遂阻三事之拜。《五代史》曰：晉軍擊契丹，大敗德州。喪車，騎一白槖駝而走。《寰宇記》曰：周世祖征濠，夜遣兵持炬乘駱駝，絶淮，濠兵驚以為鬼乘龍也，遂名『乘龍洲』。《閑窻括異志》曰：王洙避暑神廟，見一老人佗背及肋，有搭白處。明日視之，乃槖駝也。昨夕『所見豈其精耶？』

又《駱駝三》 原：出天竺、鬬龍祠《廣志曰》槖駝亦出天竺國。《東觀漢記》曰：河西太守竇融，遣使獻槖駝。南單于上書獻槖駝。單于歲於龍祠，走馬鬬槖駝，以為樂事。識泉源、知水脉上見郭璞《槖駝贊》下詳上《博物志》。實外廄、夾中陽《史記・蘇秦傳》曰：蘇秦說楚威王曰：『大王誠能用臣之愚計，則韓齊燕趙鄭衛之妙音、美人，必充後宫；燕代槖駝、良馬，必實外廄。』陸翽《鄴中記》曰：二銅駝如馬形，長一丈，高一丈，足如牛，尾長二尺，脊如馬鞍。在中陽門外，夾道相向。孔阜、既閑阜，大也，閑習也。銜尾、量力銜尾，入塞量力而行。

增：偶語、昂頭清明《投轄錄》曰：有駝坊使臣夜坐，聞户外偶語云：『舍人來日當有萬里之役，然遂免此苦，吾將奈何？』荅曰：『諫議願自寬，會當免耳！』使臣竊視之，乃庭中二駝也。次早，有旨，差一駝載軍衣入蜀，遂死蜀中。天官侍郎吉頊長大昂頭仰視，郎中張元一，目為望柳吉駱駝。取經、奏事胡礪《鼓山長樂寺碑》曰：磁州山中有竹林寺，五百羅漢所居，隐而不見。按《齊志》云：天寶末，嘗使人往此寺取經函，使者辭以不知，文宣曰：『卿取我駱駝乘之，則自至矣。』使者入山，果見一寺門有數僧相謂曰：『高洋駱駝來也。』問使者曰：『爾天子使汝來何求？』曰：『帝命於寺東廊從北第一房取經函，及尺八黄帕等。』僧命取與之，後不復見。《明皇雜錄》曰：哥舒翰常鎮於青海，路既遥遠，遣使嘗乘白駱駝以奏事。白駝，日行五百里。迷密一峯、車師兩脚《北史》曰：迷密國正平元年，遣使獻一峯黑駱駝。下詳上《南史》。遺瑞龍腦、負養魚函《楊妃外傳》曰：明皇時，交趾貢瑞龍腦香，上賜貴妃十枚，妃私發明駝使持三枚遺禄山。明駝使腹下有毛，夜能明，日行三百里。又曰：虞孝仁性奢華，伐遼之役，以駱駝負函盛水養魚以自給。宋孫承祐從太宗北伐，以駱駝負大函貯水養魚自隨。助軍、給行《孔帖》曰：田縉拜夏綏銀節度使，王師伐蔡縉上，駱駝、牛馬助軍。又曰：回紇大歷三年，光新可敦卒，以兵部侍郎李涵持節冊拜可敦。是時，財用屈，税公卿贏駱駝給行。陳廟堂、載珍寶唐《百官志》曰：獻駝馬則陳於廟堂。史思明陷兩京，嘗以駱駝載禁府珍寶貯范陽。飛龍、文豹唐《食貨志》曰：貞元初，關輔宿兵以飛龍駝負永豐倉米給禁軍。《孔帖》曰：南蠻寶利佛逝有駱駝，豹文而犀角，且耕且末，名曰『牛駝豹』。峯出翠釜、槖垂鈴棧杜甫詩曰：紫駝之峯出翠釜。王安石詩曰：槖垂鈴棧駝鳴圌。按《義訓》曰：牛之聲曰牟，駝之聲曰圌。羣七十、收數千《孔帖》曰：駝之羣以七十。又曰：張光晟勒兵盡散回紇，羣胡收槖駝數千。藁一圍、鹽三合《典廄令》曰：凡駝、牛，日給藁各一圍，鹽三合。擁褐、蒙帕成自虚自渭南晚過東陽驛，遇雪夜止佛廟，有老僧病夜吟詩曰：『擁褐藏名無定蹤，流沙千里度衰容。傳得南宗心地後，此身應便老雙峯。』及曉視之，乃一病槖駝在焉。下見後梅聖俞詩。立雪、知風《輟耕錄》曰：白湛淵先生《續演雅十詩》有云『兩駝侍雪立，終日飢不起。一覺沙日黄，肉屏那足擬』者，沙漠雪盛，令兩駝趺其旁，終夜不動，用斷梗架片氊其上，煖勝肉屏。且不起心兵也。《郁離子》曰：知風莫過於老駝。

又《駱駝四》 增：詩。宋梅堯臣《駱駝》詩曰：鳴駝出西域，銜尾足連連。漢驛凌雲去，沓人踏雪牽。當時識風候，過磧辨沙泉。老覺肉峯側，猶蒙錦帕鮮。元王逄《嘆病駝》詩曰：狂夫東遊乘白騾，道途適遇病槖駝。紫毛無復好容色，肉鞍尚聳雙坡陀。南人從來不夢此，私怪目擊臨干戈。泉渠元自控蕃落，天苑畢竟連銀河。吳郊楚甸水草淺，任重却欲千斤過。青袍朝士為起立，茜帽沓僧時撫摩。熱風吹塵鼻出火，積雨成潦瘡生窠。牛嬴狗蝨苦嘬血，末由驅除知奈何。憶昔灤京避暑日，氣骨偃蹇從鑾和。沈沈金甕夾挏馬，裊裊錦帶懸靈鼉。服勞輦下藉髹刷，屈跡澤畔甘蹉跎。疇能推廣愛烏義，沒齒仰飼公田禾。

原贊晉郭璞《橐駝贊》曰：駝惟奇畜，肉鞍是被。迅騖流沙，顯功絶地。潛識泉源，微乎其智。

清　周廣業《過夏雜録》卷七《駱駝》　駱駝，古謂之橐。《漢書·百官志》：太僕有牧橐、昆蹏令丞。應劭注：橐佗、昆蹏，好馬名。其背謂之肉屏。明初南詔梁王女阿榼詩曰：肉屏独坐細思量。盖蒙人不論男女，皆騎駱駝也。楊慎《滇載記》、田汝成《炎徼紀聞》並載之。

清　左宗棠《左文襄公奏疏·續編》卷五二《購備駝隻情形片》　再，現在關內大兵雲集，將來出關轉運糧料、軍火，尤非多購駱駝不可。臣前派都司張泰、周克忠等帶領現銀，前赴阿拉善，並檄該旗協理臺吉阿布哩派委妥弁導引，至鄂爾多斯、烏拉特三公、哈喇哈等處挑買壯健駱駝。又派後營守備白高年等帶銀赴鎮番等處採買駝隻。旋據張泰等稟稱：行抵向拉善，據阿臺吉稱，去年亢旱，駝隻缺乏，現有之駝，係蒙古民人馱運商貨，不肯出售；且駝價翔貴，難以採買。至各旗路途遥遠，駝價更昂，徒勞往返。等語。阿布哩自行呈覆無異。又據白高年等稟稱：蒙古游牧之駝，均被蒙古印房調去，以致駝價日昂。等情。臣維向例，軍需調用蒙古駝隻，原可無需用價；即照例發價，每駝一隻，給銀八兩而止。此次臣念蒙旗迭遭兵燹，特派員前往携銀照時價收買，原仰遵朝廷體恤藩部至意。阿拉善縱無可搆，其烏拉特等處，素係產駝之區，探聞尚供採買。乃該臺吉阿布哩巧詞搪塞，不但於本處一意推諉，且並派弁引導，亦敢任意阻撓，且並將各處游牧之駝，飭印房調去，其抬價居奇，致誤要需，殊出意料之外！臣前接張曜緘稱，有蒙官貪利，駝難採辦之說，觀此益信。除再嚴飭協理臺吉阿布哩遵照妥辦，並允多給價銀外，相應請旨，飭令阿拉善親王貢桑珠爾默特迅速回旗承辦，以免貽誤。臣為籌辦緊要軍需，並此後尚需採購，以顧轉運起見，是否有當，謹附片具陳，伏乞皇上訓示施行。謹奏。同治十二年七月初三日。

軍機大臣字寄，同治十二年月十四日奉上諭：『左宗棠奏攻克肅州外城情形一摺，與金順前奏大略相同。現在各軍已逼城添築營壘，併力轟擊，左宗棠又派員押解礟位，前往助剿，賊勢窮蹙，不難聚而殲旃。即著左宗棠飭令徐占彪會同宋慶迅將肅州剋期攻拔，盡掃妖氛，毋令一名漏網。又奏籌辦採糧、轉輸事宜，暨購備駝隻各摺片。各營糧料轉運，自應按照人馬實數核實支銷，以免浮冒。現據左宗棠查明，除徐占彪所部有册可稽外，宋慶馬步共作十八營，張曜馬步十四營，金順並接統成祿所部共作二十營，並將轉運章程分別籌畫。所奏甚為詳悉。著照所議，將各該營應需糧料，照數源源接濟，毋令缺乏。經此次核定後，各該營如有缺額，以少報多，冒領浮銷，即著該大臣隨時查明參奏。兵貴精不貴多，金順各營，自可汰弱留强，不必虛擁多營，耗軍需而無實際。著該前將軍酌度情形，從長計議，將各營歸併裁汰，咨明實在數目，以便左宗棠設法供支。各省應解金順及接統成祿一軍協餉，著戶部查明，催令迅解金順軍營，以資應用，毋得遲延。阿拉善旗採辦駝隻意存推諉，且有抬價居奇情事，協理臺吉阿布哩辦公未能踴躍，著理藩院飭令貢桑珠爾默特迅速回旗承辦，以免貽誤。烏拉特等旗向係產駝之區，足供採買，著定安就近飭令各該旗會同左宗棠委員採辦，不準阻撓推諉。將此由六百里各諭令知之。』欽此。

紀事

宋　王明清《投轄録·駝坊使臣》　頃歲有駝坊使臣夜坐未寐，聞户外有二人偶語云：『舍人來日當有萬里之役，然遂免此苦，吾將奈何？』復答云：『諫議願自寬，何戚戚？會當免矣。』其聲甚雄。使臣竊窺之，乃二駱駝繫庭中。翌日早有旨下坊中，差駝一頭載軍衣入蜀，乃庭下語者，繼聞駝至蜀而死。不知二畜前境何人，而其罰如是之酷耶？

宋　吴曾《能改齋漫録》卷一五《駱駝》　李昉言：『建隆初，王師下湖南。澧、朗之民，素不識駱駝。隨軍負荷，頗有此畜。村落婦女，見而驚異，競來觀之。有拜而祝者曰：「山王靈聖，願賜福祐。」及見屈膝而促，人走避之，曰：「卑下小人，不勞山王還拜。」軍士見者，無不大噱。又拾其所遺之糞，以線穿聯，戴於男女項頸之下，用禳兵疫之氣。南中相傳以為笑。』

明　謝肇淛《文海披沙》卷六《江州橐駝》　柳子厚作《黔驢記》謂『黔之虎不識驢』，此雖戲言，亦理之所有也。唐劉秉仁爲江州刺史，自京將一橐駝至郡，放之廬山下，埜人見而大驚，鳴鼓率衆射殺之。乃以狀白州曰：

『獲廬山精於某處。』劉命致之，則所放駝耳。夏蟲疑氷，固自不妄。

清 姚之駰《元明事類鈔》卷三八《駱駝》

駝負寶

《元史》：喀喇國妻噶瑪拉氏，有二子。國破無依，一夕有數駝皆重負突至廬帳前，驅之不去十餘日，發視其裝，皆西域重寶。驚曰：『殆天欲資我而東耶。』遂載二子越數國來歸太宗，後世為顯官。

過肉屏

《輟畊録》：白湛淵《續演雅發揮》云：兩駝侍雪立，終日飢不動，一覺沙日黄，肉屏那足擁。蓋沙漠雪盛，命兩駞趺其旁，終夜不動，用斷梗駕片氊其上而寢，處其下煖過肉屏。《滇載記》：元阿結主詩：肉屏獨坐細思量，西山鐵立風瀟洒。自注：肉，駞屏也。

生割駞峰

《元史》：牧人生割駞峰罪當死，特爾格奏之，得免。

身非駞

《元史》：憲宗擒巴克巴該，命之跪，巴克巴該曰：『身非駞，何以跪人為？』

炙駝

元明善東平王碑：太祖嘗戰敗，以七騎走，追兵尾及。因乏食，王走水次縛致二歲駞，炙其肉以啖太祖。

影如山

元張翥詩：夕陽駞影兀如山。

礌肉載嵦

《虞集槖駞圖》贊有：服維駞礌肉，載嵦毳旃帷，房倖軏簞鞹。

藝文

宋 梅堯臣《宛陵集》卷三二《槖駞》 鳴駞出西域，銜尾自連連。漢驛凌雲去，胡人踏雪牽。常時識風候，過磧辨沙泉。老覺肉封側，猶蒙錦帕鮮。

宋 劉克莊《後村集》卷一九《賦得牛駝各一首》 形模獰怪駭兒童，技與黔驢大略同。葱嶺馱經曾有力，岐陽載鼓竟無功。效牽尚記隨班後，相傳閤門謂排班有三難：一舉人，二番人，三駱駝。健倒安知卧棘中。莫信人言君背貴，肉鞍强似錦韉蒙。

宋 汪元量《湖山類稿》卷二《天山觀雪王昭儀相邀割駝肉》 北征已十年，抑鬱悲局促。拄杖看天山，雪光皎如玉。滿目鸇鷹飛，晴天獵鴻鵠。羈人竈無炊，竟夕枵其腹。美人塞邊來，邀我分豆粥。手持并鐵刀，欣然割駝肉。勿誚草堂翁，一飽死亦足。

元 傅若金《傅與礪詩集》卷八《駱駝圖》 紫駝磥砢動秋雲，白草微茫卧夕曛。中土向來惟見畫，都門今日動成群。

元 柯九思《丹邱生集》卷三《題王仁壽畫駝》 西域降王朝正朔，名駝載玉曉連山。兩峰殘雪隨羌鼓，萬里流沙敞漢關。仗內垂鈴珠錯落，駕頭蒙背錦斕斑。汝南粉本□□□，寍識如今滿世閒。

元 劉秉忠《藏春集》卷四《駞車行》 駞頂丁當響巨鈴，萬重軋軋一齊鳴。當年不離沙陀地，輾斷金原鼓笛聲。

元 同恕《榘庵集》卷一五《六駝圖》 兩駝齕草一駝鳴，嵬嵬三駝卧不驚。沙水茫茫雲萬里，畫圖留在看昇平。

元 王逢《梧溪集》卷三《嘆病駝》 狂夫東遊乘白騾，道路適遇病槖駝。紫毛無復好容色，肉鞍尚聳雙坡陀。南人從來不夢此，私怪目擊臨干戈。泉渠元自控蕃落，天苑畢竟連銀河。吳郊楚甸水草淺，任重卻欲千斤過。青袍朝士爲起立，茜帽番僧時撫摩。熱風吹塵鼻出火，積雨成潦瘡生窠。牛虻狗蝨苦嘬血，末由驅除知奈何。頻年出師數百萬，熊羆獅豹相奔波。豈期獨後死溝壑，餘光所及良已多。老奚首帕短袴靴，手持鞭策涕泗沱。憶昔灤京避暑日，氣骨礌嵬從鑾和。沈沈金甕夾銅馬，裊裊錦帶懸靈鼉。服勞輦下藉鬍刷，屈跡澤畔甘蹉跎。疇能推廣愛烏義，没齒仰飼公田禾。

元 許恕《北郭集》卷一五《病槖駝行》 西域紫駝高硉矹，不見肉峯惟見骨。左顧右盻如乞憐，欲行不行還勃窣。向來負重曾千斤，識風知水靈于人。長鳴蹴踏塞北雪，矯首振迅江南春。只今多病兼衰老，瘡皮剝落毛色槁。秋沙苜蓿三尺長，空向墻頭齕枯草。

又《銅駝嘆》 銅駝銅駝何壯哉，是誰鑄爾負重致遠之奇才。三十六宮五雲裏，金光射日天門開。千官出入多如雨，榮顧紛紛何足數。老夫無眼識英雄，聖主明王一今古。索靖真天人，洞見皆天真。海波尚變桑田土，武陵獨駐桃花春。昔人避世向金馬，至今大笑千載下。達士何須歎銅駝，栢梁廢址今巍我。

元 許有壬《圭塘小稿》卷一《鬭駝賦》 元統甲戌九日，上幸後苑，觀鬭駞。有壬適有奏對，獲遂一觀。退而為之賦曰：

吁嗟乎駞，爾軀孔碩，爾能實多。龍斯夭矯，山斯嵯峨。生鄯善之絶域，邈流沙而迅過。日三百猶跬步，輕千斤之負馱。方炎風之煽毒，劇殲人於札瘥。爾乃即沙滅口，警候匪譌。度磧渴水，口塵莫呿，迹蹋而鑿，涓涓盈科。其或修程阻艱，芻秣罔繼，溲麫茹銜，糾纏堅閉。浹辰無饑，萬里不躗。校地用之凡獸，茲實氣稟之尤異者也。蹏不介甲，踣鐵其堅。肉鞍嵔y，雙峯矗聯；復有傑出，一峯巋然，力倍恒品，直當萬千。其穹莫扳，抑之即從。彌耳伏地，屈足漏空，累乘騈坐，奚婢塞童。引繩掣鼻，自西自東，昂首噴穢，呼圖生風。翠釜之珍，其忍取供。流潼甘馥，馬酒釀醲。墮毳紉緝，褐被域中。風土既習，字育日豐。板襁其雛，稚紫茸茸。冶銅象形，僅得其槩。疥不嫵媚，劉文適類。景純著贊，論功遺大。歷唐及宋，紀述未備。皇元御天，西北首賓，夭笠效貢，泉渠空羣。魚魚連連，列廄雲屯。千乘萬騎，灤水歲巡。負鼓先聲，服箱後塵，背錦模糊，絡珠璘霦，鈴鐸殷地，旌旓盪雲。開闢而下，有國之有駞者，未有若我朝之殷也。牧槖分職，秩浮令丞。負重致遠，人知其能。有知其出拔之奇，搏擊之精者乎？苑草未凋，風日清美。九重幾暇，鳳輦蒞止。俯察品彙，縱觀物理。虎賁執韁，兩兩相睨。騰蹙傾奔，砉欻徙倚。待怒氣之既盈，俄侵陵之漸邇。脫羈發縱，勢邁角觝。始齧頸而躑躅，復摩肩如委靡；乍分立以卭隙，遽挑釁於駓駃；飄忽若風燕，盤旋如磨蟻。劃然踴躍，人立對起，波澒土墳，雷轟電駃。持久跕跕，勝負未決，貂璫聲援，陛楯眥裂，餘勇雖鼓，虛驕已竭。嗟兩雄之相戹，卒不逭乎一蹶。勝者植立，楊揚自慊，主矜調擾，望拜蹩躃。天為噬嘘，賜沓繒帛。嘗聞單于祭三龍祠，以是為樂；龜茲觀七日戲，以占耗息。今始得以驗其說，鄙哉季郈，芥金其鷄，杜鄠走馬，時在側微，開元南面，何取於斯！顧羽毛之瑣瑣，瀆黼扆之巍巍。而登牀之舞馬，亦不過示異於宴嬉，又孰若大逾犀兕，猛軋虎貙，可以鼓佽飛之士，激羽林之孤者哉！小臣在列，顧瞻震栗，悸定而懌，氣塞而釋，目隘而豁，足痿而力。歸來人間，塵土坌集。袋馴白唐，原缺促織。黃雀山鷓，種種有敵，下里何知，小兒方劇，觀於海者難為水，曾何辱乎目擊！然臣有芻蕘之言，增渤澥以涓滴，大小雖殊，玩物則一。惟吾皇遊六藝之囿，徵勝負於往昔。愚臣一第，非手搏而得，視試卞為期門之徒，亦粗可以備顧問而陳得失也。

元 虞集《道園學古録》卷四《槖駞圖贊》 皇武肇迹，宛宛龍漠。其居其康，輯乘爲郭。有服維駝，礧肉載崿。毳旃帷房，犛軞簟鞹。軋軋千里，載泉干槖。黃頭羔裘，騎引顧却。人習見聞，聖獨有作。深宮穆清，思詔勤約。手著厥初，伊勞匪樂。公劉纘稷，于邠式廓。裹餱啓行，致祚八百。史臣作雅，稽古允若。

元 虞集《道園遺稿》卷二《雪嶺駞車》 七月八日山陰道，積雪平砂沒煙草。三日餐氷渡磧遥，重載槖駞發車早。當衡比比擁蒙茸，王庭傳令疾於風。却憐聚落在何國，可以踏歌酣馬酮。居庸關南百萬里，春雨草青平若砥。鄉非羊馬便高寒，所不懷歸如白水。

明 艾穆《艾熙亭先生文集》卷一〇《遼東大捷集槖駞志喜二首》 年來渤海不揚波，忽聽遼陽奏凱歌。白羽飛傳三箭捷，赤囊馳獻獨峰駞。將軍絶勝嫖姚勇，良馬何論大宛多。此日天聲應萬里，合標銅柱白狼河。

捷書忽自遼東至，異種曾聞善鄯多。薄伐不須擒可汗，壯猷還自頌廉頗。飛龍駞入君王廄，天馬詩成寢廟歆。從此九邊絶南牧，近關諸將漫論和。

明 凌雲翰《柘軒集》卷一《槖駞圖》 肉山高蓋兩峰寒，萬里氊裘雪未乾。今日江南人見慣，不須常展畫圖看。

明 楊基《眉庵集》卷四《病駞行》 駞峯黃，駞茸紫，曾馱黃金獻天子。燕山雪深沒駞耳，錦韉糢糊駞不死。去年随軍下東越，越江水渾沙草熱。毛焦肉爛骨欲折，回首却憶燕山雪。燕山雪，不得歸！駞飢駞渴誰能知？伶傳反遭牛馬欺，於乎駞兮爾勿悲！爾峰可食，茸可衣，利爾衣食孰爾毉？

清 曹溶《靜惕堂詩集》卷三〇《駱駝》 谷量牛馬成羣外，別有蕃孳數大豪。傳種龍庭生毳暖，移營氊帳肉峰高。春披錦韉眠沙草，塞重明蹄伴寶刀。元菟城邊千里足，戰歸偏許載葡萄。

清 程晉芳《勉行堂詩集》卷八《槖駞吟二首》 任重何煩說馬牛，坡陀千隊出蕃州。夕陽古驛程程緩，細草平沙段段秋。雪點吳鹽還給食，霞披蜀錦未全韝。明妃去後關山遠，穩坐應添幾斛愁。

臃腫形藏太少妍，丁零窮塞但耕田。翠盤乍聳雙靈岫，雪塢平鋪一敗氊。

陳裏輪贏堪卜，歲行間蹴踏待成。泉羌兒不計前程晚，吟嘯還從背上眠。

清 鄧廷楨《雙硯齋詩鈔》卷三《駝毛褥》 榆城苦寒，以駝毛代絮，製褥極賤而奇温，佳品也。

匀鋪碎翦揉翻新，錦段龍鬚未是珍。氄抵黄緜成妙用，峯高翠釜記前身。幾年脱盡穹廬雪，八尺蒸回斗帳春。羔酒乳酥微醉後，酣眠應不羨花茵。

清 顧光旭《響泉集》卷一六《爲蘭谷侄題畫駱駝》 世人少見多所怪，見駱駝言馬腫背。江州已訝廬山精，鄂州遂阻三事拜。藏名擁褐無定在，犀角豹文耕且耒。聖德北服南單于，杜句入貢廟堂來上書。乃知負重致千里，不比困驥悲鹽車。泉渠蕃落卧帖雪，天苑星河行避熱。一從征鐸出居胥，遥聽和鈴經漢闕。孰爲展圖佯不識，銜尾昂頭兩峰直。外國奇畜其性羞，屈足受載安所求。給三合鹽一圍藁，空令翠釜誇珍饈。立功淮上誰與酬，衹今但説乘龍洲。蠻奴藉草肉鞍側，萬里方看負初釋。我駝孔阜徒御閑，生涯立雪春風牽。

清 郭起元《介石堂集・詩集》卷三《駱駝》 明駝無媚，千里應長徭。塌地知泉穴，悲鳴避毒飈。奔馳先馬足，任載埒車軺。獨卧秋風裏，毛群未肯饒。

清 郝懿行《曬書堂集・詩鈔》卷上《紫橐駝歌》 橐駝生於流沙磧，形龐骨竦紫花脊。其性善能識伏流，蹴蹋千里無人跡。龍堆蒲海都經遊，誤入中國為人役。中國山路皆陂陀，水草不及西域多。飲齕不時惟人命，俛首帖耳敢誰何。千鈞重任苦難舉，脊梁挺著無撐拒。繩穿鼻孔從人牽，瘦骨難施紫藤鞭。溽暑熏蒸酷炎熱，白汗背浹口流涎。蹶伸膝折行不得，氄毛脱落皮無色。肉鞍柔脃痛難勝，載實圆鳴聊喘息。縄牽鼻斷流朱殷，揚鞭怒目還相偪。仰噴俛鳴氣不伸，嗟乎自咎豈尤人？物惟有欲故可制。神龍可豢虎可馴，橐駝喜啖雪花鹽。計汝所須亦云廉，食人之食供人使。驅策不殊犬羊爾，迴首故山黄葉落，沙流泱漭數千里。

清 華希閔《廣事類賦》卷三七《駱駝》 泉渠所出，《淮南畢萬術》：橐駝本出泉渠。天竺偏多。《廣志》：天竺以北多橐駝。氣骨偏尨，形貌坡陀。王逢《病駝詩》：肉鞍高聳雙坡陀。又：氣骨偏峗從鑿和。胡兒能制，杜甫詩：胡兒制駱駝。番僧撫摩。王逢詩：青袍朝士為起立，茜帽番僧時撫摩。又：夾金甕之搁馬，懸錦帶之靈鼉。沈沈金甕夾搁馬，裊裊錦帶懸靈鼉。其聲曰圖，義訓：牛之聲曰牟，駝之聲曰圖。王安石詩：鼉垂鈴棧駝鳴圖。其名曰駝。《爾雅翼》：古語謂之橐駝。橐，囊也。駝，負荷也。今云駱駝，蓋橐音之轉。背聳雙峰，足彎三節。《爾雅翼》：駝，外國之奇。高背有兩峰如鞍，其足三節，其色蒼褐，負物至千斤，凡有負載，輒先屈足受之。預識風生，《北史》：流沙多熱風，為行旅之患。其風欲至，惟老駝知之，即預鳴而聚立，埋其口鼻於沙中。人以為候，以氈擁其鼻口，其風迅速，須臾即過，否則至危斃。能知泉脈。《博物志》：燉煌西腹流沙，往外國千餘里無水，時有伏流處，人不能知，橐駝知水脈，過其處輒停不行，以足踏地，人於所踏處掘之，即得。力負千斤，行或七百。《山海經》：陽光之山，獸多橐駝，善行流沙中，日三百里，負千斤。《洽聞記》：于闐有小鹿，與駝交生子，曰『風脚駝』，日行七百里。卜歲龜兹，耕田回紇。《孔帖》：西域龜兹歲朔國橐駝觀勝負，以卜歲盈虚。又：回紇以橐駝耕而種。疥疾嗤劉，《北齊書》：劉晝綴辭古拙邢子才，曰：『君賦如疥駱駝，伏而無嫵媚。』昂頭笑吉。《清明投轄録》：天官侍郎吉頊長大昂頭仰，視郎中張元一目，為望柳駱駝。苟夷有石駝之水，《異苑》：西域苟夷國，山上有石駱駝，腹下出水。以杯盞及手承取，即便對過；惟葫蘆承者則得。飲之令人身體香淨而成仙。洛陽有銅駝之陌；《洛陽記》：洛陽有銅駝街，漢鑄銅駝二枚，在宫西門外相對，俗語曰：『金馬門外集衆賢，銅駝陌上集少年。』玉駝獻自周時，《拾遺記》：周時有韓房者，自渠胥國來，獻玉駝高五丈。明駝置於唐驛。《西陽雜俎》：唐置，驛置明駝，使非邊塞軍機不得擅發。《木蘭篇》云『明駝千里脚』，謂駝卧腹不帖地，屈足漏明，故曰明駝。《楊妃外傳》：交趾貢龍腦香五十枚，上賜楊妃十枚，妃私發明駝，使持三枚遺禄山。其肉有鞍，其毛成褐。《郭璞贊》：駝惟奇畜，肉鞍是被。《埤雅》：駝毛褥温暖於狐，夏常退毛至盡，乃能避熱。故古者夏取毛於駝而褐成。若乃馬驚腫背，《牟子》：古諺曰：『少所見多所怪，見橐駝以為馬腫背。』鬼訝乘龍。《寰宇記》：周世祖征濠，遣兵持炬乘橐駝，絕淮，濠兵驚以為鬼乘龍也，遂名『乘龍洲』。車師兩脚，《南史》：滑國者，車師之別種，其獸有獅子，兩脚橐駝。回鶻獨峰。《宋史・回鶻傳》：遣使來□春藥、花語布、名馬、獨峰、即大呈羊等。《韻府》：獨峰駝，即《漢書》所謂：大月氏出一封橐駝，也言其脊上隆高有若封土。取經山寺，胡礪《鼓山長樂寺碑》：磁州山中有竹林寺，五百羅漢所居。齊天寶末，仲人取經使者，辭以不知，文宣曰：『敗我駱駝乘之，則自至矣。』使者入山，數僧相謂曰：『□自駱駝來也。』使者曰：『帝命於寺東廊從北第一龕□經函及尺八黄帕等。』僧命取與之。奏事王宫。《明皇雜録》：哥舒翰鎮青海，路既遣遠，遣使常乘白駱駝以奏事，日行五百里。養魚盛水，《北史》：處孝仁性著草，伐遼之役，以駱駝負函盛水養魚自給。立雪屏風。《輟耕録》：沙漠雪盛，令兩駝趺其身，終夜不動，用斷梗架片毡其上，而寢處于下，暖勝肉屏。須防翠釜之厄，杜甫詩：紫駝之峰出翠釜。寧羡錦帕之蒙。旬堯臣詩：老覺肉峰側，猶蒙錦帕鮮。曾為種花尋柳氏，柳宗元文：

師橐駝，不知始何名。□僂，降然伏行，有類橐駝者，故鄉人號之曰『駱』。駝業種樹。更因賣餅賤鄒公。《朝野僉載》：鄒駱駝，長安人。嘗以小車推蒸餅賣之，有伏磚觸車駝將，钁斵去十餘磚，得甕金五斛，遂巨富。其子昉與蕭佺踰馬，善時人為之語曰：『蕭佺駙馬子，鄒昉駱駝兒。非關道德，合只為錢相知。』

清 揆叙《益戒堂詩集》卷一《咏駱駝》 萬里安西敝褐衣，《唐人小說》：老駝變褐衣，老僧自言安西人。慣尋泉脉度金微。鬼騎曾記傳來誤，魏兵秉炬跨駱駝渡淮，南人以為鬼騎龍。馬腫應知識者稀。翠釜莫教犀著飫，氈廬且當肉屏圍。木蘭不願尚書秩，千里憑君與送歸。《木蘭詩》：願借明駝千里，足送兒還故鄉。

清 李驎《虬峰文集》卷五《駱駝》 峥嵘駱駝來關東，皆壓千鈞行步工。奮迅兩耳如短篷，路狹秦越態從容。驢騾馬牛走下風。

又《黄三仲賓贈駝絨袍歌》 參橫斗轉霜滿天，老人攤書夜未眠。朔風烈烈渾不覺，駝絨温厚袍裝綿。黄淮南走灌城郭，蛟鯨攫人勢甚惡。避地移家近蜀岡，見幾不俟終日作。七尺之軀厄窮途，但得逃死即歡娱。縱教單衣不掩骭，經暖敢羨貉與狐。良朋却為老人慮，冬月無袍寒何禦。叶鈿冰雪恐難衰，骨支咨嗟籌度色。不豫特喚縫人量，丈尺袖弗馬蹄從。平闊前後整齊幅，加長細細我詢何。周析為製新袍視，相贈寬窄恰與贏。體稱良朋為誰黄，仲子一月一贈情。無已先之朱提與，烏薪繼以駝絨密。線紉報無長物詩，一首可傳高義千年久。

清 彭孫貽《茗齋集》卷一三《托駝行》 君不見，橐駝从重勝百鈞，負載惟多脊始申。蹣跚尚行數百里，健牛快犢徒逡巡。朝負穹廬黑山道，暮送甲仗燉煌屯。馬羸異行遠疥癩，兒童逐臭隨汙塵。吁嗟！此物滿城闕，連隊成羣何鶻突。鶩行鴨步塞天街，糞啄沙毛乏風骨。項領翹同句踐，長脊溝惡駭哀駘兀。只今袞袞升羣公，不貴神駿尊聾蝨。肥頭大耳即嘗庶，巨肉鑾筋始殿中。汝曹食粟故宜厚，胡腹委地空心膂。侏儒旅食飢欲死，晨炊無烟拾馬矢。安得徐夫人匕首快截，峰蹄堆肉壘滌盡。黄泥道上腥大嚼，屠門餘作胏。

清 錢陳群《香樹齋詩文集·詩集》卷三《同年程冠文編修遺駝羹》 天然八尺截鵝肪，陸産奇珍擅北方。已見迎刀飛紫玉，未須放箸比黄羊。旋澆春醽仍餘飫，乍入新醪得異香。關塞即今需捆載，故應此味莫輕嘗。

清 屈大均《翁山詩外》卷二《橐駝行》 橐駝生一女，不肯與之乳。羌兒謂橐駝，恩薄乃如許。女亦肉爲鞍，女亦力如虎。重能馱帳房，可眠我妻女。屈足受重載，萬斛如鴻羽。中國奇畜稀，腫背人爭取。牝牡不用分，獨峰亦愛汝。泉脈每能知，跑地水如縷。青海熱風來，先鳴報行旅。糞烟直上時，望似狼烟舉。有時亦人立，兩脚相支拒。夏至雖退毛，封牛誰敢侮。橐駝且自歡，聽我兜離語。我鼓大琵琶，一曲爲而舞。橐駝知音聲，漣流復如雨。飽飫橐駝兒，蹄峰免刀俎。

清 沈德潛《歸愚詩鈔》卷二〇《橐駝》 馬羣腫背見因稀，受制羌兒不用鞿。憐爾蹣跚非健步，可能送得木蘭歸。

清 唐孫華《東江詩鈔》卷一《駱駝》 曾向流沙識水津，橐裝未厭壓千鈞。頸長却似樓薪主，形傴還同種樹人。無角衹應疑馬背，古語橐駝無角，又云：見橐駝言馬腫背。有峰尚可問猩脣。蹣跚那及追風足，但與驊騮作後塵。

清 汪由敦《松泉集·詩集》卷二一《恭和御製橐駝元韻》 封駞一可敵九牛，塞行緩款沙草柔。屈足受任鮮人意，雙峯矗立昂其頭。南人少見那識此，頸長但詫垂茸紫。戎鹽細柳鬣復囊，骨重無論蹄角尾。斜陽橫卧氊廬前，兒童掣項婦女牽。磧平雪後縱能耐，泥滑路長深可憐。解裝弛負飲前川，背錦模糊舊句傳。行殿高吟正史謬，盡物之性聖則然。

清 吴省欽《白華前稿》卷四一《見橐駝負裝》 三三五五擁孱顔，緩步郎當費往還。腫背盡即忍切。容南客詫，亂行如綴北宸班。味通井脈丹厓外，命盡膏脣翠釜間。曾載戎裝歷西極，使裝分載衹乘閒。

清 吴壽昌《虛白齋存稿》卷一〇《橐駝》 替戾千聲鐸，蟬聯一道繩。揚鑣生不與，負重力多勝。詎乏明蹄種，難辭腫背憎。流傳有珍味，翠釜為誰登。

清 吴偉業《梅村家藏稿》卷一二《橐駝》 獨任三軍苦，安西萬里行。鑄銅疑鶴頸，和角廢驢鳴。山負祁連重，泉知鄯善清。可憐終後載，汗血擅功名。

清 謝元淮《養默山房詩稿》卷五《橐駝》 曾在燕雲道上看，鐸聲成陣影蹣跚。卽今柳綠駝應醉，千里如何送木蘭。

清 英廉《夢堂詩稿》卷一《駝之高》 駝之高，如堵牆。形軀獰，劣步郎。當背疑腫項如拘，北人見慣南人笑。兵車往日出飛狐，轉粟疆埸抵舳艫。絕塞孤軍仰泉脈，長安萬里達飛書。城中少年身手健，鞭策還嫌輸款段。人間何處著閒軀，饑走荒山載石炭。石炭一何重山路，一何長傭奴豈惜，蹄欲裂饑烏方欺。背有瘡，背有瘡，汝勿傷。汝不見，太行阪驥負，鹽車常汗喘，有日還驚伯樂眼。

清 曾燠《賞雨茅屋詩集》卷二二《道上逢槖駞而嘆之》 石炭爾須卸，軍資昨夜催。泉隨千里蹴，雪向兩峰堆。何日輪臺罷，他時天馬徠。不徒勞者息，且節度支財。

又《再嘆槖駞》 常時憎爾疥，今日漏微明。銜尾圍千帳，昂頭偶一鳴。風霜空閱歷，水草自縱横。眼見功成後，騏驎獨有名。

清 張澍《養素堂詩集》卷五《槖駝曲》 偶出東郭，見槖駝成羣，昂首長鳴，有乘涼遠征之概。歸而思之，古人無專賦此物者，因作槖駝曲十五首，不覺辭費，多用俗語爲之，以存竹枝詞遺意云爾。

西番異畜説槖駝，不讀班書費揣摹。怪狀奇形君莫笑，麒麟郁肯把人馱。白草黄雲道路長，何人不雇負衣裝。行經戈壁愁喉渴，臥處偏知水脈涼。百里流沙起熱風，先將口鼻擁沙中。行人依樣爲防備，免得委身荆棘叢。炎天酷日放青山，纔到秋涼便搭班。土人相約赴程，謂之搭班。生箇駝兒仍自負，河南湖北乑循環。朝暾未上乑如麻，載去巴菰卻換茶。可笑燕都煤黑子，倒騎駝背唱蓮花。草豆爲芻又食鹽，鎮番人慣乑趁趣。載來紙布茶棉貨，卸到涇陽又肅甘。牽來江左賣瘡膏，入夏枵然盡脱毛。婦孺相驚馬腫背，不知原是自然高。圂鳴應是悵離羣，遠近鐸聲先後聞。雨過泥深防滑跌，可憐鼻斷血紛紛。果然負重遠行麽，送我良人返舊窩。妾夢也隨千里月，雞鳴時已到交河。拉倒纔騎怨友朋，俗以朋友欲絶交，則日騎駱駝，蓋言拉倒也。燒刀喫了便呼兄。曲將軍没客揮淚，歎息未嘗一盌羹。良者相傳臥漏明，四蹏風入想長征。唐家置驛緣何事？塞外軍書達上京。駝峯紫肉羡嘉珍，近代烹調竟乏人。我是常餐苜蓿客，牛心果否比猩脣？落毛工織號駝絨，馬褐牛衣郁復同？憶我少時裝小裹，温温恰是被春風。切莫矜張善屬文，疥駝佳謔定知聞。生龍活虎誠難捉，一綹毛繩便困君。踏雲大馬古涼州，我策疲驢返舊丘。歌罷竹枝自傾甕，駝蹏烏卵竟相侔。

清 張廷玉《也足山房尤癯稿》卷四《駱駝行》 榆陽鎮上披甲馬，甲士十萬馳易野。馬走不如駱駝疾，千里千斤四足跨。卧不腹地肉獨峰，識泉之智不易逢。去年三千壯士遼東去，北山金駝踏雪從。

清 張問陶《船山詩草》卷一五《張子白若采同年屬畫駱駝戲題一詩》 醉後相看笑且歌，不圖名馬畫明駝。一原豐草含情對，終比牛羊娬媚多。

又《去年爲子白戲畫駱駝一幅今年即有鎮番之調涼州地當絶塞駝其素産也然則我輩一動念一舉筆皆煞有關係可不慎耶復題一絶志之》 悬赭奇情亦偶然，那知游戲露機先。從今點筆成圖讖，畫外兼收賣卜錢。

清 趙懷玉《亦有生齋集・詩》卷一七《爲張大令若采題張檢討問陶所畫槖駝》 寫出明駝兆遠蹤，僧繇畫別有心胸。子卿臺畔人懷古，取酒還應發一封。也其鹽車嗟久困，看馱石炭不曾閒。輸他千里塵高處，風脚長驅過玉關。

清 朱黼《畫亭詩草》卷六《煤駱駝》 西山石髓摶黑蚪，北地藉以爲薪櫵。萬夫皸瘃儼鳥鬼，鑿山直使山靈愁。深從巖穴出平地，捆載不用千牯牛。峩峩山北金駱駝，雙峰壓脊毵毛修。日行可以三百里，背負不下千斤優。天生奇畜爲世用，豈但水脉知其由。嚴霜載塗海冰結，朔雪被野天風遒。干門土銼凍欲裂，火熾方得開玉樓。此時牛馬縮如蝟，駱駝越谷行未休。策功爾合居首列，致用吾廼思南州。吾鄉山蕩富茅葦，秸稭遺秉尤紛稠。舟航大小足任載，田野繁廡恣取求。龐然此物少聞見，土俗千里眞不侔。憶昔市中叩負販，擔五六十價不浮。邇覺缺乏且倍值，水火生活能無憂。天施地出有盈縮，誰見畚挶夷山邱。安得駱駝騁大步，負以南下驚衆眸。不妨共笑馬腫背，庶免孰爂相歐嘎。

雜録

宋 謝維新《事類備要・別集》卷七六《槖駞》 格物總論。槖駞大於水牯，紫色，耳垂，脊上有一封，若封土，有靈性，能知水脉、識泉源，風將發即引項而鳴然，負重致遠，力可千斤，日行三百里。古者典廐駞、牛、騾各四給一丁，日給藁一圍，鹽三合，易馴養也，亦曰『駱駞云』。

事類。陽光陽光之山，其獸多槖駞，若流沙，日行二百里，力負千斤。《山海經》。泉渠槖駞本出泉渠。白帖。知水脈燉煌西渡流沙往外國，千餘里中無水，時有伏流處，人不能知，槖駞知水脈，過其處輒停不行，以足踏地，人掘之，輒得水。《博物志》。知風候實流沙數百里，夏日多熱風，為行旅之患，其風欲至，唯老駞知之，即預鳴而避之，埋其口於沙中。人以為候，即以氈擁其鼻口。其風迅速，須臾即過，不爾則至危斃。《後周四夷傳》。實内廐蘇秦説楚成王：『王誠能用臣愚計，則燕代橐駝、良馬，必實内廐也。』史。鄯善多漢鄯善，多橐駝白帖。龍祠鬪單于於龍祠鬪橐駝為樂。《東觀漢記》。駞助軍田緒拜夏綏銀節度使，王師伐蔡緒上，橐駝、牛馬助軍。駞給行回紇大歷三年，光親可敦卒，以兵部侍郎李涵持節冊拜可敦，是時，財用屈稅，公卿贏橐駞給行。並《孔帖》。飛龍駞貞元初，關輔宿兵以飛龍駞負永豐倉米給禁軍。唐《食貨志》。獨峯駞吐蕃贊普，其獸獨峯，駞日行千里。《孔帖》。名牛豹南蠻寶利佛逝有橐駞，豹文而犀角，以耒且耕，名『牛駞豹』。同上。曰山精劉秉仁為江州刺史，自京將橐駞至郡，放之山下，野人見之大驚，共射之，乃以狀白州曰：『獲廬山精於某處。』劉命致之，乃所放駞耳。《三水小牘》。如馬鞍橐駞脊如馬鞍。《鄴中記》。若丘阜史思明賊之陷兩京，嘗以橐駞載禁府珍寶貯。范陽若丘阜然。孔氏帖。卧漏明明駞千里脚。明當作鳴，謂駞卧屈足腹不着地，而漏明者，最能行遠。《雜俎》。疾如風于闐有風脚駞，日行七百里，其疾如風。《洽聞記》。石駱駞西南夷國，山上有石駱駞，腹下出水，飲之令人身白凈。《異域志》。金駱駞神龍以後，民謡曰：『山南烏鵲窠，山北金駱駞。鎌柯不鑿孔，斧子不施柯。』山南，唐也。烏鵲窠者，人居寡也。山北，胡也。金駱駞，虜獲而重載也。《五行志》。收數十張光晟勸兵，盡教回紇羣胡收橐駞數十。《孔帖》。羣七十駞之羣以七十，唐《百官志典廐》。吉橐駞天官侍郎吉頊長大好昂頭行視，高而望遠，郎中張元一目之為望柳橐駞。《朝野僉載》。郭橐駞郭橐駞，未知始何名。病僂，僂隆然伏行，有類橐駞者，故鄉人號之曰『駞』。駞聞之曰：『甚哉！名我固當。』因捨其名，亦自謂『橐駞』云。柳文。王橐駞五代蜀龍州軍事判官王延鎬，頎然而長書扎飲博觸事不能，時號『王橐駞』，北夢瑣言。郭璞橐駞贊駞為奇畜，肉鞍是被。迅騖流沙，顯功絶地。潛識泉源，微乎其智。詩集。駞呼圖載實駞呼圖。注：圖，乙轄反。韓文聯句。橐垂鈴橐垂鈴棧駞名圖。王荆公。峯出翠釜紫駞之峯出翠釜。杜麗人行。封嵏錦帕鳴駞出西域，銜尾自連連。漢驛凌雲去，胡人踏雪牽。當時識風候，過磧辨沙泉。老覺肉封側，猶嵏錦帕鮮。梅聖俞。紫駞之峯紫駞之峯玄熊掌。陸雲居。

明 鄧伯羔《藝轂》卷下《明駞》 古《木蘭辭》：『願借明駝千里足，送兒還故鄉。』《酉陽雜俎》曰：『駝卧腹不帖地，屈足漏明，則行千里。』此以駝言。《楊太真外傳》：太真私發明駝，使持龍腦香三枚遺祿山。本注：明駝使，腹下有毛，夜能明，日馳五百里。此以人言兩説俱似，未妥更宜，訪之博物君子。

明 馮夢龍《古今譚概》卷二二《駝峰》 尚書呂震與學士解縉，一日談及食中美味。呂曰：『駝峰甚美，未之嘗也。』解詒云：『僕嘗食之，誠美矣。』呂知其詒也，他日得死象蹄脛，語解曰：『昨有駝峰之賜，宜共饗之。』解大嚼去，呂誚以詩曰：『翰林有箇解癡哥，光禄何曾宰駱駝。不是呂生來説謊，如何嚼得這般多？』解大笑。

明 焦竑《焦氏筆乘·續集》卷五《明駞》 《木蘭辭》：『願駞千里明駝足，送兒還故鄉。』駝卧腹不帖地，屈足漏明，則走千里，故曰『明駝』。唐制，驛置有明駝使，非邊塞軍機不得擅發。又《後魏書》：高祖不飲洛水，常以千里足明駝更互回恆州取水供贍，據此則取水數千里外，不始於李贊皇矣。

明 彭大翼《山堂肆考》卷二一八《橐駞》 橐駞，一名駱駝。《説文》：駞，負荷也，能負囊橐，故曰『橐駞』。《山海經》：陽光之山，其獸多橐駞，善行流沙中，日行三百里，負千斤。《洽聞記》：于闐有風脚駞，日行七百里，其疾如風。《孔帖》：吐蕃贊普有獨峯駞，日行千里。《襍俎》：駞毛縟温厚煖于狐貉，遇夏常退毛至盡，乃能避熱。故古者冬取皮于狐類而裘成，夏取毛于駞類而褐成也。

脊有一封

《漢書》：大月氏國出一封橐駞。注云：脊上有一封。封，高也，若封土然。

足有三節

駞背有兩峯如馬鞍，名曰駞峯駞，足三節，長頸，色蒼褐，凡負物，屈足受之，載未盡量終不起。

單于鬪

《東觀漢紀》：單于於龍祠鬪橐駞以為樂。

南蠻耕

《孔帖》：南蠻寶利佛逝有橐駞，豹文而犀角，且耕且耒，名曰牛駞豹。

泉渠出

《白帖》：橐駝本出泉渠。

鄯善多

《白帖》：漢鄯，善多橐駞。

實廐

《史記》：蘇秦説楚成王曰：『王誠能用臣之愚計，則韓齊燕趙鄭衛之妙音、美人，必充後宫；燕代橐駞、良馬，必實內廐。」

放山

《三水小牘》：劉秉仁為江州刺史，自京將橐駞至郡，放之山下，野人見而大驚，共射之，乃以狀白州曰：『獲廬山精于某處。』劉命致之，乃所放駞耳。

知水脉

《博物志》：燉煌西渡流沙往外國，千餘里中無水，時有伏流處，人不能知，橐駞知水脉，過其處輒停不行，以足踏地，人掘之即得水。

知風候

《後周四夷傳》：流沙數百里，夏日多熱風，為行旅之患。其風欲至，唯老駞知之，即引項而鳴埋其鼻口于沙中，人以為候，即以氊擁其鼻口。其風迅速，須臾即過，不爾則至危斃。《郁離子》曰：知風莫過于老駞，識路莫逾于老馬。

哥翰遣使

唐楊國忠欲厚結哥舒翰共排安禄山，奏以翰兼河西節度使，賜爵西平郡王。是時中國盛强，自安遠門西盡唐境凡一萬一千里，閭閻相望，桑麻翳野，天下稱庶富者無如隴右。翰每遣使入奏，嘗乘白橐駞，日馳五百里。

田緒助軍

田緒拜綏夏銀節度使，王師伐蔡縉上，橐駞、牛馬助軍。

腹下漏明

《酉陽雜俎》：明駞千里脚。駞卧腹不帖地，屈足漏明，則行千里。明字多誤作鳴，非也。

腹下出水

《異域志》：西南夷國，山上有石駱駞，腹下出水，飲之令人身白净。【略】

載寶

史思明陷兩京，嘗以橐駞載禁府珍寶貯范陽，若丘阜然。

垂鈴

王荆公詩：橐垂鈴棧駞名圖。按《義訓》：牛之聲曰牟，駝之聲曰圂。

蒙帕

梅聖俞詩：鳴駞出西域，銜尾自連連。漢驛凌雲去，胡人踏雪牽。當時識風候，過磧辨沙泉。老覺肉封側，猶蒙錦帕鮮。

清 陳元龍《格致鏡原》卷八三《駝》

《山堂肆考》：橐駝，一名駱駝。《子虛賦》：騊駼橐駝。師古注：橐駝者，言其可負橐囊而駝，物故以名云。

《格物總論》：橐駝大於水牯紫色耳垂。

《山堂肆考》：駝背有兩峰如馬鞍，名曰駝峰駝。足三節，長頸，色蒼褐，凡負物，屈足受之，載未盡量終不起。

《山海經》：陽光之山，其獸多橐駝，善行流沙中，日行三百里，負千斤。

《博物志》：燉煌西渡流沙往外國，千里餘中無水，時有伏流處，人不能知，橐駝知水脈，過其處輒停不行，以足踏地，人於所踏處掘之則得水。

《後周書·異域傳》：鄯善，古樓蘭國也。西北有流沙數百里，夏日亦有熱風，爲行旅之患。風欲至，唯老駝知之，卽鳴而聚立埋其口鼻於沙中，人每以爲候，亦卽將氈擁蔽鼻口。其風迅駛，須臾過盡，若不然者，必至危斃。

《義訓》：駝之聲曰圂。

《碎錄》：駝峰倒者齒老矣，少健者峰直。

《酉陽雜俎》：駝毛縟溫厚煖於狐貉，遇夏常退毛至盡，乃能避熱。故古者冬取皮於狐類而裘成，夏取毛於駝類而褐成也。

《天中記》：駱駝糞煙直上如狼烟。

《東觀漢記》：單于於龍祠鬭橐駝爲樂。

《夷事略》：回紇以駱駝耕。

《格物總論》：古者典廐駝，日給藁一圍，鹽三合，易馴養也。

《諧噱錄》：趙崇佯不識駱駝，呼爲山驢王。

《三水小牘》：劉秉仁爲江州刺史，自京將橐駝至郡，放之山下，野人見而大驚，共射之，乃以狀白州曰：『獲廬山精於某處。』劉命致之，乃所放駝耳。

《漢書》：大月氏國出一封橐駝。注：脊上有一封。封，高也，若封土然。

《北史》：迷密國正平元年，遣使獻一峰黒橐駝。

《明皇雜錄》：哥舒翰常鎮於青海，路既遥遠，遣使常乘白駱駝以奏事，日馳五百里。

唐《食貨志》：貞元初，關輔宿兵以飛龍駝負永豐倉米給禁軍。

《孔六帖》：吐蕃贊普其獸獨峰駝，日行千里。

《南蠻傳》：室利佛逝國有橐駝，豹文而犀角，以乘且耕，名駝牛豹。

《酉陽雜俎》：駝臥屈足，腹不著地而漏明者，最能行遠。

《天寶遺事》：楊貴妃私發明駝使，遺安祿山龍腦香。明駝者，眼下有毛，夜明，日行五百里。

《洽聞記》：于闐國有小鹿，角細而長，與駝交生子，曰風脚駝。日行七百里，其疾如吹。

《南史》：滑國有兩脚駝，時而人立。

《拾遺記》：有韓房者，自渠胥國來，獻玉駝高五丈。

《洛中記》：有銅駝二枚，在宮之南四會道頭，高九尺，頭似羊，頸身似馬，有肉鞍，兩箇相對。

《異苑》：西域苟夷國，山上有石駱駝，腹下出水。以金鐵及手承取，即便對過；唯葫蘆盛者則得飲之，令人身體香淨。其國神秘，不可數過。

清 獨逸窩退士《笑笑録》卷一《駱駝》 梁祖曰：『趙崇是輕薄圓頭，于鄂州坐上，佯不識駱駝，呼爲山驢王。』

清 宋長白《柳亭詩話》卷二八《明駞》 橐駝，師白如玉，卧時腹不著地，日行千里，所謂明駝也。《木蘭詩》：願借明駝千里足，送兒還故鄉。刻本或誤作鳴駝。《唐史》：哥舒翰在隴右，遣使入奏，常乘白駱駝，日馳五百里。

清 吳寶芝《花木鳥獸集類》卷下《橐駞》 《漢書》：大月氏國出一封橐駞。注云：脊上有一封。封，高也，若封土然。

駞背有兩峯如馬鞍，名曰駞峰駞。足三節，長頸，色蒼褐，凡負物，屈足受之，載未盡量終不起。

《東觀漢紀》：單于於龍祠鬪橐駞以為樂。

《孔帖》：南蠻竇利佛逝有橐駞，豹文而犀角，且耕且耒，名曰牛駞豹。

《白帖》：橐駞本出泉渠。

《白帖》：漢鄯，善多橐駞。

《史記》：蘇秦説楚威王曰：『王誠能用臣之愚計，則韓齊燕趙鄭衛之妙音、美人，必充後宮；燕代橐駞、良馬，必實內廄。』《三水小牘》：劉東仁為江州刺史，自京將橐駞至郡，放之山下，野人見而大驚，共射之，乃以狀白州曰：『獲廬山精于其處。』劉命致之，乃所放駞耳。

《博物志》：燉煌西渡流沙往外國，千餘里中無水，時有伏流處，人不能知，橐駞知水脉，過其處輒停不行，以足踏地，人掘即得水。

《後周・四夷傳》：流沙數百里，夏日多熱風，為行旅之患。其風欲至，唯老駞知之，即引項而鳴埋其鼻口于沙中。人以為候，即以氈擁其鼻口。其風迅速，須臾即過，不爾則至危斃。《郁離子》曰：知風莫過于老駞，識路莫逾于老馬。唐楊國忠欲厚結哥舒翰共排安禄山，奏以翰兼河西節度使，賜爵西平郡王。是時中國盛强，自安遠門西盡唐境凡一萬一千里，閭閻相望，桑麻翳野，天下稱庶富者無如隴右。翰每遣使入奏，嘗乘白橐駞，日馳五百里。田緒拜綏夏銀節度使，王師伐蔡緒上，橐駞牛馬助軍。《酉陽雜俎》：明駞千里脚。駞卧腹不帖地，屈足漏明，則行千里。明字多誤作鳴，非也。

《異域志》：西南夷國，山上有石駱駞，腹下出水飲之，令人身白浄。

史思明陷兩京，嘗以橐駞載禁府珍寳貯范陽，若邱阜然。王荆公詩：橐垂鈴棧駞名圖。按《義訓》：牛之聲曰牟，駝之聲曰圖。梅聖俞詩：鳴駞出西域，銜尾自連連。漢驛凌雲去，胡人踏雪牽。當時識風候，遇磧辨沙泉。老覺肉封側，猶裳錦帕鮮。

清 陳元龍《格致鏡原》卷八三《駝》 《義訓》：駝之聲曰圖。

《碎録》：駝峰倒者齒老矣，少健者峰直。

《酉陽雜俎》：駝毛縟溫厚煖於狐貉，遇夏常退毛至盡，乃能避熱。故古者冬取皮於狐類而裘成，夏取毛於駝類而褐成也。

《天中記》：駱駝糞煙直上如狼烟。

《東觀漢記》：單于於龍祠鬪橐駝爲樂。

《夷事略》：回紇以駱駝耕。

《格物總論》：古者典厩駝，日給藁一圍，鹽三合，易馴養也。

《諧噱録》：趙崇佯不識駱駝，呼爲山驢王。

《三水小牘》：劉秉仁爲江州刺史，自京將橐駝至郡，放之山下，野人見而大驚，共射之，乃以狀白州曰：『獲廬山精於某處。』劉命致之，乃所放駝耳。

《漢書》：大月氏國出一封橐駝。注：脊上有一封。封，高也，若封土然。

《北史》：迷密國正平元年，遣使獻一峰黑橐駝。

《明皇雜録》：哥舒翰常鎮於青海，路既遥遠，遣使常乘白駱駝以奏事，日馳五百里。

唐《食貨志》：貞元初，關輔宿兵以飛龍駝負永豐倉米給禁軍。

《孔六帖》：吐蕃贊普其獸獨峰駝，日行千里。

《南蠻傳》：室利佛逝國有橐駝，豹文而犀角，以乘且耕，名駝牛豹。

《酉陽雜俎》：駝臥屈足，腹不著地而漏明者，最能行遠。

《天寶遺事》：楊貴妃私發明駝使，遺安祿山龍腦香。明駝者，眼下有毛，夜明，日行五百里。

《洽聞記》：于闐國有小鹿，角細而長，與馳交生子，曰風脚駝。日行七百里，其疾如吹。

《南史》：滑國有兩脚駝，時而人立。

《拾遺記》：有韓房者，自渠胥國來，獻玉駝高五丈。

《洛中記》：有銅駝二枚，在宫之南四會道頭，高九尺，頭似羊，頸身似馬，有肉鞍，兩箇相對。

《異苑》：西域苟夷國，山上有石駱駝，腹下出水。以金鐵及手承取，即便對過；唯葫蘆盛者則得飲之，令人身體香淨。其國神秘，不可數過。

清 獨逸窩退士《笑笑録》卷一《駱駝》 梁祖曰：『趙崇是輕薄圓頭，于鄂州坐上，佯不識駱駝，呼爲山驢王。』

清 宋長白《柳亭詩話》卷二八《明駞》 橐駝，師白如玉，卧時腹不著地，日行千里，所謂明駝也。《木蘭詩》：願借明駝千里足，送兒還故鄉。刻本或誤作鳴駝。《唐史》：哥舒翰在隴右，遣使入奏，常乘白駱駝，日馳五百里。

下

家禽總部

家禽總部説明

家禽總部下設鷄、鴨、鵝、鴿、雜禽五部，輯録了中國古代較爲常見，且與人民生活息息相關的家禽。我國飼養家禽有着悠久的歷史。中國家禽養殖以鷄爲首，同時也包括鴨、鵝、鴿和一些可馴養及有經濟價值的其他禽類。本部内容以家禽種類爲主，兼及各類家禽的品種、繁育、相畜、飼養技術以及相應的工具。從歷代史書、醫書、農書、經書、文集、方志等史料中，輯録家禽文獻凡十五萬字，較爲全面地向讀者呈現中國家禽發展演變的歷史。

在家禽總部下設的五個部中，鷄部輯録鷄、鷄種、育鷄、孵鷄、《鷄譜》等材料近六萬字。鴨部輯録鴨、鴨種、育鴨、孵鴨、畜鴨治蝗等材料二萬餘字。鵝部輯録鵝、鵝種、育鵝等材料一萬餘字。鴿部輯録鴿、鴿種、育鴿、《鴿經》等材料一萬餘字。雜禽部輯録材料五萬餘字，下又設鶴、鵪鶉、鸕鷀、鷹、斑鳩等五個分部。其中鶴分部輯録鶴、鶴種、育鶴、相鶴等材料一萬餘字。鵪鶉分部輯録鵪鶉、鵪鶉種、育鵪鶉、《鵪鶉譜》等材料二萬餘字。鸕鷀分部輯録鸕鷀、育鸕鷀等材料三千五百餘字。鷹分部輯録鷹、鷹種、育鷹等材料近一萬字。斑鳩分部輯録斑鳩、斑鳩種等材料近四千字。

中國家禽業有着悠久的歷史，家禽在其食用價值之外，還有諸如飛鴿傳書、鸕鷀助漁、雄鷹助獵等其他用途。我國古代的勞動人民在飼養家禽方面極大地發揮了他們的聰明才智，取得了重大成就。

家禽總部

鷄部

鷄

題解

漢 應劭《風俗通義·祀典第八·雄鷄》 俗説雞鳴將旦，爲人起居，門亦昏閉晨開，扞難守固，禮貴報功，故門戶用雞也。

《青史子書》説：雞者，東方之牲也。歲終更始，辨秩東作，萬物觸戶而出，故以雞祀祭也。太史丞鄧平説：臘者，所以迎刑送德也。大寒至，常恐陰勝，故以戌日臘。戌者，温氣也，用其氣日，殺雞以謝刑德，雄著門，雌著戶，以和陰陽，調寒配水節風雨也。

謹按《春秋左氏傳》周大夫賓孟，適郊見雄雞，自斷其尾，歸以告景王曰：憚其爲犧也，《山海經》曰祠鬼神，皆以雄雞。魯郊祀，常以丹雞祝曰，以其朝聲赤羽，去魯侯之咎。今人卒得鬼刺痱悟，殺雄雞以傅其心上，病賊風者作雞散治之，東門雞頭可以治蠱。由此言之，雞主以禦死辟惡也。

五代 馬縞《中華古今注》卷下《鷄》 一名燭夜，《禮》云：雞曰翰音，鶤雞赤羽。《逸周禮》曰：文翰若采。維周成王時蜀入獻也。

（光緒）《順天府志》卷五〇《食貨志二·物産·鳥屬》 雞，《甯河縣志》：田家常畜，種類不一。《齊民要術》：雞種取桑落時生者，形小，淺毛，腳短細，守窠少聲，善育子。按：種分大小，其大者土人呼爲侯雞。

綜述

《初學記》卷三〇《鷄第三》 【敘事】崔豹《古今注》曰：雞，一名燭夜。《廣志》曰：雞有胡髯、五指、金骹、反翅之種。大者蜀，小者荆。白雞金骹者美。長尾雞，尾細而長，長五尺餘，出東夷韓國。九眞郡出長鳴雞。《龍魚河圖》曰：玄雞白頭，食之病人。雞有六指亦殺人，雞有四距亦殺人，雞有五色亦殺人。《白澤圖》曰：雞有四距重翼者，龍也。殺之震死。《論墓書》曰：養白雞，令識其主聲形，以五月五日、九月九日，任意用五色綵長五寸，係雞頸，將雞於名山，放雞著山，仰頭咒曰：『必存鳴晨，雞心開悟』。《本草》曰：烏雞，主補中。【略】【賦】傅玄《鬬雞賦》：玄羽黝而含曜兮，素毛穎而揚精。紅縹厠於微黄兮，翠彩蔚而流青。五色錯而成文兮，質光麗而豐盈。前看如倒，傍視如傾；目象規作，觜似削成。高膺峭跱，雙翅齊平；躍身竦體，怒勢横生。爪似鍊鋼，目如奔星；揚翅因風，撫翮長鳴。猛志横逸，勢凌天廷。傅玄《鬪雞賦》：或躑躅踟蹰，或蹀躡容與；或爬地俯仰，或撫翼未舉。或狼顧鴟，或鸞翔鳳舞；或佯背而引敵，或畢命於強禦。於是紛紜翕赫，雷合電擊；爭奮身而相戟兮，競隼鷙而鶚睨。得勢者凌九天，失據者淪九地。徒觀其戰也，則距不虚挂，翮不徒拊，意如飢鷹，勢如逸虎。

明 徐光啓《農政全書》卷四一《六畜》 雞《爾雅》曰：雞，大者蜀，蜀子雓，未成雞，健，絶有力奮。雞三尺爲鶤郭璞注曰：陽溝巨鶤，古之雞名。《廣志》曰：雞有胡髮、五指、金骹、反翅之種。大者蜀，小者荆。白雞金骹者，鳴美。吳中送長鳴雞，雞鳴長，倍于常雞。《異物志》曰：九眞長鳴雞最長，聲甚好，淸朗。鳴未必在曙時，潮水夜至，因之並鳴，或名曰『伺潮雞』。《風俗通》云：俗説：朱氏公化而爲雞，故呼雞者，皆言『朱朱』。

《齊民要術》曰：雞種取桑落時生者良。形小，淺毛，脚細短是也，守窠少聲，善育雛子。春夏生者則不佳，形大，毛羽悦澤，脚粗長者是。遊蕩饒聲，産乳易厭，既不守窠，則無緣蓄息也。雞春夏雛，二十日内無令出窠，飼以燥飯。出窠早，不免烏鴟，與濕飯，則令臍膿也。雞棲宜據地爲籠，内著棧，雖鳴聲不朗，而安穩易肥，又免狐狸之患。若任之樹林，一遇風寒，大者損瘦，小者或死。燃柳柴，雞雛小者死，大者盲。此亦燒穰殺瓠之流，其理難悉。

《家政法》曰：養雞法，二月先耕一畝作田，秫粥灑之，刈生茅覆上，自生白蟲。便買黄雌雞十隻，雄一隻，于地上作屋，方廣丈五，于屋下懸簀，令雞宿上。并作雞籠，懸中。夏月盛晝，雞當還屋下息。并于園中築作小屋，覆雞得養子，烏不得就。《龍魚河圖》曰：畜雞白頭，食之病人。雞有六指者亦殺人，雞有五色者亦殺人。

《養生論》曰：雞肉不可食，小兒食，令生疣蟲，又令體消瘦。鼠肉味甘無毒，令小兒消穀，除寒熱，炙食之，良也。

玄扈先生曰：或設一大園，四圍築垣，中築垣，分爲兩所，凡兩園牆下，東西南北，各置四大雞棲，以爲休息。每一旬撥粥于園之左地，覆以草，二日盡化爲蟲，園右亦然。俟左盡卽驅之右，如此代易，則雞自肥，而生卵不絕。若遇瘟疫傳染，卽須以藍盛雞，又口懸挂，或移于樓閣上，則免矣。

養雞令速肥，不杷屋，不暴園，不畏烏鴟狐狸法。別築牆匡，開小門，作小廠，令雞避雨日。雌雄皆斬去六翮，無令得飛出圍，常多收秕稗胡豆之類以養之。亦作小槽以貯水，荆藩爲棲，去地一尺，數掃去屎，鑿牆爲窠，亦去地一尺，惟冬天著草，不茹則子凍，春夏秋三時則不須，直置匡上，任其產伏。留草則蜫蟲生，雞出則著外許，以罩籠之。如鶴鶉大，還內牆匡中，其供食者，又別作牆匡，蒸小麥飼之，三七日便肥大矣。

又穀產雞子供常食法。別取雌雞，勿令與雄相雜，其牆匡斬翅荆棲土窠一法，惟多與穀令竟冬肥盛，自然穀產矣。一雞生百餘卵，不雛，並食之無咎，餅炙所須皆宜用此。

瀹雞子法。打破著沸湯中，浮出卽掠取。生熟正得，卽加鹽醋也。

炒雞子法。打破銅鐺中，攪令黃白相雜，細擘葱白，下鹽米渾豉，麻油炒之，甚香矣。

棧雞易肥法。以油和麪捻成指尖大塊，日與十數枚食之，又以做成硬飯同土硫黃研細，每次與五分許，同飯拌勻，餵數日卽肥。

養雞不菢法。母雞下卵時，日逐食內夾以麻子餵之，則常生卵不菢。

養生雞法。雞初來時，卽以淨溫水洗其腳，自然不走。

治雞病方。凡雞雜病，以眞麻油灌之，皆立愈。若中蜈蚣毒，則研茱萸解之。

治鬬雞病方。以雄黃末搜飯飼之，可去其胃蟲，此藥性熱，又可使其力健。

明 李時珍《本草綱目》卷四八《鷄本經上品》

釋名燭夜。時珍曰：徐鉉云：雞，稽也。能稽時也。《廣志》云：大曰蜀，小曰荆，雛曰轂。《梵書》：雞曰鳩七吒。

集解《別錄》曰：鷄生朝鮮平澤。弘景曰：雞屬甚多。朝鮮乃玄莵、樂浪，不應總是鷄所出也。馬志曰：入藥取朝鮮者良爾。頌曰：今處處人家畜養，不聞自朝鮮來。時珍曰：雞類甚多，五方所產，大小形色往往亦異。朝鮮一種長尾鷄，尾長三四尺。遼陽一種食鷄，一種角鷄，味俱肥美，大勝諸鷄。南越一種長鳴鷄，晝夜啼叫。南海一種石鷄，潮至卽鳴。蜀中一種鶤鷄，楚中一種傖鷄，竝高三四尺。江南一種矮鷄，脚纔二寸許也。鷄在卦屬巽，在星應昴，無外腎而虧小腸。凡人家無故羣鷄夜鳴者，謂之荒鷄，主不祥。若黃昏獨啼者，主有火患，謂之盜啼。老鷄能人言者，牝鷄雄鳴者，雄鷄生卵者，竝殺之卽巳。俚人畜鷄無雄，卽以鷄卵告竈而伏出之。南人以鷄卵畫墨，煑熟驗其黃，以卜吉凶。又以鷄骨占年，其鳴也知時刻，其棲也知陰晴。《太清水術》言：蓄蠱之家，鷄輒飛去。《萬畢術》言：其羽焚之，可以致風。《五行志》言：雄鷄毛燒着酒中飲之，所求必得。古人言：鷄能辟邪，則鷄亦靈禽也，不獨充庖而已。

諸鷄肉

氣味 食忌詵曰：鷄有五色者，玄鷄白首者，六指者，四距者，鷄死足不申者，竝不可食，害人。時珍曰《延壽書》云：閹鷄能啼者有毒。四月勿食抱鷄肉，令人作癰成漏，男女虛乏。弘景曰：小兒五歲以下食鷄生蚘蟲。鷄肉不可合葫蒜、芥、李食，不可合犬肝、犬腎食，竝令人洩痢。同兎食成痢，同魚汁食成心瘕，同鯉魚食成癰癤，同獺肉食成遁尸，同生葱食成蟲痔，同糯米食生蚘蟲。

發明宗奭曰：巽為風為鷄。鷄鳴于五更者，日至巽位，感動其氣而然也。今有風病人食之，無不發作。巽為鷄，信可驗矣。震亨曰：鷄屬土而有金、木、火，又屬巽，能助肝火。寇言動風者，習俗所移也。鷄性補，能助濕中之火。病邪得之，為有助也。若魚肉之類皆然。且西北多寒，中風者誠有之。東南氣温多濕，有風者非風也。皆濕生痰，痰生熱，熱生風耳。時珍曰：《禮記》云：天產作陽，地產作陰。鷄卵生而地產，羽不能飛，雖為陽精，實屬風木，是陽中之陰也。故能生熱動風，風火相扇，乃成中風。朱駁寇説為非，亦非矣。頌曰：鷄肉雖有小毒，而補虛羸是要，故食治方多用之。

丹雄鷄肉

氣味甘，微温，無毒。扁鵲曰：辛。主治女人崩中漏下赤白沃。通神，殺惡毒，辟不祥。《本經》補虛温中止血。能愈久傷乏瘡不瘥者。《別錄》補肺。孫思邈

發明普曰：丹雄鷄一名載丹。宗奭曰：即朱鷄也。時珍曰：鷄雖屬水，分而配之，則丹雄鷄得離火陽明之象，白雄鷄得庚金太白之象，故辟邪惡者宜之；烏雄鷄屬木，烏雌鷄屬水，故胎產宜之；黃雌鷄屬土，故脾胃宜之；而烏骨者，又得水木之精氣，故虛熱者宜之，各從其類也。吳球云：三年鐵鷄，常食治虛損，養血補氣。

附方新二。辟禳瘟疫冬至日取赤雄鷄作腊，至立春日煑食至盡，勿分他人。《肘後方》

百蟲入耳鷄肉炙香，塞耳中引出。《總錄》

白雄鷄肉

氣味酸，微温，無毒。藏器曰：甘，寒。主治下氣，療狂邪，安五臟，傷中消渴。《別錄》調中除邪，利小便，去丹毒。《日華》。

發明藏器曰：白雄鷄養三年，能為鬼神所使。時珍曰：按陶弘景《真誥》云：學道山中，宜養白鷄、白犬，可以辟邪。今術家祈禳皆用白鷄，其原本此。是乃異端一説耳，鷄亦何神何妖哉？

附方舊三，新四。癲邪狂妄自賢自聖，行走不休。白雄鷄一隻煮，以五味和作羹粥食。

《心鏡》驚憤邪僻治因驚憂怖迫，或激憤惆悵，致志氣錯越，心行違僻者。白雄鷄一頭，治如食法，真珠四兩，薤白四兩，水三升，煮二升，盡食之，飲汁令盡。《肘後》卒然心痛白鷄一頭，治如食法，水三升，煮二升，去鷄，煎取六合，入苦酒六合，真珠一錢，煎取六合，納麝香二豆許，頓服之。《肘後》赤白痢下白雄鷄一隻，如常作臛及餛飩，空心食。《心鏡》卒得欬嗽白鷄一隻，苦酒一斗，煮取三升，分三服，并淡食鷄。《肘後》水氣浮腫小豆一升，白雄鷄一隻，治如食法，以水三斗煮熟食之，飲汁令盡。《肘後方》肉壞怪病凡口鼻出腥臭水，以椀盛之，狀如鐵色蝦魚走躍，捉之即化為水，此肉壞也。但多食鷄饌即愈。夏子益《奇疾方》

烏雄鷄肉，氣味甘，微温，無毒。主治補中止痛。《別録》止肚痛，心腹惡氣，除風濕麻痺，諸虛羸，安胎，治折傷并癰疽。生搗，塗竹木刺入肉。《日華》

發明時珍曰：按李廷飛云：黄鷄宜老人。烏鷄宜産婦，暖血。馬益卿云：妊婦宜食牡鷄肉，取陽精之全于天産者。此亦胎教宜見虎豹之意耳。又唐崔行功《纂要》云：婦人産死，多是富貴家，擾攘致婦驚悸氣亂故耳。惟宜屏除一切人，令其獨産，更爛煮牡鷄取汁，作粳米粥與食，自然無恙，乃和氣之效也。蓋牡鷄汁性滑而濡。不食其肉，恐難消也。今俗産家，每産後即食鷄啖卵，氣壯者幸而無恙，氣弱者因而成疾，皆由不解此意也。

附方舊四，新六。補益虛弱詵曰：虛弱人用烏雄鷄一隻洗净，五味煮極爛，食生即反損人。或五味淹炙食，亦良。反胃吐食用烏雄鷄一隻，治如食法，入胡荽子半斤在腹内，烹食二隻愈。老人中風煩熱語澁。每用烏雄鷄一隻，切，葱白一握，煮臛，下麻汁、五味，空心食之。《養老書》脚氣煩懣用烏雄鷄一隻，治如食法，入米作羹食。《養老書》寒疝絞痛用烏雄鷄一頭，治如食法，生地黄七斤，同剉，著甑中蒸之，以器盛取汁。清旦温服，至晚令盡，當下諸寒癖，證，以白粥食之。久疝過三服。《肘後》卒得欬嗽烏雄鷄一隻，治如食法，酒漬半日飲之。《肘後》腎虛耳聾烏雄鷄一隻治净，以無灰酒三升煮熟，乘熱食三五隻，效。狐尿刺瘡棘人，腫痛欲死。破烏鷄搨之，良。《肘後方》猫眼睛瘡身面上瘡，似猫兒眼，有光采，無膿血，但痛痒不常，飲食減少，名曰寒瘡。多喫鷄、魚、葱、韭自愈。夏子益《奇疾方》打傷顛撲及牛馬觸動，胸腹破血，四肢摧折。以烏鷄一隻，連毛杵一千二百下，苦酒三升和匀。以新布搨病處，將膏塗布上，覺寒振欲吐，徐徐取下，須臾再上。一鷄少，頃再作，以愈為度。《肘後方》

黑雌鷄肉，氣味甘、酸，温、平，無毒。主治：作羹食，治風寒濕痺，五緩六急，安胎。《別録》安心定志，除邪辟惡氣，治血邪，破心中宿血，治癰疽，排膿補新血，及産後虛羸，益色助氣。《日華》治反胃及腹痛，踒折骨痛，乳癰。又新産婦以一隻治净，和五味炒香，投二升酒中，封一宿取飲，令人肥白。又和烏油麻二升熬香，入酒中極效。孟詵

發明時珍曰：烏色屬水，牝象屬陰，故烏雌所治，皆血分之病，各從其類也。

附方新三。中風舌强不語，目睛不轉，煩熱。烏雌鷄一隻治净，以酒五升，煮取二升去滓，分作三次，連服之。食葱薑粥，暖卧，取小汗。《飲膳正要》死胎不下烏鷄一隻去毛，以水三升，煮二升去鷄。用帛蘸汁摩臍下，自出。《婦人良方》虛損積勞治男女因積虛或大病後，虛損沉困，酸疼盜汗，少氣喘惙，或小腹拘急，心悸胃弱，多卧少起，漸至瘦削。若年深，五臟氣竭，則難治也。用烏雌鷄一頭，治如食法，以生地黄一斤，切，飴糖一升，納腹内縛定，銅器貯，于瓶中蒸五升米熟，取出，食肉飲汁，勿用鹽。一月一作，神効。《姚生坦方》

黄雌鷄肉，氣味甘、酸、鹹，平，無毒。《日華》曰：性温。患骨熱人勿食。主治傷中消渴，小便數而不禁，腸澼洩痢，補益五臟，续絶傷，療五勞，益氣力。《別録》治勞劣，添髓補精，助陽氣，暖小腸，止洩精，補水氣。《日華》補丈夫陽氣，治冷氣疾着牀者，漸漸食之，良。以光粉、諸石末和飯飼雞，煑食甚補益。孟詵治産後虛羸，煑汁煎藥服，佳。時珍

發明時珍曰：黄者土色，雌者坤象，味甘歸脾，氣温益胃，故所治皆脾胃之病也。丹溪朱氏謂鷄屬土者，當指此鷄而發，他鷄不得侔此。

附方舊三，新六。水癖水腫詵曰：腹中水癖水腫，以黄雌鷄一隻，如常治净，和赤小豆二升同煮，汁飲日二夜一。時行黄疾時行發黄。用金色脚黄雌鷄，治如食法，煮熟食之，并飲汁令盡，不過再作。亦可少下鹽豉。《肘後方》消渴飲水小便數。以黄雌鷄煮汁冷飲，并作羹食肉。《心鏡》下痢禁口黄肥雌鷄一隻，如常為臛，作濕餛飩，空心食之。《心鏡》脾虛滑痢用黄雌鷄一隻炙，以鹽、醋塗，煮熟食之。《心鏡》脾胃弱乏人痿黄瘦。黄雌鷄肉五兩，白麪七兩，切肉作餛飩，下五味煮熟，空心食之。日一作，益顔色，補藏府。《壽親》産後虛羸黄雌鷄一隻，去毛，背上開破，入生百合三枚，白粳米半升縫合，入五味汁中煮熟，開腹取百合并飯，和汁作羹食之，并食肉。《聖惠》病後虛汗傷寒後虛弱，日夜汗出不止，口乾心躁。用黄雌鷄一隻，去腸胃，治净，麻黄根一兩，水七大盞，煮汁三大盞，去滓及鷄，入肉蓯蓉酒浸一宿，刮净一兩，牡蠣煆粉二兩，煎取一盞半，一日服盡。《聖惠》老人噎食不通。黄雌鷄肉四兩，切，茯苓二兩，白麪六兩，作餛飩，入豉汁煮食，三五服效。《養老書》

烏骨雞，氣味甘，平，無毒。主治：補虛勞羸弱，治消渴，中惡鬼擊心腹痛，益産婦，治女人崩中帶下，一切虛損諸病，大人小兒下痢禁口，並煑食飲汁，亦可擣和丸藥。時珍

發明時珍曰：烏骨鷄，有白毛烏骨者，黑毛烏骨者，斑毛烏骨者，有骨肉俱烏者，肉白骨烏者；但觀鷄舌黑者，則肉骨俱烏，入藥更良。鷄屬木，而骨反烏者，巽變坎也，受水木之精氣，

故肝腎血分之病宜用之。男用雌，女用雄。婦人方科有烏鷄丸，治婦人百病，煮鷄至爛和藥，或并骨研用之。按《太平御覽》云：夏侯弘行江陵，逢一大鬼引小鬼數百行。弘潛捉末後以小鬼問之。曰：此廣州大殺也，持弓戟往荆、揚二州殺人。若中心腹者死，餘處猶可救。弘曰：治之有方乎？曰：但殺白烏骨鷄薄心即瘥。時荆、揚病心腹者甚衆，弘用此治之，十愈八九。中惡用烏鷄，自弘始也。此説雖涉迂怪，然其方則神妙，謂非神傳不可也。鬼擊卒死，用其血塗心下，亦效。

附方新三。赤白帶下白果、蓮肉、江米各五錢，胡椒一錢，為末。烏骨鷄一隻，如常治淨，裝木瓜腹煮熟，空心食之。遺精白濁下元虚憊者。用前方食之良。脾虚滑泄烏骨母鷄一隻治淨，用豆蔻一兩，草果二枚，燒存性，摻入鷄腹內，紮定煮熟，空心食之。

反毛鷄，主治反胃。以一隻煮爛，去骨，入人參、當歸、食鹽各半兩，再同煮爛，食之至盡。時珍，出《乾坤生意》。

發明時珍曰：反毛鷄，即翻翅鷄也，毛翮皆反生向前。治反胃者，述類之義耳。

泰和老鷄，氣味甘、辛、熱，無毒。主治內托小兒痘瘡。時珍

發明時珍曰：江西泰和、吉水諸縣，俗傳老鷄能發痘瘡，家家畜之，近則五六年，遠則一二十年。待痘瘡發時，以五味煮爛，與兒食之，甚則加胡椒及桂、附之屬。此亦陳文中治痘用水香、異攻散之意，取其能助濕熱發膿也。風土有宜不宜，不可以為法。

鷄頭丹、白雄鷄者良。主治殺鬼，東門上者良。《本經》治蠱，禳惡，辟瘟。時珍

發明時珍曰：古者正旦，磔雄鷄，祭門戶，以辟邪鬼。蓋鷄乃陽精，雄者陽之體，頭者陽之會，東門者陽之方，以純陽勝純陰之義也。千金轉女成男方中用之，亦取此義也。按應邵《風俗通》云：俗以鷄祭門戶。鷄乃東方之牲，東方既作，萬物觸戶而出也。《山海經》祠鬼神皆用雄鷄，而今治賊風有鷄頭散，治蠱用東門鷄頭，治鬼痱用雄鷄血，皆以禦死辟惡也。又崔食《月令》云：十二月，東門磔白鷄頭，可以合藥。《周禮·鷄人》：凡祭祀禳釁，供其鷄牲。注云：禳郊及疆，却災變也。作宮室器物，取血塗釁隙。《淮南子》曰：鷄頭已瘻，此類之推也。

附方新一。卒魘死昏東門上鷄頭為末，酒服之。《千金方》

鷄冠血三年雄鷄者良。氣味鹹，平，無毒。主治：烏鷄者，主乳難。《別錄》治目淚不止，日點三次，良。孟詵亦點暴赤目。時珍丹鷄者，治白癜風。《日華》並療經絡間風熱。塗頰，治口喎不正；塗面，治中惡；卒飲之，治縊死欲絶，及小兒卒驚客忤。塗諸瘡癬，蜈蚣、蜘蛛毒，馬嚙瘡，百蟲入耳。時珍

發明時珍曰：鷄冠血，用三年老雄者，取其陽氣充溢也。風中血脈則口僻喎，冠血鹹而走血透肌，鷄之精華所聚，本乎天者親上也。丹者陽中之陽，能僻邪，故治中惡、驚忤諸病。烏者陽形陰色，陽中之陰，故治產乳、目淚諸病。其治蜈蚣、蜘蛛諸毒者，鷄食百蟲，制之以所畏也。高武痘疹正宗云：鷄冠血和酒服，發痘最佳。鷄屬巽屬風，頂血至清至高，故也。

附方舊八，新十一。益助陽氣詵曰：丹雄鷄冠血，和天雄、太陽粉各四分，桂心二分，丸服之。鬼擊卒死烏鷄冠血，塗口中令嚥；仍破此鷄搨心下，冷乃棄之道邊，妙。《肘後》卒死寢死治卒死，或寢卧奄忽而絶，皆是中惡。用雄鷄冠血塗面上，乾則再上，仍吹入鼻中，并以灰營死人一周。《肘後》卒然忤死不能言。用鷄冠血，和真珠，丸小豆大。納三、四丸入口中，效。《肘後方》卒縊垂死心中猶温者，勿斷繩。刺鷄冠血滴口中，以安心神。或云：男用雌，女用雄。《肘後》小兒卒驚似有痛處，不知疾狀。用雄鷄冠血少許，滴口中，妙。譚氏小兒。小兒解顱丹雄鷄冠上血滴之，以赤芍藥末粉之，甚良。《普濟》陰毒卒痛用雄鷄冠血，入熱酒中飲之，暖卧取汗。傷寒蘊要。女人陰血女人交接違理，血出。用雄鷄冠血塗之。《集驗》爛弦風眼鷄冠血點之，日三五度。《聖惠》對口毒瘡熱鷄血頻塗之，取散。《皆效方》發背癰疽用雄鷄冠血滴疽上，血盡再換，不過五六鷄，痛止毒散，數日自愈。《保壽堂方》浸淫瘡毒不早治，周身殺人。以鷄冠血塗之，日四五度。《肘後》燥癬作痒雄鷄冠血，頻頻塗之。《范汪方》馬咬成瘡腫痛。用鷄冠血塗之。駁馬用雌鷄，牡馬用雄鷄。《肘後方》蜈蚣咬瘡鷄冠血塗之。錢相公《篋中方》蜘蛛咬瘡同上。中蜈蚣毒舌脹出口是也。雄鷄冠血浸舌，并咽之。青囊雜纂。諸蟲入耳鷄冠血滴入即出。《勝金》

鷄血烏鷄、白鷄者良。氣味鹹，平，無毒。主治踒折骨痛及痿痺，中惡腹痛，乳難。《別錄》治剝驢馬被傷，及馬咬人，以熱血浸之。白癜風、瀝瘍風，以雄鷄翅下血塗之。藏器熱血服之，主小兒下血及驚風，解丹毒蠱毒，鬼排陰毒，安神定志。時珍曰：《肘後》治驚邪恍惚，大方中亦用之。

附方舊一，新九。陰毒鷄血衝熱酒飲。鬼排卒死用烏雄鷄血塗心下，即甦。《風俗通》解百蟲毒白鷄血，熱飲之。《廣記》驚風不醒白烏骨雄鷄血，抹脣上即醒。《集成》縊死未絶鷄血塗喉下。《千金》黄疸困篤用半斤大雄鷄，背上破開，不去毛，帶熱血合患人胸前，冷則換之。日換數鷄，拔去積毒即愈。此鷄有毒，人不可食，犬亦不食也。唐瑶《經驗方》筋骨折傷急取雄鷄一隻刺血，量患人酒量，或一椀，或半椀，和飲，痛立止，神驗。《青囊》雜物眯目不出。以鷄肝血滴少許，即出。《聖惠》蚰蜒入耳生油調鷄心血，滴耳即出。金瘡腸出以乾人屎末抹入，桑皮線縫合，熱鷄血塗之。《生生編》

肪烏雄鷄者良。氣味甘，寒，無毒。主治耳聾。《別錄》頭禿髮落。時珍

附方新一。年久耳聾用鍊成鷄肪五兩，桂心十八銖，野葛六銖，同以文火煎三沸，去滓。每用棗許，以筆筒炙溶，傾入耳中。如此十日，耵聹自出，長寸許也。《千金翼》

腦白雄雞者良。主治小兒驚癇。燒灰酒服，治難産。藴恭。

心烏雄雞者良。主治五邪。《別録》

肝雄雞者良。氣味甘、苦，温，無毒。時珍曰：微毒。《内則》云「食雞去肝」，為不利人也。主治起陰。《別録》補腎。治心腹痛，安漏胎下血，以一具切，和酒五合服之。孟詵療風虚目暗。治女人陰蝕瘡，切片納入，引蟲出盡，良。時珍

附方新三。陰痿不起用雄雞肝三具，菟絲子一升，為末，雀卵和，丸小豆大。每服一百丸，酒下，日二。《千金》肝虚目暗老人肝虚目暗。烏雄雞肝一具，切，以豉和米作羹成粥食之。《養老書》睡中遺尿雄雞肝、桂心等分，搗丸小豆大。每服一丸，米飲下，日三服。遺精，加白龍骨。

膽烏雄雞者良。氣味苦，微寒，無毒。主治目不明，肌瘡。《別録》月蝕瘡，遶耳根，日三塗之。孟詵燈心蘸點胎赤眼，甚良。水化搽痔瘡，亦效。時珍

附方新四。沙石淋瀝用雄雞膽乾者半兩，雞屎白炒一兩，研勻。温酒服一錢，以利為度。十便良方。耳病眈目黒雌雞膽汁塗之，日三。《聖惠》眼熱流淚五倍子、蔓荆子煎湯洗，後用雄雞膽點之。《摘玄方》塵沙眯目雞膽汁點之。《醫説》

腎雄雞者良。主治齆鼻作臭，用一對與脖前肉等分，入豉七粒，新瓦焙研，以雞子清和作餅，安鼻前，引蟲出。忌陰人、雞、犬見。《十便良方》

嗉主治小便不禁，及氣噎食不消。時珍

附方新三。氣噎不通雞嗉兩枚連食，以濕紙包，黄泥固，煨存性為末，入木香、沉香、丁香末各一錢，棗肉和，丸梧子大。每汁下三丸。小便不禁雄雞喉嚨，及膍胵，并屎白，等分為末。麥粥清服之。《衛生易簡方》發背腫毒雞嗉及肫内黄皮，焙研。濕則乾摻，乾則油調搽之。《醫林正宗》

膍胵裏黄皮，一名雞内金。膍胵，音脾鴟，雞肫也。近人諱之，呼肫内黄皮為雞内金。男用雌，女用雄。

氣味甘，平，無毒。主治洩痢。小便頻遺，除熱止煩。《別録》止泄精並尿血，崩中帶下，腸風瀉血。《日華》治小兒食瘧，療大人淋漓反胃，消酒積，主喉閉乳蛾，一切口瘡，牙疳諸瘡。時珍

附方舊二，新十八。小便遺失用雞膍胵一具，并腸燒存性，酒服。男用雌，女用雄。《集驗》小便淋瀝痛不可忍。雞肫内黄皮五錢，陰乾燒存性，作一服，白湯下，立愈。《醫林集要》膈消飲水雞内金洗，晒乾、栝樓根炒五兩，為末，糊丸梧桐子大。每服三十丸，温水下，日三。《總録》反胃吐食雞膍胵一具，燒存性，酒調服。男用雌，女用雄。《千金》消導酒積雞膍胵、乾葛為末，等分，麪糊丸梧子大。每服五十丸，酒下。《袖珍方》禁口痢疾雞内金焙研，乳汁服之。小兒瘧疾用雞膍胵黄皮燒存性，乳服。男用雌，女用雄。《千金》喉閉乳蛾雞肫黄皮勿洗，陰乾燒末，用竹管吹之即破，愈。《青囊方》一切口瘡雞内金燒灰傅之，立效。《活幼新書》鵞口白瘡雞肫黄皮為末，乳服半錢。《子母秘録》走馬牙疳《經驗》：用雞肫黄皮不落水者五枚，枯礬五錢，研搽立愈。《心鑑》：用雞肫黄皮，燈上燒存性，入枯礬、黄柏末等分，麝香少許。先以米泔洗漱後，貼之。陰頭疳蝕雞内金不落水拭浄，新瓦焙脆，出火毒，為細末。先以米泔水洗瘡，乃搽之。亦治口疳。《經驗方》穀道生瘡久不愈。用雞膍胵燒存性為末，乾貼之，如神。《總録》脚脛生瘡雄雞肫内皮，洗浄貼之。一日一易，十日愈。《小山奇方》瘡口不合雞膍胵皮，日貼之。發背初起用雞肫黄皮不落水者陰乾，臨時温水潤開貼之，隨乾隨潤，不過三五箇，即消。《楊氏經驗方》發背已潰用雞肫黄皮，同綿絮焙末搽之，即愈。金頸瘡蝕初生如米豆，久則穿蝕。用雞内金焙，鬱金等分，為末。鹽漿漱了貼之。忌米食。《總録》小兒疣目雞肫黄皮擦之，自落。《集要方》雞骨哽咽活雞一隻打死，取出雞内金洗浄，燈草裹，于火上燒存性。竹筒吹入咽内，即消，不可見肉。《攝生方》

腸男用雌，女用雄。主治遺溺，小便數不禁。燒存性，每服三指，酒下。《別録》止遺精、白濁、消渴。時珍

附方舊一。小便頻遺《心鏡》：用雄雞腸一具作臛，和酒服。《普濟》：用雄雞腸，水煮汁服，日三次。

肋骨烏骨雞者良。主治小兒羸瘦，食不生肌。《別録》

附方新二。小兒囟陷因臟腑壅熱，氣血不榮。用烏雞骨一兩酥炙黄，生地黄焙二兩，為末。每服半錢，引飲調下。《聖惠方》瘡中朽骨久疽久漏，中有朽骨。以烏骨雞脛骨，實以砒石，鹽泥固濟，煅紅出毒，以骨研末，飯丸粟米大。每以白紙撚送一粒入竅中，以拔毒膏藥封之，其骨自出。《醫學正傳》

距白雄雞者良。主治産難，燒研酒服。藴恭下骨哽，以雞足一雙，燒灰水服。時珍，出《外臺》

翮翎白雄雞者良。主治下血閉。左翅毛，能起陰。《別録》治婦人小便不禁，消陰癩，療骨哽，蝕癰疽。止小兒夜啼，安席下，勿令母知。時珍

發明時珍曰：翅翮形鋭而飛揚，乃其致力之處。故能破血消腫，潰癰下哽。按葛洪云：凡古井及五月井中有毒，不可輒入，即殺人。宜先以雞毛試之，毛直下者無毒，回旋者有毒也。又《感應志》云：五酉日，以白雞左翅燒灰揚之，風立至；以黒犬皮毛燒灰揚之，風立止也。巽為風，雞屬巽，於此可見。

附方舊二，新七。陰腫如斗取鷄翅毛，一孔生兩莖者，燒灰飲服。左腫取右翅，右腫取左翅，雙腫並取。《古今録驗》陰卒腫痛鷄翮六枝燒存性，蛇狀子末等分，隨左右傅之。《肘後方》婦人遺尿雄鷄翎燒灰，酒服方寸匕，日三。《普济方》咽喉骨哽白雄鷄左右翮大毛各一枚，燒灰水服。《外臺》腸內生癰雄鷄頂上毛并屎燒末，空心酒服。《千金》決癰代鍼白鷄翅下兩邊第一毛，燒灰水服，即破。《外臺》解蜀椒毒鷄毛燒烟吸之，并水調一錢服之。《千金方》馬汗入瘡鷄毛燒灰，酒服方寸匕。《集驗方》蠼螋尿瘡烏鷄翅毛燒灰，油調傅之。蟲畏鷄故也。《瑣碎錄》。

尾毛，主治：刺入肉中，以二七枚烧作灰，和男子乳封之，當出。孟詵

解蜀椒毒，燒烟吸之，并以水調灰服。又治小兒痘瘡後生癰，燒灰和水傅之。時珍

附方新一。小便不禁雄鷄翎燒研，酒服方寸匕。《外臺祕要》屎白雄鷄屎乃有白，臘月收之，白鷄烏骨者更良。《素問》作鷄矢。

氣味微寒，無毒。主治消渴，傷寒寒熱。破石淋及轉筋，利小便，止遺尿，滅瘢痕。《別録》治中風失音痰迷。炒服，治小兒客忤蠱毒。治白虎風，貼風痛。《日華》治賊風、風痺，破血，和黑豆炒，酒浸服之，亦治蟲咬毒。藏器下氣，通利大小便，治心腹鼓脹，消癥瘕，療破傷中風，小兒驚啼。以水淋汁服，解金銀毒。以醋和，塗蜈蚣、蚯蚓咬毒。時珍

發明頌曰：按《素問》云：心腹滿，旦食不能暮食，名為鼓脹。治之以鷄屎醴，一劑知，二劑已。王氷注云：本草鷄屎利小便，並不治蠱脹。今方法當用湯漬服之耳。時珍曰：蠱脹生於濕熱，亦有積滯成者。鷄屎能下氣消積，通利大小便，故治鼓脹有殊功，此岐伯神方也。醴者，一宿初來之酒醅也。又按《范注方》云：宋青龍中，司徒吏顏奮女苦風疾，一髀偏痛。一人令穿地作坑，取鷄屎、荆葉然之，安脛入坑中熏之，有長蟲出，遂愈也。

附方舊十四，新三十一。鷄矢醴《普濟方》云：治鼓脹，旦食不能暮食。由脾虚不能制水，水反勝土，水穀不運，氣不宣流，故令中滿。其脈沉實而滑。宜鷄矢醴主之。何大英云：諸腹脹大，皆屬於熱。精氣不得滲入膀胱，別走于腑，溢于皮裏膜外，故成脹滿，小便短澁。鷄矢性寒利小便，誠萬金不傳之寶也。用臘月乾鷄矢白半斤，袋盛，以酒醅一斗，漬七日。温服三盃，日三。或為末，服二錢亦可。《宣明》：用鷄矢、桃仁、大黄各一錢，水煎服。《正傳》：用鷄矢炒研，沸湯淋汁，調木香、檳榔末二錢服。一方：用鷄矢、川芎藭等分為末，酒糊丸服。牽牛酒治一切肚腹、四肢腫脹、不拘鼓脹、氣脹、濕脹、水脹等。有峨嵋一僧，用此治人得效，其人牽牛來謝，故名。用乾鷄矢一升炒黄，以酒醋三椀，煮一椀，濾汁飲之。少頃，腹中氣大轉動，利下，即自脚下皮歛消也。未盡，隔日再作。仍以田鸁二枚，滚酒瀹食，後用白粥調理。《積善堂經驗方》小兒腹脹黄瘦，用乾鷄矢一兩，丁香一錢，為末，蒸餅丸小豆大。每米湯下十丸，日三服。《活幼全書》心腹鼈瘕及宿癥，并卒得癥。以飯飼白雄鷄取糞，同小便于瓦器中熬黄為末。每服方寸匕，温酒服之，日四五服，或雜飯飼之，以消為度亦佳。《集驗方》食米成瘕好食生米，口中出清水。以鷄矢同白米各半合，炒為末，以水一鍾調服。良久，吐出如米形，即瘥。昔慎恭道病此，饑痩如勞，蜀僧道廣處此方而愈。《醫説》反胃吐食以烏骨鷄一隻，與水飲四五日，勿與食。將五蒲蛇二條，竹刀切與食。待鷄下糞，取陰乾為末，水丸粟米大。每服一分，桃仁湯下。五七服即愈。《證治發明》中諸菜毒發狂，吐下欲死。用鷄矢燒末，水服方寸匕。《葛氏方》石淋疼痛鷄矢白，日中半乾，炒香為末，以酸漿飲服方寸匕，日二，當下石出。《古今錄驗》小兒血淋鷄矢尖白如粉者，炒研，糊丸菉豆大。每服三五丸，酒下。四五服效。產後遺溺不禁。鷄矢燒灰，酒服方寸匕。《產寶》轉筋入腹其人臂脚直，其脈上下，微弦。用鷄矢為末，水六合，和方寸匕，温服。《張仲景方》中風寒痺口噤，不知人。以鷄矢白一升炒黄，入酒三升攪，澄清飲。《葛氏》白虎風痛詵曰：鋪飯於患處，以丹雄鷄食之。良久，取熱糞封之。取訖，使伏于患人牀下。破傷中風腰脊反張，牙緊口噤，四肢强直用。鷄矢白一升，大豆五升，炒黄，以酒沃之，微烹令豆澄下。隨量飲，取汗避風。《經驗方》產後中風口噤瘈瘲，角弓反。張黑豆二升半，同鷄矢白一升炒熟，入清酒一升半，浸取一升，入竹瀝服，取汁。《產寶》角弓反張四肢不隨，煩亂欲死。鷄矢白一升，清酒五升，擣篩，合揚千遍，乃飲。大人服一升，少小五合，日二服。《肘後》小兒口噤面赤者屬心，白者屬肺。用鷄矢白如棗大，綿裹，以水一合煮，分二服。一方：酒研服之。《千金方》小兒緊唇鷄矢白，研末傅之。有涎易去。《聖惠》小兒驚啼鷄矢白燒灰，米飲服二字。《千金方》頭風痺木用臘月烏鷄矢一升，炒黄為末，絹袋盛，漬三升酒中。頻頻温服令醉。《千金方》喉痺腫痛鷄矢白含之燕汁。《聖惠》牙齒疼痛鷄矢白燒末、綿裹咬痛處，立瘥。《經驗方》鼻血不止鷄矢取有白色半截者，燒灰吹之。《唐氏經驗方》牙齒不生不拘大人、小儿。用雄鷄矢、雌鷄矢十五顆焙研，入麝香少許，先以針挑破出血，傅之。年高者不過二十日，年少者十日必生。《普濟》：但用烏鷄雌雄糞，入舊麻鞋底燒存性，等分，入麝香少許，三日夜不住擦，令熱為佳。李察院亮卿常用，有效。耳聾不聽鷄矢白炒半升，烏豆炒一升，以無灰酒二升，乘熱投入服取，汗耳。如鼓鼙勿訝。《外臺》面目黄疸鷄矢白、小豆、秫米各二分，為末，分作三服，水下，當有黄汁出也。《肘後方》子死腹中雌鷄糞二十一枚，水二升，五合煮之，下米作粥食，《產寶》乳妬乳癰鷄矢白炒研，酒服方寸匕，三服愈。《產寶》乳頭破裂方同上。內癰未成取伏鷄屎，水和服，即瘥。《千金》頭瘡白秃雄鷄屎末，和陳醬、苦酒洗之。《千金》消滅瘢痕以猪脂三升，飼烏鷄一隻，三日後取矢，同白芷、當歸各一兩，煎十沸，去滓，入鷹矢白半兩，調傅。《外

臺》耳中惡瘡雞矢白炒研，傅之。《千金》食金中毒已死。取雞矢半升，水淋取汁一升，飲之，日三。《肘後方》縊死未絶雞矢白如棗大，酒半盞和，灌口鼻。《肘後》尸脚折裂無冬夏者。雞屎煮湯，漬半日，取瘥乃止。《千金》射工溪毒白雞矢白者二枚，以餳和，塗瘡上。《肘後》骨疽不合骨從孔中出。掘地作坑，口小裏大，深三尺。以乾雞屎二升，同艾及荆葉搗碎，入坑內，燒令烟出。以疽口就熏，用衣擁之，勿令洩氣。半日當有蟲出，甚效。《千金方》陰毒腹痛雞糞、烏豆、地膚子各一把，亂髮一團，同炒，烟起，傾入好酒一椀浸之，去滓，熱服即止。《生生編》小兒心痛白烏骨雞屎五錢晒研，松脂五錢，為末，葱頭汁和，丸梧子大，黄丹為衣。每醋湯服五丸。忌生冷、硬物，三四日立效。《嬰童百問》

雞子，即雞卵也。黄雌者為上，烏雌者次之。氣味甘，平，無毒。思邈曰：微寒。畏醇醋。鼎曰：不勿多食，令人腹中有聲，動風氣。和葱、蒜食之，氣短；同韭子食，成風痛；共鱉肉食，損人；共獺肉食，成遁尸；同兎肉食，成洩痢。妊婦以雞子、鯉魚同食，令兒生瘡；同糯米食，令兒生蟲。時珍曰：小兒患痘疹，忌食雞子，及聞煎食之氣，令生翳膜。主治：除熱火灼爛瘡、癇痓。可作虎魄神物。《别録》弘景曰：用欲毈子黄白混雜者煮作之，極相似，惟不拾芥爾。又煮白，合銀口含，須臾色如金也。鎮心，安五臟，止驚安胎，治妊娠天行熱疾狂走，男子陰囊濕痒，及開喉聲失音。醋煮食之，治赤白久痢，及産後虚痢。光粉同炒乾，止疳痢，及婦人陰瘡。和豆淋酒服，治賊風麻痺。醋浸令壞，傅疵䵟。作酒，止産後血運，暖水臟，縮小便，止耳鳴。和蠟沙，治耳鳴、聾，及疳痢。《日華》益氣。以濁水煮一枚，連水服之，主産後痢。和蠟煎，止小兒痢。藏器。小兒發熱，以白蜜一合，和三顆攪服，立瘥。孟詵

《太平御覽》云：正旦吞烏雞子一枚，可以練形。《岣嶁神書》云：八月晦日夜半，面北吞烏雞子一枚，有事可隱形。

發明時珍曰：卵白象天，其氣清，其性微寒；卵黄象地，其氣渾，其性温；卵則兼黄白而用之，其性平。精不足者補之以氣，故卵白能清氣，治伏熱、目赤、咽痛諸疾；形不足者補之以味，故卵黄能補血，治下痢、胎産諸疾；卵則兼理氣血，故治上列諸疾也。

附方舊八，新二十三。天行不解已汗者。用新生雞子五枚，傾盞中，入水一雞子攪渾，以水一升煮沸，投入納少醬，啜之，令汗出愈。《許仁則方》天行嘔逆食入即吐。雞子一枚，水煮三五沸，冷水浸少頃，吞之。《外臺》傷寒發狂煩燥熱極。吞生雞子一枚，效。《食鑑》三十六黄《急救方》：用雞子一顆，連殻燒灰，研酢一合和之温，服，鼻中蟲出為效。身體極黄者，不過三枚，神效。《外臺祕要》白虎風病藏器曰：取雞子揩病處，咒願，送糞堆頭上，不過三次瘥。白虎是糞神，愛喫雞子也。身面腫滿雞子黄白，相和塗腫處。乾再上。《肘後方》年深哮喘雞子詈敲損，浸尿缸中三四日，煮食，能去風痰。《集成》心氣作痛雞子一枚打破，醋二合調服。《肘後》小兒疳痢肚脹。用雞子一箇開孔，入巴豆一粒，輕粉一錢，用紙五十重，裹于飯上蒸三度，放冷去殻研，入麝香少許，糊和丸米粒大。食後温湯下二丸至三丸。《經驗方》預解痘毒《保和方》：用雞卵一枚，活地龍一條入卵內，飯上蒸熟，去地龍，與兒食。每歲立春日食一枚，終身不出痘也。李氏：用雞卵一枚，童便浸七日，水煮食之，永不出痘。李捷：用頭生雞子三五枚，浸厠坑內五七日，取出煮熟與食，數日再食一枚，永不出痘。徐都司得于浙人之方。痘瘡出瘢雞子一箇，酒醅浸七日，白殭蠶二七枚，和勻，揩赤塗之，甚效。《聖惠》雀卵面皰雞卵醋浸壞，取出傅之。《聖惠》妊娠時疾冷胎不。動以雞子七枚，納井中令冷。取出打破吞之。《子母祕錄》病欲去胎雞子一枚，入鹽三指撮，服。《張大仲方》胎動下血藏器曰：雞子二枚打破，以白粉和稀，食之。子死腹中用三家雞卵各一枚，三家鹽各一撮，三家水各一升，同煮，令婦東向飲之。《千金方》産後血多不止。烏雞子三枚，醋半升，酒二升，和攪，煮取一升，分四服。《拾遺》産後心痛雞子煮酒，食即安。《備急方》産後口乾舌縮。用雞子一枚打破，水一盞攪服。《經驗方》婦人白帶用酒及艾葉煮雞卵，日日食之。《袖珍方》頭風白屑新下烏雞子三枚，沸湯五升攪，作三度沐之，甚良。《集驗》腋下胡臭雞子兩枚，煮熟去殻，熱夾，待冷，棄之三叉路上，勿回顧。如此三次效。《肘後方》乳石發渴水浸雞子，取清生服，甚良。《總錄》解野葛毒已死者，抉開口後，灌雞子三枚。須臾吐出野葛，乃甦。《肘後方》胡蔓野毒即斷腸草，一葉入口，百竅流血。惟急取鳳凰胎，即雞卵抱未成雛者，已成者不用研爛，和麻血灌之。吐出毒物乃生，少遲即死。《嶺南衛生方》癰疽發背初作，及經十日以上，腫赤焮熱，日夜疼痛，百藥不效者。用毈雞子一枚，新狗屎如雞子大，攪勻，微火熬令稀稠得所，捻作餅子，于腫頭上貼之，以帛包抹。時時看視，覺餅熱即易，勿令轉動及歇氣，經一宿定。如日多者，三日貼之，一日一易，至瘥乃止。此方穢惡。不可施之貴人。一切諸方皆不能及，但可備擇而已。《千金方》蛛蟵蛇傷雞子一箇，輕敲小孔合之，立瘥。《兵部手集》蠼螋尿瘡同上法。身體發熱不拘大人、小兒。用雞卵三枚，白蜜一合和服，立瘥。《普濟方》

卵白，氣味甘，微寒，無毒。主治：目熱赤痛，除心下伏熱，止煩滿欬逆，小兒下泄，婦人産難，胞衣不出，竝生吞之。醋浸一宿，療黄疸，破大煩熱。《别録》産後血閉不下，取白一枚，入醋一半攪服。藏器和赤小豆末，塗一切熱毒、丹腫、腮痛神效。冬月以新生者酒漬之，密封七日取出，每夜塗面，去䵟黯皶皰，令人悦色。時珍

發明宗奭曰：産後血運，身痙直，口、目向上牽急，不知人。取雞子一枚，去殻分清，以荆芥末二錢調服即安，甚敏捷。烏雞子尤善。

附方舊四，新六。時行發黃醋酒浸鷄子一宿，吞其白數枚。《肘後方》下痢赤白生鷄子一箇，取白攤連紙上日乾，揭作四重，包肥烏梅十箇，安熨斗中，以白炭燒存性，取出碗覆，冷定研末，入水銀粉少許。大人分二服，小兒三服，空心井華水調下。如覺微利，不須再服。《類澄》蚘蟲攻心口吐清水。以鷄子一枚去黃，納好漆入鷄子殼中和合。仰頭吞之，蟲即出也。《古今錄驗》五種遁尸其狀腹脹，氣急冲心，或磥磈踊起，或牽腰脊。以鷄卵白七枚，頓吞之良。《千金》咽塞鼻瘡及乾嘔頭痛，食不下。用鷄子一枚，開一竅，去黃留白，着米酢，塘火頓沸，取下更頓，如此三次。乘熱飲之，不過一二度即愈。《普濟方》面生皰瘡鷄子，以三歲苦酒浸之三宿，待軟，取白塗之。《肘後》湯火燒灼鷄子清和酒調洗，勤洗即易生肌。忌發物。或主傅之亦可。《經驗祕方》頭髮垢脂鷄子白塗之，少頃洗去，光澤不燥。《瀕湖》面黑令白鷄子三枚，酒浸，密封四七日。每夜以白傅，面如雪白也。《普濟》塗面駐顏鷄子一枚，開孔去黃留白，入金華胭脂及硇砂少許，紙封，與鷄抱之，候別卵抱出，以塗面。洗之不落，半年尚紅也。《普濟》

卵黃，氣味甘，温，無毒。主治：醋煑，治産後虚痢，小兒發熱。煎食，除煩熱。鍊過，治嘔逆。和常山末為丸，竹葉湯服，治久瘧。《藥性》炒取油，和粉，傅頭瘡。《日華》。卒乾嘔者，生吞數枚，良。小便不通者，亦生吞之，數次效。補陰血，解熱毒，治下痢，甚驗。時珍

發明時珍曰：鷄子黃，氣味俱厚，陰中之陰，故能補形。昔人謂其與阿膠同功，正此意也。其治嘔逆諸瘡，則取其除熱引蟲而已。頌曰：鷄子入藥最多，而髮煎方特奇。劉禹錫《傳信方》云：亂髮鷄子膏，治孩子熱瘡。用鷄子五枚，煑熟去白取黃，亂髮如鷄子大，相和，於鐵銚中炭火熬之。初甚乾，少頃即髮焦，乃有液出。旋取置椀中，以液盡為度。取塗瘡上，即以苦參末粉之。頃在武陵生子，蓐内便有熱瘡，塗諸藥無益，而日益劇，蔓延半身，晝夜號啼，不乳不睡。因閲《本草》『髮髲』條云：合鷄子黃煎之，消為水，療小兒驚熱、下痢。註云：俗中嫗母為小兒作鷄子煎，用髮雜熬之，良久得汁，與小兒服，去痰熱，主有病。又『鷄子』條云：療火瘡。因是用之，果如神效也。

附方舊三，新十一。赤白下痢鷄卵一枚，取黃去白，入胡粉滿殼，燒存性。以酒服一錢匕。《葛氏方》妊娠下痢絞痛。用烏鷄子一枚，開孔去白留黃入黃，丹一錢在內，厚紙裹定，泥固煨乾為末。每服三錢，米飲下。一服愈者是男，兩服愈者是女。《三因方》子死腹中鷄子黃一枚，薑汁一合和服。當下。小腸疝氣鷄子黃攪，温水服之，三服效。小兒癇疾鷄子黃和乳汁攪服，不過三兩枚，自定。《普濟》小兒頭瘡煮熟鷄子黃，炒令油出，以麻油、膩粉搽之。《事林廣記》鼠瘻已潰鷄卵一枚，米下蒸半日，取黃熬令黑。先拭瘡令乾，以藥納孔中，三度即愈。《千金方》脚上臭瘡熟鷄子黃一箇，黃蠟一錢，煎油塗之。湯火傷瘡熱鷄子一個，取黃炒取油，入膩粉十文，攪勻掃上，三五日永除瘢痕。《集驗方》杖瘡已破鷄子黃熬油搽之，甚效。《唐瑶經驗方》天泡水瘡方同上。消滅瘢痕鷄子五七枚煮熟，取黃炒黑，拭塗，日三。久久自滅。《聖惠方》妊娠胎漏血下不止，血盡則子死。用鷄子黃十四枚，以好酒二升，煮如餳服之。未瘥再作，以瘥為度。《普濟方》耳疳出汁鷄子黃炒油塗之，甚妙。《談埜翁方》

抱出卵殼時珍曰：俗名混沌池、鳳凰蜕。用抱出者，取其蜕脱之義也。李石《續博物志》云：踏鷄子殼，令人生白癜風。主治：研末磨障翳。《日華》傷寒勞復，熬令黃黑為末，熱湯和一合服，取汗出即愈。蘓頌，出《深師方》。燒灰油調，塗癬及小兒頭身諸瘡，酒服二錢，治反胃。時珍

附方舊二，新七。小便不通鷄子殼、海蛤、滑石，等分為末。每服半錢，米飲下，日三。《聖惠方》小兒煩滿欲死。鷄子殼燒末，酒服方寸匕。《子母祕錄》癍痘入目鷄子殼燒研，入片腦少許，點之，鴻飛集。頭瘡白禿鷄子殼七箇，炒研油和，傳之。《秘錄》頭上軟癤用抱出鷄卵殼，燒存性研末，入輕粉少許，清油調傅。《危氏方》耳疳出濃用抱出鷄卵殼，炒黃為末，油調灌之，疼即止。《杏林摘要》玉莖下疳鷄卵殼炒研，油調傅之。同上。外腎癰瘡抱出鷄卵殼、黃連、輕粉等，亦為細末。用鍊過香油調塗。《醫林正宗》痘瘡惡證癍痘倒陷，毒氣壅遏於裏，則為便血、昏睡不醒，其證甚惡。用抱出鷄子殼去膜，新瓦焙研。每服半錢，熱湯調下。嬰兒以酒調，抹唇、舌上，并塗風池、胸、背，神效。

卵殼中白皮，主治：久欬氣結，得麻黃、紫苑服，立效。《别錄》

發明時珍曰：按仙傳外科云：有人偶含刃在口，割舌，已垂未斷，一人用鷄子白皮袋之，摻止血藥於舌根。血止，以臘化蜜調冲和膏，敷鷄子皮上。三日接住，乃去皮，只用蜜蠟勤敷，七日全安。若無連效，以金鎗藥參治之。此用鷄子白皮無他，但取其柔軟而薄，護舌而透藥也。

附方新二。欬嗽日久鷄子白皮炒十四枚，麻黃三兩焙，為末。每服方寸匕，飲下，日二。《必效方》風眼腫痛鷄子白皮、枸杞白皮，等分為末。吹鼻中，一日三次。《聖濟總錄》

雞白蠹肥脂《本經》：弘景曰：不知是何物？恐别一種耳。藏器曰：今鷄亦有白臺，如卵而硬，有白無黃，云是牡鷄所生，名父公臺。臺字似橐字，疑傳誤也。機曰：此本經文，列于黑雌鷄條下，似指雌鷄之肥脂，如蠹蟲之肥白，因其似而名之也。時珍曰：蠹音妬，而藏器以為橐何耶？今牡鷄生子，亦時或有之，然不當有肥脂字，當以機說為近。否則，必雌鷄之生腸也。本經有其名，不具其功，蓋脱簡之文。

窠中草，主治：頭瘡白秃。和白頭翁草燒灰，猪脂調傅。《日華》天絲入眼，燒灰淋清汁洗之，良。時珍，出不自祕方。

附方舊一，新一。小兒夜啼鷄窠草安席下，勿令母知。《日華本草》産後遺尿鷄窠草燒末，酒服一錢七。《聖惠方》

燖鷄湯，主治：消渴，飲水無度。用燖雄鷄水，濾澄服之。不過二鷄之水愈，

神效。《楊氏經驗方》。

附方新一。鷄眼作痛剥去皮，以𤆬鷄湯洗之。《簡便方》

清 陳大章《詩傳名物集覽》卷一《鷄棲于塒》

《爾雅》：雞大者蜀，蜀子鷄。未成雞，僆。絶有力，奮。雞三尺爲鶤。郭注：蜀，今蜀雞。鷄，雛子名，今江東呼雞。少者曰：僆鶤，古之名。雞易巽，爲雞疏巽。主號令雞，能知時故，爲雞也。《周禮》：雞人掌夜，呼旦以嘂百官。《庖人》：秋行犢麛，膳膏腥。大宗伯以禽作六摯，工商執雞。注：取其守時而動，雞人凡祭祀面禳釁，共其雞牲。《禮記》：祭宗廟之禮，雞曰翰音。注：翰長也。又季冬之月，雉雊雞乳，又子事父母。雞初鳴，咸盥漱。《夏小正》：正月雞桴，粥桴嫗伏也。粥養也。運斗樞，玉衡星散爲雞。《春秋說題辭》：雞爲積陽，南方之象，火陽精，物炎上，故陽出雞鳴。以類感也。雞之爲言佳也，佳而起爲大期莫寶也。《韓詩外傳》：雞有五德，頭戴冠者文也，足傳距者武也。敵在前敢鬬者勇也，見食相呼者仁也，守夜不失時者信也。《左傳》：季郈之雞鬬，季氏介其雞，郈氏爲之金距。平子怒，又賓孟適效，見雄雞自斷其尾，問之侍者曰：憚爲犧也。又公膳日雙雞。《列子》：紀渻子爲周宣王養鬬雞，曰：望之如木雞，其德全矣。異雞無敢應者也。《呂氏春秋》：善學者若食雞跖，數千而後足。《淮南子》：雞知將旦鶴知夜半，易林雞鳴節時，家樂無憂。按《說文》解『喌喌』，二口爲讙，州其聲也。讀若祝祝。誘致禽獸和順之意。喌與朱音相近耳。《異苑》：山雞愛其毛羽，映水則舞。《古今注》：雞，一名燭夜。一名司晨。《九家易》：風應節而變，變不失時，雞時至而鳴，與風相應。二九十八，主風精爲雞，故雞十八日剖而成雛。二九順陽曆，故雞知時而鳴也。《五行傳》：貌之不恭則有雞禍。《管輅別傳》：雞者兌之畜，故太白揚輝則雞鳴。《廣志》：雞有胡髯、五指、金骹、反翅之種。大者蜀，小者荆。白雞金骹者善奮。九眞出長鳴雞。《鹽鐵論》：雞廉，狼吞。雞跑而食之。每有所擇，故曰小廉如雞。雞有蜀、魯、荆、越諸種，越雞小，蜀雞大，魯雞又其大者。《莊子》：羊溝之雞，非良雞也，而數勝人者，以狸膏塗其頭。注：雞畏狸也，又越雞不能伏鵠卵，魯雞固能矣。又見卵而求時夜，又浸假化予之左臂以爲雞，余因以求時夜。《埤雅》：舊說日中有雞，月中有兔，雞正西方之物，兔正東方之物，大明生于東，故雞入之月，生于西。故兔入之，此猶西象入東鏡，東象入西鏡耳。巽之爲雞，兌見而巽伏，故爲雞。雞知時善伏也。故曰：乳狗噬虎，伏雞搏貍。又曰：伏雞曰抱其卵，伏而未孚，始化之時謂之涅。王褒曰：魚瞰雞睨，李善以爲魚目不瞑，雞好邪視是也。《雅翼》：雞鳴必三度，故禮有初鳴而衣服者，又能自守，不爲風雨所止。故詩人以比不改度之君子。雞有冠距，文武之貌，不爲威儀貌氣毁，故有雞禍。《漢官儀》：宫不畜雞，汝南出長鳴雞，衛士候于朱雀門，外專傳雞唱。應劭曰：今雞鳴歌是也。《晉太康地道記》：後漢衛士習此曲，于闕下歌之，即今雞唱。舊說正月一日雞，二日狗，三日猪，四日羊，五日牛，六日馬，七日人，占其日以知登耗也。《名物解》：《傳》稱陽出雞鳴，按陽氣生于子，雞應子而和鳴，陰氣生于午，雞應午而又鳴。則非陽出故鳴也。《劉晝韜光篇》：周雞斷尾，獲免犧牲，山狙見巧，終必招害，由此言之，出處之道可知矣。《顔氏家訓》：太史公曰：寧爲雞口，無爲牛後，出《戰國策》。延篤《音義》云：尸雞中之主，從牛子，然則口當爲尸，後當爲從，俗寫誤也。

《塒朱傳》：雞鑿垣而棲爲塒。《爾雅注》：李巡曰：寒鄉鑿牆爲雞作棲曰塒。《說文》：西鳥在巢上，象形，日在西方而鳥棲，故因以爲東西之西，字從木栖。《禽經》：陸鳥曰棲，水鳥曰宿。《戰國策》：諸侯之不能一，猶連雞之不能俱止于棲也。《抱樸子》：雞有專棲之雄桀。《朱傳》：杙。《爾雅》：雞棲于弋爲榤。又云：樴謂之杙。注：橜也。

清 張宗法《三農紀》卷八《鷄》

鷄，《爾雅》云：大者爲蜀，蜀子謂雓，未成鷄曰連，小曰荆，雛曰鷇。《古今注》謂燭夜。《曲禮》名翰音。《芄書》謂鳩七咤。《運斗樞》云：王衡星散而爲鷄。《春秋說題》云：鷄爲積陽，南方之象，故陽出鷄鳴，以類感也。徐鉉云：鷄者，稽也，能君時。鷄者，幾也，靈鳥也，能知天地之機，當太陽轉地子位而鳴。《博物志》云：鷄鳴時節，家樂無憂。《演禽書》云：食以晝地，不食無功之祿。在宿屬昴，在辰屬酉，在卦屬巽。始生朝鮮，乃卵生之物也。八竅、二足、二翼，喙尖，爪分、首冠、足距，有嗉而無外腎，虧脺而缺小腸。無膀胱而不溺，有园心夜能日栖。《肘後經》云：去勢曰鐓、曰閹。出卵壳雛，身柔毛暫生翼羽，是以陰内而陽外，故能鳴不能飛也。秉火氣而生，故卵伏二十一日環喙脱壳而出。但喙未斷毋強刮。內有黃未收，見風必死何也？黃乃屬陰，陰一分不盡，不生故也。凡鳥之孕卵在眷，若魚子狀，胞如膀胱形，得火氣致開胞之上竅而子人中人。故《丹經》云：意所到処卽是。牧者喚日昭昭，取其能唱曉也。骨可占年，棲知日兩，鳴能應時。《萬畢術》云：焚羽可以致凤。《五行書》云：焚雄鷄尾有酒中，所求必得。《大淸外術》云：養蠱之家，鷄輒飛去。《山海經》云：祀鬼神以雄鷄，故魯郊以丹鷄祀曰，以去朝声，赤羽去曾侯之咎。《青史子》云：東方牲也。雄祀門，雌祀戶。古人言：鷄能辟邪，亦世之靈物也。産朝鮮者尾長，江南産者足短，蜀産臀團無尾，楚産並高三尺。齊有鬪鷄，見類爭雄。海有石鷄，潮至卽鳴。《南都志》云：有長鳴者。《山海經》云：有攘火者。傖者形高，鶤者形大。其色有赤、白、黄、黑、青、蒼、裼斑之屬；其羽有扁毛、柔毛、番羽之形；其冠有單、雙、斜、壘之象；頭有帽者，頦有瘿者；其爪有黑、白、黄、紅之異；其骨有烏、白之分；其肉有香否之味。《風俗通》云：鷄主禦，死辟邪物也。

相法：目如鶡，喙若鴿，首小、咼正、毛淺、足細者佳。雄宜頭昂、冠豎、九距、翅束、尾長，啼声悠揚者堪作種。雌宜頭小、眼大、頸細、齕長、足矮者爲種佳。

飼養：《造化書》云：鷄一雄五雌。卵無雄者，以卵停水盆中，向午日少昭伏之，可生雛。或告灶，以釜煤書十字于卵，伏之亦生雛。凡卵黄有白點者可生雛，無者不能生。凡伏窠，須依步所鵲巢向方安置。日出伏者多雄，日落伏者多雌。霜降以後伏出者可留種，不生榮機，夏秋者不宜。伏卵至十八九日，溫水盛盆內，着卵于中，生者浮而勁，四者沉而停。或以燈光試之，卵亮者生，暗者囚。鶵初出壳，候齊，三日離窠，禁飼熟飯，脐內生膿死。勿对焚柳柴，令日育。雛出窠，冷水洗爪，耐寒，以烟薰身，耐暑。夏秋母早放，生痔瘡。宜緣地爲笼，笼內著栖，可免狐狸之害。《致富書》云：園中築小屋，下懸一簀，令鷄宿上。或於墻內作一籠，入以草鋪巢，令鷄販抱其內。傍種蜀黍畝許，以蔽蔭。至秋收子可飼。園內用繩牽引交加繫，箬壳動摇以辟鷹鳥。又法：擇地四圍環築爲屋，中分爲兩，垣墻下各置四大栖作休息所。法宜先左垣煮粥澆地，上覆草，旬日卽化，垣右亦然。驅鷄十左，食盡至右，如此轉輪，則鷄易肥，生蛋不絶。又方：麻子和穀紗熟飼鷄，日日生蛋不伏。肥法：以油令麪，捻成指尖大塊，日飼數十枚。或造硬飯，同土硫黄，每次半錢許，喂數日卽肥。

療治：中毒者麻油灌之；或茱萸研未啖。若遇疫，急用曰礬、雄黄、甘艸爲末，拌飯飼之。熏以蒼木、亦小豆、皂角、藜蘆末。

本性：性動，肉甘。雄者壯血，姙婦宜食。雌者補虛。《方書》云：頭可治蠱，皮可補人破漏。風疾、骨蒸者禁食。小兒勿多食。烏骨、白黄色者佳。斑點者發風疾；黑身白首，六踞、四踞者殺人。死不伸足，口目不開，掌有八字紋者禁食鐓鷄能鳴者有毒。四月勿食抱鷄，合人生疽。和鯉食病疽，巳與胡荽同食，與葱食成虫痔。肉得醋易腐，得薑味佳，和大蒜食腹疼。鷄卵小兒多食生虫疳。《太平御覽》云：元旦呑烏鷄子一枚，可以練形。《岣嶁書》云：先旦夜半面北，呑烏鷄子一枚，有事可以隱形。凡肉骨硬者，野苧搗丸彈子大，魚骨魚湯，鷄骨鷄湯下。中肉蛋毒者，醲醋飲之。一方：治風俗通，卒得鬼刺、排悟，殺雄鷄以付其心上。一方：傷寒、時氣、熱極發狂者，用鷄子淸、口糖一匕，芒硝三錢，涼水下。女人下寒，以鷄子爲孔，去淸少許，入石硫三錢，胡椒七粒，火煆存性，爲末，酒調服。

【典故】《幽冥録》：晉宋處宗得一長鳴鷄，愛養甚至，棲籠置窗間，鷄遂作人語，談論極有言致，終日不輟。處宗因此言功大進。荀悅覩孺子之驅鷄而見御民之術。孺子之驅鷄也，急則驚，緩則滯，馴則安，夫如是血巳。《史記》：孟嘗君入秦欲循齊，至関，関法鷄鳴出客，時鷄未鳴，孟嘗君客之居下者，有能爲鷄鳴，遂發傳出也。《莊子》：羊溝之鷄，三歳爲姝。相者視之，非良鷄也。然而府以勝人者，以狸膏金其首也。《国策》：蘇秦説韓曰，今事秦，泰必求割地，地有盡而求無已。諺曰：寧爲鷄曰，毋爲牛後。有土有人，而甘爲牛後之名，賢者不爲也。

傳記

漢 劉向《列仙傳》卷上《祝鷄翁》 祝雞翁者，洛人也。居尸鄉北山下，養雞百餘年，雞有千餘頭，皆立名字。暮棲樹上，晝放散之，欲引呼名，卽依呼而至。賣雞及子得千餘萬，輒置錢去。之吳，作養魚池。後升吳山，白鶴孔雀數百常止其傍云：『人禽雖殊，道固相關。祝翁傍通，牧雞寄驩。育鱗道洽，棲雞樹端。物之致化，施而不刊。』

紀事

清 楊屾《豳風廣義》卷三《治鷄病方》 凡鷄有雜病者，以眞麻油灌之，立愈。若有瘟疫者，預用吳茱萸，爲末，以少許拌乾飯上餧之，又以雄黃末拌飯餧之，皆能不病，若已病者，以蒜瓣一粒餧之。

清 馮祖繩《救貧捷法・養牲・療鷄》 中毒者麻油灌之，或茱萸研末啖。若遇疫，急用白礬、雄黃、甘草為末拌飼之，熏以蒼術、赤小豆、皂角、藜蘆末。

藝文

三國魏 曹植《曹子建集》卷五《鬥鷄》 遊目極妙伎，清聽厭宮商。主人寂無爲，衆賓進樂方。長筵坐戲客，鬬鷄間觀房。群雄正翚赫，雙翹自飛揚。揮羽邀清風，悍目發朱光。觜落輕毛散，嚴距往往傷。長鳴入青雲，扇翼獨翱翔。願蒙狸膏助，常得擅此場。

唐 杜甫《杜詩鏡銓》卷一七《鷄》楊倫注 紀德名標五，《韓詩外傳》：夫雞，頭戴冠，文也；足傳距，武也；見敵而鬬，勇也；得食相呼，義也；鳴不失時，信也。雞有五德，君猶倫而食之，其所從來近也。初鳴度必三。《史歷書》：雞三號。卒明注：夜至雞三鳴，始為正月一日。殊方聽有異，失次曉無慙。浦注：夔雞未必皆然，偶借失次者，以見意耳。問俗人情似，言無德、無信，習俗皆然。充庖爾輩堪。雞既不能司晨，亦僅堪充庖已耳。氣交亭育際，《列子》：亭之毒之。注：化育之意。劉孝標啟：一物之微，遂留亭育。巫峽漏司南。《韓非子》：先王立司南，以端朝夕。朱注：自昏而曉，正造化氣候所交，故曰『氣交亭育際』。夔州在南，雞司昏曉，今失其司晨之職，故曰『巫峽漏司南』也。

唐 温庭筠《温庭筠詩集》卷七《咏山鷄》 萬壑動晴景，山禽凌翠微。繡翎翻草去，紅觜啄花歸。巢暖碧雲色，影孤清鏡輝。不知春樹伴，何處又分飛。

宋 李光《莊簡集》卷六《鷄》 纓冠飽穀更知時，振羽階除自在啼。驚斷幽聰五更夢，北風穿户月沉西。

宋 劉敞《公是集》卷一〇《養鷄》 茅茨一畝寬，生理備委曲。雞豚自古昔，豢養隨世俗。鑿垣安其棲，幼長何碌碌。旦出四散飛，暮還相從宿。頗哀鴻鵠輩，飲啄不充腹。何事萬里遊，羈旅傷局促。衣冠相嫵媚，庭廡更追逐。未悟糞土非，豈知稻粱辱。物理常有此，人情苦不足。安見避世翁，頹然卧空谷。

宋 梅堯臣《宛陵集》卷一《傷白鷄》 我庭有素雞，翎羽白如脂。日所慮狂犬，未嘗憂孽貍。瞑棲向簷隙，朝啄循階基。每先烏鳥鳴，不失風雨時。雖吾困廩薄，尚汝稻糧遺。昨宵天氣黑，陰物恣所窺。潛來嘀搏去，但覺聲音悲。開門俾馳救，已過墻東陲。呵叱不敢食，奪然留在茲。湧血被其頸，嚄呷氣甚危。皓臆變丹赤，霜翅兩離披。憫心欲之活，碎腦安能治。委瘁從爾命，孰忍薑桂爲。猶看零落毛，蕩漾隨風吹。念始託茲地，蒙幸信可知。充庖豈云患，度日無苦饑。如何遇兇獸，毒汝曾不疑。斯事義雖小，得以深理推。鄧生賜山鑄，未免終餒而。人道尚乃爾，愴焉聊俛眉。

雜録

唐 杜甫《杜詩闡》卷二二《催宗文樹鷄柵》盧元昌注 聞諸本草烏雞愈風，滋生宜廣，惟秋卵不育耳。前春卵所育者，今已百翮，種類既蕃，可無禁制。此殺竹塞蹊，不容緩也。人畜不可並處，地須務遠，故驅之墻東，樹以高柵。兒僕不妨均勞，事須有別，故殺竹課樸，樹柵問兒。今日避暑歸來，問兒柵務。已將所殺之竹，織籠爲局，曹雞於內。肰使疎而不密，有間可乘，將觜距紛然還來污席，與無柵同。夫我之處雞嚴矣，從此螻蟻免其啄而螻蟻活。我之處雞厚矣，從此狐狸不得侵，而雞亦遂生雞，幸哉！百翮之中，各長其幼，他日如季郈鬬雞皆成勍敵。凡物小有所損，大有所益。物固如此，人亦宜然。宗文所當領取剖析者，况能司旦風雨，勿爽亂離聽之，亦足遣懷蓄物，雖凡鳥心同介石也。我旅人生理蕭條，賴此卒歲。今日柵務既了，喧囂不聞，撥煩去懷，快若冰釋。但我非尸鄉老翁，祝雞爲業，何爲役役阡陌問？祇因怯於行邁，爲拘留之故，蓋不得已而阡陌云爾。

宋 蘇軾《物類相感志・禽魚》 烏骨雞，舌黑者則骨黑，舌不黑者但肉黑。雞未狨者以苕帚趕之，則狨毛倒生。

又 雞食鹽哮者，以香油灌之，或用香油搽冬瓜葉喂之，仍以香油數滴灌之。

又 雞吃貓飯能啄人，浮萍草內抱鴨死。

宋 趙希鵠《調燮類編》卷四《鳥獸》 凡雞但看舌黑者，則肉骨俱黑，入藥更良。男用雌，女用雄。

清 馮祖繩《救貧捷法・養牲・鷄宜忌》 黑身、白頭、六距、四距，死不伸足，口目不開，掌有八字紋者，均殺人，勿食。四月勿食伏雞，令人生疽。忌與胡荽同食。和大蒜食，腹疼。與蔥，成蟲痔。肉得醋易腐，得薑味佳。凡被骨硬者，野芋搗丸彈子大，雞湯下。中肉蛋毒者，釅醋飲之。

清 趙學敏《本草綱目拾遺》卷九《禽部・雄鷄卵》 茅崑來云：雞本南方積陽之象，於卦爲巽，五更則日臨巽位，故鳴。凡鳥雌卵而雄否，惟雞則雄者間亦生卵，乃陽極而陰乘之。其卵較小於雌雞卵，殼堅如石，殼色微紅，入藥用，可安胎稀痘。王棫《秋燈叢話》：古北口叭噠嶺，有喇嗎令巡檢張某市雄雞卵，張笑曰：雄雞焉能生卵，故相難也。曰：非也，俗有斯言，即有斯物，第覔之可得也。張漫應之，語其役。役曰：聞前村民畜雄雞，連生三卵，衆以為不祥，嫗異而藏之，命役取送，喇嗎收其一，給價五十金。張詢所用，曰：能醫眼疾，年遠瞽者，得其汁點之，即復明，與空青同。陳藏器《本草》：今雞有白臺，如卵而硬，有白無黃，云是牡雞所生，名父公臺。《二申野錄》：成化二十三年，吳縣湯惟信家雄雞生卵。《平湖縣志》：萬歷四十八年四月，施太史家公雞生子，形如雀卵，色紫。《史異纂》：天啟二年，陝民王進榜家白雄雞生卵。《三岡識畧》：壬申二月二十九日，提標左營韋元鼎廨中，雄雞連生二卵。《述異記》：康熙甲戌十二月，松江吳南林家雄雞生卵，大如鴿蛋，殼甚堅厚，椎破之，亦有黃白，白如凝脂不散，黃帶赤色。《質直談耳》：嘉定湖南村民錢嵩家，雄雞生卵，與雌無異，乾隆壬寅夏間事。紀曉嵐先生云：雄雞卵大如指頂，形似閩中落花生，不能正圓，外有斑點，向日映之，其中深紅如琥珀，以點目眚，甚效。德少司空成、汪副憲承霈，皆嘗以是物合藥，然不易得，一枚可以値十金。阿少司農廸斯曰：是雖罕睹，實亦人力所爲。以肥壯雄雞閉籠內，縱羣雌繞籠外，使相近而不能相接，久而精氣團結，自能成卵，此亦理所宜然。然雞秉巽風之氣，故食之發瘡毒。其卵以盛陽不洩，鬱積而成，自必蘊熱，不知何以反明目。又《本草》之所未載，《醫經》之所未言，何以知其能明目，此則莫明其故矣。汪副憲曰：有以蛇卵售欺者，但映日不紅，即爲僞托，亦不可不知也。

敏按：諸書所載雄雞生卵，自古有之，原非有異。據陳藏器所說，有白無黃，而《述異記》所載，則有黃有白，想本間氣所生，其形色亦無一定。乾隆庚戌，臨安慈聖寺有放生雄雞，忽生卵，日產其一，如是旬餘，人以爲異。其卵較小，色紫而殼堅，爲一錫匠索去。予時適館臨安，聞而索之，已無有矣。錫匠徽人，亦云其卵白可入藥，故乞之歸里，然此物又不特入藥。李懷白先生云：曾見喇嗎誦黑經，用雄雞蛋；川中鬼師，有用雄雞蛋以行禳者；白蓮教則又需以解魘迷術，今人徒咤其異，而不知天生此正所爲世用也。

安胎，稀痘，開瞽。

鷄種

題解

《莊子・南華真經卷第八・莊子雜篇庚桑楚第二十三》 越雞不能伏鵠卵，魯雞固能矣。

《後漢書》卷八五《東夷列傳》 有長尾雞，尾長五尺。

《爾雅》卷下《釋畜第十九》 雞大者蜀。今蜀雞。

又 雞三尺爲鶤。陽溝巨鶤，古之名雞。

南朝梁 顧野王《輿地志》卷一六《潮鷄》 愛州移風縣有潮雞，鳴長且清，如吹角，潮至則鳴。一名林雞，其冠四開如芙蓉。

宋 羅願《爾雅翼》卷一三《鷄》 《廣志》又稱：『大者蜀，小者荊。』

宋 周去非《嶺外代答》卷九《鬥鷄》 芥肩金距之技，見於《傳》而未之覩也。余還自西廣，道番禺，乃得見之。番禺人酷好鬬雞，諸番人尤甚。雞之産番禺者，特鷙勁善鬬。其人飼養亦甚有法，鬬打之際，各有術數。注以黃金，觀如堵墻也。凡雞毛欲疎而短，頭欲緊而小，足欲直而大，身欲疎而長，目欲深而皮厚，徐步耽視，毅不妄動，望之如木雞，如此者每鬬必勝。人之養雞也，結草為墊，使立其上，則足嘗定而不傾。置米高於其頭，使聳膺高啄，則頭常豎而觜利。割截冠緌，使敵雞無所施其觜。剪刷尾羽，使臨鬬易以盤旋。常以翎毛攪入雞喉，以去其涎。而掬米飼之，或以水噀兩腋，調飼一一有法。至其鬬也，必令死鬬，勝負一分，死生即異。蓋鬬負則喪氣，終身不復能鬬，即為鼎實矣。然常勝之雞，亦必早衰，以其每鬬屢瀕死也。鬬雞之法，約為三間。始鬬少頃，此雞失利，其主抱雞少休，去涎飲水，以養其氣，是為一間。再鬬而彼雞失利，彼主亦抱雞少休如前，養氣而復鬬，又為一間。最後一間，兩主皆不得與，二雞之勝負生死決矣。雞始鬬奮擊用距，少倦則盤旋相啄。一啄得所嘴，牢不捨，副之以距。能多如是者必勝，其主喜見於色。蓄人之鬬雞乃又甚焉，所謂芥肩金距真用之。其芥肩也，末芥子摻于雞之肩腋，兩雞半鬬而倦，盤旋伺便，互刺頭腋下，翻身相啄，以有芥子能眯敵雞之目，故用以取勝。其金距也，薄刃如爪，鑿柄於雞距，奮擊之始，一揮距，或至斷頭。蓋金距取勝於其始，芥肩取勝於其終，季孫於此能無怒耶？小人好勝，為此凶毒，使微物不得生，自三代已然。

又《長鳴鷄》 長鳴雞自南詔諸蠻來，一雞直銀一兩，形矮而大，羽毛甚澤，音聲圓長，一鳴半刻。

又《潮鷄》 廣州有潮雞，潮至則啼，身小足矮，昔余襄公靖詩云：『客聽潮雞迷早夜，人瞻颶母識陰晴』是也。

又《枕鷄》 欽州有小禽一種，大如初生雞兒，毛翎純黑，項下有橫白毛，向晨必啼，如雞聲而細，人置之枕間，以之司晨。亦名曰鶤子，余命曰枕雞。

又《氄毛鷄》 雞翮翎皆氄生，彎彎向外，雌雄皆然，二廣皆有之。

宋 陸佃《埤雅》卷六《鷄》 爾雅云：雞大者蜀，蜀子雉。郭璞曰：雞大者蜀，今蜀雞也。雞有蜀、魯、荆、越諸種，越雞小，蜀雞大，魯雞又其大者。《莊子》曰：越雞不能伏鵠卵，魯雞固能矣。成玄英曰：越雞，荆雞也。魯雞，今之蜀雞。案：《韓子》曰：魯雞之不期，蜀雞之不支，則玄英所謂魯雞，今之蜀雞非是。

明 李詡《戒庵老人漫筆》卷二 嘉定、南翔、羅店出三黃雞，嘴、足、皮毛純全者佳，重數斤，能治疾。

明 徐霞客《徐霞客遊記・滇南日記》 有生雞大如鵝，通體皆油，色黃而體圓，蓋肥之極也。

清 陳大章《詩傳名物集覽》卷一《鷄棲于塒》 雞有蜀、魯、荆、越諸種，越雞小，蜀雞大，魯雞又其大者。

清 陳元龍《格致鏡原》卷八〇《鷄》 《廣志》：雞有胡髯，五指，金骹，反翅之種。大者蜀，小者荆。白雞金骹者鳴長，倍於常雞。永昌郡無雞。《埤雅》：雞有蜀、魯、荆、越諸種，越雞小，蜀雞大，魯雞又其大者。《莊子》曰：越雞不能伏鵠卵，魯雞固能矣。成玄英曰：越雞，荆雞也。魯雞，今之蜀雞。按：《韓子》曰：魯雞之不期，蜀雞之不支，則玄英所謂魯雞，今之蜀雞非是。《爾雅》：雞三尺為鶤。注：陽溝巨鶤，古之名雞。《天中記》：狼肓之雞，特稟異聲。狼肓，地名。《西京雜記》：成帝時，交趾，越巂獻長鳴雞。伺晨雞即下漏驗之，晷刻無差。雞長鳴則一食頃不絶，長距善鬬。《拾遺記》：魏建安三年，胥徒國獻沉明石雞，色如丹，大如燕，常在地中，應時而鳴，聲能徹遠。其國聞鳴，乃殺牲以祀之，當鳴處掘地，則得此雞，若天下太平，翔飛頡頏，以為嘉瑞，亦謂寶雞。其國無雞犬，聽地中，候晷刻，道家云：昔仙人桐君，採石入穴，數里得丹，石雞舂碎為藥，服之者，令人有聲氣，後天而死。《呉録》：魏文帝遣使，求長鳴、短鳴雞。羣臣以非禮，欲不與，孫權勑付之。《江表傳》：南郡獻長鳴承露雞。《魏志》：馬韓國出細尾雞，其尾皆五尺餘。朝鮮有長尾雞，尾細而長三尺。《輿地志》：愛州移風縣，有潮雞鳴，長且清，如吹角。每潮至則鳴，一名林雞。其冠四開，如芙蓉。《述異記》：伺潮雞，潮水上則鳴。《孫綽海賦》：石雞清響，而應潮是也。《天中記》司夜雞隨鼓節而鳴，不息，從夜至晚一更為一聲，五更為五聲，亦曰五時雞。《洞冥記》：遠飛雞夕還依人，曉則絶飛四海外，朝往夕還。祝雞公善養雞，得遠飛，雞之卵伏之，名曰翻明雞，如鵠大，紫色，有翼，翼下有目，亦曰目羽雞。《南越志》：高興縣多容雞，其形似雞而五采，至則年穰。《臨海異物志》：杉雞黃冠青綬，常在杉樹下，頭上有長黃毛如冠，頭及頸正青如垂綬。《格物總論》：竹雞，比鷓鴣差小，毛羽褐多，斑赤紋，自呼泥滑，滑所在山谷有之。《鳥獸考》：白蟻聞竹雞之聲化為水。《集異志》：漢太初二年大月，氐國貢雙頭雞，四足一尾，鳴則俱鳴，一名喧雞。武帝置甘泉故館，更以餘雞配之，得種類而不能鳴。《後魏書》：正始元年夏，典事史元顯獻四足四翼雞。《白澤圖》：雞有四距，重翼者龍也，殺之震死。《本草》：英雞如雉，尾短，腹下毛赤，體長，熱飛翔不遂，生於澤州，常食碎石英，故名。《楚詞注》：鵾雞似鶴，黃白色。《瀛涯勝覽》：三佛齊國出火雞，大如鶴身，圓而頸更長，頸中有二紅軟冠，狀如紅褐觜尖，渾身毛如羊毛，稀長青色，脚長鐵黑其爪，甚利，或爪破人腹，腸出，即死。好食麸炭，因名火雞。用杖棰碎打，不能死。《鳥獸續考》：火雞出滿剌加山谷，大如鸛，多紫赤色，能食火，吐氣亦烟燄也。子如鵞，胎殼厚踰重錢，或斑或白，島夷採為飲琖，見者多珍奇之。檀道鸞《晉陽秋》：安帝義熙元年，云都高山有金雞，青黃色，飛集岩谷間，朱輔《溪蠻叢笑》：金雞羽族似雉者，金項火背，斑尾揚翹，志意揭驕，籠之不能馴。《彙苑詳註》：羅浮山有碧雞，羣飛於絶巘，或獨鳴於空林，可見不可取。《瀛涯勝覽》：祖法兒國有山駝雞，匾頸，雞身如鶴長，三四尺，脚二指毛，如駝行，亦如駝，故喚駝雞。《費信星槎録》：竹步國、阿丹國俱出駝蹄雞。《五雜組》：閩中税監高寀常求異物於海舶，以進御。有番雞高五尺許，白色黑文，狀如鬬雞，但不聞其鳴耳。萬歷間，京師市上有鳥，大如鵪鴣，毛色淺黄，足五指，有細鱗，如龜狀，名曰沙雞。云是塞外至者，其味亦似山雉。《事物紺珠》：沙雞，又名鵽，名冦雉，大如鴿，形如雌雉鼠，脚無後趾、岐尾，性憨急，羣飛沙漠，花雞似小雌雞，秋日來自海東，大者名麻雞，皇雞身文采似鳧，冀州謂之澤時。馬雞觜脚紅，羽青，緑海雞毛，如家雞足似鱉。

清 佚名《鳥譜》卷五《錦鷄一名文鶾，一名華蟲，一名鵕鸃，一名鷩雉，一名天鷄，一名蟔蜲**》** 錦雞，雄者黑目黄眶。米黄觜，黄頰細紅點，頂有長纓，黄色極鮮。項毛赤黄黑邊，近背有翠緑毛一節，邊亦黑色。俱相次如銜玦。頷、臆、胷、腹俱赤紅色，背毛赤赭接以杏黄。膞毛翠青，翅翮紅藕色。尾翎極長，蒼黑質，蒼白圓點滿之，匀净如畫。背末有赤紅細毛十餘莖盖尾，披離如綏。黄足，有距。雌者黑睛黑眶。米色觜，無冠。蒼赤頰頂，項、背、膞俱蒼黑色。蒼翅，白點隐見。蒼白臆、腹，蒼尾。有横白紋，尾比雄者稍短。青足，爪，無距。《書益稷謨》：山龍華蟲。疏云：鷩冕七章，華蟲為首。華蟲即鷩雉也。《爾雅》『鷩雉』，又『鶾，天雞』。注云：鷩似山雞而小冠。背毛黄，腹下赤，項緑，色鮮明。《逸周書》曰：『文鶾』若彩雞，成王時蜀人獻之。疏云：文鶾若翬雉。孔晁注云：鳥有文彩者是也。鄭樵云：鶾盖雉類，秦蜀有之，甚有文彩。《夲草綱目》云：錦雞有二種。一曰鷩，《書》所謂華蟲，亦名鵕鸃，儀容俊秀也，其文在身。一曰鶾，小於鷩，其文在背，青揚五色，煥耀如錦。此《爾雅》所謂『鶾，天雞也』。但雄者色五彩，雌者黑。《左傳》：丹鳥氏，司閉者也。注云：丹鳥，鷩雉也，以立秋来立冬去。《爾雅翼》云：鷩，《蜀都賦》謂之蟔蜲，即鵕鸃也。《禽經》云：腹有彩文，曰錦雞。注云：出南詔越山中，歲採捕之，為王者冠服之飾。《桂海虞衡志》云：南中有錦雞，形如小雞，頭頂髮毛金色，身紅黄相間，極有文彩，目微白。

又《吐綬鷄一名避株，一名錦帶功曺，一名綬鳥，一名珍珠鷄，一名錦囊鳥**》** 吐綬雞，黑睛深黄暈，翠頰，青蒼觜，觜根蒼翠。連頰頂前至頰後黑毛一片，赤頂。項、背、膞赭黑土黄色相暈，每毛尖末有圓青白點如珠。赭腹，青白斑，翅尾赭黑質土黄紋暈。足爪如雞，淺米紅色。有懸距。遇天晴景適，則眼後先出兩翠肉角，胸前徐吐出肉囊數寸，中間一道深翠色帶粉青斑，兩邊紅翠相間，光彩閃爍。踰時角，囊俱歛。又有一種形状珠點相同，但毛色紅赤，囊南畧小，或因地而異耳。此鳥本雉類，《漢上易傳》云：坤方之雉，嘔文如繡，離變而兊乎，今浙江四明山中及川廣福建皆有之。羽毛或異，大小亦不齊，故《述異記》謂大如鸜。《埤雅》謂如鸜鵒。皆就所見而云也。陝西人呼為潮雞，出岷州山谷中。《禽經》：頸有彩囊，曰避株。注云：雉属出華嶽及盛山中，晴暘則頸出彩色作囊。遇樹木則避之，故曰『避株』。《述異記》云：巴東山中有吐綬鳥，毛色可愛，若天晴淋景，則吐綬長一尺，陰晦則不吐，一名錦帶功曺。《埤雅》云：綬鳥頭頰似雉，咽下有囊，紅碧相間，俗謂之錦囊。《鳥彙苑》云：吐綬雞，一名珍珠雞，以毛羽有白圓點也。《夲草綱目》云：吐綬雞項有嗉囊，内藏肉綬，常時不見，每春夏向日擺之。頂上先出兩翠角，乃徐舒頷下之綬，長濶近尺，采色煥爛，踰時悉歛，或剖視之，一無所覩。

又《田洞鷄》 田洞雞，黑睛淺赤暈，青蒼觜，頂皮黄色無毛，赭黄頰，頂毛蒼黄，雜紋。背毛黒質，赭黄緑，蒼黄膞，黒翮，尾土黄，臆、腹蒼斑相次，蒼緑足爪，其脛趾俱極長，出福建侯官縣深山田澤之處，食魚蝦。

又 卷六《丹雄鷄一名戴丹，一名朱鷄**》** 丹雄雞，黒睛，紅眶，紅頰，黄耳，朱冠，朱綏，黒黄觜，冠、綏俱有殷紅點。項毛紅赤，間以黒莖，背毛深紅，赤色黒裏。黒緑翅，赭黄翮黒暈。臆、腹俱黒，尖帶暗赤。黒緑長尾，蓬鬆喬起，米紅足，米白爪，有懸距。糠雞雄者，羽色不一。有丹有白有黒有雜色者。《本草》云：雞有五色者，黒身白首者、六指者、四距者，並不可食。入藥者唯丹、白二種。盖物状之異者，每能為毒。今人家畜養，大概多丹色者也。《爾雅疏》云：雞之大者名蜀，蜀之雛子名雓。雛之稍長未成雞者名健，絶有力者名奮。《夲草綱目》云：雞類甚多，五方所産，大小、形色往往亦異。朝鮮一種長尾雞，尾長一二尺。遼陽一種食雞，一種角雞，味俱肥美。南越一種長鳴雞，晝夜啼叫。南海一種石雞，潮至即鳴。一種矮雞，脚纔二三寸。蜀中一種鶤雞。楚中一種傖雞，並高二三尺。此其以地而異者也。《集解》云：丹雄雞，一名戴丹，即朱雞也。李時珍曰：雞雖属木，分而配之，則丹雄雞得離火陽明之象。《易·説卦》：巽為雞。《疏》云：巽主號令。雞能知時，故為雞也。

《漢上易傳》云：巽木含火，火炎上，故雄雞有冠乃鳴。巽位在巳。金所生也，王于酉上直于昴，故雞又為金畜。《春秋說題辭》云：雞為積陽，南方之象，火陽精物炎上，故陽出雞鳴，以類感也。《九家易》云：風應節而變，變不失時。雞時至而鳴，與風相應，二九十八，主風精為雞，故雞十八日剖而成雛。《物類相感志》云：野雞屬陰，先鳴而後鼓翼；家雞屬陽，先鼓翼而後鳴。《爾雅翼》云：雞鳴必三度，其見同類，亦拊翅而鳴。《無用閒談》云：雞無外腎而虧小腸，故飲而不溺，諺云雞無肺，謂無金不能生水也。《未齋雜言》云：相傳養雞無雄，取其卵就釜底摩之則育，今俚人每以雞卵告竈而伏出之。《埤雅》云：《鹽鐵論》曰雞廉狼貪，雞跑食物，每有所擇，故曰小廉如雞。王褒云：魚瞰雞睨，李善以為雞好邪視，是也。《禽經》云：雞以嗔視。《物性志》云：雞性好鬬，故其肝不和人。《異名録》云：《禮記》：雞曰翰音。《古今注》：雞，一名燭夜，一名司晨。《彙雅》云：雞曰知時鳥，亦曰德禽，亦曰窋禽。亦曰會稽公，亦曰長鳴都尉，《梵書》名鳩七咤。又《風俗通》云：俗說朱氏公化而為雞，故呼雞者皆言朱朱。《古方集覽》云：雞之通身皆可入藥，肉治肺，頭治蠱辟瘟，身血解驚安神，冠血主乳難，治目赤去毒，肪治耳聾，肝療目暗，膽治痔，腎治鼻䶊，嗉治氣噎，膍胵裏皮一名雞內金治小兒諸疾，腸治消渴，肋骨治羸瘦，距下骨哽翮翎治血閉，其卵及卵殼名混沌池與殼內白皮名鳳凰退俱治各種疾症。

又《**黑雌鷄**》 黑雌雞，黑睛紅暈，紅頰，白觜，低絳幘，小紅綏，白花耳。頭頂、頸、項黑質，赭白横紋相次，背、腹俱黑，帶暗白花紋。黑翅白莖，短黑尾。白足、爪，時作彀彀聲，不能長鳴。伏卵時，聲低而悠揚。《禽經》所謂彀將生子，呼母應也。此雌雞之一種，亦有黄者，白者，雜色者，形體大小相同，毛色各别。人家畜養黄色者居多。《本草綱目》云：黑雌雞肉，氣味甘酸温平，無毒，黄雌雞肉，氣味甘酸鹹平，無毒。李時珍曰：烏色屬水，雌者屬陰，故烏雞所治皆血分之症；黄者土色，雌者坤象，味甘歸脾，氣温益胃，故所治皆脾胃之症，各以類從也。

又《**烏骨鷄**》 烏骨雞，黑睛紅暈，翠耳，黑觜，黑舌，兩頰及冠綏俱殷紅色。通身純白，黑脛、足、五趾、黑爪，有懸距，亦有絲毛者。《物類相感志》云：烏骨雞，舌黑者則骨黑；舌不黑者，但肉黑。《本草綱目》云：烏骨雞，有白毛烏骨者、黑毛烏骨者、斑毛烏骨者，有骨肉俱黑者，肉白骨烏者，但觀雞舌，黑者則骨肉俱烏，入藥更良。雞屬木，而骨反黑者，巽變坎也，受水木之精氣，故肝腎血分之症宜用之。《集驗方》云：中惡者，以白烏骨雞薄心即瘥。

又《**翻毛鷄**》 翻毛雞，黑睛赤黄暈，黄白眶，淺紅頰，黄白觜，淺紅冠，綏帶蒼赤細点。通身純白，其毛管皆逆出，彎曲外向，翅尾亦然。黄白足，黑爪，白懸距，此種白色者居多，每至夏月，毛毨如禿，唯存莖管，秋末始毨，至冬而翮尾乃成。《廣志》云：雞有反翅之種。《桂海虞衡志》云：翻毛雞，翮翎皆翻生，彎彎外向，尤馴狎，不散逸，二廣皆有。《本草集解》云：《乾坤生意》云，反毛雞，治反胃。反毛雞即翻翅雞也。治反胃者，述類之意耳。《物類相感志》云：雞未秕者，以苕帚趕之，則秕毛倒生，然不過翅翮耳。自有一種反生毛雞，通身毛皆倒向也。

又《**絲毛鷄**》 絲毛雞雄者，黑睛紅暈，紅頰，白耳，淺黄觜，鮮紅冠重疊如花。綏亦極長，通身純白，毛細如絲，黄緑足爪，五趾，有懸距。雌者黑睛黄暈，紅頰，白耳，低幘短綏，米白觜，通身純白，絲毛，紫粉足白爪，四趾，無懸距，此種南北方皆有之，白者居多，亦有丹、赤、淡黄者，亦有烏骨者，廣《志云》：雞有五指、金骹之種。白雞金骹者，鳴美。

又《**萊鷄**》 萊雞，黑睛赤黄暈，黄眶，淡紅頰，黑花耳，赭白觜，淺紅冠綏，俱雜赤黄點，項毛赭黄色。下節有黑莖，背、膊赤赭色，近尾長羽略黄，尖末帶黑，青黑翅，赭土翮。青黑臆、腹，青黑喬尾，黄足，黑爪，長懸距。出山東萊州府，《齊乘》云：萊州掖縣土産大雞，高二尺許，土人取雄者去其腎，以時喂飼，處以小方籠，令不得轉動，以乏其性。養之一月，可充庖廚矣。云：過期則老，不及則瘦也。《莊子》曰：越雞不能伏鵠卵，魯雞固能矣，知齊魯之雞本大于他處也。

又《**越鷄**一名九斤黄》 越雞，黑睛紅黄暈，紅頰，白耳，黄白觜，鮮紅冠，乘綏甚大，自頷至頸半，色皆如血。赤黄項，赭黑背、膊，翅毛帶土，赤色黑暈。近尾背毛赭紅色，黑尾，赭土腹，黄足，白爪，懸距，脛骨甚粗。此種出江南太倉、上海諸處。越雞之最大者，其重有至九斤，俗亦名九斤黄。

又《**泰和鷄**》 泰和雞，黑睛紅暈，紅頰，牙色觜，小頭，黄耳，冠不甚高，上有細紅絲聳起，綏亦不極大，色甚鮮赤。項背毛皆赤色，中間赤莖，肩上殷紅毛一節。黑紅翅翮，翮邊露白羽一二莖，黑臆，黑腹腹下有赭黄斑。

長黑尾，尾根間白。縹白足，有懸距，出江西泰和縣。《本草發明》云：江西泰和，吉水諸縣，俗傳老雞能發痘。家家畜之，近則五六年，遠則一二十年，云：取其能助濕熱發漿也。風土有宜不宜，不可以為法。

又《廣東鷄》 廣東雞雄者，黑睛，黃暈，赤頰，白耳，黃白觜，朱冠甚高，如火燄勃起，紅綏下垂如囊，頸、背赤黃色。赭黃翅、翮，翮有黑翎，黑尾，赭黃腹，短黃足，白爪，小懸距。雌者黑睛黃白暈，粉紅頰赤點，白耳，低紅幘，小綏，赭黃項，土黃胷，背，翅毛蒼赭色帶黑，黑尾土黃邊。米白腹，緑短足，白爪，此種出廣東。《廣志》所謂雞小者，荆是也，亦有白黑諸色。

又《洋鷄》 洋雞雄者，黑睛赤黑暈，縹白頰，白耳，頷有垂囊殷紅色，下連胷臆，黃白觜，觜根有肉鼻，長寸許。怒則頸，臆肉色先紅，肉鼻亦變赤，伸而下垂長可五六寸，其色青紅閃爍無定；開張其尾，亦如屏，然性過則收斂如故。頭頂紅質粉青點，頸上有紅蕾，大小磊磊連綴，項末至背、腹，俱赤黑質深黑邊。翮毛白質蒼赤花點，翅根及尾俱淡黃暈，蒼黑節，蒼點，毛末上黑下白，赭紅足，青白爪。雌者黑睛，黃黑暈，米白觜，觜根肉鼻甚短，不能伸縮，頷下紅皮亦小，灰紅頂頰，頸旁小紅蕾一簇，項背、胸臆俱墨褐色，黑紋鱗次，背、腹近尾處俱有黑白邊。淡土黃翅翮，淺黑斑暈，赭黃尾蒼點，尾末黑白二色。青白足，此特雌雄毛色之一，其外有灰色者、黃褐色者、蘆花者、黑白花者，毛羽顏色不同，其形状大小則一也。北方向年所無，自俄羅斯人携至内苑，蕃生日繁，近民間亦或有之矣。《粵志》云：西洋雞，短足昂首，毛片如鱗。《坤輿外紀》云：墨是可國，有雞大如鵞，羽毛華彩，味佳，唯頭有毒不可食。吻上有鼻，可伸可縮，縮僅寸餘，伸可五寸許，其尾能開展如孔雀。《坤輿圖說》云：白露國，雞大于常雞數倍，頭較小，觜上有肉鼻，可伸縮，常時鼻色，或縹白或灰色、天青不等，惱怒則血聚于鼻上，變細色。其尾開屏如孔雀，渾身毛色黑白相間。生子之後不甚愛養，須人飼喂，方得存活。

又《野鷄》一名雉，一名鷸雉，梵名迦頻闍羅 野雞，雄者赤黑睛，眶有白點，米黃觜，大赤頰，頰中有緑毛一片逆起，此其耳也，黃緑毛冠覆頂，翠緑頸項下有白毛一節如環。肩、臆毛皆纖細，黃裏緑邊，間以白質，若披雲帔，胸毛赤黃裏黑邊，背、膊毛片稍大，背毛米色裏有黑暈，如大理文石，邊暈赤黑二層，接以翠緑，金暈黑斑，如孔雀尾色，近尾涉緑毿毿，膊毛黃裏黑邊，接以慘緑，紅黃翅，黑翮有斑，隱約閃爍如泥金黯淡。黑腹，赭尾，蓋尾三四長翎，有黑黃横紋對節。黑足爪，疏趾有距。雌者黃黑睛，眶有紅點，青白觜，白頰，無冠，有耳，米紅頷，臆，毛片極細，米紅頂深黑點，米紅頸項黑斑，背、膊俱蒼質白章，胸、腹老米色，細黑紋滿之，間以赤白毛。黑翅翮，土黃節，尾短於雄，對節斜黑文如八字。黑足爪。無距。《爾雅翼》云：雉有十四種，青質五采曰鷂；雉長尾走且鳴曰鷮；雉黃色自呼曰鳪；雉似山雞而小冠，背黃，腹赤，項緑，曰鷩雉；如雉而黑者曰海雉；長尾者曰山雉，亦曰鸐；白者曰翰雉，亦曰鵫雉，即白雉也；小如鴿，羣飛者曰冠雉；最健鬬者曰奮；素質五采皆備成章曰翬；南方曰𪇆，東方曰鶅，北方曰鵗，西方曰鷷。雉之子曰鷚。《埤雅》云：雉性耿介，妬壟護疆，善鬬，飛不越分域，一界之内要以一雉為長，餘者雖衆，莫敢鳴鴝。潘岳《賦》所謂畫墳衍以分畿者也，其字從矢，謂雉不能遠飛若矢，一徃而墮，雖非辰屬，而離火其體正是南方之物。陶弘景云：丙午日不食雉，明旺於此也。《文選》潘岳《射雉賦》注云：原鳥，雉也，雉不處下隰。故曰原禽，亦名義鳥，為人致敵，故曰義媒，朱冠藻翰，首緑色而頸纓素，身采如繪，夾尾間青毛如莎草之靡。《易通》云：十一月雷在地中，雉先知而鳴。按《說文》云：雊雄雌鳴也，雷始動，雉鳴而雊其頸。蓋雊鴝以足相勾，雉以頸相勾，故雊鴝從句，雉雊亦從句。《易・說卦傳》注云：雉方伏時，東西風則伏，南北風則去而不伏，坎勝離也。小寒始雊，臨之六三，離變兑也，星隊而雉雊者，震兑相感也。蛇化雉者，巽成離也。《本草綱目》云：雉，理也。有文理也。其類雖多，亦各以形色為辨，南北皆有之。形大如雞，而斑色繡翼，雄者文采而尾長，雌者文暗而尾短，其卵褐色，將卵時，雌避其雄而潛伏之，否則雄啄其卵也，味微寒無毒。《周禮》：庖人供六禽，雉其一，亦食品之貴者。《談薈》云：雉，火屬也。感於陽而有聲，先鳴而後鼓翼。《漢書注》荀悅曰吕后諱雉，故雉之字曰野雞，釋藏梵名雉曰迦頻闍羅。

又《雉鷄》一名山雉，一名鸐雉，一名夏翟 雉雞，雄者黑睛朱眶，青黑觜，白頂黑頰，黑項，眶下有白毛一片，白頷，臆杏黃，胸有黑斑，背毛黃裏黑邊，連頸處有白質赤黑重暈毛數十莖。膊毛白裏黑黃緑，翅毛赭、黃、黑、白四色比次成章，淺黑翮暗黃斑。長尾，蓋尾二翎，幾三尺，灰質黑莖赭邊黃黑斑對節，黑腹黃白紋。黑足爪，有距。雌者黑睛粉紅眶，青黑觜，米黃頰頷，蒼頂蒼頸，頂有小黑點，頸有尖白文。背、翅淺土黃質，白莖黑暈。胸、腹深米黃色，有黑白暈。尾短於雄，盖尾毛蒼褐無彩，裏毛有黑點。黑足爪，無距。《爾雅》：鷮，山雉。注云：長尾者。疏云：山雉，一名鷮。郭云：尾長者，今俗呼山雞是也。《禽經》注云：山雉，至夏則毛羽光鮮，故名夏翟。尤自珍其尾；林木之森欝者不入，恐為觸損；雨則避於巗石之下，恐濡濕也。《夲草綱目》云：山雞似雉而尾長三四尺者，鷮雉也。《物考》云：今燕豫所有長尾野雞，乃鸐雉也。《書・禹貢》之夏翟；《詩》之秉翟，翟茀；《周禮》之翟車，皆即此。與鷮雉有別，鷮雉身小於鸐，而尾倍長，走而且鳴，唯秦地有之。《夲草集鮮》謂南方隸人多揷其尾於冠，此亦鸐之毛也。今南方人呼鸐雉尾為竪雞毛，竪雞者雉雞之訛也。

又《金錢鷄》 金錢雞，身如雞，尾如雌雉。白眼黑瞳，黄頰，青黑觜。頭頂細毳慘灰色帶蒼紋，背翅皆作圓文，天青色白邊暈，似錢之有輪郭，自臆，背至尾俱淺栗色，細白點滿之。青白足，四距，上有懸爪。尾末每毛有一綠斑紋不甚圓。《粵志》云：有金錢雞，通身作金錢如孔雀尾，足四距。

案：金錢雞有二種：一種身高大，毛片如鱗，通作金錢，翠碧如孔雀尾眼者，云出自海中，廣東時有之；一種身如常雞而大，頂有茸毛，翅有圓文，白暈青裏，背臆皆有小白文者，出于閩中。

又《石鷄》 石雞，黑睛赤黑暈，紅眶，紅觜，白頰，灰頷，觜根目上有黑毛一線，目後臆前亦有黑毛成片。短項，自頂至背，翅尾俱紅褐色，胸色青褐，腹毛青灰質黃黑相間成文，短紅足，蒼黑爪。《居山襍記》云：山中五、六月間，有一種石雞，似雞而小，紅觜褐身，羽毛可玩，聲如雞而大，意即《本草》所謂鶡雞也。《夲草》云：鶡雞，秧雞之類。雄者色褐，雌者色斑，其聲甚大，秋月即無。

又《竹鷄》一名泥滑滑，一名山菌子 竹雞，青黑睛，黑觜，吻根至目上毛色縹青，蒼褐頂，頸毛稍深，俱有黑點。赤黃頷、項，縹青臆，赤黃胸，紅褐背，翅背有白點，翅有白緣，赭黃腹大黑斑紋，褐尾，青足爪。《遯齋閑覽》云：竹雞，南方山林中皆有之，自呼為泥滑滑者是也。《夲草綱目》云：竹雞，一名山菌子，言味美如菌也，狀如小雞，今江南川廣處處有之，多居竹林中，形比鷓鴣差小，褐色多斑赤文，其性好啼，見其儔必鬭。捕者以媒誘其鬬，因而網之，蜀人呼為雞頭鶻，南人呼為泥滑滑，因其聲也。《物類相感志》云：竹雞叫可去壁虱并白蟻。

又《火鷄》 火雞，赤黃睛，牙紅觜。殷丹頰，両頰下各有白毛角長出腦後。頭、背、腹、翅俱青褐色帶細白毛。長尾，上半皆白毳尖，末深藍色。深紅足，米紅爪。

又《松鷄》 松雞，黑睛赤黑暈，黃瞼，黑觜，頭、頷蒼赭，雜毛頰旁。土白色背毛黑斑上土黃色點如洒，間以黄白細毳。近翅處左右各兩翎，黃邊黑花紋。淺黑膊、翅，肩上有土黃點，翅根露白。尾不甚，長上節赭黃質黑橫紋，下節蒼質白横紋。深赭黃尖，頸下黑横斑蒼點間赭白暈，嗉臆白毛一節，胸下長毛赤、黑、灰三色帶微白細點，参差盖腹，近足以下皆蒼白細毳。黃足，黑爪，後趾極短。出蒙古地方，樹雞類也。

又《山花鷄》 山花雞，黑睛青黑暈，紅瞼，蒼觜白喙尖，黑頂，深紅頰頷，目後紅毛一道，與頂毛俱長出腦後。項上紅毛一片，中隐白斑，而旁仍間以黑毛。背毛大小叢斑如珠璣參錯，皆紅白相暈，緣以赤黑，肩毛紅黑色，翮翅黑質赭黃斑暈如洒。紅白毛尖，尾赭，白二色雜以黑花斑，毛末亦作紅白色。臆、腹淺赭色，腹下間紅黑毛，粉紅足、爪。雉類也，出福建建寧府。

清　陳坤《嶺南雜事詩抄》卷八《文昌鷄》 文昌縣屬有一種雞，牝而若牡，肉味最美。蓋割取雄雞之腎，納于雄雞之腹，遂不生卵，亦不司晨，毛羽漸殊，異常肥嫩。以其法于他處試之，則不可，故曰文昌雞。

（康熙）《文昌縣志・雜志・土産》 雞，烏骨、番毛、矮腳、雪裏炭數種。

清　檀萃《滇海虞衡志・志禽第六・擺夷鷄》 擺夷雞，雞身而鳧腳，鳴聲無晝夜，寺廟多畜之。鎮沅謂之小雞，南甸謂之叫雞。然雞非小也，以為叫雞，又不應司晨之節，且好逐小兒而啄其眼，故人家不敢畜，多送之寺院。

清　桂馥《札樸》卷一〇《鷄》 順寧准提寺，僧養一擺夷雞，鳴應更鼓，五更無差，蓋童雞也。與牝交過，鳴即不准。中甸人家，牝雞孚十二子，皆雄，鳴應十二時，後殺其一，餘不復鳴。

夷地方有野雞，小於家雞，能飛，聲短，捕其雄與家雞交，抱出雛，體大而聲清，呼爲擺夷雞，其距長寸許。

清　孟瑢《豐暇筆談》 雞之絕大者，名九斤王，亦曰九斤黄。王者雄長之稱，黃則色至秋肥而煥彩也。出嘉定、太倉間。

（雍正）《南匯縣志》 雞，產浦東者大，有九斤黃，黑十二之名。

（光緒）《川沙廳志》卷四《民賦》 雞，吾鄉產最大，有九斤黃、黑十二之稱。

清 楊屾《豳風廣義》卷三《論鷄》 雞類甚多，稱名亦異。雞者稽也，能稽時也。大者曰蜀，小者曰荊，初生曰雛，一名鷇。今處處人家畜養，五方所產，大小形色各殊：朝鮮一種長尾鷄，尾長三四尺；遼陽一種食鷄，一種角鷄，味俱肥美；南越一種長鳴鷄，晝夜啼叫；南海一種石鷄，潮至即鳴；蜀中一種鷝鷄；楚中一種傖鷄，並高三四尺。江南一種矮鷄，脚高二寸許；江西一種太和鷄，按時而鳴。我秦中一種邊鷄，一名鬪鷄，脚高而形大，重有十餘斤者，不杷屋；不園，生卵甚稀，欲供饍者多養之；又有一種柴鷄，形小而身輕；重一二斤，能飛，善暴園，生卵甚多，欲生卵者多養之；鷄在卦屬巽，在星應昴，無外腎而虧小腸膀胱，所以便而不溺。凡鷄有五色者、玄身白首者、六指者、四距者，死而足不伸者，並不可食，食之傷人，食掩卵母鷄，令人作癰；小兒五歲以下者，不可食鷄肉，食之多生寸白虫成積；有風病之人不可食，能動風也。此皆不可不知。

清 陳淏子《花鏡》卷六《鷄》 雞一名德禽，一名燭夜，五方皆產，種類甚多，蜀名鶤雞，楚名傖雞，並高三四尺，遼陽産角雞，廣東産矮雞，至老脚纔寸許，不過鴿大，南越長鳴鷄，晝夜長啼，南海石雞，潮至即鳴。雄能角勝且能辟邪。其鳴也，知時刻。其棲也，知陰晴。又具五德：首頂冠，文也；足博距，武也；見敵即鬪，勇也；遇食呼羣，仁也；守夜有時，信也。是有一種雞鬪，似家雞而高大，勇悍異常，諸雞見之而逃。其相似冠平爪利者爲第一，每鬪，雖至死不休，好事者畜之，於深秋開場賭博，先將兩雞形狀，審得大小相當，方放入圍場，聽其角鬪，每以負而叫走者爲敗。養法：鬪後須用長鵞翎一根，插入雞口，絞出喉内惡血，安養五、七日，再鬪，則無損傷之患。雖全勝者，亦不可使之連朝狠鬪。草雞雖雄，多望風而靡。巢邊切勿挨磨，忌柳柴烟薰，最能損目。若有病，當灌以清浦油。若傳瘟，速磨鐵漿水，染米與食即愈。如水眼，以白礬傳之。母雞多以麻子飼之，則生子後永不耐抱而子多。漢武帝時，有遠飛雞，朝去暮還，常啣桂子而歸。又唐明皇好鬪雞，索長安雄雞，金翅鐵距，高冠昂尾者千數，養於雞坊。選六軍小兒五百名教飼之，以賈昌爲五百小兒之長。明皇時臨觀鬪，甚愛幸焉，金帛之賜，日至其家，可爲好之過也。宋處宗奇一雞，嘗籠著牕間，養之甚馴。一日忽作人言，與處宗談論，極有玄致。由是處宗學業日進，亦一異也。又雞母負雛而行，王天將雨，焚其羽可以致風。

又《竹鷄》 竹雞，蜀名雞頭鶻，一名山菌子，俗呼泥滑滑。南浙川廣處處有之，喜居竹叢中。形比鷓鴣小而無尾，毛羽褐色多斑，無文彩。而性好啼，其聲最响，頭扁似蛇，喙尖眼突者，啼可百聲。見其儔類必鬪，捕者每以媒誘其鬪，因而以網獲之。能去壁虱白蟻之害，古諺云：家有竹雞啼，白蟻化爲泥。人故多畜之，非無益也。性不喜水，籠底多貯以砂，彼則衮臥其中以當浴，飼以小米或少雜野蘇子於内，可經久無病。如出血管二毛，便不活矣。養熟雖不閉籠，彼至晚自能歸籠宿也。好食蟻。

清 吴大勛《滇南聞見録》卷下《威遠鷄》 威遠公雞，尾長而足甚短，其鳴悠揚宛轉，絕不類他處雞鳴。土人云是『好一個威遠州』數字，諦聽之頗似，亦一奇也。威遠先時為州，屬鎮沅府，今改屬普洱，為同知分駐之所，專管抱母井鹽務。

清 邱煒萲《菽園贅談》卷七 大谷武次南方伯堂，未達時，館于鄉老家。一日主人有事殺雞，雞褐色，現白點，即俗所謂蘆花雞也。

清 屈大均《廣東新語》卷二〇《諸鷄》 嶺南多珍鳥，予少時嘗喜畜養。有詩云：『仙禽亦有白鸚鵡，頂上一花蓮倒垂。么鳳可憐毛太綠，畫眉亦自白雙眉。』又云：『花裏青鷄與錦鷄，青鸞亦共白鷴棲。青鷄頂上丹砂好，來自朱明洞以西。』青鷄比秦吉了稍大，尾長，頭上一點如丹砂。錦鷄一曰『鵕鸃』，山鷄也。其冠甚小，背有黃赤文，綠頂紅腹，每照水即舞，目眩而死。其照鏡亦然。有碧鷄似孔雀而小，足重距，背連錢文色碧，一名『越王山鷄』。《六帖》云：羅浮有碧鷄，群飛絕巘，或獨鳴空林，曰『先顧、先顧』。予嘗於浮山見之，每當日出，則碧鷄先鳴，山中人乃以為天鷄云。凡鷄皆天鷄也，鷄為積陽，南方之象，故陽出而鷄鳴，以類感也。陽為天，故曰『天鷄』，謂日中有天鷄者，蓋日出於卯，卯之屬為兔，而兔之宅在月中。月出於西，西之屬為鷄，而鷄之宅在日中。蓋鷄以金為質，以木為氣。木中有火，則日之精也；金中有水，則月之精也。嶺南陽明之地，乃鷄之宅，故多錦鷄、青鷄之屬。其似雉而尾長三四尺者為鸐鷄，似鸐而尾長五六尺，能走且鳴者為鶾鷄，有金鷄，項鬃毛純黄，身紅黄雜有文采，目微色白。有金錢鷄，通身作金錢如孔雀尾，足四距，有翻毛鷄，翮翎皆翻生，彎彎向外，尤馴狎。有客鷄，狀如鷄而五采，出則歲穰。有眞珠鷄，體有珠點文，能反哺，亦曰『孝鷍』。每春夏天晴氣爽，則鼓翅而舞，口中微出物如錦綺，長數寸，漸長覆胸，燦然眩目，頃之漸收入喉中，剖之無所有也。大如鸛鴿，頭頰似雉，有錦囊在臆前，大如斗許，具五色，一名『錦帶功曹』，一名『吐綬』，亦曰『綬鷄』。楊愼云：『綬鷄曳綵而駢羅，能辟火災。』有竹鷄，形如鷓鴣，褐色斑赤文，居竹林中，見儔必鬭。以囮誘其鬭。網之。性好啼，啼曰『泥滑滑』，白蟻畏之。諺曰：『家有竹鷄啼，白蟻化為泥。』有鶡鷄，類雉而大，黄黑色，有毛角如冠，性愛其黨，有被侵者，直往赴鬭，雖死猶不置，食之令人勇健。有鶬鷄，食於田澤洲渚間，大者如鶴，青蒼色，長頸高脚，群起飛鳴則有雨。一名『雨落母』，亦曰『麥鷄』。有蘆鷄，亦曰『茅鷄』，生陽江山谷中，狀如鵲而身微赤，晴呼則雨，雨呼則晴。有石鷄，特小，亦曰『潮鷄』，潮長則鳴，其聲長而清，有如吹角。李德裕詩：『三更津吏報潮鷄。』予詩：『鷄聲若吹角，知是海潮來。』又云：『海氣夜成潮，潮鷄唱泬寥。』有西洋鷄，短足昂首，毛片如鱗，與孔雀彷彿。有鬱鷄，可療鬱病。有豁鷄，鷄頭而烏喙，色黄，腹毛純黑，尾長下垂，鳴聲豁豁，性嗜蛇。人捕食之，能治骨節折。傷其哺子時，取雛折其兩足，乃以蛇飼之，三日卽復，屢折屢復。有白臉鷄，卽春魂鳥也。有鴿鷄，似青鷄而高大，頂有兩角。有長鳴鷄，晝夜長鳴，鳴聲甚長。有英鷄，狀如鷄而雉尾，體熱無毛，腹下毛多赤，飛翔不遠，常食碎石英，秋時卽無之。有火鷄，大如鶴，多紫赤色，能食火，吐氣輒成煙燄，出滿剌加國，春夜先鷄而鳴，粵間有之。有駝鷄，高三尺許，花冠翠羽，背有雙峯，似駝，肉鞍可乘，能食鐵石，近有獻於京師者。或詠之曰：『廣南異物進駝鷄，錦背雙峯一寸齊。只道紫駝來絕塞，鷄林元在大荒西。』一名『錦駝鷄』，此皆鷄之族也。青鸞卽烏鳳，狀如喜鵲，色紺碧鬃，頭有冠類雄鷄，尾垂二弱骨，各長一尺四五寸，及杪始有毛羽一簇，若垂旌而秉籥然。鳴聲清越，恍惚笙簫度曲，妙合宮商，又能為百蟲音。

清 趙學敏《本草綱目拾遺》卷九《禽部·白鷴鷄》 珍異藥品，文首、白翼、黄足，治噎痛。

又《鬱鷄》 珍異藥品，出廣中。孫硤川云：此物在山中多食鬱金苗，故肉鬆脆，解鬱散結氣。

又《豁鷄》 出廣中，雞頭而烏喙，色黄，腹毛純黑，尾長下垂，鳴聲豁豁，性嗜蛇。其哺子時，取雛折其兩足，乃以蛇飼之，三日卽復，屢折屢復。捕食之，能治骨節折傷。

又《雪鷄》 生西陲，千百成羣，棲止雪中。《西域聞見録》：喀什噶爾雪雞羣飛，極肥美，人以爲食，惟性燥耳。入藥雄者良。煖丹田，壯元陽，除一切積冷陰寒痼癖之疾，較雪蓮尤效。

紀事

元 魯明善《農桑衣食撮要》卷下《收鷄種》 霜降時收者爲良，形小毛淺，脚細短者佳。小雞出時，宜餧乾飯。若餧濕飯則臍生膿而死。燒柳柴，其烟損雞，大者盲目，小者多死。餧小麥飯則易大，有病灌清油則愈，勿令失其時。

藝文

宋 陸遊《劍南詩稿》卷四一《新養白鷄毛羽如玉殊可愛》 赤幘峩峩玉羽明，籬間新織竹籠成，老人從此知昏曉，不用元戎報五更。

又 卷五九《贈鷄》 青銅三百買烏雞，闢地牆東為擇棲。更聘一雌全物性，莫辭風雨五更啼。

宋 梅堯臣《宛陵集》卷五《晚泊觀鬥鷄》 舟子抱雞來，雄雄跱高岸。側行初取勢，俯啄示無憚。先鳴氣益振，奮擊心非愞。勇頸毛逆張，怒目眥裂盰。血流何所爭，死鬥欲充玩。

雜録

清 汪埜《寄蝸殘贅》 臨清市上有人鬻雞，大僅如燕，朱冠金距，引吭長鳴，索價頗昂，博物者亦不知所從來。或云名枕雞，置之枕畔，報曉與常雞同，不差秒刻。

育鷄（養鷄）

綜述

北魏 賈思勰《齊民要術》卷六《養鷄第五十九》 《爾雅》曰：『雞，大者蜀；蜀子，雛；未成雞，健；絶有力，奮。』『雞三赤曰鶤。』郭璞注曰：『陽溝巨鶤，古之雞名。』《廣志》曰：『雞有胡髯、五指、金骹、反翅之種。大者蜀，小者荆。白雞金骹者，鳴美。吳中送長鳴鷄，鷄鳴長，倍於常雞。』《異物志》曰：『九真長鳴雞冣長聲，甚好，清朗。鳴未必在曙時，潮水夜至，因之並鳴，或名曰「伺潮雞」』。《風俗通》云：『俗説朱氏公化而為雞，故呼雞者，皆言「朱朱」。』《玄中記》云：『東南有桃都，山上有大桃樹，名曰「桃都」，枝相去三千里，上有一天雞，日初出，光照此木，天雞則鳴，群雞皆隨而鳴也。』雞種，取桑落時生者良，形小、淺毛、脚細短者是也，守窠，少聲，善育鶵子。春夏生者則不佳。形大，毛羽悅澤，脚麄長者是，遊蕩饒聲。産乳易厭，既不守窠，則無緣蕃息也。雞，春夏鶵，二十日內，無令出窠，飼以燥飯。出窠早，不免烏、鴟；與濕飯，則令臍膿也。雞棲，宜據地為籠，籠内著棧。雖鳴聲不朗，而安穩易肥，又免狐狸之患。若任之樹林，一遇風寒，大者損瘦，小者或死。燃柳柴，殺雞雛：小者死，大者盲。此亦燒穰殺瓠之流，其理難悉。

養雞令速肥，不杷屋，不暴園，不畏鳥、鴟、狐狸法：別築牆匡，開小門；作小廠，令雞避雨日。雌雄皆斬去六翮，無令得飛出。常多收秕、稗、胡之類以養之，亦作小槽以貯水。荆藩為樓，去地一赤。數埽去屎。鑿牆為窠，亦去地一赤。唯冬天著草，不茹則子凍。春夏秋三時則不須，直置土上，任其産、伏；留草則蜫蟲生。鷄出則著外許，以罩籠之。如鵪鶉大，還內牆匡中。其供食者，又別作牆匡，蒸小麥飼之，三七日便肥大矣。

取穀産雞子供常食法：別取雌雞，勿令與雄相雜，其牆匡、斬翅、荆樓、土窠，一如前法。唯多與穀，令竟冬肥盛，自然穀産矣。一雞生百餘卵，不雛，並食之無咎。餅、炙所須，皆宜用此。

瀹音掄雞子法：打破，寫沸湯中，浮出，即掠取，生熟正得，即加塩醋也。

炒雞子法：打破，著銅鐺中，攪令黃白相雜。細擘葱白，下鹽米、渾豉，麻油炒之，甚香美。

《孟子》曰：『雞、豚、狗、彘之畜，無失其時，七十者可以食肉矣。』

《家政法》曰：養雞法：『二月先耕一畝作田，秫粥灑之，刈生茅覆上，自生白蟲。便買黃雌雞十隻，雄一隻。於地上作屋，方廣丈五，於屋下懸簣，令雞宿上。并作雞籠，懸中。夏月盛晝，雞當還屋下息。并於園中築作小屋，覆雞得養子，烏不得就。』

《龍魚河圖》曰：『玄雞白頭，食之病人。雞有六指者亦殺人。雞有五色者亦殺人。』

《養生論》曰：『雞肉不可食，小兒食，令生蚘蟲，又令體消瘦。鼠肉味甘，無毒，令小兒消穀，除寒熱，炙食之，良也。』

元 司農司《農桑輯要》卷七《養鷄》 《齊民要術》：雞種，取桑落時生者良。形小、淺毛、腳細短者是也。守窠，少聲，善育雛子。春夏生者，則不佳。形大、毛羽悅澤。腳麤長者是，遊蕩饒聲。産乳易厭，既不守窠，則無緣蕃息也。雞，春夏雛，二十日内無令出窠，飼以燥飯。出窠早，不免烏鴟與濕飯，則令臍膿也。雞棲：宜據地爲籠，籠内著棧。雖鳴聲不朗，而安穩易肥，又免狐狸之患。若任之樹木，一遇風寒，大者損瘦，小者或死。燃柳柴，殺雞雛：小者死，大者盲。此亦燒黍穰殺瓠之流，其理難悉。《家政法》曰：養雞法：二月先耕一畝作田，秫粥灑之。刈生茅覆上，自生白蟲。便買黃雌雞十隻，雄一隻。于地上作屋，方廣丈五，于屋下懸簣，令雞宿上。夏月盛晝，雞當還屋下息。并于園中築作小屋，覆雞得養子，烏不得就。養雞令速肥，不爬屋，不暴園，不畏烏、鴟、狐狸法。別築牆匡，開小門。作小廠，令雞以避雨日。雌雄皆斬去六翮，無令得飛出。常多收秕、稗、胡豆之類以養之。亦作小槽，以貯水，荆藩爲棲，去地一尺。數掃去屎。鑿牆爲窠，亦去地一尺。惟冬天著草，不則子凍。春夏秋三時，則不須；直置匡上，任其産伏。留草，則蛆蟲生。雛出，則著外，以罩籠之。如鶴鶉大，還牆内匡中。其供食者，又作牆匡，蒸小麥飼之。三七日，便肥大矣。又穀産雞子供常食法別取雌雞，無令與雄相雜。其牆匡、斬翅、荆棲、土窠，一如前。惟多與穀，令竟冬肥盛，自然穀産矣。一雞生百餘卵，不雛，並食之無咎。《龍魚河圖》曰：黑雞白頭，食之病人。有六指者，殺人。《養生論》曰：雞肉不可令小兒食，食之生蚘蟲，又令體消瘦。

明 鄺璠《便民圖纂》卷一四 【養雞法】雞種，取桑落時者良。春夏生者，不佳。雞，春夏雛，二十日内無令出窠，飼以燥飯。若濕飯，則臍生膿。不宜燒柳木柴，大者盲，小者死。餵小麥易大。作棲不宜用桃李木，安棲宜四極中星之處。子午卯酉方為四極，申丙庚壬為中星。

【棧雞易肥法】以油和麵，捻成指尖大塊，日與數十枚食之，又以做成硬飯，同土硫黄研細，每次與半錢許，同飯拌匀，餵數日即肥。
【養雞不抱法】母雞下卵時，逐日食内夾以麻子餵之，則常生卵不抱。
【養生雞法】雞初來時，即以淨溫水洗，脚自然不走。
【治雞病】凡雞雜病，以真麻油灌之，皆立愈。若中蜈蚣毒，則研茱萸解之。
【治鬬雞病】以雄黄末搜飯，飼之可去其胃蟲，此藥性熱，又可使其力健。

棧雞易肥：香油和麩，捏成指尖大塊，日與十數枚食之。又以做成硬飯，同土硫黄研細，每次用半錢拌飯喂之，不數日便肥。亦須寨定，令勿走。

明 劉基《多能鄙事》卷七《養六畜法醫治六畜法》 養雞法：二月内先耕地二畝，令熟，做秫粥洒之，以稻草盖其上，自生虫。四圍築墻，高丈，棘遮其頭正，中打一行墻，平分其地。每邊作屋，屋下懸簹，令鷄宿掩於内。左邊虫盡驅而之右，再用秫粥種之，右邊虫盡，亦如之。

養雞不菢常生法：雞母生卵時，日食内以麻子雜餵之，則常生。

養生雞不走法：生鷄初來時，便以净温水濯其足，放之自然不走。

窟鷄：羯鷄以線一条縫者，必常相隨不離。【略】

作鷄栖法：雞栖宜用梅李木，吉。安栖宜用四極及中星治之，即大旺。子午卯酉方爲四極，甲丙庚壬方爲中星。

凡菢子，以十二月爲上，正月次之，不失時，則長成。過正月半者，多不育。

清 墨磨主人《古今秘苑》卷一八《治鷄瘟》 巴豆一粒，搗極碎香油調灌，入口即愈。

又 綠豆粉水和成條，喂數次愈。

又《綠鷄》 純白毛雞，成對五六隻籠過，絕粒二三日，用綠豆四五升，將硫磺、蒲黄、薑黄、雄黄、雌黄各三兩，和水少許，煮乾豆熟為度，用以喂雞，兼飲其汁，勿令飲水。則毛脱落，以鐵絲穿其鼻孔，仰其頭勿垂下，四五日後，即出鸚哥色毛，此後只喂生綠豆，再用大紅鳳仙花搗爛染其嘴足，則綠毛紅嘴如鸚哥。

又《五色鷄》 黑魚重斤半者一個，去腸。用硫磺入腹，放瓦器中蓋好。冬七日，秋五日，取出剁碎。將雞先餓二三日喂之，則毛脱，另生五色。

又《鷄不令大法》 雞以毛色鮮潤者為種，哺出雞雛，揀出雄者，勿令食米，喂以鶯粟子，養久只如卵大，而衣毛與大雄雞無二。須不飲水，不着地，又須以雄黄和在内喂之。

又《長生鷄子法》 用生芝麻半升，豬板油三兩同搗。養童雞一隻，候初生一蛋，須要藏好，即與二味食之，勿令食水，月日生子，再不哺也。

紀事

宋 温革《瑣碎録・牧養・鷄》 養雞法：二月，先耕一畝作田，秫粥洒之，則生芽，覆上，自生白蟲，便買黄雌雞十隻，於地上作屋，方廣丈五。於屋下懸簣，令雞宿上。【略】凡放新雞，以水澆其脚，則不走出外。逼逗雞，但及一片之數，撏去尾軀軀骨，毛則長。雞鴿塒栅，用猪鬃毛和泥泥之，鼠狼、老鼠皆不侵嚙。

元 王禎《農書》卷五《養鷄類》 雞種取桑落時生者良，春夏生者則不佳，春夏雛二十日内無令出窠，飼以燥飯。雞栖宜據地爲籠，籠内著棧，雖鳴聲不朗，而安穩易肥。又免狐狸之患，若任之樹木，一遇風寒，大者損瘦，小者或死。燃柳柴，小者死，大者盲。園中築小屋，下懸一簣，令雞宿上，或於牆内作龕，又以草縛窠，令雞伏抱。其園旁可種，蜀秫畝許，以取蔽陰。至秋收子，又可飼雞，易以肥長。其母，春秋可得兩窠雞。雛若養二十餘雞，得雛與卵，足供食用，又可博換諸物，養生之道，亦其一也。

明 宋詡《竹嶼山房雜部》卷一二《鷄〈風俗通〉曰雞本朱氏翁所化，故呼曰朱朱。〈冀越集〉云：西土有駝雞，大十餘斤足似駝。》 霜降時尾之者良。母雞下卵時，逐月内雜以麻子與食，永不肯菢常生卵。以油和麩，成指尖小顆，日食十數枚，易肥。雄雞善者，毛色自文，而多脂膏。忌柳柴烟，能損目，有病灌以清油，愈。瘟之傳者，磨鐵漿染米，與食，愈。水眼以白礬傅之，愈。陶朱公養雞法：以地作兩所隔，越之更酒麥糜，取草覆化為蟲，以食。雞常有蟲食，易成長也。《瑣碎録》云：雞生子，皆雄者，必有喜事。

清 楊屾《豳風廣義》卷三《園放之法》 園濶六、七丈或十餘丈，上用葛條，或葦子作繩，或樹皮作繩在墻上，斜綳如網様，以防鳥鳶。將園中間，順界短墻一道，分爲兩院。先將糜子磨麩，或穄秫麩皆可，煑成稀糊，潑於右邊園内，以散草覆之，不過三、四日，便可生虫，驅雛食之。又如上法，潑於左邊，俟右盡而驅左，如此週而復始，不過一兩月，便可貨賣。夜防猫、鼠，須收入窨室溫暖處。及鷄大時，或用苜蓿煑熟，拌以麥麩或糜麩、秫麩皆可，或粟、豆，或農忙之月，場邊掃積五穀草子，皆可飼之，中用長槽盛水，令其便飲。若生卵時，在墻周圍離地尺餘，鑿墻爲窠，內鋪軟草，令生卵其中，日日收取。周圍豎架，令棲其上。冬月宜棚下，以避霜雪；若遇大寒，多凍瘦損，不可不知。園內糞宜常掃，壅田極肥。土百合更妙，內有善飛者，剪去六翮。不可剪深，深則不旺。只剪去六根，長翎則不能飛矣。

又《又飼鷄易肥法》　欲鷄易肥者，以油和麪，捻成指尖大小，日與數枚食之，又以小米蒸飯，拌以硫黄細末，四五分飼數日，即肥。又將小麥水浸蒸熟，飼之，三七日即肥。

又《飼鷄不菢法》菢，俗呼爲罩窠　欲鷄不罩窠，於下卵時，食內加麻子餧之，則常生卵不菢。若有菢而不起者，冷水中猛淹之，則迷其菢。

清　馮祖繩《救貧捷法・養牲・養鷄》　宜一雄五雌。雛初出窠，冷水洗爪，耐寒；以煙薰身，耐暑。夏秋勿早放，每日喂以莜麥，甚易肥而且重。一法：擇地一所，四圍築牆為園，中作一牆間之，分為左右兩所，作屋於內，以避風雨，潑粥及米泔地上，覆以草，數日即生蛆蟲。先籠雞放左所，令其抓草食蟲，食畢仍籠雞回。三五日食盡，仍潑仍蓋。次日放雞右所食蟲，左所關閉，數日複生蟲。如此輪流，不廢力而雞易肥大。又法：取山坡或平地寬數丈，將草皮連土鏟鋪地上，煮粥或米泔潑霖之，即將草皮耙起作堆，高二尺，共作數十堆，俟數日蛆生，每日籠雞放地上，視雞之多少，開堆令抓蟲食之。蟲盡扔潑粥起堆，令再發蟲，周而復始，日日生蛋，且肥矣。此法甚妙。又法：用麻子和穀炒熟飼雞，日日生蛋不休。又法：以油合面，撚成指頭大，日飼數十粒，或造硬飯，同土硫磺每次半錢許，喂數日即肥。

雜録

唐　韓鄂《四時纂要》卷四　禳鎮二十日，沐辟兵二十八日，浴九日，採荏子喂雞，令速肥，而不暴園法，宜別築墻匡，小開作小廠，雌雄皆斬去翅翮，不得令飛出，多收稗穀，及小槽子貯水以飼之。荆藩為棲，去地一尺，數掃其糞，鑿墻為窠，亦去地一尺。冬天著草，他時不用。生子則移出外，籠養之。如鴿、鶉大。却內墻中蒸麥飰飼之，三七日便肥大也。《河圖》云：雞白首，有六指，雞有五色，食之並殺人。

孵鷄

紀事

宋　蘇軾《格物粗談》卷上《禽類》　母雞生子，與青麻子吃，則長生不抱。

宋　蘇軾《物類相感志・禽魚》　母雞生子，與青一作續麻子喫，則常生不抱卵。

又　雞黄雙者，生兩頭及三足雞。

又　雞下卵，晨則雄，暮則雌，日中對日下亦雄。

宋　趙希鵠《調燮類編》卷四《鳥獸》　母雞下卵時，裸麻子食中飼之，即不肯抱，生卵尤多。

清　楊屾《豳風廣義》卷三《菢鷄雛法》　菢母鷄一隻，母鷄須用數年者，菢之方工，新鷄不堪伏卵，數起者不任爲菢，食卵者易之，或常常餧之。大者可覆二十二卵，小者可覆十八卵。卵須用雌雄相配而生者，方能出雛。窠忌近打鼓、紡車、砧杵、脚蹈羅、舂搗及振動有聲之處，卵被震蕩，雛形多不成。窠不宜低，低則恐有虫害。母鷄伏四、五日，令起與之食飲，久不起者，餓羸身冷，雖伏無熱氣，卵難出，且往往有餓死者。伏至二十一日而雛生。亦視乎涼暖，暖則生速，涼則生遲。雛出之時，不可用手剥取，須聽其自出。若用手剥殼，則形未定而多死。既出之後，飼以小米乾飯一頓，若飼以濕飯，則臍膿多死。次後飼以小米，飲以溫水，候五、七日方可下窠，任食無妨。一歲可菢數次，晚菢者形小而多肯生卵，欲廣雛而取利者，後有火菢之法。

又《火菢法》　菢時用密室一間，內分左右盤二大匝，匝上周圍泥小墻，裏面鑲稻草或麥莒編子一匝，匝上鋪搗爛軟麥莒一層，厚三五寸，將匝用糞煨至温，不可熱。熱則卵壞矣。若夏至之時，不用煨匝，只用熱温糠暖亦自能生。將雌雄配過所生之卵，或鷄蛋、或鴨蛋，須得一千或五六百方可，少則易冷難成。先將稻糠皮或粗穀糠，若鴨蛋，用乾牛糞爲末，焙温暖菢，更勝於糠，乃物性相宜。鍋內烘熱。不可大熱，只用温熱。先鋪於右邊匝上一層，厚二三寸，次將卵密排一層，又鋪熱糠三四寸，又鋪卵一層，如此相間，或八千一萬皆可。鋪畢，上再用熱糠厚蓋一層，糠上再厚覆稻草或麥菅一層，時常以手探試，不可令內熱，亦不可令內寒，常要裏面温温有和氣方好；或二、三日覺上面及中間有凉意，如前法復倒於左邊匠上，將上面要倒在下面，二、三日之間，如覺又凉，復倒於右邊匠上，如此六、七遍，是雛成形之時。大約鷄在二十一日，鴨在二十八日，將卵或放羅底上，或放温水內試之，見卵自動摇不定者，是雛將出之時也，分於兩匠之上，温養如上法。俟雛有一二出者，將卵用熱糠單排温室中。此時室中宜放炭火，令其温暖。不過一半日之間，皆可出矣。火菴莫巧，只要人慇懃看守，温和之氣不絶，不惟出齊，亦且速而無壞卵。若乍寒乍熱，不惟出之不齊，卵亦多腐壞不成。出齊時，息燒柳柴，烟熏之則死。用小米蒸成乾飯，不可粘口，飼二三頓，不可令出房外，室中常須用火温暖，不可使冷，以致凍死新雛，或置之匠上，日飼以生小米，飲以温水。十餘日後，置園中放之，令其自食。

又《又穀産鷄子法》 欲供常食者，將雄鷄擇去，另籠單飼群雌，令足其食料，一鷄一次能生百卵，只不能出雛。食之亦能益人。

清 方以智《物理小識》卷一〇《鷄》 霜降時尾之者良。母雞下卵時，逐月內雜飼麻子，永不肯菢常生卵。忌柳柴煙，能損目。有病灌以清油。傳瘟，磨鐵漿染米與食；水眼，以白礬傅之。養雞無雄，取其卵蘸童便，就釜底染煤而育。凡雞、鵝、鴨伏卵慮有擊聲，卵毈，故雷震必以鐵置其巢。《埤雅》曰：伏卵忌磨，鵝惡絞車聲。凡初生必餓之，過三晝夜乃㲉之，不則內閉。烏骨雞，舌黑者骨黑，則肉黑。泰和低腳者補，外紀墨是可國有雞大於鵝，吻上有鼻，可伸縮如象。馬拏莫大巴是黑人國，産雞皆黑，老雄雞胸中有物如道人，裸身跪而反接雞首，塗鸕鷀血即伏不能起，雞生三日即能自食，雞伏二十日乃碎啄而出，出三日乃能行。卵留二三月即伏不出矣。少夫曰：雞兩眼旁通可以治耳，愚者少見，術家釘雞眼於柱，少頃拔之無血，雞走如故，蓋雞兩眼止隔一膜也。中德曰：雞子開小竅，去黄白入露水，糊以油紙，日中曬之，離地三四尺。中履曰：小雞爲羣，雞踏欲死者，急取本盆覆之，以筯敲其底自活。

藝文

（光緒）《順天府志》卷五〇《食貨志二・物産・鳥屬》 高宗御製雞卵詩：無雞卵不生，無卵雞不成。循環誰為始？倩彼雞卵評。

雜録

宋 温革《瑣碎録・牧養・鷄》 雞種，取桑落晴生者良，春夏生者即不佳。

明 宋詡《竹嶼山房雜部》卷一二《畜禽法》 凡雞鵝鴨伏卵慮有擊聲，卵毈徒玩切，故雷震必以鐵置其巢。《埤雅》曰：雞鶩伏卵忌磨，若聞礱磨之聲，必不生矣。凡雞鵝鴨初生，餓之而不久，多成內閉，盖原其卵中之白結為皮骨，卵中之黄結為肝腸，㲉古候切之早其肝腸方全，弱不能以磨化，故必候其三晝夜，肝腸已實而方漸㲉之，則不病而易長也。

《雞譜》

清 佚名《鷄譜》 論頭第一 鷄頭或圓、或方、或長或如鴨卵。額方、面濶、不大不小得其中和者，佳。頭不宜太大，肉多者遲鈍，臨場不能利便。頭大必低，如快者十不能得其一也。此種雖力勇脚重而最遲鈍，不過耐鬪而已。頭小其勢必鋭，必巧。又不宜頭小身形太大。若腮骨皷、眼小、冠厚且硬者，佳。若頭小再兼面凹、眼大、冠嫩者，最爲下品，不堪畜也。

論冠第二 冠者乃一身之儀，不可不察也。鷄之最要者，惟冠與眸子耳。第一等三梁冠，喜敦厚，中梁微高，三梁無蓝，皮肉蒼固，視之昂然如峰之聳者，佳。若三梁低陷，皮肉嫩薄，前後不分高下無勢者，無用。三岔冠，亦喜同前高厚有勢，不喜繁多花蓝。傾薄者無用。鈕冠，喜緊不喜鬆。尖軟者，無用。掖冠喜小不喜大，喜短不喜長。根牢皮厚者，佳。尖冠，宜小不宜大生於淳厚，鷄者相宜生磽薄鷄者，無用。高冠，根大勢昂者，佳。若蓝長肉嫩者，無用。歪冠，亦喜根牢淳厚，頭眼若得相稱，此種最能耐鬪，若冠薄根軟者，無用。倒冠與歪冠相似，遮眼者爲倒冠，論好同前。若嫩薄成片者無用。活動冠，喜高不喜低，喜蒼不喜嫩。若繁蓝花冠单，冠者萬無一好也。楊梅冠，如枣者，佳，如蝉者，次之。前太後小者為鏨頭冠，扁者爲柿餅，前圓後尖蓝者為荔枝。惟枣子楊梅者佳，如蝉者，鏨頭者平常，不能十足之美。柿餅、荔枝二種無用。

論眼第三　夫眼者為鷄之最要，喜小而不喜大，喜清而不喜渾。無論生相，但眼好者爲貴。紅眼爲第一，諸色皆能相配。紅如硬紅，光彩射人，内含砯砂班點者為上。《風鑑》云：貴人有賤耳，賤人無貴眼。鷄但生此好眼，再無不佳者也。此眼再不生於無相之鷄。嗟乎！禽畜尚然如此，而况於人哉。第二種黄眼，色如淡金，有班點者爲砂眼，諸色皆能相配。碧眼喜清亮而不喜沉，有斑點者爲砂緑眼。紅毛、紫毛相配，生别色者平常。白眼亮如白磁。有斑點者爲砂眼，小瞳茨菇色者為梟眼。惟青紫紅色者相配，生别色者平常。金黄眼，柳黄眼，黑睛大者爲豆青眼，此三種亦平常。其最不堪者，紫眼、黑豆眼、渾眼，皆不可論也。

論鼻嘴第四　夫嘴喜長而不喜短，喜粗而不喜細，喜潤而不喜乾，喜直而不喜灣。第一等者，淡乳香色，第二等，瑪瑙色，第三等，玳瑁色，其次重乳香色，者最爲平常。玉嘴者嬌，老鸛嘴粗而長者，佳。四声嘴粗而短，鸚鵡嘴短而湾，此二種得頭相配而佳，不得相配者極拙。臘嘴帶油色者最下。交嘴歪三楞，無用。黑牛角嘴不堪。鼻者必與嘴相稱。鼻孔不宜大，宜小。羊鼻嘴長者，耐鬪而又脚重。若羊鼻、嘴短者遲鈍不堪。若鼻凹嘴粗而撬者，巧而佳。鼻凹嘴細者，太嬌不耐也。

論臉第五　臉最喜寬。皮肉堅厚，若似橘皮者佳。若皮薄露骨者嬌嫩。面凹顔色慘淡者，萬無一好。毛臉者，扁臉生黑毛者，似鬍非鬍。此種最是平常。大墜、頦下沾水者，俱爲不佳。臉厚猶可，臉薄者無用。頦下有大牛嗉，大鷄相宜，小鷄不宜。粉耳墜者無用。

論項第六　項者，上扶一首之謂揀，下攄四體之謂樑，亦爲最要。粗而不短，得之中和，不露骨節，皮肉堅硬者爲妙。粗而短者，雖力勇而必頭低。項長身細者，力怯不耐。細項、駝項，不打而自曲，最爲不堪。

論腰第七　腰者爲胸之山，以恃其勇怯也。腰長胸濶，骨肉相稱者爲上。第二者，雖腰粗，雖則力大，而不免於遲鈍。駝腰者，力雖壯而脚底，隆冬猶可，春来不濟。鯽魚腰平常。再如偏腰、螻蟈腰，皆殘病之鷄，或因雏時所傷，或因蛋内所傷，凹腰、短腰者，力最薄，若至殘局，不耐而自力衰也。

論腿爪第八　腿者如屋之柱，如樹之根，亦爲最要。若腿爪不佳，仍諸處雖好，槩爲平常，萬不能到十足之美。腿根以下肘粗大，不長不短，不粗不細，圓而周正，不露骨節，指甲不長，肘小鱗細，狀如魚之細鱗敷骨者爲上。其色必鮮明爲上。如去皮之葱白，上有砯砂班點者爲砯砂腿，爲第一種也。其次葱白腿，純白無斑、光亮。又其次銀細腿，其色如銀母之色。又有白腿、暗金腿、臘腿。色亮者爲金，色暗者爲臘，皆爲平常。最下者，肘大鱗粗，釵峰腿、三楞腿、毛腿、臘腿、帶油黄色、紅鱗雀斑、烏鱗黑斑者，此種皆不堪畜養。爪者亦喜鱗細，圓而周正，不露骨節。中長一指卧而勾者爲蝦爪，三指盡勾爲蟠香爪，皆爲下等。三指内有向上曲者爲拱指。後指向前者為抳登。抳登、拱指、無忌。

論骨肉第九　骨為陽，肉爲陰。若骨豐隆起，得堅肉而相配均者爲上。視之不足，稱之有餘重者爲佳。最下者皮鬆肉緩。陰勝於陽，肉大骨小如綿者無用。

論毛色第十　夫鷄者最難得其正色。第一等紅色、青色、紫色、黄色，此四者爲正。紅色狀如火，並無黄紫相兼，通稍赤羽，胸黑如漆者爲正。青色者如漆，不宜太亮，通身青毛色，若兼微微幾根金背者，亦可爲正。紫色者，狀如黑葡萄色。此色喜亮，再兼胸如膝者，亦爲正色。其次柿黄，比正黄微紅如柿。銀苗，通稍白色，黑胸、黑翅、尾者爲銀苗。醬色，入紅色覺紫，入紫色覺紅，爲醬色。火裏烟，紫色毛稍兼黑者，爲火裏烟。蓮花白，白駁中有黑線，黑胸、翅、尾者，爲蓮花白。紫灰色，亮光者爲佳。虎皮者，通身黑色，背與胸後膀稍有黄毛者爲虎皮。青銀背，通身青色，背上微微有白毛者爲銀背。蓑蘿有青、黄、白、灰四種，且毛上有碎班點者，爲蓑蘿。竹節有紅、青、黄三種，且上有斑竹文點者，爲竹節。油黄、黄毛紫背者，爲油黄。鉄銹，非紅非紫，遍身黑文相雜者，為鉄銹。以上皆爲平常。再下色者，紅灰、純白、五花、蘆花、油青、黄毛黑駁稍、紫毛黄駁稍、杏黄連胸、似紅非紅、似紫非紫、似青非青、似黄非黄，以上毛色皆爲平常最下之色。

論翅第十一　両翼者，乃禽之羽毛中最要者也，最喜寬長、緊促。太硬者脆，太軟者弱。两翼，不喜圓小，與身體相稱者為妙。若散而不收，或窄，或糟者為下。

論尾第十二　尾者如舟之柁，必須首尾相稱者為妙。宜平不宜高聳，不宜太長，不宜低垂，不宜太大，不宜太小，無論歪正，得其中和相稱者為妙。

論鬍第十三　夫鷄之有鬍者與楊梅冠同，此二種原非其正種，必須要材料過度方許稱善。必要翎毛正色、膀濶、頭方、嘴長、眼小、臉寬、腮皷、腰長、腿圓、冠厚而鑿者為佳。但鬍子多，有面凹、冠尖、頭似桃核、嘴短、身圓、鴨脚、翎毛不正者，如此材料者，廣皆爲下等。但鬍子與楊梅冠者，萬中不能選一，不可畜也。

論性第十四　《風鑑》云：『善在心而現於貌。』鷄雖禽類，觀其形狀亦如之也。譬如：人之五官正合乎相者，此君子也。得之不以為榮，失之不以為辱，雖至艱窘，而其豈變乎。若夫獐頭鼠目之輩，雖滿面春風，終係小人，豈可信哉！如鷄之眼小、冠鑿、面凹、嘴撬、臉鼓、腿亭微覺高者，必性急要强。若臉寬、皮厚、冠平、頂粗、腰長、頭大、額方、嘴粗、羊鼻、腿亭微覺短者，必性遲耐鬪。再如臉眼大、眼渾、頂長、腿長、身細、腰凹、再翎毛不正，其性最懦，爲之不堪。再如，頭大、嘴湾、皮鬆、面肉、身圓腰短、脚似鴨脚、眼皮垂而復下者，最無能而憊賴也。

論異第十五　弹子頭者，如弹丸之圓。嘴有長短之分，嘴長者巧，短者拙。此等鷄最能耐鬪。梟頭，頭即如梟，淡黄眼，梆黄眼。此種鷄最無神，眼好者可，眼大、眼渾者不堪。鸚鵡頭而圓，嘴勾而短。此種不過性長、耐鬪，好者鮮矣。鷂鷹頭，頭扁，嘴湾，眼小，腮鼓。此種為佳。蛇頭，頭小而扁，兩眼更小，或小冠、或鈕冠，性急而耐鬪。出入褁纏利便，此利爲佳。曬眼，或一紅或一緑，一紅一黄、一紅一白、一金黄一淡黄，此種鷄雖平常，亦不能爲下等也。交床腿，兩肘相對。此種之腿，必生得項長、腿長之鷄，嘴快脚重，亦爲平常。雌鷄，毛扁週身皆是雌鷄之毛、翅、尾者，惟有頭嘴、冠腦乃雄鷄之象也。亦啼鳴，亦鬪，嬌嫩而不堪。若雌有距者，亦看生相好歹，且莫以距爲奇，此亦平常之事。

論雌第十六　世俗貴重雄鷄，若得一佳者，以爲至寶，不知雌鷄難得。盖雄鷄臨場出鬪，其佳處人人得而見之。雌鷄隐伏於内，雖有其美，人得而知也。若得上等雌鷄而配次等之雄鷄，生其雛或得一二佳者，若以上等雄鷄而配次等之雌鷄，必無佳雛；故曰：雌鷄难得。譬如，地與五穀之比，地厚則穀肥，地薄則穀瘦，其由地乎？其由種乎？養鷄之道，必尋覔上等之雌，方能得佳雛也。不然則漸至低敗，皆因不擇雌鷄之過也。看雌之法，皆同雄論，但微有異耳。一取羽毛正色、膀濶、頭圓、腰長、眼小、脚正、鱗細、指節不露、臉寬、腮鼓、胸骨通長、嘴粗長大、毛緊、骨重、得其翎毛正色，此爲佳也。若眼大、眼渾、面凹、頭尖、骨輕、肉重、毛厚、尾長、腰頭項長，或生赤鱗烏甲，脚腿不正、不圓，皆為不堪。論雌之色，亦同雄鷄。紅、黄、青、紫，以為上色。海螺、梆青、爪子鷹毛、草白、紫灰為中等。紅灰、純白、五花、油青黄駿，似紅非紅，似青非青，似紫非紫，似黄非黄難言其名，此毛皆爲下等也。論此雌鷄之色，無非大槩品，其色之高低皆在配合論中。世俗言雌學雄鳴，以爲不祥，頃刻殺之，深可惜哉！猶不知畜養之道，若雄雌配合，焉有雌鷄啼鳴之理。家内養雌鷄，積年累月失其配合，因思想雄鷄，滛情浩蕩而至學啼鳴。若拿而視，必是老蒼雌，即不然，亦必膘足之雌，再無瘦雛鳴者，其為怪可知也。

論配合第十七　天地生物之道，其理精微，孤陰不生，陰陽不長。陰陽配合，萬物化生矣。夫養鷄之法，雄雌配合，抱卵生雛，鄉野皆知，何必論也。欲求其廣，千百之雛，皆易得也，安能知三配也？三配者，有頭嘴之配，有羽毛之配，有厚薄之配。其妙補其不足，去其有餘，方能得其中和也。世俗不知，得一佳者之雄，必欲尋其原窝之雌，以爲得配，而卻不知鷄之生相豈能得十全之美乎！必有缺欠之處。大凡原窝之雌，必然同氣相類，彼此相缺皆同，安能補其不足，去其有餘者耶？若雌之頭臉寬、頭方、皮厚、冠平、嘴粗微覺湾者，必宜凹鼻、撬嘴、冠鑿之雄配之。若不然，便使之同相之雄，皆出遲鈍，愚拙者也。若雄拙，必以巧雌配之方妙。厚薄之配，若雄鷄敦厚、頭大、項粗、腰長、膀濶，但腿亭微覺短者，必以頭尖、腮鼓、腿亭微高、眼神暴者之雌配之。若雄者如雌之巧，以敦厚雌者配之。謂翎毛之配，亦有三焉。有正配本色；有借配相宜；有借配不宜。若不以法爲戒，不但翎毛溷褋，而且年年之雛，自然漸至低敗也。雖生其好相，若翎毛溷雜不得其正者，必然鷄之佳處減去一半，不能到其十足者也。正配夲色、紅雄、紅雌，爲之正配。但紅色中亦有分也，有淡紅、深紅之分別。淡紅爲上，深紅次之。若淡紅黑駿、黑尾者爲上，紅駿次之。若深紅者或黑駿、或紅駿猶可，若黄駿黑線，無論淡紅、深紅，皆爲下等。若深紅帶油色者，亦當同上。黄雄者以梆青雌爲之正配。梆青之色有分焉，黄而亮者爲上，黑而暗者爲下。分中線路，亮而真者為上，麻而暗者為下。青雄、青雌，爲之正配。毛正中亦有分焉，喜暗而不喜亮，但黑雌似黒葡萄、黑嘴、烏腿者，廣皆爲下等，必以乳香嘴或瑪瑙嘴、腿脚净者，方可謂好。紫雄、紫雌者，爲之正配。毛色中亦有分焉。喜亮而不喜暗，喜深而不喜淡。紫雌色如醬之色、駿黄者，廣如此為下等。蓮花白雌、海雌、螺雌、黑駿、黑尾、紋線分明者爲上。若無黑駿，黑尾者，謂之銀苗之雌也。紫灰雄、紫灰雌，爲之正配。黑亮者爲上，烏暗者爲下。紅灰雄、紅灰雌爲之正配。此爲下色也。借配相宜者，紅、紫借配，亦可以出紅，亦可以出紫也。青、紫借配亦可以出青，亦可以出紫也。若青、紫得配，出之氣出紫雏，皆如黑葡萄之深色也。青、紅借配亦可。黄與海螺借配亦可，或出黄色，或出蓮花白，或出銀苗。以上有借配相宜者，有不宜者。紅雄配海螺雌者，出五花毛；配青栁雌者，出黑油黄毛；配白雌則出黄花毛；配柳雌則出紅灰。青雄純白雌者出蓑蘿；配灰雌者出火裏烟；配栁青雌者出青駿油黄。紫雄配海螺雌者出紫花毛；配紅灰雌者出紫背灰；配柳青雌者出紫背黑油黄；配草白雌者亦出紫花。黄雄配灰雌者出蓑蘿毛；配紫雌者出油黄；配紅雌者亦出油黄；配鷹毛雌與爪子毛雌者，或出紫背油黄或出黄駿。紫雄配青雌青者，出青駿油黄。以上俱爲下色，若不論其配合，其羽毛配溷雜，皆出不等之鷄也。

論收卵第十八　收卵用綿花包嚴，不可摇揺。頭一卵不可収，收之無用。頭之後方可次第收而伏之。再又論，紅白上有班點者，此乃蛋胞受傷，其蛋無用。

論抱卵第十九　凡抱卵必先擇其雌鷄。紅臉者抱之収盛，白臉者抱之而雏危也。若卵抱過一二日者，則無用矣。抱鷄蛋之地，不可與碓房相近，若相近則蛋皆震壞。

論照成第二十　鷄伏卵三日，拿至燈下照看，有黑點、周圍有血絲者，此精血皆全之卵。至七日血足，十二日形體全分矣。

論出第二十一　鷄之抱卵二十一日，出二十日打嘴。自出者盛，若敗出者則危矣。如血脉枯乾不能自出者，猶人之难産，不治則不活矣。以手輕輕微取，則庶幾活矣。

論雏第二十二　夫雏之初生，以分其高下。其胎毛或白、或紫、或粉紅、或如田鷄背之花者，皆為正色。再項粗、骨重、脚腿周正、項上毬毛不堆厚者爲佳。若非白、非紫、非灰毬毛厚者為下，無用。毛厚、骨輕、項細、長脚爪不正者為下。

論二日見水第二十三　夫萬物莫不潤乎水。五穀非水不生，百類非水不成。凡生者，無不以水爲要。夫雛鷄初生二三日，則飲生水，不然則成疾矣。若不二三日與水，令大鷄代飲之，恐生墜水之疾。

論洗虱第二十四　凡鷄雛，六七日，必用百部五錢煎水，洗頭、項，洗尾下當内，洗翅下。後洗大鷄，必晚時洗，則言鷄卧定。虱非洗則不净；雛非洗則不能精也。

論浴土第二十五　夫土者爲萬物之母，所生者最多，所載者最廣，其功大矣。即生畜之類，亦無不賴其長養者也。鷄之浴土，猶人之沐浴。鷄性最喜土，必要不時浴土，則神清氣爽，百病不生。若不使之浴土，則羽毛焦枯，虱生遍體。大鷄若不浴土，而不長漸至危亡矣。用水將土半潮，不可太濕，罩於無風之處，任其飛展、沐浴。若雛鷄一日三次爲度。

論養第二十六　夫鷄之栅欄，猶人之屋也，居不遂意，則人心不樂。禽畜亦然也。書云：德者，人之所得，使萬物各得其所欲。言物性與人性相宜也。凡養之處，必擇僻静之地，宜乎向南陽頭。小屋前面有栅欄，方圓五尺，内墊黄沙，不可太濕，亦不可太燥。又不可近鷄、犬、鵝、鴨諠譁之處，恐有損傷之患也。若不預防，更恐跳擲驚駭，必致損傷矣。

論食水第二十七　夫養鷄之道，全頼乎食水得宜。即如人之飲饌，花水之培植。若不得其宜，則有夭折之患矣。畜養之道，必分其蒼、雏、早、晚四者。若不分別，一槩溷襍。未免太過不及，失其生之道矣。第一種蒼者，無論大小，皆不可以肉麵厚味喂之。世俗不曉其故，恐鷄力薄，一槩加之厚味，膘足太過，不但臨塲喘乏、肉戰而能成疾也。只以高粮早晚二次，中午不過豆芽、水菜食之。若天寒加煑熟江豆一合爲度。雏者有敦厚磽薄之分。敦厚者養法同蒼。但晚食必以江豆足喂之，亦不可與肉麵食之。磽薄者養法同前，但晚食加肉麵劑。早者，或臘月雏、或正月初旬之雏，皆爲之早。十月滿足之鷄也，不可以厚味加之。水自早至晚不可斷卻，令其任意飲之，一日二次更换新水。若有病鷄，食盆、水盆務湏小心潔净爲要。不可與好鷄共之，恐沾惡氣而生病也。

論春養第二十八　夫春養乃爲第一，若失其調護，則变患生焉。隆冬之際，天氣嚴寒而不加美食，其膘不保，而且無力也。春非冬比，如不隨時更法，其鷄盡廢也。春，蒼，雏皆去其肉麵，只可高粮任其自飽，晚食江豆少許，儘可足矣。若不然，春月惟鷄易能上膘。雏皆滿十月之外，即如人中年壯盛，筋骨豊隆，與蒼無別也，必養於半陰半陽之處，與以潮潤之土，令其浴之，是其法也。惟春令之閗，無論蒼雏好歹，能養者爲上，失養者爲下。若膘肥，臨塲必喘乏肉戰，不耐而自輸也。或日多未閗者，亦如春月之養，羽憑傷損，失其翎毛，其性自懦，必有不惻之輸也，可爲慎之。但春月收小雛，晚間不可收於煖屋內。出卵四十日，離乳鷄別養，不然皆生疾病矣。春令和煖，大鷄伏其上，煖屋火氣薰蒸，小鷄挨靠，以至於傷熱，則羽毛不生，脚爪枯乾，鼻流清涕、漸至瘦弱，水食減少，立處合眼。此皆受熱之過也，重者死矣。若如此急移於無火之屋，以濕潤之土浴之。食不可喂足，若食多不能運化，若太少，又不能復原。取其中和，看其輕重，如養懦弱之嬰兒，方能挽回也。若養無病小鷄，一日分四次喂之。早喂小米，高粮；巳時喂牛肝麵劑，不令其飽；未時喂豆芽；晚収喂江豆掐碎小菜，任其自飽収之。初更之時，飲水一次，若不飲水所喂之食不能運化。每日罩半陰半陽之處，以潮土浴之，早、晚二次放出，任其飛跳，一日三次換水，春養之法也。

論夏養第二十九　夏令火旺，赤旭日升，空萬物孰不避其銷爍？惟鷄之畏暑更有甚焉。養者必擇幽避之處，只宜高粮、豆芽清凉食喂之。每日換水三次，置於陰處，不可使日色晒熱。亦不可喂以肉麵，若喂肉麵，不但生疾，而且冬不能利也。太瘦者必以好食加之，方能得肥，至秋脱落翎毛而早。若膘肥肉滿，必不能貪食，豈得翎毛脱得豐盛乎？夏間喂以清凉之食，至秋羽毛脱動再加好食催之，方爲妙法。再不可膘肥，膘肥而內中油滿，至冬臨場時，千方百計不能去內油耳。大凡小鷄只可凉爽亮囤盛之。喂法同春，但不可以肉麵喂之，只可菉豆、江豆足矣。

論秋養第三十　當秋令氣爽風清，乃養鷄之第一要時也，若失其調養，必至危亡，則一年之功盡廢矣。其養法同夏，但蚊虫正盛之時，雛鷄最怕，蒼鷄無妨。將雛晚収於風凉之地，置之有風之處低卧，不可甚高，如甚高卧必披蚊虫重咬，若被其傷者，滿頭頭面皆損破結痂，世俗不知皆謂出痘，此論大謬矣。若被蚊虫所傷，切不可加以厚味，只可高粮，菉豆清凉之物喂之，方謂調和中和，天氣凉爽，不拘蒼、雛皆加以厚味催之。雛者乃骨肉、翎毛齊長之時，若不加以好食焉能壯健。若食薄不足，則身瘦、項長或翎遲滯，如此者皆食水養法不得宜之過者也。蒼、雛翎毛更新之時，可煮熟麦子同高粮喂之，方能脱毛。如脱毛不快，加生牛肉切碎，入滚水内一過即撈起，不可太熱。若至秋令翎毛不脱者，用手拔去身上翎一二處，將翅隔一根拔一根。若不留舊翅，或啼鳴或別鷄將新出之翅，盡皆拍壞矣。所以拔去舊毛者，引其血脉上生而催之也，再加以蜘蛛、馬蛇喂之，此物若能食三五次，鷄必肉熱，不時更換新水，任其自飲一飽，十八日後舊毛皆脱落，新毛生矣。至白露前後十日内修距之時。若早修則無憑據，必等此時方可。用小鋸將距根留三分長鋸去，用小刀將周圍皮去浄做尖，用綿花灰復其上，用布纏裹。過二十四日方鮮去見風，一月後用銼銼浄，平光爲度。季月之養，無論蒼、雛，皆羽毛豐隆正齊之後，必移於向陽之處，晒之爲度。

論冬養第三十一　冬令収藏，萬物凝結，天氣嚴寒，乃陽伏陰盛之時候。天地好生無窮養育類羣。當冬日，夫獸者毛生敷厚，禽者羽翼整之時者。惟鷄者無論蒼、雛，皆待此時爲之約也。不可試之太早，必待毛乾方可，不然則難辨其真假也。譬如，毛先乾者，必身健力足。若毛尚未乾者，自然力怯。若不以此爲戒，則真假難分矣。冬養之法，必置於無風向陽之處，早収晚出。柵中之土，不可太潮太燥。若蒼者不可加之肉麵。只早晚喂高粮二次，午間喂豆芽菜，晚間加熟江豆少許。雛者若敦厚早鷄，養法同蒼，但江豆加之一飽爲巳耳。若磽薄膘欠者，晚間加以麵劑。再看食嗉小者，恐夜長膘欠，待初更時分，加以好食以飽。飲水之後収於避風之處，煖囤盛之可也。

論分養第三十二　夫分養不可不知法也。群雛中必分上下各養，不然喂食不均，但使雄不得其自然而食之。雄鷄五六個月之後各自分開，使其性長狂，欺其懦怯弱者。如中秋乃雛鷄貪食欲壯之時，若不一一分養，弱必被壯者追打無躲藏之處，不但食水不得其自然而性懦也，翎毛不長，而交晚遲矣。必分於幽辟之處不見鷄，使其欲性長。若十分見鷄不閗，使之一雌同柵，令其狂燥，不然則終不閗矣。

論閗後第三十三　夫鷄之閗後，則精力用竭，神氣不収，身帶重傷，如人之受刑，不經心調養，則生變患，閗畢之後，用鷄翎或綿紙探入嗓内，攪出粘痰惡血，以盡爲度。再用拿墊汗中將頭面脖項細細盡蘸，若不然則血聚而成癀矣。如此之後，口嚼茶葉一團，填入喉内，置之囤中安歇。喘息一定，則飲水五六口。傳語云：鷄若閗後，不可飲水，若飲水則成病矣。殊不知閗後若不飲水，則口舌必乾而嗓生癀矣。但飲水不可太過，分爲三五次飲之。三日内勿喂厚味之食。至六七日，用綿巾蘸熱水洗其面與脚爪，傷重十日為度，若甚重者半月亦可。傷之鷄，遍身筋骨疼痛，不可與衆鷄相近，恐其驚震，則性怯矣。

論嘴眼第三十四　夫鷄之嘴眼乃一身之要物也，無此二者則成廢物矣。

鷄之閗後微去上嘴尖者有二種：但去硬殼，不動肉者，不必多養，待半月後可矣；再閗若肉損者，做一布套套之，用線繫其冠上，待其長完覆下嘴爲度。全去殼者，養法同上。半折者，看輕重，若不見血者，同上套之，二十日爲度；若見血内肉不損，一月爲度；若内肉損傷，全脱落者，即無用矣。根傷亦同上，旁劈者無方，若尖劈者，以香火燒之，則別處不劈矣。若不然劈大無用。嘴烏者不可閗，閗之其殼不落，待其殼自落後再閗無妨。若嘴復微見血者，套法同前。若肉嘴損折脱落出血太多者無用矣。若閗將嘴打入咽喉内不能自出，急用指班出無妨。下嘴傷者套法同前繫線。用絃穿於耳墜繫之。大凡養嘴之法，過五日後每日用湯三五次，不可見風，見風則抽乾無用矣。

論結翅第三十五　鷄之両翼最不可少，少者不結則力不均，必至跌落。或用線縫，或用鵝翎管套粘，方可爲佳。

論失養第三十六　孟子曰：『苟得其養，無物不長；苟失其養，無物不消。』禽畜亦然也。夫鷄之失養者有四焉。如春令失養者，假如雛鷄不喜燥土再加炎日晒之，其雛必有枯乾之患。群雛衆多晚間收在一處挨劑，熱氣董蒸，或害眼，或流涕漸至枯乾，此春令雛之失養也。蒼鷄失養，春月天氣融和，易能肥健，若不減去厚味，則出塲喘乏，不耐而自卧倒。輕者肉戰而輸，重者油化而死。再如，三冬内登蛋太多，精神疲乏，不可不戒其交媾，不然臨塲力怯、脚矮，皆失養之過也。如夏炎熱，若雛鷄同失上養。惟蒼者若臉紫、氣粗、生痰，皆因土燥不得其潤，被日所晒，失其更水，渴飲日晒之水成疾，皆夏之失養也。或秋令漸寒，因陰雨連綿，雛者若臉白、冠瘦、身體羸弱、完穀不化，皆因受寒濕之氣也。蒼鷄至秋翎毛尚未更者，乃受寒濕之氣，或食水不調，以至於此，乃失養之耳。冬之失養者，天氣寒冷，或遇風雪交加，收放子得其法，冠瘦、面無光彩，每日嗉宿食不化，糞糖不正，有病不覺，世俗不曉，是日臨塲，其鷄必輸，此失養之故耳。再如天氣十分寒冷，必將水放於栅外，令其頭出而飲。若將水置於栅内，或見人、或見雌，必然跳躍，両足沾水易生凍瘡，指節脱落成廢物矣。臨閗三日前不可浴土，若浴土成無力也。

論病因第三十七　夫病者必有所因而成之，再無無因而成病也。人者萬物之靈尚不逃於七情、六欝，而况禽畜乎。七情：喜、怒、憂、思、悲、恐、驚。六欝者：風、寒、暑、濕、燥、火者也。七情之中，鷄雖缺其一二，而六欝全焉。病因何足道哉，夫鷄之病果係天災。病難何必言之。更有一種，受病之害而於鷄不得不載之焉。如貧賤之人，窺其養鷄之意，原爲生利也。當喂飲之時，不假他人之手，必親身喂飲調理，自然安泰也。若富貴之家養之必多，乃使家人喂飲，不知家人喂飲豈能如親身妥當。或當喂飲而不喂飲，或不當喂飲而喂飲焉，此所謂喂飲不得其時。或水土不得其宜。或將鷄終日囚禁栅中，不能出栅跳躍，爽其精神，通其血脉，壯其筋骨，主人焉得知之。如是者，欲其病之不生，命之不斃也，鮮矣。

論病養第三十八　夫鷄之病猶人之病也，無非受其風、寒、暑、濕、燥、火六欝之氣以成病，若不細心調理，安能有生乎？必順其陰陽，審其寒熱，辨其虚寔，分其表裏，方能挽回也。大几禽類之疾雖與人同，但其難明之故更甚焉。夫人有望、聞、問、切四法，其易知耳。鷄但可存一失三法，安能得其真切也。三法者，聞其呼吸不能，與人對答及問其病不能告訴，切之以脉，無脉可胗，故鷄之病，所以難養也。大几鷄有病，食水懶食，精神減少。速移於幽僻之處，寧可薄淡其飲食，勿令過飽，使其易得運化，如此依法細心調理方得愈也。醫治之法，隨症調養，皆載於後各病論中。

論傷寒第三十九　夫鷄之傷寒，乃果真中其寒也。與人不同，人之傷寒者，十中有一二真也，果係冬令嚴寒得其病症，乃真傷寒也，餘則不然。經曰：『冬傷於寒，春必变瘟。』人之春夏之病，皆非真傷寒也，故寒者鮮矣。鷄厚無傷寒之病，如鄉野之養，無非以高架而令其卧，若果有傷寒之病，天下之鷄難養矣，殊不知皆人使其得病耳。譬如鄉野之鷄反能得其自然，日間遊於田里，若遇大寒大風，自能廻避居於向陽之地，晚間卧於高架，群鷄挨擠一處，火力更甚，故無傷寒之疾。夫閗鷄者，畜於富貴高梁之家，日居栅内，晚收於煖囤。若微失其調和，故易感之也。經云：『寒則傷榮，風則傷衛。』榮衛一傷，皮毛閉塞不得流通，故傷寒之疾成矣。鷄若傷於寒者，必面紫、冠黑、口内青色、腿紫、口内啼鳴不完，乃傷寒也。或若天寒之日日没後収太晚，或早間出于無日處，天冷感冒，風寒之病由此而生焉。若見此症者，以後方調治。

沖和丸

羌活一分　防風一分　蒼术一分

白芷一分　川芎一分　生地黄一分

黄芩一分　細辛一分　甘草一分

共爲細末，生姜汁同枣泥丸之，重一分，每服一丸。

又方小柴胡丸

柴胡三分　黄芩二分　半夏三分　甘草一分

右爲細末，生姜汁同枣泥為丸，重一分，每服一丸。

論傷熱第四十　夫暑者、熱者，夲天地無形至陽之氣，從地氣上升為長夏之令。其氣大過，則炎蒸酷烈，有爍石流金之勢，若感之難免患疾矣。夏雖則暑熱，而受熱者，無論四皆有之，惟夏月更多。或因柵淺土燥被日色晒滿，無躲藏之處；或因不薄其食，至夏月尚加以厚味；或因群鷄未曾分開，晚間挨擠一處，彼此熱氣薰蒸，皆傷其熱也，言夏月之甚者，盖因膘肥氣壯之鷄，失其調養，故易受斯病也，經曰：『氣有餘而即熱。』夫氣壯生火，自然之理也。鷄若傷熱，其頭必腫。經曰：『頭者，乃諸陽會首。』火氣熖上，而頭故腫也。或鼻塞不通，經曰：『鼻乃肺之孔竅。』肺主氣，肺虚則鼻通，肺寔則鼻塞，或兩眼生沫，皆因受熱之甚也。或項縮、尾垂、糞如鷹糞者，皆因後方調治。

四黄抽薪丸

黄芩五分酒炒　梔子五分生用

石斛二分　黄栢三分童便炒

只殻二分酒炒　石羔二分生用

黄連三分生用　生大黄一分，壮者加，弱者莫用

共爲細末，清茶和丸，每丸一分，每服一丸。

論食積第四十一　夫脾者後天之夲，倉廩之官，中宫之土。土爲萬物之母，是故經曰：『安谷則昌，絶谷則亡。』食若過飽，則滞壅而難化，病由是而生焉。夫鷄之積食，有輕重之分，惟積食之疾，令人不覺，多由早間出囤之時，或喂之以飽，彼恐群鷄分食，盡力搶之，不覺過飽，以致難化，故有此症也。但看鷄之走動、立卧并糞之形色，分其輕重也。若呆立不動，身僵、糞下清水、內無穀氣或糞色成清如菜汁者，必然毛鬆、眼閉、無神者，其病必重。若尚可走動，還可呼喚，其糞不論顔色，但糞中微有穀之糟粕者，其病輕。可移於堅硬之地居之，勿使抱土覔食，但令飲水，不可與食。待其積食化盡，然後將水浸高粮，日分五六次，少少喂之，易于消化，漸漸添之，不可加以厚味。此調養病鷄之法也。又有一種，寔非其病，因積食太多，不能運化，故病，不能食也。此種之病症，或因食草葉、人髮、馬尾、菜根并禽獸之骨扠，結而成大嗉。又因嗉孔小，不能下肫，一時不消化，以致成病。若不割其嗉，其鷄必死。用小刀將嗉割破，去浄難化惡物，再用小針細衣線將口縫上，以塩醋和泥涂其縫處即愈。後有藥調治。

健脾消食丸

白术五分土炒　茯苓五分　厚朴五分姜汁炒

山查五分去子　神曲一分　麦芽三分

只殻三分　青皮三分　砂仁三分

甘草五分

共爲細末，神曲和爲丸，每丸一分，每服一丸。

論痰喘第四十二　夫鷄之痰喘者，有寒暑之分。寒者，或因閂後用力疲乏極矣，不安於避風之處。故肺主皮毛，閂後遍身湊裡皆開，被風寒所聚，毛孔閉寒，寒包其熱，肺被風邪所乘，痰喘之症由此而生焉，必然面紫，喉內氣喘，痰声不絶，糞如銅绿色者，乃寒之痰喘也。熱者非感風寒，乃因鷄之膘肥閂後內熱，再因喉中之痰血去之未浄，待渴後痰血盡歸於中，又因俗傳言閂後不可飲水，故鷄臓如焚，安得不病也。經曰：『氣壮生火』。火盛生痰，必喉腫、舌焦，其糞或純白汁或紅白兼褋，皆內熱之症也。若見此症者依後方調治。

寒症發散丸

蘇葉三分　前胡三分醋炒　只殻三分

半夏五分姜炒　橘紅三分　桔梗三分

葛根三分　甘草五分姜炒

論勞傷第四十三　勞者，乃用力不休，則龍雷二字逆僭至高，故勞字從火生焉，陰血爲榮，陽氣爲衛，二者運行而無滞，病何從生。夫鷄非人之所比，人在安逸之中，尚有損傷之患，每見年少者十患二三。切思，鷄之勞更甚於人焉。三冬之內身輕數十飲餘戰，氣血日損，身受重傷。且主人欲得其雄，不待傷愈，使其交媾無度。經曰：『勞傷，腎精先天之氣損也，脾胃之後天亦損也。』先後二天俱損，鷄非金石焉有不病之理。然有此症，必冠瘦、腿脚枯乾、飲食日減、精神疲倦、目少神光、不鳴、不浴、懶行、懶動，此乃勞傷之症也。如此者，以後方調治。但人之風、寒、蠱、隔四大之症。每見服藥祈禱神明，百法解救，十之中尚不能得一二生者，况鷄胗之無脉，問之不言，如此大症

又無古人遺方醫治之法，某雖載方於後，未必即能取效。但看受傷輕重如何，傷輕者可置於幽僻之處細心調理静養，或可生也。

加減駐龍百補丸：

當歸三分酒洗　生地三分酒洗　熟地三分

兔絲子三分　大冬二分去心

麦冬二分去心　枸杞三分　白茯苓三分

山萸三分酒浸　山藥三分炒　人参三分

鹿角膠三分　蛤粉炒成珠　五味子一分

柏子仁一分炒　牛膝三分酒浸　杜仲三分姜炒

共爲細末，蜜丸，每丸一钱，每服一丸。

論生黄第四十四　夫鷄生黄者，猶人生癰疽也。癰爲陽疽爲陰。人得之有二，或於濕熱交蒸從外而受，或五臟蘊結從内而發，皆因氣凝滯不得流通，聚而成之也，鷄黄雖外感其邪，而其得患者有二，或因厚味過多，内生濕熱，或因鬦後打傷之處敗血凝滯而成者也。其分部位有十黄：腦黄、項黄、口黄、口角黄、耳黄、胸黄、翅黄、肘黄、嗉黄、嗓黄是也。此十種者，七種医法相同。胸黄、嗓黄、耳黄，醫法稍異。耳必待其患自乾収聚一處，内硬結實，方可用刀割開，一孔取出内黄即愈。不用線縫，待其自収口。如胸黄，不可用刀剖之，將馬尾三五根，穿其黄繫於胸下，其黄自消。耳黄如人之糖耳，用白凡、黄連二者平對爲末，繫之、敷之，即愈。若嗓黄，因鷄内熱所生，其口内有臭穢之氣。以氷硼散吹之，内服凉隔散即愈。惟有嗉黄。肘黄，謂之逆症，用藥無功，割之即愈，但生二處，則成廢疾矣。

氷硼散：

氷片五分　硃砂六分

元明粉五分　硼砂五分

共爲細末，用少許吹患處。

凉隔散：

防風一分　荆芥一分　桔梗一分

山枝一分　元三一分　石羔一分

薄荷一分　黄連一分　貝母一分

大連黄一分　天花粉　牛旁子一分

共爲細末，水丸，每丸一分。

論痘第四十五　夫人之痘者出於五臟，疹者出於六腑，五臟屬陰，六腑屬陽，乃男女交媾之精毒結於嬰兒命門，遇天天行時日，氣引於外而發。至於鷄，但出閗，而不出胗也。鷄出痘，或於秋暮，或於三冬，或於春令，無定時也。但見氣促，糞糖而紫冠，於面上遍出顆拉純白色光亮者，乃真痘也。但頂焦自回，若秋令被蚊虫所傷而結黒痂，凡見此症者，不可令與雌鷄交媾，亦不可使閗，閗之必無力，務須待痘回完，面紅，痂殼落盡。方可閗也。如未愈，以後方治。

敗毒和中散：

連翹一分去心　牛旁子一分炒

黄連七分酒炒　只殼七分

桔梗七分　紫草四分　甘草四分

蝉退七个　川芎四分　麦冬八分

木通五分　前胡五分　生麻五分

共爲細末，水丸，每丸重一分，每服一丸。

論膝瘡第四十六　夫膝瘡多生於膘肥身大之鷄，而不生於體瘦身小者也。於别種鷄，余窺之，乃濕痰流火結於膝間而生也。有濕、乾、輕、重之分。乾者細心調治，可得愈也。濕者内有一孔，時流黄水，夂則内腐筋出，而成廢物矣。若早至，十中得其一半，可以後方調治。

治乾膝瘡方：

銅青　鉄銹各等分

共爲細末，用滴醋調敷患處。

生肌紅玉膏，治濕膝瘡：

白芷二分半　歸身一分　血竭二分

粉二分　白占一分　紫草一分

用麻油半斤將當歸、紫草、白芷三味先浸入油内三日，用大鉄勺漫火熬之。俟藥色微枯，用細絹攄渣。將清油復入鍋内煎滚，下整血竭。候化盡，次下白占，微火化開。用茶鐘四個將藥分作四處候冷，冷時將輕粉研極細，照分投鐘内，調敷患處。

論癬第四十七　夫癬何以生？乃因風熱濕虫侵於心而生之也，又因血燥風毒剋於皮膚。輕者但生冠面。重者連頂，脚腿鱗内皆生。抓之則起白屑。

若不治，必過夏冬方能得愈。雖非大病，可厭者，臨塲鬦時不打而自腫，微啄而自破。余窺其意，惟蒼者不生亦不染，何也？乃因皮堅膚厚，風邪不能入耳。不染者爲上，或上年己經患過，毒氣出盡，間有一二生此疾者，此内腑發出經年餘毒，莫作尋常，其鷄巳病矣。大凡頑癬之内皆患風邪，或染於他鷄也。凡鷄鬦後速避風寒，萬勿與有癬之鷄相鬦，自然無此患矣。若有此患，以後方調治。

治癬方：

猪脂油四分　蝸牛二分　川椒二分

硫黄一分　黄連三分

先將脂油煉出，將蝸牛入油内熬黄色，次下川椒同熬，去渣。次將黄連、硫黄爲極細末，候油冷定，再入油内調成羔，用刷子刷去白屑，見血津爲度然後將藥羔搽之，二三次即愈。

論脚疔第四十八　夫鷄之脚有疔者，雖名曰疔，而寔非疔也。人之有疔者，因毒氣發於五臟六腑，氣血凝結，無論部位皆生之也。惟鷄毒生於兩脚心，卒非疔，人名爲疔則大謬矣。若不明其疔字之義，恐人不知，當别症而治，故從而明其疔字之義，非内症也，多因栅内土不能潔浄，兼之又不和閨，日夂結成土塊，使鷄終日行走立卧於其間，夂而此患生焉。初起時脚心微腫，腫後必破，破後皆痂而覺漸大矣。若見微腫，不待其破，速栅取之出土，另墊新土使立於上，則脚不傷。或養於幽僻之處，則漸消而自愈矣。若破者，用温水洗浄，小刀修去硬皮，不可出血，用綿花作一小褥墊之，以綿線縫於脚上，勿令足心着硬地，三五日一換，不過十次即愈。若紅腫太甚。過於脚背者，乃内結毒也，必漸至腐爛，此爲最重，成廢鷄矣。

論瘟疫第四十九　夫瘟疫者，天之疫暴殺厲之氣。凡四時之令不正，乃有此氣流行也。若人感之，則一家纫傳染，無不受其害也。若群聚衆多，襍氣相觸，最易染人。瘟疫之為害也如此。刘向《説苑》云：『天地之道，極則反，滿則溢。』斯言至矣，不可不慎。《陰符經》曰：『天生天殺，自然之理。』凡人起居飲食常慎，遇有此氣，速避之，忌之。明此理者，必能遠其害矣。若一染此氣，必遍身烏紫眼合而腫，食嗉不能化，食水不下糞，下清水，少待而死。重者頃刻而亡，必至死絶方休。如此鷄病，速移别處遠避。若未至傳染者，或可一二得生。凡所用飲食盆器，急速更換，不然則又傳染矣。或新買之鷄，他人送者，必先養於别處，俱莫與家鷄同養。先試其殗，看其化糞之好歹，若不然恐待来疫氣，散感不覺，不可不慎也。此症最惡，可以後方調治。用巴豆一粒，研末，香油調礶，入口即愈。此方見《古今祕苑》。

論對第五十　夫對者所関最要，其理精微，不可不細察也。不以高爲大，不以粗矮爲小，如此者爲得对，不如此者為失对。譬高而卑，如薄而如官之行者，雖高而何用哉。如兩鷄相配者，必以膀澗身粗者而爲大，不以項高腿長身細者爲大。再兩鷄相配身骵相等，以敦厚者爲大，以磽薄者爲小。再如，初冬雏鷄萬不可以鬦蒼鷄，従使雏佳，必有損傷之患。雏若鬦蒼，除非蒼之最下不堪者可耳。雏雖羸，後而遍骵兩腿皆青，此不可鬦之騐也。雖十月滿足，或至殘冬，或至春令之雏，如中年壮强之人，鬦蒼方無害也。再如，配對用心細審早晚之分，有如早雞生相平常，翎毛不佳，晚鷄雖然體脩至足，萬不可欺也。何也？盖早鷄雖為下等，然十月滿足，骨堅體硬，晚鷄雖為上等，骨嫩而嬌，若不細心審視，妄與之鬦，如使孩提之童與中年壮夫相鬦也。

論鬦第五十一　夫鷄之鬦，如人之戰也，爲將者若智勇兼全方爲良將，鷄雖禽類，其道亦如之也。譬如，人之偏於勇者，必少謀而猛戇，偏於智者，雖少勇而奸巧。若鷄之清中有濁，濁中有清，即如智勇兼全之良將。若太濁，則一味鹵莽而不知死，太清則如白面書生，紙上談文，一生軟弱而巳哉。第一種鬦相四平頭，言其頭不高不低，出入有度，褁、纏、挨、靠無不得宜，如人之有武藝者。此等鬦相，不但能占上風，而且能保護身體嘴眼。然其生相體格必主於頭方、眼小、粗項、長腰、膀澗三停者。第二種高頭直立，動轉活動，知其閃躲，善封閉而已。其餘不足道也。

鴨部

鴨

題解

明 陳耀文《天中記》卷五八《鴨》 舒鳧，鶩鴨也。一名舒鳧。李巡曰：『野曰鳧，家曰鶩。』《禮記·內則》辨鳥之不可食者，云『舒鳧翠』《爾雅疏》王勃《滕王閣序》『落霞與孤鶩齊飛』，是又以鶩為野鴨矣。

清 馮祖繩《救貧捷法·養牲·鴨》 鴨，家畜水禽也。性不喜陸，聚宜近水邊或池塘。畜之收利自廣。其蛋鹽醃，可日久食。

（光緒）《順天府志》卷五〇《食貨志二·物産·鳥屬》 鴨，《甯河關志》：舒鳧也，邑多水鄉，故畜之最宜。按：野鴨為鳧，家鴨為鶩。

綜述

明 徐光啓《農政全書》卷四一《六畜》 鴨《爾雅》曰：舒鳧，鶩。《說文》曰：鶩，舒鳧。《廣雅》曰：鶩，雅也。野雅雄者、赤頭，有距。鶩生百卵，或日再生。有露鶩，以秋冬生卵，并出蜀口。

《齊民要術》曰：鵝、鴨並一歲再伏者爲種。一伏者，待時少；三伏者，冬寒，雛亦多死也。大率鵝三雌一雄，鴨五雌一雄。鵝初輩生子十餘，鴨生數十，後輩皆漸少矣。常足五穀飼之，生子多；不足者，生子少。欲放廠屋之下作窠。以防豬、犬，狐狸驚恐之害。多著細草于窠中，令煖。先刻白木爲卵形，窠別著一枚以誑之。不爾，不肯入窠，喜東西浪生。若獨著窠，復有爭窠之患。生時尋卽收取，別作一煖處，以柔細草覆之。停置窠中，凍卽須死。伏時大鵝一十子，大鴨二十子。小者減之。多則不周。數起者，不任爲種。數起則凍死也。其貪伏不起者，須五六日一與食，起之，令洗浴。久不起者，飢羸身冷，雖伏無熱。鵝鴨皆一月雛出。量雛欲出之時，四五日內，不用聞打鼓、紡車、犬叫、猪、犬及舂聲；又不用器淋灰，不用見新産婦。觸忌者，雛多厭殺，不能自出。假令出，亦尋死也。雛既出，別作籠籠之。先以粳米爲粥糜，一頓飽食之，名曰塡嗉。不爾，喜軒虛羌（立向切）量而死。然後以粟飯，切苦菜、蕪菁英爲食。以淸水與之，濁則易。不易，歷塞鼻則死。入水中不用停久，尋宜驅出。此既水禽，不得水則死；臍未合，久在水中，冷徹亦死。於籠中高處敷細草，令寢處其上。雛小，臍未合，不欲冷也。十五日後乃出。早放者，匪直乏力致困，又有寒冷，兼鳥鴟災也。《葛洪方》曰：居射工之地常養鵝。見此物食之，故鶩辟此物也。鵝，唯食五穀、稗子、草、菜，不食生蟲。鴨靡不食矣，水稗成實時，尤是所便，噉此足得肥充。供廚者，子鵝百日以外，子鴨六七十日，佳。過此肉硬。大率鵝鴨，六年以上，老不復生伏矣，宜去之；少者初生，伏又未能工。惟數年之中佳耳。《風土記》曰：鴨，春季雛，到夏五月，則任啖。故俗五六月則烹食之。

《便民圖》曰：凡相鵝鴨母，其頭欲小。口上齕有小珠滿五者生卵多，滿三者爲次。【略】

養雌鴨法每年五月五日不得放棲，只乾餵，不得與水，則日日生卵。不然或生或不生，土硫黃飼之易肥。

作杬子法：純取雌鴨，無令雜雄，足其粟豆，常令肥飽，一鴨便生百卵。俗所謂『穀生』者。此卵既非陰陽合生，雖伏亦不成雛，宜以供膳。杬木皮《爾雅》曰：『杬，魚毒。』郭璞注曰：『杬，大木，子似栗，生南方，皮厚汁赤，中藏卵、果。』無杬皮者，虎杖根、牛李根，並作用。《爾雅》曰：『荼，虎杖。』郭璞注云：『似紅草，粗大，有細刺，可以染赤。』淨洗細莖，剉，煑取汁。率二斗，及熟下鹽一升許和之。汁極冷，內甕中，汁熱，卵則致敗，不堪久停。浸鴨子。一月任食。煑而食之，酒食俱用。鹹徹則卵浮。吳中多作者，至十數斛。久停彌善，亦得經夏也。

明 李時珍《本草綱目》卷四七《鶩音木別録上品》 釋名鴨說文舒鳧爾雅家鳧綱目鳱鴄音末匹，時珍曰：鶩通作木，鶩性質木，而無他心，故庶人以為贄。《曲禮》云：庶人執匹。匹，雙鶩也。匹夫卑末，故《廣雅》謂鴨為鳱鴄，《禽經》云『鴨鳴呷呷』，其名自呼。鳧能高飛，而鴨舒緩不能飛，故曰舒鳧。

正誤弘景曰：鶩卽鴨。有家鴨、野鴨。藏器曰：《尸子》云：野鴨為鳧，家鴨為鶩，不能飛翔，如庶人守耕稼而已。保昇曰：《爾雅》云：野鳧，鶩。而本草鶩肪，乃家鴨也。宗奭曰：據數說，則鳧、鶩皆鴨也。王勃《滕王閣序》云『落霞與孤鶩齊飛』，則鶩為野鴨明矣。勃乃名儒，必有所據。

時珍曰：四家惟藏器為是。陶以鳧、鶩混稱，冠以鶩為野鴨，韓引《爾雅》錯舒鳧為野鳧，並誤矣，今正之。蓋鶩有舒鳧之名，而鳧有野鶩之稱，故王勃可以通用，而其義自明。案《周禮》「庶人執鶩」，豈野鴨乎？國風弋鳧與鴈，豈家鴨乎？屈原《離騷》云：寧與騏驥抗軛乎？將與鷄鶩争食乎？寧昂昂若千里駒乎？將汎汎若水中之鳧乎？此以鳧、鶩對言，則家也、野也，益自明矣。

集解時珍曰：案：《格物論》云：鴨，雄者緑頭文翅，雌者黄斑色。但有純黑、純白者。又有白而烏骨者，藥食更佳。鴨皆雄瘖雌鳴。重陽後乃肥腯味美。清明後生卵，則内陷不滿。伏卵聞礱磨之聲，則毈而不成。無雌抱伏，則以牛屎嫗而出之。此皆物理之不可曉者也。

鶩肪白鴨者良，鍊過用。氣味甘，大寒，無毒。思邈曰甘，平。主治風虚寒熱，水腫。別録

附方新一。瘰癧汁出不止。用鴨脂調半夏末傅之。《永類方》肉氣味甘，冷，微毒。弘景曰：黄雌鴨為補最勝。詵曰：白鴨肉最良。黒鴨肉有毒，滑中，發冷利、脚氣，不可食。目白者，殺人。瑞曰：腸風下血人不可食。時珍曰嫩者毒，老者良。尾臎不可食，見禮記。昔有人食鴨肉成癥，用秫米治之而愈。見秫米下。主治：補虚除客熱，和臟腑，及水道，療小兒驚癇。《別録》解丹毒，止熱痢。《日華》頭生瘡腫。和葱、豉煮汁飲之，去卒然煩熱。孟詵。並用白鴨。

發明劉完素曰：鶩之利水，因其氣相感而為使也。時珍曰：鴨，水禽也。治水利小便，宜用青頭雄鴨，取水木生發之象；治虚勞熱毒，宜用烏骨白鴨，取金水寒肅之象也。

附方舊三，新一。白鳳膏葛可久云：治久虚發熱，咳嗽吐痰，咳血，火乘金位者。用黒嘴白鴨一隻，取血入温酒量飲，使直入肺經以酒補之。將鴨乾撏去毛，脇下開竅去腸拭淨，入大棗肉二升，參苓平胃散末一升，縛定。用沙甕一箇，置鴨在内，以炭火慢煨。將陳酒一瓶，作三次入之。酒乾為度，取起，食鴨及棗。頻作取愈。《十藥神書》大腹水病小便短少。《百一方》用青頭雄鴨煮汁飲，厚蓋取汗。《心鏡》：治十種水病垂死。用青頭鴨一隻，如常治切，和米并五味煮作粥食。又方：用白鴨一隻治浄，以豉半升，同薑、椒入鴨腹中縫定，蒸熟食之。

頭雄鴨者良。主治：煮服，治水腫，通利小便。恭曰：古方有鴨頭丸。

附方新一。鴨頭丸治陽水暴腫，面赤，煩燥喘急，小便濇，其效如神，此裴河東方也。用甜葶藶炒二兩，熬膏，漢防己末二兩，以緑頭鴨血同頭全擣三千杵，丸梧子大。每木通湯下七十丸，日三服。一加猪苓一兩。《外臺秘要》

腦，主治凍瘡，取塗之良。時珍

血白鴨者良。氣味鹹，冷，無毒。主治：解諸毒。《別録》熱飲，解野葛毒。已死者，入咽即活。孟詵熱血，解中生金、生銀、丹石、砒霜諸毒，射工毒。又治中惡及溺水死者，灌之即活。蚯蚓咬瘡，塗之即愈。時珍

附方新三。卒中惡死或先病痛，或卧而忽絶。並取雄鴨，向死人口斷其頭，瀝血入口。外以竹筒吹其下部，極則易人，氣通即活也。《肘後》解百蠱毒白鴨血熱飲之。《廣記》小兒白痢似魚凍者。白鴨殺取血，滚酒泡服，即止也。《摘玄方》

舌，主治：痔瘡殺蟲，取相制也。時珍

涎，主治：小兒痓風，頭及四肢皆往後，以鴨涎滴之。又治蚯蚓吹小兒陰腫，取雄鴨抹之即消。時珍，出《海上》

膽，氣味苦、辛，寒，無毒。主治：塗痔核，良。又點赤目初起，亦效。時珍

肫衣即脛内皮也。主治：諸骨哽，炙研，水服一錢即愈，取其消導也。時珍

卵，氣味甘、鹹，微寒，無毒。詵曰：多食發冷氣，令人氣短背悶。小兒多食，脚軟。塩藏食之，即宜人。士良曰：生瘡毒者食之，令惡肉突出。弘景曰：不可合鱉肉、李子食，害人。合椹食，令人生子不順。主治心腹胸膈熱。《日華》

發明時珍曰：今人塩藏鴨子，其法多端。俗傳小兒泄痢，炙鹹卵食之，亦間有愈者。蓋鴨肉能治痢，而炒塩亦治血痢故耳。白鴨通即鴨屎也。與馬通同義。氣味冷，無毒。主治：殺石藥毒，解結縛，散畜熱。《別録》主熱毒、毒痢。又和雞子白，塗熱瘡腫毒，即消。塗蚯蚓咬，亦效。孟詵絞汁服，解金、銀、銅、鐵毒。時珍

附方舊一，新二。石藥過劑白鴨屎為末，水服二錢，效。《百一方》乳石發動煩熱。用白鴨通一合，湯一盞漬之，澄清冷飲。《聖惠方》熱瘡腫痛不可忍。用家鴨糞同雞子清調傅，即消。《聖惠》

清 陳元龍《格致鏡原》卷八〇《鴨》《埤雅》：鶩，一名鴨，蓋自呼其名曰鴨也。《曲禮》：『庶人之摯匹。』匹，鶩也。鶩不散遷而又乘匹不妒，故或謂之匹也。《格物總論》：鴨，家鶩也。雄者緑頭，文翅紅脚或蒼脚。雌者遍身黄色，又有純白者，皆自呼其名，但雄者其聲小，一名舒鳧。《清異録》：御史符昭遠曰：鴨頗類乎鶩，但足短耳，謂之減脚鶩。《天中記》蜀廣安有金羹玉飯，紅腊紫黎。金羹謂鴨也。《瑣碎録》：方君云：養鴨者每年五月五日不得放棲，只喂乾食，不得與水吃，則日日生卵，不然，或生或不生。予家用此法生卵未有一日缺。一法：以土硫黄拌穀飼之易肥。《物類相感志》：雞鶩伏卵忌磨，若聞礱磨之聲，則不生矣。《留青日札》廣東湯煏鴨卵出雛，浙江火焙鴨卵出雛皆異。《天中記》：李遠為杭州刺史，嗜

嗢緑頭鴨。貴客經過，無他饋餉，相厚者乃緑頭鴨一對而已。《洞冥記》：玄都翠水中有升蕖鴨，赤色每止於芙蕖上，不食五穀，唯㖫葉上垂露，因名垂露鴨。一名丹毛鳬。《事物紺珠》：鳳頭鴨，頂有高毛，白毛烏骨。《金樓子》：海鴨大如常鴨，斑白文，亦謂之文鴨。《洞冥記》：帝昇望月臺，時暝望南端，有三青鴨羣飛，俄而止於臺。上帝悦之，至夕鴨宿於臺，端化為三小童皆著青綃文襦。《異苑》：元嘉中，章安有人噉鴨肉，乃成瘕病，胸滿面赤，不得飲食。醫令服秫米瀋，須臾，吐一鴨雛。

清 張英《淵鑑類函》卷四二六

鴨一 鳬，與鴨同，白帖并入

原 《廣雅》曰：『鳬鶩，鴨也。』《說文》曰：『鶩，野鳬也。』《增本草正誤》曰：『鶩，即鴨，有家鴨、野鴨。』《尸子》云：『野鴨為鳬，家鴨為鶩，不能飛翔，如庶人守耕稼而已。』唐王勃《滕王閣序》曰『落霞與孤鶩齊飛。』盖鶩有舒鳬之名，而鳬有野鶩之稱，可以通用。案：《周禮》『執鶩』，豈野鴨乎？《國風》『弋鳬』，豈家鴨乎？《本草釋名》曰：『鶩通作木。』《曲禮》云：『庶人執匹。』匹，雙鶩也。匹夫卑末，故《廣雅》謂鴨為鴘音末鴎音匹。《禽經》云：『鴨名呷呷』，其名自呼。鳬能高飛，而鴨舒緩不能飛，故曰舒鳬。《本草集解》曰：按《格物論》鴨雄者，緑頭文翅。雌者，黄斑色，但有純黑、純白者，又有白而烏骨者，皆雄瘖雌鳴。重陽後乃肥腯，味美。清明後生卵，則内陷不滿。伏卵聞礱磨之聲，則毈而不成。無雌抱伏，則以牛屎嫗而出之，此皆物理之不可曉者也。《釋名》曰：鳬從几音殊，短羽高飛貌，鳬義取此。《爾雅》云：鸍，沉鳬也。鳬性好沒故也。俗作晨鳬，云鳬常以晨飛，亦通。《集觧》曰：鳬，東南江海河泊中皆有之，數百為羣，晨夜蔽天而飛，聲如風雨，所至稻粱一空。陸璣《詩疏》：狀如鴨而小，雜白青色，背上有文，短喙長尾，卑脚紅掌，水鳥之謹愿者，肥而耐寒。原 《廣志》曰：野鴨雄者赤頭，有距。鶩生百卵，一日再生。有露華鶩，以秋冬生卵，並出蜀。晨鳬肥而耐寒宜為臛。《呉錄》曰：婁縣有石首魚，至秋化為冠鳬，鳬頭中猶有石也。《南越志》曰：化蒙縣祠山上，有池，池中有松鳬，如今野鴨，栖息松間，故俗謂之松鳬。增 《金樓子》曰：海鴨大如常鴨，斑白文，亦謂之文鴨。《採蘭雜志》曰：鳬，一名少卿。鳥之孚卵皆如期，不失信也。今雞鶩孚卵雞二十日而化，鶩三十日而化，皆如其期也。雞伏鴨卵雛成入水，雞母隨岸呼之，雛出而隨母，鴨雞異類能相隨也。原 《詩》曰：將翺將翔，弋鳬與鴈。又鳬鷖在沙，又在涇在渚。《莊子》曰：鳬脛雖短，續之則悲。《楚辭》曰：『寧與騏驥抗軛乎，將與雞鶩爭食乎？寧昂昂若千里之駒，泛泛若水中之鳬乎？』李陵詩曰：雙鳬俱北飛。《說苑》曰：鶩無他心，故庶人以為贄。焦贛《易林》曰：鳬聲鼓翼，嘉樂充德。《文選》曰：羣飛侶浴，戲廣浮深。又曰：集若霞布，散如雲霧。增 《唐子》：吾嘗會賓設樂，天忽雲興，繼以大雨，有羣鶩成列飛翔而過。此偶爾，何異蒼鶴二八也。

鴨二

原 《左傳》曰：公膳，日雙雞。饔人竊更之以鶩，子尾怒。魯連子曰：陳無宇謂門客曰：『昔荊来伐，無一人死，何國之寡士也？』門客對曰：『君車衣文繡，士不得以為緣；鵝鴨有餘食，士不足半菽；堂上有酒池，士不得一嘗。財者君所輕，死者士所重，若不以所輕與人而欲得人所重，不亦難乎？』增 《春秋繁露》曰：張湯問董仲舒曰：『祠宗廟或以鶩當鳬可乎？』對曰：『鶩非鳬，鳬非鶩，竊以為不可。』原 《風俗通》曰：『王喬為鄴令，每月朔望，常自縣詣臺朝，帝怪其來數，而不見車騎，密令太史伺望之，言其臨至，輒有雙鳬從東南飛來，於是舉網張之，但得一隻舃，是先所賜尚書官屬履也。』增 魏文帝遣使求鬬鴨，孫權具以與之。《博物志》曰：人有得鳬，鳥毛長三丈，以示張華。華曰：『此謂海鳬毛也，出則天下亂。』原 《廣州先賢傳》曰：頓琦至孝，母喪感慕，哀聲不絶，有飛鳬白鳩棲廬側。丁密遭父艱，有飛鳬一雙，游密廬傍小池，見人則馴附，如家所畜，後遭母喪，密歸至所居一宿，故雙鳬復游戲池中。增 《述異記》曰：周昉少時與商人共入宫亭廟宿，起如厠，見一白頭翁。昉逐禽之，化為雄鴨。昉捉還船欲烹之，因而飛去，後亦無他。《周書》曰：太祖車駕幸城南園，臨水亭，見雙鳬爭藻於池面，引弓射之，一發而雙貫，從官歡呼稱賀。上命翰林寫之縑素。《唐書》曰：齊王祐太宗第五子，好養鴨。未反前，忽有野狸入籠中咬四十餘鴨，皆斷其頭。及敗，同惡而誅者，四十四人。《嶺南異物志》曰：廣州浛洭縣金池王家有養鵝鴨池，嘗於鴨糞中見麩金，遂多收淘之，日得一兩，緣此致富。貴三世後，池即無金，王氏力殫矣。《元史》曰：綽哈精騎射帝，嘗與賊遇將戰有二飛鶩至，帝命射之。請曰：『射其雄乎？抑雌者乎？』帝曰：『雄者。』

綽哈一發墜其雄。

鴨三

增　素纓　文翅《太玄經》：素纓之鴨、翰音之雞、白蹄之豕、短喙之狗、修頸之鶩，君子之貌，何獨異耶？鴨雄者，綠頭文翅，入夢行庭夢。雋曰：「桓邈為汝南郡人，齎四烏鴨作禮。大兒夢四烏衣人請命，覺，忽見鴨將殺，遂救之，買肉以代。夢四人來謝而去。」《三國典畧》：高德衆正相齊。未誅之前，家有赤鴨，羣行於庭，犬來逐，遂成碎血。萍茵　金羹《雲林異景志》：浮光多美鴨，太原少尹樊千里買百隻置後池，載數車浮萍入池，使為鴨作茵褥。蜀廣安有金羹、玉飯、紅腊、紫梨。注：金羹，鴨也。青頭雞　減脚鵝《魏氏春秋》：司馬文王鎮許昌，徵還擊維，至京師，見帝於平樂，觀帝與小臣謀，因其辭劍誅之，已書詔文王入，帝方食，優人雲午等唱曰：「青頭雞。」青頭雞者，鴨也。帝懼不敢發，司馬由是謀廢帝。《清異錄》：御史符昭遠曰：「鴨頗類乎鵞，但足短耳，宜謂之減脚鵞。」送千頭　畜萬隻《齊春秋》：齊人渡江至莫府山南，我軍自覆舟東移，頓郊壇北，與齊人對。會文帝遣送米三千石、鴨千頭。帝即炊米煑鴨，誓申一戰，人人裹飯，媲以鴨肉，蓐食攻之，齊軍大潰。《雲仙雜記》：富揚庭畜鴨萬隻，每飼以米五石，遺毛覆渚。化小童　似老翁《洞冥記》：武帝升望月臺時，瞑望南端，有三青鴨羣飛，俄而止於臺上，帝悦之。至夕，青鴨化為三小童，皆著青綺文襦，各握鯨文大錢五枚，置帝几前。杜詩「君不見黄鵠高於五尺童，化為白鳧似老翁。」升葉　裁錦《洞冥記》：玄都翠水中有升葉鴨，赤色每止於芙葉上，不食五穀，惟唼葉上垂露，亦曰丹毛鳧。《開元遺事》：玉蓮湯泉湧為奉御池，裁錦繡為鳧鷗浮沉水中，帝與貴妃乘鈒鏤小舟戲玩於其間。

鴨四

增　煩鶩《上林賦》：煩鶩庸渠。注：庸渠，鳧灰色而雞脚，類鶩。馬援《與兄子書》云：學龍伯高不就，猶為謹勅之士，所謂刻鵠不成尚類鶩者也。鶩沒《越地傳》：越人為競渡，有薄俗少年各尚其勇，為鶩沒之戲，有至水底然後魚躍而去。晨鳧《蘇武與李陵書》：「乘雲附景不足以譬速，晨鶩失羣不足以喻疾。」玉鳧闔閭塚中有玉鳧。鳧藻杜詩《上光武疏》云：「陛下起兵十有三年，將帥和睦，士卒鳧藻。」注：言其和睦歡悦，如鳧之戲於水藻也。鳧翁《古今合璧》云：春草雞翹鳧翁濯，頗得水藻而喜悦。注：鳧翁，頸上毛也。鴨城《吳地記》鴨城者：吳王築城以養鴨，周數十里。鬭鴨闌陸龜蒙有鬭鴨闌，一旦驛使過焉，挾彈斃其尤者。陸曰：「此鴨善人言，見欲上進，奈何斃之。」使者盡以囊中金窒其口，徐問人語之狀。陸曰：「能自呼其名耳！」使者憤且笑，拂袖上馬，因還其金曰：「吾戲耳」。射鴨堂孟郊為溧陽尉，開射鴨堂。

鴨五

原　詩：梁簡文帝咏《單鳧》詩曰：「銜苔入淺水，刷羽向沙洲。孤飛本欲去，得影更淹留。」又詠《寒鳧》詩曰：「迴水浮輕浪，沙場弄羽衣。眇眇隨山沒，離離傍海飛。」陳江總《賦得汎汎水中鳧》詩曰：「歸鳧沸卉同，亂下芳塘中。出沒時銜藻，飛鳴忽颺風。浮深或不息，戲廣若乘空。春鸎徒有賦，還笑在金籠。」增　唐李嶠《鳧》詩曰：「颯沓睢陽涘，浮滂漢水隈。錢飛出井見，鶴引入琴哀。」李陵賦詩：「喬曳舄来何當歸，太液翔集動春雷。」杜甫《花鴨》詩曰：「花鴨無泥滓，堦前每緩行。羽毛知獨立，黑白太分明。不覺羣心妬，休牽衆眼驚。稻粱霑汝在，作意莫先鳴。」李羣玉《野鴨》詩曰：「鸂鶒借毛衣，喧呼鷹隼稀。雲披菱藻地，任汝作羣飛。」陸龜蒙《東飛鳧》詩曰：「裁得尺錦書，欲寄東飛鳧。脛短翅亦短，雌雄戀菰蒲。」吳融《池上雙鳧》詩曰：「碧池悠漾小鳧雛，兩兩依依祇自娛。釣艇忽移還散去，寒鴟有意即相呼。可憐翡翠歸雲髻，莫羡鴛鴦入畫圖。幸是羽毛無取處，一生安穩老菰蒲。雙鳧狎得傍池臺，戲藻銜蒲遠又回。敢為稻粱凌險去，幸無鷹隼觸波來。萬絲春雨眠時亂，一片濃萍浴處開。不在籠欄夜仍好，月汀星沼剩徘徊。」宋梅堯臣《鴨雛》詩曰：「春鴨日浮波，羽冷難伏卵。嘗荷雞抱持，託以雞窠煖。三旬殼既坼，乳毛寒脛短。有志在養毓，勿論報德限。」司馬光《水鴨》詩曰：「褷褷出短蒲，毰毸浴清水。物忌太鮮明，何妨染泥滓。」明高啓《射鴨》詞曰：「射鴨去，清江曙。射鴨返，回塘晚。秋菱葉爛煙雨晴，鴨羣未下媒先鳴。草翳低遮竹弓彀，水冷田空鴨多瘦。行舟莫来使鴨驚，得食忘猜正相鬭。觜唼唼，毛褷褷，潛機一發那得知。」又《鬭鴨》篇曰：「春波漾羣鳧，戲鬭每堪玩。宛轉迴翠吭，褷褷振文翰。聲兼江雨喧，影逐浦雲亂。唼喋隊初交，紛披勢將散。持敵忽同沉，呼儔更相喚。時陳水檻側，或聚湖亭畔。長鳴若賈勇，遠奮如追竄。荷葉觸俱翻，菱絲罥齊斷。魚駭沒中流，鷗驚起前岸。心踰籠雉驕，氣壓場雞悍。海客朝自驅，溪娃晚猶看。稍欲礙行舟，渾忘避流彈。苦争應為食，幸勝非因算。微鳥昧前軀，臨川獨長嘆。」

原　賦：晉蔡洪《鬭鳧賦》曰：「嘉乾黄之散授，何氣化之有靈。産羽蟲之麗鳥，惟鬭鴨之最精。禀離午之淑氣，體鸞鳳之妙形。服文藻之華羽，備黼采之翠英。冠葩綠以曜首，綴素色以點纓。性浮捷以輕躁，聲清響而好鳴。感秋霜之肅烈，從金氣以出征。招爽敵於戲門，交武勢於川庭。爾乃振勁羽，竦六翮，抗嚴趾，望雄敵。忽雷起而電發，赴洪波以奮擊。」宋王徽《野鳧賦》曰：「翾翾雙鶩，體蕞羽微，和鳴愧雁，麗采慚翬，仰鵠推高，瞻隼憚威，遵時弄音，假日于飛。爾乃湛淡揚瀾，俯仰威疇，心矜遠野，意惕近洲。」齊謝朓《野鶩賦》曰：「夫何羅人之伎巧，薦江海之逸禽。落摩天之迅羽，絶飛鶩之好音。碎文錦之丹臆，裂雕綺之翠衿。孤雛喧而靡翼，羇雌呌而莫尋。」增　唐王勃《江曲孤鳧賦》曰：「忘機絶慮，懷聲弄影，乘駭浪而神驚，漾澄瀾而趣静。知動息而多方，屢沿洄而自省。」李邕《鬬鴨賦》曰：「參差聱軋，颯沓繽紛。其浮蔽水，其旋如雲。共洽波而弄吭，各求匹而為羣，繞菰蒲而相逐，隔洲渚而相聞。」原　啟：晉劉孝儀《為晉安王謝賜鵝鴨啓》曰：「形類沈文，經符陶記，晉臣羞笠，吳巫未占，復有背如車盖，胷垂却月，口疑犀欆，脚似魚懸，出九芝之池，去千金之沼。」

清　張宗法《三農紀》卷八《鴨》　寫者家音水鳥也。《禽經》謂『舒緩不能飛，名舒鳧。』《曲礼》一名家鶩，又名匹。《魏春秋》爲緑頭鷄。《清異録》謂減脚鶩。《哇典》云：『鴨自呼其名，故名之尽子。云野爲鳧，家爲鶩，古者以鶩爲贄，取義不能乱翔也，如庶人守耕稼而已。』《爾雅》云：『爲翼，爲禽，二足、八竅，有腎、無嗉，兩翅、扁喙，連爪，秉水之氣。木數三三三而九，三九二十七日。喙卵脱壳而生，故字鳥從甲。甲属震，二陰一陽，陽弱而陰盛，故雄者鳴晦，雌者鳴明，虫艸砂土穀稗無不食。牧者唤曰適，適取行止，舒暢也。』《物異志》云：『嶺南取毳毛爲衣、被絮，賦性不喜陸居，宜近湖澤者，畜之其收利也廣矣。』

相法：口中五齡者生蛋多，三齡者次之。俗云：『黑生千，麻生萬，惟有白鴨不生蛋。』形有大小，高矮。色有黑白、黄蒼、褐花。有冠首、紅嘴、赤足者。雄者，頭毛光，綠尾有卷羽，鳴突声啞。雌者，頭小色暗，尾羽伸直，声高明喨。《爾雅》云：『凡鳥翼右掩左者，雄。左掩右者，雌。』《格物志》云『凡羽者雄毛焚灰入水浮，雌毛焚灰入水而沉。』

飼養：取春生蛋，以鷄伏之。雏出，先將米糜餵飼之，名曰：填嗉。然後以粟飯切青菜和水喂，水㴁卽損，恐淤塞鼻孔，如此半月放水中，浴片時驅岸，少晒入籠。飼之有炒糠麸伏者，有炒来伏者，又馬屎伏者。五月五日不宜放棲，此日只宜乾喂一日，不可與水飲，則生蛋不已。鴨宜一雄五雌，生蛋時，毋雌雄雜食，以土硫和穀喂，則生蛋不已。

療治：凡雏発風頭，旋以磁鋒刺其脛掌卽愈。中毒者，矸硝水啖之，蘆根汁亦妙，鵞亦此方。

本性：性舒，肉甘補虚勞，消水腫。老者良。黄白雌者味美，自目者毒病足及腸凨下血人禁食。毋與蒜、與鼓、與鼈齒、與胡桃食，殺人。六月禁食。枹葉落時肉肥，可醃製，佳美。蛋鹽醃日久者佳。産婦，小兒禁食，須知貨者魚苗，初食卵黄，中其陰，故不孕。骨硬者，醋醋熬膏，丸彈子大，含口内，骨軟自化。

方治：胃寒，痛者肉桂、砂仁、白蔻入肥鴨内，煮極熟和以鹽醋任意食，不必限，一飧痛失。女人積血者，以曰鴨血飲之，效。

【典故】魯連子云：『陳無字謂門客曰：「昔荆來伐，陳無一人，何同之寡士也？」對曰：「君車衣文繡，上不得以爲縁；鵞鴨有餘食，上不足以菽稗；堂上有酒池，士不得以嘗。財者君所輕，死者上所重，若不以所輕與人，而欲得人所重，不亦难乎？」』漢馬援云：菽伯高，敦厚周慎，謙約節儉，廉公有成。吾愛之重之，效伯高不得猶，爲敕謹之士，所謂刻鵠不成間賴鶩者也。自述化佗兒問禽獸何以頭向天，草木何以根向地乎？予日聞之動者之物，其性本諸大，故頭順天而呼吸以氣。植者之物，其性本諸地，故根贖地而升之以津丸。勤之物，取氣于天，而乘載以地，凡植之物取津于地，而生養以天，所以本諸天者，其性于木者、地者，其性寒。鳥両足而飛，得乎天者多；獸四足而走，得乎地者多；木天而堅，得乎天若多；草細而架，得乎地者多；惟人形整而剛方，得天地中和之氣也。

藝文

清　陳坤《嶺南雜事詩鈔》卷三《鴨埠》　鴨兒有埠鴨兒肥，禾際蟛蜞漸漸稀。不似仙才夸葉令，只教鳧影作雙飛。

雜録

宋　蘇軾《物類相感志·禽魚》　殺鴨，灌醋活鴨口中，少刻殺之，則刺血易成身，不出二毛。

清　屈大均《廣東新語》卷二〇《鴨》　廣州瀕海之田多，産蟛蜞，歲食穀芽為農害，惟鴨能食之。鴨在田間，春夏食蟛蜞，秋食遺稻，易以肥大，故鄉落間多畜鴨。畜鴨有埠，埠有主，以民有恆產者為之，凡鴨食人田稻責之埠主，埠主責之畜鴨民，按名以償，無有敢為暴者。秋穫時，鴨價甚賤，佃戶納租必以鴨副之，然皆海鴨，滋味腥，不美。美者，山鴨，故南雄煙鴨特重，次則從化所產。

清 馮祖繩《救貧捷法・養牲・療鴨》 凡雛發頭旋風，以磁鋒刺其掌即愈。中毒者，以撲硝水啖之，蘆根汁亦妙。鵝同。

又《鴨忌》 白目者毒，與蒜豉、鱉、胡桃同食，殺人。病足及腸風下血，禁食。

清 羅天尺《五山志林》卷七《鴨啖蟛蜞》 《渭崖文集》云：順德產蟛蜞，能食穀芽，唯鴨能啖之。故鴨唯廣南為盛。以其蟛蜞能豢鴨，亦有鴨能啖蟛蜞，兩相濟也。洪武、永樂、宣德間，韓都御史不知鴨埠所以利農，疑埠主為豪戶侵牟小民，革之，聽民自便養，利細民也。細民聚黨駕船于滉漭之區，縱鴨踐食稻禾，大為民厲，有司患之。歲八九月，巡撫督州縣官捕畜鴨者，多合黨并力以拒官兵，甚則遁為盜，境內遂日多故。前守曹仲玉知其然，因陳巡撫，主議復洪武間鴨埠之制，定地為圖，法極詳密，百世可守。鴨埠主選民有恆產者為止，蓋畜鴨之地皆波濤滉漭之區，頑民聚黨，非有恆產者不能統馭，故凡被鴨損食禾稻專責埠主，埠主責畜鴨之人，自可責償，況其令曰：『凡海賊劫之，各埠畜鴨者協力擒捕，否則罪之。』鴨埠法行，則海賊亦少戢矣。

按：鴨戶兵精器利，獷悍難制，獲稻未畢，布鴨于田，亦有未獲而踐之者，雖官屢有令禁，賂巡捕，把總官掛簿，船發一符，遂肆志橫行矣。復國初法誠善，或欲以其稅抵河泊，使利孔無旁出，亦便事也。

鴨種

題解

漢 郭憲《洞冥記》卷四 有升蕖鴨，赤色，每止於芙蕖上，不食五穀，唯㖇葉上垂露，因名垂露鴨，亦曰丹毛鳧。

明 陳耀文《天中記》卷五八《鴨》 升渠鴨：玄都翠水中，有鴨丹毛而輕登於英渠，唼露而食，名曰『升渠鴨』。《洞冥記》

又《鴨》 海鴨：海鴨大如常鴨，斑白文，亦謂之文鴨。《金樓子》

又《鴨》 露華鶩：野鴨，雄者赤頭，有似鶩，生百卵，一日再生。有露華鶩，以秋冬生卵，並出蜀。晨鳧而耐寒宜為臛。《廣志》

清 楊屾《豳風廣義》卷三《論鴨》 鴨類不繁，只有家野之別，近來有西洋一種洋鴨，鷄頭鴨身，善鬥，其餘各處皆同，但稱名則異，一名舒鳧，一名家鳧，一名鴇鴨，一名鶩。鶩者，木也，鶩性質木而無他心，故庶人以爲贄。故《曲禮》云：庶人執匹，匹者雙鶩也。匹夫卑末，故《廣雅》謂鴨爲鴇鴨。《禽經》云『鴨鳴呷呷』，其名自呼，故謂之鴨。《格物論》云：鴨雄者綠頭，文翅。雌者黃斑，色有純黑、純白。又有白而烏骨者，藥食更佳。鴨皆雄瘖雌鳴，重陽後乃肥腯味美，清明後生卵，伏二十八日而雛生。鴨乃水禽也，治水病，利小便，最宜故水腫。人多食之卵，不宜炒食，多食發冷氣，小兒多食令足軟，惟鹽醃食之益人，生瘡毒者，不可食，食則令惡肉突出。

清 馮祖繩《救貧捷法・養牲・鴨》 鴨，家畜水禽也。性不喜陸，居宜近水邊或池塘。畜之獸利自廣。其蛋鹽腌，可日久食。

清 屈大均《廣東新語》卷二〇《寶鴨》 寶鴨似鳧而小，頭有綠毛，身文采，鴛鴦之屬也。一種名琵琶鴨與相類，皆池塘之玩。漁歌有云：琵琶洲上琵琶鴨，一樣鴛鴦兩樣看。

又《野鴨》 野鴨比家鴨稍小，色雜青白，背上頗有文，短喙長尾，卑脚紅掌，性肥而耐寒，常入水取白蜆食之，又名蜆鴨。重陽以後，立春以前，最可食，大益病人。予詩『十月南風白蜆肥，紛紛水鴨掠船飛』。一名水鴨，其有冠者曰冠鳧，或謂石首魚，秋時所化。

又《松鳧》 松鳧，棲息松上，四會、廣寧間有之，蓋野鴨之類。《尸子》云：野鴨為鳧，家鴨為鶩。《爾雅》云：鴨為舒鳧。以其喜在松間，故名松鳧。其隨潮下上者，曰潮鳧，亦曰信鳧。

清 陳元龍《格致鏡原》卷八一《鴨》 鳳頭鴨，頂有高毛，白毛烏骨。

又 卷八〇《鳧》 《埤雅》：鳧好沒，大小如鴨，青色長毛，背上有文，卑脚短喙，水鳥之謹愿者也。《格物論》：鳧，野鴨。頭上有毛，數百為羣，泊江海間食沙石皆消化，唯食海蛤不消，隨其糞出，且其曹蔽天而下聲，如風雨所至，田間稻粱必為之空。《廣志》：野鴨雄者，赤頭有距。鶩生百卵，一日再生。有露華鶩，以秋冬生卵。竝出蜀，晨鳧肥而耐寒，宜為臛。《禽經注》：鶩，野鴨也。飛止大澤之中，羣處既豢擾之惡，其族類而相逼逐也。《彙苑詳註》：鳧常以晨飛，故云晨鳧。《埤雅》：鳧善趨。《採蘭雜志》：鳧，一名少卿。《方言》：齊宋之間，凡物盛多謂之寇。郭注：今江東有小鳧，其多無數，俗謂之寇鳧。《纂文》：鴝、施、石檄、開零，皆野鴨。沒食曰鴝，長頸曰施，多白曰開零，山間曰石檄。急就章春草，雞翹鳧翁濯。顏注：鳧翁，頸上毛也。《晉書》惠帝中，人有得鳥毛三丈以示張華，華見慘然曰：此謂海鳧毛也，出則天下亂矣。《吳録》：婁縣有石首魚，至秋化為寇鳧。鳧頭中尚有石也。《南越志》：化蒙縣祠山上有池，池中有松鳧，如今野鳧棲息松間。《方言》：野鳧小而好沒水中者，南楚之外謂之鷿鷉，大者謂之鶻鷉。

（雍正）《廣西通志》卷三一《物産》 交趾鴨，臨桂出，紅喙，翠掌，白羽。

（同治）《房縣志》卷四《物産》 繞岸百餘家，花柳映帶，泉眼數十孔，鬐澄清。水生細蝦，鴨食易肥，所渭房鴨。

清 吴震方《嶺南雜記》卷下 雄鴨以南雄府得名，鴨嫩而肥醃，而以麻油漬之日久，肉紅味鮮廣城甚貴之。

清 趙學敏《本草綱目拾遺》卷九《禽部・洋鴨》 朱排山《柑園小識》：洋鴨種出海洋，形如鴨，紅冠羣羽，馴而善飛。雄者重至十觔，雌者如常。其性淫，雌雄相交，日必四、五次，故房術用之。卵大如鵞子，味極美，以母雞伏之，約一月餘，則雛出矣，雛極易長大。助陽道，健腰膝，補命門，煖水臟。

清 佚名《鳥譜》卷七《洋鴨》 洋鴨雄者，黑睛黄重暈，米、紅觜，觜根目旁皆紅皮環抱，鼻上紅肉下垂，頭黑白花色，頸、項、臆、腹純白，膊、翅黑白相間，青黑尾，盖尾有白羽，黄足掌米黄爪。雌者黑睛黄暈，觜短而濶，上黑下紅白，其鼻上紅肉不垂，純黑頂，黑白花頰，頸、項、翅、腹毛色與雄者略同，尾稍狹長，有二白羽盖尾，近尾腹毛黑白相間，青黄足掌，黄爪。

又《綠頭鴨一名鶩，一名家鳧，一名舒鳧，一名鳺鴄**》** 綠頭鴨，赤黑睛，黄觜，翠綠頭。頸、項有約素，蘆花膊。背、翅有翠白黑節，翮毛灰色、淺黑、灰白三色兩兩相間。黑尻尾，深赤黑胷，臆有細白毛，腹色梢淺，有黑紋如水波，近尾純白。赤黄足掌。《夲草綱目》云：鴨，水禽也，一名家鳧。《格物論》云：鴨，雄者綠頭文翅，雌者黄斑色，有純黑純白雜花。又有白而烏骨者，有冠者，皆雄瘖雌鳴，重陽後乃肥腯味美。清明後生卵，則内縮不滿。伏卵聞礱磨之聲，則毈而不成。無雌抱伏則以牛屎嫗而出之。此皆物理之不可曉者也。治水腫，利小便，宜用青頭雄鴨，取水木生發之象。治虚勞熱毒，宜用烏骨白鴨，取金水寒肅之象。《禮記》：庶人執匹。注：匹，雙鶩也。疏云：家鴨為鶩，不能飛翔，如庶人守耕稼而已。《爾雅》：舒鳧，鶩。疏云：鶩，鴨也，一名舒鳧。李巡曰：野曰鳧，家曰鶩。《左傳》疏云：鶩，家名也。謂之舒者，舒遲也。家養不畏人，故飛行遲。《廣雅》：鴨為鳺鴄。《禽經》云『鴨鳴呷呷』，其名自呼。《補禽經》云：鴨以怒睨。

又《雌鴨》 雌鴨，青黑睛，黄觜，頂、項、背、膊俱淺赭黄色，帶蒼紋。目上白毛一道，頰旁白毛中斷，上下界以蒼黄，頷下純白。臆前赭黄有細白紋，腹下純白，近尾腹毛淺赭、純白二色。蒼黄翅白翮，蒼白尾。黄足掌。按：鴨之種有通身赭黑色者，有黄斑者、白者、花色者、鳳頭者、烏骨者、黑觜足者，此特其一耳。

又《黑鴨》 黑鴨，赤黑睛，黑觜，觜根有白毛。通身皆深黑質青暈，獨頷下臆前及翮毛純白，胷毛上亦帶白紋。黄足掌，白爪。

又《黑觜白鴨》 黑觜白鴨，淺黑睛，黑觜。通身純白帶淺米色。黑足掌。《夲草驗方》云：黑觜白鴨，可治久虚發熱，古方名白鳳膏。

又《黄觜白鴨》 黄觜白鴨，淺黑睛，淡黄觜。通身毛純白帶米色。黄足掌，米白爪。

又《黑觜花鴨》 黑觜花鴨，黑睛，黑觜，蒼頂。項、背、臆、腹俱白，背、尾蒼白相暈，白膊，白翅間蒼黑翎，紅足黑斑，黑爪，其趾間幕皮近爪處不連蹼。

又《鳳頭烏骨鴨》 鳳頭烏骨鴨，赤黑睛，黑觜，頂前白毛一片，頂後淺白冠毛一茸。黑頭頸，頸上有白毛，背，腹灰白質蒼黑暈，黑膊，短黑翅，背、腹近尾細毳俱深黑色。黑尾。淺黑足掌，米黄爪。《夲草發明》云：烏骨鴨，治虚勞，白毛者尤佳。

又《冠鴨一名寶鴨，一名鴛鴦鴨，一名琵琶鴨**》** 冠鴨，黑睛，紅觜，觜根連頂處有紅圓骨，如彈丸高起。黑頭，黑項，臆前純白，臆下赭黄毛一節環至頸，背，背上白毳紛披，綠肩處界以黑毛，其下垂數白翎分夾兩翅，白膊黑翮，翅根赤、緑二色。白尾黑尖，紅足掌。《粵志》云：賓鴨似鳧而小，頭有紅冠，身備文采如鴛鴦，故亦名鴛鴦鴨。又以其觜形如琵琶昭君，又名琵琶鴨。漁歌有云『琵琶洲上琵琶鴨，一樣鴛鴦兩樣看』，謂此鳥也。

又《小冠鴨》 小冠鴨，黑睛黑緑暈，黄觜，喙尖黑色，觜根近頂有骨高起如冠。頭、項黑緑色，項下嗉前白毛一節，背上赭黄毛鱗次，接以純白，近膊處蒼黑毛。白膊，黑翅，翅根短翎黑緑、深赤二色，蒼赭臆，白腹，近足毛帶黑，近尾有赭毛。白尾黑尖，米紅足掌。此種張家口外鹽池内極多，冠鴨之小者也。

又《野鴨一名鳧，一名冠鳧，一名水鴨，一名野鶩，一名少卿**》** 野鴨雄者，黑睛赤黑暈，赭黄瞼，黑觜，蒼頂赭土紋，目上白毛一道雜蒼點，眼後蒼緑雜毛一片，皆環至頷下如鈎，兩頰土黄毛帶細黑點，目下界以黑毛一道。黑頷有白點，青赤項黑紋如波，臆前淺蒼赭色有蒼圓點，背、膊深蒼赭色，左右各有赤黑尖毛數根，翅根短毛分赭、緑、黑、白四節，蒼黑翮，蒼黄毛，青白腹，近尾處有青灰波紋。赤黄足掌。雌者，黑睛，赤黄觜，淺黑頂，自項、臆至腹俱蒼斑毛，背毛蒼黑邊帶土黄，膊翅淺黑，翅根毛間以青、白二色。蒼尾。赤黄足掌。《漢書・揚雄傳》注云：鳧，水鳥，即今之野鴨。《禽經》：鳧鶩之雜。注云：鳧鶩，鴨屬，色不純正，故曰雜也。《爾雅疏》：陸璣云：鳧，大小如鴨，青色，卑脚，短喙，水鳥之謹愿者也。《夲草綱目》云：鳧，野鶩。鳧從几，短羽高飛貌。《方言注》云：今江東呼鳧為寇鳧，寇者，盛多也。常以二、三月間集于水濱，其多無數，其飛高入雲表。《粵志》云：野鴨，重陽以後，立春以前寂可食，益人。一名水鴨。《採蘭雜志》云：鳧，一名少卿。

案：野鴨一類，而形狀各別，稱名亦殊，其蒼頂黄頰、身有赭緑黑白色者，為野鴨。其緑頭、短喙、紅掌、身與家鴨相似者，名蒲鴨。潤觜、白睛、黑足者，名黑脚鴨頭。上有垂絲而黑足者，名鳳頭黑脚鴨。身小觜短而毛雜色者，名泥跂踏。身有細花紋者，名羅紋鴨。尖觜大身而雜色者，名馬鴨。身小者名魚鴨。有冠者名鳳頭魚鴨。小而善沒水，足近尾不能飛行者，曰油葫蘆。足近尾，觜尖而身長者，名落河。善沒水，足不近尾亦能飛行者，曰刁鴨。大觜長身，鼓翅有聲者，曰皮葫蘆，皆鳧屬也。其雌雄又有別，北方水淀中偹有之。諸種形狀，毛色分見于後。

又《麻鴨》 麻鴨，黑睛黄暈，目前後白毛尖出，黑觜黄喙。淺黑頭、項，赭白頷、臆，背毛黑質淺赭邊紋，肩上藕灰毛一節。両膊有長潤翎兼蒼白二色，翅根青緑短毛，上下接以黑白二色。蒼翮尾，近尾腹毛黑色。紅足掌。其蛋味寂美。

又《羅紋鴨一名文鴨**》** 羅紋鴨，黑睛，黑觜，黑頷，眼下有白毛如仰月形，眼旁至項緑毛一片，外絫以紅褐色。淺黄臆帶蒼圓斑，背、腹蒼碧相間如水波紋，蒼膊，膊下間有白毛。蒼黑翅，翅根毛有翠緑一節，背上近尾處黑毛旋繞，尾短而尖，黑黄相次。青紅足掌。

案：羅紋鴨有數種，皆鳧屬也。大小不一，其紋或作魚鱗，或作水波，或作升底。其翅毛有緑色者，謂之緑翅羅紋。頭上有冠者，謂之鳳頭羅紋。尾尖而長者，謂之尖尾羅紋。背毛帶褐色者，謂之沙背羅紋。頭色赤褐者，謂之糠頭羅紋。其實一類也，各隨其狀而名之。《金樓子》總謂之文鴨。

又《鳳頭羅紋鴨》 鳳頭羅紋鴨，黑睛白眶，黑觜，紅褐頭，頂後茸碧毛覆項，白頸中環黑道。背、臆白毛黑紋鱗次，膊毛淺褐色。灰黑翅，両翮有黑翎數根，其長盖尾，尾短而黑白末。腹淺白帶蒼文。青足掌。

又 卷八**《尖尾羅紋鴨》** 尖尾羅紋鴨，蒼斑頂，蒼赤頰，淺黑睛，觜兼青、黑二色。頸下白毛一道透于項上，臆、腹淺白，背毛及近足腹毛俱蒼黑羅紋，背上近翅長尖毛黑心灰白邊，深灰膊。蒼黑翅，翅根毛淺黄、慘緑、黑、白數色相次。黑尾，尾尖而稍長，近尾毛雜灰黑色。淺青足掌。此種北方最多，每春初氷泮時，千萬成羣，下集湖渚，飛則高入雲表。羽毛雖有可觀，肉味不甚美也。

又《沙背羅紋鴨》 沙背羅紋鴨，紅睛，黑觜，喙上一節淺碧色。頭、頸赤黑，項下至臆紺黑，背上翅下紅灰色帶細蒼紋，淺灰膊。蒼黑翅。黑尾。淺黑足掌。

又《糠頭羅紋鴨》 糠頭羅紋鴨，黑睛，黑觜，頭上赤黄色。頸色稍淺，有文如鱗，背毛灰色帶蒼黑花紋，膊毛淺白色。蒼翅黑根，腹下淺白。淺黑足掌。

又《馬鴨一名烏鸔，一名青鴿**》** 馬鴨，似鳧而大，殷紅觜，勾吻，黑睛，緑首。黑背，花翅，白項，米黄腹。青尾。其足蹼鮮紅色，俗呼馬鴨。《說文》云：馬，犬也。《爾雅》鴿，烏鸔。注云：水鳥，似鶂，短頸，腹翅雜白色，背緑黑，江東呼烏鷃。《庶物異名考》：魚鴨有一種，勾觜，緑頭，頭大而項短，背翅黑白文相間，名青鷁。亦作鶂，音義同。《爾雅》：謂之烏鷃。唐李羣玉《青鷁詩》云『須知毛色異，莫入鷺鷥叢』，即此鳥。劉楨《魯都賦》又謂之緑鷁也。

又《魚鴨》 魚鴨，赤黑睛，青白觜，兩頰深黑帶青斑，純白頂，頂後黑毛一片。頸、臆俱白，有細赤點，背膊黑色，青紋鱗次，膊上間白毛兩道，黑翅，根毛白尖，近膊短翎分蒼黑、青白二色。黑尾，白腹近足處縹紋如波。青足掌。

又《鳳頭魚鴨》 鳳頭魚鴨，身如鴨，頭甚大，紅褐色頂有茸毛矗起如冠，青睛，紅觜，尖勾喙，白頷。項、背、膊、翅、尾俱深灰色，翅根有白毛一節，臆、腹淺白。紅足掌。

又《鳳頭黑脚鴨一名翁鳧**》** 鳳頭黑脚鴨，雄者黄白目暈，青灰觜，觜尖有黑點，頭、頸俱黑，頂有黑毛，如綏，長短不齊，參差下向。臆毛白質黑文鱗次，腹下純白，背毛黑色帶赤，翅根毛間黑白二色，翅、尾俱赤黑色，黑足掌。雌者深黄目暈，縹青觜，黑觜尖。黑頭，頭項細長，頂上垂毛亦短少，頸至臆赤黑色。背、膊翅尾皆黑帶赤色，翅根短毛間露白節，腹毛帶赤白，淺黑足掌。

又《黑脚鴨》 黑脚鴨，縹白目暈，青白觜，黑頭，緑頸，赤臆，白腹。背、膊翅俱赤黑色，翅間以白黑節，近足腹毛黄褐色。黑黄尾白裹。黑足掌。

又《蒲鴨》 蒲鴨，黑睛赤黑暈，目下白毛一灣，黄觜黑的頭，項黑色帶緑紋暈，項下白毛如環。醬赤臆，蒼赭背，近膊左右長毛覆背，灰白色，細蒼波紋間有醬赤毛，近尾背毛青黑色。灰紅膊，深青翅，上下毛末分黑白二節，蒼黑翮。灰白腹細蒼波紋。紅足掌。

雜録

清 羅天尺《五山志林》卷七《火焙鴨》 語云：西域骨種羊，廣東火焙鴨，皆奇事也。黎暹著《上寮翁傳》，備其法，録之：上寮翁者，不知何姓名，居順邑東北上寮裹，年最高，人因呼上寮翁。世業焙鴨，不習他技，他以雌雞伏卵，不可多得也。翁獨傳其法，間以語余曰：『始集卵五六百為一筐，置之土爐，複以衣被，環以木屑，種火文武其中，設虚筐候之。卵得火，小温，輒轉徙，虚筐而上下之，晝夜六七徙，凡十有一日而登之床，床策亦籍以衣被，而重複其上，時旋減之。通一月，而雛孳孳啄殼出矣。然業是者，其志欲勤，其身欲親，其火候欲勻，其卑幼有事於左右者欲和而群，其耳目必專，毋外分，若是者，雛肥而澤，易育且速長。故凡畜養者，競趨吾門，吾用是獲利，以衣以食與廬，傳三世未已。他業者，火不熄焉，則猛焉，或不親身，又愛其力，視聽不專，或非理虐及左右，故卵恒焦，或殈不出，出輒死，損資破業相尋也』。

予聞而歎曰：『翁之道，其相道乎？天下鰥寡孤獨，顛連而無告者，皆此類也。為相者，躬自戳力，贊化育，調元氣，以理論下僚，俾安其位，而仁其政，汲汲焉惟生理是圖，黎民有不遂而榮寵有不久隆者，亦鮮矣』。

尺按：邑有上寮鄉，而非業焙鴨，唯邑北二十餘里北滘村辛姓多業是。其法與黎暹所說同，但所祀為師者，則尉遲公，説謂初有鐵匠置鴨卵數枚火爐旁，久而雛啄殼出，怪異之，因悟火焙之法，以尉遲公曾為鐵匠，故祀之，亦祭川先河意也。其法巧妙，幾奪造化，所鬻販有遠近，計其地里而予之，或三四日，或十數日，必俟到其他乃破殼出，真神巧也。至他方亦有納卵炒米中，滿月而成雛者，亦火焙之類也。夫論者多疑骨種羊為無是公，例之焙鴨，想非虚語哉。近聞余友梁武尹云有種鱉法，謂取鱉切而碎之如豆大，外包以莧菜，乘六月節布之沙坦中，不越旬而小鱉蠕蠕出焉，彼曾試之，驗。續餘覽建陽孟貫《藥論》云『紅莧為破鱉還丹』，益信。俗謂鱉忌莧菜，有故矣。審爾，則種羊亦自不虚，況吴淵穎所載埋羥骨事，又彰彰不爽耶？

育鴨（養鴨）

綜述

北魏 賈思勰《齊民要術》卷六《養鵝鴨第六十》 《爾雅》曰：『舒鳫，鵞。』《廣雅》曰：『駕鵞，野鵞也。』《説文》曰：『鴚野，鵞也。』晉沈充《鵞賦·序》曰：『于時緑眼黄喙，家家有焉。太康中得大倉鵞，從喙至足，四赤有九寸，體色豐麗，鳴聲驚人。』《爾雅》曰：『舒鳧，鶩。』《説文》：『鶩，舒鳧。』《廣雅》曰：『鶩，鴨也。』《廣志》曰：『野鴨，雄者赤頭，有距。鶩生百卵，或一日再生。有露鶩，以秋冬生卵，並出蜀中。』鵞、鴨，並一歲再伏者為種。一伏者得卵少；三伏者，冬寒，雛亦多死也。大率鵞三雌一雄，鴨五雌一雄。鵞初輩生子十餘，鴨生數十；後輩皆漸少矣。常足五穀飼之，生子多；不足者，生子少。欲於廠屋之下作窠，以防豬犬狐狸驚恐之害。多著細草於窠中，令煖。先刻白木爲卵形，窠别著一枚以誑之。不爾，不肯入窠，喜東西浪生；若獨著一窠，後有爭窠之患。生時尋即收取，别著一煖處，以柔細草覆藉之。停置窠中，凍即雛死。伏時，大鵝一十子，大鴨二十子；小者減之。多則不周。數起者，不任為種。數起則凍冷也。其貪伏不起者，須五六日一與食，起之令洗浴。久不起者，飢羸身冷，雖伏無熱。鵞鴨皆一月鷇出，量鷇欲出之時，四五日内，不用聞打鼓、紡車、大叫、猪、犬及舂聲；又不用器淋灰，不用見新産婦。觸忌者，鷇多厭殺，不能自出；假令出，亦尋死也。鷇既出，别作籠籠之。先以粳米為粥糜，一頓飽食之，名曰『填嗉』。不爾，喜軒虚羌量而死。然後以粟飯，切苦菜、蕪菁英爲食。以清水與之，濁則易。不易，泥塞鼻則死。入水中，不用停久，尋宜驅出。此既水禽，不得水則死；臍未合，久在水中，冷徹亦死。於籠中高處，敷細草，令寢處其上。鷇小，臍未合，不欲冷也。十五日後，乃出籠。早放者，匪直乏力致困，又有寒冷，兼鳥鴟災也。鵞唯食五穀、稗子及草、菜，不食生蟲。《葛洪方》曰：『居射土之地，常養鵞，鵞見此物能食之，故鵞辟此物也。』鴨，靡不食矣。水稗實成時，尤是所便，噉此足得肥充。供厨者，子鵞百日以外，子鴨六七十日，佳。過此肉硬。大率鵞鴨六年以上，老，不復生伏矣，宜去之。少者，初生，伏又未能工。唯數年之中佳耳。

《風土記》曰：『鴨，春季鷇，到夏五月則任啖，故俗五六月則烹食之。』

作杬子法：純取雌鴨，無令雜雄，足其粟豆，常令肥飽，一鴨便生百卵。俗所謂『穀生』者。此卵既非陰陽合生，雖伏亦不成鷇，宜以供膳，幸無卵之咎也。取杬木皮，《爾雅》曰：『杬，魚毒。』郭璞注曰：『杬，大木，子似栗，生南方，皮厚汁赤，中藏卵、果。』無杬皮者，虎杖根、牛李根，並作用。《爾雅》云：『蒤，虎杖。』郭璞注云：『似紅草，麤大，有細刺，可以染赤。』净洗細莖，剉，煑取汁。率二斗，及熱，下鹽一升和之。汁極冷，内甕中，汁熱，卵則致敗，不堪久停。浸鴨子。一月任食。煑而食之，酒食俱用。鹹徹則卵浮。吳中多作者，至十數斛。久停彌善，亦得經夏也。

紀事

宋 温革《瑣碎録・牧養・鵝鴨》 方君云：『養鴨者每年五月五日不得放棲。只喂乾食，不得与水喫，則日日生卵。不然，或生或不生。某家用此法生卵，未有一日缺。一法：以土硫黄拌穀飼之，易肥。』

元 王禎《農書》卷五《養鵝鴨類》 鵝鴨取一歲再伏扶又切，菢子也。者爲種。大率鵝三雌一雄，鴨五雌一雄。鵝初輩生子十餘，鴨生數十後輩皆漸少矣。欲於廠音敞屋之下作窠。多著細草於窠中令煖。先刻白木爲卵形，窠别著一枚以誑之，生時尋即收取，别著一煖處，以柔細草覆藉之。伏時大鵝一十子，大鴨二十子，小者減之，數起者不任爲種，貪伏不起者，須五六日一與食。起之，令洗浴，鵝鴨皆一月雛出。量雛欲出之時，四五日内不用聞打鼓、紡車、大叫、豬、犬及舂聲，又不用器淋灰，又不用見新産婦。雛既出，作籠籠之，先以粳米爲粥糜，一頓飽食之，名曰：塡嗉。然後以粟飯切苦菜蔓菁英爲食。以清水與之，濁則有泥，恐塞鼻孔，小鵝泥塞鼻孔則死。入水中不用停久，尋宜驅出，於籠中高處，敷細草，令寢處其上。十五日後，乃出籠。鵝惟食五穀、稗子及草菜，不食生蟲，鴨靡不食矣。水稗實成時尤是所便，啗此足得肥，充供廚者。子鵝百日以外，子鴨六七十日佳。過此肉硬，大率鵝鴨六年以上，老，不復生伏矣，宜去之。少者恐不慣。習宿者乃善伏也，純取雌鴨，無令雜雄，足其粟豆，常令肥飽，一鴨可生百卵，夫鵝鴨之利，又倍於雞，居家養生之道，不可闕也。

明 鄺璠《便民圖纂》卷一四《養雌鴨法》 每年五月五日不得放棲，只乾餵不得與水，則日日生卵，不然，或生或不生，土硫黄飼之易肥。

明 劉基《多能鄙事》卷七《養鵝鴨法》 鵝鴨並選，歲再伏者爲種。大率鵝三鴨一雄，鴨五雌一雄。菢皆一月雛出，欲出之時四五日勿震響，大鵝十子，大鴨二十子，小者減之。

清 馮祖繩《救貧捷法・養牲・養鴨》 口中五齡者蛋多，三齡者蛋少。俗云：『黑生千，麻生萬，惟有白鴨不生蛋。』取春生蛋以雞孵之。雛出，先將米糜餵飼，然後以粟飯切青菜和水喂，水濁即換，恐淤泥塞鼻孔。半月，放水中浴片時，即驅岸，少曬，入籠飼之，蚯蚓飼更佳。有炒糠麩伏者，有炒麥伏者，有以馬屎伏者，有用熱棉被更換伏者。五月五日宜干喂。此一日不可飲水，則生蛋不已。鴨宜一雄五雌，生蛋時勿雌雄雜食。以土硫黄和穀喂，亦生蛋不已。

清 包家吉《滇游日記・喂填鴨法》 將食之前二十一日，白米作飯，以鹽花和之成團，作棗核狀，強喂之，每日減去一團，至期宰食，其味肥嫩無比。

（光緒）《順天府志》卷五〇《食貨志二・物産・鳥屬》　本土鴨之肥大勝於他處，有填鴨子之法，取毛羽初成者，用麥麪和硫黄拌之，張其口而填之，填滿其嗉，即驅之走，不使之息，一日三次，不數日而肥大矣。

清　楊屾《豳風廣義》卷三《養鴨法》　菢鴨雛與鷄同，卵用五雌一雄者，菢之能成。原來是鴨菢鴨卵，但窠須平地，護持難密，故後人以鷄菢之最穩。欲廣雛取利者，用前火菢法。用乾牛糞末，俱勝他物。鴨雛出時，頭一頓用粳米煮粥，令飽食之，名曰填膆。以後食物則無傷。然後以小米飯切苦菜、蔓菁、菌蓿飼之，飲以清水，濁則易之，不易恐泥濁塞鼻則死，一二十日之後，靡不食矣。於初出下窠時，看尾尖下有硬毛一根，須拔去，不然則自刺而死。至於草、菜虫、魚、青泥皆食之。雛出窠之時，便可驅入水中，少刻宜驅出。鴨既水禽，不得水則死，但雛臍未合，在水中久冷亦死。夜收於温暖處，下厚鋪軟草。恐臍令則多死。

飼鴨與鷄同，用粟豆飼鴨，其利有限，不若細剉苜蓿，煮熟拌糠麩飼之，價省功速，亦善法也。

雜録

元　魯明善《農桑衣食撮要》卷下《收鵝鴨彈》　水鄉居者宜養之，雌鴨無雄，若足其豆麥，肥飽則生卵，可以供厨，甚濟食用，又可以醃藏。

孵鴨

綜述

清　黄百家《哺記》　卵生爲四生之一，而卵生之奇特甚。鶴以聲交，烏以氣交，鴐鵝以睛交，鶉鴿以雌合，雄鼈之哺以目，姑惡之哺以喚然，皆其類之。各爲哺，惟鴨則不能自哺，必待乎人與火。今年甲寅，余兄棄疾館于客星山側，余過候之，其鄰皆哺坊也，細詢其久于哺者，故知哺事特詳。其始，必擇卵，擇其狀之圓者大者，蓋牧人貴雌而賤雄，以圓者雌而長者雄也。其竈編藁爲之，泥塗其內，而置火焉，置缸其上，爲釜。又編藁爲門，以閉火氣，懼其過于火也。則釜內藉以糠粃置筐，其中實以卵，上復編藁以蓋之，懼其火候之不匀也。又以一筐上其下，下其上以易，如是者日五，十五日上攤，攤狀如床，設薦席焉。列卵其上，絮以綿，覆以被，日轉八次而不用火，蓋十五日以前內未生毛，必藉温于火，十五日以後毛自能温，但轉之覆之而已。卵雖外包以殼，而老于哺者，其殼中之情形纖悉，時刻後先，歷歷不爽。問其何以知之，則皆由于照也。其照法：盡塗其室，穴壁一孔，以卵映之若水精，凡纖微必燭。未哺以前，止見黄白也。其次日即見一小珠，熠燿其中，甚亮而白，三日其珠漸紅而稍大。四日色正紅，如小錢樣。五日如大錢，而絡以血線。六日見血生頭，狀如蜘蛛。是日或間有壞而退者，是爲六日厄。七日生眼一隻，黑細如菜子，雄左而雌右。八日兩隻。九日其眼忽懸下，蕩漾不定。十日定。十一日一邊白亮有光，亦左右如前。十二日兩邊。十三日生足翼。十四日生尾毛。十五日色微黑，蓋身初生毛而尚不可辨。是日上攤，疊以三層，亦間有壞者，爲上攤厄。十六日見微毛。十七日生翼毛，疊兩層。十八日一層間半。十九日一層，蓋至是毛愈長，不必照，而止于轉時聽聲。至廿五日，身猶着殼，滴滴然，其聲實也。廿六日如擊核桃，漸離殼矣。廿七日索索然，不麗于殼矣。廿八日收黄于腹孚頭。是時照之，其頭昂起，彈指有聲，是日有蟠頭厄。廿九、三十日破殼齊出矣。客有問曰：『物以羣分，而鴨獨藉人以生，使不以人，其類何由傳乎？』黄子曰：『而不見夫野鴨乎？野鴨不自哺，聚卵百千，腐爛其上下，而中者育矣。余嘗問字義于叔父播余曰：「鴨者，甲也。以鳥，以甲。言于鳥中獨如草木之甲宅也。」』客曰：『鴨之物甚微也，其卵之哺何所關係，而子屑屑然記之乎？』曰：噫！子言過矣。大《易》之係《中孚》，特言卵也。其孚字之義，以爪，以子，鳥之抱子也。子而在中，是未離殼而爲卵也。故曰燕曰鶴，曰爵曰翰，音言其類也；曰虞曰有，他慮其前之厄也；曰或鼓或罷，慮其中之厄也；曰攣，慮其終之厄也；曰登天，謂離殼見天，而將爲《小過》之飛鳥也。』聖人于此，憫育子之恩勤，即以之議獄緩死。烏得以卵而遂輕其瑣屑乎？且夫鴨，其性喜羣，于類不爭，待育于人，故聖王以爲有類于庶民，而以之爲庶人之贄焉。夫聖王知斯民之不能自遂其生也，爲之井田，以哺其身；知斯民之不能自復其性也，爲之學校，以哺其心。凡其所以爲之恤孤養老卵育而翼覆者，無不備至。夫亦以蚩蚩之民苟失其哺，亦將如野鳴晨凫自生自息，而貪汚牧令膺哺民之責者，且從而罝之羅之，破卵取子，不盡其類不止也，嗟乎！其哺斯民之術，安得不如哺斯鴨之周詳精悉乎！是爲記。

紀事

宋 趙希鵠《調燮類編》卷四《鳥獸》 凡鴨，皆雄瘖雌鳴。重陽後始肥，清明後生卵即内陷。伏卵聞礱聲磨，即毈而不成。無雌抱者，以牛糞嫗而出之，亦物理之不可曉者也。廣東湯焊鴨卵出雛，浙江火焙鴨卵出雛。四川所畜之鴨，其糞可以淘金。

宋 温革《瑣碎録・牧養・鵝鴨》 鵝鴨並歲再伏者為種，大率鵝三雌一雄，鴨五雌一雄。大鵝一十子，鴨二十子，小者減之。數起者不任為種，其貪伏不起者，須五六日一与食，起之。

明 鄺璠《便民圖纂》卷一四《選鵝鴨種》 凡鵝鴨並選再伏者為種，大率鵝三雌一雄，鴨五雌一雄，抱時皆一月量雛欲出之，時四五日間不可震響。大鵝抱十子，大鴨十五子，小者量減之，數起者不任為種，其貪伏不起者為種，須五六日一與食起。

又《相鵝鴨法》 鵝鴨母其頭欲小，口上齕有小珠滿五者，生卵多，滿三者爲次。

明 宋詡《竹嶼山房雜部》卷二二《鴨即鶩，又曰舒凫**》** 種鴨宜六雌一雄，春時生卵至四月菢出者良，每五月五日不得放棲。只乾食不得與水，則日日生卵。不然或生或不生，常令入水探食魚鰕可以代穀食，雄者去其勢，食之易肥，新生曰乳鴨。【略】凡雞鵝鴨伏卵慮有擊聲，卵毈徒玩切，故雷震必以鐵置其巢。《埤雅》曰：雞鶩伏卵忌磨，若聞礱磨之聲，必不生矣。凡雞鵝鴨初生饑之，而不久多成内閉，盖原其卵中之白結為皮骨，卵中之黄結為肝腸，觳古候切之早其肝腸方全，弱不能以磨化，故必候其三晝夜，肝腸已實而方漸觳之，則不病而易長也。

清 方以智《物理小識》卷一〇《鴨》 宜六雌一雄，春卵四月出者，良。端午不放栖，只乾食，不與水，則日日生卵。禽，惟鴨不能菢子，養湖鴨者砌土池，置千卵而以粟火温其外，時至則出。或以稻伏，養者取其卵聽之而別雌雄，留其雌者，然此小鴨買與人養多死。彼自有藥解其火毒。

清 屈大均《廣東新語》卷二一《焙鴨》 廣人善焙鴨，以鴨卵五六百枚為一筐，置之土爐，冒以衣被，環以木屑，種火文武其中，卵小溫則上下其筐而更易之，晝夜凡六七度。至于十有一日乃登之牀，牀第亦以衣被覆藉，時旋減之，通一月而雛孳孳啄殼出矣。

清 楊屾《豳風廣義》卷三《相鴨生卵法》 鴨頭欲小，口上齕有小珠滿五者，生卵多，滿三者生卵少，擇其多者養之。

又《又穀生卵法》 純飼雌鴨，無令雄鴨入内，足其食料，常令肥飽一次便生百卵。

又《卵不遺失法》 鴨喜浪生，每常遊走，生卵遺失在外。每至生卵之時，按每日所生之候，驅至園内，多用軟草就地作窠，先將白木刻成鴨卵形，每窠中各置一枚以誑之，鴨遂上窠無疑矣。

雜録

明 陳耀文《天中記》卷五八《鴨》 鷄伏：鷄伏鴨卵，鶵或入水，鷄母隨岸呼之，鶵出而不隨母。鴨、鷄異類，能相隨也。《風俗通》

畜鴨治蝗

紀事

明 陳經綸《治蝗筆記》《治蝗傳習録》卷二 偵蝗煞在何方，日則舉煙，夜則放火為號，用夫數十人，挑鴨數十籠，八面環而唼之。【略】四十之鴨，可治四萬之蝗。

清 陳九振《治蝗序》《治蝗傳習録》卷二 念五世祖經綸公【略】治蝗之法則未嘗一試。【略】適余分符蕪湖，捷先餞於家，備告以種薯治蝗諸善舉，余心識之。【略】余履任後即有捕蝗之役，按是法治之，果有成效，遂蒙大憲委署含山，履行其法於他州縣，蝗遂不為災。

清 陸世儀《除蝗記》《清經世文編》卷四五 鎮江一郡，凡蝗所過處，悉生小蝗，即《春秋》所謂蝝也。凡禾稻經其喙齩，雖秀出者亦壞，然尚未解飛，鴨能食之。鴨群數百，入稻畦中，蝝頃刻盡。亦江南捕蝝一法也。

清　顧彦《治蝗全法》卷一《捕田中蝻法》　咸豐七年四月，無錫軍嶂山山上之蝻，亦以鴨七八百捕，頃刻即盡。

藝文

清　陳世元《治蝗傳習録》卷三《畜鴨治蝗》　許多妙策説捕蝗，總算無如畜鴨長。魚子呷殘真秘訣，蝻蟲唼盡見良方。呼名水際尋蝨蟣，結陣田間保稻粱。西北村村時孕字，吞灾端的陋前唐。

清　陳梓《鴨捕蝗三月，上元縣沿江産蝗，或獻策，募摘坊鴨百千，食之殆盡，鴨亦隨死，作鴨捕蝗。**》**《詩鐸》卷一六　江頭産蝗地無縫，老農披蓑驚曉夢。謀夫孔多策誰貢？鴨來鴨來百千鬨。五日腹半果，十日蝗盡嗹。鴨肥田亦肥，捕蝗此良法。綠頭能言笑而謔，周公制禮禮不周，迎虎迎貓不迎鴨。

雜録

清　陳世元《治蝗傳習録》卷二《述祖傳治蝗遺法始末根由》　蝗之為西北害久矣，曆朝治法不同。予遊學江湖，教人種薯，時蝗複起，遍嚼薯葉。後見飛鳥數十下而啄之，視之則鷺鳥也。因閲《埤雅》所載，蝗為魚子所化，得水則為魚，失水則附於陂岸蘆荻間，燥濕相蒸，變而成蝗。鷺性食魚子，但去來尤常，非可馴畜，因想鴨亦陸居而水遊，性喜食魚子與鷺鳥同。窩畜數雛，爰從鷺鳥所在放之，於陂岸蘆荻唼其種類，比鷺尤捷而多，蓋其嘴扁闊而腸寬大也。遂教其土人群畜鴨雛，春夏之間隨地放之，是年比方遂無蝗害，而事屬創見，未敢遍傳以教人。值予倦遊歸，未知此法後複有嗣音否？

鵝部

鵝

題解

（光緒）《順天府志》卷五〇《食貨志二・物産・鳥屬》　鵝，《甯河關志》：舒雁也。逆月而伏卵，能避驚癇。《夷堅志》：麥芒誤中喉中曰穀賊，鵝涎滴之，立解。按：鵝雁之雁，黨作鴈，野曰鴈，家曰鵝，蓄之可警夜。

綜述

北魏　賈思勰《齊民要術》卷六《養鵝鴨第六十》　《爾雅》曰：「舒鴈，鵞。」《廣雅》曰：「駕鵞，野鵞也。」《說文》曰：「鴚，野鵞也。」晉沈充《鵞賦・序》曰：「于時綠眼黃喙，家家有焉。太康中得大倉鵞，從喙至足，四赤有九寸，體色豐麗，鳴聲驚人。」《爾雅》曰：「舒鳧，鶩。」《說文》：「鶩，舒鳧。」《廣雅》曰：「鶩，鴨也。」《廣雅》曰：「野鴨雄者赤頭有距。鶩生百卵，或一日再生。有露鶩，以秋冬生頓，並世蜀口。」鵞鴨並一歲再伏者為種。一伏者得卵少；三伏者，冬寒，雛亦多死也。大率鵞三雌一雄，鴨五雌一雄。鵞初輩生子十餘，鴨生數十，後輩皆漸少矣。常足五穀飼之，生子多；不足者，生子少。欲於廠屋之下作窠，以防豬、犬、狐狸驚恐之害。多著細草於窠中，令煖。先刻白木爲卵形，窠別著一枚以誑之。不爾，不肯入窠。喜東西浪生。若獨著一窠，後有爭窠之患。生時尋即收取，別著一煖處，以柔細草覆籍之。停置窠中，凍即雛死。伏時，大鵝一十子，大鴨二十子，小者減之。多則不周。數起者不任為種。數起則凍冷也。其貪伏不起者，須五六日一與食，起之，令洗浴。久不起者，飢羸身冷，雖伏無熱。鵞鴨皆一月鷇出。量鷇欲出之時，四五日內，不用聞打鼓、紡車、大叫、猪犬及舂聲。又不用器淋灰，不用見新産婦。觸忌者鷇多厭殺，不能自出，假令出，亦尋死也。鷇既出，別作籠籠之。先以粳米為粥糜，一頓飽食之。名曰：「填嗉」。不爾，喜軒虚羌量而死。然後以粟飯切苦菜蕪菁英爲食，以清水與之，濁則易。不易，泥塞鼻則死。入水中，不用停久，尋宜驅出。此既水禽，不得水則死臍未合，久在水中，冷徹亦死。於籠中高處，敷細草，令寢處其上。鷇小，臍未合，不欲冷也。十五日後，乃出籠。早放者，匪直乏力致困。又有寒，冷兼烏鴟災也。鵞唯食五穀、稗子及草菜，不食生蟲。《葛洪方》曰：「居射士之地，常養鵞。鵞見此物能食之，故鵞辟此物也。」鴨靡不食矣。水稗實成時，尤是所便，噉此足得肥充。供厨者，子鵞百日以外，子鴨六七十日佳。過此肉硬。大率鵞鴨六年以上老，不復生伏矣，宜去之。少者初生，伏又未能工，唯數年之中佳耳。

明　李時珍《本草綱目》卷四七《鵝〈別録〉上品》　釋名：家雁。《綱目》舒雁時珍曰：鵞鳴自呼，江東謂之舒雁，似雁而舒遲也。

集解時珍曰：江淮以南多畜之。有蒼、白二色，及大而垂胡者。並綠眼黃喙紅掌，善鬭，其夜鳴應更。師曠《禽經》云「脚近臎者能步」，鵞、鶩是也。又云「鵞伏卵則逆月」，謂向月取氣助卵也。性能啖蛇及蚓，制射工，故養之能辟蟲虺，或言鵞性不食生蟲者，不然。

白鵞膏臘月鍊收。氣味甘，微寒，無毒。主治：灌耳，治卒聾。《別錄》潤皮膚，可合面脂。《日華》塗面急，令人悦白。脣瀋，手足皴裂，消癰腫，解礜石毒。時珍。

肉，氣味甘，平，無毒。《日華》曰：白鵞：辛，涼，無毒。蒼鵞：冷，有毒，發瘡腫。詵曰：鵞肉性冷，多食令人霍亂，發痼疾。李廷飛曰：嫩鵞毒，老鵞良。主治：利五臟。《別錄》解五臟熱，服丹石人宜之。孟詵煮汁，止消渴。藏器

發明藏器曰：蒼鵞食蟲，主射工毒為良；白鵞不食蟲，止渴為勝。時珍曰：鵞氣味俱厚，發風發瘡，莫此為甚，火薰者尤毒。曾目擊其害，而《本草》謂其性凉利五臟，韓悉《醫通》謂其踈風，豈其然哉？又葛洪《肘後方》云：人家養白鵞、白鴨，可辟、食射工。則謂白鵞不食虫、不發病之說，亦非矣。但比蒼鵞薄乎云耳，若夫止渴，凡發胃氣者皆能生津，豈獨止渴者便曰性凉乎？參苓白术散乃治渴要藥，何嘗寒凉耶？

臎一名尾罌，尾肉也。時珍曰：內則「舒鴈臎不可食」，為氣臊可厭耳，而俗夫嗜之。主治：塗手足皴裂。納耳中，治聾及聤耳。《日華》

血，氣味鹹，平，微毒。主治：中射工毒者，飲之，并塗其身。陶弘景解藥毒。時珍曰：祈禱家多用之。

膽，氣味苦，寒，無毒。主治：解熱毒及痔瘡初起，頻塗抹之，自消。時珍

附方新一。痔瘡有核白鵞膽二三枚，取汁，入熊膽二分，片腦半分，研勻，磁器密封，勿令泄氣。用則手指塗之，立效。《劉氏保壽堂方》

卵，氣味甘，温，無毒。主治：補中益氣。多食發痼疾。孟詵

涎，主治：咽喉穀賊。時珍

發明時珍曰：按洪邁《夷堅志》云：小兒誤吞稻芒，着咽喉中不能出者，名曰穀賊。惟以鵞涎灌之即愈。蓋鵞涎化穀相制耳。

毛，主治：射工水毒。《别録》小兒驚癇。又燒灰酒服，治噎疾。蘇恭

發明弘景曰：東川多溪毒，養鵞以辟之，毛羽亦佳，并飲其血。鵞未必食射工，蓋以威相制耳。時珍曰：《禽經》云：鵞飛則蜮沉。蜮即射工也。又《嶺南異物志》云：邕州蠻人選鵞腹毳毛為衣、被絮，柔暖而性冷。嬰兒尤宜之，能辟驚癇。柳子厚詩云『鵞毛禦臘縫山罽』，即此。蓋毛與肉性不同也。

附方新二。通氣散治誤吞銅錢及鉤繩。鵞毛一錢燒灰，滋石皂子大煆，象牙一錢燒存性，為末。每服半錢，新汲水下。《醫方妙選》噎食病白鵞尾毛燒灰，米湯每服一錢。

掌上黄皮主治：燒研，搽脚趾縫濕爛。焙研，油調，塗凍瘡良。時珍出譚埜翁諸方。

屎，主治：絞汁服，治小兒鵞口瘡。時珍，出《秘録》。蒼鵞屎：傅蟲、蛇咬毒。《日華》

附方新一。鵞口瘡自内生出可治，自外生入不可治。用食草白鵞下清糞濾汁，入沙糖少許搽之；或用雄鵞糞眠倒者燒灰，入麝香少許搽之，並效。《永類鈐方》

明 徐光啓《農政全書》卷四一《六畜》 鵝，《爾雅》曰：『舒雁，鵝。』《廣雅》曰：『駕鵝，野鵝也。』《説文》曰：『䳗鵝，野鵝也。』晉沈充《鵝賦·序》曰：『於時綠眼黄喙，家家有焉。太康中太倉有鵝，從喙至足，四尺有九寸，體色豐麗，鳴驚人。』

【略】

《齊民要術》曰：鵝、鴨，並一歲再伏者爲種。一伏者待時少；三伏者，冬寒，雛亦多死也。大率鵝三雌一雄，鴨五雌一雄。鵝初輩生子十餘，鴨生數十，後輩皆漸少矣。常足五穀飼之，生子多；不足者，生子少。欲放廠屋之下作窠，以防豬、犬、狐狸驚恐之害。多著細草于窠中，令煖。先刻白木爲卵，形窠別著一枚以誑之。不爾，不肯入窠，喜東西浪生；若獨著窠，復有爭窠之患。生時尋卽收取，別作一煖處，以柔細草覆之。停置窠中，凍卽須死。伏時，大鵝一十子，大鴨二十子；小者減之。多則不周。數起者，不任爲種。數起則凍死也。其貪伏不起者，須五六日一與食，起之令洗浴。久不起者，飢羸身冷，雖伏無熱。鵝鴨皆一月雛出，量雛欲出之時，四五日内，不用聞打鼓、紡車、犬叫、豬、犬及舂聲。又不用器淋灰，不用見新産婦。觸忌者，雛多厭殺，不能自出；假令出，亦尋死也。雛既出，別作籠籠之。先以粳米爲粥糜，一頓飽食之，名曰『塡嗉』。不爾，喜軒虚羌〈立向切〉量而死。然後以粟飯，切苦菜、蕪菁英爲食。以清水與之，濁則易。不易，歷塞鼻則死。入水中，不用停久，尋宜驅出。此既水禽，不得水則死；臍未合，久在水中，冷徹亦死。於籠中高處。敷細草，令寢處其上。雛小，臍未合，不欲冷也。十五日後，乃出。早放者，匪直乏力致困，又有寒冷，兼鳥鴟災也。鵝唯食五穀、稗子草、菜，不食生蟲。《葛洪方》曰：『居「射工」之地，常養鵝，見此物食之，故鵞辟此物也。』鴨，靡不食矣。水稗成實時，尤是所便，噉此足得肥。充供廚，者子鵝百日以外，子鴨六七十日，佳。過此肉硬。大率鵝鴨六年以上，老，不復生伏矣，宜去之。少者，初生，伏又未能工。惟數年之中佳耳。《風土記》曰：『鴨，春季雛，到夏五月則任啖，故俗五六月則烹食之。』

《便民圖》曰：凡相鵝鴨母，其頭欲小，口上齕有小珠，滿五者生卵多，滿三者爲次。

棧鵝易肥法稻子或小米、大麥不計煮熟，先用磚蓋成小屋，放鵝在內，勿令轉側，門中木棒簽定，只令出頭喫食。日餵三、四次，夜多與食，勿令住口，撏去尾際毳毛，如此三日，加肥一斤。

清 張宗法《三農紀》卷八《鵝》 鵝，《爾雅》名舒雁。一名蒼鳽，家畜水禽也。鵝者，峩寇高首也。鵝者，餓也，腸直，便糞，常食難飽。《鳥經》云：性頑而敬，鳴則蜮沈，虮爲之辟，蟲爲之藏。乳鵝伏卵，隨日光所轉。夜警應，更能禦盜。季衛公云：鵁青厌火，孔雀辟惡，鵝可驚鬼。《本草》云曰：白者食草，蒼者啖砂。《埤雅》云：鵞之行也，自然而有行列。故爲聘禮，曰：出如舒雁。形若雁，狀如鴻，舉止雍容，有曠然之貌，是以王有軍喜之。得月度金水陰數，伏三十六日脫卵而出。身有柔毛，漸生翼羽，扁喙連爪，八竅二足，無嗉，有外腎。鳴聲嘵大，牧者喚曰：呪呪，取其聲清厲也。飼宜湖澤寬曠處。俗語云：家有萬石糧，方飼長頸項。古人不居畜者，謂其他食也。雖陶朱致富有鵞，亦取乎水養之利云。相法：首方目圓，腦寬身長，翅束羽整，喙齊聲遠者良。《晉書》云：垂胡、緑眼、黄喙、紅爪者鬬善。

飼養：選一歲兩伏者作種，一雄三雌，須廠屋，下多着細草爲窩，先刻白本卵形一枚着窩内以誑之，生時專卽取。伏時大鵞十卵，小者減之。若數起者，

不任爲種。貪伏者須五六日與食，令起浴。鷄伏者宜二鷄换伏。鵝初出，七日禁問金鼓、紡車、搗搭聲，大叫、豕曰、竹爆。忌見孝服、産婦。初飼以糙米，磨碎，得嫩茅切細，拌勺，和清水喂之。水濁卽易，恐淤塞鼻孔。雛難生，六七日方大水浴，不宜久留，急驅岸日晒片時，收籠内。半月然後可放。然鵞鴨雛最痴，宜防鷹鳥。鵞過六載，老不生卵。肥法：治一小屋，止令容一鵝，勿令轉動，側門以木棒簽定，只令頷出能食，每日喂三、四次，夜須多食。宜粟豆者熟，拌以麩糠，十日可肥。

本性：性揚，肉甘，生五六月者肉佳，过則骨硬。煮湯不見氣荅者肉美，醃者味佳。最発瘡毒痼疾，多食発霍亂。白者調腑熱，老者解臟毒，服丹石者宜之。卵宜醃，呋往。肉硬骨礼者，以大蒜塞鼻孔，自出。

方治：女人枯病，白鵞血調酒飲之。昔一同人三亡其妻，俱病腹中疙瘩。至三死，剖腹取塊，貫刃柄，後剖白鵞，柄化水。

【典故】《晉書》：山陰道者好養鵞，王羲之往观甚悦，道者曰：爲我寫《道德經》，事畢相奉。羲之寫畢，籠群而去。《西京記》：净影寺一鵞，每聞講經便入堂狄聽，若聞泛説他事，則鳴翔而出，是如者六年，忽一日哀鳴庭種，不肯入堂而絶。《环宇記》：唐大至末，清流沈朝家養鵞死，其非悲鳴不食，喙敗薦覆其母，又啣芻艸向母前，若祭狀，長鳴數声而雄亦絶。沈氏葬之，因呼爲孝鵞塚焉。《晉書》：史悝有雄鵞善鳴，悝女養之，鵞非女不食，苟儉苦求得之，鵞輙不食，仍还悝。又數日，晨起失女及鵞，變聞鵞向西，至二小，唯見女衣及鵞毛脱水邊，後因此以名其亡爲鵞女溪。

清 佚名《鳥譜》卷七《鵝一名家雁，一名舒雁**》** 花鵝，黒睛赤暈，蒼瞼重黄弦，黒觜，下咮赭黄，觜根連頂處黄白色。頷下有懸胡，頂至項蒼赭色。兩頰至臆前白質帶蒼黒，蒼背膊白邊，黒翅白翮，黒白尾，臆、腹俱白，赭黄足掌。《爾雅》：舒雁，鵞。疏云：鵞，一名舒雁，今江東呼鳴。《禽經》：鵞，逆月，見異類差翅鳴。注云：伏卵則向月，取其氣助卵也。《埤雅》云：鵞，頪如瘤，長脰，善鳴，又善轉旋其項。古之學書者，法以動腕。卞子曰：鵞，性頑而傲，盖鵞，峩首似傲，故曰傲也，名之曰鵞，其謂是歟？《傳》曰：短脚者多伏。多伏，鳴鵞之類是也。又曰：水生之鳥，咮多圓而善唼，善唼亦鳴鵞之類是也。《爾雅翼》云：鵞，性絶警，每更必鳴，可以警盗，舊説惟食榖稗草萊，不食生蟲，或言蒼鵞食之，白者不食。故主毒以蒼者為良，主渴以白者為勝。《禽經》：郤近翠者能步，卻，脚也，鵞鶩之脚皆近翠，故相人者以鵞鶩之步宜貴也。《本草綱目》云：鵞，一名家雁。時珍曰：鵞鳴自呼，江東謂之舒雁，似雁而舒遲也。江淮以南多畜之，有蒼、白二色，及大而垂胡者，並緑眼、黄喙、紅掌，善鬬，喜啖蚯蚓，能制射工，故養之辟蟲虺。或言鵞性不食生蟲者，不然，以其毛為褥，可治小兒驚癇，其卵亦補中益氣。

清 陳元龍《格致鏡原》卷八〇《鵝》 【總論】《格物總論》：鵞有蒼、白二色，緑眼、黄喙、紅掌。按：《爾雅》一名舒雁，一名鳴，善鬬，好啖蛇，多溪毒處養此以辟之，或者又云鵞不食生蟲，今《本草》言鵞子亦噉蚯蚓，輩可知己。《埤雅》：鵞頪如瘤，今鵞，江東呼䲦，長脰善鳴，又善轉旋其項。古之學書者法以動腕，羲之好鵞者以此。《清異録》：世呼鵞為兀地奴，謂其行步盤跚耳。《古今注》：鵞善鬬，好啖蛇。《禽經》：鵞見異類差翅鳴。《物理論》：鵞飛，則蜮沉。《埤雅》：卞子曰：鵞性頑而傲，盖鵞峩首似傲也。《酉陽雜俎》衛公言鵞警鬼。《禽經》：鵞逆月。注：伏卵則向月，取其氣助卵也。《聞見録》：李先主以國用不足，税民間鵞卵出雙子者。《酉陽雜俎》：濟南有鵞浦，有漁人居水側，常聽鵞聲。衆中有鈴聲，甚清亮，候之，見一鵞咽頸極長。羅得之，項有銅鈴，綴以銀鏁，隱起元鼎元年字。《嶺南異物志》：南道酋豪多選鵞之細毛，夾以白布，絮而為被，復縦横衲之，其温柔不下於挾纊也。俗云鵞毛柔煖而性冷，宜覆嬰兒，辟驚癇也。《秦記》：苻朗，食鵞，知黒白之處，人不信，既而試之，果然。《抱朴子》：吳景帝有疾，召覡視之，得一人欲試之，乃殺鵞而埋於苑中，深小屋，施牀几，以婦人屐服物著其上，乃使覡視之，告曰：『若能説此家中鬼婦人形狀者，加賞，而即信矣。』竟日無言。帝推問之急，乃曰：『實不見有鬼，但見一頭白鵞立墓上。所以不即白然，則鵞死亦有鬼也。』《明興雜記》：太祖幼時，嘗見羣鵞遊於庭，戲以青、白二紙旗左右竪立，命之曰：『青者立青旗下，白者立白旗下，違者死！』羣鵞應聲如命而往。獨一花鵞不知所適，往來於青、白之間，上殺而食之。

【詳類】《洞冥記》：有喜日鵞，至日出時，銜翅而舞，名曰舞日鵞。《廣志》：駕鵞，野鵞也。《爾雅疏》：鴚鵝音六間，野鵞別名。《物類相感志》：鴻鵞生鬱夷國，鵞色似鴻形，又似秃鶖，腹無腸，羽翮附骨而生，無皮肉，若雌雄相盼，則孕産也。陸游《入蜀記》：澘軍港有水禽，雙浮江中，色白，類鵞而大，楚人謂之天鵞，飛鶱絶高。有弋得者，味甚美，或曰即鵠也。《幽明録》：晉義熙中，羌主姚畧壞洛陽，陰溝取塼，得一雙雄鵞，並金色，交頸長鳴，聲聞於九皐，養之此溝。沈充《鵞賦序》：太康中，得大蒼鵞，從喙至足，四尺有九寸，體色豐麗，鳴聲驚人。《仙傳拾遺》：山陰道士管霄霞求王羲之寫《道德經》，舉紅鷺一雙，相贈而去，後鷺沖霄飛去。《天中記》：京下劉光禄養好鷺，劉後軍從京師還，鎮尋陽，以一隻鷺為後軍，別純蒼色，頸長四尺許，頭似龍，此一隻鷺，可堪五萬，自後不復見有此類。

【鷺異】《晉書》：晉永嘉元年二月，洛陽東北步廣里地陷，有蒼鷺白鷺出，蒼者飛翔沖天，白者止焉。此羽蟲之孽，又黑白祥也。《稽神録》：乙卯，歲海陵郡西村中，有二鷺鬬於空中，久乃墮地，其大可五六尺，雙足如驢蹄，村人殺而食之者皆卒，明年兵陷海陵。《孔六帖》：中和四年，臨淮漣水民家鷹化為鷺，而弗能遊。

【附見】《後漢志》：海昏侯沈戎，卒葬於烏程之金鷺山上，有金鷺飛集，三鳴而去，其後沈氏《通顯諺》云『金鷺鳴，沈氏興』。《山堂肆考》：雙牙山在城都府簡縣，東山頂有古井山，半有石箱，昔有兩金鷺浴於井，夜棲於箱。人欲捕之，遂飛上南山，化為雙石，對峙若齒牙然。《北史》：隋堯君素守河東，時圍甚急，行李斷絶，乃為木鷺，置表於頸，具論時勢，浮之黄河，達於東都。政和間，川人楊傑朝散知齊之長清縣，其家鴨卵破之得一物長寸餘，如人形作男女，相屈一足，眉目、口鼻、手足、腰腹悉具，被髮垂頸。乃腊之，既枯，而脇骨莖莖皆隱起，與人無異，亦怪矣。

紀事

明 鄺璠《便民圖纂》卷一四《相鵝鴨法》　鵝、鴨母，其頭欲小，口上齗有小珠，滿五者生卵多，滿三者爲次。

明 劉基《多能鄙事》卷七《相鵝鴨法》　鵞、鴨母，頭欲小，口上齗有小珠，滿五者多，生三者次之，鵝鴨以土硫黄飼之，易肥。

雜録

清 趙學敏《本草綱目拾遺》卷九《禽部·鵝毛》　《綱目》：鷺下載其毛治射工毒、通氣、辟癘、開噎，其屎治小兒鷺口，蒼鷺者可傳蟲蛇咬，而不知毛可治癰，屎更治犬咬，悉爲補之。

治癱毒　《集驗方》：用鷺毛煅灰一兩，明礬二兩，研末麵糊爲丸，每服二錢，好酒下。

大麻風：　《赤水元珠》參毛丸治大麻風神效，苦參一觔，鷺毛八兩，煅存性爲末，陳米糊爲丸，桐子大，每服五十丸，酒送下，一日二次。

神功至寶丹　王秋泉《家傳秘方》：專治男婦溜膿肥瘡、膿窠瘡、臘梨頭、遍身風癩、癮疹疥癬，瘙癢異常，麻木不仁，諸風手足酸痛，皮膚破爛，陰囊癢極，并婦女陰瘡濕癢，酒丸散擦藥洗貼如神，隨病上下茶湯送下，日進二次，戒暴怒房勞，炙煿發毒之物。苦參一觔爲末，鷺毛香油炒存性六兩，黄米糊丸，硃砂爲衣，此方與《元珠》治大麻風所用，大同小異，因並存之。

按：鷺白者能疎風，瀕湖謂其氣味俱厚，發風發瘡，莫此爲甚，而駁韓丞《醫通》以爲疎風大悞。殊不知鷺能發瘡生濕，火熏者并發火毒宿疾，害誠有之，而疎風之功，亦不可盡誣。至其毛與肉，則性尤不同。《本經逢原》云：昔人治癘風方中，取純白鷺通身之毛，及嘴足之皮，與肫肝内皮，固濟煅灰存性，和風藥用之，爲風藥之嚮導也。然不可遺失一處，遺一處，即不能愈。又不可用雜色者，若有一處色蒼，風愈之後，其處肌膚色黑。正取其疎利而不燥，能和風藥之熯烈，而不用蒼色者，以純白鷺無毒耳。

絶胎方　《保和堂秘方》用血管鷺毛燒灰、百草霜各一錢，行經後酒調下，終身無孕。又周氏《家寶方》：用鷺毛一把，煅細，茶煎湯，經後服，永不生。此二方雖存，不可輕用。

《寶生論》有受打不痛法：用血管鷺毛七根，地龍七條，煅過，同乳香、白蠟爲丸，好酒送下。

治瘰癧初起　《傳信方》：白鷺大者二隻，取週身毛翎并口腳黄皮，新瓦焙焦爲末，分作十服，每日食後服之，服完即愈。

治腫毒　《救生苦海》：用血管鷺毛一握，銅鍋炒焦，腐皮包裹，酒吞下，即内消，初起者效。諸腫毒痛甚，有膿即潰，無膿即消。用鷺毛燒灰一兩，雄黄三錢，川烏、草烏各錢半，黄蠟鎔化，八前藥爲丸，每服一錢，好酒送下。嚴氏方。諸毒内消方：吳涵宇用鷺毛二個炒，蜈蚣十條醋炒，穿山甲一兩炒，殭蠶一兩炒，全蝎五錢洗，廣膠二兩炒，桑黄二兩炒，羊角屑二兩炒，共爲末，每服三錢，砂糖調好酒下，以醉爲度。

發背疔瘡，對口風毒　《醫宗彙編》：穿山甲、蛇蛻、蟬退、蜈蚣俱爲末，鵞毛全副燒灰存性，全蝎、血管雞毛二翅燒灰，人指甲用十分之一，敗龜板一個、殭蠶俱爲末，每用一錢，酒下。

悮吞銅錢及鈎線　《慈惠方》：用鵞毛一錢燒灰，磁石、皂角子火煅、象牙一錢，燒存性爲末，每服五分，新汲水下。

艾火帶，乃炙火所傷，爛痛不可忍。《同壽錄》用雉雞毛同鵞毛燒灰敷之，效。

喉蛾癬　《傳信方》：用鵞毛灰三分，兒茶二錢，牛黄三厘，雄黄一錢，人中白一錢半，煅存性，如吃深，加珍珠煅存性一分，爲末，先將生桐油探刷一番，後用藥吹入，加膽礬更妙。

又《鵝屎》　《救生苦海》：治犬咬，以鵞屎敷之，不爛痛。

又《鵝涎》　《綱目》：止載治咽喉穀賊。今人治小兒鵞口瘡，甚效。

又《鵝蛋殼》　《急救方》：癰疽無頭，用新生鵞蛋殼燒灰存性，爲末，醋調敷，立出膿血，妙。

又《鵝腿骨》　《奇效方》：犬傷日久發者，用鵞腿挺骨煅存性，研末摻之。

又《鵝喉管》　《家寶方》：治喉症，用鵞喉氣管一個，陰陽瓦炙黄色，氷片一分，共爲細末，吹二三次愈。

治赤白帶　《家寶方》：取鵞水喉管煅存性，研末，酒調，臨卧服之。

鵝種

題解

明　黄一正《事物紺珠》卷二七《家禽類》　蒼鵝，毛如雁，額喙黑，一名駕。

清　佚名《鳥譜》卷七《白鵝》　白鵞黑睛，縹暈，黄瞼，黄觜，通身純白，深黄足掌。《夲草綱目》云：白鵞膏，臘月錬收，氣味甘，微寒，無毒。主治：耳卒聾，潤皮膚，可合面脂。

又《鳳頭鵝》　鳳頭鵞，黑睛，蒼暈，黄瞼，黄觜，頭上有冠高起，目後細黑毛一道，通身白色，背、腹暗蒼紋鱗次，膊上有微黄暈，黄足掌，亦有花身黑足掌者。

又《黑觜天鵝》　黑觜天鵞，黑睛，白瞼，黑觜，頂頰白毛上有淺蒼赭暈，通身白質，帶淡蒼，黑足，掌身似鵞，而大頸甚長而細，展翅甚濶，其飛極高，其毛可織為絨，其油可治疳，肉亦可食。《夲草集觧》謂此即鵠。按：鵠有數種，此所謂白鵠也。《古今注》云：天鵞似鵞，而大長頸，善鬭。《本草綱目》云：鵠大于雁，羽毛白澤，其翔極高，而善步。所謂鵠不浴而白是也。師曠《禽經》云：鵠鳴哠哠，故謂之鵠。湖海江漢間，皆有之。出遼東者尤甚，而畏海青鶻。吴僧賛寧云：凢物大者，皆以天名，天者，大也，則天鵞名義，盖亦同此。

又《金頭天鵝》　金頭天鵞，黑睛，黄瞼，黑觜，黄根頂頰，有赭毛金色隱約，通身白質，淡蒼邊暈，黑足掌。《飲膳正要》：天鵞有四等，大金頭鵞，似雁而長項，入食為上，美于雁；小金頭鵞，形差小；花鵞，色花；一種不能鳴鵞，飛則翔響，其肉微腥，並不及大金頭鵞，各有所産之地。

又《紅觜天鵝》　紅觜天鵞，黑睛，黄瞼，粉紅觜，黑根，有冠，頂頰白毛，上皆有赤暈，通身白質，帶微蒼，黑足掌。

清　屈大均《廣東新語》卷二〇《靈鵝》　從化有靈鵞狀如水鵞，每至夜中則鳴，鄉落無更鼓，多以為候，謂之鵞更。

又《鶺鶉》　而潮人有鬬鵞之戲，鵞，力鵞也，重者三四十斤，鬭時以咬眼為上，咬舌次之。

藝文

清　陶允宜《麻城鵝》（《明詩綜》卷五七）　麻城鵝品光州右，餌以膏粱兼菉豆。肉色紅鮮滋味厚，取之為鮓進元后。近年黄州失耕耨，一鵝之肥幾人瘦。

育鵝（養鵝）

紀事

宋　趙希鵠《調燮類編》卷四《鳥獸》　鵝伏卵則逆月，謂向月取氣助卵也。五六月生卵，熱不可抱，拔去兩翅十二翮，以停之，積卵腹中，候八月乃下。

元 佚名《居家必用事類全集・丁集・牧養良法》 以稻子不計，煮熟。先用磚蓋成小屋，放鵝在內，勿令轉側，門以木棒簽定，只令出头吃食，日喂三四次，夜多與食，勿令往口，如此五日必肥。如稻子、小麥或大麥，皆要煮熟喂之。

元 王禎《農書》卷五《養鵝鴨類》 鵝鴨取一歲再伏扶又切菢子也者爲種，大率鵝三雌一雄，鴨五雌一雄。鵝初輩生子十餘鴨，生數十後輩，皆漸少矣。欲於廠音敞屋之下作窠，多著細草於窠中，令煖。先刻白木爲卵形，窠別著一枚以誑之。生時尋即收取，別著一煖處，以柔細草覆藉之。伏時，大鵝一十子，大鴨二十子；小者減之。數起者，不任爲種。貪伏不起者，須五六日一與食，起之令洗浴。鵝鴨皆一月雛出，量雛欲出之時，四五日內，不用聞打鼓、紡車、大叫、豬、犬及春聲；又不用器淋灰，又不用見新產婦。雛既出，作籠籠之。先以粳米爲粥糜，一頓飽食之，名曰『塡嗉』。然後以粟飯，切苦菜、蔓菁英爲食。以清水與之，濁則有泥，恐塞鼻孔。小鵝泥塞鼻孔則死。入水中，不用停久，尋宜驅出。於籠中高處。敷細草，令寢處其上。十五日後，乃出。籠鵝惟食五穀、稗子及草、菜，不食生蟲。鴨，靡不食矣。水稗實成時，尤是所便，啗此足得肥充。供廚者，子鵝百日以外，子鴨六七十日，佳。過此肉硬。大率鵝鴨六年以上，老，不復生伏矣，宜去之。少者，恐不慣習宿者，乃善伏也。純取雌鴨，無令雜雄，足其粟豆，常令肥飽，一鴨可生百卵。夫鵝鴨之利，又倍於雞，居家養生之道，不可闕也。

明 朱權《臞仙神隱書》卷四《牧養》 鵝以一歲再伏者為種，大率三雌一雄。將木作彈誘之，生時尋即收取，別置暖處，以柔草覆之。

明 宋詡《竹嶼山房雜部》卷一二《鵝〈爾雅〉曰舒雁》 宜以一歲再伏者為種，大率三雌一雄，雄宜少雌宜老，尾之力全，而卵不殈況必切。六七月之間，穀食豐足，八月生卵可菢。至九月初，即有子鵝以供冬，至五六月生卵，熱不堪菢，則拔去其兩翅、十二翮，以停之。三月間生卵不已，亦拔之，皆留積其卵于腹，以俟時也。鵞母頭欲小，口上齕痕沒切有小珠，滿五者生卵多，滿三者為次。冬宜入棧，夏宜散逸，而以熱食飼之，易肥。【略】凡雞、鵝、鴨伏卵，慮有擊聲，卵鰕徒玩切，故雷震必以鐵置其巢。《埤雅》曰：雞鶩伏卵忌磨，若聞礱磨之聲。必不生矣。凡雞鵝鴨初生饑之，而不久多成內閉，蓋原其卵中之白結為皮骨，卵中之黃結為肝腸，𣪊古候切之早其肝腸方全，弱不能以磨化，故必候其三晝夜，肝腸已實，而方漸𣪊之，則不病而易長也。

明 鄺璠《便民圖纂》卷一四《選鵝鴨種》 凡鵝、鴨並選，再伏者為種，大率鵝三雌一雄，鴨五雌一雄，抱時皆一月，量雛欲出之時，四五日間，不可震響，大鵝抱十子，大鴨十五子，小者量減之，數起者不任為種，其貪伏不起者為種，須五六日一與食起。

又《棧鵝易肥法》 稻子或小麥、大麥不計煮熟，先用磚蓋成小屋，放鵝在內，勿令轉側門，以木棒簽定，只令出頭吃食，日餵三、四次，夜多與食，勿令住口，如此五日，必肥。

明 劉基《多能鄙事》卷七《棧鵝易肥法》 稻子煑熟，以磚作小屋，置鵝於中，勿令轉動，只令頭出，任其飽食，勿令住口肥，則自不食矣。大、小麥，皆可湏煑熟，勿與水。

又《養鵝鴨法》 鵝、鴨並選歲，再伏者爲種，大率鵝三嶋一雄，鴨五雌一雄，菢皆一月雛出，欲出之時，四五日，勿震響，大鵝十子，大鴨二十子，小者減之。

清 方以智《物理小識》卷一〇《鵝》 以一歲再伏者爲種，三雌三雄，雄宜少，雌宜老，八月生卵可菢。五六月生卵，熱不堪菢，則拔去其兩翅十二翮以停之。鵝母頭欲小，口齕有小珠，滿五者生卵多，滿三者爲次。鵝不食蟲，諺曰『鵝齋』。

鴿部

鴿

題解

宋 戴侗《六書故》卷一九《鳥之諧聲》 鴿，𩿧，古沓切。鳩類也，人多畜之，十百為羣，縱去復歸。

清 陳淏子《花鏡》卷六《鴿》 鴿，一名鵓鴿。隨在有畜之者，鳩之屬也。亦有野鴿，其毛色名號不同，大槩毛羽不過青、白、皂、綠、灰斑而已。試鴿之好醜，在持於十餘里之外放之，能認舊巢而回者，方稱珍異。至於相鴿之法，全看眼色，其眼有大、小、黃、綠、硃砂數種，睛特而砂粗者爲最。鴿者合也，因其喜合，故鳩亦與之爲匹。凡鳥皆雄乘雌，鴿獨雌乘雄。性最淫，每月必生二子，年中畧無間斷。哺子，朝從上而下，暮從下而上。任其飛走，不必牢籠。但置一厨，逐倉逐一格開，每格畜二鴿，聽其飲啄，惟防貓咬。每日飼以浮麥，獨夏月須串以菉豆。欲其眼有砂，從雛時以人之舌常舔其眼，亦能生砂。宋末宮中好養鴿，一書生題詩曰：『萬鴿盤旋繞帝都，暮收朝放費工夫；何如養取南來雁，沙漠能傳二聖書。』又張九齡以鴿傳書，名曰飛奴。

綜述

明 李時珍《本草綱目》卷四八《鴿宋嘉祐》 釋名，鵓鴿食療飛奴時珍曰：鴿性淫而易合，故名。鵓者，其聲也，張九齡以鴿傳書，目為飛奴，梵書名迦布德迦。

集解宗奭曰：鴿之毛色，於禽中品第最多，惟白鴿入藥，凡鳥皆雄乘雌，此獨雌乘雄，故其性最淫。時珍曰：處處人家畜之，亦有野鴿。名品雖多，大要毛羽不過青、白、皂、緑、鵲斑數色，眼目有大小，黃、赤、綠色而已。亦與鳩為匹偶。

白鴿肉，氣味鹹，平，無毒。詵曰：暖。主治：解主藥毒，及人、馬久患疥，食之立愈。嘉祐調精益氣，治惡瘡疥癬，風瘡白癜，癧瘍風，炒熟酒服。雖益人，食多恐減藥力。孟詵

附方舊一，新一。消渴飲水不知足。用白花鴿一隻，切作小片，以上蘇煎，含咽。《心鏡》預解痘毒每至除夜，以白鴿煑炙飼兒，仍以毛煎湯浴之，則出痘希少。

血，主治：解諸藥、百蠱毒。時珍，出《事林廣記》

卵，主治：解瘡毒、痘毒。時珍

附方新一。預解痘毒小兒食之，永不出痘，或出亦希。用白鴿卵一對，入竹筒封，置厠中，半月取出，以卵白和辰砂三錢，丸菉豆大。每服三十丸，三豆飲下，毒從大小便出也。《瀕江方》

屎，名左盤龍。時珍曰：野鴿者尤良。其屎皆左盤，故宣明方謂之左盤龍也。氣味辛，温，微毒。主治人、馬疥瘡，炒研傅之。驢、馬，和草飼之。嘉祐消腫及腹中痞塊。汪穎消瘰癧諸瘡，療破傷風及陰毒垂死者，殺蟲。時珍

附方舊四，新六。帶下排膿宗奭：野鴿糞一兩，炒微焦，白朮、麝香各一分，赤芍藥、青木香各半兩，延胡索炒赤一兩，柴胡三分，為末，温無灰酒空心調服一錢。候膿盡即止，後服補子臟藥。破傷中風病傳入裏，用左蟠龍即野鴿糞、江鰾、白僵蠶各炒半錢，雄黄一錢，為末，蒸餅丸梧子大。每服十五丸，温酒下，取效。《保命集》陰症腹痛面青甚者。鴿子糞一大抄，研末，極熱酒一鍾，和匀澄清，頓服即愈。劉氏。蚘蟲腹痛白鴿屎燒研，飲和服之。《外臺》冷氣心痛鴿屎燒存性，酒服一錢，即止。項上瘰癧左盤龍，炒研末，飯和，丸梧桐子大，每服三五十丸，米飲下。張子和方頭痒生瘡白鴿屎五合，醋煮三沸，杵，傅之，日三上。《聖惠》頭瘡白禿鴿屎研末傅之，先以醋，泔洗淨，亦可燒研摻之。同上。反花瘡毒初生惡肉如米粒，破之血出，肉隨生，反出于外。用鵓鴿屎三兩，黄炒為末。温漿水洗，後傅之。《聖惠方》鵞掌風鴿屎白、雄鷄屎，炒研，煎水日洗。

清 屈大均《廣東新語》卷二〇《鴿》 鴿之高下在目，目有黑底天青者，黑底插黃者，黃油白氣者，焦油者，以此四種為上。其睛清而深，有重暈，以日照之，精光四閃，暈邊復有血粒如石榴子，則極聰慧者矣。其頭宜小，尾宜短，翼宜與尾齊，翼與尾齊則飛高，飛高則可免鷹擊之患，故鴿之佳者，價之重輕與金等。翼凡大毛十二莖，每出㲉至二三月則調毛，四調五調六七調曰初王，則可用，調至十一十二則老。調者何？脫其胎毛，更生新者，故曰調。廣人有放鴿之會，歲五六月始放鴿，鴿人各以其鴿至，主者驗其鴿，為調四調五調六七也，則以印半嵌於翼，半嵌於冊以識之。凡六鴿為一號，有一人而印一二號，至十號百號者；有數人而合印百號者，每一鴿

出金二錢，主者貯以為賞。放之日，主者分其二，一在佛山，曰內主者；一在會場，曰外主者。於是內主者出教，以清遠之東林寺為初場，飛來寺為二場，英德之横石驛為三場，期以自近而遠，鴿人則以其鴿往。既至場，外主者復印其翼，乃放鴿。一日自東林而歸者，內主者驗其翼印不謬，則書於冊，曰某日某時某人鴿至，是為初場中矣。一日自飛來而歸，一日自横石而歸，皆如前驗印書於冊，是為二場，三場皆中，乃於三場皆中之中，內主者擇其最先歸者，以花紅纏繫鴿頸，而觴鴿人以大白，演伎樂相慶。越數日分所貯金，某人當日歸鴿若干，則得金若干。有一人而歸鴿數十者，有十人千鴿而祇歸一二者，當日歸者甲之，次日歸者乙之，是為放鴿會。

鴿之大者曰地白，廣州人稱鴿皆曰白鴿，不曰鵓鴿。地白惟行地不能天飛，故曰地白，人家多喜畜之以治白蟻，亦以其多子可嘗食。其子每四十日一乳，乳時雄者餐米至咽，米成漿液乃吐出以餵其子。雌復受孕，性絕淫，雌嘗乘雄，故多乳。富者畜至數百頭，惟所指使，以穀令就掌飼之，予詩『家餘地白糧』，又曰『地白有糧多哺鷇』。鷇，方言曰鬭，一乳則為一鬭。鬭者，鷇音之訛也。又鬭者，窠也。乳子一窠，曰一鬭也，人臥處亦曰窠鬭也。又鬭，古作鷇。

清 陳元龍《格致鏡原》卷七九《鴿》 《埤雅》：『鴿喜合，凡鳥皆雄乘雌，惟此鳥雌乘雄。』《格物總論》：『鴿數種有白鴿、黑鴿、或白與黑二色相雜，亦間有紫色者，有青灰色者，人家多蓄之，翔集屋間。又一種野鴿色純青，不可馴狎，人多捕而食之。』《山堂肆考》：『鴿亦鳩類，其頸若瘦，其色有二十餘種，而銀合、海鹽、倒插、點子、毛脚、鳳髻、黑夜遊等，則其名也。皆兩兩相匹，不雜交，每孕必二卵，伏十八日而化。』《釋法顯佛國記》：『鴿，名波羅越。』《開元遺事》：『張九齡少年時，家養羣鴿，每與親，知書信往來，只以書繫鴿足上，依所教之處飛往投之，九齡目之為飛奴。』《清異錄》：『南唐王建封，不識文義，族子有《動植疏》，俾吏録之，其載鴿事以傳寫誤謬，分一字為三，變而為人日鳥矣，建封信之。每人日開筵，必首進此味。』《清異錄》：『豪少年尚蓄鴿，號半天嬌。人以蠱惑過於嬌女，豔妖呼為插羽佳人。』《彙苑詳註》：『鵓鴿其毛，羽色於禽中品第最多，如毛脚、鳳髻、線眼、錦背皆其名。』《六度集經》：『菩薩為鴿王。』《酉陽雜俎》：『大理丞鄭復禮言，波斯舶上多養鴿，鴿能飛行數千里，輒放一隻至家以為平安信。』《珍珠船》：藍田山真悟寺高僧寫《涅槃經》，羣鴿自空中銜水添硯。《曲洧舊聞》：『韓王女丞相喜事口腹，每食必殫極精侈。性嗜鴿，必白者而後食，或以他色者紿之，輒能辨其非，世以為異。』《天中記》：『蜀有蒼鴿，狀如春花。』《隋書》：『楊素見赤鴿映棘，高二尺。』《戒菴漫筆》：『浦城有石鴿，大如青蛙，待客最貴之物，龍游謂之石鴨。』

雜録

明 陳耀文《天中記》卷五八《鴿》 平安信：大理丞鄭復禮言：波斯舶上多養鴿，鴿能飛行數千里，輒於一隻至家，以為平安信。

明 劉基《多能鄙事》卷四《白鴿煎治消渴飲水不知足》 以白花鴿一隻，治如法切作小塊，以土蘇煎含而嚥其汁。

（光緒）《順天府志》卷五〇《食貨志二・物產・鳥屬》 鴿，《甯河關志》：鴿性易合，或並鳩爲耦。凡鳥皆雄乘雌，惟鴿以雌乘雄。《居易錄》：近京師花兒市鬻黃鴿二，毛羽作金黃色，索直甚高。按：鴿卵今以爲珍饈。

鴿種

題解

宋 温革《瑣碎録・禽獸・諸禽》 舶船愛養鴿，舶沒，雖數千里，鴿能飛歸以報其家，海瀕之人號曰『鴿信』。

明 陳耀文《天中記》卷五八《鴿》 蒼鴿，蜀有蒼鴿，狀如春花，《越絕書》赤鴿，楊素見赤鴿映棘，高二尺。《隋書》

清 佚名《鳥譜》卷一《灰色洋鴿》 灰色洋鴿，黑睛灰紅重暈，青觜，頭頸至腹皆淺灰色，項有黑毛，一節背膊，蒼灰色翅尾，稍深粉紅足爪。

又《鸖鴿》 鸖鴿，黑睛藕紅暈，淺黃瞼，粉紅觜，頂前有黑毛一小簇，通身俱白，帶微紅暈。藕紅足，白爪。

又《毛脚鴿》 毛脚鴿，黑睛紅黃暈，白瞼，頭頂，項臆黑，質緑暈。頷下有白毛，圓如弹丸，外界以青黑至臆前而止，目下項上深青暈三四處。白膊、白翅肩背及尾毛皆黑色帶白紋，其脛上皆生粗白毛，離披蓋趾。鮮紅趾，白爪。有黑、白鳳、白黑鳳、或紫鳳，二色又有藍紫，土合三色皆本色。鳳品格少遜，眼宜銀金，他色均不入格。

清 張萬鍾《鴿經》 【鳳尾齊】短嘴矮脚，鳳卷如輪飛，則舒於尾齊。

【巫山積雪】金銀短嘴，紐鳳雀爪，肩寬尾狹，音中角，其聲最高，純黑無間，背上有白花細紋如雪，故名一名麩背，有一種豆眼，項上有老鴉翎者，不入格。

【金井玉欄杆】金眼鳳頭翅，末有白稜二道如欄若銀，眼豆碧等眼者，不入格，一名銀稜。

【亮翅】紐鳳雀，爪、翅左右有白羽各半，如鶴秀宜銀眼，玉眼如他色則爲皂子。

【坤星】金眼，鳳頭，背有星七如銀，左三右四。按坤星與銀稜、亮翅、麩背，皆純黑白斑，其名雖異，其種則一。銀稜巢中，間産麩背。

【尖】高不踰寸，長倍之，一茶器可覆。雌雄鴿中之小，惟遜『丁香』。嘴宜稻粱，脚宜雀爪。有皂銀眼玉嘴、藍豆眼銀嘴、紫碧眼蠟嘴、銀淡金眼鐵嘴四色。凡尖，雌紐鳳，雄光頭。如土合雜斑、高脚、長嘴等，雖小，不入格。

【十二玉欄杆】有銀灰、青灰二種。紐鳳短嘴，自腹下前後，平分二色，白尾十二，故名。形較『尖』稍大，鴿之小者，此其一也。一名半邊，宜豆眼，他者不入格。又一種黑者，純黑，背有銀毛梳背，最佳。如止尾白者，爲插尾。

【玉帶圍】長身矮脚，金眼紐鳳。音中宫。其鳴悠長。横有白羽一道如帶。有黑宜白圍，白宜黑圍、紫圍，紫宜白圍。一名紫袍玉帶，三色。

【平分春色】一名劈破玉。紐鳳金眼，形如『腋蝶』。自頭至尾分異色羽一條如線，有紫宜白分，黑宜紫分或白分，白宜紫分或黑分，三色。沙眼、銀眼俱不入格。

【鶴秀】銀嘴鴨掌，菊鳳，頭尾俱白。有黑、紫、土合、藍四色。羽毛如鶴之秀，故云。宜豆眼、金眼。兩腋稍見雜色者，不入格。

【大尾】他鴿尾皆十二，以象十有二月。惟此種二十四條，以按二十四氣。長身短嘴，有黑、白、紫三色，惟白色豆眼者最佳。

【靴頭】自項平分，前後二色。高脚雁隼，金眼紐鳳。他種鳳頭，雌多於雄，惟此種雄多於雌。有黑、紫、藍三色。沙眼、銀碧等眼；俱不入格。又一種兩頭烏，白身，頭尾俱黑，嘴類『點子』，形如『靴頭』。鳳頭金眼者佳。豆眼、碧眼者次之。又一種兩頭紫，最佳。

【鵰尾】短嘴白身插黑尾十二。宜金眼、豆眼。

【點子】額上有黑毛如點，嘴上黑下白，一名陰陽嘴。沙眼、銀眼不宜。間有紫點藍點者最佳。又一種鳳頭點，若重瓣水仙者，不佳。

【大白】金眼紐鳳。一隻可重觔餘，其大者如雞。鳴音若鐘，可達四鄰。峩冠博帶，氣象巖巖。鴿中之大者，此種第一。

【皂子】短嘴矮脚，形如鶴秀。有菊花鳳、紐鳳一種。金眼蓮花鳳、銀眼梳背鳳者，可稱絕品。按：鳳頭惟『皂子』、『蘆花』二種，各格俱全。

【蘆花白】毛澤如玉，間以淡紫紋，若秋老蘆花，故名。菊花鳳或蓮花鳳，金眼銀嘴，身長脚短，格如『鶴秀』者佳。有一種銀眼者，名『明月蘆花』，精妙不遜『射宮』。若長嘴高脚，小頭沙豆眼者，爲『雜花白』，不入格。

【石夫石婦】種出維揚。土人云：『石夫』無雌，『石婦』無雄。『石夫』黑花白地，色如灑墨玉；『石婦』純白，質若雪裏梅。短嘴，圓頭，豆眼。鴿之小者，此其一種。

【臥陽溝】狀似腋蝶，聲更清越。自頭至尾，左右二色，如醉臥溝中，水濕半體。鐵嘴，雁拳，鷴鴿鳳或菊花鳳，其種最佳。有紫白分者，有黑白分者，有藍白分者，俱宜淡銀金眼、玉眼、他眼不宜。

【鵲花】銀嘴金眼，長身短脚，文理與喜鵲無別，故名。馴順不減腋蝶。鴿中之良，此其一種。有紫鷴鴿鳳，淏紫者佳。尾末有雜毛者不入格，黑項下有老鴉翎者不入格。二色。諸鴿嘴俱宜短，惟此種不拘。

【紫腋蝶】白質紫紋。嘴有灰色毛四瓣，如蝶之形。腋有錦羽二團，如蝶之色，故名。銀嘴淡金眼者第一。此種不待調養，天性依人，良種也。又有黑白質黑花，藍白質藍花，淺藍色者佳。翅後有紫稜者爲『斑子』。二色。又一種青花，最類斑點，以嘴喻蝶。故列『腋蝶』之後。

【套玉環】色宜純，環宜細。狀若『靴頭』者次，形如『銀稜』者佳。紐鳳，短嘴，金眼。有黑白環、紫白環、藍白環三色。一種白質紫環或黑環者最佳，惜不恒有。一名『套項』。

【狗眼】雀喙鷹拳，寬肩狹尾，頭圓眼大，眼外突肉如丹，高於頭者方佳。

止宜豆眼，碧眼。外肉白者，用手頻拭則紅。有黑，純黑如墨。又一種爛柑眼，如蜜羅柑皮，皂黑如百草霜。紫有深紫、淡紫二種。白忌小頭，藍忌尾有灰色。五花毛，五色羽相間如錦。蓮花白，自頭至項紫白相間，黑花白地，此種最佳。眼大者品同射宫。鷹背，色最潤，背有鱗文者佳。銀灰翅末無皂稜者佳。十色。按狗眼乃象物命名之義，以狗之眼多紅，故名。實爲西熬睛，俗多不知，姑仍舊呼可耳。

【射宫】其頭空洞可照，紅光直射腦宫，因名之。眼紅如，琥珀，火燈隔照，彩若懸星。晝視最艱，故交在夜，一名『夜合鴿』。頭比狗眼更大，項較狗眼微長。行如美麗，又名『美人鴿』。有藍、白、紫、黑四色，惟白最佳。初無産地，生於『狗眼』巢中。又一種睛稍暗者，爲火睛狗眼，非『射宫』也。

【丁香】嘴如牟麥，頭如核桃，體如瓦雀，聲中羽其鳴最細，脚紅如丹砂，鳳起若紐絲。鴿中之小者，此其最也。有皂玉眼，項有綠毛者爲紅青，不入格。紫玉眼，銀嘴尾，有灰色者不入格。藍玉眼鐵嘴，身有白毛者不入格。銀、金眼，鐵嘴。四色。按丁香産於荆襄，皂者更佳。色不宜雜花，眼不宜沙豆。

【麒麟斑】即腋蝶，嘴無雜羽，腋無異色，背上斑文如麟甲，因名。翅末有稜二道，短嘴矮脚，金眼、豆眼者佳。有紫斑、白斑、淡藍斑三種。

【韃靼】夜分即鳴，聲可達旦，因以名之。雄聲高，雌聲低，高者如撾鼓，低者如沸湯，千百方止，有菊花鳳、遮眼鳳、後鳳三種。脚羽如扇，故飛不能出牆垣，較大白稍遜。鴿中之大者，此其次也。宜金眼、豆眼，有藍豆眼、白金眼者佳。紫，豆眼。土合，豆眼。雪頭，純黑，頭有白羽，一名落雪。五色。

【賽鳴】其形如鳩，惟嘴短頭大，豆眼，碧眼，鷹背色者佳，他色不入格。

【金眼白】形類銀稜，頭微小，銀嘴紐鳳。

【鸚鵡白】形類鶴秀，有菊花鳳，梳背鳳，惟蓮花鳳最佳。宜豆眼、碧眼、淡金眼三種。鴿中之嬌媚者，此其冠也。

育鴿（養鴿）

紀事

明 鄺璠《便民圖纂》卷一五《治鴿病》 用古牆上螺螄殼，並續隨子、銀杏搗爲丸，每餵十丸。若爲鷹所傷，宜取地黄研汁浸米飼之。

明 宋詡《竹嶼山房雜部》卷一二《鴿羽色甚衆》 穀食飼以硝水能取食，而復嘔之積，其餘可以再飼。易伏卵。轂雛凡病，用古墻中螺螄朽殼并續隨子、銀杏，擣為丸，每飼十丸愈。

凡初羅野禽不馴，須鎩所拜切其翮，而得久畜之。若鸚鵡倒挿之屬，則樊籠以飼之也。

清 方以智《物理小識》卷一〇《鴿》 穀食飼以硝水能取食，漚之積，其餘再飼。易伏卵。凡病，取古牆中螺朽殼并續隨子、銀杏，擣爲丸。狗糞中米，鴿食則死。鴿交，獨雌乘雄。歲十二，生白蟻，惡鴿與竹雞聲。

《鴿經》

清 張萬鍾《鴿經》

論鴿

【性】鴿陽鳥，鳩屬，其頸若瘿，不雜交，每孕必二卵，伏十有八日而化。《埤雅》云：『鴿喜合，凡鳥雄乘雌，惟此鳥雌乘雄。』

【德】五倫之中以鴛鴦配夫婦，謂其交頸，有別守節不亂也。鴿雌雄不離，飛鳴相依，有唱隨之意焉，觀之興人，鐘鼓琴瑟之想。凡家有不肥之歎者，當養斯禽。

【種類】鴿之種類最繁，總分花色、飛放、翻跳三品。若曲檻雕欄，碧桐修竹之下，玩其文彩，賞其風韻。去人機械之懷，動人隱逸之興，莫若花色。如樓角橋頭，斜陽夕月之下，看六翮之冲霄，聽懸哨之清籟。起天涯蓴羹鱸膾之思，動空閨錦衾角枕之歎，莫若飛放。至於翻跳小技，止宜婦人女子女紅之暇，一博嘻笑，未可與二者比也。

【羽毛】五色各分爲質，五色相間爲文。聚如繡錦，散如落花，各合所宜，方稱佳品。如尖不宜藍，『鶴袖』不宜土合，『腋蝶』不宜青花，『狗眼』不宜瓦灰、班點之類。

【飛】花色論致，飛放論骨，有若柳絮隨風，流螢點翠，蹁躚時匝芳樹，窈窕忽上迴欄。有如孤鶩橫空，落霞飄彩，或來如奔馬，去若流星。至翻跳之宜，則均斯二者。

【鳴】夜半寒鐘言其清，宮殿風鈴言其韻，蛩吟苔砌言其細，瀑布泉聲言其宏。若鸚鵡則傷於巧，倉庚則傷於媚。別鶴離鴻起人悲，寒猿征雁動人愁，備中和之韻，逸人之情，悦人之性，惟此聲與琴音相類。

【宿】秋鴿力軟，夏鴿毛希，春生者得震巽之氣，乃能乘風凌漢。辨飛之格，先論眼，次論宿。有聳肩縮項，鶴夢鷹棲者，譬之奇駿伏櫪，神閒氣定，聽鼓鼙之聲，則奮然而怒。若交頸比翼，夜半啼鳴，丰采畢露者，不能摩雲摶霧。

【食】一日三時，使知節聚粒一器，使不涣。五色聚散，雌雄卵壘，倏如覆甌，倏如旋螺。逼之不懼，撫之不驚，饑則相依，飽不颺去，是以取之。

【眼】諸格俱備，如雙睛違式，亦不入選。飛放論神，目光如電者，其神旺。花色論韻，眼横秋水者，其韻遠。皂者宜銀，白者宜火，蘆花宜金，狗眼宜豆，點子、插尾宜碧，銀灰宜銀沙，土合、藍、紫宜淡金，射宫宜丹砂。惟紅沙、紅金、磁白三種，諸色不宜。

【嘴】或如瓦雀之形，或如金玉之屑，或如牟麥，或如稻粱。或勾曲如雁隼，或寬博如象鼻，狀各不同，均爲上品。若烏喙、鶴箝之類不可入格。夫鸚鵡以能言被樊籠，百舌以多語致反聲。金人三緘其口，猶防不謹。嘴舌之取短棄長宜乎。

【脚】有毛脚，有雀爪，有鷹拳，有鴨掌。大都色宜紅，質宜嫩，骨宜短。三者入格，更饒態度，方云嘉種。態有美女摇肩，王孫舞袖，春風擺柳，魚游上水等類。昔水仙凌波於洛浦，潘妃移步於金蓮，千載之下，猶想其風神。如閒庭芳砌，鈎簾獨坐，玩其嫵媚，不減麗人。

【鳳頭】鴿之有鳳，如美人簪髻，丈夫加冠。雌常多於雄。有卷舒自如，可與尾齊者有，額羽分瓣如蓮花者，有前後兩開如梳背者，有繽紛如菊花者，有細旋如鸜鵒者，有左右披拂爲眼鳳者，有頭毛上逆爲後鳳者皆，可增花色之態。助翻跳之媚。若千里摶風者，反滋贅疣。

【地産】野鴿逐隊成群，海宇皆然。若夫異種，各有産地。坤星、銀稜産於晉。鞋韃、鶴秀産於魯。腋蝶産蜀、黔，翻跳産大梁，諸尖産於粵西。鳳尾齊不生中國，産於烏撒、烏蒙。射宫原無種，乃間氣所生，在狗眼巢中，惜其晝視不清，乳哺艱難。有黑花白地，眼如丹砂，如芙蓉者，可與鳳尾齊媲美。

【沐浴】春秋日一次，夏日二次，即隆冬嚴寒，亦不可廢。浴氣須佳，態方畢露，初如征雁喻蘆，繼如野鷗映水，終如風度芙蕖，嬌娜不勝。觀鴿之妙，止於此矣。稽五代黄筌，好畫金盆圖，蓋本此也。

【作巢】昔臧孫氏山節藻棁，以藏蔡龜，君子謂之不智。禽獸之居，取避風雨可矣。房當向陽，勿太宏潤；週以木版，以防鼠；牕以鐵線以避雁。更宜近讀書臥室，鳴能司晨，惰者知儆。

【療治】鴿性嗜豆。菉豆性冷，多食則病。受烟火之氣則病。不見陽光則病。不獲沐浴則病。飲啄不得沙石則病。熱病作喘，冷病下希熱療以鹽，冷療以甘草。按禽鳥之療，治方書不載。窮之以理，察之以情，木石可格其性，况蠢動者乎。

花色

諸禽鳥中，惟鴿於五色俱備，參差錯綜，成文不亂。是以有花色之目，大凡色者貴純，花者貴辨，羽毛既美，嘴眼合宜，便爲佳品。翮之剛柔，非所論也。置於園林池舘，馴順不驚，飛鳴依人，較霍家鴛鴦，殆曰過之。

【鳳尾齊】短嘴矮脚，鳳卷如輪，飛則舒於尾齊。有黑白鳳、白黑鳳或紫鳳二色。又有藍、紫、土合三色，皆本色鳳，品格少遜。眼宜銀金，他色均不入格。

【巫山積雪】金銀短嘴，紐鳳雀爪，肩寬尾狹，音中角，其聲最高，純黑無間，背上有白花，細紋如雪，故名。一名麩背。有一種豆眼，項上有老鴉翎者，不入格。

【金井玉欄杆】金眼鳳頭，翅末有白稜二道，如欄。若銀眼、豆、碧等眼者，不入格，一名銀稜。

【亮翅】紐鳳，雀爪，翅左右有白羽各半，如鶴秀。宜銀眼，玉眼。如他色，則爲皂子。

【坤星】金眼，鳳頭，背有星七如銀，左三右四。按坤星與銀稜、亮翅、麩背，皆純黑白斑，其名雖異，其種則一。銀稜巢中，間産麩背。

【尖】高不踰寸，長倍之，一茶器可覆雌雄。鴿中之小，惟遜『丁香』。嘴宜稻粱，脚宜雀爪。有皂，銀眼，玉嘴；藍，豆眼，銀嘴；紫，碧眼，蠟嘴；銀，淡金眼，鐵嘴。四色。凡尖，雌紐鳳，雄光頭。如土合、雜斑、高脚、長嘴等，雖小不入格。

【十二玉欄杆】有銀灰、青灰二種。紐鳳，短嘴，自腹下前後，平分二色，白尾十二，故名。形較『尖』稍大，鴿之小者，此其一也。一名半邊，宜豆眼，他者不入格。又一種黑者，純黑，背有銀毛梳背，最佳。如止尾白者，爲插尾。

【玉帶圍】長身、矮脚，金眼，紐鳳。音中宮。其鳴悠長。橫有白羽一道如帶。有黑，宜白圍。白，宜黑圍、紫圍。紫，宜白圍。一名紫袍玉帶，三色。

【平分春色】一名劈破玉。紐鳳，金眼，形如『腋蝶』。自頭至尾，分異色羽一條如線，有紫宜白分，黑宜紫分，或白分。白宜紫分，或黑分，三色。沙眼、銀眼俱不入格。

【鶴秀】銀嘴鴨掌，菊鳳，頭尾俱白。有黑、紫、土合、藍四色。羽毛如鶴之秀，故云。宜豆眼、金眼。兩腋稍見雜色者，不入格。

【大尾】他鴿尾皆十二，以象十有二月。惟此種二十四條，以按二十四氣。長身短嘴，有黑、白、紫三色，惟白色豆眼者最佳。

【靴頭】自項平分，前後二色。高脚、雁隼，金眼，紐鳳。他種鳳頭，雌多於雄，惟此種雄多於雌。有黑、紫、藍三色。沙眼、銀、碧等眼，俱不入格。又一種兩頭烏，白身，頭尾俱黑，嘴類『點子』，形如『靴頭』。鳳頭金眼者佳。豆眼、碧眼者次之。又一種兩頭紫，最佳。

【鵰尾】短嘴，白身，插黑尾十二。宜金眼、豆眼。

【點子】額上有黑毛如點，嘴上黑下白，一名陰陽嘴。沙眼、銀眼不宜。間有紫點、藍點者最佳。又一種鳳頭點，若重瓣水仙者，不佳。

【大白】金眼紐鳳，一隻可重觔餘，其大者如雞。鳴音若鐘，可達四鄰。峩冠博帶，氣象巖巖。鴿中之大者，此種第一。

【皂子】短嘴矮脚，形如鶴秀。有菊花鳳、紐鳳。一種金眼蓮花鳳、銀眼梳背鳳者，可稱絶品。按：鳳頭惟『皂子』、『蘆花』二種，各格俱全。

【蘆花白】毛澤如玉，間以淡紫紋，若秋老蘆花，故名。菊花鳳或蓮花鳳，金眼銀嘴，身長脚短，格如『鶴秀』者佳。有一種銀眼者，名『明月蘆花』，精妙不遜『射宮』。若長嘴高脚，小頭沙豆眼者，爲『雜花白』，不入格。

【石夫石婦】種出維揚。土人云：『石夫』無雌，『石婦』無雄。『石夫』黑花白地，色如灑墨玉；『石婦』純白，質若雪裏梅。短嘴，圓頭，豆眼。鴿之小者，此其一種。

【臥陽溝】狀似『腋蝶』，聲更清越。自頭至尾，左右二色，如醉臥溝中，水濕半體。鐵嘴，雁拳，鸛鴿鳳或菊花鳳，其種最佳。有紫白分者，有黑白分者，有藍白分者，俱宜淡銀、金眼、玉眼，他眼不宜。

【鵲花】銀嘴金眼，長身短脚，文理與喜鵲無別，故名。馴順不減『腋蝶』。鴿中之良，此其一種。有紫鸛鴿鳳，淚紫者佳。尾末有雜毛者不入格，黑項下有老鴉翎者不入格。二色。諸鴿嘴俱宜短，惟此種不拘。

【紫腋蝶】白質紫紋，嘴有灰色毛，四瓣，如蝶之形。腋有錦羽二團，如蝶之色，故名。銀嘴淡金眼者第一。此種不待調養，天性依人，良種也。又有黑白質黑花，藍白質藍花，淺藍色者佳。翅後有紫稜者爲『斑子』。二色。又一種青花，最類斑點，以嘴嗡蝶。故列『腋蝶』之後。

【套玉環】色宜純，環宜細。狀若『靴頭』者次，形如『銀稜』者佳。紐鳳，短嘴，金眼。有黑白環、紫白環、藍白環三色。一種白質紫環或黑環者最佳，惜不恒有。一名『套項』。

【狗眼】雀喙鷹拳，寬肩狹尾，頭圓眼大，眼外突肉如丹，高於頭者方佳。止宜豆眼、碧眼。外肉白者，用手頻拭則紅。有黑，純黑如墨。又一種爛柑眼，如蜜羅柑皮，皂黑如百草霜。紫有深紫、淡紫二種。白忌小頭，藍忌尾有灰色。五花毛，五色羽相間如錦。蓮花白，自頭至項，紫白相間，黑花白地，此種最佳。眼大者品同射宮。鷹背，色最潤，背有鱗文者佳。銀灰翅，末無皂稜者佳。十色。按狗眼乃象物命名之義，以狗之眼多紅，故名。實爲西敖睛，俗多不知，姑仍舊呼可耳。

【射宮】其頭空洞可照，紅光直射腦宮，因名之。眼紅如琥珀，火燈隔照，彩若懸星。晝視最艱，故交在夜，一名『夜合鴿』。頭比『狗眼』更大，項較『狗眼』微長。行如美麗，又名『美人鴿』。有藍、白、紫、黑四色，惟白最佳。初無産地，生於『狗眼』巢中。又一種睛稍暗者，爲火睛『狗眼』，非『射宮』也。

【丁香】嘴如牟麥，頭如核桃，體如瓦雀，聲中羽，其鳴最細，脚紅如丹砂，鳳起若紐絲。鴿中之小者，此其最也。有皂玉眼，項有綠毛者爲紅青，不入格。紫玉眼，銀嘴，尾有灰色者不入格。藍玉眼，鐵嘴，身有白毛者不入格。銀、金眼，鐵嘴四色。按『丁香』産於荆襄，皂者更佳。色不宜雜花，眼不宜沙豆。

【麒麟斑】即『腋蝶』，嘴無雜羽，腋無異色，背上斑文如麟甲，因名。翅末有稜二道，短嘴矮脚，金眼、豆眼者佳。有紫斑、白斑、深藍斑三種。

【韃靼】夜分即鳴，聲可達旦，因以名之。雄聲高，雌聲低，高者如撾鼓，低者如沸湯，千百方止，有菊花鳳、遮眼鳳、後鳳三種。脚羽如扇，故飛不能出牆垣，較大白稍遜。鴿中之大者，此其次也。宂金眼、豆眼。有藍、豆眼。白，金眼者佳。紫，豆眼。土合，豆眼。雪頭，純黑，頭有白羽，一名落雪。五色。

【賽鳴】其形如鳩，惟嘴短頭大，豆眼、碧眼，鷹背色者佳，他色不入格。

【金眼白】形類銀稜，頭微小，銀嘴，紐鳳。

【鸚鵡白】形類鶴秀，有菊花鳳，梳背鳳，惟蓮花鳳最佳。宂豆眼、碧眼、淡金眼三種。鴿中之嬌媚者，此其冠也。

飛放

文鴿飛不離庭軒，此種六翮剛勁，直入雲霄，鷹鸇不能搏擊，故可千里傳書。不論羽毛嘴脚，睛有光彩，翅有骨力，即爲佳品。

【皂子】項有綠毛者，爲夏鴿，不耐遠飛。銀沙眼、象鼻嘴者爲佳。又有銀襠，腹下有白毛一團。玉腿，兩腿有白羽。雪眉，兩眼上有白毛二道，如眉。玉翅，兩翅白羽，左七右八，四色。按：皂子之種最多，惟此數種入格。如單劍、雙劍、銀稜等，羽毛雖美，非飛放之選。

【銀灰串子】色如初月，翅末有灰色線二條。此種飛最高，一日可數百里，飛放之中，此其冠也。一種瓦灰，稜線微粗，飛稍遜之。眼多紅沙、金沙二種。如銀眼者更佳。

【雨點斑】墨青，有皂文如雨點。

【紫葫蘆】金眼毛脚，飛不能遠，高可入雲。短嘴矮脚，有蓮花鳳者，可爲花色。

【信鴿】不拘顏色，大都皂白爲佳。身比丁香稍大。雙睛突出，光芒四射。雌雄不雙飛，雌飛不踰百里。旅人多攜雄遠出，數千里外，終日可至。其性戀巢，故中途不肯留連。

【夜遊】凡鳥皆夜栖，惟此種夜間能視，故名。短嘴矮脚，身長不踰銀稜，翅與尾齊。眼光如電。離巢不落樹木樓臺，冲霄直上，毫無倚傍，方入格。有鷹背豆眼、墨花豆眼、墨青豆眼、白金眼、火斑沙眼、火眼，有白紫二色。六種。按夜遊原無種，信鴿同鳩哺子，即能夜飛。昔人懸哨者此種。

翻跳

翻者，飛至空中，如輪轉動也。有三種：自左至右，平飛轉動者，爲高翻；自上至下，半空轉動者，爲腰翻；飛不踰丈，逼簷牆而轉動者，爲簷翻。肩寬尾狹者翻高，肩狹頭小者翻腰，身長尾狹者翻簷。跳者，飛不踰尺，不離堦砌，跳躍旋轉。一種肩寬身短，無倚附即轉，有憑藉方止者，名滾跳。一種身長頭小，行動四顧，聞聲響即轉者，爲戲跳。一種進退維谷，逐尾即跳者爲打跳。總之，翻跳原一種，其名不同，其致則一。

鳳頭白，宂淡金眼，菊花鳳。

鳳頭皂，宂銀沙眼，菊花鳳。

毛脚紫，毛不宂長，豆眼者佳。

蓮花白，毛脚豆眼者入格。

沙眼銀灰，後稜細者佳。

毛脚白，豆眼短嘴，長身者佳。

土合，毛脚眼鳳。

按翻多光頭，跳多毛脚。跳子交合極艱，故哺雛最難。須加人力調護，方能生化。

典故

蜀有蒼鴿，狀如春花。

北齊李繪，字敬之。河間太守崔諶恃其弟暹勢，從繪乞麋角鴿羽，繪答書云：『鴿有六翮，飛則冲天；麋有四足，走便入海。下官膚體疎懶，手足遲鈍，不能近逐飛走，遠事佞人。』按麇當作麋

崔光爲司徒，晝坐誦經。有鴿飛集膝前，入懷中，緣臂上，久之乃去。

楊素見赤鴿高三尺。

隋帝晏可汗使者，有鴿鳴於梁上，帝命崔彭武射之，中。帝大悅，由是彭武以善射名。

并州石壁釋明度者，貞觀末，有鴿巢楹，乳二雛。度每以餘粥就哺之，曰：『乘我經力，羽翼速成。』忽一日學飛，墮地俱死，度爲瘞之。旬餘，夢二小兒曰：『兒本鴿也，今轉生寺東某家矣。』度往訪求，果孿生二子。入視之，呼曰：『鴿兒。』一時迴顧應諾，後俱成立。

徐浩有文辭，張説見其《喜雨》、《五色鴿賦》曰：『後來之英也！』

張九齡家養群鴿，每與親知書，繫鴿足上，飛往投之，目爲飛奴。《開元天寶遺事》

陳誨嗜鴿，馴養千餘隻。誨自南劍牧，拜建州觀察使。去郡前一月，群

鴿先之。富沙舊所，無孑遺矣。又嘗早衙，有一鴿投誨懷袖中，爲鷹所擊故也。誨感之，不食鴿。

雲光寺有七聖畫。初有少年兄弟七人，至寺閉室畫之，曰：『七日慎勿啓門。』至六日，發其封，有七鴿飛去。西北隅未畢。畫工見之，曰：『神筆也。』

王丞相生日，鞏大卿籠雀鴿放之。每一放，祝曰：『願相公百二十歲。』

慶曆中，夏元昊寇渭川。環慶副總管任福，率都監出六盤山下，與夏軍遇，勢不可留。都監於道旁得數銀盆，中有搖動聲，不敢發。福至發之，乃懸哨家鴿百餘，自中起，盤桓軍上，於是夏兵四合。

宋高宗好養鴿，躬自飛放。太學諸生題詩曰：『萬鴿盤旋遶帝都，暮收朝放費工夫。何如養取南來雁，沙漠能傳二聖書。』高宗聞之，即命補官。

魏公張浚，嘗按視曲端軍，以軍禮相見，寂無一人。公異之，謂欲點視。端以所部五軍籍進，公命點其一部。於庭間開籠，縱一鴿以往，而所點之軍隨至，公爲愕然。既而欲盡觀，於是悉縱五鴿。則五軍頃刻而集，戈甲煥爛，旗幟精明。浚雖奬而心實忌之。

舶船發海必養鴿，如舶没，雖數千里亦能歸其家。

宗汝得一鴿性甚靈慧，能致書千里之外。

顔子四十八世孫清甫嘗臥病，其幼子偶彈一鴿歸，以供膳，於嘯翎間得一小函，題云：『家書付男郭禹。』禹乃曲阜尹也，其父自家寄至者。時禹改授遠平，去鴿未及知，盤桓尋覓，蓋被彈云。清甫深責其子，更取木匣，函死鴿抵禹官所，獻書，且語其故。禹戚然曰：『畜此鴿已十七年矣，凡有家音，雖隔數千里亦能傳致。』命左右瘞之。

宣和御府新藏所有邊鸞《梨花鵓鴿圖》、《木筆鵓鴿圖》、《寫生鵓鴿圖》、《花苗鵓鴿圖》。

黄筌《海棠鵓鴿圖》、《牡丹鵓鴿圖》、《芍藥家鴿圖》、《瑪瑙盆鵓鴿圖》、《白鴿圖》、《竹石金盆鵓鴿圖》、《鵓鴿引雛雀竹圖》。

黄居寶《桃花鵓鴿圖》、《竹石金盆戲鴿圖》。

黄居寀《桃花鵓鴿圖》、《海棠家鴿圖》、《牡丹雀鴿圖》、《躑躅鵓鴿圖》、《藥苗引雛鴿圖》、《湖石金盆鵓鴿圖》。

徐熙《牡丹鵓鴿圖》、《蟬蝶鵓鴿圖》、《雛鴿藥苗圖》、《紅藥石鴿圖》、

徐崇嗣《牡丹鵓鴿圖》、《藥苗鵓鴿圖》。

趙昌《海棠鵓鴿圖》、《桃花鵓鴿圖》。

易元吉《芍藥鵓鴿圖》。俱《宣和畫譜》

昔薩婆達王，普施衆生，恣其所索。天恐奪位，往而視之。帝釋即現，命邊王曰：『薩婆達王，普施衆生，慈潤滂沛，福德巍巍，懼奪吾位。』即化爲鷹，邊王作鴿，趣王足下恐怖。告曰：『哀哉，大王，吾命窮矣！』王曰：『莫恐，吾今活汝。』鷹尋後至，云：『鴿此來，鴿是吾食，願王見還。』王曰：『鴿來逃命，終始無違。苟欲得肉，即當相與。』鷹曰：『唯願得鴿，不用餘肉。』王曰：『以何等物，令汝置鴿，歡喜而去？』鷹曰：『若王慈惠，憫衆生者，割王肥肉而以易鴿，吾當欣受。』王乃大喜，自割髀肉，對鴿稱之，令與鴿等。鴿之愈重，割身内盡，故未能敵，瘡痛無量。王以慈忍，又命近臣曰：『殺我稱髓，令與鴿等。吾奉佛戒，濟衆危厄，雖有衆惱，由如微風，焉能動太山耶！』鷹復本身，稽首問曰：『大王何志，苦惱若兹？』曰：『吾不志天帝釋及飛行皇帝，吾觀衆生，没于盲冥，誓願求佛，救度彼衆。』帝釋驚曰：『我謂大王欲奪吾位，是以相試。』王曰：『使我身瘡瘳復如舊，志常布施。』天藥傅之，瘡痍頓愈。稽首繞王三匝，歡喜而去。《度無極經》

鉢有三色：孔雀色、鴿色、咽色。咽殷同。《禪考》。

滄州東光縣寶觀寺，有蒼鶻集重閣。閣有鴿數千。冬日，鶻每夕輒取一鴿以煖足，至曉放之而不殺。自餘鷹鶻不敢侵焉。《辟寒錄》

魯獵者能以計得狐，設竹穽茂林，縛鴿于穽中，而敞其户，獵者疊樹葉爲衣，棲于樹，以索繫機。俟狐入取鴿，輒引索閉穽，遂得狐。一夕月微朗，有老翁幅巾縞裳，支一笻傴僂而來，且行且詈曰：『何讐而掩取我子孫殆盡也！』獵初以爲人，至穽，所徘徊久之，月墮而暝，乃亦入取鴿，亟引索閉穽，則一白毳老狐也，製爲裘比常倍温。同上

南昌信果觀有三官殿，夾紵塑像，乃唐明皇時所作，體製妙絶。常患雀鴿糞穢其上，道士厲歸眞乃畫一鷂於壁間，自是雀鴿無復栖止。《圖畫見聞誌》

薛紹彭道祖，有花下一金盆，盆旁鵓鴿，謂之《金盆鵓鴿》。《畫史》

鳥之中，惟鴿性最馴，人家多愛蓄之。每放數十里或百里外，皆能自返，亦能爲人傳書。昔人謂之『飛奴』。一友言，家有老僕，正統間嘗以事往淮陽。一日大風雨，有鴿墜逆旅主人屋上，困甚。主人將取烹之，見其足繫書一封，裹以油紙，視其封，蓋此鴿自京師來，才三日耳，主人憐之，不敢啓封，乾

其羽毛，縱使飛去。《畜德錄》

賦詩

賦

惟中國之珍禽，有兹羽之殊質。貌皦皦而自分，性温然其歸一。秋則籬菊並麗於潯陽，春則木藥均華於洛室。指未易屈，譜不能悉。爾乃玉嘴朱眸，危冠卑趾。或氷質而彩其雙翅，或雪毛而黔其首尾，或若漢繡之就機，或若商彝之出水。山雞莫調，家雉無文，爾獨馴狎，雲錦成群。饑而兒女之昵昵，飽矣童稚之欣欣。方捐心以委質，忽聳身而入雲。舒徐兮停霞之碎剪，慓疾兮奔星之叠發。忽天樂之鐕鉉，知傳鈴於尻末。始順風而揚聲，奈迴颷之錯節。若夫昂首聳肩，周旋中規，婉態柔音，逐雄媚雌，無别羞慚乎匹鴦，滔滔少愧乎關雎。然而知足知止，毋乃天機。當抱卵之綿綿，若返聽乎玄府。憐弱雛之艱食，更嘔哺而不辭苦。感主人之微祿，日徬徨兮未忍去。嗟德曜之肥醜，恐終罹乎鼎俎。彼夫好水之敗，以爲爾罪。端陽之射，與器俱碎。霜風冽野，鷹隼方厲，托慈蔭於佛日，指招提而趨避。曷若狂夫祗鐵，思婦流黄，遼陽一信，爲致君傍。辭曰：洛中黄耳爲日長，上林鷹素竟茫茫。不辭天衢，遠，喻恩酬稻粱。王世貞○辭當作亂。

詩

影盡歸依鴿，餐迎守護龍。徐孝克

魚慣齋時分淨食，鴿能閒處傍禪牀。皮日休

往有寫經僧，舟靜心精專。感彼雲外鴿，群飛何翩翩。來添研中水，去吸巖底泉。李青蓮

還見窗中鴿，日暮遶庭飛。韋蘇州

候禪青鴿乳，窺講白猿条。沈佺期

石鏡山精怯，禪枝怖鴿栖。孟浩然

入禪從鴿遶，説法有龍聽。宋之問

孤來有野鴿，嘴眼肖春鳩。饑腸欲得食，立我南屋頭。我見如不見，夜去向何求。一日偶出群，盤桓恣喜遊。誰惜風鈴響，朝朝聲不休。饑色猶未改，翻翅如我仇。炳哉有靈鳳，夭折爲爾儔。翕翼處其間，顧我獨遲留。梅聖俞

去年柳絮飛時節，記得金籠放雪衣。蘇東坡

豪家富屋托幽棲，凡鳥紛紛似爾稀。日影躍翻金眼目，花紋粧點錦毛衣。將雛幾見成群去，引類猶能識主歸。莫爲佳賓充味品，四時共翫近庭闈。顏潛菴

隴頭池凍閑牛鐸，天向無風響鴿鈴。朱孝廉

詞

清風習習鈴猶響，曉日遲遲翅愈輕。朱孝廉

晴鴿試鈴風力軟，雛鶯弄舌春寒薄。張子野

雜禽部

鶴分部

鶴

題解

明 宋詡《竹嶼山房雜部》卷一二《鶴玄鶴，白鶴。〈唐溪詩話〉云：衆禽中惟鶴標致高逸。浮丘伯有〈相鶴經〉》 穀食畜之，亦卵生，常宜佐以魚鮮。其雛能保護其首，起丹頂乃得長壽，彭淵材以為胎生，非是。

清 佚名《鳥譜》卷一《鶴一名露禽，一名仙子，一名胎仙，一名仙禽，一名胎禽，一名蓬萊羽士》 鶴，黑睛赤暈，青黑長觜，丹頂朱頰，白項黑頷、黑頸，通身毛羽純白，翅有軟黑翎，展翅廣四五尺，斂翅則翎垂蓋尾。長項、長脛，昂首高四尺餘，青黑足，脛青，黑趾爪。《春秋繁露》云：『鶴知夜半。』鶴，水鳥也。夜半，水位感其生氣，則喜而鳴。性好在陰，故謂其羽為陰羽。《禽經》『露翥則露』注云：『露禽，鶴也。露下則鶴鳴，雄鳴上風，雌承下風，以聲交而孕。』《埤雅》云：『鶴性警，至八月，白露降，流于草上，點滴有聲，因即高鳴相警，移徙所宿處，慮有變害也。蓋鶴體潔白，舉則高至，鳴則遠聞，性又善警，行必依洲渚，止不集林木，故《詩》《易》以為君子言行之象。雌雄相隨，如道士禹步履跡而孕。』《相鶴經》云：『鶴者，陽鳥也，而遊于陰，因金氣，乘火精以自養。金數九，火數七，故七年小變，十六年大變。體尚潔，故其色白；聲聞天，故頭赤；食于水，故其喙長；軒于前，故後指短，棲于陸，故足高而尾凋；翔于雲，故毛豐而肉踈。大喉以吐故，修頸以納新，故壽，不可量。九鶴之上相：隆鼻短口則少眠，高脚踈節則多力，露眼赤睛則視遠，回翎亞膺則體輕，鳳翼雀毛則善飛，龜背鼈腹則能産，輕前重後則善舞，洪髀纖趾則能行。』《本草集解》云：『鶴大于鵠，長三尺，高三尺餘，喙長四寸。丹頂赤目，赤頰青脚，修頸凋尾，粗膝纖指。白羽黑翎，亦有灰色，蒼色者。能啖蛇虺，聞降真香煙則降，其糞能化石，物類相感也。』俞琰云：『龜鶴能運任脉，故多壽。無死氣于中也。鶴骨為笛，甚清越。』《彙雅》云：『鶴歲生數卵，四月雌鶴伏卵，雄鶴往来為衛。見雌起，則啄之，見人窺卵，則破而棄之。』《談薈》云：『鶴初生，眼傍別有紅點者是雄。』《五雜組》云：『詩傳謂鶴身白，頸，黑尾，然鶴之黑者，非尾也，乃兩翅之下，翅斂則附于後，似尾耳。』《物類志》云：『鶴，一名露禽，一名仙子，一名胎仙，一名蓬萊羽士，其左右脚裏，第一指名兵爪。』

清 陳淏子《花鏡》卷六《鶴》 鶴，一名仙禽，羽族之長也。有白、有黃、有玄、亦有灰蒼色者。但世所尚皆白鶴。其形似鸛而大，足高三尺，軒於前，故後趾短。緣長四寸，尖如鉗，故能水食。丹鼎赤目，亦類青爪，修頸凋尾，粗膝纖指，白羽黑翎。行必依洲渚，止必集林木。雌雄相隨，如道士步斗，履其跡則孕。又雄鳴上風，雌鳴下風，以聲交而孕。嘗以夜半鳴，聲唳九霄，音聞數里。有時雌雄對舞，翱翔上下，宛轉跳躍可觀。若欲使其飛舞，固俟其餒寘食，於寫遠處拊掌誘之，則奮翼而舞。調繆久之，則一聞拊掌，必然起舞。性喜啖魚、蛇、蝦、虺，養者雖日飼以稻穀，亦須間取魚、蝦鮮物喂之，方能使毛羽潤而頂紅。其糞能化石，生卵多在四月，雌若伏卵，雄則往來爲衛。見雌起必啄之，見人數窺其卵，即啄破而棄之。或云：『鸛生三子，必有一鶴。』所畜之地，須近竹木池沼間，方能存久。相鶴經云：『鶴之尚相，但取標格奇古；隆鼻短口則少眠，高脚踈節則多力，露眼赤睛則視遠，回翎亞膺則體輕，鳳翼雀尾則善飛，龜背鼈腹則善産，輕前重後則善舞，洪髀纖指則善步。』一云：鶴生三年則頂赤，七年羽翮具，十年二時鳴，三十年鳴中律，舞應節。又七年大毛落，氄毛生。或白如雪，黑如漆，一百六十年則變止，千六百年則形定，飲而不食，乃胎化也。仙家召鶴，每焚降眞香卽至。又鶴腿骨爲笛，聲甚香越，音律更準。昔賢林和靖，養鶴於西湖孤山，名曰：鳴臯。每呼之卽至。有時和靖出遊，有客來訪，則家童放鶴凌空。和靖見鶴盤旋天表，知有客至卽歸，以此爲常，遂以千古韻事。其詩云：『臯禽名袛有前聞，孤影圓吭夜正分。一唳便驚寥泬破，亦無閒意到青雲。』

宋　温革《瑣碎録・禽獸・鶴》　世間只知鶴胎生，所以賦云：『胎化仙禽。』不知鸕鷀亦是胎生，只緣鸕鷀食魚，不與鶴同。今養鶴者啗腥穢甚於鸕鷀，若以色黑於鶴，則白鶴千年方變為玄鶴。君子惡居下流，其鸕鷀之謂乎？

淵材迂闊好恠，嘗蓄兩鶴，客至。誇曰：『此仙禽也，凡禽卵生，此禽胎生。』語未卒，園丁報曰：『鶴夜生一卵。』淵材呵曰：『敢謗鶴耶？』俄頃，鶴展脛伏地，忽誕一卵，淵材嘆曰：『鶴亦敗道，吾乃羯到禹錫《佳話》所誤！自今除佛老、孔子之語，餘皆勘驗。』然淵材蒴《相鶴經》未熟耳。

池州鳳凰山道士趙自然，夢陰真君與柏葉一枝，九迭食之，因而不食，神氣異常，為詩曰：『嘗欲棲山島，閒眠玉洞寒，丹哥時引舞，來去跨雲鸞。』或問：『何名丹哥？』曰：『鶴也。』

鶴，陽鳥也，稟金火之氣以生。三年頂赤；七年善飛；又七年，十二時鳴；六十年，藂毛生，泥不能污；一百六十年，雌雄相孕；一千六百年，不食而胎生。仙人麒驥也。其相以長頸修竦則善鳴，龜背鱉腹則能舞。

鶴備五方色，頂紅、身白、翅黑、腳青、舌黃。如仙鶴束，必有鶻鷹一二相引。

教鶴舞，先以火燒地，熱，取鶴籠在熱處，拍掌彈鶴，既踏熱，則必趒腳，展翅如舞，逐旋增熱，拍手彈之。得數日，雖不熱，但聞拍彈之聲亦舞。

明　李時珍《本草綱目》卷四七《鶴宋嘉祐**》**　釋名，仙禽《綱目》胎禽

時珍曰：鶴字，篆文象翹首短尾之形，一云白色皠皠，故名八公。《相鶴經》云：鶴乃羽族之宗，仙人之驥，千六百年乃胎產。則胎、仙之稱以此。世謂鶴不卵生者，誤矣。

集解禹錫曰：鶴有白、玄、黃、蒼，入藥用蒼者，他色次之。時珍曰：鶴大於鵠，長三尺，高三尺餘，喙長四寸。丹頂赤目，赤頰青脚，修頸凋尾，粗膝纖指。白羽黑翎，亦有灰色、蒼色者。嘗以夜半鳴，聲唳雲霄。雄鳴上風，雌鳴下風，聲交而孕。亦啖蛇虺，聞降眞香則降，其糞能化石，皆物類相感也。按《相鶴經》云：鶴，陽鳥也，而遊於陰。行必依洲渚，止不集林木。二年落子毛，易黑點；三年產伏；又七年羽翮具；又七年飛薄雲漢；又七年舞應節；又七年鳴中律；又七年大毛落，氄毛生，或白如雪，或黑如漆；百六十年雌雄相視而孕；千六百年形始定，飲而不食，乃胎化也。又按俞琰云：龜鶴能運任脈，故多壽。無死氣於中也。鶴骨為笛，甚清越。

白鶴血，氣味鹹，平，無毒。主治：益氣力，補虛乏，去風益肺。《嘉祐》

發明禹錫曰：按《穆天子傳》云：天子至巨蒐二氏，獻白鶴之血飲之，云益人氣力也。

腦，主治：和天雄、葱實服之，令人目明，夜能書字。《抱朴》

卵，氣味甘、鹹，平，無毒。主治：預解痘毒，多者令少，少者令不出。每用一枚煮，與小兒食之。時珍，出《活幼全書》。

骨，主治：酥炙，入滋補藥。時珍

肫中砂石子，主治：磨水服，解蠱毒邪。《嘉祐》

明　陳耀文《天中記》卷五八《鵬》　大夫家皆養之，鶏鳴時亦鳴。《詩義疏》鶴知夜半。《説題辭》鶴，水鳥也。夜半水傍感其生氣，則喜而鳴不止。或問曰：多言有益乎？對曰：蝦蟇日夜鳴，口乾而人不聽之，鶴鷄時夜而鳴，天下振動多言何益。《墨子》

警露：鳴鶴戒露，此鳥性警。至八月白露降流於草上，滴滴有聲，因集高鳴相警，移徙所宿，慮有變害也。《風土記》露禽，鶴也，露下則鶴鳴，凡鶴之馴養於家庭者，飲露則飛去。《禽經注》

玄鶴：千載則變蒼，又千載則變黑，所謂玄鶴也。《古今注》

鶴羹：《離騷》曰：緣鶴飾玉，后帝具饗。古帝謂殷湯也，言伊尹始仕，緣烹鶴鳥之羹，修飾玉鼎以事殷湯，湯賢之，遂以為相也。李嶠《攀龍臺碑》：蓄弘圖於緣鶴之鼎。

丹鶴：周昭王時，塗修國獻青鳳、丹鶴，各一雌一雄。以潭阜之粟飴之，以溶溪之水飲之。《拾遺記》

化鶴：周穆王西征，一軍盡化君子為猿、為鶴，小人為蟲，為沙。《抱朴子》

獻血：天子飲於孟氏，爰舞白鶴二八。《穆天子傳》至於巨蒐氏，巨蒐之人乃獻白鶴之血以敬天子。上

乘軒：狄人伐衛，懿公好鶴，鶴有乘軒者，將戰，國人受甲者皆曰：『使鶴，鶴實有禄位，予焉能戰！』《左傳》衛侯喜鶴，有飾以文繡而乘軒者。《賈子》

銜珠而舞：晉平公鼓琴有玄鶴二八而下，銜明珠舞於庭。一鶴失珠，覓得而走。師曠掩口而笑。《瑞應圖》

六翮：晉平公遊於河而樂，曰：『安得賢士，與之樂此也！』船人蓋胥跪而對曰：『君不好士耳，何患無士乎！』公曰：『吾食客門左千人，門右千人，可謂不好士乎？』對曰：『夫鴻鵠高飛遠翔，一舉千里，所恃者六翮

耳。背上之毛，腹下之毳，無分寸之數，益一把飛不為加高，損一把飛不加下。不知門下左右客左右者，亦有六翮之用乎？將皆背上之毛，腹下之毳耶！」《韓詩外傳》班固薦郭基云：「進有羽翮，奮翔之用。」《後漢》桓帝時，楊喬薦孟嘗曰：「實羽翮之美，用非徒腹背之毛。」上郭祖深上武帝封事曰：「今之所任，腹背之毛耳。」《梁書》蔡景歷與陳霸先書且為腹背之毛，脱充鳴吠之數。《陳書》

白鵠翔：師曠鼓，通於神明，而白鵠翔。《瑞應圖》

一舉千里：田饒事魯哀公而不見察，謂哀公曰：「夫鷄有五德，猶曰瀹而食之者，以其所從來近也。夫黃鵠一舉千里，止君園池，啄君稻粱，君猶貴之，以其所從來遠也，故臣將去君黃鵠舉矣。」

獻鵠：齊王使淳于髡獻鵠於楚。出邑門，道飛其鵠，徒揭空籠，造詐成辭，往見楚王曰：「齊王使臣來獻鵠，過於水上，不忍鵠之渴，出而飲之，去我飛亡。吾欲刺腹絞頸而死，恐人之議吾王以鳥獸之故令士自傷殺也。鵠，毛物，多相類者，吾欲買而代之，是不信而欺吾王也。欲赴他國奔亡，痛吾兩主使不通。故來服過，叩頭受罪大王。」楚王曰：「善，齊王有信士若此哉！」厚賜之，財倍鵠在也。《史記・説苑》魏文侯使舍人蔡無澤，獻鵠於齊。【略】

銜珠報恩：曾參，養母至孝。曾有玄鶴，為弋人所射，窮而歸之。參牧養，治療瘡，愈，放之。後鶴夜到門外，參炳燭視之，雌雄各至，銜雙明珠報參焉。《搜神記》《張氏家傳》曰：「禧，字彦祥，除效轂令。有鶴負矢集禧庭，禧以甘草湯洗之，傳藥留養十餘日，瘡愈飛去。月餘，銜赤玉珠二枚置禧庭中。」

鶴髓：王莽以鶴髓，漬穀種學仙。《漢書》

丁令威：遼東城門有華表柱，忽有一白鶴來集徘徊空中，言曰：「有鳥有鳥丁令威，去家千歲今來歸。城郭如故人民非，何不學仙去，空伴冢纍纍。」遂上沖天。《續搜神記》

駕鶴夏口城：據黃鵠磯世傳，仙人安子黃鵠過此土也。邊江峻險，樓櫓高危，瞰臨沔漢，應接司部。《南齊志》費禕登仙，嘗駕黃鶴返憩於此，遂以名樓。《唐圖經》荀環字叔偉，事母孝，好屬文及道術，潛栖却粒。嘗東遊，憩江夏黃鶴樓上，望西南有物飄然，降自霄漢，俄頃已至，乃駕鶴之賓也。鶴止戶側，仙者就席，羽衣紅裳，賓主歡對。已而辭去，跨鶴騰雲，眇然烟滅。《述異記》閻伯理《黃鶴樓記》云：王室載懷，思仲宣之能賦；僊蹤可揖，嘉叔偉之芳塵。黃鶴來時，歌城郭之並是；浮雲一去，惜人世之俱非。《英華》

華亭鶴：《世説》云：「陸機河橋敗，為盧志所讒，被誅。臨刑嘆曰：『欲聞華亭鶴唳，可復得乎？』」《八王故事》曰：「華亭，吳豢縣郊外墅也，有清泉茂林。吳平後，陸機兄弟共遊於此十餘年。」《語林》云：「機為河北都督，聞驚角之聲，謂孫丞曰：『聞此不如華亭鶴唳。』」

鶴澤：晉羊祜鎮荆州江陵澤中多有鶴，常取之教舞以娛賓客，因名鶴澤，後人因之遂呼江陵郡名為鶴澤。《方輿》羊公鶴：劉遵祖爰之少為殷中軍所知，稱之於庾公。庾公甚忻然，便取為佐。既見，坐之獨榻上與語。劉爾日殊不稱，庾小失望，遂名之為羊公鶴。昔羊叔子有鶴善舞，嘗向客稱之，客試使驅來，氃氋而不肯舞，故稱比之。《世説》

凌霄：僧支道林好鶴，時有遺其雙鶴者，翅長欲飛，林意惜之，乃鎩其翮，鶴軒翥不能復起，乃舒翼反顧視之，如似懊喪意。林公曰：「既有凌霄之姿，何肯為人作耳目近玩。」養令翮成，置使飛去。上合璧引冲天。白帖冲雲《世説》俱誤雷門鶴。郡西有白鶴山，古老相传云此山昔有晨飛鵠入會稽雷門鼓中，於是雷門鼓鳴，洛陽聞之，孫恩時斫此鼓，見白鶴飛出，翱翔入雲，此後鼓無復遠聲。後人呼為潛鶴鼓。《臨海記》

頸長：石虎時，揚州獻黃鵠雛五，泛之於玄武池，頸長一丈，聲聞十餘里。《載記》

化女：晉安帝元興中，一人年出二十，未婚，然目不干色，曾無穢行。嘗行見一女甚麗，謂少年曰：「聞君自以柳季之儔，亦復有桑中之歡耶？」女便歌，少年微有動色，後復重見之，少年問姓云：「姓蘇名瓊，家在途中。」遂邀還盡歡，從弟突入，以杖打女，即化雌白鵠。《廣記》

斷腸：廬山遠法師未出家，善弩射，嘗於鶴窟射得鶴雛，後復伺鶴母，見將射之，鶴不動，翔觀之已死於窠中，疑其愛子致死。破視，心腸皆寸絶。法師於是放弩，發菩薩心。《江揔記》

養雛：宋元嘉初，鎮北將軍王仲德鎮彭城，左右出獵，遇一鶴，將二子，悉禽之歸，以獻王，王使養。其小者口為人所裂，遂不能飲食，大者輒含粟哺之，飲輒含水飲之，先令其飽，未嘗悋也。王甚愛之，令精加養視。大者羽翮先成，每翥冲天；小者尚未能飛，大者終不先出，留飲飴之。又於庭中騫躍教其飛颺六十餘日，小者能飛，乃與俱去。《述異記》

闕齊：高帝鎮淮陰，為宋明帝所疑，被徵為黄門郎，深懷憂慮，見平澤有羣鶴，乃命筆詠之曰：『八風舞遥翮，九野弄清音。一摧雲間志，為君苑中禽。』以示荀伯玉，玉占之言，帝不成行，俄而帝卒，復本任。

主病不食：謝昌寓，陳郡人也，為劉悛廣州參軍。孝性甚至。嘗養一鵠，昌寓病二旬，而鵠二旬不食，昌寓亡，而鵠遂飛去。《南史孝義》

好鶴唳：《梁書》曰：『庾域母好鶴，唳域在位營求，孜孜不怠。一旦，雙鶴來下，論者以為孝感所致。』《南史》

雄鶴赴雌：湘東王修竹林堂，新陽太守鄭裒送雌鶴於堂，留其雄者尚在裒宅。霜天月日，無日不鳴，商旅江津聞者墮淚。時有野鶴飛赴堂中，驅之不去，即裒之雄也。交頸頡頏，撫翼聞奏，鐘磬翻然共舞，婉轉低昂，妙契絃節。《渚宮故事》

向影：武成二年春二月，雙白鶴飛集上林園。大將鄭偉布戈設置，並皆禽獲。六翮已摧，雙心俱怨，相顧哀鳴，孤雄先絕。孀妻向影，天子愍焉。立使庾信為讚。《英華》

自投氅毛：煬帝大業二年，太府少卿何稠課州縣送羽毛。民求捕之，網羅被水陸。禽獸有堪氅毦之用者，殆無遺類。烏程有樹高踰百尺，旁無附枝，上有鶴巢，民欲取之，不可上，乃伐其根；鶴恐殺其子，自投氅衣投於地，時人或稱以為瑞，曰：『天子造羽翼，鳥獸自獻毛羽。』《隋書五行記》

集壇：天皇東封，鶴集其壇。使諸州為老氏築宮，號以白鶴。《杜光庭靈驗記》

病鶴：李衛公遊嵩山，見鶴呻吟曰：『我鳥仙，為樵者傷脚，得人血則愈。』李公解衣，即刺血。鶴曰：『世間少至少，公且未是。』乃令拔眼睫毛，持往來都下，但映眼照之，即知矣。李公中路自視，乃馬頭也。至東洛，所遇非少，悉非全人，皆犬彘驢馬之類。惟一老翁是人。李公言病鶴之意，老翁笑下驢，宣臂刺血。李公得之以塗鶴，即愈。鶴謝曰：『公即為明時宰相，復當上昇，相見非遥，慎無懈惰。』李公謝鶴，遂冲天而去。《逸史》

丹歌：池州鳳凰山道士趙自然，夢陰真君與柏葉，一枝九疊。食之，因不食，神氣異常。為詩曰：『嘗欲棲山島，閒眠玉洞寒。丹歌時引舞，來去跨雲鸞。』或問何名丹歌？曰：鶴也。《秘閣閒談》萬花谷道士趙自然以丹歌為鳳，秘閣誤。

放鶴：徐州雲龍山西麓有放鶴亭，宋山人張天驥所築也。山人有二鶴，旦則望山西而放，暮則傃山東而歸。因以為名。

跨鶴：有客相從，各言所志。或願為揚州刺史，或願多貲財，或願騎鶴上昇。其一人曰：腰纏十萬貫，騎鶴上揚州，欲兼三者。《小説》

青田：有沐溪野，去青田九里，中有雙白鶴，年年生子，長大便去，只恒餘父母一隻耳，精白可愛，多云神仙所養，浮丘公《相鶴經》云：青田之鶴。《永嘉郡記》

曲頸而息：龜鶴壽有千百之數，性壽之物也。道家之言鶴曲頸而息，龜潛匿而噎，此其所以為壽也，服氣養性者法焉。《養生要論》

皂鶴：平涼西有崆峒山，乃廣成修道之所。山之絶壁有石穴，謂之皂鶴洞，鶴頂如丹，毛羽皆黑，日照之，金色燦所，據其上有金衣亭。歲不過一二，出金其地乃為僧徒所據，鶴或見，則僧徒必有死亡，返初者。《墨容揮犀》

青田：朝鮮知異山中，有異鶴洞，其境虛曠，四隅皆良田沃壤，宜播殖，惟青鶴栖息其中，故以為名。《志》

登木：《玉策記》云：『千歲之鶴，隨時而鳴，能登於木，色純白，腦盡成骨。其未千歲者，終不集於林也。』《抱朴子》

蘭巖雙鶴：滎陽郡西有蘭巖山，常有雙鶴素羽皦然，日夕偶影翔集。傳云：昔夫婦俱隱此山，年數百歲，化成此鶴。忽一旦，一鶴為人所害，其一鶴歲常哀鳴，至今嚮動巖谷，莫知年歲。《王韶之神境記》

鵠鶴：鵠即是鶴音之轉，後人以鵠名頗著，謂鶴之外別有所謂鵠，故《埤雅》既有鶴，又有鵠，蓋古之言鵠不口浴而白，白即鶴也。鵠名皓皓，皓皓鶴也。以龜、龍、鴻、鵠為壽，壽亦鶴也。故漢昭時，黄鵠下建章宮太液池而歌，則名黄鶴。《神異經》鶴國有海鵠。其餘諸書文或為鶴，或為鵠者甚多。以此知鶴之外無別有所謂鵠也。《爾雅翼》

兵甲：鶴左右脚裏，第一指名兵爪。

清 陳元龍《格致鏡原》卷七七《鶴》

浮丘伯《相鶴經》：鶴者，陽鳥也。而遊於陰，因金氣，依火精以自養。金數九，火數七，故禀其純陽也。生二年，子毛落而黑毛易。三年，頂赤而羽翮具。七年，小變而飛薄雲漢。復七年，聲應節而晝夜十二時鳴，鳴則中律。百六十年，大變而不食生物，故大毛落而茸毛生，乃潔白如雪，故泥水不能汙，或即純黑而緇盡成膏矣。復百六十年，變止而雌雄相視，目睛不轉則有孕。千六百年形定，飲而不食，與鸞鳳同羣，胎化而產為仙人之騏驥矣。夫聲聞於天，故頂赤食於水，故喙長軒於前，故後趾短棲於陸，故足高而尾凋翔於雲，故毛豐而肉疎且大喉以吐，故修頸以納新，故天壽不可量。所以體無青黃二色者，土木之氣內養，故不表於外也。是以行必依洲嶼，止不集林木，蓋羽族之清崇者也。其相曰：瘦頭朱頂則沖霄；露眼黑睛則視遠；隆鼻短喙則少瞑；骷頰骶耳則知時；長頸竦身則能鳴；鴻翎鵠膺則體輕，鳳翼雀尾則善飛；龜背鼈腹則伏產；軒前垂後則會舞；高脛粗節則足力；洪髀纖指則好翹；聖人在位則與鳳皇翔於郊甸。按此經浮丘伯授之王子晉，崔文子學道于子晉，得其文，藏嵩山石室。淮南八公采藥得之，逐傳於代。《古今注》：鸖千歲則變蒼，又千歲則變黑，所謂玄鸖也。《詩》疏：鸖形狀大如鵞，長三尺，脚青黑，高三尺餘，赤頂赤目，喙長四寸餘，多純白，亦有蒼色。蒼色者，人謂之赤頰，常夜半鳴。《淮南子》亦云：雞知將旦，鸖知夜半，其鳴高亮，聞八九里，雌者聲差下。今吳人園囿中及士大夫家皆養之，雞鳴時亦鳴。鸖譜：鸖以揚州吕四場者為佳，其聲較他產者更覺清亮，舉止聳秀，別有一番莊雅之態。別鶴脛黑魚鱗紋，吕四產者緑色龜紋，相傳為吕仙遺種。《墨客揮犀》：平凉西有崆峒山乃廣成修道之所，山之絶壁有石穴，謂之皁鸖洞。鶴頂如丹，毛羽皆黑，日照之，金色燦然，故其上有金衣亭。《五雜組》：朱子《詩傳》：『鸖身白頸黑尾。』然鶴之黑者非尾也，乃兩翅之下，翅歛則傅於後，似尾耳。《戒菴漫筆》：鶴初生，雄者眼旁別有紅點。《酉陽雜俎》：鸖左右脚裏，第一指名兵爪。《抱朴子》：千歲之鸖能登木，色純白，腦盡成骨，其末千歲者，終不集樹也。《春秋繁露》：鸖知夜半。注：鸖，水鳥也。夜半水位感其生氣，則益喜鳴。《風土記》：鳴鶴戒露，此鳥性警，至八月露降，流於草葉上，滴滴有聲，則高鳴相警，徙所宿處，慮有變害也。《遯齋閒覽》：鶴能巫步禁蛇，故食蛇。《內典》：鶴影生。《禽經》：鶴以聲交而孕。注：雄鳴上風，雌承下風則孕。《埤雅》：雌雄相隨，如道士步斗，履其迹而孕，又曰：以聲交而孕。《劉賓客嘉話録》：人言鶴胎生所以賦云『胎化仙禽』也。《唐詩記事》：陳標曰：鸖與鸕鷀皆胎化，而人以鶴為仙禽，蓋鸖難見，而鸕鷀易見，貴耳而賤目也。《墨客揮犀》：劉淵材迂濶好怪，嘗蓄兩鸖。客至，誇曰：此仙禽也，凡禽卵生，此禽胎生。語未畢，園丁報曰：鶴夜生一卵。淵材呵曰：敢謗鶴邪！未幾鶴展頸伏地，復誕一卵。淵材歎曰：鶴亦敗道，吾乃為劉禹錫嘉話所誤。《談苑》：秀州華亭鶴胎生者，真鶴也，形體緊小，不食魚蝦，惟食稻粱，人餧以飯則食之。其體大，好食魚、蝦、啄蛇、鼠者，鸛合所生，乃卵生也，食稻粱者，雖甚馴熟，久須飛去。唯食魚鰕者，不能去耳。林洪《山家清事》：鸖不難相，人必清於鸖，而後可以相鶴矣。夫頂丹頸碧，毛羽瑩潔，頸纖而修身，聳而正足，癯而節高，頗類不食烟火，人迺可謂之鶴。望之如鴈鵞鸛鸛然，斯為下矣。養以屋，必近水竹。給以料，必備魚稻。蓄以籠飼以熟食，則塵濁而乏精采。豈鶴俗也，人俗之耳。欲教以舞，俟其餒，而寘食於闊遠處，拊掌誘之，則奮翼而唳若舞狀，久則聞拊掌而必起。《鳥獸續考》：海鶴大者修項五尺許，翅足稱是，吞常鳥如餤魚鱔。成化間有至漳州者，漳人射殺之，復有以頂貨者。類淘河而鋭味，雄大雌乃畧小。晝啄於海，暮宿巖谷間。島夷豫以小鏢付。月夕則伏於鶴常宿所，擇其大者而刺之，平旦，有獲五六頭者。島夷乃剥其頂，售於舶估，比至閩廣價等金玉。《四夷傳》：大食弼琶羅國出駱駝鶴，長六七尺，能飛不甚高，食雜物，并火或燒赤熱銅食之，生卵如椰子。《穆天子傳》：至于巨蒐氏，巨蒐之人乃獻白鶴之血以飲天子。《漢書》：王莽以鶴髓漬穀種。《物類相感志》：鶴糞若汙滴石上，石則化為塵粉然。《活幼全書》：鶴卵煮一枚與小兒食，預解痘毒，多者令少，少者不出。

【鸖名】《禽經》注：露禽，鶴也。露下則鶴鳴也，鶴之馴養於家庭者，飲露則飛去。《秘閣閒談》：池州道士趙自然常為詩曰：『丹歌時引舞。』或問：『何名丹歌？』曰：『鶴也。』《潛確類書》：《汲冢書目》：鶴曰陰羽，以其愛陰而惡陽也，故《易》曰：鳴鶴在陰。《思玄賦》：過九皐之介鳥。注：介鳥者，鶴也。《詞林海錯》：宋李昉畜五禽，以鶴為仙客。《清異録》：武宗為潁王時，邸園畜禽獸之可人者，以繪十玩，謂鶴為『九皐處士』。《佩楚軒客談》：潘昉，字庭堅，號紫崖，有鶴字紫卿。內觀日疏，晁采有鶴名素素，題詩繫足以寄其夫。《茅君傳》：好道者入廟，或見一白鶴入帳中，鶴者皆是九轉還丹之使。

【鸖事】《左傳》：衛懿公好鶴，鶴有乘軒者。《瑞應圖》：晉平公鼓琴，有玄鸖二八而下，銜明珠舞於庭。一鸖失珠，覓得而走，師曠掩口而笑。《異苑》：大興二年冬，大雪，南州人見二白鸖語於橋下，曰：『今兹寒，不減堯崩年也。』於是飛去。《張氏家傳》：張禧，字彥祥，除燉煌令，常有鸖負矢集禧庭，以甘草湯洗之，傅藥留養十餘日，瘡愈飛去。月餘，銜赤玉珠二枚置禧廳前。《搜神記》：噲參行遇玄鶴被傷，乃收養之，放去，至一夜雌雄皆銜明珠以報參。其珠翳數萬緡，參家遂富。《渚宮故事》：湘東王修竹林堂，新陽太守鄭裒進雌鸖於堂，其雄者尚在裒宅。霜天月下，無日不鳴，商旅江津聞者墮淚，時有野鸖飛赴堂中，驅之不去，即其雄也。交頸舞翼，聞奏鐘磬，翻然共舞，宛轉低昂，妙契絃節。《廣五行記》：煬帝造儀衛，課州縣送羽毛，堪氅衣之用者，殆無遺類。烏程有鶴巢，樹高百尺，伐其樹，鶴恐傷子，自拔氅毛投於地。《記事珠》：衛濟川養六鸖，日以粥飯啖之，三年識字，濟川檢書皆使鸖銜取之，無差。《逸史》：李衛公遊嵩山，見鶴呻吟，曰：『我鳥仙，為樵者傷脚，得人血則愈。』李公鮮衣，即刺血。鸖曰：『世間人至少，公且未是。』乃令拔眼睫毛，持往來都下，但映眼照之，即知矣。李公中路自視，乃馬頭也。至東洛，所遇非少，悉非全人，皆犬彘驢馬之類。惟一老翁是人。李公言病鸖之意，老翁笑下驢，宣臂刺血。李公得之以塗鶴，即愈。鸖謝曰：『公即為明時宰相，復當上昇，相見非遥，慎無懈惰。』李公謝，鶴遂冲天而去。《永嘉郡記》：青田有雙白鶴，年年生伏子，長大便去，惟餘父母一雙在耳。精白可愛，皆云神人所養。《朝鮮志》：知異山中有青鸖洞，惟青鸖棲息其中。王韶之《神鏡記》：滎陽郡西有蘭巖山，常有雙鶴，素羽皦然，日夕偶形翔集。《傳》云：『昔夫婦俱隐此山年數百歲，化成此鸖，忽一旦，一鸖為人所害，其一鸖歲常哀鳴，至今響動巖谷，莫知年歲。』《述異記》：天姥山南峯，昔魯班刻木為鸖，一飛七百里，後放於北山西峯上，漢武帝使人往取之，遂飛上南峯，往往天將雨，則奮翅動摇，若將飛奮。

雜録

《禽經・鶴以聲交而孕》 雄鳴上風，雌承下風，則孕。

《禽經・露鶱則露》 露禽，鶴也。《古今注》：鶴千載變蒼，又千載變黑，所謂玄鶴也。子野鼓琴，玄鶴來舞，露下則鶴鳴也。鶴之馴養於家庭者，飲露則飛去。

明 鄺璠《便民圖纂》卷七《論鳥獸》 鶴叫，朝主晴，暮主雨。

清 趙學敏《本草綱目拾遺》卷九《禽部・靈鶴盞》 李金什曾客淮南，言山陽一帶洲渚皆蘆葦，産鶴，多卵育於中。村人有能識其期者，俟鶴下卵後，竊歸，入鍋煮熟，急以涼水沃之，看卵殼不熱，復置其窠，鶴不知而尤煦伏之，過三七日，其卵中黄白復鮮如故；又竊之歸，急煮而又納窠，鶴又伏之，如是者三次，則鶴卵外殼厚如紫玉，而盃成矣；復竊之歸，鋸去其頂，外則鑲飾金玉，令成盃形，名靈鶴盞。注酒其中，輒有一小鶴影浮酒上，云食之益壽延年，且能治心疾。不易得，有市者價亦不貲。

安神魂，定心悸。小兒用之，除驚癎；孕婦用之，養胎稀痘，出外帶之，辟蛇蠱及一切毒。

清 方以智《物理小識》卷一〇《鶴》 鶴聞降眞香則降，其糞能化石，有白者灰色者，夜以一足立而睡，儲泳曰：『道士用活雄鳩血書符，殺命助靈以召鶴雀。』取紫降眞香茶煮出油而焚之，鶴即至。《夷門廣牘》曰：『鶴脛脆易折，折者截青竹三四寸，手劈兩片，掘白頸蚯蚓數條，鋪管中，夾而縛定，仍取數條與啖之，候飯頃即如故，足有龜紋者佳。』

鶴種

題解

清 佚名《鳥譜》卷一《灰鶴》 鶴，黑睛赤暈，青黑觜，黑紅頂，白頷，白項，臆至背、腹皆黑灰色。翅下黑翎盖尾，高足脛，黑足爪。身小于白鶴，隆背平腹，昂首高三尺許，喙長三寸餘。初生頂黑，久則漸紅，善夜鳴。

又《小灰鶴 一名水鶴，一名丹歌**》** 小灰鶴，黑睛紅暈，黑綠觜，淺紅喙，灰頂，左右眼角各有灰白羽一根，垂出腦後。黑頰黑項，嗉前間露灰毛，當胸黑毛下垂如纓，深灰腹、背、膊。兩翅俱慘灰色，翅有長翎直出盖于尾上，翎末帶黑，深黑翮。黑足脛，其足有懸爪，無後趾，前三歧根有連皮。身高尺五六寸，喙長二寸許，善鳴舞，鶴之一種也。《粤志》云：南方有一種水鶴，亦名灰鶴，狀類白鷺，頸有垂纓，善舞。其性通風雨，百風雨則鳴而上山，否則鳴而下于川澤，廣人以其丹觜善鳴，故曰：丹歌。

又《藍 一名赤頰**》** 藍黑睛，黄暈綠觜，觜根有黑短毛。紅頂紅頰，頂與頰紅色相連。白項灰頷，頷至胸臆俱青灰色，頷旁左右各有灰毛一片，上透兩頰，青灰背，腹白灰翅，翅有長翎垂于翮上，黑翮盖尾。粉紅足，高脛，米白爪，身高二尺餘，昂首高三尺餘。喙長三寸許，小于白鶴而大于灰鶴。

閩粵多有之。陸璣詩疏云：『鶴或有蒼色者，今人謂之赤頰客。』《越志》云：『藍狀與鶴同，灰身赤頰，長翅黑翮，頸無黑毛，羣翔碧藻間，亦畜于園庭。性妬見彩服則鳴舞，或逐而啄之。』

清 檀萃《滇海虞衡志》卷六《灰鶴》 灰鶴，《范志》云：大如鶴，灰慘色，能鳴舞。予居農部，署有二灰鶴，月夜交舞，小子驚之，以為見鬼。而淩霄之恣，乃為近玩，且蒙見鬼之巫，命長其翎而縱之。

清 屈大均《廣東新語》卷二〇《鶴》 南方之鶴皆灰色，白者則小，去頂二寸許，毛始丹，亦能鳴舞。有水鶴，亦小，狀類白鷺。其性通風雨，有風雨則鳴而上山，否則鳴而下海，尋常多在榕樹。廣人以其頂丹可貴，故曰丹歌。有詩『丹歌時引舞』。

育鶴（養鶴）

紀事

明 陳耀文《天中記》卷五八《鵬》 露禽，鶴也。露下則鶴鳴，凡鶴之馴養於家庭者，飲露則飛去。《禽經注》

清 方以智《物理小識》卷五《鶴病》 宜用蛇鼠及大麥煮熱，飼之。

清 陳元龍《格致鏡原》卷七七《鶴》 《談苑》：『秀州華亭鶴，胎生者，真鶴也。形體緊小，不食魚蝦，惟食稻粱。人餧以飯則食之，其體大好食魚蝦，啄蛇鼠者，鸛合所生，乃卵生也。食稻粱者，雖甚馴熟，久須飛去。唯食魚蝦者不能去耳。』

相鶴

綜述

明 周履靖校梓《相鶴經》 鶴者，陽鳥也，而遊於陰，因金氣依火精以自養。金數九，火數七，故稟其純陽也。生二年，子毛落而黑毛易；三年，頂赤為羽翮。其七年小變，而飛薄雲漢。複七年，聲應節而晝夜十二時鳴，鳴則中律。百六十年大變，而不食生物。故大毛落而茸毛生，乃潔白如雪，故泥水不能污，或即純黑而緇盡成膏矣。複白六十年變止，而雌雄相視，目睛不轉則有孕。千六百年形定，飲而不食，與鸞鳳同群，胎化而產為仙人之騏驥矣。

夫聲聞於天，故頂赤；食於水，故喙長；軒於前，故後指短；棲於陸，故足高而尾凋；翔於雲，故毛豐而肉疏。且大喉以吐故，脩頸以納新，故天壽不可量。所以體無青黃二色者，土木之氣內養，故不表於外也。是以行必依洲嶼，止不集林木，蓋羽族之清崇者也。

《玉策紀》曰：『千載之鶴，隨時而鳴，能翔于霄漢；其未千載者，終不及於漢也。其相曰：瘦頭朱頂，則沖霄；露眼黑睛，則視遠；隆鼻短啄，則少瞑；骿故解反，又音諧頰骶得宅反耳，則知時；長頸竦身，則能鳴；鴻翅鴿膺，則體輕；鳳翼雀尾，則善飛；龜背鱉腹，則伏產；軒前垂後，則會舞；高脛粗節，則足力；洪髀纖指，則好翹；聖人在位，則與鳳凰翔予郊甸。』

其經一通，乃浮丘伯授王子晉之書也。崔文子學道於子晉，得其文藏嵩山石室中，淮南八公采藥得之，遂傳予世。

附：《相鶴訣》 鶴不難相，人必清於鶴而後可以相鶴矣。夫頂丹脛碧，毛羽瑩潔，頸纖而償，身聳而正，足癯而節高，頗類不食煙火，人可謂之鶴；望之如雁鶩鵝鸛然，斯為下矣。養以屋，必近水竹；給以料，必備魚稻。蓄以籠，飼以熟之食，則塵濁而乏精采，豈鶴俗也，人俗之耳！欲教以舞，候其餒，寘食於闊遠處，拊掌誘之，則奮翼而唳若舞狀，久則聞拊掌而必起。此食豈若仙家和氣自然之感召哉。今仙種恐未易得，惟華亭種差強耳。

鵪鶉分部

鵪鶉

題解

宋 戴侗《六書故》卷一九《鳥之諧聲》 鶉，鷻，常遵切，鵪鶉也，跦跦好鬥，人多畜之，其味美。《詩》云：『鶉之奔奔。』《記》曰：『膳雉兔鶉鷃。《說文》：鶉，從隹。又南方之宿朱鳥，曰鶉首、鶉火、鶉尾，此非鵪鶉也。』

清 屈大均《廣東新語》卷二〇《鵪鶉》 鵪與鶉其形相似，鵪色黑無斑，始由鼠化，終復為鼠，夏有冬無。鶉毛有斑點，始由蝦蟆、黃魚化，終以卵生，四時常有，今通呼為鵪鶉矣。番禺獅子里多鵪鶉，其價頗貴，鬬者率以此為良。張網田中，以犬驚而得之，其麻翼黑爪而足高者，雄也；黃眼赤嘴而足卑者，雌也。其夫鬬也，使童子左握其雄，右握其雌，時時在掌出入不離，又處之於囊，以盛其氣，沃之於水，以去其肥。其將鬬也，則注以金錢，誘以香粟，拂其項毛，兩兩迫促，於是奮怒而前，爪勾喙合，灑血淋漓，尚相抵觸，鬬之既酣，勝者與祿，此戲傳自嶺內，今廣人皆以此為事。

（光緒）《順天府志》卷五〇《食貨志二・物產・鳥屬》 鶉，《甯河關志》：鵪、鶉兩物也，今人通以鵪鶉呼之，形相似，但無斑者爲鵪，大而有斑者爲鶉，人能以聲呼取之，畜令搏鬥。按：鶉黃黑雜色，鵪黃色無文。鵪，一名鴽。《呂覽・季春紀》注：鴽，鶕也，幽州謂之鶕。鶕、鵪皆䳺之別體。

又 䳺，或作鵪。

綜述

明 李時珍《本草綱目》卷四八《鶉嘉祐》 釋名時珍曰：『鶉性醇，竄伏淺草，無常居而有常匹，隨地而安，《莊子》所謂聖人鶉居是矣。其行遇小草即旋避之，亦可謂醇矣，其子曰鴾。』宗奭曰：『其卵初生，謂之羅鶉，至秋初謂之早秋，中秋已後謂之白唐，一物四名也。』

集解禹錫曰：『鶉，蝦蟆所化也。』楊億《談苑》云：『至道二年夏秋，汴人䍁鶉者，車載積市，皆蛙所化，猶有未全變者，列子所謂蛙聲為鶉也。』宗奭曰：『鶉有雌雄，常於田野屢得其卵，何得言化也。』時珍曰：『鶉大如雞，雛頭細而無尾，毛有斑點，甚肥，雄者足高，雌者足卑。其性畏寒，其在田野，夜則羣飛，晝則草伏。人能以聲呼取之，畜令鬭搏。《萬畢術》云：蝦蟆得爪化為鶉。』《交州記》云：『南海有黃魚，九月變為鶉，以鹽炙食甚肥美。蓋鶉始化成，終以卵生，故四時常有之。鴽則始由鼠化，終復為鼠，故夏有冬無。』

肉，氣味甘，平，無毒。禹錫曰：『四月以前未堪食。不可合猪肝食，令人生黑子。合菌子食，令人發痔。』主治：補五臟，益中續氣，實筋骨，耐寒暑，消結熱。和小豆、生薑煑食，止洩痢。酥煎食，令人下焦肥。《嘉祐》 小兒患疳，及下痢五色，旦旦食之，有效。寇宗奭。

發明時珍曰：按董炳《集驗方》云：『魏秀才妻，病腹大如鼓，四肢骨立，不能貼席，惟衣被懸卧，穀食不下者數日矣。忽思鶉食，如法進之，遂運劇，少頃雨汗，莫能言，但有更衣狀，扶而圊，小便突出白液，凝如鵞脂。如此數次，下盡遂起，此蓋中焦濕熱積久所致也。』詳本草鶉解熱結，療小兒疳，亦理固然也。董氏所說如此，時珍謹按：鶉乃蛙化，氣性相同，蛙與蝦蟆皆解治疳，利水消腫。則鶉之消鼓脹，蓋亦同功云。

又《鷃拾遺》 釋名鵪一作䳺。鶉，音寧。鴽，音如。鳸，時珍曰：『鷃不木處，可謂安寧自如矣。』《莊子》所謂騰躍不過數仞，下翔蓬蒿之間者也。張華註《禽經》謂之籬鷃，即此。鵪則鷃音之轉也，青州謂之鴾母，亦曰鷃雀。又鳸有九種，此其一也。

集解藏器曰：『鷃是小鳥，鶉類也，一名鴽。鄭玄注《禮記》「雉、兎、鶉、鷃」，以鷃為鴽，人多食之。』時珍曰：『鷃，候鳥也。常晨鳴如雞，趨民收麥，行者以為候。《春秋運斗樞》云「立春，雨水鶉鵪鳴」是矣。鵪與鶉兩物也，形狀相似，俱黑色，但無斑者為鵪也。今人總以鵪鶉名之。按《夏小正》云：「三月田鼠化為鴽，八月鴽化為田鼠。」註云：「鵪也。」《爾雅》云：「鶉子，鴾；鴽子，鶉。」註云：「鵪，鶉屬也。鴽，鵪也。」《禮記》云：「鶉羹，鴽釀之以蓼。」註云：「鴽小，不可為羹，以酒蓼釀之，蒸煮食也。」據數說，則鶉與鵪為兩物明矣，因其俱在田野，而形狀彷彿，故不知別之。則夫鶉也，始由蝦蟆、海魚所化，終即自卵生，故有斑而四時常有焉。鷃也，始由鼠化，終復為鼠，故無斑而夏有冬無焉。本原既殊，性療當別，何可混邪？』

肉，氣味甘，平，無毒。主治諸瘡陰䘌，煮食去熱。時珍

明 陳耀文《天中記》卷五九《鶉》 機星散：機星散為鶉。德義少殘之家則鶉生。《運斗樞》

鼠化：三月田鼠化為鴽。鴽，鵪也。變而之善，故盡其辭也。鴽為鼠，變而之不善，故不盡其辭也。《大戴禮》：鴽，青州謂之鴾母，周雒謂之鴽，幽州謂之鵪。《呂覽注》

性淳：陸璣云：『鶉性淳，不越横草，能不亂其匹。』《尸子》曰：『堯，鶉居。』《莊子》云：『聖人鶉居而鷇食。』

鬬竦：翼鳥之鬬，竦其尾；鶉之鬬，竦其翼。《甘氏星經》鶉鷃為鬬，夢見鶉鷃，憂閑鬬也。《夢書》

雀生鶉：宋康王時有雀生鶉，占之曰：『小生巨，必霸天下。』康王大悅，射天笞地，為齊所滅。《賈誼新書》

鶉觚：鶉觚縣者，秦使太子扶蘇及蒙恬築長城，見此原水淺，因欲築城，遂以觚爵奠祭，乃有鶉鳥飛升觚上，以為靈異，因以名縣。《周地圖記》安定原土築時，奠祭以觚爵，忽有一鶉飛於觚上，因名鶉觚之城。魏文帝天統中，立為鶉觚縣。《窮神秘苑》

蛙變：至道二年夏秋間，京師鬻鶉者積於市門，皆以大車載而入，鶉纔直二文。是時雨水，絕無蛙聲，人有得於水次者，半為鶉，半為蛙。《列子》云：『蛙變為鶉。』注云：事見《列子》。事不謬矣。《談苑》短頭細黃魚以九月中，因秋風而變成鶉，官吏捕取，以塩炙食，滋味肥美。出交趾、合浦郡。《草木狀》

欺孺子：夫俗士之牽達人也，猶鶉鳥之欺孺子也。鶉鳥之性善近人，飛不峻也，不速也，蹲蹲然似若將可獲也，卒至乎不可獲。是孺子之所以踊膝跣足，而不以為敝也。俗士之與達人言也，若將可寤，卒至乎不可寤，是達人之所以乾脣嗄聲而不舍也。《中論》

瓜生：種瓜園東，比饒鶉子，以瓜爛故，老蛙於園東北即化為鶉子。《物類相感志》千歲羊肝，化為地宰；蟾蜍得苽，卒時為鶉。此皆因氣作以相感而成也。《淮萬畢術》

宛鶉：宛鶉，大於此鶉，以供御。《廣志》

清 佚名《鳥譜》卷四《鵪鶉》 鵪鶉雄者赤睛黑眶，青白觜，頂項蒼質，黑斑。目上有黃白眉一道，蒼黑頰，有細白點，白花頷。背膊至尾蒼赤質，黑暈斑斕，每羽中有蒼白文，旁生橫紋，兩兩相對，色甚明顯。緣膊而下，黑黃蒼白以次相間。淺黑翅，帶細白點。淺黃胸，臆白腹，米黃足，米白爪。雌者臆前有黑花毛，胷下白質青暈，背毛色比雄者稍淡，黑斑亦畧稀。每羽中紋作土白色，足趾亦短于雄。雄者畜，令鬬搏，有麻翼、砂眼、黃眉、白眉、插花、紫义、鐵脚、銀海、玉鈴、馱翎、背劍、玉鐙等名。雌者唯充庖厨而已，其種有紫色者謂之紫鵪，米白色者謂之白鵪。有北牛鵪，羽色花紋少異。又有黃鵪，其形畧大。故《爾雅》有鶉、鴽諸名也。《爾雅》：鵪鶉，其雄鶛，其牝痺鶉，子鳼。疏云：『鶉，一名鵪，其雄名鶛，其牝名痺，其雛名鳼。』《物類相感志》云：『種瓜園東，北饒鶉子，以瓜爛故，青蛙於園東北即化為鶉子。』《談苑》云：『青蛙化鶉，曾親見之，亦有變未全，半體猶為蛙者。《列子》所謂蛙聲為鶉也，然今鶉有雌雄，人常于四間得其卵，是知亦有卵生者矣。』《夢溪筆談》云：『鶉有兩種，有丹鶉，有白鶉。丹鶉色赤黃而文，銳上禿下，飛必附草，火類也。』《交州記》云：『南海有黃魚，九月變為鶉，盖蛙魚皆水族，水能尅火，實為火之根也。』《甘氏星經》云：『鳥之鬬，竦其尾；鶉之鬬，竦其翼。』《五雜組》云：『鶉鳥小而馴，出入懷袖。然寂勇健善鬬，食粟者不過再鬬，食穄者尤耿介，一鬬而決。』《本草綱目》云：『鶉大如雞雛，頭細而無尾，毛有黑斑，甚肥。雄者足高，雌者足卑。肉味甘，平，無毒。其在田野，夜則羣飛，晝則草伏，無常居而有常匹，隨地而安，《莊子》所謂聖人鶉居是矣。其行遇小草即旋避之，亦可謂醇矣。人能以聲呼取之，畜令鬬搏。其卵初生謂之羅鶉，至秋初謂之早秋，中秋以後謂之白唐，一物四名也。』《埤雅》云：俗言此鳥性淳憃，不越橫草，所遇小草橫其前，即旋行避礙。名之曰淳，以此。亦其性淳，屈音曰，《說文》曰把持也。之易熟，故曰鶉也。《金臺雜志》云：『北方有鬬鶉之戲，把握在掌，出入不離，處之以囊，以盛其氣，沃之以水，以去其肥，時其飲食，以全其力，勝負決于爪喙，視鬬雞之戲，此近于稚。』元人張昱《輦下曲》云：『鬬鵪初罷草初黃，錦袋牙牌日自將。鬧市閑坊尋搭對，紅塵忙煞少年郎。』知此戲由來久矣。

案：鶉之為鳥，性淳而介，其行正直，循徑而趨，不由斜曲，故古人以人之言行端正者比之鶉行。《詩·鄘風》『鶉之奔奔』義亦取此，言鶉行正直，雖奔奔疾趨，不失正道，以興下人之無良說。詩者以居有常匹，飛則相隨。解之夫云奔奔，其非取居與飛之義，可知矣。《爾雅翼》引《韓詩外傳》，謂奔當作賁，賁賁者，健鬬之貌，失之益遠。

清 陳元龍《格致鏡原》卷七九《鶉》 《春秋運斗樞》：機星散而為鶉。《禽經》：『鴽鶉，野則義，豢則搏。』《注月令》曰：『田鼠化為鴽，關東謂之鶉，蜀隴謂之循。在田得食，鳴相呼，夜則羣飛，晝則草伏，馴養之久，見食相搏鬬也。』《爾雅疏》：『鶉，鵪屬，一名鵪，其雄名鶛，其牝名痺。』《大戴禮》：『三月田鼠化為鴽。鴽，鵪也，變而之善，故盡其辭也。鴽為鼠變而之不善，故不盡其辭也。』《本草素問》曰：『鴽，鶉也，似鴿而小。今《說文》註：鴽曰鴾母，蓋青州呼鵪，音安，鶉為鴾母。』《呂覽注》：『鴽，青州謂之鴾母，周雒謂之鴽，幽州謂之鵪。』《埤雅》：『鴳，鴽屬也。其品中膳羞，《內則》所謂雉兔，鶉鴳是也。』《小史集雅》：『鶡，旋目。』《事物紺珠》：『鵪鶉初生時名羅鶉，初秋時名早秋，中秋後名白唐。』《埤雅》：『鶉無常居而有常匹，俗言此鳥性淳憃，不越橫草，所遇小草橫其前，即旋行避礙。』

《清異錄》：『鶉之為性，聞同類之聲則至。熟其性，必求其鶉之善鳴者誘致，則無不獲。自號引鶉為「長生網」。』《筆談》：『古人取象不必大物，天文家朱鳥乃取象於鶉，故南方朱鳥七宿曰鶉首、鶉火、鶉尾是也。鶉有兩種，有丹鶉、有白鶉，此丹鶉也，色赤黄而文，鋭上秃下，夏出秋藏，飛必附草，皆火類也。或有魚所化者，魚，鱗蟲龍類，火之所自生也。』《甘氏星經》：『鳥之鬭，竦其尾；鶉之鬭，竦其翼。』《五雜組》：『江北有鬭鵪鶉，甚小而馴，出入懷袖，視鬭雞又似近雅。鶉雖小，然最勇健。食粟者不過再鬭，食稌者尤耿介，一鬭而決。故《詩》言「鶉之奔奔」，言其健也。此物至微而上應列宿，與朱雀、玄武靈異之物同列，有不可解者。一云鳳，鶉火之禽，天文之鶉蓋指鳳也，非鵪鶉之鶉，未知是否。』《草木狀》：『短，頭細。黄魚以九月中因秋風而變成鶉。圃吏捕取，以鹽炙食，滋味肥美，出交阯、合浦郡。』《談苑》：『至道二年夏秋間，京師鬻鶉者積於市門，皆以大車載而入，鶉纔直二文。是時雨水絶，無蛙聲，人有得於水次者，半為鶉半為蛙。《列子》云「蛙變為鶉」，事不謬矣。』《清異錄》：『鶉捕之者，多論網而獲。故雌、雄、羣子同被鼎俎。世人文其名為「族味」。』《庚溪詩話》：『蔡元長京既貴，享用侈靡。喜食鶉，每預蓄養之，烹殺過當。一夕，夢鶉數千百訴於前。其一鶉居前致辭曰：「食君廩中粟，作君羹中肉。一羹數百命，下箸猶未足。羹肉何足論，生死猶轉轂。勸君宜勿食，禍福相倚伏。」』

清　金文錦《鵪鶉論》

序

天下有眾人共見之物，一遇賞識，聲價不啻十倍，非物之能自貴也，其鑒真也。昔人有《相鶴經》，淮南賓客於石室中得之，傳其小變、大變、變止、形定之説侈為美談，可知羽族甚繁，而人間所愛玩者百不得一。今俗尚雅好鵪鶉，取其性馴而善鬥，久與人習不待鉤絛樊籠之拘束，或弄諸掌上，或納諸囊中，任其自然，都成韻致。此雖微質，要與凡鳥不同。《記》曰：『田鼠化為鴽。』田鼠有損於人，而化鴽則善變，人轉愛玩之。高人逸士，有時煮茗、焚香、彈棋、酌酒，風花雪月之趣，鼓動生機，自兹豪興有托，豈獨遺一鵪鶉哉！雖然有好有醜，品類之不齊也，有棄有取，審擇之必精也。余讀《葩經》，諸所載魚蟲鳥獸頗詳，每欲一一窮其情狀，而素性尤喜鵪鶉，爰廣輯舊聞，參以時論，匯成一編，以俟博物君子。供閒暇之清鑒，助寂寞之笑談，即以為得《相鶴經》之遺意也可。時康熙乙未仲秋上浣，六庵偶書。

蓄馭法二十條

新鶉入手，須用溫湯或茶鹵先洗一次，以馴其性，以減其膘，務要洗得極透。當風日和暖之時，拳幹為妙，或半幹入囊，曬乾亦可。若天氣寒冷，須向火烘之。

生鶉晚間方餵食，燈下誘以穀子，飲以茶鹵，滌其嗉内肥油。

隨食即鳴者為上。拳三日始鳴者必是平常，然有六七日始鳴者，有見食不鳴、見鶉始鳴者，亦有始終不鳴而鬥者，不可輕棄也。

洗後三日，如認食切、鳴聲嘩，方可破嘴，亦必用新鶉鬥二三十嘴，看其鬥性何如，宜即隔開，再加提洗。

提洗舊用哨吹，不若口吹為妙。黄昏後臨提，用水先濕鶉耳，飲茶水一二口，將鶉首納入口中，高喊二三聲，聲宜細長。以翅張為度，有一聲即張者，有三四聲始張者，即入囊轉之，掛暗處弗動。詰朝取出，頓覺改觀，再提一日，自然雄健矣。

凡拳不必夜以繼日，更不可明日將鬥而今日分外加功。拳持著久，必中傷灑涕，須要平日摻演停當方妙。鬥之前一日，止用播弄之功而已。

每日辰初食七分，要鬥之前一日，則巳末食五分。圈中不時播弄，以穀引逗，令其精神鼓舞。次早取出，拳少許時，下糖糞後，飼穀二三十粒，即便入囊。臨鬥，盤中設穀一二十粒，見其食盡，抖毛掮翅，方可交鋒。如不抖毛，斷不可鬥。

鬥勝後，食不可飽，必以半嗉為度。入囊複掛靜處，不得放在鳴鶉一塊，以鬥後臉疼，鳴鶉咶之，恐日後膽怯多敗。

每日食半嗉，即用手把之，待食歸胸膛，方可納之囊中。

食以紅穀、黄穀為主，間食以青菜、牛肉亦可。

鬥必五日為期，如非對手，不可輕鬥，切弗因勝自恃，因敗棄之。若看受傷處，以痂落皮老為度。

鶉鬥爭食，若認食不切，下圈必不能勝。

食多則生油，須用茶鹵洗之。日曬則生油，須要風中凍之。最忌有油，有油則畏疼易敗，如有膘而無油，此養馭之最善者。

鶉性各異，有宜肥宜瘦之不同，須順其性而酌商之。

凡食穀必貴稱量，五日之内，大食二次，小食三次，中食數次，酌量增減，令鶉認食歡切，未有不鬥者。

黄昏後食太多，須多把一刻，令食消化入囊。如嗉内有食，則不必再喂，嗉内無食，或食太少，當再食之，始免長夜餓傷之患。

平日蓄馭，先以極弱鶉與之鬥數嘴，以壯其膽，方喂以食。或以鶉皮包穀，令鶉咬破得穀，然後喂飽。或初以紙一層包穀，微露其穀，令鶉咬破喂之。次以棉紙三層包穀，令咬破喂之，如此則其嘴必狠。

鶉極熟亦不可恃，凡鬥時須用心防護，鬥勝便當收起手中餵食，即入囊中。遲片刻再餵食亦可，不宜任其自在圈中，或一驚飛去也。

凡鶉筋骨六分、肉止四分才佳，蓋筋勝則堅強，肉勝則易跌，故瘦者多勝，肥者多敗。然不可令其太瘦，太瘦則生怯矣。

饑鬥飽不鬥，以食少反有精神，食多反致懶怠也。

鬥勢

酣鬥聲最高，毛松兩旁，上搠下撒，鏖鬥目不旁視，遲翅鈎尾，不疾不徐，此二種鬥法，自能必勝。若發嘴緊急，令對敵遽走，或接舌拿叹拎嘴，雖云見巧，究非大家數。至縮頭縮聲者，多是畏敵，鬥勝跌出圈者，亦不可複鬥也。

籠養法八條

用大葫蘆解為瓢口，面六七寸者佳，五寸者亦可。用竹圈二個，與瓢口等，結線網於上。瓢旁開小孔，掛槽注水，葫蘆中用沙二寸養之。

正月飲以甘葛湯，解酒毒也。二月食以豬首胰子，速解毛也。五月食以豆羹，堅其筋骨也。減食不令其飽，落其肥也。啖以蜘蛛、蒼蠅、胡蜂子、牛糞中蛆，攻其毒，助其狠也。

夏月伏天，瓢内注水寸許，鶉立其中，自辰至未取出，用手輕輕揉搓，皺皮盡脱，如是者五六次，秋後與新鶉腿腳無異矣。

鴽本田鼠，食蠶月月氣而化，亦食蠶月月色而死，故至蠶月當避月色。

鶉得秋氣而強，食秋露而鬥，故以線囊盛之掛中庭，使之吸月飲露而鬥益狠。

鬥三五百口者，至三年則不鬥。鬥六七百口者，至四年則不鬥。鬥千嘴者，六年老死方休。

新鶉件件要老，籠鶉件件要嫩，不可不知。

過四九得之者，飽風霜者也。先春月籠之者，知風霜者也。

出籠調馴法五條

凡籠鶉終歲餵養，内外肥油倍於在野，馭法較新鶉更難，須得半月之功。洗以茶鹵，兼且飲之，令十分油淨，再長原膘，乃可試鬥。

出籠時，不可猛取，若猛取之，必然驚撞，傷損爪甲翎毛。法當前三日先減其食，不減其水，俟精神少疲，從容取出方可。

嘴腳皺者，用溫水洗透，渾身把幹，將兩腳用綿裹之，用線扎之，放好醋内浸透為度，然後入囊過宿。次早去綿用水洗淨，皺鱗盡落，如不落盡，晚間仍照前法，不須三日，與新鶉無異矣。

嘴用小刀或磁瓦細細舌刮之，自然尖嫩，三五日初發聲，切不可與熟鶉相照，至十餘日後，須以無用鶉試之。

籠中不得舒暢，或於圈中地下常常撥弄，令其腿翅活動，筋骨舒展，方可小鬥一遍提洗一遍，如此至二十次之外，出戰可無慮矣。

回法

回者，轉敗為勝也。初敗用提洗法，當晚以酒米食至半嗉，拳盡再食半嗉，如鶉微醉，取溫酒一杯洗其頭頸，哺氣一口，以指滴酒於鼻嘴上三次，然後用水洗淨，兩耳旁各吹三哨，頷下一哨，切忌當頭吹之。俟渾身微潤，即便用指探湯，連熨嗉下七次，微火烘乾，入囊轉之，掛櫝中暗處。過宿食盡跳躍不止者為妙，次早取出拳把，五日小試一次，六日再試一次，七日再試一次可矣。如再敗者，滴酒九次，洗三次。若三回不鬥，謂之『滑桶』，無用。

四要

一要剛強，二要力大，三要嘴快，四要磨耐。

四不鬥

雞鳴骨響，認食不切，聞叫不來，一嘴不復。

三貴相

一大，二老，三毛燥。

四大鬥

鑿眼，接舌，戳顙，拿叹。

色

紫屬稀奇次皂黄，蘆花竹節亦平常。
若逢嫩白嬌紅色，斯為最下莫收藏。

紫為最上，皂黄次之，竹節、蘆花又次之，嫩白嬌紅最下不取。

聲

貴多洪亮貴清明，竹節紡車萬選聲。

若是雞雛真不鬥，莫將疑似認啼鷹。

貴稠不貴結，貴洪不貴空，狠聲、竹聲、紡車聲，此是萬中選一，雞雛聲不鬥。又雞聲近鷹聲，宜細審量之，敗聲即所謂溜子也。

頭

色烏腦厚看分明，鷹燕虎蛇最有名。

圓又大兮方又闊，一時尖小莫能爭。

圓大方闊，色烏腦厚，鷹頭、燕頭、虎頭、蛇頭俱佳，尖小不取。

臉

白黑蒼黄最要知，寬紅紫凹自稱奇。

絨氈潑腮俱為美，嫩毛扁薄不相宜。

鼻後眼前眉下一段曰臉，臉要寬長凹陷，不宜窄短高鼓。毛以圓而不扁，如鷹眼前毿毛者為妙。色以紅紫為上，土色蘆花次之。又臉上叹下，白路一條，宜細宜長，必前接嘴根，後通眼後。如全是紫紅，上侵眉際，後接腮耳，並無叹上白路，號為潑腮，亦是上乘。白者名子母臉，一名慘臉，紫者名早秋臉，蒼黄者名雜花臉，黑者名回回臉，俱佳。

眉

眉間黄白認分明，細秀彎長品不輕。

若有一毫散亂處，縱然善鬥也難贏。

眉自鼻後長起直至腦後，貴細秀彎長，不宜雜亂。白者要雪白，黄者要真黄，若前半雪白，後半真黄者為接白，皆是上品。其次重眉另生兩道，寬如頂線，長與眉齊，更有前黄後白為老鶉，係隔年退淨者。若似黄而白，似白而黄，接白不分明，重眉多雜亂，皆所不取。

冠

兩鼻之上號為冠，鋒如劍立是奇鶴。

黑黄青白皆宜取，色赤鋒平自不堪。

冠在鼻上，不論大小青白黄黑，只要高爽如劍鋒者為佳。色最忌赤，鋒最忌平。

鼻

孔小梁高乃見長，白而光潤最為良。

若除圓淨青黎外，不數乾紅及黑黄。

鼻樑要高，不宜臃腫。孔小如麥粒，色白而光潤者為上，青黎圓淨者次之，若枯幹皺濕及紅黑黄色不取。

嘴

三棱尖鏟最稱奇，蘸墨竹青也是宜。

更有乳香圓混嘴，定為下品不須疑。

嘴黑如牛角，白如螺甸，三棱尖長者最為難得。或淡黄中有黑絲，豆青中有黑絲；或黄白豆青，前半黑色且彎尖三棱。均為上乘。至於乳香肉紅糙青，即三棱尖長，亦所不取。圓混齊直，雖黄青黑色亦屬無用。總之，嘴鋒要與冠鋒相接，絕無凹凸之跡漸彎至嘴尖，不要粗短並油滑也。

叹

不拘紫黑與深紅，圓淨分明自不同。

散亂雜花長過耳，縱然養熟也無功。

駁紫黑者為上，紅紫者次之，墨黑淡黄者所不取。其紋要整齊圓淨，若細而望之欲斷，或雜亂多尖，俱為不美。耳小最靈，重耳難得。

眼

黑睛雖小有精神，清亮光芒欲熙人。

更看紅黄金碧眼，總能圓厚邁常倫。

眼有金黄、醬色、鮮紅、水黄、水紅、真綠不等，只要清亮，黑如點漆，皮厚而圈小者為佳。至眼昏無寶色，睛散而不圓，與圓而皮薄者不取。小而不大、藏而不露、赤如寶石者，與應潮眼，均為奇格。若內有黑點在黄睛上，名門子眼，千中選一也。金眼如雞睛，綠眼淡碧色，門雖狠，患不長耳。瞪睛眼亦狠，唯鼠眼最忌。

須

最宜開榨與絨長，紅似塗朱白粉妝。

毛色看來如一樣，說他千嘴又何妨。

須要絨而不扁，長而不短，開榨而不貼肉。紅者必如脂染，白者必如粉妝，純紫微帶白絲，純黑有如皂角，總以毛色一樣為妙，其雜而成縷者不取。

頸

如蛇如虎象須知，鳳頸高長五采奇。

若項如氈真下品，鳩頭不鬥定無疑。

項頸要長，項皮要松，項毛要稀，項骨要硬，如皮緊毛厚，是為氈項，與鳩頭萬無鬥者。鳳頸五彩高長，蛇頸亦長，虎頸粗短而力大，最為貴重。

頷

頷上無論豎與横，就中白色要分明。

細如一線方稱妙，須嗉交關界要清。

須中有豎頷，須下有横頷。豎頷忌黑忌大，忌與須異色。横頷要自紫色，上界須下界嗉，細而分觀者為妙。

弦

直紋頷下卻如弦，皂色還輸紫色先。

濃濁那堪清淡比，幾條連絡貴天然。

弦即頷下直條，紫色者最上，皂色次之，總以清而不濁、淡而不濃、紋能連絡者為貴。

氈

皂如墨黑赤如硃，耳畔彎弓色不殊。

如貫蒲膛沿鎖口，咬來千嘴不曾輸。

耳聞彎曲向項者為氈，其名有朱氈、隱氈、玉矢、花蕊之類。如色黑而潤者為雀氈，色黑而細如一線，僅至蒲膛上者為皂氈。又有線氈直貫蒲膛下鎖口者，咬至千嘴。

嗉

諸般顏色莫輕拋，只要其中無雜毛。

除卻紅黄白玉外，須看紫黑號葡萄。

自横頷至下膛皆嗉也，有紅者、紫者、白如玉者，皆稱奇品。次則淡黄、淡紫、粉白諸色。又各色嗉中，有紫黑毛羽數莖，名為葡萄嗉，亦是奇品。凡毛羽雖喜大，然於横頷相接處最要潔淨分明，如一道紫線，即並無紫線亦可。若相接處不分明，頷下多斑點，名日雜嗉，實為大忌。

腿腳

大腿少肉小腳圓，指如竹節爪須尖。

最宜蔥白薑黄色，潔淨分明是十全。

腿忌短，肉忌多，毛忌厚，色忌黎，腿毛少而短者為老鶉，狐狸毛者為雛腿。腳以蔥白、蠟黄、黑皺，長大乾老粗硬方圓者為佳，血皮劍脊不取。掌中要有大疙瘩，爪要長三倍，若爪五色與純黑者，最為少見。

邊毛

若求上品要毛長，紫黑鮮紅共老黄。

絕少雜花並黑點，豎紋雪白不尋常。

色以深紫鮮紅為上，紫黑老黄亦佳，總要無黄花黑點間雜其間，毛羽要長，中間豎紋要白，若毛短花雜者，定然不鬥。

翅

邊翎長透最須知，定愛花紋是細微。

更有超群人不識，虎皮膀子世間稀。

翅上大翎宜長，翎上花紋宜細而少，若無花者更妙。又有黑紅金黄者，名為虎皮膀，絕狠。撩風三條者佳，四條者尋常，獨一條者最奇。翅中有惡骨如豆大能擊者，名鶻翅。白邊翎、雙白邊翎，亦佳，惟翎毛短軟者不取。

背

如鶴如龜品最高，紫黄皂白辨分毫。

就中除卻珍珠點，還數稀奇錦繡毛。

前接項後，後至尾前為背，毛羽取長不取短，取薄不取厚，取硬不取軟，取整齊不取散碎，前半豎紋要細而長，後半横紋要細而少，若後半純黑並無横紋，惟有紅尖，名為皂背，亦是無敵。毛色以皂為上，紫黄次之，蘆白又次之。又有珍珠點、錦繡毛、鶴形、龜形田瓜樣者，均為奇品。

胸膛

疊疊珠光紫色攢，上須下嗉在中間。

看來曲形如月，不愧人稱新月環。

潔白中有紫珠疊疊直至鎖邊者為美，太重不取。或紫須紫嗉，中露白蒲膛，曲曲如新月形，名為新月環最是上品。

腹

滿腹生來愛老黄，還看紫色暗中藏。

若逢光白休珍養，去取從來要酌量。

老黄與暗紫均為上品。腹底光白最屬無用，棄之可也。

尾

黑紅毛色最為難，樣喜彎長最好看。

更少雜花生羽上，自成品格任君觀。

毛色黑紅者佳，淡黄不取，貴長而彎，忌大而直，如毛羽横欄花雜者不咬，鉤散與尾樁骨大者，亦妙。

毛

頭邊如鐵臉如氈，看到當身卻貴單。

若得絨毛遍體是，占田千畝也無難。

頭毛如鐵，不宜軟嫩。臉毛如氈，不宜扁薄。身毛貴單，不宜冗長。如渾身絨毛占田千畝，頭毛絨佔用百畝。

骨

頭尾骨格大且闊，稱之如石拳是鐵。

更看堅重複文秀，弗使其中有凹凸。

鶉品四十五種

丹鳳頭：鳳頭長頸，顏色五彩，鶉中王也，諸鶉見之辟易。

蟒蛇頭：蟒頭蛇頸，鶉中將也。

絨纓兒：色紫白為紫絨纓，皂白為黑絨纓，蘆花白為白絨纓，渾身絨占田千畝，頭毛絨占田百畝。

七寸紫：頭腳高七寸，渾身紫色者是也。

玉鈴鐺：玉嘴玉腳，白臉白須，品毛正當紫嗉如鈴兒樣，又要白膛斷弦者方是。

鐵鷂子：黑嘴、黑眼、黑腳，皂白紫叹，頭如鷹頭，爪如鷹爪，聲如鷹聲。

皂雕：黑頭、黑背、黑眼、皂叹，腳有黑紋，登膛皆皂色，翅如鶻翅，頭如鷹頭，爪甲極其長大。

獨翎雕：翅上有骨，圓大如豆，能擊取勝，撩風翅止一根者是也。

滿天星：滿頭及渾身俱有白點，其圓如珠。

癩白頭：頂上不分中紋盡是白點，如癩雕形。

紫遊圈：相甚高大，下圈時先飛周回，初鬥三百飛遊嘴，然後直鬥千嘴。紫色者名紫遊圈，皂色者名皂遊圈。

白翎雕：白臉、白須，滿身蘆花白毛，兩邊翅如雪白，或紫黑色，亦有一二披翎、一二撒尾者皆是。

玉絲環：項下白毛直接至尾，如玉環樣。亦有别色如碧玉、翠玉者。

白鶴翎：毛色潔白，形如鶴形，頭腳高大而長。

品毛棋腳：品毛正當頂中，腳上有棋子紋，或左九右一，左三右七者方是。今人不論其所在，有一便稱棋腳，失其真矣。

金鶯兒：眉及登膛俱黄，滿身皆老黄色，若暗色嫩黄者無用。

千聲子：百鳴千聲，故名千聲子。

三奇：三紋直透，頂有肉峰，千鬥莫敵。

白燕子：頭如燕頭，頷如燕頷，其聲從頷中出，飛面能食，色白者名白燕子，黑者名鐵燕子，紫者名紫燕子。

金鵝鴿：鶖鴿，即今所謂鵲也。鶉聲令令，色老黄者為金鵝鴿，若紫色名紫鵝鴿，皂色名皂鵝鴿。

白鴿兒：其聲唼唼，色如雪白，若皂色者名皂鴿兒。

珍珠鴿兒：身紫黑色，毛尖上有小白點如珍珠樣。

金彈子：身圓如彈子，堅實凝重，色老黄者為金彈子，色黑者名黑彈子。

海東青：身小眼赤嘴鉤，毛蒼黄色如海東青樣，不可多得也。

毒火球：其身滚圓如球，其色赤紅如火。

紫駝峰：紫眉上有血色毛數莖，竦起如駝峰者是。

赤虎頭：頸粗短，色紫赤。

三品：鶉有白毛三片，各處生開者，名曰三品。當頭一片為佛珠，三片連絡者為三星趕月，若五片則為五星聚奎矣。

三異：凡鶉有三般異相者，即為三異。

三圓：頭圓、身圓、腳圓。

三尖：嘴尖、眼尖、爪尖。

雙聲子：鳴時雙聲齊出。

小金鉤：眉黄色。身膛俱赤金色，嘴如鉤樣。

皂毬紫滴珠：皂毬，必細如一線。紫滴珠，非蒲膜鎖也，必左膛下或右膛下有數點紫者方是。

蘆花白：色白如蘆花，鳴時聲如竹節，鬥無敵手。

竹節青：聲如竹節，渾身青毛，與蘆花白俱稱勁敵。

紫燕頭：頭如燕頭，滿身紫色者名紫燕頭，黑色者名黑燕頭。

新月環：半環在頷下，不貫耳，不接眉，紫須紫嗉，中露白膛，曲如新月，名新月環，又名半月環。

雙環兒：兩邊翅毛或紅或白，有如雙環。

左右披翎：左翅上品毛名佩玉，右翅上品毛名拖槍，亦名帶劍，即左右披翎也。又有左右背劍、左右鈴鐺，亦因品毛所在而名。

左右插花：眉上白毛，比渾身毛略大，有如插花樣者方是。

紫袍玉帶：渾身紫色，中間有白毛一帶。

赤耳紅腮：耳色赤如胭脂，腮色紅如殊砂者方是。

黃眉紫嗉：眉細而彎長，其色如金，嗉毛純紫毫無雜色。

烏頭皂背：頭毛黑色，背毛後半純黑，並無橫紋，惟有紅尖者是也。

鵪鶉種

題解

清 佚名《鳥譜》卷四《鵪鶉》 其種有紫色者，謂之紫鵪；米白色者，謂之白鵪。有北牛鵪，羽色花紋少異。又有黃鵪，其形畧大，故《爾雅》有鶉、鴽諸名也。《爾雅》：鵪鶉，其雄鶛，其牝痺鶉，子鳼。疏云：鶉，一名鵪，其雄名鶛，其牝名痺，其雛名鳼。

又《鵪鶉》 《夢溪筆談》云：『鶉有兩種，有丹鶉、有白鶉。丹鶉色赤黃而文，銳上禿下，飛必附草，火類也。』

又《北牛鵪》 北牛鵪，黑睛白暈，黑眶，黑蒼觜。白頷，頂項黃赤質，黑斑，背膊蒼質赭暈，雜以黑斑紋碎。白點翅毛，藕白色帶蒼黑花暈。蒼白短尾，有黑花紋。臆前淺黃，腹下微白，俱有蒼點，黃足白爪，無後趾。

又《南牛鵪》一名黃鵪 南牛鵪，黑睛，白眶，黃觜，花黃頰，蒼頂項，黃紋叠比細密如鱗。赤黃頷臆，青蒼背，黑橫紋，赤黃膊。翅黑點灰邊，胸腹赤黃，有大黑斑。蒼黃尾，赤黃足，無後趾，味不甚美。《禮記·內則》注：『所謂鴽不為羹，惟蒸煮雜蓼而已，俗名黃鵪。』《物化志》云：『《爾雅》鴽，鴾母。疏云：鵪也，青州呼鴾母，田鼠所化。』《月令》云：『田鼠化為鴽。』按《字林》云：『鴽如鴿而小，鵪類也。毛無細花黃赤色，俗名黃鵪。』按《餘冬緒録》云：『十二支神子位属水，午伏乃鶉火之次。三月大辰，候當出火，故田鼠至建辰月化為鴽。八月辰伏，九月當納火，而鴽于建酉月復為鼠者。辰巳伏也，子午陰陽之極，神交為變化如此。』

清 陳淏子《花鏡》卷六《鷯鶉》 鷯鶉，一名羅鶉，一名早秋，田澤小鳥也，頭小尾禿，羽多蒼黑色。無斑者爲鵪，有斑者爲鶉。雄足高，雌足早。又有丹鶉、白鶉、錦鶉之異。每處於畎畝之間，或蘆葦之內，夜則羣飛，晝則草伏，有常匹而無常居，隨地而安，故俗又名鵪鶉。山東最多，人可以聲呼而取之，凡鳥性畏人，惟鶉性喜近人。諸禽鬪則尾竦，獨鶉竦其足而舒其翼，人多畜之使鬪，有雞之雄，頗足戲玩。養法：每日飼以小米，欲其角勝，常持於手，時拉其兩足使直，置一小布袋口，如荷包而底平，有線可以收放者，納於其中，出入吊於身勞，絶無跳躍悶壞之病。養熟雖任其行走亦不飛去，但怕冷嚴寒，如不善料理則易凍死。《交州記》云：『南海有黃魚，九月變爲鶉，一云蝦蟇，得爪化爲鶉，此理未可全信，究竟以卵生爲是。』

清 金文錦《鵪鶉論·鶉品》 丹風頭：風頭長頸，顏色五彩，鶉中王也，諸鶉見之辟易。

蟒蛇頭：蟒頭蛇頸，鶉中將也。

絨纓兒：色紫白為紫絨纓，皂白為黑絨纓，蘆花白為白絨纓，渾身絨占田千畝，頭毛絨占田百畝。

七寸紫：頭腳高七寸，渾身紫色者是也。

玉鈴鐺：玉嘴玉腳，白臉白須，品毛正當紫嗉如鈴兒樣，又要白膛斷弦者方是。

鐵鷂子：黑嘴、黑眼、黑腳，皂白紫叹，頭如鷹頭，爪如鷹爪，聲如鷹聲。

皂雕：黑頭、黑背、黑眼、皂叹，腳有黑紋，登膛皆皂色，翅如鵑翅，頭如鷹頭，爪甲極其長大。

獨翎雕：翅上有骨，圓大如豆，能擊取勝，撩風翅止一根者是也。

滿天星：滿頭及渾身俱有白點，其圓如珠。

癩白頭：頂上不分中紋盡是白點，如癩雕形。

紫遊圈：相甚高大，下圈時先飛周回，初門三百飛遊嘴，然後直門千嘴。

紫色者名紫遊圈，皂色者名皂遊圈。

白翎雕：白臉、白須，滿身蘆花白毛，兩邊翅如雪白，或紫黑色，亦有一二披翎、一二撒尾者皆是。

玉絲環：項下白毛直接至尾，如玉環樣。亦有別色如碧玉、翠玉者。

白鶴翎：毛色潔白，形如鶴形，頭腳高大而長。

品毛棋腳：品毛正當頂中，腳上有棋子紋，或左九右一，左三右七者方是。今人不論其所在，有一便稱棋腳，失其真矣。

金鶯兒：眉及登膛俱黃，滿身皆老黃色，若暗色嫩黃者無用。

千聲子：百鳴千聲，故名千聲子。

三奇：三紋直透，頂有肉峰，千鬥莫敵。

白燕子：頭如燕頭，頷如燕頷，其聲從頷中出，飛面能食，色白者名白燕子，黑者名鐵燕子，紫者名紫燕子。

金鵃鴒：鶩鴒，即今所謂鵲也。鶉聲令令，色老黃者為金鵃鴒，若紫色名紫鵃鴒，皂色名皂鵃鴒。

白鴿兒：其聲唼唼，色如雪白，若皂色者名皂鴿兒。

珍珠鴿兒：身紫黑色，毛尖上有小白點如珍珠樣。

金彈子：身圓如彈子，堅實凝重，色老黃者為金彈子，色黑者名黑彈子。

海東青：身小眼赤嘴鉤，毛蒼黃色如海東青樣，不可多得也。

毒火球：其身滾圓如球，其色赤紅如火。

紫駝峰：紫眉上有血色毛數莖，竦起如駝峰者是。

赤虎頭：頸粗短，色紫赤。

三品：鶉有白毛三片，各處生開者，名曰三品。當頭一片為佛珠，三片連絡者為三星趕月，若五片則為五星聚奎矣。

三異：凡鶉有三般異相者，即為三異。

三圓：頭圓、身圓、腳圓。

三尖：嘴尖、眼尖、爪尖。

雙聲子：鳴時雙聲齊出。

小金鉤：眉黃色。身膛俱赤金色，嘴如鉤樣。

皂毡紫滴珠：皂毡，必細如一線。紫滴珠，非蒲膜鎖也，必左膛下或右膛下有數點紫者方是。

蘆花白：色白如蘆花，鳴時聲如竹節，鬥無敵手。

竹節青：聲如竹節，渾身青毛，與蘆花白俱稱勁敵。

紫燕頭：頭如燕頭，滿身紫色者名紫燕頭，黑色者名黑燕頭。

新月環：半環在頷下，不貫耳，不接眉，紫須紫嗉，中露白膛，曲如新月，名新月環，又名半月環。

雙環兒：兩邊翅毛或紅或白，有如雙環。

左右披翎：左翅上品毛名佩玉，右翅上品毛名拖槍，亦名帶劍，即左右披翎也。又有左右背劍、左右鈴鐺，亦因品毛所在而名。

左右插花：眉上白毛，比渾身毛略大，有如插花樣者方是。

紫袍玉帶：渾身紫色，中間有白毛一帶。

赤耳紅腮：耳色赤如胭脂，腮色紅如殊砂者方是。

黃眉紫嗉：眉細而彎長，其色如金，嗉毛純紫毫無雜色。

烏頭皂背：頭毛黑色，背毛後半純黑，並無橫紋，惟有紅尖者是也。

清 程石鄰《鵪鶉譜·合相名目》

丹山鳳長毛絨縷，赤錦爛紋，首尾通身修俊，頸毛振起如鳳，此乃鶉中之王也。咰然一鳴，萬鶴皆伏，登場孰敢爭鋒，見者盡皆卻走，此鶴則曠世而僅見者也。

五色鸞青毛、朱項、黃眉、綠眼，嘴鼻如玉，紫頷皂叹，赤面銀腳，相不雷同，彩色兼備，身首修偉者，此丹山鳳之次也。

赤絨豹毛雜長縷，頸毛則如赤風，而身短小者，此鶴中之上將也。

玉麒麟通身毛羽盡皆白色，有此異相必有奇鬥。亦要身首修偉，方稱其名。

錦毛虎通身毛羽赤錦一片，亦上將也。

生鐵牛把之不盈一握，稱之倍重他鶴，筋骨全如鐵石，皮毛堅類金鋼，此鶴最能咬鬥大鶉，登場奪幟者也。

無敵將軍對膘足重四兩，斯謂無敵大將軍。俗云：『鶴重三兩九，見者皆奔走。』此之謂也。

獅子裘通身毛羽碎雜不純，參差捲折，必要中雜絨毛，方謂獅子裘也。足粗頭闊，登場無敵。

錦絨球止有頭圓大，盡拖絨縷，紅黃闌色，亦稱奇相。

銀海紫金梁頷腹一片如銀，頂毛一線紅亦是也。又謂項下全白，一線紫頷。二者未分孰是，餘則取頂毛為正也。

赤背雕背毛一片赤如火色。

青背雕背毛一片全青皂色。

金背雕背毛一片全老黄色。
朱頂鵪頂毛一線紅赤如朱。
金抹額頂毛一線老黄如金色。
銀抹額頂毛一線全白如玉。
赤頂鷹頸毛紅如火色。
白頂鷹頸毛白如銀色。
金項鷹頸毛老黄如金。
青面獸面闊兜凹，形狀詭怪，青黑雜毛短碎光禿是也。
彩重眉重開兩眉，毛色不一，紅黄銀色上下錯綜，亦異相也。
連珠箭翅上老毛連根，白色兩翅對生，多少相合，亦異相也。
左連珠或生一翅連白數根是也。若單一根白毛，謂之珠箭也。
右連珠同上。
連珠頂頂毛斷續白毛數根是也。若止一根白毛，則謂頂珠。
連珠項頸毛接連數根白毛是也。若止一根白毛，則謂項珠。肩上白毛謂之掛白，背上白毛連者為連珠背，一根為珠背，以其名色太繁，姑並記此。
玉鈴鐺胸前一根白毛。
花鈴鐺胸前數根白毛。
左、右插花頭上一根白毛，或左或右。
白龍尾尾毛一根纖長潔白。
青龍尾尾毛一根長黑光朗，此多年之白毛變者，最為難得。
擁白旄尾上諸毛一片皆白。
金跨兩腿長毛黄如金色。
銀跨兩腿長毛白如銀色。
入銀滴珠胸前毛上點點，或紅珠或白珠無數者是也。不類常鵪，入手可辨，然雌鵪或具此相。又看尻後青黑色者，雌也。
白玉柱兩腿粗圓高大，潔白如玉者是也。
雙猿攫兩腿擎奇搓揉不定，俗又謂之通臂猿。
孤鷹攫或一足懸擎如鷹立然，皆異相也。
十八奇多年老鵪，腿皮生甲，奇者尖鱗也。足面每只九個最為難得，單奇勝雙奇，雙奇勝無奇。
十四指鵪有雙足，上累累恰有十四指者，此異相也，最為難得。
綠耳猱兩耳長毛綠如翡翠，如此等鵪最為靈異，鬥時能以巧勝狠鵪。
雌雄雁鵪鳴要如雁唳，直強者不為佳，其聲高低相和嘹嚦悠揚者上品。
龜背背如龜聳，亦云奇相。
玉啄嘴同玉色，也作奇稱。

又《不鬥劣相》 骨響鵪把入手吱吱作聲不住者，此骨響也，最不肯鬥。
雞鳴鵪聲啾啾若小雞鳴不已者，此初出嫩鵪也，並不識鬥。
麥鼻鵪鼻二點若麥皮色，亦係嫩，不識鬥。
硃眉眉闊過額，頭則扁小，不耐鬥。
蒜頭頭尖小如蒜瓣者，不耐鬥。
扁腿兩腿扁者，不耐鬥。
腳短兩腳短，則踢打不能上他鵪身，故不耐鬥。
毛厚毛不薄，則把不堅，毛多最不耐他鵪咬。
身輕身體輕小，則不耐鬥。
腳軟不耐鬥。
對相頭面眉頷叹不拗，則相善，不耐咬。
真雌不鬥。
毛如灰色毛色嫩，則不耐咬。
面色淺嫩不耐咬。

又《雜名目》 田裏宿養熱好鵪，或因過時放去，或誤使飛去，因就田野稻粱過春夏間，冬來複為人網得者，又勝於人家籠鵪。若因敗放去田裏宿，又不好矣。
敗獐子羊無角之謂獐，一見他羊鼓舞爭鬥，略經一觸即行敗走，至死亦不敢再鬥，此即敗鵪之比也。只堪養以排鬥生鵪，不可上場爭勝負。俗謂敗桶子非。
鬥雌凡雌者見鵪不鬥，亦有肯鬥者，上等有二三百嘴，中等亦有百餘嘴，然只堪陣前，不耐陣後，若遇真鬥狠鵪，此則不鬥不走，淡然而已，不可用以上場爭勝負。

育鵪鶉（養鵪鶉）

記事

清 程石鄰《鵪鶉譜・養法》 生鵪自網上得者易養，自嘈籠中得者難養。今販鶴者皆千百為一籠，共相嘈雜食宿一處，見慣狎熟，豈肯見鶴即鬥？若選有佳者，必置於空袋中餓二三日，馴其野性，忘其熟狎可也。若得於網上者，即可洗把調飼之矣。

又《飼法》 鶴之鬥者爭食也，故餵食之法為最。肥則減食，肥嫩則不耐咬，瘦則加食，瘦小則無力。只以對膘為准。無浮膘，生實肉，謂之對膘，方可上場爭鬥。生鶴之食無定數，生鶴如瘦小，則宜盡飽養壯大。熟鶴之食最宜均，熟鶴之食皆有分數，朝暮二時喂把如法，每時只在錢外勾引，不出分。稍若失調，非瘦即肥，即難定鬥時勝負，故有『食飽不鬥，飽則不肯爭食，而嘴慢則必輸於他鶉。太瘦不鬥，瘦則不經他鶴咬打。太肥不鬥』之戒。肥則畏疼，不禁咬打。

清 金文錦《鵪鶉論・畜馭法》 新鶉入手，須用溫湯或茶鹵先洗一次，以馴其性，以減其膘，務要洗得極透。當風日和暖之時，拳幹為妙，或半幹入囊，曬乾亦可。若天氣寒冷，須向火烘之。

生鶉晚間方餵食，燈下誘以穀子，飲以茶鹵，滌其嗉內肥油。

隨食即鳴者為上。拳三日始鳴者必是平常，然有六七日始鳴者，有見食不鳴，見鶉始鳴者，亦有始終不鳴而鬥者，不可輕棄也。

洗後三日，如認食切，鳴聲嘩，方可破嘴，亦必用新鶉鬥二三十嘴，看其鬥性何如，宜即隔開，再加提洗。

提洗舊用哨吹，不若口吹為妙。黃昏後臨提，用水先濕鶉耳，飲茶水一二口，將鶉首納入口中，高喊二三聲，聲宜細長。以翅張為度，有一聲即張者，有三四聲始張者，即入囊轉之，掛暗處弗動。詰朝取出，頓覺改觀，再提一日，自然雄健矣。

凡拳不必夜以繼日，更不可明日將鬥而今日分外加功。拳持著久，必中傷灑涕，須要平日摻演停當方妙。鬥之前一日，止用播弄之功而已。

每日辰初食七分，要鬥之前一日，則巳末食五分。圈中不時播弄，以穀引逗，令其精神鼓舞。次早取出，拳少許時，下糖糞後，飼穀二三十粒，即便入囊。臨鬥，盤中設穀一二十粒，見其食盡，抖毛掮翅，方可交鋒。如不抖毛，斷不可鬥。

鬥勝後，食不可飽，必以半嗉為度。入囊複掛靜處，不得放在鳴鶉一塊，以鬥後臉疼，鳴鶉聒之，恐日後膽怯多敗。

每日食半嗉，即用手把之，待食歸胸膛，方可納之囊中。食以紅穀、黃穀為主，間食以青菜、牛肉亦可。

鬥必五日為期，如非對手，不可輕鬥，切弗因勝自恃，因敗棄之。若看受傷處，以痂落皮老為度。

鶉鬥爭食，若認食不切，下圈必不能勝。

食多則生油，須用茶鹵洗之。日曬則生油，須要風中凍之。最忌有油，有油則畏疼易敗，如有膘而無油，此養馭之最善者。

鶉性各異，有宜肥宜瘦之不同，須順其性而酌商之。

凡食穀必貴稱量，五日之內，大食二次，小食三次，中食數次，酌量增減，令鶉認食歡切，未有不鬥者。

黃昏後食太多，須多把一刻，令食消化入囊。如嗉內有食，則不必再喂，嗉內無食，或食太少，當再食之，始免長夜餓傷之患。

平日蓄馭，先以極弱鶉與之鬥數嘴，以壯其膽，方喂以食。或以鶉皮包穀，令鶉咬破得穀，然後喂飽。或初以紙一層包穀，微露其穀，令鶉咬破喂之。次以棉紙三層包穀，令咬破喂之，如此則其嘴必狠。

鶉極熟亦不可恃，凡鬥時須用心防護，鬥勝便當收起手中餵食，即入囊中。遲片刻再餵食亦可，不宜任其自在圈中，或一驚飛去也。

凡鶉筋骨六分、肉止四分才佳，蓋筋勝則堅強，肉勝則易跌，故瘦者多勝，肥者多敗。然不可令其太瘦，太瘦則生怯矣。

饑鬥飽不鬥，以食少反有精神，食多反致懶怠也。

又《籠養法》 用大葫蘆解為瓢口，面六七寸者佳，五寸者亦可。用竹圈二個，與瓢口等，結線網於上。瓢旁開小孔，掛槽注水，葫蘆中用沙二寸養之。

正月飲以甘葛湯，解酒毒也。二月食以豬首胰子，速解毛也。五月食以豆羹，堅其筋骨也。減食不令其飽，落其肥也。啖以蜘蛛、蒼蠅、胡蜂子、牛糞中蛆，攻其毒，助其狠也。

夏月伏天，瓢內注水寸許，鶉立其中，自辰至未取出，用手輕輕揉搓，皺皮盡脫，如是者五六次，秋後與新鶉腿腳無異矣。

鴽本田鼠，食蠶月月氣而化，亦食蠶月月色而死，故至蠶月當避月色。

鶉得秋氣而強，食秋露而鬥，故以線囊盛之掛中庭，使之吸月飲露而鬥益狠。

鬥三五百口者，至三年則不鬥。鬥六七百口者，至四年則不鬥。鬥千嘴者，六年老死方休。

新鶉件件要老，籠鶉件件要嫩，不可不知。

過四九得之者，飽風霜者也。先春月籠之者，知風霜者也。

又《出籠調馴法》 凡籠鶉終歲餵養，內外肥油倍於在野，馭法較新鶉更難，須得半月之功。洗以茶鹵，兼且飲之，令十分油淨，再長原膘，乃可試鬥。

出籠時，不可猛取，若猛取之，必然驚撞，傷損爪甲翎毛。法當前三日先減其食，不減其水，俟精神少疲，從容取出方可。

嘴腳皺者，用溫水洗透，渾身把幹，將兩腳用綿裹之，用線扎之，放好醋內浸透為度，然後入囊過宿。次早去綿用水洗淨，皺鱗盡落，如不落盡，晚間仍照前法，不須三日，與新鶉無異矣。

嘴用小刀或磁瓦細細舌刮之，自然尖嫩，三五日初發聲，切不可與熟鶉相照，至十餘日後，須以無用鶉試之。

籠中不得舒暢，或於圈中地下常常撥弄，令其腿翅活動，筋骨舒展，方可小鬥一遍提洗一遍，如此至二十次之外，出戰可無慮矣。

《鵪鶉譜》

清 程石鄰《鵪鶉譜》 昔漢世大酺，刱為角抵魚龍之戲，角抵者兩相犄角，蓋鬥人為戲也。而於物類，則有鬥犬、鬥羊、鬥雞、鬥雉、鬥畫眉、百勞、黃頭、鵪鶉、促織之戲，亦因其風俗好尚而以遊戲寄意焉。然諸鬥法傳記俱不載，而惟雞為最著，如紀渻子疾視恃氣之喻，季郈氏芥羽金距之爭，傳聞既久。迨唐而更盛，唐賈昌弄雞於雲門，雛未出殼而知其雌雄，遠聞啼聲而辨其勇怯，且能時其飲啄，調其性情，精鑒入神，馴狎如意，何技絕至此乎。余謂馴鬥雞者妙技如此，則凡畜鬥物類皆宜然，豈獨於鵪鶉可略其法而不之求哉！余偶於筆墨之餘，閑搜秘笈，檢得此譜，由昔時抄自內府者。嗣訪諸家，間有藏留是編，率皆傳寫混訛，魯魚莫辨，複字句鄙俚，未足為法。茲因精為裁訂，廣為稽求，文以青黃，正其訛偽，俾好事者暇時翻閱，亦如馴雞精鑒，悉參其微，知時飲啄而調性情，養勇氣而遠爭妒，則余譜不為無助云。

原始

鶉之為鳥，不種不卵，蓋化生也。《埤雅》曰：『鵪，盡也，鶉，騰也。謂物之終盡，則能變化而飛騰，是為蝦蟆所變者。』《月令》曰：『季春之月，田鼠化為鴽。』注云：田鼠，蟆類。俗謂田雞。

鴽，鶉也，方冬之時，蟆含土而蟄，其性從土。春來木旺，剋殺其土而不能伸，交季月土複生，土木相從化火，因能建羽而飛，故鶉性屬火，是以性剛而好鬥。夏則北向，冬則南向，避炎寒也。其行奔奔，其飛踣踣，本性然也。衣如百結，土色短雛，本形然也。相鬥之戲，不知起自何代，惟唐外史云：『西涼廄者進鵪鶉於明皇，能隨金鼓節奏爭鬥，故唐時宮中人咸養之。』類聚夥蓄，畏寒貪食，故易為人所馴養，玩弄於股掌中耳。

相法

鵪鶉既以搏鬥爭勝負，則選其材之勇懦不可不知。如選將者，必曰虎頭、胼脅、熊臂、偉軀，方能臨陣摧敵，百戰不疲，若以軍事付諸孱懦匪人，不獨遺敵國羞，抑有輿屍之患也。是將毛色、骨法、諸相先為備列於左。

頭：頭如蟹殼闊還平，額最要闊。突似彪豺凹似鷹。面不宜善相。若得堅圓如彈子，定然臨陣作將軍。頭圓而大為上。俗云：『頭大腳大，鬥殺不怕。』

嘴：直緊如鉗硬似錐，緊則啟毛，硬則力重。三棱似玉世間稀。有三棱形者，有白如玉者，俱要緊硬，即為上相。千嘴不如三嘴巧，拔毛帶血始為奇。幹嘴不疲固好，然終不如三嘴，即敗他鶴更上也。

腿：長勁粗圓骨法全，長則上臉，勁則力重，粗則耐打，圓則骨堅。四者俱全為佳。要如蔥白兩條懸。俗以蔥白腿為上相，總之不宜黃細扁嫩。玉指幹筋須忌扁，俗有玉指頭、幹牛筋之稱，卻嫌扁短，最要圓大。脛雄掌大必爭先。脛掌雄大，蹬踢力重。

毛：毛薄須知性格靈，毛薄則性靈巧，亦且易於把洗。紅如火焰是將軍。毛紅如火，定有奇力。青黃要老灰無用，青黃色俱要老，嫩色、灰色無用。腿毛疏秀耳毛明。腿毛疏則身毛硬，耳毛明則身毛薄。

頷：黑頷一線要分明，紫頷一片色須純。銀頷須識雌雄相混，惟雌鶴無紫黑頷色，銀頷雄者，又為佳論。間雜花麻不可馴。紫黑、皂白相雜，則不為佳。

眉：黃須老色同金樣，白要如銀一線長。最忌闊過額頂上，俗謂眉硗，則不肯鬥。一見諸鶉先躲藏。

眼：凹眶珠突朗如椒，紅若珊瑚忌混淆。目珠明朗，最忌混濁，紅上黃次，瞳子二點精神。**圓大將軍靈秀巧，**作將軍則宜圓大，靈秀只可作巧鬥。**綠珠鬼眼莫全抛。**綠珠俗謂綠豆眼，諺云：十綠九不咬，肯咬即是寶。鬼眼其珠碧色，轉動不定，此二者俱不肯鬥，鬥則佳。

叹音詫：**嘴叹應知即是腮，**叹即嘴角兩紋，長侵腮者。**無分長短要查開。**此即腮邊要開闊也。**面色眉毛同叹色，難向場中作將材。**鵪相不宜順色，最要相拗，所謂黄眉皂叹，紫頷白面也。

面：**面須醜凹還須闊，不與眉頷叹色同。**此即上文所謂相拗也。**赤白蒼黄俱要老，最嫌嫩白與輕紅。**面上毛色要老，輕紅嫩白俱不耐咬。

鼻：**淨潔豐隆兩孔明，最難相稱白如銀。**白鼻為佳，亦要頭嘴俱上相，相稱為妙。**黑則帶油紅則小，麥皮血嫩總無能。**黑則油，紅則小，麥皮、血色蹋陷不明，俱不堪鬥。

骨：**骨重筋多最是強，一條腹骨硬還長。**鵪骨最要堅硬重實，方堪鬥咬。**鳶肩龜背棱撐樣，鵪立如山壓四方。**鳶肩開聳，龜背高闊，俱為上相。立則昂然如鶴，穩重難得。

胸：**挺然闊厚與寬平，毛緊皮堅露錦紋。頭大頸粗身亦稱，留心看取項問鈴。**花玉鈴鐺俱上相，俱在胸前細視。

合相名目

丹山鳳長毛絨縷，赤錦爛紋，首尾通身修俊，頸毛振起如鳳，此乃鶉中之王也。响然一鳴，萬鵪皆伏，登場孰敢爭鋒，見者盡皆卻走，此鵪則曠世而僅見者也。

五色鸞青毛、朱項、黄眉、綠眼，嘴鼻如玉，紫頷皂叹，赤面銀腳，相不雷同，彩色兼備，身首修偉者，此丹山鳳之次也。

赤絨豹毛雜長縷，頸毛則如赤鳳，而身短小者，此鵪中之上將也。

玉麒麟通身毛羽盡皆白色，有此異相必有奇鬥。亦要身首修偉，方稱其名。

錦毛虎通身毛羽赤錦一片，亦上將也。

生鐵牛把之不盈一握，稱之倍重他鵪，筋骨全如鐵石，皮毛堅類金鋼，此鵪最能咬鬥大鶉，登場奪幟者也。

無敵將軍對膘足重四兩，斯謂無敵大將軍。俗云：『鵪重三兩九，見者皆奔走。』此之謂也。

獅子裘通身毛羽碎雜不純，參差捲折，必要中雜絨毛，方謂獅子裘也。足粗頭闊，登場無敵。

錦絨球止有頭圓大，盡拖絨縷，紅黄闌色，亦稱奇相。

銀海紫金梁頷腹一片如銀，頂毛一線紅亦是也。又謂項下全白，一線紫頷。二者未分孰是，餘則取頂毛為正也。

赤背雕背毛一片赤如火色。

青背雕背毛一片全青皂色。

金背雕背毛一片全老黄色。

朱頂鵪頂毛一線紅赤如朱。

金抹額頂毛一線老黄如金色。

銀抹額頂毛一線全白如玉。

赤項鷹頸毛紅如火色。

白項鷹頸毛白如銀色。

金項鷹頸毛老黄如金。

青面獸面闊兜凹，形狀詭怪，青黑雜毛短碎光秃是也。

彩重眉重開兩眉，毛色不一，紅黄銀色上下錯綜，亦異相也。

連珠箭翅上老毛連根，白色兩翅對生，多少相合，亦異相也。

左連珠或生一翅連白數根是也。若單一根自毛，謂之珠箭也。

右連珠同上。

連珠頂頂毛斷續白毛數根是也。若止一根白毛，則謂頂珠。

連珠項頸毛接連數根白毛是也。若止一根白毛，則謂項珠。肩上白毛謂之掛白，背上白毛連者為連珠背，一根為珠背，以其名色太繁，姑並記此。

玉鈴鐺胸前一根白毛。

花鈴鐺胸前數根白毛。

左、右插花頭上一根白毛，或左或右。

白龍尾尾毛一根纖長潔白。

青龍尾尾毛一根長黑光朗，此多年之白毛變者，最為難得。

擁白旄尾上諸毛一片皆白。

金跨兩腿長毛黄如金色。

銀跨兩腿長毛白如銀色。

入銀滴珠胸前毛上點點，或紅珠或白珠無數者是也。不類常鵪，入手可辨，然雌鵪或具此相。又看尻後青黑色者，雌也。

白玉柱兩腿粗圓高大，潔白如玉者是也。

雙猿攫兩腿擘奇搓揉不定，俗又謂之通臂猿。

孤鷹攫或一足懸擘如鷹立然，皆異相也。

十八奇多年老鵪，腿皮生甲，奇者尖鱗也。足面每只九個最為難得，單奇勝雙奇，雙奇勝無奇。

十四指鵪有雙足，上累累恰有十四指者，此異相也，最為難得。

綠耳猱兩耳長毛綠如翡翠，如此等鵪最為靈異，鬥時能以巧勝狠鵪。

雌雄雁鵪鳴要如雁唳，直強者不為佳，其聲高低相和嘹嚦悠揚者上品。

龜背背如龜聳，亦云奇相。

玉啄嘴同玉色，也作奇稱。

不鬥劣相

骨響鵪把入手吱吱作聲不住者，此骨響也，最不肯鬥。

雞鳴鵪聲啾啾若小雞鳴不已者，此初出嫩鵪也，並不識鬥。

麥鼻鵪鼻二點若麥皮色，亦係嫩，不識鬥。

硃眉眉闊過額，頭則扁小，不耐鬥。

蒜頭頭尖小如蒜瓣者，不耐鬥。

扁腿兩腿扁者，不耐鬥。

腳短兩腳短，則踢打不能上他鵪身，故不耐鬥。

毛厚毛不薄，則把不堅，毛多最不耐他鵪咬。

身輕身體輕小，則不耐鬥。

腳軟不耐鬥。

對相頭面眉頜□不拗，則相善，不耐咬。

真雌不鬥。

毛如灰色毛色嫩，則不耐咬。

面色淺嫩不耐咬。

雜名目

田裏宿養熟好鵪，或因過時放去，或誤使飛去，因就田野稻粱過春夏間，冬來複為人網得者，又勝於人家籠鵪。若因敗放去田裏宿，又不好矣。

敗獐子羊無角之謂獐，一見他羊鼓舞爭鬥，略經一觸即行敗走，至死亦不敢再鬥，此即敗鵪之比也。只堪養以排鬥生鵪，不可上場爭勝負。俗謂敗桶子非。

鬥雌凡雌者見鵪不鬥，亦有肯鬥者，上等有二三百嘴，中等亦有百餘嘴，然只堪陣前，不耐陣後，若遇真鬥狠鵪，此則不鬥不走，淡然而已，不可用以上場爭勝負。

養飼各法

既有佳鵪，則養之者又不可不如法以調飼之。若不善養，縱有上相之鵪，亦有折轅之歎。如牧騏驥者不盡芻穀，又失習禦，求其為千裏也幾希矣。更列養飼調把諸法於後。

養法

生鵪自網上得者易養，自嘈籠中得者難養。今販鵪者皆千百為一籠，共相嘈雜食宿一處，見慣狎熟，豈肯見鵪即鬥？若選有佳者，必置於空袋中餓二三日，馴其野性，忘其熟狎可也。若得於網上者，即可洗把調飼之矣。

洗法

鵪最宜洗，洗則易熟，肥鵪洗去浮膘以便於把，瘦鵪洗之，骨肉盡皆堅硬，故鵪愈洗愈妙也。嘈籠之鵪已餓二三日，即以溫水洗之，毋灌耳毋沸目，只洗透通身毛羽，以薄布裹之，手中把幹者妙。毛幹則放而微調之，已出聲叫哺，則微以粟餌之，如肯搶食即已馴熟。如不出聲，但在洗時向頂上鳴哨數聲，以鼓其竅。

飼法

鵪之鬥者爭食也，故餵食之法為最。肥則減食，肥嫩則不耐咬。瘦則加食，瘦小則無力。只以對膘為准。無浮膘，生實肉，謂之對膘，方可上場爭鬥。生鵪之食無定數，生鵪如瘦小，則宜盡飽養壯大。熟鵪之食最宜均，熟鵪之食皆有分數，朝暮二時喂把如法，每時只在錢外勾引，不出分。稍若失調，非瘦即肥，即難定鬥時勝負，故有『食飽不鬥，飽則不肯爭食，而嘴慢則必輸於他鶉。太瘦不鬥，瘦則不經他鵪咬打。太肥不鬥』之戒。肥則畏疼，不禁咬打。

把法

鵪最宜把，不把不能馴，凡生鵪骨肉肥泛，故時時把之，去其浮膘，使其筋肉皮骨皆成堅頑，上場爭鬥受他鶉狠咬，不畏不傷，方可取勝。俗云『耐得老拳成好漢，咬死不走是將軍』是也。若不善把，肉肥皮嫩，遇下色鶉一二十嘴，定然畏痛，即行敗走矣。

鬥法

鵪膽最小，鬥時最忌物影搖動，疑為鷹隼，驚懼躲藏，膽落如癡，不獨臨場即輸，亦費多方調養，才能振其雄氣。故鬥時放圈下，須人聲悄靜，各使搜毛訖方齊下圈鬥。優劣既分，輸贏已定，即下食分開。其敗者俗謂桶子是也。勝鵪若帶微傷，洗養五七日即可鬥，傷若重，必要傷疤全愈，方可洗把上場鬥也。

調法

鶴既宜把，若把不釋手，則又不可，又當勤調之。把若久，則謂把過了，反傷其皮骨，不能靈動，故宜勤調。調時毋多與食，或數粒或數十粒，隨手調習數回俗謂之勾，調畢又把，把久又調，把調既久，又將入袋或任其自搜毛羽，或任其自鼓羽翼，稍以他鶴見之，此則呼奮爭先，此調之馴熟者也。然亦不可屢與他鶴見之，恐狎熟又不肯鬥。俗謂「勤勾懶照」是也。

籠法

鶴宜老者，然多年生鶴絕不可得，若養有好鶴，已鬥過時，豈肯放去，必作籠畜之。過夏籠底着土，必要幹沙土。籠面結網，晴懸露下，雨懸室中，霜打日曬亦無妨也。水粟多置籠中，任其飲啄，春時常以帶泥青草與其嗛溕，五六月間必然換毛，八九月間換毛已齊，十月間看其翅尖老羽俱滿即可。出籠時以溫水濯其足，當鬥時則照舊洗把上袋。

雜法

打浮膘添實膘浮膘累累泛起，洗透減食，時以苦茶飲之，勤勤把到，浮膘自去。瘦小無力，加食飼之，喂粟時以水拌，微帶濕，食之自然生實膘。

滾手鶴之滾手不服把也，此病皆系手冷，人亂把無常法故也。以火烘熱手，依時把之，自然服手。

糞稀人手心中有真火，鶴把過時則受此火毒，糞稀如水，當以菜葉食，或苦茶微飲，用解此病。

糞生蟲鶴糞中有活蟲裊裊動者，此食雜也。當純以粟飼之，勤把洗之，則無是病。

不鳴喚鶴飲食如常，但不鳴喚，不馴熟之過也。洗時用哨當頂鳴喝數聲，鼓其竅，壯其膽，必然出聲矣。

頭縮此因把時前指提頭不高之病，可洗透複把。

尾後坐立則後坐者，此後指重也，洗透複輕把之。

腳不直高立不高者，把時腳不扯直，大指掌後壓未緊故也，複洗重把之。

養鬥宜忌

伯樂神鑒上相名鶴，片材一藝，皆要識者辨出，方可用意飼養，庶不負真材也。故以鑒賞家為第一。此下養鶴之人。

老手善調鶴最宜調，若得老手慣家調之，方能馴熟。上相名鶉，必敦請善調者付之。

裘馬豪俊鬥鶴鶉人最要豪爽，一呼百萬，意氣淩雲。走馬鬥雞之輩，長安遊俠之徒，是所宜也。寒酸猥瑣之流，殊不相合。

童僕解意隨從童僕，皆善調把，亦養鶴之一助也。

錦袋繡籠此養之具。

曲房暖閣此鬥之地。

精室晴窗。

重幣求賢鬥有上相名鶴，不惜重價求之，豈獨名重四方，亦收賢人之用。此下鬥鶴之品。

千金馬骨遠求名鶴雖已死傷，莫悔購價，四方聞名，必得上相鶴至矣。

勝人勿驕鬥勝人鶴，自莫矜誇，恐眾人惡之，並力覓名鶴相較，致損我名。

已敗勿怒已鶴鬥敗，直作遊戲觀，慎勿怒形於色，方為有容之士，宜慎選佳者悉心重養。

敗鶴勿殺有人見自鶴敗者，輒憤怒而揉捽踏裂之，此最不可。或因一時自失調把，與鶴何與？而故殺之者，非仁人也。如此等人，一生必無名鶴到手。

肥鶴勿食有人將下色鶴或敗鶴養肥，以充口腹者，此誠無仁心之忍人也。既欲養以用其力，又複殺之食其肉，必犯造物之忌，終身不遇名鶴。

劣者即放凡有下色劣鶴，不堪調把者，即放之飛去，任其遂生，切勿仍留養之，或餓死或誤死，皆成罪過。

敗者猶飼鶴已經敗過，或仍養飼之，或養好縱之飛去皆可，切勿因其敗減食致死，俱成罪過。

勿務多養名鶴只可養一二頭，中鶉或二三頭，最善調把之人，上養得三頭足矣。若務多養，不獨把飼不周，即有失調之病。

勿貪屢鬥好鶴勿貪屢鬥，當養其力，蓄其氣，以待大敵可也。屢鬥力疲，誤輸可惜。

勿接人鬥莫謂人鶴強我，更將別鶴接鬥之，何苦必敗他鶴，亦非仁人之意。

勿接鬥人莫謂己鶴強，更接人鶴鬥之，當惜其力，恐有失誤。

因憎減食有不如我意之鶴，不可短廢其食，當即縱去，莫致傷命。

因愛責人自愛佳鶴，或誤為童僕驚觸損壞，亦不可鞭責此人，當知貴人賤畜之義。

羽毛塗毒有人臨鬥時，將自鶴毛羽上塗椒辣毒物，使彼鶴嗛咬受毒即敗者，此亦非仁人君子所為。毒物魘術，當有惡報。

手指暗傷臨鬥時，有人假意為看鶴毛色，以手指掐捏或暗藏針刺我鶴，鬥致輸與彼者，此不仁之極也。俗謂翎毛不過手，當記之。

藏勇殺弱人有上色佳鶴，飾為委弱之狀，鬥殺中下之鶴，罪過尤大。

爭敗為勝敗為敗，勝為勝，方為君子，臨場爭論，小人狀也。

名鶴混鬥有名鶴，而屢屢與雜鶴混鬥，非惟可惜，其人亦無知輩也。

勇健失調勇健佳鶴，不善調把，致令誤壞，自堪痛惜。

當場賴采注采奪標，豪興事也。若當場與人爭論，惡俗之極。

爭勝傷人有人爭勝負，以致兩相詈罵毆打者，惡俗不堪。

把調無倦養者無情心，當時刻調把之。

鬥養依時依時養之，依時鬥之，庶不失其法。

養不依法即系如前諸法。

鬥不擇地即系如前鬥地。

近市喧嘩嘩則易驚鶴。

疊觀雜沓雜則易影鶴。

義氣周貧有貧賤人，藉養鶴鬥鶴以資生者，又當破格，而周給之。

仁心及物即上不食、不傷、不殺、不塗毒之類。

譜中所載百法大備，然言究易盡，而理或難窮，凡調養有寒暖之時，而爭鬥有先後之節，又在臨事善其轉變，當局相其權宜。且鶴亦間有上相而轉劣，或無相而反優，此又格可常定而法難執一者也。惟俟博物君子，充夫法中之意，搜其法外之奇，以補是譜所未及焉。

鸕鷀分部

鸕鷀

題解

宋 温革《瑣碎録・禽獸・諸禽》 鸕鷀，色黑而頸長，能沒水捕魚。棲宿之處，其下雖水深，魚未嘗犯。諺云：『鸕鷀不打腳下塘。』

宋 戴侗《六書故》卷一九《鳥之諧聲》 鷀，䲨，疾之切。盧鷀，水鳥，似鴈而黑，善漁，漁人畜之，環約其嗉使取魚。《爾雅》曰：鷀，鶿。郭氏曰：即鸕鷀也。按盧言其色之黑，單作盧者是。相如賦曰：箴疵鵁盧。郭璞曰：盧，鸕鷀也。箴疵，《說文》作鸃鷀。張揖曰：似魚虎蒼黑色。

清 佚名《鳥譜》卷九《鸕鷀一名水烏，一名鶿，一名水老鴉，一名烏鬼**》** 鸕鷀，黑睛青黑暈，黃眶，黃頰，黃黑觜，勾喙，觜根深黃，蒼黑頂、項，蒼黑背。翅，毛末有細白紋，蒼黑尾，白頷，蒼白臆，腹黑蒼紋。脅下及近尾腹毛俱蒼黑色。黑足爪，四趾連蹼，左右內向。此鳥能沒于水底取魚，其嗉甚大，可藏小魚升許。南方漁家養畜之，以小舟架于兩旁，一舟至十數隻，俱以繩繫其嗉下，令魚不得入腹，以次放入水，擊船板作聲驅之。汩沒得魚滿嗉則撲躍水面，人即提其嗉倒魚出之，又以竹竿逐之入水。凡魚入其吭嗉，鱗甲即爛，氣亦甚鯹而無味。南方謂之老鴉魚，價賤于網罟者也。其有極健猛者，遇二三十斤大魚，則兩三鸕鷀隨之，但以觜啄其前腹分水兩翅，兩翅殘破則魚不能游泳。浮起水上，漁人鉤取之矣。《爾雅》：『鷀，鶿。』注云：即鸕鷀也，觜頭曲如鉤，食魚。《蒼頡篇》：鸕鷀，似鶂而黑，一名鶿。《本草綱目》云：鸕鷀處處水鄉有之，色黑如鴉。按《韻書》：盧與茲皆黑色，故名鸕鷀，又名鶿，其聲自呼也。亦名水老鴉，長喙微曲，善沒水取魚，日集洲渚，夜巢林木，久則糞毒多，令木枯也。《別録》云：鸕鷀屎，名蜀水花，去面上黑䵟黶誌及湯火瘡痕。南方漁舟往往縻畜數十，令其捕魚。《爾雅翼》云：鷀，一名水烏，色深黑，老則頭翼漸白，或曰白黑自是兩種。又有一種頭如蛇，其頸頗長，冬日羽毛落盡，栖溪岸木上，卒遇人不能去，則自擲入水汩沒如常，今蜀中臨水居者多畜養之。以繩約其吭，纔通小魚，其大魚不可得下，呼而取之，乃復遣去，指顧皆如人意，有得魚而不以歸者。其類啄而使之歸。漁者養數十頭，日得魚可數十斤，然魚出咽，鯹涎不美，出水之後，好張其翅，就石上暴之。《筆談》云：少陵《夔州》詩云：家家養烏鬼，頓頓食黃魚。按《夔州圖經》稱：峽中人謂鸕鷀為烏鬼，予在蜀中，見人家養鸕鷀使捕魚，不知即烏鬼也。《物理小識》云：鸕鷀，六月畏寒，養之者以絮裹之。餵以胡椒。秋冬乃放之入水捕魚，其抱子在夏，力强者能啄大魚之睛，隨其浮游，而數鸕鷀制之以上。《本草正誤》宗奭云：人言鸕鷀口吐雛，常官于澧州，公廨後有一大木，上有鸕鷀巢，日夕視之，既能交合，又有碧卵殼布地。胎生之說殊不足信也。《太平御覽》云：治咽用鸕鷀喙，治哽用鸕鷀羽，物性相制也。

（光緒）《順天府志》卷五〇《食貨志二・物産・鳥屬》 鸕鷀，見通州、霸州等志。按：一名水鴉，觜曲如鉤，能沒入深水取魚而食之。羽純黑，盧與茲皆取黑義，一名鷀鶿。《東安志》謂俗呼茲老，誤。

綜述

明 李時珍《本草綱目》卷四七《鸕鷀〈別録〉下品》 釋名：鷧音意。《爾雅》。水老鴉《衍義》。時珍曰：案《韻書》盧與茲並黑也。此鳥色深黑，故名。鷧者，共聲自呼也。

集解：時珍曰：鸕鷀，處處水鄉有之。似鶂而小，色黑，亦如鴉。而長喙微曲，善没水取魚。日集洲渚，夜巢林木，久則糞毒多令木枯也。南方漁舟往往縻畜數十，令其捕魚。杜甫詩：家家養烏鬼，頓頓食黄魚。或謂即此。又一種似鸕鷀，而蛇頭長項，冬月羽毛落盡，栖息溪岸，見人不能行，即没入水者，此即《爾雅》所謂鴢頭、魚鮫者，不入藥用。鴢音拗。藏器曰：一種頭細身長項上白者，名魚鮫。不入用。

正誤：弘景曰：此鳥不卵生，口吐其雛，亦一異也。藏器曰：此鳥胎生，從口出，如兔吐兒。故産婦執之易生。宗奭曰：人言孕婦忌食鸕鷀，為其口吐雛。常官于澧州，公廨後有一大木，上有三四十巢。日夕視之，既能交合，又有碧色卵殼布地。則陶、陳之説，誤聽人言也。時珍曰：一種鶂鳥，或作鷁，似鸕鷀而色白，人誤以為白鸕鷀是也。雌雄相似，雄鳴上風，雌鳴下風而孕，口吐其子。莊周所謂白鶂相視，眸子不運而風化者也。昔人誤以吐雛為鸕鷀。蓋鶂、鷧音相近耳。鶂善高飛，能風能水，故舟首畫之。又有似鶂而短項，背上緑色，腹背紫白色者，名青鶂，一名烏鷃。陶氏謂烏賊魚乃此鳥所化。或云即鴨，非也。

肉，氣味：酸、鹹，冷，微毒。主治：大腹鼓脹，利水道。時珍

發明：時珍曰：鸕鷀，《別録》不見功用。惟雷氏《炮炙論·序》云：體寒腹大，全賴鸕鷀。註云：治腹大如鼓體寒者，以鸕鷀燒存性為末，米飲服之，立愈。切謂諸腹鼓大，皆屬于熱，衛氣並循于血脈則體寒。此乃水鳥，其氣寒冷而利水。寒能勝熱，利水能去濕故也。又《外臺》云：凡魚骨哽者，但密念「鸕鷀」不已即下。此乃厭伏之意耳。

頭，氣味微寒。主治：哽及噎，燒研，酒服。《別録》

骨，主治：燒灰水服，下魚骨哽。弘景

附方：新一。雀卵面斑鸕鷀骨燒研，入白芷末，猪脂和，夜塗旦洗。《摘玄方》

喙，主治：噎病，發嗆之，便安。范汪

嗉，主治：魚哽，吞之最效。時珍

翅羽，主治：燒灰，水服半錢，治魚哽噎即愈。時珍，出《太平御覽》

蜀水花《別録》曰：鸕鷀屎也。弘景曰：溪谷間甚多，當自取之，擇用白處。市賣者不可信。頌曰：屎多在山石上，色紫如花，就石刮取。《別録》謂屎即蜀水花，而唐面膏方中，二物並用，未知其的。時珍曰：當以《別録》為正，唐方蓋傳寫之訛誤也。

氣味，冷，微毒。主治：去面上黑䵟黶誌。《別録》療面瘢疵，及湯火瘡痕，和脂油，傅疔瘡。大明。南人治小兒疳蚘，乾研為末，炙猪肉蘸食，云有奇效。蘓頌。殺蟲。時珍

附方：舊二，新一。鼻面酒皶鸕鷀屎一合研末，以臘月猪脂和之。每夜塗旦洗。《千金》魚骨哽咽鸕鷀屎研，水服方寸匕，并以水和塗喉外。范汪方。斷酒鸕鷀屎燒研，水服方寸匕，日一服。《外臺》

明 陳耀文《天中記》卷五九《鸕鷀》 似鶂：鸕鷀似鶂而黑，一名鷧。《倉頡篇》鴢鷧即鸕鷀也，觜頭曲如鉤，食魚。《爾雅》

胎生：鸕鷀能没於深水取魚而食之，不生卵而孕雛於池澤間，既胎而又吐生，多者八九，少者五六，相連而出，若絲緒焉。水鳥而巢高樹之上。楊孚《異物志》鸕鷀吐雛於八九，鵁鶄銜翼而低昂。杜臺卿《禽賦》寇宗奭嘗官於澧州，公宇後有大木，一株其上有三四十巢。日夕觀之，既能交合，兼有卵殼布地，其色碧。豈得雛吐口中？是全未考尋，可見當日聽人之誤言也。《本草衍義》

龍化：貞元十三年四月，上以自春以來時雨未降，正陽之月，可行雩祝。遂幸興慶宫龍堂祈禱，忽有白鸕鷀沉入水際，群類翼從其後。左右侍衛者咸驚異之，俄然莫知所往。方悟神龍之變化。遂相率舞蹈稱慶，至乙丒，果大雨，遠近滂沱。於是宰臣等上表陳賀。《舊唐》《會要》作元和十三年。

烏鬼：峽中人謂鸕鷀為烏鬼。蜀人臨水居者，皆養鸕鷀，繩繫其頸，使之捕魚，得魚則倒捉出之。杜家養烏鬼，頓頓食黄魚。《夔州圖經》《筆談》

取魚：倭國草木冬青，土地膏腴，水多陸少，以小環柱鸕鷀項，令入水捕魚，得百餘頭以充食。《隋書》

清 陳元龍《格致鏡原》卷八〇《鸕鷀》 楊孚《異物志》：鸕鷀能没於深水取魚而食之，不生卵而孕雛於池澤，既胎而又吐生，多者生七八，少生五六，相連而出，若絲緒焉。水鳥而巢高木之上。《本草衍義》：寇宗奭嘗官於醴州，公宇後有大木，一株其上有鸕鷀巢。日夕觀之，既能交合，兼有卵殼布地，其色碧，豈得云雛吐口中耶？《埤雅》：鸕鷀，水鳥似鶂而黑，一名鷧，觜曲如鈎，食魚入喉即爛，其熱如湯，其骨主鯁及噎。《格物總論》：鸕鷀大於鴨，色純黑，觜長三寸許而尖，善入水捕魚也。《夔州圖經》：峽

中人以鸕鷀捕魚，謂之烏鬼。《埤雅》：峽中人謂鸕鷀為烏鬼，蜀人臨水居，皆養此鳥。繩繫其頸，使之捕魚，得魚則倒提出之。杜甫詩云『家家養烏鬼』是也。《紺珠》：鸕鷀，一名摸魚公。《清異録》：取魚用鸕鷀，快捷為甚，江湖漁郎用鸕鷀者，名烏頭網。北史倭人以小鐶掛鸕鷀項，令入水捕魚，日得百餘頭以充食。《方書》：鸕鷀矢曰蜀水花，研水服之，令人斷酒，其頭治鯁及噎。

雜録

明 宋詡《竹嶼山房雜部》卷一二《鸕鷀水鳥即鵜今淘河鵜音啼**》** 魚食馴，則能令捕魚。

清 趙學敏《本草綱目拾遺》卷九《禽部・鸕鷀涎蛋**》** 鸕鷀形如鷺而色黑面紅，俗呼摸魚公。水鄉人家多養之以捕魚，十月後飼以狗肉，則身暖不畏寒，雖破冰入水亦不瘃死。

治腎咳，俗呼頓嗆，從小腹下逆上而咳，連嗽數十聲，少住又作。甚或咳發必嘔，牽掣兩脇，涕淚皆出，連月不愈者，用鸕鷀涎滾水沖服，下咽即止。

蛋：能打胎，有不欲留孕者，取一個白水煮服，胎即化爲血水，從小便出，多則二服，無有不驗。

清 檀萃《滇海虞衡志》卷六《鸕鷀》 滇南多山河，人畜鸕鷀以捕之，雖不致『家家養烏鬼』，亦到處有之。養鷹以捕雉、兔，養鸕鷀以捕魚，此禽之聽命於人而效所用者也。一名水老鴉，能合衆以擒大魚，或啄眼，或啄其翅，或啄其尾與鬐。魚為所困，而並舁以出水，主人取之，可謂智矣。

養鸕鷀（育鸕鷀）

紀事

清 方以智《物理小識》卷一〇《養鸕鷀法》 鸕鷀六月畏寒，養之者以絮裹之，餵以胡椒，秋冬乃放之入水取魚。其菢子在夏，强者能啄大魚之睛，隨其浮游，而數鸕鷀制之以上。

鷹分部

鷹

題解

宋 戴侗《六書故》卷一九《佳之疑》 鷹，𤸰，於陵切，鷙鳥也，飛翔下眂，搏擊以食。《說文》曰：瘖，省聲，或從人，亦作鷹。

清 陳淏子《花鏡》卷六《鷹》 鷹，一名隼，一名題肩，一名角鷹，因其頂有毛角微起，又有虎鷹、雉鷹、兎鷹之稱。（比）［北］齊人呼爲凌霄君。高麗人呼爲決雲兒。大概出遼東者爲上，内地者次之。

（光緒）《順天府志》卷五〇《食貨志二・物産・鳥屬》 鷹，海東青。《廣志》：鷹一歲爲黄，二歲爲撫，三歲爲青。《甯河關志》：鷹，鷙鳥也，來從海外，最健者曰海東青。八九月，人多以媒取之。《昌平宋志》：鷹在衆鳥間若睡寐，然久之而全剛生，然人得而調之，近之令狎，靜之使安，久之臂而使也，因以獵。《析津志》：海東青産遼東海外，隔數海而至，常以八月十五渡海而來者甚衆。古人云：疾如鶻子過新羅是也。尼嚕罕田地，是其渡海之第一程，至則人收之，已不能飛動矣。嘗諏錫寶齋云，海東青一翅，七日或八九日始得至尼嚕罕，其氣力不支，或飢而眼亂者多溺死。凡能逮此地者，無不健奮。故其於羽獵之時，獨能破駕鵝之長陣，絶雁鶩之孤塞。雲間獻奏，臂上功勳，此海青之功也。錫寶齋者，國言養鷹之蒙古名也。

綜述

明 李時珍《本草綱目》卷四九《鷹〈本經〉中品**》** 釋名：角鷹《綱目》鷞鳩時珍曰：鷹以膺擊，故謂之鷹，其頂有毛角，故曰角鷹。其性爽猛，故曰鷞鳩。昔少皥氏以鳥官名，有祝鳩、鳲鳩、鶻鳩、雎鳩、鷞鳩五氏。盖鷹與鳩同氣禪化，故得稱鳩也。《禽經》云：小而鷙者皆曰隼，大而鷙者皆曰鳩，是矣。《爾雅翼》云：在北為鷹，在南為鷂。一云大為鷹，小為鷂。《梵書》謂之嘶那夜。

集解時珍曰：鷹出遼海者上，北地及東北胡者次之。北人多取雛養之，南人八九月以媒取之，乃鳥之疏暴者，有雉鷹、兔鷹，其類以季夏之月習擊，孟秋之月祭鳥。隋魏彥深《鷹賦》頗詳，其畧云：資金方之猛氣，擅火德之炎精，指重十字，尾貴合盧。觜同鉤利，脚等荆枯。或白如散花，或黑如點漆。大文若錦，細斑似纈，身重若金，爪剛如鐵，毛衣屢改，厥色無常。寅生酉就，總號為黃。二周作鷂，三歲成蒼，雌則體大，雄則形小，察之為易，調之實難。薑以取熱，酒以排寒，生于窟者好眠，巢于木者常立，雙骹長者起遲，六翮短者飛急。

肉：氣味，缺。主治：食之治野狐邪魅。藏器

頭，主治：五痔，燒灰飲服。藥性治痔瘻，燒灰，入麝香少許，酥酒服之。

治頭風眩運，一枚燒灰，酒服。時珍，出王右軍法帖，及温隱居《海上方》。

附方新一。頭目虛運車風一箇，即鷹頭也，去毛，焙，川芎一兩，為末。酒服三錢。《選奇》

觜及爪，主治：五痔狐魅，燒灰水服。藏器

睛，主治：和乳汁研之，日三注眼中，三日見碧霄中物，忌烟熏。《藥性》

骨，主治傷損接骨。燒灰，每服二錢，酒服。隨病上、下，食前、食後。時珍

毛，主治：斷酒。水煮汁飲，即止酒也。

屎白，氣味微寒，有小毒。主治：傷撻滅痕。《本經》燒灰酒服，治中惡。《藥性》

燒灰，酒服方寸匕，主邪惡，勿令本人知。蘇恭消虛積，殺勞蟲，去面皰䵟黯。時珍

發明弘景曰：單用不能滅瘢。須合殭蠶、衣魚之屬為膏，乃效。

附方舊二，新四。奶癖寇曰：凡小兒膈下硬如有物，乃俗名奶癖者也。只服温脾化積丸藥，不可轉瀉。用黃鷹屎一錢，蜜佗僧一兩，舶上硫黃一分，丁香二十一箇，為末，每服一字，三歲已上半錢，用乳汁或白麵湯調下。並不轉瀉，一復時取下青黑物。後服補藥：以醋石榴皮炙黑半兩，蛜蝌一分，木香一分，麝香半錢，為末。每服一錢，薄酒調下，連喫二服，面皰鷹屎白二分，胡粉一分，蜜和傅之。《外臺》滅痕《千金》：用鷹屎白和人精傅，日三。《聖惠》：用鷹屎二兩，殭蠶一兩半，為末，蜜和傅。《總錄》：用鷹屎白、白附子各一兩，為末，醋和傅，日三五次，痕滅止。食哽鷹糞燒灰，水服方寸匕。《外臺》

明 陳耀文《天中記》卷五九《鷹》

瑶光星散：瑶光星散為鷹。《元命包》

鷙殺之鳥：鷹者，鷙殺之鳥。《易・通卦驗》

異名：有雉鷹、有菟鷹，一歲為黃鷹，二歲撫鷹，三歲青鷹，胡鷹獲章。《廣志》

不擊伏鷹：不擊伏鵠，不擊妊。《禽經》

變鳩：驚蟄之日，鷹變為鳩。小暑之日，鷹乃學習。處暑之日，鷹乃祭鳥。《周書》鷹則為鳩。鷹也者，其殺之時也。鳩也者，非其殺之時也。善變而之仁，故具言之也，鳩為鷹而之不仁，故不盡其辭。《大戴禮》春分之日，鷹變為鳩；秋分之日，鳩變為鷹。時之化也。《搜神記》

積怒：虎豹無事，行步若將不勝其軀。鷹在衆鳥之間若睡，寥然故積怒而後全剛生焉。《裴氏新書》虎聞聲而深伏，鷹見形而高飛。陶弘景

被八卦：八卦生鷹集之所被，六甲山靈龜之所負。《抱朴子》

爽鳩：郯子云：少皞氏爽鳩，氏司寇者也。左

逐鳥雀：季文子使太史克對宣公曰：『先大夫臧文仲教行父事君之禮，行父奉以周旋，弗敢失墜。』曰：『見無禮於其君者，誅之如鷹鸇之逐鳥雀也。』文十八子産始知然，明問為政焉，對曰：『視民如子，見不仁者誅之，如鷹鸇之逐鳥雀也。』襄二十五

鷹擊殿上：唐睢謂秦王曰：要離刺慶忌，蒼鷹擊於殿上。《國策》

蒼鷹：郅都為濟南太守時，人號為蒼鷹。《漢書》

佳名：茂陵少年李亨，好馳駿狗，逐狡獸，或以鷹鷂逐雉兎，為之佳名。鷹則有青翅黃眸、青冥金距之屬，鷂則有從風鷂、孤飛鷂。《西京雜記》

求鷹：廣漢馮顥為謁者，逐單于至雲中。大將軍梁兾遣人求鷹，止晉陽舍，人不避顥，收之。使人擊鷹而亡，顥追捕甚急，兾辭乃止。《益部耆舊傳》

出籠：馬融與伯世書曰：『憒憒愁思，猶不解懷，思在竹間，放狗逐麋。晚秋涉冬，太蒼出籠。黃棘下兔，芼以乾菜。自送餘日，茲樂而已。』

饑則為用：吕布使陳登詣太祖，登因陳布勇而無謀，宜早圖之。太祖悦，布始因登求徐州牧不獲，及登還，布拔戟斫几責之。登曰：『登見曹公言，待將軍譬如虎，當飽其肉，否則噬人。』曰：『不然如養鷹，饑則為用，飽則颺去，布乃解。』《魏志》

飛集屋：梁虞潭，字思奥，會沈充等逼京師，潭起義軍至上虞，有野鷹飛集屋，梁衆懼潭曰：『起大義而剛鷙之鳥來，破賊必矣，後如其言。』

青骹：張載搉論曰：『青骹繁霜，縶於籠中，何以效其撮東郭於韝下也？

白猿玄豹，藏於檽檻，何以知其接垂條於千仞也？」

憎眼：蘇峻時，孔群在橫塘為匡術所逼。王丞相保存術，因衆坐戲語，令術勸群酒，以釋橫塘之憾。群荅曰：『德非孔子，厄同匡人。雖陽和布氣，鷹化為鳩，至於識者，猶憎其眼。』《世説》孔愉與孔群共行在御道，逢匡術賔從甚盛，因往與愉共語。群初不視，直云：『鷹化為鳩，衆鳥猶惡其眼。』術大怒，便欲刃之。愉下車抱術曰：『族弟發狂，卿為我宥之，始得全首領。』上

飽則高颺：慕容垂請至鄴，拜墓，苻堅許之。權翼諫曰：垂猶鷹也，飢則附人，飽便高颺，若遇風塵之會，必有凌霄之志，唯宜急其羈絆，不可任其所欲，堅不從，去果不還。《載記》

百頭：元垣為冀州刺史，不恤人事，專為聚斂，好畋漁，無日不出。秋冬獵禽獸，春夏捕水族，鷹犬常數百頭，置綱十餘車。自云：寧三日不食，不能一日不出。《三國典畧》

凌宵郡君：北齊後主高緯，鷹犬皆有儀，同郡君子號鷹。曰：凌霄郡君，食縣邑，鷹之入養者，稍割大肉以飼之，至數日，乃死。《本紀》北史高思好友與諸貴書云：『仍縱於立奪馬於東門，光弁掣鷹於西市，光弁姓斫骨。』

金脚：齊王高洋，天保三年，獲白兎鷹一聯，不知所得之處。合身毛羽如雪，目色紫，爪之木白，向末為淺鳥羽，如蠟脛並黃，當時號為金脚。高帝武平初，領軍將軍趙野夫獻白兎鷹一聯。

佳鷹：太宗謂侍臣曰：『李大亮可謂忠直矣。朕遣使至其所，見有佳鷹，諷令獻朕。』大亮因密來責朕云：『陛下仌絶畋獵，而使者求鷹。若是陛下之意，深乖背旨；如其自擅，便是任使非人。』朕覽表，嘉歎不能自已。有臣若是，朕復何憂？於是賜之金壺，以彰忠讜。《唐書》

取鷹雛：永徽中，萊州人劉幸性好鷹，於界山懸崖，自縋而下以取鷹雛。欲至巢而繩絶，落於樹枝間，下皆壁立，進退無所據。大鷹見人，啗肉不至巢所，乃內樹下，聿接取肉餧雛已外，即自食之。經五六十日，雛能飛，乃裂裳以係鷹之足，一臂上係三聯，透身而下，鷹飛，掣其兩臂，比至澗底，一無所傷，仍繫鷹而歸。

結叢：源乾曜為京兆尹，仍留守京師。乾曜政存寬簡，不嚴而理。嘗有仗內白鷹，因縱逸，遂失所在，上令京兆切捕之。俄於野外獲之，其鷹絓於叢棘而死。官吏懼得罪，相顧失色，乾曜徐曰：『事有邂逅，死亦常理。主上仁明，當必不以此寘罪。必其獲戾，吾自當之，不須懼也。』遂入，自請失鷹之罪，上不問。《舊唐》

得霜鷹：蘇味道才學識度，物望攸歸；王方慶躰質鄙陋，言辭魯鈍，智不逾俗，才不出凡。俱為鳳閣侍郎。或問郎中張元一曰：『蘇王孰賢荅？』曰：『蘇九月得霜鷹，王如被凍蠅。』或問其故，荅曰：『得霜鷹俊捷，被凍蠅頑鈍。』時人服其能躰物也。《僉載》

決雲兒：申王有高麗赤獵，鷹置駕前目為決雲兒。西陽《津陽門詩》：『赤鷹黃鶻雲中來，妖狐狡兎無所依。』自注：申王有高麗赤鷹，岐王有北山黃鶻。逸氣奇姿，特異他等。上愛之每，校獵必置於駕前，目為決勝兒。

失白鷹詩：鄭繇善五言，開元初岐山王範為岐州刺史，繇為長史。範失白鷹，深所愛惜，繇為《失白鷹詩》，當時以為絶唱。其詩曰：『白錦文章亂，丹霄羽翮齊。雲間呼暫下，雪裏放還迷。梁苑驚池鶩，陳倉拂野鷄。不知遼郭外，何處別依棲。』《唐新語》

雙白鷹讚：開元乙夘歲，東夷君長自肅慎扶餘，而貢白鷹一雙，皆皓如練色。班若綵章，積雪全映，飛花碎點，所謂金氣之英，瑤光之精，指麾應捷，顧眄餘雄，當落鵰之賞，蔑仇鷁之敵，實稀代之尤也。《英華蘇題贊》

五色鷹：正元十一年二月，同州進五色鷹。八月，潞州進白鶻。《唐會要》

鷹兎相刑：王蜀先天元年，太祖寢疾，經旬文州進白鷹，茂州貢白兎，群臣議曰：『聖人本命是兎，鷹、兎至甚相刑，貢禽非以為瑞，退鷹留兎，帝疾必痊，敕命不從，是歲晏駕。』何光遠《鑑戒録》

義鷹：盱南陸氏子得山夫牡猴雛畜之，甚馴，縱其游息。猴益老，意向類姦。見婦女必跳抃，如將近之，陸謀殺之。未施手，而猴先登屋避去，無如之何？會少年臂蒼鷹，自虔來者。陸氏視其搏攫無虛向，因告以猴害。少年即俱還，據高隅發鷹，鷹摩空下瞰，猴伺鷹垂近，舉瓦自扞，鷹不能得，即穿雲以逝，主客不知所為。明日忽聞空中鈴聲，仰瞻之，乃其鷹也，方復搏翔下擊猴，仍用前計，鷹揚翮以過後，一鷹繼至，猴不擬也，遂中。其擒少年招得所臂鷹，而遂擒者委猴而去，蓋少年之鷹往招之，而來助者也。彼豈有呴呴之語，言沾沾之勢，貌以相諷動者，耶噫亦奇矣。治平末，吕南公記。

虎鷹皷山：有老僧云：『曾登靈源洞，見一禽自海上至，身大如牛，翼廣二丈餘。下於疃間低飛掠食，俄攫一羖羊，乃望海而去。』識者云：『是虎鷹，

能捕捉虎豹。」《墨客揮犀》

受緤：《鶻鶉賦》：蒼鷹鷙而受緤，戀鍾岱之林野。善曰：『鍾岱二山，鷹之所產。』《漢書》曰：『趙地鍾岱迫近胡寇。』《十洲記》曰：『北海外有鍾山，選惟玆禽之化育，寔鍾山之所生。資金方之猛氣，禀火德之炎精。生於窟者，則好伏巢於木者，則常立。雙骹長則起遲，六翮短而飛急。寅生酉就，姿號為黃。二周作鳴，千日成蒼。』隋魏彦深賦。

取鷹法：取鷹法七月二十日為上，時內地者，多寒，外者殊少。八月上旬為次。時八月下旬為下，時塞外鷹畢至矣。

相同：鵰鷹相同鵰，唯欲尾長翅短為異耳。《酉陽》

清　陳元龍《格致鏡原》卷七九《鷹》

《春秋運斗樞》：『瑶光星散為鷹。』《易通卦驗》：『鷹者，鷙殺之鳥。』《禮·月令》：『七月鳩化為鷹，然後設羅網，季夏鷹乃學習。注：雛學數飛。《月令》：孟秋，鷹乃祭鳥。注：欲食鳥先殺鳥不食，似人祭先代為食之人也。《月令》：仲春之月，鷹化為鳩。注：鷹化為鳩，喙正直不鷙搏也。』《鳥獸續考》：『古人釋鷹化鳩，但以搏擊者為鷹，不搏擊者為鳩。鳩者，鳥之總名也。余嘗嘗司鷹之職者，實赤言。鳥之類甚衆，唯角鷹黃者以鷹名，然角鷹有二種，一種兩脚有毛，一種兩脚無毛，名鷺鷥角鷹、鵰鷹。角鷹食麞鹿等獸，黃鷹食水鴨、雉雞之屬，各隨其力以相吞啖。其雄者小，雌者大，雛者易視他禽，蒼者量力求食，故養鷹者喜雛與雌也。養鷹鶻者，其類相語謂之『咊嗽』。咊音，以麥反。三舘書有《咊嗽》三卷，皆鷹鶻法度具有醫療之術。』《廣志》：『有雉鷹，有菟鷹，一歲為黃鷹，二歲撫鷹，三歲青鷹，胡鷹獲麞。』《埤雅》：『鷹，一名鷞鳩，一歲曰黃鷹，二歲曰鴘鷹，三歲曰鶬鷹。鴘次赤也，頂有毛角，微起，今通謂之角鷹。』《格物總論》：『鷹，鷙鳥，金眼，鉤觜，鐵爪，劍翮，善攫搏，軍中多養之。』《禽經》：『鴘曰鵿』。注：『鷹色蒼黃，謂之鴘。』《廣雅》曰：『鴘鷹，二歲色也。』《通雅》：『在西南夷中者曰鷲鷹，頭有三角曰角鷹。羅願謂在北曰鷹，在南曰鷂，非也。鷂小於鷹，即所謂鸇隼也。』《酉陽雜俎》：『鷹相同鵰，唯欲尾長、翅短為異耳。』《異類傳》：『漢武帝時，西域獻黒鷹，得鵬雛，東方朔識之。』《天中記》：『齊王高洋天保三年獲白兔鷹一聯，不知所得之處，合身毛羽如雪，目色紫，爪之本白，向末為淺鳥之色。蠟脛竝黃，當時號為「金脚」。』蘇頲《雙白鷹贊·序》：『開元乙卯歲，東夷君長貢白鷹一雙，皆皓如練色，斑若綵章，積雪全映，飛花碎點。所謂金氣之英，瑶光之精，高髻偉臆，長距秀頸，奮發而銳，堅剛則厲，摩天絶海，雷擊飈逝。觀其行時令，順秋殺，指麾應捷，顧盼餘雄，當落鵬之賞，蔑仇鶚之敵，實稀代之尤也。』《唐會要》：『貞元十一年二月，同州進五色鷹。』《埤雅》：『鷹善立。』《酉陽雜俎》：『鷹巢，一名菆，音鄒。鷹呼菆子者，雛鷹也。』《天中記》：『取鷹法，七月二十日為上，時內地者多，塞外者殊少。八月上旬為次時，八月下旬為下時，塞外鷹畢至矣。』《五雜組》：『教鷹者，先縫其兩目，仍布囊其頭，閉空屋中，以草人臂之。初必怒跳顛撲，不肯立，久而困憊，始集臂上。度其餒甚，以少肉啖之，初不令飽。又數十日，眼縫開，始聨其翅而去囊焉。囊去，怒撲如初，又憊而馴，乃以人代臂之。如是者約四十九日，乃開户，縱之高飛。半晌，羣鳥皆伏，無所得食，方以竹作雉形，置肉其中，出没草間，鷹見即奮攫之，遂徐收其絛焉。習之既久，然後出獵，擒縱無不如意矣。鷹畏青鷹糞，沾其身則肉爛毛脱。獵時密迹其後，畧捎之即遠逝，青鷹輒飛糞濺之，長至數尺。如是再三，糞漸微以至盡，即為鷹擊矣。物之以智相制也。』《西京雜記》：『茂陵少年李亭好馳逐，鷹鷂皆為佳名。鷹有青翅、黃眸、青冥、金距之屬。』《幽冥録》：『楚文王好獵，人有獻鷹。為獵於雲夢，烟燒漲天，毛羣羽族，爭噬競搏。此鷹瞪目雲際，無搏噬之志。俄而雲際有物，凝翔鮮白，不辨其形，鷹便聳翮而升，須臾毛墮若雪，血下如雨，有大鳥墜地。度其兩翅數十里衆莫能識，有博物君子曰此大鵬雛也。』《北齊書》：『後主驕縱無度，諸濫得富貴者，將數萬人鷹犬，乃有「儀同」之號。』《廣博物志》：『齊後主封鷹「凌霄郡君」。』《清異録》：『葛從周養一皁鷹，甚鷙，謂之黒漫天。』《國史補》：『唐申王有高麗赤鷹，岐王有北山黃鶻，皆俊健無敵。每上出獵，則擎在駕前，明皇賜號「決雲兒」。』《廣博物志》：『一種似鷹而小，蒼色，能逐鷹，名鷹舅，亦名鷹競。』《墨客揮犀》：『鼓山有老僧云：「曾登靈源洞，見一禽自海上至，身大如牛，翼廣二丈餘，下於疃間低飛掠食。俄攫一羖羊，乃望海而去，識者云是虎鷹，能捕捉虎豹。」』《五雜組》：『虎鷹能擒虎豹，亦展沙眯，其目虎畏之，遠望輒妥首藏匿。今北方鷙鳥如鵰者，亦能搏麞鹿食之。鷲則彌大，能攫牛虎矣。』《山堂肆考》：『有鳥八九月間自海外來，身尾俱短，毛羽褐色，眼圓睛黃，頭酷似猫，頭兩旁有毛豎起，似兩耳足，爪似鷹，名猫頭鷹。」《松江府志》：『有鳥名刺毛鷹，肥美，土人亦珍之，出西北山野間。」

雜録

清 檀萃《滇海虞衡志》卷六《鷹》 滇人喜趕山，多畜鷹，臂之者盈市。此皆效用於人之良禽也。故連類而記之。

清 趙學敏《本草綱目拾遺》卷九《禽部·鷹吐毛鷹條》 百草鏡：鷹每日食雀時，連毛與食，肉化而毛不化，聚成一團，如芡實大，次早吐出，收用入藥。《綱目》有鷹毛，無吐毛，故補之。按：鷹稟西方兑金之氣，其性猛烈而竄捷，故余居士以其頭治眩運，王燾以其糞治食哽，皆取其得庚辛鋭氣，一往無滯。反胃之症，食而復吐，久積於胃，不能運化，故旋出，大概由於憂鬱者居多，取此復吐之意，而又得其爽猛之性爲治，其義精矣。

治反胃，煆存性研。醫方集聽：查將軍家傳噎膈方，用牙烏灑出毛肘，即鷹吐鳥毛也。要七個，不可落地，用布接在架中，微火煤燥爲末服之，營内凡喂毛肘但在下午，次日天明卽吐出，最易得，不可使肘落地。落地則不驗。

鷹條：《本經逢原》云：鷹屎中化未盡之毛，謂之鷹條，入陰丹陽丹用，不特取其翮之善脱，以治難脱之病，并取屎中未化之羽，以消目中未脱之瞖，可謂妙用。

鷹種

題解

清 檀萃《滇海虞衡志》卷六《鷲》 鷲，大鷹也。西方人謂之鷲，滇山往往見之。

清 佚名《鳥譜》卷一一《白海青一名海東青**》** 白海青，似鷹而大，黑睛紅暈，黄眶，黑勾喙，觜根黄，兩頰及頷下蒼毛帶白。頂、項、腹、背通作粉白色，背色略帶蒼，每毛中節有蒼尖斑相對，腹毛斑細，背毛斑大，下翅蒼黑色白尖，白尾間以蒼葩。淺黄足，黑爪。云自遼東海外来，故一名海東青。擊物最捷，俊于鷹鶻。亦有黑者。《異物記》云：登州海有鳥如鵲，自高麗飛渡海岸，名海東青。擊物最捷，善擒天鵞。飛時旋風直上雲際，亦謂之海青鳥。《明一統志》云：海東青，爪白者尤異。五國城東出。

又《蘆花海青》 蘆花海青，黑睛黄眶，淺黑勾喙，黑頭頂細白花紋，背、翅毛黑白質黑莖，兩邊黑紋相對。翮、尾黑紋粗大，兩兩相比。白腹蒼斑。黄足，黑爪。

又《籠黄鷹》 籠黄鷹，黑睛黄暈，黑瞼，黑勾喙，觜根粉緑色，蒼頂，蒼頰雜以白毛。背、膊、翅、翮俱青黑，膊上間有白毛，青黑尾大黑斑白尖，臆腹白質蒼紋相次，近尾純白。黄白足，黑爪。

又《新黄鷹》 新黄鷹，黑睛黄暈，黑勾喙，頭、項、背、翅尾俱淺黑質帶土白邊暈，翅尾有黑横斑，白頷，臆、腹白帶黄毛，末有蒼斑。淺黄足，黑爪。

又《籠柏雄》 籠柏雄，黑睛黄暈，黄瞼，黑勾喙，白頷。頭、項、背、膊、青蒼色黑邊鱗次，翅尾有暗黑斑相比，臆、腹淺白帶黑花紋。淺黄足，黑爪。

又《籠鴜兒》 籠鴜兒，黑睛紅暈，黄瞼，青黑勾喙。頭、項、背、翅、尾青蒼色，項、膊上間有白毛，尾有暗白斑，白頷，淺赭臆，土白腹。黄足，黑爪。

又《風鷹一名角鷹**》** 風鷹，黄睛，黑勾喙，目下有翠青毛一片，頂後冠毛雙起。自頂、項至翅、翮皆白質淺赭邊暈，頷、腹純白色，潤白尾有淺蒼横紋相對。粉緑足，黑爪。亦曰角鷹。其翎可為箭羽，有蒼、白二種，鵰屬也。《酉陽雜俎》云：角鷹四月一日停放，五月上旬上籠。《夲草釋名》云：鷹頂有毛角者曰角鷹。杜甫《王兵馬使二角鷹》詩云：『二鷹猛腦條徐墜』，言腦上毛角猛出如絛之墜也。又《姜楚公畫角鷹歌》云：『楚公畫鷹鷹戴角。』趙次公注云：頂有角毛，勁起如鋒，今人謂之角鷹。《畫譜》：宋徽宗《角鷹圖》一軸，故李東陽題林良《角鷹》詩云：『我聞宋徽宗，亦善貌此鷹。』

又《青鵃一名題鵃，一名青鵊，一名青鸗**》** 青鵃，鷂屬，似鷹而小。雄者赤黑睛金紅眶，勾喙，觜尖黄黑，觜根金紅。頭、背、翅、尾俱青蒼色黑斑相間，頷下純白，臆、腹淺白皆帶黑花斑，腿根近尾毛深赭色。金紅足，玉色爪。雌者背、尾純青黑色，無斑，頷下無白毛，腹純青灰色，眼、目、足、爪與雄相同，特觜根有金紅道，透聯眼眶為異耳。《集韻》云：題鶥，鷂子，鷂屬。《物類考》云：青鶥似鷂而不善捕雀，弄鷹鷂家不重之，故畜養絶少。亦有紅觜、足者，文采可玩。江南人以其頷翅似燕，亦呼青鷰，或名青鵵。

又《**鷂子**一名鷂》　鷂子，黑睛黄暈，目上白紋一道，黑勾喙。頭、項、背、翅俱深蒼色，膊毛帶青灰邊，蒼翮、蒼尾皆有黑横斑，尾尖白，頷腹白質淺蒼横斑。黄足，黑爪。《爾雅》：鷂，負鵲。注云：鷂，鷂也。江東呼之為鷂，善捉雀。《禽經》：瞭曰鷂。注云：能遠視也，瞭目明白。《酉陽雜俎》云：鷂子両翅，各有複翎，左名撩風，右名掠草。帶兩翎出獵，必多獲。

又《**籠鷂子**》　籠鷂子，黑睛黄暈，黄瞼，青黑勾喙。黑頭項有赤點，青蒼膊翅間以赤邊，青蒼翮，尾黑横斑，裏毛蒼白色，臆、腹白質微赭暈，細紋鱗次。深黄足，黑爪。

又《**花豹**》　花豹，黑睛白暈，黑勾觜，頂項土黄質蒼白斑，頷下微白細蒼紋。背、膊蒼黄色雜黑白暈，黑黄翅翮白莖，蒼赭尾黑斑節，脛上蒼白細毛，短脛，黄足，趾，黑爪，鷂鷹類也，性懶而才劣，唯知捕食蝦蟆，或有已斃禽兔，就啄而食。鷹類之最下者也。

又《**黄花豹**》　黄花豹，黑睛黄暈，黑勾喙，淺黄根，頭項赭黄色帶蒼紋。背、膊淺黄淡黑相暈，黑翅翮，淺蒼黄尾，臆至脛俱淡赭黄毛。深黄足，黑爪。

又《**蝦蟆鷹**》　蝦蟆鷹，黑睛黄暈，黑黄勾喙，蒼黑頭項深蒼斑。蒼黑背膊白暈，蒼翅尾黑横紋，頷、腹米白蒼斑。黄足，黑爪。土人云，此亦鷹屬不能擒鳥雀，唯食蝦蟆。其状猥瑣，與鷹不類，更無有養美之者。

又《**鶚鷹**》　鶚鷹，黑睛黑暈，黄瞼，目旁有黑毛一片，黑勾喙，觜根微黄，青白頂項。背、膊、翅、翮俱蒼黑色，每毛尖皆有土黄暈，腹毛蒼黄色，蒼赭尾帶黑斑。青足，黑爪。

又《**花頭鷂鷹**》　花頭鷂鷹，黑睛黄白暈，黑勾喙，頰頷米黄色，頂、項黄白質蒼赤斑。頸至腹蒼赤質黄白紋，背、膊、翮、尾蒼黑色黄暈。蒼白足，黑爪。身比黄鷂鷹差小。

又《**黄鷂鷹**》　鷂鷹，似鷹，黄睛，黑勾喙。聳膊脩翮，頭、項、背、膊俱蒼黄色，翅毛蒼黑，腹、尾毛土黄帶黑。淺黄足，黑爪。每布翅翱翔于空中，不善搏擊，惟捕蟲、田雞食之。《禽經》注云：風禽，鳶類。越人謂之風伯，飛翔則天風。不善搏擊，貪于攫肉。

又《**鷂鷹**》　鷂鷹，黑睛黄暈，青白瞼，黑勾喙，觜根粉青色。蒼白頂，項黑頰深，蒼背膊，每毛皆有黑莖毛尖俱白暈，黑翮背。翅深蒼，帶黑白斑，紋腹毛白質蒼邊，黑莖蒼，赭尾帶黑斑，粉青足，黑爪。

又《**白超**》　白超，黑睛黄暈，黑勾喙。頂有蒼赤毛，頭、項、背、膊及尾俱青蒼色帶白暈，黑翮，白腹，黄足，黑爪。此鳥常迴翔空中，有所見即飛下一掠而去，亦鷂鷹之類也。

又《**黑超**》　黑超，黑睛，黑黄暈，黄瞼，黑勾喙。鼻根黄黑色，頭項蒼赭色，蒼黑背膊毛帶土黄白暈，蒼黑翮，土黄腹、背近尾有白毛，一節蒼尾，黑斑白尾，尖黄脛足，黑爪。

（光緒）《**順天府志**》**卷五〇**《**食貨志二·物産·鳥屬**》　鷂，一名鷂，一名鴟，一名鷂，一名鳶，一名隼，皆鷹類也。《爾雅義疏》曰：鷹、鷂同類。舊説，大爲鷹，小爲鷂，故《御覧》引古樂府，鷹則鷂之兒。又曰：鳶即鴟也。鴟，今順天人呼爲鷂鷹。按：《陸璣詩疏》，隼，鷂屬也。《史記·貨殖傳》：鷹隼未擊。顔注：隼即今所呼爲鶻者也。《爾雅》晨風鸇詩：鴥彼飛隼。《説文》：鴥，鸇飛兒。是隼又即鸇也。鶻，宛平、東安等志作雅鶻。《昌平宋志》：鶻善捉兔。

育鷹（養鷹）

紀事

清　陳淏子《花鏡》卷六《鷹》　鷹一名隼，一名題肩，一名角鷹，因其頂有毛角微起。又有虎鷹、雉鷹、兎鷹之稱。（比）［北］齊人呼爲凌霄君。高麗人呼爲决雲兒。大概出遼東者爲上，内地者次之。其性剛厲，不與衆鳥同羣北人多取雛養之，每日調練有法。先將雛餓一二日，使之饑腸欲絶。然後兩人離丈許對立，一以韝臂擎鷹，一持肉引之，曰作聲呼之，引其飛來食肉。久則馴熟，聞呼即至。使鷄鳥獸甚捷。日以牛豕肉少許飼之，如欲出獵，則不與之食。南人八、九月以媒取之，其鳥以夏季月習擊，孟秋月祭鳥，雄者身小，雌者體大。二年曰鷂鷹，三年曰蒼鷹。相鷹之法：在乎頂平，頭圓，頸長，臆濶，羽勁，翅厚，内緩，髀寛，身重若全，指重十字，尾貴合盧，嘴利似鈎，爪鬬如鐵，脚等枯荆，右視如傾，左視如側。生於窟者好眠，巢於木者常立，雙骹長者起遲，六翮短者飛急。至若虎鷹翼廣丈許，能搏猛虎，然其鷙悍若此，而反畏燕子，又有所不解也。

斑鳩分部

斑鳩

題解

唐 陸德明《經典釋文》卷三〇《釋鳥第十七》 鶌，竹交反，或竹牛反，字林云。鶻鵃，小種鳩也。《毛詩草木疏》云：斑鳩也。桂陽人謂之斑隹。

宋 戴侗《六書故》卷一九《鳥之諧聲》 鳩，居求切。鳩類不一，《傳》曰：少皞氏官有五鳩。祝鳩氏，司徒也；雎鳩氏，司馬也；鳲鳩氏，司空也；爽鳩氏，司寇也；鶻鳩氏，司事也。杜氏曰：祝鳩，鵻鶉也；雎鳩，王雎也；鳲鳩，秸鞠也；爽鳩，雁也；鶻鳩，鶻鵃也。《說文》曰：鳩，鶻鵃也。徐鍇曰：秸鞠，布穀也。按：《今俗通》謂鳩者，有斑鳩，又謂班隹，其差小者，頸有白斑點，其聲若曰『布穀』，故謂之布穀，又謂勃姑，又謂步姑。班鳩之聲略似布穀而短濁。拙於營巢，架搆數支便卵翼其上，故俗謂拙鳩。鳩未嘗居鵲巢，詩人盖假設以比興也。班鳩、布穀，膳食之珍，又有青鳩好食桑黮，食黮而醉，每為人得其聲畫壺，故俗謂之畫壺。又謂禍烏詩所謂『吁嗟鳩兮，毋食桑黮。』《周禮》中春獻鳩以養國老，殆此物也。其他鳩類不可悉舉，惟班佳、布穀單以鳩名，借為鳩聚之鳩。《傳》曰：五鳩，鳩民者也。又曰：釋三國之圖，以鳩其民，曰：敢使魯無鳩乎？

清 王筠《說文解字句讀》卷四上《文三 重一》 鶻，鵃也。《字林》：骨鵃，小種鳩也。《小宛》、毛傳作鶻鵰。《莊子》鷽鳩。《釋文》作學，崔云學讀為滑，滑鳩，一名滑鵰，李巡作骨鵰。《東京賦》作鶻嘲。陸璣詩疏：鶻鵃，一名斑鳩。桂陽人謂之斑佳，似鵓鳩而大，項有繡文斑然，陰則屏逐其匹，晴則呼之。語曰：天將雨，鳩逐婦是也。

清 朱駿聲《說文通訓定聲》卷一二《骨九名凡骨之派皆衍骨聲》古忽切 鶻。鶻，鵃也，從鳥骨聲。《爾雅》：鶌鳩，鶻鵃。孫注：一名鳴鳩。《左昭十七》傳：鶻鳩氏。注：鶻，鵰也。《詩草木疏》：鶻鳩，斑鳩也，桂陽人謂之斑隹。《廣雅》：鶻鵃，鵴鳩也。按：經傳几單言鳩，或言鳴鳩，皆此也。【別義】《方言》：八野鳧，南楚之外，大者謂之鶻蹏。

（光緒）《順天府志》卷五〇《食貨志二・物產・鳥屬》 鵓鳩，斑鳩。鵓鳩見宛平、香河等志。斑鳩見《懷柔志》。按：《本草綱目》，鵓鳩即斑鳩，實則一類而形色稍別。斑鳩有文彩而不鳴，鵓鳩又名鵓鳩，性最拙，不能爲巢，故或稱拙鳥。天將雨，逐其匹，晴則呼反之。其一種形小而善鳴者，謂之水鵓鴣，因其聲以爲名也。

綜述

明 李時珍《本草綱目》卷四九《斑鳩宋嘉祐**》** 釋名：斑隹音錐、錦鳩范汪方、鵓鳩《左傳註》、祝鳩。時珍曰：鳩，鵓，其聲也。斑，錦，其色也。隹者，尾短之名。古者庖人以尸祝登尊俎，謂之祝鳩，此皆鳩之大而有斑者。其小而無斑者曰隹，曰鵻，音葵，曰荆鳩，曰楚鳩也。鳩之子曰鵓鳩，曰役鳩，曰糠鳩，曰郎鶪，曰辟鶪。揚雄《方言》混列諸鳩，不足據。

集解禹錫曰：斑鳩，是處有之。春分化為黄褐侯，秋分化為斑鶴。黄褐侯，青鶴也。宗奭曰：斑鳩有有斑者，有無斑者，有灰色者，有大者，有小者。雖有此數色，其用則一也。嘗養之數年，並不見春秋分變化。時珍曰：鳴鳩能化鷹，而斑鳩化黄褐侯之説不知所出處，今鳩小而灰色，及大而班如梨花點者，並不善鳴。惟項下斑如真珠者聲大能鳴，可以作媒引鳩入藥，尤良。鳩，性慤孝，而拙于為巢，纔架數莖，往往墮卵。天將雨，即逐其雌，霽，則呼而反之。故曰：『鶻巧而危，鳩拙而安。』或云：『雄呼晴，雌呼雨。』

鳩肉，氣味甘，平，無毒。主治：明目，多食益氣，助陰陽。《嘉祐》久病虛損人食之，補氣。宗奭食之令人不噎。時珍

發明時珍曰：范汪方治目有斑鶴丸。《總錄治目》有錦鳩丸。倪惟賢氏謂斑鳩補腎，故能明目。竊謂鳩能益氣，則能明目矣。不獨補腎已爾。古者仲春羅氏獻鳩以養國老，仲秋授年老者以鳩杖，云鳩性不噎，食之且復助氣也。

血，主治：熱飲，解蠱毒，良。時珍

屎，主治：治聤耳出膿疼痛，及耳中生盯聹，同夜明沙末等分，吹之。時珍

雜録

明 陳耀文《天中記》卷三《鳩逐婦》 《埤雅》曰：鵓鳩，陰則屏逐其雌，晴則呼而返之。語曰：天將雨，鳩逐婦。《爾雅翼》云：今人辨其聲以為無屋住，云雲覆北斗，北斗者不欲雲覆之，有黑雲覆之大雨。《傅子》《天文要集》韓休《喜雨賦》：天垂貫斗之雲，神召離畢之月。

清 方以智《物理小識》卷一一《辨鳥獸雌雄》 鵓鳩，雄鳴晴，雌鳴陰。

斑鳩種

題解

宋 戴侗《六書故》卷一九《鳥之疑》 隹，[illegible]，職惟切。又子回都二切，短尾鳥也，今俗以短後為隹。[illegible][illegible]孔父鼎文，[illegible]父丁鼎文，別作雛。《詩》云：翩翩者，鵻。陸氏曰：鵻，音隹，本又作隹。《爾雅》曰：夫不，方浮切也。陸氏曰：夫不，一名鵓鳩。李巡曰：楚鳩也。郭璞曰：鵓鳩也。徐本《說文》：鵻，祝鳩也，隹聲。孫氏：思允切。或作隼。杜預曰：祝鳩，鶻鳩也。鶻，音焦，本又作焦。按：詩自有隼字，隹亦非隼聲。杜氏：蓋祖《說文》以祝鳩為鵻，而傳寫之譌，遂以隹為焦耳。按郭氏所謂鵓鳩即布穀也。今人以班鳩為班隹，班隹，布穀，短尾鳥也。故又名隹，而後人又益以鳥，殆為繁復也。又于追切，鐘鼎文皆借此為『惟』字，又子罪切。《莊子》曰：山林之畏隹。

清 佚名《鳥譜》卷五《火紋斑》 火紋斑，紅睛，青白觜，米白頷，頭、項、臆、腹俱紅灰色。背、膊赭黃毛色，黑暈。肩毛青灰邊黑裏。青黑翅尾，紫粉足，黑爪。《本草衍義》云：火紋斑小于鵓鳩，青觜，赤目，紅足，翅尾青黑色，背有褐黃文如火焰然，故名。案：斑與鳩雖同類，實係二種，有紋者曰斑，《宋本草》所謂斑，隹是也；純色無紋者曰鳩，諸書合斑與鳩為一，非是。

又《綠斑一名山斑》 綠斑，大如鵓鴣，黑睛青紅重暈，縹白觜，項、頰、頷、臆俱嫩柳綠色，腹色稍淺。項毛深綠色，紺背醬，紅膊，青黑翅尾，腹毳有青白文，脛上有毛，黑頭，紅足、爪，北方山中多有之，亦名山斑。

又《南綠斑一名鸊鷉》 南綠斑，黑睛，短紅觜，觜根花白毛連眼，頂、項醬黑色，頷、腹稍淺，背毛翠綠如鱗，以蒼色間之。近尾背毛有踈白一節，黑翅尾，尾傍毛有雜色，粉紅足，黑爪，出于南方，故俗名南綠斑。掌禹錫曰：綠斑，北人呼為鸊鷉，言其毛翠不整齊，如衣之藍縷也。

又《紫斑一名糠斑》 紫斑，赤睛黃眶，黑觜，青灰頭，項有黑毛，背、膊紫赤，頷、腹粉紫，腹毛近足尾處青灰色。黑翅，黑尾白尖，黑足、爪。《本草廣義》曰：四、五月間出一種斑雛，身背紫紅色，項有黑點小而成暈，俚俗謂之糠斑。

又《戴勝一名戴鵀，一名戴南，一名戴鳻，一名鵀鶝，一名服鶝，一名織鳥》 戴勝，鳩屬也，長觜黑色，黑足，頭褐黃色，兩翅黃白黑三色相間，尾根亦有白毛，頂有花羽十餘，鳴則頂花開張，蒙茸如花，勝然。《爾雅》戴鵀注云：鵀，即頭上勝，今亦呼為戴勝。《方言》云：燕之東北朝鮮，洌水之間謂之鶝鴀，自關而東謂之戴鵀，東齊海岱之間謂之戴南，南猶鵀也。或謂之鵀鶝，或謂之戴鳻，或謂之戴勝，吳揚之間謂之鵀，自關而西謂之服鶝，或謂之鴀鶝。郭璞注云：勝所纏紝戴頒，頒者鳩之族也。《禮記・月令》：戴勝降于桑。注云：戴勝，織紝之鳥，唐張何有《織鳥詞》。

又《黑鳩一名可姑，一名鶻鵃，一名鶻鳩》 黑鳩，黃睛，黑黃觜，青黑頭，項青黑，背蒼黑，翮翅青黑，尾有白紋點，頷下青灰色，臆、腹微白，帶黃，有黑橫紋，相次短，黃足，米色爪，其趾前後各兩，其鳴作可姑聲，故亦名可姑，即《爾雅》之『鶻鵃』也。《爾雅》：鶌鳩，鶻鵃。注云：似山鵲而小，短尾青黑色，多聲。今江東亦呼為『鶻鵃』。疏云：《春秋左氏傳》云：鶻鳩氏，司事也。杜注云：鶻鳩，鶻鵃也。春来秋去，故為司事。即此鶌鳩也。《毛詩名物解》云：鳴鳩，或謂之鵲鳩，或謂之鶻鷳。《禽經》：鳩，拙而安。注云：《方言》曰：鶻鵃，蜀謂之拙鳥，不善營巢，取他鳥巢居之，雖拙而安處。《詩》：維鵲有巢，維鳩居之。《傳》云：鳲鳩不自為巢，居鵲之成巢是也。

案：鶻鵃，即周頌拚飛維鳥。注：鷦鷯生鵰之雛。注：詳水喳子。

又《刺毛鷹》 刺毛鷹，黑睛，黄眶，黑觜，味根微黄，頭、項、背、膊俱黑，每毛有暗白邊，黑翅，尾白尖，赤黄點，逐節相比，尾毛中白點與兩邊赤黄點相對，頷下黑白雜色，臆、腹白質，帶黑横紋，有似鷹胸短，黄白足，前後各兩趾，鳩類也。常栖止松林，春三月時，松尖花落葉生，有一種黑毛蟲食其新葉，此鳥專食此蟲，故有刺毛鷹之稱。其肉肥脆，而有松香，江南人以為珍味，又有一種觜勾如鷹者，亦食此蟲人，亦捕食之也。

清 陳元龍《格致鏡原》卷七九《祝鳩》 《埤雅》：祝鳩，性壹而孝。《方言》鶉音皐，其鴿鳩謂之鸊鷎，自關而西秦漢之間謂之鵴鳩，其大者謂之鳻鳩，鳻，音斑。其小者謂之鴿鳩，或謂之鵻鳩，鵻，音葵。或謂之鴉鳩。鴉，音浮。梁宋之間謂之鷂鳩。《詩》疏：鵻，其今小鳩也，一名鴉鳩，幽州人或謂之鶉鵖。《埤雅》：少皞氏以鳥名官，鵻鳩孝故為司徒，主教民籍，《虞槐賦》曰『春棲教農之鳥』，即鵻是也。鵻，今鳻鳩也，壹宿之鳥。壹宿，壹於所宿之木，一名荆鳩，一名楚鳩，一名鴉鳩，一名乳鳩，一名鵴鳩，一名鴿鳩，一名鵻鳩。鵻與鳲鳩皆壹鳥也，故有尸祝之號。《爾雅翼》：《詩》曰：翩翩者鵻。《毛傳》云：鵻，鳺鴀也，一宿之鳥。鄭箋云：鳥之謹慤者，人皆愛之，此是謹慤孝順之鳥也。《庶物異名疏》：《詩傳》：鵻，夫不音巫浮也。李巡曰：今楚鳩也。《爾雅翼》云：頭有贅，物之拙者，不能為巢，纔架數枝，往往破卵。無巢不能居。天將雨，則逐其雌，霽則呼而返之。按：此則是鳥孝而不義者，得毋以衛母，故而暫逐其雌乎。《廣志》：楚鳩，一名嚀哘。《格物論》：祝鳩，鵪鳩也。鵪鳩，一名鴉鳩，一名斑鳩，一名斑隹。有斑者，有無斑者，有灰色者，有小者，有大者。《本草》：斑鳩，春化為黄褐侯，秋分化為斑鵻。《埤雅》：斑鳩，似鴉鳩而大。鴉鳩，灰色無繡項，陰則屏逐其匹，時晴則呼之。語曰：天將雨，鳩逐婦是也。斑鳩項有繡文斑然，故曰斑鳩。《庶物異名疏》：《本草》：斑鳩春分則化為黄褐侯。《埤雅》云：鴉大如斑鳩，綠色，所鳴其民有禍，一名黄褐侯，鵻所化也。《田家雜占》：鳩鳴有還聲者，謂之呼婦，主晴；無還聲者，謂之逐婦，主雨。

中獸醫總部

中獸醫總部説明

中獸醫總部依照醫科分類，分爲基礎理論部、診斷學部、方藥部、針灸部、内科部、外科部、産科部、其他科部八部，各部之下再依不同畜種分目，共輯録相關材料三千七百餘條，約九十二萬字。

獸醫起源于人類對動物的馴服、豢養和畜養，在西周時期就已經出現了專門診治獸病的獸醫：『獸醫掌療獸病，療獸瘍。凡療獸病，灌而行之，以節之，以動其氣，觀其所發而養之。凡療獸瘍，灌而劀之，以發其惡，然後藥之，養之，食之。凡獸之有病者，有瘍者，使療之。死，則計其數以進退之』，標志着中獸醫已經從原始醫學中獨立出來，成爲一種專門性的技術。傳統中獸醫的相關史料以《司牧安驥集》《元亨療馬集》等獸醫著作爲主幹，《齊民要術》《肘後備急方》等農書、醫書及文人筆記等古籍之中也間有保存。就現存中獸醫的史料來看，中國傳統中獸醫的發展主要以馬爲主要研究對象，這是源于馬是古代交通的主要動力和武備國防的重要組成；其次爲牛，則是源于牛是農業國家主要生産工具的需求；其他如猪、駝、羊、禽等疾病的防治則往往處于附屬地位，史料留存不如前兩者豐富。

中獸醫的醫學思想和醫學理論與人醫同源，又因治療對象的不同而略有變異。中獸醫學以古代樸素的唯物論和辯證法爲基礎，以臟腑經絡學説爲核心，以陰陽五行爲説理工具，從『獸天相合』的整體觀念出發，按照辨證論治原則對獸病進行診斷和治療。其中，陰陽五行思想是獸病診療的指導思想，如病分陰性（寒性）病和陽性（熱性）病、藥分寒（包括凉）藥和熱（包括温）藥、以五行配五臟等，陰陽相互依存、制約、資生、轉化，五行相生、相克、相侮、相乘，雖然科學性有所欠缺，但的確推動了傳統中獸醫學的向前發展。『獸天相合』的觀念對中獸醫的整體觀和臟腑理論具有較大的影響，如《胡先生清濁五臟論》云：『頭即象天足象地，兩眼呼爲日月明。天有五星辰宿位，地有五岳五山尊。……馬有五臟立身形』，就是認爲馬體爲一小宇宙，與天地自然相類相通。

中獸醫診斷疾病的方法是望、聞、問、切四診，以『八證論』爲核心，輔以病因、臟腑、氣血津液等辯證方法，隨着時間的推移而逐漸完善。先秦時期，儘管《詩經》等文獻中已有『爾牛來思，其耳温温』等可用于診斷的文字，但并不具體和系統，秦漢魏晋時期也缺乏明確的記載。唐宋時期，四診法的應用較爲普及，并有了較高水平。如望診有望精神、望形體、望皮毛、望動態、查口色等，聞診有聞叫聲、聞呼吸、聞腸音等，觸診有觸摸鼻端、口腔、耳根、牛角、穀道入手（直腸檢查）等多個方面。元代的診斷學在診斷理論和技術上頗有進展，如《痊驥通玄四十六説》從五臟内境受病訣、五臟外應受病訣、五經受病真象訣等方面論述了馬體生理、病理和診斷各經病的症候依據，豐富了五臟論的辨證診斷内容。明清時期的獸醫診斷學已經形成一套較爲完整的體系，主要表現爲四診法的完善和確立、八證（寒熱、虛實、表裏、邪正）辨病理論的形成，對多類疾病的診斷水平有了較大的提高，也出現了《點痛論》《卞寶起卧入手論》等針對專門疾病的論述。另外，這一時期的牛病、駝病、羊病、猪病的診斷也獲得了較大的發展。

中獸藥方劑的歷史可以追溯到古人對于野生動物的馴服和畜養。西周時期的專職獸醫已經開始使用方劑治療畜病，居延漢簡等漢簡中則出現了『治馬傷水方』等方劑，其組成一般較爲簡單。西晉葛洪《肘後備急方》記録醫獸病方十八個，包括湯劑、散劑、膏劑、丹劑等，用藥方法包括灌口、灌鼻、啖等内服方法和敷、涂、洗、熨等。北魏賈思勰《齊民要術》載有畜用方劑四十餘個，劑型較前增加了酊劑、消毒劑、烟熏劑等，用藥方法增加了浸漬、裹等。唐代出現了我國現存最早的獸醫方劑專著《安驥藥方》，共載方一百四十五個，分爲二十五類，劑型多達一百八個，藥味劑量、配伍組成和給藥方法也更加複雜多樣。經過宋、元的進一步發展，中獸醫方劑學在明清時期達到了高峰，《新編集成馬醫方牛醫方》《新刻注釋馬牛駝經大全集》等相繼涌現，對用藥理論、臨症應用等方面進行了總結性論述，使中獸醫方劑學形成了較爲完整的理論體系。值得注意的是，約從乾隆以後，治療馬病的馬方書逐漸衰落，治療牛病的牛方書開始大量涌現。

針灸火烙術是與藥物治療長期并存的中獸醫治療手段，是治療畜禽疾病的有力措施。中獸醫中的針灸術起源較早，相傳西周穆王的御者造父曾用針刺放馬頸血以泄血熱，秦穆公時期的孫陽也善用針灸治馬病，後世針灸治獸病的著作多有托名于此二人者。葛洪《肘後備急方》、賈思勰《齊民要術》都有相關的記載，以針灸治馬病應該已相當普遍。唐代《伯樂針經》是我國現存最古的獸醫針灸文獻，記録孔穴名七十三個，穴位數一百五十二個，詳細指陳了各穴的適應症以及相應的針具和針刺手法，標志着中獸醫針灸學術體系的形成。宋代以降，相關技術繼續得到發展。大體而言，馬體針灸在明代發展較突出，牛體針灸在清代發展較突出。

西周時期的獸醫『掌療獸病，療獸瘍』，獸病即内科，灌以湯藥；獸瘍即外科，須刮去瘡口膿血腐肉後施以藥食，意味着内、外分科意識的産生。中獸醫内科病的診治主要包括起卧症、脾胃經病、肺經病、腎經病、心經病、肝經病等，《司牧安驥集》《痊驥通玄論》《元亨療馬集》等歷代獸醫學著作均有持續的探討和發展。外科主要包括創傷、腫毒症、黄症、蹄病、去勢等，手術内容主要包括膿腫切引術、清瘡術、開喉術、取槽結、開顱術、割骨眼、混睛蟲穿刺術等等。唐代《安驥藥方》中列有《治馬母方》《治馬駒方》兩目，首次出現了産科的獨立，但在此後的疾病分類中，仍與外科、内科等混雜在一起。中獸醫産科對母畜懷孕期的孕娠病、生産時的助産、産後病等都有所認識，對胎氣、胎動、胎風、胎衣滯留等提出了有效的治療措施，但對難産缺乏有效的治療措施，反映出相關技術的局限。

中獸醫總部

基礎理論部

馬

論說

唐 李石《司牧安驥集》卷二《馬師皇八邪論》 黄帝問曰：夫馬有八邪之病，遂逐天地寒暑而往來，五臟傳遍，而散其病形、大小體貌皆何如？馬師皇答曰：八邪病者，風寒、暑濕、饑飽、勞役是也。即無大小，遍傳五臟，並攻四肢，其為疾，當隨處而攻也。一曰：風傷肺。皮毛肺之合也。風邪先舍於皮毛，久邪舍於所合。故曰：風傷肺。二曰：寒傷脾。脾土也，惡濕，寒濕皆為陰氣也。故曰：寒傷脾也。三曰：暑傷六腑。六腑為陽，陽在上，暑火氣也，火炎上。故曰：暑傷六腑。四曰：濕傷腎。濕屬土，腎屬水，土克水，故曰：濕傷腎。五曰：饑傷脂。脂與肉兼生，凡馬水草足，則肥而有脂；水草不足，則瘦無脂。饑謂水草不足也，故脂傷焉。故曰：饑傷於脂。六曰：飽傷五臟。飽謂水草太過。水草倍，則腸胃傷。故曰：飽傷五臟。七曰：勞傷心。心之液為汗，勞則汗出，遂損心液。故曰：勞傷心。八曰：役傷肝。役，行役也，久則傷筋。肝主筋，故曰：役傷肝。然風寒暑濕者，四時之病也，為外陽受病，與陰藥而服之，是治陽之病也；饑飽勞役，一體之病也，為內陰受病，與陽藥而服之，是治陰之病也。一日於皮膚，大腸受病，二日於表，胃受病，三日於血心受病，四日傳臟腑，五日諸臟受病，六日三陰三陽受病，七日遍攻，八日亂攻，九日三損，十日病滿，醫療失時，此是十種日之病也。皮膚在六腑上，陽也。馬食水穀，然後為力；水穀在腹中化為氣血，氣血乃行於皮膚，其糟粕傳與大小腸。小腸連心，心屬火；大腸合肺，肺屬金，肺象華蓋，是五臟之蓋，以屬於太陽也。心屬南方丙丁火，經屬於統陽也。內腎隱精，以屬於太陽。肝為厥陰，脾為太陰，外為少陽以宰也。六日三陰三陽，唯厥陰主病。內損魂傷，肝中隱魂，肺中隱魄，心內藏神，腎內藏精，三陰三陽皆受病。七日遍攻，內外俱盡，九日三損，損其三焦，毛髮乾枯，筋甲不隨，行動無力，牙齒動搖。夫馬出相者，是馬五臟之神變，內即有病，外而顯之。人相之者，見其外，以知其內，是以凡馬有病先看口色，晝即相其行步，夜即聽其喘息，即知病源，然後觀其逆順，定其吉凶，莫不因八邪而生也。

元 卞管勾《校正增補痊驥通玄論・痊驥通玄四十六說》第一說《馬肝經內經受病訣》 夫肝者，屬東方甲乙木，重三斤十二兩。旺于春，生于風，內隱三魂。按五音為角，其色青，其脉弦，其神青龍。在天應為歲星，在地應為草木，在體應為筋甲。東方甲乙木者，萬物之始也。未折者，乃為甲也；乙者，陽上曲未伸，故為乙。按本經云：厥陰、少陽離太陰上近，去少陰不遠；厥陰者，陰之極也，少陽者，陽氣未多也。內經曰：肝為臟，膽為腑，肝膽相連，故為夫婦之說。肝為木，受清汁三合，重二兩六錢。馬為食人，于軒轅時，有上界王董仙，摘其膽，至今犹存汁三錢，号清露之神。故生于怒，怒傷肝。肝納酸味，酸，傷筋也。歌曰：甲乙為震五行初，肝生于膽在春居。左短右長都五葉，三魂不離在身軀。五音為角周天度，在天應為歲星居。在地草木為本相，在休應為筋甲居。

又 第二說《馬心經內經受病訣》 夫心者，屬南方丙丁火，重一觔十二兩，上有七孔三毛。七孔者，眼耳口鼻是也；三毛者，陰戶俱于土分，其二火戶，俱于二下，其一也。世俗不知根究，皆傳心內有七孔三毛。准人遠矣，乃餘精血藏其神，神者，朱雀也。旺于夏，生于熱。心為旺臟，乃陽中之陰也，是名少陰。心者，君象也，号曰五明之宮。按五音云，為徵，其色赤，其脉洪，其帝炎帝。在天為熒惑星，在地為火，在體為血，血則潤其身，是故心屬南方丙丁火，能焦物。心納苦味，主喜色，喜則傷心也。歌曰：心屬南方号丙丁，一觔十二不須秤。心內藏神為帝王，三毛七孔說交眞。眼耳口鼻為七孔，二火陰戶為三毛。後人若識生和死，金木水火土中抱。

又 第三說《馬肺經內經受病訣》 夫肺者，屬西方庚辛金，重三斤十二兩。旺于秋，生于燥。肺有四葉，傍有兩小葉，共六葉，若蓮花之狀，為華蓋之神，內隱七魄。按五音云，為商，其色白，其脉浮，其神白虎。在天為太白星，在地為金石，在體為皮毛。肺屬西方庚辛金，号曰極樂耶尼之國，清淨之鄉。肺合大腸為傳送之腑。按本經云：太陰陽明虛實，此為直腸之說。

辛味主變色，憂傷肺也。歌曰：肺經居兌是庚辛，三斤十二按經書。大小共同都六葉，狀是蓮花色嫩新。七魄不離形左右，商按天上太白星。在地金石是本相，在體皮毛屬肺經。肺合大腸為傳送，本住耶尼極樂宫。五行造化都說盡，金木水火土中尋。

又 第四説《馬脾經内經受病訣》 夫脾者，屬中央戊己土，重二斤二兩，長九寸，廣四寸三分。旺四季。其色黃，其脉緩，其神勾陳，按五音云，為宫。在天為鎮星，在地為土，在體為肉，在臟為脾。脾者，乃运草穀，草穀不消，脾不磨也；脾若不磨，則胃實不轉者，名曰胃氣不和。脾乃臟中之母，分旺于四季，軒養各旺一十八日，共旺七十二日。脾無正位，分在四季；胃為艮土，常有諫議之心。脾者，太陰主其病，太，多也；胃者，陽明也，明，顯明也。納甜味。脾主思，思則傷脾也。歌曰：脾季來旺四處分，五音為宫号鎮星。在地為土多變化，在體為肉各居身。脾臟运磨化草穀，消磨不轉惹祸根。也是婦人無正事，至今作客四居存。

又 第五説《馬腎經内經受病訣》 夫腎者，屬北方壬癸水。内生于寒，旺于冬。重一斤十二兩。有兩個，左即為腎，右即為命門。内主其志，為精。按五音云，為羽，其色黑，其脉沉，其神玄武。在天應為辰星，在地為水，在體為骨髓，乃壯其形。腎是北方壬癸水，是陽中之陰，腎為烈女，北陰之神，腎合膀胱為其道。膀胱重九兩三錢，長九寸，廣五寸，受津液五升三合，有出無入，故名津液之腑。若不及者，即遲滯也，屬陰；太過者，即注滯，注則盈，盈則轉，轉則成大患也。腎為虚，膀胱為實。納鹹味，主恐色，恐則傷于腎也。歌曰：壬癸屬水腎經傷，一斤十二是尋常。膀胱津液為道路，五音為羽按宫商。其帝在天為辰宿，在地為水腎經良。在體為骨水之狀，有出無水膀胱路。盈盈不出太過傷，津液閉塞遲澀滯。腎納鹹味主恐色，臟腑不及必受殃。

又 第六説《馬肝經外應受病訣》 肝，東方甲乙木；卦屬震宫，能養三魂之氣，乃借筋甲為本。肝者，尚書也。肝膽為清淨之腑，不受邪毒，病慢即攻于眼目，兩瞼生瘡，多生翳膜遮睛，或生閃骨，磨得睛昏，頻頻泪下，餘熱多發驚狂。風邪傳于肝臟，故乃東西亂走更若脚狂眼暗，形如醉狗，其病必死，難醫。肝為臟，膽為腑，肝生于木，遍傳筋甲不散，此者，乃厥陰之症。但春抽六脉之血，自然風患少矣。歌曰：肝病多饒口色青，頭眩耳搭眼矇朧。精神短少水草慢，多因命盡在幽冥。

又 第七説《馬心經外應受病訣》 心者，南方丙丁火，卦屬離宫，善養三魂七魄之神，生于血海之本。心者，君之象也，常令清淨，不受其毒，熱則生黃病，燥熱則變風狂，血入攻心迷亂。是故撞牆撞壁，胸熱顛狂嘶鳴，驚咬渾身，更兼心脉狂浮，其病必死之狀。心為臟，小腸為腑，心生血，流通七孔三毛，清水津潤于小腸，故名受盛之腑。但春去其餘血，血脉流通，自然膈上清涼，其病不能生矣。歌曰：心家受病走顛狂，兩目睜圓逢人傷。奉勸醫工休治療，定知此病必難康。

又 第八説《馬肺經外應受病訣》 肺者，西方庚辛金，卦屬兌宫，以借皮毛。為肺是臟中之華盖，内隱七魄之神。肺屬氣海，常令通泰息，脉調和，一身不動，四肢不舉。其臟不受邪熱，若邪熱傳于皮膚，多生疥瘡，鬃尾亂落，更若頭垂，傷于肺，熱多發啌喘，楷拭，或生肺毒，鼻膿，四脚兼生腫痛，此病不堪治也。肺為臟，大腸為腑，肺生氣，氣則通其榮衛，故名傳送之腑。但春抽其大血，八邪自然遠矣。歌曰：慢病肺病最難醫，皮膚揩擦作瘡痍。鼻中膿出青黃色，脚腫頭眩命必危。

又 第九説《馬脾經外應受病訣》 脾者，中央戊己土也，卦屬震宫，乃借四臟為本。脾為四臟之母，旺在四季，各旺十八日，共旺七十二日。脾無正位，分在戊己之位。其病喜温，怕寒，寒則傷脾，濕則傷胃。其病形，口色多黃，毛焦肉顫，蹇唇似笑，起臥不寧，更加增寒滯瀉，口色若變青黃，必死之症，不能痊矣。脾為臟，胃為腑，脾連于胃，胃若不和，則脾不磨，脾若不磨，草穀不消，故名草穀之腑，但秋季温養脾胃，自然冷患不生矣。歌曰：蹇唇爱笑冷傷脾，肉顫毛焦起臥遲。若加滯瀉水草慢，靈丹妙藥也難醫。

又 第十説《馬腎經外應受病訣》 腎者，北方壬癸水，卦屬坎宫，善能保精之固，精壯骨為本。腎者，臟中之使也，常令冲和，不受于寒，寒則傷于骨髓，痛則傷于邪神，多令拖腰撒脚，更兼腎腫痛，頭眩耳搭，精神短少，牙齒搖動，其病必死之狀。腎為臟，膀胱為腑，腎主精，壯其四肢，故名津液之腑。但能依此調治，自然病體安矣。歌曰：腎家受病脚難移，耳搭頭低喘息微。小便結澀水草慢，定知此病轉加危。

又 第十一説《馬肝經受病真象訣》 肝，東方甲乙木，重三觔十二兩。旺于春，生于風。肝有五葉，左短右長，内隱三魂。肝為臟，膽為腑，外應眼目，在體為筋甲，納酸味，在志為怒，怒則傷肝，外傳于目，肝盛目赤，閃骨生瘡，頻頻泪滴眼癢，多揩擦，肝熱翳膜雙睛昏，肝冷流泪，肝風眼生碧暈，遮障瞳人，肝受五勞，四肢頻痛，兩目生暈，精神短少，行步不正，此為肝家外應之症。肝膽為清淨之腑，不受邪毒，病即攻于眼目，熱極多發驚狂，故乃東西亂走，更若脚狂眼暗，行如醉狗，其病難痊。此乃厥陰之証，須抽六脉之血。宜嚾洗肝涼藥治之。歌曰：肝家受病口色青，眼生碧暈蓋雙睛。頭眩耳搭精神慢，遇物撞牆信步行。眼脉胸堂須放血，洗肝解毒嚾宜涼。眼前耳後須火烙，脚散驚狂命必危。目生閃骨磨睛暗，將刀割斷永除根。

又 第十二説《馬心經受病真象訣》 心者，為帝王，南方丙丁火，重一斤十二兩。旺于夏，生于熱。心內藏神，心為臟，小腸為受盛之腑，外應于舌，在體為血，血則潤其身，主喜色，喜則傷心，心受五勞，鼻內流血，舌上生瘡，咽喉腫塞，口無津液，精神驚狂。心者，常令清淨，不受邪毒，熱則生黃病，熱極則變風狂，血入攻心迷亂，故使冲牆撞壁，嘶鳴為咬渾身，更兼心脉狂浮，其病難痊。此乃心家少陰外應之症。其病古歌云：心家受病痛連膈，胃口哽氣常蹇唇，多臥少草腸尿血，心熱舌赤多吐沫，心虛無事驚跳多，心痛顛狂脚不寧，心黃護繫逢人咬，心壅口舌多生瘡。歌曰：心家受病不尋常，兩眼睜圓逢人傷。驀然發來脊仰倒，嘶鳴驚來發顛狂。頻頻起臥精神短，大血入攻心亂撞。此病多應難治療，速將蜜水下消黃。

又 第十三説《馬肺經受病真象訣》 肺者，西方庚辛金，重三斤十二兩。旺于秋，生于燥。肺有四葉，傍有兩小葉，共六葉，若蓮花之狀，肺為華蓋，隱七魄之神。肺為臟，大腸為傳送之腑，應于鼻，在體為皮毛。肺為氣海，常令清泰，納辛味，主變色，憂即傷肺，肺受五勞，氣常不足于胸膈，脹滿身如繩縛，及生黃腫，緊症，發喘多咳，咽嗽內生三喉慢症，多難低頭，膈前肺痛，腰背緊硬，夜後喘哽氣聲噎，鼻內膿出，渾身生毒疥瘡偷瘦，草慢，鬃毛零落，此是肺家外應陽明之症。宜放胸堂大血，用『理肺散』調治。風傷肺，秋季口色白者，難治；變黃者，可治；赤者，不可治也。肺受病在皮膚，鬃尾落，大腸連左脚，賺顫肉動，脚散，鼻內膿出喘咳，肺喘毛焦氣敗，肺壅連咳，鼻噴清涕，肺風擺頭鼻咋，毛焦肺熱，肺熱生疥瘡。鼻內時流膿水漿，用藥調和并理肺。先針鶻脉及胸堂，把前把後鬃尾落，脚腫頭眩命必危。

又 第十四説《馬脾經受病真象訣》 脾者，中央戊己土，重二斤二兩。生于溫。分在四季內，各旺一十八日。脾是臟中之母，外應于唇，在體為肉。脾為臟，胃為草穀之腑，納甜味，主思色，思則傷脾，脾乃运磨草穀，脾不磨時，草穀不化，故名胃氣不和，則生百病。脾無正位，分在戊己之位。喜溫怕寒，寒則傷脾，濕則傷于胃。其病形，口色多黃，毛焦肉顫，蹇唇似笑起臥不寧，更加增寒滯瀉，水草不食，口色變黑青者，此病難痊。此為脾家外應之症，須與溫熁，用『健脾和胃散』治之。寒傷脾，四季下旬，若赤者，可治；青者，不可治；脾受病，無正形：脾冷，鼻乾多限料；脾熱，蹇唇見料驚；脾寒，起臥脾氣痛，毛如刺；脾虛，吐沫；脾衰，脾不磨，不食草料也。歌曰：蹇唇爰笑冷傷脾，擺尾伸腰起臥遲。水草不食兼滯瀉，四頭覷腹定無疑。毛焦肉顫行無力，口色青黃命必危。和胃針脾并溫藥，生薑酒下恰合宜。

又 第十五説《馬腎經受病真象訣》 腎者，北方壬癸水，一斤十二兩。生于寒，旺于冬。左即腎，右即命門。腎內隱精，主其志。腎為臟，膀胱為津液之腑，外應于耳，在體為骨髓。納鹹味，主恐色，恐則傷腎，腎者，常令冲和，不受寒邪，寒則傷腎，故令腰胯無力，後脚難行，更兼外腎腫硬，頭低耳搭，牙齒搖動，多臥不起。此乃腎家外應少陰之症，須用溫腎和血之藥治之。腎冷，拖拽腰胯；腎熱，耳邊黃腫；腎壅，耳聾；腎虛，耳鳴；腎傷，頻咬牙齒。濕傷腎，直脚行。冬季口色黑者，難醫；變白者，可治；變黃者，不可治。歌曰：腎家受病脚難移，拽胯拖腰喘息微。抽搐後脚兼腎腫，小便結澀水草稀。頭低耳搭精神慢，牙齒搖動病必危。腎尖穴上火針治，茴香也補可同醫。又説論馬四季口色反正眞訣。四季口色，桃花鮮紅者，形候無病。春季口色黑者，可治；變白色者，不可治；青色者，難醫。勞傷心。夏季口色青者，可治；變黑者，不可治；赤者，難治。秋季口色黃者，可治；變赤者，不可治；白者，難治。冬季口色白者，可治；變黃者，不可治；黑者，不治。脾無正位，旺于各季，若逢三六九臘之月，口色見紅者，可治；變青者，不可治；黃者，難醫。歌曰：看馬先須辨口色，吉凶禍福在此中。四時色相分邪正，變易陰陽斷死生。若將生尅理分明，方算醫生稱高明。借問平反須勞記，心明眼明了生死。須得按典依經說，自然了了竹在胸。看馬若不覌口色，疾病焉能得安全。以上十五説，各卷備者不重出。其後自十六説、二十四説、各卷未備者，附刻于後，乃二十四黃。五疔十毒，本出一種，則此卷內只言十毒，不及瘡疔，西北醫獸重在毒故也。黄疔見各卷内。夫馬者，是陰陽造化，一稟天地而所生，全其金木水火土。察証而論病，須辨清濁，別其冷熱，轉五臟所傷，受病根源。四季血脉流轉，加減衰旺，多一遭為熱，減一遭為寒。傳流氣血不調，多生壅腫。瘡毒熱盛，肉應化為膿，則不能化内外皮膚，于骨髓焦枯，内傳于五臟，外顯于皮膚，熱氣浮腫，當其筋骨，肉變為毒瘡，或堅硬，或軟，硬即是氣，軟即是膿。右前説未知其詳細。瘡腫都有几般？有腫無頭者，是為氣毒，积日成膿；木腎黄病，腫硬如石者，是陰毒；眼下生爪瘡者，是肝毒；鼻内生瘡，是膿毒；口内發瘡，是心毒；脚有瘡，名為筋毒；蹄掌底有竅眼，是漏蹄，名為乾濕漏，為腎毒，又為血毒；唇上下有瘡裂浮腫，是脾毒。此乃十毒之病，切須細意審謹，方無一失也。

又 第十六説《馬患肺毒》 釋曰：太陰主病，經絡受其大毒，壅滯不行，閉塞經絡，血氣亂行，注成壅腫，血聚為腫，不過五、六日，變成膿血，又隨血筒到處生腫毒為瘡，榮衛不通，周身生肺毒瘡，用針刺破，出盡膿囊惡血，用砒黄丸任之，針于肺毒腫處，出膿血干淨，任藥一錠，用紙花子封之，如血氣廣大，在内隨血筒走竄，流傳遍身，或前後脚生肺毒虚腫，或食槽兩邊，或在頭嘴上下，或在項邊，或在胸膛肘上，或在肘後，或在兩膁處腎窩兩邊，經絡漫腫，此是大病，別有玄妙治法。夫醫此症，如樹有根，如果有蒂，傳在皮膚，成肺毒瘡，皆是枝葉榮旺。人皆不知此病根源，多在胸膛前心窩兩邊凹處，或在腿裏腎窩兩邊，或在膁窩兩邊左右，或食槽結硬未去，因而成病，生肺毒瘡。如前病根，細意用手摩按，有肉疙瘩，與瘰癧蒲桃相似，内隱在好皮肉内，須要用心開取，既是取了，如樹無根，如果摘蒂，枝葉自枯；若不取了，只用針藥，如樹折稍，萌芽再發。若開取之時，用刀子打開，大破瘡口，從上用指頭細意剜取，摸着硬者是筋，澀者是肉，軟者是血筒，有核梓似蒲桃，正是肺毒瘡，切須細意，迴避胸前腎窩血筒筋肉。已上開取病根，并依前項手法，用意迴避血筒筋肉，如取淨了，用乾馬糞搓碎，塡入瘡口内。養馬人不得動瘡，隔日又不得飲水，住乘騎十日。如瘡口虚腫，隔日用白鹹碎鏃腫處即消。然後用『理肺散』、『夜明砂散』嚾之，半月見效也。歌曰：馬患肺毒説根因，原先奔走損庚辛。忽生瘡腫隨經絡，榮衛不隨毒氣侵。恰似連珠如瘰癧，不過五日血膿成。好皮肉藏瘡根母，醫人不曉怎生尋。本是肺毒依經本，老鼠瘡道俗呼名。頭嘴眼眶瘡苗腫，槽結失取是根因。胸膛兩邊連膊項，心窩凹處内瘡根。腎邊兩窩并腿腫，腰肋生瘡膁窩尋。開取用心須細意，澀者是肉硬者筋。軟是血筒須迴避，滑似瘰癧病根形。豁開大皮須仔細，指頭剜取病除根。瘡口内邊血脉旺，乾搓馬糞與塡平。取了一朝休飲水，上槽十日住騎乘。瘡口腫時施鹹鏃，敷腫頻牽不暫停。不過半月瘡見效，夜明砂散嚾宜頻。

又 第十七説《馬患陰毒》 釋曰：陰毒木腎黄者，因飢渴飲冷水，喫猛太過，少陰主其病，傷于腎經，傳于膀胱，冷熱相冲，氣攻于外腎，腫硬如石如冰，頭垂耳慢，後脚難抬，此是陰毒木腎之病也。如是陰腎腫硬，若項上渾身傳注，生肺毒瘡，或鼻内有膿，難醫治也。如遍身無肺毒瘡，鼻内無膿，即可治之。用『麒麟竭散』并『茴香散』嚾啗，次用火鹹鹹腎尖穴。其穴不在兩腎中心縫上，只在外腎腫硬，正腎尖頭上，燒火鹹大紅，入鹹一寸，出膿水為驗，五日即可消。次用『黄白散』敷涂。歌曰：陰毒之病腎家傷，外腎陰腫是腎黄。因來渴飲多傷水，致令冷氣在膀胱。冷熱相冲攻外腎，腫硬如石冷如冰。頭垂耳搭精神少，後脚難抬不易推。用藥涂敷難見效，腎尖穴上要度針。火針磨消燒如刺，麒麟碣散最為良。

又 第十八説《馬患心毒》 釋曰：心屬南方丙丁火，少陰主其病，其症外連于舌，舌即生血，不受毒熱，因為暑月不嚾凉藥，春不抽六脉之血，积聚毒熱，壅滯在心，口内舌上生瘡。如何治之？用新水洗盡涎沫，用生絹袋盛『青黛散』藥，用蜜和為膏，口内嚼，鉄上繫定，口含。如食水草，取下；如不食水草，再入口上含定。待三五日見效，『青黛散』治之，再用『消黄散』嚾之，而愈。與口内放玉堂血為妙。歌曰：馬患心毒説其因，位屬南方号丙丁。外連于舌并生血，只為暑月暑氣侵。积聚毒熱不能散，致令舌上有瘡生。舌頭疼痛難吃草，吐沫流涎不暫停。生絹袋盛青黛散，繫定嚼鉄口中噙。玉堂放血除心熱，消黄蜜水啗頻宜。嚾啗三朝須有效，十朝半月病除根。

又 第十九説《馬患膿毒》 釋曰：膿毒者，痛傷肺臟，因奔走太過，内傷于肺，太陰主其病，鼻内膿血不止，長流不乾，鼻隔内化破，皮内變為骨疳之瘡。如膿大，喫草五分，用『雪花散』啗，合用『羅青散』嚾。若鼻筒骨腫大，鬃尾零落，毛頭受塵，偷瘦兼肺勞之病，不堪醫治。如鼻内膿少，及有膔肥，鼻隔内有骨疳瘡，每日用清水洗淨，用『吹鼻散』治之。歌曰：馬患膿毒因傷肺，驅馳奔走是根基。鼻内膿血時時出，肺破血海兩般醫。膿水不乾侵鼻隔，致令破爛作瘡痍。洗淨鼻中頻上藥，雪花散嚾隔年脂。鼻筒骨透鬃毛落，毛焦瘦弱及尩羸。更兼脚腫拖腰胯，直饒妙手也難醫。名士用藥雖療治，縱有名方命必休。

又 第二十說《馬患肝毒》 釋曰：肝毒者，是肝臟受其毒熱，厥陰主其病，風氣外傳于眼，風熱睛脹，頻頻泪下，內外眼下生瘡，主兩眼腫悶。與放眼脉幷鼻堂血，合用『洗肝散』、『石决明散』嚾唅，次用『白礬散』敷貼瘡上。歌曰：肝毒受病本因何，邪熱傷肝起病疴。風氣外傳于眼目，碧暈遮睛不奈何。磨睛骨長頻揩擦，眼脹難開熱泪多。針穿線度令刀割，水輪不損是傻儸。眼胞內外生瘡腫，白礬散貼莫蹉跎。鼻堂眼脉須出血，洗肝散嚾病消磨。若遇良醫須當瘥，庸醫不曉亂多言。針瀉三焦能除熱，清涼臟腑得安康。

又 第二十一說《馬患血毒》 釋曰：血毒者，因為五勞七傷，乘困而早餵草料，少陰主其病，毒氣傳于腎臟，血脉怯弱，風氣注于蹄，血脉不能尅化，氣脉不通，日漸蹄甲焦枯束硬。用圓刀取盡枯硬死胎甲，用烙鉄于蹄心內頂烙，慢慢養餵。如不瘥，蹄甲『川』字竪烙六道，或掌內擘開，或掌內下鉄撑子撑開後，用脚澀子釘之，水內頻浸蹄脚，用『潤蹄膏』潤之，每日潤蹄甲上下，即瘥。歌曰：血毒之病切須知，本因走驟痛傷騎。更兼乘困早餵料，毒氣攻傳病在蹄。風氣注蹄難尅化，血脉不通是本基。蹄甲焦枯日漸小，子骨蹄胎點烙之。圓刀細取蹄骨甲，前『川』後『八』烙無疑。劈掌更下鉄撑子，更釘脚澀病相宜。撑開蹄掌依元舊，膏藥頻頻與潤之。每朝入水浸蹄脚，千里途程一任騎。

又 第二十二說《馬患氣毒》 釋曰：肺受庚辛之氣，榮衛不行，太陰主其病，成腫，积聚毒氣，內作膿血，初得時有慢腫無頭，不須鍼刺，用『木鱉子散』敷涂，量病大小用藥，醋打熱麵糊成膏，于腫處熱敷，上用紙花貼之，隔三日再涂。如不瘥，內作膿囊，以手按軟處，用白鍼刺透，出其膿血，留瘡口，再用前項藥敷貼三五次。如不效，用火燒烙鉄輕輕圍烙，必效。次用『茵陳散』嚾之。歌曰：有腫無頭生兩肋，初涂膏藥不須針。十朝半月未痊瘥，針透腫裏除了根。圍烙週圍田字样，消黃理肺嚾宜頻。放入廐中令自在，自然病好有精神。

又 第十三說《馬患腎毒》 釋曰：腎毒者，皆因久行傷力，血脉衰敗，少陰主其病，風熱傳于腎臟，傷其胎甲。血脉流傳不勻，毒氣注于四蹄，久立濕地，血脉不能运轉，及生壅腫。用刀削開蹄掌，挑出盡毒氣膿水，用綿捩乾，三日用藥，可瘥。須出蹄頭血，用『掌胎膏』治，合用『七傷散』嚾之。歌曰：腎毒之病說因依，久行傷力血脉衰。風邪客熱傷于腎，外傳胎甲難移步。又兼久立踏泥水，毒氣發來注于蹄。有腫胎甲難着地，削開蹄掌用心機。挑開漏竅出膿水，或生掌爛有瘡痍。漏蹄出盡膿合血，紫礦為膏最為奇。塡藥竅中須封烙，蹄頭出膿不宜遲。藥嚾七傷三五日，恰是從前不患時。

又 第二十四說《馬患脾毒》 釋曰：脾毒者，內屬于脾，外應于唇，太陰主其病，脾受風熱，傳于唇，腫脹，乃名脾毒風也。用『五參散』，白鍼唇上，刺破出血，醋調藥末敷上。若腫不消，用火鍼刺破，出黃水即安，用『秦艽散』調涂，三兩日即瘥。用『健脾散』嚾之。歌曰：脾毒之病患不輕，傷飽傷飢是本因。風火邪熱傳脾臟，毒氣攻傳外注唇。破裂唇邊難吃草，四肢困倦少精神。白針鍼時未輕可，火針刺療却还輕。涂敷出膿拔黃水，解毒消黃值萬金。

又 第二十五說《馬患筋毒》 釋曰：筋毒者，因為日久遠行，痛傷筋骨，厥陰主其病，毒氣注于四蹄，敗血侵注蹄頭，發腫為瘡，名曰燥蹄，日久不瘥，四蹄上下成瘡，呼為肺毒注蹄，又名血風筋毒。合用『乳香散』貼，即瘥。四蹄頭傷于敗血，合用『七傷黃藥子散』嚾之。歌曰：馬患筋毒要知因，只因日久痛傷筋。毒氣發來攢筋腫，只為四蹄敗血浸。燥蹄瘡發連蹄腕，筋毒血風是正形。水漿洗淨藥上敷，乳香散貼為醋調。不住牽行消毒氣，四蹄出血莫令深。七傷黃藥頻頻嚾，五日三朝病自輕。右具前項之書，逐一各各開解篇目，以序五行造化陰陽，以按五臟六腑，傳受內外，四季流傳，榮衛往來不順，积聚成瘡腫毒。皆因腸胃受谷氣，另有轉注五臟，發起瘡腫。又曰：上焦出氣溫熱而養骨節，通理也，中焦出氣溫平，注谷而登榮衛經絡，津液和調，變化而赤也，下焦出氣微凉為和，則通經絡，皆行周身有道理，與天合同，不得休止。切而審之，從虛去實，瀉則不足，疾則氣留補虛，實瀉則血氣調，形神乃持。余已知血氣和平不療，未知壅毒之患所從生成，則以死生之期，其有遠近。何以知之？馬有六龍，祖之尊貴，經脉流行不止，與天同度，與地同紀。故天宿失度，日月薄蝕，地經失紀，水道流溢，草木不成，五谷不植。馬經脉不通，壅腫成瘡，血脉尤然故也。夫血脉榮衛，周身流而不息，上應星宿，下應經絡，寒客經絡之中則澀，澀則不通，血不得复，故腫也。寒氣化為熱，熱氣盛，則肉屬化為膿，不瀉盡，則瘡，筋骨肉不得相親，經絡則腐黑于五臟，五臟有傷，故曰瘡腫也。

又第二十六説《陰陽十二脉訣》 釋曰：依從六律，問于九竅，耳眼口鼻，大小二事，二竅不現是也。診候如知死活，命矣。如候第一心脉，在左脚半子蹄中心，診候如一息一喘脉三跳，律律如流水者，在身平和脉也。三息一跳，是脉慢損難通。血脉于臟腑不調，是上焦有患。脉如雀啄，沉緊不勻，十斷九絶，是屋漏脉，難治也。肺脉在右後脚半子蹄中心，診候如一息一喘脉三跳，律律如流水者，便在身，氣脉平和也。三息一跳，是脉慢損難通，血脉于臟腑不調，是上焦有患。脉如雀啄，沉緊不勻，死也。如脉跳急者，緊慢不勻，必無治也。脾脉在從後第三肋間，近脊梁五寸是也。腎脉在尾本下四指，耳脉在耳門下一指後，陽脉在胸前上，一手兩相候之，滴滴如彈丸，尋上來者是陽脉，尋下來者是陰脉。若沉細不勻，所以心脉有患。更看四季緊慢，取春夏秋冬四季臟腑不調。又診帶脉在肘後，一手兩相候從診，行流慢，是上焦有患；若慢行流緊，是中焦有患；如脉跳緊，難診候，是下焦有患，若沉沉細亂，是五絶之脉也。心絶、肺絶、肝絶、脾絶、腎絶，此五絶不醫也。如脉診候，切須明方而行，又要緊慢得宜，第一憑脉息辨立幽玄，一一仔細看候，世人不誤也。醫工又論説曰：馬脉有尺寸者，何謂也？釋曰：馬脉有長短尺寸，看馬脉之大數也。一日一夜一萬三千五百息，脉行九丈二寸半，十度一遭，一呼脉上行三寸，一吸脉下行三寸，呼吸定息，脉行六寸，遶身合得八百一十丈數，榮衛通流行一遭。歌曰：此脉都來數太游，醫家會得掌中收。一萬三千五百息，陰陽合德五千流。後輩若知上古事，增德揚名在世幽。

又第二十七説《馬有十二臟腑，却有十二脉》 釋曰：一肝、二膽、三脾、四胃、五腎、六膀胱、七心、八小腸、九肺、十大腸、十一三焦、十二命門是也。凡診馬脉，先向左肘後四指，故曰帶脉是也。從前來者，心肺肝脉也；從後來者，脾腎脉也。脉如屋漏者死，如雀啄者死。脉系而粗大者，心肺脉也；如箭緊者，肝脉也；細而硬者，腎脉也，滴滴如彈丸，轉似連珠者，脾脉也。從前來者為陽脉，後來者為陰脉。馬脉來過指下如流水者，病重而不死也。歌曰：療病先須切脉知，腿後四指定虚實。從前來者是陽脉，從後來者是陰脉。陽是心肝肺患病，陰是腎臟更兼脾。一息一跳方知死，一息三至別無疑。脉如流水犹堪治，若如雀啄化為泥。

又第二十八説《馬關上診之，明知終始》 釋曰：馬關上看之一次未調勻，候息定再診之，便會明知終始也。歌曰：脉指三關診候窮，明得之時便察同。此者十二根元本，方表經書在世中。

又第二十九説《馬脉于帶内亦有赤中》 釋曰：馬脉于帶脉上診之，三指下明。頭指屬心、小腸，次指屬肝、膽，末指屬腎、膀胱也。右肘後用三指下明，頭指屬肺、大腸，次指屬脾、胃，末指屬命門、三焦也。凡診馬脉，于赤中帶内仔細看詳，見病歸本也。歌曰：馬病來原脉上尋，赤中帶内是出深。醫家君治如此法，管取揚名海上方。

又第三十説《馬形病脉不病，馬脉病形不病》 釋曰：馬形病、脉不病者，身體雖然羸瘦，脉診之太壯，此是形病、脉不病也。脉病、形不病者，馬身體雖然肥壯，好精神，診之脉却弱，故曰脉病、形不病也。馬瘦脉壯者活，馬肥脉斷者死。歌曰：形瘦依然脉力堅，方知存得命根元。身肥脉病多應死，萬中無一得安然。

又第三十一説《馬有十二經脉》 釋曰：是十二臟腑也。為一臟管一腑，心脉為主也。歌曰：馬脉來是十二名，各居臟腑自然成。心脉為主緣何事，他為帝王管公卿。

又第三十二説《馬騮騍脉各別》 釋曰：馬騮騍各別者，騮生于庚寅，騍生于壬申；騮馬本命為木，騍馬本命為金；騍馬脉逆行，騮馬脉順行；騮馬關上診之，騍馬關下診之是也。歌曰：騮馬还與騍馬別，各依順逆是根芽。騮馬生寅居于木，騍馬生申金是鄉。騮馬但看關上脉，騍馬關下依無他。

又第三十三説《馬脉有三部、九候》 釋曰：馬脉三部、九候者，三三如九，為之九也。歌曰：三部玄手最意幽，更兼九字兩相投。三三相投成九數，便是醫家診脉固。

又第三十四説《馬有卒死病》 釋曰：馬有卒死病者，為無脉也，五臟元氣脉絶也。馬行脚不散者，如樹有根，馬行脚散，如樹無根，脉氣盡絶。歌曰：馬患卒死與人同，為緣敗氣痞心胸。氣脉俱絶心脉斷，不離時下命歸陰。

又第三十五説《治馬按神聖工巧》 釋曰：按神聖工巧者，醫病之致也。望而知之謂之神，問而知之謂之聖，察色知之謂之工，診脉知之謂之巧。歌曰：望而知之神妙玄，診脉知之巧最全。观後知之謂之聖，聞其喘息工為先。

又第三十六説《馬陽盛陰盛》 釋曰：馬陽盛者，患眼云膜遮睛，頻頻發渴患，有時却不患，終久不可，是陽盛之病也。陰盛者，合注腰胯，後脚不隨，粗節頻腫硬者，此是陰盛之病也。歌曰：陽盛多饒眼目昏，陰盛雙抽自古聞。陽虚目泪饒淸水，陰虚脚腫跳腰行。

又 第三十七説《要知馬有病無病》 釋曰：馬尿淸者無病，糞慢者無病，氣温者無病，唇紅白者無病，皮毛滋潤者無病，頭尾不動者無病，前脚不敧後脚敧，此馬無病。已上相部，并是無病之狀也。歌曰：尿淸糞潤口中紅，鼻氣温和來往通。唇慢盖齒眼不變，皮毛滋潤睛不矇。頭尾不動後脚敧，此是無病脉神功。

又 第三十八説《心肺居膈上》 釋曰：心肺居膈上者，謂心是天王之主，不受于惡毒，肺是華盖，心主血榮，肺主氣衛，血氣相助行時，衛氣通行周身，臍上為陽，臍下爲陰，心肺不在于膈下，故曰：心肺只在膈上居，心血不可受病也。歌曰：心肺孤獨居膈上，心血肺氣按經書。血榮氣衛隨上下，經中周身于外浮。只知習去《通玄論》，小可同人世上無。

又 第三十九説《馬臟腑受病》 釋曰：只于脉上診之，脉行緊浮强大者，腑病也。故曰：腑病脉急，臟患脉遲也。歌曰：五臟受病易得治，只于脉上要排推。病屬陽者須脉急，臟為陰主細又遲。

又 第四十一説《馬一日一夜食水草三斗五升》 馬不食水草七日而死，病臨時，看馬何臟腑受病，七日外仍活，故食草也。歌曰：馬食水草甚分明，一日三斗零五升。三斗五升水草盡，不食七日命歸陰。

又 第四十二説《馬放血何處初起》 釋曰：血者，收藏于心，心是帝王，為血海也。如何遶身常不絶。血藏于心，血隨四季榮旺，春弦、夏洪、秋毛、冬石。冬至日，萬物如石，水結為冰，血收于心，冬至後四十五日一陽生，至春四十五日，陽氣漸動，其血離心慢而流行漸緊，一一加上二百四十遭，周而成數也。歌曰：心為血海臟中居，恰到三冬正結餘。直到立春陽氣旺，已漸加添遭數呼。

又 第四十三説《馬脉有减》 釋曰：春三個月，血脉流轉二百四十遭，至春終時，减六十遭，血脉流滑，肌肉潤澤，故曰，遭數减矣。夏三個月因甚减作一百八十遭，血似鼎中之湯，急過却慢。秋三個月减至一百二十遭。冬三個月减至六十遭。立冬以後，萬物如石，枝葉雕零，故藏于内，一季减六十遭，至春周而复始也。歌曰：立春陽氣漸增高，一季加添六十遭。直到立春三個月，任時却减血加苗。

又 第四十四説《馬有三飲、三餵、草慢、腹内似痛、啌喘不止》 釋曰：馬有三飲者，須宜少飲。馬遠行有汗，不得飲，迎風而走，不得飲也。餵飼須要細意揀擇，草料内喫着砂石雜物傷肺，多饒喘啌，傷腎、拖腰脚直，傷肝、羸瘦，傷脾，起臥也。歌曰：三飲先須要體量，莫令飲急臟中傷。傷肺砂石須揀擇，却元來汗莫飲忙。傷肺多啌饒涎沫，傷腎直脚似硬殭。傷肝眵泪多羸瘦，傷脾起臥最難當。

又 第四十五説《針有補瀉呼吸内外》 釋曰：行鍼先以左手按穴，右手持針。刺榮衛時，從榮鍼其衛，來如動脉，則取白鍼刺之。凡欲出血則鍼之，敗血也。歌曰：用意消詳下手針，呼吸開放神聖門。用心按防于指下，按其穴道恰如神。氣來針動為瀉衛，去針後隨有神工。温針慢時白針急，後人記取用心神。

又 第四十六説《人有四百四病，馬有四百八病》 釋曰：口中啣鉄，背上搭鞍，兩邊垂鐙，令人乘騎，此是四百八病，只是四百四病。一百一病受鍼，一百一病受藥，一百一病受烙，一百一病受禁，此四百四病也。歌曰：四百四病上經書，余外人傳總是虚。藥禁針烙依四季，論説《通玄》聖賢奇。

明 喻仁、喻傑《新刊纂圖元亨療馬集》卷五《點痛論》 竊見古人有立功德於當時，有垂法於後世。是故君子動而世為天下道，行而世為天下法，言而世為天下則，愚固非敢望也。履踐當行之蹊，可辟苞茅之路，詳略效驗，請歷證察。故云：攢筋大，板筋粗卑骨垂，附骨腫，膊骨卷，膊骨脱，蹄骨大，大搭膊埋没，三山骨隱藏，大胯骨空虚，接脊骨脱落，弓子骨脹大，蹄胎骨臚糊，天臼骨木硬，鵝鼻骨腫粗，乘重骨筋脹勞，豌脹勞，膝脹勞，曲尺勞，雁骨痛，瓦骨痛，胡骨痛，掠草痛，已上隔月皆難治，治之無功。倒地合著搶風骨，踏空閃著膝蓋骨，蹊道蹩損烏筋骨，折橋渡傷合子骨。昂頭點，膊尖痛。平頭點，下欄痛，偏頭點，乘重痛。低頭點，天臼痛。難移前脚，搶風痛。蹄尖著地，掌骨痛。驀地點脚，攢筋痛。虚行下地，漏蹄痛。垂蹄點，蹄尖痛。懸蹄點，蹄心痛。直腿行，膝上痛。曲腿行，節上痛。昂頭點脚，搶頭痛。昂頭不動，蹄頭痛。下坡斜走，胸膈痛。平途竊道，蹄薄痛。向裏蹉，外跟痛；向外蹉，裏跟痛。點頭行，脚上痛。擺頭行，膊上痛。拖脚行，雁翅、掠草痛。拽脚行，燕子、瓦骨痛。蹩脚行，鵝鼻、曲尺痛。束脚行，肺把五攢痛。並腳行，胯瓦痛。直腳行，濕氣痛。蹲腰行，雁翅痛。吊腰行，脊筋痛。收腰不起，內腎痛。難移後腳，腎經痛。咬齒低頭，心經痛。喘息不調，肺經痛。急起急臥，脾經痛。口吐清涎，膽經痛。跑胸咬臆，腸結痛。蹲腰踏地，胞轉痛。把前把後，傳經痛。腸鳴泄瀉，冷氣痛。直尾行，大腸痛。卷尾行，小腸痛。小便淋瀝，胞經痛。一臥不起，筋骨痛。點痛歌：七十二點有如斯，標本心肝脾肺腎，五行相克與相生，饑飽風寒勞役甚，馳驅飲喂失調和，蹩損閃傷寒熱並，嗚呼暗啞不能言，醫獸留心仔細認。

又《寒證論》 夫寒者，冷也，陰勝其陽也。因久渴而不飲，飲冷水而太過，冷氣入胃也。或羸瘦過餐宿冷，或老衰久露風霜，或牧被陰雨苦淋，或素向濕場久臥，濕氣透入肌肉，肌肉傳入脾經。脾灌四旁，胃潮百脈。以致脾胃合之陰冷，則令皛脈沈遲，按之無力，耳鼻俱冷，口色青黃，前蹄跑地，回頭覷腹，渾身發顫，腹內如雷，不時起臥。此謂冷傷之證也。宜甘辛之藥，蔥酒灌之瘥矣。反者死。師皇云：『陽不勝其陰，則五臟氣逆，九竅不通也。』晉寧趙氏所謂：『陰勝則寒極，寒極則氣厥，氣厥則腹滿，腹滿則戰慄，戰慄而汗出，汗出而脈絕，脈絕而死矣。能夏不能冬，此之謂也。』宜三聖散灌之。歌曰：寒證寒氣多因冷氣侵，為緣陽不勝其陰，繫拴簷巷因風襲，牧放荒郊被雨淋，腥酸邪物凝於胃，天寒冷水臟中停。回頭覷腹蹄跑地，伸腰擺尾顫伶兢，鼻寒耳冷蹇唇笑，腸中虛氣響雷鳴。除濕健脾三聖散，乾薑木樸酒鹽蔥，同煎三沸溫和灌，自然痛可得安寧。

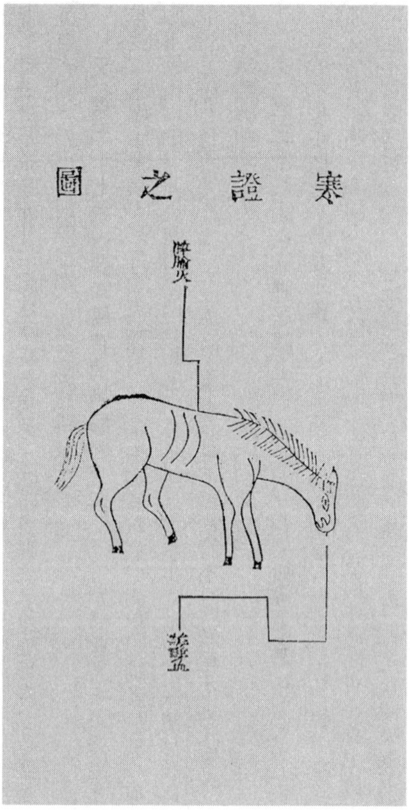

又《熱證論》 夫熱者，暑也，陽勝其陰也。為因暑月炎天乘騎，地里寫遠，鞍屜失於解卸，乘饑渴而喂熱料、熱草。熱氣入胃，胃潮百脈，而注之骨髓，內外合邪，五經煩燥，熱毒流於四肢。令馬精神短少，耳搭頭低，脈行洪數，唇舌鮮紅，四肢倦怠，行走如癡，或然起臥。此謂傷熱之症也。放六脈血，酸苦藥灌之瘥矣。反者死。師皇云：『喘粗氣大，脈行洪數者，乃陰不足而陽有餘，熱包於內也。』趙氏澤中曰：『陽盛則身熱，腠理閉而氣喘，身體栗顫，舌紅如硃砂者，死。能冬不能夏，此之謂也。』如脈洪且數，按之有力，謂陽中之陽也。四賢散灌之。歌曰：熱證熱氣多因暑氣傷，由來陰不勝其陽，炎天負重乘騎遠，熱料餐多入臟腸。內外合邪表裏熱，雙皛洪數口如湯，喘粗鼻咋精神少，頭低耳搭眼無光。鶻脈兩針需索出，歸芩芍粉四賢涼，蜜水調和同共灌，便是師皇真藥方。

又《虛證論》 虛者，勞傷之症也。真氣不守，衛氣散亂也。因乘饑渴負重而乘騎，地裏駕遠，且又失其飲喂，或喜小馬超群異眾，奔走過多，多騎少喂，以致傷於臟腑，致使行力殊常。日久則令毛焦肉減，身體尫羸，把前把後，抽搐難行，鼻流濃涕，啌嗽連聲，四肢虛腫，耳搭頭低，脈行遲細，口色無光，精神短慢。此謂虛損之症也。灌七傷散，百日而瘥矣。反者死。遵道先生曰：『勞傷心血，饑傷元氣，根本而傷也。元者根也。根者腎也。

腎者，都會關司之所，五臟包藏精氣於內，泛溢滲灌於膀胱者，皆腎受而藏之，故云根本也。根者，故不可傷也。』師皇曰：『伐其根，逆其本，五臟而衰也。』如膿肥體壯，芻水如常，但腰胯疼痛，行而不動者，此謂下元虛冷，非傷勞之症也。火針大胯等穴，茴香散灌之。歌曰：虛證皆緣氣血虛，衛真散亂兩相虧。鼻浮面腫頭垂地，胯靸腰拖行步遲，耳搭目閉精神少，腹細毛焦喘息微，卧多立少腸鳴瀉，口色如綿脈澀遲。虛證茴香七補頻頻灌，汗溝百會火針施，十朝半月知衰盛，草少尫羸壽不齊。

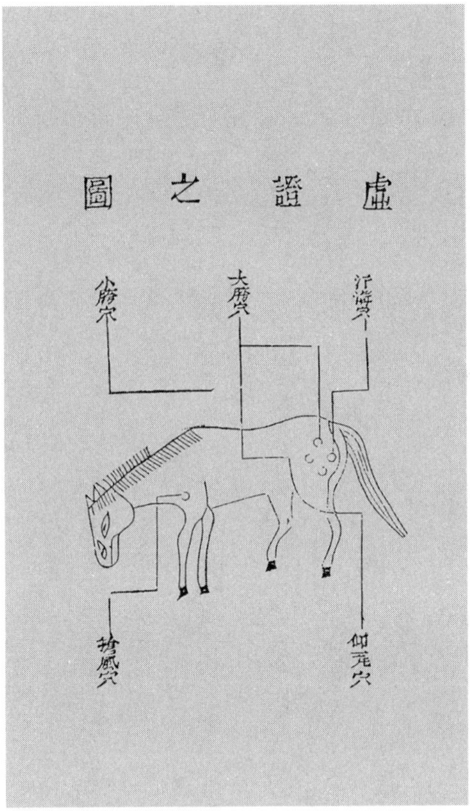

虛證之圖

又《實證論》 夫實者，結實之謂也，停而不動，止而不行也。趙氏曰：『止而不行為結。結在皮膚，則生黃腫；結在肌肉，則生瘡癤；結在骨，則筋骨脹大；結在經絡，則流注疼痛；結在咽喉，則咽喉閉塞；結在食槽，則生槽結三喉之症；結在腸胃，則肚腹脹痛起卧而成七結之病也。』又云：『實症者，雖名同而治則各異矣。是故或以針，或以藥，或入手，或先治其裏，或先攻其外；甚者，開喉、鑿腦、開膁、針渾睛、取槽結、割骨眼、針歪尾、取賊牙。此異治之則也。非得心諦者，孰能至於此哉。』歌曰：實證實症原來止不行，為緣血脈不疏通，凝於肌肉成瘡癤，結在皮膚變作癰，腸中七結皆為實，槽下三喉謂實生，渾睛骨眼瘡黃腫，形異名殊各不同。開喉鑿腦並開膁，塗油入手臟中尋，各從其治君須記，古典流傳萬世遵。

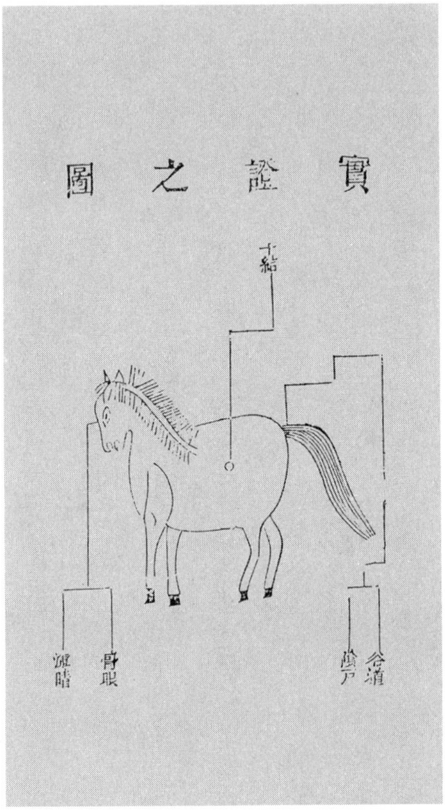

實證之圖

又《表證論》 夫表者，一身之外也。皮膚為表，六腑亦然。體外為表，鼻外為風。鼻內入者，注之於肺，而化為氣。氣引血脈，周流肢體，驅使臟腑調和，與其骨體筋肉相親，滋潤皮毛，開闢二十萬三千一百一十膝理，皆是此風氣也。或於外破傷損，繫處不便，騎來有汗，簷巷卸鞍，膝理或開，賊風乘虛而入皮膚。初患渾身揩擦，次傳肌肉，致使毛焦膁吊，遍體頑麻。日久傳注於內，則令渾身筋急，眼吊驚狂，四肢僵硬，口內涎垂，耳緊尾直，牙關緊閉難開，不食水草。此謂外感風邪之症也。徹鶻脈，放胸堂，烙風門，灸百會，灌發汗追風散。數日平定者，月餘痊矣。反者死。晉寧醫獸趙氏曰：『風者，天地山川之氣。從微致盛，以順十二月溫涼寒暑，鼓舞飛揚，因而變化，皆在於風也。且風者，乃四時之氣，分佈八方，善惡不等。善者，和風清氣。惡者，邪氣賊表證風。淺則凝於肢體，深則傷於五臟。在左即癱，在右即瘓，在頭即重，在眼即昏，在鼻即塞，在耳即聾，在喉即閉，在筋即攣，在骨即痛，在皮膚即生瘡疥，在脾胃即脫肛腸。賊風者，暗箭也，當慎避之』。《內經》云：天有善風，日月光明；地有善風，萬物俱豐；水有善風，波浪停勻；馬有善風，諸疾不生。天中惡風，日月皆昏；地中惡風，五穀難存；水中惡風，翻僕舟船；馬中惡風，涎沫多生。夫涎者，有一升三合，停於膈下，養其五臟，和其六腑，消其水穀，滋潤皮毛，不可偏勝也。勝於肝者則癱，勝於脾者則瘓，勝於肺者則啞，勝於心者則狂，勝於腎者則成五勞七傷之病。是故風痰者，速醫而勿令其緩也。一日盛傳，二日遍傳，三日亂傳。亂傳者難治也。如火燎茅簷之狀。茅簷火發，玉石同焚。風痰而盛者，九死一生而無治則也。歌曰：表證，乾坤宇宙，日月星辰。山川社稷，人畜蟲禽。二五之氣，皆賴育生。稟偏為物，稟正為人。馬牛為物，亦稟五行。驅馳飲喂，蓄養隨人。苟失其養，㾓瘵萌生。表裏邪正，寒熱虛盈。表為其外，裏為內經。邪而生亂，正則俱榮。寒之多痛，熱則生癰。實而多結，虛則勞生。內傷外感，疫氣流行。天行正氣，日霽風清。天行邪氣，霧瘴狂風。天有善風，日月光明。地有善風，五穀豐登。水有善風，波浪停勻。馬有善風，五臟安寧。天中惡風，日月皆昏。地中惡風，播土揚塵。水中惡風，翻覆舟艇。馬中惡風，諸疾相侵。肝風癱瘓，眼目昏昏。肺風毛燥，啌嗽頻頻。心風狂妄，驚悸怔忡。腎風骨痿，胯痛腰痛。脾風吐逆，涎沫多生。風涎甚急，火燎茅蓬。茅簷遭火，玉石同焚。馬牛有此，九死一生。

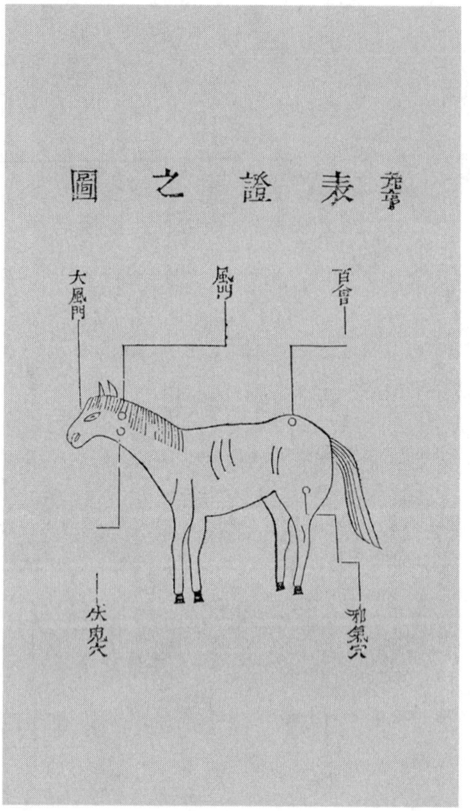

又《裏證論》 夫裏者，一身之內也。諸內為裏，五臟亦然。腹內為裏，肚底如之。《內經》云：夫內者，腹內也。抱陰而負陽，包含五臟六腑，寒熱不可偏勝也。寒勝六腑俱凝；熱勝遍體氣逆，營氣不從，逆氣凝結。凝於肌肉而成瘡癧，凝於皮膚而成黃腫。令馬精神恍惚，喘粗鼻咋，毛焦眼赤，臥多立少，㿻脈洪弦，水草遲細，惡熱便陰。此謂熱積於內也。凡治者，滋陰降火，理氣和血。先於六脈針刺，然後涼藥灌之。不然，黃癧瘡癧，從茲甚矣。晉寧獸醫趙氏曰：瘡黃者，裏症也。乃五臟積熱而生。皆由氣之所使，血之凝滯也，恣於三十六處，故曰三十六黃。是故束顙黃、內腎黃、外腎黃、偏次黃、心黃、肺黃、肝黃、脾黃、膁黃、腸黃、腰黃、奶黃，此乃一十二黃。遲治者，不能取效也。又云：鼻黃、腮黃、頰黃、耳黃、胸黃、腦黃、鎖口黃、心疽黃、膝黃、豌黃、蹄黃、夾黃、肘黃、帶黃、肚黃、水黃、陰黃、蛇黃、穿甲黃、脊背裏證黃、遍身黃、蝦蟆黃、陰腎黃、木腎黃，此謂三十六黃，乃為裏症，發生於臟腑也。初患或痛、或癢、或腫硬、或腫軟、或肉色而不辨，各從形證而顯其名也。經云：氣凝著血則痛，血凝著氣則麻，氣血妄行則腫，氣血不行則硬。按之復起，氣毒；赤色腫硬，火毒；痛甚作膿，陽毒；不痛而顫，陰毒。又云：先腫後痛，形傷氣；先痛後腫，氣傷形；痛無腫者，傷其骨；膿消腫甚，傷其肉；痛而顫者，傷其筋；腫中有水，傷其氣；膿多甚者，傷其血；痛不寧者，傷其臟；痛不止者，傷其腑。此謂瘡黃之外應也。歌曰：人之與物，化育成形，具隨二五，各稟靈懵。懵之為物，靈者為人，馬牛為物，與人並生。天有五運，地有五行，馬有五臟，抱陰負陽。諸內為裏，臟腑皆同，內傷外感，寒暑相侵。寒凝瘡腫，熱盛黃生，血凝氣痹，氣凝血疼。形傷於氣，氣傷於形，隨形顯症，以症為名。惡黃十二，仔細觀形。偏次束顙，肺腎肝心，脾腸腰膁，不可生癰，此而有腫，九死一生。

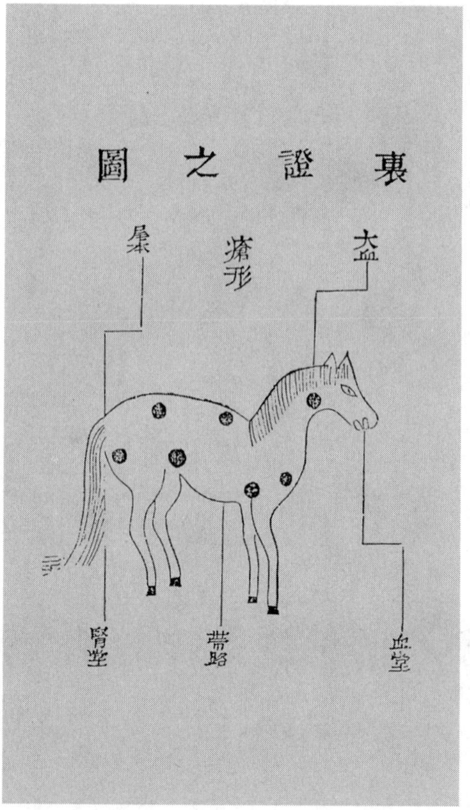

又《邪證論》 夫邪者，所偏之謂也，太過不及也。真元散亂，邪疫相侵，故為邪。夫邪入陽，則獸生狂。然邪入陰，則獸生痹，理自然也。生我者虛邪，克我者賊邪，我克者微邪我生者實邪，自受者正邪也。正氣不足，客氣太勝是也。皆因蓄養失調，寒暑所中，遠行帶汗而渡河，牧放苦淋於陰雨，饑餒負重而出奔，盛暑乘騎而遠驟，老騍真元衰敗，新駒血氣未全，以致勞傷過甚，榮衛不調，腠理或開，繫拴不便；又會天運感邪，五行不足，客氣乘虛而入者，故成其患也。故令精神恍惚，遍體汗流，渾身肉顫，蹄蹻賓士，東西亂撞，眼急驚狂。此謂心竅痰迷、煩燥熱邪之病也。又或毛焦眼閉，行走如癡，左右亂跌，首項偏斜，頭垂於地，水草遲細，乃為表中風寒、脾虛濕邪之病也。是故年木不足，外有清邪；年火不足，外有寒邪；年土不足，外有濕邪；年金—不足，外有風邪；年水不足，外有熱邪。此謂年之虛也。年之虛者，邪之甚也；月之虛者，邪之甚也；時失和者，亦邪甚也。且五臟不和，一臟少有不足，又或蓄養失調，再會天運感邪，邪淫之病感之速至矣。師皇曰：『清氣大來，金之勝也；風木受邪，肝病生焉。熱氣大來，火之勝也；燥金受邪，肺病生焉。寒氣大來，水之勝也；熱火受邪，心病生焉。濕氣大來，土之勝也；寒水受邪，腎病生焉。風氣大來，木之勝也；濕土受邪，脾病生焉。此謂五臟感邪而生病也。』岐伯云：『夫邪之狀，氣動而甚者，是謂客邪而勝於主，不可作外受之病也。然邪甚則反其氣，治者以平和而順之。此謂治邪之道矣！』王良云：『天氣感邪，則可順也多客勝於主，則可泄也，以平為期，不可過也。』趙澤中曰：『夫欲客之也。於氣動甚者，是謂客而勝於主，不可不察也。醫之，氣順者，邪受之；養之，脾病生焉。此謂五臟感邪而生也。邪穢去而定心神矣！』又曰：『治邪者，先正其心也。是故心正而神清，神清而氣順，氣順而脈和，脈和而瘥矣。』造父云：『邪症者，風症也。外感客氣而凝於毛竅，毛竅而傳腠理，腠理而傳肌肉，肌肉而傳五臟，五臟而傳六腑，六腑而傳三焦，三焦而遍傳矣。凡治者，宜速而不宜緩也。』是故去其寒，泄其熱，和其臟，調其腑，理其經，順其氣。此謂治邪之道，使馬驢不致夭橫矣。歌曰：正氣不守則生狂，所偏不及致其殃，陰陽錯亂真元敗，氣血凝溢臟腑傷，衰羸饑餒乘騎遠，寒暑相侵邪入腸巳，毛焦氣喘渾身顫，精神恍惚汗淋漿，行如酒醉無高下，目瞪癡呆亂撞牆。頂上風門三道烙，項邊鶻脈兩針強，寧心定志硃砂散，三朝二灌即安康。

邪證之圖

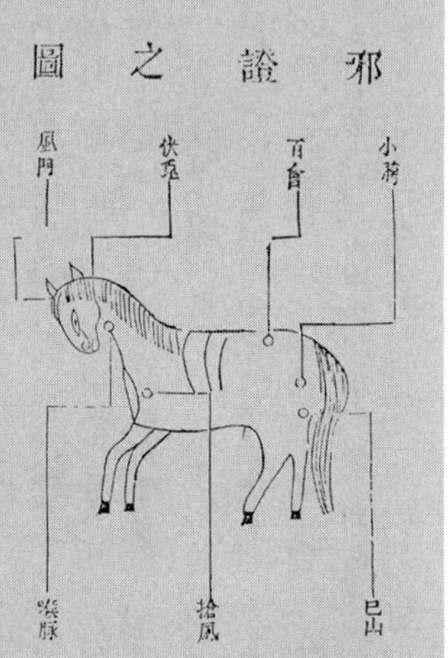

又《正證論》 夫正者，端正也，無偏無倚，無太過，無不及也。《內經》云：天理正，日月光明，雨露調勻。地理正，寒暑應節，五穀豐登；人理正，家齊國治，天下和平；馬牛正，身形強健，臟腑安寧故也。遵道趙先生曰：馬逢正氣，屙瘵不生；半在人之所蓄。雖有引重致遠之功，然芻水而不能自由；代人之勞，而亦待人之養。疾困病患，在人所制；馳驅飲喂，貴於中節。如芻水有節，又得天之正令，而真氣守於內，精神固於外，其病患安得而有之？以盡天年之壽，乃蓄養之道也。諺語云：馬逢君子，加十年壽矣！故云：君子之養物，養物而能仁，仁人而愛物，物遇仁人而幸也。是故冬暖飛夏涼飛春牧飛秋廄，節芻水，知勞役，使寒暑無侵，則馬騾無屙瘵矣。歌曰：無偏無倚號端平，不及太過兩無侵，乾坤有正諸般泰，寒暑清平萬物榮。馬牛有此精神爽，尿清糞潤口中紅，脈平色正無屙瘵，氣血調和臟腑寧。

正證之圖

又《論馬一十六般蹄頭痛》 十六蹄痛，各有部位分之。蹄胎脹痛，蹄骨臚痛，蹄甲薄痛，蹄甲裂痛，蹄甲枯痛，蹄尖腫痛，蹄掌腫痛，裏跟腫痛，外跟腫痛，乾竅漏痛，濕竅漏痛，穿心漏痛，穿掌漏痛，羅圈漏痛，旋蹄瘡痛，癢蹄瘡痛，此謂一十六般蹄頭之痛也。有歌曰：馬患蹄痛十六般，說與醫人用意觀，蹄尖著地掌中痛，蹩步難行病在尖，外蹉裏疼側向內，裏蹉外痛外跟翻，蹄薄蹄裂蹄枯硬，行步拘然亦似攢，乾濕漏蹄懸足點，虛行下地步難遷，旋瘙蹄瘡黄與毒，昂頭不動把蹄懸，惟有蹄胎骨脹硬，擺尾搖頭步步顛。蹄頭點痛宜詳玩，請君仔細莫錯看。

又《論馬無膽》 混沌初分，天地始辟，午丑之象，各從天地而生。午者陽火也。應乾象而生馬。丑者陰土也，應坤象而生牛。《易經》云：乾象為天，坤象為地，馬牛而應之。馬者，上應於天，稟清氣而膽氣不足。牛者，下應於地，稟濁氣而齒氣不足。此謂天地陰陽清濁之分矣。《太極經》云：白馬祭天烏牛祭地，可謂天地之分矣。伯樂云：馬飲清而溺濁，牛飲濁而尿清，亦為天地之分矣。師皇曰：馬者，物類也，稟陰陽之未半，受五氣而少全，火有餘而水不足，故膽氣而缺也。歌曰：混沌初分發曉明，午丑相從天地生，午火象乾生作馬，丑土生牛體作坤，飲清溺濁因無膽，飲濁尿清缺齒輪烏牛白馬祈天地，可謂陰陽清濁分。

又《論馬前面有六門，後面有四門，門門相對》 《明堂篇針穴》云：『耳後二針名曰風門穴也，頰下二針名曰喉門穴也，胸前二針名曰肺門穴也，此三者乃為前六門也。四蹄掌後四針名曰蹄門穴也，此為後四門也。相對者，左右相稱也。十穴而號十門者，乃為一十二道經絡之關津，三百六十絡脈之道路也。』歌曰：前後十門圖良馬經中有十門，門門相對甚分明：二穴風門分耳後，胸前兩道肺門針，頰下喉門排左右，六穴分為前六門。後有四門蹄上穴，四蹄掌後兩旁針。八萬四千毛孔竅，三百六十總關津，百五九道經和絡，盡在周身十穴中。此謂門門相對歌，請君著意用心精。

又《論馬陰陽運氣者何也》 東溪曲川問答。問曰：『馬有陰陽運氣者何也？』答曰：『運氣，五運六氣也。』曰：『何謂五運六氣？』答曰：『甲己土運，乙庚金運，丁壬木運，丙辛水運，戊癸火運。子午少陰之氣，丑未太陰之氣，寅申少陽之氣，卯酉陽明之氣，辰戌太陽之氣，巳亥厥陰之氣。太陽氣寒，厥陰氣溫，陽明氣清，太陰氣濕，少陰氣平，少陽氣熱。六氣分守，一氣所管六十餘日，六六三百六十日，以足周年之數。此謂五運六氣之分也。』又曰：『馬之疾患，何以應之？』答曰：『馬者，天地亦然也。天有五運，馬有五臟，天有六氣，馬有六腑，亦與相合也。《太極經》云：干支轉運，六十迴圈，一年太歲當令，陰陽一氣司天，一氣在泉馬牛一經當直，一臟不足，發生一證。此謂陰陽之氣流轉輪回之鑒也。』問曰：『且如今日嘉靖二十六年，太歲丁未，當年運氣應於某臟腑乎？』答曰：『丁未丁丑之歲，太陰司天，太陽在泉，土水合德，濕寒氣交，上應鎮星，馬牛心氣不足，多發脾虛胃冷之症。丁巳丁亥之歲，厥陰司天，少陽在泉，木火合德，風熱氣交，上應歲星，馬牛脾氣不足，多生肺額鼻膿之症。丁卯丁酉之歲，陽明司天，少陰在泉，金火合德，清熱氣交，上應惑星，馬牛腎氣不足，多發癱瘓蜷攣之症。此謂六丁氣運流行之症也。』又曰：『丁壬相合，六丁之氣如斯，六壬之氣何也？』答曰：『壬辰壬戌之歲，太陽司天，太陰在泉，水土合德，寒濕氣交，上應辰星，馬牛肝氣不足，多生寒濕冷拖之症。壬申壬寅之歲，少陽司天，厥陰在泉，火木合德，風熱氣交，上應熒星，馬牛肺氣不足，多生泄瀉腹膨之症。壬午壬子之歲，少陰司天，陽明在泉，金火合德，清熱氣交，上應太白，馬牛膽氣不足，多發腫毒瘡黄之症。此丁壬氣運流行之本，其餘年歲，仿此行之。』又曰：『四時運氣日干受病者何也？』答曰：『甲日腎病，乙日膽病，庚日肝病，丙日心病，戊日肺病，丁日胃病，壬日脾病，辛日小腸病，癸日大腸病，己日膀胱病。此謂天干應合日神氣運之分也。』又曰：『干支有分別者何也？』答曰：『六甲、六丙、六戊、六庚、六壬，謂之上干，乃為陽數。六乙、六丁、六己、六辛飛六癸，謂之下干，乃為陰數。子飛丑、寅、卯、辰、巳六支，謂之上晝，屬陽。午、未、申、酉、戌、亥六支，謂之下晝，屬陰。此乃干支氣運之分也。』又曰：『不知運氣者何也？』答曰：『不知運氣者，不能明其節要也。按《岐伯經》云：凡為醫獸者，必須識陰陽，知運氣，明脈色，分五行，生克留守，如執權衡者，方可察其馬之困苦哉。苟不識其陰陽，不知運氣，不明脈色，應痛施針，問病發藥，雖能效驗，如盲人奔走，信步而行矣。』歌曰：甲己土運乙庚金，丁壬木位總成林，丙辛原是東流水，戊癸南方火氣侵，日干逢此為天運，吉凶上下往來尋。子午少陰君火位，丑未太陰濕土宮，寅申少陽相火路，卯酉陽明可燥金，辰戌太陽寒水土，巳亥厥陰風木明，五運只在十干取，六氣十二支上尋。

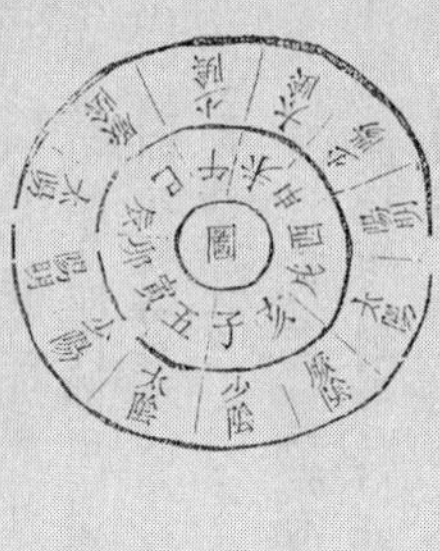

五運六氣之圖

明 趙浚等《新編集成馬醫方·五勞論》 五勞，謂筋勞、骨勞、皮勞、氣勞、血勞也。筋勞者，因久步得之。其狀終日驅馳，放而不驟者是也。其為病則發發蹄，痛凌氣發蹄，謂毒氣散亍蹄間，其痛凌氣也。骨勞者，因久立得之。其狀雖驟而不時起者是也。其為病則發癱腫。皮勞者，因久汗不乾得之。其狀雖驟起而不振毛者是也。其為病𦢊面旁脊摩之熱也。氣勞者，因汗未息，乘燥而飼、飲得之。其狀雖振毛而不即噴氣者是也。其為病苦氣不宣通。故緩繫之櫪上，遠喂草乃噴也。血勞者，因驅馳無節得之。其狀雖噴氣而不即溺者是也。其為病則發強行。高繫之，不飲喂，少時，乃大溺也。

又《七傷論》 七傷，謂寒傷、熱傷、水傷、饑傷、飽傷、肥傷、走傷。寒傷者，因冬月飲宿水，係寒處得之。其病令馬毛焦受塵是也。熱傷者，因暑月乘騎過多，不時飲喂得之。其病令馬煩燥悶亂是也。水傷者，因騎回便飲，停滯不散得之。其病令馬水結腸胃，積聚成病是也。饑傷者，因馬盛饑，更令大走，喘息未定，卒然飲喂得之。其病令馬心脾氣結，草料不消是也。飽傷者，因飽乘騎，再便飲喂，馬吃草太猛得之。其病令馬腸胃積聚，糞行遲滯是也。肥傷者，因馬膘悲驕切，肥貌。大，力行得之。走傷者，因馬極走太過得之。二者皆令馬肉斷脂消，氣不續也。

明 楊時喬《新刻馬書》卷四《運氣癥候·八證圖論·寒證論》 夫寒者，冷也，陰勝其陽也。因久渴而不飲、飲冷水而太過，冷氣入胃也，或羸瘦過飡宿冷，或老衰久露風霜，或牧被陰雨苦淋，或索向濕塌久臥，濕氣透入肌肉，肌肉傳入脾經，脾灌四旁，胃潮百脈，以致脾胃合之。陰冷則令鼻脈沉遲，按之無力，耳鼻俱冷，口色青黃，前蹄跑地，回頭顧腹，渾身發顫，腹內如雷，不時起臥，此謂冷傷之癥也，宜甘辛之藥，蔥酒灌之，瘥矣。反者，死。師皇云：『陽不勝其陰者，則五臟氣逆，九竅不通也。』晉寧醫獸趙氏曰：『陰盛則寒極，寒極則氣厥，氣厥則腹滿，腹滿則數栗，數栗而汗出，汗出而脈絕，脈絕而死矣！能夏不能冬，此之謂也，宜「三聖散」灌之。』

寒證之圖

又《熱證論》 夫熱者，熱也，陽勝其陰也。為緣暑熱炎天乘騎，地里窵遠，鞍屜失於解卸，乘饑渴而喂熱料熱草，熱氣入胃，胃潮百脈而注之骨髓，內外合邪，五經煩燥，熱毒流於四肢，令馬精神短少，耳耷頭低，脈行洪數，唇舌鮮紅，四肢倦怠，行走如癡，或然起臥，多臥少起，此謂傷熱之癥也。放六脈血，酸苦藥灌之，瘥矣！反者，死。師皇云：『喘粗氣大脈行洪數者，乃陰不足而陽有餘，熱包於內也。』趙氏澤中曰：『陽盛則身熱，腠理閉而氣喘，身體栗顫，舌如硃砂者，死。能冬不能夏，此之謂也。如脈洪且緩，按之有力，謂陽中之陽也。「四賢散」灌之。』

熱證之圖

又《虛證論》 夫虛者，勞傷之過也，真氣不守，衛氣散亂也。因乘饑渴負重，而乘騎地里寫遠，且又失其飲喂，或喜小馬超群異眾，奔走過多，多騎、喂，以致傷於臟腑，致使行力殊常。日久，則令毛焦肉減，身體尫羸，把前把後，抽搐難行，鼻流膿涕，啌嗽連聲，四肢虛腫，耳耷頭低，脈行遲細，口色無光，精神短慢，此謂虛損之癥也。灌七傷散，百日而瘥矣！反者，死。遵道先生曰：『勞傷心血，饑傷元氣，根本而傷也。元者，根也，根者，腎也，腎者，都會關司之所，五臟包藏精氣於內，泛溢滲灌於膀胱者，皆腎受而藏之，故云根本也。根者，故不可傷也。』師皇云：『伐其根，逆其本，五臟而衰也。如膘肥體壯，芻水如常，但腰胯疼痛，行而不動者，此謂下元虛冷，非傷勞之癥也，火針大胯等穴，「茴香散」灌之。』

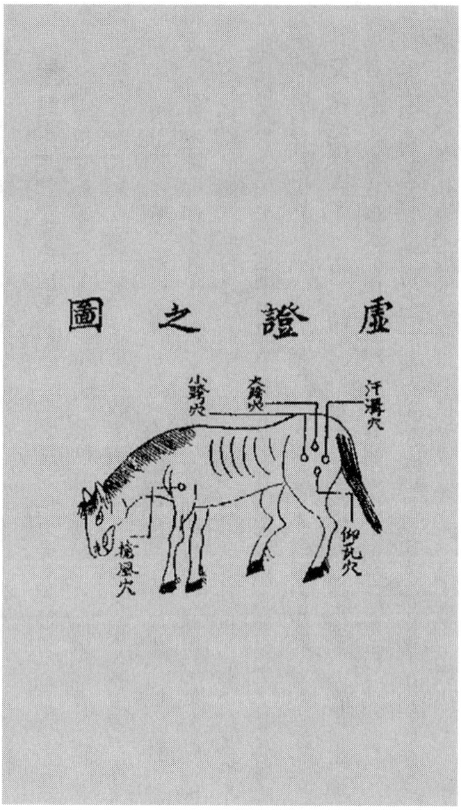

又《實證論》 夫實者，結實之謂也，停而不動，止而不行也。趙氏曰：『止而不行為結。結在皮膚則生黃腫；結在肌肉則生瘡癧；結在骨則筋骨脹大；結在經絡則流注疼痛；結在咽喉則咽喉閉塞；結在食槽則生槽結三喉之癥；結在腸胃，則肚腹脹痛起臥而成七結之病也。』又云：『實癥者，雖名同，而治則各異矣。是故，或以針、或以藥、或入手、或先治其裏、或先攻其外。甚者，開喉、鑿腦、開肷、針渾睛，取槽結、割骨眼，針歪尾、取臧牙，此異治之則也，非手心諦者，孰能至此哉！』

又《表證論》 夫表者，一身之外也。皮膚為表，六腑亦然。但外為表，鼻外為風，鼻內入者，注之於脾而化為氣，氣引血脈，周流肢體，驅使臟腑調和，與其骨體筋肉相親，滋潤皮毛，開辟二十萬三千一百一十腠理，皆起於風氣也。或同意外破傷損，繫處不便；騎來有汗，檐巷卸鞍，腠理或開，賊風乘虛而入皮膚，初患，渾身揩擦，次傳肌肉，致使毛焦膁吊，遍體頑麻，日久，傳注與內，則令渾身筋急，眼吊，驚狂，四肢僵硬，口內涎垂，耳緊，尾直，牙關緊閉難開，不食水草，此謂，外感風邪之癥也。徹鶻脈、放胸堂、烙風門、灸百會，灌發汗追風散，數日平定者，月餘瘥矣。反者，死。晉寧、醫獸、趙氏曰：『風者，天地山川之氣。從微致盛，以順十二月溫涼寒暑、鼓舞飛揚，因而變化皆在於風也。且風者，乃四時之氣，分布八方，善惡不等。善者，和風、清氣。惡者，邪氣、賊風，淺則凝於肢體，深則傷於五臟，在左即癱，在右即瘓，在頭即重，在眼即昏，在鼻即塞，在耳即聾，在咽即乾，在喉即閉，在筋即攣，在骨即痛，在皮膚即生瘡疥，在腸胃即脫肛腸。賊風者，暗箭也，當慎避之』。內經云：『天有善風，日月光明；地有善風，萬物俱豐；水有善風，波浪停勻；馬有善風，諸疾無生。天中惡風，日月皆昏；地中惡風，五穀難存；水中惡風，翻撲舟船；馬中惡風，涎沫多生。』夫、涎者，有一升三合，停於膈下，養其五臟，和其六腑，消其水穀，滋潤皮毛，不可偏勝也。勝於肝者，則癱；勝於脾者，則瘓；勝於肺者、則啌；勝於心者，則狂；勝於腎者，則成五勞七傷之病。是故；風痰者，速醫而勿令緩也，一日盛傳，二日遍傳，三日亂傳。亂傳者，難治也，如火燎茅檐之狀，茅檐火發，玉石俱傷，風痰而盛者，九死一生而無治則也。

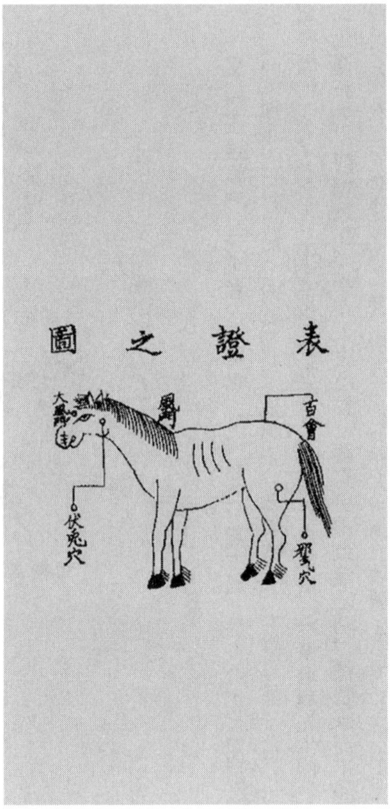

表證之圖

又《裏證論》　夫裏者，一身之內也，諸內為裏，五臟亦然，腹內為裏，肚底如之。內經云：『夫、內者，腹內也。抱陰而負陽，包含五臟六腑。』寒熱不可偏勝者，寒勝，六腑俱凝，熱盛，遍體氣逆。營氣不從，逆氣凝結，凝于肌肉而成瘡癰，凝於皮膚而成黃腫，令馬精神恍惚，喘粗鼻咋，毛焦，眼赤，臥多立少，皃脈洪弦，水草遲細，惡熱便陰，此謂熱積於內也。凡治者，滋陰降火，理氣和血，先於六脈針刺，然後涼藥灌之。不然，黃癰瘡癰從茲甚矣。晉寧、醫獸越氏曰：『瘡黃者，裏癥也，乃五臟積熱而生，皆由氣之所使，血之凝溢也，恣於蘭十六處，故曰三十六黃。是故：束嗓黃、內腎黃、外腎黃、偏次黃、心黃、肺黃、肝黃、脾黃、肷黃、腸黃、腰黃、奶黃，此乃一十二黃，遲治者，不能取效也。』又云：『鼻黃、腮黃、頰黃、耳黃、胸黃、腦黃、鎖口黃、心疸黃、膝黃、胣黃、蹄黃、夾黃、肘黃、帶黃、肚黃、水黃、陰黃、蛇黃、穿甲黃、脊背黃、遍身黃、蝦蟆黃、陰腎黃、木腎黃，此謂三十六黃，乃為裏癥，發生於臟腑也。初患，或痛，或癢、或腫硬、或腫軟、或肉色而不辨，各從形證而顯其名也。』經云：『氣凝著血則痛，血凝著氣則麻，氣血妄行則腫，氣血不行則腫。按之復起、氣毒，赤色腫硬，火毒，痛甚作膿、陽毒，不痛而順，陰毒。』又云：『先腫後痛，形傷氣。先痛後腫，氣傷形。痛無腫者，傷其骨。膿消腫甚，傷其肉。痛而顫者，傷其筋。腫中有水，傷其氣。膿多甚者，傷其血。痛不寧者，傷其臟。痛不寧者，傷其腑。此謂瘡黃之外應也。後學者識之。』

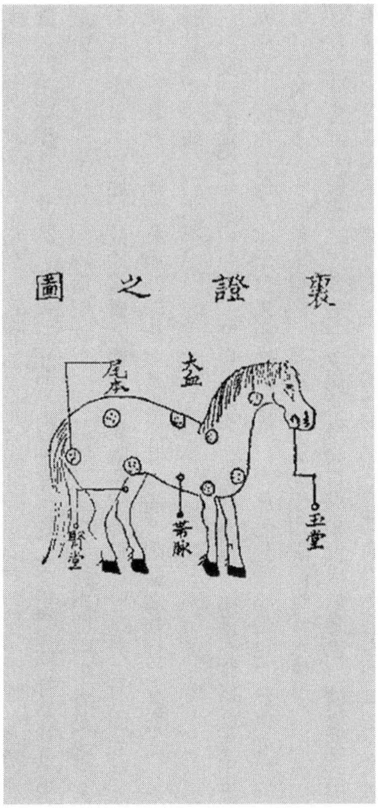

裏證之圖

又《邪證論》　夫邪者，所偏之謂也，太過、不及也。真元散亂，邪疫相侵，故為邪也。夫、邪入陽，則獸生狂然；邪入陰，則獸生痺；理自然也。生我者、虛邪，克我者、賊邪，我克者、微邪，我生者，實邪，自受者、正邪也，正氣不足，客氣太勝是也。皆因蓄養失調，寒暑所中，遠行帶汗而渡河，牧放苦淋於陰雨，饑餒負重而出奔，盛暑乘騎而遠驟，老騍真元衰敗，新駒血氣未全，以致勞傷過度，榮衛不調，腠理或開，繫拴不便，又會天運感邪，五行不足，客氣乘虛而入者，故成其患也。故令：精神恍惚，遍體汗流，渾身肉顫，蹄、嚙、奔馳，東西亂撞，眼急驚狂，此謂心竅痰迷、煩躁熱邪之病也。又或，毛焦眼閉，行走如癡，左右亂跌，首項偏斜，頭垂於地，水草遲微，乃為表中風寒、脾虛濕邪之病也。是故：年木不足，外有清邪；年火不足，外有寒邪；年土不足，外有濕邪；年金不足，外有風邪；年水不足，外有熱邪，此謂年之虛也。年之虛者，邪之甚也，月之虛者，邪之甚也，時失和者，亦邪甚也。且，五臟而和，一臟少有不足，又或蓄養失調，再會天運感邪，邪淫之病感之速至矣。師皇曰：『清氣大來，金之勝也，風木受邪，肝病生焉；熱氣大來，火之勝也，燥金受邪，肺病生焉；寒氣大來，水之勝也，熱火受邪，心病生焉；濕氣大來，土之勝也，寒水受邪，腎病生焉；風氣大來，木之盛也，濕土受邪，脾病生焉；此謂五臟感邪而生病也。岐伯云：『夫、邪之狀，氣動而甚者是。謂客邪而勝於主，不可以水受之，病瘵云然。邪甚，則反其氣。治者，以平和而順之，此謂治邪之道矣。』王良云：『天氣感邪，則可順也。客勝於主，則可泄也。以「平」為期，不可過也。』趙澤中曰：『夫、感客邪也，於氣動甚者，是謂客而勝於主，不可易療也。醫之氣順者，邪受之、養之，脾病生焉，此謂五臟感邪而生也。邪穢去，而定心神矣。』卞寶曰：『治邪者，先正其心也。是故：心正而神清，神清而氣順，氣順而脈和，脈和而瘥矣。』造父云：『邪瘸者，風瘸也。外感客氣而凝於毛竅，毛竅而傳於腠理，腠理而傳肌肉，肌肉而傳五臟，五臟而傳六腑，六腑而傳三焦，三焦而遍傳矣。凡治者，宜速而不宜緩也。是故：去其寒，泄其熱，和其臟，調其腑，理其經，順其氣，此謂治邪之道，使馬騾不致天橫矣。』

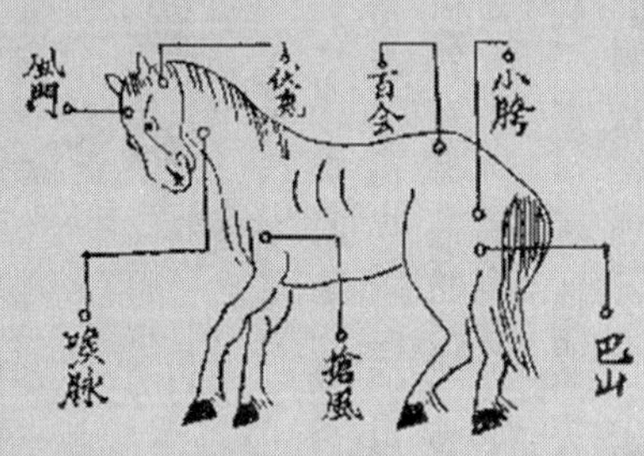

邪證之圖

又《正證論》　夫正者，端正也，無偏無倚，無太過，無不及也。《內經》云：『天理正，日月光明，雨露調勻。地理正，寒暑應節，五谷豐登。人理正，家齊國治，天下和平。牛馬正，身形強健，臟腑安寧故也。』遵道趙先生曰：『馬逢正氣，疴瘵無生；半在人之所蓄。雖有引重致遠之功，然芻水而不能自由，代人之勞而亦待人之養，疾困病患，在人所制，馳驅、飲喂，在於中節。如芻水有節，又得天之正令，而真氣守於內，精神固於外，其病患安得而有之，以盡天年之壽，乃蓄養之道也。』諺語云：『馬逢君子，加十年壽矣。』故云：『君子之養物，養物而能仁，仁人而愛物，物遇仁人而幸也。』是故：冬暖、夏涼、春牧、秋廄，節芻水，知勞役，使寒暑無侵，則馬騾而無疴瘵矣！

正證之圖

又卷五《臟腑・五勞七傷論・五勞》　五勞，謂：筋勞、骨勞、皮勞、氣勞，血勞也。筋勞者，困久步得之，其狀，終日驅馳，放而不輾者是也，其為病，則發蹄痛，凌氣之病也，發病，謂毒氣散於蹄間。其痛多氣也。骨勞者，因久立得之。其狀，雖輾而不時起者是也。其為瘸，剛發癰腫。皮勞者，固久汗不乾得之。其狀，雖輾，起而不振毛者是也。其為病，挾脊磨熱是也。氣勞者，因汗未息，乘燥而飼飲得之。其狀，雖振毛而不即噴氣者是也。其為病，苦氣不宣通，故須緩繫之櫪上，遠喂草，乃噴也。血勞者，因驅馳無時得之。其狀，雖噴氣而不即溺者是也。其為病，則發之強行。高繫之，不得飲喂，少時，乃大溺。

又《七傷》　七傷，謂：寒傷、熱傷、水傷、饑傷、飽傷、肥傷、走傷也。寒傷者，因冷月飲宿水繫寒處得之。其病，令馬毛焦受塵是也。熱傷者，因暑月乘騎過多，不時飲喂得之。其病，令馬煩燥悶亂是也。水傷者，因騎回便飲，水停滯不散得之。其病，令馬水結腸胃，積聚成病是也。饑傷者，因馬盛饑，更令大走，喘息未定，卒然飲喂得之。其病，令馬心脾氣結，草料不消是也。飽傷者，因飽乘騎而便飲喂，吃草太猛得之。其病，令馬腸胃積聚，糞行遲澀是也。肥傷者，因馬膘大，過力得之；走傷者，因馬極走得之。

二者皆令馬肉斷脂消，氣不續也。

又 卷一一《痊驥通玄三十九論》第一論《馬起卧多般、暗藏七結》 釋曰：夫、論馬起臥者，因饑飽勞役，失其飲喂，乘饑渴而吃水草太過，傷於脾胃，草穀不化。陽明經受病，傳在大腸九襀之間，不能運轉左右，聚糞成結，閉塞定腸胃，氣脈不通，所以病生，疼痛難忍，致令起臥。多般者，是三十六般起臥，各各不等，各有形狀，此是五臟六腑受其大病，故云多般也。

又 第二論《馬入手腸中、隔腸取病結難者》 釋曰：醫獸先須入手；會者，須臾之間，起死回生；愚者，不曉其根源、形狀、深淺，又不知回避、入手緊慢。近世醫家入手搜腸，在轂道中盡一手，不見病糞，無法治療。內損腸胃，十死無一生。凡醫獸入手，且論大腸，長一丈二尺，左管盤九襀，假如醫人之入手不過二尺，如何得到大腸一丈二尺、九襀之間？醫家且須細意審尋，論病深淺，治法玄微。先去手指甲，石上磨滑齊肉，休教損抹破腸胃，并橫弦、立肚。用溫暖油水，用管灌入轂道中送上一二升，并用油水於臂膊上下潤濕前後，休教手澀。用力向前帶，損腸胃，慢慢向前入手、左右前後、九襀盤腸內，隔腸搜尋，見病結糞打手，滑硬如球。好糞、軟，結糞、硬。如入手盤腸內尋見病糞，名為裏結。隔膚見外腸結糞，名為外結。臨時機變，用手虎口或用四指，稍慢慢按破病糞頭，氣脈通宣為妙。莫將鹵莽，切須細意搜尋，休教抹破，內損腸胃。故云：入手艱也。

又 第三論《馬大腸九襀九曲、運轉不過者》 釋曰：大腸如江，小腸如河，閉定江河，水草不通，此是腸路之結。大腸長一丈二尺，前四尺為前結，中四尺為中結，後四尺為後結，此是三般病結糞也。左大腸九襀中間，醫獸入手，依前項法度，隔腸細意搜尋，得見病糞打手，滑硬如球，用手休忙，細意用手虎口按破分開糞頭，休教損傷腸胃，此是玄微妙術。尋經面論病，無不安康。

又 第四論《馬小腸八襀轉入蟠者》 釋曰：小腸連心，心屬火，是水臟傳流，因困而吃水太多，兼冷熱不和，傳於小腸中，水盛而成逆氣，相交澀滯不能流行，而成結也。乃太陽經主其病。小腸屬火，大腸屬金，臟腑不和，氣脈不相順，致令成痛而起臥。不收四足，小腹中疼痛，更兼肉顫，腎氣傳在胞中，急氣痛，而入於四肢，不能收，此乃小腸受病也。

又 第五論《馬大腸五襀、受結在膈後不通者》 釋曰：在膈後病者，前結也，喘粗咬臆，兩腳夾頭，起臥極緊，此是病狀。依前，用手入轂道中，慢慢向前，左右前後隔腸搜尋，大肚兩邊得見病糞如球、滑硬；或在板腸之間積聚，病糞不轉，此名外結。臨時機變，慢慢用手攀病糞向後來，或用手虎口、或用四指梢，用外面左手及腸內右手，裏外兩手相應兩夾定，病糞按破，細意用心，休教損動腸胃為妙，氣脈通和，即時見效也。

又 第六論《馬大腸四襀受氣通連、傳轉受病》 釋曰，此是前五襀受結，在膈後。氣傳在大腸後四襀之間，腸胃不通，氣脈閉塞，不能通和，發起肚脹。用前項手法入轂道中，打滿臂膊，左右前後隔腸搜尋盤腸九襀之間，得見病糞打手。依前手法分開病糞，即時氣脈宣通，消其脹滿。此是玄微妙術，便住起臥，當時見效。此乃四襀受氣相連，得痊也。

又 第七論《馬小腸五蟠受水、小腸痛、病不通》 釋曰：心為臟。小腸為受盛之腑，受草穀二斗、受水八升二合，傳於膀胱為道路。若脾胃調和，水草消，此則無病。或冷熱相擊，飲喂失時，即將滯而成病，傳於膀胱，名曰：小腸結、又曰：胞轉。太陽主其病。此病形狀：存腰、攢蹄、揭尾，此是胞轉之病也。醫獸多用油水入手，向前便見胞轉，脹如碗大，用手向下慢慢用力撥按，小便通下，牽行三五遭，即時見效。後用『氣滑散』灌之。

又 第八論《馬小腸三蟠受精受涎、精涎滯》 釋曰：五臟通和，則血氣化為精。三焦壅熱，則精液化為涎。精藏於腎，腎為臟，膀胱為精液之腑。涎停於膈，熱壅於心，心腎水火相擊，故成病。腎經亂行於膀胱，心液傳注有餘小腸，精涎凝滯於胞內，塞其關竅，水道不通，故胞轉而成病，負痛起臥。依前手法，多用溫暖油水入轂道中，向前，便見胞脹如碗大，用手向下慢慢用力撥按，小便通下，即時見效，此乃三蟠受精并受涎得痊也。

又 第九論《馬腸胃邊有橫弦、立肚，入手回避》 釋曰：橫弦者，乃是大腸、小腸、盤腸脂弦，謂之橫弦也。立肚者，乃是大肚肚弦、脂弦，謂之立肚。凡醫獸入手，須要細意用心回避，休教損著橫弦、立肚，并腸胃為妙。傷著必死，故云：橫弦、立肚須回避者。

又 第十論《馬胃腸近後一尺二寸玉女關者》 釋曰：玉女關者，是轂道內向前到盤腸一尺二寸，直到盤腸，相近內腎，而其間入手到盤腸，是名一尺二寸玉女關。

又 第十一論《醫家入手、用溫油水灌入轂道中》 釋曰：凡醫獸入手時，先用溫暖油水于臂膊上下潤濕通滑，次、入油水二升于谷道中，免致糞澀。向前用力帶，必損傷腸胃，但損動腸胃，其證必死。醫家切須細意，不得鹵莽。故云：入手先須用油水，莫教糞澀，向前難也。

又 第十二論《醫家打結、切須裏手靠外手者》 釋曰：凡醫獸打結之時，先用油水用手灌入穀道中，打滿臂膊。如腸無糞，就手向左右前後隔腸搜外盤腸九禮之間，名為外結，得見病糞打手，如球、滑硬。腸胃裏面，獨手難以分破，用手攀病糞在第二第三肋間、或在肚口下。卻用外面左手，裏面右手，裏外兩手托夾，靠定病糞，或用四指梢、或用手虎口，慢慢用力分，按破病糞頭作三、兩塊，即時氣脈通宣，當時見效。此是打結之時，靠外手也。

又 第十三論《入手腸胃內、兩面搜尋病糞者》 釋曰：入手穀道內，玉女關左右前後、大肚兩面之間，細意搜尋，腸胃兩邊得見病結糞，滑硬、打手。依前手法，用心分開取破病糞。休教損傷腸胃并橫弦、立肚。

又 第十四論《馬腸裏見結糞打手、名爲裏結》 釋曰：裏結者，是後結，近也。入手在穀道中搜尋腸內，便見病糞打手，用前項手法，款慢握破，分開病糞，細意搜尋，休教損動腸胃。如、馬肚脹者，是腸中閉塞，成痛而起臥。如通宣者，不痛。氣脈通和，消其肚脹，便住起臥，即時見效。此名裏結也。

又 第十五論《馬靠門結、門風腫，糞不下者》 釋曰：靠門結者，近也。入手在穀道中，腸胃內便有正病結糞，不用前項手法。難以分破，燕口取者——如燕啣泥，積少成多——盛用油水，用手把病糞，寧心、逐些小、不許多、少取，盡病糞。在後，用溫角，於穀道中送上油水二升為妙。此乃大腸風腫，糞澀難行，故為結也。後，用『大黄散』灌之，即時見效也。

又 第十六論《入手、多將油水向穀道內送上》 釋曰：凡入手時，先用油水一大碗，潤濕其手，入穀道中取出糞。用溫角插向穀道內，送上油水一碗，此是腸胃滑澤，入手不損。此名盛將油水推向前，於盤腸尋病結。

又 第十七論《入手尋見病糞在背手者》 釋曰：背手結者，外結也。凡、醫獸入手用心，不論遠近，隔腸見病糞不在手裏，在手背外，難以分破病糞。翻手合過病糞在手掌內，慢饅攀近，後來得手，用前項手法分開病糞，氣脈宣通，即時痊可。此是背手結時，翻手轉也。

又 第十八論《入手腸內、病結向前，手難近者》 釋曰：吊結者，遠也。近前在大肚左右中間，名前結也，手不能近，須縛倒。如馬肚脹者，不可縛倒，縛倒者，恐撲損動腸胃，氣喘不及，即死也。等候馬肚痛自臥地時，用索，寬慢縛定，用草兩束，前膊并後胯腿兩廂墊起，慢慢曲起頭來，腸、胃相聚。盛用油水入手，向前隔腸搜尋，見病糞滑硬打手，切須細意用心。須教順手左臥地，醫獸在馬脊背後，用右手入穀道中搜尋，見病糞，依前手法分開，氣脈通和。此是吊結之時，須縛倒，得痊也。

又 第十九論《馬患垂結病，如何治療》 釋曰：垂結者，前近大肚，後在板腸之間。垂者，懸垂在脊梁上，四不著也。醫獸入手時，用玄微妙術，仰手向上托定病糞，靠馬脊梁，臨時機變，或用手四指尖，或用手虎口，就馬脊梁向上兩取力，按破病糞——依前手法，分開糞頭，休教內損。

又 第二十論《馬患大肚板腸腸糞不轉者，如何治之》 釋曰：大肚板腸糞不轉，形如栲栳大，硬如石。此乃、心為碓、不搗，脾為磨、不轉，草穀不能消化，乃成其大病。醫獸入手，盛用油水，推向前去，手見大肚，仰手向上托定大肚，晃一二十晃，次後，見邊頭結糞，依前手法分開。再用溫角入內油水三二升在穀道內，次用、『大安散』三兩作一服、灌之，不住牽行。豬脂鹽豉『七聖丸』者——用豬脂一斤、熬油去滓，用川大黄大戟牽牛郁李仁續隨子甘遂鼠糞，以上七味各等分，為末，每服三兩，用鹽豉二兩、朴硝十兩，用前項豬脂油酒半碗，溫化，帶熱灌之，不得飲喂，不住牽行，及用炭火溫熱氣針，於以後第三肋間，離脊仰手合過是脾腧穴，入針一寸，針轉動為妙，得效也。

又 第二十一論《馬內傷脾胃、打鼻不得者》 釋曰：內傷者，損其火腸也，肺為臟，大腸為轉送之腑。肺是臟中之氣，鼻連肺，屬西方庚辛金也。脾屬土也，脾胃損氣，逆不上升，不能達于肺，不通于鼻。肺絕，脾氣亦絕，榮衛不行，故不打鼻，其病難也。

又 第二十二論《馬腰背板硬回轉不得者》 釋曰：此乃病沉，有失救療。或因起臥時緊走；或起臥肚脹頻打滾□，致令損傷腸胃，渾身肉顫，四腳如柱，牽動如醉，氣血死也，故行動腰背如椽，兼是起臥損著腎朋，腸胃有損，此是死證形狀，必難痊也。

又 第二十三論《馬起卧頻者、卻住起卧》 釋曰：乃臟腑死也。不知疼痛，起臥不得。必死。

又 第二十四論《馬卧至不起、五臟傳遍四肢》 釋曰：四肢力敗，筋脈俱死，臥至多時起不得也。此病十死無一生也。

又 第二十五論《一尺二寸玉女關損動者》 釋曰：此乃玉女關前損動腸胃，回頭看覷兩膁，是腸斷，不堪醫治也。

又 第二十六論《馬口色、舌下臥蠶紫色者》 釋曰：乃舌下兩個蠶頭，左名金關，右名玉戶。若紫色者，心、臟盡死，不能痊也。

又 第三十三論《馬患胞轉起臥形狀病源》 見前卷下。以上，凡、醫獸入手，便見正病結糞，謂之裏結也。隔腸搜尋盤腸九襀之間，得見病糞打手者，謂之外結也。切須細意，依前項手法，分開病糞，休教損動腸胃為妙，氣脈通宣，即時見效也。于內有：靠門結、裏結、外結、背手結、順手結、吊結、垂結，此是暗藏七結。共十結也，治法在前。胃歌曰：太倉都來二尺二，五斤四兩不須稱。水草共盛三斗九，積而不散更招兇。碓磨伸停常不住，各居臟腑自安寧。大腸歌曰：大腸丈二按年光，三斤十四是尋常。水草都盛二斗四，盈而滿益惹災殃。江河通流為道路，自然六腑得安康。小腸歌曰：若論小腸說與賢，二丈四尺聖經言。草穀不差盛二斗，八升二合水無偏。小腸順和膀胱路，六腑三焦得自然。回腸歌曰：醫工略聽說回腸，三尺六寸古今傳。草穀都盛一斗二，六升五合水尋常。六腑俱盡都說破，開說通玄世上揚。又論馬喉舌尺寸分數：夫、馬者，是故，五臟、所受津液；六腑者、傳轉糟粕；碓磨者、運動水穀；化為氣血。氣血者，身之本也，水穀者，身之本也。大小腸者，所受水穀，共盛一石二斗，乃常數也，不及一一細而窮之，略陳撮要於後：從口至會厭，深一尺一寸一分；舌重一斤十二兩，廣二寸五分；氣喉嚨重一十四兩，至肺共長一尺六寸，徑一寸五分、圓三寸；咽門食緊重一十二兩，至胃共長一尺八寸二分半、圓二寸五分。

又 第三十四論《説骨眼》 夫、論馬骨眼者，須知病源，察其根本。眼者，五臟之門戶，一身之珍寶，內通五臟，外應五輪，示按：金、木、水、火、土。眼輪者：眼中一點黑睛，屬腎，名水輪；睛外黑珠，屬肝，名木輪；白睛屬肺，名金輪；眼胞肉，屬脾，名土輪；眼中赤脈，屬心，名火輪。此是五輪也。肺主於皮毛、眼睫、眉毛，屬於肺臟。腎生骨節、眼眶、閃骨，內連於腎。外傷風寒、暑濕、饑飽、勞役，榮衛往來或盛或衰，內傷於肝臟，肝家受熱，外傳於眼。治者，當觀其外病形狀——頭眩、耳聋、精神短慢，眵淚難開、眼中閃骨生瘡潰爛、膜肉顯出閃骨、初如粟米、日漸長大、恰似魚鱗，頻頻淚下，磨得睛昏、遮障瞳人，饒驚怕——正是骨眼之病也。須與治之——用針線穿度骨眼，分下膜皮，用刀割去病骨，不損水輪為妙。合用對癥藥——青葙散灌之。克日見效。右具前項說，馬眼內天生閃骨個個圓。有愚人不曉根源，馬患起臥。錯認作骨眼，割去眼內閃骨。有誤見患起臥，正病不顯，治療一病未痊又添患，如雪上加霜，轉加沉重，喑啞無言，遂足誤醫。若不開解前項骨眼并閃骨是非、根源，再留于後世，且恐後輩亂行針刀，良馬屈忍疼痛，實為大患。今將諸家經書為證搜尋，并無起臥作骨眼之説。以上義理，三分明校，定無差，并圖形象為證，留與後代賢良。尋經而論病，無不安康也。

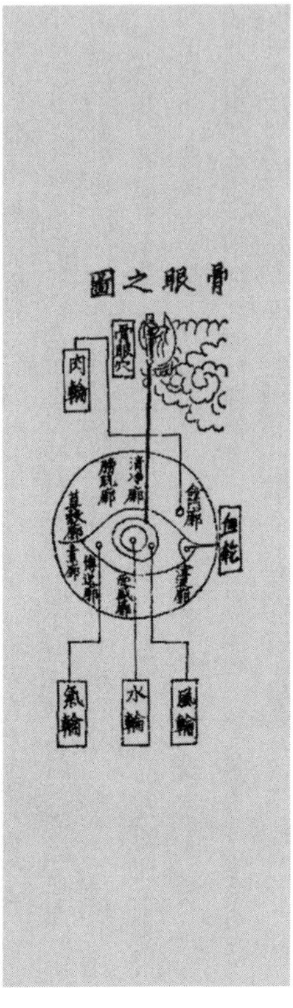

骨眼之圖

又 第三十五論《馬眼內渾睛蟲》 釋曰：馬生渾睛蟲，不在五臟、腸中，又不是榮衛相傳，為馬是南方火龍之精。眼者，上焦受病，又屬火。因霧露之水撞入五輪內，水火相交、陰陽造化成蟲，在眼水輪內往來不住，有似蛟龍入水，不曾暫停，日久，多時磨肉，眼內云膜遮睛。醫工不得治法，尋思難明，藥點、火烙、灌啗，無應。若通妙訣，治法如神。先須繩絆，更要穩平，左手掙開馬眼，用心辨別渾睛，白膜近下、黑睛向上、兩間中心，是開天穴，用線纏定白針、尖長一分，用心細意，右手行針于開天穴——輕手急針一分——蟲隨水出，便見效驗。『決明散』灌，下朝得痊。

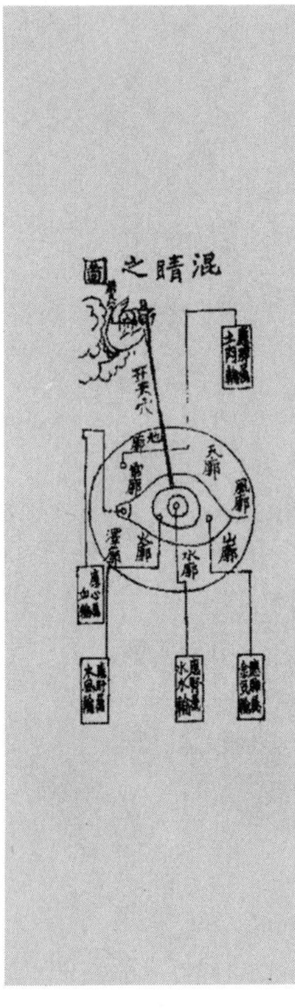
混睛之圖

又 第三十六論《肝家積熱》 外傳於眼，閃骨生瘡，眵淚難開，睛生翳膜。或傳肝黃病，頭眩耳聋，精神短慢，行如醉狗。熱極發狂，東西亂走，猖狂亂撞，眼不見物色，睛生翳膜，閃骨遮睛，頻頻淚下，若不取了，磨壞眼目。用針線穿度過，割去閃骨為妙。

又 第三十七論《四百四病内五十四死相歌》 脈跳如弦下手知，屋漏雀啄撩泉宜。口色春青冬黑死，夏赤秋白活者稀。咬耳不痛兼黑汗，齒動心黃鬼氣脾。肝冷柿絶心系斷，肝絶瞪目死無疑。重嗓嘶頻多應死，血勞肺敗死休醫。蟲在鼻中并氣絶，羅膈搦嗓死須知。五臟俱盡應須死，腸黃身瘦死來催。腳散瞪目多汗出，五十四死喪魂飛。

又 第三十八論《馬患點痛真訣》 膊骨卷 膊骨脱 束膊筋 肺把膊 鐙打乘重骨 扳著槍鋒骨 傷著膝骨 攢筋大 板筋粗 髀骨腫 附骨長 筋勞腕勞 敲蹄腫臚 剌不見者 擺頭、害膊 昂頭點腳槍鋒痛 點頭、害腳 驀地點腳、攢筋痛 向外蹉、裏跟痛向裏蹉、外跟痛 吊腰行、脊筋痛 并腳行、胯瓦痛 吊腰不起、內腎痛 蹲腰行、雁翅痛 蹩腳行、鶻鼻曲尺痛。點痛論：攢筋大 板筋粗 卑骨垂 附骨腫 膊骨卷 膊骨脱 蹄骨大 大搭膊埋沒 三山骨隱藏 大胯骨空虛 接脊骨脱落 弓子骨脹大 蹄胎骨臚糊 天臼骨木硬 鶻鼻骨腫粗 乘重骨筋脹勞 腕膘勞 膝脹勞 曲尺勞 雁骨痛 瓦骨痛 胡骨痛 掠草痛 以上隔月皆難治，治之無功。倒地合著搶風骨 踏空閃著膝蓋骨 蹊道蹩損烏筋骨 折橋渡傷合子骨 昂頭點、膊尖痛 平頭點、下欄痛 偏頭點、乘重痛 低頭點、天臼痛 難移前腳、搶風痛 蹄尖著地、掌骨痛 驀地點腳、攢筋痛 虛行下地、漏蹄痛 垂蹄點、蹄尖痛 懸蹄點、蹄心痛 直腿行、膝上痛 曲腿行、節上痛 昂頭點腳、搶風痛 昂頭不動、蹄頭痛 下坡斜走、胸膈痛 平途竊道，蹄薄痛向裏嗟、外跟痛 向外蹉、裏跟痛 點頭行、腳上痛 擺頭行、膊上痛 拖腳行、雁翅掠草痛 拽腳行、燕子瓦骨痛 蹩腳行、鶻鼻曲尺痛 束骨行、肺把五攢痛 并腳行、胯瓦痛 直腳行、濕氣痛 蹲腰行、雁翅痛 吊腰行、脊筋痛 收腰不起、內腎痛 難移後腳、腎經痛 咬齒低頭、心經痛 喘息不調、肺經痛 急起急臥 脾經痛 口吐清涎、膽經痛 跑胸咬臆、腸結痛 蹲腰踏地、胞轉痛 把前把後、腎經痛 腸鳴泄瀉、冷氣痛 直尾行、大腸痛 卷尾行、小腸痛 小便淋瀝、胞經痛、一臥不起、筋骨痛。

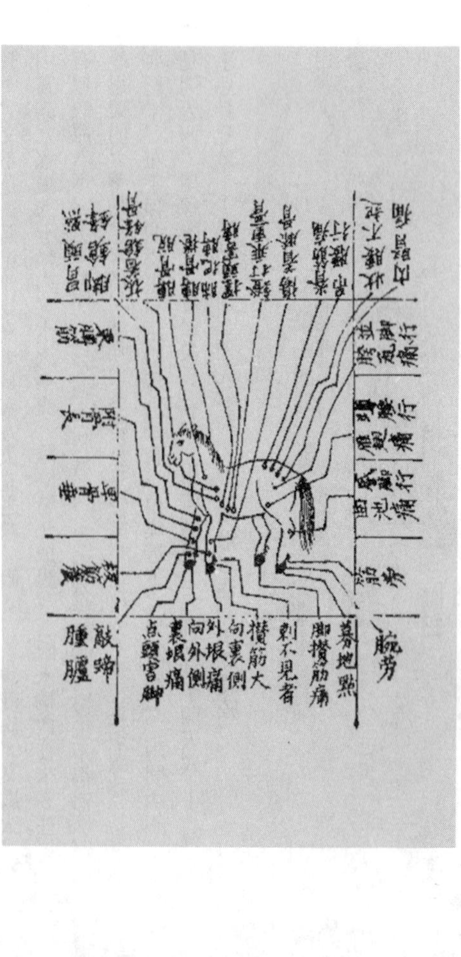

又 第三十九論《馬患三喉者》 是為卒急大病。名曰：嗓黃、筋纏喉、膿喉及喉骨脹。然，心肺受病久，積熱不散，攻於咽喉，春、不放六脈之血，夏、不灌涼藥，成其大病。心為帝王，肺為丞相。心主血，肺主氣。心為血海，肺為氣海。血氣傳流，壯其周身，按四季傳流遭數，主管四時，多一遭為熱，減一遭為寒。若血氣不及，在脾、腎受病，或五勞、七傷之病。若榮衛往來太過，則生邪熱，傳於心、肺。肺病熱發，多啌，鼻內膿出。血入攻心，迷亂，或發顛狂，東西亂走，不住亂撞。極熱者，則生三喉病證，須與治之，灌藥無效，須用玄妙治法。療喉骨脹：去頰下一指——喉骨三節粗者是也。喉門穴三道，輕則火針，重則火烙，療喉骨腫硬，咽嗓內作聲，口吐涎沫，吃水草啌，鼻內膿出，多啌伸頭，難吃水草之病。如喘不及，即須開喉。如醫二喉者，別說。膿喉、筋纏喉、嗓黃。罨嗓骨離頰下四指是喉腧穴。先用鉤針搭起大皮，捻轉，刀割如小錢大圓瘡口，用鉤針又搭起，去皮膜，排嗓肉，兩邊少取，鉤嗓骨，剜取脆骨一節，微下中指尖。用綿杖纏白礬蜜，和於開喉瘡口內，向前搌到鼻，向後搌到肺，如啌者，急出綿杖，帶下粘涎為驗。次、瘡口內安竹筒子，出氣見效——取竹筒，休教太長，合瘡口為妙——隔日，用大黃脂藥啗，數十日得效。又、用『消黃散』灌，隔日再灌之。喉內黃腫起，多緣熱積逢。鶻脈須針徹，消黃灌有功。喉腧將刀割，膜皮去盡壅。脆骨剜一節，嗓內莫教空。竹筒安於穴，徐徐綿杖通。無血方為美，方顯神妙功。

開喉之圖

又卷一二《痊驥通玄四十六説》 第一説，肝經內境受病訣；第二説，心經內境受病訣；第三説，肺經內境受病訣。第四説，脾經內境受病訣；第五説，腎經內境受病訣；第六説，肝經外應受病訣；第七説，心經外應受病訣；第八説，肺經外應受病訣；第九説，脾經外應受病訣；第十説，腎經外應受病訣；第十一説，肝屬東方甲乙木；第十二説，心為帝王屬南方丙丁火；第十三説，肺屬西方庚辛金；第十四説，脾屬中央戊巳土；第十五説，腎屬北方壬癸水；以上十五説，各卷備者，不重出。其後，自十六説至二十五説，各卷未備者，附刻於後。乃，二十四黃、五疔、十毒，本出一種，則此卷內只言十毒，不及瘡疔，西北獸醫重在毒，故也。黃疔見各卷內。夫、馬者，是陰陽造化、一稟天地而所生，全其金木水火土。察證而論病，須辨清濁，別其冷熱，轉五臟所傷，受病根源。四季血脈流轉、加減、衰旺，多一遭為熱，減一遭為寒。傳流血氣不調，多生癰腫、瘡、毒。熱盛，肉應為膿，則不能化內外皮膚；于骨髓焦祜；內傳於五臟，外顯於皮膚。熱氣浮腫，當其筋、骨、肉，變為毒、瘡，或堅硬，或軟，硬即是氣，軟即是膿。右前説，未知其詳細，瘡、腫都有幾般：有腫無頭者，是為氣毒，積日成膿。木腎黃病，腫硬如石者，是陰毒。眼下生瓜瘡者，是肝毒。鼻內生瘡，是膿毒。口內發瘡，是心毒。腳有瘡，是躁蹄，名為筋毒。蹄掌底有竅眼，名為乾濕漏，為腎毒，又為血毒。唇上下有瘡裂、浮腫，是脾毒。此乃是十毒之病，切須細意審慎，方無一失也。

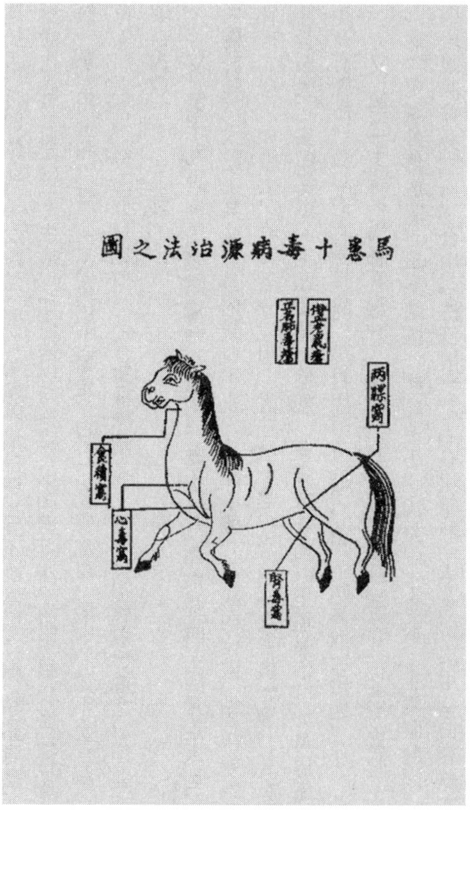

馬患十毒病源治法之圖

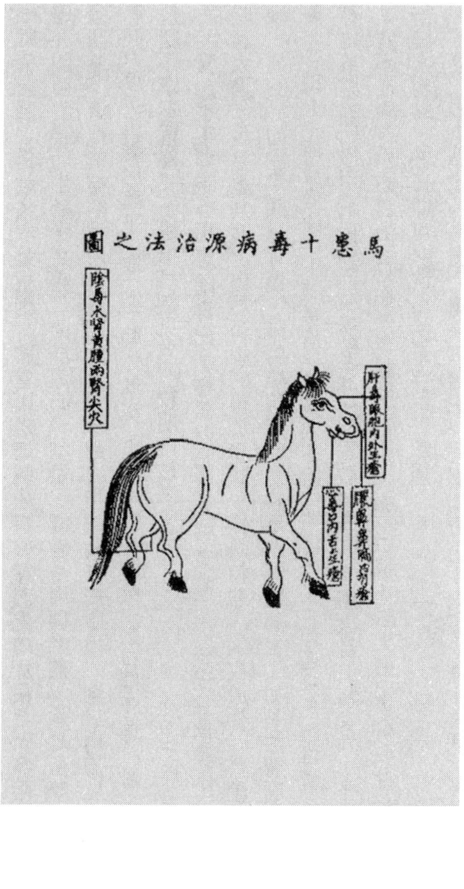
馬患十毒病源治法之圖

又 第十六說《馬患肺毒》 釋曰：太陽主其病。經絡受其大毒，壅滯不行，閉塞，經絡亂行，注成壅腫——血聚為腫，不過五日，變成膿血，又隨血筒到處，生腫毒為瘡，榮衛不隨，周身生肺毒。用針刺破，出盡膿囊惡血，用砒黃丸任之——針於肺毒腫處，出膿血干淨，行藥，一定用紙花子封之。如血氣廣大，在所隨血筒而串流傳向身——或前後腳生肺毒虛腫，或食槽兩邊，或在頭咀上坐，或在項邊，或在胸膛、肚上，或在肘後，或在兩臁處、腎窩兩邊——脈絡漫腫，此是大病，別有玄妙治法。夫、醫此證，如樹有根，傳在皮膚成肺毒瘡，皆是枝葉榮旺。人皆不知此病根源，多在胸堂前、心窩兩邊凹處，或在腿裏腎窩兩邊，或在臁窩左右，或槽結硬處取，因而成病，生肺毒瘡。如前病根，細意用手摸按，有肉疙瘩與瘰癧蒲桃相似，內隱在好皮肉內，須要用心開取。即是取了，如樹無根，枝葉自枯。若不取了，只用針藥，如樹折梢，萌芽再發。若開取之時，用刀子打開，大破創口，從上用指頭細意剜取。摸著硬者、是筋，澀者、是肉，軟者，是血筒，樣似蒲桃、正是肺毒瘡，切須細意，回避胸前、腎窩。以上開取病根，并依前項手法，回避血筒、筋肉。如取淨了，用乾馬糞搓碎，填入創口內。養馬人不得動創，隔日又不得飲水，住乘騎十日。如創虛腫，隔日，用白針碎鏃腫處訖，然後，用『理肺散』、『夜明砂散』灌之，半月見效也。馬患肺毒說根因，當先奔走損庚辛，忽生瘡腫損經絡，榮衛不隨毒氣侵。恰似連珠如瘰癧，不過五日血膿成，好皮肉藏瘡根母，醫人不曉怎生尋。本是肺毒依經本，老鼠瘡道俗呼名，頭咀眼眶瘡苗腫，槽結失取是根因。胸堂兩邊連膊項，心窩凹處內瘡根，腎窩兩邊并腿腫，腰肋生瘡臁窩尋。開取用心須細意，澀者是肉硬者筋，軟是血筒須回避，滑似瘰癧病根形。豁開大皮須子細，指頭剜取病除根，創口內邊血脈旺，乾搓馬糞與填平。取了一朝休飲水，上槽十日住騎乘，創口腫時施針鏃，敷腫頻牽不暫停，不過半月創見效，夜明砂散灌宜頻。

又 第十七說《馬患陰毒》 釋曰：陰毒木腎黃者，因饑渴、飲冷水、吃猛太過。少陰主其病，傷於腎經，傳於膀胱，冷熱相沖，氣攻於外，腎腫硬、如石、如冰，頭垂耳慢，後腳難抬，此是陰毒木腎之病也。如是陰腎腫硬，若項上、渾身傳注，生肺毒瘡，或鼻內有膿，難醫治也。如遍身無肺毒瘡，鼻內無膿，即可治之，用『麒麟竭散』并『茴香散』灌啗，次用火針二腎尖穴——其穴不在兩腎中心縫上，只在外腎腫硬、正腎尖頭上，燒火針大紅，入針一寸，出膿水為驗，五日即可。次用『黃白散』敷塗。

又 第十八說《馬患心毒》 釋曰：心屬南方丙丁火，少陰主其病，外連於舌，舌即生血，不受毒熱。因為暑熱不灌涼藥，春不抽六脈之血，積聚毒熱，壅滯在心，口內舌上生瘡。如何治之：用新水洗盡涎沫，用生絹袋盛『青黛散』藥，用蜜和為膏，口內嚼鐵上繫定、口含，如食水草，取下，如不食水草，再入口上含，待三五日見效。『青黛散』治之，再用『消黃散』灌之，即差。與口內放玉堂血為妙。

又 第十九說《馬患膿毒》 釋曰：膿毒者，痛傷肺臟。因奔走太過，內傷於肺。太陰主其病。鼻內膿血不止，長流不乾，鼻隔內化破，皮內變為骨痱之瘡。如膿大，吃草五分，用『雪花散』啗，合用『羅青散』灌。若鼻筒骨腫大，鬃尾零退，毛頭受塵，偷瘦，兼肺勞之病，不堪醫治。如鼻內膿少及有膘肥，鼻隔內有骨痱瘡，每日用清水洗淨，用『吹鼻散』治之。

又 第二十說《馬患肝毒》 釋曰：肝毒者，是肝臟受其毒熱。厥陰主其病。風氣外傳於眼，風熱睛脹，頻頻淚下，內外眼下生瘡，主兩眼腫悶，與放眼脈并鼻堂血，合用『洗肝散』、『石決明散』灌啗，次用『白礬散』敷貼瘡上。

又 第二十一說《馬患血毒》 釋曰：血毒者，因為五勞七傷，乘困而早喂草料，少陰主其病。毒氣傳於腎臟，血脈怯弱，風氣注於蹄，血脈不能充化，氣脈不通，日漸蹄甲焦枯束硬。用圓刀取盡枯硬死胎甲，用烙鐵于蹄心內頂烙，慢慢養喂，如不差，蹄甲『川』字豎烙六道；或掌內擘開；或掌內下鐵撐子撐開，後用腳澀子釘之，水內頻浸蹄腳，用『潤蹄膏』潤之，每日潤蹄甲上下，即差。血毒之病切須知，本因走驟痛傷騎，更因乘困旦喂料，毒氣攻轉病在蹄，風氣注蹄難克化，血脈不通是本基，蹄甲焦枯日漸小，子骨蹄胎點烙之，圓刀細取蹄骨甲，前『川』後『八』烙無疑，擘掌更下鐵撐子，更釘腳澀病相宜，撐開蹄掌依元舊，膏藥頻頻與潤之，每朝入水浸蹄腳，千里途程一任騎。

又 第二十二説《馬患氣毒》 釋曰：肺受庚辛之氣，榮衛不行，太陽主病，成腫，積聚毒氣，內作膿血。初得時，有漫腫無頭，不須針刺，用『木鱉子散』敷塗，量病火小用藥，醋打熱麵糊成膏，於腫處熱敷，上用紙花子貼之，隔三日再塗。如不差，內作膿囊，以手按軟處，用白針取透，出其膿血，留瘡口，再用前項藥敷貼三五次。如不效，用火烙鐵輕輕圍烙，必效。次用『茵陳散』灌之。

又 第二十三説《馬患腎毒》 釋曰：腎毒者，皆因久行傷力，血脈衰敗。少陰主其病。風熱傳於背臟，傷其胎甲，血脈流傳不勻，毒氣注於四蹄，久立濕地，血脈不能運轉，乃生壅腫。用刀削開蹄掌，挑，出盡毒氣膿水，用綿搌乾，二日用藥，可差——須出蹄頭血，用『掌胎膏』治，合用『七傷散』灌之。

又 第二十四説《馬患脾毒》 釋曰，脾毒者，內屬於脾，外應於唇。太陰主病。脾受風熱，傳於唇，腫，乃名脾毒風也。用『五參散』，白針唇上，刺破出血，醋調藥末敷上。若腫不消，用火針刺破，出黃水即安，用『秦艽散』調塗，三、兩上，即差，用『健脾散』灌之。

又 第二十五説《馬患筋毒》 釋曰：筋毒者，因為日久遠行，痛傷筋髓。少陰主病。毒氣注於四蹄，敗血侵注蹄頭，發腫為瘡，名曰躁蹄。日久不差。四蹄上下成瘡，呼為肺毒注蹄，又名血風筋毒。合用『乳香散』貼即差。四蹄頭傷於敗血，合用『七傷黃藥子散』灌之。右自前項之書逐一各各開解篇目，以序五行造化陰陽，以按五臟六腑，傳受內外，四季流傳。榮衛往來不順，積聚成瘡、腫毒，皆因腸胃受穀氣。另有傳注五臟，發起瘡腫。又曰：上焦出氣溫熱而養骨節，通理也。中焦出氣溫，注穀而登，榮衛、經絡、津液和調，變化而赤也。下焦出氣微涼為和，則通經絡，皆通周身。有道理與天合同，不得休止。切而審之，從虛、去實，瀉則不足，疾則氣流。補虛，實則血已調，形神乃持。余已知血氣和平不亂，末知壅毒之患所從生成；則以死生之期，其有遠近，何以知之？馬有六龍祖之尊貴，經脈流行不止，與天周度，與地同紀。故天宿失度，日月薄蝕；地經失紀，水道流溢，草木不成，五穀不植，馬經脈不通，壅腫成瘡，血脈充然，故也。夫、血脈、榮衛周身流而不息，上應星宿，下應經絡。寒客經絡之中，則澀，澀則不通，血不得復，故腫也。寒氣化為熱，熱氣盛，則肉腐為膿，不瀉盡，則瘡，筋骨肉不得相親，經絡則瀉腐於五臟，五臟有傷，故曰瘡腫也。

又 第二十六説《陰陽十二脉訣》 釋曰：依從六律，問於九竅——耳、眼、口、鼻，大、小二事，二竅不現也。診候，如知死活命矣！如後：第一、心脈，在左腳半、子蹄中心。診候，如：息，一喘三跳，律律如流水者，在身平和脈也。三息一跳，是脈慢損，難通血脈，于臟腑不調，是上焦有患。脈如雀啄，沉緊不勻，十斷九絶，是屋漏脈，難治也。肺脈，在右後腳半、子蹄中心。診候，如：息，一喘三跳，律律如流水者，便在身氣脈平和也。三息一跳，是脈慢損，難通血脈，於臟腑不調，是上焦有患。脈如雀啄，沉緊不勻，死也。如：春跳急者，緊慢不勻，必無治也。脾脈，在從後第三肋間，近脊梁五寸是也。腎脈，在尾本下四指。耳脈，在耳門下一指後。陽脈，在胸前上一手，兩廂候之。滴滴如彈丸。尋上來者是陽脈；尋下來者是陰脈。若沉細不勻，所以心脈有患，更看四舉緊、慢，取春、夏、秋、冬四季臟腑不調。又診，帶脈，在肘後一手、兩廂後從診。行流慢，是上焦有患。若慢行、流緊，是中焦有患。如脈跳緊，難診候，是下焦有患。若沉沉細亂，是五絶之脈也——心絶、肺絶、肝絶、脾絶、腎絶——此五絶，不醫也。如脈診候，切須明方而行，又要緊慢得宜。第一、憑脈、息，辨立幽玄，——子細看候，世人不誤也。醫工又論説曰：『馬脈有尺寸者，何也？』，釋曰：馬脈有長短尺寸，看馬脈之大數也。一日一夜，一萬三千五百息，脈行九丈二寸半，十度一遭。一呼，脈上行三寸，一吸，脈下行三寸。呼吸定息，脈行六寸，繞身合得八百一十六丈，榮衛通流行一遭。

又 第二十七説《馬有十二臟腑，卻有十二脉》 釋曰：一肝、二膽、三脾、四胃、五腎、六膀胱、七心、八小腸、九肺、十大腸、十一三焦、十二命門是也。凡診馬脈：先向左肘後四指，故曰帶脈是也。從前來者，心、肺、肝脈也。從後來者，脾、腎脈也。脈如屋漏者，死。脈系而粗大者，心、肺脈也。

如箭緊者，肝脈也。細而硬者，腎脈也。滴滴如彈丸轉、似連珠者，脾脈也。從前來者為陽脈。後來者為陰脈。馬，來脈過指下如流水者，病重而不死也。

又 第二十八説《馬，關上診之，明知始終》 馬、關上看之，一次未調勻，後，息定，再診之，便會明之始終也。脈指三關診候窮，明得之時便察同。此者十二根源本，方表經書在世中。

又 第二十九説《馬脉于帶内亦有赤中》 釋曰：馬脈，於帶上診之，三指下明：頭指、屬心、小腸，次指、屬肝膽，末指、屬腎、三焦也。右肘後，用三指下明：頭指、屬肺、大腸，次指、屬脾、胃，末指、是命門也。凡診馬脈，於赤中帶内子細看詳，見病歸本也。

又 第三十説《馬形病，脉不病》 馬脈病，形不病。釋曰：馬形病脈不病者，身體雖然羸瘦，脈診之太壯，此是形病脈不病也。脈病形不病者，身體雖然肥壯，好精神，診之，脈卻弱，故曰：脈病形不病也。馬瘦，脈壯者，活。馬肥，脈斷者，死。

又 第三十一説《馬有十二經脉》 釋曰：是十二臟腑也，為一臟管一腑。心脈為主也。

又 第三十二説《馬騮騍脉各别》 釋曰：馬騮騍各别者，騮生於庚寅，騍生於壬申。騮馬本命為木，騍馬本命為金。騍馬脈逆行，騮馬脈順行，騮馬關上診之，騍馬關下診之，是也。

又 第三十三説《馬有三部九候》 釋曰：馬三部九候者，三三如九，為之九也。

又 第三十四説《馬有卒死病》 釋曰：馬有卒死病者，為無脈也，五臟元氣脈絶也。馬行腳不散者，如樹有根；馬行腳散，如樹無根，脈氣盡。

又 第三十五説《治馬按神聖工巧》 釋曰：按：神、聖、工、巧者，醫病之致也：望而知之，謂之神；問而知之，謂之聖；察色知之，謂之工；診脈知之，謂之巧。

又 第三十六説《馬陽盛陰盛》 釋曰：馬陽盛者，患眼云膜遮睛，頻頻發渴。患，有時卻不患，終久不可，是陽盛之病也。陰盛者，合注腰胯，後腳不隨，粗節頻腫硬者，此是陰盛之病也。

又 第三十七説《要知馬有病，無病》 釋曰：馬尿清者，無病。糞慢者，無病。氣滥者，無病。唇紅白者，無病。皮毛滋潤者，無病。頭尾不動者，無病。前腳不歇，後腳歇者，此馬無病。以上相部，并是無病之狀。

又 第三十八説《心肺居膈上》 釋曰：心肺居膈上者，謂心是天王之主，不受於毒惡。肺是華蓋，心主血榮、肺主氣，氣主衛，榮衛相通行，通行周身。臍上為陽，臍下為陰。心、肺不在於膈下。故曰：肺只在膈上居，心血不可以受病也。

又 第三十九説《馬臟腑受病》 釋曰：只於脈上診之，脈行緊浮強大者，腑病也。故曰：腑病、脈急；臟患、脈遲也。

又 第四十説《論相馬》 見前，卷之二。

又 第四十一説《馬一日一夜食水三斗五升》 馬不食水草，七日而死。病臨時，看馬何臟腑受病，七日外仍活，故食草也。

又 第四十二説《馬放血，何處初起》 釋曰：血者，收藏於心，心是帝王，為血海也。如何繞身常不絶，血藏於心。血隨四季榮旺，春弦、夏洪，秋毛，冬石。冬至日，萬物如石，水結為冰，血收於心。冬後四十五日。一陽主至，春四十五日，陽氣漸動，其血離心慢，而流行漸緊，一一加上，二百四十遭，周而成數也。

又 第四十三説《馬脉有減》 釋曰：春三個月，血脈流轉二百四十遭。至春終時，減六十遭，血脈流滑，肌肉潤澤，故曰遭數減矣。夏月，因甚減，作一百八十遭，血似鼎中之湯，急過卻慢。秋三個月，減至一百二十遭。冬、三個月，減至六十遭。立冬以後，萬物如石，枝葉凋零，故藏於內，一季減六十遭。至春，周而復始也。

又 第四十四説《馬有三飲三喂，草慢，腹内似痛，啌喘不止》 釋曰：馬有三飲者：須宜少飲；馬遠行有汗、不得飲；迎風而走、不得飲也。飼喂須要細意，揀擇草料內，吃著砂石雜物：傷肺、多饒喘啌，傷腎，拖腰腳直，傷肝、羸瘦，傷脾、起臥是也。

又 第四十五説《針有補瀉，呼吸，内外》 釋曰：行針，先以左手按穴，右手持針。刺榮衛時，從榮針其衛。來如動脈；則取白針刺之——凡欲出血，則針之——敗血也。

又 第四十六説《人有四百四病、馬有四百八病》 釋曰：口中銜鐵、背上搭鞍、兩邊乘鐙，令人乘騎，此是四百八病。只是四百四病——一百一病受針、一百一病受藥、一百一病受烙、一百一病受禁，此四百四病也。

清 李南暉《活獸慈舟・馬》第一篇《論牧養法》 馬騾驢三種，當知『飲有三時，食有三芻』。晨早將廄內糞除打掃，離槽出廄，繫於清潔幽陽處，至午間亦宜少與草料，待天昏移歸廄坊內，以草料隨服多喂，至夜半仍加草料，致馬飽服添膘，此之謂『飲有三時，食有三芻』。草須用新草剉鍘成細，篩簸去土石泥渣，大忌吃禽獸雜毛、污濁等物。食鼠糞必多患肚脹；食雞糞致生眼骨；食烏藥而多促斃，以僵蠶、烏梅拭齒不食草料，用桑葉煎水服之能解如無桑葉，桑皮亦可；食豬膽汁則易脫皮毛，用苦參、百部湯洗浸梳刷。用石灰作槽底，如馬孕胎，必致落駒。常用地黃葉食之，益壽。當知四時天令，溫涼寒暑：如春天新草初發，須當草料均勻。至春近夏時，常以小便、胡豆等料服飲；如夏天，暑熱蒸騰，陽氣酷烈，斯時新草發榮，常以綠豆、豌豆、蠶豆、爬山豆、米豆、芒硝等合草飼之。放牧繫停當避陽光日照。常以清水浸洗蹄足，方不染暑得災；秋天草料雖廣，而蚊虻甚多，常用雄黃、蒼朮、建蒲為末，紙撚成條，或時熏之，善避蚊虻、穢污臭氣。如白露前後，忌晨早放牧，斯時有小蜘蛛牽絲於草上，食則腹脹。如違，急用童便飲服立解。如蜘蛛濺於眼內，致眼暴露生蟲，用雄雞冠血點塗；冬天廄房宜藏風氣，避寒涼，斯時草木枯槁，天寒地凍，宜用新草剉細，以料煮熟，與草合食。如天氣清明，陽光溫和，置馬於日曬陽地放牧，使爽精神。四時如此牧豢養息，則獸易長而益壽矣。

又《論乘習法》 馬伯約云：凡習馬乘騎負任者，先須養息，常以草、料、水三件均勻與食。每逢乘騎或車載遠任，須於前夜以草料飽飼，至晨早騁騎，午間天熱宜緩，不可太急。如汗出淋漓，須置避風處飼以草料。或至日墜天昏時停驂，當避風寒，繫於密廄，使喘息氣平以定，汗乾而去鞍韉。凡馬騾驢晝日不可去銜嚼，恐傷草料，晚間多服草料則無妨。

清 佚名《大武經・辨證篇・八邪論》 問曰：凡牛馬有八般邪病者何也！答曰：八邪者為風、寒、暑、濕、饑、飽、勞、役是也。問曰：云何謂病？答曰：風傷肺、寒傷脾、暑傷腑、濕傷腎、饑傷脂、飽傷臟、勞傷心、役傷肝也。此謂八邪有風之病也。問曰：何以知之？答曰：凡風傷肺必定咳嗽；寒傷脾眼腫頭肥；暑傷腑前黃後腫；濕傷腎後腳難移；饑傷脂毛焦肉減；飽傷臟體瘦形羸；勞傷心怔忡驚悸；役傷肝眼腫頭低。此謂先賢垂訓之良言，後學者須宜習知，而更求其精焉。

綜述

北魏 賈思勰《齊民要術》卷六《相牛、馬及諸病方法》 服牛乘馬，量其力能；寒溫飲飼，適其天性：如不肥充繁息者，未之有也。金日磾，降虜之煨燼，蔔式編戶齊民，以羊、馬之肥，位登宰相。公孫弘、梁伯鸞，牧豕者，或位極人臣，身名俱泰；或聲高天下，萬載不窮。寧戚以飯牛見知，馬援以牧養發跡。莫不自近及遠，從微至著。嗚呼小子，何可已乎！故小童曰：『羊去亂群，馬去害者。』卜式曰：『非獨羊也，治民亦如是。以時起居，惡者輒去，無令敗群也。』諺曰：『羸牛劣馬寒食下』，言其乏食瘦瘠，春中必死。務在充飽調適而已。

又 凡驢、馬駒初生，忌灰氣，遇新出爐者，輒死。經雨者則不忌。久步即生筋勞；筋勞則『發蹄』，痛淩氣。一曰：生骨則發癰腫。一曰：『發蹄』，生癰也。久立則發骨勞；骨勞即發癰腫。久汗不乾則生皮勞；皮勞者，展而不振。汗未善燥而飼飲之，則生氣勞；氣勞者，即展而不起。驅馳無節，則生血勞；血勞則發強行。何以察『五勞』？終日驅馳，舍而視之：不展者，筋勞也；展而不時起者，骨勞也；起而不振者，皮勞也；振而不噴者，氣勞也；噴而不溺者，血勞也。筋勞者，兩絆卻行三十步而已。一曰：筋勞者，展起而絆之，徐行三十里而已。骨勞者，令人牽之起，從後笞之起而已。皮勞者，俠脊摩之熱而已。氣勞者，緩繫之櫪上，遠喂草，噴而已。血勞者，高繫，無飲食之，大溺而已。

又 飲食之節：食有『三芻』，飲有『三時』。何謂也？一曰惡芻，二曰中芻，三曰善芻。善謂饑時與惡芻，飽時與善芻，引之令食，食常飽，則無不肥。銼草粗，雖足豆穀，亦不肥充；細銼無節，簁去土而食之者，令馬肥，不展苦江反，自然好矣。何謂『三時』？一曰朝飲，少之；二曰晝飲，則胸饜水；三曰暮，極飲之。一曰：夏汗、冬寒，皆當節飲。諺曰：『旦起騎穀，日中騎水。』斯言旦飲須節水也。每飲食，令行驟則消水，小驟數百步亦佳。十日一放，令其陸梁舒展，令馬硬實也。夏即不汗，冬即不寒；汗而極乾。

明 鄺璠《便民圖纂》卷一四《牧養類》 馬者，火畜也，其性惡濕，利居高燥之地，忌作房於午位上。日夜餵飼，仲春於淫，蓋順其性也。季春必啗，恐其退也。盛夏午間必牽於水浸之，恐其傷於寒也。啗以豬膽、犬膽，和料餵之，欲其肥也。餵料時，須擇新草，篩簸豆料。若熟料用新汲水浸淘，放冷方可餵飼。一夜須二三次起餵草料。若天熱時不宜加熟料，止可用豌豆、大麥之類生餵。夏月自早至晚，宜飲水三次，秋冬只飲一次可也。飲宜新水，宿水能令馬病。冬月飲畢，亦宜緩騎數里，卸鞍不宜當簷風下，風吹則成病。

明 楊時喬《新刻馬書》卷六《放血忌日》 春寅午戌，夏巳酉丑，秋申子辰，冬亥卯未。

又《馬本命日》 九月巳日，十月亥日，十一月午日，十二月子日。以上十日，不宜行針醫治。欲行針，如犯血忌、本命、晦、朔、弦、望、風雨、陰寒，皆是禁忌，不可行針。又緣，春首及馬有病，棄血如泥，餘月及馬無病，惜血如金。凡針馬之疾，先觀馬之肥瘦，次看吃草多少，然後相度行之。針皮不得傷肉，針肉不得傷筋、傷骨。三補一瀉。大馬先針左，騍馬先針右。後學者識之。

又卷一三《藥方治驢騾通用》 按醫書言：馬稟性，賦形於人異，而資氣受生同，是故，受病亦同。乃馬，又資於人畜養者，飲秣或失其時，乘御或違其制，即能使血氣不和而有病。古聖人，先審得病日、所由察色按脈。凡察色，按脈，先知四時之平脈及正色，然後，別辨虛、實、寒、熱之病脈及變色。即病脈、變色間，則有太過、不及、表、裏、邪、正之殊。即辨之，而又在分別五臟六腑清濁之所從來，分別得之，乃以針，以藥，又先之。灌而行之，以節之，以動其氣。灌而劑之以發其惡。不妄加攻治。則又旁通氣運，以宣暢之，時加喂養，以順適之，不使失宜，是乃療法之上者。故今，此書所集，首以色脈為本，以氣運為樞，以虛、實、寒、熱、表、裏、邪、正八證為要，以臟腑十二部為關。先針烙放血，後藥物治療，此為療法次第。乃若舊法，則素問所載，自黃帝師皇答問，周時則伯樂善相，王良造父善御，未必善醫。今則傳，有師皇伯樂王良造父天王諸論難，皆療法之上者，後之醫獸者，未能外之。或謂：『後世醫者，欲售其術，而假天王伯樂王造之名，以取信、傳遠，非其真者。』乃觀其法，亦造於至似，有不必於假其名者。後人日踵其跡，為用亦似，有不必辨其真偽者。及其後，則以其舊法，或存、或否。而又其後，則醫獸之善者，各注釋、或參以己意、或加以各地所驗之法為書，凡數十餘種，隨地得名，而實不能相通，故易地而用，不能皆宜，如療人然者，蓋亦有說在。師皇書言：『馬食，天氣中正無病。』書言，犬馬非其土性不畜。』古方書言：『藥不執方，隨宜而用，當病而止，凡療人、物皆然。』試嘗舉此說詢之各地醫獸者，皆言：如所干。氣運臟腑諸病，隨地皆同，療法亦同。惟其或於天時、土性、人力、畜養、飲秣、乘御，偶致之病，則不同。是故，京師、遼、薊、宣、大以東至北，土熱，馬食苦水太過，停滯作痛起臥，多食料草，痰裏成塊結病。多食酒糟，腹內積熱傷發，黃多。以故，《馬經書淵源發蒙集》論之最詳，用此療之為宜。山、陝以西至北，風高，肺燥，食泥，水停傷，肺滯。多食乾枯長肥草，乘風牽臥，結聚。多受熱、多寒，減傳流，氣血不調，十毒多。以故，安驥集通玄論論之最詳，用此療之為宜。中州、東土以南，江之北、南，或以山嵐、以水濕、以鹽鹵，又食稻稿，各草互傷，起臥多。牽走放臥，值溽濕，暴熱地，疔瘡及汗黃多。以故，療馬集七十二雜病論之最詳，用此療之為宜。各邊戰陣、負載、馳逐，多傷蹄，以故，一十六蹄傷病多。至於瘡黃療毒，病本一種，而南北——京師、遼、薊、宣、大，則黃多。西北——山、陝，則毒多。南方，則瘡療多。不可一律而論者。又，各邊關，市，貢馬，自夷虜至，虜地風寒，塵沙，野宿，游牝、適性，市至中國，則摯維之，棚廄之，又食酒糟、枯稿、乾草，又天時、土性，人畜養不合，以故癩瘙肺燥多。乃、療法各亦隨宜而異，有不可一律論者。顧世，恒以畜視馬，以醫獸為賤流，未嘗有識醫理者業之，故於疔法茫然，因之易於損斃，深為慨焉！乃不憚重復，并取諸集刻之，俾醫者隨各地舊所宜，發明最詳者而用，間有不合，則互相參考，不可執一，無令以天地中外有限之馬，坐視其損斃。而其事，又在於各司孳牧事，關邊司貢、市事者，謹重成務。凡兌買自內地至者；貢市自夷虜至者，或以天時、土性及水土、草料不習，暨戰陣、負載、馳逐，致傷諸病，皆多方喂養，如前諸療法行之，則馬得預牧不病。若病，可以立療，日將致其蕃生，為馬政裨，亦俾馬各得其所，見愛物之仁焉爾。

清 李南暉《活獸慈舟・馬》第一篇《馬部》 自伏羲後始有騾馬，利用隨人，上與國家建功立業而決戰，下與士庶任重致遠以乘騎。馬宜居潔淨。暑往寒來，當知愛惜；春秋冬夏，牧養維殷，方不致外感六淫，身遭疾病，有何尫羸促命乎？馬伯約云：馬有三羸五駑。何謂三羸五駑？頭大頸小者曰一羸；脊弱腹大者曰二羸；脛小蹄大者曰三羸。頭大耳緩曰一駑；頸長無曲折謂二駑；短上長下曰三駑；大骼短脅曰四駑；淺髖薄髀曰五駑。既有三羸五駑，豈無五勞七傷？五勞：一氣勞，二血牢，三筋勞，四骨勞，五皮勞；七傷者：傷筋，傷骨，傷力，傷血，傷草料，傷精神，傷勞役。此五勞七傷非是六淫外證，皆由牧豢乘騎失於檢點，致馬得此五勞七傷。凡喂習騾馬者，草料必須均匀，馬坊常使潔淨，勞役不可太過，乘騎亦必合宜，何有他證之作也。

明　趙浚等《新編集成馬醫方・東人經驗牧養之法》　冬春騎勞出汗，則勿解鞦鞦，徐徐刷毛，去鞦鞦則中血汗風。無汗則去鞍，著馬衣鄉名于之，後去革勒。馬大勞，則平繫，待息氣平，飼長草一束後與折草，良久，又料一、二升和折草啖之，又淨水一大斗，折草與料三、四升和啖。常飲淨水。馬歇時多息，汗未易收，則有病，更騎微出汗，如前法養。又法：良馬五月後勿放，至秋放牧至八月望時。一日騎，出汗，勿過勞。著草馬衣過夜收汗。平明刷之，無穗長草一、二束啖之，與淨水一、二缽，飲一息乃止，還放。隔十日如前法，小加勞養，還放至九月十月。如前法騎，勞養，良馬五度，常馬三度。若馬八、九月不肥，草枯前給料，豐肥飼稷宜。又方：行路時不飲水，尤忌近歇處。戰馬勿例論。又方：馬雖食草料，腹不能充。甘草、人參、白朮、當歸各二錢，大黃六錢，貫眾五分。右為末，無灰酒一大鍾，香油一盞，雞卵一介，和，早晨灌。口高繫，下啖水草。午後啖水草。未愈，再服。

清　佚名《大武經》辨證篇《五輪八廓》　問曰：凡牛馬眼內五輪八廓者，何也？答曰：五輪八廓者皆五臟八腑也。五輪應之五行，八廓應之八腑也。何謂也？五輪者，氣、風、血、骨、肉也。比為金、木、水、火、土也。五臟者，心、肝、脾、肺、腎也。五色者：青、黄、赤、白、黑也。如白睛內應於肺金，肺主於氣，故曰氣輪；黑睛內應於肝木，肝木能生風，故曰風輪；瞳人內應於腎水，腎水主於骨，故曰骨輪；二眥內應於心火，心火主於血，故曰血輪；二胞內應於脾土，脾土能生肉，故曰肉輪，此為五輪應之五行，五行應之五臟。而八廓者應之八腑，八腑者應之八卦。八廓即為天、地、水、火、風、雷、山、澤是也。眼神主於心火，心為五臟之君主，乃舌應之，舌為心之苗，舌通食管，食管為清淨之腑，而為天廓；瞳人主於腎水，腎水為膀胱之腑，而為地廓；二胞主於脾土，脾土為命門之腑，而為水廓；小眼角主於小腸，小腸為受盛之腑，而為火廓；眼□流淚者主於肝膽，肝膽為津液之腑，而為風廓；眼珠起黄色者主於脾胃，胃為草穀之腑，而為雷廓；大眼角主於大腸，大腸為傳導之腑，而為山廓；二目失明主於五臟，五臟主於上中下三焦，三焦之腑，而為澤廓，此為八廓應之八腑也，而又且應之於八卦。八卦者，乃乾、坤、坎、離、巽、震、艮、兑是也。而又應天、地、水、火、風、雷、山、澤。乾為天卦，坤為地卦，坎為水卦，離為火卦，巽為風卦，震為雷卦，艮為山卦，兑為澤卦，此為八廓，而應之八腑，即應之八卦也。八廓，總之于目，內應五臟，先應之於肝也。後學者應知之詳，習之精焉。

紀事

明　喻仁、喻傑《新刊纂圖元亨療馬集》卷五《論馬五疾者何也》　東溪問於曲川曰：『余聞馬有五疾者何也？』曲川答曰：『五疾者，五經、五應之疾也。』東溪曰：『何謂五經、五應？』曲川曰：『五經者，心、肝、脾、肺、腎也；五應者，眼、耳、口、鼻、舌也。是故舌如硃砂，心之疾也；眼不見物，肝之疾也；蹇唇似笑，脾之疾也；鼻流膿涕，肺之疾也；垂縷不收，腎之疾也。此謂五經、五應之疾。察者分為五臟觀之』。歌曰：舌如硃砂心之赤，眼不見物肝之虧，鼻流膿涕肺之虧，蹇唇似笑脾之疾，垂縷不收腎水虛，五者皆因五臟起，師皇留下療驤方，請君辨驗休差失。

又《論馬八邪者何也》　東溪問於曲川曰：『余聞馬有八邪病者何也？』曲川答曰：『八邪者，風、寒、暑、濕、饑、飽、勞、役是也。』曰：『何謂病也？』答曰：『風傷肺也，寒傷脾也，暑傷腑也，濕傷腎也，饑傷脂也，飽傷臟也，勞傷心也，役傷肝也。此謂八邪有風之症也。』又曰：『何以識之？』答曰：『風傷肺，多鼽咳嗽；寒傷於脾，眼腫頭肥；暑傷腑，前黄後腫；濕傷腎，後腿難移；饑傷脂，毛焦肉減；飽傷臟，體瘦形羸；勞傷心，怔忡驚悸；役傷肝，眼腫頭低。此為先賢垂訓之良言，後學繼傳之規矩。』歌曰：驟走迎風肺發咳，脾逢陰冷必先傷，炎暑中傷六腑敗，濕傷久臥腎生殃，饑飽兩傷肌肉減，勞甚傷心心欠康，役損過多肝臟損，頭低眼腫閉無光，傷肺多鼽咳與嗽，傷脾起臥痛難當，驚悸不寧心氣痞，拖腰報胯腎虧傷，五臟俱傷六腑敗，肆騶縱食不能康，此謂八邪傷感歌，請君著意細推詳。

又《論馬有疾似無疾、無疾如有疾者何也》 東溪問於曲川曰：『凡馬無疾似有疾、有疾如無疾者何也？』曲川答曰：『馬之無疾似有疾者，形病脈不病也；有疾如無疾者，脈病形不病也。是故形病脈不病者生，脈病形不病者死。兩症者，總於凳上斟之。』有歌於後曰：體瘦形羸行步難，脈平色正亦安然，神強脈易從來死，百患之中無一痊。

又《論馬有疾者何也》 問曰：『凡馬有疾者何也？』答曰：『凡馬有疾者，精神倦怠也，頭低耳搭也，毛焦膁吊也，料草遲細也。此類者，有疾之形也。』歌曰：驊騮有疾說與知，形狀離常脈部殊，脣昏舌昧無光彩，皮燥毛枯見損虧，兩眼昏迷睛總閉，四肢軟弱瘦堪悲，面浮鼻腫精神減，腹細腰彎喘息微，食少飲多俱是患，便陰惡冷亦為虧，觀形須看元亨集，論說流傳仔細推。

又《論馬無疾者何也》 問曰：『兒馬無疾者何也？』答曰：『馬之無疾者，精神加倍也，料草增進也，皮毛光潤也，呼吸平順也，四肢輕健也，尿清糞潤也，頭尾不動也，輪歇後蹄也。已上無疾之形也，請曆觀之。』歌曰：欲定驊騮臟腑寧，尿清糞潤口中紅，皮毛光彩精神倍，鼻氣溫和來往通，四肢輕健行無澀，兩目清輝無眵蒙，頭尾不動後蹄歇，此為無病脈神功。

明 楊時喬《新刻馬書》卷三《黃帝問師皇天氣中正、萬物無病論》 黃帝問曰：『司天遷正，則牛馬不生瘴閉？』師皇對曰：『正，司中位，是謂遷正。』帝曰：『何謂中正？』對曰：『司天遷，正位者，前無過交之令，後無有飼之日，則仍舊不治，天數從新。』帝曰：『司天遷中正，知之。六氣配十二經，願聞。』對曰：『厥陰遷正，暄發得時，花卉榮翠，牛馬不患眼，肝氣平安，風令去寒，由暄乃正，春氣中時。少陰遷正，冷氣乃去，春暖暄溫，宜時發盛，則牛馬不發疔黃及蹄黃，心腎氣調，木無餘氣，君火中正位。太陰遷正，則雲雨依時，萬物茂盛，當生便發，獸無水穀飧泄之病，脾乃得和，雨化隨令，土氣得伸，元氣有澤。少陽遷正，炎灼從令，苗秀滋榮，酷暑不遷於秋，肅殺早至，霜露依時，牛馬不病陽黃、黑汗，三焦平安。陽明遷正，暑化已收，肅殺乃正，草子結實，牛馬不患慢肺，蹄甲堅實，熱化不行，燥化以令，清勁已行，肺金無病。太陽遷正，即冬絕清氣，令不易春，殺霜乃收，寒冰在地，陽光不治，凜冽乃興，雰霙應時，牛馬不病嗓黃，咽喉清利，喘息調均，氣血得正，寒勝燥無。天氣中正，萬物無病。』黃帝曰：『牛馬食天時之氣，氣正，無病也。』

又 卷五《師皇八邪論》 黃帝問曰：『夫、馬有八邪之病，遂逐天地寒暑而往來，五臟傳遍而散其病形，大小體貌皆何如？』馬師皇答曰：『八邪病者，風、寒、署、濕、饑、飽、勞、役是也。即無大小，遍傳五臟，并攻四肢，其為疾，當隨處而攻也。』一曰：風傷肺。二曰：寒傷脾。三曰：暑傷六腑。四曰：濕傷腎。五曰：饑傷脂。六曰：飽傷五臟。七曰：勞傷心。八曰：役傷肝。然，風寒署濕者，四時之病也，為外陽受病，與陰藥而服之，是治陽之病也。饑飽勞役，一體之病也，為內陰受病，與陽藥而服之，是治陰之病也。一日於皮膚、大腸受病，二日於表、胃受病，三日於血、心受病，四日傳臟腑，五日諸臟受病，六日三陰三陽受病，七日遍攻，八日亂攻，九日三損，十日病滿，醫疔失時，此是十種日之病也。皮膚在六腑上，陽也。馬食水穀，然後為力，水穀在腹中化為氣血，氣血乃行於皮膚，其糟粕傳與大小腸。小腸連心，心屬火。大腸合肺，肺屬金，肺象華蓋。是五臟之蓋，以屬於太陽也。心屬南方丙丁火，以屬於純陽也。內腎隱精，以屬於太陽。肺為厥陰，肺為太陰。外為少陽，以宰也。六日，三陰三陽唯厥陰注病，內損、魂傷，肝中隱魂，肺中隱魄，心內藏神，腎內藏精，三陰三陽皆受病。九日，三損：損其三焦，毛髮乾枯，筋甲不隨，行動無力，牙齒動搖。夫，馬出相者，是馬五臟之「神」變，內即有病，外即顯之。人相之者，見其外以知其內。是以，凡馬有病，先看口色，晝即見其行步，夜即聽其喘息，即知病源，然後，觀其逆順，定其吉兇，莫不因八邪而生也。

清 郭懷西《新刻注釋馬牛駝經大全集・馬經大全》卷一《論馬兒騍稟氣不同》 東悉問于曲川曰：『余聞騍馬徹血不宜太多者何也？』曲川答曰：『騍馬者，陰馬也。以血為主。凡有疾者，針血少半徹之。』東溪曰：『兒騍氣體同乎？』曰：『不同。何謂不同？』曲川曰：『混沌初分，天開於於，地辟於丑，人生於寅，萬物並生於世。夫馬者。稟清氣於天，受元氣於丙，生於寅宮，產於午度。兒馬產于午宮初度，騍馬產於午宮末度。兒馬象乾屬陽，騍馬象坤屬陰；兒馬精氣不足，騍馬血氣不足；兒馬徹血而瀉火，騍馬惜血而養娠。此謂陰騮陽治、陽馬陰醫。凡徹血者，分調牡牝針之。請曆觀之。』歌列於後：歌曰：混沌初分未曉明，上為清氣下為濁。天開地辟於子丑，人物初生始出寅。天產獸類馬為貴，午宮首末始相生。兒馬乾象屬陽道，牝馬為陰體象坤。乾馬氣平血太盛，坤騮氣盛血勻平。陽馬徹血分相火，陰騮惜血養胎娠。陰騮陽治陽針徹，陽馬陰醫陰血針。此謂陰陽兩治法，請君斟酌細評論。

又 卷二《陰陽運氣論》 東溪問于曲川曰：『余聞馬有陰陽運氣者，何也？』曲川答曰：『運氣者，五運六氣也。』東溪曰：『何謂五運六氣？』曲川曰：『甲己土運，乙庚金運，丁壬木運，丙辛水運，戊癸火運。子午少陰之氣，丑未太陰之氣，寅申少陽之氣，卯酉陽明之氣，辰戌太陽之氣，巳亥厥陰之氣。太陽氣寒，厥陰氣溫，陽明氣清，太陰氣濕，少陰氣平，少陽氣熱。六氣分守一氣，所管六十餘日，六六三百六十有日，以足周年之數。此謂五運六氣之分也。』東溪曰：『馬之疾患，何以應之？』曲川曰：『馬者，天地亦然也。天有五運，馬有五臟；天有六氣，馬有六腑。亦與相合也。《太極經》云：干支運轉，六十循環，值年太歲當令，陰陽一氣司天，一氣在泉，馬牛一經當直，一臟不足，發生一證。此謂陰陽之氣流轉輪回之鑒也。』東溪曰：『且如今嘉靖二十六年，太歲丁未，當年運氣應於某臟腑乎？』曲川曰：『丁未丁丑之歲，太陰司天，太陽在泉，土水合德，濕寒氣交，上應鎮星，馬牛心氣不足，多發脾虛腎冷之證。丁巳丁亥之歲，厥陰司天，少陽在泉，水火合德，風熱氣交。上應歲星，馬牛脾氣不足，多生肺嗓鼻膿之證。丁卯丁酉之歲，陽明司天，少陰在泉，水火合德，清熱氣交，上應熒星，馬牛腎氣不足，多發癱瘓蹉攣之症。此謂六丁氣運流行之症也。』東溪曰：『余聞丁壬相合，六丁之氣如斯，六壬之氣何也？』曲川曰：『壬辰壬戌之歲，太陽司天，太陰在泉，金土合德，寒濕氣交，上應辰星，馬牛肝氣不足，多生寒濕冷拖之證。壬申壬寅之歲，少陽司天，厥陰在泉，火木合德，風寒氣交，上應熒星，馬牛肺氣不足，多生泄瀉腹膨之症。壬子壬午之歲，少陰司天，陽明在泉，金火合德，溫熱氣交，上應太白，馬牛膽氣不足，多發疔毒瘡黃之症。此丁壬氣運流行之本，其餘年歲，仿此行之。』東溪曰：『四時運氣，日干受病不同者，何也？』曲川曰：『甲、己日腎於膀胱病，乙、庚日肝於膽病；丙、辛日心於小腸病，丁、壬日脾於胃腑病，戊、癸日肺於大腸病。此謂天干應合日神，氣運之分也。』東溪曰：『余聞干支有分別者何也？』曲川曰：『六甲、六丙、六戊、六庚、六壬，謂之上干，乃為陽數。六乙、六丁、六己、六辛、六癸，謂之下干，乃為陰數。子、丑、寅、卯、辰、巳六支，謂之上劃屬陽。午，未、申、酉、戌、亥六支，謂之下劃屬陰。此乃干支運氣之分也。』東溪曰：『不知運氣者，何也？』曲川曰：『不知運氣者，不能明其節要也。按《歧伯經》云：凡為醫獸者，必須識陰陽、知運氣、明脈色、分五行、生尅留守，如執權衡者，方可察其馬之困苦。苟不識其陰陽，不知運氣，不明脈色，應痛施針，問病發藥，雖能效驗，如盲人奔走，信步而行矣。』

六氣配合臟腑圖

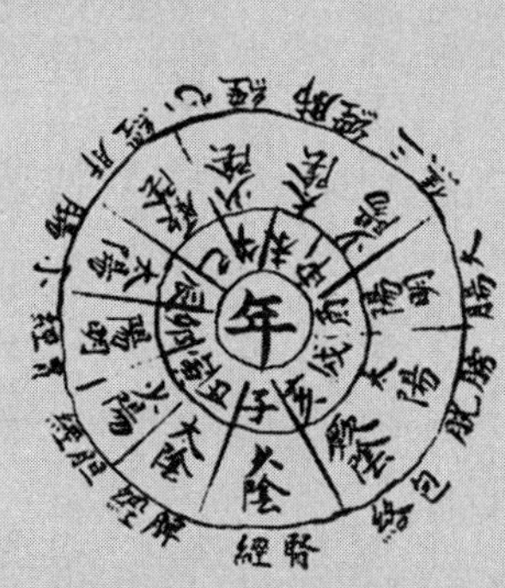

又《論馬三陰三陽配合臟腑》 東溪問于曲川曰：『余聞馬之臟腑與三陰三陽相合者，何也？』曲川答曰：『三陰三陽者，少陰、少陽、太陰、太陽、厥陰、陽明是也。』東溪曰：『十二臟腑，何以配之？』曲川曰：『心者，君象也。一身之主宰，納苦生血，與小腸共為表裡，少陰心經、太陽小腸相合。肺者，丞相也。五臟之華蓋，納辛生氣，與大腸共為表裡，太陰肺經、陽明大腸相合。肝者，尚書也。經絡之總管，納酸生筋，與膽腑共為夫婦，厥陰肝經、少陽膽經相合。脾者，大夫也。芻水之運司，納甘生肉，與胃腑結為夫婦，太陰脾經、陽明胃經相合。腎者，烈女也。津液之道路，納鹹生精，與膀胱共為表裡，少陰腎經、太陽膀胱相合。三焦者，命門也。一身之總領，納芻水，生骨毛，與包絡共為表裡，少陽三焦、厥陰包絡相合。此謂三陰三陽配合十二臟腑、十二經脈也。』東溪曰：『少陰、少陽、太陰、太陽理自明也，其厥陰、陽明何以分別？』曲川曰：『厥陰者，陰中之陰也。陽明者，陽中之陽也，陰中陰者，陰之極也。陽中陽者，陽之極也。陰極者生陽，陽少火生陰。是故血凝氣者生黃。氣凝血者生瘡。腠理不密，自流冷淚。少火生陰，後腳虛浮。此謂陰陽盛虛之見也。有歌存證。』歌曰：且論陰陽說盛虛，為緣寒暑致傷虧。陽盛生黃多腫毒，陰盛生瘡遍發疽。陽虛兩目流清淚，陰虛腿腫步難移。陰陽平順臟腑寧，氣血調和病自弭。

又《論馬四百八病》　東溪問于曲川曰：『余聞人有四百四病，馬有四百八病者何也？』曲川答曰：『馬多四病者，四般毛病也。』東溪曰：『何為毛病？』曲川曰：『口中銜鐵，一病也。背上搭鞍，二病也。兩邊垂鐙，三病也。令人乘騎，四病也。此四者，天生之患也，非針非藥而可治，駑駿而不能免也。有歌於後。』歌曰：四百八病出經書，四病從來總是虛。四般毛病依經說，除卻焉能更有餘。

又《論馬五十四死》　東溪問于曲川曰：『余聞馬有五十四死者何也？』曲川答曰：『馬之五十四死者，四百八病內有五十四般死症也。』東溪曰：『有其名乎？』曲川曰：『愚之不敏，詠成歌訣，逐一開列於後。』歌曰：四百八病切須知，五十四死用心推。生死有知憑色脈，存亡無失按經書。唇如靛染春難治，舌似硃砂夏不醫。九秋白色醫無效，三冬黑昧救難回。膈前屋漏休醫救，項下蝦遊勿令醫。三關解索歸陰府，九候雀啄入幽居。脈如亂髮終難療，色似炲煤命必虧。咬耳不知兼汗出，肉顫身口喘息微。行如大醉雙睛瞪，四蹄如柱口唇垂。臥蠶青紫真難救，汗出無休死不醫。孔中蟲出應須死，鼻回血水命須危。三十六臥八不治，七十二症九難醫。三危之症真難療，十二瘡黃壽不齊。十八大病多有死，七結之中半有虧。五勞殊瘦醫無好，七傷草少疔痊稀。腰瘦腳癱休令治，老衰疳瘙不堪醫。腦嗓尪羸俱是死，肺勞喘盛死相催。鼻流膿血終無救，黃腫腥臭救無回。掠肝肺痿應難瘥，肚傷腸斷死無疑。咬身心絕休教治，腎痿風癱莫令醫。揭鞍牙緊終難好，板脊如椽死必期。腸痛入陰須莫救，黑汗如油竟不醫。白汗流珠無治法，血汗渾身壽必虧。肺危鼻衄從何治，肝危眼腫亦難醫。腎危骨痿原無救，胡骨腰痿不可醫。嗓腫氣抽休妄作，心黃舌紫命歸陰。脾黃唇黑醫須夭，陰黃乳腫療難愈。腎黃腎損俱難救，肝黃肺嗓治無回。前偏後膁休醫療，內腎腰黃死必期。腦黃膿腳多應死，血勞傳注死休醫。胃翻面腫終無好，慢症逢秋命必危。砍斷踠筋真可惡，坐傷腰折莫能愈。馬牛腿折俱無療，駒犢臍風總不醫。驢腫肛豚多半死，騾患癱風活必稀。臟結內傷無治則，玉關俱損壽無回。起臥住臥極者生陰，循環之道也。《太極經》云：混沌未分，純陰之世，天開地辟，始生一陽。一陽者，少陽也。少陽者陰極而生也。是故陰極陽生，而為少陽。少陽生陽，而為太陽。太陽生陽，而為陽明。陽明生陽，而陽之太極。陽之極者，一陰而生也。一陰者，少陰也。少陰者，陽極而生也。是故陽極生陰，而為少陰。少陰生陰，而為太陰。太陰生陰，而為厥陰，厥陰生陰，而陰之太極。陰之極者，而少陽復生也。此謂周而復始，太極流轉之數也。萬物亦然，有歌為證。』歌曰：十二臟腑論陰陽，說與醫人用意詳。陽轉陰循調氣血，陰回陽去兩無傷。陰極生陽陰更復，陽極生陰又轉陽。周而復始循環轉，此乃陰陽太極方。

又《論馬無疾似有疾、有疾如無疾》　東溪問于曲川曰：『凡馬無疾似有疾，有疾如無疾者何也？』曲川答曰：『馬之無疾似有疾者，形病脈不病也。有疾如無疾者，脈病形不病也。是故形病脈不病者，生；脈病形不病者，死。察症者，總於雙鳧斟之。有歌於後。』歌曰：體瘦形羸行步難，脈色平正亦安然。神強脈易從來死，百個之中無一痊。

又《論馬有疾》　東溪問于曲川曰：『凡馬有疾者何也？』曲川答曰：『凡馬有疾者，精神倦怠也，頭低耳搭也，毛焦膁吊也，草料遲細也。此類者，有疾之形也。請曆觀之，有歌於後。』歌曰：騂騮有疾說須知，形狀離常脈部殊。唇昏舌昧無光采，皮毛焦瘙羸瘦輸。頭低耳搭精神慢，四肢倦怠步行遲。面浮鼻腫雙睛閉，腹細腰弓喘息微。食少飲多俱是患，便陰惡冷亦為虧。觀形須識大全集，注釋論說世間稀。

又《論馬無疾》　東溪問于曲川曰：『凡馬無疾者何也？』曲川答曰：『馬之無疾者，精神加倍也，草料增進也，皮毛光潤也，呼吸平順也，四肢輕健也，尿清糞潤也，頭尾不動，輪歇後蹄也，以上無疾之形也。請曆觀之，有歌於後。』歌曰：欲定騂騮臟腑寧，尿清糞潤口中紅。皮毛光采精神倍，鼻氣溫和往來通。四肢輕健行無澀，兩目清輝無眵矇。頭尾不動後蹄歇，此為無病脈神功。

又《論馬陰陽盛虛》　東溪問于曲川曰：『馬之陰陽盛虛者何也？』曲川答曰：『陰陽盛虛者，氣血流行不齊也。太過者，陽盛也。不及者，陰盛也。陽盛者，陰虛也。陰盛者，陽虛也。各有形證分之。』東溪曰：『何以分別？』曲川曰：『陽盛者，血凝氣也。陰盛者，氣凝血也。陽虛者，腠理不密。陰虛者，當時死，臥之不起死須知。胃噎不通終有損，破傷口緊莫教醫。產後胎風筋骨痛，瘦癱草少命須虧。中風木舌真難救，羅膈束顙不須醫。五臟俱盡應須死，腸黃身瘦死來催。目睜看人睛不轉，牽行不動似呆癡。見此病源休治療，只饒妙手費心機。經書之內無方救，五十四死喪魂飛。

又《論馬無膽》 東溪問于曲川曰：『余聞馬無膽者何也？』曲川答曰：『馬稟清氣於天，故無清淨之腑也。』東溪曰：『何以見之？』曲川曰：『混沌之時，天開地辟。午丑之象，各從天地而生。午者，陽火也，應乾象而生馬。丑者，陰土也，應坤象而生牛。《易經》云：乾象為天，坤象為地，馬牛而應之。馬者上應於天，稟清氣而膽氣不足。牛者下應於地，稟濁氣而齒氣不足。此謂天地陰陽清濁之分矣。《太極經》云：白馬祭天，烏牛祭地，可謂天地之分矣。伯樂云：馬飲清而溺濁，牛飲濁而尿清，亦可謂天地之分矣。師皇云：馬者物類也。稟陰陽之未半，受五氣而少全，火有餘而水不足，故膽氣而缺也。有歌於後。』歌曰：混沌初分發曉明，午丑相從天地生。午火乾象生作馬，丑土生牛體作坤。飲清溺濁因無膽，飲濁尿清缺齒輪。烏牛白馬祈天地，可謂陰陽清濁分。

又《論馬有三危》 東溪問于曲川曰：『余聞馬有三危者何也？』曲川答曰：『三危者，肝危、肺危、腎危也。』東溪曰：『何以識之？』曲川曰：『眼腫頭低，色如枯骨者，肝危也。鼻流膿血，氣如抽鋸者，肺危也。拖腰直腳，身形羸瘦者，腎危也。』東溪曰：『何以治之？』曲川曰：『三危者，三絕也，無方無則治之。有歌於後。』歌曰：鼻中血出肺金危，眼腫頭低肝木虧。筋骨痿然絕腎水，腰拖胯靸瘦尪羸。

又《論馬五赤》 東溪問于曲川曰：『余聞馬有五赤者何也？』曲川答曰：『五赤者，五瘡之赤也。』東溪曰：『何謂五瘡？』曲川曰：『鐵環磨破口角者，呼為一赤。攀胸束破胸堂者，呼為二赤。鞍屜打傷脊背者，呼為三赤。鞦皮磨破尾根者，呼為四赤。肚帶擦損肘後者，呼為五赤。此謂五瘡之赤也。』東溪曰：『何以治之？』曲川曰：『疔者，利刀割之。腫者，白針鏃之。膿者，湯藥洗之。破者，末藥貼之，勿拴巷口，勿繫舍簷，旬口愈矣。有歌於後。』歌曰：鐵磨口角並束膊，磨梁擦背尾底落。肚帶打破肘下皮，五赤教君休認錯。

又《論馬牛三病》 東溪問于曲川曰：『余聞馬牛有三病者，何也？』曲川答曰：『馬牛三病者，天生之三病也。』東溪曰：『何謂天生？』曲川曰：『蹄薄而不能致遠者，一病也。前蹄而不能即驟者，二病也。後蹄而不能登峻者，三病也。』東溪曰：『何以治之？』曲川曰：『三病者，胎病也，天生午丑不齊之患，古今而無治則也。有歌存證。』歌曰：天生馬牛三般病，蹄薄後窄與前蹄。謹請醫工體妄作，前賢規矩有根苗。

又《論馬牛二苦》 東溪問于曲川曰：『余聞馬牛二苦者何也？』曲川答曰：『馬牛二苦者，風流之苦也。』東溪曰：『何謂風流之苦？』曲川曰：『穿鼻卷、開鼻孔氣海穴中，為一苦。割耕牛，騸戰馬千金穴上兩風流，為二苦也。』東溪曰：『何以免之？』曲川曰：『二苦者，天生午丑自然之苦，駑駿亦無所免也。有歌存證。』歌曰：牛馬兩端風流苦，更回改騸自軒轅。開鼻兩彎須要正，卷穿薄處是根源。

又《論馬有四海》 東溪問于曲川曰：『余聞馬有四海者何也？』曲川答曰：『頭為髓海，心為血海，肺為氣海，腎為水海，此四者與天地相合也。』東溪曰：『何以見之？』曲川曰：『天有五運，馬有五臟。天有六氣，馬有六腑。天有四極，馬有四海，可謂與天地相合也。按《太極經》云：天者為一大天，人為一小天，物者亦為一小天也。馬之為物，稟二五為生，抱陰負陽，當有四海，與天地同參，亦為一小天也。有歌於後。』歌曰：心者豐肥腔滿血，腎者豐肥胞滿澤。頭者豐肥髓滿髏，肺者豐肥氣滿膈。四海豐肥如此稱，乃與天地合其德。人畜萬物總皆然，二氣五行無所別。

又《論馬臟腑中有玉女關》 東溪問于曲川曰：『余聞馬臟腑中有玉女關者何也？』曲川答曰：『玉女關者，在穀道之前蟠腸之內，臟腑交接之所，有横弦一道，一尺二寸之長，横於大腸九禮之中，直抵內腎腰窩之下，名為玉女關津，又名横弦腸也。』東溪曰：『玉女稱者何也？』曲川曰：『玉女者，深閨內禁之女也。深閨內禁，人莫犯之。凡入手者，慎之鑒之，故此稱也。有歌於後。』歌曰：深宮內禁號為關，玉女從來住此間。愚民莫把宮庭犯，犯者須教命不全。

又《論馬牛有卒死》 東溪問于曲川曰：『馬牛卒症，忽然倒地而死者何也？』曲川答曰：『心肺絕也。』東溪曰：『何以見之？』曲川曰：『心者一身之主宰，肺者五臟之華蓋也。血居於氣上，血氣從之。又且心為帝王，肺為丞相。心主於血，肺主於氣。心為血海，肺為氣海。心絕者，血絕也。

肺絶者，氣絶也。血氣絶者，諸經絶也。故云：心肺絶者，死之卒也。有歌存證。」歌曰：馬牛卒死為何因，只緣榮衛絶於胸。心血痞虧肺氣絶，不離時下命歸陰。

又《論馬有飲水少》 東溪問于曲川曰：『凡馬連日少飲水者何也？』曲川曰：『草食幾何？』東溪曰：『如常食也。』『尿溺幾何？』東溪曰：『如常溺也。』曲川曰：『無疾之行也。』東溪曰：『何以見之？』曲川曰：『凡馬食多飲少有溺者，心血足也，腎水滿也，陰陽和也，血氣順也。四者如斯，水火既濟，臟腑調和，以致能食少飲，尿溺如常，乃為生血生膘之相，無寒無熱之形，萬裡乘騎，諸疾不相侵害矣。有歌存證。』歌曰：食多飲少號平和，膀胱有尿定無疴。水火既濟陰陽順，臟腑調和草穀磨。

又《論馬有五疾》 東溪問于曲川曰：『余聞馬有五疾者何也？』曲川答曰：『五疾者，五經五應之疾也。』東溪曰：『何謂五經、五應？』曲川曰：『五經者，心、肝、脾、肺、腎也。五應者，眼、耳、口、鼻、舌也。是故舌如硃砂，心之疾也。眼不見物，肝之疾也。蹇唇似笑，脾之疾也。鼻流膿涕，肺之疾也。垂縷不收，腎之疾也。此謂五經五應之疾。察者，分調五臟觀之。歌列於後。』歌曰：舌如硃砂心之疾，眼不見物肝之疾。鼻流膿涕肺之虧，蹇唇似笑脾之疾。垂縷不收腎水虧，五者皆因五臟起。師皇留下療驥方，請君辨驗休差失。

又《論馬有八邪》 東溪問于曲川曰：『余聞馬有八邪病者何也？』曲川答曰：『八邪者，風、寒、暑、濕、饑、飽、勞、役也。』東溪曰：『何謂病也？』曲川曰：『風傷肺也，寒傷脾也，暑傷腑也，濕傷腎也，饑傷脂也，飽傷臟也，勞傷心也，役傷肝也。此謂八邪有風之症也。』東溪曰：『何以識之？』曲川曰：『風傷肺，多鐃啌嗽。寒傷脾，眼腫頭肥。暑傷腑，前黄後腫。濕傷腎，後腿難移。饑傷脂，毛焦肉減。飽傷臟，體瘦形羸。勞傷心，怔忡驚悸。役傷肝，眼腫頭低。此謂先賢垂訓之良言，後學繼傳之規矩。有歌於後。』歌曰：驟走迎風肺發啌，脾逢陰冷必先傷。炎暑中傷六腑敗，濕場久臥腎生殃。饑飽兩傷肌肉減，勞甚傷心心欠康。役損過多肝臟損，頭低眼腫閉無光。傷肺多鐃啌與嗽，傷脾起臥痛難當。驚悸不寧心氣痞，拖腰拽胯腎虧傷。五臟俱傷六腑敗，肆騮總食不能康。此謂八邪傷感歌，請君著意細推詳。

又《論馬前面有六門，後面有四門，門門相對》 東溪問于曲川曰：『余觀《安驥馬經》明堂篇內，凡馬周身，前面有六門，後面有四門，門門相對者何也？』曲川答曰：『明堂針穴也。』東溪曰：『何以見之？』曲川曰：『耳後二針，名曰風門穴也。頰下二針，名曰喉門穴也。胸前二針，名曰肺門穴也。此三者乃為前六門也。四蹄掌後四針，名曰蹄門穴也。此為後四門也。相對者，左右相稱也。十穴而號十門者，乃為一十二道經絡之關津，三百六十絡脈之道路也。歌列於後。』歌曰：良馬經中有十門，門門相對甚分明。二穴風門分耳後，胸前兩道肺門針。頰下喉門排左右，六脈分為前六門。後有四門蹄上血，用針須自向蹄跟。百萬四千毛孔竅，三百六十血筋關。五百九道經和絡，十穴都盡在周身。此謂門門相時歌，請君須當細用心。

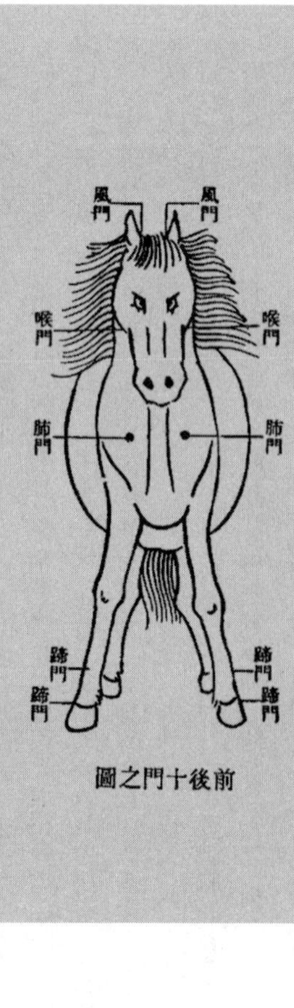

前後十門之圖

又《論馬遠行馳驟有法則》 東溪問于曲川曰：『余聞馬之遠行在途，馳驟有法則者何也？』曲川答曰：『凡馬遠行而出者，芻水八分，休令太飽。一日行，二日驅，三日驟，四日馳，五日奔，終而復始。空芻五百，徐徐加料，使馬騾不致心胸壅極，氣滯血凝，萬裡乘騎，諸疾不能染患矣。有歌存證。』歌曰：一日空行二日驅，三程方可進長途。空芻五百才加料，萬里乘騎百疾無。

又《論馬遠回拴繫有法則》 東溪問于曲川曰：『凡馬遠出歸來，脫鞍卸轡有調理法則者，何也？』曲川答曰：『馬之遠出歸廄，或在途而宿者，如其有汗，休得飲水。下鞍之後，徐步牽行，寧息喘定，方許去鞍。少時去轡，即時放展。繫於迎風之所，勿近舍簷。移時喂飲，使馬騾不致外感風寒之症，邪疫諸患亦無相侵害矣。有歌存證。』歌曰：下程有汗即牽行，喘定方教頭繫平。鞍揭提防簷巷口，終身強健四蹄輕。

又《論馬有父母》 東溪問于曲川曰：『余聞馬有父母者，何也？』曲川答曰：『龍之生也。』東溪曰：『何以見之？』曲川曰：『混元初開，始有二龍于東海屈山而出，指山為姓，一名屈強，一名屈女。女子生飛兔，飛兔生麒麟，麒麟生馬，天皇起號曰龍駒。後因食人，董仲仙摘其膽汁，息其蹄齧，更名曰馬也。按《伯樂經》云：馬者，貴獸也。且利國富民，能引重致遠，日行千里者有之，五七百里者有之，有三分龍骨附身，實謂龍之化生也。有歌存證。』歌曰：欲問驊騮父母名，屈強屈女二蛟龍。兩屈孕娠生女子，女生飛兔兔生麟。麟長龍駒呼傳馬，屈氏雙龍五世生。天皇起號留於世，亙古相傳直至今。

又 卷六《馬有神聖工巧論》 東溪問于曲川曰：『余聞察馬疾患有神聖工巧者，何也？』曲川答曰：『神、聖、工、巧者，望、聞、問、切也。』東溪曰：『何謂望、聞、問、切？』曲川曰：『望者，相行步也；聞者，聽喘息也；問者，問蓄養也；切者，切脈色也。』東溪曰：『神、聖、工、巧者，何也？』曲川曰：『望而知之，謂之神；聞而知之，謂之聖；問而知之，謂之工；切而知之，謂之巧。』東原醫獸卞氏曰：『凡察馬之病者，必須觀其形狀，相其行步；聞其聲音，聽其喘息；審其勞役，問其蓄養；切其口色，診其皃脈；四者備矣，以定陰陽之病，啞症則無差誤矣。』有歌於後：歌曰：現其行步相其形，聽其咄息辨其音。問其養主窮其蓄，切其關部察其唇。望為神策聞為聖，切為醫巧問為工。察病但能從此訣，寒暑無差諸疾明。

藝文

唐 李石《司牧安驥集》卷一《王良百一歌》 夫馬者獸也，雖由芻飼，亦稟五行。且龍駒骨駿，駑力幹慵，或重之以千金，或免之以十駕，非伯樂之相，孰能有分！且肝脾肺之源，安則於臟腑勻和，逆則於血脈弗順，非師皇之術，其何明哉！況茲為戎事之本，代人之勞。今撮其要略，共成一卷，號曰療馬百一歌，目前病患，悉在卷中，損異毛骨，總存篇內。書云：義深罕測，學淺難周，貴乎助善，焉敢效尤者矣。

又 略相十首：耳小根一握，頭長鼻要寬，能行三百里，解立四蹄攢。臆前雖闊備，眼曠腹須平，項長筋骨促，尾骨短為精。鹿耳天然快，獐頭第一強，蹄輕腰又短，伯樂亦稱良。鼻上紋王字，目中青暈侵。雖然有筋骨，更要汗溝深。初生無毛者，伯樂號龍駒。七朝方始起，千匹也應無。近看雖似小，遠望卻成高。要知深有力，腹上逆生毛。蹄大腕又軟，腹闊更腰長。行時無步驟，何必問孫陽。口淺不能食，眼深多咬人。豬膝難任重，焉堪致遠行。要知有壽馬，唇慢口方停。好是如羊目，驛良壽亦長。不在如龍狀，追風號古來。目前毛骨骸，未可比駑駘。

又 毛病十首：項上如生旋，有之不用誇。環緣不利長，所以號螣蛇。後有喪門旋，前兼有挾屍。勸君不用畜，無事也須疑。牛額並銜禍，非常害長多。古人如是說，此事不虛歌。帶劍渾小事，喪門不可當。滴淚如入口，有福也須防。黑色耳全白，從來號孝頭。假饒千裏走，奉勸不須留。背上毛生旋，驢騾亦有之。只惟鞍貼下，此者是拖屍。銜禍口邊沖，時間禍必逢。古人稱是病，焉敢不言凶。眼下毛生旋，遙看似淚痕。假饒福也病，無禍亦妨人。毛病深知害，妨人在不占。大都如此類，無禍也宜嫌。擔耳拖鬃項，雖然毛病殊。更若兼鱉尾，有實不如無。

又 雜忌十首：騎來求得飲，汗解是為強。卸鞍面向北，此事最招殃。欲出須知此，籠頭莫掛垂。雖然無大患，驚懼事防為。面北朝朝喂，形軀漸漸傷。其中忽有患，有患悔難當。遠來亦忌飽，出去不妨饑。向水莫令驟，防傷肺與脾。濁水休教飲，多饒毛色焦。時間雖不覺，月內不生膘。偏怕腥膻物，仍嫌土作槽。鼠穿成大穢，更忌草中毛。上山猶許驟，下嶺不宜騎。必定傷筋骨，能令日漸羸。近學新醫者，安知此事難。將針宜淺刺，方便更須端。凡針六脈血，不在苦令多。移時若不止，傷損返如何。有病何妨療，無傷血沒針。近多愚學者，此意未深知。

又 眼候十首：一切眼昏瘴，皆因熱所傷。莫令肝臟冷，淚出轉難當。黃風有赤脈，白翳忌侵睛。須抽眼脈血，救療有功能。烏風起肝臟，忽患便青盲。便是通神妙，除非解換睛。有瘴頻多淚，無令冷藥多。細辛並地骨，犀角決明和。外瘴須磨點，黃連最能驅。烏魚骨頗妙，輒莫用珍珠。欲療先令暖，仍須使於肝。防風圓蔚好，去淚得睛寬。不可全憑藥，時聞亦用針。頻抽口鼻血，腦熱勿令侵。肝病眼睛病，眼昏肝有風。發來時生暈，灌烙抵神功。環眼難為病，侵睛即多驚。月中騎亦懼，雪中使同盲。卒熱傳肝臟，尪羸也易醫。

奈何雙目暗，得效也何時

又 醫候十首：欲要看口色，春季忌於青。若是秋時候，醫之必得寧。夏病不食草，口中赤色深。莫將為熱療，熱療病難尋。秋病口中白，時時喘息粗。於中帶黑色，肝肺恐應無。冬季口中黑，醫之必不痊。臥蠶雖有色，望退也無緣。大抵怕青黑，兼憂喘息粗。神功也不救，遲治氣全無。肺病多方療，心傷鶻脈抽。目前雖有效，已後發無休。鼻內出膿血，如加氣轉抽。豈堪連背硬，何用更開喉。肺病休疑冷，腥膻不可為。但將涼藥療，莫使小豬脂。天門還治肺，地骨也醫肝。心熱黃芩妙，人參性不寒。前面熱未退，腰胯卻行遲。是熱須醫熱，少將冷藥醫。

又 起臥十首：脾寒令肉顫，胃冷吐清涎。但針脾上穴，暖胃藥為先。撲尾蹇唇痛，臥時四蹄癱。頻頻覷賺上，冷熱氣相干。起臥無時度，將身似狗蹲。腸中如糞結，巴豆最為珍。若作如斯候，切在細推尋。如逢腎脈上，多應腸入陰。識得尋常病，便須用橘皮。檳榔為第一，蔥酒最相宜。止痛當歸妙，牽牛芍藥和。生薑宜剩使，滑石勿令多。治脾人參妙，針脾第一功。目前兼惡急，氣脈當時通。尿血還緣熱，風虛結澀為。秦艽能治療，通利大黃奇。忽蕩糞如水，赤黃氣息腥。鐃伊能用藥，口色怕微青。若還退草料，腹中虛氣鳴。大似腸黃候，脾家氣不勻。

又 療風十首：有傷即為急，無傷呼為慢。先針喉脈血，亦須先出汗。尾揭遍身硬，耳緊閃骨出。此風從後得，暖處勿宜吹。病見從前得，斯須便過關。大風烙最妙，入口下應難。四腳難移動，一邊汗出微。口中時吐沫，見此莫生疑。不獨如斯狀，忽然後腳遲。盡知呼脾冷，卒急也難醫。是藥皆治病，唯風卻要蛇。防風並半夏，取急是天麻。治療皆憑藥，就中風也難。七朝疑似退，火烙大無端。歇汗風鐃癢，為瘡急躁多。肺風多揩擦，疥瘍即相和。花蛇及乾蠍，亦療腦旋風。烏頭勿單使，麻黃更要芎。有風切忌驚，角耳最為精。漢椒並附子，相合耳中傾。

又 筋骨十首：膊痛緣騎苦，蹄傷敗血攻。痛時針且妙，蹄損火能通。膝骨難任重，行時腳失多。無針膝脈血，得效也蹉跎。子骨連蹄痛，多應是物傷。烙蹄蹄不發，漸漸骨開張。失節莫交頻，鹿節黃水成。假鐃用火烙，滑石鎮長盈。但是筋骨痛，皆因傷損為。於中硯子骨，末後不通醫。食槽脹雖烙，多緣腑病生。胃翻加吐沫，何藥效能成。小胯骨若痛，牽連雁翅痛。欲針須得穴，用藥更持鋒。曲尺鵝鼻骨，脹時不再針。芸薹並紫葛，巴豆最攻深。附骨侵於膝，走驟多鐃失。火烙意還粗，藥消為第一。筋脹用豬腦，塗藥要蛇床。細辛並藁本，米醋及生薑。

又 療黃十首：躁悶忽銜韁，此即是心黃。先須用火烙，時下得安康。胸黃忽腫硬，未可用針針。須使消黃藥，無令痛所侵。偏心黃雖少，還緣積熱成。常聞連五臟，根向肺中生。喉內若生黃，此病實難當。藥針但少效，向裏結成囊。急慢腸黃候，患時俱一般。慢時一月多，急則當時間。腎黃腎脈腫，積冷致如然。還須熁腰上，以此出頑涎。水黃連帶脈，虛腫在皮膚。先用火針治，消時膿出餘。賺黃不用針，塗藥妙能深。滑石並葶藶，橘皮使郁金。驟馬緣風熱，因此作奶黃。塗藥教駒咂，切恐結成囊。一切黃虛腫，多緣積熱生。宜抽喉脈血，諸毒不能成。

又 瘡痍十首：竹節療膊瘡，骨鑽亦難當。若塗先用洗，欲洗使鹽湯。貼瘡雖用藥，艾灸且令焦。乾薑將納入，根出始方消。疳瘡生眼畔，疳血化為蟲。即漸侵於腦，和睛變作膿。口內忽生涎，心臟熱如然。有瘡須用藥，包藥使綿纏。肺毒若生瘡，醫之要肺涼。貼藥雖宜洗，可用甘草湯。斷腕緣風血，燥蹄亦一般。麝香葶藶子，貫眾及黃丹。冷病緣草結，膿多瘡口寒。乳香並附子，貼此始應看。疥癬深秋旺，瓜瘡盛夏多。都緣風血聚，忙療莫蹉跎。血燥連蹄腫，筋風血作膿。蕪荑鶴虱妙，能殺此般蟲。一切破損瘡，勿令口自傷。潰瘡難治療，客風須是防。

又 齒歲十首：齒有數般耆，教伊識不妨。莫言為小事，識得大賢良。黑白一齊全，生來始八年。中間初似破，十二歲無偏。齒如十二月，脖牙象四時。二十四氣足，伯樂定為規。四齒不曾退，年紀只是駒。但看連畔者，咬得臼還殊。駒子生馳齒，嚼之必不勻。直鐃齒歲小，區臼也多平。向南馬齒口，野放咬山多。區臼雖先破，莫言歲齒過。黃區將欲盡，黑白已全無。上下齒更展，驟馬不全生。若憑為端的，休言此是真。有壽三十歲，筋骨一依常。雖然能走驟，爭如少年強。

又 **卷二《造父八十一難經》** 第一難病是心黃，咬齒頭低是乙韁。起臥望空身毛顫，翻目流星口不張。見者須當與辨別，三朝不差必身亡。灌藥用針全不退，醫家認取急心黃。第二難病夾心黃，時人見者亂消詳。咬肋尾直腳不住，心俞一道針烙強。然而取效須兼藥，郁金更使川大黃。甘草地黃三兩分，同和灌啖得安康。第三難病是心焦，五攢集聚似火燒。毛落色暗難移步，飲水沖著把舌掉。悶即垂頭搭耳臥，拽動韁繩把首搖。針方醫治早為之，瀉法先教用藥消。第四心熱治惟難，口乾氣沖五攢間。口色更看赤脈候，醫家認取是心痰。頭低淚出常不絶，喘息氣粗人會難。治肺消黃藥與療，更無舌上似火燃。第五難病冷傷心，膊顫頭低喘息頻。兩眼似盲不見物，此時病狀轉沉沉。三朝不可定知死，別取名方細細尋。第六難病次心黃，醫工見了便憂嫌。頭垂口中涎沫出，遍傳五臟肺家先。心脈自然尋常去，陽脈後來奔陰間。皮急更加連腸竅，醫家莫作破傷風。第七難病是心濕，水咽喉中吐血珠。緣因傷重損五臟，起臥其形似伏豬。水傷連肝心肺急，擺頭垂耳淚連珠。針烙醫藥徒勞治，驀然驚倒項筋舒。第八心勞最難醫，元因毒草損傷脾。毛落更加肌肉瘦，水草日減漸尪羸。四腳難行髓骨痛，早與名人說的知。莫教變作長年病，急檢難經與救之。第九肺勞切要醫，肺為華蓋方屬西。秋天似患腸黃病，因為脾家不磨時。日漸尪羸吃草慢，病深連灌藥無疑。但灌補勞治肺藥，啌嗽連頻急療醫。第十把膊愛抬頭，連點前來不自由。硬地行時連心痛，卻喚醫人作祟求。不須更覓其他藥，但把油煙薰鼻頭。更針肺俞並主膊，難經之內用功搜。十一難病肺家痛，哽氣頻頻糞少送。起臥連聲長肚脹，五攢集緊喘更痛。氣痛由閉為小事，腹內如雷結不通。但灌蔥酒調氣藥，便見安康方有功。十二難病肺家黃，口中吐沫實難當。垂頭兩耳橫擔後，垂涎瀝瀝口難張。起臥頻頻連聲喚，醫家莫得亂消詳。十三肺壅最難看，啌嗽連宵三五般。肺滯三焦連上膈，垂涎氣出悶連連。走驟驚狂如醉狗，此時無力臥觀天。自然倒地心性急，立死無生命不存。十四難病肺家風，胸前搓破一重重。疥瘓連皮毛又落，後連尾下尾傍中。灌藥先須治肺散，塗藥為良即見功。十五肺痰涎沫出，傷冷傷熱要辨之。熱即是沫因乘重，冷即口中有涎垂。似臥不臥難治療，腰間溫熁正合宜。但灌墜涎三服藥，各隨臟腑辨根基。十六傷肺又難痊，喘息頭低肺有寒。啌嗽頻頻聲不絶，即知因傷五臟間。肺家只有五般病，認取難經意內言。十七難病肺家風，壅聚頑涎氣不通。四蹄強硬行無力，雙耳橫擔脊似弓。水草漸減頻加喘，治肺消黃藥有功。更抽六脈胸堂血，今後輕健可追風。十八難病肺家頹，擺耳搖頭似心黃。眼目不開口不禁，鼻中膿出似魚腸。氣息更兼腥又臭，腦中空病怎生當。日久時多不治療，靈丹聖藥治無方。十九難病肺家傷，鼻中氣響似鈴揚。膿血噴下腥穢臭，瘦惡毛焦體不強。除卻開喉斷絶得，醫藥饒伊有萬方。須要羊頭取熱腦，開之裹面貼其瘡。有效不過三五日，醫家用意莫胡忙。二十難病肺毒傷，腹脹滿來又難啌。壅悶連胸氣又結，嘶如在野發聲狂。氣針慢把脾肺治，臥時辨取左右相。二十一難肺家酸，頭低鼻內出清涎。口中吐出些些糞，日久時多病相傳。更兼兩目雙垂淚，行走移來四腳攢。或是啌嗽心中熱，灌藥如同似等閒。二十二病肺家難，喘氣連聲眼似環。腹脹滿來鐃起臥，回頭四腳向上翻。更有肺絶一般病，咬牙嚼齒似風癇。針刀快治看六脈，脾肺心肝腎一般。二十三難肺家急，喘息氣粗連喉脈。行時腰痛難移步，除卻開喉別無策。針刀快治看六脈，脾肺心肝腎一般。但灌治肺消黃散，灌啖先須用油蜜。二十四難損肝家，目垂淚下更無誇。沖熱走時傷於肺，放血先須治療他。水草不住依時節，陌然更患咬風邪。肝家咬齒相傳染，即是先從五臟傷。變風依方無減差，難經論裏細消詳。二十五難是肝風，坐翻兩目腳踏空。口中吐沫牙關緊，項直肚脹脊腰躬。醫工喚作鬼抽病，本是肝家脹疫風。千萬醫方必定死，難經論盡一場空。二十六難是肝黃，眼腫頭低目無光。水草不食心肺壅，頭旋腦轉喘忙忙。切須先灌洗肝散，用藥之人明記方。撥雲散子調和下，針刀治療永除殃。二十七難是肝脹，說與明人怎生向。不過三日身必死，難經論裏無方狀。報知後代醫工者，下藥無效空惆悵。二十八難是肝熱，兩眼唇青如黑血。醫工見了百愁生，本因傷重失水渴。日漸毛焦不吃草，即是東方春時節。向裏血注連心起，渾身冷硬誠如鐵。二十九難是肝虛，透睛膜碧淚如珠。日日更兼常吃水，都緣心熱是肝虛。使用治肝涼藥灌，洗肝散子蒼朮俱。三十難病是肝衰，骨痛起臥人難解。吃草更兼喉中噎，無奈時時眼癢煞。擺頭掉腦如醉狗，分明記取肝家敗。三十一難是脾勞，腹痛長添毛又焦。日漸消瘦雙耳垂，渾身瘡疥似火燒。即是傷重因於熱，行步蹣跚腳又跳。三十二難是脾黃，起臥舒腰擺尾忙。蹇唇愛笑脾家病，脈息三朝氣作勞。口中黃色應難救，脾俞針烙治三焦。三十三難是脾虛，瀉糞頻頻更吐珠。正氣溫脾散子灌，都是脾家一位居。消磨不轉水草慢，驀然倒死項筋舒。事須一一明記取，卻檢難經用功夫。三十四難是脾寒，頭低鼻內擺清涎。肉顫更兼膊肉顫，五臟相連不能安。下手一針右補治，自有名方療得痊。三十五難脾家熱，碾臥時時喘不撤。中央戊己脾為事，管得皮膚百骨節。疼痛毛焦添腹脹，頻頻作喘又作熱。三十六難脾蔓風，擺尾亞腰時踏空。起臥先須兩目急，針治脾俞更用功。此病因從冷熱生，急灌靈丹病可攻。三十七難脾家冷，渾身似鐵氣又哽。即是寒風吹拍著，致令病痛因難整。灌藥先須出汗散，急用蜈蚣汗自猛。三十八難肝表黄，頻頻吐沫項硬僵。牽臥倒來聲哽氣，此時且與慢消詳。若是三朝醫不差，難經必定更無方。三十九難肝表脹，此病難醫藥怎當。低頭擺腦回眼臥，即是心肝五臟傷。咬齒又還顫颯颯，恰似傷風患腦黄。針刀慢把脾肺治，醫藥縱然救一場。若是檢方知必死，名工好手莫論量。四十難病肝表風，吐沫頭垂脊似弓。肚脹腰拳先口噤，立發時時氣不通。此風恰似風抽病，醫人尋取伯樂功。四十一難肝表虚，狂行驚走似瘋豬。不惟驚走拴不住，目中滴淚更如珠。灌藥鎮心並治肺，魂魄虚邪病自扶。仍愛搖頭瞠兩目，龍骨白礬用珍珠。滑石硃砂遠志散，三服之内把邪除。四十二難肝表衰，咬牙嚼齒病難蘇。耳垂伏地顫颯颯，醫工切須用功夫。此般病體人難識，不知此病有差殊。四十三難腎家風，因醫五臟熱相沖。四蹄難移須數日，腰脊僵硬又隴踵。後腳多蹺生腫氣，腎家傳奔膀胱中。用藥撫須早補治，排風散子使蜈蚣。四十四難腎家黄，虚腫來時膁喘忙。結硬多時變黄水，恐防氣蔓人胸堂。急手先須與針破，更須淋洗乃為良。白礬漿水先煎洗，不過三上病除殃。四十五難腎家傷，兩耳雙垂體不康。口中黑色仍多有，用藥應須檢妙方。黄芪檳榔與白芷，黑參柴胡及麻黄。乾薑龍骨白附子，肉桂蓯蓉用茴香。一十二味搗為末，炒鹽兼用煎葱湯。每服須用生薑酒，灌之三服得安康。四十六難損腎朋，一臥不起倒抽牽。渾身似凍冷如鐵，心中常似火燒煎。四腳無力難移步，自把身軀左右翻。針烙腎俞穴一道，醫者十中一二安。四十七難腎家冷，拖腰筋舒起臥遲。上虚下冷因傷力，敗氣沖心傳與脾。即是急速因爭路，更緣走驟惡乘騎。致令得病難治療，愚醫不識又作知。醋炒蠶沙腰内熨，火針更烙恰合宜。藥用烏蛇並附子，防風牛膝使當歸。酒下一服黑神散，此藥靈通效不遲。四十八難腎家熱，起臥時時尿黑血。傷重只因熱上得，水草未進糞又結。消磨不轉是脾病，左右牽連百骨節。好酒燒鹽同調下，不過三上血自絶。四十九難大腸風，頻頻弩噴氣不通。眼似流星吃草慢，頭低耳垂脊隆躬。醫人莫作求神祟，腸結肚脹寒心胸。五日三朝如不差，用藥先須使瀉通。滑石一兩配蔞葱，芫花相接使天蓬。續隨膩粉牽牛子，風結木通即和同。九味相和都為末，生油同下有神功。不過三服須有功，大腸從此更無風。五十難病大腸結，起臥微微喘不歇。回頭看腹膁又顫，氣奔心胸似火熱。醫人見了百憂愁，針刀謾治無門説。此病多應難救療，五臟腸中只怕結。五十一難小腸風，搭頭在背咬身躬。嚼草臣時胞似轉，起得來時步亦慵。便使白芷天門冬，麻黄黑附及蓯蓉。茴香芫花並狗脊，七味同調酒可攻。五十二難小腸結，敗氣沖心腸内熱。小腸不通脊隆躬，尿下些些似黑血。結聚病來無人問，水銀海哈海金沙。朴硝大黄炒鹽灌，此藥靈通實可誇。五十三難髓家風，四腳難移骨節慵。本是骨家相傳染，想應此病也難攻。五十五難壅毒攻，便知五臟變成風。延過皮膚對硬腫，炙針涼藥最為功。五十六難瀉血傷，氣因冷熱入於腸。冷熱相沖變作血，兩膁時時顫莫當。藥用當歸並厚朴，大黄郁金沒藥方。五十七難五般淋，一般形狀兩般尋。續隨膩粉天仙藥，冷熱相沖不用針。五十八難傷水寒，渾身肉顫立不安。鼻中喘氣多來往，因騎飲水損其脾。鼻冷耳垂饒腹脹，毛焦卓立四蹄攢。水草不食多合眼，麻黄蠻薑藥最便。更須急灌頻嚏噴，不過三上得安然。五十九難是脾寒，臥多立少要人看。最宜出汗溫脾散，急灌休將作等閒。病狀萬般依經本，用藥方書不可捐。六十難病九般乾，數卷經書一處攢。即是脾家五臟處，各居臟腑數多般。瘦弱尩羸憔悴甚，疲勞拘急為攻傳。六十一難慢腸黄，漉漉瀉水向中腸。肺脈動時口中白，用藥應須先檢方。六十二難九般黄，腫硬時多變作漿。針烙要知深與淺，恐防裏面變成殃。六十三難倒汗風，把住牙關氣不通。三四日間猶可療，五六日後病難攻。六十四難豆傷腸，用藥朴硝川大黄。巴豆牽牛脂油蜜，當時治療得安康。六十五難惡疳瘡，猶如發背氣榮黄。若藥塗擦油藥妙，龍骨白芨是奇方。六十六難吐糞稀，醫工見了便懷疑。臥地尋常不開眼，胃家翻倒損於脾。因騎傷重失水草，喉中噎澀又還遲。烏藥茯苓杵為末，生薑酒下恰合宜。六十七難鼻中顙，鼻中作聲如鈴響。氣塞閉腦連喉間，良醫作肺傷不爽。天門白芷並貝母，蓯蓉桂心款冬花。玄參知母枇杷葉，灌之三上得安全。六十八難口中瘡，日日朝朝吐沫忙。涎沫滅來漸漸瘦，五臟傷熱病難當。衝破口中黄赤色，定知死病自災殃。白礬大黄豬脂灌，此藥靈通不可量。記取此方為妙術，消黄涼藥治心良。六十九難是疳風，朝朝毛落又揩擦。欲療先須放大血，更饒脂藥灌成功。七十難病歇汗風，只因摘卸被風沖。五臟遍時牙關硬，四腳難移脊似弓。蔞瓢風藥配樓葱，方中用藥使蜈蚣。天麻附子並官桂，沙苑蒺藜更有功。酒下一服散，威靈半夏有神通。七十一難遍身瘡，風癢朝朝不易當。疥瘙固有多般數，都是脾熱毒氣傷。七十二難筋骨傷，筋斷之時各有方。牛膝蓯蓉並肉桂，巴戟茴香用檳榔。敗龜虎骨骨碎補，自然銅下永除殃。七十三難醫脹方，生下駒兒數日強。與藥先須取下惡，水蛭虻蟲用紅娘。芫青蛇膽並沒藥，當歸酒下最為良。七十四難生閃骨，閃骨雙睛不自由。時人喚作心黃病，路上驚狂走更憂。說與今時醫者道，宜向難經論裏求。七十五難愛點頭，繫在柱上不肯休。點頭搐腦風涎病，鼻中衄血又交流。因為風汗透入耳，須索開腦用功求。麝香豬牙並瓜蒂，葶藶黎蘆更用油。穀精龍腦相和下，自然頻嚏病相投。七十六難腦涎風，醫家見了切用功。左右轉時盤旋倒，藥用前方有神通。大戟一棵胡麻子，醋調一合灌耳中。七十七難冷肝拖，又共焦筋事兩般。行時左右頻搐腳，牽行骨熱卻除痊。但針曲筋左右處，自然筋緩永安痊。七十八難愛搖韁，腦中之肉似魚腸。五臟因此氣注病，定知此病最難當。此病仍須開頂腦，難經論裏別無方。七十九難齲骨風，口中頦草又難沖。只是草臺並牙長，更被風結變成癰。都緣肺臟關連起，且須針烙用神功。八十難病五般難，口中哽噎五叢關。木舌草臺多難治，定知此病救無安。八十一難論裏搜，難經之內用功求。萬病先從五臟生，多方須要細尋搜。息脈死活如來處，宜向難經究本由。辨認四百四般病，傳與賢良後代留。藥餌切須看生性，前賢秘法最難求。百聖經書仙人造，世代流傳萬古秋。

又 卷六《雜論・十八大病》 心肺壅極，攻成抽腎。百脈閉塞，欲作心黃。血瘀不通，多成黑汗。風捉四肢，入脊為屙。胞轉不正，腸必入陰。咳逆喘急，變成瘡潰。傷料過度，變成腸黃。盛饑喂急，多作後結。飽後失水，遂成前結。曾吃硝石，多患水腎。頻頻錯喉，水穀自並。跑地覷腹，腸中必痛。熱盛喘粗，肝肺氣塞。傷肥肉重，變作脹腿。胸膈熱毒，頦中發瘡。久濕飲濁，膀胱積水。臟冷氣虛，腸鳴如雷。久伏積熱，腦黃迸起。

明 喻仁、喻傑《新刊纂圖元亨療馬集》卷一《造父八十一難經》 第一難病是心黃，咬齒低頭似齡韁，起臥望空身毛顫，翻目流星口不張，見者須當細辨別，三朝不瘥必身亡，灌藥用針全不退，醫家認取急心黃。第二難病夾心黃，時人見之亂消詳，咬肋尾直腳不住，心腧一道針烙強，然而取效須兼藥，郁金更使川大黃，甘草地黃三兩分，同和灌啖得安康。第三難病是心焦，五攢集聚似火燒，毛落色暗難移步，飲水沖著把舌掉，悶即垂頭搭耳臥，拽動韁繩把首搖，針方醫治早為之，補法先交用藥消。第四心熱治為艱，口乾氣沖五攢間，口色更看赤脈候，醫家認取是心痰，頭低淚出常不絕，喘息氣粗人會難，治肺消黃藥與療，更無舌上似火燃。第五難病冷傷心，膊顫頭低喘息頻，兩眼似盲不見物，此時病狀轉沈沈，三朝不效定知死，別取名方細細尋。第六難病次心黃，醫工見了便憂嫌，頭垂口中涎沫出，遍傳五臟肺家先，心脈自然尋常去，陽脈後來奔陰間，皮急更加連腸竅，醫家莫作破傷風。第七難病是心濕，水咽喉中吐血珠，因成傷重緣五臟，起伏其形似伏豬，水傷連肝心肺急，擺頭搖耳淚連珠，針烙灌藥徒勞治，驀然驚倒項筋舒。第八心勞最難醫，元因毒草損傷脾，毛落更加肌肉瘦，水草日減漸尪羸，四腳難行髓骨痛，早與名人說的知，莫教變作長年病，急檢難經與救之。第九肺勞切要醫，肺為華蓋方屬西，秋天似患腸黃病，因為脾家不磨時，日漸尪羸吃草慢，病深連灌藥無疑，但灌補勞治肺藥，啌嗽連頻急療之。第十把膊愛抬頭，雙點前來不自由，硬地行時連心痛，卻喚醫人作祟求，不必更覓他方藥，但把油煙熏鼻頭，更針肺腧並主膊，難經之內用功搜。十一難病肺家痛，哽氣頻頻糞又送，起臥連聲長肚脹，五攢集緊喘更痛，氣痛由閉為小事，腹內如雷結不通，但灌蔥酒調氣藥，便見安康方有功。十二難病肺家黃，口中吐沫實難當，垂頭兩耳橫擔後，垂涎瀝瀝口難張，起臥頻頻連聲喚，醫家莫得亂消詳。十三肺壅最難看，啌嗽連宵三五般，肺滯三焦連上膈，垂涎氣出悶連連，走驟驚狂如醉狗，此時無力臥觀天，自然倒地心性急，立死無生命不存。十四難病肺家風，胸前揩破一重重，疥癢連皮毛又落，後連尾下尾旁中，灌藥須先治肺散，塗藥為良即見功。十五肺痰涎沫出，傷冷傷熱要辨之，熱即是沫因乘重，冷即口中有涎垂，似臥不臥難治療，腰間溫熁正相宜，但灌墜涎三服藥，各隨臟腑辨根基。十六傷肺又難痊，喘息頭低肺又寒，啌嗽頻頻聲不絕，即知因傷五攢間，肺家只有五般病，認取難經意內言。十七難病肺家風，壅聚頑涎氣不通，四蹄強硬行無力，雙耳橫擔脊似弓，水草漸減頻加喘，治肺消黃藥有功，更抽六脈胸堂血，能令輕健可追風。十八難病肺家傷，擺耳搖頭似心黃，眼目不開口不噤，鼻中膿出似魚腸，氣息更兼腥又臭，瘦惡毛焦體不強，日久時多不治療，靈丹妙藥治無方。十九難病肺家頦，鼻中氣響似鈴揚，膿血噴下腥穢臭，腦中空病怎生當，除卻開喉斷絕得，灌藥饒伊有萬方，須要羊頭取熱腦，開之裏面貼其瘡，有效不過三五日，醫家用意莫胡忙。二十難病肺毒傷腹脹滿來又難啌，壅悶連胸氣又結，嘶如在野發聲狂，氣針慢把脾肺治，臥時便取左右相。二十一難肺家酸，頭低鼻內出清涎，口中吐出些些糞，日久時多病相傳，更兼兩目雙垂淚，行步移來四腳攢，或是啌嗽心中熱，灌藥如同似等閒。二十二病肺家難，喘氣連聲眼似環，腹脹滿來饒起臥，回頭四腳向上翻，更有肺絶一般病，咬牙嚼齒似風癇，針刀快治看六脈，脾肺心肝腎一般。二十三難肺家急，喘息氣粗連喉脈，行時腰痛難移步，除卻開喉別無策，但灌治肺消黃散，灌啖先須用油蜜。二十四難損肝家，目垂淚下更無誇，沖熱走時傷於肺，放血先須治療他，水草不住依時節，陌然更患咬風邪，肝家咬齒相傳染，即時先從五臟傷，遍見諸方無減瘥，難經論內細推詳。二十五難是肝風，坐翻兩目腳踏空，口中吐沫牙關緊，項直肚脹脊腰躬，醫工喚作鬼抽病，本是肝家脹疫風，千萬醫方必定死，難經論盡一場空。二十六難是肝黃，眼腫頭低目無光，水草不食心肺壅，頭旋腦轉喘忙忙，切須先灌洗肝散，用藥之人明記方，撥雲散子調和下，針刀治療永除殃。二十七難是肝脹，說與醫人怎生向，不過三日身必死，難經論中無方狀，報知後代醫工者，下藥無效空惆悵。二十八難是肝熱，兩眼唇青似黑血，醫工見了百愁生，本因傷重失水渴，日漸毛焦不吃草，即是東方春時節，向裏血注連心起，渾身冷硬誠如鐵。二十九難是肝虛，透睛膜碧淚如珠，日日更兼常吃水，都緣心熱是肝虛，使用治肝涼藥灌，洗肝散子蒼朮俱。三十難病是肝衰，骨痛起臥人難解，吃草更兼喉中噎，無耐時時眼癢煞，搖頭掉腦如醉狗，分明記取肝家敗。三十一難是脾勞，腹痛長添毛又焦，日漸瘦時雙垂耳，渾身瘡疥似火燒，即是傷重因於熱，行步闌單腳又跳。三十二難是脾黃，起臥舒腰擺尾忙，搴唇愛笑脾家病，脈息三朝氣作勞，口中黃色應難救，脾腧針烙治三焦。三十三難是脾虛，瀉糞頻頻更吐珠，止痛溫脾散子灌，都是脾家一位居，消磨不轉水草慢，驀然倒死項筋舒，事須一一明記取，卻檢難經用功夫。三十四難是脾寒，頭低鼻內流清涎，肉顫更兼膊內顫，五臟相連不得安，下手一針可療治，更有多方療得痊。三十五難脾家熱，馬展外時時喘不輟，中央戊己脾為事，管得皮膚百骨節，疼痛毛焦添腹脹，頻頻作喘又作熱。三十六難脾蔓風，擺尾亞腰時踏空，起臥先須兩目急，針治脾腧更用功，此病因從冷熱生，急灌靈丹病可攻。三十七難脾家冷，渾身似鐵氣又哽，即是寒風吹拍著，致令病痛因難整，灌藥先須出汗散，急用蚰蜒汗自猛。三十八難肝表黃，頻頻吐沫項硬僵，牽臥倒來聲哽氣，此時且與慢消詳。若是三朝醫不瘥，難經必定更無方。三十九難肝表脹，此病難醫藥怎當，低頭擺腦回眼臥，即是心肝五臟傷，咬齒又還顫颯颯，恰似傷風患腦黃，針刀慢把脾肺治，灌藥從教救一場。若是檢方知必死，名工好手莫論量。四十難病肝表風，吐沫頭垂脊似弓，肚脹腰拳先口噤，立發時時氣不通，此風恰似風抽病，醫人尋取伯樂功。四十一難肝表虛，狂行驚走似瘋豬，不惟驚走常不住，目中滴淚更如珠，灌藥鎮心並治肺，魂魄虛邪病自扶，仍愛搖頭瞠兩目，龍骨白礬用珍珠。滑石硃砂遠志散，三服之內把邪除。四十三難腎家風，因醫五臟熱相沖，四蹄難移須數日，腰脊僵硬又踐，後腳多饒生腫氣，腎家傳奔膀胱中，用藥先須早補治，排風散子使蜈蚣。四十四難腎家黃，虛腫來奔陰間忙，結硬多時變黃水，恐防氣蔓入胸膛，急手先須與針砭，更須淋洗乃為良，白礬漿水先煎洗，不過三上病除殃。四十五難腎家傷，兩耳雙垂體不康，口中黑色仍多有，用藥應須檢妙方，黃芪檳榔與白芷，黑參柴胡及麻黃，乾薑龍骨白附子，肉桂蓯蓉用茴香，一十二味搗為末，炒鹽兼用煎蔥湯，每服須用生薑酒，灌之三服得安康。四十六難損腎朋，一臥不起倒抽牽，渾身似凍冷如鐵，心中常似火燒煎，四腳無力難移步，自把身軀左右翻，針烙腎腧穴一道，醫者十中一二安。四十七難腎家冷，拖腰筋舒起臥遲，上虛下損因傷力，敗氣沖心傳入脾，即是急速因爭路，更緣走驟惡乘騎，致令得病難治療，愚醫不識又作知，醋炒蠶沙腰內熨，火針更烙恰相宜，藥用烏蛇並附子，防風牛膝使當歸，酒下一服黑神散，此藥靈通效不遲。四十八難腎家熱，起臥時時尿黑血，傷重只因熱上得，水草未進糞又結，消磨不轉是脾病，左右牽連百骨節，好酒燒鹽同調下，不過三上血自絶。四十九難大腸風，頻頻努咽氣不通，眼似流星吃草慢，頭低耳垂脊隆弓，醫人莫作求神祟，腸結肚脹塞心胸，五日三朝如不瘥，用藥先須使瀉通，滑石一兩配薑蔥，芫花相接使仙蓬，續隨膩粉牽牛子，風結下過即和同，九味相和都為末，生油同下有神功，不過三服須有效，大腸從此更無風。五十難病大腸結，起臥微微喘不歇，回頭看腹賺又顫，氣奔心胸似火熱，醫人見了百憂愁，針刀慢治無門說，此病多應難救療，五臟腸中只怕結。五十一難小腸風，搭頭在背咬身躬，嚼草臥時胞又轉，起得來時步亦慵，便使白芷天門冬，麻黃黑附及蓯蓉，茴香芫花並狗脊，七味同調酒可攻。五十二難小腸結，敗氣沖心腸內熱，小腸不通脊隆躬，尿下些些似黑血，結聚病來無門向，水銀海蛤郁金沙，朴硝大黃炒鹽灌，此藥靈通實可誇。五十三難髓家風，四腳難移骨節慵，本是骨家相傳染，想應此病也難攻。五十四難子腸風重，腰拳起臥覺隴瞳，但與排風散子灌，若用神針更有功。五十五難壅毒攻，便知五臟變成風，延過皮膚結硬腫，灸針涼藥最為功。五十六難瀉血傷，氣因冷熱入於腸，冷熱相帥變成血，兩賺時時顫莫當，藥用當歸並厚朴，大黃郁金沒藥方。五十七難五般淋，一般形狀兩般尋，續隨膩粉天仙藥，冷熱相沖不用針。五十八難傷水寒，渾身肉顫立不安，鼻中喘氣多來往，因騎飲水損其肝，鼻冷耳垂饒腹脹，毛焦卓立四蹄攢，水草不食多合眼，麻黃蠻薑藥最便，更須急灌頻嚏噴，不過三上得安然。五十九難是脾寒，臥多立少要人看，最宜出汗溫脾散，急灌休將作等閒，病狀萬般依經本，用藥方書不可捐。六十難病九般乾，數卷經書一處攢，即是脾家五臟處，各居臟腑數多般，瘦弱尫羸憔悴甚，疲勞拘急為攻傳。六十一難慢腸黃，漉漉瀉水向中腸，肺脈動時口中白，用藥應須先檢方。六十二難九般黃，腫硬多時變作漿，針烙要知深與淺，恐防裏面變成殃。六十三難倒汗風，把住牙關氣不通，三四日間尤可療，五六日後病難攻。六十四難豆傷腸，用藥朴硝川大黃，巴豆牽牛脂油蜜，當時治療得安康。六十五難惡疳瘡，猶如發背氣榮黃，若要塗搽油藥妙，龍骨白芨是奇方。六十六難吐糞稀，醫工見了便懷疑，臥地尋常不開眼，胃家翻倒損於脾，因騎傷重失水草，喉中噎澀又延遲，用藥茯苓杵為末，生薑酒下恰合宜。六十七難鼻中顙，鼻中作聲如鈴響，氣塞閉腦連喉間，良醫作肺傷不爽，天門白芷並貝母，蓯蓉桂心款冬花，玄參知母枇杷葉，灌之三上得安痊。六十八難口中瘡，日日朝朝吐沫忙，涎沫滅時漸漸瘦，五臟傷熱病難當，衝破口中黃赤色，定知死病有災殃，白礬大黃豬脂灌，此藥靈通不可量，記取此方為妙術，消黃涼藥治心良。六十九難是疳風，朝朝毛落又揩鬃，欲療先須放大血，更饒脂藥灌成功。七十難病歇汗風，只緣摘卸被風沖，五臟遍時牙關硬，四腳難移脊似弓，棗瓤風藥配薑蔥，方中用藥使蜈蚣，天麻附子並官桂，沙苑蒺藜更有功，酒下一付恤鄉散，威靈半夏有神通。七十一難遍身瘡，風瘙朝朝不宜當，疥瘙固有多般數，都是脾熱毒氣傷。七十二難筋骨傷，筋斷之時各有方，牛膝蓯蓉並肉桂，巴戟茴香加檳榔，敗龜虎骨骨碎補，自然銅下永除殃。七十三難醫脹方，生下駒兒數日強，與藥先須取下惡，水蛭虻蟲用紅娘，炕青蛇膽並沒藥，當歸酒下最為良。七十四難生悶骨，悶骨雙睛不自由，時人喚作心黃病，路上驚狂走更憂，說與今時醫者道，宜向難經論裏求。七十五難愛點頭，繫在柱上不肯休，點頭搐腦風涎病，鼻中衄血又交流，因為風汗透入耳，須索開腦用功求，麝香豬牙並瓜蒂，葶藶藜蘆更用油，穀精龍腦相和下，自然噴嚏病相投七十六難腦涎風，醫家見了用功攻，左右轉時盤旋倒，藥用前方有神通，大戟一顆胡麻子，醋調一合灌耳中。七十七難冷拖杆，又共焦筋事兩般，行時左右頻搖腳，牽行骨熱卻除痊，但針曲尺左右處，自然筋緩永安痊。七十八難愛搖韁，腦中之肉似魚腸，五臟因此氣注病，定知此病最難當，此病仍須開頂腦，難經論裏別無方。七十九難腮骨風，口中顙草又難沖，只是草臺並牙長，更被風結變成癰，都緣肺臟關連起，切須針烙用神功。八十難病五般難，口中哽噎五叢關，木舌草臺多難治，定知此病救無安。八十一難論裏收，難經之內用功求，萬病先從五臟生，多方需要細尋搜，息脈死活如來處，宜向難經究本由，辨認四百四般病，傳與賢良後代流，藥餌切須看其性，前賢秘法最難求，百聖經書仙人造，世代流傳萬古秋。

又 卷五《逐日受病歌》 甲己之日腎不安，膀胱逢此亦如然。乙庚之日肝家病，兩連膽腑不周全。丙辛防心小腸患，戊癸須教肺受愆。丁壬便與脾不合，胃腑遭傷不可言。此謂十干受病歌，請君斟酌用心傳。

明 楊時喬《新刻馬書》卷二《王良百一歌》 夫，馬者，獸也，雖由芻飼。亦稟五行。且，龍駒骨駿，駑力干慵，或重之以千金，或免之以十駕，非伯樂之相，孰能有分。且，肝、脾、肺之源，安、則以臟腑勻和，逆、則以血脈弗順，非師皇之術，其何明哉！況茲，為戎事之本，代人之勞。今撮其要略，共成一卷，號曰療馬百一歌，自前病患，悉在卷中，損異毛骨，總存篇內。書云：義深罕測，學淺難周，貴乎助善焉。敢效尤者矣。略相十首：耳小根一握，頭長鼻要寬，能行三百里，解立四蹄攢。肐前雖闊備，眼曠腹須平，項長筋骨促，尾骨短為精。鹿耳天然快，獐頭第一強，蹄輕腰又短，伯樂亦稱良。鼻上『文』『王』字，目中青暈侵，雖然有筋骨，更要汗溝深。初生無毛者，伯樂號龍駒，七朝方始起，千匹也應無。近看雖似小，遠望卻成高，要知深有力，腹上逆生毛。蹄大腕又軟，腹闊更腰長，行時無步驟，何必問孫陽。口淺不能食，眼深多咬人，豬膝難任重，焉堪致遠行。要知有壽馬，唇慢口方停，好是如羊目，驥良壽亦長。不在如龍狀，追風號古來，目前毛骨駿，未可比駑駘。毛病十首：項上如生旋，有之不用夸，環緣不利長，所以號騰蛇。後有喪門旋，前兼有挾尸，勸君不用蓄，無事也須疑。牛額并銜禍，非常害長多，古人如是說，此事不虛歌。帶劍渾小事，喪門不可當，滴淚如入口，有福也須防。黑色耳全白，從來號孝頭，假饒千里走，奉勸不須留。背上毛生旋，驢騾亦有之，只唯鞍貼下，此者是馳尸。銜禍口邊沖，時間禍必逢，古人稱是病，焉敢不言兇。眼下毛生旋，遙看似淚痕，假饒福也病，無禍亦妨人。毛病深知害，妨人在不占，大都如此類，無禍也宜嫌。擔耳駝鬃項，雖然毛病殊，更若兼鶖尾，有實不如無。雜忌十首：騎來未得飲，汗解是為強，卸鞍面向北，此事最招殃。欲出須知此，籠頭莫掛垂，雖然無大患，驚懼事防為。面北朝朝喂，形軀漸漸傷，其中忽有患，有患悔難當。遠來亦忌飽，出去不妨饑，向水莫令驟，偏傷肺與脾。濁水休交飲，多鐃毛色焦，時間雖不覺，月內不生膘。偏怕腥膻物，仍嫌土作槽，鼠穿成大穢，更忌草中毛。上山猶許驟，下嶺不宜騎，必定傷筋骨，能令日漸羸。近學新醫者，還知此事難，將針宜淺刺，方便更須端。凡針六脈血，不在苦令多，移時若不止，傷損返如何。有病何妨療，無傷血莫針，近多愚學者，此意未知深。眼候十首：一切眼昏瞕，皆因熱所傷，莫令肝臟冷，淚出轉難當。黃風有赤脈，白翳忌侵睛，須抽眼脈血，救療有功能。烏風起肝臟，忽患便青盲，便是通神妙，除非解換睛。有瘴頻多淚，無令冷藥多，細辛并地骨，犀角決明和。外瘴須磨點，黃連最能驅，烏魚骨頗妙，輒莫用珍珠。欲療先令暖，仍須使於肝，防風圓蔚好，去淚得睛寬。不可全憑藥，時聞亦用針，頻抽口鼻也，腦熱勿令侵。肝病眼睛病，眼昏肝有風，發來時生暈，灌烙抵神功。環睛難為病，侵睛多即驚，月中騎亦懼，雪內便同盲。卒熱傳肝臟，尫羸也易醫，奈何雙目暗，得效也何時。醫候十首：欲知看口色，春季忌於青，若似秋時候，醫之必得寧。夏病不吃草，口中赤色深，莫將為熱療，熱療病難尋。秋病口中白，時時喘息粗，于中帶黑色，肝肺恐應無。冬季口中黑，醫之必不痊，臥蠶雖有色，望退也無緣。大抵怕青黑，兼憂喘息粗，神功也不救，遲治氣全無。肺病多方療，心傷鶻脈抽，目前雖得效，已後發無休。鼻內出膿血，如加氣轉抽，豈堪連背硬，何用更開喉。肺病休疑冷，腥膻不可為，但將涼藥療，莫使小豬脂。天門還治肺，地骨也醫肝，心熱黃芩妙，人參性不寒。前面熱未退，腰胯卻行遲，是熱須醫熱，少將冷藥醫。起臥十首：脾寒令肉顫，胃冷吐清涎，但針脾上穴，暖胃藥為先。撲尾褰唇痛，臥時四蹄攤，頻頻覷肷上，冷熱氣相干。起臥無時度，將身似狗蹲，腸中如糞結，巴豆最為珍。若作如斯候，切在細推尋，如逢腎脈上，多應腸入陰。識得尋常病，便須用桔皮，檳榔為第一，蔥酒最相宜。止痛當歸妙，牽牛芍藥和，生薑宜剩使，滑石勿令多。治脾人間妙，針脾第一功，目前兼惡急，氣脈當時通。尿血還緣熱，風虛結澀為，秦艽能治療，通利大黃奇。忽傷糞如水，赤黃氣息腥，饒伊能用藥，口色怕微青。若還退草料，腹中虛氣鳴，大似腸黃候，脾家氣不勻。療風十首：有傷即為急，無傷呼為慢，先針喉脈血，亦須先出汗。尾揭遍身硬，耳緊閃骨生，此風從後得，暖處勿宜吹。病見從前得，斯須便過關，大風烙最妙，入口下應難。四腳難移動，一邊汗出微，口中時吐沫，見此莫生疑。不獨如斯狀，忽然後腳遲，盡知呼脾冷，卒急也難醫。是藥皆治病，唯風卻要蛇，防風并半夏，最急是天麻。治療皆憑藥，就中風也難，七朝疑似退，火烙大無端。歇汗風饒癢，為瘡急燥多，肺風多揩擦，疥癆即相和。花蛇及乾蝎，亦療腦旋風，烏頭勿單使，麻黃更要芎。有風切忌驚，角耳最為精，漢椒并附子，相合耳中傾。筋骨十首：膊痛緣騎苦，蹄傷敗血攻，痛時針且妙，蹄損火能通。膝骨難任痛，行時腳失多，無端針脈血，得效也蹉跎。子骨連蹄痛，多應是物傷，烙蹄蹄不發，漸漸骨開張。失節莫交頻，鹿節黃水成，假饒用火烙，滑水鎮長盈。但是筋骨痛，皆因傷損為，於中硯子骨，末後不通醫。食槽脹雖烙，多緣腑病生，胃翻加吐沫，何藥效能成。小胯骨若痛，牽連雁翅痛，欲針須得穴，用藥更時鋒。曲尺鶉鼻骨，脹時不在針，蕓薹并紫葛，巴豆最攻深。附骨侵於膝，走驟多鐃失，火烙意還粗，藥消為第一。筋脹用豬腦，冷藥要蛇床，細辛并藁本，米醋及生薑。療黃十首：躁悶忽啣韁，此即是心黃，先須用火烙，時下得安康。胸黃忽腫硬，未可用針針，須使消黃藥，無令痛所侵。偏次黃雖少，還緣積熱成，常聞連五臟，根向肺中生。喉內若生黃，此病實難當，藥針但少效，向裏結成囊。急慢腸黃候，患時俱一般，慢時一月多，急時當時間。腎黃腎脈腫，積冷致如然，還須熁腰上，以此出頑涎。水黃連帶脈，虛腫在皮膚，先用火針治，消時膿出餘。肷黃不用針，塗藥妙能深，滑石并葶藶，桔皮使郁金。騾馬緣風熱，因此作奶黃，塗藥交駒咂，切恐結成囊。一切黃虛腫，多緣聚熱生，宜抽喉脈血，諸毒不能成。瘡痍十首：竹節療膊瘡，骨鉆亦難當，若塗先用洗，欲洗使鹽湯。貼瘡須用藥，艾灸且令焦，乾薑將內入，根出始方消。疳瘡生眼畔，疳血化為蟲，即漸侵於腦，和睛變作膿。口內忽生涎，心臟熱如然，有瘡須用藥，包藥使綿纏。肺毒若生瘡，醫之要肺涼，貼藥雖宜洗，可用甘草湯。斷腕緣風血，燥蹄亦一般，麝香葶藶子，貫眾及黃丹。冷病緣草結，膿多瘡口寒，乳香并附子，貼此始應看。疥癬深秋旺，瓜瘡盛夏多，都緣風血聚，忙療莫蹉跎。血燥連蹄腫，筋風血作膿，蕪荑鶴虱妙，能殺此般蟲。一切破損瘡，勿令口自傷，潰瘡難治療，客風須是防。齒歲十首：齒有數般蒼，教伊識不妨，莫言為小事，識得大賢良。黑白一齊全，生來始八年，中間初似破，十二歲無偏。齒如十二月，駪牙象四時，二十四氣足，伯樂定為規。四齒不曾退，年紀只是駒，但看邊畔者，咬得臼還殊。駒子生駝齒，嚼之必不勻，直鐃齒歲小，區臼也多平。向南馬齒口，野放咬山多，區臼雖先破，莫言齒歲過。黃區將欲盡，黑臼已全無，上下齒更展，十二歲應餘。駪牙初出肉，俗言即五六，至老或不生，須平區臼真。駪牙無可定，騍馬不曾生，若憑為端的，休言此是真。有壽三十歲，筋骨一依常，雖然能走驟，爭如少年強。

又 卷四《五運六氣圖論》 五運六氣歌：甲乙土運己庚金，下壬木位總成林。丙辛原是東流水，戊癸南方火氣侵。日於逢此為天運，吉兇上下往來尋。子午少陰君火位，丑未太陰濕土官，寅申少陽相火路，卯酉陽明可燥金。辰戌太陽寒水土，巳亥厥陰風木明。五運只在十干取，六氣十二文上尋。

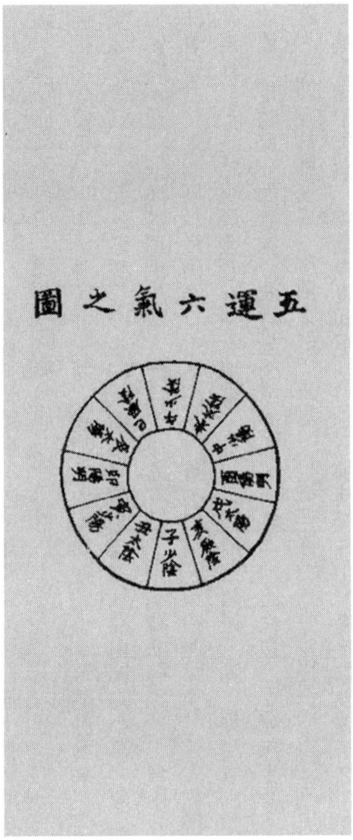

又《逐日受病圖論》 逐日受病歌：甲巳之日腎不安，膀胱逢此亦如然。乙庚之日肝家病，兩連膽腑不周全。丙辛防心小腸患，戊癸須教肺受衍。丁壬便與脾不合，胃腑遭傷不可言。此謂十二受病歌，請君斟酌用心傳。

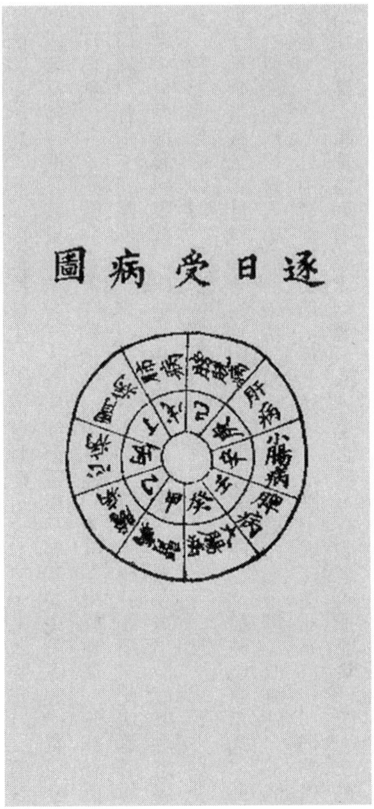

又 卷五《十八大病論》 心肺壅極，攻成抽腎。百脈閉塞，欲作心黃。血瘀不通，多成黑汗。風捉四肢，入脊為病。胞轉不正，腸必入陰。咳嗽喘急，變成疳癀。傷料過度，變作腸黃。盛饑喂急，多作後結。飽後失水，遂成前結。曾吃消石，多患木腎。頻頻錯喉，水穀自并。跑地覷腹，腸中必痛。熱盛喘粗，肝肺氣塞。傷肥肉重，變作膿腿。胸膈熱毒，嗓中發瘡。久濕飲濁，膀胱積水。臟冷氣虛，腸鳴如雷。久伏積熱，腦黃病起。

又 卷七《造父八十一難經》 此南北通患者，療法舊用之。第一難病是心黃，咬齒頭低似乙韁，起臥望空身公顫，翻目流星口不張，見者須當與辨別，三朝不瘥必身亡，灌藥用針全不退，醫家認取急心黃。第二難病夾心黃，時人見者亂消詳，咬肋尾直腳不住，心腧一道針烙強，然而取效須兼藥，郁金更使川大黃，甘草地黃三兩分，同和灌啗得安康。第三難病每心焦，五攢集聚似火燒，毛落色暗難移步，飲水沖著把舌掉，悶即垂頭耷耳臥，拽動韁繩把首搖，針方醫治早為之，補法先交用藥消。第四心熱治為難，口干氣沖五攢間，口色更看赤脈候，醫家認取是心痰，頭低淚出常不絕，喘息氣粗人會難，治肺消黃藥與療，更無舌上似火燃。第五難病冷傷心，膊顫頭低喘息頻，兩眼似盲不見物，此時病狀轉沉沉，三朝不可定知死，別取名方細細尋。第六難病次心黃，醫工見了便憂嫌，頭垂口中涎沫出，遍傳五臟肺家先，心脈自然尋前去，陽脈傳來奔陰間，皮急更加連腸竅，醫家莫作破傷風。第七難病是心濕，水咽喉中吐血珠，因成傷重緣五臟，起臥其形似伏豬，水傷連肝心肺急，擺頭垂耳淚連珠，針烙灌藥徒勞治，驀然驚倒項筋舒。第八心勞最難醫，元因毒草損傷脾，毛落更加肌肉瘦，水草日減漸尩羸，四脚難行髓骨痛，早與名人說知的，莫教變作長年病，急揀難經與救之。第九肺勞切要醫，肺為華蓋方屬西。秋天似患腸黃病，因為脾家不磨時，日漸尩羸吃草慢，病深連灌藥無疑。但灌補勞治肺藥，啌嗽連頻急療醫。第十把膊愛抬頭，雙點前來不自由，硬地行時連心痛，卻喚醫人作祟求，不須更覓其它藥，但把油煙薰鼻頭，更針肺腧并生膊，難經之內用功搜。十一難病肺家痛，哽氣頻頻糞又送，起臥連聲長肚脹，五攢集緊喘更痛，氣痛由閑為小事，腹內如雷結不通，但灌葱酒調氣藥，便見安康立有功。十二難病肺家黃，口中吐沫實難當，垂頭兩耳橫擔後，垂涎瀝瀝口難張，起臥頻頻連聲喚，醫家莫得亂消詳。十三肺壅最難看，啌嗽連宵三五般，肺滯三焦連上膈，垂涎氣出悶連連，走驟驚狂如醉狗，此時無力臥觀天，自然倒地心性急，立死無生命不存。十四難病肺家風，胸前揩破一重重，疥癢連皮毛又落，後連尾下尾旁中，灌藥先須治肺散，塗藥為良即見功。十五肺痰涎沫出，傷冷傷熱要辨之，熱即是沫因乘重，冷即口中有涎垂，似臥不臥難治療，腰間溫熁正合宜，但灌墜涎三服藥，各隨臟腑辨根基。十六傷肺又難痊，喘息頭低肺又寒，啌嗽頻頻聲不絕，即知因傷五攢間，肺家只有五般病，認取難經意內言。十七難病肺家風，壅聚頑涎氣不通，四蹄強硬行無力，雙耳橫擔脊似弓，水草漸減頻加喘，治肺消黃藥有功，更抽六脈胸堂血，今後輕健可追風。十八難病肺家傷，擺耳搖頭似心黃，眼目不開口不噤，鼻中膿出似魚腸，氣息更兼腥又臭，瘦惡毛焦體不強，日久時多不治療，靈丹聖藥治無方。十九難病肺家嗓，鼻中氣響似鈴揚，膿血噴下腥穢臭，腦中空病怎生當，除卻開喉斷絕得，灌藥饒伊有萬方，須要羊頭取熱腦，開之裏面貼其瘡，有效不過三五日，醫家用意莫胡忙。二十難病肺毒傷，腹脹滿來又難啌，壅悶連胸氣又結，嘶如在野發聲狂，氣針慢把脾肺治，臥時辨取左右廂。二十一難肺家酸，頭低鼻內出清涎，口中吐出些些糞，日久時多病相傳，更兼兩目雙垂淚，行步移來四脚攢，或是啌嗽心中熱，灌藥如同似等閑。二十二病肺家難，喘氣連聲眼似環，腹脹滿來饒起臥，回頭四脚向上翻，更有肺絕一般病，咬牙嚼齒似風癇，針刀誤治看六脈，脾肺心肝腎一般。二十三難肺家急，喘息氣粗連喉脈，行時腰痛難移步，除卻開喉別無策，但灌治肺消黃散，灌啗先須用油蜜。二十四難損肝家，目垂淚下更無夸，沖熱走時傷於肺，放血先須治療他，水草不住依時節，驀然更患咬風邪，肝家咬齒相傳染，即是先從五臟傷，遍揀醫方無減瘥，難經論裏細消詳。二十五難是肝風，坐翻兩目脚踏空，口中吐沫牙關緊，項直肚脹脊腰躬，醫工喚作鬼抽病，本是肝家腸疫風，千萬醫方必定死，難經論盡一場空。二十六難是肝黃，眼腫頭低目無光，水草不食心肺壅，頭旋腦轉喘忙忙，切須且灌洗肝散，用藥之人明記方，撥云散子調和下，針刀治療永除殃。二十七難是肝脹，說與名人怎生向，不過三日身必死，難經論裏無方狀，報知後代醫工者，下藥無效空惆悵。二十八難是肝熱，兩眼唇青如黑血，醫工見了百愁生，本因傷重失水渴，日漸毛焦不吃草，即是東方春節時，向裏血注連心起，渾身冷硬誠如鐵。二十九難是肝虛，透睛膜碧淚如珠，日日更兼常吃水，都緣心熱是肝虛，便用治肝涼藥灌，洗肝散子莕朮俱。三十難病是肝衰，骨痛起臥人難解，吃草更兼喉中噎，無奈時時眼癢煞，擺頭掉腦如醉狗，分明記取肝家敗。三十一難是脾勞，腹痛長添毛又焦，日漸瘦時雙垂耳，渾身瘡疥似火燒，即是傷重因於熱，行步闌單脚又跳。三十二難是脾黃，起臥舒腰擺尾忙，褰唇愛笑脾家病，脈息三朝氣作勞，口中黃色應難救，脾腧針烙治三焦。三十三難是脾虛，瀉糞頻頻更吐珠，正病溫脾散子灌，都是脾家一位居，消磨不轉水草慢，驀然倒死項筋舒，事須一一明記取，卻揀難經用功夫。三十四難是脾寒，低頭鼻內擺清涎，肉顫更兼膊內顫，五臟相連不能安，下手一針右補治，必有多方療得痊。三十五難脾家熱，驟臥時時喘不徹，中央戊巳脾為事，管得皮膚百骨節，疼痛毛焦添腹脹，頻頻作喘又作熱。三十六難脾蔓風，擺尾啞腰時踏空，起臥先須兩目急，針治脾腧更用功，此病因從冷熱生，急灌靈丹病可攻。三十七難脾家冷，渾身似鐵氣又哽，即是寒風氣拍著，致令病痛因難整，灌藥先須出汗散，急用蚰蜊汗自猛。三十八難肝表黃，頻頻吐沫項硬僵，牽臥倒來聲哽氣，此時且與慢消詳，若是三朝醫不瘥，難經必定更無方。三十九難肝表脹，此病難醫藥怎當，低頭擺腦回眼臥，即是心肝五臟傷，咬齒又還顫颯颯，恰似傷風患腦黃，針刀謾把脾肺治，灌藥從教救一場，若是揀方知必死，名工好手莫論量。四十難病肝表風，吐沫頭垂脊似弓，肚脹腰拳先口噤，立發時時氣不通，此風恰似風抽病，醫人尋取伯樂功。四十一難肝表虛，狂行驚走似瘋豬，不惟驚走常不住，目中滴淚更如珠，灌藥鎮心并治肺，魂魄虛邪病自扶，仍愛搖頭瞠兩目，龍骨白礬用珍珠，滑石硃砂遠志散，三服之內把邪除。四十二難肝表衰，咬牙嚼齒病難蘇，耳垂伏地顫颯颯，醫工切須用功夫，此般病體人難識，不知此病有差殊。四十三難腎家風，因醫五臟熱相沖，四蹄難移須數日，腰脊強硬又龍鐘，後腳多饒生腫氣，腎家傳奔膀胱中，用藥先須早補治，排風散子使蜈蚣。四十四難腎家黄，虚腫來奔陰間忙，結硬多時變黄水，恐防氣蔓入胸堂，急手先須與針破，更須淋洗乃為良，白礬漿水先煎洗，不過三上病除殃。四十五難腎家傷，兩耳雙垂體不康，口中黑色仍多有，用藥應須揀妙方。黄耆檳榔與白芷，黑色柴胡及麻黄，乾薑龍骨白附子，肉桂蓯蓉用茴香，一十二位搗為末，炒鹽兼用煎葱酒，每服須用生薑酒，灌之三服得安康。四十六難損腎朋，一臥不起倒抽牽，渾身似凍冷如鐵，心中常似火燒煎，四腳無力難移步，自把身軀左右翻，針烙腎腧穴一道，醫者十中一二安。四十七難腎家冷，拖腰筋舒起臥遲，上虚下冷因傷力，敗氣沖心傳與腎，即是急速因爭路，更緣走驟惡乘騎，致令得病難治療，愚醫不識又作知，醋炒蠶沙腰內熨，火針更烙恰合宜，藥用烏蛇并附子，防風牛膝使當歸，酒下一服黑神散，此藥靈通效不遲。四十八難腎家熱，起臥時時尿黑血，傷重只困熱上得，水草未進糞又結，消磨不轉是脾病，左右牽連百骨節，好酒燒鹽同調下，不過三上血自絶。四十九難大腸風，頻頻努咽氣不通，眼似流星吃草慢，頭低耳垂脊隆躬，醫人莫作求神祟，腸結肚脹塞心胸，五日三朝如不瘥，用藥先須使瀉通，滑石一兩配樓葱，芫花相接使仙蓬，續隨膩粉牽牛子，風結下過即和同，九味相和都為末，生油同下有神功，不過三服須有效，大腸從此更無風。五十難病大腸結，起臥微微喘不歇，問頭看腹膁又顫，氣奔心胸似火熱，醫人見了百憂愁，針刀謾治無門說，此病多應難治療，五臟腸中只怕結。五十一難小腸風，奪頭在背咬身躬，嚼草臥時胞又轉，起得來時步亦慵，便使血芷天門冬，麻黄黑附及蓯蓉，茴香芫花及狗脊，八味同調酒可攻。五十二難小腸結，敗氣沖心腸內熱，小腸不通脊隆躬，尿下些些似黑血，結聚病來無門向，水銀海蛤海金沙，朴硝大黄炒鹽灌，此藥靈通實可夸。五十三難髓家風，四腳難移骨節慵，本是骨家相傳染，想應此病也難攻。五十四難子腸風，腰拳起臥覺龍鐘，但與排風散子灌，若用神針更有功。五十五難壅毒攻，便知五臟變成風，延過皮膚結硬腫，灸針涼藥最為功。五十六難瀉血傷，氣因冷熱入於腸，冷熱相沖變作血，兩膁時時顫莫當，藥用當歸并厚朴，大黄郁金沒藥方。五十七難五般淋，一般形狀兩般尋，續隨膩粉天仙藥，冷熱相沖不用針。五十八難傷水寒，渾身肉顫立不安，鼻中喘氣多來往，因騎飲水損其肝，鼻冷耳垂饒腹脹，毛焦卓立四蹄攢，水草不食多合眼，麻黄蠻姜藥最便，更須急灌頻噎噴，不過三上得安然。五十九難是脾寒，臥多立少要人看，最宜出汗溫脾散，急灌休將作等閑，病狀萬般依經本，用藥方書不可捐。六十難病九般干，數卷經書一處攢，即是脾家五臟處，各居臟腑屬多般，瘦弱尫羸憔悴甚，疲勞拘急為攻傳。六十一難慢腸黄，漉漉瀉水向中腸，肺脈動時口中白，用藥應須先揀方。六十二難九般黄，腫硬時多變作漿，針烙要知深與淺，恐防裏面變成殃。六十三難倒肝風，把住牙關氣不通，三四日間猶可療，五六日後病難攻。六十四難豆傷腸，用藥樸消川大黄，巴豆牽牛脂油蜜，當時治療得安康。六十五難惡疳瘡，猶如發背氣榮黄，若要塗擦油藥妙，龍骨白芨是奇方。六十六難吐糞稀，醫工見了便懷疑，臥地尋常不開眼，胃家翻倒損於脾，因騎傷重失水草，喉中噎澀又還遲，用藥茯苓杵為末，生薑酒下恰合宜。六十七難鼻中嗓，鼻中作聲如鈴響，氣塞閉腦連喉間，良醫作肺傷不爽，天門白芷并貝母，蓯蓉桂心欸冬花，玄參知母枇杷葉，灌之三上得安痊。六十八難口中瘡，日日朝朝吐沫忙，涎沫減來漸漸瘦，五臟傷熱病難當，沖破口中黄赤色，定知死病有災殃，白礬大黄豬脂灌，此藥靈通不可量，記取此方為妙術，消黄涼藥治心良。六十九難是疳風，朝朝毛落又揩鬃，欲療先須彼大血，更饒脂藥灌成功。七十難病歇汗風，只因摘卸被風沖，五臟遍時牙關硬，四腳難移脊似弓，橐瓤風藥配樓葱，方中用藥使蜈蚣，天麻附子并官桂，沙苑蒺藜更有功，酒下一服蝍蛆散，威靈半夏有神通。七十一難遍身瘡，風癢朝朝不易當，疥瘙固有多般數，都是脾熱毒氣傷。七十二難筋骨傷，筋斷之時各有方，牛膝蓯蓉并肉桂，巴戟茴香用檳榔，敗龜虎骨骨碎補，自然銅下永除殃。七十三難醫脹方，生下駒兒數日強，與藥先須取下惡，水蛭虻蟲用紅娘，蚖青蛇膽并沒藥，當歸酒下最為良。七十四難生閃骨，閃骨雙睛不自由，時人喚作心黄病，路上驚狂走更憂，説與今時醫者道，宜向難經論裏求。七十五難愛點頭，繫在柱上不肯休，點頭搐腦風涎病，鼻中衄血又交流，因為風汗透入耳，須索開腦用功求，麝香豬牙并瓜蒂，葶藶藜蘆更用油，穀精龍腦相和下，自然頻嚏病相投。七十六難腦涎風，醫家見了切用功，左右轉時盤旋倒，藥用前方有神通，大戟一顆胡麻子，醋調一合灌耳中。七十七難冷拖肝，又共焦筋事兩般，行時左右頻搐腳，牽行骨熱卻除痊，但針曲筋左右處，自然筋緩永安痊。七十八難愛搖韁，腦中之肉似魚腸，五臟因此氣注病，定知此病最難當，此病仍須開頂腦，難經論裏別無方。七十九難口骨風，口中嗓草又難沖，只是草臺并牙長，更被風結變成癱，都緣肺臟關連起，切須針烙用神功。八十難病五般難，口中哽噎五叢關，木舌草臺多難治，定知此病救無安。八十一難論裏搜，難經之內用功求，萬病先從五臟生，多方須要細尋搜，息脈死活如來處，宜向難經究本由，辨認四百四般病，傳與賢良後代留，藥餌切須看生性，前賢秘法最難求，百聖經書仙人造，世代流傳萬古秋。

清 郭懷西《新刻注釋馬牛駝經大全集·馬經大全》卷二《五運六氣歌》 甲己土運乙庚金，甲與己合化土，乙與庚合化金。丁壬木位總成林。丁與壬合化木丙辛原是東流水，丙與辛合化水戊癸南方火氣侵。戊與癸合化火日干逢此為天運，此六十天干，夫婦相合、相化，配為六氣。吉凶上下往來尋。應病之源也。

又《十二地支歌》 子午少陰君火位，主應心、腎經丑未太陰濕土名。主應脾、肺經寅申少陽相火路，主應膽、三焦經卯酉陽明可燥金。主應胃、大腸經辰戌太陽寒水土，主應小腸、膀胱經巳亥厥陰風木明。主應肝、包絡經五運只在十干取，六氣十二支上尋。此十二地支，配三陰三陽、十二經絡、十二臟腑相連相合之分也。

又《逐日受病歌》 甲己之日腎不安，膀胱逢此亦如然。甲己化土，土尅水，腎屬水，腎於膀胱相連，故病。乙庚之日肝家病，兩連膽腑不周全。乙庚化金，金尅木，肝屬木，膽於肝表裡相連，故病。丙辛防心小腸患，戊癸須教肺受愆。丙辛化水，水尅火，心屬火，心於小腸表裡相連，故病。戊癸化火，火尅金，肺屬金，肺於大腸表裡相連，故病。丁壬便與脾不合，胃腑遭傷不可言。丁壬化木，木尅土，脾屬土，脾於胃表裏相連，故病。此謂十干受病歌，請君斟酌用心傳。

又 卷三《十八大病論》 心肺壅極，攻成抽腎。百脈閉塞，欲作心黃。血瘀不通，多成黑汗。風捉四肢，拘攣癱瘓。胞轉不正，腸必入陰。咳逆喘急，變成肺壅。久傷熱料，變作腸黃。盛饑喂急，多作中結。飽後失水，遂成前結。增吃硝石，多患水腎。料後飲水，水穀自並。跑地覷腹，腸中必痛。熱盛喘粗，心肺氣塞。肥傷肉重，變作眼腿。胸膈熱毒，嗓中發瘡。臥濕飲濁，膀胱積冷。臟冷氣虛，腸鳴如雷。久伏積熱，腦黃病起。

明 趙浚等《新編集成馬醫方·十八大病論》 心肺壅極，攻成抽腎。百脈閉塞，欲作心黃。血瘀不通，多成黑汗。風捉四肢，入脊為痀胞轉不正，腸必入陰。咳逆喘急，變成痞癀。傷料過度，變作腸黃。盛饑喂急，多作後結。飽後失水，遂成前結。曾吃沙石，多患木腎。頻頻錯喉，水穀自并。跑地口腹，腸中必痛。熱盛喘粗，肝肺氣塞。傷肥肉重，變作眼腿。胸膈熱毒，顙中發瘡。久濕飲濁，膀胱積水。臟冷氣虛，腸鳴如雷。伏久積熱，腦黃病起。

牛

論說

清 李南暉《活獸慈舟·黃牛》第一篇《總論》 溯自伏羲氏賦牛賦馬，大開物性；黃帝時為耕為鑿，用利人民，往古來今，多所依賴，布帛菽粟，半助生成。故豢養芻茭必中乎節，斯瘟疫癀癘不染其身。凡蓄於水者，須察溫涼之性；而蓄於山者，當知向背之情。帶濕溫寒，四時宜順其序；勤勞苦困，一日不可偶輕。調劑和平，人之安者物斯阜；滋生蕃息，守以慎者覩厥成。疾厄亟宜療治，衣食乃卜豐盈。凡牛皆孕十月者，言其大概耳。牛頭為諸陽之首，耳、目、口、鼻俱全，六腑五臟齊備。牡牛曰牯，即牛父也；牝牛曰牸，乃牛母也；牛子曰犢。牛名雖多，總歸於旱牛即黃牛也、水牛二種。旱牛與水牛各異。旱牛放牧於高崗，務知山陵之情性須識草木之榮枯，故多能任重而不喜水浴，水牛蓄養於平地，當曉地勢之高下，宜明水性之溫涼，故能耕田而喜水浴，蓋常浴之，則其體舒暢無災矣。

又《論旱牛臟腑生克》 青峰曰：人有臟腑，牛亦如之，先從元陽實火而出，故五臟必先生於心火。心火生脾胃，脾胃生肺與大腸，肺腸生腎與膀胱，腎水生肝膽，肝木生心與小腸，而五行等生生化化由此來矣。相克者，亦皆與人之臟腑形同，亦由心火克肺金，肺金克肝木，肝木克脾土，脾土克腎水，腎水克心火，如此克克刑刑，循環不已。此五行生克之理矣。然臟腑既分，苗竅與人相類，故耳通腎，眼屬肝，脾屬唇，腎屬齒，舌屬心，鼻屬肺。

又《論用藥治病法》 夫醫證者，方也；治病者，藥也。方藥相投，則沉痾易解，疾病可痊。無如世之醫者，殊多捉風捕影，醫理不明，法則不清。用藥治病，不知表、裏、虛、實、內、外、陰、陽，何能見效？然牛疾與人情理相合。凡醫家皆曰：『陰證用陽藥，陽證用陰藥』。如人得病，易觀察陰陽；若牛有病，難審虛實。必先觀其動靜，察其虛實，或起臥行走，眼、耳、鼻、舌與同二便，細審評參。凡口鼻如焚，舌乾燥裂，鼻汗長流，二便燥結，或生疔黄等證，俱用陰藥主之。若鼻無汗，口舌青黑無火，二便如常，若有風寒濕證，當以陽藥主之。尤須細心體察，有陰證似陽，陽證似陰，若陰陽不分，用藥何能奏效？凡藥苦者入心，心者，火也。苦味涼性，苦能瀉心。苦味性多寒涼。酸者入肝，肝膽木也。酸味收斂，酸性多澀斂。甘者入脾，脾胃土也。甘味性緩，故能入脾胃補土。甘性多緩。辛散入肺，肺者金也。辛味性燥辣，故肺病多用辛散藥主之。咸者入腎，腎者水也。咸味多能補腎，故腎病多用咸寒藥主之。

凡用藥入土者行上部，尾梢者行於四肢，梗莖者行於正身中，用藥引經，不可不知。若妄投藥石，多致誤事，戒之可也。又云：心屬陰，小腸屬陽。故陰陽相合，配為表裏。肝屬陰，膽屬陽，肝與膽相合，配為表裏。肺屬陰，大腸屬陽，肺與大腸相合，配為表裏。腎屬陰，膀胱屬陽，腎與膀胱相合，配為表裏。俗云：五臟六腑，世傳謬矣。凡物與人，亦皆六腑六臟。心、肝、脾、肺、腎，外加包絡，名為六臟。臟者，陰也。小腸、膽、胃、大腸、膀胱，外加三焦，名為六腑。腑者，陽也。故用藥治病，當從六臟六腑引經分治，何難奏效見功也哉！

清　傅述鳳《養耕集·新立入門看病要訣》　大凡入門看病，其要有五：一要明緩急之癥；二要識輕重之病；三要辨死生之狀；四要精難易之訣；五要通針藥之方。苟一有未備，不足以應世人之求。誠能明此五者，則可救而救，百中必無一失；即不可救而救，十中猶可望其再生一、二。此雖係醫師之名，而實是東家之福，不必遂夸手段之高，無分貧富而漁利也。蓋牛之得病，本與人殊，人有六脈，切之乃見，所以五臟六腑，井然於彈指之間。外感內傷，昭然於舉手之際。至於物有口難言，無脈可按，不過向畜牛之家，問其得病緣由，如何起止，目今癥候，如何動靜，還是延挨時日而後覺，抑或勃然凶惡而始知。令其牽到跟前，仔細一看，觀其形象，察其聲音，將手遍處捻摩，病之屬內，病之屬外，形象聲音，自然畢見。則輕重緩急之形容，死生難易之情狀，不得逃其鑒察矣。然後用藥以療其內，用針以救其外。而一身之內，四體之中，認癥下手，工夫自可。逐節條陳而加考證。試以兩耳要言之，看蔫與不蔫，搧與不搧。凡牛始初發病，其耳必蔫不搧。或左冷右熱，外感則冷，內傷則熱。又曰寒則發冷，燥則發熱。或尖冷根熱，初起病輕，耳根尚熱，挨到通耳俱冷，乃至至冷，病必重矣。時往上豎，此是脹攻內外，必風發狂之癥。時又下垂，此是受寒受濕，必怯膽顫之癥。次屈其尾，連松幾節，松一節病必輕，若至三節、四節，病必重矣。担之過脊不過脊，一沾微恙，其尾必蔫，担之無力，不能過脊矣。或夾在胯襠，必寒怯冷之癥。或時向上撬，脹氣充滿腸胃，并兩便作急，以及腰子之脹，乃有此形。再捻其皮，或松或緊，皮緊則脹在外，皮松則病必在內矣。掣與不掣，癀多則皮掣，無癀則不掣。還是枯槁，病甚日多，皮枯而死，自然逐漸憔悴枯槁矣。還是麻木，沉沙閉汗，血脈不通，故有是癥。復視其毛，或翻淄無潤澤之色，病一沾身，毛自翻淄。或峥竪無偃仆之形，毛至峥竪，病必有八、九分矣。甚至血從毛滴，汗逐毛傾，身皮脹甚，毛眼血見。肺燥瘋狂，其汗必多，乃是傷力之故。詳觀兩眼，或閉或開，疲倦則眼閉，煩燥則眼開。有淚無淚，肝未受克則無淚，膽脹則有淚。或紅如火，心肝熱燥之病發見。或黄似金，肝膽積熱之病發見。瞳仁轉與不轉，睛轉病猶可救，不轉則無救矣。眼角有屎無屎，肝經寒甚駁火之癥。更察其舌，或紅白殊形，黄紫異色，受熱則紅，受寒則白，病久則舌黄，病重則舌紫。有苔無苔，熱傷胃氣，舌上苔，自無鋒。麤大不麤大，心血燥郁，胃氣受傷，毒聚於舌，蛇咬蝎傷，舌亦浮腫。舌底青筋，現與不現，五臟有病，青筋自見，而心經尤甚。或長吐而不收，縮進而不出，癀脹氣沖腸胃，故舌吐。百頁心經燥結，故舌縮。口中有涎無涎，咽喉癀發，口自流涎。有泡無泡，滿肚火閉失表，熱氣上攻，遍口起泡。或是緊鎖不開，久痢傷腸，胃脘敗極，故口不開。似笑不閉，心驚膽顫，腰脹瘋狂，亦成是癥。且又黄水長流，血塊突嘔，腸胃作惡，黄水自流。傷力積胸，血塊突出。或有熱氣蒸手，臭穢觸鼻，腸胃變更，覺有烘烘之氣。臟腑俱爛，覺有臭穢之膻。咽喉喘與不喘，肺熱攻心，喉生蛾脹，其聲自喘。咳與不咳，寒侵肺臟，草夾禽毛，亦多至咳。呼吸之氣，逼與不逼，外蛾雖喘易治，內蛾若逼難醫。鼻尖有汗無汗，寒熱內閉，鼻自焦乾。卷與不卷，腸結肺傷，百頁乾燥之病。或時流清涕，更出黄膿，寒冷傷肺，痰結心胸，故輕則流涕，重則成膿。牙齒銼與不銼，結腸敗胃之癥。黑與不黑，心肝火盛之癥，牙多發黑。肚皮飽與不飽，脹發則肚飽。軟與不軟，水刺癀凝。纏蹄入骨，其腳自軟。大小便如何顏色，有血無血，通與不通，寒盛則帶白，熱盛則帶紅，熱毒攻腸，不洩便火。血寒凝駁火，痢滑傾盆。又曰患草結者，則糞不出。患沙塞者，則尿不出。吃草吐與不吐，飲水多與不多，吐草謂之翻胃之癥，受水謂之燒腸之癥。或時而抖顫，怕冷不怕冷，骨酸皮痹，膽怯脾虛之癥。或時而盲奔，着吓不着吓，心蒙膽脹瘋狂之病。或受卧而不起，傷力疲倦之癥。或似笑而無聲，膽脹肺癆之病。此皆出於靜處之形容，既已詳開其癥候，又將動處之規模，何妨逐層而條列：高聲大呼，脹發心胸。擺尾搖頭，癀生膽肺。兩腮僕地，皆因腹內不安。四足朝天，想是肚中火熾。頭忽高而肚忽飽。青草之脹無疑。眠必直而走必顛，草結之傷已定。肝經積熱，將來瘦弱難堪。失膊閃腰，原被斗觸所致。又有頭低尾卷，傷力受寒。肉跳腰弓，感風寒而且肚痛。生癩當用殺蟲之劑，生瘡宜備活血之方。被破肩者，拔毒藥爲最妙；而磨蹄者，生肌散固誠良。癥本多端，固難盡述。然病中消息，盡出於斯。此皆發病之根苗，全賴醫師之眼力，務要詳加審慎，切莫潦草稱能。倘或認癥不真，必定喪牛之命；抑或用針不的，自然壞牛之生。故欲决生死於片時，自要深明好歹之訣。而判存亡於頃刻，不得不分輕重之途。臨得癥多，自得病透；則反芻出嚼，預卜四體之常安，而懶食貪眠，早識三災之已染。莫謂拔毛之畜，不甚難療，而戴角之牲，亦非易治。欲知起自何經，運於何路，不失外觀之有耀，宜精藻鑒之深心。五臟不調和，可見形容難似舊，一身都痿痹，定然飲食自非常。此爲有迹之可尋，本非無形之難察。彼受寒侵而忽起者，固有先成外感、後轉内傷，抑或燥濕而偶沾者，又有暫見膚肌，久延肺腑。故肺腑毒邪若盛，針砭不如方藥之奇；若肌膚癀脹甚多，方藥遠遜針砭之力。當下推研有準，定號神醫；此中辨別不差，堪稱法眼。曾見今時庸手，十回未得五回生；目下時師，三轉竟傷兩條命，此非牛之命該死，實因醫之藝不精也。吾受趨庭之訓，深知治病之由。雖將來之成敗難推，而當前之利害易測，所以諄諄告誡，專望識者以旁通；節節條陳，惟愿斯人之效法。慎毋視爲至易，不思至理之存，方一此訣能明，兩端自然可竭，將見普天之下，四海之内，任是百般怪癥，庶幾一覽而無餘也已。

清　佚名《相法牛經大全·臟腑生理及病理學篇·五勞七傷論·五勞》　五勞，謂筋勞、骨勞、皮勞、氣勞、血勞也。筋勞者，因久步得之。其狀終日馳驅，放而不□者是也。其為病則發發蹄，痛凌氣發蹄，謂毒氣散于蹄間，其痛凌氣也。之病也。骨勞者，困久立得之。其狀雖輾而不即起者是也。其為病則發癰腫。皮勞者，因久法不干得之。其狀雖□起而不振毛者是也。其為病夾脊摩之熱也。氣勞者，因汗未息，乘燥而飼飲得之。其狀雖振毛而不即噴氣者是也。其為病苦氣不宣通，故須緩繫之櫪上，遠喂草乃噴也。血勞者，因驅馳無時得之。其狀雖噴氣而不即溺者是也。其為病則發強行，高繫之，不得飲喂，少時乃大溺。

又《七傷》　七傷，謂寒傷、熱傷、水傷、飽傷、力傷、饑傷、跑傷也。寒傷者，因飲冷滿腹，或嚴冬久露風霜，或老衰陰雨苦淋，或久卧濕地，或牧放水溪，或夜窪清水，胃感邪氣，其病發時口冷身顫，肚痛腹脹，腸鳴泄瀉是也。熱傷者，因炎天日暖，勞苦用力，熱氣沖五臟，心、肝中暑暈悶煩燥，脾經受熱必生癰毒，肺經熱必生喘息，肝經熱目生翳障，心經熱必生痰火、結胸、熱傷是也。水傷者，因四時失調，耕耖傷力，汗身未乾，冒雨過河，汲水淋身，或繫陰冷水池，寒氣閉住，毛竅不通。或久渴不飲，飲冷水太過，停滯不散，水結腸胃，作疼發痙，腸鳴泄瀉，或項強脊硬，身體麻木，毛焦體瘦，怯寒勞熱，骨蒸四足疼痛是也。飽傷者，因草飽太過，未及轉噍，隨後耕耙，用力太過，在軛難以轉噍，故此內傷腸胃，料草積聚，糞行遲滯，忽然起卧，其現為膁腹飽滿，胃氣滯疼，回草轉糞，口吐酸水，頭面著地，回頭覷腹是也。力傷者，因膘肥耕耙，無有閑暇，力乏得之，氣血兩虧也。其病為耳搭頭低，口色不鮮，關部脈細，遍體酸痛，四肢硬蹻，皮毛反溜，骨瘦如柴，口張舌赤是也。饑傷者，因四時草藁，春耕苦極力乏，草口無味；夏無凉棚，熱極懶于吃草；秋夜冷草枯，種麥秋耕無暇草飽；冬無暖厰，四壁陰冷，久卧牛溲濕地，胃寒草少，其牛病發，漸漸瘦如細狗，氣血兩虧，皮枯毛焦，心虛肉顫，四肢無力是也。跑傷者，因性燥氣血未定，馳驅太過，喘息迎風并氣，遠奔力傷四肢，以致筋骨疼痛，頭低耳搭，眼皮不開，移步短促，肉斷脂消，呼吸不續，此為傷跑之痙也。

又《論牛馬八邪》　東溪問于曲川曰：『余聞牛馬有八邪者何也？』曲川答曰：『八邪者，風、寒、暑、濕、饑、飽、勞、役是也。』曰：『何謂病也？』答曰：『風傷肺，寒傷脾，暑傷腑，濕傷腎，饑傷脂，飽傷臟，勞傷心，役傷肝，此謂八邪有風之痙也。』東溪曰：『何以識之？』曲川曰：『風傷肺，多鐃難移；饑傷脂，毛焦肉減；飽傷臟，體瘦形羸；勞傷心，怔忡驚悸，役傷肝，眼腫頭低，此為先賢垂訓之良言，後學繼傳之規矩。』歌曰：驟立迎風肺發咗，脾逢陰冷必先傷。炎暑中傷六腑敗，濕傷久臥腎生殃。饑飽兩傷肌肉減，勞甚傷心心欠康。役損過多肝臟損，頭低眼腫閉無光。傷肺多鐃咗與嗽，傷脾起臥痛難當。驚悸不寧心氣痞，拖腰報胯腎虧傷。此係內傷和外感，請君著意細推詳。

又《牛馬五疾論》 東溪問于曲川曰：『余聞牛馬有五疾者何也？』曲川答曰：『五疾者，五經五應之疾也。』東溪曰：『何謂五經、五疾？』曲川曰：『五經者，心、肝、脾、肺、腎也；五應者，眼、耳、口、鼻、舌也。是故舌如硃砂，心之疾也；眼不見物，肝之疾也；蹇唇似笑，脾之疾也；鼻流膿涕，肺之疾也；垂縷不收，腎之疾也。此謂五經五應之疾，察者分五臟觀之。』歌曰：舌如硃砂心之赤，眼不見物肝之極。鼻流膿涕肺之虧，蹇唇似笑脾之疾。垂縷不收腎水虛，五者皆因五臟起。師皇留下療驥方，請君辨驗休差失。

又《牛馬傳經四肢疼痛論》 東溪問于曲川曰：『凡馬牛傳經絡，四足輪流疼痛干何也？』曲川答曰：『四足輪流疼痛者，痛風之症也。』東溪曰：『何謂痛風？』曲川曰：『痛風者，濕風凝于經絡也。皆因外感風寒，內傷陰冷，外感內傷，傷之血氣，氣之凝血，血之凝氣，氣血相凝，經絡郁結而成痛也。』東溪曰：『何以見之？』曲川曰：『心者血也；肺者氣也。氣血流行，周身流轉，以應四時，多一遭為盛，減一遭為衰。氣血盛者，妄行經絡，溢于膚腠；氣血衰者，凝于經絡，滯于肉理。是故妄行經絡者，發瘡發黃；凝于經絡者，作疼作痛；流之于下，胯拽腰拖；傳之于上，胸疼膊痛。此謂傳經走絡、凝血滯氣、把前把後之症也。』東溪曰：『何以治之？』曲川曰：『凡治者，調經理氣，止痛祛疼，追風和血，壯髓強筋，六脈停止刺之。歌列如後。』歌曰：且論醫家説痛風，只緣氣血兩相凝。氣凝血處渾如火，血凝氣處冷如冰。或前或後難移步，醫工按典細推尋。調經理氣從君治，六脈須當禁止針。

又《診斷學篇・八證論・寒證論》 夫寒者，冷也，陰勝其陽也。因久渴而不飲，飲冷水而太過，冷氣入胃也。或羸瘦過餐宿冷，或老衰久露風霜，或數被陰雨苦淋，或素向濕場久臥，濕氣透入肌肉，肌肉傳入脾經。脾灌四旁，胃潮百脈。以致脾胃合之陰冷，則令皃脈沉遲，按之無力，耳鼻俱冷，口色青黃，前蹄跪地，回頭覷腹，渾身發顫，腹內如雷，不時起臥。此謂冷傷之證也。宜甘辛之藥，蔥酒灌之瘥矣。反者死。師皇云：『陽不勝其陰，則五臟氣逆，九竅不通也。』晉寧趙氏所謂：『陰勝則寒極，寒極則氣厥，氣厥則腹滿，腹滿則戰慄，戰慄而汗出，汗出而脈絶，脈絶而死矣。能夏不能冬，此之謂也。』宜三圣散灌之。歌曰：寒氣多因冷氣侵，為緣陽不勝其陰。繫拴檐巷因風襲，牧放荒郊被雨淋。腥酸邪物凝于胃，天寒冷水臟中停。回頭覷腹蹄跪地，伸腰擺尾顫伶兢。鼻寒耳冷蹇唇笑，腸中濕氣響雷鳴。除濕健脾三圣散，乾薑朮朴酒鹽蔥。同煎三沸濕和灌，自然痛止得安寧。

又《熱證論》 夫熱者，暑也，陽勝其陰也。為因暑月炎天乘騎，地里窵遠，鞍屜失于解卸，乘饑渴而喂熱料、熱草。熱氣入胃，胃潮百脈，而注之骨髓，內外合邪，五經煩燥，熱毒流于四肢。令馬精神短少，耳搭頭低，脈行洪數，唇舌鮮紅，四肢倦怠，行走如癡，或然起臥。此謂傷熱之症也。放六脈血，酸苦藥灌之瘥矣。反者死。師皇云：『喘粗氣大，脈行洪數者，乃陰不足而陽有餘，熱包于內也。』趙氏澤中曰：『陽盛則身熱，腠理閉而氣喘，身體慄顫，舌紅如硃砂者，死。能冬不能夏，此之謂也。』如脈洪且數，按之有力，謂陽中之陽也。四賢散灌之。歌曰：熱氣多因暑氣傷，由來陰不勝其陽。炎天負重乘騎遠，熱料餐多入臟腸。內外合邪表裏熱，雙皃洪數口如湯。喘粗鼻咋精神少，頭低耳搭眼無光。鶻脈兩針需索出，歸芩芍粉四賢涼。蜜水調和同共灌，便是師皇真藥方。

又《虛證論》 夫虛者，勞傷之症也。真氣不守，衛氣散亂也。因乘饑渴負重而乘騎，地里窵遠，且又失其飲喂，或喜小馬超群異眾，奔走過多，多騎少喂，以致傷于臟腑，致使行力殊常。日是久則令毛焦肉減，身體尪羸，把前把後，抽搐難行，鼻流濃涕，咗嗽連聲，四肢虛腫，耳搭頭低，脈行遲細，口色無光，精神短慢。此謂虛損之症也。灌七傷散，百日而瘥矣。反者死。遵道先生曰：『勞傷心血，饑傷元氣，根本而傷也。元者根也。根者腎也。腎者，都會關司之所，五臟包藏精氣于內，泛溢滲灌于膀胱者，皆腎受而藏之，故云根本也。根者，故不可傷也。』師皇曰：『伐其根，逆其本，五臟而衰也。』如膘肥休壯，芻水如常，但腰胯疼痛，行而不動者，此謂下元虛冷，非傷勞之症也。火針大胯等穴，茴香散灌之。歌曰：虛証皆緣氣血虛，衛真散亂兩相虧。鼻浮面腫頭垂地，胯報腰拖行步遲，耳搭目閉精神少，腹細毛焦喘息微，臥多立少腸鳴瀉，口色如綿脈澀遲。茴香七補頻頻灌，汗溝百會火針施，十朝半月知衰盛，草少尪羸壽不齊。

又《實證論》　夫實者，結實之謂也，停而不動，止而不行也。趙氏曰：『止而不行為結。結在皮膚，則生黃腫；結在肌肉，則生瘡癥；結在骨，則筋骨脹大；結在經絡，則流注疼痛；結在咽喉，則咽喉閉塞；結在食槽，則生槽結三喉之症；結在腸胃，則肚腹脹痛起臥而成七結之病也。』又云：『實症者，雖名同而治則各異矣。是故或以針，或以藥，或入手，或先治其裏，或先攻其外；甚者，開喉、鑿腦、開肷、針渾睛、取槽結、割骨眼、針歪尾、取賊牙。止異治之則也。非得心諦者，孰能至于此哉。』歌曰：實証原來止不行，為緣血脈不疏通，凝于肌肉成瘡癥，結在皮膚變作癱，腸中七結皆為實，槽下三喉謂實生，渾睛骨眼瘡癀腫，形異名殊各不同。開喉鑿腦并開肷，涂油入手臟中尋，各從其治君須記，古典流傳萬世遵。

又《表證論》　夫表者，一身之外也。皮膚為表，六腑亦然。體外為表，鼻外為風。鼻內入者，注之于肺，而化為氣。氣引血脈，周流肢體，驅使臟腑調和，與其骨體筋肉相親，滋潤皮毛，開辟二十萬三千一百一十腠理，皆是此風氣也。或于外破傷損，繫處一便，騎來有汗，檐巷卸鞍，腠理或開，賊風乘虛而入皮膚。初患渾身揩擦，次傳肌肉，致使毛焦肷吊，遍體頑麻。日久傳注于內，則令渾身筋急，眼吊驚狂，四肢僵硬，口內涎垂，耳緊尾直，牙關緊閉難開，不食水草。此謂外感風邪之症也。徹鶻脈，放胸堂，烙風門，灸百會，灌發汗追風散。數日平定者，月餘瘥矣。反者死。晉寧醫獸趙氏曰：『風者，天地山川之氣。從微致盛，以順十二月溫涼寒暑，鼓舞飛揚，因而變化，皆在于風也。且風者，乃四時之氣，分布八方，善惡不等。善者，和風清氣。惡者，邪氣賊風。淺則凝于肢體，深則傷于五臟。在左即癱，在右即瘓，在頭即重，在眼即昏，在鼻即塞，在耳即聾，在喉即閉，在筋即攣，在骨即痛，在皮膚即生瘡疥，在脾胃即脫肛腸。賊風者，暗箭也，當慎避之。』《內經》云：天有善風，日月光陰；地有善風，萬物俱豐；水有善風，波浪停勻；牛有善風，諸疾不生。天中惡風，日月皆昏；地中惡風，五谷難存；水中惡風，翻仆舟船；牛中惡風，涎沫多生。夫涎者，有一升三合，停于膈下，養其五臟，和其六腑，消其水谷，滋潤皮毛，不可偏勝也。勝于肝者則癱，勝于脾者則瘓，勝于肺者則喉，勝于心者則狂，勝于腎者則成五勞五傷之病。是故風痰者，速醫而鐵令其緩也。一日盛傳，二日遍傳，三日亂傳。亂傳者難治也。如火燎茅檐之狀。茅檐火發，玉石同焚。風痰而盛者，九死一生而無治則也。歌曰：乾坤宇宙，日月星辰，山川社稷，人畜蟲禽。二五之氣，皆賴育生，稟偏為物，稟正為人。牛馬為物，亦稟五行，驅馳飲喂，蓄養隨人。苟失其養，疴瘵萌生，表裏邪正，寒熱虛盈。表為其外，裏為內經，邪而生亂，正則俱榮。寒之多痛，熱則生癱，實而多結，虛則勞生。內傷外感，疫氣流行，天行正氣，日霽風清。天行邪氣，霧瘴狂風，天有善風，日月光明。地有善風，五谷豐登，水有善風，波浪停勻。牛有善風，五臟安寧，天中惡風，日月皆昏。地中惡風，播土揚塵，水中惡風，翻覆舟艇。牛中惡風，諸疾相侵，肝風癱瘓，眼目昏昏。肺風毛燥，喉嗽頻頻，心風狂妄，驚悸怔忡。腎風骨痿，胯痛腰痛，脾風吐逆，涎沫多生。風涎甚急，火燎茅蓬，茅檐遭火，玉石同焚。牛馬有此，九死一生。

又《裏證論》　夫裏者，一身之內也。諸內為裏，五臟亦然。腹內為裏，肚底如之。《內經》云：夫內者，腹內也。抱陰而負陽，包含五臟六腑，寒熱不可偏勝也。寒勝六腑俱凝；熱勝遍體氣逆，營氣不從，逆氣凝結。凝于肌肉而成瘡癥，凝于皮膚而成黃腫。令牛馬精神恍惚，喘粗鼻咋，毛焦眼赤，臥多立少，見脈洪弦，水草遲細，惡熱便陰。此謂熱積于內也。凡治者，滋陰降火，理氣和血。先于六脈針刺，然後涼藥灌之。不然，黃癥瘡癥，從茲甚矣。晉寧獸醫趙氏曰：瘡黃干，裏症也。乃五臟積熱而生。皆由氣之所使，血之凝溢也，恣于三十六處，故曰三十六黃。是故束顙黃、內腎黃、外腎黃、偏次黃、心黃、肺黃、肝黃、脾黃、肷黃、腸黃、腰黃、奶黃，此乃一十二黃。遲治者，不能取效也。又云：鼻黃、腮黃、頰黃、耳黃、胸黃、腦黃、鎮口黃、心疽黃、膝黃、腕黃、蹄黃、夾黃、肘黃、帶黃、肚黃、不黃、陰黃、蛇黃、穿甲黃、脊背黃、遍身黃、蝦蟆黃、陰腎黃、木腎黃，此謂三十六黃，乃為裏症，發生于臟腑也。初患或痛、或癢、或腫硬、或腫軟、或肉色而不辨，各從形証而顯其名也。經云：氣凝著血則痛，血凝著氣則麻，氣血妄行則腫，氣血不行則硬。按之復起，氣毒；赤色腫硬，火毒；痛甚作膿，陽毒；不痛而顫，陰毒。又云：先腫後痛，形傷氣；先痛後腫，氣傷形；痛無腫者，傷其骨；膿消腫甚，傷其肉；痛而顫者，傷其筋；腫中有水，傷其氣；膿多甚者，傷其血；痛不寧者，傷其臟；痛不止者，傷其腑。此謂瘡黃之外應也。歌曰：人之與物，化育成形，具隨二五，各稟靈懵。懵之為物，靈者為人，牛馬為物，與人并生。天有五運，地有五行，馬有五臟，抱陰負陽。諸內為裏，臟腑皆同，內傷外感，寒暑相侵。寒凝瘡腫，熱盛黃生，血凝氣痹，氣凝血疼。形傷于氣，氣傷于形。隨形顯痘，以痘為名。惡黃十二，仔細觀形，偏次東額，肺腎肝心。脾腸腰肷，不可生癰，此而有腫，九死一生。

又《邪證論》 夫邪者，所偏之謂也，太過不及也。真元散亂，邪疫相侵，故為邪。夫邪入陽，則獸生狂；然邪入陰，則獸生痹，理自然也。生我者虛邪，克我者賊邪，我克者微邪，我生者實邪，自受者正邪也。正氣不足，客氣太勝是也。皆因蓄養失調，寒暑所中，遠行帶汗而渡河，牧放苦淋于陰雨，饑餒負重而出奔，盛暑乘騎而遠驟，老騍真元衰敗，新駒血氣未全，以致勞傷過甚，榮衛不調，腠理或開，繫拴不便；又會天運感邪，五行不足，客氣乘虛而入者，故成其患也。故令精神恍惚，遍體汗流，渾身肉顫，蹄嚙奔馳，東西亂撞，眼急驚狂。此謂心竅痰迷、煩燥熱邪之病也。又或毛焦眼閉，行走如癡，左右亂跌，首項偏斜，頭垂于地，水草遲細，乃為表中風寒、脾虛濕邪之病也。是故年木不足，外有清邪；年火不足，外有寒邪；年土不足，外有濕邪；年金不足，外有風邪；年水不足，外有熱邪。此謂年之虛也。年之虛者，邪之甚也；月之虛者，邪之甚也；時失和者，亦邪甚也。且五臟不和，一臟少有不足，又或失養失調，再會天運感邪，邪淫之病感之速至矣。師皇曰：『清氣大來，金之勝也；風木受邪，肝病生焉。熱氣大來，火之勝也；燥金受邪，肺病生焉。寒氣大來，水之勝也；熱火受邪，心病生焉。濕氣大來，土之勝也；寒水受邪，腎病生焉。風氣大來，木之勝也；濕土受邪，脾病生焉。此謂五臟感邪而生病也。』岐伯云：『夫邪之狀，氣運而甚者，是謂客邪而勝于主，不可作外受之病也。然邪甚則反其氣，治者以平和而順之。此謂治邪之道矣！』王良云：『天氣感邪，則可順也；客勝于主，則可泄也，以平為期，不可過也。』趙澤中曰：『夫欲客之也，于氣動甚者，是謂客而勝于主，不可不察也。醫之，氣順者，邪受之；養之，脾病生焉。此謂五臟感邪而生也。邪穢去而定心神矣！』又曰：『治邪者，先正其心也。是故心正而神清，神清而氣順，氣順而脈和，脈和而痊矣。』造父云：『邪痘者，風痘也。外感客氣而凝于毛竅，毛竅而傳腠理，腠理而傳肌肉，肌肉而傳五臟，五臟而傳六腑，六腑而傳三焦，三焦百遍傳矣。凡治者，宜速而不宜緩也。』是故去其寒，泄其熱，和其臟，調其腑，理其經，順其氣。此謂治邪之道，使馬驢不致夭橫矣。

又《正證論》 夫正者，端正也，無偏無倚，無太過，無不及也。《內經》云：天理正，日月光明，雨露調勻；地理正，寒署應節，五谷豐登；人理正，家齊國治，天下和平；馬牛正，身形強健，臟腑安寧故也。遵道趙先生曰：馬逢正氣，疴瘵不生；半在人之所蓄。雖有引重致遠之功，然芻水而不能自由；代人之勞，而亦待人之養。疾困病患，在人所制；馳驅飲喂，貴于中節。如芻水有節，又得天之正令，而真氣守于內，精神固于外，其病患安得而有之？以盡天年之壽，乃蓄養之道也。諺語云：馬逢君子，加十年壽矣！故云：君子之養物，養物而能仁，仁人而愛物，物遇仁人而幸也。是故冬暖、夏涼、春牧、秋廄，節芻水，知勞役，使寒暑無侵，則牛馬無疴瘵矣。歌曰：無偏無倚號端平，不及太過兩無侵，乾坤有正諸般泰，寒暑清平萬物榮。牛馬有此精神爽，尿清糞潤口中紅，脈平色正無疴瘵，氣血調和臟腑寧。

清 佚名《醫牛寶書・理論篇・論寒熱篇》出《進賢茅崗抄本》 陰陽寒熱，各有論說。積陽為天，積陰為地。陰靜陽躁，陽生陰長，陽殺陰藏，陽化氣，陰成形。寒極生熱，熱極生寒。寒氣生濁，熱氣生清。清氣在下，則生飧泄；濁氣在上，則生䐜脹。此陽陽反作，病之逆從也。陽勝則熱，陰勝則寒。重寒則熱，重熱則寒。寒傷形，熱傷氣。陽勝則身熱，腠理閉，喘粗為之俛仰，鼻汗不出而齒乾以煩冤，腹滿即死，能冬不能夏；陰勝則身寒；汗出，身常清冷，戰慄而寒，寒則厥冷，又兼腹滿，死，能夏不能冬。天之邪氣，感則害牛，傷于五臟；水稈草料之寒熱，感則害于六腑；地之濕熱毒氣，感則害于皮肉筋骨。歲木太過，風氣流行，脾土受邪；歲火太過，炎暑流行，肺金受邪；歲土太過，雨濕流行，腎水受邪；歲金太過，燥氣流行，肝木受邪；歲水太過，寒氣流行，心火受邪。歲木不及，燥乃大行，生氣失應；歲火不及，寒乃大行，長政不用；歲土不及，風乃大行，化氣不令；歲金不及，炎火乃行，生氣乃用；歲水不及，濕乃大行，長氣反用。心則惡熱，肺則惡寒，肝則惡風，脾乃惡濕，腎乃惡燥。五臟太過，各生病癥。肺所生病者，咳嗽，氣喘，濕則肺脹，熱則肺黃、肺勞、肺熱，骨節痛，寒則少氣不足。大腸所生病者，熱有餘，則瀉痢下血；熱過甚，則肚脹不通；寒則虛滑，戰慄不停。胃所生病者，氣盛則身以前皆熱，其有餘于胃，則消穀善饑，溺色黃；氣衰則身以前皆寒慄，胃中寒則脹滿。心所生病者，熱則目赤痛，叫聲高大，亂打蹄不住，或心狂逢人亂撞，前身作振；寒則恍惚安靜，倦頭仆地，神慢氣怯。腎所生病者，熱則生木賢、陰賢，口乾舌燥，咽腫喉痺，上氣嗌乾；寒則骨痿，嗜臥安靜，下元冷閉。膽所生病者，熱則膽黃、膽脹；寒則力竭神慢，難以用力。腎移寒于脾，痈腫少氣。脾移寒于肝，肉腫筋攣。肝移寒于心，閉塞膈中。心移寒于肺，氣短咳微。肺移寒于腎，下元冷閉。

清 佚名《抱犢集·看病入門篇·牛病論説》 經云，牛有疾病，形色有五：一曰心、肝、脾、肺、腎，二曰膽、胃、大腸、小腸、膀胱、三焦是也。瘴氣十症，大小雜症二十四，心脾肺膽五十一，與夫春夏秋冬變換之症，大共一百零三症。曾間先賢者有言曰：春旺於木，木屬肝；夏旺於火，火屬心；秋旺於金，金屬肺；冬旺於水，水屬腎；脾屬土，旺於四季之末；又有說旺於中央大暑至白露。又云：鼻屬於肺，肺主皮毛；耳屬於腎，齒乃腎之餘；下唇屬脾，上唇屬胃，舌乃心之苗。不亢其情，不識其症，妄施針藥，於死地，反言得病甚惡，不能醫治，此醫者之咎也。精業人，務要識症明白，詳察五臟所出之病源因現於何症，方可下手施治。如眼黃觸人是心黃，叫者無治；眼赤流淚生眵者，是肝火；肝黃竄膽迅速，膽則驚恐，驚則叫，叫者無治；眼藍心走血，是膽瘴病；眼青眼白不轉動者，是損肺病；眼瞎如流淚不生眵者，是肝風。風入四肢，不時淚出，兩目皆爛。鼻屬肺，肺乃開竅於鼻。經云：喉有九節，以呼吸肺之氣，膽凡牛肚之氣，皆屬於肺，肺氣喘而不定，以開肺火，以收肺氣，氣定則血行，氣不定則血不行，則閉而成病，故春季之牛，多感濕熱，而閉成疾，當用退熱除濕併發表之藥治之，蒼朮除濕，甘葛瀉脾火，正此之謂也。臁貼脹有三，此乃牛之大症，一曰氣脹，二曰血脹，三曰火脹。氣脹針下立效，血脹火脹者，雖針無全效，可解一半。但凡牛有起立不行者，此畜極病也。經云：尾動人中有生氣，病不深。再看前倉，心肺肝膽二倉熱與不熱，熱者針破前倉以除火，其牛自安。凡牛黃名有七：眼黃是心黃，一曰雷火，二曰橫過管，三曰獨子，四曰核項下，五曰悶耳，六曰雙子，七曰閉喉，又有牙腮、托舌拓腮、木舌、肺氣竄耳。肺經之風，通身可串，此皆火閉內經。經云：心黃跳、膽黃叫、肺黃浮為鼓症，此之謂也。凡牛傷肺者，口鼻流涎不止，牛雖吃草動，此病不可醫也。經云：口流清水鼻流涎，任是仙家醫不痊。鼻冷如鐵死症，三關無汗，死症。四足無力，病傷內經。頭貼池如臥，是心火走腦，重者頭懸不起。欲臥欲起，是火閉肚中疼痛。又有火閉心經，肺中火熱，亦如其形，但眼之不同耳。針口流血不止，難治。夾陰帶脹，難治。牛有狂走如馬奔，難治。中膈難通，而藥不能通，難治。小腸血結，難治。口唇冷者，難治。大腸中結，難治。鼻乾、皮毛無血氣，難治。牽爐反張口，難治。癱立不行，難治。喉黃不吃，難治。病後小便出瘀血，難治。氣喘不止，口流清水，難治。並且走丹上身，死症。悶腳身腫，難治。雷尖大急，腫至眼端，死症。耳核不破不吊，難治。悶耳黃，宜消宜吊。穿襠黃走腎袋，死症。喉閉不食，即時而亡。肺經積熱，一身大疾，趁早不吊，七日死亡。春雨不起，其形有涎；氣血走筋，其筋有形；軟腳之黃，宜吊在先。肚臍之黃，陰前亦是，陰後於穿襠，凡醫者察之慎之，切不可以穿於陰也。小便不通，或是閉結，或是砂澀，即開取之，發狂者不治。至於大頭風，非所以黃認。腳成血壺，皆因七寸未清；漏蹄之黃，因血至蹄底；牙腮之黃，藥針能消，雙子單子，其症相類而相反。牛之空尾，其病在肺，病後不回，又恐血骨相傳。後蹄之黃，其病甚惡。早則可醫，遲者難治。脫肛之症，冰片水能醫。偏瓜股接，宜用針先；胃火嘔草，霍香帶表；鼻血不止，宜醫肺經。陰兮之症，其形不同，頭低帶振，四足如水，且又腳攢，宜用桂附之藥，再與急治之方。縮陽者，雖為陰相同，而其針法各別；出鞭者，腎火也。再看別經起病之源，捺腰脹，就是腰黃，即以腰黃急治之法，外以針，內以藥，其症即時而止。大便閉，皆少表，加以大表之散，涼藥之方，何愁不愈，症有血皮脹，其病甚速，醫家不能以妙手，何以能愈之。河豚之脹，遍身起泡，不可以黃認；若作黃認治其症，即死。青蛙脹者，肚大口流涎水，後腳無力，其症易治。臁貼脹者，草肚大，水肚略消，欲臥欲起，用針而痊癒。肚脹者，或草脹，氣脹者，以針蘇其氣；草脹以藥攻其食。眼藍者是膽病，經云：膽脹之病甚不輕，或起或臥眼睛青，奔走往來不往腳，三朝五日沏心驚。若牛之氣脹，酒針一用陡然痊。子宮之症，凶甚且異，皆因氣血不和，以冰片水用之，可以美哉。牛之乳發裂，皆因血不調和，要用表裏生肌散以痊之。至於牛婆胞衣不下，皆屬虛弱之症，須用十全大補湯，加桃仁、赤芍、紅花、歸尾，其衣自下。肺風竄眼者，兩眼不仁，兩耳浮腫，得消風之劑而痊。咳嗽無聲者，兼清肺之藥，條芩、馬兜鈴以主之。肺風竄皮，通身浮腫，不可用針，針者無治。又有氣喘不收，鼻內作叫，可用桑白皮以主之。若是黃竄喉風，不可治；轉以風竄足，其牛易治。又有肺經自來黃，以針破之，敗毒痊癒。大竄心經，或因耕田地而起，或受暑熱而起，一散而痊，在乎急救，緩則難治。症患交腳風，其形猛，其症有涎水，病起之時，察其真，方可動針。銼齒風，其病俱同。毛滲皮震頭低有黃宜吊，皆因是心經所致也。至於時疫，十難痊一，初起之時，吃草打，待等三、五日，不吃草，口又爛，鼻又臭，後門泄瀉無止，雖有仙丹醫不痊。見效以綠豆、大黃、雄黃、雲連『三黃湯』痊之，其言謬也。曾見眼縮咳嗽，肝肺之火；鼻眼縮，純肝火也。眼上生眵，逼身掣震，心肝火。又加毛滲皮震，心火也。又有鼠子痢，又名魚腸痢，大腸火；清水痢，肝經火。又有莧菜水，肝火也。又有紅白相兼痢症，肺與大腸病也。若是痢症，該從上言。以上之症，稍略而言之。

又《五臟六腑生克》 五行相生為金生水，水生木，木生火，火生土，土生金，此為五行相生；相生者生也。五行相克為金克木，木克土，土克水，水克火，火克金，此為五行相克，相克都是死也。五臟為陰，屬水主寒。心屬丁火，主紅；肝屬乙木，主青；脾屬已土，主黃；肺屬辛金，主白；腎屬癸水，主黑。六腑為陽，屬火主熱。小腸屬丙火，主淡紅；膽屬甲木，主談青；胃屬戊土，主淡黃；大腸屬庚金，主淡白；膀胱屬壬水，主淡黑，三焦為上、中、下之脂網膜。

又《五臟六腑受病論·心經受病論》 在天為熱，在地為火，在牛為心，在時為夏；肝木為母，脾土為子，克之肺金；心主生血，熱則傷心。歌曰：心為南方丙丁火，注於心上只偏靈，大小即如雞子樣，一斤十二旺朱明，受其津液都五合，注潤魂魄得安寧，心即善能納苦味，小腸同腑脈長榮。舌乃心之苗，舌尖主生血，舌根主肺管之氣，如舌頭及口中火盛發燒者，是心中實火，宜下火也。舌如不發燒，舌下青筋不開叉者，心經少病也。

又《肝經受病論》 在天為風，在地為木，在牛為肝，在時為春；腎水為母，心火為子，克之脾土。肝木主風，風盛傷肝。歌曰：肝為東方甲乙木，三斤十二似荷形，左短右長都五葉，肝垂心下若鈴鈴，肝即善能納酸味，氣引風牽膽腑行，遇得咽關皆有處，似水通流每潤經。肝者眼之源也。夫眼者，乃五臟精華所生也。目和則兩眼精靈，活動無淚。如牛患病，眼內黑珠一根線大者，切不可治；眼內如藍靛者，晚間必泄血也。

又《脾經受病論》 在天為濕，在地為土，在牛為脾，在時為季末；心火為母，肺金為子，克之腎水；濕則傷脾。歌曰：脾屬中央戊己土，日夜垂磨不暫停，脾即善能納甘味，胃口相生佐土星，下得咽喉皆有別，陰陽生克配五行，五行相稱牛康健，陰陽衰盛病相侵。脾開竅於下唇，唇中順平和，則水草入口有味，涎水不出，無病。唇冷者陰症也；唇向上翹，脾經發脹；翻胃吐草，脾內虛。

又《肺經受病論》 在天為燥，在地為金，在牛為肺，在時為秋；脾土為母，腎水為子，克之肝木；肺金主氣，燥則傷肺。歌曰：肺屬西方庚辛金，色似蓮花傘蓋形，皮肉毛竅肺金管，肺納辛味體浮輕，肺合大腸為傳送，通連水穀自安寧，三斤十二分為相，本住耶宅佛國城。鼻為肺之外竅，鼻和則進出氣勻，鼻又不卷則好牛之形也。鼻冷者肺竅不通；鼻無汗者，氣血自閉也。毛退皮爛，肺內受毒；大腸受冷則腹鳴，搖頭鼻塞肺受寒。

又《腎經受病論》 在天為寒，在地為水，在牛為腎，在時為冬；肺金為母，肝木為子，克之心火；腎經主水，寒則傷腎。歌曰：腎本北方壬癸水，膀胱相隨坎水宮，左管大腸蟠四積，一丈二尺不交餅，右管小腸蟠八積，二丈四尺絕其形，腎為烈女分左右，一斤十二古來論，一切鹹味其中納，內注風勞亦不停。腎主津液，外應耳、聯齒。耳和則不披倒，運血三關，耳光和緩不冷。腎病縮陽陰症，咬牙耳冷耷下和不動，則腎有病。

清 佚名《大武經·辨證篇·牛百病經絡論》 牛有百病，要看眼中經絡，清白方可治；經絡不清，不可亂行。天有五應，東、西、南、北、中。地有五行，金、木、水、火、土眼。有五色，青、黃、赤、白、黑。內有五臟，心、肝、脾、肺、腎。外有五應，鼻、眼、耳、皮、毛。黑者腎所主也，黃者脾所主也，赤者心所主也，白者肺所主也，青者肝所主也。肺與大腸相表裏，肺屬庚金，大腸為辛金；肝與膽相表裏，肝屬甲木，膽為乙木；腎與膀胱相表裏，腎屬壬水，膀胱為癸水；心與小腸相表裏，心屬丙火，小腸為丁火；脾與胃相表裏，脾屬戊土，胃為己土。肝木生心火，心火生脾土，脾土生肺金，肺金生腎水，腎水生肝木，肝木生心火。鼻子通肺，眼神通心，兩耳通腎，嘴唇通脾，眼睛通肝，脾可通膽，毛可通腎。鼻子清珠細汗，脾中無病；鼻子片汗，便是脾火盛；眼睛清亮，心中無病；眼珠赤紅，便是心中有火；兩耳立起，肺中無病；兩耳撲倒，便是肺火；皮毛潤澤，膽與膀胱無病；皮毛焦枯，乃是兩家火盛；白眼珠子帶蔥白色，便是脾火盛；白眼珠子帶青白色，便是肝火盛；白眼珠子赤紅色，便是心火盛；白眼珠子帶純白色，便是肺火盛；白眼珠子帶赤黑色，便是腎火盛；白眼珠子帶桃紅色，便是好色澤。曾聞天能生萬物，地能載萬物，人稟天地正氣而生，馬牛受天地正氣而長，故言馬牛為火畜，醫者務明病癥不同：天生於子，地生於寅，人生於癸，牛馬生於丑午，故病異也。診脈要看七竅：鼻、耳、目、角、皮、毛、口。口屬脾，鼻屬肺，目屬心肝，角屬三焦，耳屬腎，皮屬膽，毛屬膀胱，鼻唇屬脾，瞳人屬腎。人醫有望、聞、問、切，醫牛者要觀牛察色。其四季口色：春宜紅、夏宜黃、秋宜黑、冬宜青，四季相生。四季克者：春黃者克也，夏白者克也，秋青者克也，冬赤者克也。脾主中央戊己土，旺於四季。鼻汗有四種：一為片汗，二為大它子汗，三為小汗，四為細汗。如起漿帶米湯泡汗，便是脾火。清珠細汗便是好汗。片汗屬肺，大它子汗屬脾，小汗屬肝，細汗屬心腎。目納五臟之經絡：心火盛，白眼珠子最赤；肝火盛，則黑眼眩暈；腎中有病，則瞳人不明；肺中有病，鼻所主之。鼻屬于肺，呼氣即知。看氣或冷或熱，寒火分清。觀癥之時，當要細心，不可胡猜，看病要把病癥分清，方可開針用藥，否則無效也。

又《八邪論》 問曰：凡牛馬有八般邪病者何也！答曰：八邪者為風、寒、暑、濕、饑、飽、勞、役是也。問曰：云何謂病？答曰：風傷肺、寒傷脾、暑傷腑、濕傷腎、饑傷脂、飽傷臟、勞傷心、役傷肝也。此謂八邪有風之病也。問曰：何以知之？答曰：凡風傷肺必定咳嗽；寒傷脾眼腫頭肥；暑傷腑前黃後腫；濕傷腎後腳難移；饑傷脂毛焦肉減；飽傷臟體瘦形羸；勞傷心怔忡驚悸；役傷肝眼腫頭低。此謂先賢垂訓之良言，後學者須宜習知，而更求其精焉。

清 佚名《牛醫金鑒》篇上《醫獸評論》 嗚呼，喑啞不能言，全憑獸醫仔細評，不亦難乎。俗云：幼科痘醫也。夫醫獸者真痘也。如赤子有病，父母保之，心誠求之，幼科問而能切，雖不中不遠矣。如畜牲得症，雖有蓄家，恍惚無知，招醫看症，原由從何起斯症也，三往其厩，終難與言。然疴瘵萌生，匪醫弗克，近之愚學，自逞其能，妄施針藥，痞痘難分，誤傷畜命，欺心何忍。故業醫獸者，務窮其理，務究其源，相形聽音，察色診脈，看膘肥瘦，口老口少，氣血盛衰，運氣流行，三陰三陽，某臟某腑，表裡虛實，三焦七竅，風寒暑溼飢飽勞役，一切諸症，須知求經，受病施藥。如有跌傷筋骨，一切點痛，瘡黃疔毒，腫硬膿血淋漓，仔細針烙，巧治盡其心力，以對瘡痘不欺，庶可無愧。

又《寒證論》 夫寒者，冷也，陰勝其陽也。因久渴而不飲，飲冷水而太過，冷氣入胃也。或羸衰過餐宿冷，或老瘦久露風霜，或牧放陰雨苦淋，或素向濕塌久卧，濕氣透入肌骨，肌肉傳入脾經，脾灌四旁，胃潮百脈，以致脾胃合之。陰冷則令凫脈沉遲，按之無力，口鼻俱寒，口色青黃，前蹄刨地，迴頭覷腹，渾身發顫，腹內如雷，不時起卧，此謂冷傷之症也，宜甘辛之藥，葱酒灌之瘥矣，反者死。師云：陽不勝其陰，則五臟氣逆，九竅不通也。晉寧趙氏所謂陰則寒極，陽則□極；寒極則氣厥，氣厥則腹滿，腹滿則戰慄，戰慄而出汗，汗出而脈絶，脈絶則死矣，能夏不能冬，此之謂也，宜三聖散嚾之。歌曰：寒証多因冷氣侵，為緣陽不勝其陰。繫栓簷巷因風襲，牧放荒郊被雨淋。腥酸邪物凝於胃，天陰冷水臟中停。回頭覷腹蹄刨地，伸腰擺尾顫冷競。鼻塞耳冷寒唇笑，臟中虛氣响雷聲。除濕健脾三聖散，干善朮樸酒葱鹽。同煎三物温和嚾，自然痛止得安寧。

又《熱證論》 夫熱者暑也，陽勝其陰也。為暑月炎天，騎行地里遙遠，鞍屜失於解卸，趁飢渴而喂熱料、熱草，熱氣入胃，胃潮百脈，而注之骨髓，內外合邪，五經煩躁，熱毒流于四肢，令馬精神短少，耳搭頭低，脈行洪數，唇舌鮮紅，四肢倦怠，行走如痴，或然起卧，多卧少起，此謂傷熱之症也。徹六脈血，酸苦藥嚾之瘥矣，反者死。師皇云：喘粗氣大，脈洪行數者乃陰不足而陽有餘，熱包於內也。又曰：陽盛則身熱，腠理閉而氣喘，身體慄顫，舌如硃砂死，能冬不能夏也，此之謂也。如脈洪且緩，按之有力，謂陽中之陽也，宜四賢散嚾之。歌曰：熱證多因暑氣傷，由來陰不勝其陽。炎天負重乘騎遠，熱料餐多入臟腸。內外合邪表裡熱，雙凫洪數口如湯。喘粗鼻咋精神少，頭低耳耷眼無光。鶻脈兩針須索出，歸芩芍粉四賢湯。蜜水調和同共灌，便是師皇真藥方。

又《虛證論》 夫虛者勞傷之症也。真氣不守，營衛氣散亂也。因趁飢渴負重乘騎，地里遙遠，又且失其飼喂；或喜小馬超群異衆，奔走過多，多騎少喂，以致傷于臟腑，致使行力殊常，日久則令毛焦肉減，身體羸瘦，把前把後，抽搐難行，鼻流膿涕，咳嗽連聲，四肢虛腫，耳耷頭低，脈行遲細，口色無光，精神短慢，此虛損之症也，灌七補散百日而瘥矣，反者死。遵道先生曰：勞傷心血，飢傷元氣，根本而傷也。師皇曰：伐其根，逆其本，五臟而衰也。如膘肥體壯，芻草如常，但腰胯疼痛，行而不動者，此謂下元虛冷，非勞傷之症。灸針大胯等穴，茴香散灌之。歌曰：虚証皆由氣血虚，衛真散亂兩相虧。虚浮面種頭垂地，胯鞁腰拖行步遲。耳耷眼閉精神少，腹細毛焦喘息微。卧多立少腹鳴瀉，口色如棉脈濇遲。茴香七補頻頻灌，汗溝百會火針施。十朝半月知衰盛，草少尫羸壽不齊。

又《實證論》　夫實證者結實之症也，停而不動，止而不行也。止而不行為結。結在皮膚則生黄腫。結在肌肉則生瘡癤。結在骨髓則筋骨脹大。結在經絡則流注疼痛。結咽喉則咽喉閉塞，結在食槽則槽結三喉之症，結在腸胃則肚腹脹疼，起卧而成七結之病。又云：實病者雖名同而治則各異矣。是故或以針，或以藥，或入手，或先治其裡，或先治其外，甚者開喉鑿腦，開膁鍼渾睛眼，割骨眼，針歪尾，取賊牙，此異治之則也，非神領心諦者，馬能至於此哉！歌曰：實證原來止不行，為緣血脈不疏通。凝于肌肉成瘡癤，結在皮膚變作痈。腸中七結皆為實，槽下三喉為實生。渾睛骨眼瘡黄毒，形異名殊各不同。開喉鑿腦并開膁，塗油入手臟中尋。各從其名君須記，古聖流傳萬世明。

又《表證論》　夫表者一身之外也。皮膚為表，六腑亦然。但外為表，鼻外為風，鼻納入者，注之于脾，而化為氣，上引血脈，周流肢體，驅使臟腑調和，與其體筋肉相親，滋潤皮毛，開辟二十萬三千一百一十腠理，皆是於風氣也。或因外傷破損，繫處不便，騎來有汗，簷巷卸鞍，腠理或開，賊風乘虚而入，皮膚初患，渾身揩擦；次傳肌肉，致使膁吊毛焦，遍體頑麻；日久傳注于内，則令渾身筋急，眼吊驚狂，四肢僵硬，口内涎垂，耳緊尾直，牙関緊閉難開，不食水草，此謂外感風邪之症也。徹鶻脈，放胸堂，烙風門，灸百會，灌發汗追風散，數日平定者月餘瘥矣。反者即死。晉寧趙氏曰：風者，天地山川之氣，從微致善，以順十二月温涼寒暑，鼓午飛揚，因而變化，皆在於風也。且風者乃時之氣，分佈八方，善惡不等，善者和風清氣，惡者邪氣賊風，淺則凝于肢體，深則傷于五臟，在左即癱，在右即瘓，在頭即重，在耳即聾，在喉即閉，在咽即乾，在筋即攣，在骨即痛，在皮膚即生瘡疥，在腸胃即脱肛。賊風者暗箭也，當慎避之。内經云：天有善風，日月光明；地有善風，五穀豐登；水有善風，波浪停勻；牛有善風，諸疾無生；天中惡風，日月皆暗；地中惡風，播土揚塵；水中惡風，船艇翻沉，牛馬中惡風，涎沫多生。夫涎者一升三合，停于膈下，養其五臟，和其六腑，消其水穀，潤滋皮毛，不可偏勝也。勝於肝則癱，勝於脾則瘓，勝於肺則啶，勝於心則狂，勝於腎則成五勞七傷之症，是故風痰者速醫而勿令其緩也。一日盛傳，二日遍傳，三日亂傳。亂傳者難治也。如火燎簷之狀，茅簷火發，玉石俱傷，風痰而盛者，九死一生而無治也。歌曰：乾坤宇宙，日月星辰。山川社稷，人畜禽蟲。二五之氣，皆賴育稟。偏為物稟，正為人稟。牛馬為物，亦稟五行。驅馳飲喂，畜養隨人。苟失其養，疴瘵萌生。表裡邪正，寒熱虚盈。表為其外，裡為其内。寒而多痛，熱則生痈。邪而生亂，正則乃榮。實則多結，虚則勞生。内傷外感，疫氣流行。天行正氣，日霽風清。天行邪氣，霧瘴風狂。天有善風，日月光明。地有善風，五穀豐登。水有善風，波浪停勻。牛馬善風，五臟安平。天中惡風，日月皆暗。地中惡風，播土揚塵。水中惡風，翻舟沉船。牛中惡風，諸疾相侵。肝風癱瘓，眼目昏昏。肺風毛燥，喧嗽頻頻。心風狂忘，驚悸怔忡。腎風骨痿，胯痛腰疼。脾風吐逆，涎沫多生。風痰涎甚，火燎茅蓬。茅簷遭火，玉石不分。牛馬有此，九死一生。

又《裏證論》　夫裏者一身之内也。諸内為裏，五臟亦然；腹内為裏，肚底如之。經云：夫内，腹内也，抱陰而負陽，包合五臟六腑，寒熱不可偏勝也。寒勝，六腑俱凝；熱勝，遍體氣逆。營衛不從，逆氣凝結，凝於肌肉，而成瘡癤，凝於皮膚，而成黄腫。令馬精神恍惚，喘粗鼻咋，毛焦眼赤，卧多立少，見脈洪弦，水草遲細，惡熱便陰，此謂積熱於内也。凡治者滋陰降火，理氣和血，先於六脈針刺，後用涼藥灌之，不然痈黄瘡癤從茲甚矣。又曰：瘡黄者，裏症也。乃五臟極熱而生，皆由氣所之使，血之凝溢也。恣於三十六處，故曰三十六黄。是故束顙黄、内腎黄、外腎黄、偏次黄、心黄、肝黄、脾黄、肺黄、膘黄、腸黄、腰黄、奶黄，凡此一十二黄，遲治者不可取效也。又云：鼻黄、頰黄、耳黄、胞黄、腦黄、領口黄、心疸黄、膝黄、腕黄、蹄黄、夾黄、肘黄、肚黄、帶黄、水黄、陰黄、蛇黄、穿甲黄、背脊黄、遍身黄、蝦蟆黄、陰腎黄、木腎黄，此謂三十六黄，乃為裏證，發生於臟腑也。初患或痛或癢，或硬腫，或軟腫，或肉色而不變，各從形證而顯其名也。經云：氣凝着血則痛，血凝着氣則麻，氣血妄行則腫，血不行則硬。按之復起，氣毒；赤色硬腫，火毒；痛甚作膿，陽毒；不痛而腫，陰毒。故曰：先腫後痛形傷氣，先痛後腫氣傷形，痛無腫者傷其骨，膿消腫甚傷其肉，痛而顫者傷其筋，腫中有水傷其氣，膿多甚者傷其血，痛不安者傷其臟，疼痛不止傷其腑，此謂瘡黄之外證也。詩曰：人之於物，化育而成。俱隨二五，各稟精靈。懵懵為物，靈之為人。牛馬為物，與人並生。天有五運，地有五行。馬有五臟，抱陰負陽。諸内為裏，臟腑皆同。内傷外感，寒暑相侵。寒凝痈腫，熱則黄生。氣凝血痛，血着氣淋。形傷于氣，氣傷于形。隨形顯症，以症為名。惡黄十二，仔細觀形。偏次束顙，肺腎肝心。脾腸腰膁，不可生痈。此而有腫，九死一生。

又《邪證論》　夫邪者所偏之謂也，太過不及也。真元散亂，邪疫相侵，故為邪。夫邪入陽則獸生狂，然邪入陰則獸生痺，理自然也。生我者虚邪，克我者賊邪，我克者微邪，我生者實邪，自受者正邪也。正氣不足，客氣太盛是也。皆由畜養失調，寒暑所中，遠行帶汗而渡河，牧放若淋於陰雨，飢餒負重而出奔，盛暑乘騎而遠驟，老騍真元衰散，新駒血氣未全，以致勞傷過度，衛營不調，腠理或閉，繫栓不便，又會天運感邪，五行不足，客氣乘虚而入者，故成其患也。故令精神恍惚，遍體流汗，渾身肉顫，踣嚙奔馳，東西亂撞，眼急驚狂，此謂心竅痰迷，煩躁熱邪之病也。又或毛焦眼閉，行走如痴，左右亂跌，首項偏斜，頭垂於地，水草遲微，乃為表中風寒，脾虚濕邪之症也。是故年木不足，外有清邪；年火不足，外有寒邪；年土不足，外有濕邪；年金不足，外有風邪；年水不足，外有熱邪；此謂年之虚也。年之虚者邪之甚也，月之虚者邪之甚也，時失和者亦邪之甚也。且五臟而和，一臟少有不足，又有畜養失調，再會天運感邪，邪淫之病也，感之速也。師皇曰：清氣大來，金之勝也，風木受邪，肝病生焉；熱氣大來，火之勝也，燥金受邪，肺病生焉；寒氣大來，水之勝也，熱火受邪，心病生焉；濕氣大來，土之勝也，寒水受邪，腎病生焉；風氣大來，水之勝也，濕土受邪，脾病生焉，此謂五臟感邪而生病也。歧伯曰：夫邪之狀，氣動而甚者，是謂客邪，勝於主而不可，如受之則病。然邪甚則反其氣，治者以平和而順之，此謂治邪之道唉。王良云：天氣感邪則可順也，客氣於主則可泄也，以平為期，不可過也。趙澤中曰：夫邪欲客之也，於氣動甚者，是謂客而勝於主，不可而察也。醫之順氣者邪受之，養之脾病生焉，此謂五臟感邪而生也。邪穢而亂心神矣。又曰：治邪者先正其心也。是故心正而神清，神清而氣順，氣順而脈和，脈和而癱矣。造父云：邪症者風症也。外感客氣，氣而凝於毛竅，毛竅而傳腠理，腠理而傳肌肉，肌肉而傳五臟，五臟而傳六腑，六腑而傳三焦，三焦而遍傳矣。凡治者宜速而不宜緩矣。是故散其寒，泄其熱，和其臟，理其腑，調其經，順其氣，此謂治邪之道，使馬騾不致夭横矣。詩曰：正氣不守則生狂，所偏不及致生殃。陰陽錯亂真元散，氣血凝溢臟腑傷。衰羸飢餒乘騎遠，寒暑相侵邪入腸。毛焦氣喘渾身顫，精神恍惚汗淋漿。行如醉酒無高下，目瞪癡呆亂撞牆。頂上風門三道烙，項邊鶻脈兩針强。寧心定志硃砂散，三朝兩灌即安康。

又《正證論》　夫正者，端正也，無偏無倚，無太過，無不及也。《内經》云：天理正，日月光明，雨露調匀；地理正，寒暑應節，五穀豐登；人民理正，家齊國治，天下和平；牛馬理正，身形強健，臟腑安平。又曰：馬逢正氣，疴瘵無生，半在人之畜養，雖有引重致遠之功，然芻水而不能自由，代人之勞而待人之養，疾病因之，患在人之所制，馳驅飲喂，於斯中節，如芻水有節，又得天之正令，真氣守於内，精神固於外，其病患安得而有之，以盡天年之壽，乃畜養之道也。諺云：馬逢君子，加十年壽矣。故云：君子之養物，養物而能仁，仁人而愛物，物遇仁人而幸也。是故冬煖夏涼，春牧秋厩，節芻水，知勞役，使寒暑無侵，則牛馬無疴瘵矣。詩曰：無偏無倚號端平，不及太過兩無侵。乾坤有正諸般有，寒暑清平萬物榮。牛馬有此精神爽，尿清糞潤口中紅。脈平色正無疴瘵，氣血調和臟腑寧。

綜述

北魏　賈思勰《齊民要術》卷六《相牛、馬及諸病方法》　服牛乘馬，量其力能；寒溫飲飼，適其天性：如不肥充繁息者，未之有也。金日磾，降虜之煨燼，蔔式編戶齊民，以羊、馬之肥，位登宰相。公孫弘、梁伯鸞，牧豕者，或位極人臣，身名俱泰；或聲高天下，萬載不窮。寧戚以飯牛見知，馬援以牧養發跡。莫不自近及遠，從微至著。嗚呼小子，何可已乎！故小童曰：『羊去亂群，馬去害者。』卜式曰：『非獨羊也，治民亦如是。以時起居，惡者輒去，無令敗群也。』諺曰：『羸牛劣馬寒食下』，言其乏食瘦瘠，春中必死。務在充飽調適而已。

陳旉《農書》卷中《醫治之宜篇第二》《周禮》：『獸醫掌療獸病。凡療獸病，灌而行之，以發其惡，然後藥之養之。』其來尚矣。然牛之病不一，或病草脹；或食雜蟲，以致其毒；或為結脹，以閉其便溺。冷熱之異，須識其端。

其用藥，與人相似也，但大為之劑以灌之，即無不愈者。其便溺有血，是傷於熱也，以便血溺血之藥，大其劑灌之。冷結，即鼻乾而不喘，以發散藥投之。熱結，即鼻汗而喘，以解利藥投之。脹即疏通，毒即解利。若每能審理以節適，何病之足患哉。今農家不知此說，謂之疫癘。方其病也，薰蒸相染，盡而後已。俗謂之天行，唯以巫祝禱祈為先；至其無驗，則置之於無可奈何。又已死之肉，經過村裏，其氣尚能相染也。欲病之不相染，勿令與不病者相近。能適時養治，如前所說，則無病矣。今人有病風、病勞、病腳，皆能相傳染，豈獨疫癘之氣薰蒸也哉。傳曰：養備動時，則天不能使之病。然已病而治，猶愈於不治也。

清 李南暉《活獸慈舟·水牛》第一篇《牧養惜牛篇》 夫牛者借人以飼者也。牛全靠人，人皆賴牛，故農桑事業，莫不首重乎牛，以牛為貴。人既賴牛以耕，當惜牛命。惜牛之道，總在殷勤為佳。當知天地陰陽，寒來暑往，春夏秋冬，各有不同。春令天氣始初則寒，節交清明必多溫暖。斯時正農忙，雖草木初發，尚未茂榮，亦當草料均勻，水漿合時，方能使用。如耕畢始歇，停息尤當使其游放。切忌氣息未停，毛竅疏通，陡服浸水感風，必多變證。少停息定，黃牛浸蹄濯腳，以舒暢牛情；水牛必要浴澡，以舒暢牛性。至夜或以草喂，或以料啖，必諭牧者須要除淨牢內，切忌屎尿穢污，恐惹穢氣霧障等證。常以細辛、皂角、蒼朮、甘松、菖蒲、雄黃共末，用黃紙裹撚成條，不時熏之，則牛難染疫證。夏令炎天，暑氣熏蒸，陽光盛熱，當知暑涼之性，饑飽之時。五更時用草食之，將水喂之，或用綠豆、大苦蒿、胡豆、米泔水喂之亦可。夏天陽氣熾熱，要待三更，則熱解涼來，斯時方以草料、水喂之。至天明時，早與草料，然後下耕。如陽氣熱極，當使停歇，切勿因其農忙，任隨己性，必須釋放，令彼歇息。氣定，然後令浴之，浸濯之；或移於柳陰處，草料喂飽，待至日墜，或任使用，或牧山林，使舒暢情性。晚間或有蚊虻，當用雄黃一味或兼蒼朮亦可，共末，用紙裹藥成條，牢內燃熏，其蚊虻皆能逃避，牛自安眠。此皆前人惜牛愛物之法耳。秋令天雖溫暖，農事更多，耕犁不少，使用不時，必常令飽。此時風邪正盛，驅使不可太急，急則竅通流汗。又恐寒風入骨，竅閉凝滯，則變證多端。早夜水草務要均勻，自然牛不染證。總之，牧者常宜細心，調養不失其時，常以草料飽服，使用合宜，則有證轉為無證矣。冬令天氣寒冷，草枯葉落，當筑廒牢，上避風霜，下禦盜賊，耕載車任，當知愛惜。寒風霜露冷極，俱當早與草服，用大麥、粳米、胡豆、稻草等喂飽。至熱氣潮時用之，少染風寒，不感外證。若不知時令，任性作為，晨昏自便。或致水中長浸，必染外證，莫可醫治。斯時須囑牧者，牢內多墊乾草，使牛溫和。凡有血氣者，莫不饑思食，渴思飲，熱思涼，寒思暖，此皆物情，不可不知也。

清 張宗法《三農紀》卷一九《牛》 療治。《造化權輿》云：坤陰爲牛，故踶圻起則先後足，臥則先前足，從陰故也。病則立，陽盛也。性緩氣厚，病多在裏。惟胃居四漠，指其的，症難形外，至于人得知之時，已着沉重，不知延及許幾。牧養者須不時點檢水草，審察行卧，聽其喘息，數計回噍，少有異常，則有病。凡牛腹中不時鳴動，如少鳴，則患生，或食草而少止，或望天，或暗喘倫鳴，乃是病兆。水草亦然，耕經則相傳過經而自痊，傳不過經，則症作焉，治難期其必愈也。在主者歸之命運，醫者委之時氣，胥失之矣。何也？由于平日水草失節，炎寒失惜，勞苦失慎也。牛之病不一，治不過補瀉寒溫，藥不過升降表利。結熱則鼻汗而喘，宜主之以生利；積寒則鼻乾而不喘，宜主之以發散；溺血則傷于熱，宜五之以涼血藥。傷水者宜引導，結草者宜消磨。倘逢天行時災，重加利剂，宜辟疫之藥常熏欄中，或移藏他處深山廣林之內，或者可以偷生。須當盡其人事，然後再言天命可也。《察牛生死訣》：目中光炤人全身者吉，炤人影至膝者半吉，齊人胸者凶，只見人面者死在旦夕。鼻汀如水者吉，如涎者凶。角心處溫者生，冷者死，半截溫者易治，冷去四吉者難治。當曉揭尾，細察尻穴，穴內瑩浄無暈者吉，若有赤暈紫痣者屬熱，黑辯烏點者屬寒，蛟矢蚯痕、雲形霧障者乃病隱於內，未發于外，宜愼察之。

清 佚名《醫牛寶書·理論篇·脉分輕重病癥》 耳、舌脈，尾空實，定三窗、三關、三焦，寸關尺脈也。香爪之上，脈分輕重病癥也。醫者浮沉起索，望左右前蹄，三指分為六脈。輕重好治也；重者九死一生，不治之。

又《牛體部位》 角、頭、耳、眼、面、鼻、口、嘴、齒、頸、肩、背、腰、薦、膀、腿、尾、肚、心、肝、膽、肺、膁、滕、淨泙、腎、膀胱、小腸、大腸、百葉、馬口、大小腰、四蹄，全身之明堂，針穴法治還也。

又《五臟六腑分別》 舌乃心之苗。肺為五臟華蓋。肺主手足，膽主眼珠精光。腸為滿道。膀胱落水之河路。肚為裝倉。腎主腰風。百葉藏食。馬口出于大便，小腸能通小便。心屬舌，肺屬鼻，脾屬口，肝屬眼，腎屬耳，此為五臟六腑分別也。學者仔細觀之，便分明也。

又《看舌胎》 舌胎定病癥，舌紅，舌白，舌黃，舌紫，舌青，舌木、香、腥、臭，舌尖、舌中、舌根，大舌、小舌，五色之舌也。舌乃一心之主。舌，元之根本，牛之性命。醫者分明治之，好也。見癥牛頭。

又《醫看舌胎病》 舌紅者，銀珠色也，自好牛也。舌紫者，火閉也。渾口紫者，死癥也。舌自者，風寒水濕也。除黃解濕者，若于陰分也，快救不死也；救遲者，無治也。舌黃草食不化者，五積散治之也，加用消導者山楂也。

又《舌病根由》 此舌者，共有十三條癥也。舌赤者，風邪寒火閉也，用藥吹喉點舌也。青魚膽，用黃連、禾乙，加硼砂、兒茶、四六、寸香、青粉，擂末合一家。俱舌用藥，解毒湯，牛醫牛見六分明，養主之家有運行，福財也。

又《看舌論病》 看舌論病，醫治針藥方法。三十六黃，出于舌口看分明。七十二癥都用藥，五疔十毒見得清，牛病可安寧。郎中用藥如用兵，牛病兩交戰，醫者解交人。六行身不動，生死二字也，子評之也。

又《看舌定病》 牛病五臟六腑也，看舌定病者，舌紅為火也，在于心火也；舌紫者，肝火也；舌白者，肺寒喘嗽也。心肝脾肺腎者，金木水火土也。表裡者，分陰陽治之也。醫者針穴也，藥者君臣佐使之用也。

又《看舌用藥針》 舌紅者，舌上破針也，用涼藥治之。舌白者，無紅也，水濕寒冷也，發汗除寒解表也。舌黃者，有積食也，用山楂、麥芽化消食也。黑者，死也。紫閉者，急癥也，三窗三關之看也，四季分明白也。

又《大小三舌癥》 舌者，一心之命也。兩邊小舌者，不會話事，出聲也。舌根上者，名為鵝公包，醫看風火疼腫毒，爛膿血舌也。舌伸者，為母牛陰癥也。舌縮者，牯牛名為陽癥也。舌乾者，鼻無汗，死癥也，用麻黃、禾乙蘇葉發之汗者也。

又《春夏秋冬分癥治》 一年四季，三十六黃，二十四脹，五疔十毒。牛病暑、濕、熱、閉汗、水毒、沙脹、紅花草傷。早、正、二、三、四、五、六、七，受寒邪暑濕熱疾癥。霜包黃痢，火膽黃，滿年兩春夾一冬，牛欄都是空，郎中也無功。

又《醫看六經法》 角熱者，是火也。頭熱者，陽明也。角冷者，血不能運角也。頭冷者，有黃也。鼻乾者，無汗也，在于肺黃也；鼻水者，少陰發汗，麻黃桂枝湯為表裏也。眼屬肝者，口流涎，有膽黃；有痢者屙血，火膽黃也。

又《表裏相傳》 肺者，太陰裡金之病也；心者，少陰裡火之癥也；肝者，厥陰裡木之治也；膽者，少陽表木之作振也；小腸者，太陽表火痢結食也；大腸者，陽明表金之病也；腎者，少陰裡水之病也；膀胱者，太陽表水之病也；脾者，太陰裡上之病也；胃者，陽明表土之病也。心肝脾肺腎，出表裡也。

又《表裏分解》 心黃，鎮心開咳，順氣丸。肺黃，潤肺發表，麻黃湯。肝黃、膽黃、起膽、串膽、膽脹、火脹作振者，白膽黃也，用藥柴胡羌活膽草解毒湯。大小腸寬腸理氣，大小便分解，未通、車前正用。火寒，用發表也。

又《毒病治法》 毒者解之，病者表之，濕者除之，寒者散之，火者下之，氣者消之，脹者行之，風者治之，邪者化之，食者山楂、麥芽、神曲消之，爛者生肌散淹之，吃用解毒湯收功，合針刀搽調洗淹。醫人明白用治之。

又《十不可治》 牛耳一把冷，找醫回家一不可治。鼻冷無汗，二不可治。魚目之眼，三不可治。前胛背上肉不動，四不可治。鵲聲魚口，五不可治。尾空七寸，六不可治。渾身血紫，八九十不可治。口舌乾燥無水三四五口，不可治。七八日不吃不可治也。

清 佚名《醫牛寶書·理論篇·五臟六腑發病根源》出《新建大塘抄本》 心屬火，生血，舌乃心之苗，主病暑癥。心喜苦，走脈。肝屬木，納血生風，主四肢筋，應目，肝喜酸，走筋。脾屬土，統血生痰，主肌肉，應下唇，消草穀。脾虛主泄痢，濕熱毒則連貼脹。脾喜甘，走肉。脾胃有勞倦內傷，有飲食內傷，有濕熱，有虛寒。肺屬金，生氣主咳嗽，應鼻。肺脹流清涎白沫。肺喜辛，走皮毛。腎屬水，生精，主骨聯齒，應耳。病主縮陽夾陰、砂淋、磨牙。腰脹者，腎經虛火獨盛。咸入腎，走骨。凡砂淋尿血者，是火入小腸病。腰、腎、小腸同治。凡泄血者，大腸濕熱，兼腸風下血病。肺、大腸同治。論諸氣門：怒則氣逆，喜則氣散，悲則氣消，恐則氣下，驚則氣亂，勞則氣耗，思則氣結，暑則氣泄，寒則氣收。肝、膽同治。胃虛作泄，嘔糞、吐沫。胃主于虛，有兼氣、兼血、兼火、兼痰、兼積者，病在中下二焦。食不能入，有火；食人反出，無火。脾、胃同治。脊毛屬心，火生；肚臍毛屬腎，水生；眉毛屬肝，水生；尾毛屬肺，金生；唇毛屬脾，土生。凡牛眼藍色者，則心走血；青白不轉者，病在肝肺；黃色病在脾；黑色病在腎。凡牛病空尾者是肺經病，一日空一寸，空至五至七寸則成絶症。又有一種筋骨軟的牛，尾骨生成没有到尖的，則屬短命牛，但不能誤作空尾病。

咽者，吃物通六腑，呑草進食，以通胃氣也。喉者，九節通五臟，呼吸肺氣。

又《四時氣論》出《新建大塘抄本》　春則氣温，夏則氣熱，秋則氣燥，冬則氣寒。

又《醫牛要訣》出《新建大塘抄本》　大凡醫牛者，不可一概而行之。當看牛之大小、肥瘦以定之。至于用針，要分深淺；若能下藥，要分輕重用之。不得一概依書而行之也。凡醫牛者，先以手執牛角，候其温冷。温即下藥，冷即死癥候也。大凡辨牛癥者，要細心詳察五臟六腑之病，不可一概行之。故春夏秋冬四季變換之癥，注意詳辨，萬無一失。

又《治病根本》出《新建大塘抄本》　凡治牛病者，風則驅散，熱則清涼，氣則調順，黄則消散，痢則調氣與收澀，血則止住和養陰，閉汗則發表，閉結則通輸，食積則消化，内毒則吊黄，逆腳則針治。

又《不治歌訣》出《安福縣抄本》　一不治小便出血，血成塊。二不治口中流涎脾胃傷，滿身有癥實難當。三不治一時發脹在地眠，看牛此癥喜可憐，非是中惡無藥治，此乃膽脹入黄泉。四不治滿口流涎是疫癥，兩淚生漿鼻乾燥，大便瀉來人糞臭。五不治癲走東西日夜叫，糞流生口不能停，魂魄不知何處去，將來剁肉換銀錢。六不治癲狗咬牛事可宜，急請良醫莫待遲。七不治心上走黄大不祥，只因兩淚黑難當，服藥用針全不退，醫方取用急忙忙。八不治牛發喘氣似牽爐，世間仙方有莫無。九不治牛患風毒口流涎，肺結多爛命難痊。十不治此病舌硬水流涎，草不食兮水不呑。十一不治結喉之牛人見驚，喘息如同拉鋸聲，口中流涎水草出，患牛閉口病非輕。十二不治牛沾冷脹并相攻，屎尿腸結永不通。十三不治風驚攢筋腦朝天，行動如醉不記魂，腹脹如鼓牙關咬，或糞遲來命不全。小便横轉絞一時亡。大便不通口流冷水即時亡。心絶腹脹如鼓樣即時亡。肝轉肺，肺轉脾、腳或即亡。肝絶口流黄水三時亡。肺絶氣喘不止一時亡。肺絶鼻筒乾燥，無生氣一日死。口中流清水三時亡。

清　佚名《抱犢集・看病入門篇・風寒濕熱虚實六癥・寒癥》　寒症者，渾身寒冷，耳耷頭低，尾卷，唇口冰冷，渾身發抖，腹鳴泄瀉，口流白涎，此為傷寒之症。

又《濕癥》　濕症者，皆因春雨連綿不止，或被大雨淋漓，或在濕地久臥，或受欄中濕氣，日久透入肌肉，傳至腎經而病。其病症則是泄瀉，腳軟節腫，行走跛拐，有時水腫之症。

又《熱癥》　熱症者，燒熱之症。初病之時，水草不食，渾身發熱異常，頭止地；尾卷耳耷，鼻汗時有時無，站得多，臥得少，病主肚盤、黄腫病症，以及吐舌，皆係傷熱之症。

又《虚癥》　虚症者，勞傷之症。皆因耕田用力太過，日夜勞苦甚急，未得休息一日，口中無味，少食水草，以致漸漸瘦弱，身體沉重，腳軟難行，此為虚勞之症。

又《實癥》　實症者，切實之症。只因氣血充足，多食粗糙草料，停滯肚中不容易消化。又有脅股間腫脹，堅如石者，一時不容易趕散，此為實症也。

清　佚名《牛醫金鑒》篇上《戒醫獸勤學有功》　若夫調治水黄牛、馬驢騾者，先辨寒熱虚實，看其形狀皮毛，察色診脈，審四時之病源，知臟腑之盛衰，明五行之生克。逢生者生，逢克者死。雖云生死有數，隨機應變，醫理無窮。後學者務必讀《神農本草》、《馬師皇集》，通微真人、岐伯天師、雷公、扁鵲、伯樂、仲景、華陀、叔和、造父王良、曲川喻氏諸神聖先師之書，藥方針灸，悉講論之。如能對症用藥，應手輒效，獸醫若此，庶乎近焉。

又《五行五色五味行走五臟主禁例》　東方之木。其色青，其味酸，其臟肝，肝主筋。木曰曲直，曲直作酸，酸走肝，筋病無多食酸。南方之火，其色赤，其味苦，其臟心，心主血。火曰炎上，炎上作苦，苦走心，血病無多食苦。西方之金，其色白，其味辛，其臟肺，肺主氣。金曰從革，從革作辛，辛走肺，氣病無多食辛。中央之土，其色黄，其味甘，其臟脾，脾主肉，土曰稼穡，稼穡作甘，甘走脾，肉病無多食甘。北方之水，其色黑，其味鹹，其臟腎，腎主骨。水曰潤下，潤下作鹹，鹹走腎，骨病無多食鹹。

又《牛年生辰》　一二月對齒，三四月四牙，五六月六牙，七月邊牙為忝口，八月八牙為齊口，九月十月四班口，十一二月稍班口，十三四五六月為稍線口，十七八九廿月線白口，兩邊稀縫為脱齒，吐齒對牙，三四年四牙，五六年六牙，七年邊牙為忝口，八年八牙為齊口，九年十四班口，十一至十四年稍班口，十五至十七年稍線口，十八至廿年線白口。脯養者年深舍飼牙磨損慢。

紀事

明 楊時喬《新刻馬書》卷三《黄帝問師皇天氣中正、萬物無病論》 黄帝問曰：『司天遷正，則牛馬不生瘴閉？』師皇對曰：『正，司中位，是謂遷正。』帝曰：『何謂中正？』對曰：『司天遷，正位者，前無過交之令，後無有飼之日，則仍舊不治，天數從新。』帝曰：『司天遷中正，知之。六氣配十二經，願聞。』對曰：『厥陰遷正，暄發得時，花卉榮翠，牛馬不患眼，肝氣平安，風令去寒，由暄乃正，春氣中時。少陰遷正，冷氣乃去，春暖暄溫，宜時發盛，則牛馬不發疔黄及蹄黄，心腎氣調，木無餘氣，君火中正位。太陰遷正，則雲雨依時，萬物茂盛，當生便發，獸無水穀飧泄之病，脾乃得和，雨化隨令，土氣得伸，元氣有澤。少陽遷正，炎灼從令，苗秀滋榮，酷暑不遷於秋，肅殺早至，霜露依時，牛馬不病陽黄、黑汗，三焦平安。陽明遷正，暑化已收，肅殺乃正，草子結實，牛馬不患慢肺，蹄甲堅實，熱化不行，燥化以令，清勁已行，肺金無病。太陽遷正，即冬絶清氣，令不易春，殺霜乃收，寒冰在地，陽光不治，凜冽乃興，雰霙應時，牛馬不病嗓黄，咽喉清利，喘息調均，氣血得正，寒勝燥無。天氣中正，萬物無病。』黄帝曰：『牛馬食天時之氣，氣正，無病也。』

清 佚名《牛醫金鑒》篇上《醫宗流傳》 醫所以寄死生，乃九流之魁首。夫醫獸者又其次也。後學者必有恒心，方可醫理貫通，臨症多不難，投劑之際無愧先人。時人稱為世醫，亦有稱為時醫者，恐虚名無實耳。昔上古庖犧始画八卦，分四時，究病源，以類而推。神農以降德而因之，慮及夭傷，復嘗草木，始興醫教，相傳本草，以濟蒼生。有黄帝以士德王天下，繼炎帝，拯濟生靈之道，盡人盡物之性，人民愛物之理，坐明堂，辨四方而興素問。以左以右，岐伯天師，太乙雷公，上窮天紀，下極地理，遠取諸物，近取諸生，更相問難。作《内經》十二卷，垂法於後世。又有馬氏，黄帝時一聖師也，通天地之綱紀，識陰陽之運氣，知五行之盛衰，嘗侍於黄帝之側。帝問曰：人之為靈，牛馬為物，物格而後致知，始終之道，汝能否？對曰：牛馬始禀二五，偏濁而生，遇四時不正之氣而欲死者。病也，病入膏肓則終矣。凡治獸病，卧蠶察其口色，雙凫脈診関部。診察精微，灼見如鏡，或針或藥，治無不效。陛下施愛物之心。臣不敏，願陳其術，再敢舉草莽之臣董氏。帝許之。馬牛性淳，有利於用。帝善其利人濟物，封馬氏師皇之職，又封董氏仲先通微真人，自此後世有術馬。後有秦神醫扁鵲，編集《難經》，脈法證病，於夫經絡流注，針刺俞穴，莫不該備。是為醫之祖馬。傳至秦始皇焚書後，所得者不過煨燼之餘。漢有醫中亞聖，作藥性神農本草，為《傷寒論》垂萬世不易之法。如寧戚辨牛有黄，善者法以利農耕，伯樂治獸，醫劓鼻而宣通。韓氏設法易割以袪熱，歷代神人若合符節。繼先之准繩，傳後之法則。魏有神醫華陀，青囊秘授，剖腹針膈，剔骨療疾，併擬猪割騸牛馬之術。晋有太醫，撰成脈經訣賦，遂為象方之祖。魏晋以後，名醫亦衆。唐則天垂拱二年，得水牛寳之，忽然得病，纏綿日久，上不悦，有神人造夫上奏，言牛生於丑水，馬生於午火，形症異而法不同，帝命治之。牛愈。留御前，復命鐫刻，故造夫分别水黄牛七十二症，外有雜症諸方，以治耕牛。更有《駝馬經圖訣》，《調治馬駝》，永為今世之傳來也。後有明六安喻氏，究師皇岐伯之經，泄伯樂、寧戚之秘，艾繁撮要，藥餌得當，針灸精詳，編定《療馬集》以問世，醫者鑑之耳。

又《論六氣陰陽》 問曰：論馬陰陽運氣者何也？答曰：運氣，六氣五運。何謂六氣五運？答曰：甲乙土運，乙庚金運，丁壬木運，丙辛水運，戊癸火運。子午少陰之氣，丑未太陰之氣，巳亥厥陰之氣。太陰氣寒，厥陰氣温，陽明氣清，太陽氣濕，少陰氣平，少陽氣熱。六氣分守，一氣所管六十餘日，六六三百六十餘日，以足周年之數，五運六氣之分也。問曰：馬之疾患，何以應之？答曰：馬者，天地亦然。天有五運，馬有五臟，天有六氣，馬有六腑，亦與之相合也。太極經云：干支運轉，六十循還，一年太歲當令，陰陽一氣司天，一氣在泉，馬牛一經當值，一臟不足，發生一證，此謂陰陽之氣周流輪轉之鑑也。問曰：且如今日嘉靖二十六年，太歲丁未當年，氣運應於何臟腑乎？答曰：丁未丁丑之歲，太陰司天，太陽在泉，水土合德，濕寒氣交，上應鎮心，馬牛心氣不足，多發脾虚胃冷之症。丁巳丁亥之歲，厥陰司天，少陽在泉，木火合德，風熱氣交，上應歲星，馬牛脾氣不足，多生肺顙鼻膿之症。丁卯丁酉之歲，陽明司天，少陰在泉，水火合德，清熱氣交，上應惑星，馬牛腎氣不足，多發癱瘓蜷攣之症，此謂六丁氣運流行之症也。問曰：丁壬相合，六丁之氣如斯，六壬之氣何也？

答曰：壬唇壬戌之歲，太陽司天，太陰在泉，金土合德，寒濕氣交，上應晨星，馬牛肝氣不足，多生寒濕冷拖之症。壬申壬辰之歲，少陽司天，厥陰在泉，火木合德，風寒氣交，上應熒星，馬牛肺氣不足，多生泄瀉腹膨之症。壬午壬子之歲，少陰司天，陽明在泉，金火合德，濕熱氣交，上應太白，馬牛膽氣不足，多發疔毒瘡黄之證。此謂丁壬氣運流行之本，其餘年歲仿此行之。問曰：四時運氣，日于受病者何也？答曰：甲日腎病，乙日膽病，庚日肝病，丙日心病，戊日肺病，丁日脾病，壬日胃病，辛日小腸病，癸日大腸病，已日膀胱病，此謂天干應合日神氣運之分也。問曰：干支分別者何也？答曰：六甲、六丙、六戊、六庚、六壬謂之上干，乃為陽數，六乙、六丁、六已、六辛、六癸謂之下干，乃為陰數。子丑寅卯辰已六干謂上晝，屬陽；午未申酉戌亥六干謂下晝，屬陰，此乃干支氣運之分也。問曰：不知氣運者何也？答曰：不知氣運者，不明其節要也。按岐伯經云：凡為獸醫者，必須識陰陽之氣運，明脈色，分五行生克留守，如執權衡者方可察馬之困苦；苟不識其陰陽，不知運氣，不明脈色，應病施針；問病發藥，雖能效驗，如盲人奔走，信步而行。歌曰：甲乙土運乙庚金，丁壬化木總成林。丙辛原是東流水，戊癸南方火氣侵。日干逢此為天運，吉凶上下往來尋。子午少陰必經病，丑未太陰濕土生。寅申少陽相火路，卯酉陽明可燥金。辰戌太陽寒水土，已亥厥陰風木明。六氣歌：子午少陰心經病，心腎。丑未太陰濕土生，脾肺。寅申少陽相火路，膽三焦。卯酉陽明可燥金，胃大腸。辰戌太陽寒水土，小腸膀胱。子亥厥陰風木明，肝胞。

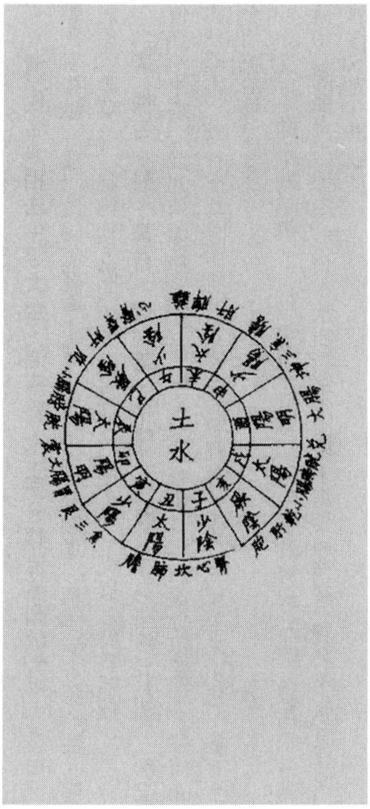

又《論馬牛卒死》 東溪問於曲川曰：凡馬牛卒症，忽然倒地而死者何也？曲川答曰：心肺絶也。東溪曰：何以見之？曲川曰：心者一身之主宰，肺者五臟之華蓋也。血居于氣上，血氣從之。又且心為帝王，肺為丞相。心主於血，肺主於氣；心為血海，肺為氣海。心絶者，血絶也；肺疾者，氣絶也；血氣絶者，諸經絶也。故云：心肺絶者，死之卒也。歌曰：馬牛卒死為何因，只緣營衛絶於胸。心血疲困肺氣絶，不離時刻命歸陰。

藝文

清 李南暉《活獸慈舟・黄牛》第一篇《牛有五主歌》 人有所主牛亦同，心火主血其色紅，小腸相配為表裏，陰陽配合在其中。肝木主筋與膽統，相為表裏是雌雄。脾土主肉成體用，亦與胃脘表裏同。腎水主骨膀胱共，肺主皮毛大腸同。心赤肝青脾黄土，肺白腎黑各色濃。

又《牛有苗竅歌》 人獸相同理無他，各有苗竅各有華，舌為心苗醫家法，目為肝苗亦不差，口為脾苗記心下，鼻為肺苗是一家，耳為腎苗真不假，人與獸同細考察。

又《牛有五華歌》 心華在毛有誰知，肝華在蹄不相離，脾華在口須仔細，肺華在皮不差移，腎華在齒是大義，察看色華辨實虛。

又《牛有五惡歌》 牛與人同是一般，各有所惡仔細看：心與小腸皆惡熱，肝膽惡風要相諳，脾胃惡濕同一理，肺與大腸皆惡寒，腎與膀胱惡熱燥，此是五惡牛一般。牧豢要知其中義，驅使耕載聽自然。倘若一經有虧歉，必染證候在身邊。驅使耕載與車任，必須愛惜念艱難。風寒暑濕原不一，物與人同理一般，若不愛惜失調理，其中變出病多端。

又《牛有五水歌》 心熱胸中似火焚，必出汗水皮毛淋；身上竅通寒難進，宜用陰藥將火平。肝部有熱看眼中，目赤眼昏色帶紅；多出淚水是熱證，肝膽邪熱情相同。用藥平肝須瀉火，不致眼熱觸入兇。脾有熱氣流涎水，或涎痰津氣喘攻；口中發渴脾胃熱，用藥必須情理通。胃上邪火易清解，自無涎沫肺上隆；肺上有熱多汗水，用藥相投也得鬆；陰藥平和消肺熱，療醫得法理包容。腎熱牯牛欲火烘，縱性癡情發狂風；精水淋漓身羸瘦，氣血虧敗畏寒風。當從腎裏邪熱治，精固水強在腎宮。

清　佚名《相法牛經大全·治療篇·牛病分類治療圖歌方》　詩曰：戰馬耕牛總一般，陰陽氣運有多端。五行交官分順逆，標本虛實用心觀。陽病須當陰藥治，陰病依方陽藥痊。有患便求高士察，失誤之時救活難。

清　佚名《醫牛寶書·理論篇·牛醫學法》　牛醫學法要精通，師父傳徒治牛病。針穴用藥在心中，眼觀百病見分明。陽病須分涼藥治，陰癥正當熱藥方。六行交功分明看，失過之時救枉然。差之毫厘失之千里，病有十分用協心機。

又《助陽助陰藥》　母牛得病有多端，牛醫看病要分明。陰病正當陽藥治，陽癥合用涼藥方。公牛疾病臍縮陽，附子炮姜肉桂薰。親臍不收有浮腫，冰螺散內有奇方。

又《藥病之功》　濟世之道，莫先于藥，藥病之功，莫先于醫。醫者，九流魁首；藥者，百草根苗。戰馬耕牛總一般，陰陽病癥有多端，六行交功分逆順，標本原自用心觀。三十六黃明為毒，二十四脹氣滿膨，五疔十毒心有火，寒邪署熱水又濕。

又《看癥先須分四季》　牛馬病癥有多端，郎中用針行藥看。用心觀正二三月，裁之牛馬病根源；四五六月是紅痧，七八九月脹臁膝；十一臘月霜包黄，郎中仔細看端詳。看癥先須分四季，醫針用藥是妙方。今日此畜遇著我，養主不必掛心旁，若凡今日不遇我，此畜一定見閻王。

清　佚名《抱犢集·看病入門篇·論牛健康歌》　脈跳如弦下手知，一來一往不數遲，寸關尺脈皆純正，三合中和道平宜。陰陽兩脈俱相　配，再加一至更無虞。舌如蓮花鮮明潤，唇似桃花色更輝。四肢輕健行有勁，奔走速度像龍飛。雷火活動增軟骨，屎潤尿清自胖肥；皮毛光彩精神好，鼻氣溫和和來往隨，頭高尾昂血脈壯，四季如斯百病無。

又《陰陽外應染病歌》　五臟相傳於外應，陰陽衰盛說須知，陰盛生黄多腫毒，陰盛多癩逼發疸，陽虛兩目流清目，陰虛腿腫步難移。熱盛生風冷生氣，饑飽風寒氣血凝，暑傷六腑風傷肺，役傷氣部瘦傷肌，寒傷腰胯饑傷肉，行傷筋骨立傷蹄，勞傷心血濕傷腎，飽傷五臟困傷脾；遠來飽草多傷胃，乘饑喂急臟必虧，飲後吐草要翻胃，空腸過飲泄無疑；驟行飲急先傷肺，停耕帶汗浴虧皮。伏雨苦淋秋有疾，霜宵久露敗體軀，酒糟多喂牛受刺，火盛熱睡燥毛皮，迎風飽飲喉咳嗽，濕地久臥腿難移；熱料充腸應草結，水潭落浴腎多虛，老衰血弱難行走，凍草饑餐胃必寒；熱盛喘噎心肺掃，塞唇似笑冷傷脾；咬齒低頭心腎痛，收腰不起腎經虧，急臥急起脾經痛，口吐清涎胃冷虛。蹲腰踏地尿胞轉，擺尾搖頭痛可知。迴頭觀腹腸中痛，氣虛腸冷腹如雷；胸膛嘔噎關前結，鼻膿腥臭肺經虧，血脈閉塞風寒起，肝風腎火極傳蹄；膘肥肉重生喂腿，咳連喘息變瘡痍，氣血不通成惡疾，料傷過分腸黄瘀。屎泥聚久多生漏，積氣無行血注蹄，大渴空心飲過濁，毛焦內瘦水停臍；饑飲餓餐生水腎，誤食羽毛咳聲催。遠來有汗休急飲，繫拴莫近巷簷前，熱燥忌牧高崗地洪過勿放汙草區，外傷一切少沾染，內感各症自輕移，牛病症多難分辨，醫人仔細用心推。

羊

論說

北魏　賈思勰《齊民要術》卷六《養羊第五十七》　常留臘月、正月生羔為種者上，十一月、二月生者次之。非此月數生者，毛必焦卷，骨骼細小。所以然者，是逢寒遇熱故也。其八、九、十月生者，雖值秋肥，然比至冬暮，母乳已竭，春草未生，是故不佳。其三、四月生者，草雖茂美，而羔小未食，常飲熱乳，所以亦惡。五、六、七月生者，兩熱相仍，惡中之甚。其十一月及二月生者，母既含重，膚軀充滿，草雖枯，亦不羸瘦；母乳適盡，即得春草，是以極佳也。大率十口二羝。羝少則不孕，羝多則亂群。不孕者必瘦，瘦則非唯不蕃息，經冬或死。羝無角者更佳。有角者，喜相抵觸，傷胎所由也。擬供廚者，宜剩之。剩法：生十餘日，布裹齒脈碎之。牧羊必須大老子、心性宛順者，起居以時，調其宜適。卜式云：『牧民何異於是者。』若使急性人及小兒者，攔約不得，必　有打傷之災；或勞戲不看，則有狼犬之害；懶不驅行，無肥充之理；將息失所，有羔死之患也。唯遠水為良，二日一飲。頻飲則傷水而鼻膿。緩驅行，勿停息。息則不食而羊瘦，急行則坌塵而蚛顙也。春夏早放，秋冬晚出。春夏氣軟，所以宜早；秋冬霜露，所以宜晚。《養生經》云：『春夏早起，與雞俱興；秋冬晏起，必待日光。』此其義也。夏日盛暑，須得陰涼；若日中不避熱，則塵汗相漸，秋冬之間，必致癬疥。七月以後，霜露氣降，必須日出霜露晞解，然後放之；不爾則逢毒氣，令羊口瘡、腹脹也。【略】羊有疥者，間别之；不别，相染汙，或能合群致死。羊疥先著口者，難治多死。

明 鄺璠《便民圖纂》卷一四《牧養類》 養羊法：羊者，火畜也，其性惡濕，利居高燥，作棚宜高，常除糞穢。若食秋露水草則生瘡。凡羊種，以臘月正月所生之羔為上，十一月及二月生者次之。大率十口二羝，少則不孕，多則亂羣。羝無角者更佳，有角者喜相觸，傷胎所由也。

猪

論説

明 鄺璠《便民圖纂》卷一四《牧養類》 養豬法：母豬取短喙無柔毛者，良喙長則牙多，一廂三牙已上者不可養，為其難得肥也。牝者子母不同圈，子母若同圈，喜相聚而不食。牡者同圈則無害。

清 李南暉《活獸慈舟・豕・總論》 蓋聞天地生萬物，利用多隨人。惟此豕畜，味滋第品，凡飲食者莫不以豕肉為先，故豕能利用於人。凡豕皆孕四月，產子最多而貪食。牡者一月可以離槽，牝者二月乃可別養。豢此畜當揆情度理。凡產小豕，以胡麻、黃豆淘煎，與糟飼之勝乳。凡兗、徐、青、淮產者耳大，楚、燕產者皮厚，梁、雍產者足短身矮，遼東產者頭多花白，嶺南產者白黑色多花，耳小足短。總之，無論青、黃、黑、白、花、蒼，俱當先觀其體勢生法為主。

又《論豕肉有損益法》 嘗聞天地絪缊，萬物化醇，生人生畜，性各殊分。豕畜其性貪癡而好食，長喙大耳，九竅四足俱齊。又有各地所產不同，惟川產者肉性鹹寒微甘。《本草》謂之『水畜，肉味鹹寒，多食主動風凝氣閉寒』。人食豕肉，則能補人肉。然豕之靈惟心，故心血為寧心安神之妙藥。凡食心，穩心而補心，製藥者多用之。豕肝補人肝而能明白，強筋，壯骨。膽味苦寒入心，能清心解毒，明目潤燥，治瘡痍，殺蟲疳。凡初生小兒以豕膽汁合甘草煎洗，則永無痘病而能通關利竅止咳嗽。凡有血咳者，用薏苡末蘸服之甚效。脾能益脾開胃，以花椒、硫磺入脾內，燉熟去椒、磺，然後服脾，能善壯胃中陽氣而消化飲食。豕腸入人腸而治腸風下痢。豕腰腎入人膀胱而治疝氣，且補腎虛。腎性寒而補腎虛益損而治腰疼。豕耳入人耳，善補腎竅，食之能治腎虛、耳鳴、聾塞。豕舌能益人舌而清心火。豕蹄能壯人足酸軟，合通草燉服，能通乳汁。尾血以冰片、樟腦、硼砂、蛇蜕煅燒為末，敷點痘瘡甚效。豕腦髓能壯人髓而治頭風。豕蹄筋善益人足筋，久服強壯。總之，凡食豕肉，有外感風寒者，又切為慎之，如違，恐動風閉塞，生痰阻氣。當以皂角米、高良薑、黃蠟、桑皮，凡此四味，如有一味合豕肉煮服，則無患恙。凡黃膘、息米、自斃豕，肉俱有毒，禁食。世人每多不知獸畜有毒，故未禁忌。如已受毒，用芫荽、韭汁服之即解。如人傷肉食，用豕骨燒灰，以常酒、開水服之。又甘遂、草果仁、山楂肉能消肉積。總之，豕肉宜久煮極熟，無毛腳骨刺，則少生病恙，免瘟疾。

又《論認豕法》 青峰云：夫豕之生，形體雖一，色相各殊。世人豢養喂習，當知相法真訣。凡豕喙宜褊短喙者嘴也，不宜長細尖小。如尖小細長，翻食難壯。鼻孔大則易豢易肥。如鼻孔小，多不善食，或者翻槽。頭宜平正，面要方圓，如頭皺歪斜，多難豢壯添膘。耳宜根穩豎立厚大，易食易壯。如耳倒垂尖小，必難壯膘。眼宜圓露，比多善食易肥。若陰小，豢之難壯。唇宜方圓，上唇宜緩，下唇宜急，豢養而壯。如上下俱尖，翻槽嚙圈。身體宜長闊，易壯易肥，可至數百斤。如身短狹緊小，豢難壯大。前後四肢俱宜開闊，善走善食而易肥。如後足狹窄彎曲不伸，行走艱難而少肥壯。四蹄俱當齊集圓正，切忌前後蹄長短不一，遠走多難。總之，以後腳微開則美。牝豕乳宜均勻，產豚亦勻。用牝豕為種者，產門宜向上生。兩月一孕，孕四月而產，一年兩產。取作牡豕者，務取身大高長、尾根長者及腎經陽物長者乃佳。毛宜稀疏，切忌絨細，難豢難壯。如三齒翻露者，切戒為種。牙長齒細，啖食翻槽。皮肉宜寬伸。認豕之法，總以此訣為先：頭宜方正忌歪斜，喙短唇方乃可佳；若是牙多頭皺狹，豢之難壯定無差。眼如懸鈴切忌陰，耳大豎立要穩狠；耳小倒垂少善食，豢養無益枉勞心。鼻大易豢古有言，鼻小難肥食少餐；後足開闊多善走，腳曲蹣跚行路難。前後四足要勻齊，行走縱遠任隨伊；若是尖小足彎曲，盤辟不前路踩虛。乳要均勻產子勻，產戶向上易生豚；若是乳小兼向下，縱然產子不成群。皮膚寬大總宜伸，毛務稀疏忌密生；若是毛多又柔短，養之不過百餘斤。

又《論牧養法》 青峰曰：夫豕非梱則無以蔽膚，無圈則莫能豢畜，故豢養豕者，當以梱圈而飼糟糠，常須飽飼。糞尿亦勤打掃，糠宜極細，三時當殷勤。

清 佚名《猪經大全・序》 溯書之論豚彘，以供養老之用。故二母彘勿失其時，猪雖微物，豈不足重哉。乃有大志者，好跟高遠，喜尊貴，卑視醫方小道，遑問不倫于人之物哉。故無人學獸醫久矣。一旦有豕白，飲啄不遂，立視其死而不救，將大人愛人之道奚在。又驗懋德而鳥獸鹹若，歌化而騶虞致嘆！今之愛物一書，此人生握豢養之木，使之物阜而無災，快何如矣，是為序。

駝

論説

明　喻仁、喻傑《元亨療馬集附駝經大全・駱駝論》　夫駝者，馬牛騾驢之異班也。然形雖異，而與牛相類者也。雖針藥治療俱各一，而予之經手療者，俱照牛開鑿針砭，應手而痊，不知凡幾，予特補注。但此畜北產者多，德功於人，上利國家之武功，力拔千斤；下為民間之農事，纙羅轉輸。誠然，駝而茁壯繁衍，在人之善牧，但潔芻菽，慎寒暖，節足力，自然災疢不生，而孳育日盛，乃國家應用之物也。苟牧養有失，縱岐伯、師皇、寧氏、王良、董氏諸先賢，曷能針砭治療乎？予行濟世之術，五十餘年，凡臨症經手效驗針藥奇方，並先賢殘編，刊刻發行，使後學救療有門，不致啞畜夭喪橫死於盲醫之手矣！是為序。

清　郭懷西《新刻注釋馬牛駝經大全集・駝經大全》卷一〇《駝患四十八癥論病形歌圖治法》　駝患與馬稍異與牛同類第四十八。夫駝與馬稍異，而與耕牛同類者也。《太極經》云：天開於子，地辟於丑，人生於寅，然馬者亦生於寅，旺於午，精類也。牛者受辟於丑，坤象也。馬者飲清溺濁；牛者，飲濁溺清，此亦天地之分也。故牛與駝相類而生者，其經絡相同，而臟腑亦相似也，故牛有百葉，而駝亦有百葉也。雖牛之性靈，而駝之性則更精矣。但凡駝之受載，牽其鼻索，而自跪伏於地，候載足起行，不更精靈乎。況駝之為物，出力負重，資助于人世，更為有用之物矣。凡牧者，務宜潔其芻菽，慎其寒暖。故為醫者，務要將此駝經遍讀。如有瘡黃腫毒，奇形異症，對閱牛經，有形類相同者，按方調治，庶無差誤，醫者慎之。歌曰：駱駝五臟要參詳，不與良馬共腹腸。受氣成形牛無異，陰陽隔別施藥方。莫把牛駝為一類，其中妙處不同章。先賢留下真方訣，未曾學到勿談揚。

綜述

明　喻仁、喻傑《元亨療馬集附駝經大全・駝患四十八癥論病形歌圖治法》　駝患與馬稍弊與牛同類第四十八。夫駝與馬稍異，而與耕牛同類者也。《太極經》云：天開於子，地辟於丑，人生於寅，然馬者亦生於寅，旺於午，精類也。牛者受辟於丑，坤象也。馬者飲清溺濁；牛者，飲濁溺清，此亦天地之分也。故牛與駝相類而生者，其經絡相同，而臟腑亦相似也，故牛有百葉，而駝亦有百葉也。雖牛之性靈，而駝之性則更精矣。但凡駝之受載，牽其鼻索，而自跪伏於地，候載足起行，不更精靈乎。況駝之為物，出力負重，資助於人世，更為有用之物矣。凡牧者，務宜潔其芻菽，慎其寒暖。故為醫者，務要將此駝經遍讀。如有瘡黃腫毒，奇形異症，對閱牛經，有形類相同者，按方調治，庶無差誤，醫者慎之。歌曰：駱駝五臟要參詳，不與良馬共腹腸。受氣成形牛無異，陰陽隔別施藥方。莫把牛駝為一類，其中妙處不同章。先賢留下真方訣，未曾學到勿談揚。

清　郭懷西《新刻注釋馬牛駝經大全集・駝經大全》卷一〇《駝患不可治癥》　一、吃着苦楚水草者，不可治。二、肺黃發熱，口鼻噴流白沫，或變生黑色者，不可治。三、腹脹、血脈不行者，不可治。四、生產血聚，胎衣不下者，不可治。五、血脈壅滯生腫者，不可治。六、心黃，大小便不通者，不可治。七、丁喉變成水黃流至臆下者，不可治。八、傷水、鼻口流糞沫者，不可治。九、腦黃髮腫眼赤者，不可治。十、臟腑虛及嘔糞出者，不可治。十一、嗓黃及眼赤者，不可治。十二、腦熱及鼻乾者，不可治。十三、瀉痢十日者，不可治。十四、瀉痢似灰汁者，不可治。

其他

論説

北魏　賈思勰《齊民要術》卷六《相牛、馬及諸病方法》　凡驢、馬駒初生，忌灰氣，遇新出爐者，輒死。經雨者則不忌。久步即生筋勞；筋勞則『發蹄』，痛淩氣。一曰：生骨則發癰腫。一曰：『發蹄』，生癰也。久立則發骨勞；骨勞即發癰腫。久汗不乾則生皮勞；皮勞者，展而不振。汗未善燥而飼飲之，則生氣勞；氣勞者，即展而不起。驅馳無節，則生血勞；血勞則發強行。何以察『五勞』？終日驅馳，舍而視之：不展者，筋勞也；展而不時起者，骨勞也；起而不振者，皮勞也；振而不噴者，氣勞也；噴而不溺者，血勞也。筋勞者，兩絆卻行三十步而已。一曰：筋勞者，展起而絆之，徐行三十里而已。骨勞者，令人牽之起，從後笞之起而已。皮勞者，俠脊摩之熱而已。氣勞者，緩繫之櫪上，遠喂草，噴而已。血勞者，高繫，無飲食之，大溺而已。

又　騾：驢覆馬生騾，則准常。以馬覆驢，所生騾者，形容壯大，彌復勝馬。然必選七八歲草驢，骨目正大者：母長則受駒，父大則子壯。草騾不產，產無不死。養草騾，常須防勿令雜群也。驢，大都類馬，不復別起條端。凡以豬槽飼馬，以石灰泥馬槽，馬汗繫著門：此三事，皆令馬落駒。《術》曰：『常繫獼猴於馬坊，令馬不畏、辟惡、消百病也。』

明　楊時喬《新刻馬書》卷一三《藥方治驢騾通用》　按醫書言：馬稟性賦形於人異，而資氣受生同，是故，受病亦同。乃馬，又資於人畜養者，飲秣或失其時，乘御或違其制，即能使血氣不和而有病。古聖人先審得病日所由察色按脈。凡察色、按脈，先知四時之平脈及正色，然後別辨虛、實、寒、熱之病脈及變色。即病脈、變色間，則有太過、不及、表、裡、邪、正之殊。即辨之，而又在分別五臟六腑清濁之所從來，分別得之，乃以針，以藥，又先之。灌而行之，以節之，以動其氣。灌而劑之以發其惡。不妄加攻治。則又旁通氣運，以宣暢之，時加喂養，以順適之，不使失宜，是乃療法之上者。故今此書所集，首以色脈為本，以氣運為樞，以虛、實、寒、熱、表、裏、邪、正八證為要，以臟腑十二部為關。先針烙放血，後藥物治療，此為療法次第。乃若舊法，則素問所載，自黃帝師皇答問，周時則伯樂善相，王良造父善御，未必善醫。今則傳有師皇伯樂王良造父天王諸論難，皆療法之上者，後之醫獸者，未能外之。或謂：『後世醫者，欲售其術，而假天王伯樂王造之名，以取信、傳遠，非其真者。』乃觀其法，亦造於至似，有不必於假其名者。後人日踵其跡，為用亦似，有不必辨其真偽者。及其後，則以其舊法，或存、或否。而又其後，則醫獸之善者，各注釋或參以己意，或加以各地所驗之法為書，凡數十餘種，隨地得名，而實不能相通，故易地而用，不能皆宜，如療人然者，蓋亦有說在。師皇書言：『馬食，天氣中正無病。』書言：『犬馬非其土性不畜。』古方書言：『藥不執方，隨宜而用，當病而止，凡療人、物皆然。』試嘗舉此說詢之各地醫獸者，皆言：如所干。氣運臟腑諸病，隨地皆同，療法亦同。惟其或於天時、土性、人力、畜養、飲秣、乘御，偶致之病，則不同。是故，京師、遼、薊、宣、大以東至北，土熱，馬食苦水太過，停滯作痛起臥，多食料草，痰裹成塊結病。多食酒糟，腹內積熱傷發，黃多。以故，《馬經書淵源發蒙集》論之最詳，用此療之為宜。山、陝以西至北，風高肺燥，食泥水停傷肺滯。多食乾枯長肥草，乘風牽臥，結聚。多受熱、多寒，減傳流，氣血不調，十毒多。以故，安驥集通玄論論之最詳，用此療之為宜。中州、東土以南，江之北、南，或以山嵐、以水濕、以鹽鹵，又食稻稿，各草互傷，起臥多。牽走放臥，值溽濕，暴熱地，疔瘡及汗黃多。以故，療馬集七十二雜病論之最詳，用此療之為宜。各邊戰陣、負載、馳逐，多傷蹄，以故，一十六蹄傷病多。至於瘡黃療毒，病本一種，而南北——京師、遼、薊、宣、大，則黃多。西北——山、陝，則毒多。南方，則瘡療多。不可一律而論者。又，各邊關，市、貢馬，自夷虜至，虜地風寒、塵沙、野宿、游牧、適性、市至中國，則摯維之，棚廄之，又食酒糟、枯稿、乾草，又天時、土性，人畜養不合，以故癩瘙肺燥多。乃療法各亦隨宜而異，有不可一律論者。顧世恒以畜視馬，以醫獸為賤流，未嘗有識醫理者業之，故於疗法茫然，因之易於損斃，深為慨焉！乃不憚重復，并取諸集刻之，俾醫者隨各地舊所宜，發明最詳者而用，間有不合，則互相參考，不可執一，無令以天地中外有限之馬，坐視其損斃。而其事又在於各司孳牧事，關邊司貢、市事者，謹重戍務。凡兌買自內地至者；貢市自夷虜至者，或以天時、土性及水土、草料不習，暨戰陣、負載、馳逐，致傷諸病，皆多方喂養，如前諸療法行之，則馬得預牧不病。若病，可以立療，日將致其蕃生，為馬政裨，亦俾馬各得其所，見愛物之仁焉爾。

診斷學部

馬

論説

清 李南暉《活獸慈舟・馬》第一篇《論臟腑部》 馬之臟腑生克，與旱牛相符，始從心火生起。心火生脾土，脾土生肺金，肺金生腎水，腎水生肝木，肝木生心火，如此生生不已。既有生化，必有克刑。心火克肺金，肺金克肝木，肝木克脾土，脾土克腎水，腎水克心火。如此刑克，循環不已。凡業畜科，或有牧養，當知生克之理，務明補瀉之功。五臟六腑，統屬甚多，然馬約與人之臟腑相同，苗竅相合，實者瀉之，虛者補之，表面悉辨，陰陽各分，自易療矣。

又《辨疔黃論》 《馬經》云：疔者，瘡也。所主在血，乃血有虧也，血凝氣泄，火燥毒結，發為疔證者，如人生疽耳。黃者乃屬於氣，如氣損血虛，火毒攻結，至氣血不能流通，故發為黃。黃者，如人生癰也。凡疔瘡火毒，起初細小，久則肉化腐潰變成膿血，故曰疔也。黃者，頃起紅腫高大，刺破多有黃水黑血，故曰黃也。凡疔黃雖屬異證，用藥各有引經不同。總之，療黃統屬心臟所發。醫曰：諸疔黃皆屬心火，此之謂歟。凡馬生疔黃，先分部位，然後用藥引經，各分五臟而治，何有莫可療者乎。

明 趙浚等《新編集成馬醫方・察口色論》 春者，肝旺也，甲乙當令，凡口中之色鮮明光潤如桃者平，白者病，紅者和，黃者生，黑者危，青者死。桃者，桃花之色。夏者，心旺也，丙丁當令，凡口中之色鮮明光潤如蓮者平，黑者病，黃者和，白者生，赤者危，紫者死，蓮者，蓮花之色。秋者，肺旺也，庚辛當令，凡口中之色鮮明光潤如桃者平，青者病，黃者和，紅者生，白者危，黑者死。冬者，腎旺也，壬癸當令，凡口中之色鮮明光潤如桃者平，白者病，紅者和，黃者生，青者危，黑者死。

又《診候馬病脈》 凡候馬脈，先撫左腋下，其脈從前來者，肺、心、肝、脈也；若從後來者脾腎脈也。動如春者死。次撫右脈也，脈如雀啄、屋漏，十死無一生。脈緩大者，心脈也；如箭，肝脈也；細而硬，腎脈也；滴滴如彈丸，復似連珠，脾脈也。前來為陽脈，後來為陰脈。脈來過如流水者，病雖重不死，可治。如有風病者，先看外五候。若眼有異，病在心。若鼻有異，病在肺。若耳有異，病在肝。若四腳直，病在腎。若口合噤，病在脾。又曰：心脈細而緩，肺脈緩而大，肝脈實而大，腎脈如流水。

清 佚名《大武經・辨證篇・眼色論》 凡牛馬眼色可能分生死者，青如翠竹者生，如靛染者死；黃如赤金者生，如蟹腹者死；紅如雞冠者生，如硃砂者死；白如石膏者生，如枯骨者死；黑如鴉羽者生，如炲煤者死。此為五色之應，宜詳究之。

綜述

明 喻仁、喻傑《新刊纂圖元亨療馬集》卷一《四季口色形候無病即四季口色皆紅》 春季，口中青者，病在肝，難治也；若變黑者，可治，謂水生木也；變白者，不可治，謂金克木也。夏季，口中赤者，病在心，難治也，若變青者，可治，謂木生火也變黑者，不可治，謂水克火也。秋季，口中白者，病在肺，難治也；若變黃者，可治，謂土生金也；變赤者，不可治，謂火克金也。冬季，口中黑者，病在腎，難治也；若變白者，可治，謂金生水也；變黃者，不可治，謂土克水也。四季下旬，口中黃者，病在脾，難治也。若變赤者，可治，謂火生土也；變青者，不可治，謂木克土也。

明 楊時喬《新刻馬書》卷二《相馬有疾》 馬有疾者，精神倦怠，頭低耳耷，毛焦肷吊，料草遲細，有疾之相。驊騮有疾說須知，形狀離常脈部殊。唇昏舌昧無光彩，皮毛焦騷瘦羸輸。頭低耳耷精神慢，四肢倦怠步行遲。面浮鼻腫雙睛閉，腹細腰弓喘息微。食少飲多俱是患，便陰惡冷亦為虧。

又《相馬無疾》 無疾者，精神加倍，料草增進，皮毛光潤，呼吸平順，四肢輕健，尿清糞潤，頭尾不動，輪歇後蹄，無疾之相。欲定驊騮臟腑寧，尿清糞潤口中紅。皮毛光彩精神倍，鼻氣溫和來往通。四肢輕健行無澀，兩目清輝無眵矇。頭尾不動後蹄歇，此為無病脈神功。

又《馬陰陽盛虛之相》 陰陽盛虛者，氣血流行不齊也。太過者，陽盛。不及者，陰盛。陽盛者，陰虛。陰盛者，陽虛。陽盛者，血凝氣。陰盛者，氣凝血。陽虛者，腠理不密。陰虛者，少火生陰。血凝氣者，生黃。氣凝血者，生瘡。腠理不密，自流冷淚，少火生陰，後腿虛浮。陰陽盛虛之相也。

又《王良五赤五疾之相》 鐵磨口角，呼為一赤。屬膊，呼為二赤。肚帶磨破肘下，呼為三赤。磨梁擦背，呼為四赤。磨破尾下，呼為五赤。垂縷不收，腎之疾。氣如攢椽，肺之疾。蹇唇愛笑，脾之疾。舌如硃砂，心之疾。兩眼不見物，肝之疾。

清 李南暉《活獸慈舟・馬》第一篇《察口舌病證法》 東垣曰：馬有其外，必有其內，凡認馬病，當從口舌之下，細心觀察。馬舌下有二竅，左為金關竅，右為玉戶竅，此竅與人之有龍泉而通津液相符。《馬經》云：舌下有二竅，經名為臥蠶，誰能識此義，療馬有何難？凡觀臥蠶認證，務分青、黃、赤、白、黑，約與認牛舌底色脈相同。凡業是醫，當留心學習乃可。

又《審雙鳧脈應法》 醫曰：凡馬得證，尤當從雙鳧處審察脈之虛實表裏，或曰：人脈從手，世醫悉知；馬脈從雙鳧觀察，有何分辨？不知馬有雙鳧，世多弗曉。雙鳧者，乃前足雞心上五寸正，結喉穴前各列七分，亦有上、中、下三部，有風、氣、命三關。以右手無名指、中指、食指三指診於左旁，上部少陰經與太陽經相為表裏，中部厥陰經與少陽經相為表裏，下部乃少陰經與太陽經相為表裏。上部脈乃心與小腸同為臟腑，其脈洪數為主脈；中部肝與膽同為臟腑，其脈弦長為主脈；下部腎與膀胱配為臟腑，其脈沉細為主脈；此乃本脈。尤當分其各有旺相統管不同，如心火主旺於夏，肝木主旺於春，腎水主旺於冬，各有生旺不同。如心脈當現於夏時，脈不洪大緊數而反沉細者，乃水克火為病也。肝脈當現於春時，脈不弦長反而浮散，乃金克木為病也。腎脈當現於冬時，其脈不沉細反而緩大，乃土克水為病也。然此三部既分，三關當辨。又以左手無名指、食指、中指三指審察，右側風、氣、命三關。風部在上，氣部居中，命部位下。風關乃太陰經與陽明經同為臟腑，氣關乃太陰經與陽明經同為臟腑，命關乃命門與三焦配為臟腑；上關肺與大腸相為表裏，其脈浮散；中關脾與胃相為表裏，其脈緩大；下關命門與三焦相為表裏，其脈洪數而細；亦須分其各有旺相統管不同。如肺金主旺於秋，脈宜浮散為主脈，如反洪數為火克金也。脾土主旺於四時，脈宜緩大為主脈，如反弦長為木克土也。命門與三焦主旺於夏時，其脈宜洪數為主脈，如反沉細，又為命門三焦受克也。但凡看脈，各有分寸不同，各有各部所主。總之，先以浮、沉、遲、數、虛、實、大、緩八字為憑。凡浮散脈者，多屬外感風邪；沉緊脈者，多是內染寒涼；洪數有力者，多有內熱而生疔黃便結等證；凡沉細微弱者，多屬勞役內傷等證。此不過大概而言之。如浮、沉、遲、數各有相兼不同，亦宜深識其理乃可。凡看脈當分其外五行，饑、飽、勞、役、虛、實、表、裏，故醫曰：望、聞、問、切，此乃心法相傳，世人不可不知也。

傳記

明 楊時喬《新刻馬書》卷三《馬師皇問對脈色論》 馬師皇者，姓馬氏，別號師皇，黃帝時一聖師也。有生知之資，幼而敦敏，長而神靈，通天地之綱紀，識陰陽之運氣，知五行之衰盛，相馬牛之形神，診馬牛之脈息，察五臟之虛實，以五味之調治。因治龍，龍負而歸天矣。嘗侍於黃帝之側，帝問曰：『馬者，濟世之奉，利國之基。稟陰陽而生，遇四時不正而死者，何也？』師皇避席而奏曰：『此天地之流行不齊之氣運。陛下施愛物之心，臣不敏，愿陳其術。』帝曰：『汝能濟物利人乎？』師皇奏曰：『馬者，獸也。稟二氣五行長於灰臺之下，與人并生於天地之間，有引重致遠之功，代人之勞，而亦待人之養。苟失其養，痾瘵萌生，疲困疾患，不可不知也。且天地合氣，日月虛盈，機發動靜，血氣所使。風寒暑濕傷於外，饑飽勞役擾乎內，五行生克，諸疾生焉。』帝曰：『二五生者，始於何也？』師皇對曰：『二五始混生者，根也。根者，腎也，腎者，水也。水生木，木生火，火生土，土生金，金生水也。』帝曰：『五行克者何如？』對曰：『木逢金而伐，火逢水而滅，土逢水而達，金遇火而缺，水遇土而絕，萬物皆然無所異也。』帝曰：『五行生克如然，疲、患、疾、瘵，何以識之？』師皇對曰：『伐柯者，非斧而不能克。察病者，非脈色何能知之。』帝曰：『敢聞脈理何如？』師皇對曰：『脈色者，氣血也。血氣流行，其狀有五：四時平正之脈，四時不正之脈，四時應病之脈，四時變易之脈，六經六氣之脈。』帝曰：『六經六氣，愿聞其道。』師皇對曰：『欲知六氣，須診雙鳧，雙鳧者，胸鳧也。胸鳧者，氣血之道也，左分三部，右列三關，能知臟腑、善識陰陽諸疾之顯應也。左鳧上部者，少陰心經，太陽小腸。中部者，厥陰肝經，少陽膽經。下部者，少陰腎經，太陽膀胱。右鳧上部者，太陰肺經，陽明大腸。

中部者，太陰脾經，陽明胃經。下部者，少陽三焦，厥陰包絡。此為六經六氣之分也。』帝曰：『六脈之狀，其至何如？』師皇對曰：『厥陰之至，其脈弦。少陰之至，其脈洪。太陰之至，其脈長。少陽脈至，大而浮。陽明脈至，短而澀。太陽脈至，洪而沉。至而和、則平，至而甚、則病，至而反、則病，至而不至、病，不至而至、病，陰陽易者、危，此謂六經六脈之至也。』帝曰：『六脈如斯，何謂平、反？』師皇對曰：『春脈弦，為平。何謂弦然！春行木令，肝脈為主，萬物始生，其狀來急、端直、滑長而打手者，故曰弦。反者，病。何謂反然！其狀來而洪大實強者，此謂太過，病在表。其狀，來而不實，去而遲細者，此謂不及，病在裏。夏脈洪，為平。何謂洪然！夏行火令，心脈為主，萬物榮萃，其狀，來大而滿手者，故曰洪。反者，病。何謂反！其狀，來緊數，去而亦數者，此謂太過，病在表。其狀，來而洪盛，去而微小者，此謂不及，病在裏。秋脈浮而平。何謂浮然！秋行金令，肺脈為主，萬物秀實。其狀，按之不足，輕虛而有者，故曰浮。反者，病。何謂反！其狀，來浮而去大者，此謂太過，病在表。其狀，來遲而去小者，此謂不及，病在裏。冬脈沉，為平。何謂沉然！冬行水令，腎脈為主，萬物收藏。其狀，浮而若無，按之得見者，故曰沉。反者，病。何謂反！其狀，來沉而去弦者，此謂太過，病在表。其狀來沉而去微者，此謂不及，病在裏。』帝曰：『脾部之脈，何所診之？』師皇對曰：『脾者，土也，孤藏以灌四旁，居於右㒵之中。』帝曰：『何以見之？』答曰：『氣關之脈來，如津津流水之狀，此謂以灌四旁，故曰平。反者，病。何謂反！其狀，兩旁虛而中央實者，此謂太過，病在表。其狀，兩旁實而中央虛者，此謂不及，病在裏。乃為四時平、反之脈也。』帝曰：『平、反之脈，余已知之。臟腑之真，未聞其說。』對曰：『臟腑脈者，六經脈也，三關三部分之。一部內應一臟，一臟管一腑也，診者斟酌觀之。右手食指診于左㒵上面者，號曰上部，其脈應心，屬火，少陰、太陽當令，乃心與小腸之脈也；中指診於左㒵中面者，號曰中部，其脈應肝，屬木，厥陰、少陽當令，乃肝與膽經之脈也；名指診於左㒵下面者，號曰下部，其脈應腎，屬水，少陰、太陽當令，乃腎與膀胱之脈也。左手示指診於右㒵上面者，號曰風關，其脈應肺，屬金，太陰、陽明當令，乃肺與大腸之脈也；中指診於右㒵中面者，號曰氣關，其脈應脾，屬土，太陰、陽明當令，乃脾與胃經之脈也，名指診於右㒵下面者，號曰命關，其脈應心，腎屬水火，少陽、厥陰當令，乃三焦命關之脈也。此謂臟腑授受之脈，醫獸診而驗之。』帝曰：『何以得知疾病乎？』師皇對曰：『如水氣傷肝、小腸結痛，左部上中沉澀；草飽傷肺及大腸結痛，風關脈澀遲沉。如：雙㒵脈俱大，按之有力，是陽中之陽，雙㒵脈俱小，按之無力，是陰中之陰；雙㒵脈俱大，按之無力，是陽中有陰；雙㒵脈俱小，按之有力，是陰中有陽。是故：氣壯，脈洪。上部熱氣微，脈小，下元寒。風關浮而大，鼻孔流膿。脾脈滑而沉，腸鳴泄瀉。衛脈浮弦、榮脈滑，外感風寒。心㒵細小、腎㒵微，內傷勞役。上部脈洪、中下澀，胸膈停痰。肺關脈壯、命關沉，膀胱積水。脾部短而澀，少食少餐。肺脈大而浮，多喧多嗽。心、肺兩㒵雙大，必發三喉。腎、命二脈兩沉，多生木腎。下部氣關遲細，脾胃凝寒。上部風關強數，心胸積熱。左脈中沉，上下澀，腹內寒疼。右㒵中澀、兩旁沉，腸中結痛。三部沉而俱小，驊騮必致勞傷，六竅弦而緊數，騏驥多生黃腫。左腎澀而右命澀，下虛而胯靸腰拖。三關滑而三部滑，筋敗而把前把後。兩項沉微，色若煤，五絕，三危。雙㒵洪數，口如湯，前黃，後腫。中部洪而弦數，目暗睛昏。肺脈沉而細小，胸疼膊痛。六經六氣沉遲，五勞七傷。三部三關斷亂，八脫九死。氣壯，脈洪強大，發癧、發黃。氣微，脈壯滑長，生瘡生毒。土脈澀而又且浮，脾胃中停宿、停寒。氣關滑而下部數，脾、腎內包藏陰火。心脈洪而大，嗓腫喉疸。腎脈澀而沉，腰癱腿瘓。六脈沉而不見，五臟虧傷。兩㒵斷截無絲，六腑敗絕。一息一至，伯樂難醫。至而不至，師皇不治。此謂三十六般應病之脈也。且，應病之脈其狀有三，故曰：平、反、易也。』帝曰：『何以分別？』師皇對曰：『凡診獸脈，必須指下精微。春弦、夏洪，秋毛、冬石，來似連珠，過如流水，瀝瀝相連不斷者，此謂平順中和之脈也。如，三春遲細，九夏沉微，秋脈洪弦，冬㒵緊數，此謂逆反不正之脈也。』帝曰：『易脈何如？』師皇對曰：『易者，變也。如：氣呼一息，脈來一至，至至而斷，不相接續者，此謂屋漏，如屋漏水之狀，病傳五臟，氣呼一息，連來三至斷截，來而不清，過而散亂，少息復來而又斷亂者，此謂雀啄，如雀啄食之狀，病在六腑。內經云：凡屋漏、雀啄、蝦游、解索、變易如亂發者，俱無治療也。』帝曰：『平、反、變易，俱已知之。口色善惡，願聞其道。』師皇對曰：『口色驗疾之所也。五臟六腑各有部位分之。』帝曰：『何以分別？』師皇對曰：『舌色應心，唇色應脾，金關應肝，玉戶應肺，排齒應腎，口角應於三焦也。』帝曰：『察色應癥，四季同否？』曰：『不同。』『何謂不同？』師皇對曰：『夫，春者，肝時也，甲乙當令，壬癸相生。凡口中之色鮮明光潤如桃色者、平，白者、病，紅者、和，黃者、生，黑者、危，青者、死。是故：桃色者、桃花之色也，春現者、平，何謂平！春色如桃，百病俱消，白色者、肺金之色也，春見者、病，何謂病！春蠶金色，木逢金克，紅色者、陽金之色也，春見者、和，何謂和！春有陽和，牛馬無疴，黃色者、脾土之色也，春見者、生，何謂生！肝病傳脾，木賴士滋，黑色者、腎水之色也，春見者危，何謂危！三春色黑，五臟絶滅，青色者、肝木之色也，春見者、死，何謂死！春關青紫，木虧，肝死。此謂春季口色之分也。夫、夏者，心旺也，丙丁當令，甲乙相生。凡口中之色鮮明光潤如蓮色者、平，黑者、病，黃者、和，白者、生，赤者、危，紫者、死。是故：蓮色者、蓮花之色也，夏見者、平，何謂平！夏舌如蓮，五臟安然，黑色者、水色也，夏見者、病，何謂病！夏舌水色，火遭水克，黃色者、土色也，夏見者、和，何謂和！舌有黃光，夏獸無殃，白色者、金色也，夏見者、生，何謂生！夏獸舌白，五臟無熱，赤色者、火色也，夏見者、危，何謂危！夏舌如朱，伯樂難醫，紫色者、血色也，夏見者、死，何謂死！炎天舌紫，血枯心死。此謂夏季口、色之分也。夫、秋者，肺旺也，庚辛當令，戊己相生。凡口中之色鮮明光潤如桃色者、桃花之色也，秋見者、平，何謂平！秋色桃紅，氣血和平，青色者、肝木之色也，秋見者、病，何謂病！玉關青氣、三秋不治，黃色者、脾土之色也，秋見者、和，何謂和！臥蠶黃潤，三秋無病，紅色者、心火之色也，秋見者、生，何謂生！秋月蠶紅，諸疾無生，白色者、肺金之色也，秋見者、危，何謂危！三秋口白，十中九絶，黑色者、腎永之色也、秋見者、死，何謂死！臥蠶黑紫，三秋必死。此謂秋季口色之分也。夫、冬者、腎旺也，壬癸當令，金部相生。凡口中之色鮮明光潤如桃色者、平，白者、病，紅者、和，黃者、生，青者、危，黑者、死。是故：桃色者、桃花之色也，冬見者、平，何謂平！冬色桃紅，氣血調勻，白色者、金色也，冬見者、病，何謂病！冬白臥蠶，水冷金寒，紅色者、火色也，冬見者、和，何謂和！排齒冬紅，水火相停，黃色者、土色也，冬見者、生，何謂生！排齒冬黃，獸壽延長，青色者、木色也，冬見者、危，何謂危！排齒冬青，醫治無功，黑色者、水色也，冬見者、死，何謂死！排齒煤黑，冬疴死絶。此謂冬季口色之分也。脾無正位，四季分之，各旺一百八日，三、六、九、臘當權，正應玉唇，副應玉舌。兩竅鮮明如桃色者、平，青者、病，白者、和，紅者、生，黑者、危，黃者、死。是故：桃色者、桃花之色也，季見者、平，何謂平！四季桃紅，寒暑無侵，青色者、肝木之色也，季見者、病，何謂病！四季唇青，醫治無功，白色者、肺金之色也，季見者、和，何謂和！四季唇白，諸病潛滅，紅色者、心火之色也，季見者、生，何謂生！四季唇紅，土賴火生，黑色者、腎水之色也，季見者、危，何謂危！四季唇黑，醫之亦絶，黃色者、脾土之色也，季見者、死，何謂死！四季唇黃，醫治無方。此謂四時季月口色之分也。」帝曰：『惡色中，有死而復生乎？？』師皇對曰：『青如翠色者、生，似靛染者、死，赤如雞冠者、生，似衃血者、死，白如豕膏者、生，似枯骨者、死，黑如烏羽者、生，似炲煤者、死，黃如蟹腹者、生，似黃土者、死。色脈相應者、生，相反者、死。陰病見陽色者、生，陽病見陰色者、死。此謂口色善惡之分也。』帝曰：『余聞口色中有臥蠶者，何也？』師皇對曰：『臥蠶者，舌下二竅也，在舌胎之下，仰陷之中，左名金關，右名玉戶。左應肝經、膽部，右應肺部、大腸，形若臥蠶，即口色也。岐伯云：「欲知騾馬諸般病，舌下先須看臥蠶。」王良曰：「口中有兩道命色是也。」』又曰：『診脈，獨取玉雙凫者，何也？』師皇對曰：『雙凫者，在肌骨兩旁，結喉以下，乃氣海之門，血海之路，氣血升降，如人之出入，未有不由其門路者也。夫、血者，乃氣之所使，升引玉首，然後，分布遍體及五臟六腑，虛、實、寒、熱皆顯應於此，是以獨取於雙凫也。雙凫之上三寸，乃胃氣之口也。胃者，總朝百脈，脾灌四旁，乃為五臟關司之所，臟腑皆稟氣於胃。氣血皆從雙凫之出入也。岐伯云：「三陽在頭，三陰在首，其謂一也。」王良曰：「膈前有一道命脈，是也。」』帝曰：『察色按脈，其有道乎？』曰：『有。』『其妙幾何？』師皇對曰：『凡察色脈，必得從容、寧心、靜志，如執玉捧盈。內經云：診察之道，寧靜為先，抱元歸一，疴瘵則無誤矣！』又云：『凡察獸病，先觀時日晴和，遇狂風驟雨，酷暑嚴寒，陰陽逆塞，神氣昏沉，不可便中診察色脈。凡察色脈，勿令慌忙，當先將獸拴繫，停立寧靜，喘息和平，神清心定。方可觀於口色；經脈乃定，脈絡調勻，氣血不亂，方可診脈於雙凫。以右手診其左凫之脈，左手診其右凫之脈，察明玉戶、金關，斟酌浮、沉、滑、澀。色脈兩兼，有無相應、相反，如執權衡，無纖毫盛者，此謂診察之道也。三部者，左三部也，三關者，右三關也，乃疴瘵之明鑒，臟腑之應矣！是故，打指而滿乎者，弦洪；斷亂而無續者，敗絶；緊而大者為數；緩而小者為遲；滑者，往來流利；澀者，往來蹇滯；浮者，浮於手下，沉者，按之乃得。脈之眾狀不同，非手巧心諦者而指下豈能分別矣。』帝曰：『余聞察病而有巧者，何也？』師皇對曰：『察病而有巧者，望、聞、問、切也。凡察獸病，先以色脈為主，再令相其行步，聽其喘息，觀其肥瘦，察其虛實，窮飲喂之多寡，究穀料之有無，然後定奪陰陽之病。此謂切病之巧也。』帝曰：『善。』又曰：『色脈者，醫之準繩也，疾之龜鑒也。診察精微，如通神聖。胸鳧、膈項、唇、舌、臥蠶，平、反、變、易、寒、熱、盛、衰，得之於心神，應之於手目，凡諸疾者，如日月星光所照，無所不明矣！可謂濟世之仁術，養生之道矣！』謹識。

清　郭懷西《新刻注釋馬牛駝經大全集・馬經大全》卷一《馬師皇問對脈色論》　馬師皇者，姓馬氏封號師皇，黃帝時一聖師也。有生知之資，幼而敦敏，長而神靈，通天地之綱紀，識陰陽之運氣，如五行之衰盛，相馬牛之形神，診馬牛之脈息，察五臟之虛實，以五味之調和，因治龍，龍負而歸天矣。嘗侍於黃帝之側。帝問曰：『馬者濟世之本，利國之基，稟陰陽二氣而生，遇四時不正而死者何也？』師皇避席而奏曰：『此天地之流行不齊之氣運，陛下施愛物之心，臣不敏，願陳其術。』帝曰：『汝能濟物利人乎？』師皇奏曰：『馬者，獸也。亦有父母，父名屈強，母名屈女，配合夫婦，生得女子，女子生得飛兔，飛兔生得麒麟，麒麟生馬，馬生得騾驢，皆稟二氣五行，長於灰台之下，與人並生於天地之間，有引重致遠之功，代人之勞，而亦待人之養。苟失其養，屙瘵萌生，疲困疾患，不可不知也。且天地合氣，日月虛盈，機發動靜，血氣所使，風寒暑濕傷於外，饑飽勞役擾乎內，五行生尅，諸疾生焉。』帝曰：『二五生者，始於何也？』師皇對曰：『二五始於混沌，開天立極，天一生水，水者根也，根者腎也，腎者水也。水生木，木生火，火生土，土生金，金生水也。』帝曰：『五行尅者，何如？』對曰：『木逢金而伐，火逢水而滅，土逢木而尅，金遇火而缺，水遇土而絕。萬物皆然，無所異也。』帝曰：『五行生尅如然，疲患疾病，何以識之？』師皇對曰：『伐柯者，匪斧而不尅；察病者，非脈色豈能知之？』帝曰：『敢聞脈理何如？』師皇對曰：脈色者，氣血也。血氣流行，其狀有五：四時平正之脈，四時不正之脈，四時應病之脈，四時易變之脈，六經六氣之脈。帝曰：『六經六氣，願聞其道。』師皇對曰：『欲知六氣，須診雙鳧。雙鳧者，胸鳧也。胸鳧者，氣血之道也。左分三部，右列三關，能知臟腑，善識陰陽，諸疾之顯應矣。其五臟六腑者，有配合相連也。曰：一心脈、二小腸、三肝臟、四膽俯、五腎部、六膀胱、七肺脈、八大腸、九脾經、十胃腑、十一三焦、十二包絡、命門是也。內分三部三關，以應雙鳧。雙鳧者，左右之分也。左鳧上部者，少陰心經，太陽小腸；中部者，厥陰肝經，少陽膽經；下部者，少陰腎經，太陽膀胱。右鳧上部者，太陰肺經，陽明大腸；中部者，太陰脾經，陽明胃經；下部者，少陽三焦、厥陰包絡。此為六經六氣之分也。』帝曰：『六脈之狀，其至何如？』師皇對曰：厥陰之至其脈弦；少陰之至其脈洪；太陰之至其脈長；少陽脈至大而浮；陽明脈至短而澀；太陽脈至洪而沉。至而和則平；至而甚則病；至而反則病；至而不至病；不至而至病；陰陽易者危。此謂六經六脈之至也。』帝曰：『六脈如斯，何謂平反？』師皇對曰：『春脈弦為平。何謂弦？蓋春行木令，肝脈為主，萬物始生，其狀來急，端直、滑長而打手者，故曰弦；反者病。何謂反？蓋其狀來而洪大實強者，此謂太過，病在表；其狀來而不實，去而遲細者，此謂不及，病在裡。夏脈洪為平，何謂洪？蓋夏行火令，心脈為主，萬物榮萃。其狀來大而滿手者，故曰洪；反者病。何謂反？其狀來緊數，去而亦數者，此謂太過，病在表；其狀來而洪盛，去而微小者，此謂不及，病在裡。秋脈浮為平。何謂浮？蓋秋行金令，肺脈為主，萬物秀實。其狀按之不足、輕虛而有者，故曰浮；反者病。何謂反？其狀來浮而去大者，此謂太過，病在表；其狀來遲而去小者，此謂不及，病在裡。冬脈沉為平。何謂沉？蓋冬行水令，腎臟為主，萬物收藏。其狀浮而若無，按之得見者，故曰沉；反者病。何謂反？其狀來沉而去弦者，此謂太過，病在表；其狀來沉而去微者，此謂不及，病在裡。』帝曰：『脾部之脈，何以診之？』師皇對曰：脾者土也，孤藏以灌四旁，居於右鳧氣關之中。帝曰：『何可見之？』答曰：『氣關之脈，來如津津流水之狀，此謂以灌四旁，故曰平；反者病。何謂反？其狀兩旁虛而中央實者，此謂太過，病在表；其狀兩旁實而中央虛者，此謂不及，病在裡。乃為四時平反之脈也。』帝曰：『平反之脈，余已知之；臟腑之真，未聞其說。』師皇對曰：『臟腑脈者，六經脈也。三關三部分之，一部內應一臟，一臟管一腑也。診者斟酌觀之。右手食指診于左鳧上面者，號曰上部。其脈應心屬火，少陰太陽當令，乃心與小腸之脈也。中指診于左鳧中面者，號曰中部。其脈應肝屬木，厥陰少陽當令，乃肝與膽經之脈也。名指診于左鳧下麵者，號曰下部。其脈應腎屬水，少陰太陽當令，乃腎與膀胱之脈也。左手食指診於右鳧上面者，號曰風關。其脈應肺屬金，太陰陽明當令，乃肺與大腸之脈也。中指診於右鳧中面者，號曰氣關。其脈應脾屬土，太陰陽明當令，乃脾與胃經之脈也。名指診於右凫下面者，號曰命關。其脈應腎屬水，少陽厥陰當令，乃三焦命門之脈也。此謂臟腑授受之脈，醫獸診而驗之。」帝曰：『何以得知疾病乎？』師皇對曰：『如水氣傷肝，小腸結痛，左部上中沉澀；草飽傷脾及大腸結痛，風關脈沉遲澀。如雙凫脈俱大，按之有力，是陽中之陽；雙凫脈俱小，按之無力，是陰中之陰；雙凫脈俱大，按之無力，是陽中有陰；雙凫脈俱小，按之有力，是陰中有陽。是故氣壯脈洪。上焦熱；氣微脈小，下焦寒。風關浮而大，鼻孔流膿。脾脈滑而沉，腸鳴泄瀉。衝脈浮弦榮脈滑，外感風寒。心凫細小腎凫微，内傷勞役。上部脈洪中下澀，胸膈停痰。肺關脈壯命關沉，膀胱積水。脾部短而澀，少食少餐。肺脈大而浮，多啌多嗽。心肺兩凫雙大，必發三喉。腎命二脈兩沉，多生木腎。中部氣關遲細，脾胃凝寒。上部風關弦數，心胸積熱。左部中沉上下澀，腹内寒疼。右凫中澀兩旁沉，腸中結痛。三部沉而俱小，騂騮必致勞傷。六脈弦而緊數，騏驥多生黄腫。左腎澀而右命澀，下虚而胯鞁腰拖。三關滑而三部滑，筋敗而把前把後。六脈沉、口色黑，五絶三危。雙凫數，口如湯，前黄後腫。中部洪而弦數，目暗睛昏。肺脈沉而細小，胸疼膊痛。六經六氣沉遲，五勞七傷。三部三關斷亂，八絶九死。氣壯脈洪強大，發癰發黄。氣微脈壯滑長，生瘡生毒。脾脈澀而又且浮，脾胃中停宿停寒。氣關滑而下部數，脾腎内包藏陰火。心脈洪而大，嗓腫喉疸。腎脈澀而沉，腰癱腿瘓。六脈沉而不見，五臟虧傷。兩凫斷截無絲，六腑敗絶。一息一至，師皇不治；至而不至，伯樂難醫。以察其原，此謂三十六般應病之脈也。且應病之脈，其狀有三，故曰：『平、反、易也。』帝曰：『何以分別？』師皇對曰：『凡診獸脈，必須指下精微，春弦夏洪，秋毛冬石，來似連珠，過如流水，瀝瀝相連不斷者，此謂平順中和之脈也。如三春遲細，九夏沉微，秋脈洪弦，冬凫緊數，此謂逆反不正之脈也。』帝曰：『易脈何如？』師皇對曰：『易者，變也。如氣呼一息，脈來一至，至至而斷，不相接續者，此謂屋漏，如屋漏水之狀，病傳五臟。氣呼一息，連來三至斷截，來而不清，過而散亂，少息複來，而又斷亂者，此謂雀啄，如雀啄食之狀，病在六腑。《内經》云：凡屋漏、雀啄、蝦游、解索、變易如亂髮者，俱無治療也。』帝曰：『平反變易，俱已知之；口色善惡，願聞其道。』師皇對曰：『口色，驗疾之所也。五臟六腑，各有部位分之。』帝曰：『何以分別？』師皇對曰：『舌色應心，唇色應脾，金關應肝，玉戶應肺，排齒應腎，口角應于三焦也』。帝曰：『察色應症，四季同否？』曰：『不同。何謂不同？』師皇對曰：『夫春者，肝旺也。甲乙當令，任癸相生。凡口中之色，鮮明光潤如桃色者平，白者病，紅者和，黄者生，黑者危，青者死。是故桃色者，桃花之色也。春現者平。何謂平？春色如桃，百病俱消。白色者，肺金之也血。春現者病。何謂病？春蠶金色，木逢金尅。紅色者，陽金之色也。春見者和。何謂和？春有陽和，牛馬無屙。黄色者，脾土之色也。春見者生。何謂生？肝病傳脾，木賴土滋。黑色者，腎水之色也。春見者危。何謂危？三春色黑，五臟絶滅。青色者，肝木之色也。春見者死。何謂死？春間青紫，木虧肝死。此謂春季口色之分也。『夫夏者，心旺也。丙丁當令，甲乙相生。凡口中之色鮮明光潤如蓮色者平，黑者病，黄者和，白者生，赤者危，紫者死。是故蓮色者，蓮花之色也。夏見者平。何謂平？夏舌如蓮，五臟安然。黑色者，水色也。夏見者病。何謂病？夏舌水色，火遭水尅。黄色者，土色也。夏見者和。何謂和？舌有黄光，夏獸無殃。白色者，金色也。夏見者生。何謂生？夏獸舌白，五臟無熱。赤色者，火色也。夏見者危。何謂危？夏舌如硃，伯樂難醫。紫色者，血色也。夏見者死。何謂死？炎天舌紫，血枯心死。此謂夏季口色之分也。『夫秋者，肺旺也。庚辛當令，戊己相生。凡口中之色鮮明光潤如桃色者平，青者病，黄者和，紅者生，白者危，黑者死。是故桃色者，桃花之色也。秋見者平。何謂平？秋色桃紅，氣血和平。青色者，肝木之色也。秋見者病。何謂病？玉關青氣，三秋不治。黄色者，脾土之色也。秋見者和？何謂和？臥蠶黄潤，三秋無病。紅色者，心火之色也。秋見者生。何謂生？秋月蠶紅，諸病無生。白色者，肺金之色也。秋見者危。何謂危？三秋口白，十中九絶。黑色者，腎水之色也。秋見者死。何謂死？臥蠶黑紫，三秋必死。此謂秋季口色之分也。『夫冬者，腎旺也。壬癸當令，庚辛相生，凡口中之色鮮明光潤如桃色者平，白者病，紅者和，黄者生，青者危，黑者死。是故桃色者，桃花之色也。冬見者平。何謂平？冬色桃紅，氣血調勻。白色者，金色也。冬見者病。何謂病？冬白臥蠶，水冷金寒。紅色者，火色也。冬見者和。何謂和？排齒冬紅，水火相停。黄色者，土色也。冬見者生。何謂生？排齒冬黄，獸壽延長。青色者，木色也。冬見者危。何謂危？排齒冬青，醫治無生。黑色者，水色也。冬見者死。何謂死？排齒煤黑，冬屙死絶。此謂冬季口色之分也。『脾無正位，四季分之，各旺一十八日。三六九臘當權，正應于唇，付應於舌，兩竅鮮明如桃色者平，青者病，白者和，紅者生，黑者危，黃者死。是故桃色者，桃花之色也。季見者平。何謂平？四季桃紅，寒暑無侵。青色者，肝木之色也。季見者病。何謂病？四季唇青，醫治無生。白色者。肺金之色也。季見者和。何謂和？四季唇白，諸病潛滅。紅色者，心火之色也。季見者生。何謂生？四季唇紅，火賴木生。黑色者，腎水之色也。季見者危。何謂危？四季唇黑，醫之亦絶。黃色者，脾土之色也。季見者死。何謂死？四季唇黃，醫治無方。此謂四時季月口色之分也。』帝曰：『惡色中，有死而復生乎？』師皇對曰：『青如翠羽者生，似靛染者死；赤如雞冠者生，似衃血者死；白如豕膏者生，似枯骨者死；黑如烏羽者生，似炲煤者死；黃如蟹腹者生，似黃土者死；色脈相應者生，相反者死；陰病見陽色者生，陽病見陰色者死。此謂口色善惡之分也。』帝曰：『余聞口色中，有臥蠶者何也？』師皇對曰：『臥蠶者，舌下二竅也。在舌胎之下，仰陷之中；左名金關，右名玉戶；左應肝經膽部，右應肺部大腸。形若臥蠶，即口色也。歧伯云：欲知騾馬諸般病，舌下先須看臥蠶。』王良曰：『口中有兩道命色是也。』又曰：『診脈獨取於雙鳬者何也？』師皇對曰：『雙鳬者，在臆骨兩旁、結喉之下，乃氣海之門，血海之路。氣血升降，如人之出入，未有不由其路者也。夫血者，乃氣之所使，升引於首，然後升布遍體及五臟六腑，虛實寒熱，皆顯應於此。是以獨取於雙鳬也。雙鳬之上二寸，乃胃氣之口也。胃者總朝百脈，脾灌四旁，乃為五臟關司之所。臟腑皆稟氣於胃，氣血皆從雙鳬之出入也。歧伯云：『三陽在頭，三陰在首，其謂一也』。王良曰：『膈前有一道命脈是也。』帝曰：『察色按脈其有道乎？』曰：『有』。『其道幾何？』師皇對曰：凡察色脈，必得從容，寧心定志，如執玉捧盈。《內經》云：診察之道，寧靜為先，抱元歸一，扃瘵則無誤矣。又云：凡察獸病，先觀時日晴和，如遇狂風驟雨，酷熱嚴寒，陰陽逆塞，神氣昏沉，不可便中診察色脈。凡察色脈，勿令慌忙；當先將獸拴繫，停立寧靜，喘息和平，神清心定，方可觀於口色。經脈乃定，脈絡調勻，氣血不亂，方可診於雙鳬。以右手診于左鳬之脈，以左手診於右鳬之脈，察明玉戶、金關，斟酌浮沉滑濇，色脈兩兼，有無相應相反。如執權衡，無纖毫盛者，此謂診察之道也。三部者，左三部也；三關者，右三關也，乃扃瘵之明鑒，臟腑之應驗矣。是故打指而滿手者，為弦洪；斷亂而無續者，為敗絶；緊而大者為數，緩而小者為遲；滑者往來流利，濇者往來蹇滯；浮者有於手下，沉者按之乃得。脈之眾狀不同，非手巧心諦者，指下豈能分別矣。』帝曰：『余聞察病而有巧者，何也？』師皇對曰：『察病而有巧者，望、聞、問、切也。凡察獸病，先以色脈為主，再令相其行步，聽其喘息，觀其肥瘦，察其虛實，穹飲喂之多寡，究穀料之有無，然後定奪陰陽之病。此謂察病之巧也。』帝曰：『善』。又曰：『色脈者，醫之準繩也，疾之規鑒也。診察精微，如通神聖，胸鳬膈項，唇舌臥蠶，平反變易，寒熱盛衰，得之於心神，應之於手目。凡諸疾者，如日月星光所照，無所不明矣。可謂濟世之仁術，養生之道矣。謹識。』

察舌色（臥鑱）圖

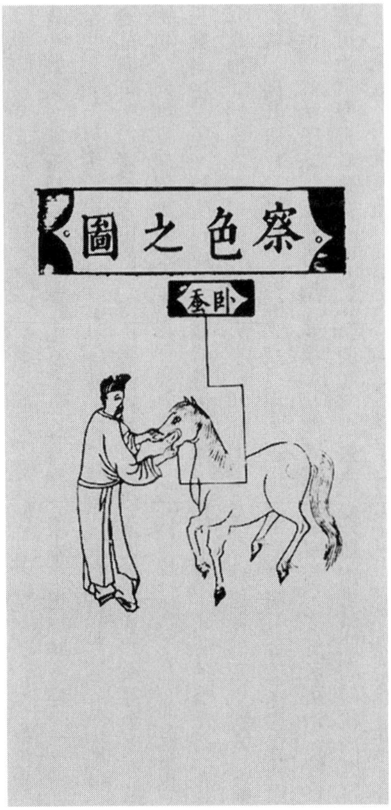

三部三關診脈圖

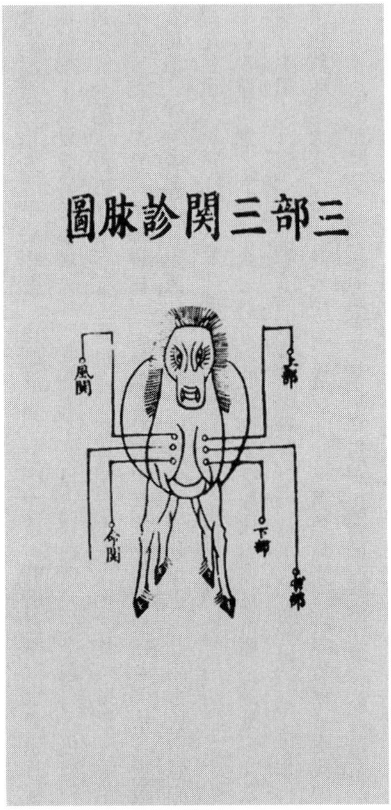

診脈之圖

紀事

清　郭懷西《新刻注釋馬牛駝經大全集·馬經大全》卷二《論馬口中有臥蠶》　東溪問于曲川曰：『余聞察口色辨臥蠶，其口色中，何為臥蠶也？』曲川答曰：『臥蠶者，舌下二竅也。在舌胎之下，仰陷之中；左名金關，右名玉戶，形若臥蠶，即口色也。』東溪曰：『五臟六腑，何以應之？』曲川曰：『舌色應心，唇色應脾，金關應肝，玉戶應肺，排齒應腎，口角應于三焦也。』東溪曰：『五經之疾，何以識之？』曲川曰：『肝經有疾，青氣見於口中。心經有疾，赤氣見於口中。脾經有疾，黃氣見於口中。肺經有疾，白氣見於口中。腎經有疾，黑氣見於口中。此謂五經五應之色也。』東溪曰：『輕重生死，何以定之？』曲川曰：『色之青者，病在肝也。夫肝者，東方木也，甲乙為主，壬癸相生，庚辛相剋色應左部臥蠶，合于週圍排齒，旺於春季，寅卯辰月當權，始于立春，終於清明大半，共旺七十二日。察色者，先觀其金關左竅，次驗兩輪排齒，金關光潤，根本正也。排齒鮮明，水生木也，其疾可治。金關暗昧，排齒無光，兩竅昏糊，變青如靛染者，其症難醫。變黃者可治，變紅者可治，變黑者難治，變白如枯骨者，金剋木，亦難治也。此謂金關內應肝經之色也。赤氣見者，疾病在心也。夫心者，南方火也，丙丁為主，甲乙相生，壬癸相剋，色應於舌，合于左竅，旺於夏季，巳午未月當權，始于立夏，終於小暑大半，共旺七十二日。察色者，先令觀其舌色，與其左竅金關，舌色光潤，根本正也。左竅鮮明，木生火也，其疾可治。舌色暗昧，左竅無光，兩部昏糊，變紫如硃砂者，其症難醫。變白者可治，變黃者可治，變青者難治。變黑如炲煤者，水剋火，亦難治也。此謂舌色內應心經之色也。黃氣見著，疾在脾也。夫脾者，中央土也，戊己為主，丙丁相生，甲乙為難，應之於唇，合之於舌，旺於四季，辰戌丑未月當權，各分一九之期，共旺七十二日。察色者，先令觀其兩唇與其舌色，唇色光潤，根本正也。舌色鮮明，火生土也，其疾可治。唇色暗昧，舌色無光，兩部昏糊，變黃如土色者，其症難醫。變紅者可治，變白者可治，變黑者難治。變青如靛染者，木剋土，亦難治也。此謂兩唇內應脾經之色也。白氣見者，疾在肺也。夫肺者，西方金也，庚辛為主，戊己相生，丙丁為難，色應右關，合於唇色，旺于秋季，申酉戌月當權，始于立秋，終於寒露大半，共旺七十二日。察色者，先令觀其金關玉戶，與其上下兩唇，臥蠶光潤，根本正也。唇色鮮明，土生金也，其疾可治。玉關暗昧，唇色無光，兩部昏糊，變白如枯骨者，其症難醫。變紅者可治，變黃者可治，變青黑者難治。變赤紫如硃砂者，火剋金，亦難治也。此謂玉戶內應肺經之色也。黑氣見者，疾在腎也。夫腎者，北方水也。壬癸為主，庚辛相生，戊己為難，應於排齒，合於玉戶，旺於冬季。亥子丑月當權，始于立冬，終於小寒大半，共旺七十二日。察色者，先令觀其兩輪排齒，與其玉戶，臥蠶、齒輪光潤，根本正也。玉戶鮮明，金生水也，其疾可治。齒輪暗昧，玉戶昏糊，變黑如炲媒者，其症難醫。變紅者可治，變白者可治，變青者難醫。變黃如蟹腹者，土剋水，亦難治也。此謂齒輪內應腎經之色也。』東溪曰：『平正之色，何以定之？』曲川曰：『臥蠶、舌、唇、排齒週圍，仰池口角，通共如初綻桃花者，乃為無疾之色也。』趙瑞甫口色論曰：紅黃相兼，無熱無寒，如桃如蓮，五臟安然。卞氏論口色賦曰：唇如桃花，舌似蓮花，臥蠶光潤，五臟精華。有察色賦，列之於後：《察色賦》：上古流傳，馬有四百四疾，施針用藥，始于皇帝，師皇。凡察口色，先令分清臟腑；次明五應，赤紅黑白青黃。唇、舌、臥蠶、輪齒有無變易，五行相生、相剋，醫工仔細參詳。青黑兩兼，駃驥夭年數盡。紅黃相濟，驊騮壽命延長。蓮舌桃唇，骨瘦如豺不死。煤蠶黑口精神百倍而亡。赤氣過多，春夏秋冬不美。

黃光太盛，三六九臘為殃。黑掩臥蠶，冬疾能醫不效。青遮口角，春屙善治無方。如粉如霜，遇三秋而必死。若丹若血，逢九夏而必亡。黑色光中變白色，水遇金回凶返吉。青先昧處見黃光，木逢土壽必延昌。外黑裡紅雲內日，黑不退終為不美。上紅下紫焰中光，紫不消不足為祥。蠶紫舌紅，氣滯肌膚作腫。唇黃輪赤，血凝經絡成瘡。鼻孔流膿，兩竅渾如血染。腸鳴泄瀉，雙唇赤若金裝。外感風寒，舌面青黃舌底白。內傷勞役，上唇赤紫下唇黃。舌類胭脂，乃是痰凝胸膈。齒輪粉白，為緣濕積膀胱。油沁臥蠶，定主少餐少食。湯澆口角，必定多嗽多啶；赤氣鎖金關，只為心胸極熱。白雲迷玉戶，皆因脾胃寒傷。血潑口中紅，十毒五疔發腫。丹塗舌面赤，前偏後膁生黃；唇紅排齒白，下元寒，腰拖胯拽。舌赤仰池黃，心火盛，飽驟勞傷。兩竅雞冠色，食槽內定生槽結。雙蠶鶴頂光，腮角旁必腫喉黃。限池如灌血，氣凝膈，胸疼膊澀。稜瘡似澆湯，血氣癢，擦樹揩樁。六竅純青濃黑，肝腑敗、三危五絕。兩關慘白昏黃，氣血衰，五勞七傷。唇色臥蠶如棗，脾土虛，翻胃吐草。仰陷牙關似粉，腎水敗，油袋凝黃。上瘡硃紅唇池白，肚腹疼，腸中秘結。仰池丹赤齒輪黃，小腸痛，閉塞膀胱。唇光如墨黑，時間氣絕。舌色如煤樁，刻下身亡。衄血唇、枯骨口，師皇不治。丹塗蠶，靛染舌，伯樂無方。更有一端煮豆色，不離時下命須亡。此謂醫家驗病方，請君斟酌莫倉皇。

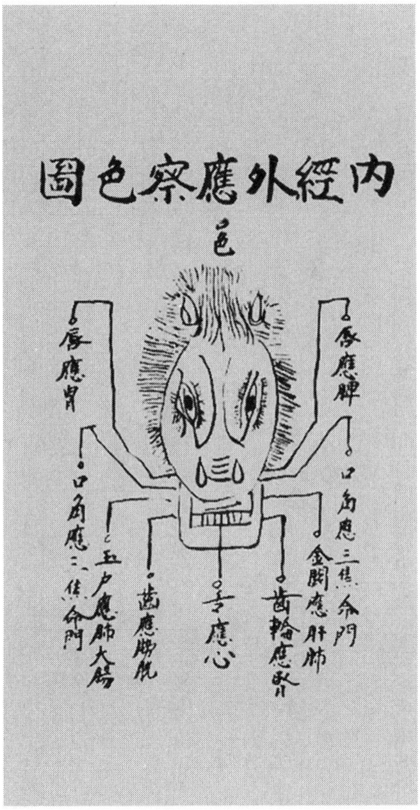

內經外應察色圖

藝文

明 楊時喬《新刻馬書》卷三《診脈歌》 左心小腸肝膽腎，右肺大腸脾胃命。左分三部右三關，上中下指相排定。食指診知上部疴，少陰太陽心經病。中指參通中部玄，厥陰少陽肝膽癥。名指詳明下部源，少陰腎經膀胱病。右凫右脈右邊排，風關氣關命關定。左手食指按風關，肺與大腸於斯應。中指從來診氣關，脾病胃疴由此定。名指診破命關玄，厥陰包絡三焦病。此謂陰陽十二經，診者消詳心手應，浮沉滑澀仔細評，外感內傷斟酌定，饑飽勞役辨重輕，風寒暑濕分衰盛，關部若能指下明，請疾無差醫藥應。

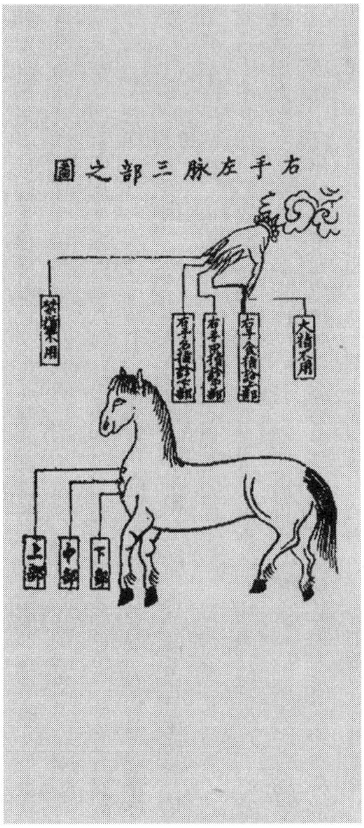

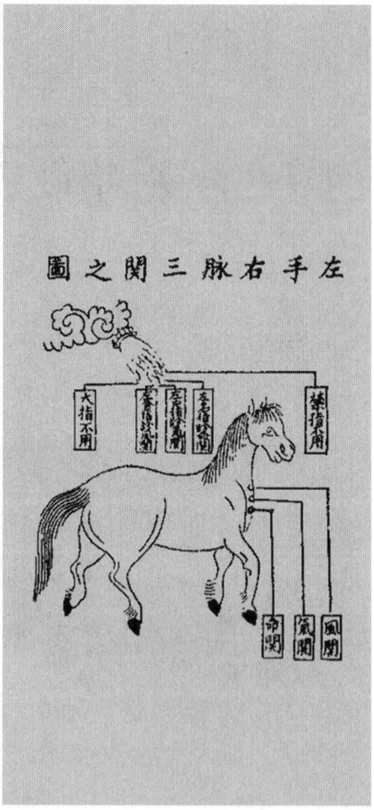

左手右脈三關之圖

又《察色歌》　察色欲知寒暑癥，四百四病唇中定。金關玉戶兩邊排，內應心肝脾肺腎。舌色應心應小腸，少陰太陽兩經癥。陷中左竅號金關，厥陰少陽肝膽應。舌傍右竅屬陽明，肺與大腸於斯定。排齒週圍屬腎經，更兼太陽膀胱癥。陽明太陰唇上觀，察者能知脾胃病。此謂醫經驗病方，智者消詳斟酌認。六腑三焦定盛衰，八邪九病分輕重。察色若能關戶明，諸疾無差醫藥應。

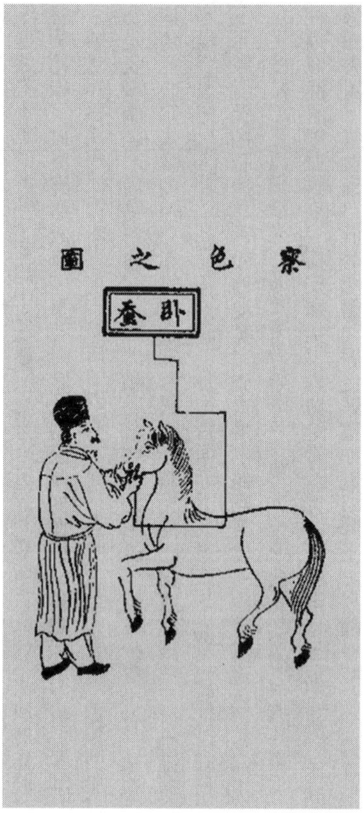

察色之圖

又《定癥歌》　脈跳如弦下手知，一息三至號平宜。陰陽色脈俱相應，再加一至更無虞。舌如蓮色鮮明潤，唇似桃花色更輝。四肢輕健行無澀，糞潤尿清睛不迷。皮毛光彩精神態，鼻氣溫和來往隨。頭尾不動後蹄歇，四季如斯百病無。口腥舌穢無顏色，形狀離常脈部殊。鼻流膿涕連聲嗽，皮毛焦燥瘦羸輸。頭眩耳耷精神少，四肢倦怠步行遲。面浮鼻腫雙睛閉，腹細腰弓喘息微。四百四病依章典，八百八治按經書。天有五星辰宿位，馬有五臟立身軀。肝屬震宮甲乙木，三斤十二似荷垂。肝盛目赤多眵淚，肝熱睛昏翳膜瘀。肝風眼爛生壅肉，肝冷流淚水淋珠。肝危眼腫頭垂地，肝虛目閉腿難移。唇青目瞪肝經絕，力敗筋輪肝木虧。心屬南方丙丁位，貴為帝王膈前居。心熱舌干多吐沫，心攻唇口遍瘡痍。心虛無事多驚恐，心痛顛狂腳步蹊。心黃獲緊逢人咬，心寒吐水膈中回。心有七竅通於舌，玉戶金關能潤滋。舌如煮豆心經死，汗出如油心血危。肺為丞相庚辛位，不受風邪膈上居。肺壅鼻中饒清涕，肺熱連啌鼻噴脂。肺風擺頭多鼻咋。肺寒白沫口中垂。肺毒藏身毛退落，肺勞遍體發瘡痍。肺嗓氣抽金部敗，鼻中血出肺金危。腎屬北方壬癸水。膀胱為腑號津液。腎壅耳聾難聽事，腎虛腿腫步行遲。腎熱耳根黃腫起，腎冷拖腰腳不移。腎傷牙齒頻咬動，腎虧骨痿瘦尫羸。垂縷不收壬癸敗，跁胯拖腰腎水虧。脾無正形分四季，脾弱唇蹇草料稀。脾衰吐草饒翻胃，脾虛面腫鼻如肥。脾寒身顫毛如刺，脾熱唇焦肉漸虧。脾不磨時草不化，脾黃起臥喘微微。頭低眼腫脾經敗，肉瘦毛長戊己虛。五臟相傳於外應，陰陽衰盛說須知。陽盛生黃多腫毒，陰盛多癱遍發疽。陽虛兩目流清淚，陰虛腿腫步難移。熱盛生風冷生氣，饑飽風寒勞役拘。暑傷六腑風傷脾，役傷風部瘦傷脂。寒傷腰胯饑傷肉，行傷筋骨立傷蹄。勞傷心血濕傷腎，飽傷五臟困傷脾。遠來飽草多傷胃，乘饑喂急臟先虧。料後飲多偏令結，空腸過飲瀉無疑。驟行飲急先傷肺，卸鞍帶汗甚虧皮。伏雨苦淋秋有疾，霜宵久露肉偏輸。酒糟喂久能揩擦，火炭熱睡燥皮毛。迎風飽飲饒啌嗽，濕傷久臥腿難移。熱料充腸偏燥尾，水潭苦浴腎多虧。老衰勤洗生癱瘓，凍草饑飡胃必輸。熱盛喘粗心肺壅，蹇唇似笑冷傷脾。咬鑿低頭心有痛，收腰不起腎經虧。急起急臥脾經痛，口吐清涎胃冷虛。蹲腰踏地尿胞轉，擺尾伸腰痛可知。回頭顧腹腸中痛，氣虛臟冷腹如雷。跑胸咬肐關前結，鼻膿腥臭肺經虧。百脈閉塞心黃起，肺心壅極腎抽蹄。傷肥肉重主眼腿，咳逆喘急變瘡痍。血瘀不通成黑汗，料傷過度臟黃瘀。糞泥立久偏生漏，遠驟無牽血注蹄。久渴空心過飲濁，毛焦消瘦水停臍。硝石餓飡生木腎，羽毛誤食嗽聲催。草飽水中休令驟，膘肥下嶺不宜騎。遠來有汗休教飲，繫拴莫近巷檐堤。汗息去鞍停卸轡，寒暑無侵諸疾愈。八十一難師皇論，七十二汗聖賢書。三十六點兼蹄痛，二十四毒腫黃痍。五絶三危十二腫，醫工仔細用心推。色察口中須細意，脈憑指下要精微。唇青似靛春須夭，舌赤如砂夏必虧。白如枯骨秋無治，黑似炲煤冬不醫。鼻脈診來如雀啄，一息一動死須知。忽來忽去無接續，亂如毫發入幽居。牽行似醉無高下，目瞪看人亦似癡。見此病源休妄作，諸方揀盡莫能愈。經書之内分明說，聖人法則古今垂。

清　郭懷西《新刻注釋馬牛駝經大全集・馬經大全》卷一《定脈歌》　脈跳如弦下手知，一息三至號平宜。陰陽色脈俱相應，再加一至更無虞。舌如蓮色鮮明潤，唇似桃花色更輝。四肢輕健行無澀，糞潤尿清睛不迷。皮毛光采精神態，鼻氣溫和來往隨。頭尾不動後腳歇，四季如斯百病無。

又《形歌》　口腥舌穢無顔色，形狀離常脈部殊。鼻流膿涕連聲嗽，皮毛焦燥瘦羸輸。頭低耳搭精神少，四肢倦怠步行遲。面浮鼻腫雙睛閉，腹細腰弓喘息微。

又《定癥歌、肝歌》　四百四病依章典，八百八治按經書。天有五星辰宿位，馬有五臟立身軀。肝屬震宮甲乙木，三斤十二似荷垂。肝盛目赤多眵淚，肝熱睛昏翳膜瘀。肝風眼爛生壅肉，肝冷流淚水淋珠。肝危眼腫頭垂地，肝虛目閉腿難移。唇青目瞪肝經絶，力敗筋輸肝木虧。

又《心歌》　心屬南方丙丁位，貴為帝王膈前居。心熱舌乾多吐沫，心火唇口遍瘡痍。心虛無事多驚恐，心痛顛狂腳不停。心黃護繫逢人咬，心寒吐水膈中回。心有七竅通於舌，玉戶金關能潤滋。舌如煮豆心經死，汗出如油心血危。

又《肺歌》　肺為丞相庚辛位，不受風邪膈上居。肺壅鼻腫鐃清涕，肺熱連喉鼻噴脂。肺風擺頭多鼻咋，肺寒白沫口中垂。肺毒渾身毛退落，肺勞遍體發瘡痍。肺嗓氣抽金部敗，鼻中血出肺金危。

又《腎歌》　腎屬北方壬癸水，膀胱為腑號津液。腎壅耳聾難聽事，腎虛腿腫步行遲。腎熱耳根黃腫起，腎冷拖腰腳不移。腎傷牙齒頻咬動，腎虧骨痿瘦尪羸。垂縷不收壬癸敗，靸胯拖腰腎水虧。

又《脾歌》　脾無正形分四季，脾弱唇蹇草料稀。脾衰吐草鐃翻胃，脾虛面腫鼻如肥。脾寒身顫毛如刺，脾熱唇焦草漸虧。脾不磨時草不化，脾黃起臥喘微微。頭低眼腫脾經敗，肉瘦毛長戊己虛。

又《臟歌》　五臟相傳於外應，陰陽衰盛說須知。陽盛生黃多腫毒，陰盛多壅遍發疽。陽虛兩目流清淚，陰虛腿腫步難移。熱盛生狂冷生痺，饑飽風寒勞役拘。暑傷六腑風傷肺，役傷肝部跑傷脂。寒傷腰胯饑傷肉，行傷筋骨立傷蹄。勞傷心血濕傷腎，飽傷五臟困傷脾。遠來飽草多傷胃，乘饑喂急臟先虧。料後飲多偏令結，空腸過飲瀉無疑。飲後驟行先傷膈，卸鞍帶汗甚虧皮。伏雨苦淋秋有疾，霜霄久露偏體輸。酒糟喂久能揩擦，火灰熱睡燥毛皮。迎風飽飲鐃喉嗽，濕場久臥腿難移。熱料充腸先燥毛，冰潭苦浴腎多虧。老衰勤洗生癱瘓，凍草饑餐胃必輸。熱盛喘粗淤壅肺，蹇唇似笑冷傷脾。咬齒低頭心有痛，收腰不起腎經虧。急起急臥脾經痛，口吐清涎胃冷虛。蹲腰踏地尿胞轉，擺尾伸腹結可知。回頭覷腹腸中痛，氣虛臟冷腹如雷。跑胸咬臆關前結，鼻膿腥臭肺經虧。百脈閉塞心黃起，肺心壅極腎抽蹄。傷肥肉重生脹腿，咳逆喘急變瘡痍。血瘀不通成黑汗，料傷過度腸黃痢。糞泥立久多生漏，遠驟無牽血注蹄。久渴空心過飲濁，毛焦偷瘦水停臍。硝石餓餐生木腎，羽毛誤食嗽聲催。草飽水中休令洗，膘肥下嶺不宜騎。遠來有汗休教飲，繫拴莫近巷簷池。汗息去鞍停卸轡，寒暑無擾諸疾愈。

又《脈色歌》　師皇問對脈色論，七十二症聖賢書。三十六臥兼蹄痛，三十六黃腫瘡痍。五赤五疔兼十腫，醫工仔細用心推。色察口中須仔細，脈憑指下要精微。唇青似靛春須死，舌赤如砂夏必虧。白如枯骨秋無治，黑似炲煤冬不醫。鼻脈診來如雀啄，一息一動死須知。忽去忽來無接續，亂如毫髮入幽居。牽行似醉無高下，目瞪看人亦似癡。見此病源休妄作，諸方揀盡莫能愈。經書之内分明說，聖人法則古今垂。

牛

論說

清　佚名《相法牛經大全・診斷學篇・脈色論》　察病而有巧者，望、聞、問、切也。凡察獸病，先以色脈為主，再令相其行步，聽其喘息，觀其肥瘦，察其虛實，窮飲喂之多寡，究谷料之有無，然後定奪陰陽之病，此謂切病之巧也。四季口色詩：春看桃花美色艷，夏看荷花水上鮮。秋看金菊海棠色，冬看臘梅靠墻邊。脈色論：馬師皇者，姓名氏，封號師皇，黄帝時一圣師也。有生知之資，幼而敦敏，長而神靈，通天地之綱紀，識陰陽之運氣，知五行之衰盛，相馬牛之形神，診馬牛之脈息，察五臟之虚實，以五味之調治，因治龍，龍負而歸天矣。嘗侍于黄帝之側。帝問曰：『馬者濟世之本，利國之基，稟陰陽二氣而生，遇四時不正而死者何也？』師皇避度而奏曰：『此天地之流行不齊之氣運，陛下施愛物之心，臣不敏，愿陳其術。』帝曰：『汝能濟物利人乎？』師皇奏曰：『馬者，獸也。稟二氣五行，長于灰召之下，與人并生于天地之間，有引重致遠之功，代人之勞，而亦得人之養。苟失其養，疴瘵萌生，疲困疾患，不可不知也。且天地合氣，日月虚盈，機發動靜，血氣所使，風寒暑濕傷于外，饑飽勞役擾乎內，五行生克，諸病生焉。』帝曰：『二五生者，始于何也？』師皇對曰：『二五始混，生者根也；根者腎也；腎者水也。水生木，木生火，火生土，土生金，金生水也。』帝曰：『五行克者何如？』對曰：『木逢金而伐，火逢水而滅，土逢木而達，金遇火而缺，水遇土而絶，萬物皆然，無所異也。』帝曰：『五行生克如然，疲患疾瘵，何以識之？』師皇對曰：『伐柯者，匪斧而不能克；察病者，非脈色何能知之！』帝曰：『敢聞脈理何如？』師皇對曰：『脈色者，氣血也。血氣流行，其狀有五：四時平正之脈，四時不正之脈，四時應病之脈，四時變易之脈，六經六氣之脈。』帝曰：六經六氣，愿聞其道。』師皇對曰：『欲知六氣，須診雙凫，雙凫者，胸凫也。胸凫者，氣血之道也。左分三部，右列三關，能知臟腑，善識陰陽，諸疾之顯應矣。左凫上部者，少陰心經，太陽小腸。中部者，厥陰肝經，少陽膽經。下部者，少陰腎經，太陽膀胱。古凫上部者，太陰肺經，陽明大腸。中部者，太陰脾經，陽明胃經。下部者，少陽三焦，厥陰包絡。此為六經六氣之分也。』帝曰：『六脈之狀，其至何如？』師皇對曰：『厥陰之至其脈弦；少陰之至其脈洪；太陰之至其脈長；少陽脈至大而浮；陽明脈至短而澀；太陽脈至大而長。至而和則平；至而甚則病；至而反則病；至而不至病；不至而主病；陰陽易者危。此謂六經六脈之至也。』帝曰：『六脈如斯，何謂平反？』師皇對曰：『春脈弦為平。何謂弦？蓋春行木令，肝脈為主，萬物始生。其狀來急，端直、滑長而打手者，故曰弦；反者病。何謂反？蓋其狀來而洪大實強者，此謂太過，病在表。其狀來而不實，去而遲細者，此謂不及，病在裏。夏脈洪為平。何謂洪？蓋夏行火令，心脈為主，萬物榮萃。其狀來大而滿手者，故曰洪；反者病，何謂反？其狀來緊數、去而亦數者，此謂太過，病在表。其狀來而洪盛、去而微小者，此謂不及，病在裏。秋脈浮為平。何謂浮？蓋秋行金令，肺脈為主，萬物秀實。其狀按之不足、輕虚而有者，故曰浮；反者病。何謂反？其狀來浮而去大者，此謂太過，病在表。其狀來遲而去小者，此謂不及，病在裏。冬脈沉為平。何謂沉？蓋冬行水令，腎脈為主，萬物伏藏。其狀浮而若無，按之得見者，故曰沉；反者病。何謂反？其狀來沉而去弦者，此謂太過，病在表。其狀來沉而去微者，此謂不及，病在裏。』帝曰：『脾部之脈何所診之？』師皇對曰：『脾者土也，孤臟以灌四旁，居于右凫之中。』帝曰：『何可見之？』答曰：『氣關之脈，來如津津流水之狀，此謂以灌四旁，故曰平；反者病。何謂反？其狀兩旁虚而中央實者，此謂太過，病在表。其狀兩旁實而中央虚者，此謂不及，病在裏。乃為四季平反之脈也。』帝曰：『平反之脈，余已知之；臟腑之真，未聞其説。』師皇對曰：『臟腑脈者，六經脈也。三關三部分之，一部內應一臟，一臟管一腑也。診者斟酌觀之。右手食指診于左凫上面者，號曰上部。其脈應心屬火，少陰太陽當令，乃心與小腸之脈也。中指診于左凫中面者，號曰中部。其脈應肝屬木，厥陰少陽當令，乃肝與膽經之脈也。名指診于左凫下面者，號曰下部。其脈應腎屬水，少陰太陽當令，乃腎與膀胱之脈也。左手食指診于右凫上面者，號曰風關；其脈應肺屬金，太陰陽明當令，乃肺與大腸之脈也。中指診于右凫中面者，號曰氣關；其脈應脾屬土，太陰陽明當令，乃脾與胃經之脈也。無名指診于右凫下面者，號曰命關；其脈應心腎屬水火，少陽厥陰當令，乃三焦命門之脈也。此謂臟腑授受之脈，醫獸診百驗之。』帝曰：『何以得知疾病乎？』師皇對曰：『如水氣傷肝，小腸結痛，左部上中沉澀；草飽傷肺及大腸結痛，風關脈澀遲沉。如雙凫脈俱大，按之有力，是陽中之陽；雙凫脈俱小，按之有力，是陰中之陽。是故氣壯脈洪，上部熱；氣微脈小，下元寒。風關浮而大，鼻孔流膿。脾脈滑而沉，腸鳴泄瀉。衛脈浮弦榮脈滑，外感風寒。心凫細小腎凫微，內傷勞役。上部脈洪中下澀，胸膈停痰。肺關脈壯命關沉，膀胱積水。脾部短而澀，少食少餐。肺脈大而浮，多啌多嗽。心肺兩凫雙大，必發三喉。腎命二脈兩沉，多生木腎。下部氣關遲細，脾胃凝寒。上部風關弦數，心胸積熱。左脈中沉、上下澀，腹內寒疼。右凫中澀、兩旁沉，腸中結痛。三部沉而俱小，驊騮必致勞傷。六脈弦而緊數，麒麟多生黃腫。左腎澀而右命澀，下虛而胯般腰拖。三滑而三部滑，筋敗而把前把後。兩項沉微，色若煤，五絶三危。雙梟洪數口如湯，前黃後腫。中部洪而弦數，目暗睛昏。肺脈沉而細小，胸疼膊痛。六經六氣沉遲，五勞七傷。三部三關斷亂，八脫九死。氣壯脈洪強大，發癰發黃。氣微脈壯滑長，生瘡生毒。土脈澀而又且沉，脾肝中停寒。氣關滑而下部數，脾腎內包藏陰火。心脈洪而大，顙腫喉疽。腎脈澀而沉，腰癱腿瘓。六脈沉而不見，五臟虧傷。兩梟斷絶無絲，六腑敗絶。一息一至，伯樂難醫。至而不至，師皇不治。此謂三十六般應病之脈也。且應病之脈，其狀有三，故曰：『平、反、易也。』帝曰：『何以分別？』師皇對曰：『凡診獸脈，必須指下精微：春弦，夏洪，秋毛，冬石。來似連珠，過如流水，瀝瀝相連不斷者，此謂平順中和之脈也。如三春遲細，九夏沉微，秋脈洪弦，冬梟緊數，此謂逆反不正之脈也。』帝曰：『易脈何如？』師皇對曰：『易者，變也。如氣呼一息，脈來一至、至而斷，不相接續者，此謂屋漏，如屋漏水之狀，病傳五臟。氣呼一息，連來三至斷截，來而不清，過而散亂，少息復來，而又斷亂者，此謂雀啄，如雀啄食之狀，病在六腑。《內經》云：凡屋漏、雀涿、蝦游、解索、變易如亂發者，俱無治療也。』帝曰：『平反變易，俱已知之；口色善惡，願聞其道。』師皇對曰：『口色、驗疾之所也。五臟六腑，各有部位分之。』帝曰：『何以分別？』師皇對曰：『舌色應心，唇色應脾，金關應肝，玉戶應肺，排齒應腎，口角應于三焦也。』帝曰：『察色應症，四季同否？』曰：『不同。』『何謂不同？』師皇對曰：『夫春者，肝旺也。甲乙當令，壬癸相生。凡口中之色，鮮明光潤如桃色者平，白者病，紅者和，黃者生，黑者危，青者死。是故桃色者，桃花之色也。春現者平。何謂平？春色如桃，百病俱消。白色者，肺金之色也。春現者病。何謂病？春蠶金色，木逢金克。紅色者，陽金之色也，春見者和。何謂和？春有陽和，牛馬無疴。黃色者，脾土之色也。春見者生。何謂生？肝病傳脾，木賴土滋。黑色者，腎水之色也，春見者危。何謂危？三春色黑，五臟絶滅。青色者，肝木之色也，春見者死。何謂死？春關青紫，木虧肝死。此謂春季口色之分也。夫夏者，心旺也。丙丁當令，甲乙相生。凡口中之色鮮明光潤如蓮色者平，黑者病，黃者和，白者生，赤者危，紫者死。是故蓮色者，蓮花之色也，夏見者平。何謂平？夏色如蓮，五臟安然。黑色者，水色也，夏見者病。何謂病？夏舌水色，火遭水克。黃色者，土色也，夏見者和。何謂和？舌有黃光，夏獸無殃。白色者，金色也，夏見者生。保謂生？夏獸舌白，五臟無熱。赤色者，火色也，夏見者危。何謂危？夏舌如朱，伯樂難醫。紫色者，血色也，夏見者死。何謂死？炎天舌紫，血枯心死。此謂夏季口色之分也。夫秋者，肺旺也。庚辛當令，戊已相生。凡口中之色鮮明光潤如桃色者平，青者病，黃者和，紅者生，白者危，黑者死。是故桃色者，桃花之色也。秋見者平。何謂平？秋色桃紅，氣血和平。青色者，肝木之色也，秋見者病。何謂病？玉關青氣，三秋不治。黃色者，脾土之色也，秋見者和。何謂和？臥蠶黃潤，三秋無病。紅色者，心火之色也，秋見者生。何謂生？秋月蠶紅，諸病無生。白色者，肺金之色也，秋見者危。何謂危？三秋口白，十中九絶。黑色者，腎水之色也，秋見者死。何謂死？臥蠶黑紫，三秋必死。此謂秋季口色之分也。夫冬者，腎旺也。壬癸當令，金部相生。凡口中之色鮮明光潤如桃色者平，白者病，紅者和，黃者生，青者危，黑者死。是故桃色者，桃花之色也，冬見者平。何謂平？冬色桃紅，氣血調匀。白色者，金色也，冬見者病。何謂病？冬白臥蠶，水冷金寒。紅色者，火色也，冬見者和。何謂和？排齒冬紅，水火相停。黃色者，土色也，冬見者生。何謂生？排齒冬黃，獸壽延長。青色干，木色也，冬見者危。何謂危？排齒冬青，醫治無功。黑色者，水色也，冬見者死。何謂死？排齒煤黑，冬疴死絶。此謂冬季口色之分也。脾無正位，四季分之，各旺一十八日。三六九臘當權，正應于唇，副應于舌，兩竅鮮明如桃色者平，青者病，白者和，紅者生，黑者危，黃者死。是故桃色者，桃花之色也，季見者平。何謂平？四季桃紅，寒暑無侵。青色者，肝木之色也，季見者病。何謂病？四季唇青，醫治無功。白色者，肺金之色也，季見者和。何謂和？四季唇白，諸病潛滅。紅色者，心火之色也，季見者生。何謂生？四季唇紅，土賴火生。黑色者，腎水之色也，季見者危。何謂危？四季唇黑，醫之亦絶。黃色者，脾土之色也，季見者死。何謂死？四季唇黃，醫治無方。此謂四時季月口色之分也。』帝曰：『惡色中有死而復生乎？』師皇對曰：『青如翠者生，似靛染者此；赤如雞冠干生，似衃血者死；白如豕膏者生，似枯骨者死；黑如烏羽者生，似炱煤者死；黃如蟹腹者生，似黃土者死；色脈相應者生，相反者死；陰病見陽色者生，陽病見陰色者死。此謂口色善惡之分也。』帝曰：『余聞口色中有臥蠶者何也？』師皇對曰：『臥蠶者，舌下二竅也。在舌胎之下，仰陷之中；左名金關，右名玉戶；左

□肝經膽部，右應肺部大腸。形若臥蠶，即口色也。岐伯云：□知騾馬諸般病，舌下先須看臥蠶。王良曰：口中有兩道金色是也。』又曰：『診脈獨取于雙凫者何也？』師皇對曰：『雙凫者，在臆骨兩旁、結喉以下，乃氣海之門，血海之路。氣血升降如人之出入，未有不由其門路者也。夫血者，乃氣之所使，升引于首，然後分布遍體及五臟六腑，虛實寒熱，皆顯應于此，是以獨取于雙凫也。雙凫之上三寸，乃胃氣之口也。胃者總朝百脈，脾灌四旁，乃為五臟關司之所。臟腑皆稟氣于胃，氣血皆從雙凫之出入也。岐伯云：三陽在頭，三陰在手，其謂一也。王良曰：膈前一道命脈者也。』帝曰：『察色按脈其有道乎？』曰：『有。』『其妙幾何？』師皇對曰：『凡察色脈，必得從容，寧心靜志，如執玉捧盈。《內經》云：診察之道，寧靜為先；抱元歸一，疴瘵則無誤矣。又云：凡察獸病，先觀時日晴和，如遇狂風驟雨，酷熱嚴寒，陰陽逆塞，神氣昏沉，不可便中診察色脈。凡察色脈，勿令慌忙；當先將獸拴繫，停立寧靜，喘息和平，神清心定，方可觀于口色。經脈乃定，絡脈調勻，氣血不亂，方可診于雙凫。以右手診其左凫之脈，左手診其右凫之脈，察明玉戶、金關，斟酌浮沉滑濇，色脈兩兼，有無相應相反。如執權衡無纖毫盛者，此謂診察之道也。三部者，左三部也；三關者，右三關也，乃疴察之明鑒，臟腑之應矣。是故打指而滿手者弦洪，斷亂而無續者敗絕。緊而大者為數，緩而小者為遲；滑者往來流利，濇者往來蹇滯，浮者浮于手下，沉者按之乃得。脈之眾狀不同，非手巧心諦者指下豈能分別乎？』帝曰：『余聞察病而有巧者，何也？』師皇對曰：『察病而有巧者，望、聞、問、切也。凡察獸病，先以色脈為主，再令相其行步，聽其喘息，觀其肥瘦，察其虛實，窮飲喂之多寡，究谷料之有無，然後定奪陰陽之病。此謂切病之巧也。』帝曰：『善。』又曰：色脈者，醫之準繩也，疾之龜鑒也。診察精微，如通神圣，胸凫膈項，唇舌臥蠶，平反變易，寒熱盛衰，得之于心神，應之于手目。凡諸疾者，如日月星光所照，無所一明矣。可謂濟世之仁術，生養之道矣。謹識。

清　黃穀《畜産叢書》第一編《養牛法·牛病療治法》　第一節，牛病輕重之驗法。凡欲知牛病之輕重，須先試之輕，則施藥重至不可救藥時，亦儘可棄之。試驗之法，厥有三端：一、欲試牛病易療與否，須先試其鼻頭有汗無汗。如有汗，即可隨症施藥；無汗，則斃在旦夕，恐不可救藥也矣。二、凡牛病之輕重，又可以角之温冷而判定之。若病未重，其角必温，雖經寒雪之凍，亦不至冷；若冷，即死症也。三、凡牛病時，須看其頭貼地與否而後決其生死。頭貼地，大小便出血者，則不必醫。如無此症，方可用藥。以上三者，為獸醫最要之事，猶醫家診脉者然，不可不審思之。

綜述

清　李南暉《活獸慈舟·黃牛》第一篇《認牛病察形法》　《牛經》云：醫牛得法，自爾無差，審察留心，先觀真假。凡看牛病，先看眼光。照人全身者無災。若照人只腰膝者半吉。若照人至心口兩乳處者必兇。如照人至頭頂者即死。亦當觀看有淚無淚，或紫或紅；若眼有淚則肝燥有邪熱；如眼紅紫筋赤者，宜清火瀉心；若帶青筋綠絲者，必有風寒；然牛眼與人眼一樣，少時宜黑有光則病易治。若昏暗無光，牛命促矣。眼中既明，審角當知。《牛經》云：尾角俱熱，有證易醫，若角腳冷者，必須善為調理，方能活命；若離角處四指冷者，此證難療。認角之法，或曰難真，殊不知前人認病心法，秘授此語，亦當與別處同參，毋得執一而論。角法既明，耳根宜察，亦宜得法。錯認即誤牛命。昔人有言：以察耳根處冷熱為訣。耳通腎竅，寒凝氣滯則冷。總云耳熱易治，如耳倒垂根冷者難療。但此處不確，務與別處同參方能的確。尤當觀其鼻上有汗無汗。鼻乃肺苗，牛肺有寒，則鼻上少汗，皆竅閉不通；若心燒肺熱，疫癘火攻，必然肺上長汗不止。切忌鼻流涎水，起絲牽線者多死。凡看牛病先觀察其外五行，後當審內五臟，須從舌底上細看更確。牛舌下有一硯臺底，從此處認之，當分青、黃、赤、白、黑，以訣心、肝、脾、肺、腎。然心臟色紅屬火，肝臟色青屬木，脾臟色黃屬土，肺臟色白屬金，腎臟色黑屬水。色分五臟，自有主持，如風寒外感六淫相侵，與入觀嬰孩三關、印堂、耳後筋紋相符。凡色帶紫紅者，必是內裏有邪熱，若帶赤紅者，皆屬心火上攻大熱之證；若色青，必主風邪想感；色白，必是寒涼；色黑，多屬風寒兩感，內中蘊惡；色黃，則胃裏有邪疫，或胃中有積聚等證。又當察其二便與眼角耳鼻方的，此皆認病真傳。世之牛醫，知其一者多，知其二者少。或曰：角冷無治，耳冷難療，鼻無汗則弗醫，此語尚未的確。須從舌底板上同參方得真諦。又當探其口鼻出氣冷熱，或是粗細，尤宜觀察二便，或青或黃，便溏尿黃者是火，便稀尿清者無火，多屬寒涼。又當觀牛體弱強虛實，以便用藥。

凡牛起臥要合法，無病之牛臥則前腳先曲，後腳次弭者必無證，有證易醫；若牛臥則呻喚噴氣，頭貼於地者，必是大疾。下細醫療，方能活命，此皆觀牛有病與無病真傳。凡傷力渴水，醫者務宜得法，用藥方驗。傷力：毛色焦枯，皮癬肉燥，毛根無腳，毛尖不彎曲斷碎；如渴水、毛根有腳，毛尖彎碎。有言：毛有腳彎碎者傷力；無根腳伸直者渴水；此皆未得真訣，何能療瘳牛病？然渴水與傷力，皆歸於牧童耕夫之過。

清　佚名《相法牛經大全・診斷學篇・角有温冷》　大凡牛病未至重時，其角即温。雖霜寒雪凍，其角亦不至于冷。用藥時，先須從手執牛角，以視其温冷，如温即用藥，冷即死症也。此乃醫牛手法，如醫家用診脈之法，醫獸不可不審思之耳。

清　佚名《醫牛寶書・理論篇・看牛癥法》出《進賢茅崗抄本》《進賢前坊抄本》《南昌崗上抄本》　大凡看牛症，陰陽要分清。外感易識，內傷難明。人有六脉可診，牛凭耳、角推衡。四蹄、皮毛俱可驗，惟有眼、舌斷死生。要識外感，在兩耳、四蹄分別清；要明內症，在角、舌、皮毛、耳根审真情。耳熱則為寒傷外感，角熱耳不熱必為內症。耳熱蹄不熱，以為寒熱兩感，須用苦辛藥味治可望成。如身作寒战，疏風暖骨可解醒。身熱鼻乾，只宜清熱凉施行。毛燥膊冷，此乃筋皮内化，善用其藥，不可刺針。腳肿蹄跎，冷入筋爪，何須恐驚。肿風外必浮大，肿必寒于膊膝，痛必寒于骨筋，疏風消肿見太平。頭低尾倦，傷力感寒，藥用保元甘辛調理。外症易見，內症難知。內病根发，外苗現垂。若要审透，終在角、舌、皮毛、耳根推窺。角根小熱，肺熱侵于骨節，牛總懶動，可用疏風清表藥醫。角根大熱，病行于肝膽，須防傾危。角根熱過乎中節，內熱攻于五臟，消風散大痊可期。角根熱透乎尖，邪熱攻于六臟，早早藥用寒苦，除其火邪，尚可救治。角根熱透于胸窾，則主乎内脹，行氣消滯是好方。耳全熱，角根熱，内生磨連急脹，先須刺連貼穴，後用調氣藥，功可稱奇。舌黄身熱必是心黄，早治壽昌，緩治命傷。眼泪汪汪定生膽脹，一見腹大渺然無望。冷咳無涎定是肺熱，保肺瀉火可免傾折。流涎鼻燥，病主咽喉，輕藥重割，其病可疗；腹大身熱，肚脹無疑，消脹順氣，須用針具；舌出無涎，百葉于燥，加功瀉火，自然見效；蹄軟頭低，瀉痢定是，寬肠瀉火，導滯协理。聲喘喉响，毒熱入于胃口，順氣清火治，當見于無咎；黄水长流，大肠極熱，陽火宜除，苦辛藥决；口鼻脓乾，黄入于肺腑，降火清肺，藥用甘苦，尾直倦卧，傷力過水，導水補元，從此理治；頭高肚脹，必受青草之亏，扶脾消脹，可免重病之危。回頭望尾，肝膽熱甚，瀉其大熱，早見功烈。頸直慢步草結肠，灌藥消導自平康；四足仆地卧難起，纏蹄風斷然矣。吃草平空自倒跪，腰風发必定耳；消風散需用可止，又在針法資為治。若立見尿血糞血，乃是大小肠俱熱；藥用苦辛甘能泄，醫功由斯顯明哲。以上症治，針藥全備，需之差失，難望成功。若犯時疫，和解為先。閃腰失膊，十難一全。中肋表裏，有喜有怜。血爛漏蹄，必用手肌。身生癩毒，敗毒消風。毛枯瘦弱，調養有功。針法务必斟酌，治牛之症針必先。寒熱藥品，要識牛病根源，区别用之無誤。内症者，為熱為寒；外症者，有傷有感。要知熱发何經，毒行何絡，可治則用藥施針。肝膽肚内咽喉膊舌心肠肺腑，各有熱毒相攻；治者宜审症之輕重，不可茫然自恃誤人大事。至于脹黄症发，用藥有凉温，可退熱消脹，行針有淺深，能拔毒除恶。牛有四百八症，惟有黄脹難醫；針有四十六穴，治法各載分明。習此良法，用心推而行之，萬無一失。又云牛发其症，不論何病，所发之初，俱要針舌下青筋旁紅色紫筋，名三關穴，用凉水淋洗，驗其血色，审其症之輕重。色紅流者得流極輕；色紫赤活流者病稍重，亦可調治；若色黑不流者，此乃水克火，其病極重，施針用藥，不可忽略。總发病症，看是何臟腑、何經絡，分清表裏陰陽，然後須針各穴，用藥調和，自有見功之日。又要用冷水淋洗，淨其血後用飛過鹽搽于舌上以去心火。學此醫者，宜用心別癥。別癥之後，又要用針，不失穴道；用藥必有中的。方此可謂造父再生矣。凡治法，要識牛病淺深。先看角根、兩耳。角熱耳不熱則為內癥。熱過角根者，內必有黄也。五臟六腑受風熱太過必發諸黄腫脹之病。心黄者，舌黄眼暴；膽黄者，高聲大叫；蹄黄者，四足皆腫。耳熱者必為外感；抬頭、咳嗽、吐涎，亦是內脹。要知病極，全憑心思眼法。如此施針，方得穩妥。口傳心授，謹記斯言，庶無誤矣。

又《牛病看癥訣》出《進賢茅崗抄本》　眼睛流淚名為肝火。作咳名為肺火。作戰名為心火，無治。伸縮膽上病，無治。大便瀉陳水帶紅色為百葉干癥。大便瀉清水是為爛腸瘟癥，無治。四腳冷鼻熱無津或肚脹或不脹皆為閉癥。前腳冷過膝頭是爛肺癥，無治。爛耳內是抱耳黄。舌下起腫，軟是墊舌黄，硬是壅。舌上起泡是喉閉。吃草就飽是銜草脹癥，此病即死，須急救可保，用大針針連條，用方藥調治即吉。針連貼脹法：須用心算清肋骨方可下針。牛大者，離背脊六寸，中小者離背脊四寸半，從後身肋骨數算，向前第三枝即是。不論大小牯犉，俱在左邊針之無誤。若遇閉癥重者，脹癥重者，俱要此法針之。腳爪底下爛洞是漏蹄癥。腳痛或腫或不腫，或四趾或一二二趾，俱為走黄。腰痛吃草困倒不起，名為腰風，此癥要針腰間兩邊，徹之即愈。牛鞭子吐出又腫，不得進去，名為失膪癥。用五倍子末、血竭末，麻油調，涂搽鞭子上，每日數次，上之即己，吃藥用消黄散可。烏眼珠帶綠色，白眼珠帶藍色，名為膽黄。此癥不易治，須急救之，用刀割開裙邊，將針就裙邊內針深一寸，用紅信如豆子多，將青菜包定放在針眼內，引出黄水，方可望救。白眼珠紅色又起紅筋，名為火癥，天暑耕地，牛若遇閉，須用大針針炎條，又用小針針耳上小筋，再針四肢，渾身穴針之，漸漸可愈。

又《診治預知》　凡看牛病癥，全在心機靈變。診法務宜要得當，切勿輕視論得。受風寒暑熱濕病，其病仍要細辨清楚，再分傳受何經，心、肝、脾、肺、腎五臟六腑及各種皆然。至病于淺深，用藥必要較輕重而治之。但牛病，涼癥少，熱癥多，并計火癥，各類走黄、暑熱閉癥、咳嗽、勞傷、水脹、草脹、心黄、膽脹以及各樣諸癥，皆在瘟疫之類。則春夏秋冬立法不一，仔細審其癥，得知其處受病，則用某法治之，無不應效。治一而知十，治十而知百，其法皆同。茲略而敘之，與學者醒眼留心，免致之誤。特此預知。

又《牛看黄識癥》出《南昌崗上抄本》　墊舌黄　舌下起包，用鵝毛管使包上滴水。牙腮黄：用陳石灰、淡醋并調敷黄上。兜肩黄　用鈹針將人頭髮捻繩穿黄上。走膽黄：左鼻流涎濕繩，一日濕一寸，二日濕二寸，三日濕三寸，四五日無用；右鼻流涎滴水。膽黄：眼睛睜開尾亂搭。肺黄：眼睛帶黄色。心黄：頭點地。傳腳黄：不熱。

清　佚名《抱犢集·看病入門篇·臨癥看病須知》　凡牛有病，先看眼內黑珠一線穿過，不治。凡牛病眼如藍靛者，必泄血也。凡牛病背脊一條冷者，病屬陰也。凡牛皮內裂起者，砂蟲蛀皮也。凡牛皮不扇動，沉砂閉汗也。凡牛毛枯色不鮮者，水草不均也。凡牛頭貼地，是心火走腦也。凡牛病皮風抽肉，一日瘦一日也。凡牛鼻冷如鐵者，津液枯絶也。凡牛鼻中氣出如煙，肺心肝毒火極盛。凡牛口中流涎與白汨者，胃虚氣不均。凡牛眼色青不轉動者，損肺病也。凡牛卷鼻者，肺金絶也。凡牛毛翻轉者，肺金火也。凡牛黄水穿皮，毛似油浸者，黄即水，水即黄，毒血變成水是也。凡牛血皮膚者，渾身燒熱極盛，陡然不吃水草，左右旋轉，四肢軟倦，起臥不安，先吐舌，尾結脹出，肚腹脹，死後毛眼有血流出。凡牛晚間吃飽進欄，突然死者，陰陽水火絶，陰，腎水也，陽，心火也。凡牛患穿襠黄，乃是險症，腎子腫大不治；如黄在左起穿過右，從右起穿過左，從後起穿過尿臍，門邊腫大者，其牛死在旦夕。凡牛下針，血流鮮紅者，病不重也。凡牛行針，血不流者，或血帶紫色，其病難醫。凡牛發病，身體沉重而腳軟，血帶胭脂色，眼不關神，身上溫熱異常，頭低毛頓，不治之病。凡牛腫者，只可吊黄，不可用針，針者無治。凡牛病患雞心黄、押板黄、肖箕黄、穿襠黄、瓜藤黄、鎖喉黄、托舌黄，宜有火針治之。凡牛腫者，是真黄可吊，但別病不可吊黄，除咳嗽、脹氣、爛肌肉、拐腳、脱膊、兜腸翻出、脱肛、砂淋等之外，一般可吊黄。凡牛患病，口流黄涎者，兼咳嗽，乃是肺內生痛，口臭，肺經爛壞也，無治。凡牛病渾身起疹者，乃是肺經風火獨盛，走皮膚也，兼之不吃水草，疹上毛頓，頭低耳耷，重者口流涎水，要肚泄者，可治，不泄者，不可治，先吃荊防敗毒散，後吃黄連解毒湯，疹上用桐油調鴨旦清敷。凡牛患上坎唇腫，不歸左右者，定是雷尖黄，如有腫至眼邊者，必死症也。發有下坎唇腫者，是為托舌黄，不可作雷尖黄治。此二症，要將界限分清治之，決不誤也。凡兩牛相鬥者，先跌腳後病者，定是瘀血攻心，較難醫治，先用散瘀活血湯治之。凡牛病四腳皆軟者，此是風濕之症，風有肝，濕在腎，適宜疏風除濕之藥治之。凡牛病之時，如渾身冷者，則外感風寒，要用表藥治之。凡牛病時，如渾身熱者，則內感風寒暑濕，得用清裏之藥。凡牛病之時，如渾身熱帶震陽症。則風火攻心，久成危症，宜用清涼藥。凡牛病渾身冷者，帶震，陽症。寒濕走腎，宜用溫熱藥。凡年始初發病，其耳必蔫而不煽，或左冷右熱，外感則冷，內傷則熱；寒則發冷，燥則燒熱。或耳尖冷根熱，或通耳俱冷。初起病輕，耳根尚熱，挨到全冷，病必重矣。時往上豎，此是脹攻內外，心風發狂之症；時又下垂，此是受寒、受濕，心怯膽顫之症。凡牛有托舌者，一名脱舌，心火極旺；又名紫舌，因蟲蛀傷所得，治宜泄心火為主。以犀角地黄湯治之。

清　佚名《牛醫金鑒》篇上《角有溫冷》　大凡牛病未至重時，其角即溫。雖霜寒雪凍，其角亦不至於冷。用藥時，先須以手執牛角，以視其溫冷，如溫即用藥，冷即死症也。此乃醫牛手法，如醫家用診脈之法，獸醫不可不審思之耳。

紀事

清　佚名《牛醫金鑒》篇上《望聞問切》　黃帝居，師皇侍。帝曰：余聞察病而有巧者何也？對曰：察病而有巧者，望聞問切也。凡醫獸病，以色脈為主。察色生克，診脈變易，非手巧心諦者，指下不得分明。如果診脈精微，方可得之於心神，應之於手目，再令相行步，聽喘音，問原因，觀肥瘦，審虛實，察逸勞，窮飲喂之多寡，究穀料之有無，究其根源，然後定奪陰陽之病也，此謂切病之巧也。歌曰：望其行步相其形，聽其喘息辨其音。問其畜養究其曲，切問關部察其神。望為神識聞為聖，切為流巧問為功。醫家若能懂此訣，寒暑無差諸疾明。

又《馬牛病形病脈論》　東溪問於曲川曰：凡馬牛無疾似有疾，有疾似無疾者何也？答曰：馬牛無疾似有疾，形病脈不病也；有疾似無疾，脈病形不病也。是故形病脈不病者，生；脈病形不病者，死。兩症者，總宜㒵上斟之。歌曰：體瘦形羸行步難，脈平色正亦安然。神強脈易從來死，百患之中無一痊。

又《馬牛有疾形勢論》　東溪問於曲川曰：凡馬牛有疾者何也？答曰：馬牛有疾者，精神倦怠，頭低耳搭，毛焦膁吊，料草遲細，此謂有疾之形也。

又《馬牛無疾形勢論》　東溪問於曲川曰：凡馬牛無疾者何也？答曰：馬牛無疾者，精神加倍也。草料增進也，皮毛光潤也，呼吸平順也，四肢輕健也，尿清糞潤也，頭尾不動也，口色粉紅也，兩目清輝無眵曚，以上無疾之形也。

藝文

清　佚名《相法牛經大全・診斷學篇・診脈歌》　左心小腸肝膽腎，右肺大腸脾胃命。左分三部右三關，上中下指相排定。食指診知上部疴，少陰太陽心經病。中指參通中部元，厥陰少陽肝膽痙。名指詳明下部源，少陰腎經膀胱病。右㒵右脈右邊排，風關氣關命關定。左手食指按風關，肺與大腸于期應。中指從來診氣關，脾病胃疴由此定。名指診破命關元，厥陰包絡三焦病。此謂陰陽十二經，診者消詳心手應。浮沉滑澀仔細詳，外感內傷斟酌定。饑飽勞役辨重輕，風寒暑濕分衰盛。關部若能指下明，諸疾無差醫藥應。

又《察色歌》　察色欲知寒暑痙，四百四病唇中定。金關玉戶兩邊排，內應心肝脾肺腎。舌色應心應小腸，少陰太陽兩經痙。陷中左竅號金關，厥陰少陽肝膽應。舌旁右竅屬陽明，肺與大腸于斯定。排齒週圍屬腎經，更兼太陽膀胱痙。陽明太陰唇上觀，察者能知脾胃病。此謂醫經驗病方，智者消詳斟酌認。六腑三焦定盛衰，八邪九病分輕重。察色若能關戶明，諸疾無差醫藥應。

又《定癥歌》　脈跳如弦下手知，一息三至號平宜，陰陽兩脈俱相配，再加一至更無虞。舌如蓮色鮮明潤，唇似桃花色更輝。四肢輕健行無澀，糞潤尿清睛不迷，皮毛光采精神態，鼻氣溫和來往隨，頭尾不動後蹄歇，四季如斯百病無。口腥舌穢無顏色，形狀離常腦部殊，鼻流膿涕連聲嗽，皮毛焦燥瘦羸輸，頭眩耳搭精神少，四肢倦怠步行遲，面浮鼻腫雙睛閉，腹細腰弓喘息微。四百四病依章典，八百八治按經書。天有五星辰宿位，牛馬五臟立身軀。肝屬震宮甲乙木，三斤十二似荷垂。肝盛目赤多眵淚，肝熱睛昏翳膜瘀，肝風眼爛生壅肉，肝冷流淚水淋珠，肝危眼腫頭垂地，肝虛目閉腿難移，唇青目瞪肝經絶，力敗筋輸肝木虧。心屬南方丙丁位，貴為帝王膈前居。心熱舌干多吐沫，心攻唇口遍瘡痍，心虛無事多驚恐，心痛顛狂腳步蹊，心黃護繫逢人咬，心寒吐水膈中回。心有七竅通于舌，玉戶金關能潤滋，舌如煮豆心經死，汗出如油心血危。肺為丞相庚辛位，不受風邪膈上居。肺壅鼻中僥清涕，肺熱連咥鼻噴涕，肺風擺頭多鼻咋，肺寒白沫口中垂，肺毒滿身毛退落，肺勞遍體發瘡痍，肺顙氣抽金部敗，鼻中血出肺金危。腎屬北方壬癸水，膀胱可腑號津液。腎壅耳聾難聽事，腎虛腿腫步行遲，腎熱耳根黃腫起，腎冷拖腰腳不移，腎傷牙齒頻咬動，腎虧骨瘻瘦尪羸。垂縷不收壬癸敗，靸胯拖腰腎水虧。脾無正位分四季，脾弱唇蹇草料稀，脾衰吐草鐃翻胃，脾虛面腫鼻如肥，脾寒身顫毛如刺，脾熱唇焦肉漸虧，脾不磨時草不化，脾黃起臥喘微微，頭低眼腫脾經敗，肉瘦毛長戊己虛。五臟相傳于外應，陰陽衰盛說須知，陽盛生黃多腫毒，陰盛多癱遍發疽。陽虛兩目流清淚，陰虛腿腫步難移。熱盛生風冷生氣，饑飽風寒勞役拘。暑傷六腑風傷肺，役傷風部瘦傷脂，寒傷腰胯饑傷肉，行傷筋骨立傷蹄，勞傷心血濕傷腎，飽傷五臟困傷脾。遠來飽草多傷胃，乘饑喂急臟先虧。料後飲多偏令結，空腸過飲瀉無疑。驟行飲急先傷肺，卸鞍帶汗甚虧皮。伏雨苦淋秋有疾，霜霄久露肉偏輸。酒糟喂久能揩擦，火灰熱睡燥皮毛。迎風飽飲鐃空嗽，濕傷久臥腿難移。熱料充腸偏燥尾，水潭苦浴腎多虧。老衰勤洗生癱瘓，凍草饑餐胃必輸。熱盛喘粗心肺壅，塞唇似笑冷傷脾。咬齒低頭心有痛，收腰不起腎經虧。急起急臥脾經痛，口吐清涎胃冷濕。蹲腰踏地尿胞轉，擺尾伸腰痛可知。回頭覷腹腸中痛，氣蘇臟冷腹如雷。跪胸咬臆關前結，鼻膿腥臭肺經虧。百脈閉塞心黃起，肺心壅極腎抽蹄。傷肥肉重生眼腿，咳逆喘急變瘡痍。白瘀不通成黑汗，料傷過度臟黃瘀。糞泥立久多生漏，遠驟無牽血注蹄。久渴空心飲過濁，毛焦偷瘦水停臍。硝石餓餐生木腎，羽毛誤食嗽聲催。草飽水中休令驟，膘肥下嶺不宜騎。遠來有汗休教飲，繫拴莫近巷檐堤。汗息去鞍停卸轡，寒暑無侵諸疾愈。八十一難師皇論，七十二汗圣賢書，三十六點兼蹄痛，二十四毒腫黃痍，五絶三危十二腫，醫工仔細用心推，色察口中須細意，脈賃指下要精微，唇青似靛春顔夭，舌赤如砂夏必虧，白如枯骨秋無治，黑似炱煤冬不醫，皃脈診來如雀啄，一息一動死須知，忽去忽來無接續，亂入毫發入幽居，牽行似醉無高下，目瞪看人亦似癡，見此病源休妄作，諸方諫盡莫能愈，經書之內分明説，圣人法則古今垂。

清 佚名《牛醫金鑒》篇上《四季口色詩》 春看桃花美色艷，夏看荷花水上鮮。秋看金菊海棠色，冬看臘梅靠墻邊。察色歌：察色欲知寒暑病，四百四病唇中定。金関玉户兩邊排，內應心肝脾肺腎。舌色應心應心腸，少陰太陽兩經症。陷中左竅號金関，厥陰少陽肝膽應。舌旁右竅屬陽明，肺與大腸於斯定。排齒周身屬腎經，更兼太陽膀胱症。陽明太陰唇上觀，察者能知脾胃病。此謂醫經驗病方，智者推詳斟酌認。六腑三焦定盛衰，八邪萬病分輕重。察色若能関户明，治病無差醫藥應。

又《診脈歌》 左心小腸肝膽腎，右肺大腸脾胃命。左分三部右三関，上中下指相排定。食指診知上部疴，少陰太陽心經病。中指診通中部玄，厥陰少陽肝膽症。名指詳明下部源，少陰腎經膀胱病。右皃右脈右邊排，風関氣関命関定。左手食指按風関，肺與大腸於斯應。中指從來脈氣関，脾病胃疴從此定。命指診破命関玄，厥陰包絡三焦病。此謂陰陽十二經，診者推詳心手應。浮沉滑濇仔細評，外感內傷斟酌定。飢飽勞役辨重輕，虛實寒暑分衰盛。関部若能指下明，諸疾無差醫藥應。

又《定癥歌》 脈跳如弦下手知，一息三至號平宜。陰陽兩脈俱相配，再加一至更無虞。舌如蓮花鮮明潤，唇似桃花色更鮮。四肢輕健形體壯，糞潤尿清睛不迷。皮毛光彩精神態，鼻氣温和往來隨。頭尾不動後蹄歇，四季如斯百病無。口腥舌穢無顔色，形狀離常脈部殊。鼻流濃涕連聲咳，皮毛焦燥瘦羸虛。頭低耳搭精神少，四肢倦怠步行遲。面浮鼻腫雙睛閉，腹細腰弓喘息微。內究六腑并五臟，骨節皮毛仔細推。

禽

綜述

清 趙學敏《串雅獸醫方》卷二一《鷂子病》 鷂子有病而不知何病，宜用蜂蜜、奶子油及鮮熟肉或小雞肉尤妙，三樣和勻，與食則愈。鷂子或在手腕、或在棲木，屢次氣喘擾悶，少食鮮肉後，出糞黑臭，因腹內有臭液，或食惡肉，或食野藥之故。用馬齒莧略搗爛，并奶子油、羊羔肉和為食。又方：葡萄汁煎三分，去二，止留一分最甜者，與鴿子飲，間一日，將此鴿給鷂子食之，則愈。凡瘦而憂悶及毛豎起者，此方食之，獲效。

又 試鷂子有病與否，先置鷂子于足下，後持肉高懸，引教飛上撲食，則無病；否則有病，或以銅末、錢末拌肉與食，如食，則五臟不佳。

又 羔羊肺帶熱與食肺而盡，則無病；食之不安，難化，第二日有憂悶狀，則有病。一出糞不間斷，不捆，在架上安平，嘴抹內翅，自下而上，其翅如擦油光潤，大腿均平翅內，兩脈平和，以上皆無病之徵。或因外熱而開舌頭喘氣；或因內熱而眼閉，腳一伸一縮，毛豎起；或因勞倦而口閉，翅下垂，鼻中呼氣，一切皆有病之徵。若出糞綠色，在架拳曲不起，乃死之徵也。

方藥部

馬

論説

宋 王愈《蕃牧纂驗方》卷上《四時調適之宜》 春季放大血則夏無熱壅之病。宜嚾茵陳散或木通散。遇夜，令馬臥糞場。每日麸料各八分，卯時騎習馳驟，辰時上槽。喂罷，飲新水，申時再喂罷，搐拽，調習行步，令馬頭平。至夜半再喂。每日三次喂。

元 卞管勾《校正增補痊驥通玄論・論五疔腫》 黑疔瘡者，有風毒腫起于心。不用針刀，以生薑散塗之。生薑散：生薑、巴豆、胡桃仁各等分。右件細末，塗瘡上即安。筋毒疔瘡者，因熱汗毒氣侵之，活肉變為筋疔瘡也。以續斷散治之。續斷散：續斷、鼠糞、乾薑燒灰、皂角燒灰。右件為細末，乾貼之，打醋麵糊塗之，定三日看之再貼。水疔瘡者，因遠行飲水，积聚而成瘡，用草烏頭散治之。草烏頭散：草烏頭、山甲、虻蟲、硇砂、葶藶、龍骨各等分。右件為細末，乾貼之，立瘥。血疔瘡者，因血毒氣浸于活肉，損于活肉，名曰血浸瘡，以烏金膏治之。烏金膏：巴豆、烏石、紅娘、瀝青、血竭各五錢。右件為末，加松香一兩、香油半斤，熬成膏，貼瘡上，瘥。氣疔瘡者，因賊風吹着皮肉，血氣不通，變成疔瘡，草料不喫。用草烏頭散治之。草烏頭散：草烏頭去尖、杏仁、巴豆去油、斑蝥、葶藶子、律角蟲。右件各等分為末，用温漿水洗過，乾貼二三日再貼。追風如聖散：治馬一切諸風等病。雄黄半兩，細研；草烏頭四兩，去蘆、白朮一兩半，蒼朮六兩半，去皮；防風去蘆，淨浮皮；川芎、細辛、香白芷各二兩半。右件為末，看病大小，如病大五錢，病小四錢。以上此藥治金刀所傷，多年惡瘡，用小便洗過，貼之。破傷風牙關緊，用好酒調嚾，瘡上貼，及一切調風惡瘡貼嚾用之，大有效驗也。如聖錠子散：治馬肺毒瘡方。草巴戟俗名猫兒眼也。右俱前藥，于五月五日五更日不出時，不有語采枝根陰乾，用根切作錠子，不用苗也，如麥粒大小。如馬患肺毒瘡在上焦、中焦、下焦，如上焦，馬頂上天頂穴針破任藥一錠；如在前脚下、上膊上、馬胸膛兩邊心窩凹處，捻着瘡根如蒲桃样肉疙瘩上，用白針刺破胸膛臆骨兩邊凹處，白針刺破，任藥一錠；如後面有瘡，腰上十字百會穴内任藥一錠；如馬廉窩上下有瘡，膁窩尋瘡根白針刺破，任藥一錠；如腿裏面有瘡，有腿裏腎窩兩邊，尋見兩塊瘡根上刺破，任藥一錠；如瘡多處，瘡頭上刺破，任藥一錠；如嘴鼻頭有瘡，項上有瘡，食槽内槽結，疙瘩上刺破，任藥一錠；左有左任，右有右任一錠，但任藥須用麵糊紙花子封，任藥處發腫罷便效决瘥。

明 朱權《新刻臞仙神隱書》卷四《馬證》 熱、蟲嗓、黑汗、鼻有膿、啌喘、水草不進：用黄瓜、蔞根、貝母、桔梗、小青、梔子仁、吴藍靛花、大黄、白鮮皮、黄芩、鬱金各二兩，黄柏、馬牙硝四兩，研末，驗患相當及常要啖，重者藥三兩，地黄半斤，豆豉二合，蔓菁油四合，合齊前藥啗之，至晚飼大効。遠行到歇處良久，與空草熟刷。刷罷飲竟當飼，因時與料及水穀必病。若生瘡焦痂，以麵封之，即落。急黄黑汗：右割取上斷訖，取舊靴頭，皮水浸汁灌之。如不効，用大黄、當歸各一兩，塩半盞，以水三盞，煎取半盞，分兩服灌之。如再不効，針破馬尾尖，出血，即効。起卧胞轉及腸結，用細辛、防風、芍藥各一兩，以塩一盞，水五盞，煮取二盞半分，為二服，灌後，灌前用芒硝、鬱金、寒水石、大青各一兩，水五盞，煮取二盞半，以酒、油各半盞攪匀，分二服，灌口中，妙。頰骨脹：取羊蹄根四十九箇燒之，熨骨上，冷換之。如無羊蹄根，楊柳枝指大者炙熨之。啗塩法：塩湏乾，天湏晴，七日，大馬一啗一升，小馬半升，用長柄杓子深内咽中，令下肥者而強水草也。後胯冷：豉、葱、薑各五兩，水五盞，煮取半盞，和酒灌之。蟲嗓十年者：醬清如膽汁者半合，分兩服灌鼻，内每灌一兩，日將息，不得連灌，即損馬也。蟲嗓重者：用葶藶子一合，炒令紫色，搗如泥，桑白皮一大握，大棗二十枚，擘去根，以水二升，煮取一升，去渣，入葶藶末，調匀，適寒温，灌之，隔一日又灌，重者不過三次。蟲顙馬鼻：沫出梁腫起者，不治。馬胞轉欲死：用小兒尿和水灌之，立瘥。搗蒜，内小便孔中，深五寸，亦可。騎馬走上坂：用木於腹，來去刮擦，以手内後孔，令探糞出，即愈。探法：剪去手指甲，以油塗手，恐傷破馬腸。脊瘡：用黄丹敷之，避風，立瘥。治馬蛆蹄：槽下立處，掘一尺方，埋鷄子許大圓石子，令常立子上，一兩日即瘥。治疥：用黄豆炒焦，中生油麻搗爛敷之，先以醋、泔水净洗。一方：先以皂夾水或米泔净洗，次用樗根末和麻油塗，令中間少空，放蟲下，得多塗，恐瘡大。一方：用巴豆、膩粉研細，麻油塗，定日洗塗，數日妙。目暈：用霜後乾穀楮葉為細末，一日兩度，以蘆管吹眼中。治啌喘毛焦：用大麻子揀擇浄，一飼之，大効。生疥癩瘡：用杜蘅生搗，搽，或為末敷之亦可。一方：用藜蘆末水調塗，妙。一方：用生胡、麻葉搗汁灌之。傷水：先燒人亂髮薫兩鼻，後用川烏草、烏白芷、胡椒、猪牙、皂角各等分，麝香少許，為細末，用竹筒盛藥，一字吹入鼻中。須臾打嚏，清水流，即放。加蒂兼治一切中結病證。諸瘡：昆沙夜合花葉、黄丹、乾薑、檳榔、五倍子為末，先用塩漿水洗瘡，後用麻油加輕粉調傅。瘦喂不肥者：貫仲一兩，放藥料內，久蟲去即肥。鼻內癩病：用蕎麥磨粉灌，仍用麥稈飼之。脊打破者：用馬脚下尿屎，濕稀泥塗上，乾即易之，或溝中臭泥亦可。中結：雄鷄一隻，用拳搥死就便開取肚內心、肝、腸、觜，指甲帶糞，入風化一合，用碎剁爛，入真麻油四兩重，調勻灌之，鷄不用。

明 喻仁、喻傑《新刊纂圖元亨療馬集》卷六《陳反畏忌禁須知》 六陳：枳殼陳皮並半夏，狼毒茱萸及麻黄，六般之藥宜陳久，入用方中最效良。六陳之外餘皆新。

又 十八反：本草言明十八反，逐日從頭說與君：人參芍藥與沙參，細辛玄參及紫參，苦參丹參並前藥，一見藜蘆便殺人。白芨白蘞並半夏，瓜蔞貝母五般真，莫見烏頭怕烏喙，逢之一反疾如神。大戟芫花並海藻，甘遂已上反甘草，若還吐逆及翻腸，尋常犯之都不好。蜜蠟莫與葱相覩，石決明休見雲母，藜蘆莫使酒來浸，人若犯之都是死。

又 十九畏：硫黄原是火中精，朴硝一見便相爭，水銀莫與砒霜見，狼毒最怕蜜陀僧，巴豆性烈最為上，更與牽牛不順情，丁香莫與郁金見，牙硝難合京三棱，川烏草烏不順犀，人參又忌五靈脂，官桂善能調冷氣，石脂相見便蹺蹊，大凡修合看逆順，炮爁炙煿要精微。

又《引經瀉火療病須知》 引經：少陰心經、少陰腎經獨活，官桂引。太陰肺經白芷，葱白引。太陰脾經、陽明胃經葛根、白芷、升麻引。少陽三焦經、少陽膽經、厥陰肝經、厥陰包絡經柴胡引。太陽小腸經、太陽膀胱經、陽明大腸經藁本，蕪活引。

又 瀉火：黄連瀉心火。知母瀉腎火。梔子、黄芩瀉肺火。白芍瀉脾火。黄芩瀉大腸火。黄柏瀉膀胱火。柴胡、黄芩瀉肝膽火。知母、黄蘗酒炒降陰火。

又 和血：破血用桃仁。活血用當歸。補血用川芎。調血用延胡索。逐血用紅花。止血用當歸首。化血用蒲黄。養血用當歸身。行血用當歸尾。和血用當歸全。

又 理氣：順氣用烏藥。補元氣用人參。破滯氣枳殼、青皮。調鬱氣用木香。正氣用藿香。降氣用沉香。凡調諸氣者，醫之切要也。且冷氣、濕氣、逆氣、滯氣，與諸氣皆同。為因肺部受邪，邪火炎上，有升無降，流行太過不及，以致氣之凝血，血之凝氣，氣血相凝，經絡鬱結而成疾也。是故凝於經絡而成瘡癤，凝於膚腠而成黄腫，凝之於前胸疼膊痛，凝之於後胯拽腰拖。近之獸醫，多用木香調之。夫木香者，味辛性熱，能升氣於上，如氣之鬱結而不達者，則可用之；若陰火沖上，則不可用，若用者，反助陰火而為邪火矣！故必用知母、黄蘗，酒炒降之，少用木香為佐可矣。

又《君臣佐使用藥須知》 治陰火，用知母、黄蘗，酒炒降之，少許木香為佐。退三焦火，以黄耆為君，茵陳、黄連為佐，柴胡、黄芩為使，升麻引之。煩渴貪水，以人參為君，烏梅、乾葛為使，白茯苓、蘆根為佐。調諸氣，以木香為君，枳殼、青皮為使，紫蘇子、當歸為佐。暖腰腎，以茴香為君，川楝子、葫蘆把為使，杜仲、巴戟、破故紙為佐，官桂引之。心風黄，以硃砂為君，茯神為使，黄連、人參、遠志為佐，獨活引之。腹痛，以橘皮為君，細辛、白芷、檳榔、枳殼為使，厚朴、當歸為佐。啌嗽，用款冬花為君，知母、貝母為佐，馬兜鈴、桑白皮為使，雞子清引之。喘盛，用甜葶藶為君，梔子、黄芩為使，天門冬、麥門冬為佐。美水草，用當歸為君，陳皮、白芍藥為使，黄藥子、白藥子為佐。化草穀，以山查子為君，枳殼、陳皮為使，神曲、麥芽為佐。通腸，山續隨子為君，大黄、朴硝為使，酥油、通草為佐。健脾胃，以厚朴為君，甘草、陳皮為使，砂仁、白朮為佐。瀉肝火，用黄連為君，青葙子、石決明、草決明為使，黄芩、石膏為佐。久瀉不止，以肉荳蔻為君，牽牛、莨菪、陳皮為使，豬苓、澤瀉為佐。胞轉，以茵陳為君，澤瀉、燈芯、滑石、木通為使，酒炒知母、黄柏為佐。鼻膿不止，以大黄為君，知母、馬兜鈴、山藥、枇杷葉為使，秦艽、百合為佐。化痰，以薑製半夏為君，升麻、桔梗、飛礬為使，火炮南星為佐。勞傷，用益智仁、熟地黄為君，當歸、白茯苓為使，為臣。諸風解表，用川烏、附子為君、為佐，羌活、獨活、天麻、全蠍為使、為臣。洗肝明目，用青葙子為君、為佐，石決明、乾菊花為使、為臣。

又 和藥必用。甘草湯和藥性，解諸毒。綠豆湯解毒，瀉上焦火。生薑湯順氣，開胃。烏梅湯分陰陽，止渴。米飲湯養胃。滾白湯和脾胃。蔥湯發汗通竅。茱萸酒止腹痛。熟酒暖胃。苦酒通腸。熱生酒健脾。魚沫湯化結。棗湯開胃。竹葉湯清心，利小水，止溺血。清心糊米茶去煩熱。秈米茶養胃。薤汁開胃。蘿蔔湯化草，寬腸。無根水清心。井花水去熱。溫水平和。蜜水止鼻膿。米泔水去上焦火。麩漿水泄五臟熱。陳小米湯止虛汗。螺清水明目瀉肝火。蚯蚓水治熱極中風。糞津水治心熱。襪汁治心虛。朴硝水治諸黃毒。茶清清心。韭汁開胃。鯰魚湯通腸。糯米粥開胃，瀉火。粟米粥止瀉。狗湯添膘。灰汁滑腸。雪消水去臟熱。蜜湯水去三焦火。酸漿水止吐。童便滋陰，補腎經。

又 引藥必用。生薑連皮溫，去皮熱。開胃，正氣。青蔥發汗。棗肉開胃。炒白麵止瀉。枯礬斂肺。豬膽清肝。蜂蜜清心，養肺。飛鹽引經。紅花和血。雞子清清心。熟豬脂潤腸。生豬脂潤肺。朴硝通腸。生油清心，滑腸。竈心土止腹痛。綠豆粉瀉心火。乾柿宣腸。烏梅止瀉。雛雞通腸。生鯰魚通腸。豬肪肉添膘。砂糖養肺。白羊肝明目。炒紅花下瘀血。胡桃仁補肺。生蘿蔔化穀。百草霜逐胎血。狗腦暖子宮。酥油通腸。鵞毛油烹，止咳。人髮油烹，止咳。鴿糞消腹脹。米醋消脹。蕎麵化痰。黃蠟排膿。臭椿枝消肚腹脹。炒麵止瀉。陳倉麥打疲蟲。火麻灰存性，療風。青苔利小水。

清 郭懷西《新刻注釋馬牛駝經大全集·馬經大全》卷三《專治雜癥藥方，人畜並用》 凡醫者用藥，看病在何經絡，在何臟腑，以何藥為君，以何藥為臣佐，以何藥為使，斟酌的實，方可用藥。務必君藥倍用，臣藥減半，佐使更減半矣。醫者慎之。

又《藥性全載》 人參：甘、溫、無毒。升也，陽也。稟陽和之質，回元氣於垂亡之際，寧心潤肺、止渴生津、定喘促於頃刻之間，攻堅破積，妙用無窮。黃耆：甘、溫、無毒。升也，陽也。補肺氣而實皮毛，益元氣而補三焦，外固表虛之盜汗。內托陰分之瘡病，助痘有功，定喘如神。白朮：甘、溫、無毒。可升可降，陽也。君枳實以健脾，佐黃芩以安胎。要知暖胃消痰痞，補氣添津止汗宜。濕腫風寒和霍亂，痛疽嘔泄亦能醫。遠志肉：苦、辛、溫。寧心補腎，堪收寐裡之遺精、聰耳明目，能廣胸中之智慧，豈但長肌肉，治健忘而已哉。石菖蒲：苦、辛、溫。芳香利竅，使耳目之聰明。宣通除濕，志長心開。又豈但去咳逆，溫胃腸方施效驗；除幾瘧、消積熱必奏奇功。當歸：辛、溫、無毒。可升可降，陽也。頭止血而上行；身養血而中守；尾破血而下流；全活血而不走。腸滑者，禁用。吐血者，醋炒。川芎：辛、溫、無毒。升也，陽也。上行頭角，助青陽之氣，涕淚多資。下行血海，養新生之血，調經種子。白芍藥：酸、平、寒，有小毒。可升可降，陽也。斂肺氣而主喘嗽，益心脾而能安胎，下痢固宜炒用，而後重亦當用生，豈但利氣而除濕，更能益氣而和中，小便多而能止，大使結而能通，心驚悸而能保。津液少而可生，白者入壬癸，赤者入丙丁。赤芍藥：行惡血，利小腸，兼行腹痛；驅寒熱，消癰腫，發表通經。甘草：甘、平。生之則寒，炙之則溫，生則分身稍而異，用炙則健胃以和中，解百毒而有效，和諸藥而無爭，梢止莖中作痛、節治腫毒諸瘡。陳皮：苦、辛、溫，無毒。可升可降，陽中之陰也。辛而能散，苦則能燥、能瀉，溫則能補、能和。同補藥、瀉藥，則有補瀉之妙。同升藥、降藥，則有升降之能。須明留白，補胃以和中；去白，消痰以洩氣。半夏：辛、溫，有毒。燥濕土而化痰涎，墮胎孕而止嘔吐。主治雖多，非濕當禁。南星：苦、辛、溫，有毒。可升可降，陰中之陽也。墜中風不省之痰毒麻痹堪醫。主破傷如屍之身強，墮胎可慮膽製尤佳。羌活：味苦、甘、平、溫，無毒。升也，陰中之陽也。散肌表之風邪，利周身之疼痛，排太陽肉膚之疽，除新舊寒濕之症，為手足太陽，表裡引經之藥也。獨活：味苦、甘、平、溫、無毒。升也，陰中之陽也。療諸風之掉眩，頸項難伸。散寒濕之痹症，兩足相宜。奔豚，癇痓稱為聖藥。瘕疝、金瘡號為靈丹。紫蘇葉：味辛、溫。溫中達表，解散風寒。根能下氣、安胎。子可消痰定喘。柴胡：苦、平、寒、無毒。升也，入肝膽二經，走半表半裡，有升陽之令，下陷者不可缺，助參耆有大功，左右兩膀脅下痛，目眩潮熱往來生。前胡：辛、苦、寒。苦泄厥陰之熱，寒散太陽之邪，性陰而降。力專消痰下氣。與柴胡升陽者不同，清頭日退熱寬胸，療兒疳安胎定喘。升麻：苦、平、溫、無毒。升也。消風熱腫毒，發散瘡瘍，辟瘟疫瘴氣，解百毒。頭痛引蔥白，散手陽明之風邪，引石膏止足陽明之牙痛。載諸藥遊行四播，升陽氣於至陰之下，因名之曰升麻。乾葛：甘、平、寒、無毒。可升可降，陽中之陰也。解肌表，療陽明在經之熱渴。止血痢，又主乎寒熱往來之溫瘧。生用則墮胎，蒸熟以解酒。天花粉：甘、苦、寒。止口渴，而消痰退熱。長肌肉，而癰腫排膿。通熱閉之月經，利心膈之痰吼。枸杞為之使，烏頭反而畏。防風：甘、辛、溫、無毒。升也，陽也，乃走表之藥。療諸風，瀉肺實，腦痛蠲除。治瘡瘍，療目眩，兼醫口禁。枇杷葉：苦、辛、平。下逆氣，噦嘔可止。定肺喘，止嗽消痰。白芷：辛、溫、無毒。升也，陽也，入肺胃大腸之經，去頭面皮膚之風，婦人赤崩帶下，瘡家止痛排膿，脅滿與嘔吐，赤白痢可除。細辛：辛、溫、無毒。升也，陽也。散三陽數變之風邪，止少陰合病之頭痛，通經下乳，明目開胸，百節拘攣宜用。齒牙目淚堪除。藁本：苦、辛、溫、無毒。升也，陰中之陽也。去太陽之風火，理巔頂之頭痛，並治婦人疝瘕、陰內寒腫。附子：辛、熱、有毒。陽中之陽也。療虛寒翻胃，壯元陽無疑。大熱而有大毒，通行諸經，主治繁眾，負遊走之性，稟雄壯之質，有斬關奪帥之能，無所不入。引補氣藥以追失散之元陽，引補血藥以養不足之真陰，引發散藥以驅在表之風邪，引溫暖藥以除在裡之寒濕。善用者必奏奇功，不善用者為害不淺。川烏：大熱共天雄，破積消痰極去風，寒濕痹麻兼咳逆，亦能隨產殺屍蟲。秦艽：味苦、辛、平，無毒。可升可降，陰中之陽也。攻風活絡，養血舒筋，既除肌節之痛，又去黃疸之疴。天麻：辛、平、溫，無毒。降也，陽也。療大人虛風暈眩、四肢拘攣，治小兒驚悸風癇、語言蹇澀。黃連：苦、寒、無毒。沉也，陰也。生用則清心解熱、明目消痞。酒炒則厚腸止痢。而薑製除嘔，療諸瘡瘍、安蚘定痛。黃芩：苦、平、寒，無毒。可降可升，陰也。枯則清肺火，消痰止嗽，除寒邪、濕熱於肌表，上行可用。實則瀉大腸，養陰退陽滋化源，退熱於膀胱，下陣宜知。知母：苦、寒、無毒。陰也，陰中之陰也。瀉無根之腎火，療有汗之骨蒸。此虛勞之陽勝，滋化元之陰生。滑腸利水，浮腫兼施。萹蓄：苦、平。疥口蟲，利小便，主膀脫之閉癃，治蚘咬之腹痛。連翹：苦、寒、無毒。升也，陰也。清心經之客熱，諸瘡不可少。解豆症之繁紅，牛蒡是共用。薄荷：辛、涼、無毒。升也，陽也。發汗解表，化痰鎮驚。上清頭目之風，內除骨蒸之熱，宿食膨脹，霍亂咸宜。茵陳：味苦、微寒意，利水除黃消熱氣，瘟瘴頭痛悉可醫，明目解煩伐痰滯。沙參：甘、苦而寒。定心內之驚煩，退皮間之邪熱，清肺火以寧嗽，補陰虛而制陽。荊芥：辛、溫，去眾風。下瘀除痹治筋痛，祛除寒熱陰陽毒，氣壅頭痛瘰癧攻。瓜蔞根：味苦、沉寒。止渴之功若聖丹，退熱調經清氣補，補虛通濟且消煩。生地：甘、苦、寒、無毒。沉也，陰也。涼心火，止鼻衄，五心之煩熱堪除。消宿食，通二便，產後之瘀去生新。熟地：甘、苦、溫。無毒。沉也，陰也。滋腎部，封填骨髓。利血脈，補益真陰。新產後，臍腹急痛可治。久病餘，脛股酸痛堪醫。大黃：大苦、大寒，性沉而不浮，用走而不守，通關節，導瘀血，奪土鬱而無滯，推陳致新定禍亂，而致太平。因名之曰：將軍。麻黃：甘、苦、溫、無毒。升也，陰中之陽也。開毛孔，利九竅。其形中空，散寒邪而發表。其節中實，止盜汗而固虛。淡豆豉：苦、寒。解肌散表，頭痛與寒熱，並除懊憹可吐瘧，痢與溫瘢俱妙。香薷：辛、溫。發越陽遏之陰，分利澀之水，解伏暑而療霍亂，清熱除煩。澤瀉：甘、苦、寒，無毒。降也，陰也。去胎垢而利水通淋，溫腫賴焉。止泄精於陰虛盜汗，佐補有功。何首烏：苦、甘、溫。補真陰而理虛勞，益精髓而能續嗣。強陰壯骨，黑髮童顏，兼理乎諸瘡、陰陽久瘧，更宜於胎前產後，帶下崩中。巴戟：甘、辛，性帶溫。強筋壯骨補中津，祛風益氣除邪氣，且治遺精止腹痛。淫羊藿：甘、辛、溫。療風寒之痹濕，治四肢之木麻，補陰虛，強筋骨，扶絕陽之不起，利小便之莖痛。仙茅：辛、熱，有小毒。益腎扶元氣，補虛填骨髓，助火如仙，強記通神。車前：味苦，性還寒，止痛消瘀淋澀安，除濕益精醫眼赤，葉能治衄刀傷全。甜葶藶：苦、寒、無毒。沉也，陰也。療遍身之浮腫，逐膀胱之留熱，定肺氣之喘促，治積飲之痰厥。馬兜鈴：味苦。氣能通，定喘、消痰、止嗽同，瘻痔可攻兼血蠱，更醫咳逆也收功。木通：平、寒、無毒。降也，陽中之陰也。通關節，利九竅，治五淋，開溺澀。瀉小腸火無他藥可比，利小便閉與琥珀同功。菟絲子：辛、甘、平。補腎以明目，填精以堅筋，溺有餘瀝，精寒自出者服之以還其真。豈獨健脾止渴，更能潤乎心肺。肉蓯蓉：甘、鹹、溫。填精益腎，潤腸補傷，男子血淋遺精，婦人陰疼帶下，溫而不熱，補而不驟，故有蓯蓉之名。破故紙：苦、辛、溫。補相火以通君火，暖丹田以壯元陽，固精、縮小便遺泄之症。寧足患乎益精填骨髓，膝腰之疴不必慮也。豈但理婦人血氣之墮胎而已乎。牛膝：苦、鹹、平。走肝腎而壯筋骨，利腰膝以除寒濕，理膀胱之氣化遲難，載諸藥而下行甚捷，男子之精虛腦痛，婦人之血閉、症瘕、墮胎之疴，亦宜防之。覆盆子：酸、鹹、平。益精，縮小便，而補虛悅容。續斷：辛、苦而溫。治崩漏，暖子宮而療腰痛；續筋骨，止夢泄而收崩淋。葫蘆把：苦、溫。佐桃仁、大茴，能療膀胱，治疝氣。使黑附、硫黃，可理腎臟虛寒。無佐使之功，不能得成。常山：寒、苦，能除水，吐瘧搜痰卻有功。寒熱癭瘤兼鬼毒，蠱膨水脹亦能通。山豆根：苦。治咽腫痛，敷蛇蟲傷，可救急用。地膚子：寒。利膀胱熱，皮膚瘙癢，除熱甚捷。牛蒡子：辛、平、寒、無毒。降也，陽也。利咽喉，疏風壅之稠痰；宣肺氣，出痘疹之不快；能散諸腫瘡瘍之毒；可利滯凝腰膝之氣。紫草：苦、寒。滑肌利竅，宣發痘疹，滑腸涼血，瘡瘍兼施。紅花：辛、溫。活血潤燥，去瘀通經。逐腹中惡血，而補血虛之虛，除產後敗血，而止血暈之暈。牡丹皮：辛、苦、寒。瀉陰火，治無汗之骨蒸。疏結氣，破瘀血以通經。地骨皮：寒，味苦、平。除風無定表間乘，解肌退熱能涼血，有汗傳屍治骨蒸。澤蘭葉：苦、甘、溫。和血，有消瘀之能。利水，有殺蟲之妙。行血，而無推蕩之虞。養血，而無膩滯之患。胎前產後，跌撲能醫。龍膽草：苦、寒、無毒。沉也，陰也。明目疾，治婦人陰痛、小兒驚疳，清肺家之熱邪，除下焦之濕腫。蛇床子：苦、辛、甘。暖子宮以壯陽；搽瘡癬以除濕；婦人陰腫可治；男子陽痿能強。千金子：辛、溫、有毒。治血結月閉之經，療症瘕蠱毒之患。研碎紙包，搥去油用。砂仁：辛、溫。能消食。快氣和中暖胃家，霍亂轉筋兼下痢，止痛安胎醒酒佳。貝母：味苦、辛、平、寒。消痰潤肺，滌熱清心。喘嗽紅痰為要藥，胸中鬱結號神哉。紫苑：苦、辛。除咳逆寒熱，結胸氣皆消。療吐膿血還調喘，嬰兒驚癇效更高。藿香葉：甘、溫、無毒。可升可降，陽也。驅邪氣而定霍亂，開胃口以進飲食，散風寒，除嘔逆，稟清和芳烈之性，為脾肺達氣之藥。側柏葉：苦、溫。止吐衄，治崩淋下帶。利濕痹，愈骨節風疼。三棱：平、澀。除症癖，調血，消瘀也。落胎，快氣，能除心腹痛，煎來下乳實奇哉。莪朮：苦、溫。快氣先腹痛，心痛也當權。消瘀開胃通經脈，冷氣奔豚宿食痊。香附：味甘。快氣開鬱，止痛調經，更消宿食。玄胡索：苦、辛、溫、無毒。可升可降，陰中之陽也。調經利產，止血暈之崩，腹痛心痛為氣血之主。丹參：苦、平。安神散結，益氣養陰。安生胎而墮死，去瘀血以生新。胎前產後，帶下崩中。蒲黃：味甘，性平。平心腹膀胱寒熱行，治衄止崩通小便，消瘀調經用之靈。五味子：酸、溫、無毒。降也，陰也。止嗽定喘，斂汗生津，滋腎經不足之水，收肺氣耗散之金。天門冬：苦、平、寒、無毒。升也，陰也。潤肺補陰，止血清痰，引熟地至所補之鄉，而寧嗽定喘。麥門冬：甘、平、寒、無毒。降也，陽中之陰也。養陰血。退肺中隱伏之火；補虛勞，寧心經不安之神。引生地至所補之處，而止渴生津。玄參：苦、鹹、寒。補腎明目，壯水制火。利咽膈能解渴煩。消斑疹更治乳腫，風寒身熱狂邪病，腹痛堅症用此攻。艾葉：溫、平、苦。暖陰醫疝痢血漏崩，並婦人有子，除心痛，止血安胎，治轉筋。薑黃：辛、苦、寒。調血，破血，消癰，治熱風，症瘕，損傷皆有效，調經仿佛郁金功。地榆：味苦、甘、酸、寒、無毒。沉也，陰也，止積熱之血痢，收崩帶之下行，更治惡瘡兼吐血，排膿醫乳治蛇傷。郁金：苦、辛、寒。舒心肺之鬱遏，散溺淋之血注。長金瘡，生肌肉，又為定痛之神丹。蒼朮：甘、溫。治目盲燥脾兼除瘧消痰。為溫家之要藥，汗鬱並解。導窩囊之積宿，發散寬中。良薑：溫、辣。調心氣。消食除風助胃強，吐瀉、腹痛兼灑毒，轉筋霍亂也相當。草菓：味辛，消氣脹，能除濕勝痿痹寒。解瘟癖瘴消瘧母，散逐寒痰及吐酸。肉蔻：辛、溫。止瀉靈。補中和氣又消膨，開胸豁胃消痰飲，去毒心疼冷氣行。白蔻：辛、溫。反胃宜，諸般冷氣更為奇。若還冷吐尤其妙，細搗三枚酒一卮。紅豆蔻：辛、溫。主吐酸，治脹虛，收水瀉，理心腹之攪痛，酒毒可解。草豆蔻：辛、溫、無毒。浮也，陽也。散寒，止心腹之疼痛，下氣，驅逆滿之沉疴。開胃口而止霍亂吐瀉，攻堅積而破膈噎症腹。款冬：甘、辣、溫、無毒。理肺消痰治肺癰。咳逆癇驚喉閉痹，洗眼明目潤心胸。石斛：甘、鹹、平。平胃氣而補腎虛，理痹膝而長肌肉。安神定驚，厚腸止痢，羸瘦虛勞可治，皮膚邪熱堪除。益智仁：辛、溫。安心神，有散鬱開胸之妙，攝痰涎，有縮便止瀉之良。溫脾進食，暖腎固精。薯蕷：甘、溫、平。益脾。虛羸勞瘦服之宜，補中益氣除煩熱，腰痛頭風任所施。白芨：主消癰腫，毒性同白蘞，反烏頭，能治破裂風癬，更醫邪風有功。白前：辛、甘而寒。療喉閉之喘呼欲絕，寬胸中之氣滿難舒。阿膠：益肺，味甘溫，治瘦強陰壯骨筋，止嗽且能令吐，補虛更可安胎。防葵：辛、苦、甘。可誇，腸泄膀胱熱結佳。更治疳濕並咳逆，癲癇狂走及驚哇。女貞實：甘、苦、平。補中，黑鬚髮，明目，養精神，能益肝腎，堪安五臟。芡實：甘、澀。益精而遺濁有賴，補脾而泄瀉無虞。稟水土之氣，功多於脾腎。山藥：味甘。扶腎經、止腰痛而固遺精，補脾家，調和中而能益氣。百合：甘、平。潤肺寧心，補中益氣，咳嗽心痛。喉風涕淚能止，癰腫發背堪敷。苦參：苦、寒。專任於厲風濕熱，驅死疥蟲，固齒消癰，兼理腸癖。海藻：鹹、寒。利小便。癭瘤症瘕疝癰痊，氣停水結渾身腫，非此之勸不得痊。昆布：藥性雄於海藻，軟多年之頑痰，而散結氣膈噎，下十種之水蠱，以消積聚癭瘤。海帶：苦、鹹。治癭瘤，能醫馬刀症疝愁，不但催生頃刻下，更治水腫暫時瘳。大戟：甘、寒。療蠱頭、風疼、水腫最堪求，利腸落產消瘀血，黃病癰腫亦可謀。芫花：苦、寒。專行水，破積搜腸又化痰，水腫膨蠱連氣塊，要知此物力如山。牽牛：苦、寒。利便魁，去水陳浮又落胎，蠱脹氣壅兼嗽氣，生還性急熟遲呆。商陸：辛、酸、寒、有毒。降也，陽中之陰也。行水腫，利二便，有排山倒嶽之勢。赤白二種：赤消腫；白利水。甘遂：寒而苦又甘。破症消穀也消痰，面浮蠱脹連瘕疝，療膈通腸治便難。漢防己：苦、平、溫。消水腫，理腳氣，通二便，祛下焦之濕腫，瀉血分之熱壅。用得其當，可展其能，虛人妄投，禍不反階。腹皮：溫、辛。下氣良，健脾安胃通腸。氣因冷熱痛心腹，煎用加鹽更入薑。木瓜：溫性。渴能滋，止嘔消痰濕脾宜。霍亂轉筋兼吐瀉，奔豚腳氣總堪醫。懷香子：是小茴香。開胃調中得酒良，腹痛安胎兼霍亂，更通腎氣及膀胱。白菊花：苦、平、寒。清頭風，明目疾，稟金精之氣而入肺，搜肝家之風熱，治腰間之疼痛。豈但安腸胃，利血氣而已哉！木賊草：味苦、辛、平。奇功專主利肝經，眼中澀癢涼心熱，赤翳遮眼風卷雲。旋複：辛、溫。除咳良，頭痛目病亦堪嘗。苗治丹毒利小便，根主續筋療金瘡。蒙花：甘、寒。養營血，退翳光。大人眥淚羞明，小兒痘疳攻眼。蒺藜：味苦。能開胃，冷氣奔豚止痢功，消食化痰兼明目，更除崩漏及腸風。骨碎補：苦、溫。固齒牙而療折傷，補骨痿而去毒風。蟲之穴巢。用之驅除。史君：有子性甘溫，幼小諸疳實可論。更能殺蟲醫瀉劑，小便白濁也能分。胡黃連：苦、寒。瀉肝膽而平胃火，明眼目而止瀉痢。利小兒之驚疳，除婦人之胎蒸、骨蒸、勞熱，五痔、三消。蘆薈：大苦、大寒。消風熱而明目疾；治五疳而定驚風。殺蟲死疥，痔漏堪醫。阿魏：辛、溫。破症瘕而驅邪下氣，辟瘟瘧而霍亂兼施。傳屍可滅，痞積能消。山慈姑：甘、辛、有毒。治毒蛇犬咬之傷，敷粉滓、斑點之面，癰疽療毒，酒調服；瘰癧瘡瘍醋和敷。白附子：辛、甘、有毒。治失音之中風，去面風之遊走。疥癬之症不必慮，風濕之病何須憂。稀薟草：苦、辛。祛風濕之最品，通肢體之不利，麻痹腳膝，久服成功。胡麻子：甘、平、溫。大腸之結燥，肌膚賴之而有益，利筋骨之癱瘓，仙家服之以延年。蓽撥：辛、熱。溫中除寒嘔，消食止痰瀉。定霍亂而療心疼，治水瀉而醫腸鳴。白蘚皮：苦、寒。去風，治疥癩；除濕，療筋痹。小兒驚癇能治，產後餘痛堪醫。川萆薢：苦、辛、甘。治風寒濕痹，療失溺莖疼。膀胱之宿水既去，腰膝之酸痛能除。威靈仙：苦、溫、無毒。可升可降，陰中之陽也。宣五臟新舊之冷滯，消痰化痞，去腰膝之沉寒、痛痹、走氣、搜風。此所以威而猛，靈而仙也。金毛狗：入腎經，利周身之骨節。走膀胱，祛濕痹於風寒。鈎藤鈎：甘、苦、寒。省大人肝風而不燥，利小兒驚癇於胎風，寬中下氣，除眩舒筋。夏枯草：辛、苦、微寒。氣稟純陽，補肝血，瀉肝火，解內熱，散結氣，瘰癧濕痹稱為聖劑，目珠夜痛號為靈丹。白頭翁：苦、溫、無毒。赤痢衄血得效速，男子陰腫偏墜宜，小兒壇腥頭白禿。木別：甘、溫。主療瘡，折肌、散腫也還強。腰疼可治能消酒，乳上生癰用最良。漏蘆：大寒、鹹且苦，下乳排膿通血阻。能醫傷損續筋骨，去熱除風皆得所。海金沙：甘、寒。除濕熱，清血分之閉癃；消腫滿，利水道之不通。王不留行：甘、苦而平。通乳汁以下行，難產易生；治金瘡與鼻衄，腫毒可敷。茺蔚子：辛、苦、寒。明目益精，去風去水。苗搗塗敷腫毒，莖作浴湯洗痘，花能止帶，即時安康。葉名益母，熬膏久服，絕產者亦能成胎，更能通乳汁，下胎衣，去瘀血，潰癰疽，逆生者得之即順，胎死者服之即下。通草：通竅驗有靈，更消水腫閉難行。通經下乳俱暢達，功多呼為通草名。桔梗：苦、微寒、有小毒。升也，陽也。止咽痛兼除鼻塞，利膈氣仍治肺熱，一為諸藥之舟楫，一為肺陪之引經。胡荽：辛、溫，香竄。內通心脾，外達四肢，酒煎噴痘，自然紅潤。赤小豆：甘、酸。利水，去蟲，一味磨吞決效。排膿，散血，研末醋酸如神。止渴，行津液，清熱，利咽喉，通乳，下胎衣，女科亦用。除痢，止嘔吐，脾胃宜之。甘松：無毒，味甘香。沐浴偏宜取作湯，下氣更能除惡氣，心腹痛滿是奇方。蘆根：甘。益胃寒降火，治嘔穢反胃，止小便數甚。藜蘆：辛、寒，至苦，有毒。中蠱毒可吐，染疥癬堪醫。風癇之症，非此不除。石葦：甘、苦、微寒。清肺金以滋化源，通膀胱而利水道，益精氣而補五勞，治崩淋而消發背。辛夷：辛、溫。輕浮入肺、胃氣分，能助胃中清陽上行通於頭腦，溫中解肌，療鼻淵於鼻塞，治頭痛。蕪荑：辛散滿而苦殺蟲，溫燥濕而能化食。大人症痛、鱉瘕，用之即效；小兒驚疳、冷痢，非此不除。雷丸：苦、寒、有毒。入胃大腸，功專消積，又能殺蟲。蒲公英：甘、平。消乳癰而治吹奶，散腫核而抽疔毒，擦牙烏鬚髮，白汁塗惡刺。草決明：苦、微寒。和肝氣，除內障之青盲；祛惡氣，治蟲疥之毒瘡。穀精草：辛、溫。上行陽明胃，兼入厥陰肝，去痘後之翳膜遮睛，除風熱之喉痹齒痛。萊服子：辛、甘。消食寬膨，下氣定喘；生研有吐痰之妙，醋調有敷腫之良。大、小薊：甘、溫。皆能破血下氣，行而帶補，療宿血與嘔衄，治崩漏與折傷。癰腫，惡毒，大薊更良。白茅根：甘、寒。入手少陰、足太陰與陽明。除伏熱，消瘀血，利小便，解酒毒。花止吐紅、鼻衄，針能潰散癰癤。槐角：苦、寒、純陰。入肝經氣分。疏風熱，潤肝燥，涼大腸，治煩悶、風眩、痔血、腸風。罌米殼：酸、澀、微寒。斂肺澀腸，遺精脫肛。嗽痢初起者不可妄用。青皮：苦、寒、無毒。沉也，陰也。破滯氣愈低而愈效，削堅積愈下而愈良，引諸藥至厥陰之分，下飲食入太陰之倉。白芥子：辛、熱。去脅下之塊，消痰冷滯水，酒服之而翻胃可醫，醋塗之而癰腫可散。桃仁：苦、平、寒，無

毒。降也，陰也。破諸經之瘀血，潤大腸之蓄血。肌有血凝，而燥癢堪除；熱
入血室，而譫言可止。杏仁：苦、甘、溫，有小毒。可升可降。清肺而能潤燥，
降氣而能化痰；利胸中氣逆之喘嗽，潤大腸氣閉而難通。解錫毒有效，消狗肉
如神。瓜蒂：苦、寒。理上脘之痰痾，去胸中之邪伏。痞病懊憹可治，水停食
積堪醫。苡仁：甘、寒。理腳氣而除風濕，保燥金而治肺癰、水腫、滑痢，健
脾寬膨。白扁豆：甘、溫。暖腎助脾，益氣寬中，止於轉筋霍亂，醒酒毒而解
河豚。葉主蟲咬、蛇傷，花止赤白帶下。射干：苦、寒、有毒。療咽閉而消癰
毒，通經閉而利大腸。豈但消結核、疝瘕而已哉！橘紅：開胃去痰，寧嗽止嘔，
導壅滯之逆氣，同補藥則補，同瀉藥則瀉，升則升而降則降，有中和之妙，無
峻烈之嫌。山楂：味甘。消宿食，腥膻之積；行肉食，油膩之氣。疝氣為殃，
茴香佐之而取效；兒枕作痛，砂糖調服以成功。蓮肉：甘溫而澀，有清心醒脾
之用。可使心腎交，而君相之火邪俱滅；腸胃厚，而瀉痢之滑脫均收。頻用能
澀精，多服令人喜。蓮藕：平、澀。生用則滌熱除煩，散瘀血而生新；熟用則
和胃補中，消食積而變化。產後生冷皆忌，唯藕不忌，去瘀故也。蓮鬚：甘、
溫而澀，清心經，而諸竅之血出可止；固腎臟，而丹田之精氣無遺。可止瀉痢，
能黑鬚髮。蓮蒂：治雷頭風，有震卦仰盂之象。蓮房：補腎益胃，有固精澀腸
之需。紫薇：酸、寒。號淩霄，乳急行瘀血調，崩帶五淋皆可治，胎風症瘕功
更高。劉寄奴：溫。療火傷，通經破血，治刀傷、心痛、水脹兼腹痛，產後瘀
疼用亦良。韭味：辛、溫，略帶酸。利人無毒臟皆安，祛除胃熱須常食，子治
遺精夢泄寒。薤味：無毒，苦、辛、溫。去水溫中寒熱，並散血生肌兼利產，
金瘡水腫搗塗寧。大蒜：辛、溫，有毒凝。散癰殺毒療瘡平，兼除風熱還去蜃，
久服令人目損明。蔥白：辛、溫。解表宜，陽明頭痛即投之，傷寒下痢為神效，
止痛除風更可施。大棗：甘、溫。可壯神，又能助脈健天真，調和脾胃安中脘，
中滿之症忌入唇。生薑：味辣，性溫平。咳逆痰延嘔吐靈，開胃除痰尤可喜，
頭痛鼻塞用之精。乾漆：辛、溫，有毒。削年深積滯破症堅，更除秘結停留血，
氣血攻心亦可痊。蘇合香：油辟惡侵，去蟲殺鬼達神明，更消毒氣兼瘟瘧，久
服令人夢不生。竹葉：甘、寒。清心熱，降肺氣，止咳逆，解狂煩，更治熱痰
兼風寒，解毒清便極有功。竹茹：止嘔，除煩熱，吐血崩家亦可謀，清利小便
醫咳逆，五般熱氣也當求。竹瀝：味甘、寒。除虛痰火，汗熱渴煩，效如開鎖。
茯苓：溫、甘而平。補中開胃，利水化痰。調榮理衛，而有安魂定魄之能；止
瀉除嘔，又兼止渴生津之妙。名分赤白二種，用之名，奏其功。補心脾者，白
獨勝；利水道者，赤當尊。酸棗仁：甘酸而潤。入肝、膽、脾三經。固表虛，
而收自來之盜汗；壯膽怯，又除驚悸於怔忡。養肝血以歸經，定虛煩之不寐。
多眠用生，不眠用炒。柏子仁：味甘、平。安神定悸，壯水強陽。潤血而容顏
少美，補虛而耳目聰明。山萸肉：辛、酸、溫。補腎助陽事，腰膝之痾不必慮
也。固精，縮小便遺泄之症，而寧足患。月事多而可以止，耳鳴聾而還其聰。
椿樗白皮：苦、燥。寒勝熱，澀收斂。椿皮入血分而性澀，樗皮入氣分而性利。
凡血分受病不足者宜椿皮；氣分受病有鬱者宜樗皮。桑白皮：味甘、寒、無毒。
可升可降，陽中之陰也。瀉肺實，寧喘定嗽；疏閉塞，逐水寬膨。桂枝：苦、辛、
溫，無毒。可升可降，陰中之陽也。通血脈，和榮衛。上行走表，散皮膚之風
邪；橫行走經，為手臂之引經；直行下降，為奔豚之嚮導。桂心走血分，通關
節，托癰疽，發痘瘡之毒，引血成膿。肉桂：甘、辛、溫。而行血，益火消陰，
救元陽之痼冷。溫中降氣，扶脾胃之虛寒。堅筋骨，壯陽道，有助火之勳；定
驚癇，通血脈，有平肝之續。下焦腹痛非此不除，奔豚疝瘕用之即效。宣通百
病，善墮胎胞。桂皮：辛、熱。通關節，行血舒筋止汗佳，冷氣得疼兼霍亂，
手麻腳酸也醫他。秦皮：苦、寒。治驚癇，女子崩中帶不痊，青白遮睛童幼翳，
風寒濕痹效皆全。枳殼：苦、酸、寒、無毒。沉也，陰也。消心下痞塞之痰，
泄腹中滯寒之氣，推胃腸之宿食，削腹內連年之積。枳實：苦、酸、寒、無毒。
沉也，陰也。解傷寒之結胸，削年深之堅積。破氣行痰，有烈風迅雷之勢，磨
痞消食，有推牆倒壁之威。厚朴：苦、溫。溫胃和中，除實滿而寬膨脹。下氣
消痰，調胸腹而理滯痛，厚腸止痢。黃柏：苦、寒，無毒。沉也，陰也。瀉下
焦隱伏之龍火，安上焦虛噦之蚘蟲，利膀胱之燥溫。佐以蒼朮，理足膝之痹痛；
漬以蜜水，痔漏瘡瘍隨宜用，口瘡目疾任施為。郁李仁：辛、苦而甘。潤達幽
門，而關膈有轉舒之妙；宣通水府，而腫脹無壅遏之慮。烏藥：辛、溫。主膀
胱冷氣攻沖，療胸腹停積暴痛，天行疫癘咸宜，鬼犯蟲傷莫廢。梔子：苦、寒、
無毒。沉也，陰也。涼心腎鼻衄最宜。治懊憹，疏血滯，又開通於小便。清太
陰於肺，輕飄而上達。瀉三焦之火，屈曲而下行。豬苓：無毒，甘、苦、平。
行水消浮口渴寧，中暑傷寒溫瘧用，更除濕熱暴遺精。無濕大燥津液亡，腎虛
昏目亦須防。枸杞子：味甘、平。補陰虛之不足，益腎填精。養肝血之燥枯，
強精明目。杜仲：辛、甘、溫，無毒。降也，陰也。益腎填精，止腰膝之疼痛；

壯骨強筋，利遍體之機關。五加皮：苦、辛、溫。入腎、肝。堅筋骨以能行，補精髓於勞傷，又得效於風濕之症，功歸於藏血之血海。男子溺濁癃淋，婦人腰疼陰癢。桑寄生：甘、苦、平。下氣安胎為最穩，療崩行乳亦相宜。益血榮肌，而齒髮兼長；舒筋活絡，而痹痛蠲除。吴茱萸：苦、辛、熱、有小毒。可升可降，陽也。能升能降入脾，胃於肝家，祛冷脹為獨特，疏肝氣有偏長。燥脹胃而止久滑之瀉，散陰寒而攻心腹之疼。金櫻子：味酸、澀。入脾、肺、腎三經。澀遺精，止小便之頻數；收崩帶，定喘嗽之靡寧。檳榔：苦、辛、溫、無毒。降也，陰也。豁痰瘧而逐水。殺寸白蟲，疏後重之急，如驥追風，降至高之氣，似石投水。訶子：苦、酸而澀。生津止渴，兼療血泄之訶。固腸則瀉痢咸安，斂肺則喘嗽自愈。而包煨，去核用。烏梅：酸、辛、溫、無毒。降也，陰也。止渴生津，斂肺寧嗽。有澀腸之力，而痢可止。得酸寒之氣，而蚘能安。平突肉而至速，解酒毒以精神。豈但祛瘧有去痰之功而已哉！川椒：味辛、熱。純陽也。溫脾土，而擊三焦之冷氣。補元陽，而蕩六腑之沉寒。建奇功於飲癖、水腫，取速效於止痢、殺蟲。通血脈則痹痿消除，行肢節則機關健運。牙皂：辛、溫、有毒。治風痰而響應，辟邪氣而殺蟲。通關竅無閉不開，導壅滯無堅不破。五倍子：酸、鹹、澀。飲氣、化痰、止嗽有效，散熱、生津、止渴最宜。上下之血皆止，陰陽之汗咸瘳。瀉痢久而能斷，腫毒發而能消。治口瘡須臾可食，洗脱肛頃刻能收。染鬚髮之白，洗目爛之疴。沉香：辛、溫。降肝家之怒氣，平命門之相火。破結滯而開胃，化痰涎以助脾。大腸虛閉宜投，小腸氣淋堪用。更治男子精冷，婦人陰閉。木香：苦、辛、溫、無毒。降也，陽也。理疝氣，滯鬱可開，而胎可安。寬中理胃，食可清而痢可止，何患乎鬼邪蠱毒，無憂於冷氣心疼。丁香：辛、溫。快脾胃而治寒嘔，君柿蒂而止呃逆。痘瘡灰白，起陷良神。檀香：辛、溫。定霍亂，療膈噎于上焦；辟鬼邪，止疼痛于心腹。玉竹：甘、溫、無毒。降也，陽也，陽中之陰也。潤肺而止嗽痰，補脾而去濕熱。養肝而理眥傷淚出，益腎而除腰膝莖疼、濕陰。益精於地黄同攻，增長陽氣於人參並力。百部：甘、溫。能止肺熱，可止咳嗽、骨蒸勞瘵，殺蟲。治痔久嗽服之，大有功。荔枝核：甘、澀而溫。入肝腎，散滯氣，辟寒邪。治胃脘痛與婦人血氣痛，和茴香、青皮以治疝，大有奇功。巴豆：辛、熱、有毒。陽中之陽也。蕩五臟，滌六腑，通便閉，掃腸刷胃。破症瘕，祛痰癖，斬關奪關氣，血於食一攻而滯盡，痰蟲及水，頃刻而無遺。墮胎孕而抽疔毒，猛烈如虎，用宜慎之。楮實子：甘、寒。消水腫只利於肌膚，明目疾，又主乎陰痿。蕤仁子：甘、溫。退翳膜赤筋，理眥傷淚出，破心下之結痰，除腹中之痞氣。蔓荊子：辛、苦、寒。搜散無餘之頭風、目痛，舒展有效之濕痹、拘攣。天竺：苦、甘而寒。逐痰清心，能安五臟，大人中風不語，小兒天吊驚風。海桐皮：苦、溫。除風溫之害，理腰膝之疴，可塗疥癬，亦治牙蟲。川槿皮：苦、寒。擦頑癬，利有蟲之瘡，止腸風，收久滑痢。琥珀：安魂而魔魅不侵，清肺而小便自利，生新血而去瘀血，消除目翳而光明自復。胡桐淚：苦、鹹。治風熱牙痛，牛馬急黄研飲，膨悶吐之即安。蘇木：甘、鹹。可降可升，產後敗血瘡瘍死血投之散，散過還滋新血生。神曲：甘、溫。健脾胃而進飲食，食停腹痛無虞；下積氣而行結痰，翻胃瀉痢多功。麥芽：甘、鹹、溫。而助脾臟熱。五穀消導，而無停運，行三焦，宣通而不滯；治腹鳴於痰飲，亦催生而墮胎。犀角：苦、酸而寒。解心熱而寧神，定驚狂而辟邪，止吐衄而清心明目。瞿麥：辛、寒。又墮胎。快癰明目療痿來，通經催產除淋病，葉治小兒吐蛔蟲。鹿茸：甘、暖，補虛精，血氣生牙羸瘦盈，癰毒石淋兼夢泄，生新去舊血家行。虎骨：除邪去火傷，傳屍勞瘧總皆強。毒風鬼風顛狂病，牙痛陰瘡及惡瘡。虎肚有翻胃之良，虎爪有辟邪之用。鹿角：甘、溫，陽也。壯陽以助腎，健骨而生齒，男子虛痿聖劑，婦人崩帶神丹。五靈脂：甘、溫。治崩漏，理血氣之刺痛，無異於手拈；行冷滯之瘀血，見功於頃刻。炒熟止血，生用下血。麝香：辛、溫。開關竅而通經絡，內行於骨髓之間；善走竄而性飛揚，外徹於皮毛之際。催生、墮胎，辟邪，殺蟲。治驚癇之風痰，消瓜果之積食。牡蠣：苦、寒。止汗靈。療崩除熱治遺精，女人帶下兼淋漏，破血澀腸脅痛醫。象皮：斂收口，金瘡之聖藥；去潰爛，長肌肉之神丹。龍骨：甘、澀而寒。澀精而虛汗收，固腸而崩漏止。收脱肛，生肌肉，治痢疾，縮小便，有益於肝魂腎骨。龍齒：味澀而涼，鎮心安魂。治大人痙癲狂熱、小兒三五十二。熊膽：苦、寒。殺蟲，治疳，療驚，止痢，去目翳，消黄至效。塗毒瘡，痔漏如神。乳香：苦、溫。定諸經心腹之痛，解諸瘡內攻之毒，活血舒筋，催生利產。沒藥：溫、平。破血通竅，瘡癰止痛最為妙；心腹上痛兼癥結，金鈺傷殘立見效。血竭：甘、鹹。走心、肝二經之血分，為跌打止痛之君主。善收瘡口，去瘀生新。金銀箔：辛、平、有毒。安鎮靈胎，而收飄蕩之魂魄；能調肝膽，而治驚癇之風熱。自然銅：辛、平。接骨續筋，折傷者依然復舊；消瘀破滯，疼痛者條爾消除。硇砂：苦、辛、熱而有毒。破積聚，化胎胞，有穿腸爛肉之勢。生服爛心，製過方可。硼砂：甘、鹹而涼。柔五金，消痰止嗽，退翳障、胬肉攀睛；症瘕膈噎，骨硬宜通。硃砂：純陰、性陽、味甘而涼。色赤屬火，定心狂而逐痰，安魂魄，解胎熱而痘毒可攻。目翳、牙痛不可缺。牛黃：甘、涼。清心經之煩熱，收肺肝之魂魄，利痰利而無滯，入筋骨以搜風。小兒驚風盡掃，大人邪魔蕩平。珍珠：甘、鹹。逐風熱之驚痰，小兒安魂定悸，點目內翳膜爛，毒瘡生肌收口。珊瑚：填心經，破宿血。末吹鼻衄，寶重連成；消磨翳障，價值千金。龜板：甘、平。養心神而增智慧，補陰虛而退骨蒸。小兒顖門不合，臁瘡朽爛難聞。鱉甲：鹹、平。治勞瘧，解婦人骨蒸之煩；破症瘕，除小兒脅下之堅痛。烏賊骨：鹹。入肝腎。止血，斂瘡，療翳睛。崩漏帶下除寒濕，腹痛瀉痢效如神。山甲：性寒。消腫潰癰，搜風活絡，通經下乳為聖藥；五邪驚悸，風寒濕痹，瘴瘧疥癩號靈丹。地龍：鹹、寒。入肝、脾、肺經，清熱平肝，止喘通絡。治高熱狂躁，驚風抽搐。療風熱頭痛，齒衄目赤。除喉痹，瘰癧瘡瘍宜攻。利關節，可治小便不通。蘄蛇：甘、鹹。專諸風。風濕癱瘓骨節痛，疥癩瘙癢破傷風，瘰癧惡瘡有奇功。僵蠶：無毒，味鹹、平。力走心、肝、脾、肺經。祛風解痙宜用，化痰散結為尊。蜈蚣：辛、溫。入肝經，祛風定驚有專能。善解蛇蟲魚毒，殺三蟲而散結。能消症瘤腫毒，去惡血而生新。全蠍：有毒，味鹹辛。祛風通絡善止痙。除風逐濕療痹痛，中風語澀用之精。蟬蛻：甘、鹹、涼。退目赤翳障。治外感風熱，醫肺毒疔瘡。消諸風定驚，透風疹瘙癢。土鼈：主跌打損傷、接骨續筋而逐瘀活絡；行產後瘀血，積聚症瘕而破堅通經。風濕痛退水腫能療，重舌木舌口瘡堪醫。蜣螂：鹹、酸，性寒涼。主小兒驚癇、積滯，大人癲狂。治淋病、血痢、痔漏，療腫惡瘡。療噎膈症瘕，破血墜胎；消肢滿奔腸，便結腹脹。斑蝥：辛、酸、寒、有毒。攻惡瘡、頑癬、瘰癧；利水道、血積、墜胎，狂犬咬傷內服。芒硝：味辛、苦，大寒。除實熱積滯。久熱胃閉，腹脹便秘、消停痰而潤燥；去時疾熱壅、目赤障翳、丹毒癰腫，散惡血而軟堅。滑石：沉寒，味甘淡，除濕熱清火化痰。利竅通六腑津液，利小便解渴除煩；清三焦暑熱邪氣，理泄癖水腫黃疸；皮膚濕疹趾潰爛，五淋、難產亦可痊。寒水石：辛、鹹，性寒，去伏熱止渴除煩。療丹毒、腹中積聚，逐邪氣通竅腫散。石膏：性寒。治天行狂熱，解肌發汗；瀉三焦火，止渴除煩。清熱解肌生用，斂瘡生肌煆敷。青鹽：鹹、寒，補腎益氣。明目止痛，更消積聚。紫石英：溫。寧心定驚，咳逆邪氣，腫毒能傾。善治虛勞驚悸，血海虛寒不孕。赤石脂：溫，養心脾。明目益精療驚悸。止瀉痢，血崩帶下，除水溫，斂瘡生肌。青礞石：鹹、平。治積痰驚惘，止咳嗽喘急，消宿食症塊，降濁氣平肝。膽礬：味酸、寒，有毒。治癇痙壅塞，消喉痹，崩帶，石淋，療瘡腫，解毒，殺蟲。雄黃：苦、辛、溫，有毒。殺百蟲祛風燥濕。主鼠瘻惡瘡疽痔，醫疥癬頭瘡白禿，驚癇喉痹鼻息肉，辟邪氣蛇虺蟲毒。硫黃：酸、熱，有毒。壯元陽，治陽痿、虛寒瀉痢；殺諸蟲，療瘡癩、濕疹疥癬。麻油：甘、涼。食積腹痛，潤燥通腸。清三焦熱毒內結可除，塗疥癬瘡瘍，解毒生肌。醋：酸、甘。入肝經。消腫毒，散瘀血活絡舒筋。開胃氣，消積聚，血暈如神。酒：味苦、辛、甘，大熱。辟穢禦寒通血脈，風寒痹痛筋攣急，引藥勢通達百節。童便：鹹、涼。陰也，能升能降。主勞熱骨蒸，止勞渴，潤心肺，痰喘咳嗽能安。治跌打損傷，散瘀血，除疼痛，吐衄血暈可痊。蜂蜜：甘、平，益氣補中。止咳解毒，通腸止痛；除煩定驚，潤燥和營。蠟能止痢，瘡瘍同功。

清　李南暉《活獸慈舟·馬》第二篇《疾病部分·肝經病》　青峰曰：馬有肝臟，與膽經相為表裏，肝者屬木，其色青，肝有苗竅，統屬與旱牛相符。肝木和平，則無他證，如肝燥、肝虛則必百端病發矣。

清　張宗法《三農紀》卷一九《馬》　療治。《造化權輿》云：乾陽為馬，故蹄圓，起則先前足，臥則先後足，從乎陽也。是以病則臥，陰勝也。古人以物理修方，其性剛，急症多在表，病即形外，醫者相其作形，視其口色，因症以療治。但馬腸熱胃燥，又小汚浄膽汁潤溉三焦，故其矢零落彈丸，此所以異也。人皆知藥能治病，而不知調護先藥而治也。治之者，先識疾源，知其所犯以調護，然後議藥必效。若中風者散之，就宗要表之，受濕者滲之，傷熱者清之，凝者散之，散者斂之，結者消之，塞者通之，涼者溫之，溫者清之，太過者瀉之，不及者補之，引之、導之、緩之、急之，治其外必兼其內，治其內必兼其外，不使陰陽偏薄，得氣血調勻，榮衛暢和，不可不知也。《備急方》：凡諸病，鳳仙花連根葉淨洗，熬膏抹眼，令出汗則愈。宜牧停便用。久不孕者，狗首骨燒存性，和水，加酒啖。傷水，亂髮薰鼻，令出黃水，後用胡椒、皂角、瓜蒂末，加麝香少許，入竹管吹鼻內外，兼治一切結症。料結、水結，用蘿蔔子末和水啖。尿結，用車前子、牽牛子末、蚯蚓汁，以汗衣洗水，啖。糞結，用皂角、太黃、麻子末，米泔水調，啖。又皂角水、皮硝水，調入香油少許，用猪尿胞將前藥入內，以竹管插胞竅裡，繩纏固，又以竹管插入糞門中，用手着力捻藥入內，即通。後寒，薑、葱各半，酒水調灌。啌喘毛焦，麻子、炒米、鷄子清，調飼。小腸氣痛，代赭石製末，陰陽水調啖。諸瘡，槐花炒黄，半水半酒，少加香油，啖。外敷薑、葱、猪膽汁，貼患處。又方：生芝麻末、鷄子清，調和啖。脊破傷，蝦蟆一個，枯白礬共搗，貼患處，留頂出氣，或煤炭末油調敷。患眼者，銅緑、輕紛、硃砂等份，用黄連熬汁，以前三藥和爲錠，用時以新汲水研汁，點搽目。

明 趙浚等《新編集成馬醫方·疥瘡門》 治馬疥。東人經驗：藺茹、藜蘆、葳靈仙。右等分細末，和如淡粥塗之。又方：層層木油塗。又方：猛灰二斗，白朮爛搗一斗，水二盆，煎至一盆，稍熱塗之。不過三度永差，更無復發。又方：苦參、白頭翁各三斤，水五盆，煎二盆，紅椒、苦楝各為末和，溫洗之。又方：用好釅醋調石灰，熱搭大妙。又方：研芥子塗之。又方：生漆木切，作束如炬，以火燒，取油塗疥瘡。一二度，雖積年疥瘡見效。

綜述

晋 葛洪《肘後備急方》卷八《治牛馬六畜水穀疫癘病方第七十三》 治馬熱蟲顙黑汗鼻有膿，有膿水草不進方：黄梧、蔓根、貝母、桔梗、小青、梔子仁、吴藍、款冬花、大黄、白蘚皮、黄芩、鬱金各二大兩，黄柏、馬牙硝各四大兩。搗，篩，患相當及常要啖，重者，藥三大兩。地黄半斤，豉二合，蔓菁油四合，合齊前啖，至晚飼，大效。

又 馬遠行到歇處，良久，與空草，熟刷。刷罷飲，飲竟，當飼。困時與料必病，及水穀。

又 六畜瘡焦痂，以麵膠封之，即落。

又 馬急黄黑汗：右割取上斷訖，取陳久靴爪頭。水漬汁，灌口，如不定，用大黄，當歸各一兩，鹽半升，以水三升，煎取半升。分兩度灌口，如不定，破尾尖，血出，即止，立效。

又 馬起臥，胞轉及腸結，此方並主之：細辛、防風、芍藥各一兩，以鹽一升，水五升，煮取二升半，分為二度。灌後、灌前，用芒硝，鬱金、寒水石、大青各一兩，水五升，煮取二升半，以酒、油各半升，和攪，分二度，灌口中。

又 馬羯骨脹：取四十九根羊蹄燒之，熨骨上，冷易之。如無羊蹄，楊柳枝指粗者，炙熨之，不論數。

又 飲馬以寅、午二時，晚少飲之。

又 啖鹽法：鹽須乾，天須晴，七日，大馬一啖一升，小馬半升，用長柄杓子深納咽中，令下肥而強水草也。

又 治馬後冷：豉、葱、薑各一兩，水五升，煮取半升，和酒，灌之，即瘥。

又 蟲顙十年者：醬清如膽者半合，分兩度灌鼻，每灌，一兩日將息。不得多，多即損馬也。

又 蟲顙重者：葶藶子一合，熬令紫色，搗如泥，桑根白皮一大握，大棗二十枚，擘，水二升，煮藥取一升，去滓。入葶藶搗，令調勻。適寒溫，灌口中，隔一日又灌，重者不過再，瘥。蟲顙馬鼻，沫出梁腫起者，不可治也。

又 驢馬胞轉欲死：搗蒜，納小便孔中，深五寸，立瘥。又用小兒屎，和水，灌口，立瘥。又方：騎馬走上坂，用木腹下來去擦，以手納大孔，探卻糞，大效。探法：剪卻指甲，以油塗手，恐損破馬腸。

又 脊瘡，以黄丹敷之，避風，立瘥。

又 疥，以大豆熬焦，和生油麻搗，傅，醋、泔淨洗。

又 目暈：以霜後楮葉細末一日兩度管吹眼中，即瘥。

又 馬蛆蹄：槽下立處掘一尺，埋雞子許大圓石子，令常立上，一兩日，永瘥。

又 啖大麻子：淨擇一升，飼之，治啌及毛焦，大效。

又 疥，以樗根末和油麻塗，先以皂莢或米泔淨洗之，洗了塗。令中間空少許，放蟲出下得，多塗恐瘡大，秘療疥，以巴豆、膩粉，研油麻塗定，洗之。塗數日後，看更驗。

北魏 賈思勰《齊民要術》卷六《相牛馬及諸病方法》 飼父馬令不鬥法：多有父馬者，別作一坊，多置槽廄；銼芻及穀豆，各自別安。唯著韁頭，浪放不繫。非直飲食遂性，舒適自在，至於糞溺，自然一處，不須掃除。乾地眠臥，不濕不汙。百匹群行，亦不鬥也。

又 飼征馬令硬實法：細銼芻，枚擲揚去葉，專取莖，和穀豆秣之。置槽於迴地，雖復雪寒，勿令安廠下。一日一走，令其肉熱，馬則硬實，而耐寒苦也。

又 馬炙瘡：未差，不用令汗。瘡白痂時，慎風。得差後，從意騎耳。

又 治馬瘙蹄方：以刀刺馬踠叢毛中，使血出，愈。又方：融羊脂塗瘡上，以布裹之。又方：取鹹土兩石許，以水淋取一石五斗，釜中煎取三二斗。剪去毛，以泔清淨洗。乾，以鹹汁洗之。三度即愈。又方：以湯淨洗，燥拭之。嚼麻子塗之，以布帛裹。三度愈。若不斷，用穀塗。五六度即愈。又方：剪去毛，以鹽湯淨洗去痂，燥拭。於破瓦中煮人尿令沸，熱塗之，即愈。又方：以鋸子割所患蹄頭前正當中，斜割之，令上狹下闊，如鋸齒形；去之，如剪箭括。向深一寸許，刀子摘令血出，色必黑，出五升許，解放，即差。又方：先以酸泔清洗淨，然後爛煮豬蹄取汁，及熱洗之，差。又方：取炊底釜湯淨洗，以布拭令水盡。取黍米一升作稠粥，以故布廣三四寸，長七八寸，以粥糊布上，厚裹蹄上瘡處，以散麻纏之。三日，去之，即當差也。又方：耕地中拾取禾茇東倒西倒者，若東西橫地，取南倒北倒者，一壟取七科，三壟凡取二十一科，淨洗，釜中煮取汁，色黑乃止。剪卻毛，泔淨洗去痂，以禾茇汁熱塗之，一上即愈。又方：尿漬羊糞令液，取屋四角草，就上燒，令灰入缽中，研令熟。用泔洗蹄，以糞塗之。再三，愈。又方：煮酸棗根，取汁淨洗，訖。水和酒糟，毛袋盛，漬蹄沒瘡處。數度即愈也。又方：淨洗了，擣杏人和豬脂塗。四五上，即當愈。

又 治馬大小便不通，眠起欲死，須急治之，不治，一日即死：以脂塗人手，探穀道中，去結屎。以鹽內溺道中，須臾得溺，便當差也。

又 治馬卒腹脹，眠臥欲死方：用冷水五升，鹽二升，研鹽令消，以灌口中，必愈。

唐 李石《司牧安驥集》卷七《治騾馬通用》 治肺惔病。桂香散：治馬頭低垂，不得舉起。大黃、柴胡、甘草、木香、乾薑、細辛、肉桂，各一兩。上藥七味為末，先針帶脈出血，後用青州棗子十個，去核，糯米三合，生薑一兩，煮成粥，和藥末二兩，數啖即差。

又 治慢肺病。烏藥散：治馬走驟胸痛，鼻濕，前探，五七聲吼，全不食水草。天臺烏藥、桑白皮、牡丹皮、茴香、赤芍藥、秦艽、去蘆頭、藁本，上藥七味，各等分為末，每服一兩半，春夏漿水一升，秋冬齏汁，同煎三五沸，放溫，草後灌之。柴胡散：治馬慢肺病喘。柴胡、紫苑、知母、貝母、百合、桑白皮、胡黃連，上件七味，各等分為末，每用藥末一兩半，蜜二兩，韭汁二大盞，同煎三兩沸，放溫，草後灌之。麥蘖散：治馬把前把後、慢病、喘。麥蘖、知母、

又 治牛馬病疫氣方：取獺屎，煮以灌之。獺肉及肝彌良，不能得肉、肝，乃用屎耳。

又 治馬患喉痹欲死方：纏刀子露鋒刃一寸，刺咽喉，令潰破即愈。不治，必死也。

又 治馬黑汗方：取燥馬屎置瓦上，以人頭亂髮覆之，火燒馬屎及髮，令煙出，著馬鼻上熏之，使煙入馬鼻中，須臾即差也。又方：取豬脊引脂、雄黃、亂髮，凡三物，著馬鼻下燒之，使煙入馬鼻中，須臾即差。

又 馬中熱方：煮大豆及熱飯啖馬，三度愈也。

又 治馬汗淩方：取美豉一升，好酒一升，夏著日中，冬則溫熱，浸豉使液以手搦之，絞去滓，以汁灌口。汗出，則愈矣。

又 治馬疥方：用雄黃、頭髮二物，以臘月豬脂煎之，令髮消；以磚揩疥令赤，及熱塗之，即愈也。又方：湯洗疥，拭令乾。煮麵糊，熱塗之，即愈也。又方：燒柏脂塗之，良。又方：研芥子塗之，差。六畜疥，悉愈。然柏瀝、芥子，並是躁藥，其遍體患疥者，宜歷落斑駮，以漸塗之，待差，更塗餘處。一日之中，頓塗遍體，則無不死。

又 治馬中水方：取鹽著兩鼻中，各如雞子黃許大，捉鼻，令馬眼中淚出，乃止，良矣。

又 治馬中穀方：手捉甲上長鬃，向上提之，令皮離肉，如此數過。以鈹刀子刺空中皮，令突過。以手當刺空，則有如風吹人手，則是穀氣耳。令人溺上，又以鹽塗，使人立乘數十步，即愈耳。又方：取餳如雞子大，打碎，和草飼馬，甚佳也。又方：取麥糵末三升，和穀飼馬，亦良。

又 治馬腳生附骨。不治者，入膝節，令馬長跛。方：取芥子，熟擣，如雞子黃許，取巴豆三枚，去皮留臍，三枚亦擣熟，以水和，令相著。和時用刀子，不爾破人手。當附骨上，拔去毛。骨外，融蜜蠟周匝擁之，不爾，恐藥躁瘡大。著蠟罷，以藥傅骨上，取生布割兩頭，各作三道急裹之。骨小者一宿便盡，大者不過再宿。然要須數看，恐骨盡便傷好處。看附骨盡，取冷水淨洗瘡上，刮取車軸頭脂作餅子，著瘡上，還以淨布急裹之。三四日，解去，即生毛而無瘢。此法甚良，大勝炙者。然瘡未差，不得輒乘，若瘡中出血，便成大病也。

又 治馬被刺腳方：用穬麥和小兒哺塗，即愈。

貝母、當歸、芍藥、瓜蔞根、紫蘇、香白芷、枇杷葉去毛、桑白皮、桔梗、甘草、山茵陳、茯苓、黃藥子、白藥子、杏仁去皮尖、馬兜鈴、山藥、秦艽，上件二十味，各等分為末，每用藥末一兩半、蜜一兩、生薑一分、韭汁一升，同煎三兩沸，放溫，草後灌之。麻黃散：治馬慢病，把前把後，腰硬臁細，常呼項脊悋病。麻黃去節、麥蘖、百部、紫苑、百合、紫蘇子、乾地黃、山藥、枇杷葉去毛、柴胡、茴香、杏仁去皮尖，上藥一十二味，各等分為末，草後啖之，隔日再啖。金蕎麥散：治馬啌喘及慢病，把前把後，草慢。金蕎麥、馬兜鈴、知母、貝母、天門冬、麥門冬、漢防己、白藥子、款冬花、當歸、山藥、芍藥、桔梗、枇杷葉去毛、杏仁去皮尖，上件一十五味，各等分為末，每用藥末一兩，白礬少許，蜜一兩，水二大盞，同煎三兩沸，放溫，草後灌之

又　治肺病。葶藶散：治喘。玄參、葶藶、升麻、牛蒡子、馬兜鈴、黃芪、知母，貝母，上件八味，各等分為細末，每用藥一兩，漿水三盞，草後灌之。秦艽散：治喘。秦艽、甘草、知母、貝母、黃芪、黃明膠炙、苦葶藶、牛蒡子、玄參、川升麻、馬兜鈴、桔梗，上藥一十二味，各等分為末，每用藥末二兩，糯米二盞，同和，草後啖之。瓜蔞根：治馬肺氣。瓜蔞根、馬兜鈴、黃藥子、山茵陳、杏仁、白礬、黃連各一兩，陳皮半兩，上藥八味為細末，每用藥一兩，漿水煎，草後灌之。白藥子散：治馬肺病。白藥子、知母、貝母、秦艽、牛蒡子、甘草、沒藥、桑白皮、瓜蔞根、百合、當歸、香白芷、馬兜鈴、芍藥、款冬花、仙靈脾，以上一十六味，各等分為末，每用藥二匙，韭汁二盞，同煎一兩沸，候冷，入油一兩，草後灌之。山梔子散：治馬諸病。山梔子、知母、貝母、郁金、黃連、黃柏以上各一兩、瓜蔞一個、杏仁一升，以上八味為末，每服一兩，用熟水麻腐一大盞，隔宿露過，和藥，草後啖之。夜明砂散：治馬肺生毒瘡。山梔子四兩，知母、白藥子、貝母、瓜蔞根以上各半兩，夜明砂二兩，以上六味為末，每服二錢，漿水一升，童子小便半盞同煎，入蜜一兩、雞子二個、白礬半兩，調勻，草後灌之。紅藥子散：治馬肺勞。木通、牛蒡子、滑石、款冬花、白藥子、紅藥子、井泉石、海桐皮、葳蕤，上件九味，各等分為末，每服一匙，蕎麥三匙、鹽一匙，調勻灌之。白芨散：治馬蹷損肺膜，啌喘，口鼻中出膿血，不食水草。白芨、山茵陳、山梔子、川黃連、甘草、防風以上各四兩，阿膠二兩，杏仁半升，以上八味為末，每用二兩，漿水一升，同煎至五分，放溫，喂飽灌之。黃芪散：治馬卒熱、草慢、尿血、肺澀病。黃芪、烏藥、芍藥、地黃、知母、山茵陳、馬兜鈴、枇杷葉去毛，以上八味，各等分為末，每服二兩，漿水或韭汁半升，煎三五沸放冷啖之，喂飽路行灌亦得。紫菀散：治馬鼻濕、毛焦、啌喘，草慢病。紫菀、川芎、知母、貝母、甘草、杏仁、赤芍、滑石、玄參、木通、馬兜鈴、香白芷、白藥子、白芍藥、乾山藥，以上十五味，各等分為末，每用藥一兩半，砂糖一兩，水半升，同煎三二沸，放溫，草後灌之。五子散：治馬鼻濕、肺毒瘡、前後腳虛腫、草慢。牛蒡子、牽牛子、大麻子以上三味炒令黃色，甜瓜子，紅花子，瓜蔞根，秦艽，郁金，以上八味藥，各等分為末，每用藥一兩半，砂糖一兩，水半升，同煎三二沸，放溫，草後灌之。貝母散：治馬鼻濕、啌喘，偷瘦，草慢。貝母、知母、杏仁去皮尖、款冬花、秦艽、甘草、枇杷葉去毛、馬兜鈴，以上八味，各等分末，每用藥一兩半，淡韭汁半升，同煎三二沸，放溫，草後灌之。馬兜鈴散：治馬上熱，啌喘，鼻濕，臁大及新馬不著膘，偷瘦，草慢。款冬花、杏紅去皮尖、知母、貝母、大黃、甘草、紫菀、葶藶子、山梔子、馬兜鈴、黃芩、訶子，以上一十二味，各等分為末，每用藥末一兩，用青蒿、蜜水調，草後啖之。貫眾散：治馬肺毒瘡，或患肺，揩搽，毛頭受塵。貫眾、白藥子、枇杷葉、紫蘇子、陳皮、青皮，馬兜鈴、何首烏、瓜蔞根、桑白皮、葶藶、牽牛子、款冬花、紫菀、白蒺藜、杏仁去皮尖，以上一十六味，各等分為末，每用藥一兩，水一大盞，蜜一兩，同煎三二沸，放溫，草後灌之。連翹散：治馬項脊悋，低頭不得，把前把後，慢病。連翹、知母、貝母、杏仁去皮尖、紫蘇、香白芷、桔梗、瓜蔞根、山藥、當歸、甜瓜子、馬兜鈴，以上一十二味，各等分為末，每用藥一兩半，生薑一分，蜜二兩，水一升，煎二三沸，放溫，草後啖之。螺青散：治馬腦顙、鼻濕、喉骨脹而緊硬及一切熱病。螺兒青、川芎、知母、貝母、龍腦、薄荷、川郁金、牛蒡子炒，各二兩，以上七味為末，每灌藥一兩半，蜜二兩，韭汁一升，煎三五沸，放溫，草後灌之。雪花散：治馬發熱、喉骨脹、鼻濕、草慢，或鼻內有瘡，肺顙病。得膘八分，吃四分草料者，用之效。朴硝四兩、黃丹一分、寒水石一斤，火內燒過，以上三味為末，每服藥末二兩，用豬脂四兩同和，草後啖之。灌了，草如常時，隔日再啖。啖馬豬肚方，又名換馬膏：黃連、大黃、黃藥子、黃柏、黃芩、梔子、青皮、芍藥、黃芪、甘草、知母、陳皮，以上一十二味，各等分為末，用豬肚一個，藥末二兩，瓜蔞兩個，鹽豉二十個，小便浸，砂糖四兩相和，盛豬肚中煮熟，研細，草飽啖之，晚須熁之。金釵草散：治馬頭不得抬起。白芷、柴胡、芍藥各一兩，金釵草、當歸

各半兩，肉桂、半夏各一分，以上七味一處為末，先針腦後，血出了，每服二兩，豬肉煮湯調，草後灌之。草龍膽散：治馬鼻內出黃白膿及肺毒注破，併發熱多啌、揩搭、毛頭乾燥、鼻濕。並皆灌之，少服一二次，立效。木通、貫眾、草龍膽以上各一兩，梧桐律半兩，玄參一兩，以上五味一處為末，啖時用藥一匙，豬膽一個，油二兩，小便一盞，少喂後灌之。黃藥子散：治馬七傷、美水草，治肺。川大黃、黃藥子、白藥子、瓜蔞根、知母、貝母、當歸、芍藥、甘草，以上九味，各等分為末，每用藥二匙，頭漿水及韭汁調灌。如肺癰，入生薑，小便，草後灌之。香白芷散：治馬肺熱或身上生瘡。山梔子、香白芷、瓜蔞根、紅芍藥、川大黃、黃藥子、甘草，以上七味，各等分為末，用藥二兩，漿水一大碗，同煎三五沸，放溫灌之，更用雞子一個及黑藥子半兩，如前，草後啖之，大效。款冬藥散：治馬發熱，鼻濕，草慢及草結。款冬花、川郁金、黃藥子、甜瓜子、香白芷、瓜蔞根、杏仁、甘草，以上八味，各等分為末，每啖用藥一兩半，稀飯一盞，白礬半兩，飛過，瓜蔞一個切碎，一處同和，草後啖之。黃明膠散：治馬肺熱啌喘，草慢。黃明膠火炒過、知母、貝母、瓜蔞根、甜葶藶、乾山藥、甘草、馬兜鈴、杏仁去皮尖，以上九味，各等分為末，用藥一兩，蕎麵二匙，草飽，水和灌之，無效，來日用茶清水灌之。

又 治膈前痛。茵陳散：治馬五攢痛，頭低，前顧難，鼻濕，哽氣，膁起。山茵陳、陳皮、青皮、當歸、桔梗、白藥子、甘草、柴胡、紫菀、紅花子、杏仁三十個，沒藥一錢。以上一十二味，除杏仁、沒藥外，餘各一兩，共研為末，用藥一兩半，溫韭水半升，油四兩同調，草後灌之。芍藥散：治馬膈前肺痛，頭低，抬頭難，把腰，哽氣，草料微細，恨料怕水。荷葉、當歸、芍藥、川羌活、白藥子、甜瓜子以上各一兩，以上藥，春夏灌，入乾山藥，除去白藥子，一兩為末。夏秋藥末一兩半，漿水一盞，蜜少許同煎，放溫啖之，秋冬加沒藥，用小便灌之。不計時候，若看水草減退，隔日再灌。川紅藥散：治馬胸腋傷痛，膈前重，草慢病。川紅藥、當歸、赤芍藥、郁金、白藥子、沒藥、黃藥子、瓜蔞根、甘草、乾山藥，以上一十味，各等分為末，每用藥一兩半，蜜一兩，熱米飲湯二盞同調，放溫，草後灌之。沒藥散：治馬肺病，把前把後，啌喘，膈前痛，草慢病。沒藥、當歸、玄參、貝母、紅花、甜瓜子、香白芷、白藥子、秦艽去蘆、自然銅火燒赤醋浸，以上藥一十味，各等分為末，每用一兩半，韭水一盞，入藥同煎三五沸，放溫，入小便半盞灌之。當歸散：治馬膈前胸腋痛、前探、草慢病。當歸、烏藥、石菖蒲、藁本、川芎、海桐皮、香白芷、香附子、芍藥、霍香、玄胡索、白藥子，以上藥一十二味，各等分為末，每用藥一兩煎之，蔥湯一盞同調，放溫，草後灌之。荷葉散：治馬膈前痛，抬頭難，或哽氣，把腰，草慢。荷葉、烏藥、當歸、紅芍藥、羌活、白藥子、甜瓜子、玄胡索以上各二兩，沒藥、血竭二味各一兩，以上十中味為末，每用藥一兩半，漿水或韭汁二盞，同煎三二沸，放溫，入酒一盞，草後灌之。枇杷葉散：治馬肺病傷苦，血脈壅閉，又治氣滯毛乾，探前探後，久醫不愈。枇杷葉、知母、乾地黃、馬兜鈴、貝母、款冬花、紫菀、乾山藥、紫蘇子、杏仁、瓜蔞根、秦艽、紅花子、自然銅、當歸、黃明膠炙燒、麥門冬、木通、天門冬、地龍、黃連、甘草、芍藥、沒藥、瞿麥，以上二十五味，各等分搗末，每服用藥一兩，小便半升，草飽啖之，一日二三服，三日必愈。益智散：治馬五勞七傷，騎損起臥，頭垂向地，鼻冷。檳榔、肉豆蔻、桂心、厚朴、當歸、益智、芍藥、木香、五味子、白芷、細辛、青橘皮、枳殼，以上一十三味，各等分為末，每服藥二兩，蜜二兩，酒一升半，水半升，同煎五七沸，放溫灌之，亦治傷水。木豬苓散：治馬喘粗及啌不止。款冬花、土馬鬃、木豬苓、甜葶藶、山藥、甜瓜子、桔梗、杏仁去皮尖、芍藥、馬兜鈴、甘草、秦艽以上各一兩，板藍根二兩，皂角三兩。以上十四味為末，用藥一兩半，小便浸鹽豉，入蛤粉，草後啖之。石燕子散：治馬乾啌，惡喘。石燕子雌雄一對，紫菀一兩，乳香一錢，上三味藥為末，入白麵六兩，蕎麵更好，水和作餅子，鏊上烙熟，復碾成末，柳枝熬湯，調藥一半，草飽灌之，隔日再灌必安。百部散：治馬肺痿受寒，氣啌不止。枇杷葉四兩去毛，百部三兩，青橘皮二兩，厚朴一兩，以上四味各搗為末，分作三服，用糯米煮粥，蔥白一根，切細，酒半盞，同和，飽訖灌之，隔日啖一次，後三日再啖。

又 治啌喘。款冬花散：治馬非時啌喘，草慢病。款冬花、郁金、黃藥子、白芨、白僵蠶、玄參，以上六味，各等分搗羅為末，每用藥末一兩半，蜜一兩，白湯同調，草後啖之。知母散：治馬肺熱啌喘。知母、杏仁去皮尖、馬兜鈴、山梔子、甘草、秦艽、木通、貝母，以上八味，各等分搗羅為末，如馬鼻內有膿，用蕎麥麵三合，韭汁和成，草後啖。如常服，啖時用韭汁兩盞，煎至五七沸，放冷入油一二兩，草後灌。滋潤毛頭，去熱涼肺，如灌時，用藥三匙。

又 治通心經。鎮心散：治馬驚悸、狂、前腳不寧、有少痛。白茯苓二兩、人參二兩、桔梗一兩、白芷一兩，以上四味，各搗羅為末，每服一兩，酒、小便同調，草後灌之。菖蒲散：治馬啌喘、多驚、咽喉不利及吐涎沫、鼻濕病。遠志、人參、茯苓、地骨皮、穀精草、草荊芥、薄荷、白礬、菖蒲，以上十味，各等分為末，每服一兩，蜜一兩，沸湯浸，放溫，草後灌之。百合散：治心經久積熱、眼合朦朧、逢物便咬、忽即倒地、遍身發搐病。胡黃連、川黃連、黃藥子、扁竹、天門冬、麥門冬、旋復花、茯苓、百合、甘草，以上一十味，各等分搗羅為末，每用藥末一兩半，水二盞，蜜二兩，同煎三二沸，放冷，草後灌之。扁竹散：治馬熱發多饒狂驚及倒地。或揩搽，毛焦受塵病。扁竹、瞿麥、木通、防風、薄荷、石膏、車前子、甘草、大黃、雲藍根、荊芥、山梔子、黃芩、黃連、地骨皮，以上一十五味，各等分為末，每用藥二兩，蜜二兩，水一升，同煎三二沸，放冷，草後灌之，或使鵝梨取汁啖之。大黃散：治馬心經伏熱、見物或時驚倒、眼內如砂、前探草慢病。大黃、麻黃、黃芩、甘草、防風、山梔子、以上六味，各等分搗羅為末，每用藥一兩半，蜜一兩半，沸湯一盞同調，放溫，草後啖之，隔日再灌。人參散：治馬心經伏熱、非時驚狂倒地，口眼色黃、草慢病。人參、茯苓、遠志、防風、麥門冬、薄荷、甘草以上各一兩，龍腦、牛黃各三分，以上九味，各搗羅為末，每用藥一兩半，漿水兩盞，同煎三二沸，放冷，入蜜一兩，草後灌之。遠志散：治馬眼色朦朧，或時多驚，慢肺黃病，蓋因久伏積熱。遠志、地骨皮、茯苓、大青、川黃連、甘草、防風、吳藍、山茵陳、人參，以上一十味，各等分為末，用藥一兩半，水一升，煎兩三沸，放溫，草後灌之。胡黃連散：治馬心經久積熱及風癇發搐倒地。川黃連、胡黃連、川大黃、黃藥子、甘草、扁竹、滑石、人參、茯苓、木通，以上一十味，各等分為末，每服一兩半，水一升，竹葉一把，同煎三五沸，放溫，放生雞子二個，蜜二兩同調。應急灌之。立效散：治馬木舌在外。款冬花、瞿麥、山梔子、地仙草以上各一兩，以上四味，搗羅為末，塗在舌上，立效。桔梗散：治馬心經不調、陰陽不通、百脈沉重，遂令十步九蹶，如睡如驚，目不顧物。升麻、桔梗、郁金各一兩，生地黃半兩細研，牛蒡子半斤細研，以上三味為末，與羊膽、蜜湯、地黃、牛蒡子調拌令勻，藥二兩半，如馬疾依前說者，草後便啖此藥，立效。

又 治熱病。解毒膏：治馬發熱垂晴。鹽豉一升研、豬母糞、蜜以上各四兩，雞子三個新好者，鹽一兩，以上五味同和，草後啖之。不愈，隔日再啖。二母散：治馬卒熱。知母、貝母、瓜蔞根以上各五兩，山梔子一兩，以上四味，各搗羅為末，每灌藥末二兩，生薑二兩研細後，取自然汁同調，草後灌之。

又 治渴。人參止渴散：治馬熱發、貪水、草慢，或起臥不吃草、虛熱吃水病。人參、茯苓、川黃連、乾葛、烏梅、甘草、石膏、蘆根，以上八味，各等為末，每用藥末一兩半，蜜一兩，水兩大盞，同煎三二沸，放冷，先用新汲水飲了後灌之。

又 治口瘡。牙硝散：療馬咽喉腫痛或口內生瘡、草慢。牛蒡子三兩，炒過、天門冬一兩、五倍子一兩炒過、鹽豉、白礬、牙硝，以上各三兩，以上六味為末，每服一兩半，蜜二兩。如有口瘡，小便浸鹽豉一兩，飽啖之。

又 治咽喉。薄荷散：治馬鼻濕、鼻內蟲出、咽喉腫痛、作聲咽水草稍難、草慢病。龍腦薄荷、川芎、紫荷車、黃藥子、甘草、白僵蠶、瓜蔞根、川黃連、川甜消、牛蒡子炒，以上一十味，各等分為末，每服一兩半，新汲水半升，蜜一兩，同調，草後灌之。硼砂散：治馬因心肺久積熱不散、攻咽喉束塞及喉骨脹。牙硝、螺兒青、黃藥子、郁金、白僵蠶、蒲黃以上各一兩，硼砂半兩，以上七味，搗羅為末，每用藥一兩，蜜一兩，新汲水二盞調，飽後灌之。

又 治眼。決明散：治馬穀暈及眼內有青白暈、肝臟積熱，眼腫淚出。石決明、草決明、蕤仁去油、川黃連、黃柏、甘草、秦皮、山梔子，以上八味，各等分為末，每服一兩半，水半升，蜜三兩，豬膽一枚同調，草後灌之。秦皮散：治馬眼內有青白暈。秦皮、川黃連、青鹽、烏魚骨各一兩，硼砂、白丁香、蕤仁去油、黃丹飛過、腦子以上各一兩，以上九味，搗羅為細末，兩眼用藥一字，燈芯點之。眼藥青鹽散：白礬二錢、青鹽彈子大二塊，以上藥先將鹽為末，銚子內中心用鹽蓋礬用火飛之，熬定後取出，卻入炭火燒，絕黑煙為度，研如粉，入龍腦點之。點眼明睛散：白礬一錢飛過、烏魚骨二錢、蕪荑仁七個，以上藥一處研勻，頻頻點之。

又 治中風。天麻散：治馬脾氣虛弱偏風病。天麻、人參、茯苓、川芎、荊芥、何首烏、防風、蟬蛻、甘草、薄荷，以上十味，各等分為末，每服一兩半，蜜一兩，米飲湯浸，飽灌之。天南星散：治馬破傷。風鰾一兩用水噴濕，火炙乾用、蠍十五個、天南星一個，以上三味為末，用溫酒一盞調藥，噴在馬耳內，揉出汗，汗出立效。七蠍散：治馬中風。天南星一個、乾蠍七個，全，以上藥二味為末，分作三服，以溫酒灌之。蛜⿰虫祁蟲伊蟲祁、散：治馬急風、慢風。天南星、半夏、天麻、蛜⿰虫祁各一兩，麻黃三錢，以上三味為末，每服二錢，以酒應急灌之。

又 治腰胯痛。七補散：治馬七傷。青橘皮、陳橘皮、苦楝子、茴香、益智、芍藥、木通、滑石、官桂、紅豆、乳香、沒藥、當歸、自然銅，以上一十四味，各等分擣羅為末，非時起臥，用藥五錢，蔥、酒同煎，放冷灌之。烏藥散：治馬外腎搐、腰背緊硬，或肺病把前把後，草慢病。天臺烏藥、芍藥、當歸、玄參、貝母、山茵陳、馬兜鈴、川升麻、香白芷、山藥、秦艽、杏仁去尖，以上一十二味，各等分為末，每服一兩半，鹽二錢，熱韭汁調，空草放溫灌之。形如狗蹲，腰痛，牽拽不動，入童便灌之。麒麟竭散：治馬腰胯痛，或肺病把膊把胯病，或陰腎腫、木腎黃病。麒麟竭、沒藥、茴香、巴戟、木通、白朮、葫蘆把、川楝子、牽牛子、破故紙、當歸、藁本，以上一十二味各等分為末，每用藥半兩，好酒一大盞，同煎三二沸，放溫灌之，隔日再灌之。

又 治脾病。健脾散：治馬好抵樁柱，有涎沫下者。當歸、菖蒲、白朮、桂心、澤瀉、枳殼、赤石脂、厚朴、甘草以上各一兩，以上九味為末，每服一兩半，用酒一盞，蔥白三握同煎，放溫灌之。

又 治小腸。金鈴散：治馬口色青白，傷冷腰胯痛，或陰腫，肚黃病。金鈴子、沒藥、舶上茴香、葫蘆把、杏仁去皮尖、乳香、陳橘皮、白芷、荊三棱、牽牛子、莪朮、血竭、車前子、紫菀、玄胡索、破故紙、青橘皮、木通，以上一十八味，各等分為末，每用藥末一兩，蔥白三握燒過，熱酒二盞同調，空草灌之。玄胡索散：治馬傷冷氣痛，或起臥，及胃氣感寒，口色青白，草慢病。玄胡索、當歸、芍藥、乾山藥、青橘皮、陳橘皮、茴香、木通、山梔子、白藥子，以上一十味，各等分為末，每用藥一兩半，水二盞，生薑一分細搽，同煎三二沸，放溫，空草灌之。巴戟散：治馬氣把腰，低頭難，或抽腎把胯，草慢病。巴戟、葫蘆把、破故紙、舶上茴香、滑石、川楝子、海金沙、槐花以上各一兩，鹽炒過、木通、牽牛子以上各二兩，以上一十一味為末，每服二兩，熱酒一升調下，空草灌之。苦楝散：治馬小腸氣。川苦楝、茴香、沒藥、當歸、玄胡索、藁本、甘草以上各等分，以上七味，擣羅為末，每服半兩，酒一盞同煎，並蔥一握，煎三五沸，放冷，草前灌之。茴香散：穿心巴戟、山茵陳、川苦楝、茴香、當歸、沒藥、葫蘆把、破故紙、自然銅火燒醋淬，以上九味，各等分為末，每服半兩，酒一盞，蔥一握，同煎三五沸，放冷空草灌之。滑石散：治馬小便不通。滑石一兩研、朴硝二兩研、木通一兩，以上三味，各擣羅為末，同溫水灌一兩，如未通，再灌之。白芷散：治尿血。沒藥、細辛、肉桂、自然銅、藁本以上各一分，當歸、芍藥、白芷以上各一兩，以上八味，擣羅為末，每服一兩，鹽少許，童子小便同調灌之。車前散：治馬抽腎。是本病，初覺便灌之。紫草茸、車前草、藁本、川楝子、葫蘆把、破故紙、木通各半兩，以上七味，一處為末，每服二兩，酒一盞，小便一盞同調，空草灌了便喂。酒煎散：治馬抽腎把胯。選用天南星一個，大者，用濕紙數張裹之。上件藥用慢火煨，令黃色為度。取出，令在地上出火毒，爛擣不羅，每漉用酒半升，豆豉半兩，燈芯十莖，蔥二莖只用蔥白，一處煎之一二沸，漉出去渣。先將豆豉、蔥白、燈芯啖之，另將汁用藥二錢人上項汁內，煎一二沸，放如人體溫灌之，只一服。

又 治氣病。化蟲膏：治新馬毛乾膘小、時有瘦蟲。白牽牛生擣，取細末四兩、生蘿蔔槌破不須碎，水煮軟，去水，放冷，研如膏、青皮不去白，為末四兩，以上用豬脂肪二斤煉成油，入前三味藥於油內攪拌均勻，用一盆器盛之。每日草後灌二兩許，並不限騎壓喂飼，只天陰不啖。八平散：治馬氣把腰，抽腎把胯，口色青白，傷冷氣痛，草慢，傷冷泖蕩病。茴香、牽牛子、當歸、青皮、陳皮、細辛、蒼朮、厚朴，以上八味，各等分為末，每用藥末一兩半，生薑一分，蔥白一枝，水一升，同煎三二沸灌之。臨時看病下藥。牽牛散：治馬傷飽，氣痛，草慢及因飽起臥病。牽牛子、續隋子、瞿麥、郁李仁、甘草、木通、陳皮、滑石，以上八味，等分為末，每服一兩半，煎蔥生薑湯二大盞同調灌之。如起臥，入油灌之。大安散：治馬起臥、大腹板腸糞不轉。青皮、大戟、木通、大黃、瞿麥、陳皮、鼠糞、牽牛子、郁李仁、續隋子、滑石、晚瓜苗，以上一十二味，各等分為末，每用一兩半，蔥一握，水三盞，同煎三二沸，放溫，入油二兩灌之，灌了後頻牽。

又 治泖。泖煮散：治馬泖蕩。天仙子三兩，一半生，一半炒香、牽牛子三兩，以上二味為末，用黑豆一升，藥末一兩半同煮熟，每喂下後，分作三日喂，如唧時，更用藥，再依前喂。二橘散：治馬泖蕩，用止泖。牽牛子一兩，半生半炒、青皮一兩、莨菪半兩去秕、陳皮一兩，以上四味為末，每啖一兩，粟米三合，煮粥入藥同和，空草啖之，啖訖，用新汲水洗口鼻，便喂。

又 敷貼。羌活膏：治馬因踏地虛閃、拗着筋骨並搭著攢筋及腰胯膊痛、附骨大硬病。羌活、官桂、烏梅、芸薹子、木鱉子、篦麻子、天南星、白芨、川大黃、葶藶子、五靈子、雄黃、菝葜，以上一十三味，各等分為末，每服一大匙，小黃米一合，用醋熬粥敷裹，看病深淺，臨時使用。雄黃散：治馬諸般腫毒、筋骨大硬。雄黃、川椒、白芨、白蘞、官桂、草烏頭、芸薹子、白芥子、川大黃、硫黃，以上十味，各等分為末，用藥一匙，麵一匙，醋一盞同熬，敷腫處。木鱉子散：治馬失節。狗骨灰二兩、麒麟竭、官桂、牡蠣、沒藥以上各一兩，木鱉子、大黃、蓖麻子、芸薹子以上各半兩，以上九味為粗末，用豬腦和，裹縛，三日一換。牡蠣散：治馬袖口陰腫，塗搽消腫毒。天南星、縮砂仁、牡蠣燒過、天仙子、木鱉子，以上五味，各等分為末，每服二錢，淡醋一盞同調，煎三二沸，熱搽，塗上自消。狗脊散：裹騾馬腳。金毛狗脊、木鱉子、紅薑，以上三味，各等分為末，先研豬脂塗紙上，摻藥三錢，裹上立差。拔毒散：木鱉子、篦麻子、地龍、川白芥子以上各一兩，澤州草烏頭、雄黃以上各半兩，以上六味為末，每用藥一錢，生油調勻得所宜，以手搽失節處，搽令熱為度。如蹄束瘦時，用生豬脂同藥一錢搗為膏搽，隔日再用藥更搽，候效日。於河內揎腳。每日在河水內沖洗腳和蹄。海桐皮散：治馬患筋骨大，及攢筋粗、節腫硬。川大黃、五靈脂、木鱉子、海桐皮、甘草、大黃、芸薹子、白芥子，以上八味各等分為末，每用黃米二合煮粥，入藥一處，煎成，用布一尺攤藥在上裹之。蓖麻散：治馬失節、瘡腫痛。白芥子一兩、木鱉子七個、蓖麻子三十個去皮、葶藶子半兩、草烏頭一個、雄黃半兩，以上六味，一處為末，油調搽，候一伏時。如失節，用水浸；有瘡腫，油調藥塗後一伏時用水澆潑；或有腫痛，再用敷貼，候乾，再用水澆潑。

又 胯藥。烏頭散：治馬傷冷、氣痛起臥。草烏頭、蛇床子、茱萸、木鱉子、狗脊、芫花、高良薑、蒼朮，以上八味，各等分為末，用生薑一兩槌碎，醋麵同熬，敷熁。又方芫花散：芫花、金毛狗脊、大黃、川烏頭以上各二兩，椒子半升，天仙子半兩，以上六味為末，入鍋子內炒焦黃色為度，每用使藥末一兩半，白麵二匙，好醋一盞，調稀，入銚子內再煎熟，出火氣，熁。

又 治瘡。定粉散：治馬花瘡。砒霜一錢、定粉半錢、膩粉炒，半錢、綠豆二百粒，以上四味，杵為末，每日漿水洗過瘡，少許藥貼。龍骨散：治馬瘡。龍骨、香白芷、黃丹炒、白芨以上各一兩，乾薑半兩為灰，以上五味一處為末，量多少貼之。檳榔散：治馬瘡。硇砂、夜合花葉、黃丹以上各一分，乾薑半錢，檳榔、砒霜、砒黃以上各一字，以上七味為末，先用鹽漿水洗瘡，後用藥薄貼。桑白散：治馬打破脊梁背。不灰木、桑白皮、綿黃芪，以上三味，分二停為末，鹽漿水先洗瘡，搽之。白蘞散：治馬梁背。天南星一錢、白蘞三錢，以上二味同為末，鹽漿水先洗瘡，搽之。敗龜散：治騾馬打破背瘡。敗龜板，不計多少，研為末。如有瘡腫，油調塗之，如有膿水者，乾搽。水調麵，紙花子蓋，立效。粉霜散：治馬蹄患穿心漏。益智三錢、砒霜一錢、黃丹一錢飛過、天南星二錢、粉霜一錢，以上五味為細末，如馬患蹄漏，用藥末一錢，油塗之。薑礬散：治磨打破梁背。白礬二兩、生薑燒成灰二兩，以上二味同研，每貼瘡，油調塗之。瘡濕，乾搽。丹礬散：治打破騾馬梁背、磨擦成瘡，貼之立效。訶子核五個，不用皮肉、白礬半兩、黃丹半兩，以上三味，先以白礬於銅銚子內熔作汁，入黃丹攪，令熬之乾枯，看黃丹色紫為度，先將訶子核搗爛，便入礬丹，搗羅為末。每用藥時，先以溫漿水洗過，揩乾，然後再用冷漿水洗之，貼藥末摻上蓋遍，用乾手按過，並不妨乘騎，極者不過兩上。

又 治瘙。乳香散：治馬乾濕瘙。烏賊魚骨三兩、白礬二兩、乳香半兩，以上藥三味，細搗羅為末。濕瘙洗淨貼，乾瘙，用油調搽。丹砂散：治馬瘙蹄。硇砂一兩、黃丹二錢，以上藥二味同研細，先用羊骨髓調，搽。

又 治蹄病。生馬蹄紫礦膏：紫礦、黃蠟各四兩，黃丹、白膠香、木鱉子以上各半兩，菜油酥各四兩，膩脂、頭髮三錢，以上為末，慢火熬頭髮盡為度，盛在瓷器中，蹄上浸搽一遭，三五日一上。生馬蹄如聖膏：好豬脂四兩熬油去渣、生薑二兩擦細、胡桃仁二兩半，燒灰、爐甘石一兩為末，以上四味一處，慢火熬成膏，先洗過蹄，拭乾，用藥塗搽一遭，三二日上一次。生蹄木鱉子膏：豬脂半斤、紫礦三錢、頭髮三兩，燒灰、木鱉子五個，為末、乾地黃、枇杷葉各半兩，為末，以上七味，先將豬脂熬油去渣，次入餘藥再熬成膏，入瓷器內盛，於紙上攤貼。皂刺煎：塗馬蹄腫痛。皂角刺一握，大小長一寸許，皆可、豬脂二兩、黃蠟半兩、乳香一分、松脂半兩，以上五味，以豬脂煎皂角刺，令黑色，不要刺，只存脂油，入黃蠟、乳香、松脂攪成膏塗之。

又 治雜病。一點散：取馬瘊子。砒霜、紅娘子、巴豆，以上三味，各等分為末，用好醋調塗在瘊子上，三二日自落。若口鼻上生瘊子，則於上面用藥一二次。不二丸：治馬肘黃。信州砒霜一兩、黃丹一字、麝香一字，以上藥三味同研為末，湯浸飩餖為丸，如桐子大，兩頭尖，用迷針針破，紝藥一丸於內，半月以後取下。當歸膏：治馬久患蹄或掌內有瘡，生死蹄甲。當歸、石腦油、敗龜、穿山甲、虎腦骨、木鱉子、白芨、自然銅、磁石各一兩，白斂、黃蠟各半兩，油五兩，生薑二兩，乳香一錢，巴豆三十個去皮，硫黃一兩，蛤粉二兩，朴硝四兩，以上七味搗羅為末，淨洗過疥癆，看疥多少，用油調藥其上，須用心淨洗。後溫散：治馬後冷、腰緊艾一兩、芫花一兩、醋炒豬牙皂角一兩、川椒一兩，以上四味共研末，如用藥溫馬時，用水一盞半，藥三錢，煎至一盞，放溫，用灌角灌後溫藥，次用熁藥貼在腰上。如馬拋糞帶下白膿，是藥有應。如單抽及雙抽，用酒水煎藥溫之，亦用熁藥貼之。馬價丸：打馬結藥、豬牙皂角半兩，燒、瞿麥一兩、牽牛子、郁李仁一兩、老鼠糞四兩、榆白皮二兩、續隨子四兩、紫芫花二兩，醋炒，以上八味為細末，用大麥麵半升煎糊為丸如彈子大小，每有馬結，使藥一丸，好酒半升，蔥白一握，並酒同煎三五沸，放溫，入小便半盞，輕粉一匣子，並藥同調灌之。如灌時，先灌油四兩，如結覺大，加半丸，尋常氣發起臥，只用半丸，油二兩，不入輕粉，灌之。治馬疫氣病方：獺肉及肝，無則用糞。用肉及肝一兩，以水煮熟啖之，糞即用水煮，放溫啖之。治馬黑汗方：乾馬糞一鍬，將糞安新瓦上，更用人髮蓋之，火燒，令煙入馬鼻中，即差。又方：豬脊引脂一條、雄黃半兩、人髮一兩，以上三味一處燒，薰馬鼻，令煙入鼻中即愈。治馬瘡疥方：柏枝三十莖，以柏枝搥碎，令在無底沙盆內，盆底用瓷罐子接定，先用瓦片隔着，上用慢炭火燒，取油入於罐子內，淨洗馬瘡疥，看瘡大小，柏油塗之差。治馬傷水方：鹽三塊，如杏子大，研為末，撚在馬兩鼻孔內，手掩之，叫不出氣，少時馬眼中淚出，即安。治馬傷料方：麥蘖三升，微炒，研為細末，隨草料喂，甚良。治馬腳生附骨，不治即入膝節，令馬長跛方：芥子半兩、巴豆三個，去皮，先將芥子研爛，次入巴豆同研細，用竹刀子以水和，令相黏着。每用先當附骨上拔去毛，以融蠟及少量醋周匝圍之，塗蠟罷，以藥敷骨上，取生布割二頭作三道急裹之。骨小者，一宿便盡，骨大者不過再宿。審知骨盡，即便取冷水洗瘡淨，再取車軸頭脂作餅子蓋瘡，還以淨布急裹之。三四日解去，即生毛而無瘢，此法神良，大勝炙者。然初用藥時須以蠟圍著，若不以蠟圍，恐藥燥瘡大。用藥了須頻頻看，恐骨盡便傷好肉。若瘡未差，不得輒乘騎，令瘡中血出，便成大病，切須慎之。治馬肺病、鼻內膿出、草慢。阿膠粥：阿膠一兩，搗碎、蘆根一握、糯米二合，以上三味，一處煮粥，放溫，草後灌之。候吃草，再用訶梨勒皮煮湯，調美水草治肺藥，放溫，草後灌之，即愈。黑藥子：治馬瘡口寒久不效，或磨刺破瘡、定血。草烏頭不拘多少、黑藥子酌量，以上藥用好麵裹之，候乾，燒令存性，用碗合於地上良久，去火毒，候冷取出，一處搗羅為細末，乾貼即愈。螵蛸散：治馬患慢風及破傷風，並諸風症。天麻、乾蠍、防風、蔓荊子、何首烏、羌活、獨活、烏蛇酒浸，去皮骨、天南星炮、細辛去葉、沙參、高良薑、阿膠炒燥、霍香、白僵蠶微炒、蟬殼去土、桑螵蛸炒、旋復花、白附子、新羅者、芎藭，以上各等分為細末，每服一兩，酒半升同調，煎三二沸，放溫灌之，隔日再灌。麝香散：治馬破傷風。天麻、乾蠍炒、烏蛇酒浸，去皮骨、半夏、天南星炮、白附子炮、防風、蔓荊子、蟬殼去土、霍香、川烏頭炮製，去皮、麝香別研、硃砂別研、膩粉，以上各一分，以上藥，先將前十一味為末，乃入麝香、硃砂、膩粉，一處拌勻，每用藥末三錢，酒半升調灌之。又方天麻散：天麻一兩、白附子炮、天南星炮、蔓荊子、半夏，以上各半兩，川烏頭炮製，去皮、麻黃去節和根、乾蠍微炒、烏蛇酒浸，去皮骨，各一分，硃砂一錢，別研，以上藥都為細末，入硃砂拌勻。每服三錢，用豆淋酒調灌。豆淋酒法：用黑豆半升，炒令煙出，以酒一升沃之，去豆用酒。又方酒調散：砒研、白礬研，各二錢，以上藥用瓷罐子一個，先用砒在罐子內，後入礬末，着水一盞，坐在罐子口上。仍先燒慢火，熁罐子令熱，次用猛火燒，若罐子口盞水盡，更添水，以燒一秤炭為度。每用藥一錢，酒調熁之。郁金散：治馬因乘騎過度，失尿變為胞轉，撥正，放卻尿，然後用下項藥灌之。郁金、甘遂、升麻、紫菀、黃芩、朴硝以上各一兩，以上為細末，每藥末一兩，蜜一兩，油一斤，調灌之。婆娑石散：治馬尿血。婆娑石研、當歸、雲藍根、蒲黃微炒、紅花、荷葉、白礬飛過，以上七味，各等分為末，每服一兩半，用酒半升調灌之。吹鼻散：治馬氣痛，氣脈不通。人參去蘆頭，半兩、藜蘆一分、麝香一錢，研、赤小豆三十粒，以上為細末，入麝香拌勻，每用半錢許，以竹筒子盛，吹入鼻中，立效。追蟲散：治馬蟲顙病。躑躅花、穀精草、蘆薈以上各一分，瓜蒂一個，母丁香二個，麝香半錢，研，皂角一條，用醋炙，以上藥為細末，入麝香拌勻，每用半錢，以竹筒盛，吹入鼻中，病隨蟲出差。龍骨散：治馬惡瘡。白礬飛過、漏盧乾燒作灰、龍骨燒作灰、乾薑炮、山茄子、貫眾生用、附子炮去皮，各一兩，以上各藥為細末，入無皮巴豆七個，再與藥末同研勻，先用漿水洗瘡淨，薄薄塗藥，即差。英粉散：治馬久患瘡，令生肌。英粉一兩、黃丹半兩、白礬、乾薑炮、白芨以上各一分，以上五味，向銚子內炒令黑色後杵為末，先用漿水洗瘡淨，次薄薄塗藥。膽礬散：治馬患口瘡。膽礬飛過、白礬燒、黃柏、黃連、甘草炙，以上各等分，以上為細末，每用三錢，乾摻馬口內。若馬口內生賊牙，令馬不能吃草，先用鐵柱子抵定，以手把搥子打去賊牙，即復能食草，若不去，令馬變為瘦病。治馬因蜂或蟻子飛走入鼻，令馬曉夜乾噴，兩鼻內各有小孔，孔中膿出方：先用燒銅針烙瘡孔裏，烙畢，取韭根搗取汁一合，兩鼻內各著一合，抆油兩耳，用散麻縛，自平旦至午時，蟲即出。蟲出即用補七傷藥灌之，若蟲不出，即難治。七補散，見前方。治馬誤食亂髮、飛禽毛羽或竹木硬物，使腹脹悶欲絶，發作有時，體瘦方：綿一兩，右將綿剪碎，用油調，啖之。腸中惡物即隨綿出。消毒散：治馬誤食毒草，口中吐沫，悶絶欲死。白礬飛，半兩、鹽二兩，以上藥同拌令勻，於舌上塗之，良久。再用甘草末二兩，水二升同煎至一升，放溫，入芸薹汁半升，鹽二兩，伏龍肝一兩半，同調灌之。更於尾本穴出血一升許，即差。

又 治馬母方。補益當歸散：治馬母產駒後腰胯痛，及腰胯無力，並惡血連日不止，或鹰閃着腰胯，兼肉顫負痛。當歸、芍藥、海帶、漏蘆、沒藥、荷葉、紅花、連翹、敗龜、虎骨、葫蘆把、骨碎補、破故紙、甜瓜子、麒麟竭、自然銅，以上一十六味，各等分為末，每服一兩，酒半盞，小便半盞，同調灌之。如馬產後病，用藥一兩半，溫酒、小便各一盞，應急灌之。桂心散：治馬患吹奶。牛蒡子一分、桂心二分、甘草炙，一分，以上三味為末，用好酒一盞半，與藥同煎三二沸，放溫灌。灌了再用豬脂半斤，氣虛者只用五兩，細切，以手擦令溫和灌之。

又 治馬駒方。黃芩散：治馬駒喉骨脹，鼻內白膿病。郁金、黃芩、白礬飛過，以上藥三味，等分搗羅為末，每用藥末半兩，蜜一兩同和啖之。喂飽，隔日再啖之。訶子散：治馬駒奶瀉病、黃連、訶子、郁金、烏梅，以上藥四味，內三味等分，烏梅五個，一處為末，每用藥半兩，乾柿三個，研細入藥，同和啖之，如不定，依前日再啖之。紫蘇散：治馬駒奶瀉病，不食草奶。川升麻、紫蘇子、黃連、黃藥子、乾地黃、郁金，以上六味，各等分為末，每服半兩，蜜一兩，瓜蔞少許同和勻，藥末半兩，同調慢啖。如再灌，用蜜一兩，麻子一合，取汁一盞，慢慢灌之，隔日依前再灌。

宋 佚名《安驥藥方·治良馬通用·治肺恡病》 桂香散：治馬頭低垂、不得舉起。大黃、柴胡、甘草、木香、乾薑、細辛、肉桂各一兩。右藥七味為末。先針帶脉出血後，用青州棗子十個，去核，糯米三合，生薑一兩，煮成粥，和藥末二兩，數啗即差。

又《治慢肺病》 烏藥散：治馬走驟胸痛、鼻濕、前探、五七聲吼、全不食水草。天台烏藥、桑白皮、牡丹皮、茴香、赤芍藥、秦艽去蘆頭、藁本。右藥七味，各等分為末，每服一兩半。春夏漿水一升，秋冬虀汁，同煎三五沸，放溫，草後嚾之。

又 柴胡散：治馬慢肺病，啌喘。柴胡、紫菀、知母、貝母、百合、桑白皮、胡黃連。右件七味，各等分為末。每用藥末一兩半，蜜二兩，虀汁二大盞，同煎三兩沸，放溫，草後嚾之。

又 麥蘖散：治馬把前把後，慢病，啌喘。麥蘖、知母、貝母、當歸、芍藥、瓜蔞根、紫蘇、香白芷、枇杷葉去毛、桑白皮、桔梗、甘草、茯苓、山茵陳、黃藥子、白藥子、杏仁去皮尖、馬兜鈴、山藥、秦艽，右件二十味，各等分為末。每用藥末一兩半，蜜一兩，生薑一分，虀汁一升，同煎三兩沸，放溫，草後嚾之。

又 麻黃散：治馬慢病，把前把後，腰硬膁細，常呼項脊恡病。麻黃去節、麥蘖、百部、紫菀、百合、紫蘇子、乾地黃、山藥、枇杷葉去毛、柴胡、茴香、杏仁去皮尖。右藥一十二味，各等分為末。每用藥末一兩半，蕎麵三合，煮粥，瓜蔞一顆瓤，草後啗之。隔日再啗。

金蕎麥散：治馬啌喘及慢病，把前把後，草慢。金蕎麥、馬兜鈴、知母、貝母、天門冬、麥門冬、漢防己、當歸、白藥子、款冬花、山藥、芍藥、桔梗、枇杷葉去毛、杏仁去皮尖。右件一十五味，各等分為末。每用藥末一兩，白礬少許，蜜一兩，水二大盞，同煎三兩沸，放溫，草後嚾之。

又《治肺病》 葶藶散：治喘。玄參、葶藶、升麻、牛蒡子、馬兜鈴、黃芪、知母、貝母。右藥八味，各等分為細末。每用藥一兩，漿水兩盞，草後嚾之。

又 秦艽散：治喘。秦艽、甘草、知母、貝母、黃明膠炙、苦葶藶、牛蒡子、黃芪、川升麻、馬兜鈴、玄參、桔梗。右藥一十二味，各等分為末。每用藥末二兩，糯米一盞，同和草後啗之。

又 瓜蔞根散：治馬肺氣。瓜蔞根、馬兜鈴、黃藥子、山茵陳、杏仁、白礬、黃連各一兩，陳皮半兩。右藥八味為細末。每用藥一兩，漿水煎，草後嚾之。

又 白藥子散：治馬肺病。白藥子、知母、貝母、秦艽、甘草、沒藥、百合、當歸、芍藥、牛蒡子、桑白皮、瓜蔞根、香白芷、馬兜鈴、款冬花、仙靈脾。以上十六味，各等分為末。每用藥二匙，虀汁二盞，同煎一兩沸，候冷，入油一兩，草後嚾之。

又 山梔子散：治馬諸疾。山梔子、知母、貝母、郁金、黃連、黃蘖已上一兩、瓜蔞一個、杏仁一升。右八味為末。每服一兩，用熟水麻腐一大盞，隔宿曬過，和藥草後啗之。

又　夜明砂散：治馬肺生毒瘡。山梔子四兩，知母、白藥子、貝母、瓜蔞根以上各半兩，夜明砂二兩。右六味為末。每服二錢，漿水一升，童子小便半盞同煎，入蜜一兩、鷄子二個、白礬半兩，調勻草後嚾之。

又　紅藥子散：治馬肺勞。木通、牛蒡子、活石、款冬花、白藥子、紅藥子、井泉石、海桐皮、萎蕤。右件九味，各等分為末。每服一匙，蕎麵三匙、鹽一匙，調勻嚾之。隔日喂飽再啗。

又　白芨散：治馬蹩損肺膜，啌喘，口鼻中出膿血，不食水草。白芨、山茵陳、山梔子、甘草、川黃連、防風以上各四兩，阿膠二兩，杏仁半升。右件八味為末。每用二兩，漿水一升，同煎至五分，放溫，喂飽嚾之。

又　黃芪散：治馬卒熱，草慢，尿血，肺澁病。黃芪、烏藥、芍藥、山茵陳、地黃、馬兜鈴、知母、枇杷葉去毛。右八味，各等分為末。每服二兩，漿水或韮汁半升，煎三五沸啗之。飢飽路行嚾之得。

又　紫菀散：治馬鼻濕，毛焦，啌喘，草慢病。紫菀、川芎、知母、貝母、甘草、乾山藥、馬兜鈴、杏仁、赤芍藥、活石、玄參、香白芷、木通、白藥子、白芍藥。右十五味，各等分為末。每用藥一兩半，砂糖一兩，水半升，同煎三二沸，放溫，草後嚾之。

又　五子散：治馬鼻濕，肺毒瘡，前後脚虛肿，草慢。牛蒡子、牽牛子、大麻子已上三味炒令黃色，郁金、甜瓜子、紅花子、秦艽、瓜蔞根。右件八味，各等分為末。每用藥一兩半，砂糖一兩，水半升，同煎三二沸，放溫，草後嚾之。

又　貝母散：治馬鼻濕，啌喘，偷瘦，草慢。貝母、知母、杏仁去皮尖、款冬花、秦艽、甘草、枇杷葉去毛、馬兜鈴。右八味，各等分為末。每用藥一兩半，淡虀汁半升，同煎三二沸，放溫，草後嚾之。

又　馬兜鈴散：治馬上熱，啌喘，鼻濕，膁大及新馬不着臕，偷瘦，草慢。款冬花、杏仁去皮尖、知母、貝母、大黃、甘草、紫菀、葶藶子、山梔子、馬兜鈴、黃芩、訶子。右一十二味，各等分為末。每用藥末一兩，用青蒿、蜜水調，草後啗之。

又　貫眾散：治馬肺毒瘡或患肺蜜，揩擦，毛頭受塵。貫眾、白藥子、枇杷葉、陳皮、青皮、馬兜鈴、紫蘇子、何首烏、瓜蔞根、桑白皮、葶藶、牽牛子、款冬花、紫菀、白蒺藜、杏仁去皮尖。右一十六味，各等分為末。每用藥一兩，水一大盞，蜜一兩，同煎三二沸，放溫，草後嚾之。

又　連翹散：治馬項脊慅，低頭，把前把後不得，慢病。連翹、知母、貝母、杏仁去皮尖、紫蘇、香白芷、桔梗、瓜蔞根、山藥、當歸、甜瓜子、馬兜鈴。右一十二味，各等分為末。每用藥一兩半，生薑一分，蜜二兩，水一升，煎三二沸，放溫，草後啗之。

又　螺青散：治馬腦顆，鼻濕，喉骨脹而坚硬及一切熱病。螺兒青、川芎、知母、貝母、龍脳薄荷、川郁金、牛蒡子炒，各二兩。右七味為末。每嚾藥一兩半，蜜二兩，虀汁一升，煎三五沸，放溫，草後嚾之。

又　雪花散：治馬發熱，喉骨脹，鼻濕，草慢或鼻內有瘡，肺顆病。得臕及喫四分八分草料者，用之效。朴硝四兩，黃丹一分，寒水石一斤火內燒過。右三味為末。每服藥末二兩，用猪脂四兩同和，草後啗之。嚾了草如常時。隔日再啗。

又　啗馬猪肚方又名換馬膏：黃連、大黃、黃藥子、黃蘗、黃芩、梔子、青皮、芍藥、黃芪、甘草、知母、陳皮。右一十二味。各等分為末。用猪肚一個、藥末二兩、瓜蔞根二個、鹽豉二十個、小便浸沙糖四兩相和，盛猪肚中，煮熟，研細，草飽啗之。晚須熵之。

又　金釵草散：治馬頭不得抬起。白芷、柴胡、芍藥各一兩，當歸、金釵草半兩，肉桂、半夏以上各一分。右七味一處為末。先針脳後，血出了，每服二兩，猪肉煮湯調，草後嚾之。

又　草龍膽散：治馬鼻內出黃白膿及肺毒注破及發熱，多啌，揩擦，毛頭乾燥，鼻濕，并皆嚾之。少服一二次立效。木通、貫眾、草龍膽以上各一兩，梧桐律半兩，玄參二兩。右五味一處為末。啗時用藥一匙、猪膽一個、油二兩、小便一盞少喂後嚾之。

又　黃藥子散：治馬七傷，美水草，治肺。川大黃、黃藥子、白藥子、知母、瓜蔞根、貝母、當歸、芍藥、甘草。以上九味，各等分為末。每用藥二匙，頭浆水及虀汁調嚾。如肺痛，入生薑、小便，草後嚾之。

又　香白芷散：治馬肺熱或身上生瘡。山梔子、香白芷、瓜蔞根、甘草、紅芍藥、川大黃、黃藥子。以上七味，各等分為末。用藥二兩，漿水一大碗，同煎三五沸，放溫，嚾之。更用鷄子一個及黑藥子半兩，如前，草後啗之，失效。

又　款冬花散：治馬發熱，鼻濕，草慢及草結。款冬花、川郁金、黃藥子、甜瓜子、香白芷、甘草、杏仁、瓜蔞根。以上八味，各等分為末。每咱用藥一兩半，稀飯一盞，白礬半兩飛過，瓜蔞一個切碎，一處同和，草後咱之。

又 明胶散：治馬肺熱、啌喘，草慢。黄明胶火炒過、知母、貝母、瓜蔞根、甜葶藶、乾山藥、甘草、馬兜鈴、杏仁去皮尖。以上九味，各等分為末。用藥一兩，蕎麵兩匙，草飽，水和嚾之。無效，来日用茶、清水調嚾之。

又 《治膈前痛》 茵陳散：治馬五攢痛，頭低，前顧難，鼻濕，哽氣，膁起。山茵陳、陳橘皮、青橘皮、當歸、白藥子、桔梗、甘草、柴胡、沒藥、杏仁三個、紫菀、紅花子。已上一十二味，沒藥、杏子各一兩，為末。用藥一兩半，溫虀水半升，油四兩同調，草後嚾之。

又 芍藥散：治馬膈前肺痛，頭低，息氣難，把腰，哽氣，草料微細，恨料怕水。荷葉、當歸、芍藥、川羌活、白藥子、甜瓜子已上各一兩，沒藥半兩，血竭半兩。右件藥，春夏嚾，入乾山藥，除去白藥子一兩，為末。春夏，藥末一兩半，漿水一盞，蜜少許同煎，放溫咱之。秋冬，加沒藥，用小便嚾之，不計時候。若看水草減退，隔日再嚾。

又 川紅藥散：治馬胸腋傷痛，膈前重，草慢病。川紅藥、當歸、赤芍藥、郁金、白藥子、乾山藥、瓜蔞根、甘草、沒藥、黄藥子。右件一十味，各等分為末。每用藥一兩半，蜜一兩，熱米飲湯二盞同調，放溫，草後咱之。

又 沒藥散：治馬肺病，把前把後，啌喘，膈前痛，草慢病。沒藥、當歸、玄參、貝母、紅花、甜瓜子、香白芷、白藥子、秦艽去蘆、自然銅火燒，赤醋浸。右件一十味，各等分為末。每用一兩半，虀水一盞，入藥同煎三五沸，放溫，入小便半盞嚾之。

又 當歸散：治馬膈前胷腋痛，前探，草慢病。當歸、烏藥、石菖蒲、藁本、川芎、海桐皮、香白芷、香附子、芍藥、玄胡索、藿香、白藥子。右件一十二味，各等分為末。每用藥一兩煎之，葱湯二盞同調，放溫，草後嚾之。

又 荷葉散：治馬膈前痛，低頭難或哽氣，把腰，草慢。荷葉、烏藥、當歸、紅芍藥、羌活、白藥子、甜瓜子、玄胡索已上各二兩，沒藥、血竭二味各一兩。右二十味為末。每用藥一兩半，漿水或虀汁二盞，同煎三兩沸，放溫，入酒一盞，草後嚾之。

又 枇杷葉散：治馬肺病傷苦，血脉壅閉。又治氣滯，毛乾前探，久醫不愈。枇杷葉、知母、乾地黄、馬兜鈴、貝母、款冬花、瓜蔞根、紫菀、杏仁、乾山藥、紫蘇子、秦艽、當歸、紅花子、自然銅、天門冬、芍藥、沒藥、瞿麥、木通、麥門冬、黄明胶炙焦、地龍、甘草、黄連。右件二十五味，各等分為擣末。每服用藥一兩，小便半升，草飽咱之。一日二三服，三日必愈。

又 益智散：治馬五勞七傷，騎損起臥，頭垂向地，鼻冷。檳榔、肉豆蔻、桂心、厚朴、當歸、益智、芍藥、木香、五味子、白芷、細辛、青橘皮、枳殼。右件一十三味，各等分為末。每服藥二兩，蜜二兩，酒一升半，水半升，同煎五七沸，放溫嚾之。亦治傷水。

又 木猪苓散：治馬恶喘及五七聲啌。款冬花、土馬鬃、木猪苓、甜葶藶、山藥、甜瓜子、桔梗、杏仁去皮尖、芍藥、馬兜鈴、甘草、秦艽已上各一兩、板藍根二兩、皂兒三兩。右件十四味為末。用藥一兩半，小便浸鹽豉，入蛤粉，草後咱之。

又 石燕子散：治馬乾啌，恶喘。石燕子雌雄一對、紫菀一兩、乳香一錢。右件三味為末。入白麵六兩，蕎麵更好，水和作餅子，鏊上烙熟，复碾成末，柳枝熬湯，調藥一半，草飽嚾。隔日再嚾必安。

又 百部散：治馬肺微受寒氣，啌不止。枇杷葉四兩去毛、百部三兩、青橘皮二兩、厚朴一兩。右件四味各擣為末。分作三服，用糯米煮粥，葱白一根，切細，酒半盞，同和，飽訖嚾之。隔日咱一次，後三日再咱。

又 《治啌喘》 款冬花散：治馬非時啌喘，草慢病。款冬花、郁金、黄藥子、白芨、玄參、白薑蠶。右件六味，各等分擣羅為末。每用藥末一兩半，蜜一兩，白湯同調，草後咱之。

又 知母散：治馬肺熱啌喘。知母、馬兜鈴、杏仁去皮尖、山梔子、甘草、秦艽、木通、貝母。右件八味，各等分擣羅為末。如馬鼻内有膿，用蕎麵三合，虀汁和成，草後咱。如常服，咱時用虀汁兩盞，煎至五七沸，放冷，入油一二兩，草後嚾，滋潤毛。頭不熱，溫涼，如嚾時，用藥三匙。

又 《治通心經》鎮心散：治馬驚悸狂，前脚不寧，有少痛。白茯苓二兩、人參二兩、桔梗一兩、白芷一兩。右件四味，各擣羅為末。每服一兩，酒、小便同調，草後嚾之。

又 菖蒲散：治馬啌喘多驚，咽喉不利及吐涎沫，鼻濕病。遠志、人參、茯苓、地骨皮、穀精草、芎草、荆芥、薄荷、白礬、菖蒲。已上十味，各等分為末。每服一兩，蜜一兩，沸湯浸，放溫，草後嚾之。

又　百合散：治心經久积熱，眼合朦朧，逢物便咬，忽卽倒地遍身发搐病。胡黄連、川黄連、黄藥子、扁竹、茯苓、天門冬、麥門冬、百合、旋復花、甘草。右件一十味，各等分搗羅為末。每用藥末一兩半，水二盞，蜜二兩，同煎三二沸，放冷，草後嚾之。

又　萹竹散：治馬熱發多饒狂驚及倒地或揩擦毛焦受塵病。萹竹、瞿麥、木通、防風、薄荷、石膏、車前子、甘草、大黄、雲藍根、荆芥、山梔、黄芩、地骨皮、黄連。已上一十五味，各等分為末。每用藥二兩，蜜二兩，水一升，同煎三二沸，放冷，草後嚾之，或使鵝梨取汁啗之。

又　大黄散：治馬心經伏熱，見物或時驚倒，眼内如砂，前探草慢病。大黄、麻黄、黄芩、甘草、防風、山梔子。右件六味，各等分為搗羅為末。每用藥一兩半，蜜一兩半，沸湯二盞同調，放溫，草後啗之。隔日再嚾。

又　人參散：治馬心經伏熱，非時驚狂倒地，口眼色黄草慢病。人參、茯苓、遠志、防風、麥門冬、薄荷、甘草已上各一兩、龍脑、牛黄各三錢。已上九味，各搗羅為末。每用藥一兩半，浆水二盞同煎三二沸，放冷，入蜜一兩，草後嚾之。

又　遠志散：治馬眼色矇朧，或時多驚，慢肺黄病，盖因久伏积熱。遠志、地骨皮、茯苓、大青、川黄連、甘草、防風、吳藍、山茵陳、人參。已上一十味，各等分為末。用藥一兩半，水一升，煎兩三沸，放溫，草後嚾之。

又　胡黄連散：治馬心經久积熱及風癎發熱倒地。胡黄連、川黄連、川大黄、黄藥子、甘草、萹竹、滑石、人參、茯苓、木通。右件一十味，各等分為末。每服一兩半，水一升，竹葉一把，同煎三五沸，放溫，入生鷄子二個、蜜二兩同調，應急嚾之。

又　立效散：治馬木舌在外。款冬花、瞿麥、山梔子、地仙草。右件四味，搗羅為末，塗在舌上，立差。

又　桔梗散：治馬心經不調，陰陽不通，百脉沉重，遂令十步九蹶，如睡如驚，眼不顧物。升麻、桔梗、郁金各一兩、生地黄半兩細研、牛蒡子半斤細研。右件三味為末，與羊膽、蜜錫、地黄、牛蒡子調拌令匀。藥二兩半。如馬疾依前說者，草後便啗此藥，立效。

又《治熱病》　解毒膏：治馬熱發垂青。鹽豉一升研、猪母糞、蜜已上各四兩、鷄子三個新好者、鹽一兩。已上五味，同和草後啗之。不愈，隔日再啗。

又　二母散：治馬卒熱。知母、貝母、瓜蔞根已上各五兩、山梔子一兩。右件四味，各搗羅為末。每嚾藥末二兩，生薑二兩，研細後，取自然汁同調，草後嚾之。

又《治渴》　止渴人參散：治馬熱發，貪水，草慢，或因起卧未着草虚熱吃水病。人參、茯苓、川黄連、乾葛、烏梅、甘草、石膏、蘆根。右件八味，各等分為末。每用藥末一兩半，蜜一兩，水兩大盞，同煎三二沸，放冷，先用新汲水飲了後嚾之。

又《治口瘡》　牙消散：疗馬咽喉肿痛或口内生瘡，草慢。生蒡子三兩炒過、天門冬一兩、五倍子一兩炒過、白礬、牙消已上各三兩。以上六味為末。每服一兩半，蜜二兩。如有口瘡，小便浸鹽豉一兩飽啗之。

又《治咽喉》　薄荷散：治馬鼻濕，鼻内蟲出，喉咽肿痛作聲，嚥水草稍難，草慢病。龍脑薄荷、川芎、紫荷車、黄藥子、白薑蠶、瓜蔞根、甘草、川黄連、川甜消、牛蒡子炒。右件一十味，各等分為末。每服一兩半，新汲水半升，蜜一兩同調，草後嚾之。

又　鵬砂散：治馬因心肺久积熱不散，攻咽喉束塞及喉骨脹，呀呻。牙消、螺兒青、黄藥、郁金、白薑蠶、蒲黄已上各一兩、鵬砂半兩。以上七味，搗羅為末。每用藥一兩，蜜一兩，新水二盞調，飽嚾之。

又《治眼》　决明散：治馬穀暈及眼内有青白暈，肝臟积熱，眼肿泪出。石决明、草决明、蕤仁去油、川黄連、黄蘗、甘草、秦皮、山梔子。以上八味，各等分為末。每服一兩半，水半升，蜜三兩，猪膽一枚同調，草後嚾之。

又　秦皮散：治馬眼内有青白暈。秦皮、川黄連、青鹽、烏鱼骨各一兩、鵬砂、白丁香、蕤仁去油、黄丹飛過、脑子以上各一字。上件九味，搗羅為細末。兩眼用藥一字，燈芯點之。

又　眼藥青鹽散：白礬二錢、青鹽彈子大兩塊。右將鹽為末，銚子内中心用矾盖，鹽用火飛之。熬定後取出，却入炭火燒，絶黑煙為度，研如粉，入龍脑點之。

又　點眼明睛散：白礬一錢，飛過、烏鱼骨二錢、蕪荑仁七個。右件藥一處研勻，頻頻點之。

又《治中風》　天麻散：治馬脾氣虚弱偏風病。天麻、人參、茯苓、川芎、荆芥、何首烏、防風、蟬殻、甘草、薄荷。右件十味。各等分為末。每服一兩半，蜜一兩、米飲湯浸飽嚾之。

又　天南星散：治馬破傷風。鰾一兩，用水噴濕，火炙乾用、蝎十五個、天南星一個。右件三味為末，用溫酒一盞調藥，噴在馬耳內，揉出汗，汗出立效。

又　七蝎散：治馬中風。天南星一個、乾蝎七個全。右件藥二味為末，分作兩服，以溫酒嚾之。

又　蝍蠏散：治馬急風、慢風。天南星、半夏、天麻、蝍蠏各一兩、麻黃三錢。已上五味為末。每服二錢，以酒應急嚾之。

又《**治腰胯痛**》　七補散：治馬七傷。青橘皮、陳橘皮、苦練子、茴香、益智、芍藥、木通、滑石、官桂、紅豆、乳香、沒藥、當歸、自然銅。右件一十四味，各等分搗羅為末。非時起臥，用藥五錢，葱酒同煎，放冷嚾之。

又　烏藥散：治馬外腎腰背緊硬或肺病、把前把後草慢病。天台烏藥、芍藥、當歸、玄參、貝母、山茵陳、馬兜鈴、川升麻、香白芷、山藥、秦艽、杏仁去尖。右件一十二味，各等分為末。每服一兩半，鹽二錢、熱虀汁調，空草放溫嚾之，便如狗蹲腰痛。牽拽不動，入童便嚾之。

又　騏驎竭散：治馬腰胯痛或肺病、把膊把胯病、或陰腎肿木、腎黃病。騏驎竭、沒藥、茴香、巴戟、葫蘆把、川練子、牽牛子、木桶、白朮、當歸、破故紙、藁本。右件一十二味，各等分為末。每用藥半兩，好酒一大盞同煎三二沸，放溫嚾之。隔日再嚾之。

又《**治脾病**》　健脾散：治馬如好抵柱柱、有涎沫下者。當歸、菖蒲、白朮、桂心、澤瀉、枳殼、赤石脂、厚朴、甘草。右件九味為末。每服一兩半，用酒一盞，葱白三握同煎，放溫嚾之。

又《**治小腸**》　金鈴散：治馬口色青白、傷冷、腰胯痛或陰肿肚黃病。金鈴子、沒藥、舶上茴香、葫蘆把、杏仁去皮尖、乳香、陳橘皮、白芷、荆三稜、牽牛子、莪茂、血竭、車前子、紫菀、玄胡索、破故紙、青橘皮、木通。右件一十八味，各等分為末。每用藥末一兩，葱白三握燒過，熱酒二盞同調，空草嚾之。

又　玄胡索散：治馬傷冷氣痛或起臥及胃氣感寒、口色青白、草慢病。玄胡索、當歸、芍藥、乾山藥、青橘皮、陳橘皮、茴香、木通、山梔子、白藥子。右件一十味，各等分為末。每用藥末一兩半，水二盞，生薑一分細擦，同煎三二沸，放溫，空草嚾之。

又　巴戟散：治馬氣把腰、低頭難或抽腎、把胯、黃慢病。巴戟、葫蘆把、破故紙、舶上茴香、川練子、滑石、海金沙、槐花已上各一兩、鹽炒過、木通、牽牛子已上各二兩、茴香、槐花、鹽三味一處炒過。右件一十一味為末。每服二兩，熱酒一升調下，空草嚾之。

又　苦練散：治馬小腸氣。川苦練、茴香、沒藥、當歸、玄胡索、藁本、甘草已上各等分。右件七味，搗羅為末。每服半兩，酒一盞同煎，幷葱一握，煎三五沸，放冷，草前嚾之。

又　茴香散：穿心巴戟、山茵陳、川苦練、茴香、當歸、沒藥、葫蘆把、破故紙、自然銅火燒醋淬。右件九味，各等分為末。每服半兩，酒一盞，葱一握，同煎三五沸，放冷，空草嚾之。

又　滑石散：治馬小便不通。滑石一兩研、朴硝二兩研、木桶一兩。右件三味，各搗羅為末，同溫水嚾一兩。如未通，再嚾之。

又　白芷散：治尿血。沒藥、細辛、肉桂、自然銅、藁本已上各一分、當歸、芍藥、白芷已上各一兩。右件八味，搗羅為末。每服一兩，鹽少許，童子小便同調嚾之。

又　車前散：治馬抽腎。是本病，初覺便嚾之。紫草茸、車前子、藁本、川練子、葫蘆把、破故紙、木通各半兩。右件七味，一處為末。每服二兩，酒一盞，小便一盞同調，空草嚾了便喂。

又　酒煎散：治馬抽腎把胯。右用天南星一個，大者用濕紙數張裹之。上件藥用慢火煨，令黃色為度，取出，令在地上出火毒，爛搗不羅。每嚾用酒半升、豆豉半兩、燈芯十莖、葱兩莖，只用葱白，一處煎之。一兩沸，漉出去滓，先將豆豉、葱白、燈芯啗之，令將汁用藥二錢入上項汁内，煎一兩沸，放如人體溫，嚾只一服。

又《**治氣病**》　化蟲膏：治新馬毛乾臕小、時有瘦蟲。白牽牛生搗取細末，四兩、生蘿蔔槌破不須碎，水煮軟，去水，放冷，研如、青皮不去白為末，四兩。右用猪脂肪二斤煉成油，入前三味藥内搜拌勻。用一盆器收之。每日草後啗二兩許，幷不隔騎壓喂飼。只天陰不啗。

又　八平散：治馬氣、把腰、抽腎、把胯、口色青白、傷冷、氣痛、草慢、傷冷蕩病。茴香、牽牛子、當歸、青皮、陳皮、細辛、蒼朮、厚朴。已上八味，各等分為末。每用藥末一兩半，生薑一分，葱白一枝，水一升，同煎三兩沸嚾之。

臨時看病下藥。

又　牽牛散：治馬傷飽氣痛、草慢及因飽起卧病。牽牛子、續隨子、瞿麥、郁李仁、甘草、木通、陳皮、滑石。以上八味，等分為末。每服一兩半，煎葱生薑湯二大盞同調嚾之。如起卧，入油嚾之。

又　大安散：治馬起卧、大肚板腸、糞不轉。青皮、大戟、木通、大黃、瞿麥、陳皮、牽牛子、郁李仁、鼠糞、續隨子、滑石、晚瓜苗。以上一十二味，各等分為末。每用一兩半，葱一握，水三盞，同煎三兩沸，放溫，入油二兩嚾之。了後頻牽。

又《治展》　展煮散：治馬展蕩。天仙子三兩、牽牛子三兩，一半生，一半炒香。右件二味為末，用黑豆一升、藥末一兩半同煎熟。每喂下後，分作三日喂。如展時，更用藥，再依前喂。

又　二橘散：治馬展蕩，用止展。牽牛子二兩，半生半炒、青皮一兩、莨菪半兩，去枇、陳皮一兩。右件四味為末。每咱一兩，粟米三合煮粥入藥同和，空草咱之。咱訖，用新汲水洗口鼻，便喂。

又《敷貼》　羌活膏：治馬因踏地虛、閃朒着筋骨、并搭着攢筋及腰胯膊痛、附骨大硬病。羌活、官桂、烏梅、芸臺子、木鱉子、麻子、天南星、白芨、川大黃、葶藶子、五靈脂、雄黃、菝葜。右件一十三味，各等分為末。每服一大匙，小黃米一合，用醋熬粥敷裹。看病深浅，臨時使用。

又　雄黃散：治馬諸般肿毒、筋骨大硬。雄黃、川椒、白芨、白歛、官桂、草烏頭、芸臺子、白芥子、川大黃、硫黃。右件一十味，各等分為末。用藥一匙、麵一匙，醋一盞同熬，敷肿處。

又　木鱉子散：治馬失節。狗骨灰二兩、騏驎竭、官桂、牡蠣、沒藥已上各二兩、木鱉子、大黃、萞麻、芸臺子以上各半兩。已上九味，為麄末，用猪脑和裹縛，三日一換。

又　牡蠣散：治馬袖口陰肿，塗擦、消肿毒。天南星、縮砂、牡蠣燒過、天仙子、木鱉子。以上五味，各等分為末。每服二錢，淡醋一盞同調，煎三兩沸，熱擦塗上，自消。

又　狗脊散：裹驢馬脚。金毛狗脊、木鱉子、紅薑。右件三味，各等分為末。先研猪脂涂塗上，糁藥三錢，裹上立差。

又　拔毒散：木鱉子、麻子、地龍、川白芥子已上各一兩、澤州草烏頭、雄黃已上各半兩。右件六味為末。每用藥一錢，生油調匀得所，以手擦失節處，擦令熱為度。如蹄束瘦時，用生猪脂同藥一錢搗為膏擦，隔日再用藥更擦，候較日于河内脚。

又　海桐皮散：治馬患筋骨大及攢筋、麄節肿硬。川大黃、五靈脂、木鱉子、海桐皮、甘草、大黃、芸臺子、白芥子。右件八味，各等分為末。每用黃米二合煮粥，入藥，一處煎成，用布子一尺，攤藥在上裹之。

又　萞麻散：治馬失節瘡肿痛。白芥子一兩、木鱉子七個、萞麻三十個，去皮、葶藶子半兩、草烏頭一分、雄黃半兩。上件六味，一處為末，油調擦。候一伏時，如失節，用水浸。有瘡肿，油調藥後一伏時，用水澆潑。或有肿痛，再用敷貼。候乾，再用水澆潑。

又《熁藥》　烏頭散：治馬傷冷氣痛起臥。草烏頭、蛇床子、茱萸、木鱉子、狗脊、芫花、高良薑、蒼朮。已上八味，各等分為末。用生薑一兩搥碎，醋麵同熬敷熁。

又　芫花散：芫花、金毛狗脊、大黃、椒子半升、川烏頭已上二兩、天仙子半兩。已上六味為末，入鍋子内炒，燋黃色為度。每用使藥末一兩半，白麵兩匙，好醋一盞，調稀，入銚子内，再煎熟，出火氣，熁。

又　治瘡。定粉散：治馬花瘡。砒霜一錢、定粉半錢、膩粉炒半錢、菉豆二百粒。已上四味，一處不語杵為末，每用浆水洗過，少使藥貼。

又　龍骨散：治馬瘡。龍骨、香白芷、黃丹炒、白芨已上各一兩、乾薑半兩為灰。右件五味，一處為末，量多少、貼之。

又　檳榔散：治馬癌瘡。硼砂、夜合花葉、黃丹以上各一分、乾薑半錢、檳榔、砒霜、砒黃各一字。右件七味為末，先用鹽浆水洗瘡，後用藥薄貼。

又　桑白散：治馬打破梁背。不灰木、桑白皮、綿黃耆。右件三味，分兩停為末，乾糁之。

又　白歛散：治馬梁背。天南星一錢、白歛三錢。右件二味同為末，鹽浆水先洗瘡，擦之。

又　敗龟散：治驢馬打破背瘡。敗龟板。右不計多少為末，如有瘡肿，油調塗之。如有脓水者，乾，用水調麵，紙花子盖立效。

又　粉霜散：治馬蹄患穿心漏。益智三錢、砒霜一錢、粉霜一錢、黃丹一錢，飛過、天南星二錢。右件五味為細末。如馬患蹄，用藥末一錢，油塗之。

又　薑礬散：治磨打破梁背。白礬二兩、生薑燒成灰，二兩。右件二味同研，每貼瘡，油調為度，瘡濕，乾擦。

又　丹礬散：治打破驢馬梁背，磨擦成瘡，貼之立効。訶子核五個，不用皮肉、白礬半兩、黄丹半兩。右件三味。先以白礬于銅銚子內鎔作汁，入黄丹攪，令熬之乾枯，看黄丹色紫為度。先將訶子核搗爛，便入凡丹，搗羅為末。每用藥時，先以溫浆水洗過揾乾，然後再用冷浆水洗之，貼藥末糝上盖遍，用乾手按過，并不妨乘騎。極者不過兩上。

又《治瘙》　乳香散：治馬乾濕瘙。烏賊魚骨三兩、白礬三兩、乳香半兩。右件藥三味，細搗羅為分。濕瘙淨洗貼，乾瘙用油調搽。

又　丹砂散：治馬瘙蹄。硼砂一兩、黄丹二錢。右件藥二味，同研細，先用羊同髓調搽。

又《治蹄病》　生馬蹄紫矿膏：紫矿、黄蜡各四兩、黄丹、白胶香、木鱉子已上各半兩、菜油四兩、酥四兩、臘脂頭髮三錢。右為末，慢火熬，頭髮盡為度，盛在磁器中。蹄上浸擦一遭，三日、五日一上。

又　生馬蹄如聖膏：好猪脂四兩，熬油去滓、生薑二兩，擦、胡桃仁二兩半，燒灰、爐甘石一兩為末。右四味一處，慢火熬成膏，先洗過蹄，拭乾，用藥先擦一遭，三兩日一次上。

又　生蹄木鱉子膏：猪脂半斤、黄蜡半斤、紫矿三錢、頭髮二兩，燒灰、木鱉子五個為末、乾地黄半兩為末、枇杷葉半兩為末。右七味，先將猪脂熬油去滓，次入餘藥，再熬成膏，入甆器内盛，于紙上攤貼。

又　皂刺煎：治馬蹄縱痛。皂角刺一握大小長一寸許皆可、猪脂二兩、黄蜡半兩、乳香一分、松脂半兩。右五味，以猪脂煎皂角刺，令黑色，不要只存脂油，入黄蜡、松脂攪成膏塗之。

又《治雜病》　一點散：取馬瘊子。砒霜、紅娘子、巴豆。右件三味，各等分為末，用好醋塗在瘊子上，三兩月自落。若口鼻上生疣子，則于上面用藥點一兩次。

又　不二丸：治馬肘黄。信州砒霜一兩、黄丹一字、射香一字。右件藥三味，同熬，研為末。湯浸餅為丸，如桐子大，兩頭尖。用迷針針破，紝藥一丸在內。半月已後取下。

又　當歸膏：治馬久患蹄或掌内有瘡、生死蹄甲。當歸、石脑油、敗龟、川山甲、虎脑骨、木鱉子、白芨、自然銅、磁石各一兩、白歛、黄蜡各半兩、油五兩、生薑二兩、乳香一錢。右件藥一十四味，都入鐺內，慢火熬。藥焦，揷出再熬成膏。每使先用溫水洗馬蹄，拭乾方可使膏藥塗之。三日後再塗擦。候掌內生滿，却將熬成膏更入水銀二錢，貴要養膏子。

又　莎蘿散：治馬疥癆。莎蘿子四個、蜈蚣四兩、斑猫三十個、巴豆三十個，去皮、硫黄一兩、蛤粉二兩、朴硝四兩。右七件，搗羅為末。淨洗過疥癆，看疥多少，用油調藥塗其上。須用淨洗。

又　後溫散：治馬後冷、腰緊。艾一兩、芫花一兩，醋炒、猪牙皂角一兩、川椒一兩。右為末。如用藥溫馬時。用水一盞半，藥二錢，煎至一盞，放溫，用嚾角後溫入藥。次用熁藥貼在腰上。如馬抛糞帶下白脓，是藥有應。如单抽及雙抽，用酒水煎藥溫之，亦用熁藥貼之。

又　馬价丸：打馬結藥。猪牙皂角半兩，燒、瞿麥一兩、牵牛子、郁李仁一兩、老鼠糞四兩、榆白皮二兩、續隨子四兩、紫芫花二兩，醋炒。右件八味，為細末，用大麥麵半升煎糊為丸，如彈子大小。每有馬結，使藥一丸，好酒半升，葱白一握，并酒同煎三五沸，放溫，入小便半盞，輕粉一匣子，并藥同調嚾之。如嚾時，先嚾油四兩。如結覺大，加半丸，尋常氣發起臥，只用半丸，油二兩，不入輕粉，嚾之。

又《治馬疫氣病方》　獺肉及肝，無即用糞。右用一兩肉及肝，以水煮熱啗之。糞即水煮放溫嚾之。

又《治馬黑汗方》　乾馬糞一掀。右將糞安新瓦上，更用人髪盖之，火燒，令煙入馬鼻中，即差。又方：猪脊引脂一條、雄黄半兩、人髪一兩。右三味，一處燒。薫馬鼻，令煙入鼻中，即愈。

又《治馬瘡疥方》　栢枝三十莖。右以柏枝搥碎，令在無底沙盆內，盆底用磁罐子接足，先用瓦片隔着，上用慢灰火燒，取油入罐子內。淨洗馬瘡疥，看瘡大小，栢油塗之，差。

又《治馬傷水方》　鹽三塊，如杏子大。右研為末，捻在馬兩鼻孔内，手揜之，交不出氣。少時，馬眼中淚出，即安。

又《治馬傷料方》　麥蘗三升，微炒。右為細末，隨草料喂，甚良。

又《治馬腳生附骨，不治即入膝節、令馬長跛方》　芥子半兩、巴豆三個去皮。右先將芥子研爛，次入巴豆同研細，用竹刀子以水和，令相着。每用先當附骨上拔去毛，融少蜡周匝圍之。蜡罷，以藥傅骨上，取生布割兩頭作三道，急裹之。骨小者，一宿便盡，大者不過再宿。审知骨盡，即便取冷水洗瘡淨，再取車軸頭脂作餅子盖瘡，还以淨布急裹之。三四次，解去，即生毛而無瘢。此法神良，大胜炙者。然初用藥時，須以蜡圍着，若不以蜡圍，恐藥燥。瘡大，用藥了須頻頻看，恐骨盡便傷好肉。若瘡未差輒乘騎，即令瘡中血出，便成大病，切須慎之。

又**《治馬肺病、鼻内膿出、草慢方》** 阿胶粥：阿胶一兩，炮碎、蘆根、糯米二合。右件三味，一處煮粥，放温，草後咱之。候喫草，再用訶梨勒皮煎湯調美水草治肺藥，放温，草後嚾之，即愈之。

又 黑藥子：治馬瘡口寒久不較，或磨刺破瘡定血。草烏頭不拘多少、黑藥子。右件藥用好麵裹之，候乾，燒令存性，用碗合于地上良久，去火毒，候冷取出，一處搗羅為細末，乾貼即愈。

又 螵蛸散：治馬患慢風及破傷風并諸風病。天麻、乾蝎、防風、蔓荆子、何首烏、羌活、獨活、烏蛇酒浸去皮骨、天南星炮、細辛去葉、沙參、高良薑、阿胶炒燥、白薑蠶微炒、蟬殼去土、藿香、桑螵蛸炒、旋復花、白附子新羅者、芎藭。右件各等分為細末。每服一兩，酒半升同調，煎三二沸，放温，嚾之。隔日再咱。

又 射香散：治馬破傷風。天麻、乾蝎炒、烏蛇酒浸去皮骨、天南星炮、白附子炮、半夏、防風、蔓荆子、蟬殼去土、藿香、射香別研、硃砂別研、膩粉已上各一分，川烏頭炮製去皮。右件先將前十一味為末，乃入射香、硃砂、膩粉，一處拌勻。每用藥末三錢，酒半升調嚾之。

又 天麻散：天麻一兩、白附子炮、天南星炮、蔓荆子、半夏以上各半兩、川烏頭炮製去皮臍、麻黄去根節、乾蝎微炒、烏蛇酒浸去皮骨各一分、硃砂一錢，別研。上件都為細末，入硃砂拌勻。每服三錢，用豆淋酒調嚾。豆淋酒法：用黑豆半升，炒令煙出，以酒一升沃之，去豆用酒。

又 酒調散：砒研、白礬研，各二兩。右件藥用甕罐子一個，先用砒在罐子内，後入凡末，着水一盞，坐在罐子口上，仍先燒慢火，熁罐子令熱，次用猛火燒。若罐子口盞水盡，更添，以燒一秤炭為度。每用藥一錢，酒調嚾之。

又 郁金散：治馬因乘騎過失尿變為胞轉，拨正，放却尿，然後用下項藥嚾之。郁金、甘遂、升麻、紫菀、黄芩、朴硝已上各一兩。右為細末。每藥末一兩，蜜一兩、油一斤，調嚾之。

又 婆娑石散：治馬尿血。婆娑石研、當歸、雲藍根、蒲黄微炒、紅花、荷葉、白礬飛過。右件七味，各等分為末。每服一兩半，用酒半升調嚾之。

又 吹鼻散：治馬氣痛、氣脉不通。人參去蘆頭，半兩、藜蘆一分、射香一錢，研、赤小豆三十粒。右為細末，入射香拌勻。每用半錢許，以竹筒子盛，吹入鼻中，立效。

又 追蟲散：治馬蟲顙病。蠲花、穀精草、蘆薈已上各一分、瓜蒂一個、母丁香二個、射香半錢，研、皂角一條，用醋炙。右為細末，入射香拌勻。每用半錢，以竹筒盛，吹入鼻中，病隨蟲出，差。

又 龍骨散：治馬患恶瘡。乾薑炮、龍骨燒作炭、山茄子根、錢貫蟲生用、附子炮去皮各一兩。右件為細末，入無皮巴豆七個，再與藥末同研勻。先用漿水洗瘡淨，薄薄塗藥，即差。

又 英粉散：治馬久患瘡，令生肌。英粉一兩、黄丹半兩、白礬、乾薑炮、白芨已上各一分。右件五味，向銚子内炒，令黑色後，杵為末。先用水洗瘡淨，次薄薄塗藥。

又 膽矾散：治馬患口瘡。膽凡燒過、白礬飛、黄蘗、黄連、甘草炙已上各等分。右為細末。每用三錢，乾糝馬口内。若馬口内生賊牙，令馬不能喫草，先用鉄柱子抵定，以手把槌子打去賊牙，即復能食草。若不去，令馬變為肺病。

又**《治馬因蜂蟲或蟻子飛走入鼻，令馬曉夜乾噴，兩鼻内各有小孔、孔中膿出方》** 右先用燒銅針烙瘡孔裏，烙畢，取韮根搗取汁二合，兩鼻内各着一合畢，曲兩耳用散麻縛，自平旦至午時，蟲即出。蟲出，即用補七傷藥嚾之。若蟲不出，即難治。七補散見前方。

又**《治馬誤食亂髮、飛禽毛翎或竹木硬物，使腹脹悶欲絶，發作有時體瘦方》** 綿一兩。右將綿剪碎，用油調，咱之，腸中恶物即隨綿出。

又 消毒散：治馬誤食毒草，口中吐沫，悶絶欲死。白礬飛，半兩、鹽一兩。上件藥同拌令勻，于舌上塗之。良久，再用甘草末二兩、水二升，同煎，至二升，放温，入芸臺汁半升，鹽二兩，伏龍肝一兩半，伏龍肝者灶下土是也。同調嚾之，更于尾本穴出血一升許，即差。

又**《治馬母方》** 補益當歸散：治馬母產駒後腰胯痛及腰胯無力，并恶血連日不止，或蹇閃着腰胯，兼肉顫負痛。當歸、芍藥、海帶、漏蘆、沒藥、荷葉、紅花、連翹、敗龟、虎骨、葫蘆把、破故紙、甜瓜子、騏驎竭、自然銅、骨碎補。右件一十六味，各等分為末。每服一兩，酒半盞，小便半盞，同調嚾之。如馬産後病，用藥一兩半，溫酒，小便各一盞，應急嚾之。

又　桂心散：治馬患吹妳。牛蒡子一分、桂心一分、甘草炙一分。右三味為末，用好酒一盞半，與藥同煎三兩沸，放溫嚾。嚾了再用猪脂半斤，氣虛者只用五兩，細切，以手擦令溫和，啗之。

又《治馬駒方》　黄芩散：治馬駒喉骨脹、鼻内白膿病。郁金、黄芩、白礬飛過。右件藥三味，等分搗羅為末。每用藥末半兩，蜜一兩同和啗之，喂飽。隔日再啗之。

又　訶子散：治馬駒妳瀉病。黄連、訶子、郁金、烏梅。右件藥四味，内三味等分，烏梅五個，一處為末。每用藥半兩，乾柿三個，研細入藥。同和啗之。如不定，依前日再啗之。

又　紫蘇散：治馬駒妳瀉病、不食草妳。川升麻、紫蘇子、黄連、黄藥子、乾地黄、郁金。右件六味，各等分為末。每服半兩，蜜一兩、瓜蔞少許同和匀，藥末半兩同調慢啗。如再嚾，用蜜一兩，麻子一合，取汁一盞，慢慢嚾之。隔日依前再嚾。

宋　王愈《蕃牧纂驗方》卷上《四時調適之宜》　茵陳散：治馬卒熱、草慢，口眼黄，精神短慢，微覺喘麄。春夏宜五七日一次常嚾。山茵陳、甘草、黄連、防風。已上各等分為麄末，每用藥一兩，漿水一碗，細擦生薑一兩，蜜二兩，同煎三五沸，放冷嚾之。不效，隔日再嚾。

又　木通散：治馬肺黄病，口眼黄色，精神短慢，牽動似醉，或時喘麄。木通、乾山藥、山梔子、牛蒡子、瓜蔞根。已上各等分為麄末，藥一兩，生薑一分擦細，沸湯一碗調，候溫，入童子小便半盞嚾。隔日再嚾。夏季不得出血，若出血則秋必發病。宜嚾消黄散并茵陳散。須搭棚，令馬於風涼處，不得着熱。每日喂飼，比春季加料減麩。寅時騎習馳驟，卯時上槽。喂罷，飲新水。未時再喂罷，亦飲新水。申後搖拽，調習行步。至二更時，喂第三次。每五日一次於河内水深處浸之。

又　消黄散：治馬喘麄、汗出。黄藥子、貝母、知母、大黄、白藥子、黄芩、甘草、郁金。已上各等分為麄末，每用藥一兩，新水半升，蜜二兩調嚾。隔日再嚾。茵陳方在春季内。秋季宜嚾理肺散、白藥子散。每日麩料各八分。卯時騎習馳驟，辰時喂。巳時飲新水。申時再喂罷，搖拽，調習行步。子夜喂第三次。自八月已後，勿令馬於雨露處霖浞，勿令久臥濕地。至九月，宜上糞塲歇臥。

又　理肺散：治馬前探、鼻内膿出、前後腳虛腫、遍身生毒瘡痍。蛤蚧、知母、貝母、秦艽、紫蘇子、百合、乾山藥、天門冬、馬兜鈴、枇杷葉、漢防己、白藥子、山梔子、瓜蔞根、麥門冬、川升麻。已上十六味，各等分為麄末。每用藥一兩，蜜二兩，糯米粥一盞，瓜蔞一箇去皮，細研，同和啗之。再加嚾，用蜜三兩，白礬一兩，漿水半碗，用上件藥調入童子小便半盞嚾。如病未退，次日嚾八味白藥子散。

又　白藥子散：治馬腰背硬，氣把腰背，低頭不得，或眼澁腹緊。白藥子、當歸、芍藥、桔梗、桑白皮、瓜蔞根、貝母、香白芷。已上八味各等分為末，每用藥一兩。漿水半升，蔥白五莖，生薑一分拍碎，同煎三五沸，放溫，入童子小便半盞嚾之，然後針項，并放胸堂血。隔日再嚾。

又　冬季宜嚾白藥子散、茴香散。十二月内，七日一次啗猪脂藥。每日麵料各八分。卯時騎習馳驟，巳時上槽。喂罷，飲新水。未時乘騎搖拽，調習行步。酉時再喂。至夜，上糞塲歇臥。四更喂第三次。白藥子方在秋季内。

又　茴香散：治馬腰背緊硬、拽胯、氣把腰胯病。茴香、川楝子、青皮、陳皮、當歸、芍藥、荷葉、厚朴、玄胡索、牽牛、木通、益智。已上各等分為末。每用藥一兩，酒半升，蔥一握，同煎三五沸，放溫，入童子小便半盞，空腸嚾之。次日再嚾。

又　豬脂藥：陳豬脂六兩，細切、鹽一兩、豉七兩，湯浸遍去惡汁、蔥白三兩，細切，湯去惡氣。已上四味一處拌和，一次啗盡。七八日再啗。去毛焦、腹緊之病。

又《四時喂馬法》　貫眾、皂角。已上二味，入料内同煮熟喂飼。三五日一次騎習，率腳放臥。每煮豆一石，用皂角五挺，貫眾五兩。四時調匀，控御行步，須放頭平，免損馬肺。草罷少時，須綷腳，使起臥穩便。不得久立，免傷馬筋骨。

又《治心部》　麻黄散：治馬心臟虛熱、中風。天南星、乾蝎、白附子、白僵蠶、麻黄、乾蛇、川芎、白蒺藜、海桐皮、防風、黑附子、甘草、藁本、天麻、桂心。已上十五味，各等分為末。每用藥一兩，酒半升同調嚾之。

又　天麻散：治馬心風。初得心胸雙緊，如弩自奔衝，信腳自行，宜服之。

天竹黃、天麻、防風、桔梗、黃藥子、甘草、知母、大黃、乾地黃、黃耆、黃芩、貝母、郁金、黃連、牛膝。已上十五味，各等分為末。每用藥一兩，蜜二兩，酒一盞，油二兩，水一盞同灌之。

又 人參散：治馬心黃病，多睡饒驚治之。甘草、吳藍、大青、郁金、黃藥子、板藍根、人參、茯苓。已上各等分為末。每用藥一兩，水半升，生薑半兩，擦，油蜜一兩，同煎三五沸，放溫，草後灌之。

又 防風散：治馬心有風氣。初得時，兩耳緊，頭直，頭高，狂走咬人。郁金、黃耆、乾地黃、知母、沒藥、天門冬、黃藥子、沙參、防風、桔梗、晚蠶沙、桑螵蛸、大黃、人參、貝母、紫參、麥門冬。已上各等分為末。每用藥一兩，鷄子四個，漿水一碗調灌。

又 黃藥子散：治馬驚心，汗出，頭垂，舌熱如火，口色白乾。黃藥子、白藥子、知母、貝母、大黃、黃連、石決明、山梔子、郁金、黃耆、山藥、黃芩、沒藥、胡黃連、升麻、地黃。已上一十六味，各等分為末。每用藥一兩半，蜜四兩，生地黃汁半升，入水同灌之。

又 紅芍藥散：治馬心氣傷，驚多臥少，草觜攡土，伭頭，吊胸，吐涎沫。紅芍藥、沒藥、人參、茯苓、木通、麒麟竭。已上各等分為末。每用藥一兩，蜜二兩，漿水半升灌之。

又 四黃散：治馬心臟熱，草慢，并鼻內血出。黃蘗、黃連、黃芩、大黃、款冬花、白藥子、貝母、郁金、黃藥子、秦艽、甘草、山梔子。已上十二味，各等分為末。每用藥一兩半，蜜一兩，計四兩，水半升調灌之。

又《治肝部》 洗肝散：治馬眼內有青白暈并眼腫，淚出，肝熱。青箱子、石決明、草決明、井泉石、石膏、草龍膽、旋復花、防風、菊花、黃連、甘草、黃芩。已上十二味，各等分為末。每用藥一兩半，豬膽使汁，蜜四兩，白礬半兩，漿水一升同調，草飽灌。隔日再灌。如未退，針眼脈穴，出血卽差。

又 涼肝散：治馬眼昏暗，翳膜遮障。菊花、防風去蘆頭、白蒺藜、羌活去蘆頭。已上四味，各等分為末。每用藥一兩，漿水半升，蜜一兩，同調灌之。

又 蒼朮散：治馬肝積熱，眼生翳膜。蒼朮、蟬殼、木賊、黃芩、甘草各一兩。已上五味，各等分為末。一兩，冷水半碗調勻，草飽灌。

又 蟬殼散：治馬穀暈，眼腫。蟬殼、宣黃連、菊花、地骨皮、甜瓜子、白朮半兩、蒼朮半兩、草龍膽以上各一兩。已上八味為末。每用藥一兩，水半升，煎三五沸，放溫，不計時候灌之。

又 瀉肝散：治馬內障，眼睛先青色，後變綠色。黃連、郁金、山梔子、石決明、草決明、旋復花、青相子、草龍膽、甘草。已上九味，各等分為末。每用藥一兩半，細切白羊肝三兩，拌勻草後啗之。

又 黃連散：治馬肝黃病。初得自硬氣，四脚如柱，牽動到坐而倒。黃連、黃耆、黃芩、知母、天門冬、貝母、郁金、川大黃、山梔子、麥門冬、黃藥子。已上一十一味，各等分為末。每用藥二兩，使鷄子五個，生地黃三兩細搗，合和灌之。次日再灌。

又 補肝散：治馬蟲食肝病。初得時，兩目如睡，伸頭垂耳，頻搐項，似驚。黃藥子、白藥子、石決明、大黃、知母、貝母、秦艽、白蕪荑、乾地黃、草龍膽、草決明。已上一十一味，各等分為末。每用藥一兩，蜜四兩，醋一合，陳漿水一碗，草後灌之。

又 消肝散：治馬肝脹。初得時，先伸前二脚如虎，頻頻迴頭看前脚。郁金、漢防己、山梔子、甘草、青黛、草薢、細辛、大黃、玄參、紫參、仁參、茯苓、沙參、草豆蔻、青皮。已上一十五味，各等分為末。每用藥一兩半，蜜四兩，漿水一升，草後灌之。

又 石決明散：治馬眼昏。初得時如醉，脚弱欲倒，頭垂向下。石決明、大黃、黃連、郁金、黃芩、山梔子、沒藥、黃藥子、黃耆、白藥子、草決明。已上一十一味，各等分為末。每用藥一兩，使蜜二兩，鷄子二個，水一碗，同灌之。

又 黃連膏：治馬肝熱，穀暈及眼熱有淚，點之。黃連、青鹽、蕤仁、楮葉、烏賊魚骨。已上五味，各等分為末，乳鉢內細研如粉。每用燈草取藥點眼，一日兩次。

又 卷下《治脾部》 當歸散：治馬脾胃冷，傷水痛，因成泄瀉之病。當歸、厚朴、陳皮、青皮、白牽牛炒、益智子、赤芍藥。已上七味，各等分為末。每用藥一兩，水半升，生薑一分擦細，煎三五沸，空草溫灌之。

又 黃栢散：治馬脾黃病，外腎朋上，延及兩膁浮腫。黃栢、知母、貝母、郁金、大黃、山梔子、黃芩、白芷、桔梗、瓜蔞根、山藥。已上一十一味，各等分為末。每用藥一兩，蜜四兩，水一碗，生薑半兩擦細，同和灌之。

又 大白藥子散：治馬脾黃，初得時，精神小頭垂，鼻出冷氣，或起臥、慢草、回頭返者。當歸、五味子、沒藥、細辛、藁本、厚朴、香白芷、牽牛子、青皮、芍藥、白藥子、陳皮。已上一十二味，各等分為末。每用藥一兩，生薑半兩擦細，酒一碗調嚾之。

又 厚朴散：治馬脾不磨草，口色黃白。陳皮、麥蘖、五味子、官桂、牽牛、縮沙、厚朴、青皮。已上八味，各等分為末。每用藥一兩，酒一碗調嚾之。

又 秦艽散：治馬傷冷，脾寒打顫，水草慢，腹痛。秦艽、當歸、馬兜鈴、貝母、枇杷葉、瓜蔞根、芍藥、桔梗。已上八味，各等分為末。每用藥一兩半，漿水一升，生薑一分擦細，煎三五沸，候溫，入童子小便半盞同嚾之。

又 桂心散：治馬飲冷過多，傷脾作泄瀉。桂心、厚朴、當歸、細辛、青皮、牽牛、陳皮、桑白皮。已上八味，各等分為末。每用藥一兩，溫水半碗，童子小便一盞，同調嚾之。

又《治肺部》 紫蘇散：治馬鼻溫，喘麄，毛焦，前擦，胸中痛，一切肺病。紫蘇葉、馬兜鈴、貝母、木通、漢防己、苦葶藶、白牽牛、桔梗、當歸、甘草。已上十味，各等分為末。每用藥一兩，水半升，生薑一分細擦，蜜一兩，煎三五沸放溫，草後嚾之。

又 貝母散：治馬肺熱，喘麄及啌。大腹子、貝母、山梔子、紫菀、桔梗、杏仁、牛蒡子、瓜蔞根、甘草、百部根。已上十味，各等分為末。每用藥一兩，水半升，煎三五沸放溫，草後嚾之。

又 漢防己散：治馬肺勞傷奔走，氣麄，鼻內氣猛，出泄不及，逼促損肺，鼻內出白膿。漢防己、陳皮、知母、款冬花、黃藥子、白牽牛、杏仁、桑白皮、甘草、木通。已上十味，各等分為末。每用藥一兩，水半升，生薑一分細擦、蜜一兩，同煎三五沸，放溫，飽嚾之。

又 知母散：治馬肺拖膊，常啗，益馬。知母、大黃、貝母、枳殼、茯苓、青皮、菖蒲、破故紙、紅芍藥、瓜蔞根、白芷、枇杷葉。已上一十二味，各等分為末。每用藥二兩，以麻腐一盞同和啗之。

又 人參散：治馬肺躁，揩擦。人參、沙參、玄參、丹參、貝母、麥門冬、天門冬、知母、甘草已上二兩、紫蘇子、馬兜鈴、苦參半斤，炮黃色。已上一十二味為末。每用藥二兩半，入鹽豉一兩，蜜三兩，同和啗之。

又 硼砂散：治馬肺風發毒瘡。硼砂、膽礬、砒霜、銅綠。已上四味，各等分為末。用鹽漿水淨洗瘡後貼之，四日再一換。

又 洗肺散：治馬肺風，揩擦及熱剝疥癩等疾。人參、甜參、紫參、苦參、秦艽、何首烏、沙參。已上七味，各等分為末。每用藥一兩，酸漿水一升，蜜四兩，不蚛皂角一挺挼取汁，一處調嚾。隔日再嚾。

又 涼肺散：治馬肺喘及非時熱喘。甘草、甜葶藶、桔梗、貝母、板藍根、木豬苓。已上六味，各等分為末。每用藥一兩半，蜜三兩，糯米粥一盞，同和啗之。如不退，再啗，用童子熱小便一盞。同蜜水相和嚾之。

又 半夏散：治馬肺風，熱痰，吐涎沫。半夏、川升麻、防風。以上三味，各等分為末。每用藥二兩，酸漿水一升，同煎三五沸，放冷嚾之。如病未退，再嚾之。

又《治腎部》 茴香散：治馬腎黃病，外腎腫硬，水草進退，抽拽後腎。茴香、知母、苦練子、甘草、貝母、乾薑、秦艽、官桂、山梔子、青皮。以上十味，各等分為末。每用藥一兩，煨蔥二條，酒半升，同煎三五沸，放溫嚾之。

又 蓽澄茄散：治馬抽腎病。蓽澄茄、木通、破故紙、茴香、金鈴子、桂心、青皮、牽牛、細辛、甜瓜子、陳皮、葫蘆把。以上十二味，各等分為末。每用藥一兩，酒半升，煎熱候溫嚾之。

又 馬蔥豉湯：治馬腎傷氣拖腰胯。蔥五條，打碎、椒各半兩、豉二兩、朴硝二兩半。以上四味，用水一升同煎沸，去藥滓，放溫嚾之。未退，至晚再依前法煎嚾之，慢慢牽行。

又 破故紙散：治馬腎冷，腰胯痛。破故紙、厚朴、葫蘆把、茴香、肉豆蔻、青皮、川練子、陳皮。以上八味，各等分為末。每用藥一兩，水一碗，煎沸候冷，入童子小便半盞，草前嚾之。

又 檳榔散：治馬抽腎病，腰背硬，拖拽後腳，水草慢。檳榔、肉豆蔻、乾山藥、貝母、秦艽、細辛、款冬花、牽牛、芭戟、沒藥、當歸。以上十一味，各等分。每用藥一兩，蔥白一條細切，酒一碗，煎沸放溫嚾之。

又《雜治部》 牽牛散：治馬低頭難，腰背緊，化滯氣，消膨脹。白牽牛、川大黃、葳靈仙、大腹子、甘遂、陳皮、藁本、當歸、丁香皮、萆薢。已上十味，各等分。每用藥一兩，水半升，入蔥白一握細切，生薑一分細擦，煎沸候溫，草結。

又 消黃散：治馬熱毒，草結。黃芩、白藥子、款冬花、黃蘖、郁金、秦艽、大黄、貝母、甘草、黄藥子、黄連、山梔子。已上十二味，各等分為末。每用藥二兩，沙糖、蜜各二兩，豬脂一兩，鹽半兩，咱之。

又　白礬脂散：治馬喉骨脹硬、低頭難、鼻內膿出、喉內作聲，水草慢。豬脂半斤、白礬一兩。已上二味，同研細。草飽咱之。

又　白芨散：治馬因踏虛，閃著筋骨，腰胯等處腫痛。白芨、朴硝、木鱉子、蕓臺子、苦葶藶、白芥子、川大黄、白蘞。已上八味，各等分為末。每用藥一大匙，頭醋調裹痛處。

又　大黄散：治馬糞頭緊硬，抛脂裹糞，臟腑熱秘及氣拖腰，疎利臟腑。川大黄、郁李仁、甘草、牽牛子。已上四味，各等分為末。每服藥二兩，童子小便一升，同調嚾之。

又　黄蘗膏：治馬惡瘡。黄蘗、蜜拖僧、龍骨、白蘞、烏魚骨、杜仲、木律。已上七味，各等分為末。每服藥先以鹽漿水洗淨，油調藥，紙貼之。隔日再洗，又貼。

又　紅花子散：治馬閃著、內痛尿血，止痛。紅花子、當歸、芍藥、荊芥、槐花、甜瓜子。已上六味，各等分為末，每用藥半兩，酒半升，童子小便一盞，同調嚾之。

又　烏梅散：治馬駒子妳瀉。烏梅、郁金、黄連、訶子。已上四味，各等分為末。每用藥半兩，乾柿三個打破入藥，同和咱之。

又　升麻散：治馬駒子肺病、不食草。郁金、川升麻、紫蘇子、黄連、乾地黄、黄藥子。已上六味，各等分為末。每用藥半兩，蜜一兩，瓜蔞碎半個，同和咱之。

又　郁金散：治馬駒子喉骨脹、鼻漚、出白膿。郁金、黄芩、白礬飛過。已上三味，各等分為末。每用藥半兩，蜜一兩，同和咱之。

又　膽礬膏：治馬因踏硬蹄熱、怕著地。膽礬、硼砂、黄丹、砒霜。已上四味，各等分為末。每用藥一錢，油一兩，蔥白三四寸細切，共油一處炒，入藥同調，先用小便淨洗了蹄痛，揩乾，上藥塗之。三四日再換藥。

又　烏衾散：治馬五燥蹄。蜜陀僧、黄丹、烏龍肝、銅青、輕粉、皂兒炙焦同研。已上六味，各等分為末。先用小便洗過，用菜油調藥塗之。

元　卞管勾《校正增補痊驥通玄論・痊驥通玄論注解湯頭》　治心部。

四黄散：治馬心臟熱，草慢，并鼻內血出。黄藥子、黄蘗、白藥子、黄芩、貝母、秦艽、黄連、款冬花、山枝、大黄、郁金、甘草。以上十二味，各等分為末。每用藥一兩半，水半升，同調嚾之。

又　龍骨散：治馬鏨舌瘡。白芨、黄丹飛、龍骨飛、白礬飛、狗糞燒灰。右件為末。乾貼瘡上效。

又　**《治肝部》**　撥云散：治馬眼患內障，黄暈侵睛。腦子即梅片、麝香各五分、磠砂二錢、南硼砂、爐甘石、青鹽、黄連銅綠各二錢。右件藥為細末。用藥眼內點。

又　蒼朮散：又方。蒼朮、黄芩、白藥子、草龍膽、當歸各等分。右件為末。用藥一兩，蜜水調嚾之。

又　升麻散：治馬眼內障，肝家并三焦受熱，黄暈侵睛。黄耆、人參、甘草、柴胡、羌活、防風、當歸、白芷、升麻、葛根、黄芩、黄連、白藥子、五味子、白茯苓。以上十五味，各等分為末。每用一兩，水半升，煎三二沸，草前温嚾之。

又　黄芩黄連散：治碧暈遮睛，不見物色。酒條芩、黄連酒炒各二錢、草龍膽、生地黄酒炒、各等分。右件為末。每用一兩，水半升，煎兩沸，午前嚾之。

又　蔓荊子散：治馬內障眼。黄耆五錢、人參五錢、炙甘草、蔓荊子、白芍藥、黄蘗炒各一兩。右為末。每用一兩，水半升，煎一兩沸，放温，草後嚾之。五服立效。

又　羌活散：治馬兩眼赤腫，頻頻泪下，不見物色。羌活、防風、黄芩、黄蘗、知母、生地黄、甘草各一兩、升麻、柴胡、川芎、黄連、桔梗、草龍膽各一兩、藁本、連翹各五錢、紅花、細辛各三錢、當歸、蒼朮各四錢。右為末。每用一兩，水多半升，煎一二沸，放温，草後嚾之。

又　熟地黄散：治馬內障服，碧暈侵睛，遮障瞳人，不見物色。熟地黄一兩半、生地黄、當歸、柴胡、黄芩各一兩、人參五錢、地骨皮、天冬、甘草、黄連各六錢、枳殼三錢，右件為末。每用一兩，温水半盅，蜜一兩，同調，草後嚾之。

又　**《治脾部》**　氣滑散：治馬非時起臥，冷熱痛疼。木通、滑石、瞿麥青皮、細辛、續隨子、茴香、蒼朮、牽牛、陳皮、甘遂、當歸各等分。右為末。每有起臥冷熱氣痛，用藥二兩半，水半升，入酒半升，同調嚾下。

又　導糞散：治牛馬騾肚痛起臥，後結糞澀不下者宜用。肥牙皂三錢、草烏頭三十五個、甘遂二錢、海金沙三錢半。將藥搗羅細。先用好油一兩，向後糞門灌入玉女關内，然後將葱白一枝，搵藥送入糞門内，牽行三五步，糞即便下。一方加螻蛄、葱白、牽牛一兩半。

又　枳殼散：治馬非時痢蕩并痢水下糞，因困飲水太過，心經積熱，滯氣不順，草慢。枳殼、官桂、當歸、乾薑炮、赤石脂各等分。右藥為末。每用藥二兩，沙糖二兩，粳米四合，緑豆三合，鹽一合，為粥啗之。一方加朴硝、木通。

又　七宝散：治馬胃冷、傷水腸痛，及老馬秋月久經陰雨，冷氣侵腹，因而成痢瀉，草慢。如口色青白，宜用和胃藥。當歸、厚朴、青皮、陳皮、白牽牛、益智、赤芍藥各等分。

又　馬價丸：治馬中結。大黄、五靈脂、續隨子、牽牛、木通、甘遂、滑石、大戟、瞿麥各二兩、香附子一百個、巴豆二百粒。一方加：鼠屎二兩、甘草、陳皮各二兩、膩粉五錢、龍腦三錢。又方：五靈脂四兩、巴豆一兩炒，去油、黑牽牛三錢。右件為末，醋和丸如彈子大。每用藥一丸，好酒半斤，温酒一盞，同調嚾之。即效。

又　厚朴散：治馬吃草冷痛起臥藥方。厚朴、桂心、細辛、當歸、茴香、白芷、陳皮、青皮。右各等分為末。每用藥一兩，小便一盞，同調嚾之。

又　益氣黄耆散：治馬脾胃久冷滯瀉，草穀不化，行動四脚無力，骨節腫痛，口中沫出，不食水草。黄耆、橘皮、升麻、茯苓、炙甘草、人參、蒼朮、澤瀉。右為末。用藥一兩，水一碗，姜一塊，同煎三五沸，放温，草前嚾之。

又　草豆蔻散：治馬脾胃虚弱，四脚不收，膀胱積冷滯氣把腰，泄瀉，草穀不化。草豆蔻麵裹燒熟、殭蠶白者好、人參、益智、桃仁、吴茱萸、黄芪、甘草炙、陳皮、青皮、當歸。右件為細末。每用一兩，温水半升，同煎三沸，草前嚾之。

又　益胃散：治馬脾胃虚弱，脾寒打顫，脾不磨病。黄芪、甘草、厚朴、草豆蔻、益智、澤瀉、人參、姜黄、陳皮、縮砂仁各一兩。右為細末。每用一兩，水一升，煎三五沸，放温嚾之。

又　無失丹：治馬中結。檳榔、黑牽牛、郁李仁、木香、木通、青皮、三稜、朴硝、大黄各等分。右件為末，溶黄蠟為丸，如彈子大。每用一丸，好酒一升，温熱，搗葱白數根為泥，化開藥丸嚾之。此方萬無一失，累累經驗。

又《治肺部》　甜葶藶散：治馬肺喘及非時熱喘用。甜葶藶、木狼苓、甘草、桔梗、貝母、藍根一方不用藍根，用瓜蔞根。右件為末，各等分。每用藥一兩，拌蜜二匙，糯米粥一盞，酥油一兩，同啗之。嚾藥用童便調和，隔日再嚾。

又　大腹子散：治馬低頭難，腰背緊，自來醫獸立名曰氣把腰；然馬負重致遠，行馳驟轉側用氣使力，致氣散在腰間，凝滯為病者多矣，其病名氣把腰亦當然，并無專治氣把腰藥。今于書内揀到『大腹子散』方，行化腰間滯氣，散膨悶。大腹子、白牽牛、丁皮、蒿本、葷薢、陳皮、大黄、威靈仙、當歸、甘草各等分。右件為末。每用一兩半，水半升，姜一塊，葱一握，三二沸，草後嚾之。

又　土馬鬃散：治馬肺喘粗。土馬鬃、乾山藥、山梔子、鹿角膠、知母、貝母、杏仁、地黄各等分。右件為末。每用二兩，新汲水調，稀稠得所，草後啗之。隔日再嚾。

又　蛤蚧散：治馬肺病，或前探鼻内膿出，前後脚虚腫，遍身生肺毒瘡，有此形狀合用。川升麻、天冬、斗苓、防己、知母、秦艽、紫蘇子、白藥子、麥冬、瓜蔞根、杷葉、貝母、沒藥、百合、山梔子、蛤蚧一對。右件為末，各等分。每用藥一兩半，蜜二兩，糯米粥一盞，瓜蔞一個，同和嚾之。如無粥漿水，小便調嚾亦效。

又　郁金散：治馬鼻内有白膿，或取草結未效，鼻濕啌喘病。郁金、黄藥子、白桔梗、川大黄、甘草各等分。右件為末。每用一兩半，羊血一盞，白礬一兩飛，同和匀，餵飽啗之。

又　五參散：治馬揩擦皮毛生疥，不計時月，放大血後，嚾此藥大有神功。人參、苦參、元參、紫參、沙參、秦艽、何首烏、蔓荆子、黄芩各等分。右件為末。每用藥一兩，水半升，同調，草後嚾之。

又　甜葶藶散：治馬忽驟着肺及啌喘、草慢、打膁、糞緊壓啌喘。甜葶藶、白桔梗、川貝母、甘草各等分。右件細末。每用藥一兩半，杏仁半兩去皮尖為細末，用糯米一合做粥，入酥一兩，和藥啗之。隔日再啗。

又　黑藥子散：治馬發熱，草少。大黄一斤、郁金、黄連、玄參、黄芩、苦參、白礬、山梔、黄藥子、葶藶、馬牙硝、白芥子、大麻子各二兩、皂角十個。右為末，都入水罐内，用泥固济了，放于日下曬乾，候乾，馬糞火燒一日一夜，放冷取出，搗羅為末。如馬發熱，用藥半兩『消黄散』半兩，一處水調匀，草後嚾之瘥。

又　一捻金散：治馬五攢痛，蹩胸損肺，止痛。血竭、沒藥、芸苔子各半兩、當歸、郁金、梧桐泪各一兩。右件為末。每用五錢，新汲水一盞，同調，草後嚾。

又　治馬爪瘡、肺毒瘡藥方：硇砂、砒霜、黃丹、輕粉各等分。右件為末。用鹽漿水洗淨，乾貼之。三日瘥。

又　大黃散：治馬鼻膿不止。白芷、防己、秦艽、朴硝、大黃、甘草、黃藥子、斗苓、知母、荆芥、黃芩、山枝、蔞根、山茵陳、貝母、茴香、蓬莪朮各等分。右件為末。每用一兩，蜜二兩，杏仁一兩，炮過油水，同研細，入薑汁半升，煎三五沸，放温嚾之。

又　新增雲南啖馬方：川大黃一塊約手掌大，為末、猪肪脂一條去皮，帶肥肉、鹽一兩炒、蒜三四塊搗爛。右將猪肉取下，切爛如泥，却將大黃、大蒜相合，捁如鷄蛋大一塊，續續塡馬口內。吃了休騎三兩日。多者不過三次。

又　沒藥散：治馬把前把後，止痛治肺病。泰艽治肺病，白藥子治肺臟，美水草、當歸止痛，沒藥治馬痰瘡，知母治馬熱喘，桔梗治五臟熱，黃藥子治肺熱，貝母治心肺痛，麥冬治肺熱，天冬治肺熱，甘草能和百脉，百部治肺瘡，柴胡治五勞，紫苑治七傷，各五錢。右件為末。如馬草慢，用藥一兩，漿水一盞，油二兩，一處同調，冷嚾。如馬喘粗汗出，用白礬一兩，藥末一處調嚾之。

又　黃蘗散：治馬發熱，草慢，并鼻內血出方。黃蘗、黃芩、白藥子、貝母、紫苑、款冬花、大黃、黃連、黃藥子、知母、郁金、甘草各等分。右件為末。每用一兩半，沙糖一兩，漿一升，同調嚾之。

又　肺風散：治馬揩擦疥癆病。玄參、苦參、蔓荆子、威靈仙、何首烏各等分。右件為末。每用半兩，沙糖一兩，水一升同調，草後嚾之。

又　白藥子散：治馬肺氣把腰，低頭難探，前肺竅脹，水草慢。白藥子、桑白皮、白芷、白朮、當歸、桔梗、瓜蔞、芍藥各等分。右件為末。每用一兩，姜一塊，葱白一握，漿水半升，同煎嚾之。

又　地龍散：治馬肺毒瘡。又名肺毒散。地龍三十條、夜明砂三兩、白礬四兩，右為細末。用藥二兩，蜜一兩，水一盞，同調，草後嚾之。五日瘡好。

又　治馬肺毒瘡又方：百草霜一兩、藜蘆半兩、砒霜一錢。右為細末。有瘡破處，乾貼兩次見效。

又　消黃散：治馬熱毒槽結，鼻濕，鼻中血出。黃蘗、黃芩、款冬花、白藥子、秦艽、貝母、大黃、黃連、山梔子、黃藥子、甘草、郁金。右為細末。飲湯入少許醋調嚾。療肺毒熱極，鼻中噴水。

又　新增立效散：治馬熱時喘粗。大黃、五靈脂各一兩，杏仁半兩，朴硝三錢。右為細末。藥一兩，水一升，同煎六七沸，隔夜露過嚾之。

又　潤肺散：治馬把前把後，腰背緊硬，滯氣把腰，膈前肺痛，低頭難，大小便結澀諸熱之症皆治，并解毒。防風、石膏、川芎、滑石、當歸、芍藥、甘草、大黃、薄荷、麻黃、連翹、黃芩、芒硝、桔梗、芥穗、山枝各等分。右為末。每用藥二兩，水一碗，生薑一塊，同煎三二沸，放温，草後嚾之。

又　鼠粘子散：治馬肺毒并氣毒。柴胡、連翹、當歸、黃芪、黃芩、地骨皮、甘草、鼠粘子。右件各等分為末，用藥一兩半，水一碗，嚾之。

又　百合散：治馬鼻內膿出。百合、貝母、大黃、甘草、瓜蔞根各等分。右件為末。藥一兩，蘿蔔一枚，水一碗，煎湯再入蕎麵一匙、蜜一兩，用匙嚾之。

又　猪脂藥：治喉骨脹及鼻濕白膿。先放大血，後用此藥。陳猪脂六兩、白礬二兩、蜂蜜四兩。右件研和勻，啗之。

又《治腎部》　茴香散：治馬腰背緊硬，拽腰胯病。當歸、芍藥、玄胡索、厚朴、小茴香、青皮、木通、益智、牽牛子、荷葉、川練子各等分。右件為末。用藥一兩半，酒半升，葱白一握，入藥同煎三五沸，放温，入童便一碗，空草嚾之。再針腰胯。藥隔日嚾之。

又　後溫散：治馬神效方。高良薑、茱萸、蒼朮、厚朴、白芷、白朮、白細辛、白附子各等分。右件為細末。每用藥一大匙，酒三盞，同藥煎三五沸，溫入藥糞門裏，牽動馬，抛糞帶白膿為效驗。如下氣不住，麩子半兩，醋炒熱，送入糞門。一日一付，三付效。

又　防風散：治馬腎風腰硬，把前把後。烏藥、羌活、獨活、防風、當歸、連翹、甘草、葛根、升麻、柴胡、乾山藥、黑附子各等分。右件為末。每服一兩半，水一碗，煎至三沸，放温，草後嚾。三服瘥。

又　茱萸散：治馬腰背緊硬，拽腰病。吳茱萸、葨菪子、草烏頭、狗脊、芫花、蒼朮、木鱉子、川椒各等分。右件為末。每用藥一兩，醋半升，麵二合，蒜一大顆拍碎，熬之貼腰。

又　玄胡丁香散：治馬內腎积冷、滯氣把腰及抽腎把胯病。玄胡索、汉防己、當歸、丁香、羌活、麻黃、川烏頭、炙草、茴香、木香、官桂各等分。右件為末。每用一兩，温酒半升，葱白一握碎切，草前嚾之。

又　五靈脂散：治馬內腎黃病、抽腎後脚或木腎黃病。蒲黃炒黃色、五靈脂、茴香各二兩。右件為末。每用藥一兩，酒半升，温熱同藥調，草前嚾之。

又 蒼朮散：治馬腰胯痛病。蒼朮、柴胡、黄蘗各等分。右件為末。每用一兩，水一升，葱白三莖，同藥煎一沸，草前嚾之。

又 獨活散：治馬五勞七傷腰脚痛。當歸、桃仁、連翹各五錢、汉防己一兩、獨活、羌活、防風、炙草、肉桂、澤瀉、大黄、黄蘗各五錢。右件為末。用藥一兩，酒半碗，水半碗，同煎，帶熱嚾之。

又 新增治馬腎搐方：烏藥、芍藥、玄參、山茵陳、白芷、山藥、杏仁、秦艽、當歸各等分。右件為末。每服一兩，酒一升，同煎，温嚾。隔日再嚾。

又《**治雜病部**》 治馬洗疥藥方：藜蘆、蔄茹、馬根根註：臭椿皮、白蕪荑、苦葶藶、猪牙皂角各等分。右件為末。每用藥一大匙，韮汁三升，同煎兩沸，入生油少許，洗之。隔兩三日再洗，立效。註：馬根根，俗名馬貫腸，用以殺滅菜蔬之屬所生之蟲。用此藥洗馬之皮膚疥瘡，可以殺菌。

又 治馬塗疥藥方：藜蘆、桔梗、馬根根、臭椿皮、蔄茹、猪牙皂角各等分、膩粉少許。右件為末。每看用藥多少，先使瓦子擦動去痂，用生油調塗，洗亦可。

又 治馬搽疥方：芫花、蛇床子各五錢。右件為細末。用油調搽之。

又 治馬疥藥方：狼毒、猪牙皂角炮，各四兩、巴豆二兩、雄黄半兩、輕粉二錢。右件為細末。熱小油調搽。

又 二豆散：治馬疥藥方。黑豆一升、巴豆十個炒焦黑色手捻碎、黑狗脊、鹽豉各一兩。右件同為末。先用澡猪湯或煮肉湯洗去疥上皮痂，等乾，將藥用小油調搽，大效。

又 雄黄散：治馬黄腫方。雄黄、白芨、白蘞、龍骨、川大黄各等分。右件為末。水調塗之，大效。

又 天南星散：治馬中風方。天南星、白附子、海桐皮、乾蠍、川芎、麻黄、白薑蠶、黑附子、白蒺藜、烏藥、桂心、防風、甘草、蒿本、天麻、硃砂各等分。右件為末。每用藥一兩，酒一升，同調嚾之。

又 通關散：治馬大腸風，大腸翻出、血腫、閉塞，糞頭結硬，頻頻努拽，抛糞不下。郁李仁、麻子仁、當歸、防風、羌活、大黄、桃仁各等分。右件為末。皂角子燒存性一兩半，熱水多半碗燙藥，入菜油半斤，同調，草前嚾之。

又 知母散：治馬小便塞閉不通或便血。知母、黄蘗、滑石各二兩、木通、官桂各三錢。右件為末。每服二兩，熱湯調，草前嚾。此是聖藥也。

又 滑石散：治馬小便閉塞，水道滯氣不通。知母、黄蘗、滑石、茯苓、澤瀉、燈芯、茵陳。右件為末。每用一兩半，水一碗，同煎三沸，熱入小便，草前嚾之。

又 止痛散：治馬閃損，腰膊脊骨惡血積聚不散，不食水草，破血。羌活、防風、柴胡、連翹、當歸、官桂各一兩。麝香少許另研、水蛭炒出煙。右件為末。每用一兩半，酒水各半，共一碗，同煎三沸，嚾之。

又 麝香散：治馬起臥。躑躅花、細辛、谷精草、瓜蒂、猪牙皂角炮去皮弦、赤小豆各等分，當門麝少許。右件為末。每用一字，竹筒吹于鼻内，牽行二三里，溺之大效。

又《**治十毒五疔部**》 氣毒者，乃肺經血氣壅滯不行，變成慢腫，不須針刺，用藥塗之即愈。宜用『木鱉子散』治之。

又 木鱉子散：木鱉子、出衣粉炒、川山甲、黄蘗各等分。右件為末，醋打麵糊成膏。隔日塗之瘥。

又 肺毒者，乃肺受毒氣，隨經絡而行，血聚為瘡，不過五日，便成膿，用針刺破出膿，宜用『砒黄散』治之。砒黄散：雌黄、硇砂、雄黄、粉霜、黄丹各等分。右件為末，麵糊為尖丸。任藥一丸便瘥。馬肺毒方：芒硝、甘草、黄芩、薄荷葉、天門冬、知母、貝母、紫蘇。右件為末。每用藥一兩，水一升，煎二沸，放温，草前嚾之。

又 陰毒者，乃冷氣不順，陽氣盛陰，腫如冰水者是也。用火針出膿，五日即可。若微熱，宜用『黄蘗散』治之。黄蘗散：大黄、白藥、黄蘗、當歸、茴香、芍藥、白蘞、防風各等分。右件為末。用醋調塗之，三次可瘥。

又 肝毒者，乃肝臟受風熱，外傅于眼目生瘡，以『白礬散』治之。白礬散：白礬、硇砂、輕粉、黄丹各等分。右件為末。漿水洗淨，貼之見效。

又、膿毒者，乃太陰主其病，膿血不止，水濕不乾，化破皮肉變為骨疳之瘡，每日以清水洗過，用『吹鼻散』吹之。吹鼻散：麝香少許，乳香、黄蘗、白芨各等分。右件為末。鼻内吹之，五日可瘥。

又 心毒者，乃少陰主其病，因暑月不嚾凉藥，失放六脉之血，壅毒在心，故口生瘡，宜用『蛾青散』治之。蛾青散：蛾青、黄蘗、白礬、訶子各等分。右件為末。用生絹袋盛藥于口内，三五日即瘥。

又 筋毒者，因久行傷筋，毒氣注于四蹄成瘡，名曰燥蹄，以『乳香散』

貼之。乳香散：乳香、烏魚骨、白礬、龍骨各等分。右件為末。漿水洗淨，乾貼之。

又　腎毒者，因腎臟之風熱傷其胎甲，血脉流轉不匀，久立濕地，毒氣注于蹄中。宜放蹄頭血，削開出盡毒氣，用火烙，并『掌胎膏』治之。掌胎膏：紫礦、麻黄、瀝青、黄蜡、頭髮灰各等分。右件為末作膏。將烙鉄稍烙，搽之。

又　血毒者，因腎臟血脉怯弱，風氣盛，下注蹄甲，使之焦枯。用烙鉄烙之，可痊。

又　脾毒者，風熱盛而傳于口腫，乃脾毒也。以白針刺破，用『秦艽散』塗之。秦艽散：秦艽、鹽豉、黄蘗、炒鹽各等分。右件為細末。醋調塗之，三兩次如不效，用火針刺去黄水即安。

又　新增治馬傷料方：生蘿蔔三五個。搗爛啖之立效。

又　馬骨眼方：烏魚骨去皮九錢半，銅綠二兩半。右件為細末。用少許點眼角內。

又　治骨眼肚痛起卧方：用黑羯羊膽，內裝乾薑末滿，陰乾為末，點眼。

又　治馬駒磨打破瘡：馬齒莧、石灰。右藥和石灰搗和為丸，曬乾，再搗，羅為末。先以口含鹽水洗淨，貼之。

又　姜矾散：治馬磨打破脊梁背瘡。白礬燒、生薑燒成灰，各三兩。右件同為末。每貼油調，度瘡大小用藥，如瘡濕，乾搽立效。

又　治結熱起卧，战不食水草方：黄連二兩、白桑皮一兩、菜油五合、猪脂四兩細切。右件為末。温水一碗和藥嚾，停嚾牽行拋糞即愈。

又　治馬卒熱腹脹起卧欲死方：藍汁二升和冷水二升，嚾之立效。

又　治新生小駒子瀉肚方：蒿本三錢細末，大麻子研汁調嚾下咽喉便效。

又　常啖馬藥方：黄連、蒿本、甘草、貝母、黄藥子、山梔子、秦艽、黄蘗桔梗、郁金、大黄、白藥子、款冬花、黄芩知母各五錢。右件搗羅為末。每一匹馬啖藥二兩，後用油、蜜、猪脂、鷄子清、飯少許同調嚾之。啖後不得飲水，至夜餵飼。

又　馬氣藥方：桂心、大黄、木通、郁李仁、白芷、青皮、當歸、芍藥、瞿麥、牽牛子各等分。右件為末。每服二兩，開水調，放温，嚾之大效。

又　點馬眼方：青鹽、黄連、馬牙硝、蕤仁各等分。右件同研為末，用蜜煎，瓷瓶子收藏。點時取井花水浸化點之。

又　馬急起卧方：取多年壁上陳石灰，細搗，用油酒調二兩，嚾之立有效。

又　治馬食槽內槽結方：好白礬末一兩，分二服，每帖和飲水後啖之，不過三度即內消。此方神妙。

又　馬傷脾方：川厚朴去粗皮為末，同姜棗煎嚾。脾胃有傷，不食水草，蹇唇似笑，鼻氣短，宜速與此藥。

又　馬心熱方：甘草、芒硝、黄柏、大黄、山梔子、瓜蔞。右件為末，水調。心肺壅熱，口鼻流血，跳躑煩焦，宜急與此藥。

又　馬肝壅方：朴硝、黄連各等分。右為末。男子頭髮燒灰存性，漿水調嚾。應邪氣衝肝，眼昏似睡，忽然眩倒，此方主之。

又　馬氣喘方：人參、葶藶、升麻、牛蒡子、黄芪、知母、貝母、馬兜鈴。右同為末。每服二兩，漿水調，草後嚾之。應喘嗽皆治。

又　馬尿血方：黄芪、烏藥、芍藥、山茵陳、地黄、馬兜鈴、枇杷葉各等分。右件為末。漿水煎沸，候冷調嚾。應卒熱尿血，皆主療治。

又　馬喉腫方：螺青、老川芎、知母、郁金、牛蒡子炒、薄荷、貝母各等分。右同為末。每服二兩，蜜二兩，漿水煎沸，候温嚾之。

又　馬結尿方：滑石、朴硝、木通、車前子各等分右件為末。每服一兩，温水調嚾，隔時再服。結甚則加山梔、赤芍藥。

又　馬結糞方：皂角燒灰、大黄、枳殼、麻子仁、黄連、厚朴。右件為末。米泔水調嚾。若腸突加蔓荊子末，同調嚾之。

又　馬舌硬方：款冬花、瞿麥、山梔子、地仙草、青黛、硼砂、朴硝、油煙墨各等分。右件為細末。每用半兩，少許塗舌上瘥。

又　馬膈痛方：羌活、白藥子、甜瓜子、當歸、沒藥、芍藥。右件為末。春夏漿水加蜜，秋冬小便調。療膈痛、低頭難、不食草。

又　馬流沫方：當歸、菖蒲、白朮、澤瀉、赤石脂、枳殼、厚朴、甘草各等分。右件為末。每藥一兩半，酒一升，葱白三握，同水煎温，嚾之。

又　馬傷蹄方：大黄、五靈脂、木鱉子去油、海桐皮、甘草、芸苔子、土黄、白芥子各等分。右件為末。黄米粥調藥，攤于帛上裹之。

又　治老鼠瘡方：生草烏削如棗核大，針破瘡，任一丸在內，紙花封了，膿出即愈。又方用遠志，依前法用。又方用木樨根，依前法用。

又　治馬遍身有瘡，難任藥者單方：午時用迷針于額上旋毛中刺破，砒着一綠豆大，紙花封盖；後腰三山骨眼内，如前放上一粒。三五日藥行自愈。

又 治馬生槽結鼻内出膿方：白芨、知母、貝母、秦艽、南玄參、甘草、阿膠、斗苓、當歸、杏仁、款冬花、葶藶、螺青各等分。右件為末。用水煮蘿蔔一個，擂細和湯，草後嚾之。

又 治馬生老鼠瘡方：猫兒頭一個和毛連腦子燒灰存性，以黄蜡為丸如豆大，大火燒釘子烙瘡口，用一丸烙溶瘡内即愈。又方：猪牙皂角為末，麵糊丸如棗核大，針破瘡，納一丸，來日和膿漏出。又方用針過破，蒜泥和硇砂敷之。

又 點馬花子方：石灰、炭灰各一分，龍粉九錢。右水濃煎荷葉湯，調勻塗成花子，一夜後水洗淨，如生成者妙。

又《痊驥藥性治療用藥須知》 疗心驚怖。鎮心：硃砂、雄黄、茯神、遠志、麥冬、巴戟、郁金、黄連、龍齒、龍骨、鷄子清去黄。

又《療肝明目》 鎮肝：鉄花粉、夜明砂。涼肝：草龍膽、黄柏、海桐皮。瀉肝：牛蒡子炒、仙靈脾去尖、蒺藜去尖。和肝血：五靈脂去土。去翳：穀精草、木賊、菊花、青葙子、茺蔚子、秦皮、烏賊、骨魚、草决明炒、蟬退去殼、蛇退、爐甘石煆、乾地黄、石决明煆、羊子肝、枸杞子、魚骨燒。

又《温脾和中》 健脾：蒼朮製、厚朴去皮、陳皮、青皮、白朮、益智仁、白茯苓、縮砂仁。溫脾：乾薑炮、良姜、木香、草果子、丁香、附子炮、肉豆蔻、白豆蔻去皮、糯米炒、枇杷葉去毛。

又《療肺喘》 潤肺：知母、貝母、人參、杏仁去皮尖、天冬、瓜蔞根。清肺：紫蘇子、鷄子清去黄。瀉肺：紫苑去土、白芥子炒、甜葶藶炒、桑白皮。補肺：蕨蕤、黄蜡。涼肺：黄藥子、荷葉、枇杷葉。定喘：訶子肉、麻黄去節、斗苓去皮。止喘：款冬花、五味子、旋復花、胡桐泪、金蕎麥。化涎：白礬煆、半夏、姜製、南星炮、砒霜有毒用者慎之、硼砂、桔梗、烏梅去核。

又《療腰腎小腸》 暖腰腎：茴香、猪腰子、胡蘆巴、破故紙、山藥、肉蓯蓉、杜仲炒、金鈴子、鹿茸、青鹽、玄胡索。利小腸：木通、滑石、葵子、澤瀉、猪苓、萹竹、車前子、赤茯苓、瞿麥、甜瓜子、海金砂、石燕子。縮小便：龍骨、石菖蒲、萆薢。

又《大腸草結》 通腸：朴硝、螻蛄、蜣螂、鼠糞、川大黄。潤腸：麻子仁、郁李仁、續隨子。寬腸：枳殼炮。滑腸：生猪油、膩粉、芸苔子、麻油。化草：麥蘖、神曲。治痢：莨菪子、粟米即黄小米。澀腸：桑螵蛸、五棓子、石榴皮、罌粟殼炙、訶子止瀉。

又《諸風解表》 附子、川烏、防風、白附子、防己、羌活、獨活、荆芥、麻黄去節、地龍、麝香、全蝎、殭蠶、天麻、烏蛇、川芎、蒿本、蔓荆子、皂角、柴胡、升麻、豆豉、生薑、葱、酒。

又《五勞七傷》 勞傷：秦艽、鱉甲、百合、黄芪炙、阿膠炒、乳香炒、沒藥、自然銅、白芨、白蘞、松脂即松香、骨碎補、虎骨、龍骨、木鱉子、狗脊、麒麟碣即血碣也、紅曲、山藥、童便。

又《導熱涼三焦》 解熱：茵陳、瓜蔞子、青黛、地骨皮、天仙子、犀角、地漿、寒水石、韭汁、母猪糞、連翹、玄參、茶清、山梔子、黄芩、薄荷、米泔水、紫草、瓜蒂、香薷。

又《導積滯氣藥》 去積：巴豆去油、青木香、烏藥、檳榔、藿香、稜三、莪朮、蘿卜汁、川椒炒、半夏、枳殼、香附子。

又《療血》 補血：肉桂、香白芷、當歸首。去瘀血：黄丹、紫礦煆、油髮。行血：白芍藥、生地黄、當歸尾、萆薢、榆白皮、桃仁去皮尖、牡丹皮。化血：斑蝥去嘴角羽、虻蟲、水蛭炒、蒲黄。

又《殺蟲治疥》 蟲疥：硫黄、貫仲、蕪荑、藜蘆根、蛇床子、鶴虱、使君子、輕粉、錫灰、苦楝子、石榴根、鵓鴿糞。

又《辟馬疫氣》 辟瘟：獺肝、雄黄、蒼朮、猢猻能辟瘟疫，經云：繫猿猴于馬厩，則馬不生瘟疫。和百藥解毒：甘草炮、藍汁、黑豆、人屎汁、綠豆粉、地漿。

明 劉基《多能鄙事》卷七《醫治六畜法》 治馬瘠瘦方：右用貫衆，每煑料時取一二枚同煑與食，久之瘦虫自去。

又 治馬錯水方：凡錯水，緣馳驟喘息未即，與水飲，須臾兩耳，并鼻息皆冷，或流冷涕，即此證也。先以亂髮燒薰兩鼻，次用後藥。川烏、草烏、白芷、胡柳、猪牙皂角各等分，麝香少許為細末，用竹筒盛一字，吹鼻中立效。又方：以葱一握，塩一兩，擣爲坭，罨兩鼻内，須臾噴嚏清水流出，是其効也。

又 治馬中結方：凡有膔之馬，騎坐路遠，安歇未久，肚中熱脂未凝，便飼乾草，熱脂裹草不消，便有此證。凡騎馬行路，歇宜早，餵宜遲，未食之先，飲水數口，方可飼草。不然，必有此證。治用雄鷄一隻，以拳殺，便開取腸肝心胃一切肚中物，带糞并觜爪足指入風化，石灰一合碎剁爛，不用肉，用酒煑熟，入芝麻油調勻，灌之，溺出即愈。

又 千金散治前症：大黄一兩，郁李仁一兩，穿山甲一兩炒，風化石灰一合，無用鰤硝四兩代之。右爲細末，作一服。麻油四兩，釅醋一升，調勻，灌之立効。如灌藥不通，用猪牙皂角爲末，麻油二物各四兩，和匀填糞門中，再灌前藥。

又 治馬傷水中結一切病症方：川烏、草烏白芷、猪牙皂角、胡椒各等分、麝香少許。右爲末用一字許，竹筒吹入鼻中。

又 治馬發黄方：黄蘗、雄黄、木鱉仁各等分爲細末。用醋糊調，令塗瘡上紙貼，初見黄腫起，便以針遍刺腫處，塗上藥。

又 治馬脊梁破瘡：黄丹、白礬、生薑、人天靈盖燒灰存性各等分，爲細末，入麝香少許。瘡乾，用麻油調瘡。濕有膿，可用水同葱白煎湯，洗净付之。如瘡未破者，用馬脚下濕坭塗上，乾即换濕者，三五次自消。或只用溝中青臭坭亦可。

又 治馬疥癆并燥癢：川芎、大黄、防風、全蝎各一兩，荆芥穗五兩，爲細末，分作五服，白湯調灌之。

又 治馬疫：用獺肝肚，無，則用獺糞煑汁灌之。

又 治馬喉腫：以乾馬糞、人髮。用缾盛糞，以髮盖上，燒煙薰其兩鼻。

又 治馬傷水：以葱、麻油、塩搗和捻作團，入鼻中，以手捉其鼻，令不通氣，良乆淚出即効。

又 治馬疥方：以乾硫黄、亂髮同臘月猪脂煎，髮焦乘熱塗之。

又 治馬卒熱肚脹欲死：以塩汁二升，井花水二升和灌之。

又 常用啖馬藥：欝金、大黄、甘草、貝母、白藥、山梔子、桔梗、知母、黄連、黄蘗、黄藥、欵冬花。各等分，爲細末，每服二兩，油蜜和灌之，駒隨大小加減。

明 鄺璠《便民圖纂》卷一四《牧養類》 治馬諸病：用白鳳、仙花、連根葉熬成膏，抹於馬眼角上，汗出即愈。

又 治馬諸瘡：用夜合花葉、黄丹、乾薑、檳榔、五倍子為末，先以鹽漿水洗瘡，後用麻油加輕粉調傳。

又 治馬患眼：青鹽、黄連、馬牙、硝蕤仁各等分，同研為末，用蜜煎，入磁瓶内盛貯，點時旋取多少，以井水浸化。

又 治馬頰骨脹：用羊蹄根草四十九箇燒灰，熨骨上，冷即换之。如無羊蹄根，以楊柳枝如指頭大者炙熱熨之。

又 治馬喉腫：螺青、川芎、知母、川郁、金牛旁炒、薄荷、貝母同為末，每服二兩，蜜二兩，用水煎沸，候溫調灌。又法：取乾馬糞置瓶中，以頭髮覆蓋，燒煙薰其兩鼻。

又 治馬舌硬：款冬花、瞿麥、山梔子、地仙草、青黛、鵬砂、朴硝、油煙墨等分，為細末，每用半兩，調塗舌上，立痊。

又 治馬傷蹄：大黄、五靈脂、木鼈子去油、海桐皮、甘草、地黄、芸薹子、白芥子為末，黄米粥調藥，攤帛上裹之。

又 治馬急起臥：取壁上多年石灰，細杵羅，用酒調二兩，灌之立效。

又 治馬疥癆：馬疥癆及瘙痒，用川芎、大黄、防風、全蝎各一兩，荆芥穗五兩，為細末，分作五服，白湯調冷，灌之。

又 治馬梁脊破：成瘡，不能騎坐，如未破，將馬脚下濕稀泥塗上，乾即再易濕者，三五次自消。或只用溝中青臭泥亦可。已破成瘡者，用黄丹枯、白礬、生薑燒存性、人天靈蓋燒存性，各等分為末，入麝香少許，瘡乾用麻油調，若瘡濕有膿，用漿水同葱白煎湯，洗淨傳之，立效。

《牧養類》 治馬傷料：用生蘿蔔三五箇切作片子，啖之。

又 治馬傷水：用葱、鹽、油相和，搓作團，納鼻中，以手掩其鼻，令氣不通，良久淚出即止。

又 治馬錯水：緣馳驟喘息未定，即與水飲，須臾兩耳並鼻息皆冷，或流冷涕，即此證也。先燒人亂髮熏兩鼻，後用川烏草、烏白芷、豬牙、皂角、胡椒各等分，麝香少許，為細末，用竹筒盛藥，一字吹入鼻中，立效。又法：葱一握，鹽一兩，同杵為泥，罨兩鼻內，須臾打嚏，清水流出，是其效也。

又 治馬膈痛：羌活、白藥、甜瓜子、當歸、沒藥為末，春夏漿水加蜜，秋冬小便調療膈痛、低頭難、不食草。

又 治馬傷脾：川厚朴去麄皮為末，同薑、棗煎治。一應脾胃有傷、不食水草、褰唇似笑、鼻中氣短，宜速與此藥。

又 治馬心熱：甘草、芒硝、黄柏、大黄、山梔子、瓜蔞為末，水調灌，一應心肺壅熱、口鼻流血、跳躑煩燥，宜急與此藥。

又 治馬肺毒：天門冬、知母、貝母、紫蘇、芒硝、黄芩、甘草、薄荷葉同為末，飯湯入少許醋調灌，療肺毒熱極，鼻中噴水。

又　治馬肝壅：朴硝、黃連為末，男子頭髮燒灰存性，漿水調灌，一應邪氣衝肝，眼目似睡，忽然眩倒，此方治之。

又　治馬卒熱肚脹：用藍汁二升，井花水二升，和灌之。

又　治馬流沫：當歸、菖蒲、白朮、澤瀉、赤石脂、枳殼、厚朴、甘草為末，每服兩半，酒一升，葱白三握，同水煎溫灌。

又　治馬氣喘：玄參、葶藶、升麻、牛蒡、兜鈴、黃耆、知母、貝母同為末，每服二兩，漿水調，草後灌之。

又　治馬啌喘毛焦：用大麻子揀淨一升，餧之，大效。

又　治馬尿血：黃耆、烏藥、芍藥、山茵蔯、地黃、兜鈴、枇杷葉為末，漿水煎沸，候冷調灌。

又　治馬結尿：滑石、朴硝、木通、車前子為末，每服一兩，溫水調灌，隔時再服，結甚則加山梔子、赤芍藥。

又　治馬結糞：皂角燒灰存性，大黃、枳殼、麻子仁、黃連、厚朴爲末，清米泔調灌。若腸突，加蔓荆子末同調。

又　治馬發黃：黃柏、雄黃、木鼈子仁等分為末，醋調，塗瘡上，紙貼之。初見黃腫處，便用針遍，即塗藥。

又　治馬中結：川山甲炒黃色，大黃、郁李仁各一兩，風化石灰一合，如無灰，以朴硝四兩代之，共為細末，作一服，用麻油四兩釅醋一升調勻，灌之立效。如灌藥不通，用豬牙皂角為細末，同麻油各四兩和勻，塡糞門中，再灌前藥，一服即透。

又《牧養類》　常啖馬藥：郁金、大黃、甘草、貝母、山梔子、白藥黃、欵冬花、黃柏黃連、知母、桔梗各等分，為末，每服二兩，以油蜜和灌之。若駒，則隨其大小量為加減。

明　喻仁、喻傑《新刊纂圖元亨療馬集》卷六《生料部》　粱米：粱米本草分三種，青黃白以色而言之，即秈米也。青者，襄陽出。黃者，西洛出。白者，東吳出。即今江南，江北，淮南皆有之。味甘，微溫，無毒。羸馬生食者，皆能補脾胃，養五臟，生血，生膿，無不甚美。粳米：即白晚米，處處有之。大小四、五種，同一類。味甘，性平，無毒。皆能補脾胃，益五臟，壯氣力，止泄瀉，惟粳之功第一耳。糯米：造酒之米。味甘，性平，無毒。凡喂馬者，以糯用之。皆能補中益氣，實腸胃，壯筋髓，生月表，旬日而見其功。粟米：即小米。山東最多。味甘，性溫，無毒。和中益氣，養胃寬胸，止泄瀉，利小水。陳者最良。赤黍米：穗熟色赤者是也。味甘，溫，有微毒。能補中益氣。多食者，生煩熱，昏五臟，軟筋骨尤甚。陳倉米：味酸，性平、涼，無毒。平胃寬中。下氣消食，補虛損，除煩熱，止泄瀉，甚佳。大麥：煮半熟，用井花水淘過。味甘，性溫，無毒。寬腸胃，化草穀，調中益氣。擣碎生用，補胃氣，強筋髓。為藥，化宿食，逐冷氣，消肚脹，進草穀，開胃口，甚佳。小麥：味甘，微寒，無毒。解心熱，消煩渴，利小便，養脾氣，有功。麵麸：味甘，性溫，無毒。厚腸胃，實肌膚，強氣力，壯筋髓。月表大者，少令食之。

又《熟料部》　黃豆：煮熟用之。生者作瀉。味甘，性溫，無毒。生心血，實腠理，厚腸胃，長肌肉，乃為諸料之首也。黑豆：味甘，性平，無毒，其功與黃豆相同，又能解烏頭毒。豌豆：味甘，性溫，無毒。和脾胃，長脂膘，寬腹賺，潤皮毛有驗。紅豆：又名赤小豆。味酸，性平、涼，無毒。利水氣，消脹滿，止泄瀉，解諸毒立效。白豆：即今飯豆。味酸，性溫，無毒。補五臟，暖腸胃，益十二經絡之氣。綠豆：味甘平，性寒涼，無毒。熟用去心肺火，生用泄五臟熱，解諸毒有大功。

又《青草部》　木樨草。布種之草也與葱韭類同，割而復發。河南、河北多種之。其形枝高葉密。味甘，性涼，無毒。祛臟腑熱，瀉三焦火，生膘和血，無不甚嘉。草：溪澗深水而生。江南、淮南多有之味甘，性寒，無毒。清咽膈，瀉心火，膘馬食之甚嘉。巴根草：味甘，性平，無毒。食之健脾胃有大功。四花草：味甘，性溫，無毒。羸馬食之甚美。熟地草：江南、淮南、河南地畝多有之，旁穀豆而生。味辛、酸，性溫，無毒。壯筋骨。多食者作瀉。狗尾草：味甘，性平，無毒。添膘和血有小功。胡麥苗：俗名燕麥，即野生麥也。味酸、苦，性寒，有微毒。食之破腹損膘，傷血敗氣。膘馬有熱者，可以食之。綠豆苗：味甘，性寒，無毒。去三焦熱，泄五臟火，解諸毒大妙。大麥苗：味甘，性溫，無毒。寬腸胃，化草穀，開胃口如神。小麥苗：味甘，性涼，無毒。健脾胃，瀉肝火，退胸中邪熱。稗子苗：味甘、辛，性微溫。暖中焦，補下元。久食者發瘙。二生秈稻草：味甘、辛，性熱，無毒。生心血，強筋骨。久食者生熱。秋黍葉：味辛，性熱，有小毒，不可食。食者作脹損膘。

又《枯草部》　秈稻草：味甘，性平，無毒。生心血，養胃氣，強筋骨，壯精髓。喂羸馬月餘而成駿驤。直頭秈稻草：味甘，性平，無毒。生心血而不足，保元氣而有餘。晚稻草：芒稻草也。味甘，性微寒。健脾經，開胃口，生膘和血，旬日而顯大功。糯稻草：味寡，性寒，無毒。膘馬食之猶可，羸馬食之，冷腎經，敗元氣，傷脾胃，損膘。大穀草：味甘，性溫，無毒。北方嘉禾也。食者生血生膘甚美。糯穀草：味甘，性涼，無毒。食者平和。北方造酒之穀也。穀草：即晚穀也。味寡，性寒，無毒。不可食。食者損膘。黃豆秸：味甘，性溫，無毒。健脾，利小水。久食作渴。黑豆秸：味甘，性微寒，無毒。其功與黃豆秸同。綠豆秸：味甘，性涼，無毒。清上膈火，利小水，分陰陽，止泄瀉如神。

又《生水部》 井花水：味甘，性平，無毒。清心解暑，冬健脾胃。北方者，水深土厚，性佳。江南者，味寡，性寒；久飲者，令馬焦毛，損膘，積濁。無根水：即井花水清晨初汲者是也。能和藥敷諸黃毒。其性味與前相同。河道水：北方，澄清者可飲，混濁者不可飲。南方，近山者，味寡，性寒，飲者損膘傷血。澗水：山澗之水。味酸，性溫，有瘴毒。飲者令馬生腫。溪水：村溪之水。味甘，性平，無毒。飲者和血生膘。塘水：池塘之水。與村溪水相類，性味皆同。濁水：不澄清，混濁、穢汙之水也。不可食。飲者傷血敗氣，損膘束膁，諸疾由斯而發也。敕水：豬食之水也。家家有之。味酸，性熱，有微毒。不可飲。飲者傷胃減草，束膁焦毛。牛飲者勿論。麩漿水：味甘，性寒，無毒。去心肺熱。久飲者傷馬腰胯。米泔水：淘米之水也。味甘，性寒，無毒。飲者傷胃傷血，損膀胱，積濕濁。熱疾者，用二道水。少許，飲之。

又《熟水部》 滾白水：即熟水。味甘，性溫，無毒。溫腸胃，暖子宮，牝馬安胎甚佳。米飲湯：即熟米湯也。一沸澄清者，候溫用之。味甘，性溫，無毒。暖腸胃，化草穀，和氣血，長脂膘，寒疾飲者甚良。久飲多生熱疾。秈米茶：用米一升，炒黃色，入水一斗，同煎數沸，以米熟為度，候溫飲之。味甘，性溫，無毒。健脾胃，進草穀，止泄瀉，利膀胱，寒疾飲者開胃。糊米水：大米或小米，用一升炒枯色，取出，揚去灰塵，用無根水淘三次，去其火毒。將鍋亦用井花水刷淨，仍入水一斗，和米以文火慢煎一沸，取出去渣，揚去火氣，候溫飲之。味苦，性涼，無毒。清心斂肺，瀉三焦火，利小便，熱、暑症飲者甚良。

又《五經治療藥性須知》 療心。療心驚悸：龍腦、天門冬去黃。鎮心：硃砂、遠志、黃連去毛、龍齒、雄黃、麥門冬、茯神、巴戟去心、郁金、金箔。

又 療肝明目。鎮肝：鐵華粉、夜明砂。涼肝：龍膽草、黃柏。涼膽：海桐皮。瀉肝：牛蒡子炒、葳靈仙、蒺藜去刺。涼肝血：五靈脂。去翳：穀精草、茺蔚子、爐甘石煆、乾地黃、秦皮、青葙子、草決明炒、石決明煆、蛇蛻、羊肝、枸杞子、乾菊花、蟬蛻、木賊、烏賊魚骨。

又 溫脾和中。健脾：厚朴、陳皮去瓤、白朮、白茯苓去皮、蒼朮、青皮、砂仁、益智仁。溫脾：乾薑炒、木香、丁香、糯米炒、厚朴、肉豆蔻、良薑、煨草果、白扁豆炒、附子、白豆蔻去皮。開胃：生薑、大棗。涼脾：枇杷葉去毛。美水草：黃藥子、白藥子。

又 療肺喧喘。潤肺：天門冬、瓜蔞根、知母、貝母、人參、杏仁去皮尖。清肺：紫蘇炒、甜葶藶炒、雞子清。瀉肺：紫菀、白芥子炒、桑白皮去根。補肺：葳蕤、黃蠟。涼肺：黃藥子、荷葉、枇杷葉。定喘：訶子去核、麻黃去節、兜鈴去皮。止哇：款冬花、五味子、旋復花。化痰：白礬、半夏製、南星炮、砒霜研、硼砂、桔梗。止渴：烏梅、乾葛。

又 腰腎小腸。暖腰腎：豬腰子、破故紙炒、肉蓯蓉、葫蘆把、川楝子、延胡索、茴香、青鹽、山藥薑製、鹿茸、杜仲炒、巴戟。利小腸：木通、車前子、滑石、赤茯苓、葵子、甜瓜子、篇竹、石燕子、瞿麥、海金沙、豬苓、澤瀉。縮小便：龍骨、石菖蒲、川萆薢。

又 大腸草結。通腸：大黃、朴硝、螻蛄、蜣螂、鼠糞、通草、酥油、巴豆。潤腸：麻子仁、郁李仁、續隨子炒。滑腸：生豬脂、膩粉、麻油、芸苔子、滑石。寬腸：枳殼炮，去瓤。化草：麥蘖、神曲、山查子。治汲：粟米、莨菪子。澀腸止瀉：桑螵蛸、五倍子、訶子、石榴皮、罌粟殼。

又 諸風解表。療風：川附子炮、川烏炮、白附子、防風炒、漢防己、獨活、蔓荊子、蔥白、荊芥、麻黃去節、麝香、全蠍、天麻、烏蛇、川芎、牙皂、藁本、柴胡、川升麻、豆豉、生薑、地龍、羌活、僵蠶去足。

又 五勞七傷。勞傷：秦艽去蘆、鱉甲酥炙、百合、黃芪蜜炙、阿膠炒、沒藥炒、白芨、白蘞、柏脂、自然銅、虎骨酥炙、地龍炙、血竭、狗脊去毛、木鱉子、骨碎補、乳香、紅曲、山藥、童便。

又 導熱涼三焦。解熱：茵陳、連翹、犀角、地漿、薄荷、玄參、茶清、香薷、青黛、瓜蒂、黃芩、天仙子、寒水石、地骨皮、山梔子、瓜蔞子、天花粉、米泔水。

又 導積滯氣。去積：巴豆去油、烏藥、檳榔、藿香、莪朮、蘿蔔、川椒炒、半夏製、青木香、京三棱、香附子去毛。

又 療血和血。生血：當歸首、白芷、肉桂。散血：黃丹、紫礦、油髮。行血：當歸尾、白芍藥、生地黃、榆白皮、牡丹皮、革、桃仁。化血：斑蝥、蝱蟲、水蛭炒、蒲黃炒。和血：當歸全。

又 殺蟲治疥。蟲疥：硫黃、貫眾、蕪荑、鶴虱、輕粉、錫灰、藜蘆根、蛇床子、苦楝子、石榴皮、使君子、鵓鴿糞。

又 避瘟疫氣。避瘟：獺肝、獺糞、蒼朮炒、猢猻、雄黃。

又 和藥解毒。解毒：甘草、藍汁、黑豆、地漿、綠豆粉、綠豆湯、人糞汁。

又《經驗良方》治瘡黃，凡三方。降氣散：治馬鬱氣而成黃腫。黃芩、黃連、蒼朮、知母、酒炒、黃柏酒炒、香附子、木香少許。右件各等分為末，每服二兩，溫水一大盞，同調灌之。消黃散：治馬一切熱毒及諸黃腫病。知母、黃藥子、梔子、黃芩、大黃、甘草、貝母、白藥子、連翹、黃連、郁金、朴硝右為末，每服二兩，蜜一兩雞子清一雙，漿水同灌之。雄黃散：塗馬黃腫方。雄黃、白芨、白蘞、龍骨、大黃右研為細末，井花水調勻，塗之腫處，如乾，再塗之。

又 治瘡毒，凡十四方。續斷散：治馬黑疔瘡。續斷、鼠糞、乾薑、燒灰、皂角燒，存性。右件為末，醋打麵糊，調勻藥末，塗之立瘥。草烏散：治馬筋疔、氣疔瘡。草烏去尖、巴豆去油、杏仁、斑蝥葶藶。右件五味，擣羅為細末，防風散煎湯洗淨，乾貼之。葶藶散：治馬血疔瘡。草烏、葶藶、穿山甲、虻蟲、硇砂、龍骨已上六味各等分，共研為細末，防風湯洗淨，乾貼之。烏金膏：治馬水疔瘡。巴豆、烏頭、瀝青、血竭紅娘子。已上各等分，研為細末，防風湯洗淨，乾貼之，立瘥。防風湯：洗馬五疔瘡。防風、荊芥、花椒、薄荷、苦參、黃柏右為咀片，清水不拘多寡，調煎二沸，去滓，候溫洗之。雄黃散：治馬陰毒瘰癧瘡。砒霜、雄黃、雌黃、輕粉、硼砂。右為細末，麵為尖丸，如棗核大，用針刺破，任藥一丸。黃柏散：治馬陽毒脊背肥瘡。黃柏、當歸、大黃、白芨、白蘞、防風。已上各等分，研為細末，以醋調勻，塗之瘡上，立瘥。青黛散：治馬心毒，舌上生瘡。青黛、黃柏、訶子、白礬飛過、已上各等分，研為細末，蜜水拌勻，裝生絹袋內，口內噙之。白礬散：治馬肝毒眼下赤瘡。白礬飛過。硇砂、輕粉、黃丹。右為細末，水洗淨，乾貼之。秦艽散：治馬脾毒唇腫生瘡。秦艽、鹽豉、黃柏、炒鹽。右件等分，研為細末，好醋調勻，塗之唇上，立瘥。乳香散：治馬肺毒毛燥，尾鬃脫落。烏賊骨三兩、白礬二兩，飛、乳香半兩。右件為細末，血瘙，防風湯洗淨，乾貼之。乾瘙，油調塗之。瀝青膏：治馬骨毒漏蹄，血毒枯蹄病。紫礦、麻黃、瀝青、黃蠟、頭髮灰一名血餘。右為末，溶作膏。漏蹄，利刀削開，出了膿搌淨塗膏，燒鐵烙之。死蹄甲，把前把後，削去硬甲，塗膏於上，火燒鐵器烙之。龍骨散：治馬筋毒瘙蹄寸蜿生瘡。龍骨、白礬飛、乳香、烏賊魚骨。右件各等分，研為細末，漿水洗淨，乾貼之，效矣。木鱉散：治馬氣毒，鼻孔準頭破裂風瘡。木鱉子、出衣粉穿山甲、黃柏。右為細末，醋打麵糊熬成膏，塗之鼻准，隔日再塗，三次愈。

又 治啌嗽，凡九方。白芨散：治馬肺熱肺傷啌嗽及喘息有音，鼻流膿涕。白芨、茵陳、梔子、甘草、黃連已上各四兩，防風四兩，杏仁半斤，阿膠二兩。右為末，每服二兩，瓜蔞瓤一個，研細，水一升，煎三沸，飽灌之。防己散：治馬肺啌不止，大便屁出遺糞病。漢防己、白牽牛、款冬花、桑白皮、陳皮、甘草、知母、黃柏、木通、杏仁去皮尖。右為末，每服一兩，蜜二兩，薑三片，水一升，煎三沸，草後灌之。連翹散：治馬勞傷心啌，怔忡不寧，啌動前蹄跑地。連翹、桔梗、貝母、杏仁去皮、白芷、知母、當歸、山藥、紫蘇子、瓜蔞仁、馬兜鈴、甜瓜子。右為末，每服二兩，蜜二兩，薑三片，水一升，煎三沸，草後灌之。螺青散：治馬心啌，日久不愈，頭垂於地。螺青二兩、知母二兩、貝母二兩、薄荷二兩、郁金一兩、川芎一兩、牛蒡子二兩。右為末，每服二兩，蜜二兩，漿水一升，同煎三沸，草後灌之。枇杷散：治馬肝傷啌嗽，左脅疼痛，回頭左顧。枇杷葉、款冬花、瓜蔞根、紫蘇子、乾地黃、自然銅、紅花子、天門冬、麥門冬、乾山藥、馬兜鈴、知母、貝母、秦艽、當歸、芍藥、木通、紫苑、甘草、瞿麥、沒藥、阿膠、地龍、黃連。已上各等分，為末，每服二兩，童便一升，同調，草飽灌之。石燕散：治馬肝傷盛，頭回左顧，口吐黃涎。石燕子對、紫苑、乳香二錢、右為細末，加蕎麵四兩，水和成餅，烙熟後復碾為末，柳枝熬湯，濃煎一半，草飽灌之。不愈再灌。百部散：治馬脾胃傷啌，右脅疼痛，回頭右顧。百部三兩、枇杷葉四兩去毛、青皮二兩、厚朴一兩、右為末，分作三服，蔥一莖，糯米粥半盞，酒半升，同調飽灌。沒藥散：治馬胃傷喧嗽，腰中疼痛，啌動懸其後腳。沒藥、當歸、玄參、貝母、紅花、白芷、秦艽、白藥子、甜瓜子、自然銅。醋淬右為末，每服兩半，韭汁半盞，煎沸，入小便半盞，同調灌之。荷葉散：治馬腎傷啌盛，小便遺溺病。荷葉、烏藥、羌活、當歸、沒藥、血竭。右為末，每服兩半，韭汁半盞，煎沸，入小便半盞，同調灌之。

又 治起臥，凡四方。氣滑散：治馬非時起臥腹痛。木通、滑石、瞿麥、青皮、細辛、茴香、蒼朮、牽牛、陳皮、續隨子、甘遂、當歸。右為末，每服二兩，水半升，酒半升，同煎三沸，灌之。厚朴散：治馬吃著冷水腹痛起臥方。厚朴、桂心、細辛、當歸、茴香、白芷、青皮、陳皮。右件為末，每服兩半，飛鹽三錢，溫酒一大碗，同調灌之。麝香散：治馬起臥。穀精草、細辛、胡椒、瓜蒂、皂角炮、麝香少許。右為細末，每用一字，裝入竹筒中，於兩鼻孔內吹之，立效。急濟方：治馬起臥。用黑羯羊膽，內裝乾薑末，陰乾，仍為末，點眼中，不住牽行，即效。

又 治臟結，凡六方。續隨散：治馬大便不通，腹脹起臥病。續隨子、木通、滑石、大戟、牽牛、鼠糞、膩粉、酥油、皂角炒。右件為末，每服二兩，生油四兩，苦酒一升，煎沸，大黃、朴硝各一兩，候溫，加初滾鮮魚沫湯一盞，同和灌之。九龍轉江散：治馬七結。大黃、滑石、皂角炙、木通各一斤、白朮二兩、茯苓三兩、瞿麥、當歸、茴香各一兩，右為細末，每服二兩，生油四兩，苦酒一升，溫熱，同調灌之。導糞散：治馬臟結，腹脹起臥，糞澀不下。肥皂角五個去皮子、草烏二十個、甘遂二錢、海金砂三錢半。搗羅為末，先用生油一兩，和溫水灌入肛門，次用蔥白汁搗藥，送入穀道廣腸中，遠行百餘步，糞即能下。馬價丸：一名打結丸。牙皂半兩炙、瞿麥一兩、牽牛一兩、鼠糞四兩、芫花二兩，醋炒、郁李仁一兩、續隨子四兩、白榆皮一兩。右為細末，用大麥麵半斤，煎糊為丸，如彈子大，每用一丸，蜜湯同煎三沸，加生油四兩，童便半盞灌之。又方：治馬七結。五靈脂一兩、巴豆一兩、黑牽牛三錢，為細末，醋糊為丸，如彈子大，每用一丸，生油半斤，溫酒調灌。知母散：治馬小便不通。知母酒炒、黃柏酒炒、滑石各二兩、木通一兩、官桂三錢、右件為末，每服二兩，溫水一升，同調，草前灌之。

又 治咽喉，凡五方。濟世消黃散：治馬熱毒，槽結，喉骨脹，咽水草難病。款冬花、白藥子、黃藥子、山梔子、知母、貝母、大黃、黃連、秦艽、郁金、黃芩、甘草、黃柏。右為末，每服二兩，蜜一兩，雞清一雙，朴硝一兩，漿水一升，同調，草後灌之。百合散：治馬鼻內出膿方。百合、貝母、大黃、甘草、瓜蔞根。右為末，每服一兩，蜜一兩，蕎麵一匙，蘿蔔湯一盞，同調灌。郁金散：治馬三喉鼻濕或流白膿啌喘病。郁金、桔梗、大黃、甘草、黃藥子。右為末，每服兩半，飛礬一兩，羊血一盞，同調，草飽灌之。大黃散：治馬鼻膿不止。大黃、秦艽、黃芩、兜鈴、荊芥、莪朮、朴硝、白芷、杏仁炮、甘草、茴香、知母、貝母、茵陳、漢防己、瓜蔞根、黃藥子、白藥子。右為末，每服兩半，蜜二兩，生油半盞，韭汁一盞，煎三沸，候溫灌之。雪花散：治馬心肺熱極，槽結，肺顙腫。朴硝四兩、黃丹一兩、寒水石一斤。右三味為末，每服二兩，豬脂四兩細切，水半盞，草後灌之。

又 治眼目，凡七方。青葙子散：治馬骨眼磨睛，眼腫淚下。青葙子、草決明、井泉石、龍膽草、石決明、蟬殼、木賊、黃連、黃芩、郁金、蒼朮、防風、菊花、甘草右為末，每服三兩，雞子清一雙，豬膽汁半盞，漿水一升，同調，草飽灌之，即效。決明散：治馬外障眼，睛生白膜。梔子、大黃、黃耆、郁金、黃芩、黃連、沒藥、白藥子、黃藥子、草決明、石決明。右為末，每服二兩，雞清一雙，漿水一升，同調，草飽灌之。瀉肝散：治馬內障眼，黑眼先青色，後變綠色。石決明、草決明、青葙子、龍膽草、旋復花、山梔子、黃連、甘草、郁金。右為末，每服兩半，水一升，細切羊肝三兩，拌勻，草後灌之。蒼朮散：治馬內障眼，黃暈浸睛。蒼朮、黃芩、當歸、白藥子、龍膽草右為末，每服兩半，蜜一兩，水一升，同調，草後灌之。升麻散：治馬內障眼，黃暈、綠暈浸睛。升麻、黃芩、當歸、甘草、柴胡、黃藥子、黃耆、黃連、羌活、防風、人參、白朮、乾葛、白藥子、白茯苓。右件各等分為末，每服兩半，水一升，同煎三沸，候溫，飽灌。六一散：點馬外障眼，一切雲翳。鷹糞六錢、白硼砂一錢、白硇砂一錢、大硃砂一錢。右為細末，不拘時候點之，外障不過三次、五次，神效。撥雲散：點馬內障眼，黃暈、綠暈浸睛，先割骨眼，後點藥。爐甘石、製硼砂、青鹽、黃連、銅綠各三錢，硇砂一錢，腦子一錢。右件七味為細末，每朝三次點之。

又 治點痛，凡五方。沒藥散：治馬肺氣，把前把後，或內傷、跌傷膊胯、止痛和血。沒藥、當歸、秦艽、甘草、知母、桔梗、百部、柴胡、紫菀、貝母、黃藥子、白藥子、天門冬、麥門冬。右為末，每服一兩，清油一兩，紅花二錢，水一升，前三沸，溫灌之。止痛散：治馬閃傷胸膊，脊腰，積聚惡血不散，不食水草。防風、連翹、官桂、水蛭炒出煙、當歸、柴胡、羌活、麝香少許。右為末，每服兩半，酒半升，同煎三沸，候溫灌之。定痛散：治馬撲跌損傷筋骨，和血定痛。全當歸三錢、鶴虱三錢、乳香二錢、沒藥二錢、血竭二錢。右為末，紅花三錢，酒一升，同煎三沸，入小便半盞，灌之。知母散：治馬肺氣把膊，胸膈一切痛病。知母、枳殼、白芷、青皮、貝母、大黃、茯苓、菖蒲、破故紙、枇杷葉、瓜蔞根、赤芍藥。已上各等分為末，每服二兩，麻腐一盞，同調，草後灌之。芍藥散：治馬膈前痛。芍藥、當歸、荷葉、羌活各半兩，沒藥二錢，血竭二錢，白藥子、甜瓜子各五錢。右為末，每服二兩，秋、冬漿水煎熟，入小便半盞，灌之；春、夏減白藥子，加山藥，去小便，加蜂蜜，同調灌之。

又　治心部，凡十五方。麻黃散：治馬心臟虛熱中風。天南星、白附子、白僵蠶、白蒺藜、海桐皮、黑附子、乾蠍、烏蛇、麻黃、川芎、防風、甘草、天麻、藁本、桂心。已上各等分為末，每服二兩，溫酒一升，同調灌之。大黃散：治馬心臟熱，草慢並鼻內血出。黃藥子、款冬花、黃芩、貝母、梔子、郁金、白藥子、黃柏、秦艽、黃連、大黃、甘草。右件各等分為末，每服兩半，蜜一兩，水半升，同調灌之。龍骨散：治馬心熱，舌上生瘡。龍骨飛、黃丹飛、白芨、白蘞、狗糞燒灰。已上各等分，搗為末，舌上有瘡，乾貼之即效。人參散：治馬心黃，忽臥忽起，多鐃驚心。黃藥子、吳藍、郁金、茯苓、大青、人參、板藍根、甘草。右為末，每服一兩，油蜜一兩，薑一錢，水半升，煎三沸，草後灌之。大黃散：治馬心經伏熱，見物驚狂倒地，眼內如砂，前探草慢病。大黃、麻黃、黃芩、甘草、防風、山梔子。右為末，每服兩半，蜜二兩，沸湯一盞，同調，草後灌之。隔日再灌之，效矣。遠志散：治馬久伏熱於心經，眼色朦朧，多驚多怕及慢肺病。遠志、茵陳、人參、茯苓、大青、黃連、甘草、防風、吳藍、地骨皮。已上為末，每服兩半，水一升，同煎三沸，候溫，草飽灌之。胡黃連散：治馬心經煩燥，風癇發搐倒地病。胡黃連、川黃連、川大黃、黃藥子、甘草、扁竹、滑石、人參、茯苓、木通。右為末，每服兩半，水一升，竹葉一把，煎三沸，候溫，入蜂蜜一兩，雞子清一雙，同調灌之。青款散：治馬木舌腫痛。款冬花、山梔子、地仙草、瞿麥。右件各等分，搗羅細末，塗於舌上，凡三上者瘥矣。桔梗散：治馬心經不調，陰陽不通，百脈沉重，如醉如癡，眼不顧物。桔梗、升麻、郁金各二兩，生地黃半兩研，牛蒡子半兩。右件為末，先用羊膽一個，蜜一兩，生地黃、牛蒡子一兩，拌勻後，入三味藥末一兩，水一升，同調，草後灌之。人參散：治馬木舌。人參、白茯苓、玄參、甘草、桔梗、紫河車、山豆根、螺青、紫蘇、荊芥、黃藥子。右件各等分為末，每服二兩，新汲水一升同調，草後灌之。乳香散：治馬心寒吐水。乳香、沒藥、人參、當歸、白芷、血竭、良薑、遠志、芍藥、香附子。右為末，每服一兩，細切青蔥三枝，苦酒一升，煎三沸，溫灌。清心散：治馬心熱，舌上生瘡。梔子、黃芩、木通、白芷、山藥、桔梗、黃柏、天花粉、牛蒡子。右件各等分為末，每服二兩，蜜二兩，韭汁一升，同調，草後灌之。白芷散：治馬胸膈熱、舌赤、舐土、草慢病。白芷、當歸、黃芩、郁金、梔子、乾地黃、地骨皮、白茯苓、黃藥子、白芍藥。已上等分為末，每服二兩，蜜一兩，薑三片，蘡汁一升，草後灌之。人參散：治馬心風黃。人參、砯砂、遠志、茯神、防風、甘草、黃連、黃芩、山梔子。右件為末，每服一兩，蜜二兩，新汲水一升，同調灌之。遠志散：治心經壅極，眼赤如砂，不食水草。遠志、人參、當歸、玄參、白芷、甘草、黃連、山藥、木通、白茯苓、白芍藥。右為末，每服三兩，薑一錢，韭汁一升，同調灌之。

又　治肝部，凡十一方。涼肝散：治馬肝熱，眼生翳障，遮蔽瞳人。乾菊花、白蒺藜、防風、羌活。右為末，每服一兩，蜜一兩，水半升，同調，草後灌之。蒼朮散：治馬肝經風熱，眼生翳膜。蒼朮、蟬蛻、木賊、黃芩、甘草炙。右等分為末，每服一兩，清水半碗，調勻，草後灌之。黃連散：治馬肝黃，四蹄如柱，牽動倒坐而倒。黃連、天門冬、麥門冬、大黃、知母、貝母、郁金、黃藥子、山梔子、黃芩、黃耆。右為末，每服一兩，雞子清二枚，生地黃一兩，搗碎，水半升灌之。補肝散：治馬蟲食肝病，兩目如睡，頻頻搖頭，頭低耳搭。黃藥子、石決明、白蕪荑、白藥子、草決明、龍膽草、大黃、秦艽、知母、貝母、乾地黃。右為末，每服兩半，蜜四兩，醋一合，陳漿水一碗，同調，草後灌之。蔓荊子散：治馬內障眼。蔓荊子、白芍藥、黃柏酒炒各七錢，黃耆、人參、甘草炙。右為末，每服一兩，水半升，煎三沸，溫，草飽後灌之。五服效矣。黃芩散：治馬碧暈遮睛，不見物色。黃芩、黃連、生地黃已上酒洗，炒、龍膽草。右等分為末，每服一兩，水半升，同煎三沸，午時前灌之。地黃散：治馬內障，碧暈浸睛，瞳人遮障不能顧物。熟地兩半、生地黃酒洗、天門冬水浸，去心、地骨皮、人參各五錢，甘草、柴胡、黃芩、當歸各一兩，黃連六錢，枳殼三錢。右為細末，每服一兩半，蜜一兩，溫水半碗，同調，草後灌之。蕤仁散：治馬兩眼白蒙。蕤仁、甘草、秦皮、梔子、菊花、黃芩、黃柏、石決明、龍膽草、草決明。右為細末，每服二兩，蜜二兩，豬膽一個，韭汁一升，草後灌之。蟬殼散：治馬穀料喂多，眼暈及腫。蟬殼、宣黃連、菊花、地骨皮、甜瓜子，已上各一兩，龍膽草二兩，白朮半兩，蒼朮半兩、當歸、後朴、青皮、陳皮、白牽牛炒、益智仁、赤芍藥已上各五錢。已上為末，每服一兩半，薑三錢，水一升，煎三沸，空草灌之。消肝散：治馬肝脹，兩前腿伸探，頻頻左右顧腳。郁金、梔子、細辛、青黛、草蘚、玄參、紫參、人參、沙參、大黃、甘草、茯苓、青皮、漢防己、草豆蔻。各等分為末，每服兩半，蜜四兩，清水一升，同調，草後灌之。黃芩散：治馬兩眼赤蒙，頭垂如醉。黃藥子、石決明、白藥子、草決明、黃芩、大黃、沒藥、郁金、黃耆。右為末，每服兩半，蜜二兩，雞子清一雙，水一盞，同調灌之。

又　治脾部，凡十五方。黃柏散：治馬脾黃，外腎朋上出涎及兩臁浮腫。黃柏、知母、郁金、貝母、大黃、梔子、黃芩、白芷、桔梗、山藥、瓜蔞根。已上為末，每服一兩，蜜四兩，薑半兩，水一碗，同調灌之。氣滑散：治馬非時起臥腹痛。續隨子、木通、滑石、瞿麥、青皮、茴香、陳皮、細辛、甘遂、當歸、蒼朮、牽牛。各等分為末，每服二兩，水半升，酒半升，同煎三沸，溫灌之。導糞散：治馬驢騾腹痛起臥，臟結糞澀不下。肥皂角五定去皮子、草烏二十個、甘遂二錢、海金砂三錢半。右件為末，先用生油一兩和溫水送入肛門，然後用蔥白一枝，搗藥，送入穀道廣腸裏面，牽行百餘步，糞即下。又方：加螻蛄、白牽牛。七寶散：治馬脾寒胃冷，腸鳴泄瀉，腹痛草慢，及老馬久經陰雨，口色青黃，宜服此藥。白牽牛、炮、益智仁炒、當歸、厚朴、青皮、陳皮、赤芍藥。各等分為末，每服一兩，薑一兩，水一升，煎三沸，空草灌之。當歸散：治馬脾黃初起，精神短少，鼻出冷氣，頭低草慢病。當歸、五味子、白藥子、沒藥、細辛、槁木、厚朴、白芷、牽牛、青皮、芍藥、陳皮。右等分為末，每服一兩，生薑半兩，溫酒一升，同調灌之。厚朴散：治馬脾不磨草，口色黃白。厚朴、陳皮、麥蘗、五味子、宮桂、砂仁、牽牛、青皮。各等分為末，每服一兩半，溫酒一大碗，同和灌之。秦艽散：治馬脾寒打顫，不食水草，冷傷腸痛病。秦艽、當歸、兜鈴、貝母、芍藥、桔梗、枇杷葉、瓜蔞根。右為末，每服兩半，薑三片，水一升，同煎三沸，入童便半碗，候溫灌之，效矣。桂心散：治馬飲冷過多，傷脾作泄瀉。桂心、厚朴、當歸、細辛、青皮、牽牛、陳皮、桑白皮。各等分為末，每服兩半，溫水半碗，童便一碗，同灌之。馬價丸：治馬七結。牽牛、檳榔、木香、木通、青皮、三棱、大黃、朴硝、郁李仁。右為細末，用黃蠟為丸，如彈子大，每用一丸，好酒一升，溫熱，搗蔥白數莖如泥，化開丸藥灌之。當歸散：治馬脾胃冷傷，貪水作泄瀉之病。右為末，每服二兩，蜜二兩，水一升，同煎三沸，不拘時灌之。枳殼散：治馬非時汲蕩，因傷冷水太過，草慢病。枳殼、官桂、當歸、乾薑炮、赤石脂。右為末，每服一兩，水一升，同煎三沸，候溫，草前灌之。益氣黃耆散：治馬脾寒胃冷，草穀不化，四肢虛腫，行動無力，草慢病。黃耆、青皮、茯苓、黃柏酒炒、人參、蒼朮、升麻、澤瀉、甘草炙、生地黃。右為末，每服兩半，薑五片，水一升，煎三沸，草後灌之。益胃散：治馬脾胃虛弱，脾寒打顫，脾不磨病。草豆蔻、黃耆、甘草、厚朴、益智、薑黃、人參、陳皮、砂仁、澤瀉。各等分為末，每服一兩，水一升，同煎五沸，草前溫灌之。白附子散：治馬脾胃虛弱，脾寒打顫，毛焦草細病。白附子、丁香、益智、陳皮、厚朴、蒼朮、秦艽、甘草、當歸、青皮、良薑右為末，每服二兩，薑五錢，溫酒二升，同調灌之。

又　治肺部，凡二十三方。紫蘇散：治馬肺病，鼻濕毛焦喘粗，前探，胸膊一切痛病。紫蘇葉、苦葶藶、茯苓、甘草、貝母、防風、當歸、桔梗、木通、牽牛。右為末，每服兩半，薑三片，水一升，同煎三五沸，溫，草後灌之。貝母散：治馬肺熱喘粗及啌。貝母、梔子、桔梗、甘草、杏仁、紫苑、牛蒡子、百部根。已上各等分為末，每服兩半，水一升，同煎二三沸，候溫，草後灌之。清肺散：治馬肺熱喘粗及非時惡喘。木根根、板藍根、葶藶、甘草、貝母、桔梗。右為末，每服兩半，蜜一兩，糯米粥一碗，酥油一兩，小便半盞，同和灌之。又一方：減藍根，加瓜蔞根，立效。黃蘗散：治馬發熱，草慢並鼻內出血方。黃柏、黃連、貝母、紫苑、黃藥子、白藥子、大黃、黃芩、知母、郁金、甘草、款冬花。右件等分為末，每服兩半，砂糖一兩，漿水一升，同和灌之。以上諸方，照法調之，最效。肺風散：治馬指擦疥癆病。蔓荊子、威靈仙、何首烏、玄參、苦參。右為末，每服兩半，砂糖一兩，水一升，同煎，草後灌之。白藥子散：治馬肺氣把腰低頭難，前後探，草慢病。白藥子、瓜蔞根、桑白皮、白朮、芍藥、當歸、白芷、桔梗。右為末，每服兩半，蔥一握細切，水一升，同煎三沸，溫，空草灌之。地龍散：治馬肺毒瘡。地龍、三十條、夜明砂二兩、白礬二兩、已上共為細末，每服二兩，蜜二兩，水一升，同調，少草灌之。砒霜散：貼馬肺毒瘡。砒霜一錢、藜蘆半兩、百草霜一兩。已上共為細末，在瘡破處乾貼之，凡三次貼者，效矣。立效散：治馬非時喘粗。大黃一兩、五靈脂一兩、杏仁去皮尖半兩、朴硝半兩右為末，每服一兩，水一升，同煎五七沸，隔宿露過灌之。鼠粘子散：治馬肺毒瘡。鼠粘子、甘草、連翹、黃芩、大黃、柴胡、地骨皮、當歸、黃耆。已上等分為末，每服兩半，水一盅，煎三沸，溫，草半灌之。土馬鬃散：治馬肺熱喘粗。土馬鬃、鹿角膠、生地黃、山藥、梔子、知母、貝母、杏仁。右件等分為末，每服二兩，新汲水一升，調勻，草後灌之。蛤蚧散：治馬肺痨鼻濕，四肢虛腫，遍體生肺毒瘡。蛤蚧二雙、天門冬、馬兜鈴、漢防己、麥門冬、紫蘇子、白藥子、瓜蔞根、枇杷葉、山梔子、知母、秦艽、升麻、貝母、沒藥、百合。右為末，每服兩半，蜜一兩，糯米粥一盞，瓜蔞一個，擂碎，同和灌之，效矣。大腹子散：治馬肺氣把腰低頭難，腰背緊，化腰間滯氣，和血。大腹子、白牽牛、丁香、藁本、萆薢、陳皮、威靈仙、川大黃、當歸、甘草。右為末，每服兩半，薑三片，葱一握，水一升，煎三沸，草後灌之。一撚金散：治馬五攢痛，蹩損肺經，止痛。血竭、沒藥、芸臺子各半兩，當歸、郁金，梧桐律各一兩。右為末，每服兩半，新汲水一盞，同和，草後灌之，隔日再灌之。豬脂方：治馬喉骨脹，鼻濕鼻膿不止，先放大血，後用此藥。陳豬脂六兩，白礬一兩飛，蜂蜜四兩。右將豬脂剁爛如泥，飛礬為末，蜂蜜拌勻，草後灌之。大黃散：治馬鼻膿不止。大黃、漢防己、黃藥子、秦艽、甘草、茴香、朴硝、瓜蔞根、白藥子、荊芥、莪朮、白芷、杏仁炮、黃芩、兜鈴、知母、貝母、茵陳。右為末，每服一兩，蜜二兩，油水研杏仁，入醒汁半升，同煎三四沸，灌之效矣。消黃散：治馬熱毒槽結，鼻濕草慢並鼻中血出。款冬花、秦艽、大黃、黃連、黃芩、黃藥子、郁金、貝母、山梔子、甘草、黃柏、白藥子。右為末，每服二兩，砂糖二兩，豬脂二兩，粳米二合，綠豆二合，鹽三兩，同和，煮粥灌之。一方：加朴硝、木通，有效矣。百合散：治馬鼻內出膿方。百合、貝母、大黃、甘草、瓜蔞根。右為末，每服一兩，蘿蔔湯一升，入蕎麵一匙，蜜一兩，同和，草飽後灌之。知母散：治馬肺痛，頭垂向地，喘粗。知母、沒藥、當歸、百合、葶藶、甘草、梔子、兜鈴、玄參、白芍藥、桑白皮。右為末，每服二兩，蜜二兩，薑半兩，童便一升，同調，草後灌之。止痛散：治馬肺氣把膊。當歸、沒藥、大黃、芍藥、甘草、黃藥子、牡丹皮、枇杷葉、天花粉。右為末，每服二兩，紅花三錢，韭汁一升，同煎三沸，草後灌之。紫菀散：治馬鼻濕。紫菀、秦艽、當歸、百合、天門冬、款冬花、貝母、芍藥、兜鈴、麥糵、漢防己。右為末，每服二兩，蜜二兩，韭汁一升，同煎，候溫，草後灌之。

又　治腎部，凡十四方。茴香散：治馬腰背緊硬，拽腰胯病。茴香、當歸、芍藥、厚朴、青皮、楝子、木通、益智、牽牛、荷葉、延胡索。右為末，每服兩半，葱一握，酒一升，調煎三沸，小便半碗，空草灌之。防風散：治馬腎風土腰硬，把前把後。防風、獨活、連翹、升麻、柴胡、黑附子、烏藥、羌活、當歸、甘草、葛根、山藥。右等分為末，每服四兩，水一碗，同煎三五沸，候溫灌之。茱萸散：治馬腰背緊硬，拽腰胯病。吳茱萸、木鱉子、蒼朮、川椒、莨菪、草烏、狗脊、芫花。右為末，每服一兩，醋半斤，麵二合，大蒜一顆，擂碎熬熟，貼於腰上，神效。丁香散：治馬內腎積冷，滯氣把腰及抽腎把胯。丁香、漢防己、當歸、茴香、官桂、麻黃、川烏、延胡索、羌活。右為末，每服兩半，葱白一握切細，溫酒半升，同煎灌之。五靈散：治馬陰腎木腎黃，牽拽後胯病。五靈脂、蒲黃炒黃色、茴香炒。已上為末，每服兩半，溫酒一升，同調，草前灌之。蒼朮散：治馬腰胯痛。蒼朮、柴胡、黃柏。右為末，每服兩半，葱二莖切細，水一升，同煎，空草灌之。葱豉散：治馬腎傷，氣把腰胯病。葱五枝擂碎、椒五錢、豉一兩、朴硝兩半。右四味，水一升，同煎三五沸，去滓，候溫灌之，三次立效。巴戟散：治馬腎痛，後腳難移。巴戟、茴香、檳榔、肉桂、陳皮、肉豆蔻、肉蓯蓉、金鈴子、破故紙、葫蘆把、木通、青皮。右為末，每服二兩，細切青葱三枝，溫酒一碗，小便半盞，同調，空草灌之。獨活散：治馬五勞七傷腰胯痛。獨活、羌活、防風、甘草、炙肉桂、澤瀉、黃柏、酒浸、大黃各二兩，當歸、桃仁、連翹各半兩，漢防己一兩。右件為末，每服一兩，水半碗，酒半碗，同煎三沸，熱灌之。玄胡索散：治馬抽腎把胯。玄胡索、檳榔、沒藥、青皮、陳皮、茱萸、葫蘆把、乾薑、破故紙、肉桂、茴香、烏藥、白朮、牽牛。右為末，每服二兩，葱三枝，酒半碗，小便半盞，同調，空草灌之。金鈴子散：治馬腎虛，後腿浮腫。金鈴子、巴戟、茴香、檳榔、厚朴、肉桂、細辛、肉豆蔻。右為末，每服二兩，炒鹽三錢，水半升，同調，草前灌之。蓯蓉散：治馬腎敗，垂縷不收。肉蓯蓉、蓽澄茄、白附子、金鈴子即楝子、當歸、檳榔、豆蔻、肉桂、茴香、木通。右為末，每服二兩，葱三枝，炒鹽三錢，溫酒一盞，小便半盞，同調，空草灌之。乳香散：治馬蹩損腎經，後腰無力，臥地難起病。乳香、沒藥、當歸、牛膝、麻黃、巴戟、紅花、檳榔、骨碎補、葫蘆把、白附子。右件為末，每服一兩，飛礬三錢，溫酒半盞，童便半盞，同調，空草灌之。後溫散：治馬久經陰雨，腰胯無力，腎經濕痛病。當歸、沒藥、麻黃、白朮、青皮、牽牛、白附子、肉豆蔻、蓽澄茄。已上為末，每服二兩，葱白三枝，溫酒一盞，小便半碗，同調，草前灌之。

又　雜治部。七補散：治馬七傷。青皮、陳皮、楝子、茴香、益智、芍藥、當歸、木通、滑石、官桂、紅豆、乳香、沒藥、自然銅醋炙。右為末，每服一兩半，蔥三莖切細，酒一升，同煎三五沸，候溫灌之。木通散：治馬春季草細，灌之此藥。木通、乾山藥、山梔子、牛蒡子、瓜蔞根。右為末，每服兩半，薑一片，沸湯一盞，小便半碗，同調灌之。白藥子散：治馬秋季草少，灌此藥。白藥子、芍藥、當歸、白芷、桔梗、桑白皮、瓜蔞。右為末，每服兩半，薑五片，水一升，同煎二三沸，人便灌之。止渴人參散：治馬草慢貪水病。人參、乾葛、甘草、石膏、蘆根、茯苓、黃連、烏梅。右為末，每服兩半，蜜一兩，水二盞，煎三沸，候溫，先洗口鼻，灌之。神曲散：治馬傷料腹痛起臥方。神曲、麥蘖、牽牛、木通、山查子。右為末，每服二兩，粟米粥一盞，調勻灌之，新水洗口鼻，效。豆蔻散：治馬停留宿水偷瘦病。肉豆蔻、白芍藥、金鈴子、蓽澄茄、當歸、甘草、砂仁、肉桂、細辛、厚朴、青皮、陳皮。右為末，每服二兩，青蔥三枝，溫酒一升，同調灌之。厚朴散：治馬傷水。厚朴、當歸、甘草、青皮、陳皮、益智、牽牛、細辛、蒼朮。右為末，每服二兩，炒鹽三錢，蔥三枝，溫酒一升，同調灌之。當歸散：治馬負重勞傷太過，毛焦草慢羸瘦病。當歸、沒藥、乳香、血竭、玄參、青皮、知母、川芎、五靈脂、玄胡索、自然銅。右為末，每服二兩，蔥三枝，溫酒一碗，入童便半盞，同調灌之。秦艽散：治馬肺熱，渾身疥瘙。秦艽、當歸、芍藥、知母、貝母、桔梗、甘草、紫苑、白芷、梔子、麥門冬。右為末，每服二兩，蜜二兩，生薑一分，盞汁一升，同煎灌之。芍藥散：治馬吐糞。芍藥、細辛、良薑、丁皮、縮砂、桂心、沒藥、巴戟、青皮、陳皮、黑附子、香附子。已上為末，每服二兩，蔥三枝，飛鹽三錢，溫酒一升，童便半碗，同調灌之。沒藥散：治馬蹙損羅膈痛。沒藥、乳香、白藥子、山藥、自然銅、玄參、杏仁、青皮、五靈脂、當歸、芍藥、陳皮、牽牛、貝母、玄胡索。右為末，每服二兩，蔥三枝，水一升，同煎三沸，入童便半碗，灌之。天麻散：治馬破傷風。天麻、白附子、炮蟬蛻、天南星、烏蛇酒浸，去骨、半夏、防風、藿香、川烏炮、蔓荊子、乾蠍炒，加麝香、硃砂、膩粉，已上一分，另研。右為末，每眼三錢，入麝香飛、硃砂飛、膩粉，拌勻，溫酒半碗，調灌。天麻散：治馬揭鞍風及諸風病。天麻一兩，白附子半兩，炮南星半兩，半夏半兩，川烏三錢炮，麻黃、乾蠍炮、烏蛇酒浸，各半兩，蔓荊子半兩，硃砂一錢另研。右為末，每服三錢，入硃砂拌勻，豆淋酒半盞，同調灌之。豆淋酒：用黑豆半升，炒令出煙，以酒一升入之。郁金散：治馬奔走太急，小便當溺失溺，變作胞轉，令馬腹脹蹲腰起臥。撥正膀胱，尿溺泄出後，灌此藥。郁金、甘遂、升麻、紫苑、黃芩、朴硝。已上等分為末，每服一兩，蜜一兩，油四兩，溫水一碗，同調灌之。婆石散：治馬尿血。婆娑石、當歸、雲藍根、蒲黃、白礬飛、紅花、荷葉。右等分為末，每服兩半，溫酒半升。同調灌之。吹鼻散：治馬氣脈不通。人參半兩、藜蘆一錢、麝香一錢、赤小豆三十粒。右為細末，每用一字，盛竹筒中，吹入鼻內，立效。款冬花散：治馬非時崆喘。款冬花、黃藥子、白僵蠶、郁金、白芨、玄參。右為末，每服兩半，蜜一兩，湯一盞，同調，草後灌之。二母散：治馬卒熱。知母、貝母、瓜蔞根、山梔子，已上各五兩。右為末，每服二兩，薑半兩研細，水一升，同調，草後灌之。益智散：治五勞七傷，頭垂鼻冷。傷水亦治。益智、桂枝、當歸、白芷、青皮、芍藥、檳榔、厚朴、木香、紅豆、枳殼、陳皮、五味子、肉豆蔻。右為末，每服二兩，蜜二兩，酒水共一升，同煎三五沸，候溫灌之。桂心散：治馬患吹奶。桂心、牛蒡子、甘草炙。右為末，每服一兩半，豬脂四兩細切，酒一升，同煎三五沸，空草灌之。黃芩散：治馬駒喉骨脹，鼻出白膿。郁金、黃芩、白礬飛。右等分為末，每服兩半，蜜一兩，清水同調，喂飽灌之。紫蘇散：治馬駒奶肺病，不食草奶。川升麻、紫蘇子、黃藥子、乾地黃、黃連、郁金右為末，每服兩半，蜜一兩，瓜蔞少許，同和灌之。不效，加麻子取汁，同和灌之。潤肺散：治馬肺氣，把前把後，項脊緊硬，胸膈腰胯疼痛，低頭不得，大便糞緊，小便溺澀，並皆治之。防風、黃芩、荊芥穗、大黃、薄荷、麻黃、滑石、桔梗、山梔子、石膏、川芎、當歸、甘草、芍藥、連翹、芒硝。右為末，每服二兩，薑一錢擂碎，水一升，同煎三沸，候溫，草半灌之。獨活散：治馬五勞七傷，四肢疼痛。當歸、桃仁、連翹各半兩，漢防己一兩，獨活、大黃、羌活、防風、甘草、炙肉桂、黃柏酒浸一兩，澤瀉。右為末，每服兩半，酒半碗，水半碗，同煎三五沸，帶熱灌之。甜葶藶散：治馬蹙損肺經，糞緊，哇喘，草慢病。甜葶藶、桔梗、貝母、甘草、杏仁去皮尖。已上為末，每服兩半，糯粥一碗調勻，入酥油半兩灌之。雄黃散：敷馬諸般腫毒及筋骨脹大。雄黃、川椒、白芨、白蘞、草烏、官桂、大黃、硫黃、白芥子、芸苔子。右為細末，每用一大匙，麵一匙，醋一碗，同熬熟，敷腫處立效。牡蠣散：塗馬袖口陰腫，塗擦消腫毒。牡蠣、燒過、縮砂、天南星、天仙子、木鱉子。右為細末，每用一大匙，醋一盞，調勻，煎熬成膏，熱塗腫處，自消。豬脂膏：治馬枯死蹄甲，血毒痛。豬脂四兩，熬油，去渣、生薑二兩，擂、胡桃仁兩半，燒灰、爐甘石一兩，為末。右件四味，文武火熬成膏，溫水洗過，待乾塗之，次日再塗。定粉散：治馬花瘡。定粉五分、砒霜一錢、膩粉五分、綠豆二百粒。右四味一處，不住搗為細末。漿水洗過，乾貼之，三次效。硼砂散：治馬瘙蹄。硼砂一兩、黃丹一錢。右件二味同研為細末，羊骨髓調勻搽之。乳香散：治馬乾濕瘙。乳香五錢、烏賊、魚骨三兩、白礬二兩，飛。右三味搗羅為細末，乾瘙油調搽之，濕瘙乾貼之。洗疥方：洗馬疥瘙。馬脹根、臭椿皮、白蕪荑、苦葶藶、皂角、藜蘆、茼茹。右為末，每用一大匙，韮汁三升，同煎三沸，入生油少許，洗之。塗疥方：治馬乾瘙。茼茹、膩粉、藜蘆、牙皂、桔梗、臭椿皮、馬脹根。右等分，搗羅為細末，先用瓦子擦破，油調勻，末塗之。搽疥方：狼毒四兩、牙皂四兩炮、巴豆一兩、雄黃三錢、輕粉三錢。右搗羅為細末，以生油燒熟，調勻搽之。隔日再搽之。治馬傷脾方：川厚朴去皮為末，同薑、棗煎灌。蹇唇似笑不食，灌之。治馬肝壅方：朴硝、黃連等分，男子頭髮燒灰存性，漿水調灌。如邪氣沖肝，眼昏似醉，耳搭頭低，灌此藥甚效。治馬氣喘方：葶藶、黃耆、知母、玄參、兜鈴、升麻、牛蒡子。右為末，每服二兩，漿水一升同調，草後灌之。啌喘嗽粗甚效。治馬尿血方：黃耆、烏藥、芍藥、茵陳、兜鈴、生地黃、枇杷葉右件各等分為末，每服二兩半，漿水一升，同煎三沸，溫灌之。治馬喉腫方：青螺、川芎、知母、郁金、薄荷、貝母、牛蒡子炒。已上等分為末，每服二兩，蜜二兩，漿水一升，同調勻，草後灌之。治馬結尿方：滑石、木通、朴硝、車前子。右為末，每服一兩，溫水調灌，移時再灌。結甚，加梔子、赤芍藥。治馬結糞方：大黃、枳殼、黃連、厚朴、皂角燒灰存性。右為末，每服二兩，米泔汁一盞，同調灌之。如不通，加蔓荊子。治馬舌硬方：地仙草、梔子、朴硝、青黛、硇砂、款冬花、瞿麥、油煙墨。各為末，每用半兩，貼於舌上，凡三次瘥矣。治馬流沫方：白朮、枳殼、甘草、當歸、菖蒲、澤瀉、厚朴、赤石脂。右為末，每服兩半，酒一升，蔥三莖，同煎三沸，候溫灌之。治馬膈痛方：白藥子、甜瓜子、羌活、當歸、沒藥、芍藥。右為末，每服一兩，蜜一兩，春、夏漿水灌，秋，冬小便一盞灌之。治馬傷蹄方：海桐皮、白芥子、大黃、甘草、五靈脂、芸苔子、木鱉子。右為細末，黃米一合，煮粥調藥，攤之帛上，於蹄上裹之，效。治馬傷料方：麥蘖三升，微炒為末，隨草喂之，甚良。又方：生蘿蔔三五個，搗爛灌之，立效。治馬打破脊梁方：馬齒莧、石灰。以上共搗為丸，陰乾，再碾為末，椒湯洗淨，乾貼之。薑礬散：生薑燒灰、白礬飛，共研為細末，如瘡乾，油調塗之；瘡濕，乾貼之。丹礬散：訶子核五個，去皮，肉、白礬半兩，飛、黃丹半兩。右三味，先將白礬於銅銚內溶化，入黃丹攪勻，令熬枯乾，看黃丹色紫為度。後將訶子核搗爛，入丹礬，同共搗羅為末。臨用，先以溫漿水將瘡口洗淨，晾乾，用藥末敷之。極者，不過兩次，神效。敗龜散：治馬脊背瘡。敗龜板。右件不拘多少，碾為細末，如瘡腫，油調塗之；有膿，水洗淨，乾貼之。用紙封蓋，效。白蘞散：白蘞三錢、天南星三錢。右二味為末，鹽水洗淨，乾貼之，效。消毒散：治馬悮食毒草，口中吐沫，悶絶欲死。白礬半兩，飛、鹽二兩，炒。右為細末，拌勻，於舌上塗之，良久，用甘草末二兩，水二升，煎至一升灌之。

明 徐光啓《農政全書》卷四一《六畜》 飼父馬令不鬥法：多有父馬者，別作一坊，多置槽廐。芻及穀頭，各自別安。唯著穀頭，浪放不繫。非直飲食遂性，舒適自在；至於黃溺，自然一處，不須掃除。乾地服臥，不濕不。百匹群行，亦不鬥也。

又 飼征馬令硬實法：細坐芻，奇擲揚去葉，專取坐，和穀豆術等。置槽於迫地，雖復雪寒，仍令安廐下。一日一走，令其肉熱，馬則硬實而耐寒苦也。

又 凡以豬槽飼馬，以石灰泥馬槽，馬汗繫著門：此三事皆令馬落駒。術曰：常繫獼猴於馬坊，令馬不畏辟惡，消百病故也。

又 治馬病疫氣方：取獺屎煮以灌之。獺肉及肝更良，不能得肉，肝，只用屎耳。

又 治馬患喉痺欲死方：纏刀子，露鋒刃一寸，刺咽喉令潰破，即愈。不治必死也。

又 治馬黑汗方：取燥馬屎置瓦上，以人頭亂髮覆之，火燒馬屎及髮令煙出，著馬鼻下熏之，使煙入馬鼻中，須臾即瘥也。又方：取豬脊引脂、雄黃、亂髮凡三物，著馬鼻下燒之，使煙入馬鼻中。須臾即瘥。

又 治馬中熱方：煮大豆及熱飯，啖馬，三度，愈也。

又 治馬汗淩方：取美豉一升，好酒一升。夏著日中，冬則溫熱。浸豉使液，以手搦之，絞去滓，以汁灌口，汗出則愈矣。

又 治馬疥方：用雄黃、頭髮二物，以臘月豬脂煎之，髮消。以指摶疥令赤，及熱塗之。即愈也。又方：湯洗疥，試令乾，煮麵糊熱塗之。即愈也。又方：燒柏脂塗之良。又方：研芥子塗之差。六畜疥悉愈。然柏瀝芥子，並是燥藥，其遍體患疥者，直曆落班駁，以漸塗之，待差更塗餘處，一日之中，頓塗遍體，則無不死。

又 治馬中水方：取鹽著兩鼻中，各如雞子黃許大，捉鼻，令馬眼中淚出，乃止。良也。

又 治馬中穀方：手捉甲上長髮，向上提之，令皮離肉，如此數過，以鈹刀子刺空中皮，令突過，以手當刺孔，則有如風吹人手，則是穀氣耳。令人溺上，又以鹽塗，使人立乘數十步。即愈耳。又方：取錫如雞子大，打碎和草飼馬。甚佳也。又方：取麥蘖末三升，和穀飼馬亦良。

又 治馬腳生附骨不治者，入膝節，令馬長跛方：取芥子熟擣，如雞子黄許。取巴豆三枚，去皮留臍，三枚亦擣熟。以水和令相著。和時，用刀子；不爾，破人手。當附骨上，拔去毛；骨外，融蜜蠟周而擁之。不爾，恐藥燥瘡大。著蠟罷，以藥傅骨上。取生布，割兩頭作三道，急裹之。骨小者，一宿便盡，大者不過再宿。然須要數看，恐骨盡便傷好處。看附骨盡，取冷水淨洗瘡上，刮取車軸頭脂作餅子，著瘡上，速以淨布急裹之。三四日解去，即生毛而無瘢。此法甚良，大勝炙者。然瘡未瘥，不得輒乘。若瘡中出血，便成大病也。此方可治趼。

又 治馬被刺腳方：用禾黀麥和小兒哺塗，即愈。

又 治馬灸瘡：未瘥，不用令汗。瘡白痂時，慎風。得瘥後，從意騎耳。

又 治馬瘙蹄方：以刀刺馬腔叢毛中，使出血愈。又方：融羊脂塗瘡上，以布裹之。又方：取鹹土兩石許，以水淋取一石五斗，釜中煎取三二斗。剪去毛，以泔清淨洗。乾，以鹹汁洗之。三度即愈。又方：以湯洗淨，燥拭之，嚼芥子塗之，以布帛裹。三度愈。若不斷，用穀塗五六度即愈。又方：剪去毛，以鹽湯淨洗，去痂燥拭於破瓦中煮人屎，令沸熱塗之。即愈。又方：以鋸子割所患蹄頭，前正當中斜割之，令上狹下闊，如鋸齒形；去之，如剪箭括。向深一寸許，刀子摘令血出；色必黑。出五升許，解放，即愈。又方：先以酸泔清洗淨，然後爛煮豬蹄取汁，及熱洗之，瘥。又方：取炊釜底湯淨洗，以布拭水令盡。取黍米一升，作稠粥。以故布廣三四寸，長七八寸；以粥糊布上，厚裹蹄上瘡處。以散麻纏之，三日去之。即當瘥也。又方：耕地中拾取禾茇東倒西倒者。若東西橫地，取南倒北倒者。一壟取七棵，三壟凡取二十一棵。淨洗，釜中煮取汁，色黑乃止。剪卻毛，泔淨洗，去痂。以禾茇汁熱塗之，一上即愈。又方：尿清羊糞令液。取屋四角草，就上燒，令灰入缽中，研令熱。用泔洗蹄，以糞塗之，再三，愈。又方：煮酸棗根取汁，淨洗訖。水和酒糟，毛袋盛，漬蹄，沒瘡處。數度，即瘥也。又方：淨洗了，

擣杏仁和豬脂塗。四五上，即當愈。

又 治馬大小便不通，眠起欲死，須急治之，不治一日即死。以脂塗人手，探穀道中，去結屎。以鹽納溺道中，須臾得溺，便當瘥也。

又 治馬卒腹脹眠臥欲死方：用冷水五升，鹽二斤，研鹽令消，以灌口中。必愈。

又 治馬發黄方：用黄柏、雄黄、大鱉子仁，等分為末，醋調，塗瘡上，紙貼之。初見黄腫處，便用針；遍即塗藥。

又 治馬疥癆方：馬疥癆及癢：用川芎、大黄、防風、全蠍各一兩，荊芥穗五兩，為細末。分作五服，白湯調，冷灌之。

又 治馬梁脊破方：成瘡不能騎坐。如未破，將馬腳下濕稀泥塗之，乾即再易濕者。三五次自消。或只用溝中青臭泥亦可。已破成瘡者，用黄丹、枯白礬、生薑燒存性、人天靈蓋燒存性，各等分為末。入麝香少許。瘡乾，用麻油調；若瘡濕有膿，用漿水同蔥白煎湯洗淨。傅之。立效。

又 治馬中結方：川山甲炒黄色，大黄、郁李仁各一兩，風化石灰一合如無灰，以朴硝代之，共為末，作一服，用麻油四兩，釅醋一升調勻灌之。立效。如灌藥不通，用豬牙皂角為細末，同麻油各四兩和勻，填糞門中。再灌前藥一服即愈。

又 常啖馬藥方：郁金、大黄、甘草、貝母、山梔子、白藥、黄藥、款花、黄柏、黄連、知母、桔梗。各等分，為末。每服二兩，以油蜜和灌之。若駒，則隨其大小，量為加減。啖後不得飲水，至渴喂飼。

又 治馬諸病方：用白鳳仙花，連根葉熬成膏，抹於馬眼角上。汗出即愈。治馬諸瘡方：夜合花葉、黄丹、乾薑、檳榔、五倍子為末，先以鹽水洗瘡，後用麻油加輕粉調傳。

又 治馬傷料方：用生蘿卜三五個，切作片子啖之。效。

又 治馬傷水方：用蔥、鹽、油相和，搓作團。納鼻中，以手掩其鼻，令氣不通。良久使淚出。即愈。

又 治馬錯水方：緣馳驟喘息未定，即與水飲，須臾，兩耳並鼻息皆冷，或流冷涕，即此證也。先燒人亂髮，熏兩鼻；後用川烏、草烏、白芷、豬牙皂角、胡椒，各等分，麝香少許，為細末，用竹筒盛藥，一字吹入鼻中。立效。又法：蔥一握，鹽一兩，同杵為泥，罨兩鼻內。須臾打通，清水流出，是其效也。

又　治馬患眼方：用青鹽、黃連、馬牙硝、蕤仁，各等分，同研為末。用蜜煎，入磁瓶內盛貯。點時，旋取多少，以井水浸化，點。

又　治馬頰骨脹方：用羊蹄根草四十九燒灰，熨骨上。冷即換之。如無羊蹄根，以楊柳枝如指頭大者，炙熱熨之。

又　治馬喉腫方：螺青、川芎、知母、川郁金、牛蒡、炒薄荷、貝母，同為末。每服二兩。蜜二兩，用水煎沸，候溫。調灌之。又方：取乾馬糞置瓶中，以頭髮覆蓋，燒煙，熏其兩鼻。

又　治馬舌硬方：用款冬花、瞿麥、山梔子、地仙草、青黛、硼砂、朴硝、油煙墨，等分，為細末。每用五錢許，塗舌上，立瘥。

又　治馬傷脾方：川厚朴，去鹿分皮，為末，同薑、棗煎灌。一應脾胃有傷，不食水草，褰唇似笑，鼻中氣短，宜速與此藥治之。

又　治馬心熱方：甘草、芒硝、黃柏、大黃、山梔子、瓜蔞為末，水調灌。一應心肺壅熱，口鼻流血，跳躑煩燥，宜急與此藥治之。

又　治馬肺毒方：天門冬、知母、貝母、紫蘇、芒硝、黃芩、甘草、薄荷葉，同為末，飯湯入少許，醋，調灌。療肺毒，熱極，鼻中噴水。

又　治馬肝壅方：朴硝、黃連，為末，男子頭髮燒灰存性，漿水調灌。

又　治馬氣喘方：玄參、葶藶、升麻、牛蒡、兜鈴、黃蓍、知母、貝母同為末，每服二兩。漿水調，草後灌之，一應喘嗽皆治。

又　治馬流沫方：當歸、菖蒲、白朮、澤瀉、赤石脂、枳殼、厚朴，加甘草為末，每服一兩半。酒一升，蔥白三握，水煎，溫灌之。

又　治馬卒熱肚脹方：用藍汁二升，井花水二升，或冷水和灌之。立效。一應邪氣沖肝，眼昏似睡，忽然眩倒，此方主治。

又　治馬口空喘毛焦方：用大麻子揀淨一升，喂之。大效。

又　治馬結糞方：皂角燒灰存性、大黃、枳殼、麻子仁、黃連、厚朴，為末，清米泔調灌。若腸突，加蔓荊子末同調。

又　治馬傷蹄方：大黃、五靈脂、木鼈子去油、海桐皮、甘草、土黃、芸苔子、白芥菜子，為末，黃米粥調藥，攤帛上，裹之。

又　治療馬結熱起臥戰不食水草方：黃連二兩杵末，白鮮皮一兩杵末，油五合，豬脂四兩細切。右以溫水一升半，和藥調停，灌下。牽行拋糞，即愈。

又　治新生小駒子瀉肚方：槀本末三錢，七大麻子，研汁調，灌下咽喉，便效。次以黃連末，大麻汁解之。

又　治馬氣藥方：青桔皮、當歸、桂心、大黃、芍藥、木通、郁李仁、瞿麥、白芷、牽牛子。右件一十味，各等分，同搗，羅為末。用溫酒調灌。每疋馬，藥末半兩。

又　治馬急起臥方：取壁上多年石灰，細杵，羅。用油、酒調二兩，用水灌之，立效。

又　治馬食槽內草結方：好白礬末一兩，分為二服。每貼和飲水後，啖之。不過三兩度，既內消卻。此法神驗治馬腎搐方：烏藥、芍藥、當歸、玄參、山茵陳、白芷、山藥、杏仁、秦艽，每服一兩。酒一大升，同煎，溫灌。隔日再灌。

又　治馬尿血方：黃蓍、烏藥、芍藥、山茵陳、地黃、兜鈴、枇杷為末，漿水煎沸，候冷調灌。應卒熱、尿血，皆主療之。

又　治馬結尿方：滑石、朴硝、木通、車前子為末，每服一兩，溫水調灌，隔時再服。結時甚，則加山梔子、赤芍藥同末。

又　治馬膈痛方：羌活、白藥、甜瓜子、當歸、烏藥、芍藥為末。春夏，漿水加蜜；秋冬，小便調。療膈痛，低頭難，不食草。

清　郭懷西《新刻注釋馬牛駝經大全集·馬經大全》卷三《蓄養本草喂飲須知》　生料部。粱米：粱米本草分三種：青、黃、白，以色而名之，即秈米也。青者襄陽出，黃者西洛出，白者東吳出。即今江南、江北、淮南皆有之。味甘，微溫，無毒。贏馬生食者，皆能補脾胃、生血生膘、滋養五臟，無不甚美。粳米：即白晚米也。處處有之。大小四五種，猶同一類。味甘，性平，無毒。皆能補脾胃、益五臟、壯氣力。止泄瀉唯粳米之功第一耳。糯米：造灑之米也。味甘，性平，無毒。凡喂馬者以糙用之，皆能補中益氣，實腸胃，壯筋髓生膘，旬日而見其功。粟米：即小米也。山東最多，味甘，性溫，無毒。和中益氣。養胃寬胸。止泄瀉，利小便，陳者為良。赤黍米：其穗熟色赤者是也。味甘，溫，有微毒，補中益氣，多食之者生煩熱，昏五臟，軟筋骨尤甚，不可多喂。陳倉米：其味酸，性平涼，無毒。平胃寬中，下氣消食，補虛損，除馳煩熱，止泄瀉甚佳。大麥：煮半熟用井花水淘過，味甘，性溫，無毒。寬腸胃，化草穀，調中益氣。搗粗生用，補胃氣，強筋力。為芽化宿食，逐冷氣，消肚脹，進草穀，開胃口，無不甚佳。小麥：味甘，微寒，無毒。解心熱，消煩渴，利小便，養脾氣，大有奇功。麵麩：味甘，性溫，無毒。厚腸胃，實饑膚，強氣力，壯筋髓，膘大者少令食之。

又《**熟料部**》 黃豆：煮熟用之。生者作瀉。味甘，性溫，無毒。生心血，實膆裡，厚腸胃，長肌肉，乃為諸料之首也。黑豆：味甘，性平，無毒。其功與黃豆同，又能解烏頭毒。豌豆：味甘，性溫，無毒。和脾胃，長脂膘，寬腹膁，潤皮毛，有驗。紅豆：又名赤小豆。味酸，性平涼，無毒。利水氣，消脹滿，止泄瀉，解諸毒立效。白豆：即今飯豆是也。味酸，性溫，無毒。補五臟，暖腸胃，益十二經絡之氣。綠豆：味甘平，性寒涼，無毒。熟用去心肺火，生用泄五臟熱，解諸毒有大功。

又《**青草部**》 木樨草：播種之草也。與蔥韭類同，割而復發。河南、河北多種之。其形枝高葉密，味甘、性涼、無毒。去臟腑熱，瀉三焦火，生膘和血，無不甚佳。鮓草：溪堰深水而生，江南、淮南多有之。味苦，性寒，無毒。清咽膈，瀉心火，膘馬食之甚佳。巴根草：味甘，性平，無毒。食之健脾胃有大功。四花草：味甘，性溫，無毒。羸馬食之甚美。熟地草：江北、淮南、河南地畝多有之。傍穀豆而生。味酸辛，性溫，無毒。壯筋臟。多食者作瀉。狗尾草：味甘，性平，無毒。添膘和血有大功。胡麥苗：俗名彥麥，即野生麥也。味酸苦，性寒，有微毒。食之破腹損膘，傷血敗氣，膘馬有熱者可以食之。綠豆苗：味甘，性寒，無毒。祛三焦熱，泄五臟火，解諸毒大妙。大麥苗：味甘，性溫，無毒。寬腸胃，化草穀，開胃口，如神。小麥苗：味甘，性涼，無毒。健脾胃，瀉肝火，退胸中邪熱。稗子苗：味甘辛，性微溫。暖中焦，補下元。久食發瘙作瀉，不可多食。二生秈稻草：味甘辛，性熱。生心血，強筋骨，久食生熱。秫黍葉：味辛，性熱，有小毒。不可食。食者作脹損膘。

又《**枯草部**》 秈稻草：味甘性平無毒。生心血，養胃氣，強筋骨，壯精髓。喂羸馬月餘而成駿驥。直頭秈稻草：味甘，性平，無毒。生新血而不足，保元氣而有餘。遲稻草：芒稻草也。味甘，性微寒。健脾經，開胃口，生膘和血，旬日而顯大功。糯稻草：味寡，性寒，無毒。膘馬食之猶可；羸馬食之冷腎經，敗元氣，傷脾胃，損膘，不可喂。大穀草：味甘，性溫，無毒。北方佳禾也。食者生血生膘，無不甚美。糯穀草：味甘，性涼，無毒。食者平和。北方造酒之穀也。穀草：即晚穀也。味寡，性寒，無毒。不可食。食者損膘。黃豆稭：味甘，性溫，無毒。健脾，利小便。久食作渴。黑豆稭：味甘，性微寒，無毒。功與黃豆稭同。綠豆稭：味甘，性涼，無毒。清上膈之火，分陰陽，止泄瀉，如神。

又《**生水部**》 井花水：味甘性平無毒。清心解暑，冬健脾胃。北方者，水深土厚，其性甚佳。江南味寡、性寒，久飲令馬焦毛、損膘、積濁。冬月可飲，夏月忌飲。無根水：即井花水，清晨初汲者是也。能和藥敷諸黃毒。其性味與前相同。河道水：北方澄清者可飲，混濁者不可飲。南方近山者味寡、性寒，飲者損膘傷血。澗水：山澗之水也。味酸，性溫，有瘴毒。飲者令馬生腫。溪水：村溪之水也。味甘，性平，無毒。食者和血生膘。塘水：塘池之水也。與村溪水相類，性味皆同。濁水：不澄清混濁穢汙之水也。不可食。飲者傷血敗氣，損膘束膁，諸疾由此而發也。漱水：豬食之水也，家家有之。味酸，性熱，有微毒。不可飲。飲者傷胃減草，束膁焦毛。牛飲者勿論，但不可多飲。麩漿水：味甘，性寒，無毒。祛心肺熱。久飲者，傷馬膘膀。米泔水：淘米之水也。味甘，性寒，無毒。飲者傷胃、傷血、傷膀胱、積濕濁。熱疾者，用二道水少飲之。

又《**熟水部**》 滾白湯：即熟水也。味甘，性溫，無毒。溫腸胃，暖子宮，牝馬安胎。米飲湯：即熟米湯也。一沸澄清者，俟溫用之。味甘，性溫，無毒。暖腸胃，化草穀，和血氣，長脂膘。寒疾飲者甚良；久飲者多生熱疾。秈米茶：用米一升炒黃色，入水數碗，同煎數沸，以米熟為度，候溫飲之。味甘，性溫，無毒。健脾胃，進穀草，止泄瀉，利膀胱。寒疾飲者開胃。清心糊米水：大米或小米，用一升炒枯色，取出揚去灰塵，用無根水淘三次，去其火毒，將鍋亦用井花水刷淨，仍入水數碗，和米以文火慢煎一沸，取出去渣，揚去火氣，候溫飲之。味苦，性涼，無毒。清心斂肺，瀉三焦火，利小便，熱暑症飲者甚良。

又《**五經治療藥性須知**》 療心安神。療心驚悸：龍腦，天門冬去黃。鎮心：硃砂、遠志、黃連去毛、雄黃、麥冬、茯神、巴戟去心、金箔、郁金。

又《**療肝明目**》 鎮肝：鐵華粉、夜明砂。涼肝：龍膽草、黃柏。涼膽：海桐皮。瀉肝：牛蒡子炒、威靈仙、蒺藜去刺。涼肝血：五靈脂。去翳：穀精草、茺蔚子、爐甘石煆、秦皮乾地黃、青葙子、草決明、蛇退、石決明炙、枸杞子、乾菊花、蟬退、木賊。

又《**溫脾和中**》 健脾：厚朴、白茯苓去皮、白朮、蒼朮、青皮去瓤、砂仁、智仁、神曲。溫脾：木香、丁香、糯米炒、厚朴、肉豆蔻煨、良薑、草果、附子、白扁豆炒、白豆蔻去皮、乾薑炒、炮薑。開胃：生薑、大棗。涼脾：枇杷葉去毛、黃藥子、白藥子、甘草。

又《療肺啌喘》 潤肺：天門冬、瓜蔞根、知母、貝母、人參、杏仁去皮尖。清肺：甜葶藶炒、雞子清、紫蘇炒。瀉肺：紫苑、白芥子炒、桑白皮去根。補肺：葳蕤、黃蠟。涼肺：黃藥子、枇杷葉、荷葉。定喘：訶子去核、麻黃去節、兜鈴去皮。止啌：款冬花、五味了、旋復花。化痰：白礬飛、半夏製、南星炮、牛黃、桔梗。止渴：烏梅、乾葛。

又《腰腎小腸》 暖腰腎：破故紙炒、肉蓯蓉、茴香、山藥薑製、葫蘆把炒、川楝子去核、玄胡索、杜仲炒去絲、鹿茸、巴戟。利小腸：木通、車前子、赤茯苓、葵子、滑石、甜瓜子、石燕子、篇竹、瞿麥、海金砂、豬苓、澤瀉。縮小便：龍骨、石菖蒲、萆薢。

又《大腸草結》 通腸：大黃、朴硝、鼠糞、通草、酥油。潤腸：麻子仁、郁李仁、續隨子炒。滑腸：生豬脂、麻油、當歸、生地。寬腸：枳殼炮去瓤、厚朴。化草：麥芽、神曲、山楂子。治痢：粟米、莨菪子。澀腸止瀉：桑螵蛸、五倍子、石榴皮、訶子、罌粟殼。

又《諸風解表》 療風：川附子炮、川烏炮、白附子、防風蜜炒、漢防己、獨活、蔓荊子、荊芥、麻黃去節、麝香、天麻、川芎、蒿本、柴胡、川升麻、豆豉、生薑、羌活、薑蠶去足、牙皂、蔥白。

又《五勞七傷》 勞傷：秦艽、百合、黃耆蜜炙、阿膠、沒藥炒去油、白芨、白蘞、自然銅、虎骨醋炙、血竭、山藥、狗脊去毛、骨碎補、紅麴、乳香炒去沙、童子小便。

又《導熱涼三焦》 解熱：茵陳、連翹、天仙子、犀角、寒水石、地骨皮、山梔子、薄荷、瓜蔞子、天花粉、元參茶清、香茹、米泔水、青黛、瓜蒂、黃芩。

又《導積滯氣》 去積：烏藥、檳榔、青木香、藿香、莪朮、香附子去毛、京三棱、蘿卜、半夏製、川椒炒、厚朴、枳殼。

又《疗血和血》 生血：當歸首，白芷，肉桂。散血：黃朮、紫礦、人髮。行血：當歸尾、白芍藥、生地黃、萆薢、榆白皮、桃仁、牡丹皮。化血：蒲黃炒。和血：全當歸。

又《殺蟲治疥》 蟲疥：硫磺、貫仲、藜蘆根、蕪荑、蛇床子、錫灰、輕粉、鶴虱、石榴皮、史君子、鵓鴿糞、楝子。

又《辟瘟疫氣》 辟瘟：獺糞、蒼朮炙、猢猻、雄黃。

又《和百藥解毒》 解毒：甘草、板藍汁即大靛根、綠豆粉、黑豆、人糞汁、綠豆湯。木子即烏柏樹，不拘根、皮、葉、樹，搗汁飲之，解砒毒如神。子油能作燭者是也。江南處處有之。

又《君臣佐使用藥須知》 解陰火用黃檗，雲母酒炒降之，少許木香為佐。退三焦火，以黃耆為君，茵陳、黃連為佐，柴胡、黃芩為使，升麻引之。煩渴貪水，以人參為君，烏梅、乾葛為使，白茯苓、蘆根為佐。調諸氣，以木香為君，枳殼、青皮為使，紫蘇、當歸為佐。暖腰腎，以茴香為君，川楝子、葫蘆把為使，杜仲、巴戟、破故紙為佐，官桂引之。心風黃，以硃砂為君，茯神為佐，黃連、人參、遠志為使，獨活引之。腹痛，以枯皮為君，細辛、白芷、檳榔，枳殼為使，厚朴、當歸為佐。熱啌嗽，用款冬花為君，知母、貝母為佐，馬兜鈴、桑白皮為使，雞子清、蜂蜜引之。寒啌用麻黃、杏仁、陳皮、半夏、紫蘇、桔梗、青皮、白芷、甘草、木通、花粉、細辛、羌活、防風、蔥、酒引之。喘盛，用甜葶藶為君，梔子、黃芩為使，天門冬、麥門冬為佐。進水草，用當歸為君，陳皮、白芍藥為使，黃藥子、白藥子為佐。化草穀，以山楂子為君，枳殼、陳皮為使，神曲、麥芽為佐。通腸，用續隨子為君，大黃、芒硝為使，酥油、通草為佐。健脾胃，以厚朴為君，甘草、陳皮為使，砂仁、白朮為佐。瀉肝火去翳，川黃連為君，青葙子、石決明、草決明為使，黃芩、石膏為佐。久瀉不止，以肉豆蔻為君，牽牛、滑石、陳皮為使，豬苓、澤瀉為佐，炒鹽引之。小便不利，以茵陳為君，澤瀉、燈芯、滑石、木通為使，酒炒知母、黃柏為佐，童便引之。鼻膿不止，以大黃為君，知母、馬兜鈴、山藥、枇杷葉為使，秦艽、百合為佐，蜜引之。化痰，以姜製半夏為君，升麻、桔梗、飛礬為使，火炮南星為佐。勞傷，用人參、三七、熟地黃為君，當歸、白茯苓為使、為臣。諸風解表，川烏、草烏、附子為君、為佐，羌活、獨活、天麻、全蠍為使、為臣。清肝明目，用青葙子為君、為佐，石決明、草決明、乾菊花為使、為臣。

又《和藥必用》 甘草湯，和藥性，解諸毒。綠豆湯，解毒，清三焦火。生薑湯，順氣，開胃。烏梅湯，分陰陽，止瀉。米飲湯，養胃。滾白湯，和脾胃。蔥湯，發汗，通氣。茱萸酒，止腹痛。熱酒，暖胃。苦酒，通腸。熱生酒，健脾。魚沫湯，打結。棗湯，開胃。竹葉湯，清心、利小水，止溺血。清心糊米茶，去煩熱。糊米茶，養胃。韲汁，開胃。蘿蔔湯，化草寬腸。無根水，清心。井花水，去熱。溫水準和。蜜水，止鼻膿。米泔水，去上焦火。

麩漿，泄五臟熱。陳小麥湯，止虛汗。糞津水，治心舌火。篋汁，治心虛腸痛。朴硝水，治諸黃、毒，化胎。茶清，清心。韭汁，開胃。糯米粥，開胃瀉火。粟米粥，止瀉。灰汁，滑腸。雪消水，去臟熱。酸漿水，止吐。童便，疏困，補腎經。

又《引藥必用》 生薑，連皮溫，去皮熱，正氣開胃。青蔥，發汗。棗肉，開胃。炒白麵，止瀉。明礬，斂肺。豬膽，清肝。蜜，清心養肺。飛鹽，引經。紅花，和血。雞子清，清心。熟豬脂，潤腸。生豬脂，潤肺。朴硝，通腸。生油，清心滑腸。伏龍肝，止腹痛。綠豆粉，瀉心火。乾柿，宣腸。烏梅，止渴。砂糖，養肺。炒紅花，化瘀血。胡桃仁，補肺。生蘿蔔，化穀。百草霜，逐胎血。酥油，通腸。鷹毛，油烹止啌。人髮，油烹止啌。米醋，消脹。蕎麵，化痰。黃蠟，排膿。臭椿枝，消肚腹脹。陳倉麥，打疲蟲。火麻灰，存性療風。青苔，利小水。炒麩，止瀉。

又《四時調理》 春灌茵陳與木通，硝黃三伏有奇功。理肺散宜秋季灌，茴香冬月莫教空。茵陳散：春季灌之。茵陳、木通、麻黃、羌活、防風、白芷、桔梗、桂皮、半夏、甘草、當歸、枳殼、厚朴。以上共為細末，蔥酒調灌。消黃散：夏季灌之。知母、貝母、黃藥子、白藥子、黃柏、黃芩、梔子、連翹、大黃、花粉、桔梗、木通、滑石。以上共為細末，竹葉、燈草煎湯調灌。理肺散：秋季灌之。西江月：知母山梔乾葛，升麻天麥門冬。秦艽百合馬兜苓，防己枇杷等分。白藥天花蘇子，乾山貝母相停。蜜和糯粥共調勻，肺病鼻膿神應。茴香散：冬季灌之。歌曰：茴香厚朴元胡索，芍藥當歸益智仁。黑豆陳皮川楝子，荷葉青皮與木通。一十二味同為末，蔥白三根灑一斤，童便半盞同煎灌，溫中暖後效如神。

又《四季平和藥方》 春季藥方：紫蘇、荊芥、蘇薄荷、茵陳、木通、粉草、桔梗、陳皮、半夏、杏仁、羌活、防風、白芷、麻黃、細辛。上藥共為細末，每服二兩，煎三沸，加蔥五七根，黃酒一斤調灌。夏季藥方：梔子、連翹、花粉、黃藥子、白藥子、大黃、黃柏、黃芩、木通、桔梗、滑石、枳殼、厚朴、當歸、川芎。上藥共為細末，每服二兩，燈草、竹葉煎湯，調灌。秋季藥方：陳皮、半夏、花粉、白芷、桔梗、甘草、麻黃、桂枝、桑皮、馬兜鈴、杏仁、薄荷、紫蘇。上藥共為細末，每服二兩，蔥、酒調灌。冬季藥方：小茴香、故紙、杜仲、羌活、獨活、五加皮、當歸、甘草、枳殼、厚朴、木通、麻黃、桂枝、烏藥。上藥共為細末，每服二兩，蔥、酒調灌。

又《補益當歸散》 治馬胎前產後。西江月：當歸沒藥元胡，川芎荷葉紅花。天麻故紙及胡巴，虎骨敗龜酥化。骨補茴香益母，血竭丹皮靈加。胎前產後足頭麻，斤酒調煎灌下。

又《消風散》 治馬肝經風熱，閃骨生瘀。歌曰：肝經風熱眼雙昏，四蹄如柱不能行。大小二嘴生壅肉，兩胞翻腫閉難睜。骨眼穴中先令割，閃骨壅瘀莫留存。眼脈兩針須出血，消風散灌有功能。井泉乾菊龍膽草，黃連青葙與防風。木賊蟬蛻穀精草，甘草黃芩石決明。銀花石膏俱等分，芒硝蜂蜜兩停勻。雞子一雙同共使，米泔調灌即除根。

又《平胃散》 開胃。蒼八甘三陳厚玉，七棗同擂五片姜。斤水共調煎一服，胃寒草少灌安康。

又《七傷散》 調理羸牛瘦馬添膘。歌曰：知母貝母羌防風，骨皮陳皮用乾薑，虎骨芍藥當歸妙。瓜蔞桔梗熟地黃，豆蔻人參破故紙，茯苓甘草使茴香，茵陳益智香白芷，檳榔官桂廣木香，共末水斤煎三沸，豬脂童便灌安康。

又《益胃散》 治馬翻胃吐草。西江月：益智檳榔豆蔻，白朮芍藥陳皮。細辛五味共當歸，厚朴砂仁官桂。甘草木香白芷，川芎青葙青皮。薑三棗七共同擂，酒煮能醫翻胃。

又《厚朴散》 治馬脾胃寒不食草。歌曰：厚朴青皮五味子，牽牛官桂與砂仁。斤酒同煎加麥芽，脾寒草慢效如神。

又《清肺散》 定喘。歌曰：桔貝藍根一處擂，甜葶甘草共相隨。蜜和糯米調童便，非時惡喘時即愈。

又《橘皮散》 治馬冷痛。歌曰：枳木青皮朴與當，木通甘草共檳榔。細辛白芷兼官桂，砂仁益智與茴香。飛鹽一撚蔥三莖，苦酒同調煎作湯。無論姜牙並冷痛，灌下之時即便康。

又《滑石散》 治馬小便溺澀。西江月：踏地蹲腰不溺，滑石瞿麥燈芯。豬苓澤瀉共茵陳，知母黃柏酒浸。斤水調煎三沸，更加童便和勻。空腸灌下半時辰，溺澀尿難神應。

又《當歸散》 治馬胸膊痛。歌曰：立地時時兩足忙，頻頻換腳痛難當。騎來走急因拴繫，失於牽散致其殃。堂內兩針胸膊血，當歸散灌是奇方。紅花細辛枇杷葉，桔梗當歸生地黃。芍藥牡丹同共使，沒藥乳香烏藥良。水煎三沸加童便，散縱三朝病自康。

又《**半夏散**》 治馬吐涎沫。歌曰：良馬唇中吐沫涎，防風半夏與枯礬。升麻蕎麵生薑蜜，和漿調灌當時安。

又《**香薷散**》 治馬中暑。歌曰：盛暑炎天出遠奔，肺心壅極喘頻生。四肢倦怠行無力，兩目昏朦閉不睜。芩連香薷同花粉，歸草梔翹等分停。童便蜜水相和灌，兩針鶻脈自然寧。

又《**溫脾散**》 治馬翻胃。歌曰：冬餐凍物寒凝胃，夜係霜天濕地眠。初患口中色似血，日添鼻畔腫如拳。糞粗膁吊精神慢，吐草傳經四足攢。藥用暖胃溫脾散，當歸廣木縮砂甘。白朮青皮五味子，檳榔豆蔻桂苓兼。香附麥芽同共使，薑棗和勻鹽酒煎。十朝五服頻頻灌，月餘之外自安痊。

又《**秦艽散**》 治馬脫肛。歌曰：騾馬因何患脫肛，只緣臟冷臟中傷。風吹硬冷難收縮，弓腰努咽痛難當。剪去腫茄溫藥洗，歸艽朮朴與茴香。姜桂青陳川楝草，酒蔥煎灌當時康。

又《**茴香散**》 治馬冷拖後腳。西江月：良驥冷拖後腳，茴香楝子青皮。胡巴故紙與陳皮，官桂木通巴戟。黑豆蓽茄豆蔻，細辛木當歸。童便酒調令火煨，初患不過兩劑。

又《**消積平胃散**》 治馬傷料不食草。歌曰：甘草山楂香附子，砂仁术朴與陳皮。姜棗水調煎一沸，料傷草少灌之愈。

又《**麥芽散**》 治馬傷料。歌曰：馬因穀料過多餐，胃火流行五臟傳。精神困倦渾如醉，行步拘然亦似攢。蘿蔔麥芽生擂用，枳殼山楂神曲研。术朴青皮加國老，生薑童便共相兼。白湯半盞同調灌。一劑須教得自然。

又《**玄參散**》 治馬久啌不止。歌曰：歸芩連蘗大黃參，梔夏柴胡各等分。飛礬油蜜相兼用，白湯調灌嗽除根。

又《**白朮散**》 安胎。西江月：白朮當歸熟地，川芎芍藥人參。紫蘇甘草共砂仁，陳桔黃芩等分。阿膠一味麵炒，生薑五片擂勻。良馬腹痛動胎娠，水煎灌下即穩。

又《**秦艽散**》 治馬尿血。歌曰：羸馬遙行負重傷，小腸積血注膀胱。毛焦膁吊頭垂地，精神漸減越尋常。秦艽瞿麥車前子，歸芩芍粉共蒲黃。梔子大黃同共使，竹葉煎瀝調灌康。

又《**雪花散**》 治馬槽結喉骨脹，熱盛喘粗。歌曰：熱發三喉肺心極，朴硝黃丹寒水石。豬脂調和灌入咽，三喉喘盛當時息。

又《**消黃散**》 治馬一切熱毒及諸黃腫病。知母、黃藥子、梔子、黃芩、大黃、甘草、貝母、白藥子、連翹、黃連、郁金、朴硝。上藥為末，每服二兩，蜜二兩，雞子清一雙，漿水同調灌之。

又《**導糞散**》 治馬臟結腹脹起臥，糞澀不下。肥皂角，五個去皮、子，草烏一個，甘遂二錢，海金沙三錢半。以上搗羅為末，先用生油一兩和溫水灌入肛內，次用蔥白五枝搵藥送入廣腸穀道中，牽行百餘步，糞即能下。

又《**知母散**》 治馬小便不通。知母酒炒，黃柏酒炒，滑石，以上各二兩；木通一兩，澤瀉二兩，官桂三錢。上藥搗羅為末，每服二兩，溫水一盞同調，草前灌之。

又《**百合散**》 治馬鼻內出膿方。百合、貝母、大黃、甘草、瓜蔞。以上為末，每服一兩，蜜一兩，蕎麥一匙，蘿蔔湯一盞，同調灌之。

又《**六一散**》 點馬外障眼，一切雲翳。鷹糞六錢，白硼砂一錢，白硇砂一錢，硃砂一錢。以上擂為末，不拘時候點之，外障不過三四次神功。

又《**撥雲散**》 點馬內障眼，黃暈、緣暈浸睛，先割骨眼，次點藥。爐甘石製、硼砂、青鹽、銅綠，各三錢；硇砂、膽礬各一錢；冰片、麝香、硃砂。上藥擂羅為末，每朝三次點之。

又《**大黃散**》 治馬心臟熱，草慢並鼻內出血。黃藥子、款冬花、貝母、黃芩、梔子、郁金、白藥子、黃柏、木通、黃連、甘草、大黃。上藥為末，每服兩半，蜜四兩，米半升調灌。

又《**七實散**》 治馬脾寒胃冷，腸鳴泄瀉，腹痛草慢及老馬久經陰雨，口色青黃，宜服此藥。白牽牛炮，益智炒，當歸、厚朴、青皮、赤芍、陳皮、肉桂、茯苓、白朮、附子。以上為末，每服一兩，姜一片，水一升，煎三沸，溫，空草灌之。

又《**大黃散**》 治馬鼻膿不止。大黃、漢防己、黃藥子、秦艽、甘草、茴香、朴硝、荊芥、莪朮、白芷、白藥子、杏仁、兜鈴、黃芩、瓜蔞子、知母、貝母、茵陳。以上為末，每服一兩，蜜二兩，油水研杏仁，入蔥汁半斤，同煎三、四沸，灌之效矣。

又《**消黃散**》 治馬熱毒、槽結、鼻濕、草慢並鼻中出血。款冬花、秦艽、大黃、黃連、黃芩、黃藥子、郁金、貝母、山梔子、甘草、白藥子、黃柏。

上藥為末，每服二兩，砂糖二兩，豬脂二兩，粳米二合，綠豆二合，鹽二兩，同和煮粥灌之。

又《**百合散**》 治馬鼻內出膿方。百合、貝母、大黃、甘草、瓜蔞根。上藥為末，每服一兩，蘿蔔湯一斤，入蕎麥一匙，蜜一兩，同和，草飽灌之，效矣。

又《**治腎部**》 茴香散，治馬腰背緊硬，拽腰胯病。茴香、當歸、芍藥、厚朴、青皮、楝子、木通、元胡、益智、牽牛、荷葉。上藥為末，每服兩半，蔥一握，酒一斤。調煎三沸，童便半碗，空草灌之。

又《**防風散**》 治馬腎風腰硬，把前把後。防風、獨活、連翹、升麻、柴胡、黑附子、烏藥、羌活、當歸、甘草、葛根、山藥。上藥為末，每服四兩，水一碗，同煎三五沸，候溫灌之。

又《**丁香散**》 治馬內腎積冷，滯氣把腰，及抽腎把胯等症。丁香、漢防己、當歸、茴香、木香、甘草、官桂、麻黃、川烏、玄胡索、羌活。上藥為末，每服兩半，蔥白一握切細，溫酒半斤同調，草前灌之。

又《**巴戟散**》 治馬腎痛，後腳難移。巴戟、茴香、檳榔、肉豆蔻、金鈴子、肉桂、陳皮、破故紙、葫蘆把、青皮、木通。以上為末，每服二兩，細切蔥三枝，溫酒一碗，童便半盞同調，空草灌之。

又《**神曲散**》 治馬傷料腹痛起臥方。神曲、麥芽、山楂子、牽牛、木通。上藥為末，每服二兩，粟米粥一盞，調勻灌之畢，新水洗口鼻。效。

又《**豆蔻散**》 治馬停留宿水倫瘦病。肉豆蔻、白芍藥、當歸、甘草、砂仁、肉桂、金鈴子、細辛、厚朴、青皮、陳皮、蓽澄茄。上藥為末，每服二兩，青蔥三枝，溫酒一斤，同調治之。

又《**當歸散**》 治馬負重勞傷太過，毛焦草慢羸瘦病。當歸、沒藥、乳香、血竭、五靈脂、玄參、青皮、知母、川芎、玄胡索、自然銅。上藥共為細末，每服二兩，蔥三枝、酒一碗，入童便半盞，同調灌之。

又《**芍藥散**》 治馬吐糞。芍藥、細辛、良姜、丹皮、縮砂、桂心、黑附子、沒藥、巴戟、青皮、香附子、陳皮。上藥為末，每服二兩，蔥五枝，飛鹽三錢，溫酒一斤，童便半盞，同調灌之。

又《**婆石散**》 治馬尿血。婆婆石、當歸、板藍根、蒲黃炒、紅花、澤瀉、荷葉、白礬、車前子研末、瞿麥。上藥為末，每服兩半，溫酒半升，調灌。

又《**冬花散**》 治馬非時咥喘。款冬花、黃藥子、白薑蠶、玉金、白芨、玄參。上藥為末，每服二兩，蜜一兩，湯一盞同調。草後灌之。

又《**益智散**》 治馬五勞七傷，頭垂鼻冷，傷水等症。益智、桂心、當歸、白芷、青皮、芍藥、肉豆蔻、檳榔、原朴、木香、紅藥、枳殼、陳皮、無味子。以上為末，每服二兩，蜜三兩，酒水共一斤，同煎三五沸，候溫灌之。

又《**獨活散**》 治馬五勞七傷，四肢疼痛。當歸、桃仁各半兩，漢防己一兩，獨活熟地、五加皮、羌活、防風、甘草、肉桂、澤瀉、白朮、茯苓、天麻、陳皮、追風使、追風草。上藥為末，每服兩半，酒半碗、水半碗，同煎三五沸，帶熱灌之。

又《**雄黃散**》 敷馬諸般腫毒及蹄頭筋骨脹大等症。雄黃、川椒、白芨、白蘞、芸苔子、草烏、官桂、大黃、硫黃、白芥子。上藥為末，每服一大匙，麵一匙，醋一碗，同熬熟，敷腫處立效。

又《**牡蠣散**》 牡蠣燒、縮砂、天南星、天仙子、木別子。上藥為末，每用一大匙，醋一盞調勻，煎熟成膏，熱塗腫處自消矣。

又《**豬脂膏**》 治馬枯死蹄甲、血毒痛病。豬脂四兩熬油去渣，生薑一兩擂，胡桃仁兩半燒灰，爐甘石一兩為末。上藥以文武火熬成膏，溫水洗過，待乾塗之，次日再塗。

又《**定粉散**》 治馬花瘡。定粉五分、砒霜一錢、膩粉五分、綠豆二百粒。以上四味，共合一處，石臼搗為細末，漿水洗過，乾貼之。三次效。

又《**洗疥方**》 洗馬疥燥。馬藺根、臭椿皮、白蕪荑、甜葶藶、皂角、藜蘆、花椒。各件為末，每用一匙，薑汁三斤，煎三沸，入生油少許，洗之。

又《**塗疥方**》 治馬乾燥。香茹、膩粉、藜蘆、牙皂、桔梗、臭椿皮、馬藺根。以上搗羅為末，先用瓦子擦破，油調勻，抹塗之。

又《**搽疥方**》 狼毒四兩、牙皂四兩炮、硫磺一兩、雄黃三錢、輕粉二錢。各件搗羅為末，以生油燒熱，調勻搽之。隔日再搽。

又《**治馬氣喘方**》 葶藶、黃耆、知母、貝母、玄參、兜鈴、升麻、牛蒡子。上藥為末，每服二兩，漿水一斤同調，草後灌之。喧喘嗽粗甚效。

又《**治馬尿血方**》 黃耆、烏藥、芍藥、茵陳、兜鈴、生地黃、枇杷葉。上藥為末，每服兩半，漿水一斤，同煎三沸，候溫灌之。

又《**治馬喉腫方**》 青黛、川芎、知母、貝母、薄荷、郁金、牛蒡子炒。以上為末，每服二兩，蜜二兩，漿水一斤同調，草後灌之。

又《治馬結尿方》 滑石、木通、朴硝、車前子。共為細末，每服一兩，溫水調灌，移時再灌。結甚，加梔子、赤芍藥。

又《治馬結糞方》 大黃、枳殼、麻子仁、黃連、厚朴、皂角燒灰存性。共為細末，每服二兩，米泔水一盞，同調灌之。如不通，加蔓荊子。

又《治馬傷料方》 麥芽三升，微炒為末，隨草喂之。甚良。

又《治馬打破脊梁方》 馬齒莧、石灰，上藥搗和為丸，陰乾，再碾為末，椒湯洗淨，乾貼之。

又《姜礬散》 生薑燒灰、白礬飛，上藥研細末，如瘡乾，油調塗之；瘡濕，乾貼之。

又《丹礬散》 治馬鞍屜擦破脊梁。訶子核五個去皮肉、白礬半兩飛、黃丹半兩。先將白礬於銅銚內熔化，入黃丹攪勻，令贅枯乾，看黃丹色紫為度，後將訶子核搗爛，入丹礬，共搗羅為末。臨用，先以溫漿水將瘡口洗淨，溫乾，用藥末敷之。極者，不過三四次神效。

又《消毒散》 治馬誤食毒草，口中吐沫，悶絕欲死。白礬半兩飛，鹽一兩炒、真芝麻四兩，開水調灌，即解。

又《附難產方及諸方》 生半夏、白蘞各等分為末，每遇難產婦人，或一兩日不生，取用此藥末一錢，無灰酒送下，不論橫生、倒生、胎衣不下，但只一服，無不下矣。屢驗神效。

又《難產奇方》 用芝麻油、白蜜、童便各半盞，煎沖黃酒服之，即下。

又《下死胎方》 用芒硝四兩，開水沖和，溫加童便二大盞，調和灌之，即下。

又《產後無乳方》 穿山甲七片，王不留二兩，為末，煮豬蹄服之，其乳即下。

又《五枳流氣飲》 煮酒，治人寒濕氣痛，嘔逆吞酸，食後倒飽等症。又治馬牛肚腹膨脹，不下草料，瘦弱等症。厚朴、枳實、檳榔、草菓去殼、肉蔻、官桂、烏藥、升麻、澤瀉、木通、車前子研末、木香、沉香、神曲、麥芽、山楂、青皮、陳皮。若煮酒，加老生薑一塊打碎入內，煮一柱香附，取起服之。不拘冷熱，空腸飲之，其痛即止，再不食後倒飽。忌食生冷、滯氣之物。若灌馬牛，加薑五七片，童便一大盞，調和灌之。二三服即可長。

又《敷惡瘡奇方》 用肉皂角去子打碎，以滴醋和敷瘡上，其瘡腫自消散矣！神速。

又《調筋大七傷散》 治馬牛跌打損傷、筋骨疼痛、把腰把胯、四足拘攣等症。人之偏枯，半身不遂，煮酒服之，即可起行。烏藥、木香、天麻、蘇薄荷、羌活、獨活、防風、麻黃、廣桂枝、川烏製、草烏製、細辛、川木瓜、杜仲、牛膝、鮮紅花、當歸、川芎、木通、五加皮、粉草、肉桂、附子。以上為末，每服二兩，老薑五七片，煎三沸，加黃酒一斤，同調之。

又《防風通聖散》 治外寒內熱，瘡黃等症。馬牛有膘者，四時皆可用。馬牛喜孕者忌用。大黃酒炒、芒硝、防風、荊芥、麻黃、黑枝、白芍、連翹、川芎、當歸、薄荷、白朮各五錢，桔梗、黃芩、石膏各一錢，甘草二兩，滑石三兩，薑蔥調灌。歌曰：防風通聖大黃硝，川芥麻黃枝芍翹。甘桔芎歸膏滑石，薄荷芩朮力偏饒。表裡交攻陽熱盛，外科瘍毒總能消。

又《五積散》 此方馬牛不上草料者，春冬用之進食，夏月忌用。五積散治五般積，麻黃蒼芷芍歸芎。枳桔桂姜甘茯樸，陳皮半夏加薑蔥。

又《起墨迹方》 蔓荊子、百草霜、白龍骨各二錢，雀糞十粒。以上研為細末，塗上侯乾，一拂即去。

又《治血風臆瘡方》 銅綠、膽礬、白蠟、黃蠟、芝麻油一茶盅，將前藥入內，熬膏貼之。痊癒。

又《五子五皮飲》 治氣虛、遍身腫脹等症。山楂子、蘇子、葶藶子、羅卜子、牛蒡子、香附子、桑皮、陳皮、桔皮、大腹皮、茯苓皮、老姜皮、澤瀉。上藥各等分，不用引，煎服。

又《瀉黃散》 治馬濕熱腫脹等症。赤茯苓、黃連、黃柏、黃芩、茵陳、澤瀉、山梔。上藥各等分，不用引，煎服。

又《麥冬飲》 治吐血日久不止。麥冬、黃耆、當歸、人參、生地、五味子。以上各等分，不用引，水煎服。

又《縮泉散》 專治遺尿。益智去殼，鹽水拌炒，烏藥三兩，山藥三兩，桑螵蛸三兩，上藥瓦焙研，糯米糊為丸，每早空心服之，如神。

又《四時用藥法》 凡用藥之法，不問所病溫、涼、寒、熱等症，如春時有疾，於是用藥內加清涼風藥。夏月有疾，於所用藥內加大寒之藥。秋月有疾，於所用藥內加溫氣之藥。冬月有疾，加大熱之藥。是不絕生化之源也。至用藥等分，但看口色加減，臨時通變。

清 趙學敏《串雅獸醫方》卷一《馬證》 熱、蟲嗓、黑汗，鼻有膿、啌喘，水草不進。黃瓜、蔞根、貝母、小青、桔梗、吳蘭靛花、桃仁、大黃、白鮮皮、黃芩、郁金各二兩、馬牙硝、黃柏各四兩。研末，驗患相當及常要，啖。重者，藥三兩，地黃半斤，豆豉二合，蔓青油四合，合齊前藥啖之，至晚飼，大效。蟲嗓重者，用葶藶子合令紫色，搗如泥，桑白皮一大握，大棗二十枚去核，以水二升，煮取一升，去滓，入葶藶末調勻，適寒溫而灌之。隔日再灌，重者不過三次。若蟲嗓馬，鼻沫出，梁腫出起者，不治。蟲嗓十年者，醬清如膽汁者半合，分兩服，灌鼻內，每灌一兩，日將息，不得連灌，即損馬也。急黃黑汗，右割取上斷訖取舊靴頭皮，水浸汁，灌之；如不效，用大黃、當歸各一兩，鹽半盞，以水三盞，煎取半盞，分兩服，灌之；如再不效，針破馬尾尖，出血即效。

又 起臥胞轉及腸結。細辛、防風、芍藥各一兩，鹽一盞，水五盞，取半盞，分二服。灌後灌前用芒硝、郁金、寒水石、大青各一兩，水五盞，煎半，以酒、油各半盞攪勻，分二服，灌口中妙。胞轉欲死小兒尿和水，灌之立瘥；搗蒜納小便孔中，深五寸亦可。

又 腸結起臥。騎馬走上坂，用木于腹，來去刮擦，以手納後孔，令探糞出，即愈。探法：剪去手指甲，以油塗手，恐傷破馬腸。

又 頰骨脹。羊蹄根四十九個，燒灰熨骨上，冷換之，如元羊蹄根，楊枝指大者，炙熨之。

又 後胯冷跛。蔥、姜各五兩，水五盞，煮取豐盞，和酒灌之。治馬蛆蹄。槽下立處掘一尺方，埋雞于許大石子，令常立石子上。一二日即瘥。

又 治疥。黃豆炒焦，用生麻油搗爛敷之，先以酣泔水洗淨。又方：先以皂莢水或米泔淨洗，次用樗根末和麻油塗，令中間少空放蟲，不得多塗，恐瘡大。又方：巴豆、膩粉研細末，麻油塗定，日洗塗數次妙。目暈。用霜後乾榖樹葉為末，一日兩度，以蘆管吹眼中。

又 治啌嗽毛焦。大麻子仁揀淨一片，飼之，大效。諸瘡。昆沙、夜合花葉、黃厚、乾薑、梹榔、五倍子為末，先用鹽漿水洗瘡後，用麻油，加輕粉調敷。

又 疥癩：杜蘅生搗擦，或為末敷之亦可。又方：生胡麻葉搗計，灌之。又方：藜藿末，水調，塗，妙。

又 鼻內癩病：蕎麥磨粉灌，仍用麥稈飼之。

又 傷水：先燒人亂髮，熏兩鼻，後用川烏、白芷、胡椒、豬牙皂角各等分，麝香少許為末，用竹筒盛藥一字，吹入鼻，須臾打嚏，清水流出即效。加瓜蒂兼治一切中結病癥。

又 馬瘦：狗肉汁灌之。

又 諸病：白鳳仙花連根葉熬膏，遇馬有病，抹眼四角上，汗出即愈。

又 馬後抽破：馬尾後抽為抽轡，方破者，以蛇脫燒灰，香油調敷，或乾摻一二時即愈。

又 發汗散，治騾馬久咳不止：川芎、陳皮、青皮、紫蘇、百合、當歸、附子、小茴香各等分，姜七片，蔥七莖，蓮鬚生酒一片半煎熟，侯溫灌下，拴暖房用鞲蓋之，取汗後，補藥再服三五劑。麻黃、桂枝、甘草、枳實、連翹、麥冬、杏仁、天冬、蒲黃、桔梗、花粉、當歸、青皮、陳皮、郁金、香附、生地、熟地、防風、荊芥、蘿卜子、茴香、川芎、黃芪、桑皮、白芷，以水酒各一種，煎熱，搗碎，加麻油一鍾，蜜二兩，雞蛋兩個，同煎灌之，連日服。

又 治騾馬驢寒胃：兜鈴、紫苑、芒硝、大黃、甘草、青皮、桑皮、連翹、梔子、苦參、天冬、麥冬、防風、荊芥、知母各一兩，分三劑擂碎，同灌。

清 周海蓬《療馬集》卷一《療馬集三十四癥》 馬翻胃吐草者，觀形狀：四肢倦怠，耳搭頭低，鼻浮面腫，賺吊毛焦，舌唇赤紫，暈脈沉遲。治法：火針脾腧穴，吐草者，益智散嚾之，米湯一日一飲。益智散：益智仁、肉豆蔻、五味子、廣木香、梹榔、草果、細辛、青皮、當歸、厚朴、川芎、官桂、砂仁、白朮、芍藥、白芷、枳殼、甘草。薑、棗、酒引。又方：加丁香一錢嚾之。

又 馬此症形狀：肚腹飽脹，弩膔蹲腰，駒胞溺濁，氣促喘麄，口色青黄治法：駒活，嚾安胎白朮散。安胎：白朮、當歸、川芎、當參、甘草、砂仁、熟地黄、陳皮、紫蘇、黄芩、白芍、阿膠。生薑引，溫嚾。胎死腹中取出，用當歸沒藥散。當歸、沒藥、海帶、荷葉、紅花、虎骨、連翹、麒麟、芍藥、甜瓜。酒煎嚾下。

馬胎病之圖第二

又 此癥：又薑芽又骨眼等不具形狀；前蹄跑地，覷腹廻頭，連連起臥，鼻咋氣喘。治法：割雙薑穴，針三江血，放四蹄頭血，順氣散嚾之，吹鼻散吹之；當日忌冷水，孕馬不可吹鼻。順氣散：陳橘皮、青橘皮、梹榔、厚朴、桂心、細辛、當歸、茴香、白芷、木通、砂仁、甘草。飛鹽、蔥、酒引。吹鼻散：藜蘆、胡椒、半夏、白芷、瓜蒂、麝香、皂角、藶苈子，共細末，吹鼻，不住捧行，鼻中出水或溺之大效。

馬蘆芽之圖第三

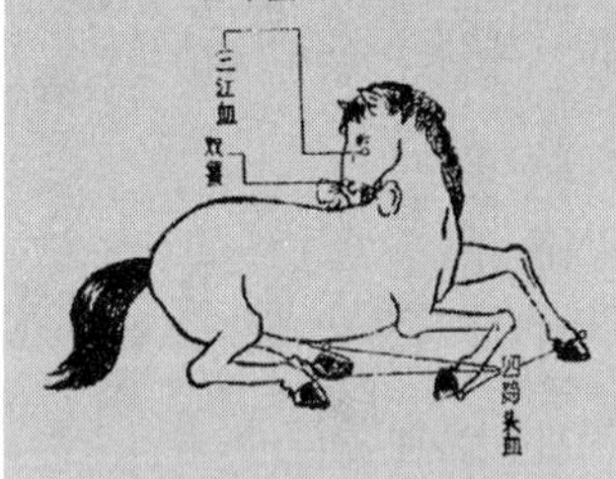

又 此癥形狀：耳緊尾直、眼急驚狂、牙關緊閉、口內垂涎、口色鮮紅。治法：放鶻脈血，烙大風門穴、伏兔穴、百會穴，追風散嚾之，砆砂散吹鼻，大忌風寒。追風散：雄黄、烏頭去□、白朮、川芎、防風、細辛、白芷、蒼朮。水浸，酒引。砆砂散：療風開孔。砆砂、雄黄、皂角、瓜蒂、麝香少許，共細末，一日兩次吹之。

馬搗鞍風圖第四

又 口中白沫吐連連，唇舌無瘡號肺寒，奔行飲急因傷肺，氣結津液變作痰，棚下遶樁渾似雪，槽邊滿地恰如綿。馬口內生瘡與肺寒相同。治者勿得錯之。形狀：口吐白沫，口鼻俱寒。治法：用半夏散。半夏散治馬肺寒馬口吐涎沫。半夏、升麻、防風、飛礬，共細末。蕎麵、蜜、生薑、酸棗水同調，草飽嚾之。

肺寒吐沫之圖第五

又 此癥救急方，用襪汁，用人糞調合，嚾之大效。此癥形狀：渾身汗出，氣促喘麄，蹄形不動，耳搭頭低。治法：徹鶻脈血，三江大脈血，茯神散嚾之，巧治利刀尾尖血上十字劈之；忌摔行，休拴暖處。用茯神散：茯神三錢、硃砂一錢、雄黄一錢，共細末，糞浸水，氈襪取汁同調嚾之。又方：乾馬糞安於瓦内，上用人髮蓋之，火燒令煙入馬鼻中，神效。良馬渾身汗不收，由來熱積在心頭，三江眼鼻須針徹，尾尖鶻脈兩針抽；襪汁共調人糞嚾，裙衣蒙腦水淋頭；豬清半盅同調嚾，嚾之不瘥命須休。

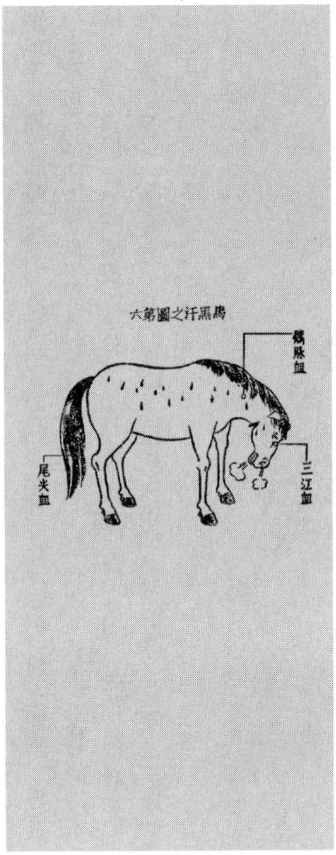

馬黑汗之圖第六

又 此癥觀形：忽倒在地，足仰稍空，起而復舊，水草如常，口色平和。治法：袖口内蜱蟲摘之，貫仲散煎湯洗之。貫仲散：殺蟲。貫仲、鶴虱、花椒、臭橘、蕪荑、蛇床子共合，煎湯去渣；將馬縛倒在地，摘去蜱蟲，袖口翻過，藥水洗之。

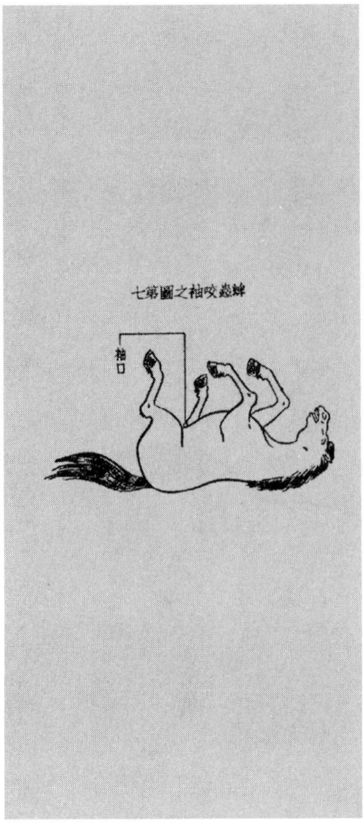

蜱蟲咬袖之圖第七

又 歌曰：良馬鼻中血兩行，多因草飽下坡忙，膈傷肉痛渾身顫，腔嗽連聲喘息狂，鼻脈蝦遊枯骨口，胸前汗出似油漿，此般形癥從來死，復起師皇無治方。治法：針大血。

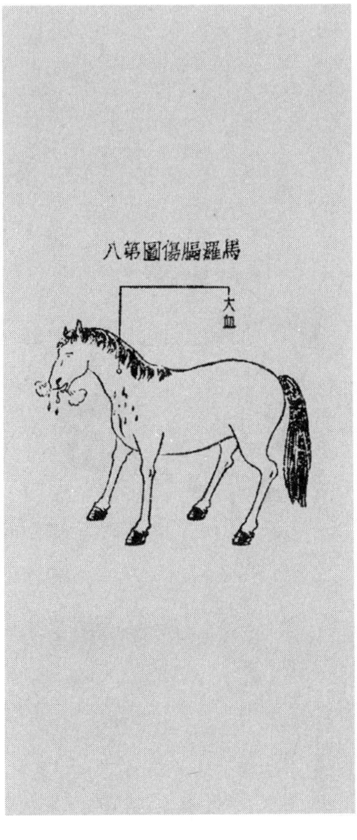

馬羅腸傷圖第八

又 馬中結癥，觀形：肚腹飽脹，仆臥跑胸，連連起臥，鼻咋喘麄，口色赤紫。治法：放四蹄頭血，摔行，當日不許飲喂。中結之癥用婦人脛布，混水浸之，去布嚾水。

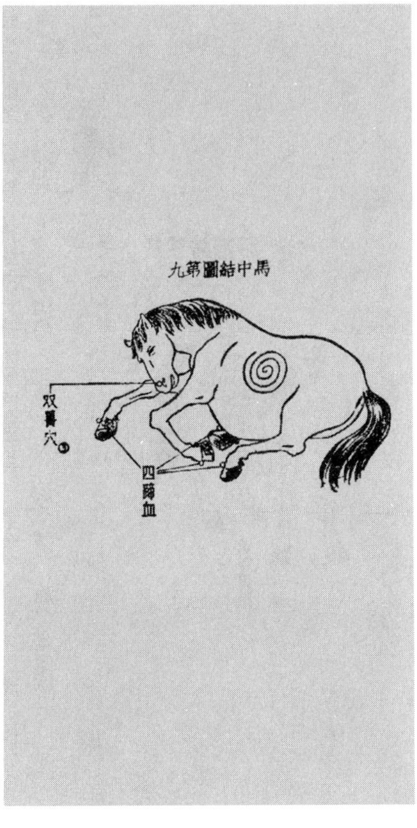

馬中結圖第九

又 馬前結癥觀形：不時臥地，足仰朝天，口咬胸臆，氣促喘麄，口色赤而帶紫。治法：放四蹄血，通關散嚾之，摔行，當日忌草水。通關散：續隨子、膩粉、滑石、木通、鼠糞、牽牛、酥油、皂角炙。生油、苦酒調，煎三沸，再加大黃末、朴硝末嚾之。

馬前結圖第十

又　冷痛者寒傷所致也。觀形：直尾行大腸痛，捲尾行小腸痛，蹲腰踏地胞經痛，腸鳴、泄湯、冷氣痛，急起急臥脾經痛，脈沉，唇舌如綿。治法：放四蹄血，三江大脈血，雙薑穴；橘皮散嚾之，麝香散吹鼻內，當日忌冷水。橘皮散：青橘皮、陳橘皮、厚朴、桂心、細辛、茴香、當歸、白芷、檳榔。葱、酒、薑、鹽引。急救方：葱、飛鹽、山胡椒搗爛，黃酒調，煎嚾之；捧行，溺之大效。

馬冷痛之圖第十一

又　後結者大腸後而結也。形狀：連連臥地，臥而又起，弓腰弩氣，觀腹迴頭，口色赤而帶紫。治法：放三江大脈血，四蹄頭血，塗油入手取之糞，打結丸嚾之，牽行。打結丸：續隨子、郁李仁、皂角、瞿麥、鼠糞、榆白皮、牽牛、芫花；細末，大麥麵糊爲丸，彈子大。葱、酒、油、童便引。

馬後結圖第十二

又　馬胞轉者一名小腸結也。觀形：肚腹脹痛，踏地蹲腰，欲臥不臥，打尾跑蹄，口色紅而帶紫。治法：放三江血、雙薑穴、四蹄頭血、人手塗油、水道穴拔之，滑石散嚾之，當日忌飲喂。滑石散：滑石、澤瀉、燈芯、茵陳、知母、黃蘗酒炒，豬苓。童便引，空草嚾之。

馬胞轉之圖第十三

又　馬熱痛者觀形：精神倦怠，兩眼如癡，臥多立少，惡熱便陰，唇舌

鮮紅。治法：放鶻脈血、玉堂血，香薷散嚾之。調理：清涼之處，水浸青草喂之，諸料忌之。香薷散，治馬熱癥中暑。香薷、黄芩、黄連、甘草、柴胡、當歸、連翹、花粉、梔子。蜜、漿水、童便引，空草嚾之。

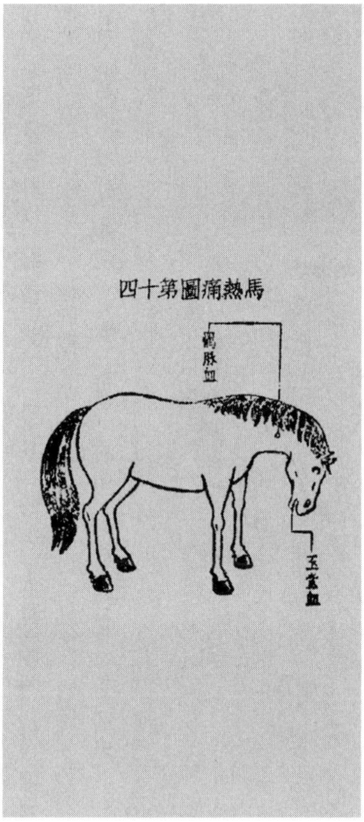

馬熱痛圖第十四

又　馬脾胃冷傷之癥，歌曰：治脾人間妙，針脾第一功，火針脾腧穴，氣脈當時通。觀形：蹇唇似笑、擺尾搖頭、蹲腰臥地、泄瀉腸鳴、細口如綿。治法：火針脾腧穴、健脾散嚾之，不住牽行，忌寒冷，當日冷水忌之。健脾散：當歸、白朮、甘草、菖蒲、砂仁、澤瀉、厚朴、官桂、青皮、陳皮、乾薑、白茯苓、五味子。薑、鹽、酒引。

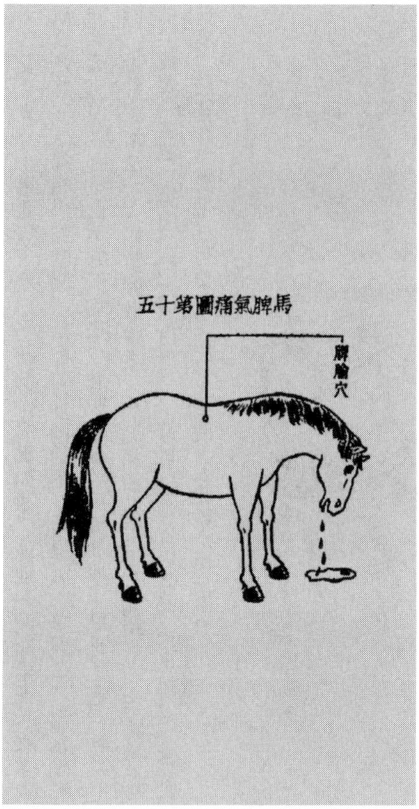

馬脾氣痛圖第十五

又　馬草噎之癥，觀形：伸頭縮項、侵口廻涎、喘麄氣促、啌嗽連聲，口色青黄。治法：遊韁擊後脚，捧往高坡，趕返急行十步遭，噎自下；油水嚾之，蕓薹散吹之。調理：顙下用手揉抹，胸前木杖刮之。蕓薹散，治馬咽噎不下。蕓臺子即芥、菜子也、麝香少許。瓜蒂、胡椒、皂角一廷炙共細末，吹鼻孔內卽下。

馬草噎之圖第十六

又　肺風者肺熱也。凡治者：涼心血、瀉肺火、清孔竅、潤皮毛。觀形：渾身瘙癢、擦樹揩樁、尾鬃脱落、皮破成瘡。治法：肺風熱燥者放大血、尾本血，五參散嚾之，甘草湯洗之。癢者肺風散嚾之，塗疥方搽之，忌料。五參散，治馬肺風熱燥。人參、苦參、玄參、紫參、沙參、秦艽、何首烏、酸漿水調嚾。甘草湯洗馬熱燥：甘草、藜蘆、防風、荊芥、皂角、苦參、黄栢、薄荷、臭椿皮浸水洗之；候乾蠟燭油搽之。搽疥方，搽馬乾瘙。芫花、蛇床子、細末，生油調勻，洗後乾塗之。

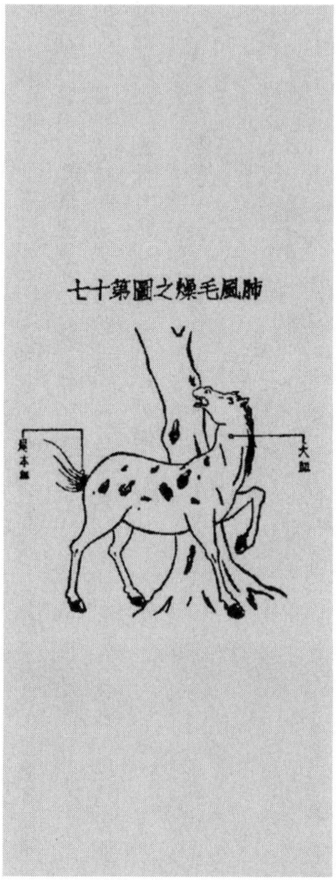

肺風毛燥之圖第十七

又 大、小馬此癥，歌曰：新駒妳瀉糞如漿，臥地迴頭顧兩廂，乘熱渴飢食熱妳，二陽相引到空腸，烏梅乾柿同爲末，黃連訶子薑與黃，溫水調和同共嚾，便是師皇眞藥方。駒形：肚腹飽脹、瀉糞如漿、臥地不起、顧腹迴頭、舌紅。治法：大馬當歸散嚾之，小馬烏梅散嚾之。烏梅散：烏梅去核乾柿、黃連、薑黃、訶肉。細末，白湯引，當日忌乳。當歸散，治母馬。全當歸、荷葉、紅花炒、海帶、芍藥、青皮、連翹、天花粉。童便引。

馬新駒妳瀉之圖第十八

又 此癥：脾寒冷、肉顫、胃冷吐涎、火針脾腧穴。觀觀形：渾身發顫、口內垂涎、鼻寒耳冷、膁吊毛焦、口色青黃。治法：火針脾腧穴、煖胃健脾散嚾之，當日冷水忌之。健脾散，治馬脾胃寒傷、口吐粘涎。當歸、枳殼、甘草、菖蒲、厚朴、澤瀉、升麻、半夏、石脂、官桂、白朮。薑、酒引。

胃冷吐涎之圖第十九

又 此癥，歌曰：膁上黃腫起，源流號腎癰。熱積三焦內，血氣不甦通。根從內腎發，苗向膁邊生。饒君千百治，徒勞枉費工。膁黃者，內腎黃也；根生內腎，苗長腰旁，頭低耳搭，口色青紫。治法：針交當血。腰旁軟腫、膁畔虛浮、頭低耳搭、行立無神，死癥。

馬膁黃之圖第二十

又 破傷風者傷破外感風也；此謂卒急之癥，有傷呼爲急，無傷呼爲慢，口鬆涎少者可治，口緊涎多者難治。形狀：耳緊尾直、閃骨生瘀、牙關緊閉、口內垂涎、口色赤紫。治法：放鶻脈血，烙風門穴、伏兔穴、百會穴，千金散嚾之，硃砂散吹之，寒夜休拴外喂。千金散：蔓荊子、何首烏、天南星、防風、阿膠、川芎、羌活、蟬退、細辛、乾蝎、升麻、藿香、獨活。薑引。吹鼻散：硃砂、雄黃、麝香、皂角、蕓臺子共細末，吹鼻。

破傷風圖第二十一

又　心黃者邪熱忡心也：燥悶忽啣韁，卽是心黃。觀形：渾身肉顫，汗出如漿，咬身齧足，眼急驚狂，舌似雞冠。治法：放胸堂血瀉心火、抽鶻脈血定心神，鎮心散嚾之。火烙大風門穴、小風門穴、伏兔穴、百會穴，以上燒鐵烙之，井花水項上澆之。鎮心散，治馬心黃。硃砂、茯神、人參、防風、甘草、遠志、梔子、郁金、黃芩、黃連、麻黃去節。蜜、膽汁、雞子清引。

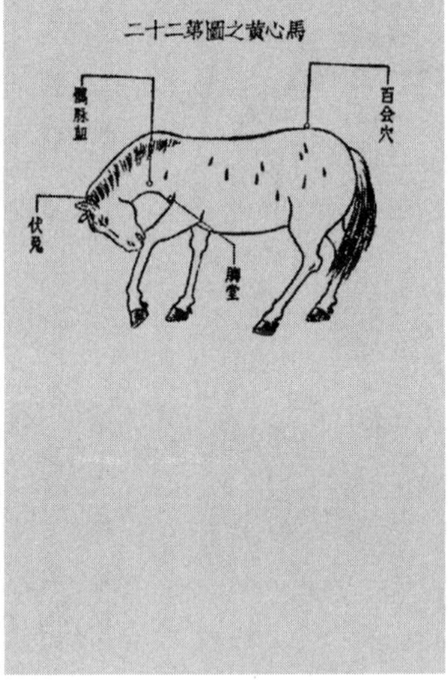

馬心黃之圖第二十二

又　遍身黃者名爲肺風黃也，歌曰：遍身黃病肺家風，爲緣久積熱停胸。疙瘩滿身隨處腫，皮膚燥癢若蟲行。鶻脈兩針先去血，消黃散嚾蜜調勻。鷄子一雙同共嚾，米泔調嚾病除根。觀形：渾身疙瘩，皮膚燥癢，口色鮮紅。治法：放鶻脈血，消黃散嚾之，忌生料。消黃散治馬熱極生黃。黃藥子、知母、梔子、大黃、黃芩、防風、黃蓍、白藥子、貝母、連翹、郁金、甘草、蟬蛻、朴硝。鷄子清、米泔水引。

遍身黃形圖第二十三

又　喉骨脹者最難當，口吐粘涎更發啌。喉中氣響如抽鋸，鼻內時流濃水漿。顙下氣喉一寸割，項邊鶻脈兩針強。蜜調理肺黃蓍散，十朝五嚾病安康。馬咽喉病癥：水草難嚥，氣出不及者割開喉腧穴，時下得安然，此爲救急之方。形狀：咽喉哽噎、鼻孔流濃、水草難嚥、氣促喘麄、口色鮮紅。治法：放鶻脈血，開喉腧穴，理肺黃蓍散嚾之，水浸青草喂之，冬春菉豆喂之，忌生料。黃蓍散：黃蓍、當歸、郁金、甘草、梔子、黃藥子、黃芩、黃連、知母、貝母、桔梗、白藥子。蜜鷄子清、新汲水同調嚾之；草後嚾之。

喉骨脹圖第二十四

又　骨眼者閃骨生瘀也；凡治者針線度過膜皮，利刀割去病骨，莫損血輪血妙，醫者竪之。形狀：兩皆潰料，眵盛難睜，二胞翻腫，閃骨生瘀，口色鮮紅。治法：徹眼脈血，割骨眼穴，青葙子散嚾之；每朝用青布揾溫水於兩眼角內洗之，忌：不可野放，切忌生料。青葙散：青葙子、石決明、地骨皮、旋復花、龍膽草、草決明、甘泉石、乾菊花、防風、黃連、石膏、木賊。蜜、豬膽引。

骨眼之圖第二十五

又　混睛蟲者外感疫邪也：凡治者多在針工，日久結爲窩窠不能取也，醫者慎之。歌曰：混睛生眼內，野放疫生多。目淺猶堪治，惟恐結成窩。觀形：睛生白膜，遮掩瞳人，寸蟲混擾，黑白不分。治法：針開天穴，蟬蛻散嚾之，鷹糞散點之，忌不可野放於郊。蟬蛻散：蟬蛻、黃連、荊芥、蒼朮、川芎、甘草、馬蘭花、地橘皮、蜜蒙花、山梔子、龍膽草。蜜、白米湯引，草飽嚾之。鷹糞散：鷹糞、硃砂、白硼砂、白硇砂，細末，不拘時點之。

馬混睛圖第二十六

又　膊痛者飽聚所傷也，觀形：胸疼膊疼束步難行，頻頻換腳站立艱辛。治法：放胸堂血，當歸散嚾之，忌生料。當歸散：枇杍葉、黃藥子、天花粉、牡丹皮、白藥子、芍藥、紅花、桔梗、當歸、甘草、沒藥、大黃。童便引，草後嚾之。

胸膊圖第二十七

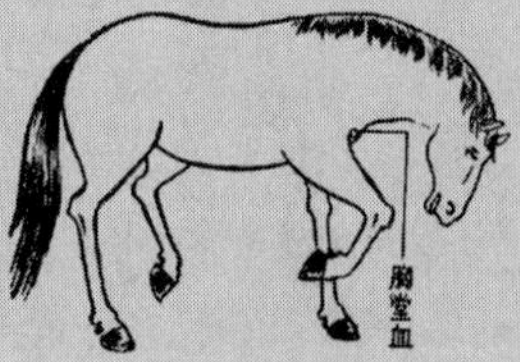

又　心者君相也，外連於舌，舌上生瘡，心經積熱。凡治者洗心涼膈，降火清痰，兩針堂穴刺之。明堂曰：堂穴者胸堂血也、少陰心經之脈、臆骨兩旁，胸前曲處是也；入針三分出血，洩心胸之邪熱，瀉少陰之痰火。觀形：精神困倦，眼閉頭低，口唇赤腫，口內垂涎。治法：放胸堂血，洗心散嚾之，膽礬散舌上吹之，米泔水口內洗之，忌生料。洗心散：天花粉、木通、黃芩、黃連、連翹、茯神、黃柏、桔梗、白芷、梔子、牛蒡子。膽礬散吹之、膽礬、黃連、黃柏、兒茶細末吹瘡。蜜、米泔引，草飽嚾之。

心經熱圖第二十八

又　尿血者膀胱積熱也；治者清利小腸、分理陰陽、血溺黑者不堪治也。觀形：尿膊溺血，弩氣弓腰，頭低耳搭，草細毛焦，口舌如綿，蓁艽散治之，喂多加料，青竹葉，空腸喂之，忌騎走。秦艽散，治馬溺血。秦艽、蒲黃、瞿麥、當歸、黃芩、甘草、紅花、大黃、芍藥、梔子、車前子、天花粉。青竹葉引，空草嚾之。

尿血圖第二十九

又　馬患肚脹膈間傷，啌嗽連聲喘息忙。只緣飽驟程途遠，痞氣填胸肺

受殃。消脹須抽喉脈血，天仙散嚾是奇方。蜂蜜二兩相和嚾，三服之內卽安康。觀形：肚腹飽滿，膈脹胸膨，咽中氣噎，鼻咋喘息，口色青黄。治法：放喉脈血、天仙子散嚾之。調理：搾行，當日忌飲喂。天仙散：天仙子、牽牛子、白芍藥、當歸、連翹、大黄、白芷、貝母、百合、甘草。蜜、虀引。

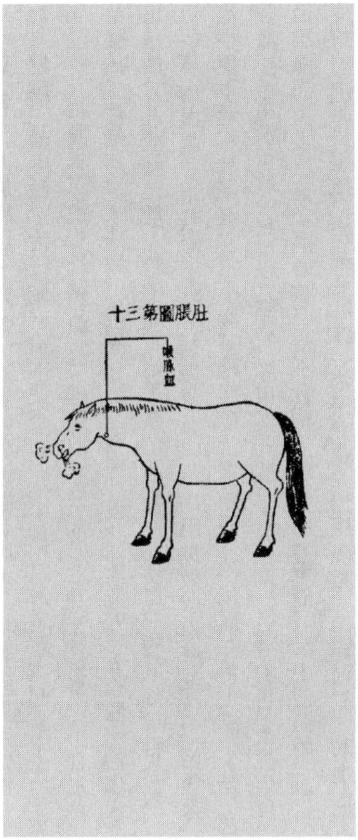

肚脹圖第三十

又　料傷者生料過傷也，皆因蓄養太盛，多喂少騎。歌曰：馬因谷料過多餐，胃火流行五臟間，精神困倦渾如醉，行步拘然亦似攢，蘿蔔麥蘗生擂用，枳殼山查神麯研，生油小便相和嚾，四蹄出血自然安。觀形：精神倦怠，眼閉頭低，拘行束步，四肢一如攢，口舌鮮紅。治法：放四蹄血，麯蘗散嚾之，忌當日飲水。神曲、麥蘗、山查、甘草、厚朴、枳殼、陳皮、青皮、蒼朮。生油、蘿蔔搗爛引。

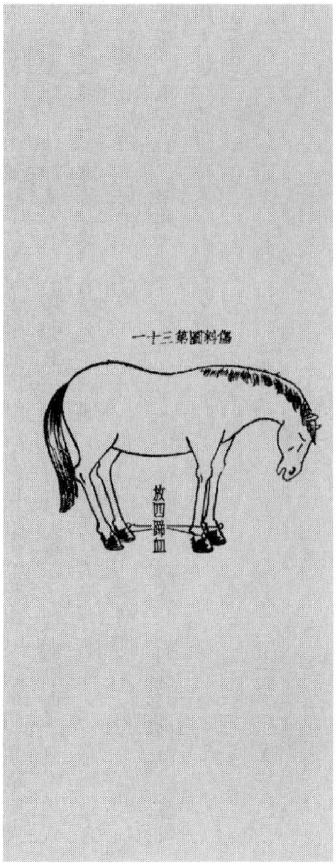

料傷圖第三十一

又　泖瀉者水瀉也，皆因久渴失飲，乘飢誤飲冷水太過，失於搾散，停住於腸。歌曰：泖瀉皆因臟氣虚，水停腸内不津液。肛門瀉糞渾如水，腸中虚氣響如雷。觀形：肛門泖瀉、水糞無毬、毛焦膁吊、口色青黄。治法：放帶脈血，豬苓散嚾之、熟米湯飲之；又豆箕喂甚妙，空腸冷水三日忌之，水少飲搾行。豬苓散：豬苓、澤瀉、青皮、陳皮、莨菪、牽牛。粟米煮，同調嚾之，嚾後無根水洗口鼻，立瘥。

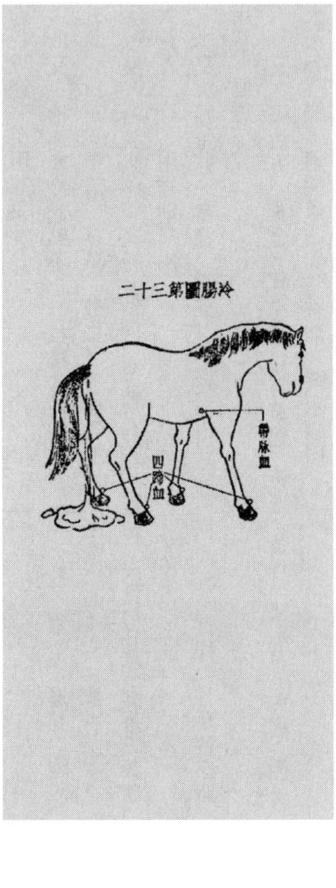

冷腸圖第三十二

又　此癥觀形：渾身出汗、肉顫頭搖、左右亂跌、氣促喘麄、口舌赤紅。治法：放鶻脈血、四蹄頭血，火烙風門穴、百會穴，鎮心散嚾之。調理：清涼之處，水浸青草喂之。又方：青竹葉喂之，忌搾行，忌料。又方：針玉堂血，硃砂散嚾之，麝香散鼻内吹之。鎮心散：黨參、桔梗、白芷、白茯苓。童便引，草後服。硃砂散：硃砂、黨參、茯神、黄連。豬膽汁，童便引。麝香散，治馬中風。麝香、瓜蒂、硃砂、雄黄、青黛、皂角炙。細末，吹鼻。

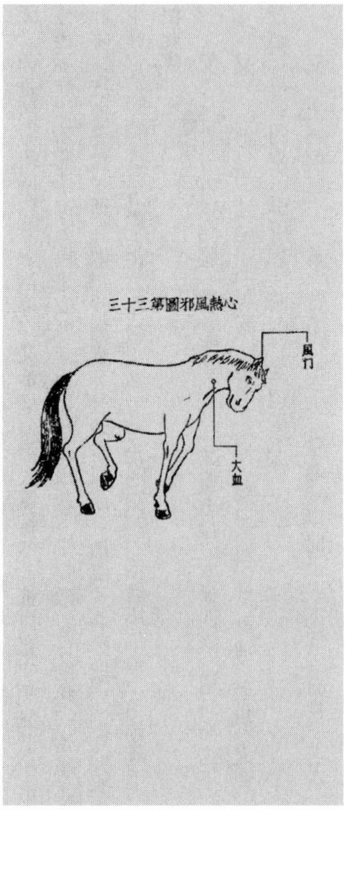

心熱風邪圖第三十三

又 顙黃者卒急之癥也；皆因蓄養太盛，肉重膘肥，三焦熱積，凡馬顙內生黃，喉中氣響如抽鋸者，此謂結成囊也，不治之癥。觀形：氣喉軟腫、食顙虛浮、精神倦怠、耳搭頭低、口色鮮紅。治法：放鵲脈血，割喉腧穴，消黃散嚾之，雄黃散腫處塗之。調理：拴涼處，水浸青草喂之，諸料忌之。消黃散：知母、貝母、黃芩、甘草、大黃、郁金、黃藥子、白藥子。蜜、雞子清、童便引；草遠嚾之。雄黃散，塗馬黃腫方。雄黃、白芨、白歛、龍骨、川大黃，共研細末，水調塗腫處，如乾再塗。

東顙黃圖第三十四

又 卷三《療馬百一方》 治馬癥藥方題目牌名：接骨丹方：治前結，治馬擺尾，治中結，治後結，治大便不通，治大結，治馬寒冷起臥不止，治胸膈疼，治腫蛋，治顙黃。燒藥方、理肺散、茴香散：五腔疼咳嗽，不食水草，治腰痛，治氣疼。大傷散：治鎖口黃，治黑汗風。消黃散、五香散：治傷水。追風散、九龍轉江散：治七結，治丟腰。清肺散：尿血，腰氣疼。百合散：治馬鼻內出膿，治咳嗽不吃，治慢腸黃，治馬眼神效，治腰氣疼，治後寒，治小便不通，治尿清，治小腸。陰癥散：治結癥，治尿血，治七結。春用茵陳散，夏用消黃散，秋用清肺散，冬用秦艽散：治口瘡，治遍子黃，治破傷風，治馬熱病舌上生瘡。清心散：治不食草，治馬傷五攢痛，治小便閉結，治串皮瘡，治腦皮傷風，治肺寒吐沫，治子兒黃，治馬咳嗽，治馬前結。和血散：治牛衣不下，治擺喉，治馬七傷，治馬垂縷不收，治馬低頭難，治馬停宿水，治馬喘，治馬破傷風，治大腸草結，治馬口吐涎沫，治馬舌上生瘡。金鈔方：健脾。開胃散：治馬料鑽，治腰胯疼，寒色火，五腔痛，五勞七傷，治馬下鼻，治馬傷，料不食草。健脾散：治馬寒，治馬痧癥，治順毛和血，治熱發眼。茴香散：治馬傷寒，治癩，又治癩，治夾氣稍冬。神血寬中順氣散：治後腰不起，治瘤子。人馬平安散：治黑汗。風散、平胃散：腎觔疼，治騾馬肚疼，皮瘦毛焦。運肺散：治馬騾亮腰時時尿尿，治風。清肺散：治馬四季下鼻，治腰背疼，五勞七傷。全散火急方：治心火眼，治騾馬傷熱，治馬銼毛，治肚疼。

又 接骨丹方：豬腰一對，蝎子七個，螃蟹七個，木通四錢。引黃酒送下。

又 治前結：續隨子、膩粉、滑石、木通、黑丑、鼠糞、酥油、皂角、大黃、芒硝。每服四兩，引用香油四兩，黃酒送下。

又 治馬擺尾：大黃、黃芩、梔子、生地、車前子、木通、石膏、滑石、連翹各二錢。用雞子、蜂蜜、香油、黃酒送下。

又 中結方：先嚾滷水一茶盅，後嚾香油一茶盅，不住捧行。

又 後結方：續隨子、郁李仁、半夏、瞿麥、楡白皮、牽牛、芫花三錢二分。用大麥、蔥、黃酒送下。

又 大便不通：續隨子、木通、滑石、大戟、黑丑、鼠糞、青麯三錢二分、皂角各二錢。煎出，外加大黃一兩，朴硝。

又 大結方：硼砂、茴香、白藥、楓子、川連、檳榔、巴豆、白朮、木通各五錢。引用韮菜汁。

又 治馬寒冷起臥不止：檳榔、益智、當歸、豆蔻、細辛、厚朴、陳皮、五味、白芷、枳殼、甘草、砂仁、官桂各三錢。用蜜二兩，薑，黃酒送下。

又 治胸膈疼：花粉、桔梗、芍藥、紅花、當歸、沒藥、甘草、乳香、黃藥、大黃各三錢。用香油二兩，薑，酒送下。

又 腫蛋方：當歸、青皮、陳皮、川連、砂仁、茴香、官桂、甘草各三錢。用薑，酒送下。

又 顙黃方：玉金、甘草、黃柏、黃藥、黃連、黃丹、寒水石、白礬、梔子、大黃各三錢。用鷄子四個、香油、清水調服。

又 燒藥方：生麝五分、丁香一錢、乳香一錢、香附一錢、香艾三兩、川烏一錢、草烏一錢、沒藥二錢、雌雄一錢、谷牙一錢、木香二錢、洋參一錢、藜蘆八錢、血竭一錢、姜黃一錢。

又 理肺散：知母、梔子、乳香、茵陳、沒藥、五味、紅花、甘草、貝母、川連、杏仁、白芍、當歸、玉金、天冬、厚朴、青皮、菖蒲、桔梗、阿膠、蛤蚧、白藥、木通、皮硝、松子各三錢。引用雞子、蜂蜜。

又 茴香散：元胡、厚朴、小茴、芍藥、當歸、益智、川連、木通、陳皮、青皮、荷葉、黑豆各五錢。引用青蔥、黄酒。

又 五腔疼：知母、乳香、沒藥、甘草、茵陳、紅花、桂枝、秦艽、五味、川貝各四錢。蜂蜜二兩、黄酒半斤。

又 咳嗽：茵陳五錢、梔子四兩、阿膠一錢、黄連二錢、杏仁四錢、防風二錢、玉金五錢、大黄五錢、黄蓍四錢。引用西瓜一個。

又 不食水草開胃散：砂仁、陳皮、肉桂、甘草、厚朴、枳殼、神麯、蒼朮、豆蔻各五錢。引用鷄子清。

又 腰疼：當歸、甘草、杜仲、茴香、故紙、巴戟、乳香、沒藥、紅花、白朮、川斷各二錢。黄酒送下。

又 氣疼：白芥子、紅花、木香各二錢。黄酒送下。

又 大傷散：知母、貝母、防風、青皮、陳皮、乾薑、虎骨、荷葉、當歸、瓜蔞、桔梗、大黄、豆蔻、黨參、故紙、茯苓、甘草、益智、白芷、檳榔、官桂、茵陳、黄連、升麻、茴香以上各二錢，古木香五分，豬油四兩。引用蔥、姜、黄酒。

又 鎖口黄：桃仁、黄柏、青皮、連翹、大黄、片芩、黄芩、木通、黄連、玉金、砂仁、陳皮各二錢，白蜜一兩，水煎。

又 黑汗風：蔓荊子、烏蛇、白附、防風、天麻、桂心、黑薑、南星、相皮、川芎、殭蠶、藁本、甘草、全蟲、鹽各二錢。用燒酒半斤送下。

又 消黄散：黄芩、薄荷、桔梗、甘草、黄連、知母、麥冬、五味、白朮、款冬、黄薑、貝母、瓜蔞、玉金、皮硝、黄栢各三錢。引用香油、白蜜。

又 五香散：乳香、茴香、沉香、丁香、紅花、血竭、全蟲、自然銅各三錢。生薑、黄酒送下。

又 傷水：檳榔、木通、白朮、茴香、當歸、厚朴、青皮、陳皮、桂心、甘草、益智、牽牛、細辛、枳殼、花木、茱萸各二錢。蔥、薑、黄酒送下。

又 追風散：桔梗、枳殼、川草、荊芥、薄荷、蒼朮、防風、恙活、木通、半夏、檳榔、甘草。花粉、山藥各二錢。引用雞子清、蜂蜜。

又 九龍轉江散，治七結：大黄、滑石、皂角、木通、白朮、當歸、茯苓、瞿麥、茴香各四錢。引用香油、黄酒送下。

又 治丢腰：木香、乳香、沒藥、豆蔻、香附、肉桂、紅花、陳皮、知母、貝母、土鱉、倍子、厚朴、茴香、全蝎、螃蟹、當歸、故紙、巴戟、山甲、杜仲、黑狗頭、川芎、川斷、豬腰一對各三錢。黄酒半盅，童便爲引。

又 清肺散：知母、貝母、薄荷、天冬、麥冬、桔梗、連翹、黄芩、甘草、元參、百部、桑皮、兜苓、當歸、厚朴、藿香、梔子、白芍、木通、蘇子、葶藶、血竭、阿膠、黄連、玉金、杏仁、黄藥、黄栢各等分。春用鷄子清，夏用韭菜，秋用茴香，冬用蔥薑水加香油、蜂蜜。

又 尿血：大黄、瞿麥、當歸、秦艽、蒲黄一錢，芍藥、黄芩、車前、甘草、紅花、花粉、梔子、川連五分。竹葉、燈芯爲引。

又 腰氣疼：木香二兩、木通一兩、紅花二兩、乾薑二兩、古月一兩、砒信三分、蛤蚧一對。引用黄酒。

又 百合散：治馬鼻内出膿。百合、貝母、大黄、甘草、蔞根，每服二兩。

又 咳嗽不吃：茵陳、梔子、防風、杏仁、冬花、兜苓、桑皮、玉金、明砂、知母、黄栢、黄連各五分，加白蜜一兩、蛋清四個、香油一兩。

又 慢腸黄：玉金、訶子、黄連、大黄、黄芩、黄栢、梔子、芍藥。忌生料，處涼。每服二兩不煎，連嚾之濟。

又 治馬眼神效：青箱子、草決明、木賊、井泉石、蟬蛻、石決明、膽草、黄芩、檳榔、黄連、玉金、蒼朮、防風、菊花、甘草各三錢。水煎，用白蜜、鷄子清嚾。

又 腰氣痛：木香、沒藥、乳香、豆蔻、蓯蓉、附子、厚朴、肉桂、知母、貝母、紅花、陳皮、土鱉七個、豬腰子一對、公螃蟹、當歸、故紙、小茴香、全蝎、巴戟各二錢。黄酒送下。

又 後寒：茴香、肉桂、白朮、木通、巴戟、藁本、檳榔、當歸、白附子、川連、肉豆蔻、蓽澄茄、紅花、沒藥、枳殼、杜仲、兔絲、蛇床子。每服四兩，用蔥、薑、鹽煎。

又 小便不通：知母、貝母、木通、滑石、官桂。每服四兩。溫水送下。

又 尿清：巴戟、益智仁、木通、青皮、陳皮、白朮、金鈴子、木香、知母、當歸、芍藥、破故紙、茴香、葫蘆子、牽牛。每服四兩。鹽、蔥、酒送下。

又 小腸陰癥散：茵陳、連翹、防風、木通、山藥、梔子、牛蒡子、花粉、大黄、黄藥、知母、貝母、當歸、白芍、甘草、麥芽、山查。引用生薑，小便不下加白糖。

又　結癥：大黃、滑石、皂角、白朮、茯苓、當歸、木通、瞿麥、小茴香每付二兩。用生薑送下。

又　尿血：紅花、茴香、甘草、蕎麵。豆腐漿、白水送下。

又　七結：巴豆去油、防風、鼠糞、黑丑、滑石、木通、大黃各等分。引用麻油半斤。

又　春用茵陳散：白芷、當歸、黃芩、玉金、麥子、地黃、地骨皮、茯苓。用生薑、蜂蜜、韭菜嚾之。

又　夏用消黃散：知母、貝母、姜黃、元參、黃芩、甘草、花粉、大黃、連翹、銀花、黃藥、白藥、木通、滑石、黃連、蘇子。引用鷄子粉、用水漿。

又　秋用清肺散：黃藥、白藥、大黃、瓜蔞、知母、貝母、白芷、當歸、青皮、陳皮、梔子、黃芩、黃柏。引用雞子清、蜂蜜、香油、韭菜汁嚾之。

又　冬用秦艽散：秦艽、紫菀、薄荷、山藥、大黃、黃芩、甘草、桂枝、麥芽、知母、貝母、當歸、紅花、枳殼、陳皮、桔梗、牡丹皮每服三兩。用蜂蜜、香油送下。

又　治口瘡：獨活、防風、防己、當歸、肉桂、連翹、黃栢、大黃、羌活、甘草、澤瀉、桃仁各二錢。用黃酒送下。

又　口子黃：黃藥、茯苓、豆寇、官桂、虎骨、乾薑、黨參、防己、白朮、甘草、黃栢、花粉、小茴香、自然鉛各二錢。春加茵陳開水送下，夏加黃連白湯送，秋加升麻，冬加茴香、蔥、水送下。

又　破傷風：蔴、頭髮、魚膠、古月、棗各四兩。燒灰爲末，黃酒送下。

又　治馬熱病舌上生瘡清心散：山藥、桔梗、黃栢、花粉、梔子、黃芩、木通、白芷、牛蒡子各三錢。用蜜二兩、韭汁一升，草後嚾之。

又　不食草方：厚朴、青皮、陳皮、桂枝、當歸、麥芽、神麯、山查、砂仁、五味各三錢。用鹽、黃酒送下。

又　治馬傷五攢痛：茵陳、當歸、沒藥、甘草、杏仁、桔梗、陳皮、青皮、紅花、柴胡、紫菀、白藥。每服二兩。香油一兩、童便半盅、水半盅嚾之。

又　小便閉結：木通、豬苓、澤瀉、枳殼、黃栢、黃連、麥冬、牛膝、車前、梔子、大黃、知母、芒硝各等分。

又　串皮疳：冰片、雄黃、龍骨、麝香、紅花、藥珠各五分。

又　治腦皮傷風：黃丹、雄黃、神砂各六錢，麝香、冰片五分，頭髮半斤。用黃酒送下。

又　肺寒吐沫：秦艽、青皮、天冬、麥冬、知母、貝母、百合、蔞仁、梔子、連翹、黃栢、阿魏、五味、大黃、黃芩、甘草。共爲細末，蜜二兩，溫水調服。

又　治子兒黃：梔子、知母、甘草、黃栢、乾薑、麥冬、小茴、肉桂、木通、炒鹽三錢。共爲細末，用連根蔥、黃酒送下。

又　治馬咳嗽：川黃、黃芩、蔞仁、梔子、木通、香附、蒼朮、地骨皮、桑皮、香油。雞子清、漿水、黃酒同合一處嚾之。

又　治馬前結：續隨、膩粉、滑石、木通、黑丑、鼠糞、酥油、皂角、大黃、芒硝。每服四兩。共爲細末，黃酒送下。

又　和血散：牛膝、乳香、沒藥、血竭、兒茶、故紙、蘆巴、當歸、紅花、肉蔻、茴香、杜仲、肉桂各二錢五分。

又　治牛衣不下：山甲、大戟、滑石、海金砂。共爲細末，每服五錢，水一升，豬油四兩，灰汁一盞，同煎汁爲膏藥嚾之。

又　治擺喉：大黃、黃芩、梔子、生地、車前、木通、石膏、滑石、連翹各三錢。用黃酒、鷄子清三個、蜂蜜二兩、香油一兩嚾之。

又　治馬七傷：知母、貝母、防風、青皮、陳皮、乾薑、虎骨、花粉、桔梗、大黃、豆蔻、故紙、茯苓、甘草、茴香、茵陳、赤芍、當歸、白芷、檳榔、桂枝、木香、益智各等分，共爲細末。

又　治馬垂縷不收：金鈴子、白附子、蓽澄加、肉蓯蓉、當歸、檳榔、豆蔻、肉桂、木通、茴香。右爲細末。蔥、燒酒、小便同嚾之。

又　治馬低頭難方：小藥子、瓜蔞根、桑皮、白朮、芍藥、當歸、白芷、桔梗。用蔥、溫水、空草嚾之。

又　治馬停宿水方：肉豆蔻、白芍藥、金鈴子、蓽澄加、當歸、甘草、砂仁、肉桂、細辛、厚朴、青皮、陳皮。用蔥、酒嚾之。

又　治馬喘方：知母、沒藥、當歸、百合、葶藶、甘草、梔子、兜苓、靈參、白芍、桑皮。用蜂蜜、生薑、童便嚾之。

又　治馬破傷風：天麻、乾蝎炒、蟬蛻、半夏、防風、藿香、川烏炮、硃砂三分，膩粉一分，白附子炮、蔓荊子、天南星、烏蛇酒浸，去骨皮，加麝香各三錢。

又 大腸草結：大黄、朴硝、螻蛄、蜣螂、鼠糞、酥油、巴豆、膩粉、蔴油、枳殼、麥蘖、神麯、山查、粟米、滑石、麻子仁、郁李仁、續隨子炒、生豬油、莨菪子各二錢五分。用香油二兩。

又 治馬吐涎沫：防風、半夏、枯礬、升麻、蕎麵、生薑。用姜、水嚾之。

又 治馬舌上生瘡神效：青黛、黄栢、訶子、白礬飛。共爲細末，蜜水拌勻，裝絹袋口內噙之。

又 金鈔方：川附子、白附子、蔓荊子、川升麻、漢防己、防風蜜炒、麻黄去節、姜蠶去足、川烏、獨活、荊芥、麝香、全蝎、天麻、烏蛇、川烏、藁本、柴胡、豆蔻、生薑、羌活。

又 健脾開胃散：臺烏、麻黄、茵陳、獨活、枳殼、防風、甘草、知母、貝母、升麻、青皮、陳皮、當歸、羌活、川芎、砂仁、官桂、青木香、細辛、紅花、五味、桔梗。用葱、姜、黄酒送下。

又 治馬料鑽：紅花、沒藥、桔梗、神麯、枳殼、當歸、山查、厚朴、陳皮、甘草、黄藥、白藥各三錢爲細末。用麥芽、童便嚾之。

又 腰胯疼：茴香、檳榔、肉桂、白朮、木通、巴戟、牽牛、藁本、白附子、紅花、川連、沒藥、豆蔻、枳殼、杜仲、兔絲、烏藥、飛鹽、蓽澄茄。春用開水，秋用黄酒。

又 寒色火：甘草、麥芽、當歸、蒼朮、陳皮、砂仁、木香、豆蔻、地黄、官桂、小茴香。用棗三枚，黄酒送下。

又 五腔疼：茵陳、知母、貝母、木通、甘草、血竭、肉桂、紅花。用葱、酒送下。

又 五勞七傷：當歸、乳香、赤芍、紅花、連翹、甘草、官桂、花粉、桔梗、故紙、杜仲、青皮、虎骨、白芍、檳榔、豆蔻、糯米、木通、砂仁各二錢。用黄酒送下。

又 治馬下鼻方：桔梗、花粉、甘草、知母、梔子、黄芩、黄栢、桑皮、杏仁、前子、麥冬、葶藶各四錢。鷄子清三個，米泔水調服。

又 治馬傷料不吃草方：甘草、香附、厚朴、砂仁、山查、白朮各五錢。

又 健脾散治馬寒：蒼朮、心志、烏藥、陳皮、茵陳、麻黄、川羌、獨活、甘草、貝母、當歸、升麻、青皮、川芎、砂仁、官桂、青香、細辛、五味、桔梗、紅花、茯苓、葳蕤各三錢。用鷄子清、白蜜、姜、黄酒送下。

又 治馬風痧癱方：天麻、麻黄、荊子、殭蠶、雄黄、川烏、南星、烏蛇、蒼朮、白附子、乾蝎、半夏、硃砂。用黄酒嚾之。

又 順毛和血：當歸、沒藥、乳香、血竭、元參、青皮、知母、川芎、靈芝、元胡、自然銅各三錢。用葱、黄酒送下。

又 治熱發眼方：石決、草決、沒藥、梔子、黄藥、黄栢、大黄、玉金、春芩、白藥各三分。用鷄子青、蜂蜜。

又 茴香散治馬傷寒：茴香、杜仲、蘆巴、青皮、練子、陳皮、血竭、木通、肉桂、甘草、豆蔻、乳香、沒藥、木香各等分。用炒葱三錢、酒送下。

又 治癩方：龍黄、川椒、大楓子、雄黄、潮腦、桐油。合一處搽。又治癩方：甘松、紅礬三錢、潮腦四錢、大楓子廿五個、水銀。豬油搽。

又 茴香散：杜仲、茴香、蘆巴、青皮、陳皮、練子、血竭、木通、甘草、肉桂、豆蔻、乳香、沒藥、木香各等分。用炒葱三錢，酒送下。

又、治夾氣稍疼：丁香、乳香、藿香、茴香、木香、紅花一兩。用豬腰一對，黄酒送下。

又 神血寬中順氣散：當歸、川芎、熟地、黄芩、土行、青皮、炙草、松香、黄丹各一兩。用油半斤送下

又 後腰不起：白朮、白芍、當歸、黨參、熟地、陳皮、紫蘇、黄芩、白芷、阿膠。每服四兩。生薑、葱、黄酒送下。

又 治瘤子方：斑蝥、附子、白倍、紅娘、巴戟、麝香、石腦、花椒。不用引。

又 人馬平安散：皂角、硼沙、細辛、冰片、麝香、火硝。以上三分、硃砂二分、木香二分、赤金雄一錢。

又 治黑汗風散：茯神、辰砂、雄黄。糞水一碗、豬膽汁半盅，同藥嚾之。

又 平胃散：厚朴、蒼朮、陳皮、豬苓、澤瀉、白朮、腸皮、茯苓、大黄、滑石、檳榔、木通、花粉、香附、歸尾、赤芍、銀花、芒硝、黄連各二錢三分。

又 腎觔疼先服麝香後嚾藥：當歸、沒藥、乳香、木通、麥冬、天冬、元胡索、全蝎、自然銅、川芎、牛膝、巴戟、川練子、木香、甘草、紅花、血竭、桂心、官桂、麝香二分、蛤蚧一對各二錢。用豆油四兩，黄酒嚾之。

又 治騾馬肚疼方：升白礬二錢、麵碱二錢、香油一兩、醋一茶盅、雞子清三個。同合一處服之。

又 皮瘦毛焦：當歸、沒藥、血竭、巴戟、藁本、蘆巴、白朮、故紙、紅花、木通每服二兩。用黃酒送下。

又 運肺散：治螺馬亮腰、時刻尿尿。防風、黃芩、荊芥穗、芍藥、大黃、麻黃、滑石、桔梗、山梔、石羔、川芎、當歸、甘草、菘荷、連翹、芒硝。引用生薑。

又 治風方：荊芥、烏藥、蟬蛻、全蟲、川羌、甘草、獨活、南屋、烏蟲、防風、桑蛸、細辛、殭蠶、官桂、川芎、阿膠、復花、白芷、天麻、沙參各一錢。引用蔥、姜、黃酒送下。

又 清肺散：知母、貝母、甜葶、板藍根、水萇巴、冬花四錢，甘草、花粉、升麻三錢。引用蜂蜜、糯米粥。

又 治馬四季下鼻方：白礬、藥子三錢，紅花五錢。引用黃酒送下。

又、腰背疼方：秦艽、續斷、碎補、牛膝、獨活、故紙、巴戟、杜仲、桂枝、當歸、木香、紅花各三錢。用黃酒送下。

又 五勞七傷全散：知母、貝母、防風、陳皮、青皮、乾薑、芍藥、木通、當歸、蔓仁、大黃、官桂、虎骨、肉蔻、當參、檳榔、桔梗、益智、故紙、茵陳、白芷、小茴、甘草、紅花、丁香、木香各四兩。用蔥、豬油、黃酒送下。

又 火急方：續隨子、膩粉、滑石、木通、大黃、二丑、水子、大戟、麥芽、朴硝、甘草、神麯、黃連各三錢。引用兩頭尖一兩，黃酒一斤。

又 心火眼方：知母、梔子、大黃、黃芩、黃連、黃栢、連翹、甘草、蟬蛻、木賊、菊花、麥冬、朴硝各三錢。引用香油二兩，鷄子清三個，竹葉一把。

又 騾馬傷熱：硃砂、茯神、黨參、防風、甘草、遠志、山梔子、玉金、黃連、黃麻連去節。引用蜜一兩，鹽半盞，鷄子四個，井水。

又 治馬銼毛方：沙參、元參、黨參、苦參、丹參、皂角斜一對。黃酒送下。連翹、桔梗、知母、貝母、白芷、杏仁、當歸、山藥、紫蘇子、瓜蔞、兜苓、甜瓜子、白芨各三錢，黃連二錢，蜜二兩，生薑三片。

又 肚疼方：肉桂二錢、附子五錢、茱萸二錢、白朮五錢、小茴香五錢、木香三錢、檳榔四錢、豬苓二錢、澤瀉三錢、木通五錢。殘缺

清 李南暉《活獸慈舟・馬》第二篇《心經病》 治心黃法。《馬經》云：心火主於血，心者火也，火實則血枯，血虛而熱積，熱積而毒火結成，故發為黃。但此證與夾心黃相同，其脈洪數，或舌間鮮紅，氣粗喘急者，當用清火解熱藥：黃連、黃芩、黃柏、梔子、玄參、連翹、芒硝、白芍、當歸、紅花、木通、丹皮、甘草。搗煎，入綠豆，童便啖服。又：當歸、川芎、紅花、芒硝、梔子、枯芩、夏枯草、蒲公英、柴胡、大黃、黃連、芭蕉根、生甘草、黃柏皮、車前、水燈芯。搗煎，入綠豆合啖。

又 治舌黃法。馬舌生黃，皆屬心中火毒所致。當用：黃連、黃芩、石膏、桔梗、玄參、射干、當歸、生芍、大黃、柴胡、甘草、生芪。搗煎，入綠豆、竹瀝合啖。當歸、川芎、白芍、玄參、桔梗、煅石膏、枯芩、梔子、黃連、大黃、生甘草、豨薟草、車前、水燈芯。煎濃，啖服。

又 治舌疔舌爛法。《馬經》云：凡舌生疔者，乃火毒結成，久則潰爛成膿，若不早治，遲則危矣。當用：當歸、黃連、川芎、玄參、連翹、黃芪、泡參、丹參、苦參、石膏、黃芩、燈芯。煎濃，入綠亙合啖。又：當歸、川芎、煅石膏、黃柏皮、茯苓、銀花、指甲花、夏枯草、車前草、水燈芯、黃連、榧子、檳榔、枳殼、雷丸秦艽、玄參、苦參、甘草、銀花、芫荑、鶴虱、當歸、紅花、貫眾、菖蒲。搗煎，入酒醋合啖。又：黃連、大黃、川楝皮、椿根皮、腿頭雞兒、貫眾、皂角、菖蒲、水燈芯、扁竹根、蒲公英。搗煎，入醋啖。

又 治心燒熱法。《馬經》云：凡馬心燒發熱者，乃心熾火盛也，或渴水感冒所致，久則發為燒熱等證。或曰：馬無熱證，不知暑燥口渴，心火熾盛，豈能弗熱燒乎。當用清熱退燒藥：當歸、苦參、玄參、香薷、荊芥、防風、藿香、黃連、黃芩、花粉、粉葛、青果、甘草、青皮、車前。煎濃，入雞蛋啖服。又：當歸、苦參、枯芩、香薷、川芎、柴胡、生芍、黃連、黃柏皮、青蒿、扁竹根、芭蕉根、水燈芯、瓜蔞根、粉葛、甘草。煎濃，入雞蛋，童便啖服。

又 治狂癇法。馬伯約云：馬發狂癇，心慌亂竄，皆風、火、痰三者作證，或有感風所致，痰火相兼而成此證，或者痰迷心竅，感風致發。凡此證舌下色多紅紫乃火重，如青黑乃風痰所致。雙凫脈乍有乍無，或洪或遲者必是。宜先用化痰消風解熱藥：當歸、川芎、香附、琥珀、廣香、南星、半夏、羌活、防風、檳榔、石膏、硃砂、辰砂、大黃、白芍、柴胡、甘草、竹瀝、燈芯。搗煎，入童便、綠豆合啖。又：當歸、川芎、柴胡、硃砂、辰砂、木通、香附子、黃連、煅石膏、羚羊角、芒硝、南星、法夏、地骨皮、淡竹葉。荊竹瀝搗煎，入芭蕉油合啖。

又 治心冷痛法。昔黃帝問於歧伯曰：『心屬火，不知冷證染自何來，

請剖分明。』答曰：『心居前倉上部，凡馬騾驢行走渴甚，未至停息，服飲涼水，則冷熱不和，心冷氣痛等證作矣。』凡心冷氣痛，頭眩眼昏，色青焰黑，當用散寒疏氣藥：當歸、川芎、白朮、廣香、升麻、麻黃、桂枝、官桂、良姜、菖蒲、通草、蒼朮、茯苓。姜、葱搗煎，入酒啖服。又：當歸、川芎、柴胡、蒼朮、官桂、升麻、麻黃、木通、木香、青木香、菖蒲、良姜。姜、葱搗煎，入酒服。

又 治心勞法。《馬經》云：馬多有傷力，何至心勞？不知畜比人同，若饑飽不時，行走不一，或廄裏污濁，或繫久未移，致獸嘶喚，胸中悶鬱，久則成勞而致心虛，其體羸力弱。此證當用補心、活血、解鬱藥：棗仁、遠志、柏子仁、丹參、香附、當歸、川芎、炒芍、木香、砂仁、茯苓、寸冬、五味、胡桃、甘草、黃芪、泡參。搗碎入豬心血，合蜂蜜、豬脂炒熱煎濃，入料合啖。又：當歸、川芎、莎草根、菖蒲、碎補、臭藤根、辰砂草、穿心草、苦參、柏樹子、酸棗仁、檀香、胡桃。搗碎蜜炒，煎濃，入料合啖。

又 治感暑法。醫云：馬感暑者，因夏暑炎熱，未知養息，或遠行勞役，暑熱相染。總之，凡馬忽於熱天感暑，煩悶頭垂，耳倒目紅，鼻口汗涎不息者，急用清暑益氣湯：香薷、青蒿、檳榔、青果、黃芩、枯礬、青皮、石膏、芒硝、黃連、泡參、黃芪、甘草。搗煎，俟冷入綠豆漿合啖。又：香薷、青蒿、茜草根、紫蘇、藿香、車前、桑皮、花粉、大火草、甘草。搗煎，入綠豆漿啖之。

又《肝經病》 治肝黃法。《馬經》云：馬生肝黃於臟腑，有諸內必形諸外。凡肝黃，馬眼昏紅，淚滴，口鼻腥臭，氣粗，舌底臥蠶色多紅赤，其脈多主洪弦而數急。此證當用瀉肝清火藥：柴胡、生芍、黃芩、當歸、玄參、連翹、芒硝、黃連、甘草、車前、牛膝、黃柏。搗煎，入豬脂合啖。又：柴胡、白芍、薄荷、當歸、川芎、黃芩、石膏、野南蕎、梔子、苦參、木耳草、豨薟草、過山龍、大苛草、夏枯草。搗煎，入雞蛋合啖。

又 治肝熱法。青峰曰：肝熱生風，肝熱則出淚水，肝膽熱燥則眼目紅腫赤露。凡肝木熱燥，畜多性亂心慌，目赤昏紅，宜用平肝潤燥藥：當歸、川芎、柴胡、生芍、黃連、黃芩、知母、甘草、薄荷、菊花、紅花、白芷、燈芯、車前。煎濃，入綠豆合啖。又：當歸、川芎、柴胡、生芍、桑皮、知母、黃連、石膏、菊花、薄荷、苦參、水燈芯、車前。搗煎，入綠豆、童便合啖。

又 治眼紅膜翳法。青峰曰：馬眼紅赤流淚，膜脹生翳，生眵者，皆肝燥火熾。此證宜瀉肝清火藥：羚羊角、黃連、竹胡、生芍、薄荷、甘草、黃芩、知母、木賊、蟲蛻、歸尾、紅花、菊花、蒙花、穀精草、水燈芯。煎濃，啖服。又：黃連、枯芩、柴胡、生芍、木賊草、白菊花、密蒙花、歸尾、紅花、穀精草、赤芍、千里光、水燈芯。同搗，煎啖。

又 治眼翻露法。青峰曰：馬忽起暴露翻睛，或目疾延纏醫藥罔效，久成此證，多是心肝火熾，或暑熱所生，或蟲毒尿等濺入目內，故作此證。凡此證先用川椒一兩去仁，入羊膽浸三時，取膽微蒸一刻，取汁入雞冠血合點即解。隨服清肝消毒方：赤芍、柴胡、生芍、黃連、黃芩、芒硝、木賊、青果、玄參、梔子、銀花、膽草、茜草、白芷、防風、川椒、桃仁、紅花、當歸、川芎、甘草。煎服。又：柴胡、生芍、赤芍、膽草、千里光、筆桿草、薄荷、密蒙花、當歸、川芎、花椒、銀花、白菊花、木槿花、鳳仙花、生甘草。搗煎，啖服。

又 治膽黃法。青峰曰：馬膽生黃，多屬肝臟火熾毒攻。然膽與肝同為臟腑。法當用瀉肝解毒藥：當歸、川芎、白芍、柴胡、玄參、梔子、黃連、黃芩、白芷、紅花、連翹、大黃、甘草。搗煎，入童便啖服。又：黃連、枯芩、當歸、川芎、柴胡、生芍、梔子、連翹、木香、過山龍、涷綠條、豨薟草、地丁、夏枯草、甘草。搗煎，入雞蛋啖服。

又 治肝膽作脹法。《馬經》云：肝膽作脹，誰能考之？先觀其外五行，凡肝膽脹證，多是氣抽喘逆，腰曲頭垂，目赤眼昏。此證當用疏氣解鬱湯：當歸、川芎、木香、香附、沉香、木通、澤瀉、檳榔、枳殼、陳皮、法夏、酒芍、防風、白芷、甘草。搗煎，啖服。又：當歸、川芎、木通、吳萸、木香、青木香、石菖蒲、香附、酒芍、柴胡、紅花、桃仁、生草。搗煎，入童便合啖。

又 治風證法。青峰曰：馬患風證者，由乘騎任重，勞役太過，或喘氣未息，汗流竅通，忽被風邪竄入皮膚為殃。凡風證，雙鳧處脈多浮散，眼目昏沉，多至畏寒怯冷。當用搜風散寒藥：當歸、川芎、防風、羌活、白芷、木通、桂枝、槐枝、柴胡、乾葛、升麻、川烏、白芍、陳皮、檳榔、甘草。搗煎，入酒曲啖。又：當歸、川芎、柴胡、桂枝、升麻、白芍、細辛、木通、兔耳風、淫羊藿、威靈仙、大楓藤、牛膝、茅香葉、吳萸根。搗煎，入姜汁合啖。

又 治揭鞍風法。凡乘騎任重，汗水流通，喘息未止，切忌揭鞍，取褐致惹外邪，如違受證，多從背脊腰中先受。此證亦從風證合醫。當歸重用、白芍、麻黃、桂枝、杏仁、甘草、防風、白芷、陳皮、木通、柴胡、秦艽、川椒。搗煎，唊服。又：當歸、川芎、兔耳風、椿根、吳萸根、茜草根、楓藤根、茅香根、側耳根、木通根、鉤藤瓜。搗煎，入姜汁合唊。

又 治頭風法。馬得頭風，受自何來？由勞役出汗，陡感風邪，致為頭垂耳倒，眼昏鼻涕。此證當用消風散寒藥：當歸、川芎、白芷、細辛、皂角、杏仁、甘草、桂枝、升麻、麻黃、乾葛、柴胡、乾薑、法夏、南星。搗煎，入酒曲合唊。又：當歸、川芎、細辛、柴胡、升麻、麻黃、桂枝、威靈仙、淫羊藿、茅香根、兔耳風。煎濃，入姜汁合唊。

又 治蹄膝風法。蹄上膝間染風者，由勞役汗淋，或炎熱暑蒸，喘息未停，陡入水中，或踩濕氣而兼風邪，始則無恙，久而變為蹄膝風證。法當用除濕散寒湯：桂枝、麻黃、當歸、川芎、酒芍、牛膝、木通、秦艽、防己、木瓜、柴胡、羌活。煎濃，入酒服。又：桂枝、黃龍鬚、蒼朮、升麻、皂角、細辛、木通、木瓜、防己、牛膝、茅香根。煎濃，入酒唊服。馬得風寒，先取芙蓉花無花嫩葉煎熬成膏點眼，有汗者易療，如無汗，急當早治，免致斃命。凡膀膊得風，俱以麻黃、當歸、川芎、防風、升麻等為君；凡有瘵風已久，不能痊瘳，尤當用黃芪、當歸、白朮、茯苓、川芎等而固其本；凡瘵風證，不可發表太過，如毛竅已通，則藥當止，方不誤事。總之醫病不如惜物，凡乘騎載任，不可先揭鞍，去揭務宜避風禁寒，如違則病發百端，醫多難治。

又 治筋骨痛法。馬伯約有云：馬患筋骨疼痛，四肢無力，行動腳膊閃戰者，由始受風寒，未能療瘳，他時肉滿膘肥，力強筋壯，若至血氣衰殘，身軀羸瘦，多成此證。凡風濕凝結等證，先當以除風藥治之，量證加減，隨後服扶正壯陽祛風藥。當歸、川芎、續斷、杜仲、故紙、肉桂、桂枝、乾薑、秦艽、川烏、白芍、陳皮、木瓜、防己、松節、木通、升麻、麻黃。搗煎，入常酒、粳米服。又：當歸、川芎、續斷、官桂、炮姜、胡桃、杜仲、碎補、故紙、巴戟、枸杞、臭藤根、木通、木瓜、淫羊藿、牛膝、兔耳風。同煎，入常酒合唊。

又 治肝虛法。馬師黃有云：勞役太過，草料不時，多致筋力消磨，或變肝虛內證。凡馬患此肝虛者，馬多無力，四肢酸疼，眼暗無光。此證先用補腎益肝散：生地、當歸、酒芍、川芎、續斷、牡蠣、丹皮、柴胡、白芷、廣香、陳皮、山藥、防風、枸杞、故紙、胡桃、碎補、甘草。搗煎，入淡鹽湯、好酒醋唊服。又：生地、當歸、川芎、石榴皮、續斷、酒芍、升麻、碎補、枸杞、巴戟、木香、木通、臭藤根、椿根皮。搗煎，入酒醋、鹽湯唊服。

又 治肝熱法。昔皇帝問於師黃曰：『凡馬肝家熱證，何能審察？』師黃答曰：『凡肝熱肝燥，馬多性烈目紅，或流淚生瘡長膜等證作矣。』目紅眼赤，流淚長膜，先用平肝散：白芍、當歸、柴胡、川芎、膽草、菊花、檳榔、枳殼、黃連、知母、甘草、白芷、防風。煎濃，唊服。又：柴胡、白芍、當歸、川芎、甘草、知母、龍膽草、菊花、千里光、扁竹根、凍綠條、荊芥、薄荷葉。共搗，煎唊。

又 治眼突脹膜法。馬患脹膜突起者，由乘騎太過或暑熱而致。無論外脹膜、內脹膜等癥，先以氣柑一個煮熟，乘熱剖開去心如眼大，將柑覆於眼上，立刻燒解。內急服：青果、檳榔、蒼朮、貫眾、甘草、白芍、防風、郁金、菖蒲、柴胡、川芎、杏仁。搗煎，俟冷唊之。隨後諒證分經而治，無不奏效。

又《脾經病》 治脾黃法。青峰曰：馬牛脾臟，皆同一理，人與畜類，畜與人同，脾胃病證殊多，總之脾有積熱，或饑飽不時，虛損不一，致使脾胃受證，俱宜從此臟分經治病，方能奏效。如脾中熱毒攻結，多成脾黃。此證唇舌焦枯，皮毛乾燥，法當用解毒清火藥：石膏、黃芩、黃連、黃柏、黃芪、柴胡、甘草、梔子、連翹、玄參、生地、當歸、川芎、白芍、防風、牛膝、檳榔、枳殼。搗煎，入蜜合唊。又：石膏、黃連、野南蕎、梔子、白芍、柴胡、苦參、扁竹根、夏枯草、芙蓉花、豨薟草、凍綠條、甘草、指甲花、銀花、茯苓。搗煎，入蜜唊服。

又 治口黃法。青峰曰：馬患口唇生疔黃者，由脾間熱毒所致，或炎熱飲毒水草料等。此證當從脾經主治，宜用清胃解毒藥：黃芩、黃柏、石膏、桔梗、玄參、白芍、當歸、銀花、茯苓、川芎、白芷、甘草。搗煎，入雞蛋唊服。又：當歸、川芎、黃芪、茯苓、銀花、山豆根、白芍、豨薟草、芙蓉花、甘草、石膏。搗煎，入雞蛋、清油唊服。

又 治脾熱法。馬伯約云：凡馬脾熱，涎沫不止，毛焦皮燥，身發紅紫毒者，當用清火瀉毒藥：當歸、川芎、茯苓、石膏、黃連、白芍、生地、甘草、防風、白芷、香薷、青蒿、燈芯、車前。搗煎，入綠豆漿唊服。又：茯苓、甘草、銀花、當歸、川芎、芒硝、白芍、黃連、石膏。煎唊。

又 治脾寒法。前醫有云：馬患脾寒者，皮肉膀膊多閃戰，或宿食倒吐，皆因外感風寒於腹內，冷熱不和。當以溫脾散寒藥：升麻、川芎、當歸、乾薑、官桂、附片、吳萸、廣香、陳皮、法夏、杏仁、甘草、防風、白芷。搗煎，入酒啖服。又：升麻、蒼朮、當歸、川芎、柴胡、椿根皮、澤蘭、淫羊藿、茅香根、兔耳風、側耳根、魚鰍串、合掌草、甘草、吳萸根。搗煎，入姜、蔥合啖。

又 治脾虛法。醫曰：脾胃強盛，則草料易消，脾胃虛弱，則草料難化。精神莫展，久成尫羸。此證先宜用健脾藥：白朮、茯苓、陳皮、法夏、甘草、丁香、砂仁、官桂、黃芪、泡參、升麻、柴胡、乾葛、吳萸、廣香、當歸、川芎。搗煎，入白米浸啖。又：茯苓、當歸、川芎、升麻、廣皮、黑姜、臭藤根、官桂、炙甘草、法夏、穀芽、麥芽。搗煎，合米料啖之。

又 治宿食法。青峰曰：馬患草料停宿者，由冷熱不和，脾胃不消，或傷草料，或飽臥致患，或馬老弱。總之，無論強弱，先當用消食健脾藥：山楂、檳榔、枳殼、厚朴、吳萸、均姜、陳皮、法夏、神曲、麥芽、白朮、茯苓、前仁、牛膝。搗煎，啖服。又：當歸、川芎、南楂、穀芽、麥芽、建曲、升麻、吳萸、廣香、陳皮、魚鰍串、側耳根、椿根皮、臭藤根、姜蔥汁。搗煎，入酒曲煅煉存性合啖。

又 治濕證法。青峰曰：馬患濕證者，因廄內涴濁，未常打掃；或牧於山林，使寒涼潤浸；又或勞役太甚，陡致風濕所侵；或飲涼水停宿，而致冷熱不和，於腹中腸鳴氣痛，皆由脾惡濕，久則發為濕證。總之，無論濕腫與同渾身作脹者，凡此證，唇鼻黃色，眼黃昏暗，急當用消濕藥：當歸、蒼朮、升麻、皂角、白朮、茯苓、甘遂、牽牛、防風、茵陳、白芍、川芎、陳皮。搗煎，啖服。又：升麻、蒼朮、皂角、木香、水茴香、木通、吳萸、葶藶、菖蒲、牽牛子、牛蒡子、茯苓、黃荊子、臭藤根。搗煎，啖服。若水濕腫於皮膚作脹者，當用：豬苓、茯苓、腹毛、丑牛、澤瀉、通草、桂枝、姜皮、川芎、當歸、陳皮。搗煎，啖服。又：豬苓皮、茯苓皮、生薑皮、大腹皮、木通、椿根皮、水茴香、苛草根、牽牛子。搗煎，啖之。如膀胱有水濕不通，重用：防己、木通、葶藶、桂枝、郁金、牛膝、木瓜、前仁。搗煎服之。又：木瓜、木通、桂枝、牛膝、斑鳩根、蒼朮、茅香根、吳萸根、菖蒲根。搗煎服之。

又 治倉結法。前醫有云：凡馬前、中、後三倉草料結積者，或因冷熱不和，脾胃虛弱，或傷草料，致損脾胃，或因火結不通，或致睡臥停積。宜先服導食通關藥：山楂、丑牛、大黃、枳殼、檳榔、厚朴、木通、神曲、萊菔、麥芽。搗煎，入酒曲火煅存性合啖。又：木通、丑牛、廣香、萊菔子、柏樹子、棕樹子、黃荊子、吳萸、南楂、大黃、穀芽、建曲、車前、牛膝。搗煎，入酒曲合啖。此證若由寒熱不和，重用黃荊子、吳萸，無火結則去之。若病解，隨服健脾益胃湯：當歸、川芎、白芍、甘草、白朮、茯苓、陳皮、法夏、砂仁、丁香、升麻、粉葛、防風、官桂、厚朴、前胡。姜、蔥同煎，入白米合啖。

又 治大便結燥法。《馬經》有云：馬患大便結燥者，由大腸經火結熱毒所致。當用：大黃、芒硝、皂角、牛膝、檳榔、前仁、枳殼、厚朴、滑石。搗煎，啖之。又：黃連、大黃、牙硝、川芎、牛膝、前仁、滑石、木通。搗煎，啖之。又：芙蓉花。煎啖。又：大黃、蚯蚓、芒硝、牛膝。搗啖。如糞結難效，服藥不靈，急取：火蔥、蜂蜜。搗敷肛門極效，或與牛畜相參亦效。

又 治腸黃癧毒法。青峰曰：馬患腸癧腸黃等證者，何由認識？凡腸黃癧毒等癥，先當觀眼，必多昏黃，鼻汗不息，瀉出糞中多有膿血黑毒者，必是此證。當用清火消毒藥：大黃、麻仁、芒硝、連翹、玄參、厚朴、吳萸、廣香、陳皮、白芍、枳殼、檳榔、滑石、甘草。搗煎，入清油、蜂蜜合啖。又：大黃、火麻仁、芒硝、白芍、芙蓉花、地丁草、車前草。搗煎，入蜂蜜、清油合啖。

又 治便溏瀉法。《馬經》云：馬患大便溏瀉者，因寒暑不勻，勞役太過，冷熱不和，尤當諒證治療，先以散寒止瀉湯：蒼朮、升麻、吳萸、廣香、肉蔻、砂仁、厚朴、丁香、枳殼、陳皮、白芍、防風、甘草。煎濃，入酒曲合啖。又：吳萸、木香、過路黃、麻黃、菖蒲、魚鰍串、茅香根、兔耳風、臭藤根、椿根皮、姜蔥汁。合煎，入甜酒啖服。

又 治涎沫法。馬患口吐涎沫不息者，由皮熱內燒，或傷草料，或勞役不時，總先以下方為主：茵陳、當歸、石膏、甘草、槐花、茯苓、木通、滑石、郁金、牛膝。搗煎，入酒醋啖服。

又 **《肺經病》** 游溪云：夫肺主氣，凡馬氣血，莫不統於肺。肺惡寒，風寒感冒，則肺先受之，如寒熱不和，則變證多端。

又 **《肺經病》** 治肺黃法。《經》云：馬患肺黃者，眼多黃昏，鼻涕、流汗，口鼻氣粗，皆由心火熾盛，熏烙肺經而致。當用清肺解毒藥：黃柏、黃芩、當歸、川芎、銀花、甘草、玄參、連翹、梔子、黃連、知母、芒硝、枯礬、石膏。

搗煎，入綠豆漿啖服。又：茯苓、銀花、甘草、黄柏皮、野南蕎、白芍、麥冬、芒硝、梔子、芙蓉花。搗煎，入綠豆、雞蛋啖服。

又 治肺寒法。游溪云，肺惡寒，寒凝則氣滯而閉毛竅。此證鼻多無汗，眼無紅赤昏花，雙髡脈多沉緊浮散者必是傷寒傷風，皮肉多閃戰而畏冷惡寒，皆因勞役車載負任，未知愛惜，牧豢多失殷勤。凡得是證，急先用散寒藥：當歸、川芎、升麻、防風、甘葛、白芍、甘草、陳皮、法夏、廣香、肉桂、乾薑、杏仁、紫蘇、製附片。搗煎，入酒啖服。又：當歸、升麻、川芎、麻黄、桂枝、細辛、吳萸、瓜蔞、兔耳風、茅香根、側耳根、法夏、粉葛、魚鰍串、椿根皮、火葱頭、紫蘇子、生薑汁。搗煎，入酒合啖。

又 治肺痰法。《馬經》云：馬患肺中生痰者有三：一是火熏肺燥而生痰，當以百合固金湯，或用消痰清火藥。南星、法夏、白芥、天冬、麥冬、百部、花粉、桑皮、竹茹、石膏、黄芩、生地。搗煎，入童便啖服。又：南星、法夏、天冬、桑皮、紫蘇子、白芥子、生地、苦參、甘草、瓜蔞根、土麥冬、石膏、荊竹瀝、水燈芯。煎濃，入童便合啖。二是傷寒傷風中痰而生肺痰，致馬喉間喘息不解，當用散寒化痰藥：當歸、川芎、麻黄、紫蘇子、紫菀、款冬、法夏、陳皮、桑皮、杏仁、姜汁、葱頭。搗煎，入酒一合啖服。又：瓜蔞子、鳳尾草、椿根皮、花粉、白芥子、側耳根、茅香根、兔耳風、法夏、當歸、川芎、姜葱汁。搗煎，入酒、蜜啖服。三是勞傷虛損，脾胃虛弱，不能運化草料而生肺痰，或腎虛無津液上潮，致使痰鳴氣驟。總之，凡痰喘鳴者，當分經治病，方能取效。如虛損尫羸痰鳴者，當用滋陰補肺藥：天冬、麥冬、五味、白芥、南星、法夏、百部、紫菀、百合、生地、黄芩、麻黄、甘草、陳皮。搗煎，入淡鹽湯、童便合啖。又：百部、百合、南星、法夏、天冬、麥冬、瓜蔞子、白芥、生地、石膏、麻黄、甘草、水竹葉、鳳尾草、生薑汁。搗煎，入童便合啖。

又 治痰火法。醫曰：痰字從火，火烙肺經，則痰生氣喘，當用清火化痰藥：黄連、石膏、南星、法夏、瓜蔞、白芥、花粉、甘葛、陳皮、竹茹、薄荷、寸冬、天冬、桑皮、黄芩。煎濃，入蜜合啖。又：黄連、枯芩、桑皮、天冬、寸冬、南星、半夏、甘葛、甘草、車前、淡竹葉、瓜蔞根、水燈芯。煎濃，入姜汁、蜂蜜合啖。

又 治喉風喉火法。醫曰：馬喉間有氣、食二管，食管通胃，氣管通肺，凡喉風喉火壅塞等證，皆由肺臟所統，或因肺火熏蒸，肺炎熱燥，或因外感風邪，或暑炎熱燥，始從竅入，久者發為此證。先宜用清火潤喉藥：黄芩、桑皮、甘草、玄參、桔梗、豆根、防風、獨活、藿香、射干、大黄、石膏。搗煎，俟冷服。又：枯芩、桑皮、山豆根、開喉箭、芭蕉根、桔梗、石膏、水燈芯、芙蓉花、水仙花、梔子、銀花、水竹葉。搗煎，入雞蛋、童便啖服。

又 治啌咳法。青峰曰：夫啌咳氣喘，其證有五：一者火烙肺金致痰閉塞，結喉作啌。此證當用清火潤肺湯：天冬、百部、寸冬、紫菀、桔梗、防風、白芍、當歸、生地、玄參、白芥、黄芩、甘草。搗煎，俟冷入雞蛋合啖。又：天冬、麥冬、五味、百部、百合、花粉、石膏、細辛、廣皮、法夏、甘草、瓜蔞子、荊竹瀝、水燈芯。搗煎，入雞蛋啖服。二者外染風寒作啌。當用：當歸、川芎、麻黄、桂枝、甘葛、紫蘇、甘草、陳皮、南星、法夏、桑皮、款冬、白芥。搗煎，入酒、蜜合啖。又：當歸、川芎、升麻、麻黄、桑皮、花粉、粉葛、冬花、甘草、鳳尾草。搗煎，入常酒、蜂蜜合啖。三者勞役傷力，虛損尫羸作啌。當用：百部、百合、故紙、杜仲、胡桃、巴戟、菮蓉、續斷、碎補、枸杞、仙茅、防風、白芥、南星、紫菀、香附、當歸、川芎、陳皮。搗煎，入蜂蜜、童便合啖。又：碎補、胡桃、仙茅根、天冬、麥冬、續斷、故紙、杜仲、厚朴、桑皮。搗煎，入童便啖之。四者喝水嗆水作啌。當用五苓散主之，或用：豬苓、澤瀉、木通、茯苓、甘遂、丑牛、葶藶、滑石、牛膝、桂心、乾薑、防風、蒼朮、升麻。煎濃，入酒服。又：蒼朮、升麻、茯苓、葶藶、丑牛、厚朴、木通、牛膝。搗煎，入酒啖服。五者食禽獸毛糞、毒蟲腥物致嗆喘咳者，多腹脹頭垂，四肢伸縮不一，心慌奔走，急取：款冬花無花用葉、甘草、芙蓉花。搗煎，入童便飲服。又：青木香、無娘藤。搗合綠豆漿，童便啖服。又：皂角、廣香。合酒醋啖之。

又 治喉蛾法。馬患喉蛾者，乃生于喉間，若不早治，遲則危矣。宜用：射干、玄參、青黛、桔梗、防風、石膏、燈芯、甘草、藿香、山豆根。共搗，入清油啖之。又：開喉箭、挖耳草。泡酒醋啖之。

又 治鼻竅衄血法。昔醫有云：馬患鼻衄血流不止者，急取：童便、雞蛋。啖之。或置馬鼻於水中，涼解立止。又：螺螄、螃蟹。搗碎，入醋浸啖。凡鼻血已止，宜用引血歸原藥：當歸、川芎、白芍、荊芥、姜灰、石膏、血餘、茅花、銀花、甘草。搗煎，入童便合啖。又：荊芥、姜灰、血餘、石膏、枯礬、甘草、當歸、苦參、冬花、車前、茅草花。搗煎，入童便啖服。又：荷葉或花、節。搗爛，入童便啖之。

又　治氣脹法。青峰曰：馬患氣脹，凝滯不通者，因血氣衰殘，風寒易入，亦或草料弗勻。總之，『凡諸氣郁皆屬於肺』。如肚脹氣滯，當用疏氣通關藥：當歸、川芎、廣香、木香、菖蒲、皂角、細辛、白芷、陳皮、桂枝、防風、紅花、蘇木。共煎，入酒曲合啖。又：當歸、川芎、升麻、木通、吳萸、胡椒、菖蒲、茅香根、木香。共搗煎，入酒曲合啖。如蹄膝膀膊氣滯不通，重用：木通、桂枝、防己、牛膝、黃龍鬚、香附等引之。

又　治皮瘙疥癩法。馬患皮膚瘙癢疥癩而生火疔者，乃肺火燥熱所致。無論疔瘙疥癩脫毛，俱當用：生地、玄參、白芷、苦參、檳榔、貫眾、郁金、防風、黃柏、黃連、甘草、鶴虱、雷丸、秦艽。搗煎，入雞蛋啖之。又：白芷、地膚子、黃柏皮、當歸、白芍、石膏、豬腰果、牛膝、貫眾、大黃、黃連、桑皮、車前。搗煎，入雞蛋合啖。洗藥方：腮頭雞、皂角、枯礬、芭蕉花、紅椒、陳艾葉。共煎，洗患處。如洗未解，隨用：芭蕉花、荷葉、川椒、雄黃、檳榔、硫磺、輕粉、寒水石、地膚子、青黛。同為細末，調油敷患處，無油用雞蛋調敷。

又《腎經病》　《馬經》云：腎者作強之官，宜強壯平和，切忌燥熱虛損，如燥熱虛損，則病發殊多矣。

又《腎經病》　治腎黃法。馬伯約有云：馬患腎黃證者，多生於內臟，有何辨乎？凡腎黃，外現腰曲腹疼，眼黃淚出。當以滋陰解毒藥：生地、紅花、澤瀉、木通、丹皮、當歸、川芎、黃柏、知母、黃芩、玄參、芒硝、甘草、銀花。搗煎，入綠豆漿合啖。又：生地、山蘿卜、野南蕎、梔子、苦參、木通、芙蓉花、指甲花、知母、黃柏皮、黃連、蒲公英、茯苓、銀花、甘草、澤瀉。搗煎，入綠豆漿合啖。

又　治淋證法。醫曰：馬患淋證者，統屬腎經，或寒暑不勻，冷熱不一，或熱燥寒涼。凡此證無論受自何來，先用通關下行藥，病減則分經而治，用止淋通關散：歸尾、大黃、芒硝、滑石、萹蓄、木通、澤瀉、白芍、川芎、牛膝、前仁、甘草梢。搗煎，入童便啖之。又：木通、皂角、黃龍鬚、甘草、澤瀉、茯苓、黃連、五穀根、蚯蚓、牛膝、前仁。搗煎，入童便合啖。又：臭藤根、燉常酒啖之。又：苡仁一合、滑石一兩。搗爛，入酒曲合啖。又：多服人中自亦效。

又　治傷腎法。東桓曰：馬患傷腎，腰背曲折，四肢酸軟，耳垂眼昏，口鼻氣粗，身致尩羸。當用滋腎壯陽丹：生地、當歸、川芎、續斷、碎補、杜仲、故紙、蓯蓉、菟絲、沉香、吳萸、巴戟、枸杞、胡桃。搗煎，入酒醋、淡鹽湯合啖。又：生地、當歸、川芎、酒芍、枸杞、故紙、杜仲、碎補、續斷、牛膝、葫蘆把、萱草根、茜草根、臭藤根、葡萄根、仙茅根。搗煎，入淡鹽湯啖服。

又　治縮陰寒法。《馬經》云：馬患縮陰寒者，由腎冷腎虛，久則變為縮陰等證。凡牛馬俱當以熱藥燥之，虛極補之，切戒理氣清火。此證當用扶陽祛寒湯：當歸、川芎、吳萸、廣香、香附、肉桂、乾薑、巴戟、胡桃、故紙、杜仲、甘草、防風、羌活、枸杞升麻、製附片。搗煎，入常酒啖之。又：當歸、川芎、酒芍、香附、吳萸、官桂、黑姜、枸杞、巴戟、續斷、木通、青木香、臭藤根。搗煎，入常酒合啖。又：紅浮萍、臭藤根、茜草根。合煎，入常酒啖服。

又　治小便赤數法。醫曰：馬患小便赤數者，乃小腸經火熾，膀胱積熱所致。當用八正散，或用：當歸、川芎、木通、澤瀉、滑石、瞿麥、萹蓄、前仁、牛膝、黃連、梔子、甘草、玄參。搗煎，入綠豆漿啖之。又：五穀根、茨黃連、扁竹根、滑石、木通、牛膝、茜草根、甘草、苦參、車前。搗煎，入童便、綠豆漿合啖。又：薏苡仁、搗煎，入童便啖服。

又　治筋縮法。青峰曰：馬之腎臟無寒，則筋不縮，筋不縮則骨不痛。凡筋縮骨疼，四肢軟弱，周身無力，行走多是曲縮不伸，身多尩羸，宜急用疏筋散寒藥：川芎、當歸、紅花、酒芍、續斷、碎補、杜仲、故紙、胡桃、木香、陳皮、木通、肉桂、乾薑、附片、甘葛、麻黃、桂枝、杏仁、甘草。煎濃，啖服。又：當歸、川芎、碎補、續斷、臭藤根、大血藤、小血藤、木通、排風藤、還魂草、澤蘭、吳萸根、伸筋草、青木香、升麻、枸杞、胡桃。搗煎，入常酒啖服。

又　治蟲蛸耳法。《馬經》云：馬患耳內生蟲蛸疔毒等證，俱統屬腎經所法。當用清腎解毒藥：甘草、玄參、丹皮、貫眾、連翹、檳榔、枯礬。搗煎，入雞蛋合啖。又：生地、苦參、梔子、芒硝、甘草、銀花、白芷、地膚子、前仁、黃芪、知母、夏枯草、貫眾、榧子。搗煎，入雞蛋合啖。隨用敷藥方：枯礬、明雄、硼砂、硫磺、青黛、榧子、檳榔、輕粉、冰片。共末，入香油調敷。又：雄黄、枯礬、偷油婆。搗細末，調田螺螄搗爛敷之。

又　治水嗆傷水法。青峰曰：馬患傷水嗆水作啌者，急取：人髮、皂角、蒼朮、浸香油火熏之，必從鼻竅而出。或用：皂角、瓜蒂、細辛、胡椒、雄黄、蒼朮、貫眾、共末用黄紙撚條熏之。或以：胡椒、皂角、菖蒲、瓜蒂、細辛為末吹入鼻中，復用導水消濕藥内服。蒼朮、皂角、豬苓、澤瀉、木通、丑牛、甘遂、葶藶、升麻、桂枝、黄藥、郁金、牛蒡子、前仁。搗煎，啖之。

又《外産科疾病》　治跌仆損傷法。馬勞役而致跌仆有傷痕者；務分頭面、膀膊、腰脊、蹄膝，各有分治不同。如頭面有傷，先以火酒煎洗，後上敷藥，凡膀膊腰脊宜陳艾火酒煎洗，後上敷藥；如蹄膝跌斷，或者破皮傷筋損骨者，先當以毅茶煎濃清洗後，隨用竹木綁夾，以藥敷之。當歸、川芎、續斷、乳香、三七、沒藥、杏仁、防風、黄藥。搗爛敷之。又：當歸、川芎、青木香、見腫消、無娘子、火蔥頭、續斷、扁竹根、秤砣根、酸漿草。搗敷患處。無論損傷何處用：土蝦蟆、川白蠟、野當歸、土三七。搗敷患處。又：生黄豆，搗敷亦效。外既敷之，内宜用：當歸、生地、芍藥、紅花、桃仁、枳殼、厚朴、檳榔、續斷、碎補、乳香、沒藥、蘇木、白蠟、杏仁、細辛、白芷、麻黄、桂枝、防風、羌活。搗煎，入酒服。又：碎補、當歸、川芎、紅花、木通、續斷、三七、麻黄、桂枝。搗煎，入童便、火酒啖服。

又　治諸疔黄法。凡馬患疔黄者，無論生於何處，先用：明雄、當歸、皮硝、硼砂、寒水石、枯砂、郁金子。共末，調豬、羊膽汁敷患處，内服解毒清火藥無不奏效。凡疔黄各當分經而治。總以槐花、銀花、茯苓、甘草，多服解毒為佳。

又　治面喉疔黄法。《馬經》云：馬患面瘡與頸下喉間生疔毒者，由上焦火熾，積熱成毒。當用：黄連、梔子、玄參、當歸、川芎、甘草、芒硝、大黄。煎濃，啖服。又：黄連、大黄、芒硝、細辛、凍綠條見腫消、豨薟草、老蛇頭、山慈菇、夏枯草、車前草、甘草。搗煎，啖服。

又　治蹄穿忍痛法。馬患蹄穿忍痛者，由勞役遠行太過，久則蹄穿作痛。治宜内服通竅活血湯：當歸、赤芍、紅花、川芎、桃仁、枳殼、牛膝、木通、甘草。搗煎，入童便啖之。如服藥不及，用蕎麥、酒、醋作餅敷之，一夜而消。或用銀硃、枯礬、火硝、豬膽汁調敷。

又　治破傷風法。游溪云：夫馬勞役任遠，或是鞍韂肚帶，或是墊褟摩擦皮肉，致流血疼痛者，又或跌仆致傷。總之，凡有破皮傷痕者，亦當避風，免感外邪。此證先以散寒祛風藥：當歸、川芎、紅花、桃仁、白芍、血竭、檳榔、木香、乳香、沒藥、皂角、陳皮、白芷、細辛、麻黄、甘草。搗煎，入酒啖之。又：當歸、川芎、酸漿草、大血藤、小血藤、轉轉藤、還魂草、鐵線草、大楓藤、兔耳風、茅香根。搗煎，入姜、蔥、酒啖之。

又　治大便不通法。馬患大便不通者，急用：皂角、芒硝、細辛。為末，入香油攪勻，裝入尿脬内，再將一個約尺許的竹筒綁紮在尿脬口上，毋令出氣，以竹筒入肛門内，用手揉撚尿脬，其藥射腸中頃刻而通。

又　治馬不孕胎法。青峰曰：馬不孕胎者，或因氣血不通，子宮虛冷。當用療經暖臟湯：當歸、川芎、巴戟、故紙、枸杞、胡桃、續斷、仙茅、苡仁、肉桂、廣香、硫磺、薄荷、甘草、萱草。搗煎，入常酒沖服二三劑自孕。又：當歸、川芎、吳萸、紫石英、葫蘆把、枸杞、茯苓、仙茅根、續斷、萱草根、菖蒲、臭藤根、茜草根。搗煎，入常酒啖服。又：狗骨燒灰，沖常酒啖服亦孕。

又　治馬難産法。醫曰：馬患難産者，由馬體尫羸，或有損傷，必須諒證醫治。先以：當歸半斤、黄芪四兩、川芎三兩。搗煎啖之。又：車前子一升，搗煎，依第啖之。但此藥用之不可過多，產下則止。

又　治馬產無乳法。黄芪、當歸、萱草、丹參、白芍、茯苓、木通。搗煎，入甜酒啖之，乳即下。又：當歸、川芎、萱草根、奶漿藤、益母草、甘草、黄芪、桑根皮。搗煎，入常酒啖之，必乳。

又　治馬孕駒或時起臥法。青峰云：凡馬孕駒或時起臥不常，多因胎動轉側，或牝馬羸瘦，氣血衰頹，致胎難安穩。總之，宜用安胎藥：黄芩、當歸、茵陳、陳艾、丹參、泡參、生地、防風、茯苓、白朮、陳皮、甘草。煎啖立止。又：枯芩、黄連、黄芩、益母草、陳艾、野當歸、白芍、苦參。搗煎，啖之。

又　治孕馬跌傷法。醫曰：孕馬跌傷皮膚者，療治如前法，内當分別各治，或已傷胎，或未傷胎。未傷胎者，急以安胎藥。如傷其孕，尤當用：三七、紅花、歸尾、桃仁、三棱、文朮、蘇木、紫草、檳榔、大黄、牛蒡子、丑牛。搗煎，入常酒、童便啖之，化胎破血而愈。又：三棱、莪朮、當歸、紅花、桃仁、大黄、丑牛、木通、前仁、無娘子。搗煎，入酒、便啖服。此方如無胎閉血停，切戒用之，恐致剝削為殃。凡馬孕有風寒者，當以溫解為主，不可熱燥太過，恐致落駒。

又　治小駒便瀉法。馬伯約云：初產一月之內小駒患便瀉者，由胎毒未盡，或牝馬瘀血未除，一或遠行勞役，暑熱炎騰，喘息未止，小駒乘饑飲乳而致便瀉。急用：綠豆、蕎麥、磨漿。飼之。又：豌豆。浸泡，磨漿啖之。又：土黃連、土當歸。擣煎，澄清以水飼之。

又　治新駒悶食法。青峰曰：新駒者，乃初產之小馬也。凡新駒一二月間悶乳減食或不餐草料者，皆由孕中牝馬草料不勻或疾病所致，或胎元未足，或鬱悶難消，亦或胎毒未解。先療牝馬為主，宜用：當歸、白芍、紅花、桃仁、木通、黃芪、丹參、苦參、泡參。煎與啖之，其瘀血消通而乳繼來矣。小駒又當以砂仁為末，入蜂蜜，甜酒啖之，則胃開悶解。又：酒醋。調蕎麥粉啖之。凡小駒感冒風寒，閉竅而入腠理，或有別證，皆同馬證相參。

又《寄生蟲病》　治蟲法。青峰曰：凡馬肚中有蟲積為蠹者，皆由脾胃虛弱，致生蚘蟲。凡此證急早療醫，免致觳觫尪羸，必用殺蟲益胃湯：貫眾、皂角、檳榔、青果、蕪荑、郁金、鶴虱、秦艽、雷丸、榧子、枯礬、茯苓、甘草、白朮、陳皮。擣煎，入酒曲火煅存性合啖。又：腿頭雞兒、貫眾、使君子、胡桃、檳榔、茜草根、穿心草、川楝根、枯礬、甘草。煎服。

又　治蟲瘙法。青峰云：凡馬患蟲瘙，無論何處，急取：蝸牛、川椒、枯礬。調膽汁敷患處。又：豬腰果、紅椒、明雄、枯礬、榧子、寒水石。共末，調香油敷。

又　治口生蟲蝣法。凡馬口內而生蟲蝣者，由脾間火毒上攻，或飲濁水、毒草、野獸、毛蟲、臭毒所致。治宜先用洗藥，將唇外清洗為佳。洗藥方：白礬、青礬、硫磺、川椒。煎水，浸洗唇外，火毒自解。如未痊愈，用：川椒、雄黃、枯礬、輕粉、鶴虱。共末，吹入口中，上馬口嚼，不致吞嚥。如此換數次而愈。

又　治蹄蝣法。馬蹄生蝣蟲者，由廄內糞尿涴濁，未常打掃，或夏暑炎天蹄踩糞泥，熱毒沙蟲為殃。此證內當服殺蟲消毒藥：貫眾、蒼朮、檳榔、黃柏、大黃、梔子、玄參、桂枝、牛膝、川椒、枯礬、甘草、蕪荑、鶴虱、吳萸。擣煎，入醋合啖。隨用：白蠟、廣丹、雄黃、川椒、黃蠟、輕粉、枯礬、銅綠、乳砂。先煎黃、白蠟，待化後入廣丹，待丹轉紫色為度，後將諸藥入內和勻，合豬、羊膽調敷。

又《其他疾病》　治瘟疫證法。青峰曰：瘟疫流行，乃天地四時不正之雜氣為殃，始則少之，久成穢氣作癘，傳染為害也。然馬騾驢畜雖少，如牛有患，馬難免殃。凡此證俱當以：蒼朮一兩、升麻五錢、皂角五錢、雄黃四錢、瓜蒂五錢、細辛八錢、硃砂二錢、辰砂二錢。共末，用紙裹撚不時熏之。內即隨服：蒼朮、升麻、菖蒲、黃芩、黃連、當歸、川芎、細辛、柴胡、白芍、廣香、檳榔、青果、青皮、法夏、甘草。擣煎，常與啖之。又：蒼朮、貫眾、當歸、川芎、桃柳尖、生芍、菖蒲根、黃連、石膏。擣煎，常啖。凡四時有疫癘流行，勤將廄內打掃，常以菖蒲、黃荊葉擣碎，時時熏之，自不染疫，切戒穢污涴濁，致馬受殃，務當慎之。

又　添膘發。《馬經》云：夫馬羸瘦無膘者，多因脾胃不強，或氣血衰弱，或蟲蚘為毒，久則皮肉焦躁，脫毛等證出矣。總之，草料須知三時三芻之法，宜居潔淨幽陽之所以豢養之，常以：貫眾、皂角、黑豆、菖蒲、胡桃。時與服之，自可健脾添膘。務當息乘，不可勞役太過。

又　四季藥方。青峰曰：四季四時或有寒涼暑熱不一，豢養馬者，務知時令，當分寒暑，故用藥亦必分春夏秋冬，各有時節不同，藥辨溫平寒熱，其性各異，特恐醫豢不知時令，故著以四季方。

又　春季方：當歸、川芎、升麻、白芍、廣香、陳皮、法夏、南星、白芷、甘草、茯苓、吳萸、茵陳、郁金、柴胡、澤瀉、杏仁、紫蘇、荊芥、薄荷、大棗。甜酒引。又：當歸、川芎、白芍、吳萸、茯苓、柴胡、木通、杏仁、花粉、葛根、甘草、青木香、瓜蔞子、紫蘇根、荊芥葉、薄荷葉。常酒、大棗引。

又　夏季方：黃連、生地、當歸、茯苓、甘草、芒硝、黃芩、石膏、黃芪、青蒿、香薷、白芍、柴胡、膽草、防風、木香、陳皮、法夏、澤瀉、木通、泡參、綠豆。雞蛋引。又：黃連、大黃、木通、香薷、青蒿、山蘿卜、鳳仙花、芙蓉花、銀花、水燈芯、車前、綠豆。雞蛋引。

又　秋季方：柴胡、白芍、防風、羌活、獨活、杏仁、紫蘇、陳皮、當歸、川芎、吳萸、丁香、廣香、法夏、酒曲、大棗。姜蔥引。又：柴胡、酒芍、升麻、麻黃、當歸、川芎、木通、木香、淫羊藿、兔耳風、威靈仙、茅香根、茜草根、花粉、葛根、酒曲。大棗引。

又　冬季方：麻黃、桂枝、杏仁、乾薑、附片、丁香、砂仁、升麻、白芍、柴胡、蒼朮、廣香、陳皮、南星、防風、獨活、甘草、天麻、白芷、細辛。姜蔥引。又：細辛、麻黃、當歸、川芎、吳萸、桂枝、厚朴、黑姜、附片、甘草、花粉、柴胡、椿根皮、臭藤根、茅香根、兔耳風、淫羊藿。姜、葱引。

明 趙浚等《新編集成馬醫方・治肺部》 紫蘇散：治馬鼻濕喘粗，毛焦，前探，胸中痛，一切肺病。紫蘇葉、馬兜鈴、貝母如無，用人參、木通、漢防己、苦葶藶、白牽牛子、桔梗、當歸、甘草。右為等分，每用一兩，水半升，生薑一分細擦，蜜一兩，煎三至五沸，放溫，草後灌之。

又 半夏散：治馬肺風，寒痰，吐涎沫：半夏、升麻、防風。右為末，等分。每用二兩，酸漿水一升，同煎三五沸，放冷灌之。若病未退，再灌。連翹散

又 治馬項脊吝，低頭不得，把前把後，慢病：連翹、知母、貝母如無，代人參、杏仁、香白芷、紫蘇、桔梗、瓜蔞根、山藥、當歸、馬兜鈴、甜瓜子。右等分，為細末。每用一兩半，生薑一分，蜜二兩，水一升，煎至三兩沸，放溫，草後灌之。

又 桂香散：療馬肺吝，低頭不得病。大黃、柴胡、甘草各一兩，木香、乾薑、細辛、肉桂各一分。右件為末，先針出鶻脈血了，用青州棗十個，去其核，糯米三合，生薑一兩，煮粥，和藥二兩啖，十數日即差。

又 烏藥散：治馬慢肺痛，走驟著胸膊痛，鼻濕，前探，五七聲啌嗽，不食水草病。桑白皮、牡丹皮、茴香、赤芍藥、秦艽、藁本、天臺、烏藥如無，用芎藭。右件為末，等分。每用藥末一兩半，春夏漿水一升；秋冬則虀汁，同煎三五沸，放濕，草後灌之。

又 麥蘖散：治馬把前把後，慢病，啌喘。知母、貝母如無，用人參、麥蘖、紫蘇、當歸、芍藥、瓜蔞根、香白芷、枇杷葉如無，用升麻、山藥、桑白皮、桔梗、甘草、茯苓、秦艽、山茵陳、黃藥子如無，用黃芪、杏仁去皮尖、馬兜鈴、白藥子，右件二十味，各等分，為末。每用藥末一兩半，蜜一兩，生薑一分，虀汁一升，煎三兩沸。放溫，草後灌之。

又 葶藶散：治氣喘。玄參、葶藶、牛蒡子、川升麻、知母、馬兜鈴、黃芪、貝母如無，用人參。右八味等分為末。每用藥一兩，漿水兩盞，草後灌之。

又 清肺散：治馬肺喘及非時熱喘。甘草、葶藶、桔梗、貝母、板藍根、豬苓。右為末。每用藥一兩半，蜜三兩，糯米粥一鍾半，草後啖之。病未退再啖。若要灌，即用熱童子小便一鍾半，蜜水灌之。

又 白芨散：治馬虌胸損肺，啌不止，口鼻中膿血出，不食水草。白芨、山茵陳、山梔子、甘草、川黃連、防風各四兩，阿膠二兩，杏仁半斤。右八味為細末。每用二兩，漿水一升，同煎，至五分，候冷，喂飽灌之。

又 五子散：治馬鼻濕肺毒瘡、前後腳虛腫、草慢。牛蒡子、于方子、牽牛子、大麻子皆炒令黃色，郁金、甜瓜子、紅花子、秦艽、瓜蔞根。右八味等分為細末。每用藥一兩半，沙糖一兩，水半升，同煎至三兩沸，放溫，草後灌之。

又 款冬花散：治馬發熱，鼻濕，草慢及取槽結未效病。款冬花代用括樓、川郁金、黃藥子代黃芪、甘草、瓜蔞根、杏仁、香白芷、甜瓜子。右等分為細末。每用一兩半，軟飲一鍾，白礬半兩飛過，瓜僂一個剉爛，一處同和，草後啖之。

又 草龍膽散：治馬鼻內黃白膿出，肺毒注破，并發熱多啌，揩擦，毛頭乾燥，鼻濕。并皆灌之，少可二兩，服立效。木通、貫眾、草龍膽各一兩、胡桐淚半兩，玄參一兩。右件藥五味細末。每用一匙，頭豬膽如棕子大，兩個，小便一鍾，少喂後灌之。

又 香白芷散：治馬肺熱或身上生瘡。山梔子、香白芷、瓜蔞根、甘草、紅芍藥、川大黃、黃藥子代黃芪。右七味等分為細末。每用二兩，漿水一大碗，同煎三五沸，放冷灌之。夏用雞子一個及白藥子半兩，依前，草後灌之效。

又 木通散：治馬肺黃病，精神短慢，口眼色黃，牽動似醉，或時喘粗。木通、乾山藥、梔子、瓜蔞根、牛蒡子。右件藥等分為細末。每用一兩半，漿水一升，生薑一分擦入藥，同煎三五沸，放溫，入小便半盞灌之。隔日再灌之。

又 消黃散：治馬喘粗汗出。黃藥子、貝母、知母、大黃、白藥子、黃芩、甘草、郁金。右等分為末。每用藥一兩，新水半升，蜜二兩，調灌。隔日再灌之。

又 瓜蔞根散：治馬肺氣病。瓜蔞根、馬兜鈴、黃藥子代用黃芪、茵陳、白礬、黃連代地黃、杏仁各一兩，陳橘皮半兩。右八味為末。每用藥一兩，漿水煎，放冷，草後灌之。

又 夜明砂散：治馬肺毒生瘡。山梔子四兩，知母、貝母代人參、白藥子、瓜蔞根各半兩，夜明砂二兩。右為末。每服二兩，漿水一鍾半，童子小便半鍾，同煎，待冷，蜜一兩，雞子二個，白礬半兩，同調，草後灌之。

又 荊芥散：治馬肺風生瘡。荊芥穗、大黃、甘草。右等分為末。每用一兩半，米泔水二鍾半，同調灌之。

又 黃芪散：治馬卒熱，草慢，尿血，溫肺病。黃芪、烏藥代芎藭、芍

藥、山茵陳、地黃、馬兜鈴、知母、枇杷葉去毛，代升麻。右八味等分為細末。每灌兩半，漿水或韲汁半升，煎三五沸，放冷灌。饑、飽、路行并灌。

又《**治心部**》 麻黃散：治馬心臟虛熱中風。天南星、千蝎、白附子、自僵蠶、麻黃、烏蛇、川芎、白蒺藜、海桐皮、防風、黑附子、甘草、藁本、天麻、桂心。右等分為末。每藥一兩，酒半升，同調灌之。

又 天麻散：治馬心風初發時，胸只緊，努目奔沖，信腳自行。天竹黃、天麻、防風、桔梗、黃藥子代細辛、甘草、知母、大黃、乾地黃、黃芪、黃芩、貝母如無，代人參、郁金、黃連、牛膝。右等分，細末。每用藥一兩，蜜一兩，酒一大鍾，油三兩，水一鍾，同灌。

又 鎮心散：治馬驚悸狂，前腳不寧，有小痛。桔梗、白芷各一兩，白茯苓、人參各三兩。右為末。每服一兩已上，清酒一鍾半，小便一鍾，同調，草後灌之。

又 人參散：治馬心經伏熱，非時驚狂，饒倒地；口眼色黃，草慢病。人參、茯苓、遠志、防風、麥門冬、薄荷、甘草各一兩，龍腦如無，用苦參，牛黃各三錢。右為細末。每用藥一兩半，漿水一鍾，同煎三、兩沸，放冷，入蜜一兩，草後灌之。

又 桔梗散：治心經不調，陰陽不通，百脈沉重，遂令十步九蹶。如睡如驚，眼不顧物病。升麻、桔梗、郁金、牛蒡子半斤，細研；生地黃半兩，細研。右藥三味為末，與羊膽、蜜、餳、地黃、牛蒡子調拌令勻入藥。每用一兩半，草後便啖，立效。

又 大黃散：治馬心經伏熱，見物或時驚倒，眼內如砂，前探，草慢病。大黃、麻黃、黃芩、甘草、防風、山梔子。右件等分為末。藥一兩半，蜜一兩半，沸湯二鍾，同調，放冷，草後灌之。隔日再灌。

又 四黃散：治馬心臟熱，草慢并鼻內出血。黃柏、黃連、黃芩、大黃、款冬花如無，用栝樓、白藥子如無，用升麻、貝母、郁金、黃藥子如無，代黃芪、秦艽、甘草、山梔子。右各等分為末。每用藥一兩半，蜜一兩，水半升，調灌之。

又《**治肝部**》 涼肝散：治馬眼昏暗，翳膜遮障。羌活、菊花、防風、白蒺藜。右等分為末。每用一兩，漿水半升，蜜一兩。同調灌之。

又 蒼朮散：治馬肝積熱，眼生翳膜。黃芩、甘草、蒼朮、蟬殼、木賊。右為末。每用一兩，冷水半碗調勻，草飽灌之。

又 蟬殼散：治馬穀暈，眼腫。蟬殼、宣黃連、菊花、地骨皮、甜瓜子各一兩，白朮、蒼朮各五錢，草龍膽一兩。右八味為末。每藥一兩，水半升，煎三五沸，放溫，不計時候，日灌一次。

又 黃連膏：治馬肝熱，穀暈及眼熱有淚。點眼。黃連如無，用黃柏、青鹽如無，用鹽、蕤仁、楮葉、烏賊魚骨。右五味各等份為末，乳缽內細研如粉，每用燈草取藥點眼，日一次。

又 洗肝散：治馬眼內有青白暈，并眼腫淚出，肝熱。草決明、石決明、青葙子、井泉石如無，用木賊、石膏、草龍膽、旋復花、防風、菊花、黃連如無，用蒺藜子、甘草、黃芩各等分。右為末。每用藥一兩半，豬膽取計，蜜四兩，白礬半兩，漿水一升，同調，草飽灌之。隔日再灌。如未退，針眼脈穴，出血即差。

又 補肝散：治馬蟲食肝病。初得時兩目如睡，伸頭垂耳，頻搐項，似驚。黃藥子、白藥子、石決明、大黃、知母、貝母、秦艽、白蕪荑、乾地黃、草龍膽、草決明。右等份為末。每用藥一兩，蜜四兩，醋一合，陳漿水一鍾，草後灌之。

又《**治脾部**》 天麻散：治馬脾氣虛弱，偏風病。天麻、人參、茯苓、川芎、荊芥、何首烏代用細辛、防風、蟬殼、甘草、薄荷。右等分為末。每用藥一兩半，蜜一兩半，米飲湯浸，飽後灌之。

又 厚朴散：治馬脾不磨草，口色黃白。厚朴、青皮、陳皮、黃柏、五味子、官桂、牽牛子、縮砂。右等分為末，每用藥一兩，酒一大鍾，同調灌之。

又 當歸散：治馬脾胃冷，傷水痛，因成泄瀉。當歸、厚朴、陳皮、青皮、白牽牛子微炒、益智子如無，用白朮、赤芍藥。右等分為末。每用藥一兩，水半升，生薑一分擦細，煎三五沸，空腹溫灌之。

又 治馬冷傷脾胃。《事林廣記》：治馬傷脾胃，不食水草，蹇唇似笑；鼻中氣短。厚朴去粗皮。右為末，姜、棗同煎灌之，宜速。

又 桂心散：治馬冷飲過多，傷脾，作泄瀉。桂心、當歸、細辛、青皮、牽牛子、陳皮、桑白皮、厚朴各等分。右為末。每用一兩，溫水半碗，童子小便一鍾，同調灌之。

又 東人經驗方曲朮散：治馬脾胃不調，泄瀉。好曲微炒，末，四兩；蒼朮末，四兩。溫泔湯調灌之。未愈再灌。

又 治馬不進水草毛焦方。雞卵則一個，鳩卵則二個，去殼，取水真油三合，清蜜三合，熊膽一錢半，大蒜一顆。爛研，豆淋酒一升，和，空心灌之愈。朝灌則至夕先與草料，飽後小與水一斗許，徐徐飲之。不愈再灌。

又 黄术散：治馬勞瘦，臟腑不調，雖食草料，腹不充滿，毛焦不肥，亦治傷水。大黄二兩，人參、當歸、甘草、白朮各半兩。右為細末，好酒一大鍾，真油一中盞，雞子一個，和調，早朝灌上，午後飼水。未愈再灌。

又 貫眾散：治馬瘦，喂不肥者，脾臟有蟲。貫眾二兩，皂莢一兩，麻子四兩，炒研。右件三味不拘多少，粗剉，以水濃煮，和草料啖之，灌之亦可。

又《治腎部》 烏藥散：治馬外腎搐，腰背緊硬，或肺病把前把後草慢病。天臺烏藥、芍藥、當歸、玄參、茵陳、馬兜鈴、升麻、貝母、白芷、山藥、秦艽、杏仁去皮尖。右等分為末。每服一兩半，鹽二錢，熟齏汁調，空腹放溫灌之。如狗蹲腰痛，牽拽不動，加人小便灌之。

又 檳榔散：治馬抽腎病，腰背硬，拖拽後腿，水草慢病。檳榔、肉豆蔻、山藥、貝母、秦艽、細辛、款冬花、牽牛子、巴戟、沒藥、當歸。右等分為末。每用藥一兩。蔥白兩條細切，酒一鍾，煎沸，放溫灌之。

又 破古紙散：治馬腎冷腰胯痛。破古紙、厚朴、胡蘆巴、茴香、肉豆叩、川楝子、青皮、陳皮。右等分為末。每用藥一兩，水一鍾，煎沸，候冷，入童子小便半鍾，草前灌之。

又 蔥豉湯：治馬腎傷，氣把腰胯。蔥、椒各半兩，豉二兩，朴硝五錢。右四味，用水一升，同煎沸，去藥，只使煎下湯，放溫，作一次灌。至晚再煎，依前法灌之。慢牽行。

又 苦楝散：治馬小腸氣。苦楝、茴香、當歸、沒藥、玄胡索、藁本、甘草。右等分為末。每服半兩，酒一鍾同煎，并蔥一握，煎三五沸，放冷，草後灌之。

又 酒煮散：治馬抽腎。用天南星一個大者，濕紙數張裹，慢火煨，令黄色為度。取出置地上出火毒，爛搗不羅。每灌用酒半升，豆豉半兩，燈芯十莖，蔥白二莖，一處煎之，兩三沸去滓。先將豆豉諸般蔥、燈芯啖之。令將汁用藥一錢，入上項汁內，煎至一兩沸。放溫灌一服。

又 牡蠣散：治馬袖口陰腫。塗擦消腫毒。天南星、縮砂、牡蠣燒過、天仙子、木鱉子。右等分為末。每藥一錢，淡醋一盞，同煎三兩沸，熱塗上，自消。

又《五臟黄》 木通散：治馬心黄病，多睡，饒驚，神慢。人參、茯苓、甘草、吳藍、大青鄉云青黛靛花、郁金、黄藥子代細辛、板藍根。右等分為末。每藥一兩，水半升，生薑半兩擦，油、蜜各一兩，同煎三五沸，放冷，草後灌之。

又 黄連散：治馬肝黄病。初得時目瞪，四腳如柱，牽動倒坐而倒。黄連、黄芪、黄芩、知母、麥門冬、貝母如無，用人參、郁金、大黄、山梔子、天門冬、黄藥子如無，用細辛。右十一味，等分為末。每二兩，雞子五個，坐地黄三兩細搗，合和灌之。次日再灌。

又 白藥子散：治馬脾黄。初得時精神慢，頭垂，鼻出冷氣，或起臥慢草，回頭返看。當歸、五味子、沒藥、細辛、藁本、厚朴、陳皮、白芷、牽牛子、青皮、芍藥、白藥子代人參。右十二味，等分為末。每藥一兩，生薑半兩擦細，酒一鍾，同調灌之。

又 黄蘗散：治馬脾黄病，外腎朋上、兩肷浮腫。黄蘗皮、知母、貝母、郁金、大黄、山梔子、黄芩、白芷、桔梗、栝樓根、山藥。右等分為末，每用藥一兩，蜜四兩，水一鍾，生薑半兩擦細，同和灌之。

又 茴香散：治馬腎黄病，外腎腫硬，水草進退，牽拽後胯。茴香、知母、苦楝子、甘草、貝母、乾薑、秦艽、官桂、梔子、青皮。右十味，各等分為末。每用藥一兩，青蔥二條，酒半升，同煎三五沸，放溫灌之。

又《諸黄門》 不二丸：治馬肘黄。砒霜一兩、黄丹、麝香各一字。右件藥三味，同研為末，湯浸麵糊為丸。如桐子大，兩頭尖，用微針針破皮，紝藥一丸在內，半月以後取下。

又 千金湯：治馬瘦內黄。千金木葉皮中、貫眾、松葉、艾葉各三掬。右用水三斗，煎至一斗，好醋一鍾，徐徐灌口。

又 治內外黄方：細辛三兩、人參一兩。右二味于清油三升浸，待藥潤，取出焙乾，為末。病重則二匙。輕則一匙半，調井花水一缽，好酒一鍾半，分三服，徐徐灌之，平繫半日，不給水草。又方：羊蹄根一缽，研細；松葉一缽，研細。右為末同杵，水一斗半，和合取汁，灌口極妙。羊蹄根三兩，單搗，灌之亦佳。又方：羊蹄根一斤、艾葉三斤。右水一盆，煎至七分，常飲之。

又 治外黄方：羊蹄根削如棗核，以針周瘡刺之，納孔中，則其瘡自消。如無羊蹄，葛根亦佳。又方：針刺舌端一寸，血出令馬自啖。無血則不利。又方：婦人月經衣浸水三升、蘗皮末五錢和合灌之。灸法：馬面骨下端割十字，灸十壯。

又　治馬節黄鄉云肢胍：黄有二種：節上癧腫，軟而如拳者，名曰水黄，以燒鐵條横烙大節上三畫，只燒毛而止，勿破皮；腫如栗者，名曰鐵黄腫，針口如麥粒長，以艾灸三壯，艾炷如棗大，若經月不差，則如前灸，針曲尺穴。

又　鐵粉散：治馬蹄黄鄉云召伊，蹄上堅腫者是。以刀割去其核，勿犯筋。白鮮皮末，鐵粉末，等分，割處塗之，以布帛裹之，以艾煙熏之，三日後去其裹帛。

又　田螺膏：治馬蹄黄。田螺鄉云古乙方、白鮮皮、黄蘗、烏魚骨、蚤休。右任意多少，同搗，貼傷處，以布裹之。

又　豬脂膏：治馬膝黄，用白針出血。何首烏、大黄。右等分為末，豬腦、豬脂中同研，以油塗患處，巾裹之。

又　治馬瘡黄方：松瀝砍取生松枝，擘破作炬，埋側地，炬上端納缸，以粗糠厚覆之，下端火燒取油、馬齒莧生搗。右二味和均，厚傅瘡上，以帛裹之，經三日即愈。又方：郁李之根皮細研，用蜜和，塗瘡愈。又方：桃葉和漿搗爛傅瘡上，以帛結之得效。又方：明礬、松脂。右等分，煉成膏作丸，納孔中神驗。

又　《諸脹門》　牽牛散：治傷飽氣痛，草慢，及因飽起臥。牽牛子、續隨子、瞿麥、郁李仁、甘草、木通、陳皮、滑石。右等分為末，每用一兩半，煎蔥、生薑湯二大盞，同調灌之。如起臥，油一杯和灌之。

又　治六畜食米脹欲死方：曲汁灌之，立消。

又　治馬中穀方：生蘿卜三五個，切作片字，啖之立效。又方：麥蘖三升，微炒為末，和草料喂之，甚良。又方：手執胛上鬃，向上令皮離肉，如此數遍。以大鍼刺空中皮，突過，以手當刺孔，則有如風吹，是穀氣也。令人溺其上，又以鹽塗之，立乘數十步即愈。

又　治馬卒熱腹脹起臥欲死方：藍汁一升，和冷水二升，灌之立效。

又　治馬卒腹脹，眠臥欲死方：鹽一升研，和冷水五升，灌之即愈。

又　東人經驗治脹滿方：用一竹筒，一端留節鉆小孔，一端斜削納肛門中，以艾灸鉆小孔十餘壯，即去竹筒，糞隨筒而出，得效。

又　牽牛子散：治馬低頭難，腰背緊，化滯氣，消膨脹。白牽牛子、大黄、葳靈仙、大腹子、甘遂、陳皮、藁本、當歸、丁香皮、萆薢。右等分為末，每用藥一兩，水半升，入蔥白十莖細切，生薑一兩細擦，煎沸，草前溫灌。

又　治馬誤食亂髮、飛禽毛翎或木硬物方：治馬誤食亂髮、飛禽毛翎或木硬物，使腹脹悶欲絶，發作有時，體瘦方。綿一兩剪折細，油調啖之。腹中惡物即隨綿出。

又　消毒散：治馬誤食毒草，口中吐沫，悶絶欲死。白礬半兩、鹽一兩。右同搗令均，于舌上塗之，良久，再用甘草末二兩，水三升，同煎二升，放溫，入藝薹汁半升，鹽二兩，伏龍肝一兩半，同調灌，更于尾本穴出血一升即差。

又　大安散：治馬起臥，大肚板腸糞不轉。青皮、陳皮、大戟、木通、牽牛子、大黄、瞿麥、郁李仁、晚瓜苗、滑石、鼠糞、續隨子。右等分為細末。每用一兩半，蔥一握，水三鍾，同煎三兩沸，放溫，入油二兩，灌之後，頻牽行。

又　皂角散：治馬結糞。皂角燒灰，存性、大黄、枳殼、麻子仁、黄連代黄蘗皮、厚朴。右等分為末，清米泔調灌。若腸突蔓荊子末同調灌之。又方：冬月馬結糞，納竹筒穀道中，冰碎納筒中以木箸推入。

又　治馬大小便不通，眠起欲死，須急治之。若不急治，斃。以脂或油塗人手，探穀道，去結屎。又以鹽納溺道中，溺出便差。

又　滑石散：治馬小便不通。滑石一兩研、朴硝研、木通、牽牛子各二兩。右為末。同溫水灌一兩。未通再灌之。

又　人參當歸散：治馬大勞，小便赤濁或有血出。大黄、人參各一兩，當歸半兩。右細切，用水二缽煎至一缽半，待冷去滓，加清醬一鍾，調灌之。

又　白芷散：治馬尿血。沒藥代蒲黄、細辛、肉桂、自然銅、藁本、當歸、芍藥、白芷。右等分為末，每服一兩，鹽小許，童子小便同調灌之。

又　《骨眼門》　青鹽散：治馬骨眼。白礬四錢、青鹽彈子大二塊如無，代用鄉鹽。右將鹽為末，放銚子内中心用礬蓋，用火飛之，熬定後，取出，卻入炭火燒，絶黑煙為度。研如粉，入少許龍腦，點之。

又　明睛散：給馬點眼。白礬飛乾者一錢、烏賊魚骨一錢、蕪荑七個。右件藥一處研，頻點之。灸法：凡馬骨眼後腹痛及諸腹痛，灸神闕穴五十壯即差，神驗。又方：初發時釜底墨鹽炒，等分為細末，一分納眼差。又方：熊膽如小豆大，細研，酒一鍾半和均，以小杯徐徐灌之，後腹痛，則一日不給料即差。又方：初有氣，以亂髮燒熏，鼻流清涕至流濃涕則愈。

又　《諸熱門》　治馬卒熱。二母散：貝母如無，用人參、瓜樓根各五兩，山梔子一兩，知母五兩。右細末，每灌藥末二兩，生薑二兩研細取自然汁，同調，飼草後灌之。

又　參苓散：治馬發熱，貪水慢草，或因起臥，未看草，虛熱，飲水。人參、茯苓、黄連、乾葛、烏梅、甘草、石膏、蘆根。右等分細末。每藥一兩半，蜜一兩半，水一大鍾半，同煎三四沸，放冷，先以新汲水啖後，灌之。

又　治馬發熱垂耳。解毒飲：鹽豉一升研，母豬糞、蜜各一兩，雞子三個新者，鹽一兩。右藥同和，草後啖之。隔日再啖。又方：煮黑豆及熱飲，啖三四度則愈。又方：以麥鹽和作劑，用水洗下汁，飼草後灌之。

又《温疫門》　治牛馬時疫：白朮、藜蘆、芎藭、細辛、鬼臼、菖蒲。右等分粗末，燒熏兩鼻，令煙入腹即愈。

又　五木瀝：治馬疫氣，已發未發。梧桐木、白楊木、白榆木、紫柞木、梓木鄉名牙木。右為刮取等分，束如炬，取油塗病馬牛滿身至蹄甲，垂死即活。又方：獺肉、肝、肚，以水煮汁灌之。不用屎。又方：始發，羊蹄汁二三升，滿口。未發者，預灌。又方：有氣，則千金木斫取擁廄。又水煮木與葉，待冷灌口。又：菜剉和草飼之。

又　灸法：牛馬疫通用。初發時，身體中有小腫，仔細審之，腫則以燒鐵條烙之，又冷水漫，豎毛體寒為度。又以艾炷如小指大灸神闕穴臍中三十壯。

又《鼻𤺋門》　治馬𤺋：蕎麥磨粉拌草，連稈折飼之。又方：松脂明者四分、熊膽三分。右為細末，納兩耳中。以軟帛約耳根。針兩耳後、項端，有虛穴，灸七壯。三日後約帛解之。又方：馬小臺星毛旋中，鉆徹骨即止，勿犯腦。老馬腦深兒淺，細審之。先以臭油塗之，灸三七壯，厚紙貼之，生肌為限。凡飼之，勿多水。又方：原蠶蛾細末一分、好酢一匙。分盛兩耳中。

又　治馬鼻𤺋。石螵蛸散：石螵蛸、松脂、陳曲。右等分，鹽少許，半分裹紙煨火炮。去熱，細末，真油一鍾入亂髮煎，待冷，烏雞卵四個，同和。分納鼻中即差。又方：蘗皮三兩、貫眾一兩鄉云回初音、黑豆一升。右水二斗半煎至一大缽，紅花末一錢，煙墨五分，好酢一鍾，咳嗽則加製半夏三錢和均灌口。又方：真油一鍾，白蠟、黄蠟、甘草、人參各三錢，大黄二錢，有咳嗽加製半夏一錢。同細末、羊蹄根鄉云研串，生則掬細，陰乾則五錢，細末。右味淡豆豉湯一缽，好酒一鍾，和均，以竹筒分三灌口。先以白蠟分三納口，次以前藥灌之。此藥性緊，勿飼半日。又方：鼻𤺋如一年可治。芥子　鹽各三分，蒜七分。右件一處搗成膏子。若右鼻𤺋，用藥滿塞右耳內，尖上裹麵皮，用小刀直劃三道，將耳尖往裏摺倒，用氈子緊包裹耳根上，細繩緊縛，十日不騎即愈。

又　肘後方：治蟲𤺋十年者。醬清如膽者半合。右分兩度灌鼻。隔一兩日再灌之。將息。令不得多，多則損身。

又　追蟲散：治馬蟲𤺋病。躑躅花、穀精草、蘆薈各一分，瓜蒂一個，甘丁香二個，麝香半分研，皂角一分用酥炙。右細末，麝香拌勻。每用半錢，以竹筒盛，吹納鼻中，蟲出差。無麝香亦可。

又《諸瘡門》　蔄茹散：蔄茹散治馬附骨疽鄉云骨瘡。蔄茹、白鮮皮、黄蘗皮、細辛、松脂、石硫黄。右等分細末，熊膽如大榛子許，浸水和藥，從瘡深淺作錠。以箸納瘡口，七日內差。又方：明松脂、蔥白、醬、鹽。右等分爛搗納瘡口。又方：產男兒胎衣，燒存性，以唐紙裹，納瘡口。

又　巴豆散：治馬腳生附骨疽不治者，即入膝節令馬跛。芥子半兩，巴豆三個去皮，如無，用杏仁。右先芥子研爛，次于巴豆同研細，用竹刀子以水和令相著。每用，先當附骨疽上拔去毛，融小蠟周匝圍子。蠟罷，以藥傅骨上，取布割兩頭作三道，急裹之。骨小者一宿便盡，大者不過再宿。審知骨盡，即便取冷水洗瘡淨。再取車軸頭脂，作餅子蓋瘡，還以淨布急裹之。三四日解去，即生毛而無瘢。此法神良，大勝灸者。然初用藥時，須以蠟圍，恐藥燥瘡大。用藥了，須頻頻看，恐骨盡便傷好肉。若未差，輒乘騎，即令瘡中血出，便成大病，切須慎之。

又　雄黄散：治諸般腫毒，筋骨大硬。雄黄、川椒、白芨、白蘞、官桂、草烏頭、蕓苔子、白芥子、大黄、硫黄。右等分為末。每藥一大匙，麵一匙，醋一盞，同熬，敷腫處。

又　蓖麻子散：治馬關節擦腫。白芥子一兩、木鱉子十個、蓖麻子三十個去皮、葶藶子半兩、草烏頭一分、雄黄半兩。右藥末，油調搽，候一伏時。如失節，用水浸。有瘡腫，油調藥後，亦一伏時，用水澆潑。或有腫痛，再用附貼，候乾再用水潑。

又　治老鼠瘡鄉云螺癧。桃花散：明松脂、白礬。右等分細末，每瘡以針橫刺，去惡汁，用唐紙裹納之。又方：針瘡開口，以皂莢細末納之，大效。又方：銅錢不拘多少，醋內蘸，火燒九遍，細末，千年石灰同和，作錠子，納瘡口。又方：黄狂鄉云召兩肥皮肉并骨，燒存性，細末，唐紙裹，納孔中。亦治骨瘡。

又方：用射干鄉云凡矣扇削如棗核大，以針刺瘡作孔，去惡汁，納之，其腫膿出即愈。

又　黃蘗錠：黃蘗皮末、蔄茹末各二分，細辛末、白蘚皮末各一分。

又　灸法：熱病馬兩耳伏，其馬眼後大血俞，量去眼一寸端耳抵處，淺針開皮，不出血，灸三、七壯。又兩肋自上第三肋一横大血兩歧中，以針暫刮其皮，灸三、七壯。又針尾尖，灸三、七壯。又馬脊末四歧中，高骨陷中，灸三、七壯。額上旋毛中，以針開皮，納銅錢愈。

又《喉腫門》　牙消散：治馬咽喉腫痛，或口內瘡、草慢。牛蒡子三兩炒過；天門冬、五倍子各一兩，炒過；鹽豉、白礬、牙消各三兩，生用。右為末，每一兩半，蜜一兩。如口瘡，小便浸鹽豉一兩，飽啖之。

又　薄荷散：治馬鼻濕，鼻內蟲出，咽喉腫痛作聲，咽水草稍難，草慢病。龍腦薄荷、川芎、紫河車、黃藥子、白僵蠶、甘草、栝樓根、川甜消、川黃連、牛蒡子。右等分為末。每用藥一兩半，新汲水半升，蜜一兩，同煎，草後灌之。

又　治馬喉腫方：以針連柄納入竹管中，露刃七分，刺懸癰，血出即愈。又方：取乾馬糞，置瓶子中，亂髮覆之，火燒馬糞及髮，煙出令熏馬鼻，須臾即愈。

又　赴筵散：治馬口舌瘡。黃蘗皮、細辛各等分。右細末，破處塗之。

又　立效散：治馬木舌在外。款冬花、瞿麥、山梔子、地仙草各一兩。右為末，塗在舌上立差。

又《打破門》　丹礬散：治打破驢馬梁背并諸處磨擦成瘡。訶子核二個不用皮肉、白礬半兩、黃丹半兩。右藥先以白礬于銅銚子內镕作汁，入黃丹攪令熬之乾枯，看黃丹色紫為度。先將訶子核搗爛，使入熬礬黃丹同搗籮為末。先以溫漿水洗瘡，更用冷漿水洗之，不用等乾，將藥末細摻蓋遍，乾手按過，不妨乘騎。瘡極者，不過兩上。

又　定粉散：治馬花瘡鄉云菌瘡。砒霜一錢；定粉半錢；膩粉炒，半錢；菉豆二百顆。右一處，不得語，杵為末，每用漿水洗過，少使藥貼。又方：生菰切作片子貼瘡上，以艾灸貼菰上，菰熟則改貼，二十壯，瘡痂落。

又　姜礬散：治馬打破梁背瘡。白礬二兩、生薑二兩燒成灰。右同研為末。每貼油調，相度瘡大小使藥。如瘡濕，即乾撒，立效。又方：治馬鬐瘡鬐，鄉云捫多會。凡馬為物所傷，鬐肉腫滿膿出。蔄茹、白芍藥。右等分細末，以紙裹納，深則作錠納之。又方：治馬脊打破瘡。用馬腳下尿屎濕稀泥塗之，乾即易之，或溝中青臭泥亦可。已破成瘡者，用黃丹、枯白礬及生薑三味燒灰存性，等分為末，入麝香少許，真麻油調傅。已成膿者，先用漿水同蔥白煎湯洗淨，傅前藥。

又　肘後方：六畜瘡焦塞，麵膠封之即落。

又《瘙蹄門》　丹砂散：治馬瘙蹄。硼砂一兩、黃丹二錢。右件藥二味，同研細，先用羊脛骨髓調搭。

又　紫礦膏：生馬蹄。紫礦、黃蠟各四兩，黃丹、白膠香、木鱉子，以上各半兩，膩脂頭髮三錢，酥半兩，菜油四兩。右件藥八味，一處慢火熬，頭髮盡為度，盛在磁器中。蹄上浸擦一遭，三日、五日以上。

又　如聖膏：生馬蹄。好豬脂四兩，熬油，去滓；生薑二兩，搗取汁；胡桃仁半兩，燒灰；爐甘石一兩，為末。右件藥四味一處，慢火熬成膏。先洗過蹄，拭乾，用藥膏塗蹄一遭，三兩日一次上。

又　木鱉子骨：生蹄。豬脂半斤；黃蠟半斤；紫礦三錢；頭髮三兩，燒灰；木鱉子五個，為末；乾地黃半斤，為末；枇杷葉半兩，為末。右件藥七味，先將豬脂熬油去滓，次入餘藥再熬成膏，入瓷器內，塗于紙上塗貼。

又　定血黑藥子：治馬瘡口寒，久不斂，或磨刺破瘡。草烏頭不拘多少。右用酵麵裹之，候乾，燒存性，用碗合于地上，良久，去火毒，候冷取出，為細末，乾貼即愈。

又　乳香散：治乾濕瘙。烏賊魚骨三兩，白礬三兩，乳香半兩。右件藥三味，細搗羅為末。濕瘙淨洗貼，乾瘙用油調摻。

又　治馬瘙蹄方：以刀刺馬踠叢毛中，血出愈。又方：融羊脂塗瘡上，以布裹之。又方：紋魚濃煮塗之。又方：以湯淨洗，燥拭之，嚼麻子塗之，以布帛裹，三度愈。又方：巴豆三十個，用真油煎，剃去毛，塗之即愈。又方：剪去毛，以鹽湯淨洗去痂，燥拭之，煮人尿令沸，熱塗之即愈。又方：先以酸泔清洗淨，然後爛煮豬蹄，取汁，熱洗之差。

又《雜病門》　消黃散：暑月灌馬。大黃、黃芩、梔子、黃連代地黃、黃蘗、滑石、甘草、桔梗、栝樓根、薄荷葉。右等分為末，蜜水灌，每服二兩。隔一日一服。

又　治馬腿骨解鄉云都或出：以繩繫不病腳腿子上，砧杵輕打傷處三下；不入，則騎急行四五步許，還入。

又　治牛馬百病：柳葉、生牛乳同搗爛，丸如彈子，曬乾。用時搗為細末，仍和生牛乳灌之，神效。

又　治馬急行遠路，傷血入腹肚：清醬和醋一升灌之。

又　治馬百病方：大黃半茶盞；蜜一盞；豬膽大者一個，小者一錢。右大黃碾極細，用水一碗浸著，次日先入豬膽攪勻，入蜜再攪勻，灌之。春一月兩服，夏秋一月三服。

又　治馬急起臥病：取壁上多年石灰細末二兩，用油一大鍾，酒一鍾半，調灌之。

又　治馬落兒後：藿三兩，生蔥十棵去鬚，麸麥五合。右水半盆同煎，待冷，徐徐灌之。

清　黃穀《畜産叢書》第二編《養馬法·馬病療治法》第一節《內癥之療法》　翻胃吐草病。病態：精神倦怠，耳搭頭垂，鼻浮面腫，膁弔毛焦，時作嘔吐。病原：外感風寒內傷陰冷。療法：益智仁、肉豆蔻、五味子、廣木香、檳榔、草果、細辛、青皮、當歸、厚朴、川芎、官桂、砂仁、白朮、芍藥、白芷、枳殼、甘草，各為末，每服兩半棗五枚，薑五片，苦酒一升同煎，三沸，溫嚾之。

又　胎氣胎風病。病態：四肢虛腫，抽搐難行，把前把後，耳搭頭低。病原：胎前受風，腿痛者謂之胎氣；産後受風，腿痛者謂之胎風。療法：治胎氣宜用當歸、熟地黃、白芍藥、川芎、枳實、青皮。各為末，每服一兩半，紅花一錢，水一盞，煎三五沸，待溫嚾之。治胎風宜用麒麟竭、胡盧巴、當歸、沒藥、白朮、木通、川楝子、巴戟、破故紙、牽牛、茴香、藁本，各為末，每服兩半，苦酒一升同煎，三五沸，待溫嚾之。

又　揭鞍風病。病態：四肢僵硬，口內垂涎，耳緊尾直，牙關緊閉。病原：因騎後大汗，臨風卸鞍，賊風即乘虛而入，故謂之揭鞍風。療法：用雄黃五兩、烏頭四兩、白朮兩半、川芎二兩、防風二兩、細辛一兩、白芷二兩、蒼朮六兩。水浸，均為細末，病重者服五錢，輕者服四錢，溫酒半盞同調嚾之。

又　脫肛病。病態：不時努嗞，尾揭腰弓，頭低耳搭，草細毛焦。病原：因負重上山，勞傷其力，或腸中久積，寒冷所致。療法：用防風、荊芥、花椒、白礬、蒼朮、艾葉，混水二升共煎，三沸，去渣，洗淨血膿，先用剪刀去盡風皮，膜納以中指入肛，取出硬糞，再洗去血，送入肛頭，用乾履底炙熨之。

又　黑汗病。病態：渾身肉顫，汗出如油，行如醉犬，目瞪頭低。病原：血瘀不通之故，皆因畜養過盛，肉重膘肥，喂多騎少，毒聚於腹，血積於心。療法：茯神三兩、硃砂一兩、雄黃一兩，共為細末，糞浸水半盞，氈襪取汗半盞。

又　肺寒吐沫病。病態：精神困倦，耳搭頭低，頻頻剉齒，吐沫垂涎。病原：因乘騎緊驟，遇冷水飲之太急，搶於肺脘之故。療法：用半夏、升麻、防風、飛礬，共末，每服兩半，喬麵一匙、蜂蜜一兩、生薑一分、酸漿水一升同調，草飽嚾之。

又　水掠肝病。病態：行如醉犬，兩眼如痴，鼻廻血水，汗出無休。病原：因久渴失飲，一飲又復過度，積住腸中，不能運化。按：此症療法未明，據師皇曰：水掠汗者，冷水傷其肝也，無法可治。

又　蜱蟲咬袖病。病態：忽時倒地四足蹬定。病原：因喂養過度，肉滿膔肥，日久失於洗浴，瘀汗積於毛竅，垢膩凝滯，尿溺交混，汗濕相攻，蟲遂生焉。療法：貫仲、鶴虱、花椒、臭橘、蕪荑、蛇床子混一處，水二升，煎三沸，去渣，將獸搏倒摘去蜱蟲，次將袖口翻過，以藥帶洗之。

又　前結病。病態：肚腹脹痛，咬臆跑胸，不時臥地，仰足朝天。病原：因食後乘騎緊驟，過於勞役，歸來旋即喂之，以致痰裹料草，相纏一處，遞入大腸前面四尺，聚散而成結也。療法：用續隨子、膩粉、滑石、木通、鼠糞、牽牛、酥油、皂角，共為末，每服二兩，生油四兩，湯半盞，苦酒一盞調煎，三沸，入大黃末一兩、硝一兩嚾之。

又　中結病，病態：肚腹脹痛，仆臥跑胸，連連起臥，鼻作喘麄。病原：因膔肥肉重，遠驟奔馳，乘而喂生料，喂後復飲冷水，冷熱相繫，致使脂纏穀料，積於大腸中面而結也。療法：巴豆三百去殼、五靈脂、牽牛、甘遂、大戟、滑石、瞿麥、大通、續隨子、川大黃、香附子，各二兩，共為細末，醋打麵糊為丸，如彈子大，每服一丸，擂碎，溫酒一盞，和生油四兩嚾之。

又　後結病。病態：肚腹飽脹，覷後廻頭，起而復臥，臥而復起。病原：因空腸喂草，喂後飲以冷水，水充穀料，積於大腸後面而結也。療法：續隨子四兩、郁李仁一兩、皂角半兩、炙瞿麥二兩、鼠糞四兩、榆白皮二兩、牽牛一兩、芫花一兩醋炙，共為細末，大麥麵半斤，打糊為丸，如彈子大，每服一丸，細切青葱三枝，苦酒一盞同煎，三沸，入生油四兩，童便半盞灌之。

又 冷痛病。病態：渾身發顫，覷腹迴頭，連連臥地，鼻咋喘麄。病原：因久渴失飲，空腸誤飲冷水太過，停立不散，傷之於脾，傳之於胃，胃火微弱，不能傳送膀胱，積於腸內，不能升降，故腹中作痛。療法：青橘皮、陳橘皮、厚朴、桂心、細辛、茴香、當歸、白芷、梹榔，共為末，每服二兩，葱三枝，飛鹽三錢，苦酒一斤同煎，三五沸，候溫灌之。

又 熱痛病。病態：頭低眼閉，行立如痴，臥多立少，惡陽喜陰。病原：因暑月炎天，乘騎遠地，鞍屜失於解卸，乘熱而喂草料，熱積於胃，遍行於經絡也。療法：香薷、黃芩、黃連、甘草、柴胡、當歸、連翹、花粉、山梔子，共為末，每服二兩，蜜二兩，漿水半升、童便半盞，同調灌之。

又 草噎病。病態：伸頭縮項，鼻口迴涎，連連咳嗽，氣促喘麄。病原：因乘騎遠驟，奔走歸來，喘息未定，卒然喂以草料，因飢而食之急，口唾未清，銜環未卸，嚼之欠細，吞之過猛，以致口中涎沫裹住料草，相纏遞至喉中，遂咽噎也。療法：芸薹子即芥菜子也、射香少許、瓜蒂、胡椒、皂角一廷炙，共碾為細末，裝於竹筒之中，於兩鼻孔內吹之即下。

又 破傷風病。病態：渾身麻痺，眼急驚狂，四肢彊硬。病原：勞傷太過，蓄養失宜，或為鞍轎撞傷，或為他物磨損，受賊風侵入，即得此病。療法：蔓荆子、旋復花、白殭蠶、天麻、烏蛇、沙參、防風、阿膠、川芎、羌活、桑螵蛸、何首烏、天南星、蟬殼、細辛、金蝎、升麻、藿香、獨活，共為細末，每服一兩，溫水一盞調灌之。

又 胃寒不食病。病態：毛焦草細，膁弔頭低，鼻寒耳冷，口內垂涎。病原：久渴失飲，空腸飲水太過，陰氣積於臟內，寒濕流入脾經，因得此病。療法：桂心、青皮、白朮、厚朴、益智、乾薑、當歸、陳皮、砂仁、甘草、五味子、肉豆蔻，共為末，每服二兩，飛鹽半兩，青葱三根，酒一升同煎，灌之。

又 **第二節《外癥之療法》** 蹄頭病。療法：用紫礦，黃蠟，人髮灰於銅杓內鎔成膏，先用利刀削去硬蹄，塗膏於其上，再用火燒鐵器烙之。

又 混睛病。療法：蟬退、黃連、荆芥、蒼朮、川芎、甘草、馬蘭花、地橘皮、蜜蒙花、山梔子、龍膽草共為末，每服二兩，蜜二兩，白湯一盞同調，草飽灌之。另用鷹糞一兩二錢、大硃砂二錢、白硼砂二錢、白鋼砂二錢共為細末，用白紙羅過，再搖入磁礶內，不拘時點於病處。

又 黑疔瘡。療法：用續斷、鼠糞、乾薑燒灰、皂角，共為末，醋打麵糊，調勻塗之。

又 血疔瘡。療法：用草烏、穿山甲、硇砂、龍骨共為細末，防風湯洗净，乾貼之。

又 水疔瘡。療法：用巴豆、烏頭、血蝎、紅娘子共為細末，防風湯洗净乾貼之。

又 陰毒瘰癧瘡。療法：用砒霜、雄黃、雌黃、輕粉、硼砂共為細末，麵為尖丸，如棗核大，用針刺破，任藥一丸。

又 陽毒背脊瘡。療法：用黃柏、當歸、大黃、白芨、白蘞、防風共為細末，以醋調勻，塗之瘡上。

又 舌瘡。療法：用青黛、黃柏、訶子、白礬共為細末，蜜水拌勻，裝生絹袋內，使噙於口內。

藝文

明 喻仁、喻傑《新刊纂圖元亨療馬集》卷六《使用歌方》 四時調理。

春灌茵陳與木通，消黃三伏有奇功，理肺散宜秋季灌，茴香冬月莫教空。

又 茵陳散：春季灌此藥。歌曰：茵陳連風俱等分，漿水生薑蜜共煎，卒熱喘粗兼草慢，三春灌此即安然。

又 消黃散：夏季灌此藥。歌曰：雙母使芩草，二子用黃金，新水調蜂蜜，消黃大有功。

又 理肺散：秋季灌此藥。歌曰：知母山梔蛤蚧，升麻天麥門冬，秦艽百合馬兜鈴，防己枇杷等分，白藥天花蘇子，乾山貝母相停，蜜和糯粥共調勻，肺疾鼻膿神應。

又 茴香散：冬季灌此藥。歌曰：茴香厚朴玄胡索，芍藥當歸益智仁，黑豆陳皮川楝子，荷葉青皮與木通，一十二味同共使，葱白三根酒一升，童便半盞同煎灌，溫中暖後妙如神。

又 補益當歸散：治馬胎前產後。西江月云：當歸沒藥海帶，漏蘆荷葉紅花，自銅故紙及胡巴，虎骨敗龜酥化，骨補連翹益母，麒麟芍藥甜瓜，胎前產後足頑麻，升酒調煎灌下。

又 消風散：治馬肝經風熱，閃骨生瘀。歌曰：肝經風熱雙眼昏，四蹄如柱不能行，大小二昔生壅肉，兩胞翻腫閉難睜。骨眼穴中先令割，瘀壅病骨莫留存，眼脈兩針須出血，消風散灌有功能。井泉乾菊龍膽草，黄連青葙與防風，木賊蟬蛻蒼朮蔚，甘草黄芩石決明，旋復石膏俱等分，豬脂蜂蜜兩勻停，雞子一雙同共使，米泔調灌即除根。

又 平胃散：開胃。歌曰：蒼八甘三陳厚五，七棗同擂五片薑，升水共調煎一沸，胃寒草少灌安康。

又 大七傷散：調理羸牛瘦馬添膘。歌曰：知母貝母漢防己，青皮陳皮用乾薑，虎骨芍藥當歸妙，瓜蔞桔梗川大黄，豆蔻人參破故紙，茯苓甘草使茴香，茵陳益智香白芷，檳榔官桂廣木香，水和豬脂煎三沸，瘦馬羸牛灌便康。

又 益胃散：治馬翻胃吐草。西江月：益智檳榔豆蔻，白朮芍藥陳皮，細辛五味共當歸，厚朴砂仁官桂，甘草木香白芷，川芎草果青皮，薑三棗七共同擂，酒煮能醫翻胃。

又 厚朴散：治馬脾胃寒不吃草。歌曰：厚朴青皮五味子，牽牛官桂與砂仁，升酒調煎加麥蘖，脾寒草慢效如神。

又 清肺散：定喘。歌曰：桔貝藍根一處擂，甜葶甘草共相隨，蜜和糯粥調童便，非時惡喘即時愈。

又 橘皮散：治馬薑芽起臥。歌曰：枳朮青陳樸與當，木通甘草共檳榔，細辛白芷兼官桂，砂仁益智與茴香，飛鹽一撚工蔥三莖，苦酒同調煎作湯，不論薑芽並冷痛，灌下之時即便康。

又 馬價丸：治馬臟結。西江月：巴豆續隨通草，大黄香附靈脂，瞿麥甘遂共相隨，大戟牽牛滑石，豆肉淨用三兩，其餘二兩無移，醋糊為丸油酒擂，灌下能通結閉。

又 黄藥子散：美水草，治肺。歌曰：草芍川黄粉，雙雙母子歸，韭汁兼童便，勞傷諸疾愈。

又 款冬花散：止啌。歌曰：款冬黄藥及人參，白故僵蠶與郁金，再加蜂蜜兼童便，和湯調灌嗽不生。

又 青皮散：止瀉。歌曰：歸朴青皮白五炒，赤芍益仁生薑搗，兩蘖水升一處熬，冷腸泄瀉當時好。

又 七補散：治馬七傷及非時起臥。歌曰：青皮川楝子，乳沒自然銅，當歸川紅豆，茴香益智仁，芍藥並官桂，滑石與木通，蔥酒同煎灌，起臥效如神。

又 滑石散：治小便溺澀。西江月云：踏地蹲腰不溺，滑石瞿麥燈芯，豬苓澤瀉共茵陳，知母黄蘗酒浸，升水調煎三沸，更加童便和勻，空腸灌下半時辰，尿澀尿難神應。

又 當歸散：治馬胸膊痛。歌曰：立地時時兩足忙，頻頻換腳痛難當，騎來走急因拴繫，失於牽散致其殃，膛內兩針胸膊血，當歸散灌是奇方。天花白藥枇杷葉，桔梗當歸與大黄，芍藥牡丹同共使，沒藥紅花黄藥良，水煎三沸加童便，散縱三朝病自康。

又 半夏散：治馬口吐涎沫。歌曰：良馬口中吐沫涎，防風半夏與枯礬，升麻蕎麵生薑蜜，和漿調灌當時安。

又 香薷散：治馬中暑。歌曰：盛暑炎天遠出奔，肺心壅極氣相攻，四肢倦怠行無力，兩目昏蒙閉不睜。芩連香薷同花粉，歸草梔翹等分停，童便蜜水相和灌，兩針鶻脈自然寧。

又 溫脾散：治馬翻胃。歌曰：冬餐凍物寒凝胃，夜繫霜天濕地眠。初患口中色似血，日深鼻畔腫如拳，糞粗膁吊精神慢，吐草傳經四足攢。藥用暖胃溫脾散，當歸廣木縮砂甘，朮朴青陳五味子，檳榔豆蔻細辛兼，香附麥芽共同使，薑棗均和鹽酒煎，十朝五服頻頻灌，月餘之外自安痊。

又 秦艽散：治馬脫肛。歌曰：驢馬因何患脫肛，只緣努力臟中傷，風吹硬冷難收縮，弓腰努咽痛難當。剪去腫痂重溫藥洗，歸艽朮朴與茴香，薑桂青陳川楝草，酒蔥煎灌當時康。

又 茴香散：治馬冷拖後腳。西江月云：良驥冷拖後腳，茴香楝子青皮，胡巴破故與陳皮，官桂木通巴戟，黑豆蓽茄豆蔻，細辛藁本當歸，鹽酒調勻令火煨，初患不過兩劑。

又 消積平胃散：治馬傷料不食草。歌曰：甘草山查香附子，砂仁朮朴與陳皮，薑棗水調煎一沸，料傷草少灌之愈。

又 麥蘖散：治馬傷料。歌曰：馬因穀料過多餐，胃火流行五臟傳，精神困倦渾如醉，行步拘然亦似攢。蘿蔔麥蘖生擂用，枳殼山查神曲研，朮朴青陳加國老，生薑童便更相兼，白湯半盞同調灌，一劑須教得自然。

又 玄參散：治馬久啌不止。歌曰：歸芩連蘗大黄參，梔夏柴胡各等分，飛礬油蜜相兼用，白湯調灌嗽除根。

又 白朮散：安胎。西江月云：白朮當歸熟地，川芎芍藥人參，紫蘇甘草共砂仁，陳橘黄芩等分，阿膠一味麵炒，生薑五片擂勻，良馬腹痛動胎疼，水煎灌下即穩。

又 秦艽散：治馬尿血。歌曰：羸馬遙行負重傷，小腸積血注膀胱，毛焦賺吊頭垂地，精神漸減越尋常。秦艽瞿麥車前子，歸芩芍粉共蒲黄，梔草大黄同共使，竹葉煎湯調灌康。

又 連翹散：治馬低頭難轉。西江月云：二母連翹山藥，當歸紫蘇兜鈴，甜瓜白芷共蔞根，杏仁桔梗等分，蜂蜜生薑白水，調煎三沸停溫，低頭不得項腰疼，三服須教必應。

又 烏梅散：治新駒奶瀉。歌曰：新駒奶瀉糞如漿，臥地回頭顧兩相，乘熱渴饑食熱乳，三陽相引到空腸。烏梅乾柿同為末，黄連訶子共薑黄，溫水調和同共灌，便是師皇真藥方。

又 紫蘇散：治新駒奶肺病不食草乳。歌曰：新駒肺病乳不餐，升麻黄藥及黄連，生地郁金並蘇子，蜜水同調灌便安。

又 升麻散：治馬低頭難轉，肺病鼻内出膿。歌曰：驊騮項斉鼻流膿，歸艽知母及茵陳，桔貝升甘同白芷，杏仁芍藥與兜鈴，蜂蜜二兩薑三片，韭水相兼共一升，調煎三沸溫和灌，三服之内顯功勳。

又 黄芩散：治駒馬喉骨脹。歌曰：駒馬鼻中流白膿，飛礬黄芩與郁金，每服五錢蜜一兩，井花調灌即除根。

又 千金散：治馬揭鞍、破傷及諸風病。西江月：枳朮芎阿蒺藜，藿荊橘薄南星，烏頭附子及天雄，二活雙麻等分，皂麝辛砂蟬殼，僵蠶蛇蠍蜈蚣，蔓荊旋復與防風，薑酒能醫表症。

又 雪花散：治馬槽結，喉骨脹，熱盛喘粗。歌曰：熱發三喉心肺極，朴硝黄丹寒水石，豬脂調和灌入咽，三喉喘盛當時息。

又 石決明散：治馬肝熱眼昏。歌曰：肝家受病不尋常，外傳兩眼熱瘀瘡。頭眩耳搭精神少，四蹄如柱目無光，熱甚發狂東西走，逢物不見撞著牆。藥用解毒決明散，便是師皇伯樂方。梔子大黄白藥子，黄耆黄藥郁金良，草決石決黄芩炒，没藥黄連等分量，雞子一雙藥二兩，蜜水同調灌便康。

又 秘方：治馬花瘡。回網魚、舊氈襪後跟二味等分，燒灰存性，為末貼之。

圖表

明 趙浚等《新編集成馬醫方・六陰六陽圖》

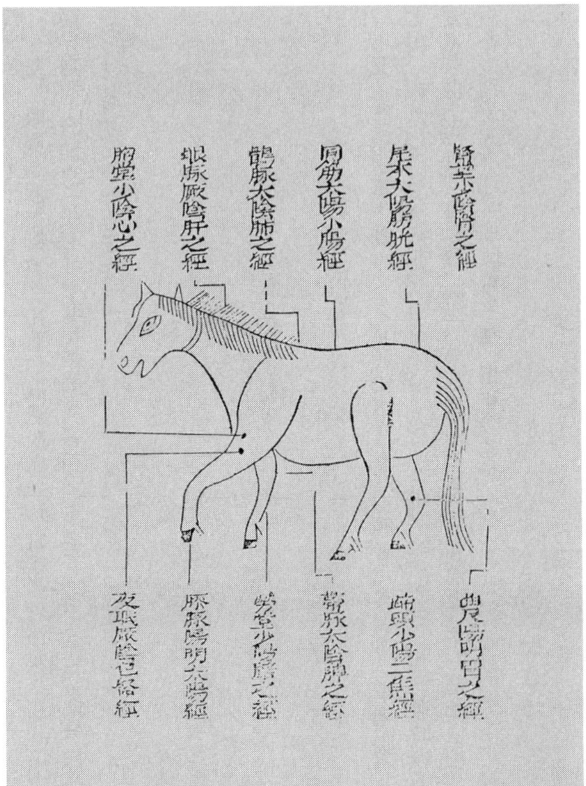

牛

論説

清 郭懷西《新刻注釋牛經大全集》卷一《元亨古本牛病治療三十三圖方》 吐涎吐糞牛圖方。牛有瘟疫吐涎者，蓋牛之病疫，必先吐涎。若吐涎不止，是瘟疫無疑也。宜用黄檗研汁、石灰。二味以酒為引調灌。牛有吐糞者，用鬼木板多年者燒灰，以酒為引調和灌之。

又 食疫紫疫牛圖方。牛病食疫，喘聲不定者，宜用硇砂、硼砂、縮砂、寒水石，各少許，以酒為引，調和灌之。牛有紫疫吐血者，用水銀、訶子、白芷、肉蓯蓉。各味等分搗爛為末，以酒為引，相和灌之。

又 尿血糞血牛圖方。牛尿血病者：當歸、紅花，搗爛為末，以酒為引調灌。牛有糞血者，取灶下黄土，以酒相和灌之。

又 乾疫肚脹牛圖方。牛有吐白、口鼻乾者，宜用硼砂、縮砂、麝香、阿魏，共搗為末，以赤石脂、豆蔻煎酒，相和灌之。牛有吃著生豆肚脹者，宜用：舊手巾一條燒灰，以酒一升，同和灌之。

又 眼膜蟲脹牛圖方。牛有白膜遮眼者：炒食鹽、竹節灰，相和為末，貼在白膜上，即愈。牛有非時吐出雜蟲者，宜用燕子糞，以漿水相和灌之，即愈。

又 膽脹生疥牛圖方。牛有顛走，逢人即抵觸者，其病在於牛膽脹，治之用：大黄一兩、黄連五錢。用雞子清、白酒為引，調和灌之。其病發時顛走，愛入雞群狗隊者：排風散、阿膠、桑白皮、槐白皮，同和灌之。牛有遍身生疥者，用蕎麥秸燒灰淋汁，加硫黄少許，相和塗之。

又　焦毛漏蹄牛圖方。療牛瘦毛尾焦禿者，為肚中有積聚，及有砂石瓦子者，用榆皮、滑石、朴硝，共為細末，同和灌之。牛有漏蹄者，用紫礦擣為末，用豬脂合和灌之。漏蹄中燒釘子烙之，立效。

焦毛漏蹄牛圖

又　打肋腸結牛圖方。牛有卒役，動頭打肋者，用巴豆兩個去皮，研為末。以生油一兩，漿水半升，灌之立效。牛有病來多時腸結者，用白米二升，水浸一夜，用生油相和灌之，即愈。巴豆乃毒物，古方注之。餘經厲害，切不可擅用，務必去油製過，萬不可生用，特表鑒之。

打肋腸結牛圖

又　難產腫臍牛圖方。牛生犢子，其衣生產不下者，用莨菪子三合，搗為末，以秫米作粥，相和灌之。又方：取六月六日車前子一合，以酒一升，相和灌之。牛患腫臍者，用雌黃一兩、藜蘆半兩，共為末相和，油調搽臍上，即痊。又方：用桑柴灰捻，後用石灰捻，再以物拍臍下，便痊。

難產腫臍牛圖

又　氣脹發噎牛圖方。牛吃菜根噎哽者，皂角為末，吹入鼻中，於尾亭骨下著鞋底打之，便安。牛非時氣脹不消者，用人汗汙襪，洗汗計一升，醋半升，同和灌之。立效。

氣脹發噎牛圖

又　顫冷咳嗽牛圖方。牛有發喘氣，身顫出汗，口鼻冷者，用桃、柳樹心，以水煎，候冷灌之。牛有咳嗽者，用食鹽一兩、淡豆汁一升、蔥白一握，以童便一升，相和灌之，立效。

顫冷咳嗽牛圖

又 前後胐痾牛圖方。牛有前痾後痾者，水痾也。又云：首倒地者，痾也。鬼木板燒灰一匙，好醋半升，細茶一撮，上三味同煎，候冷灌之，即效。牛蕩者，用白米二升，作粥，露一宿，分作三次灌之。用卯、午、申時灌，立痊。

又 經喉惡氣牛圖方。牛有結喉，喉中似拽鈴聲者，用榆皮、寒水石、地黃、滑石、芒硝、食鹽，各一兩合和，用米泔水一升同煎，候冷灌之，立痊。牛有膜閉口中惡氣者，用菜子、麻子研汁，各一升，生油二兩，相和灌之，立痊。

又 非時中惡牛圖方。牛有非時中惡者，急就牛舌上，倒畫宮字一個，其牛即活，並不須用藥，立見效。古語今時不效。又方：拔牛舌，針出血。又用苦參、甘草、大黃。三味剉散，以水三升濃煎，候冷灌之，立效。療牛中惡不時起臥：乾復拘屎燒為灰，撮三指許，著牛兩耳孔中，立效。

又 暑熱中惡牛圖方。療牛或有著熱，非時中惡者，取水一升，鹽四兩，蔥一把，酒一升。四味相合，同煎和灌之即痊。如未痊，復灌即愈。又用粟米作粥喂之，為良。又方：甘草、大黃，各二兩，薰陸香一兩，以酒五升，煎至三升，加油蜜灌之。如行五里久，更用生粟米汁灌之，即痊。

又 膝冷肺病牛圖方。牛多肘膊冷，乃是肺病，蓋冷疾所生也。宜用蠶沙二兩、食鹽半升、柳蛇糞三升，上三味相和，蒸二時，用布袋盛卻，著冷熱得所，置在前後膊上，一日三上。三日後服：食鹽半兩，排風散一兩。蔥白一把，用水二升，煎取一升，灌後即痊。

又 頭黃心黃牛圖方。牛有毛焦不食水草者，是頭黃、心黃病也。用白芷、大黃各半兩，共搗為末，用雞子清二個，以酒二升、菜子汁三合，相和灌之，立效。

又 時有瘴疫牛圖方。療牛瘴疫者，用臘月糟一升、茯苓四兩、大黄三兩、菖蒲二兩、地黄半兩。共為細末，以醋半升，童便一升，總煎和灌之。仍取針牛鼻毛際深一分，血出即痊。又方：藜蘆一分，菖蒲、蔥白各一斤，細辛、白朮、川芎各二兩，共為剉，瓦瓶中燒，以煙薫牛鼻，津出即愈。

又 百葉乾燥牛圖方。牛頻頻起臥，水草不食者，由百葉中乾燥也。治之用：秋麻子半升，細研，水三升，煎至二升，升為兩服灌之。如不痊，依前法更灌，灌後又取：地黄半斤，搗細，入水調勻，分為三服灌之。牛身多汗出、起臥，見人作聲者，是膽脹也。用桑黄二兩，水三升，煎二升半，灌之立痊。

又 壅熱風毒牛圖方。療牛心間壅熱，頻頻卷頭而轉，乃是風毒。宜先烙心脾穴，後烙額上有旋毛處則痊。十日前易治；十日後難療。又方：牛或舌底有瘡，錢許大，向上欲透者，用狗糞燒灰，滿填瘡內，上燒火箸更灒烙，立效。

又 鼻有汗乾牛圖方。大凡牛有病時，欲知可治不可治，先看牛鼻頭有汗無汗，不可便下藥。如有汗，即隨症醫治；如牛有生氣，雖天時極凍，鼻亦有汗；如無汗，死在旦夕。此醫牛之良法也。牛鼻無津液，耳倒垂，起立不行者，畜家極病也。先灌鹽湯二升，細切蔥白一把，用好酒一升，同煎三五沸，灌之愈，如不痊，更加煎。轉胞者雖壯，以角之溫冷，驗病之輕重。

又 角有溫冷牛圖方。大凡牛病未至重時，其角即溫。雖霜寒雪凍，其角亦不至於冷。用藥時，先須以手執牛角，以視其溫冷，溫即用藥，冷即死症也。此乃醫牛手法，如醫人診脈之法，醫獸不可不審思之耳！

又 頭貼地之牛圖方。凡牛病，先用看貼地與不貼地，及口、鼻、大小便出血與不出血。如頭貼地，四處出血，並不醫；如無此症，方可詳症用藥治療。以上三症，乃醫牛口訣，人多不知以此醫視也。

又　肩上生癰牛圖方。論牛患肩癰可用針法：凡牛有疾病，且須用藥治之，切不可用針，恐傷筋骨，不能用力，即為廢物。唯肩上生癰，有二種：一者水牛用黄牛套具磨壓破皮；二者肩上遭蚊子毒，即生癰。其皮硬，撲血竭散，用火針針出毒氣，仍用療口生肌藥治之。如是蚊子毒，先用夜明砂酒調敷，次用生肉藥調理。

又　暑渴暈悶牛圖方。論牛熱病渴悶：凡牛著熱病，或因暑月天繫在欄內，不曾飲水，即渴；或因春月日夜勞苦，暈悶倒地。並用清米泔及甘草水、鹽湯，多灌為妙。又方：止渴解熱。粉草一兩，炙；蒲黄一兩，炒；黄芩一兩；天竺黄半兩；梔子一兩，炒；朴硝半兩；枇杷葉去毛，不拘多少。共為末，泉水調下。

又　吐瀉熱毒牛圖方。青金丸治牛瘴、或吐或瀉、諸般熱毒症：川郁金、貫眾、白礬、井泉石、雄黄、縮砂仁、乾葛、滑石各半兩；藍根曬乾、山豆根一兩；二丑三分；甘草、石膏、荊芥、山梔子、大黄、木通、黄連，以上各半兩。共為末，糯米糊為丸，如彈子大，青黛為衣，每用五丸，燈芯一把，水二碗煎，灌之立效。

又　治牛瘴疫之圖方。論治瘴疫諸方：凡治牛瘴，等閒時用皂角數斤，放糞汁中浸。夏秋三日，春冬二日，取出，又於地下埋一日，再出淨洗。到臨用時去子。每一兩入甘草半兩研爛，井花水和合灌之。又方：石菖蒲、葛根、綠豆、淡竹葉、郁金、蒼朮，各等分，碾爛為末，每服一兩，芭蕉自然汁三升，蜂蜜二合，黄蠟二錢，調勻灌之。末解，再服。如熱極，加大黄；鼻頭無汗，加麻黄；鼻口出血，加蒲黄。此藥用蒼朮、石菖蒲之義，蓋以他藥太冷，欲以此二味，開眾藥而又通氣也。又方：收十二月兔頭，燒灰，和水五升灌之。又方：用真香末二兩，和水五升灌之。又方：取安息香于牛欄中燒，如燒香法。初覺有一頭兩頭病疫，即牽出，以鼻吸真香立止。更燒蒼朮尤好。

又　治牛力乏病圖方。療牛力乏之病：大凡牛力乏困，吐水草者，此畜乃百葉乾也。宜取白礬二兩，每日用藥，亂擣為末，和醋一升、水二升灌之。

又　牛舌生瘡之圖方。凡牛身有熱，舌上有瘡者，宜用丁香、木香、麝香、安息香、黃藥、黃連、大黃、郁金、梔子，各半兩。共為末，入麻油內先浸。仍取大麻子三升為末；杏仁去皮尖，一兩；麻乳。共研和入油半斤、水三升，與前藥同煎，候冷作六七遍灌。至晚用米一升、蔥白一握煮稀粥，溫啖，立見功效。

牛舌生瘡之圖

又　回頭斜走牛圖方。治耕牛回頭斜走，用郁金、黃柏、黃連、黃芩、梔子，各半兩，用米一升，同前藥浸一宿，研碎，用蜜四兩、蔥白一握、酒一升、水半升，同煮，啖之。蜜與蔥忌並用，古方錯列。

回頭斜走牛圖

又　啖瘦牛法之圖方。啖瘦牛法：凡牛瘦，皆山食啖水草不多。其治法用：食鹽三兩，炒分三處，入醋漿水內，啖後隔第二日，用淡豉三升，陳飯二升、黃檗三兩為末，以醋漿水、童便相和灌之。再用甘草、炒鹽、蔥白半斤，生地三兩，共搗為末，取酒三合，調和同灌。切須隔日漸漸灌之。

啖瘦牛法之圖

又　牛張口病之圖方。療牛張口病：凡牛張口，即是死候也。用白礬三兩浆，二味合和，無問食前後，灌之即痊。

牛張口病之圖

又　牛渴狂走之圖方。療牛渴狂走病，用芒硝半兩、梔子十個、甘草二兩，用水五升，煎至二升半灌之。後一宿、又灌之，即效。

牛渴狂走之圖

以上三十三圖，係古製原本，病症論說，總無頭緒，並無陰陽物理。予行濟世之道多年，將此本方用之，也有效時，也有不效時。今予翻刻，特將此原本刻注，亦標先賢規模。以上元亨古本有三十三圖，並未注出病源，後有五十六圖，雖注方藥，亦未說明來歷。予之募古補今，竭力救世，五十餘年，揣究陰陽，格度物性，每有效驗者，古人方書、編成症論；古圖未明來歷者，予採用有效驗過者，特加注釋、說明，傳世。即如前三十三圖，情理渾然，予亦照原圖原說刊刻，以垂後世。以便後之學者，知古人之模範，為萬世之規鑒，即數百年後，而有翻刻者，亦不可磨去古法矣。

又《牛患七十七癥論病形歌圖治法》牛患拖犁力弱骨痿症第一。牛患拖犁力弱者，何也？夫弱者，乃腹內饑餓，拖犁拽耙出力太過，肺氣耗散，血不歸心，氣血兩傷，虛弱之至，以致時出硬氣，口或虛張，水草遲細，時或鼻頭無汗，大乾澀者，此謂饑餓勞傷力弱骨痿之症也。形狀：惔頸抬頭，腿酸腳軟。口色：紅黃者可治；青黑者難醫。歌曰：饑餓力弱肺家傷，扭頸抬頭眼淚汪。不思水草又糞緊，醫遲必定肺生瘡。久臥多時發硬氣，起來喘息口虛張。宜用補肺杏仁散，連灌數服自平康。治法：火針百會穴、搶風、大胯穴；白針三焦、四蹄血。戒忌：下水浸泡、簷巷風吹。補肺杏仁散：杏仁、阿膠、麥門冬、白芷、瓜蔞仁、牛蒡子、桔梗、陳皮、甘草。各件共為細末，每服四兩，水一升，加童便一大盞，黃酒為引。如口色青白，本方加：肉桂、附子、五加皮、熟地黃、當歸。

牛患拖犁力弱之圖

又 牛患困水傷五臟第二。夫牛患水傷五臟者，何也？水者，乃日用之要，何以而致有傷於五臟也？皆因饑渴出力太過，乘饑餓而又過飲，或因天時炕陽，久渴過飲冷水太足，拴繫陰涼之處，失於牽行，以致陰冷過啖，陽氣不調，水火相剋，五臟受傷，此謂困水傷五臟之症也。形狀：喉中哽噎，口流清水，鼻流濃涕。口色：如桃花者可治；青黑者死。歌曰：喉中哽噎因水殃，五臟六腑似刀傷。時時鼻內垂濃涕，毛焦淚落口流漿。舌胎木硬腰腹熱，日深必定救無方。急用良方五積散，用鹽擦舌徹血康。治法：徹三焦、四蹄血，五積散灌之。五積散：治牛困水傷五臟等症。白芷、陳皮、厚朴、當歸、川芎、芍藥、茯苓、桔梗、蒼朮、枳殼、半夏、麻黃、千薑、肉桂、甘草。各件共為結末，每服四兩，以生薑五七片，蔥一把煎汁，調和灌之。如表重者，本方去肉佳，加桂枝。

又 牛患困水膈痰症第三。夫牛患困水膈痰者，何也？膈痰者，羅膈損傷也。或因久渴失飲，過飲冷水太足，或牧童騎使急跑，或拖犁拽耙，急使出力，促損羅膈，以致頭懸膝脆、耳角俱冷之症也。形狀：頭懸跪地、耳冷身顫，淚流成行。口色：口舌鮮明，膈雖傷而無損者，可治；青紫者，難醫。歌曰：生因困水膈中傷，頭懸跪地口中黃。耳角俱冷身又顫，眼中流淚卻成行。藥用靈通四順散，治遲必定命須亡。仙經論裡分明說，膈損從來無救方。治法：徹三焦、四蹄血，四順散灌之。鼻口流出血水，膈損者難醫。四順散：小茴香、紅花、蒼朮、白朮。共為細末，每服四兩，炒鹽一大撮，生薑為引，候溫加童便一盞，調和灌之。如膈損不愈。如損傷藥方見《馬經》篇內。

牛患困水膈痰之圖

又 牛患肝黃症第四。牛患肝黃者，何也？夫肝黃者，肝經凝受鬱熱血也。肝外應於目，肝家熱極，氣血凝滯之所致。令獸眼胞赤腫，翳膜睛昏，東奔西走，四足不停，此謂肝熱壅邪、肝黃之症也。形狀：眼腫淚下，翳膜睛昏，東奔西主，四足不停。口色：口舌鮮明者易治；青黑者難醫。歌曰：肝黃之症悶難當，眼赤頭昂尾撅張。東奔西走不停足，口青舌黑病須防。日淺醫工容易治，延深不救病難康。治法：徹四蹄血、三焦血，胸前用蟬酥繩穿墜，瀝出黃水。天竺散灌之。戒忌：日曬雨淋、下水浸泡。天竺散：治牛肝黃等症。天竺黃、黃芩、車前子、芒硝、青葙子、木賊、草決明、蟬退、錦大黃、枳殼、黑玄參、石決明、甘草。共為細末，黃酒為引。如赤氣太盛，加川連，重用朴硝。

又 牛患肺黃症第五。牛患肺黃者，何也？夫肺黃者，肺家熱極，氣血瘀痰，凝鬱於肺也。令獸喘聲連連，啌嗽不絕，此謂邪熱於肺而致肺黃之症也。形狀：連連啌嗽，喘息微微，低頭抵牆，張口涎垂。口色：鮮明者生，紅者可治，青黑者死。歌曰：肺黃得病喘忙忙，起臥抬頭又抵牆。喘氣多因心壅熱，水草難餐口虛張。治法：肺腧穴內針一道，腦上沖天火烙強。急用消黃菖蒲散，加些礬蜜灌為良。治法：胸前用蟬酥繩穿墜，腫瀝黃水。徹四蹄血、三焦血。菖蒲黃芩散灌之。調理：餵養清涼之處。戒忌：日曬、下水浸泡。菖蒲黃芩散：治牛肺黃等症。菖蒲、白芷、知母、大黃、貝母、甘草、杏仁、瓜蔞、桔梗、陳皮、黃芩、白礬。共為細末，白蜜四兩為引，調和灌之。

又 牛患心經積熱症第六。夫心狂者，心經積熱也。皆因蓄養太盛，膘肥肉重，暑月炎天，或犁耙出力，喘息未定，下水浸泡，或拴繫酷熱之處，乍經雨淋，壅熱浸於皮膚，瘀痰塞於胸中，以致心竅迷亂，四足顛狂，此謂心經積熱，心風狂病之症也。形狀：昂頭直頸，四足獐狂，張口流涎，氣息喘粗。口色：如桃花者生，赤紫者死。歌曰：五臟積毒又生風，喘急多因肺氣攻。口中流涎眼又腫，遍身瘡疥瘑癧中。耳嚲頭懸難著地，更兼哽氣不能通。皂角解毒人參散，三朝半月見其功。治法：胸前用蟬酥繩穿墜，白針徹三焦、四蹄血，喘急徹大血，效如神。調理：餵養清涼之處，水浸青草餵之。戒忌：日曬雨淋、下水浸泡。人參散：治牛心經積熱、心風狂症。人參、茯神、郁金、連翹、升麻、遠志、甘草、板藍根即大靛根。共為細末，內加童便一大盞，調和灌之。如口色赤紫，本方加：大黃、朴硝、大川連。如口色平和，昂頭直頸，不能低頭者，此乃外有感邪，用羌活湯發散之。羌活湯：治牛昂頭直頸、獐狂等症。羌活、防風、白芷、烏藥、細辛、川烏、草烏、荊芥、薄荷、蘇子、薑蠶、天麻、膽星、木通、五加皮、陳皮、粉草、桔梗。共為細末，黃酒、蔥白為引，調和灌之。

又 牛患心黃症第七。夫心黃者，心經積熱也。心為一身之主，五臟之首領，

居於深宮內院，清淨之所，何以而致有黃？皆因蓄養太盛，膘肥肉重，氣血壯旺，拖犁拽耙，又兼蠢夫促使出力太過，氣血沖心，瘀痰積膈。令獸四足顛狂、兩目圓睜，氣促喘粗，口內垂涎，此謂心經積熱之症也。形狀：兩目圓睜，四足顛狂，氣促喘粗，口內垂涎。口色：鮮明者可治，青黑紫者難醫。歌曰：心黃得病走顛狂，兩目圓睜尾撅張。牛有一心原屬火，火來攻火病難當。積熱久聚傳臟腑，若然遲治命須亡。治法：徹喉脈血、三焦、四蹄血。調理：餵養清涼之處，水浸青草餵之。戒忌：日曬雨淋，下水浸泡。清心散：治牛心黃等症。人參、茯神、遠志、青黛、郁金、梔子、連翹、元參、棗仁、生地、當歸、粉草、花粉。共為細末，雞子清、竹葉、燈草為引。如口色赤紫者，本方加：大黃、芒硝、大川連、天門冬、麥門冬。如大便閉結，加蜂蜜四兩，火麻仁。如小便閉塞，加二丑、車前子、滑石、木通。二便通利，喘自止而痊矣。

牛患心黃症圖

又　牛患水頭風症第八。夫水頭風者，何也？水頭風，乃牛頭浮腫也。皆因瘦弱老牛，餵養失調，時或浸泡水中，整日不起，時或拴繫濕地，從不牽行，又兼老弱，氣血衰敗，陰盛陽痿，以致陰濕之氣入於頭頂，耳腮俱浮，或流之於足，四蹄俱腫。此謂陰濕水頭風之症也。形狀：頭頂俱腫，耳腮虛浮，頸硬難抬。此症有三：水腫皮冷屬陰，氣腫手捺有陷，黃腫皮熱，隨手便起。口色：鮮明者生，青黑者死。歌曰：頭腫皆因困水傷，更因汗出發風瘡。頭又難懸眼又急，頸硬更兼懸不得，醫遲必定命須亡。火針連灌追風散，數日之間必安康。治法：火針腫處刺之，流出清水自消。戒忌：雨淋，下水浸泡。茴香散：治牛水頭風症。小茴香、香附、沉香、豬苓、五加皮、白芷、二丑、當歸、澤瀉、滑石、車前、木香、川芎、木通、甘草。共為細末，黃酒一升為引，調灌。流氣飲：治牛氣腫等症。木香、甘草、荊齊、薄荷、銀花、羌活、檳榔、烏藥、香附、紫蘇、防風、茵陳、木通。黃酒、連鬚蔥為引，調灌。如黃腫者，乃頭頂生黃也。以銀花解毒湯灌之。

牛患水頭風之症圖

又　牛患氣吼氣喘等症第九。夫吼喘者，乃肺經受傷也。吼者出氣緩而喉中有聲也；喘者，乃氣出促而連連鼻咋也。皆因犁耙出力，或受雨淋，或下水浸泡，熱痰凝於肺，陽受陰尅，積於肺竅，塞于肺管，出氣喉中有聲。若氣促連連鼻咋大呼者，乃肺經大熱，外受邪鬱。令獸肺咋不能收合也，不能容氣也。故氣出連連呼聲大作，肺咋鼻呼，內外相應也。此謂氣吼氣喘之症也。形狀：伸頭直頸，鼻咋喘粗。口色：口舌鮮明者，生；紫黑者，死。歌曰：喉中出氣吼頻頻，肺毒皆因熱積成。吼急須用白礬散，喘抽大血效如神。更有結喉喉核脹，阻塞咽喉亦吼聲。神針刺破頰下核，依方針藥得安寧。治法：徹大血、四蹄血、三焦血，頰下有核者，以火針刺破，核消疲愈。調理：拴繫清涼之處，水浸青草餵之。戒忌：雨淋，下水浸泡。白礬散：白礬、貝母、川連、白芷、郁金、黃芩、大黃、粉草。共為細末，蜂蜜、童便為引，調和灌之。如口色赤紫者，加芒硝、兜鈴。

牛患氣吼氣喘症圖

又　牛患腦中黃症第十。夫腦中黃者，熱毒流注於腦也。皆因蓄養二太盛，膘肥肉重，犁耙出力，或下水浸泡，或拴繫陰濕之地，陽受陰氣，逼聚於頂，毒注於腦。令獸眼急頭垂，口滴涎沫，盤身旋轉，四足不停，抵牆抵壁。此謂久熱積頂，腦中黃之症也。形狀：睛急頭垂，旋轉不停，頭抵牆壁。口色：紅黃者可治，青黑者難醫。歌曰：久熱積毒聚腦中，盤身宛轉作旋風。眼黑更兼吐滴沫，頂門火烙有神功。四蹄三焦須徹血，定風散下更除風。治法：頂門以火燒秤砣燒成黃色，用芝麻油塗之。白針徹四蹄、三焦血。調理：餵養淨處，草料加倍。定風散：治牛腦中黃症。天竺黃、防風、人參、生地、川芎、紫參、麻黃、蠶沙、天麻、白蒺藜、甘草。共為細末，生薑五片，黃酒一升為引調灌。如口色赤紫，大便閉結不通，用三黃湯，加芒硝、大黃、芝麻油四兩，調和灌之。

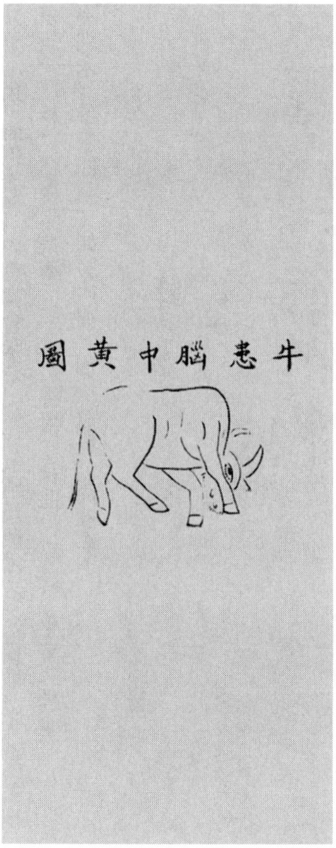
牛患腦中黃圖

又　牛患草傷脾症第十一。夫草傷脾者，何也？草者，畜之養命之源，何以而致有傷也？皆因久饑太過，出力歸來，與之乾草，啞畜不知飽足，不意食之太過，又加與飲，又因久渴，任意飲之太足，乾若見水，勢必發脹，令獸胃口脹滿，沖寒於脾，阻難消化，肚腹膨脹，哽氣如雷，此謂草傷脾之症也。形狀：昂頭哽氣，肚腹膨脹，出氣如雷。歌曰：草傷脾胃氣不和，出氣如雷氣又多。哽噎更兼心忽亂，毛焦糞澀又難磨。舌紫陷黃脾土病，針脾治胃更宣腸。便下大黃穿腸散，朴硝油蜜灌之良。穿腸散：治牛草傷脾症。枳實、厚朴、大黃、芒硝、香附、檳榔、神曲、甘草、滑石、木通。芝麻油、生薑、蜂蜜為引，同調灌之。如口色黃傷料，本方加：麥芽，油蜜和灌。

牛患草傷脾之病圖

又　牛患瀉蕩症第十二。牛患瀉蕩者，何也？夫瀉者，乃痢之症也。皆因蓄養失調，饑渴出力太過，饑渴至極，使之飲水太足，或在水中浸泡，或在濕地安眠，內停宿水，陰氣不降，陽氣不升，脾不運化。令獸清濁不分，而成瀉蕩之症也。形狀：耳搭頭低，精神短慢，大便不禁，時或泄瀉。口色：鮮明者生，青黑者死。歌曰：忽因困水臟中傷，泄瀉皆因冷滑腸。飽後傷中氣喘急，致令黃瘦病毛長。草慢更兼腹內瀉，冷氣傳來入膀胱。針脾暖胃青皮散，十朝半月始安康。治法：火針脾腧穴，百會穴。膘肥者，徹四蹄、三焦血；口臭者，洗口，徹心經血。徹此血於舌底大紫筋上，用小針刺之，出血。用井泉水沖洗，食鹽擦之，以去心火，水火既濟而氣血勻，氣血勻而百病消矣。調理：餵養清淨之處，生熟料一切忌之。戒忌：雨淋，水泡。青皮散：治牛瀉痢等症。青皮、廣皮、白芍、細辛、茴香、官桂、白朮、粉草、車前、木通。共為細末，每服四兩，加食鹽五錢，生薑五片，童便二盞，同調灌之。

如小便不利，加豬苓、澤瀉、茯苓、二丑、扁蓄、瞿麥。以分利陰陽而痢自止矣。如痢不止，而色赤者，內有宿食未消，用行氣消積散灌之。消積散：大黃、芒硝、枳殼、厚朴、檳榔、烏藥、木香、香附、神曲、麥芽、生薑、炒鹽。各件共為細末，每服四兩。如腹內痛，加伏龍肝，同和灌之。

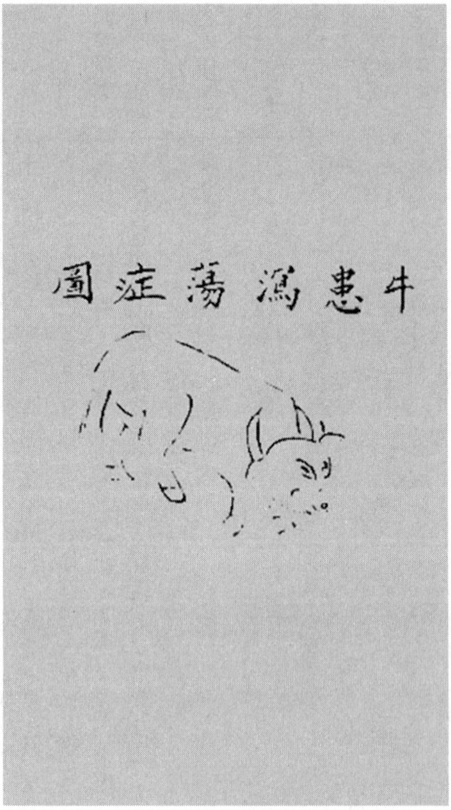

又 牛患肝脹風症等十三。夫肝脹風者，何也？肝者，筋之主也。皆因蓄養太盛，多餵少用，嬌養乍使，或犁耙出力太過，轉來拴繫簷巷，或近池塘，陰風吹傷經絡，氣血凝鬱肝經。令獸渾身緊急，如繩捆索綁之類，起臥奔走，兩目圓睜，此謂肝脹風之症也。形狀：起臥奔走，兩目圓睜，皮緊腹細。口色：仰陷青白，舌紫唇黃者，可治；仰陷青黑者死。歌曰：肝脹之牛病不輕，或起或臥眼圓睜。奔走往來不住腳，三朝五日徹心經。耳急更兼青口色，不治之時病轉深。名方妙藥二三服，七八九日舍牛經。治法：火針肝腧穴、百會、前搶風、後大胯、曲尺等處，生針徹三焦、四蹄、舌下心經等血。戒忌：日曬雨淋，下水浸泡。調經追風散：治牛肝脹風症。川木瓜、羌活、川芎、白芷、穀精草、木通、防風、薄荷、追風夕、當歸、荊芥、粉草、白菊花。各件共為細末，黃酒為引，調和灌之，如口色鮮明，筋骨不和，把前把後，本方加：川烏、草烏、天麻、細辛。如筋骨不把，兩目圓睜者，本方加：龍膽草、石決明、青葙子、木賊、黃芩。竹葉為引，調灌。

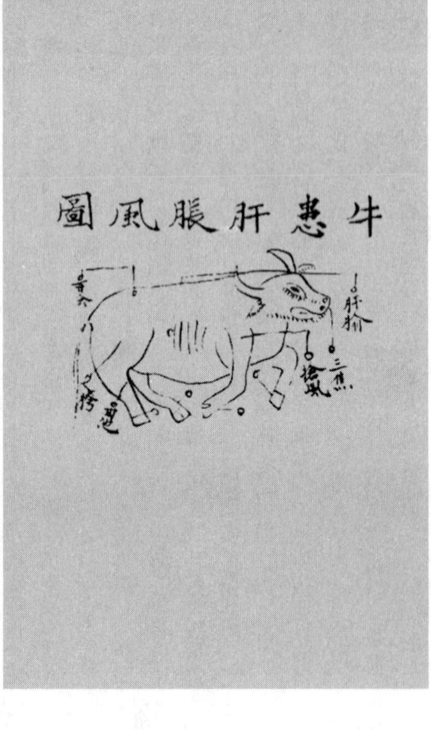

又 牛患水草脹肚症第十四。牛水草脹肚者，何也？夫水草者，乃畜之養命之源，何以而致有肚脹之症也？皆因草飽久渴，暑月炎天，酷熱之水飲之太足，或因天降黃沙，落注草上，餓牛食之，腹內草渣轉出肛腸，沙膩砌大百葉，而百葉不翻，亦或過飲酷熱之水，陰陽不和，鬱凝而成中結。令獸肚腹脹大，口內流涎，出氣哽噎，鼻頭無汗，水草脹肚，中結之症也。形狀：肚腹脹滿，口中流涎。口色：仰陷紅黃，唇赤舌紫。歌曰：肚脹多因是草傷，天氣炎蒸水似湯。冷熱不和因中結，口中流涎吐舌長。醫人須要察其症，熱用涼藥陰用陽。藥有名方通腸散，一服灌之病安康。治法：火針脾腧穴，用鞋底將針孔上輕輕打之，使脾氣邪疫從針孔出來，而脹自消矣。白針徹四蹄血、三焦血，氣行血活，脹自消退。調理：不住牽行，腹上以手揉捺，使宿食轉動，從大便而出，脹自消矣。戒忌：雨淋、水泡。通腸散：治牛水草肚脹腹滿等症。滑石、木通、粉草、大黃、芒硝、神曲、白朮、當歸、麥芽、檳榔、桔梗、陳皮、生地、火麻仁。各件共為細末，每服四兩，水一升，煎三沸，溫加芝麻油，或麻子油四兩，調灌立愈。但凡結症，只可緩潤，使關竅開通，而病自痊矣。切不可用巴豆等急攻，否則腸胃損而畜命休也。醫者切切記之，萬不可急攻。經云：十結之中半有虧者，皆因急攻之過耳。予臨症數十年，凡遇結症，務要緩治，上潤下倒、十治十生，毫無損壞。予特書此志之，以示後學，萬不可愴惶，有傷生命，自損陰德矣。膽導法，方見《馬經》篇內，治法相同，毫無異易。唯牛有百葉。如有百葉乾燥之症者，只可以香味藥醒之，萬不可攻之、下之。

又　牛患皮内生瘡第十五。牛皮内生瘡者，何也？夫瘡者，乃血氣之所致也。氣血者，乃周身之雨露，内潤五臟，外滋皮毛，氣不行則麻，血不行則痛，氣血稍不能足，令獸衰弱少膘。經云：氣血壯而精神爽；氣血衰而身體弱。然瘡者，氣血之凝滯也。皆因暑月炎天，出力歸來，喘息未定，氣血未調，或經雨淋，致將熱血迫注於皮膚，熱則宣流，寒則凝滯，血凝皮膚，不能流轉經絡，而成為瘡也。令獸渾身疙瘩，遍體癮癧，皮毛退落，膿血並流，此謂熱成肺毒、遍體生疥之症也。形狀：渾身疙瘩，遍體瘡痍，低頭喘粗，時或尿血。口色：口乾舌紫，仰陷紅黄者生；青黑者死。歌曰：渾身瘡疥退毛衣，暑月炎天熱注之。氣凝血鬱成瘡癧，血凝氣滯發瘡痍。低頭亂喘尿流血，藥用穿腸瀉下宜。大血兩針先須放，靈方篇内細查之。治法：徹大血、三焦、四蹄等血。穿腸散灌之。調理：餵養清涼之處。戒忌：下水浸泡。穿腸散：治牛皮膚生瘡等症。銀花、夏枯草、白芷、當歸、紅花、芒硝、陳皮、連翹、錦大黄、花粉、荊芥、薄荷、防風。各件共為細末，每服四兩，水煎三沸，溫加黄酒一斤，和灌一二服，痊癒。

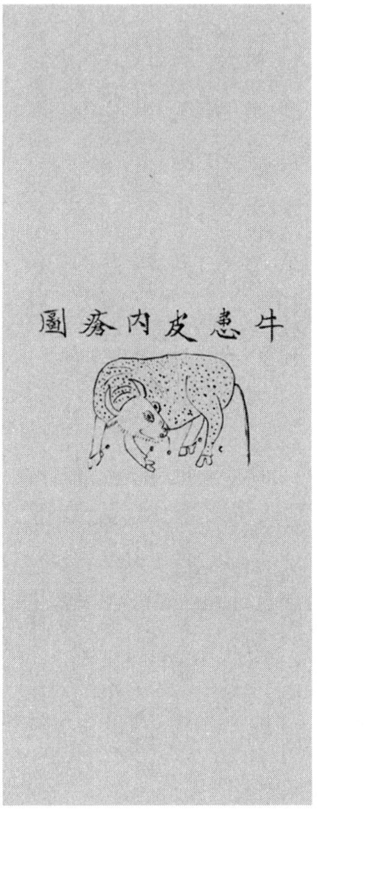

又　牛患息氣把脾症等十六。牛患息氣把脾者，何也？夫息者，呼息也。出氣為呼，入氣為息，息氣把脾疼痛，而胸肋發顫者，皆因獸之出力太猛，失於牽行，拴於簷巷之下，或眠濕地池邊，致使陰濕傷於血氣。脾乃生血之源，行氣之宗，脾受濕邪，停而不動，令獸氣滯不能行血，故血不行，而息氣痛也。以致鼻息冷氣，胸肋發顫，張口哼聲。此謂息氣把脾疼痛之症也。形狀：頭低耳搭，鼻息冷氣，胸肋發顫。口色：鮮明者，可治；青黑者，難醫。歌曰：虛耗多因血氣傷，脾寒胃冷顫忙忙。氣喘長眠頭伏地，翻睛伸舌口虛張。頭低鼻乾耳角冷，醫人急用回陽湯。治法：火針百會穴、脾腧穴、搶風、大胯、小胯等穴；生針徹三焦、四蹄等血。回陽急救湯灌之。調理：餵養淨處。戒忌：雨淋風吹、下水浸泡。回陽急救湯：治牛息氣把脾疼痛等症。檳榔、豆蔻、白朮、桂心、附子、黄芪、炮姜、細辛、蒼朮、粉草、木通、陳皮、半夏、官桂、老薑。共為細末，加黄酒半斤，童便二大盞，調和灌之。如呼息不調，本方加：香附、烏藥、木香。氣順則呼息自調。

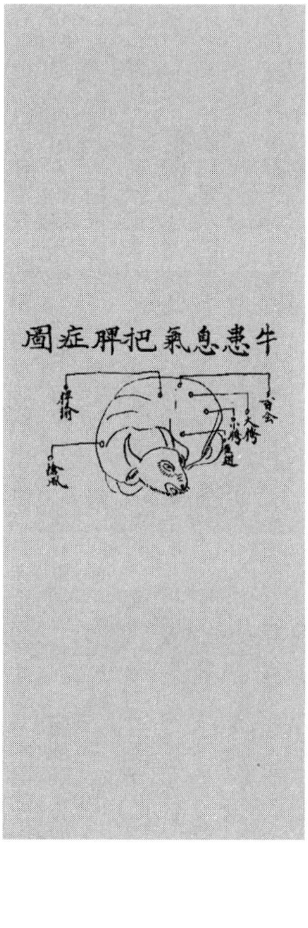

又　牛患宿草不轉症第十七。牛患宿草不轉者，何也？夫宿草者，乃胃中有停積之謂也。不轉者，不能轉於大腸，從肛門而出也。皆因餵養失調，饑渴出力太過，胃口無食，脾受虚損，以致熱痰壅於胃口，脾氣耗損，不能尅化宿食。令獸所食宿草，不能轉動，停積胃中，腹内生熱，成飽脹結食之患。此謂宿草不轉之症也。形狀：肚腹脹滿，哽氣嚼齒，鼻乾無汗。口色：唇黄舌紫，兩竅昏糊。歌曰：不轉皆因牧養非，傷饑傷飽失其宜。宿草難消肚裏脹，起臥時時悶嚼齒。胃中毒氣脾虚耗，鼻乾氣急兩由之。水草不餐聲又吼，急請良醫莫延遲。治法：生針脾腧穴，入氣針將腹内氣從氣針孔中放出，而腹脹立見消也。徹四蹄、三焦血，火針百會穴，不住牽行，肚腹時或揉捺，宿食轉而脹消，自然食也。戒忌：雨淋水浸，生熟料一切忌之。行氣散：治牛宿草不轉等症。檳榔、滑石、牽牛、大戟、黄芩、黄芪、大黄、木通、厚朴、芒硝、草果去殼。各件共為細末，每服四兩，水煎三沸，溫加生豬脂四兩，搗碎和灌，立愈。如脾不磨，再加醒脾開胃之劑，脾磨則自能食。大便務宜潤，小便務宜利，可謂調治之則也。

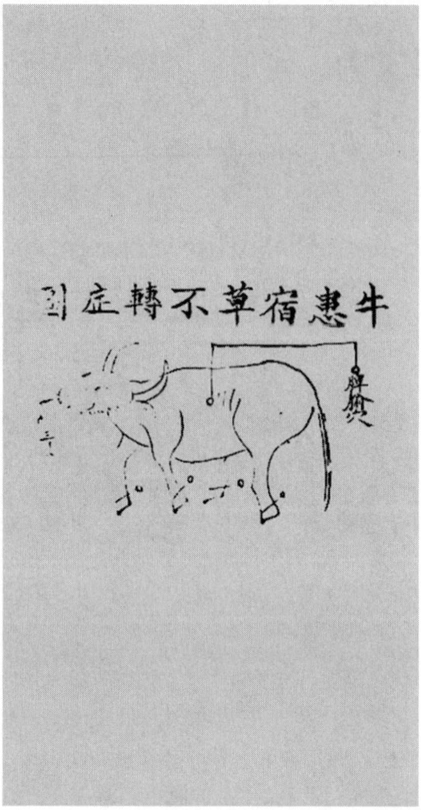

又　牛患熱症第十八。牛患熱症者，何也？夫熱者，暑月炎天也。牛馬蠢畜，又兼炎天暑月失於調理，或牧放於郊，酷日久曬，或拴繫暖廄，熱氣薰蒸，令獸心煩意急，眼赤舌乾，渾身發顫，汗出如水，此謂熱積心胸，肺喘之症也。形狀：渾身發熱，眼赤汗流，喘粗不食。口色：鮮明者生，紅黄者可治，青黑者難醫。歌曰：渾身發熱氣通傳，眼赤舌乾汗珠連。本因熱傷心肺起，更因失飼致其然。喘急不思水與草，終日厭走只愛眠。脂油調蜜清心散，三服之後卻依原。治法：徹大血、三焦、四蹄、心經等血。清心散：治牛熱症。花粉、乾葛、茯神、遠志、郁金、知母、黄芩、滑石、梔子、連翹、麥冬、甘草、木通、川連。竹葉、燈草，雞子清、童便為引。如口色赤紫，加大黄、芒硝。如大便燥結不遇，加火麻仁四兩，調灌。

又　牛患骨漏症第十九。牛患骨漏者，何也？夫骨者，腎之主也。漏者，漏蹄也。心主於血，肺主於氣，肝主於筋，腎主於骨。蹄下生瘡，乃主於腎，名為骨漏。皆因犁耗負重，勞傷筋骨，或前或後，四蹄生瘡，乾殼腫硬，此謂腎毒生瘡，骨漏之症也。形狀：蹄頭生瘡，乾殼腫硬，腿足難移，腫而無膿也。口色：鮮明者可治；草飽者可治；青黑者，腎家虧傷難醫。歌曰：牛患蹄瘡最憂心，此病因傷骨髓間。四蹄腫硬難移步，速早醫療莫遲延。急取松脂燒烙鐵，方得病可能瘥痊。黄丹乳香合龍骨，人髮燒灰便得安。治法：瘡口火燒烙鐵烙之，以松脂膏搽之。調理：餵養淨處。戒忌：雨淋水泡。松脂膏：治牛蹄毒等症。松香，百草霜，共為細末，用芝麻油四兩，放銅鍋内火煎。先入人髮，再下乳香、黄丹、龍骨，取起令溫時，再入麝香攪勻，收貯冷定，將牛用繩縛定患處，燒烙鐵將瘡口烙之，以黄色為度，然後再塗藥。調經敗毒散：治牛勞傷腎毒症。川木瓜、金銀花、製川烏、粉甘草、五加皮、天花粉、製草烏、夏枯草、骨碎補、全當歸。各件共為細末，每服四兩，水煎三沸，溫加黃酒一斤，童便一大盞，和灌二三服，痊癒。

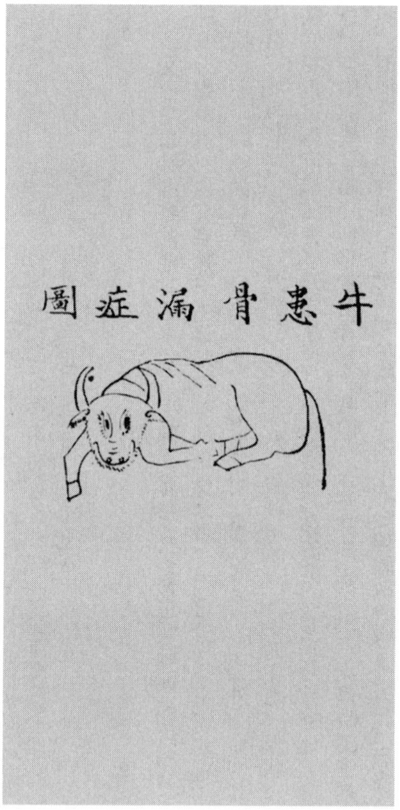

又　牛患破傷風症第二十。夫破傷風者，何也？破皮而受風傷也。風入皮膚，其破皮即痊，四肢強硬，脊背如椽，牙關咬緊，鐵撬難開，此謂破皮入風，為破傷風之症也。無則無方治之。又有無傷，而受賊風者，此症相同，皆因出力歸來，陰受賊風，其症方見馬經，治法相同，采而用之，救之大效。師皇曰：『凡風症，口鬆涎少，脊背稍軟者，火烙風門、伏兔、百會等穴，追風散灌之。口緊涎多，脊背強硬，無則無方治之。又有濕氣生風，如馬之揭鞍風之類，火針風門、伏兔、百會等穴，追風活血飲灌之，方見馬經篇內。』

又　牛患心風等症第二十一。牛患心風者，何也？夫心者，一身之主宰，居於內腑，何以受風而致生狂也。皆因蓄養太盛，膘肥肉滿，犁耙負重，出力歸來，拴繫酷熱之處，失於牽行，熱血攻心，痰壅於膈。令獸眼急驚狂，哮吼奔走，胡跌亂撞，此謂熱血攻心，迷亂心竅，心風狂之症也。形狀：眼急驚狂，哮吼奔走，胡跌亂撞。口色：臥蠶赤紫，仰陷雞冠。歌曰：牛患心風走似狂，渾身血熱似如湯。此病從來心臟起，吃土損肝眼亦黃。黃連貝母並梔子，茯苓藁本與蒲黃。八味將來同調灌，便是王良聖手方。治法：徹大血、三焦、四蹄血，舌下心經血。調理：餵養清涼之處。戒忌：日曬雨淋、下水浸泡、生熟料一切忌之。鎮心散：治牛心風症。茯神、遠志、黃芩、知母、貝母、梔子、藁本、蒲黃、郁金、麥冬、元參。各件共為細末，每服四兩。如口色赤紫，加大黃、芒硝。水煎三沸，溫加白蜜四兩，和灌立效。如口色火氣退散，腿酸腳軟者，換羌活湯發散之，方見《馬經》篇內。

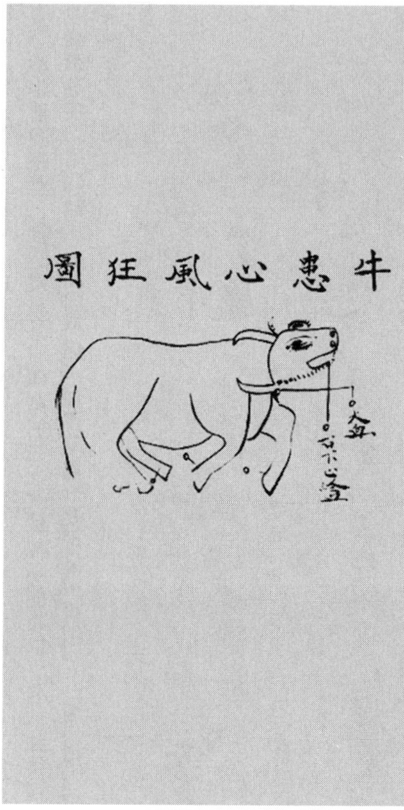

又　牛患脾痢症第二十二。牛患脾痢者，何也？夫脾者，乃中州也。為一身之主宰，一身之司命，如人有廚灶之鍋也，即如人食，定入鍋煮熟而食，脾之司命，亦如人之有鍋，故脾呼作磨也。日用飲食，如入於鍋不煮，而焉能化矣。牛食水草不磨，而焉能消化。如鍋如磨者，在子一身，晝夜時刻而不能停也，停則不能運化也，不能化而焉能食也。何以而致有痢焉？夫脾者，如鍋如磨，宜暖而不宜寒也。有火則能尅化，無火則停而不動也。一身之中，火從何來？殊不知心為君火，腎為相火，脾為中州，二火相煎，水火既濟，尅化飲食，隨食隨餓，如鍋磨更快，其為司命，一身之性命更有甚焉者矣。但患脾痢者，獸之身體必然衰弱，身體衰弱，二火俱衰，稍受寒濕，灶必無焰，鍋何能尅化，不能尅化者，則清濁不能分利也。清濁不分，故而成為脾痢之患，此謂胃寒脾痢之症也。形狀：弓腰吊賺，腹鳴如雷，瀉痢濃漿，毛焦身顫。口色：仰陷青白，兩竅紅黃者，生；青黑者，死。歌曰：冷氣攻脾胃，下痢瀉濃漿。毛焦口鼻冷，起臥顫忙忙。弓腰頻換腳，腹内如雷響。醒脾兼和胃，師皇老救方。治法：火針脾腧穴、百會穴；生針三焦血；有膘者，徹鶻脈血。通靈散：治牛脾痢等症。官桂、茵陳、青皮、厚朴、細辛、蒼朮、白芍、陳皮、桂心、小茴。共為細末，每服四兩，生薑、紅棗、黃酒為引，加童便一大盞調灌。如不進食，加建中湯，再灌二三服，方見《馬經》篇內。

又　牛患肺經寒熱症第二十三。夫肺經寒熱者，何也？肺與毛皮相合，肺為五臟華蓋，但有寒熱，先傳肺經。肺經受寒者，口色青白，毛色焦枯，鼻流清涕；肺經受熱者，口色赤紫，氣促喘粗，鼻流濃涕。見其外，而知其內也。凡為醫者，務必分清臟腑，認定寒熱，施針用藥，應手而痊矣。形狀：氣促喘粗，鼻流濃涕者，乃肺熱也。毛焦啌嗽，鼻流清涕者，乃肺寒也。口色：仰陷赤紫者熱；仰陷青白者寒。歌曰：肺寒肺熱說原因，流傳時師細推尋。濃涕吼喘肺有熱，毛焦肺寒鼻噴清。熱用清金理肺散，寒宜消風除患根。治法：熱者徹大血，三焦、四蹄血；寒者，火針百會穴；無膘者，生針禁止；如啌嗽者，徹三焦血。調理：寒則餵養暖處；熱則拴繫清涼之處，水浸清草喂之。戒忌：日曬雨淋，下水浸泡。清金理肺散：治牛肺熱喘粗等症。桑白皮、馬兜鈴、大黃、黃芩、梔子、連翹、桔梗、陳皮、杏仁、貝母、花粉、木通、粉草。共為細末，白蜜四兩，童便一大盞為引。如口色赤紫，火氣不退，本方加芒硝。消風散：治牛肺寒啌嗽等症。杏仁、當歸、陳皮、半夏、麻黃、白芷、羌活、防風、荊芥、薄荷、紫蘇、桔梗、甘草。各件共為細末，每服四兩，連鬚葱五七枚，水煎三沸，溫加黃酒一斤，調灌二三服，痊愈。烏金膏：治牛前腿膝蓋，後腿鶻鼻骨，即萬筋包上，破皮不能收口，名前膝後崩並漏蹄等症。用蘇蠟燭油鍋内熬化，加百草霜，要現鏇下研細，入蠟內攪勻，乘熱塗之，即愈。

又　牛患肺痛把脾症第二十四。牛患肺痛把脾者，何也？夫肺者，金也，脾者，土也。金土相生，何以肺癰而脾受病焉？然肺為氣海，脾灌四旁，胃潮百脈。肺痛者，肺氣必然虛弱，故不能從脾氣以灌四旁，從胃氣而潮百脈。一凝而百凝，氣凝則血不行也。故把前把後，四肢俱已疼痛。令獸鼻息冷氣，四肢拘攣，或臥而不起，起而不能行走，此謂肺受天行時疫，寒邪入肺，疼痛把脾之症也。形狀：鼻息冷氣，四肢拘攣。口色：鮮明者易治；昏糊者，難醫。歌曰：肺痛把脾最難醫，病狀深濃似風癱。四肢拘攣添乾瘦，起臥難行草難餐。良醫時師須留意，經書裏面著意翻。理肺調經先理氣，氣行血活痛自痊。治法：火針脾腧穴、百會穴、前搶風、後大胯等穴；生針徹四蹄、三焦血，口臭者，舌下徹心經血。調理：餵養清淨之處。戒忌：風吹雨淋、下水浸泡。調經理氣散：治牛肺痛把脾等症。烏藥、香附、木香、半夏、陳皮、細辛、蒼朮、當歸、白芷、枳殼、生薑、仙靈脾。各件共為細末，每服四兩，水煎三沸，加黃酒一斤，和灌二三服，痊癒。如口色淡白，陰寒重者，本方加：肉桂、附子、川烏、草烏。看口色臨時變通加減，要識天時寒暖用藥，醫者慎之。健脾開胃飲：治牛大病後不能進食。陳皮、半夏、雲苓、白朮、粉草、砂仁、桔梗、枳殼、厚朴、木通、香附。各件共為細末，每服四兩，老薑五七片，紅棗五七枚打碎，水煎三沸，溫加童便一大盞，和灌立效。

牛患肺痛把脾症圖

又 牛患暑濕腳風症第二十五。牛患腳風者，何也？夫腳風者，筋骨受風濕也。皆因暑月炎天，耕牛蠢畜，喜涼畏熱，常浸於泉水深潭，或不見日陽，久陰潮濕之地拴繫臥眠，以致陰濕浸入骨髓。令獸或前膊、或後胯疼痛難忍，不能行動，此謂暑傷寒濕，腳風之症也。形狀：或四肢拘攣，不腫不浮，或前膊或後胯疼痛，不能行走。口色：仰陷青白者，難醫；紅黃者，易治。歌曰：牛傷暑濕病腳風，水草不住又如常。或前或後攣拘腳，不腫不浮痛難當。此等症候宜先識，休照損傷用藥方。天麻細辛桂附子，厚朴當歸並麻黃。防風川芎二烏朮，酒調數服始安康。治法：火針搶風穴、沖天穴、後大胯穴、小胯穴、百會七穴。調理：餵養暖處，稂草鋪地，聽其自臥自起。戒忌：迎風濕地、雨洗水浸。追風散：治牛暑濕腳風等症。天麻、遼細辛、肉桂、草烏、當歸、製川烏、川芎、厚朴、麻黃、白附子、防風、桂枝。各件共為細末，每服四兩，老生薑五片，水煎三沸，溫加黃酒一斤調灌。如筋不伸舒，本方加：川木瓜、五加皮、杜仲、牛膝、羌活。再灌一二服，痊愈。

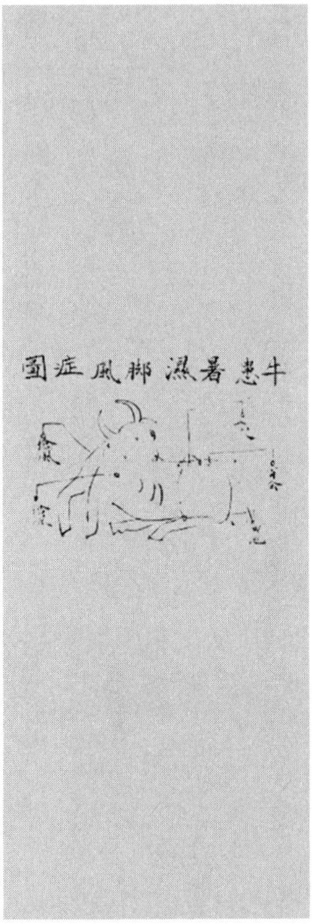
牛患暑濕脚風症圖

又 牛患肺風症第二十六。夫肺風者，肺受風邪也。皆因犁耙出力，摸扼卸索，或拴繫迎風之地，或下水浸泡，肺與皮毛相合，外受風邪，傳鬱肺經，寒滯阻塞，肺不收合，令獸喘粗鼻咋，水草不食，此謂肺受風邪、肺風之症也。形狀：鼻咋喘粗、四肢不寧。口色：仰陷青白、臥蠶赤紫紅黃者，生；青黑者，死。歌曰：肺家風病見還稀，喘息氣粗腳頻移。貝母瓜蔞並甘草，檳榔豆蔻大黃宜。青皮陳皮枇杷葉，花粉知母及當歸。蜂蜜同調連三服，喘定氣息自安愈。治法：生針徹大血、三焦、四蹄血。調理：餵養淨處，水浸青草喂之。理肺散：治牛肺受風邪喘粗等症。瓜蔞仁、知母、桔梗、青皮、川貝母、檳榔、山梔、當歸、天花粉、陳皮、麻黃、甘草。各件共為細末，每服四兩，水煎三沸，溫加白蜜四兩，調灌立愈。如口赤色紫者，恐邪鬱傳於心竅，獐狂迷亂，本方加：大川連、錦大黃、芒硝、黃芩、郁金。以竹葉、燈草煎湯調和，加雞子清四枚，同調灌之，立愈。

牛患肺風症圖

又　牛患腸胃中生蛴螫蟲第二十七。蛴螫蟲者，何也？夫蛴螫蟲，皆因南畜賣往北地，北畜賣往南土，不服水土，不服料穀，久食於腸胃中自生之蟲也。叮於腸胃，耗其血脈，令獸日漸衰弱，瘦似豺狼，此謂腸胃不服水土、生蟲咬瘦之症也。形狀：精神如舊，瘦似豺狼。口色：鮮明無恙。歌曰：牛生螫蟲叮胃腸，不服水土致其殃。搖頭擺尾精神舊，日漸衰瘦似豺狼。青鹽百部金釵草，史君鶴虱明礬良。楮皮麻黄同為末，三服蟲消體自康。治法：用貫仲、柴皂角，同煮料熟，揀去貫仲、皂角，其料喂之，日久其蟲自消。調理：水浸青草喂之。戒忌：下水浸泡。青鹽散：治螫蟲叮胃等症。百部根、青鹽、柴皂角、天仙子、明礬、五味子、金釵草、草果、苦參。共為細末，鹽為引。蟲從大便出，自然長膘矣。

牛患螫虫叮胃症圖

又　牛患肺敗症第二十八。夫肺敗者，肺經傷損也。肺為氣海，皆因蓄養失調，不時使用，犁耙負重，肚中饑渴，出力太過，則脾胃空虛，脾土衰弱，不能生撫肺金，氣敗力危，氣海受傷之極矣。令獸鼻流濃涕、啌嗽連連，水草遲細，此謂出力過度，肺敗之症也。形狀：鼻流濃涕，耳搭頭低。口色：鮮明者生，紅黄者可治，昏糊者難醫。歌曰：肺敗把膊氣海傷，鼻中時刻滴濃漿。饑渴出力因負重，土不生金致其殃。補脾保肺頻頻灌，七七之内保安康。治法：火針搶風穴、沖天穴；生針三焦、四蹄血。調理：餵養清淨之處。戒忌：雨淋水浸。百合固金湯：治牛肺敗等症。百合、杏仁、知母、貝母、秦艽、香附、白芨、白蘞、陳皮、粉草、桔梗、紫蘇、阿膠、瓜蔞仁。各件共為細末，白蜜四兩，童便一大盞為引。如不進食，再灌健脾開胃之劑，二三服痊愈。

牛患肺敗症圖

又　牛患木舌症第二十九。夫木舌者，舌腫硬如木故也。舌乃心之苗，心經有熱，發之於舌。皆因蓄養失調，水草不均，饑渴出力，心火上炎，發腫於舌。令獸舌腫口塞，其硬如木，水草難咽，此謂心火上炎，舌腫塞口，木舌之症也。形狀：舌腫塞口，張口流涎。口色：仰陷赤紫者，可治；青黑者難醫。歌曰：木舌塞口似鐵條，肚中饑餓如水漂。黄芩郁金並甘草，黄連大黄共牙硝。搗羅一處宜少許，火針通關舌自消。豬脂芒硝頻頻灌，不過十日有功勞。治法：火針舌底通關穴，牙硝散灌之。調理：拴繫淨處。戒忌：日曬雨淋、下水浸泡。牙硝散：治牛木舌等症。牙硝、大黄、黄芩、黄連、郁金、粉草、木通。共為細末，蜂蜜四兩、豬脂四兩為引。吹瘡口藥，方見《馬經》篇内。

牛患木舌症圖

又　牛患喉風症第三十。夫喉風者，何也？喉中不通也。皆因膘肥肉重，出力太過，痰壅氣滯，阻塞咽喉，結在氣喉管內，以致呼吸難通。令獸喘息雷鳴，口流涎沫，此謂痰壅氣急，結喉之症也。形狀：直頸吼喘，口內流涎，乃結喉也。其症可治。若嗓黃，喉下有浮腫也。直頸流涎者，難治。口色：鮮明者生，紅黃者可治，紫黑者死。歌曰：結喉之牛人見驚，喘息如同抽鋸聲。口中長流涎沫出，徹去大血便見輕，口赤喘吼消黃散，知母貝母共黃芩。粉草荊芥山梔子，三服連上效如神。治法：徹喉脈血，三焦、四蹄血。調理：餵養清淨之處，水浸青草喂之。戒忌：日曬雨淋、下水浸泡。消黃散：治牛結喉等症。知母、貝母、大黃、黃芩、甘草、荊芥、梔子、瓜蔞、川芎、牙硝、蟬退、白礬。共為細末，白蜜四兩，雞子清四枚，調和灌之。如口色赤紫，本方加：川黃連，同調灌。

又　牛患交腳風症第三十一。夫交腳風者，四肢交錯不能行也。皆因夏月炎天，出力之後血氣未調，或受陰寒，或受風濕，凝滯血氣，流注蹄腳，令獸四足難行，交錯亂跌，多臥少立，此謂陰寒交腳風之症也。形狀：四足難行，交腳亂跌。口色：鮮明者生，紫赤者可治，青黑者難醫。歌曰：交腳風病身體強，頭懸喉喘不如常。水草難餐脹又急，醫人撿點用功詳。半夏川芎紅芍藥，當歸牛膝共茴香。白附木通天仙子，天麻細辛灌之良。治法：喉喘者，徹大血，三焦、四蹄血；火針百會穴、大胯穴、小胯穴。不喘者禁徹大血。調理：拴繫清淨之處。天麻散：治牛交腳風等症。天麻、細辛、川牛膝、川芎、茴香、當歸、白附子、半夏、白芷、天仙子、木通、赤芍。共為細末，生薑、蔥白、黃酒為引，調和灌之。

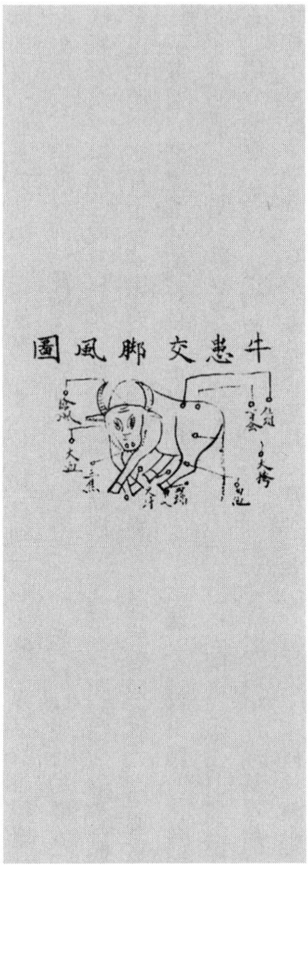

又　牛患膊肢風症第三十二。夫膊肢風者，何也？膊肢受風濕之傷也。皆因出力歸來，喘息未定，血氣未和，拴繫簷巷之下、或近水塘池邊，以致血凝氣滯，風邪鬱於膊肢，渾身皮緊腿硬。令獸把胯把膊、四肢僵硬，此謂寒濕所傷，膊肢風之症也。形狀：把前把後，四肢僵硬。口色：鮮明者生，昏糊者難醫。歌曰：膊肢風病審其詳，先須前腳似繩綁。疾發之先行不得，渾身木硬似柴樁。當歸桂心香白芷，川芎半夏小茴香。白附烏藥麻黃末，蔥酒調和灌便康。治法：火針百會穴、大胯、小胯穴、曲尺穴。生針三焦、四蹄血。調理：餵養暖處，稂草鋪地臥之。戒忌：雨淋風吹，濕地安眠。麻黃散：治牛膊肢風等症。麻黃、當歸、桂心、白芷、白附、烏藥、細辛、甘草、小茴香、川芎、半夏、五加皮。各件共為細末，每服四兩，水煎三沸，溫加黃酒一斤，蔥五七枝，和灌二三服，痊愈。如木硬不痊，本方加：製川烏、製草烏、天麻；如口流痰涎，本方加：膽南星，香附，再灌一二服，痊愈。

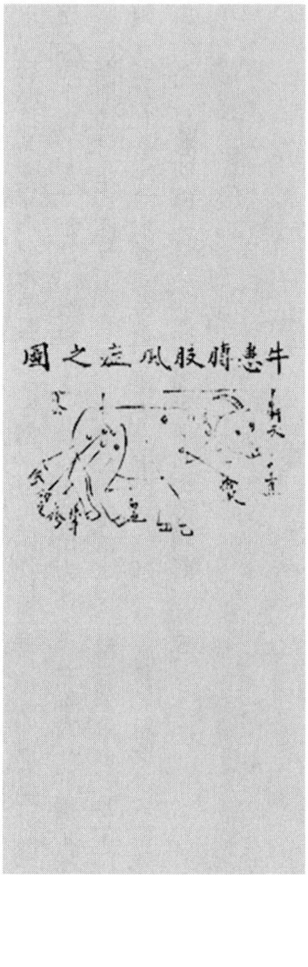

又　牛患脫肛症第三十三。夫脫肛者，何也？肛腸脫出也。皆因餵養失調，饑渴負重，出力太過，久渴失飲，飲之太過，拴繫陰濕之地，血氣衰弱，內不能運化宿食，又兼外受陰濕，以致內外兩感，陰濕凝注於肛腸，令獸便後即脫出肛腸，此謂臟冷脫肛之症也。形狀：弓腰吊膁，肛門脫出。口色仰陷青白，兩竅昏糊。歌曰：蓮花穴上應尾本，患因傷重關外冷。忽然便後脫肛腸，時師度量寒熱極。仙經論裏名方在，不可愴惶喪啞生。藥水洗淨先送入，寬腸暖胃灌之平。治法：火針百會、脾腧等穴。調理：餵養暖處，稂草鋪地臥之，背上氈屜搭之。背暖腰伸，其肛自收矣。戒忌：休令雨淋水浸，勿拴濕地安眠。白陀散：治牛脫肛方。蜜陀僧、白礬、川椒、縮砂、五倍子、木鱉子、白龍骨。以上共為細末，其肛頭用溫水洗淨，次將此藥末撚上，外用紙托住，送入腹內，次灌快氣寬腸、暖後溫中藥。快氣調中飲：治牛脫肛等症。香附、烏藥、木香、小茴香、厚朴、枳殼、砂仁、白豆蔻、肉蔻、官桂、炮薑、木通、甘草。共為細末，每服四兩，薑五片，水煎三沸，溫加黃酒一斤、伏龍肝一兩調灌，立愈。

又　牛患胞轉症第三十四。夫胞轉者，何也？尿胞促而轉也。皆因拖犁拽耙出力行走，正欲尿溺，或不知事之牧童，或使牛之蠢夫，或用鞭打其身，或叱呼快走，其尿一忍，其胞促轉，尿脬不對其竅。令獸欲溺不溺，欲尿難下，搖頭擺尾，此謂促損胞轉之症也。形狀：欲溺不出，搖頭擺尾。口色：鮮豔，仰陷紅黃。歌曰：胞轉之患為何因，正欲尿溺鞭打驚。脬不對竅尿難下，擺尾搖頭欲尿形。巧手醫工左右撥，撥正尿脬自通淋。再灌滑石通淋散，服之時下得安寧。治法：後襠膁下，左右用手出力揉捺，左推右托，撥正尿脬，溺即通淋也。調理：不時牽行。戒忌：雨淋水浸。滑石通淋散：治牛胞轉等症。海金沙、木通、滑石、瞿麥、車前子、牽牛、扁蓄、粉草。各件共為細末，每服四兩，燈草煎湯，加童便二大盞調灌，立愈。

又　牛患浮涼氣症第三十五。夫浮涼氣者，何也？浮者，水之漂浮也。涼者，寒涼也。氣者，血氣也。皆因畜之出力後，或下水浸泡，或經雨淋，以致有寒涼也。寒涼則氣滯，氣滯則血凝。血凝四肢則行如酒醉，血凝於肺則喘，血凝於脾則口角流涎，血凝於腸胃則肚腹脹滿。令獸喘息流涎，行如醉狗，四肢無力，此謂漂浮涼水、寒涼氣怯之症也。形狀：行如醉狗、喘粗涎滴。口色：兩竅無光，仰陷昏糊。歌曰：浮涼氣怯頻臥地，喘息頭懸涎流滴。水草不餐腹脹滿，行如醉狗全無力。當歸芍藥並白芷，檳榔官桂豆蔻益。紅豆縮砂與甘草，造父仙方古今秘。治法：火針風門、伏兔、搶風、百會、大胯、小胯等穴；生針徹三焦、四蹄血。喘者，徹大血。調理：餵養暖處。戒忌：風吹雨淋，下水浸泡。檳榔行氣散：治牛浮涼氣等症。檳榔、紅豆、芍藥、豆蔻、乾薑、粉草、當歸、縮砂、青皮、官桂、陳皮、益智仁。各件共為細末，每服四兩，生薑五片，蔥五枚，水前三沸，溫加黃酒一斤為引，調和灌之。

牛患浮涼怯氣症圖

又　牛患雙膊腫痛症第三十六。夫腫膊痛者，何也？腫膊痛者，氣血凝滯也。是瘡黃則腫在皮膚，有尖有形。若是膊痛，則腫在肌肉之內，或在前膊，或在後胯，其腫痛之患，非瘡黃同治。但凡腫痛，或是瘡黃，或是氣血凝滯，凡治者，分別道路腫處。如石如冰，乃是陰腫也；如湯如火，乃是陽腫也。陰腫以陽藥治之，陽腫則以涼藥治之。萬不可一概治之也。形狀：雙膊腫痛，四肢難移。口色：青白屬陰，赤紫屬陽。歌曰：胸腫膊痛氣血凝，瘡黃腫毒說分明。瘡黃腫毒瘡黃治，筋骨疼痛另有因。陽毒腫痛如湯火，陰毒腫痛冷如冰。風寒濕痛原無腫，筋骨拘攣究淺深。勞傷濕傷虧筋骨，不腫疼痛俱屬陰。骨虧除濕先壯骨，筋寒追風後調經。等閑識得陰陽理，莫待臨時亂猜尋。治法：陽症，生針徹三焦、四蹄血；陰症，火針痛處刺之；膊尖、膊攔、乘鐙、搶風等穴針之。調理：餵養淨處，草料加倍。定痛活血散：治牛雙膊腫痛寒熱症。乳香、沒藥、當歸、川芎、穿山甲、川烏、草烏、粉草、香附、金銀花、木香、羌活、紅花、薄荷、夏枯草、白芷、陳皮、烏藥。各件共為細末，每服四兩，黃酒為引。如陰腫，加附子、肉桂、麻黃、桂枝，調和灌之。

牛患雙膊腫痛症圖

又　牛患蟲子入耳第三十七。夫蟲子入耳者，何也？乃蟲誤入於耳孔也。若耳孔中，蟲子鑽擾，令獸立臥無常，拭身揩腦，挨牆抵壁，打籬觸藩，走投無路，此謂蟲子入耳之症也。形狀：打籬抵壁，走投無路，擺尾擦耳。口色：鮮明光潤，乃蟲子入耳也。如腦黃頭風，形亦相似，其口色赤紫如雞冠。歌曰：蟲子入耳最難知，起臥無常腦又抵。或是渾身多汗出，挨牆擦壁藩籬觸。不用造父黃雀糞，兩日磨向直東西。龍腦雄黃生油下，耳蟲立出是明醫。治法：徹三焦、四蹄血，恐急起心風則難醫。調理：不住牽行。黃雀糞方：治牛蟲子入耳。黃雀糞、細辛、雄黃、冰片、麝香。共為細末，真芝麻油調滴耳中，蟲即出矣。若僻處鄉野，藥味不便，即用真芝麻油滴之亦痊。

牛患虫子入耳症圖

又　牛患腹勞症第三十八。夫腹勞者，何也？腹勞者，腎勞也。皆因暑月炎天，牧養失調，犁耙損傷，敗血瘀痰，流滯腎經，凝積膀胱。令獸小便淋血，四蹄難移，此謂腎傷腹勞之症也。形狀：小便淋血，四足拘攣。口色：紅黃者可治；青黑者難醫。歌曰：牛患腹勞腎家傷，四脚難移拳似獐。此症原來因熱發，凝傷二氣尿胞腸。陰陽二氣難清理，尿血胞淋用藥方。先使通腸大戟散，酒煎調和用生薑。治法：膘壯者，徹三焦、四蹄血；膘弱者，火針百會穴。調理：餵養暖處。戒忌：風吹雨灑。大戟散：治牛小便淋血等症。續隨子、大戟、二丑、瞿麥、小茴香、滑石、蒲黃、澤瀉、海金沙、厚朴、白朮、木通、川楝子、紅花。共為細末，黃酒、童便為引，調和灌之。如口色赤紫，加黑元參為君，佐黃柏、知母，再灌一二服。

牛患腹勞症圖

又　牛患翻胃症第三十九。夫翻胃者，何也？乃食入而反吐出也。皆因饑渴出力太過，解索摸扼喘息未定，乘熱飲水，因久渴飲之太過，繫拴陰濕之處，未便牽行，外感潮濕之邪，內外寒邪相感，將出力熱痰凝滯於胃，寒熱相攻，停而不散，則脾不能運行氣血，以致瘀痰凝阻胃口，令獸食入而翻出也。形狀：口吐糞沫，精神短慢。口色：青白者，難醫。歌曰：牛患翻胃病根深，冷熱相沖氣不均。起臥口中多糞出，皆因脾胃氣相侵。脾腧穴內須火烙，茴香散灌則安寧。治法：火針脾腧穴、百會穴；生針徹三焦、四蹄血。茴香散：治牛翻胃吐草。官桂、川厚朴、青皮、茴香、陳皮、甘草、蒼朮、白朮、茯苓、藿香、香附、升麻、乾薑、木通、五味、枳殼，共為細末，生薑、紅棗、黃酒一斤，同和灌之。如不進食，如建中湯，方見《馬經》篇內。

牛患翻胃症圖

又　牛患宿水搖臁症第四十。夫宿水搖臁者，何也？宿水者，乃久渴失飲，過飲冷水太足，未能牽行，拴繫停立積於胃口，脾弱而不能升散，以致陰冷傳入臟腑，冷熱不和，交感作痛。令獸搖臁發顫，疵毛弓腰，此謂宿水積胃，陰陽凝結，搖臁之症也。形狀：發顫搖臁，疵毛弓腰。口色：仰陷青白，兩竅昏糊。歌曰：蕩水鼻如冰，脾胃二氣爭。凝結搖臁顫，渾身肉不寧。溫脾散頻灌，二朮防朴陳。辛芍瀉枳草，薑酒下有神。治法：火針脾腧、百會穴；有膘者，生針徹三焦、四蹄血。調理：餵養暖處。戒忌：雨淋風吹。溫脾散：治毛疵腰弓、搖臁發顫等症。蒼朮、白朮、厚朴、防風、枳殼、芍藥、陳皮、粉草、北細辛、青皮、木通、澤瀉、滑石、老生薑、小茴香。各件共為細末，每服四兩，水煎三沸，溫加黃酒一斤，調灌立愈。如不進食，再上建中湯二三服，方見《馬經》篇內。

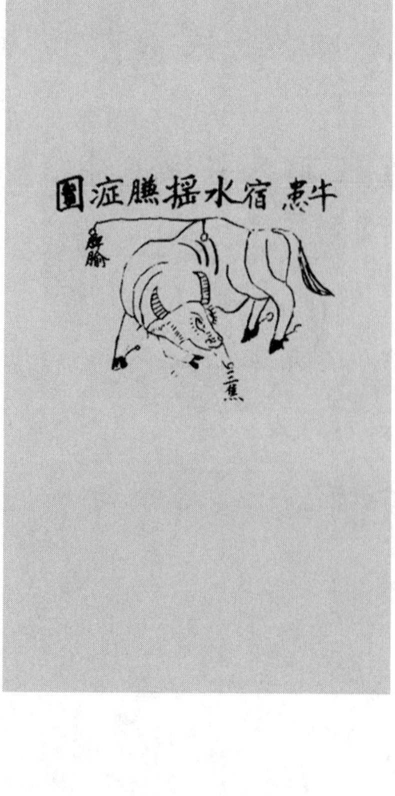
牛患宿水搖臁症圖

又　牛患肺勞症第四十一。夫肺勞者，何也？乃肺之受損也。肺為氣海。皆因牧養失調，出力過度，損傷肺經，氣微血弱。令獸四足軟綿，鼻息氣微，此謂肺損肺勞之症也。形狀：鼻息冷氣，四足難抬，時常臥起。口色：仰陷青白，兩竅昏糊。歌曰：肺勞因氣敗，四足不能抬。五臟皆受制，更傷胃疾來。宜用清補散，兜鈴甘草偕。起臥無時限，鹽灌自除災。治法：膘壯者，徹大血、三焦、四蹄血；膘弱者，火針肺腧穴，百會穴。調理：餵養清淨之處。戒忌：風雨吹灑。清補散：治牛肺勞等症。兜鈴、杏仁、粉草、烏藥、貝母、百合、白芨、白礬、桑白皮、阿膠、元參、五味子、黃芩、紫苑。各件共為細末，每服四兩，水煎三沸，溫加童便二大盞，食鹽少許，同調灌之，立效。如口色赤紫，鼻流濃涕者，宜三黃湯灌一服清下，再用本方痊癒。加減看口色，身體有膘無膘，切不可執一己之私，醫者慎之。

牛患肺勞症圖

又　牛患腎傷症第四十二。夫腎傷者，何也？腎受虧傷也。腎為水海，腎主於骨。皆因牧養失調，忍饑受渴，出力太過，勞傷筋骨，又兼外受風濕，內外相感，合為虧傷。令獸弓腰吊賺，腰疼胯痛，後腳無力，此謂寒濕腎傷之症也。形狀：弓腰吊賺，後腳難移。口色：鮮明者生，紅黃者易治，昏糊者難醫。歌曰：腎傷之牛腰胯疼，行時點腳又頭平。後腳無力難移步，耳垂眼急痛難忍。沒藥骨碎香白芷，杜仲牛膝合五靈。萆薢木瓜五加皮，川楝茴香歸朴陳。共研為末頻頻灌，三七之後患離身。治法：火針百會、大小胯、曲尺等穴；有膘、口赤者，徹三焦、四蹄血。調理：餵養暖處，草料加倍。戒忌：雨淋風吹。七補散：治牛腎傷等症。骨碎補、沒藥、萆薢、厚朴、小茴香、當歸、陳皮、甘草、川楝子、杜仲、故紙、五靈脂、牛膝、白芷、五加皮、木瓜、細辛。各件共為細末，每服四兩，生薑五片，水煎三沸，溫加黃酒一斤，童便二大盞調灌。如口色淡，本方加：肉桂、附子、川烏、草烏，再上二三服，痊癒。

牛患腎傷症圖

又　牛患乾嗓風症第四十三。夫乾嗓風者，何也？乃咽喉乾澀，呼息猶如雞鳴聲音者，皆因犁耙出力過度，亦或二牛爭鬥，交鋒打角，力盡筋衰，損傷肺竅，及至解脫，又失牽行，或受簷巷風吹，或於濕地安眠，邪疫侵襲，以致痰涎凝鬱肺竅，阻塞咽喉。令獸呼息有聲，喀出膿血，此謂乾嗓喉風之症也。形狀：直頸呼息，聲似雞鳴。若喉下有發核骨者，必有腫處，即是核骨脹，非是喉風也。醫者鑒之。若是喉脹用火針刺之，以核化出膿，即愈。口色：仰陷赤者生，青黑者死。歌曰：出氣聲音響，連類似雞鳴。熱發喉骨脹，涎血化為膿。急救用針烙，開喉別有通。便下硼砂散，連服有神功。治法：膘壯者，徹大血、三焦、四蹄血。調理：餵養清淨之處。戒忌：日曬、風吹、雨淋。硼砂散：薄荷、川芎、桔梗、南硼砂、白礬、黃柏、甘草、青黛、人參、大黃連。各件共為細末，每服四兩，水煎三沸，溫加白蜜四兩，黃酒一斤，童便二盞，調灌一二服，立愈。

牛患乾嗓風症圖

又　牛患水草不通症第四十四。夫水草不通者，何也？不通者，乃結症也。皆因牧養失調，或久渴失飲，或料後與飲，或料後重餐而成為結病。令獸大便乾燥，小便赤澀，成為江河不通，即水草不通也。此謂牧養失調，水草不通之症也。形狀：弓腰努掙，小便赤澀。口色：鮮明光潤者生，昏糊青黑者難醫。歌曰：水草不通大糞乾，在地打草不得安。便用土塊渾身擦，醫工將手後門搬。先灌通腸開關散，後使潤藥五臟安。仙聖留傳真妙訣，莫似時師信口傳。治法：徹三焦、四蹄血。如氣脹者，針脾腧放氣，脹自消也。調理：餵養淨處，肚底用木棍後刮，大便通利為度。戒忌：風雨吹灑。穿腸散：治牛水草不通、脹結等症。枳實、厚朴、大黄、芒硝、生地、當歸、木通、陳皮、火麻仁、郁李仁。各件共為細末，每服四兩，水煎三沸，溫加黃酒四兩，大麻油四兩。如無麻子油，即用真芝麻油四兩調灌，以通利為是。清理二便飲：治牛二便不利等症。錦大黃、芒硝、枳殼、厚朴、桔梗、陳皮、半夏、木通、車前子、滑石、扁蓄、瞿麥、當歸。各件共為細末，每服四兩，水煎三沸，溫加油蜜調灌。如口色赤氣盛者，本方加川黃連、黃柏、黃芩，再上二三服，痊癒。

牛患水草不通症圖

又　牛患脾寒身顫症第四十五。牛患脾寒身顫者，何也？夫脾者，乃胃之總司，鎮守中州也。提攝十二關津，為收藏百穀之所，生化氣血之源，為一身之主宰，總在脾於胃也。無俱生熟，百般草穀，盡皆尅化，宜暖不宜涼，熱則宜流，寒則凝滯，但只受寒則不能消納。故脾為陰陽呼作磨，日夜垂磨不暫停。因何而致有停也？皆因犁耙使用出力之後，下水浸泡，或負重歸來，過飲冷水，停於胃口，濕浸總司，以致停止不磨，寒氣阻塞十二關津，脾氣不能灌四旁，胃氣不能潮百脈。令獸渾身發顫，毛疵如刺，弓腰縮頸，此謂脾寒胃冷之症也。形狀：弓腰縮頸，毛疵如刺，渾身顫傈。口色：鮮明者可治，青黑者難醫。歌曰：脾寒毛疵顫忙忙，出力歸來冷水傷。縮頸弓腰喘息冷，口白舌青濕感傷火針脾腧兼百會，暖胃調中病自康。治法：調中暖胃，分理陰陽，升清降濁。火針脾腧穴，百會穴；生針徹三焦、四蹄血。調理：餵養暖欄。戒忌：簷巷風吹，雨淋水泡。調中健脾飲：治牛脾寒發顫等症。炮姜、砂仁、白朮、赤苓、枳殼、原朴、檳榔、烏藥、木香、木通、官桂、細辛、升麻、滑石、香附、茴香。各件共為細末，每服四兩，連須葱五七根、黃酒一斤，同煎三沸，候溫灌之。如顫不止，脊背以鞋底打之。再加：麻黃、羌活、當歸灌之。如膨脹，加臭椿樹皮，再灌二三服，痊癒。

牛患脾寒毛疵症圖

又　牛患急皮疾症第四十六。牛患急皮疾者，何也？夫皮者，皮膚也。乃一身之外也。因何而致有疾，以害命乎？皆因膘肥肉壯，犁田耙地出力太過，喘息未定，毛竅俱開，受之極熱，忽然而奔，鈷入泉水，盡其深淵浸泡，邪透皮膚，寒凝毛竅，諸關閉塞，氣滯不通，傾刻之間，令獸四肢強硬，腹脹如鼓，張口流涎，鼻喘冷氣，此謂熱極奔水，急皮疾之症也。形狀：弓腰縮頸，腹膨如鼓，四肢強硬，張口流涎。口色：青白微紫者生，青黑者死。歌曰：急皮疾症不尋常，畜家一見無主張。吼喘腹脹膨如鼓，縮頭弓腰四肢強。脾腧放氣針先救，升陽散灌是良方。四蹄三焦須徹血，遲治無救命必亡。治法：生針徹三焦、四蹄血。如氣脹者，針脾腧放氣，氣出則腹脹自消矣。速以升陽散灌之。調理：餵養乾燥處，宜暖不宜涼。戒忌：休令濕地安眠，下水浸泡。升陽散：治牛患急皮疾等症。蒼朮、升麻、柴胡、羌活、防風、半夏、澤瀉、豬苓、陳皮、厚朴、神曲、麥芽、炙甘草。各件共為細末，每服四兩，黃酒調和灌之。如寒氣盛者，本方加麻黃、桂枝、當歸，再灌二三服。

又　牛患濕傷拘攣症第四十七。夫牛四肢拘攣，不能動履者，何也？拘攣者，乃濕傷所致也。皆因獸之犁耙出力歸來，拴繫重木陰林之下，或高梁大廈之間，久不見日陽照臨，常有水出不乾，如此潮濕之處，或牝牛產後勞倦臥眠，陰寒浸入骨髓，濕氣透入經絡，令獸血凝氣滯，筋骨拘攣，把前把後，弓腰吊膁。初患時水草如常，久之水草遲細。此謂濕傷筋骨之症也。但四足拘攣，弓腰吊膁，或濕傷一足者，或濕傷半邊者，常有時師不識此症，當作塌膊、塌胯症治之，誤矣。切塌膊、塌胯者，乃損傷也。自有腫有痛。然濕傷者，不腫而痛。在此分別，醫者慎之。萬不可愴惶下針，有傷經絡成為廢物矣。形狀：四肢拘攣難移步，弓腰吊膁無腫癱。口色：青白者可治，青紫者難醫，紅黃者可治，青黑者死。歌曰：濕傷之症身無癱，也無皰瘡亦無腫。四肢拘攣難移步，定知濕傷患痛風。仙經論裏留針藥，醫工細意使神鋒。七七之內休下水，茴香散灌復康榮。治法：火針百會穴、搶風穴、大胯、曲尺穴，四蹄四針，後用槐針更妙。其槐針者，用槐樹椏叉，掏紋粗的，用鋸截斷，尺許長短，或磚或土坯將兩頭擔者，中間用火燒，俟一頭冒大熱氣時，以冒氣一頭對針穴上，著力抵住，使熱槐氣透入針穴內，鑽入骨縫，使經絡得陽氣，而筋骨自能舒伸，其痛亦自止矣。但槐氣能透十二經絡，故用槐針矣。內灌茴香除濕追風散數劑，痊癒。如不痊，再以當歸活血調經湯，再灌數劑，痊癒。二方可以兼用，醫者臨時變通。調理：餵養暖處，渾身四肢每日以草把出力擦之，使血脈外行，血脈流通而筋骨自舒伸矣。戒忌：七七日內休下水，簷巷風吹濕地眠。茴香除濕追風散：治牛拘行束步，筋骨疼痛等症。小茴香、追風藤、川牛膝、杜仲、羌活、獨活、烏藥、製川烏、製草烏、天麻、薑蠶、麻黃、廣桂枝、北細辛、木通、甘草、追風草。各件共為細末，每服四兩，薑五片，黃酒一斤，蔥五七枝，同煎三沸，候溫灌之。速灌數劑、寒濕盛者，本方再加：肉桂、附子。當歸活血調經湯：治牝牛產後受濕把前把後等症。當歸、川芎、紅花、草薢、元胡、五靈脂、烏藥、木通、五加皮、肉桂、附子、陳皮、甘草、羌活、獨活、防風、白芷。各件共為細末，每服四兩，薑五七片，蔥五七根，黃酒一斤，同煎三沸，候溫灌之，數劑痊癒。

牛患濕傷拘攣症圖

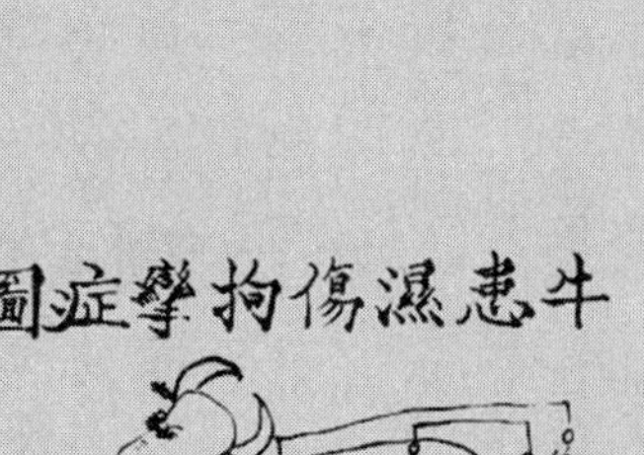

又　牛患秋慢症第四十八。夫牛患和慢症者，何也？秋症者，秋後沾染之症也。皆因牛之耕田耙地，出力之後隨解扼索，未曾拴避風雨之處，任其風雨苦淋，或犁板田之後，縱放於郊野，秋後暴日曬暖，自滾溺膩，未經刷洗，使濕泥渾身浸於皮膚，整日不乾，以致邪浸毛竅，濕浸肌膚，血脈阻滯，不能潤於皮毛。初沾染之時，不覺其形，日久血脈漸衰，及至嚴冬毛焦偷瘦，迨至春時，渾身死皮，刷去一層，又起一層，令獸精神短慢，耳搭頭低，骨瘦如豺。此謂秋時出力，失於調理，受染寒邪于毛膚，為秋慢之症也。形狀：秋染至春時，毛焦膁吊，骨瘦如豺，渾身應虱，擦去一層，又起一層，精神短慢，耳搭頭低。口色：桃舌蓮唇者生，黃紅者可治，青黑者死。歌曰：牛患秋症說根因，多緣秋後水中浸。渾身滾泥皆是患，不知刷洗病此生。當時膘肥精神壯，不覺皮膚染病根。三春偷瘦精神慢，形似豺狼皮虱叮。百會穴上火針熨，消風散寒數服靈。春染慢症秋時死，秋病常遊四季春。治法：火針百會、脾腧穴；生針徹三焦血；愛眠徹四蹄血；草細洗口，徹舌下心經血。

渾身皮虱，用乾陳土坯塊，渾身出力擦之，有土灰起，其皮虱即無矣。一日三次擦之，三七之內痊癒。調理：餵養暖處，草料加倍。戒忌：濕地安眠，雨淋水泡。立夏之後，方可出牛單鋪，若牛單鋪出早了，亦或春雨淋了，睡倒難起，不能動履，便患軟腿，或軟腳風之症也。畜家慎之！消風散寒飲：治牛秋慢等症。當歸、麻黃、羌活、防風、白芷、荊芥、薄荷、沙參、桔梗、陳皮、五加皮、桂枝、烏藥、木通、紫蘇、小茴香。各件共為細末，每服四兩，薑五七片，蔥五、七枝，黃酒一斤，同調灌之。如寒盛者，本方加：肉桂、附子。炒牛加：紅花、元胡、靈芝。寬中健脾飲：治牛秋慢症並健脾進食。枳殼、檳榔、厚朴、茯苓、甘草、白朮、陳皮、半夏、花粉、木通、肉桂、當歸、香附、烏藥。各件共為細末，每服四兩，薑五七片，童便為引。

牛患秋慢症圖

又　牛患誤食蜘蛛、蛇蟲毒物第四十九。夫牛誤食蜘蛛、蛇蟲毒物，腹內疼痛而發顫者，何以識之？若發瘡黃時疫，而身發顫者，其畜四蹄、腰脊背俱皆冰冷。但食毒物之症，雖然身顫，四蹄、腰脊皆熱者，中大毒，口色皆赤紫；若受冷水傷寒，口色必然青白；右腹內火結不通時，亦或有發顫者，其口中赤色，如火之色也。各有形證分之。但誤食蜘蛛、蛇蟲毒物，腹內作痛，而身發顫者，口色赤紫，見人張口，喉中似有哼哼之聲，此謂食毒之症也。形狀：弓腰腹滿，起臥顫慄，張口流涎，喉中哼聲。口色：赤紫如湯。歌曰：食毒之症人見驚，喉中猶似哼哼聲。渾身發顫口涎滴，起臥頻加腹內疼。速用穿腸解毒湯，耕牛時下得安康。治法：徹三焦、四蹄血，穿腸解毒湯灌之。穿腸解毒湯：治牛誤食毒物等症。真芝麻油二斤、甘草一兩、老生薑一兩，共為細末，開水沖，和芝麻油灌之，即解其毒。一瀉而出也。又方：用明礬四兩，芝麻油灌之，即解。解砒霜毒方：烏柏樹，不拘枝、葉、根皮，搗碎取汁四兩，沖芝麻油灌之，即解。解巴豆毒，痛瀉不止方：用黑料豆半升搗碎，擂豆辛水服下，即止疼痛，效應如神。今人若誤食桐油，亦用豆辛水服之，即止。解蕈子毒方：蕈子，又名雷菇，春夏時樹林內，時常發出一片白，有飯碗大小不等，人家時常揀取烹而食之。一時中毒，不但腹內疼痛，且上吐下瀉，百藥解之不效。唯在出菇子地所，將那地土上層挖開，挖下二三尺深，將底下淨土取來，用河內長流水，將此土和泥漿水飲之。立刻止痛止瀉，神效。

牛患誤食毒物症圖

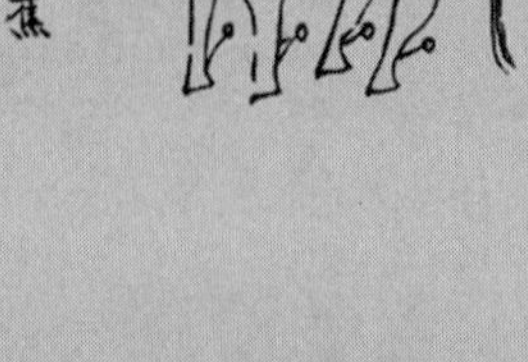

又　牛患軟腳風症第五十。牛患軟腳風者，何也？夫軟腳者，骨之軟弱也。皆因耕牛或耕田耙地，出力歸來，或經春雨灑淋，或安眠濕地，或因單鋪出早，地面潮濕，牛繫其處臥眠，受其寒邪，寒邪浸透皮膚，濕氣鉆入骨髓。令獸筋舒骨軟，臥而難起，起而不能站立者，此謂外受感寒邪，濕入於筋骨，軟腳風之症也。形狀：拳攣臥地，四足軟眠，水草如常，扛抬不起。口色：如桃花色者生，青黑者死。歌曰：耕牛忽患軟腳風，邪濕浸透骨髓中。拳攣臥地身難起，醫者針藥用神功。調筋壯骨追風散，三日之後自康榮。治法：火針風門穴、伏兔穴、搶風穴、百會穴、大胯穴、小胯穴，生針徹三焦、四蹄血。隨針即可起行。如不起行，即用槐針治法，方見前篇。調理：餵養暖處，稂草鋪地臥之。戒忌：雨淋。調經壯骨追風散：治牛軟腳風等症。五加皮、木香、川木瓜、香附、烏藥、木通、桔梗、陳皮、甘草、細辛、川牛膝、杜仲、川烏、草烏、天麻、防風、白芷、麻黃、桂枝。各件共為細末，每服四兩，連須蔥五七枝，生薑、黃酒一斤，同調灌之。如炒牛加：紅花、當歸、元胡、靈芝。寒氣重、口色淡者，加肉桂、附子。

牛患軟脚風症之圖

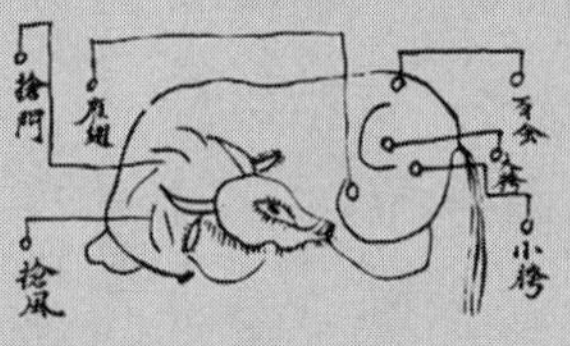

又　牛患尿血糞血症第五十一。牛患尿血、糞血者，何也？夫血者，一身養命之源也。內潤五脹，外滋皮毛。血脈壯旺，毛色光華，筋骨強健；血脈微少，毛色焦枯，五臟衰敗。血乃渾身之主宰，何時而致入於膀胱，而尿血也？何以而致入於大腸，而糞血也？皆因畜之犁耙出力太過，熱積膀胱而溺血也；熱入大腸而糞血也。二症者，皆因饑渴過度，空腸出力，卸扼之後，乘熱而餵料草，饑渴而過飲冷水，即將熱毒鬱積於膀胱，而令尿血也。積鬱於大腸，而令糞血也。此謂尿血、糞血之症也。形狀：頭低耳搭，精神短慢，大便帶血，大糞乾燥，小便尿紅，弓腰吊膁，水草遲細。口色：鮮明者生，青黑者死。紅黃者可治，紫黑者難醫。歌曰：尿血糞血說根源，饑渴過度出力乾。饑渴便血兼糞紫，渴傷尿血溺紅鮮。分清臟腑分調治，遲療必定命難痊。治法：弓腰者，火針百會穴。三焦、四蹄血，生針徹之。便血、大糞結燥者，大承氣湯加減灌之；痢血者，分利五苓散灌之；尿血色鮮者，調經湯治之；紫黑者，紅花湯主之。調理：餵養淨處，草料加倍喂之，童便時時飲之。戒忌：三七之內，休使用出力，勿雨淋水浸。大承氣湯：治牛糞血、膘壯口赤，大便燥結等症。枳實，川厚朴、大黃、芒硝、生地、川白芍、甘草、木通、花粉、紅花、地榆去梢、槐角、側柏葉。各件共為細末，開水沖調，溫加芝麻油四兩，童便一盞，調和灌之。如大便通利之後，務要發散之劑，再上二三服。如血氣不和，為勞傷之症也。羌活調經湯：治牛饑傷出力使血等症。當歸、川芎、生地、防風、白芷、烏藥、香附、地榆去梢、木通、紅花、白芍、雲苓、甘草、白朮、陳皮、半夏、百草霜、熟地。各件共為細末，每服四兩，煎三沸，溫加童便一大盞，同和灌之。五苓散：治牛尿血、痢血、大便瀉痢帶血等症。脊背、四肢溫和，此非時疫同著。茯苓、豬苓、澤瀉、滑石、牽牛、車前子、木通、瞿麥、扁蓄、白朮、甘草、升麻、黃芪炙、檳榔、木香。加炒食鹽一大撮，伏龍肝一塊，老薑五七片，調和灌之。一二服分利血止，痊癒。如腹膨脹，加臭椿皮一塊，研細入內；如口色赤紫，加大黃、芒硝、大川連；如口色青白，去川連、芒硝、大黃，加砂仁、肉果、炮薑。補中湯：治血痢不止。大川連、訶子、檳榔、茯苓、白朮、炙草、枳殼、厚朴、木香、陳皮、半夏。扁豆花為引。

牛患尿血糞血症圖

又　牛患大小便閉結不通症第五十二。牛大小便閉結不通者，何也？大小便乃一身之道路也。小便若河，大便若江，因何而致有閉塞不通也？皆因牛之蓄養太盛，膘肥肉重。膘肥壯者，血氣壯旺也。血氣壯旺，必然雄健，使用發熱，必然奔水浸泡。熱者，血也；血者，火也。血熱者，火熱也。熱極而奔水者，水火原相剋也。然也者，熱則宣流，寒則凝滯。熱極者，宣流之至也，而一入於冷水者，寒之至極也。況水得火而生熱，火得水而生氣也。氣血受寒，必然凝滯，凝滯於大腸，則火炎燎燥，結糞枯澀，大便不通也。凝滯於膀胱者，返惹相火與君火，三火相助，煎煉精華，毓秀成石，故沙石淋之症由此而生，則小便不能通利也。此謂熱極因寒凝滯，江河閉塞，大小便閉，不能通利之症也。形狀：大便閉結者，撅尾低頭，弓腰努掙，下糞乾燥；小便閉結者，低頭夾尾，或小便淋瀝。口色：鮮明如桃色者生，青黑者死，黃白者可治，紫赤者險。歌曰：大小二便若河江，閉結不通病難當。識透陰陽知妙理，自有靈通針藥方。徹血瀉火先解郁，解鬱通腸獸自康。治法：大便不通，腹脹者，針脾腧穴，脾氣針透放出氣，次用鞋底在針穴上輕輕打之出氣。內灌潤腸穿腸散主之。三焦、四蹄血徹之。小便不通者，火針百會穴，引寒邪外出膀胱，熱自解也。水竅疏通也。內灌通淋散之劑。無論大便結、小便結二症，俱要表裡治之。如內症急者，先治其內，內症緩者，先治其外。故云，急則治其標，緩則治其本。其標本者，言內外之分也。先發散而後下之謂也。調理：餵養清淨之處，肚底時或用手出力揉之，使宿草轉動，自然通利也。小便不通，時或亦解，用手出力摸揉托棍，恐其胞轉水竅不對，亦令小便不通也。故揉托更妙。戒忌：雨淋水浸，濕地安眠。升陽解表湯：治牛鬱熱，大小便不通等症。當歸、川芎、生地、羌活、防風、白芷、烏藥、木香、香附、枳實、厚朴、甘草、桔梗、陳皮、荊芥、薄荷。葱五七根，黃酒一斤引。先用，此方疏散解表，後用加減大承湯下之。大承氣潤腸穿腸散：治牛大便閉結不通等症。大黃、芒硝、火麻仁、生地、厚朴、枳實、木通、檳榔。各件共為細末，每服四兩，牙豬油四兩，同煎三沸，或加火麻子油四兩更妙，候溫灌之。以通痊癒。通淋散：治牛小便不通，無論胞轉、石淋等症。黑牽牛、滑石、石蓮子、車前子、澤瀉。各件共為細末，每服四兩，燈草煎湯沖和，加黃酒一大盅灌之。如口色赤紫太甚者，加大川連，再灌一二服，通利痊癒。如小便淋瀝，本方加：扁蓄、瞿麥、小茴香、炙黃芪、炒白朮、升麻、茯苓皮、老姜皮、當歸、白芍。同調灌之。

牛患便結不通症圖

又 牛患渾身血汗膽脹症第五十三。牛渾身出血汗者，何也？膽脹之症也。膽者，乃清淨之腑，何以而致有脹也？皆因牛之蓄養太盛，膘肥肉重，使之出力太猛。肝主於筋，出力傷肝，肝於膽相連，膽有驚恐，又兼卸索摸扼之時，即拴繫酷熱之處，失於牽行，以致血氣不行，攻注於膽腑，膽受虧傷，心胸悶亂，心悶急而出血汗也。出血汗者，出力之至矣。令獸氣促喘粗，弓腰腹滿，渾身汗流若血，此謂出力傷肝膽脹血汗之症也。形狀：弓腰氣促，血汗流珠，眼急驚狂。口色：鮮明如桃色者生，赤紫者險，紫黑者死。歌曰：膽脹之牛人見驚，渾身流汗血珠淋。腰弓氣急喘聲促，醫遲必定命歸陰。急救須抽喉脈血，舌胎之下兩針神。金針徹血開心悶，喘止方知命有生。藥用鎮心硃砂散，便灌三服得安寧。治法：徹喉脈血，即大血。在頰喉下二指是血。亦如馬之徹血也。再將舌底下紫筋上用生針徹血，新汲水洗之。次與三焦、四蹄俱各徹血，內灌鎮心散。調理：餵養清涼之處。水浸青草喂之。戒忌：日曬雨淋，下水浸泡。硃砂鎮心散：治牛血汗膽脹等症。茯神、遠志、硃砂、郁金、梔子、連翹、兜苓、麥冬、花粉、粉草、當歸、生地、元參。各件共為細末，每服四兩，燈草、竹葉煎湯沖和，加白蜜四兩，童便兩大盞調灌。如口色赤紫，加大川連。如喘不止，加錦紋大黃、天門冬，再灌一二服，痊癒。調經活血當歸散：治牛血汗膽脹等症。當歸、川芎、生地、赤芍、甘草、花粉、荊芥、薄荷、紫蘇、木通、貝母、杏仁、桔梗、陳皮、白芷、半夏。各件共為細末，每服四兩，煎三沸，候溫加白蜜二兩，童便一大盞和灌之。立愈。

牛患血汗胆脹症圖

又　牛患少火生陰、前熱後寒而生陰腎黃之症第五十四。夫牛少火生陰，前熱後寒而生陰腎黃者，何也？黃者，陽症也。何以而致為陰黃也？但陰黃者，少火而生陰也。皆因畜之身體瘦弱，蓄養失調，久渴失飲，飲則過度，停於腹內，失於牽行，冷水過多，體衰少火，陽不勝陰，以致陰多陽少，故為少火而生陰黃也。令獸或發於後襠，或發於臍下，或生於腎囊，如此三處浮腫，如石如冰者，此謂少火生陰，而為陰腎、木腎，水腎黃之症也。形狀：後襠、臍下、袖口、陰囊發為浮腫，冷如冰石，皸胯拖腰。口色：鮮明如桃花色者生，青黑者死，紫赤者可治，青白者難醫。歌曰：水多火少發陰黃，為緣陰多偏勝陽。肉壯膘肥皆為熱，形衰體瘦屬陰黃。醫工識得陰陽治，啞畜無傷滿田崗。治法：百會穴火針刺之，其腫處俱皆火針刺之。調理：餵養暖處。戒忌：雨淋、下水浸泡。夏枯茴香散：治牛少火生陰等症。夏枯草、茴香、茵陳、木瓜、澤瀉、芫花酷炙、滑石、當歸、銀花、白芷、桂枝、烏藥、官桂、木通。各件共為細末，每服四兩，水煎三沸，候溫加黃酒一斤，老薑，童便一盞，和灌二三服。腫消後，再灌進食之劑。調經活血散：治牛少火生陰黃，腫消進食等症。陳皮、半夏、白朮、茯苓、枳殼、甘草、厚朴、當歸、條參、桔梗、花分、木通。各件共為細末，每服四兩，老薑五七片，黃酒一斤，煎三沸，溫和灌之，痊癒。

又　牛患砂石淋症第五十五。夫牛患砂石淋者，何也？石淋者，異症也。皆因獸之膘肥肉重，精氣壯旺，使用出力之後，時或縱于池塘浸泡。其精壯者，相火旺也；膘滿者，心火旺也。二火旺相者，下水浸又起邪火，君火、相火、邪火，三火傳積於腰腎，凝鬱于丹田，煎煉精華於膀胱，日久毓秀而或為砂石，塞於水道。令獸溺尿不出，此謂君、相、邪三火，煎煉精華成石，而為砂石淋之症也。夫邪火者，風火也，火得風而更烈，火焰沖天也。入水浸泡，致生邪火，使助君火，更助相火，三火更烈，煎煉精華成石，阻塞水道。其黃牛不下水浸泡，故黃牛患此石淋症者少矣。論人之與畜二五俱同，人之精華常有泄失，而尚且有此淋漓澀結之症，況泥牛之為畜，拴繫困禁，不能縱唯泄失精華，又致邪火相攻，尅制、煎煉，將精華煎煉而成為砂石之塊，塞於水道，故為砂石淋之症也。醫者慎之！形狀：小便淋瀝、肚腹膨脹。口色：如常。歌曰：砂石淋症說根源，君相邪火共相連。毓秀精華成石塊，阻塞水道溺出難。醫工細意尿脬取，擠出硬塊患屙痊。病患若阻五寸後，披針剖硬急取撰。硬塊剖出尿流下，百事無憂患可痊。治法：用繩將牛縛倒臥地，將牛腎挺出手捏試之。若硬塊塞在光梢，可用芝麻油蘸手，將腎內硬塊擠捏出來，其尿即下也。若塞在四寸、五寸之間，擠捏不出來者，可用好鋒利披針，將硬處捏定，一針剖開，將硬塊取出，其尿即下。其尿通利，百無一恙，即放起。以滑石黑丑散灌之，痊癒。調理：餵養清淨之處。戒忌：雨淋水浸。滑石散：治牛砂石淋等症。黑白二丑、滑石、車前子、扁蓄、瞿麥。各件共為細末，每服四兩，燈草煎湯，沖和灌之。五苓散：治牛砂右淋取後等症。當歸、川芎、升麻、茯苓皮、豬苓、澤瀉、車前子、木通、滑石、牽牛、粉草。各件共為細末，每服四兩，煎三沸，加童便一盞，食鹽一撮，同和灌之，痊癒。

又　牛患三十六黃第五十六。夫牛患三十六黃者，何也？夫黃者，速症也。切如火燎茅簷之急，茅簷火發，玉石俱焚。但有此症，宜速治而不可緩也。黃者，名有三十六種，各有部位分之。有心、肝、脾、肺、腎之內五臟有五種，外有前束嗓與偏次，後膁腧與腎黃共有八種，乃不治之症也。然雖云不治，亦有表裡之分，再者或可以治，然在裡者，實難醫矣。若在表者，可治也。但其外二十八黃，發於何處，即是何黃名也。余與《馬牛經》注釋，細切治法與《馬經》切略相同，醫者留心注意，不可忽視矣。形狀：各有部位，腫於何處，即名何黃是也。口色：鮮明如桃色者生，紅黃者可治，青紫黑者難醫。歌曰：耕牛戰馬總一般，陰陽運氣有多端。五行交攻分順逆，標本虛實用心觀。陽病須當陰藥治，陰病依方陽藥痊。有患便求高士察，失誤之時救活難。治法：無論前後浮腫，總在胸前用蟬酥繩穿墜，無蟬酥可用真麝香，捻一紙撚夾在繩內，用穿針將胸堂皮拈起穿墜。調理：拴繫清涼之處，水浸青草喂之。戒忌：日曬雨淋、下水浸泡，生熟料一切忌之。三黃解毒湯：治牛瘡黃等症。大川連、黃柏、黃芩、大黃、芒硝、金銀花、梔子、連翹、知母、貝母、枳殼、厚朴、烏藥、木通、滑石、甘草。各件共為細末，每服四兩，竹葉、燈草煎湯沖和，溫加雞子清二枚，同調灌之一二服。以穿墜處滴出黃水，毒氣外出為度。若腫處以大蒜、食鹽同搗爛和泥塗之，乾時又塗，方見《馬經》篇內照用，治法無二。

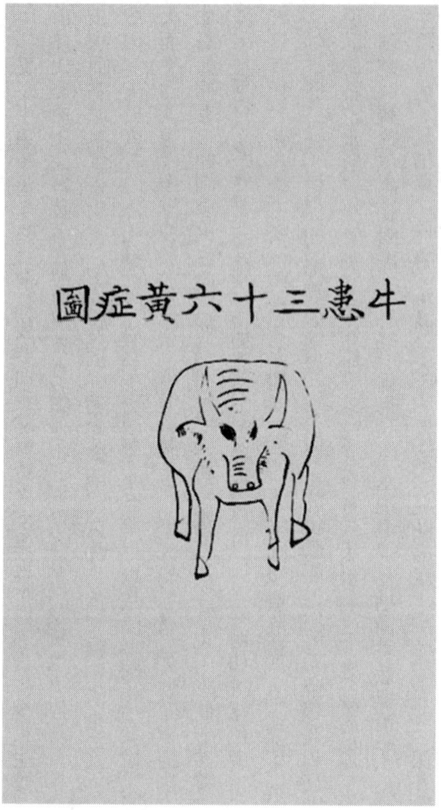

又　牛患肝熱傳眼翳障症第五十七。夫牛患肝熱眼生翳障者，何也？眼乃五臟之精華，因何而致有翳障也？皆因牛之蓄養太盛，膘肥肉重，使用出力，或在炎天酷暑，拴繫日陽之下，或困因閉室之中，腹內鬱氣又盛，外受暑炎薰蒸，內鬱外薰，交感成疾。令獸睛生翳障，瞳人無光，眼腫淚下，耳搭頭低，此謂肝熱傳眼之症也。形狀：睛生翳障，瞳人無光、眼腫淚下，耳搭頭低。口色：鮮明如桃色者，易治；口青黑者，難醫。歌曰：出力歸困暑氣薰，內鬱外感翳膜昏。眼腫淚下多因熱，太陽穴上用神針。洗肝散灌二三服，管許耕牛眼復明。治法：徹太陽、三焦、四蹄等穴；內用洗肝散灌之，撥雲八寶丹點之。調理：餵養清涼之處，水浸青草喂之。戒忌：日曬雨淋、下水浸泡。洗肝散：治牛肝熱傳眼，睛生翳障等症。龍膽草、青葙子、石決明、草決明、乾菊花、穀精草、當歸、川芎、蒙花、銀花、夏枯草、白芷、粉草、木通。各件共為細末，每服四兩，竹葉、燈芯煎湯沖和，候溫加雞子清二枚，同和灌之。如口色赤紫者，本方加：大黃、芒硝、大川連；如目紅腫者，加紅花、生地，再灌一二服，痊癒。撥雲翳八寶珍珠丹：治牛眼珠紅白雲翳障膜等症。金精石煆、銀精石煆、石燕煆、珊瑚、珍珠豆腐煮、冰片、硼砂、寸香、青鹽、白下香即麻雀屎直立者佳。各件共為細末，以舌試之。如不刺牙者，方可點眼，用磁罐收貯點之。痊癒。又方：治牛馬眼患紅腫等症。明礬、雄黃、銀珠、硃砂、青鹽、寸香、冰片。各件共為細末，舌上試之，以不刺牙者，方可入眼，點之能解，其淚即止，其腫自消矣。

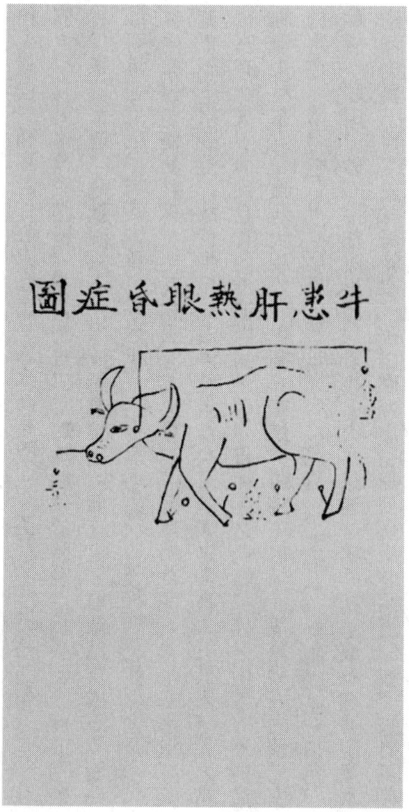

又　牛患目生弩絲蟲症第五十八。夫牛目中生弩絲蟲者，何也？目者眼目也。乃一身之主宰，至清至淨之處，何以而致生有弩絲蟲也？皆因牛之牧放於郊野，秋露蛛網露水，牛眼睫毛淺，不能擋除毒水，以致蛛網露水，撞入目中，其水入目，日久而變化生蟲，形若細絲，在大眼角內，成窩亂擾，用手取蟲不能除根。其蟲在目，日久磨食目中精華，令其牛眼珠昏暗不能通明，不治則目瞽矣。此謂蜘蛛毒水入目，成為弩絲蟲之症也。形狀：兩大眼角內，一窩如絲亂擾，其形可憎惡。口色：如常。歌曰：牛患弩絲病何生，秋露蛛網毒水浸。變化成蟲擾睛水，日久不治兩目昏。不用使針灌妙藥，只要靈丹一點明。治法：不用針藥，只要靈丹點之。戒忌：水草如常。一點靈丹：治牛目中弩絲蟲等症。明礬、雄黃、硃砂、青鹽、牙硝、冰片、麝香。上藥先將硃砂、雄黃研極細，舌上試之，不刺牙後，加入麝香，又研細，再入明礬研細，然後再入鹽、硝略研，入磁罐收貯，但遇此症，即令點之，一次其蟲即出，二此斷根，永不再生矣。

牛患弩絲虫圖

又　牛患百葉乾燥症第五十九。夫牛百葉乾燥者，何也？百葉者，乃牛胃中之首腑也。即首領也。其馬、騾、驢畜，只有胃口，而無百葉。所食草穀盡入於胃口，而脾胃中尅化，轉入於大腸。其牛有不同也。皆因有百葉之分也。但所納之草穀，俱皆囫圇吞入百葉之中，百葉滿而牛即飽也。或立或臥，又將百葉中之草穀，回倒口中細嚼，然後入胃，轉入大腸尅化。然因何而致有百葉乾燥也。皆因牛之饑餓，百葉空虛，乘饑而或耕田耙地，務將一遍田地耕完耙畢，方卸扼索，令其牛之百葉空虛，出力太過，或下水浸泡，或濕地安眠，不能使之就食，以致邪濕浸於胃中，百葉空虛，停止不動，以致胃內宿食，不能轉入大腸，縱然與食，脾胃虛耗，百葉不翻。又加之以宿食生火，外有邪濕生火，二火相煎，以致牛之百葉生有乾燥之症也。然何以見知？蓋百葉乾燥，鼻頭即無汗也。《經》云：『鼻頭無汗百葉乾，更因負重力傷殘。』又云，『使飽牛，跑餓馬。』蓋使飽牛者，其牛不致傷力、傷脂，勞傷過度之症也。跑餓馬者，其馬不致有腸斷、肉斷之憂也。然牛之百葉乾者，即牛之勞傷過度之症也。令牛之鼻頭乾燥無汗，日久鼻上開裂死皮，此謂勞傷過度，百葉乾燥之症也。形狀：毛焦吊膁，鼻頭無汗，燥烈受塵，水草遲細，精神短慢。口色：鮮明如桃花色者，生；紅黃者，可治；青白者，險；紫黑者，難治。歌曰：饑餓勞傷百葉乾，鼻生無汗糞多堅。口青色白終難治，著意經書病可痊。百會火針兼脾腧，調經開胃藥通仙。臨時加減仙方藥，救得耕牛復本源。治法：火針百會、脾腧穴。若春時三焦、四蹄徹血，若冬時只徹三焦。少膘者，不可徹四蹄血。內灌開胃調經藥。調理：餵養暖處，草料加倍，稂草鋪地臥之。戒忌：濕地拴繫，水中浸泡。調經活血湯：治牛勞傷過度，百葉乾燥等症。當歸、川芎、紅花、白芷、桔梗、陳皮、甘草、半夏、羌活、防風、麻黃、桂枝、香附、烏藥、木通。各件共為細末，每服四兩，童便二盞，連根蔥五七枝切碎，同煎三沸，溫加黃酒一斤，芝麻油二兩，調灌之。二三服痊癒。如不痊，再灌開胃潤腸藥，二三服痊癒。開胃潤腸散：治牛百葉不翻等症。雲苓、白朮、陳皮、甘草、菖蒲、香附、藿香、五靈芝、元胡、當歸、生地。各件共為細末，每服四兩，紅棗五七枝，老生薑五七片，同煎三沸，溫加童便二盞，同和灌之。二三服後，如大便燥結，再灌潤燥麻仁湯主之。麻仁湯：治牛臟結、百葉乾燥等症。火麻仁、大黃、郁李仁、當歸、生地。各件為末，每服四兩，煎三沸，候溫加麻油四兩，白蜜四兩，或牙豬油四兩搗碎，和灌一二服，糞潤不灌此方。如口色赤紫者，舌底徹血，新汲水洗之。食鹽撮擦之。如糞潤之後，不能進食，草細再灌建中湯。健中湯：治牛勞傷過度，水草遲細等症。陳皮、半夏、條參、白朮、雲苓、肉果、檳榔、豆蔻、山藥、丹皮、熟地、萸肉、生地、木通、澤瀉、甘草、桔梗、香附。各件共為細末，每服四兩，老薑五七片，紅棗五七個打碎，同煎三沸，溫加童便二大盞和灌。大便通利糞潤，如口色青白，加：肉桂、附子，再灌一二服，即可進食。痊癒。

牛患百葉乾燥症圖

又　牛患勞傷偷瘦症第六十。夫牛患勞傷偷瘦者，何也？勞者，有五勞也；傷者，有七傷也。何謂五勞也？曰：筋勞、骨芳、血勞、氣勞、力勞是也。但此五勞，何以識之？夫筋勞者，筋舒也；骨勞者，骨痿也；血傷者，血枯也？氣勞者，喘促也？力勞者，五經衰敗也。五經衰敗者，滋潤培補治之。其七傷之症何以見之？夫七傷者，風傷肺，寒傷脾，暑傷腑，濕傷腎，饑傷脂，飽傷臟，勞傷心，鬱傷肝是也。何以治之？凡治者，追其風，散其寒，清其暑，溫其濕，療其饑，消其臟，養其心，開其鬱，依經按典，如法調治，無不應手而痊矣。五勞七傷均已知之，偷瘦之症，何以見之？然五勞七傷之症，總由五臟六腑所染，一經不和，即一臟虧傷，一臟虧傷，五臟氣耗，氣耗血滯也。血滯而枯，不能內潤於臟腑、外潤於皮毛，日漸衰弱而為偷瘦矣。此謂五勞七傷偷瘦之症也。形狀：骨瘦豺狼，精神短慢，毛焦賺吊。口色：鮮明者，可治；紅黃者，可治；赤紫者險；青黑者難醫。歌曰：窮傷偷瘦說根緣，一臟虧傷五臟連。筋骨虧傷終難治，氣血虛損療可痊。五經五治五條列，七傷七症救有篇。針藥各依仙經論，縱有虧損壽長年。治法：五勞者，調筋、壯骨、理氣；七傷者，追風、除濕、散寒、療饑、開鬱、寧心、清暑、消食。調理：寒者溫處喂之，熱者涼處樣之，沉困者牽行之。戒忌：五傷七傷等症，俱忌下水浸泡、濕地安眠。調理壯骨散：治牛筋傷骨痿等症。虎骨、川木瓜、骨碎補、川續斷、追風七、川牛膝、杜仲、羌活、獨活、筒桂、烏藥、木通、當歸。各件共為細末，每服四兩，黃酒一斤，煎三沸，候溫加童便二大盞和灌之。如氣不行，本方加木香、沉香，再灌一二服，痊癒。和血理氣飲：治牛勞傷血氣等症。當歸、川芎、赤芍、紅花、陳皮、青皮、木香、香附、甘草、白芷、烏藥、木通、沙參。各件共為細末，每服四兩，黃酒一斤，煎三沸，候溫加童便二大盞，同和灌之。如口色青白，本方加：肉桂、附子。追風散：治牛風傷肺等症。羌活、防風、白芷、麻黃、桂枝、荊芥、薄荷、紫蘇、桔梗、陳皮、甘草、細辛、五加皮。各件共為細末，每服四兩，蔥五七根，黃酒一斤為引。如風甚者，本方加：川烏、草烏、殭蠶、天麻。茴香散：治牛濕傷寒邪等症。小茴香、大茴香、木通、麻黃、桂枝、官桂、烏藥、羌活、防風、牛膝、杜仲、桔梗、甘草、川楝子、故紙。各件共為細末，每服四兩，薑五七片，黃酒一斤為引。加童便兩盞，同和灌之。如口色青白，本方加：肉桂、附子，再灌一二服，痊癒。醒脾散：治牛饑餓勞傷等症。白朮、雲苓、陳皮、半夏、白豆蔻、扁豆、香附、薏米、糯米一合炒、甘草。共為細末，生薑、童便共為引。如口色青白，本方加：白條參、肉果。清心洗肝散：治牛鬱傷肝等症。茯神、遠志、郁金、麥冬、桔梗、陳皮、梔子、連翹、穀精、元參、知母、黃芩、青葙子、香附、石菖蒲。各件共為細末，竹葉、燈草為引。如口赤紫，本方加：龍膽草、大黃。清暑飲：治牛暑傷六腑等症。藿香、香薷、銀花、梔子、連翹、元參、桔梗、陳皮、甘草、木通、花粉、白芷、滑石。共為末，竹葉、燈草為引。如口色赤加：大川連、芒硝、黃芩、大黃。消食飲：治牛飽傷臟腑。如口色淡白宿草不轉症。檳榔、厚朴、枳實、神曲、麥芽、山楂、官桂、草果、砂仁、豆蔻、紅豆、白朮、甘草。共為細末，薑五七片為引。如口色赤紫者，加三黃湯。三黃湯：治牛飽傷臟，口乾舌紫，大便不通等症。大黃、芒硝、草果、檳榔、枳實、厚朴、粉草、白朮、陳皮、半夏、花粉、木通。各件共為細末，生薑為引。芝麻油四兩，同調灌之。

牛患勞傷偷瘦症圖

又　牛患海水倒流症第六十一。牛患海水倒流者，何也？夫牛之一身有四海：頭為髓海，心為血海，肺為氣海，腎為水海是也。其髓海者，骨中之骨髓也。以頭為之者，然頭為諸陽聚會之所，諸骨之首領，故首為髓海之稱。心為血海者，心主於血，乃一身血脈聚會之所，故心為血海之稱。肺為氣海者，肺主於氣，乃一身呼吸出入聚會之所，故肺為氣海之稱。腎為水海者，腎主于水，乃一身之津夜，注於膨脹聚會，由腎而出之，故腎為水海之稱也。因何而為倒流也？然倒流者，其水不從腎而出，反從口流血也。故為海水倒流之名也。因何而染有此患也？夫倒流者，逆症也。逆症者，阻逆也。阻逆而不疏通，返流而上溢也。皆因牛之出力之後，或入深淵寒潭，涼水浸泡，使寒邪浸於脾肺，濕氣沖入胃口，脾灌四旁，胃潮百脈，其脾胃俱遭寒邪濕氣侵襲，凝寒阻逆脾胃，津液不能散於周身，滲於膀胱，出於腎之水道，而反從口中流出，故為海水倒流。此謂脾胃邪阻，海水倒流之症也。形狀：起臥頻頻，口內流清，涎沫涓滴，耳搭頭低。口色：鮮明如桃花色者生，紅黃者可治，青黑者死。口角冷者，脾氣已絶矣。無則無方治之。歌曰：脾胃邪阻水倒流，時師初見兩眉愁。口中清水連綿滴，若還遲治命必休。經書裏面留方藥，醫治耕牛疾可瘳。治法：火針百會穴、脾腧穴、三焦、四蹄徹血。調理：脊背用草把出力擦之，使邪欝外出，水即止矣。戒忌：簷巷風吹，雨淋水泡。調胃建中湯：治牛海水倒流等症。蒼朮、白朮、茯苓、檳榔、滑石、澤瀉、升麻、沉香、香附、甘草、炮薑、砂仁、肉果、菖蒲。共為細末，生薑、黃酒、童便共為引，同和灌之。口色淡白，以麻黃桂枝湯，方見前篇。又單方：治牛海水倒流。陳石灰一兩，研細，開水沖和，加醋半斤，調和灌之。立止。

牛患海水倒流之圖

又　牛患冷腸泖瀉症第六十二。夫牛患冷腸泖瀉者，何也？泖瀉者，皆因牛之饑渴太過，耕田耙地，出力歸來，解索摸扼之時，渴之至極，喘息未定，乘熱極之時過飲涼水太足，未及牽行，拴繫停立，以致冷水過足，積於腸胃，陰氣不降，陽氣不升，令獸賺吊毛焦，腹鳴如雷，泄瀉水糞，此謂冷腸泖瀉之症也。形狀：頭低耳搭，腹鳴如雷，泄瀉水糞。口色：鮮明如桃花者生，黃者、紅者可治，青黑者死。歌曰：熱極過飲冷積腸，腹鳴如雷瀉水漿。升清降濁兼調胃，快氣寬腸瀉自康。治法：火針脾腧穴、百會穴，徹三焦、四蹄血。調理：餵養暖處，脊背以草把出力擦之。戒忌：簷巷風吹、雨淋水泡。調中湯：治牛冷腸泖瀉等症。豬苓、澤瀉、白朮、茯苓、檳榔、滑石、木通、條參、官桂、肉果、砂仁、甘草、炮薑。共為細末，生薑為引。如腹內腸鳴如雷，加伏龍肝、炒鹽一撮為引。如口內青黃白者，加肉桂、附子、車前子。

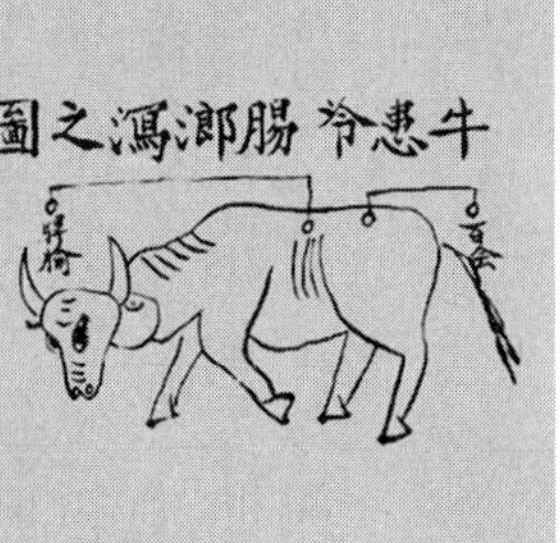

牛患冷腸泖瀉之圖

又　牛患難產症第六十三。夫牛難產者，何也？產者，乃天地生成，自然之造化，順而易也。因何而致有難產？然產母之中，有變化多端，逐一分條列述：有橫產，有逆產，有順產。順產者，臨月而產，順而易也。而無可擦也。然逆產、橫產者，雖然產畜臨月，或因耕田耙地使用出力，轉折胎元，促損犢子，腹中作痛，母於弩掙，將犢子弩掙水門，或橫或倒，不能轉動，而不能產下矣。令獸或起或臥，弓腹弩掙，此謂難產之症也。形狀：弓腰弩掙，水門流紅，或起或臥。口色：如常者生，青黑者死。歌曰：臨月難產是何殃？使用轉折致損傷。橫逆水道難產下，仙經論裏尋救方。速用益元轉胎劑，氣順胎轉犢離娘。最忌慌忙亂折捉，損傷兒腸子母亡。妙藥通靈分時刻，催產犢子母子康。治法：如臨產足月時，用益元轉胎通靈散灌之。如未足月時，動胎腹痛起臥，而水道不流紅者，可用安胎之劑，切不可用催產之藥，醫者慎之。調理：散縱欄內，不用拴繫，聽其自臥自起。戒忌：休拴池邊簷巷，風吹雨淋。益元轉胎通靈散：治牛馬難產。香附、當歸、川芎、紅花、烏藥、黃芩、白朮、紫蘇、元胡、小茴香、條參、伏龍肝。共為細末，黃酒半斤為引。論胎中犢子橫生逆產，至對時自然轉動，順流而產下也。如漿泡久破，膶腸乾枯，胎雖轉動，母牛無力，不能努掙，即難產下矣。醫者至此不得不動手矣。若動手時，務將指甲剪盡，石上磨光。如不磨光，恐入手損傷膶腸，母牛亦難生活也。其入手之法，務必先將犢子之頭、嘴、鼻撥在水門，次將前兩足，亦撥在犢子嘴旁，若犢子是活的，母牛努力，犢子亦知努力，一湧而產下也。若是死胎，母牛或臥或站，亦務將犢子頭足撥正，用鐵鉤子鉤著犢子下牙夾骨，用繩拴著犢子兩前足，母牛不能出力，要人仔細從容，輕經撈出死胎，其母牛用調經活血藥灌之。方見前篇。

牛患難產症圖

又 牛患懷胎渾身浮腫症第六十四。夫牛懷胎渾身浮腫者，何也？胎者，母之餘血也。得精氣而成為胎元，稟母牛之元氣務育成胎。一二三個月之際，氣血升降，出入呼吸，皆由子母未能分經，即有閃損挫傷，兩無相礙。及至四五個月之時，胎犢長全，母子已能分經，最忌損折挫動，倘有挫動，則致子在腹中，不續母之元氣，而受其鬱悶。母之餘氣浮於絡中，亦不能接予之生氣而交去升降，暢快周流於肢體，以致凝瘀鬱氣而不行也。血而不活也，胎氣不和也，斃死腹中矣。致令母牛四蹄浮虛，渾身皮腫，時或水道流出血水也。此謂懷胎動損，浮腫之症也。形狀：四蹄浮腫，渾身皮浮，水道流紅，時或起臥，腹內疼痛。口色：鮮明如桃色者生，紅黃者可治，青黑者難治。

歌曰：母牛妊娠肢體腫，水道流紅胎損傷。初覺挫動先和氣，氣和胎安犢子康。時師不知安胎法，若待浮腫胎必亡。治法：初覺動胎，未曾腫浮之時，以安胎和氣之劑灌之。調理：餵養暖處。戒忌：雨淋水泡，簷巷風吹。安胎和氣飲：治牛動胎未浮症。生黃芪、茯苓、阿膠珠、杜仲、黃芩、白朮、甘草、續斷、紫蘇、陳皮、蘄艾。各件共為細末，每服四兩，黃酒一斤，煎三沸，候溫加童便二大盞，同調灌之。一二服後，如母牛不起臥之時，方為安泰。如胎死腹內，則母牛四肢、渾身浮腫而下乳者，則可用催產之劑。若母牛雖然四肢浮腫，不下乳者，胎在腹中活，未必用催生之藥。此乃陰功，千萬不可輕功。鑒之！方見前篇。安胎方：全當歸、川貝母、羌活、粉甘草、荊芥穗、厚朴薑汁炒、蘄艾醋炒、兔絲餅酒泡、生黃芪蜜水炒、枳殼、川芎、白芍。各件共為細末，生薑、童便為引。如懷胎之母牛，時或灌此妙藥，臨月容易產生矣。如有慣於小產婦人，妊娠之時，或常服之，安胎和氣，到臨盆有慶，萬不可忽視此方矣。加味川芎當歸湯：治牛難產或子死腹中催生等症。全當歸、川芎、敗龜板醋炙、婦人頭髮一大握，瓦上焙之存性，黑料豆炒，共為細末。黃酒一斤，童便一盞為引和灌之。腹脹痛甚，本方加平胃散：蒼朮米泔水、厚朴薑汁炒、陳皮、甘草，共為細末。黃酒、童便一盞，同調灌之。如不下，即加芒硝，其胎自化而下矣。其骨或另取之。

牛患懷胎浮腫之圖

又 牛患受胎陰實難產症第六十五。夫牛患受胎而有陰實者，何也？胎元孕育造化，自然之理，生育之道，聽其自然奇異。今世忽有不同者，有母牛胎孕臨產之時，水道不通而難產者，令人一見，心驚著忙。但此等症，古來未聞篇論，又未注說，予臨此症，現已守半日，見實難產，只得將水道外皮，略割開些，其犢子豁然而產下矣。母子平安無羔。予臨內實之症，孕胎在內臨產，交骨不開，則其未至臨產之時。若特產時，豈有交骨不開之理！以催生藥灌之，其交骨開，即割開外水道皮，不難產下矣。令母牛弓腰努掙，起臥頻加，此謂受胎陰實難產之症也。形狀：弓腰努掙，或起或臥。口色：如常。歌曰：天地造化受胎元，臨產初生說根緣。交骨已開皮未破，致使犢子亦難鑽。醫工產門輕刀割，胎犢豁然刻分娩。交骨不開無方法，縱有巧手難上難。藥用靈丹催交骨，交骨催開產不難。治法：以加味芎歸散催之。調理：餵養淨處，草料加倍喂之。戒忌：簷巷風吹，雨淋水泡。加味芎歸湯：治牛交骨不開難產症。全當歸二兩；川芎二兩；龜板二兩，醋炙研末；婦人髮一兩，瓦焙。如犢子死於腹中，加黑料豆半升炒。各件共為細末，每服四兩，煎三沸，溫加童便二盞灌之，稍刻再灌平胃散：蒼朮米泔水炒，厚朴薑汁炒，陳皮甘草炒。前三味，各三兩，甘草一兩二錢，共為細末，煎三沸，溫加童便灌之，交骨即開，而產下矣。如犢子死於腹中，再加芒硝四兩和灌之。使犢子日久自然化下，其骨從容取之。再灌調經活血湯。調經活血湯：治牛難產，犢子死於腹中自化等症。當歸、川芎、熟地、元胡、紅花、靈芝、桃仁、烏藥、炮姜、甘草、白芍、木通。各件共為細末，每服四兩，煎三沸，溫加童便一大盞，調灌二服，痊癒，又《馬經》篇柘刺催生，可以通用。生脈湯：治牛少乳或乳房不通等症。生黃芪、全當歸、通草、王不流、川山甲、紅花、陳皮、甘草、桂枝，共為細末。黃酒為引，調和灌之。使犢子食之，其乳即下矣。又安胎催生方：當歸一兩、貝母、黃芪、紫蘇、枳殼、黃芩、白芍、甘草、厚朴、藿香、蕲艾、兔絲子。各件共為細末，每服四兩，候溫灌之，一二服神應。

牛患受胎難產之圖

又 牛患癩瘡遍身症第六十六。夫牛患癩瘡者，何也？癩瘡者，疥癩也。亦若人之疥癢之瘡，其瘡內有蟲，乃是歹物，遇有同伴之牛，傳染之令人可惡。雖是疥癬之疾無足憂，然牛之身體瘦弱，其瘡就欺住了，常有癩斃者，又或有用毒藥擦斃者更多。但此等症，雖然不是大病，有害於小犢子者多，更為可惡，予特表證之。今之牛有癩瘡者，先灌表藥，務使毒氣外發，然後擦之，使毒氣不往內陷，不致夭喪橫死矣。但擦此瘡，務在八月初間，其瘡即歸後襠，或歸肘後，其瘡若發之時，方可擦之，若在春月之間，其瘡症發作之時，不灌發散之藥，突然擦之，令牛弓腰吊膁，水草遲細，鼻乾糞結。此謂癩毒攻內之症也。形狀：春間發作，遍身皮綻，弓腰縮頸，膁吊毛枯，鼻乾糞結，水草遲細。口色：如桃花色者生，紅黃者可治，青黑者難醫。毒藥塗搽，毒氣內攻，速宜表散，遲則休矣。歌曰：疥癢之疾無足憂，常把耕牛性命丟。疥患初染全無恙，春間發作治不周。痊好總待七月盡，八月初間更好瘳。瘡痊移欄更換屋，不惹瘡根禍患休。治法：膘壯者，徹三焦、四蹄血；膘弱者，徹三焦血；弓腰者，百會穴火針刺之，內灌銀花敗毒散主之。口色赤紫者，舌下刺之，汲新水洗口，使清心火，毒氣不能攻心也。調理：餵養溫暖之處，稂草鋪地臥之。戒忌：簷巷風吹、日曬雨淋、下水浸泡。銀花敗毒散：治牛癩瘡攻內等症。銀花、木通、夏枯草、茵陳、花粉、甘草、桔梗、陳皮、白芷、羌活、防風、紫蘇、當歸、川芎。共為細末，每服四兩，連鬚蔥五七根，煎三沸，溫加黃酒一斤，調灌二三服，毒氣外發，痊癒。春間搽癩瘡方：明礬、花椒、雄黃、大楓子、木別、大黃。共為細末，用麻子油入鍋內熬滾，冷定調和搽之。即愈。又方：在七月盡、八月初間，搽癩瘡等症。人言花椒、硫黃、海螵蛸、冬瓜皮。各件共為細末，即入棉油也可，香麻油亦可，用鐵勺子熬滾，冷定，將瘡刮去老殼，將藥搽上，只用一次，其瘡要去二指厚一層殼。但此藥方只可秋間搽之。若在春月瘡發遍身，其瘡或在後襠，或在肘後若干之處，可許搽之，即可斷根不發。如痊癒之後，要移換牛欄，恐牆壁揩有遺積瘡根，若拴原處，恐惹瘡根復又發作。戒辛！慎之！又方：不用藥、不費事，總在七、八月間，其癩自歸後襠，或歸肘後，只用長棍子，將舊布或棉絮一塊，紮在棍頭上，將陳大糞底蘸在絮上，先將瘡上硬殼刮去，然後將陳大糞搽上，不過二三次痊癒。並不用藥，又不費錢，其極便宜之妙方。搽後務必要移換拴處。慎之！戒之！

牛患癩瘡症圖

又　牛患天行時疫第六十七。夫時疫者，四時之傳染也。無論春夏秋冬四季，隨時而發者，故為時疫也。疫者，欝也。氣血凝欝而不宣通，欝疫成病，因疾相類而傳染，故為疫之名也。在人為時疫之症，在畜為瘟疫之症也。因受天時不正之氣，陰陽感邪而發為時疫，亦若人傷寒時疫，傳經之謂也。傳於表，凝之於肌肉，為瘡黃癧瘍；傳于皮膚，為癍麻痘疹；傳於經絡，則把前把後，筋骨拘攣；傳之於肺，則啌嗽頻頻；傳之於肝，則兩目無光，眼腫淚下；傳之於脾，則渾身顫慄，毛疵如刺；傳之於腎，則後腳難移，弓腰吊賺；傳至於心，則舌瘡煩燥，四蹄厥冷；傳之於腸胃，則痢膿血。天行初發，人不知覺，時或牛有啌嗽之聲，即摸其脊背，若脊背冷，即發傳染時疫之症也。亦如人之時症，傷寒厥逆，癍麻痘疹之類相似，外寒內熱，大燒大渴，四肢厥冷，腰脊強硬，無二色也。即可照人之傷寒，初發一二日當發散，二、四日當和解，五、六日當汗之，七、八日當下之。散之、和之、汗之、下之，一一如法，萬不可愴惶亂治，胡針亂灸，有誤蒼生性命。醫者慎之！

又　牛患時傳痢症第六十八。夫牛食草飲水，何而致有患時痢之症也？皆因天時不正之氣，流行四時，或晴明數日而不雨，或陰雨數日而不晴，或冬時久炕而燥暖，或夏月陰雨而寒涼，陰陽不調，將牛或困於欄中，受酷暖之薰蒸，或繫於郊野，烈日曬極，又受暴雨苦淋，或因冬日炕陽，天降黃丹，不知禁忌，牧放郊野，誤食山丹灰草，吞入腹中。令獸外受天時不正之感邪，內食天丹灰毒積注腸胃，欝疫成患，遍行傳染。即此症初發，其獸喉中即有啌嗽之聲，疫即凝於肺也，其牛脊背骨，並四肢蹄腳，俱皆冰冷。待至三、四日之間，兩目生糞，其疫即傳於肝也。至五、六日之間，大便通痢，其疫即傳於大腸，大便瀉痢而啌嗽自止矣。至七、八日之間，鼻流濃涕，口舌生瘡，其疫漸傳於心也。心主於血，令獸下痢膿血。但此等症，上古時未聞其說，古篇亦未注有此論，切此症之初發，在於乾隆四、五年間，遍傳其疫。水、黃牛二種已將死盡矣。醫者無不遑遑亂治，百中難得活一。皆因不識陰陽，未度造化，氣疫交感，天行其疫。只因乾隆三年，春夏大旱，天降黃沙，數月不雨，牛乃受天時不正之薰疫，故有傳染之患時。予之推察陰陽，窮究造化，格度物性，然畜之生者，皆稟天地之氣，無非血與氣也。今受時疫者，乃天地之交感，邪疫之所至矣。夫邪者，不正之謂也。何謂不正也？即如當暖之時，即又忽然生涼；即如當涼之時，即又忽然生暖。一暖太過，則或汗出而毛竅俱開；一涼太過，則毛竅俱閉。或在夏月正當酷暖之時，又連陰雨，忽然而太涼，如一陣太陽烈日暴曬而毛竅俱開，忽然而風雲暴雨，淋逼太過。凡畜者，皆血氣之生成也。其為血氣，熱則宣流，寒則凝滯矣。夫邪者，即寒熱也，寒熱促感，則血凝氣滯不行者，故為邪疫之症也。邪凝于毛竅，次傳於肺，肺傳於肝，肝傳於脾，脾傳於腎，腎傳於心，心傳于三焦，三焦而遍傳，遍傳而腹滿，腹滿而危矣。切疫症者，速症也。宜速治，不可緩也。初見之時，切不可用寒涼之藥。於一二日之間，當散之；三、四日之間，當和解之；五、六日之間，當汗之；七、八日之間，當下之。當散之時用和解則無防。當和解之時而下之，則引賊入內，誤己甚矣，醫者慎之。

又　牛患時疫凝欝五臟第六十九。夫疫者，乃天時之感欝也？一陣日曬，一陣雨淋，陰陽交感，凝欝血氣而不通流於肢體也。令獸血凝氣滯，諸關閉塞，氣血不能宣通，四肢厥冷，腰脊如冰，此謂氣血凝欝之症也。若凝之於肺者，則令啌嗽頻頻，鼻流清涕；若凝欝於肝者，則令兩目生糞，赤腫淚下，頭低耳搭；若凝欝於脾者，則吐草吐涎，腹內疼痛，水草不能下也；若凝欝於腎者，則弓腰吊賺，後腳難移；若凝欝於心者，則發驚狂，舌如硃砂，甚則口內生瘡，水草不能食也。凡治者，開欝調經，和血理氣，春夏時徹三焦、四蹄血；秋冬百會穴，以火針刺之。開欝調經當歸散：治牛天時不調，腰脊四蹄厥冷等症。當歸、升麻、羌活、柴胡、川芎、葛根、獨活、桔梗、銀花、薄荷、紫蘇、陳皮、荊芥、甘草。各件共為細末，每服四兩，黃酒一大盞，葱五七枝、煎三沸，候溫灌之。四蹄甲內並脊上百會穴火針刺之。倘脊背、四蹄不回陽，本方加麻黃、桂枝、小茴香、細辛少許，再灌二三服，以脊背溫，不可用此方。若口色赤紫，大小便不通，即可清理，以理中湯灌之。理中湯：治牛時疫之後，大小便赤澀，口內生瘡等症。黃連、大黃、芒硝、厚朴、黃柏、滑石、枳殼、二花、花粉、烏藥、香附、木通、甘草。各件共為細末，每服四兩，白水煎三沸，候溫加童便一大盞和灌，痊癒。如口內生瘡，用吹藥吹之。冰硼散：治牛口內生瘡。冰片、硼砂、青黛、山豆根、寒水石、牙硝、明礬。各件共為細末。如牛口內生瘡，淘米水洗過，將此藥末摻上，二三次痊癒。人口瘡方：治牛時疫口內生瘡舌爛等症。冰片、雄黃、麝香、青黛。乾狗糞要白的，放僻靜處，火燒存性，入前藥內。各件共為細末，吹入口內治口瘡，並能避瘟疫也。

又 牛患時疫初發傳於肌表第七十。夫牛時疫初發，傳之於表，凝之於肌肉，發為瘡黃癧瘡者，則令獸渾身疙瘩，遍體皰癧。若人之癍麻痘疹之類，即可用銀花解毒湯散之，不可用寒涼之藥。銀花解毒湯：治牛患時疫初發，遍身疙瘩。銀花、花粉、升麻、葛根、羌活、牛蒡、紫蘇、粉草、桔梗、白芷、夏枯草、當歸、蒲公英、柴胡、甘草。共為細末，竹葉為引。如脊不回暖，本方加：小茴香、麻黃、防風、薄荷。

又 牛患時疫初傳肺腑症第七十一。夫牛患時疫感邪，氣血凝滯，傳之於皮膚，亦若人之傷寒，四肢厥冷，腰脊強硬之類，則令獸四蹄冰冷，不食水草，喉中如有哼哼之聲，此乃邪疫毒氣，流注皮膚，氣血凝滯於肺之症也。用加減銀花解毒湯灌之。銀花解毒湯：治牛時疫脊骨硬冷肺哼等症。銀花、白芷、當歸、牛子、升麻、葛根、羌活、防風、陳皮、甘草、花粉、獨活、柴胡、前胡，共為細末，同調灌之。如不轉症，再灌一二服，以腰脊回陽為定。如不回暖，加小茴香、麻黃、紫蘇、生黃芪、薄荷。銀花敗毒散：治牛時疫凝滯血氣時發黃症。銀花、夏枯草、茵陳、蒲公英、天花粉、白芷、當歸、生地、陳皮、甘草、貝母、防風、沒藥、乳香。黃酒一斤為引和灌之。其中胸前蟬酥細穿墜之處。必然發腫；其後檔腫處，必然消散。倘穿墜不出來，本方內加：小茴香、川山甲、皂角刺，黃酒一斤為引，同調灌之。如蟬繩瀝出黃水，疫即解，其毒即敗矣。

又 牛患時疫流傳經絡、脊骨四肢俱冷症第七十二。夫牛患時疫流傳經絡，腰脊骨冷，四肢強硬，血凝氣滯瘀鬱而把前把後。令獸臥而不起、起而不能動履者，此即疫毒流注經絡，宜調經活血當歸散主之。腰上百會穴火針刺之，引陰以回陽。火針有返本回陽之功。當歸活血散：治牛時疫流傳經絡，把前把後等症。當歸、升麻、羌話、防風、牛蒡子、紫蘇、木瓜、細辛、陳皮、甘草、白芷、香附、小茴香、麻黃、薄荷。各件共為細末，每服四兩，開水沖和，候溫加黃酒一斤灌之。如口色光明，脊骨四肢不回暖，倍加廣桂枝。如口色赤紫者，不可用。照加減銀花湯，再灌一二服，倍加小茴香。其脊骨回暖，水草如常者，不用藥。如四肢脊骨俱回陽，水草遲細者，用健脾開胃散灌之。調中健脾平胃散：治牛病後水草遲細等症。陳皮、半夏、雲苓、白朮、甘草、條參、枳殼、厚朴、木通、香附、檳榔。各件共為細末，每服四兩，老薑五片，開水沖和，候溫灌之。如口色赤氣不退，白針三焦血徹之，舌下紫筋徹血，用新汲水洗之，食鹽擦之。

又 牛患時疫發黃在內五臟第七十三。牛患時疫症，發內黃在五臟之間，人何以識之？但傳染此症者，其牛總在膘肥肉壯，精神雄鍵之時，水草如常，忽然倒地，臥而不起，起而發顫。凡為醫者，必須仔細搜尋，渾身上下，有無腫處；更要精心，靜聽喘息，察其口色，相其行步。若顫後檔，即是內腎黃，若顫在胸前，即是肺黃；若顫在右脅，眼腫淚下，即是肝黃；若口色赤紫，顫而汗出者，即是心黃；若顫而喉中有哼哼之聲者，即是脾黃。醫者慎之！形狀若此論症，又要觀其牛之肥瘦，度其天時，不可執一見之私，而誤啞畜之性命矣。但其皮發顫之症者，甚多。然各有分別識之。有脾寒身顫者、有誤食蜘蛛毒物、腹痛身顫者，定要分清形狀，認定症候。若時疫染黃者，其腰脊骨與四蹄，俱皆厥冷。若脾寒、食毒、腹痛之症，渾身雖然發顫，脊骨蹄頭不致厥冷，此其辨矣。若遇此症，無論渾身前後發顫者，即可用蟬酥繩穿墜胸前。若無蟬酥，即可用麝香撚一撚子，夾在繩內穿墜，內灌銀花敗毒散。方見前篇。以此方灌之，至一二日之間，穿墜處發腫，瀝出黃水，疫毒外出，則無礙矣。若外面雖腫，繩不瀝水，則毒氣未化，照本方加：升麻、牛蒡子、紫草。若在心經，即用本方加：茯苓、遠志、大川連。若在肝經，本方加：龍膽草。若在肺徑，本方加：白芨、條黃芩。若在脾經，本方加：黃芩、白朮。若在腎經，本方加：小茴香、茵陳。如口色赤紫者，至七、八日之間，脊骨蹄腳俱皆溫和，即當下之。黃連解毒湯：治牛時疫內五臟生黃，口色赤紫，大便下痢膿血。俗呼為：爛腸瘟，即腸黃之症。黃連、大黃、黃芩、梔子、連翹、郁金、知母、貝母、天花粉、甘草、木通、銀花、當歸、芒硝、木香、沉香。燈草、竹葉引。調灌二三服之後，如口色火氣稍退，其痢不止，即可用分利陰陽之藥，則不可遽止，若止澀住，返轉膨脹，則更費事矣。必以健脾開胃，分利陰陽之劑為妙。五苓健中湯：治牛大便瀉痢，小便不通等症。赤茯苓、豬苓、升麻、甘草、滑石、扁蓄、瞿麥、小茴香，二五。各件共為細末，每服四兩，煎三沸，溫加童便二大盞，再灌一二服，小便通而大便痢自止矣。如小便通，而大便痢紅白不止者，用建蓮子四兩、百草霜二兩、白砂糖四兩、大川連一兩薑汁製、伏龍肝四兩。各件共為細末，老薑、黃酒引，同調灌之。稍愈。次用大健中湯灌之。大健中湯：治牛大病後，脾胃虛耗，不能進食等症。雲苓、白朮、炙草、白扁豆、枳殼、厚朴、條參、香附，各件共為細末。薑五七片、童便為引，同和灌之。

又 牛患時疫一二日，初覺脊背冷、四蹄涼者，喉中略有啌嗽之聲。一聲嗽時，牛即弓腰低頭者，乃腰脊骨、內腎窩有疼痛之患是也。令獸一啌時，即便弓起腰來，此謂時疫初染之症也。形狀：弓腰低頭，啌嗽微微，腰脊四肢，厥冷如冰。口色：仰陷青白，唇舌赤紫者，難治；紅黃者，可治。歌曰：初覺時疫未見音，喉中略有啌嗽聲。外觀形狀全無恙，四肢脊骨冷如冰。口色赤紫宜穿壂，穿腫瀝水病減輕。速灌升麻葛根飲，脊骨回陽救可生。治法：火針百會穴、四蹄夾叉內，升麻葛根飲灌之。口色赤紫者，胸前蟬酥繩穿壂。調理：餵養清淨之所，蒼朮燒煙時或薰之。蟬繩瀝水，四肢回暖，則不下痢矣。戒忌：日曬雨淋，下水浸泡。升麻葛根飲：治牛時疫初覺等症。升麻、葛根、羌活、防風、白芷、牛蒡子、紫蘇、柴胡、銀花、薄荷、紫草、甘草、小茴香。若到二、三日之間，四肢腰脊溫和，則無恙矣。若口色火氣不退，胸前穿壂不腫，則毒氣拔不出來，毒傳於內則下痢矣。若下痢時，啌自止矣，即用黃連解毒湯灌之。

牛患時疫初覺症圖

又 牛患時疫三、四朝症第七十五。論牛患時疫，至三、四日之間，四肢、脊骨俱有溫和，喉中仍有啌嗽者，邪鬱未退，氣血未活，不能進食。令獸精神短慢，耳搭頭低，此謂邪鬱凝滯於皮膚，將傳肺之症也。若傳肺，即入於大腸而下痢也。胸前用蟬酥繩穿壂，可拔毒氣外出，而不下痢，則不啌也。而四肢亦可回陽矣。形狀：頭低耳搭，精神短慢。口色：仰陷紅黃者生，唇舌赤紫者死。如口色赤紫，唇瘡舌爛者，難治。歌曰：時染病患三、四天，精神短慢不堪言。兩目清明口無臭，急欲和解病可安。銀花開鬱消毒散，服之時下即安痊。治法：銀花消毒飲灌之。脊背以草把出力擦之，使血脈外行，脊背溫和，則毒氣不入內矣。若毒氣入內，即下痢膿血。若口色火氣稍退，即用黃連解毒湯灌之。二三服後，如口色平和、痢止，再灌健中湯，痊癒。戒忌：日曬雨淋，下水浸泡。銀花消毒飲：治牛時疫三、四日，氣血不和等症。銀花、當歸、小茴香、蒲公英、香附、夏枯草、桔梗、麻黃、白芷、川芎、牛蒡子、升麻、甘草、陳皮、花粉、生黃芪。黃酒一斤為引，同調灌之。

牛患時疫三四朝圖

又 牛患時疫五、六日症第七十六。牛患時疫，至五、六日之間，四肢、脊背稍有溫和，邪疫未能除退，血氣未周肢體。令獸頭低耳搭，行步無力，弓腰吊𦟛。此謂邪鬱漸傳肺腑也，宜速汗之。若至此日，四肢、脊骨不回暖，即傳於肺，病入於大腸則下痢，而啌嗽自止矣。急宜汗之，或轉陽者，可治。形狀：耳搭頭低，弓腰吊𦟛，行步無力。口色：仰陷紅黃者生，唇舌青紫者死。口中臭爛者，難治。歌曰：病患時疫五六天，低頭弓腰行步難。日漸衰微陽不轉，汗之方得休健康。當歸麻茴同共使，連服耕牛病可安。治法：連服當歸麻茴湯，脊背用草把時時出力擦之，使血脈外行，毒氣外發，穿墜腫瀝毒水，則不下痢，其喹自止矣。調理：餵養淨欄，水浸青草喂之。米泔水時時飲之，蒼朮燒煙時或薰之。當歸麻茴湯：治牛五、六日時疫。當歸、麻黃、小茴香、天麻、薄荷、川芎、羌活、細辛、獨活、烏藥、木香、木通、甘草。黃酒一斤為引，同和灌之。如口色赤紫，大小便赤澀者，本方加：大黃、芒硝，一二服痊癒。

牛患時疫五六日圖

又 牛患時疫七、八朝症第七十七。夫牛患時疫，至七、八日之間，脊背回暖，四蹄回陽，大便秘結，小便赤澀者，邪鬱已除去矣。溫熱傳之子內也。令獸大便秘結，小便赤澀，精神倦怠，水草遲細。此謂時疫已退，速當下之，以進食也。形狀：精神倦怠，弓腰縮頸，耳搭頭低。口色：仰陷黃潤，臥蠶赤紫，舌乾唇焦。歌曰：病後倦怠少精神，四肢溫和漸減輕。只因大小兩便澀，當速下之病除根。承氣湯中添兩味，管教耕牛臟腑寧。治法：加味承氣湯灌之。如口色赤紫者，將牛舌捉住，撈出舌下紫筋，用納鞋底大針刺之出血，新汲水洗之，食鹽擦之。調理：水浸青草喂之。加味承氣湯：治牛病後七、八日，大小便秘結、赤澀等症。枳實、厚朴、大黃、芒硝、檳榔、烏藥、木通、香附、滑石、甘草。生薑為引和灌之。健中湯：治牛消食理氣等症。陳皮、半夏、白朮、雲苓、粉草、條參、山藥、丹皮、香附、木通，各件共為細末，每服四兩。老生薑五七片，紅棗五七枚打碎，同煎三沸，候溫加童便二盞，同調灌之。痊癒。

牛患時疫七八日圖

清 李南暉《活獸慈舟·黃牛》第二篇《心經病》 論牛病心臟法。

諸疔黃皆屬心火，心之統屬甚多，心之染證不少。故疔黃之證必從心出，皆由心血枯槁，腎部虛殘所致。牛生疔如人生疔，牛生黃如人生癰。凡疔黃皆屬火證。然疔與黃治法不同，療者，火疔瘡也，黃者，突起大包是也。凡此二證，牛鼻大汗，口氣如焚，毛焦皮燥，舌底紅赤者皆是，當用治疔瘡方。凡疔瘡乃火毒結成，宜解毒清火湯：大黃、地丁潰堅消腫、茯苓、金銀花解毒、指甲花消積通竅、水燈芯瀉小腸火、車前草去煩熱、山慈菇散結攻毒、一枝蒿清實火。芭蕉油煎湯，待冷，啖之一二劑，自愈。治黃證方宜用敗毒散：柴胡散熱結、野當歸散瘡毒、川芎、黃連瀉實火、續斷、黃柏皮、山梔仁解熱毒、大黃、茯苓、銀花、車前仁、兔耳風下氣、夏枯草敗火毒、地丁草、牛膝、葛根去毒、知母瀉火。共煎，微冷，用枯礬末一杯，蜂蜜一兩，調和，早晚啖之二三劑，自愈。

又 治牛感暑法。感暑一證，因夏日炎天，火氣熾甚，牛感暑氣，熱極入心。然暑證亦各有不同，有暑涼兼感，有蒸騰熱氣所竄，有耕載過勞，有牧養失宜，種種病情，皆由天氣炎熱，火毒攻心，致使大汗淋漓，鼻竅乾燥，心口氣粗。若染暑證，無論何等，當用清暑解熱湯：青蒿、香薷、薄荷、荊芥、燈芯、竹茹、石膏、黃芩、知母、甘草、當歸、桑皮、大黃、苦參、梔子、地丁、陳皮、苦蔄子、柴胡。共搗煎熬，用蜂蜜、雞蛋為引，灌、二劑，有寒者，加酒一合，麻黃為引。

又 治牛發痧法。發痧一證，醫多曰寒，然有寒有熱，不可執一而論。

凡牛得發痧證，皆因夏暑炎天，陽光酷熱所致，或耕田使用太過，或車載遠行甚急，或饑食渴飲不洽乎時。倘得此證，若是急時不便，路途難防，急取葉煙三張，小便一合，用腳將煙共踩合灌，登時即免。用針放舌苔上紫黑筋、尾根處、尻處穴道血出，即取黄荊葉用腳踏絨灌之，再服寒熱兩解湯。黄荊子、苦蒿子、椿樹皮、甘草、車前、陳艾、蒼朮、升麻、柴胡、當歸、川芎、厚朴、丁香、木香、桂皮、白芍。共搗煎湯，用小便合啖。

又　治舌部法。舌乃心之苗竅所通，心有災，則舌有厄。有木舌之證，有舌黄之證，有舌爛之證，有舌癬之證，有舌瘡之證，舌分數樣，病情殊多。凡此數證，皆心火上沖，而水不濟火，故舌有病。凡牛舌病，當從心病治之，故用清火敗毒藥，自能奏效。若使火燥辛熱之藥，終斃牛命。故認證用藥，宜分明陰陽，觀形察色，詳審虚實。宜用瀉心湯：黄連、大黄、石膏、黄芩、芍藥、竹茹、燈芯、車前。以黄連、大黄為君共搗同煎，加芭蕉油啖一二劑。

又　治尿血法。心與小腸相為表裏，尿經從腎竅膀胱而來，實由小腸發出。尿血之證，多是心火奔騰，真陽發動。有言腎邪膀胱濕熱，腎雖惡燥而腎屬水，何有心火熱蒸，從此受證者，是證宜用清火引邪湯。澤瀉、瞿麥、滑石、連翹、玄參、梔子、苦參、薄荷、黄連、當歸、荊芥、木通、牛膝、前仁、石膏、竹葉。共煎濾渣，待冷，入蜂蜜四兩，雞蛋三個，早夜空心灌服一二劑。若仍不效，加生地、地榆。

又　治牛心黄法。醫曰：牛有心黄，此證非常，若不早醫，命必傾亡。然是證皆由心火熱毒所攻，或使用太過，渴飲涼水驚悸，必致生黄。治當用消黄益心湯。牛染心黄本非凡，目赤口張吐唾涎，心慌意亂常打滾，當用此方服之安。消黄益心湯：黄連、玄參、知母、連翹、秦歸、石膏、竹胡、竹瀝、半夏、南星、梔子、車前、牛膝、地丁、大黄、淡竹葉。姜汁搗煎，微冷入清油二兩啖之。

又　治牛急性黄法。青峰曰：牛生此證與心黄相符，皆因使用太急，或夏暑炎熱，牛胸中渴熱，食飲涼水驚悸，故心肺未寧，氣息未定，飲此涼水，必染是證，久則發出，或是牛頭貼地，打滾叫吼，心慌亂跳。若弗醫療，傾刻命斃。急用雞一支，將頭割去，隨即乘熱使雞頸塞於喉中，傾刻飲血接氣而生，若無雞則鴨亦可，或鴿子亦可。是證可用此方，然心出血，用禽血以寧心，用生氣而接氣，隨用寧心方：丹參、苦參、泡參、沙參、黄芩、厚朴、棗仁、柏子、遠志、吳萸、車前、白芥、當歸、甘草。共搗煎湯，合麻油、豬油啖之，或一、二三劑可也。此證皆由豢使非，必須歇停免牛危，人情牛情原一理，切勿失宜把牛虧。急性黄非心黄類，各有各治療相推，必須審察口鼻内，療瘳補劑來滋培。

又　治心熱發狂法。《牛經》云：牛心發狂，性急昏沉，火熱熾甚，牛發狂驚。然牛心惡熱，熱極生風、生痰。凡牛發風狂，亂竄觸人，混入雞、羊、犬、豕群者，皆由心中痰火蒙蔽不安。當用解熱消狂祛風湯：黄連、牛兒大黄、莪朮、當歸、知母、茯苓、半夏、荊竹瀝、扁竹根、穿心草、石膏、南星、芭蕉油、夏枯草、甘草、辰砂草。搗煎極濃，加雞蛋、清油同啖一二劑或四五劑。

又　治諸竅出血法。牛竅出血，治法從心。心主血，心燒則血隨竅出，無論鼻血、口血、眼、耳血證，俱從心治，惟尿血與糞血不同。凡牛口、鼻、眼、耳出血者，宜用引血歸經湯：黄連、當歸、荊芥炒、黄芩、姜灰、血餘、薄荷、麥冬、山豆根、茅草花、桔梗、柴胡、牛膝、車前仁。搗煎極濃，加酒醋一匙、石膏末一兩、緑豆漿一勺，隨時灌之，後隨用補劑助之。

又　治牛喉證法。喉間作病，必細斟酌。或風，或痰，或火，或有喉痹，并喉内生疔瘡證，必須審實用藥，自然牛病易瘳。凡此數證，俱用潤喉清火敗毒湯。或是喉中有痰而不紅腫，當用消風化痰飲：潤喉清火敗毒湯：當歸、黄柏、川芎、燈籠草、石膏、山豆根、桔梗、白芍、荊芥、薄荷、麥冬、天冬、桑皮、水燈芯、車前草、開喉箭。共搗煎濃，加蜂蜜一匙、清油一勺。消風化痰飲：鉤藤、兔耳風、石鳳丹、大茅香、八楞香、南星、半夏、水竹瀝、淡竹葉、淫羊藿、薄荷、大黄、車前子、牛膝。搗煎極濃，用酒一勺、姜汁一勺，灌二三劑。

又　治疥癩法。牛生疥癩，皮搔小疔，破皮落毛，皮燥肉爛者，多是熱極生濕。無論心、肝、脾、肺、腎熱皆能作證。由心燥肺熱而來，必須用藥治之。宜洗擦服藥方靈。洗藥方：脫頭雞兒　川椒葉、扁竹根、牛兒大黄、檳榔、山梔子、苦竹葉、木槿花根、水燈芯、薄荷葉、貫眾、牛牛草。共煎極濃，加好酒醋一匙，合雞蛋洗之。隨用擦藥方：芭蕉花、夜合花、王不留行、花椒、生半夏、生薑汁。先用桐油或麻油、蓖麻油無論何油俱一斤，將王不留行與川楝入内，油煎滚起泡，待泡消失即止。隨將芭蕉、夜合花根焙焦細末，與生半夏、姜汁、川椒同入藥内，去粗渣再入硫磺、藤黄、人言四味，共末，調勻擦之，任是疥癩、瘡癬難療之證必效。隨服除疥消癩湯：黃連、白芍、柴胡、當歸、檳榔、枳殼、榧子、穿心草、川椒葉、苦參、薄荷、銀花、兔耳風、煅石膏、枯礬、竹茹、扁竹根。同煎，俟微冷，入芭蕉油、蜂蜜同灌，必愈。

又《**肝經病**》 治牛肝熱傳眼法。若肝有邪熱者，肝燥火沖，肝熱必出淚水，則牛眼必先得病，流淚不止，目中紅赤，心慌性亂，眼難視行。是證當用平肝療目湯：柴胡、白芍、龍膽草、千里光、燈芯草、夏枯草、黃芩、當歸、川芎、薄荷、荊芥、石膏、牛膝、車前草。搗煎極濃，俟冷啖之，如一劑未瘳，再二三劑，自效。

又 治肝黃法。《牛經》云：牛之有肝黃，孰能認的？治病得法，自可療醫。然肝黃證，胸中發脹，眼赤頭埋，吃草停宿，常飲水漿，若舌底色青黃相兼者，定是此證。皆由肝燥火攻、熱毒所致。亦或使用太急，未與停息飲水，或至涼處被濕。故牛得病多從肝、胸間來。此證當用清黃瀉肝湯：南星、半夏、竹茹、柴胡、生芍、淡竹葉、當歸、甘草、木槿花、指甲花、薄荷、側柏葉、扁竹根、排風藤。共搗煎，加雞蛋清為引，啖之。

又 治肝風法。《經》曰：肝原惡風，風邪相感。感風，惡風，有風則有寒，故感風證必兼有寒。此證由犁載太急，毛竅相通，則風邪易感，其舌底必青黑。當用排風散。牛染風證多帶寒，或是蹄頭掉還；周身畏風打寒戰，水草不食淚難乾。排風散：兔耳風、茅香根、淫羊藿、側耳根、當歸、細辛、排風藤、柴胡、升麻、吳萸根、石鳳丹、石澤蘭、臭藤根、魚鰍串、水竹葉。共搗煎濃，加好酒一合，曲子三枚同灌之。

又治瘠疾羸瘦法。青峰曰：此證雖肝家所屬，各有病根不同，務宜審察治之可也。然羸瘦瘠疾之證，多從肝克脾胃，久則必病發。牛得是證，多從肝、脾、肺三家而來。肝既受證，眼裏昏暗。脾中得病，涎沫水出。肺裏得證，多從傷力而來，肺病必是鼻乾無汗，舌底白黃。然治肝病與脾病不同，肝內之藥宜用消瘠去羸散：枳殼、紅花、當歸、人參、茯苓、官桂、陳皮、黃芩、麥芽、神曲、山楂、檳榔、厚朴、苦參、淫羊藿、淡竹葉、吳萸根。搗煎極濃，用豬油四兩調勻灌二三劑。脾家之證，宜補中益氣湯加減服之；或用消食益脾藥主之。肺裏之證，宜益氣驅寒藥為佳。

又 治腸風法。夫腸風證何能分辨？先觀其各處病情，次察其牛之虛實。此證多半牧使耕載，驅趕太急，或夏日炎天，肺竅通皮毛，毛竅想通，風邪易感。此皆風灌於口鼻而入腹內；亦或熱飲涼水，則竅閉，風蘊於中；亦或寒滯於內，久則變為腸風。凡此證，牛之大便必多稀溏，色帶青綠，不飲水草，多畏風寒者必是。當用追風逐邪湯：桂枝、升麻、柴胡、當歸、秦艽、鉤藤、吳萸、胡椒、川椒、桃仁、枳殼、陳皮、生薑、火葱。共煎極濃，無灰酒一匙，啖之二三劑。若便中下白者，重用桃仁、紅花、歸尾、大黃、枳殼等。

又 治破傷風法。青峰曰：牛得風證，當察病情。惟此病根，從跌傷而論。然破傷風一證，與風證、腸風不同，皆由牛或跌傷亦或打傷，總之既有傷痕，當避風寒。若未避禁，則有傷有寒，而風邪易侵。此證若不早醫，久則必難治療。用藥先宜散寒除風，則外邪去，然後醫傷痕，必然無變證。當用散寒袪風藥：側耳根、排風藤、半夏、鉤藤根、兔耳風、柴胡、升麻、當歸、川芎、淫羊藿、穿心草、轉轉藤、雞屎藤、石澤蘭、茯苓、細辛、黃姜汁。共煎搗濃，入酒曲三枚，童便一瓢，啖二三劑後，隨用醫藥治傷痕，宜醫傷止痛散：當歸、人參、三七、鳳尾草、黃荊葉、紅花、桃仁、枳殼、陳皮、乳香、沒藥、臺烏、木通、酸漿草、還魂草、透骨消、碎補、蘆竹筍、吳茱萸。共搗煎濃，乘熱入麝香一厘，童便合灌，多則四五劑，少則二三劑。

又 治牛蹄病法。蹄問有病不得一樣，有耕載車任蹄底走穿，或有泥砂石木楸塞，則牛蹄護痛跰點；亦或牢內渥濁骯臟太甚，未能打掃，或踩屎尿或踩污泥，或踩石灰醺濾，則牛蹄亦能爛肉作證。凡踩渥濁灰醺者，為蝣蟲食肉，蹄甲發紅。若走穿蹄底與踩石泥者，必須用鐵夾鐵針拔之而愈。穿蹄宜養十餘日，可保無患，切勿復使。若蹄踩渥濁醺灰與泥等，當用芭蕉油合水洗之。又用黃豆、綠豆共末，濾渣煎甘草湯洗之。又用陳艾與莪茶、薄荷、燈芯、蒼朮、甘松、皂角葉洗之。蹄亦有風寒凝滯，無論前後，俱是跰點行走慢遲，此證則舌底青黑，當用散寒消風散：生薑、火葱、柴胡、升麻、當歸、陳皮、牛膝、鉤藤、吳萸、川椒、川芎、白芷、酒曲。共煎，乘熱入常酒啖之一二劑。若蹄間無故跰點難行者，多事閃挫，亦當用：酸漿草、透骨消、側耳根、無娘藤、石澤蘭、紅花、當歸、川芎、牛膝、通草、兔耳風、川鉤藤、三七。共煎，入酒啖之。

又 治牛筋骨痛法。《經》云：肝木主筋，牛賴筋力強壯，方能耕載，若是筋力消磨，疾病叢生。然筋軟無力之證，多屬肝臟不足，腎無水滋，真陽衰竭，氣血羸乏，故牛少時多無此證，老歲此疾多生，皆氣血不足，運行凝滯。必先散寒除風濕為主。羌活、兔耳風、淫羊藿、麻黄、桂枝、大茅香、木通、松節、臺烏、魚鰍串、黄荊葉、吳萸根、側耳根、蒼朮、升麻、茯苓。煎熬，乘熱入酒曲、米泔水，啖一二劑。隨服強筋壯骨丹：碎補、續斷、石竹根、苦參、辰砂草、柏樹子、雞屎藤、仙茅根、當歸、川芎、枸杞、雞冠花、人參厚朴、杜仲、吳萸根。共搗，煎濃，入生豬油二兩，好常酒一瓶，調勻啖之。又方：當歸、白芍、苦參、沙參、淫羊藿、木香、松節、轉轉藤、青木香、紅花、扁竹根、續斷、胡桃根、牛膝、陳皮、川芎、吳萸根。共煎俟冷，入胡桃肉二兩，調勻啖之立效。

又　治膽經作病法。醫曰：牛膽作證與肝臟皆是一家，有膽黄之證，牛眼白珠色黄，肚中膽黄作脹，或時起臥不常，皆由用力太過，水草不勻，感外邪所致火毒熱結，久則成黄。當用解黄消脹湯：柴胡、當歸、白芍、黄連、玄參、芒硝、梔子、黄柏、半夏、南夏、升麻。共煎極濃，用綠豆漿調勻啖之。

又《脾經病》　治脾臟部。青峰云：脾屬土，其色是黄，統屬胃臟。脾主內，脾惡濕，脾熱出涎沫，脾華在唇，諸濕腫皆屬於脾土。脾為倉廩之官，五味出焉。種種心法必須考查，然脾臟得病殊多，若牧豢不能愛惜，以及水草不勻，則先受病於脾胃。

又　治牛脾虛宿食不消法。然物與人情理相同，無不饑思食、渴思飲，俗曰草力水精神。若水竭草枯，則肚裏受饑，多致脾虛受證，或成宿食不消，多由脾胃不能運化，若心中少火，弗能熏蒸運化。凡牛宿食，先宜用消失健脾藥，方能見效。若統治不驗，尤當用消食除積湯：草果、楂肉、枳殼、桃仁、當歸、柴胡、黑姜、建曲、胡椒、陳皮、麥芽、側耳根、魚鰍串、苦參、大黄炒粳米、煅酒曲。共煎啖之。隨服消食健脾湯：茯苓、續斷、陳皮、木香、吳萸、臭藤根、苦參、沙參、人參、淫羊藿、柏子仁、白芥子、青葙子、板栗子、胡桃、石竹根、枸杞、煨姜、臭牡丹。同煎極濃，入黑糖、白米同與啖之二三劑，或四、五劑，則脾胃自強。

又　治牛渴水法。凡渴水，多足毛尖弨碎，肚中宿停，腸鳴幽幽如走水。牛既渴水，何有宿停？然牛氣血強壯，脾胃不虛則無停宿。若是牛老衰殘，則必停聚腹中。若無停聚，須當潤燥藥。天冬、麥冬、粉葛、苦參、大黄、柴胡、桑皮、桔梗、續斷、山蘿卜、牛膝。共煎，入蜂蜜四兩，豬油四兩，同與啖之。又方：萹蓄、瞿賣、滑石、車前、茯苓、蒼朮、牛膝、檳榔、枳殼、厚朴、吳萸、胡椒、桂枝、茅香草、水茴香、水白蠟。同搗，煎濃入酒曲，同灌二三劑。

又　治傷水草法。醫曰：夫牛渴水生病，水傷太過亦然。脾多惡濕，故飲水太過，則停聚腹中不能消導，致水鳴腸中。當用引水消積湯：丑牛、腹毛、五加皮、檳榔、枳殼、蒼朮、菖蒲根、染手香、茅香根、車前子、茯苓皮、陳皮、厚朴、通草、木香、牛膝。搗煎，啖之一、二三劑。水傷脾胃，草亦皆然。草食太多，則傷脾胃，真陽不足，則宿食難消。此證當用消食健脾湯：茯苓、當歸、升麻、柴胡、野黄麻、五加皮、枳殼、桃仁、山楂、官桂、木香、麥芽、神曲、萊菔子。共搗煎濃，入肉豆蔻三枚，麵裹燒去油為末調勻，啖服一二劑自愈。又治翻胃方：此證因多傷水草所致。當用：砂仁、丁香、桂枝、茯苓、甘草、陳皮、法夏、吳萸、官桂、良姜、石菖蒲、胡椒、野當歸、川芎。同煎，入姜汁一碗，啖二三劑。

又　治脾黄法。游溪云：夫牛有脾黄一證，由脾衰胃弱，使火毒燒熱，結成黄證。凡此證必先用消毒藥、清火藥治之。當歸、茯苓皮、黄連、黄柏皮、馬牙硝、煅石膏、夏枯草、銀花、白芍、紅花、升麻、柴胡、地丁草、五加皮、水白蠟。共煎，入綠豆末調勻，啖之二三劑消黄瘵毒。

又　治瀉證法。青峰曰：夫牛瀉證，有熱，有寒，有虛。熱證則牛皮熱，口吐涎沫，長流不息，瀉出或有淤血，尿色或黄黑。熱證宜用瀉熱清火湯。若寒瀉，皆由風寒入裏，水草不勻，故有此證。宜用溫脾止瀉湯。凡脾虛瀉證，宜用健脾藥主治。煅石膏、滑石、生地、地榆、白芍、大黄、水燈芯、車前草、尿珠根、過路黄、山梔仁、苦南蕎、牛膝、水竹葉。同煎，入雞蛋三枚，啖一二劑。又：當歸、川芎、胡椒、黄荊子、吳萸、烏梅、罌粟殼、肉豆蔻、陳皮、石菖蒲、麻黄。同煎極濃，入姜、蔥汁一合，酒曲三枚煅煉存性，調勻啖之。又：茯苓、焦朮、廣皮、故紙、杜仲、吳萸、官桂、甘草、法夏、枸杞、當歸、苦參、柴胡、升麻、廣香、丁香、砂仁、苡仁、木通、白芷。共煎極濃，待微冷，入黑糖半斤、白米一合同啖。

又　治羸瘦法。醫云：夫脾主肉，脾強則肉敦厚，脾虛則少肉，羸瘦證無得專言脾家。有傷力而肌瘦，有傷水草而尫羸，有枯水草亦羸瘦，有小時欠乳而瘦，有啞咳亦瘦，有火攻心肺則瘦，有瀉久脾虛亦瘦，有風邪凝滯則水草難消亦瘦，瘦證般般，總由脾經胃臟所發者多，亦當分經治病，若水草過傷，必主宿食積停不消，外間皮毛枯落。宜用消食強脾健胃藥。凡牛或因食草飲水不時，多少不均得證，少涎沫，當用延饑益渴湯。消食強脾健胃藥：山楂、萊菔、枳殼、黃芩、苦參、吳萸、木香、魚鰍串、檳榔、茯苓、當歸、川芎、麥芽、建曲、生薑汁、火蔥頭、辰砂草、穿心草、牛膝、車前仁、通草根。搗煎，入酒曲二兩，微煅成沫，調勻，啖服一二劑。延饑益渴湯：仙茅根、黃荊葉、苦參、粉葛、花粉、茯苓、陳皮、當歸、川芎、枸杞、故紙、胡桃、黃芪、人參、算盤根、淫羊藿、牛膝、陽雀根、薄荷、桑皮、蝦母草、地瓜葉。搗煎，入蜜二兩、黑糖三兩、粳米一升，水浸半時，同啖二三劑，則饑渴能解，羸瘦能除，脾胃滋潤矣，隨後必當水草均勻。

又　治水腫法。青峰云：水腫一證統屬脾家，牛脾胃惡水濕氣，若脾胃弱，飲水不能消納必腫，或臥濕地涼露，或浸水濕水濕閉竅所致亦腫；若使用驅載，牛必心煩，氣喘，忽然牽入寒水之內，則水侵寒凝，內裏真陽衰殘，不能驅運亦腫。總之，水腫或渾身發脹，竄皮水腫等證，先當用導水消腫散：茯苓、豬苓、腹毛、瞿麥、萹蓄、滑石、木通、茴香、松節、菖蒲、蒼朮、柴胡、吳萸、牛膝、蒜梗、木香、火草、車前、合掌草、臭藤。同搗，煎濃啖之，則水消腫退，少則二三劑，多則五六劑。隨用健脾助陽湯：白朮、茯苓、陳皮、砂仁、母丁香、甘草、故紙、杜仲、當歸、川芎、通草根、側耳根、五加皮、厚朴、麻黃、胡桃肉、枸杞、吳萸、胡椒葉、花椒葉、半夏、淫羊藿。搗煎，入胡豆半升、粳米半升，共浸半時，搗末成漿啖之。

又　治口涎法。《牛經》云：夫牛者，脾惡熱，脾熱則出涎水。若涎沫長流不息，多從脾間邪熱所致，或胃火上攻，然胃火所攻，則舌頭帶黃。總之，口涎長流不息，多歸脾臟胃家邪熱所致。法當石膏竹瀝湯用之。石膏、黃連、竹瀝、黃芩、當歸、桑皮、燈芯、車前、扁竹根、過江龍、水莧菜、知母、土黃連、淡竹葉。共搗，煎濃入綠豆漿調勻，啖二三劑。此方量證用藥，若涎沫少止，不宜多服；若涎沫不解，加大黃、芭蕉油入內，亦如錢啖之。

又《肺經病》　治牛哐咳法。若肺金染證，多半先從風寒入裏，則牛哐咳。然哐者不得一樣，有風寒作哐，有虛耗作哐，有火烙肺腑作哐，有傷力渴水作哐，有過食草木或飲禽獸糞尿亦哐。總之，統主肺家，各有治法不同。

又　治風寒咳嗽法。如風寒作哐者，皆由耕鑿車載出汗，又或春夏溫熱，牛竅悉通，或陡染風寒，則竅閉矣。風寒入裏，久則變為哐證。凡風邪寒邪入肺者，鼻上無汗必多。俗云：鼻上無汗者，此證難療。孰知風寒閉竅，宜用消風散寒藥，自然毛竅疏通，發汗而愈。消風散寒湯：當歸、川芎、升麻、柴胡、羌活、兔耳風、排風藤、麻黃、吳萸根、南星、半夏、側耳根、青木香、木香、陳皮、款冬花、野胡椒、淫羊藿、火蔥頭、生薑汁、粉葛、官桂。共搗，煎濃，乘熱入常酒半斤，啖服，竅通哐退。此方服二三劑，隨用止咳化痰散：桑皮、五味、細辛、茯苓、官桂、枇杷葉、鳳尾草、南星、半夏、陳皮、苦參、野芝麻、大楓藤、淫羊藿、兔耳風、杏仁、桔梗、淡竹葉、水竹葉、虎耳草、紅浮萍。共煎，入童便一瓢、常酒一匙，同與啖之，則寒立愈。

又　治肺火咳嗽法。如火燥烙肺，則鼻上多汗，口裏氣息必粗，牛白眼帶紅。舌底色白兼黃紫者，必是火克肺金。法當用瀉心清肺散：黃連、黃芩、桑皮、生芍、水燈芯、車前、過江藤、水莧菜、柴胡、薄荷、黃知母、山豆根、桔梗、煅石膏、天花粉、竹瀝。搗煎，入芭蕉油、綠豆漿啖之。此證如果實火烙肺作哐，可用此方。如無實火作哐，切戒，恐其誤事。

又　治肺虛咳嗽法。虛咳虛哐者，皆由傷腎與肺虛耗，亦或腎傷脾虛，致肺部虛損耗氣作哐，故有虛咳一證。其法當用止咳湯：天冬、麥冬、百合、百部、紫菀、冬花、五味、桔梗、玄參、白芥、竹茹、桑皮、半夏、南星、生薑、火蔥、薄荷、陳皮、澤蘭、吳萸。同搗，煎滾，入蜜四兩、豬油三兩，同啖。又健脾益肺滋腎湯：茯苓、廣皮、炙草、桑皮、天冬、麥冬、百合、牛膝、續斷、山蘿卜、苡仁、扁豆、石竹根、五加皮、馬兜鈴、苦參、鳳尾草、夢花根、枇杷葉、五味子、車前草。同搗，煎濃，入豬油、蜂蜜各二兩，白米半斤，水浸半時，合啖二三劑。前方與同此方輪服俱可。

又　治勞傷咳嗽法。如傷力哐者，皆因牧豢無知，驅載未惜，殊不知畜比人同，若過於用力，則損肺氣。凡農商牧豢等輩，必須愛惜於牛，此證可免。然是證必多口張氣急，或時粗大，或時微細，皮肉羸消，則毛根無腳。宜助脾補肺湯：人參、黃芪、茯苓、當歸、廣皮、天冬、麥冬、百合、大血藤、小血藤、淫羊藿、升麻、冬花、側耳根、巴戟、苦參、沙參、故紙、杜仲、厚朴、青木香、黃姜七、碎補、枸杞、狗地芽、臭藤根、合掌草、劉寄奴。同煎，用米與蜜、豬油等同啖。

又　治突然咳嗽法。若平常無咳，或牧於山林忽然發哐，急用枇杷葉入童便浸泡半時，搗爛合啖。又野葉煙、黄荊葉、枇杷葉、魚香葉、小茴香葉，同搗如小便啖之。又緑豆漿、米泔水、人中白、款冬花、莪朮、竹根七、青木香、雞犬糞，同搗合灌。

又 治腸痛便血法。醫曰：腸癰便血者，皆因大腸作病也。然肺與大腸相為表裏，若火熾盛，肺金衰弱受克，多成便血。腸癰證者，皆由火烙肺金，內熱不消，外熱難解，或飲草木禽畜糞毛，致染成毒，久成癰證。此癰證何以察之？若口臭、鼻腥、大便糞裏或前後下膿血者是。當用解毒清火湯。若無腸癰，口鼻無腥臭者，便裏來紅白相兼，亦由內熱致大腸受證，皆宜清熱止血湯。解毒清火湯：生地、地榆、當歸、白芍、茯苓、銀花、夏枯草、火麻仁、大黄、黄連、黄芩、桑皮、煅石膏、滑石、連翹、山梔、水燈芯、車前子、牛膝。同搗，煎滚，入清油、雞蛋啖服二三劑。又清熱止血湯：桑皮、黄芩、黄連、茨黄連、生地、地榆、甘草、水莧菜、荊芥、煅石膏、血餘、生芍、水茴香、火麻仁、大黄、淡竹葉、石菖蒲、檳榔、枳殼。同煎，入芭蕉油、芝麻油啖服。

又 治皮燥毛鬆蟲蝣法。夫牛肺華在皮，肺裏無證，則皮毛潤澤，若肺裏虚敗、寒熱、傷力、渴水，必現外證。若牛傷力渴水，多屬肺被火攻，熏蒸肺腑，則肺有邪熱，故皮毛焦躁，肺熱皮焦，多半落毛，鼻流大汗。方用清肺潤燥湯。若熱極過濕，熱能生風，成疥癬者，當用清肺散。清肺潤燥湯：黄芩、桑皮、黄連、白芍、茨黄連、水白蠟、夏枯草、肥豬苗、青蒿、麥冬、續斷、山蘿卜、老蛇頭、香白芷、水莧菜、過江藤、芭蕉根。同煎，入生豬油，雞蛋清啖一二劑，隨後當用潤燥藥洗擦周身。洗擦藥方：王不留行、當歸、山磨芋、生半夏、生薑汁、大黄、茜草根、芭蕉油、田青螺、石膏、薄荷。同搗取汁，入雞蛋，或用藥汁時洗時换，或煎極濃擦洗，一日一换。隨後用麻油塗之，或清油潤之，若桐油煎熟入皮硝，亦可擦之，則疾自愈。清肺散：薄荷、桑皮根、黄芩、茨黄連、黄連、水燈芯、車前草、續斷、苦葛根、水茴香、當歸、榧子、貫眾、野南蒿、梔子葉、水竹葉、側柏葉、芭蕉根、石竹根、菖蒲根。同搗，煎濃，入清油、雞蛋合啖。外再用洗藥方：榧子、檳榔、雷丸、連翹、玄參、芒硝、大黄、地龍、螺螄、蓖麻葉、臁頭雞兒、羌活、防風、花椒。共煎，洗患處。隨用麻油或桐油煎滚泡散入青黛，芭蕉葉燒灰為末，蓖麻肉、藤黄共末，俱入內，擦則二三次，當用陳艾、石膏湯洗之。陳艾、石膏、芒硝、寒水石、大黄、玄參，共煎水，待冷洗之，自無傳染。惟搽藥切忌使牛舐食，休粘水草，恐致誤斃。

又 治牛鼻生黄與鼻中出血法。青峰云：牛鼻生黄，肺家所主。然鼻為肺苗，肺熱心燒，則鼻上生黄出血。此證皆由早晨牧放，或吃夏天露水草有毒，或勞苦熱極，忽被陰水被竅。總之，多屬肺中而來，或被寒凝氣滯，熱久則變為黄。當用清肺消寒散。如生黄兼鼻衄血，由肺熱火攻而來，當用引血清火湯。清肺消黄散：黄芩、桑皮、水白蠟、過江藤、大黄、石膏、茨黄連、茜草根、四愣香、芒硝、玄參、梔子、扁竹根、野南蒿、苦楝根。同煎，入雞蛋三枚共合啖之。引血清火湯：茅草根、無花果根、炒荊芥、黑姜、黄芩、桑皮、煅石膏、當歸、血餘、銀花、甘草。煎濃，入清油、雞蛋合啖一二劑。

又 治肺黄便結法。醫云：肺黄之病，染自何來？多從勞苦不一，毛竅疏通，陡感外邪，復入風寒閉竅，則肺惡寒，停聚於中，久發為肺黄。此證鼻上汗流，眼中白珠黄色，角耳多冷，舌底色黄白。當用消黄清肺湯。若便不通，則水草難下，乃大腸變證，多屬火熱變為便結。法當用火蔥三枚、蜂蜜一勺，搗爛，用棉布緊裹，只留頭不封，外加地龍末、蓖麻肉，同塞肛門，立即消通。消黄清肺湯：大連、黄芩、當歸、細辛、茯苓、芒硝、桑皮、石膏、麻黄、川芎、木香、通草根、牛膝、茨黄連、防風、羌活。煎濃，入蜂蜜、雞蛋同啖。又方：大黄、芒硝、枳殼、川芎、桃仁、紅花、當歸、巴豆一枚去油、澤瀉、滑石、牛膝、前仁、檳榔、厚朴、山楂、麥芽、麻仁、地榆。同煎，啖之一劑，若藥已引下部內，肛門閉塞，前藥速去，用手於肛門內將糞摳出，或寸許，多則二寸，頃刻而通，則便結消矣。

又 治氣脹法。《牛經》云：氣脹一證，病屬肺家，邪火蒸騰，炎燥熱甚。然此證始從風邪入肺，或致竅閉寒凝，使氣血不能流通，久則變為脹證，若弗早醫，久則難療。當用消脹退熱湯：石菖蒲、隨手香、蒼朮、細辛、通草、松節、木香根、陳皮、當歸、羌活、柴胡、麻黄、臭藤根、牛膝、甜酒。同煎啖之。

又 治肺熱吼喘法。青峰曰：夫牛吼喘之證，或時哐喘，痰多氣粗，或時喉間氣閉，總歸肺部邪火蒸燥，多由心腎不交，則水火不濟，故肺受證，吼喘異常。當用潤肺定喘湯：天冬、麥冬、桑皮、法夏、南星、款冬花、鳳尾草、牛膝、黄芩、茨黄連、荊竹瀝、芭蕉花、雞冠花、金銀花、石膏、當歸、車前。煎濃，入蜜四兩，童便三匙，啖服。

又 治風寒吼喘法。若至風寒吼喘，則鼻無汗，舌底色白，耳根多冷，或氣短，此皆肺惡風寒，必致喘吼，當用散寒祛風藥治之。麻黄、桔梗、法夏、細辛、南星、側耳根、兔耳風、大茅香、菖蒲、紅浮萍、姜汁、吳萸根、鳳尾草、威靈仙、淫羊藿、白芍、柴胡、陳皮、排風藤、搜山虎、泰艽、魚香根。煎濃，入無灰酒，乘熱調啖一二劑，喘止。

又 治瀉氣法。先醫云：夫牛瀉氣者，氣由大便瀉出者是也。如人打屁一般，皆因氣血不通，冷熱不和，水草裹氣，或者火虛不能運化水草，多變瀉氣證。當用消食通氣湯：楂肉、枳殼、桃仁、李仁、胡桃肉、陳艾、建曲、麥芽、臭藤根、四愣香、吳萸、黄荊葉、甜葛、青木香。同煎，入煅酒曲一兩，啖之。氣虛下血，則牛身羸瘦，皮毛枯焦，易感外邪，久則變為是證。當用益肺順氣散：茯苓、百部、胡椒、麥冬、延胡、陳皮、白朮、炙甘草、桑皮、木通、百合、木香、升麻、檀香、莎草根、楊柳根。同煎，啖服。

又 治膀胱膝蹄氣住寒凝法。前醫云：夫牛膀胱與膝蹄，或肺上有風寒相感，或睡濕地，或浸臥水中，則寒凝氣滯，無竅可通，久則無力行走，或跰點不一。當用通氣散寒除風湯：木通、茅香根、桂枝、大楓藤、兔耳風、羊爪風、鉤藤瓜、菖蒲、吳萸根、側耳根、羌活、升麻、麻黄、細辛、紅浮萍、柴胡、酒芍、當歸、川芎、魚鰍串、牛膝。搗煎，入好酒一匙，乘熱啖二三服。若跌傷氣住，當用：野紅花、酸漿草、見腫消、黄姜七、竹根七、青木香、紅螃蟹、牛膝、碎補、續斷、桂枝、羌活、防風、當歸、川芎、乳香、沒藥、蘆竹筍無筍用嫩葉亦可。同搗，煎濃，濾渣敷患處，煎藥乘熱入好酒，啖服一二劑，則患愈氣通矣。

又 治喉間痰鳴法。夫牛患痰鳴者，或肺熱火熏，或風寒所生，然此二證，先看舌底，白色帶黄多屬內熱，用消痰解熱湯。色白帶青黑，必是風寒入肺，當用散寒除風化痰散：當歸、川芎、細辛、野黄麻、升麻、羌活、防風、兔耳風、茅香根、魚鰍串、側耳根、南星、半夏、竹茹、陳皮、桂枝、牛膝。同煎，入生薑、火蔥，好酒啖服一二劑，則風寒解矣。消痰解熱湯：南星、半夏、荊竹瀝、水竹葉、芭蕉根、水楊柳、寒水石、天冬、麥冬、桔梗、豆根、黄芩、桑皮、薄荷、當歸、鐵馬鞭、麻黄、開喉箭、煅石膏、甘草、水燈芯。煎濃，入蜂蜜、童便，啖服二三劑。

又《**腎經病**》 治牛淋證法。腎平和則牛少病，倘若腎熱，欲火沖攻，則牯牛性多嗜淫，久則精無收存，必成傷腎、筋軟、腰疼、無力等證作矣。若腎熱不治，或至膀胱熱邪火攻，多變淋證。然淋證，有石淋、沙淋、尿淋、血淋。總之，淋證多屬熱火風毒等證所致。法當用瀉熱治淋湯：黄柏、知母、貝母、甘草、牽牛子、澤瀉、地榆、梔子、火麻仁、滑石、車前、淡竹葉、兔耳風、淫羊藿、羌活、生地、牛膝、當歸、白芍、銀花、水茴香、水楊柳。同煎，入童便啖服。又：瞿麥、萹蓄、滑石、甘草、知母、貝母、地龍、生地、地榆、澤瀉、前仁、燈芯、甘草、大黄。同煎，啖之。又：田螺螄、羊屎虎、寒水石、滑石、一支箭、老蛇頭、牛膝、茨黄連、芭蕉根、牽牛子、火麻仁、銀花、細辛、排風藤。同搗，煎濃，入童便啖服。

又 治傷腎法。牛傷腎者，由腎家邪熱太過，火欲動淫，亦能虧損，無論牸牛、牯牛俱不宜腎燥，或熱急，宜早療，遲則傷腎，變證出矣。此證一出，或四肢致疼，經絡極痛，腰背不伸，行走莫力，或起行呻喚，或嘆氣喘氣，舌底色黑，口焰昏沉，若不早醫，遲則莫救。法當用滋陰益腎湯：生地、狗地芽、當歸、川芎、枸杞、破故紙、吳萸、淮藥、續斷、山蘿卜、臭藤根、茜草根、杜仲、胡桃肉、澤瀉、澤蘭、石蘭草、仙茅根、石竹根、苦參。同煎濃，入鹽一勺，同啖。如牛氣血衰殘者，宜用補劑藥：當歸、厚朴、淫羊藿、澤蘭、木香、菖蒲、狗地芽、仙茅根、黄精、苦參、伸筋草、續斷、牛膝、車前、兔耳風、八面香、山蘿卜。同搗，煎啖。

又 治筋縮骨疼法。牛患筋縮骨疼者，多從腎部所出。諸寒縮皆屬於腎宮，腎水不固。若腎上有寒冷風邪入裏，久則筋縮，又或下元不足而筋縮，筋縮必然骨痛，骨痛必主腰弰頭縮，四肢難伸。此證先當溫腎，用散寒壯陽丹：當歸、伸筋草、搜山虎、排風藤、鷹爪風、陽爪風、兔耳風、淫羊藿、骨碎補、枸杞、巴戟、花椒、續斷、木通、牛膝、升麻、松節、柴胡、紅浮萍、生薑汁、火蔥頭、側耳根、茅香、茜草根、吳萸根。搗煎，入鹽啖服一二劑。隨服強筋壯骨丹：仙茅草、續斷、碎補、狗地芽、野胡椒、萱草根、臭藤根、石菖蒲、山蘿卜、石竹根、人參、當歸、川芎、胡桃肉、藥棗、苦參、柏子仁、木香根、五加皮、枸杞、合掌草。同煎，入鹽一勺、酒曲三枚，啖服四五劑。

又 治腎虛作唓法。腎虛唓者，有痰有聲，則口中熱燥，津液乾枯，必當用止咳滋陰湯：天冬、麥冬、桔梗、五味子、續斷、百合、山蘿卜、五加皮、款冬花、南星、半夏、百部、桑皮。同煎，入蜜、鹽，啖服二三劑。

又 治腎黄法。夫腎黄證者，從何而來？皆由腎熱火毒結成。此證背腰多有曲折，當用清火敗毒散：黄柏、黄芩、茯苓、銀花、生黄芪、桑皮、茨黄連、扁竹根、柴胡、白芍、地苦膽、煅石膏、知母、貝母、牛膝、水茴香、薄荷、車前、夏枯草、指甲花、木槿花。搗煎，入清油二兩、雞蛋三枚同啖。

又 治牙黄法。夫牙黄者，乃腎宮之主，腎華在齒，腎水不足則牙齒鬆痛異常。久則生黄作證，當用定齒消黄散：石膏、黄芩、黄連、當歸、生芍、生地、牛膝、雪膽、豆根、桔梗、防風、川椒、澤瀉、車前、燈芯、竹茹、側柏、銀花、甘草、生芪、地丁。搗煎，啖服。

又 治腎尻腫硬法。夫牛尻腫，非火熱即寒凝。如火腫熱毒，則牛口内多氣粗而熱，鼻汗必淋漓。當用：八爪根、木槿根、玉簪花、芙蓉根、蓼花根、鐵燈臺、水茴香、小茴香、大茴香、官桂、澤瀉、牛膝、當歸、水竹葉。煎濃，啖服二三劑。如牛寒凝尻腫，由膀胱感受風寒，膀胱與腎同宮，故致腫硬，鼻上無汗，腰屈不伸，舌色青黑。方用散寒通腎湯：升麻、麻黄、羌活、當歸、川芎、柴胡、茜草根、臭藤根、排風藤、粉葛、牛膝、續斷、山蘿卜、吴萸根、菖蒲、通草、甘草、澤瀉、知母、箭桿風、車前、水燈芯。煎濃，入酒，啖服一二劑。蓋此尻腫，除寒熱之外，又有虚腫一證。如虚腫，則四肢酸軟，路難動行，多由腎氣不通，兼寒風凝滯，法當防風通腎散服二三劑，或用：廣香、沉香、木通、枸杞、胡桃肉、續斷、巴戟、牛膝、故紙、山蘿卜、骨碎補、水茴香、菖蒲根、八爪根、魚香根、薄荷根、側耳根、吴萸根、香櫞根。煎啖二三劑。

又 治腎囊風或痨頸疥黄法。夫牛患腎囊風，由膀胱腎部感入風邪，或臥水濕所致，久成腎囊風，發如瘙疔，當用消風解毒藥治之。如有生痨頸，皆與疥癩證相符，總由腎熱火燥，結毒而成，亦當用殺蟲、消毒、清火藥治之。腎囊風方：秦歸、薄荷、川椒、吴萸、川芎、防風、白芷、鉤藤、羌活、榧子、檳榔、枳殼、車前、牛膝。同煎，入雞蛋清、豬苦膽、鹽一勺，啖之二三劑。治痨頸方：當歸、黄連、大黄、石膏、天竺黄、貫眾、山磨芋、苧麻根、芭蕉頭、髖頭雞兒、車前、水燈芯、過江龍、地苦膽、蒲公英、夏枯草。同煎，啖服二三劑。搽藥方：川椒、檳榔、硫磺、爐底、白芷、榧子、藤黄、巴豆油、蓖麻油同末，入桐油，或棬油或井油或豬油搽過二三次，洗之。

又 《水牛》第二篇《心經病》 治心黄法。夫心黄證從何審察？必先觀其外五行，次當審其内五臟。然心黄，口鼻氣息粗熱，行停挺立抽氣，涎沫流吐。此病皆由心火熾盛，則熱毒結成，使水火不能相濟。又或牛感暑寒不一，水草不時，久則發為心黄。若無外證，當用清心解毒藥：黄連、銀花、甘草、黄柏、牙硝、黄芩、知母、車前、當歸、防風、生地、石膏、柴胡、生芍、乳香、沒藥、香茹、燈芯、地骨皮，同煎，啖服。又：桑皮、土黄連、野當歸、白芍、土茯苓、柴胡、鐵燈臺、兔耳風、前仁、馬鞭稍老蛇頭、夏枯草、蒲公英、豨薟草。煎啖，入綠豆漿二三匙服之。

又 治急性黄法。夫水牛得急性黄者，多與旱牛受證相符。總屬平時使用不勻，或暑熱炎盛，食飲冷水激心，久則發為此證。又或氣息未停，身淋大汗，牧豢者急浴於水中而陡受涼寒，或有風寒外感相侵。總之，受病情多，治法各異。如病發時四足長伸，頭貼於地，急取煙葉洗人汗膩同煎啖服。又用雞鴨將頭割下，乘生氣滴血於口中，亦能霎時平安。又用竹瀝一勺，童便一匙合啖。隨用藥治。沙參、苦參、茯苓、當歸、川芎、天冬、麥冬、木香、陳皮、法夏、甘草、吴萸、防風、棗仁、遠志、白芍、黄連、五味、澤瀉、丹皮。煎濃入蜜，啖二三劑。又：當歸、川芎、百合、百部、辰砂草、苦參、人參、酸棗仁、雞爪仁、柏樹子、茯苓、銀花、陳皮、半夏、續斷、白牛膝。煎濃，入硃砂、辰砂各一錢，蜂蜜二兩，童便一匙，啖服。

又 治舌黄法。夫牛舌乃心之苗竅所通，心有病而舌必有災。然舌黄一證，滿舌紅腫浮鮮，是證皆由心熱火毒所致。比用解火清毒藥：黄連、黄芩、石膏、牙硝、桔梗、玄參、柴胡、生芍、甘草、生芪、連翹、梔子、犀角、薄荷、燈芯。煎濃，入蜜合啖。又：黄連、當歸、兔耳風、柴胡、荊芥穗、薄荷、淡竹葉、桑皮、夏枯草、蒲公英、車前、苦參、野南蕎、石膏、牙硝、梔子、大黄、銀花、土茯苓。同煎，入雞蛋三枚合啖。如舌腫紅鮮黑有膿糞者，用銅針放毒血膿糞，隨用芭蕉油、淡鹽湯同洗。

又 治舌癬法。青峰曰：舌癬一證，受自何來？因春草萌發，萬物初生之時，草上多有野蜘蛛牽網蒙草，使牛牧放飲服，多致舌為癬殃。又或牛食毒草，或飲夏時露水，或喂濁草而致心燒熱極。舌為心之苗，醫家皆謂熱能生濕，故變蟲癬等證。總之，内服殺蟲清火藥，外敷療舌醫癬丹，無不見效。榧子、雷丸、檳榔、秦艽、黄連、蕪荑、鶴虱、芒硝、大黄、玄參、梔子、石膏、桑黃、木香、射干、桔梗、甘草、燈芯、車前。同煎，入綠豆漿，合啖二三劑。又：當歸、柴胡、生芍、川芎、黃連、大黃、地膚子、貫眾、野煙、苦參、野南蕎、茯苓、銀花、夏枯草、野花椒、蒲公英、牛舌瑞、鐵燈臺。同煎，入綠豆漿啖服，立愈。又：綠豆一升、粳米一合。共泡半時，磨漿，入清油四兩、雞蛋五枚，調勻啖服。又：花椒根、吳萸根、桑皮根、苦楝根。同煎，入蜜啖服。洗藥方：大黃、黃連、車前、夏枯草、蒲公英、牛舌瑞、花椒。同煎，入石灰、清油同洗。隨用敷藥方：川椒、檳榔、榧子、雷丸、秦艽、胡椒、芒硝、青鹽、青黛、硼砂、牙硝、射干、麝香、冰片、輕粉、硫磺。共末合調，或清油、麻油、井油、桐油敷於舌患處。隨用草繩將嘴繫住，勿使牛舌縮收，方不壞事。

又 治心瘋狂癇法。許慎云：狂瘋癲癇，觸人亂竄，撩亂心慌等證，俱屬於心所發。或曰：有何憑乎？答曰：人畜臟腑皆以心為主，主明則下安。心者，君主之官，主不明，則十二官危矣。心屬火，若火炎上攻，熏蒸肝肺，致使痰涎壅塞，涎沫長吐，鼻汗時流，或致邪風入於肝膽，又或寒侵肺部，致肺肝受病，則牛心神不安，故主性昏心亂，則有瘋癇癲狂等證。當用鎮心散：犀角、羚羊角、牙硝、芒硝、石膏、南星、半夏、香附、木香、竹茹、荊竹瀝、芭蕉油。同煎極濃，俟冷，入硃砂、辰砂各一錢，琥珀二錢，雄黃三錢，同末合啖。又：鐵燈臺、淡竹葉、木香、青木香、靈仙、梔子、連翹、菖蒲、淫羊藿、石膏、生南星、荊竹茹、枯礬、水竹瀝、芒硝、蘆竹筍、芭蕉根、黃連、木通根、大黃、麥冬。同煎，入豆漿、好酒醋合啖。又：用芭蕉一根搗爛取汁，煎熬，俟冷，入竹瀝、石膏末同與啖之，亦能清心化痰，則狂瘋癇證除矣。又：南星半斤、半夏四兩、枯礬一兩，共入綠豆漿啖服。凡牛癲狂瘋，無論何經受證，先用藥治之，隨後宜繫牢內，禁避雞犬等物。

又、治瘋癲法。青峰云：瘋癲癇狂作病，其證有三：心火熾盛，欲火奔騰，或搶瘋犬影所發。凡瘋癲狂病者，眼紅流淚，鼻汗長淋，口鼻氣粗，舌苔微紫。此證當用：黃連、大黃、芒硝、南星、半夏、石膏、黃芩、甘草、生芍、柴胡、郁金、水石、檀香、沉香、檳榔、木通、木香、知母、燈芯、車前。煎濃，入竹瀝、芭蕉油啖服。又：黃連、當歸、紅花、芒硝、石膏、木通、南星、半夏、黃芩、大黃、苦參、生地、生芍、梔子、綠豆、黑豆、車前、水燈芯。煎濃，入雞蛋、鴨蛋、羊膽汁合啖。凡牛有痰瘋狂癲癇者，皆由內燒火燥，痰迷心竅，痰涎壅塞喉間。此證多於喉內喘息，痰鳴不止，眼目昏花，口張頭掉。宜用清痰清火藥：南星、法夏、犀角、羚羊角、瓜蔞根、芒硝、大黃、黃連、寒水石、芭蕉油、玄參、石膏、菖蒲、生薑汁、鳳仙花。搗煎，俟冷，入綠豆漿、羊膽汁合啖。如牛食毒草，或食熱毒物等，始則無事，少時口渴飲水，感風而發。凡牛放牧，或飲諸毒，陡然癲狂，急取：偷油婆十餘個，搗碎入麻油，無麻油用鴿子血、雞蛋清啖之。隨服解毒藥：黃連、黃芩、芒硝、石膏、玄參、南星、苦參、知母、香附、川芎、防風、白芷、當歸、生地、丹皮、檳榔、甘草、榧子、鶴虱、蕪荑、偷油婆、芭蕉根、荊竹瀝、燈芯、水竹葉。煎濃，入香油啖服。治瘋犬搶影方：梔子、連翹、明雄、滑石、大黃、丑牛、黃柏、知母、黃連、甲珠、蜈蚣、香附、桃仁、澤瀉、木通、姜黃、紅花、膽草、紅娘、斑蝥、芒硝、馬錢子火煅存性。搗煎，入火酒、淘米水啖之。又：知母、貝母、野當歸、兔耳風、排風藤、蛇泡草、豨薟草、合掌草、酸巴根、扁竹根、烏泡根、白蘚皮、鳳尾草、野南蕎、八月瓜、木通、地柏枝、老鸛草、石微草、五穀根、四楞香、三七、野菜子。搗爛，煎濃，入火酒灌服。又：大黃、芒硝、黃連、滑石、甘草、木通、三七、莪朮、天麻、草果。共為末，調豬肝汁服。

又《肝經病》 治肝黃法。《牛經》云：牛有肝黃，得於胸中，其證最險。或曰：然牛外證易觀，內證難審，何能確的？答曰：肝黃雖屬內證，其察病情有三：必先觀其外五行，此證必多走竄，筋骨痛疼；次看口舌青黑，或變黃赤色，口氣粗喘；再觀目赤眼昏，頭眩，尾掉左右，旋護腹痛，口張，鼻上多汗，方能的確。然牛染疔黃多是險證，總皆熱毒蘊藏，久則發為大證，若不早醫，難保牛命。此證宜用敗毒瀉肝散：當歸、黃連、大黃、牙硝、甘草、銀花、枳殼、柴胡、生芍、膽草、菊花、石膏、黃芩、甲珠、蟲蛻、郁金、蜈蚣、黃柏、生地、連翹、前仁、土茯苓。煎濃，俟冷，入羊膽汁、蜂蜜合啖。又：芙蓉花、指甲花、金銀花。煎水，啖服。又：當歸、川芎、柴胡、茯苓、銀花、生芍、蟲蛻、僵蟲、黃連、大黃、桑皮、蜈蚣、車前、山梔子、花椒根、龍膽草、蒲公英、夏枯草。同煎，微冷，入綠豆漿啖。又：荊芥、薄荷、燈芯、車前、芒硝、石膏、黃連、黃柏、知母。同煎極濃，入花椒一兩為末，調廣灰澄水濾渣同啖。

又 治肝火法。先賢云：肝火熾盛，則必心慌性燥，目赤眼花，逢人便觸，或變肝風，無端雜證，從此出矣。是證有火而必有形，肝火妄動，必主目赤眼紅，垂淚不休，心慌心悸，或時翻牢打滾，亂竄橫行。法當平肝散：柴胡、白芍、黃連、黃芩、知母、菊花、荊芥、薄荷、木賊、紅花、歸尾、桃仁、燈芯、車前、石膏、芒硝、郁金、甘草、膽草。同煎，啖服。又：黃連、當歸、川芎、柴胡、薄荷、生芍、紅花、地黃、苦參、千里光、荊芥穗、法夏、夏枯草。同煎服。又：豌豆粉、綠豆粉各半斤。用開水調勻，入牙硝四兩，共合啖服。又：薄荷葉、大黃、花椒、芭蕉根。同搗，取汁啖之。

又 治風證法。醫家云：凡牛諸風證皆屬於肝膽。肝惡風，故有風猶必惡風，然有風必有寒。風者，乃天之陽邪雜氣，故易竄入皮膚骨髓，寒者，乃地之陰邪冷氣，接陽氣方能竄入毛竅，閉塞腠裏，則先多受風邪，後多入寒邪，無論走游風、鶴膝風、蹄腳風、膀膊風、腰脊風、頭面風，不拘何處有風，俱是鼻上汗少，口舌黑青。風證雖多，治法總歸一理，不外消風散寒藥：麻黃、桂枝、升麻、獨活、秦艽、松節、木通、細辛、當歸、川芎、柴胡、荊芥、蒼朮、白芍、羌活、白芷、茅香根。同煎極濃，乘熱入無灰酒、生薑汁啖服。又：麻黃、桂枝各四兩，當歸一兩，川芎二兩，川烏三兩。煎濃，入酒曲啖服。又：當歸、柴胡、川芎、官桂、升麻、木香、淫羊藿、威靈仙、五加皮、魚香草。煎濃，入酒啖服。又：蒼朮、麻黃、桂枝、松節、細辛、兔耳風、鷹爪風、陽爪風、白茅風、吳萸、白蘚皮、木通、川椒根、石南藤、當歸、大血藤、小血藤、川芎、伸筋草、鉤藤、陽鵲花、白鳳丹、牛膝、南藤。煎濃，入姜汁啖服。又：伸筋草、箭桿風、九節風、隔山撬、石菖蒲、石柑子、吳萸葉、升麻、麻黃、薄荷葉、老陳艾、紅浮萍、生薑、火蔥。同煎，乘熱老酒洗患處。

又 治膽黃法。《經》曰：牛患膽黃證者，何能審察斟酌？許慎云：牛生膽黃，必多肝氣作脹，肚滿如盆，眼紅，鼻上多汗，口色黃黑，出氣喘息不止。然牛得病，多從肝膽間先受，此證皆由外染邪毒，肝火燥攻，若弗早醫，頃刻命斃。當用清膽消黃湯：柴胡、生芍、大黃、黃連、膽草、當歸、甲珠、蟲蛻、黃柏、知母、芒硝、銀花、甘草、生梔子。煎濃，俟冷，入豬膽汁同啖。又：柴胡、當歸、川芎、膽草、豨薟、水茴香、黃連、川椒根、桑皮、指甲花、夏枯草、土茯苓、水燈芯、淡竹葉、地丁草、金銀花。煎濃，俟冷，入豬膽啖服。又：膽草、石膏。同煎，入綠豆漿、豬膽汁啖服。又：芒硝、大黃、玄參、石膏。煎濃，入雞蛋清灌服。如目赤、鼻無汗、舌青黑、口內無火、喘息或時間斷者，乃肝膽氣脹。牛多煩悶，水草不食，宜以疏氣消脹湯：木香、香附、檳榔、陳皮、淮通、草果、枳殼、青木香、吳萸、檀香、丁香、柴胡、酒芍、當歸、川芎、牛膝、前仁。煎濃，乘熱入甜酒啖服。又：木香、青木香、四愣香、菖蒲、木通、紅花、水楊柳、洗手香。煎濃，入常酒、黑糖啖服。又：木香、木通、白牛膝。煎濃，入酒曲啖服。

又 治胬肉攀睛法。《牛經》云：牛患胬肉攀睛者，由肝火燥熾也。目為肝苗，如樹根枯，則枝葉必是凋零。此證皆由目赤淚流之時未能早治，久則胬肉攀睛等證作矣。足證宜以平肝清火為主。柴胡、生芍、歸尾、桃仁、紅花、甘草、菊花、蒙花、黃連、大黃、銀花、木賊、生地、丹皮、酒軍。煎濃，待冷啖四五劑。又：當歸、野紅花、密蒙花、白菊、木槿花、指甲花、芙蓉花、銀花、桃仁、地骨皮、赤芍、柴胡、薄荷、荊芥穗、川椒根。煎濃，待冷入好酒醋，啖服二三劑。又：寒水石、郁金子、牙硝。同末，入羊膽中浸待三日，用川椒一兩，薄荷、荊芥、甘草、燈芯、車前、生芍，煎濃，共合調勻灌之。此病內服平肝清火藥，不可過使，太過必致目盲，瞽目，無方療治等證變矣。此證一愈，隨用：巴戟、枸杞、加皮、續斷、人參、寸冬、天冬、百合、百部、山蘿卜、碎補、當歸、川芎、石竹根。同熬，入生豬油四兩、蜂蜜三兩，啖服二三劑，牛病全愈，氣血大壯，何有外證相侵乎。洗藥方：姜連、生芍、千里光、薄荷、牙硝、寒水石。同煎，調羊膽汁，時洗自解。又：川椒、黃連、生薑各一兩。時時煎洗，其證自解。隨用點藥方：爐甘石一兩煅燒，入童便浸七次，明雄三錢、烏賊四錢、硇砂一錢。共為極末，細研無聲，再用黃連、甘草各五錢，川椒六錢，芒硝五錢同煎極濃，濾渣澄清，入末藥攪勻，浸三日，去藥水，再用豬膽、羊膽取汁，將藥調勻。待後三日，入薄荷油，如無即麻油亦可，不宜點多，總要調清，時點時換，或夜間隨點二三次，如此照法治之。又：（一）千里光取藥搗濾用汁，大連四錢，煎濃，共合入冰片、麝香調入乳點洗，立愈。（二）羊膽汁、黃連煎濃，同點洗眼。（三）薄荷四錢、硇砂五分，共調點洗。（四）人乳、冰片點洗後，若眼無胬肉則不可用硇砂，人皆曰：硇砂濫肉非濫好肉，去腐生新，其功若此，人可知矣。若此數方中有冰片、麝香、蟾酥者更佳，照法配之。

又 治目赤流淚法。許慎有云：目赤流淚，皆肝熱之故也。肝熱出淚水，熱則燥，燥則疼痛，故目中紅赤流淚矣。當用清肝明目散：柴胡、生芍、當歸、紅花、生地、黃連、青皮、蒺藜、黃芩、菊花、荊芥、蒙花、赤芍。同煎，俟冷啖服。又：當歸、生芍、柴胡、茅香根、香附、石決明、銀花、茯苓、夏枯草、蒲公英、蛇泡草、車前、水燈芯、白牛膝。煎濃，俟冷，入雞蛋四枚，攪勻啖服。又：茅草根、水竹葉、柑子葉、薄荷葉、荊芥葉，煎濃熏洗。

又 治目盲法。青峰云：牛眼目盲者，此證由醫藥有差，過飲寒涼等藥，目赤流淚，眼似胬肉攀睛；又或平時涼藥用多，平肝太過；或是腎臟不足，元陽未扶，真陽失守，則變為目盲與目瞽等證。凡遇此證，切忌清火平肝、解毒寒涼等藥。當用扶陽益肝湯：巴戟、枸杞、故紙、胡桃、生地、蒺藜、吳萸、菊花、杜仲、酒芍、狗脊、當歸、川芎、柴胡、防風、白芷、澤瀉、山藥、丹皮、茯苓、甘草、郁金。同煎，入鹽一勺，啖服。又：當歸、川芎、巴戟、枸杞、酒芍、青葙子、白菊花、密蒙花、木槿花、柴胡、薄荷、淫羊藿、大茅香。煎濃，啖服二三劑。又：木香、官桂、川椒、當歸、白茅香、夜合花、牛膝、石決明、酒芍、川芎、枸杞、故紙、胡桃。煎濃，啖服。又：川椒、吳萸各二兩。煎濃，入胡桃肉四兩，啖服。

又 治白膜遮眼法。用夜明沙一合，淘洗去渣淨約一兩，入豬苦膽中，再入硫磺三錢，入滾水煮半時，取出用膽汁點眼退膜。

又 治牛忽然眼紅流淚方。黃連、當歸、玄參、膽草、生芍、柴胡、厚朴、黃芩、菊花、薄荷、荊芥、防風、赤芍、紅花、桃仁、甘草、牛膝、燈芯。煎濃，啖服。又：千里光。煎水服。又：千里光葉。搗爛，取汁入冰片、人乳點眼，退紅止淚。

又《脾經病》 治不飲水草法。青峰云：夫牛不飲水草，當用藥針於舌上刺黑筋或紫筋出血，用食鹽、生薑煎洗舌苔涎沫，或用酒醋或峨茶洗刮，待血盡，隨用酒醋、米泔水煎濃熱啖。又：白米一升。水浸半時，磨漿，入酒醋、食鹽合啖。又：生薑半斤、火蔥四兩、菖蒲根四兩。同搗，入酒醋煮炒，使牛熏鼻。氣冷仍入酒醋炒熱再熏，則胃口開而水草即食矣。又：鯽魚半斤、砂仁一兩、丁香五錢、生薑二兩。用酒醋煎煮，俟肉熬爛，去魚刺，攪勻灌服。如即開胃食草，隨當用補益之藥助之。黨參、黃芩、茯苓、陳皮、砂仁、甘草、寸冬、天冬、巴戟、胡桃、吳萸、煨姜、當歸、川芎、續斷、牛膝。搗煎，入生豬油、醋鹽湯、白米合啖。又：當歸、川芎、續斷、茯苓、人參、苦參、巴戟、枸杞、吳萸、山蘿卜、生地、麥冬、石竹根、淫羊藿、椿根皮、碎補、木香、五加皮、牛膝。搗煎，入鹽醋合啖。

又 治脾黃法。青峰曰：牛生脾黃者，此證最多兇險。或曰：何能知其脾黃？脾乃臁貼，與肺部相連，黃在臟腑，何以知確？答曰：脾黃乃臁貼生黃者是也。如人得黃疸證同情。此證眼珠色黃，口舌亦然，鼻汗流涕，口內喘氣，臥少立多，張頭掉尾，肚滿停鳴。人之脾土惡濕，牛亦如之，此證皆因火毒結成，或食毒草與同夏時疊飲露水草，或致冷露，使染地氣，或吃渥濁腥臭等物，久則火燥毒結。故有是證。宜用解毒消黃湯：石膏、大黃、芒硝、黃連、甘草、銀花、白芍、茵陳、蟲蛻、甲珠、枯礬、全蟲、雄黃、知母、土苓、膽草、梔子、玄參、蜈蚣、連翹、黃柏。煎濃，入蜂蜜、雞蛋調勻，啖服。又：石膏、黃連、膽草、茵陳、夏枯草、蒲公英、蜈蚣、茯苓、銀花、蟲蛻。同煎，入雞蛋、綠豆漿，啖服。又：甲珠、茵陳、黃柏、連翹、牛蒡子、玄參、雄黃。煎濃，啖服。又：牙硝、蛇泡草、夏枯草、蒲公英、黃連。煎啖。

又 治水翻倉法。先醫云：水翻倉證者，由脾胃虛損，或使用不勻，勞苦不一，或染風寒，或臥濕地，過飲涼水太多，致使肚腸幽幽，鳴走不息，或時翻倉反胃，倒吐噦逆等證。此證先用導水散：豬苓、甘遂、丑牛、葶藶、吳萸、乾薑、莪朮、木通、白朮、蒼朮、菖蒲、檳榔、枳殼、木香、陳皮、水茴香。煎濃，入黃豆漿三合，啖服。又：豬苓皮、茯苓、大黃、丑牛、葶藶、木通、牛膝、川芎、水茴香、芫花、乾薑、木香、白茅香、甘遂、四愣香、牛蒡子。煎濃，入綠豆漿數合，啖服。又：黃豆一升。磨漿，入枯礬末二兩、丑牛三兩，啖服。又：茯苓、丑牛、甘遂。煎啖。

又 治倉結法。青峰曰：前倉結證曰上焦，後倉結證者為下焦，中倉停結者曰中焦。無論上、中、下三焦，水草停宿結者，均謂倉結。其證各有病情不同，有心火熾盛，或冷熱不和，結在前倉。脾胃虛弱，寒熱不時，結在中倉。大腸與膀胱受冷熱，結在後倉。前倉停宿，多有火結冷熱所致；中倉停結，或胃弱脾虛而來；後倉糞結，乃大腸所致。總之，先觀其形勢，次察其病情，須看舌底，或紅鮮紫色者，多屬火結。如黃黑，乃脾胃所受。或寒，或虛，或火，亦能作證。如白黃，乃大腸受熱所致。然看口鼻氣息，分其陰陽。總之，無論虛實寒涼，結倉先以消導化食藥，然後量證醫治。消導化食湯：大黃、麥芽、山楂、神曲、檳榔、枳殼、厚朴、牛膝、前仁、木通、吳萸、生芍、川芎、當歸、草果、萊菔、砂仁、牙皂、青皮。煎濃，啖服。又：酒軍、枳殼、山楂各一兩煎服。又：大黃、牙硝、煅粳米、麥芽、山楂、枳殼、木通、檳榔。同煎，啖服。又：山楂二兩、大黃一兩、火葱一把。同煎，啖服。又：大黃、車前、廣香、牛膝。煎服二三劑。然此倉結一證，必宜早醫，遲則危矣。若消導已通，要分病情，此藥不宜過用，多則傷牛。如倉結已曾解通，縱有火結，不宜涼藥過下，如脾胃有寒，則當散寒溫胃藥主之；若脾虛胃弱，當用健脾益胃藥。此乃治倉結心法，切勿輕視。

又 治渴水法。夫牛渴水，乃牧豢失其調理，使牛渴思飲而不能，此證鼻無汗，毛枯焦，皮肉燥。然渴水毛尖起弨，毛腳抓脫無根跡。當用潤肺清心止渴湯：天冬、寸冬、百部、桑皮、百合、續斷、狗脊、生地、當歸、川芎、黃連、甘草、粉葛、瓜蔞、厚朴、茯苓、桔梗、玄參、石膏、陳皮。又：百合、天冬、百部、麥冬、當歸、川芎、柴胡、生芍、瓜蔞根、粉葛、苦參、玄參、續斷、甘草、茯苓、山蘿卜。搗煎，入蜂蜜、姜汁，合啖。

又 治大便溏瀉法。《牛經》云：大便溏稀，各有病情不同。或曰：便溏稀證，乃大腸所統。或曰不同，不知有寒涼暑邪入裏，則肺與大腸乃屬一家。或是肺裏有寒，又則變為溏瀉；有火熱邪燒，大便亦能溏稀；有脾虛傷暑，亦能溏稀。寒瀉溏稀用散寒藥：吳萸、黑姜、桃肉、酒芍、麻黃、官桂、川朴、蒼朮、澤瀉、藿香、香附、肉豆蔻、火葱頭、椿樹皮、過路黃。同煎，乘熱入生薑、糊米啖服。又：生薑鹽炒、吳萸鹽炒、肉豆蔻、過路黃、野麻黃。同煎濃，入水糖合啖。火瀉多半瀉出糞有熱氣熏蒸，其色紅黑，此證法用：生地、地榆、當歸、川芎、木香、梔子、黃連、木通、黃芩、大黃、黃柏、小茴、玄參、苦參、甘草、陳皮。煎濃，入雞蛋啖服。但此證審真，方可下藥，病解則止，不可過多，恐致壞事。傷暑作瀉稀溏者，夏秋時多有此證，或由其尫羸瘦弱，氣血潛消，不能耐熱，受暑感寒，冷熱不和，久則發為溏稀。總之，無論受自何來，凡暑證當用清暑益胃湯：升麻、當歸、川芎、蒼朮、香薷、黃連、酒軍、黃芩、茯苓、甘草、陳皮、砂仁、桂枝、青皮、寸冬、神曲、葛根、吳萸、青蒿、花椒、丁香、木香。同煎，入苦蔴子合啖。

又 治大便閉塞法。《青囊經》云：大便結燥不通，乃大腸火燥閉塞為病。然肺與大腸相為表裏，多從心火燥烈太過，克制肺金為殃。世醫多有遇此證則措手無方，有用達原三消飲不能見效，不知上須敷藥，下宜使通。若療上而不醫下，則牛病難痊。宜先服：丑牛、大黃、牙硝、桃仁、滑石、麻仁、當歸、萊菔、地榆、木通、蚯蚓、枳殼、檳榔、升麻。煎濃，俟冷啖服。隨用蓖麻子無子用葉搗爛，入蜜葱作餅，塞於肛門，頃刻大便穿通；如不通，用手塗香油入糞腸，將糞探取一二寸許，頃刻流通。但此下行涼藥，不可太多，多則誤事。如大便已通，則藥即止，隨後用藥扶助壯益，須量病情，務觀虛實，則無不效耳。

又 治二便閉塞法。游溪云：二便閉塞，乃大腸陽明經火熱，小腸太陽經邪熱所致。此證當用清火通關藥：黃連、黃芩、知母、澤瀉、前仁、牛膝、丑牛、牛蒡子、牙皂、檳榔、枳殼、大黃、芒硝、木通、蒼朮、蚯蚓、桃仁、地榆、甘遂、生地。同煎，入綠豆漿啖服。又：黃連、大黃、苦參、川芎、澤瀉炒柏、知母、扁竹根、木通、前仁、紅牛膝、木香、酸巴根炒黃芩、生地、滑石、五穀根、梔子、水茴香、水燈芯、夏枯草。煎啖。

又 治清水證法。醫云：牛患大便瀉清水，或綠水，或黑水，小便化清水。由陰寒作瀉，或忽感風寒，大傷營衛；或傷力，或渴水，或驅使太過，毛竅皆通，致飲冷水，臥濕地，感風寒久則變為此證。法當用除寒分水藥：當歸、均姜、川芎、酒芍、白芷、草果、丁香、香附、豬苓、澤瀉、白朮、茯苓、甘菊、丑牛、桂心、製附片、杏仁、陳皮、麻黃、紫蘇。煎濃，入無灰酒，乘熱啖服。又：麻黃、柴胡、當歸、川芎、吳萸、小茴、酒芍、砂仁、澤瀉、車前、杏仁、土細辛、炮姜、官桂、升麻、莪朮、蒼朮、小蓼草、火葱頭、側耳根、魚鰍串、白茅香。煎濃，入酒啖服。瀉止水解，隨用健中湯、溫中飲。

又 治油腸盤腸黃法。醫云：此證因誤食毒草毒蟲瘴氣，或感暑熱寒涼，停積腹中，乃為油腸盤腸等證。油腸黃解便糞中有油筋者是。盤腸黃走路腰弨力曲，睡臥不時，後足不定，鼻汗氣粗者是。宜用清火固腸湯：生地、地榆、黃芩、吳萸、小茴、澤瀉、丹皮、白芷、蒼朮、草果、官桂、香附、厚朴、白芍、木香、枳殼、當歸、麻仁、川芎。煎濃，入水糖、糊米合啖。盤腸黃方：陳皮、枳殼、香附、吳萸、小茴、黃芩、梔子、草果、青皮、柴胡、生芍、細辛、白芷、郁金、莪朮、桃仁、車前、桔梗、寸冬、玄參、砂仁、火麻仁。同煎，入常酒、葉煙啖服。黃解隨用補劑，自然痊愈。

又 治血灌腸法。青峰曰：牛患血灌腸者，由大小腸火熱惡毒所致，亦或五臟六腑積熱而成。總之，多屬火毒熱燥，凡牛便內瀉出有血絲血片，此證糞多是熱溏清水，若不早療，遲則莫救。當用清火解毒藥：生地、地榆、桑皮、加皮、丑牛、甘草、滑石、澤瀉、大黃、麻仁、梔子、玄參、當歸、白芍、木通、前仁。煎濃，入清油、生豬油同啖。又：大黃、生地、火麻仁、酸巴根、滑石、芒硝、木通、青蒿、紅花、歸尾、桃仁、燈芯、前仁、澤瀉、牛膝。煎濃，入香油合啖。

又　治虛氣作脹法。夫牛氣虛體弱，則中氣不足，血氣不能流通，故有虛氣作脹之證。法當用順氣健中湯：木香、檀香、香附、陳皮、厚朴、吳萸、酒芍、萊菔、草果、當歸、川芎、檳榔、桑黃、姜黃、通草、茯苓、丁香、桂枝、扁豆、苡仁、泡參、黃芪、甘草。煎濃，入酒醋啖服。又：菖蒲、水茴香、當歸、川芎、木香、木通、桑黃、陳皮、草果、厚朴、吳萸。煎濃，啖服。治逆氣喘吼方：枇杷葉入童便浸、廣香、香附、沉香、檳榔、丁香、吳萸、胡椒、桔梗、細辛、五味、瓜蔞、寸冬、冬花、黃芩。煎濃，入童便合啖。又：荊竹瀝、水竹葉、當歸、厚朴、百合、寸冬、天冬、水茴香、木香、木通、吳萸、陳皮、法夏、桑皮。煎滾，入童便，啖服。總之，無論肺氣、虛氣、喘逆等氣，先當順氣通關，後隨量牛體形勢虛實，再加補劑更妙。

又　治氣脹法。《經》曰：夫氣者，乃肺臟所統也。或氣血羸憊，不能流行於上下四肢，或飲涴濁腥臭等物，亦能作脹。凡氣脹不消者，先觀其外形勢，次分其內實虛。此證總由氣滯血凝所致。當用疏氣通關散：桂枝、麻黃、升麻、廣香、青皮、青果、木通、菖蒲、沉香、香附、陳皮、法夏、車前、檳榔、牛膝、共搗，煎濃，入酒啖服。又：木通、青木香、官桂、當歸、川芎、柴胡、酒芍、四楞香、茅香根、八面香、水茴香、大茴、小茴、香附、牛膝、吳萸、川椒。搗煎，入酒醋啖服。凡牛牧放山間，陡發氣脹，均由飲腥臭、惡毒、蜘蛛、蛇、蝎、野貓尿等引起。急取枇杷葉、菖蒲根、枯礬末，共搗，合童便啖服。又：偷油婆三個。連足翅搗碎，合甜酒、童便啖服。又：青木香、枯礬末、狗糞燒灰。共合酒煎滾，入童便啖服。

又　治火氣脹法。醫家云：火熱炎燥，熏烙臟腑，能使氣血不通，凡此證總多二便閉塞，口舌紅紫，口鼻氣粗，涎流不息。急用清火通氣散：黃連、石膏、芒硝、知母、玄參、檳榔、枳殼、香附、木香、青皮、陳皮、吳萸、沉香、木通、丑牛、牛膝、前仁。搗煎，入酒曲啖服。又：木通、川芎、當歸、連翹、黃連、梔子、木香、車前、青木香、四楞香、八面香、茅香根、吳萸根、川椒根、牛膝根。搗煎，入酒冷啖。

又　治寒脹法。夫牛染寒，則毛竅閉塞，腠理難張，致使氣血凝滯不通，久則肚腹膨脹，或走或停，此證口舌多青黑，鼻冷無汗，法用散寒疏氣藥：當歸、川芎、桂枝、麻黃、杏仁、甘草、通草、陳皮、木香、香附、酒芍、柴胡、吳萸、丁香、升麻、白芷。煎濃，入酒啖服。又：當歸、川芎、柴胡、升麻、麻黃、吳萸、木香、酒芍、牛膝、青木香、火蔥頭、椿根皮、臭藤根。搗煎，入酒啖服。

又　治濕氣脹法。夫牛患染濕氣作脹為病者何也？由水濕浸入臟腑，或竄皮毛，使營衛不調，氣血難通，故有濕氣作脹之證。宜用除濕通氣湯：蒼朮、升麻、麻黃、桂枝、丑牛、木通、生薑皮、加皮、豬苓、茯苓、滑石、甘遂、廣香、香附、柴胡、酒芍。煎濃，入酒合啖。又：當歸、川芎、酒芍、升麻、麻黃、官桂、木通、蒼朮、菖蒲、木香、吳萸、牛膝、五加皮、豬苓皮、大腹皮、生薑皮、青木香。搗煎，入酒啖服。

又　治宿食氣脹法。夫牛宿食停積於腹中，久則發為宿草裹氣脹等證，與人飲食裹氣相符，但此證有寒、有虛、有水草傷胃三者。寒入於脾胃，則水草不能克化而致停積。方用：當歸、川芎、柴胡、升麻、蒼朮、乾薑、粉葛、桂枝、製附片、木香、草果、酒芍、厚朴。搗煎，入常酒合啖。又：當歸、川芎、桂枝、麻黃、火蔥頭、側耳根、木通、山楂、青木香、草果、木香、吳萸、炮姜、粉葛、魚鰍串。搗煎，入常酒灌服。水草傷胃裹氣致脹者，皆由水草不勻，凡人與獸，莫不饑思食，渴思飲，饑渴已久，水草服多，致停積阻塞而傷脾胃，故有水草裹氣作脹。當用消食疏氣藥：木通、廣香、香附、檳榔、枳殼、山楂、麥芽、穀芽、神曲、草果、萊菔。煎濃，啖服。又：木通、木香、四楞香、茅香根、山楂、檳榔、枳殼、陳皮、菖蒲、蒼朮、萊菔、神曲、麥芽。煎濃，灌服。凡此克化藥病解則止，勿宜太過，過則損脾胃而破元陽。脾胃虛損，致水草積停而氣血不通，故成此脹證。當用健脾消食通氣藥：茯苓、白朮、甘草、陳皮、扁豆、苡仁、丁香、官桂、木通、山楂、麥芽、建曲、續斷、吳萸、廣香、當歸、川芎、酒芍、升麻、煨姜。煎濃，以酒曲微煅存性，入內合啖。又：當歸、川芎、茯苓、吳萸、木通、菖蒲、升麻、炮姜、椿根皮、臭藤根、花椒、麥芽、萊菔。煎濃，入酒曲啖服。

又　**《肺經病》**　治抽皮寒戰法。青峰曰：抽皮寒戰，由脾胃寒涼，蘊藏臟腑，無所發散，久則發為皮抽寒戰等證。此病總因過睡濕地，或因牢內渥濁，或飲水停宿傷胃，總由脾惡濕，有濕則必有寒。此證用當升陽益胃湯：升麻、蒼朮、杏仁、桂枝、甘草、防風、麻黄、生薑、木香、火葱、羌活、獨活、細辛、白芍、茯苓、陳皮、法夏、南星、當歸、川芎、白芷、木通。煎濃，乘熱入酒啖服。又：蘇葉、柴胡、酒芍、當歸、川芎、升麻、桂枝、大風藤、小血藤、兔耳風、木香、白茅香、紅浮萍、側耳根、木通。同煎，入酒啖服。又：紅浮萍。用老酒同水合煎，乘熱啖服。

又　治肺火法。青峰曰：肺火一證，病變多端，留心審察，或火哐，或便結，或下血，或鼻黄，或皮瘡與同疥癩等證，皆從肺火所來。必先觀夫外五行，眼珠白紅，鼻汗無毛；尻穴處色或白、或紅、或黑，舌底色或紅黑。蓋心火克肺金，故燥煉太過，則肺火一發，萬病叢生。當用治火哐方：生地、百部、天冬、寸冬、五味、白芥、南星、桑皮、桔梗、玄參、浙貝、瓜蔞、石膏、黄芩、生芍、柴胡、知母、黄連、甘草。煎濃，入清油啖服。又：桑皮、百合、百部、黄連、柴胡、當歸、寸冬、桔梗、玄參、黄柏、黄芩、甘草。煎濃，入雞蛋，啖服。又：鳳尾草、扁竹根、芭蕉根、淡竹葉、法夏、寸頭、黄連、天冬。煎濃，入蜜合啖。又：雞蛋四枚，蜂蜜三兩，清油一兩，黄芪一兩。合啖。又：芭蕉葉、薄荷葉、桑葉。煎濃，入蜜啖服。

又　治寒嗆法。《牛經》云：牛發嗆嗽，或發喘嗆，因肺惡寒，寒入肺臟則嗆嗽，喘嗽。此證耳根多冷，鼻上無汗，舌底白青，畏冷畏風，喘嗆則連聲不息，或時停住。法當用止咳散寒藥：當歸、川芎、升麻、桔梗、柴胡、酒芍、桂枝、甘草、杏仁、蘇子、白芥、細辛、冬花、寸冬、吳萸、黑姜、麻黄、生薑、火葱、側耳根。煎濃，入酒啖服。又：當歸、川芎、柴胡、麻黄、桂枝、鳳尾草、兔耳風、桑皮、側耳根、枇杷葉、大茅香、淫羊藿、木香、法夏、白芥、蘇子、生薑、火葱、酒曲。同煎濃，入老酒啖服。又：酒曲二兩、火酒一提、側耳根一斤、桑皮半斤。煎濃，啖服。又：蜂蜜四兩、黑糖半斤、白芥三合。為末，入蜜糖調開水、熱酒啖服。

又　治肺黄法。《青囊經》云：牛患肺黄證者，多屬肺家火毒結成。是證極險，遲則變凶。皆宜先觀無行，如行動抽氣喘脹，頭垂目昏，眼中白仁處多有紅絲膜障，鼻氣熏蒸，汗流不息，喘咳無休，舌底白黄紫色者，乃是。法當用清火消毒藥：黄芩、黄連、甲珠、蟲蜕、蜈蚣、石膏、寸冬、銀花、桔梗、僵蟲、連翹、玄參、苦參、梔子、澤瀉、牛蒡子、柴胡、生芍、枯礬。同煎，侯冷，入綠豆漿啖服。又：當歸、歸芎、桔梗、雄黄、黄連、柴胡、煅石膏、黄芪、苦參、寸冬、茵陳、扁竹根、凍綠條、老蛇頭、夏枯草、蒲公英、蛇泡草、一枝蒿、山慈菇、見腫消、水茴香、竹茹。煎濃，入雞蛋調勻，啖服。又：綠豆一升磨漿、雞蛋七枚、清油二兩、蜂蜜四兩、羊膽一個。調勻，啖服。又：黄芩、桑皮、黄柏、黄連。煎濃，入綠豆漿啖服。

又　治肺氣法。醫家有云：諸家郁皆屬於肺經，肺如華蓋，最喜清靜，若陡然雜氣，則肺腑作脹。法當用通氣消脹藥：香附、廣香、陳皮、檳榔、蒼朮、菖蒲、沉香、木香、枳殼、前仁、川芎、當歸、天冬、木通。煎濃，微溫啖服。又：木通、白芍、蒼朮、防風、木香。煎濃，入童便合啖。又：菖蒲、四楞香、茅香根、青木香、木香、吳萸、黄芩、法夏、寸冬、扁竹根、車前、水燈芯。煎濃，啖服，隨時以童便飲之。又：人汗膩、童便。合啖。

又　治傷嗆法。青峰曰：牛患傷嗆者有四，一曰傷寒致嗆，二曰傷力致嗆，三或跌仆有傷痕必嗆，四或飲水致嗆。然此四者，先以傷寒論之。傷寒者，乃外邪傷於營衛作嗆氣喘。用散寒補中湯：羌活、麻茸、桂枝、細辛、百部、天冬、廣皮、茯苓、白芍、當歸、川芎、南星、半夏、杏仁、甘草、桔梗、蘇子、續斷、牛膝、欵冬、桑皮。煎濃，微冷入酒蜜合啖。又：桔梗、前胡、當歸、川芎、甘草、陳皮、南星、法夏、杏仁、白芥、胡桃、菖蒲、側耳根、青木香、木香、淫羊藿、威靈仙。煎濃，入甜酒、蜂蜜合啖。凡牛傷力作嗆者，因耕載驅趕太急，使牛用力傷肺。此證宜用益肺健中止嗆藥：當歸、川芎、酒芍、陳皮、法夏、南星、香附、百部、百合、天冬、麥冬、五味、泡參、黄芪、麻茸、杏仁、甘草。煎濃，入酒蜜啖服。又：當歸、川芎、百合、百部、麥冬、天冬、五味、白芥、桑皮、臭膝根、茜草根、枸杞、續斷、牛膝。共搗煎濃，入酒蜜調啖。凡牛有傷痕而嗆者，皆由跌傷，當即未能早醫，或用藥有差，或有傷致牛臥地冷入，俗曰：有傷必有寒，正此之謂。或者，跌傷肺腑，內宿瘀血，致氣阻喘哐，先當以散寒治傷定喘為主。散寒治嗆法：天冬、寸冬、南星、法夏、麻黄、桂枝、甘草、桔梗、臺烏、酒芍、當歸、川芎、血結、三七、紅花、廣香、木通、乳香、沒藥、郁金、生薑、火葱。煎濃，入酒啖服。又：透骨消、酸漿草、酸巴根、大血藤、小血藤、茜草根、矮陀根、無娘藤、排風藤、兔耳風、側耳根、茅香草、桑寄生、吳萸、南星、法夏、蘇子、鐵線草、轉轉藤、三七如傷臟腑有瘀血者用三棱、文朮，無瘀血者慎用。搗煎極濃，入無灰酒、黑糖乘熱啖服。隨將渣搗爛敷患處。又：蘆竹筍、斑竹筍。搗煎，濾渣敷患處。取藥入酒啖服。又：側耳根、椿樹皮、透骨消、酸漿草。搗煎，入酒啖服。

又 治水嗆法。牛患水嗆證者，由喝飲水時，或驚跌不一，或虛脹不行，此證雖嗆，皆受於肺。當用益肺定嗆藥：當歸、川芎、蒼朮、茯苓、澤瀉、豬苓、丑牛、葶藶、百部、紫菀、腹毛、秦艽、靈仙、羌活、五味、芫花。煎濃，啖服。又：桑皮、臭藤根、茜草根、當歸、川芎、丑牛、茯苓皮、水茴香、牛蒡子、側耳根、威靈仙、兔耳風、苛草根。煎濃，入蜜醋啖服。

又 治鎖喉黃證。青峰曰：喉管乃氣管所通肺之苗竅。若肺無邪寒風涼熱毒，則喉間莫病。若內有疾病，喉間亦能為殃。然此鎖喉黃者，皆由心肺火熾，熱毒沖騰所致，口流涎沫，喉間鮮腫閉塞。如不早醫，頃刻斃命。急用解毒清火藥：薄荷、甘草、黃芪、黃連、玄參、石膏、僵蟲、蟲蛻、甲珠、明雄、荊芥、桔梗、銀花、豆根、黃柏、桑皮、芒硝、射干、生芍、燈芯、前仁、枯礬、桔梗、川芎、薄荷、甘草、芒硝、煅石膏、夏枯草、燈籠草、蛇泡草、牛膝。煎濃，入蜜啖服。又：黃連、當歸、生芍、豆根、梔子、連翹、僵蟲、牛舌蝙、車前草、牛膝、射干。煎濃，入羊膽，攪勻灌服。吹口消黃散：水龍骨三錢，煅石膏二錢，薄荷三錢，甘草三錢，寒水石二錢，硼砂三錢，青黛四錢，枯礬三錢，豆根三錢，明雄二錢，硃砂、辰砂各一錢，龍衣火煆、樟腦、麝香、蟬酥不拘。共為極末，吹入喉間立解。

又 治喉風法。青峰曰：牛生喉風，多從風邪侵入肺腑，次受寒涼閉竅，使風寒蘊藏於中，久則發為喉風。若是因染風寒，多致痰鳴氣驟，喘息不停，鼻上無汗。當用祛風化痰藥：當歸、川芎、荊芥、薄荷、南星、半夏、細辛、僵蟲、川椒、甘草、射干、枯礬、桔梗、玄參、羌活、防風、生薑、黃芩。煎濃，入蜂蜜啖服。又：當歸、川芎、升麻、扁竹根、柴胡、薄荷、桑皮、兔耳風、臭藤根、荊芥、青木香、南星、半夏、廣香、竹茹、桔梗、甘草。煎濃，入酒蜜啖服。又：生薑汁、火蔥汁、甜酒。煎熱，啖服。又：扁竹根、紅浮萍、常酒。熱服。

又 治鼻血法。前賢皆云：心燒流鼻血，雖然心火邪熱所致，而鼻為肺苗，乃火克肺金之故。其證有三：一、火熱出血；二、寒邪久則邪火熏烙亦出血；三、咺久氣咆亦出血。須當分經治病，火灼鼻中流血，眼中流淚，當引血歸原。清火解熱藥：炒荊芥、姜灰、茅花、血餘、當歸、生地、百部、天冬、郁金、寸冬、黃連、黃芩、玄參、三七、梔子、生芍、燈芯、車前。煎濃，侯微冷，入芭蕉油啖服。又：生地炒荊芥、石膏、浙貝、姜灰、血餘、天冬、柴胡、黃芩、黃連、當歸、白芍、茅花、連翹、芭蕉根、麥冬。煎濃，入雞蛋啖服。恐其取藥不及，即用芭蕉油，田螺螄去殼搗爛同啖。又：藕粉或節與花。合石膏、童便服之即止。如寒邪閉竅流血者，牛頭倒垂眼昏氣喘，當用散寒引血藥：當歸、川芎、寸冬、香附、前胡、柴胡、酒芍、黃芩、黑姜炒荊芥、血餘、茅花、黃連。煎服。又：麻黃、當歸、川芎、炮姜炒荊芥、寸冬、茅香根、兔耳風、藕節、椿樹皮、桑皮。煎濃，啖服。又：血餘、生薑汁。啖服。傷力感寒水嗆致鼻中出血，多有流出血色紅淡或黑黃青色者，先宜用引血止血藥：當歸、白芍、姜灰、生地、枯芩、桑皮、柴胡、血餘、茅花、茅根、茜草、吳萸、車前、酸巴根。煎啖。隨用補給藥益之。百部、紫菀、天冬、寸冬、遠志、巴戟、枸杞、故紙、碎補、杜仲、牛膝、石竹根、續斷。煎濃，入蜜合啖。又：當歸、川芎、茯苓、麥冬、續斷、牛膝、陳皮、法夏、茅草根、茅仙根、側耳根、百合、巴戟、枸杞、碎補、臭藤根、澤蘭、還魂草、茜草根、椿樹根、桑根。煎濃，入白米一升，或浸一日或半日，啖服。

又 治爛喉證法。醫云：夫爛喉證者，由心肺火熾，熏烈喉間，或因風寒蘊藏於內，久則發為爛喉等證。總之，寒火雖是火熏而鼻無汗，或喉間不爛，無論寒、火二證，先用治爛喉藥：豆根、梔子、連翹、僵蟲、射干、桔梗、玄參、石膏、黃芩、黃連、當歸、生芍、柴胡、桑皮、火梗、芒硝、甘草。煎濃，入雞蛋啖服。又：薄荷、豆根、玄參、芒硝、石膏、黃芩、大黃、貝母、梔子、鐵燈臺、夏枯草、蒲公英、蛇泡草、芭蕉根、竹瀝、川芎、當歸、車前、燈芯。煎濃，入雞蛋、清油啖服。又：甘草、薄荷、射干、僵蟲、青黛、石膏、芒硝、冰片、龍骨、川椒、枯礬、硼砂。共末，用筆管吹入喉間，立刻火消毒解。又：青鹽、青黛、石膏、羊膽、雞蛋清。調敷喉間，立解。

又 治寒火法。青峰曰：寒者，涼也。火者，熱也。寒熱各分，而受證不一。何言既有寒又兼有火？因感冒風寒，毛竅閉塞，蘊藏于中，若牛氣血衰殘羸瘦者，即時見證。如精力強健之牛，比多藏隱於內，人莫能知。或時令不同，霜雪寒冷，風雨相侵，亦能作證。如使用太過或者毛竅疏通未能停息，致浴浸於水受證。又或載任遠行，勞煩甚急，歇息未避風霜。凡牛初染外證咺喘之時，宜當早治，若是遲延，則陰證反為陽證。然此證皆因寒凝於上，火炎乎下，使寒熱不投，氣血無所通發，則變為火證。或口爛氣粗，喉炎閉塞，渾身燒熱，入火熏蒸。此證必當先看舌底：如色青黑，必是三陰風寒；如黑青帶黃，定是內熱邪燒等證；若青黃帶紅，乃是寒火為殃。次看鼻上有汗無汗，寒證則鼻上無汗，火證鼻汗長流。再審耳角冷熱如何，風寒氣住多冷，火證多熱，切忌耳根倒垂，頭腦貼地，耳冷亦知病深，角冷方曉疾重。如此各部審察，再看尻穴處亦如舌底相同。凡風寒等證，切忌涼藥過用。若果審真火證，暫用清火藥一二劑則止。隨即散寒溫補，如任性施為，妄開方藥，必多誤事。若稍有邪熱火攻，當用散寒引火湯：桂枝、柴胡、白芍、粉葛、知母、檳榔、黃芩、當歸、川芎、陳皮、廣香、安桂、草寇、桔梗、南星、麻黃、杏仁、五味、寸冬、甘草、前仁、牛膝。同煎，入生薑汁、水竹瀝，啖一二劑病解。又：當歸、川芎、柴胡、白芍、升麻、桂枝、車前、淫羊藿、威靈仙、兔耳風、茅香根、鉤藤葉、野麻黃、紅浮萍、側耳根、酸漿草、水燈芯、木香、牛膝。同煎，入甜酒一匙，酒曲三枚，同啖一二劑。如火炎實盛燒熱蒸騰，口乾舌燥，鼻汗淋漓，便黃糞結，當用白虎湯加減：石膏、黃連、桑皮、黃芩、柴胡、白芍、陳皮、法夏、荊芥、瓜蔞、芒硝、澤瀉、粉葛、大黃、知母、甘草、紫蘇、薄荷。同煎，入清油、雞蛋，合啖一二劑。但此火證，若病稍減，不宜多用。又：鐵馬鞭、淡竹葉、桑皮根、芭蕉根、石菖蒲、水燈芯、馬鞭梢、水莧菜、凍綠條、石鳳丹、排風藤、黃連、車前、黃芩、石膏、柴胡、白芍、甘草、牛膝、毛苦、竹茹。同煎，入綠豆漿啖服。如熱稍減，此藥即止。隨用溫經散寒湯：當歸、川芎、茯苓、吳萸、黃芩、沙參、續斷、陳皮、法夏、杏仁、甘草、酒芍、防風、巴戟、枸杞、胡桃、大棗、煨姜、藿香。同煎，入酒曲、米泔水，灌服二三劑。若寒不能淨，隨用：當歸、川芎、柴胡、升麻、淫羊藿、威靈仙、桂枝、吳萸根川椒根黃荊根、柏樹子、五加皮、穿心草、通草根、瓜蔞子、木香、法夏、甜葛、桑皮、生薑、火蔥。同煎，入無灰酒，啖服二三劑。隨用補藥養之：人參、續斷、扁豆、苡仁、當歸、茯苓、陳皮、法夏、川芎、酒芍、菖蒲、棗仁、牛膝、黃芪、五加皮、吳萸、百合、百部、胡桃肉、川藥棗。搗爛同煎。或與白米、胡豆、麥料等啖服。

又《腎經病》 治腎經黃法。醫云：腎經生黃作患者，由腎水乾枯，致相火毒攻。俗曰：腎惡燥，燥則諸證作矣。此證最險，急用滋陰解毒藥：生地、黃芩、知母、甘草、甲珠、蟲蛻、茵陳、銀花、升麻、蜈蚣、全蟲、茶花、明雄、蘇荷、連翹、梔子、芒硝、前仁、生芍、柴胡、澤瀉、大黃。煎濃，入淘米水、雞蛋，啖服。又：大黃、當歸、川芎、蟬花、知母、梔子、枯芩、黃連、蜈蚣、荊芥、茵陳、明雄、黃柏、銀花、車前、蒲公英、夏枯草、凍綠條、水燈芯。煎濃，啖服。

又 治諸淋證法。醫曰：淋證有五：有沙淋、石淋、血淋、片淋、間淋。沙淋如細沙從小便出；石淋如石子塞住精道而淋；血淋常流紅黑，淋漓不息；片淋如下細片隨便塞淋，間淋或時則有，或時則無。總之，淋證雖多，治法統歸於一。此由欲火奔騰，交泰失精，陡忽精住，或時現精成沙石片者。此證難療，久則必成腎虛，便淋虛者，精多滑白。石淋、片淋、沙淋者當用地龍散：蚯蚓、豬苓、丑牛、澤瀉、前仁、牛膝、知母、黃柏、梔子、玄參、滑石、甘草、燈芯。煎濃服之。又：川楝根、花椒根、大黃、滑石、牙硝、澤瀉、蚯蚓、寒水石、木通、牛膝、辰砂草、車前。煎濃，入童便服。又：牙硝半斤、蚯蚓九條。煎水啖服。又：五穀根、芭蕉根、黃桷根。煎水冷服。如間淋當用滋腎清火藥：當歸、川芎、檳榔、巴戟、枸杞生地、萱草、茜草、扁豆、滑石、前仁、牛膝。煎濃，入童便、常酒啖服。又：山蘿卜、狗地芽、五穀根、吳萸根、黃龍鬚、通花根、牡丹根、續斷、當歸、川芎、巴戟、車前。煎濃，入童便啖服。小便淋證方：當歸、川芎、黃芪、寸冬、菖蒲、胡桃、續斷、棗仁、枸杞、巴戟、故紙、木通、澤瀉、茜草、碎補、牛膝。煎濃，啖服。

又 治血尿法。醫云：血尿乃膀胱小腸積熱，或心火熾盛傳入小腸而成。此證總由熱多涼少，當用清利等藥：當歸、桃仁、枳殼、紅花、瞿麥、萹蓄、滑石、梔子、大黃、木通、豬苓、澤瀉、車前、小茴、黃連、知母、黃柏、芒硝、牛膝、燈芯、甘草。煎濃，入綠豆漿灌之。又：當歸、紅花、桃仁、枳殼、澤瀉、牙硝、茯苓皮、車前、薄荷、黃連、大黃、燈芯、小茴、木香、夏枯草、蝦蟆草、五穀根。煎濃，入雞蛋、淘米水啖服。

又 治尿血法。青峰曰：尿血證者，是由心所統也。然尿自小腸，膀胱而來，小腸與心相為表裏，心有邪熱，或寒暑相染，風邪相侵，致小腸受熱，多變此證。法當用止血清火湯：歸尾、桃仁、紅花、甘草、滑石、丑牛、檳榔、枳殼、澤瀉、吳萸、前仁、蚯蚓、牛膝、川芎、生芍、柴胡、生地、知母、黃柏、馬鞭梢、五穀根、鐵馬鞭。同煎，啖服一二劑。又：當歸、柴胡、梔子、前仁、木通、滑石、澤瀉炒、丹皮、紅花、茯苓、扁竹根、野南蕎。同煎，啖服。又：車前、黃連、尿珠子根。煎濃，入芒硝、滑石各一兩為末，啖服。又：蚯蚓七條、廣滑石一兩、桃仁五錢。共末，入綠豆漿，啖服。

又 治小便閉塞法。青峰云：小便閉者，或病久，或飲涼藥太過，或致火攻，或有欲火燥熱，精塞不通。總之，先以引通，後當量證用藥，無不全瘥。凡治小便閉者：先須用：歸尾、紅花、滑石、甘草梢、梔子、芒硝、檳榔、枳殼、瞿麥、萹蓄、蚯蚓、澤瀉、前仁、燈芯。煎濃，啖服。又：滑石、甘草、牙硝、前仁、尿珠子根。煎濃，啖服。又：寒水石、滑石、牙硝、青木香、豬苓、澤瀉、知母、黃柏、吳萸、小茴香、車前。同煎，啖之。

又 治便數法。醫曰：凡便數證者，先分其有火無火，有火便數，色多紅黑，當用清利藥：當歸、川芎、生芍、甘草、黃連、澤瀉、滑石、木通、萹蓄、牛膝。煎濃，入淡鹽湯合啖。又：黃連、當歸、梔子、滑石、牙硝、澤瀉、五穀根、吳萸根。煎濃，入淡鹽湯合啖。如無火，雖然便數，其色清白，此證皆由腎虛膀胱少火，下元虛冷所致。當用壯陽益腎湯：當歸、川芎、續斷、香附、吳萸、小茴、升麻、白芍、泡參、澤瀉、枸杞、故紙、杜仲、牛膝、五加皮。煎濃，入常酒、小便啖服。又：當歸、川芎、巴戟、枸杞、續斷、碎補、狗脊、澤瀉、吳萸、牛膝、大茴、麥冬、桑螵蛸、臭藤根、茜草根。穿心草煎濃，入童便、淡鹽湯啖服。

又 治傷力法。夫傷力者，乃無知農夫，耕犁車碾，弗曉愛惜，心狠意毒，隨便施行，全無惻隱，不揣牛情，故有傷力等證。當先觀其外五行，牛多喘哐，口鼻氣息不和，皮毛焦枯燥瘙，頭垂耳倒，眼昏不明，背弓腳軟，身多尫羸，氣血虧損。此證始初易治，久則難療。急用：當歸、川芎、紅花、碎補、巴戟、寸冬、天冬、生地、木通、三七、酒芍、遠志、胡桃、大棗、桂枝、麻黃、玄參、白芍、茜草根。搗爛，入生豬油、蜂蜜合啖。又：當歸、川芎、紅花、木通、轉轉藤、木香、青木香、天冬、寸冬、百部、菖蒲、無娘藤、地胡椒、透骨消、側耳根、臭藤根、莎草根、茜草根、吳萸根、桑皮、茯苓。生薑汁搗煎，入膽汁、淡鹽湯、生豬油合啖。

又《**外産科病**》 治箍嘴黃法。牛醫皆云：牛患箍嘴黃者，如犢子上籠箍相符，究未知其病從何來，醫向何治？蓋此證實由脾火上攻，熱毒結成，若弗急療，頃刻斃命。此證多由飲露水毒草，或白露時飲蜘蛛、野貓尿所來。法當用消毒藥：玄參、石膏、黃連、黃柏、黃芩、甘草、芒硝、貝母、銀花、甲珠、蟲蛻、豆根、僵蟲、射干、荊芥、防風、升麻、薄荷、牛蒡子、桔梗、蜈蚣、連翹、梔子。煎濃，入蜜、羊膽啖服。又：石膏、牙硝、梔子、連翹、升麻、夏枯草、豨薟草、扁竹根、蒲公英、魚鰍串、鐵燈臺、蛇泡草、牛舌犏。煎濃，入羊膽汁啖服。又：廣灰、牙硝。同末，再入芭蕉油、入桐油一勺，將前二味藥共合調勻敷之。

又 治窟皮黃法。醫曰：窟皮黃者，由風熱火毒熱燥結成，久則發為滿身腫脹。此證若不早治，遲則休矣。若遇此證，急用針先從四膊放針，後從四膝放針，又放天門穴、地戶穴，再放腰脊中，又放對眼正中處，再刺眼上約寸許正中處。然此所針之處，皆從大概，業是醫者，如穴道不明，則免刺之，方不誤事。隨用消黃解毒藥：當歸、紅花、大黃、芒硝、荊芥、薄荷、石膏、牛蒡子、升麻、蒼朮、銀花、甲珠、蟲蛻、腹毛、連翹、玄參、梔子、甘草、木香、桂枝、柴胡、生芍、黃柏、知母、黃芩、桑皮。煎濃，入蜂蜜、雞蛋、常酒、淘米水合啖。又：當歸、紅花、柴胡、茵陳、牛蒡子、牙硝、知母、黃芩、大黃、荊芥、車前、桑寄生、扁竹根、凍綠條、蒲公英、夏枯草、鐵燈臺、過山龍、天磨芋、一枝蒿、一枝箭、牛舌犏、蛇泡草、血皮菜、金銀花。芭蕉根。煎濃，入雞蛋合啖。

又 治諸黃證法。《青囊經》云：牛之外證最險，惟黃證所發更兇，其名固多，各處不同，然治法總歸一理。心與小腸臟腑發者，當從心治；肝膽所法，務從肝醫；脾胃發來，又當脾胃醫治；肺家發來，宜向肺裏主療；腎宮發黃，須從腎臟醫治。前已著明，黃證各家皆有，不過言其大概。總之，牛生皮黃與人生疔瘡同情，此證皆由熱毒結成，亦由風熱所積。用藥宜清熱瀉火解毒為主。此藥統治諸黃方：荊芥、薄荷、牛蒡子、黃連、銀花、黃芩、蟲蛻、升麻、梔子、連翹、蜈蚣、甲珠、銀花、大黃、生地、川芎、白芍、明雄、羌活、白芷、甘草。搗爛，煎濃，入雞蛋、淘米水灌之。如雞心黃、舌黃、箍嘴黃、腮包黃以及上部生黃者，俱加：玄參、桔梗、僵蟲、石膏、射干、膽草、防風、黃連。如下部生黃者，加：牛膝、知母、黃柏、全蟲、木通、滑石。照證加減，方能見效。又：夏枯草、苛草、銀花、見腫消、扁竹根、茯苓、荔枝草、棕櫚子、薄荷、膽草、野菊根、豨薟草、知母、貝母、升麻、滿身窟、白面風、花粉、豆根。搗煎，入雞蛋、淘米水、常酒，灌之二三劑。

業是醫者，毋得固執病在上部者以上行之藥為主，病在下部者以下行之藥為君。如此照法加減服之。治舌黃、箍嘴黃、腮包黃方：甲珠、梔子、僵蠶、蟲蛻、牛蒡子、桔梗、玄參、豆根、射干、尖貝、枯礬、明雄、石膏、細辛、黃連、生地、川芎、大黃、銀花、荊芥、薄荷、花粉、連翹、夏枯草。搗煎，入雞蛋、淘米水啖之。又：甲珠、蟲蛻、僵蠶、明雄、射干、豆根、桔梗、細辛、黃連、玄參、全蟲、石膏。合搗，煎濃，入淘米水，蜂蜜灌之。又：夏枯草半斤、青木香二兩、扁竹根半斤、開喉箭二兩、豆根四兩、薄荷四兩、牛膝四兩。搗煎，入雞蛋、淘米水合啖。又：夏枯草、蒲公英、青木香、扁竹根、開喉箭、一枝箭、荔枝根、水茴香、牛蒡子、銀花、黃連、大黃、豆根、薄荷、牛膝。搗煎，入麻油、雞蛋灌之。噙藥方：豆根、火硝、射干、明雄、青木香。共為粗末，放於舌間噙之。外用，用草索繫其嘴唇，將牛懸吊如掛掌。然口中之藥，勿使嚥下，其毒自不攻喉，則保無虞矣。治腎經黃敷藥方：大黃、黃柏、梔子、芒硝、細辛、南星、半夏、白芷、薑黃。共研細末，調老酒、靛腳子沖清油敷之。

又　治氣夾黃法。夫氣者，牛之本力也。氣夾黃者，染自外來，由於停寒飲冷，濕熱暑涼凝積腹中。亦或世醫多用寒涼藥，終成此疾。其證鼻口氣粗，睡臥不寧，肚大翻脊。舌底青黑者陰盛，宜溫中理氣。舌底滿紅帶紫色者陽也，法當用黃連疏氣飲：黃連、枳殼、陳皮、木香、大黃、芒硝、梔子、丑牛、萊菔、檳榔、草果、薑黃、牙皂、白礬、滑石、連翹、青皮、細辛、蒼朮、黃芩、桔梗。搗煎，入麻油、汗膩水啖服。又：青木香、水茴香、搜山虎、硃砂蓮、黃連、大黃、麥冬、木香。搗煎，入葉煙、麻油啖之。治舌底青黑方：吳萸、小茴、砂仁、菖蒲、草果、木香、枳殼、陳皮、白芷、均姜、丑牛、萊菔、桔梗、梔子、蒼朮、牙皂、白礬、黃連、郁金、官桂、連翹。搗煎，入葉煙、常酒啖之。又：青木香、四楞香、水茴香、巴茅香、倒水蓮、硃砂蓮、皂角根、大茴根、藿香、菖蒲、莪朮、木香。搗煎，入常酒、葉煙啖之。

又　治疔證法。牛生疔者，乃牛之險證也。其病起於風火熱毒結成。亦或節候寒溫不一，而致染肅殺之氣，瞬息則畜類尸忤，性情激變，一時發生，頃刻則必危亡。人生火疔瘡結，猶能分辨何臟所主何疔，如牛染證受毒，難觀其形色，雖看青、紅、赤、白、黑，此中不過從大概而言。總之，發於五臟者重，發於六腑者輕。其證初起之時，皮膚作瀫，浮腫平鋪，或者心慌性亂。醫人難以考察，不如以針考之，無血者肉不合者是也。法當用攻毒祛風藥：荊芥、薄荷、牛蒡子、黃柏、銀花、升麻、川芎、白芍、生地、當歸、連翹、梔子、玄參、甲珠、蟲蛻、腹皮、茵陳、防風、菊花、蒼朮、生芪、蜈蚣、明雄、麻黃、桂枝、甘草。搗煎，入常酒、蔥子灌之。又：夏枯草、菊花根、牛蒡子、排風藤、鐵掃把、豨薟草、野煙根、蒲公英、魚鰍串、桑根皮、蛇泡草、當歸、薄荷、銀花、茯苓、天丁。搗煎，入常酒、火蔥灌服。治諸般疔證方：黃連、黃柏、石膏、黃芩、知母、貝母、甘草、玄參、連翹、梔子、生芪、生芍、柴胡、酒軍。煎濃，入雞蛋、豆漿啖服。又：當歸、黃連、黃芩、桑皮、石膏、知母、貝母、地丁、黃柏、夏枯草、觀音草、老蛇頭、凍綠條、芭蕉根、扁竹根、臭牡丹、車前草、薄荷葉。煎濃，入雞蛋啖服。又：指甲花、芙蓉花、金銀花連葉莖根搗煎，入雞蛋、清油啖服。又：豨薟草、夏枯草、燈籠草、蛇泡草、大茍草、車前草。煎濃，入芭蕉油、雞蛋合啖。又：芒硝、大黃、連翹、車前、夏枯草、血皮菜、觀音草、蒲公英、鐵燈臺。煎濃，入雞蛋清合啖。敷藥方：寒水石、芒硝、甘草、黃柏、黃連、玄參、生地。共搗極爛，入姜、蔥汁、蜂蜜，調敷患處。又：夏枯草、蒲公英、豨薟草、水莧菜、山慈菇、地膚子、苧麻根、側耳根、芒硝、當歸。搗絨，入芭蕉油、雞蛋清，調敷患處。

又　治皮裂法。《青囊經》云：皮肉開裂，乃傷力血虛火燥之故。由使用勞苦太過，傷肺損腎，肺傷腎弱，則水不能制火，使心火克肺金，故火盛則血虛。此證當用補血清火湯：當歸、川芎、生地、紅花、天冬、百合、黨參、黃芪、苦參、丹參、玄參、白芍、連翹、梔子、白芷、甘草。煎濃，入雞蛋、蜂蜜、淡鹽湯啖服。又：當歸、川芎、生地、紅花、生芍、甘草、百合、百部、麥冬、白芷、山蘿卜、五加皮、夏枯草、蒲公英、豨薟草。搗煎，入蜂蜜、雞蛋啖服。洗藥方：夏枯草、蒲公英、血皮菜、豨薟草、地膚子、當歸、川芎、生芍、黃連、法夏。煎濃，俟冷，入芭蕉油搽洗。

又　治蟒蹄法。青峰曰：蹄間起蟒者，受自何來？因腳踩涴濁肥泥，致沙蟲相侵，或夏熱炎天，踩糞內肥泥，惡毒侵竄蹄間，久則成蟒蹄之證。亦或牢內未能打掃，足踩牛尿，亦能蟒蹄。凡此證先將牛綁捆於地下，如掛馬掌，將爛肉泥沙拔盡，用陳艾水洗之，後用廣石灰調涼水澄清，入生豬油或桐油、清油調敷蹄間，使蹄常潤，則熱毒自解。或牛臥時，將此藥常敷，如蹄內有石沙泥木等物，當即取出。內服殺蟲退熱藥：貫眾、檳榔、枳殼、玄參、梔子、木通、芒硝、石膏、松節、防己、木瓜、牛膝。煎濃，啖服。又：當歸、黃芩、牙硝、貫眾、檳榔、榧子、秦艽、牛膝、木瓜、木通、前仁、蕪荑、鶴虱、豨薟草、蒲公英、夏枯草。煎濃，入雞蛋合啖。治蹄蝣方：龍骨、象皮、明雄、麝香、石腦油、黃丹、爐甘石。共末蝣之，外用葉煙或水煙將瘡眼塞定，再用牛草鞋穿上，庶免糞泥沙石入內。

又　治尾痔法。夫牛尾生痔蟲，皮膚癢者，當用洗藥常換常敷自愈。洗藥方：腿頭雞兒、地苦膽、山慈菇、陳艾、貫眾、甘草、黃柏。煎水，洗患處。敷藥方：王不留行。入油合煎，待泡散，退火去渣，再用乾狗糞或羊屎火煅存性，研末，入桐油調敷。

又　治四肢寒法。醫曰：牛患四肢寒者，因外感風邪，內侵寒涼，或水濕侵於皮膚，或軀使太過，陡感外邪，則牛四肢作寒。此證舌底青黑，鼻乾無汗，頭垂眼昏，四肢顫戰，多畏風寒，總宜分經治病。有濕氣則用散寒除濕藥：當歸、川芎、木通、甘遂、丑牛、白朮、茯苓、桂枝、麻黃、加皮、蒼朮、菖蒲、牛膝、續斷、車前。煎濃，入酒合啖。又：茯苓、蒼朮、木通、酒芍、牛膝、車前、兔耳風、茅香根、吳萸根、黃荊根、椿根皮。搗煎，入甜酒服。如牛四肢橫身無水濕者風寒凝滯，當用散寒祛風藥：當歸、川芎、酒芍、桂枝、麻黃、杏仁、甘草、粉葛、草果、均姜、製附片、吳萸、木香、通草、蒼朮、檳榔、陳皮、法夏、蔥頭。搗煎，入酒曲、甜酒服。又：當歸、川芎、柴胡、升麻、麻黃、桂枝、茯苓、吳萸、木香、法夏、南星、炮姜、兔耳風、茅香根、大楓藤、石鳳丹、椿根皮、伸筋草、火蔥頭、熟附片。搗煎，入酒合啖。

又　治肩處皮爛流血法。夫肩處皮爛流血，多因耕犁過用枷擔磨擦所致。宜用：蕎麥燒灰、煎水洗之。或用：陳艾、桑葉煎水洗之。隨用：爛棉絮、白狗糞、紙傘葉。俱燒灰，調雞蛋清、香油搽敷。又：芭蕉油，調廣石灰敷。

又　治蝣肛門法。牛患蝣肛門者，多屬蟲火惡毒積熱所致。又或蚊虻叮咬而成。內當服清火藥：玄參、黃連、連翹、黃柏、地榆、麻仁、生地、石膏、桑皮、吳萸、香附、大黃酒炒當歸、白芍、紅花。煎濃，入雞蛋啖服。又：豨薟草、五穀根、大黃、當歸、川芎、生芍、柴胡、木通、牛膝。煎濃，入雞蛋清合啖。又：用腿頭雞兒煎水，入偷油婆搗碎，再入生半夏同搽患處。又：川椒、檳榔、雪膽、硫磺、雄黃。共為末，香油調敷。又：廣石灰、腿頭雞兒、花椒、硫磺、貫眾。共搗煎濃，俟冷調敷。

又　治脫肛法。牛患脫肛者，必當先觀其有外證無外證，有內證無內證；或有火毒熱結大腸，下血糞稀，或中氣不足，不能收斂，久則必成脫肛。總之，有火無火，先用大承氣湯一劑，或用三消飲一劑，隨用補中湯二三劑。或用：升麻、苦參、茯苓。又：蓖麻子和葉搗爛作餅，覆於腰脊中。洗藥方：陳艾、蒼朮、菖蒲、峨茶、苦楝根。煎水，常洗。

又　治白帶法。青峰曰：白帶證乃牝牛所得，然此證須細心審的方確。凡牛每月如人行動周天，不知者誤認為帶則謬矣。或曰：周天行動如帶，何能辨別真確？答曰：凡周天行動，每月或前二三日，或後一二日，瀉出涎絲，此乃周天行動，如人月信相符。帶則無論何時，或常時流行不息，其色多是青白。此證皆由內中寒涼風邪侵竄，久則發為白帶等證。法當溫經益腎散寒藥：川芎、黑姜、生地、當歸、赤石脂、白芷、木香、官桂、麻絨、杏仁、甘草、柴胡、酒芍、枸杞、故紙、吳萸、香附、蒼朮、升麻。煎濃，入常酒、淡鹽湯啖服。又：當歸、川芎、柴胡、吳萸、續斷、牛膝、菖蒲、枸杞、巴戟、蒼朮、澤蘭、生薑、臭牡丹、淫羊藿根、大茴根、地胡椒、魚鰍串、五加皮、臭藤根、茜草根、映山紅、胡桃、茅香根。同煎極濃，入常酒、淡鹽湯啖服。

又　治產犢不下方。當歸、川芎、木通、龜板、廣香、陳皮、牛膝、前仁。煎濃，啖服。又：車前子一合，當歸二兩，川芎三兩。煎啖。此證既愈，隨後當用藥補之。

又　治胎衣不下方。夫牛胎衣不下者，讓牛約睡片時，以香油納入腹內，頃刻即出。又：蓖麻葉搗爛作餅覆。又：用草履吊墜立下。牛既生犢子，打掃牢中，熏消穢濁，勿使臭污，用乾絨草墊臥，將胎衣埋藏淨土，切勿置高樹吊曬。

又　治牛失奶方。黨參、條芩、茯苓、通草、川芎、當歸、酒芍、續斷、牛膝、陳皮。搗煎，入無灰酒調啖。又：人參、黃芪、當歸、川芎、木香、菖蒲、木通、續斷、吳萸、奶漿藤、茜草根。煎濃，啖服。又：奶漿藤、過山龍。啖服。又：豬脂、羊脂、酒醋炒。合奶漿藤啖服。又：常以葫豆、蕎、麥、米等料慢啖，則牛奶亦多，而能大健脾胃。

又　治牛腸出不收法。或曰：牛腸何有流出不收之說？不知牛有內證亦能腸出不收。又或產犢子用力太過，亦能腸出不收。亦或氣虛不能收斂，腸亦流出。又或跌仆致傷，亦能流出。凡牛患此證者，無論有外證無外證，即將溫水用錫瓶淋濯，以手清洗一二柱香久，使脹氣瘀血淨，以陳艾煎水俟冷洗之，後暫用香油輕納入內，用針將肛門暫縺縫片時。又或用生薑、側耳根、魚鰍串搗爛用醋炒，作餅敷肛門處，使牛臟腑和緩，則去藥。內當服收斂藥補之。當歸、川芎、白芍、升麻合食鹽煎啖。又：當歸、川芎、酒芍、升麻、陳皮。煎濃，入酒醋啖服。又：當歸、升麻。搗煎，入酒醋合啖。

又《寄生蟲病》 治皮瘙法。青峰曰：牛患皮瘙，乃肺經邪火熱毒，熱極生濕，熱脫皮毛，或心火熱毒結成，或血虚皮燥，不能滋潤，故致皮燥生疔等證。總之，先以殺蟲解毒清火藥洗之。甘松、皂角、貫眾、硫磺、黄連、黄柏、玄參、芒硝、石膏、甘草、黄芩、檳榔、陳艾、苦蒿、香薷。煎水，俟冷掃洗。又：陳艾葉、地膚子、蒲公英、芒硝、雪膽、貫眾、皂角。煎水掃洗。又：寒水石、廣石灰。調桐油敷。又：廣石灰、芭蕉花燒灰、青鹽。調桐油掃塗。又：雄黄、硫磺、粉草、蘇荷、芒硝、榧子、秦艽、雷丸、鶴虱、檳榔、黄連、黄柏。共研細末，入芭蕉油調敷患處。又：明雄、硫磺、陀僧、蛇床子、花椒、白芷、大楓子、黄柏、木鱉、梔子、大黄、芒硝、銅綠、青礬、爐底。共搗極細，用井油或桐油煎滾，乘熱合藥擦之。又：芭蕉油。搽掃。服藥方：黄芩、桑皮、黄柏、黄連、貫眾、檳榔、當歸、生地、玄參、芒硝、梔子、白芷、牛膝、車前。煎濃，入雞蛋灌服。又：當歸、川芎、黄芩、黄連、生芍、貫眾、升麻、白芷、川椒根、牙硝、車前、薄荷、夏枯草、燈籠草、蛇泡草。煎濃，入雞蛋啖服。

又 治牛口吐雜蟲法。青峰曰：牛或時口吐雜蟲，或内有蟲積，或脾虚生螬蟲。總之，先用殺蟲藥，然後量證用藥，分經治病方可。殺蟲方：貫眾、檳榔、雷丸、榧子、石膏、秦艽、夜明砂、望月砂、宿蠶沙、使君子、蕎麥灰。煎濃，啖服。又：貫眾、野煙、蟲草、鶴虱、榧子、花椒根、王不留行、使君子根、吳萸根。煎濃，啖服。又：川椒、吳萸、貫眾、硫磺。同搗，煎濃，入豬、羊膽汁服。

又 治牛吃螞蝗方。貫眾、野煙、水煙、皂角、川椒、葉煙。煎濃，入童便合啖。又：葉煙骨。煎水，入枯礬合啖。又：滚茶洗葉煙桿内煙油啖之。

又 治牛生蝣蟲方。觀音草搗爛，濾渣取汁 雄黄、硫磺、川椒共為末，用豬膽汁調敷患處。

又《其他病》 治雷頭風法。青峰曰：雷頭風者，多是風邪痰壅而成。此證當用：當歸、川芎、白芷、細辛、柴胡、白芍、防風、羌活、川烏、粉葛、藁本、南星、半夏、菖蒲、石膏、吳萸、生薑。搗煎，入竹瀝、火酒啖服。又：當歸、川芎、柴胡、升麻、麻黄、官桂、細辛、南星、半夏、附片、黑姜、木通、木香、蔥頭、兔耳風、淫羊藿、威靈仙、鉤藤爪、羊爪風。搗煎，入酒曲、竹瀝合啖。

又 治口癬法。青峰曰：口為胃之苗。醫曰：脾華在唇，此證皆由脾熱火毒所致；又或食水草有毒為殃。此證若弗早療，久成大患，則牛命休矣。當用清熱殺蟲湯：石膏、桔梗、玄參、榧子、雷丸、秦艽、貫眾、檳榔、白芷、牙硝、甘草、銀花。煎濃，入雞蛋，清油啖服。又：茯苓、當歸、楝皮、紅花、京竹瀝、豆根、連翹、梔子、牛膝。煎濃，入綠豆漿，清油啖服。又：煅石膏、榧子、牙硝、蟲草。煎濃，入白狗糞微煅細末，同啖。又：黄連、石膏、黄芩。煎極濃，入豌豆粉一合，調勻啖服。隨用淡鹽湯入川椒煎洗。再用治癬神效方：明雄三錢、硫磺二錢、牙硝四錢、川椒五錢去仁、寒水石三錢、甘石三錢、檳榔四錢、胡椒三錢、姜皮三錢、生半夏四錢、使君子根四錢去皮焙乾、榧子四枚去殼。共為細末，入麝香、冰片、酥油等調敷患處。亦如治舌癬法，免致臟藥誤事。又：川椒四錢去殼、藤黄二錢、榧子二枚去殼、檳榔三錢、雄黄三錢、硫磺二錢。同末，入豬羊二膽汁調敷。但凡口中有蟲瘡蟲癬，敷藥切忌混入口中，以免誤事。

又 治鼻癬法。《青囊經》云：牛鼻患癬者，由肺火熾盛，致鼻燥熱，即能生疔生癬。又或吃夏日毒草、蜘蛛、毒物亦能作癬。總之，内當清肺火解肺熱，外用殺蟲消毒藥，敷換數次。清肺除熱湯：天冬、寸冬、貫眾、檳榔、黄芩、桑皮、柴胡、白芍、當歸、川芎、甘草、黄芪、百部、黄柏。煎濃，啖服。又：銀花、茯苓、天冬、寸冬、百部、當歸、川芎、苦參、連翹、黄花草、夏枯草、天磨芋、山慈菇。煎濃，啖服。敷藥方：明雄、川椒、枯礬、石脂、膽礬、龍骨、冰片、黄丹、甘石、青黛、海螵蛸。共末，入麝香搽上。又：廣石灰化水澄清用一勺，入桐油或清油、香油、蓖麻油調勻，再入明雄、硫磺、川椒調敷。又：臙頭雞兒、明雄、川椒。為末搽上。

又 治瘟疫證法。青峰曰：夫瘟疫流行，乃天地之雜氣相剝，陰陽不分，寒熱不一，故有此瘟疫之説。亦有感山嵐瘴氣，亦能作證為殃。總之，凡豢牲畜，當知天時，務曉序令，或疫癘流行，傳染鄉市，不宜將牛驅使遠行，恐染時證。又或天氣酷熱，陽光炎暑，或陡致涼寒，必當將息，免惹風寒疫癘等證。又或天地昏暗，日月不明，霧昏籠罩，切忌早夜牧放於山林，違者亦染疫證。總之，凡有疫癘流行，傳染市鎮鄉村者，當用：貫眾、菖蒲、桃柳葉無葉取皮、木香。常泡小便灌之，能避瘟災。又：菖蒲、蒼朮、貫眾、甘松、土細辛、檳榔、青果、甘草、附子、吳萸、當歸、川芎。同搗，煎濃，入老酒、水煙、小便啖服，不染時證。熏藥方：雄黃四錢、甘松五錢、細辛三錢、菖蒲五錢、蒼朮四錢、檳榔四錢、青皮三錢、前仁三錢、降真香三錢無降真香用沉香或檀香亦可、牙皂四錢、藿香五錢、丁香三錢、硃辰砂二錢、川芎四錢。共為極末，用黃紙將藥裹撚成條，早夜時熏，或午間，或夜晚，或更深焚熏。此方無論疫癘時證可避。或夏冬春秋焚熏，亦無外邪雜證。即牢內蚊虻涴濁腥臭，毒蟲蛇蝎等亦能解。若果時熏，不但不染外證，縱染證者亦能熏解。

又 治瘟證感風法。夫瘟疫相傳，乃疫氣作證。何有瘟疫兼風之說？不知耕鑿勤勞，致感風邪，又兼時證。染侵此證，先觀舌底，多屬青黑，口鼻氣粗，鼻上流汗，頭眩眼昏，水草難進。當用排風逐疫湯：麻黃、桂枝、防風、羌活、細辛、當歸、川芎、蒼朮、檳榔、厚朴、吳萸、草果、青果、菖蒲、牛膝、車前。煎濃，入酒曲合啖。又：當歸、川芎、柴胡、木香、厚朴、菖蒲、貫眾、蒼朮、甘松、前仁、牛膝、兔耳風、茅香根、淫羊藿、大楓藤。煎濃，入常酒啖服。

又 治瘟疫傷寒法。《青囊經》云：疫證流行，多屬春夏秋三季。凡牛口鼻或噴雜氣，陡染疫風而致傷寒者，皆由疫證遍行，牧養少知避忌，內已染疫，外又寒侵。此證當從外五行觀之，凡牛四肢全身畏寒冷戰，鼻無汗涕、頭垂眼昏，口舌色黑是也。當用解疫散寒藥：當歸、川芎、升麻、麻黃、桂枝、砂仁、半夏、南星、防風、蒼朮、菖蒲、檳榔、枳殼、厚朴、乾薑、粉葛、吳萸、陳皮、甘草、火蔥。搗煎，入熱酒合啖。又：當歸、川芎、柴胡、麻黃、升麻、澤蘭、蒼朮、貫眾、菖蒲、續斷、牛膝、花粉、側耳根、魚鰍串、椿樹皮、兔耳風、淫羊藿、茅香根、臭膝根、火蔥頭、甜粉葛。煎濃，入酒曲啖服。

又 治瘟疫感暑法。醫曰：天時告變，地氣升騰，故疫證多從暑熱太過，傳入肺腑，久則發為暑疫等證。亦由牧豢之人，未能將息，凡炎熱暑蒸，牧者宜置陰涼，使者宜知愛惜，切勿催急，致牛受暑熱而心肺大張，或思水草而饑未食，渴未飲，故染暑證。或被疫氣相傳臟腑。此證先觀其二便，審其虛實。眼目紅赤，鼻汗長流，口舌黃紫者，法當用清暑解疫湯：苦參、苦蒿、香薷、荊芥、石膏、黃芩、黃連、柴胡、當歸、生地、甘草、檳榔、大黃、蒼朮、菖蒲、甘松、細辛、車前、燈芯、牛膝。煎濃，入綠豆一升，磨漿合啖。又：人參、苦參、青蒿、香薷、黃連、當歸、生芍、川芎、石膏、大黃、生地、蒼朮、貫眾、菖蒲、木通、車前、牛膝、甘草、鐵馬鞭、酸巴根。搗煎，入豌豆一合，綠豆一合，磨漿合啖。又：香薷、青蒿、薄荷、荊芥、車前、黃連、黃荊葉、苦葛子。搗煎，合啖。

又 治瘟疫濕證法。青峰曰：牛染疫受濕者，久成大患。或曰：疫證既染，何有濕侵？不知未病之前感濕，藏伏於內，或既染疫癧，而牛多睡臥，或牢內濕地臥久，則濕氣竄入皮膚，久則疫濕相兼。凡牛牢內務宜打掃潔淨，臥處必以乾草墊睡，牛雖有證，亦少外邪相侵。此證宜解疫消濕藥：蒼朮、茯苓、川芎、檳榔、青果、升麻、麻黃、桂枝、貫眾、菖蒲、芍藥、當歸、柴胡、甘草、陳皮、木通、滑石、牛膝。搗煎，啖服。又：當歸、川芎、柴胡、茯苓、菖蒲、麻黃、官桂、升麻、豬苓皮、生薑皮、椿根皮、火蔥頭、側耳根。搗爛，煎服。

又 治疫證火燥法。醫家皆曰：暑者燥也，燥者火也。暑、燥、火三字，皆從陽證而言，由感暑而致燥，由燥而致火攻。總之，火燥毒熱，或染疫氣，此證宜清燥治疫藥：黃連、梔子、黃芩、石膏、玄參、知母、甘草、蒼朮、大黃、枳殼、檳榔、香薷、青果、菖蒲、甘松、芒硝、郁金、陳皮、法夏、木香、前仁、燈芯。搗煎，入雞蛋、綠豆漿啖服。凡治疫證，先當察其陰陽、虛實、表裏。風、寒、暑、濕、燥、火，乃天地之六淫。然六淫當分內外，如牛五行俱弱，乃受胎不足，而內六淫必先受之；如牛身強力壯，多有外六淫相侵。如能療醫得法，何有牛證無治？凡醫疫證，若無風寒暑濕者外證，宜用治諸般瘟疫神效方：當歸、川芎、柴胡、白芍、防風、蒼朮、貫眾、升麻、細辛、甘松、菖蒲、法夏、廣香、檳榔、青果、前仁、藿香。搗煎，入酒醋、淡鹽湯啖服。又：蒼朮半斤、檀香二兩、北辛一兩、青果三兩。煎濃，啖服。

又 治爛腸證法。青峰曰：爛腸證者，由疫癘流行，侵染雜氣，或春夏時天熱炎暑，致牛內熱難消，或心肺惡毒邪熱所致。凡此證當用消毒解熱藥：大黃、黃連、黃芩、黃柏、知母、生地、當歸、川芎、丹皮、澤瀉、通草、香附、廣香、滑石、麻仁、前仁、牛膝。煎濃，入蜂蜜啖服。又：當歸、川芎、柴胡、黃連、木通、滑石、芒硝、大黃、牛膝、車前、水燈芯、桑皮、馬鞭梢、五穀根。煎濃，入蜂蜜、清油啖服。又或風寒閉竅，久則轉為內燒邪疫爛腸等證。當用清火散寒湯：黃連、黃芩、石膏、粉葛、桂枝、甘草、升麻、蒼朮、吳萸、木香、香附、陳皮、半夏、大黃、芒硝、滑石、甘草。煎濃，入香油調啖。

又　第三篇《配燒藥法》　用三年陳艾，久者更佳，取葉搗極碎，去黑渣，入荊芥葉、蘇荷葉再為搗碎，去細塵細末，用雄黃、川椒、芒硝共研極細，以菖蒲、蒼朮煎水侵潤，將藥和勻，用皂角、細辛，再入麝香、冰片更佳。即無麝香，冰片亦可。配齊入磁壇固封。臨用時，以黃紙裹撚成條，如指拇大。凡有寒凝滯、氣血不通等證，無論何處，先用火紙浸水隔一二層，將此藥壯灸之三次，重者五七次。此法無論何處均可，惟眼、額、鼻、嘴、耳、腮、喉間忌用。此方不可輕視，百發百中，惟疔黃火暑熱毒等證忌用。

清　佚名《醫牛藥書》第一篇《疾病篇》　第一心經瘟。主瘟：此瘟，牛頭點地，口出氣。外治：不用發汗。服藥：青涼傘、山甘草、七星丹、膽星草、地膽、地黃、烏蠅翅、野雞尾、大肉蛇、香附子，共煎水，候冷，加硃砂調服。

又　第二狂瘟。主瘟：此瘟，牛狂，走去抖人。外治：用桃柳枝彈打幾下，或用利痧，發汗。服藥：左纏藤、山藍根、大青，共煎水，候冷，用硃砂三分，明礬煅七分為引。

又　第三強瘟。主瘟：此瘟，牛頭寢，去抖勘頭。外治：用發汗、刮痧。服藥：都大題、大青、寬腸傘、青涼傘、山甘草、柳寄生，共煎水，候冷，加硃砂、明礬為引。

又　第四大舌風瘟。主瘟：此瘟，牛舌腫。外治：用發汗、放痧。服藥：皺皮風、臭楓根、地黃、楓寄生、都大題、左纏藤、大青、青涼傘、山甘草、共擂酒服。

又　第五縮舌瘟。主瘟：此瘟，取舌不出。外治：用發汗，刮痧，用草鞋擦打。服藥：皺皮風、大青根、地黃、都大題、對節蓮，共擂酒服。

又　第六大頭風瘟。主瘟：此瘟，牛面眶腫，開口不得。外治：用發汗，用燒酒噴在牛頭上或用水煮早糯稈農在頭上，灸火，并用口門救藥。服藥：肝蒿草、七層樓、薄荷葉、紅蘇葉、巷耳子、九節楓、蒜仁，均取鮮品，共擂烘調冷開水，連渣灌服，日服一劑，連服兩劑。

又　第七嚇瘟。主瘟：此瘟，牛前臂震動，頭寢，腳軟，如病增重，難醫。外治：用發汗。服藥：地膽、水膏藥、八輪楓、烏蠅翅、大青、膽星草、左纏滕、地黃、七星丹，用細茶為引，煎服。

又　第八血汗瘟。主瘟：此瘟，牛癡，身出血成水。外治：用發汗，放痧。服藥：都大題、藍子、左纏藤、山甘草，用酒擂服。

第九衄瘟。主瘟：此瘟，牛鼻內出血。外治：用發汗，放痧。服藥：地膽、山甘草、都大題、野雞尾、地黃、左纏藤、青涼傘、七層樓、水煎，候冷服。

又　第十腫喉瘟。主瘟：此瘟，喉嚨大，舌根紅。外治：不用發汗。服藥：地膽、地黃、大青、小青、磨盤子、豬婆耳、左纏藤、金銀花、冬青葉、野雞尾、水雞根、細茶、水楊柳，共煎水，用麻油為引。

又　第十一肺經瘟。主瘟：此瘟，牛多咳嗽。外治：用發汗。服藥：枇杷葉、山皂角、豬婆耳、野雞尾、青涼傘、山黃連、烏蠅翅、水雞根，并用食鹽網中水為引，若肺氣不足，加烏藥、標注麻草、老鴉刁，去山黃連、烏蠅翅、野雞尾。

又　第十二脹肺瘟。主瘟：此瘟，牛肚牽，口氣沖出。外治：用發汗、放痧。服藥：大青、小青、地膽、地黃、常山、烏藥、豬婆耳、山皂角、枇杷葉、野雞尾、冬青葉皮、左纏藤、鹿角草、大肉蛇、山黃連，用鹽為引，水煎冷服。

又　第十三膽經瘟。主瘟：此瘟，牛眼開，發黃。外治：用發汗，用明礬、白臘、雞蛋、麻油，先去箍心。服藥：地膽、水膏藥、七星丹、石劍刀、膽星草、大青、小青、左纏藤、七層樓、九重甲、地黃，煎服。

又　第十四心膽瘟。主瘟：此瘟，出眼淚，上眼屎。外治：用發汗。服藥：地膽、水膏藥、膽星草、青涼傘、野雞尾、金銀花、地黃、枇杷葉子、水雞根、山甘草、大青、小青，并隨瘟選用細茶或硃砂為引。或先服明礬、石菖蒲。

又　第十五肝經瘟。主瘟：此瘟，牛眼矇，身癡。外治：用發汗。服藥：大肉蛇、山黃連、地黃、大青、小青、野葫蘆、冬青葉、左纏藤、金銀花、地膽、八輪風。煎服。

又　第十六口黃瘟。主瘟：此瘟，口起泡，舌腫。外治。用發汗，放針，并用服藥方之藥汁滌口藥渣塗敷口唇。服藥：牛舌風、皺皮風、地黃共煎汁，候冷灌服。

又 第十七蛤蟆痧。主痧：肚大、氣急、弄潮。外治：用發汗、放氣。服藥：豬婆耳、山皂角、枇杷葉、烏藥、豆角皮、大青、水雞根、香附子、都大題、野雞尾、左纏藤，加用網巾水為引。

又 第十八脹肚痧。主痧：牛肚大、不倒草。外治：用發汗。服藥：大肉蛇、寬腸傘、野雞尾、青涼傘、大荷根、山甘草、左纏藤、七層樓、九重甲、冬青葉、八輪風、地膽、地黃，共煎水，并加細茶、明礬為引。

又 第十九百葉痧。主痧：此痧，牛鼻誉燥，不倒草。外治：用發汗。服藥：柏樹葉、七層樓、九重甲、左纏藤、大肉蛇、金銀花、鹿角草、野雞尾、山黃連、寬腸傘、青涼傘，并以細茶為引，煎服，另用推車漢鐵甲將軍押後。

又 第二十腸經痧。主治：此痧，泄不止，糞流。外治：用發汗。服藥：寬腸傘、青涼傘、大肉蛇、八輪風、對節蓮、石劍刀、左纏藤、地黃、地膽，共煎水，加明礬磨細為引。

又 第二十一熱痧。主痧：此痧，解糞如射箭。外治：不用發汗。服藥：青茶、大青、小青、野雞尾、青涼傘、山黃連、何首烏、冬青葉、左纏藤，并用總管藥為引，煎服。

又 第二十二冷痧。主痧：此痧，解糞渾，流粘膝頭。外治：不可發汗。服藥：金鐘、地掃、布修根、饅頭樹根、水荷，煎服，若不止泄，再加用烏茅根。

又 第二十三糞血痧。主痧：此痧，解糞出血團。外治：用發汗。服藥：血見愁、破血汁、寬腸傘、大青、地膽、地黃、大荷根、高苞根、八輪風、對節蓮、大肉蛇，用明礬為引。

又 第二十四痢痧。主痧：此痧，牛解糞起搾，眼紅。外治：用發汗。服藥：高苞、大青、大青、地膽、地黃、水膏藥、青涼傘、寬腸傘、山黃連、野雞尾、冬青葉、七層樓、左纏藤、膽星草，用細茶為引。

又 第二十五水血痧。主痧：此痧，解糞出血水。外治：有發汗。服藥：紅娘子、對節蓮、半邊蓮、血見悉、破血丹、左纏藤、七層樓、松毛、石劍刀、推車丸、七星丹。地膽、大青，用檵木葉為引。

又 第二十六桐油痢痧。主痧：此痧，解糞似桐油腳樣。外治：用發汗。服藥：推車丸、左纏藤、金銀花、蠓屎生、八輪風、地膽、檵木葉、野葫蘆、楓寄生、七層樓、九重甲，煎服，若不止，用地掃燉酒服。

又 第二十七霍亂痧。主痧：此痧身熱、眼紅、腹紋痛。外治：用發汗、放痧。服藥：大青、大青、冬青葉、地膽、何首烏、山皂角、枇杷葉、山黃連、野雞尾、大肉蛇、膽星草、左纏藤、青涼傘、七層樓、雞棲藏，煎服。

又 第二十八脫肛痧主痧：此痧係糞門收不得。外治：不用發汗，用松毛、虱草、檵木葉煎水洗，再塗麻油即收。服藥：胡頹子根、黃鱔藤煎水服。

又 第二十九尿結痧。主痧：此痧，牛尾翹起，水管隍或水門開。外治：用發汗，刮痧。服藥：車前草、萹蓄根、水竹根、大青根、黃連根、野雞尾、地膽、地黃、寬腸傘、青涼傘，用細茶為引，煎服。

又 第三十尿閉痧。主痧：尾翹起，後臂震。外治：用發汗。服藥：大青、小青、車前草、萹蓄根、水銀珠、黃連根、冬青葉、地膽、青涼傘、用細茶為引，煎服。

又 第三十一砂淋痧。主痧：尾翹起，水管出血水。外治：用發汗、刮痧。服藥：沙牛、萹蓄、青涼傘、車前、大青、小青、地膽、地黃、野雞尾、蓽茇樹，用細茶為引，煎服。

又 第三十二翻花痧。主痧：花腸跌出，水門收不得。外治：不用發汗、用松毛或蓽茇子煎水洗，再塗麻油，而後縫線，如跌出時久，洗後搓明礬，整復。服藥：都大題，左纏藤，地膽，紅娘子，共擂酒服。

又 第三十三白虎痧。主痧：此痧，牛頭貼地，起不得。外治：用發汗，放痧，若用桃枝著火彈打幾下，走起無事。服藥：地黃、大青、都大題、青涼傘、山甘草、野雞尾，煎服。

又 第三十四縛腳痧。主痧：此痧，牛腳絞，行路打蹇。外治：用發汗、刮痧。用炙火，前三後四。服藥：水揚柳、柳寄生、都大題，共擂酒灌服。

又 第三十五拖痧痧。主痧：此痧，後身憊，腳軟。外治：用發汗、刮痧，放針。服藥：左纏藤、金銀花、野葫蘆、七層樓、山甘草、柳寄生、膽星草、地黃，用藍子為引，共擂酒服。

又 第三十六硬腳風痧。主痧：此痧：腳硬身癡。外治：用發汗，刮痧。服藥：楓寄生、都大題、對節荊、大青根、大肉蛇，共擂酒服。

又 第三十七軟腳風痧。主痧：此痧，腳軟，起不得。外治：用發汗、刮痧、炙火，前三後四；用早糯桿煮泡水遍身打，用柴煉熱地面，傾上小便，再鋪乾草，而後扶牛臥之逼汗。隨後又用燒酒噴在牛背上，并以藁蔫蓋之。服藥：都大題、柳寄生、地黃，共擂酒服。

又 第三十八大腳風痧主痧：此痧，四肢俱腫，上下一樣大。外治：用發汗，放針，火灸。服藥：柳寄生、大青根、地黃、對節荊，共擂酒，調入雄黃為引，灌服。

又 第三十九鼓槌痧。主痧：此痧，腳下腫，發折，爛口。外治：用發汗，放針，用小便燒熱洗腳。服藥：楓寄生、大青根、地黃、都大題、左纏藤、金銀花，共擂酒服。

又 第四十漏蹄痧。主痧：腫腳，爛蹄。外治：用發汗，放針，用松毛煎水，加鹽調勻，洗腳蹄，再敷生肌粘藥。服藥：楓寄生、都大題、金銀花，共擂酒服。

又 第四十一痘痧主痧：此痧，鼻管內有紅點即是。外治：用發汗。服藥：大青、小青、地膽、大肉蛇、何首烏、青涼傘、山甘草、寬腸傘、冬青葉、左纏藤、金銀花、地黃、青豆，用麻油為引。

又 第四十二瘤瘡痧。主痧：此痧，瘡口小，內攻脹爛。外治：不宜發汗，而用放針。服藥：桃葉、薜荔、藍子、左纏藤、金銀花、磨盤子、地黃共擂酒服。

又 第四十三疔瘡痧。主痧：此痧，牛口內生紅點，喉內有瘡。外治：不用發汗，不可當頭立。服藥：水楊柳、地膽、地黃、磨盤子、豬婆耳、左纏藤、大青、金銀花、都大題、青涼傘、何首烏、黃拐藤、黃花母、小青、冬青葉、野雞尾，用韭菜與酒為引。

又 第四十四欝痧。主痧：此痧，牛困，不思水草。外治：用發汗、放痧。服藥：地膽、地黃、大青、野雞尾、山甘草、青涼傘、左纏藤、金銀花、鹿角草，煎服。

又 第四十五時痧。主痧：此痧解糞濺起，有泡、味臭。外治：用發汗，用明礬、白蠟、雞蛋、麻油先去箍心。服藥：大青、小青、地膽、冬青葉、何首烏、野雞尾、地黃、左纏藤、金銀花、山黃連，用明礬為引，煎服。

又 第四十六流氣痧主痧：此痧身起腫塊，腳憊瘸。外治：不用發汗，而用四柱放針。服藥：藍子、都大題、左纏藤、金銀花，共擂酒服。

又 第四十七竄皮痧。主痧：此痧，牛身上生袋。外治：不用發汗。用放針，用山椒葉、柘礬入肉收毒。服藥：藍子、豬婆耳、磨盤子、都大題、大青根，共檑酒服。

又 第四十八瘟痧。主痧：此痧驟發多變，宜早看。外治：用發汗，放痧或吊黃。服藥：山藍根、大青、小青、何首烏、地膽、地黃、野雞尾、車前草、左纏藤、金銀花、黃花母、青涼傘、九重甲、用麻油為引。

清 佚名《相法牛經大全·治療篇·專治四時牛瘴加減十三方并雜方》

第一方：或冷或熱者，進此。春月瘴急。宜用地龍散，寒熱皆可用。蒼朮三錢、川芎三錢、川烏二錢、草烏二錢生用、當歸一錢、甘草一錢、藿香一錢、地龍一條、白茯苓二錢、白朮二錢、薄荷半錢、荊芥半錢、大黃二錢、山梔半錢、陳皮半錢、青皮五分、香附子五分、麻黃二錢、紫蘇五分、芍藥五分、羌活二兩、滑石一錢、姜蠶二錢炒、黃芩一錢五分。為細末，水煎灌。更加川郁金少許尤好。

又 第二方：純冷及涎多者，或微熱交耳、倒尾不動者，急進此劑。耳動可動；不動不可治。川附子用冷水浸半日，要酒醋各一盞，入瓶內伴火焙少時，勿令焙乾，為末吹入。雄黃一兩，梅花腦少許別研，上藥為末，酒一升半，溫暖調灌之。

又 第三方：止瀉。好紅椒一兩、胡椒五錢、山藥五錢、生地黃不拘多少、黃蠟，上藥為末，入麝香少許，用白米煮粥，調藥灌下。

又 第四方：進食瘴，吐倒草，急宜用之。木通三兩、山梔二錢、晚蠶沙二兩、青皮二錢、山藥二錢、陳皮二錢、瓜蔞根五錢、香附子一錢、南星一錢、蒼朮二兩，共焙乾為末，用酒調下。

又 第五方：去涎理瀉。生硫黃少許製，天南星二兩，共為末，用汲井水調，灌如涎盛加半夏、草麻子二味，炒。春用米泔，夏用車前子，秋用泉水，冬用薄荷水，調灌下。

又 第六方：進食，亦專治夏瘴。青皮、陳皮、白茯苓、製朴、藿香、蒼朮、肉桂去皮、人參、檳榔。上為末，用烏梅七個，煎湯調灌之，立痊。

又 第七方：治牛遍身皮戰。百藥煎、蒼朮、荊芥、白僵蠶、晚蠶沙、大黃、滑石、半夏姜汁炒。上藥為末，用蜀葵根煎湯調灌下一方用毛桃汁二錢、麻油一兩，灌下，治夏瘴進食。

又 第八方：專治結草通可治，不通難治。大黃，滑石，上為末，用蜀葵根煎湯，調灌下。

又 第九方：進食。半夏、雄黃、蒼朮、滑石、南星、硃砂、茯苓、桂皮、香附子。上藥為末，用酒三升，煎灌。如見口內生瘡潰爛，去桂皮、香附子二味，加荊芥、朴硝、青黛、黃連，水調灌下。

又 第十方：初有瘴宜用。蒼朮五錢、辰砂五錢、好茶末二兩。上藥為末，用銅錢一串，浸泉水，調灌之。

又 第十一方：白芍藥、藿香、半夏、蒼朮、製朴、甘草、白僵蠶。上藥為粗散，水煎灌之。

又 第十二方：治重舌重舌退者始治。山豆根、貫眾、硼砂、滑石、寒石、寒水石、麝香、海螵蛸、白茯苓。上藥為末，芭蕉自然汁，調抹口瘡。

又 第十三方：專治牛青瘴。香附子炒、陳皮、甘草、山梔子、南星、肉桂、柴胡、大腹皮、檳榔。上藥為末，用泉水同煎灌之。如渾身顫粟者，須加川當歸一兩，煎服。

又 柴胡草果散：治泉江下路瘴。柴胡一兩、烏梅五錢、南木香五錢、檳榔五錢、常山二合、知母五錢、草果五個、細辛三錢。上藥為剉散，入鹽少許，生地火炮，聞香氣取出，用好酒一大碗，煎至半碗灌之。又方：治四時牛瘴。人參地骨散一兩、五苓散一兩、八正散二兩、蜜糖四兩、洗心散二兩、寒水石四兩、大薄荷一把、車前子一把、龍腦薄荷一把。上藥九味，交和為末，用冰泉水調灌，立效。水牛用水四斗，黃牛用水三斗。

又 治牛瘴渴消及倒草者，吃此藥後，五日見水下。青皮、丁香、茯苓、甘厚、厚朴、陳皮各一兩，麥蘖炒、神曲各一兩五錢，半夏、白薑煨、桂心、蒼朮、良姜、藿香、白朮各五錢，共為末，用好酒四升，煎至三升，調灌之。

又 治胎散：牛有胎患瘴者，先灌此藥，後用治瘴藥。白芍藥、地黃、肉桂、荊芥、川芎、當歸、柴胡、防風、人參、茅根、甘草，共為細末，用酒煎灌之。

又 治胎散：瘴後宜用。枳殼炒、木香、香附子炒、甘草炙，上藥共為末，酒調灌之。

又 內補散：生下牛子後補藥。當歸酒浸、川續斷酒浸、牡丹皮、蒼朮、赤芍藥、五加皮、白芍藥、蒲黃各五錢，烏豆一合炒，上藥共為末，溫酒調下。

又 治四時膽瘴：硃砂、乳香、腦香、麝香、朴硝、山梔子、胡黃連、菊花、荊芥、滑石、羌活、獨活、防風、川芎、甘草。上藥共為末，臨服時加前五味入藥內，分作四次，薄荷水調灌之。

又 治雜病諸方：解牛毒。綠豆粉十兩、真鉛粉一兩、泥礬五兩。上藥共為細末，冷水調灌之。又方：川郁金、青黛、川朴硝五兩。上藥共為末，水調灌之。

又 治牛口生瘡：南星、朴硝、黃蘗皮、郁金、雄黃、滑石、寒水石、半夏。上藥共為細末，蜜水調刷口內。又方：滑石、川硝、青黛、白礬、黃蘗皮、山豆根，寒水石炒。上藥共為細末，用蜜調抹。

又 治喉熱口內生瘡及眼赤：川郁金、滑石各一兩，甘草五錢，共為細末，麥門冬飲調灌之，立效。

又 治兩眼生屎：銅青、滑石、黃連、杏仁、青皮、蒺藜炒，共為細末，薄荷水調洗兩眼，即效。

又 治兩眼赤濁：防風、荊芥、滑石、黃連、山梔子、黃菊花，共為細末，用白湯洗後，薄荷葉擂水，調灌下。

又 治兩眼青濁：黃蘗皮、黃連、羌活、當歸，共為細末，白湯點洗。

又 治瀉血：桑白皮、蜀葵根、生葛，上三味，取汁一升，灌下。

又 治尿血：川當歸、絮花。上藥為細末，以酒二升半，煎取二升，候冷灌下。

又 治吃渴：榆白皮二兩，以水煮，極滑熟，取三升灌。又以豉汁調食鹽灌，亦效。

又 治生虱：生土當歸，搗爛浸醋一宿，塗之愈。又胡麻油調塗亦可。

又 治沙疥：蕎麥稈隨多少燒灰，以灰淋汁，入綠礬一合，和塗即愈。

又 治肩爛：舊棉絮二兩燒灰，以麻油調抹，忌水，五日愈。

又 治糞門爛瘡：雞卵殼煨、茄葉、布瓜葉，共為細末，膩粉，麻油調。明礬、雄黃、黃連、連翹、穿山甲，共為細末，以黃丹、輕粉和丸，先用鹽水洗患處，後以藥末乾抹瘡下，即痊。

又 仙傳海上方：芍藥、牡丹、黃連、重樓、花蜘蛛、雄黃、斑蝥出炮、麝香、硃砂、豬牙皂角、雞屎藤、地龍、牛蒡子根、朝東野椒根、黑蜂、八爪金龍，共為末，吹入鼻孔中，用好酒灌之，倒吊，取出涎即安。

又 軟腳瘟方：大細辛、五加皮、八月瓜根槐條二根、地骨皮、柏條七根火炙過、雞卵、乳香一錢、麝香一分、芍藥、茴香，共為末，入酒灌之即愈。

又 喉風海上方：雄黃一錢，擂水桑根絞勻灌，再針舌頭下邊青筋針段二處。

又 疥瘡海上方：硫黃五錢、花椒二兩、三奈子一兩，將藥洗去皮，鍋焙乾，搗研細末，豬油調搽好。

又　發汗散方：升麻、當歸、川芎、甘葛、麻黃、芍藥肉、人參、紫荊皮、香附子、葱三根、姜三片，好酒一升灌之。

又　尿血海上方：雄黃、硃砂、海金砂、馬鞭梢、柏木葉、紅花、當時、甘草梢、麻子、風鬼草、甜水藤、五加皮，上藥共為末，用酒灌之，大好。

又　瘦皮海上方：心紅硃砂、海肥子四兩、烏雞一隻、當歸一兩、豬脂一斤、鹽一兩，啖之。

又　補藥方：紅豆一升、白礬五兩，共為末，開水調灌。

又　春季藥方：大黃、黃連、甘草、防風、梔子、瓜蔞根、黃藥子、知母、貝母，共為末灌之。

又　夏季藥方：黃芩、黃連、大黃、郁金、黃檗、黃藥子、白藥子、甘草、知母、貝母、薄荷、兜鈴、桔梗、地黃，共為末灌之。

又　秋季藥方：枇杷葉、知母、貝母、甘草、兜鈴、杏仁、地黃、木通、款冬花、瓜蔞根、紫蘇、麥門冬、秦艽、芍藥、黃連、白藥子、黃藥子，共研末，用酒灌之效也。

又　冬季藥方：芍藥、厚朴、青皮、陳皮、細辛、益智仁、山藥、牽牛、何首烏、玄胡索、甘草、青葙子共為末，用酒灌之。

又　風瘡藥方：燕石、豬牙皂角、人言取炮、蒼子根，束芝麻油搽之。

又　尿血方：瞿麥子根、黃藥根、紅茨藤根、厚子根、山茱萸，以上五味，煎不灌之。如大小便不通，加地膚子根；水火不通，五加皮煎入，同泡灌之。

又　肚腹痛：用好細辛煎一碗，李子蕊三分，煎茶泡吃即痊。

又　咳嗽藥方：細茶一兩、蜜一兩、椒子半兩、清油半兩、生薑半兩細切，將姜并水和搗，蒸熟，油潤鍋炒，再用好酒姜汁調勻，每日早晚常服。

又《入山采藥》　入山采藥宜用　天倉、地倉、開日、除日。正月初一日、二月二十五日、三月二十日、四月十六日、五月十一日、六月初六日、七月初二日、八月二十三日、九月二十一日、十月十六日、十一月十一日、十二月初六日。此即天倉、開日，采藥靈驗。正月子、二月丑、三月寅、四月卯、五月辰、六月巳、七月午、八月未、九月申、十月酉、十一月戌、十二月亥。此即是天開、地開，吉日宜用。春秋不入東西二山，兇。夏冬不入南北二山，兇。

又《牛病分類治療圖歌方・肝經部》　牛患肝膽風病第一。頌曰：肝膽風牛病不輕，或起或臥眼睛睜。奔走往來不住腳，三朝五日輒心驚。耳急更兼青口色，不治之時病轉深。名方好藥二三服，七八九日使牛輕。必效散：治牛肝膽風病方。青葙子、石決明、草決明、石膏、龍膽草、玄精石、木賊、黃芩，共為末，每服一兩，蜜四兩、硝三兩、水一升，灌之即愈。

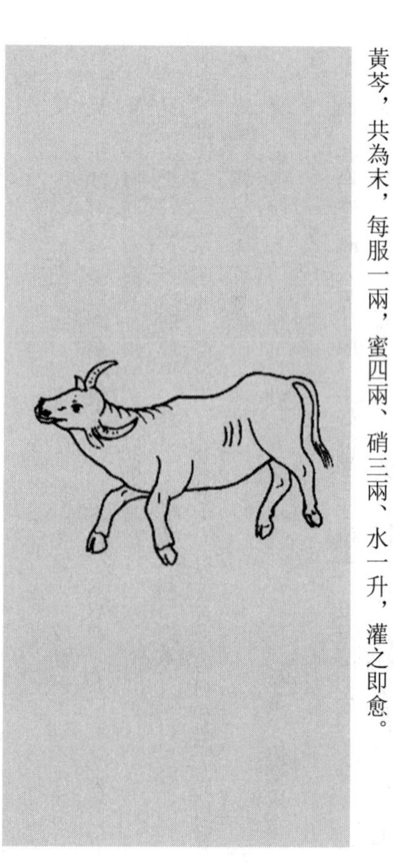

又　牛患肝黃病第二。頌曰：肝黃得病要和良，眼赤頭昂尾掉張。東奔西走不停足，口青舌黑病須防。日淺通醫容易治，延深不救沒奇方。三黃天竹散：治肝黃病牛方天竹、黃芩、玄參、天竹黃、車前子、青葙子、石決明、甘草、川大黃、木賊、斑竹筍，共為末，每服二兩，朴硝四兩、枳殼四兩、好酒一升，用筒灌之，立效。

又 牛患膽脹立頭肝第三。歌曰：牛患膽脹立頭肝，哽氣毛焦水下淤。藥用郁金黃藥子，甘草共連用白礬。黃檗黃芩牛蒡子，蛇床狗脊水銀添。朱幫助龍腦牛黃妙，麝香漿水永除殃。郁金散：治牛膽脹立頭肝方。郁金、甘草、黃連、白礬、黃檗、黃芩、蛇床、黃藥子、狗脊、水銀、硃砂、牛黃、龍腦、麝香、木香、牛蒡子，共為末，每服二兩，漿水一升，同調，日進二服。

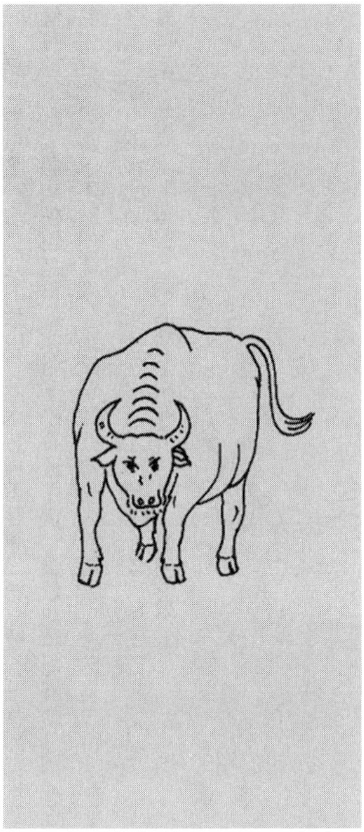

又 牛患熱瘟疫病第四。歌曰：牛患瘟疫五六間，毛焦腹脹腳顛狂。早覺之時能治療，若還不治必遭殃。白礬甘草能治熱，知母黃芩也相當。防風桔梗人參散，一灌之時立見痊。人參散：治牛患熱瘟疫方。芍藥、人參、黃芩、貝母、知貝、防風、白礬、黃連、郁金、黃芪、桔梗、瓜蔞、大黃一兩，山梔子。共為末，每服二兩，砂糖一兩，生薑水二升，灌之效。

又 牛患腳風病第五。歌曰：牛傷暑濕病腳風，水草不住又如常。舒著前面一隻腳，行時拖地不移忙。烏蛇乾蝎并蟬殼，厚朴當歸用麻黃。防風川芎烏頭末，溫酒調下使亦安。追風散：治牛患腳風方。烏蛇、乾蝎、蟬殼、厚朴、當歸、麻黃、川芎、烏頭、桂心，防風、白附、天門冬。共為末，每服一兩，用好酒二升，放溫灌之，立見效。

又 牛患蹺腳風病第六。歌曰：蹺腳風病身體強，頭懸喉喘不如常。水草細喂脹又急，醫人檢藥用參詳。半夏川芎紅芍藥，當歸牛膝共茴香。白附子與肉桂心，烏蛇乾蝎灌之良。烏蛇散：治牛患蹺腳風方。烏蛇、乾蝎、川芎、白附子、茴香、當歸、牛膝、半夏、芍藥各二兩、桂心二兩四錢。共為末，每服一兩，酒一升、油一兩，同調灌之，立見效。

又 牛患膊肢風病第七。歌曰：膊肢風病審須詳，先須前腳似繩纏。疾發之時行不得，渾身木硬似柴樁。當歸桂心香白芷，川芎半夏使乾薑。白附烏附麻黄散，酒浸同調灌既康。麻黄散：治牛患膊肢風方。麻黄、當歸、桂心、川芎、半夏、乾薑、白芷、蜈蚣、黑附子酒浸、乾葛、白附子，共為末，每服二兩，用酒一升，同調，待溫灌之，立效。

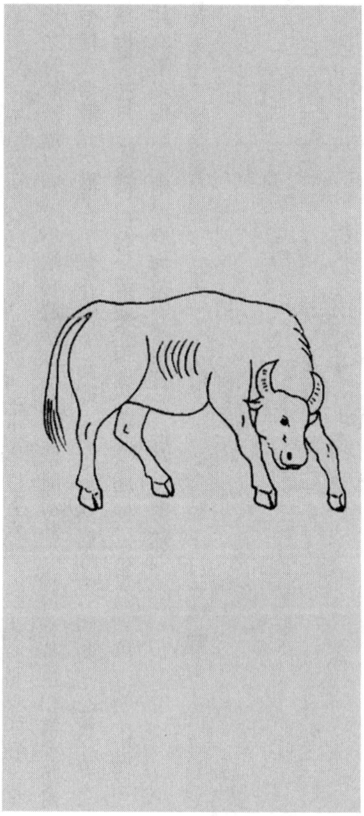

又 牛患雙膊病第八。歌曰：此牛急痙患雙膊，腫痛難行一移腳。水草懶餐賴地眠，急須使用烏鱉殼。附子磁石蜜陀僧，金釵川草能解膊。酒沖連灌二服後，當下不點便除卻。金錢草散：治牛患雙膊方。蜜陀僧二兩、附子三兩七錢、磁石二兩一錢、金釵一錢、草烏一兩一分、烏鱉殼一兩九錢、當歸三兩。共為末，每服一兩五錢，用好酒一升，溫服灌效。

又《心經部》 水牛患心風狂病第九。歌曰：水牛心風走似獐，作聲心熱宛如湯。此病從來心臟起，吃土損肝眼赤黄。黄連貝母并梔子，茯苓藁本與蒲黄。八味煎來同灌啖，便是王良圣手方。鎮心散：治牛患心風狂方。茯苓二兩半、遠志二兩一分、黄芩二兩四錢、知母二兩半、貝母二兩一錢、梔子二兩二錢、藁本二兩四錢、蒲黄四錢。共為末，每服二兩，蜜三兩、朴硝四兩、水二升，同煎灌之，立見效。

又 牛患心黄病第十。頌曰：心黄得病走顛狂，眼目睜開尾掉張。牛有一心原屬火，火來攻火病難防。積熱久聚傳臟腑，且須急治可消黄。清心散：治牛心黄病方。人參、茯苓、板藍根、青黛、大黄、甘草、黄梔子。共為散，每服一兩，蜜四兩、水二升，同調服立效。

又 牛患腦中黃病第十一。頌曰：久熱積盛聚腦中，盤身宛轉作旋風。眼黑更兼吐涎沫，子向星門烙一通。狂沖水淋淋數度，沖天取透有神功。頭風圣方亦安痊，定風散下更除風。定風散：治牛腦中黃病方。天竹黃、防風、人參、川芎、乾地黃、紫蘇、麻黃、天麻、白蒺藜、甘草、黑附子，共為散，每服半兩，水一升，入蜜二兩，同拌，溫服，立效。

又 牛患熱病第十二。歌曰：水牛病熱有根源，膈上關連心肺間。炎天夏月常令病，用藥須先治療看。若是醫家宜用藥，三黃散用得安痊。三黃散：治牛患熱病。黃藥子八兩、知母九錢半、白藥子八兩、貝母九錢五分、大黃九錢半、黃芩一兩一錢、甘草一兩一錢、郁金一兩。共為末，每服一兩，水一大碗、蜜一兩，同調灌之立效。

又 牛患渾身出血第十三。歌曰：渾身出血病根源，水草如常不兩般。血出眼子小堪治，眼子大後治他難。甘草白礬寒水，郁金大黃川黃連。米泔調和六味下，口中灌入病須安。郁金散：治牛患渾身出血方。郁金一兩、甘草一兩、寒水石一兩一錢、大黃一兩四錢、白礬一兩一錢、黃連一兩一錢。共為末，每服五錢，用米泔水半升，同調，口內灌之。

又《**脾經部**》 牛患木舌病第十四。歌曰：木舌塞口似鐵條，肚中肌瘦如水漂。黃芩郁金并甘草，黃連大黃牙芒硝。搗羅一處宜少許，舌塞火烙木賊求。豬脂朴硝頻灌著，不過十日有功勞。牙硝散：治牛患木舌病方。馬牙硝、甘草、黃芩、黃連、郁金、大黃各三兩一錢，朴硝二兩九錢。共為末，每服一兩，蜜豬脂四兩，調水頻灌之，立見效。

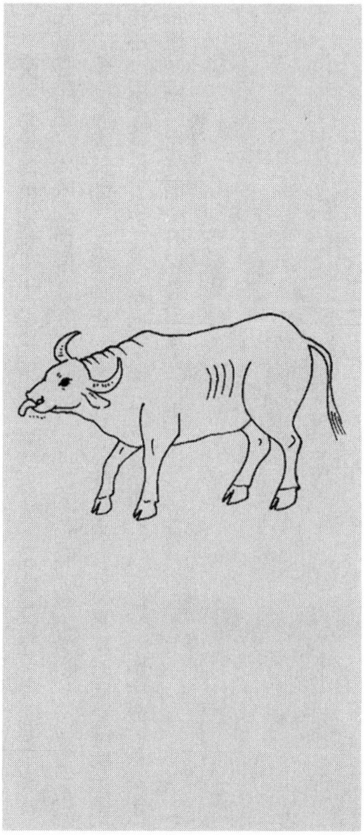

又 牛患草傷脾病第十五。頌曰：草傷脾胃氣不和，出氣如雷氣又多。哽氣更兼心勿亂，毛焦糞硬又難磨。口澀舌紅脾本病，針脾治胃便宜腸。便下大腸穿腸散，朴硝油下蜜為強。穿腸散：治牛草傷脾病方。牽牛、大黃、甘遂、白大戟、黃芩、滑石、黃芪。共為末，每服半兩，朴硝三兩，豬脂半斤，水一升，同調灌之。

又 牛患脾病第十六。歌曰：水牛脾病甚堪醫，口黃黑色似青泥。四腳不收尿又屎，急忙醫療請須知。厚朴白朮并牛膝，麻黃蒼朮恰相宜。藁本當歸都作末，酒煎連灌便痊愈。白朮散：治牛患脾病方。白朮二兩半、蒼朮四兩半、紫菀三兩三分牛膝二兩、麻黃三兩、厚朴三兩、當歸三兩半、藁本三兩三錢。共為末，每服二兩，用酒二升，煎沸溫服，灌之見效。

又 牛患脾痢病第十七。歌曰：冷氣攻脾胃，時時疾後攻。毛焦口鼻冷，起臥腳稍空。傴腰頻換拳，朝後顫驚沖。通脾和治胃，靈方散更功。通靈散：治牛脾痢病方。細辛二兩、官桂一兩一錢、茵陳一兩一分、青皮一兩、陳皮一兩、桂心一兩、蒼朮一兩一錢、芍藥一兩八分、藁本一兩、茴香一兩一分。共為末，每服一兩，用好酒一升、蔥白湯同煎調，灌之立效。

又 牛患鬼氣抽脾第十八。頌曰：虛耗多因鬼氣傷，脾寒胃冷顫忙忙。氣喘長眠頭伏地，翻睛咋舌口虛張。涎流鼻冷瘡生耳，醫人急救用良方。靈應散：治牛鬼氣抽脾方。檳榔、豆蔻、白朮、黃芪、桂心、附子、良姜、蒼朮、甘草。共為末，每服一兩半、生薑半兩、水二升，同煎灌之即愈。

又　牛患蛕鱉病第十九。歌曰：牛生蛕鱉蟲咬來，漸漸尪羸瘦似柴。搖頭擺尾并腳軟，蛕蟲肚內必成災。青鹽百部金釵草，雷丸鶴虱與生礬。楮皮麻黃一處灌，三服之後必然安。青鹽散：治牛患蛕鱉病方。青鹽二兩、雷丸、鉛粉、白礬二兩四錢、百部、皂角、草果、金釵草、苦參、天仙子、五味子。共為末，每服一兩，鹽二兩、水二升，同調灌之，立見效。

又　牛患胃翻病第二十。歌曰：水牛胃翻病根深，冷熱相沖氣不均。食滯口中多糞出，皆由脾胃氣相侵。健胃穴內順針烙，不治多時自惡心。溫酒生薑棗汁灌，三服病效值千金。健脾散：治牛患胃翻方。官桂、厚朴、茴香、青皮、甘草、陳皮、蒼朮、五味子、白朮、青木香、鬼木灰，共為末，每服一兩半，好酒一升，同煎灌，立見效。

又　牛患百葉乾病第二十一。頌曰：失水多時百葉乾，更因負重力傷殘。毛色焦枯糞又緊，日見尪羸腳軟酸。方有三棱豬膏散，服來數貼得平安。牛醫切莫誤用藥，經書裏面用心看。豬膏散：治牛百葉乾病方。滑石、牽牛、粉草、川大黃、官桂、甘遂、大戟、續隨子、白芷、榆白皮。共為末，每服一兩半，水二升、豬油半斤、蜂蜜二兩同煎，灌之愈。

又　牛患水草脹肚第二十二。頌曰：肚脹多因是草傷，天氣炎炎水似湯。冷熱不和因中結，口中流涎吐舌長。醫人須要察其症，熱用涼醫陰用陽。藥有名方大戟散，一服灌之便可康。大戟散：治牛水草脹肚方。大戟、滑石、甘遂、牽牛、黃芪、巴豆、川大黃。上為末，每服一兩半、豬脂半斤，朴硝一兩、水一升，同調灌之立效。

又 牛患水傷病第二十三。歌曰：牛患蕩水鼻如冰，脾胃皆因二氣爭。宿水斂著搖膁顫，渾身肉顫不安寧。溫脾散予頻頻灌，蒼朮厚朴用防風。芍藥當歸并枳殼，生薑酒下有神功。溫脾散：治牛患水傷病方。茴香、蒼朮、厚朴、防風、枳殼、芍藥、陳皮、甘草、白芍藥三錢二分、細辛、當歸、青皮。共研為末，每服一兩，酒一升、姜一兩，煎溫灌之，立效。

又 牛患因水膈痰第二十四。頌曰：困中飲水臟中藏，頭懸搵地口中黃。角耳冷時身又顫，眼中流淚卻成行。用藥通靈脾家快，醫遲必定水攻腸。仙經論裏分明説，瘦損難調有妙方。四順散：治牛困水膈痰方。茴香、桂枝、蒼朮、白朮。共為細末，每服一兩，炒鹽一匙、生薑一兩、水三升，煎灌之，大效。

又 牛患瀉蕩病第二十五。頌曰：忽因困水臟中傷，瀉蕩皆因冷滑腸。飽後傷中氣喘急，致令黃病瘦毛長。慢草更添腹內瀉，冷氣傳來入膀胱。健脾暖胃青皮散，十朝半月得安康。青皮散：治牛瀉蕩病方。青皮、陳皮、芍藥、細辛、茴香、白朮、桂枝、官桂、甘草。共為散，每服半兩，生薑一兩、鹽半兩、水一升，同煎灌之，立效。

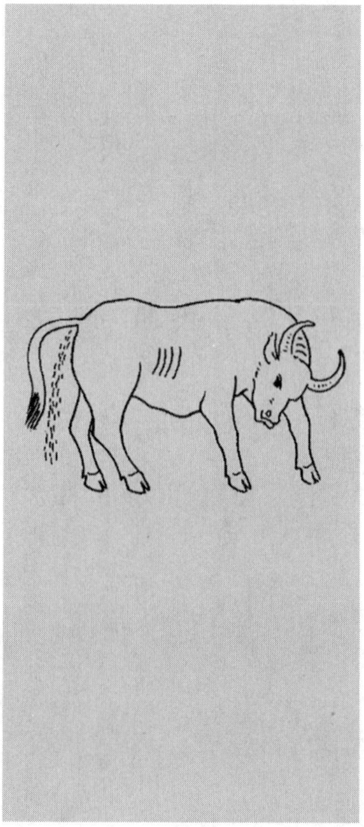

又 牛患浮涼氣病第二十六。歌曰：浮涼氣怯頻臥地，喘息頭懸涎流滴。水草不餐兼脹腸，行如醉狗全無力。當歸芍藥并白芷，檳榔豆蔻用官桂。紅豆縮砂與討草，便是從前造父醫。檳榔散：治牛患浮涼氣病方。檳榔、紅豆、豆莞、芍藥、乾薑、甘草、當歸、縮砂、青皮、官桂、白芷、陳皮，共為末，每服一兩，棗一枚、水三升，同煎，放溫灌之，立見效。

又　牛患宿草不轉第二十七。頌曰：便結皆因牧養非，傷饑傷飽失其宜。宿草難消肚裹脹，起臥時時更掉蹄。肺中毒熱脾虛耗，鼻乾氣急兩由之。水草不餐聲又吼，良醫急救莫遲遲。通氣散：治牛宿草不轉方。狼毒、滑石、牽牛、大戟、黃芩、黃芪、川大黃。共為末，每服一兩，豬脂半斤、朴硝四兩、水一升，同煎，溫灌之，立效。

又　牛患水草不通第二十八。歌曰：水草不通大糞乾，在地打嘈不得安。便用地皮渾身擦，醫人將手後門搬。先使木通并通草，後用涼藥開五臟。山龍地黃皆為末，三棱五味便能安。透龍散：治牛患水草不通方。透山龍、地骨皮、木通皮、黃連、大黃、天竺、茯苓、通草、桔梗根、荊三棱、五味子。共杵為末，每服二兩，灌之即愈。

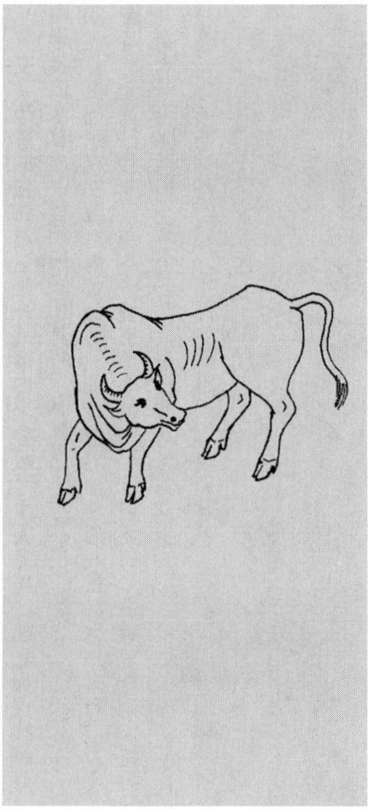

又　牛患脫肛病第二十九。歌曰：蓮花頭開應尾本，因事傷重關外冷。忽然肛脫不須忙，縮砂白礬如反掌。五倍蜜陀木鱉子，龍骨相和有神功。三日之內莫飽暖，便是仙人治脫肛。白陀散：治牛患脫肛方。蜜陀僧、白礬各三兩，川椒二兩半，縮砂、五倍子各一兩半，白龍骨二兩二錢、木鱉子一兩一錢。共為末，每服二兩，用溫漿水淨洗，用紙包之後，送進肛門。

又《**肺經部**》　牛患氣吼病第三十。頌曰：喉中出氣吼聲頻，肺毒皆因熱積成。喉骨大時須用藥，更放大血效如神。骨脹更兼不可治，用心針取血膿清。白礬散中須見效，依方灌之病平安。白礬散：治牛氣吼喘病方。白礬、貝母、黃連、白芷、郁金、黃芩、大黃、甘草、葶藶。共為末，每服一兩，蜜四兩、豬脂半斤，研和同灌，立效。

又 牛患喉風病第三十一。歌曰：結喉之牛人見驚，喘息如同拽鋸聲。口中長流水草出，患須開喉便是輕。秋臥喘吼消黄散，知母貝母共黄芩。甘草荊芥山梔子，三服之内效如神。消黄散：治牛患喉風病方。知母、貝母、黄芩、大黄、甘草、荊芥、梔子、瓜蔞、川芎、牙硝、白礬、朴硝、蛇蜕。共為末，每服二兩，蜜水二升，同調灌之，立見效。

又 牛患肺嗓黄病第三十二。歌曰：出氣聲音響，連類作雞鳴。熱發喉骨脹，涎血化為膿。急救用針烙，開喉别有通。便下硼砂散，連服有神功。南硼砂散：治牛患肺嗓黄方。薄荷、川芎、桔梗、南硼砂、白礬、共檗、甘草、青黛、黄連、人參。共究為末，每服二兩，蜜一杯，酒、水二升，同調灌之立效。

又 牛患肺熱喘息病第三十三。歌曰：肺家風病見還稀，喘息氣粗腳頻移。貝母瓜蔞并甘草，檳榔豆蔻大黄梔。青皮陳皮芭焦葉，桂心知母并當歸。藥末一兩用水下，灌了即愈切勿遲。瓜蔞散：治牛患肺熱方。知母、瓜蔞、貝母、桂心各一兩，檳榔、陳皮、紅豆、山梔子、青皮、縮砂、當歸。共為末，每服一兩二錢，蜜二升，同煎，灌之立效。

又 牛患肺黄病第三十四。頌曰：肺黄得病眼睛黄，臥起抬頭又抵墻。喘氣多因心氣盛，起臥轉筋又蹶張。肺腧穴内針一道，腦後沖天火烙強。又用消黄菖蒲散，將來礬蜜啖為良。菖蒲散：治肺黄病牛方。菖蒲、白芷、知母、川大黄、貝母、文蛤、甘草、瓜蔞子。共為末，每服三兩，白礬一兩，蜜四兩，水一升，同調服之大效。

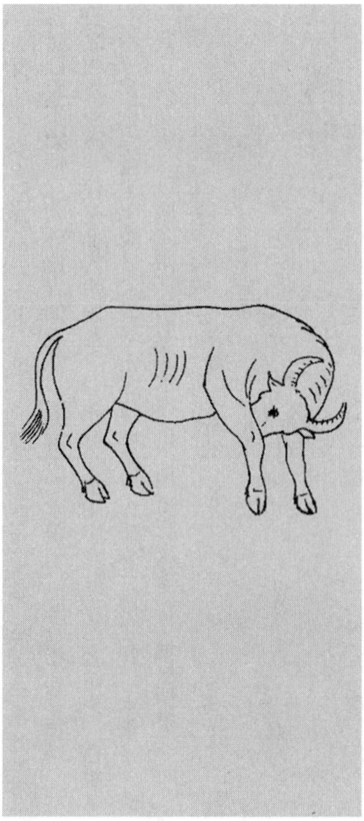

又　牛患心風狂病第三十五。頌曰：五臟積毒又生風，喘急多因肺氣攻。口中流涎眼又腫，遍身瘡疥瘸癱中。耳漫頭懸難著地，更兼哽氣不能通。皂角解毒人參散，三朝半月見其功。人參散：治牛心風狂病方。人參、茯苓、黄檗、郁金、升麻、青黛、甘草、板藍根。共為末，每服三兩，生薑半兩、水一升，同酒灌之，立效。

又　牛患肺熱病第三十六。歌曰：水牛病熱不尋常，肺熱傳脾母受殃。此子病熱時攻注破，有似蟲蝕號疳瘡。用火燒烙兼臁烙，貼瘡灌藥肺毒傷。此病急痛須見瘥，莫教掀鼻疾更張。麝香散：治牛患肺熱方。麝香少許、黄丹七錢、沒藥三錢、蜈蚣三錢、信石少許火煅、枯礬六錢。共為末，細研麝香、信石、黄丹三味，同熬塗之即愈。

又　牛患肺掃病第三十七。歌曰：水牛肺掃心臟熱，涎出長流不暫歇。此病不醫多日後，漸瘦毛焦皮肉結。大黄甘草并桔梗，黄芩貝母生薑列。紫蘇白朮合為末，便是功醫仙經説。治肺散：治牛患肺掃方。紫蘇二兩、知母二兩一分、紫菀二兩三錢、大黄、甘草各一兩半、黄芩三兩三錢、桔梗三兩四錢、貝母三兩三錢、白礬三兩一錢、白朮二兩四錢。共為末，每服二兩，生薑五錢、蜜二兩、水二升，同煎灌之，立見效。

又　牛患肺痛把膊第三十八。歌曰：肺家把膊最難醫，病狀深沉注腳蹄。膊災乾瘦日日添，硬地難行跪膊移。黄芩白芷胡粉好，細辛川芎要蕪荑。蒼朮半夏并貝母，三服之内便痊愈。半夏散：治牛患肺痛方。半夏一兩、知母一兩、貝母一兩三分、蒼朮一兩五錢、白芷一兩四錢、蕪荑一兩、細辛一兩五錢、胡粉一兩、川芎一兩一錢、黄芩一兩炒。共為末，每服一兩，好酒一升，生薑半兩，同調灌之，立見效。

又　牛患肺敗病第三十九。歌曰：牛腳雙彎肺敗傷，鼻中有膿且莫慌。知母貝母山梔子，瓜蔞荊芥秦艽方。白礬百合添香草，一處將來細搗將。蕎麥杏仁調水下，連灌三服自然安。杏仁散：治牛患肺敗方。杏仁、百合、瓜蔞、知母、白礬、貝母、秦艽、山梔子、荊芥、香草、蕎麥。共為末，每服二兩，蜜糖三兩、水一升，一日灌一服，便安。

又　牛患肺勞病第四十。歌曰：肺勞多眼閉，四腳不能抬。五臟熱沖積，傷和胃疾來。肝家似受尅，兜鈴甘草瘥。起臥無時限。鹽灌自除災。白槐花散：治牛患肺勞方。甘草、烏藥、貝母、馬兜鈴、黃芩、白礬、知母、桑白皮、槐花。共為末，每服一兩半，水二升、鹽一捻，同煎灌之，立見效。

又　牛患拖犁力弱瘦病第四十一。頌曰：飽困傷乎肺家衛，卻項抬頭眼淚汪。不思水草又糞緊，醫遲必定肺生瘡。久臥多時發哽氣，起來喘息口虛張。但用補肺杏仁散，灌時切忌著油漿。杏仁散：治拖犁力弱瘦病方。杏仁、蒼床、阿膠、麥門冬、白芷、瓜蔞、牛蒡、桔梗。共為末，每服二兩，白礬、姜黃各二兩，水二升，灌之即愈。

又　牛患水頭風病第四十二。頌曰：頭腫皆因困水傷，更因汗出發風瘡。頭又難懸眼又急，頰頭腫大恰如囊。項緊更兼懸不得，日深必定受風霜。火針更用三聖散，惡瘡頭得乳香良。三聖散：治牛水頭病方。砒霜、硇砂、黃丹外用炒乳香，共為末，用水為丸，如麥冬大小，掃在頰頭瘡中，必痊。

又　牛患皮內生瘡第四十三。頌曰：渾身瘡疥退毛衣，肺毒皆因積熱成。皮毛外應瘡為裏，春秋不瀉熱來迎。低頭亂喘尿流血，用藥穿腸瀉後靈。大血兩針先與放，有醫不會強爭名。郁金散：治牛皮內生瘡方。郁金、苦參、人參、麻黃、薄荷、沙參、甘草。共為末，每服半兩，蜜四兩、水一升，同調熱啖之大效。

又　牛患熱發退毛第四十四。頌曰：渾身發熱氣運傳，眼赤舌乾珠又懸。本因傷熱心肺起，更由失飼致其然。喘急不思水與草，鎮日懨懨只愛眠。脂油調蜜五如散，三服之後卻依然。五如散：治牛熱發退毛方。地黃二兩、寒水石四兩、石膏四兩、烏頭二兩、玄精石四兩。共為末，每服半兩，又用豬脂半斤、水二升、大黃半兩，同熬共煎，同調灌之立效。

又　牛患破作風病第四十五。歌曰：四肢如椽拳似弓，兩眼白膜睛蔽蒙。微微似喘口難張，此痘端是破傷風。風門伏兔須當烙，六竅出血急須忙。靜處暖時高下認，時時灌吃藥加工。天麻散：治牛患破傷風方。天麻一兩、麻黃一兩、川芎一兩、知母九錢半、全蝎一兩、烏蛇一兩、半夏一兩、硃砂少許。共為末，每服一兩，用好酒二升，同煎，候冷灌之，即愈。

又《腎經部》　牛患腎傷病第四十六。歌曰：腎傷之牛腰胯疼，行時點腳又頭平。後腳無力難移步，取垂眼急痛難忍。沒藥骨碎香白芷，鹿茸自然使黃芩。厚朴同和都杵末，生薑酒灌自安寧。百補散：治牛患腎傷病方。白芷、陳皮、厚朴、沒藥三兩三錢、劃薢、茴香、當歸、自然銅、五靈脂、苦楝子、黃芩、骨碎補、元胡、鹿茸、牛膝。共為末，每服二兩，酒一升，蜜三錢，溫灌立見效。

又 牛患困水傷五臟第四十七。頌曰：牛病咽喉困水殃，五臟六腑似刀傷。時時鼻內有膿漿，毛焦眼淚口鼻涼。舌頭木硬腰腹寒，日深必定腳開張。使用良方五積散，用鹽擦項使生薑。五積散：治水傷五臟方。益智、厚朴、白朮、官桂、青皮、陳皮、細辛、芍藥、甘草、肉豆蔻。共為末，每服二兩，生薑一兩、酒一升，同調灌之，立效。

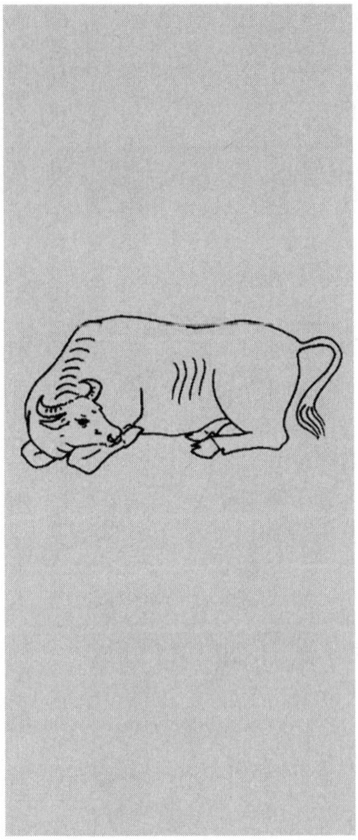

又 牛患黃癩瘦病第四十八。頌曰：膀胱有病見毛焦，日日朝朝氣不調。渾身消瘦腳又腫，懶拖犁耙治田勞。仙經論裏分明說，烏金散予有功高。烏金散：治牛黃癩瘦病方。沒藥、芍藥、茴香、麒麟竭、黃檗、牽牛、茱萸、地骨皮、甘草、川大黃、胡黃連。共為末，每服二兩，水一升、醋半盞，同煎，放溫灌之，即痊。

又 牛患轉胞第四十九。歌曰：轉胞之牛謂因何，因傷起立坐臥中。小便不通車前汁，水草難餐傷胃同。高明一見須辨症，妄投藥餌豈良工。芫花細辛并膩粉，滑石散下便能通。滑石散：治牛患轉胞方。滑石、當歸、慈菰、膩粉、木通、芫花、朴硝、沒藥、細辛、甜芥子。共為末，每服二兩，水草同煎三五沸，溫灌之，立見效。

又 牛患胞虛病第五十。歌曰：胞虛似冷淋，胃水便侵身。其中多受澀，滴滴病加深。暖胃補芍藥，胞門治一針。乾薑白龍骨，茱萸及細辛。當歸紅芍藥，蔥酒灌除根。芍藥散：治牛患胞虛方。芍藥、茱萸、當歸、細辛、官桂、龍骨、乾薑。共為末，每服一兩，酒一升，蔥、油、鹽同調藻之，立見效。

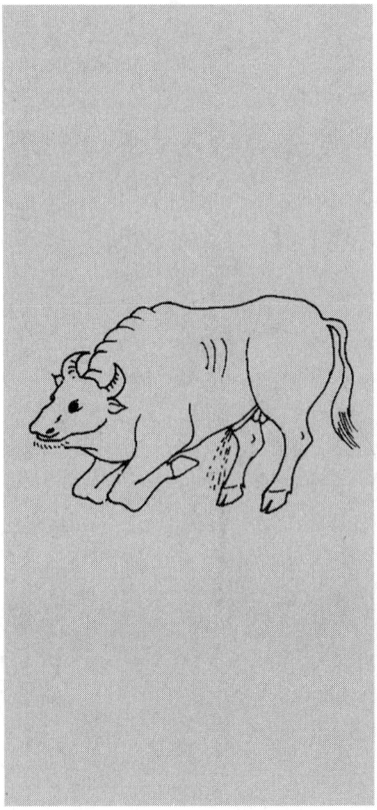

又 牛患眼勞病第五十一。歌曰：水牛忽患腎家黃，四腳難移拳似獐。此病都來因發熱，為傷二氣尿胞脹。陰陽二氣難消理，尿血胞淋用藥方。先使通腸大戟散，酒煎同灌用生薑。大戟散：治牛患服勞病方。隨子、厚朴、豆蔻、木通、牽牛各二兩二錢，滑石、川楝子、茴行、白述各二兩一錢，桂心、海金沙各五錢。共為末，每服一兩，酒一升、油二兩，同煎溫服灌這，立見效。

又 牛患砂石淋病第五十二。歌曰：下尿撒尾更頭平，水牛忽患砂石淋。結藥用金石吞不下，尿臍從前細細尋。前坐熱者用手取，用針割硬莫沉吟。硬毒消水通往，兇痙方才止尿淋。滑石散：治牛患砂石淋方。滑石一兩五錢、木通五錢、續隨子二兩半、桂心三兩四錢、厚朴一錢、豆蔻三錢半、白朮三兩、黃芩三兩、黑牽牛四兩。共為末，每服四兩，水沖，候溫灌之。

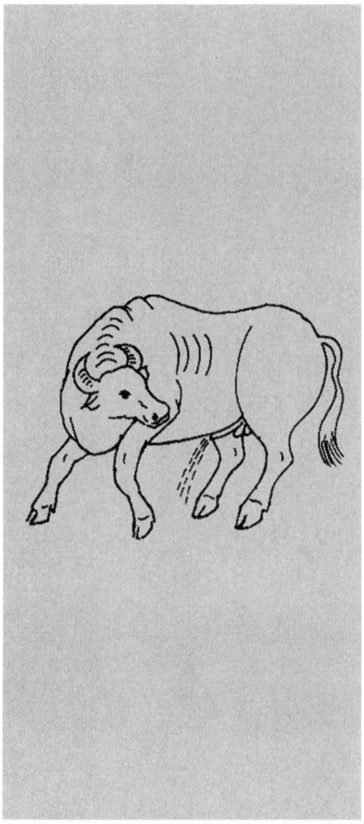

又 牛患尿血病第五十三。頌曰：熱入小腸多尿血，水草不餐大糞結。日夜困眠懶動身，時行瘟疫不須說。當歸散用最通靈，紅花一味煎湯啜。一二服中立見安，後人記取其方訣。當歸散：治牛尿血病方。沒藥、芍藥、茱萸、益智、巴戟、牛膝、秦艽、地骨皮、甘草、莪朮、當歸尾。共為末，每服一兩，煎紅花湯下灌之，立效。

又 牛患牛衣不下第五十四。頌曰：母牛氣逆用疏通，冷熱不和在其中。因此胎衣留腹內，神聖良方知可從。醫時用手塗油入，撥動須臾又見動。神圣散：治牛衣不下方。穿山甲、大戟、滑石、海金砂。共為末，每服半兩，水一升、豬油四兩、灰汁一盞，同調，灌之，立效。

又《**雜癥部**》 牛患前蹄病第五十五。歌曰：水牛前蹄最憂煎，此病

因傷骨髓間。四蹄虛腫難移步，早須醫療莫遲延。松脂急取須燒滴，便令病苦永除痊。乳行龍骨同丹信，人髮燒灰便得安。乳香散：治水牛患前蹄方。乳香五錢、龍骨六錢半、黄丹五錢半、麝香少許、人髮灰少許、信石少許，共為末，看瘡患貼之，大有效。

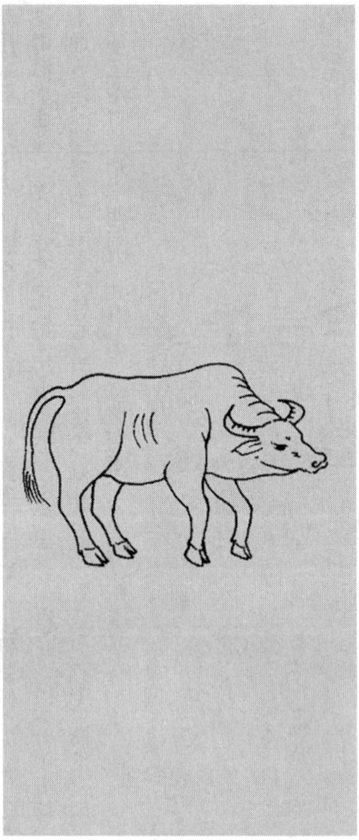

又 牛患蟲子入耳第五十六。歌曰：蟲子入耳最難醫，起臥竄身腦撲地。或是耳中多汁出，挨墻挨柱角藩籬。不用造父黄雀糞，用力磨向直東西。龍腦雄黄生油下，耳蟲立出是明醫。黄雀丸：治牛患蟲子入耳方。黄雀糞、細辛各一兩一錢，龍腦、蜈蚣各一兩，白龍骨一錢，雄黄一兩。共為末，冷水丸如雞頭大，淡鹽湯灌耳內，每服一兩，立見效。

清 佚名《醫牛寶書・治療篇・心經部》 內外殿舌。內殿者，舌腫也；外殿者，皮外腫硬也。牛醫者，看之內外也。裏殿者，內消也；外殿者，破黄也。用藥者，解毒也。消風散，內用天丁、牛子、射干最為靈，甘草、黄連，內加三黄散、灰麵、梔子，下大黄、石膏正相當。

又《殿舌用藥》 牛得病者，名為殿舌黄也。夏包底處者，見齦腫也。外殿者，用針破也。皮殿者，舌腫也。兩邊小舌者，腫之鎖喉也。醫者用針藥也，解毒開喉散也，名為吹者涼火也。用糯米樹皮穿黄是也。

又《舌黄單》 牛醫看病舌為主。己瘡者，解毒也；是黄癥，用之穿黄，信藥之功；爛之紫膿血，亦不治也。舌紅腫者，消導除風，用之涼表也。不吃草者也，餓死春夏秋冬。舌黄救命藥單：防風、荊芥、蟬蛻、銀花、薄荷葉、羌活、柴胡、川芎、白芷、牛蒡子、射干、桔梗、玄參、前胡、山豆根、粉草，燈芯為引。

又《心黄頭赤地》 牛有心黄，原是火癥者，看病打針也。八卦滿盤十六針，心黄赤地作為憑，臘挺皮上用紅信，三十六黄首為尊。麻黄、附子、細辛湯，冷咳癥；心火、心勞不可傷，麥冬、黄連瀉心火；菖蒲、膽星、鎮心散用之，理中湯也。

又《心黄單》 心黄赤地病不輕，牛醫牛癥要用針，三十六黄為心主，二十四脹說分明，五疔十毒針好治，八卦七星九連環，心黄執用八卦針，七星舌上保命全，深淺手中存。藥單：膽星、法夏、九節菖蒲、陳皮、橘紅、貝母、麥冬、茯神、遠志、金佛草、款冬花、白芍、川朴、蘇子、粉草。

又《心黄藥單》 牛病有心黄、心火、心風、心寒、心血、心勞、心痛、心脹、心傷、心氣。有火除火，有氣消氣，有毒消毒。黄邊、知母、麥冬、膽草、郁金、白菊、銀花、蟬蛻、大黄。口舌紅，必有火，破血針。

又《心黄藥丹》 細辛、茵陳、南星、陳皮、黄邊、九節菖蒲根、牙皂、檳榔、關夏、桔梗、麥冬、金佛草、草果、川朴貝母、枳殼、茯苓、款冬花。寒用麻黄、附子，有熱不可用之。砂仁、波仁，開胃眼。

又《清心藥單》 火者，麥冬、連翹、梔子仁、黄連、黄柏、黄芩，下三焦。咳者，開咳有南星、法夏、化紅，兼貝母、附子。硃砂安心用藥最為佳。風狂四蹄不停腳，犀角除風邪，神金和白臘，牛口內吃穀樣，分癥用引子加減。

又《內勞心活血單》 紅者，內傷也。紫者，火癆也。病有癥喘嗽咳，火、寒咳俱。一般牛醫用觀看，病癥要分明，治勞下藥活血丹，桑寄生、生地，并當歸、三七、川芎、白蠟，加貝母、法夏、頂硃砂。

又《發風狂走歌藥類》 牛病發風者，心家有痰火也。狂走者，為風火邪也。痰火者，觸人觸墻心迷也。通痰下火者，用紅衣紅帽戴之頭上，用紅氈罩之牛頭治之。放倒，用藥下之。牛見紅者，自謂黑暗也，吃藥下之才放。

又《定風散單》 發風者，風狂也。火風者，心火風也。醫者用之白虎湯，下大承氣湯，下之火也。用針者，開穴治出血也。若有風者，一不可治也。病輕者，牛醫行之理也，莫不亂行，著主人調宿水草活命也。

又《飛土煞治》 牛犯土煞，挖坑倒樹，造屋開基，各樣飛土煞，打押牛瘟神。煞輕者，用綠米撒之，紅布搭之；重者，死之無救也，養土倒運也。有救者，好治也，起手見功即起。好笑也，分之病癥也。

又《肝經部・牛眼歌藥》 水牛黃牛者，二牛診眼看眼者，紅筋是火也，紫筋者寒閉火也，白筋者水濕也。醫用藥看眼也。防風、荊芥、蟬蛻、銀花、蘇葉、白菊、密蒙花、葙子、石決明、草決明、海金沙、甘草，用酒吃。

又《肝黃歌藥類》 病牛肝癥雙流淚，火落膽家病有傷，走滿火毒疼肝經，此命要歸陰。默望雙眼眼淚滴，尾空一寸如一日，二寸二日病有醫，三寸三日病也重，四寸五寸早早眼，六寸七寸不可醫，牛死見閻君。肝黃藥單：羌活、柴胡防風、膽草、白菊、銀花、蟬蛻、花粉、白芷、蘇葉、黃連、大黃、草決明、石決明、木鱉、蔓荊子、硼砂、海金砂。

又《肝黃雙流淚》 此牛肝黃眼流淚，病不輕，膽內起脹看分明。羌活柴胡用膽草，千金內托病全好；外有紅信莊黃癥，來黃之時病見功；醫人可施針穴法，三朝五日病安康。我勸農夫去作客，牛病我擔承。

又《肝膽吃藥》 牛患肝黃、膽黃，涼肝護膽藥：姜黃、羌活、柴胡、茵陳、膽草、草果、牙皂、草決明、石決明、硼砂、蟬蛻、銀花、白菊花、桔梗、牛蒡子、射干、枳殼、川朴、陳皮、關夏、甘草，燈芯為引。

又《肝膽黃丹方》 柴胡、膽草、茵陳、防風、荊芥、白菊、黃連、黃柏、黃芩、蟬蛻、銀花、知母、梔子、連翹、薄荷葉、蒼朮、陳皮、半夏、甘草，燈芯為引。

又《膽黃口流涎》 病牛作振串膽黃，醫人早早下針方，若還走膽治不好，就快此牛壽不長，辰時發病午時死，一日未滿見閻王。我今告訴牛病者，另請高明也。養主對我哭兮兮，死馬把做活馬醫，醫者針藥治，解毒湯中救活之。

又《膽黃歌藥類》 三十六黃，膽癥最煞兇，養主打馬請郎中。作振流涎膽走病，筋紫眼黃是膽經，散走串破膽，鬆皮脫骨無藥醫，有人見此癥，早用人言快下信。救命藥單：貫眾、赤苓、硼砂、茵陳、藁本、桔梗、郁金、柴胡、膽草、梔子、連翹、黃伯、黃芩、牛蒡子、射干。

又《脾經部》 脾黃毛有水。牛受病者，脾土虧也。毛外水者，腑內有黃也。脾土不和，水草不納，醫者調元補氣活血也。砂仁、白蔻、酒當歸、烏豆子，發表之針，天衣故有水汗不收也，血化為汗也，脾土絕也，是死無治之也。

又《脾黃單》 毒血吊脾變成黃。腫者，醫用來破消；瘦者，調元補長筋。健脾開味吃稈草，醫者用心好良方，有病當之表無病，內傷不在強殃去，緩緩調病針藥方。脾黃救命單：紅花、桃仁、元寸、三七、烏豆、苡仁、乳香、烏藥、阿膠、知母、川芎、白芷、木香、法夏、陳皮、生地、當歸。

又《肺經部》 㨾牯閉汗歌藥法。牛耕田耙地累之有汗，風雨冷之，脈沉，不動不吃水草，為閉汗，麻黃發汗。牛在山上吃草，日曬出大汗，風雨淋之為閉汗，用針發汗，用蔥姜引之也。

又《咽喉吃藥單》 防風、荊芥、白芷、川芎、牛蒡子、射干、桔梗、羌活、枳殼、前胡、元參、山豆根、粉草，燈芯為引。

防風、荊芥、蟬蛻、銀花、薄荷葉、牛蒡子，射干火喉者加黃連也，原引子。

又《肺黃眼不開》 牛病喘者肺有虧，病在膜元用藥追。麻黃蘇葉合枇杷，八達杏仁款冬花。肺為七臟之華蓋。肺熱須用黃連麥冬治，肺寒當用麻黃肉桂細辛附子湯。鼻水臭者，爛肺也，醫者莊黃要打針，此病看分明。

又《肺黃歌》 牛醫看病肺受寒，黃牛水牛母牛肺癥有三般，咳嗽喘寒兼火濕，鼻涕膝冷是肺黃，肺癰肺爛鼻屎臭，仰肺牛病壽不長，醫者用心下藥方，潤肺平咳消肺氣。救命藥單：知母、貝母、桂皮、橘紅、枇杷葉、洋果八達杏仁、百合、蛋白自取金佛草、款冬花、蘇葉、木香、肉桂、粉草。

又《肺黃藥單》 麻黃、杏仁、柴胡、化橘紅、枇杷葉、麥門冬、桂枝、貝母、羌活、烏藥、芥子、百合、蘇葉、法夏、茵陳、香附、川朴、乾葛、甘草，佛手為引。

又《肺癰肺爛藥方》 喘者，肺也。鼻乾者，有火也。鼻水者，水嗆肺也。鼻閉者，肺癰也。鼻血者，血在于肺也。用藥者，清心保也。金佛草、款冬花、海青草、耳環金釵、川貝母、法半夏、九節菖蒲，佛手為引。

又《腎經部》 腎水有虧。牛患腎水必有虧，尿紅多少出。腎于收絶敗，無尿命不長。牛醫看病癥，告謝養主轉還鄉，若要我今治回生，用藥病無妨。補之腎水眼珠光，三朝五日病安康，此癥不用藥，死之救枉然。

又《腎水藥單》 腎虛、腎虧、腎敗、腎絶、腎乾、腎火，備病分明。當用可用，不可用不用。不明不白，牛之誤要死也。杜仲、故紙、茯神、遠志、當歸、生地、紅花、棗皮、炮圓桂圓又名龍眼肉并貝母，酒引。

又《腎黄單》 牛病腎癥者不可涼也，用藥古之腎熱也。腎黄藥單：木通、車前、滑石、吴萸、小茴、附子、川芎、白芷、羌活、柴胡、陳皮、關夏、茵陳、蒼朮、藁本、粉草，柚子皮引。

又《腰黄單》 病者于腰也，腎主于腰也，寒涼火腫黄濕。用藥，渾身放針，吊信。二十四針八卦，補腎炒鹽燒酒撫之背上推拿。腰當中撫之，名為八卦乾連通。吃有治，不吃無治。腰黄救命藥單：羌活、柴胡、細辛、牙皂、草果、茵陳、蒼朮、白蔻、川朴、黄芪、黨參、法夏、杜仲、故紙、桂子、川芎、白芷、木通，用鹽引。

又《臍黄單》 縮臍者，淋病癥。五癥：鐓下縮陰，寒邪、暑、濕、火、冷。五癥，壯陽發表解毒除風收上，用藥吃抹搽洗，放針散血，護養。行針，活血補虛法寶。用藥開列于後。臍黄救命單：生地、當歸、枸杞、肉蓯蓉、杜仲、故紙、貝母、玄參、茯神、棗皮、阿膠、麥冬、肉桂、伸筋草、粉草、附子、炮姜，酒引。

又《失臍下鐓歌藥》 鐓牛之人要交代，母牛莫到公牛身邊來，剛剛爬上去，失出鞭子來。疼腫者難治也，用女人法寶、荷葉燒灰煎水洗之，臍不疼腫者好治也，冰螺散搽上臍，牛醫道世算好的，多把幾文錢來謝你。

又《涸水傷陰歌藥類》 牛病水傷陰癥，母牛伸舌眼眨。醫作方，分于養主下手幫。牯牛陰癥内縮臍，渾身搖振舌伸伸，我今用眼看分明。公牛母牛用熱藥，附子炮姜加明雄，黄芪黨參兼生地，塊苓貝母陰八味，用之平安全好也。

又《火淋病歌訣》 牛有淋癥，小腸經病看分明。元是火，即血尿下便分清。公牛病紅血為小腸之火，用涼藥治之。自淋用熱藥托之。尿閉一日二日死也。醫看穴法分説，以火之解毒湯發之。火淋吃藥救命單：防風荊芥散；白淋，除黄解濕，陳皮、茵陳、藁本、肉桂、附子、細辛、生地、當歸、黄芪；千金内托血者，止血湯，郎中手到眼到者。

又《火淋歌藥方》 牯牛尿臍病不輕，此病名為是火淋，臍毛上有千結水，下炎之淋用藥治，爬山虎藤柿子蒂，大黄梔子連翹配，百結藕内加滑石，車前木通木鱉早添之。

又《血淋歌訣》 牛牯黄牛水牛為下鐓方才出之淋癥，五淋合診藥針心法，調整表裏分病。用破血湯，又加活血湯，止血、生血、調血、養血、破氣血，醫手好目觀知，紅花桃仁為妙。

又《尿血火方》 小便屙血，要分公母。牛病膀胱有熱，血火燒，遍身毛焦。血之先出破小便，後出血來火攻腸，寒邪暑濕分水痢，醫人看癥用藥方，木香黄連以涼腸，尿血行之病無防，此牛壽也長。

又《冷淋歌藥方》 渾身無火冷時多，好似皮寒振呵呵，無有太陽身作冷，此癥冷淋井水樣，助陽藥内除病根，郎中仔細看得清，毫毛孔竅看分明，尾甲當中不用針，未有藥方用之靈，火針治之保安康。

又《沙淋歌藥方》 牯牛病虛不起陽，時時刻刻臍流漿，骨瘦毛長無有力，養之閑物一場空。養主之人請郎中，用藥之時需加減。同前方有大不同，看病須知無針治，長陽補體十全大補湯。

又《石淋凍結歌藥方》 牛病石淋結積精，多凍魚膠一樣行。藥能分與君臣用，陽起石末最見功。寒結者火藥治也，附子炮姜加肉桂。火病淋癥用涼方，換單内加霹靂散，農戶勸我早早診。

又《石淋病歌訣》 火石為熱水石腫，血石膿，冷石如流黄水，沙石不住水。曲淋起樣搭欄，大小母牛不當欄，亂走經血，以出為足，閉結成石。醫人鍛石化冰，郎中用心把藥開。生草藥方單：半邊蓮、土蜈蚣、破銅錢、生桃杞、生柏葉、銀花藤、車前草、野大黄、土黄連、百節藕、活血丹、爬山虎、生南星、地南蛇、矮腳樟。

又《交副曲淋歌藥類》 公牛母牛在起欄，交副之曲受淋傷，公牛攏上母牛走，包不相當失臍了，攏淋俱用藥，冰螺散内收也。淋血者，尿行血也。曲臍者，腫爛臍，是死也，無治。

又《胃腸部》 二十四脹藥。心氣脹者，朝發朝死也，暮發暮亡者，無醫治也。各脹者，用藥針消也。膁絛毒脹者，針之救命也。紅沙脹者，非時惡脹也。肝膽脹者，黃毒竄于膽也。醫脹者，莊黃用信也注：即用信石吊黃。

又《消脹藥單》 紅沙、臁脎、心、肺、肝、腹脹、直葉百葉、兩肚脹、膀胱、尿脹、屎脹、血皮氣脹，用針方消膨脹藥可治。木通車前與木香，肉桂茯毛配檳榔。陳皮半夏及丁香，沉香烏藥并佛手。入汗汁水引為方。消脹藥方：茯毛大腹皮、檳榔、吳萸、小茴、木香、肉桂、樟龍子、陳皮、半夏、烏藥、香附、丁香、沉香、香茹、大茴、降香、砂仁、白蔻、樟木、佛手、鹽醋為引。

又《紅花脹牛方》 春牛得病四月傷，農夫下田亂忙忙。牛吃紅花肚發脹，不知吃者牛命亡。若凡知者牛不死，用之消氣最為良。淡醋灌之肚腹內，外擦氣消保安康。若還脹過牛倒地，牛聲大叫即斷腸。養主淚汪汪，牛肉掛滿堂。草食脹方。牛吃毒草在春天，雷風雹雨各草生。蝦蟆出土毒為脹，草食腸家不運化。茯毛檳榔加木香，山楂神曲配麥芽。枳殼川芎正當用，引加柚皮入麻油。

又《治吃水脹方》 解水毒單：貫眾、黃連、滑石、甘草、銀花、薄荷、荊芥、蟬蛻、花粉、白芷、郁金、赤苓、木香、茯毛、檳榔、肉桂、吳萸、小茴、烏藥、香附、紅花、化橘紅、半夏、草果、木通、前仁、川芎，鹽醋引，葫蘆殼、柚子皮、麥笠。

又《百葉脹歌藥方》 內傷百葉病根由，火結草脹癥不同。口中不把為嚼打，此牛病重有十分。乾燥百葉水不通，即用鱔魚灌鼻孔。麻油一碗同送下，百葉鮎通胃也開。此牛必定吃鮮草，肚消脹氣保安康。牛醫用藥針消黃，水瀉不分利大腸。

又《血皮脹方》 此乃氣血者為之，血不和也。母牛血毒者，血不流行也。血結在裏者，破血治也。血在皮者，用針放血也。醫者針藥也，看病者分為生死也。血不出者，特請名醫來治也。

又《臁脎脹藥》 二十脹者，謂之惡毒脹也。臁脎者，毒火氣血攻毒也。肚不大者，頭拗口吐泡也，正是臁脎脹也。打針者，第三根肋縫一寸分戳也，拔針出氣者，自好也；若不消者，牛就死之無救也。

又《臁脎消脹藥引》 臁脎用針法，後麝香。肚脹用木香、檳榔。膽脹用羌活、柴胡。肺脹用肉桂、附子。氣脹同上藥方。尿脹用車前、木通、化橘紅、佛手、柚子皮、樟枝子、茯毛。心經火盛用燈芯、竹葉、石膏、綠豆引。寒癥用蔥莧、生薑、紅棗、柚子皮引。泄瀉痢癥用醋、蘆粟殼、蘿蔔菜、罌粟殼、陳米、觀音竹引。火癥燈芯、石膏。牛腳拐用短腳樟、尋骨風、南藤。氣傷筋澤蘭、麻葉莧引之，墳酒白糖煎水服安。三十六黃，二十四脹，五疔十毒，表裏內外雜癥，用心記之，效驗也。

又《腸結藥單》 牛病者，腸內火也。火者，結食也。有痢者，瀉血病，大小腸鳴也。火者，用之涼也。濕者，除濕也。腸者，九曲彎也。上結者，名為結胸也；後結者，水痢也。藥治寬腸理氣也。火結者，糞難出也，用豬膽導之也。寬腸結脹方：草果、牙皂、檳榔、枳殼、厚朴、木香、黃連、木通、車前、六乙散、滑石。開關結用芒硝、大黃、瓜蔞、枳實、牽牛、蜜糖，用麻子、貫眾、米泔水引。

又《通腸藥單》 腸結者，腸痛也。食草結者，不運化也。屎尿不通者，是火也。寬腸理氣。細辛瓜蔞用芒硝，大黃牽牛添草果。木通車前加甘草，火用黃連加膽草。藥能加減，用引子佛手、淡醋方。

又《大小便單》 牛有糞結者，用藥下之也。芒硝、大黃并巴豆，瓜蔞、枳實加牽牛。下之不淨，石膏白虎湯正當尊。倘若不靈，再用豬膽導之大便，用心下瀉痢之藥，見分明。小便尿閉塞，命門有虧，木通、車前，用姜蔥，閉一日者，死癥也。

又《糞血火結歌藥方》 大便有結是糞火，大腸百葉屎不屙。用之下藥作推磨，白虎湯中消導屙。車前木通要用多，血若先出肛門閉。血于後出火攻腸，郎中開眼看此病。三朝五日得見功，重重要謝牛郎中。

又《腸黃單》 腸病者，是火也，糞結；寒冷涼者，痢癥也。屙血者，破血治血也。我診之病也，醫人看之體。腸鳴自痢，止血痢，分大小便，厚腸活血。用針穴，莊黃，收攝方法分明十六針。腸黃救命藥單：茵陳、蒼朮、六乙散、肉蔻、赤苓、豬苓、澤瀉、枳殼、厚朴、木香、黃連、烏藥、香附、大黃、粉草、陳米、燈芯為引。

又《腸黃屙瀉屎》 牛有病者，腸鳴自痢也。火痢者，腸火也；水痢者，寒涼也。腸風、腸毒、腸滑血，用木香、黃連厚腸也。寬腸理氣者，用枳殼、厚朴，用六乙、五苓合解除腸濕。舌白、舌紅、舌青、舌黃、舌紫，并山楂、麥芽、陳米作為引。

又《止痢藥單》 火痢者，厚腸也。水痢者，分解也。紅白者，寒熱不均也。虛陷者，補之也。藥性者，表裏用也。火用木香、黃連，要茵陳、陳皮、貫眾、木通，用車前、五苓，合用添罌粟殼。

又《痢癥藥單》 內傷吐瀉者，寒熱暑濕也。霍亂者，腸內不和也。止痢者，豬苓、澤瀉并豆蔻，扁豆、烏梅、罌粟殼，枳殼、厚朴、胡黃連，木香、木通用車前，貫眾、甘草效更全。

又《霍亂轉筋單》 病者，為霍亂也。陰陽者，為水霍亂也，乾霍亂者，不屙硬屎也。陽亂者，四蹄朝上四腳劃也；水亂者，屙水泄也。用藥者，六和湯治之也。口不能食者，醫用針法也。陰分陰者，陽分陽也。表裏不分，此乃是此癥也。

又《屙血單》 糞前糞後血，屙血，紫血，紅血，血塊，血水，瓜瓤黑血，桃紅大腸糞血，小腸腎血。或在于尿，尿前尿後經血，閉血，散血，敗血，瘀血，濁血。調補藥單：塊苓、檳榔、法夏、肉桂、黨參、白芍、淮山、枸杞，酒烏烏豆服之。

又《胎產部》 新生牛婆閉汗。母牛生發之時，長旺身月起欄，多受風雨，閉經之時，鼻無汗矣。農戶初養亦不知，牛閉汗，不吃水草心作慌，連忙放去走忙忙，到了醫家無別事，特請先生快下鄉，治好我牛病，後謝你先生。

又《母牛經水不調歌訣》 經水不調者，為之錯前錯後也。白帶月分者，熱矢虛體也。調經活血也，生地、當歸、白芍、塊苓、枸杞、杜仲、淮山、郁金、玄胡，補血調元，牛得安胎。破血桃仁加紅花、土鱉，用之不差。

又《胎前爲病》 牛有胎病者，體虛也。用藥治也，和血安胎也。赤脈旺者，胎可安也，以為好也。醫不治者，病重也，當治者見之。胎死者，母牛亡也；胎活者，牛娘大生也。不用針者，乃用藥也，補生十全其美也。

又《十全大補》 牛病毛鬆瘦者，多無有肉也，十全大補也。生地、當歸、黃芪、黨參、貝母、法夏、茯神、遠志、棗皮、苡米、粉葛、川朴、故紙、杜仲、玄參。

又《又補湯十全》 熟地、苡米、杜仲、故紙、全歸、黨參、貝母、茯神、楝冬、紅花、白芍、砂仁、粉草。

又《打胎歌藥類》 母牛娠胎若不生，醫人用區最當先。有血成塊破血塊，子在肚內不能生。先用開骨散，川芎當歸破生路。子胎強，用斑蝥配紅娘。紅花桃仁加麝香，五倍子同馬錢子。頭髮燒灰效應驗，地射封門子出現。

又《催生歌類》 生子者，子胎為滿也。母牛病者，無有氣血也。十月以為之胎滿也。在于生時，分之死生胎也。請醫者，藥方，冰螺，鱉魚頭燒灰，催下胎衣，用雞頭、菱子葉。全下一個，分一個；下一邊，分一邊；下一角，分一角。必下也。

又《產後血氣》 若牛病產後者，血為下也。未滿月者，風雨水冰也。六月生子者，受乾暑熱也。熱以血失者，破血治也。靈脂蒲黃川郁金，紅花桃仁白藥行，淮山阿膠玄胡素，肉桂麻黃發汗靈，若還加入木香等，通氣活血最可平。

又《母子傳癥》 母子二牛共欄關，母傳子病不能輕。子傳母病氣後傷，二虎相鬥有損傷。若還救得母子好，山崗會上請牛王。神藥兩付保牛好，養主欽賜謝牛王。多謝先生好妙方，救得母子保安康。母子相傳之病，名為子傳母，母傳子之瘟癥。母子相傳藥單：蘇葉、防風、荊芥、薄荷葉、陳皮、半夏、梔子、連翹、黃柏、黃芩、硼砂、大黃、蓮子、乾葛、川朴、山楂、麥芽、神曲，子用米湯為引，母用食鹽洗口。若要開胃，加砂仁、五味子。

又《奶痛奶巖歌》 奶痛奶巖歌曰：此病奶毒者，亦有內吹也。內吹者，子牛開口傷于母也。外吹者，吃奶吹也。病有三癥也，奶毒、奶癰、奶巖、奶脹也。脹者，用手推奶也。癰者，巖毒之藥也。爛者，消風解毒湯。火奶者，涼藥加燈芯引也。

又《吃藥解毒單》 解毒、敗毒、散毒、消毒、化毒、拔毒、托毒、洗毒，吃藥、搽藥、洗藥、合口藥，生肌散。消風、拔毒、淨膿、散血，三黃鐵箍散。用芙蓉花、灰麵頭，搥爛敷之。

又《一巡風》 平安散治之，太平針。子用龜板、鱉甲、山甲，平咳。母牛藥敗毒散：貫眾、銀花、蟬蛻、薄荷、蘇子、法半夏、茯神、生地、黨參、貝母、粉葛、川芎、當歸、茵陳、蒼朮、甘草，酒為引。

又《一巡風歌藥方》 此牛得病一巡風，針脈穴法要精通。上下遍身八卦針，春夏秋冬分四季。防風解毒病有功，若凡寒邪暑濕癥。發表麻黃附子功，陰陽紛雜在變通。

又《外雜部》 外癥雜方。角根黃毒、頭黃毒、面黃毒、眼黃毒、鼻黃毒、殿舌黃毒、鎖口黃毒、齒毒、鐵骨毒、鉆心毒、大小便毒、蹄毒、尾血毒、心毒、肝毒、肺毒、膽毒、疔毒，祛毒解肌湯，用針破毒。

又《托腮鎖喉藥》 牛之病者，有托腮鎖喉也。火毒攻喉者，牛聲可叫也。用開喉解毒湯：甘草、桔梗、牛蒡子、射干方，青魚膽汁、薄荷良，黃連、硼砂不多用。外腮皮腫為托腮，托腮之癥用莊黃，加入紅信最為良，針破毒上保安康，恐罷一日二夜，養主要提防。

又《筲箕黃歌》 肚皮病者，在奶前名為筲箕黃也。牛毒者，水濕攻于毒也。黃牛者，名為火毒也；水牛者，捆水傷于水毒也。醫者用針刀破之。黃者，好治也；血者，名為血泡，難醫也。倘要醫治者，但看養主之福利也。

又《尾黃歌訣》 牛尾拾節，尖一二三四五六七八九十節實。空軟一寸一日得病，二寸二日發病，三寸三日重病，四寸四日難病，五寸五日分癥，六寸六日不吃，死者，七寸七日一喊跪，拿來刀和水，無醫治者也。吃掩搽藥醫之毒。尾病脫節藥單：上上六、麝香、青粉、血竭、兒茶、陀僧、石礬、龍骨、爐甘石、銀朱、白臘、青黛，腫毒黃吃水藥，以黃連解毒湯發之即愈。

又《蹄黃歌訣》 串蹄黃者，拐腳也。失膀腫，前後四蹄拐爛破膿血。消風敗毒，放黃解毒除濕，破針刀穴法，離宮八卦二八十六針，出血有治，無血膿縮筋，同方共單收功。解毒吃藥單：上六、麝香、兒茶、青粉、爐甘石、血丹、青黛、冰片，以上數味研末用之。天丁、藤黃、鍋煙子以桐油調之。

又《吊蹄黃藥方》 牛患腳病者，血脈不流行也。毒黃者，毒氣也。拐腳者，筋不能伸也。用藥治也，長筋活血湯、獨活寄生湯、防風解毒消風散、敗毒散，牛膝、木瓜、加皮、桂枝、杏仁、苡仁米、秦艽、續斷、威靈仙。

又《串蹄藥方》 牛患腳病者，四蹄拐也。腳有病者，名為串蹄黃也。腳氣者，是腳風也。交腳失膀者，五癥也。請醫者，針法治之也。藥者獨活寄生湯，牛膝、木瓜、加皮，有桂枝方可用也。

又《軟腳瘟癥》 腳病軟者，體虛也。血虛不養筋者，病在于腳也。坐欄軟腳自瘦者，渾身無肉也，用強筋活血藥也。藥病之功者，醫打針也。此病看分明。用藥如用兵，牛有五般腳病癥行之也。

又《坐欄軟腳瘟》 牛患坐欄軟腳四季看。春天軟腳不起，夏季軟腳病重，要打針。秋燥軟腳暑閉，黃信莊。冬寒軟腳冷癥，用火燒。獨活寄生湯，烏豆水酒下白糖引子，好病方。

又《頸有七癥》 頸縮、頸腫、頸癱、頸黃、頸毒、頸風、頸痛，頸有七癥。縮頸，活血消黃解毒，鱉魚頭燒灰，冰螺散，用石灰、灰麵、黃梔子，燒酒敷搽調。解毒湯，黃連、石膏、燈芯、竹葉，同毒頸藥方一樣。 惡病癥，風邪、毒氣、水濕、血毒、打傷疼者，為毒。消瘦、頸痛，名為恨頭。倦頸嘴朝天，日日夜夜不安眠，醫入針法看明，藥方加減用，毒清都可用。

又《剖藥方》 桑葉、川連、花石、乳香、白芷、白蠟、血竭、冰片、乾石、姜黃、寄奴，共研末。八腳方、川椒、銅綠、人信、水銀、冰片、蟬蛻，共末。

又《打傷單》 川烏、草烏、獨活、寄生、南藤、腳樟、川芎、白芷、地龍、土鱉、生地、當歸、秦艽、續斷、北芪、黨參、白芍、茯苓、桂枝、赤芍、靈仙、丹皮、洋沒、安邊、田七、公丁香、碎補、老□鶴草、薏苡仁、八棱角、白頭翁、牛膝、木瓜、加皮。

又《敷藥》 生半夏、生梔子、生大黃、生草烏、生川烏、生附片、生地黃，此乃生藥也，用蜜酒姜醋煉成膏，擂爛調塗搽洗黃毒上，後掩生肌合口藥收功。

又《打拐腳打藥》 跌打損傷者，無有病也。醫藥者，郎中用手搭也。打傷者，用水藥也。斷骨者，接骨藥也。破皮出血者，用生肌合口藥也。腐爛出膿者，用百草霜和桐油搽上易愈也。毒拐腳者，用杉樹皮夾也。

又《刀斧生肌散》 鐓子傷者，血未淨也。有膿者，血作為膿也。用藥者，敗毒生肌合口也。八寶丹：冰片、麝香、白蠟，有乳香、香竭、兒茶正相當，銀朱輕粉加頭髮，白芨、象皮與人參。

又《八寶生肌散》出《進賢茅崗抄本》 治牛臍青黛、冰片、乳香、沒藥、兒茶、龍骨、白蠟、黃丹，共為細末，外用。癱、肚癱、渾身痛，收斂有效。

又《三十六癥論・心癥論》出《進賢茅崗抄本》 心經受病者，五臟積熱，先聚脾胃，逆熱上沖而發也。皆因畜養失調，水草不均，熱邪伏于胃中，遞傳三焦，攻于心包，毒熱積聚于內，復傳外膊，令氣血凝于經絡，而成心癥也。令獸前身兩膊肉戰，腳軟頭低，慢步難行，耳搭鼻乾，此謂心部受熱邪之癥也。宜洗心散治之。前身作戰心上病，梔子連翹及黃連。草果烏藥羌獨活，細辛陳皮枳殼兼。銀花膽草并滑石，甘草同用一共煎。吃此若還病不退，硃砂五味花粉添。洗心散，梔子四錢、連翹四錢、黃連三錢、草果三錢、烏藥三錢、羌活四錢、獨活四錢、細辛三錢、陳皮三錢、枳殼三錢、銀花五錢、膽草三錢、滑石五錢、甘草三錢，竹葉、燈芯、紡線皮、絲瓜絡，下同為引，以上一服，若吃不退後加硃砂一錢、五味子三錢、花粉四錢。

又《時惡攻心論》出《進賢茅崗抄本》 時惡攻心者，心經伏熱也。皆因暑月炎天，久晴乘熱而喂草料，熱毒積于胸膛，淤血痞氣與邪熱相聚，搏結于心肺之間，即刻轉為斑癥。令獸身作煩躁，精神無定，腳步蹊蹺，耳搭頭低。此謂非時中惡之癥也。凡治者，除心熱，和血氣，涼膈寬胸，降火消煩。退疫湯治之。久晴毒氣在心間，一時作熱便發斑。身作煩躁無定息，針退心煩回清閑。退疫湯：梔子仁六錢、黃連一兩、南星四錢、半夏五錢、石菖蒲四錢、黃柏四錢、大黃六錢、薄荷三錢、皂角三錢、白礬四錢、苦參四錢、良姜四錢、屋游三錢、木通六錢、生地六錢，紡線皮、竹葉為引，同水炆服。

又《心黃癥論》 心黃者，心風黃也。皆因氣壯神強，暑月炎天，負重太過，辛熱而喂草料，毒熱積于腸內，疫氣布滿胃中，血淤痰結，火毒攻心。令獸前身肉戰，瞪眼視人，叫聲高大，以蹄踏地。此謂心黃痰迷發脹也。凡治者，寧心定魄，降火清痰，洗心散治之。心黃之癥叫聲高，熱毒攻心蹄亂敲。豁痰開竅針藥救，瀉淨心火見功勞。洗心散、菊花四錢、苦參四錢、黃連五錢、梔子五錢、南星五錢、黃芩一兩、半夏五錢、陳皮五錢、大黃一兩、薄荷五錢、瓜蔞五錢、柏葉八錢，用水炆雞蛋二個沖服。如不退，須加江子七粒、黃柏、大戟、芒硝，瀉之即愈。

又《肝癥論》出《進賢茅崗抄本》 肝經病者，肝受風熱之邪也。皆因蓄養失調，負重過力，暑月炎天，熱料太過，毒熱積聚，疫氣布滿三焦，痰血熱邪相結，掠于肝也。令獸眼赤頭昂，目淚頻滴，白珠多紅筋，四腳慢移。此謂肝經熱邪之癥也。宜洗肝散治之。眼睛流淚白珠紅，定是肝邪直上攻。白芍銀花膽草用，陳皮半夏枳殼同。草果烏藥羌獨活，滑石甘草需有功。洗肝散、白芍四錢、銀花四錢、膽草四錢、陳皮三錢、半夏三錢、枳殼三錢、草果三錢、烏藥三錢、羌活三錢、獨活三錢、滑石六錢、甘草四錢，用紡線皮為引。

又《膽癥論》出《進賢茅崗抄本》 膽脹者，五臟毒火相攻而成也。皆因積熱于內，攻于肝膽部位，氣閉血凝。閉塞經絡、關節之間，令獸身為伸縮，毛焦肷吊，哽氣時噴，牽行不動，此肝邪虧傷，膽腑受困之癥也。無方可治。若初發之時，其病未深，將郁金散治之。伸縮原是膽上病，郁金白礬黃柏先。黃芩莉子同甘草，蛇床狗脊龍腦兼。木香青皮共水炆，硃砂麝香吃時添。郁金散、郁金五錢、白礬五錢、黃柏五錢、黃芩五錢、蔓荊子六錢、甘草五錢、蛇床子五錢、狗脊五錢、龍腦一錢、木香六錢、青皮五錢，共與水炆服；另用硃砂三分、麝香一分，另包，不同前藥煎，待吃時將兩味連紙放于口內，用上藥液灌下。後服下方：南星五錢、天門冬五錢、玄參五錢、膽草五錢、陳皮五錢、草果五錢、枳殼五錢、金銀花六錢、烏藥六錢、羌活六錢、獨活五錢、木香五錢、滑石六錢、細辛五錢、胡連三錢、甘草五錢，水煎服。

又《急發膽脹論》出《進賢茅崗抄本》 膽脹者，急癥也。皆因三焦壅極，熱積心胸，毒血痞氣，受邪熱相聚，兩相搏之，攻于膽腑而成其病。令獸足仰朝天，渾身伸縮。雙目流淚，叫聲高大。此謂急發膽脹也。凡治者，除心火，清熱毒，寬胸順氣，斂膽消脹。膽黃之脹一時間，若過三朝定是難。急針通竅除心火，四蹄黃水轉回還。寬胸散：白頭翁一兩、防風八錢、荊芥五錢、梔子六錢、黃連五錢、黃芩五錢、薄荷五錢、青皮五錢、玄參五錢、海桐皮五錢、大黃五錢、柴胡四錢、木通一兩、天花粉五錢，用紡線皮、柚皮為引，同水炆服。

又《連帖脹論》出《進賢茅崗抄本》 連貼脹者，毒氣積生病也。皆因熱毒積于腸內，淤血痞氣結在胸堂，三焦壅極，營衛閉塞不通，毒氣沖于蠶條，莫能肩食，上下閉滯，故生此癥。令獸胸旁膈畔毒氣布滿，腹內膨脹，致成貼脹也。凡治者，宜除熱化毒，和血順氣。內關穴刺之，寬腸散治之。連貼脹病識者稀，無腫無黃總不知。牯左牸右肚上見，先針內關後藥醫。寬腸散、草果四錢、檳榔六錢、陳皮四錢、龍膽草四錢、銀花五錢、羌活四錢、獨活四錢、細辛三錢、天花粉四錢、烏藥四錢、木香四錢、木通四錢、枳殼五錢、荊芥五錢、茯苓四錢、甘草三錢，柚皮、水酒為引，同水炆服。

又《連貼急脹論》出《進賢茅崗抄本》 連貼脹者，氣逆而成也。皆因蓄養太盛，脾肺不調和，宿草填于胃中，是以二處氣不化行，致使蠶條呆而不肩食，所以關節各閉而成此癥也。令獸肚腹飽脹，不思食草，鼻作喘粗，精神困倦。此謂連貼急脹也。凡治者，和血順氣，消積化食，導滯除脹。消蠱湯灌之。無論輕重。針內關穴。連貼急脹肝血攻，六腑之內盡遭兇。腎水不行無尿出，大便加瀉實有功。消蠱湯、木香八錢、厚朴一兩、三棱一兩、陳皮五錢、細辛五錢、檳榔五錢、苦參五錢、黃連三錢、黃柏五錢、防風五錢、皂角五錢、良姜四錢、茯苓五錢、丹參五錢、木通五錢、枳實六錢，柚皮、麥芽為引，同水炆服。

又《皮寒骨熱論》出《進賢茅崗抄本》 皮寒骨熱者，陰寒極癥也。皆因外感內傷，陰邪太過。野牧被陰雨苦淋，或縮向濕埸久臥，濕氣透入肌肉，傳于脾經。脾傳于胃，土衰火弱，不能運化，以致陰邪冷氣侵入肌膚，流于骨髓而成其病。令獸皮寒骨熱，腹中氣虛，回頭仆地，不思水草。凡治者，溫脾暖胃，疏風和血。香桂散治之。開風穴刺之。皮寒骨熱病不輕，不思水草只愛困。開風穴刺桃竹刮，只宜發散病可清。香桂散、藿香一兩、桂枝一兩五錢、麻黃五錢、羌活五錢、獨活五錢、玄參五錢、半夏五錢、防風五錢、細辛五錢、皂角五錢、川芎五錢、良姜五錢、柴胡五錢、香附八錢、甘草五錢，生薑三片、姜白一握、酒半瓶為引，外用桃竹遍身刮熱。次日再表之。此病憑出汗為先。

又《肺癥論》出《進賢茅崗抄本》 肺氣熱者，邪氣所生也。皆因心肝熱盛，相傳入于肺經。總是負重乘犁，熱料喂之太急，痰涎結聚，嗆于肺脘，津液搏結，致使精神困倦，氣喘咳嗽，前膝作冷，耳搭頭低，此謂肺受風熱之邪也。宜用清肺散治之。咳嗽原是肺上病，前膝作冷驗可知。柴胡薄荷羌獨活，細辛麻黃與桂枝。川芎桔梗芩半夏，桑皮青皮及陳皮。清肺散、柴胡五錢、薄荷八錢、羌活五錢、獨活五錢、細辛三錢、麻黃六錢、桂枝五錢、川芎五錢、桔梗五錢、黃芩五錢、半夏五錢、桑皮五錢、青皮五錢、陳皮五錢、用生薑、紡線皮、柚皮為引。

又《膊冷肺病論》出《進賢茅崗抄本》 膊冷肺病者，冷氣凝于肺竅也。皆因外感風寒，內傷陰冷，冷氣搏結日久不化，傳入肺脘，肺受其寒邪，內傷，外傳于膊冷，肺病冷氣凝淋而成也。令獸膊冷骨軟，四蹄仆地，腰曲頭低，口咳冷喘，結草不食，精神怠倦。此謂肺受寒邪之癥也。凡治者，和血順氣，理肺袪寒。導赤散灌之，三臺穴刺之。此病原是肺受寒，膊冷骨硬腳作酸。冷喘齁齁聲不小，水草不食夜不安。導赤散、南星五錢、半夏一兩、當歸六錢、陳皮一兩、知母六錢、柴胡五錢、黃柏六錢、黃芩六錢、梔子六錢、連翹五錢、茯苓一兩、天花粉六錢、牛蒡子五錢、晚蠶砂五錢，用生薑一塊同水煎服。先針四蹄，全身刺之即見有效。

又《閉癥論》出《進賢茅崗抄本》 閉癥者，負重受熱太過也。皆因蓄養失調，乘犁負重，過于用力，示曾歇息，乘熱而喂熱料，又未飲水，津液與草料兩相凝結，不得轉化，閉塞于內，關格不通，此謂五臟六腑受熱之癥也。令獸鼻乾無汗，熱發渾身，四腳作冷，耳搭頭低，倦臥無神。宜用荊防敗毒散治之。鼻熱無汗四腳冷，牛得閉癥此驗真。防風荊芥羌獨活，當黃黃芪與細辛。桂枝白朮同薄荷，黃柏知母及金銀。吃此若還不轉回，草果烏藥滑加神。荊防敗毒散、荊芥六錢、防風六錢、羌活五錢、獨活五錢、當歸五錢、黃芪五錢、細辛三錢、桂枝三錢、白朮五錢、薄荷四錢、黃柏五錢、知母五錢、銀花五錢、草果五錢、烏藥五錢、滑石六錢，用紡線皮、柚皮，酒為引，共煎水服。

又《時疫流行論》出《進賢茅崗抄本》 時疫者，因時行不正之氣所發也。皆因蓄養失調，或春日帶雨而眠，或欄內濕氣重，受此邪寒之氣太過，積于臟內，寒濕流于脾經，傳于胃。脾胃合之陰冷，土衰火弱，不能運化，故成其患也。令獸禁口不食，毛焦骨弱，頭低肷吊，鼻寒耳冷，口內如綿。此謂脾胃冷熱不調，因時氣所傳即發是癥也。凡治者，驗癥輕重，然後施藥可治，荊防湯灌之。三關穴刺之。時疫行春帶雨眠，欄內寒熱兩相連。防風荊芥救無誤，袪寒疏風應為先。荊防湯：荊芥六錢、防風六錢、柴胡四錢、前胡五錢、川芎六錢、桔梗五錢、蘇葉四錢、苦參四錢、良姜五錢、玄參六錢、薄荷四錢、青蒿四錢，用生薑一塊、蔥白三根、炒柏葉一撮為引，同水炆服。發汗即效。

又《時疫寒凝論》出《進賢茅崗抄本》 寒疫者，寒極之癥也。皆因外感內傷，陰寒過度，傷于五臟，傳遍六腑，內外陰邪拼搏，妄行腠理，故成其患。令獸渾身作冷，臥地懶動，頭低尾倦，腹氣膨脹。此謂時疫寒凝之癥也。凡治者，和血順氣，補臟溫脾。前後刺之，先用禾草搭得渾身發熱，肚消作雷聲，鼻出汗，後用補元湯治之。寒疫之癥肺傷風，渾身作冷腳懶動。先將禾草渾身搭，後針前穴便見功。治者先用禾草入尿浸微濕搭得渾身發熱，肚消作雷聲，針穴鼻出汗，即好。補元湯、黃芪八錢、白芷五錢、茯苓一兩、天花粉四錢、僵蠶五錢、川芎六錢、白朮六錢、高良薑六錢、甘草五錢，用糯米一撮，酒一瓶為引，同水炆服。

又《寒熱兩感論》出《進賢茅崗抄本》 寒熱兩感者，失其調養也。皆因外受風寒，內傷陰冷。上傳于肺，下傳于膀胱。肺受之邪，傳于脾胃；膀胱之邪傳于經絡。是故肺者金也，膀胱者水也。肺受寒邪所逼而金衰，膀胱受陰邪所逼而水弱。金衰者失其統司之令，水弱者失其傳宜之識，以致風外經絡凝滯不通而成此病也。令獸精神倦怠，耳搭頭低，鼻無津液，皮毛閉竅。此謂兩感傷寒之癥也。凡治者，疏通表裏，調和經絡，重發其汗。麻黄湯灌之，風門穴刺之。寒熱兩感自失調，身得此癥腹内燒。治者須當用發散，針穴三關病即消。麻黄湯、麻黄四錢、桂枝六錢、玄參六錢、厚朴五錢、良姜四錢、天花粉四錢、當歸五錢、陳皮四錢、甘草五錢、細辛三錢，用蔥白、生薑片為引，同水炆服。

又《青草脹論》出《進賢茅崗抄本》 青草脹者，草料過傷也。皆因蓄養失調，負重勞傷，多喂熱草，遇冷水飲之，冷熱相聚，積于肚中，不能運化。令獸肚腹飽滿，頭昂頸直，拘形束步，足強尾張。此謂青草所傷之癥也。凡治者，除熱通關，消積破氣，化草寬腸。内關穴刺之，通聖散治之。青草脹因受熱多，乾濕二性兩相磨。治宜通泄除熱毒，此癥不瀉不能和。此癥服藥後見泄即好。通聖散、大黄一兩五錢、柴胡一兩、芫花一兩、芒硝一兩六錢、梔子一兩、龍膽草五錢、黄芩一兩、黄連五錢、枳殼五錢、桔梗五錢、良姜五錢、苦參一兩，用炒柏葉五錢為引，同水煎服。若不泄，加江子五粒、獨占春五錢，再服見效。

又《肚角脹論》出《進賢茅崗抄本》 肚角脹者，腹内膨脹也。皆因冬天蓄養失調，喂稈草太過，渴未飲水，致使乾料積于肚内，與熱邪搏結，痰涎相聚，而成其患。令獸肚腹飽滿，低頭直尾，精神怠慢，束步慢行。此謂肚角脹也。凡治者，消脹化毒，寬腸順氣。通筋穴刺之，大通聖散治之。肚脹因冬食稈多，皆是失水成此魔。須用消化并大泄，方可行針免傷波。大通聖散、黄芩五錢、芒硝二兩、陳皮一兩、芫花六錢、大戟六錢、皂角五錢、大黄二兩、枳殼五錢、防風八錢、葶藶五錢、杏仁五錢、苦參六錢、黄連四錢、商陸五錢、木通八錢、車前一兩，用柚皮、紡線皮為引，同水炆服。

又《乾後脹肚論》出《進賢茅崗抄本》 乾後肚脹者，氣滯不升降也。皆因久渴失飲，冬吃枯草太過，氣不調和，以致所喂枯草在内作脹，故成其病。令獸肚腹脹滿，頭回尾直，鼻乾耳冷，精神倦怠。此謂乾脹之癥也。凡治者，寬胸破氣，化草消脹。大通散灌之。冬吃枯草受霧傷，當春之時便成殃。宿草不轉肚作脹，急宜通下免不祥。大通散：大黄一兩、芒硝二兩、大戟三錢、芫花三錢、黄芩八錢、苦參三錢、麥芽三錢、香附三錢、陳皮一兩、山楂八錢、馬鞭草一兩、班倒生三錢、屋游三錢、生薑三片，水酒炆服。如脹不消，加江子五粒、海桐皮同服。

又《小腸癥論》出《進賢茅崗抄本》 尿血者，弩力，積熱而成也。皆因羸牛瘦犢，負重勞傷，乘犁奔走太急，又或夜臥濕場，失于蓄調，以致毒熱留于臟腑，漸入于腎，傳于小腸，陰陽不和，清濁不分。令獸敗血從小便而出。頭低耳搭，毛焦肷吊，此謂血淋之癥也，宜用清涼飲治之。尿上帶血小腸熱，病主兼腎莫別論。車前木通及白茯，知母黄柏與郁金。黄芩銀花并膽草，荷芍神曲砂仁臨。香附麥冬同甘草，淡竹葉引用功深。清涼飲、車前三錢、黄柏三錢、木通六錢、白茯苓三錢、知母三錢、郁金三錢、黄芩三錢、銀花三錢、膽草三錢、薄荷三錢、白芍三錢、神曲三錢、砂仁三錢、香附五錢、麥冬六錢、甘草五錢，竹葉、燈芯草、紡線皮為引，共煎水服。

又《大腸泄痢泄血論》出《進賢茅崗抄本》 泄痢泄血者，大腸受熱之癥也。皆因暑月炎天，乘犁負重，失于歇息，乘熱而喂熱料，熱草積于胃脘，以致脾胃受傷，則飲水反為濕，食草反為滯，津液之氣不能轉化，乃使合污下降，而泄瀉作，或時泄血，或時泄痢，此謂滯垢腐化而成也。令獸蹄軟頭低，骨筋倦怠，腳膝無力，精神短欠。凡治者，寬腸散毒，調和肝血，瀉其熱邪，滋潤皮毛。針尾本穴，宜用寬腸散治之。瀉腹瀉血大腸熱，麻桂肉蔻葛升麻。訶子陳皮羌獨活，粟殼黄連甘草車。引用柿餅及韭汁，椿根白皮墨水加。寬腸散、麻黄三錢、桂枝三錢、肉蔻三錢、乾葛五錢、升麻五錢、訶子五錢、陳皮五錢、羌活三錢、獨活三錢、粟殼三錢、黄連三錢、車前五錢、甘草三錢，柿餅一個、韭汁一碗、椿根白皮一片、香墨水一杯。以上四味為引，決不可少。共煎水服。

又《草結論》出《進賢茅崗抄本》 草結者，大腸中而結也。皆因蓄養失調，空腸而喂熱草料，後因飲冷水，冷熱不均，相凝搏結，致使津涎與水草相聚，積于大腸而結也。令獸肚腹脹滿，頸直步慢，前後不通，糞結如球。此謂草結之癥也。凡治者，放内關穴。搽油入手取出硬糞。通腸散草結糞硬是草傷，不通不化結大腸。前不行通後不化，不知何處結内傷。此癥必將潔油搽手入糞門，輕輕扒出結糞即好。通腸散：防風四錢、枳殼五錢、大戟四錢、大黄六錢、芒硝一兩六錢、山楂四錢、芫花四錢、黄芩四錢、木通五錢、厚朴五錢、檳榔五錢、苦參三錢、枳實六錢，用水與酒同煎，服立見有效。

又《瀉痢論》出《進賢茅崗抄本》 泄痢者，大腸經熱也。皆因暑月炎天，乘熱而喂稈草，遇冷水而飲之，流聚于脾胃，胃中邪熱，合污傳送于大腸，釀成其患。令獸肛門泄糞，蹄軟頭低，肷吊毛焦，行步如癡。此謂泄痢之癥也。凡治者，瀉胃火，清腸熱，除邪順氣。連芍湯治之，腎門穴刺之。泄痢之癥大腸經，水草兩般不和平。久晴腸熱無異癥，清熱除邪立效成。連芍湯、當歸土炒六錢、茯苓五錢、連翹五錢、赤芍五錢、蒼朮六錢、梔子五錢、川芎六錢、草豆蔻五錢、商陸四錢、苦參五錢、杏仁五錢、澤蘭四錢、黄連五錢、白朮五錢、木香五錢，用生薑三片、馬鞭草、紡線皮為引，同水炆服。

又《傷寒轉痢論》 出《進賢茅崗抄本》 病後泄痢者，傷寒所致也。皆因外感風寒，内傷陰邪，傷之于脾，脾傳于胃，胃火微弱，不能轉化，致使邪熱腐物凝于腸中，氣不行送，冷熱相聚，合污而下迫，則泄瀉而出。令獸肚門瀉糞，腹鳴如雷，皮寒身熱，毛焦肷吊。此謂腸冷氣虚之癥也。凡治者，退熱和腸，解毒止痢，健脾暖胃。固腸散治之。傷寒轉痢病久深，皮寒身熱似鼓鳴。先和腸毒并退熱，後補脾胃見太平。固腸散、當歸土炒五錢、白朮一兩、淮山五錢、梔子五錢、青皮四錢、苦參四錢、蒼朮四錢、黄連五錢、黄芩五錢、白芍四錢、薄荷四錢、青皮七錢、厚朴八錢、甘草三錢，用生薑一塊為引，同水炆服。

又《轉筋結腸論》 出《進賢茅崗抄本》 轉筋腸結者，一謂役傷，一謂病傷也。皆因蓄養失調，傷其肌膚，病損元氣，以致氣血衰微，凝聚閉塞不通，侵于筋骨，結搏于内，痞氣凝溢不消。令獸肚門閉脹，結糞不出，腹氣閉滿，四足拿攣。此謂内外氣血凝滯之癥也。凡治者，強筋壯骨，消氣和血，破結通腸。用禾稈渾身搭之，氣消屁出即痊。破結湯灌之。轉筋腸結糞不出，穢門閉脹人不識。稈搭渾身腹氣消，陳屁出時即自息。破結湯、僵蠶八錢、䃃砂五錢、大黄八錢、大戟八錢、芫花五錢、皂角四錢、黄柏四錢、黄芩四錢、知母四錢、赤芍五錢、苦參五錢、澤蘭四錢、柴胡五錢，用百草霜、野菊花根、酒為引，同水炆服；或共研末，用水酒化服。宜用雄黄芩末裝小竹筒内，向糞門吹入導之，外用禾稈渾身搭之。

又《尿糞帶血論》 出《進賢茅崗抄本》 二便帶血者，大小腸熱也。皆因暑月炎天，乘犁負重，失于歇息，乘熱而喂熱草，宿食積于胃中，胃火遍行，將此滯食積熱之毒傳于兩腸，俱而傷感而得，所以純下清血，蓋風傳其陰腑。致血不循經，逼至大小腸而下。令獸蹄軟頭低，骨節怠倦，蹄膊皆腫，二便下血。此謂傷風熱積而成之癥也。凡治者，寬腸敗毒，調和肝血，清泄熱毒，滋潤皮毛。針尾本穴。寬腸敗毒湯治之。二便帶血兩腸熱，肝血散于皮骨節。醫者原要仔細看，蹄膊皆腫盡發熱。寬腸敗毒湯：當歸六錢、川芎五錢、白芍五錢、蒼朮六錢、石菖蒲五錢、車前五錢、苦參六錢、黄連五錢、黄柏五錢、薄荷四錢、天花粉四錢、木香五錢、厚朴五錢、甘草三錢，用柿餅、韭汁、椿根、柚皮為引，用水炆服。

又《力後傷水論》 出《進賢茅崗抄本》 傷水者，傷力後過飲水也。皆因暑月炎天，負重力傷，久渴熱極，飲水太過，停住腸内，閉塞不通，陽氣不升，陰氣不降，冷熱相繫，故成其患。令獸渾身疲弱，肚蟲作脹，皮毛枯焦，水草不思。此謂力後傷水之癥也。凡治者，消水助脾，養元和血，調氣利尿，分理陰陽，消水補元湯治之，此癥不可輕施針。力後飲水太過多，渾身瘦弱病深疴。水草不思肚蟲脹，皮毛枯痿怎奈何。消水補元湯：車前四錢、黄芪六錢、連翹五錢、木通四錢、天花粉四錢、玄參三錢、赤芍四錢、澤蘭三錢、茯苓四錢、白朮四錢、商陸六錢、良姜三錢、當歸土炒五錢、陳皮五錢、甘草五錢，用陳米、生薑為引，同水炆服，次用糯米粥飼之。

又《力傷癥論》 出《進賢茅崗抄本》 力傷者，用力過多也。皆因負重乘犁，未得安息，致使蹩損氣血，傷于膈内，結在胸中，侵于腠理，凝于皮膚。令獸倦頭仆地，四蹄無力，皮内生氣，毛枯骨瘦。此謂氣血凝聚力傷之癥也。凡治者，養氣助脾，和血潤毛，強筋壯骨。四蹄針之，養元助脾湯灌之。傷力原是用力多，毛枯骨瘦怎奈何。四蹄無力皮生氣，倦頭仆地背跎跎。養元助脾湯：黄芪六錢、白芍五錢、白朮六錢、茯苓一兩、地黄五錢、川芎五錢、當歸五錢、女貞子六錢、白芷五錢、玄參五錢、陳皮四錢、桔梗五錢、杏仁四錢、甘草五錢，用酒糟一杯、生薑三塊為引，同水炆服，後用米煮粥喂之。

又《喉風癥論》 出《進賢茅崗抄本》 喉風者，三喉熱癥也。皆因蓄養失調，負重勞傷，多喂熱料熱草，遇冷水飲之，冷熱相聚，以致氣血受此熱邪，積于心胸，傳于咽喉，而生風毒之癥。令獸食槽脹腫，口吐水草，喘粗氣急，伸頭直頸。此謂熱極喉内生風之癥也。凡治者，除心火，解喉熱，疏風散毒，消腫清涎。清熱化毒散服之。用炒石灰和燒酒塗敷咽喉患部。咽喉得病受熱多，風毒兩般氣呵呵。疏風散毒除心火，清腫清涎免折磨。清熱化毒散：白頭翁四錢、柴胡四錢、前胡八錢、桔梗八錢、青皮五錢、防風四錢、枳殼五錢、苦參五錢、黃連四錢、大黃五錢、黃柏五錢、桑皮四錢、青蒿四錢，用炒柏葉、紡線皮為引，同水炆服。

又《纏喉惡氣論》出《進賢茅崗抄本》 惡氣纏喉者，心肺受熱也。皆因蓄養失調，喂飲無度，草飽負重走急，以致氣血不調，營衛往來太過，熱毒上沖于咽喉，心肺受熱，故成其患。令獸口吐粘涎，眼中流淚，伸頭直頸，水草難咽。凡治者，通關順氣，除熱清咽，解胸中火毒，治喉內閉膜。清涼散灌之，明礬散吹之。三關穴刺之。纏喉惡氣甚難當，口吐粘涎眼汪汪。若是舌根又爛破，三朝五日定不祥。先用清涼散除火，後施拔毒吹藥方。清涼散：薄荷一兩、蘇葉八錢、黃柏 兩、黃芩一兩、苦參五錢、大黃五錢、石麟四錢、青蒿五錢、梔子五錢、龍膽草五錢，米醋一杯為引，同水炆服。明礬散：枯明礬、膽礬、芒硝、硼砂各一錢，共研細末，用竹筒盛藥吹入喉內。

又《腰風論》出《進賢茅崗抄本》 腰風者，邪風凝聚血氣不宜也。皆因外感風寒，內傷濕熱，乘虛而入于腰胯，以致風血凝結繫于腰。令獸平空仆地，後身不能起，臥多立少，拖行不動。此謂腰風所發之癥也。宜用消風飲治之。吃草平空若跌倒，其癥本是發腰風。杜仲骨脂羌獨活，荊芥細辛及防風。白茯乾葛木香使，當歸陳皮甘草同。黃柏知母同為用，添酒為引吃有功。宜針腰上穴，一邊一針，離後膊橫骨四指，背脊骨一寸，兩邊俱同，針入一寸，不可多少。後用炒石灰和陳醋塗敷腰上二三次。針到其風即散而愈。消風飲：杜仲五錢、補骨脂五錢、羌活五錢、獨活五錢、荊芥五錢、細辛三錢、防風五錢、白茯苓五錢、乾葛三錢、木香三錢、當歸五錢、陳皮五錢、甘草三錢、黃柏三錢、知母三錢，用水酒為引，共水煎服。

又《鎖腳風論》出《進賢茅崗抄本》 鎖腳風者，風血凝蹄也。皆因外感風寒，內傷濕熱，乘虛而入于蹄，以致風血兩相搏結蹄竅，溢而不散，致成其患。令獸四蹄仆地，頭懸腳軟，臥多立少，牽行不動。此謂鎖腳風也。凡治者疏風退熱，四蹄發針，疏風暖骨散治之。鎖腳風病沾一時，全憑針法在四蹄。疏風退熱為高手，若是無效定延遲。疏風暖骨散：蒼朮四錢、防風五錢、荊芥四錢、丹參四錢、苦參四錢、陳皮四錢、烏藥四錢、白芷四錢、川芎六錢、當歸一兩、生地六錢、柴胡八錢、菖蒲三錢、牛膝四錢，引用生薑三片、姜三根、柏葉，同水與酒，共煎服。宜針四蹄，忌五六日不下水為妙。

又《纏蹄風癥論》出《進賢茅崗抄本》 纏蹄風者，邪熱凝結而成也。皆因蓄養失調，負重未歇，牧芻不均，繫于賊風所發之處。當此汗竅空虛，風邪乘此而入，先傳于經絡，次傳于蹄間，把前把後，凝聚而成。令獸渾身木硬，病足軟弱，行步艱難，精神減少，此謂蹄患風邪所傷之癥也。宜消風散淤湯治之。腳軟本是纏蹄風，蒼朮桂枝用防風。荊芥烏藥刺蒺藜，防已牛膝棱麻同。木瓜細辛及風藤，甘草共酒引炆烘。若論此癥放腳上針時出血，即指頭拈血牽絲者是此癥，無絲者是跌拐失腕。消風散淤湯：蒼朮五錢、桂枝五錢、防風五錢、荊芥五錢、烏藥三錢、刺蒺藜五錢、防已五錢、川牛膝五錢、棱麻三錢、木瓜三錢、細辛三錢、風藤五錢、甘草三錢，用水酒為引，共煎服。

又《黃癥論》出《進賢茅崗抄本》 古醫書所論牛發黃癥，無論內外上下所發之黃，皆有定評，陽黃從六腑生，陰黃由五臟發。皆陰陽相滯，凝結而成。氣為陽，血為陰，血行脈中，氣行脈外，相并周流，日夜不息，所以無病亦著寒濕搏之，則凝滯而行遲為不及；亦著火熱搏之，則沸騰而行速為大過。氣鬱邪入血中，為陽滯于陰；血郁邪入氣中，為陰滯于陽。致生黃癥，或生惡毒。牛身三十六黃，皆從斯起，即百病亦從此發。後學者能詳其意，治法決不差矣。牛身上下所結之皰，凡腫而堅硬者為毒，腫而甚軟者為黃，腫而結實甚大者為惡毒，腫而空虛極軟者為血化黃膿。臨癥審定，方可行針施藥。牛發黃者，敗血凝結而成黃也。皆因負重熱行，忽被雨淋，邪風邪雨，兩相捏之，以致血氣凝聚不行。或凝前身，即生舌黃、墊舌黃、胸黃、雞心黃、抱耳黃；或凝于後身，即發渾身黃、肷黃；凝于四蹄，即生蹄黃、纏爪黃、漏蹄黃、膝黃。令獸精神短少，腳步難行，耳搭頭低。宜用消黃散治之。牛發黃癥用此方，黃芪白朮熟地黃。銀花蟬蛻黃柏使，蘇梗砂仁防風良。羌活獨活同為用，荊芥當歸共安祥。前腳有黃加桂麻，後腳發黃添牛瓜。若遇前身現黃癥，梔子連翹必要加。消黃散：黃芪五錢、白朮五錢、熟地五錢、銀花四錢、蟬蛻四錢、黃柏五錢、蘇梗五錢、砂仁三錢、防風五錢、羌活五錢、獨活五錢、荊芥五錢、當歸五錢。前腳加桂枝五錢，八棱麻五錢。後腳加牛膝五錢，木瓜五錢。前身加梔子五錢，連翹五錢。俱要用水酒為引，煎水服。

又《舌黃論》出《進賢茅崗抄本》 舌黃者，毒氣攻心也。皆因負重而喂熱草，熱毒積于脾胃，胃中邪火遍行，沖于心經，心氣燔盛，上攻于舌。舌者，心之竅也。血氣受邪熱，相凝聚于舌而發黃。令獸舌下浮腫，精神困倦，身上發熱，眼黃口開。此謂舌黃之癥也。凡治者，除心胸熱毒，消舌下黃水。

通關穴刺之，導心散治之。舌黄本是毒入心，舌下猶如重千斤。身熱眼黄常開口，治者須當早用針。導心散：大黄八錢、梔子五錢、連翹五錢、黄連四錢、苦參五錢、茯苓五錢、黄柏八錢、黄芩五錢、白芷四錢、薄荷四錢、防風五錢、天花粉五錢，用炒柏葉、紡線皮、馬鞭草為引，同水炆服。

又《喉黄癥論》出《進賢茅崗抄本》 喉黄者，肺受熱也。皆因三焦壅極，熱積心胸，實邪傳于肺脘，肺氣燔盛，攻于咽喉，致使淤血化為黄水而成喉黄。令獸氣喉軟腫，食顙虚浮，口吐清涎，喘急氣促。此謂喉黄之癥也。凡治者，除胸熱，清肺氣，消喉腫。清肺散灌之，雄黄散敷之。如口爛涎發臭者，難治。喉黄之癥肺熱兇，口吐粘涎氣上攻。若是口爛涎發臭，醫者不必枉勞功。清肺散：川芎五錢、半夏一兩、知母一兩、南星一兩、白芷五錢、良姜五錢、玄參四錢、苦參四錢、黄芩五錢、黄連五錢、柴胡五錢、牛蒡子三錢、桑白皮四錢、大黄五錢、澤蘭四錢，用陳醋半碗、紡線皮、柚皮為引，同水炆服。

又《蹄黄論》出《進賢茅崗抄本》 蹄黄者，敗血凝蹄而成黄也。皆因負重熱行，忽被雨淋風吹，淤血注于蹄中，即成此患。令獸四足腫蹩，行走如攢，頸直筋痿，難以移步，腰曲頭低。此謂蹄黄之癥也。凡治者，針四足腕。消風散治之。蹄黄熱行遭雨淋，四腳腫痛又縮筋纏腕穴内針出血，次早方可便見功。消風散：何首烏一兩、淮山藥五錢、川草烏五錢、尋風藤六錢、北防風六錢、漢防己一兩，用酒為引，同水煎服。

明 趙浚等《新編集成牛醫方·心病門》 療牛毛焦，不食水草，是心臟黄病。白芷、黄連如無，用生地黄、大黄各兩右搗為末，又雞子二個，酒一升，蘿卜子汁三合，相和灌之，差。療牛水黄方：即須先針腫處破，鹽面及大黄末相和塗針處，輒差。療牛心問壅熱，頻頻卷頭而轉風毒方：先烙心臆骨，後烙額上旋毛處。十日前易理，十日後難治。

又《肺病門》 療牛多時膊冷方牛肺病呼為膊冷病：蠶沙二升、柳蛇糞三升、鹽半升。右三味，並和蒸二時，布袋盛卻，看冷熱得所，置在前後膊上。一日三上。二日後取排風散一兩，鹽半兩，葱白十莖，水五升，煎取二升，灌之輒差。

清 黄毅《畜産叢書》第一編《養牛法·牛病療治法》第二節《内科諸癥之治法》 牛有病疫，必先吐涎，其治法如下：用吳蘖研汁，白石灰燒過，以酒半升相調，灌之即痊。牛有吐糞者，用槐木板燒灰，以酒調和，冷灌之，立見功効。喘聲不定者，用硼砂、縮砂、寒水石各少許，以酒調和，灌之。有吐血者，用水銀、訶子、白芷、肉蓯容各一分，擣爛為末，以酒調和，灌之。有尿中帶血者，用川當歸、紅花各半兩，搗爛為末，以酒二升煎之，候冷灌之。有吐白者，用硼砂、縮砂、麝香、阿魏，搗為末，以赤石脂、荳蔻煎酒相和灌之。有時吐出雜蟲者，用燕子糞二合，以漿水二升相和灌之。有膽脹之病顛走而逢人即觝觸者，用蜀大黄、宣黄連各半兩，搗為末，用雞蛋清一箇、酒一升相和灌之。有咳嗽者，用食鹽一兩、淡豆豉汁二升、葱白一把、童便一升相合灌之。有着热生病者，或因暑天欄内不曾飲水，或因勞役過甚，是為此病之原。用清米泔及甘草水、鹽湯水多灌之。

又 第三節《外科諸癥之治法》 有白膜遮眼者，用食鹽炒過、竹節灰各一錢，相和貼於白膜之上。有遍身生疥者，用蕎麥燒灰，以硫黄少許，相和塗之。有身瘦而毛尾焦禿者。用榆皮、滑石、朴硝各三兩為末，以酒三升同煎灌之。有毛焦而不食者稱為頭黄病，用白芷、大黄各半兩，搗為末，用雞蛋二個，酒一升，菜油三合，相和灌之。有牛口生瘡者，用南星、朴硝、黄柏皮、郁金、雄黄、滑石、寒水石、半夏和為細末，以蜜水調刷口内。有喉口眼赤口内生瘡者，用川郁金、滑石各一兩，甘草五錢，均為細末，以麥門冬飲調灌。有肩爛者，用舊綿絮燒灰，以麻油調搽，忌水五日，即愈。有糞門爛瘡者，用雞卵殼、茄葉、布瓜葉為細粉，以麻油調搽之。

清 佚名《牛醫金鑒》篇上《藥性陰陽論》 夫藥有寒熱温涼之性，酸苦辛鹹甘淡之味，升降浮沉之能，厚薄輕重之用，或氣一而味殊，或味同而氣異。合而言之，不可混用，分而言之，各有所能。本乎天者親上，本乎地者親下。輕清成象，重濁成形。清陽發腠理，濁陰走五臟。清中清者榮養精神，濁中濁者堅強骨髓。辛甘發散為陽，酸苦涌泄為陰。氣為陽，氣厚為陽中之陽，氣薄為陽中之陰，薄則發泄，厚則發熱。味為陰，味厚為陰中之陰，味薄為陰中之陽，薄則疏通，厚則滋潤。升降浮沉之辨，豁然貫通，如可以言醫。人徒知藥之神者乃藥之力也。殊不知乃用藥者之力也；人徒知辨真偽識藥之為難，殊不知分陰陽用藥為尤難也。

又《標本論》 夫用藥者當知標本，以身論之，外為標，内為本；氣為標，血為本；陽為標，陰為本；六腑屬陽為標，五臟屬陰為本。以病論之，先受病為本，後傳變為標。凡治病者，先治其本，後治其標，雖有數病，靡弗去矣。

若先治其標，後治其本，病益堅。若有中滿，無問標本，先治其滿，謂其急也。若中滿後有大小便不利，亦無問標本，先治大小便，次治中滿，謂尤急也。又如先病發熱，後吐，病吐瀉飲食不下，則先定嘔吐，後進飲食，方兼治瀉，後待元氣稍復，乃攻熱耳。此謂緩則治其本，急則治其標也。除大小便不利及中滿吐瀉之外，皆先治其本，不可不知也。假令肝受心火之邪是從前來者為實邪，實則瀉其子，然非直瀉其火，入肝經藥為之引，用瀉心火藥為君，是治實邪之病也。假令肝受腎邪，是從後來者為虛邪，虛則補其母，入腎經藥為引，用補肝藥為君是也。標本以得，邪氣乃服，醫之神良，莫越乎此。

綜述

北魏　賈思勰《齊民要術》卷六《相牛馬及諸病方法》　治牛馬病疫氣方：取獺屎，煮以灌之。獺肉及肝彌良，不能得肉、肝，乃用屎耳。

又　治牛疫氣方：取人參一兩，細切，水煮，取汁五六升，灌口中，驗。又方：臘月兔頭燒作灰，和水五六升灌之，亦良。又方：硃砂三指撮，油脂二合，清酒六合，暖，灌，即差。

又　治牛腹脹欲死方：取婦人陰毛，草裹與食之，即愈。此治氣脹也。又方：研麻子取汁，溫令微熱，擘口灌之五六升許，愈。此治食生豆腹脹欲垂死者，大良。

又　治牛疥方：煮烏豆汁，熱洗五度，即差耳。

又　治牛肚反及嗽方：取榆白皮，水煮極熟，令甚滑，以二升灌之，即差也。

又　治牛中熱方：取兔腸肚，勿去屎，以草裹，吞之，不過再三，即愈。

又　治牛虱方：以胡麻油塗之，即愈。豬脂亦得。凡六畜虱，脂塗悉愈。

又　治牛病：用牛膽一個，灌牛口中，差。

明　劉基《多能鄙事》卷七《養牛法》　治牛瘴方：安息香於欄中焚之。又方：石南藤同芭蕉搗自然汁灌之。又方：臘頭燒，以水五升和灌之。

又　治牛患熱病：白朮二兩半、蒼朮四兩二錢、紫苑三兩三錢、當歸三兩半、牛膝三兩三錢、麻黃去節三兩、本三兩三錢、厚朴三兩一錢。右爲細末，每服二兩，用酒一升煎，放温草後灌之。

又　治水牛患氣脹病：白芷一兩、茴香一兩、桔梗一兩、官桂一兩一錢、蒼朮一兩三錢、細辛一兩一分、芍藥一兩三錢、橘皮九錢半。右爲細末，每服一兩，用生薑一兩、塩水一升同煮温灌。

又　治水牛患水瀉：青皮、陳皮各二兩一錢，白礬一兩九錢煆，蒼朮、乾薑、象斗子各一兩二錢，茴香一兩三錢，枳殼二兩九錢、芍藥、細辛各二兩半。右爲末，每服一兩，用生薑一兩、塩三錢、水二升同煎灌。

又　治水牛患熱瘟疫：人參、芍藥、黃蘗各二兩半，貝母、知母、白礬、黃連、防風各二兩二錢，黃芩、鬱金、山梔子各二兩四錢，大黃一兩九錢，桔梗各二兩。右爲細末，每服二兩，蜜二兩、砂糖一兩、生薑五錢、水二升同灌調之。

又　治牛尿血：以紅花、當歸各半兩，酒一升煎，候冷灌之。

又　治牛卒疫動頭打肱方：用巴豆去皮搗碎，生麻油灌之。仍用皂角末合吹入鼻中，更以鞋底於尾亭骨下拍之。

又　治牛非時腹脹：用汙襪汁一升、米醋半升相和灌之。

又　治牛咳嗽：以塩一兩、豉汁一升相和灌之。

又　治牛白膜翳：用炒塩一錢、竹節灰一錢和勻膜上。

又　治牛漏蹄：以紫礦爲末，豬脂和內，患處滿了燒鐵烙之。

又　治牛啖雞蟲腹脹：用燕屎一合、漿水二升和灌之。

又　治牛忽膽脹狂走觸人：用大黃、黃連各半兩，雞子清一箇，酒一升和灌之。

又　治牛疥：用蕎麥稈、灰綠礬末、香油調和塗之。

又　治牛尾焦不食水草：以大黃、黃連、白芷各半兩爲末，雞子淸一箇，打酒和灌。

明　朱權《新刻臞仙神隱書》卷四《牛證》　肩爛：舊綿絮三兩，燒存性，麻油調傅，忌水五日。漏蹄：紫礦為末，豬脂和內蹄中，燒鐵飽烙之。一切疥癩：用杜蘅為末傅之，或生搗塗搽亦可。一方：用藜蘆為末，水調塗，妙。傷熱：用胡麻葉搗汁，灌之，立瘥。瘴疫：用菖蒲、淡竹葉、葛粉、郁金、菉豆、蒼朮等分為末，每用一兩，芭蕉自然汁一盞，入蜜一兩，黃蠟二錢，調和灌之，未鮮，再灌。熱極加大，黃鼻頭無汗，加麻黃，鼻口出血，加蒲黃。一方：於欄中燒安息香及蒼朮，以鼻及香，立止。一方：用臘月兎頭燒灰，和水灌之。一方：用真茶二兩為末，和水五升灌之。尿血：用當歸、紅花為末，酒煎一合，灌之。腹脹：用燕子屎一合，水調，灌之。噎：用皂莢末吹鼻中，以鞋底拍尾停骨下。身上生蟲：用當歸搗爛，醋浸一盞，塗之。

明 鄺璠《便民圖纂》卷一四《牧養類》 治牛瘴：用安息香於牛欄中焚之。又方：用石楠藤和芭蕉春自然汁五升灌之。

又 治牛噎：用皂角末吹鼻中，以鞋底拍其尾停骨下。

又 治牛咳嗽：用鹽一兩，豉汁一升，相和灌之。

又 治牛傷熱：用胡麻葉搗汁，灌之，立差。

又 治牛腹脹：牛喫雜蟲，非時腹脹，用燕子屎一合，水調灌之。

又 治水牛患熱：白朮二錢，半蒼朮四兩二錢，紫苑、藁本各三兩三錢，牛膝三兩三錢，麻黃三兩，去節，厚朴三兩一分，當歸三兩半。共為末，每服二兩，以酒二升煎，放溫，草後灌之。

又 治水牛氣脹：白芷一兩，茴香、官桂、細辛各二兩一錢，桔梗一兩二錢，芍藥、蒼朮各二兩三錢，橘皮九錢半。共為末，每服一兩，加生薑一兩、鹽水一升同煎，候溫，灌之。

又 治水牛水瀉：青皮、陳皮各二兩一錢，白礬一兩九錢，蒼朮、橡斗子、乾薑各二兩二錢，枳殼二兩九錢，芍藥、細辛各二兩半，茴香二兩三錢，共為末，每服一兩，用生薑一兩、鹽三錢、水二升同煎，灌之。

又 治水牛瘟疫：水牛患熱瘟疫，用人參、芍藥、黃柏各二兩半，貝母、知母、白礬、黃連、防風各二兩三錢，山梔、郁金、黃芩各二兩四錢，瓜蔞、桔梗各二兩，大黃一兩九錢，共為末，每服二兩，以蜜三兩、砂糖一兩、生薑五錢、水二升同調，灌之。

又 治牛疥癩：用蕎麥穰燒灰淋洗，牛馬同治。又方：藜蘆為末，水調塗，甚妙。

又 治牛爛肩：以舊絮三兩燒存性，麻油調傅，忌水五日，瘥。

又 治牛漏蹄：以紫礦為末，豬脂碎塡漏蹄中，燒鉄烙之　。

又 治牛尿血：用當歸、紅花為末，酒煎一合，灌之。

又 治牛身上生蟲：當歸搗爛，醋浸一宿，塗之。

又 治牛尾焦：牛尾焦不食水草，用大黃、黃連、白芷各半兩為末，以雞子清一箇，酒調，灌之。

又 治牛觸人：牛忽肚脹，狂走觸人，用大黃、黃連各半兩，雞子清一箇，酒一升，和勻灌之。

又 治牛卒疫：牛卒疫，頭打肱，用巴豆去皮搗爛，入生麻油和灌之，仍用皂角末一撮，吹入鼻中，更用鞋底於尾停骨拍之。

又 治牛患眼：牛生白膜遮眼，用炒鹽並竹節燒存性細研一錢，貼膜上。

明 徐光啓《農政全書》卷四一《六畜》 治牛腹脹欲死方：研麻子取汁，溫令微熱，擘口灌之。五六升許，愈。此治生豆，腹脹垂死者，大良。又方：用燕子屎一合，調灌之。

又 治牛肚反及嗽方：取榆白皮水煮極熱，令甚滑，以五升灌之。即瘥也。

又 治牛中熱方：取兔腸肚勿去屎以裹草，吞之。不過再三，即愈。

又 治牛虱方：以胡麻油塗之，即愈。豬脂亦得。凡六畜虱，脂塗悉愈。

又 治牛病：用牛膽一個，灌牛口中。瘥。又方：真安息香，於牛欄中燒如燒香法；如初覺有一頭至兩頭是疫，即牽出，以鼻吸之。立愈。又方：十二月兔頭燒作灰，和水五升，灌口中。良治牛鼻脹方：以醋灌口中，立瘥。

又 治牛疥方：煮烏豆汁，熱洗，五度，差。一本作烏頭汁。

又 治牛瘴疫方：用真茶末二兩，和水五升，灌之。又治牛卒疫，而勸頭打脅，急用巴豆七個，去殼，細研出油；和灌之。即愈。又燒蒼朮，令牛鼻吸其香。止。

又 治牛尿血方：川當歸、紅花為細末；以酒二升半，煎取二升，冷灌之。又法：豉汁調服鹽灌。

又 治牛患白膜遮眼方：用炒鹽並竹節燒存性細研，一錢，貼膜。效。

又 治牛氣噎方：以皂角末吹鼻中，更以鞋底拍尾停骨下。效。

又 治牛觸人方：牛顛走，逢人即觸大也。用黃連、大黃各半兩為末，雞子清、酒一升，調灌之。

又 治牛尾焦不食水草方：以大黃、黃連、白芷各五錢為末，雞子清、酒，調灌之。

又 治牛肩爛方：舊棉絮二兩燒存性，麻油調抹。忌水五日。愈。

又 治牛氣脹方：淨水洗汗韉，取汁一升，好醋半升許，灌之。愈。

又 治牛漏蹄方：紫礦為末，豬脂和，納入蹄中，燒鐵篦烙之。愈。

又 治牛沙疥方：蕎麥隨多寡，燒灰淋汁，入綠礬一合，和塗。愈。

又 治水牛患熱方：用白朮二兩半，蒼朮四兩二錢，紫菀、藁本各三兩三錢，牛膝三兩二錢，麻黃三兩去節，厚朴三兩一分，當歸三兩半。共為末，每服二兩，以酒二升煎放溫，草後灌之。

又 治水牛氣脹方：用白芷一兩，茴香、官桂、細辛各一兩一錢，桔梗一兩，芍藥、蒼朮各一兩三錢，橘皮九錢五分，共為末。每服一兩，加生薑一兩，鹽水一升，同煎，候溫，灌之。

又 治水牛水瀉方：青皮、陳皮各二兩一錢，白礬一兩九錢，蒼朮、橡斗子、乾薑各三兩二錢，枳殼一兩九錢，芍藥、細辛各二兩五錢，茴香二兩三錢。共為末，每服一兩，牛薑一兩，鹽三錢，水二升，煎。灌之。

清 郭懷西《新刻注釋牛經大全集》卷二《治雜病諸方》 解牛毒：綠豆粉十兩，真鉛粉一兩，泥礬五兩。共為細末，冷水調灌之。又方：川郁金、青黛、川朴硝五兩。共為末，水調灌之。

又 治牛口生瘡：南星、朴硝、黃檗皮、郁金、雄黃、滑石、寒水石、半夏。共為細末，蜜水調刷口內。又方：滑石、川硝、青黛、白礬、黃檗皮、山豆根、寒水石炒。共為細末，用蜜調抹。

又 治喉熱口內生瘡及眼赤：川郁金、滑石各一兩，甘草五錢。共為細末，麥門冬飲調灌之，立效。

又 治兩眼生屎：銅青、滑石、黃連、杏仁、青皮、蒺藜炒。共為細末，薄荷水調灌兩服，即放。

又 治兩眼赤濁：防風、荊芥、滑石、黃連、山梔子、黃菊花。共為細末，用白湯洗後，薄荷葉擂水，調灌下。

又 治兩眼青濁：黃檗皮、黃連、羌活、當歸。共為細末，白湯點洗。

又 治瀉血：桑白皮、蜀葵根、生葛。共三味，取汁一升，灌下。

又 治尿血：川當歸、絮花。共為細末，以酒二升半，煎取二升，候冷灌下。

又 治吃渴：榆白皮二兩，以水煮，極滑熟，取三升灌。又以豉汁調食鹽灌，亦效。

又 治生風：生土當歸。搗，浸醋一宿，塗之愈。又胡麻油調塗，亦可。

又 治沙疥：蕎麥，隨多少燒灰。以灰淋汁，入綠礬一合和塗，即愈。

又 治肩爛：舊棉絮二兩，燒灰，以麻油調抹，忌水五日，愈。

又 治糞門爛瘡：雞卵殼煆、茄葉、布瓜葉。共為細末，膩粉、麻油調。又方：明礬、雄黃、黃連、連殼、穿山甲。共為細末，以黃丹，輕粉和丸，先用鹽湯洗患處，卻以藥末乾抹瘡上，即痊。仙傳海上方：芍藥、牡丹、黃連、重折、花折珠、雄黃、斑蝥炮、麝香、硃砂、豬牙皂角、雞屎藤、地龍七條、牛蒡子根、朝東野椒根、黑蜂、八爪金龍。共為末，吹入鼻孔中，用好酒灌之，倒吊，取出涎，即安。

又 軟腳瘟方：大細辛、五加皮、八月瓜根、槐條二根、地骨皮、柏條七根、火炙過，雞卵、乳香一錢、麝香一錢、芍藥、茴香。共為末，入灑灌之，即愈。

又 喉風海上方：雄黃一錢，擂水，桑根絞汁去渣，和灌。再針舌頭下邊青筋，針段二處。

又 疥瘡海上方：硫黃五錢、花椒二兩、三奈子一兩。洗了皮，鍋焙乾，共搗研細末，豬油調搽好。

又 發汗散方：升麻、當歸、川芎、甘葛、麻黃、芍藥肉、人參、紫荊皮、香附子、蔥三根、薑三片，好酒一升灌之。

又 尿血海上方：雄黃、硃砂、海金沙、馬鞭梢、柏木葉、紅花、當歸、甘草梢、麻子、風鬼草、甜水藤、五加皮。共為末，用酒灌之，大好。

又 瘦皮海上方：心紅、硃砂、海肥子四兩，烏雞一隻，當歸，豬脂一斤，鹽一兩，擦之。

又 補藥方：紅豆一升，白礬五兩飛過。共為末，開水調灌。

又 春季藥方：大黃、黃連、甘草、防風、梔子、瓜蔞根、黃藥子、知母、貝母。共為末灌之。

又 夏季藥方：黃芩、黃連、大黃、郁金、黃檗、黃藥子、白藥子、甘草、知母、貝母、薄荷、兜鈴、桔梗、地黃。共為末，灌之。

又 秋季藥方：枇杷葉、知母、貝母、甘草、兜鈴、杏仁、地黃、木通、款冬花、瓜蔞根、紫蘇、麥門冬、秦艽、芍藥、黃連、白藥子、黃藥子。用酒灌之效也。

又 冬季藥方：芍藥、厚朴、青皮、陳皮、細辛、益智仁、山藥、牽牛、何首烏、玄胡索、甘草、青葙子。用酒灌之。

又 風瘡藥方：燕石、豬牙皂角、人言炮、蒼子根束芝麻油搽之。

又 尿血方：瞿麥子根、黃藥根、紅茨藤根、厚子根、山茱萸。上藥煎水灌，藥引地膚子根；水火不通，五加皮煎入，同灌之。

又 肚腹痛：用好細辛煎水一碗，李子藥三分煎，茶炮吃，即痊。

又 咳嗽藥方：細茶一兩、蜜一兩、椒子半兩、清油半兩、生薑半兩，細切，將姜並水和搗，蒸熱。又酒、薑汁蒸，著油潤鍋炒。每日早晚常服。

又《四時牛瘴十三方並雜方》 第一方：或冷或熱者，進此。春月瘴急，宜用地龍散，寒熱皆可用。蒼朮三錢、川芎三錢、川烏二錢、草烏二錢、生用、當歸一錢、甘草一錢、藿香一錢、地龍一條、白茯苓二錢、白朮二錢、薄荷半錢、荊芥錢半、大黃二錢、山梔半錢、陳皮半錢、青皮五分、麻黃二錢、紫蘇五分、芍藥五分、羌活二兩、滑石一錢、薑蠶二錢炒、黃芩一錢五分，共為細末，水煎灌。更加川郁金少許尤妙。

又 第二方：唇冷及涎多者，或微熱交耳、倒尾不動者，急進此劑。耳動可治；不動不可治。川附子，用冷水浸半日，要酒、醋各一盞，入瓶內伴火煮少時，勿令烤乾，為末。次入雄黃一兩、梅花腦少許別研，共為末，酒一升半，溫暖調灌之。

又 第三方：止瀉。好紅椒一兩、胡椒五錢、山藥五錢、生地黃不拘多少、黃蠟。共為末，入麝香少許，用白米煮粥，調藥灌下。

又 第四方：進食瘴吐倒草，急宜用之。木通三兩、山梔二錢、晚蠶沙二兩、青皮二錢、山藥二錢、陳皮二錢、瓜蔞根五錢、香附子一錢、南星一錢、蒼朮二兩。共焙乾為末，用酒灌下。

又 第五方：去涎理瀉。生硫黃、天南星各二兩，共為末，新汲井水調灌。如煎盛，加半夏、蓖麻子二味炒。春用米泔，夏用車前子，秋用泉水，冬用薄荷水，調灌下。

又 第六方：進食，亦專治夏瘴。青皮、陳皮、白茯苓、製厚朴、藿香、蒼朮、肉桂、人參、檳榔。共為末，用烏梅七個，煎湯調灌之，立痊。

又 第七方：治牛遍身皮顫，百藥煎。蒼朮、荊芥、白僵蠶、晚蠶沙、大黃、滑石、半夏薑汁炒。共為末，用蜀葵根煎湯調灌下。一方用：毛桃汁二錢、麻油一兩，灌下。治夏瘴進食。

又 第八方：專治結草。通可治，不通難治。大黃、滑石。共為末，用蜀葵根煎湯，調灌下。

又 第九方：進食。半夏、雄黃、蒼朮、滑石、南星、硃砂、茯苓、桂皮、香附子。共為末，用酒三升，煎灌。如見口內生瘡爛，去桂皮、香附子二味，加荊芥、朴硝、青黛、黃連，水調灌下。

又 第十方：初有瘴，宜用：蒼朮五分，辰砂五錢，好茶末二兩。共為末，用銅錢一串，浸泉水，調灌之。

又 第十一方：白芍藥、藿香、半夏、蒼朮、製厚朴、甘草、白薑。共為粗散，水煎灌之。

又 第十二方：治重舌，重舌退者始治。山豆根、貫眾、硇砂、滑石、寒水石、麝香、海螵蛸、白茯苓。共為末，芭蕉自然汁，調抹口瘡。

又 第十三方：專治牛青瘴。香附子炒、陳皮、甘草、山梔子、南星、肉桂、柴胡、大腹皮、檳榔。共為末，用泉水同煎灌之。如渾身顫慄者，更加川當歸一兩，煎服。柴胡草果散：治泉江下路瘴。柴胡一兩、烏梅五錢、南木香五錢、檳榔五錢、常山二合、知母五錢、草果五個、細辛三錢。共為剉散，入鹽少許，生地火炮，聞香氣取出，用好酒一大碗。煎至半碗灌之。又方：治四時牛瘴。人參輕骨散一兩、五苓散二兩、八正散二兩、蜜糖四兩、洗心散二兩、寒水石四兩、大葉薄荷一把、車前子一把、龍腦薄荷一把，共九味，交和為末，用冷泉水調灌，立效。水牛用水四斗，黃牛用水三斗。治牛瘴渴消及倒草者，吃此藥後，五日見水下。青皮、丁香、茯苓、甘草、厚朴、陳皮各一兩，麥芽炒、神曲各一兩五錢，半夏、白薑煨、桂心、蒼朮、良薑、藿香、白朮各五錢。共為末，用好酒四升，煎至三升，調灌之。治胎散：牛有胎患瘴者，先灌此藥，後用治瘴藥。白芍藥、地黃、肉桂、荊芥、川芎、當歸、柴胡、防風、人參、茅根、甘草。共為細末，用酒煎灌之。治胎散：瘴後宜用。枳殼炒、木香、香附子炒、甘草炙。共為末，酒調灌之。內補散：生下牛子後補藥。當歸酒浸、川續斷酒浸、牡丹皮、蒼朮、赤芍藥、五加皮、白芍藥、蒲黃各五錢，烏豆一合炒。共為末，溫酒調下。治四時膽瘴。硃砂、乳香、腦香、麝香、朴硝、山梔子、胡黃連、菊花、荊芥、滑石、羌活、獨活、防風、川芎、甘草。共為末，臨時加胡五味入藥內，分作四次，薄荷水調灌之。

清 趙學敏《串雅獸醫方》卷二《牛證》 肩爛：舊棉絮三兩，燒存性，用麻油調敷。

又 蹄漏：紫礦為末，豬油和，納蹄中，燒鐵篦烙之。

又 一切疥癩：杜蘅研為細末，敷之，或生搗塗，亦可。又方：藜蘆末，水調，敷之。

又 傷熱：胡麻葉搗汁，灌之，立瘥。

又 瘴疫：石葛蒲、淡竹葉、葛粉、郁金、綠豆、蒼朮各等分為末，每用一兩，芭蕉自然汁一升，入蜜一兩，黄蠟二錢，調和，灌之。未解，再灌，熱，如大黄，鼻頭無汗，加麻黄，鼻口出血，加蒲黄。又方：夏茶二兩為末，和水五升，灌之。

又 尿血：當歸、紅花為末，酒煎一合灌之。

又 腹脹：燕子屎一合，水調一合，灌之。

又 噎：皂角末吹鼻中，以鞋底拍尾停骨下。

又 身上生蟲：當歸搗爛，醋浸一宿，塗之。

又 牛瘦：厚朴、陳皮、蒼朮、烏藥、貫仲、甘草、黄芩、川芎、當歸、白朮、茯苓、赤芍、熟地、枳殼、紫蘇各一兩。研末，水二碗，酒一碗，姜十片。一日灌一劑，十日定壯。

又 牛不吃草：青木香四兩、金銀花藤一斤，煎湯，灌下即好。

又 牛狗羸瘦：泥鰍一二枚，從口鼻送入，則立肥。

又 牛馬豬瘟：硃砂、麝香、潮腦。各等分為末，豬吹左鼻，牛馬吹右鼻。又方：大黄、朴硝，各等分，泡湯一碗，灌之，瀉空半日，用冷水一大盆，食之即好。

又 六《六畜舌脹》 舌脹出血：蓖麻取油，蘸紙拈，燒煙熏之，即腫脹皆消。并治牛馬六畜舌脹。

清 李南暉《活獸慈舟·水牛》第三篇《四季藥方》 春季方：柴胡、黄芩、枳殼、陳皮、白芷、羌活、川芎、白芍、細辛、麥冬、桔梗、紫蘇、草果、澤瀉、朱苓、小茴、蒼朮、吳萸、香附、藿香、檳榔、官桂。合搗，入糊米水、生薑汁啖之。又：藿香、柴胡、粉葛、官桂、菖蒲、車前、五加皮、過路黄、臭藤根、側耳根、映山紅、吳臾根、地瓜藤、石南藤、算盤根、茨蘿卜、小茴香、烏丹草、桑根皮、山胡椒。同搗，入常酒、曲子、生薑啖之。

又 夏季方：梔子、連翹、黄芩、桔梗、大黄、白芷、枳殼、黄連、白芍、薄荷、蒼朮、知母、黄柏、吳萸、丑牛、萊菔、檳榔、玄參、當歸、膽草、草果、香薷、陳皮、澤瀉。合搗，入麻油、淘米水、雞蛋啖之。又：地黄連、茨黄連、野當歸、吳萸葉、黄荊葉、夏枯草、挖耳草、側耳根、天仙藤、仙人草、大黄、苦齋、麥冬、車前、扁竹根、龍膽草、桑根皮、荔枝草。和搗，入麻油、雞蛋灌之。

又 秋季方：蒼朮、陳皮、枳殼、香薷、青蒿、生芪、青皮、粉葛、黄柏、梔子、黄連、滑石、石膏、芒硝、大黄、麥冬、神曲、升麻、當歸、澤瀉、吳萸、白芷、厚朴。合搗，入苦藠子、淘米水灌之。又：香薷、青蒿、升麻、麥冬、青木香、水茴香、紅木香、車前、知母、夏枯草、粉葛、烏丹草、野當歸、荊芥、薄荷、百部、藿香葉、臭藤根、桑根皮。共搗，入淘米水合啖。

又 冬季方：麻黄、桂枝、白芍、羌活、白芷、細辛、枳殼、陳皮、草果、蒼朮、歸尾、生地、川芎、加皮、續斷、秦艽、獨活、杜仲、牛膝、木瓜、檳榔、山楂。共搗，入常酒、生薑合啖。又：當歸、小血藤、側耳根、紫蘇葉、五加皮、烏不占、白牛膝、鳳尾草、伸筋草、石南藤、臭膝根、臭牡丹、續斷、陳皮、蓽薢、桑皮。共搗，入常酒、童便、生薑啖之。

又《打藥方》 羌活、當歸、三七、文朮、三棱、虎骨、木通、木香、郁金、紅花、桃仁、川芎、生地、乳香、沒藥、白芷、赤芍、桂枝、秦艽、牛膝、木瓜、加皮、血結。共搗，入常酒、小便啖之。又：大血藤、小血藤、三七、野當歸、石南藤、石碎補、千打錘、續斷、白荊條、澤蘭、老鸛草、烏龍藤、八爪金、過山龍、紅牛膝、土峨朮、五加皮、白茨根。共搗，入常酒、小便、火麻灰啖之。凡業是醫者，用藥春冬須加散寒藥主治；如夏秋則依本方。總之，要知天時氣運寒暑，各分可也。

清 傅述鳳《養耕集·新録療牛傷感針藥全集·治牛追癀良方如吊一二日而癀不來者當用此方**》** 生地、黄芪、白芷、木通、天丁、連翹、銀花、黄芩、蟬蛻、梔仁、枳殼、桔梗、花粉各五錢，穿山甲炒二錢。共研細末，滚水泡服。再用通關散吹入鼻內，以通關竅。通關散：細辛五錢、牙皂五分、冰片一分。如牛瘦弱，用早米半升浸脹，磨清漿，每日灌之，助其元氣。

又《治牛患病日久不吃草方》 用厠缸內靠底糞穢一碗、新鮮鯽魚二尾，共擣爛化水，服之立效。

又《治初患病不返芻方》 用生薑半斤切片，醋一碗，共炒乾，放牛口內嚼之，立效。

又《治牛口鼻流涎或鼻聳鼻乾汗散又不成珠方》 此乃五臟積熱，

火攻膽肺，閉結在內。處方：郁金、牽牛、枳殼、黄柏、茵陳、木通、菊花、車前、連翹、梔子、檳榔、黄芩、甘草、蛇床子、牛蒡子、黄藥子各五錢，明礬、芒硝、大黄各一兩。共研細末，滾水泡汗衣汁，對藥服之，即愈。

又《治牛瀉火消脹解毒方》 青皮、陳皮、木通、枳殼、南星、柴胡、菊花、連翹、檳榔、黄柏、黄芩、梔子、茵陳、柏葉、草果仁各五錢，大黄、芒硝、明礬各一兩，鮮百合半斤。共擣末，滾水泡服。

又《治牛肚膨氣脹及大小便不利方》 青皮、陳皮、檳榔、木通、連翹、茵陳、枳殼、槐米、黄芩、車前、牽牛、明礬各五錢，細辛、牙皂各三錢，大黄、六一散各一兩。共研細末，滾水泡服，先用芒硝二錢，麝香二分，冷水化下。如大便閉結不通，用推屎甲三隻，瓦炕枯研末，水酒一碗，化服。或和前藥共服，亦好。如肚脹、火結不通，加巴豆五七粒更妙。同前方：青皮、陳皮、木通、枳殼、連翹、茵陳、柴胡、梔仁、黄芩、南星、牽牛、烏梅、明礬、檳榔、草果仁、麥芽各五錢，細辛、常山、牙皂各三錢，大黄、芒硝各一兩。共研細末，滾水泡，另加廣木香三錢，共化服，用眞菜油一盅，服之即愈。

又《治牛肚脹糞結不出方》 大戟四錢、大黄二兩、芒硝三兩、滑石二錢、牽牛四錢、牛膝二錢、細辛四錢、車前二錢、木通四錢、檳榔六錢、木香六錢、巴豆十粒、芫花二錢、甘遂二錢、枳殼二錢、牙皂四錢、石菖蒲四錢、黄荆子六錢、蘿匍子一撮、陳麥笠燒灰、推屎甲三隻瓦炕。共研細末，滾水泡，攤冷，入麻油四兩，另研麝香一分、硃砂一錢放角筒內，共灌之。又用燒酒噀背上，稈藤往後解，待糞出即效。如糞結不出，用麻油搽手入糞門內扒出結糞，此因服藥無功，不得已而用此法也。

又《治牛臟腑閉火糞結及肚膨方》 茵陳四錢、車前四錢、木通四錢、枳實四錢、厚朴二錢、陳皮二錢、青皮二錢、赤芍二錢、巴豆十粒、大黄四錢、朴硝二錢、黄柏二錢、黄芩二錢、滑石二錢、細辛二錢、牙皂二錢、當歸六錢、紅花四錢、梔仁二錢、連翹二錢、檳榔二錢、甘草二錢、推屎甲二隻瓦炕。共研細末，滾水泡服。

又《治牛患時癥禁口痢方》 蒼朮、陳皮、半夏、枳殼、厚朴、川貝母各三錢，茯苓、連翹、梔仁、茵陳、柴胡、黄芩、神曲、砂仁、黄連、草果仁各一錢，廣木香、蘿匍子、肉豆蔻、檳榔、甘草。水煎服。

又《治牛痢癥方》 地榆、槐花、枳殼、檳榔、車前、木通、猪苓、澤瀉、蒼朮、厚朴、茵陳、黄連、赤苓、白芍、石榴皮、柏葉炒黑各二錢，木香一兩，肉豆蔻六箇去油，臭椿皮醋炒，冲數次，粟殼四錢，用滾水泡，入新洗米□水共服，立效。同前方：用黄豆浸脹磨漿服，或用早米熬粥攤冷灌之，亦好。

又《治牛洩瀉方》 枳殼、防風、花粉、苦參、黄連、黄柏、黄芩、厚朴、梔子、連翹、赤苓、茵陳、蒼朮、甘草、淡竹葉各二錢，貫衆、檳榔、木通、車前、猪苓、澤瀉各四錢，草果仁、黄荆子各六錢。如帶血，加臭椿皮醋炒、烏梅、粟殼，共爲末，滾水泡服。如洩不止，用黑豆煮熟，每日喂給一升，自有一七可愈。若瀉久，以要分利之藥，不宜多劑；如過服分利之藥，反傷脾土，其洩不止，宜用補澀之藥，即效。

又《治牛洩瀉不食不芻方》 當歸、川芎、細辛、牙皂、槐花、黄芩、枳殼、厚朴各五錢，車前、澤瀉、粟殼、滑石各一兩，茵陳三錢，連翹二錢，甘草二錢，猪苓二兩。共研細末，滾水泡服，如復次劑，去猪苓、澤瀉、粟殼，厚朴，加紅花三錢，白芍五錢，陳皮三錢，檳榔五錢，黄連一錢。另蒸汁。同前方：青皮、陳皮、黄芩、厚朴、猪苓、銀花、連翹、桂枝各一兩，細辛、草果仁各五錢，澤瀉二兩，滑石二兩，牙皂一兩五錢。共研細末，加生薑三片切細，滾水泡汁，作二次，攤冷服之。

又《治牛驟然洩瀉方》 茵陳、梔子、連翹、黄柏、砂仁、猪苓、蘿匍子、花粉、竹葉、甘草各二錢，厚朴三錢，、黄芩、滑石、車前、麥芽、枳殼、貫衆、檳榔、陳皮、澤瀉各四錢，山楂、茯苓皮各六錢。共研末，滾水冲服，即效。同前方，樟樹皮去外麤皮，切細炒枯存性，陳久者更佳，早糯穀炒爆花去糠共研細末，滾水化服，即止。

又《治牛患小便不通或鞭子不收方》 車前、木通、梔仁、瞿麥、澤瀉、大黄各四錢，滑石、扁蓄、猪苓各二錢，黄連切細一兩，燈芯稿根多許，擣爛另用冷水化服，酒引。共研細末，滾水泡，露一宿，加鷄蛋清三箇、酒一盅，服之神效。

又《治牛洩瀉轉痢方》 陳皮、枳殼、白芍、甘草各三錢，蒼朮、厚朴、木通、車前、檳榔、貫衆、粟殼、槐花焙、地榆醋炒各五錢，臭椿皮明礬炒、柏葉炒枯、石榴皮各一兩，黄連茱萸汁炒一錢五分。共煎汁。又用：廣木香末二錢、紅砂糖一盅，共化水服。再加肉豆蔻去油二錢、烏梅五錢。

又《治牛洗舌松皮風針後表外裏內方》 防風、薄荷、柴胡、車前、木通、陳皮、草果仁、竹葉各三錢，黄芩、蒼朮、連翹、貫衆、檳榔、腹皮、枳殼、牛膝、加皮、桔梗、山楂、神曲、杜仲各四錢，防己、黄連、甘草各二錢，當歸、生地各六錢。用旱米一盅，共舂末，滚水泡，露一宿，加淅米水同服，立效。

又《治牛患喉癀及内外等癀方》 黄柏、黄芩、射干、蒺藜、枳殼、厚朴、天花粉、白芷、甘草各三錢，苦參、連翹、梔仁、銀花、蟬蜕、陳皮、檳榔、豆根各四錢，草果仁四錢，牛膝二錢。共研細末，滚水化服。

又《治牛癀敷藥方》 石灰、磁泥、好淡醋少許。共調敷，效。

又《治牛消脹解毒兼表裏方》 防風、荆芥、陳皮、梔仁、白芷、腹毛、草果仁、神曲、吴茱萸、小茴各四錢，枳殼、黄柏、黄芩、苦參、連翹、前胡、桔梗、甘草各三錢，厚朴六錢，檳榔七錢。水煎服。

又《治牛患肚脹方》 大黄、大戟、郁金、滑石、木通、檳榔、車前、牽牛、甘遂、牛膝、陳皮、枳殼、麥芽各五錢，石菖蒲五錢，蘿蔔子一兩，廣木香三錢，巴豆五至七粒。共研細末，滚水化服，先用硃砂三錢，麝香二分，洗汗衣汁化服。同前方：陳麥稭笠燒灰、蘿蔔子半升或一大盅、黄荆子一兩炒、小乾鯽魚二尾炕研。共研末，和汗衣汁化服。

又《治牛連貼脹方》 青皮、陳皮、柴胡、菊花、梔仁各四錢，草果仁、木通、黄芩、銀花、枳殼、牽牛、連翹、烏藥、茵陳、六曲、大黄、明矾各五錢，檳榔八錢。共研末，滚水泡服，加廣木香末三錢，共化服，即效。

又《治牛肺熱脹方》 青皮、陳皮、茵陳、貝母、梔仁、瓜蔞炒、知母、黄柏、黄芩、連翹、當歸、香圓、天門冬各五錢，百合一兩，扁柏葉。共研末，滚水泡服，另加廣木香末二錢、蜜一盅、鷄蛋清一箇，京墨磨汁，從鼻灌下，即好。

又《治牛患心肺病方》 柴胡、黄芩、紫菀、梔仁、枳殼、桂枝、草果仁、木通、桑皮各五錢，紫蘇、竹葉、連翹、陳皮、甘草各三錢，桔梗四錢，黄連一錢，明矾一兩，麝香五分。水煎滚，濾渣，從鼻灌之，另以渣塞口内嚼之，自愈。

又《治牛解脹氣清内火方》 青皮、陳皮、茵陳、連翹、梔仁、黄芩、草果仁、滑石、竹葉、紫蘇、烏梅、花粉、黄柏各五錢，柴胡、枳殼、桔梗各四錢，牽牛、木通各八錢，檳榔一兩，甘草五錢。共研細末，滚水泡，或對浙米水共服之。

又《治牛瘦弱起膘方》 貫衆、蒼朮、陳皮、厚朴、山楂、麥芽、天花粉、木通、車前、薄荷、白芍、牛膝各二錢，草果仁、檳榔、香附、防風、生地、加皮各四錢，南蛇藤、砂仁、當歸各六錢，茯苓一兩五錢。共研末，滚水泡，麻油引，旱米磨漿，共化，服一七，每服半斤，加土參更好。

又《治牛突汗及諸病癥方》 烏藥、白芷、桔梗、羌活、牛膝、加皮、赤茯苓、連翹、陳皮、蒼朮、防風、猪苓、澤瀉、車前、梔子、荆芥、歸尾、生地、甘草各二錢，黄荆子、蘇葉、檳榔、貫衆、苦參、茵陳、木通、蘿蔔子、花粉各四錢，桂枝、草果仁各一兩，貝母六錢。共研末，滚水泡服，加水酒一盅，渣另服。又用蔥一把，塞鼻，逼片時，即愈。

又《治牛傷力瘦弱四肢倦軟及清内熱解脹氣活血理氣方》 生地、牛膝、苡仁、加皮、木瓜、赤芍、防風、荆芥、黄芩、連翹、羌活、故脂、貫衆、黄荆子、黄柏、竹葉、木通、枳殼、厚朴、烏藥各二錢，當歸、南蛇藤、檳榔、杜仲各四錢，梔仁五錢。共研末，滚水泡，露一宿，次早加水酒一盅，鷄蛋二箇，麻油四兩，入藥汁内和匀服之，其渣另服，自愈。

又《治牛瘦弱諸方》 用新鮮韭菜，洗淨晾乾，鹽拌，每日常與服之，即愈。又方：用乾烏魚，炕燥研末，每早以米湯化服，亦效。又方：用汗衣洗水，和鮮米漿入鹽共服，亦好。又方：用旱烏豆，炒熟磨末入鹽，每日拌食，或用乾鯽魚炕燥研末，共和服，更妙。以上四方，固能起膘助力，開味，屢試屢驗。

又《治牛解脹清暑清膨助腳力方》 茵陳、蒼朮、猪苓、枳殼、木通、車前、黄柏、黄芩、梔仁、連翹、加皮、牛膝、木瓜、竹葉、銀花、甘草、柏葉各二錢，檳榔、腹皮、貫衆、澤瀉、黄連、苡仁、南蛇藤、黄荆子各四錢，草果仁、蘿蔔子各六錢，厚朴七錢。共研末，滚水泡，加明雄黄六錢、麻油一盅同服，其渣以鹽拌，另服。

又《治牛患時疫肚膨腳軟方》 防風、荆芥、羌活、細辛、牙皂、連翹、銀花、梔仁、黄芩、黄柏、苡仁、加皮、牛膝、檳榔、白芍、大黄各四錢、桂心、熟地、草果仁各一兩，没藥六錢。石膏爲引。

又《治牛患内傷吊癀後攻毒方》 知母、貝母、連翹、梔子、生地、生黄芪各五錢，黄芩、銀花、明矾、大黄、蛇皮如無蛇皮用牙硝可代各一兩，穿山甲一錢，蟬蜕三錢，天丁一錢，明雄三錢，硃砂二錢，生薑一兩。共研細末，滚水泡，略帶温些服。小便閉，加滑石、車前。切勿服發散劑方，只用追癀散。又方：硃砂五錢、明矾三兩，共研末，另用滚水泡汗衣汁一碗共化服，先用麻油四兩灌之，亦效。

又《治牛誤吃蝦蟆脹水眼餓眼俱飽口吐白涎尾撬方》 用鮮螺螄、陳糟、蘿葡子、黄荆子。共研細末，井水化服，即愈。又即驗方：用腌魚鹵水多與服之，即消。若連貼脹只水肚眼飽，口必出涎是白的。

又《治牛交春後患瘦弱并冬時閉火在内方》 加皮、連翹、木通、香附、牛膝、山楂、八棱麻、麥芽、蘿葡子各二錢，南蛇藤、天花粉、杜仲各三錢，檳榔、活血丹、白朮各五錢，黄連一錢五分。如牛身健，去白朮，加菖蒲二錢、良姜三錢、貫衆二錢、柏葉二錢。共研末，水、酒各半，化服立效。

又《治牛春季社後洗舌表裏活血消脹方》 防風、蒼朮、蘇葉、甘葛、獨活、荆芥、草果仁、前胡、桔梗、黄芩、木通、車前、牙皂各二錢，羌活、桂枝、半夏、生地、檳榔、厚朴各四錢，當歸、枳殼各六錢。共研末，滚水泡，酒一盅引。

又《治牛春末方》 黄柏、黄芩、桂枝、杜仲、木瓜、蒼朮、防風、荆芥、白芷、牛膝、豆根、青皮、陳皮、草果仁、甘草、苦參、梔仁、滑石、細辛、山楂、桑白皮、神曲、臺烏、花粉、麥芽、天冬各二錢，檳榔、枳實、厚朴各四錢，當歸六錢。共研末，水泡露一宿，加黄連切碎一錢，泡出汁，先另服之。

又《治牛夏季方》 茵陳、車前各六錢，蒼朮、枳殼、甘草、大腹皮、黄連各二錢，檳榔、厚朴、貫衆、木通、草果仁、牛膝、南蛇藤、花粉、竹葉、八棱麻各四錢。共研細末，水煎服。

又《治牛夏季消脹氣清内熱助腳力方》 大腹皮切碎、茵陳、貫衆、黄柏、梔子、連翹、黄荆子、銀花、黄芩、車前、南蛇藤、加皮、牛膝、枳殼、厚朴、防己、苡仁各四錢，木通、滑石、桂枝、芒硝各二錢，檳榔、大黄、蘿葡子各六錢，黄連切碎一錢，草果去殼五錢，貝母五分。共研末，滚水泡露一宿，次早加麻油四兩、鷄蛋清二箇，入藥和匀，其渣後服。

又《治牛暑天解熱消脹及水洩俱效方》 陳皮、蒼朮、枳殼、黄柏、黄芩、茵陳、猪苓、澤瀉、杜仲、木通、桔梗、天花粉、竹葉、梔子、連翹、滑石、赤苓、甘草各二錢，大腹皮切碎、檳榔、車前、貫衆、苦參、烏藥各四錢，草果仁六錢，厚朴三錢，蘿葡子六錢，黄連六分。如洩，加白朮土炒。如牛體厚糞硬，加大黄、芒硝，有洩莫用。共研末，滚水泡，露一宿，次早加麻油四兩、鷄蛋清四箇，和藥汁同服，其渣另服。如洩瀉，去麻油、鷄蛋清，就執入淅米水共服，或磨旱米漿服之亦可。

又《治牛夏月受熱傷力方》 用緑豆半升，井水浸脹磨漿，每日服之，能瀉心火、助膘，服十日或半月，即效。

又《治牛秋季方》 枇杷葉、瓜蔞根、款冬花、草果仁、知母、貝母、杏仁、芍藥、厚朴、滑石各四錢，地黄、馬兜鈴、木通、紫蘇、麥門冬、秦艽、黄芩、蒼朮、柴胡、桂枝、甘草各二錢，檳榔六錢，黄連二分。共研細末，滚水泡，酒對服，立效。

又《治牛冬季方》 南蛇藤、當歸各六錢，良姜、防己、牛膝、天花粉、活血丹、甘草、矮腳樟各二錢，何首烏八錢，杜仲、山藥、八棱麻各四錢。共研細末，滚水泡服。

又《治牛磨蹄方》 用烙鐵燒紅，蘸桐油磨白蠟烙之，三五次即愈。

又《治牛咳嗽方》 炙麻黄四錢、瓜蔞霜三錢、廣陳皮四錢、款冬花五錢、炙桑皮二錢、車前子三錢、杏仁四錢、半夏五錢、桔梗四錢、蒼朮二錢、蘇葉二錢、枳殼四錢、貫衆三錢、甘草二錢。研末，滚水泡服。

又《治牛胎衣不下方》 神聖散：穿山甲四錢、大戟五錢、滑石二兩、海金沙三錢。共研細末，水二碗，猪油四兩，同熬汁爲膏，灌之立效。

又《治牛生子後補藥方》 内補散：當歸酒浸五錢、川續斷酒浸五錢、牡丹皮五錢、蒼朮五錢、赤芍五錢、五加皮五錢、白芍五錢、蒲黄五錢、甘草二錢、烏豆三合。共研細末，温酒調下。

又《治牛糞門爛瘡方》 用鷄蛋殼煨枯、茄葉、東瓜葉，共研細末，以麻油調搽，立效。

又《治牛軟腳瘟方》 細辛五錢、加皮五錢、八月瓜根、槐條二根、地骨皮五錢、柏條火炙七根、乳香五錢、麝香二分、芍藥四錢、茴香八錢、鷄蛋清三箇。共爲末，水酒温服，即愈。

又《治牛兩眼生屎方》 銅青三錢、滑石二錢、黄連二錢、杏仁四錢、青皮四錢、蒺藜三錢。共研末，滚水泡服。外加薄荷煎水洗，即愈。

又《治牛喉熱口内生瘡及眼赤方》 郁金一兩、滑石一兩、甘草九錢。

共研細末，麥冬煎水，調藥灌之，立效。

又《治牛軟腳癀試驗方》 桂枝三錢、當歸二錢、能麻二錢、加皮二錢、木瓜二錢、牛膝二錢、續斷二錢、石南藤二錢、花粉四錢、南蛇藤二錢、甘草一錢、黄柏一錢、黄芩一錢、防風一錢、荆芥一錢、赤芍二錢、川芎二錢、厚朴二錢、枳殼一錢。水酒爲引，煎服立效。

又《治牛瘦弱傷力不上肉方》 蒼朮四錢、白朮四錢、枳殼三錢、厚朴四錢、檳榔四錢、猪苓四錢、陳皮四錢、車前子三錢、赤苓四錢、木通三錢、茵陳四錢、銀花五錢、白芍四錢、貫衆四錢、甘草三錢、白芷三錢、防風四錢、羌活四錢、桂枝四錢、滑石三錢、五加皮四錢。水煎，生酒對服，立效。

又《治牛受暑熱方》 茵陳四錢、薄荷三錢、防風四錢、葛根三錢、羌活四錢、甘草三錢、蒼朮四錢、赤茯苓四錢、木通五錢、枳殼五錢、厚朴六錢、車前子四錢、黄芩四錢、滑石四錢、大黄七錢、天花粉四錢、檳榔六錢、貫衆四錢、竹葉三錢、胡黄連四錢。水煎服，即效。

又《治牛翻胃方》 補黄散：肉桂、厚朴、茴香、蒼朮、白朮、陳皮、青皮、青木香、五味子、鬼木灰即爛棺材灰。共研細末，每服一兩，生薑三片，紅棗五枚，好酒同煎，連服三五劑，即效。

又《治牛心風狂走方》 鎮心散：茯苓三錢五分、遠志二兩一錢、貝母一兩一錢、梔子二兩三錢、藁本二兩四錢、知母一兩、蒲黄四錢、黄芩二兩四錢。共研細末，每服二兩，蜜三兩、芒硝四兩，同水煎，灌之即愈。

又《治牛渾身出血方》 郁金散：郁金一兩、甘草一兩、寒水石一兩一錢、大黄一兩四錢、白礬一兩一錢、黄芩一兩一錢。共研細末，每服一兩，酒沖。又用米泔水調，鼻内灌之，即愈。

又《治牛交腳風方》 烏藥散：烏蛇、川芎、全蝎、牛膝、當歸、半夏、茴香、芍藥、白附子各二兩，桂心二兩四錢。共研細末，酒一碗，清油二兩，同煎服。

又《治牛木舌方》 牙硝散、馬牙硝三兩，黄連五錢，郁金二兩五錢，芒硝二兩，大黄三兩，黄芩二兩，甘草五錢。共研細末，蜜四兩，猪油半斤，同煎服效。

又《治牛肺敗方》 杏仁散：杏仁一兩、蕎麥六錢、秦艽七錢、百合六錢、香草四錢、荆芥四錢、知母八錢、貝母八錢、瓜蔞四錢、白礬三錢、梔子四錢。共研細末，蜜糖調服，即效。

又《治牛脾倦方》 通靈散：細辛八錢、肉桂六錢、茴香一兩一錢、蒼朮一兩一錢、青皮一兩、陳皮一兩、茵陳一兩一錢、芍藥一兩、桂心一兩、藁本一兩。共研細末，好酒、葱汁同煎服效。

又《治牛腎傷方》 百補散：白芷、陳皮、厚朴、没藥各三兩三錢，茴香、自然銅、五靈脂、苦楝各二兩。共研細末，姜、酒煎服，略帶温些。

又《治牛患蟲攢入耳方》 黄雀散：黄雀糞一兩一錢、細辛一兩一錢、龍腦一兩、蜈蚣一兩、白龍皮一兩。共研細末，水糊丸，如鷄頭子大，用淡鹽湯灌入耳，先服一兩，蟲出即愈。

又《治牛雙膊齊脱方》 金錢草散，陀僧一兩、磁石一兩、草烏一兩、龜板一兩、當歸三兩、附子二兩七錢。共研細末，好酒帶温服之。

又《治牛時癥屢試屢驗方》 梔子、連翹、貫衆、車前、木通、黄芩、草豆蔻、黄柏、黄連、赤苓、猪苓、澤瀉、甘草、白茯苓、麥冬去心。春季加蒼朮。夏季加黄加、麥冬。秋季加甘菊。冬季定照原方。上藥共爲一大劑，用長流水煎滚，連渣服之即愈。但此藥未服之先，用蘇梗一把、陳茶葉一兩，煎水服之，後方服此藥最妙。

又《治牛血痢方》 蒼朮、枳殼、檳榔、紅花、赤芍、山楂、地榆、青皮、丹皮、厚朴、烏藥、黄芩炒、艾葉爲引。又方：紫菀一兩、川芎八錢、木通六錢、阿膠八錢、檳榔六錢、石蓮肉八錢、白芍八錢、厚朴六錢、白朮一兩、山藥一兩、桑皮一兩、杏仁霜一兩、扁豆五錢、車前八錢、臭椿皮、柏葉、艾葉等引。又方：紫菀一兩、阿膠一兩、杏仁霜八錢、白芍六錢、桔梗五錢、炙桑皮一兩、黄芩六錢、川芎五錢、龍膽草一兩、天丁四錢、木通八錢、車前子一兩、蜈蚣三條。淅米水爲引。

又《藥性略載便覽》 細辛發後身表。香附行氣，止痛。紅花活血，去血熱，破氣中血。玄參補血，瀉血熱。蒲黄逐瘀血，解血毒。苦參解風熱，去熱毒。赤芍藥去血中熱，養陰。半夏去寒痰。黄柏去下焦熱，性涼，滋陰生水。黄連瀉心火，解毒。槐花去血熱，兼止血，解血毒。防風去風，發表。五味子止咳，滋陰，收肺氣。薏苡仁利濕，補脾，去腳腫。甘葛解陽明之表而消渴。五加皮走腳，通氣，消腫。麥冬去心大潤燥，滋陰。木通利小腸經濕。白芍藥酸寒而斂陰。車前利小水。甘菊花去肝風熱，明目升陽。大黄解毒，去大腸經熱。藿香寬胸行氣，止嘔。厚朴寬胸行氣，解脹。桂枝走表，通四肢。烏梅解熱，止渴。川芎補血中氣。荊芥解風毒。麻黃發汗，大表。茵陳去濕熱。高良薑解心氣痛，暖中。枳殼解脹。羌活發表，去寒。梔仁解熱，去心火。獨活發表，解毒。貫衆解水脹之毒。柴胡發表兼裏，退熱。金銀花解毒，去風。陳皮行氣寬胸。紫蘇葉走表，發汗，解風。白朮補脾土，止瀉。蒼朮去濕，發汗。天門冬補陰，止渴。青蒿去浮熱。罌粟殼止瀉，濇脾。牛蒡根去喉中風熱，下氣。地榆治血痢。蠶沙去下焦小腸氣。滑石利小腸濕熱。山藥補脾。天南星去風痰。草果燥濕，燥痰。猪苓利濕行水，去血熱。木鱉助筋，行氣。澤瀉止洩，利小腸水。三棱破血中氣。檳榔解脹行氣。石南藤走氣，通筋骨。烏藥行氣，止痛。海桐皮走筋骨，行氣。通草通氣，去濕熱。青木香行氣，止痛。龍膽草瀉肝火。膽礬濇而寒。桔梗行氣，寬胸。枯明礬濇而收水。赤茯苓去濕，補脾，去血熱。硼砂解毒，去積。白茯苓補脾土，瀉濕。石菖蒲開胸中氣，通竅。連翹解熱。何首烏補陰，兼補血。桑白皮止咳，清肺熱。草烏大熱，回陽入骨。防己去濕熱，消腫。川烏大熱，生陽入骨。澤蘭通血，補血。熟地黃補血，養陰。常山發吐，去寒熱。薄荷解血熱諸風毒。砂仁助胃，開胃。瓜蔞去熱痰。豆蔻止瀉，補脾。柏葉去血熱。天丁攻毒，解熱。商陸去水氣，解腫。穿山甲攻毒。芒硝性急直瀉。蟬蛻去外熱毒。杏仁去痰，除風。牛膝通氣，走腳。大戟直瀉熱毒。金沸草止咳。腹毛解腫，寬胸。芫花直瀉血毒。吴茱萸去後身寒痛。雄黃解毒。貝母去胃中熱痰。麥芽消草毒。故紙固中焦，并助腰。玄明粉解熱，去喉風。木瓜通氣，走腳，去腫，并通經絡。山楂消食積毒。南蛇壯筋強骨，走氣。知母大涼，解熱。淡竹葉味淡，性涼，去浮熱。皂角開關，通氣。秦艽去十二經濕熱，走筋骨。當歸補血中氣。前胡去風熱，走表，去邪。葶藶下氣，直瀉。小茴走小腸，去腸痛，去膀胱疝氣。天花粉止渴，解熱。白芷去風，解毒。葛根去陽明熱邪。蛇床子殺蟲。牽牛性涼，去大腸熱邪。黃芪助氣，大補。香圓去氣中痛。僵蠶去咽喉毒。百合潤肺，止咳。續隨子助血氣。枳實寬胸，下氣。甘遂解熱，直瀉。黃芩去少陽熱，性涼，可去胸腹熱。肉桂行氣，止痛。生地黃補血中陰。豆根去喉中風熱，解喉中腫毒。升麻提取解毒。青皮去左右脇脹，寬胸下氣。巴豆去大腸積寒，直瀉。神曲去水草毒，解脹行氣。杜仲固腰，助氣。牙皂通竅，開關，性熱。

清 佚名《相法牛經大全·治療篇·藥性賦》 寒性。諸藥識性，此類最寒。犀角解乎心熱。羚羊清乎肺肝。澤瀉利水通淋而補陰不足。海藻散癭破氣而治疝何難。聞知菊花能明目而清頭風。射干療咽閉而消癰毒。薏苡理腳氣而除風濕。藕節消瘀血而止吐衄。瓜蔞子下氣潤肺喘兮又且寬中。車前子止瀉利小便兮尤能明目。是以黃蘗瘡用。兜鈴嗽醫。地骨皮有退熱除蒸之效。薄荷葉宜消風清腫之施。寬中下氣枳殼緩而枳實速也。療肌解表乾葛先而柴胡次之。百部治肺熱咳嗽可止。梔子涼心腎鼻衄最宜。玄參治結熱毒癰清利咽膈。升麻消風熱腫毒發散瘡痍。嘗聞膩粉抑肺而斂肛門。金箔鎮心而安魂魄。茵陳主黃疸而利水。瞿麥治熱淋之有血。朴硝通大腸破血而止痰癖。石膏墜頭疼解肌而消煩渴。前胡除內外之痰實。滑石利六腑之澀結。天門冬止嗽補血冷而潤肝心。麥門冬清心解煩渴而除肺熱。又聞治虛煩除噦嘔須用竹茹。通秘結導瘀血必資大黃。宣黃連治冷熱之痢又厚腸胃而止瀉。淫羊藿療風寒之痹且補陰虛而助陽。茅根止血與吐衄。石葦通淋于小腸。熟地黃補血且療虛損。生地黃宣血更醫眼瘡。赤芍藥破血而療腹疼煩熱亦解。白芍藥補虛而生新血退熱尤良。若乃消腫滿逐水于牽牛。除毒熱殺蟲于貫眾。金鈴子治疝氣而補精血。萱草根治五淋而消乳腫。側柏葉治血出崩漏之疾。香附子理血氣婦人之用。地膚子利膀胱可洗皮膚之風。山豆根解熱毒能止咽喉之痛。白蘚皮去風治筋弱而療足頑痹。旋復花明目治頭風而消痰嗽壅。又況荊芥穗清頭目便血疏風散瘡之用。瓜蔞根療黃疸毒癰消渴解痰之憂。地榆療崩漏止血止痢。昆布破疝氣散癭散瘤。療傷寒解虛煩淡竹葉之功倍。除結氣破瘀血牡丹皮之用同。知母止嗽而骨蒸退。牡蛎澀精而虛汗收。貝母清痰止咳嗽而利心肺。桔梗下氣利胸膈而治咽喉。若夫黃芩治諸熱兼主五淋。槐花治腸風亦醫痔痢。常山理痰結而治溫瘧。葶藶瀉肺喘而通水氣。此六十六種藥性之寒，又當考《圖經》以博其所治，觀夫方書以參其所用焉。其庶幾矣。

又 熱性。藥有溫熱，又當審詳：欲溫中以蓽撥。用發散以生薑。五味子止嗽痰且滋腎水。膃肭臍療癆瘵更壯元陽。原夫川芎祛風濕補血清頭。續斷治崩漏益筋強腳。麻黃表汗以療咳逆。韭子助陽而醫白濁。川烏破積有消痰治風痹之功。天雄散寒為去濕助陽精之藥。觀夫川椒達下。乾薑暖中。葫蘆巴治虛冷之疝氣。生卷柏破癥瘕而血通。白朮消痰壅溫胃兼止吐瀉。菖蒲開心氣散冷更治耳聾。丁香快脾胃而止吐逆。良姜止心氣痛之功沖。肉蓯蓉填精益腎。石硫黃暖胃驅蟲。胡椒主去痰而除冷。秦椒主攻痛而治風。吳茱萸療心腹之冷氣。靈砂定心臟之怔忡。蓋夫散腎冷助脾胃須蓽澄茄。療心疼破積聚用蓬莪術。縮砂止吐瀉安胎化酒食之劑。附子療虛寒翻胃壯元陽之力。白豆蔻治冷瀉。療癰止痛于乳香。紅豆蔻止吐酸。消血殺蟲于乾漆。豈不知鹿茸生精血腰脊崩漏之均補。虎骨壯筋骨寒濕毒風之并祛。檀香定霍亂而心氣之痛愈。鹿角秘精髓而腰脊之疼除。消腫益血于米醋。下氣散寒于紫蘇。扁豆助脾。則酒有行藥破血之用。麝香開竅。則葱為通中發汗之需。嘗觀五靈脂治崩漏理血氣之刺疼。麒麟竭止血出療金瘡之傷折。麋茸壯陽以助腎。當歸補虛而養血。烏賊骨止帶下且除崩漏目翳。鹿角膠住血崩能補虛羸勞絶。白花蛇治癱瘓除風癢之癬疹。烏梢蛇療不仁瘡瘍之風熱。《圖經》云：烏藥有治冷氣之理。禹餘糧乃療崩漏之因。巴豆利痰水能破積熱。獨活療諸風不論久新。山茱萸治頭暈遺精之藥。白石英醫咳嗽吐膿之人。厚朴溫胃而去嘔消痰亦驗。肉桂行血而療心痛止汗如神。是則鯽魚有溫胃之功。代赭乃鎮肝之劑。沉香下氣補腎定霍亂之心疼。桔皮開胃去痰導壅滯之逆氣。此六十種藥性之熱，又當博《本草》而取治焉。

又　溫性。溫藥總括，醫家素諳。木香理乎氣滯。半夏主于風痰。蒼朮治目盲燥脾去濕宜用。蘿卜去膨脹下氣製麪尤堪。況夫鍾乳粉補肺氣兼療肺虛。青鹽治腹疼且滋腎水。山藥而腰濕能醫。阿膠而痢嗽皆止。赤石脂治精濁而止瀉兼補崩中。陽起石暖子宮以壯陽更療陰痿。誠以紫菀治嗽。防風祛風。蒼耳子透腦涕止。威靈仙宣風通氣。細辛去頭風止嗽而療齒痛。艾葉治崩漏安胎而醫痢紅。羌活明目驅風除筋攣腫痛。白芷止崩治腫療痔漏瘡癰。若乃紅藍花通經治產後惡血之餘。劉寄奴散血療湯火金瘡之苦。減風濕之痛則茵芋葉。療折傷之症則骨碎補。藿香葉辟惡氣而定霍亂。草果仁溫脾胃而止嘔吐。巴戟天治陰疝白濁補腎尤滋。玄胡索理氣痛血凝調經有助。嘗聞款冬花潤肺去痰嗽以定喘。肉豆蔻溫中止霍亂而助脾。撫芎走經絡之痛。何首烏治瘡疥之資。姜黃能下氣破惡血之積。防己宜消腫去風濕之施。藁本除風主婦人陰痛之用。仙茅益腎扶元氣虛弱之衰。乃曰破故紙溫腎補精髓與勞傷。宣木瓜入肝療腳氣并水腫。杏仁潤肺氣止嗽之劑。茴香治疝氣腎疼之用。訶子生精止渴兼療滑泄之疴。秦艽攻風逐水又除肢節之痛。檳榔豁痰而逐水殺寸白蟲。杜仲益腎而添精去腰膝重。當知紫石英療驚悸崩中之疾。桔核仁治腰疼疝氣之症。金櫻子兮澀遺精。紫蘇子兮下氣涎。淡豆豉發傷寒之表。大小薊除諸血之鮮。益智安神治小便之頻數。麻仁潤肺利六腑之燥堅。抑又聞補虛弱排瘡膿莫若黃芪。強腰腳壯筋骨無如狗脊。菟絲子補腎以明目。馬藺花治疝而有益。此五十四種藥性之溫，更宜參《圖經》而默識也。

又　平性。詳論藥品，平和性存。以硼砂而去積。用龍齒以安魂。青皮快膈除膨脹，且利脾胃。芡實益精治白濁兼補真元。原夫木賊草去目翳崩漏亦醫。花蕊石治金瘡血行則止。決明和肝氣治眼之劑。天麻主脾濕祛風之藥。甘草和諸藥而解百毒。蓋以性平石斛平胃氣而補腎虛更醫腳弱。觀夫商陸治脾。覆盆益精。琥珀安神而消血。硃砂鎮心而有靈。牛膝強足補精兼療腰痛。龍骨止汗住泄更治血崩。甘松理風氣而痛止。蒺藜療風瘡而目明。人參潤肺寧心開脾助胃。蒲黃止崩治衄消瘀調經。豈不以南星醒脾去驚風痰吐之憂。三棱破積除血塊氣滯之症。沒石主泄瀉而神效。皂角治風痰而響應。桑螵蛸療遺精之泄。鴨頭血醫水腫之盛。蛤蚧治勞嗽。牛蒡子疏風壅之痰。全蝎主風癱。酸棗仁去怔忡之病。嘗聞桑寄生益血安胎且止腰痛。大腹子去膨下氣亦令胃和。小草、遠志俱有寧心之妙。木通、豬苓尤為利水之多。蓮肉有清心醒脾之用。沒藥乃治療散血之科。郁李仁潤腸宣水浮腫之疾。茯神寧心益智除驚悸之疴。白茯苓補虛勞多在心脾之有準。赤茯苓破結血獨立水道以無過。因之麥蘖有助脾化食之功。小麥有止汗養心之力。白附子去面風之游走。大腹皮治水腫之泛溢。椿根白皮主瀉血。桑根白皮主喘息。桃仁破瘀血兼治腰痛。神曲健脾胃而進飲食。五加皮堅筋骨以立行。柏子仁養心神而有益。抑又聞安息香辟惡且止心腹之痛。冬瓜仁醒脾實為飲食之資。僵蠶治諸風之喉閉。百合斂肺勞之嗽痿。赤小豆解熱毒瘡腫宜用。枇杷葉下逆氣噦嘔可醫。連翹排瘡膿與腫毒。石楠葉利筋骨與毛皮。穀蘖養脾。阿魏除邪氣而破積。紫河車補血。大棗和藥性以開脾。然而鱉甲治勞瘧兼破癥瘕。龜甲堅筋骨療崩疾。烏梅主便血瘧痢之用。竹瀝治中風聲音之失。此六十八種平和之藥，更宜參《本草》而求其詳悉也。

又《**陳反畏忌禁藥須知**》　六陳。枳殼陳皮并半夏，狼毒茱萸及麻黃。六般之藥宜陳久，入用方中最效良。六陳之外餘藥皆新。

又　諸藥相反例。甘草反：大戟、芫花、甘遂、海藻。烏頭反：半夏、括蔞、貝母、白芨、白蘞。藜蘆反：細辛、芍藥、人參、苦參、丹參。

又　十八反歌。本草明言十八反，半蔞貝蘞芨攻烏。藻戟遂芫及俱戰草，諸參辛芍叛藜蘆。

又　十九畏歌。硫黃原是火中精，朴硝一見便相爭。水銀莫與砒霜見，狼毒最怕密陀僧。巴豆性烈最為上，偏與牽牛不順情。丁香莫與郁金見，牙硝難合京三棱。川烏草烏不順犀，人參最怕五靈脂。官桂善能調冷氣，若逢石脂便相欺。大凡修合看順逆，炮製炙煎莫相依。

又 妊娠服藥禁歌。蚖斑、水蛭及蝱蟲，烏頭、附子配天雄。野葛、水銀并巴豆，牛膝、薏苡與蜈蚣。三棱芫花代赭麝，大戟、蟬蛻、黄雌雄。牙硝、芒硝，牡丹桂，槐花、牽牛、皂角同。半夏、南星與通草，瞿麥、乾薑、桃仁通。硇砂乾漆、蟹爪甲，地膽茅根都失中。

又 用藥凡例。頭角痛須用川芎，血枯亦用。巔頂痛須用藁本。遍身肢節痛須用羌活，風濕亦用。腹中痛須用白芍、厚朴。臍下痛須用黄柏、青皮。心下痛須用吴茱萸。胃脘痛須用草豆蔻。肋下痛須用柴胡。日晡潮熱寒熱往來亦用。莖中痛須用生甘草梢。氣刺痛須用枳殼。血刺痛須用當歸。心下痞須用枳實。胸中寒痞須用去白陳皮。腹中窄須用蒼朮。破血須用桃仁。活血須用當歸。補血須用川芎。調血須用玄胡索。補元氣須用人參。調諸氣須用木香。破滯氣須用枳殼、青皮。肌表熱須用黄芩，去痰亦用。去痰須用半夏。去風痰須用南星。諸虚熱須用黄芪，盗汗亦用。脾胃受濕須用白朮，去痰亦用。下焦濕腫須用漢防己草龍膽。中焦濕熱須用黄連。下焦濕熱須用黄芩。煩渴須用白茯苓、葛根。嗽者須用五味子。咳有聲無痰者須用生薑、杏仁、防風。咳有聲有痰者須用半夏、枳殼、防風。喘者須用阿膠、天門冬、麥門冬。諸泄瀉須用白芍、白朮。諸水瀉須用白朮、白茯苓、澤瀉。諸痢疾須用當歸、白芍。上部見血須用防風。中部見血須用黄連。下部見血須用地榆。眼暴歸須用當歸、黄連、防風。眼久昏暗須用熟地黄、當歸、細辛。解利傷風須用防風為君，白朮、甘草為佐。解利傷寒須用甘草為君，防風、白朮為佐。諸風須用防風、天麻。諸瘡瘍須用黄柏、知母為君，茯苓、澤瀉為佐。瘧疾須用柴胡為君，隨所發之時所屬經部分以引經藥導之。

又 諸藥瀉諸經之火邪。黄連瀉心火。梔子、黄芩瀉肺火。白芍瀉脾火。柴胡、黄連瀉肝膽火。知母瀉腎火。木通瀉小腸火。黄芩瀉大腸火。柴胡、黄芩瀉三焦火。黄柏瀉膀胱火。

又 引經。太陽膀胱經、太陽小腸經，羌活、黄柏、藁本引。少陰腎經、少陰心經，獨活、官桂、知母、黄連引。少陽膽經、少陽三焦經、厥陰肝經，柴胡、青皮引。陽明胃經、陽明大腸經，升麻、白芷、石膏、葛根引。太陰脾經、太陰肺經，白芍、桔梗、蔥白引。

清 佚名《醫牛寶書·中藥篇·藥性一覽》 茯神，避瘟消脹。生薑，下氣。川芎，治頭痛。沉香，下氣。白芷，治自汗，發熱頭痛。紫蘇茶，下氣。羌活，治惡風頭痛。香菇，下氣。蘇梗，治感冒頭痛。砂仁，下氣，消泄瀉。荊瀝，散風疏熱。神曲，下氣。辛夷，散風邪通竅。大腹皮，大氣，消膨腫。南星，治腦痛。杏仁，下氣，通大便。北防風，祛風，治頭眩痛。薄荷，下氣。山茱萸，治頭眩。前胡，下氣。蒼耳子，治頭痛。姜胡，下氣。人參，補氣，退虚熱。烏藥，下氣，避瘟消脹。黄芪，補氣。藿香，下氣消脹。山藥，補氣。香附，下氣。白茯苓，補氣，止泄瀉。瓜蔞子，下氣，止渴。白朮，補氣，止泄瀉。白豆蔻，下氣。紫河車，補氣血。蘿卜子，下氣。厚朴，下氣，消膨脹。木香，下氣。青皮，破氣。茜草根，止血。檳榔，破氣。伏龍膽草，止血。枳殼，破氣，消膨脹。桃仁，通大便血結。三棱，破氣。紅花，破死血。蓬朮、莪朮，破氣血。蘇木，破死血。赤茯苓，破氣。赤芍，破血。紫菀，破氣。瞿麥，破血，利小便。白芨，破氣，能攻中焦結氣。澤蘭，破血，消浮腫。大黄，破血，通大便。當歸，補血，治痢疾。牡丹皮，破血。熟地黄，補血，酒浸洗。劉寄奴，破血。生地黄，補血，酒浸煮。玄胡索，破血。白芍藥，補血，酒炒，健脾強胃，止泄瀉，治痢疾，治腹痛，能治臍下痛。公丁香，散血，和胃氣。炙甘草，健脾強胃。白扁豆，健脾強胃。草果，避瘟消脹。草豆蔻，消膨脹。何首烏，補血。良姜，溫脾暖胃，止嘔吐。茅根，止血。陳皮，溫脾暖胃，調脾開胃。半夏，調脾開胃。犀角，止血。柿蒂，止嘔吐。藕節，止血。麥柏，調脾開胃。大薊，止血。茴香，調脾開胃，止嘔吐。小薊，止血。阿膠，補肺，治痢疾。五味子，補肺虚，咳嗽，止渴。黄連，消膨，治痢疾。梔子，治頭風。馬兜鈴，補肺虚咳嗽。連翹，利小便。款冬花，補肺虚咳嗽。石膏，瀉胃火，止渴。天花粉，治肺嗽，去胸中常熱，能止渴。柴胡，瀉肝火。玄參，治結毒風熱。升麻，避瘟消脹。黄芩，治肺嗽與痢疾。滑石，止渴，通大便，利小便。伏龍肝，清胃。絲瓜絡，消浮腫。木通，消浮腫。葶藶，消浮腫。竹茹，瀉火。桑白皮，消浮腫。甘草，瀉火，退虚熱。細辛，治頭風。蔥白，瀉火，并消風熱。知母，退虚熱。皂角，解心熱。貝母，治咳嗽。射干，去胸中常熱也。訶子，止泄瀉。竹瀝，去胸中熱。防己，消浮腫。地骨皮，治有汗之骨熱。百部，止咳殺蟲。胡黄連，退勞熱。百合，潤肺止咳。蔓荊子，退勞熱。麻黄，發汗止咳。青蒿，退勞熱。旋復花，降氣消痰。鱉甲，退勞熱。天門冬，清肺止咳。荊芥，發汗。苡薏仁，消浮腫。蒼朮，避瘟消脹。蘇子，治喘。桂枝，止汗。黃柏，治痢疾。酸棗仁，去咳止汗。龍骨，止汗，止泄瀉。甘遂，治腹大水腫。牡蠣，治浮腫。海藻，消浮腫。山楂，消食。商陸，消浮腫。麥芽，消食。芫花，消浮腫。胡蘆巴，散膨消痞。通草，消浮腫。乾葛，止渴。丁香，止嘔吐。烏梅，止渴止瀉。蘆柴根，止嘔吐。大戟，消浮腫。枇杷葉，止嘔吐。芒硝，通大便。郁李仁，通大便。吳茱萸，止嘔吐。巴豆，通大便。使君子，止小兒泄瀉。豬苓，利小便。地膚子，治痢疾。槐花，治痢疾。澤瀉，利小便。赤石脂，治痢疾。車前，利小便。雞冠花，治痢疾。秦艽，利小便。地榆，治痢疾。木瓜，消浮腫。側柏葉，治血痢。牽牛，消浮腫。

又《四季用藥》 春不用麻黃，夏不用桂枝發汗，秋不用細辛，冬不用附子。四季相反藥不可用，春有羌活、柴胡，夏有蘇葉、杏仁，秋有黃連、麥冬。君臣佐使要相同，針牛穴法能治病，好也。

又《春秋二社藥》 牛之社日，請郎中找針過社，一年四季無有病，保合和太平，農戶用酒麻油同口灌，春多吉慶夏平安，秋免三災冬除病，郎中針法實在靈，萬病不沾人多請，倘有不知亦不信。

又《全身單》 細辛、檳榔、薄荷、連翹、木通、貫眾、牙皂、川朴、防風、羌活、車前、蒼朮、草果、黃柏、荊芥、紫胡、陳皮、藁本、茵陳、黃芩、梔子、膽草、半夏、甘草。柚子皮、蘿蔔子、蔥頭為引。

又《藥有相反實不可用》 麻黃春不用，夏加羌活柴胡湯，秋用細辛并厚朴，冬天寒凍加麻黃。病牛反癥最難醫，看清癥候你先知，三十六黃當日診，此牛病痊得痊愈。

又《藥性總義》出《進賢茅崗抄本》 凡藥酸屬木入肝，苦屬火入心，甘屬土入脾，辛屬金入肺，鹹屬水入腎。此五味之義也。凡藥青屬木入肝，赤屬火入心，黃屬土入脾，白屬金入肺，黑屬水入腎。此五色之義也。凡藥酸者能澀能收，苦者能瀉能燥，甘者能補能和，辛者能散能橫行，鹹者能下能軟堅，淡者能利能滲泄。此五味之用也。輕清升浮為陽，重濁沉降為陰；陽氣出上竅，陰氣出下竅；清陽發腠理，濁陰走五臟；清陽實四肢，濁陰歸六腑。此陰陽之義也。凡藥色青味酸氣燥性屬木者，皆入後肢厥陰肝經、後肢少陽膽經。肝與膽相表裏，膽為甲木，肝為乙木。色赤味苦氣焦性屬火者，皆入前肢少陰心經、前肢太陽小腸經。心與小腸相表裏，小腸為丙火，心為丁火。色黃味甘氣香性屬土者，皆入後肢太陰脾經、後肢陽明胃經。脾與胃相表裏，胃為戊土，脾為己土。色白味辛氣腥性屬金者，皆入前肢太陰肺經、前肢陽明大腸經。肺與大腸相表裏，大腸為庚金，肺為辛金。色黑味鹹氣腐性屬水者，皆入後肢少陰腎經、後肢太陽膀胱經。腎與膀胱相表裏，膀胱為壬水，腎為癸水。十二經中，惟前肢厥陰心包經、前肢少陽三焦經無所主，其經通于後肢厥陰、少陽。厥陰主血，諸藥入肝經血分者，并入心包；少陽主氣，諸藥入膽經氣分者，并入三焦。命門相火散行于三焦 心包絡，故入命門者，并入三焦。此諸藥入諸經之義也。

又《瀉火熱諸藥論》出《進賢茅崗抄本》 黃連、梔子：瀉心、脾、大腸之火熱。山梔仁：降火從小便出，又其性能屈下行。石膏：瀉腸胃之火，陽明經有實熱者，非此不可。黃芩：清肺熱大腸之火。黃柏：瀉肝、腎諸經之火。知母：清肺、胃、肝、腎之火。地骨皮：退陰中之火，善除骨蒸勞熱。生地、麥冬：涼血清肝、肺之火。天門冬：瀉肺與大腸之火。桑白皮、川貝母、土貝母：解中焦脾胃之火。柴胡、乾葛：解肝脾諸經之火。龍膽草：瀉肝、腎、膀胱之火。滑石：利小腸、膀胱之火。天花粉：消痰止渴，解上焦之火。槐花：清肝、腎、大腸之火，能解諸毒。芍藥、石斛：清脾胃之火。連翹：瀉諸經之浮火。玄參：清上焦之浮火。山豆根：解咽喉之火。天南星：開心、脾、胃脘之痰火。青黛、蘆薈、胡連：瀉五臟之疳熱鬱火。苦參：瀉疳蝕之火。木通：下行，瀉小腸之火。澤瀉、車前子：瀉癃秘之火。人中白：清肝、脾、腎之火。童便：降陰中血分之浮火。大黃、朴硝：瀉陽明諸經之實熱之火。人參、黃芪、白朮、甘草：除氣虛氣脫陽分散失之火。熟地、當歸、枸杞、山茱萸：滋心、腎不交陰分無根之火。附子、乾薑、肉桂：救元陽失位、陰盛格陽之火。凡此治火之法，已若盡之 然亦不過言其大略耳，而神會而明之，原不可以此筆為盡。統而統之，又存乎人之深思變化矣。

又《用藥總訣》出《進賢茅崗抄本》 治牛病初起二三日，發散風寒用桂枝湯：桂枝、麻黃、陳皮、玄參、厚朴、高良薑、天花粉、川芎，用生薑、蔥白為引。表裏內外藥：當歸、大黃、木通、黃芩、苦參、梔子、連翹、黃連。內熱重加：花粉、石膏、商陸、柏葉。內外身熱加：柴胡、烏藥、石菖蒲、白頭翁。咳嗽加：半夏、南星、杏仁、乾葛。泄瀉加：白朮、香附、陳皮、肉果。久泄加：炒糯米、豆蔻、訶子。吐涎加：蔓荊子、杏仁、白芷、草果。

不轉回即不反芻加：烏藥、細辛、皂角、草果、滑石。心熱加：梔子、天冬。鼻乾燥加：蒼朮、青皮、獨活。泄心火：梔子、連翹、黃連。泄肝火：白芍、銀花、膽草、杏仁、半夏。泄膽火：胡黃連、南星、天冬、玄參。泄肺火：柴胡、黃芩、桔梗、川芎、黃柏。泄大腸火：大黃、黃芩。泄小腸火：車前、木通、薄荷、麥冬。泄腎火：白茯苓、知母、黃柏。泄脾火：白芍、神仙、砂仁、香附、郁金。以上不論何癥，如火不息則加五味子、天花粉；氣喘急加阿膠、天冬；不禽草不轉回加草果、烏藥、滑石。

又《藥性》出《南昌崗上抄本》 黃連：解毒，除熱。豬苓：利小便，除濕。銀花：消風，解毒。蟲蛻：消風，解毒。皂角刺：拔毒。枸杞：補腎。黑膽心：化痰，化涎。龍腦子：鎮心跳。甘草：和味。蒼朮：除濕。防風：去風邪。生地：涼血，補血。荊芥：消風，解毒。熟地：生血，補血。細辛：通關節。牛膝：通腳膝。木通：利小水。加皮：治腳氣。南蛇：解毒。枳實：破積食。白芷：消風解毒。桔梗：利咽，祛痰。牙皂：通關節。川芎：清陽除熱。車前：利小水。半夏：化痰燥濕。黃芩：除心腹之火。木瓜：治腳膝。硃砂：除邪。柴胡：去寒解熱。山甲：拔毒。獨活：除寒。澤瀉：利小便。厚朴：寬腸下氣。黃柏：瀉解火毒。當歸：活血。水銀：殺蟲。山楂：消積食。麝香：通關節。薄荷：消風。膽草：治水濕。麻黃：發汗。黨參：補肺。杜仲：治腰痛。檳榔：破氣消脹。馬兜鈴：治肺。紫蘇：治四肢冷。升麻：升熱之性。茵陳：除水濕。薏苡仁：潤肺。香附：破血氣。浙貝母：開痰。茯苓：滲濕。紅花：破血。青皮：下氣。石蓮：治瀉痢。梔子：瀉三焦之熱。丹皮：去氣破血。陳皮：順氣。知母：化痰涎。杏仁：潤肺。粟殼：治瀉痢，其性強。阿膠：潤肺。枳殼：除腸飽滿。補骨脂：治腰痛。芍藥：斂肺氣。地榆：治痢癥，止紅血。姜黃：下氣破血。官桂：治冷氣。百部：治肺熱。乾葛：治口渴，止咳嗽，解肌發汗。黑牽牛：利小便。桃仁：破血氣。枇杷葉：斂肺。澤蘭：散血。榧子：潤肺。百草霜：調血。麥冬：清心火。大腹皮：去心風氣，消腹脹。青黛：瀉心火。

又《四時食藥法》出《新建大塘抄本》 春則食涼，夏則食寒。秋則食溫，冬則食熱。春夏以養陽，秋冬以養陰。

又《春社牛藥方》出《進賢雲橋抄本》 牛膝、杜仲、烏藥、腹毛、大腹皮、梔子、苡仁、荊芥、青皮、陳皮、甘草、檳榔、連翹、桔梗、蘇根、白茯皮、羌活、獨活、黃柏、苦參、生地、豬苓、木瓜、當歸、蒼朮、薄荷、貫眾、黃連。

又《春用香蘇散》出《進賢雲橋抄本》 紫蘇、香附、甘草、陳皮、烏藥、枳殼、枳實、黃柏、黃芩、大黃、黃連、梔子。看牛腸內有瘴，是熱脹一同用此方，加檳榔，草果，多用大黃，用米泔水和藥一同擂爛灌之。過二度，前五日後至十日多有風癥，用麻黃、甘草、防風、荊芥、白芷、牛膝、木瓜、木香、青木香、羌活、楓葉、桃葉、生薑、豆豉，以酒和藥一同擂爛灌之。

又《夏用五黃散》出《進賢雲橋抄本》 豬苓、澤瀉、木通、川朴、陳皮、黃柏、黃芩、大黃、黃連、桔梗、柴胡、前胡、甘草、烏藥、黃荊子，米泔水同擂灌之。

又《秋用香茹散》出《進賢雲橋抄本》 香茹、扁豆、川朴、陳皮、黃連。也可用五苓散灌之，有脹加牙皂、細辛、朴硝、烏柏根，米泔水灌之。

又《冬用十神湯》出《進賢雲橋抄本》 升麻、乾葛、大黃、黃柏、黃連、烏藥、梔子、厚朴、陳皮、甘草、柴胡、前胡、桔梗、南星、半夏，用四時青葉、生豬油、雞子和藥一同擂爛灌之。

又《牛馬平安散》出《新建大塘抄本》 專治牛馬一切肚痛，傷暑、傷熱、傷寒、發脹、閉汗、嘔吐、昏悶、泄瀉等癥。公左母右，點在眼中如神。冰片一錢、樟腦一錢、麝香五分、雄黃二錢、牙皂二錢、牙硝二錢、蒼朮二錢，共研極細末，瓷罐收貯，不可泄。

又《青金丸》出《新建大塘抄本》 專治牛脹，或吐泄，或黃，或咳，及各種寒熱病癥方：郁金四錢、貫眾六錢、白礬三錢、砂仁六錢、乾葛四錢、滑石四錢、黃連五錢、梔子六錢、木通六錢、苦參六錢、石膏三錢、甘草三錢、皂角四錢、荊芥六錢、薄荷六錢、藿香四錢、桑皮六錢、蒼朮四錢、麻黃二錢、蒲黃三錢、大黃三錢、黃芩四錢、茵陳四錢、陳皮四錢、黃藥子四錢、山豆根三錢、貝母三錢、厚朴四錢、金銀花三錢、葶藶子三錢。共研末，用糯米粉糊為丸如彈子大，青黛末為衣，每用十丸。燈芯草一把，水三升，煎水兌服。

又《治療篇・一百癥治方・治牛墊舌黃癥方》出《進賢茅崗抄本》 用五倍子末加炒石灰放入口內，使出毒氣，即效。

又《治牛舌硬不納水之癥方》出《進賢雲橋抄本》 黃連、黃柏、大黃、僵蠶、甘草、川朴、陳皮、烏藥各一兩，為末，米泔水同灌。針治：取出舌針刺洗口，針三江穴，血死不出難治。用烏梅十隻研末舌上搽過，看口涎出不止難治，無涎可治。歌曰：口中舌硬口流涎，水草不吃又不吞，難經論盡教它死，主人年命不通亨。

又《治牛舌上生瘡癥方》出《進賢雲橋抄本》 明礬、五倍子、狗糞燒灰、牙皂、明雄、黄丹、輕粉，共為末，點舌上，一日二三次。吃藥用黄芩、黄柏、黄連、梔仁、良姜、花粉、大青根、白芍藥、綠豆為末，米泔水調灌之。

又《治牛口内生重舌癥方》出《進賢雲橋抄本》 重舌生瘡似蓮花，皆因心熱確無差，金針刺破連根苦，敗散患處是醫家。生黄連四兩煎水冷灌之。又方：甘草一兩煎水灌之。又方：石連二十粒、五味子一兩煎水冷灌之。貼藥：冰片、雄黄五錢、海螵蛸五錢、青魚膽一兩。貼藥用繩縛定兩個時辰，承漿穴處灸水。

又《治心火吐舌癥方》出《新建大塘抄本》 黄連、天門冬、梔子、連翹、知母、黄芩、赤芍、大黄、桔梗、檳榔、生地、玄參，共研末，熱盛加犀角，煎水兑服。搽舌方：用雄黄末搽舌即成。或：珍珠、冰片、蒲黄、薄荷、硼砂、青黛、白礬，共研末，搽舌上即縮。

又《治牛心火走腦癥方》出《新建大塘抄本》 升麻、藁本、川芎、白芷、薄荷、連翹、梔子、黄邊、荊芥、生甘草、蔓荊子、生石膏，共研末，沖水服。又方：黄柏、黄連、檳榔、細辛、百部、黄芩、梔子、白芍、柴胡、貫眾、烏梅、龍膽草，共研末，燈芯草煎水沖服。

又《治牛心上走黄癥方》出《進賢雲橋抄本》 心上走黄大不祥，只因滿口黑難當，灌藥用針全不退，醫家話起急心忙。用拔毒散。羌活、獨活、蟬蛻、連翹、梔子、黄連、黄芩、木通、枳殼、腳石蓮子、車前、烏藥、首烏、澤蘭、銀花、大白芷、大川芎、甘草，共為末，酒調灌之。

又《治牛白涎驚心癥方》出《進賢雲橋抄本》 防風、防己、僵蠶、兜鈴、川芎、南星、半夏、羌活、獨活、芍藥、桂皮、甘草，共為末，清油、米泔水灌之。歌曰：口内流涎似水清，風驚心癥病難認，若是治病無方法，想在世間不久停。

又《治牛顛走亂行作聲失魂癥方》出《進賢雲橋抄本》 顛走東西亂叫聲，翻目流涎口不停，魂魄不知何處去，剝皮賣肉接錢文。難治。防風、地榆、大黄、白芷、川芎、斑蝥、穀五合、酒一瓶，煎水灌之。

又《治牛三伏暑熱癥方》出《新建大塘抄本》 生地、天門冬、黄芩、知母、玄參、黄柏、瓜蔞仁、地骨皮、香薷、扁豆、生甘草，共研末，生石膏煎水兑服。

又《治牛火眼赤色癥方》出《進賢雲橋抄本》 黄芩、黄柏、大黄、梔子、柴胡、前胡、歸尾各一兩，為末，開水調灌之。

又《治牛三伏暑熱癥方》出《新建大塘抄本》 生地、天門冬、黄芩、知母、玄參、黄柏、瓜蔞仁、地骨皮、香薷、扁豆、生甘草，共研末，生石膏煎水兑服。

又《治牛火眼赤色癥方》出《進賢雲橋抄本》 黄芩、黄柏、大黄、梔子、柴胡、前胡、歸尾各一兩，為末，開水調灌之。炒鹽、黄連三分、綠竹殼灰、竹葉、明礬各一兩，為末點眼。丁門、丹田、太陽等穴灸火。

又《治眼生白瘴膜白蟲之癥方》出《進賢雲橋抄本》 珍珠、琥珀、綠竹殼、桂竹青，燒灰研末，點眼。又方用炒白鹽、國丹，同研末點之，用上細茶煎湯洗之。内服用大黄、黄連、黄芩、黄柏、前胡、梔仁、白芍、白朮、澤瀉、香附、生地、伏毛、膽草，同煎服，立效。

又《治牛眼生白膜障遮眼珠癥方》出《進賢雲橋抄本》 黄連、梔仁、菊花、檳榔、大黄、黄連、黄柏、枳殼、陳皮、羌活、木賊，共為末灌之。後用點藥：鳳凰衣燒灰、黄丹、炒鹽共研末，先用鹽茶水洗過，再點藥入眼。

又《治牛四時眼腫癥方》出《進賢雲橋抄本》 四時風腫乍時間，兩眼難開不見山，見者多疑是黄腫，清風散下不為難。川芎、白芷、僵蠶、全蟲、防風、防己、荊芥、甘草、生薑、蔥白，水煎冷灌之。

又《治膽黄脹癥方》出《新建金橋抄本》 用針：蘇氣五分、胸堂三分、丹田五分、命牙三分、通膊三分、肝穴三分、腰腹五分、血印二分、安福五分。用藥：茵陳、郁金、黄連、麝香、水銀、硃砂、雞蛋，以酒灌之。

又《治牛膽脹皮生紅鼻無汗口中流涎癥方》出《進賢雲橋抄本》 用雞子、魚油四兩、青魚膽、明礬一兩、油髮一兩、香附一兩、北防風、荊芥、黄柏、枳殼、木通、朴硝、桂皮、良姜、乾葛、赤石脂、木香、南星、半夏，以米泔水和灌之。

又《治牛鼻冷身顫無汗癥方》出《進賢雲橋抄本》 先用桃、樟、松葉、三角楓，煎水遍身洗過，用消風散毒散即效。消風敗毒散：防風、防己、川芎、全蟲、僵蠶、白芷、南星、半夏，用酒冷灌之。

又《治牛鼻乾冷癥方》出《進賢雲橋抄本》 牛患肺冷鼻頭乾，冷熱腸中肺納酸，硇砂阿膠過藥用，無時連灌病自安。用香紫蘇研末，與酒同灌。

又《治牛鼻涕不住癥方》出《進賢雲橋抄本》 用牙皂、細辛、紫蘇、油髮燒灰，共為末，竹筒吹入鼻中。吃藥用黄芩、羌活、獨活、知母、枳殼、當歸、陳皮、五倍子、小茴、桔梗、南星、半夏各三兩，明礬、清油各一兩，同末，無時灌下即好。歌曰：牛患鼻涕不能收，肺腫高上水自流，先用通關藥吹鼻，後從五積散中求。五積散：益智、川朴、白朮、官桂、青皮、陳皮、細辛、白芍、肉豆蔻、甘草，為末，每服二兩，生薑一兩，酒二斤，調灌之立效。

又《治牛鼻中出血之癥方》出《進賢雲橋抄本》　急用牙皂、細辛、油髮燒灰，共為末，用竹管吹之入鼻中住血，後用黄芩、黄柏、大黄、川芎、桔梗、羌活、柴胡、荊芥、紫蘇、歸尾、甘草一兩，共為末，米泔水灌之即好。鼻中出血血連連，五臟腸間熱積生，藥用黄連并黄柏，山梔子下用黄芩，大黄苦參并歸尾，羌活柴胡又加添，此藥每日灌四服，不過三日病即安。

又《治肺火毒盛癥方》出《新建大塘抄本》　郁金、連翹、白礬、黄芩、生地、麥門冬、梔子、赤芍、黄連、寒水石、共研末，京墨磨水，兑服。又方：羚羊角、黄連、知母、黄芩、赤芍、梔子、連翹、玄參、生地，共研末，百草霜煎水，兑服。又方：生地一兩、丹皮八錢、黄芩五錢、甘草八錢、白藥子四錢，研末，用柏樹葉煎水兑服。

又《治牛雙蛾癥方》出《進賢雲橋抄本》　咽喉蛾腫忽然蒙，口流涎沫只是空，如何流涎方可治，水流舌上不相同。桔梗、甘草，煎水冷灌之。又方：黄柏、黄芩、黄連、大黄、桔梗、甘草，煎水冷灌之。生針三江穴。生單蛾同上藥治之。

又《治牛鎖喉黄或内外癥方》出《進賢雲橋抄本》　羌活、獨活、川芎、白芷、黄連、黄芩、梔子、北防風、荊芥、當歸、地黄、阿膠、枳殼、甘草，共為末，酒煎，冷灌之。

又《治牛閉口不開咽喉癥方》出《進賢雲橋抄本》　急用青魚膽、明雄、明礬等分為末，竹筒吹入喉中。吃藥：川芎、桔梗、黄芩、黄連、黄柏、香附、陳皮、枳殼、大黄、甘草，米泔水灌之。歌曰：咽喉口閉不能開，急請仙方采藥來，明雄明礬青魚膽，吹入喉中定無災。

又《治牛咳嗽方》出《新建金橋抄本》　如寒者，麻油煮頭髮，雞蛋清二個，鼻孔灌下；如咳嗽不止，用肝、肺之藥立效。用針：肺腔第四根肋骨一針七分、鼻上毛際下一針一分、蘇氣三分、安腎三分、肚中三分、草肚三分、第五根肋後一針三分。另用茵陳、白果、杏仁、知母、貝母、黄芩，共為末，灌下。

又《治牛四時咳嗽癥方》出《進賢雲橋抄本》　咳嗽只因水草傷，肺中血結痛難當。患者急請仙方治，莫等明朝診便遲。用桑白皮三斤、貝母、桔梗、五味、石膏、半夏、甘草、鬼木板、破頭燈芯煎，次用麻油四兩，油髮、生豬油二兩，一同研爛，灌之即妙。

又《治牛困水閉汗癥方》出《新建大塘抄本》　發表青龍湯：麻黄、細辛、桂枝、杏仁、蒼朮、蘇葉、紫蘇、木通、枳殼、陳皮、檳榔、甘草，共研末，用青蔥頭七兜，煎水兑服。

又《治牛沉沙痹汗吹藥方》出《新建金橋抄本》　麝香、冰片、海螵蛸、硃砂、牙皂、細辛、膽礬，共研細末，吹鼻内。

又《治牛遍身出汗癥方》出《進賢雲橋抄本》　先用桃葉湯遍身洗過，後用升麻、乾葛、桔梗、黄芩、當歸、蒼朮、白朮、莪术、常山、草果、甘草、豬苓、僵蟲，水煎灌之。歌曰：遍身汗出白如漿，水草日減不尋常，方用千般尋醫治，難經論盡一場光。

又《治牛四時毛焦皮乾草不飽癥方》出《進賢雲橋抄本》　人參二錢、附子三個、當歸、枳殼、郁金、梔子、前胡、柴胡、桔梗、羌活、獨活、貝母、巴豆、大黄、斑竹根、魚油，一同灌下。

又《治牛腰黄脹癥方》出《新建大塘抄本》　杜仲、枳殼、檳榔、貫眾、茯苓、五味子、枸杞、陳皮、茴香、川楝子、金鈴子、牛膝、甘草，共研末，除大蒜梗與陳葫蘆殼煎水沖服。又方：白芷、陳皮、厚朴、沒藥、萆薢、茴香、當歸、自然銅、五靈脂、苦楝子，共研末，水酒兑服。

又《治牛夾陰縮腎癥方》出《新建大塘抄本》　牛患夾陰縮腎癥，其形背駝尾倦，時臥時立，水草不食，小便不長，腎子睪丸縮。腰上用手一摸，其腹一捺，即是此癥也。重則跌倒不起。屬寒癥。此癥若頭貼地吃土者無治。治療先用針灸法：用桐油紙點燃燒屌袋，後熏燒肚臍上，千斤穴，三處用表芯紙包艾葉燒亦可。若知痛，方可救治。又用燒酒噴身，用禾稈揩之，其病可好一半。再用滋陰補腎、除濕暖胃之方：熟附、炮姜、肉桂、蒼朮、五味子、赤芍、枳殼、前仁、枸杞、覆盆子、牛膝、木通、炙甘草，共研細末，水酒引服。又方：懷香子四錢、黑豬苓五錢、石菖蒲四錢、荊芥穗四錢、北細辛五錢、北防風四錢、綿杜仲四錢、西茵陳四錢、車前仁四錢、明附片二錢，共研末，兑水服。

又《治牛風流腸出不收癥方》出《進賢雲橋抄本》　風流腸出說原因，云雨交情卻效神，忽然驚動人傷損，以地造化禮不成。防風、防己、僵蟲、川芎、白芷、荊芥、粉甘草各五錢，以尿煎消風敗風散冷灌之。後用乳沒尋痛散，有腫以通聖散敷腫處，交巢穴灸火，以藥酒洗軟送人歸原亦好也。

又《治牛脱腎黄癥方》出《新建大塘抄本》　如牛騸後，腎子囊注：公牛陰囊腫大，又名刀下黄。不騸不來黄，將針挑開刀口，以出毒水流淨。後服藥。防風、荊芥、薄荷、銀花、白芷、乳香、歸尾、茯苓、枳殼、車前、丹皮，共研末，米泔水沖服。如有騸牛，將冷水淋冷身子，兼之腳軟，可服下方：蒼朮、茯苓、枳殼、當歸、白芍、川芎、蘇葉、牛膝、桂枝、甘草頭，如渾身冰冷或加黑附片、肉桂、乾薑，共研末，忍冬藤煎水兑服。

又《治牛腎走黄癥方》出《新建大塘抄本》　先用洗藥方：銀花、白芷、薄荷、荊芥，共煎外洗；次用冰片、黄柏研末，麻油調搽。

吃藥方：黄柏、連翹、銀花、茯苓、知母、黄連、生甘草、車前、蒺藜，共研末，燈芯草煎水兑服。

又《治牛腎黄腫癥方》出《進賢雲橋抄本》　外腎生黄有三般，至今腫陰在一邊，鞭硬似鐵如冰冷，恐疑腸潰在陰間。腫處熱時黄連灌，生薑研爛更如丸。又用火針流膿水，撥開膿水便平安。

又《治牛小便不通癥方》出《進賢雲橋抄本》　此病生來不敢當，有錢難去尋藥方，世上無能醫此病，勸君千萬莫商量。朴硝四兩、小茴四兩、木通四兩、車前二兩，煎水，水酒灌之即痊。

又《治牛小便閉塞方》出《新建金橋抄本》　炒絲瓜仁、炒粽子、木通、車前子，共為末，水兑服。用針：海門三分、消水三分、陽明三針四分、通腎四分、通氣三分。用藥：車前子、木通、竹葉、荊芥、水楊柳、茵陳、芒硝、豬苓、澤瀉，水煎服。

又《治牛小便出血成塊癥方》出《進賢雲橋抄本》　出血成塊甚可哀，勸你良醫切莫來，五日一七身病死，剝去吃了也無災。醫者看病下藥，出血不成塊，無事，可醫。豬苓、澤瀉、木通、車前、川朴、陳皮、紅花、明礬、蘇木各一兩，煎水灌之；多用海金砂、石蓮子、瞿麥、地榆、陳竹根、紫茅根，一同擂爛灌之。

又《治牛膀胱氣癥方》出《進賢雲橋抄本》　牛患膀胱氣疝疼，肚中冷熱兩相攻，只需服藥漸時好，不可針灸火來烘。烏藥、枳殼、香附、小茴、破故紙、牽牛子、木通、車前子，同研爛灌之。

又《治牛口病口爛癥方》出《進賢雲橋抄本》　用青皮、楓皮、花粉、菊花，燒灰，麻油調搽，或煎汁洗也無誤，先針後洗亦好。

又《治牛食疫病癥方》出《新建金橋抄本》　食疫病，不轉回。肚中後倉有泄瀉，水牛不怕，黄牛怕瀉。如兼血者，名痢癥。如氣不足，用烏藥、樟樹皮、茴香、寒水石，酒一瓶，和灌之。又方：天花粉、桔梗、桂枝、犀角、紫草、菖蒲、牙皂。又要寬胸，又要寬膈，又要通毫毛孔竅。

又《治牛傷力不思水草癥方》出《進賢雲橋抄本》　牛患傷力不能行，水草不思日夜眠，用藥三黄并梔子，當歸山藥芍藥先。如是身虛多瘦損，切莫針灸藥先行。梔仁、朴硝、黄柏、大黄、草果、檳榔、白芷、當歸各一兩，木香、甘草各五兩，研末，雞子四個，油髮灰、百草霜灌之。

又《治牛氣脹方》出《南昌崗上抄本》　陳蘿卜子、樟樹白皮、葫蘆殼，共煎水服之。

又《治牛黄苗脹癥方》出《進賢雲橋抄本》　爭秋奪夏夏陽天，青草腸中作肚膨，渾身俱冷皆無汗，更請仙方莫待延。黄柏、黄連、大黄、草果、豬苓、澤瀉、木通、車前、甘草、川厚朴、陳皮，共為末，以黄荊葉、蚯蚓、推車子、米泔水同擂爛灌之。

又《治牛肚膨脹方》出《南昌崗上抄本》　用萬歲藤架口內，葛根火灸過，用鹽、醋共搥爛，送服。

又《治牛水草不通方》出《新建金橋抄本》　用芍藥散，不通再用石菖蒲根插後門，又用甘遂、大黄、黄芪、芫花醋炒，若還不消，後用藜蘆殼取汁、陳草藤包頭髮灰，灌服。

又《治牛水結糞不通癥方》出《進賢雲橋抄本》　用滑石、琥珀、木通、車前、水筒皮、葶藶、梔子、香附、草果、白芷、牽牛、甘草，共為末，并花水調下。

又《治牛前結草不通中結氣不通二癥方》出《進賢雲橋抄本》　蒼朮、木通、甘草、香附、當歸、白芍、朴硝、草果、巴豆、大黄、羌活、人參、砂仁、郁金、梔子、花粉，柏葉為引，順流水煎灌之。

又《治牛後結腸熱屎不通癥方》出《進賢雲橋抄本》　麻油搽手入腸取出糞來。藥用大黄、黄連、黄柏、黄芩、巴豆、烏柏根、良姜、勿孫姜、白芷、朴硝五倍、推車、甘草，為末，汗汁生研灌下。

又《治牛大便不通方》出《新建金橋抄本》 芫花、甘遂，不用甘草，後有好方。左邊針瀉，右邊針結五分，通氣三分。用推屎蟲，又七厘散，為末，灌之。如肚飽恐有氣，若有氣不消，用烏藥、滑石、大黃、赤苓、青皮、梔子，為末，泉水調服。

又《治牛熱大小便不通癥方》出《進賢雲橋抄本》 黃柏、黃芩、黃連、當歸、芍藥、白芷、澤瀉、朴硝、大黃、木通、柴胡、前胡、川朴、陳皮、羌活、獨活、紅花、蘇木、甘草，共為末，朴硝煎湯灌之即效。

又《治牛瀉不止癥方》出《進賢雲橋抄本》 紅花、當歸、蒼朮、烏梅、粟殼、附子、乾薑、僵蟲、白芍、陳皮、朴硝、南木、木香，共為末，水煎灌下。尿清可治，黑不可治。

又《治牛禁口痢疾癥方》出《進賢雲橋抄本》 紅痢禁口病連連，膽脹心黃爛口緣，時令疾熱聲有咳，雙目流淚病難還。黃柏、黃連、大黃、姜黃、柴胡、前胡、知母、貝母、南星、半夏、川朴、陳皮、川芎、白芷、細辛。有血加當歸尾、銀花、蘇木、明礬；冷重加姜娘、肉豆蔻；熱重加朴硝。用炒米粉灌下即效。

又《治牛瘟疫肚瀉癥方》出《進賢雲橋抄本》 瘟疫肚瀉恰如漿，扁鵲仙人立此方。郁金、牽牛、白朮、烏梅、烏藥、粟殼、白芍、川朴、陳皮、木香、蒼朮、甘草，米泔水漿同研末灌之，一七之內便安康。

又《治牛糞後出血癥方》出《進賢雲橋抄本》 用伏龍肝、紅花、燈芯、厚朴、陳皮、半夏、僵蠶、黃芩、黃連、黃柏、歸身、梔仁、荊芥、紫蘇、滑石、甘草，以蘇木湯和藥灌之。歌曰：牛患糞後血連連，急取紅花入水煎，乾葛全蟲用等分，黃芩黃柏及黃連，梔仁歸尾和甘草，荊芥滑石香蘇添。

又《治牛大便出血癥方》出《進賢雲橋抄本》 大便出血熱腸中，只因傷力熱相攻。千金子去油，以姜酒灌下，不退者再用黃連二兩煎水冷灌之即效。

又《治母牛傷重關外脱肛臭爛方》出《安義縣抄本》 陀僧、白礬、川椒、砂石、五味、水龍骨、血竭、冰片，將水洗肛上臭水，用藥研末搽之。

又《治牛傷胞驚走病方》出《進賢雲橋抄本》 朴硝、黃連、海螵蛸一兩五錢，草果、檳榔、黃連、黃柏各二兩，大黃四兩，通草二兩，為末，麻油、米泔水灌之。牛患傷胞氣不通，顛走高山與西東，草鞋煎藥連灌下，恰如霜雪湯鑄融。

又《治牛有胎脹方》出《安義縣抄本》 蒼朮、生地、桂枝、當歸、荊芥、川芎、紫蘇、防風、甘草、苦參、續斷、杜仲、木香、茅根，酒為引。

又《牛活胎方》出《安義縣抄本》 枳殼、木香、當歸、香附、茯毛、甘草，水酒為引。

又《治牛生子不下方》出《安義縣抄本》 苦楝子、車前、桑柴皮燒灰存性，麻油調敷肚臍。

又《治牛胎衣不下癥方》出《進賢雲橋抄本》 牽牛、寸香、紅花、牛膝、柏葉，同研爛灌之。又方：穿山甲、白大戟、海金砂、飛滑石、豬油四兩，灰汁一盞，同煎汁為膏灌之。

又《治牛生子胞衣不下方》出《新建金橋抄本》 當歸、續斷、丹皮、蒼朮、赤芍、白芍、五加皮以上酒浸，蒲黃一兩五錢，烏豆一合，共為末，與藥酒和灌之。又方：車前子、莨菪子、秫米，共煮粥服，其衣便下。

又《治牛胞衣不下氣逆冷熱方》出《安義縣抄本》 大薊、海金沙、滑石、枳實、桑子灰、人髮燒灰存性，麻油引。

又《治牛死胎胞衣三四日不下方》出《安義縣抄本》 山甲、香附、海金砂、車前、茯毛、辰砂、廣香、靈芝、朴硝 赤芍，煎服。

又《治牛脹出子腸癥方》出《新建大塘抄本》 先用荷葉煎水，加食鹽一撮，洗淨血殼脱出部分，後撒敷冰片五分、青黛一錢五分研末，田螺水調，如無田螺水，麻油亦可，緩緩送復原位。

又《治牛產後翻花似碗大癥方》出《進賢雲橋抄本》 胞胎大熱不相當，播出花來人可詳，醫人見者急宜治，莫等風來貫入腸。用伏毛、芫花、粉草、人參、附子、川烏、防風、川朴、陳皮，共為末，調服。後用明礬、皂角、花椒煎水洗軟，送入內，舊草鞋一隻炙熱，貼在陰門扯尾肚下，過二三時候方可放下草鞋。立效。

又《治牛產後或傷水草不能動癥方》出《進賢雲橋抄本》 木香、附子、陳皮、枳殼、當歸、白芍、蒲黃、川朴、防風、荊芥、桔梗，共為末，酒煎冷灌之。

又《治牛產後受風或前腳軟起不得癥方》出《進賢雲橋抄本》 用黃菊花、老鴉蒜、茄葉、紫蘇、紅花、當歸、白芍、大黃、棕葉、茯苓、草果、百草霜、油髮灰，和煎冷灌之立效，針四膀穴後用火針。

又《治牛產子後無乳癥方》出《進賢雲橋抄本》 當歸、芍藥、柴胡、厚朴、陳皮、甘草、穿山甲十片，蔥豉引，加麻子半合，酒兌，一次灌之，立效。此癥只能吃藥，不得針灸。

又《治牛拐前腳方》出《新建金橋抄本》　若有膝節破皮，用鹽茶洗淨，桐油燈熏照。如膝冷者，用鹽炒柳蛇糞，敷貼傷處。用針：涌泉三分、伸筋三分、通膊五分、腕上三分。用藥：五加皮、三角風、尋風藤、地榆、澤蘭，共為末，米酒調服。

又《治牛門傷打損癥方》出《進賢雲橋抄本》　治牛跌損筋骨傷，骨斷之時各有方。牛膝蓯蓉及山梔，粉草木瓜與檳榔。當歸枳殼同烏藥，乳沒淮烏草一雙。羌活水沒皆用立，若傷風腫別有方。乳香尋痛散治諸般打破頭額，受風重用消風敗毒散：防風、防己、川芎、全蟲、僵蟲、白芷、南星、半夏，用童便冷灌之。若傷骨節用神聖散貼之，若傷腳骨斷了用杉皮固定四六可治，老年難治。打傷頭上乳香尋痛散，好茶調灌之。

又《治牛四時肢上走黃癥方》出《進賢雲橋抄本》　針刺腫處放黃，內服五黃散：黃連、黃芩、大黃、姜黃、伏毛、獨活、羌活、甘草、澤瀉、紫河車、蟬蛻、銀花、苡仁，共為末，以酒調灌之即效。

又《治牛倒地四肢受風癥方》出《進賢雲橋抄本》　春夏月服藥可治，秋冬月難醫。風痰色結口內白涎流，倒地起不得。四肢火針，百會、八字穴旁皆火灸。如三朝七日不起，用消風敗毒散：防風、防己、川芎各三兩，白芷一兩，川烏一兩，淮烏一個，牛膝二兩，木瓜八錢，以上為末，用姜酒楓葉一同灌之。如是熱瘴倒地，此方不效。

又《治牛軟腳起不得癥方》出《進賢雲橋抄本》　川朴、陳皮、附子、當歸、地黃、北防風、防己、荊芥、豬苓、白芍、川芎、皂角、甘草、羌活、獨活、川母，共為末，桃葉、樟葉、楓葉、松針、三角松毛藤各一把，洗過和藥灌下，用針刺八字，四肢骨皆灸火。

又《治牛倒地風癥方》出《進賢雲橋抄本》　春三個月冷行風，咬住牙關氣不通，往往如雷聲在腹，時時卷腳似蜈蚣；藥用麻黃并甘桂，防風荊芥白頭翁，僵蠶全蝎川芎芷，姜酒無時服便松。麻黃一兩、白芷一兩、甘草七錢、桂枝一兩、防風一兩、僵蟲五錢、全蝎五錢、川芎一兩、香附一兩、小茴一兩、木香、青木香二兩、大茴一兩，共為末，生薑一塊、連根蔥、桃葉、楓葉同擂爛，好酒灌之。用針三江穴、太陽穴、耳堂穴、八字穴，皆是生針，血出亦無礙，也可火針或火灸風池穴、太陽穴等，四膀盡灸火。如不通，用桃葉煎湯、遍身洗過骨節，放倒病牛，用糯穀稈燒灰乘熱擦灸全身。

又《治牛前拖後拽癥方》出《進賢雲橋抄本》　當歸、蒼朮、乾葛、陳皮、貝母、黃芩、黃柏、川芎、草果、北防風、荊芥、桔梗、羌活、獨活、枳殼，同為末，燈芯米泔水調灌，生針四腳，百會灸火方好。

又《治牛頭腦耳生疔瘡癥方》出《進賢雲橋抄本》　先用烏桕根、巴豆五粒、大黃、薄荷、酒一同灌之。又用茜草、木藍根、過地龍、鐵線草、蒼耳草、田堪菜根、雞眼子、大青根、千年短、荷根，皆是草藥，一同研末，淡酒灌之，如退再用敗毒散吃：黃芩、黃連、黃柏、苦參、良姜、花粉、香附、木瓜、石榴皮、砂仁、川朴、朴硝、車前、阿膠，同研末灌之。歌曰：敗毒散中治為強，生針刺破三江穴，左巢天樞皆可放，千般方內可醫痊。

又《治牛遍身生惡癥方》出《進賢雲橋抄本》　用梔子、地黃、黃連、黃柏、黃芩、香附、桑皮，煎灌之。若通身惡血，又用麝香、陳菜子、鹽豬油研爛搽，桑皮煎水洗亦好。

又《治牛遍身生瘡癥方》出《進賢雲橋抄本》　用鹽梅、酸醋、粟殼、綠竹殼燒灰、雄黃、黃丹、人信、水銀渣，共為末，清油調搽瘡上。服百解散：黃柏、黃連、黃芩、梔仁、苦參、香附、獨活、南星、半夏、綠豆，共作末，米泔水灌之。歌曰：瘡疥生成真可憐，渾身血出不能行，清油黃丹搽瘡上，三日一七毛即生。

又《治牛遍身生柳花瘡癥方》出《進賢雲橋抄本》　柳花郊疥遍身生，急用尖刀破其邊，搽藥連用三九次，何須天下問神仙。柳花子燒灰、明礬、五倍子、皂角灰、炒鹽、花椒，共為末；先用刀割落瘡頭，再用藥末搽。內服藥用：胡麻仁、威靈仙、何首烏、防風、荊芥、蔓荊子、甘草、連翹，共為末，四時青葉共研細，米泔水灌之。

又《治牛肝脹生疥瘡之癥方》出《進賢雲橋抄本》　用硫黃、雄黃、人信、輕粉、水銀、粟殼、油髮灰、麻油調搽。內服用黃芩、黃柏、黃連、梔仁、前胡、柴胡、羌活、獨活、枳殼、烏藥、北防風、當歸、連翹、荊芥、香附、姜一塊，水煎冷服。

又《治脫毛生癩方》出《新建金橋抄本》　山奈、硫黃、花椒、蕎麥粉，豬油調搽。

又《治牛大惡疔草藥方》出《進賢茅崗抄本》 黃花扁竹根、葧線根、百節藕根、四季蘭根、獨頭細嫩樟樹根，以上五味草藥用酒煎，生酒兌服。又用此藥搥爛敷患處。

又《治牛肚下走黃流黃水癥方》出《進賢雲橋抄本》 流黃有水走腰臍，漸漸流來作肚黃，肚邊生腫從容發，此是流水不易當。以千斤托裏散治之。黃連、連翹、大黃、黃芩、山梔、銀花、菊花葉、甘草節，共爲末，以甘草葉同研末灌之。針刺黃上一寸一針，退出黃水，以拔毒散貼之，一七十日方好。脾間垂針忽走黃，心頭熱氣主生瘡，前腳脾黃原是熱，刺開漸漸便消黃，更用硇砂去爛肉，乾薑等分人砒霜，糯米作丸毛豆大，似鼠逢貓虎見狼。用消黃敗毒散服之，又以五黃散吃，以黃荊葉、米泔水冷灌之，刺破出水，可治。拔毒散：明雄一兩、白礬一兩，共研末，用清茶調化，鵝羽蘸掃患處。

又《治牛走黃在肚上下癥方》出《進賢雲橋抄本》 肚黃起臥不忙然，口中涎出尾如鞭，頭上有汗墻縫抵，行如醉客恰一般，口緊頭低伏可騷，始之黃在胸中安。用扎龍集丹服。銀花、蒼耳草、澤蘭、連翹、甘草、菊花葉、蟬蛻各一兩，蚯蚓糞，同研爛灌之。下針破出血水，以醋調石灰、黃荊葉、紫蘇一同研爛敷患處即好。

又《治牛四時風毒流涎癥方》出《進賢雲橋抄本》 行走遲遲不敢言，藥用防風防己前，草烏木瓜及甘草，牛膝全蝎僵蟲能，南星半夏喜同末，厚朴陳皮桔梗先，川烏白芷姜三片，薏苡仁并五加皮，此藥連灌四五服，世間起死又回生。

又《治牛癲狗咬傷癥方》出《進賢雲橋抄本》 顛狗傷牛大不宜，急請仙方莫待遲，病發之時病難診，世上良工決草醫。此病傷後即服此藥，病發無治。班蝥十個，糯米炒過存性用、防風、防己、地榆各一兩，甘草三錢，白芷一兩，川芎、木通各三兩，作片，俱用姜酒煎，冷服。通得毒從小便出可治，通不得出再服可好也。

又《治牛吃水恐口開氣急癥方》出《進賢雲橋抄本》 當歸、羌活、獨活、青木香、朴硝、川厚朴、陳皮、牙皂、紅花、蒼朮、梔子、枳殼、乾葛、燈芯、茯苓、花粉、雞子四個、百草霜、米泔水和藥灌下。

又《治牛毒蛇傷癥方》出《進賢雲橋抄本》 毒蛇傷牛不可量，腫咬滿身似生黃，金針刺破出惡血，多服無憂病不妨。細辛、白芷、明雄、木通各一兩，用酒研爛灌之即效。

又《治牛藥物中毒癥方》出《進賢雲橋抄本》 如是箭毒，多吃松毛水，箭口內擦出血；若是吃巴豆毒，川黃連解毒湯；吃釘信毒，取草果燒灰，用豆豉汁調灌之即效；蜘蛛毒無效。

又《治牛牽爐癥方》出《進賢雲橋抄本》 清油四兩、油頭髮燒灰、百草霜、雞蛋清、以黃土洗水同灌之。順氣散：烏藥、枳殼、桔梗、南星、關夏、防己、白芷、川烏、香附各一兩，水香一錢，僵蠶五個，全蝎二個，炙、甘草，姜酒同灌之。歌曰：牛患氣喘似牽爐，敢問仙方有也無，順氣先行為第一，清風痰咳僵蠶蝎，氣急枳桔香附芷，順氣散要記清識，三江玉堂針出血，管教病體得安寧，若是肺脹難調治，另請仙方來相助。

又《治牛腮脇腫癥方》出《進賢雲橋抄本》 出針破，醋石灰、黃土調敷腫處，後用郁金、大黃、黃連、黃芩、黃柏、草果、細辛、梔子、甘草，米泔水一同灌下。

又《治牛抱耳黃方》出《進賢茅崗抄本》 用五倍子末和血竭末，用竹管吹入耳內，即效。

又《治牛生瓜藤黃方》出《新建金橋抄本》 用火針刺黃之根上，如血毒軟者，荊芥、防風、蛇床子、烏藥、烏梅、地骨皮、菖蒲、靈仙、瓜蔞、地榆每服五錢，酒灌下。用藥引：春用米汁湯，夏用車前草，秋用泉水，冬用薄荷。

又《治牛纏爪黃方》出《進賢茅崗抄本》 用五倍子末、血竭末、炒石灰與桐油共調塗搽患處。

又《治牛漏蹄黃方》出《新建金橋抄本》 用五倍子末、血竭末、炒石灰與桐油共作成團，敷于患處，外用棕皮包定，過五七日即效；先要用刀割破起黃處，或燒鐵烙之，後用此藥敷。

又《治牛四時漏蹄癥方》出《進賢雲橋抄本》 一步高來一步低，只因四時踏無泥，乳沒明倍僧龍骨，圍效瘡口似舊時。黃柏、黃芩、大黃、姜黃、黃連、蒼朮、白朮、乾葛、乾薑、木瓜、牛膝，煎灌之。後用乳香、沒藥、明礬、五倍子、陀僧、龍骨，共為末，先以水洗爛處乾淨，貼在瘡口內，然後用黃蠟封其瘡口，讓其站兩時久即好。

明 趙浚等《新編集成牛醫方·瘟疫門》 治瘴疫方：石菖蒲、淡竹葉、葛根、郁金、菉豆、蒼朮。右各等分，碾為細末。每服一兩，芭蕉自然汁三升，入蜂蜜一兩，并黄蠟二錢重，調灌之。未解再服。如熱極，加大黄；鼻無汗，加麻黄；鼻口出血，加蒲黄。此藥用蒼朮、石菖蒲之義，恐他藥大冷，欲此二藥以制衆藥而又通氣也。又方：用真茶二兩末，以水五升和調灌口。飼水午後。又方：人參細末二兩，水五升煮，候温灌之。又方：于欄中燒安息香及蒼朮，以病牛鼻吸其香，立止。又方：十二月內收兔頭，燒灰和水灌之。又方：臘月糟一大升、茯苓四兩，末、菖蒲二兩，末、地黄汁一升、醋半斤、大黄末三兩。右和小便一大升灌之。隔日一灌，五度即止。仍針鼻毛際，深一分許，血出差。

又方：牛有温疫病先吐涎不止。取香墨研汁及藍汁各三合，石灰一合，以酒半升相和灌之。

又方：療牛病後腸結。白米二升浸一宿，研汁入生油半升，相合灌之差。

又方：治馬牛時疫薰法。白朮、藜蘆、芎藭、細辛、鬼臼、菖蒲各二兩。右藥六味，等分粗擣，以火燒，薰兩鼻，令煙入，即差。

又方：治牛有卒疫，動頭打肋。巴豆兩個，去皮，如無用大黄五錢擣為末，以生油一兩，淡醬水半升灌，立可。

又方：治鬼氣，身戰出汗，口鼻冷方。桃柳心皮各一握，以水煎，候冷灌之，即差。

又方：瘟疫初發時。兩角內陷中，以針割皮，灸三七壯。

又《**眼病門**》 治牛眼忽有白膜方：用炒鹽及竹節燒灰各一錢，和貼膜上，盡膜為度，即明快。

又方：療牛眼睛翻及瘀膜方：先以生蜜點眼中，經一宿後，取烏賊魚骨點之差。

又方：皂莢少許，細末吹鼻中，眼正。

又方：治牛眼中淚出，白膜。黄丹研，盛于竹筒吹之。

又《**鼻病門**》 療牛頻起臥，鼻無津液方：凡牛鼻上無津液者，耳又到垂，因食著也。地膚草、茅根各一把、水一斗煎五升，灌口，差。

又方：鼻無津液者，又耳不倒垂，雖起立不行者，腎家病極。先灌鹽湯一升，好酒一升。細切葱白一把，同煎三五沸，灌之。如不差，更灌。血轉胞者，其病難治。治鼻脹方：釅醋一盞，灌耳中，立差。

又《**口舌病門**》 療牛口舌千方：赤石脂一兩、荳蔻兩個。右燒灰，酒一升，和灌之。

又方：牛若不食水草，為舌根病。先于舌根下三針，後舌尖下一針，暖水洗去血，鹽揩過，差。

又方：或舌底有瘡，錢許大，向上欲透者。狗糞燒灰，滿填瘡內，兩隻火箸替烙上，差。

又方：療牛忽口中頻頻吐糞。鬼木板燒灰，酒一升，煎三沸，候冷灌之，差。

又《**咽喉病門**》 療牛咽喉病啌嗽方：鹽一兩、豉汁一升、葱一握切、小便一升。右件并和灌之，差。

又 治牛纏喉喉中時時抽鋸聲方：寒水石一兩、生地黄八錢、滑石、朴硝、鹽各一兩、米泔二升。右同煎三沸，候冷灌之。

又 治牛堅硬物著喉方：皂莢末一合，吹鼻中，更于尾亭骨下著鞋底拍五、六、七下，其硬物下。

又 治牛吃草不快，口內如欄隔方：蘿卜子、麻子，同研汁一升。油三兩，相和灌之。

又《**咳嗽門**》 治牛咳嗽方：榆白皮三兩，水煮極滑熟，取三升灌。又法：豉汁調鹽灌。又方：鹽一兩、豉汁一升、葱白一握、小便一升。右和灌之易效。

又 治牛肚反及嗽方：取榆白皮水煮極熟，冷甚滑，二升灌之即差。

又 東人經驗，治卒喘嗽：薄紙蘸油，以木筯推入喉中，令自啖，愈。

又《**脹病門**》 治牛氣脹方：淨水洗汗襪，取汁一升，好醋半斤，和灌之愈。又方：燕屎一合，水調灌之即愈。

又 治牛骨眼後氣脹方：季肋後，三山骨前，宛中虛處，以寬針刺，用竹筒插之，氣出則愈。

又 療牛身多汗出及起臥，見人倒行作聲者是膽脹：桑黄二兩，入水三升，煎取一升半灌之。

又 療牛顛走，逢物即觸方牛若病顛風自于膽脹也：大黄、黄連各一兩。右為末，雞子清一個，酒一升，相和灌愈。又方：治初發時，走趨雞群狗隊。排風散一兩、阿膠半兩、槐白皮半兩。右件，水三升，煎至一升半，分為三服灌之。

又 治牛腹脹欲死方：以木乾開口，針刺其喉，令黑血出則愈。又方：取婦人陰毛，草裹與食即愈。又方：研麻子和水，取汁令温，擘口灌之，五六升許。此藥亦治食生豆腹脹垂死者，大良。

又 治牛有吃著生豆臌脹方：取舊巾子一個，燒灰，酒一升，煎，候冷相合灌之立差。

又《**糞血門**》 療牛糞血方：石灰少許，酒半升，相合灌之，差。

又 治牛有糞血不定者：伏龍肝二兩，竈下黄土，酒一升。右同煎，候冷灌之，即差。

又 治牛瀉痢：晚蠶沙五升、狼牙草二斤。右水二斗，煎取三升，分三灌。如人行五里，再灌，差。

又《**尿血門**》 治牛肚中生蛭方：以鹽苔脯啖之，蟲出食苔，牛倒草則嚙死妫。

又 治牛尿血方：當歸、紅花。右為末，酒煎待冷灌之。

又《**中惡門**》 療牛著熱，非時中惡方：漿水一升、鹽一兩、蔥一握，細切、酒一升。右相和灌之即差。如未差，復灌。

清 佚名《相牛心鏡要覽・牛平常服表清啓膘藥方・先吃單》 羌活五錢，防風五錢 獨活三錢，白芷五錢，枳殼三錢，黄芩三錢，炒梔三錢，茵陳三錢，蒼朮五錢，滑石五錢，厚朴三錢，加皮五錢，杜仲五錢，牛膝五錢，生薑引。百合四錢，仙瓜五錢，苡米五錢，木通三錢，車前三錢，澤瀉三錢，甘草四錢，廣皮一錢。

又《**後吃單**》 仙瓜五錢，砂仁二錢，獨活五錢，青皮一錢，枳殼五錢，牛膝五錢，石斛二錢，烏藥五錢，羌活五錢，川芎五錢，川朴五錢，白芍五錢，黄芩五錢，蒼朮五錢，車前五錢，防風五錢，加皮一兩，甘草五錢，豬苓五錢，桔梗五錢，生地五錢，熟地五錢，當歸五錢，陳皮五錢，梔子五錢，茯苓五錢，木通五錢，杜仲一兩，半夏五錢，酒引。

又單：朱苓一兩，官桂一兩，澤瀉一兩，天台六錢，山通六錢，茯苓六錢，蒼朮一兩，焦朮一兩，仙瓜八錢，川夕一錢，粉葛一錢，粉草五錢。

又單：京芥五錢，白芷二錢，連翹五錢，當歸五錢，雙花五錢，白芍三錢，杏仁三錢，青鹽二錢，杜仲八錢，加皮一兩，仙瓜八錢，升麻三錢，獨活一兩，蒼朮五錢，麻黄三錢，陳皮五錢，靈仙五錢，苡米三錢，百合三錢，炒梔三錢，桂枝五錢，口内有熱用米酒引，無熱用姜蔥引。

又《**發乳單**》 生地五錢，茯苓三錢，山藥五錢，通草二兩，白朮三錢，片芩五錢，生芪五錢，川夕二錢，杜仲一兩，砂仁二錢，當歸八錢，香薷一兩，貫仲一兩，靈仙二兩，丹皮三錢，川甲一兩，棗皮三錢，白芍三錢，甘草二錢，仙瓜一兩，王不留行一兩。

又《**治牛生瘡單**》 人言、明雄、硫黄、枯礬、大楓子、木別子，合研細末，用桐油煎，搽。棉油亦可。

清 佚名《牛經切要・相牛内外病癥主治藥方奇妙如神》 牛掉胃，恐有血屎、血尿，不能得見，其症内病，難以得知。急得將牛邀於水内，其牛下水，屎尿卽過，便知明白。

牛受病，其症不一，有輕有重，分明清楚，主治藥方，不可胡行，見症審的，主方可矣，謹之慎之。

牛無病，常服蕎子、大麥、食米，炒焦加姜用火燒黑，金銀花，共熬水灌下，少生病症，其效有功。能除胃寒，消食及溫熱毒。其牛大便出稀，加百草霜、淘米水，和爲餅，火煆爲灰，合藥灌下，百發百中。

牛受病，病重形容，主鼻甘無汗，角冷如冰，口中不能回嚼，眼珠無神，口鼻内涎水自流，身冷毛聳，睡臥不起，將頭靠地，頭尾不動，兩耳無力，氣從鼻孔而出，十有九不治。症防死，急用通關散：皂角、細辛、雄黄，共爲末，吹入鼻孔内。有噴則救，無噴主死。有救者卽服：蒼朮、陳皮、黄芩、山梔、連翹、薄荷、桔梗、石羔、滑石、荊芥、防風、白芷、川芎、枳殼、茯苓、當歸、法夏、芍藥、白朮，冬春天用麻黄、大黄、毛硝另包，另熬和藥服，一過不用。後三味，夏天不用，加焦軍。

牛被汗，主不思草食，周身無力，行走不穩，其鼻微汗，其耳微力。宜服：白芷、陳皮、厚朴、桔梗、枳殼、川芎、白芍、茯苓、蒼朮、當歸、法夏、桂枝、麻黄少用，甘草、燒姜、蔥引。

牛四腳寒及軟腳瘟，宜服：防風、苡仁、木瓜、秦艽、升麻、麻黄、法夏、當歸、茯苓、蒼朮、川芎、赤芍、枳殼、陳皮、白芷、桔梗、木通、花粉、苦參多用、乾薑、香附、肉桂、附片、厚朴；後五味夏天少用，六骨根引。

牛瘟疫及火症，主大小便不通，週身寒冷不思草食，宜服：防風、川芎、當歸、芍藥、薄荷、連翹、黄芩、桔梗、石羔、山梔、白朮、滑石、荊芥、麻黄、大黄、毛硝三味另包另熬和藥服。冬春天用，夏天不用，加焦軍。

牛痧症，主肚腹疼痛不止，恍忽不定，起臥不安，急將雞一隻，不分公母，刺殺取血一小碗，用白礬一二錢，爲末，入血内；加食鹽一並灌下卽好。

其牛中毒，肚脹如鼓及臥心黃，此症同方，亦治即效。又方：用食鹽一酒杯，甜醋一小碗，鷄蛋二三個，亦並灌下，即消。

牛咽喉腫痛及爛舌黃：即用兒茶、黃栢、枯礬，共爲末，搽於舌上。如舌腫，用朴硝、白礬爲末，搽於舌上，妙方。又方：用食鹽、藍靛搽於舌上，即服荊芥、防風、梔子、連翹、黃芩、桔梗、薄荷、黃連、元參、大力、甘草、大黃、毛硝另包，另熬和藥服，一過不用，金銀花引。

牛閃癡，恐傷筋、損骨。赤芍三錢酒炒、歸尾三錢、紅花三錢、香附三錢酒炒、桃仁十三粒去皮、自然銅三錢火煅醋碎七次、生地三錢、玄胡三錢、三稜三錢、莪朮三錢、乳香一錢五、沒藥一錢五、土巴戟五錢酒炒、血竭三錢、木通三錢、羌活三錢、骨碎補三錢、麻黃三錢、續斷三錢酒炒、山甲三片炒、蘇木三錢、散血草，白金條引。外用紅酸匕草樹、良姜搗爛炒，酒熱包。

牛小便不通：豬苓、澤瀉、滑石、麥冬、黃栢、瞿麥、萹蓄、甘草、牛夕，燉水服。

牛白膜遮睛，眼藥：銀珠、上片、龍衣、枯礬，共爲細末，點眼內其膜即退；或加有麝少用亦可。如眼內生翳，用生茨菇，搗爛汁，去水，用茨粉加上片，爲細末點入即效。後服用：蒺藜、羌活、當歸、赤芍、檳榔、木賊、蔓荊、防風、菊花、桔梗、桔殼、蟲退、柴胡、荊芥、黑丑、梔子、知母、甘草；金銀花引。

牛生黃，多生於嘴臉上，名爲『箍嘴黃』。其形如瘡，不穿不爛，能長高，腫。腫在喉關，將氣閉塞，其牛主死。急用石灰、食鹽調水搽上，留頂。即用針或刀將黃頭劃開，用大糞糊於口上，如又生合攏，再劃再糊。即服：羌活、防風、黃芩、黃連、大黃、連翹、白芷、荊芥、當歸、花粉、大力、甘草；金銀花引。

牛大便出稀：蒼朮、菖蒲、莫萸、滑石、石黑、官桂、豬苓、澤瀉、前胡、獨活、陳皮、胡椒、苦害子；生薑引。又一方：用甘胡豆桿燒灰，淘米水服；即便就下。

牛大便下血：用當歸、白芍、川芎、生地、黃連、黃栢、黃芩、槐花、梔子；燉水服。牛大便不通：用當歸、法夏、麻仁、桃仁、杏仁、枳殼、厚朴、黃芩、大黃、甘草，燉水服。又方：皂角燒灰，研末三錢和米湯服下，即通。

牛大腸脫出，宜服：當歸、生地、白芍、荊芥、防風、升麻、酒芩、黃連、川芎、香附、甘草。又方：木賊燒存性，爲末乾撚。又方：浮萍草爲末，乾撚。

牛血尿，宜用：當歸、紅花、竈心土，爲末，酒引。又方：用推豆腐鍋巴，焙乾，新瓦片上炙焦，研細，加黃連爲末，開水泡服。

牛吐草：用陳皮、法夏、丁香、炙草、茯苓、白朮、砂仁；藿香引。

牛哐：用香油、蜂蜜、姜汁水，同炒微黑色，服下。牛防吞釘針：用朴硝、磁石，爲末，生豬油煎，加蜂蜜服即下。

牛瘋狗咬傷：楊雀花根、狗屎椒根、茅草根、苦蕎根、韭菜根、澤南根，有虎骨眞的先服，後將前幾味藥用米酒水煨服。

牛母豬瘋：用七里香上寄生包，加白礬、枯礬，爲末，將酒米爲稀粥，和藥服下。

牛膝花，生於膝蓋，前爲膝花，後爲尿淋。用萬年灰火煅、枯礬、白蠟，爲末，乾撚。又一方：用山上黃土，打過霜雪，加乾牛糞，爲末，乾撚；其效如神。

牛傯音潘，用搽藥。蕎子、大麥子火煅、硫磺、土硝、花椒、白芷、黃栢，共爲末，煎生豬油，搽稀稀處，乾撚亦可。即服：羌活、獨活、柴胡、前胡、枳殼、桔梗、連翹、黃芩、薄荷、防風、甘草、金銀花，焦姜引。

牛脫蹄殼方：用百節蟲十幾條打破入桐油內，煎開將布帕包，將油滴入殼內。謹防牛舐，此藥有毒。

牛生鼻蟲，不治，將鼻吃斷。用嫩麻、柳樹皮，纏於鼻索，裹傷蟲處，其蟲即除。

牛尾尖生旋蟲，不治，將尾尖旋落，即用針放出血。將鷄虱子草，入桐油內煎搽。外用布帕纏包，防牛舐。又一方：用棉花藥搗爛，包更妙。

牛枷擔打皮：用舊毡帽一片，火煅爲灰，乾撚。

牛熱積子，生於通身，形如羊子，不穿不潰，用針刺破出血，將食鹽、枯礬澁口自消。

牛背上火癬：用豬精肉，切爲片，入膽水內浸七日，取出，加明雄、花椒，清油煎搽。

清 佚名《抱犢集·論補瀉温涼藥性配方篇》 補心：棗仁、貝母、遠志、玄胡、茯神。溫心：麥門冬、當歸、天竹黃、公丁、菖蒲。涼心：淡竹葉、牛黃、犀角、連翹、獨活。補肝：木瓜、阿膠、大棗。瀉肝：青皮、柴胡、芍藥、青黛、膽草。溫肝：木香、肉桂、吳茱萸。涼肝：甘菊、車前、黃連、膽草、川芎、青皮。瀉脾：芒硝、大黃、枳實。溫脾：霍香、丁香、白豆蔻、良薑、香附、厚朴。涼脾：滑石、石斛、天花粉、甘葛、升麻、玄參、白芷。補肺：人參葉、麥冬、茯苓、黄芪、阿膠、山藥。瀉肺：防風、葶藶、桑白皮、積殼、澤瀉、蘇子。溫肺：乾薑、生薑、款冬花、木香、白豆蔻。涼肺：沙參、玄參、天冬、貝母、瓜蔞、黄芩、山梔、童便、蔥白、白芷、升麻。補腎：芡實、龜板、龍骨、桑蛸、牛膝、虎骨、生地、牡蠣、五味、枸杞。溫腎：附子、肉桂、沉香、破故紙、膃肭臍。涼腎：黄柏、知母、丹皮、桔皮、獨活。補膽：龍骨、木通、青皮、柴胡、海桐皮。涼膽：黄連、竹茹、川芎、青皮、柴胡。補胃：人參、蓮子。瀉胃：白朮、黄柏、扁豆、甘草、陳皮、山藥。溫胃：積殼、青皮、附子、良薑、丁香、霍香。涼胃：滑石、玄明粉、升麻、白芍。補大腸：牡礪、草原、五倍子、龍骨、訶子、罌粟殼。瀉大腸：積殼、麻仁、桃仁、檳榔。涼大腸：芒硝、大黃、石斛、石膏。溫大腸：乾薑、肉桂、升麻、葛根、白芷。補大腸：牡礪、石斛、小茴、大茴。涼小腸：天花粉、黄芩、蒿本、黄柏。療風：防風、荊芥、薄荷、全蠍、白附子、獨活、天麻。發汗：麻黄、細辛、附子、桂枝、蒼朮、甘葛。消腫：生梔仁、生川烏、生草烏、生南星、生半夏。強筋：桑寄生、五加皮、南蛇、獨活、牛膝、秦艽、續斷、鉤藤、大活血、風藤。杜骨：枸杞、兔絲子、杜仲、破故紙、地骨皮、當歸。去痰：南星、半夏、貝母、化橘紅、前胡、白礬。治喉：薄荷、荊芥、牛蒡子、射干、桔梗、板蘭根。上焦有寒，用麻黄桂枝，中焦有寒，用肉桂、乾薑，下焦有寒，用沉香附子，上焦有熱，用黄芩、赤芍，中焦有熱，用黄連、梔子，下焦有熱，用黄柏、知母。

又　春季用藥方：麻黄、杏仁、防風、荊芥、茵陳、連翹、川芎、赤芍、車前、蒼朮、薄荷、獨活、淮香子、木通。夏季用藥方：黄連、生地、梔仁、知母、黄芩、木通、潤玄參、白藥子、黄藥子、生甘草。秋季用藥方：知母、山梔、蛤蚧、升麻、天冬、麥冬、秦艽、百合、兜鈴、防己、枇杷葉、天花粉、蘇子、山藥。冬季用藥方：茴香、厚朴、玄胡、白芍、當歸、益智、陳皮、枳殼、青皮、木通、川楝子、粉甘草。

又　消風散：治牛肝經風熱病。黄連、青葙子、防風、杭菊、木賊、蟬蛻、蒼朮、決明子、黄芩、車前、甘草、白芍、龍膽草、井泉石、石膏，米泔水沖服。

又　平胃散：此是胃寒，治牛胃寒不食草，嘔屎。蒼朮、甘草、前胡、陳皮、厚朴、砂仁、草果、山查肉、枳實、山藥、扁豆、青皮、牽牛子、車前、木通、生薑，煎水灌服。

又　益胃散：治牛翻胃嘔草，此是胃熱。益智、大白、白豆蔻、白朮、白芍、陳皮、細辛、五味、當歸、厚朴、砂仁、官桂、甘草、木香、川芎、草果、枳殼、霍香。

又　清肺散：治牛咳喘。桔梗、貝毒、白礬、葶藶、甘草、車前、大白、郁金、桑白皮、杏仁、款冬花、百部、麻黄、細辛、蒼朮、牙皂、白蜂蜜，煎水沖服。

又　青皮散：治牛脾虛泄瀉。厚朴、當歸、青皮、焦白朮、川芎、豬苓、澤瀉、枳殼、滑石、山查肉、木通、粉甘草，米泔水煎水沖服。

又　秦艽散：治牛脫肛。秦艽、當歸、白朮、厚朴、茴香、肉桂、陳皮、川楝子、縮砂仁、白礬、地龍、蒼朮、赤芍，煎水沖服。

又　白朮散：治牛安胎方。白朮、當歸、熟地、川芎、白芍、人參、紫蘇、甘草、砂仁、陳皮、黄芩、阿膠麵炒、生薑五片，煎水沖服。

又　消食散：治牛水草脹肚。焦楂、麥牙、枳殼、枳實、厚朴、丁香、草果、青皮、淮山藥、種曲、大黃、車前、木通、蒼朮、炒蘿蔔子半升煎水沖服。

又　追風順氣散：治牛吊黄氣。生黄芪、天丁刺、連翹、白芷、甲珠、枳殼　木香、銀花、桔梗、臺烏、青皮、甘草。如果振得凶者，加麥冬八錢、硃砂二錢、陳葫蘆殼，煎水沖服。

又　壯陽散：治牛夾陰方。五味子、蒼朮、茴香、枸杞子、木通、覆盆子、條芩、蘇葉、牙皂、甘草梢、車前子，如果振得凶加附子、肉桂；如果渾身冷者，加麻黄、淫羊藿，食鹽一兩，煎水沖服。

又　青石散：治牛沙淋尿血方。滑石八錢，甘草二錢，豬苓，澤瀉，淡竹葉，車前，木通，枳殼，青皮，生地，麥冬，知母，黑牽牛，川黄柏，生石膏煎水沖服。

又　郁金散：治牛生癩方：郁金、苦參、銀花、茯苓、朴花、荊芥、黄芩、梔仁、枇杷葉、美水草、防風、桔梗、茵陳、白蜜，煎水沖服。

又　穿腸散：治牛大腸閉結，糞便不通。生西莊、風化硝、枳實、青皮、山楂肉、牙皂、麥芽、厚朴、蒼朮、車前、木通、蜣螂，如果不通，加巴豆八錢，通了不用，炒蘿蔔子半升，煎水沖服。

又　大白散：治牛虛症各脹方。大白、枳殼、貫眾、蒼朮、青皮、山楂肉、淮山藥、木通、車前、茯苓、前胡、麥芽、滑石，另加陳葫蘆殼、舊草帽汗圈，煎水沖服。

又　破血散：治牛血皮脹方。生蒲黃、當歸尾、粉丹皮、大生地、炒紅花、陳枳殼、淡竹葉、花大白、茯苓皮、淨二寶即金銀花、小木通、澤瀉、枯黃芩、生石膏、燈芯草，煎水沖服。

又　甘桔散：治牛喉風方。甘草、桔梗、玄參、生地、淡竹葉、車前仁、射干、山豆根、炒牛蒡子、薄荷葉、荊芥穗、枯黃芩、杭麥冬、花大白、陳枳殼、地骨皮、雪裏青六錢、萬年青五錢；如有痰涎者，加貝母、白礬，熱盛者加大黃、芒硝、玄胡粉。如有氣喘者加桑白皮、馬兜鈴、白蘆根，煎水沖服。又吹藥方：青黛、硼砂、白礬、冰片、能膽，共研末，如無能膽，用青魚的膽代之亦可。又敷藥方：黃丹、大薊、紫花地丁、蒲公英，用白蜜調敷。

又　洗肝散：治牛眼痛吐肉：防風、荊芥、木賊、白菊、白芷、川芎、膽草、朴花、歸尾、紅花、車前、黃芩、蔓荊子，共研末，和開水沖服。又洗眼藥方：楊柳葉、冬桑葉、野菊花、金銀花，煎水洗之。

又　三黃散：治牛糞血，久者痢症。黃連、白朮、槐花、川朴、訶子、黃芩、枳殼、青皮、黃柏、川芎、歸尾、地榆去梢，桑白皮、葵花根，煎水沖服。

又　十全大補湯：治牛瘦弱及胞衣不下。光結六錢、當歸身六錢、黃芪六錢、川芎六錢、炙甘草六錢、白芍八錢、靈仙四錢、白朮六錢、香附米六錢、去苓八錢，水酒引，煎水沖服。

又　獨活寄生湯：治牛拐腳、筋骨脹各症。羌活、獨活、防風、當歸、桂枝、五加皮、防己、秦艽、續斷、川芎、杜仲、車前仁、桑寄生，水酒燜服。

又　雄黃散：治牛諸般腫毒及筋骨脹方。雄黃、川椒、白芨、白蘞、草烏、大黃、硫黃、官桂、白芥子，共研末，和麵粉調藥熬熟，敷腫處，立效。

又　大七傷散，治牛瘦弱活膘方。知母、貝母、防風、青皮、陳皮、乾薑、白芍、當歸、瓜蔞、桔梗、豆蔻、故紙、光結、茯苓、甘草、茴香、大白、官桂、廣木香、生豬油，煎水沖服。

又　治咳嗽呼吸不伸方：杏仁去皮尖、桔梗、桑白皮、臺烏藥、貫眾、大白、麥冬、枳殼、甘草、款冬花、青木香，共研末，旋復花八錢，另包不研，用布包紮，和井水燜熟，待水冷取出，對藥吃服。

又　治牛打轉轉方：川黃柏、川黃連、尖大白、北細辛、百部草、肥烏梅、條黃芩、龍膽草、北柴胡、生枝仁、生白芍、廣木香、貫眾八錢，為引。

又　治先便後血方：白頭翁、真阿膠、川黃連、廣陳皮、川黃柏、條黃芩、焦白朮、土貫眾、生地黃、生甘草、伏龍肝，煎水沖服。

又　治先血後便方：赤小豆開水泡過，枇杷葉刷淨毛，淨地榆去梢，大臺黨，冬桑葉、黑芝麻、杭寸冬、條黃芩、真阿膠、粉甘草、杏仁去皮尖打成霜、銀花藤，煎水沖服。

又　麻黃桂枝湯：治牛咳嗽、閉症、四肢口鼻冷方。麻黃、桂枝、陳皮、枳殼、雲苓、冬花、麥冬、杏仁、蒼朮、大白、桔梗、蘇葉、細辛、車前、木通、白果仁六錢，此方冬天可用，春天重用，夏秋天少用妙。

又　脫肛洗藥方：縮砂仁、枯白礬、五倍子、木鱉子、白龍骨、薄荷葉，煎水時時洗之，立效。洗後油紙包紮。

又　脫肛敷藥方：白項地龍十條、白糖二兩，共搗爛敷在患處，用油紙包紮。又方：冰片一錢、白項地龍八條，待化水和勻，用鴨毛刷上即效。

又　脫肛吃藥方：枯黃芩八錢、當歸、川穹、蒼朮、葛根、薄荷、枳殼、陳皮、黃連、枝仁、赤芍、砂仁、白礬、荊芥、炙卷柏六錢，煎水沖服。

又　麻黃細辛湯：治牛渾身水冷閉症方。麻黃、細辛、雲苓、葛根、桔梗、蒼朮、枳殼、白芍、車前、薄荷、木通、柴胡、桂枝、白朮、牙皂、厚朴、枳實、青皮、青蔥七根，煎水沖服。

又　附子炮薑湯：治牛夾陰症方。附子、乾薑、肉桂、五味、前仁、茯苓、澤瀉、薄荷、蒼朮、茴香、覆盆、枸杞、熟地、甘草梢，如振得凶者，重加附子或細辛，如不還陽者，重加淫羊藿。

又　扶脾散：治牛連貼脹方。淮山、扁豆、枳實、臺烏、貫眾、蒼朮、白朮、大白、薄荷、荊芥、車前、白芍、木香、大黃、歸尾、牙皂、焦楂、青皮、葛根，氣脹用木香、臺烏，蘿蔔兜煎水沖服，火脹用甘葛、茵陳、葫蘆殼煎水沖服。

又　犀角地黃湯：治牛心黃狂風病，如叫者有痰，吃土者無治。犀角、生地黃、丹皮、黃連、淡竹葉、石菖蒲、黃芩、雲苓、豬苓、澤瀉、瓜蔞仁、山梔仁、遠志肉。車前仁、淮木通、黑牽牛、川貝母、白礬、麥門冬、燈芯、竈心土，煎水沖服，大便結加大黃八錢、枳實八錢。

又　黃連瀉心湯：治牛心熱吐舌、木舌。川黃連、大生地、淡竹葉、枯黃芩、花大白、白桔梗、車前仁、淮木通、陳青皮、荊芥穗、薄荷、臺烏，如火盛大便結者，加西莊，枳實，生甘草、生石膏，煎水沖服。

又　解毒湯：治牛先吃此藥後，肥膘滿壯。蒼朮、淮山、苡仁、芡實、蘇葉、當歸、砂仁、川芎、枳殼、陳皮、杜仲、甘草、厚朴、前胡、白蔻仁、公丁香，水酒一杯，煎水沖服。

又　洩瀉方：治牛湯瀉。玉米殼、煨訶子、廣木香、廣陳皮、白芍藥、宣澤瀉、尖大白、土貫眾、粉甘草、炒白朮、車前仁、煨薑一塊，煎水沖服。

又　洩瀉兼痢症方：訶子肉、生地黃、漂白朮、條黃芩、宣澤瀉、川黃連、玉米殼、土貫眾、粉丹皮、肥烏梅、粉甘草、飛滑石八錢，伏龍肝煎水沖服。

又　牽牛散：治牛小便出血。黑白丑牽牛、豬苓、澤瀉、車前、木通、枳殼、青皮、黃柏、大白、茵陳、貫眾、滑石、紅花、槐角、生地、歸尾、甘草梢，生石膏一兩，煎水沖服。

又　咳嗽兼肚瀉方：杏仁、桔梗、川厚朴、桑白皮、烏藥、貫眾、麥冬、枳殼、木通、甘草、白朮、款冬花、旋復花，用布包和藥煳另包。

又　紅白痢方：生黃芩、川黃連、炒白芍、全當歸、花大白、真阿膠、杭麥冬、芽桔梗、廣木香、軟秦充、土貫眾、粉甘草、赤小豆開水泡過，淘米汁水煎沖服。

又　咳嗽兼紅白痢方：桔梗、桑白皮、黃芩、烏藥、麥冬、枳殼、蘇子、玄參、知母、前胡、木香、炒白芍、貫眾、甘草、川芎、當歸、白朮、枇杷葉八錢去淨毛不研，煎水沖服。

又　風寒藥方：川芎、蘇葉、枳殼、陳皮、桔梗、桂枝、防風、荊芥、薄荷、大白、貫眾、蒼朮、威靈仙、細辛，連根蔥頭七根，煎水沖服。

又　舌根喉嚨腫硬方：生地黃、芽桔梗、牛蒡子、潤玄參、皂角刺、甘草梢、北防風、土貫眾、荊芥穗、香白芷、北連翹、蘇薄荷、青竹葉一把，煎水沖服。

又　發表青龍湯：治牛患雨淋閉症瘦弱方。麻黃、杏仁、川芎、桂枝、蘇葉、陳皮、枳殼、桔梗、乾薑、貫眾、茯苓、甘草、蒼朮、厚朴、前胡、舊草帽汗圈，煎水沖服。

又　磨牙嘔屎軟腳方：知母、黃柏、竹茹、熟石膏、天花粉、貫眾、車前、木通、牛膝、木瓜、茯苓、蒼朮、當歸、甘草、水酒一杯，煎水沖服。

又　治牛渾身出血方：郁金、黃芩、白礬、大黃仁、枳殼、薄荷、寒水石、生蒲黃、米泔水煎水沖服，但此藥吃一半，從鼻中灌一半立愈。

又　生癩替毛方：山奈子、石硫黃、蕎麥稭灰、生豬油和藥擦爛調搽。

又方：蛇床子、木鱉子、絲瓜殼燒灰，共研末乾搽立效。

又　鎮風散：治牛遍身掣跳，兼之麻腳，腳上之筋，亦掣跳也。薑蟲、荊芥、薄荷、威靈仙、甲珠、獨活、車前、牙皂、桂枝、全蠍、川芎、炮川烏、伸筋藤、蟲退去頭腳，煎水沖服。

又　清暑散：治牛中暑熱方。香茹、扁豆、麥冬、薄荷、木通、牙皂、藿香、茵陳、白菊、銀花、茯苓、甘草、人參葉、石菖蒲，煎水沖服。

又　活血散：治牛筋脹方。五加皮、續斷、枳殼、大白、蒼朮、細辛、茜草、獨活、羌活、桂枝、鉤藤、當歸、大活血、茵陳、沒藥各六錢，當門子三分、水酒一杯為引，煎水沖服。

又　肺熱發疹方：防風、荊芥、連翹子、桔梗、當歸、川芎、白芍、薄荷、滑石、貫眾、大青、黃芩、升麻少用，如實火盛，加大黃、風化硝、石膏、小枳實；肚泄瀉不用。

又　瘋狂病方：北柴胡、龍膽草、淮木通、大生地、宣澤瀉、生仁、車前仁、條黃芩、粉甘草、川黃連、西莊黃、小枳實、淡竹葉，生石膏為引。

又　牛流精方：豬苓、澤瀉、雲苓、木通、枳殼、車前仁、黃柏、生仁、龍膽草、淡竹葉、甘草梢、生石膏、滑石，煎水沖服。

又　牛出鞭方：酒知母、川黃柏、西茵陳、薄荷葉、川萆薢、生石膏、赤茯苓、車前仁、生梔仁、黑玄參、寒水石，米泔水煎水沖服。

又　牛吐舌方：珍珠、蒲黃、薄荷、硼砂、青黛、白礬、冰片五分，共研末，擦舌即縮。

又　流鼻血方：生地一兩、丹皮八錢、炒白芍八錢、黃芩五錢、甘草五錢、柏樹葉炒黑，共煎水內服。

又　兒腸外翻吃藥方：黃芪六錢、黨參六錢、當歸六錢、白朮四錢、柴胡四錢、升麻二錢、陳皮四錢、甘草六錢。

又　兒腸外翻洗藥方：椿皮六錢、荊芥二錢、薄荷二錢、藿香葉六錢，共煎水洗之。兒腸外翻搽藥方：冰片、縮砂仁、寒水石，三味藥等分，共研末，調麻油後，用鴨毛刷上。

又　兒腸外翻藥末乾搽方：白礬六錢、地龍六條、冰片一錢，共研末乾梔翻出之兒腸上面。

又　五虎丹：治牛拐腳紅腫用外敷。生川烏六錢、生草烏六錢、生梔子三錢、生半夏二錢、生南星二錢，如紅腫不消退，加白芥子三錢。

又　黃連泄心湯：治牛氣喘、吐舌、擲鼻、麻腳。川黃連八錢、大生地八錢、杭麥冬八錢、淡竹葉八錢、山仁六錢、潤玄參六錢、酒知母六錢、川黃柏六錢、車前仁六錢、淮木通六錢、正川芎六錢、花大白六錢、枯黃芩六錢、白桔梗六錢、蘇薄荷六錢、甘草梢六錢、生石膏一兩，共煎水内服。

又　麻黃桂枝湯：治牛渾身水冷、氣血閉澀之病。麻黃、桂枝、細卒、活、防風、桔梗、蒼朮、牙皂、荊芥、蘇葉、薄荷、甘草、大白、枳殼、青蔥根共煎服。

又　杏仁貝母湯：治牛咳嗽和呼吸促迫。杏仁、貝母、桑白皮、葶藶、薄荷、蘇葉、牙皂、冬花、桂枝、麥冬、甘草、蒼朮、枇杷葉、蜂蜜二兩為引。

又　牛脾胃虛冷、吃草不消、脹氣方：卷柏、麥芽、大白、丁香草、陳皮、木通。淮山藥、枳實、薄荷、山查肉、甘草、炒蘿蔔子半升，共煎水内服。

又　貝母郁金湯：治牛時症、肚氣夾氣喘息方。真尖貝、郁金、甜葶藶、花大白、粉葛根、生甘草、天臺烏。又方：防風六錢、荊芥六錢、前胡六錢、銀花八錢、茯苓四錢、車前四錢、木通四錢、青皮四錢、枳殼四錢、蒼朮四錢、牙皂四錢、川芎四錢、當歸六錢，水酒煎水沖服。

又　牛患大腸燥結及胃火膨脹小便不利方：大黃八錢、枳實八錢、桃仁六錢、黃芩八錢、黃連八錢、大白六錢、豬苓八錢、澤瀉八錢、白芍八錢、車前六錢、雲苓八錢、梔仁六錢、連翹六錢、木通六錢、石膏一兩，共煎水沖服。

又　牛喘唧肺掃病方：桔梗六錢、條芩六錢、桑白皮六錢、天門冬六錢、馬兜鈴六錢、青蒿四錢、甘草三錢、陳皮四錢、枳殼四錢、大白四錢、括蔞六錢、白礬四錢，白蜜一兩為引。

又　涼胃散：治牛患吐草流涎，肚腸不打回，身上平穩，鼻出冷汁，此是胃火嘔草症。藿香、厚朴、枳殼、陳皮、白朮、竹茹、桔梗、大白、香茹、扁豆、車前、木通、砂仁、甘草、生石膏，共煎水沖服。

又　羌活桂枝湯：治牛肚脹、軟腳、四蹄水冷、鼻上無汗。羌活、桂枝、細辛、牙皂、蒼朮、麥芽、山查肉、大白、貫眾、五加皮、茯苓、枳殼、陳皮、當歸、牛膝、木瓜、車前、木通、石菖蒲、陳葫蘆殼、舊草帽汗圈，煎水對服。

又　牛患心瘋病以頭觸人方：川黃連八錢、大生地八錢、荊芥穗六錢、蘇薄荷六錢、杭麥冬六錢、酒知母六錢、川尖貝五錢、尖大白六錢、銀柴胡六錢、龍膽草八錢、北連翹六錢、生梔仁八錢、正川芎六錢、遠志肉八錢、柏子仁八錢、生蒲黃六錢、白蘆根一兩，煎水沖服。

又　荊防敗毒散：治牛患癩瘡、腳軟不起症。防風六錢、銀花八錢、五加皮八錢、荊芥六錢、茯苓六錢、白朮六錢、薄荷六錢、牛膝六錢、桂枝四錢、當歸六錢、秦艽八錢、甘草四錢，水酒煎水沖服。

又　牛患磨牙、軟腳症方：酒知母六錢、建澤瀉四錢、漂白朮四錢、川黃柏六錢、五加皮六錢、小木通四錢、綿杜仲四錢、粉甘草四錢、白蘚皮四錢、車前仁四錢、土貫眾四錢、酒當歸三錢，水酒沖服。

又　牛患吐泡泊、腳軟、後身不起方：蒼朮六錢、木通八錢、車前八錢、獨活八錢、五加皮八錢、川牛膝六錢、木瓜六錢、白芍四錢、雲苓六錢、當歸六錢，水酒對服。

又　喉瘋内吹藥方：冰片三分、硼砂六分、青黛八分、膽礬八錢、僵蠶一錢、皂角八分、薄荷一錢、全蠍六分，共研末，吹入喉内立效。外敷藥方：牽牛子四錢、生蒲黃五錢、燕子巢五個，米醋一斤，將前三味藥，共研細末，放在醋内攪勻，敷在患處。

又　防風通聖散：治牛五臟七結不通。正西莊六錢、風化硝八錢、杭白芍六錢、蘇薄荷八錢、黑梔仁六錢、荊芥穗六錢、酒當歸四錢、北連翹四錢、飛滑石八錢、正川芎四錢、枯黃芩六錢、川枳實六錢、北防風四錢、苦桔梗四錢、生甘草六錢，共研細末沖服。

又　發表湯：治牛咳嗽。尖杏仁、北細辛、炙麻黃、漂蒼朮、酒知母、嫩桂枝、廣陳皮、炒枳殼、炙白皮、括蔞仁、馬兜鈴、款冬花，白蜂蜜為引。

又　烏金散：治牛腫毒破爛膿水及疔瘡。巴豆一錢、烏頭一錢、瀝青一錢、血竭五分、甲珠三錢、龍骨三錢、皂殼二錢、葶藶二錢、杏仁二錢、紅娘子二錢，共研細末，先用防風四錢煎水，洗淨膿血後，乾搽上藥末。

又　搽塗癩方：樟腦四錢、硫黃四錢、膽礬四錢、青黛四錢、黃柏四錢、山柰二錢、木鱉子二錢、大風子二錢、蛇床子二錢，共研細末，和桐油調勻搽塗，但不可一次渾身塗搽，要分幾次逐塊搽塗，宜天晴搽藥，陰天落雨不宜搽塗。

又　洗諸瘡黃破爛流膿血方：防風二錢、荊芥二錢、花椒一錢、薄荷二錢、茯苓三錢、銀花四錢、苦參二錢、黄柏二錢、芽茶一撮、食鹽一撮，共煎水洗之。

又 脱膊先服藥方：歸尾、赤芍、澤蘭、紅花、白芷、川芎、牛膝、桂枝、土別、細辛，共研末，水酒沖服。脱膊次服方：乳香、沒藥、地榆、白芷、肉桂、陳皮、續斷、威靈仙、杜沖、川芎、當歸、破故紙，水燜内服。

又 生肌散：治牛破爛膿血不止。龍骨二錢、黄丹三錢、輕粉二錢、石脂三錢、冰片五分、甘石二錢、紅粉一錢、寒水石一錢、海螵蛸五錢，共研末，先洗後搽藥末。

又 牛被火燒爛皮肉方。先用洗藥方：佛甲草、水萍草即浮萍、柳樹葉、食鹽少許，米醋一杯煎水，洗被燒爛處。次用敷藥方：劉寄奴、赤石脂、寒水石，三味研末，柏樹葉、蛇莓草二味燒灰，共調桐油搽敷患部。再用服藥方：生地、當歸、苦參、大黄、薄荷、荊芥、甘草，共研末，童便沖服。

又 追黄順氣湯：治牛先吊黄，後服藥方。生黄芪、天丁刺、甲珠、枳殼、陳皮、連翹、白芷梢、土茯苓、銀花、臺烏、甘草節，共煎水内服，如黄不腫硬，加蘿蔔兜及蜈蚣十條。

又 消毒飲：治牛先放黄，後服藥方。淨銀花、土茯苓、北防風、車前仁、荊芥穗、小木通、白雲苓、滑石、蒲公英、甘草、黑豆，共煎水内服。

清 佚名《大武經·醫方補遺篇》 鎖喉黄癀。黄柏、茵陳、銀花、黄芩、花粉、荊芥、大黄、炒梔子、粉草。生綠豆、生黄豆各零點五至一斤共擂爛為引。又方：柴胡、西莊、枳實、半夏、黄芩、赤芍、槐通、厚朴、雲苓。蜂蜜為引。又方：人參、地黄、桂心、川兄、茯苓、白朮、黄芪、丹桂、竈心土、甘草。

又 筲箕黄癀。茵陳、黄柏、大黄、薄荷、雙鉤、黄連、荊芥、甘草。又方：黄藥子、天丁、甲珠、連翹、花粉、黄芩、知母、天冬、枳殼、升麻、荊芥、銀花、木香、甘草。水燈草為引。又方：赤芍、歸尾、西莊、川連、膽草、公英、天丁、柴胡、黄芩、茵陳、黄藥、地丁、厚朴。生石膏為引。

又 軟腿黄癀。先吃發表藥：麻黄、烏藥、羌活、荊芥、桂枝、川芎、防風、薄荷、生薑、紫蘇。蔥為引。再吃補藥，大有效力：當歸、苡仁、黨參、枳實、川芎、五加皮、防風、桂尖、白芍、川牛膝、川羌、甘草、熟地、故子、大白。用黄豆十斤煮熟擂爛，粘米甜酒五斤，一同灌之，大有奇功。

又 朦心黄癀。梔子、茵陳、雙鉤、大白、連翹、黄連、玄參、枳實、黄柏、銀花、荊芥、甘草。水燈芯、竈心土為引。便方：生石膏、生綠豆、生黄豆、魚腥草。共擂爛灌之。

又 老鼠黄癀。防風、薄荷、梔仁炒、獨活、黄柏、秦艽、荊芥、黄連、雙鉤、銀花、艾葉。生石膏為引。便方：金銀花、臭牡丹、楓樹球、艾蒿葉、陳茅屋草。共煎水洗。

又 肚痛黄癀。荊芥、獨活、黄柏、薄荷、秦艽、胡連、防風、梔子、粉草。艾絨、竈心土為引。洗藥：金銀花、楓樹果、花椒樹根。共煎水洗三次。擦藥：青黛、掃粉、爐甘石、紅娘去翅、紅粉、赤石脂、木別子去殼、銅綠。共研細末，豬油調擦。

又 朦頭黄癀。玄參、防風、梔子炒、細辛、獨活、連翹、川芎、秦艽、黄柏、荊芥、薄荷、黄連。便方：生綠豆、生黄豆、魚腥草。共擂爛灌之。敷藥：水上綠苔膜、生艾尖、水荷葉、魚腥草、靛腳。共擂爛敷腫處。

又 肝黄癀。木香、白菊、荊芥、薄荷、陳皮、決明、大白、粉草。補虚損方：蒼朮、扁豆、陳皮、白芷、枳殼、桔梗、腹毛、當歸、熟地、青皮、川芎、甘草。大棗為引。

又 發膿脹膽癀。神曲、木香、桔梗、麥芽、青皮、枳實、扁豆、陳皮、大白、草果仁、半夏、甘草。蘿卜籽炒，去殼為引。便方：大蒜、神香。老煙袋桿捶破共放口内嚼之，針刺脾俞。

又 肺風癀。瓜蔞霜、桑白皮、天門冬、杏仁、貝母、川羌、粉草。枇杷葉去毛尖為引。便方：風車扇板灰、頭髮燒灰、枇杷葉去毛焙枯。共研細，雞蛋、桐油調和灌之。

又 羊角風癀。銀花、槐花、紅花、白芷、三棱、莪朮、防風、獨活、蓮仁、麥冬、當歸、川芎、細辛。便方：槐樹枝劈破，煨熱，遍身四肢刮，冷了又換熱的，連刮數遍，再用竹掃帚浸清尿遍身掃，即愈。

又 閉冬汗癀。枳殼、五加皮、桔梗、桂枝、苡米、川羌、當歸、粉葛、川膝、防風、甘草、生薑。白酒為引。冬加麻黄，春加前胡，功效更確。

又 紅痧癀。厚朴、全歸、黄連、薄荷、廣皮、香附、槐花、車前、木香、白芷、荊芥、甘草。生木耳。紅糖為引。

又 尿血癀。梔子、連翹、五味、車前、黄柏、黄芩、滑石、丑牛、豬苓、澤瀉、木通、粉草、熟石膏。水燈芯為引。

又 穀花眼癀。洗藥方：白菊花、蒙花、金銀花。共煎，加鹽同洗。

又 發癩癀。搽藥：木別去殼、紅娘去翅、銅綠、山奈、硫黄、水銀、蛇床子、杏仁。共研細末，豬油調擦。內服藥：羌活、防風、銀花、法夏酒炒、獨活、川膝、加皮、苡仁、秦艽、大白、雙鉤、枳實、炒梔子、桔梗、連翹、甘草。艾葉為引。續服補藥方：歸身、白芍、川牛膝、苡仁、川芎、炒半夏、荊芥、薄荷、熟地、加皮、蒼朮、銀花。大棗為引，連服三劑。

又 膿花瘡。牛膝、加皮、薏苡仁、桂尖、當歸、白芍、甘草。生薑、酒為引。

又 發反飽癥。西莊、芒硝、丑牛、芫花、大白、枳實、神曲、麥芽炒、酒曲。

又 砂石淋癥。滑石、麥冬去心、天冬、豬苓、澤瀉、木通、五味、車前、甘草。綠豆、生石膏為引。

又 胎衣不下。便方：胡椒末五至八錢，稀飯二斤，雞蛋五至八個共灌之。

又 胎子不下。動手排正胎位，用力拉出胎兒，再服藥：當歸、川芎、白芍、熟地、焦朮、故子、蓮仁去心、胡椒、吳萸、香附炒、甘草、硃砂。

又 瘦弱無奶產後缺奶。便方：生蝦子一斤、生黃豆二斤。共擂爛灌之。又方：木通、通草、豬蹄四個，共燉成糊，取去骨頭灌之。

又 通胸黃癥。用鹽茶水洗盡膿血，用筷子頭纏棉絮，醮熱桐油，創內擦洗數次。灌以藥末：松香、樟腦、赤石脂、爐甘石、輕粉、紅粉、黃丹，共乳末填入。照樣兩三次後，創內已乾淨，再上生肌藥：龍骨、象皮、麝香、冰片、赤石脂、爐甘石、黃丹、掃粉。

又 乾百葉。建曲、麥芽、扁豆、蒼朮、草果去殼、使君子、五谷蟲、甘草、扁柏枝、蘿卜籽炒，去殼。豬油為引。

又 蹄爪黃癥。麻黃、桂尖、川膝、加皮、苡仁、茵陳、獨活、銀花。生薑為引。

又 痧癥屙痢。根朴、黃連、青皮、陳皮、山棱、莪朮、赤芍、香附、銀花、紅花、白芷，冬瓜皮為引。便方：百草霜、雞屎炒枯、炒車前子加水同灌之。

又 吊本身。洗淨送入再服藥：當歸、熟地、川芎、白芍、黨參、焦朮、黃芪、升麻、故子、蓮仁去心、薏苡仁、川膝、加皮、甘草。大棗、粘米甜酒三斤為引。

又 大便秘結。西莊、朴硝、葶藶、丑牛、芫花、梔子、連翹、郁李仁。生石膏為引。

又 走馬癢疳癥。輕粉、紅粉、掃粉、樟腦、水銀、冰片。共研細末、茶油調擦。

又 瘋狗咬癥。便方：硃砂、琥珀，桐油灌之。再用心風狂藥方。又方：紅良、斑蝥、三棱、莪朮、枝仁、紅花、二丑、防風、木通、紫竹根。響銅淬水為引。

又《通用藥方》 平常之藥。蒼朮、荊芥、陳皮、羌活、連翹、木通、厚朴、黃芩、梔子、薄荷、防風、銀花、甘草、生薑。

又 春季牯牛藥方。蒼朮、川芎、條芩、鉤藤、銀花、升麻、牛膝、五加皮、木瓜、枳殼、桔梗、甘草。老牯牛加杜仲、故子。

又 母牛之方。當歸、川芎、白芍、蒼朮、薄荷、羌活、細辛、荊芥、秦艽、苡米、銀花、獨活、甘草。

又 大表藥方。蒼朮、羌活、防風、白朮、麻黃、桂枝、川芎、西莊、草烏、全蝎、天麻、甘草。

又 牛有寒火不吃草用藥方。荊芥、薄荷、蒼朮、羌活、防風、神曲、砂仁、麥芽、枳殼、厚朴、桔梗、甘草。

又 消氣之藥。吳萸、香附、枳殼、腹毛、桔梗、厚朴、陳皮、姜黃、前胡、防風、蒼朮、甘草、蘿卜籽炒，去殼、

又 打嗆咳嗽之藥。荊芥、薄荷、蒼朮、防風、杏仁、細辛、枳殼、桔梗、厚朴、陳皮、知母、冬花、甘草。

又 咳嗽之藥。荊芥、薄荷、蒼朮、防風、細辛、枳殼、桔梗、厚朴、陳皮、知母、冬花、甘草。

又 大小便不通藥方。西莊、朴硝、枳殼、木通、車前、豬苓、澤瀉、黃芩、黃柏、梔子、大馬鞭、水燈芯。

又 止瀉痢癥藥方。白芍、當歸、川芎、枳殼、厚朴、陳皮、滑石、花粉、槐花、訶子、白頭翁。大腸有火加大黃、粟殼、吳萸。

又 肝家火毒藥方。茵陳、膽草、白芍、黑梔、木通、豬苓、黃芩、柴胡、黃柏、甘草。

又 火癥藥方。生地、黃芩、黃柏、黃連、知母、柴胡、梔子、木通、甘草。

又 火毒藥方。天丁、雄黃、銀花、牛子、連翹、白芷、黃芩、梔子、郁金、

甘草

又 鎮嗆消氣藥方。香附、瓜蔞、神曲、葶藶、杏仁、麥冬、冬花、前胡、枳殼、半夏、桔梗、陳皮、甘草、紫蘇莖、生薑、枇杷葉去毛。

又 生黃藥方。白礬、明雄、銀花、天丁、荊芥、防風、玄參、豬苓、連翹、射干、白芷、黃芩、甘草。

又 母牛補藥方。當歸、川芎、白芍、續斷、秦艽、苡米、苦參、銀花、貫眾、茯苓、獨活、丹皮、地骨皮、甘草。

又 腎氣藥方。川膝、小茴、木香、枳殼、桔梗、蒼朮、木通、荊芥、山楂、天臺、防風、甘草、桔核仁、刀豆殼、蘇葉。

又 腎氣藥方。川膝、小茴、木香、枳殼、桔梗、蒼朮、木通、荊芥、山楂、天台、防風、橘核仁、刀豆殼、蘇葉。

又 治牛氣瘴藥方。蒼朮、木香、天臺、檳榔、枳殼、廣皮、桔梗、厚朴、吳萸、香附、木通、山楂、甘草。

又 痢癥藥方。木通、車前、黃芩、梔仁、連翹、厚朴、枳殼、陳皮、蒼朮、花粉、滑石、白芍、甘草。第二劑加粟殼。

清 佚名《牛醫金鑒》篇上《諸藥相反》 甘草反大戟、芫花、甘遂、海藻。烏頭反半夏、栝蔞、貝母、白芨、白蘞。藜蘆反細辛、芍藥、人參、苦參、沙參、丹參。

十八反歌：《本草》明言十八反，串蔞貝蘞芨攻烏。藻戟遂芫俱戰草，諸參細芍反藜蘆。

十九畏歌：硫黃原是火中精，朴硝一見便相爭。水銀莫與砒霜見，狼毒最怕密陀僧。巴豆性烈最為上，偏與牽牛不順情。丁香莫與郁金見，牙硝難合京三稜。川烏草烏不順犀，人參最怕五靈脂。官桂善能調冷氣，若逢石脂便相欺。大凡修合看順逆，炮爁炙煿莫相依。

又 下篇《眼生雲霧》 牛口中上膞上腭尚有兩氣孔，如左眼患此病，用嫩楊柳枝一根，量準塞右孔；如右眼患此病，則塞左孔，塞後雲霧即消散，百效。

又《癭瘤》 此瘤生于項旁硬處，根少蒂大，其毒最深。如若針治血散而毒不消，不過半日而毒血又滿。若用火烙針灸，則皮破肉爛，終不能收斂。此破如翻花蜂窩是也。此症皆從臟腑，發于經絡，各有部位。大凡皮毛主于肺經，而鼻屬肺，惟牙疳毒根由心腎。四症總不速亡。癭瘤、膝毒、鼻毒可補氣血，排內毒外出可癒。牙疳一症難治。

加減八珍散：加減八珍散茯苓，歸芎朮芪甘草陳。連翹海藻銀花柏，生地熟地貝母芩。白朮、甘草、金銀花、雲茯苓、生地、黃柏、當歸、陳皮、黃芩、川芎、黃芪、連翹、熟地、貝母。

又《牙疳》 此毒生于牙根，串入関中，色黃內硬，食草艱難，牙齒脫落，無藥可施，如割其毒，淌血不止；如火烙病根，滿口肉腐臭爛，日久瘦極而死。

又《鼻疔》 此疔生於鼻孔之中，形如木梢，其色黃白，非肉非骨，塞於鼻孔，呼吸不通，因此草稀身瘦。治法：宜割去疔毒，後用火烙之，或則用涼水時時洗之亦可。

又《膝毒》 此毒生于膝胸之中，比膝花胸黃不同，形如癭瘤，其中疼痛難忍，見者不可用刀，如有破傷，其牛即死。

紀事

清 佚名《牛醫金鑒》篇下《醫案三則》 曾見水牛，水草日日減少，精神全無，氣血兩虧，骨瘦如柴，皮毛枯槁。每服開胃健脾、調養營衛之藥無一效，真如敗弱之症。此牛死後剝出心肝，見有針刺入，或者為鐵器所傷，雖治無效。

又 有一牸牛，但凡用力，則肚腹膨脹，每每草飽腹中無妨，如有飢渴用力則脹，服藥無效。後知此牛產仔正當忙時，未得滿月，氣血不足，勞傷飢寒，以致虧損，脾胃三焦、丹田、命門無實火，故子宮寒冷，而腎胃虛。乃用藥健脾胃，補三焦暖子宮，滋腎水，補養丹田，命門而獲效驗。

應驗散：應驗散用建蓮肉，歸芎术芪肉桂曲。淮藥陳萸芍丹參，胡桃杜仲茴苓服。故紙熟地甘藊豆，薑酒還和大棗肉。上肉桂、丹參、白扁豆、建蓮肉、熟地、白芍、吳茱萸、杜仲、破故紙、胡桃肉、川芎、當歸炒、白朮、茯苓、淮山藥、綿黃芪、甘草、陳皮、神曲。

又 初伏之時，同道者騸一牯牛，未三日，孰知從刀口腫起，漸漸患入肚皮，前至胸膛，後至尻檔，廣腫四肢，硬蹻難卧，延挨四日，水草減少。騸生回之曰：惡毒借此發症，不能治療，養家亦無奈何。再過一二日，觀牛病狀，其狀可畏，不得已，乃用尖刀刺腫處，量度淺深，皮裏膜外放出血黄水略有糞桶許，晝夜開放有百餘針，滴盡黄水毒血，再用八珍散滋補，敗毒散敷治而愈。消黄散：蘇荷、木通、連翹、桔梗、白芷、黄柏、黄芩、大黄、銀花、花粉、青皮、蒼朮、知母。引用菊花葉一把，明礬一兩。消毒散：木通、蘇荷、連翹、桔梗、黄柏、黄芩、大黄、知母、花粉、青皮、芒硝、蜈蚣、白芷、銀花。引用明礬、菊花葉。

藝文

清 傅述鳳《養耕集·新録療牛傷感針藥全集·治牛乾鬱肚脹歌附方》 冬吃枯草受霧傷，一到春來便成殃。宿草不消肚作脹，急宜通利見禎祥。大通散：大黄一兩、芒硝一兩、大戟一兩、芫花一兩、苦參五錢、麥芽五錢、香附五錢、陳皮一兩、黄芩八錢、山楂八錢、馬鞭草一兩、班倒生五錢、屋游五錢。引用生薑三片，半酒半水炆服。如脹不消，加江子五粒、海桐皮同服，立效。

又《治牛連貼急脹歌附方》 連貼脹氣肝血攻，六腑之内盡遭凶。腎水不行無尿出，便加洩一場空。消蟲湯：厚朴一兩、三棱一兩、陳皮五錢、蒼朮八錢、細辛五錢、苦參五錢、良姜四錢、石南藤五錢、黄連三錢、黄柏五錢、防風五錢、皂角五錢、草果四錢、赤苓五錢、青木香六錢、槐香子五錢。引用生薑五片，煎水同服，取汗見效。如路遠，不治。

又《治牛青草脹歌附方》 青草脹因宿草多，乾濕交加兩不和。更宜通瀉并解熱，若不通時有差訛。通聖散：大黄一兩五錢、芫花一兩、芒硝一兩、梔子一兩、苦參一兩、黄連五錢、枳殼五錢、黄芩一兩、桔梗五錢、良姜五錢、柏葉五錢、柴胡一兩、龍膽草五錢。假如服之不瀉，加江子五粒、獨占春再服之，立效。

又《治牛膊冷肺寒歌附方》 此病原因肺受寒，膊冷骨硬足作酸。冷氣齁齁喉欲咳，水草不食夜不安。導赤散：南星五錢、半夏一兩、當歸八錢、陳皮一兩、知母八錢、黄柏八錢、黄芩六錢、梔子六錢、連翹五錢、柴胡五錢、蠶砂五錢、凌霄花一兩、天花粉八錢、牛蒡根五錢。引用生薑三片，水擂服。此病不可用酒對藥，用酒後必難治。

又《治牛冬天失水脹歌附方》 冬天吃稈怕冷水，腹中乾積在肚裏。春來飲水甚甘甜，脹發之時軟如綿。推水散：商陸八錢、車前一兩、木通一兩、大黄一兩、通草一兩、豬苓一兩、澤瀉八錢、黄芩八錢、黄柏八錢、梔子八錢、薄荷五錢。引用生薑，服之即愈。

又《治牛纏喉惡氣歌附方》 纏喉惡氣甚難當，口吐鱺涎眼淚汪。若是舌根又爛破，三朝五日定不祥。先用清凉散除火，後將拔毒吹藥方。清凉散：薄荷一兩、蘇葉八錢、黄柏一兩、黄芩一兩、黄連五錢、瓦松五錢、苦參五錢、大黄五錢、梔子五錢、青蒿五錢、龍膽草五錢、石麟四錢、馬蹄前四錢、相膽草五錢。引用深井花水細擂，加陳醋一盅和服，立效。又吹藥方：芒硝、膽礬、枯明礬、硼砂各一錢，共研細末，用竹筒盛藥吹入喉内，見惡氣出，立效。

又《治牛喉風歌附方》 此癥咽喉受熱多，風毒兩般氣不和。用藥可除心内火，消腫清涎免苦磨。清熱化毒湯：防風四錢、枳殼五錢、苦參五錢、柏葉四錢、黄連四錢、大黄五錢、柴胡四錢、前胡八錢、桔梗八錢、青皮五錢、黄柏五錢、木鱉子八錢、商陸四錢、青蒿四錢、石麟四錢、馬蹄錢四錢、白頭翁四錢、桑白皮四錢。不用引，仍照前吹藥方更好。

又《治牛喉癀歌附方》 喉癀之癥肺熱凶，口吐鱺涎氣上攻。若是口爛涎作臭，醫師不必枉勞功。清肺湯：半夏一兩、知母一兩、南星一兩、白芷五錢、黄連五錢、黄芩五錢、苦參四錢、玄參四錢、前胡五錢、川芎五錢、澤蘭四錢、大黄五錢、良姜五錢、桑白皮四錢、牛蒡子三錢、石菖蒲三錢。引用陳醋半碗，水擂服，即效。

又《治牛焦毛漏蹄風歌附方》 毛焦蹄漏病如何，瘦弱皆因血不和。養血助皮潤筋骨，毛枯皮軟見閻羅。助皮養血湯：當歸一兩、白芍八錢、梔子四錢、連翹四錢、牛膝八錢、川芎八錢、苦參四錢、砂仁四錢、赤參四錢、烏藥五錢、地黄五錢、白茯苓五錢、天花粉四錢。引用糯米一撮，生薑三片，半酒半水炆服即效。

又《治牛草結歌附方》 草結原因内火強，不通不化塞大腸。若要前通并後化，除非糞出保安康。通腸化内散：防風四錢、黄芩四錢、枳殼五錢、大黄八錢、芒硝五錢、大戟四錢、芫花四錢、木通五錢、檳榔五錢、山楂四錢、良姜三錢、苦參三錢、屋游三錢、馬鞭草四錢。用水煎服，如藥攻不動，用油塗手入糞門内，扒出結糞，即愈。

又《治牛轉肋結腸歌附方》 肋轉腸結糞不出，穢門閉脹人不識。禾草搭消腹中脹，陳屁出時病自釋。破結湯：僵蠶八錢、蠶沙五錢、大黄八錢、大戟八錢、芫花五錢、皂角四錢、野菊四錢、柴胡五錢、黄柏四錢、黄芩四錢、知母四錢、澤蘭四錢、赤芍五錢、苦參五錢、天門冬五錢、百草霜四錢。用水、酒各半，黄豆半升，擂服即效。

又《治牛傷寒轉痢歌》附方　傷寒轉痢病久深，皮寒身熱肚中鳴。先和腸毒與退熱，後補元神見太平。固腸散：白朮一兩、常山五錢、梔子五錢、青皮四錢、苦參四錢、蒼朮四錢、黄連八錢、黄芩五錢、白芍四錢、薄荷四錢、柏葉四錢、青蒿四錢、瓦松五錢、柴胡四錢、地榆醋製，四錢、當歸土炒五錢。不用引，煎水灌服。

又《治牛屎尿夾血歌》附方　大小腸熱兩便血，肝血不蔭皮骨節。四肢發熱蹄膊腫，寬腸敗毒是眞訣。和血敗毒湯：當歸土炒、川芎、車前、蒼朮、白芍、生地、木通、商陸、苦參、黄連、黄柏、薄荷、白茯苓、石菖蒲、天花粉。用水煎服，不加引。

又《治牛洩痢歌》附方　瀉痢之癥大腸經，水草兩般不和平。腹中久熱無異癥，清熱除邪效立成。連芍湯：茯苓、連翹、赤芍、蒼朮、白芍、梔子、川芎、商陸、苦參、黄連、杏仁、澤蘭、豆蔻、當歸土炒、馬鞭草。引用生薑三片，煎水擂服，立效。如久洩，另加苦參、早粟米半升，磨水灌之，即愈。

又《治牛傷力歌》附方　傷力皆因用力多，皮枯骨瘦怎如何。四肢無力形容朽，頭倦難擡背又駝。養氣且脾湯：白茯苓、赤茯苓、黄芪、白朮、白菊、當歸、地黄、川芎、白芷、玄參、陳皮、桔梗、杏仁、文貞草。引用蝦糟一盞，生薑三片，半水半酒擂服，後用鹽粥補之，漸愈。如春前瘦，每日早晨食蝦糟三把，更妙。如春後倦瘦腳軟，用下方：爬山虎六錢、過山龍六錢、活血丹五錢、五加皮六錢、地南蛇六錢、山楂子四錢、大麥芽四錢、川紅花四錢、八棱麻四錢、川牛膝六錢、全當歸五錢、漢防己六錢。引用姜、蔥、水酒。或大腸不通加大黄，小腸不通加車前子，其效如神。

又《治牛力後傷水歌》附方　力後飲水太過多，渾身瘦弱病沉痾。水草不思肚作蟲，皮毛枯悴怎如何。消水補元湯：商陸六錢、茯苓四錢、車前四錢、赤芍四錢、澤蘭三錢、猪苓三錢、良姜三錢、玄參三錢、白朮四錢、花粉四錢、黄芪六錢、僵蠶四錢、木通四錢、烏藥六錢、歸身土炒，五錢。引用陳早米一撮，生薑、水、酒擂服，再用糯米粥補之，即效。

又《治牛寒熱兩感歌》附方　寒熱兩感不和平，一乾一濕滅原形。發散取汗爲妙訣，自然康健得安寧。麻桂湯：麻黄四錢、桂枝六錢、陳皮四錢、玄參六錢、厚朴五錢、良姜四錢、花粉四錢、連翹四錢、大黄六錢、柴胡四錢、薄荷四錢。用水煎服，汗出自愈，不可輕冒風雨，恐復感難治。

又《治牛寒顫咳嗽歌》附方　咳嗽原因肺氣沖，内受寒侵外受風。口不吐涎猶自可，捱遲涎出定然凶。疏風導涎湯：羌活六錢、獨活六錢、枳殼四錢、黄連四錢、白芷四錢、青皮四錢、苦參四錢、柏葉三錢、防風五錢、半夏四錢、瓜蔞四錢、烏藥五錢、麻黄四錢、青蒿四錢、白頭翁三錢。用井花水煎服，如舌有黄色可洩之，又有專用花粉、苦參、鮮肉湯、蒼朮，立效。

又《治牛産血攻心歌》附方　産血攻心有幾般，或寒或熱軟還酸。疏風解熱爲上策，氣血調和子母安。香連散：香附一兩、白朮六錢、當歸六錢、地黄六錢、防風六錢、地榆四錢、荆芥四錢、梔子四錢、黄連三錢、黄柏四錢、蘇梗四錢、陳皮四錢、桔梗四錢、薄荷四錢、白茯苓六錢。引用水、酒温服，即愈。

又《治牛時疫流行歌》附方　時行疫癥氣相傳，夏熱冬寒兩受傷。急用荆防散一劑，疏風退熱病方痊。荆防散：荆芥六錢、防風六錢、柴胡四錢、前胡五錢、桔梗五錢、苦參四錢、蘇葉四錢、薄荷四錢、玄參七錢、川芎七錢、青蒿四錢、瓜蔞六錢、獨活四錢、良姜四錢、炒柏葉四錢。引用生薑三片、蔥三根，和水擂服，取汗即效。

又《治牛時疫寒冷歌》附方　寒疫之癥膽傷風，渾身作冷足伶仃。先將禾草渾身搭，後針前穴腳能伸。補元湯：白茯苓一兩、黄芪八錢、花粉四錢、白芷五錢、川芎六錢、僵蠶五錢。引用早糯米一撮，水酒擂服，必要渾身發熱，肚鳴脹消，鼻有汗，方效。

又《治牛時疫攻心歌》附方　久積毒氣在心間，一時作熱便發斑。身作煩躁無定息，急針前穴退心煩。清涼退疫湯：黄連一兩、南星四錢、瓜蔞四錢、獨活七錢、黄柏四錢、苦參四錢、良姜四錢、薄荷三錢、升麻三錢、屋游三錢、白礬四錢、大黄七錢、石菖蒲四錢、梔子仁七錢。用水擂服，不加引。

清　佚名《醫牛寶書・中藥篇・用藥歌》出《南昌崗上抄本》　涼用黄連犀角，熱用附子炮姜。表用麻黄桂枝，下用芒硝大黄。牛尾不動用歸尾，兩耳不動用桂枝。牸牛有孕用不得，牛口喝時用梔仁。熱者用涼，陰者用陽。牛生癩用公豬板油敷擦。牛口吃土用百草霜擦，又用竈心土煎水牛吃。牛落腰燒熱不用紮針，如若紮針則牛皮面流血不止。用藥要用水竹青為引。

清 佚名《抱犢集·牛病癥候篇·瘟疫時癥》 牛患瘟疫遍流傳，火毒相攻不可當，多發三春秋夏候，冬天亦會染瘟瘴。此係危症，急者絶症，無治症。炒早米煎水，砂糖對水沖服，如有白砂糖更好。吃藥方：川厚朴、砂仁、雲苓、苦參、青皮、葛根、銀花、豬苓、澤瀉，寒加附子、乾薑，熱加黃連、木香，氣加柴胡、升麻，裏急血實腸者，加歸尾、紅花、槐花、木香，噤口流沫者，加川朴花、石蓮肉、煨訶子、肥烏梅，共研末，陳早米煎水沖服。

又《勞傷病癥》 傷⺈原來耕作多，毛枯骨瘦怎奈何？四肢無力形容變，倦頭撲地背又躬，可憐本是勞傷症，補脾養血去沉屙。吃藥方：熟地、川芎、細辛、牙皂、白芍、白朮、川厚朴、雲苓、枳殼、甘草、薄荷、當歸、陳皮，共研末，水酒沖服。亦可加黃芪六錢、沙參六錢。

又《困水膈痰癥》 痰瘦之牛困水傷，脾濕膈痰腹內藏，冷熱不合因中結，脾虛肉落瘦如柴，快用扶脾白朮散，連服數劑得安康。吃藥方：蒼朮四錢、茴香四錢、生薑三片、拆蟲窠四個、七厘散二錢，共炒研末，酒對服。又方：甘遂、海藻、茵陳、白礬、法半夏、枳殼、陳皮、蒼朮、薄荷、蘇葉，共研末，水萍煎水沖服，亦可加貝母六錢、白朮六錢，應去蒼朮。

又《脾胃冷泄癥》 瀉泄原來冷水傷，脾冷胃寒自滑腸，慢草更添腹內濕，冷氣傳來入膀胱。健脾暖胃青皮散，三朝五日得平安。吃藥方：玉米殼四錢、煨訶子五錢、廣木香四錢、廣陳皮三錢、炒白芍四錢、宣澤瀉四錢、尖大白四錢、土貫眾四錢、粉甘草五錢、杭白芍四錢，共研末，煨薑一塊，煎水沖服。如不效者，加砂仁四錢、椿白皮六錢、厚朴四錢。

又《鷄心黃癥》 牛生押板號雞心，腦腫惡脹人見驚，生在腹部笴箕症，一般黃腫性情同，若有凶腫不忍火，火針針下要仔細，除濕解毒為妙劑，消風散腫用火針。此症平針沒有用，要用火針出毒與吊黃。如腫不盛，不可用火針，要吊黃。腫盛用火針治之，笴箕黃險症，宜慎之。外治藥方：雄黃、白芨、大黃、白蘞、龍骨、蒼朮、蒲黃，共研末，和桐油調敷。吃藥方：酒知母、黃藥子、山子、條黃芩、北連翹、川黃連、川郁金、生甘草、潤玄參、大生地，如火盛加大黃、朴硝，如腫不消，加甘草頭六錢，米泔水對服。

又《瓜藤黃癥》 牛發穿襠甚險危，肺經毒火滲毛皮，左邊黃腫左邊是，右邊黃腫右邊存，若是左右相參過，靈丹妙藥亦難醫。此症要吊黃，用冷針不通，只用火針圈之，但火針不可亂下，要看病輕重行之，先用火針圈三匝，出血取毒。吃藥方：黃連、赤芍、薄荷、地榆、甘草、尖貝、連翹、銀花、白芷、茯苓、桔梗、丹皮、黃柏、荊芥、防風，如腫不消，加甘草頭四錢，共研末，米泔水沖服，或用絲瓜子煎水沖服。外治用燕子窠搗碎，調淡醋敷，或用絲瓜殼燒灰調醋敷。

又《風火走筋癥》 風火走筋腳軟酸，四肢沉重走難行，肝風搐動筋還跳，腎水虧傷腳水移，若是口中吃草慢，即宜醫早莫醫遲。吃藥方醋青皮、酒條芩、北柴胡、川黃連、粉丹皮、地骨皮、秦艽、升麻、草烏、防風、蟲退尾、鉤藤，共研末，水酒對服，換方加茜草八錢、牛膝八錢。

又《毒血穿皮癥》 毒火穿皮氣血，五臟六腑似刀槍，渾身燒熱皆如火，為有皮膚鐵石藏，渾身血出如湧泉，吐舌出來命歸陰。此症除頭尾四腳外，渾身遍腿輪針刺，以取惡血，如延至半日不死，可望再生。吃藥方：生蒲黃、生白芍、粉丹皮、川黃連、薄荷葉、犀角尖、山子、北連翹、當歸尾、胡麻仁，共煎水灌服。如熱盛者，加炒紅花八錢、香白芷四錢、地膚子八錢。渾身出血者吃後方：川郁金、生甘草、寒水石、正西莊、條黃芩、川黃連、白明礬、山子，共研細末，和米泔水沖服。

又《食疫癥》 食疫原來氣不均，東倒西歪不住停，口中長長吐白沫，磨牙軟腳又難當。氣盛開口而吐白沫，用米泔水洗口去沫涎，將食鹽少許搽口。吃藥方：川厚朴、白朮、薄荷、貫眾、枳殼、五加皮、牛膝、桂枝、青皮、臺烏藥，共研末，文貞草煎水沖服，如長臥不起，加茵陳、白蘚皮、百節藕。

又《托舌黃癥》 托舌之黃人見驚，病輕水草亦如常，若還是腦腫透兩耳，舌下猶如重千斤，病重不思水和草，頸項阻塞命必喪。此症可吊黃，亦可用燕子窠搗碎調醋敷。吃藥方：防風、荊芥、薄荷、茯苓、大白、桔梗、玄參、生地、丹皮、黃藥、川芎、蒿本，共煎水內服。如有腫不消，加甘草頭六錢、紅花四錢。

又《紫疫吐血癥》 紫疫之病牛不安，口中血出似熱湯，渾身溫暖頭低下，本是肺金陰分傷，藥用止血黃連散，也為此病好藥方。吃藥方：黃芩、麥冬、黃連、赤芍、知母、丹皮、黃柏、連翹、白芨，共煎水內服。

又《血虛脫肛癥》 脫肛之牛較難醫，皆因氣血兩般虛，大腸氣虛肛下，血虛不蔭脫肛危，風吹硬殼關前冷，早清醫師莫延遲。用卷柏煎水洗滌脫出部分，次用藥末搽敷。藥末方：五倍子二錢、木子二錢、白龍骨四錢、蜜陀僧二錢五分，共研末外搽。吃藥方：百藥煎六錢、烏梅四錢、木瓜四錢、卷柏四錢、王米殼八錢、寧麻根，共煎水內服。

又《磨牙嘔屎癥》　胃翻之牛病源深，冷熱相沖氣不均，口中多吐延糞出，皆因脾胃氣相侵，四腳無力長時臥，要用平胃散效功。吃藥方：川厚朴、桂枝、臺烏藥、菖蒲、白朮、枳殼、陳皮、車前、貫眾、甘草，共研末，燈芯草煎水沖服。又方：川厚朴、桂枝、茴香、青皮、甘草、蒼朮、枳殼、木香、五味子、牛膝，共研末，水酒對服。

又《血虛納茄癥》　納茄之症產血虛，無腫無黃不覺知，氣血兩虛茄出，風吹硬殼水淋漓，十全大補方為妙，醫者掌握療效功。洗藥方：椿白皮六錢、荊芥四錢、薄荷四錢、藿香葉六錢、忍冬花八錢，共煎水洗患部。搽藥方：冰片五錢、縮砂二錢、寒水石二錢，共研末，和麻油調勻，用鴨毛刷搽患。吃藥方：黃芪六錢、黨參六錢、當歸六錢、柴胡四錢、升麻五錢、陳皮四錢、甘草四錢、川芎五錢、共煎水內服。

又《臁貼脹癥》　牛患臁貼脹三般，氣脹火脹血脹難，氣脹之時針立效，火脹血脹治它難，藥用三稜並莪術，大黃積實有功效。內關穴一針，專治臁貼脹，但此針不可亂下。此症脹出尾結吐舌者難治，如果尾結怒出，舌頭吐出外不收者，無治。吃藥方：白朮、厚朴、砂仁、枳實、赤苓、廣陳、臺烏藥、大黃，共研末，大蒜梗、葫蘆煎水沖服，如腹大不消者，加大戟六錢、芫花六錢。

又《血痢癥》　糞血原來痢症多，腸風肺火氣呵呵，只因濕熱兩相搏，脾虛胃弱無奈何，除濕厚腸三黃散，補脾扶胃要當先。吃藥方：歸尾、青皮、苦參、厚朴、白朮、葛根、蒼朮、大白、桔梗、桑白皮、黃連、茯苓、炒槐花、炒地榆，共研末，早米一撮，煎水對服。

又《非時中惡癥》　軟腳翻身病不輕，非時中惡一般形，久積毒火肝經裏，一時作熱便翻身，心中煩躁無休息，快用良方病自愈。先用艾葉火酒炒熱，敷在腰上。吃藥方：川芎、製草烏、縮砂、紅豆蔻、熟地、蒼朮、升麻、牛膝、木瓜、陳皮、茜草、甘草，共研末，水酒對服。如不效者，加稀薟草六錢、白蘚皮四錢、桑寄生六錢、獨活六錢。

又《夾陰縮子癥》　夾陰帶脹甚堪憂，症發三春夾在秋，本是腎家寒濕症，渾身耳鼻冷如水，頭低帶振毛如刺，熟附乾薑醫得痊。此症如不還陽，用艾葉火酒同炒熱，對腰子燙之，並用桐油燈燒陰袋，知痛者可治，不知痛者不可治。吃藥方：黑附片、煨乾薑、上肉桂、五味子、懷香子、枳殼、蒼朮、桂枝、甘草，共研末，食鹽煎水對服，如不還陽，加沉香六錢、仙靈脾八錢。

又《心黃發瘋癥》　心經得病走顛狂，叫聲不住眼中黃，四腳踩空口吐沫，眼赤頭高又撞牆，若是損肝吃泥土，治療沒有好妙方。此症用針不通，急用螺螄搗細化井水，和童便對服。吃藥方：人參、茯苓、草菓、青黛、大黃、枳實、連翹、黃連、白礬、製南星，共研末，用竈心土煎水沖服。如不見效，加大青六錢、郁金五錢、板蘭根五錢。

又《乾疫脹肚癥》　乾疫脹肚不尋常，冬食草稈受風霜，積草不消肚怕脹，恰到春季便成殃，早請先生能治療，用針舒暢免災殃。針肚角穴、內關穴，用蘿蔔子炒過煎水服。吃藥方：川厚朴、枳實、焦楂肉、煨草、炒麥芽、神曲、陳皮、大白、貫眾、臺烏藥、白朮，共研末，大蒜梗煎水對服。如不消加西莊一兩、朴硝四兩。

又《肺寒咳嗽癥》　咳嗽聲從肺經來，肺聲鋸銼實哀哉，鼻中清涕因風感，呼吸之間氣不調，使用補肺杏仁散，氣均風散自平安。吃藥方：青皮、大白、枳殼、桔梗、貫眾、天門冬、瓜蔞、桑白皮、木香、酒黃芩，有寒者加半夏，有熱加貝母、白蜜，氣喘者加蘇子六錢、木香四錢、臺烏六錢。

又《膽脹亂跳癥》　膽脹之牛病不輕，或起或臥眼睛青，東奔西走不住腳，好似獐跳一般行，此病本是危險症，醫者治療宜謹慎。此病用針不通，眼變藍色者無治。吃藥方：白礬、郁金、甘草、黃連、黃柏、黃芩、硃砂、原寸、牛黃、龍腦，共研末，用桃竹子煎水沖服。

又《板腸三結癥》　板腸之症病如何，只因氣血不調和，前不通行後不化，草結胃中脾不磨，糞如石塊脹內聚，此是險症仔細醫。吃藥方：正西莊、風化硝、小枳實、川厚朴、火麻仁、青蒿、青皮、貫眾、苦參、歸尾、砂仁，如不通，加巴豆仁六錢，共研末，麻油沖服。又方：大黃、滑石、皂角、木通、白朮、雲苓、當歸、瞿麥、鼠糞，共研末，花生油對服。

又《風火喉瘋癥》　喉瘋之症人見驚，出氣好似鋸銼聲，口中長流涎與水，項腫如肥病不輕，早覺之時能治療，醫遲定然救無方。此症頸腫透兩耳，毒火攻至咽喉，喉閉即死。吃藥方：甘草、桔梗、山豆根、射干、玄參、牛蒡子、薄荷、荊芥、黃芩、大黃、朴硝，共研末，六月霜煎水對服。吹藥方：冰片五錢、硼砂二錢、白礬三錢、青黛二錢，共研末，用竹筒吹入喉內。敷藥方：黃丹四錢、大薊六錢、紫花地丁六錢、蒲公英六錢，共研細末，和白蜜調敷。

又《肝熱翳膜癥》 肝經積熱眼朦瞳，火盛肝經翳膜紅，脾胃兩臟虛火盛，眼中流淚水淋淋，眼內常用煎藥洗，服藥數劑才安寧。洗眼藥：野菊花、水楊柳、食鹽共煎水洗之。吃藥方：蔓荊子、防風、白芷、歸尾、紅花、白菊、木賊、薄荷、川芎、連翹、大黃、穀精草，共煎水內服。

又《春來氣不均癥》 牛患春來氣不均，草木萌芽土氣昇，喘噎喉中吃不下，口中吐沫水淋漓，後腳無力難移走，順氣湯中及早尋。吃藥方：臺烏藥、枳殼、陳皮、大白、貫眾、當歸、蘇子、條芩、馬兜鈴、桑白皮、青木香，共研白蜜一兩對服。

又《敗肺病癥》 敗肺之牛毒氣傷，鼻中膿出似魚腸，口中長滴清泉水，腳軟更兼口虛張，硬氣出隨唇似笑，此症未有妙治方。吃藥方：杏仁、款冬花、條芩、桑白皮、五味子、馬兜鈴、桔梗、大白、法半夏、麥冬、雲苓、葶藶，共研末，白蜜、蛋清對服，肺寒加麻黃、金沸草。又方：杏仁、百合、瓜蔞、知母、白礬、貝母、秦艽、梔子、荊芥、香草，蕎麥二合磨粉，蜂蜜煎水對服。

又《毒火攻心癥》 暑傷之牛六腑間，又燒又熱實艱難，腳軟兼之皮不扇，頭低耳耷少精神，醫者快用針與藥，香茹散內有功效。凡中暑之牛，先用螺螄搗碎和井水對服。吃藥方：川厚朴、香茹、扁豆、梔子、連翹、黃芩、枳殼、大白、桔梗、黃連、生甘草，共研末，薄荷煎水對服。

又《軟腳黃癥》 軟腳黃症病勢凶，皆因風濕骨筋中，臥多站少難移走，全在疏風活血中，藥用除濕壯筋湯，一二劑下有效用。吃藥方：當歸、沒藥、青皮、牛膝、臺烏、獨活、防風、黃柏、蒼朮、知母、金鈴子，共研末，水酒對服。

又《百葉礫黃癥》 百葉礫黃失水多，勞累過度不奈何，毛色焦枯肌肉減，身體沉重腳軟酸口中無味吃草慢，潤葉消黃吃藥方。吃藥方：大戟、芫花、甘逐、菖蒲、大黃、枳實、川厚朴、貫眾、當歸、川芎、滑石，共研末，青油炒柏葉煎水對服，如效不見快，加朴硝、車前、木通。

又《春雨閉汗癥》 閉症原是血不行，牧在荒郊被雨淋，四肢軟倦渾身冷，腹內溫和口似水，醫時快用針和藥，麻黃湯內有通靈。吃藥方：麻黃、桂枝、杏仁、蒼朮、朴花、蘇葉、陳皮、葛根、細辛、牙皂、雲苓，共研末，帽汁圈煎水對服。

又《陰陽錯亂癥》 陰陽錯亂真元敗，氣血凝結臟腑傷，毛焦氣喘渾身顫，精神恍惚汗有無，調順陰陽真元正。三朝五日得安平。吃藥方：當歸、白芍、川芎、白芷、臺烏、枳殼、陳皮、細辛、雲苓、甘草，共研末，冷水與開水各半沖服。又方：桔梗、升麻、郁金、生地、牛蒡子、當歸、雲苓、白芷、川芎、甘草，共研末，帽汁圈煎水對服。

又《氣血不通癥》 氣血不通熱毒風，穴在周身百脈中，氣凝血者渾身熱，血凝氣者冷如冰，氣血不行成黑汗，醫用針刺血流通。吃藥方：當歸、白芷、川芎、銀花、茯苓、枳殼、陳皮、貫眾、臺烏、車前、牛膝、木通，共研末，米泔水對服。

又《趕節黃癥》 趕節原因濕氣傷，冬來寒冷受風霜，破皮節腫流膿血，一到來春定發生。洗藥方：芽茶食鹽、忍冬藤、清風藤，共煎水，洗淨患部血殼，用桐油燈照過患部後搽藥。搽藥方：桐油二兩、蜜陀僧四錢、冰片五分、白礬四錢、雞蛋黃四個，先將桐油、蜜陀僧、蛋黃先熬，次將冰片、白礬放下，用桃或柳枝攪勻，取出冷後，用鴨毛刷上患部。吃藥方：乳香、連翹、白芷、牛膝、歸尾、桂枝、銀花、茯苓、荊芥、薄荷、地榆、澤蘭、劉寄奴，共煎水內服。

又《破肩病癥》 肩上生癰氣血凝，用力過度損傷皮。蚊蟲蠅子來叮咬，毒在皮膚未得消。洗藥方：芽茶、甘草、忍冬藤，共煎水，洗淨患部膿血，再用敷藥。敷藥方：舊棉絮燒灰、大黃，麻油調敷。又敷方：乳香、沒藥、冰片、兒茶、龍骨、白蠟、松香、甘石、白芷、白礬，共研細末，麻油調敷。吃藥服荊防敗毒散。

又《大頭瘋癥》 頭腫皆因困水傷，更因汗出發瘡黃，頭又難抬眼又急，顋頰頭大恰如囊，頸項更兼懸不得，日深必定受災殃。吃藥方：蒿本、白芷、防風、荊芥、薄荷、川芎、升麻、丹皮、威靈仙、玄參、蔓荊子、甘草、地骨皮，共煎水內服。

又《肺毒生癩癥》 渾身瘡疥退毛衣，肺毒皆因熱積成，皮毛外症毒為裏，用藥穿腸泄後靈。此病先韭菜渾身搽，搽後用蕎麥燒灰，絲瓜殼燒灰，和麻油調敷。吃藥方：歸尾、赤芍、白芷、連翹、丹皮、防風、荊芥、銀花、茯苓、甘草、黃芩、地膚子，共研末，蜂蜜對服。

又《肺氣作脹癥》 肺氣作脹不尋常，肺毒傳脾母受傷，氣喘皆因心臟熱，四肢軟倦叫聲忙，鼻冷更兼涎水滴，眼中青白即時亡。吃藥方：杏仁、桔梗、臺烏藥、貫眾、大白、麥冬、枳殼、甘草、木香、款冬花、炙桑白皮，共研末，旋覆花六錢另包不研，用布包紮，和井水燜後，取出和藥末對服。

又《產後氣血兩虛癥》 產血攻心有幾般，或寒或熱或腳酸，疏風補血方為妙，血調氣順自能安。吃藥方：熟地、白芍、當歸、川芎、白朮、雲苓、砂仁、香附、黨參、炙甘草、玄胡索，共研末，水酒沖服。又方：歸尾、赤芍、丹皮、桃仁、枳殼、陳皮、白朮、紅花、臺烏、雲苓，共研末，米泔水對服。

又《砂蟲蛀蹄癥》 漏蹄之症切要醫，皆因毒血穿蛀蹄，蹄上發熱如蟲蛀，行時點腳也難移。此病先行用水洗淨，用刀將爛蹄挖去，再用桐油火燒過患部，最後用白蠟、血竭和桐油煮熱攪勻，待不燙手，將此藥塗平蹄空處，外用棕皮包，即此一次會痊癒。

又《風濕腳腫癥》 春冷兼之雨連綿，欄中寒濕兩般全，四肢軟倦難行走，臥欄不起病較嚴，退濕除寒為妙藥，活血通筋針在先。此症要用燙針寸子穴，不可少針。吃藥方：製草烏、川芎、當歸、白芍、蒼朮、牛膝、木瓜、杜仲、茵陳、紅豆蔻、苡米仁、桂枝，共研末，水酒為引，松節煎水沖服。

又《木舌黃癥》 木舌塞口似鐵條，肚中饑餓如水漂，舌上生瘡像粟米，心中猶如火來燒，早期治療收效大，末期醫治少功勞。搽藥方：硼砂、山豆根、貫眾、滑石、寒水石、海螵蛸，共研末，芭蕉汁調勻搽在舌上。吃藥方：黃連、知母、連翹、玄參、麥冬、黃芩、大黃、芒硝、甘草、燈芯草、青竹葉，共煎水內服。

又《肚角氣脹癥》 草傷脾胃氣不和，出氣如雷氣又多，硬氣更兼心忽亂，毛焦糞硬病難磨，腳軟又兼腹內脹，針刺肚角或內關。吃藥方：臺烏藥、枳殼、陳皮、大白、貫眾、焦山楂、蘇葉、麥芽、甘草、神曲，共研末，銅錢一吊，煎水沖服。如不消脹，加三棱四錢、莪朮六錢、桃仁四錢。

清 佚名《大武經·牛病醫方篇·心火癥》 牛患心火主眼紅，行針應開舌當中，舌子當中紋苗主，心主五臟一主東。梔子連翹去心火，豬苓澤瀉與木通，酒芩川柏車前草，粉草元參與麥冬。魚腥草為引。

又《肝火癥》 肝中有火主眼青，肝與膽來兩相生，雙眼流淚肝火盛，膽脹皮顫打冷驚。木瓜膽草和肝氣，柴胡膽礬與決明，木賊硫磺茵陳草，粉草硃砂并石膏。車前草為引。

又《脾火癥》 脾中有火主眼黃，鼻唇與脾兩相當，又通命門腰子上，鼻汗鼻痳則肚脹。大白冬瓜醒脾胃，白芍陳皮與丁香，酒芩川柏山梔子，粉草木香并大黃。車前草為引。

又《肺火癥》 牛患肺火主白眼，肺與大腸兩相連，日嗆乃是心經火，夜嗆本是肺家寒。葶藶百部瀉肺喘，雙皮桔梗和車前，枳殼根朴瓜蔞子，粉草黃柏川黃連。枇杷葉去毛尖引。

又《腎火癥》 腎家有火主眼青，腎與膀胱兩相生，腎健尿色如清水，腎病尿色似黃金。梔子連翹涼心腎，萹蓄瞿麥與豬苓，酒芩川柏魚腥草，粉草車前水燈芯。生石膏為引。

又《膀胱火癥》 膀胱有火見毛焦，朝朝夜夜氣不消，渾身消瘦都有腫，懶拖犁耙治田勞。萹蓄瞿麥利膀胱，側柏檳榔大腹毛，薏苡川膝地膚子，粉草陳皮與青蒿。車前草為引。

又《蛇絲癥》 牛患蛇絲舌流涎，鼻涎口涎兩相連，原為肺寒心火結，舌出唇外蛇絲綿。梔子連翹去心火，雙皮桔梗與車前，星片半夏茵陳草，粉草黃柏共黃連。

又《爐風癥》 患牛若得爐風癥，軟腰擺尾把頭伸，鼻孔擴張如爐扯，日夜打嗆不住聲。薏苡川膝補肺氣，杜仲故紙瓜蔞仁，枳殼厚朴兼桔梗，粉草雙皮與生軍。生石膏為引。

又《四腳風癥》 患牛若得四腳風，四肢麻木入骨中，站起難以睡下去，睡倒難以往上弓。苡米木瓜理腳氣，龜甲槐角與防風，當歸白芷生熟地，粉草細辛與桔紅。大馬鞭為引。

又《牽驢癥》 患牛若得牽驢癥，四蹄落地放得輕，若問此牛何形象，抬頭夾尾把腰伸。苡米木瓜走腳力，木通澤瀉與豬苓，杜仲故紙羌獨活，粉草川柏共酒芩。菖蒲莞為引。

又《木馬瘋癥》 患牛若得木馬瘋，四腳轉疼不停工，起臥困難如何診，茅茨槐枝用火攻；羌活獨活補腰力，杜仲故紙兼防風，當歸白芷龜甲板，粉草伸筋與骨風。八角楓為引。

又《吊鞭癥》 患牛若得吊鞭癥，腎與膀胱虛火盛，鞭子要用藥水洗，海金沙來二寶藤；豬苓澤瀉利膀胱，萹蓄瞿麥與酒芩，木通川柏魚腥草，粉草車前水燈芯。蓮鬚為引。

又**《肺黃癥》** 患牛若得肺黃癥，出氣好似拉鋸音，久立不臥氣又臭，垂頭耷耳少精神。蒲黃牛子補肺氣，雙皮百部與桔梗，枳殼厚朴瓜蔞子，粉草訶子與錦紋。生石膏為引。

又**《腸黃癥》** 患牛若得腸黃癥，小腸大腸兩相因，腸中有毒糞起泡，北瓜湯水臭難聞。菊花公英解腸毒，黑梔黃連薏苡仁，車前木通利小水，枳殼厚朴與雲神。大馬鞭為引。

又**《肝黃癥》** 肝家有火主黑眼，黑眼帶黃是阻膽，肝脹氣粗且草慢，確診肝膽用心看。木瓜膽草和肝氣，柴胡決明與膽礬，升麻射干茵陳草，甘草玄參雞爪連。桐油、鴨蛋清為引。

又**《鐵板癥》** 患牛若得鐵板癥，渾身上下如鐵冰，背拱皮緊毛又豎，尾和四肢都強硬。棉籽炒熱遍身熨，開它一道發表針；杜仲故紙和皮血，苡米木瓜牛膝根。菖蒲莬為引。

又**《磨盤風癥》** 患牛若得磨盤風，猶如推磨一般形，左轉乃是心肝腎，右轉本是脾胃命。木瓜膽草和肝氣，木通澤瀉共豬苓，大白冬瓜車前子，粉草雙皮與桔梗。魚腥草為引。

又**《水魚癥》** 患牛若得水魚癥，心中好似火來烹，心疼才把牙關緊，角脈穴上要開針。梔子連翹去心火，菖蒲木通共酒芩，豬苓澤瀉魚腥草，粉草車前水燈芯。生石膏為引。

又**《吐糞癥》** 牛口吐糞中不寬，胃腕不和火包寒，此病乃是上焦氣，草難落肚往外翻。竹茹藕節止嘔吐，桔梗枳殼芭蕉扇，丁香合香高粱殼，粉草貫眾鬼木板。菖蒲莬為引。

又**《行視黃》** 患牛若得行視黃，行視二字仔細詳。若問此黃生何處，生在前膛左右旁。靛腳石灰大糞水，合同調勻敷此黃。吃藥車前魚腥草，牛膝綠豆糯米漿。臭牡丹為引。

又**《老鼠黃》** 患牛若得老鼠黃，渾身上下如疔瘡。開針要開鼠頭上，診一對來好一雙。靛腳大黃石灰水，合同調敷老鼠黃；吃藥車前魚腥草，綠豆糯米共擂漿。

又**《木氣橫中》** 木氣橫中把腰弓，三焦有氣不能通，精神不振草不吃，腸胃不和氣不通。桔梗枳實寬胸膈，四花陳皮與木通。神曲麥芽萊菔子，甘草檳榔與橘紅。蔥白、生薑為引。

又**《筲箕黃》** 患牛若得筲箕黃，生在肚子左右旁，寬的只有三寸多，長的足有五寸長。此黃要用火針刺，醫時斟酌用妙方，敷藥鴨屎桐油醋，吃藥綠豆糯米漿。牛膝根為引。

又**《砂石淋癥》** 患牛若得砂石淋，腎中有火不調勻，多日膀胱成結石，小便閉塞有石淋。豬苓澤下利小水，酒芩黃柏共生軍，梔子連翹魚腥草，粉草車前水燈芯。大金錢草為引。

又**《紅痧癥》** 患牛若得紅痧癥，暑熱鬱結在腸中。因此腸中有血塊，瘀血在內難以通。枳殼厚朴寬腸氣，雙皮百部桔梗同，白芨槐花魚腥草，桃仁川柏甘草用。百草霜為引。

又**《黑痧癥》** 患牛若得黑痧癥，腎中有毒不須論，此癥莫作腸風診，最怕風毒往外乘。丑牛車前利小水，黃連黃柏共條芩，瞿麥萹蓄山梔子，東葵粉草共錦紋。大馬鞭為引。

又**《烏龜風癥》** 患牛若得烏龜癥，容象好似烏龜形，走路四腳都無力，硬強歪尾頸不伸。苡米木瓜補腳力，羌活防風與伸筋，杜仲故紙生熟地，甘草澤瀉與豬苓。土牛膝為引。

又**《筑頸黃癥》** 患牛若得筑頸黃，此黃最嚴要謹防，醫得早來有藥救，吼氣即刻見閻王。此黃須用藥線吊，藥用人言與麝香，黃毒吊出方可救，氣吼醫者無妙方。

又**《尿血癥》** 患牛若得尿血癥，尿中熱氣如火烹，腎與膀胱都有火，尿血不止往外奔。紅花桃仁破血氣，七醋槐花共酒芩，川連枳殼兼厚朴，粉草訶子與錦紋。魚腥草為引。

又**《大便不通癥》** 大便不通肺火盛，肺與大腸兩相生，大腸寒火來滯住，肺與大腸都屬金。桑皮百部治肺熱，川柏朴硝與酒芩，木通大黃山梔子，粉草西石與元參。生石膏為引。

又**《吊本身癥》** 牛吊本身主腎虛，混身上下如柴枯，只因生仔用力大，才把本身往外沖。臺黨藁本補陰力，元參沙參阿膠珠，當歸白芷生熟地，粉草艾葉與蓮鬚。大棗為引。

又**《筋骨疼癥》** 筋骨疼痛實難當，無力拖犁治田莊，要用火針渾身打，四十八節有損傷。川仲故紙強腰力，當歸白芷共川羌，龜甲細辛與槐角，粉草防風熟地黃。菖蒲莞為引。

又《穀花眼癥》 患牛若得穀花眼，一雙眼皮都腫翻，此病乃是心經火，火毒沖頭將眼傳。梔子連翹去心火，石膏白菊共雲連，酒芩生軍川黃柏，粉草車前并豬苓。夏枯草為引。

又《麻風傳蹄癥》 患牛若得麻風癥，四腳風氣入骨筋，此患要用火針抖，茅刺槐枝打腿筋。木瓜苡米理腳氣，龜甲槐角大伸筋，當歸白芷川牛膝，粉草川柏兼條芩。楓藤為引。

又《軟腿黃癥》 患牛若得軟腿黃，四蹄烏筋有損傷，四腳要用針開過，寸子針穴仔細詳。川烏草烏搜骨風，灰麵七醋和大黃，川柏黃芩山梔子，合共拌勻敷此黃。白酒為引。

又《胎衣不下癥》 母牛生仔不下衣，本是日時未到期，因此胎衣留腹內，患牛還要吃大虧。山棱莪朮破癥瘕，丑牛西石共大戟，紅花大棗穿山甲，苡米菖蒲病易除。大馬鞭為引。

又《蛤蟆癥》 蛤蟆癥狀似肚脹，兩肢後腿不伸張，拱腰又把肚子蹶，口吐白泡濃如漿。青皮陳皮和胃氣，蒼朮貫眾與木香，星片半夏茵陳草，吳萸粉草共良姜。石灰水為引。

又《熱痧癥》 患牛若得熱痧癥，屙糞帶涎少精神，肺與大腸都有火，本是寒熱不均勻。枳殼厚朴寬腸胃，粟殼槐花郁李仁，當歸白芷川黃柏，粉草白芍共錦紋。生石膏為引。

又《寒痧癥》 屙稀帶嗆寒痧癥，鼻乾耳冷脊如冰，此病多因風上起，糞稀似水黃如金。粟殼槐花治腸風，黑芥薄荷及杏仁，黃連黃柏金沸草，粉草冬花與元參。炮姜為引。

又《四季肚脹癥》 四季肚脹氣不消，腸胃有蟲仔細瞧，三焦氣滿少吃草，一年四季不起膘。枳殼貫眾寬胸膈，四花陳皮共青蒿，神曲麥芽萊菔子，甘草內花大腹毛。茶枯水為引。

又《頭疼癥》 患牛若得頭疼癥，睡下只把頭頸伸，看它睡下頭貼地，悶悶不樂閉眼睛。石膏菊花治頭疼，四花木香共公丁，郁金白芷川羌活，粉草吳萸與建軍。夏枯草為引。

又《木舌塞口癥》 木舌塞口患本兇，舌子腫滿在口中，用針刺破藥水洗，臭牡丹洗有奇功。銀花骨皮魚腥草，豬苓澤瀉與木通，梔子連翹去心火，甘草車前與六紅。水燈芯為引。

又《小便不通癥》 小便不通心火旺，心與小腸兩相當，心火旺了小便閉，不開針來用藥方。梔子連翹去心火，豬苓澤瀉共大黃，木通前仁魚腥草，粉草綠豆糯米漿。海金沙為引。

又《鼻起片汗癥》 患牛若得起片汗，此汗本是通於肝，白眼珠子起黑斑，不醫一定脹膽肝。木瓜膽草和肝氣，柴胡決明與膽礬，木賊硫磺茵陳草，粉草硃砂與射干。車前草為引。

又《鼻汗起它》 鼻汗起它肺火旺，流出它汗又無漿，醫人總要仔細看，此病屬肺用藥方。雙皮桔梗理肺氣，酒芩黃柏瓜蔞霜，枳殼厚朴共苡米，粉草百部共大黃。生石膏為引。

又《鼻起白漿汗癥》 白漿汗出屬大腸，肺火入腸出白漿，漸漸消瘦精神少，不治病深更有傷。枳殼厚朴寬腸胃，柴胡桔梗并大黃，黃連黃芩川黃柏，甘草西石明雄黃。車前草為引。

又《鼻上無汗點癥》 鼻汗無點是屬脾，鼻子與脾兩相宜，茅臁原為脾上起，醫者總要看仔細。焦朮苡米補脾氣，白芍檳榔與陳皮，黃芩黃柏山楂炭，粉草丁香冬瓜皮。竈心土為引。

又《通肩黃癥》 牛若生了通肩黃，本是犁田受了傷，用刀破開藥水洗，濃茶洗盡有妙方。黃丹土子乾水氣，止痛沒藥加乳香，龍骨象皮生肌好，通竅冰片與麝香。海螵蛸為引。

又《螞蝗癥》 患牛若得螞蝗癥，肚脹不能把腰伸，便方石灰煙屎水，吃藥一服少開針。柴胡木香順五臟，吳萸貫眾與建軍，神曲麥芽山楂炭，粉草西石共元參。茶枯水為引。

又《白膜遮眼癥》 白膜遮眼屬心經，頭悶眼脹少精神，眼神可以通心內，要除心火眼才明。梔子連翹去心火，石膏菊花配黃芩，黃連黃柏夏枯草，甘草龍膽與決明。車前草為引。

又《膝花瘡》 牛患膝花有妙方，要用濃茶來洗傷，千腳蟲兼桐油炸，生肌自然有藥方。龍骨象皮生肌肉，止痛沒藥和乳香，輕粉掃粉除濕毒，通竅冰片與麝香。桐油調擦。

又《刀口傷》 要治患牛刀口傷，醫人酌情用良方，甘草白芷封刀口，生肌自然有妙方。石脂龍骨生肌好，止痛沒藥和乳香，黃丹土子乾水氣，通竅冰片與麝香。灰麪調敷。

又《**絞腸痧癥**》　患牛若得絞腸痧，睡在地下四腳抓，腸中氣滯原有火，回頭望腹用藥佳。枳殼厚朴寬腸胃，桑皮桔梗與山楂，貫眾黃柏川黃連，粉草吳萸與冬瓜。汗衣水為引。

又《**泡舌子癥**》　舌子起泡心火旺，舌為心苗乃毒傷，口流涎沫鹽水洗，醫治須用涼心湯。梔子連翹去心火，豬苓澤瀉共蜂糖，地骨雲連淡竹葉，粉草車前人中黃。菖蒲莞為引。

又《**胃火癥**》　牛患胃火見毛焦，胃中發熱草難消，百葉不和有乾結，藥用清涼有功高。大白冬瓜和胃脘，酒芩川柏與朴硝，木通澤瀉細茶葉，甘草四花生石膏。隔山消為引。

又《**肚疼癥**》　患牛若得肚疼癥，腸胃寒熱互相侵，時起時睡地下滚，頸項不伸頭護身。木香陳皮調脾胃，神曲麥芽兼茯神，枳殼厚朴川黃柏，甘草雲苓與生軍。蘿卜子炒，去殼為引。

又《**尿筋腿癥**》　牛若得了尿筋腿，原是筋弱傷骨髓，腿上要用茅刺打，須開火針最相宜。便方陀僧并土子，桐油熬膏塗擦奇，苡米木瓜補腿力，龜甲細辛與陳皮，當歸白芷生熟地，粉草蒼朮川牛膝。白酒為引。

又《**冷筋腿癥**》　患牛若得冷筋腿，四蹄疼痛冰一般，火針開後用酒熨，多令游動早平安。薏苡川膝補腿力，當歸白芷正淮山，荊芥防風勾二活，甘草細辛威靈仙。田根草為引。

又《**四腳風癥**》　患牛若得四腳風，多因風濕入骨中，欄內潮濕常浸臥，日久自然成腳風。薏苡川膝補腳力，龜甲槐角與防風，荊芥薄荷香白芷，粉草黃柏老川芎。九節風為引。

又《**酸腳風癥**》　患牛若得酸腳風，日曬夜露寒火沖，風寒入內傳蹄下，四蹄酸軟病筋中。木瓜牛膝補腿力，杜仲故紙尋骨風，薏苡二活伸筋草，加皮甘草可成功。白酒、田根草為引。

又《**焦毛枯皮癥**》　焦毛枯皮病根深，皮毛主肺血不行，精神不振食減少，日漸消瘦有嗆聲。加皮石楠活皮血，杜仲故紙并黨參，當歸川芎瓜蔞子，枳桔厚朴與黃芩。枇杷葉為引。

又《**鷄蛋黃癥**》　患牛若得雞蛋黃，生無定處分陰陽，硬而冷者為陰毒，軟而熱者為陽黃。陰毒要用冷針搗，火針只能治陽黃，敷藥鴨屎桐油醋，吃藥綠豆糯米漿。魚腥草為引。

又《**陰黃癥**》　陰黃之狀似蛋黃，硬而木者冷針強，刺穿流出黃血水，注意莫把筋肌傷。洗藥野菊和艾葉，銀花共熬功效強，敷藥靛腳桐油醋，吃藥綠豆糯米漿。魚腥草為引。

又《**陽黃癥**》　患牛若是生此黃，好似豆腐一般樣，軟而熱者是屬陽，要用火針把它傷。洗藥野菊和艾葉，銀花共熬功效強，敷藥靛腳桐油醋，吃藥綠豆糯米漿。魚腥草為引。

又《**天爐癥**》　患牛若得天爐癥，抬起頭來似看雲，氣腫腿軟步如舞，神情倉皇有嗆聲。菊花石膏治頭風，桑皮葶藶兼茯神，荊芥薄荷陳枳桔，硃砂甘草酒條芩。夏枯草為引。

又《**地爐癥**》　患牛若得地爐癥，低頭吃土屬心經，四肢無力皮毛損，又睡又起心火盛。梔子連翹去心火，苡米木瓜牛膝根，地骨淡竹魚腥草，甘草車前水燈芯。竈心土為引。

又《**背黃癥**》　牛患背黃背不彎，猶如蛤蟆叫一般，背用火針後敷藥，靛腳石灰臭牡丹。吃藥枳實木通硝，杜仲故子補腰強，三黃前仁山梔子，甘草銀花生石膏。大青葉為引。

又《**兔兒癥**》　兔兒癥狀是何患，後腿睡下前腿站，抬頭想把頸項伸，用針宜於開三關；若加出氣有困難，謹防肺火滿胸間，藥用荊防敗毒散，酌加暖腎藥共煎。陳艾葉為引。

又《**蹄子風癥**》　患牛若得蹄子風，前蹄無力後蹄沖，行路又把頭來擺，開針要把毛邊鬆。杜仲故子活皮血，苡米川膝與防風，龜甲細辛香白芷，粉草石膏共川芎。田根草為引。

又《**偏肚黃癥**》　患牛若得偏肚黃，生在肚子左右旁，若生襠內奶子上，連皮帶肉見閻王。火針刺後涼藥敷，石灰陰泥人中黃，吃藥車前魚腥草，綠豆糯米共擂漿。

又《**爛肺黃癥**》　牛患爛肺臥不寧，皮毛焦枯不成形，鼻內常有白漿出，一口臭氣實難聞。蒲黃苡米補肺氣，藕節蜂蜜與桔梗，枳殼厚朴瓜蔞子，粉草白芨與酒芩。毛米湯、仙鶴草為引。

又《**擦襠黃癥**》　擦襠生黃熱腫脹，生在後襠左右旁，此係熱毒入心肺，皮毛主肺兇非常；從上至下方有救，由下而上見閻王。敷藥鴨屎桐油醋，吃藥要用大瀉湯。銀花藤為引。

又《雨點黃癥》 背生細包雨點黃，勞役過度被雨傷，皮毛主肺又主腎，理氣和血利膀胱。杜仲故子強腰腎，桑皮桔梗與大黃，豬苓澤瀉地膚子，粉草百部瓜蔞霜。車前草為引。

又《胸膛黃癥》 胸膛生黃最兇狂，腫熱生在左右旁，火針穿刺石灰洗，臭牡丹加更奇方。靛腳枳實臭牡丹，石灰水調敷胸黃，內服三黃解熱毒，枳實朴硝加大黃。水燈芯為引。

又《鷄胸黃癥》 雞胸生黃似胸膛，生在胸包異非常，此黃與喉隔不遠，謹慎要用火針傷。刺破腫包牡丹洗，吃藥綠豆糯米漿，再服三黃來解毒，敷藥調治同胸黃。又用七醋黃梔子，石灰靛腳牡丹涼，加上灰麵楊枝水，調敷腫包得安康。

又《墊舌黃癥》 舌根生黃不尋常，心經肺火須審詳，口流涎水難咽草，醫遲喉閉見閻王。地骨淡竹解火毒，酒芩朴硝共西莊，生地射干茵陳草，甘草豆根明雄黃。車前草為引。

又《四腳黃癥》 患牛若得四腳黃，四蹄烏筋都有傷，醫人四蹄用針搗，針針都要開過崗。甘草白芷散血氣，川烏草烏與大黃，灰麵七醋同上藥，擂爛酒調敷腿傷。牛膝根為引。

又《心黃癥》 牛患心黃主眼紅，此黃發生本有兇，心乃五臟之根本，開針舌血要洗通。梔子連翹去心火，豬苓澤瀉與木通，升麻射干茵陳草，粉草元參與寸冬。車前草為引。

又《膽黃癥》 牛患膽黃主眼黑，黃黑相兼糞變色，膽中有黃肝有毒，攝皮脹膽看明白。木瓜膽草和肝氣，柴胡決明與木賊，硫磺水銀茵陳草，粉草硃砂側柏葉。魚腥草為引。

又《不吃飽草癥》 不吃飽草胃有病，心火相連往外烹，口中無味舌生苔，心通五臟舌通心。梔子連翹去心火，木通澤瀉與豬苓，川連條芩和黃柏，甘草車前水燈芯。伏龍肝為引。

又《發癩癥》 牛若發癩主皮毛，皮毛主肺通三焦，肺虛皮枯毛通腎，腎虛自然見毛焦。葶藶百部來清肺，桑皮桔梗共阿膠，豬苓澤瀉車前草，甘草梔子和連翹；銀花蛇床樅樹殼，木別地膚菖蒲莧，硫磺花椒共研末，桐油調成滅癩膏。

又《兩耳黃癥》 患牛若得兩耳黃，兩耳通腎又通腸，末藥要用黑魚子，香油調擦是奇方。枳殼厚朴寬腸胃，黃柏厚朴與西莊，梔子連翹車前草，粉草玄參生地黃。大馬鞭為引。

又《鼻子生黃癥》 患牛若把鼻黃生，鼻子通腎與命門，五臟要用清涼藥，吹藥冰硼散奇珍；地骨淡竹瀉火毒，川連黃柏酒條芩，梔子連翹魚腥草，甘草車前水燈芯。生石膏為引。

又《腦中黃癥》 患牛若得腦中黃，頭垂地下吐氣長，胎牛先由腦髓長，腦髓為體一元陽。菊花石膏治頭火，梔子連翹人中黃，升麻射干茵陳草，甘草牙皂明雄黃。車前草為引。

又《前胛黃癥》 牛若得了前胛患，耆甲腫脹仔細看，雲頭開針往內入，用藥敷上自然痊。灰麵七醋共酒芩，黃柏梔子和黃連，白芷甘草共研末，調敷患處保平安。

又《不起膘癥》 羸牛如何不起膘，乃是筋骨受了傷，四十八節用針搗，補藥一服有功高。杜仲故子滋腎血，臺黨沙參與阿膠，當歸白芷生熟地，甘草黃豆糯米糟。白酒、豬油為引。

又《稀屎癥》 牛若得了稀屎患，心肺寒火不一般，口眼色白脈又弱，小腸有火大腸寒。葶藶百部理肺氣，枳殼厚朴山楂炭，梔子連翹魚腥草，甘草七醋與車前。百草霜為引。

又《水臌癥》 患牛若得水臌癥，肚脹張口把氣吞，心虛血阻氣又塞，水透腸胃腹中存。豬苓枳實西莊瀉，澤瀉雲苓與木通，地骨天臺兼滑石，吳萸藕節氣宣衷。

又《背骨癥》 患牛若得背骨癥，冬天霜雪傷骨筋，背拱冷痛火針刺，棉被熱酒搭在身。杜仲故紙補腰力，二活雙鉤大伸筋，龜甲細辛香白芷，甘草紅花和桃仁。徐長卿為引。

又《失膊癥》 牛若跌倒失了膊，看它走路是如何，低頭是腳抬頭膊，仔細開針再敷藥。梔子連翹和黃柏，紅花大黃與赤芍，七醋灰麵相調和，研細和勻敷上膊。

又《失內胛癥》 患牛若是失內胛，仔細看牛走步伐，失了中拐腳點後，失了內胛往前搭，看準地點要開針，靈仙煨酒相摩擦。

又《失中拐癥》 牛若失了中拐穴，醫人總要看明白，開針要往歪嘴入，抽針不可看見血。生軍灰麵調七醋，梔子條芩川黄柏，開針之後敷此藥，奇妙良方人稱絶。

又《撲寸子癥》　患牛若把寸子撲，八卦内裏氣不出，用手要把穴筋理，過崗針開把藥敷。藥用黄柏山梔子，灰麵生軍和七醋，酒芩血藤加冰片，共研調勻將傷敷。

又《跌襠筋癥》　患牛若把襠筋跌，一側後肢見腿拽，用繩把牛來放倒，開針要開莗筋穴，木杠抬襠用力扯，樟腦酒擦傷消滅。

又《黄筋坐莗》　黄筋坐莗第一患，後肢拖地仔細看，莗筋穴上用藥敷，開針千金與丹田。黄柏二活和血氣，川仲羊藿白芷連，石膏黄芩生熟地，治療不愈頗困難。

又《癱腿癥》　牛若得了癱腿患，皮毛與腿受風寒，欄内潮濕無調養，因此才把四腿癱。薏苡川膝補腿力，龜甲槐角活血蓮，杜仲故紙羌獨活，甘草白芷炙馬錢。白酒為引。

又《擺頭風癥》　患牛若得擺頭風，元陽有火在其中，頭屬心肝脾肺腎，角穴開針有奇功；頭中有風又有火，自古無火不生風，便方汾酒竈心土，調敷頂門病輕鬆；石膏菊花清頭火，荊芥薄荷與防風，桑皮桔梗車前草，生地玄參并木通。夏枯草為引。

又《盆肝癥》　患牛若得盆肝癥，白眼黑斑起紅筋，雙目流淚肝火盛，翻來復去腸中痛。舌子通心五臟主，開針舌血要洗清；木瓜膽草和肝氣，柴胡膽礬與決明，木賊硫磺茵陳草，粉草硃砂并水銀。鵝不食草為引。

又《盤腸癥》　患牛若得盤腸癥，撲在地上把氣哼，前蹄抓腹翻天滚，翻來復去腸中痛。醫人要把妙方用，只吃藥來不開針；枳殼厚朴寬腸胃，桑皮桔梗與雲連，黄柏大黄瓜蔞了，粉草朴硝與黄芩。

又《軟胞癥》　患牛若得軟胞癥，腎家濕熱入胞經，屙尿有聲方可治，如油下地不可診；醫者莫認黑痧癥，熱痧寒痧不同形。萹蓄瞿麥利濕熱，車前木通共條芩，花粉滑石生梔子，萆薢丑牛與錦紋。大馬鞭為引。

又《骨折》　牛患骨折醫宜急，股斷胛破不可醫，骨位逗正方敷藥，南星半夏用仔雞，紅花桃仁伸筋草，搗爛包緊最相宜；琥珀馬錢接骨草，麻黄乳沒漢三七，精製研末兑酒灌，連日繼行絶妙奇。

又《心瘋癥》　患牛若得心瘋癥，只因瘋犬咬其身，心狂發叫無藥診，心與小腸兩相侵；小腸有毒難以去，要用妙藥通腎經：梔子連翹清心腎，紫竹斑蝥二寶藤，茜草桃仁川紅花，甘草莪朮與山棱。化風草、九蓮燈為引。

又《糞蟲打眼》　糞蟲打眼是一患，醫者總要仔細看，不是白膜穀花眼，眼瞼腫得往外翻。此患只要眶内診，人尿沖淋早平安，石炭水來澄清洗，香油塗調冰硼散。

又《心火傳蹄》　心火傳蹄主心肝，白眼珠子起黑斑，心肝有火蹄熱腫，四蹄摸地腫毛邊。舌子開針藥水洗，毛邊針刺得安全；木瓜苡米理腳氣，柴胡膽草共雲連，條芩連翹山梔子，粉草龍膽與車前。牛膝根為引。

又《遍身風腫癥》　牛患全身風腫癥，此癥未曾入五行，皮外風毒一時起，不是皮黄不是疔。遍身要用艾針搗，不按穴位開全身，洗藥艾葉銀花水，川椒菊花與風藤。

又《生肉疔》　患牛若是生肉疔，此疔本是通肺經，皮外焦殼形如棗，殼落血淋要除根。塗藥象皮龍骨研，沒藥冰麝要調勻，内服三黄來解毒，清肺涼血得安寧。生石膏為引。

又《胎子不下癥》　胎子不下患本兇，小牛横位在腹中，醫人用手塗油入，排動胎位便有功。阿膠藁本補陰力，臺黨沙參肉蓯蓉，當歸白芷生熟地，粉草益智養子宫。艾葉、蓮鬚為引。

又《交筋腿癥》　患牛若得交筋腿，後肢筋響腿拖回，腿上要用艾針搗，棉籽炒熱患處擂；苡米木瓜補腿力，白芷槐角五加皮，牛膝龜甲生熟地，粉草細辛與當歸。田根草為引。

又《肺吼癥》　肺吼之狀屬大腸，吼而喘息聲音長，甚則屁出而遺糞，鼻内流出臭濃漿。蒲黄苡米補肺氣，藕節蜂蜜與瓜霜，百部白芨金沸草，粉草冬花百草霜。枇杷葉為引。

又《心吼癥》　心吼之狀屬小腸，吼而前蹄跪地上，甚則咬齒頭垂地，心火如焚不可當。梔子連翹去心火，豬苓澤瀉蜂蜜糖，地骨淡竹魚腥草，甘草菊花緑豆湯。車前草為引。

又《肝吼癥》　肝吼之狀屬於膽，吼而頭往左邊返，甚則口吐黄涎沫，左脅疼痛不能安。木瓜決明和肝氣，柴胡木賊與龍膽，膽礬硫磺茵陳草，甘草菊花雞爪連。水燈芯為引。

又《脾吼癥》　脾吼之狀屬胃經，吼而頭往右邊應，甚則嘔吐螬蟲出，右脅疼痛不安寧。大白冬瓜醒脾胃，神曲麥芽共雲神，白芍山楂肉豆蔻，粉草貫眾與使君。伏龍肝為引。

又《**腎吼癥**》 腎吼之癥屬膀胱，吼而後腳懸蹄張，甚則小便而遺溺，背腰疼痛不可當。四花陳皮和血氣，豬苓澤瀉與木香，條芩川柏車前草，甘草綠豆糯米漿。海金沙為引。

又《**久吼癥**》 久吼之狀屬三焦，吼而草細漸毛焦，甚則羸弱四蹄腫，肚脹烈氣滿三焦。桔梗枳實寬胸膈，青皮陳皮與青蒿，神曲麥芽萊菔子，粉草大白熟石膏。黃荊子為引。

清 佚名《**牛醫金鑒**》**篇上**《**主藥司天歌**》 甲己土運甘草君，乙庚辛金用黃芩。丙寅水運足黃柏，丁壬化木紫微名。戊癸火化黃連主，歲起天和主藥功。

又 篇下《**腦中黃**》 久熱積成聚腦中，盤身急轉似旋風。眼急又兼吐涎沫，抬頭不得時曲躬。針向頂門用火烙，沖天徹透改怔忡。裙衣蒙腦澆涼水，定風散下見神功。定風散：定風散用歸芎芷，荊防天麻胡麻辛。羌活蟬退甘藁本，薄荷竹葉薑茯神。防風、當歸、天麻、甘草、川芎、細辛、藁本、胡麻、荊芥、蟬退、薄荷、白芷、茯神。引用生薑、竹葉。

又《**心黃癥**》 心黃之病走顛狂，兩日猙獰形似獐。邪火攻心攢臟腑，鎮心散加洗心方。梔翹芩連板藍草，琥珀硃砂青黛良。天竹黃與黃藥子，膽心竹瀝芒硝黃。鎮心散：琥珀、炒梔、黃芩、膽星、硃砂、連翹、大黃、黃連、青黛、芒硝、天竹黃、黃藥子、板藍根。引用竹瀝、地漿水。洗心散：洗心散用梔翹軍，銀花薄荷甘桔芩。麥門冬半天花粉，川連竹葉白茯苓。薄荷、麥冬、炒梔、黃芩、甘草、花粉、連翹、生軍、茯苓、桔梗、銀花、半夏、川連。引用竹葉、燈芯草。

又《**木舌黃腫癥**》 木舌塞口似鐵條，皮毛肌瘦如火燒。飢渴水草不能食，心火蘊毒發于苗。木通連翹瀉心火，黃連生軍馬牙硝。均撮一處蜜少許，舌尖火烙用針刀。瀉心散：連翹玄參瀉心散，黃連芩桔與生軍。甘草炒梔硝花粉，竹瀝白蜜各等分。連翹、桔梗、黃芩、大黃、馬牙硝、竹瀝、白蜜。如舌腫伸不出者，先針烙洗口，舌能軟方可灌藥。火烙腫舌，針鼻尖亦可。

又《**心經瘋癥**》 心經瘋症症多端，肉顫氣喘曲身旋。阻住哺頸環頭立，起步旋轉繞樹盤。南星桔梗防風散，遠志茯芎棗紅甘。柏子歸陳白朮芍，薑蜜圓肉可保全。針刺：鼻端、血印、玉堂、舌底、百會、尾本。如常旋轉，火烙囟門即頂門、風門、伏兔等穴。防風散：防風、白朮、桔梗、川芎、南星、茯苓、白芍、甘草、陳皮、當歸、遠志、酸棗仁、柏子仁。引用生薑汁、白蜜、龍眼肉。膘大，托腮打穿黃針。、

又《**心狂風癥**》 水牛心狂走似獐，作聲心熱不安康。使力勞傷因虛起，吃土損肝眼赤黃。先賢尚未傳針藥，後人見此空慌忙。五十四死無法改，縛定莫使亂奔狂。不立方：此症來勢輕，可火烙艾灸；如狂跌勢重，無治。亦有瘋狗咬傷後得者，死後牛肉毒甚。或中風邪氣，或外感內生火毒，亦有火烙艾灸，內服硃砂、犀角寒熱等藥治愈者。如中地蛇等毒，或飽後傷力太重，腠理或開，汗竅未閉，隨中惡氣賊風，以致瘋狂者，無治也。

又《**火熱傷心膽**》 水牛熱傷病根深，膈上閔連心肺間。膽家內藏熱如火，治療須要仔細斟。先下柴胡清涼散，清熱散火用柴芩。芒硝大黃蜜鬱金，內瀉火毒總回春。柴胡清涼散：柴胡、黃芩、芒硝、大黃、黃連、鬱金、白蜜、竹葉。水煎，灌下。消黃清涼散：消黃散用柴胡芩，花粉梔翹薄荷陳。知母銀花黃連草，竹葉菉豆蜜鬱金。柴胡、黃芩、炒梔子、連翹、金銀花、天花粉、陳皮、鬱金、知母、大黃、黃連、薄荷。引用燈芯草、竹葉、菉豆、白蜜。無竹葉用竹茹。如藥不應急，可先用菉豆、竹葉煎湯，待冷後灌。菉豆粉冷水調灌亦可。淡竹葉、燈芯草亦可用。針刺：鼻際鼻端、舌底血、四蹄頭血、百會穴。

又《**肝黃癥**》 肝黃之病細思量，眼急頭懸又撞牆。東西亂轉不住走，口青舌赤命不常。日淺醫治容易改，日久難療入膏肓。母見子來相克命，洗肝散下沁心涼。洗肝散：洗肝散用桔生軍，蘇荷防風芩玄參。炒梔連召硃竹瀝，黃連燈草共膽星。桔梗、蘇荷、黃芩、玄參、硃砂、生軍、防風、山梔、連翹、黃連、膽星。引燈芯草、竹瀝。

又《**肝膽風**》 肝膽風病體困沉，起卧耳垂眼圓睜。奔衝信脚身斜走，舌赤氣急口色青。木逢風火攻致死，先宜下火徹心經。造父傳授清肝散，散風和平得回生。清肝散：清肝散用甘草芍，龍膽青皮半柴胡。梔子防風香白芷，竹葉燈芯並薄荷。

又《**火毒入肝膽脹**》 水牛膽脹鼻頭乾，氣衝毛焦睡不安。行是硬腰頻移步，四肢無力脚倒亂。鬱金散下龍膽草，大黃知芩苦歸芎。黃連粉地柏藥子，葛蜜竹葉牛黃丸。鬱金丸：黃鬱金、川芎、知母、天花粉、苦參、龍膽草、

黃藥子、黃連、黃芩、大黃、當歸、黃柏、竹葉。又方：葛根一兩、西牛黃五分，共為細末，用蜜溶化為丸，用竹葉湯送下，自愈。此症左脇下針肝腧穴。

又《膽黃脹一時氣絕》 膽家有病低頭眼，眼似垂星口垂涎。水草減少身困弱，毛焦四肢如繩纏。半夏柴粉貝母散，鬱金橡皮甘黃連。軍芩水石知没藥，古來唯有此方傳。如藥來不及使用，以污穢布、包脚步洗水一升，兩頭尖一合，研末，香油四兩和服。貝母散：川貝母、黃鬱金、寒水石、淡黃芩、法半夏、大甘草、竹柴胡、川黃連、天花粉、肥知母、川大黃、製没藥。引香橼皮，煎服。、

又《眼患肝毒》 眼患忽生渾睛蟲，前脚跪地眼矇朧。肝家蓄熱如醉狗，四肢無力改焦容。口青舌赤多喘息，金能克木定主凶。滋補腎水來生木，方可退翳目烱烱。此目疾之病，有牛老弱，腎水枯竭，肝氣衰敗，故目虛睛眩，宜補之；亦有牛目昏矇，生長雲翳；又有熱、風濕之毒，有眼胞如田螺肉者，名為菌毒，宜烙之。清肝散：清肝散者元柴胡，銀花翹桔花粉荷。炒梔木通芩青芍，黃連燈芯竹葉多。柴胡、木通、黃芩、桔梗、元參、薄荷、赤芍、黃連、金銀花、天花粉、炒山梔、連翹、青皮。引用竹葉、燈芯。滋腎補肝散：滋腎補肝散枸杞，生地丹皮歸芎知。黃柏山藥淮牛膝，淡淡鹽水煎兔絲。甘杞子、大生地、全當歸、兔絲子、肥知母、牡丹皮、淮牛膝、川芎藭、黃柏、山藥、鹽水。退翳明目除雲散：退翳散則枳蒙蜜，望月砂甘青葙同。穀精決明蔓荆子，蒺藜羚羊角見功。木賊草、穀精草、白蒺藜、望月砂、菉豆花、蜜蒙花、蔓荆子、青葙子、甘草、檳榔。如肝火障翳，加羚羊角磨服。消風清肝散：消風清肝散木通，歸尾石膏蟬退芎。甘菊花香龍膽草，赤芍薄荷與防風。関防風、當歸尾、小木通、赤芍、川芎、石膏、龍膽草、甘菊花、蘇荷花、蟬退。此症初起頭痛，用羌活、藁本、細辛；有寒加獨活、麻黃、桂枝。

又《草傷脾胃》 飽草傷力脾胃疼，氣出之時亦和平。哽噎更兼心恍惚，腹脹毛焦糞已硬。口舌色黃脾經病，承氣平胃散為君。生薑猪脂白蜜引，灌藥調經可回春。承氣平胃散：承氣平胃散蒼楂，神曲麥芽共檳榔。枳殼青皮甘厚朴，半夏草果蜜生薑。炒蒼朮、神曲、草果、川厚朴、焦山楂、青皮、法半夏、檳榔、枳殼、枳實、甘草、焦麥芽。引生薑、白蜜、猪脂油。

又《水草脹肚》 喂養失調吃草傷，渴飲過度更頻啌。冷熱不均結腹脹，氣滿胸膛吐舌長。五臟清濁無分處，六腑營衛致其殃。先用寬胸快膈散，不愈再加透腸良。寬胸快膈散：寬胸快膈散青陳，枳樸蘇檳歸砂仁。甘桔香附蒼查曲，木香二丑香油潤。青皮、陳皮、枳殼、川厚朴、焦山楂、香附子、神曲、當歸、蘇葉、廣木香、檳榔、二丑、桔梗、甘草。此症痊愈後，用暖胃健脾散。方見前冷虛腹脹症內。透腸散：透腸散用最通腸，巴豆芒硝共大黃。枳實桂枝並半夏，滑石脂油和檳榔。法半夏、巴豆去油、大黃、枳實、芒硝、滑石、桂枝、檳榔。引猪脂油，治草脹不通後用。

又《失水百葉乾燥癥》 久渴失水百葉乾，傷重力弱四肢瘦。皮枯糞硬穀道緊，尫羸草少頭拘攣。王良秘授猪膏散，艽歸青陳生地甘。柏夕知母丹皮骨，麥門冬和蜜水安。猪膏散：粉丹皮、秦艽、當歸、地骨皮、生地、黃柏、淮牛膝、陳皮、赤芍、甘草、知母、麥冬、門冬。引生熟猪脂、白蜜。

又《冷虛腹脹》 腹脹日夜全不消，脾胃冷熱不匀調。肉顫更兼口角冷，逆氣傳來膈上潮。咬牙腸鳴腹內響，虛補實瀉治根苗。虛用健脾平胃散，如實定然用必效。暖胃健脾散：暖胃健脾歸芎茯，藊豆小茴陳神曲。大棗煨薑臘炒米，桂心白朮建蓮肉。白朮、白扁豆、雲茯苓、神曲、桂心、建蓮肉、煨薑、大棗、臘炒米。虛證用此方。必效散：必效散內用半夏，枳實檳榔芸山楂。烏藥青皮二丑朮，生軍薑汁與麥芽。檳榔、山楂、烏藥、枳實、半夏、二丑、青皮、大黃、麥芽。引用生薑。實證用此方。平胃散：平胃散樸桂陳蒼，砂仁白蔻橘檳榔。蒼朮、白豆蔻、厚朴、陳皮、橘紅、肉桂。

又《前痾癥》 前痾之症脚不移，爬起促脚卧東西。前痾向前頭亂撞，後痾頭垂耳又垂。口色目黃脾經病，痾來耳緊眼望眉。先針脾穴三四肋，七實散下定合宜。七實散：七實散內用當歸，檳榔香附厚朴隨。白芷官桂白豆蔻，各等五錢生薑煨。當歸、檳榔、厚朴、官桂、白芷、白豆蔻、香附子。引用煨薑。

又《後痾癥》 冷氣傷脾奔遊衝，急起急卧脚搔空。脾寒骨熱口鼻冷，後痾後來胃口中。舒腰弓脊頭仰起，針法前痾後痾同。一二三四針穴道，健脾暖胃散有功。健脾暖胃散：健脾暖胃散甘蒼，烏藥樸桂與茴香。麻黃茈澄茄白芷，陳皮茱萸酒生薑。蒼朮、甘草、官桂、白芷、陳皮、烏藥、厚朴、吴茱萸、小茴香。引用酒、葱、生薑。

又《水傷包絡名羅膈傷》 喂養失飲少水漿，心中枯竭包絡傷。雙耳冷時身多顫，兩眼流淚三四行。急用火針脾腧穴，四順藥散能升陽。如若冷水傷羅膈，尫羸難調命必亡。升陽瀉水散：升陽散用肉桂附，白蒼朮樸白茯苓。

檳榔猪苓芸澤瀉，蓮皮乾薑腹皮能。肉桂、白朮、蒼朮、澤瀉、茯苓、檳榔、桔梗、香附子、大腹皮、建蓮皮、乾薑、猪苓。四順散：四順散蒼薑，白朮與茴香。桂枝炒鹽入，膈傷服安康。焦蒼朮、炒白朮、大茴香、桂枝、炒鹽、生薑。此症牛瘦，由心血枯竭，外傷寒冷，多食乾草，久渴失飲，飲冷水太過，故水傷包絡，寒氣相侵，名曰羅膈傷也。

又《水傷臟腑心胃痛》 牛患皆因困水嗆，五臟六腑似刀傷。草慢水稀口鼻冷，毛焦鼻内有膿漿。肉顫更兼腹又脹，日深必定脚開張。便用靈方五積散，煎藥又加煨生薑。五積散：五積散芷陳良薑，細辛厚朴甘茴香。青皮益智白豆蔻，砂仁官桂葱酒良。白芷、砂仁、細辛、陳皮、甘草、良薑、青皮、白豆蔻、厚朴、益智、官桂。引葱、煨薑、細酒。若遇腹脹，去甘草不用，如用甘草，更加其脹。

又《反胃吐草》 反胃吐草飽傷重，冷熱不分二氣衝。痰多口張糞草出，皆因脾胃二氣攻。健脾暖胃散白蔻，蒼朮甘陳桂防風。茯苓樸殼檳蘇芍，丁香薑曲竈土同。健脾平胃散：蒼朮、関防風、甘草、神曲、白豆蔻、丁香、陳皮、桂心、檳榔、白芍、蘇葉、煨薑、茯苓、厚朴、枳殼。引竈心土。水牛老口，吃草嚙而不碎斷者，吐之又吃，難嚥，是齒落胃敗之症，難治。惟有切碎拌料食之乃可度。小口換板牙，脱乳牙時亦吐。大凡老牛、小牛吐草，宜將草斲斷拌料，少少喂之可度，待青草時食之不吐，可耕，或蒿苘、野菜、青菜、青草切碎喂之可矣。

又《吐胃心疼咬齒》 咬牙肚疼四肢張，此病傷力寒氣杠。水少草稀全不飽，腰弓尾焦作慌忙。香蔚散附甘烏藥，鬱金陳皮廣木香。歸桂杜茴破故紙，吴萸葱酒共乾薑。香蔚散：黄鬱金、香附子、廣陳皮、台烏藥、大茴香、吴茱萸、廣木香、破故紙、官桂、當歸、乾薑、甘草、杜仲。引連根葱、元酒。

又《飽虚氣壅癥》 飽虚症因用力生，傷重起立卧不穩。水草半食漸疏稀，小便淋瀝病難忍。左右入手難撥正，莫道醫生無繩墨。芫花澤豆車前草，猪扁二丑滑木通。芫花散：芫花、澤瀉、木通、扁蓄、通草、二丑、滑石、車前子、猪苓、赤小豆。如不愈，加海金砂。

又《浮涼頭懸心痛》 浮涼頭懸頻卧地，心痛流涎又喘氣。行時無力皮肉顫，肚痛平常水草細。拈痛當没香附子，檳榔荳蔻與官桂。厚朴砂仁陳芍草，生薑紅糖入藥内。拈痛散：當歸、砂仁、陳皮、官桂、甘草、檳榔、没藥、厚朴、香附子、白豆蔻、杭白芍、生薑、童便。此症勿針，宜生薑汁、紅糖和水，頻頻灌之。

又《糞結大腸火結**》** 大腸熱結糞如球，遍身汗濕實堪愁。前脚刨地頻旋轉，掉尾挺身又懸頭。腹脹更兼多哽氣，通関散灌生脂油。火結再服承氣散，入手取糞可保牛。大戟通関散：大戟通関散枳實，生軍木通脂油蜜。厚朴砂半當歸全，不通再加巴豆石。大戟、半夏、當歸、滑石、朴硝、生軍、厚朴、枳實、木通、脂油、蜜。如不通，加巴豆霜，去脂油，引用鐵銹。桃仁承氣散：桃仁承氣散芒硝，大黄枳殼甘草梢。赤芍歸尾生軍半，桂枝花粉共連翹。桃仁、當歸、生地、半夏、赤芍、花粉、枳殼、桂枝、芒硝、大黄、連翹。引鐵銹湯煎服。如痰火結胸，血裹糞結，腸糞或小便赤色，必用桃仁承氣散。

又《瀉痢時患剥腸》 瀉痢剝腸四季傷，春寒夏暑受瘟瘴。秋涼逼水冬冰凍，四季順逆分陰陽。寒火疫毒症夾雜，咬牙肉顫痛連腸。先用發散後涼補，薰鼻宜焚安息香。香蘇散：治牛寒顫瘟疫。寒顫瘟疫香蘇散，蒼朮橘紅共紫蘇。香附甘羌與烏藥，生薑葱白和蒔蘿。香附、羌活、烏藥、蒔蘿、甘草、蒼朮、生薑、紫蘇、橘紅、連根葱。茵陳散：治牛時瘟疫痢。牛染時疫茵陳散，貝母升麻紫鬱金。蘇荷青皮檳榔草，前胡生薑各等分。茵陳、貝母、青皮、鬱金、甘草、柴胡、升麻、檳榔、蘇荷、前胡、生薑。寬疫敗毒散：寬疫敗毒散生軍，烏藥連召共鬱金。銀花檳榔與花粉，甘草陳皮加黄芩。生軍、鬱金、連召、檳榔、烏藥、銀花、花粉、黄芩、陳皮、甘草。香連散：治牛瀉紅，糞中混雜，内毒不清。瀉紅混雜毒不清，香連散甘芍桔梗。榆橘木通紅花曲，木香黄連梔芍分。廣木香、木通、紅花、橘紅、甘草、炒梔子、地榆、神曲、橘梗、黄連。引紅扁豆花，無花用扁豆亦可。此症，牛膘大可外用針徹其内毒。

又《寒氣入腹腸中痛》 傷重飲冷瀉難醫，寒氣入腸疼異奇。五臟不匀口無味，水傷脾胃糞常稀。心中焦渴饒貪水，猪苓澤瀉橘紅皮。宿殼燒灰乾薑草，礬灰止渴便全愈。不愈桂樸薑茴去，酒炒黄連榆曲方。猪苓散：猪苓散桂澤瀉薑，橘紅厚朴茴甘榔。白礬木通車前草，粟殼燒灰煨木香。猪苓、官桂、澤瀉、乾薑、檳榔、橘紅、木通、厚朴、大茴、車前、甘草、木香、枯礬、粟殼灰。如下紅，水渾色者，去官桂、厚朴。乾薑、茴香，加黄連、酒炒地榆、六曲。健脾止瀉湯：健脾止瀉散茯苓，甘芪杜曲豆和陳。粟殼曰朮淮山藥，枯礬炒米木香神。肉豆蔻、白茯苓、粟殼、枯礬、川杜仲、白朮、廣陳皮、黄芪、煨木香、甘草、六和曲。引炒米、淮山藥。針刺：百會、後海穴。此症小口膘壯可治，老衰草少難醫，瀉泄腥臭帶水，無治。

又《脾胃受寒冷傷六腑》 冷氣冲脾胃，時常疾後攻。毛焦口鼻冷，起卧脚搔空。弓腰硬板脊，朝夕顫兢兢。舒脾和血氣，通靈散最靈。此症宜暖厩，火烙腰胯，脾胃各穴，寒重流涎，口内如冰，無治。通靈散：大茴香、砂仁、烏藥、蒼朮、小茴香、甘草、當歸、肉桂、香附、陳皮、官桂、獨活、煨薑。引用紅酒半斤，元棗十枚。

又《氣壅脹肚冷水衝腹》 傷水氣脹細推詳，冷熱併衝二氣傷。虚寒脹氣經數日，逆氣相衝損脾間。先和二氣健脾胃，蒼朮平胃散除殃。薑桂檳樸能破氣，脾胃針絡最為良。蒼朮平胃散：蒼朮、川厚朴、大茴香、小茴香、六和曲、砂仁、檳榔、陳皮、甘草、官桂、廣木香。如不愈，加丁香、香附。

又《脱肛風又名蓮花**》** 蓮花頭出閃根本，因傷重時閃外冷。葱白花椒煎水浴，艾葉湯炒不容紊。五倍陀僧木鼈洗，龍骨礬灰有神准。内服升麻受飽暖，三朝調理時刻省。升提散：升提中氣升麻散，白芷歸芎白茯苓。芍藥木香大棗肉，紅酒煎治虚脱能。升麻、白芷、陳皮、當歸、川芎、茯苓、白芍、木香、大棗、紅酒。葱艾湯：葱白、海艾、花椒、木鼈子、五倍子、枯礬、龍骨、蜜陀僧。牛大腸突出者，症名脱肛；牸牛子袋吊下，症名蓮花，狀如花頭吊出，又如灌下白肚肺，又如海蜇形象。如突出日久，風吹皮膜冷硬，將葱艾煎水，先炣後浴，子腸漸軟，仔細先洗盡血膿，剪去皮膜，再炣再浴，礬灰搽勻，慢慢送入産門，外面兜好，内服升提散。亦有老牛下元虚冷，内傷氣虚，蓮花肛頭拖地，或一卧不能起立者，無治。如脱肛拖至脚彎，可用心從前治法，慢慢浴而送之。

又《風寒啌嗽流涎》 風寒水傷鼻流清，畏冷怕寒二氣争。脾胃收濕微飲水，渾身肉顫麻兢兢。温脾散用蒼陳樸，麻黄杏仁甘茯苓。防風枳殼薑白芍，風寒咳嗽效如神。温脾散：蒼朮、厚朴、白芍、茯苓、陳皮、杏仁、麻黄、防風、甘草、枳殼。引生薑。

又《肺啌不止》 耕耖勞力肺家傷，仰面抬頭不住啌。毛焦口黑大便急，醫遲必定肺生瘡。久卧多時發哽氣，起來喘息口虚張。但用理肺杏仁散，多灌麻油便除殃。杏仁散：杏仁散貝蘇子桔，麥冬門冬淮牛膝。艽陳麻油杏蔞仁，咳嗽見血阿膠入。杏仁泥、川貝母、紫蘇子、大麥冬、天門冬、淮牛膝、廣陳皮、括蔞仁、秦艽、阿膠、麻油。

又《草噎喉腫》 草噎喉腫傷脾間，夜寒晝夜體不安。日午蒸曬受于熱，朝暮霜露病肺肝。口中痰涎頻頻滴，身弱血燥鼻頭乾。半舒半散調血氣，清理寒火治不難。清理散：清理散用檳榔梗，蘇葉薄荷青陳等。甘草當歸芸蒼朮，薑引煎服可安寧。蘇葉、檳榔、青皮、甘草、蒼朮、桔梗、薄荷、陳皮、當歸。引用生薑。牛蒡子散：牛蒡子散麥冬芩，知母射干甘青陳。桑皮生地和桔梗，焦米竹葉薑元參。牛蒡子、甘草、麥冬、青皮、射干、焦米、玄參、桑白皮、黄芩、生地、陳皮、桔梗、知母。引用竹葉、生薑。

又《肺臟氣喘癥》 肺臟風症見還稀，喘息氣粗脚不移。頭彎尾掉心飽脹，四肢麻木硬蹻蹄。知母貝母杏蔞散，兜鈴豆蔻青陳皮。桔佛胡桃阿檳木，歸蘇薑蜜潤肺劑。杏蔞散：杏仁、當歸、蔞仁、青皮、兜鈴、知母、檳榔、青木香、陳佛手、春砂仁、桔梗、貝母、阿膠、蘇子、白蔻仁。引生薑、白蜜，後加胡桃肉三錢。此症兩肋用草鞋底撲打。

又《喉風喘息癥》 肺勞喉喘火急症，氣喘如同曳鋸聲。口中流涎稀水草，舌根托腮急用針。先下白蜜治肺散，薄荷桑皮翹防芩。知貝連柴香桔甘，三付之内效如神。治肺散：薄荷、黄芩、甘草、桔梗、防風、黄連、連翹、貝母、柴胡、知母、桑白皮。引用白蜜，沉香或降真香屑。

又《吼嗓黄癥》 出氣吼聲響，涎水忙忙淌。心熱肝肺脹，喘火咋忙忙。急須用針鍼，清涼便除殃。硼砂並水銀，冰片吹又良。冰硼散：右研細末冰硼散，冰片黄連孩兒茶。爐甘石與人中白，重籮節過黛硼砂。冰片、爐甘石、孩兒茶、黄連末、硼砂、人中白、青黛。共研細末，重籮節過，吹入喉部，再服甘桔元參湯。甘桔元參湯：甘桔玄參軍蒡芩，銀乾花粉連翹柏。知母麥冬山梔連，引用燈芯竹葉宜。桔梗、玄參、花粉、連翹、銀花、知母、麥冬、黄芩、黄連、牛蒡子、炒山梔、竹瀝、射干、生軍、甘草、黄柏。引燈芯草、竹葉。又方：用青魚膽汁滴入喉中，後吹冰硼散。

又《喉骨脹》 喉中吼聲頻，肺毒熱積成。骨脹症雖險，針法施技能。氣抽營衛絶，睛白脱精神。白礬敗毒藥，靈仙散威靈。靈仙散歌：靈仙散用甘桔梗，石膏麥冬貝元參。花粉木蒡川牛夕，竹葉十斤共黄芩。川牛夕、天花粉、玄參、桔梗、麥冬、黄芩、細木通、川貝母、石膏、甘草、威靈仙、牛蒡子。引竹葉，過渣啖。内為喉骨脹，外為槽結症，與束嗓黄、吼嗓黄相異，喉骨脹，槽結治之可生，束嗓，吼嗓無治。

又**《束嗓黄》** 束嗓黄牛苦難當，醫生見時休商量。心中熱積肺經病，發于喉間呼吸忙。先賢開喉龍治療，今人束手等無常。縱有良醫妙藥針，調治難效命必亡。甘桔元參散：甘桔玄參軍蒡芩，銀乾花粉連翹柏。知母麥冬山梔連，引用燈芯竹葉宜。甜桔梗、玄參、天花粉、連翹、金銀花、射干、生軍、甘草、黄柏、知母、麥冬、牛蒡子、炒山梔、黄連、黄芩、麥冬。引用燈芯草、竹瀝。先賢有一方用青魚膽汁滴入喉中，後吹冰硼散，如若疏通，再服上劑。

又**《肺熱糞燥》** 鼻乾糞燥喘息凶，皮毛虚汗眼赤紅。水草不食嘸停轉，糞結大腸塞不通。百頁肺脹疼難忍，舌上生瘡鼻有膿。宜用清肺潤腸散，甘桔蔞仁歸麥冬。清肺潤腸散：清肺潤腸散生地，枳殼麥冬上青皮。桃仁甘桔知歸柏，桑蔞竹葉白蜜宜。桑白皮、大麥冬、括蔞仁、大生地、肥知母、桃仁、當歸、青皮、黄芩、黄柏、枳殼、甘草。引用竹葉、白蜜、鹽水。春天加前胡，夏天加柴胡、金銀花，秋天加地骨皮，冬天加厚朴、桂枝。

又**《肺黄癥》** 肺黄之病喘息粗，卧後頭懸又觸牆。哽聲内連肺氣痛，立時膊顫多張狂。腦後衝天用火烙，肺腧穴針醫肺黄。但用治肺消黄散，佛手礬蜜灌除殃。治肺消黄散：治肺消黄散桔梗，知母葶藶馬兜鈴。桑皮桔紅與花粉，半夏升麻共黄芩。知母、桔梗、貝母、半夏、葶藶、桑皮、升麻、兜鈴、花粉、黄芩、橘紅、佛手、明礬。引用白蜜。

又**《肺勞氣敗鼻孔出血》** 力傷肺勞血多敗，四肢筋硬眼内災。起卧不安頻頻睡，五臟六腑熱衝來。先下發表温和散，止血補氣散後開。先引生薑後圓藕，鹽酒温皮發汗回。温和散：冬令温和散紫蘇，杏前升陳甘薄荷。荆芥生薑酒煎服，春夏燠天加柴胡。紫蘇、杏仁、薄荷、荆芥、前胡、升麻、甘草、陳皮、生薑、紅酒。如春夏天熱，加柴胡。止血補氣散：止血補氣散苡仁，丹皮阿膠歸甘陳。术芪圓肉淮牛膝，生地白芍藕茯苓。大生地、苡仁、陳皮、當歸、黄芪、牛膝、甘草、阿膠、丹皮、白芍、茯苓、白朮。引桂圓肉、藕汁。

又**《肺毒風鼻衄出血》** 水牛勞力肺家傷，鼻孔出血不尋常。皮枯毛焦鼻衄血，身體困倦脚搔張。生地歸花秦艽散，黄芩知母玄參良。梔子散血蔞仁末，茅根藕汁可安康。秦艽散：秦艽、紅花、蔞仁、生地、當歸、黄芩、玄參、炒梔子、知母、白茅根、藕汁。又方：治鼻血不止者，用京墨磨汁灌之，效矣。用百草霜，即鍋底灰節過，童便和灌，亦效。

又**《肺毒鼻疔瘡癥》** 水牛鼻疔不尋常，肺熱風崩總莫當。此症熱毒攻氣鼻，有似蟲蝕號疔瘡。惡疔敗肉先割去，藥水勤洗解毒良。火燒烙鐵加臘烙，莫教鼻爛誤牛亡。鼻疔毒甚，往往去鼻捲，戴籠頭，仍係繩索磨破下腮，腮皮爛腫，腫硬肉腐。治者先割去膿血腐肉。後用火烙之，如癢再烙之。桔梗消毒散：桔梗消毒草梔青，桑翹生地薄荷芩。花粉玄參生軍貝，菉豆竹葉蜜調匀。桔梗、炒梔、青皮、甘草、黄芩、生地、桑皮、薄荷、連翹、玄參、花粉、貝母、菉豆、生軍。引竹葉一把，蜜二兩。又敗毒洗藥方：烏梅、甘草、銀花、樸硝，煎水，候冷洗鼻疔。

又**《氣脹肺啌喘嗽》** 水牛肺脹心毒熱，涎出流水無休歇。此症不醫日久時，漸瘦毛焦皮肉怯。二冬知母潤肺散，甘草生薑青陳桔。白朮紫菀共秦艽，麻油童便醫方切。此症神強膘好可治，尫羸草少難醫。潤肺散：天門冬、大麥冬、青皮、陳皮、桔梗、知母、貝母、甘草、秦艽、白朮、紫菀。引用生薑、童便、麻油。

又**《肺顙黄血攻氣脹癥》** 力傷肺熱症難醫，口色黄黑似青泥。四肢筋硬皮毛弱，兩眼流淚切脈知。芩菀淮膝治肺散，前胡桔梗厚陳皮。當歸蔞仁秦艽知，藕汁連灌效更奇。此症喉内用小針刺之，再加吹藥，吹後一時宜清淨水徐徐洗口。如能轉草吃水，可治；如涎水太多，喘氣不續，難治；如久立亂跌，目痴，無治。治肺散：黄芩、桔梗、紫菀、當歸、川朴、前胡、陳皮、知母、秦艽、蔞仁、淮牛膝，引藕汁半斤。吹藥方見吼嗓黄症的冰硼散。

又**《汗身激水小便不利》** 汗身未乾冷水沖，小便秘塞不能通。心肺熱冷相攻患，時時糞澀起卧凶。腹脹更兼多哽氣，頻頻四覷小腸疼。不比淋澀砂礓病，透經散用可見功。透經散：透經散用滑石牽，木通製軍澤車前。黄柏金砂續隨子，桂枝燈芯麥莞煎。滑石、木通、黄柏、澤瀉、二丑、續隨子、製軍、桂枝、海金砂、車前子。引用槿木皮、燈芯草、陳小麥莞。

又**《轉胞尿清腎寒》** 胞虚似冷冰，胃寒須攻心。水草半減數，腰弓腎虚痛。胞門用心烙，虚脹柳咂青。茱萸散甘草，當歸桔細辛。茱萸散：吳茱萸、北細辛、高良薑、建澤瀉、炒白朮、川厚朴、全當歸、白芍藥、雲茯苓、紫肉桂、豬苓、甘草。引用生薑。

又**《眼赤腎家黄癥》** 水牛忽患腎家黄，四足難移走似獐。此病原是因發熱，為傷二氣引膀胱。先分陰陽和消散，尿血胞淋用藥方。消黄通腸大戟散，熟猪脂和竹葉湯。此症眼赤小便赤。或牛大腿近尻下腫，此濕毒氣發也，非腎家黄也。消黄散：治牛後發腫，濕毒結于大小腸。消黄散用大戟薑，黄柏木通共大黄。青皮枳知川楝子，竹葉芒硝油通腸。知母、大戟、青皮、枳殼、芒硝、大黄、黄柏、川楝子、木通，引竹葉一把，熟猪油二兩。和消散：和消散甘芍茵陳，柏青木通共猪苓。防己荆防歸薑酒，腎家黄病效如神。甘草、茵陳、荆芥、青皮、木通、防風、防己、赤芍、黄柏、猪苓、當歸、生薑。元酒和灌。

又《小腸尿血》 熱積小腸膀胱經，扭項向後懶前行。尿血色赤心家熱，黑色腎虧小便疼。溺澀糞燥減水草，散血散歸生地苓。蘇木木通竹葉夕，紅花柏翹丹芍軍。散血散：當歸尾、粉丹皮、淡黄芩、生地黄、川黄柏、甘草梢、川牛夕、細木通、赤芍藥、連翹殼、紅花。引燈芯草、竹葉、蘇木，去渣啖。

又《小腸淋血力勞》 熱傷重力苦勞心，腎家痛致小腸疼。小腸積血頻尿溺，内治胞囊瀉腎經。腎經不得分清濁，行行滴滴血淋淋。先灌散血槐花散，後加苦楝散通神。又歌曰：傷重尿血不尋常，熱侵小腸尿血忙。重使勞傷脾胃腎，腎經受熱引膀胱。先分陰陽宜消散，忽然便黑欲死傷。苦楝子散為細末，蘇木湯下便除殃。槐花散：槐花散用梔地榆，生地紅花歸丹皮。赤芍軍甘柏通草，竹葉燈芯總合宜。槐花、赤芍、丹皮、地榆、歸尾、甘草、生軍、生地、黄柏、炒梔、紅花、通草、竹葉、燈芯。苦楝散歌：苦楝散用黄連柏，知青軍夕歸瞿麥。木通桃仁與甘草，紅花黄芩用蘇木。苦楝子、黄芩、蘇木、紅花、木通、瞿麥、生軍、知母、黄柏、川牛膝、歸尾、桃仁、川連、青皮、甘草。燈芯為引。犢牛、牯牛尿血有血條，在尿内如蚯蚓狀；牸牛尿血如西瓜穰色。尿血鮮紅可治，色黑枯，難治。

又《砂疆癥》 水牛忽患砂石淋，不尿點尾更頭平。藥用車前滑石散，牽牛澤瀉共猪苓。萹蓄瞿麥海金砂，利便赤豆山梔仁。用手襯着細細推，掌抹睾前慢慢尋。石淋者，生于胞絡下，行小水之中。有大小、圓偏、三角、狗牙釘、單雙、五色等等不同。單吉雙凶，在溺前可取，在後不能動，或有滿溺起砂者，不堪治之。砂石不能取出，用藥無效。如牛有砂石，只在屌頭寸許中，則易取。取砂石法：仔細用手雙指慢慢吊出屌尖，再用好布條扣住，摸到砂石，用利刀割破取出砂石。如吊不出，另有割法。將牛縛正穩平，用小秤桿先襯在毛殼中抵緊，用利刀割破，抽出秤桿，將指一隻隨秤桿入毛殼中取出屌頭，尋砂疆割之。凡牛不溺尿，先襯法，有砂石屌頭硬打指，無砂疆軟的不可割，名曰澁澀，無治。滑石散：澤瀉、滑石、猪苓、萹蓄、二丑、梔仁、瞿麥、木通、海金砂、車前、赤小豆。引用槿木皮二塊、陳小麥莞二把。

又《偏正頭風》 偏正頭風頸項轉，口中吐涎鼻氣喘。眼似流星四肢硬，水草半食腰不軟。附子歸芎陳半星，白蛇散灌風自遠。天麻羌蟬薑葱芷，艾灸火烙風門暖。白花蛇散：白花蛇散歸芎陳，南星附子共天麻。蟬退半夏羌白芷，祛風生薑連根葱。白花蛇、天南星、川芎、當歸、法半夏、羌活、廣陳皮、香白芷、蟬退、生薑、明天麻、製附子引連根葱一把。

又《挪腰風癥》 挪腰風症氣力微，水草如常兩耳垂。立正頭調腰硬直，尾似鐵條硬如錐。捧行走似船摇櫓，卧時浮膘肉更肥。木香流氣飲陳當，蕲蛇芎夏與木香。天仙白附麻黄獨，桂枝甘蝎酒生薑。此症宜解表通汗，清邪發散為主。木香流氣飲方：廣木香、天仙子、製半夏、白附子、廣陳皮、全蝎、甘草、川芎、麻黄、獨活、當歸、蕲蛇、桂枝、生薑、白酒。又方：萬靈丹二兩，連根葱一把，搗碎，紅酒二斤，取汗為效。後忌風寒數日，若無萬靈丹，則此方灌之無效。萬靈丹：萬靈丹用川草烏，羌活當歸獨活和。陳皮首烏共蒼朮，麻黄雄黄不用多。川烏、陳皮、獨活、當歸、首烏、蒼朮、羌活、雄黄、草烏、麻黄。

又《脊筋風癥》 脊筋風症步難行，渾身骨酸節麻痛。項硬難治痴呆目，尾直腰弓脚如釘。花蛇散桂天麻蝎，羌獨防風歸半星。白芷白附甘草酒，藥灌針烙病可輕。白花蛇散：白花蛇、明天麻、関防風、甘草、獨活、全蝎、桂枝、法半夏、當歸、南星、白附子、羌活、香白芷。冬季加麻黄、生薑、葱白、紅酒；春月加川芎、五倍子、羌活、細辛；夏月加海風籐、川牛膝；秋月加宣木瓜。茜草、金線重樓；有痰加黄芩、連翹、貝母，去桂、附、羌活、獨活；有濕加蒼朮、白朮、防己、木瓜；脾胃虚弱加黄芪、白芍、白朮、黨參、紫樸、砂仁、大棗，益知是也。如牙関緊閉，難治；水草難嚥，無治。如有治，火烙風門、伏兔；百會穴、上委、中委、下委、弓子骨上穴位針灸之。

又《破傷風癥》 四肢筋硬脊似弓，兩眼白膜暗遮星。微微氣喘口難張，此症斷是破傷風。風門伏兔須當烙，六脈出血可疏通。靜處暖厩高樁繫，時時灌藥方見功。此症一二日春天可治，三四日冬天難療，牙関緊閉難醫，如水草充足可治。兩耳後一指為小風門，二指為大風門，兩耳後中間為伏兔穴。天麻散：天麻南星歸蝮蛇，川烏草烏全蝎加。蟬退細辛羌白芷，防風生薑甘草佳。天麻、薄荷、羌活、川烏、細辛、南星、當歸、蘄蛇、防風、蟬退、甘草、半夏、全蝎、白芷、草烏。生薑引。

又《木領風》 木領腫破如節框，皆因苦極架軛傷。血瘀汗凝成硬腫，日深肉腐結成囊。割去腐肉將火烙，成形刺破去膿漿。漫腫為毒敷藥改，破爛三聖散貼良。收歛完口散：獨活、續斷、川芎、甘草、白芍、乳香、紅花、粟殼、白朮、没藥、五倍子、黄芪、當歸、茯苓。引桂圓肉、漿醋、細酒。如見此症，觀其大小淺深，或水或膿，俱要開放。將牛縛正，用大小針刀放下水口，透徹皮膜。即將膿水按清，復加火酒洗去毒根，如有死皮潰肉，用利刀割去，再用火烙，後搽三聖散，即愈。三聖散：乳香、没藥、輕粉，共研極細末，用絹節漫過，貼瘡敗毒止疼。敷藥方：血餘、杭粉、百草霜、黄柏、黄丹、銀底。共研極細末，用篩飛過，用蔴油調敷，或雞蛋清也可。

又《胎衣不下癥》 胎衣不下淺深中，冷熱不調入子宫。冷入子宫白瀉下，熱侵臟中必下紅。抓高奔低窌傷損，碾場耕耙跌打崩。塗油入手須仔細，多少淺深方見功。大凡死胎，無不傷重而損。白濁者，方宜益氣升提，水酒數點即可安胎；紅多溺而色敗，安胎無用。如產牛聲喊，水門發漫，產無疑。自下者，順；不下者，逆。逆有橫生、側生、倒生。如子牛曲身。產門不開，難取。有順生頭搶水門，而足抱胸下，人必塗油入手，仔細將衣膜分開，理順小牛頭脚，歸其產門，或用鈎子鈎住睛堂或鈎下腮，先用細麻繩扎緊小牛脚爪，守牛頭出，再抽脚可下。交骨不開，用柞木枝，降子散用之。安胎方：白朮、白芍、蘇葉、甘草、茯苓、桑寄生、熟地、砂仁、前胡、阿膠、當歸、艾葉。引元酒一斤，糯米半斤煎服。又方：杜仲半斤，切片，淡鹽水炒斷其絲，糯米煮粥食之，五次可保不墮。胎衣不下方：滑石、桂枝、枳殼、桃仁、元明粉、木通、三稜、歸尾、大黄、厚朴、莪术，用長流水煎，香油和服。惡露不盡方：紅花、延胡索、丹參、桃仁、丹皮、澤瀉、桂枝、赤芍、三稜、莪术。引蘇木、紅酒。如腸内寒疼，加炮薑、官桂；脹者加二丑、檳榔；心腹痛者加甘草、香附子、烏藥、吴茱萸。白濁方：牡蠣、當歸、熟地、茯苓、洋參、赤石脂、龍骨、白朮、川芎、肉桂、陳皮、山藥。引元酒、童便和服。

又《宫寒冷瘦癥》 子宫寒冷瘦毛焦，時時揪摩則退槽。原為產子涼上得，至今瘦弱不和調。渾身木硬脚又腫，營衛俱衰皮枯槁。此症宜用桂附散，紅酒棗肉添脂膘。桂附散：桂附散用白茯苓，歸芎白附甘桂心。煨薑蘆巴茱萸肉，紅花廣皮共丹參。紫肉桂、白附子、白茯苓、全當歸、胡蘆巴、吴茱萸、川芎、紅花、丹參、煨薑、炙甘草。引細酒、大棗肉。

又《力敗困乏》 哽氣皆因力乏傷，多卧少立步行忙。出氣喘息垂兩耳，大便乾燥牛多殃。鼻乾耳角全無暖，草料漸減損胃臟。惟尊胡公萬靈散，後服棗肉滋補湯。萬靈散：萬靈散用白蘇子，自然銅共製没藥。當歸血竭與白芷，百部童便和白芍。白蘇子、自然銅、製没藥、香白芷、油當歸、血竭、百部。引童便一杯。滋補散：滋補散用歸芎陳，川斷杜仲甘苡仁。秦艽木瓜桂枝酒，萆薢大棗白茯苓。當歸、川斷、苡仁、甘草、茯苓、萆薢、大棗、陳皮、杜仲、木瓜、桂枝、川芎、秦艽、細酒。

又《肺氣衝膊肢疼》 膊痛皆因膈上衝，肢節凝滯氣積胸。氣積胸滿不食草，膊蹄下注來勢凶。惟遵古方止痛散，調氣活血方見功。兩膊痛止行步快，可見醫理道無窮。活血順氣散：活血順氣散鬱金，甘桔歸貝柴青陳。生地蘇葉與烏藥，薑製桑枝梢頭能。鬱金、青皮、陳皮、甘草、蘇葉、當歸、貝母、烏藥、生地、柴胡、桔梗、生薑。引桑枝頭。活血止疼散：活血止痛散乳没，桂枝生地歸夕陳。檳榔羌活甘石斛，薑汁紅酒服止疼。當歸、乳香、羌活、甘草、桂枝、牛膝、檳榔、没藥、生地、陳皮、石斛。引生薑汁、紅酒。

又《閃傷後胯》 腎傷腰脊胯骨疼，行時拖地更頭平。後腿護痛難移步，先前耳垂眼難睁。乳香没藥骨碎補，鹿茸自然銅茯苓。當歸甘杜破故紙，萆薢狗脊蘆巴陳。乳香散：乳香、没藥、破故紙、葫蘆把、自然銅醋煅、茯苓、當歸、狗脊、萆薢、甘草、杜仲、鹿茸。引陳酒半斤。又方：老枯、螃蟹汁、嫩桑枝、地鼈蟲。又方：製乳香、血竭、當歸、没藥、紅花。引用細酒、童便和服。如跌傷腰窩與後胯骨，則牛不能立，無治。

又《單拆膊筋脈疼》 單拆膊肢須仔細，昂頭脚痛不能移。或發冷筋疼難步，渾身挺硬怯雁翅。紅花當歸劉寄奴，萆薢石斛地陳皮。秦艽赤芍乳没藥，酒引蟹汁瓜仁劑。紅花散：紅花、秦艽、没藥、赤芍、乳香、當歸、萆薢、石斛、生地、甘草、陳皮、劉寄奴、菜瓜種。用螃蟹汁一杯，紅酒半斤。接續奇方：專治一切跌打損傷腫疼，久治不愈者，神驗。接續奇方歸芎續，没藥甘陳鮮毛薑。杜仲自然銅虎骨，細酒蟹汁共乳香。鮮毛薑去毛、酒炒當歸、川續斷、廣陳皮、製乳香、炙甘草、真虎骨炒酥、杜仲鹽水炒、自然銅醋淬、白酒一斤、螃蟹汁半斤。煎服，十餘劑為效。

又《雙折膊傷骨無治》 水牛忽患雙折膊，點痛難行不移脚。水草細微昂頭立，雙針後用歸芎芍。河子磁石蜜陀僧，甘陳石斛萆薢着。紅酒童便日日服，動步有力多加藥。當歸散：當歸、河子、陳皮、磁石、萆薢、赤芍、甘草、川芎、金釵草、蜜陀僧。引紅酒、童便。如不愈，宜用紅花散，接續奇方。見單折膊。

又《交脚麻風癥》 交脚麻風逼水傷，懸頭腰痛不尋常。皮毛枯槁眼又澀，醫用細辛共生薑。羌活散半芎歸芷，苡仁牛膝廣木香。白附蟬退天仙酒，全蝎防風灌除殃。羌活散：羌活、苡仁、蟬退、當歸、天仙子、川牛膝、生薑、全蝎、香附、防風、廣木香、製半夏、川芎、白酒半斤。此症逢暖天有久立不卧，或久卧不起者，皆可治。如春初冬殘，犯此症者則難治。

又《直脚風癥》 直脚風病硬脊強，水草細微不尋常。豎着前面兩隻脚，行時拖步頭直昂。麻黄散附甘茜草，蟬退歸芎天仙榔。防風麻黄薑葱酒，川膝同煎便除災。初見症者，四蹄通針，須用發汗散。如久不睡卧，防跌，恐跌傷難治。麻黄發汗散：麻黄、當歸、白附子、天仙子、川牛膝、川芎、檳榔、茜草、蟬退、甘草、防風。引生薑、連根葱。

又《脚鬱疼癥》 蹄鬱疼來痛蹺蹊，崩胸肺門針合宜。肺門把膊疏肺散，折散中腕脚拖泥。搶風頭昂硬蹻步，下部見腫血凝蹄。滕花滕毒君須記，綻邦綻心漏滿蹄。舒肺散：舒肺散用歸生地，青皮木香廣陳皮。鬱金玄胡白蘇子，秦艽生薑共蜜宜。延胡索、牛地、木香、蘇子、秦艽、青皮、廣陳皮、鬱金、當歸。引白蜜、生薑。定痛散：定痛散用歸生地，生軍紅花牛膝寄。秦艽然銅乳没藥，水酒一斤和藥劑。歸尾、紅花、牛膝、秦艽、生地、生軍、乳香、自然銅醋鍛七次、劉寄奴。引元酒一斤。

又《反鬱龍爪蹄頭腫痛》 蹄頭腫痛步難移，傷筋血注點頭低。先用煖水慢慢浴，次使小針點點蹄。若逢硬地莫行走，蹄爪動處痛蹺蹊。消腫破血紅花散，十日之内疼脱離。蹄頭腫處宜小針刺之。如蹄頭腫甚，用藥敷之。紅花散：紅花散柏甘骨皮，生艽歸桑膝劉寄。不愈加銅乳没桂，酒炒桑枝酒引宜。紅花、澤蘭、地骨皮、川牛膝、當歸、黄柏、生地、桑枝、甘草、秦艽、劉寄奴。引紅酒半斤。敗毒散：白芨、白蘞、生軍、龍骨、雄黄。以上共研為末，黑龍漿墨汁和水敷之。如六七日不愈，加乳香、没藥、自然銅醋鍛七次。研碎，桂枝、酒炒桑枝。如隆冬九天，蹄頭腫痛難行，恐消後皮黑壞死，名曰枯蹄。一時不死，日後天暖脱罨脱殼，無用。若在春日天暖時得此症易治。

又《水傷麻脚》 水牛麻脚痛四肢，腰曲頭低步不移。四肢陰腫難抬起，五臟受虧水草稀。此症因水傷使力，須知奇方急速醫。先用乳没止疼散，舒筋利水活血宜。凡牛染此症，皆因秋逼冷水，或侵冷露，或汗身未乾下水，故冬發枯蹄、枯膝、枯腕之症。此症又名勞血凝蹄，又名串蹄、注蹄、枯蹄。蹄腫者針也無益。寒濕凝筋即此症也。乳香止痛散：乳香止痛散乳香，烏藥没藥當歸尾。麻羌茜草共蒼朮，白芷葱白共生薑。乳香、羌活、烏藥、甘草、茜草、蒼朮、當歸、白芷、麻黄、没藥、生薑、根葱。除濕散：蒼朮、當歸、防己、木瓜、白朮、甘草、黄柏、白蘚皮。消腫利水散：消腫利水散歸陳，薑皮加苓腹皮能。生地檳榔冬瓜種，秦艽木瓜和苡仁。茯苓皮、大腹皮、花檳榔、薏苡仁、五加皮、木通、生地、秦艽、當歸、陳皮、冬瓜種。引生薑皮。舒筋散：舒筋散膝甘歸芎，萆薢木瓜桂杜仲。獨活苡仁陳續斷，桑皮菜瓜種酒用。川牛膝、當歸、萆薢、甘草、續斷、木瓜、桂枝、川芎、獨活、苡仁、杜仲、陳皮。引用菜瓜種、嫩桑枝、水酒半斤。針刺：四蹄門、膊中、大胯、曲尺等穴。

又《五疫癥》 肝疫丁壬眼目光，戊癸心疫舌上瘡。乙庚肺疫鼻膿出，甲己脾疫胃虚忙。丙辛腎疫耳齒病，五臟隨疫用五香。五香沉木藿麝乳，龍腦没藥硃砂當。五香散：藿香、沉香、麝香、當歸、硃砂、木香、乳香、没藥、阿膠、冰片。引白蘿蔔汁，無汁用子，共研細末。

又《瘟疫時毒癥》 瘟疫時毒五臟寒，毛焦腹脹肚不安。腸疼心熱難醫治，鬱金和解散安痊。升麻甘桔能解毒，知芩烏藥治來源。軍桔防風木薑米，分化陰陽硃砂丸。鬱金和解散：升麻、鬱金、甘草、桔梗、黄芩、烏藥、橘紅、木通、硃砂、知母、生軍、防風。引用生薑、陳倉米。

又《肺疫血脹》 水牛肺疫却多端，後脚難抬四肢疫。爬前困地懶水草，項硬頭懸步難抬。青鹽散用知貝母，秦艽阿膠桔梗甘。青木香杏共鬱金，陳皮青皮與蜜薑。青鹽散方：青鹽、杏仁、桔梗、秦艽、知母、鬱金、甘草、阿膠、青皮、貝母、陳皮、青木香、生薑、白蜜。

又《渾身出血皮肉有毒》 渾身出血病兩般，吃水草少却不安。血出毛孔小易治，穴孔大流治亦難。柴芩散用歸地芍，後加硝黄粉茅甘。二母芩柏共燈芯，銀花升翹藕連玄。一曰：血皮脹，毛孔隱隱出血，可醫；一種血脾脹，七竅流血，難治。柴芩散：柴胡、黃連、赤芍、升麻、花粉、銀花、貝母、黃芩、知母、甘草、當歸、連翹、厚朴、生地、燈草、玄參、茅根或側柏葉水煎。後加芒硝、大黃、藕汁或墨汁或犀角。又方：黑墨磨汁和水一碗，灌之。或藕，不拘多少，搗汁灌之，或切片包荷葉喂之，和童便亦可。

又《雜蟲脹胸癥》 雜蟲脹胸三四般，春夏秋冬四季看。肝肺症脹難療治，春青反脹片時間。健脾暖胃枳樸散，滋補命門體見安。古方石灰湯下灌，生油燕糞共枯礬。枳樸散：治牛草飽氣逆臌脹。枳殼、山楂、生薑、厚朴、蘇子、青皮、檳榔、神曲、白芥子。靈效方古方也：六月六日取燕子糞半斤、香油半斤、枯礬一兩，和服。雜蟲脹者，滿肚臌脹也。有肝膽脾胃四臟之症，難療。又有水噎、羅膈之名，亦難治之。春青反脹者，不過脾胃虛弱，內食寒水冷草，營衛不和，逆氣衝于胸間，濁氣凝于丹田，故牛胸滿肚大。凡治，醫者健脾和胃，調氣活血，暖丹田，補命門，而牛自安也。石灰少許，和水澱清，再和水澱，和藥服之。

又《黃蟒鱉蟲入耳》 黃蟒鱉蟲入耳來，漸漸尫羸瘦如柴。哺頸環頭舒脚卧，蟒蟲肚內必生災。青鹽百部金釵草，雷丸鶴蝨治病回。桔樸苦參礬軍柏，薑飴椒蒜將口開。青鹽散：青鹽、甘草、厚朴、桔梗、白礬、生軍、百部、苦參、雷丸、鶴蝨、黃柏、金釵草。引用生薑、飴糖、花椒、大蒜。

又《蟲子入耳》 蟲子入耳頭擺地，起卧竄身最難醫。或是耳內多汁出，抵牆倚坐靠柴籬。造父多用黃鶯糞，成丸生油灌耳宜。或綿裹藥塞入耳，蟲子立死才稀奇。黃鶯散：黃鶯散用白龍骨，龍腦姹女與蜈蚣。細辛共末為丸子，丸和香油殺耳蟲。鶯糞、龍骨、龍腦、姹女、細辛、蜈蚣、香油。聰耳散：聰耳散用川芎和，石膏生地石菖蒲。甘草青皮淡竹葉，黃柏知母共薄荷。石膏、川芎、甘草、知母、石菖蒲、生地、薄荷、黃柏。引用淡竹葉。

駝

綜述

明 喻仁、喻傑《元亨療馬集附駝經大全》卷一〇《治駝雜癥方》 豬膏散：治駝黑瘡。豬油四兩、牙皂角半兩、雞子一個，共為細末，搽瘡上，一二次痊癒。

又 柏子仁散：治駝疥癩。柏子仁、赤石脂、烏頭，各件共為細末，入棉花油調搽。

又 木香散：治駝赤瘡。高良薑、黃藥子、百草霜、青木香、當歸，各件共為細末，入芝麻油熬膏塗之，痊癒。

又 宿砂散：治駝脱肛。白礬、五倍子、龍骨、藁本、木別子、蜜佗僧、連鬚蔥一把，各件水煎三五沸，溫洗之。

又 婆娑石散：治駝口瘡。婆娑石、山豆根、青黛、寒水石、硼砂、青鹽，各件共為細末，口內吹之，米泔水洗後又吹，三次痊癒。

又《附治小兒走馬牙疳瘡神方》 用大板栗刺蒲二三個，瓦罐煎水，再用屋上大蘿摩一個，翻過皮蘸栗蒲水洗之，一二次痊愈，神驗。板栗蒲，又名栗房，即駁去栗子之刺殼，在江南則處處有之。

清 趙學敏《串雅獸醫方》卷五《駝證》 駝病：鬼臼、穿山甲、滑石、木通各二兩為末，小油半斤，溫水三升，飢灌之。

又 熱水生瘡：山梔、黃連、知母、遠志、貝母、甘草各三兩為末，油半斤，水五升，飽灌之。

又 口瘡：菩薩石、桑皮、黃丹各等分，以青鹽少許為末，入蜜熬膏，每服一兩半，啖之。

又 眼暈遮睛：烏賊骨、馬牙硝、銅青、白礬、青鹽各等分為末，燈芯點之。

又 二便不通：桑皮、甘草各五兩，大黃四兩，芍藥、滑石、木通各二兩，穿山甲一兩，共為末，水五升，油、灰汁各半斤，灌之。

又 力乏欲死：鹽和麵納入口中飼之，則三日不飢。

又 蹄漏：人髮灰、石灰、黃丹、瀝青為末，脂油熬膏，貼之。

又 胎衣不下，小便秘澀：木通一兩、朴硝四兩，以灰汁、大油一斤，水三升，飢灌之。

又 駝瀉不止：炒鹽四兩，生薑二兩，白礬、天仙子、赤石脂、赤黍米，各等分為末，用酢同熬，待飢灌之。

又 淋瀝：茶芽四兩、千金子、赤麻子、通草、白丑、黑丑各二兩，為末，以秫汁一合，大油一斤，藥四兩，飢灌之。

羊

綜述

北魏 賈思勰《齊民要術》卷六《養羊第五十七》 治羊疥方：取藜蘆根，㕮咀令破，以泔浸之，以瓶盛，塞口，於竈邊常令暖，數日醋香，便中用。以甎瓦刮疥令赤，若強硬痂厚者，亦可以湯洗之，去痂，拭燥，以藥汁塗之。再上，愈。若多者，日別漸漸塗之，勿頓塗令遍，羊瘦，不堪藥勢，便死矣。又方：去痂如前法。燒葵根為灰。煮醋澱，熱塗之，以灰厚傅。再上，愈。寒時勿剪毛，去即凍死矣。又方：臘月豬脂，加熏黄塗之，即愈。

羊膿鼻眼不淨者皆以中水治方：以湯和鹽，用杓研之極鹹，塗之為佳。更待冷，接取清，以小角受一雞子者，灌兩鼻各一角，非直水差，永自去蟲。五日後，必飲，以眼鼻淨為候，不差，更灌，一如前法。

羊膿鼻，口頰生瘡如乾癬者，名曰『可妒渾』，迭相染易，著者多死，或能絶群，治之方：豎長竿於圈中，竿頭施橫板，令獮猴上居數日，自然差。此獸辟惡，常安於圈中亦好。

治羊挾蹄方：取羝羊脂，和鹽煎使熟，燒鐵令微赤，著脂烙之。著乾地，勿令水泥入。七日自然差耳。

凡羊經疥得差者，至後夏初肥時，宜賣易之。不爾，後年春，疥發必死矣。

明 朱權《新刻臞仙神隱書》卷四《羊證》 夾蹄：以羖羊脂煎熟去滓，取鉄篦子，火燒令熱，將脂勻篦上烙之，勿令入水，次日即愈。生疥癩：用藜蘆根，不拘多少，搥碎，以米泔浸之，瓶盛，塞口，置熱竈邊數日，候味酸，先以瓦片刮疥處，令赤，用湯洗之，去瘡甲，拭乾，以藥塗上，兩次即愈。若癩多，逐旋塗之。一方：用鍋底墨，及塩、桐油各二兩，調勻塗之。中水：先以水洗眼及鼻中膿汚，令淨。次用塩一大撮，就將沸湯研化，候冷澄，取清汁注少許於兩鼻內，五日立愈。

明 鄺璠《便民圖纂》卷一四《牧養類》 治羊火蹄：以羖羊脂煎熟去滓，取鐵篦子燒令熱，將脂勻塗篦上烙之，勿令入水，次日即愈。

又 治羊疥癩：藜蘆根不拘多少，搥碎，以米泔浸之，瓶盛，塞口，置竈邊令暖，數日味酸，可用。先以瓦片刮疥處，令赤，用溫湯洗，去瘡甲，拭乾，以藥塗上，兩次即愈。若疥多，宜漸塗之，徧塗恐不勝痛。又方：用鍋底墨及鹽與桐油各二兩，調勻塗之。

又 治羊中水：先以水洗眼及鼻中膿污，令淨，次用鹽一大撮，就將沸湯研化，候冷澄清汁，注雞子清少許，灌鼻內，五日後漸愈。

又 治羊敗羣：羊膿鼻及口頰生瘡，如乾癬者相染，遂致絶羣。治法：取長竿豎於棧所，竿頭置一小板，繫獮猴於竿，令可上下。又辟狐狸而益羊瘥病。

明 徐光啓《農政全書》卷四一《六畜》 羊有疥者，間別之。不別，相染汙，或能合群致死。羊疥先著口者，難治多死。

治羊疥方：取藜蘆根，㕮咀令破，以泔浸之，以瓶盛，塞口，於竈邊常令暖。數日醋香，便中用。以磚瓦刮疥令赤。若強硬痂厚者，亦可以湯洗之。去痂，拭燥，以藥汁塗之。再上，愈。若多者，日別漸漸塗之，勿頓塗令遍，羊皮不堪藥勢，便死矣。

又方：去痂如前洗。燒葵根為灰，煮醋澱，熱塗之，以灰厚傅。再上，愈。寒時勿剪毛，去即凍死矣。

又方：臘月豬脂，加熏黄塗之，即愈。

又 羊膿鼻眼不淨者，皆以中水治方：以湯和鹽，用杓研之，極鹹，塗之為佳。更待冷，接取清，以小角受一雞子者，溝兩鼻各一角。非直水瘥，永息天蟲。五日後，必飲，以眼鼻淨為候。不瘥，更溝，一如前法。

又 羊膿鼻口頰生瘡如乾癬者，名曰『可妬』，運迭相染易，著者多死。或能絶群。治之方：豎長竿於圈中，竿頭施橫板，令獮猴上居數日，自然差。此獸辟惡，常安於圈中亦好。

又 治羊挾蹄方：取羝脂和鹽煎使熟。燒熱令微赤，著脂烙之。著乾勿令水入。七日，自然瘥耳。

又 凡羊經疥得差者，至夏後初肥時，宜賣易之。不爾，後年春，疥發，必死矣。

又 治羊火蹄方：以羖羊脂煎熟去滓。取鐵篦子燒熱，將脂勻塗篦上烙之。勿令入水，次日即愈。

清 楊屾《豳風廣義》卷三《治羊病法》 治羊脾脹方：其症來時，肚脹，眼大，亂跑。用大針一個，在左邊前夾第二根肋枝縫中，以針刺入一二寸，即愈。

又　治羊膿鼻眼不淨者：以湯和鹽研之，極鹹，塗眼鼻。再將清鹽水用小鐵灌角灌入兩鼻內半鍾，不瘥，再灌。五日，勿見水。

又　凡羊倒圈者，乃瘟症，用獮猴一個，置圈中高竿上頭，以避惡氣。又用雄黃、藜蘆、蒼朮、乳香、火硝、細辛、甘松、川芎、降眞香等分爲末，不論有病無病，凡羊兩鼻中用竹筒各吹一遍。

又　治羊兒風：用艾在頭中旋內灸五六壯，即愈。

又　治羊漏蹄方：羖攊羊脂煎熟，去渣，取鐵箭頭一個，燒大熱，將羊脂油塗箭頭，烙患上。勿令見水，治之不愈者，剕出蹄甲內毛蟲兩個，再烙即愈。

清　趙學敏《串雅獸醫方》卷三《羊證》　夾蹄：羖羊脂熟去渣，取鐵篦子火燒令熱，將脂勻篦上烙之，勿令入水，次日即愈。

又　癩：藜蘆根不拘多少捶碎，以米泔浸之，瓶盛，塞口，置熱竈邊數日，候味酸，先以瓦片刮患處，今赤，用湯洗之，去瘡甲，拭乾，以藥塗之，兩次即愈。若癩多，逐漸塗之兩次。又方：鍋底墨及鹽、桐油各二兩，調勻，塗上。

又　卷六《六畜舌脹》　舌脹出血：蓖麻取油，蘸紙拈，燒煙熏之，即腫脹皆消。并治牛馬六畜舌脹。

清　張宗法《三農紀》卷一九《羊》　療治。羊食熱物，病腹滿，不能轉草者，水洗眼鼻濃汚，令淨，再以食鹽擦舌。凡染症，白藊豆、甘草、芒硝末，和童便，啖。或苦參汁，啖。染疫，蒼朮、梟角、雄黃末焚棧中，又以皂角、雄黃、藜蘆吹鼻令嚏。

清　黃穀《畜産叢書》第三編《養羊法·羊病療治法》　羊身生疥者，須間別之，不可使與羣羊相處，恐傳染一羣。療法：以黎蘆根咬破出汁，入於瓶中，置於竈側數日，醋香即可應用。先將磚瓦刮疥令赤，去痂拭燥，以藥汁塗之，即愈。或用葵根燒灰煑醋，澱□塗之，或用臘月豬油加雄黃塗之，均可。

又　羊膿鼻而眼不淨者，皆以中水之故。療法：以湯和鹽，用勺研極鹹，塗之。

又　羊挾蹄病。療法：以羝脂和鹽煎熟，燒熱令微赤，著脂烙之。

又　火蹄病。療法：羖羊脂煎熟，去渣，取鐵篦子燒熱，將脂塗上烙之，勿令入水，即愈。

猪

綜述

明　鄺璠《便民圖纂》卷一四《牧養類》　肥豬法：麻子二升，搗千餘杵，鹽一升同煮，和糠三升，飼之立肥。

明　徐光啓《農政全書》卷四一《六畜》　治豬病方：割去尾尖，出血即愈。若瘟疫，用蘿蔔，或及梓樹花，與食之。不食難救。

清　趙學敏《串雅獸醫方》卷四《豬證》　諸病：割去尾尖，出血即愈。

又、豬瘟：牙皂、細辛、川烏、雄黃、狗天靈蓋燒灰各等分，為末，吹入鼻中，用五分即可，牛、馬亦可治，加麝香五厘更妙。

又　中水：先以水洗眼鼻中膿汚，令淨，次用鹽一大湯碗，撮就將沸湯研化，候冷，澄取清汁，注少許于兩鼻內，五日即愈。

又　瘴疫：蘿卜或葉食之，不食，則難救。又方：牙皂二錢，火煅、細辛三錢、牙硝九錢共為末，竹管吹三分入鼻內。

清　李南暉《活獸慈舟·豕·豕難壯者》　凡豕難壯者，以：火麻子一升、食鹽一斤，常合粕水飼之易壯。又：貫眾一斤、蒼朮四兩、芝麻一升、黃豆一斗。煎炒成黃色時，磨粉，合入糟糠水，攪勻飼之，易壯易肥。

又《治豕瘦蟲積方》　凡豕患蟲積羸瘦者，以：貫眾、菖蒲、使君子搗煎，入清油飼之。又：地丁草、脆頭雞、貫眾、皂角搗煎，飼之。

又《治豕瀉蟲法》　夫豕或時便瀉螬蟲寸白蟲者，當用：硫磺四兩以蕎麥作餅，入硫磺封固，入鍋內煮製熟，去硫磺，以餅合粕飼之。又：川楝根、使君子、地榆、石菖蒲，同煎飼之。

又《治大便不通法》　豕患大便不通者，急取：蚯蚓焙乾為末、蓖麻子無子取葉、火葱、蜂蜜，共搗作餅，敷於肛門即通。又：大黃、芒硝、木通、川芎、巴豆油、枳殼、檳榔、草果仁，煎濃濾渣，合粕飼之。又：地龍、五穀根、土大黃，搗飼之。

又《小便淋瀝法》 凡豕小便紅赤淋瀝者，急用：木通、澤瀉、滑石、丑牛、菖蒲，煎水與飼。又：五穀根、茨黃連、石膏、寒水石、吳萸根。煎汁，入糈與飼。

又《治皮燥毛落法》 豕患毛落皮焦者，多因血肉不足。當以：綠豆漿、蕎子磨成細粉、豌豆粉、白砒，煎炒與飼，自能皮膚潤澤，毛秀青疏。外常用清油塗搽之。又：酒、醋，塗搽之。

又《治豕生虱》 凡豕生虱者，用：生豬油塗搽殺虱。又：棬油。塗之。又：寄生、用桐油煎滾，去藥將油塗虱。又：金鈴子。煎水洗。又：銀杏仁、望月砂、夜明砂入豬脂煎水清洗。

又《治豕蟲瘙法》 青峰曰：豕患蟲瘙皮破毛落者，無論何處俱當服：大黃、川椒、貫眾、皂角、檳榔、甘草，煎飼之。外用：滑石、石灰，塗患處。又：枯礬、石膏，調羊膽汁敷患處。又：豬腰果、煙葉骨、川楝根。搗碎，煎滾，濾去藥渣，以水常洗常換，不數次而愈。

清 張宗法《三農紀》卷一九《豕》 療治染症：以梓葉食之，宜常采，切碎入糟粕中飼，不持治症亦易長。遇疫，以川芎、藿香、藜蘆、丹皮、虎頭骨、元胡索、細辛、白芷、蒼朮、硃砂，共末，吹鼻内令嚏，三五次病者可愈，未病不染。或以紅砒、胡椒爲末，飯丸如梧子大，刺耳入丸，腫腐效。又《穰書》云：養黽于糟桶間則免疫。三註云：人疫染人，畜疫染畜，染其形似者，豕疫可傳牛，牛疫可傳豕，當知避焉。

清 佚名《豬經大全》 豬脹肚子症。治法：大蒜搗泥，入蛤粉為丸，紫菀一兩、半夏二兩、大戟七合，多熬水和丸，灌下自安然。百法百中。

又 豬食豇豆起病。治法：蘿蔔熬熱湯，一喂解即安。倘若症稍減，連進二劑康。千試千靈。

又 豬發嘔吐症。治法：陳皮四兩、生薑半斤，二味熬湯，灌下即愈。

又 豬大便結。治法：滑石末，白蜜糖、香油煎服，食下即通。又方：芝麻三合，煮粥喂下自好。

又 豬糠結症。治法：鹽鍋巴重一錢燒紅，入肛門寸許，將紅曲米一杯搗碎，和熱飯一大碗，調米喂之。

又 豬風火便結。治法：當歸一兩、生地五錢、熟地四錢、天冬五錢、寸冬五錢、枯芩四錢、大黃五錢、防風五錢、秦艽五錢、麻仁五錢、甘草三錢，水煎喂下。

又 豬瘟疫火熱內實。治法：生大黃四兩、芒硝三合、小枳實五合、厚朴一兩，四味共煎，三灌得痊。

又 豬泄痢稀糞症。治法：骨碎補為末，入豬腎熬喂。又方：棉花籽炒研，摻食喂。其效果靈。

又 豬腸風下血症。治法：豬大腸一節，入黃連末，細燉熟食之，一次不愈連服二次，真效驗之神方也。

又 豬陰症脫肛。治法：伏龍肝、鱉頭骨、五倍子為末，摻之，先以紫蘇熬水，洗豬肛門。

又 豬陰症脫肛青白色。治法：西砂仁、白龍骨、大訶子，三味為末，米湯調下，不愈再服。

又 豬陽症脫肛。治法：地龍蚓一兩、風化硝二兩，二味為末。見腫消、荊芥、生薑、蔥白濃煎水洗後，摻末。

又 豬陽症脫肛紅腫乾燥。治法：赤石脂、黃連末、木賊草，三味為末，米泔水下，服之即安。

又 豬受滾食傷生血凸。治法：大生地、寸麥冬、粉甘草、金石斛、枯黃芩、小茵陳、枳殼、茯苓、犀角、桃仁、紅花，童便下。

又 豬爛肚子症。治法：以瀉黃治之，苡仁用二兩為末，米湯下喂之，病易痊，得效。

又 豬爛肝子症。治法：大茜草一兩，水煎溫灌下，一服若不愈，連進二三服，應驗。

又 豬黃膘症。治法：鮮茵陳一兩、生大黃一兩，酒炒，生梔子十四枚，將藥水熬濃，每日喂三次。

又 豬熱狂張口出氣。治法：雅黃連、生梔子、枯黃芩、黃柏皮、辰砂末，豬心血調灌下。

又 豬咳喘症。治法：白蘚皮、豬肝、肺尖，同煎喂下。又雞蛋二枚，燉熟喂之。又方：蟲線三條，入雞蛋燒熟食之。

又 豬喉風氣閉症。治法：以豬鼻孔焙乾為末，又合牙皂麵，以吹鼻，其效如神。又方：草稈泥包之，病即愈。

又 豬喉閉不能張聲。治法：靛青花、蘇薄荷，二味共研成餅，塞豬口內，以待藥自慢慢化下，或加白蜜亦可。

又　豬爛心肺症。治法：白芨為末四兩，米湯調之灌下，一服其症稍減，再灌可以安然無恙矣。

又　豬腫心子症。治法：辰砂水飛二錢，豬心血調一杯服之，症已漸退，又灌，症自痊癒，秘效。

又　豬膏淋白濁症。治法：萆薢、臺烏藥、益智、石菖蒲、茯苓、甘草稍，加鹽少許，熬水喂下。

又　豬尿黃將結症。治法：豬苓一兩，水煎灌之，即愈。又方：熱童便入鹽少許，灌之立效。

又　豬尿結症。治法：朴硝末一兩，茴香子一合，搗熬水灌下。又方：曲鱔十條，搗涼水透濃汁，灌下立通。

又　豬尿血症。治法：宣木通、燈芯草、小瞿麥、車前子、生梔子、生大黃、小扁蓄、甘草梢，熬灌下愈。

又　豬腫腰子症。治法：桔梗一兩、生石膏一兩、豬苓一兩、黃芩一兩、乾葛一兩、花粉一兩、甘草一兩、滑石一兩、黃豆半斤、豬腰一對，同煮喂下。

又　豬打擺子。治法：榔片、常山、陳皮、青皮、厚朴、草果、甘草煎之，露後溫服。

又　豬病瘧症。治法：附片、乾薑、上桂、白朮、茯苓、半夏、陳皮、五味，生薑為引，煎湯調下。又方：附子、乾薑、炙草力末，調喂。

又　豬食毒昏倒作難。治法：以黃泥漿攪水灌之。又方：以生桐油灌之即吐。

又　豬食毒草病症。治法：毒草食成病，豇豆煮汁應，百毒一齊解，頃刻效如神，屢試屢驗。

又　豬發暈忽然昏倒。治法：廣皮、半夏、茯苓、川芎、枯芩、白芷、北細辛、南星、防風、羌活、甘草、生薑，水酒煎灌。

又　豬頭偏倒。治法：升麻頭、製蒼朮、蘇薄荷，水煎灌。此頭黃痛也，人多不知之。

又　豬扯驚風之症。治法：防風五錢、桂枝二錢、麻黃二錢、酒芍二錢、杏仁二錢、川芎二錢、枯芩二錢、防己二錢、炙草二錢、附片一錢、薑三片、棗四枚，合煎喂。

又　豬風癱症。治法：當歸五錢、川芎五錢、茯苓五錢、陳皮五錢、半夏五錢、烏藥五錢、香附五錢、白芷五錢、北細辛五錢、防風五錢、麻黃五錢、羌活五錢、大草五錢、生薑三片，熬水灌下。

又　豬受風寒濕臥症。治法：製蒼朮一兩、北細辛一兩、炙甘草一兩、藁本一兩、香白芷一兩、羌活一兩、老川芎二兩，薑、蔥熬喂。

又　豬生腫毒症。治法：蘇薄荷、野菊花、豬苓末、土貝母、茅草根，共搗如泥，熬灌，渣包。

又　豬被湯火燒皮破。治法：可用豬苦膽擦之，自安然，退涼又清火，仙方試之靈。

又　豬生癩子症。治法：蒼耳子、青蒿、忍冬藤、艾葉、桑樹條、槐條、柳樹條，捶碎熬水，入炒鹽一兩，熱洗數次。

又　豬多虱症。治法：鶴虱草、蛇床子二味為末。牛皮熬膠，煎水調擦，其虱化完。

又　彘子欠月。治法：杜仲八兩，糯米湯浸透，炒研細；續斷二兩酒浸；山藥六兩。三味共為末，每用一兩，米湯和喂，可保效驗如神。

又　豬生子不快胞衣不下。治法：白蜜糖一杯、麻油一杯，煎喂即下。又方：烏梅肉煨末，以熱酒調灌，一時即安。

又　母豬少奶。治法：奶漿菜多採，淘淨切碎爛，米漿水調喂，服之自安然，最驗。

又　彘食己子。治法：以燙豬毛水去渣，半瓢灌之。又方：以豬己窩下屎焙乾，研末吹鼻。

又　豬欲避瘟症。治法：以貫眾泡食桶內，舀汁出及料食喂，留藥在內。千叫千應，萬試萬靈。

又　豬發瘟症。治法：北細辛一錢、牙皂一錢、雄黃一錢、花椒一錢，為末灌下。公豬以吹左鼻，母豬以吹右鼻。

又　豬瘟仙方。治法：北細辛、牙皂、生川烏、草烏、雄黃、狗天靈蓋，燒灰為末，吹鼻。

又　豬時行感冒。冒治法：乾葛，綠升麻、陳皮、大草、川芎、紫蘇、白芷、赤芍、麻黃、香附。薑、蔥熬水灌之。

又　豬受疫不食症。治法：蒼朮五錢，米泔水浸，厚朴一錢、陳皮二錢、炙草一錢、生薑三片、大棗三枚，煮喂。

禽

綜述

明 朱權《新刻臞仙神隱書》卷四《鷄證》 治鷄病，用真麻油灌之。

明 鄺璠《便民圖纂》卷一四《牧養類》 治鶴病：用蛇、鼠及大麥，並宜煮熟餵之。

又 治鸚鵡病：以柑欖餘甘飼之愈，預收作乾，以備緩急之用。

又 治鴿病：用古牆上螺螄殼，並續隨子、銀杏擣爲丸，每餵十丸，若爲鷹所傷，宜取地黄研汁，浸米飼之。

又 治百鳥病：百鳥吃惡水，鼻凹生爛瘡，甜瓜蒂爲末敷之愈。

明 徐光啓《農政全書》卷四一《六畜》 治雞病方：凡雞雜病，以真麻油灌之，皆立愈。若中蜈蚣毒，則研朱萸解之。

又 治鬥雞病方：以雄黄末，搜飯飼之，可去其胃蟲。此藥性熱，又可使其力健。

清 楊屾《豳風廣義》卷三《治鷄病方》 凡鷄有雜病者，以眞麻油灌之，立愈。若有瘟疫者，預用吳茱萸爲末，以少許拌乾飯上餧之。又以雄黄末拌飯餧之，皆能不病。若已病者，以蒜瓣一粒餧之。

清 張宗法《三農紀》卷一九《鷄》 療治。中毒者，麻油灌之，或茱萸研末，啖。若遇疫，急用白礬、雄黄、甘艸爲末，拌飯飼之，熏以蒼术、赤小豆、皂角、藜蘆末。

又《鴨》 療治。凡雏發風、頭旋，以磁鋒刺其脛掌卽愈。中毒者，朴硝水啖之，蘆根汁亦妙。鵞亦此方。

清 趙學敏《串雅外編》卷四《醫禽》 鶴脛折斷。鶴脛至脆，易折，若犯此者，用青竹，比脛畧大，截長三四寸，手劈兩片，地上掘白頸蚯蚓數條，去泥土，舖青竹管中，用線紮定，仍用數條啖之，候飯頃，即如舊。此萬金不傳之方。

鶴病。飼蛇、鼠及大麥，煮煨之。

南禽發風。如鸚哥、八哥、白鷴、錦雞、孔雀之屬，發風不食，尾尖上有一肉珠，圓如豆大，以針挑破之，立愈。

金雀。凡新捕到金雀，必欲以水洗其足，令十分乾净，却以舌於其頂上順舐之數十舐，然後置籠中，如此永不死。如不然，必致于死，此妙法。

鴿病。古牆中螺螄朽殼，并續隨子、銀杏，擣爲丸，每飼十丸，愈。鴿性嗜豆，菉豆性冷，多食則病；受煙火之氣則病；不見陽光則病；不獲沐浴則病；不得砂石則病。熱病作喘，冷病下希，熱療以塩，冷療以甘草。

孔雀病。飼以鐵水即愈。如盛夏患眼病，以鵝翎筒管灌清油少許，清水洗之，眼不開擘，只啖小魚蝦，及切蒻少許啖之，貴涼冷，勿與鹹、醋雜食。

鸚鵡病。鸚鵡性最畏寒，冷則發顫，如瘴而殂，飼以餘甘，可解。

畫眉病。畫眉春蒼止當分對之時，若入籠，一年可矣，即明春照前分對之時，食不能食，呌不能呌，名發氤。籠内取出，尾上騷尖擠出白漿，過數日，呌口如前，仍然掮打。凡鳥喉啞，用銅末一撮，或古老錢，或訶子，任用一件，入水汁内浸之，飲其水，聲亮如前。

鷚子病。鷚子有病，而不知何病。蜂蜜、奶子油及鮮熟肉或小雞肉，尤妙，三様和匀，與食，則愈。鷚子或在手腕，或在栖木，屡次氣喘憂悶，食少鮮肉後，出糞黑臭，因腹内有臭液，或食惡肉，或食野草之故。宜用毛齒莧畧擣爛，並奶子油、羊羔肉和為食。又方，葡萄汁煎三分去二，止留一分最甜者，與鴿子飲，間一日，將此鴿給鷚子食之，則愈。凡瘦而憂悶，反毛豎起者，此方治之獲痊。凡試鷚子有病與否，先置鷚子于足下，後持肉高懸，引教飛上撲食，則無病，否則有病。或以銅末、鐵末拌肉與食，如食，則五臟不佳。又宰羊羔肺帶熱與之食，食肺而安，必無恙。食之不寧難化，第二日有憂悶狀，則有病。一出糞不間斷，不攔在架上安平，嘴抹内翅，自下而上，其翅如擦油光潤，大腿均平，翅内兩脉平和，以上皆無病之徵。或因外熱而口開，舌顫喘氣，或因内熱而眼閉，脚爪一伸一縮，毛豎起，或因勞倦，而口閉，翅下垂，鼻中呼氣，一切皆有病之徵。若出糞綠色，在架拳曲不起，乃死之徵也。

了哥病。春月羽毛上生蟲，多蛀死。吳茱萸煎湯，放令浴之，蛀蟲則死。

黄頭病。黄頭有拔肚毛者，蛇殼焙燥，研細，拌粉内食之，即愈。

雞一切病。真麻油灌之。雞瘦。土硫黄研細拌食，則肥。

雞瘟。磨鐵漿染米與食，愈。

雞水眼。白礬傅之。

雞哮，芒硝一小塊如指大，灌之即愈。

鶬鶊病。白膜蔽眼者，名水眼。不治則瞎，須常常看視，若有此病，飼以蚯蚓便愈。後又飼以蛛蛛、蒼蠅、土蜂等物，敗其餘毒，而門亦多狠。

雞瘟。巴豆一粒，擣碎，香油調灌入口，即愈。又方：菉豆粉水和成調，餵數次愈。

清 **黃毅《畜産叢書》第五編《養鷄法・鷄病之療法》** 瘟疫病。兩翼垂下，行不自由，嗉囊飽滿，排泄白色，如乳之粘液，以後漸欲飲水，眼閉而冠變藍色，遂至斃死。此病傳染甚易，務早使離羣。療法：用明礬水一匙飲之，每日二回，或用化學中之硫酸鐵溶液，然恐不便用，麻油飲之亦可。

又 黑瘡。即於皮膚生黑色之斑點，不食不動，兩翼下垂，終至於死。療法：用蓖麻子食之，或與以石灰酸水亦可。

又 結核病，初不甚顯，以後顏色漸變，羽毛失光，不食而咳嗽，嘴入羽間，終至衰亡以死。療法：須將病雞另置清潔之所，其輕者可以麥粉與肝油食之，重者不治。

又 白癬病。由肉冠及頸漸變全身，其患部生白斑，毛羽失色，甚至脫落。此病易傳染，故使離羣。療法：先以豬油塗患部，過一晝夜，以肥皂洗浄，以硫黃擦之。

又 疥癬病。多生於頭部、脚部，而雞冠尤多。現白色之點，柔軟而被有痂，皮膚變為褐色，其痂亦漸增大。療法：亦先以豬油塗之，次日用毛刷潑肥皂溫水洗之，然後塗以水銀。

其他

綜述

北魏 **賈思勰《齊民要術》卷六《相牛馬及諸病方法》** 治驢漏蹄方：鑿厚磚石，令容驢蹄，深二寸許。熱燒磚，令熱赤。削驢蹄，令出漏孔，以蹄頓著磚孔中，傾鹽、酒、醋，令沸，浸之。牢捉，勿令腳動。待磚冷，然後放之，即愈。入水、遠行，悉不發。

明 **朱權《新刻臞仙神隱書》卷四《猫證》** 凡貓病，用烏藥磨水灌之。煨火疲瘁：用硫黃少許，內猪腸中，炮熟，餵之。或魚腸中飼之，亦可。誤為人踏死：用蘇木膿煎湯灌之。

又《狗證》 狗病，用水調平胃散灌之。

明 **鄺璠《便民圖纂》卷一四《牧養類》** 治狗病：用水調平胃散灌之，加清油、巴豆尤妙。

又 治狗卒死：用葵根塞鼻內可活。

又 治狗癩：狗遍身瘢癩，用百部濃煎汁塗之。狗蠅多者，以香油遍擦，立去。

又 治貓病：凡貓病，用芍藥磨水灌之。若偎火疲悴，用硫黃少許入豬腸中，炮熟餵之，或入魚腸中餵之亦可。小貓誤被人踏死，用蘇木濃煎湯，濾去柤，灌之。

又 治魚病：凡魚遭毒翻白，急疏去毒水，別引新水入池，多取芭蕉葉擣捽，置新水來處，使吸之則解，或以溺澆池面亦佳。

又 治鹿病：宜用鹽拌豆料餵之，常餵以豌豆亦佳。

又 治猿病：小猿宜餵以人參、黃芪。若大猿則以蘿蔔餵之。

清 **趙學敏《串雅獸醫方》卷六《六畜舌脹》** 舌脹出血：蓖麻取油、蘸紙拈，燒煙熏之，即腫脹皆消。并治牛馬六畜舌脹。

又 **卷七《狗證》** 狗癩：身上發癩、生蝇，百部汁塗，即除去。

又 狗蠅：濾麻油澤手，擦，其蠅即去。

又 卒死：葵根塞鼻，可治。

又 犬子病：灌平胃散。

又 一切病：水調平胃散，灌之。又方：巴豆去殼，和平胃散灌之。

又 惡犬令馴：天鴈肉一塊即雁也與食之，終身不吠噬，蓋以氣相制也。

又 **卷八《猫證》** 煨火疲瘁：硫黃少許，納豬腸中，炮熟，餵之；或魚腸中飼之。

又 誤為人踏死：蘇木濃煎湯，灌之。

又 貓瘦畏寒：黿肉餵之，又煎烏藥，灌之。

又 貓犬病：磨烏藥，灌之。

又 死胎不下：芒硝石末二錢，童便溫服，無不效。豐城曾尉有貓，孕五子，一子已生，四子死腹中，用此灌之，即下。

又 卷九《猿病》 大蜘蛛研爛，冷水調灌，百病愈。

又 貫仲磨水，灌之，并壁上蟢子與食，百病愈。

又 小猿宜喂人參、黄芪；大猿以蘿卜喂之；猿性不耐著地，著地輒鳴以死，煎附子汁，飲之即愈。

又 卷一〇《鹿病》 鹽拌豆料喂之，常以豌豆喂，亦佳。

又 卷一一《象病》 象生瘡：滿身如馬生齒瘡之狀。石蟹搗碎，敷之。

又 卷二三《魚病》 地中遭毒翻白，急疏出毒水，另引新水養之。搗芭蕉根或糞清澆入可解。

又 魚生虱：瘦而生白點者，名虱。虱如小豆大，形如鱉。凡出中暴雨入池，帶惡中穢氣，亦令魚生虱。凡取魚見魚瘦，宜細視之。有，則以鬆毛遍浮池中則除；或以楓樹皮投水中，則愈。

又 金魚生虱：新磚一塊，入糞中浸一日，取出令乾，投入魚缸内；或用白楊或楓樹皮投缸中亦愈。

清 張宗法《三農紀》卷一九《犬》 療治染症。以菉豆、黑豆、甘草汁嚾之。或以麻油靛汁啖之。若癲，大傷畜犬，恐傳其害，以水芹搗汁，麻油和飯飼之，可解。

針灸部

馬

論說

明 喻仁、喻傑《新刊纂圖元亨療馬集》卷二《伯樂明堂論》 秦穆公問於伯樂曰：『馬於春首針刺出血者，何謂也？』伯樂答之曰：『人受氣於癸。癸者，陰水也。水主腎，腎主精，故精氣多而血氣少。馬受氣於丙。丙者陽火也。火主心，心主血，故血氣多而精氣少。故馬必於針刺出血者，不使血氣太盛而為病疾也。』公曰：『出血必於春首者，何也？』伯樂答曰：『蓋春者木也，夏者火也，木火相生也。馬為火畜，生於寅，旺於午，伏於戌，且寅宮有丙火，午宮有丁火，戌宮有陰火也。於春首針刺，分調血氣不致大盛，故使火畜至夏，夏季火炎，使其榮衛調勻，不致遙過而生諸疾也。』穆公曰：『善。余聞牛馬周身有十二道經脈，三百六十道絡脈者，何也？』答曰：『經脈者，血筒也。絡脈者，穴孔也。』穆公曰：『願卒聞之。』伯樂答曰：『凡針血穴者，必須先於明堂經內，窮究血道穴孔，推詳所治之則，然後觀其天氣晴靜，及月令盈虛、晦朔弦望，與夫本命刀砧、血支、血忌，風雨陰寒，皆為禁忌，不可妄施針烙。此謂用針之致也。昔黃帝問於師皇曰：用針之道，有法則乎？師皇答曰：法天則地合以天光日月也。帝曰：願聞其道。師皇對曰：針者，有治病之功。刺者，須當應病。但於四時氣正而治，無不應效也。氣正者，晴明也，光霽也，溫和也。使其馬牛氣血調和，而衛氣易行，榮氣易泄也。是故天寒無刺，天溫無凝，月生無徹，月滿無補，月缺無瀉，月晦無針，月空無治，此謂應天時、合月令，黃帝、師皇用針之要也。』穆公曰：『應病行針，其有道乎？』曰：『有。』其妙幾何？』伯樂答曰：『凡用針者，必須謹敬嚴肅。當先令獸停立寧靜，喘息調勻。右手持針，左手按穴，量用鋒頭大小，及觀馬之身體肥瘦，食草多少，察其寒熱盛衰，然後方可施針。針皮勿令傷肉，針肉勿令傷筋、傷骨，隔一毫如隔泰山，偏一絲不如不針。三補一瀉。馬先針左，騍馬先針右，從陰引陽，從陽引陰，以左治右，以右治左。如針六脈，出血升合多寡，及驗血之榮悴，分調大過不及，此謂用針之道也。』穆公曰：『善。』又曰：『夫獸者，雖由芻水，周身有三斗六升血氣，有三百六十骨節，亦有三百六十穴道。凡在醫者，必須察其虛實，審其輕重，明其表裏，度其淺深。大抵用針之道，虛之則補，實之則瀉，寒之則溫，熱之則涼，風之則散，氣之則順。此謂一定之法，學者誠心鑒之。』

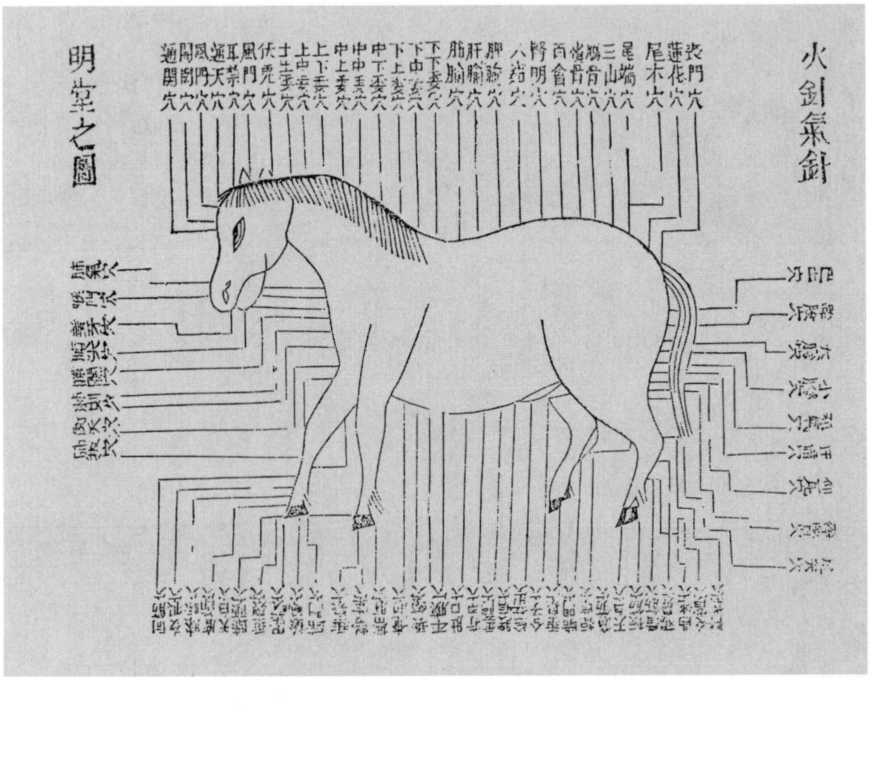

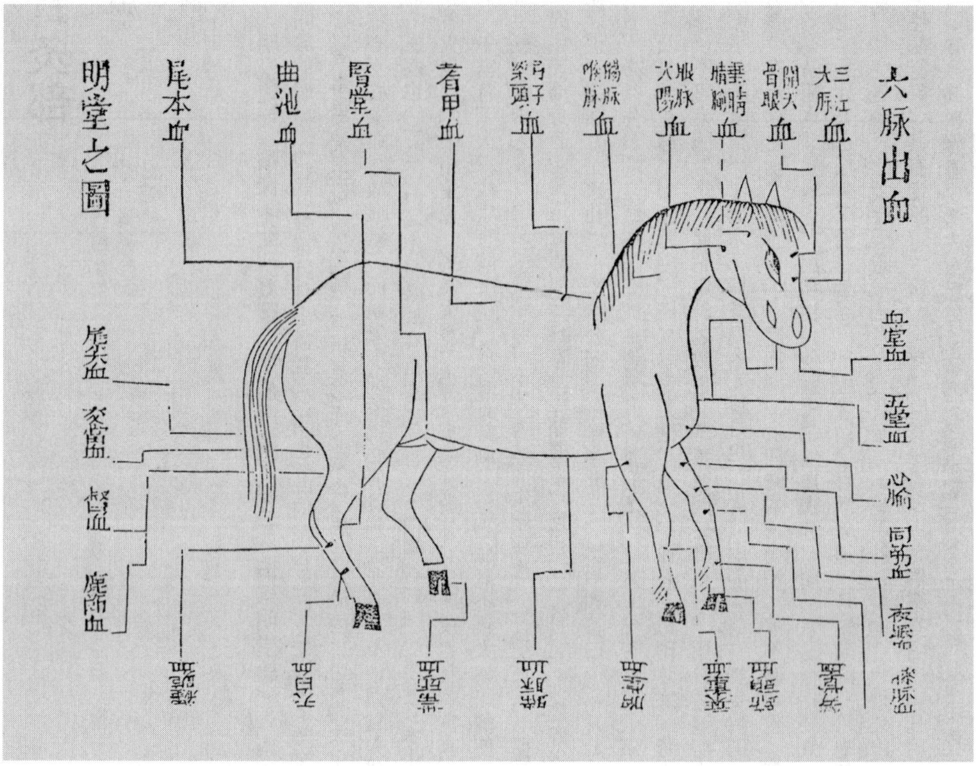
六脉出血
三江大脉血
尾本血
曲池血
腎堂血
脊甲血
明堂之圖

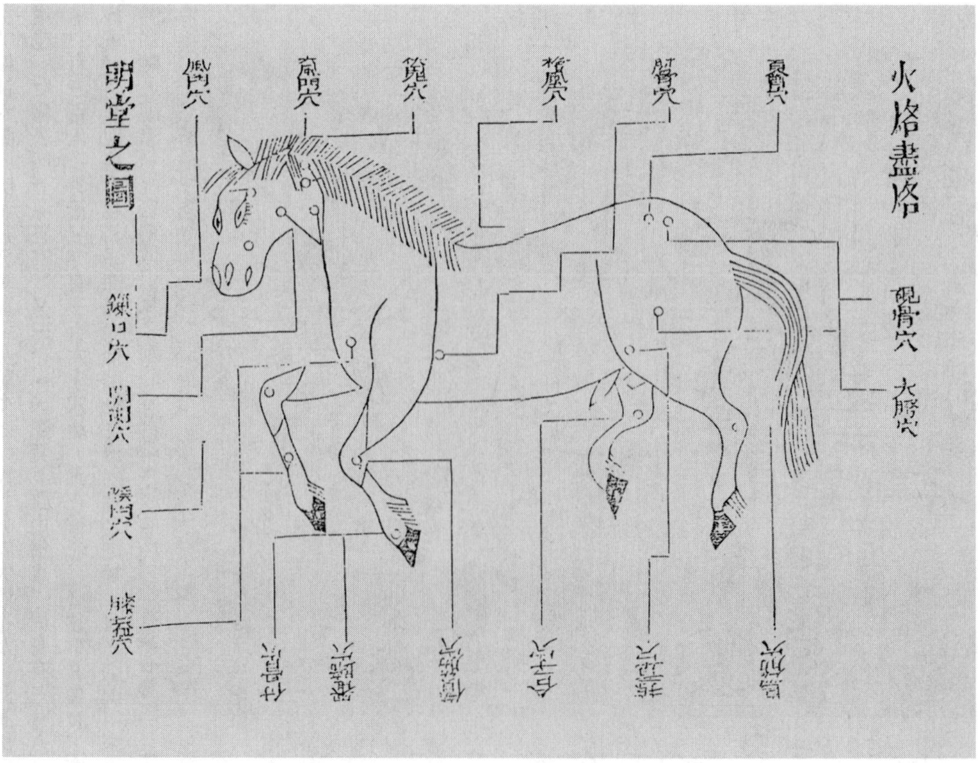
火烙盡烙
明堂之圖

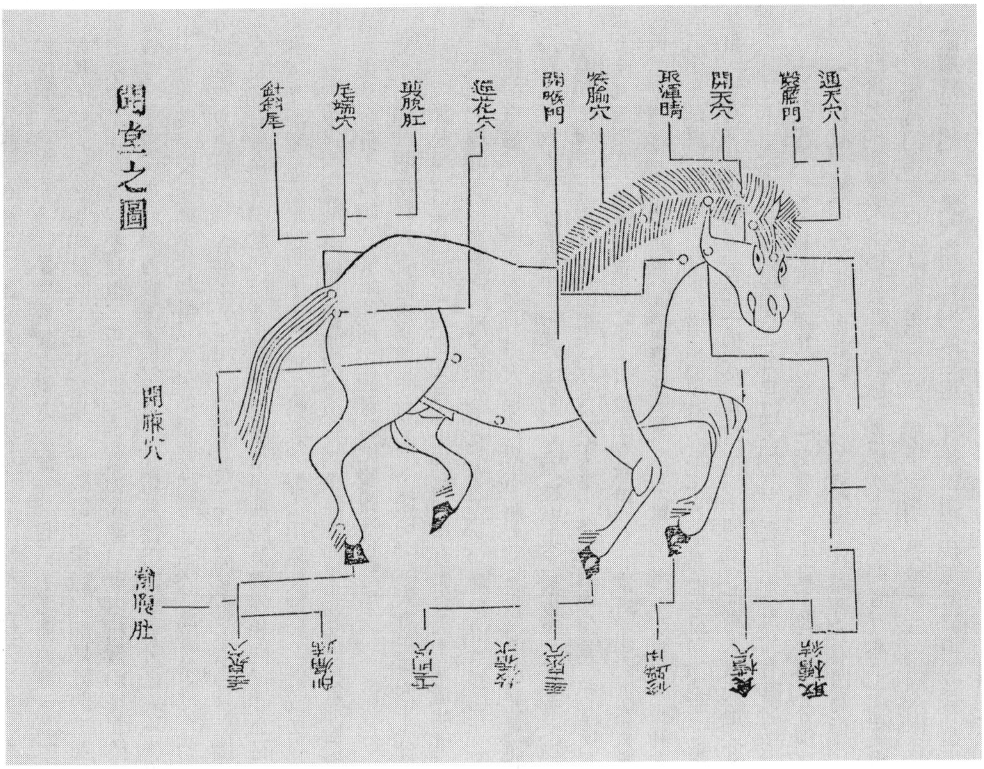

又《論割牛騸馬行針徹血回避刀砧日》 刀砧者，日之惡煞也，唐太史呂氏所著。一年四季分之，是故春以亥子，夏以寅卯，秋以巳午，冬以申酉。此謂四時日煞之刀砧，陰陽凶神之大忌。凡割牛騸馬，鑿腦開喉，打鼻穿捲，徹血行針，割癭瘤，取槽結，瘡科外表金刀一切忌之。歌曰：春日行針防亥子，夏月行針忌卯寅，九秋巳午針非吉，三冬申酉犯刀砧。

又卷五《論馬春季放大血》 昔春秋時，秦穆公問於伯樂曰：『人之與獸二五相同，獨馬多生熱症者，何也？』伯樂答曰：『人受氣於癸，馬受氣於丙。人受氣於癸者，陰水也。水主腎，腎主精，故精氣多而血氣少。馬受氣於丙者，陽火也。火主心，心主血，故血氣多而精氣少。故馬必於針刺出血者，不使血氣太盛而為疾病也。』『且出血必於春首者何也？』春者木也，夏者火也，木火相生也。於春首針刺，分調血氣，不致太盛。故使火畜至夏，夏季火炎，使其榮衛調勻，不致遙過而生諸疾也。歌曰：血在周身經絡中，惟有大血總流通，馬因年小膿分大，血盛逢春變熱風，精神恍惚多驚悸，皮毛擦破一重重，須將大血金針刺，索繫項後捲其鬃，郁得血筒皮下脹，度量深淺用神針，欲得順毛流下穩，不須猛出惹愁容，血筒有似袋中水，不可針傷第二重。

又《論馬血脈流傳東溪曲川問答》 夫春者，肝旺也，甲乙當令，萬物發生，獸之血脈，一日一夜週身流轉二百四十遭。凡槽騮廄驥，氣血盛者，鶻脈兩針徹之，致使四時不發熱壅之疾。此謂預針之法也。夫夏者，心旺也，丙丁當令，萬物崢嶸，獸之血脈，一日一夜週身流轉一百八十遭。凡膘驄肥馬，血氣盛者，六脈亦令徹之，致使炎暑不發瘡黃之症。此謂工針之法也。夫秋者，肺旺也，庚辛當令，萬物秀實，獸之血脈，一日一夜週身流轉一百二十遭。凡馬有疾，六脈應病針之，無疾禁止，以致調和臟腑，順順陰陽。此謂省針之法也。夫冬者，腎旺也，壬癸當令，萬物收藏，獸之精氣歸腎，陰陽閉塞成冬，一日一夜血脈週身流轉六十遭。凡馬急症，當針者針之，不當針者，不可妄徹，使馬騾不致虧傷元氣，不發胯痛腰疼之疾。此謂禁針之法也。脾分四季，戊己當令，各旺十八日，血脈流轉，各隨四季行之。凡針血者，亦如是也。有歌於後。歌曰：斗柄回寅血氣增，四時流轉不相同，春血日行二百四，冬脈週流六十巡，七十二道生針穴，醫工用意使神針，針皮勿令針傷肉，針肉勿令損傷筋，未徹先觀肥與瘦，分調榮悴令勻平，急症當針即與徹，無病無傷莫令針，療驢若能依此則，體健膘肥臟腑寧。

又《論馬明堂針穴者何也》東溪曲川問答　問曰：『人有三百六十穴道，馬之針穴有如是乎？』答曰：『人有三百六十經絡，馬有一百五十九道明堂。』又曰：『人之與獸，二五俱同，馬之針穴不足人之穴者，何也？』答曰：『人者，萬物之靈也，稟陰陽之大運，得天地之精華，體五行之正道，受元氣而豐肥，乃有三百六十穴，按週年三百六十日，足太極循環之數也。夫獸者，物類也，稟陰陽之偏運，受天地之餘精，得五行之未半，體元氣而少全，明堂所載，一百五十九道明穴，足太極週旋之半也。後至春秋時，有一大賢，出自西秦大國，姓孫氏，諱陽，官封伯樂將軍。此賢善識驊騮，能分駑駿，考察明堂，詳明針穴，乃有八十一道溫穴之針，八十一道補瀉之針，七十二道徹血之針，一十二道巧治之針。通前徹後，共有二百四十四穴，按週年二十四氣，此謂人稟天地之靈，物稟天地之氣，太極週旋陰陽造化之分也。』又曰：『二百四十針穴，有其名乎？』答曰：『針針穴穴，各有部位而顯其名也。』又曰：『火針、血針何以分別？』答曰：『火針者，絡脈之針也；血針者，經脈之針也。絡脈者，喉門為首，風門、肺門次之。經脈者，眼脈為首，鶻脈、帶脈次之。喉門者，頰下一指是也。眼脈者，眼後四指是也。《明堂經》云：頰下一指，乃喉門穴二道。眼後四指，眼脈穴二道。耳後一指，風門穴二道。耳後二指，伏兔穴二道。耳孔裏面，禁穴二道。頂門之上，通天穴一道。腦旁左右，腦腧穴二道。旋睛鬃下，大風門穴三道。印堂之中，龍會穴一道。眉額之間，垂睛穴二道。眼胞之上，睛腧穴二道。大眼角內，骨眼穴二道。大皆裏面，睛明穴二道。黑白睛中，開天穴二道。眼下一指，三江穴二道。眼下二指，大脈穴二道。鼻孔外面，氣海穴二道。鼻梁兩邊，鼻腧穴二道。鼻孔之中，血堂穴二道。鼻尖兩面，薑芽穴二道。唇尖之上，拙筋穴一道。牙關外面，開關穴二道。口內上，痏玉堂穴二道。食槽上面，通關穴二道。食槽之中，槽結穴二道。眼後二指，太陽穴二道。頰下四指，鶻脈穴二道。氣顙之下，喉腧穴一道。弓子骨上，弓子穴二道。膊骨兩旁，肺門穴二道，肺攀穴二道。搶風骨上，搶風穴二道，沖天穴二道。膊尖之中，膊尖穴二道，膊欄穴二道。肘骨後面，掩肘穴二道，乘鐙穴二道。臆骨之中，心腧穴數道。羅膈兩旁，胸堂穴二道。堂下二指，同筋穴二道。夜眼之內，夜眼穴二道。膝蓋之下，膝脈穴二道。攢筋骨上，攢筋穴二道。乘重骨間，乘重穴二道。乘重骨下，過門穴二道。三寸骨間，天臼穴二道。寸下蹄中，纏宛穴二道。羊鬚之內，明堂穴二道。蹄胎骨上，蹄頭穴二道。蹄掌後面，蹄門穴四道。蹄甲之下，垂泉穴二道。肘骨之上，肘腧穴數道。前夾兩旁，涅中穴二道。肘骨之中，肘骨穴二道。肘後四指，帶脈穴二道。平膜兩邊，五花穴十道。肚腹之下，黃水穴數道。肘前一寸，肚口穴一道。肚臍三寸，雲門穴一道。脊背之間，斷血穴三道。接脊骨上，百會穴一道。接脊骨前，腎朋穴二道。接脊骨中，腎腧穴二道。接脊骨後，腎角穴二道。雁翅骨下，巴山穴二道，路股穴二道。大胯骨間，大胯穴二道，小胯穴二道。胯瓦骨中，汗溝穴二道，邪氣穴二道。胯瓦骨下，仰瓦穴二道，牽腎穴二道。賺堂之上，賺腧穴二道，賺癖穴二道。胯內兩旁，上窌穴二道，次窌穴二道，中窌穴二道，下窌穴二道。掠草骨間，掠草穴二道。胯當裏面，交當穴二道；下面一指，腎堂穴二道。相對腎囊，督穴二道。外腎縫上，陰腧穴一道。腎囊之中，千金穴二道。腎尖之上，腎尖穴二道。曲尺之間，曲尺穴二道。合子骨上，合子穴二道。鶼鼻骨間，烏筋穴二道。鶼鼻骨下，板筋穴二道。鹿節骨中，鹿節穴二道。後蹄寸間，天臼穴一道。後蹄踠內，纏踠穴二道。羊鬚之內，勞堂穴二道。蹄掌兩旁，蹄門穴四道。蹄甲之下，垂泉穴二道。尾根兩旁，尾端穴二道。肛門上面，蓮花穴一道。尾根下面，尾本穴一道。尾稍之上，尾尖穴一道。此謂二百四十六針顯名之穴也。』又曰：『馬之四百八病，余聞大半受針，其諸穴何以應之？』答曰：『有賦列之於後。』賦曰：大凡行針，先知穴道去處，次明補、瀉，迎、隨，呼、吸，淺、深。八十一針補氣、瀉氣之穴，七十二道徹血之針，九九明堂，火烙火針處所，三四穴孔，開鑿巧治關津。週身總共二百四十六穴，針針穴穴，逐一開具分明：頰下喉門火針，療喉骨脹病。耳中禁穴，從來禁止不針。耳後風門火烙，療諸風解表。腦旁腦腧火針，治急慢心風。旋睛鬃下，火烙大風門，療耳緊尾直。眼睛之上，生針睛腧穴，消眼角瘀壅。鼻孔雙薑，祛薑芽腹中作痛。印堂龍會，灸邪病、項慪、偏風。頂上通天，鑿腦黃，鑿開腦孔。鬃旁腦腧，瀉腦毒，消散疽癰。垂睛幾針，徹去額間腫毒。睛明兩道，撥開睛上雲蒙。黑白睛中，開天穴上，取混睛、退睛中雲翳。大眼角內，骨眼穴中，割骨眼，散眼臂壅紅。眼下三江，泄腸中冷痛。皆旁大脈，去臟內寒疼。眼脈一針，善泄肝經之火。太陽一穴，能除白翳雲蒙。鶻脈肺之經，理三焦，調五臟，靜心神而定魂魄。胸膛心部脈，瀉心火，泄肺氣，開兩堂胸膈凝疼。開關穴，療牙關緊閉。通關穴，治舌底生癰。鎖口黃，鎖住口，火烙鎖口。蹄跟脹，蹄掌腫，徹取蹄門。呼吸難，氣海開，其功第一。前失跌，抽筋斷，其效如神。玉堂針口內，開胃泄五臟之熱。血堂刺鼻孔，清肺去兩鼻之膿。食槽內，槽結穴，取槽中瘰癧。鼻梁旁，針鼻腧，消鼻畔疽癰。喉腧一針，割顙黃，割開氣顙。三川一穴，烙串甲，烙過山鬃，膝腫，膝黃可治。夜眼穴，傷夜眼，不可行針。腿上同筋，善止胸疼膈痛。臆前心腧，能消黃疽胸癰。項上九針，療慪風低頭不得。膊間八穴，開羅膈滯氣凝胸。膊尖、弓子二針，治膊尖、弓子脫落。鬐甲，搶風兩穴，消鬐腫突起。搶風、乘鐙、膊欄，火針導滯氣，止筋骨之痛。肺門、掩肘火烙，入溫氣住經絡之痛。肺攀穴，止膊痛，肺氣把膊。沖天穴，針膊卷脫膊吞胞。肘腧鍦針，針泄肘後打傷、瘡腫。斷梁生針鍦，消脊間擦腫、瘡膿。乘重骨腫，乘重須當去血。攢筋脹大，外踝火烙攢筋。勞堂去血，泄筋毒、寸踠之腫。蹄心火烙，療蹄黃、腎毒之癰。帶脈兩針，善治腸黃黑。理中一穴，能醫膈痛胸疼。肋上五花針，瀉平膜五疔之痛。腹前黃水血，消肚底寒熱之癰。脾腧一針，治脾寒翻胃吐草。肺腧二穴，療肺癰鼻孔流膿。眼腫頭低，肋畔火針肝腧。停留宿水，臍前徹取雲門。上窌、次窌、中下窌火烙，療胡骨把胯。腎朋、腎腧、腎角穴火針，治內腎寒凝。天臼穴出粘涎，泄三寸損傷腫。過痛門針，導滯氣，消兩踝蹙損凝疼。膁腧一針，於膁堂剖腹，於胃中取積。膁癖二穴療肚細，火針於膁上施針。肚口不針，只為流通小便。腎堂出血，皆因外腎生癰。掠草火針，療腿胯寒濕之痛。百會火烙，截脊腰凝滯之風。木腎陰黃，腎縫火針陰腧。消除蹄齧，陰囊摘取千金。寸腫踠浮，纏踠生針第一。筋粗、骨脹，板筋火烙為尊。腰上七針，破脊血，止腰中之痛。胯間八穴，泄滯氣，住胯上之疼。烙大胯，補上元，祛腰間積滯。徹督血，瀉陰火，消膁上疽癰。邪氣兩針，泄去經中濕氣。仰瓦二穴，消除胯瓦寒凝。巴山穴，療三骨痛。小胯穴，止雁骨之疼。牽腎火針，理腎經內傷濕氣。路股火烙，追胯眼外感賊風。蹲腰行，雁翅痛，交當去血。吊腰行，脊筋痛，尾本如神。尾端穴，尾旁針，治尾根偏慪。尾尖血，稍上徹，除瘙尾痯風。曲尺一針，消散曲中腫毒。汗溝一穴，祛除胯上寒凝。合骨腫臚，曲尺火針合子。烏筋脹大，鵝鼻火烙烏筋。蹄頭血，蹄上針，泄蹄胎裏跟、外跟之痛。垂泉穴，蹄下烙，補蹄漏穿心、穿掌之疼。肛門上，剪蓮花，祛臟頭翻卷脫出。三寸旁，徹鹿節，泄閃傷凝住涎膿。六脈三堂，瀉疔毒瘡黃之腫。五關七竅，烙破傷急慢等風。此謂明堂二百四十六穴，流傳相繼，後之學者遵欽。

明　楊時喬《新刻馬書》卷六《馬前面有六門後面有四門論》　明堂針穴云：耳後二針，名風門穴也；頰下二針，名喉門穴；胸前二針，名曰肺門穴也，此前六門。四蹄掌後四針，名曰蹄門穴也。此後四門也。相對者，左右相沖也。十穴而號十門者，乃為一十二道經絡之關津，三百六十絡脈之道路也。良馬經中有十門，門門相對甚分明，二穴風門分耳後，胸前兩道肺門針，嗓下喉門排左右，六穴分為前六門，後有蹄門蹄上穴，四蹄掌後兩旁針，八萬四千都孔竅，三百六十總關津，百五九道經和絡，盡在周身十穴中。此謂門門相對歌，請君酌意用心精。

又《針刺論》　凡欲行針，必先於伯樂明堂內詳察穴道所治之則，然後觀天氣晴靜及本命、晦、朔、弦、望，與夫血支、血忌，皆有禁忌，或曰：『何謂禁忌？』，曰：『昔，黃帝問於師皇曰：「用針之事，必有法則焉？」，對曰：「法天則地，合以天光。」帝曰：「願聞。」對曰：「必待日月星辰、四時、八節之氣，氣正，乃刺之。是故天溫日明，則獸血淖液，而衛氣易瀉，榮氣易行。天寒日陰，則獸血凝滯，而榮衛沉滯。月始生，則血氣始精，榮衛始行。月廓滿，則血氣始實，肌肉堅。月廓空，則肌肉減，經絡虛，榮衛去，形獨居。是以，因天時而分血氣也。是故天寒無刺，天溫無礙，月生無瀉，月圓無補，月廓空無治。是謂得天時而調之，此其序也。盛虛之時，移光定位，正立而待之，故曰月生而瀉。是謂臟虛，月滿而補，血氣揚溢，絡有留血，命曰：重實。月廓空而治，是謂亂經，陰陽相錯，真邪不別，沉以留止，外虛內亂，淫邪乃起，此之謂禁忌之道。故臨用針時，更觀身體肥瘦及審水草多少，又看針頭大小、量度深淺出血，外合顏色榮悴，別虛實，辨寒熱，知太過、不及。春宜淺，秋宜深。如春秋及有病，衆血如泥，如餘月及無病，惜血如金。針皮勿令傷肉，針肉勿令傷筋與骨。左手按穴，右手持針，隔一毛如隔太山，偏較一絲不如不針。」師皇曰：「持針謹敬，必暗祝神靈。岐伯云：刺針必肅。此之謂也。」』又曰：『善用針者，從陰引陽，從陽引陰，以右治左，以左治右，以此知彼，以表知裏，以觀過與不及之至，見微得過，用之不殆，故曰：「血實，宜決之氣；虛，宜掣引之，此之謂也。」夫、獸者，雖由芻飼，食有三斗六升，血氣根於身中，以神為動轉之主，故曰：「神機，非草木之類生根於地，生以氣，成立主持之也。」亦有三百六十骨血、三百六十穴。一晝夜三萬六千一百度喘息，亦應周天三百六十度之餘。其血氣，在隨日月星辰，自西而東轉，無失期矣。』

又《馬血脈流轉有減論》 徹血，四季有不同者，何也？曰：『四季行針，有預針、工針、省針、禁針法也。』何以分別？夫春者，肝旺也。甲乙當令，萬物發生。獸之血脈，一日一夜周自流轉二百四十遭。凡槽騾、廄驢氣血盛者，鶻脈兩針徹之，致使四時不發熱壅之疾，此謂預針之法也。夫夏者，心旺也。丙丁當令，萬物崢嶸。獸之血脈，一日一夜周身流轉一百八十遭。凡膘驄肥馬，血氣盛者，六脈亦令徹之，致使炎暑不發瘡黃之癥，此謂工針之法也。夫秋者，肺旺也。庚辛當令，萬物秀實。獸之血脈，一日一夜周身流轉一百二十遭。凡馬有疾，六脈應病針之，無疾禁止，以致調和臟腑、順陰陽，此謂省針之法也。夫冬者，腎旺也。壬癸當令，萬物收藏。獸之精氣歸腎。陰陽閉塞成冬。一日一夜，血脈周身流轉六十遭。凡馬急癥當針者，針之；不當針者，不可妄徹，致使馬騾不致虧傷元氣，不發膀痛腰疼之疾。此謂禁針之法也。脾，分四季，戊己當權，各旺一十八日，血脈流轉各隨四季行之。凡針血者，亦如然也。

又《馬兒騾稟氣論》 騾馬徹血不宜太多者，何也？曰：『騾馬者，陰馬也，以血為主。凡有疾者，針血少半徹之。』曰：『兒騾氣體同乎？』曰：『不同。混沌初分，天開於子，地辟於丑，人生於寅，萬物并生於世。夫馬者，稟清氣於天，受元氣於丙，生於寅宮，產於午度，兒馬產於午宮初度，騾馬產於午宮末度。兒馬象乾、屬陽，騾馬象坤、屬陰。兒馬精神不足，騾馬血氣不足，兒馬徹血而瀉火，騾馬惜血而養娠。此謂陰騮陽治，陽馬陰醫。凡徹血者，分調牡牝針之。』

又《馬急癥行針，有犯刀砧血忌論》 馬患急癥行針，遇逢刀砧、血忌者何也？曰：『刀砧、血忌，不禁六脈之針。』『何為禁穴？』曰：『脊風、項吝、鞦胯、拖腰、左癱、右瘓、四足蹉攣、把前把後、滯痛凝疼等疾，當施者，八十一道火針，一十二處畫烙。截風、烙痺，艾火灸、薰蒸、燈燎、火燒、一切溫針等穴，擇令晴明，禁忌風雨，不犯血支、血忌，回避本命、刀砧，此謂禁針之穴也。如暴病、外感、內傷、起臥、臟結、寒傷、暑傷、料傷、水傷、饑傷、飽傷、勞傷、役傷等疾，所施者，七十二生針、六脈三堂徹血、十二巧治、金針等穴，不避刀砧、血忌、陰晴時刻刺之，此謂六脈急救之針也。』

清 郭懷西《新刻注釋馬牛駝經大全集·馬經大全》卷三《逐一指明針穴論》 眼脈至尾本穴是上六脈血，同筋至蹄頭穴是下六脈血。眼脈穴：在眼後四指，是穴入針二分，出血，療肝臟熱極，眼腫淚下病。鶻脈穴：在頰下四指，是穴，入針三分出血。療五臟積熱，吼喘氣急，壅毒瘡黃，一切熱症。胸堂穴：在臆兩邊是穴，入針三分出血。療心經積熱，胸膊諸痛病。帶脈穴：在肘後四指是穴，入針二分出血。療黑汗風及腸黃等症。督穴：在腎夫兩邊是穴，入針二分出血。療腰間滯氣及臟風，抽腰把胯病。尾本穴：在尾根底四指，是穴入針三分，出血。療吊腰行，脊筋疼，脊間滯氣諸痛病。同筋穴：在裡乘重、臆骨下面四指，是穴入針一分，出血療閃攣、乘重腫痛病。夜眼穴：在夜眼下四指，是穴其穴禁止不針，恐傷夜眼。曲尺穴：在後腳雁翅骨下，由盤凹處，是穴入針三分，出血，療雁翅骨腫及鵝鼻骨腫痛等病。膝脈穴：在膝下四指、筋前骨後是穴，入針二分出血。療閃攣著、夾膝骨腫、皮骨勞跛等病。頸項裡外共十八針。療馬患項脊強慘，低頭不得病。上上委、上中委、上下委，中上委、中中委、中下委，下上委、下中委、下下委。以上十八穴，入火針一寸三分，療項脊強慘、低頭不得。火針不效，病重則燒鐵烙之，即痊。若把前把後，血壅氣滯、口色赤紫者，即徹去胸堂血、鶻脈血，再用火針於八窌穴。即尾上短脊骨至三山、百會穴以下，兩面共有六針，即八窌穴。各去脊骨四指，兩邊相排，看身軀大小，酌量按穴，一邊三針，共六針，各入一寸三分。療後坐不能動履、把胯等病。膊上八穴，兩邊共一十六針。膊尖、膊欄、沖天、搶風、肺門、肺攀、掩肘、乘鐙。以上火針，入一寸、幾分不等。療血氣凝滯，並肺氣把膊及閃擘腫痛等病。弓子一穴，在弓子骨上四指，是穴入針一寸三分，扳拽功皮，入溫氣於內，療膊惙氣滯病。胯上八穴，兩面共十六針。巴山、路股、大胯、小胯、汗溝、仰尾、邪氣、牽腎。以上火針各入一寸，療內腎積濕陰冷，抽把後胯，不能動移等病。腰上三穴，兩邊共六穴。腎朋、腎腧、腎角。接脊三山骨中，百會穴一道，共七穴。其百會穴在脊骨至三山骨、尾停骨，三處交會之所。腰脊骨正中凹處是穴。其腰上三穴，各去脊梁骨四指，看身軀量控穴道。以上火針，各入一寸幾分，量身軀之大小，看病之輕重，療腎冷拖腰，不能動履病。肝腧穴：在左畔從後第五肋空裡，去脊梁仰手卻合手是穴，火針入一寸三分。療眼腫淚下，一切肝家病。脾腧穴：在左從後第三肋裡，去脊梁仰手卻合手，是穴火針入一寸三分，療脾胃傷冷，脾寒打顫，脾不磨不能飲食病。肺腧穴：在左從後第九肋空裡，去脊梁一尺三寸，看身軀大小，量按定穴，火針入一寸，療肺氣滯、肺氣把膊及肺痛、啌喘等病如神。禁穴二道，在兩邊耳中，禁不針刺。伏兔穴：在兩耳根後邊一指，是穴火針入七分。療諸風解表及卒中破傷風病。火燒烙鐵，用艾葉撚團，放火針孔上，以燒紅烙鐵烙之。以出汗其風即解。大風門穴三道，在額上掩睛鬃下，是穴火燒烙鐵，烙三分油塗，療諸風腦黃等病。通關穴一道，在舌根底下凸處，是穴入火針五七分，出水，療六脈閉塞，木舌、槽結、舌腫等病。玉堂穴：在口內上齶第三稜，是穴生針徹血，用鹽擦之。療五臟積熱、口臭不食，並腦壅鎖口黃病。開關穴二道：在口兩頰上凸處，是穴火針入三分，療牙酸軟、食慢等病。若牙關緊閉不能進食，或鎖口黃、水草難咽等病，火燒烙鐵烙之即解。喉門穴二道：在頰下一指是穴。發有核子如串珠，如雞子阻塞喉門，水草難咽。將核捏住，用火針穿透二三針，針孔上用花椒水洗之。針孔出膿，其核即化，其腫即消，水草通利。喉腧穴：在頰下四指，是穴利刀割開皮，綿線穿皮束開，再將刀剜去喉嗓脆骨一節，將竹筒修光活，插入喉管中，使呼吸通宜，血氣調和，放開皮，用藥敷其瘡口，仍然無恙。此乃巧治之法，開喉第一奇方，非手巧心諦者，孰能之此。雲門穴：在臍前大馬三寸、小馬二寸半，是穴縛定，入針三分，透鵝翎管入針孔內，放出宿水，療膀胱積冷，腹鳴如雷，宿水停臍等病。此乃第二巧治之法也。蹄門穴在蹄腳兩邊，入針二分，出血，療閃擘三寸，

或血漏，或蹄頭腫痛等病。天臼穴：在蹄門上窩子，是穴又呼口竃門，粗火針入五七分，出清水，或出黑血水。療蹄頭腫硬、痛不能行等病。腦腧穴：在頂門中，是穴火燒烙鐵，或烙王字，或燒秤鉈烙一團壋，以薑黃色為度。療臟熱腦黃、頭抓牆壁等病。此乃鑿腦第三巧治之法。骨眼穴：在眼大角內、魚尾骨上，是穴先將眼皮用針線穿束拴定，不使閉眼，將利鉤搭住魚尾骨上瘀肉，輕輕割去乾淨，萬不可損傷魚尾骨，又不損傷水輪，能療骨眼遮障病。此乃第四巧治之法。開天穴：在眼珠當中，是穴眼珠中有渾睛蟲，珠中擾攪，久之將精水攪化，則不能通明。凡治者，以天氣晴，將獸縛定，以針線穿束眼皮，令初出之日照之，俟其蟲不動時，即用鋒利披針，照蟲頭刺之，其蟲即出，落水盆中。此乃第五巧治之法。心腧穴：在臆骨上，是穴如患心疽黃病，或腫或浮，白針刺之。瀝出黃水，或血水，其腫自消。板筋穴：在膝下，是穴火燒烙鐵點烙，療板筋大、攢筋粗症。鹿節骨穴：在鹿節上、筋前骨後，是穴入針二分，出血，療失節腫痛病。尾尖穴：在尾尖稍，是穴入針五分，出血，療黑汗及疳尾等症。肚口穴：此穴通流小便，不許行針。肷癖穴：在軟肷上，是穴火針橫排三針，各入三分。療肷垂緊、腎氣痛、腹細等症。血堂穴：在鼻內，是穴入針三分，出血，療肺熱注鼻腫痛病。三江穴：在鼻梁兩邊，是穴入針二分，出血，療腸中冷痛。垂睛穴：在大眼角內，以拐針入五七分。療眼腫淚下症。鬐甲穴：在脊梁前高處，是穴如鞍屜搉腫，白針刺之，數針出血自消。掠草穴：在曲尺上，是穴火針入三分，三針一名，療腿掙胯拽病。鎖口穴：在口角兩邊，是穴火燒烙鐵，烙深三分，療鎖口黃等症。外乘重穴：在肘後，是穴火針排列三針，療閃著乘重腫痛症。垂泉穴：在蹄底雀舌，是穴火燒尖釘，烙深三分。療久患蹄漏腫痛、毒氣不散等病。陰腧穴：在外腎後，中心縫上，是穴，火燒釘子，烙深三分，用油塗，療陰腎腫大、木腎黃等病。纏腕穴：在前腳攢筋骨上、後腳在鹿節骨上、筋前骨後，是穴入針三分，出血，療骨腫痛、板筋粗大等病。蹄頭穴：在前腳川字上，後腳八字上，共四穴，入針二分出血。療攢筋粗大、閃擘腫痛及蹄胎腫毒、漏蹄病。寧庵曰：上古之留傳，醫治之道，必欲識天時，度寒熱，辨風邪之外感，究饑渴之內傷。若行調治，務須認識病在何臟，痛在何經，方可下手。近世盲者，突入其門，冒充為醫，不識天時，不知寒熱，未覽經書，未見論說，何能識得臟腑之病源？經絡之疼痛，一見其症，即胡針亂炙，使啞畜無辜，受炮烙

之害耶！痛哉畏哉！即如今之江南浦口鎮，有一異傳之醫，若騾馬，如有損傷腿胯之症，並不察認病疼、追究根源，即行炮烙。若在前腿疼，即將前腿烙；若在後腿痛，即將後腿烙。有如此喪心之徒，用此酷刑，傷害生靈，使啞畜口不能言，使受無辜疼痛，實可憫哉！余特禁之！竊見古之動烙、動針者，原留有舊制穴道，未敢輕用針刀，即如火烙，古原有之，或破傷風，或揭鞍風，或腦黃，或附骨疽，或蹄骨腫，或蹄骨脹，或蹄胎腫硬，或圍烙疔黃等瘡。如此症患，方可動火，亦要度量啞畜之皮肉、啞畜之疼痛。若可用意細心之能醫，務必琢磨古篇，搜求穴道，次看啞畜病痛在何處，以何處穴道刺之，一針得力，痛即除矣。何以一針之痛不施，而使啞畜受遍胯之痛也。醫者濟世之道，務必以利濟為先，萬不可喪心喪德，喪絶良心，濫行炮烙，醫者戒之！戒之！

清 佚名《大武經·針灸篇·針灸論》 問曰：凡牛必須刺針出血者，何也？答曰：牛馬與人受氣不同。人受氣于癸，癸者，陰水也，水主腎，腎主筋，故筋氣多而血氣少。馬牛受氣於午丑，午丑者，陽火也，火主心，心主血，故血氣多而筋少，必須針刺出血，不使血氣過盛而為疾病也。問曰：出血必於春首者，何也？答曰：蓋春者木也，夏者火也，木火相生，馬牛為火畜，生於丑，旺於午，伏於戌，丑宮有丙火，午宮有丁火，戌宮亦有陰火也。必須針刺出血者，不使血氣太旺，針刺者而除諸疾也。牛有三十六針，各有其名：舌尖兩針，左名金關，右名玉戶。金關穴能通肝經膽部。玉戶穴能通肺與大腸。鼻尖三針，左名通腎穴，右名通賢穴，中名血際穴，乃是脾經要針。鼻衄三關針可通心腎。水門穴能通元陰。眼脈穴能通大小腸，角脈穴能通腎，頂門穴能通七竅。兩耳穴通肺。膝理穴三針能通五臟。千金穴能通四肢血脈。丹田穴可以通腎，尾節穴可通尿淋濕氣。襠筋穴、腿彎穴、八卦穴、後毛邊穴、前雲嶺穴、中拐穴、內胛穴、外胛穴、寸子穴、前毛邊穴，此乃三十六針穴。凡刺針者，必須應病行針。傷皮者不要傷肉，傷肉者不要傷筋、傷骨。隔一毫如隔泰山，偏一絲不如不針。而且一病未愈又添一患，風雨陰寒，皆為禁忌，不可枉施針烙，此為用針之道也。後述針穴詩，更道其詳。

針穴詩：四季牛下針，百骸為訣。無節莫下針，鼻尖三針名外三關，冬失水草，醫吼強精。背上六針為六合針，梁間點血，兩邊分行，驅風除濕，醫瘦療羸。十字骨穴，走馬千金，風濕臥癱，火針本名，白針一徹，羸瘦活循。再配尾根，可以麻身。舌底兩筋，出血溯洗，草慢先應。瘟疫雜感，油搓山根。三刺舌弓，金關觸人。鼻窩吼嗽，左右分明。花板柳針，金土木應。兩耳透血，焦耳腎病，肝膽胬肉，眼眶睛明。太陽血同，傷感可盡。木馬項強，火透風門。三經積熱，內戶出血。此乃大癥之必也。牙關鎖喉，當分火白，乃醫五喉結風。頂門一針，人多禁用，孰知心黃狂走用焉。牛馬大血，二五乃瀉，牛耕馬駿，預出實邪。中膊、中拐、曲尺、大胯、小胯、黃金、合子、寸子，各求本病。焉知毛邊、八字，善療蹄筋走傷，且醫水草之實結者乎。丹田、三臺，主君臣之氣逆。蘇氣、安福，理金木之鬱滯。尚有六脈善走戊己。腰子醫腰，肺針瀉肺。毛邊理脾，掃尾善治冷拖腿。雲門、滴水放蓄水。茅臁下三，宿草不轉。氣針餓眼，蛤蟆脹肚。開風、海底，乃醫卒死。臟腑諸黃，雞胸穿吊。小腸積熱，尾尖放血。下唇蓄口，五臟閉結。雲頭、內胛，閃膊失胛。胸膛、同筋，乘重腫痛。陰俞水火能改性，混睛巧治重見天。

綜述

唐 李石《司牧安驥集》卷一《伯樂針經》 大凡行針，先知穴道去處，次辨淺深補瀉之法，免其失誤。右手持針，左手按穴。行針切忌大雨大風；緣風是禍害，雨是絶命，陰陽紛爭，不可行針。用針須依穴道，看病淺深，補瀉相應；出氣為虛，入氣為實；左轉針為補，右轉針為瀉，後按針為中補，次拔針為中瀉。若偏較一絲，不如不針，隔一毫如隔泰山，仔細審詳，對病行針，何愁不痊。具穴道如後。眼脈穴：在眼後四指。是穴入針二分，出血，療肝臟熱、眼腫淚下病。鶻脈穴：在頰骨下四指。是穴入針三分，出血，療五臟積熱壅毒、指擦疥癆之病。胸堂穴：在臆骨兩邊。是穴入針三分，出血，療五臟積熱、胸膊一切痛病。帶脈穴：在肘後四指。是穴入針二分，出血，療黑汗及腸黃病。督穴：在腎尖兩邊，相對。是穴入針二分，出血，療腰間滯氣及腎臟風邪、把胯病。尾本穴：在尾根底四指。是穴入針三分，出血，療脊間滯氣、把腰病。同筋穴：在裏乘重、臆骨下四指。是穴入針一分，出血，療閃擘著、乘重骨腫痛並心痘病。夜眼穴：在夜眼下四指。是穴其穴禁止不針。曲尺穴：在兩後腳雁翅骨下，曲盤凹處。是穴入針三分，出血，療雁翅骨腫大及鶻鼻骨腫疼病。膝脈穴：在膝下四指，筋前骨後。是穴入針二分，出血，療閃擘著、夾膝骨腫、皮骨勞、絞痛病。纏蹄穴：在前攢筋骨上、後鹿節骨上、筋前骨後。是穴入針三分，出血，療骨節腫痛、板筋腫病。封裹至效。蹄頭穴：在前腳川字上，後腳八字上，共四穴。入針三分，出血，療攢筋、鹿節骨腫疼及蹄胎腫毒病，用藥封裹。裹外項上共一十八穴，療馬患項脊㥘，低頭不得病。上上委、上中委、上下委、中上委、中中委、中下委、下上委、下中委、下下委。以上十八穴，入針一寸三分。療項脊㥘、低頭不得。火針不效即烙。若是血氣壅，即出胸堂、鶻脉大血。用火針於八窌穴，尾前短筋以後，兩面共有六針，並八窌穴是七穴，各去脊梁四指。是穴入針二寸五分。若是冷風吹着，及膂下雨水淋着，或臟腑冷氣傳流，並內所傷，須灌補暖溫脾氣藥及溫𩪠。若是損傷骨髓、肉斷、血脈不通，須灌補暖血脈止痛藥，並用火針。膊上八穴：兩面共一十六針，用火針各入一寸，療血脈凝滯、肺氣把膊及膊尖骨腫大腫痛病。膊尖、膊欄、沖天、搶風、肺門、肺攀、掩肘、乘鐙。弓子二穴：在弓子骨上四指。是穴入針一寸三分，扳拽動皮，入溫氣，療膊㥘氣滯病。胯上八穴：兩面共一十六穴。火針各入針一寸，療內腎積冷，冷抽把胯病。巴山、路股、大胯、小胯、汗溝、仰瓦、邪氣、牽腎。腰上三穴：兩面共六穴，腎朋、腎俞、腎角，並接脊骨前百會一穴，共七穴。去脊梁四指，每穴相離四指。火針入一寸五分，療內腎積冷，氣把腰病。肝俞穴：在左裏仁畔，從後第五肋裏，去脊梁一尺五寸。是穴火針入一寸，療一切肝家之病。脾俞穴：在從後第三肋裏，自脊梁仰手卻合手。是穴火針入一寸，療脾胃傷冷、脾寒、打顫、脾不磨病。肺腧穴：在從後第九肋裏，去脊梁一尺五寸。是穴火針入一寸，療肺氣滯及肺痛病。兩耳中有禁穴二道，不得針刺。風門穴：在兩耳根後面一指。是穴火燒烙鐵圓烙深三分，油塗，療卒中、破傷風或諸風病。風門穴三道：在額上膂、睛鬃下。是穴火燒烙鐵烙深三分，療肝昏、腦黄病。三穴一名。通關穴二道：在舌根底下兩邊。是穴入針二分，出血，療六脈閉塞、舌本脹病。玉堂穴：在口內上齶第三棱。是穴入針二分，出血，仍用鹽搽之，療五臟伏熱、腦壅、束口黄病。開關穴二道：在口內兩頰上腫處。是穴火燒頂子，烙二分，入鹽搽，灌涼藥。療上焦壅熱，咽水草難病。喉門穴二道：在頰下一指，相對。是穴病輕，即火針通關，各入三分；重即火燒烙鐵鈴圍，療骨脹緊硬，咽水草難病。喉俞穴：在頰下四指。是穴針鉤，刀割開，眼圓二寸，透氣。療熱壅呀呷及束顙黄倒地病。雲門穴：在大馬臍前三寸，小馬二寸半。是穴火針入一寸，療膀胱積冷、停留宿水病。蹄門穴：在蹄兩邊。是穴火燒烙鐵角，點烙出膿，油塗，療蹄門並彈子頭腫痛、點腳病。天臼穴：在蹄門上窩子。是穴用粗火針入三分，療久患蹄病。伏兔穴：在耳後二指。是穴入火針三分，療項緊硬病。骨眼穴：在眼內。先將針線穿過眼骨邊頭，左手牢把線，右手用刀子割去骨眼，不許割着水輪，療骨眼遮瞳病，如果不割了，即眼不見物。心俞穴：在臆骨上。是穴如患心疸黄病，用白針鏃十餘針，針出黄水或血，將鹽一錢搽在針處，拔出黄水毒氣；如不醫療，成瘡透心肺。板筋穴：在膝下。是穴如患板筋大硬，用烙鐵點烙。鹿節骨穴：在鹿節骨上，筋前骨後。是穴入針二分，出血，療失節腫痛病。尾尖穴：在尾尖上。是穴針五分，出血，療馬黑汗病及疳尾病。肚口穴：此穴通流小便，不許行針。臁癖穴：在軟臁上。是穴火針三針，各入三分，療臁垂緊硬或腹細病。血堂穴：在兩鼻內。是穴入針三分，出血，療肺熱攻注、鼻腫痛。三江大脈穴：在鼻梁兩邊四指。是穴入針二分，出血，療熱氣攻注、頰骨腫痛，或療骨勞、絞痛病。垂睛穴：在眼上四指。是穴如患腫痛，毒氣不散，白針鏃之。鬐中穴：在脊梁前高處。是穴如患一切腫痛，用白針鏃，消散毒氣。掠草穴：在曲尺上。是穴入火針三分，針一名，療腿牽拽胯病。鎖口穴：在口角兩面。是穴如患鎖口黄病，用烙鐵烙深三分，長一寸半。外乘重穴：在膝上五寸。是穴入火針三分，療閃著、腫毒或臟腑攻注腫痛病。垂泉穴：在蹄底雀舌。是穴用尖頂烙深三分，療久患蹄漏、腫痛、毒氣不出病。陰俞穴：在外腎後中心縫上。是穴火燒釘子烙深三分，用油塗，療陰腎腫大並木腎病。

又《醫馬買馬吉日》 不拘月分典分典用之：己巳、庚午、辛未、乙亥、丙子、丁丑、乙酉、丁亥、戊子、壬辰、乙未、戊戌、乙亥、辛丑、甲辰、乙巳、丙午、己酉、壬子、丁巳、戊午、己未、庚申、壬戌。放血忌日：春寅午戌，夏巳酉丑，秋申子辰，冬亥卯未。馬本命日：九月巳日，十月亥日，十一月午日，十二月子日。以上日不宜行針醫治。欲行針，如犯血忌、本命、晦朔弦望、風雨陰寒，皆是禁忌，不可行針。又緣春首及馬有病，棄血如泥；餘月及馬無病，惜血如金。凡針馬之疾，先觀馬之肥瘦，次看吃草多少，然後相度行之；針皮不得傷肉，針肉不得傷筋、傷骨。三補一瀉。大馬先針左，騍馬先針右，後學者識之。

又 卷三《上六脈穴》 一、眼脈穴：在眼後四指。是穴用走索子於項中郁起眼脈血筒，入針二分，用針輕滴為妙手，重即令有腫氣。療肝臟熱、眼中淚出病。去了索子，血定，未得飲喂。隔日用『洗肝散』灌之。二、鶻脈穴：在頰骨下四指。是穴用走索子及捲起鬃，郁起血筒，左手捏穴，右手用針，入針三分，用心擇採行針。療五臟積熱壅毒、揩擦疥癆病。去了索子，血定，用麵粘紙花子貼了，未得飲喂。隔日用涼膈治肺藥，或使『五參散』，灌之。三、胸堂穴：在胸前臆骨兩面。是穴用兩指騎定血筒，入針三分。療心經熱、胸中一切痛病。要血住，即用手捏穴即止。目立，未得牽行。四、帶脈血：在肘後四指兩面。是穴入針二分。療黑汗及腸黃病。要血住，用乾糞蓋針眼，用肚帶勒之即止。隔日用『涼膈散』，水草治肺藥灌之。五、腎堂穴：在外腎兩邊。是穴，左面蹲腰立，入針二分，放右面血；右面蹲腰立，放左面血。療腎臟風邪、把胯病。要血住，用手捏之即止。隔日用止痛入腰胯藥灌之。六、尾本穴：在尾底去根四指。是穴須得手重，入針三分，更把尾捽拽動，方得血出流利。療腰間滯氣、氣把腰病。要血住，須用乾糞貼針眼，及用紙數重襯，以索子紮之，候一二時即止。用止痛行氣藥，空草灌之，及用藥放腰上。

又《下六脈穴》　一、同筋穴：在胸堂下，腿裏四指。是穴左面蹲腰立，入針二分，放右面血；右面蹲腰立，放左面血。療閃折着、乘重骨腫痛病。要血住，用手捏之即止。用止痛治肺藥灌之，及用藥敷熻。二、夜眼穴：在夜眼下四指。兩面各一穴，其穴是禁穴，不行針刺。如有腫痛，用止痛治肺藥灌，及使藥敷熻。三、膝脈穴：在膝下四指兩面。是穴，左面蹲腰立，左手摸右面穴，筋前骨後，是穴入針二分。療閃折着、夾膝骨腫痛。要血住，用手捏之即止。右邊蹲腰立，放左面血。用止痛治肺藥灌之，及用藥敷熻。四、曲尺穴：在後腳雁翅掠草骨下曲處。是穴，左邊蹲腰立，入針三分，放右面血；右面蹲腰立，放左面血。療雁翅、鶻鼻、蒺藜骨腫痛病。要血住，用手捏之即止。用美水草治肺藥灌之，及用藥敷熻。五、纏腕穴：在前腳攢筋骨上，後腳鹿節骨上，筋前骨後。是穴，左邊蹲腰立，用左手握穴，右手入針二分，放右面血；右邊蹲腰立，放左面血。療板筋太硬及失節、腰痛病。要血住，用手捏之即止。用美水草藥灌，及用藥敷熻。六、蹄頭穴：在前腳川字上，後腳八字上，離蓋口半指。是穴，蹲腰立，入針二分。療攢筋、鹿節骨腫痛及蹄胎腫痛病。要血止，用手捏之，或用索之繫定即止。用美水草治肺藥灌之，及用止痛膏藥塗擦蹄跆。

明　喻仁、喻傑《新刊纂圖元亨療馬集》卷二《針穴眼脈至尾本穴，是上六脈；同筋至蹄頭穴，是下六脈**》**　眼脈穴：在眼後四指。是穴入針二分出血，療肝臟熱、眼腫淚下病之類。鶻脈穴：在頰骨下四指。是穴入針三分出血，療五臟積熱、癰毒、揩擦疥癆之病。胸堂穴：在臆骨兩邊。是穴入針三分出血，療心經積熱、胸膊之一切痛病。帶脈穴：在肘後四指。是穴針入二分出血，療黑汗及腸黃病。督穴：在腎尖，兩邊相對，是穴入針二分出血，療腰間滯氣及腎臟風邪把胯病。尾本穴：在尾根底四指。是穴入針三分出血，療脊間滯氣、把腰病。同筋穴：在裏乘重、臆骨下四指。是穴入針三分出血，療閃擘着，乘重骨腫痛並心疽病。夜眼穴：在同筋下四指。是穴禁止不針。曲尺穴：在兩後腳雁翅骨下，曲盤凹處。是穴入針三分出血，療雁翅骨腫大及鶻鼻骨腫痛等病。膝脈穴：在膝下四指、筋前骨後。是穴入針三分出血，療閃擘着、夾膝骨腫及骨癆跛。纏蹺穴：在前攢筋骨上、後鹿節骨上、筋前骨後。是穴入針三分出血，療骨節腫痛、板筋腫病，封裹至效。蹄頭穴：在前腳川字上、後腳八字上，共四穴。入針二分出血，療攢筋、鹿節骨腫痛及蹄胎腫毒病，用藥封裹。裹外項上共一十八穴，療馬患項脊恡低頭不得病。上上委、上中委、上下委、中上委、中中委、中下委、下上委、下中委、下下委。已上十八穴，入針一寸三分，療項脊恡低頭不得。火針不效即烙。若是血氣壅，即出胸堂、鶻脈大血。用火針於八窌穴、尾前短筋已後，兩面共有六針並八窌穴。是七穴，各去脊梁四指。是穴入針一寸五分。若是冷風吹著及簷下雨水淋著，或臟腑冷氣傳流，並內所傷，須灌補暖溫脾氣藥及溫骨。若是損傷骨髓、肉斷、血穴不通，須灌補暖血脈止痛藥，並用火針。膊上八穴，兩面共一十六穴。用火針各入一寸，療血脈凝滯、肺氣把膊及膊尖骨腫大、腫痛病。膊尖、膊欄、沖天、搶風、肺門、肺攀、掩肘、乘鐙。弓子一穴：在弓子骨下四指。是穴入針一寸三分，扳拽動皮，入溫氣，療膊怯氣滯病。胯上八穴，兩面共一十六穴。各入火針一寸，療內腎積冷、曲把胯病。巴山、路股、大胯、小胯、汗溝、仰瓦、邪氣、牽腎。腰上三穴，兩面共六穴。腎朋、腎腧、腎角，並接脊骨前百會一穴，共七穴。去脊梁四指，每穴相離四指。入火針一寸五分，療內腎積冷、氣把腰病。肝腧穴：在左裏仁畔，從後第五肋裏，去脊梁一尺五寸。是穴入火針一寸，療一切肝家之病。脾腧穴：在從後第三肋裏，自脊梁仰手卻合手。是穴入火針一寸，療脾胃傷冷，脾寒打顫，脾不磨病。肺腧穴：在從後第九肋裏，去脊梁一尺五寸。是穴入火針一寸，療肺氣滯及肺痛病。兩耳中有禁穴二道，不得針刺。大風門穴：在兩耳根後面一指。是穴火燒烙鐵圓烙，深三分，油塗。療卒中破傷風並諸風。風門穴：三道，在額上䪼睛鬃下。是穴火燒烙鐵，烙深三分，療肝昏腦黄病。通關穴：二道，在舌根底下兩邊。是穴入針二分出血，療六脈閉塞、舌木脹病。玉堂穴：在口內上顎第三棱。是穴入針二分出血，仍用鹽擦之，療五臟伏熱、腦運、束口黄病。開關穴：二道，在口內兩頰上腫處。是穴火燒烙鐵烙二分，入鹽擦，灌涼藥，療上焦壅熱、咽水草難病。喉門穴：二道，在頰下一指相對。是穴病輕即針通關，各入三分，重用火燒烙鐵鈴圍，療骨脹緊硬、咽水草難病。喉腧穴：在頰下四指。是穴針鉤刀割，開眼，圓二寸，透氣，療熱病呀呷及束顙黄倒地等病。雲門穴：在大馬臍前三寸、小馬二寸半。是穴入針一寸，療膀胱積冷、停留宿水病。蹄門穴：在蹄兩邊。是穴火燒烙鐵角，點烙出膿，油塗，療蹄門並彈子頭腫痛點腳病。天臼穴：在蹄門上窩子。是穴用粗火針入三分，療久患蹄病。伏兔穴：在耳後二子指。是穴入火針三分，療項緊硬病。骨眼穴：在眼內。先將針線穿過骨眼邊頭，左手牢把線，右手用刀割去骨眼，不許割者水輪。療骨眼遮障病，如是不割去，即眼不見物。心腧穴：在臆骨上。是穴如患心疸黄病，用白針鏃十餘針，針出黄水或血，將鹽一錢塗在針處，拔出黄水、毒氣，如不醫療，成瘡透心肺。板筋穴：在膝下。是穴如患板筋大、硬，便用烙鐵點烙。鹿節骨穴：在鹿節骨上、筋前骨後。是穴入針二分出血，療失節腫賺垂緊硬或腹細病。血堂穴：在兩鼻內。是穴入針三分出血，療肺熱攻注鼻腫痛病。尾尖穴：在尾尖上。是穴入針五分出血，療馬黑汗病及疳尾病。肚口穴：此穴通流小便，不許行針。賺癖穴：在軟賺上。是穴火針三針，各入三分。療痛。三江大脈穴：在鼻梁兩邊四指。是穴入針二分出血，療熱氣攻注、頰骨腫痛、骨勞，腹痛病。垂睛穴：在眼上四指。是穴如患腫痛，毒氣不散，白針鏃之。鬐甲穴：在脊梁前高處。是穴如患一切腫痛，用白針鏃，消散毒氣。掠草穴：在曲尺上。是穴入火針三分，三針一名，療腿牽拽胯病。鎖口穴：在口角兩面。是穴如患鎖口黄病，用烙鐵烙，深三分，長寸半。外乘重穴：在膝上五寸。是穴入火針三分，療閃著，腫毒或臟腑攻注腫痛病。垂泉穴：在蹄底雀舌。是穴用尖頂烙，深三分，療久患蹄漏腫痛、毒氣不出病。陰腧穴：在外腎後中心縫上。是穴火燒丁子烙，深三分，用油塗，療陰腎腫大並木腎病。

又《伯樂畫烙圖歌》　血忌百，日之凶神也，十二月令分之，是故正月逢丑，二月逢未，三月逢寅，四月逢申，五月逢卯，六月逢酉，七月逢辰，八月逢戌，九月逢巳，十月逢亥，十一月逢午，十二月逢子。療病者，三百六十穴道，百五九道明堂，一十二道經脈，二八巧治關津，火針、火烙、補瀉氣，計六脈徹血，鑿腦開喉，取渾睛，割骨眼，開賺，割腹，一切停止，戒之。

又《針烙忌閉日》　閉日者，血支凶日也。一月二三逢之。是故正月丑日，二月寅日，三月卯日，四月辰日，五月巳日，六月午日，七月未日，八月申日，九月酉日，十月戌日，十一月亥日，十二月子日，此是血閉之日也。凡獸者，百脈不通，諸經閉塞。醫療者，諸穴不宜針刺之。

又 卷五《馬本命日》　九月巳日，十月亥日，十一月午日，十二月子日。已上日不宜行針醫治；欲行針，如犯血忌、本命，晦朔、弦望、風雨、陰寒皆是禁忌，不可行針。又緣春首及馬有病，棄血如泥，餘月及馬無病，惜血如金。凡針馬之疾，先觀馬之肥瘦，次看吃草多少，然後相度行之。針皮不得傷肉，針肉不得傷筋、傷骨。三補一瀉。大馬先針左，騍馬先針右。後學須識之。

明 楊時喬《新刻馬書》卷六《針刺交易吉日不拘月份用之》　己巳，庚午，辛未，乙亥，丙子，丁丑，乙酉，丁亥，戊子，壬辰，乙未，戊戌，己亥，辛丑，甲辰，乙巳，丙午，己酉，壬子，丁巳，戊午，乙未，庚申，壬戌。

又《針烙忌閉日》　閉日者，血支兇日也，一月、二月、三月逢之。是故，正月丑日，二月寅日，三月卯日，四月辰日，五月巳日，六月午日，七月未日，八月申日，九月酉日，十月戌日，十一月亥日，十二月子日。此是血閉之日也，凡獸者，百脈不通，諸經閉塞，醫療者，諸穴不宜刺之。

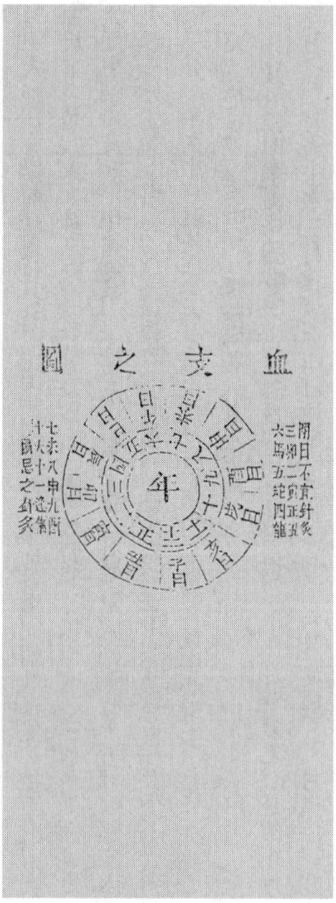

清 郭懷西《新刻注釋馬牛駝經大全集・馬經大全》卷一《指明徹血法》 古之徹大血者，必用繩索繫住頸項，喉前紮住，喉下血筒脹起，然後使針刺之出血。今之徹血者，不用索紮，只用手指捺住血筒，即用針刺之出血，見其色鮮者，可以少徹；如色紫黑者，可多徹去些。但捺血筒之手指，卻不可鬆，若手指一鬆，其血不出矣。若跑馬下場，切不可徹血；若騎來走急，切不可動針，恐徹之出血不止，倘遇跑馬，慎之。如循時出血不止者，即用乾馬糞攤之，頃刻即止矣。但其徹血之針要鋒利磽渺，不可蠢大，大則出血不止，又恐血去多傷元氣，致生他患矣。醫者慎之。歌曰：血在周身經絡中，唯有大血總流通。馬因年小膘分大，血盛逢春變熱風。精神恍惚多驚悸，皮毛擦揩幾重重。須將大血金針刺，索繫項後拳其索。郁得血筒皮下脹，度最深淺針用功。欲得順毛流下穩，不須猛出惹愁容。血筒有似帶中水，不可針傷第二重。

明 趙浚等《新編集成馬醫方・血忌日》 春寅、午、戌，夏巳、酉、丑，秋申、子、辰，冬亥、卯、未。

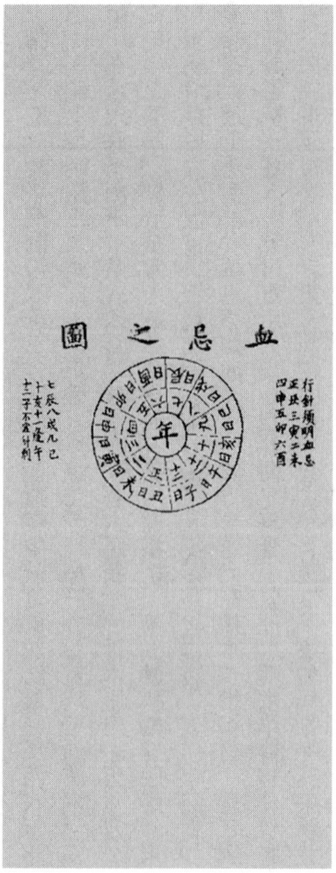

又《血支日》 正丑、二寅、三卯、四辰、五巳、六午、七未、八申、九酉、十戌、十一亥、十二子。

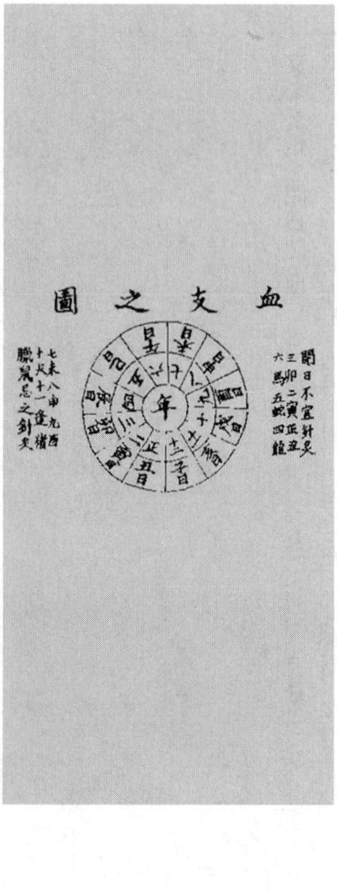

又《馬本命日》 九月巳日，十月亥日，十一月午日，十二月子日。巳上日不宜行針醫治。欲行針，如犯血忌、本命、晦朔弦望、風雨陰寒，皆是禁忌，不可行針。又緣春首及馬有病，棄血如泥；餘月及馬無病，惜血如金。凡針馬之疾，先觀馬之肥瘦，次看吃草多寡，然後相度行之。針皮不得傷肉，針肉不得傷筋、傷骨。三補一瀉。大馬先針左，騍馬先針右。後學者識之。又云：『凡用針，切忌血支、血忌及本命日，大風雨、陰晦，并不得針。仍須早喂飽後，少時用針。針罷，立繫，候晚喂。忌針灸刺血、鐮、割六畜。正、二、三、四、五、六、七、八、九、十、十一、十二。血支：閉月同丑、寅、卯、辰、巳、午、未、申、酉、戌、亥、子。血忌：續世同丑、未、寅、申、卯、酉、辰、戌、巳、亥、午、子。月害：獨火同巳、辰、卯、寅、丑、子、亥、戌、酉、申、未、午。

明 趙浚等《新編集成馬醫方・風門》 各臟風，已出上文。灸法：柳條三十個，五寸長，地上刨窩，火燒柳條，汗出，灸百會穴，二十度或三十度。針法：見上諸穴門。熨法：治馬作騸鄉云取俗後狂走，發汗中風，如麻木者，入溫堗密房中，以射干、雞糞和艾、釅醋灑熏腹下，厚衣裹馬，全體汗出，二三日愈。卒中風，前法熨之。

清 周海蓬《療馬集》卷三《療馬百一方》 治騾馬肚疼方：升白礬二錢、麵鹼二錢、香油一兩、醋一茶盅、雞子清三個。同合一處服之。

又 騾馬傷熱：硃砂、茯神、黨參、防風、甘草、遠志、山梔子、玉金、黃連、黃麻連去節。引用蜜一兩、鹽半盞、鷄子四個、井水。

紀事

唐　李石《司牧安驥集》卷三《放血法》　秦穆公問伯樂曰：『馬於春首針刺出血者，何也？』答曰：『人受氣於癸，癸陰水也，水主腎，腎主精，故精氣多而血氣少；馬受氣於丙，丙陽火也，火主心，心主血，故血氣多而精氣少。故必針刺出血者，不使血氣太盛而為疾病也。然出血必於春首者何也？蓋春木也，夏火也，木生火者也。馬即為火畜，火又受氣於亥，生於寅，旺於午，伏於戌，必於春首針刺者，春火生時，於是針刺分其血氣，不致太盛。故雖火畜，至夏火旺時，血氣調均，不至淫過而生諸病也。』穆公曰：『善。』

血在周身經絡中，惟有大血管流通。馬為年小膘分大，血盛逢春變熱風。精神如驚多恍惚，皮毛揩擦似生蟲。須將大血金針刺，索繫項後卷其鬃。郁得血筒皮下脹，度量深淺用神針。欲得順毛流下穩，不須猛出惹愁容。血筒有似帶中水，切忌針傷第二重。

凡放馬血，先看虛實肥瘦，定出血多少。若馬膘大肥實，即出血宜稍多；若馬膘小瘦怯，即出血宜少。放血穴十有一，須是心慮精專，洞曉穴道，迺能用針的速，淺深分數不差。放時方要天氣晴明，不是血忌及馬本命日，且令早晨空草，牢與列維口蹄。若放眼脈血，即用走索子於半項中郁起眼脈血筒。若放鶻脈血，則用走索子於項後卷起鬃，郁起鶻脈血筒。餘穴不用走索子。用針之法，大馬先針左，騍馬先針右，須用指按定，血筒要實；若針了血出，更不須用指按定。十一穴中瀉胸堂、尾本穴出血，須截筒用針放於穴，並順筒用針放。此論春首放血之法耳。大抵放血不宜太多，尋常除春首外，無病惜血如金，有病棄血如泥。今列穴名十二，除夜眼穴不針外，並所治病證，用針淺深分數，出血止血法於後。

清　郭懷西《新刻注釋馬牛駝經大全集·馬經大全》卷一《春季放大血論》　東溪問于曲川曰：『每凡春季放大血者，何也？』曲川答曰：『春季放大血，四季無熱壅之疾。』東溪曰：『何以見之？』曲川曰：『昔春秋之時，秦穆公問于伯樂曰，人之與獸二五相同，獨馬多生熱症者，何也？伯樂答曰，人受氣於癸，馬受氣於丙。人受氣於癸，癸者陰水也。水主腎，腎主精，故精氣多而血氣少。馬受氣於丙，丙者陽火。火主心，心主血，故血多而精氣少。故馬必於針刺出血者，不使血氣太盛而為病疾也。』東溪曰：『出血必於春首者何也？』曲川曰：『春者木也，夏者火也，木火相生也。於春首針刺，分調血氣，不致太盛，故使火畜至夏，夏季火炎，使其榮衛調勻，不致太過而生諸疾也。』

又　卷二《伯樂針穴血道論》　東溪問于曲川曰：『余聞人有三百六十穴道，馬之針穴，有如是呼？』曲川答曰：『人有三百六十經絡，馬有一百五十九道明堂。』東溪曰：『人之與獸五臟俱同，馬之針穴不同人之穴者，何也？』曲川曰：『人者，萬物之靈也。稟陰陽之大運，受天地之精華，體五行之正道，受元氣而豐肥，乃有三百六十六穴，按周年三百六十六日，足太極循環之數也。夫獸者，物類也。稟陰陽之偏運，受天地之餘精，得五行之未足，體元氣而少全，《明堂》所載一百五十九道明穴，足太極周旋之半也。後至春秋時，有一大賢，出自西秦大國，姓孫氏諱陽，官封伯樂將軍。此賢善識驊騮，能分駑駿，考察明堂，詳朋針穴，乃有八十一道溫火之針，八十一道補瀉之針，七十二道徹血之針，一十二道巧治之針，通前徹後，共有二百四十四穴，按周年二十四氣。此謂人稟天地之靈，物稟天地之氣，太極周旋，陰陽造化之分也。』東溪曰：『二百四十四穴，有其名乎？』曲川曰：『針針入穴，各有部位，而顯其名也。』東溪曰：『火針、血針，何以分別？』曲川曰：『火針者，絡脈之針也。血針者，經脈之針也。絡脈者，喉門為首，風門、肺門次之。經脈者，眼脈為首，鶻脈、帶脈次之。喉門者，頰下二指是也。眼脈者，眼後四指是也。《明堂經》云：頰下二指乃喉門穴二道。眼後四指，眼脈血二道。耳後一指，風門穴一道。耳後二指，伏兔穴二道。耳孔裡面，禁穴二道。頂門之上，通天穴一道。腦旁左右，腦腧穴二道。旋睛鬃下，大風門穴三道。印堂之中，龍會穴一道。眉額之間，垂睛穴二道。眼胞之上，睛腧穴二道。大眼角內，骨眼穴二道。大眥裡面，睛明穴二道。黑白睛中，開天穴二道。眼下二指，三江血二道。眼下四指，大脈血二道。鼻孔外面，氣海血二道。鼻梁兩邊，鼻腧穴二道。鼻孔之中，血堂穴二道。鼻尖兩面，薑牙血二道。唇尖之上，拙筋血一道。牙關外面，開關穴二道。口內上齶，玉堂血一道。食槽上面，通關穴二道。食槽之中，槽結穴二道。眼後二指，太陽血二道。頰下四指，鶻脈血二道。氣嗓之下，喉腧穴二道。弓子骨上，弓子穴二道。膊骨兩旁，肺門穴二道、肺攀穴二道。搶風骨上，搶風穴二道、沖天穴二道。膊尖之中，膊尖穴二道、膊欄穴二道。肘骨後面，掩肘穴二道、乘鐙穴二道。臆骨之中，心腧穴數道。羅膈兩旁，胸堂穴二道。堂下二指，同筋穴二道。夜眼之內，夜眼血二道。膝蓋之中，膝脈穴二道。攢筋骨上，攢筋穴二道。乘重骨間，承重穴二道。承重骨下，過門穴二道。三寸骨間，天臼穴二道。寸下踠中，纏踠穴二道。羊鬚之內，勞堂血二道。蹄胎骨上，蹄頭血四道。蹄掌後面，蹄門血四道。蹄甲之下，乘泉血四道。肘骨之上，肘腧穴數道；前夾兩旁，夾氣穴二道。肘骨之中，肘骨穴二道。肘後四指，帶脈血二道。平膜二邊，五花穴十道。肚腹之下，黃泉穴數道。臍前一寸，肚口穴一道。肚臍三寸，雲門穴一道。脊背之間，斷血穴三道。接脊骨上，百會穴一道。接脊骨前，腎朋穴二道。接脊骨中，腎腧穴二道。接脊骨後，腎角穴二道。雁翅骨下，巴山穴二道、路股穴二道。大胯骨間，大胯穴二道、小胯穴二道。胯瓦骨中，汗溝穴二道、邪氣穴二道。胯瓦骨下，仰瓦穴二道、牽腎穴二道。賺堂之上。賺腧穴二道、賺癖穴二道。胯內兩旁，上窌穴二道、次窌穴二道、中窌穴二道、下窌穴二道。掠草骨間，掠草穴二道。胯當內面，交當穴二道。下面一指，腎堂穴二道。相對腎囊，督穴二道。外腎縫上，陰腧穴一道，腎囊之中，千金穴二道。腎尖之上，腎尖穴二道。曲尺之間，曲尺穴二道。合子骨上，合子穴一道。鶻鼻骨間，烏筋穴二道。鶻鼻骨下，板筋穴二道。鹿節骨中，鹿節血二道。後蹄寸間，天臼穴二道。後蹄踠內，纏踠穴二道。羊鬚之內，勞堂穴二道。蹄掌兩旁，蹄門穴四道；蹄甲之下，垂泉穴二道。尾根兩旁，尾端穴二道。肛門上面，蓮花穴一道。尾根下面，尾本穴一道。尾梢之上，尾尖穴一道。此謂二百四十四針顯名之穴也。』東溪曰：『馬之四百八病，余聞大半受針；其諸針諸穴何以應之？』曲川曰：『先觀其圖，再讀其賦。』

針脉出血
明堂之圖
三江血
大脉血
曲池血
尾本血

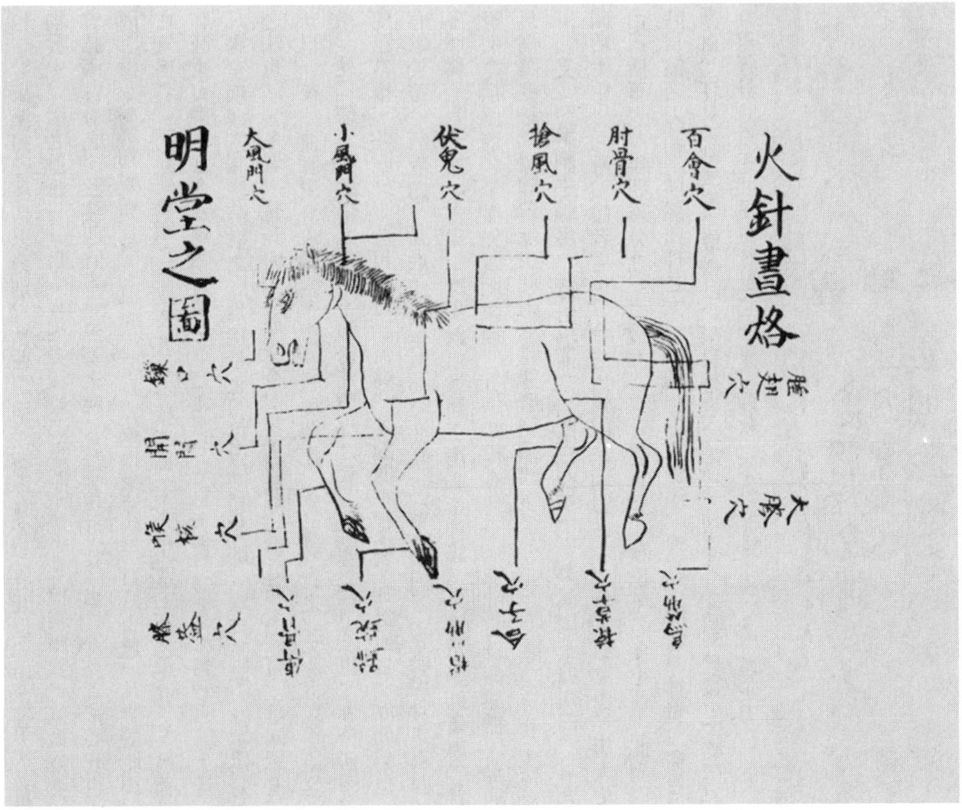
火針畫烙
明堂之圖
百會穴
肘骨穴
搶風穴
伏兎穴
小風門穴
大風門穴
大胯穴
合子穴

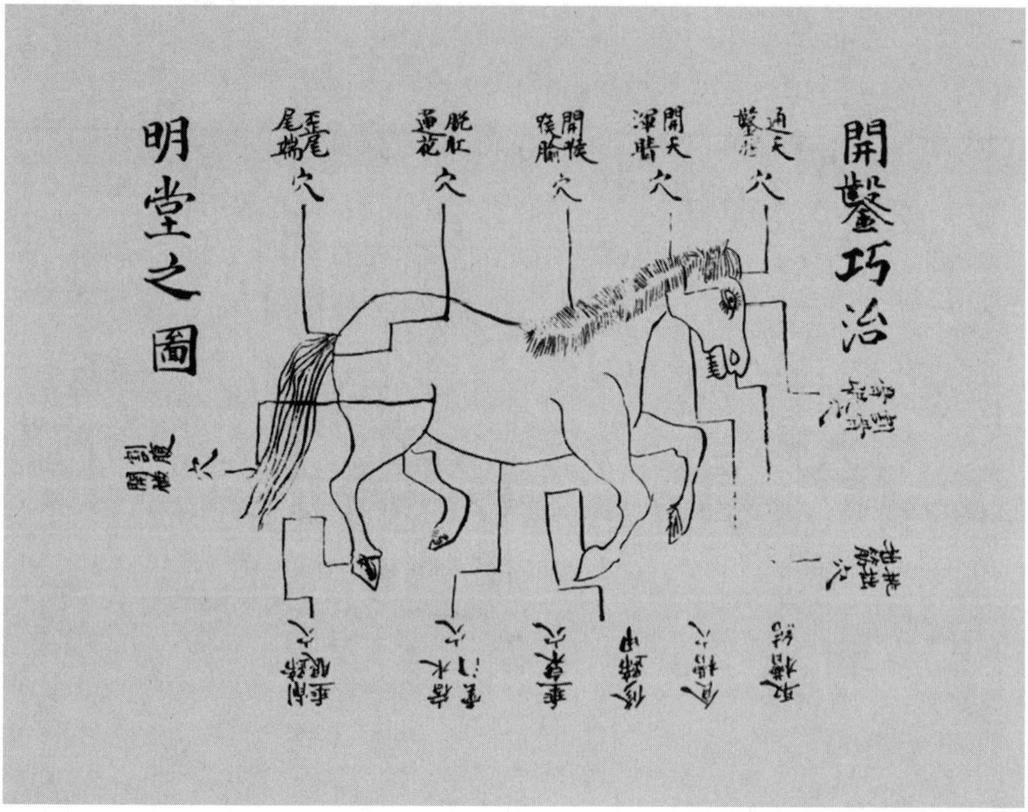

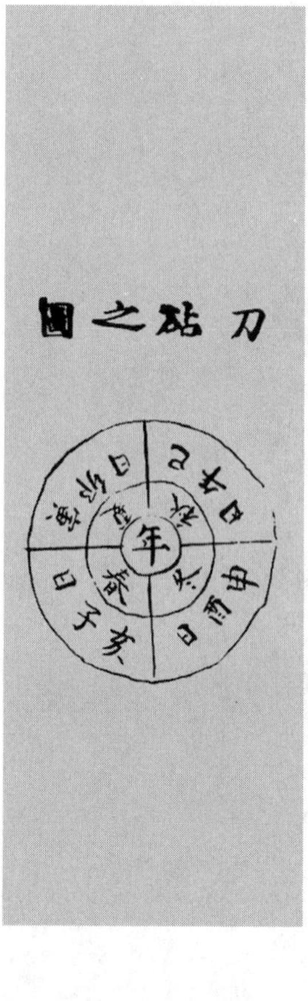

又《論馬血脈流轉有減者》　東溪問于曲川曰：『余聞徹血，四季有不同者，何也？』曲川答曰：『四季行針，有預針、工針、省針、禁針之法也。』東溪曰：『何以分別？』曲川曰：『夫春者，肝旺也，甲乙當令，萬物發生，獸之血脈，一日一夜周身流轉二百四十遭。凡槽騮騍驤，氣血盛者，鶻脈兩針徹之，致使四時不發熱壅之疾。此謂預針之法也。夫夏者，心旺也，丙丁當令，萬物崢嶸，獸之血脈，一日一夜周身流轉一百八十遭。凡膘驄肥馬，血氣盛者，六脈亦令徹之，致使炎暑不發瘡黃之症，此謂工針之法也。夫秋者，肺旺也，庚辛當令，萬物秀實，獸之血脈，一日一夜，周身流轉一百二十遭。凡馬有疾，六脈應病徹之，無疾禁止，以致調和臟腑，順理陰陽，此謂省針之法也。夫冬者，腎旺也，壬癸當令，萬物收藏，獸之精氣歸腎，陰陽閉塞，一日一夜，血脈周身流轉六十遭。凡馬急症，當針者針之，不當針者不可妄徹，使馬騾不致虧傷元氣，不發胯痛腰疼之疾，此謂禁針之法也。脾分四季，戊己當權，各旺一十八日，血脈流轉，各隨四季行之。凡針血者，亦如然也。有歌於後。』歌曰：斗柄回寅氣血增，四時流轉不相同。春血周身二百四，冬脈轉流六十巡。七十二道生針血，醫工用心使神鋒。針皮勿令針傷肉，針肉勿令損傷筋。未徹先觀肥與瘦，分調榮悴令勻平。急症當針即與徹，無病無傷莫令針。療驥若能由此則，體態膘肥臟腑寧。

又《論割牛騸馬，行針徹血，回避刀砧》　東溪問于曲川曰：『余聞巧治中，回避刀砧者何也？』曲川答曰：『刀砧者，日之惡煞也。唐太史呂氏所著。一年四季分之。是故春亥子、夏寅卯、秋巳午、冬申酉，此謂四時日煞之刀砧、陰陽凶神之大忌。凡割牛、騸馬、鑿腦、開喉、打鼻、穿卷、徹血、行針、割瘻瘤、取槽結、瘡科外表金刀，一切忌之。歌列於後。』歌曰：春日行針防亥子，夏月行針忌卯寅。九秋巳午針非吉，三冬申酉犯刀砧。

又《論馬行針徹血回避血忌》 東溪問于曲川曰：『凡馬徹血，怕逢血忌者，何也？』曲川答曰：『血忌者，百日之凶神也。昔唐太史呂村《星命論》云：正月逢丑，二月逢未，三月逢寅，四月逢申，五月逢卯，六月逢酉，七月逢辰，八月逢戌，九月逢巳，十月逢亥，十一月逢午，十二月逢子，俱皆血忌之凶神也。療病者，三百六十穴道，一百五十九道明堂，一十二道經脈，二八巧治關津，火針火烙，補瀉氣針，六脈徹血，鑿腦開喉，取混睛，割骨眼，開賺剖腹，一切用針，須忌月建所逢血忌之將。有歌列後。』歌曰：行針須明血忌，正丑二未三寅。四申五卯六酉，七辰八戌九巳。十亥十一逢午，臘子不宜針刺。

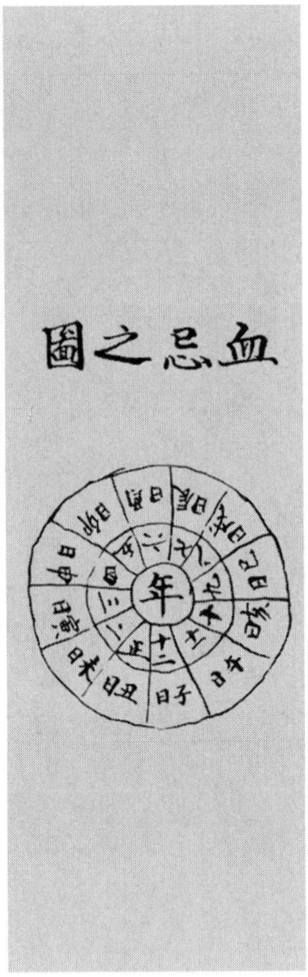
血忌之圖

又《論馬針烙忌閉日》 東溪問于曲川曰：『余觀歷日新書，凡遇閉日，不宜針刺者，何也？』曲川答曰：『閉日者，血支凶日也，一月二三逢之。是故正月丑日，二月寅日，三月卯日，四月辰日，五月巳日，六月午日，七月未日，八月申日，九月酉日，十月戌日，十一月亥日，十二月子日，此是血支閉日也。凡獸者，百脈不通，諸經閉塞，醫療者倘逢閉日，諸穴不宜刺之。有歌列後。』歌曰：閉日不宜針灸，三卯二寅正丑。六馬五蛇四龍，七未八申九酉。十犬十一逢豬，針灸猶忌臘鼠。

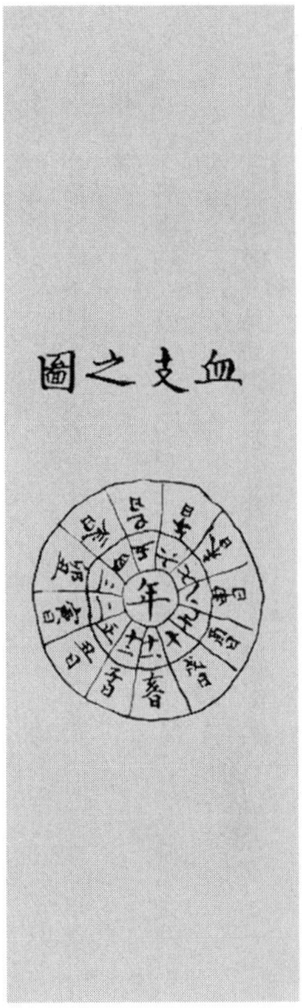
血支之圖

又《論馬急癥行針有犯刀砧血忌》 東溪問于曲川曰：『馬患急症行針，遇犯刀砧血忌者，何也？』曲川答曰：『刀砧，血忌不禁六脈之針。』東溪曰：『何為禁穴？』曲川曰：『凡馬脊風項㤭、鞦胯拖腰、左癱右瘓、四足蜷攣、把前把後、滯痛凝疼等疾，當施者，八十一道火針，一十二處劃烙，截風烙痺，艾火灸，薰蒸，燈燈，火燒，一切溫針等穴，擇令晴明日霽，禁忌風雨陰寒，不犯刀砧血忌，回避本命刀砧，此謂禁針之穴也。如其卒疾暴病，外感內傷，三十六臥、十二臟結、寒傷、暑傷、料傷、水傷、饑傷、飽傷、勞傷、役傷、一切時症等疾，所施者，七十二道生針、六脈三堂徹血、十二巧治、金針等穴，不避刀砧，不防血忌，不論陰晴，不拘時刻刺之，此謂六脈急救之針也。按《明堂經》，六脈者，十二經脈也，瀉心火，瀉肺氣，有揭病之功。定心神，安魂魄，有再生之效。當針即針者，回凶化吉。當針不針者，變吉為凶，此之謂也。有歌存證。』歌曰：急病當針不與針，避凶求吉反為凶。唯有如病隨針灸，回凶轉吉妙無窮。

藝文

唐 李石《司牧安驥集》卷一《伯樂畫烙圖歌訣》

畫烙膊龍骨歌用：膊骨腫痛病難移，常因打損受災危。火烙之時須用字，藥針敷熁最為奇。

畫烙搶風骨歌⊗：搶風骨大說根基，皆為折損是因依。用火燒針田字烙，自然痊瘥不須疑。

畫烙肘骨歌木：肘骨疼痛把腳拖，為因閃折不調和。按其骨節三叉烙，當時輕健自消磨。

畫烙硯子骨歌※：硯子骨大為因何，蓋為打傷腫痛多。用火燒鐵梔子烙，免令失誤得安和。

畫烙大胯骨歌十：大胯腫痛拽腳行，識其此證是能明。骨穴上頭四點烙，更添十字便安寧。

畫烙掠草歌米：掠草骨痛損傷多，本因骨痛腳難挪。麻葉烙畫須平穩，塗油針治便消磨。

畫烙膝蓋骨歌○：膝勞腫痛最難任，踏空虛閃敗涎生。注膝穴內須出血，火烙週圍得痊寧。

畫烙付骨垂歌日：付骨垂病侵於膝，行時直腳多饒失。火烙之時亦還粗，用藥消熁為第一。

畫烙合子骨歌乃：合子骨脹說根基，皆為轉損是因依。筋分雁爪須消散，自然痊可不須疑。

畫烙烏筋骨歌⊗：烏筋脹病怎生醫，筋轉之時受災危。火烙十字圈一道，油塗消散是為奇。

烙攢筋骨大歌川：攢筋骨大為何因，失節之時是其根。川字火烙熁藥擦，便是醫家妙手真。

烙罨蹄骨大歌乁：罨蹄骨脹最難醫，因傷子骨是根基。蹄門穴內微針刺，須將烙鐵畫蛾眉。

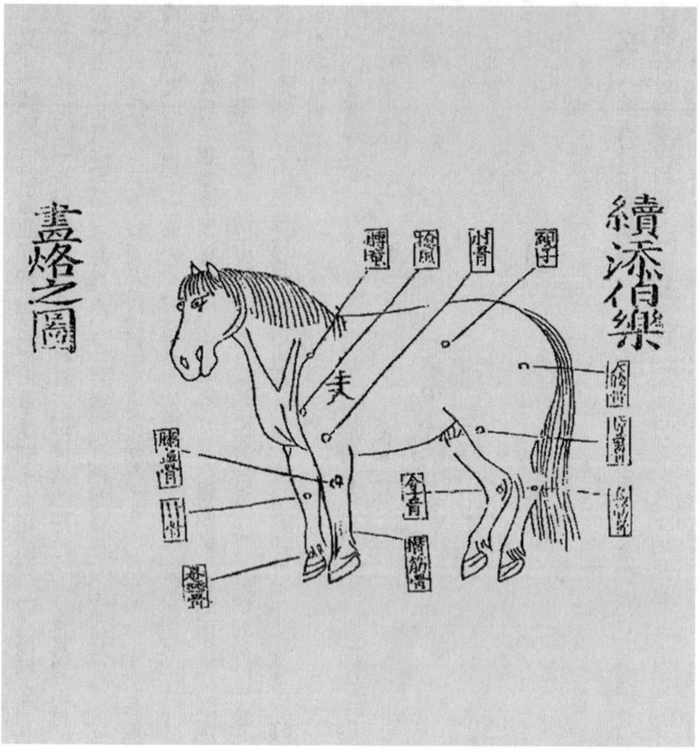

畫烙之圖

明 喻仁、喻傑《新刊纂圖元亨療馬集》卷二《明堂歌凡三百六十句，按三百六十穴**》**　蓋天之生物，有物而有則，馬牛之為物，富民而利國。耒耜教天下，弧矢鎮邊關，平戎而定寇，務滋而稼穡。乘之與駕之，傷寒與傷熱，走驟失調和，飲喂失時刻，疴瘵漸萌生，匪醫而弗克。近之愚學者，偽能者廣闊，以其衣冠美，巧言而令色，不審其根源，不察其脈色，記誦邪口詞，誣民而世惑，妄施針與烙，喑啞難分說，繆輩之流傳，萬古而充塞。嗚乎橫夭多，予心悼之切。采摭師皇論，諸賢之簡策。有同而有異，詠成歌與訣。針烙有所施，疾病有所揭，讀者易於心，開發童蒙惑，繼先之準繩，傳後之法則，予愚不敏矣，僭踰罪難越，以俟後之能，削贅補失闕。六脈明堂歌，載之於後列：眼脈鶻脈血，胸堂並帶脈，腎堂及尾本，同筋夜眼穴，纏腕及蹄頭，曲尺膝脈節，都來十一針，名為六脈血。用針須用意，按典依經說，針皮針血筒，勿傷筋骨節，隔絲如隔山，偏較不見血，此法要精通，非通勿妄泄，一百五十九，不出十一血，學者致精微，須當用意徹。六脈外有針，逐一與君說：玉堂與血堂，三江大脈血，臟熱鼻梁腫，此血須當徹。口角連腮腫，火烙鎖口穴。起臥腸中痛，剜取雙畫節。肝熱閃骨生，線穿骨眼穴。開天取渾睛，垂睛醫眼熱。風症烙風門，更兼伏兔穴。束顙及三喉，喉腧開喉節。火烙兩喉門，頰下取槽結。通關醫舌脹，開關療上熱。耳內有一針，禁穴休教徹。項吝針九委，兩邊十八穴。心腧消黃疸，膝腫針膝脈。肺把胸膊痛，肺門肺攀穴，膊尖與膊欄，掩肘乘鐙節，搶風與沖天，八穴火針徹，兩邊十六針，滯氣俱消滅。拽皮入濕氣，白針弓子穴，一切梁頭腫，鬐甲幾針泄。肝腧治肝危，火針第五肋。脾腧療脾寒，肺腧肺痛徹。雲門放宿水，肚口休教泄。腎毒削垂泉，蹄修八字穴。氣把腰中痛，火針百會節，腎朋並腎腧，腎角兩邊列，七竅總皆針，凝滯俱開徹。脊痛吊腰行，尾本須針泄。一切腎家壅，腎堂須出血，督穴腎尖針，腎腰滯氣絕。腎抽胯瓦痛，牽連雁翅拽，巴山與路股，大胯小胯穴，邪氣與汗溝，仰瓦牽腎節，八穴火針施，濕氣皆消滅。陰腎木腎腫，陰腧火針徹。臟冷脫肛腸，剪取蓮花穴。行動尾根偏，尾端針尾節。脊慅板如椽，火烙八窌穴。拖腳掠草痛，掠草火針截。纏腕消筋脹；同筋開膈熱。黑汗徹尾尖；賺癖醫腹闊。膈痛放胸膛；腸黃針帶脈。兩目翳膜生，針取太陽穴。久患蹄頭痛，火針天臼節。鶺鼻曲尺腫，曲尺須針泄。攢筋板筋粗，火烙板筋節。失節腫痛病，鹿節須當徹。掌骨痛難行，火烙蹄門穴。乘重骨腫痛，還將乘重徹。黄疸布胸癧，心腧幾針泄。尾本治腰風，擦尾燥鬃絶。項恡還兼脊，火針三委節。三喉顯大功，莫過喉腧穴；腎熱徹交當，腰間滯氣滅。勞堂瀉少陽，筋脹從斯絶。松骨腫如肥，血堂兼大脈。帶脈療腸黄，黑汗偏能揭。蹄痛放蹄頭，筋毒能消泄。草慢嚼不鳴，鹽擦玉堂血。睛明大眥針，赤脈眼中滅。心熱腫偏次，胸堂能冷泄。毛燥若蟲行，鶻脈兩針絶。倒地損搶風，火烙搶風穴。昂頭點步行，膊尖溫火截。直行膝蓋疼，膝脈須針徹。千金騗腎囊，蹄留俱能滅。氣海鼻頭開，善泄胸心熱。抽筋唇上挑，走驟俱開闊。草穀不消磨，火針脾腧穴。烏筋合骨臚，烙之合骨節。牽拽雁翅痛，大胯火能絶。蹄門消蹄腫；尾尖疳尾徹。臁黄放腎堂；肘癧泄帶脈。牽腎攻抽腎；鹿節針失節。腎腧治腰痛；汗溝醫胯拽。邪氣去風寒；玉堂消臟熱。鶻脈太陰經，一名號大血，寒熱善能醫，定神而安魄。耳根去一指，風門兩道穴，二指烙伏兔，頂門三道截，七竅號風關，火烙諸風滅。腰上有一針，名為百會穴，火烙此千津，後腰風盡絶。春來萬病生，大血兩針徹，諸毒不能成，百病俱消滅。已上幾般針，疴瘵從斯揭，量度淺深施，辨驗陰陽徹。針血有陰陽，經絡十二訣，醫工仔細詳，須當再與說：眼脈厥陰經，肝火善能泄。鶻脈肺太陰，能消五臟熱。胸堂少陰心，刺之心火絶。夜眼禁其針；厥陰心包脈，帶脈瀉太陰，脾火盡消滅。腎熱腎經腫，腎堂少陰徹。少陽三焦壅，須泄蹄頭血，膝脈大腸經，善解陽明熱。纏腕和勞堂，少陽肝膽泄。陽明胃火消，曲尺兩針血。膀胱瀉太陽，尾本尾根徹。同筋瀉小腸，太陽心火絶，此法甚元微，非精莫妄徹。凡針血與穴，醫家用意竊，窮理陰陽病，觀診色與脈，行步相安詳，喘息聽時節，表裏與邪正，虛實與寒熱，較斟輕與重，度量淺深徹，針烙按明堂，百無一二絶。近學晚醫人，凡針六脈血，不在苦令多，四季相應徹。春夏脈洪弦，秋冬脈沉澀，春徹更無妨，冬針膘瘦怯。有疾棄如泥，無疴金惜血。先觀肥與瘦，次辨寒與熱，食草多與少，審察方針徹。徹畢休教飲，飲畢休教徹，徹後莫教浸，最忌水中涉，牽行似醉癡，舌如煮豆色，見此莫行針，血出無休歇。三百六十針，百五十九穴，四百八病中，大半針工揭。寒甚火針施，熱甚生針徹，急病急須針，勿差時與刻，救療有功能，莫過針與穴。針法有如斯，一一分明說，學者莫蹉跎，須當用意竊。察病察根源，觀形觀色脈，徹血究尫羸，行針究補瀉。非病莫行針，無傷血莫徹，冬血惜如金，春榮如水徹。火針與氣針，醫工仔細格；呼吸與提按，淺深與補瀉。右手持其針，左手按其穴。天氣要晴明，風雨須停歇。針穴合天時，月令盈虛別：月生血始精，氣血行諸節。月圓肌肉堅，諸竅皆精脈。月空經絡虛，氣衰脈部澀。月滿休教補，月缺休教瀉。月晦莫教針，竅關皆閉塞。月令按陰陽，日時須揀擇：血忌與血支，飛廉兼命絶，本命及刀砧，遇此休針徹。左轉針為補，右撚針為瀉，合補須與補，當瀉即須瀉。補瀉要精明，非明勿浪說，此法若能通，金鎖都開徹。治病顯其功，有如湯澆雪，學者細推尋，神功無淨揭。

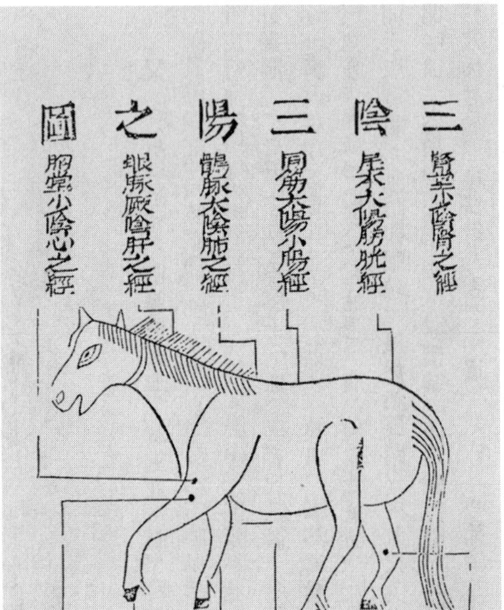

清 郭懷西《新刻注釋馬牛駝經大全集·馬經大全》卷二《行針賦》

賦曰：大凡行針，先知穴道，次明補瀉，隨聽呼吸，實究淺深。八十一針補氣、瀉氣之穴，七十二道徹經、徹血之針。九九明堂，火烙火針處所。四三穴孔，開鑿巧治關津，周身總共二百四十四穴。針針穴穴，逐一開俱分明。頰下喉門火針，療喉核脹病。耳中禁穴，從來禁止不針。耳後風門火烙，療諸風解表。腦旁腦腧火針，治急慢心風。旋睛鬃下火烙，療耳緊尾直。眼角上生針睛腧血，消眼角淤壅。鼻孔雙薑割卻薑牙，止腹中作痛。印堂龍會，灸邪病、項恡偏風。頭頂上通天，鑿腦黄、鑿開腦孔。鬃旁腦腧，瀉腦毒、消散疸癧。垂睛幾針，徹去額間腫毒。睛明兩道，割開睛上雲朦。黑白睛中、開天穴上取混蟲，退睛中雲翳。大眼角內、魚尾骨間割骨眼，散眼咀壅肉。眼下三江，泄腸中冷痛。肋旁大脈，泄腔內寒痛。眼脈二針，善泄肝經之火。太陽一血，能除白翳朦。鶻脈肺之經，理三焦，調五臟，靜心神而定魂魄。胸堂心部脈，瀉心火，泄肺氣，開兩堂胸膈凝痛。開關穴，療牙關緊閉。通關穴，治舌底生癰。鎖口黃，鎖住口，火烙鎖口。蹄跟脹，蹄掌腫，放徹蹄門。呼吸難，氣海開，其功第一。前失足，拙筋斷，其效如神。玉堂針口內，開胃泄五臟之熱。血堂刺鼻孔，消肺止兩鼻之膿。食槽內槽結穴，取槽中瘰癧。鼻梁旁，針鼻腧，消鼻畔疽癰。喉腧一針，割嗓黃，割開氣嗓。三川一穴，烙串甲，烙過山鬃，膝腫、膝黃可治。夜眼穴，傷夜眼，不可行針。腿上同筋，善止胸疼膈痛。臆前心腧，能消黃癰胸疽。項上九針，療悗頸低頭不得；髆間八穴，開羅膈滯氣凝胸。髆尖弓子二穴，治髆尖弓子脫落。耆甲、搶風兩穴，消耆腫突起。搶風、乘鐙、髆欄，火針導滯氣，止筋骨之痛。肺門、掩肘火烙，入溫氣住經絡之疼。肺攀穴，止髆痛、肺氣把髆。沖天穴，針髆尖，療脫髆、損胸。肘腧鍁針，泄肘後打傷、瘡腫。斷梁生針鍁，消脊間脊腫瘡膿。乘重骨腫，乘重須當去血。攢筋脹大，外踝火烙攢筋。勞堂去血，泄筋毒，寸蜿之腫。蹄心火烙，療蹄黃、腎毒之癰。帶脈兩針，善治腸黃、黑汗。理中一穴，能醫膈痛、胸疼。肋上五花穴，瀉平膜五疔之腫。腹前黃水血，消肚底寒熱之癰。脾腧一針，治脾寒翻胃吐草。肺腧二穴，療肺壅鼻孔流膿。眼腫頭低，肋畔火針肝腧。停留宿水，臍前徹取雲門。上窌、次窌、中下窌火烙，療胡骨把胯。腎陰、腎腧、腎角火針，治內腎寒凝。天臼穴徹出粘涎，泄三寸損傷、躁骨痛。躁門針，導滯氣、消兩躁促損、凝痛。膁腧一針於膁堂，剖腹去胃中積聚。膁癖二穴火針，療抽擋、肚細。肚口禁止不針，只為通流小便。腎堂出血，皆因外腎生癰。掠草火針，療腿胯寒濕之痛。百會火烙，截脊腰凝滯之寒。木腎、陰黃，腎縫火針陰腧。消除蹄齧，陰囊摘取千金。寸腫蜿浮，纏蜿生針第一。筋粗骨脹，板筋火烙為尊。腰上七穴，火針止腰中之寒疼。胯間八穴，泄滯氣，住胯上之凝痛。烙大胯、補下元，祛腰間積滯。徹督血，瀉陰火，消膁上疽癰；邪氣兩針，泄去經中濕氣。仰瓦二穴，消去胯瓦寒凝。巴山穴，療胡骨痛。小胯穴，止雁骨之疼。牽腎火針，理腎經內傷濕氣。路股火烙，追胯眼外感賊風。蹲腰行，雁翅痛，交當去血。吊腰行，脊筋痛，尾本如神。尾端穴，尾旁針，治尾根偏悗。尾尖血，梢上徹，除騷尾疳風。曲尺一針，消散曲中腫毒。汗溝一穴，祛除胯上寒凝。合骨腫臚，曲尺火針合子。烏筋脹大，鵝鼻火針攢筋。蹄頭血，蹄上針，泄蹄胎裡跟外跟之痛。垂泉穴，蹄下烙，補蹄漏穿心穿掌之疼。肛門上，剪蓮花，祛臟頭翻卷肛出三寸。旁徹鹿節，泄閃傷凝住涎膿。六脈三堂，瀉疔毒瘡黃之腫。五關七竅，烙破傷急慢等風。此謂明堂二百四十四穴，傳流相繼，後之學者遵欽。

又《釋針血歌》 三陰三陽圖，載之更明切。十二臟腑經，逐一再與說。揭病按圖形，非病勿混徹。不能卻其災，反將生命殺。予經五十年，究正另注白。醫工精追求，啞命無夭折。

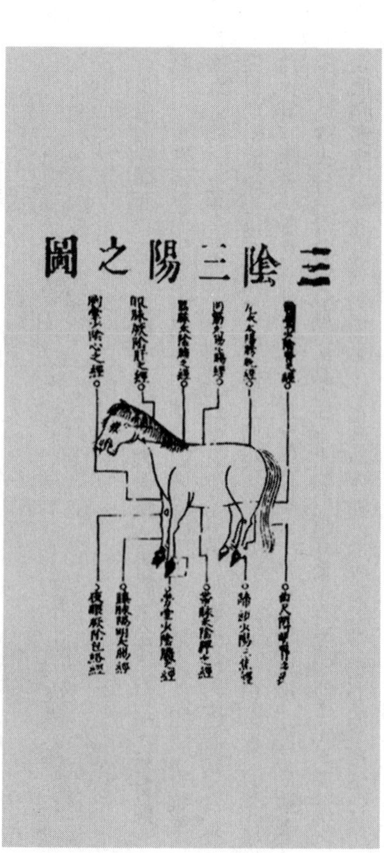

又《針血歌》 眼脈鶻脈血，胸堂並帶脈。腎堂及尾本，同筋夜眼血。纏蜿及蹄頭，曲尺膝脈節，都來十一針，名為六脈血。用針須用意，按血依經說。針皮針血筒，勿傷筋骨節。隔絲如隔山，偏較不見血。此法要精通，非通勿妄泄。一百五十九，不出十一血。學者致精徹，須當用意徹。六脈外有針，逐一與君說。玉堂與血堂，三江大脈血。臟熱鼻梁腫，此血須當徹。口角連腮腫，火烙鎖口穴。起臥腸中痛，剜取雙薑節。肝熱閃骨生，線穿骨眼穴。開天取渾睛，垂睛醫眼熱。風症烙風門，更兼伏兔穴。束嗓及三喉，喉腧開喉節。火烙兩喉門，頰下取槽結。通關醫舌脹，開關療上熱。耳內有一針，禁穴休教徹。項悗針九委，兩邊十八穴。心腧消黃疸，膝腫針膝脈。肺把胸髆痛，肺門肺攀穴。髆尖與髆欄，掩肘乘鐙節。搶風與沖天，八穴火針徹。兩邊十六針，滯氣俱消滅。拽皮入溫氣，銀針弓子穴。一切梁頭腫，耆甲幾針泄。肝腧治肝危，火針第五肋。脾腧療脾寒，肺腧肺痛徹。雲門放宿水，肚口休教泄。腎毒削垂泉，蹄修八字穴。氣把腰中痛，火針百會穴。腎朋並腎腧，腎角兩邊列。七竅總皆針，凝滯俱開徹。脊痛吊腰行，尾本須針泄。

一切腎家壅，腎堂須出血。腎穴腎尖針，腎腰滯氣絶。腎抽胯瓦痛，牽連雁翅拽。巴山與路股，大胯小胯穴。邪氣與汗溝，仰瓦牽腎節。八穴火針施，濕氣皆消滅。陰腎木腎腫，陰腧火針徹。臟冷脱肛腸，剪取蓮花穴。行動尾根偏，尾端針尾節。脊憿板如椽，火烙八窌穴。拖腳掠草痛，掠草火針截。纏腕消筋脹，同筋開膈熱。黑汗徹尾尖，膁癖醫腹闊。膈痛放胸堂，腸黄針帶脈。兩目翳膜生，針取太陽血。久患蹄頭痛，火針天臼節。鶻鼻曲尺腫，曲尺須針泄。攢筋板筋粗，火烙板筋節。失節腫痛病，鹿節須當徹。掌骨痛難行，火烙蹄門穴。乘重骨腫痛，還將乘重徹。黄疸布胸癱，心腧幾針泄。尾本治腰風，擦尾燥鬃絶。頸憿兼脊憿，火針三委節。三喉顯大功，莫過喉腧穴。腎熱徹交當，腰間滯氣滅，勞堂瀉少陽，筋脹從斯絶。松骨腫如肥，血堂兼大血。帶脈療腸黄，黑汗偏能揭。蹄痛放蹄頭，筋毒能消泄。草慢嚼不鳴，鹽擦玉堂血。睛明大嘴針，赤脈眼中滅。心熱腫偏次，胸堂能令泄。毛燥若蟲行，鶻脈兩針絶。倒地損掄風，火針搶風穴。昂頭點步行，膊尖火針截。直行膝蓋痛，膝脈須針徹。千金騸腎囊，啼齧俱能滅。氣海鼻頭開，善泄胸心熱。拙筋唇上挑，走驟俱開闊。草穀不消磨，火針脾腧穴。烏筋合骨臚，烙之合骨節，牽拽雁翅痛，大胯火針絶。蹄門消蹄腫，尾尖痏尾徹。膁腫放腎堂，肘癰泄帶脈。牽腎攻抽腎，鹿節針失節。腎腧治腰疼，汗溝醫胯拽。邪氣去風寒，玉堂消臟熱。喉脈太陰經，一名號大血。寒熱善能醫，定魂而定魄。春來萬物生，此血兩針徹。諸毒不能成，百病俱消滅。

又《火針歌》 耳根去一指，風門兩道穴。二指烙伏兔，頂門三道截。七竅號風關，火烙諸風滅。腰上有一針，名為百會穴。火針此乾津，後腰風絶滅。以上幾般針，痾療從斯揭。度量淺深施，辨驗陰陽徹。

又《總歌》 針血有陰陽，經絡十二訣。醫工仔細詳，須當再與説。眼脈厥陰經，肝火善能泄。鶻脈肺太陰，能消五臟熱。胸堂少陰心，刺之心火絶。夜眼禁其針，厥陰心包脈。帶脈瀉太陰，脾火盡消滅。腎熱腎經腫，腎堂少陰徹。少陽三焦壅，須泄蹄頭血。膝脈太陽經，善解陽明熱。纏腕號勞堂，少陽肝膽泄。陽明胃火消，曲尺兩針血。膀胱瀉太陽，尾本尾根徹。同筋瀉小腸，太陽心火絶。此法甚玄微，非精莫妄徹。

又《切癥用針歌》 凡針血與穴，醫家用意竊。窮理陰陽病，觀診色與脈。牽行相安詳，喘息聽時節。表裡與邪正，虛實與寒熱。較斟輕與重，度量淺深徹。針穴按明堂，百無一二絶。

又《酌量虛實行針歌》

近學晚醫人，凡針六脈血。不在苦令多，四季相應徹。春夏脈洪弦，秋冬脈沉澀。春徹更無防，冬針膘瘦怯。有疾棄如泥，無疴金惜血。先觀肥與瘦，次辨寒與熱。食草多與少，審察方針徹。徹畢休教飲，飲畢休教徹。徹後莫叫浸，最忌水中涉。牽行似醉癡，舌如煮豆色。見此莫行針，血出無休歇。三百六十針，百五十九穴。四百八病中，大半針工揭。寒甚火針施，熱甚生針徹。急病急須針，勿差時與刻。救療有功能，莫過針與穴。針法有如斯，一一分明説。學者莫蹉跎，須當用意徹。察病察根源，觀形觀色脈。徹血究尫羸，行針究補瀉。非病莫行針，無傷血莫徹。冬血惜如金，春榮如水徹。火針與氣針，醫工仔細格。呼吸與提按，淺深與補瀉。右手持其針，左手按其穴。天氣要晴明，風雨須停歇。針穴合天時，月令盈虛別。月生血始精，氣血行諸節。月圓肌肉堅，諸竅皆精脈。月空經絡虛，氣衰脈部澀。月滿休教補，月缺休教瀉。月晦莫教針，竅關皆閉塞。月令按陰陽，日時須揀擇。血忌與血支，飛廉兼命絶。本命及刀砧，遇此休針徹。左轉針為補，右捻針為瀉。合補須與補，當瀉即須瀉。補瀉要精明，非明勿浪説。此法若能通，金鎖都開徹。治病顯其功，猶如湯澆雪。學者細推尋，神功無淨揭。

清　周海蓬《療馬集》卷二《療馬集針法歌》

眼脈厥陰經，肝火善能洩。鶻脈肺太陰，能洩五臟熱。胸堂少陰生，此支心火絶。夜眼禁起針；厥陰心包脈。帶脈心太陰，脾火盡消滅。身熱腎經腫，腎堂少陰徹。少陽三焦壅，須洩蹄頭血。膝脈太陽經，善解陽明熱。纏腕好勞堂，少陽肝膽洩。陽明胃火消，曲尺兩針穴。膀胱洩太陰，尾本尾根徹。同筋洩小腸，太陽心火絶。

明 楊時喬《新刻馬書》卷六《穴名圖》

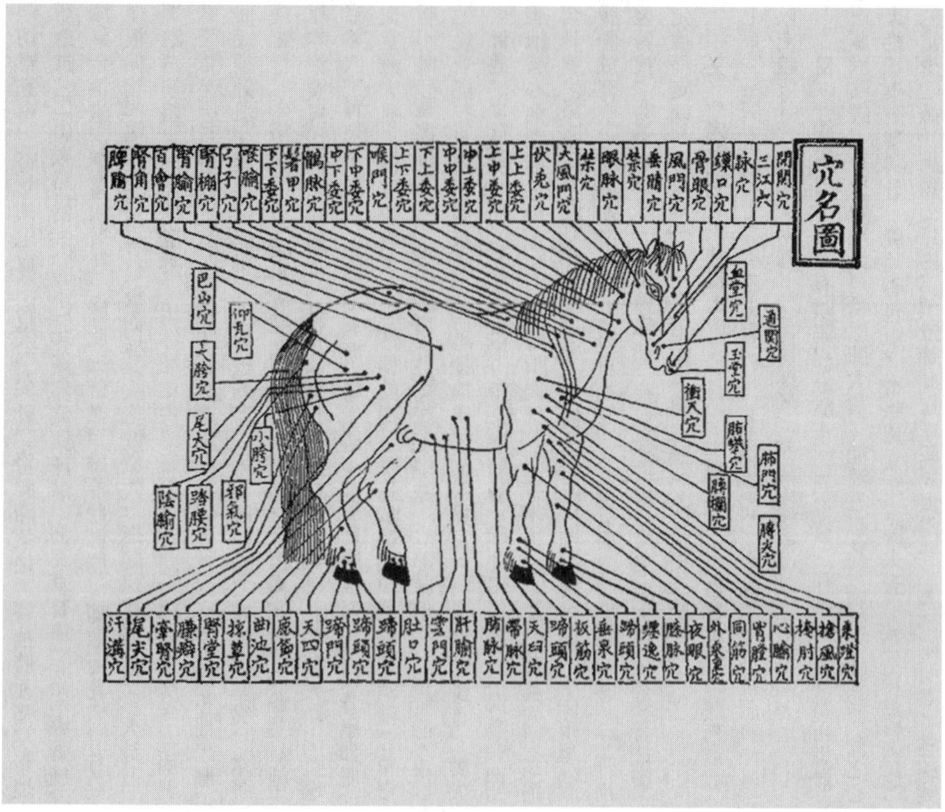

又《六脈出血圖明堂之》

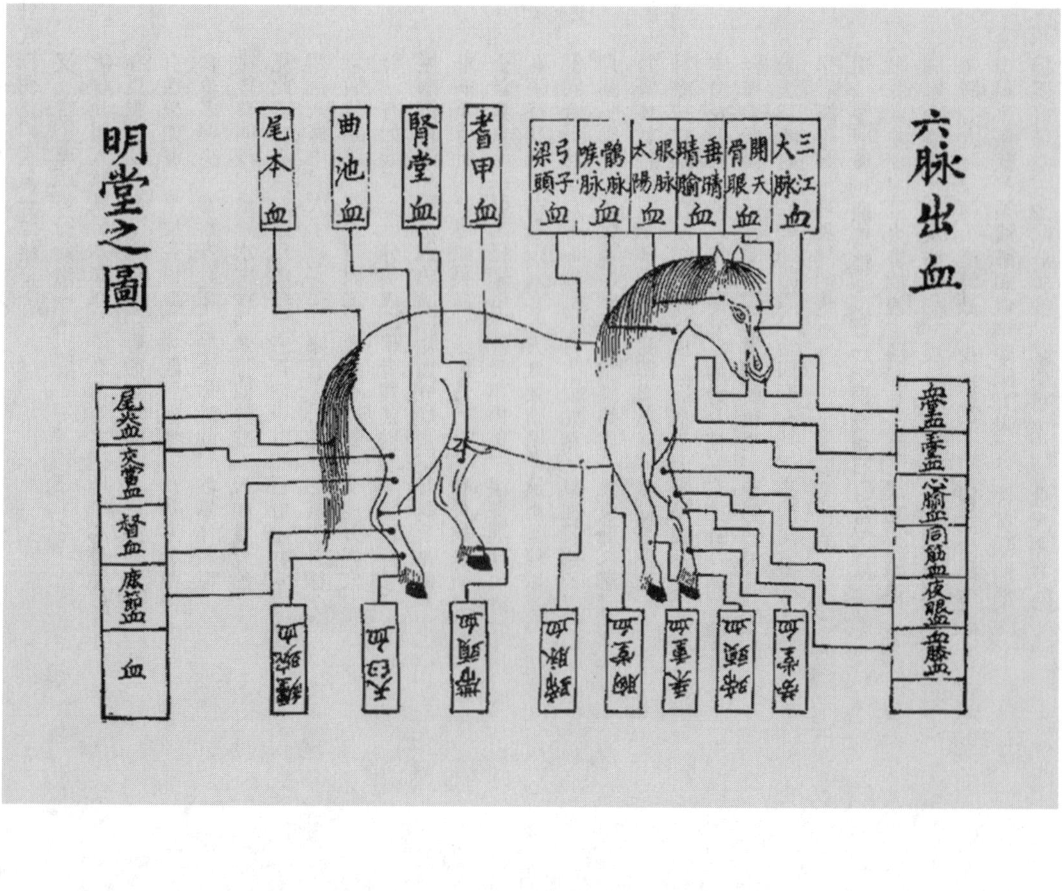

又《火針氣針明之堂圖》

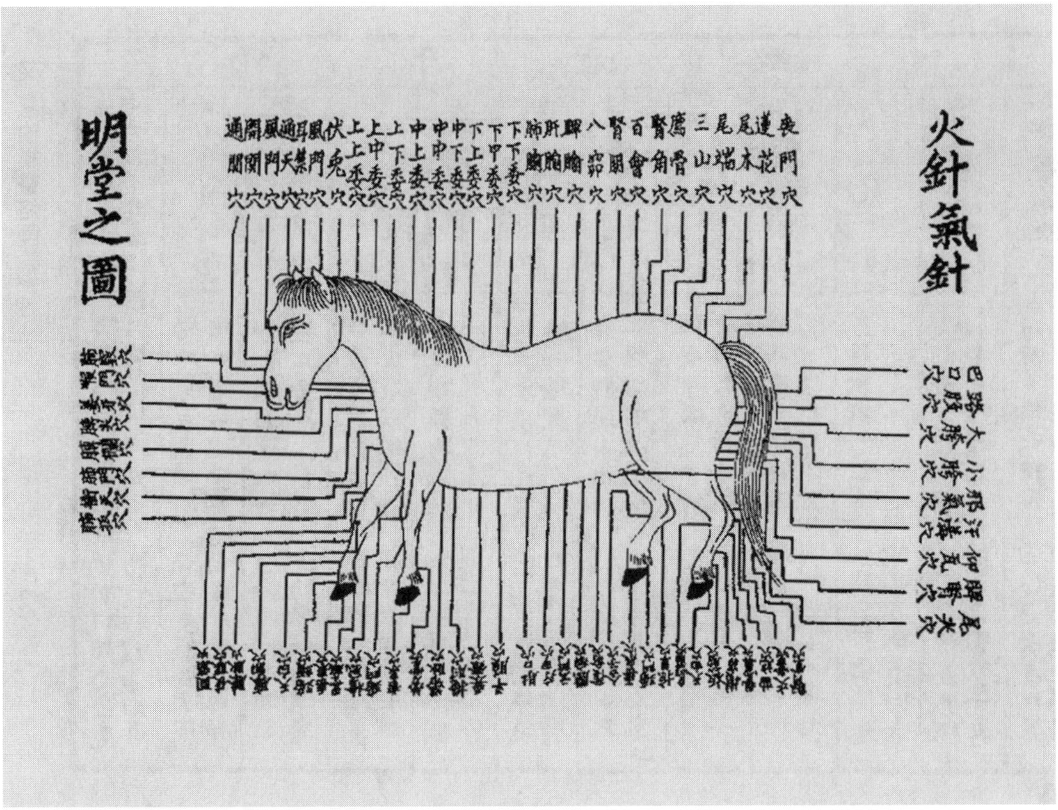

又《火烙畫烙明之堂圖》

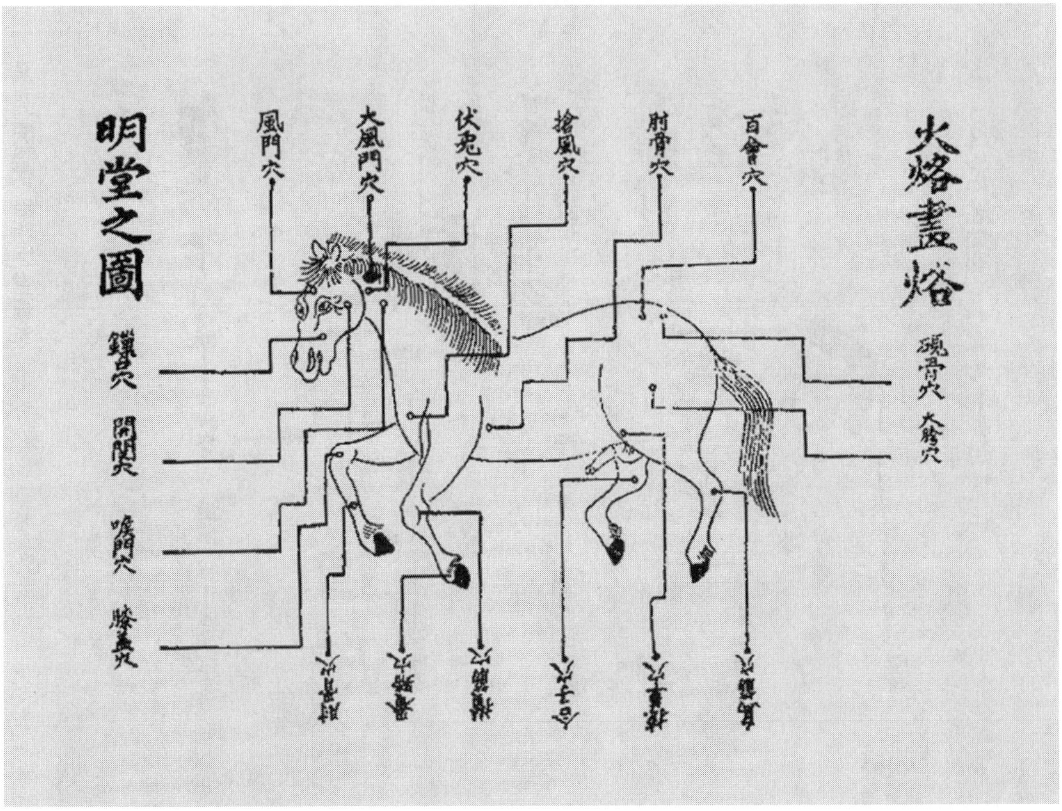

又《伯樂畫烙圖論》

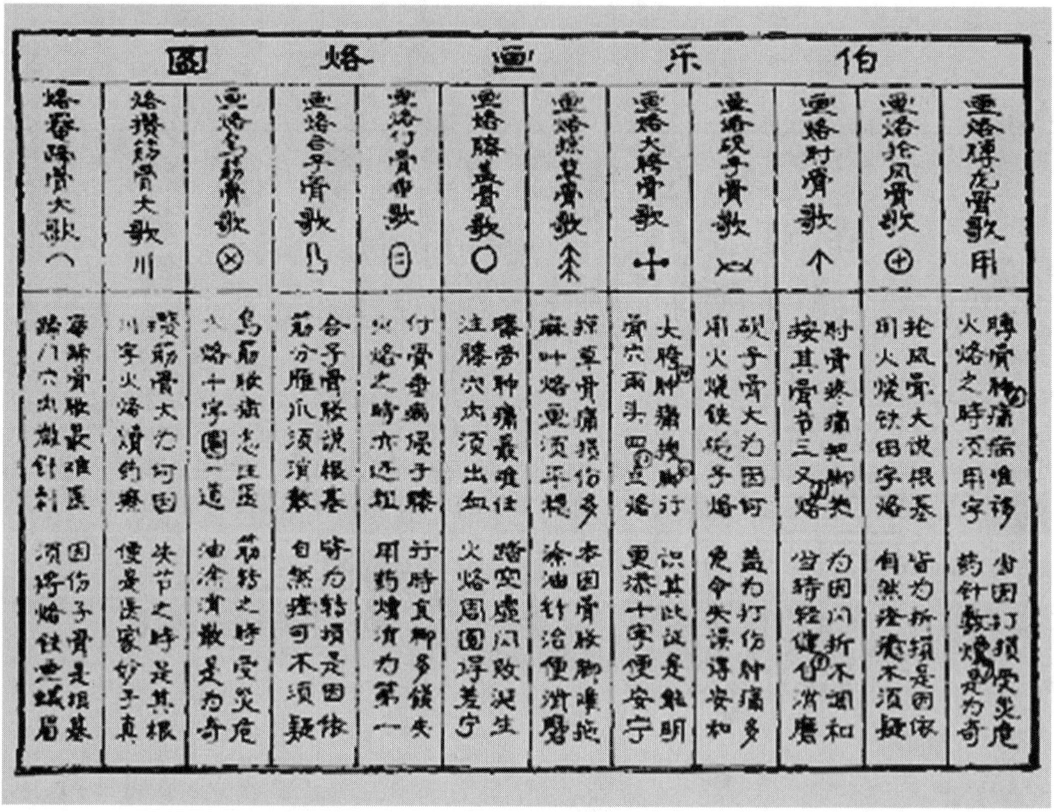

伯樂畫烙圖

歌名	符號	歌訣
畫烙膊尖骨歌	用	膊骨抢痛病唯務，火烙之時須用字。少因打損受災危，藥針數燒是為奇。
畫烙搶風骨歌	⊕	搶風骨大説根基，用火燒鐵田字烙。皆為折損是因依，自然痊疴不須疑。
畫烙肘骨歌	个	肘骨疼痛把腳夾，按其骨節三叉烙。為因閃折不調和，當時輕健便消磨。
畫烙碗子骨歌	✕	碗子骨大為因何，用火燒鐵碗子烙。蓋為打傷肘痛多，免令失誤得安和。
畫烙大胯骨歌	十	大胯肿痛拽腳行，骨穴兩頭四點烙。識其此證是能明，更添十字便安寧。
畫烙掠草骨歌	麻葉	掠草骨痛損傷多，麻葉烙畫須平穩。本因骨脉腳難拖，塗油針治便消磨。
畫烙膝蓋骨歌	○	膝旁腫痛最難住，注膝穴内須出血。蹄空虛閃敗泥生，火烙周圍得差寧。
畫烙付骨歌	⊟	付骨垂痛候子膝，火烙之時亦近趾。行時直腳多蹉失，用藥燒消為第一。
畫烙合子骨歌	乃	合子骨脉説根基，筋分雁爪須消散。皆為轉損是因依，自然痊可不須疑。
畫烙烏筋骨歌	⊗	烏筋脉痛怎生醫，火烙十字圈一道。筋轉之時受災危，油塗消散是為奇。
烙攢筋骨大歌	川	攢筋骨大為何因，川字火烙消藥療。失節之時是其根，便是良家妙子真。
烙蹇跨骨大歌	八	蹇跨骨脉最難醫，蹄門穴内微針刺。因傷子骨是根基，須將烙鐵無蹴眉。

又《開鑿巧治明堂之圖》

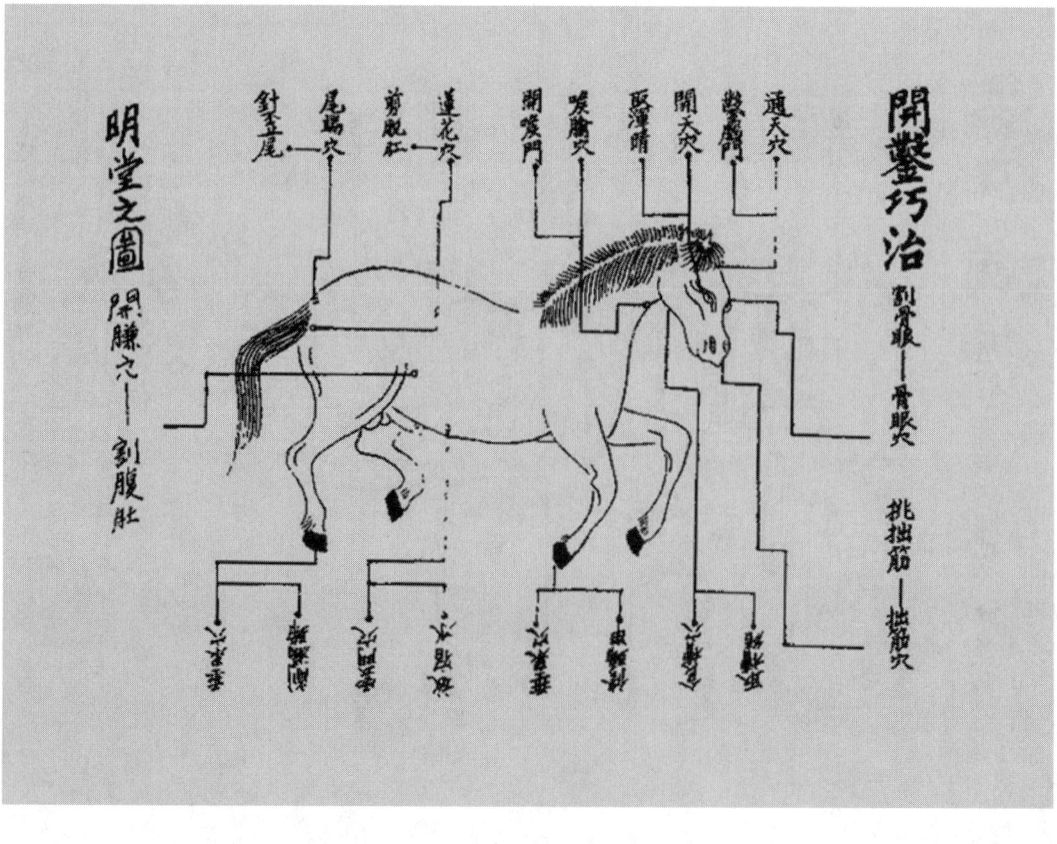

又《三陰三陽圖附論歌》 夫十二經者，十二官也，委權衡，不可以使有一官偏勝，則十二官俱聚生邪微者，病甚者死，故曰宜針刺，分調血氣，使十二官無纖毫偏重，血氣自和矣。是故生針有全真養神之道，火針有補氣固根之功，非治疾也，分其血氣，補固精神。此之謂十二經也。青鋒如劍利如針，形異名同俱寸金，引衛通榮分逆順，補虛瀉實定浮沉，蛟龍負病師皇治，猛虎沈痾思邈擒，此道欲知歸止處，惟於伯樂論中尋。以上先骨、決穴，後放血，次第如此。

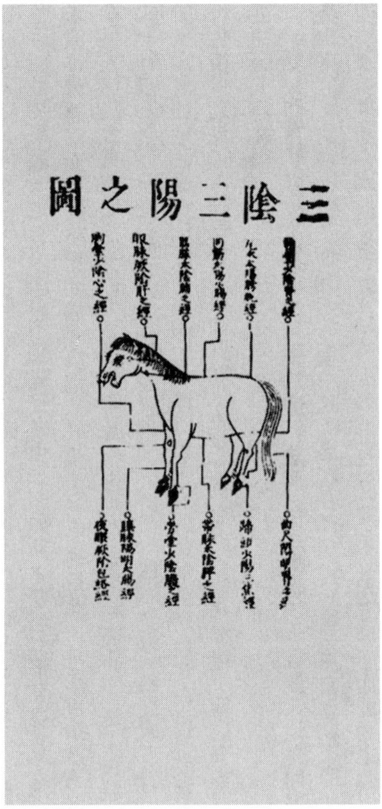

又《刀砧圖說》

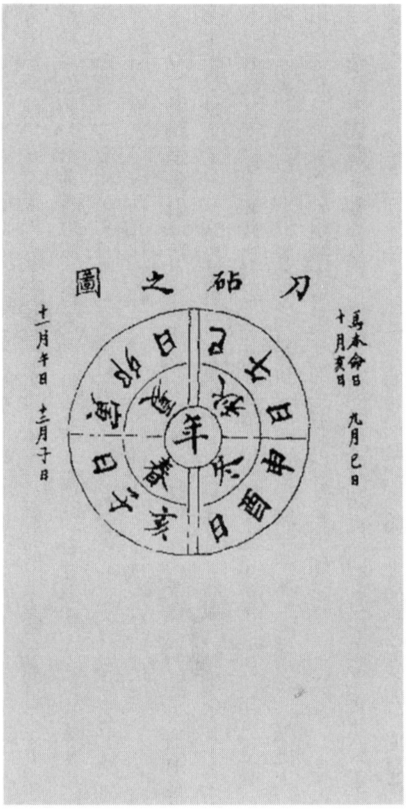

又《血忌圖》 血忌，百日之兇神也，十二月令分之，是故正月逢丑，二月逢未，三月逢寅，四月逢申，五月逢卯，六月逢酉，七月逢辰，八月逢戌，九月逢巳，十月逢亥，十一月逢午，十二月逢子。療病者：三百六十穴道，百五十九道明堂，一十二道經脈，二八巧治，關津火針、火烙，補瀉氣針，六脈徹血，鑿腦，開喉，取渾睛，割骨眼，開肷割腹，一切停止、戒之。

牛

論說

清 李南暉《活獸慈舟·水牛》第三篇《論針法》 凡用針灸，先當明其穴道，故古人多用藥醫，少傳針法。倘穴道不明，致傷筋骨，大能壞事。凡用針者，如牛口不開，針舌上筋處。如黄證，可用針引，消毒去惡血而解。凡有寒濕，各分針刺。有寒，先刺天戶穴，在二角品對正中。天門穴在兩角外近角三分，各針三次。如膊膀腳膝間有寒凝濕氣，當從骨縫間針刺，切忌針硬骨，恐傷筋骨而致誤事。無論渾身左右上下，俱當知此，免致傷患。寒嗆：針前腳夾縫刺三次。傷力嗆：於前膀正中刺三次，各分前後一寸五分，又針三次。

火嗆：於地戶穴、正尻穴上三分針三次。便血：針肛門下糞闕骨間針三次。牛發瘋癲狂癇：針前膊近腰心愈穴處，針三次。總之，針法雖多，不如用藥穩當。縱針療瘳，亦要用藥。針膁貼黃，針雞心下三寸刺三次，一分許至二分。過則傷筋絡。總之，用針縫骨忌針三分，若皮間只刺一分許，二分則止。

又《論造藥針法》 用馬嚼口鐵煉刀針無毒。或煉成刀針入土中藏七七。又煉成刀針，常用藥養針，無不效。凡銅煉針，煉成入豬肉中養七七，取出用之立效。凡銀煉針已成，用硝水煮浸，隨用皂角水浸三日，用之立效。除此三者，他針不取。養針法：雄黃、硃辰砂、細辛、冰片、麝香共極細末，用白棉和藥養針，外用綢布裹固，勿令瀉氣，針無不應。

清 傅述鳳《養耕集·治牛皮風發表針法》 吾嘗觀世之善爲醫者，治病當於未病之先，不治於既病之時也。既病之時，非腠理之災生，必臟腑之禍作，四體不安，滿身欠泰，非眞不治也，不過歎其請醫之遲，多費一番之手足耳，總不如於未病之先，留心保護，略深表裏，得以康健逢吉，不染他災，故皮風發表之針，不得不預先行之也。卽如斯牛斯癥，形象聲音，本未改乎常態，而毛則略覺翻淄，皮則似覺帶黑，明師見此，針法自然當施，在他人已爲多事，而吾不得不早爲之防耳。山根穴一針，三關穴一針，羅城穴一針，胸膛穴一針，滋元穴一針，後雁翅穴一針，扶龍穴一針，氣門穴二針，開風穴一針，散珠穴一針，垂珠穴一針。如此治之，牛雖受一時之痛，而實可免後日之災，微恙既除，精神自壯，將見吃草如虎，飲水如龍，四肢安泰，茁壯正可興歌耳。

又《養耕針法全集上·論牛穴道針法形象全圖說》 嘗觀天地之間，萬物化生，氣以成形，而體亦具焉。故既稟以五官，司知覺之任，又復賦以四體，呈運動之能，第恐知覺之才，一傷五官，必難免意外之患；而運動之力，一竭四體，亦定招不測之災。萬物皆然，何况牛乎？夫牛以一身負千鈞之重任，數口之家，實賴牛以生，倘陡然不思水草，耳冷尾鬆，竟不識內傷外感之發於何自，而袖手旁觀，嗟無拯救，斯時目睹心傷，瞬息之間，不免觳觫以待斃。余時見之，安忍漠然，因舉吾生平之所知者，繪一全圖，按部就班，開陳穴道，令知某病應在某穴下針，庶幾一覽，了如指掌，爰是手著《養耕針法》一書，爲斯世告焉。後之學者，須當觸類旁通，按穴詳求，不致茫然無所據矣。再將圖中所載穴道，逐件注明癥候，某病卽在某穴用針，開列於次，以便查考。天門穴：在兩角背後居中，此穴素不用針，不必詳辨。羅城穴：在兩耳離尖一寸，『山』字樣下針，治一切閉汗、瘦弱、暑熱，并各樣發表等癥。顋門穴：在兩眼橫過中間眉心，凡牛得病，不在此穴用針。淚堂穴：在兩眼角下眶上，能治一切閉澀乾燥、氣血枯寂等癥。山根穴：在鼻梁正中，毛根腳下，針深三分，能治閉汗暑熱之癥。若犯咳嗽，務要針穿透鼻孔，亦醫家僅用針法。三關穴：在口唇上當中，針刺三分深，能治百病。知甘穴：在舌頭底下居中，并排連刺三針，如『山』字樣，專治懶嗜水草之癥。承漿穴：在口唇下中間，治五臟乾燥、閉結、嘔吐諸癥。百會穴：在牙交骨後，喉嚨管下，本非用針之所，只有管外生核一癥，方可用刀取核而去之，其餘別癥，從不在此用針也。歸腹穴：在膀前中腕骨背下針，斜向後靠骨縫，刺入一寸二分深，專治血皮脹與失膊之癥。分水穴：在前足膝頭腦上，此穴不可用針。笞子穴：四足俱靠蹄殼上，毛根腳下盡處，兩邊向前，卽是穴也。四蹄齊刺八針，略深三分，專治走傷、閉澀、透火之癥。追風穴：猶後腳承山穴是也，在前腳後面屈處腕中，便是穴，專治剿斷癀之來路也。寸子穴：四足俱在露水爪旁上半寸地方，屈之有陷，卽是下針穴眼，專治蹄癀用也。交泥穴：四足皆在露水爪橫過中間，針深三分餘，通治四肢痿痹之病。湧泉穴：四足俱在蹄縫分叉之中，卽是此穴，一切閉澀、熱結、透火、賊木等癥，皆用此針。胸堂穴：在前膀脇眼下首，針刺一寸深，能治一切皮風、閉澀、失膊，以及心、肝、膽、肺、連貼、脹氣等癥。中腕穴：在前膊骨下一節，曲骨中間有陷，卽是穴，針深一寸八分，乃治脫中腕之癥也。海門穴：在小便門邊，只防尿臍癀癥，針無可用。千斤穴：在餓眼、水眼兩邊下首，偪近後腳襠外，此間只可吊癀，不可用針。陽明穴：卽牛之腎囊是也，特患鑽襠癀癥爲禍，針不可用。承山穴：在後腳前面屈腕陷中，卽是穴，與右邊後腳此穴同功，亦是剿癀來路用也。前雁翅穴：在膊前軒骨下首縫中，斜針刺入一寸深，能治血皮脹，并失膊、失中腕之癥皆可用。軒堂穴：在膊骨前，近三台穴，凡寄膊者，專在此處用針。三台穴：在前膊頂上，高脊上，背胛骨縫中，針深一寸，爲寄膊用也。通竅穴：在左膊骨尖後，去脊梁一掌，針入一寸深，能治心、肝、膽、肺、癀脹，及百樣癥都可用。滋元穴：在脇眼靠軒骨通竅穴下首，針約深一寸，能治一切內傷諸癥，又兼外感失表者，俱宜用之。後雁翅穴：在脇眼正中，胸堂穴上四寸，針一寸多深，能治一切皮枯、血痹、虚瘦、暑熱、癀脹，并百頁乾結、失膊等癥。內關穴：在左邊第三根肋骨縫中，横去脊梁一掌，恰在連貼居中，針刺一寸二分深，遇脹即消，倘再兼肚脹，此處之針，亦不可少用也。扶龍穴：在脊梁兩邊離一掌之地，前自通竅穴起，後至八字穴止，一直八針，能治通身各样癥候。餓眼穴：其穴地方本寬，週圍數寸，上有兩角，下有一角，共成三角，若欲用針，務宜提起角上之皮，斜針刺入，與右邊水眼，針亦相同，本是專治肚脹聖訣，如遇連貼之脹，亦不妨此穴多刺幾針，令脹氣消得更快也。安腎穴：正在腰子眼，通筋穴前，兩邊離脊一寸六分，有陷是穴，針刺三寸多深，專治腰子眼脹，謹記此針，不可造次擅用。通筋穴：在骱骨前，脊梁之中，有窠即是穴，針一插入此穴，縱殘喘垂盡，猶能強行五里。八字穴：在骱骨兩邊，去脊梁一掌，針刺八分多深，能治一切諸般病癥皆善。氣門穴：在八字骨後，離尾脊骨兩邊横過三寸，即是穴道，針入八分深，能活一身血脈，百病皆可用。開風穴：在尾根第一節，向前上正中，凡治一切閉汗、瘦弱、雜色諸癥，都宜用此針法，逐節而下，以針多寡，隨病輕重而行之。地戶穴：在糞門上，尾根下，窠中是穴也，針刺五分深，能治洩瀉久痢，并腸胃熱結諸癥皆良。尾閭穴：即糞門是也。散珠穴：在尾中間，上自開風穴起，下至垂珠穴止，一尾之長，節數固多，或三五針，或六七針，不可限數，只照病之輕重行之，其氣血滯澀不通者，針此當自見效。垂珠穴：在尾盡頭尖上，每逢治病，此穴針不可少，能治一切皮風、熱結，并四肢困倦、痿痹等癥。以上各條，用針穴道，一一依照圖形，詳載明白，但牛一身之穴甚多，并非即此可以全該，不過出吾夙昔所嘗試驗者，分條析縷，一一而講明之，敢言一得之益，差堪獨喻，而不公之天下乎。至於針之分寸與穴之深淺，又在審乎肥瘦、大小以定之，不得一概依書而行也。世之欲習是藝者，宜先細將全圖自首至尾，清楚認眞穴道，看在某處下針，是治某處病，或該用一二寸之深，或該用三五分淺，臨得癥多，參得理透，自有得心應手之妙。予自十四歲販牛以來，千里從師，不避險阻，謀精此道者，無非爲業在其中，故能救一牛之性命，即能全一家之性命，所以迄今八十餘年，猶然日夕不忘，憶一生所歷癥候，奇奇怪怪，不勝枚舉，除入膏肓之內，未有不屢試屢驗，手一到而病即除也。今特新立針穴法四十餘條，推原旨趣，擴而充之，化而裁之，無留剩義，不誠然爲養耕牛之鎖鑰也哉。

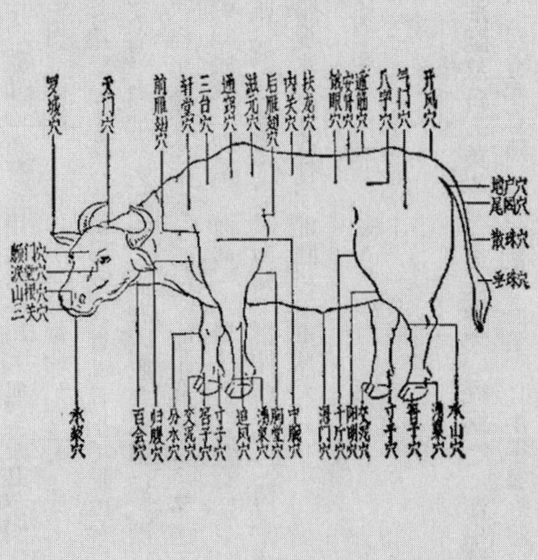

清 佚名《醫牛寶書・理論篇・醫牛要訣》 出《新建大塘抄本》 大凡醫牛者，不可一概而行之。當看牛之大小、肥瘦以定之。至于用針，要分深淺；若能下藥，要分輕重用之。不得一概依書而行之也。凡醫牛者，先以手執牛角，候其溫冷。溫即下藥，冷即死癥候也。大凡辨牛癥者，要細心詳察五臟六腑之病，不可一概行之。故春夏秋冬四季變換之癥，注意詳辨，萬無一失。

又《針法篇・牛針穴論》 出《進賢茅崗抄本》 凡牛實有八十一補氣泄邪之針，七十二道徹經徹血之針，九九明堂火烙火針所處，三四穴孔開鑿巧治關津，周身共二百四十六穴。余乃去其可不施之針穴及禁止不用之處，茲將要緊針穴，遵明堂之法，逐一開列于下。牛為三關穴，馬為玉堂穴，俱舌下在卧蠶旁邊紫筋看分明。血即穴在鼻上毛界之中。內元穴在鼻下當鼻之中。命牙穴在頰下之中。眼上一指為眼脈穴，眼下一指為下關穴，兩邊俱同。耳上大筋上為耳禁穴，紫筋上為通天穴，雙耳同然。前中脊上為壅門穴，兩邊肋骨肩後第一枝內為肺俞，第二枝內肝俞，第三枝內為脾俞，左右皆然，惟有內關穴在左邊從後算至第三枝肋骨中即是。後脊上在胯骨中為百會穴。薦上為通樞，在胯骨後離四指中者兩旁一邊一針。命門穴在尾本相交上一節，尾本穴即在尾根處。尾腹上節為尾閭，尾腹下節為地戶，尾背中節為開風，尾稍上牛為烏蹄，馬為尾尖，四蹄下腕內，前二趾為通氣穴，後二趾為汩血穴，馬俱為寸腕。牛腎囊外為海門穴，馬為雲門穴，內俱為千金穴。心俞穴在雞心中間。牛為文蕙穴，馬為肺竅穴，俱在頸下喉邊。餘皆不用之針。不必詳明。以上針法，乃是治牛常施之針，各竅各針，備載明白。所用穴道，施針對癥，作賦于後。大凡行針，先審穴道得當，次明補瀉咸宜。周身共有二百四十六穴，吾盡撮其要，逐一計開清。三關開胃泄五臟之熱，血即治內壅吐涎之疾。內元病發，乾燥可用命牙，疾在心熱必施眼脈，瀉三焦之實火。下關通一身之滯氣。耳中一禁穴，自古無人敢針，惟有耳禁通天二穴，療諸風解表。壅門二穴，能徹通前後營衛。肺俞二穴，治肺壅鼻孔流膿。若遇眼腫頭低，必然針肝俞。脾俞二針，治脾塞、翻胃吐草。百會穴中截脊腰凝滯之風。尾閭消外感之風寒，地戶除內壅之火熱。惟有開風，陰陽兩感，百病可施。若論內關一穴，只發連貼脹針，的效如神，或氣脹、三結脹、吃草脹，病重俱宜審刺。至千閉癥重者，不可離通樞穴。腰風妙針命門穴，重病急施。吊腰行，脊筋痛，針尾本。通氣穴、汩血穴，消黃風邪。遇宿水停膠，須徹海門。千金穴只是騙腎囊，消除蹄嚙。心俞穴，瀉實火能除黃疸。文蕙穴，治膊膝疼痛滯氣多效。牛之前趾湧泉，後趾滴水。惟馬俱為垂泉，漏蹄用之。頸上九針，療吝風低頭不得。膊間八穴，開羅膈凝氣。開關穴，療牙關緊閉。通關穴，治舌底生癰。腰間七針，破脊血，止腰中之痛。胯間八穴，泄滯氣，住胯之疼。泄水治纏喉惡氣。開風療皮寒骨冷。海門、通筋，乾復肚脹必施。後之學者，用心推求，遵循規矩，能事竟矣。

清 佚名《大武經・針灸篇・針灸論》 問曰：凡牛必須刺針出血者，何也？答曰：牛馬與人受氣不同。人受氣于癸，癸者陰水也，水主腎，腎主筋，故筋氣多而血氣少。馬牛受氣於午丑，午丑者陽火也，火主心，心主血，故血氣多而筋少，必須針刺出血，不使血氣過盛而為疾病也。問曰：出血必於春首者，何也？答曰：蓋春者木也，夏者火也，木火相生，馬牛為火畜，生於丑，旺於午，伏於戌，丑宮有丙火，午宮有丁火，戌宮亦有陰火也。必須針刺出血者，不使血氣太旺，針刺者而除諸疾也。牛有三十六針，各有其名：舌尖兩針，左名金關，右名玉戶。金關穴能通肝經膽部。玉戶穴能通肺與大腸。鼻尖三針，左名通腎穴，右名通腎穴，中名血際穴，乃是脾經要針。鼻衄三關針可通心腎。水門穴能通元陰。眼脈穴能通大小腸，角脈穴能通腎，頂門穴能通七竅。兩耳穴通肺。膝理穴三針能通五臟。千金穴能通四肢血脈。丹田穴可以通腎。尾節穴可通尿淋濕氣。襠筋穴、腿彎穴、八卦穴、後毛邊穴、前雲嶺穴、中拐穴、內胛穴、外胛穴、寸子穴、前毛邊穴，此乃三十六針穴。凡刺針者，必須應病行針。傷皮者不要傷肉，傷肉者不要傷筋、傷骨。隔一毫如隔泰山，偏一絲不如不針。而且一病未愈，又添一患，風雨陰寒，皆為禁忌，不可枉施針烙，此為用針之道也。後述針穴詩，更道其詳。針穴詩：四季牛下針，百骸為訣。無節莫下針，鼻尖三針名外三關，冬失水草，醫吼強精。背上六針為六合針，梁間點血，兩邊分行，驅風除濕，醫瘦療羸。十字骨穴，走馬千金，風濕臥癱，火針本名，白針一徹，羸瘦活循。再配尾根，可以麻身。舌底兩筋，出血溯洗，草慢先應。瘟疫雜感，油搓山根。三刺舌弓，金關觸人。鼻竅吼嗽，左右分明。花板柳針，金土木應。兩耳透血，焦耳腎病，肝膽胬肉，眼眶睛明。太陽血同，傷感可盡。木馬項強，火透風門。三經積熱，內戶出血。此乃大癥之必也。牙關鎖喉，當分火白，乃醫五喉結風。頂門一針，人多禁用，孰知心黃狂走用焉。牛馬大血，二五乃瀉，牛耕馬駿，預出實邪。中膊、中拐、曲尺、大胯、小胯、黃金、合子、寸子，各求本病。焉知毛邊、八字，善療蹄筋走傷，且醫水草之實結者乎。丹田、三臺，主君臣之氣逆。蘇氣、安福，理金木之郁滯。尚有六脈善走戊己。腰子醫腰，肺針瀉肺。毛邊理脾，掃尾善治冷拖腿。雲門、滴水放蓄水。茅膁下三，宿草不轉。氣針餓眼，蛤蟆脹肚。開風、海底，乃醫卒死。臟腑諸黃，雞胸穿吊。小腸積熱，尾尖放血。下唇蓄口，五臟閉結。雲頭、內胛，閃膊失胛。胸膛、同筋，乘重腫痛。陰俞水火能改性，混睛巧治重見天。

綜述

清 李南暉《活獸慈舟・黃牛》第二篇《心經病》 治牛發痧法。發痧一證，醫多曰寒，然有寒有熱，不可執一而論。凡牛得發痧證，皆因夏暑炎天陽光酷熱所致，或耕田使用太過，或車載遠行甚急，或饑食渴飲不洽乎時。倘得此證，若是急時不便，路途難防，急取葉煙三張、小便一合，用腳將煙共踩合灌，登時即免。用針放舌苔上紫黑筋、尾根處、尻處穴道血出，即取黄荊葉用腳踏絨灌之，再服寒熱兩解湯。黄荊子、苦葚子、椿樹皮、甘草、車前、陳艾、蒼朮、升麻、柴胡、當歸、川芎厚朴、丁香、木香、桂皮、白芍。共搗煎湯，用小便合啖。

清 傅述鳳《養耕集・治牛便出血針法》 此病之發，多生於性急之牛。不生於性緩之牛，任汝鞭箠不動，用力不多，故得此病者少也。惟有素性急迫之牛，只怕鞭箠，一聞吆喝之聲，不顧死生，盡力而奔；更值身材渺小，膂力不加，又遇蠻蠢耕夫，見其奔走如飛，越加追打，不想治家長策，任意所爲。牛乃遭此一番催逼，血貫心胸，大則斃命，小則傷腸，血從便出，故成是癥，并非牛之老病復萌也，都因人力所致耳，可速用後之針藥以療之。若小便出血，用亂髮燒灰存性一兩，米酢湯調灌之，神效。若大便出血，用敗棕不拘多少燒灰存性一兩，好水酒兑服之更妙，清米飲對服之亦妙。如連服三四回不好，再加針以并治之，其功甚大。地戶穴一針，通筋穴一針，氣門穴一針，開風穴一針。有前方以治二便之内癥，有後針以治二便之外癥，内外夾攻，血必逐漸稀少，而屎與尿自然必清矣。以此療治，而謂不能全愈者，斷無是理也。

又《治牛洗舌法》 此癥原非真病，蓋因勞苦過多，用力太甚，人不知覺，突然冷水攻心，致令一時閉結，日復一日，舌漸麤大，口中無味，懶嗜水草，逐日精神瘦弱，急宜舌尖底下并排連刺三針，將清水兩壺緩緩洗淨紫血，後加食鹽一撮，上下舌頭擦之，自然逐漸安好，嗜草如常，永無後累矣。

又《治牛患咳嗽針法》 牛生此病，原有數端，有自幼生成而咳者，有年老體虚而咳者，又有誤吞鷄鵝之毛而致咳者，雖然數條俱是咳癥，吼喘不停，不治亦無大傷。獨是有等受風寒之濕，冒乾燥之氣，肺經受克，喉中呼吸痰凝，聲聞欄外，晝夜不寧者，則不得不早醫之矣。當於滋元穴一針，通竅穴一針，胸堂穴一針，又將山根穴一針，穿透鼻内，用麻繩紮上繫牢，將牛鼻吊在樹頭，令針眼之血順流入鼻歸腹。又用白蜜二兩、好麻油二兩，緩緩瀉入鼻内，和血流下，待油、蜜瀉完，將牛解下，每日仍用止咳之方以治之：粟殼煎水，蛋清以及蘿葡汁和匀灌之。蘿匍如無鮮者，有籽同煎亦可。

又方：靛花泡多備，白芝麻一升炒熟、烏梅十箇、蜜四兩，煎水灌之，立效。

又方：蚌蛤粉多備，靛花泡、麻油調服即好。如不愈者，用麻黄、訶子肉、白芥子煎水，加老姜汁、白蜜和匀灌之，再無不驗者矣。調至十餘日，則咳嗽自然稀少矣。此是近日屢試應效之妙方也，故錄之。

又《養耕針法全集上・新立吊癀法》 凡牛患病，癀脹之癥俱多。但癀雖形現於外，而實發於内，故一遇生癀之際，必當及早治之，令癀自外洩，不使充滿四肢，延入肺腑，致爲害不淺。初起此病之時，耳蕎尾鬆，發燒發熱，水草不思，皮下恍覺有癀流動，睹斯形象，急宜將牛放倒，用針剔開頡肉之皮，將人信燒酒，一同擣入針眼之内，外以泥封其口，再用燒酒，皮外偏噴，細細擦入毛竅，内外夾攻，引毒聚於吊癀之所，縱有他路微恙，亦可賴此而潛消也。但此處吊癀者，只治前身之癀，至後身生者，如鈷襠、尿臍，癥又甚險，癀又甚快，前身人信之力，欲望運至後身，其勢必難也，該在千斤穴上，作速如前治之可也。後之凡學吊癀者，除此二處之外，必别無措手之地以施能也。又有吊經半天，而癀仍不見大者，何道以制之，用好料香一把，向吊癀處熏之，自然癀必逐漸日大，一日若能堅硬不軟，則其病可保萬無一失矣。

又《新立破牛癀法》 蓋法不難於破之，未得其訣，特難識於破之之時耳。何則？非施技有奇巧之妙也，無非要辨病之好歹，癀之軟硬與時之寒熱耳。設或病仍未好，癀又不硬，時又未至，醫者心欲希圖小利，狂或無知，趕急要破，不顧牛生，令其痛復鉆心，不已病上加病乎。要知破癀法有時候者，必竟在病既痊愈，癀亦堅硬，時日亦可，不先不後，方敢措手，用刀割開患處，將内所結毒肉，緩緩剷得淨盡，然後將醋傾進，所割患處，用手細細揉之，而敗癀一經醋洗，不旬日而毒肉自然盡潰矣。如遇天氣寒冷，限定以七日破之，此古之程式。若值天氣酷熱，只可四五日而止耳。設或遲延多日，癀必自腐，而牛亦受虧矣，學者須謹記之。

又《新立火針法》 嘗觀天下治病之法，固非一端，更不外於針、藥二者爲最捷耳。然藥之效緩，不若針之效速也。又有一等更速之癥，僅以針施之，猶嫌其不及，必須灼針以奏效者，名曰火針，故其法不可不講也。先備硫黄一兩、油燈一盞、多把燈草，用針幾管，燈上燒紅，往硫黄内一淬，針必通紅，按定穴道，輪流換針刺之，庶幾癀可立消，而病亦退矣。但此針之法，只可用於纏頸癀、筲箕癀、鷄心癀，以及托顋癀等癥，週圍用此火針圈之而可耳。其餘别癥決不可亂用。學者細心悟之，切不宜因有斯法而一概行之。

又《新立燙針法》 大凡天下習醫道之家，不拘病之輕重，一假手而病卽除矣，固生平之大快，亦名利兩全之事。不幸有等屢醫而仍不見愈者，不得不另設一策以挽從前所不及也。故卽蹄癀一癥，先前針本無功，又欲再收後效，因想復針，又恐復針之後，必成老拐，所以燙針之法，斷不可缺矣。仍照前寸子穴上、原針眼內，此邊下針，直透彼岸，抽去其針，再用銀簪插入針眼，略停片時，銀簪之力，能拔其毒。又抽去簪，用淡醋一碗，表紙數張，放在醋內浸濕。又用烙鐵二把，放在炭火之中，輪流煨紅，把紙蓋針眼上，用烙鐵對眼隔紙燙之。燙冷又換，連燙數次，待癀流盡，然後用鹽封口。再向腳彎承山穴上一針，切斷癀之來路，如斯治之，則病永不發矣。但此燙針之法，只有四蹄寸子癀一穴獨自可用，別處各穴，俱不可行，學者須留心察之可也。

又《治牛發性法》　嘗觀載性之牛，眼紅而爆，鼻狹而硬，耳角相連，形象犯此數條，必有軟、硬、退盤、打宕四種之累。畜斯牛者，自應深究制服之法可也。假如慣發硬性者，當用苧麻拈繩一根，約有錢串样大，將下層口唇纏住，一遇發性之時，用力挽緊，自然可以制服，不令藐藐而去，此一治硬性之訣也。假如慣發軟性者，當用竹子一根，綁在鼻上，倘值發性之時，將竹竿用力撑定，自然不得轉頭，隨繩而來，此又一治軟性之訣也。又有一等慣會退盤者，仍用鼻上竹竿往前持定，若牛欲想退盤，將針後臀胯襠連刺幾針，自然向前奔走，卽欲再退，有竹撑持，必怕痛而不敢耳，此又一治退盤之訣也。更有一等更會打宕者，宜用三棱之物，週圍穿繩吊在肚下，若一遇打宕之時，有棱刺痛皮肉，不敢擅睡，此又一治打宕之訣也。由此觀之，足知牛發性與不發性，正在吾人馭駕之善與不善耳。苟明善馭之方者，隨其性之自然，不忙不急，先示以猛，而後濟之以寬，牛必見勢自畏，不敢逞威妄動矣。若不明善馭之方者，叱咤以臨之，鞭撻以繼之，亂加捶楚，惹發蠢威，任性而去，全無擒服之才力，畏其勢而復縱之以自便，雖從來不發性之牛，亦將因釀而成也，凡後之有是牛者，須留心謹記之可耳。

又《治咽喉蛾子法》　此癥生在喉下，初起微腫，結成堅核，逐漸增大，或在喉管一邊，或兩邊俱有。牛沾此癥，口必流涎，喉內聲喘，挨至半天，其核大如鷄卵，呼吸之間，氣不能伸，喉管逐漸擠塞，不久自成危癥。急宜將牛放倒，用刀割開皮，探定其核，將鉤鉤出，把刀緩緩割去，不須用針，自然逐漸安好。然此乃是生在喉嚨外者，有迹可尋，故一割而遂愈。不幸而有生於喉嚨內者，無形可覓，名爲內蛾，雖有妙術，亦艱於所施，牛若犯此，命必盡矣。

又《治牛失中腕法》　此病發在前膀軒骨之內，不上不下，謂之中腕，若挨遲不治內必生涎，肉亦漸腐，其腳自然從此而殘矣。當在靠腕骨中間，屈曲空處，現有針眼是穴，用指掐定，針深二寸半多，其內自有黃涎血水，隨針而出。精於術者，只此一針，可以痊愈。初學倘不放心，再於膀骨縫之前二針、後二針，復加此四針以足之，則其病必然更易愈矣。

又《治脫前膊法》　此病在前膀，或因挫跌而脫，或因兩牛相鬬而脫，不拘左右，設若其縛膊一脫，則行走之間，覺靠脊之骨，每步較低於彼，欲行必跛。速宜把牛放倒，將兩腳一比，脫膊者必長一二寸，醫者當用極厚袜片兩隻，綁在自己膝上，兩頭用帶緊紮，將牛膀按定，用力把膝連撞數十下，又將兩腳一比，如腳不齊，仍用膝再撞，以腳齊爲度而止。夫然後膊歸原位，理應盡心善調數日，可漸好矣。切不可縱放歸山，令牛自便，使其又脫二次也。須再加針以膊之，前後記之，方保無虞。倘有脫後膊者，世俗之人，乃曰能醫，而吾則不治矣，何也？後膊有腕，若骨出腕外，永不能復原，雖號神醫，亦必束手以待斃耳。

又《治沉沙閉汗法》　此癥多起於服力過勞，熱甚而投池沼，或經暴雨淋漓，寒侵孔竅，積久而成，所以四肢倦怠，水草懶食，精神日見其減，皮下又覺麻痹，日漸瘦弱。遍身細察，本無別病，明是沉沙閉汗也。正宜用針治之，鼻上一針，耳尖二針，傍脊三針，尾上三針，如各針有血，其病必輕，容易痊好。若針之無血，其閉已甚，又當各穴加針以補之，耳尖加二針，傍脊加四針，尾上加三針，兩眼淚堂加二針，前脇眼兩邊各加三針，氣門穴各加一針，地戶穴加一針，四蹄叉中各加一針，承山穴加一針，由是按穴行醫，則全副針法盡行，見施於斯癥，其一身閉澀之血氣，凡有未周，無不因此之功力曲盡其妙，所以斯癥再無不愈者矣。

又《治透火針法》　此針用於跋涉勞苦者，非謂有病而然也。專販牛之職者，窮途逆旅，道路修長，只可聽牛自便，則牛足無滯澀之累。若一趕急，每日務要限定程途，不到不止，則牛必先受其虧，而路反望之而甚遠，人欲前而牛不前矣。所以每晚當歇之時，宜用針以疏透之，四足蹄上八針，露水爪中各一針，鼻上一針，淚堂二針，耳尖二針，脊旁三針，尾上三針。若針穴上一針其穴在露水爪前高半寸許，屈處有陷，用大拇指掐定，便是針眼，可以放心下針。承山穴一針。此穴若前腳，乃在膝背後腕中，往後屈處便是。如是後腳，又在前腕中，方是針眼。如後腳先起者，用針亦然。其餘三足，俱不須用針。外又另行鼻上一針穴在正中，毛根腳下，略有陷處，便是穴。兩眼角下各一針穴在眼下，對角半寸許，眶上便是。前脇眼三針穴在去脊四寸許，挨膀一直下，便是穴。兩耳各三針穴在離耳尖一寸，正中『山』字样下針，便是穴。脊傍賺肉各六針穴在離脊三寸許，以肋骨縫爲準，節節有穴，便是針眼。骱骨中間一針穴名通筋，其骨俗言八字骨也，中間陷處，即是穴也。此穴之針，從不常試。氣門穴各一針穴在骱骨後四寸，兩邊横至脊亦四寸，乃是穴也。尾上五針穴在逐節中間，便是針眼。尾下一針穴在糞門上中窠便是。以上針法，務要細認穴道，不可造次行事。針畢，再用好酒，每日灌一兩盅，則病漸漸自愈矣。

又《治冷蹄癀法》 此癥不熱不腫，陡然而拐，最難分辨。當用針寸子穴上試之，如下針有癀，則拐易好，不須別處多針。設若無癀，應該效軟腳之癥同類醫之，自然可保痊愈。

又《治四蹄癀法》 此病生在四足蹄上一寸，又名寸子癀。凡牛患之，皮外又熱又腫，其腳必拐。本屬常有之癥，不足爲奇，但看醫者之技何如耳。誠然，寸子穴上一針奏效，去淨其癀，後用鹽一撮，放在針眼上擦之，自然痊愈。切不可令其下水，使水入針眼，日後恐成注腳。然而又有不下水而拐仍不好者，皆因病初起時，通身之癀，聚發極盛，充滿四肢。醫者用針，僅以針抄破其皮出血而已，滿腳之癀，未得淨盡，所以針眼一閉，腳仍復拐，欲要復針，非用火燙之法不能保無注腳之患。有等無知之人，逞能自用，立志復針不燙，只顧眼前，不管後日，縱然救好其病，而腳終成老拐矣。

又《治尿臍癀法》 此癥生在肚臍中間、小便門邊，醫者見此腫癥，切不可亂用針法，宜向後腳襠前千斤之穴，胯襠皮外寬處，或左或右，用針將皮割開，以人信燒酒擦入皮内，牽動其癀，外用泥封其口，又用燒酒臍上噴之，令毒氣不得入腹，則癀自然隨人信之性聚於吊癀之所，癀聚則病必痊，如若吊癀不動，其病必難治矣。

又《治鮎襠癀法》 此癥生在後腳胯襠中間，逼近腎囊，或左或右，初起微腫，人多不覺，切不可令左竄過右，右竄過左，急宜依尿臍癀法治一。倘生在左者，鮎過腎囊之右，在右過去腎囊之左，雖有聖手，其技亦窮其所試矣。

此一回，可過三天，俟其再溜，仍舊依前刺之。苟刺三次之後，雖行百日，可保無虞。欲販牛作生理者，此法不可不預知也。

又《治牛洩瀉法》 夫洩瀉之病，四季不同，春初草乍萌芽，土氣上升，定生青草之瀉。夏天火盛，又經耕作力竭，飲水過多，致令水火相駁，亦生此癥。秋金行令，天時乍寒乍熱，久受乾燥，鬱結未舒，亦有是病。冬時草枯葉落，牛以稻稈爲糧，偶牧郊外，黄沙撲鼻，兼之霜雪侵肌，此病亦不能無。立心治之，總該厚腸止洩，助脾開胃爲先，不宜令其洩極成滑也。當用後二方以治之：用早米飯炕焦存性，鋪於地上攤冷，取百草霜與陳醋調匀，共捻成塊乾服，或研末煎水灌服，連灌數次，其洩卽止。又方：用鐵棱角莖煎水灌之，效亦如神，如又不好，更用黄連湯以兼治之，則無不好也。

又《養耕針法全集下・治拓腮癀法》 此病生在牙交骨下，初起之時，皮膚發熱微腫，約至半天，則腫漸大，口自流涎，頭自墜地。急用針週圍連圈三匝，後用童便調匀石灰，依針圈處敷之，灰乾又敷，連敷數次，腫消癀洩，其病愈矣。

又《治纏頸癀法》 此癥生在兩耳之背，直接項下，初起皮膚亦熱，週圍腫脹異常，第一惡癥，頃刻之間，若腫透耳，毒必攻心，則難治矣。急用針耳後密圍，毒隨血出，不令貫耳，庶可望其再生，後用童便調石灰，敷於針眼之上，連敷幾次，逐漸自愈。

又《治鷄心癀法》 此癥生在前腳襠裏中間犎肉上，漸覺其腫，一沾此癥，牛必抖顫，宜用人信、燒酒，割開頡肉吊之，外用酒噴其皮，扯癀向前，不令入腹。或病勢危急，速宜用火針之法治之，自然漸安不險。但切不可亂用火針，此是醫牛要訣，須謹記之。

又《治筲箕癀法》 此癥多在肚下，不拘前後左右，形若筲箕，故以爲名，癥亦甚險，不可亂治。假如生在前襠，須於頷下頡肉上，以人信吊之。若生在後襠，必於後腳襠外千斤穴上，以人信吊之。倘遇癥形險惡，亦用火針之法療之，自保無虞。如病不十分重者，切莫亂行可也。

又《治軟腳癀法》 此癥生在四肢皮外，探之不熱不腫，日深日拐，四腳麻痹，不能站立，甚至長卧不起，或被欄房糜爛，濕氣侵肌，或因力田解軛之時，暴汗未乾，率然奔入水中，以致冷水侵入汗竅，日久乃成。此病宜先針起初發病之腳，針入癀出，則病可痊。如前腳先起者，卽在前腳寸子又《治肚脹法》　此癥發於腹内，運於肌膚，頃刻之間，飽如班鼓，以手指彈水眼之皮外，儼聞鼓冬之聲，乃是眞正肚脹，急宜在餓眼水眼角上針之，傍脊逐節針之，氣門穴上針之，前脇眼針之，連貼上針之。針畢，束草一把，照針眼上揩之，令針眼不閉，則脹氣立消，而病速愈矣。

又《治血皮脹法》　此癥在牛左邊膊前髃縫之中，以針試之，如見血似煙子樣黑，恍如泉從針眼湧出，流之不止，即是血皮脹也。此是不可治之癥，但人事不可不盡耳。倘幸主人有福，遍體輪針，於十死之中，而能望其再生一、二者，亦未可知也。所以用針之法，不暇備載，但除頭、尾、四足之外，任從遍身前後，不拘穴道，輪流排針刺之，抑或毒氣能隨血出，癥不加而牛不卧，能延一天半日，方保無虞。由是觀之，足見起死回生之功效，全憑醫者之妙手而奏捷耳。故另立一法，以俟後之學者，切不可因癥之難治，而遂袖手旁觀以待斃也。

又《治連貼脹法》　此癥飽亦異常，與肚脹無異，不知者一概同前醫之，則頃刻牛必喪生。安知識此癥候者，須將手向餓眼下試之，連揸幾把，隨後用手皮外一拂，覺皮内有痕不散者，即是連貼脹也。速宜向餓眼前第三根肋骨縫中，傍脊一掌針之，但此針不可造次亂下，當看牛之肥瘦大小何如。總該將針緩緩按下，若刺到連貼，針必擺動，針擺切不可再按，脹必自然而消，病必自然而愈，學者須深體論之。

又《治餓連貼脹法》　此癥本與前癥無殊，其審癥方法亦與前不異，但用針不可忽略耳。何則？前之脹飽如鼓，針入之時，毒氣極盛，欲往外洩，所以針向上衝，故一遇放手，而針即出矣。若此癥則不然，下針之時，倘一丢手，則脹氣必往内吸而針没矣，故曰餓連貼脹也。針入牛腹，能望脹消而牛活者得乎？後之用針而臨斯癥者，謹之慎之。

又《治腰子脹法》　此癥之狀，腰必常時往下墜，頭向上竪，口又似乎長笑。觀此形容，必然病在腰子。用針當在通筋穴前二寸半、靠脊兩邊下，細尋針眼，用指掐定，切不可造次，大約必要三寸多深，若得針透腰子，庶幾毒氣可洩，而脹即消。但世間之牛得此癥者本少，而當時之醫，曉斯癥者亦不多。古人立法用針，乃在前膀脇眼，名爲治腰子脹之法，予細思之，不知古人何所考驗而得治腰子病之意義，乃竟出自前膀也。究之，總不如我得師傳之妙，屢試屢驗爲可信者也，故立此一法，以備參考。

清　佚名《醫牛寶書·針法篇·看病打針妙法》　角根兩邊二針，兩尖兩隻二針，眼下面斷皮二針，草口嘴上兩邊二針，鼻梁上出氣無毛打一針，背上前後五寸打一針，肋骨縫從後數第三枝打兩邊，一邊一針，尾尖一針，以上數穴打針，牢牢記于心，不可忘也。

又《分穴打針》　八卦：頭角耳眼面口舌鼻，共二八十六針。七星：身肩背腰前後腰音，共二十四針。鏈環：四蹄腿尾襠裹膀肚皮，共三十二針。太平針穴：耳尖左右兩邊舌根尖尾，共四十八針。

又《大穴八卦針》　行針者，八卦穴也，乾、坤、震、巽、坎、離、艮、兑。打針者，分為穴也。頭者，針為乾也；面者，名為坎也；耳頸者，為沉上缺也；腰肋者，養于也；四蹄者，名為離中虛也；尾尖針者，有坤也；舌者，兑也；震者，全身打也。牛病春秋二季也。

又《七星太平針》　針治病者，先行舌針也。兩耳針者，名為太平針也。尾針者，在後打針也。血閉者，破血也。通關散也，吹入鼻子眼也。渾身推擦也，上中下三步，金木水火土尾，六行也。

又《穴路時辰不鑱》　辰時血在耳不可鑱，巳時血在鼻不可鑱，午時血在背不可鑱，未時血在四膀不可鑱，申時血在肚不可鑱，酉時血在尾不可鑱，戌亥血歸心不可鑱。針血路要分明，藥方不如針，針穴分地界，當好十分算。

又《針刺法出〈新建大塘抄本〉》　針刺法有三種：一平針，二燙針，三火針。平針，常時使用。燙針，專治跌逆腳，別癥不用。火針，專治黄毒，圈之，免黄走散，以出惡血。但凡牛有黄者，可先用吊黄後用針，若先用針後吊黄切不可用也。右三十六位針法，能治風寒暑濕，用者仔細按點，若不辨其穴道，猶為無功，學者須口傳。鑱炎牒刺連貼穴，也即針刺左邊脾俞穴須看牛大小下針。如牛大者，左邊前膊後第三根肋骨縫，脊下六寸半下針；如牛中等者，五寸下針；牛小者四寸下針之效。鑱腫蹄黄：牛生蹄黄者，在腫處小爪邊下針之，貼之姜，生針一寸三分，火針□去取穴無誤。三關穴在舌下，大筋名卧蠶，旁邊小筋分前三節上針之，血紅佳，血黑兇。如牛舌上有點匀匀，不可輕易針之，恐流血不住。若遇極閉癥，即用此針之。宜用泉水淋洗，現出大點，中間有小點，擇小點可針者針之。如卧蠶之上，不可輕舉措針之，其血亦恐不能止，須宜慎用。尾間、地戶、開風、烏蹄，百病俱宜施用。惟内關，連貼脹、氣脹、閉癥即用。通樞穴，腰痛、腰風用。命門穴看癥施之，不可輕舉。尾本穴，吊腰筋痛用。通氣、汩血，消黄瘵蹄風用。海門，宿水噛蹄用。心俞，黄疸用。文蒽，膊膝痛滯氣用。湧泉、滴水，漏蹄用。

又《穿黄法出〈新建金橋抄本〉**》** 芫花、甘遂根皮作引穿在牛胸前皮上，牯牛左穿右，牸牛右穿左。若腫大硬者就好，軟者是氣也。要隔二日放血，可好。水多難治。寄者回轉，先用黄連解毒湯。

清 佚名《抱犢集·牛全身針法篇》 天福三臺並丹田，蘇氣安腹肚角弦。腎門安腎千斤穴，龜尾開風尾後根。通膊前後通四膊，地戶散珠垂珠尖。承山追風兼滴水，寸子筲子湧泉連。陽明穴在後襠內，海門正在肚臍邊。胸堂跪膝鎖喉穴，人中牙關知甘連。精靈顒門血印穴，或有腫處用針先。倘有腦腫不論穴，要用烙鐵似神仙。天福穴，即為天門穴，在兩角背後，距離正中此穴不用針。血印穴，在兩耳離尖一寸，治閉結血脈不行，百病可用，病重連排三針，以穿為度。顒門穴，在兩耳根部，橫過眉心中間，此處穴不用針。精靈穴，在兩眼角下眶上，治閉淋乾燥、氣血枯寂等症，刺二分深，共二針。人中穴，穴在鼻梁正中毛根處一針，亦包括鼻下口上唇，平排三針。刺三分深，治閉汗、咳嗽、暑熱，百病都可用。知甘穴，穴在舌頭底下居中，並排刺三針，針半分深，治懶食水草、木舌喉黄等症。命牙穴，穴在下唇間，刺三分深，專治乾燥閉結和嘔吐等症。鎖喉穴，穴在喉結下，此處本非用針之處，若此處生核在喉管外，可開刀割去。牙關穴，穴在槽牙後的窩中，左右各一針，針八分深，治牙關緊閉、不開口症。胸堂穴，穴在前倉的前膊脅眼下，左右各一針，針三分至一寸深，能治一切皮風閉澀，膽肝心肺脾肚飽滿等症。湧泉穴，在兩前蹄叉中間，針三分深，治麻痹軟腳之症。筲子穴，穴在蹄殼與毛之間，四蹄共有八針，針三分深，治四腳麻痹症。寸子穴，穴在四蹄露水爪上半寸，將腳彎之即有岩，骨縫即可針，針七分深，治軟腳並腳蹄黄、麻木不仁等症。承山穴穴在前腳後面腕中，針四分深，專治剿斷黄之來路。海門穴，穴在肚臍眼邊，只防肚臍黄用，不用針之穴。陽明穴，穴在牛陰囊處，患穿襠黄用，亦為不用針之穴。追風穴，穴在後兩腳彎處腕，與承山穴同。滴水穴，穴在後蹄叉中間，與湧泉穴同。丹田穴，穴在肩之高拳脊處，針六分深，治傷力、傷氣等症。三臺穴，穴在前膊頂高脊下肩胛骨縫中下針，針一寸深，專為寄膊之用。蘇氣穴，穴在前身背脊，正中一針，背脊左右邊各三針，針八分深，但左右邊只能針四分深，治咳嗽、呼氣急張、前倉臟腑等症。內關穴，穴在左邊第三根肋骨縫中，橫去脊梁一掌處，恰在連貼居中針刺，針一寸二分深，見針左右擺動為止，專治連貼脹和肚脹等症。肚角穴，穴在餓眼正中，針時用手提起皮斜刺，專治肚脹用之。安腹穴，穴在背脊正中，與肚臍並齊處，針刺穴分深，治通身各樣症狀。腎門穴，穴正在腰子眼處，離背脊左右一寸六分是穴，針刺約三寸深，專漢腰子脹，須謹記不可造次亂用。千斤穴，穴在後身八字並排的背脊正中窩內，針刺一寸深，治一切症狀的疾病。龜尾穴，穴在尾根上兩節骨縫中，針三分深，百病皆可用。開風穴，穴在尾根第一節骨縫中，針三分深，治後肢麻痹閉汗等症。地戶穴，穴在肛門上尾根下窩中，針五分深，治泄瀉久痢並腸胃熱結各症。散珠穴，穴在尾節中，每一尾節縫內都可針，針三分深，治氣血閉不通等症。垂珠穴，穴在尾尖頭上，能治一切病症。前通膊穴，穴在左右前膊軒骨下首縫中，針一寸深，治血皮脹並失膊等症。後通膊穴，穴在左右八字骨下一掌處，針斜刺八分深，治一切諸症皆善。以上各穴，細心推詳，藥有寒熱，針有深淺，下針之時，必須察其穴，下針之時，不能用力太猛，恐傷筋骨，須謹記在心。

又《火針法》 火針用法，是要先備硫黄一兩，用桐油點燈一盞，燈盞內多放燈芯，用兩枚針輪流在燈火上燒紅，拿起，往硫黄一插，針必通紅，再按定穴位針刺，兩針輪流使用。此法用於纏頸黄、筲箕黄、雞心黄、托腮黄，而水黄在圍圍火針圈之。火針一用，黄可立消，病亦退矣。

藝文

明 楊時喬《新刻馬書》卷六《明堂歌凡三百六十句，按三百六十穴》 蓋天之生物，有物而有則。馬牛之為物，富民而利國，耒耜教天下，弧矢鎮邊闕，平戎而定寇，務滋而稼穡。乘之與駕之，傷寒與傷熱，走驟失調和，飲喂失時刻，疴瘵漸萌生，非醫而弗克。近之愚學者，偽能者廣闊，以其衣冠美，巧言而令色，不審其根源，不察其色脈，記誦邪口詞，誑民而世惑，妄施針與烙，瘖啞難分說，繆輩之流傳，萬古而充塞。嗚呼橫夭多，余心悼之切，采摭師皇論，諸賢之簡策，有同而有異，詠成歌與訣，針烙有所施，疾病有所揭，讀者易於心，開發童蒙惑，繼先之準繩，傳後之法則。予愚不敏矣，僭逾罪難越，以俟後之能，削贅補失闕。六脈明堂歌，載之於後列：眼脈鶻脈血，胸堂并帶脈，腎堂及尾本，同筋夜眼穴，纏腕及蹄頭，曲尺膝脈節，都來十一針，名為六脈血。用針須用意，按典依經說，針皮針血筒，勿傷筋骨節。隔絲如隔山，偏較不見血，此法要精通，非通勿妄泄。一百五十九，不出十一穴。學者致精微，須當用意徹。六脈外有針，逐一與君說。玉堂與血堂，三江大脈血，臟熱鼻梁腫，此血須當徹。口角連腮腫，火烙鎖口穴。起臥腸中痛，剜取雙姜節。肝熱閃骨生，線穿骨眼穴。開天取渾睛，垂睛醫眼熱。風癥烙風門，更兼伏兔穴。束嗓及三喉，喉腧開喉節，火烙兩喉門。頰下取槽結。通關醫舌脹。開關療上熱。耳內有一針，禁穴休教徹。項苍針九委，兩邊十八穴。心腧消黃疸。膝腫針膝脈。肺把胸膊痛，肺門肺攀穴，膊尖與膊欄，掩肘乘鐙節，搶風與沖天，八穴火針徹，兩邊十六針，滯氣俱消滅。拽皮入溫氣，白針弓子穴。一切梁頭腫，鬐甲幾針泄。肝腧治肝危，火針第五肋。脾腧療脾寒。肺腧肺痛徹。雲門放宿水。肚口休教泄。腎毒削垂泉。蹄修八字穴。氣把腰中痛，火針百會節，腎朋并腎腧，腎角兩邊列，七竅總皆針，凝滯俱開徹。脊痛吊腰行，尾本須針泄。一切腎家壅，腎堂須出血。督穴腎尖針，腎腰滯氣絶。腎抽胯瓦痛，牽連雁翅拽，巴山與路股，大胯小胯穴，邪氣與汗溝，仰瓦牽腎節，八穴火針施，濕氣皆消滅。陰腎木腎腫，陰腧火針徹。臟冷脫肛腸，剪取蓮花穴。行動尾根偏，尾端針尾節。脊苍板如椽，火烙八窌穴。拖腳掠草痛，掠草火針截。纏腕消筋脹。同筋開膈熱。黑汗徹尾尖。肷癖醫腹闊。膈痛放胸堂。腸黃針帶脈。兩目翳膜生，針取太陽血。久患蹄頭痛，火針天白節。鵝鼻曲尺腫，曲尺須針泄。攢筋板筋粗，火烙板筋節。失節腫痛病，鹿節須當徹。掌骨痛難行，火烙蹄門穴。乘重骨腫痛，還將乘重徹。黃疸布胸痛，心腧幾針泄。尾本治腰風，擦尾燥鬃絶。項苍兼脊梁，火針二委節。三喉顯大功，莫過喉腧穴。腎熱徹交當，腰間滯氣滅。勞堂瀉少陽，筋脹從斯絶。松骨腫如肥，血堂兼人脈。帶脈療腸黃，黑汗偏能揭。蹄痛放蹄頭，筋毒能消泄。草慢嚼不鳴，鹽擦玉堂血。睛明大嘴針，赤脈眼中滅。心熱腫偏次，胸堂能冷泄。毛燥若蟲行，鶻脈兩針絶。倒地損搶風，火烙搶風穴。昂頭點步行，膊尖溫火截。直行膝蓋痛，膝脈須針徹。千金騸腎囊，蹄嚙具能滅。氣海鼻頭開，善泄胸心熱。拙筋唇上挑，走驟俱開擴。草穀不消磨，火針脾腧穴。烏筋合骨腫，烙之合骨節。牽拽雁翅痛，大胯火能絶。蹄門消蹄腫，尾大疳尾徹。肷黃放腎堂，肘癰泄帶脈。牽腎攻抽腎，鹿節針失節。腎腧治腰疼，汗溝醫胯拽。邪氣去風寒，玉堂消臟熱。喉脈太陰經，一名號大血。寒熱善能醫，定神而安魄。耳根去一指，風門兩道穴，二指烙伏兔，頂門三道截，七竅號風關，火烙諸風滅。腰上有一針，名為百會穴，火烙此千津，後腰風盡絶。春來萬病生，大血兩針徹，諸毒不能成，百病俱消滅。以上幾般針，疴瘵從斯揭，量度淺深施，辨驗陰陽徹。針血有陰陽，經絡十二訣，醫工仔細詳，須當再與說。眼脈厥陰經，肝火善能泄。鶻脈肺太陰，能消五臟熱。胸堂少陰經，刺之心火絶。夜眼禁其針。厥陰心包絡。帶脈瀉太陰，脾火盡消滅。腎熱腎經腫，腎堂少陰徹。少陽三焦壅，須泄蹄頭血。膝脈太陽經，善解陽明熱。纏腕號勞堂，少陽肝膽泄。陽明胃火消，曲尺兩針血。膀胱瀉太陽，尾本尾根徹。同筋瀉小腸，太陽心火絶。此法甚玄微，非精莫妄徹。凡針血與穴，醫家用意竊，窮理陰陽病，觀診色與脈，行步相安詳，喘息聽時節，表裏與邪正，虛實與寒熱，較斟輕與重，度量淺深徹，針烙按明堂，百無一二絶。近學晚醫人，凡針六脈血，不在苦令多，四季相應徹。春夏脈洪弦，秋冬脈沉澀，春徹更無防，冬針膘瘦怯。有疾棄如泥，無疴金惜血。先觀肥與瘦，次辨寒與熱，食草多與少，審察方針徹。針畢休教飲，飲畢休教徹，徹後休教浸，最忌水中涉。牽行似醉癡，舌如煮豆色，見此莫行針，血出無休歇。三百六十針，百五十九穴。四百八病中，太半針工揭。寒甚火針施，熱甚生針徹。急病急須針，勿差時與刻。救療有功能，莫過針與穴。針法有如斯，一一分明說，學者莫蹉跎，須當用意竊。察病察根源，觀形觀色脈。徹血究尫羸，行針窮補瀉，非病莫行針，無傷血莫徹。冬血惜如金，春榮如水徹。火針與氣針，醫工仔細格，呼吸與提按，淺深與補瀉。右手持其針，左手按其穴。天氣要晴明，風雨須停歇。針血舍天時，月令盈虛別，月生血始精，氣血行諸節，月圓肌肉堅，諸竅皆精脈，月空經絡虛，氣衰脈部澀，月滿休教補，月缺休教瀉，月晦莫教針，竅關皆閉塞，月令按陰陽，日時須揀擇。血忌與血支，飛簾兼命絶。本命及刀砧，遇此休針徹。左轉針為補，右捻針為瀉，合補須與補，當瀉即須瀉，補瀉要精明，非明勿浪說，此法若能通，金鎖都開徹。治病有其功，有如湯澆雪，學者細推尋，神效無淨揭。

清 傅述鳳《養耕集·新録療牛傷感針藥全集·治牛皮寒骨熱歌附方》

皮寒骨熱腳軟倒，只愛困分不思草。先宜發表後用針，若是久了决不好。香桂散：藿香一兩、桂枝一兩五錢、山麻黃五錢、羌活五錢、獨活五錢、元參五錢、半夏五錢、防風五錢、細辛五錢、川芎五錢、良姜五錢、柴胡五錢、香附八錢、酸醬草八錢。引用生薑三片，蔥白三五根，半酒半水煎服。如無汗，再用桃竹遍身括熱，次日再表之，立效。此病全憑出汗爲先。

又《治牛心癀發脹歌附方**》** 心癀之癥叫聲高，熱毒攻心蹄亂敲。須照前穴加針救，瀉淨心火見功勞。洗心散：菊花四錢、苦參四錢、黃連五錢、梔子五錢、南星五錢、黃芩一兩、半夏五錢、陳皮五錢、大黃一兩、薄荷五錢、瓜蔞五錢、柏葉八錢。引用井水煎服，和婦人裹腳帶洗水對服，即效。如不瀉，用鷄蛋泡滾燙鼻，加江子七粒、大黃、黃柏、大戟、芒硝，即愈。

又《治牛肚角脹歌附方**》** 肚脹因冬食稈多，稈多水少必生魔。誠能消化兼通瀉，方可施針見太和。大通聖散：山大黃四兩、芒硝二兩、陳皮一兩、芫花一兩、皂角八錢、枳殼五錢、防風八錢、山楂五錢、葶藶五錢、苦參六錢、車前一兩、大木通八錢、黃連四錢、商陸五錢。引用蔥，擂服即效。

又《治牛連貼脹歌附方**》** 連貼脹病識者稀，無腫無癀總不知。左邊肋縫針堪用，內關後刺是良醫。解脹方：雄黃一兩、黃連四錢、連翹五錢、大黃一兩、芒硝一兩、知母五錢、陳皮五錢、杏仁六錢、當歸八錢、防風八錢、荆芥五錢、麻黃五錢、苦參四錢、良姜四錢、獨活五錢、細辛五錢、大戟五錢、天花粉六錢、白芷六錢、赤參五錢。引用酒糟一撮，炒柏葉、清油和藥同服，立效。

又《治牛急發膽脹歌附方**》** 膽癀脹發一時間，若過三朝必定難。急針通竅除心火，四蹄水出定能安。寬胸散：防風八錢、荆芥五錢、梔子六錢、黃連五錢、黃芩五錢、薄荷五錢、青皮五錢、玄參五錢、柴胡四錢、大黃五錢、木通一兩、海桐皮五錢、文貞草一兩、天花粉五錢、白頭翁一兩。井水煎服，即愈。

又《治牛肝膽熱脹歌附方**》** 肝膽脹發病眞危，腎水堅凝膽受虧。火旺不行肝血滯，用針用藥要良醫。洗膽湯：菊花五錢、黃連一兩、黃芩一兩、麥冬八錢、黃柏八錢、知母一兩、梔子一兩、連翹一兩、陳皮五錢、防風八錢、青蒿五錢、苦參五錢、薄荷五錢、柴胡五錢、良姜三錢、獨占春五錢。引用生薑、柏葉，服之立效。

又《治牛氣脹發噎歌附方**》** 氣脹攻心噎甚頻，時眠時起只聞聲。急針前穴堪消脹，免得嗚呼一命傾。順氣內消散：青木香八錢、烏藥一兩、藿香一兩、檳榔八錢、草果五錢、三棱五錢、蒼朮八錢、商陸五錢、陳皮五錢、桔梗五錢、山藥四錢、苦參五錢、良姜五錢、玄參五錢、柏葉五錢、吳萸四錢、生薑爲引。又急救方：用樟樹皮炒枯，煎陰陽湯同服，立效。

又《治牛舌癀歌附方**》** 舌癀本是毒入心，舌重猶如負千斤。身熱眼紅常開口，治者須當早用針。導心湯：梔子五錢、黃連四錢、連翹五錢、苦參五錢、赤芩五錢、黃柏八錢、黃荆葉四錢、黃芩五錢、大黃八錢、白芷四錢、薄荷四錢、馬鞭草五錢。用水煎服，三次即效。

又《治牛蹄癀歌附方**》** 蹄癀發熱被水侵，四足腫痛又縮筋。針得癀盡要血出，一朝痊愈效如神。活血丹：何首烏一兩、山藥五錢、製草烏五錢、海風藤八錢、良姜五錢、玄參一兩、當歸五錢、生薑四錢、防風八錢、防己一兩。用水煎服，立效。

又《治牛膊癀歌附方**》** 膊癀本是體傷寒，內積頑涎步亦難。針出癀水是妙訣，疏風暖骨即時安。疏風暖骨散：製川烏五錢、製草烏五錢、防風一兩、白芷五錢、川芎五錢、當歸五錢、細辛四錢、白芍五錢、澤蘭四錢、元參四錢、白茯苓五錢、何首烏五錢、馬鞭草四錢、酸醬草四錢。引用生薑、蔥，共擂服，立效。

又《治牛鎖腳風歌附方**》** 此病原來一時沾，全憑針法不須嫌。疏風退熱兼養血，若還延久病難痊。疏風活血散：蒼朮四錢、防風五錢、荆芥四錢、當歸一兩、玄參五錢、赤參四錢、苦參四錢、柴胡八錢、熟地八錢、川芎六錢、陳皮四錢、烏藥四錢、白芷四錢、石菖蒲三錢、文貞草四錢。引用生薑三片、蔥三根、柏葉入酒內擂，對藥服，忌五、七日不下水方好。

又《治牛百頁乾燥歌附方**》** 百頁乾焦熱本多，肝虧腎水不調和。治者當先瀉心火，後和五臟是專科。若是日久鼻乾燥，針藥無功怎奈何。升水滋腸散：白商陸、青皮、土當歸、土川芎、苦參、麥冬、元參、良姜、山柴胡、白芷、防風、枳殼、木通、炒柏葉。用水煎滾，加清油四兩、生酒半壺和藥服，如鼻有汗即好。又豬膏方：滑石四錢、牽牛五錢、川大黃四錢、大戟四錢、甘遂四錢、白芷四錢、甘草四錢、肉桂四錢、續隨子五錢、榆白皮五錢。共研細末，每服一兩五錢，用水一杓，豬油半斤、蜜二兩，同煎滾化藥服，即百頁乾枯，加油蜜能潤燥結，便閉可通。

清　佚名《相法牛經大全·針灸篇·常用穴位歌》 人中穴在鼻鏡中，有毛無毛相交處。左右兩針中一針，共計三針為一穴。鼻頭因是總筋兜，能通兩耳又通頭。通法肩背筋骨上，左右能通八卦圖。通至腰筋和擔骨，擔骨下面分徑路。側針刺入二分深，寒熱之痘不可離。內戶穴在鼻前緣，上唇分面正中溝。中間一針是此穴，側針一至三分深。主治心肺發熱病，胃腸有病亦可醫。命牙穴在下唇中，有毛無毛相交處。此穴只有一針刺，側針一分至三分。主治口赤又發熱，咽喉腫痛胃腸病。睛靈穴在眼內角，眶緣深的凹陷處。左右兩邊各一針，平針最深一分半。主治肝膽眼生疾，頭重下低又傷風。太陽穴在眼角外，眶上後緣顳窩中。左右兩邊各一針，平針可刺三分深。主治眼赤又腫脹，傷風感冒痰迷心。牙關穴在口後角，槽牙後面有一窩。左右兩邊各一針，側針三至六分深。主治口緊閉牙關，咽喉腫痛及胃病。血印穴在雙耳背，耳背血管正中上。左右兩邊各三針，側針破皮要見血。主治中暑發痧痘，臟腑疼痛和發熱。舌底穴在舌腹面，距尖約有一寸半。并排三針山字樣，破皮見血不刺深。主治木舌心肺熱，消化不良與喉黄。天門空闕頭頂上，兩角根間後中窩。此穴一針不常用，側針三分至四分。主治心黄頭重低，心風癲邪痰迷心。鎮喉穴在咽喉處，頸上喉節各兩側。左右兩邊各一針，平針五分至一寸。主治喉黄咽喉腫，食管麻痹食不吞。丹田穴在肩後方，前身高峰前坡凹。左右兩針中一針，側針五至八分深。主治傷氣傷力病，中暑發痧及腳痠。三台穴在脊高峯，前膊肩胛脊骨中。左右兩針中一針，側針四至六分深。主治跌傷脱膊差一點，前肢走路不方便。蘇氣穴在脊背上，三台穴後三節骨。左右八針中一針，側針五分至一寸。主治咳嗽呼吸急，胸前心肺各種病。安福穴在脊骨窩，蘇氣穴後一節骨。陷凹骨內中一針，側針三至五分深。主治臟腑各種病，通行氣血祛風濕。安腎穴在腰脊窩，左右擔骨腰子針。左右兩針中一針，兩邊二至三寸深。主治腎痛尿短赤，胃腸下痢亦不離。腎門穴在腰對臍，腰脊骨節陷窩內。安腎穴後中一針，側針三至五分深。主治腰硬傷風濕，胃腸疾病不反芻。百會穴在接脊骨，八字骨間凹陷中。正中脊線扎一針，側針寸半至二寸。此穴百病皆能扎，後身麻木更不離。開封穴在尾根前，接脊骨中凹陷內。正中線上扎一針，側針二至五分深。主治後身麻痹痘，中暑閉汗與風濕。尾根穴在尾根窩，開風穴後骨一節。正中線上有一針，側針二至三分深。主治各種發熱病，氣血不行可心通。尾節穴在尾骨脊，尾根穴後一節骨。正中陷窩一針扎，側針一至二分深。主治氣血閉澀路，胃腸有病扎此針。尾乾穴在尾節後，尾脊骨縫有陷窩。此針扎在骨中凹，側針一至二分深。主治腎與膀胱病，氣血閉澀能通行。散珠穴在尾穴前，距尖二寸骨陷窩。正中線上扎一針，側針一至二分深。主治膀胱和腎病，鼻鏡乾燥和發熱。垂珠穴在尾尖頭，端直對尖側針刺。最深刺進三分深，此穴刺後要出血。主治亢進發熱病，沉靜陰痘亦可醫。交巢穴在尾根底，肛門之上隱窩內。一針扎在陷窩內，平針五至八分深。主治泄瀉久痢痘，胃腸有熱不可離。海門穴在肚臍邊，肚臍兩側是穴位。左右兩邊各一針，平針二至三分深。拉起肚皮針進慢，宿水停臍用此針。吊黄穴在雞心處，前肢之間胸凸上。左右扎穿過皮膚，針孔嵌入砒霜丸。沒有砒霜用繩吊，迫誘黄毒積此腫。胸堂穴在胸部側，搶風骨後有血管。左右兩針血管上，側針二至三分深。主治牛發血皮脹，發熱過盛放此血。肺俞穴在胸右側，倒數肋骨五根後。肋骨縫間扎一針，側針一至三寸深。主治肺家各種病，氣管有痰喘息鳴。脾俞穴在左胸旁，倒數肋骨三根後。若離背脊五寸處，側針順著肋縫扎。針已進脾左右擺，此穴專治連貼脹。餓眼穴又稱氣針，左腹三角窩當中。平時此穴不扎針，穿破肚皮又進胃。專治臌脹放氣出，用此穴位要小心。陽明穴在乳頭旁，後襠之下四乳側。四乳外面各一針，平針二至三分深。主治乳房腫脹病，膀胱有病亦扎針。通膊穴在前胛節，膊尖下端陷凹內。左右兩邊各一針，側針三至五寸深。主治膊尖腫脹痛，跌傷挾氣與脱膊。下腕穴在前肢上，搶風乘重骨節窩。左右煎肢各一針，平針一寸二分深。主治節腫又疼痛，跌傷扭筋與挾氣。曲尺穴在前膝節，膝節後側彎曲窩。左右前肢各一針，側針三至六分深。主治膝腫積痰涎，風濕腫腳和麻痹。追風穴在合子骨，後肢前側偏內凹。左右後肢各一針，側針半至一寸深。主治風濕後肢腫，扭筋跛行和麻木。寸子穴在四肢下，寸腕彎曲後側窩。四肢各有一針穴，側針五分至一寸。主治寸子積涎腫，風濕麻木和跛行。湧泉穴在前蹄叉，蹄叉中間凹窩陷。左右前肢各一針，側針二至三分深。主治蹄漏與跛行，軟腳麻木針不離。滴水穴在後蹄叉，也是蹄叉中間窩。左右後腳各一針，側針二至三分深。主治蹄漏與麻痹，行走無力針不離。箸子穴在四蹄上，八字箸殼接毛處。四肢共有八針穴，平針半至一分深。主治蹄熱發腫脹，四肢轉筋可鎮痙。

清　佚名《牛醫金鑒》上篇《針刀十穴詩》　牛馬身中有十門，門門相對甚分明。風門伏兔生于後，胸前兩道肺門針。顙下喉門排左右，六六分為前六門。後有四門蹄頭上，四蹄掌後兩邊針。八萬四千多毛孔，三百六十總関津。百有九道經和絡，晝在周身十穴中。

圖表

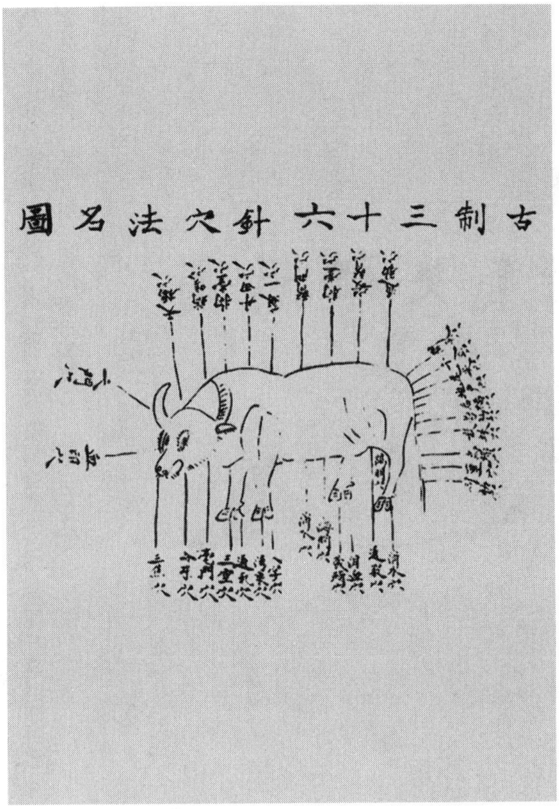

清　郭懷西《新刻注釋牛經大全集》卷一《古制三十六針穴法名圖》

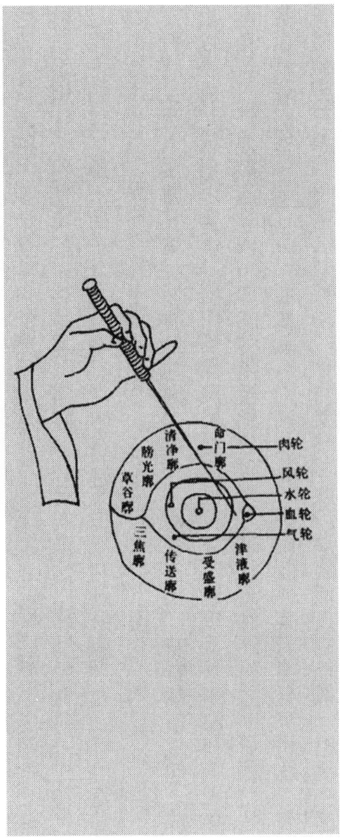

清　佚名《相法牛經大全・針灸篇・穴法名圖》

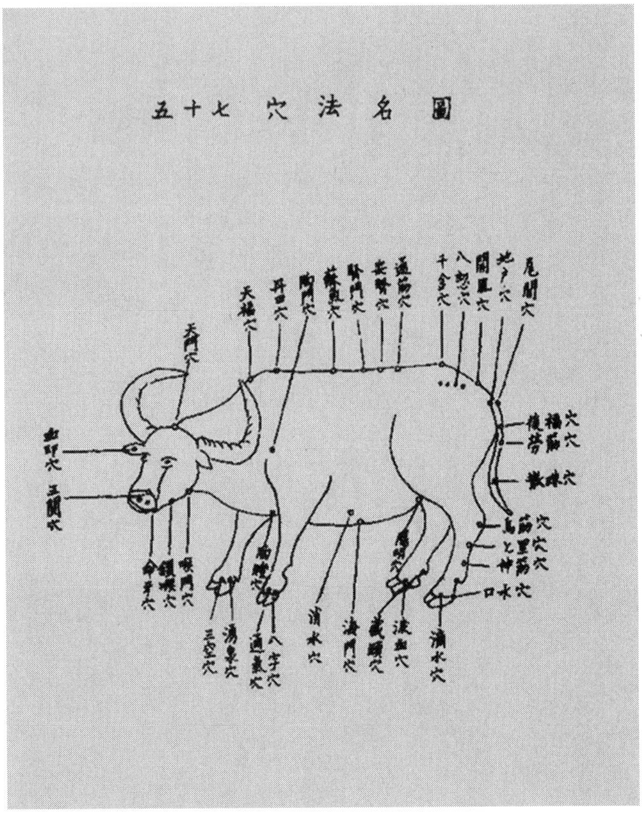

清　佚名《牛醫金鑒》上篇《穴法名圖》

其他

論説

清　郭懷西《新刻注釋馬牛駝經大全集・馬經大全》卷六《又附馬騾閃觸胸膊裡夾氣》　夫裡夾氣者，何也？裡夾氣者，胸膊掀板骨之內也。胸膊腿胯，乃一身得力之柱石，何以而致有閃觸損傷也？皆因馬騾背負重載，路過蹊蹺之徑，或踏足落空，或踩崩高坎，將兩前膊叉開，促損掀板骨，血氣凝滯夾內。令獸昂頭偏頸，前脚難移，下坎斜走。此謂閃觸裡夾氣之症也。形狀：偏頸昂頭、下坎斜走。歌曰：夾氣只因閃觸傷，斜走偏頸把頭昂。仙經垂下真方訣，如法醫時自然康。治法：擇令平坦之地，將獸用繩縛倒，務將三足縛住，不使亂動，再將那一痛腿，另著人拿住，將獸翻背朝天，其三足用木抬住，那一痛足著人捺穩，從容在膊叉內用利針只刺一孔，再用篾針輕輕透入夾內，務將篾針靠膊骨透入，一直透至耆甲沖天穴之處，將針抽回，又對膊尖透入至膊尖處，又將針抽回，透入掀板骨為止。將針抽出放起，或出以瘀血，或出以黃水。隨用酒潤濕胸膊掀板骨外，速以上好滴醋和麵夫拌濕令勻，炒熱裝入袋內，於胸膊掀板骨外敷之，調經活血舒筋之劑灌之。是故血氣者，得熱則宣流，而血氣活則瘀血散，瘀血散則其病痊矣。調理：夜拴暖廄，草料加倍喂之。戒忌：休令簷巷風吹。調經活血舒筋散：治馬牛閃觸胸膊裡夾氣疼痛等症。當歸、川芎、赤芍、桃仁、紅花、丹皮、枳殼、香附、陳皮、延胡索、烏藥、五靈脂、威靈仙、郁金、柴胡、升麻、桔梗、甘草。各件共為細末，每服二兩，煎三沸，溫加黃酒一斤，童便二盞，同調灌之。如腫痛甚者，本方加：製川烏、製草烏、參三七、再灌數服，痊癒。

馬患裡夾氣圖

内科部

馬

論説

唐 李石《司牧安驥集》卷二《馬師皇五臟論》 肝第一：春三個月，肝旺七十二日；肝為尚書，肝重三斤十二兩。肝者外應於目，目即生淚，淚即潤其眼。肝家納酸，肝為臟，膽為腑。肝者風為臟，膽者精為腑。膽是臟中之佐，肝為裏，膽為表；肝為陰，膽為陽；肝為虚，膽為實。肝者外應於東方甲乙木。

歌曰：肝家受病眼睛昏，頭低耳耷少精神。閃骨生瘡多淚下，胡骨把胯病元因。飯須之間攻左腳，青葙石決樟柳根。早晨臨臥灌兩上，此病應須眼再明。

又 第二：夏三個月，心旺七十二日；心為第一，心重一斤十二兩，上有七竅三毛。心者外應於舌，舌即主血，血則潤其皮毛。心家納苦，心為臟，小腸為腑。心者血為臟，小腸者受盛之腑。心是臟中之君；心為裏，小腸為表；心為陰，小腸為陽；心為虚，小腸為實。心者外應於南方丙丁火。

歌曰：心家受病連膈痛，胃口哽氣又唇蹇。多臥少草嘴搵土，小腸尿血傷心然。麒麟没藥紅芍藥，不限依時童子便。每藥每日兩度灌，此馬一定得安全。

又 第三：秋三個月，肺旺七十二日；肺為丞相，肺重三斤十二兩。肺者外應於鼻，鼻則主氣，氣則通其榮衛。肺家納辛，肺為臟，大腸為腑。肺者氣為臟，大腸為傳送之腑，肺是臟中之華蓋；肺為裏，大腸為表；肺為陰，大腸為陽；肺為虚，大腸為實。肺者外應於西方庚辛金。

歌曰：肺為華蓋心上存，鼻連西方庚辛金。皮膚受病鬃尾落，大腸連腳左邊存。膁顫肉動腳又散，鼻中膿出病十分。醫工見者休辨認，此馬必定救無門。

又 第四：冬三個月，腎旺七十二日；腎為烈女，腎有兩個，左即為腎，右即為命門；腎重一斤十二兩。腎者外應於耳。腎即生津液，津液壯其骨。腎者納鹹，腎為臟，膀胱為腑；腎者水為臟，膀胱為津液之腑。腎是臟中之使。腎為裏，膀胱為表；腎為陰，膀胱為陽；腎為虚，膀胱為實。腎者外應於北方壬癸水。

歌曰：腎家受病切須知，後腳難抬耳又垂。心連小腸尿更澀，膀胱邪氣透入脾。限料早晨空草灌，苦楝茴香青橘皮。腳重頭低陰又腫，此馬必定可憂疑。

又 第五：四季脾旺，每季各旺一十八日，共旺七十二日；脾無正位，胃為大夫；脾重一斤二兩。脾者外應於唇，唇即生涎，涎即潤其肉。脾家納甜，脾為臟，胃為腑。脾者土為臟，胃者草穀之腑，脾是臟中之母；脾為裏，胃為表；脾為陰，胃為陽；脾為虚，胃為實。脾者外應於中央戊己土。

歌曰：脾無正位號中央，雙抽兩膁連膀胱。多臥少草又哽氣，乾舌燥口生瘡。生薑和蜜並緑豆，砂糖四兩用消黄。氣藥健脾針脾穴，此馬驗認是脾黄。

又 《王良先師天地五臟論》 混沌初分，輕清上為天，重濁下為地，盤古氏為尊，自後女媧、伏羲，始有人民萬物。天地之內，人為貴，馬實次之，故《傳》曰：『行天莫如龍，行地莫如馬』，則馬之為用可以任重致遠，天下之物未有能先之者也。是以往古有八駿之名，九逸之號，然究其所自，莫不牧養之有法，救治之有術。若《周官》牧師焚牧通淫之有時，圉師除蓐釁廄之有教；巫馬又掌養疾馬而乘治之，相醫而藥，用攻馬疾，則馬之有醫，其來尚矣。其顯而見於古昔者，馬師皇是也。蓋良馬雖為四足，亦稟天地而生，故天有五行，馬有五臟；天有三光，馬有三大；天有日月，馬有眼目；天有四時，馬有四肢；天有七星，馬有七竅；天有六律，馬有六脈；地有八山，馬有八態；地有江海，馬有腸胃；地有溝渠，馬有血脈；地有林木，馬有鬃毛；地有四瀆，馬有四蹄；一年有三百六十日，馬有三百六十穴，亦有三百六十骨節也。

天頂骨，腦骨，額骨，額角骨，眉棱骨，眼箱骨，垂睛骨，閃骨，鼻樑骨，鼻隔骨，鼻素骨，頰腮骨，松子骨，上頷骨，下頷骨，上排齒骨，下排齒骨，上下四十齒骨，舌連骨，耳筒骨，伏兔骨，項鎖骨，六十二節。喉骨，罨顙骨，三十二節。鬐甲骨，膊尖骨，弓子骨，木欠子骨，搶風骨，臆骨，臆車骨，肘骨，裹乘重骨，外乘重骨，同筋骨，膝蓋骨，膝角骨，夾膝骨，附骨，柱膝骨，脛骨，髀骨，攢筋骨，柱蹄骨，罨蹄骨，蹄胎骨，掌骨，子骨，脊梁骨，三十二節。肋扇骨，（一十二條。）兩面，（二十四條。）棚子骨，（八條，兩面共一十六條。）邊骨，（兩面六條。）三山骨，接脊骨，尾靶骨，（三十二條。）尾艇骨，雁翅骨，大胯骨，小胯骨，掠草骨，合子骨，烏筋骨，揭骨，蒺藜骨，鵝鼻骨，天定骨，鹿節骨，鼻筒骨，越骨。

前面有六門，後面有四門，門門相對。馬有一百五十九道明穴，並有一百八十道白針、一百八十道火針之內，各有去處。夫針則無害，補針有義，若偏較一絲，不如不針。上穢、中穢、下穢：上穢是左潭脈，中穢是帶脈，下穢是腎脈；穢為汗也，汗為血也。馬有三堂六脈：三堂者，一胸堂，二玉堂，三腎堂，此名三堂。六脈者，一耳根不動，二眼脈不散，三口色不惡，四舌質不弱，五膈前有七道命脈不絕，六膈後有七根命毛不側，此名六脈。肝主眼，腎主耳，脾主唇，肺主鼻，心主舌，眼、耳、唇、鼻、舌是名外，腎、肝、肺、脾、心是名內，見其外即知其內，內外相應，認病下藥，何憂不痊。大腸如江，小腸如海，頭、心、肺、腎如四海。血脈如溝渠。大腸長一丈二尺，象一年十二個月；小腸長二丈四尺，按一年二十四氣；呼為內一疋。四蹄有八字，四八三十二；馬頭高八尺，似於八節，呼為外一疋。夫馬雖是四足，亦稟陰陽而生，生於灰臺之下，龍飲天池之水，遂生得馬。馬祖亦有父母，父名屈強，母名屈女，屈女生女子，女子生得飛兔，飛兔生得麒麟，麒麟生得馬，馬生得騾。凡馬有三百六十骨節，亦有三百六十穴。馬有十二萬二千一百一十經受病毛竅，馬亦有三斗六升血。出氣為喘，入氣為息。馬若無病，一日一夜有三萬六千一百度喘息；馬若有病，一日一夜有二萬六千一百三十五度喘息。馬有六腑：膽為清淨之腑，大腸為傳達之腑，胃為草穀之腑，小腸為受盛之腑，膀胱為津液之腑，三焦為中瀆之腑。夫醫馬者，須知病源，察其根本，按審筋脈，聽其喘息，便知生死。春三個月，一日一夜，血脈流傳二百四十遭；夏三個月，一日一夜，血脈流傳一百八十一遭；秋三個月，一日一夜，血脈流傳一百二十遭；冬三個月，一日一夜，血脈流傳六十遭。春三個月，肝旺；夏三個月，心旺；秋三個月，肺旺；冬三個月，腎旺。肝屬東方甲乙木，心屬南方丙丁火，肺屬西方庚辛金，腎屬北方壬癸水，脾屬中央戊己土。春三個月，肝旺七十二日；夏三個月，心旺七十二日；秋三個月，肺旺七十二日；冬三個月，腎旺七十二日；脾無正形，旺在四季，內各旺十八日。馬有四百八病內四病不見。春管一百一病，夏管一百一病，秋管一百一病，冬管一百一病。內有四病不見者：口中銜鐵，背上搭鞍，兩邊垂鐙，令人乘騎。馬若有病，須是應病下藥。肝納酸，脾納甜，肺納辛，心納苦，腎納鹹。馬有七連：耳連腎，舌連心，肝連眼，脾連唇，齒連骨，鼻連肺，尾連腸。肝欲得小，耳小則肝小，肝小則識人意。肺欲得大，鼻大則肺大，肺大則能奔。心欲得大，目大則心大，心大則猛利不驚。目四滿則朝暮健。腎欲得小，腸欲得厚且長，腸厚則腹廣方而平。脾欲得小，膁腹小則脾小，脾小則易養。望之大就之小，筋馬也；望之小就之大，肉馬也，皆可乘致。至瘦欲得見其肉，（謂前肩膊肉。）至肥欲得見其骨。（骨謂頭顱。）馬有五赤：鐵磨口角，呼為一赤；磨膊，呼為二赤；肚帶磨破肘下，呼為三赤；磨梁擦背，呼為四赤；磨破尾下，呼為五赤。馬有五疾：垂縷不收腎之疾，氣如攢椽肺之疾，蹇唇愛笑脾之疾，舌如硃砂心之疾，兩眼不見物肝之病。馬有三危：鼻中血出是肺危，眼內生瘡是肝危，陰腫如冰是腎危。馬有五勞：筋勞、骨勞、皮勞、氣勞、血勞。凡傷勞者，醫家須要審詳，所知而勝不知，所識而勝不識，但念此，則盲而可明也。

又《碎金五臟論》頭高八尺似龍形，二氣陰陽造化成。四大為軀無實相，胎胞運氣不堅形。造父昔時觀外相，慧性天然有異靈。筋骨宿因皆註定，觀形看息斷平生。內說一篇五臟論，堪與醫家作證明。天有五星辰宿位，馬有五臟立根形。

又 第一：肝為東方甲乙木，三斤十二似荷形。左短右長都五葉，肝垂心下若垂鈴。肝盛目赤饒眵淚，肝熱睛昏翳膜生。肝風眼暗生碧暈，肝冷流淚水冷冷。肝即善能納酸味，氣引風牽人臟盛。過得咽關皆有處，似水通流每潤經。

又 第二：心屬南方丙丁火，注於心上最偏靈。大小只如雞子樣，一斤十二旺朱明。受其津液都五合，注潤魂魄得安寧。心有七竅通於舌，玉戶金關能潤經。心熱舌乾多吐沫，心冷吐水變唇青。心虛無事多驚恐，心痛顛狂腳不寧。心黃護繫逢人咬，心攻唇口變瘡生。心即善能納苦味，小腸同腑脈同榮。

又 第三：肺屬西方庚辛金，色似蓮花華蓋形。肺壅鼻中饒清涕，正病膿如金露形。肺喘毛焦因氣敗，肺壅連啌鼻噴清。肺風擺頭多鼻咋，肺熱渾身瘡疥生。皮肉毛焦肺家管，肺納辛味體浮輕。肺合大腸為傳送，通連水臟自然惺。三斤十二分為相，本位耶尼佛國城。

又　第四：腎屬北方壬癸水，膀胱兩畔要勻停。左管大腸蟠四匝，一丈二尺不交並。右管小腸蟠八潰，二丈四尺絕其盈。腎壅耳聾難聽事，腎虛耳似聽蟬聲。腎熱耳根黃腫起，腎冷拖腰極腳行。腎傷牙齒頻咬動，一斤十二古來論。一切鹹味其中納，內注風勞亦不停。證候先須看步脈，辨別浮沉識重輕。

又　第五：脾屬中央戊己土，日夜垂磨不暫停。脾冷鼻乾多限料，脾熱唇褰見料驚。脾寒身顫毛如刺，脾虛吐沫病自生。脾不磨時馬不食，脾黃起臥忌變增。脾即善能納甜味，胃口相生佐土星。下得咽關皆有處，分別陰陽配五行。

又《起卧入手論》　說馬起臥有多般，第一且是入手難。大腸九潰應九曲，小腸八潰應八蟠。五裱受結在膈後，四潰受氣也相連。五蟠受水小腸旺，三蟠受精並受涎。橫弦立肚須回避，一尺二寸玉女關。入手多須用油水，莫教糞澀向前難。打結之時靠外手，兩面搜尋細意看。裹結之時入手見，徐徐按動氣通宣。靠門結時燕口取，盛將油水推向前。背手結時翻手轉，合在手裏恰一般。吊結之時須縛倒，兩面碑起曲頭彎。垂結之時靠梁打，虎口按破便得安。大肚板腸糞不轉，豬脂鹽豉七聖丸。用藥調和速灌啖，盤飯中間氣接連。內傷之時不打鼻，腰背板著一似椽。牽上糞場不起臥，臥至多時起較難。回頭盼腹看兩肋，此馬多是損關前。口看臥蠶帶紫色，此馬必死不能痊。醫書之內分明說，聖人留下古今傳。

元　卞管勾《校正增補痊驥通玄論·痊驥通玄三十九論》　第一論馬起臥多般，暗藏七結，人難曉會。

釋曰：夫論馬起臥者，因飢飽勞役，失其飲餵，乘飢渴而喫水草太過，傷於脾胃，草穀不化，陽明經受病，傳在大腸九潰之間，不能運轉左右，聚糞成結，閉塞定腸胃，氣脉不通，所以病生。疼痛難忍，致令起臥多般者，是三十六般起臥，各各不等，內有前結、中結、後結、垂結、吊結、背手結、板腸結、靠門結、順手結、小腸結，各有形狀，此是五臟六腑受其大病，故云多般也。

歌曰：論馬起臥說根源，不讀經書曉會難。大腸九潰丈二長，前中後結病三分。暗藏七結人難曉，說開分明仔細詳。第一靠門分裏結，第二背手外腸結。垂結靠梁四不着，吊結取遠近膈間。大肚板腸順手結，小腸多是尿胞翻。如前病形分起臥，各分十样用心看。醫工會者消詳此，免致良馬過幽關。

又　第二論馬入手腸中，隔腸取病結難者。

釋曰：醫獸先須入手難，會者須臾通玄妙，起死回生在眼前。患者不曉其病根源、形狀、深淺，又不知迴避及入手緊慢。近世醫家不深究細心書理，入手穀道中，盡一手不見病糞，無法治療，袖手無言，內損腸胃，十死無一生。凡醫獸入手，且論大腸長一丈二尺，左管盤九潰，假如醫人之入手不過二尺，如何得到大腸一丈二尺九潰之間？醫家且須細意審尋，論病深淺，治法玄微。先去右手指甲，石上磨滑、齊肉，休教綰抹破損腸胃，并橫弦立肚，多用溫暖油水，用管嚾入穀道中，送上三升，并用油水于臂膊上下，潤濕前後通滑，休交手澀，慢慢向前，莫損腸胃，慢慢向前入手，左右前後、九潰盤腸內，隔腸搜尋，見病結糞打手，滑硬如毬。好糞軟，結糞硬。如入手盤腸內，尋見病糞，名為裏結；隔腸見外腸結糞打手，隔腸如球，名為外結。臨時機變，用手虎口或用四指稍，須要用心細意，慢慢按破病糞頭，氣脉通宣為妙。莫將魯莽，切須細意搜尋，休交抹破，內損腸胃，故云入手難也。

歌曰：入手須知第一難，回生起死用心看。且論大腸聽仔細，一丈二尺九潰蟠。人手不過二尺長，如何得到九蟠間。不通玄妙聖手訣，九曲如何得轉彎。入手搜腸不見糞，無法尋思救療回。會者須臾通玄妙，患者騰騰曉會難。入手先須磨指甲，盛將油水推向前。隔腸左右搜尋糞，滑硬如球是病源。見得病結隔腸打，慢慢將手向後攀。分開病糞破三塊，氣脉通知便得安。奉勸醫工須細意，莫交綰抹是醫官。更有橫弦分兩面，但損之時命過關。靈機妙術都說盡，記取叮咛莫等閑。

又　第三論馬大腸九潰九曲运轉不過者。

釋曰：大腸如江，小腸如河；閉定江河，水草不通，此是腸路之結。大腸長一丈二尺，前四尺為前結，中四尺為中結，後四尺為後結，此是三般病結糞也。在大腸九潰中間，醫獸入手，依前項法度，隔腸細意搜尋，得見病糞打手，滑硬如毬，用手休忙，細意用右手虎口按定，左手隔肚應對無偏，分開糞頭，休交損傷腸胃，此是玄微妙術，尋經而論病，無不安康。

歌曰：九曲原來說大腸，通流氣脉恰如江。江河閉定難通路，五臟之中有損傷。皆為困來渴飲水，更兼餵草得其殃。致令腹痛頻起臥，聚糞成結在中央。醫工辨認明治療，莫交良馬浪無常。入手搜腸分糞結，開通氣脉自安康。

又　第四論馬小腸八襀轉八蟠者。

釋曰：小腸連心，心屬火，是水臟傳流，因困而喫水太多，兼冷熱不和，傳於小腸中，水盛而成逆氣，相交澀滯，不能流行，而成結也。乃太陽經主其病。小腸屬火，大腸屬金，臟腑不和，氣脉不相順，致令成痛而起臥，不收四足，小腹中疼痛，更兼肉顫，腎氣傳在胞中，急氣痛而入于四肢不能收，此乃小腸受病也。

歌曰：小腸八襀說與賢，二丈四尺古來傳。心連小腸為受盛，八升二合水無偏。此病多因渴失飲，致令二腑氣相牽。蹲腰踏地胞中痛，起臥頻頻不小便。用藥先須氣滑散，穿腸入手按《通玄》。手見胞腸微微按，便是师皇伯約傳。

又　第五論馬大腸五襀受結在膈後不通者。

釋曰：在膈後病者，前結也。喘粗，咬臆，兩脚夾頭，起臥極緊，此是病狀。依前用手入穀道中，慢慢向前，左右前後，隔腸搜尋。大肚兩邊，得見病糞如毬滑硬，或在板腸之間，积聚病糞不轉，此名外結。臨時機變，慢慢用手攀病糞向後來，或用手虎口，或用手四指稍，用外面左手及裏面腸內右手，裏外兩手相應，兩手夾定病糞按破，細意用心，休交損傷腸胃為妙。氣脉通和，即時見效也。

歌曰：五襀受病說須知，前面吊結是根基。頻頻起臥胸跑臆，滾輾難牽喘息沉。腸中悶亂并腹脹，醫工入手用心神。大肚兩邊尋結糞，滑硬如球是病形。攀向後來微分破，莫損橫弦是明醫。通宣氣脉當時效，管取揚名天下知。

又　第六論馬大腸四襀受氣，通連傳轉受病。

釋曰：此是前五襀受結，在膈後，氣傳在大腸後四襀之間，腸胃不通，氣脉閉塞，不能通和，發起肚脹。用前項手法入穀道中，打滿臂膊，左右前後，隔腸搜尋盤腸九襀之間，得見病糞打手，依前手法分開病糞，即時氣脉通宣，消其脹滿。此是玄微妙術，便住起臥，當時見效。此乃四襀受氣相連得痊也。

歌曰：四襀受氣不通和，且須入手搜腸竅。細心神機用手摸，入手打結休交損。氣脉通和病自瘳，辨别病源無失悞。恰如鎖鑰暗相投，開通氣脉自然安。

又　第七論馬小腸五蟠受水、小腸痛病不通。

釋曰：心為臟，小腸為受盛之腑，受草穀二斗，受水八升三合，傳于膀胱為道路。若脾胃調和，水草消磨，此則無病。或冷熱相擊，飲餵失時，即將滯而成病，傳于膀胱，名曰小腸結，又曰胞轉。太陽主其病。此病形狀：蹲腰、攢蹄、揭尾，此是胞轉之病也。醫獸多用油水，入手向前，便見胞轉，脹如椀大。用手向下慢慢用力撥按，小便通下，牽行三五遭，即時見效，後用『氣滑散』嚾之。

歌曰：五蟠受水小腸結，困來失渴腸中熱。或因飲水冷傷心，橫骨無聲難分說。氣痛發來踏地跑，腰曲頭攢尾頻揭。急將氣滑酒相合，通利小便為妙訣。更兼入手按胞中，當時治好尿胞結。

又　第八論馬小腸三蟠受精、受涎、精涎滯。

釋曰：五臟通和，則血氣化為精；三焦壅熱，則精液化為涎。精藏於腎，腎為臟，膀胱為津液之腑，涎停於膈，熱壅於心，心腎水火相擊，故成病。腎精亂行於膀胱，心液傳注於小腸，精涎凝滯於胞內，塞其關竅，水道不通，故胞轉而成病，負痛起臥。依前手法，多用温暖油水入穀道中，向前便見胞脹如椀大，用手向下慢慢用力撥按，小便通下，即時見效。此乃三蟠受精并受涎得痊也。

歌曰：三蟠受病說根由，冷熱相擊腎連心。精涎結澀膀胱道，致令胞轉病難任。油水潤腸于穀道，慢慢入手細搜尋。見胞脹時微微按，小便通下是名人。醫家記取《通玄論》，自然術高天下知。

又　第九論馬腸胃邊有橫弦立肚，入手迴避。

釋曰：橫弦者，乃是大腸、小腸、盤腸脂弦，謂之橫弦也。立肚者，乃是大肚肚弦、脂弦，謂之立肚。凡醫獸入手，須要細意，用心迴避，休交損着橫弦、立肚并腸胃為妙。傷着必死。故云，橫弦立肚，須迴避者。

歌曰：橫弦兩道切須知，兩邊肚筋慢傷脂。似弦打手須迴避，傷着之時命必虧。大肚脂弦名立肚，搜腸迴避用心機。

又　第十論馬腸胃近後一尺二寸玉女關者。

釋曰：玉女關者，是穀道內向前到盤腸一尺二寸，直到盤腸相近內腎，而其間入手到盤腸，是名一尺二寸玉女關也。

歌曰：醫人入手要細詳，玉女關中尺二長。相逢九襀盤腸轉，裹手搜尋隔外腸。病結不離關內取，切須細意莫交忙。得之於心應於手，便是醫家術藝強。搜腸入手尋結糞，握糞慢慢病自康。

又 第十一論醫家入手用溫油水嚾入穀道中。

釋曰：凡醫獸入手時，先用溫暖油水於臂膊上下潤濕通滑，次入油水二升於穀道中，免致糞澀。向前用力，必滯損腸胃；但損動腸胃，其証必死。醫家切須細意，不得鹵莽。故云入手先須用油水，莫教糞澀向前難也。

歌曰：醫獸穿腸入手時，先將指甲滑磨齊。溫和油水須多用，更潤臂膊不宜遲。穀道先嚾溫油水，取盡敗糞亦同醫。潤手通滑須細意，不損橫弦信可奇。奉勸醫工學此法，莫交手澀惹災危。

又 第十二論醫家打結切須裹手靠外手者。

釋曰：凡醫獸打結之時，先用油水用手嚾入穀道中，打滿臂膊。如腸無糞，就手向左右前後隔腸搜，外盤腸九襀之間，名為外結，得見病糞打手，如毬滑硬，腸胃裹面，獨手難以分破，用腸裹手攀病糞，在第二第三肋間，或在肚口下，却用外面左手、裹面右手，裹外兩手托夾，靠定病糞，或用四指稍，或用手虎口，慢慢用力，分按破病糞頭作三兩塊，即時氣脉通宣，當時見效。此是打結之時靠外手也。

歌曰：打結入手見根由，神聖工巧古來論。裹手見結須得意，滑硬如球是病形。腸內近前難破結，裹手攀來向後分。病糞攀在第二肋，裹手外手力停均。手稍虎口微按破，莫交鹵莽惹大災。通和氣脉當時效，管取揚名海上欽。

又 第十三論入手腸胃內兩面搜尋病糞者。

釋曰：用手入穀道內，玉女關左右前後，大肚兩面之間，細意隔腸搜尋。腸胃兩邊得見滑硬結糞打手，依前手法用心分開，取破病糞，休交損動腸胃并橫弦立肚為妙。

歌曰：入手搜尋兩面間，腸胃左右用心參。前中後結三般糞，內包七証病相干。都來細說十般結，小可醫家理會難。不亂腸胃都說盡，神聖工巧用機關。醫工會者推詳此，起死回生頃刻間。奉勸後人明記取，聖經留下古今傳。

又 第十四論馬腸裹見結糞打手，名為裹結。

釋曰：裹結者，是後結近也。入手在穀道中，搜尋腸內，便見病糞打手，用前項手法，慢慢握破，分開病糞，細意搜尋，休交損動腸胃。如馬肚脹者，是腸中閉塞成痛而起臥，如通宣者不痛。氣脉通和，消其肚脹，便住起臥，即時見效。此名裹結也。

歌曰：入腸見糞在關前，是名裹結病根源。用手細意寧心取，莫交良馬掩黃泉。盛將油水腸中潤，慢慢取出氣通宣。當時見效如神驗，免得教人不住牽。後代醫人習此理，管取馳名萬載傳。

又 第十五論馬靠門結、門風腫、糞澀不下者。

釋曰：靠門結者，近也。入手在穀道中，腸內便有正病結糞，不用前項手法，難以分破。燕口取者，如燕啣泥，積少成多。盛用油水，用手把病糞寧心摘取些小，每取不論多少，取盡病糞，在後用溫角於穀道中，送上油水二升為妙。此乃大腸風腫，糞澀難行，故為結也。後用『大黃散』嚾之，即時見效也。

歌曰：大腸風腫靠門結，喘急肚高大腸熱。後脚如坐起臥遲，聚糞靠門硬如鉄。盛將油水推向前，裹手擰心把糞破。燕口取糞即漸減，細意用手取盡結。大黃鬱李用牽牛，朴硝通腸猪油熱。溫和油水送三升，此是玄微真妙訣。

又 第十六論入手多將油水向穀道內送上。

釋曰：凡入手時，先用油水一大椀潤濕其手，入穀道中，取出病糞，用溫角插向穀道內，送上油水一碗，此是腸胃滑澤，入手不損。此時盛將油水推向前，於盤腸內尋病結。

歌曰：先將油水最為先，手滑磨指向關前。裹手搜腸為妙訣，莫交綰抹最居先。通腸潤濕搜尋病，滑硬如球是病源。依前手法微分破，氣脉通和病自痊。後代醫人習此理，《通玄論》說不虛傳。

又 第十七論入手尋見病糞在背手者。

釋曰：背手結者，外結也。凡醫獸入手用心，不論遠近，隔腸見病糞，不在手裹，在手背外，難以分破病糞，翻手合過，病糞在手掌內，慢慢攀近。後來得手，用前項手法分開病糞，氣脉通宣，即時痊可。此是背手結時翻手轉也。

又 第十八論入手腸內、病結向前、手難近者。

釋曰：吊結者，遠也。近前在大肚左右中間，名前結也。手不能近，須縛倒。如馬肚脹者，不可縛倒；縛倒者，恐扑損動腸胃，氣喘不及，即死也。等候馬肚痛自臥地時，用索寬慢縛定，用草兩束，前膊幷後跨腿兩相垫起，慢慢曲起頭來，腸胃相聚，盛用油水，入手向前，隔腸搜尋，見病糞滑硬打手，切須細意用心，須教順手，左臥地，醫獸在馬脊背後，用右手入穀道中搜尋，見病糞，依前手法分開，氣脉通和。此是吊結之時須縛倒得痊也。

歌曰：吊結之病説根由，近在大肚兩邊尋。結在膈後難近手，是名吊結遠難親。人手短時不到結，須用神機妙法尋。或者臥時須縛着，慢慢繩縛喘息均。前膊後胯草束㧅，兩頭曲起見病形。入腸搜尋見結糞，握破糞頭便得輕。或使指尖手虎口，分開病糞氣調均。當時見效君須記，便是《通玄論》説眞。

又 第十九論馬患垂結病如何治療。

釋曰：垂結者，前近大肚，後在板腸之間。垂結者，懸垂在脊梁上，四不着也。醫獸入手時，用玄微妙術，仰手向上，托定病糞，靠馬脊梁，臨時機變，或用手四指尖，或用手虎口，就馬脊梁向上而取，用力按破病糞，依前手法，分開糞頭，休交內損腸胃，即見效也。

歌曰：垂結之病識者稀，不曉《通玄論》怎知。懸垂靠脊見病糞，便是玄妙微法機。仰手見結向上托，靠梁分破是明醫。休交內損傷腸胃，管取馳名天下知。

又 第二十論馬患大肚板腸糞不轉者如何治之。

釋曰：大肚板腸糞不轉，結糞形如栲栳大，木硬如石，此乃心為碓不搗，脾為磨不轉，草穀不能消化，乃成其大病。醫獸入手，盛用油水，推向前去，手見大肚，仰手向上，托定大肚，洸一二十洸。次後見邊頭結糞，依前手法分開，再用温角入內，油水三二升在穀道內，次用『大安散』三兩，作一服嚾之，不住牽行。『猪脂鹽豉七聖丸』者，用猪脂一斤，熬油去滓，用川大黄、大戟、牽牛、鬱李仁、續隨子、甘遂、鼠糞，以上七味，各等分為末。每服三兩，用鹽豉二兩，朴硝十兩，用前項猪脂油酒半碗温化，帶熱嚾之。不得飲餵，不住牽行，及用灰火温熱氣針，於從後第三肋間，順脊梁仰手合過，是脾腧穴，入鍼一寸，鍼轉動為妙，得效也。

歌曰：大肚板腸説根源，形如栲栳硬如磚。皆因滞瀉成此患，二臟不和冷熱牽。日食草穀不能化，脾胃不和兩相攻。時時起臥回頭看，頻頻覷腹不停然。盛將油水推穀道，自然通達得除痊。猪脂鹽豉七聖散，嚾了牽行自然安。再將脾俞針轉動，即時效好笑哈哈。

又 第二十一論馬內傷脾胃、打鼻不得者。

釋曰：內傷者，損其大腸也。肺為臟，大腸為傳送之腑。肺主臟中之氣，鼻連肺臟，屬西方庚辛金也。脾屬土也，胃屬火也，脾胃損氣，逆不上升，不能達於肺，不通於鼻，肺絶脾胃氣亦絶。榮衛不行，故不打鼻，其病難也。

歌曰：且論醫家辨內傷，肺為華盖連大腸。陽明受病腸內損，悶亂喘粗命必危。內傷臟腑難打鼻，此是大命見無常。針烙藥治應無效，十死無生命必傷。

又 第二十二論馬腰背板硬，回轉不得者。

釋曰：此乃病沉有失救療，或因起臥而緊走，或起臥肚脹，頻頻打衮驟，致令損傷腸胃，渾身肉顫，四脚如柱，牽動如醉形，血脉死也。故行動腰背如椽，兼是起臥損着腎棚，腸胃有損。此是死証形狀，必難痊也。

歌曰：內損皆因滚輾眠，腰脊板着形似椽。行如醉狗難起臥，此時無力臥觀天。醫工見此休治療，此馬必死掩黄泉。

又 第二十三論馬起臥頻者却住起臥。

釋曰：乃臟腑死也，不知疼痛，起臥不得必死。

歌曰：起臥不得四肢垂，臟腑先絶命必危。喘粗鼻咋兼硬氣，總有靈方救不回。針烙藥治終不可，主人割捨且亂避。

又 第二十四論馬臥至不起，五臟傳遍四肢。

釋曰：四肢力敗，筋脉俱死，臥至多時，起不得也。此病十死無一生也。

歌曰：渾身肉顫出冷汗，孫陽在世也醫難。總有靈方醫不下，看看命盡掩黄泉。百行經書仙人造，歷代留傳萬古傳。

又 第二十五論一尺二寸玉女關損動者。

釋曰：玉女關為深閨內禁之關，此關不可犯，倘玉女關前損動腸胃，回頭看覷兩賺。此是腸斷，不堪醫治也。

歌曰：玉女關前損動時，回頭看覷喘微微。腰背轉着睛不轉，脉如雀啄掩黄泉。良醫曉會生合死，便是师皇救不回。

又 第二十六論馬口色舌下臥蠶紫色者。

釋曰：舌下有二竅，形如蠶頭，左名金關，右名玉戶。現紫色者，心臟盡死，不能痊也。

歌曰：口色須看辨臥蠶，右名玉戶左金關。二蠶若還鷄冠色，總有名醫療不痊。又論馬胃與大腸、小腸三腑有消磨、轉運、化出草穀、傳送津液之能力，有排洩之機司，論其形體及道路，氣逆則病生焉。

釋曰：胃者，草穀之腑，主納藏消化，大腸主傳送渣糞轉出，小腸二丈四尺有分泌滲津液之能，故名受盛之腑。若失其機能之力，道路閉塞，氣逆則諸病生焉。

胃歌曰：太倉都來二尺二，五斤四兩不須稱。水草共盛三斗四，积而不散更招凶。碓磨伸停常不住，各居臟腑自安寧。

大腸歌曰：大腸丈二按年光，三斤十四是尋常。水草都盛三斗四，盈而滿益惹灾殃。江河通流為道路，自然六腑得安康。

小腸歌曰：若論小腸說與賢，二丈四尺聖經言。草穀不差盛二斗，八升二合水無偏。小腸順和膀胱路，六腑三焦得自然。

迴腸歌曰：醫上略聽說迴腸，三尺六寸古今傳。草穀都盛一斗二，六升五合水尋常。六腑俱盡都說破，開說通玄世上揚。又論馬喉舌尺寸分數。夫馬者，是故五臟所受津液；六腑者，傳轉糟粕；碓磨者，運動水穀，化為氣血；氣血者，身之本也；水穀者，身之本也；大小腸者，所受水穀共盛一石二斗，乃常數也。不及一一細而窮之，略陳撮要於後：從口至會厭，深一尺一寸一分；舌重一斤十二兩，廣二寸五分；氣喉嚨重一十四兩，至肺共長一尺六寸，徑一寸五分，圓三寸；咽門食繫重一十二兩，至胃共長一尺八寸二分半，圓二寸五分。

又　第二十七論入手秘訣病源圖。

又　第二十八論馬患前結起臥形狀病源。

釋曰：前結者，因冷熱相擊，飲餵失時，結在大腸前四尺，前結也。大腸一丈二尺，前四尺，名前結；中四尺，名中結；後四尺，名後結。此名三般結也。又云：大腸與肺為表裏，主其氣，緣馬糞塞定，氣不下通，倒逆入於肺，故令喘息粗也。又云：是陽明受其病，陽明即大腸之名稱。咬臆者，病在前四尺也，屬心肺，悶絶而咬胸臆，為人不曉，其馬仰天，着嘴咬其胸中，痛之甚也。

歌曰：前結喘粗氣不和，咬臆頻頻起臥多。大腸都來一丈二，三般病結起沉疴。肺與大腸為表裏，主其喘息氣通和。腸中氣閉糞不下，抱胸咬臆悶亂多。此馬仰天人不識，須使神機便得活。更用玄術是妙手，牽行入手搜僂儸。

又　第二十九論馬患中結起臥形狀病源。

釋曰：中結者，冷熱相交，因飢食時，冷熱不和，而成中結也。陽明主其病。又云：喫飽後失水，多成中結，又餵不依時，陽盛陰敗，故結之也。腹痛起臥滾騲，聚糞成結，令馬氣下不通，其氣倒入胸前，中氣痛而跑胸也。

歌曰：中結起臥慢微微，冷熱相交失飲遲。臟腑不和成中結，陽明主病惹災危。飲餵失時食乾草，腸中四尺結難醫。氣到膈中兼腸脹，跑胸咬臆少人知。此病多應外腸脹，便用玄機妙法尋。入手隔腸尋結糞，兩面左右應須知。此病若遇良醫治，恰似神師聖手醫。

又　第三十論馬患後結起臥形狀病源。

釋曰：後結者，因喫草太急而成，結在大腸後四尺，名為後結也。皆因冷熱不和，而脹結也。又云：飢困而食草，結在大腸四尺後也。

歌曰：後結乘困喫草多，腸中結糞不消磨。後四尺間成大患，陽明主病惹沉疴。良馬回頭覷腹痛，名為後結不通和。温暖油水於穀道，妙法玄妙用手磨。外結隔腸須握破，各分裏外用心多，裹結入手便見糞，燕口取盡氣通和。牽牛朴硝滑石等，猪脂熬油取一斤。此藥一處煎温嚾，牽行二里得安和。

又　第三十一論馬患板腸結起臥形狀病源。

釋曰：板腸糞不轉者，因困而喫草太過，更久渴飲而不息，又飽上走急，冷熱不和。陽明主病。又云：氣上下不通，腹痛而起臥，結在板腸中，因冷熱不和胃中是也。脾有病，先傳於胃，胃傳於腎；腎者，屬水，脾屬土，水土相尅，二氣不和，主於腰間，氣上下相攻，故滯氣注於腰間也。

歌曰：板腸不轉說根源，因傷水草在腸中。久渴飲過因飽走，腹中氣滯不通宣。續隨膩粉幷通草，牽牛鼠糞共相煎。灰湯猪脂相合用，酒調連嚾病安康。

又　第三十二論馬患大肚結起臥形狀病源。

釋曰：大肚結者，因久熱傷脾，脾傳於胃，冷熱不和，故結也。陽明主病。又云：脾脹結，起臥也。一臟不行，二臟不通，故小便打尾，而起臥也。

歌曰：大肚結病不尋常，冷熱相冲脾胃傷。脾不磨時草不化，或因水瀉聚成殃。蹇唇爰笑回頭覷，五日三朝未見康。小便打尾頻起臥，陽明主病最難當。牽牛螻蛄幷鼠糞，猪油通草用蜣螂。健脾穴内温針動，油水三升與灌腸。入手搜腸尋病糞，便是師皇伯約強。

又　第三十三論馬患胞轉起臥形狀病源。

釋曰：胞轉者，一名小腸結也。皆因乘騎涌急，卒熱而飲冷水，水未入腸，又且加之緊驟，清氣未升，濁氣未降，清濁未分，冷熱相擊，以致膀胱閉塞也。令馬肚腹脹痛，踏地蹲腰，欲臥不臥，打尾跑蹄，此謂胞轉之症也。『滑石散』嚾之，醫工入手撥之。

歌曰：胞轉蹲腰起臥頻，時時揭尾不曾停。太陽主病傷心悶，小腸閉塞病源因。皆因失渴并傷水，八禮受涎并受精。津液之腑為道路，有出無入是根由。續隨膩粉并通草，姹女滑石要均調。生油四兩同調嚾，不住牽行病即輕。溫暖油水於穀道，入手消詳向裏尋。胞脹之時微微按，小便通下是名醫。以上凡醫獸入手，便見正病結糞，謂之裏結也。隔腸搜尋盤腸九禮之間，得見病糞打手者，謂之外結也。切須細意，依前項手法分開病糞，休教損動腸胃為妙。氣脈通宣，即時見效也。於內有靠門結、裏結、外結、背手結、順手結、吊結、垂結，此是暗藏七結，共十結也。治法在前。

又　第三十四論說骨眼。夫論馬骨眼者，須知病源，察其根本。眼者，五臟之門戶，一身之珍寶，內通五臟，外應五輪，示按金、木、水、火、土。五輪者，眼中一點黑睛屬腎，名水輪；睛外黑珠屬肝，名木輪；白睛屬肺，名金輪；眼胞肉屬脾，名土輪；眼中赤脉屬心，名火輪。此是五輪也。肺主於皮毛，眼睫眉毛屬於肺臟，腎生骨節，眼眶閃骨，內連於腎，外傷風寒暑濕，飢飽勞役，榮衛往來，或盛或衰，內傷於肝臟，肝家受熱，外傳於眼。治者當觀其外病形狀，頭眩耳搭，精神短慢，眵泪難開。眼中閃骨生瘡潰爛，膜肉顯出閃骨，初如粟米，日漸長大，恰似魚鱗，頻頻泪下，磨得睛昏，遮障瞳人，多饒驚怕，正是骨眼之病也。須與治之：用針綫穿度骨眼分下膜皮，用刀割去病骨，不損水輪為妙。合用對証藥『青葙散』嚾之，尅日見效。右具前項之說馬眼內天生閃骨，個個原有。愚人不曉根源，馬患起臥，錯認作骨眼，割去眼內閃骨。有悞見患起臥，正病不顯，治療一病未痊，又添一患，如雪上加霜，轉加沉重，瘖瘂無言，遂卒悞醫。若不開解前項骨眼并閃骨是非根源，再傳留於世，且恐後輩亂行鍼刀，良馬屈忍疼痛，實為大患。今將諸家經書為証，搜尋并無起臥作骨眼之說。如上義理一一分明，校定無差，并圖形象為証，留與後代賢良，尋經而論病，無不安康也。

歌曰：料想前生造業多，六道輪迴入馬軀。胎中受氣十二月，得降閻浮作駿駒。隨母長成三五歲，調成战馬南征天。口中啣鐵鞍背上，不免風寒暑濕居。飢飽勞役失飲餵，冷熱相攻病不醒。大腸結糞成起臥，愚人不曉亂猜呼。無病眼中呼骨眼，錯將閃骨用刀除。當因一病成兩患，雪上加霜病轉深。奉勸後人須仔細，莫教良驥入迷途。記取名方為妙術，聖手神機藥共扶。時刻見效君須記，《通玄論》說世間知。

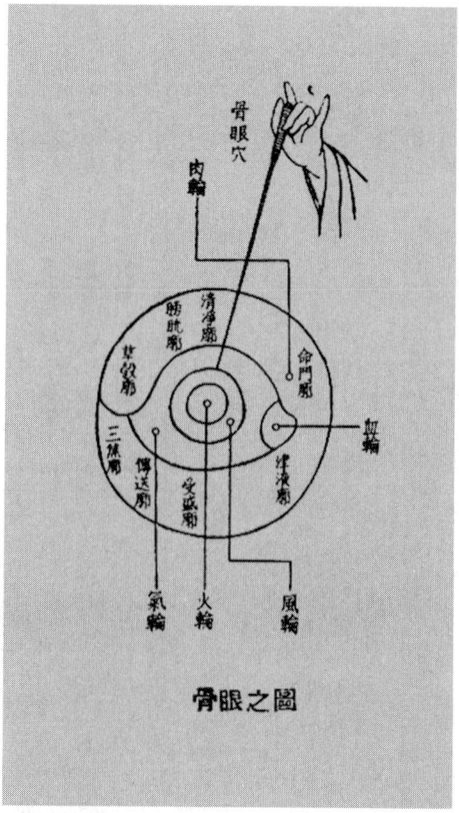

骨眼之圖

又　第三十五論馬眼內渾睛蟲。

釋曰：馬眼生渾睛蟲，不在五臟腸胃中，又不是榮衛相傳，為馬是南方火龍之精，眼者上焦，受病又屬火，因霧露水搐入五輪內，水火相交，陰陽造化成蟲，在眼水輪內，往來不住，有似蛟龍入水，不曾暫停。日久多時，磨肉眼內雲膜遮睛。醫工不得治法，尋思難明，藥點火烙，灌啗無應。若通妙訣，治法如神。先須烈絆，更要穩平。左手爭開馬眼，用心別辨渾睛，白膜近下，黑睛向上，兩間中心，是開天穴，用綫纏定，白鍼尖長一分，用心細意，右手行鍼，於開天穴輕手急鍼一分，蟲隨水出，便見其效驗，『決明散』嚾得安痊。

歌曰：且論醫家說渾睛，不居五臟在睛中。露水滴入五輪內，變化成蟲不住停。又似蛟龍翻滾浪，恰如水中戲珠龍。便是聖賢神妙訣，開天穴上用神針。

一針着蟲隨水出，便與師皇伯約同。

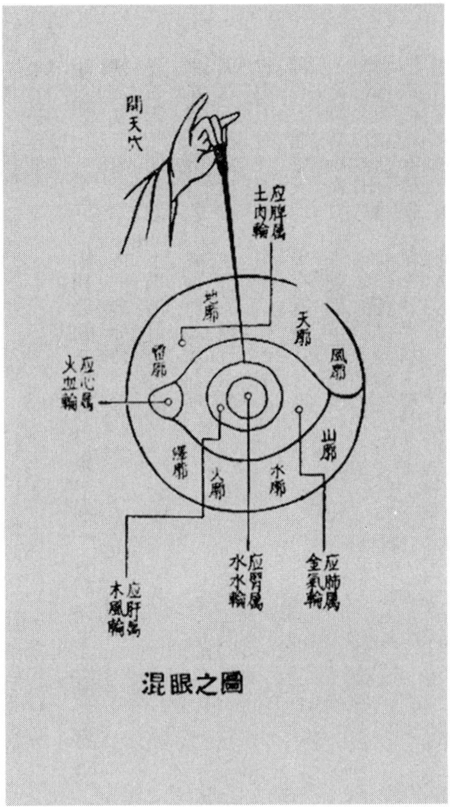

混眼之圖

又　第三十六論肝家积熱，外傳於眼。

釋曰：肝家积熱，外傳于眼，熱氣壅盛，所以閃骨生瘡，眵泪難開，睛生翳膜。或傳肝黄病，頭眩耳搭，精神短慢，行如醉狗，熱極發狂，东西亂走，獐狂亂撞，眼不見物色，睛生翳膜，閃骨生瘀遮睛，頻頻泪下。若不取了，磨壞眼目。用鋮線穿度過，割去閃骨為妙。

歌曰：肝家受病不尋常，慢傳兩眼爰生瘡。頭眩耳搭精神少，四蹄如柱目無光。熱盛發狂東西走，逢物不見更撞牆。藥用解毒决明散，便是師皇伯約方。梔子大黄白藥子，黄芪黄藥鬱金良。草决明芩石决明，黄連沒藥等分强。雞子一雙藥二兩，蜜水同調嚾便康。

又　第三十七論四百四病內五十四死相歌。脉跳如弦下手知，屋漏雀啄撩泉宜。口色春青冬黑死，夏赤秋白活者稀。咬耳不痛兼黑汗，齒動心黄鬼氣脾。肝冷肺絶心系斷，肝絶瞪目死無疑。重嗓嘶頻多應死，血勞肺敗死休醫。蟲在鼻中幷氣絶，羅膈搦嗓死須知。五臟俱盡應須死，腸黄身瘦死來摧。脚散瞪目多汗出，五十四死喪魂飛。

又　第三十八論馬患點痛眞訣。膊骨卷，膊骨脱，束膊筋，肺把膊。鐙打乘重骨，拔着鎗鋒骨。傷着膝骨，攢筋大，板筋粗，鼻骨腫，附骨長。筋勞，腕勞，敲蹄腫臚，刺不見者，點頭害脚，擺頭害膊。昂頭點脚鎗鋒痛，驀地點脚攢筋痛。向外側，裏跟痛；向裏側，外跟痛；吊腰行，脊筋痛；并脚行，胯瓦痛；收腰不起，內腎痛；蹲腰行，雁翅痛；蹩脚行，鵝鼻曲池痛。點痛論：攢筋大，板筋粗，卑骨垂，附骨腫，膊骨卷，膊骨脱，蹄骨大，大搭膊埋沒，三山骨隱藏，大胯骨空虛，接脊骨脫落，弓子骨脹大，蹄胎骨臚糊，天臼骨木硬，鵝鼻骨腫粗，乘重骨筋脹勞，踠脿勞，膝脹勞，曲尺勞，鴈骨痛，瓦骨痛，胡骨痛，掠草痛。已上隔月皆難治，治之無功。倒地合着搶風骨，踏空閃着膝盖骨，蹊道蹩損烏筋骨，折橋渡傷合子骨。昂頭點，膊尖痛；平頭點，掌骨痛；驀地點脚，攢筋痛；虚行下地，漏蹄痛；垂蹄點，蹄尖痛；懸蹄點，下欄痛；偏頭點，乘重痛；低頭點，天臼痛；難移前脚，搶風痛；蹄尖着地，蹄心痛；直腿行，膝上痛；曲腿行，節上痛；昂頭點脚，搶頭痛；昂頭不動，蹄頭痛；下坡斜走，胸膈痛；平途竊道，蹄薄痛；向裏蹉，外跟痛；向外蹉，裏跟痛；點頭行，脚上痛；擺頭行，膊上痛；拖脚行，鴈翅掠草痛；拽脚行，燕子瓦骨痛；蹩脚行，鵝鼻曲尺痛；束骨行，肺把五攢痛；并脚行，胯瓦痛；直脚行，濕氣痛；蹲腰行，鴈翅痛；吊腰行，脊筋痛；收腰不起，內腎痛；難移後脚，腎經痛；咬齒低頭，心經痛；喘息不調，肺經痛；急起急臥，脾經痛；口吐清涎，膽經痛；跑胸咬臆，腸結痛；蹲腰踏地，胞轉痛；把前把後，傳經痛；腸鳴泄漏，冷氣痛；直尾行，大腸痛；卷尾行，小腸痛；小便淋瀝，咆經痛；一臥不起，筋骨痛。

又　第三十九論馬患三喉病症。馬患三喉者，是為卒急大病，名曰顙黄、筋纏喉、膿喉及喉骨脹。然心肺受病久，积熱不散，攻於咽喉，春不放六脉之血，夏不嚾凉藥，成其大病。心為帝王，肺為丞相，心主血，肺主氣，心為血海，肺為氣海，血氣傳流，壯其周身，按四季傳流，遭數主管四代，多一遭為熱，減一遭為寒。若血氣不及，在脾腎受病，成五勞七傷之病。若榮衛往來太過，則生邪熱，傳于心肝。肺病熱發多啌，鼻內膿出血入，攻心迷亂，或發顛狂，東西亂走，不住亂撞。極熱者，則生三喉病証，須與治之。嚾藥無效，須用玄妙治法。療喉骨脹，去頰下一指，喉骨三節粗者是也。喉門穴三道，輕則火針，重則火烙。療喉骨腫硬、咽顙內作聲、口吐涎沫、喫水草啌、鼻內膿出多啌、伸頭直項、難喫水草之病，如喘不及，即須開喉，如醫二喉者別說。膿喉、筋纏喉、顙黄、罨顙骨離頰下四指是喉腧穴，先用鈎針搭起大皮，捻轉刀割如小錢大圓，瘡口用鈎鋮又搭起，去膜皮，排顡肉，兩邊少取鈎顡骨，剜取脆骨一節，微下中指尖用綿杖纏白礬、蜜，和于開喉瘡口內，向前搌到鼻，向後搌到肺。如啌者，急出綿杖，帶下粘液為驗，次于瘡口內安竹筒子，出氣見效。取竹筒休教太長，合瘡口為妙。隔日用大黃脂藥啗，數十日得效。又用『消黃散』嚾，隔日再嚾之。

歌曰：喉內黃腫起，多緣熱積逢。鶻脉須針徹，消黃嚾有功。喉腧將刀割，膜皮去盡壅。脆骨剜一節，顡內莫教空。竹筒安于穴，徐徐綿杖通。無血方為美，方顯神妙功。

筋喉歌曰：筋纏喉膜病然間，喘息犹如拽鋸聲。會者醫家搜筋肉，孔穴出氣不須停。全痾直須五六日，便是醫家学藝眞。

膿喉歌曰：膿喉之病最難當，嗓內涎膿更發啌。喉內作聲如抽鋸，只因奔走肺家傷。下手開時依前法，須顯高名更播揚。更用消黃猪脂藥，數十日內得安康。

喉骨脹歌曰：心肺相連膈內存，榮衛周身不暫停。氣血凝滯喉骨腫，喘息犹如拽鋸聲。截斷咽喉水草路，喉門關上閉難通。吃着水草鼻內出，伸頭直項不曾停。喉骨喉骨三分通，火針不可烙除根。開喉別是憑妙手，寰海馳名第一功。

明 喻仁、喻傑《新刊纂圖元亨療馬集》卷一《胡先生清濁五臟論》

清濁初分未曉明，混沌猶如雞卵形。
盤古起時開天地，下為濁氣上為清。
頭即象天足象地，兩眼呼為日月明。
天有五星辰宿位，地有五嶽五山尊。
世有五行並五姓，生老病死苦相因。
神有五通通天地，馬有五臟立身形。
天產獸類馬為貴，更兼獅子及麒麟。
肺腎心肝脾作臟，萬病皆從五臟生。
肝為尚書為佐使，腎為烈女水中精。
脾為大夫名諫議，肺為丞相佐其心。
四處呼為四宰相，心為五臟第一尊。
血脈皮膚並骨節，關連心臟得安寧。
肝能藏魂肺隱魄，心內藏神腎隱精。
脾即臟中生血氣，五神總不離身形。
皮膚內連於血脈，肺注皮膚瘡疥成。
肉即關連於脾臟，齒根本是骨中生。
血脈內連於心臟，心家有病脈不停。
脾虛即饑多虛熱，腎虛耳似聽蟬聲。
肝虛目赤有眵淚，萬病皆從五臟生。
肺虛鼻中無香氣，心虛無事自生驚。
筋骨蹄乾節有病，血損毛焦乍又興。
腎傷齒黑知休咎，想見根源病淺深。
肝臟共同膽一處，肝膽夫妻一路行。
膽號為腑肝為臟，臟腑中間要辨明。
脾與胃通連血脈，並合陰陽一處行。
小腸連心心作臟，小腸為腑一家論。
腎合膀胱腎為臟，膀胱為腑又須聞。
若說三焦知去處，都來總不離身形。
頭至於心上焦位，中焦心下至臍輪。
臍下至足下焦位，此是三焦亦要明。
脾即屬陰呼作磨，碓是心王號丙丁。
脾即為寒心為熱，陰陽二字要知因。
脾磨能消化五穀，心旺血脈不暫停。
陰盛陽衰脾不磨，穀豆難消草料停。
血脈不行如住碓，四肢無力漸難行。
碓磨俱停血脈罷，好手醫工療不能。
肝生於膽呼為臟，胃出根源脾內生。
肺為乍虛心上起，生於虛汗在心神。
津液關連於心臟，要知來處本原因。
肝屬東方甲乙木，春旺花開萬物生。
正月二月六十日，三月十二木家榮。

七十二日肝家旺，以外十八土家榮。
心屬南方丙丁火，夏月炎天正旺興。
四月五月六十日，六月十二火家榮。
七十二日心家旺，以外十八土家榮。
肺屬西方庚辛金，恰到三秋正旺興。
七月八月六十日，九月十二金家榮。
七十二日肺家旺，以外十八土家榮。
腎屬北方壬癸水，旺在三冬最是能。
十月更兼十一月，臘月十二水家榮。
七十二日腎家旺，以外十八土家榮。
脾無正位分四季，四處榮旺要安寧。
四十四處經中說，四八三十二界分。
每季各旺十八日，脾家當旺解惺惺。
此是五行分四處，內按五臟要分明。
肝病傳與南方火，父母見子必相生。
心屬南方丙丁火，心病傳脾禍未生。
脾家得病傳於肺，安榮必定土生金。
肺家得病傳於腎，金水相合無退形。
腎家得病傳於肝，水能生木必相親。
此是號名相生法，免有災殃禍害侵。
肝家有病傳於脾，木來克土必災生。
脾家有病傳於腎，土來堰水療無因。
腎家有病傳於心，水來澆火救無門。
心家有病傳於肺，金逢火化倒銷形。
肺家有病傳於肝，金能克木病難痊。
此是五行相克病，好手醫工療不能。
因此休咎須消息，相生相剋要分明。
春病忌秋肝臟死，秋病還憂夏旺興。
夏病亦嫌冬月冷，腎病常憂四季榮。
口中舌如煮豆色，瞪目看人不轉睛。
喉中作聲如抽鋸，汗出如油是死形。
見此病源休治療，直饒妙手亦無能。
下手即憑諸方論，善惡中間要曉明。
此病診時如雀啄，定息看時氣不停。
鶻脈自來不著道，乍去乍來不停勻。
一息一動當日死，動如毛髮入幽冥。
大論高談多廣說，察色中間會聽聲。
了了心間無不會，臨時不善恐難明。
應是醫家行海上，論談醫藥眾人聽。

又《五勞七傷論》 五勞。五勞，謂筋勞、骨勞、皮勞、氣勞、血勞也。筋勞者，因久步得之。其狀終日馳驅，放而不輾者是也。其為病則發發蹄，痛淩氣發蹄，謂毒氣散於蹄間，其痛淩氣也。之病也。骨勞者，因久立得之。其狀雖馬展而不即起者是也。其為病則發癰腫。皮勞者，因久汗不乾得之。其狀雖釃起而不振毛者是也。其為病夾脊摩之熱也。氣勞者，因汗未息，乘燥而飼飲得之。其狀雖振毛而不即噴氣者是也。其為病苦氣不宣通，故須緩繫之櫪上，遠喂草乃噴也。血勞者，因驅馳無時得之。其狀雖噴氣而不即溺者是也。其為病則發強行，高繫之，不得飲喂，少時乃大溺。

又 七傷，謂寒傷、熱傷、水傷、饑傷、飽傷、肥傷、走傷也。寒傷者，因冷月飲宿水，繫寒處得之。其病令馬毛焜受塵是也。熱傷者，因暑月騎乘過多，不時飲喂得之。其病令馬煩燥悶亂是也。水傷者，因騎回便飲水，停滯不散得之。其病令馬水結腸胃，積聚成病是也。饑傷者，因馬盛饑，更令大走，喘息未定，卒然飲喂得之。其病令馬心脾氣結，草料不消是也。飽傷者，因飽乘騎，而便喂飲，吃草太猛得之。其病令馬腸胃積聚，糞行遲澀是也。肥傷者，因馬膘大，力行得之。走傷者，因馬極走太過得之。二者皆令馬肉斷脂消，氣不續也。

又 卷三《七十二癥病形圖論歌治法》 馬患翻胃吐草第一，出《師皇秘集》。夫翻胃者，返胃也，料草食之吐出也。皆因外感風寒，內傷陰冷，傷之於脾，脾傳於胃，脾胃受邪，遍傳五臟也。是故脾者土也，胃者火也。脾冷而土衰，胃寒而火弱。土衰者，不能化導；火弱者，不能納藏。脾胃失職，致使料草下咽，胃不容納，則令嘔吐而出，故云翻胃也。令獸精神倦怠，耳搭頭低，鼻浮面腫，膁吊毛焦。此謂寒極之症也。暖胃益仁散治之。歌曰：下咽草穀胃收藏，脾化相傳遞入腸，清氣上升為津液，濁氣下滲入膀胱，苦生心血辛生氣，鹹味生精腎部藏，酸生筋甲甘生肉，渣糞由腸轉出肛。脾敗土虛無化導，胃衰火弱不收藏，脾胃不和芻水逆，為緣蓄養致寒傷，秋牧逢淋冬臥濕，晝浴淵深夜露霜。鼻浮面腫精神慢，胯拖腹細糞如漿。益仁薑棗頻頻灌，風雨霜寒百日防。五經衰敗休醫療，醫工仔細要斟量：血枯神散渾如醉，木齗眼腫閉無光，骨痿腿癱眠不起，土虛形體若豺狼，金敗喘粗鬃毛瘙，驊戶致此療無康，謹請醫工休妄作，亙古倉從今無治方。凡馬吐草，脈色平和，松骨未腫者，醫家斟酌，勿得倉皇差訛，誤施熱劑灌之。無疾吐草，幼馬生賊牙者吐草，五歲擇槽牙者吐草，生料糙腫者吐草。岐伯曰：『吐草者，脾胃衰也。面腫者，脾胃虛也。』《定症歌》曰：『脾衰吐草鐃翻胃，脾虛面腫鼻如菔。』師皇曰：『凡馬翻胃，松骨腫者可治，腮骨脹者難醫，羸瘦吐沫者亦難治也。』王良歌曰：『松骨連腮腫，傳經四足疼，胃翻加吐沫，何藥效能成。』形狀：四肢倦怠，耳搭頭低，鼻浮面腫，膁吊毛焦。色脈：舌唇赤紫，皃脈沉遲。治法：火針脾腧穴，吐草者益智散灌之，傳經者通關散灌之。餵養：每朝麸料、熟料各八分，熟米湯一日一次飲之。調理：廄宜溫暖，臥宜草鋪，拌草莫宜太濕，寒夜氈屜背上搭之。戒忌：空腸冷水，廚下惡水，麸漿水，米泔水，綠豆，寒涼等皆忌之。益智散：治馬翻胃吐草，面腫腹細。益智仁、肉豆蔻、五味子、廣木香、檳榔、草果、細辛、青皮、當歸、厚朴、川芎、官桂、砂仁、白朮、芍藥、白芷、枳殼、甘草。右為末，每服兩半，棗五枚，薑五斤，苦酒一升，同煎三沸，溫灌之。又方：加丁香一錢，煎灌之。溫脾散：治馬翻胃吐草。歌曰：冬餐凍物寒凝胃，夜繫霜天濕地眠。初患口中色似血，日深鼻畔腫如拳，糞粗膁吊精神慢，吐草傳經四足攢。藥用暖胃溫脾散，當歸與朮縮砂甘，木樸青陳五味子，檳榔豆蔻細辛兼，香附麥芽同共使，薑棗勻和鹽酒煎。十朝五服頻頻灌，月餘之外有安痊。通關散：治馬翻胃，傳經絡，把後病。歌曰：良馬傳經四足疼，把前把後步難行，水草遲遲依舊食，膁吊頭低脊似弓。調經須用通關散，當歸沒藥與金鈴，茴香巴戟麒麟竭，藁本胡巴共木通，白朮破故牽牛子，一撮紅花酒半升，同煎三沸溫和灌，十朝五服病除根。

翻胃吐草之圖

又

馬患揭鞍風第四，出《王御車集》。夫揭鞍風者，揭鞍外感風也。皆因騎來有汗，簷下卸鞍，賊風乘虛而入皮膚。初患渾身揩擦，次傳肌肉，腠理凝麻，日久延之於內。則令四肢僵硬，口內垂涎，耳緊尾直，牙關緊閉難開，不食水草。此謂外感風邪之症也。追風散灌之。歌曰：遠來有汗繫簷前，未避風邪卸卻鞍。眼急尾高兼項直，脊腰僵硬板如椽。風門伏兔須頻烙，腎角百會火針鑽，追風發表三朝驗，口緊涎多療不痊。師皇曰：『揭鞍風者，卸鞍冒感風也。凡治者，相其形狀。尾揭腿硬，牙關不致緊者，此謂下元所感之症也。醫家發汗治之。』王良歌曰：『尾揭遍身硬，耳緊閃骨生，此風從後得，一汗顯功勳。』伯樂歌曰：『凡馬風症，口松涎少者可治，口緊涎多者難醫，脊硬腰板者，亦難治也。』《五十四死》曰：『揭鞍牙緊終難好，腰板如椽死必知。』觀形狀：耳緊尾直，眼急驚狂，牙關緊閉，口內垂涎。脈色：雙皃遲細，口色鮮紅。治法：徹鶻脈血，烙風門穴、伏兔穴、百會穴，追風散灌之，硃砂散鼻內吹之。餵養：增加料草，口不住食，牙關自是開矣。調理：時常騎走，騎回繫於暖廄，汗息方可卸鞍。戒忌：簷前拴，濕地臥，空腸水，一切風寒忌之。追風散：治馬患揭鞍風。雄黃半兩、烏頭四兩、去蘆白朮兩半、川芎二兩、防風二兩、細辛一兩、白芷二兩、蒼朮六兩，水浸。右為細末，看病大小，涎多少，大者每服五錢，小者四錢，溫酒半盞，同調灌之。硃砂散：療風開孔。硃砂一錢、雄黃二錢、皂角一挺、炙瓜蒂一錢、麝香少許，已上共為細末，每用一字，裝竹筒中，於兩鼻孔吹之，一日兩次吹之。

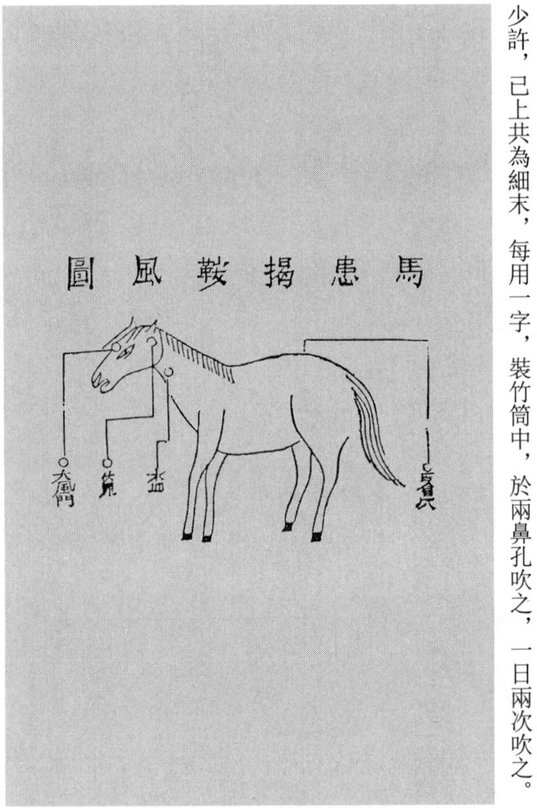

馬患揭鞍風圖

又 馬患黑汗第七，出《安驥集》。黑汗者，血瘀不通也。皆因蓄養太盛，肉重膘肥，喂多騎少，料毒聚於腹內，瘀血積在心胸，氣凝痰血，閉塞不通，胸中壅極，致成其患也。令獸渾身肉顫，汗出如油，行如醉犬，目瞪頭低。此謂血瘀之症也。茯神散灌之。歌曰：良馬渾身汗不收，由來熱積在心頭。三江眼鼻須針徹，尾尖鶻脈兩針抽，襪汁共調人糞灌，裙衣蒙腦水淋頭，豬清半盞同調灌，灌之不痊命須休。師皇曰：『黑汗者，汗之極也。凡治者，汗出有乾處者可治，汗出無休者難醫，舌如煮豆，汗出如油者，亦難治也。』《定症歌》曰：『舌如煮豆心經死，汗出如油心血危。』王良歌曰：『四足難移步，渾身汗似油，臥蠶青紫色，此病必難留。』形狀：渾身汗出，氣促喘粗，牽行不動，耳搭頭低。脈色：色黃脈洪者生，色黑脈沉者死。治法：徹鶻脈血，三江大脈血，茯神散灌之。巧治：利刀於尾尖穴上十字劈之。調理：繫於涼處，裙衣蒙腦，井花水頭上澆之。戒忌：勿令牽行，休拴暖處。茯神散：治馬黑汗。茯神三錢、硃砂一錢、雄黃一錢。右為細末，糞浸水半盞，氈襪取汁半盞，豬膽汁半盞，同調灌之。又方：乾馬糞安於瓦罐內，上用人髮蓋之，以火燒，令煙入馬鼻中，少刻立瘥。

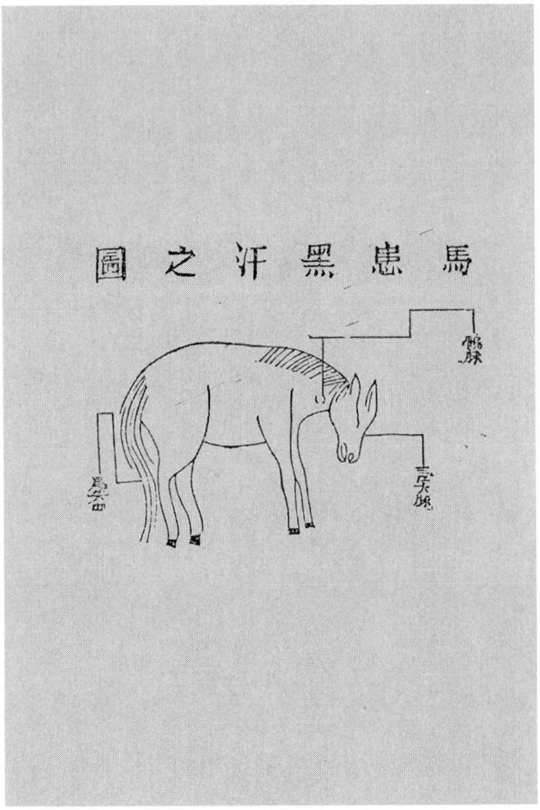

馬患黑汗之圖

又 馬患寒傷閃傷腰胯痛第八。腰胯痛者，一謂寒傷，一謂閃傷也。皆因衰羸老瘦，蓄養失調，遠行乘熱而渡河，卒至卸鞍而帶汗，晝縱於淋雨之中，夜臥於寒濕之處，濕氣乘虛而入，腎經受寒邪而傳之腰胯；又或奔走失調，閃傷蹙損，滯氣凝於胯內，瘀血注積腰間。令獸前行後拽，胯鞍腰拖，毛焦膁吊，耳搭頭低。此謂前熱後寒，氣血凝滯之症也。凡治者，溫中和血，分別兩症醫之。歌曰：羸馬嚴冬濕地眠，冰寒水冷過多餐，寒凝濕濁停於腎，胯極腰拖行步難。醋炒麩皮腰上熨，汗溝邪氣火針鑽，空腸煎灌茴香散，十朝半月復依元。師皇曰：『凡馬腰胯痛病，治者先令相其行步。蹲腰行者，雁翅痛也；吊腰行者，脊筋痛也。雁翅痛者，寒傷也；脊筋痛者，閃傷也。醫者分別治之。』伯樂曰：『凡馬寒傷蹲腰行者，火針大胯汗溝穴；閃傷吊腰行者，徹尾本血，大效。治者鑒之。』王良歌曰：『氣把腰胯痛，牽連雁翅疼，頻抽尾本血，其效應如神。』形狀：前行後拽，極胯腰拖，頭低耳搭，臁吊毛焦。脈色：腎命脈澀，唇舌鮮紅。治法：寒傷者，茴香散灌之。閃傷者，紅花散灌之。調理：晝縱於郊，夜散於廄，穰草鋪地臥之。戒忌：切忌臥於濕地，提防簷巷風吹。茴香散：治馬寒傷，冷拖腰胯病。茴香、肉桂、檳榔、白朮、木通，巴戟，當歸，牽牛，藁本，白附子、川楝子、肉豆蔻、蓽澄茄。已上各等分為末，每服兩半，飛鹽三錢，苦酒一升，同煎三沸，候溫空草灌之。後溫散：治馬後寒，冷拖後腳。高良薑，白附子、茱萸、蒼朮、厚朴、白朮、白芷、細辛。右為細末，用藥一大匙，酒一盞，調煎三沸，候溫送入糞門廣腸中，不住牽行，以抛糞帶出白膿為驗。凡三次者瘥。又方：治馬後寒。用面麸一升，以醋拌濕令勻，炒熱裝入袋內，搭於腰上，隔宿去之。紅花散：治馬閃傷後胯，滯氣把腰病。紅花、當歸、沒藥、茴香、楝子、巴戟、枳殼、木通、烏藥、藁本、血竭。已上為末，每服二兩，飛鹽一撚，春冬溫酒一升，秋夏白湯一盞，同調，空草灌之。又方：治馬腰痛久不愈。杜仲半兩，炒，去絲兔絲子三錢、蛇床子三錢。已上三味共為細末，飛鹽一撚，滾酒一盞，調勻，揚去火氣，帶熱灌之。

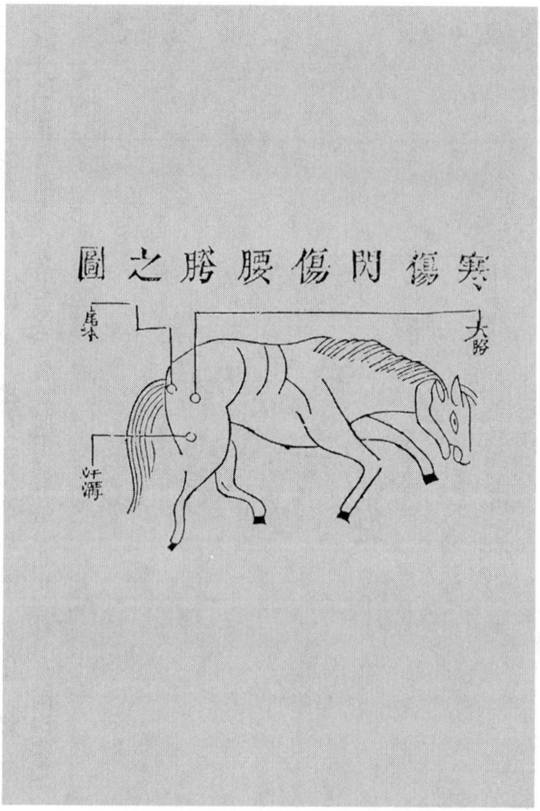

寒傷閃傷腰胯之圖

又 馬患敗血凝蹄第九，出《淵源論》。敗血凝蹄者，蹄甲焦枯也。皆因乘騎遠驟，卒至卒拴，未得牽散，血瀝於蹄；又或久拴久立，血注蹄胎，以致蹄甲漸長，日久失於修削，致筋甲焦枯，蹄頭堅硬。令獸把前把後，腰曲頭低，臥多立少，起走如攢。此謂血毒之症也。烏金膏治之。歌曰：敗血凝蹄實可悲，頭低腰曲步難移，醫工莫作胸堂治，胎甲焦枯血注蹄。削去硬蹄挑去襯，烏金膏烙恰合宜，先賢規矩修蹄甲，後學神針莫妄施。斟酌：凡馬走傷、料傷五攢痛病，與此症形狀相同，受病不一，治者勿令錯也。師皇曰：『敗血凝蹄者，蹄頭堅硬也。凡治者，修蹄大妙，塗膏於蹄，火燒鐵器烙之。』王良歌曰：『膊痛緣騎苦，蹄傷敗血攻。痛時針且妙，蹄損火能通。』形狀：把前把後，腰曲頭低，臥多立少，起走如攢。脈色：關部平正，唇口鮮明。治法：削垂泉穴，烏金膏塗蹄烙之，三修三烙，瘥矣。調理：晝縱於郊，夜散於廄，沙土鋪於廄內，陳豬脂塗於蹄甲間。戒忌：切忌火灰墊地，六脈不可施針。烏金膏：治馬血毒蹄頭痛。紫礦、人髮燒灰、瀝青、黃蠟。已上四味，於銚內鎔成膏，先用利刀削去死蹄硬甲，塗膏於蹄，火燒鐵器烙之。

馬血凝蹄之圖

又 馬患肺寒吐沫第十，出《造父難經》。夫肺寒吐沫者，氣凝肺竅也。皆因乘騎緊驟，遇冷水飲之太急，嗆於肺脘，肺氣凝結，津液變化成痰。致使精神困倦，耳搭頭低，頻頻判齒，吐沫垂涎。此謂肺受寒邪之症也。清肺半夏散治之。歌曰：口中白沫吐連連，唇舌無瘡號肺寒。奔行飲急因傷肺，氣結津液變作痰，棚下繞樁渾似雪，槽邊滿地恰如綿。理氣化痰清肺部，津液滋生病自痊。斟酌：凡馬心經伏熱，舌上生瘡，口內垂涎者，與此症寒熱相反，治者勿得錯之。師皇曰：『吐沫者，津液不清也。凡治者，和血順氣，理肺清痰，酸漿盞水灌之。』觀形狀：口吐白沫，唇瀝清涎，頭低耳搭，口鼻俱寒。脈色：脈洪唇赤者，心熱瘡涎；脈沉唇白者，肺寒痰沫。治法：清痰半夏散灌之。調理：餵養廄內，飲水莫令太多，騎來鞍轡，移時解卸。戒忌：寒夜不可外拴，五更不可野放。半夏散：治馬肺寒，馬口吐涎沫。半夏升麻防風飛礬右為末，每服兩半，蕎麵一匙，蜂蜜一兩，生薑一分，酸漿水一升，同調，草飽灌之。

肺寒吐沫之圖

又　馬患慢症第十一，出《療驥方》。慢症者，絕症也。皆因暑月炎天，乘熱遇陰雨淋之太過，傷於脾經，脾傳於胃，胃火微弱，傳入肝經，肝木虧傷，遍傳五臟，五經衰敗，致成其患也。令獸精神倦怠，膁吊毛焦，頭低眼腫，行立如癡。此謂肝危之症也。無方無則治之。歌曰：牧野衰羸過度淋，寒宵久繫露霜中。毛焦草細頭垂地，口色如綿脈細沉，四肢倦怠行無力，兩目虛浮閉不睜。此般病症從來死，縱有靈方命不存。師皇曰：『慢症者，秋症也。五經衰敗，肝虧金勝也。凡治者，脈大唇紅者可治，脈微唇白者難醫，頭低眼腫者難治也，逢秋者亦難治也』。王良歌曰：『秋病口中白，醫之必不痊三。臥蠶雖有色，望退也無緣。』形狀：四肢倦怠，行立如癡，眼胞虛腫，耳搭頭低。脈色：雙凫微細，口色如綿。趙氏曰：『凡馬慢症，眼胞腫者，肝絕也。逢秋勝者，金克木也；脈微唇白者，氣衰血敗也。』《脈色論》曰：『慢症脈微，伯樂難醫』。『三秋口白，十中九絕。』《定症歌》曰：『肝危眼腫頭垂地』。《五十四死》曰：『慢症逢秋命必危。』

馬患慢症之圖

又　馬患羅膈傷第十二，出《胡卜經》。羅膈傷者，一名肺癩黃也。皆因蓄養太盛，肉重膘肥，草飽乘騎，奔走太急，湧熱蹩損重心胸，氣塞咽喉，吐之不及，肺頭脹裂，羅膈傾頹。令獸喘粗氣促，咥嗽連聲，口吐血沫，鼻孔流紅。此謂膈破肺傷之症也。無方可治。歌曰：良馬鼻中血兩行，多因草飽下坡忙。膈傷肉痛渾身顫，咥嗽連聲喘息狂，凫脈蝦遊枯骨口，胸前汗出似油漿。此般形症從來死，復起師皇無治方。師皇曰：『羅膈傷者，胸膈傷也。

喘粗氣促者，肺咋也；鼻中血出者，肺破也，難以治之。』《定症歌》曰：『肺頹氣抽金部敗，鼻中血出肺金危。』王良歌曰：『鼻內流鮮血，喉中氣出忙，唇口枯骨色，此病必須亡。』觀形狀：渾身肉顫，鼻孔流紅，口咬血沫，胸汗如油。脈色：唇如枯骨，脈似蝦遊。遵道先生曰：『唇如枯骨諸經絶，脈似蝦遊五臟虧。』

馬患羅膈傷圖

又　馬患水掠肝第十三，出《玉照集》。水掠肝者，水沁傷肝也。皆因久渴失飲，傷水太過，失於牽散，積注腸中，不能運化，滲於腸外，停於膈下，沁掠其肝也。令獸行如醉犬，兩眼如癡，鼻回血水，汗出無休。此謂肝絶之症也。無方無則可治之。歌曰：遠驟騎回汗未乾，久渴逢津過飲泉，陰陽結塞膀胱閉，腸虛沁滲損傷肝。牽行似醉無高下，目瞪如癡似淚漫。古來章典無方救，從教一命染黃泉。師皇曰：『水掠肝者，冷水傷其肝也。行如酒醉，鼻回血水水掠肝者，肝之絶也。難以治之。』王良歌曰：『牽行似醉癡，唇如煮豆色，鼻中回血水，先賢無治則。』觀形：狀如醉犬，目瞪頭低，鼻回血水，汗出無休。脈色：脈如屋漏，色似炱煤。趙氏曰：『凡馬水傷，臥蠶青紫，渾身汗出不住者，陰氣太盛，血之所化也。難以治之。』《五十四死》曰：『臥蠶青紫真難救，汗出無休死不醫。』

馬患水掠肝圖

又　馬患蜱蝨咬袖第十四，出《發蒙論》。蜱蝨者，氣化也。皆因餵養太盛，肉滿膘肥，日久失於洗浴，瘀汗沉於毛竅，垢塵凝滯肌膚，尿溺交混，汗濕相攻，痞氣化生而為蝨矣。在於袖袋之中，有似蜂錐蠍螫；令獸忽時倒地，四足稍空，起而復舊，水草如常。此謂蝨咬陰膊之症。醫工擇去其蝨，貫仲散煎湯洗之。歌曰：在廄如常水草餐，下槽臥地仰觀天。脈平色正俱無咎，袖上紅光腫有痕。晚學醫人休妄治，於令駃驤不能言。袖囊藏隱蜱蝨咬，摘卻之時便得安。師皇曰：『蜱蝨者，汗垢相生也。凡治者，翻囊卷袖，醫家尋取摘之。』《安驥集》曰：『勞動醫人袖上覓，摘卻之時便得安。』觀形：忽倒在地，足仰稍空，起而復舊，水草如常。脈色：雙鳧平正，口色平和。治法：袖口內蜱蝨摘之，貫仲散煎湯洗之。調理：冬拴暖室，夏繫涼棚，槽下糞溺潔之。禁忌：穢處勿令拴之。貫仲散：殺蝨。貫仲、鶴虱、花椒、臭橘、蕪荑、蛇床子。右咀一處，水二升，煎三沸去渣，將獸縛倒，摘去蜱蝨，次令藥湯，將袖口翻過，帶熱洗之。

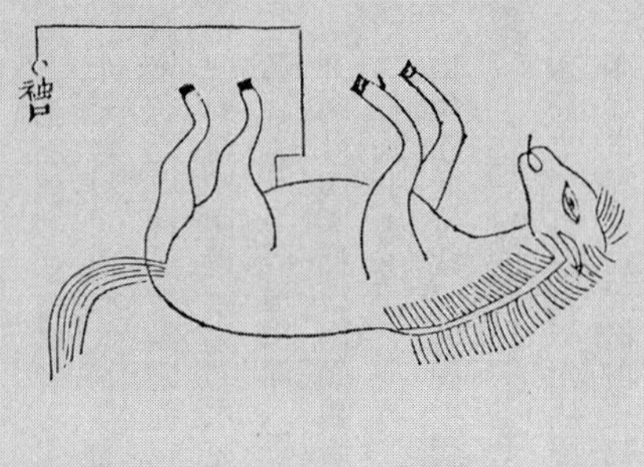
蜱虫咬袖之圖

又　馬患前結第十五，出《安驥集》。前結者，大腸前面而結也。皆因料後乘騎，緊驟歸來，復又喂之，況其喘息未定，口唾未清，又且食之太急，以致痰裹料草，相纏一塊，遞入大腸前面四尺，聚積而成結也。令獸肚腹脹痛，咬臆跑胸，不時臥地，足仰朝天。此謂前結之症也。以龍虎通關散灌之。歌曰：草飽騎回復又餐，穀草相纏裹住痰。大腸四尺前邊結，跑胸咬臆仰觀天。酒煎龍虎通關散，灰汁生油四兩兼，灌了牽行還又灌，三服必定得安然。師皇曰：『凡馬起臥，肚脹滿，仰咬臆者，前結也。醫工入手驗之，入手短促，不見糞者，通腸利藥灌之。喘粗氣促，口色青黑者，內傷腸胃也，不堪治之。』王良曰：『大抵怕青黑，兼憂喘息粗，神功也不救，遲治氣全無。』形狀：不時臥地，足仰朝天，口咬胸臆，氣促喘粗。脈色：右鼻中澀而沉，口色赤而帶紫。治法：徹蹄頭血，通關散灌之。二服不效，魚沫湯調馬價丸灌之。調理：不住牽行，用掃帚於腹下刮之。戒忌：當日芻水忌之。通關散：治馬大腸閉結。續隨子、膩粉、滑石、木通、鼠糞、牽牛、酥油、合皂角。右為末，每服二兩，生油四兩，灰湯半盞，苦酒一盞，調煎三沸，入大黃末一兩，硝一兩，灌之。

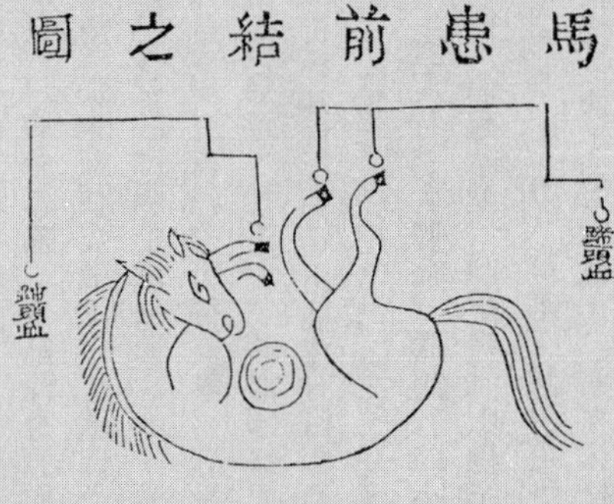
馬患前結之圖

又　馬患中結第十六，出《起臥論》。中結者，大腸中面結也。皆因膘肥肉重，遠驟賓士，乘熱而喂生料，料後而飲冷水，冷熱相擊，致使脂纏穀料，積於大腸中面而結也。令獸肚腹脹痛，僕臥跑胸，連連起臥。鼻咋喘粗。此謂中結之症也。將獸繩縛，塗油入手，隔腸握破病糞，刻時而見效矣。人手短促，不能取者，馬價丸灌之。歌曰：膘馬腸中熱氣攻，脂纏穀料水相沖，中關澀滯難通度，跑胸僕臥腿稍空。藥丸溫酒油調灌，入手塗油向裏尋，隔腸打手輕輕按，少可通宣便得寧。師皇曰：『凡馬脹痛，僕臥跑胸者，中結也。醫工入手取之。腸中餘積未盡，不住起臥者，巴豆為末，和馬價丸灌之。』王良歌曰：『僕臥咬胸臆，糞結在中宮，若有醫療者，巴豆最為珍。』形狀：肚腹飽脹，僕臥跑胸，連連起臥，鼻咋喘粗。脈色：右鼻中澀而沉，口色赤而帶紫。治法：放蹄頭血，塗油入手取之，馬價丸灌之。調理：不住牽行，竹掃帚腹下刮之。戒忌：當日不許飲喂。巴豆不可生用，用之即死。馬價丸：治馬七結。巴豆三百，去殼五靈脂、牽牛、甘遂、大戟、滑石、瞿麥、木通、續隨子、川大黃、香附子。已上每味二兩，共為細末，醋打麪糊為丸，如彈子大，每服一丸，擂碎，溫酒一盞，和生油四兩灌之。又方：用鯰魚一尾，水一升，於銚內煮一沸去魚，取半生半熟沫湯和生油四兩灌之。

馬患中結之圖

又　馬患後結第十七，出《通玄論》。後結者，大腸後面結也。皆因空腸而喂乾料，料後而飲冷水，水充穀料，積於大腸後面而結也。令獸肚腹飽脹，覷腹回頭，起而復臥，臥而復起。此謂後結之症也。醫工入手取之。起臥不住者，打結丸灌之。歌曰：料後空腸過飲泉，水充穀料塞腸間。回頭覷腹蹄跑地，擺尾伸腰眠。通關苦酒油調下，穀道塗油入手痊，穿腸左右搜尋糞，氣脈通宣便得安。師皇曰：『凡馬肚腹脹痛，回頭覷腹者，後結也。塗油入手取之。氣脈不通，不住疼痛者，打結丸灌之。』形狀：連連臥地，臥而又起，弓腰弩氣，覷腹回頭。脈色：口色赤而帶紫，右鳬中澀而沉。治法：徹三江大脈血，蹄頭血，塗油入手取之，生油苦酒和打結丸灌之。調理：不住牽走，木杖肚下刮之。戒忌：當日冷水忌之。打結丸：治馬臟結。續隨子四兩、郁李仁一兩皂角半兩、炙瞿麥二兩、鼠糞四兩、榆白皮二兩、牽牛一兩、芫花一兩，醋炒。右為細末，大麥麵半斤，打糊為丸，如彈子大。每服一丸，細切青蔥三枝，苦酒一盞，同煎三沸，入生油四兩，童便半盞，灌之。

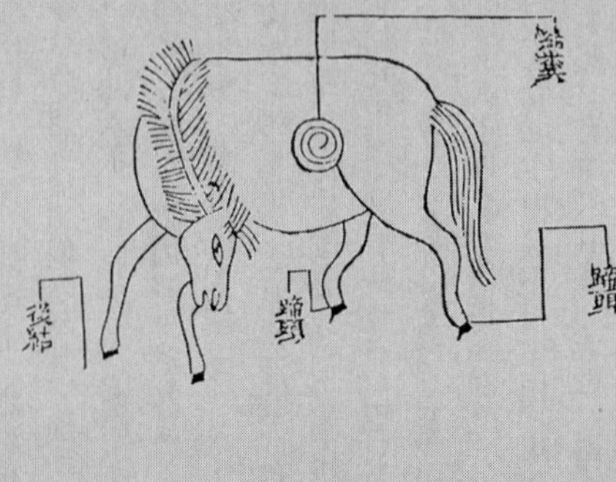

馬患後結之圖

又　馬患冷痛第十八，出《穆公論》。冷痛者，陰氣大盛也。皆因久渴失飲，空腸誤飲冷水太過，停立不散，傷之於脾，脾傳於胃，胃火微弱，不能傳送膀胱，積於腸內，氣不升降，腹中作痛。令獸渾身發顫，覷腹回頭，連連臥地，鼻咋喘粗。此謂冷傷之症也。橘皮散治之。歌曰：冷水餐多肚腹疼，伸腰擺尾顫伶伶，回頭覷腹蹲腰臥，腸中虛氣響雷鳴。酒煎順氣橘皮散，一撚飛鹽兩莖蔥，灌了牽行三二里，自然痛可得安寧。師皇曰：『冷痛者，尋常之病也，飲水太過，腸中作痛也，凡治者，和血順氣，暖臟溫腸。橘皮蔥酒灌之。』王良歌曰：『識得尋常病，先須用橘皮，檳榔為第一，蔥酒最相宜。』趙氏曰：『冷痛者，寒傷所致也。其病有五，醫家先令觀其外形，分其內痛，藥施加減灌之。』形狀：直尾行，大腸痛。卷尾行，小腸痛。蹲腰踏地，胞經痛。腸鳴泄瀉，冷氣痛。急起急臥，脾經痛。脈色：左脈中澀而沉，臥蠶唇舌如綿。治法：針四蹄頭血，三江大脈血，橘皮散灌之，麝香散鼻內吹之。調理：不住騎走，用竹掃帚於腹下刮之。戒止：寒夜休拴冷處，當日冷水忌之，胎馬勿令吹鼻。橘皮散：治馬傷水，腹痛起臥。青橘皮、陳橘皮、厚朴、桂心、細辛、茴香、當歸、白芷、檳榔。右件為末，每服二兩，蔥三枝，飛鹽三錢，苦酒一斤，同煎三五沸，候溫灌之。加減：大腸痛，本方減白芷，加蒼朮、木通，同煎灌之。小腸痛，本方加吳茱萸、蒼朮，同煎灌之。胞經痛，本方減茴香，加木通、枳殼、茵陳、滑石，同煎灌之。冷氣痛，本方加皂角、艾葉，同煎灌之。脾經痛，本方減茴香，加白朮、甘草，同煎灌之。麝香散：治馬傷水方。麝香、瓜蒂、藜蘆、半夏、胡椒、皂角一挺，炙。已上共為細末，每用一字，裝竹筒中，吹於鼻中，滴下清水，溺之大效。急救方：行在途間，針藥不便，用此方治馬起臥。青蔥三枝、飛鹽半兩、山胡椒即茱萸用半兩，已上三味，共同搗爛，好酒一大碗，調煎三沸，傾出，揚去火氣，帶熱灌之。灌後不住牽行，溺之大效。又方，用黑羯羊膽，內裝乾薑，俟陰乾，復碾為細末，點眼中，不住牽行，溺之大效。

又　馬患熱痛第十九，出《賈公集》。熱痛者，陽氣太甚也。皆因暑月炎天乘騎，地里駕遠，鞍屜失於解卸，乘熱而喂料草，熱積於胃，胃火遍行經絡也。令獸頭低眼閉，行立如癡，臥多立少，惡熱便陰。此謂暑傷之症也。香薷散灌之。歌曰：盛暑炎天遠出奔，肺心熱極兩梧攻，四肢倦怠行無力，兩目昏蒙閉不睜。芩連香薷同花粉，歸草梔翹等分停，童尿蜜水相和灌，兩針鶻脈自然寧。師皇曰：『熱痛者，熱之所致也。凡治者，清頭目，降陰火，滋腎水，化胸痰，兩針喉血刺之。』岐伯曰：『凡馬熱症，腰胯痛者，前熱後寒之症也。凡治者，清熱解暑，滋腎補陰，寒涼之藥，不可太灌過多。王良歌曰：『前面熱來退，腰胯卻行遲，是熱需醫熱，少將冷藥施。』形狀：精神倦怠，兩眼如癡，臥多立少，惡熱便陰。脈色：雙鳧洪數，唇舌鮮紅。治法：徹鶻脈血，香薷散灌之。調理：散養清涼之處，水浸青草喂之。戒忌：休拴暖處，諸料忌之。香薷散：治馬熱症中暑。香薷、黃芩、黃連、甘草、柴胡、當歸、連翹、花粉、山梔。右等分為末，每服二兩，蜜二兩，漿水半升，童便半盞，同調，遠草灌之。

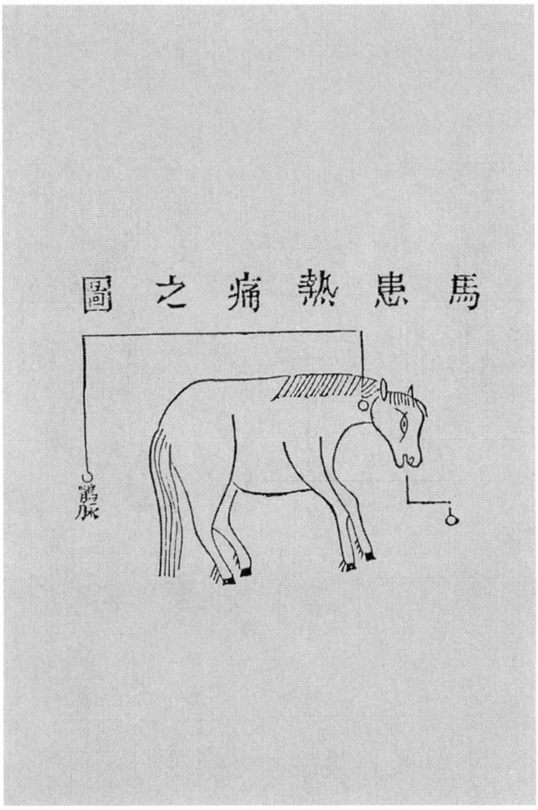

又　烏患胞轉第二十，出《起臥論》。胞轉者，一名小腸結也。皆因乘騎湧急，卒熱而飲冷水，水未入腸，又且加之緊驟，清氣未升，濁氣未降，清濁未分，冷熱相擊，以致膀胱閉塞也。令獸肚腹脹疼，踏地蹲腰，欲臥不臥，打尾跑蹄。此謂胞轉之症也。滑石散治之。歌曰：胞經無入氣通傳，分利陰陽似湧泉，清氣不升濁氣閉，積而盈滿不通宣。踏地不眠獅子坐，蹲腰不臥尾稍彎。塗油於手入穀道，膀胱輕按即時安。師皇曰：『凡馬起臥，肚腹脹滿，蹲腰踏地者，胞轉也。凡治者，清膀胱，利小水，瀉相火，順陰陽。穀道入手撥之。』觀形：肚腹脹痛，踏地蹲腰，欲臥不臥，打尾刨蹄。脈色：右鳧中澀而沉，口色紅而帶紫。治法：徹三江血，滑石散灌之，穀道入手撥之。調理：徐徐牽走，腹下刮之。戒忌：當日禁止飲喂。滑石散：治馬胞轉。滑石、澤瀉、燈芯、茵陳、知母、黃蘗酒炒、豬苓。右件為末，每服二兩，水一升，調煎三沸，入童便半盞，帶熱空草灌之。

又 馬患陰腎黃第二十一，出《瘡黃論》。陰腎黃者，濕氣流注膀胱也。皆因久渴失飲，空腸誤飲濁水太過，停立不散，積在腸中，陰氣生而傳之於腎，水火相合，水勝而火衰，不能運化，沁於臍下，凝於外腎也。令獸腎囊硬腫，如石如冰，牽行不動，胯拽腰拖。此謂外腎陰黃之症也。茴香散治之。歌曰：外腎虛浮冷若冰，為緣陰雨過多淋，誤食硝石凝於腎，宿水停臍冷氣侵。牽拽後胯精神慢，口色如綿脈細沉。茴香酒煮連三灌，火針陰腧自然寧。師皇曰：『陰腎黃者，膀胱積濕也。凡治者，溫中暖後，滋腎補陰。陰腧火針治之。』王良歌曰：『腎黃陰囊腫，積冷致如然，火針陰腧穴，旬日始安痊。』岐伯曰：『陰黃者，飲喂失調也。凡砂石硝土，濁惡麩漿，一切不可飲之。』《十八大病》曰：『誤食砂石，多生木腎。空腸飲濁，必腫陰黃。』觀形：牽拽後胯，耳搭頭低，腎囊陰腫，如石如冰。脈色：雙鳧沉細，口色如綿。治法：火針陰腧穴，暖腎茴香散灌之。調理：晝縱於郊，麗日曬之。夜散於廄，穰草鋪地臥之。禁忌：戒飲空腸水，忌拴濕地眠。茴香散：治馬外腎腫硬，如石如冰，牽拽後胯病。茴香、楝子、甘草、貝母、秦艽、官桂、梔子、青皮、乾薑、知母酒炒。右為末，每服一兩二錢，青蔥三枝，苦酒一盞，同煎三沸，候溫空草灌之。

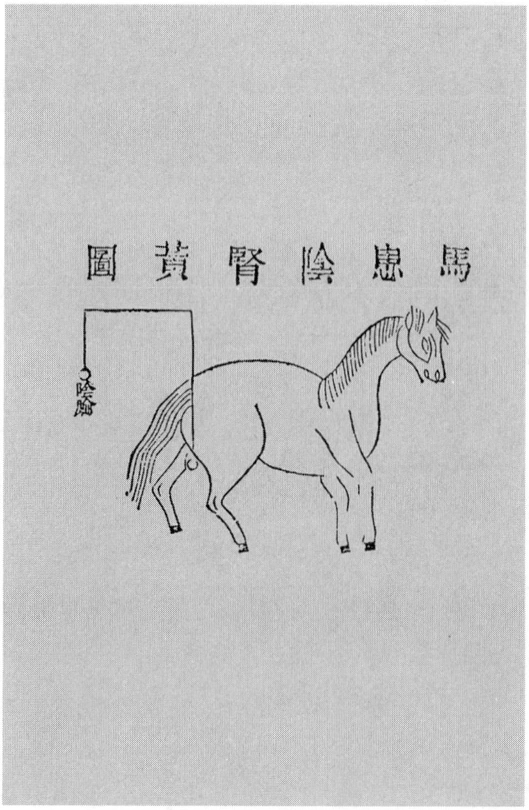

又 馬患偏次黃第二十二，出《瘡黃論》。偏次黃者，心肺黃也。皆因餵養太盛，奔走過急，穀料熱毒積於腸內，瘀血痞氣結在胸中，三焦壅極，榮衛相攻，痰血結於心肺而成黃也。致令胸旁膈畔佈滿癰疽，氣引枝苗腫之於外，故名偏次，實為心肺之黃也。令獸喘粗氣促，耳搭頭低，行如酒醉，目瞪唇垂。此謂肺發偏黃之症也。無方無則治之。歌曰：偏次生黃實可憂，醫人不識病根由，膈內有黃根始肺，氣引枝苗腫出鳧。胸旁有腫終無療，鳧畔生癰命必休，謹告醫生休令治，枉施針藥反為羞。師皇曰：『偏次黃者，心肺黃也。此黃直透心肺，醫者鑒之。』王良曰：『偏次黃雖少，皆緣積熱成，嘗聞連五臟，根向肺中生。」伯樂曰：『凡馬偏黃，腫於搶風骨上，硬而多痛者，可治：腫於臆骨兩旁，軟而不痛者，難醫。』《瘡黃論》曰：『硬而多痛者為毒，軟而不痛者為黃。』形狀：胸旁軟腫，鼻畔虛浮，精神倦怠，耳搭頭低。脈色：雙鼻散亂，脣舌如煤。《五十四死》曰：『前偏後膁休醫療，內腎腰黃死必期。』

馬患偏次黃圖

又　馬患脾氣痛第二十三，出《坐觀經》。脾氣痛者，胃氣痛也。皆因衰羸老瘦，外感內傷，野放遭逢淋雨，外拴夜露風霜，久渴失於飲水，空腸飲水太過，傷於脾經，脾傳於胃，胃火微弱，氣不升降，兩相促迫而成痛也。令獸蹇唇似笑，泄瀉腸鳴，擺頭打尾，臥地蹲腰。此謂脾胃冷傷之症也。健脾散灌之。歌曰：馬病須看戊己寒，擺頭打尾口唇蹇，料草不餐兼泄瀉，脈行遲細口如綿，有時肉顫平身倒，臥地舒腰起覺難。健脾薑酒同煎灌，火針脾腧自然安。師皇曰：『脾氣痛者，胃氣痛也。凡治者，健脾暖胃，順氣溫腸。脾腧火針大效，治者鑒之。』王良曰：『治脾人間妙，針脾第一功，火針脾腧穴，氣脈當時通。』形狀：蹇唇似笑，擺尾搖頭，蹲腰臥地，泄瀉腸鳴。脈色：雙鼻遲細，口色如綿。治法：火針脾腧穴，健脾散灌之。調理：不住牽行，背上氈屜搭之。戒忌：寒夜休拴冷處，當日冷水避忌之。健脾散：治馬脾氣痛。當歸、白朮、甘草、菖蒲、砂仁、澤瀉、厚朴、官桂、青皮、陳皮、乾薑、白茯苓、五味子。右件為末，每服二兩，薑三片，鹽一撚，酒一升，調煎三沸，揚去火氣，帶熱灌之。

馬患脾氣痛圖

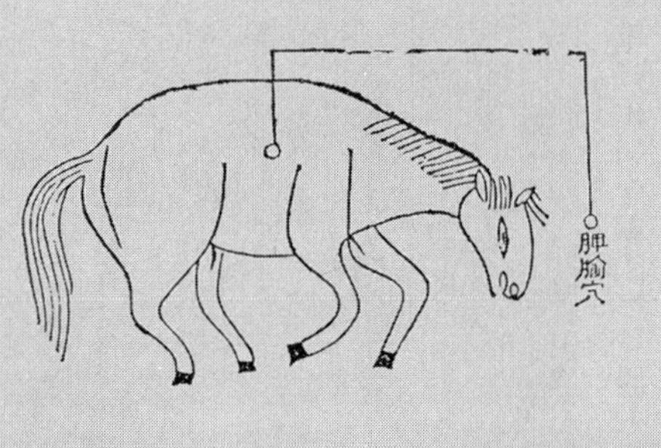

又　馬患草噎第二十四，出《發蒙論》。草噎者，咽膈噎塞也。皆因乘騎遠驟，奔走歸來，喘息未定，卒然而喂料草，乘饑而食之太急，口唾未清，銜環未卸，嚼之少細，咽之太猛，以致口中涎沫裹住料草，相纏一塊，遞至喉中半而噎也。令獸伸頭縮項，鼻口回涎，連連啌嗽，氣促喘粗。此謂咽噎之症也。芸薹散治之。歌曰：馬患草噎少人知，縮項伸頭口沫垂。麝香瓜蒂芸薹子，細碾裝筒鼻內吹，好把遊韁繫後腳，急行十步不宜遲，生油清水相和灌，胸前棒擀自然愈。師皇：『凡馬草噎，油水灌入咽喉』隨啌而出不下者，咽中噎也，可治，油水下咽不轉，少刻回出者，胃脘噎也，難醫。』《五十四死》曰：『胃噎不通終有損』，『玉關俱損壽無回。』形狀：伸頭縮項，鼻口回涎，喘粗氣促，啌嗽連聲。脈色：雙鼻洪數，口色青黃。治法：遊韁繫後腳，牽往高坡趕返，急行十數遭，噎自下矣。油水灌之，芸薹散吹之。調理：顙下用手揉抹，胸前木杖刮之。戒忌：噎通停止草料，移時方許喂之。芸薹散：治馬咽噎不下。芸薹子即芥菜子也、麝香少許瓜蒂、胡椒、皂角一挺，炙。已上共碾羅為細末，一字裝竹筒中，於兩鼻孔內，吹之，即下。

馬患草噎之圖

又　馬患五攢痛第二十六，出《玉照集》。五攢痛者，氣血凝滯也。皆因餵養太盛，肉滿膘肥，草飽乘騎，奔走太急，卒至卒拴，失於牽散，瘀血凝於膈內，痞氣結在胸中，滯而不散，致成其痛也。令獸胸疼膀痛，腰曲頭低，把前把後，賺吊毛焦。此謂肺把五攢之病也。茵陳散治之。歌曰：飽驟騎來未得牽，為緣血脈不通連。毛焦賺吊精神倦，腰曲頭低步行難。六脈兩堂俱令徹，紅花止痛藥宜先，童便半盞同調灌，三服必定得安然。師皇曰：『凡馬五攢痛病，其症有二：一謂走傷；二謂料傷。此二者，針血相同，醫方各別，治者慎之。』王良曰：『凡馬五攢痛，為緣氣血壅，兩堂俱出血，凝滯自然通。』形狀：把前把後，腰曲頭低，毛焦賺吊，氣促喘粗。脈色：肺脈沉而細小，臥蠶唇舌鮮紅。治法：徹胸堂血、腎堂血、四蹄頭血。走攢者，茵陳散灌之；料攢者，紅花散灌之。又方：凡馬走傷、料傷五攢痛者，削四蹄甲大妙，童便灌之。調理：晝縱於郊，夜散於廄，聽其自臥自起。戒忌：勿令久立，生料忌之。茵陳散：治馬走傷五攢痛。茵陳、當歸、沒藥、甘草、桔梗、柴胡、紅花、青皮、陳皮、紫菀、杏仁去皮、白藥子。右件為末，每服二兩，清油一兩，水半升；童便半盞，同調，草遠灌之。紅花散：治馬料傷五攢痛。紅花、沒藥、桔梗、神曲、枳殼、當歸、山楂、厚朴、陳皮、甘草、白藥子、黃藥子。已上各等分為末，每服二兩，麥芽一兩，童便一升，同調，草遠灌之。

馬患五攢痛圖

又　馬患腸入陰第二十七，出《金朝論》。腸入陰者，寒極之症也。皆因外感內傷，陰寒過度，或騎來急渡深淵，或熱渴空腸飲水，或野放淋雨之中，或夜繫嚴霜之下，以致外感風寒，內傷陰冷，傷於五臟，致成其患也。令獸肚腹疼痛，臥地蹲腰，起而跪地，顧腹回頭。此謂五臟純陰之症也。臥蠶青黑者，無方無則治之。歌曰：馬病須看腸入陰，回頭跪地痛連心，多因乘重先爭路，熱渴逢河又占深。脈如亂髮煙煤口，臍邊通腎腫相侵，經書揀盡無方救，百驥之中無一存。師皇曰：『凡馬腹痛，起臥無度，跪地顧腹，汗不住者，五臟純陰之症也，無方無則治之。』《五十四死》曰：『腸痛入陰須莫救』，『汗出無休死不醫』。王良曰：『起臥無時度，將身似狗蹲，頻頻覷膁上，多應腸入陰。』形狀：連連起臥，顧腹回頭；行如酒醉，汗出無休。脈色：脈如亂髮，色似炱煤。《五十四死》曰：『脈如亂髮終難療，色似炱煤命必虧。』

馬患腸入陰圖

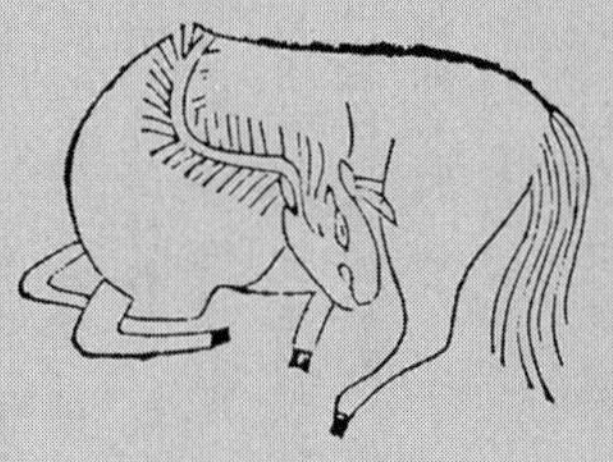

又　馬患腸斷第二十八，出《療驥方》。腸斷者，弩傷脾胃也。皆因食之太飽，負重乘騎，奔走太急，逢溝遇澗，跳躍太猛，前失後跌，蹩損腹腸。令獸渾身肉顫，汗出如漿，鼻回糞水，臥地昂頭，喘粗氣促。此謂腸斷內傷之症。無方無則治之。歌曰：馬因太飽上高崗，奔走爭先損肚腸，臥地昂頭張口喘，滿身肉顫汗淋漿，脈似蝦遊枯骨口，鼻孔之中糞水嗆，饒君縱有師皇術，腸斷焉能有接方。師皇曰：『腸斷者，飽驟努傷也。鼻回糞水，汗出如漿者，痛之所致，不堪治也。』《五十四死》曰：『鼻回糞水當時死，汗出如漿刻地危。』王良曰：『臥地昂頭喘，渾身汗若漿，鼻中回糞水，此症必難康。』脈色：唇如枯骨，脈似蝦遊。《脈色論》曰：『唇如枯骨諸經絕，脈似蝦遊臟腑虧。』

馬患腸斷之圖

又　馬患胃冷吐涎第三十一，出《伯樂新書》。胃冷者，脾胃冷也。皆因久渴失飲，困傷冷水太過，或縱於淋雨之中，或繫於霜露之下，陰氣侵入肌肉，傳入脾經，脾灌四旁，胃潮百脈，脾胃合之陰冷。令獸渾身發顫，口吐清涎，鼻寒耳冷，膁吊毛焦。此謂脾胃冷傷之症也。健脾散治之。歌曰：口吐清涎不斷涎，脾寒胃冷致如然，雙凫沉細精神少，口色青黄耳鼻寒。健脾散內加官桂，苦酒生薑一處煎，背上搭氈過一宿，氣血調和病自安。師皇曰：『吐涎者，胃冷也。凡治者，健脾胃，補臟溫腸。火針脾腧大效，醫者鑒之。』王良曰：『脾寒令肉顫，胃冷吐清涎，火針脾腧穴，暖胃藥宜先。』仔細：凡馬心經伏熱，舌上生瘡，口內垂涎者，與此症形狀相同，受病不相同也，治者勿令錯之。形狀：渾身發顫，口內垂涎，鼻寒耳冷，膁吊毛焦。脈色：雙凫沉細，口色青黄。治法：火針脾腧穴，暖胃健脾散治之。調理：餵養暖廄，增加料草，寒夜加氈於背上搭之。戒忌：飲水莫令飲足，當日冷水忌之。健脾散：治馬脾胃傷寒，口吐清涎。當歸、枳殼、甘草、菖蒲、厚朴、澤瀉、升麻半夏、石脂、官桂、白朮。已上為末，每服二兩，生薑一份，苦酒一升，同煎三沸，溫灌之。

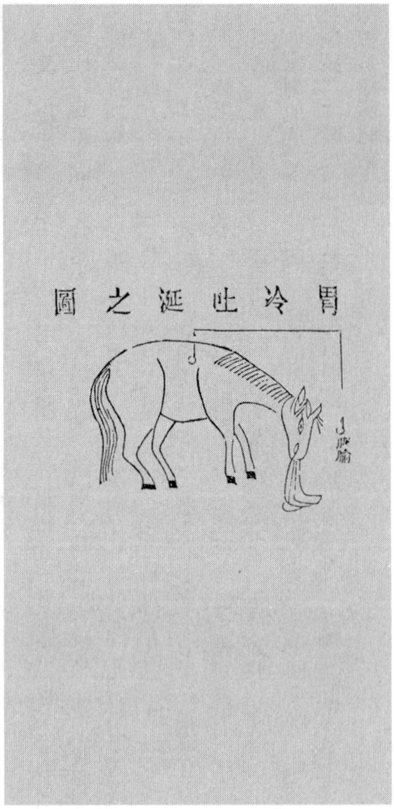

又　馬患膁黃第三十二，出《歧伯對症》。膁黃者，內腎黃也。皆因餵養太盛，料草餘多，穀氣積於臟內，熱毒流注三焦，致使腰旁膁畔鬱結而成黃也。令獸腰旁軟腫，膁上虛浮，頭低耳搭，行立無神。此謂膁黃之症也，無方無則治之。歌曰：膁上黃腫起，源流號腎癱，熱積三焦內，血氣不疏通，根從內腎發，苗向膁邊生，饒君千百治，徒勞枉費工。師皇曰：『膁黃者，內腎黃也。根生內腎，苗長腰旁。頭低耳搭，舌色青紫者，不堪治也。』王良曰：『耳搭雙睛閉，頭低喘息微，臥蠶青紫色，此症必難醫。』形狀：腰旁軟腫，膁畔虛浮，頭低耳搭，行立無神。脈色：脈如解索，色似炱煤。《五十四死》曰：『前偏後膁休醫療，內腎腰黃死必期。』

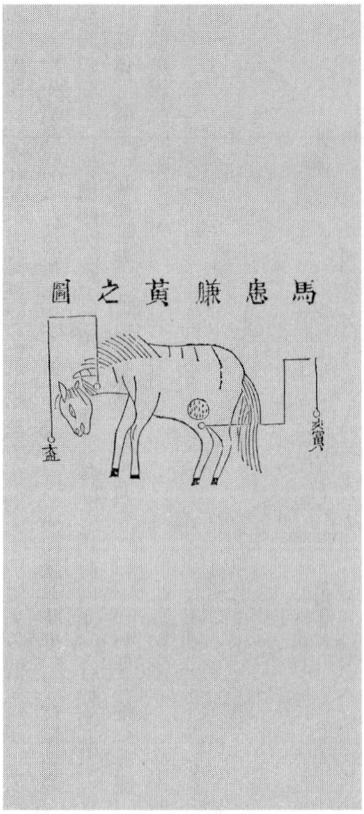

又　馬患冷拖杆第三十三，出《御車集》。冷拖杆者，下元寒也。皆因力敗羸瘦，勞傷瘦馬，空腸過飲冷水，帶汗簷下卸鞍，邪氣乘虛而入腎經，腎受其邪，傳之於胯。令獸蹲腰無力，腿直如杆，牽拽不動，行走艱辛。此為腎冷之症也。茴香散治之。歌曰：冷拖後腳恰如椽，腰曲頭低行步難，髓寒骨冷筋攣痛，肝風邪濕轉筋翻。邪氣巴山溫火治，金膏醋煮貼安然，空腸煎灌茴香散，任從馳驟復依元。師皇曰：『冷拖者，腎冷也。後腿直者，濕氣盛也。曲池腫者，腎經虛也。』《五臟論》曰：『腎虛腿腫難移步，腎冷拖腰直腳行。』形狀：蹲腰無力，腿直如杆，毛焦膁吊，耳搭頭低。相行步：並腳行，胯瓦痛。直腳行，濕氣痛。脈色：腎命脈澀，唇舌青黃。治法：胯瓦痛，火針大胯、汗溝穴；濕氣痛，火烙掠草穴。茴香散灌之。調理：餵養暖廄，穰草鋪地臥之。戒忌：寒夜忌拴冷處，堤防簷下風吹。茴香散：治馬冷拖後腳。茴香、青皮、牽牛、細辛、巴戟、陳皮、葫蘆把、川楝子、蓽澄茄、破故紙、木通、甜瓜子。已上為末，每服二兩，飛鹽三錢，苦酒一升，煎三沸，空草灌之。

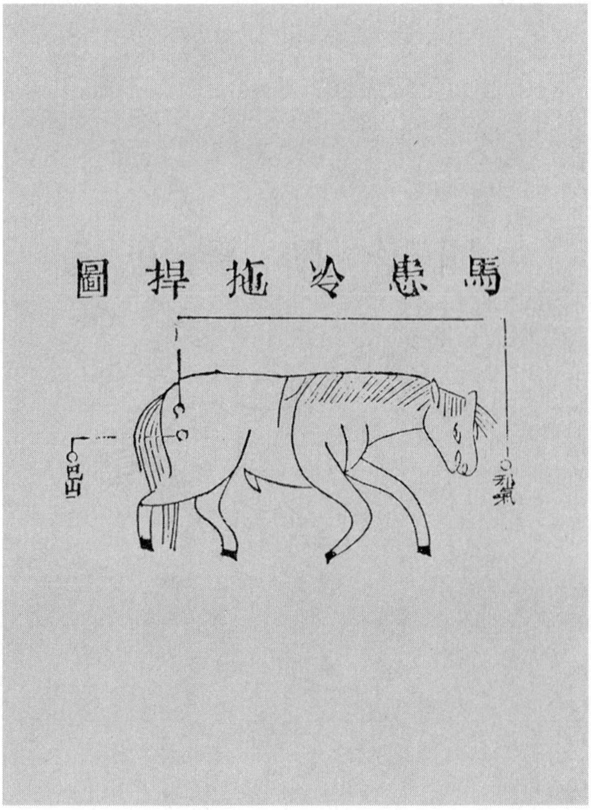

又　馬患宿水停臍第三十五，出《玉照集》。停留宿水者，臟冷氣虛也。皆因勞傷瘦馬，力敗羸駒，空腸誤飲濁水太過，失於牽散，停注於腸，不能運化，沁滲出關，積於臍下皮裏膜外，鬱結而相凝也。令獸毛焦草細，體瘦形羸，頭低耳搭，行立無神。此謂宿水停臍之症也。健脾散治之。歌曰：良馬經年喂不肥，只因宿水注於臍，毛焦草細精神慢，口色青黃脈澀遲。雲門穴上金針徹，羽毛穿度莫差移，健脾酒煮連三灌，氣血調和病自愈。師皇曰：『夫馬者，稟清氣於天，飲清淨之水，凡一切濁惡之水，空腸切忌飲之。』《定症歌》曰：『久渴空心過飲濁，毛焦偷瘦水停臍。』王良曰：『濁水休教飲，多饒毛色焦，時間雖不覺，月內不生膘。』岐伯曰：『停留宿水者，濕濁注於臍下也。凡治者，健脾暖胃，滋腎補陰，調和血氣。雲門病水徹之。』形狀：毛焦賺吊，草細膘羸，精神緩慢，耳搭頭低。脈色：雙鳧遲澀，口色青黃。治法：針雲門穴放水，健脾散灌之。調理：餵養暖廄，增加料草，熟米湯一日一次飲之。戒忌：寒夜不可外拴，飲水莫令飲足，空腸冷水忌之。健脾散：治馬脾土虛弱，停留宿水偷瘦病。當歸、桂枝、甘草、菖蒲、澤瀉、砂仁、厚朴、白朮、青皮、陳皮、白茯苓、五味子。右為末，每服二兩，生薑一份，飛鹽一撚，苦酒一升，同煎三沸灌之。

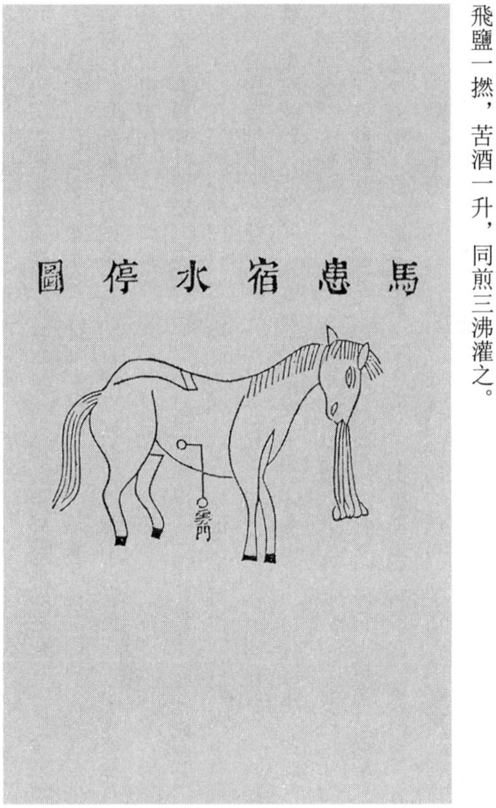

又　馬患心黃第三十六，出《八十一問》。心黃者，心風黃也。皆為膿肥肉重，氣壯神強，暑月炎天，負重乘騎，奔走太急，鞍屜來卸，卒熱而喂料草太多，料毒積於腸內，疫氣佈滿胃中，痰血鬱結，迷亂其心也。令獸渾身肉顫，汗出如漿，咬胸齧足，眼急驚狂。此為心竅痰迷之症也。鎮心散灌之。歌曰：馬患心黃自咬身，舌似硃砂脈數洪，熱狂蹄齧逢人咬，悶亂賓士見物驚。芩連梔子同甘草，茯神遠志與防風，參砂蜜膽同調灌，三服不效救無門。師皇曰：『心黃者，邪熱沖心也。凡治者，定心定魄，降火清痰。風門伏兔，火燒鐵器烙之。』王良曰：『燥悶忽銜韁，此即是心黃，先須用火烙，時下得安康。』伯樂曰：『凡馬心黃，脈數舌赤者，可治；脈亂舌紫者，難醫；咬身齧足者，亦難治也。』《五十四死》曰：『咬身心絕休教治』，『心黃舌紫命歸陰』。形狀：渾身肉顫，汗出如漿，咬身齧足，眼急驚狂。脈色：雙鳧洪數，舌似雞冠。治法：徹胸堂血瀉心火，抽鶻脈血定心神，鎮心散灌之。火烙大風門、小風門二穴，伏兔穴、百會穴，以上燒鐵烙之。調理：拴繫清涼之處，井花水頂上澆之。戒忌：少令牽行，休拴暖廄。鎮心散：治馬心風黃。硃砂、茯神、人參、防風、甘草、遠志、山梔子、蔚金、黃芩、黃連、麻黃去節。右件為末，每服一兩，蜜一兩，膽汁半盞，雞子四個，井花水同調灌之。

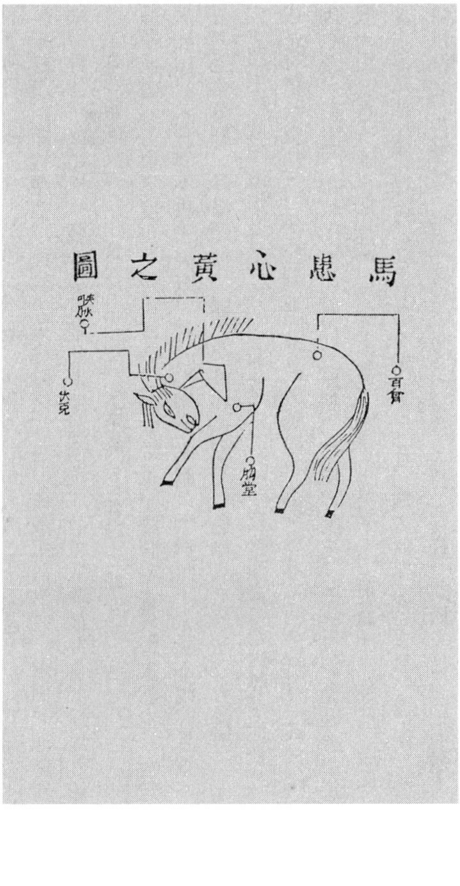

又　馬患破傷風第三十七，出《胡卜經》。破傷風者，外感風也。皆因傷勞太過，蓄養失調，鞍韂撞腫鬐頭，氈屜打傷脊背，革秋皮磨破尾根，肚帶擦損肘後，或拴巷道之中，或繫舍簷之下，賊風乘虛而入皮膚，皮膚而傳腠理，腠理傳之於肉。令獸渾身麻痹，眼急驚狂，四肢強硬。傷風邪之症也。口內垂涎，耳緊尾直，牙關緊閉難開，不食水草。此謂破傷外感風邪之症也。千金散灌之。歌曰：破傷風病最難醫，牙關緊閉口垂涎，項直尾高並眼急，脊腰強硬腿難移。耳畔風門燒鐵烙，腰間百會亦同醫，鶻脈兩針徹去血，千金散灌月痊愈。師皇曰：『破傷風者，傷破冒感風也。此謂卒急之症。凡治者，先徹大血，即鬃髮汗治之。』王良曰：『有傷呼為急，無傷呼為慢，頻抽鶻脈血，宜須先出汗。』伯樂曰：『凡馬破傷風症，口松涎少者可治，口緊涎多者難醫，脊腰強硬者，亦難治也。』《五十四死》曰：『揭鞍牙緊終難好』，『破傷口緊莫妄醫。』形狀：耳緊尾直，閃骨生瘀，牙關緊閉，口內涎垂。色脈：舌唇赤紫，凫脈微遲。治法：徹鶻脈血，烙風門穴、伏兔穴、百會穴，千金散灌之，硃砂散吹之。調理：餵養暖廄，口不住食，氈屜背上搭之。戒忌：寒夜休拴外喂，堤防簷巷賊風。千金散：治馬破傷風及諸風病。蔓荊子、旋復花、白蠶、天麻、烏蛇、沙參、防風、阿膠、川芎、羌活、桑螵蛸、何首烏、天南星、蟬殼、細辛、全蠍、升麻、藿香、獨活。右為細末，每服一兩，溫水一盞，調灌之。天陰，生薑湯一盞，同調灌之。硃砂散：療風解沫。硃砂一錢、雄黃一錢、麝香少許皂角一挺，炙、芸薹子已上共為細末，每用一字，裝於竹筒中，兩鼻內吹之。

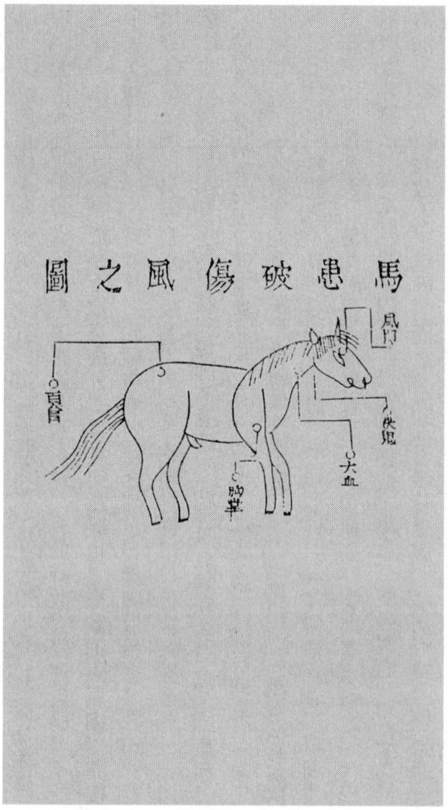

又 馬患垂縷不收第三十八，出《趙氏集》。垂縷不收者，腎虧之症也。皆因羸騮瘦馬，過度勞傷，空腸誤飲濁水太過，停立不散，陰氣生而流入腎經，滲於臍下，積於袖口，少火生陰，凝結而成腫也。令獸尿脬不縮，垂縷難收，草細膁吊，胯拽腰拖。此謂少火生陰之症也。破故紙散治之。歌曰：尿脬難縮腎經傷，氣結風吹腫作黃。荊防術薄煎湯洗，故紙散灌最為良，蜈蚣九節蔥三莖，紫蘇沒藥及川黃，五味相和牢緊裹，三朝兩上即安康。師皇曰：『垂縷不收者，勞傷過度也；腎不縮者，精氣敗也；腰胯報者，腎水虧也。』定症歌曰：『垂縷不收壬癸敗，報胯拖腰腎水虧。』形狀：尿腸不縮，垂縷不收，毛焦草細，耳搭頭低。脈色：雙凫遲細，口色如綿。治法：火針腰上七穴，溫中破故紙散治之。調理：增料草，省賓士，夜拴暖廄，乾馬糞鋪地臥之。戒忌：莫飲空腸水，休拴濕地眠。破故紙散：治馬腎敗垂縷不收方。破故紙、肉豆蔻、茴香、川楝子、胡蘆巴、厚朴、青皮、陳皮、巴戟。右件為末，每服一兩，水一鐘，煎三沸，童便半盞，溫，空草灌之。荊芥湯：荊芥、防風、蒼朮、艾葉、薄荷、排風草右咀一處，水三升，銚內煎三沸，去渣，揚去火氣，帶熱洗之。沒藥散：敷馬腎縷不收。沒藥、大黃、紫蘇、蜈蚣去足，已上為末，蔥三枝，和藥共搗一處，先洗淨，敷縷上，綿布裹之。

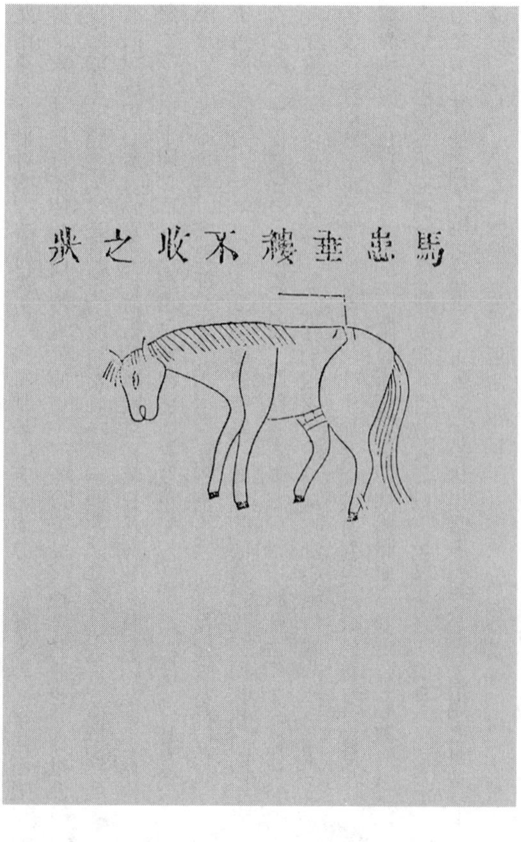

又　馬患遍身黃第三十九，出《岐伯論》。遍身黃者，又名肺風黃也。皆因心胸壅極，熱注三焦，料毒聚於腸內，垢塵迷塞肌膚，氣血、相凝，鬱結而成黃也。令獸渾身疙瘩，遍體生癧，皮膚燥癢，口眼風浮。此謂肺熱生風之症也。消黃散治之。歌曰：遍身黃病肺家風，為緣久積熱停胸，疙瘩滿身隨處腫，皮膚燥癢若蟲行。鶻脈兩針先去血，消黃散灌蜜調勻，雞子一雙同共使，米泔調灌病除根。師皇曰：『遍身黃者，邪熱凝於毛竅也。此謂血之盛極。鶻脈徹之，大效。醫者鑒之。』王良曰：『一切黃腫病，皆緣積熱生，但抽鶻脈血，諸毒不能成。』形狀：渾身疙瘩，遍體生癧，皮膚燥癢，口眼虛浮。脈色：雙鳧洪大，唇舌鮮紅。治法：徹鶻脈血，消黃散灌之。調理：拴喂清涼之處，水浸青草飛綠豆喂之。戒忌：一切生料戒之。消黃散：治馬熱極生黃。黃藥子、知母、梔子、大黃、黃芩、防風、黃耆、白藥子、貝母、連翹、蔚金、甘草、蟬蛻。已上為末，每服二兩，朴硝一兩，雞清二個，米泔水一盞，同調灌之。

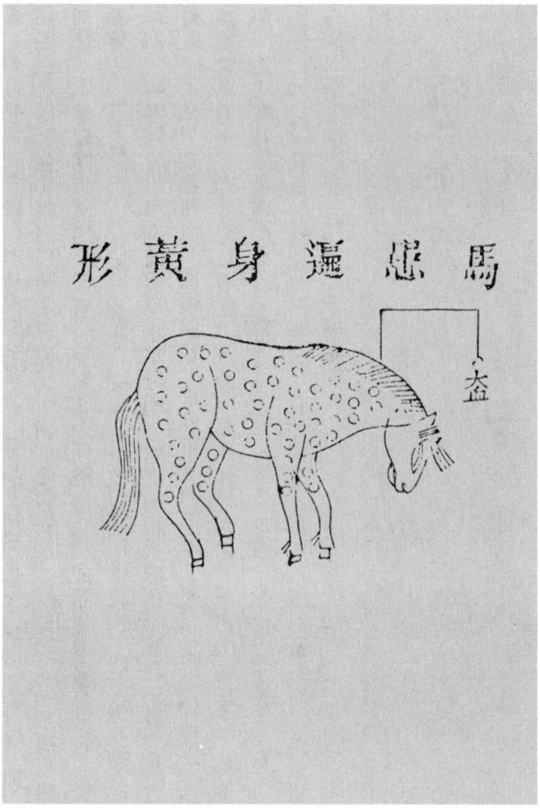

又　馬患肝熱傳眼第四十，出《卞寶論》。肝熱者，肝經積熱也；傳眼者，外傳於眼也。皆因草料燔盛，奔走過多，熱毒積於心肺，疫氣流入肝經，肝受其邪，外傳於眼也。令獸睛生白膜，眵盛難睜，牽行不動，耳搭頭低，逢物不見，東西亂撞。此謂肝熱眼昏之症也。石決明散治之。歌曰：肝經積熱說須知，兩目昏昏白膜瘀，太陽穴上金針徹，決明散灌莫宜遲，撥雲末藥頻頻點，旬日之中似舊時。師皇曰：『凡馬眼腫，皆因肝之熱也。凡治者，洗肝明目，退翳消瘀。寒涼之藥，不可太過灌之。』王良曰：『一切眼昏腫，皆因熱所傷，莫令肝臟冷，淚出轉難當。』形狀：頭低眼閉，眵盛難睜，牽行亂走，撞壁沖牆。脈色：中部脈弦，臥蠶色紫。治法：徹太陽血，石決明散治之，撥雲散點之。調理：喂拴淨室，春冬綠豆喂之，夏秋浸青草喂之。戒忌：勿令冒風，生料停止。決明散：治馬肝經積熱，白翳遮睛。石決明、黃連、沒藥、大黃、黃藥子、梔子、草決明、黃耆、黃芩、蔚金、白藥子。右為末，每服二兩，蜜二兩，雞子清二個，米泔水一升，同調，草飽灌之。撥雲散：治馬眼障。大硃砂一錢、白硼砂一錢、白硇砂五分、乳香五分、沒藥五分、爐甘石製二錢。已上共擂為細末，白綿紙羅過三次，仍擂，入磁罐內，用溫水洗淨眼眵，然後點之。

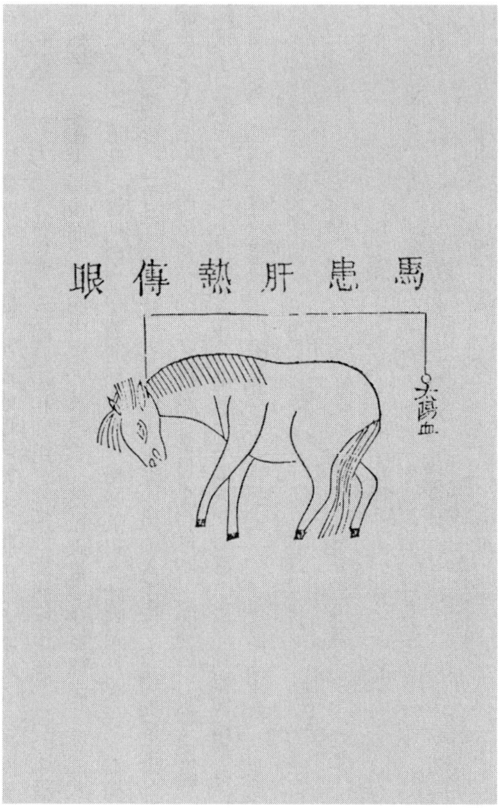

又　馬患喉骨脹第四十一。喉骨脹者，三喉之症也。皆因幼駒小馬，蓄養失調，草飽乘騎走急，膿肥穀料喂多，以致氣血太盛，熱積心胸，傳之於咽喉，致成其患也。令獸食槽脹腫，硬核填喉，伸頭直項，鼻孔流膿，水草難咽，啌嗽連聲。此謂熱極三喉之症也。黃耆散治之。歌曰：喉骨脹病最難當，口吐粘涎更發啌，喉中氣響如抽鋸，鼻內時流膿水漿。頦下氣喉一寸割，項邊鶻脈兩針強，蜜調理肺黃耆散，十朝五灌病安康。師皇曰：『凡馬三喉病症，水草難咽，氣出不及者，醫家須令開喉治之。此謂急救之良法也，醫者鑒之。』王良曰：『凡馬三喉症，喉中氣出難，割開喉腧穴，時下得安然。』形狀：咽喉哽噎，鼻孔流膿，水草難咽，氣促喘粗。脈色：雙凫洪數，唇舌鮮紅。治法：徹鶻脈血，開喉腧穴，理肺黃耆散灌之。調理：拴喂涼棚之下，水浸青草喂之，春冬綠豆喂之。戒忌：酷熱休拴暖處，一切生料忌之。黃耆散：治馬喉骨脹鼻內出膿方。黃耆、當歸、蔚金、甘草、梔子、黃藥子、黃芩、黃連、知母、貝母、桔梗、白藥子。右件為末，每服二兩，蜜二兩，雞子清二個，新汲水一升，同調，草後灌之。

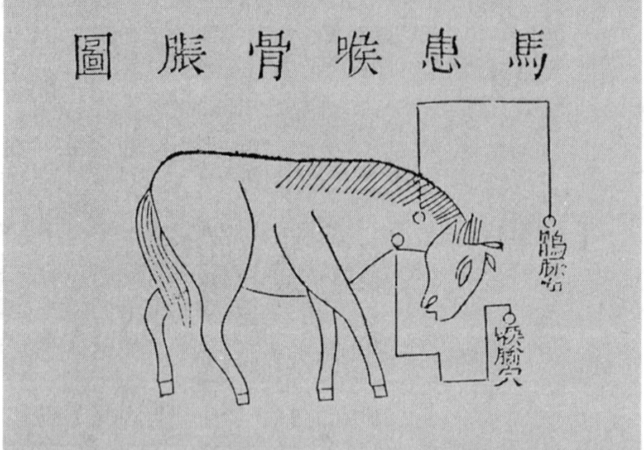

馬患喉骨脹圖

又　馬患板腸結第四十二，出《療驥方》。板腸結者，廣腸結也。皆因乘騎緊驟，奔走歸來，乘饑而喂乾料，料後而飲冷水，水穀相並，冷熱相擊，積於板腸中半，故而結也。令獸肚腹脹痛，覷腹回頭，連連臥地，鼻咋喘粗。此謂板腸閉塞之症也。醫工入手，握破病糞，通關續隨散灌之。歌曰：板腸不轉說根源，因傷水濕在腸間，久渴飲過因飽走，腹中氣滯不通宣。續隨膩粉並通草，牽牛鼠糞共相兼，灰湯豬脂相和用，酒調連灌病安痊。師皇曰：『板腸結者，結在大腸後面，板腸中也。凡治者，消積破氣，化草通腸。塗油入手取之。』形狀：連連臥地，覷腹回頭，口出哽氣，鼻咋喘粗。脈色：右凫中澀，兩關沉，口色赤紫。治法：針三江大脈血，塗油入手取之，續隨散灌之。調理：不住牽走，腹下掃帚刮之。戒忌：當日不得飲水。續隨散：治馬臟結。續隨子、膩粉、木通、鼠糞、牽牛、滑石。右為末，每服二兩，豬脂四兩熬化，灰湯一盞，苦酒一杯，溫熱，同調灌之。

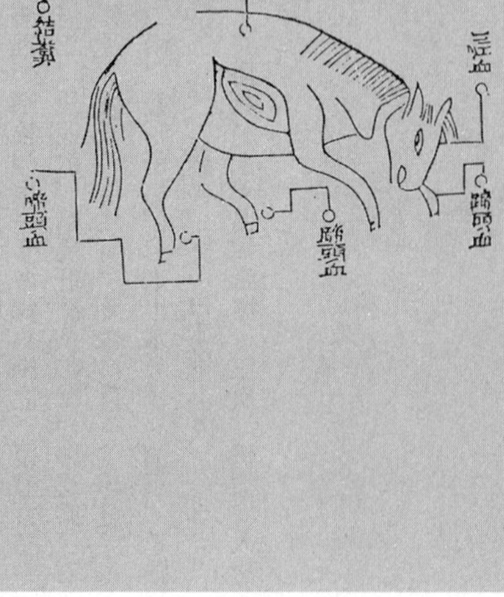

馬患板腸結形

又　馬患胃寒不食豆草第四十三，出《田獵集》。胃寒者，脾胃寒也。皆因久渴失飲，空腸飲水太過，陰氣積於臟內，寒濕流入脾經，脾傳於胃，脾胃合之陰冷，土衰火弱，不能運化，致成其患也。令獸毛焦草細，賺吊頭低，鼻寒耳冷，口內垂涎。此謂脾胃冷傷之症也。桂心散灌之。歌曰：良馬因何脾胃寒，只緣冷水過多餐。毛焦鼻冷渾身顫，脈行遲細口如綿。麝香散藥吹雙孔，桂心散灌酒調煎，背上搭氈拴暖處，氣血和平病自痊。胃寒不食豆草。師皇曰：『胃寒者，脾胃寒也。凡治者，和血順氣，暖胃溫脾。冷水三日忌之。』形狀：毛焦膁吊，草細頭低，鼻寒耳冷，口內涎垂。脈色：臥蠶白色，關脈微遲。治法：桂心散灌之，針玉堂，麝香散鼻內吹之。調理：喂拴暖室，增加草料，拌草少令拌濕，熱米湯、溫水飲之。戒忌：寒夜休拴冷處，胎馬勿令吹鼻，冷水三日忌之。桂心散：治馬脾胃寒。桂心、青皮、白朮、厚朴、益智、乾薑、當歸、陳皮、砂仁、甘草、五味子、肉豆蔻。右為末，每服二兩，飛鹽半兩，青蔥三根，酒一升，同煎灌之。麝香散：治馬傷水方。麝香、皂角、瓜蒂、胡椒、芸臺子即芥菜子也。右為細末，每用一字，裝竹筒中，吹入鼻內，滴出清水立效。

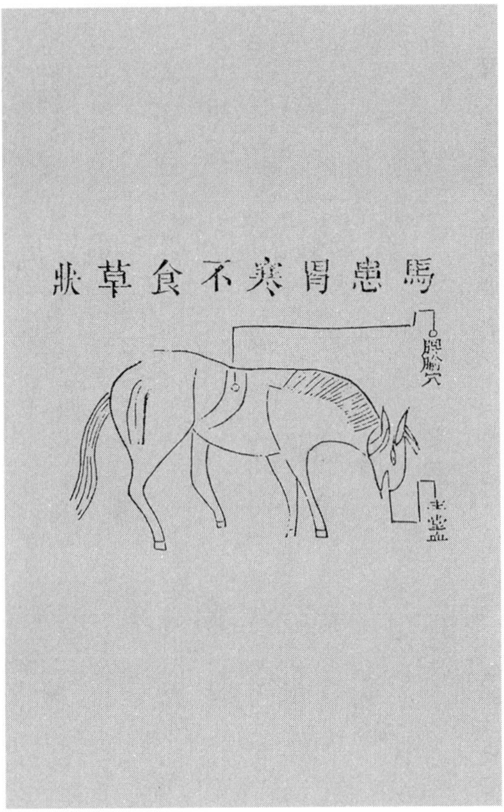

又　馬患慢腸黃第四十四，出《造父經》。急慢腸黃者，料傷過度也。皆因蓄養太盛，肉重膘肥，暑月炎天，乘騎奔走太急，乘饑穀料喂多，穀氣凝於臟內，熱毒積在腸中，臟腑壅極，釀成其患也。令獸蜷腰臥地，顧腹回頭，蕩瀉如水，赤穢兼腥。此謂腸黃之症也。蔚金散治之。歌曰：醫家略聽說腸黃，為緣熱極臟中傷，赤黃似水多腥臭，臥地回頭顧兩旁。帶脈兩針徹去血，蔚金散灌最為良，唇青脈易卼羸蕩，任有良方療不康。師皇曰：『腸黃者，六腑中毒也。能食體壯者可治，羸瘦草少者難醫，唇青黑者，五經敗絶也，難以治之。』《五十四死》曰：『五臟俱盡應須死，腸黃身瘦死來催。』王良曰：『忽蕩糞如水，赤黃氣穢腥，饒伊能用藥，口色怕微青。』脈色：脈洪色黃者生，脈沉澀，瀉如水，赤臭兼腥者死。形狀：蜷腰臥地，顧腹回頭，蕩青者死。治法：徹帶脈血，蔚金散灌之，無根水洗口、鼻、尾三處甚妙。調理：拴繫清淨之所，飲水少令飲足，綠豆糯米相和，煮粥喂之。戒忌：酷熱休拴暖處，一切生料忌之。蔚金散：治馬急慢腸黃。蔚金、訶子、黃芩、大黃、黃連、黃柏、梔子、白芍藥。右件八味，等分為末，每服二兩，白湯調灌，急者，連灌三服。

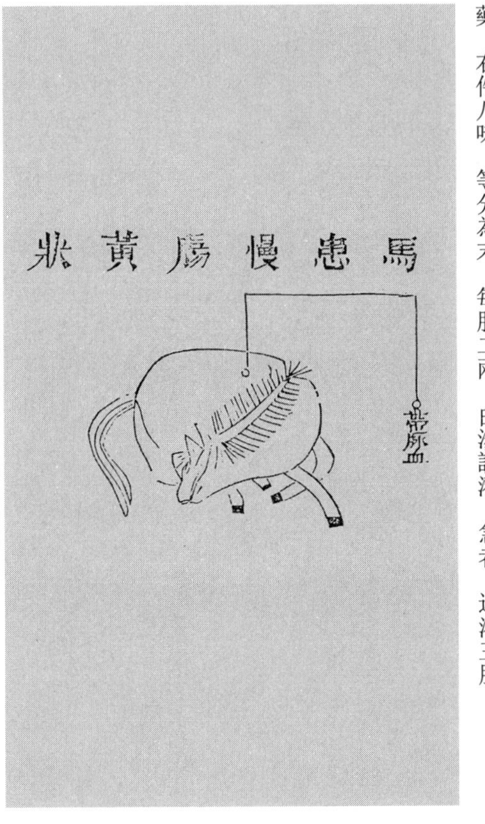

又　馬患骨眼第四十五，出《秦襄王論》。骨眼者，肝經風熱也。皆因外感風寒，內傷勞役，榮衛往來，太過不及，傷於五臟，傳之於肝，肝受其邪，外傳於眼也。令獸兩土潰爛，眵盛難睜，二胞翻腫，閃骨生瘀。此謂肝熱生風之症也。青葙散治之。歌曰：兩骨眼穴脈絡肝，肝經風熱不抬頭，皆因外感風寒也，多恐多驚見日羞。針線牢穿令刀割，五輪莫犯更防眸。古來骨眼何曾臥，起臥休將閃骨鉤。師皇曰：『骨眼者，閃骨生瘀也。凡治者，針線度過膜皮，利刃割去病骨，莫損血輪為妙。醫者鑒之。』王良曰：『肝熱眼生眵，眼瘀肝有風，刀剜骨眼穴，旬日自光明。』伯樂曰：『凡馬起臥，庸醫誤稱薑芽骨眼，妄用針刀，割去眼中閃骨。此謂庸醫之治也，學者戒之。』

形狀：兩潰爛，眵盛難睜，二胞翻腫，閃骨生瘀。脈色：中部弦數，唇舌鮮紅。治法：徹眼脈血，割骨眼穴，青葙子散灌之。調理：餵養淨處，每朝用青布搵溫水，於兩眼角內洗之。戒忌：酷熱不可野放，一切生料忌之。青葙散：青葙子、石決明、地骨皮、旋復花、防風、黃連、龍膽草、草決明、井泉石、乾菊花、石膏、木賊。右為末，每服二兩，蜜二兩，豬膽汁半盞，米泔水同調灌之。

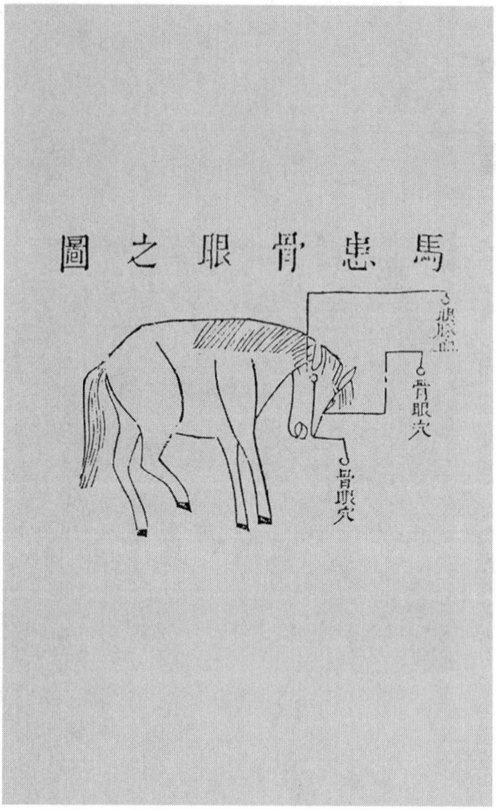

又 治馬患內障眼第四十六，出《纂要經》。內障者，毒氣沖肝也。皆因暑月炎天，草飽乘騎，奔走太過，氣出不及，流於膈下，熱毒沖心肝經，肝受其邪，障翳凝於瞳面也。令獸睛生黃暈，掩閉瞳人，牽行亂走，撞壁沖牆。此謂內障肝風之症也。瀉肝散治之。歌曰：馬騾內障說根源，奔行湧急氣沖肝，兩眼如常無眵淚，牽行亂撞步難遷。骨眼穴中即令割，瀉肝散灌藥宜先，瞳人反閉睛珠綠，任有仙方療不痊。師皇曰：『內障者，五臟熱極，毒氣沖肝，翳障遮眼瞳人也。其症有二，一為烏風內障，一為黃風內障。此二症者，開列於後，醫者分別治之。』烏風：烏風者，黑風起自肝臟也。瞳仁反閉，睛珠綠色，不堪治也。醫者鑒之。王良曰：『烏風起肝臟，忽患眼青盲，若能通神妙，除非改換睛。』黃風：黃風者，黃風浸於睛中也。凡治者，割去眼中閃骨，兩針眼脈徹之。王良曰：『黃風起赤脈，黃暈侵於中，頻抽眼脈血，救療有功能。』形狀：兩眥無眵，黃暈浸睛，牽行亂走，撞壁沖牆。脈色：舌唇青紫，肝脈洪弦。治法：徹眼脈血，割骨眼穴，瀉肝散灌之。調理：餵養淨處，草飽休令騎驟，清晨用井花水頂上洗之。戒忌：忌生料，少令喂之。瀉肝散：治馬內障眼，黃暈浸睛。石決明、草決明、龍膽草、旋復花、青葙子、梔子、蔚金、黃連、甘草。右為末，每服兩半，細切白羊肝二兩，水一升，同調拌勻，草飽灌之。隔日再灌之。退障散：點馬內障眼。白綻磁小酒盃去底，不用點翠。右具一味，淨洗，搗為細末，入器，仍擂萬遍，白綿紙羅三遍，再擂，每朝兩次點之。

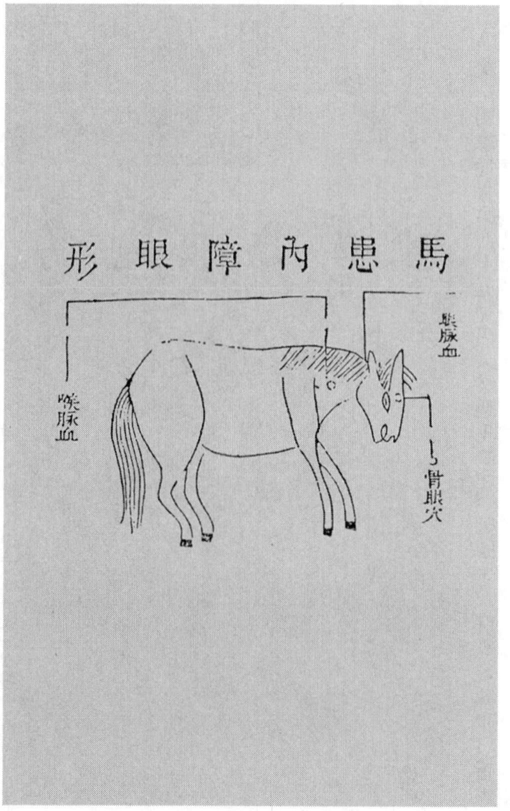

又 馬患混睛第四十七，出《通元經》。混睛蟲者，疫氣化生也。皆因三秋月令，瘴疫遍發之期，新駒幼馬，五更野放於郊，其郊中棘刺，棘中蛛網，網中露水，誤入其目，感天地之霧氣，受蜘蛛之精水，陰陽交混，變化而成蟲也。在於五輪之內，往來不住遊走。令獸睛生翳膜，黑白不分。凡治者白睛近上，黑睛近下，兩兼中心，是開天一穴，醫家用線纏定白針尖一分，左手睜開馬眼，右手持針，於開天穴上，輕手急針一分，蟲隨水出，便見其功。三朝之內，雲翳自然退矣。七日不愈，蟬蛻散灌之。歌曰：蛛絲露水入睛輪，變化成蟲不住停，針烙藥點全無效，奇方用盡莫能明。須用聖賢神妙訣，開天穴上使神鋒，一針著蟲隨水出，便是師皇伯樂功。師皇曰：『混睛蟲者，外感疫邪也。凡治者，多在針工。日久結為窩窠，不能取也。醫者慎之。』王良曰：『混睛生眼內，野放疫生多，日淺猶堪治，惟恐結成窩。』形狀：睛生白膜，遮掩瞳人，寸蟲混擾，黑白不分。脈色：雙凫平正，唇舌鮮明。治法：針開天穴，蟬蛻散灌之，鷹糞散點之。調理：餵養淨室，勿令冒風。凡點眼翳，一七之後，待針痕生合，方許點之。禁忌：三秋月令，夜間有霧者，幼馬五更不可野放於郊。蟬蛻散：治馬混睛蟲，蟲出久不退翳。蟬蛻、黄連、荊芥、蒼朮、川芎、甘草、馬蘭花、地骨皮、蜜蒙花、山梔子、龍膽草。右為末，每服二兩，蜜二兩，白湯一盞同調，草飽灌之。鷹糞散：治馬白膜遮睛。鷹糞一兩二錢、大硃砂二錢、白硼砂二錢、白硇砂二錢。已上共為細末，用白紙羅過二次，再擂，入磁罐內，不拘時點之。

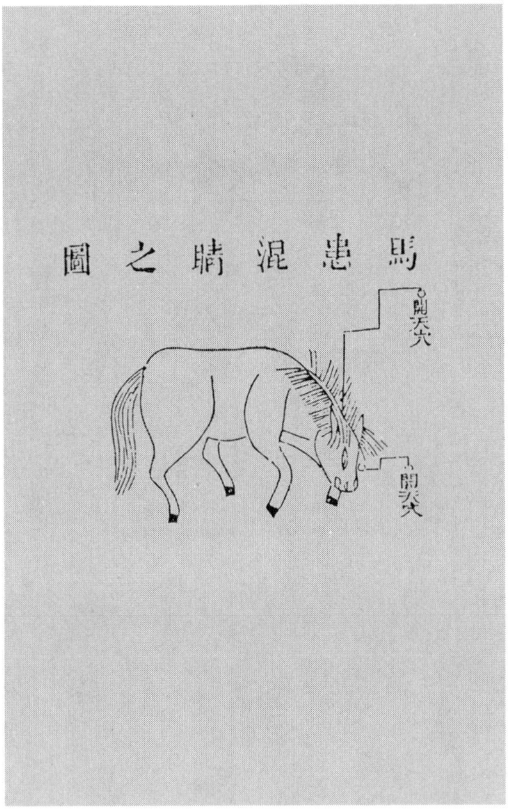

又　馬患心經熱第四十八，出《孫陽集》。心熱者，心經伏熱也。皆因餵養太盛，肉滿膿肥，負重乘騎，地里鸞遠，鞍屜失於解卸，乘熱而喂料草，熱毒積於膈內，瘀痰結在胸中，肺心壅極，熱氣沖咽。令獸舌唇赤腫，口內垂涎，精神困倦，兩眼如砂。此謂熱積心胸之症也。洗心散灌之。歌曰：心經積熱切須知，唇舌生瘡口沫垂，頭低耳搭精神少，四肢倦怠步行遲。膽礬連柏同為末，竹筒裝盛舌上吹，洗心蜜水同調灌，三服必定病痊愈。師皇曰：『心者，君相也，外連於舌，舌上有瘡，心經有熱。凡治者，洗心涼膈，降火清痰，兩針堂穴刺之。』《明堂》曰：『堂穴者，胸堂血也，少陰心經之脈，在臆骨兩旁，胸前曲處是也。入針三分出血，泄心胸之邪熱，瀉少陰之痰火，療胸膈一切痛病。』形狀：精神困倦，眼閉頭低，舌唇赤腫，口內涎垂。脈色：雙凫洪大，口色鮮紅。治法：徹胸堂血，洗心散灌之，膽礬散舌上吹之。調理：餵養淨處，用二道米泔水口內洗之。戒忌：酷熱休拴廄內，一切生料忌之。洗心散：治馬心經伏熱，舌上生瘡。天花粉、木通、黄芩、黄連、連翹、茯神、黄柏、桔梗、山梔子、牛蒡子、白芷。右為末，每服二兩，蜜二兩，米泔水一升，同調，草飽灌之。膽礬散：治馬舌瘡。膽礬、黄連、黄柏、孩兒茶。已上碾羅為末，先用米泔水洗淨舌涎，竹筒吹藥舌上，瘥矣。

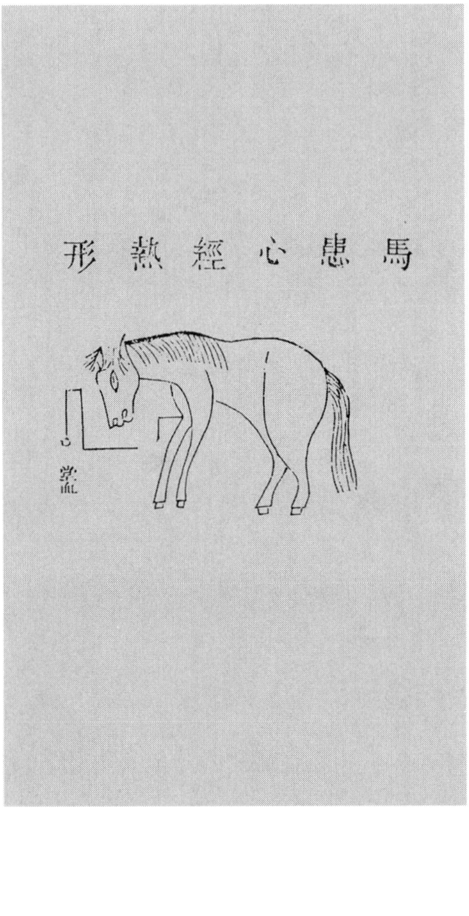

又　馬患胸膊痛第四十九，出《發蒙論》。胸膊痛者，血凝羅膈也。皆因食之太飽，負重乘騎，奔走太急，卒至卒拴，失於牽散，瘀血凝於膈內，痞氣結在胸中。令獸胸疼膊痛，束步難行，頻頻換腳，站立艱辛。此謂肺把胸膊之症也。當歸散治之。歌曰：立地時時兩足忙，頻頻換腳痛難當。騎來走急因拴繫，失於牽散致其殃。膈上兩針胸膊血，當歸散灌是奇方，三朝散縱荒郊外，氣血調和病自康。師皇曰：『膊痛者，飽驟所傷也。凡治者，和血順氣，止痛寬胸。兩針堂血刺之。王良曰：『肺把胸膊痛，前探幾聲啌。胸前徹去血，散縱自然康。』形狀：胸疼膊痛，束步難行，頻頻換腳，站立艱辛。脈色：風關脈沉細小，臥蠶紫而唇紅。治法：徹胸堂血，當歸散灌之。調理：晝縱於郊，夜散於廄，任其自臥自起。戒忌：草飽休令騎驟，一切生料忌之。當歸散：治馬胸膊痛。枇杷葉、黃藥子、天花粉、牡丹皮、白藥子、白芍藥、紅花、桔梗、當歸、甘草、沒藥、大黃。右為末，每服一兩，水一升，同煎三五沸，傾出，入童便半盞，候溫，草後灌之。

馬患胸膊之圖

又　馬患蹄頭痛第五十，出《師皇集》。蹄頭痛者，血凝蹄甲也，皆因膿肥肉重，多立少騎，久拴久繫，血瀝蹄頭，以致蹄甲漸長，失於修削，日久致使蹄胎脹硬，筋甲焦枯。令獸牽行不動，打尾昂頭，蹄懸腳點，蹩步難行。此謂敗血凝蹄之症也。烏金膏治之。歌曰：蹄頭痛病豈非常，皆因久立血攻傷。筋甲焦枯攢四足，欲行難動把頭昂。削去死蹄修去硬，烏金膏烙最為良，蹄頭四足金針徹，月餘之外病安康。師皇曰：『點頭害腳，擺頭害膊，腳上痛修蹄甲，膊上痛放胸堂。』王良曰：『膊痛緣騎苦，蹄傷敗血攻，痛時針且妙，蹄損火能通。』形狀：臥多立少，起走如攢；懸蹄點足，腰曲頭低。脈色：雙毚平正，口色鮮明。治法：徹蹄頭血，削垂泉穴，烏金膏塗蹄烙之，如聖膏塗其蹄潤之。調理：朝夕散縱於廄，用白沙於廄內鋪之。戒止：勿使火灰墊地。烏金膏：治馬枯蹄病。紫礦、瀝青、黃臘、人髮灰。右四味於銅銚內鎔成膏，先用利刀削去硬蹄，塗膏於上，火燒鐵器烙之。如聖膏：治馬枯乾蹄甲。豬脂四兩熬油，去渣、生薑二兩、胡桃仁兩半，燒灰甘石一兩，為末。右四味，銚內文武火熬成膏，先用溫水洗淨，待乾，塗膏於蹄上，一日三次塗之。

馬患蹄頭痛狀

又　馬患腰黃第五十一，出《胡卜經》。腰黃者，內腎黃也。皆因三焦壅極，熱積腰間，毒氣凝於腎臟，氣血鬱結而成黃也。令獸腰傍腫合，膁上虛浮，頭低耳搭，行立無神。此謂腎發腰疸之症也。無方無則治之。歌曰：腰上生黃不等閑，三焦熱積致如然。脊弓膁吊頭垂地，胯報腰拖行步難，脈如解索炱煤口，兩眼如癡淚漫漫。奉勸醫工休治療，縱施針藥命難痊。師皇曰：『腰黃者，即膁黃也。腫於上者為之腰黃，腫於下者為之膁黃。此二者俱從內腎而發也。』《瘡黃論》曰：『內腎生黃，根本而傷。』《五十四死》曰：『前偏後膁休醫療，內腎腰黃死必期。』王良曰：『腰膁若生癰，此症必然凶，常聞連五臟，根自腎經生。』形狀：腰窩腫合，膁上虛浮，頭低耳搭，胯拽腰拖。脈色：脈如解索，色似炱煤。《五十四死》曰：『三關解索歸陰府』，『色似炱煤命必虧』。

送入穀道，不住牽行，以抛糞帶出生膿為驗，三次者效矣。

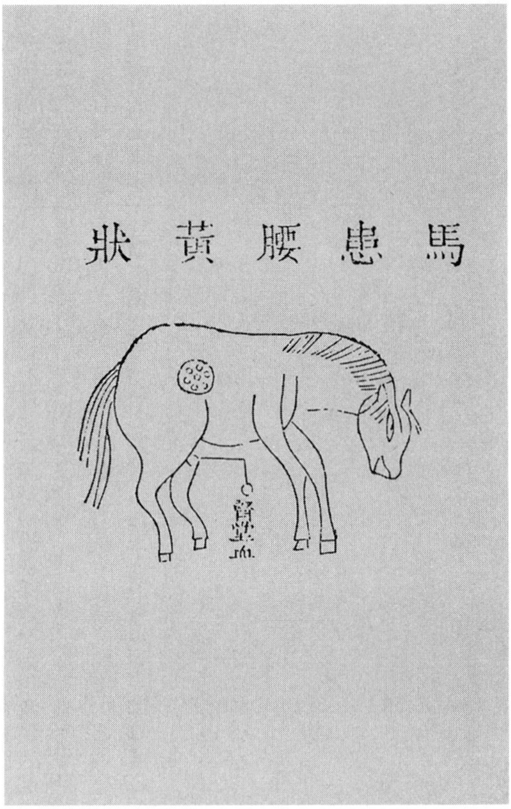

又　馬患腎冷拖腰第五十二，出《安驥集》。腎冷者，外感內傷也。皆因久渴失飲，空腸飲水太過，失於牽散，停住於腸，夜臥濕地，濕氣流入腎經，簷下卸鞍，賊風吹傷腰胯。令獸腰拖胯報，後腳難移，牽拽不動，耳搭頭低。此謂腎冷拖腰之症也。宜用金鈴散治之。歌曰：良馬因何拽後蹄，為緣外感內傷虧，空腸過飲寒凝腎，卸鞍簷下被風吹。廣腸送入溫中藥，腰間七穴火針施，連煎補腎金鈴散，三服必定得乘騎。腎冷拖腰師皇曰：『拖腰者，滯氣凝於腰脊也。其形有四，醫者分別治之。相行步：蹲腰行，雁翅痛。吊腰行，脊筋痛。收腰不起，內腎痛。難移後腳，腎經痛。針治：脊筋痛，徹尾本血。腎經痛，徹腎堂血。雁翅痛，火針大胯、汗溝穴。內腎痛，火針腰上七穴。』形狀：精神短慢，耳搭頭低，毛焦膁吊，後腳難移。脈色：下部命關沉澀，臥蠶唇舌鮮紅。治法：金鈴散灌之，神效散治之。調理：餵養暖廄，穰草鋪地臥之。戒忌：濕場臥，空腸水，簷下拴，一切風寒忌之。金鈴散：治馬腰胯痛。肉桂、沒藥、當歸、檳榔、茴香、防風、荊芥、葳蓉、木通、川楝子、蓽澄茄、肉豆蔻、白附子。右為末，每服二兩，青蔥鹽酒調，煎三沸，入童便半盞灌之。神效方：治馬後寒腰胯痛。高良薑、白附子、茱萸、蒼朮、厚朴、白芷、細辛、白朮。右為細末，每用藥一大匙，酒一盞，同煎三沸，候溫，

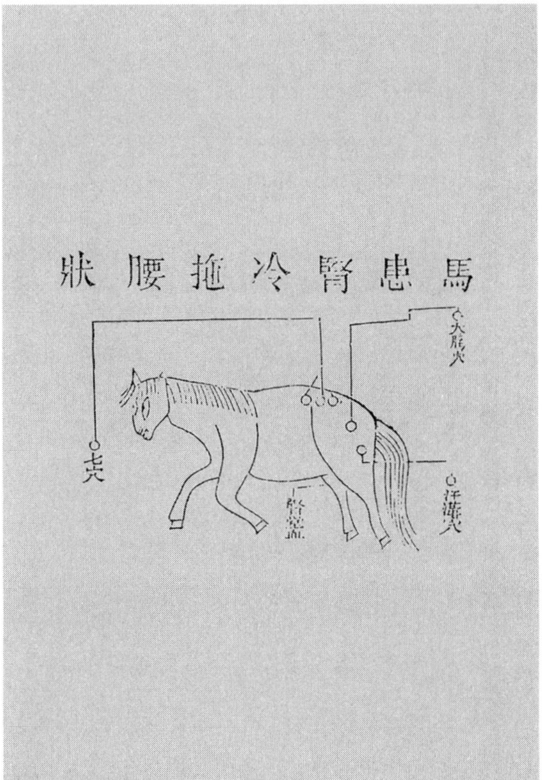

又　馬患肺敗第五十三，出《明驗方》。肺敗者，肺勞也。皆因食之太飽，負重乘騎，奔走太過，湧急鼈損肺經，滯氣凝於肺部，瘀血結在胸中。令獸鼻流膿涕，氣促喘粗，毛焦膁吊，耳搭頭低。此謂肺壅勞傷之症也。秦艽散治之。歌曰：馬患肺敗最難醫，耳搭頭低喘息微。兩鼻孔中流臭水，渾身皮破腫為痍。蜜和理肺秦艽散，童尿半盞一升韮，腿浮草少尫羸瘦，任有仙方莫令施。師皇曰：『凡馬肺病，腦顙鼻濕，膿血兩兼，腥臭者，俱難治也；脊背板硬，氣如抽鋸者，亦難治也。醫者鑒之。』王良曰：『鼻中出膿血，如加氣轉抽，豈堪連背硬，何必更開喉。』形狀：鼻流膿涕，氣促喘粗，毛焦膁吊，耳搭頭低。脈色：風關脈浮大，唇舌色青黃。治法：開喉腧穴，秦艽散灌之。調理：餵養靜室，熟料增加，每朝童便一盞灌之。戒忌：寒夜不可外拴，用藥莫用豬脂。王良曰：『肺病休宜冷，腥膻不可為，但將良藥灌，莫使用豬脂。』秦艽散：治馬肺病。秦艽、知母、百合、甘草、大黃、梔子、紫菀、貝母、山藥、黃芩、遠志、麥門冬、牡丹皮。右件為末，每服二兩，蜜二兩，整汁一盞，童便半盞，灌之。

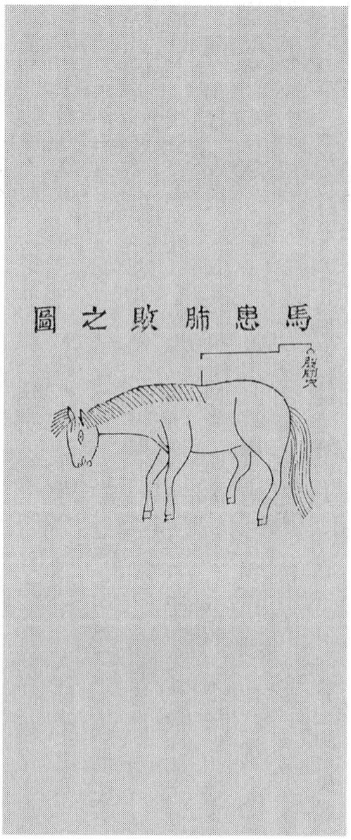

又　馬患心痛第五十四，出《安驥集》。心痛者，心不寧也。皆因食之太飽，乘騎奔走太急，瘀痰凝於羅膈，痞氣沖塞心胸。令獸胸膛出汗，氣促喘粗，前蹄跪地，眼閉頭低。此謂心氣怔忡之症也。清心散治之。歌曰：前蹄跪地號心傷，飽乘蹙損痛難當。色似雞冠洪數脈，行立如癡喘息忙。地黄甘草並雞子，芎藭紫菀及生薑，芍藥當歸同共使，三服不效必須亡。師皇曰：『心痛者，勞傷也。凡治者，寧心順氣，養血安神。如驚狂蹄䠞，舌如硃砂者死。醫者慎之。』形狀：前蹄跪地，眼閉頭低，胸前出汗，氣促喘粗。脈色：雙鳧洪數，色如雞冠。治法：清心散灌之。調理：餵養淨處，每用童便一盞，草後灌之。禁止：酷熱休拴暖廄，一切生料忌之。清心散：治馬心痛不寧。當歸、茯神、遠志、甘草、大黄、芎藭、紫菀、芍藥、黄連、蔚金、麥門冬、生地黄。右共為末，每服二兩，蜜二兩，薑三片，雞子清、無根水，同調灌之。

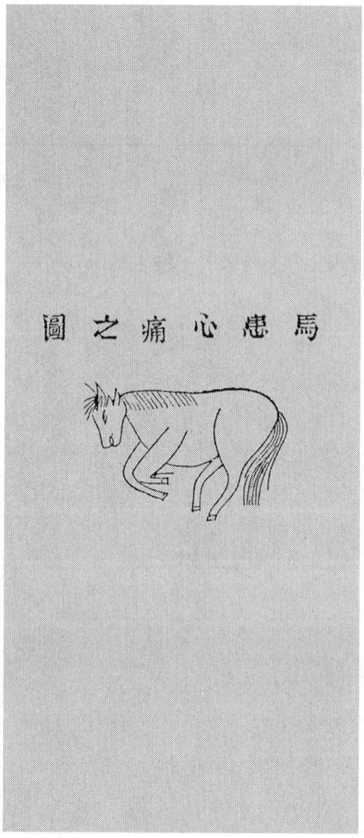

又　馬患傷水起臥第五十五，出《金朝論》。起臥者，腹中疼痛也。皆因久渴失飲，誤飲冷水太過，停住於腸，陽氣不升，陰氣不降，冷熱相擊，致成其痛也。令獸跑蹄打尾，覷腹回頭，蹲腰臥地，腸鳴如雷。此謂冷痛之症也。溫脾散治之。歌曰：馬因冷水困傷脾，口色青黄脈澀遲，跑蹄覷腹渾身顫，打尾伸腰喘息微。傷水起臥溫脾九味同為末，蔥酒調和令火煨，灌了牽行三二里，恰似從前不患時。師皇曰：『凡馬起臥，撲尾跑蹄，回頭覷腹者，腸中氣不順也。凡治者，清利小便，分理陰陽，溫腸逐水，調和氣血治之。』王良曰：『撲尾跑蹄臥，蹲腰四足癱，頻頻覷㬹上，冷熱氣迴圈。』形狀：前蹄跑地，覷腹回頭，渾身發顫，鼻咋喘粗。脈色：右脈中沉上下澀，舌色青而唇色黄。治法：針蹄頭血，溫脾散治之。調理：不住牽行，竹掃帚於腹下刮之。戒忌：當日勿令飲冷水，次日徐徐飲之。溫脾散：治馬傷水腹痛方。當歸、厚朴、青皮、甘草、益智、牽牛、細辛、蒼朮、陳皮。右共為細末，每服二兩，細切青蔥三枝，苦酒一升，調煎三沸，揚去火氣，帶熱灌之。

又　馬患肝經風熱第五十六，出《淵源論》。肝風者，肝熱生風也。皆因餵養太盛，外感內傷，暑月炎天，負重乘騎，奔走太急，熱積於心，心傳於肺，肺傳於肝，肝傳於眼也。令獸眼胞翻腫，眥肉瘀紅，睛生翳障，眵盛難睜。此謂肝熱生風之症也。防風散灌之。歌曰：肝經風熱眼雙昏，四蹄如杜步難行，大小二眥生壅肉，兩胞翻腫閉難睜。骨眼穴中先令割，壅瘀去盡莫留存，睛腧腫瘀燒鐵烙，防風散灌永除根。師皇曰：『凡馬眼障，兩眥有瘀肉者，肝經風熱也。用線度過膜皮，用刀割去病骨。其眼胞上下翻過眼皮，名曰睛腧穴也，火燒鐵器烙之，大效。醫者慎之。』王良曰：『肝熱眼生眵，眼瘀肝有風。兩眥生瘀肉，惟烙抵神功。』形狀：眼胞翻腫，眥肉瘀紅，睛生翳障，眵盛難睜。脈色：肝脈弦數，唇舌鮮紅。治法：徹太陽血，割骨眼穴，烙睛腧穴，防風散灌之。調理：繫養淨處，每朝用青布搵溫水，於眼內洗之。肝經風熱戒止：三日勿令冒風，一切生料停止。防風散：治馬肝風眼腫，閃骨生瘀。防風、黃連、黃芩、荊芥、沒藥、甘草、蟬殼、青葙子、龍膽草、石決明、草決明。右件等分為末，每服二兩，蜜二兩，雞子清兩個，米泔水一盞，同調，草後灌之。

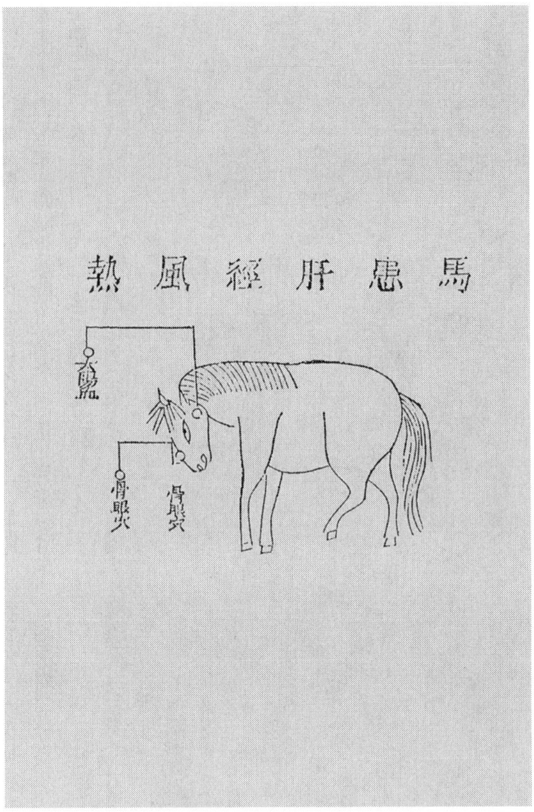

又 馬患肺壅第五十七，出《造父經》。肺壅者，飽傷肺也。皆因膿騮肥馬，氣壯神強，草飽負重，乘騎奔走太過，湧急蹙損肺經，瘀痰凝於羅膈，痞氣填塞心胸。令獸咽喉哽噎，鼻孔流膿，嗽喧不爽，賺吊毛焦。此謂肺壅之症也。百合散治之。歌曰：良馬鼻中流白膿，多因奔走熱攻胸。喘粗鼻咋連聲嗽，色似雞冠脈數洪。鶻肺兩針須令徹，七合散灌有奇功。膿血兩兼黃色臭，任有仙方莫費心。師皇曰：『肺壅者，飽驟蹙損也。凡治者，養心斂肺，降火清痰。騎習少令驟之。喘粗氣促，鶻脈抽者，俱難治也。傷勞俱發者，亦難治也。蓄者慎之。』王良曰：『肺病多方療，心傷鶻脈抽，目前雖得效，已後發無休。』形狀：咽喉哽噎，鼻孔流膿，嗽喧不爽，賺吊毛焦。脈色：肺脈洪大，色似雞冠。治法：徹鶻脈血，百合散治之。調理：餵養淨處，每朝用童便一盞，草後灌之。戒忌：少令騎驟，生料忌之。百合散：治馬鼻內出膿方。百合、貝母、大黃、甘草、瓜蔞根。右為細末，每服一兩，蜜一兩，蕎麵一匙，蘿蔔湯一盞，同煎，草後灌之。

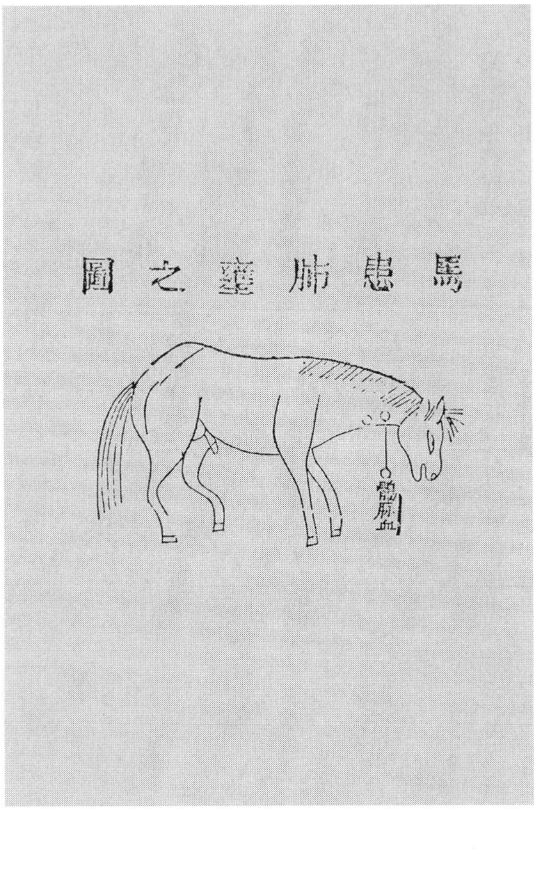

又 馬患肚脹第五十八，出《御車集》。肚脹者，肚腹膨脹也。皆因膿肥肉重，負重勞傷，草飽乘騎，奔走太急，氣出不及，凝結於胸，不升不降，致成其患也。令獸肚腹飽滿，膈脹胸膨，咽喉哽噎，氣粗喘促。此謂肺脹勞傷之症也。天仙散治之。歌曰：馬患肚脹膈間傷，啌嗽連聲喘息忙。只緣飽驟程途遠，痞氣填胸肺受殃。消脹須抽喉脈血，天仙散灌是奇方，蜂蜜二兩相和灌，三服之內即安康。師皇曰：『肚脹者，氣不升降也。凡治者，寬胸破氣，斂肺消膨。喉脈，少許徹之。』形狀：肚腹飽滿，膈脹胸膨，喉中氣噎，鼻咋喘息。脈色：肺脾脈數，唇舌青黃。治法：徹喉脈血，天仙子散治之。調理：徐徐牽走，腹下刮之。戒忌：當日勿令飲喂。天仙散：治馬腹脹方。天仙子、牽牛子、白芍藥、當歸、連翹、大黃、白芷、貝母、甘草、百合。右等分為末，每服二兩，蜜二兩，薑汁一盞，同調灌之。

又 馬患尿血第五十九，出《卞氏論》。尿血者，努傷也。皆因羸驢瘦馬，負重努傷，乘騎奔走太過，又或夜臥失調，仰於凹處，努氣傷臟腑，熱毒流入腎經，陰陽失序，清濁不分。致令獸尿膊溺血，小便瀝紅，頭低耳搭，膁吊毛焦。此謂血淋之症也。秦艽散治之。歌曰：羸馬遙行負重傷，小腸積血注膀胱。毛焦膁吊頭垂地，精神漸減越尋常。秦艽瞿麥車前子，歸芩芍粉共蒲黃，梔草大黃同共使，竹葉煎湯調灌康。師皇曰：『尿血者，膀胱積熱也。療治者，清利小水，分理陰陽。血溺黑者，不堪治也，醫者慎之。』王良曰：『尿血還緣熱，風虛結澀為。秦艽散治療，通利大黃奇。』形狀：尿膊溺血，努氣弓腰，頭低耳搭，草細毛焦。脈色：腎命脈滑，舌如綿。治法：秦艽散治之。調理：喂拴暖室，增加料草，青竹葉空腸喂之。戒忌：七日勿令騎驟。

秦艽散：治馬小便溺血。秦艽、蒲黃、瞿麥、當歸、黃芩、甘草、紅花、大黃、芍藥、梔子、車前子、天花粉。右為末，每服一兩五錢，青竹葉煎湯一盞，同調，空草灌之。

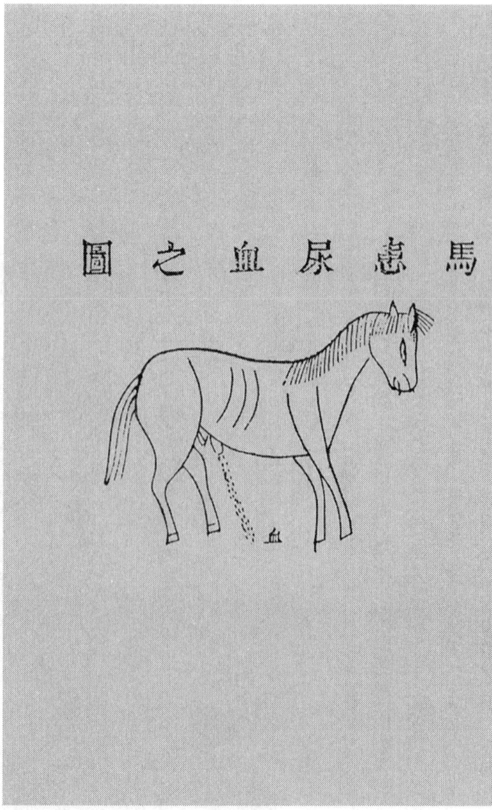

又 馬患腎虛第六十，出《療驥方》。腎虛者，腎敗也。皆因傷勞過度，喂少騎多，傷於五臟，傳入腎經，腎受其邪，外傳腰胯也。令獸後蹄虛腫，胯拽腰拖，精神短慢，耳搭頭低。此謂腎敗虛羸之症也。華澄茄散治之。歌曰：腎虛腿腫步難移，胯拽腰拖脊似弓，四肢倦怠行無力，口色青黃脈細沉。百會巴山溫火治，華澄茄散最功深，臥癱草少尪羸瘦，用盡靈方命不存。師皇曰：『腎虛者，根本虧也。凡治者，和血順氣，滋腎補陰。腰胯火針治之。』形狀：四肢虛腫，後腳難移，精神短慢，耳搭頭低。脈色：雙鳧沉細，口色青黃。治法：火針百會穴、巴山穴，華澄茄散治之。調理：餵養暖廄，增加料草，穰草鋪地臥之。戒忌：寒夜休拴冷處，風寒陰濕忌之。華澄茄散：治馬腎虛，後腿浮腫。華澄茄、破故紙、胡蘆巴、川楝子、肉蓯蓉、肉豆蔻、厚朴、茴香、巴戟、桂心、益智、檳榔。右為末，每服二兩，蔥白三枝，飛鹽半兩，苦酒一升，同煎三沸，候溫，空心灌之。

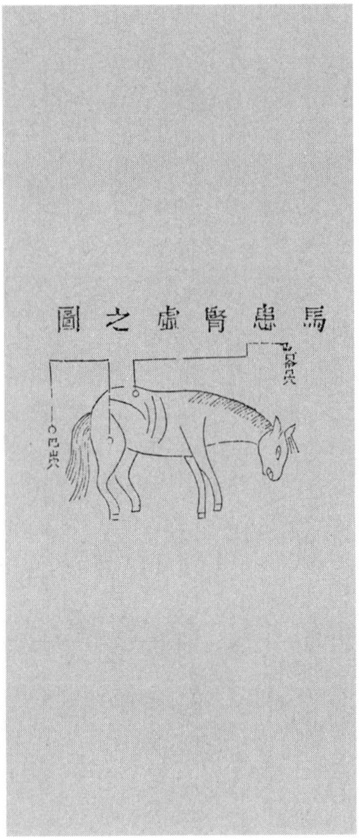
馬患腎虛之圖

又　馬患傷料第六十一，出《李林經》。料傷者，生料過傷也。皆因蓄養太盛，多喂少騎，穀氣凝於脾胃，料毒積在腸中，不能運化，邪熱妄行五臟也。令獸神昏似醉，眼閉頭低，拘行束步，四足如攢。此謂穀料所傷之症也。曲蘖散治之。歌曰：馬因穀料過多餐，胃火流行五臟間。精神困倦渾如醉，行步拘然亦似攢。蘿蔔麥蘖生擂用，枳殼山楂神曲研，生油小便相和灌，四蹄出血自安然。師皇曰：『傷料者，草料過多也。凡治者，消積破氣，化穀寬腸。蹄頭四穴針之。』形狀：精神倦怠，眼閉頭低，拘行束步，四足如攢。脈色：雙凫洪大，唇舌鮮紅。治法：徹蹄頭血，曲蘖散治之。調理：晝縱於郊，夜散於廄，勿令繫之。戒止：當日不得飲水，一切生料戒之。神曲、麥蘖、山楂、甘草、厚朴、枳殼、陳皮、青皮、蒼朮。右為末，每服二兩，生油二兩，生蘿蔔一個，搗爛，小便一升，同調灌之。

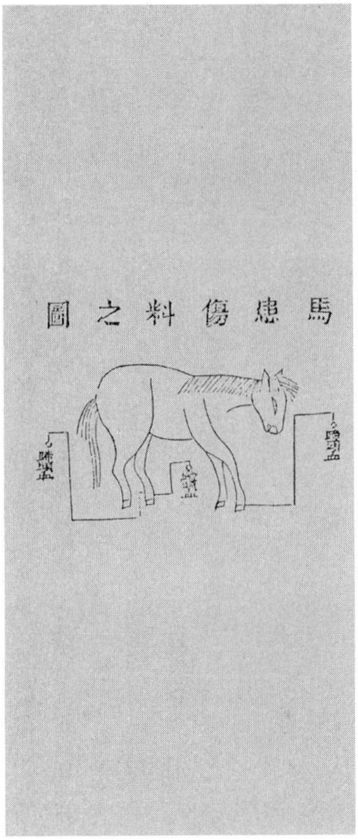
馬患傷料之圖

又　馬患腎經痛第六十二，出《玉照集》。腎痛者，內腎痛也。皆因騎驟失調，奔走太急，蹉不平坐傷胯腰，踏空虛促損腰窩，滯氣凝於腎部，瘀血流注膀胱，氣血結於腰脊也。令獸前行後拽，胯痛腰疼，難臥難起，體瘦肷羸。此謂氣凝腎腰之症也。破故紙散治之。歌曰：馬患腎痛說根因，只緣臥地猛擡身，閃傷內腎傳腰胯，後蹄疼痛不能行。督穴兩針先令徹，腎棚腎角總皆針，蔥酒調煎破故散，三服不效救無門。師皇曰：『腎痛者，閃傷內腎也。凡治者，先徹腎堂兩穴，次用火針腰上針之。』三不同：年老兒馬胯革及者，抽腎把胯也，腎敗不治。臨月孕馬胯肷者，子宮把胯也，產後自愈。肷馬肥風臥地者，胡骨把胯也，癱瘓難醫。王良曰：『兒馬抽腎痛，胎驥子宮傷，膘驢胡骨瘓，三厮無治方。』形狀：臥地難起，胯痛腰疼，頭垂膁吊，體瘦肷羸。脈色：腎命脈澀，口色赤紅。治法：放腎堂血，火針腰上七穴，破故紙散治之。調理：散喂於廄，穰草鋪地臥之。戒忌：休拴寒濕之處，提防簷巷風吹。破故紙散：治馬內腎痛，難臥難起。麒麟竭、元胡索、破故紙、胡蘆巴、沒藥、青皮、甘草、烏藥、當歸、茴香、陳皮、肉桂、白朮、牽牛、楝子、茱萸，計十六味。共為細末，每服二兩，蔥酒同煎三沸，入童便半盞，空草灌之。

馬患腎經痛狀

又　馬患心絶第六十三，出《發蒙論》。心絶者，心經絶也。心經敗絶，無方無則治之。歌曰：心家熱極走顛狂，兩目睜圓汗若漿，忽時倒地渾如醉，驀然又起似驚獐，熱狂亂撞逢人咬，悶亂驚慌見物傷，謹請醫人體妄作，料知此病必難康。

馬患心絶之圖

又　馬患肝絶第六十四，出《發蒙論》。肝絶者，肝經絶也。肝經敗絶，無方無則治之。歌曰：肝病逢秋木遇金，頭低耳搭少精神，四肢倦怠行無力，兩目虛浮閉不睜，腹囊細小尫羸瘦，口色如綿脈細沉，謹請醫工休令治，定知此病必難存。

馬患肝絶之圖

又　馬患脾絶第六十五，出《發蒙論》。脾絶者，脾經絶也。無方無則治之。歌曰：脾家受病喘微微，口色殊黄脈滑遲，瀉糞赤腥渾似水，腹中虛氣響如雷，身側肉顫渾身汗，目瞪看人亦似癡，報導醫人休治療，定知此病必難醫。

馬患脾絶之圖

又　馬患肺絶第六十六，出《發蒙論》。肺絶者，肺經絶也，肺經敗絶，無方無則治之。歌曰：鼻流膿血肺金傷，為緣飽驟失收韁，喉中氣響如抽鋸，渾身皮破發為瘡，四肢虛腫行無力，鼻內時流臭水漿，謹請醫工休妄治，料知此病必須亡。

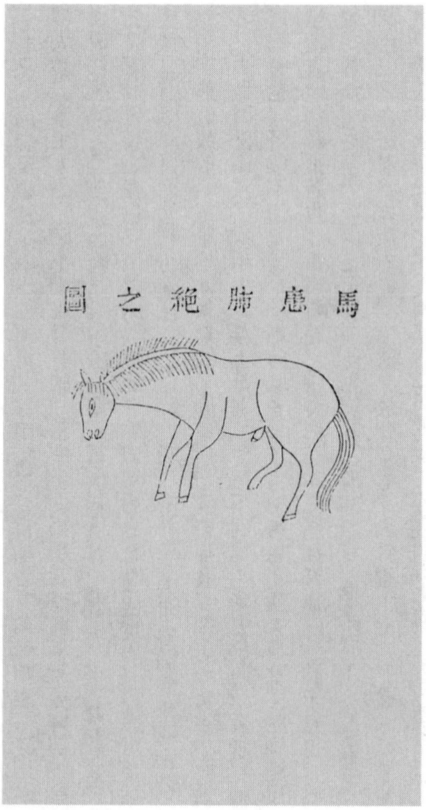
馬患肺絶之圖

又 馬患腎絕第六十七，出《發蒙論》。腎絕者，腎經絕也。腎經敗絕，無方無則治之。歌曰：『腎家有病脚難移，胯報腰拖行步遲，毛焦賺吊精神慢，脈行沉細口如煤，陰囊虛腫身形瘦，頭低眼閉喘微微，謹白醫家休妄治，定知此病必須危。

馬患腎絕之圖

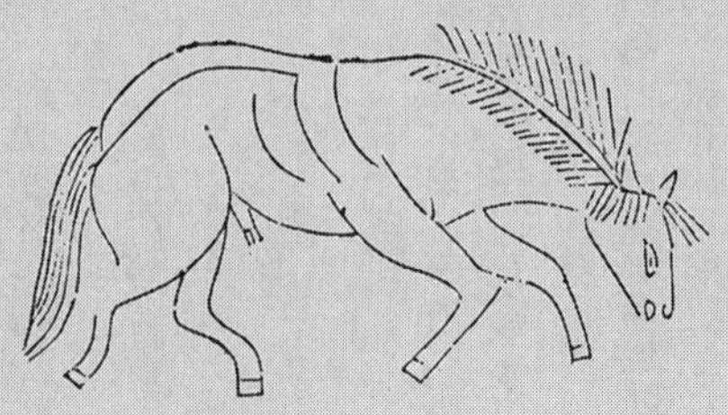

又 馬患脾虛濕邪第六十八，出《歧伯對症》。濕邪者，脾虛風症也。皆因幼駒小馬，血氣未全，夜繫舍簷之下，斜風細雨乘之，濕氣凝於毛竅，疫邪流注肌膚，肌膚侵入腠理，腠理傳之於內也。令獸偏頭直項，眼目歪斜，神昏似醉，行立如癡。此謂脾虛濕邪之症也。天麻散治之。歌曰：『行如酒醉立如癡，首項偏斜兩目迷。麝香牙皂芸薹子，碾末裝筒鼻內吹，三江鶻脈金針徹，百會風門艾火煨，追風解表天麻散，十朝五灌病痊愈。』師皇曰：『邪症者，風症也。凡治者，熱邪休令發汗，濕邪回避陰寒，和血順氣，定魄安神，鶻脈兩針，量觀肥瘦徹之。』王良曰：『風病為邪病，邪病即為風。濕邪宜發表，熱邪徹血寧。』形狀：行如酒醉，站立如癡，昂頭直項，眼目歪斜。脾虛濕邪脈色：雙鳧遲細，口色青紫。治法：徹三江、鶻脈血，艾火烙風門、百會穴，天麻散灌之，芸薹散吹之。又方：風門、百會二穴火烙，上面再加艾壯灸之大效。調理：餵養暖廄，背上氈屉搭之。戒忌：五更不可野放，休令外拴。天麻散：治馬脾虛濕邪偏風。天麻、人參、川芎、防風、荊芥、甘草、薄荷、蟬蛻、何首烏、白茯苓。右為末，每服一兩半，蜜一兩，米飲湯一盞，同調，草後灌之。芸薹散：治馬偏風。芸薹子、皂角炙、硃砂、雄黃、瓜蒂、麝香少許。已上碾羅為細末，每用一字，裝竹筒中，於兩鼻吹之。

馬患脾虛之圖

又 馬患冷腸瀉第六十九，出《師皇集》。泖瀉者，水瀉也。皆因久渴失飲，乘饑誤飲冷水太過，失於牽散，停住於腸，臟冷氣虛，不能津液，膀胱陰陽不分，釀成其瀉。令獸肛門汲水，腹內如雷，飲多食少，賺吊毛焦。此謂冷腸汲瀉之症也。豬苓散治之。歌曰：『泖瀉皆因臟氣虛，水停腸內不津液。肛門瀉糞渾如水，腸中虛氣響如雷。冷腸泖瀉艾湯米飲頻頻喂，冷水三朝切忌之，豬苓散灌連三服，臟腑調和病自愈。』師皇曰：『泖瀉者，臟冷氣虛也。凡治者，分陰陽，和血氣，利膀胱，暖腸胃。三朝熟水飲之。』王良曰：『肛門汲臭水，糞渣不成球，豬澤青陳妙，莨菪與牽牛。』形狀：肛門汲水，瀉糞無球，毛焦賺吊，貪水腸鳴。脈色：氣關沉滑，唇色青黃。治法：放帶脈血，豬苓散灌之，熟米湯飲之。又方：豆萁喂甚妙。調理：少飲水，休飲足，飲後牽行百步歸廄。戒止：空腸飲水，三日忌之。豬苓散：治馬汲瀉。豬苓、澤瀉、青皮、陳皮、莨菪、牽牛。右為末，每服二兩，粟米二合，煮粥，同調灌之。灌後，無根水洗口鼻，立痊。

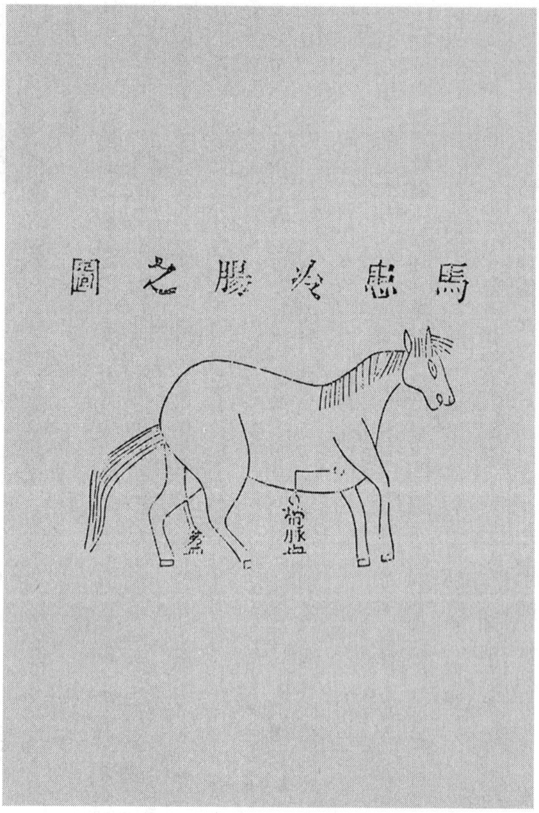

又 馬患胡骨把胯第七十，出《胡卜經》。胡骨把胯者，一名脹腿風也。皆因膘肥肉重，多喂少騎，穀料熱毒，聚於臟內，瘀痰壅血，積滿胸中，三焦壅極，熱盛而生風也。令獸左癱右瘓，四足拳攣，臥地不起，氣促喘粗。此謂風癱之症也。疾勢大者，無方治之。疾勢小者，麒麟竭散灌之。歌曰：胡骨把胯腎家抽，醫工見後必須愁。腰瘓腿癱拳攣臥，小便淋漓腎不收。胡骨把胯識其此病終難療，揀盡名方命必休，縱然得效延時日，百驥之中無一留。師皇曰：『凡馬脹腿風症，四腿伸縮，起而立住者可治；四足拳攣，臥地不起者難醫；大胯肉陷者，亦難治也。醫者慎之。』王良曰：『脹腿肥風瘓，癱臥腿拳攣，兩胯肉消陷，能醫療不痊。』形狀：腰癱腿瘓，四足拳攣，臥地不起，氣促喘粗。脈色：舌唇赤紫，命脈澀沉。治法：火針膊尖、搶風、大胯、小胯穴，麒麟竭散治之。調理：散養暖廄，穰草鋪地臥之。戒忌：休拴冷處，濕地忌之。麒麟竭散：治馬筋疼骨痛，把前把後病。沒藥、當歸、白朮、木通、茴香、巴戟、藁本、牽牛、麒麟竭、胡蘆巴、破故紙、川楝子。已上各等分為末，每服一兩，苦酒一盞，同煎三沸，溫灌之。

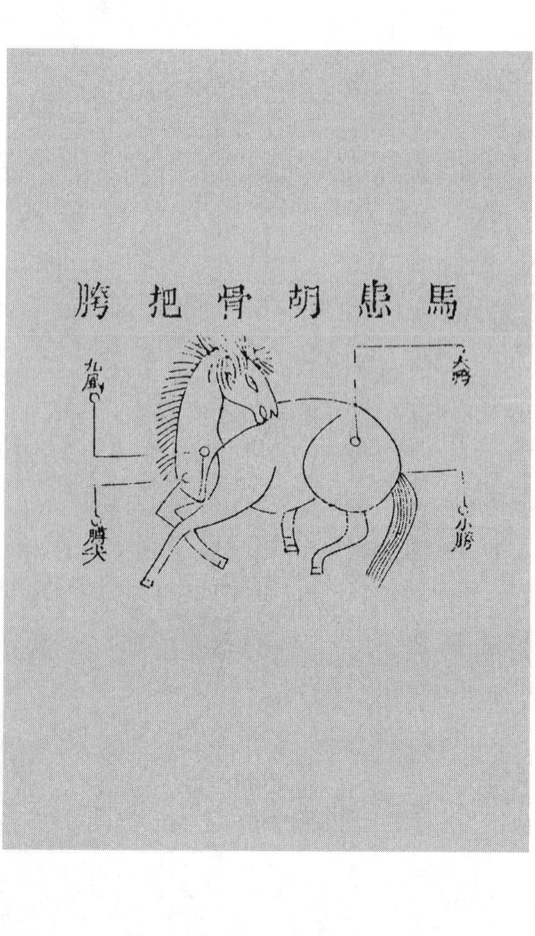

又 馬患束顙黃第七十一，出《穆公論》。顙黃者，卒急之症也。皆因蓄養太盛，肉重膘肥，三焦熱積，壅極心胸，鬱結於咽喉，致成其患也。令獸氣喉腫合，食顙虛浮，低頭直項，氣促喘粗。此謂顙黃之症也。消黃散治之。歌曰：顙內生黃氣血攻，為緣熱積在心胸。氣喉一節當先割，鶻脈兩道急須針，拔癰解毒消黃散，雞清童便蜜調勻。氣如抽鋸胸臲腫，縱施針藥命難存。師皇曰：『凡馬顙內生黃，喉中氣響如抽鋸者，此謂結成囊也。不堪治也。醫者慎之。』王良曰：『喉內若生黃，此病實難當，饒伊能治療，惟恐結成囊。』形狀：氣喉軟腫，食顙虛浮，精神倦怠，耳搭頭低。脈色：雙臲洪數，唇舌鮮紅。治法：徹鶻脈血，割喉腧穴，消黃散灌之，雄黃散腫處塗之。調理：繫拴涼處，水浸青草喂之。戒忌：酷熱休拴暖廄，諸料忌之。消黃散：治馬熱極生黃。知母、貝母、黃芩、甘草、大黃、蔚金、黃藥子、白藥子。右為末，每服二兩，蜜二兩，雞子清、童便同調，草遠灌之。雄黃散：塗馬黃腫方。雄黃、白芨、白蘞、龍骨、川大黃。已上共研為末，用井水調勻，塗之腫處，如乾，再令塗之。

又 馬患心熱風邪第七十二，出《安驥集》。熱邪者，正名中風也。皆因三焦積熱，胸膈痰血，鬱結於心，心竅痰迷，亂其心也。令獸渾身出汗，肉顫頭搖，左右亂跌，氣促喘粗。此謂熱極中風之症也。鎮心散灌之。歌曰：水草如常不住餐，驀然倒地仰觀天，起來似醉渾身顫，白汗流時兩眼翻。頂上風門燒鐵烙，脊間百會亦如然，蹄頭鶻脈俱出血，鎮心散灌自然安。心熱風邪師皇曰：『熱邪者，心之極也。舌如硃砂者死。凡治者，寧心順氣，瀉火清痰。鶻脈兩針徹之。』王良曰：『不可全憑藥，時聞亦用針，但抽鶻脈血，心定自然寧。』形狀：渾身出汗，肉顫頭搖，左右亂跌，氣促喘粗。脈色：雙鳧洪數，舌似雞冠。治法：徹鶻脈血、蹄頭血，火烙風門穴、百會穴，鎮心散灌之。調理：餵養清涼之所，水浸青草喂之。一方：青竹葉喂之。戒忌：少令牽行，諸料停止。又方：針玉堂血，硃砂散灌之，麝香散鼻內吹之。《安驥集》曰：『麝香瓜蒂吹鼻內，上唇出血當時安。』鎮心散：治馬心風，驚悸癲狂不寧。人參一兩、桔梗一兩、白芷一兩、白茯苓二兩。右件為細末，每服一兩，童子小便一鐘，同調，草後灌之。硃砂散：治馬心熱風邪。硃砂二錢、茯神三錢、黄連二錢、人參二錢。已上為細末，豬膽汁半盞，同調灌之。麝香散：治馬中風。麝香少許、瓜蒂、硃砂、雄黄、青黛、皂角炙。已上共為細末，每用一字，裝竹筒中，於兩鼻內吹之。

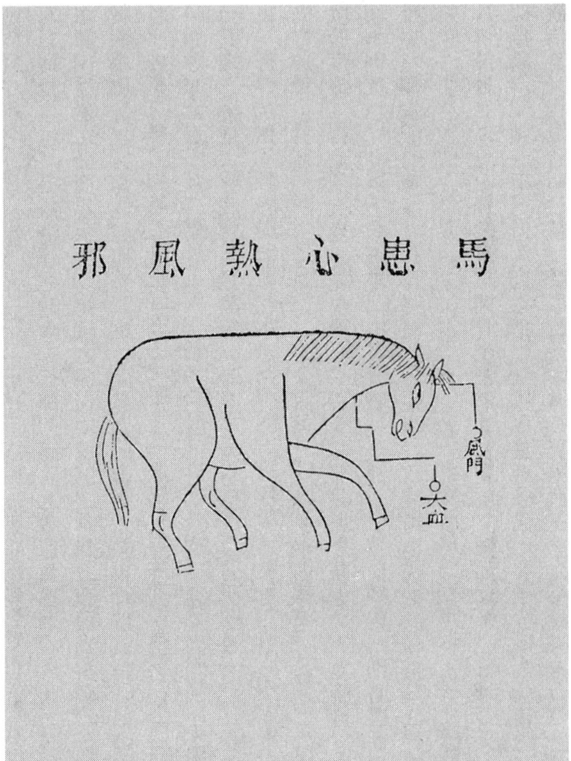

又 卷五《王良啌嗽論》 且人之與獸，雖賦形而稟性之不同，然資氣於陰陽，未之有異也。若夫馬牛之屬，繫乎人之所蓄，苟失其調，則風寒而外感，勞役而內傷，亦不能而無屙瘵矣。昔周靈王問於太史王良曰：『馬之啌嗽多生於肺者何也？』太史答曰：『五臟六腑，皆令獸啌，非獨肺也。』王曰：『願聞其道。』良曰：『皮毛者，肺之合也。而皮毛先受邪氣以從其合，而又食邪入胃，胃氣上升於肺，肺與皮毛內外合邪，主氣客氣、兩相擊迫，則令之啌嗽矣。又且肺為五臟之華蓋，專主於氣，氣之清濁得分，則無啌嗽。若清濁不分，濁氣上升於肺，則肺氣而不能清爽者，亦令之啌嗽矣。外感內傷者，則肺之先受矣。肺傳肝，肝傳脾，脾傳腎，腎傳心，心傳六腑，六腑傳三焦，三焦而氣逆，氣逆而腹滿，腹滿而危矣。』王答曰：『善。』又曰：『五臟啌嗽，何以識之？』王良曰：『五臟啌嗽，各有形狀而驗之。』王曰：『幾何？』

答曰：『肺啌之狀，啌而喘息有音，鼻流膿涕也。心哇之狀，啌而前蹄跑地，謂心痛也。肝嶮之狀，哇之頭則左顧，謂左脅痛也。脾嶮之狀，啌之頭則右顧，謂右脅痛也。腎嶮之狀，啌則懸其後腳，謂腰中痛也。此謂五臟內傷外應之嶮也。』王曰：『五臟之啌，余已知之。六腑之嗽，其狀如何？』良曰：『肺啌不已，大腸受之，啌則氣喘，鼻流膿涕，甚則屁出而遺糞矣。心啌不已，小腸受之，啌則前蹄跑塵，甚則咬齒，頭垂於地矣。肝哇不已，膽腑受之，啌則頭於左顧，甚則口吐而有黃涎出矣。脾啌不已，胃腑受之，啌則頭於右顧，甚而嘔吐則有長蟲出矣。腎啌不已，膀胱受之，啌則懸其後腳，甚則小便而遺溺矣。久啌不已三焦受之，啌則毛焦草細，鼻出臭膿，身形羸瘦，四肢虛腫，肚腹脹滿，逆氣積聚於胃關於肺工也。』王曰：『治則幾何？』良曰：『凡治者，當養其心，斂其肺，清其肝，健其脾，滋其腎，補其陰，和其血，順其氣，調其六腑，各從其類，考證用藥，而無差失，可為賢矣。』

又《三喉論》　夫三喉者，顙黃、槽結，喉骨脹也。三者皆咽喉閉塞之症，亦為急卒病也。且咽喉為芻水之驛遞，臟腑之關津，氣血之道路。蓋緣馬為火畜，象稟離宮，蓄養失調，喂飲無節，春不抽六脈之血，夏失灌清涼之藥，以致氣血大盛，熱積心胸，傳之於咽喉，故成其患也。又且心為帝王，肺為丞相，心主於血，肺主於氣，氣血流傳周身，以應四時寒暑，多一遭為熱，減一遭為寒；或於氣血流行不足，則脾腎受之，而為五勞七傷之症。倘如榮衛往來太過，心肺受之，則生三喉之疾也。或食槽脹大，或咽喉硬腫，或瘰癧結之於舌下，或硬核填塞於喉中，致令呼吸難通，水草難咽，喘粗氣逆，鼻孔流膿，啌嗽不爽，首項難低，此謂三喉之病也，醫工分別三者治之。凡欲治者，先須理氣，次令清咽。抽鶻脈瀉其肺火，放胸膛瀉徹心壅。再於喉門、通關穴，輕則火針，重則火烙。診察盛衰，詳別虛實，量力施用，此謂致治之道也。如食槽之內有瘰癧結之而脹者，就於槽結穴、中，以針刀刺破，取出病核，此謂槽結也。治法另開。其顙黃、喉脹者，醫家斟酌而施。倘氣喉腫合，食顙無通，伸頭直項，偏次生黃，喉內有聲如抽鋸者，乃十死無一生也，不可輕用針刀，妄加攻治。如咽喉平順，呼吸小、通，腫而未合，偏次無黃，方可許令刀割。其頰骨以下，氣顙之中，去喉門四指，中心是喉腧一穴。凡三喉閉塞，就於喉腧穴中，先用針鉤搭起大皮，撚轉利刀，割如小錢大圓瘡口，仍用其鉤再將膜皮搭起，復令其刀割去白膜，勿傷排顙肌肉，回避食喉血管，仔細用心，慢將氣顙脆骨輕剜一節，以中指尖稍先透其孔，搜尋血塊涎膿，次用指粗大小竹筒一節，開竅安於穴孔，則令胸壅解泄，呼吸通宣。可謂療驥之奇方，養生之妙術，亦為後世之鑒矣。三喉歌：喉內黃腫起，多緣熱積逢，鶻脈須針徹，消黃灌有功，喉腧將刀割，膜皮去盡壅，脆骨剜一節，顙內莫教空，竹筒安於穴，徐徐綿杖通，無血方為美，方顯神妙功。

又《骨眼論》　夫獸之兩目，如天之兩曜，識崎嶇，知深淺，何所不賴，察千般，視萬物，無所不憑。且天之日月有晦，謂雷雨風雲所致，馬之眼目失明，因風寒暑濕而傷。大抵眼目乃五臟之門戶，一身之珍寶，內通五臟六腑，外應五輪八廓；五輪應之五行，八廓合之八卦，亦按金、木、水、火、土。故云：五輪者，其黑睛內應於肝，屬木，號曰風輪；白睛內應於肺，屬金，號曰氣輪；二皆內應於心，屬火，號曰血輪；二胞內應於脾，屬土，號曰肉輪；瞳神內應於腎，屬水，號曰水輪。此謂目中五輪，內應五臟，外合五行也。然八廓者，有名而無位也。是故清淨之腑而為天廓，膀胱之腑而為地廓，命門之腑而為水廓，受盛之腑而為火廓，津液之腑而為風廓，草穀之腑而為雷廓，傳送之腑而為山廓，三焦之腑而為澤廓，此謂八廓合之八卦也。然五輪八廓總之於目，內應五臟，先應於肝也。肝者，眼目之源也，或於外感風寒，內傷勞役，榮衛往來太過不及，傷於五臟，傳之於肝，肝受其邪，外傳於眼也。夫眼者，乃五臟之精華，應肝屬木，故水火而不可偏勝也。故云：肝者木也，心者火也，腎者水也，且臟腑調和，水火既濟，木榮枝茂，眼目光明。如榮衛不足，先傳於腎，腎受其邪，水之勝也。水之勝者，火滅而木則飄也。令獸下元虛冷，腰胯疼痛。若血氣大盛，先攻於心，心受其邪，火之勝也。火之勝者，水煎而木則焚也。令獸上焦壅熱，眼目昏朦。是故心血攻而神倦，則睛澀而羞明難視；腎水煎而骨瘻，其目腫而閃骨生瘀，致使精神恍惚，耳搭頭低，睛生翳障，眵盛難睜，正謂骨眼之病也。骨眼者，皆緣積熱於五臟也。然五臟熱極，外傳於目，以致眼皆潰爛，閃骨生壅。其初顯出，渾如粟米，日漸長大，恰似魚鱗，頻頻淚下，口久磨得睛生白膜，遮蔽瞳人，醫工分別真偽治之。凡欲治者，擇令晴明日霽，禁忌風雨陰寒，莫犯血支、血忌與夫本命刀砧。將獸繩縛，立正穩平，仔細於眼角大眥，先將閃骨用針線度過分下膜皮，以鋒利針刀割去病骨，不損血輪為妙，合用青葙散灌之，克日成功，而無不效矣。右具前項之說，眼中閃骨，乃腎水之精華，血輪之外應，馬騾稟胎氣而生，個個有之，只於眼角生壅，有骨挺出似魚鱗者，方為骨眼，許令剜割。近世醫人，不察標本淵源，虛實真偽，亂行針刀，妄加攻治。且如空腸過飲，宿草停餐，水停膈間而不運，料塞腸內而不行，陰陽錯亂，冷熱相攻，臟結胞轉，肚腹疼痛，而成起臥之疾。愚人不曉根源，不通義理，一概誤證，稱為骨眼之病，妄用針刀，誤將火輪閃骨割去。然其一病未痊，又且添加一患，如雪上加霜，轉加沉重。其瘔瘂者，屈忍無伸，自得其瘥，出乎僥倖，倘有不愈，亦為痼疾之害也。噫，可歎哉！可戒哉！且於《安驥全集》《淵源塞要》《通玄至論》《療驥難》，先聖諸書，搜尋詳察，並無起臥骨眼之說。後之學者，講究經書，窮推義理，觀其外形，察其內受，風則驅散，熱則清涼，氣則調順，不可輕用針刀。此謂致治之道矣哉。骨眼歌：馬有三十六起臥，醫人個個都讀過，多因寒暑失調和，為緣餵養陰陽錯，肚腹結痛轉胞疼，偽學呼為骨眼臥，誤將閃骨令刀剜，一病未除加一禍。古來骨眼翳遮睛，初患渾如粟米個，漸成長大似魚鱗，那般方許針鉤剉。腹痛何由犯眼輪，骨眼焉能有起臥，戒哉學者要診詳，五輪閃骨休傷錯，董芽骨眼驗虛真，聖典流傳千古播。

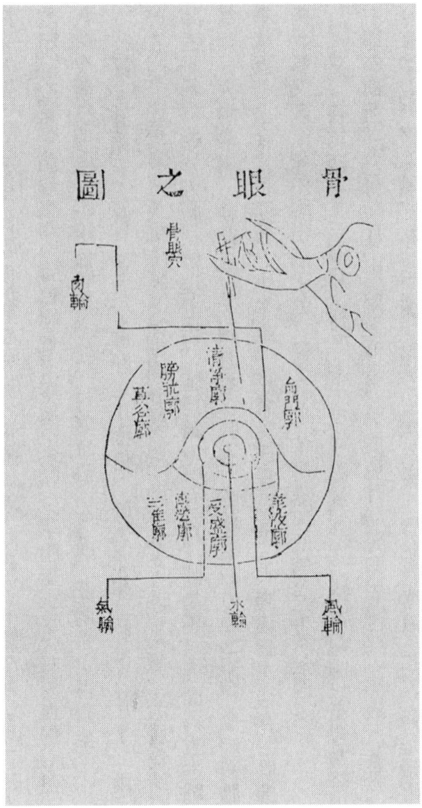
骨眼之圖

又《渾睛蟲論》 夫馬眼生渾睛蟲者，不居五臟，不在腸中，又不是榮衛相傳之病。皆因牧放失期，外感疫邪，注之於目，陰陽交混，變化而成形也。且如夏末秋初，而暑氣未清，濁氣未肅，陰陽交混，瘴疫流行，雲迷宇宙，霧掩山川，此謂天地發生不正之氣也。《內經》云：其王秋之月，如夜間而有黑霧者，凡幼馬五更不可牧放於郊。其郊中有棘刺，刺中有蛛網，網中有露水，水中有瘴毒。然馬食其草，誤撞蛛窩，蛛絲露水誤入於目。感天地之疫氣，受蜘蛛之精水，又況目輪屬火，故水火相交，陰陽變化而成蟲矣。在於五輪之內，往來不住遊走，有似蛟龍戲水，不能停息，日久渾得睛生翳膜，黑白不分。若不除之，深為廢痼。凡欲治者，藥點，火烙，灌啖無應。若通玄妙，治法如神。先須避忌風寒陰雨、刀砧血忌。務在日霽晴明，將獸繩縛，立正穩平。左手睜開馬眼，辨別渾睛。白膜近上，黑睛向下，兩間中心是開天一穴。用線纏定白針，尖長一分。用心細意，右手持針，於開天穴上輕手急針一分，蟲隨水出，便見其效。可謂揭病之針工矣。渾睛蟲歌：年少兒騮馬，三秋霧露中，蛛水入於目，變化遂成蟲。渾如蛟斗水，恰似戲珠龍，日淺頻含淚，時深翳障瞳。藥點全無效，灌烙未成功，欲通神妙訣，開天穴上針，黑白睛中刺，休教犯水輪，針蟲隨水出，師皇萬世功。

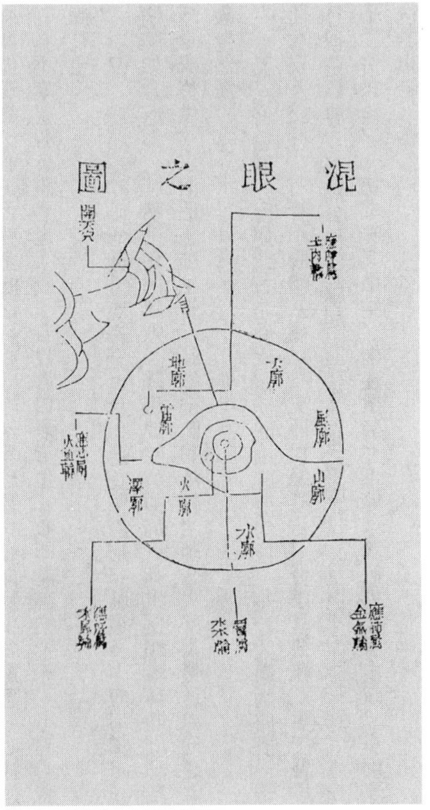
混眼之圖

明 楊時喬《新刻馬書》卷五《師皇五臟論》 肝第一。春三個月，肝旺七十二日。肝為尚書。肝重三斤十二兩。肝者，外應於目，目即生淚，淚即潤其眼。肝家納酸。肝為臟，膽為腑。肝者，風為臟，膽者，精為腑。肝是膽中之佐。肝為裏，膽為表。肝為陰，膽為陽。肝為虛，膽為實。肝者，外應於東方甲乙木。歌曰：肝家受病眼睛昏，頭低耳耷少精神，閃骨生瘡多淚下，胡骨把胯病元因，飯傾之間攻左腳，青葙石決樟柳根，早晨臨臥灌兩上，此病應須眼再明。

又　心第二。夏三個月，心旺七十二日。心為第一。心重一斤十二兩，上有七竅三毛。心者，外應於舌，舌則主血，血則潤其皮毛。心家納苦。心為臟，小腸為腑。心者，血為臟。小腸者，受盛之腑。心是臟中之君。心為裏，小腸為表。心為陰，小腸為表。心為虛，小腸為實。心者，外應於南方丙丁火。歌曰：心家受病連膈痛，胃口哽氣又唇褰，多臥少草咀揾土，小腸尿血傷心熱，騏驎沒藥紅芍藥，不限依時童子便，每藥每日兩度灌，此馬必定得安全。

又　肺第三。秋三個月，肺旺七十二日。肺為丞相。肺重三斤十二兩。肺者，外應於鼻，鼻則主氣，氣則通其榮衛。肺家納辛。肺為臟，大腸為腑。肺者，氣為臟，大腸為傳送之腑。肺是臟中之華蓋。肺為裏，大腸為表。肺為陰，大腸為陽。肺為虛，大腸為實。肺者，外應於西方庚辛金。歌曰：肺為華蓋心上存，鼻連西方庚辛金，皮膚受病鬃毛落，大腸連腳左邊存，肷顫肉動腳又散，鼻中膿出病十分，醫工見者休辨認，此馬必定救無門。

又　腎第四。冬三個月，腎旺七十二日。腎為烈女。腎有兩個，左即為腎，右即為命門。腎重一斤十二兩。腎者，外應於耳。腎即生津液，津液壯其骨。腎家納咸。腎為臟，膀胱為腑。腎者，水為臟，膀胱為津液之腑。腎是臟中之使。腎為裏，膀胱為表。腎為陰，膀胱為陽。腎為虛，膀胱為實。腎者，外應於北方壬癸水。歌曰：腎家受病切須知，後腳難擡耳又垂，心連小腸尿更澀，膀胱邪氣透入脾，限料早晨空草灌，苦楝茴香青桔皮，腳重頭低陰又腫，此馬必定可憂疑。

又　脾第五。四季脾旺，每季各旺一十八日，共旺七十二日。脾無正位，胃為大夫。脾重二斤二兩。脾者，外應於唇，唇即生涎，涎即潤其肉。脾家納甜。脾為臟，胃為腑。脾者，土，為臟。胃者，草穀之腑。脾是臟中之母。脾為裏，胃為表。脾為陰，胃為陽。脾為虛，胃為實。脾者，外應於中央戊己土。歌曰：無正位號中央，雙抽兩肷連膀胱，多臥少草又哽氣，唇乾舌上口生瘡，生薑和蜜并綠豆，砂糖四兩用消黃，氣藥健脾針脾穴，此馬驗認是脾黃。

又《碎金五臟論》　頭高八尺似龍形，二氣陰陽造化成，四大為軀無實相，胎胞運氣不堅形，造父昔時觀外相，慧性天然有異靈，筋骨宿因皆注定，觀形看悉斷平生，內說一篇五臟論，堪與醫家作證明，天有五星辰宿位，馬有五臟立根形。

又　肝第一。肝為東方甲乙木，三斤十二似荷形，左短右長都五葉，肝垂心下若垂鈴，肝盛目赤饒眵淚，肝熱睛昏翳膜生，肝風眼暗生碧暈，肝冷流淚水津津，肝即善能納酸味，氣引風牽入臟盛，過得咽關皆有處，似水通流每潤經。

又　心第二。心屬南方丙丁火，注於心上最偏靈，大小只如雞子樣，一斤十二旺朱明，受其津液都五合，注潤魂魄得安寧，心有七竅通於舌，玉戶金關能潤經。心熱舌乾多吐沫，心冷吐水變唇青，心虛無事多驚恐，心痛顛狂腳不寧，心黃護繫逢人咬，心攻唇口變瘡生，心即能善納苦味，小腸同腑脈長榮。

又　肺第三。肺屬西方庚辛金，色似蓮花華蓋形，肺壅鼻中饒清涕，正病膿如金露形，肺喘毛焦因氣敗，肺壅連咗鼻噴清，肺風擺頭多鼻咋，肺熱渾身瘡疥生，皮肉毛焦肺家管，肺納辛味體浮輕，肺合大腸為傳送，通連水臟自然惺，二斤十二分為相，本住耶尼佛國城。

又　腎第四。腎屬北方壬癸水，膀胱兩畔要勻停，左管大腸蟠四襀，一丈二尺不交并。右管小腸蟠八襀，二丈四尺絕其盈，腎壅耳聾難聽事，腎虛耳似聽蟬聲，腎熱耳根黃腫起，腎冷拖腰鞁腳行，腎傷牙齒頻咬動，一斤十二古來論，一切咸味其中納，內注風勞亦不停，診候先須看步脈，辨別浮沉識重輕。

又　脾第五。脾屬中央戊己土，日夜垂磨不暫停，脾冷鼻乾多限料，脾熱唇褰見料驚，脾寒身顫毛如刺，脾虛吐沫病自生，脾不磨時馬不食，脾黃起臥忌變增，脾即善能納甜味，胃口相生佐土星，下得咽關皆有處，分別陰陽配五行。

又《胡先生清濁五臟論》　清濁初分未曉明，混沌猶如全卵形，盤古起時開天地，下為濁氣上為清，頭即象天足象地，兩眼呼為日月明，天有五星辰宿位，地有五嶽五山尊，世有五行并五苦，生老病死苦相因，神有五通通天地，馬有五臟立身形，天產獸類馬為貴，更兼獅子及騏驎，肺腎心肝脾作臟，萬病皆從五臟生，肝為尚書為佐使，腎為烈女水中精，脾為大夫為諫議，肺為丞相佐其心，四處呼為四宰相，心為五臟第一尊，血脈皮膚并骨節，關連心臟得安寧，肝能藏魂肺隱魄，心內藏神腎隱精，脾即臟中生血氣，五神總不離身形，皮膚內連於血脈，肺注皮膚瘡疥成，內即關連於肺臟，齒根本是骨中生，血脈內連於心臟，心家有病脈不停，脾虛即饑多虛熱，腎虛耳似聽蟬聲，肺虛鼻中無香氣，心虛無事目生驚，肝虛目赤有眵淚，萬病皆從五臟生，筋骨蹄乾節有病，血損毛焦乍又興，腎傷齒黑知休咎，想見根源病淺深，肝臟共同膽一處，肝膽夫妻一路行，膽號為腑肝為臟，臟腑中間要辨明，脾與胃通連血脈，并合陰陽一處行，小腸連心心作臟，小腸為腑一家論，腎合膀胱腎為臟，膀胱為腑又須聞，若說三焦知去處，都來總不離身形，頭至於心上焦位，中焦心下至臍輪，臍下至足下焦位，此是三焦亦要明，脾即屬陰呼作磨，碓是心王號丙丁，脾即為寒心為熱，陰陽二字要知因，脾磨能消化五穀，心旺血脈不暫停，陰陽盛衰脾不磨，穀豆難消草料停，血脈不行住著碓，四肢無力漸難行，碓磨俱停血脈罷，好手醫人療不能。肝生於膽呼為腑，胃出根源脾內生，肺為作虛心上起，生於虛汗在心神，津液關連於心臟，要知來處本元因，肝屬東方甲乙木，春旺花開萬物生，正月二月六十日，三月十二木家榮，七十二日肝家旺，以外十八土家榮。心屬南方丙丁火，夏月炎天正旺興，四月五月六十日，六月十二火家榮，七十二日心家旺，以外十八土家榮，肺屬西方庚辛金，恰到三秋正旺興。七月八月六十日，九月十二金家榮。七十二日肺家旺，以外十八土家榮，腎屬北方壬癸水，旺在三冬最是能，十月更兼十一月，臘月十二水家榮，七十二日腎家旺，以外十八土家榮，脾無正形分四季，四處榮旺要安寧，四十四處經中說，四八三十二界分，每季各旺十八日，脾家當旺解惺惺，此是五行分四處，內按五臟要分明，肝病傳與南方火，父母見子必相生。心屬南方丙丁火，腎病傳脾禍未生。脾家得病傳於肺，安榮必定土生金，肺家得病傳於腎，金水相和無退迎，腎家得病傳於肝，水能生木必相親，此是號名相生法，免有災殃禍害侵，肝家有病傳於脾，木來克土必災生，脾家有病傳於腎，土來堰水療無因，腎家有病傳於心，水來澆火救無門，心家有病傳於肺，金逢火化倒銷形，肺家有病傳於肝，金能克木病難痊，此是五行相克病，好手醫工療不能，因此休咎須消息，相生相克要分明，春病忌秋肝臟死，秋病還憂夏旺興，夏病亦嫌冬月冷，腎病常憂四季榮，口中舌如煮豆色，瞪目看人不轉睛，喉中作聲如抽鋸，汗出如油是死形，見此病源休治療，直饒妙手亦無能，下手即憑諸方論，善惡中間要曉明，此病診時如雀啄，定息看時氣不停，鵲脈自來不著道，乍去乍來不停勻，一息一動當日死，動如毛髮入幽冥，大論高談多廣說，察色中間會聽聲，了了心間無不會，臨時不善恐難明，應是醫家行海上，論談醫藥眾人聽。

又　卷六《王良天地五臟論》　混沌初分，輕清上為天，重濁下為地，盤古氏為尊，自後，女媧、伏羲，始有人民、萬物。天地之內人為貴，馬實次之。故傳曰：『行天莫如龍，行地莫如馬。』則馬之為用，可以任重致遠，天下之物，未有能先之者。是以往古有八駿之名，九逸之號，然究其所用，莫不牧養之有法，救治之有術。若周官：牧師，焚牧，通淫之有時；圉師，除蓐、釁廄之有教；巫馬，又掌養疾馬而乘治之，相醫而藥，用攻馬疾。則馬之有醫，其來尚矣！其顯而見於古昔者，馬師皇是也。蓋良馬雖有四足，亦稟天地而生，故天有五行，馬有五臟，天有三光，馬行三大，天有日月，馬有眼目，天有四時，馬有四肢，天有七星，馬有七竅，天有六律，馬有六脈，地有八山，馬有八窌，地有江海，馬有腸胃，地有溝渠，馬有血脈，地有林木，馬有鬃毛，地有四瀆，馬有四蹄，一年有三百六十日，馬有三百六十六，亦有三百六十骨節也：天頂骨、腦骨、額骨、眉棱骨、眼箱骨、垂睛骨、閃骨、鼻梁骨、鼻隔骨、鼻素骨、頰腮骨、松子骨、上頷骨、下頷骨、上排齒骨、下排齒骨、上下四十齒骨、舌連骨、耳筒骨、伏兔骨、項鎖骨、喉骨、罨嗓骨、翳甲骨、膊尖骨、弓子骨、鍬子骨、鍬子骨、搶風骨、臆骨、臆車骨、肘骨、裏乘重骨、外乘重骨、同筋骨、膝蓋骨、膝角骨、夾膝骨、附骨、柱膝骨、脛梃骨、踝骨、攢筋骨、柱蹄骨、罨蹄骨、蹄胎骨、掌骨、子骨、脊梁骨、肋扇骨、棚子骨、邊骨、三山骨、接脊骨、尾巴骨、尾梃骨、雁翅骨、大胯骨、小胯骨、掠草骨、合子骨、烏筋骨、揭骨、蒺藜骨、鵝鼻骨、天定骨、鹿節骨、鼻筒骨、越骨。前面有六門，後面有四門，門門相對。馬有一百五十九道明穴，并在一百八十道白針、一百八十道火針之內，各有去處。夫，針則無害。補針有意。若偏較一絲，不如不針。上穢、中穢、下穢，上穢是左潭脈，中穢是帶脈，下穢是腎脈，穢為污也，污為血也。馬有三堂、六脈。三堂者：一、胸堂，二、玉堂，三、腎堂，此名三堂。六脈者：一、耳根不動，二、耳脈不散，三、口色不惡，四、舌色不弱，五、膈前有七道命脈不絕，六、膈後有七根命毛不側，此名六脈。肝主眼、腎主耳、脾主唇、肺主鼻、心主舌，眼、耳、唇、鼻、舌，是名外；腎、肝、肺、脾、心，是名內，見其外，即知其內，內外相應，認病下藥，何憂不痊。大腸如江，小腸如海，頭、心、肺、腎如四海。頭為髓海，心為血海，肺為氣海，腎為水海。血海如溝渠。大腸長一丈二尺，象一年十二個月；小腸長二丈四尺，按一年二十四氣，呼為內一匹；四蹄有八字，四八三十二；馬頭高八尺，似于八節，呼為外一匹。夫馬雖是四足，亦稟陰陽而生，生於灰臺之下，龍飲天池之水，遂生得馬。馬祖亦有父母，父名屈強，母名屈女，屈女生女子，女子生得飛兔，飛兔生得騏驎，騏驎生得馬，馬生得騾。凡馬有三百六十骨節，亦有三百六十穴。馬有二十萬二千一百一十經受病毛竅。馬亦有三斗六升血。出氣為喘，入氣為息。馬若無病，一日一夜有三萬六千一百度喘息。馬若有病，一日一夜有三萬六千一百二十五度喘息。馬有六腑：膽為清淨之腑，大腸為傳送之腑，胃為草穀之腑，小腸為受盛之腑，膀胱為津液之腑，三焦為中之腑。夫醫馬者，須知病源，察其根本，按審筋脈，聽其喘息，便知生死。春三個月，一日一夜血脈流傳二百四十遭，夏三個月，一日一夜血脈流傳，百八十一遭；秋三個月，一日一夜血脈流傳一百二十遭；冬三個月，一日一夜血脈流傳六十遭。春三個月肝旺，夏三個月、心旺。秋三個月肺旺，冬三個月腎旺。肝屬東方甲乙木，心屬南方丙丁火，肺屬西方庚辛金，腎屬北方壬癸水，脾屬中央戊己土。春三個月肝旺七十二日。夏三個月，心旺七十二日。秋三個月，肺旺七十二日。冬三個月，腎旺七十二日。脾無正形，旺在四季內，各旺一十八日。馬有四百八病。內四病不見。春管一百一病，夏管一百一病，秋管一百一病，冬管一百一病、內有四病不見者，一口中銜鐵。背上搭鞍，兩邊垂鐙，一令人乘騎。馬若有病，須是應病下藥。肝納酸，脾納甜，肺納辛，心納苦，腎納咸。馬有七連：耳連腎，舌連心，肝連眼，脾連唇，齒連骨，鼻連肺，尾連腸。肝欲得小，耳小則肝小，肝小則識人意。肺欲得大，鼻大則肺大，肺大則能奔。心欲得大，目大則心大，心大則猛利不驚。目四滿則朝暮健。腎欲得小。腸欲得厚且長，腸厚，則腹廣方而平。脾欲得小。肷腹小則脾小，腫小則易養。望之大、就之小，筋馬也；望之小、就之大，肉馬也，皆可乘致。至瘦，欲得見其肉。至肥，欲得見其骨。馬有五赤：鐵磨口角，呼為一赤；磨膊，呼為二赤；肚帶磨破肘下，呼為三赤；磨梁擦背，呼為四赤；磨破尾下，呼為五赤。馬有五疾：垂縷不收，腎之疾；氣如攢椽，肺之疾；褰唇愛笑，脾之疾；舌如硃砂，心之疾；兩眼不見物，肝之疾。馬有三危：鼻中血出，是肺危；眼內生瘡，是肝危；陰腫，是腎危。馬有五勞：筋勞、骨勞、皮勞、氣勞、血勞，凡傷勞者，醫家須要審詳。所知而勝不知，所識而勝不識，但念此，則盲而明也。

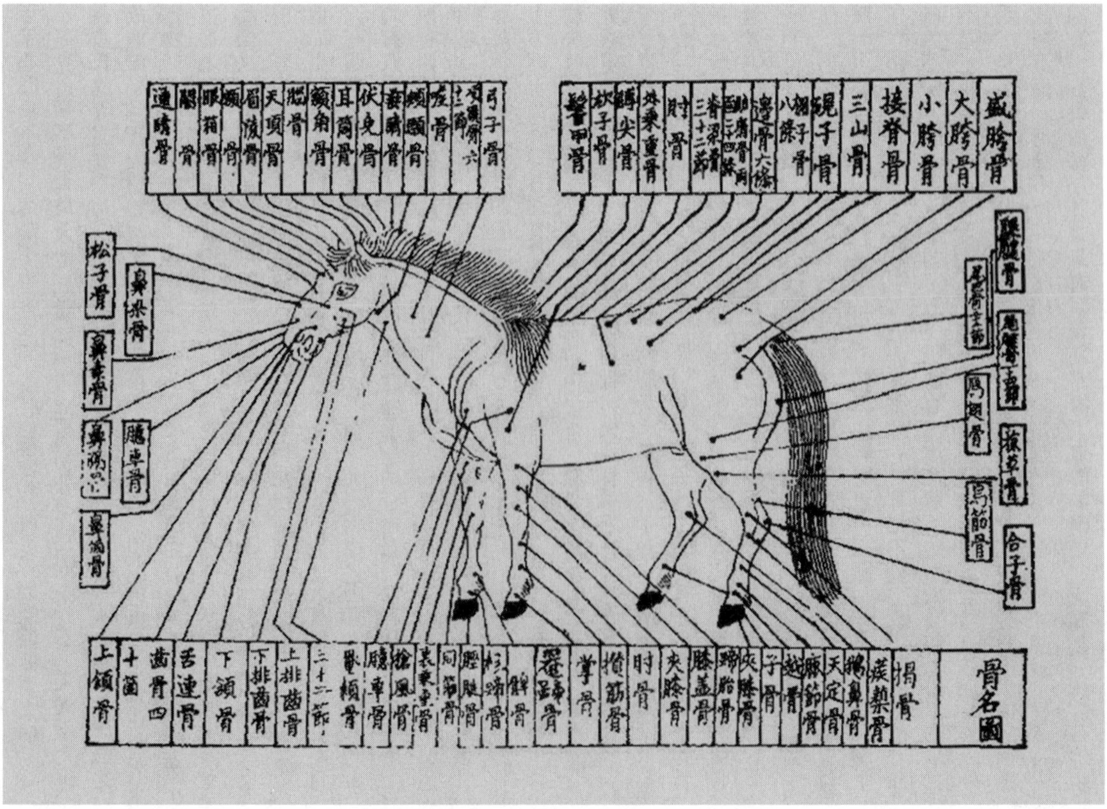

清 郭懷西《新刻注釋馬牛駝經大全集·馬經大全》卷二《論馬瘡黃兩癥治法不同》 東溪問於曲川曰：『人之腫毒為瘡，馬之腫毒為黃者何也？』曲川答曰：『馬之腫毒大半為瘡，非獨為黃也。』東溪曰：『何以分別？』曲川曰：『硬而痛者為瘡，軟而不痛者為黃。』東溪曰：『余聞兩症俱從熱之所發，腫之為瘡，何以又腫為黃乎？』曲川曰：『黃者，熱之極也。瘡者緩也。有形傷於氣，有氣傷於形，有太過，有不及，凝溢兩感不同也。』東溪曰：『何以發瘡？何以發黃？』曲川曰：『瘡者，氣之衰也。氣衰者，血澀也。血澀者，血凝經絡也。是故血凝經絡浸於肉理，肉理淹溜而肉腐，腐者化之為膿，故曰瘡也。黃者，氣之壯也，氣壯者，血洪也，血洪者，血離經絡也。是故血離經絡，溢於膚腠，膚腠鬱結，而成瘀血。瘀血者，化為黃水，故曰黃也。此謂兩感瘡黃之症也。』東溪曰：『何以治之？』『瘡者，形傷氣也，先治瘡而後理氣；黃者，氣傷形也，先理氣而後治黃。此謂拔本塞源也。歌列於後。』歌曰：三十六腫發瘡黃，氣衰氣壯致形傷。氣若傷形生黃腫，形來傷氣腫為瘡。瘡早醫瘡遲理氣，黃先導氣後醫黃。形氣兩傷分兩治，此乃醫家療驥方。

又《通玄五臟論》 肝第一：春三個月，肝旺七十二日。肝為尚書，肝重三斤十二兩。肝者外應於目，目即生淚，淚即潤其眼。肝家納酸。肝為臟，膽為腑。肝者風為臟，膽者精為腑。肝是膽中之佐，肝為裏，膽為表。肝為陰，膽為陽。肝為虛，膽為實。肝者，應五方在東，應五行寅卯甲乙木。歌曰：肝家受病眼睛昏，頭低耳搭少精神。閃骨生瘀多淚下，胡骨把胯病原因。肝臟受症攻左腳，青葙石決菊穀精。早晨臨臥灌兩上，此症應須眼再明。

又 心第二：夏三個月，心旺七十二日。心為第一，心重一斤十二兩，上有七竅三毛。心者，外應於舌，舌則主血，血則潤其皮毛。心家納苦。心為臟，小腸為腑，心者血為臟，小腸為受盛之腑。心是臟中之君，心為裏，小腸為表。心為陰，小腸為陽。心為虛，小腸為實。心者，應五方在南，應五行巳午丙丁火。歌曰：心家受病連膈痛，胃口哽氣又唇蹇，多臥少草咀揎地，小腸尿血熱心前。麒麟沒藥紅芍藥，當歸萸肉棗仁攢，童便調灌三五服，應如此馬得安全。

又 肺第三：秋三個月，肺旺七十二日。肺為丞相，肺重三斤十二兩。肺者，外應於鼻，鼻則主氣，氣則通其榮衛。肺家納辛。肺為臟，大腸為腑。肺者氣為臟，大腸為傳送之腑。肺是臟中之華蓋，肺為裏，大腸為表。肺為陰，大腸為陽。肺為虛，大腸為實。肺者，應五方在西，應五行申酉庚辛金。歌曰：肺為華蓋心上存，鼻連西方庚辛金。皮膚受病鬃毛落，大腸連腳右邊存。膁頭肉動腳又軟，鼻中膿出病十分。醫工見者休辨認，此馬必定救無門。

又 腎第四：冬三個月，腎旺七十二日，腎為烈女，腎重一斤十二兩。腎者，外應於耳，腎即生津液，津液壯其骨。腎家納鹹。腎為臟，膀胱為腑。腎者水為臟，膀胱為津液之腑。腎是臟在中之使，腎為裏，膀胱為表。腎為陰，膀胱為陽。腎為虛，膀胱為實。腎者，應五方在北，應五行亥子壬癸水。歌曰：腎家受病切須知，後腳難擡耳又垂。心連小腸尿更澀，膀胱邪氣透入脾。限料清晨空草灌，苦楝茴香青桔皮。腳重頭低陰又腫，此病必定可憂疑。

又 脾第五：四季脾旺，每季各旺一十八日，共旺七十二日。脾無正位，胃為大夫，脾重二斤二兩。脾者，外應於唇，唇即生涎，涎即潤內，潤五臟。脾家納甜。脾為臟，胃為腑。脾者土為臟，胃者草穀之腑。脾是臟中之母，脾為裏，胃為表。脾為陰，胃為陽。脾為虛，胃為實。脾者，應五方在中，應五行辰戌丑未戊己土。歌曰：脾無正位號中央，雙抽兩膁連膀胱。多臥少餐又哽氣，唇乾口舌又生瘡。生薑白蜜和綠豆，砂糖四兩用消黃。藥用健脾針脾穴，應知驗證是脾黃。

又《造父五臟論》 頭高八尺似龍形，二氣陰陽造化成。四大為軀無實相，胎胞運氣結成形。造父昔時觀外相，慧性天然在異靈。筋骨宿因皆註定，觀形看息斷平生。內說一篇五臟論，留與醫家作證明。天有五星辰宿位，馬有五臟立身形。

又 肝第一。肝為東方甲乙木，三斤十二似荷形。左短右長都五葉，肝垂心下若懸鈴。肝盛目赤饒眵淚，肝熱睛昏翳膜生。肝風眼暗生碧暈，肝冷流淚水冷冷。肝即善能納酸味，氣引風牽入臟盛。過得咽關皆有處，似水通流每潤經。

又 心第二。心屬南方丙丁火，注於心上最為靈。大小只如雞子樣，一斤十二旺朱明。受其津液都五合，注潤魂魄得安寧。心有七竅通於舌，玉戶金關能潤經。心熱舌乾多吐沫，心冷吐水變唇青。心虛無事多驚恐，心痛顛狂腳不寧。心黃護繫逢人咬，心火唇舌便瘡生。心即善能納苦味，小腸同腑脈長榮。

又 肺第三。肺屬西方庚辛金，色似蓮花傘善形。肺寒鼻中饒清涕，肺熱膿如金露凝。肺喘毛焦因氣敗，肺壅連咥鼻膿噴。肺風擺頭多咋鼻，肺毒渾身瘡疥生。肌肉皮毛肺家管，肺納辛味體浮輕。肺合大腸為傳送，通連水臟不注停。三斤十二分為相，部位耶尼佛國城。

又　腎第四。腎屬北方壬癸水，膀胱兩畔要勻停。左管大腸盤四襀，一丈二尺不交並。右管小腸盤八襀，二丈四尺絕其形。腎壅耳聾難聽事，腎虛耳似聽蟬聲。腎熱耳根黃腫起，腎冷拖腰拽腳行。腎傷牙齒頻咬動，一斤十二古來論。一切鹹味其中納，內注精華運日靈，診候先須看命脈，分明浮沉識重輕。

又　脾第五。脾屬中央戊己土，日夜垂磨不暫停。脾冷唇蹇多限料，脾熱鼻乾見料驚，脾寒身顫毛如刺，脾虛吐沫痢自生。脾不磨時口不食，脾黃起臥色黃增。脾即善能納甜味，胃口相生佐土星。過達咽關皆有處，分別陰陽配五行。

又《胡氏五臟論》　清濁初分未曉明，混沌猶如金卵形。盤古起初開天地，下為濁氣上為清，頭即象天足象地，兩眼呼為日月明。天有五星辰宿位，地有五嶽五山尊。世有五行並五姓，生老病死苦相因。神有五通通天地，馬有五臟立身形。天產麒麟獅子貴，生得驊騮馬龍鱗。肺腎心肝脾作臟，萬病皆從五臟生。肝為尚書為佐使，腎為烈女水為精。脾為大夫名諫議，肺為丞相佐其心。四處呼為四宰相，心為五臟第一尊。血脈皮膚並骨節，關連心臟得安寧。肝中藏魂肺隱魄，腎內藏精精主神。脾即臟中生血氣，五神總不離身形。皮膚內連於血脈，肺注皮膚瘡疥生。內即關連於肺臟，齒根本是骨中生。血脈內連於心臟，心家有病脈不停。脾虛即饑多虛熱，腎虛耳似聽蟬聲。肺虛鼻中無香氣，心虛無事自生驚。肝虛目赤有眵淚，萬病皆從五臟生。筋骨蹄頭節有病，血損毛焦喘又興。腎傷齒黑知休咎，相見根源病淺深。肝臟共同膽一處，肝膽夫妻一路行。膽號為腑肝為臟，臟腑中間要辨明。脾與胃通連血脈，併合陰陽一處行。小腸連心心作臟，小腸為腑一家論。腎合膀胱腎為臟，膀胱為腑又須聞。若說三焦知去處，都來總不離身形。頭至於心上焦位，中焦心下至臍輪。臍下至足下焦位，此是三焦亦要明。脾即屬陰呼作磨，心屬為君號丙丁。脾即屬寒心屬熱，陰陽二字要知因。脾磨能消化五穀，心旺血脈不暫停。陰盛陽衰脾不磨，穀豆難消草料停。血脈不行住著磨，四肢無力漸難行。碓磨俱停血脈罷，好手醫人療不能。肝生於膽呼為臟，胃出根源脾內生。肺為乍虛心上起，生於虛汗在心神。津液關連於心臟，要知來處本原因。肝屬東方甲乙本，春旺花開萬物生。正月二月六十日，三月十二木家榮。七十二日肝家旺，已外十八土家榮。心屬南方丙丁火，夏月炎天正旺興。四月五月六十日。六月十二火家榮。七十二日心家旺，已外十八土家榮。肺屬西方庚辛金，恰到三秋正旺興。七月八月六十日，九月十二金家榮。七十二日肺家旺，已外十八土家榮。腎屬北方壬癸水，旺在三冬最是靈。十月更兼十一月，臘月十二水家榮。七十二日腎家旺，已外十八土家榮。脾無正位分四季，四處榮旺要安寧。四十四處經中說，四八三十二界分。每季各旺十八日，脾家當旺解惺惺。此是五行分四處，內按五臟要分明。肝病傳於南方火，父母見子必相生。心屬南方丙丁火，心病傳脾禍未生。脾家得病傳于肺，安榮必定土生金。肺家得病傳于腎，金水相和無損形。腎家得病傳於肝，水能生木必相親。此是病源相生法，免有災殃禍害侵。肝家有病傳於脾，木來尅土必災生。脾家有病傳於腎，土來尅水療無因。腎家有病傳于心，水來澆火救無門。心家有病傳于肺，金逢火化倒銷形。肺家有病傳于肝，金來尅木病難痊。此是五行相尅疾，巧手醫工療活難。因此體咎須詳細，相生相尅要分明。春病忌秋肝臟死，秋病還憂夏旺興。夏病亦嫌冬月冷，腎病常擾四季榮。口中舌如煮豆色，瞪目看人不轉睛。喉中作聲如抽鋸，汗出如油是死形。見此病源休治療，直饒妙手亦無能。下手即憑諸方論，善惡中間要曉明。此病診時如雀啄，定息看時氣不停。鶻脈自來不著道，乍去乍來不停勻。一息一動當日死，動如毫髮入幽冥。大論高談多廣說，察色中間會聽聲。了了心間無不會，臨時不善恐難明。應是醫家行海上，熟讀經書總不難。

又《王良五臟論》　混沌初分，輕清上為天，重濁下為地。盤古氏為尊，自後女媧、伏羲，始有人民萬物。天地之內人為貴，馬即次之。故傳曰：行天莫如龍，行地莫如馬。則馬之為用，可以任重致遠，天下之物，未有能先之者也。是以往古有八駿之名，九逸之號。然究其所自，莫不牧養之有法，救治之有術。若周官牧師焚牧通淫之有時，圉師除蓐釁廄之有教，巫馬又掌養疾馬而乘治之，相醫而藥，用攻馬疾，則馬之有醫，其來尚矣。其顯而見於古者，馬師皇是也。蓋良馬雖有四足，亦稟天地而生。故天有五行，馬有五臟。天有三光，馬有三大。天有日月，馬有眼目。天有四時，馬有四肢。天有七星，馬有七竅。天有六律，馬有六脈。地有八山，馬有八節。地有江海，馬有腸胃。地有溝渠，馬有血脈。地有林木，馬有鬃毛。地有四瀆，馬有四蹄。一年有三百六十日，馬有三百六十穴，亦有三百六十骨節也。天頂骨、腦骨、頰腮骨、額角骨、眉稜骨、額骨、垂睛骨、閃骨、眼眶骨、鼻隔骨、鼻素骨、鼻樑骨、松子骨、上頷骨、下頷骨、上排齒骨、下排齒骨、上下四十齒骨、舌連骨、耳筒骨、伏兔骨、喉骨、頸鎖骨六十二節、鬐㮺骨三十二節、耆甲骨、膊尖骨、弓子骨、枕子骨、搶風骨、臆骨、臆車骨、肘骨、裏乘重骨、外乘重骨、同筋骨、膝蓋骨、膝角骨、夾膝骨、附骨、柱膝骨、脛挺骨、脾骨、掌骨、攢筋骨、柱蹄骨、鼍蹄骨、蹄胎骨、子骨、脊梁骨三十二節、肋扇骨兩邊二十四條、棚子骨兩面共十六條、邊骨兩邊共六條、三山骨、節脊骨、尾靶骨三十二節、尾挺骨、雁翅骨、大胯骨、小胯骨、掠草骨、合子骨、烏筋骨、揭骨、蒺藜骨、鵝鼻骨、天定骨、鹿節骨、鼻筒骨、越骨。前面有六門，後面有四門，門門相對。馬有一百五十九道明穴，並在一百八十道白針、一百八十道火針之內，各有去處。夫針者，利害也，不可擅動也。務必認定穴道方可下手。火針猶可無害，白針鋒利恐傷筋絡成為廢物。若白針偏較一絲，不能出血，不如不針。血名三穢：上穢、中穢、下穢。上穢者是左譚脈即鶻脈血是也，中穢者是帶脈即帶脈血是也，下穢者是腎脈即腎堂血是也。穢為污也，污為血也。馬有三堂六脈：三堂者，一胸堂，二玉堂，三腎堂，此名三堂。六脈者，一耳根不冷，二耳脈不散，三口色不惡，四舌色不弱，五膈前有七道命脈不絕，六膈後有七至命脈不測，此名六脈。肝主眼，腎主耳，脾主唇，肺主鼻，心主舌。眼、耳、鼻、唇、舌，是名外。肝、腎、肺、脾、心，是名內。見其外即知其內，內外相應，認病下藥，何憂不痊。大腸如江，小腸如河，頭、心、肺、腎如四海。頭為髓海，心為血海，肺為氣海，腎為水海。血海如溝渠。大腸長一丈二尺，象一年十二個月。小腸長二丈四尺，按一年二十四氣，呼為內一疋。四蹄有八字，四八三十二。馬頭高八尺，似於八節，呼為外一疋。夫馬雖是四蹄，亦稟陰陽而生，生於灰臺之下。龍飲天池之水，遂生得馬。馬祖亦有父母，父名屈強，母名屈女，屈女生女子，女子生得飛兔，飛兔生得麒麟，麒麟生得馬，馬生得騾。凡馬有三百六十骨節，亦有三百六十穴，馬有二十萬二千一百一十受病毛竅，馬亦有三斗六升血。出氣為呼，入氣為吸。馬若無病，一日一夜有三萬六千一百三十五度呼吸。馬若有病，或過之或不及。馬有六腑：膽為清淨之腑，大腸為傳送之腑，胃為草穀之腑，小腸為受盛之腑，膀胱為津液之腑，三焦為中之腑。夫醫馬者，須知病源，察其根本，按審筋脈，聽其喘息，便知生死。春三個月，一日一夜血脈流轉二百四十遭。夏三個月，一日一夜血脈流轉一百八十遭。秋三個月，一日一夜血脈流轉一百二十遭。冬三個月，一日一夜血脈流轉六十遭。春三個月肝旺，夏三個月心旺，秋三個月肺旺，冬三個月腎旺。肝屬東方甲乙木，心屬南方丙丁火，肺屬西方庚辛金，腎屬北方壬癸水，脾屬中央戊己土。春三個月肝旺七十二日，夏三個月心旺七十二日，秋三個月肺旺七十二日，冬三個月腎旺七十二日。脾無正位，旺在四季內，各旺一十八日。馬有四百八病，內四病不見，春管一百一病，夏管一百一病，秋管一百一病，冬管一百一病。內有四病不見者，口中銜鐵，背上搭鞍，兩邊垂鐙，令人乘騎。馬若有病，須是應病下藥。肝納酸，脾納甜，肺納辛，心納苦，腎納鹹。馬有七連：耳連腎，舌連心，肝連眼，脾連唇，齒連骨，鼻連肺，尾連腸。肝欲得小，耳小則肝小，肝小則識人意。肺欲得大，鼻大則肺大，肺大則能奔。心欲得大，目大則心大，心大則猛利不驚。目四滿則朝暮健。腎欲得小。腸欲得厚且長，腸厚則腹廣。脾欲得小，賺腹小則脾小，脾小則易養。望之大，就之小，筋馬也。望之小，就之大，肉馬也。皆可乘致。至瘦欲得見其肉，謂前鐙窩肉也。至肥欲得見其骨，謂前頭顱骨、後三山骨也。馬有五赤：鐵磨口角呼為一赤，攀胸磨破胸膊呼為二赤，肚帶束破肘後呼為三赤，鞍屜磨梁擦背呼為四赤，秋帶磨破尾根呼為五赤。馬有五疾：垂縷不收腎之疾，鼻流膿涕肺之疾，蹇唇似笑脾之疾，舌如硃砂心之疾，眼不見物肝之疾。馬有三危：鼻中血出是肺危，睛生碧暈是肝危，陰腫如冰是腎危。馬有五勞：筋勞、骨勞、皮勞、氣勞、血勞。凡傷勞者，醫家務須審識，而後施針下藥，無不應手而痊矣。

又《卞氏起臥入手論》　夫起臥者，三十六般也。外感風寒暑濕，內傷饑飽勞役，冷熱相干，陰陽不順，氣血不調，臟腑疼痛而不寧者，故曰起臥也。太原醫生卞氏曰：『起臥者，腹中疼痛也。起而復臥，臥而復起也。因久渴不飲，飲冷水而太多，冷氣入胃也。或羸瘦過餐宿冷，或勞衰久露風霜，或牧被陰雨苦淋，或繫向濕場久臥，濕氣透入肌肉，肌肉傳入脾經，脾灌四旁，胃潮百脈，以致脾胃合之陰冷，則令陽微，氣血不順，腹中作痛者，則令之起臥也。又或暑月炎天，乘騎負重，乘饑而喂熱料熱草，熱積於內，內外合邪，五心煩燥，久渴而未得飲，或遇冷水而飲之太過，陽氣不升，陰濁不降，腹中作痛者，亦令之起卧也，夫起卧者，皆緣芻水過也。然芻水，而為馬牛之養，而不能由己，全賴人之所蓄，或於飲喂失調，亦不能而無疾病也。是故三飲三喂者，朝夕而不可缺失也。且如空腸料後飲水，遠回宿草喂急，痰裹草停塞於膈前，水充料積聚於腹内，以致脾胃不和而無化導，陽明經内受病，傳在大腸九檟之間，不能運轉左右，聚糞成結，氣阻不得通宣，腸中閉塞不利，心胸悶亂，疼痛難忍，遂成起卧之疾。此謂七結之病也。其大腸一丈二尺，内蟠九曲九檟，四檟受氣於前，五蟠受積於後。小腸二丈四尺，其形八檟八蟠，三蟠受精五檟納水。如江河之道路，運水穀以出幽門，内轉於臟腑，外應於皮毛，百二十萬三千一百一十腠理，及二戶七竅，表裏無虞。此謂内通外達而運轉也。《内經》云：結症者，實症也，停而不動也，止而不行也。水停不運，而為胞轉之疴，料塞不通，遂成臟結之病。如是者，其狀有七，故云暗藏七結也。七結之外，而又有三，曰外三結也。是故前結、中結、後結、垂結、吊結、背手結、大肚板腸結，此謂内七結也。又曰：靠門結、順手結、小腸結，此謂外三結也。小腸結者，即胞轉也。然三結者，結在廣腸之内，臟腑之外，塗油入手，刻時而見效矣。七結者，暗藏于玉女關中，臟腑之内，假如施針用藥入手者，未必便見其功。又且大腸一丈二尺，内蟠九曲九檟，且論人之手者，不過二尺之長，何以得到丈二九檟之中，不通玄妙治則，焉能起死回生。近世醫者，不察根源深淺，又不知回避玉女關津。凡遇起卧之疾，不辨真偽，未明於何所，且就入手於穀道中，進一手不見病糞，袖手無言，治法無措，但損傷腸胃者，十死無一生也。余甚痛之，甚悼之，可謂至戒也。嗚呼！凡入手者，切須細意推詳，論病深淺，治法玄微，先將右手指甲剪盡，于石上滑磨齊肉，不致綰破腸胃，以溫暖油水三升，先灌於穀道之中，然後再將油水於臂膊下潤濕通滑，免教入手澀滯，徐徐用意，塗手於大腸九檟之中，左右前後，穿腸慢慢尋取。如遇横弦立肚，玉女關津、即須回避，勿令傷綰，再於別竅搜尋。凡有滑硬如毬打手者，則為病之糞結也。得見病糞，休得魯莽慌忙，看結糞於何所，順逆詳明：其大腸一丈二尺，前四尺前結，中四尺中結，後四尺後結。凡塗手入肛門廣腸而有結糞者，此謂外三結也。越三結而前，於板腸中有結者，乃大肚板腸結也。手背上有懸硬而結者，乃垂結背手也。垂結之前，手伸而不到者，乃為吊結，宜縛倒卧地而取之。此謂七結之狀也。又曰：夫七結者，結於板腸之前，大腸之中，九檟之内，手指直硬轉彎不過，抹見而不能取出者，將焉治之？則曰：須用玄機，臨時應用可也。倘遇前病糞結在大腸九檟之内，抹見而不能得取者，醫家須當細意從容，以右手為度，就以大指虎口，或以四指尖稍，於腹中摸定硬糞，應對無偏，隔腸輕輕按切，以病糞破碎為驗。但有一、二糞裹破碎者，便見其效，無不通利矣。大抵秘結治法：取則徐，入則緩，燥則潤，澀則滑，秘則通，氣則順。如鼓桴相應，而無不效矣。

十結之圖

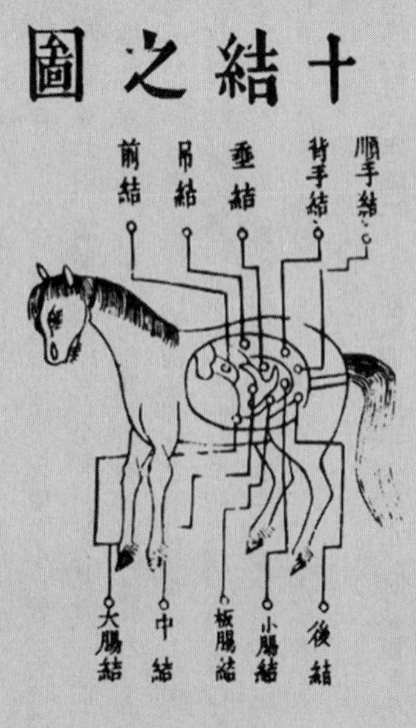

立取結糞之圖

圖之糞結取卧

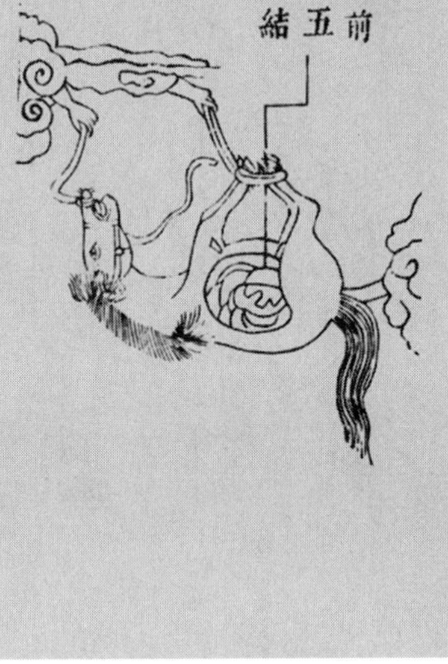

又《三喉論》　夫三喉者，嗓黃、槽結、喉核脹也。三者皆咽喉閉塞之症，亦為急卒之大病也。且咽喉為草水之驛遞，臟腑之關津，氣血之道路。盍緣馬為火畜，象稟離宮，蓄養失調，飲喂無節，春不抽六脈之血，夏失灌清涼之藥，以致氣血太盛，熱積心胸，傳之於咽喉，故成其患也。又且心為身主，肺為手足，心主於血，肺主於氣，氣血傳流周身，以應四時寒暑，多一遭為熱，減一遭為寒，或於氣血流行不足，則脾腎受之而為五勞七傷之症。倘如榮衛往來太過，心肺受之則生三喉之病也。或食槽脹大，或咽喉硬腫，瘰疬結之於舌下。或硬核填塞於喉中，致令呼吸難通，水草難咽，喘粗氣逆，鼻孔流膿，啌嗽不爽，首頸難低，此謂三喉之病也。醫工分別治之。凡欲治者，先須理氣，次令清咽。抽鵲脈，泄其肺火。放胸堂，瀉徹心壅。再於喉門、通關二穴，輕則火針，重則火烙，診察盛衰，詳其虛實，量加施用，此謂致治之道也。如食槽之內，有瘰疬結之脹者，就於槽結穴中，以針刀刺破，取出病核，此謂槽結也。治法另開外。其嗓黃喉脹，閉塞咽喉，芻水鼻回，氣出不及者，須令開喉治之。夫開喉者，醫家斟酌而施。倘氣喉腫合，食嗓無通，伸頭直頸，偏次生黃，喉內有聲如抽鋸者，乃十死無一生也。不可輕用針刀，妄加攻治。如咽喉平順，呼吸少通，腫而未合，偏次無黃，方可許令開割。其頰骨以下、氣嗓之中，去喉門四指，中心是喉腧一穴。凡三喉閉塞，就於喉腧穴中，先用針鉤搭起大皮，撚轉利刀，割如小錢大圓瘡口，仍用其鉤再將膜皮搭起，復令其刀割去白膜，勿傷排嗓肌肉，回避食喉血管，仔細用心，慢將氣嗓脆骨輕剜一節，以中指尖稍先透其孔，按尋血塊涎濃，次用指粗大小竹筒一節，開竅安于穴孔，則令胸壅解泄，呼吸通宣。可謂療驥之奇功，養生之妙術，亦為後世之鑒矣哉。

圖之喉開

又《骨眼論》　夫獸之兩目，九天之兩曜，識崎嶇，知深淺，何所不賴。察千般，視萬物，無所不憑。且天之日月有晦，謂雷雨風雲所致。馬之眼目有失，因風寒暑濕而傷。大抵眼目乃五臟之門戶，一身之珍寶，內通五臟六腑，外應五輪八廓，五輪應之五行，八廓合之八卦。亦按金、木、水、火、土。故云：五輪者，其黑睛內應於肝，屬木，號曰風輪。白睛內應於肺，屬金，號曰氣輪。二皆內應於心，屬火，號曰血輪。二胞內應於脾，屬土，號曰肉輪。瞳人內應於腎，屬水，號曰水輪。此謂目中五輪，內應五臟，外合五行也。然八廓者，有名而無位也。是故清淨之腑，而為天廓。膀胱之腑，而為地廓。命門之腑，而為水廓。受盛之腑，而為火廓。津液之腑，而為風廓。草穀之腑，而為雷廓。傳送之腑，而為山廓。三焦之腑，而為澤廓。此謂八廓合之八卦也。然五輪、八廓，總之於日，內應五臟，先應於肝也。肝者，眼目之源也。或於外感風寒，內傷勞役，榮衛往來太過、不及，傷於五臟，傳之於肝，肝受其邪，外傳於眼也。東原卞氏曰：眼者，乃五臟之精華，應腎為水，故水火而不可偏勝也。故云：肝者木也，心者火也，腎者水也。且五臟調和，水火既濟，木榮枝茂，眼目光明。如榮衛不足，先傳於腎，腎受其邪，水之勝也。水之勝者，火滅而水則飄也。令獸下元虛冷，腰胯疼痛。若氣血太盛，先攻於心，心受其邪，火之勝也。火之勝者，火煎而水則涸也。令獸上焦壅熱，眼目昏朦，是故心血攻而神倦，則睛澀而羞明難視。腎水煎而骨蒸，其目腫而閃骨生瘀，致使精神恍惚，耳搭頭低，睛生翳障，眵盛難睜，正謂骨眼之病也。骨眼者，皆緣積熱於五臟也。然五臟熱極，外傳於目，以致眼角潰爛，閃骨生壅，其初顯出渾如粟米，日漸長大，恰似魚鱗，頻頻淚下，日久磨得睛生白膜，遮蔽瞳人，醫工分別真偽治之。凡欲治者，擇令晴明日霽，禁忌風雨陰寒，莫犯血支、血忌，與夫本命刀砧，將獸繩縛立正穩平，仔細於眼角大嘴，先將閃骨用針線度過，分下膜皮，以鋒利針刀割去病骨，勿損血輪為妙，合用青葙散灌之，克日成功，而無不效矣。又據前篇之說，眼中閃骨乃腎水之精華，血輪之外應，馬騾稟胎氣而生，個個有之。只於眼角生壅，有骨挺出似魚鱗者，方為骨眼，許令剜割。近世醫人，不察標本源淵，虛實真偽，亂行針割，乃妄行攻治，則為害非淺。且如空腸過飲，宿草停餐，水停膈間而不運，阻塞腸內而不行，陰陽錯亂，冷熱相攻，以致臟結胞轉，肚腹疼痛，而成起臥之疾。愚人不曉根源，不通義理，一概誤認，稱為骨眼之病，妄用針刀，誤將火輪閃骨割去。然其一病未除，又且加添一患，如雪上加霜，轉加沉重。其痞痙者，屈忍無伸。若自得其瘥，出乎僥倖。倘有不愈，亦為痼疾之害也。嗟乎！可慎哉！可戒哉！且於《安驥全集》《淵源塞要》《通玄至論》《療驥全集》先聖諸書，搜尋詳察，病無起臥骨眼之說。後之學者，講究經書，窮推義理，觀其外形，察其內受，風則驅散，熱則清涼，氣則調順，不可輕用針刀。此謂攻治之道矣哉。

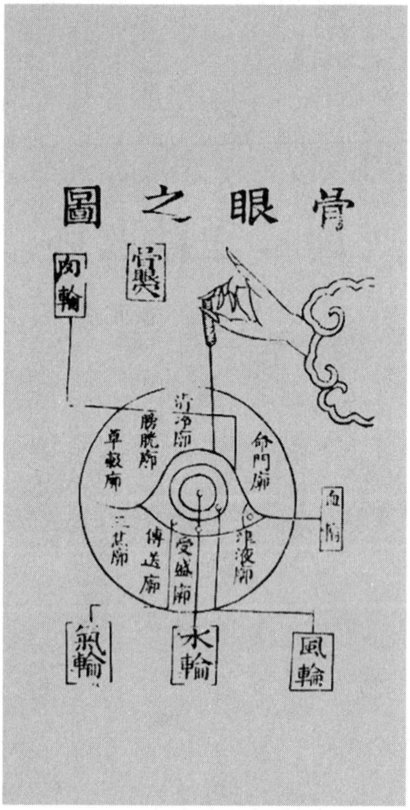

又《渾睛蟲論》　夫馬眼生渾睛蟲者，不居五臟，不在腸中，又不是榮衛相傳之病，何也？皆因牧放失期，外感疫邪注之於目，陰陽交混，變化而成形也。且如夏末秋初，而暑氣未清，濁氣未肅，陰陽交混，瘴疫流行，雲迷宇宙，霧掩山川，此謂天地發生不正之氣也。《內經》云：其三秋之月，如夜間而有黑霧者，凡幼馬五更不可牧於郊中，郊中有棘刺，刺中有蛛網，網中有露水，水中有瘴毒。然馬食其草誤撞蛛窩，蛛絲露水誤入於目。感天地之疫氣，受蜘蛛之精水。又況目輪屬火，故水火相交，陰陽變化而成蟲。在於五輪之內，往來不住遊走，有似蛟龍戲水，刻不停息，日久混得睛生翳膜，黑白不分，苦不除之，深為廢痼。凡欲治者，藥點火烙灌難痊。若通玄妙，治法如神。先須避忌風寒陰雨，刀砧血忌，務在日霽晴明，將獸繩縛立正平穩，左手掙開馬眼，辨別渾睛白膜，近下黑睛向上兩開中心，是開天一穴，用綫纏定白針尖，長一分，用心細意，右手持針，於開天穴上，輕手急針一分，蟲隨水出，便見其效。可謂揭病之針工矣。

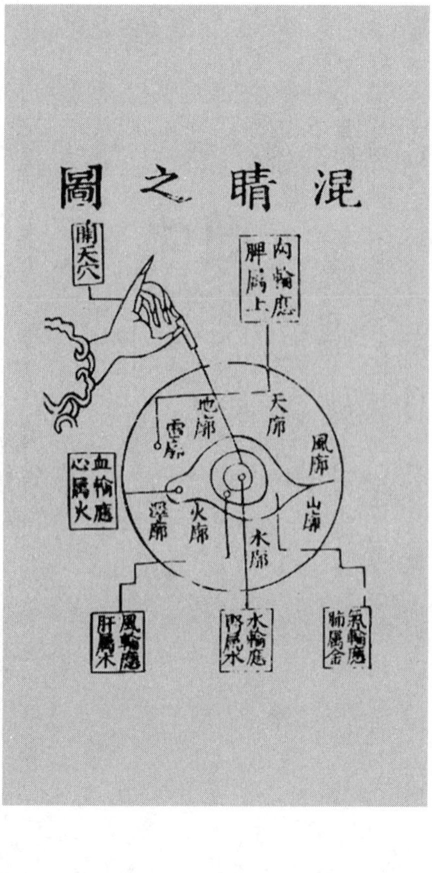

又《點痛論》　竊見古人有立功德於當時，有垂法於後世，是故君子，動而是為天下道，行而是為天下法，言而是為天下則，愚固非敢望也。履踐當行之蹊，可辟苞茅之路，詳略效驗，請曆證察。據董氏云：攢筋大，板筋粗，卑骨垂，附骨腫，膊骨卷，膊骨脫，蹄骨大，大塌膊，埋沒三山骨，隱藏大胯骨，空折接脊骨，脫落弓子骨，脹大蹄胎骨，臚骷天臼骨，木硬鵝鼻骨，腫粗乘重骨，筋脹勞，腕脹勞，膝脹勞，曲尺勞，膈骨痛，瓦骨痛，胡骨痛，掠草痛。以上隔月皆難治，治之無功。又云：倒地合著搶風骨，踏空閃著膝蓋骨，蹊道蹩損烏筋骨，折橋渡傷合子骨。以上隔七皆難治，治難取效矣。又云：昂頭點，膊尖痛。平頭點，下欄痛；偏頭點，乘重痛。低頭點，天臼痛。難移前腳，搶風痛。蹄尖著地，掌中痛。驀地點腳，攢筋痛。虛行下地，漏蹄痛。垂蹄點，蹄尖痛。懸蹄點，蹄心痛。直腳行，膝上痛。曲腳行，節上痛。昂頭點腳，搶頭痛。昂頭不動，蹄頭痛。下坡斜走，胸膈痛。平途竊道，蹄簿痛。向裏蹉，外跟痛。向外蹉，裏跟痛。點頭行，腳上痛。擺頭行，膊上痛。拖腳行，雁翅驚草痛。拽腳行，燕子瓦骨痛。蹩腳行，鵝鼻曲尺痛。束腳行，肺把五攢痛。並腳行，腰胯痛。直腳行，濕氣痛。蹲腰行，雁翅痛。吊腰行，脊筋痛。收腰不起，內腎痛。難移後腳，腎筋痛。咬齒低頭，心經痛。喘息不調，肺經痛。急起急臥，脾經痛。口吐清涎，膽經痛。跑胸咬臆，前結痛。蹲腰踏地，胞轉痛。把前把後傳經痛。腸鳴泄瀉，冷氣痛。直尾行，大腸痛。卷尾行，小腸痛。小便淋瀝，胞經痛。一臥不起，筋骨痛。

又《三喉論》 夫三喉者，嗓黃、槽結、喉核脹也。三者皆咽喉閉塞之症，亦為急卒之大病也。且咽喉為草水之驛遞，臟腑之關津，氣血之道路。盍緣馬為火畜，象稟離宮，蓄養失調，飲喂無節，春不抽六脈之血，夏失灌清涼之藥，以致氣血太盛，熱積心胸，傳之於咽喉，故成其患也。又且心為身主，肺為手足，心主於血，肺主於氣，氣血傳流周身，以應四時寒暑，多一遭為熱，減一遭為寒，或於氣血流行不足，則脾腎受之而為五勞七傷之症。倘如榮衛往來太過，心肺受之則生三喉之病也。或食槽脹大，或咽喉硬腫，瘰癧結之於舌下。或硬核填塞於喉中，致令呼吸難通，水草難咽，喘粗氣逆，鼻孔流膿，晵嗽不爽，首頸難低，此謂三喉之病也。醫工分別治之。凡欲治者，先須理氣，次令清咽。抽鶻脈，泄其肺火。放胸堂，瀉徹心壅。再於喉門、通關二穴，輕則火針，重則火烙，診察盛衰，詳其虛實，量加施用，此謂致治之道也。如食槽之內，有瘰癧結之脹者，就於槽結穴中，以針刀刺破，取出病核，此謂槽結也。治法另開外。其嗓黃喉脹，閉塞咽喉，芻水鼻回，氣出不及者，須令開喉治之。夫開喉者，醫家斟酌而施。倘氣喉腫合，食嗓無通，伸頭直頸，偏次生黃，喉內有聲如抽鋸者，乃十死無一生也。不可輕用針刀，妄加攻治。如咽喉平順，呼吸少通，腫而未合，偏次無黃，方可許令開割。其頰骨以下、氣嗓之中，去喉門四指，中心是喉腧一穴。凡三喉閉塞，就於喉腧穴中，先用針鉤搭起大皮，撚轉利刀，割如小錢大圓瘡口，仍用其鉤再將膜皮搭起，復令其刀割去白膜，勿傷排嗓肌肉，回避食喉血管，仔細用心，慢將氣嗓脆骨輕剜一節，以中指尖稍先透其孔，按尋血塊涎濃，次用指粗大小竹筒一節，開竅安于穴孔，則令胸壅解泄，呼吸通宣。可謂療驥之奇功，養生之妙術，亦為後世之鑒矣哉。

又《三喉歌》 喉內黃腫起，多是熱積壅。鶻脈須針徹，消黃灌有功。喉腧將刀割，膜皮去盡壅。脆骨剜一節，嗓肉莫教傷。竹筒安於穴，徐徐綿杖通。無血方為美，聖賢神妙功。

開喉之圖

又 卷四《馬患翻胃吐草第一》 論馬之翻胃吐草者，何也。夫胃者，脾之腑也，脾與胃，一臟配一腑，共為表裏，脾之受邪，先傳於胃，胃之受邪，則不納草料，食而返吐出也。皆馬之外感風寒、內傷陰冷，或騎來帶汗揭卸鞍屜，拴繫簷巷，風邪外感，傳傷於脾，遞傳於胃。亦或蓄養失調，誤餐邪疫，阻於胃口，食而返吐出也。令獸精神倦怠，耳搭頭低，鼻浮面腫，膁吊毛焦，此謂外感內傷，返胃吐草之症也。歌曰：下咽草穀胃收藏，脾化相傳遞入腸。清氣上升為津液，濁氣下滲入膀胱。苦生心血辛生氣，鹹味生精腎部藏。酸生筋甲甘生肉，渣糞由腸轉出肛。脾敗生虛無化導，胃衰火弱不收藏。脾胃不和芻水逆，為緣蓄養致其傷。秋收逢淋冬臥濕，晝浴深淵夜露霜。鼻浮面腫精神倦，胯鞍腰細糞如漿。益智薑棗頻頻灌，風雨箱寒百日防。五經衰敗休妄救，醫工仔細要思量。血枯神敗渾如醉，木虧眼腫閉無光。骨痿腿癱眠不起，脾虛形體若豺狼。金敗喘粗鬃毛瘙，驊騮至此療無康。謹請醫工休妄作，古典從來無治方。歧伯曰：『吐草者，脾胃衰也。面腫者，脾胃虛也』。董氏曰：『凡馬翻胃，松骨不腫者，可治；腮骨腫者，難醫，尫瘦吐沫者，亦難醫也。』元亨曰：『凡馬吐草，脈色平和，松骨未腫者，醫家斟酌。勿得愴惶差訛，誤施熱劑灌之。』無疾論：『幼馬生賊牙者，吐草；五歲擇槽牙者，吐草；生料糙腫痔者，吐草。分別醫之。外感者，因風寒傷於胃，宜益智散治之。』五臟論：『脾衰吐草饒翻胃，脾虛面腫鼻如肥。』寧庵曰：『吐草者，有外感、內傷兩症。醫者鑒之。內傷者，宜藿香正氣散治之；外感者，因風寒傷於胃，宜益智散治之。』寧氏曰：『脾為陰陽呼作磨，日夜垂磨不暫停，脾不磨時不能食也。』王良曰：『松骨連腮腫，傳經四足疼，胃翻加吐沫，無藥效能痊。』形狀：四肢倦怠，耳搭頭低，鼻浮面腫，賺吊毛焦。脈色：雙凫沉滯，唇舌青紫者，危；六脈平順，唇舌鮮明光潤者，生。治法：火針百會穴、脾腧穴。吐草，口色赤紫者，溫中理血，益智散灌之；傳經者，通關散灌之。餵養：麩料、熟料各八分，一日一次，熟米湯飲之。調理：拴繫暖廄，稂草鋪地臥之，寒夜背上氈屜搭之。戒忌：空腸冷水，廚下惡水，麩漿、米泔、綠豆等水，寒涼之物，一切忌之。益智散：治馬翻胃吐草，面腫腹細等症。益智仁、肉果、五味子、木香、檳榔、草果去殼、細辛、青皮、當歸、厚朴、川芎、官桂、砂仁、白朮、芍藥、白芷、枳殼、甘草。各件共為細末，每服二兩，棗五枚，薑五片，黄酒一斤，同煎三沸，候溫灌之。又方加：丁香一錢，煎灌之。溫脾散：治馬翻胃吐草。歌曰：冬餐凍物寒凝胃，夜繫霜天濕地眠。初患口中色似血，日漸鼻畔腫如拳。糞粗賺吊精神慢，吐草傳經四足攢。藥用暖胃溫脾散，當歸廣木縮砂甘。朮朴陳皮五味子，檳榔豆蔻桂辛兼。香附麥芽同共使，薑棗和擂鹽水煎。十朝五服頻頻灌，月餘之外自安痊。通關散：治馬翻胃，傳經傳絡，把前把後等症。良馬傳經四足疼，把前把後步難行。水草遲遲依舊食，賺吊頭低脊似弓。調經須用通關散，當歸沒藥與金鈴。茴香巴戟麒麟竭，蒿本胡巴共木通。白朮破故牽牛子，一撮紅花酒半斤。同煎三沸溫和灌，十朝五服病除根。藿香正氣散：治馬翻胃吐草等症。藿香、香附、廣木香、升麻、沉香、檳榔、木通、陳皮、枳殼、厚朴、半夏、砂仁。各件共為細末，每服二兩，姜五片，黄酒半斤，童便半盞，同和灌之，痊愈。如口色赤紫者，加大黄、朴硝，去砂仁，再灌一二服，痊愈。正胃散：治馬誤餐惡物，翻胃吐草等症。綠豆半斤、甘草一兩、白礬三錢、鹽三錢、老姜一兩。上藥共擂。為細末，滾水調和，加芝麻油四兩，同和灌之。立效。

馬患翻胃吐草之圖

馬患翻胃傳經之圖

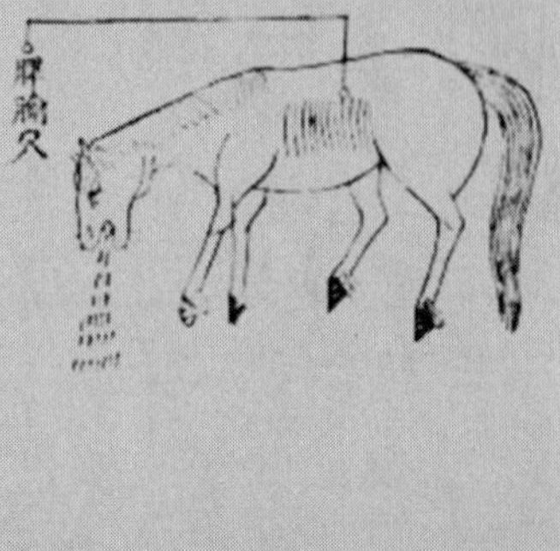

又《**馬患揭鞍風第四**》 論馬揭鞍風者，何也。夫揭鞍風者，揭鞍外感風邪也。皆因騎來有汗，或近簷巷，或近水邊卸去鞍屜，失於牽行，賊風邪氣乘虛而入皮膚。初患渾身揩擦，次傳肌肉腠裏凝麻，日久傳之經絡。則令獸四肢強硬，口內垂涎，耳緊尾直，牙關緊閉難開，不食水草。此謂外感

馬患揭鞍風症之圖

風寒、邪濕之症也。歌曰：騎來有汗繫簷前，未避風寒卸卻鞍。眼急尾直兼項強，脊腰僵硬板如椽。風門伏兔須頻烙，腎棚百會火針攢。追風發表三朝驗，口緊涎多療不痊。師皇曰：『揭鞍者，揭鞍外感風也。凡治者，相其形狀，尾直腿硬，牙關不致緊者，此謂下元所感之症。發汗治之。』王良曰：『尾直遍身硬，耳緊閃骨生，此風從得後，一汗顯功勳。』伯樂曰：『凡馬風症，口松涎少者，可治；口緊涎多者，難醫，脊腰板硬者，亦難治也。』遵道曰：『揭鞍牙緊終難好，腰板如椽死必期。』寧庵曰：『凡揭鞍風症，發在春間，易治；若在秋時七八月間，亦可醫；若到九、十月間，不能發汗，實難治痊。醫者鑒之。』形狀：耳緊尾直，眼忽驚狂，牙關緊閉，口內垂涎。脈色：雙凫遲細，唇舌鮮紅。治法：先灌追風散，徹鶻脈血，次火針風門、伏兔、百會等穴。後燒烙鐵，用艾葉入火針穴處烙之。使火氣透入針眼，通十二關竅，以渾身汗出如水為度。如汗透流，定要溫暖避風，用硃砂散鼻內吹之。調理：喂養倍加草料。戒忌：簷前拴繫，濕地安眠，空腸冷水，風寒一切忌之。追風散：治馬揭鞍風。雄黃、製川烏、製草烏、川芎、遼細辛、白芷、蒼朮、天麻、烏蛇、製南星、麻黃、桂枝、荆芥、薄荷、當歸。上藥共為細末，每服二兩，黃酒一斤，薑五片，同煎三五沸，溫灌之。連灌三五服痊愈。硃砂散：治馬揭鞍風，疗風孔開。又名：人馬平安散。硃砂、雄黃、麝香、牙皂、遼細辛、良薑。以上共為細末，每用一字，裝竹筒中，吹入兩鼻孔，取其噴，即開關竅，血脈易活，風邪易除，不時頻頻吹之。

馬患黑汗風症之圖

又《馬患黑汗第八》 論馬黑汗者，何也？夫黑汗風者，乃胎元之症也。即胎生有打草骨，俗名薑牙，從未割取，及致使用，乘騎出力太過，若發急時，此骨即暴出也。況此薑牙生於鼻孔兩邊，鼻孔者，乃肺竅也。且肺為氣海，薑牙發起，阻塞氣海道路，故出力奔走，呼吸難通。呼氣不通，血凝則氣不行，氣之凝血，血凝氣滯。然心為血海，心血不行，血沖心竅，以致令獸渾身肉顫，汗出如油，行如醉犬，目瞪頭低。此謂薑牙發大，阻塞肺竅，瘀血沖心。此謂姜牙轉為黑汗之症也。歌曰：患根胎元世罕稀，從今時師得天機。閑將鼻畔薑牙割，割開海竅氣展舒。馳驟奔跑無災損，何來黑汗促病嗟。師皇曰：『黑汗者，熱之至極也。凡治者，出汗有乾處者，可治；汗出無休者，難醫。』王良曰：『四足難移步，渾身汗似油，臥蠶青紫色，此病必難留。』遵道曰：『舌如煮豆心經死，汗出如油心血危。』寧庵曰：『汗出而渾身不顫者，可治；顫而不血汗，亦可治；出汗而又發顫者，難醫。』脈色：雙凫洪數，色似雞冠，可治；雙凫斷亂，口色青紫，死在刻間。形狀：薑牙發脹阻鼻孔，耳搭頭低喘息微。渾身肉顫，汗出如油，腹膨氣促，四足難移。治法：徹鶻脈血、胸堂血、四蹄血、尾尖倒破十字，茯神散灌之。調理：拴繫清涼之處，水浸青草喂之。汗不乾，用乾灰擦之，汗即乾也，可治；汗不止者，難醫。戒忌：豆料一切忌之。茯神散：治馬黑汗。茯神、遠志、麥冬、花粉、當歸、菖蒲、香附、桔梗、陳皮、粉草、乾葛、升麻、生地、白芷。各件共為細末，每服二兩，燈草、竹葉煎湯調和，加雞子二枚，蜜二兩，同調灌之。如口色赤者，加大黃、芒硝、大川連、梔子、連翹。

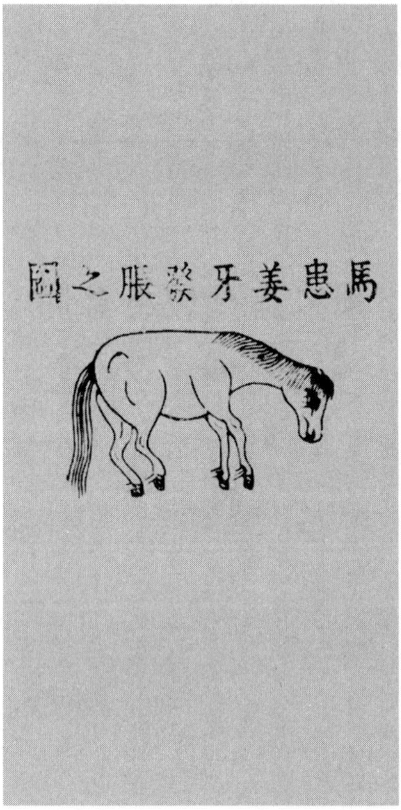

又《**馬患肺寒吐沫第九**》論馬吐沫者，何也？有其故？夫吐沫者肺經受寒也。肺與皮毛相合。皆因騎驟歸來，近於簷巷，卸去鞍屜，抑或乘熱飲水太過，以致外感風寒，內傷陰冷，風邪襲注於皮毛，陰冷停滯於胃口，寒濕相搏，冷熱相交，陽氣不能伸出于毛竅，陰氣不能下滲於膀胱，邪鬱凝結於胃口，令獸猶似翻胃而吐涎沫。倘或過飲宿水，而亦生吐涎沫之症也。醫者分別治之。歌曰：口中白沫吐連連，唇舌無瘡是肺寒。奔回過飲因傷胃，升降無由吐沫涎。外感定用紫蘇飲，飲宿之中湯灌安。一升一降從方治，良驥無災壽長年。師皇曰：『吐沫者，津液不升降也。凡治者，和血順氣，理肺清痰。』王良曰：『口吐沫，舌上無瘡者，乃肺寒也。』遵道曰：『心熱舌瘡亦吐沫，其沫涎粘。』寧氏曰：『口吐白沫，不稠粘者，此是肺寒。口吐清水者，皆因騎來飲水太過，停立失於牽散，冷濕胃口，似翻胃吐草也。醫者鑒之。』形狀：口吐涎沫，頭低耳搭，口鼻俱冷。脈色：雙凫洪數，口色赤紫者，心經積熱；雙凫洪浮，口色青白者，肺寒之症。治法：肺寒者，火針百會穴，白針薑牙血，紫蘇飲灌之；宿水傷胃者，建中湯灌之，火針脾腧穴，生針薑牙血；心熱舌上生瘡者，徹玉堂血，灌三黃湯。調理：喂養暖廄，稂草鋪地，聽其自臥自起。戒忌：休拴簷巷，濕地，生熟料一切忌之。紫蘇飲：治馬寒傷肺吐沫等症。紫蘇、荆芥、薄荷、麻黃、桔梗、陳皮、半夏、花粉、粉草、乾葛、升麻。各件共為細末，每服二兩，黃酒一斤，薑五片，同調灌之。二三服痊愈。建中湯：治馬騎來過飲、宿水停立吐沫等症。白朮、陳皮、茯苓、澤瀉、木通、滑石、炙草、條參、枳實、厚朴、半夏、肉果、乾薑、檳榔、砂仁。各件共為細末，每服二兩，薑五片，白湯調灌之。三黃湯：治馬心熱、舌上生瘡等症。大黃連、黃芩、知母、黃柏、黑元參、生地黃、花粉、桔梗、陳皮、甘草、遠志、澤瀉、木通。各件共為細末，每服二兩，燈草、竹葉煎湯和灌。泉石丹：治馬心熱、舌上生瘡等症。井泉石又名寒水石、兒茶、青鹽、硼砂、冰片、硃砂、雄黃、青黛、明矾。各件共為細末，口舌用米泔水洗淨，將此末藥用竹筒吹入馬舌上，二三次痊愈。

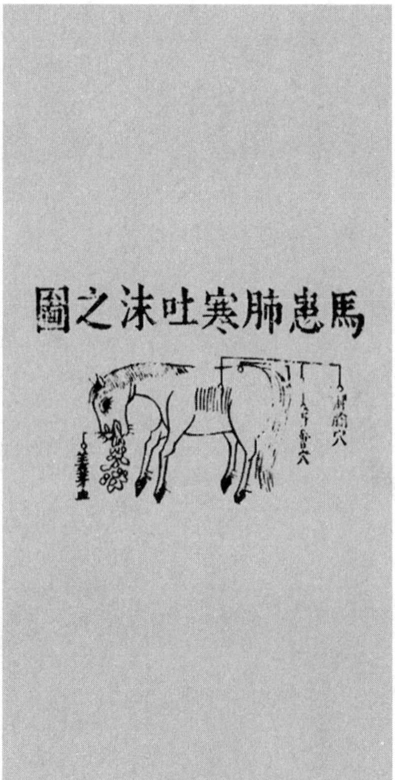

又《馬患慢癥第十》　論馬慢症者，何也？夫慢症者緩症也。由外而傳內也。俗名呼為皮疾之症，緣皮毛於肺之相合。或因乘騎歸來，帶汗卸鞍，簷巷風吹；或因暑月炎天，縱放郊外，日曬雨淋，冷熱相侵而郁凝于毛竅，溢於腠裏，侵于皮膚，相傳於肺。於戲！喑啞不能言之。蠢畜初患，人不得而知之。久之，肺即傳肝，肝即傳脾，脾即傳腎，腎即傳心，心即傳三焦，三焦而氣逆，氣逆而血枯，血枯而危矣。此謂由外而致內，相傳五臟，五經受傷衰敗，受傷則令獸精神倦怠，肷吊毛焦，頭低眼腫，行立艱難，此即皮症之說也。歌曰：慢症皆因待慢生，不知冷熱失調停。無論風寒陰雨濕，漸傷皮膚致其因。初患三服紫蘇飲，管叫驊騮命長春。日久衰敗傳五臟，仍有仙方療不痊。師皇曰：『慢症者，秋症也。何謂秋，至秋時此症易得，故名秋症。凡治者，脈壯唇紅者，可治；脈沉、口青者，難醫。』王良曰：『秋病口中白，神仙治不活。』寧氏曰：『春間得病秋間死者，春木秋金，金尅木是也。夏病常存四季春，惟桃舌光潤，骨瘦如豺不死；煤鼊黑口，精神百倍而亡。煤鼊黑口者，腎家敗絶，故精神百倍，此是死症。』遵道曰：『慢症者，皮疾之症也。四季常有之，在人牧養。如蓄家仔細，略有毛頭不順，即可以發散調理，即無慢症之患。蓄家不過細，病待日久，自是難治。但蓄家務必存心，啞畜不致夭喪矣。』形狀：初患只見毛色焦枯，形狀不覺，日久傳肺則有啌嗽之聲；傳脾則見水草遲細；傳腎則見肷吊弓腰；傳心則見耳搭頭低，精神倦怠；傳三焦，血枯經死，肢體強硬，骨瘦如豺。脈色：雙鳧平順，口色如桃者，可治；六脈沉細，鼊唇青黑，傳入腎家，難醫。治法：如慢症初患，毛色焦枯者，割取薑牙，火針百會穴，羌活湯二三服，即可除患。若已傳肺，則有啌嗽之聲，更要發散。倘若腰弓吊肷，定要火針百會七穴，要加暖腰腎之劑。可將瘦薑牙割取之，火針通關穴，再加健脾開胃之劑，益脾進食。多餐草料者，啞畜得生矣。調理：喂養暖廄，草料倍加，大麥曬乾去淨灰土磨碎，水拌喂之，寬腸進食。戒忌：休拴簷巷、溪陰寒濕之地。

羌活湯：治馬初患皮疾慢症。羌活、防風、荆芥、薄荷、紫蘇、細辛、桔梗、陳皮、甘草、木通、麻黃、沙參、桂枝、烏藥、五加皮、半夏、當歸。各件共為細末，每服二兩，黃酒一斤，蔥五七枝切細，煎三五沸灌之。二三服痊愈。

健脾湯：治馬慢症、草料遲細等症。白朮、陳皮、茯苓、粉草、神曲、山楂、麥芽、檳榔、香附、枳殼、厚朴、砂仁、肉果、澤瀉。各件共為細末，每服二兩，白水煎二沸，加黃酒一斤，同調灌之。寒盛加肉桂、附子。把前把後加製川烏、草烏，再二三服痊愈。

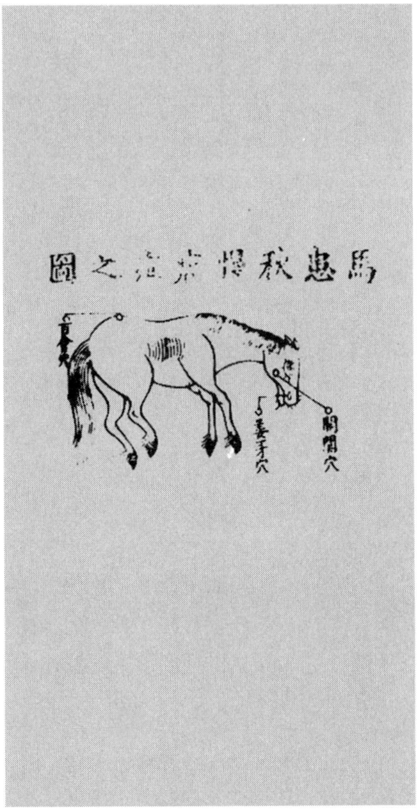

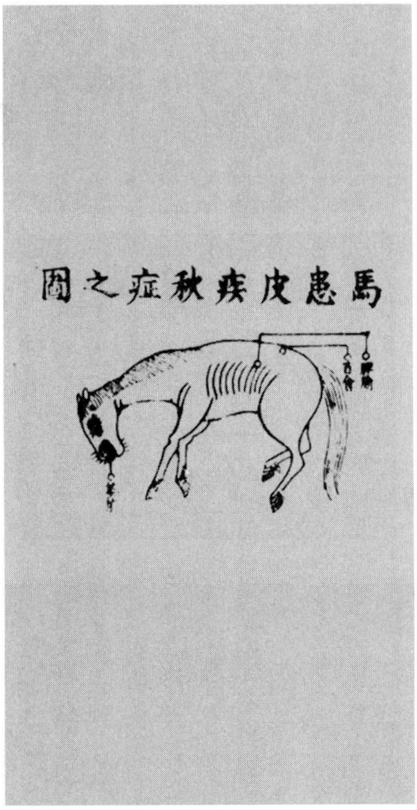

又《馬患羅膈損傷第十一》　論馬羅膈傷者，何也？夫羅膈者，遮藏心肺，分膈腸肚，兩間之橫膈也。何以而致有傷焉？皆因馬之蓄養性烈，膘肥肉重，草料喂飽，又或飲水過足，乘騎發性，收韁不住，馳驟奔跑，肚腹太飽，促傷於心胸，損其羅膈也。令獸氣促喘粗，鼻口流血，此謂羅膈損傷之症也。無則無方治之。歌曰：良馬鼻中血兩行，多因草飽下坡忙。膈傷肉痛渾身顫，啌嗽連聲喘息狂。骲脈虾游枯骨口，胸前汗出似油漿。此般形狀從來死，師皇復起無治方。師皇曰：『羅膈傷者，胸膈損也。喘粗氣促者，肺咋也。鼻中出血者，肺傷膈損，難以治之。』遵道曰：『肺嗓氣抽金部敗，鼻中血出肺經危。』王良曰：『鼻中流鮮血，喉中氣出忙，唇如枯骨色，此病必須亡。』形狀：渾身肉顫，鼻內流紅，口啌血沫，胸汗如油。脈色：脈似虾游，色似枯骨。寧氏曰：『唇如枯骨諸經絶，脈似虾游五臟虧。』寧庵曰：『仙經論裏分明說，時師不必費心機。』

馬患羅膈損傷之圖

又《馬患胃冷吐涎第十五》　論馬患胃冷吐涎者，何也？夫胃者乃受盛之腑，無論水穀，俱皆消納，為因牧養不調，久渴失飲，空腸過飲，或縱於雨淋之中，或繫於霜露之下，陰氣浸入肌膚，肌肉傳於脾經。《內經》云：脾灌四旁，胃潮百脈，脾胃合之陰冷，令獸渾身發顫，口吐清涎，口鼻俱冷，肷吊毛焦，此謂脾胃冷傷之症也。形狀：渾身發顫，口內垂涎，鼻寒耳冷，肷吊毛焦。脈色：雙骲沉細，口色青黃。師皇曰：『吐涎者，胃冷也。凡治者，健中暖胃，補臟溫腸、火針脾腧穴，大效。』歌曰：口吐清清不斷涎，脾寒胃冷莫須言。雙骲沉細精神少，口色青黃耳鼻寒。健脾散內加官桂，黃酒生薑一處煎。背上搭氈過一夕，氣血調和病自安。王良曰：『脾寒令肉顫，胃冷吐清涎，火針脾腧穴，暖胃藥宜先。』遵道曰：『凡馬口吐涎者，必要認其冷熱，方可行針治療。寒症吐涎者，舌上無瘡，則可用火針；熱症口吐涎者，舌上有瘡，宜徹六脈血，灌清涼三黃湯，口瘡藥吹之。』治法：火針脾腧穴，暖胃健脾散灌之。調理：喂養暖廄，增加料草，寒夜加毡於背上搭之。健脾散：治馬脾胃寒傷，口吐粘涎。白朮、茯苓、當歸、枳殼、厚朴、陳皮、半夏、官桂、砂仁、炮薑、丁香、甘草。各件共為細末，每服二兩，生薑七片，黃酒一斤，同煎二三沸，溫灌。如不止，加肉果、檳榔、白蔻、乾薑，再灌一二服，痊愈。

馬患脾寒之圖

又《馬患冷拖杆第十六》　論馬冷拖杆者，何也？夫冷拖杆者，下元寒也。皆因弱騾瘦馬，力敗筋傷，或騎來帶汗卸鞍，或空腸過飲宿水，內外陰寒凝於下元，入於腎經。腎者水也，宜暖而不宜寒，若在衰老欠膘，更不能當。又遭陰濕，令獸蹲腰無力，胯直如杆，牽行不動，行走艱辛，此謂腎冷拖杆之症也。如有膘之馬，初得此患，時或拎腿，俗乎焦筋腿，不覺其病，只見腿直如杆，騎行數步，仍然無恙，待至日久，血脈衰敗，則難治矣。形狀：蹲腰無力，腿直如杆，毛焦肷吊，耳搭頭低。並腳行，胯瓦痛；直腳行，濕氣痛。脈色：腎命脈澀，唇舌青黃。歌曰：冷拖後腿恰如杆，腰曲頭低行步難。髓寒骨冷拘攣痛，肝風邪濕轉筋翻。邪氣巴山溫火治，金膏醋煮貼安然。空腸煎灌茴香散，仍從馳驟得依元。師皇曰：『冷拖者，腎冷也；後腿直者，濕氣盛也；曲池腫者，腎經虛也。』遵道曰：『腎虛腿腫難移步，腎冷拖腰直腳行。』治法：胯瓦痛，火針大、小胯，汗溝穴。拖杆直腳行，濕氣痛。

火針曲池、掠草、雁翅諸穴，茴香散灌之。調理：喂養暖廄，稂草鋪地臥之。』戒忌：寒夜休拴冷處，提防簷巷風吹。茴香散：治馬冷拖後腳。茴香、葫芭、川楝子、青皮、細辛、巴戟、羌活、甘草、陳皮、蓽澄茄、故紙、木通、麻黃、桂枝、防風、木瓜、熟附子、上桂。各件共為細末，每服二兩，黃酒一斤，煎三沸，溫灌之，數服痊愈。

又《馬患宿水停臍第十八》　論馬宿水停臍者，何也？夫水者，養命之源，何以停於臍而為患也。皆因羸騾瘦馬，氣血衰敗，牧養失調，久渴不飲，飲則與之太過，又不牽行。停立不動者，水盛火弱，不能運化，故名為宿水停臍。此謂停貯宿水之症也。形狀：毛焦肷吊，草細膘羸，精神短慢，耳搭頭低。脈色：雙鳧遲細，口色青黃。歌曰：宿水停臍病根因，卻膘過飲患始生。暖胃調中消腎水，管使良驥壽康寧。師皇曰：『馬稟清氣於天，務飲清淨之水。凡一切惡濁之水，空腸忌飲。』遵道曰：『久渴空腸過飲濁，毛焦偷瘦水停臍。』王良曰：『濁水休教飲，多饒毛色焦，時間雖不覺，日內不添膘。』歧伯曰：『停留宿水者，濕濁注於臍下也。凡治者，健脾暖腎，滋腎補陰，調和血氣，雲門宿水徹之。』治法：針徹雲門放宿水，健脾散灌之。雲門穴，在馬臍前，大馬三寸，小馬二寸半是穴。用白針鏃開皮，入鵝毛翎管，透在肚內，水從翎管放出。此神針，仔細用針，不可忙亂，恐傷腸肚，便成大患。醫者慎之。但鵝毛管要粗些的，從空處剪去，只留空處一節，將在鵝翅上拔出來的那一頭，原是光的，可將那光的頭間鑽四個小孔，好將有孔的那一頭，透入雲門穴針眼內，慢撚進去，翎管光的一頭，上頂肚腸管，內有四小孔，其水從小孔中溜出也。妙妙。調理：喂養暖廄，增加草料，熟米湯一日一次飲之。童便時常灌之。戒忌：寒夜不可外拴，飲水休令太足，空腸冷水戒之。健脾散：治馬脾土虛弱、停留宿水、偷瘦病。當歸、桂枝、甘草、菖蒲、澤瀉、砂仁、厚朴、白茯苓、白朮、青皮、陳皮、五味子。各件共為細末，每服二兩，薑三五片，炒食鹽一撮，黃酒一斤，同煎三沸，候溫灌之。五七服痊愈。當歸活血湯：滋腎補陰、添膘等症。當歸、川芎、丹皮、雲苓、澤瀉、木通、杜仲、滑石、車前子、熟地、萸肉、山藥、巴戟、小茴香、砂仁、粉草、枳殼、厚朴。各件共為細末，每服二兩，薑五片，同煎三沸，加童便一盞，和灌五七服，添膘壯骨。

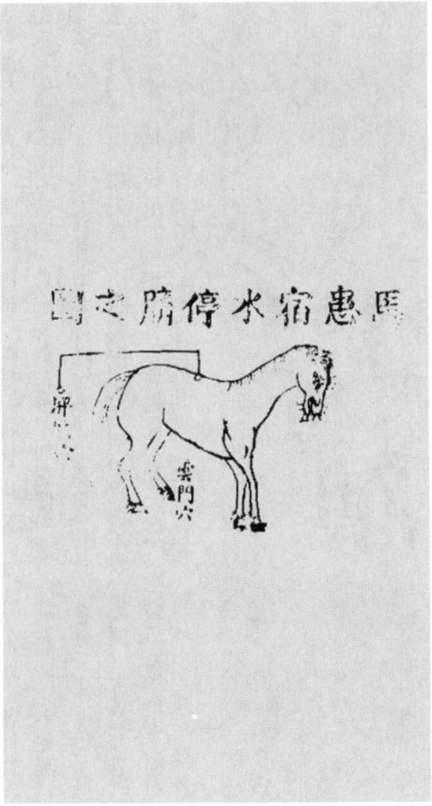

又《馬患破傷風第十九》　論馬破傷風者，何也？夫破傷者，有傷之謂也。或因鞍屉磨破，或鞦絆肚帶損傷，或有瘡瘍損破皮膚，諸般不一，不知避忌，或拴簷巷之下，或繫水塘池邊，賊風乘虛而入瘡口，瘡口傳於膝裏，膝裏傳於五內，令獸渾身麻痹，眼急驚狂，四肢強硬，口內垂涎，耳緊尾直，牙關緊閉，不食水草，此謂破傷外感風邪之症也。形狀：耳緊尾直，閃骨生瘀，牙關緊閉，口內垂涎。脈色：雙鳧微遲，舌唇赤紫。歌曰：破傷風病最難醫，牙關緊閉口涎垂。頸直脊硬兼眼急，尾直腿僵步難移。耳畔風門燒鐵烙，腰間百會不同醫。鶻脈兩針徹去血，追風散灌日痊愈。師皇曰：『破傷風者，傷破外感風也。此謂卒急之症。凡治者，先徹大血，即須發汗治之。』王良曰：『有傷呼為急，無傷呼為慢，頻抽鶻脈血，宜須先出汗。』伯樂曰：『凡馬破傷風症，口松涎少者，可治；口緊涎多者，難醫；腰間僵硬者，亦難治也。』寧氏曰：『揭鞍牙緊終難好，破傷口緊莫妄醫。』治法：徹鶻脈血，烙風門、伏兔、百會等穴，追風散灌之，硃砂散鼻內吹之。調理：喂養暖廄，口不住食，毡屜背上搭之。追風散：治馬破傷風及諸風症。蔓荆子、旋復花、薑蛋、天麻、烏蛇、沙參、桑螵硝、何首烏、天南星、防風、川芎、羌活、蟬退、細辛、升麻、藿香、獨活、川烏製、草烏製。各件共為細末，每服二兩，薑七片，同煎三沸，候溫，加黃酒一斤，調和灌之。硃砂散：療風解表。硃砂、雄黃、麝香、牙皂炙、細辛、芸臺子、華撥。以上碾羅為末，每用一字，裝竹筒內，兩鼻吹之，取噴即蘇。

馬患破傷風症之圖

又《馬患垂縷不收第二十》　論馬垂縷不收者，何也？夫垂縷不收者，乃腎之虧傷也。皆因勞傷過度，損肉去膘，瘦弱不堪，又兼牧養不調，久渴失飲，空腸過飲惡濁之水，未及牽行，停立不散，流注腎經，滲於臍下，積於袖口，凝結而不消散，令獸尿脬不縮，垂縷難收，草細肷吊，胯拽腰拖，此謂少火生陰，垂縷不收之症也。形狀：尿脬不縮，垂縷不收，毛焦草細，耳搭頭低。脈色：雙鳧遲細，口色如綿。歌曰：尿脬難縮腎經傷，氣結風吹腫作黃。荆防朮薄煎湯洗，破故散灌最為良。良薑為末蔥一把，紫蘇沒藥川大黃。五味調和牢繫裹，三朝兩上即安康。師皇曰：『垂縷不收者，勞傷過度也；腎不縮者，精氣敗也；腰胯皴者，腎水虧也。』《內經》云：『垂縷不收壬癸敗，皴胯拖腰腎水虧。』治法：火針腰上七穴，溫中故紙散治之。調理：增加料草，停止奔馳，夜拴暖廄，乾馬糞鋪地臥之。戒忌：莫飲空腸水，休拴濕地眠。破故紙散：治馬腎敗，垂縷不收。破故紙、肉豆蔻、川楝子、胡蘆巴、小茴香、厚朴、青皮、陳皮、巴戟、桂枝、官桂、炮薑、澤瀉、木通。各件共為細末，每服二兩，黃酒一斤，同煎三沸，加童便一盞，同調灌之。荆芥湯：荆芥、防風、蒼朮、薄荷、艾葉、排風草、追風草、甘草。各件一處，水三升，煎三沸，去渣，帶熱洗之。沒藥散：敷馬腎，垂縷不收。沒藥、大黃、紫蘇、良薑、蔥一把。以上共為細末，入蔥搗碎，和一處，先洗淨，敷縷上，棉布裹之。隔日再洗、再敷，三五次痊愈。

馬患垂縷不收之圖

又《馬患肝熱傳眼第二十一》　論馬肝熱傳眼者，何也？夫肝者，外應於目也。皆因馬之蓄養太盛，膘肥肉重，料穀太多，又或生料過多，亦或熟料喂熱，熱毒積於心肺，鬱熱流入肝經，肝受其邪，外傳於眼目也。令獸睛生白膜，瘀盛難睜，牽行不動，耳搭頭低，逢物不見，東西亂撞，此謂肝熱眼昏之症也。形狀：頭低眼閉，瘀盛難睜，牽行亂步，撞壁沖牆。脈色：中部脈弦，臥蠶赤紫。歌曰：肝經積熱説須知，兩目昏昏生雲翳。頭低耳搭精神少，牽行亂撞步難移。眼脈穴上金針徹，決明散灌莫宜遲。八寶撥雲頻頻點，旬日之間似舊時。師皇曰：『凡馬眼腫，皆因肝之熱也。凡治者，洗肝明目，退翳消瘀，寒涼之藥不可太過灌之。』王良曰：『一切眼赤腫，皆因熱所傷，莫令肝臟冷，淚出轉難當。』治法：徹眼脈血，石決明散治之，八寶撥雲散點之。調理：喂養淨室，春冬綠豆喂之；夏秋水浸青草喂之。戒忌：勿拴簷巷，生料一切忌之。石決散：治馬肝經積熱，白翳遮睛。石決明、草決明、梔子、金銀花、白芷、乾菊花、穀精草、木賊、蟬退、蒺藜、龍膽草、青葙子。各件共為細末，每服二兩，竹葉、燈草煎湯調和，加雞子二枚。如眼胞腫盛，加大黃、朴硝、川黃連，再灌三服痊愈。八寶撥雲丹：點馬雲翳神效。珍珠、琥珀、麝香、金精石煆、銀精石煆、石燕煆、青鹽煆、硼砂、甘石、冰片。以上共擂為細末，舌上試之，總以不刺牙為度，瓷瓶收貯，時時點之。

又《馬患胃寒不食第二十二》　論馬胃寒者，何也？夫胃者，脾胃也？皆因乘騎窵遠，出力歸來，乘機拴下，空腸過飲，冷水停宿胃口，未得牽行，陰冷不散，寒濕津於脾。脾因寒涼則不能刻化，脾為陰陽呼作磨，日夜垂磨不暫停，脾不磨時不能食，此之謂也。又云：熱則宣流，寒則凝滯，水盛火弱不能運化，致成其患也。令獸毛焦肷吊，鼻寒耳冷，口內垂涎，此謂脾寒胃冷之症也。形狀：毛焦肷吊，草細頭低，鼻寒耳冷，口內垂涎。脈色：關脈微遲，臥蠶白色。歌曰：良驥因何脾胃寒，只緣冷水過多餐。毛焦鼻冷渾身顫，脈行遲細口如綿。麝香沒藥吹雙孔，桂心散灌酒調煎。背上搭毡拴暖處，氣血和平病自痊。師皇曰：『胃寒者，脾胃寒也。凡治者，和血順氣，暖胃溫中，冷水三日忌之。』治法：火針脾腧穴、百會穴，桂心散灌之。麝香散鼻內吹之，薑牙穴刺之。調理：喂養暖廄，增加草料。戒忌：寒夜休拴冷處，妊娠牡馬休吹鼻，冷水三日忌之。桂心散：治馬脾胃寒傷等症。桂心、青皮、白朮、厚朴、益智、乾薑、當歸、陳皮、砂仁、甘草、五味子、肉果、木通、澤瀉、茯苓。各件共為細末，每服二兩，薑五片，同煎三沸，加童便，黃酒一升，調和灌之，痊愈。如毛頭不順，再以羌活湯發散之。方見後篇。麝香散：治馬傷水。麝香、牙皂、胡椒、芸薹子。以上共為細末，裝竹筒內，吹鼻中取噴，水即散。

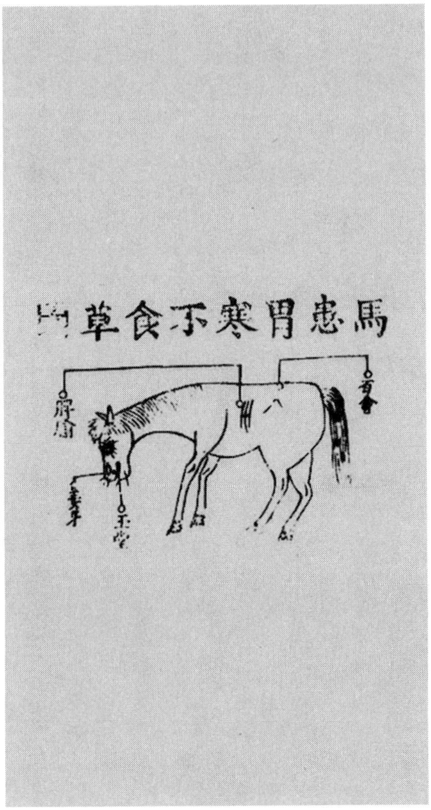

又《馬患肝鬱傳眼第二十三》　論馬肝鬱傳眼者，何也？夫眼者，肝之苗也。肝經風邪，外應於眼。皆因馬之出力歸來，或拴繫黑屋之內，或在暑月炎天，拴不透風之處所，外悶內燥，薰鬱於肝，外應於目，令獸兩眥潰爛，弩淚難睜，二胞翻腫，閃骨生瘀，此謂肝鬱傳眼之症也。形狀：兩眥潰爛、眵盛難睜、二胞翻腫，閃骨生瘀。脈色：中部弦數，唇舌鮮紅。歌曰：馳驟歸來黑處拴，炎天薰鬱悶傷肝。淚多羞亮雙睛閉，謹請醫工着意勘。鶻脈眼脈先徹血，開鬱除翳眼自安。師皇曰：『凡馬在黑屋悶，眼上青障者，難醫；上紅障白膜者，撞墻沖壁，皆可醫治。』王良曰：『肝鬱薰於目，則眼腫淚下，冷天悶眼者，只上青光障，難醫。』伯樂曰：『凡馬起臥，庸醫誤稱眼骨，混用刀割去眼中閃骨者，此是胡說，醫者戒之。萬不可輕用針刀，有乾性命，鑒之慎之。』治法：徹鶻脈、眼脈血，青葙子散灌之。芒硝水洗之。調理：喂養淨廄，每朝用青布蘸芒硝水洗之。戒忌：酷暑不可日曬，一切生料忌之。青葙散：青葙子、石決明、地骨皮、防風、龍膽草、草決明、白菊花、木賊、蟬蛻、穀精草、羌活、白芷、木通。以上共為細末，每服二兩，水一升，同煎三沸，溫灌二三服。如眼胞不消，口色赤，即加黃連、大黃、朴硝，再灌二三服，痊愈。

馬患肝鬱傳眼之圖

又《馬患內障眼第二十四》　論馬眼生內障者，何也？夫眼者，一身之主宰，五臟之精華，眼目屬於肝也。然肝家受熱而生患；抑或肝家受鬱悶而生患；又何有內障之患焉！夫內障者，在眼珠黑睛之內，有黃風障，有烏風障。又生來有這種小青眼之騍馬，不經勞苦，不受熱鬱，便有虧損，其目必然發出在眼珠之內，如雲煙擁起黃障者，是淡黃色。如烏障者，即是烏色。將瞳人或遮半邊，或全被遮，忽遮忽退，此謂內障眼於諸病患之不同也。形狀：忽如雲煙，眼珠遮蔽，不見瞳人，有黃色障、有烏色障。脈色：中部浮洪，舌唇赤紫。歌曰：內障原來是胎根，略有勞苦患便生。雲煙擁起雙瞳閉，時師何處下刀針。輕抽鶻脈開臟鬱，洗肝散灌有通靈。三七靜養休騎驟，生料停止莫沾唇。知得病源須仔細，免教良驥瞎眼睛。師皇曰：『內障者，五臟熱毒沖肝也。』王良曰：『內障因肝鬱，黃烏二障生；馳急擁遮瞳人，淨養又可退去。』治法：徹鶻脈血，瀉肝散灌之。調理：喂養淨廄，春冬麩草，夏秋水浸青草喂之。戒忌：生熟料一切忌之。瀉肝散：治馬內障、黃暈侵睛。黃柏、知母、石膏、青葙子、當歸、川芎、生地、黑玄參、甘草、菊花、木通、龍膽草、蔓荊子。各件共為細末，每服二兩，淡竹葉煎湯，和灌加雞子清二枚。如口赤脈洪，加大黃、芒硝、川黃連，再灌二三服，痊愈。

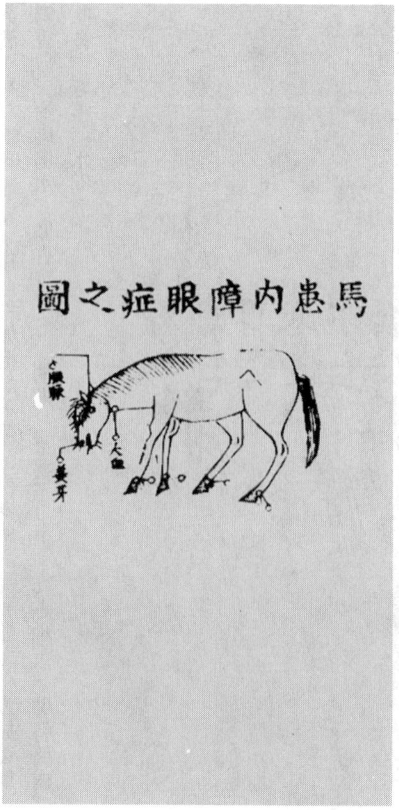
馬患內障眼症之圖

又《馬患心經積熱第二十五》　論馬心經積熱者，何也？夫心者，南方丙丁火也。心主於血，心為血海。皆因馬之蓄養太盛，膘肥肉壯，多喂少騎。春不抽六脈之血，夏失灌清涼之藥。騎則負重，地裡遙遠，出力歸來，鞍屜失于解卸，乘熱而喂料草，以致熱毒注於膈內，瘀痰積在胸中，肺心壅積，鬱氣沖咽。令獸舌唇赤腫，口內垂涎，精神恍惚，兩眼驚狂，此謂心經積熱之症也。形狀：精神恍惚，眼急驚狂，行如酒醉，唇舌赤腫，口內垂涎。脈色：雙鳧洪大，口色鮮紅。歌曰：心經積熱切須知，唇舌生瘡口內垂。頭伭眼急精神恍，四肢如醉步行遲。膽矾連柏同為末，竹筒裝盛舌上吹。洗心蜜水同調灌，三服必定病痊愈。師皇曰：『心者，君相也。外連於舌，舌上生瘡，心經有熱。凡治者，洗心涼膈，降火清痰，胸堂兩針刺之，膘壯者，鶻脈兩針，亦要徹之。』王良曰：『堂血者，胸堂血也。少陰心經之脈，穴道在臆骨兩傍，胸前凹處是也，入針三分，出血。泄心胸之邪熱，瀉少陰之痰火，療胸膈一切痛病。』治法：徹胸膛血，膘壯者徹鶻脈血，洗心散灌之，冰硼散舌上吹之。調理：喂養淨廄，二次米泔水口內洗之，飲之。戒忌：酷熱休拴暖處，一切生料、熟料忌之。洗心散：治馬心經伏熱，舌上生瘡等症。天花粉、木通、黃連、連翹去子、茯神、黃柏、梔子、桔梗、白芷、牛蒡子、麥冬、遠智去心。各件共為細末，每服二兩，竹葉、燈草煎湯調和，加雞子二枚。如口色赤者，加大黃、芒硝。吹舌瘡藥見前篇。

馬患心經積熱之圖

又《馬患骨眼第二十六》 論馬患骨眼者，何也？夫骨眼者，眼內之閃骨，在大眼角眥內似魚鱗，兩眼俱有，乃眼避瞳入不測之骨，展眼如閃，故名為閃骨。無論馬騾等畜，俱各有之。有等小青眼之馬，又名為骨眼豆，此等弩胎，原不在駿馬之列。若牧養太盛，生料過多，抑或騎生過熱，暖廄拴繫，頃刻生患，兩眼流淚，閃骨生瘀，此謂小青眼，不受熱，時發骨眼之症也。形狀：閃骨生瘀，兩眥潰爛，瘀盛難睜，一胞翻腫。脈色：中部脈洪，臥蠶青紫。歌曰：弩馬小青眼，閃骨人罕知。生料若多喂，骨上定生瘀。馳急雙睛閉，烏眼豆鴛驤。瘀盛令刀割，細意取鴛皮。師皇曰：『骨眼者，閃骨生瘀也。凡治者，針線穿過膜皮，利刀割去閃骨上弩肉，莫傷血輪血管，休傷魚尾閃骨，醫者慎之。』王良曰：『肝熱眼生眵，肝風淚珠淋，取去閃骨弩，旬日自光明。』寧庵曰：『割骨眼者，割去閃上擁出弩肉，並非教割閃骨也。醫者鑒之！慎之！但古本注有蕫牙起臥，骨眼起臥之說，此皆翻板注錯了。余歷經數十年，詳察諸篇，遍觀諸症，其起臥，只有寒中起臥；冷疼、熱痛起臥，並無蕫牙、骨眼起臥之症。若蕫牙發時，嘴鼻擂地；骨眼發時，沖牆撞壁，余特表之。醫者慎之。』治法：『徹眼脈血；膘壯者，徹鶻脈血。大眼角弩肉割取之。八寶珍珠丹點之，方見前篇。青葙子散灌之。調理：喂養淨廄，每朝用青布蘸芒硝、薄荷湯，兩目洗之，眼藥點之。戒忌：休拴暖廄，謹忌日曬，生料一切忌之。青葙子散：治馬眼熱生瘀。青葙子、石決明、地骨皮、金銀花、黃連、龍膽草、木賊、草決明、井泉石、乾菊花、蟬蛻、穀精草、當歸、白芷。各件共為細末，每服二兩，水一升，煎三沸，溫加；豬膽半盞調和，草飽灌之。硝荷湯，洗馬眼瘀壅。芒硝、薄荷煎水，濾去渣，蘇青布蘸洗兩目，其瘀壅自消矣。

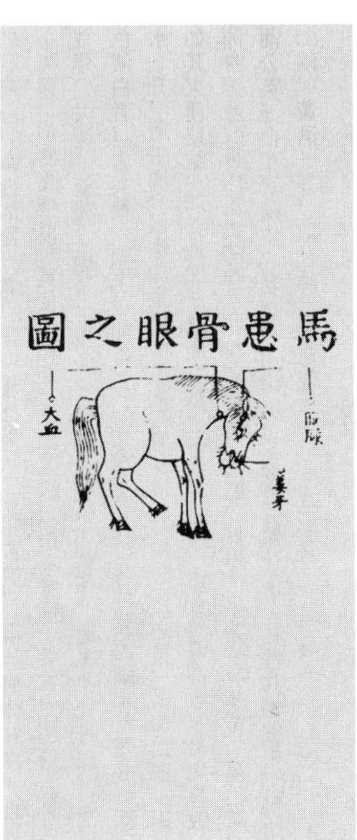
馬患骨眼之圖

又《馬患腎冷拖腰第二十七》 論馬腎冷拖腰者，何也？夫腎者，下元之主宰，壬癸水之地位。宜暖而不宜涼。《內經》云：熱則宣流，寒則凝滯。皆因馬之出力歸來，饑渴而兼空腸與飲，飲之太過，失於牽散，停貯於腸。又或夜繫寒霜濕地，外感潛入腰窩，內濕傳注腎命，外感內傷，凝滯不行。令獸腰拖胯鞍，後腳難移，牽拽不動，耳搭頭低，此謂腎冷腰拖之症也。形狀：精神短慢，耳搭頭低，毛焦肷吊，後腳難移。脈色：下部命關遲澀，臥蠶唇舌鮮紅，仰陷青白。歌曰：騾馬因何拽後蹄，為緣外感內傷虧。空腸過飲寒凝腎，卸鞍濕地又風吹。先灌運水溫中藥，腰間七穴火針施。再煎補腎千金散，三服必定得走騎。師皇曰：『拖腰者，寒氣凝於腰脊也。其形有四，醫者分別鑒之。凡蹲腰行者，雁翅痛也；吊腰行者，脊筋痛也；收腰不起者，內腎痛也；難移後腳，腎經痛也。』治法：脊筋痛者，徹尾本血，茴香灌之。火針腰上七穴。雁翅痛者，火針大胯、小胯、曲池穴、汗溝穴，桂枝羌活湯灌之；內腎痛者，火針七穴，千金散灌之；腎經痛者，後蹄蹬空閃傷也，徹腎堂血，當歸茴香散灌之。調理：喂養暖廄，稂草鋪地，聽其自臥自起。戒忌：濕場臥，空腸水，簷巷拴，一切風寒忌之。千金散：治馬脊筋、內腎痛等症。肉桂、川楝子、蓽澄茄、沒藥、當歸、小茴香、防風、白附子、肉豆蔻、荊芥、茯苓、木通、澤瀉、檳榔、陳皮、甘草。各件共為細末，每服二兩，連須蔥五枚，黃酒一升，煎三沸，溫加童便一盞，調和灌之。茴香散：治馬蹲腰、雁翅痛等症。桂枝、麻黃、威靈仙、羌活、獨活、細辛、白芷、五加皮、甘草、烏藥、木通、川木瓜、川烏製、草烏製、當歸、川芎、小茴香。各件共為細末，每服二兩，連須蔥五根，黃酒一升，煎三沸，溫加童便一盞，調和灌之。當歸活血湯：治馬後足蹬空，閃傷腎經等症。膘壯者，徹腎堂血；膘輕者，只可灌藥，不可徹血。當歸、川芎、乳香、沒藥、骨碎補、小茴香、白芷、羌活、防風、紅花、蘇木、續斷、桑寄生、杜仲。各件共為細末，每服二兩，黃酒一升，煎三沸，溫加童便一盞，調和灌之。如不痊，再灌大七傷散，一二劑痊愈。方見後篇。

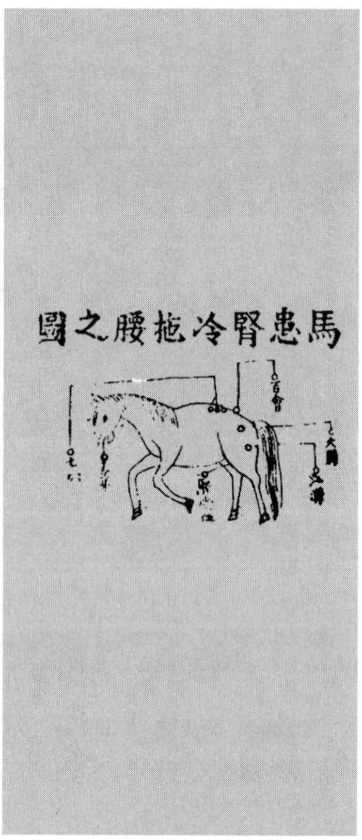

又《馬患肺敗第二十八》 論馬肺敗者，何也？夫肺者，乃臟之華蓋，又為五臟之首領。肺能容氣，故為氣海。凡氣之呼吸，出入總經，分調周身氣血，行於至巔之處，百二十萬三千一百一十腠裏，無不滋潤，無不提轄。肺乃一身之總管，外當風、寒、暑、濕，內盛饑、飽、勞役。在善牧善騎者，啞畜可以得終天年矣。苟失其養，即受傷也。或因食之太飽，負重乘騎奔走太急，促損肺經，滯氣凝於肺部，瘀血結於胸中，氣不行則血不活故也。令獸鼻冷氣微，久則鼻流膿涕，喘息有音，肷吊毛焦，頭低耳搭，此謂促損肺敗之症也。形狀：鼻流膿涕，氣促喘粗，毛焦肷吊，耳搭頭低。脈色：風關脈浮大，唇舌色青黃。歌曰：馬患肺損最難醫，耳搭頭低喘息微。醫工先抽鶻脈血，理肺秦艽速令施。師皇曰：『凡馬促損肺經，宜速治之。鼻流臭膿則難治也。』王良曰：『鼻流膿涕，氣如抽鋸者，無庸治也。』遵道曰：『凡馬肺促喘粗，有膘、六脈平順，口色如桃者，可治；瘦弱不堪者，難醫。』治法：膘壯者，徹鶻脈血、玉堂血、雙姜血，秦艽散灌之；膘弱，鼻內流血膿者，難治；渾身生瘰癧者，則更難治也。調理：喂養淨廄，熟料增加，每日用童便一盞灌之。戒忌：寒夜休拴冷處，謹忌簷巷風吹。又王良曰：『肺病休宜冷，腥臭不可醫，但將良藥灌，莫使小豬脂。』秦艽散：治馬肺病。秦艽、知母、百合、甘草、大黃、紫苑、梔子、麥冬、貝母、山藥、黃芩、遠志、牡丹皮。如口色淡白者，去大黃、梔子，加杏仁、斗苓、白芨。各件共為細末，每服二兩，水一升，煎三沸，候溫加童便一大盞，調和灌之。二三服之後，又加白蜜二兩。如其大便秘結，加豬油即牙豬脂二兩，再灌二三服，痊愈。敗毒散：治馬肺敗，渾身瘰癧，鼻內流膿等症。花粉、銀花、當歸、貝母、牛蒡子、黃芪、夏枯草、蒲公英、白芷、陳皮、甘草、川山甲、大黃、紫花丁。各件共為細末，每服二兩，黃酒一升，煎三沸，加童便一盞，候溫灌之。

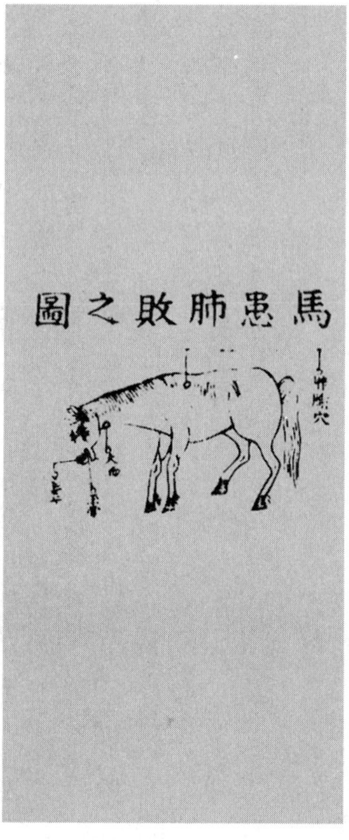

又《馬患肝經風熱第二十九》 論馬肝經風熱者，何也？夫肝者，筋

之主也。骨者，腎之主也。《內經》云：『勞傷心役傷肝。』故勞役傷肝，即傷筋，故肝者，筋之主也。皆因馬之蓄養太盛，暑月炎天，負重出力，出力勞役也，卒至卒拴，失於牽行。或近簷巷風吹，或繫陰濕池塘，內傷勞役，外受邪濕，襲於筋絡。《內經》云：『熱則宜流，寒則凝滯』。以致風邪滯注經絡，熱鬱積聚肝家。令獸皮胞眼腫，耳搭頭低，行步難移，此謂勞傷筋、肝熱風邪之症也。形狀：皮胞眼腫，耳搭頭低，行如酒醉，移步艱辛。脈色：中部弦數，唇舌鮮紅。歌曰：肝經風熱雙胞腫，四足如柱步難行。鶻脈太陽金針徹，活血追風灌之寧。師皇曰：『凡馬眼腫皮胞，行如酒醉者，肝家風邪也。』遵道曰：『勞傷筋，出力受寒傷則拘攣也；再頭低眼腫者，病在肝家也。』治法：徹太陽、鶻脈血，蘆牙、四蹄血。膘壯，六脈俱宜徹之。行如酒醉者，百會火針刺之。調理：喂養淨廄，春冬麩草，夏秋水浸青草喂之。戒忌：休拴簷巷風吹，生料一切停止。追風散：治馬肝經風熱等症。防風、荆芥、薄荷、當歸、川芎、羌活、桔梗、白芷、陳皮、甘草、生地、赤芍、玉金、木通、紫蘇、川木瓜、五加皮。各件共為細末，每服二兩，連須蔥五根，黃酒一升，煎三沸，候溫灌之。如口色赤紫者，加大黃、芒硝、龍膽草，再灌一二服，痊愈。

又《馬患肺壅第三十》論馬肺壅者，何也？夫肺者，氣之海，端能容氣。因何而致有肺壅之患焉？皆因馬之蓄養太盛，膘肥肉重，食之太飽，負重乘騎，奔走太急，涌急促損於肺經。歸來拴繫，或近簷巷卸鞍，或臥霜寒濕地，滯氣凝於肺部，瘀血結在胸前。令獸鼻流膿涕，氣促喘粗，毛焦肷吊，耳搭頭低，此謂肺經勞傷，肺壅之症也。形狀：鼻流膿涕，氣促喘粗，毛焦肷吊，耳搭頭低，咽喉哽噎，咳嗽連聲。脈色：風關脈浮大，唇舌色青黃。歌曰：馬患肺敗最難醫，耳搭頭低喘息微。六脈金針先須徹，理肺秦艽不宜遲。師皇曰：『凡馬肺敗之症，鼻流膿血腥臭者，難治也。』王良曰：『肺敗之症，脊背板硬，氣出如抽鋸者，亦難治也。』寧氏曰：『鼻中膿血出，更加氣轉抽，若再連背硬，時下命必休。』治法：徹鶻脈血，秦艽散灌之。又云：肺病多方療，心傷鶻脈抽，目前雖得效，久後再無休。心傷鶻脈抽者，是鶻脈血隱徹不出者，難醫也。調理：喂養淨廄，熟料增加，每朝童便一盞灌之。戒忌：寒夜不可外拴，風雨一切避之。秦艽散：治馬肺病勞傷、氣壅等症。秦艽、知母、百合、甘草、紫菀、麥冬、梔子、大黃、貝母、山藥、黃芩、遠志、丹皮、白芨。各件共為細末，每服二兩，水一升煎三沸，溫加童便一大盞，調灌三五服，痊愈。百合散：治馬鼻內出膿。百合、貝母、大黃、甘草、瓜蔞根。各件共為細末，每服二兩，蜜一兩，蕎麥麵一匙，蘿蔔湯一盞，同煎三沸，溫加童便，草飽灌之。二三服痊愈。

又《馬患肚脹第三十一》論馬肚脹者，何也？夫肚脹者，肚腹膨脹也。皆因食之太飽，負重出力，促損腸胃。或馳驟歸來，卒拴過飲，失於牽行，陰氣不升，陽氣不降，阻塞腸胃，致生膨脹。令獸肚腹脹滿，膈飽胸膨，咽喉哽噎，氣促喘粗。此謂食飽促損、氣脹之症也。形狀：肚腹脹滿，膈脹胸膨，咽喉氣噎，鼻咋喘息。脈色：肺脾脈數，唇舌青黃。歌曰：馬患肚脹膈間傷，咳嗽連聲喘息忙。只緣飽驟程途遠，痞氣填胸胃受殃。消脹須抽鶻脈血，天仙散灌是奇方。師皇曰：『肚脹者，氣不升不降也。凡治者，寬胸順氣，斂肺消膨。』治法：徹鶻脈血，天仙子散灌之。調理：徐徐牽行，肚下刮之。戒忌：生熟料一切忌之。天仙子散：治馬腹脹等症。天仙子、當歸、連翹、大黃、白芷、貝母、牽牛、甘草、白芍、檳榔、枳殼、厚朴、烏藥、香附、滑石、臭椿樹皮。各件共為細末，每服二兩，水一升，煎三沸，溫加生薑五片，同和灌之。又方：消積流氣飲，治馬傷料草、膨脹等症。檳榔、神曲、麥芽、山楂、烏藥、香附、砂仁、草果、木香、官桂、枳實、厚朴、乾薑、木通、甘草。各件共為細末，每服二兩，薑七片，水一升，煎三沸，溫灌之。如口色赤紫，大便不行，本方加大黃、芒硝，芝麻油四兩，和灌。

又《馬患誤食毒物並過餐乾料，胸腹膨脹第三十二》 論馬平白肚腹膨脹者，何也？夫馬之飲食者，水草也。何以並未乘騎使用，而肚腹忽然膨脹者，皆因蓄養失調，水草穀料不潔。或毒蝎蜈蚣等蟲，墮入穀草內，馬之誤吞，毒氣發作，而生膨脹。抑或斷撒繮繩，偷吃料米乾糧太多，在腹而作膨脹者。令獸氣促喘粗，胸飽腹脹，耳搭頭低，精神怠慢，此謂平白誤食毒邪等物、腹膨之症也。歌曰：肚腹膨脹切須知，食毒必定口垂涎。料傷無定出哽氣，醫工仔細用心機。料脹消積通腸散，中毒即解不宜遲。寧庵曰：『凡騾馬斷撒繮繩，偷吃豆料過多者，切不可與水飲之。即用真芝麻油一色，着馬之大小，偷吃料之多寡，但馬大，料多者，油必多灌之。或斤許，或二、三斤也可。灌後肚下刮之；抑或備鞍乘騎，徐徐游蕩，令穀料行之，方可與水飲之。』又曰：『若飲水太早，即脹死矣。再無解救之法。如牛食豆米，亦用此法，灌油之後，即用空耙拖之，徐徐使之耙田或耙地，務必以穀料行之，方可住歇，否則不能救矣。』解毒湯：治馬牛誤食蜈蚣、蝎毒等物急救方。用：明矾一兩、粉甘草一兩、水一升，煎三沸灌之，其毒可解。又方：烏柏樹，即木子樹，其子取油較好，冬則取根皮，夏則取葉。搗爛取汁一碗，入真芝麻油一碗，同和灌之，其毒即解矣。如食半夏毒，即用老生薑二兩搗爛，開水沖灌；或明矾五錢調灌，即解。否則再灌痊愈。如中巴豆毒，肚脹、腸疼痛，火熱難忍者，即用黑大豆一碗，水泡搗爛，取汁一碗，服下疼痛即解。誤食桐油腹痛，亦用此方解之如神。若中川烏、草烏之毒者，用綠豆半升，水津搗碎取汁，老薑四兩，搗爛取汁，各一碗，加芝麻油一兩，明矾一兩，調和灌之，即解。若中砒霜，總宜烏柏樹，冬取根，夏取葉，搗汁飲一大碗，即解。解蘑菇毒。地上出的菇子，烹而食之，若中毒者，苦痛難當，其吐瀉不止，腹內疼痛待斃，服百藥而不能效，惟取本山出菇之所，將浮土掘開，挖至二尺餘深之下，淨土取來，再取河內長流水，和此泥水飲之，即止痛止吐，神效，神通。

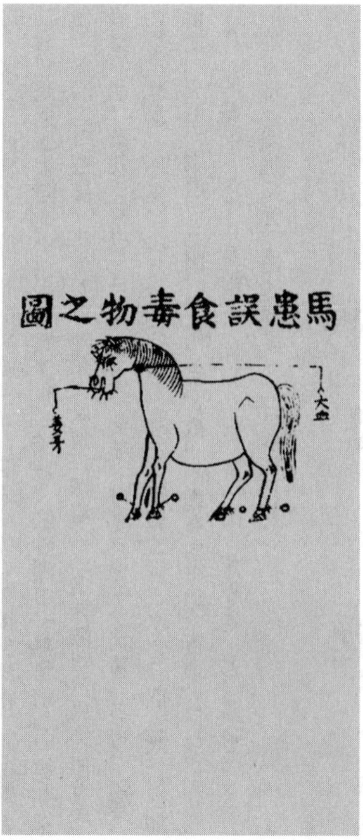

又《馬患尿血第三十三》 論馬尿血者，何也？夫尿血者，即溺赤也。皆因馬之乘騎負重，過度勞傷，六腑積熱，滲於膀胱。損于氣分則溺白，損於血分則溺赤。受之淺者，紅色；受之深者，紫色。此謂勞傷血氣尿血之症也。歌曰：良驥遙行負重傷，氣衰血敗注膀胱。肷吊毛焦頭垂地，尿膡溺赤病難當。秦艽瞿麥車前子，歸苓芍粉共蒲黃。梔草大黃同共使，竹葉煎湯調灌康。師皇曰：『尿血者，膀胱積熱也。凡治者，調和血氣，清利小便。血溺黑者，不堪治也。」王良曰：『溺血皆因熱，風邪鬱結為，秦艽散調治，通利大黃奇。』治法：秦艽散灌之。觀其肥瘦，六脈金針刺之。調理：喂養暖廄，增加草料，青竹葉時常喂之。戒忌：七日休令騎驟，豆料一切忌之。秦艽散：治馬小便溺血。秦艽、蒲黃、瞿麥、當歸、黄芩、車前子、甘草、紅花、大黃、芍藥、梔子、天花粉、海金砂、滑石。各件共為細末，每服二兩，竹葉煎湯調和，空腸灌之。

馬患小便尿血之圖

又《馬患腎虛第三十四》 論馬腎虛者，何也？夫腎者，骨之主。腎虛者，腎骨虧傷也。腎主於骨，骨受虧損，勞傷過度。令獸後腳虛腫，胯拽腰拖，精神短慢，耳搭頭低，此謂腎敗、虛損之症也。形狀：四肢虛腫，後腳難移，精神短慢，耳搭頭低。脈色：雙鳬沉細，口色青黃。歌曰：腎虛腿腫步難行，脊弓胯拖後腳蹲。四肢倦怠行無力，口色青黃脈細沉。百會巴山火針治，蓽澄茄散最功深。臥癱草少尪羸瘦，用盡靈方命不存。師皇曰：『腎虛者，根本虧也。凡治者，和血順氣，滋腎補陰，腰胯火針治之。』治法：火針百會、巴山、大胯、小胯穴，蓽澄茄散灌之。弱瘦不堪，後腳難移者，不堪治之，醫者鑒之。調理：喂養暖廄，增加料草，穪草鋪地臥之。戒忌：涼夜休拴冷處，風寒陰濕忌之。蓽澄茄散：治馬腎虛，後腳浮腫。蓽澄茄、厚朴、小茴香、巴戟、桂心、益智仁、檳榔、破故紙、葫蘆把、川楝子、肉蓯蓉、肉豆蔻。各件共為細末，每服二兩，蔥三根，黃酒一斤，同煎三五沸，空心灌之。

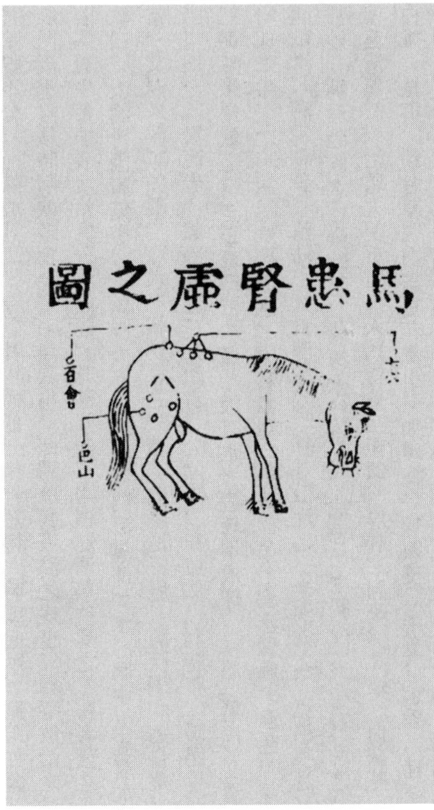

馬患腎虛之圖

又《馬患傷料第三十五》 論馬傷料者，何也？夫料、草者，乃馬騾養命之源，因何而致有傷焉？皆因蓄養太盛，多喂少騎，牧養無度，更上重餐，料後加料，食之太過。又或料後飲水，更其不宜，以致料重傷胃不能尅化，令獸牙齒頻嚼，耳搭頭低，精神倦怠，行步無力，此謂傷料重傷之症也。形狀：牙齒頻嚼，耳搭頭低，精神倦怠，行步無力。脈色：雙鳬洪數，口色鮮紅。歌曰：料傷胃口料重餐，牧養失調致如然。未曾上料先須飲，先飲後料聖賢傳。最忌臨行時上料，料後飲水患更難。師皇曰：『傷料者，穀料過多也。凡治者，消積破氣，化穀寬腸。』王良曰：『傷料者，料後重餐也。又因其已喂料，而又添料，故謂之料後重餐，所以傷料也。』治法：晝縱於郊，夜散於廄，勿令拴繫，聽其自臥自起。其所最忌者，臨出門時喂料，即如喂料，亦必先須飲水方可。若喂料後出門，遇水忌飲，倘乘騎奔走，腹內撞成水穀並，即成料重傷之症，九死無一生也，實難醫治也。今時之醫者慎之！萬不可輕忽。戒忌：當日不得飲水，一切生熟料忌之。神曲散：治馬傷料。神曲、麥芽、山楂、甘草、檳榔、厚扑、枳殼、陳皮、青皮、蒼術、香附、烏藥、官桂。各件共為細末，每服二兩，生蘿卜一個搗爛，加童便一盞，開水沖和灌之。二三服痊愈。

又《馬患脾虛濕邪第三十六》 論馬脾虛濕邪者，何也？夫邪者，風邪也。馬之秉氣，生於天地之間，何懼濕邪之患焉？皆因負重乘騎，出力歸來，或拴繫簷巷之下，陰冷之所，斜風稍雨，卸去鞍屜，濕氣凝于毛竅，邪氣流注肌膚，肌膚浸於膝裏，膝裏傳於五內也。令獸偏頭直頸，眼目歪邪，神昏似醉，行立如癡，此謂脾虛濕邪之症也。形狀：行如酒醉，立如癡呆，偏頭直頸，眼目歪邪。脈色：六脈遲細，口色青黃。歌曰：站立如癡行如醉，頭頸偏邪兩目遲。麝香牙皂芸薹子，碾末裝筒鼻內吹。三江鶻脈金針徹，百會風門艾火煨。追風解表天麻散，十朝五灌病痊愈。師皇曰：『邪症者，風症也。凡治者，急令發汗，邪溫回避，謹忌陰寒，和血順氣，安魂定魄，鶻脈兩針，量觀肥瘦徹之。』王良曰：『風病為邪病，邪病為風濕邪，宜發表，驅外感風寒；熱邪宜徹血，寧心神而定魂魄。』治法：熱症徹三江血、鶻脈血；濕邪火針百會穴，上艾火炙之，以汗出為度，天麻散灌之，芸薹散鼻內吹之；熱邪者徹血，消黃散主之。調理：寒邪者，喂養暖廄，背上鞍屜搭之；熱邪者，喂養清涼之廄，水浸青草喂之。戒忌：五更不可野放，休令簷巷風吹。天麻散：治馬脾虛濕邪偏風症。天麻、人參、川芎、防風、荆芥、甘草、首烏、薄荷、蟬蛻、茯苓、麻黃、紫蘇、羌活、獨活、當歸、木通、桔梗、陳皮、細辛。各件共為細末，每服二兩，黃酒一斤，蔥五七根，煎三沸，溫灌之。吹鼻散方見前篇。消黃散：治馬熱邪、氣血不和等症。黃柏、黃芩、大黃、芒硝、升麻、乾葛、花粉、木通、知母、貝母、陳皮、青皮、枳殼、厚朴、甘草、當歸、川芎。如口色赤，加大川連。各件共為細末，每服二兩，竹葉、燈草煎湯沖和，溫加雞子清二枚，童便一大盞，同調灌之。

此圖缺

又 卷五《馬患冷腸汲瀉第三十七》 論馬患冷腸汲瀉者，何也？夫汲瀉者，水瀉也。皆因負重乘騎，奔走太急，地里窵遠歸來，久渴失飲，或乘饑誤飲冷水太足，失於牽散，以致冷水停住於腸，陰冷太過，水火相尅，水尅火則陽氣不升，陰氣不降，或老弱瘦馬，臟冷氣虛，氣虛則不能津液，膀胱陰陽不分，而釀成其瀉。令獸耳搭頭低，精神短慢，時或起臥，腸鳴如雷，肛門汲水，移時則飲多食少，毛焦肷吊，此謂冷腸汲瀉之症也。豬苓散治之。若馬糞中帶血者，治宜分利陰陽，升清降濁，用檳連清熱飲灌之。醫者鑒之。歌曰：汲瀉皆因臟氣虛，水停腸內不津液。肛門瀉糞渾如水，腸中氣虛響如雷。艾湯米飲頻頻喂，冷水三朝切忌之。豬苓散灌連三服，臟腑調和病自瘥。師皇曰：『汲瀉者，臟冷氣虛。凡治者，分陰陽，和血氣，利膀胱，暖腸胃，三朝熟米湯飲之。』王良曰：『肛門汲臭水，渣糞不成球，豬澤青皮妙，滑石與牽牛。』形狀：肛門汲水，瀉糞無球，毛焦肷吊，貪水腸鳴。脈色：氣關沉滑，唇舌青黃。治法：火針脾腧穴，豬苓散灌之，米湯飲之，豆稭喂之，甚妙。調理：飲水休令飲足，飲後牽行百步。戒忌：空腸冷水，三日忌之。檳連清熱飲：治馬大便下血，人馬皆效。枳殼、厚朴、訶子、黃連、白茯苓、白朮、檳榔、粉甘草。白扁豆花為引。如腹痛，加陳皮、半夏、木香。豬苓散：治馬汲瀉。豬苓、澤瀉、青皮、陳皮、滑石、牽牛、白朮、茯苓、車前子炒、黃芪、官桂、香附、枳實、檳榔、木通、升麻。各件共為細末，每服二兩，薑五片，水一升，煎三沸，溫加炒食鹽一大撮，調灌，痊愈。

又《馬患心熱風邪第三十八》 論馬心熱風邪者，何也？夫心熱風邪者，心風也。心者，一身之主宰，居於深宮內院，何以而致有風邪之患也？皆因馬之賦性在午，丙丁當令，甲乙相生，然馬者，火畜也。以心為主，心主於血。甲乙者，春令也。木旺於春，木旺心生火，心火旺則血旺。故馬之膘壯者，于春交時，務必將六脈血徹之，得水火既濟之功，使血氣均調，故不生熱症之患也。令獸之風邪者，皆因蓄養太盛，膘肥肉重，春不徹六脈之血，夏不灌清涼之藥，久不乘騎，乘騎負重歸來，失於牽行，簷巷卸鞍，或拴繫酷暖之廄，以致血壅氣滯，鬱結於胸。令獸渾身汗出，眼急驚狂，行如酒醉，耳搭頭低，或口吐涎末，草料不餐，此謂心熱風邪之症也。形狀：渾身汗出，肉顫頭低，行如酒醉，風癲亂跌。脈色：雙凫洪數，色似雞冠者生；雙凫斷亂，口色炲煤者死。歌曰：心熱風邪症難堪，驀然倒地仰觀天。起來似醉渾身顫，眼急驚狂若風癲。六脈金針先徹血，百會風門火針攢。巧手醫工須細意，鎮心散灌有安然。師皇曰：『熱症者，火症也。《內經》云：熱盛生狂，故有風癲之狀；寒盛生痹，則有癱瘓臥地難起之狀。』王良曰：『風邪者，熱鬱壅心也。故有行如酒醉之狀。』寧氏曰：『熱鬱心悶，故胡跌亂撞，行如風邪。』治法：徹鶻脈血、雙薑、四蹄血；風門、百會穴，火針刺之。口臭徹玉堂血。調理：餵養清涼之廄，水浸青草喂之。冬用枯草。戒忌：謹忌日曬，拴繫暖廄。鎮心散：治馬風邪驚悸，癲狂不寧。人參、桔梗、白芷、白茯苓、遠志、麥冬、花粉、澤瀉、梔子、連翹、乾葛。各件共為細末，每服二兩，童便一盞，開水沖和灌之。硃砂散：治馬心熱風邪等癥。硃砂、人參、茯神、黃連。各件共為細末，豬膽汁半盞，童便一盞，開水調和灌之。如口色赤紫，六脈洪數，加大黃、芒硝、升麻、花粉、葛根、木通、桔梗、半夏、陳皮、乳香、藿香。各件共為細末，每服二兩，燈草、竹葉煎湯調灌之，痊愈。吹鼻散：人馬平安散方，見前篇。

又《馬患肺經啌嗽第三十九》 馬之啌嗽者，何也？夫啌嗽者，肺經先受之也。緣肺者內為五臟之華蓋，外又於皮毛之相合。外受風濕，感傷於皮膚；內受飲冷凝滯於華蓋，內外交感，流注於肺，肺氣不爽，致令啌嗽不寧也。啌而喘息有音，鼻流膿涕者，乃肺之啌嗽也。若啌久，則傳之於肺腑之腑，乃大腸也。故肺于大腸相連，肺於皮膚相合，其啌之狀，啌甚則屁出而遺糞也。此謂肺啌流傳於大腸之症也。形狀：啌則直頸昂頭，喘息有音，鼻流膿涕，甚則屁出而遺糞者，此為肺之啌嗽也。脈色：肺脈浮洪，口色如綿。歌曰：肺啌之狀息有音，昂頭直頸嗽至甚。屁出遺糞病在肺，鼻孔流涕寒熱分。肺寒鼻孔流清涕，肺熱膿涕臭難聞。先識臟腑寒熱症，次明表裏方藥靈。熱徹六脈清肺飲，寒用消風使火針。時師識得寒熱症，臟腑分清針藥神。王良曰：『肺啌喘息，喉中有音，鼻流膿涕，此即熱鬱於肺是也。』師皇曰：『肺嗽須直頸，昂頭張口啌，是也。』遵道曰：『肺寒啌，鼻流清涕；肺熱鼻定膿涕流。』寧庵曰：『肺熱者，皆從寒中得來。凡馬牛之啌漱，因乘騎出力歸來，拴繫簷巷之下，或近水塘池邊，失於牽散，或鞍屜早卸，以致邪氣賊風襲於皮膚，閉塞毛竅，使鬱熱不能消散於肢體，伸出於腠裏，關膈閉塞，毛竅不通，以致凝鬱於肺，而成為啌嗽之症也。凡醫者，分別臟腑、表裏、寒熱、輕重、標本治之。何為標本？蓋標本者，即表裏也。其啌嗽，鼻中流清涕者，病在表，屬寒，宜散之。啌嗽，鼻中流膿涕者，病在裏，屬熱，宜徹六脈血，藥宜清之、下之。醫者鑒之。』治法：鼻內流清涕者，火針百會穴，消風散灌之。鼻流膿涕者，徹六脈血，宜清肺飲，草飽之後方可灌之，灌後忌上草料。調理：餵養暖廄，清淨之處，麩草或青草喂之。戒忌：拴繫簷巷之下，風雨、豆料一切忌之。消風散：治馬啌嗽、鼻流清涕等症。羌活、防風、陳皮、半夏、杏仁、荊芥、薄荷、紫蘇、桔梗、粉草、花粉、白芷、麻黃。各件共為細末，每服二兩，黃酒一斤，連須蔥五七根，同和，草飽後灌之。二三服之後，口色赤者，鬱熱傳注於內矣，務必灌理肺散，徹六脈血，啌嗽定止，神效。理肺散：治馬肺啌，口中赤色，喘粗氣急啌嗽等症。花粉、陳皮、桔梗、半夏、大黃、斗苓、天冬、麥冬、五味子、杏仁、木通、甘草、枳殼、桑皮。各件共為細末，每服二兩，白蜜二兩，童便二盞，開水同和灌之。

馬患肺經啌嗽症圖

又《馬患肝經啌嗽第四十》 論馬肝經啌嗽者，何也？夫肝家之啌嗽者，亦皆肺臟之受邪鬱，失於調治，久則傳注於肝，令其啌嗽。抑或馬之出力過度，傷受於筋，勞力傷筋，又肝主筋，故役傷肝也。令其啌嗽。況肝於膽相表裏，鬱甚傷膽，啌嗽時有黃涎出也。凡啌嗽其形，頭則左顧，為左脅痛也。此為肝啌流注膽腑之症也。形狀：啌嗽頭則左顧，啌中時有黃涎沫出。脈色：雙鳧平順，口色鮮明者，易治；六脈沉滯，口色青紫者，難醫。歌曰：肝啌形狀頭左偏，直頸啌聲不大喧。喉中唧嗽頭左顧，嗽甚口中垂黃涎。勞役傷肝傷力症，調經開鬱嗽自安。經書裡面仙方注，時師著意搜簡篇。留方立論述古製，唯救馬牛壽長延。王良曰：『肝啌頭左顧，啌則左脅痛也。』遵道曰：『肝啌悶聲頭左偏，甚則眼腫淚下漣。』師皇曰：『肝啌因傷力者多，故曰：勞傷筋。又曰：肝主筋也。』寧庵曰：『外感風邪，從肺經而傳入肝經之嗽者，易治；役傷肝經致嗽者，為勞傷，難醫。膘壯者，可治；弱瘦者，難醫。』治法：勞役傷肝啌嗽者，火針肝腧穴；眼腫頭低啌嗽者，徹眼脈血；口色赤紫、膘壯者，徹喉脈血，割取薑牙節，調經開鬱散灌之。調理：餵養淨廄，麩草加倍喂之，豆料一切忌之。戒忌：休拴簷巷之下，謹避日曬雨灑。調經開鬱飲：治馬勞役傷肝啌嗽等症。當歸、川芎、白芍、生地、鮮紅花、紫參、川木瓜、陳皮、石菖蒲、粉草、桔梗、杏仁、木通。各件共為細末，每服二兩，白蜜二兩，童便二盞，白湯同調灌之。如口吐黃涎者，加半夏、膽南星。如口色赤紫者，加龍膽草、大黃，再灌二三服，草飽灌之。如口色青白者，忌用寒涼藥，灌後忌食，隔二三時辰方可喂之。大七補散：治馬勞役傷肝啌嗽等症。秦艽、百合、知母、貝母、人參、五味、阿膠、甘草、桔梗、紫菀、白芨、山藥、丹皮、萸肉、澤瀉。各件共為細末，每服二兩，童便二盞，白水調灌五、七服，痊愈。

馬患肝經啌嗽之圖

又《馬患脾經啌嗽第四十一》 論馬脾經之啌嗽者，何也？夫脾之啌嗽者，或因肺臟之受邪鬱，交感流傳於脾；抑或胃口飲食邪物，鬱氣傳於脾。然胃於脾相表裏，合為臟腑。臟有症，必傳腑；腑有症，必傳臟。臟腑相連，合而為一。如肺家相傳之病，入於脾者，啌嗽頭則右顧，為右脅痛也。如胃口自食邪物者，令其啌嗽，甚則吐有長蟲出也。但肺之傳於脾之啌嗽者，乃外感風邪之所致，可追風理氣，活血清痰，啌自寧矣。如胃之食邪物而生啌嗽者，要在醫者切意認識，或食雞、鵝、鴨毛，令其啌嗽；或饑餓過度，搶食水草太猛，亦令其啌嗽。醫者務必細意斟酌調治。未可一概而論，此謂脾家啌嗽之症也。形狀：頭低右顧，汲汲小啌，為右脅氣痛也。脈色：雙鳧平順，口色鮮明者，可醫。歌曰：脾家啌嗽說根因，頭低右顧右脅疼。胃啌嗽吐長蟲出，臟腑病患各有形。草啌水啌如雷吼，直頸昂頭口大噴。王良曰：『脾啌頭右顧，為右脅痛也。胃食邪物啌，則吐有長蟲出也。』遵道曰：『脾啌頭低偏右，胃口食邪嗽長蟲。』寧庵曰：『凡草啌、水啌、食毛啌者，皆昂頭直頸，張口大啌如雷者，是也。宜芝麻油四兩灌之，痊愈。如肺傳之症，必以追風活血，清痰理氣方痊。』調理：膘壯者，徹喉脈血、玉堂血、三焦血；膘輕者，火針脾腧穴、三焦穴，醒脾順氣散灌之。麸草加倍喂之。戒忌：拴繫簷巷，豆料一切忌之。醒脾散：治馬患脾胃啌嗽等症。枳殼、桔梗、陳皮、粉草、花粉、木通、香附、蔞仁去殼油製、杏仁去皮尖、烏藥、白芷、五味、石菖蒲、蘇子研末、川芎、當歸。各件共為細末，每服二兩，薑三片，童便二盞，開水沖和灌之。二三服痊愈。清痰理氣追風活血飲：治馬患脾啌嗽等症。陳皮、半夏、合香、香附、乾葛、花粉、秦艽、白芷、木通、杏仁、金沸草、當歸、款冬花。各件共為細末，每服二兩，黃酒半斤，童便二盞，開水調和，灌二三服痊愈。

又《馬患腎經啌嗽第四十二》 論腎經之啌嗽者，何也？夫腎者，內腎也。乃下元之淨位，何以而致有啌嗽之患也？皆因馬之負重出力，外受感寒，失於調治，傳之於肺，肺傳肝，肝傳脾，脾傳腎也。何以知之？凡啌嗽時，若頭低腰弓，懸起後腳者，乃為腎經疼痛，故名腎啌也。若傳注於膀胱，啌嗽時，必然小便淋瀝。故腎于膀胱相連，合為臟腑，此為腎家啌嗽之症也。形狀：腰弓頭低，吞聲悶咳，啌甚懸起後腳，嗽時或小便淋瀝。歌曰：腎患啌嗽後腳懸，弓腰低頭嗽聲難。傳注臟腑膀胱內，啌嗽小便滴漣漣。藥用茴香通神散，三服之後定安痊。王良曰：『腎啌懸後腳，腰弓啌聲難，牽連膀胱患，小便滴漣漣。』遵道曰：『腰弓頭低，吞聲悶咳者，腎家受傷也。』《通元經》云：『沿汞先天清淨界，提攝中州十二都。言汞，即腎與膀胱也；言十二都，即十二臟腑也；言中州，即脾也。』寧庵曰：『胎元中，先生腎，故名先天，乃為一身之主宰。即馬之為畜，亦屬五行俱全，人為萬物之靈，畜為萬物之精，尚有銜鞭垂鐙之德，豈可忽視也。但馬之啌嗽，傳入於腎者，頭低腰弓，吞聲忍啌之狀。啌甚則懸起後腳，乃腎經疼痛，不能移起其後腳者，恐其難醫。如受症輕者，可治；如受症雖重，口色平順者，可治。醫者鑒之。』治法：火針腎棚、腎角、腎腧、百會等穴。如口臭、色赤紫者，徹於玉堂、雙蕾血。茴香散灌之。戒忌：休拴簷巷，謹忌日曬風吹，草料加倍喂之。茴香散：治馬患弓腰低頭悶啌等症。小茴香、香白芷、紫蘇、薄荷、荊芥、麻黃、當歸、川芎、粉草、烏藥、川木瓜、貝母、五味子。如口色赤，倍加元參。各件共為細末，每服二兩，黃酒半斤，童便二盞，開水沖和灌之。二三服痊愈。如腰不伸者，加五加皮、廣桂枝、木通，再灌二三服，即愈。

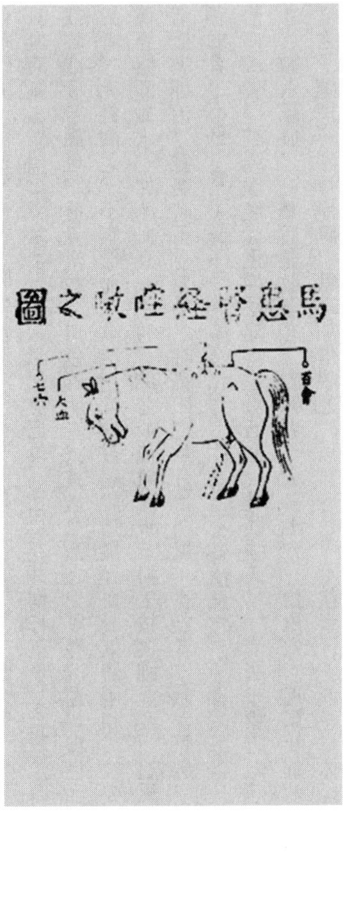

又《馬患心經啌嗽第四十三》 論馬心經之啌嗽者，何也？夫心者，是一身之主宰，安居五臟之內，六腑之中，何以而致有啌嗽之患焉？然心主於血，統灌於五臟六腑，十二經絡，一百二十萬三千一百一十腠理，收攝運化，無不備其潤澤，焉能有啌嗽之症也？皆因馬牛之出力勞倦，拴繫餵養，失於調理，以致外感風邪，內停滯鬱。先注於肺，肺傳肝，肝傳脾，脾傳腎，腎傳心，心傳六腑，六腑傳三焦，三焦而氣逆，氣逆而危矣。此為心經啌嗽之症也。形狀：低頭悶咳，兩眼圓睜，前蹄跑地，渾身發顫，汗出如漿，喘吸微微。脈色：雙凫斷亂，色似炲煤者，無則無方治之。六脈如常，色似桃花，可治。歌曰：心啌之狀人見驚，前蹄跑地眼圓睜。痰壅氣促渾身顫，汗出如漿救難生。饒君妙手休醫治，應知刻下命歸陰。王良曰：『心乃一身之主，邪鬱攻心，悶亂而危也。』遵道曰：『心居清淨之宮，邪鬱不得相干，若能犯之，十死無一生也。』寧庵曰：『心主於血。凡馬有邪鬱啌嗽之症，則悶亂，前蹄跑地，可速將喉脈血徹之，即可以安魂定魄，若稍安時，可用鎮心散灌之。』調理：徹喉脈血、玉堂血、四蹄頭血，鎮心散灌之。戒忌：時刻牢行，生料一切忌之。鎮心散：治馬患心啌、痰壅悶亂等症。茯苓、遠志去心、石菖蒲、硃砂研末、山梔、連翹去心、麥冬去心、蘇子、蔞仁去殼，油淨、大黃、川連、膽南星、半夏、陳皮、粉草、木通、花粉。各件共為細末，每服二兩，蜜二兩，雞子清二枚，童便二盞，開水調灌，痊愈。

馬患心經啌嗽之圖

又《馬患傳經絡、四足輪流疼痛第四十四》　論馬傳經絡，四足輪流疼痛者，何也？夫四足輪流疼痛者，乃痛風之症也。皆因馬之負重，出力歸來，拴繫陰濕之處，或簷巷之所，乘熱促飲冷水過多，濕氣凝於經絡，又因外感風寒，內傷陰冷，外感內傷，傷之血氣，氣之凝血，血之凝氣，氣血相凝，經絡鬱結而成痛也。況心者，血也；肺者，氣也，氣血流行，周身流轉，以應四時，多一遭為盛，少一遭為衰。氣血盛者，妄行經絡，溢於膚腠；氣血衰者，凝於經絡，滯於腠理。是故妄行經絡者，發瘡發黃；凝於經絡者，作疼作痛。留之於後者，胯靸腰拖；傳之於前者，胸痛膊痛。此謂傳經走絡，凝血滯氣，把前把後之症也。形狀：把前把後，行如酒醉，拘行束步，或起跑癲，或軟或硬。脈色：雙凫洪數，口色鮮明者，宜徹血治之；雙凫沉遲，口色如綿者，火針刺之，不宜徹血。歌曰：且論醫家說痛風，血凝氣滯兩相攻。妄傳經絡渾如水，如冰血衰氣不通。或前或後難移步，醫工按典細尋蹤。追風活血調經治，針烙時下見康榮。師皇曰：『凡治痛風，膘壯者，徹六脈血；膘弱者，火針百會、大胯、小胯諸穴。如痛在前者，火針搶風穴。』王良曰：『凡治痛風者，調經理氣，止疼祛痛，追風活血，壯髓強筋。』治法：膘肥肉壯者，徹六脈血，追風活血散灌之；膘輕者，火針七穴、搶風穴，追風止痛散灌之。調理：餵養淨廄，麩草加倍喂之，豆料忌之，不住牽行。戒忌：休拴簷巷風吹，謹忌日曬雨淋。調經當歸散：治馬傳經輪流疼痛等症。當歸、川芎、羌活、獨活、五加皮、細辛、木瓜、白芷、烏藥、香附、麻黃、桂枝、乳香、沒藥、青皮、陳皮、木通。各件共為細末，每服二兩，黃酒一斤，蔥五七根，同煎三沸，溫灌之。如不痊，以大七傷散，再灌一二服。痊愈。追風活血散：治馬氣血衰弱，把前把後等症。荊芥、薄荷、川烏製、草烏製、麻黃、桂枝、威靈仙、粉草、白芷、天麻、烏藥、小茴香、牛膝、杜仲、川木瓜。各件共為細末，每服二兩，黃酒一斤，生薑五片，同煎三沸，溫加童便二盞，調和灌之。

馬患傳經疼痛症圖

又《馬患寒癥第四十五》 論馬寒症者，何也？夫寒也，陰冷也。陰勝其陽也。皆因馬之久渴失飲，令飲冷水而太足，冷氣入於胃也。或老瘦過餐宿冷，或衰弱久露風霜，或牧被陰雨苦淋，或繫向濕場久臥，濕氣透入肌肉，肌肉傳於脾經，脾灌四旁，胃潮百脈，以致脾胃合之陰冷，此為冷傷之癥也。脈色：雙鳧沉細，按之無力，口色昏糊，仰陷青黃。形狀：不時起臥，腸鳴如雷，回頭覷腹，前蹄跑地，渾身發顫，耳鼻俱冷。歌曰：寒氣多因冷氣侵，為緣陽不勝其陰。繫拴簷巷因風襲，牧放荒郊被雨淋。腥酸邪物凝於胃，冰寒水冷腹中停。回頭覷腹蹄跑地，伸腰擺尾顫體競。鼻寒耳冷蹇唇笑，腹中氣虛響雷鳴。除濕健脾三聖散，乾薑朮朴酒須蔥。同煎三沸溫和灌，自然除痛得安寧。師皇曰：『陽不勝其陰者，則五臟氣逆，九竅不通也。』趙氏曰：『陰盛則寒極，寒極則氣厥，氣厥則腹滿，腹滿則顫慄，顫慄則脈絶，脈絶而危矣。能夏不能冬，此之謂也。醫者鑒之。』治法：火針百會、脾腧穴，白針薑牙血，健脾三聖散灌之。宜甘辛之藥，蔥酒灌之。調理：餵養暖廄，背上鞍屜搭之。廄內稂草鋪地，聽其自臥自起。戒忌：簷巷風吹，濕地拴繫，冷水生料，一切忌之。鍵脾三聖散：治馬寒癥。蒼朮、白朮、乾薑、茯苓、澤瀉、枳殼、厚朴、宮桂、細辛、檳榔、肉桂、人參、陳皮、粉草、炮薑、香附。各件共為細末，每服二兩，黃酒一斤，同煎三沸，溫加炒鹽一大撮、伏龍肝一塊調灌，痊愈。

馬患寒症之圖

又《馬患熱癥第四十六》 論馬熱症者，何也？夫熱者，暑熱也。陽勝其陰也。乃暑月炎天，負重乘騎，地裡窵遠，驟急歸來，鞍屜失於解卸，乘饑渴而喂熱料熱草，熱氣入於胃，胃潮百脈，而注之骨髓，內外合邪，五經煩躁，熱毒流注於四肢，此謂傷熱之症也。形狀：行立如醉，汗出如漿，鼻咋喘粗，耳搭頭低。脈色：雙鳧洪數，口色鮮明者，生；六脈斷亂，蠶唇青紫者，死在刻下。歌曰：行立如癡汗如漿，由來陰不勝其陽。炎天負重乘騎遠，熱餐料草致其殃。內外合邪表裏熱，雙鳧洪數口如湯。鼻咋喘粗行如醉，耳搭頭低目無光。鶻脈兩針須出血，歸芩芍粉四賢良。竹葉煎湯調和灌，便是師皇眞藥方。師皇曰：『喘粗氣大，脈行洪數者，乃陰不足，而陽有餘，此即熱症也。』趙氏曰：『陽盛則身熱，腠理閉而氣喘。身顫汗如油者，死在旦夕，能冬不能夏，醫者慎之。』元亨曰：『六脈洪數，口色鮮明者，可治；雙鳧斷亂，臥蠶赤紫者，難醫。』治法：徹鶻脈、玉堂、雙薑、四蹄血，如汗出不止者，百會七穴，火針刺之。井底撈涼泥，將針眼泥下，傾刻即止汗，然後徹血。四賢散灌之。又方：如汗出不止，用乾灰擦之，即止。如擦不止者，死。調理：餵養清涼之廄，水浸青草喂之。戒忌：休拴日曬，繫清涼處，不時牽行，豆料一切忌之。四賢散：治馬熱極等症。當歸、黃芩、芍藥、花粉、知母、元參、生地、麥冬、葛根、香茹、陳皮、粉草、茯神、遠志、石菖蒲。各件共為細末，每服二兩，燈草、竹葉煎湯調和，溫加雞子清二枚、童便一盞，同和灌之。吹鼻散，鼻內吹之，取噴即醒。方見前篇。

馬暑傷熱極症之圖

又《馬患虛癥第四十七》 論馬虛癥者，何也？夫虛者，勞傷之過，眞氣不守，衛氣散亂也。因乘饑渴，負重乘騎，地里窵遠，且又失於飲喂，或喜小馬超群異眾，奔走過度，多騎少喂，以致傷於臟腑，致使行力殊常，日久則令毛焦肉減，身體衰瘦，把前把後，抽搐難行，鼻流膿涕，咳嗽連聲，四肢虛腫，耳搭頭低，脈行遲細，口色無光，精神短慢，此為虛損之症也。形狀：鼻流膿涕，咳嗽連聲，四肢虛腫，耳搭頭低，把前把後，日漸瘦弱者，難治也。脈色：雙鳧遲細，口色昏糊，六脈如絲，臥蠶紫青者，難治。歌曰：虛癥皆緣血氣虛，榮衛散亂兩相虧。鼻浮面腫頭垂地，胯鞍腰拖步行遲。耳搭目閉精神少，腹細毛焦喘息微。臥多立少腸鳴瀉，口色如綿脈細遲。茴香七補頻頻灌，汗溝百會火針施。十朝半月知衰盛，草少弱瘦壽不齊。遵道曰：『勞傷心血，饑傷元氣，根本而傷也。然根者，腎也。腎者，都會關司之所，五臟包藏精氣於內，泛溢滲灌於膀胱者，皆腎受而藏之，故云根本也。根者，故不可傷也。』師皇曰：『伐其根，逆其本，五臟而衰也。如膘肥體壯，芻水如常，但腰胯疼痛，行而不動者，此謂下元虛冷，非勞傷之症也。火針百會、大胯、小胯穴。治法：火針百會、大胯、小胯穴，生針刺薑牙血，三焦穴，茴香七補散灌之。調理：餵養暖廐，熟料加倍，稂草鋪地，聽其自臥自起。戒忌：簷巷風吹，休拴陰冷濕地。茴香七補散：治馬損傷血氣等症。小茴香、肉蓯蓉、巴戟、破故紙、杜仲、牡丹皮、白芍藥、當歸、川芎、生地、茯苓、白朮、澤瀉、粉草。各件共為細末，每服二兩，黃酒一斤，煎三沸，溫加童便一盞，同調灌之。

馬患腎傷虛損症圖

又《馬患實癥第四十八》論馬實癥者，何也？夫實者，結實之謂也。停而不動，止而不行之謂也。趙氏曰：『停止不行動者，是何物也？原血於氣也。氣血均勻，不偏不勝，周流肢體，內潤五臟，外滋皮毛，時刻周流，毫不間斷，若有間斷，則止而不行為結。結在皮膚，則生黃腫；結在肌肉，則生瘡癤；結在骨，則骨痿癱；結在筋，則筋拘攣；結在經絡，則流注疼痛；結在咽喉，則咽喉閉塞；結在頦下，則生槽結、喉核，為三喉之症；結在腸胃，則肚腹脹起，起臥而成十結之病，此謂結實癥也。形狀：凡實癥者，六脈壯旺，體健神強，英躍百倍。脈色：雙鳧洪數，口色雞冠，鮮豔非常。歌曰：實症原來止不行，為緣血氣不疏通。凝于肌肉成瘡癤，結在皮膚變作癱。腸中十結皆為實，須下三喉謂實攻。混睛骨眼瘡黃腫，形異名殊各不同。開喉鑿腦並開肷，塗油入手取臟中。各從其治君須記，古典流傳萬世遵。師皇曰：『凡馬牛膘之肥壯者，春時務將六脈血徹之，使血不妄行經絡，則無實癥之患也。』卞氏曰：『實癥者，名雖同而治則各異矣。或以針，或以藥，或入手，或先攻其裏，或先治其外。甚者，開喉，鑿腦，開肷，針混睛，取槽結，割骨眼，針歪尾，取賊牙，此異治之法，非手巧心諦者，孰能至此。醫者慎之。』又曰：『實癥者，結癥也。十結之中，半有虧，此險而逆之癥也。凡有此癥，先徹鶻脈、薑牙、四蹄血，次辨結在何處。若後結者，則入手取之，或用膽導法治之；若結在前者，中者，先以理氣活血，次以潤燥寬中，故氣行則血活，血活則寬腸，腸寬而枯澀利下也。』遵道曰：『凡結實之患，看在何處，或皮膚，或肌肉，或筋骨，或經絡，或咽喉，或眼目，或腸胃於十數緊要之處，關係性命之所，無非血於氣，凝滯於部位之所致矣。凡治者，總以徹血為主，理氣為先，從陽而引陰，從陰而引陽。滯則導之，枯則活之，澀則潤之，鬱則伸之。然伸之、潤之、活之、導之、解之、和之，使之氣血通順，百病自痊愈矣。』寧庵曰：『凡實癥，未發之先，馬之雄壯，膘滿肉肥，精神糾糾，未肯徹血者多。若待乘騎出力，一經發作，徹血早者，或可醫治；徹血遲者，大半斃矣。余特表之。大凡徹血，總以桃花開時。故《經》云：春榮如水徹。但平時徹血，要天氣晴明，清晨不可與飲，飲畢休徹，徹畢休飲，醫者慎之。』戒忌：十結之症，生熟料一切忌之；瘡黃之症，忌日曬雨淋，忌下水洗浴，下水即死。和血理氣飲：治馬實症未發之先徹血，後宜灌此湯。當歸、川芎、生地、赤芍、陳皮、半夏、粉草、沙參、青皮、枳殼、香附、木通、鮮紅花。各件共為細末，每服二兩，薑五片，同煎三沸，溫灌之。

又《馬患裏癥第五十》論馬裏癥者，何也？夫裏者，一身之內也。諸內為裏，五臟一然。腹內為裏，肚底如之。《內經》云：夫內者，腹內也。抱陰而負陽，包含五臟六腑，寒熱不可偏勝也。寒盛六腑血凝，熱盛遍體氣逆。榮氣不從，血氣凝結。凝於肌肉而成瘡癰，凝於皮膚而成黃腫。此謂血氣不行，內傷之裏症也。歌曰：人之與物，化育成形。俱隨二五，靈懵各稟。懵者為物，靈者為人。馬牛為物，與人並生。天有五運，地有五行。馬有五臟，抱陽負陰。諸內為裏，臟腑皆同。內傷外感，寒暑相侵。血凝瘡腫，熱勝黃生。寒凝氣痹，氣凝血疼。形傷於氣，氣傷於形。隨形顯癥，以癥為名。惡黃十二，仔細觀形。偏次束嗓，肺腎心肝。脾腸腰肷，不可生癰。些而有腫，九死一生。師皇曰：『凡馬精神恍惚，鼻咋喘粗，毛焦眼赤，臥多立少，水草遲細，惡熱就陰，此謂熱積於內裏症也。』趙氏曰：『瘡黃者，裏症也。乃五臟積熱而生，皆因氣之所使，血之凝溢也。滋於三十六處，故曰三十六黃。是故束嗓黃、內腎黃、外腎黃、偏次黃、心黃、脾黃、肺黃、肝黃、肷黃、腸黃、腰黃、奶黃，此乃一十二黃，遲治者，不能取效也。又云：鼻黃、腮黃、頰黃、耳黃、胞黃、腦黃、鎖口黃、心膽黃、膝黃、踠黃、蹄黃、夾黃、肘黃、帶黃、肚黃、水黃、陰黃、蛇黃、牙甲黃、脊背黃、遍身黃、蝦蟆黃、陰腎黃、木腎黃，此為三十六黃，乃為裏病，發生於臟腑也。初患時，或痛或癢，或腫軟，或腫硬，或肉色而不辨，各從形症，而顯其名也。』經云：氣凝則血痛，血凝則氣麻，氣血妄行則腫，氣血不行則腫，按之後起。氣毒赤色腫硬，火毒痛甚作膿。陽毒不痛而腫，陰毒又云先腫後痛形傷氣先痛後腫。氣傷形痛無腫者傷其骨，膿消腫甚傷其肉，痛而顫者傷其筋，腫中有水傷其氣，膿多盛者傷其血，痛不寧者傷其臟，痛不止者傷其腑，此謂瘡黃之外癥也。後學者識之。形狀、方藥、治法見前篇。

又《馬患邪癥第五十一》論馬邪症者，何也？夫邪者，所偏之謂也，太過不及也。眞元散亂，邪疫相侵，故為邪也。夫邪入陽。則獸生狂。然邪入陰，則獸生痹，理自然也。生我者虛邪，尅我者賊邪，我生者實邪，我尅者微邪，自受者正邪也。正氣不足，客氣太盛是也。皆因蓄養失調，寒暑所中，遠行帶汗而渡水，牧放苦淋於陰雨，饑餓負重而出奔，盛暑乘騎而遠驟，老驟眞元衰敗，新駒血氣未全，以致勞傷過度，榮衛不調，腠理或開，拴繫不便，又會天運感邪，五行不足，客氣乘虛而入者，故成其患也。此謂外感風邪之症也。形狀：耳緊尾直，眼急驚狂，脊背強硬，此謂風邪肝病也。衰驟瘦馬，胯瘦腰拖，腿粗鼻腫，水草遲細，涎沫口垂，此濕邪脾病也。弓腰吊肷，臥多立少，耳搭頭低，後腳難移，此謂寒邪腎病也。歌曰：正氣不守則生狂，所偏不及致其殃。陰陽錯亂眞元敗，氣血凝溢臟腑傷。衰弱饑餓乘騎遠，寒暑相侵邪入腸。毛焦氣喘渾身顫，精神恍惚汗淋漿。行如酒醉無高下，目瞪癡呆亂撞牆。頂上風門三道烙，頸邊鶻脈兩針強。寧心定志硃砂散，三朝兩灌得安康。寧氏曰：『凡馬表中風邪者，精神恍惚，遍體汗流，渾身肉顫，蹄齒奔馳，東西亂撞，眼急驚狂，此謂心竅痰迷，煩躁熱邪之癥也。又或毛焦眼閉，行步如癡，左右亂跌，首頸偏邪，頭垂於地，水草遲微，乃為表中風寒，脾虛濕邪之癥也。』《五運六氣經》云：『年土不足，外有清邪；年火不足，外有寒邪；年木不足，外有濕邪；年金不足，外有風邪；年水不足，外有熱邪，此謂年之虛也。年之虛者，邪之甚也；月之虛者，邪之甚也；時失和者，亦邪之甚也。且五臟稍和，一臟稍有不足，又或蓄養失調，再會天運感邪，邪淫之病感之至速矣。』師皇曰：『清氣太來，金之勝也。風木受邪，肝病生焉。熱氣太來，火之勝也。燥金受邪，肺病生焉。寒氣太來，水之勝也。熱氣受邪，心病生焉。濕氣太來，土之勝也。寒水受邪，腎病生焉。風氣太來，木之勝也。濕土受邪，脾病生焉。此謂五臟受邪而生病矣。』歧伯曰：『夫邪之狀，氣動而甚者，是謂客邪而勝於主也。然邪勝則反其氣治者，以平和而順者，此謂治邪之道也。』王良曰：『天氣感邪，則可順也；客勝於主，則可泄也；以平為期，不可過也。』趙氏曰：『夫邪，客之也。於氣動甚者，是謂客而勝於主也。凡治者，斷定清、熱、寒、濕、風，有五氣入於五經，各有臟腑受邪不同，分調治之。清則理之，熱則涼之，寒則暖之，濕則熅之，風則追之。』卞氏曰：『治邪者，先正其心也。是故心正而神清，神清而氣順，氣順而脈和，脈和而痊矣。』造父云：『邪癥者，風癥也。外感客氣而凝于毛竅，毛竅而傳於腠理，腠理而傳於肌肉，肌肉而傳於五臟，五臟而傳於六腑，六腑而傳于三焦，三焦而遍傳矣。凡治者，宜速而不宜緩也。凡醫者，務必斟酌：邪入是何經絡，歸何臟腑，故當去其寒，泄其熱，和其臟，調其腑，理其經，順其氣，此謂治邪之道，使馬驟不及天橫矣。』治法：燥邪者，肺受其邪也。宜理肺散，和順其氣也。火針百會穴，白針薑牙血。熱邪者，心經受其邪也。宜鎮心散，泄其熱也。徹六脈血。寒邪者，腎經受其邪也。宜暖腎茴香散，溫其下部。火針百會七穴。濕邪者，脾經受其邪也。宜健中暖胃，調和中州。火針脾腧穴、百會穴，薑牙血。風邪者，肝經受其邪也。宜調經開鬱，舒和筋絡。火針肝腧穴，白針薑牙血。調理：草料加倍喂之。戒忌：謹忌雨淋風吹。理肺散：治馬肺受風邪，口色青白等症。陳皮、半夏、羌活、防風、荊芥、薄荷、天麻、麻黃、白芷、桔梗、木通、當歸、細辛、沙參、生黃芪。各件共為細末，每服二兩，蔥五七根，黃酒一升，同煎三沸，溫灌之。暖腎茴香散：治馬腎虛受邪，口色青白等症。麻黃、桂枝、茴香、破故紙、川楝子、肉蓯蓉、牛膝、杜仲、山茱萸、巴戟、羌活、獨活、陳皮、粉草、木通、當歸。病重加：肉桂、附子製、川烏製、草烏製。各件共為細末，每服二兩，黃酒一升，煎三沸，加童便一盞調灌。健中湯：治馬脾虛受邪，口色白黃等症。白朮、茯苓、炙草、人參、黃芪炙、官桂、烏藥、炮薑、木通、枳實、陳皮、蒼朮、厚朴、當歸、砂仁。各件共為細末，每服二兩，薑五片，同煎三沸，溫加童便一大盞，調和灌之。開鬱調經飲：治馬肝經不和、風邪，口色微白等症。香附、烏藥、川木瓜、五加皮、當歸、川芎、白芷、陳皮、甘草、木通、桔梗、丹參、紅花、芍藥。各件共為細末，每服二兩，黃酒半斤，煎三沸，溫加童便一盞，同調灌之。鎮心散：治馬心經受邪，口色赤紫等症。硃砂、雄黃、茯神、遠志、梔子、連翹、鬱金、大川連、青黛、知母、貝母、花粉、桔梗、粉草、陳皮、半夏。各件共為細末，每服二兩，竹葉、燈草煎湯調和，溫加雞子清二枚，同灌之。

馬患邪症之圖

又《馬患風傷肺第五十二》論馬風傷肺者，何也？夫風者，天地之氣也。小則無影無形，大則播土揚塵，雖則驚天動地，只見塵滚，毫未見風。但風者，系壯天之威也。大則可拔泰山，微則絲孔可透。有用可愛之，有害可惡之。切風之關係甚大，何致而傷於馬之肺也？夫肺者，皮毛之相合也。皆因馬之乘騎負重，出力歸來，拴繫簷巷之下，帶汗卸鞍，失於牽行，賊風乘虛而入毛竅，毛竅傳於肺經。故肺為丞相，又為五臟華蓋，肺為五臟之首，肺須為一身之主宰，故有病先傳於肺，此謂風傷肺之症也。形狀：鼻饒清涕，毛焦肷吊，咳嗽頻頻，水草遲細。脈色：雙凫浮洪，仰陷青白，臥蠶暗紅。歌曰：賊風無影自生涼，卸鞍失牽肺受傷。初患鼻中流清涕，咳嗽微微毛漸蒼。迨至活血連三服，火針百會得安康。師皇曰：『賊風者，暗箭也。宜謹避之。不但馬之帶汗卸鞍，不便拴繫，且平時亦要避忌，連人也要避忌，何況畜乎！

凡醫者，追風活血治之。』遵道曰：『風症者，即邪症也。看受之輕重，受之重者，耳緊尾直，眼急驚狂，脊強腰硬，口內垂涎。有傷者，名曰破傷風，無傷為揭鞍風。有傷呼為急，無傷呼為慢。但受之輕者，不過毛焦肷吊，咳嗽頻頻，日漸瘦弱，俗呼為慢症，又名秋症，此之謂也。』治法：火針百會穴，生針董牙血、四蹄血，追風活血湯治之。調理：拴繫暖廄，草料加倍喂之。戒忌：簷巷風吹，雨淋，濕地，一切忌之。追風活血飲：治馬風傷肺咳嗽等症。遼細辛、香白芷、追風藤、川羌活、獨活、麻黃、粉草、杏仁、紫蘇、荊芥、薄荷、防風。各件共為細末，每服二兩，蔥五根，黃酒一升，同煎三沸，溫灌之。

又《馬患暑傷肺第五十三》 論馬暑傷肺者，何也？夫暑者，炎天暑月也。熱之至極也。暑傷於肺者，六腑屬陽，又在炎天暑月，陽見陽，熱入六腑。又因馬之膘肥肉重，乘騎奔馳，拴繫酷熱之處，鞍屜失于解卸，內外受熱，沖入六腑。令獸煩躁悶亂，汗出如油，鼻咋喘粗，此謂暑傷六腑之症也。形狀：氣促喘粗，汗出如油，悶亂跑吼。脈色：雙凫洪數，唇舌鮮紅者，生；雙凫斷亂，口色青紫者，死。歌曰：暑傷六腑病罕知，鼻咋喘粗汗淋漓。牽繫涼處先徹血，消黃散灌病痊瘥。師皇曰：『凡馬膘肥者，暑月炎天，但凡鼻咋喘粗，皆係熱症。』遵道曰：『馬者，火畜也。酷熱休拴暖廄，回避六腑受傷是也。』王良曰：『六腑屬陽，暑月炎天，拴繫熱處，陽見陽，故煩躁悶亂也。』治法：徹鶻脈血、玉堂血、雙董血、四蹄血。調理：牽游清涼之處，徐行緩步，水浸青草喂之。戒忌：日曬，暖廄，雨淋，水洗，一切忌之。消黃清熱散：治馬暑傷六腑，煩躁悶亂等症。花粉、葛根、石菖蒲、合香、香茹、茯神、遠志、麥冬、生地、當歸、黑元參、知母、貝母、木通、甘草。各件共為細末，每服二兩，竹葉、燈草煎調湯，溫加雞子清二枚，童便一盞，和灌之。先以此湯灌之，如大便不行，口色赤紫，本方加芒硝、大黃，再選一二服，愈。

又《馬患濕傷腰腎第五十四》 論馬濕傷者，何也？夫濕者，陰濕之謂也。久不見太陽之地，又或是低凹之所，雖則無水，地面俱係潮濕。皆因馬之乘騎出力歸來，解卸鞍屜，繫於其所，每日終朝，聽其自臥自起，膘肥者，初患不覺其意，日久則見其精神短漫，行步艱難，後腳難移，胯靸腰拖，濕氣傳傷於腎也。此謂濕傷腰腎之症也。形狀：弓腰吊肷，後腳難移，腰拖胯靸，渾身弱瘦，四蹄浮腫。脈色：雙凫遲細，口色紅黃者，可治；六脈沉濇，口色青黑者，不可治也。歌曰：濕氣偏抽腎，後腳步難移。膘壯人不覺，日久膘漸虧。茴香暖腎散，七穴火針施。從此使妙劑，月餘得痊愈。王良曰：『冬月濕傷真難治，衰騾瘦馬命必虧。』師皇曰：『夫濕只傷於腎者，何也？原腎屬水也。夫水者，故宜暖而不宜寒也。故水則歸於水。而濕者，亦水之潮濕也。有潮必有水，有水無不潮。潮濕者，腎之根本也。故濕傷腎，此之謂也。凡治者，宜暖腎消水，除濕消寒。』遵道曰：『濕傷膘肥，脈壯，口色鮮明者，可治；弱瘦、口色青黑者，不可治也。冬月更不可治也。』治法：火針腎腧、腎角、腎棚、百會、大胯、小胯、汗溝、曲池等穴，茴香散灌之。調理：餵養暖廄，稂草鋪地臥之，宜暖不宜寒。戒忌：休拴簷巷、忌繫濕地安眠。茴香散：治馬濕傷腰腎，後腳難移等症。茴香、破故紙、澤瀉、木通、麻黃、桂枝、烏藥、香附、肉桂、附子、山茱萸、赤茯苓、蒼朮、白朮、甘草。各件共為細末，每服二兩，黃酒一升，同煎三沸，加童便一盞，調和灌之。

馬患濕傷腰腎之圖

又《馬患饑傷脂第五十五》論馬饑傷者，何也？夫饑者，饑餓之傷也。大凡人之與畜，皆賴有食，有食則生，無食則死，況食乃養命之原也。皆因馬之乘騎負重，途路遙遠，饑餓太過，失於草料，仍久奔馳，以致饑餓太甚，促損肌脂，過度勞傷，喘息未定，卒然飲喂，令馬咽喉壅塞，脾氣鬱結，水草難咽。此謂乘饑奔走，促損肌脂，饑傷之症也。形狀：鼻咋喘微，臥多立少，口內垂涎。脈色：雙凫斷亂，口色青紫者，難治；雙凫洪數，口色鮮明者，可治。歌曰：饑餓驅馳急，促損脂肉傷。心煩壅氣塞，脾悶口虛張。微喘雙肋痛，舌紫命須亡。六脈先徹血，喘定病可康。師皇曰：『饑傷脂者，脂油有促損之傷也。微喘鼻冷，乃兩肋痛也。徹六脈血而痛止，能起立行動者，開鬱調氣飲灌之。反者死。』王良曰：『饑餓奔急，力盡筋舒，微喘鼻冷，肺肋俱痛，口色鮮明者，可治；口色赤紫者，死在旦夕。』治法：徹鶻脈血、雙蕾血、四蹄血，活血調經湯治之。徐徐牽行。戒忌：休拴簷巷風吹，忌繫濕地安眠。調經活血湯：治馬饑傷等癥。當歸、川芎、紅花、白芍、桔梗、陳皮、粉草、茯神、遠志、石菖蒲、棗仁、杏仁、麥冬、藿香、香附、澤蘭。各件共為細末，每服二兩，黃酒半斤，同煎三沸，溫加童便二盞，調灌二三服，痊愈。

馬患飢傷脂症之圖

又《馬患飽傷五臟第五十六》論馬飽傷者，何也？夫飽者，穀草食之太飽也。皆因馬之膘肥肉重，多喂少騎，又兼喂之太飽，乘騎奔走，馳驟太急，或上坎下坡，或上船跳缺，出力太猛，促傷五臟。令獸鼻咋喘粗，咽喉哽噎，肚腹脹滿，耳搭頭低，此謂飽傷之症也。形狀：鼻咋喘粗、肚腹脹滿，咽喉哽噎，耳搭頭低，時起時臥。脈色：六脈洪數，口色鮮明者，可治；雙凫斷亂，口色青紫者，死在旦夕。歌曰：肚脹皆因飽驟傷，驅馳跳躍致其殃。促損氣傷咽哽噎，鼻咋喘粗痛難當。先抽鶻脈安五臟，次灌調傷續命湯。針藥不動難移步，五臟有損命須亡。師皇曰：『飽傷者，食飽傷胃，上沖損膈，下沖損腸，況騎驟馳驅，必有損其五臟。五臟傷之輕者，使針用藥，有效者生，無效者死。』卞氏曰：『飽驟有傷者，可治；有損者，難醫。』趙氏曰：『飽傷出哽氣，有損喘息微。腹內損處疼痛，不敢大喘。醫者鑒之。』治法：徹六脈血，續命飲灌之。調理：不住牽行，肚下輕輕刮之。米泔水、童便，時時飲之。戒忌：日曬風吹，雨淋水洗，生熟料一切忌之。續命飲：治馬飽傷等癥。當歸、川芎、鮮紅花、香附子、白芷、生地、石菖蒲、花粉、麥芽、枳實、厚朴、木通、澤瀉。各件共為細末，每服二兩，煎三沸，溫加童便二盞，調和灌之。

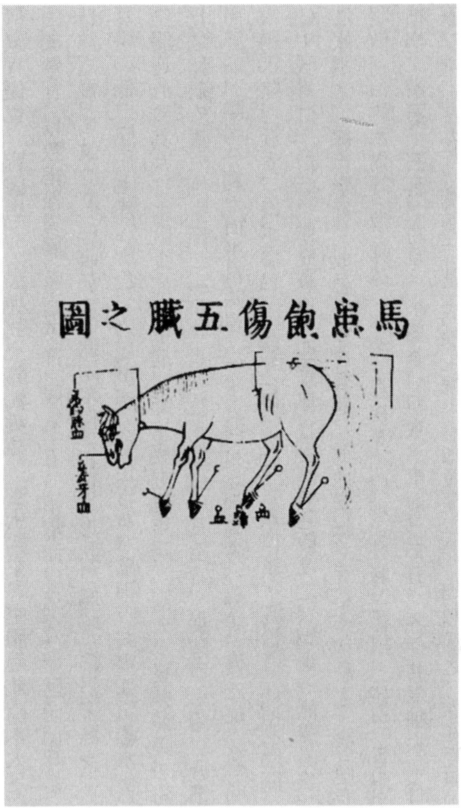

又《馬患肥傷第五十七》論馬肥傷者，何也？夫肥者，膘肥肉壯之謂也。何以肥而有傷也？皆因馬之蓄養太盛，多喂穀料，攢透脂油滿腹，血榮滿絡，縱放發歡，輾轉有損，忽有癲狂，拴繫咬樁，牽行咬人，逢物嚼嚙。此謂蓄養太盛，俗呼肥風，故為肥傷之症也。形狀：精神百倍，英躍可人，輾轉迷亂，咬物咬人，顛狂如醉。脈色：六脈平順，口色鮮明者，生；雙凫斷亂，口色青紫者，死。歌曰：膘肥肉重自撒歡，輾轉顛狂刻時間。咬樁咬物頻嚼齒，俗呼肥風苦難堪。先抽鶻脈玉堂血，百會風門火針攢。能知胃針知有救，針不知痛命難痊。師皇曰：『肥風者，血壅心竅也。凡治者，宜將六脈血抽之，可安。』王良曰：『肥傷，膘之太壯也。肉重脂滿，血氣壅促，或損一經，則難醫也。有胡骨把胯者，乃損腎臟也；有損於經絡者，乃瘻腿風之症也。俗又名：肥風，此之謂也。治者鑒之。』遵道曰：『凡馬餵養，全要待人，然乘騎更要人有徑節也。若多喂不騎，肥病生焉；若騎而不喂，饑病生焉。然騎喂得宜，即調治亦更有法。膘壯者，春將六脈血抽之，聽乘聽騎，永無瘡黃症患之憂也。蓄家鑒之。』治法：徹六脈血，火針百會穴。調理：餵養清淨之廄，豆料一切忌之。徐徐牽行。戒忌：休拴日曬、雨淋。硃砂定心飲：治馬肥傷等症。硃砂、雄黃、麝香、麥冬、茯神、遠志、石菖蒲、花粉、甘草、木通、當歸、川芎。各件共為細末，每服二兩，竹葉、燈草煎湯調和，溫加童便二盞，調灌。

又《馬患走傷第五十八》論馬走傷者，何也？夫走傷者，皆因馬之負重乘騎，地里寫遠，奔馳急驟，出力太猛，有傷於筋骨。經云：『行傷筋骨，立傷蹄也。』故令馬之精神倦怠，耳搭頭低，臥多立少，行走艱難。此謂奔馳急驟，走傷之症也。形狀：四足難移，耳搭頭低，臥多立少，膁吊毛焦。脈色：雙凫遲澀，口色青黃。歌曰：行傷筋骨立傷蹄，多臥起立更頭低。毛焦膁吊精神倦，筋疼骨痛步難移。雙蕫四蹄須出血，逍遙散灌得安宜。師皇曰：『走傷者，負重出力，損促筋骨，遍身疼痛。凡治者，不可太過，徹血只徹蕫牙血、四蹄血，灌調經活血湯，二七之後痊愈。』遵道曰：『凡馬走傷者，臥多立少，四足難移者，渾身筋骨疼痛也。故曰：走傷也。』王良曰：『走傷難移步，四足若風癱，活血逍遙散，三服自安痊。』治法：徹雙蕫、四蹄血，冬月只徹蕫牙血，四蹄不用徹血，逍遙散灌之。跌打損傷，方見前篇，灌之，愈。調理：餵養清淨之廄，米泔水飲之。戒忌：休拴簷巷風吹。逍遙散：治馬走傷等症。木瓜、羌活、獨活、防風、白芷、桔梗、紫蘇、甘草、當歸、川芎、乾葛、麻黃、天麻、木通、五加皮。各件共為細末，每服二兩，黃酒一升，同煎三沸，加童便一盞，調和灌之。冬加肉桂、附子、細辛。

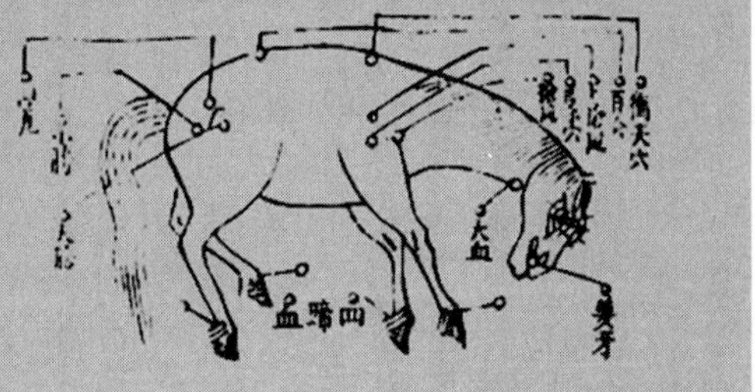

馬患走傷之圖

又《馬患水傷第五十九》論馬水傷者，何也？夫水者，養命之源，何致有傷也？皆因馬之久渴失飲，饑渴乘騎，賓士歸來，空腸過飲冷水太足，失於牽行，以致宿停胃腸，陰氣不降，陽氣不升，積驟而成患焉。令獸頭低耳搭，精神短慢，多臥少立，腸鳴如雷。此謂水傷之症也。形狀：腸鳴如雷，多臥少立，耳搭頭低，膁吊毛焦。脈色：六脈沉遲，口色青黃。歌曰：腹鳴如雷患水傷，空腸過飲致其殃。多臥少立腹中痛，師皇藥方陰用陽。割去雙蕫頻灌藥，旬日之間病安康。師皇曰：『腹鳴者，宿水傷也。凡治者，從陰而引陽，升清而降濁，陰陽分利，而患自除也。』王良曰：『水傷者，有急、慢之症。急者，為腸入陰；慢者，為水傷也。老弱之馬，又為宿水停臍。凡治者，清利陰陽，健中暖胃』。治法：徹雙蕫血、四蹄血，滋陰舉陽散灌之。調理：餵養暖廄，肚底刮之，徐徐牽行。戒忌：休拴簷巷，濕地安眠，豆料一切忌之。滋陰舉陽散：治馬水傷等症。豬苓、澤瀉、赤茯苓、白朮、升麻、葛根、花粉、香附、檳榔、滑石、石膏、粉草、小茴香、枳實、車前、二丑。各件共為細末，每服二兩，薑五片，黃酒一升，同煎三沸，溫加童便二盞，調和灌之。如在夏月，口色赤者，本方外加大黃、芒硝。

馬患水傷之圖

又《馬患勞傷心癥第六十》論馬患勞傷者，何也？夫勞傷者，出力太過之謂也。皆因馬之餵養失調，乘騎奔走，地里窵遠，負重不歇，出力太過，血壅於心，故名：勞力傷心，此之謂也。令獸行立如醉，怔忡驚悸，鼻息冷氣，不能大呼，大呼者，心膈痛也。此謂勞傷心血之症也。形狀：行立如癡，怔忡驚悸，鼻息冷氣，喘息微微。脈色：六脈洪壯，口色鮮明者，可治；六脈沉細，口色昏糊者，危；六脈斷亂，口色青紫者，死。歌曰：負重遠奔過勞傷，血壅心膈痛難當。行如酒醉生驚悸，先抽六脈是師皇。次灌調傷開鬱散，旬日之間灌安康。師皇曰：『凡馬奔跑，肢體稍有停歇，則可以換氣。可以換氣者，則血不致壅心膈也。皆因跑之不歇，不能換氣，故勞傷是也。凡治者，養心活血。反者，死。』王良曰：『凡馬怔忡驚悸，血沖心竅也。凡治者，寧心定志，調和血氣為是。』遵道曰：『勞傷者，傷於血氣也。是故力乃氣之使，氣乃血之壯。凡馬之有膘者，則有氣血也，有氣血者，則有力也。凡馬之無膘者，則少氣血也，少氣血者，則少力也。原力者，乃氣血之所使，力傷曰勞，故曰勞傷心者是也。原心為血海，此之謂也。』董氏通微真人曰：『負重奔跑，血壅於心竅者，使血海塞注，不得流通，故不能去瘀而生新血者，名曰血死。血死而不能通行四肢，轉變而為痰涎，或轉變而為膿涕也。致使馬之日漸膘減，而成為勞傷之症也。凡治者，務將六脈血徹去，所以除去瘀血，而自能生活血也。再以開鬱調經活血湯，助生新血，則馬之血氣宜行，而勞自除矣，病自去矣，涎自止矣，痰自無矣。凡人之傷力勞者，亦如然矣，醫者鑒之。』治法：徹鶻脈血、雙蕫血、四蹄血、玉堂血，秋冬量其肥瘦徹之，開鬱調經活血湯灌之。調理：餵養清涼之廄，徐徐牽行，草料加倍。戒忌：拴繫近風處，休在濕地眠。日曬、雨淋、水洗，一切忌之。紅花散：治馬勞心等症。鮮紅花、白芍藥、陳皮、半夏、香附、條參、白朮、棗仁、雲苓、花粉、當歸、川芎、生地、木通、茯神、遠志。各件共為細末，每服二兩，同煎，溫加童便二盞，黃酒半斤，調和灌之，如夏月，口色赤，加大川連、烏藥，再灌二三服，痊愈。如口色青白，忌用寒涼藥味，加減損傷方灌之。方見前篇。

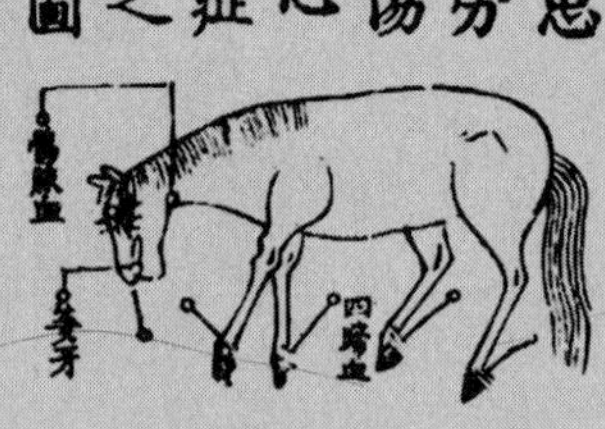

馬患勞傷心症之圖

又《馬患役傷肝癥第六十一》論馬役傷肝者，何也？夫役者，勞役也。役傷於肝者，肝主於筋也、肝外應於目。皆因馬之馳驅奔驟，過度出力，勞苦太甚，或在夏月，拴繫酷暖之廄，或在冬時，拴繫黑屋之下，失於牽行，氣血流注於肝，鬱萌而不能升散。故外傳於目，眼腫淚下，內鬱於肝，筋絡不和。原肝乃筋之主也，肝病者，筋攣也。此為勞役傷肝之症也。形狀：眼腫淚下，雙睛碧暈，行步拘攣。脈色：中部沉澀，臥蠶青紫。歌曰：肝病拘攣肝主筋，役傷過度兩眼昏。頭低淚下難移步，時師不識病原因。速拙鶻脈太陽血，雙蕫血徹且安寧。開鬱調經三五服，方得良驥病離身。師皇曰：『役者，勞役馳驅，出力之太過也。傷肝者，肝主筋也。役傷者，拘攣也。弱瘦、四蹄虛浮者，難治。』董氏曰：『役傷肝者，肝雖主筋，肝者外應於目，肝家受役，兩目青暈，眼腫淚下也。睛光碧暈者，難治也。』遵道曰：『役者，鬱也。勞力過度，寒熱不調，以致血氣萌鬱，而不能升降也。鬱之經絡，而成拘攣；鬱之於目，而眼腫淚下也。』王良曰：『行傷筋骨肝家病，眼腫尫羸命必虧。』治法：徹鶻脈血、眼脈血、雙蕫血，火針百會穴，四蹄徹血，玉堂徹血，開鬱調經湯灌之。但見瘦弱，四蹄浮腫，兩目碧暈，行步拘攣者，不可針藥也。醫者鑒之。調理：餵養淨廄，時時牽行，水浸青草喂之。戒忌：夏月休拴暖廄，謹忌簷巷風吹。開鬱調經湯：治馬役傷肝等症。當歸、川芎、川木瓜、香附子、烏藥、木通、白芷、羌活、陳皮、半夏、青皮、升麻、藁本、牛蒡子、石菖蒲。各件共為細末，每服二兩，黃酒一斤，前三沸，溫加童便一盞，同調灌之。如眼胞腫不消，碧暈不退者，加菊花、銀花、穀精草、木賊、蟬退、蔓荊子、石決明、草決明，再灌二三服，痊愈。

馬患役傷肝症之圖

又《馬患軟腳風第六十二》論馬軟腳風者，何也？夫軟腳風者，皆因馬之乘騎奔跑，出力太過，失於牽行。或拴繫簷巷之下，或繫霜露濕地安眠，以致濕氣浸於四足，邪風襲於骨筋，血脈不行，筋骨難舒，臥而難起，食草如常，此謂濕邪侵襲，軟腳風之症也。形狀：拳攣臥地，扛抬不起，四足如綿，水草如常。脈色：六脈沉澀，口色青白。歌曰：軟腳風病臥拳攣，四足如癱腿如綿。水草上來依舊吃，骨軟筋酥起行難。調經活血追風散，百會搶膀火針攢。再取槐針煨針眼，即刻起行得安痊。師皇曰：『軟腳者，濕傷筋舒也。』王良曰：『軟腳者，亦有天行時疫軟腿風之症。一陣日曬，一陣雨淋之過，故有此天行之症也。』董氏曰：『軟腳皆因濕，縮筋總是風。』遵道曰：『風傷筋絡，濕傷骨髓。』治法：火針百會、大胯、小胯、搶風等穴，次用槐針照穴上烺之。回陽，即起行也。調經活血散灌之。槐針者，用槐樹杈枝，小鐘底粗的鋸斷，尺餘長，磚搭兩頭，中著火燒，燒待槐樹對頭上冒出大熱氣者，將槐針頭上熱氣，對火針眼上，緊緊按著，使槐針上熱氣透入經絡，入於骨髓，骨髓回暖，則知疼痛，如痛則能起行也。槐氣能透十二關竅，此之謂也。調理：餵養暖廄，稂草鋪地臥之，草料加倍。戒忌：霜寒濕地，簷巷風吹，一切忌之。調經活血湯：治馬軟脚風癱等症。五加皮、川木瓜、川羌活、川獨活、當歸、川芎、白芷、廣桂枝、川牛膝、麻黃、木通、陳皮、烏藥、粉草、鉤藤、川烏製、草烏製。各件共為細末，每服二兩，黃酒一升，蔥五七枝，薑五片，同煎三沸，溫灌之。如寒甚，加肉桂、附子、炮薑。如大便結，去肉桂、附子，本方加芝麻油二兩，調灌。

馬患軟脚風症之圖

又《馬患秋慢癥第六十三》 論馬秋慢症者，何也？夫秋症者，秋後之症也。皆因馬之縱放於郊，日夜不收，雨淋日曬，忽冷忽熱，濕氣浸於皮膚，風寒注於肌肉。又或馳驟歸來，拴繫簷巷之下，帶汗解去鞍屜，風邪侵襲皮膚，以致染成秋症之患也。故名為秋慢症，亦名皮疾，又名半截乾之症。此謂秋後風邪所傷，為秋慢症也。形狀：精神如常，毛色焦枯，日久賺吊，瘦消豺狼。脈色：六脈浮洪，口色鮮明。歌曰：秋後風雨肅殺涼，萬物凋零盡收藏。馬騾出力遭侵襲，日漸衰微肌肉傷。口色如常精神舊，瘦弱豺狼命不亡。俗名皮疾秋慢症，半截乾枯救難康。早覺治療無他症，追風活血是良方。百會火針雙蕫割，十朝九灌身體強。師皇曰：『秋症者，秋後受風濕也。』通微眞人曰：『春間得病秋間死，肝病逢秋木遇金。』遵道曰：『秋病長遊四季春，桃舌蓮唇，骨瘦如豺者，不死。』王良曰：『半截乾者，腰後半截乾枯弱瘦，及至夏月之時，也不落毛。故名為半截乾，此是受秋後風雨侵襲之症也。』寧氏曰：『秋症者，白如枯骨秋無治，舌似暗砂夏不醫。』治法：火針百會穴，割取雙姜、三焦血，追風活血散灌之。調理：餵養暖廄，谷水加倍。戒忌：簷巷風吹，雨淋水洗。追風活血散：治馬秋慢症，半截乾等症。當歸、白芷、羌活、防風、追風藤、威靈仙、小茴香、粉草、破故紙、肉蓯蓉、巴戟、牛膝、木通、烏藥。各件共為細末，每服二兩，黃酒一斤，同煎三沸，溫加童便一盞，同調灌之。如瘦弱，在秋冬時，加肉桂、熟地黃、附子。春月去肉桂、附子，加桂枝、麻黃、蘇葉、薄荷。如草細，加枳殼、厚朴、白朮、茯苓。如毛不退落者，加沙參為君。半截乾，倍加小茴香、川楝子、破故紙，再灌二三服，痊愈。

馬患秋慢症之圖

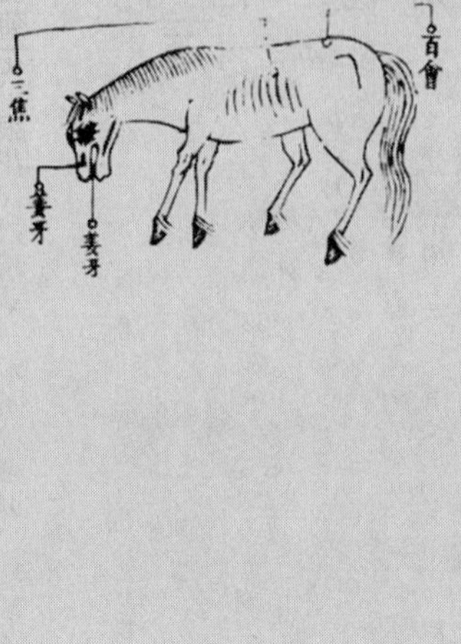

又《馬患鼻口流血第六十四》 論馬鼻口流血者，何也？夫血者，心之衛也。心乃血之主也。心為身主，血為禦衛，內衛於心，心即寧逸，散流於四肢，筋甲調和，潤如皮膚，毛色光華，乃周身之用神，一身之主宰，不可太過，不可不足，務以得氣而使行於周身也，使行巔頂也，使行峻極之處也。故氣為榮也。氣以肺為主宰，為收攝也。以肺之收攝，不可太過，不可不及，收攝均平，內外安泰，故榮衛調和。皆因餵養太盛，膘肥肉重，血之太盛，血筒盈溢，乘騎奔跑，驅驟太急，促損肺管，傷損肺竅，以致血之盈溢，血噴鼻口，此謂奔急促損之症也。形狀：鼻口流血，啌喘微微，耳搭頭低，精神短慢。脈色：六脈洪弦，口色鮮豔者，生；六脈沉滯，臥蠶青紫者，死。歌曰：口鼻流洪是奔傷，喘息微微肺一殃。頻頻血瀝肺竅損，急向經書撿救方。速將六脈先抽去，吹鼻麝香百草霜。安魂定魄寧心散，吹灌血止命安康。師皇曰：『奔傷鼻口流血，口色青紫者難醫。』趙氏曰：『流紅因奔急，肺竅定損傷。』董氏曰：『鼻口流紅唇舌紫，應如刻下命歸陰。』王良曰：『流紅喘微微，奔傷命必虧。』寧氏曰：『氣促血湧損肺竅，臥蠶色紫命難康。』伯樂曰：『血筒盈溢沖損肺，速抽六脈治肺傷，鼻吹三上血不止，定得時間命必亡。』治法：徹鶻脈、雙蕾、四蹄等血，吹鼻散鼻內吹之，寧心散灌之。調理：不住牽行，餵養清涼之廄，水浸青草喂之。戒忌：日曬雨淋，水洗，生料豆一切忌之。吹鼻散麝香、百草霜即鍋底黑灰。上藥共研細末，用竹筒鼻內吹之，二三次即止。安魂寧心散：治馬鼻口流血等症。當歸、川芎、生地、紅花、白芍、鬱金、黑元參、百合、甘草、白芨、木通、陳皮、桃仁、桔梗。各件共為細末，每服二兩，竹葉、燈草煎湯調，溫加韭菜汁一大盞，童便一大盞，同調灌之，血即止矣。如喘，加麥冬、天門冬；口色赤紫者，加川大黃、芒硝。如啌，加杏仁、半夏、兜苓。微有啌嗽，鼻噓冷氣者，肺有損傷。如鼻口血止，啌即血出者，即用補肺湯主之。補肺湯：紫苑、知母、貝母、沙參、五味、茯苓、阿膠、甘草、桔梗、陳皮、百合、白芨。各件共為細末，每服二兩，水一升，煎三沸，溫加童便調灌，即愈。

又《馬患血擁氣脹第七十》 論馬血擁氣脹者，何也？夫氣血者，乃一身之雨露，內潤五臟六腑，外潤筋骨皮毛，何以而致血擁氣脹也？皆因馬之蓄養太盛，膘肥肉重，多喂少騎，騎則出力太猛，致使血絡盈溢，擁塞皮膚，氣促不能通宣，以致渾身浮腫，肚腹膨脹。令獸氣促喘粗，渾身浮腫，頭低耳搭，精神短慢，行步艱難，此謂血擁氣脹之症也。形狀：渾身浮腫，腹脹喘粗，精神短慢，行步艱難。脈色：雙凫洪數，口色知湯，六脈斷亂，口色青紫者，難治。歌曰：嬌養乍騎出力過，血擁氣促豈奈何。腹脹渾身兼浮腫，喘粗鼻咋氣又多。金針六脈先徹血，調血理氣卻沉痾。師皇曰：『凡馬蓄養太盛，膘肥肉重，多餵少騎，騎則出力太過，血壅滯而不和，是故渾身浮腫也。血壅傷於心，心傷神而頭低，頭低傷氣，氣傷肺經也。肺傷則氣上不通下，令馬腹中不能回轉，是故腹脹也。』董氏曰：『凡治者，務將六脈血徹去，除去瘀血，而新血自生也。馬之氣血宣行則經絡和，經絡和則病自去矣。』曲川曰：『心者，血也。肺者，氣也。氣血流行，周身流轉，以應四時，多一遭為盛，減一遭為衰。氣血盛者，妄行經絡，溢於膚腠；氣血衰者，凝於經絡，滯於肉理。醫者鑒之。』寧庵曰：『凡馬嬌養乍騎，出力太過，熱極帶汗歸來，或拴簷巷之下，或繫濕地池邊，解卸鞍屜，失於牽散，以致邪氣賊離經之血，滯於膚腠，氣不能通宣，渾身浮腫，肚腹膨脹，謂之血擁氣脹之症。』治法：徹六脈血，以調血理氣散灌之。調理：汗息去鞍，徐徐牽散，水浸青草餵之。戒忌：簷巷風吹，雨淋水洗，生熟料一切忌之。調血理氣散：治馬血擁氣脹等症。當歸、川芎、茯苓、蒼朮、枳殼、青皮、厚朴、桔梗、貝母、木香、山楂、故紙、甘草。各件共為細末，每服二兩，蜂蜜一兩，童便兩盞，同調灌之，痊愈。

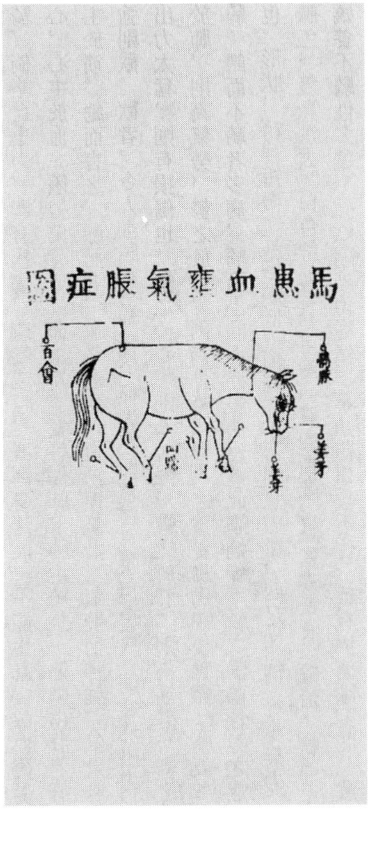

又《馬患行傷筋勞第七十一》

論馬行傷筋勞者，何也？夫筋者，乃一身之用，神舉步即動，何以為勞也？皆因馬之餵養失調，饑餓負重，乘騎奔跑，出力太過，刻不停蹄，以致勞傷過度，力敗筋舒，前抽後拽，行步艱難，耳搭頭低，毛焦賺吊，精神短慢，水草遲細。此謂行傷筋勞之症也。形狀：臥多立少，拘行束步，四足難抬，前抽後拽。脈色：雙凫沉澀，口色如綿。雙凫斷亂，口色青白者，難醫。歌曰：奔跑太過勞傷緊，前抽後拽步難行。賺吊毛焦精神短，日漸消瘦病十心。急須調筋補虛損，醫遲必定命歸陰。師皇曰：『勞傷筋力敗，鼻膿命難生。宜早治，遲則難醫也。』王良曰：『筋傷難移步，火針可救生。』寧氏曰：『筋勞多拘攣，舉步痛難前，是也。』通微真人曰：『拘行束步，四足難移。此筋力虧損也。』治法：火針百會七穴，前搶風穴。戒忌：稂草鋪地臥之，宜暖不宜涼。草料加倍喂之。茴香七補散：治馬行傷筋勞等症。小茴香、附子、川木瓜、川牛藤、杜仲、羌活、防風、追風藤、老松節、蘇木、乳香製、沒藥製、當歸、川芎、紅花、麻黃。各件共為細末，每服二兩，煎三沸，加白酒一升，童便一大盞，同調灌之。寒，本方加肉桂、附子；風，加製川烏、製草烏、薑蠶、天麻。再灌二三服，痊愈。

馬患行傷筋勞之圖

又《馬患困傷骨勞第七十二》

論馬困傷骨勞者，何也？夫骨者，乃一身之主宰，臥立有骨，何以而致有困傷也？皆因馬之餵養太過，膘肥肉重，從不乘騎，血筒盈溢，骨髓壯滿，骨節嫩筍，閒暇牽行，精壯無恙，及至乘騎，倘略自出力，即有損傷，或喘或啌，或渾身汗流，不能止息。故血勞傷心，心主於血；困勞傷骨，骨節嫩筍；氣勞傷肺，肺主於氣；筋勞傷肝，肝主於筋。總而言之，膘肥者，血之湧也。血湧而氣壯，氣壯而神強，氣壯神強則歡。歡者，令人乘騎則發烈性，他人不知轡口，收扣不住，則猛然出力，出力太猛，則有損傷也。鬱之於心，則為血勞；鬱之於肝，則為筋勞；鬱之於肺，則為氣勞；鬱之於腎，則為骨勞。但人之蓄養良馬，要善餵，務要善騎。餵而不騎者多病，騎而不餵者亦多病也。此謂嬌養不騎，困傷骨勞之症也。形狀：精神短慢，耳搭頭低，渾身汗出，喘息微微，四足如綿，行步無力。脈色：雙凫洪大，口色鮮豔者，可治；雙凫斷亂，臥蠶赤紫者，難治。歌曰：嬌養不騎性多偏，撒歡剛烈力猛然。不知轡口收不住，致有損傷頃刻間。或啌或喘渾身汗，或黃或腫致損殘。鶻脈玉堂金針徹，鎮心散灌得安痊。師皇曰：『嬌養多性烈，力猛定損傷。先抽鶻脈血，五臟得安全。』董真人曰：『嬌養偏多病，鶻脈抽便安。』寧氏曰：『膘肥從來熱症多，玉堂徹血笑呵呵。』治法：徹玉堂、鶻脈、雙薑、四蹄等血，鎮心散灌之。調理：不住牽行，餵養清涼之廄，水浸青草喂之。戒忌：雨淋日曬，豆料一切忌之。鎮心散：治馬困傷骨勞等症。硃砂、茯神、遠志、石菖蒲、鬱金、黃芩、黃連、生地黃、人參、山梔子、防風、甘草。各件共為細末，每服二兩，蜜一兩，膽汁半盞，雞子清四枚，竹葉、燈草煎湯，調灌二三服，痊愈。

馬患困傷骨勞之圖

又　卷六《馬之起卧分別臟腑論》　東溪問於曲川曰：『馬之起卧者，因有三十六般，皆腹内疼痛，皆在臟腑中，何以分別識之？』曲川答曰：『各有形證定之。症曰：前蹄跑地，腸鳴泄瀉者，冷氣疼也。頭低眼閉，卧多立少者，熱氣痛也。咬齒低頭，兩目直視者，心氣痛也。雙睛緊閉，東西亂撞者，肝氣痛也。喘息不調，連連卧地者，肺氣痛也。蹇唇似笑，擺尾蹲腰者，脾氣痛也。卧而不起，起而弓腰者，内腎痛也。起而欲行，後腳難移者，外腎痛也。行而不動，腿直如竿者，濕氣痛也。足仰朝天，跑胸咬臆者，前結痛也。僕地跑胸，喘粗鼻咋者，中結痛也。肚腹脹滿，覷腹卧地者，後結痛也。欲卧不卧，蹲腰踏地者，胞轉痛也。口内垂涎，回頭左顧者，膽氣痛也。鼻回糞水，回頭右顧者，胃氣痛也。起而急卧，卧而卷尾者，小腸痛也。卧而急起，起而直尾者，大腸痛也。卧而不動，四足長伸者，板腸痛也。弓腰努氣，肛門脱出者，廣腸痛也。急起急卧，鼻頭擂地者，薑牙痛也。蹲腰不溺，行而溺滴者，胞經痛也。努咽蹲腰，駒胞溺濁者，胎經痛也。卧而不起，起而戰慄者，胡骨痛也。把前把後，拘行束步者，五攢痛也。四肢拳攣，一卧不起者，筋骨痛也。此謂觀其外形，而知内受，相其行步，而分臟腑也。請歷觀之。列歌於後。』歌曰：三十六卧腹中痛，為緣氣脈不疏通。或因料後重餐料，或是空腸過飲津。冷痛熱痛並結痛，各隨形症顯其名。觀形察症觀形治，醫藥無差諸疾明。

又《馬患冷氣痛第一》　論馬冷氣痛者，何也？夫冷氣者，皆因馬之乘騎，奔走太急，喘息未定，饑渴太過，急飲冷水太多，拴繫不動，冷水入於胃中，失於牽行，以致陽氣不升，陰氣不降，陽明經主其病。令獸腹中作痛，腸鳴如雷，時或起卧，時或泄瀉，乃關隔不通而成病也。此謂冷痛之症也。形狀：頭低耳搭，精神短慢，喘息微微，鼻時擂地，腸鳴如雷，時或下痢。脈色：雙凫遲細，仰陷青白者，難醫；卧蠶黄紅者，易治。歌曰：乘熱渴飲呼冷痛，停立胃腑氣不和。時或腸鳴如雷響，泄瀉頻頻起卧多。藥用通腸和胃散，一服之中病自瘥。師皇曰：『腸鳴如雷，冷氣痛，是也。』卞氏曰：『瀉泄腸鳴傷冷水，飲失牽行致其殃，是也。』寧氏曰：『熱飲停止，腸鳴起卧，是也。』寧庵曰：『腸鳴因停宿，起卧腹中痛，和胃順氣散，一服得安康。』治法：火針脾腧穴，百會穴；生針薑牙，四蹄血。膘肥，口色赤紫者，徹鶻脈血，和胃順氣散灌之。調理：不住牽行，肚底用繩刮之。戒忌：休拴簷巷風吹，生熟料一切忌之。順氣通腸和胃散：治馬乘熱誤飲冷水，腹鳴起卧、草慢等症。官桂、炮薑、烏藥、廣木香、香附、丁香、肉果、川厚朴、枳實、陳皮、半夏、淮木通、車前子、赤茯苓、檳榔。各件共為細末，每服二兩，加薑為引，白湯調灌。如雙凫洪大，口色赤者，加大黄、芒硝、香油、蜂蜜各二兩調灌，以大便通行為是。

馬患冷氣痛卧之圖

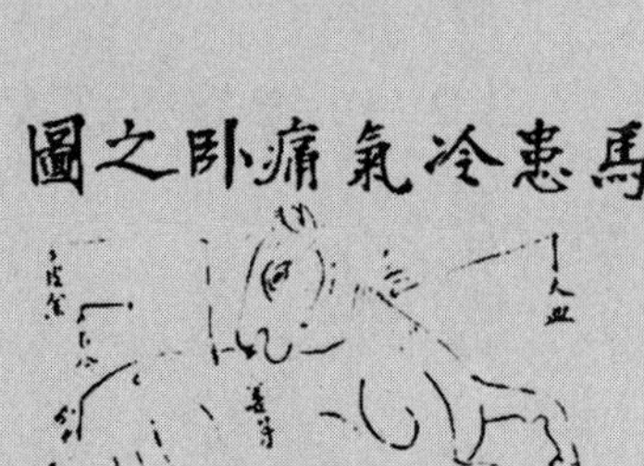

又《馬患熱痛第二》　論馬熱痛者，何也？夫熱痛者，熱毒流注於内也。皆因馬之乘騎歸來，失於牽行，或在暑月炎天，拴繫日陽暖處，喘息未定，即上熱草熱料餵之。又因久渴久饑，食之太猛，穀食停於胃，熱氣壅塞於脾，上沖於肺，陽明、太陰主其病。令獸頭低耳搭，精神恍惚，胡跌亂撞，眼生碧暈，鼻喘口臭，此謂痛之熱症也。形狀：口臭鼻咋，卧多立少，眼目無光，前蹄跑地。脈色：雙凫洪數，仰陷如湯。卧蠶紅黄者，易治；雞冠赤紫者，難醫。歌曰：口臭鼻咋熱痛症，鬱攻脾肺氣不順。熱上草料因病起，清痰順氣隨時應。喉脈兩針薑牙刺，再徹四蹄病除根。師皇曰：『口臭因胃熱，鼻咋肺受殃。』寧氏曰：『鼻咋胃氣攻，熱毒塞胸中。』曲川曰：『頭低耳搭精神少，卧多立少鼻頻咋。』寧庵曰：『口臭因胃熱，鼻咋胃氣沖，跑胸悶嚼齒，定知熱中風。』治法：徹喉脈血，薑牙血，四蹄門血，玉堂血，以食鹽擦之。清痰順氣散灌之。調理：拴繫清涼之廄，生熟料一切忌之。米泔水即淘米水也，時時飲之。戒忌：日曬雨淋，簷巷風吹。清痰順氣散：治馬熱痛起臥之症。芒硝、大黃、檳榔、厚朴、廣陳皮、半夏、天花粉、神曲、麥芽、山楂、滑石、淮木通、桔梗、烏藥。各件共為細末，每服二兩，香油四兩，稻草燒灰汁澄清一盞，同調灌之。如口色赤，氣如火熱者，大黃、川連加倍，芒硝以大便行功為是。

馬患熱痛臥之圖

又《馬患心氣痛第三》 論馬心氣痛者，何也？夫心者，一身之主宰，五臟之魁元，況心為帝王，居於萬籟無聲之所，焉能生痛？有痛則無能生也。皆因馬之膘肥肉重，嬌養乍騎，或草飽太過，乘騎奔走太急，拴繫駐足、近於簷巷，失於牽行，以致賊風侵襲，血凝氣滯，血脈不行，痰涎壅於心竅，熱毒注於肺腑，太陰少陰主其病。令獸兩目直視，牽行不動，四足難移，水草不餐，或汗出如油，此謂心氣痛之症也。形狀：咬齒低頭，兩目直視，四足難移，鼻咋頻嗤。脈色：雙凫雀啄，臥蠶赤紫者，死；雙凫平順，口色紅黃者，生。歌曰：心氣痛病步難移，兩目直視立如癡。鼻咋頻喘冷氣出，應知時下命必虧。雙凫如常臥蠶潤，根本無差方可醫。喉脈徹血先須救，鎮心散灌莫差遲。急療良驥顯工巧，經書裡面有神機。師皇曰：『心熱舌乾多吐沫。』卞氏曰：『口乾舌紫，心熱是也。』曲川曰：『咬齒低頭，兩目直視者，心氣痛也。』寧氏曰：『低頭者，血擁於頭也；兩目直視者，熱毒流傳於肝也。』寧庵曰：『頭為諸陽聚會之所，目為肝經之苗，心肝受病，是故口乾舌紫，頭垂耳搭，兩目直視也。』治法：徹鵲脈血、玉堂血、四蹄頭血，鎮心散灌之。調理：拴繫清涼之廄，水浸青草餵之，時時不住牽行。戒忌：生熱料一切忌之。鎮心散：治馬心氣痛、咬齒低頭等症。茯神、遠志去心、硃砂、連翹去心、鬱金、青皮、陳皮、粉草、桔梗、半夏、花粉、乾葛、知母、木通、梔子。各件共為細末，每服二兩，燈草、竹葉煎湯調灌。如口色赤紫者，加大黃、芒硝、大川連、青黛、雞子清；如口色紅黃，仰陷青白者，此謂風邪，本方加：遼細辛、天麻、荊芥、薄荷、去連翹、大黃、青黛、雞子等件，三服痊愈。

馬患心氣痛臥之圖

又《馬患雙睛緊閉，東西亂撞，肝氣痛第四》 論馬患肝氣痛者，何也？夫肝氣痛者，馬之勞傷過度，困鬱於肝，厥陰主其病，肝經受邪，凝鬱於內。眼為肝之苗，肝家有鬱熱，故眼目羞明緊閉。東西亂撞者，肝主於筋，筋軟，故行立如醉，此謂肝氣痛之症也。形狀：雙目緊閉，骨軟筋酥，牽難行動，頭時左顧。脈色：肝脈浮洪，臥蠶赤紫，仰陷青白。歌曰：肝氣痛病雙睛閉，東西亂撞骨筋痿。行如醉犬牽難動，厥陰受邪患須知。眼脈鵲脈頻出血，通肝散灌此方奇。師皇曰：『肝鬱雙睛閉，筋酥木受虧。』王良曰：『肝家得病眼睛昏，骨軟筋酥酒醉形。』康莊曰：『骨軟筋酥，肝受形役是也。』岐伯曰：『鬱傷肝，目生碧暈是也。』寧庵曰：『甯說眼連肝，肝受邪氣凝鬱熱，雙目羞明緊閉塞。』治法：徹眼脈血、鶻脈血、薑牙血，火針肝腧穴。

膘盛者，徹鶻脈血，通肝散灌之。調理：拴繫清涼之廄，米泔水飲之。戒忌：生熟料一切忌之。通肝散：治馬肝氣痛，雙目緊閉，骨軟筋酥等症。青葙子、石決明、龍膽草、川木瓜、全當歸、川芎、白芷、木通、香附子、連翹、銀花、烏藥、梔子。各件共為細末，每服二兩，淡竹葉煎湯調灌。如眼腫不消者，加乾菊花。口色赤紫者，加大黃、芒硝，二服痊愈。

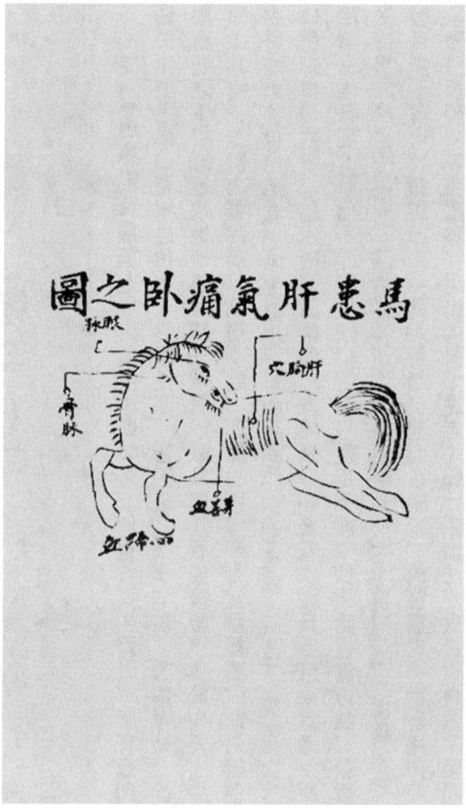

馬患肝氣痛卧之圖

又《馬患肺氣痛第五》　論馬肺氣痛者何也？夫肺者，五臟之華蓋，肺為臣相，凡有風邪，先傳於肺，故肺於皮毛相合。肺為氣海，呼吸出入於肺腑，故受症多也。或奔跑太急，或遠行歸來帶汗拴繫，失於牽行，肺咋未能收合，外感風邪熱毒，凝注於肺竅，使肺咋不能收合而成痛，太陰受其病。令獸喘息不調，連連卧地，即如牽行，鼻出冷氣，不能舒氣啌鼻，此謂肺經痛之症也。形狀：耳搭頭低，鼻出冷氣。脈色：雙凫沉細，口色如綿。歌曰：肺痛之症人難識，不敢舒氣不啌鼻。喘息微微肺經痛，奔跑肺咋不合適。速抽六脈于三焦，理肺散灌方有益。經書裡面不參詳，誤傷性命真可惜。師皇曰：『喘息不調，肺經痛也。』王良曰：『鼻咋肺經痛，起卧喘微微。』寧氏曰：『鼻出冷氣，肺不收合。』曲川曰：『喘息微微，肺經痛也。』寧庵曰：『肺痛不啌鼻，起卧喘息微。』治法：徹鶻血脈、三焦、四蹄血。戒忌：休拴簷巷，生熟料一切忌之。理肺散：治馬肺氣痛起卧喘息等症。陳皮、半夏、兜苓、羌活、防風、白芷、杏仁、花粉、桔梗、當歸、川芎、甘草、貝母、桑皮、紫蘇、木香、烏藥。各件共為細末，每服二兩，開水沖調，加蜜二兩，同和灌之。如口色赤、脈洪大者，加大黃、芒硝，再上一二服，痊愈。

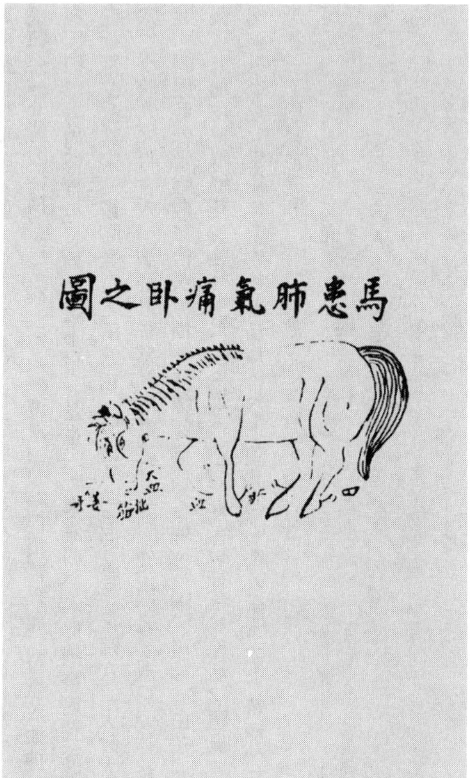

馬患肺氣痛卧之圖

又《馬患脾氣痛第六》　論馬脾氣痛者，何也？夫脾者，為水穀之腑。脾為陰陽呼作磨，日夜垂磨不暫停，脾不磨時不能食，而又生痛者，何也？皆因久渴失飲，誤飲冷水太過。或因食草料太飽，乘騎奔走太急，促觸脾氣，陰氣不降，陽氣不升，關隔不通，鬱積而成痛也。太陰經主其病。令獸蹇唇似笑，擺尾蹲腰，此乃脾氣痛之症也。形狀：蹲腰踏地，輾轉哼聲，喘息頻頻，擺尾低頭。脈色：雙凫遲澀，口色紅黃。歌曰：脾家受症時蹲腰，牽行隨跑把尾搖。立足輾轉朝天卧，猛然起立吼聲嗷。徹去三焦雙蕫血，調胃承氣藥方高。師皇曰：『哼聲連連，輾轉伸足，脾氣痛也。』卞氏曰：『仰卧足朝天，立地蹲腰行，是也。』曲川曰：『蹇唇似笑，擺尾蹲腰。』寧庵曰：『哽氣頻頻知腹滿，水穀傷脾氣不和。』治法：徹三焦血、蕫牙血，肚下繩索刮之。火針脾腧穴，調胃承氣湯灌之。戒忌：休拴簷巷，生熟料一切忌之。調胃承氣湯：治馬蹇唇似笑，脾氣痛之症。官桂、烏藥、遼細辛、白蔻、厚朴、香附、白朮、木香、檳榔、升麻、木通、甘草、炮薑、麥芽、神曲。各件共為細末，每服二兩生薑同調灌之。如不行動，本方加大黃、芒硝，再灌一二服，痊愈。

又《馬患內腎痛第七》　論馬內腎痛者，何也？夫內腎者，腰腎命門屬於壬癸之鄉，腎水之位也，喜暖畏寒。皆因馬之嬌養乍騎，勞倦至極，拴繫簷巷之下，或近水塘池邊，卸去鞍屜，賊風邪氣襲於後腰，傳於內腎，少陰主其病。令獸內腎疼痛，臥而不起，起而弓腰，牽行後腳難移，此乃濕傷內腎痛之症也。形狀：臥多立少，弓腰縮頸，後腳難移。脈色：雙凫沉遲，口色青白。歌曰：馬患內腎說根源，失於牽行卸屜鞍。賊風邪氣乘虛入，凝滯氣血內腎間。臥而不起腰板硬，起而弓腰步不前。仙經論裡真方訣，茴香散灌得安痊。師皇曰：『腰弓難移步，必定內腎寒。』王良曰：『寒濕傷內腎，腰弓步不前。』曲川曰：『臥而不起，起而弓腰者，內腎痛也。』寧庵曰：『腰弓板硬，後腳難移，濕傷內腎，見者先知』。治法：火針百會穴、腰間七穴，徹尾本血，茴香散灌之。調理：稻草鋪地臥之。戒忌：休拴簷巷風吹，熟料加倍餵之。茴香散：治馬內腎痛，弓腰不起等症。茴香、破故紙、川楝子、肉果、桂枝、烏藥、製川烏、官桂、全當歸，川芎、製草烏、廣皮、粉草、五加皮、淮木通、附子。各件共為細末，每服二兩，連須蔥一把，白酒一斤，同調灌之。三五服痊愈。

又《馬患外腎痛第八》　論馬外腎痛者，何也？夫外腎痛者，促損外腎筋於經絡也。皆因乘騎奔走，慌忙中促損筋絡，拘束後胯，起而欲行，後足難移者，此乃促損外腎疼痛之症也。形狀：靸胯拖腰，後腳時懸，牽難移步。脈色：雙凫洪大，口色如綿。歌曰：外腎疼痛察來因，騎走慌忙促損筋。腎堂徹血觀肥瘦，膘者徹血瘦勿針。仙經論裡留方訣，七七之後仍騎乘。師皇曰：『外腎因促損，腎堂徹血寧。』遵道曰：『促損腎經痛，腎徹效如神。』寧氏曰：『內腎腰弓，外腎腰不弓，是也。』寧庵曰：『促損腎筋懸後腳，虛行踏空致其傷。後腳登空之所致也。』治法：徹腎堂、後蹄穴，火針大胯穴、小胯穴、百會穴。調經壯骨當歸散灌之。草料加倍喂之。戒忌：休拴簷巷。調經壯骨當歸散：治馬促損外腎後腳難移之症。當歸、川芎、白芷、烏藥、五加皮、鮮紅花、乳香去油、沒藥製、小茴香、粉甘草、羌活、防風、自然銅炭火煆紅，用滴醋淬七次，其銅自碎如灰用。上藥共為細末，每服二兩，黃酒一斤，調灌三五服氣血調和，疼自痊愈。如跌打損傷方見前篇。

又《馬患濕氣痛第九》論馬濕氣痛者，何也？夫濕氣者，陰濕之謂也。皆因馬之乘騎奔走，勞力太過，拴繫陰濕之地。或近簷巷，或在低凹之所安槽，餵養日久。或騎來有汗，揭去鞍屜，或是炎天，或是冬月，以致受其陰濕寒氣，凝於腰胯，少陰經主其病。緣腎屬水，將馬拴繫陰濕之地，水見水成為一體。因腎為水，故陰濕先傳於腎，發於腰胯，行而不動，腿直如竿者，此乃濕氣痛之症也。脈色：仰陷青白，雙鳧沉微。歌曰：腿直如竿濕氣侵，久拴低凹病原因。寒腰把胯行把足，茴香散灌火針靈。大胯小胯汗溝穴，七穴百會有功能。入廄稻草鋪地臥，晝縱荒郊任起行。按方調灌依針治，七七之後萬里乘。遵道曰：『腿直因寒盛，胯拖濕氣侵。』康莊曰：『濕氣須直腿，拖胯步難移。』曲川曰：『腿直如竿者，濕氣痛是也』。寧庵曰：『寒腰先把胯，濕氣拖腳行』。治法：火針百會穴、七穴、大胯穴、小胯穴、汗溝穴、由池穴、三山穴。膘肥者，生針徹去腎堂血。小茴香散灌之。調理：餵養暖廄，稻草鋪地，聽其自臥自起，日縱於郊，夜歸暖廄。茴香散每日灌之。戒忌：休拴簷巷，謹避風雨。茴香散：治馬寒胯把腰，腿直如竿，濕氣痛等症。小茴香、破故紙、川楝子、川木瓜、牛膝、杜仲、紅花、麻黃、木香、桂枝、五加皮製、草烏製、川烏製、附子、肉桂、甘草、木通、天麻。各件共為細末，每服二兩，連須蔥一握，黃酒一斤，調灌三五服，痊愈。

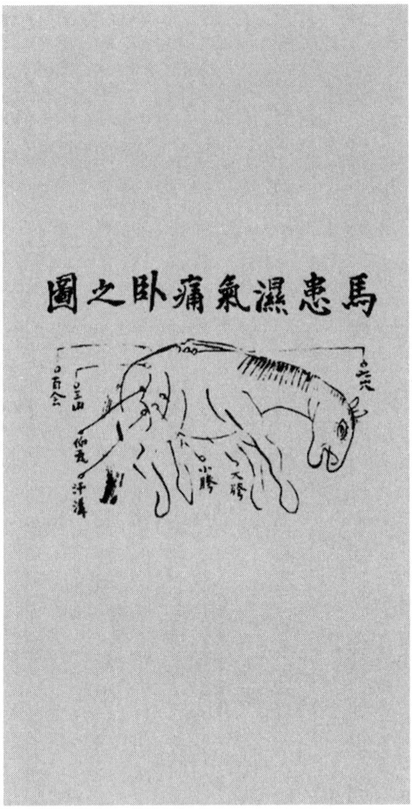

又《馬患前結痛第十》論馬前結痛者，何也？夫前結者，大腸前四尺也。大腸一丈二尺，前四尺之結痛，令獸仰臥，四足朝天，跑胸咬臆，腸結氣滯，不得通暢，陽明經主其病。皆因久渴失飲，誤飲太過，冷熱相搏，鬱結不通而成其患，故謂前結痛也。形狀：起臥喘粗，四足朝天，跑胸咬臆。脈色：雙鳧洪數，色似雞冠。歌曰：病中前結莫言無，起臥時時喘氣粗。咬臆頻頻人不識，切須用藥免教殂。滑石膩粉並通草，灰汁麻油一合酥。更用酒來和合了，灌下之時病自蘇。師皇曰：『前結多咬臆，跑胸喘氣粗。』卞氏曰：『四足朝天頻咬臆，結在前腸不須疑。』寧氏曰：『喘粗朝天咬臆骨，前結病患也先知。』曲川曰：『足仰朝天，跑胸咬臆者，前結痛也。』寧庵曰：『欲識啞科病，先須看精神，前痛前跑臆，後痛尾必懸，中痛撐船站，經書裏面言。』治法：徹鶻脈血，雙蕫血，四蹄血。通腸導氣散灌之。調理：不住牽行，肚下時時刮之。戒忌：生熟料一切忌之。此前結之症，只可徐徐潤通，切勿用霸導藥，損傷胃仍不能生。醫者慎之！滑石散：治馬前結痛臥等症。滑石、膩粉、通草、炭灰，芝麻油四兩，黃酒一斤，同調灌之。又方：止痛通腸散，治馬前結跑胸咬臆之症。遼細辛、官桂、烏藥、木香、香附、大黃、芒硝、續隨子、郁李仁、當歸、生地、元胡、火麻仁。各件共為細末，每服二兩，芝麻二兩，黃酒半斤，同調灌之。

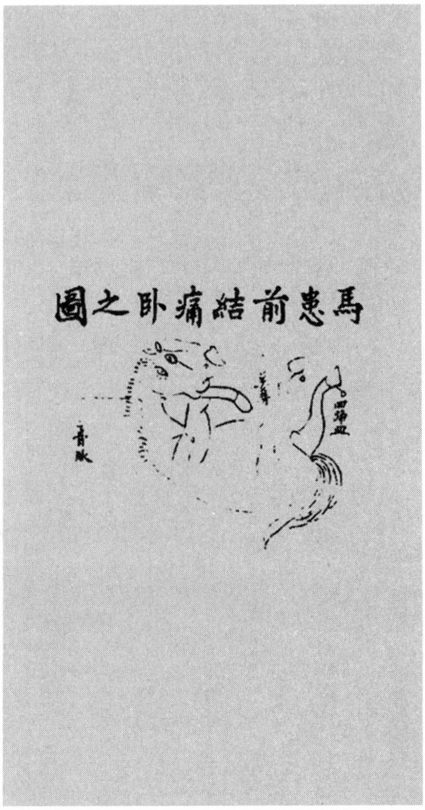

又《馬患中結痛第十一》論馬患中結者，何也？夫中結者，結在大腸中四尺之內也。陽明經主其病。令獸起臥頻頻，氣促喘粗。時或站立，則前腿向前，後腿向後，形似撐船，腹欲垂地，此謂中結痛之症也。形狀：輾轉臥地，站立撐船，氣促喘粗。脈色：雙鳧洪數，口色如湯。歌曰：起臥氣促喘息頻，時或站立撐船形。四足伸舒腹垂地，定知中結莫亂評。藥用通腸行氣散，針抽六脈效如神。師皇曰：『輾轉氣促，四足伸舒。』卞氏曰：『中結腹欲垂地，四足撐船伸舒。』曲川曰：『撲地跑胸，喘粗鼻咋者，中結痛也。』寧庵曰：『前腿前撐，後腿後撐，腹欲垂地，輾轉不停，此中結也。』治法：徹鶻脈血、四蹄血、雙蕫血，通腸行氣散灌之。調理：不住牽行，肚底肘繩時時刮之。戒忌：生熟料一切忌之。通腸行氣散：治馬中結痛之症。檳榔、木香、芒硝、大黃、西月石、官桂、續隨子、郁李仁、生地、當歸。各件共為細末，每服二兩，芝麻油二兩，黃酒半斤，同調灌之。如不行動，本方加大麻子二兩，再上一二服痊愈。實在脹滿不通，大便不行者，用水銀少許，灌入馬左耳孔內；牛有此症，灌入右耳孔內，大便即通也，神效。如再不通，用膽導法，方見後篇。

又《馬患後結痛第十二》　論馬後結痛者，何也？夫後結痛者，結在大腸後四尺之內也。陽明經主其病。令獸肚腹脹滿，覷腹起臥，直尾弩掙，欲行下糞，而又不下者，乾燥至極，此乃後結痛之症也。形狀：蹲腰直尾，弩力後掙。脈色：口色如常者，生；青紫者，死；雙鳧遲緩者生；沉數者死。歌曰：後結之痛人見驚，起臥弩掙直尾行。肚腹脹滿頻起臥，斷是後結定有因。先將六脈針刺血，油水濕手肛內尋。取出硬糞除內患，膽導之法更通靈。通腸奪命飲多好，逐細開明注本經。仙經論裡傳真訣，留傳後世救龍麟。師皇曰：『直尾弩力後蹬者，後結之症也。』卞氏曰：『塗油入手尋結糞，取出結糞病除根。』曲川曰：『肚腹脹滿，覷腹臥地。』寧氏曰：『蹲腰弩力多後結，直尾欲行氣不通。』寧庵曰：『蹲腰弩力，掙不下糞者，後結之症，乾燥極矣。』治法：徹六脈血，蕫牙血，用膽導法也。可塗油如手取之。亦可內用通腸奪命飲灌之。戒忌：生熟料一切忌之。膽導法：治馬結糞乾澀，大便不能行動之症。豬膽兩個，蜂蜜二兩，麻油二兩，開水半斤，將膽、蜜、油共入水內。再加遼細辛、牙皂二味，共研細末，入麝香在內和勻，裝入豬尿胞內，用竹筒一個，削修光滑，將豬尿胞口紮住竹筒，兩手捏竹筒，插入肛中，其膽、蜜等水浸入腸內，潤其腸中乾燥，內灌通腸奪命飲，二下夾攻，枯澀得潤，活溜而糞即出也。糞出而病痊愈。通腸奪命飲：生地、當歸、郁李仁、火麻仁、芒硝、大黃、枳實、厚朴、通草、木香、麝香少許。各件共為細末，每服二兩，開水沖。再加芝麻油四兩，灰汁一兩，蕫一塊打碎，同調灌之。如不下，再進一服，下後恐傷元氣，必以調胃湯再灌一二服。調胃湯：治馬結症下利後損傷元氣，水草細慢等症。上白條參、雲苓、白朮、粉草、枳殼、桔梗、陳皮、半夏、山藥、熟地、當歸、葛根、木通、滑石。各件共為細末，每服二兩，生蕫一小塊打碎入內，開水沖調，溫加童便二盞和灌之。一二服自然進食。

又《馬患胞轉痛第十三》　論馬胞轉痛者，何也？夫胞者，膀胱也。是為水之海，何以致其患而痛焉？皆因乘騎奔走而不停歇，正欲溺而加鞭驅馳急走，促行促忍而轉動水口，故溺不出而致有此痛。太陽主其病，令獸欲臥不臥，蹲腰踏地，而時有小便淋瀝者，此謂胞轉痛之症也。形狀：蹲腰踏地，小便淋瀝。脈色：雙凫洪數者生，斷亂者死。口色紅黃者生，青紫者死。歌曰：胞轉蹲腰踏地跑，時時輾臥尾彎稍。水草不餐更頻臥，定知患病在膀胱。塗油入手於穀道，撥正牽行三五遭。左右入手須撥正，小便通下見醫高。師皇曰：『蹲腰踏地，胞轉痛也。』卞氏曰：『小便淋瀝是胞轉痛也。』曲川曰：『欲臥不臥，蹲腰踏地者，胞轉痛也。』寧氏曰：『胞轉之症，何以見之？蹲腰踏地尿淋瀝，欲臥不臥頻頻轉，斷定胞轉水口移。』調理：薑牙割取，恐痛極輾轉而急成黑汗，四蹄徹血而不致心中悶亂，再塗油入手穀道，從容撥正，不得慌忙倉促，務必指甲磨淨，恐傷損腸臟，而有礙啞生性命。慎之！慎之！五淋散：治馬胞轉小便不通淋瀝之症。扁蓄、瞿麥、赤茯苓、牽牛、滑石、車前子、升麻、陳皮、澤瀉、木通、大黃、黃芪、黑元參。各件共為細末，每服二兩，童便二盞，開水調灌，時時以童便灌之。服二三劑，以通利痊愈。

又《馬患膽氣痛第十四》　論馬膽氣痛者，何也？夫膽者，於肝相表裡，合為清淨之腑，何以致有痛焉？皆因馬之嬌養乍騎，驅役太過，出力太猛，勞力傷筋。筋乃肝之主，驅役太過故勞筋，筋傷則肝鬱，鬱盛則傳之於腑，肝者則傳之於膽也。膽之受鬱無伸則生痛，乃厥陰，少陽主其病。令獸口內垂涎，回頭左顧，目生碧暈，水草不餐，此乃膽氣痛之症也。形狀：眼珠生碧暈，口內垂涎，回頭左顧。脈色：雙凫如常者生，斷亂者死。口色紅黃者生，青紫者死也。歌曰：勞役傷筋鬱傷肝，肝鬱傳腑膽受愆。兩目無光生碧暈，不餐水草口流涎。定是勞鬱膽氣痛，徹血調經驥自安。師皇曰：『膽氣痛，頭則左顧是也。』卞氏曰：『勞傷筋，役傷肝，肝勝則傳膽，是也。』曲川曰：『口內垂涎，回頭左顧，是膽氣痛也。』寧氏曰：『膽氣痛者，眼生碧暈，口流清涎，頭左顧是也。』治法：火針肝腧穴。膘盛者，徹六脈血。調經開鬱飲灌之。調理：時時牽行。戒忌：休拴酷熱之處，豆料忌之。調經開鬱飲：治馬勞役膽氣痛、目暈，口流涎沫等症。陳皮、半夏、香附、藿香、青皮、膽星、枳實、桔梗、菖蒲、遠志去心、連翹去心、乾葛、花粉、甘草。各件共為細末，每服二兩，童便二三盞，白開水沖和灌之，童便時時灌之，二三服痊愈。

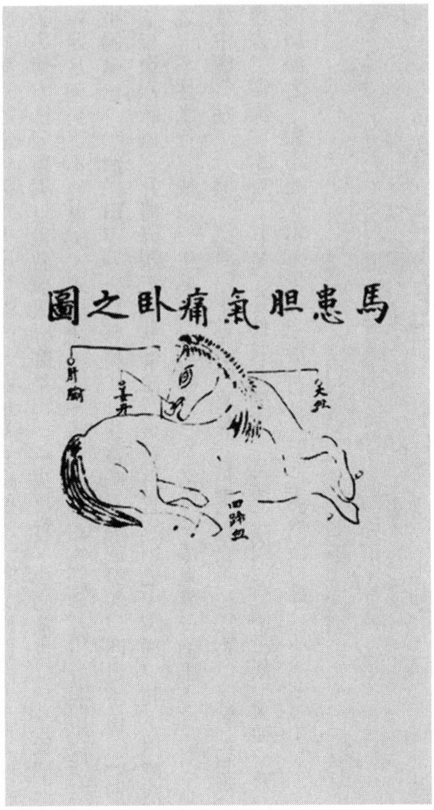

又《馬患胃氣痛第十五》　論馬患胃氣痛者，何也？夫胃者，脾之相合也。脾為臟，胃為腑，其腑與眾不同，乃草穀藏聚之處，一身受盛之所，可比分金之爐，穀草至此而能鎔化。胃潮百脈，脾灌四旁。重汁拔於脾，而攝入心竅為血以養心。輕汁入周身，而入於膀胱化為尿，為小便而溺之。渣滓入於腸中，送出穀道肛門，而為糞也。故其胃為一身之主宰。忽然而患痛者，皆因餵養失調，或因久渴而過飲，或因料後以重餐，或因遠程歸來，喘息未定而上料，久渴久饑，以致草料水穀囫圇吞入胃中，內蓄有鬱熱瘀痰，外吞料穀水草，以致阻塞胃中，陰氣不降，陽氣不升，促然而成患也。乃陽明經主其病。令獸鼻回糞水，回頭右顧者，此乃胃氣痛之症也。形狀：鼻回糞水，足似風癱，頭時右顧，渾身肉顫。脈色：雙凫平順如常者生，蝦遊、雀啄者死；口色紅黃者生，青紫者死。歌曰：胃痛之症實難堪，鼻回糞水渾身顫。起臥艱難腰無力，腳軟時倒似風癱。追究水傷先醫水，重傷料宜健胃散。草傷只宜承氣部，雙蕫脾腧用針攢。經書裡面分明說，留於時師療驥方。師皇曰：『顫臥有時立即倒，垂腰無力似風癱。』卞氏曰：『鼻回糞水，四肢無力。』歧伯曰：『胃痛渾身顫，立腳似風癱。』曲川曰：『鼻回糞水，頭右顧是也。』治法：火針脾腧穴，生針刺雙蕫血，膘肥者徹六脈血。健脾平胃散、五苓消水飲，調胃承氣湯灌之。戒忌：休拴簷巷，生熟料一切忌之。健脾平胃散：治馬重傷穀料，胃氣疼痛等症。陳皮、半夏、神曲、麥芽、檳榔、厚朴、枳實、青皮、烏藥、木通、香附、官桂、山楂、炮姜、元胡、細辛。各件共為細末，每服二兩，薑一塊打碎，黃酒半斤，同和灌之。如口色赤者，加大黃、芒硝。五苓散：治馬水傷胃腑，滯氣疼痛，腹響雷鳴等症。老薑皮、青皮、陳皮、大腹皮、滑石、車前子、澤瀉、木通、香附、木香、升麻、枳殼、厚朴、甘草、地骨皮。各件共為細末，每服二兩，童便二三盞，黃酒半斤，同和灌之。調胃承氣湯：治馬草傷胃腑，宿草不轉等症。陳皮、半夏、枳實、厚朴、丁香、肉果、檳榔、乾薑、升麻、沉香、甘草、木通、全當歸。各件共為細末，每服二兩，老薑一塊，開水調和灌之，二三服痊愈。

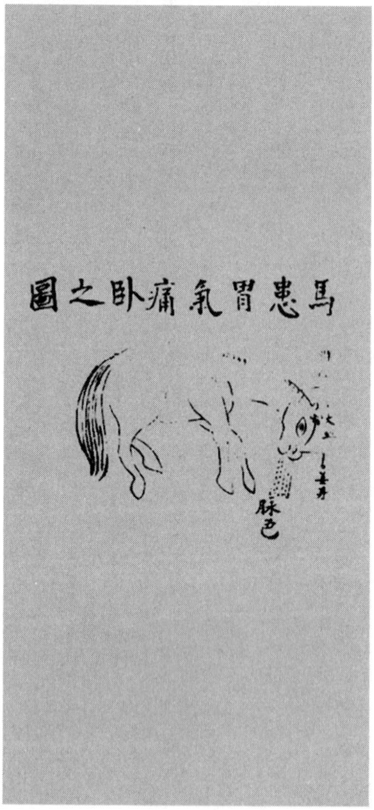

馬患胃氣痛卧之圖

又《馬患小腸痛第十六》 論馬患小腸痛者，何也？夫小腸者，心之腑也。心屬火，火之炎燥，傳於小腸。皆因馬之久渴失飲，小腸燥煩至極，在要渴急之間，方欲使飲，飲之太過，拴繫停立不動，以致陰氣不降，陽氣不升，積鬱小腸之間，氣滯不通，上擁心竅，下阻膀胱，小便淋瀝，乃太陰經主其病。令獸夾尾起臥，不時輾轉，四足朝天，小便淋瀝，此謂小腸痛之症也。形狀：起臥輾轉，小便淋瀝。脈色：雙凫洪數，口色如綿。歌曰：小腸痛病實難當，輾轉夾尾見端詳。四足朝天小便瀝，時師初見沒主張。仙經論裏傳方法，留與世世救驥康。師皇曰：『夾尾行，小腸痛也。』卞氏曰：『四足朝天，小便淋瀝，小腸痛也。』曲川曰：『急起急臥，臥而夾尾者，小腸痛也。』伯樂曰：『夾尾輾轉，肚腹雷鳴，痛急發顫，四足不停。』治法：徹六脈血，升清降濁流氣飲灌之。火針百會穴刺之。調理：肚下用繩刮之，不住牽行。戒忌：生熟料一切忌之。升清降濁流氣飲：治馬小腸痛，小便淋瀝等症。升麻、沉香、車前子、官桂、桔梗、陳皮、檳榔、厚朴、扁蓄、瞿麥、澤瀉、木香、甘草。各件共為細末，每服二兩，黃酒半斤，童便一盞，同調灌之。如不通，本方倍加：滑石、二丑、大黃，再灌一服痊愈。

馬患小腸痛卧之圖

又《馬患大腸痛第十七》 論馬大腸痛者，何也？夫大腸者，肺之表裏。肺之有熱，傳於大腸。然大腸為傳送之腑，或因久渴，或因久饑，飲餵失調。

或因膘肥肉重，乘騎歸來，拴繫簷巷賊風吹涼，以致熱毒凝注於肺。肺傳於大腸，鬱滯不行，結而成痛者有三：大腸一丈二尺，前四尺為前結，中四尺為中結，後四尺為後結，乃陽明經主其病。令獸臥而急起，起行直尾者，為後結之症，此乃大腸氣痛之症也。形狀：輾轉起臥，蹲腰直尾。脈色：雙鳧常平順者，生；雀啄斷亂者，死。口色紅黃者，生；赤紫者死。歌曰：大腸主病陽明經，後結之狀直尾行。前結之狀蹄跑地，中結之狀四足撐。大腸凝結諸般症，經書裏面細搜尋。後結之症多方法，手取時刻見功能。或用蜜導通腸散，前篇注載有藥靈。師皇曰：『直尾行，大腸痛也。』王良曰：『努力蹲腰後掙者，大腸痛也。』寧氏曰：『臥而急起，起而直尾行者，大腸痛也』。卞氏曰：『起臥直尾者，雖屬大腸之痛，分別有三：若臥起立，前蹄跑地者，前結痛也；若臥起立，而前後四蹄蹲腰踏地者，中結之痛也；若懸尾後掙者，後結痛也。醫者鑒之。』調理：若在炎天暑月，徹六脈血；若在春冬，看肥瘦施針。時時牽行，肚底用繩刮之，通腸散灌之，膽導法接之。戒忌：生熟料一切忌之。通腸散：治馬大腸結痛之症。枳殼、厚朴、檳榔、木香、香附、郁李仁、續隨子、火麻子、當歸、生地、升麻、細辛、官桂。各件共為細末，每服二兩，芝麻油二兩，蜂蜜一斤，開水調和灌之。如口色赤紫者，本方加大黃、芒硝、烏藥，再灌一服，痊愈。導糞法：治驢、馬、騾腹痛起臥，藏結不下糞之症。牙皂五個，去皮、細辛、草烏、甘遂、海金砂各三錢，麝香少許。各件共為細末，先用芝麻油一兩，和溫水送入肛門內，然後用蔥白一根搗爛，仍送穀道內廣腸裡面，牽行百餘步，糞即下矣，取後結症，注前篇。鑒之！

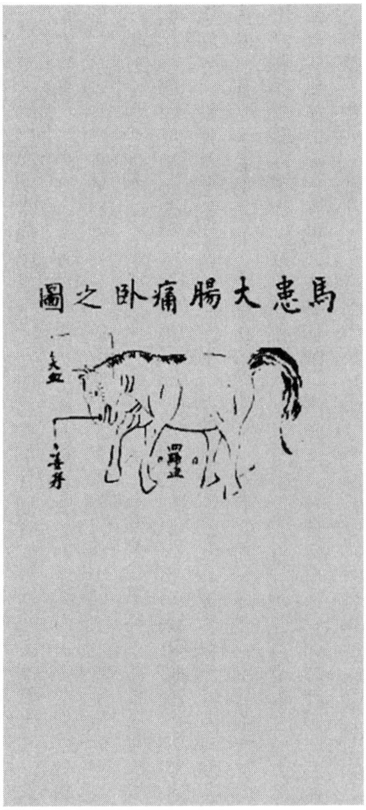

又《馬患薑牙痛第十八》 論馬患薑牙起臥者，何也？夫薑牙者，天生成之筋骨，不能少者也。一名薑牙，一名打草骨，在二鼻孔兩邊，初生時即有此骨，若無此骨，亦主無壽。初生二七之時，即將鼻尖捏住，用針劃開，即露出小脆骨，將脆骨尖梢割去一二分，用食鹽擦之，可管三年。倘若大馬，即割去三四分也無妨。量其馬之大小割之。倘若割狠，傷著打草骨，則又不能食。慎之！凡此等症患，原係嬌養乍騎，騎急得之。令獸急起急臥，鼻嘴擂地者，此謂薑牙之症也。但此薑牙一症雖微，乃一身之主宰，薑牙若發，醫遲則轉為黑汗風之症，汗出如油則難治矣。醫者慎之！形狀：起臥輾轉，鼻時擂地，薑牙若轉黑汗風，渾身汗出則難治矣。脈色：初染雙鳧洪數，口色鮮明可治；久則雙鳧沉微，口色青黑者，難醫。歌曰：起臥時常嘴擂地，應知此患是雙薑。鼻孔之下橫脆骨，割去牙尖不須忙。起卧只待先刺此，輾轉時刻得安康。歧伯曰：『馬、騾、驢畜不長肉，皆因未割薑牙。』王良曰：『薑牙者，乃三喉之首症也。』遵道曰：『三喉皆從薑牙發，是也。』曲川曰：『鼻尖擂地，薑牙發而阻塞鼻孔，把住氣海是也。』寧庵曰：『三喉者，薑牙、槽結、喉核是也。喉核者，在齒夾骨後，硬核便是；槽結者，骸夾內，舌胎下有硬骸便是。』調理：初患割取雙薑，久則徹去六脈，和血止痛散灌之。戒忌：拴繫清淨之廄。和血止痛散：治馬薑牙起臥之症。當歸、川芎、生地、白芍、陳皮、桔梗、天花粉、粉草、羌活、半夏、白芷、木通、烏藥、木香。各件共為細末，每服二兩，黃酒一斤，連須蔥五七根切碎，開水沖和灌之。痊愈。

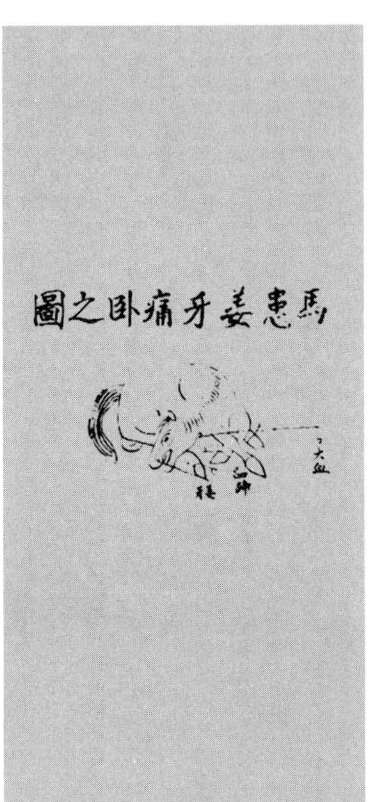

又《馬患胡骨痛第二十》　論馬患胡骨痛者，何也？夫胡骨者，一名胡骨把胯，一名痿腿風也。皆因馬之膘肥肉重，多喂少騎，以致血氣太盛，絡之孕溢，內壅於心竅，外盈於經絡，稍有乘騎，略出些力，微受風吹，氣不能行，血不能動，氣血不行，阻滯而成氣患，三焦經主其病。令獸左癱右瘓，四足拳攣，臥地不起，氣促喘粗，此謂風癱之症也。疾勢大者難醫，疾勢小者可治，此謂胡骨痛之症也。形狀：腰癱腿瘓，四足拳攣，臥地不起，氣促喘粗。脈色：舌唇青紫，命關沉澀。歌曰：胡骨把胯腎家抽，醫工見後必須愁。腰癱腿瘓拳攣臥，小便淋瀝腎不收。識其此病終難治，揀盡名方命必休。縱然得效延時月，百騎之中幾個瘳。師皇曰：『痿腿風症，四蹄伸縮，起而立住者，可治；拳攣臥地不起者，難醫；大胯內陷者，亦難醫也。醫者慎之！』王良曰：『痿腿肥風症，癱瘓臥拳攣，兩胯肉消陷，能醫療不痊。』治法：徹六脈血，火針搶風、膊尖、大胯、小胯穴，麒麟竭散灌之。調理：散養暖厩，稂草鋪地臥之。戒忌：休拴冷處，濕地一概忌之。麒麟竭散：治馬筋疼骨痛，把前把後等症。沒藥、乳香、麒麟竭、白朮、當歸、川芎、木通、巴戟、藁本、故紙、胡蘆巴、川楝子。上藥各等分，共為細末，每服二兩，黃酒一斤，童便一盞，同調灌之。如後胯肉不消陷者，用大七傷散灌之。方見前篇。

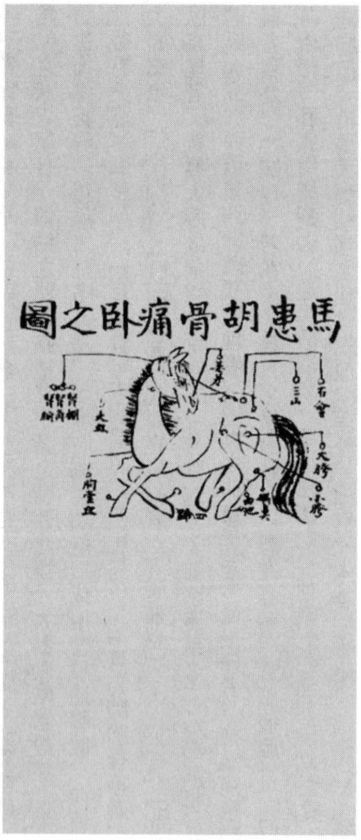
馬患胡骨痛臥之圖

又《馬患五攢痛第二十一》　論馬五攢痛者，何也？夫五攢者，氣血凝溢也。皆因馬之餵養太盛，膘肥肉重，嬌養乍騎，奔走太急，促而拴繫簷巷之下，或近水塘池邊，陰濕之地，失於牽行，陰寒風濕入於皮膚，以致血凝氣滯，乃三焦、胞絡受其症。令獸把前把後，拘行束步，弓腰吊膁，脊硬如椽，此謂把肺五攢痛之症也。形狀：頭低耳搭，膁吊腰弓，把前把後，束步難行，氣促喘粗。脈色：雙凫沉澀者，寒傷，口色青白；雙凫洪數者，料傷，口色紅黃。歌曰：奔走歸來未得牽，凝滯血脈不通連。毛焦膁吊精神倦，把前把後行步難。六脈兩堂須令徹，紅花止痛藥宜先。童便兩盞同調灌，三服必定得安痊。師皇曰：『凡馬五攢痛者，其症有二：一謂走傷；一謂料傷。此二症針血相同，藥味各別，醫者斟酌。如走傷受寒者，臥蠶赤紫，仰陷青白；如料傷者，臥蠶淡黃，仰陷青黃。王良曰：『凡馬五攢痛，為緣氣血壅，六脈須出血，凝滯自然通。』寧庵曰：『五攢因寒起，氣血不相通，六脈須針徹，時下見神功。』治法：徹鶻脈血、四蹄血、胸膛血。寒傷火針百會穴、大胯穴、搶風穴。戒忌：休拴寒涼處，淋雨濕地眠，生熟料一切忌之。紅花散：治馬出力受寒，肺把五攢，弓腰膁吊等症。鮮紅花、當歸、川芎、羌活、防風、白芷、烏藥、木通、五加皮、麻黃、廣桂枝、乳香、沒藥、細辛、川木瓜、甘草。各件共為細末，每服二兩，黃酒一斤，火葱五七枝，童便一盞，同調灌之。腰間板硬者，加小茴香、破故紙、肉桂、川楝子、附子；如頸硬尾直者，加製川烏、製草烏，再灌二三服，晝縱於荒郊，太陽曬之，汗出血活而痛自止也。五積快氣飲：治馬口色紅黃，料傷五攢痛，把前把後等症。神曲、麥芽、檳榔、厚樸、枳殼、陳皮、山楂、半夏、草果去殼、烏藥、木香、官桂、香附、木通、甘草。各件共為細末，每服二兩，薑五錢，童便半盞，同和灌之。如口色黃氣退，加當歸、川芎、白芷、紫蘇、草果、檳榔，再灌一二服，痊愈。

馬患五攢疼痛之圖

又《馬患水穀並痛第二十二》　論馬水穀並而痛者，何也？夫水穀者，乃馬養命之源，何以水穀並而生痛患之症也？皆因馬之饑渴太過，未曾飲水，先上穀料餵之，料後始飲，飲水太過，或驅馳奔走，水穀積於胃中，混成一塊，陽氣不升，陰氣不降，上下哽氣，直透咽喉，而不下滲於幽闌，停於胃腑不能消化，乃陽明經主其病。令獸起而復臥，臥而復起，輾轉跑跳，鼻發薑牙，時時擂地，鼻乍喘粗，此謂水谷並而成痛患之症也。形狀：急起急臥，鼻時擂地，輾轉跑跳。甚者，汗出如水。脈色：六脈浮洪，口色赤紫。歌曰：水穀並症實難當，先料後飲致其殃。馳驅奔走混成患，痛急鼻畔發薑牙。醫工先抽六脈血，次須鼻畔取雙薑。汗出如油休妄治，定知時下命歸陰。伯樂曰：『水谷結成病，順氣自然安。』王良曰：『水穀腸中痛，先須用桔皮、檳榔為第一，蔥酒最相宜。』卞氏曰：『腹痛薑牙發，胎育自生成。』寧庵曰：『薑牙者，胎中所生之骨，在鼻孔下邊，有似生薑初生之芽，或腹中疼痛而發，或乘騎奔急而發，務宜間時割之，令獸不得促症。若不割取之，倘薑牙老時，轉為黑汗風之症，則難治也。慎之！』治法：徹六脈血，割去雙薑牙。如出汗者，用乾灰渾身揉之，汗止有救；如汗不止，死在時刻。醫者鑒之！調理：時時牽行，肚下刮之。戒忌：穀料一切忌之。順氣消穀散：治馬水穀並腹內疼痛等症。桔皮、檳榔、神曲、麥芽、香附、升麻、大黃、厚朴、枳殼、官桂、烏藥、木香、滑石、陳細茶一兩。各件共為細末，每服二兩，薑二片，開水調和灌之。

馬患水谷併病之圖

又《馬患寒傷、閃傷腰胯疼痛第二十三》 論馬腰胯疼痛者，何也？夫腰胯乃一身之主宰，非輕易而生痛患也。或因肥馬騎乘奔跑，閃跌錯落致有損傷；或者衰弱瘦馬蓄養失調，遠行乘熱而渡水；或近簷巷而卸鞍；或淋雨濕地，久拴臥立，陰冷浸於內腎，邪氣入於腰胯，致成其患。令獸胯皶腰拖，後腳難移，此謂寒傷、閃傷之症。醫者分別肥瘦治之。鑒之！慎之！形狀：前行後拽，胯皶腰拖，頭低耳搭，膁吊毛焦。脈色：腎命脈澀，唇色鮮紅。歌曰：閃傷痛處先發腫，生料火針療易痊。瘦馬嚴冬拴濕地，久涸冷水過多餐。寒凝濕濁停於腎，胯皶腰拖行步難。醋炒麵麩腰上熨，汗溝邪氣火針攢。空腸煎灌茴香散，十朝半月後依原。師皇曰：『凡馬腰痛者，先令相其行步，蹲腰行者，雁翅痛也；吊腰行者，脊筋痛也。雁翅痛者，寒傷也；脊筋痛者，閃傷也。醫者慎之！』伯樂曰：『凡馬寒傷蹲腰行，火針大胯汗溝穴。閃傷吊腰脊筋痛，尾本徹血效如神』。王良曰：『氣把吊腰痛，牽連雁翅痛，頻徹尾本穴，其效應如神。』寧庵曰：『凡馬腰胯疼痛，先觀肥瘦，次辨寒閃，但衰瘦者，寒傷之症必多；膘肥者，閃傷之症必多。又鑒之！閃傷之症必然發腫，其處護疼，不讓人近手摸捏，則是閃傷之症。但寒傷之症，其處木麻，不知疼痛，則其是寒傷之症也。醫者細意察之，使針用藥庶無差誤。鑒之！慎之！』治法：寒傷者，火針大胯、小胯、百會穴，茴香散灌之；閃傷者，徹尾本血，紅花散灌之。調理：晝縱於郊，夜散於廄，稂草鋪地臥之。戒忌：切忌臥於濕地，提防簷巷風吹。茴香散：治馬寒傷拽胯拖腰等症。小茴香、白附子、川楝子、肉桂、蓽澄茄、木通、麻黃、桂枝、五加皮、烏藥、當歸、川芎、川木瓜、紫蘇、粉草、白芷、遼細辛。各件共為細末，每服二兩，黃酒一斤，童便一盞，同調灌之。紅花散：治馬閃腰傷胯滯氣，把前把後等症。紅花、當歸、川芎、製乳香、製沒藥、烏藥、木通、麒麟竭、木香、五加皮、紫蘇、杜仲、牛膝、川木瓜、廣桂枝。各件共為細末，每服二兩，黃酒一斤，童便一盞，同和灌之，五七服痊愈。如其不痊，用七傷散，見前篇。七傷散一服，痊愈。

馬患寒閃傷腰胯圖

又《馬患敗血凝蹄痛第二十四》 論馬蹄頭痛者，何也？夫蹄者，乃一身之應用，得力之棟樑，稍有些虧，則不能行動。皆因乘騎遠驟，卒至卒拴，未得牽行，或繫簷巷，或近水邊，久未行動，以致血受風邪，濕氣凝滯，不能流轉周身，久則蹄頭疼痛，或者蹄心穿漏，或者蹄甲焦枯，或前蹄、或後蹄疼痛難忍，不能落地。令獸把前把後，腰曲頭低，臥多立少，起走如攢，此乃敗血凝蹄疼痛之症也。形狀：把前把後，腰曲頭低，臥多立少，起走如攢。脈色：部關平正，唇口鮮明。歌曰：敗血凝蹄實可悲，頭低腰曲步難移。醫工休向腿胯治，四甲焦枯血注蹄。削去硬蹄挑去襯，烏金膏烙恰相宜。先賢規矩修蹄甲，後學神針莫亂施。元亨曰：『凡馬走傷、料傷、五攢痛病，與此症形壯相同，受病不一，治者勿錯。』師皇曰：『敗血凝蹄者，蹄頭堅硬也。凡治者，修蹄甲大妙。』王良曰：『膊痛緣騎苦，蹄傷敗血攻，痛時針且烙，妙手方能通。』寧庵曰：『敗血凝蹄者，當時徹去蹄頭血，即愈。遲則即是漏蹄也。』治法：修去蹄甲，堅硬者烏金膏塗之，火燒烙鐵烙之，三修三烙，自然痊矣。陳豬脂塗蹄甲，日日熨之。調理：晝縱於郊，夜散於廄，沙土鋪於廄內，聽其自臥自起。戒忌：切忌火灰、熱地；最忌尿糞泥水，汙穢之地休拴繫。烏金膏：治馬敗血凝蹄，每蹄穿心漏黑水疼痛等症。紫礦、黃蠟、青黛、百草霜、人髮燒灰。以上共為細末，用香油不拘多少，鐵鍋內用火煎滾，將前藥入油內熬成膏收貯。臨用時，火燒烙鐵烙之。或有穿心漏蹄者，修去堅硬蹄甲，如蹄內有孔，或出黑水，或出紫血水者，將此蹄用布包之，不可踐入蹄孔內泥土、沙石，候蹄內敗血膿水出盡，再用烏金膏塗之，旬日痊愈。

馬患敗血凝蹄之圖

又《馬患螌蟲咬袖痛第二十五》 論馬螌蟲咬袖者，何也？夫螌蟲者，氣血積垢感化而生也。在於腎囊之內，袖袋之中，有似蜂錐，時或攢咬。令獸忽然倒地，四蹄稍空，起而復食，如常狀旺，此乃螌蟲咬陰囊之症也。形狀：忽然倒地，四足稍空，起而復舊，水草如常。脈色：雙鳧平正，口色鮮明。歌曰：廄中如常水草餐，下槽臥地仰觀天，脈平色正俱無咎，袖上微腫仔細看。晚學醫人休妄治，喑啞騏驥不能言，腎囊隱螌須尋摘，卻知時下得安全。師皇曰：『螌蟲汗垢相生也。凡治者，翻囊卷袖，醫者尋取，摘之安然。』《安驥集》曰：『勞動醫人袖上覓，摘螌去蟲便安康。』治法：袖口內螌蟲摘之，貫仲散煎湯洗之。調理：『冬拴淨室，夏掛涼棚，槽下糞溺潔之。戒忌：休拴汙穢之地。貫仲散：貫仲、鶴虱、花椒、臭椿樹皮、百部根。以上各味，水二斤，煎三沸去渣，將驥縛倒，在腎囊上尋取螌蟲摘之，次以全藥水帶熱洗之，時刻痊愈無恙。

馬患草饐之圖

又《馬患草噎喉痛第二十六》 論馬草噎者，何也？夫噎者，咽喉隔噎也。皆因馬之乘騎奔走，拘草嘴內，咽在喉中，欲吐不能出、欲咽不能下，塞於喉中。令獸伸頭縮頸，口內垂沫，鼻內流涎，氣促喘粗，此乃草噎之症也。形狀：伸頭縮頸，口內回涎，喘粗氣促，啌嗽連聲。脈色：雙鳧洪數，口色青黃。歌曰：馬患草噎少人知，縮頸伸頭口沫垂。麝香瓜蒂芸薹子，細研裝筒鼻內吹。好把韁繩繫後腳，急行十步不宜遲。生油清水相和灌，胸前棒捍愈無疑。師皇曰：『凡馬草噎，油水灌入咽喉，啌出而不下者，咽中噎也，可治；油水下嚥，不得少刻回出者，胃脘噎也，難治。料噎更難治也。』寧庵曰：『胃噎不通終是死，玉關閉塞莫能生。』治法：遊韁繫後腳，牽往高坡坎，急行十數步，隔噎自然安。調理：嗓下用於揉抹，胸前用木杖刮之。戒忌：噎通停止草料，移時方許喂之。芸薹散：治馬咽噎不下之症。芸薹子、麝香少許、瓜蒂、胡椒、牙皂一個炙焦用、細辛少許。各件共為細末，少許裝入竹筒中，兩鼻孔內吹之，取涕噴其噎即通下也。

馬患蟹虫咬袖之圖

又《馬患腸入陰痛第二十七》 論馬腸入陰者，何也？夫腸入陰者，寒結之症也。皆因外感內傷，陰寒過度。或乘騎急渡深淵，或熱渴空腸飲水，或苦淋陰雨之中，或夜繫霜簷之下，以致外感風寒，內傷陰冷，傷於五臟，致成其患也。令獸肚腹疼痛，臥地蹲腰，起而跑地，顧腹回頭，此謂五臟純陰之症也。形狀：連連起臥，顧腹回頭，行如酒醉，汗出無休。脈色：脈如亂髮，色似炲煤。《脈色論》曰：『脈如亂髮終難治，色似炲煤命必虧。』歌曰：馬病須看腸入陰，回頭跑地痛連心。多因乘重先爭路，熱急渡口又占深。脈如亂髮炲煤口，臍連通腎腫相浸。經書揀盡無方救，百驥之中無一存。師皇曰：『凡馬腹痛，起臥無度，跑地回頭顧腹者，五臟純陰之症也。無則無方治之。』《五十四死》曰：『腸痛入陰，病須莫救，汗出無休，定死不治。』王良曰：『起臥無時度，將身似狗蹲，頻頻覷膁上，多應腸入陰。』治法：臥蠶青黑者，無則無方醫之。若雙凫如常，口色鮮明者，回陽急救散灌之，火針百會穴、大胯、搶風穴；有膘者，徹六脈血。戒忌：休拴寒涼之處。回陽急救湯：治馬腸入陰，腹內疼痛等症。官桂、炮薑、烏藥、香附、元胡、五靈脂、肉桂、木香、白芷、粉草、木通、附子、麻黃、細辛。各件共為細末，每服二兩，黃酒一斤，薑五片，同調灌之。

馬患腸入陰圖

又《馬患腸斷腹痛第二十八》 論馬腸斷者，何也？夫腸斷者，腸之斷損也。皆因食之太飽，負重乘騎，奔走太急，逢澗過溝，跳躍太猛，前失跌蹩，損傷腹腸。令獸渾身肉顫，汗出如漿，鼻回糞水，臥地昂頭，喘粗氣促，此謂腸斷內傷之症，無則無方治之。脈色：唇如枯骨，脈似蝦遊。《脈色論》曰：『唇如枯骨諸經絶，脈似蝦遊臟腑虧。』歌曰：馬因太飽上高崗，奔走爭先損肚腸。臥地昂頭張口喘，渾身肉顫汗淋漿。脈似蝦遊枯骨口，鼻孔之中糞水唑。饒君縱有師皇術，腸斷焉能有救方。師皇曰：『腸斷者，飽驟弩傷也。鼻回糞水，汗出如漿者，病之至也，不堪治也。』遵道曰：『鼻回糞水當時死，汗出如漿刻下亡。』王良曰：『臥地昂頭喘，渾身汗若漿，鼻中回糞水，此症必難康。』

馬患腸斷疼痛之圖

又《馬患胸膊痛第二十九》 論馬胸膊痛者，何也？夫胸膊者，乃肺脈之道路，血氣之首關。凡馬之乘騎，奔走歸來，卒至卒拴，或繫簷巷之下，或近塘邊風口，失於牽行，致受風寒陰邪，滯注營衛，血氣不得流通，凝於胸膈，內連肺經，外應胸膊。令獸胸膊疼痛，束步難行，頻頻換腳，站立艱難，此謂肺把胸膊疼痛之症也。形狀：胸疼膊痛，束步難行，頻頻換腳，站立艱難。脈色：風關脈沉細，水草如常，臥飜紫而唇紅。歌曰：立地時時兩足忙，頻頻換腳痛難當。騎來走急因拴繫，失於牽行致其殃。膈上兩針胸堂血，當歸散灌是良方。三朝散縱荒郊外，氣血調和病自康。師皇曰：『胸膊痛者，奔馳太過，受寒濕所致也。』王良曰：『肺把胸膊痛，前探幾聲喫，胸堂徹去血，散縱自然康。』寧庵曰：『肺把胸膊，寒濕所傷。血氣者，熱則宣流，寒則凝滯。』治法：徹胸堂血、四蹄血，當歸散灌之。調理：晝縱於郊，夜散於廄，稂草鋪地，聽其自臥自起。戒忌：草飽休令騎驟，一切生料忌之。當歸散：治馬胸膊疼痛之症。當歸、川芎、花粉、白芷、丹皮、乳香、沒藥、紅花、桔梗、陳皮、甘草、羌活、防風、麻黃、桂皮、烏藥。各件共為細末，每服二兩，黃酒一斤，蔥五七枝剉細和灌之。寒甚加：肉桂、附子、木通。如不愈者，可用大七傷散灌之，一二服痊愈。

又《馬患傷水起臥痛第三十》 論馬傷水起臥者，何也？夫水者，濟渴之源。何以而致有腹中疼痛也？皆因馬之久渴失飲，令飲冷水太過，拴繫停立不動，失於牽行，冷水停於胃、溢於腸，以致陰氣不降，陽氣不升，冷熱相擊而成為痛患之症也。令獸跑蹄打尾，覷腹回頭，蹲腰臥地，腸鳴如雷，此謂過飲冷水疼痛之症也。形狀：前蹄跑地，覷腹回頭，渾身發顫，鼻乍喘粗。脈色：左脈中沉上、下澀，舌色青而唇色黃。歌曰：馬因冷水困傷脾，口色青黃脈澀遲。跑地覷腹渾身顫，打尾伸腰喘息微。溫脾散藥研為末，蔥酒調和用火煨。灌後牽行二三里，恰似從前不患時。師皇曰：『凡馬起臥，打尾跑蹄，回頭覷腹者，腸中氣不順也。凡治者，清利小便，分理陰陽，溫腸逐水，調和氣血。』王良曰：『打尾跑蹄臥，蹲腰四足攤，頻頻覷膁上，冷熱氣相煎。』寧庵曰：『渴飲宿水，停立腸鳴，打尾覷腹，起臥頻頻。』治法：徹蹄頭血，溫脾散灌之，火針脾腧穴。調理：不住牽行，竹掃帚肚下刮之，童便不時灌之。戒忌：當日勿令飲水，次日徐徐飲之。溫脾散：治馬傷水腹痛起臥等症。當歸、厚朴、青皮、陳皮、甘草、益智、黑丑、細辛、白朮、赤茯苓、木通、滑石、檳榔、官桂、香附、烏藥、澤瀉。各件共為細末，每服二兩，蔥三五根，黃酒一斤，同調灌之。

又《馬患閃傷內腎痛第三十一》 論馬腎痛者，何也？夫腎者，內腎也。乃深宮內院，何以而致有痛焉？皆因乘騎失調，或奔走太急，道路不平，剉傷胯腿，踏空虛蹙，損傷腰窩，滯氣凝於腎部，瘀血流注膀胱，氣血凝結，內連腎經，外合腰脊而成疼也。令獸前行後拽，胯疼腰痛，難臥難起，體瘦膘輕，此謂促損氣血，凝滯腰腎疼痛之症也。形狀：臥地難起，胯痛腰疼，頭垂膁吊，體瘦膘輕。脈色：腎命脈澀，唇舌赤紅。歌曰：馬患腎痛說根因，只緣臥地猛抬身。閃傷內腎連腰胯，後腳痛疼不能行。腎堂兩針先令徹，腎棚腎角總皆針。蔥酒調煎故紙散，三服不效救無門。師皇曰：『腎痛者，閃傷內腎也。

凡治者，先徹腎堂兩血，次用火針腰上腎棚、腎腧、腎角、百會穴，七穴共針之。』遵道曰：『腎痛者，有三不同：有老馬胯靸者，抽腎痛也。腎敗不治；有臨月孕馬胯靸者，子宮把胯也。不用針治，產後自愈；有膘馬肥風臥地者，胡骨把胯也。名癱瘓，難醫。』王良曰：『兒馬抽腎痛，胎驤子宮傷，膘驄胡骨瘓，此症最難醫。』寧庵曰：『腎痛者，治則究其因。有閃傷者，以跌打損傷治之；有寒傷者，火針七穴，以破故紙散灌之。』治法：凡寒傷腎痛者，徹腎堂血，腰上火針七穴，破故紙散灌之；損傷者，大七傷散灌之。調理：喂於暖廄，稂草鋪地臥之。戒忌：休拴寒涼之處，提防簷巷風吹。破故紙散：治馬腎痛、難臥難起等症。麒麟竭、元胡、故紙、沒藥、乳香、青皮、葫蘆把、甘草、烏藥、當歸、小茴香、陳皮、肉桂、白朮、川楝子、茱萸、木通。各件共為細末，每服二兩，蔥五七根，黃酒一斤，童便半盞，同和灌之。如損傷，加蘇木、紅花、五加皮。大七傷散方，見前篇損傷論。

馬患內腎閃傷之圖

又《馬患心絶痛第三十二》 論馬心絶者，何也？夫心者，一身之總領，百脈之主宰，故心為君主，以血氣為股肱，內寢深宮，外傳髮膚，百二十萬三千一百一十毛竅，無不潤澤，無不管轄。然馬者，午火也。以心主之。心主於血，故血氣多，精氣少。人者，壬癸水也，以腎主之。腎主於精，故精氣多，而血氣少。故人無心絶之症，偏多瘀絶之患。夫瘀者，精之餘，精枯而瘀溢，俗名瘀火，又名中風。上擁於心者，名為中風不語；中左為癱，中右為瘓，中三焦則筋骨拘攣。在馬之心絶之症者，血之凝溢也。內擁溢於心，令馬顛狂嚼齧，亂撞如醉，逢物咬傷，乃心絶之症也。血之凝溢於腸胃者，則成為十結之症；溢之於肺者，多啌多喘；溢之於肝者，眼生碧暈，兩目無光；溢之於腎者，難移後腳，胯靸腰拖；溢之於肌肉者，成瘡；溢立於經絡者，成黃。仁人君子，節製淫情，不致喪精溢瘀，而成為中風不語，癱瘓之症也。馬者，每逢春首，徹去六脈之血，斷不致血之太盛，盈溢而成諸病患之症也。人若能依經節製，斷不至夭喪黃泉矣。鑒之！慎之！形狀：兩目圓睜，癲狂不甯，胡跌亂撞，汗流如漿。脈色：六脈斷亂，汗出如油，硃砂臥蠶。歌曰：心家熱極步顛狂，兩目圓睜汗若漿。忽然倒地行如醉，驀然又起似狂獐。熱狂亂撞逢人咬，悶亂驚慌見物仿。謹請醫人休妄治，料知此病必難康。遵道曰：『熱極者，血之太盛，溢擁於心也。口色紫青者，死在旦夕。』王良曰：『春抽六脈血，熱症永除根，是也。』師皇曰：『春抽六脈，夏灌清涼，待等症病出，庸醫沒主張。』寧庵曰：『顛狂如醉，逢物咬傷，汗流脊背，時下命亡。漢乃心之津液，汗出脊背者，心悶之至極也。若不出汗，口色平順者，徹六脈血，以清心飲灌之。』治法：徹六脈血，黃連清心飲灌之。六脈平順，口也鮮明者，可治；六脈斷亂，口色赤紫者，無則無方治之。調理：宜拴清涼之廄。戒忌：休見日曬，生熟料一切忌之。黃連清心飲：治馬心絶尚可治之症。黃連、大黃、梔子、連翹、遠志、半夏、芒硝、木通、桔梗、陳皮、甘草、滑石、當歸、川芎、花粉、白芷。各件共為細末，每服二兩，燈草、竹葉煎湯調和。加雞子清兩個，蜜一兩，童便一盞，同調灌之。汗止，再灌一二服，痊愈。

馬患心經熱極之圖

又《馬患肝絶痛第三十三》 論馬肝絶者，何也？夫肝者，筋之主也。皆因馬之久走，驅驟奔馳，出力太過，力傷筋，役傷於肝。令獸眼腫頭低，四肢倦怠，賺吊毛焦，日漸尪羸，秋時見之，此謂肝絶之症也。無則無方治之。形狀：尪羸瘦弱，眼腫頭低。脈色：六脈沉而不見，臥蠶青黑，仰陷枯骨，死在旬日，不能醫救。雙凫平順，口色鮮明者，調經開鬱洗肝散飲之。歌曰：肝病逢秋木遇金，低頭耳搭少精神。四肢倦怠行無力，兩目虚浮閉不睜。腹囊細小尪羸瘦，口色如棉脈細沉。謹囑醫人休令治，定知此病必難生。師皇曰：『目蹬，肝經絶。』王良曰：『眼腫，頭低，肝家病。』元亨曰：『肝絶者，肝經敗絶也。』《通元經》曰：『肝冷流珠淚，肝熱翳膜多，肝風生碧暈，肝熱内障昏。』寧庵曰：『肝家諸多症，醫者分重輕。仙經搜尋遍，方得用藥靈。膘肥肉壯，口色鮮明者，可治；尪羸瘦弱，六脈沉而不見者，難醫。』治法：膘壯者，徹六脈血，火針肝腧穴，開鬱洗肝散灌之。調理：草料加倍，餵養清涼之廄。戒忌：休拴簷巷陰濕之處。調經開鬱洗肝散：治馬肝鬱勞傷等症。當歸、川芎、川木瓜、白芍、沙參、生地、黑元參、知母、花粉、遠志、羌活、藁本、香附、秦艽。各件共為細末，每服二兩，淡竹葉煎湯，童便一盞，同和灌之。如膘肥肉壯，口色鮮明，六脈如常，眼腫頭低，睛生翳膜者，清熱消風洗肝散灌之。清熱消風洗肝散：治馬肝熱傳眼，睛生翳膜等症。銀花、白芷、當歸、菊花、青葙子、石決明、草覺明、大黄、木通、粉草、廣皮、蔓荊子、青黛、大川連。各件共為細末，每服二兩，淡竹葉煎湯調灌。平肝養胃飲：治馬肝傷，時流珠淚等症。黑元參、焦白朮、赤茯苓、白豆蔻、全當歸、撫川芎、淮木通、廣陳皮、乾菊花、花檳榔、杭白芍、粉甘草、木賊草、白蒺藜。各件共為細末，每服二兩，淡竹葉煎湯調灌。如翳膜不退，用八寶丹點之自退。旬日痊愈。

又《馬患脾絶痛第三十四》論馬脾絶者，何也？夫脾者，中州之地，脾胃相連，胃潮百脈，脾灌四旁。何以而致有絶也？皆因馬之餵養失調，乘騎無度，或饑渴之至，與之草料，食之太飽，即令乘騎，驅馳奔驟，蹩傷於胃，胃受其損，傳傷於脾，脾胃受傷，致脾不能行運精汁灌於四旁，致胃不潮百脈於周身，四旁不通，百脈閉塞。《通元經》云：『脾胃陰陽呼作磨，日夜琢磨不暫停。』脾不磨時不能食。故云絶也。絶者，死也。脾既死而焉能灌四旁？胃既絶而曷能潮百脈？脾胃停立，氣血不行。令獸氣促喘粗，泄瀉糞水，腹鳴如雷，此謂脾絶之症也。無則無方治之。形狀：頭低耳搭，肚腹脹滿，氣促喘粗，身軟汗出，腹鳴如雷，泄瀉糞水。脈色：六脈斷亂，口色昏黄。傷輕六脈平順，口色如常者，可治。歌曰：脾家受病喘微微，口色昏黄脈滑遲。瀉糞赤腥渾如水，腹中虚氣響如雷。身軟肉顫渾身汗，目瞪看人亦似癡。報導醫人休治療，定知此病必難醫。師皇曰：『唇冷，脾經危。』遵道曰：『脾絶者，脾胃損傷也。』《通元經》云：『脾胃陰陽呼作磨，日夜琢磨不暫停。』王良曰：『脾絶休妄救，仙手療不痊』。寧庵曰：『脾傷者，胃先受其損也。損輕者，不流汗、不發顫、不發喘者，可治』。治法：重者，無則無方治之。輕者，火針脾腧穴，健脾暖胃調中湯灌之。方見前篇。

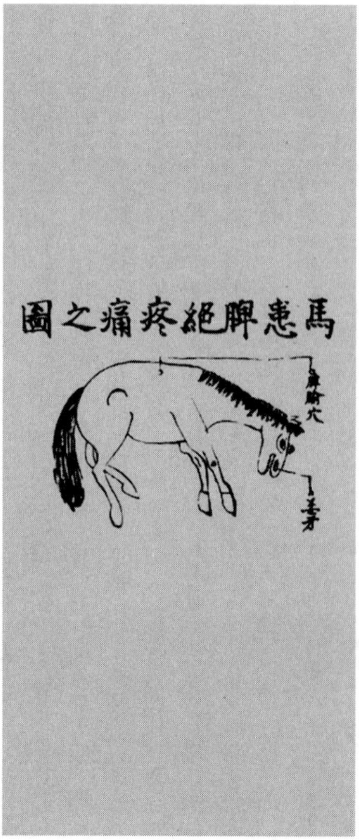

又《馬患肺絶痛第三十五》論馬肺絶者，何也？夫肺者，五臟之華蓋，肺配為承相，專執國政，肺配為氣海，容氣攝血，傳送經絡，周遍肌膚，百二十萬三千一百一十毛竅，無不滋生。故肺於皮毛相合，肺於大腸相連也。因何而致有絶焉？皆因馬之牧養太盛，膘肥肉壯，嬌養乍騎，奔跑太過，驅驟歸來，拴繫久停，肺故為氣海之設，太過之氣現在難容，又兼拴繫之處，馬之喘息未定，毛竅未密，湊理未固，賊風濕氣乘虛而入，襲於皮膚，侵於肺臟，血凝氣滯，使肺乍而不能收攝也。肺乍不能攝氣，故為肺絕。肺絕者，氣絕也。令獸弓腰直頸，鼻乍喘粗，四肢強硬，牽拽難行，鼻息冷氣，此謂肺絕之症也。歌曰：鼻流膿血肺金傷，為緣飽驟失收韁。歸來拴繫陰濕處，失於牽散致其殃。腰弓鼻乍回冷氣，牽行不動四肢強。喉中氣響如抽鋸，口久皮破發為瘡。更兼腿腫連聲喘，定知此症必須亡。師皇曰：『鼻咋冷氣出，肺傷定無疑。』王良曰：『肺損連聲喘，鼻血肺奔傷。』《通元經》云：『肺熱鼻濃微微喘，肺寒鼻中清涕流，肺風鼻塞多啌嗽，肺損鼻孔敗血流，鼻息冷氣肺多敗，鼻流濃血肺經危。』字庵曰：『肺寒肺熱肺家風，經書針藥有靈通；唯有肺絕與肺敗，百驥之中無一攻，無則無方治之。』

馬患肺絕疼痛之圖

又《馬患腎絕痛第三十六》 論馬腎絕者，何也？夫腎者，腰腎也。壬癸水地，鎮于下焦，收納津液，專行水道。何以而致有絕也？故腎者，乃陰寒之位，宜暖而不宜涼，熱則宣流，寒夜凝滯，又兼衰老瘦弱之馬，餵養失調，久渴失飲，過飲冷水太足，久拴陰濕之地，內外俱陰，老弱之馬相火不足，不能薰蒸運化，一派純陰凝結於腎而成患也。此謂腎絕之症也。形狀：拖腰鞦胯，後腳難移，腎囊虛腫，賺吊毛焦，頭低耳搭。脈色：雙凫沉而不見，仰陷枯骨，臥蠶炲煤。歌曰：腎家有病腳難移，腰拖胯鞦步行遲。毛焦賺吊精神慢，六脈沉細口如煤。陰囊虛腫身形瘦，頭低耳搭喘微微。謹請醫人休妄治，定知此病必須危。師皇曰：『腎絕陰囊腫，衰老不堪醫。』王良曰：『衰瘦陰囊腫，腎絕必死期。』寧氏曰：『驃輕休飲足，濕地少拴棲，一朝腎家損，伯樂也難醫。』遵道曰：『腎絕者，陰冷過度，敗絕難醫。』寧庵曰：『腎傷陰冷，驃壯口色鮮明者，可治；雙凫沉而不見，陰囊腫盛者，難治。』治法：無則無方治之。

馬患腎絕疼痛之圖

又《又附馬騾閃觸胸膊裡夾氣》 夫裡夾氣者，何也？裡夾氣者，胸膊掀板骨之內也。胸膊腿胯，乃一身得力之柱石，何以而致有閃觸損傷也？皆因馬騾背負重載，路過蹊蹺之徑，或踏足落空，或踩崩高坎，將兩前膊叉開，促損掀板骨，血氣凝滯夾內。令獸昂頭偏頸，前腳難移，下坎斜走。此謂閃觸裡夾氣之症也。形狀：偏頸昂頭、下坎斜走。歌曰：夾氣只因閃觸傷，斜走偏頸把頭昂。仙經垂下真方訣，如法醫時自然康。治法：擇令平坦之地，將獸用繩縛倒，務將三足縛住，不使亂動，再將那一痛腿，另著人拿住，將獸翻背朝天，其三足用木抬住，那一痛足著人捺穩，從容在膊叉內用利針只刺一孔，再用箴針輕輕透入夾內，務將箴針靠膊骨透入，一直透至耆甲沖天穴之處，將針抽回，又對膊尖透入至膊尖處，又將針抽回，透入掀板骨為止。將針抽出放起，或出以瘀血，或出以黃水。隨用酒潤濕胸膊掀板骨外，速以上好滴醋和麵麸拌濕令勻，炒熱裝入袋內，於胸膊掀板骨外敷之，調經活血舒筋之劑灌之。是故血氣者，得熱則宣流，而血氣活則瘀血散，瘀血散則其病痊矣。調理：夜拴暖廄，草料加倍喂之。戒忌：休令簷巷風吹。調經活血舒筋散：治馬牛閃觸胸膊裡夾氣疼痛等症。當歸、川芎、赤芍、桃仁、紅花、丹皮、枳殼、香附、陳皮、延胡索、烏藥、五靈脂、威靈仙、蔚金、柴胡、升麻、桔梗、甘草。各件共為細末，每服二兩，煎三沸，溫加黃酒一斤，童便二盞，同調灌之。如腫痛甚者，本方加：製川烏、製草烏、參三七、再灌數服，痊愈。

又《馬患内損、血氣凝滯等癥》 夫馬患血氣凝滯者，何也？皆緣餵養太盛，膘肥肉重，嬌養乍騎，奔走太急，卒至卒停，失於牽散，或乘騎歸來，促而拴繫簷巷風吹，或近水塘池邊，或臥陰冷濕地，或乘熱淌水過河，陰寒風濕侵於膚腠，服腠鬱閉，以致血氣凝滯於肌膚，痞氣鬱結於臟腑而不能流轉周身。令獸精神呆瘀，把前把後，腰曲頭低，臥多立少，起走如攢，此乃内損血氣凝滯之症也。治法：徹鶻脈血、三江、四蹄血，槐針痛處焗之，紅花散灌之，方見前篇。調理：晝縱於郊，夜散於廄，稂草鋪地臥之。戒忌：休拴簷巷處，勿令濕地眠。

又卷七《馬患陰腎、木腎、水腎黄》 夫陰腎、木腎、水腎黄者，此乃太陰少陽相合，少火生陰，陰盛陽微之象，前熱後寒之症，而與諸黄受授不同也。皆因久渴失飲，空腸誤飲濁水太過，停立不散，陰氣生而傳之於腎，腎水相合，水盛而火衰，少火生氣，氣凝而腫，不能運化，致成其患也。各從其形，而顯其名：凝于臍下腫為水腎黄，凝於袖口腫為陰腎黄，凝於外腎腫為陰腎木腎黄也。令獸精神倦怠，耳搭頭低，毛焦𦞦吊，拽胯拖腰，此謂陰腎、木腎、水腎黄之症也。歌曰：少火生陰諸般症，腎部凝寒膀胱冷。濕停臍下為陰腫，寒凝外腎堅若冰。毛焦𦞦吊精神慢，胯拽腰拖步難行。滋陰降火溫中治，茴香散灌得安寧。師皇曰：『陰腎黄者，腎凝寒、膀胱積濕也。凡欲治者，滋陰補腎，溫中暖後。陰腧穴，火針刺之。水腎黄，其口色黑者，死在旦夕。』王良曰：『腎黄腎囊腫，積冷致如然，火針陰腧穴，旬日始安全。』岐伯曰：『陰腎黄者，飲喂失調也。凡砂石硝土，濁惡麩漿，一切不可飲之。』《十八大病》曰：『誤食砂石，多生木腎，空腸飲濁，必腫陰黄。』曲川曰：『少火者，太陰少陽相合，乃陰盛陽微之象，氣血凝寒之症也。』寧庵曰：『水多火少發陰黄，為緣陰多偏盛傷。肉壯膘肥皆為熱，形衰體瘦屬陰黄。醫工識得陰陽治，啞畜無傷滿田崗。藥灌茴香消水散，火針刺腫即安康。』形狀：精神短慢，耳搭頭低，毛焦𦞦吊，拽胯拖腰，後襠臍下、袖口、陰囊發硬腫，憐若冰石。脈色：雙鳧沉細，舌色鮮明者，生；紫赤者，可治；背白者，難醫；青黑者，死。治法：凡治者，宜清上補下，滋陰降火，暖腹溫中，調和氣血，消水行瘀，暖腎茴香散灌之。火針百會、腎腧穴，腫處火針刺之。調理：晝縱於郊，麗日曬之；夜散於廄，稂草鋪地臥之，草料加倍喂之。戒忌：戒飲空腸水，休拴濕地眠。暖腎茴香散：治馬外腎腫硬如石如冰，牽拽後胯等症。茴香、川楝子、甘草、貝母、秦艽、官桂、梔子、青皮、乾薑、知母酒炒。各件共為細末，每服二兩，青蔥三枝，苦酒一盞，同煎三沸，候溫空草灌之。如腫盛者，本方加：木通、茯苓、蒼朮；如腎虚而腫者，本方加：澤瀉、破故紙、牛膝。夏枯茴香散：治馬牛少火生陰腫等症。夏枯草、茴香、茵陳、木瓜、澤瀉、芫花炙酥、當歸、烏藥、官桂、木通、滑石。各件共為細末，每服二兩，加老薑五七片，水煎三沸，候溫加黄酒一斤，童便一大盞，調和灌之。再進二三服，腫自消矣。腫消退再灌進食之劑。如治牛，本方加倍。如腫盛瘀凝者，以消毒散灌之。消毒散：治馬少火生陰，凝瘀腫甚，經血不活，痞氣不消等症。當歸、金銀花、茴香、夏枯草、川芎、白朮、蒲公英、茯苓、枳殼、厚朴、天花粉、桔梗、木通、甘草。各件共為細末，每服二兩，老薑五七片，黄酒一斤，童便一大盞，調初灌之。如兼見脾虚者，本方加：山楂、麥芽、神曲，再灌二三服，痊愈。如牛患此症，先徹四蹄血，藥味照前方加倍用之，其效如神。

此圖缺

此圖缺

此圖缺

又《馬患陽腎黃》 夫腎黃者，腎經之黃也。內腎者，腰腎、命門也。此乃壬癸之鄉，腎水之位也。皆因炎熱而走太急，熱積三焦而流注於腎。《內經》云：氣血者，得熱則宣流，得寒則凝滯。馬之蓄養太盛，膘肥肉重，春不抽六脈之血，夏失灌清涼之劑，又暑月炎天，內外合邪，血之壅極，血旺則氣旺，氣旺使血離經絡，血離經絡而凝滯於內腎，氣血鬱結而成黃也。凝滯於內則傷五臟而無形，凝滯於外則有形。凝滯內腎而發黃者，為內腎黃也。內腎黃者，外面毫無察覺，相其行步如常。令獸猛然跌倒，忽然爬起，起而複跌，後襠發顫者是也。務必聽其喘息，觀其口色，切其雙骨，審症察形，細意識之。若顫在胸前，即心黃；若顫在後襠內，即內腎黃也。外腎者，內腎之外經絡也。氣血凝滯於外腎經絡而發為黃者，此謂外腎黃也。外腎黃則外腎虛浮軟腫，亦緣內腎熱極所致，令獸靸胯拖腰，時懸後蹄，牽行難移步者是也。醫者鑒之。歌曰：馬患難醫是腎黃，皆緣熱極致其殃。不跌不顫方吃草，針藥不效命須亡。牛患胸前須穿墜，拔毒外出壽延長。藥味同用針法異，醫者細意莫愴惶。遵道曰：『腎黃口青黑，時下命必絕。』形狀：行走如常，猛然跌倒，忽然爬起，起而復跌，後襠發顫者，內腎黃也。外腎虛浮軟腫者，外腎黃也。脈色：心黃心脈絕，腎黃腎脈微，心黃舌色紫，腎黃金關青。治法：徹鶻脈血、胸堂血、四蹄門血、三焦血，胸前蟬酥繩穿墜，流出黃水顫寧者，內灌消黃敗毒散。如牛患此症，徹四蹄血、三焦血胸前穿墜，若身冷發顫者，此是陰黃也。用火針百會穴刺之。如後襠內有腫，亦用火針刺之，茴香散灌之，即愈。調理：餵養淨廄，糞便時常清之，水浸青草喂之。戒忌：休令日曬雨淋，一切生熟料忌之。消黃銀花解毒湯：治馬陽腎黃。金銀花、夏枯草、當歸、天花粉、蒲公英、川芎、陳皮、粉甘草、貝母、乳香、小茴香、沒藥、木通、青皮。各件共為細末，每服二兩，黃酒為引調灌。如胸前不出水，本方加：防風、白芷，倍加銀花，調灌數服，痊愈。如口色赤紫，雙骨洪數，發喘者，用三黃消毒飲治之。三黃消毒飲：大黃、黃連、黃柏、黃芩、知母、貝母、梔子、連翹、滑石、木通、桔梗、陳皮、半夏、銀花、夏枯草。各件共為細末，每服二兩，竹葉、燈芯煎湯調和，加童便二盞灌之，數服痊愈。如口色火退，即用前方。腫處火針刺之，鹽泥蒜膏塗之，泥乾又塗，以消為止。

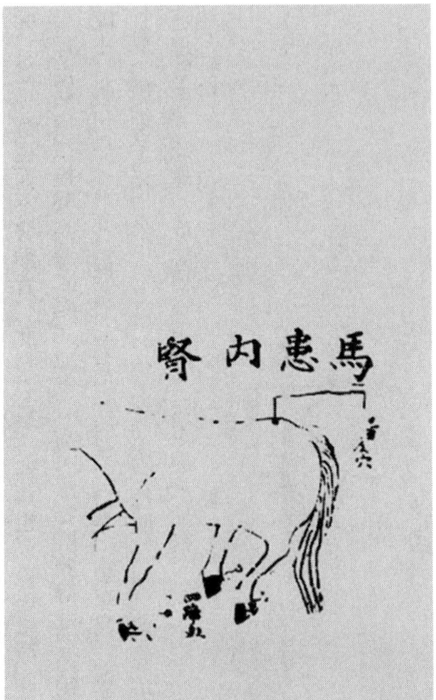

又《馬患心黃圖》 夫心黃者，心血壅極也。皆因膘肥肉重，氣壯神強，暑月炎天，負重乘騎，奔走太急，喘息未定，鞍屜未解卸，促熱而餵料草，失於牽行，以致熱氣積於腸胃，鬱熱阻塞胸中，氣血鬱積，血凝氣滯，迷亂其心也。少陰經主其病。令獸渾身肉顫，汗出如漿，咬胸齧足，眼急驚狂，謂之心竅痰迷、心黃之症也。歌曰：馬患心黃自咬身，舌似硃砂脈數緊。熱狂蹄齧逢人咬，悶亂賓士見物驚。芩連梔子同甘草，茯神遠志與防風。參硃木通蔚金用，大黃當歸有神功。燈芯竹葉蜜雞子，上方調灌得安寧。師皇曰：『心黃者，邪熱沖心也。每治者，寧心定魄，降火清痰，風門、伏兔火燒鐵器烙之，六脈血生針徹之。』王良曰：『燥悶忽卸韁，此即是心黃，先須用火烙，時下得安康。』伯樂曰：『凡馬患黃，脈數色赤者，可治；脈亂舌紫者，難醫；咬身齧足者，亦難治也。』元亨曰：『咬胸心絕休教治，心黃舌紫命歸陰。』形狀：渾身肉顫，汗出如漿，咬身齧足，眼急驚狂。脈色：雙鳧洪數，舌似雞冠者，可治；雙鳧斷亂，口色青紫者，難治。治法：徹胸堂，清心火，抽鶻脈血，定魂魄，清肺火，徹四蹄門血，鎮心散灌之。胸前用蟬酥繩穿墜，拔毒外出，繩流黃水，顫寧汗止者生。如悶亂不出汗而顫者，火針風門、伏兔穴、百會穴刺之。調理：拴繫清涼之處，水浸青草喂之。戒忌：日曬雨淋、生熟料一切忌之。鎮心散：治馬悶亂，跑胸咬臆，眼急驚狂等症。茯神、遠志、硃砂、防風、甘草、蔚金、黃芩、梔子、人參、連翹、大黃、當歸、黃連、芒硝。上藥各等分為細末，每服二兩，加蜜一兩，雞子清四枚，竹葉、燈草煎湯調灌，數服痊愈。如胡跌亂撞，如醉如癡而出汗者，此是心黃。口色如綿，雙鳧沉遲而不發顫者，此是心風，非黃也，以追風散灌之。追風散：治馬行走熱極，拴繫陰濕之處，血氣凝滯，形如醉癡等症。天麻、南星、半夏、陳皮、製川烏、荊芥、麻黃、羌活、防風、白芷、製草烏、薄荷、當歸、川芎、甘草、遼細辛、川木瓜。上藥各等分為末，每服二兩，黃酒、生薑，開水調灌，連進數服，痊愈。戒忌日曬雨淋，休令迎風拴繫。

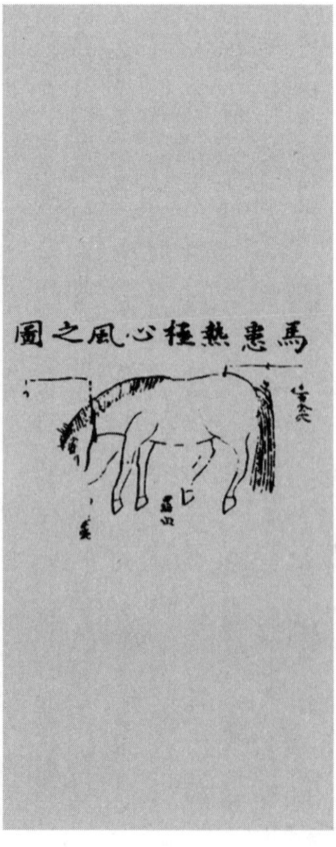

又《馬患肝黃圖》 夫肝黃者，肝經之黃也。皆因馬之蓄養太盛，膘肥肉重，春不抽六脈之血，夏失灌消毒之藥，又兼暑月炎天，乘騎出力，繫拴酷熱之處，氣血擁極，瘀痰鬱結於肝，以成其患也。厥陰經主其病。令獸兩目無光，睛生碧暈，胡跌亂撞，骨痿筋軟。肝主筋，故筋軟也。肝脈散亂，口色青紫者，死在旦夕。口色紅黃，肝脈平順者，可治。此謂擁熱肝黃之症也。歌曰：肝黃得病眼睛昏，兩目無光碧暈生。胡跌亂撞筋骨軟，口色青黑命歸陰。紅黃口色稍有救，洗肝散灌六脈針。睛光稍動碧暈退，應知騏驥得安寧。曲川曰：『肝黃、肺、嗓無治回。』遵道曰：『三十六黃八不治，原有肝黃在其中。』形狀：兩目無光，行如酒醉，骨軟筋舒，胡跌亂撞。脈色：雙凫斷亂，口色青紫。治法：徹眼脈血、四蹄血、火針肝腧穴。洗肝散灌之。調理：徐徐牽行，拴繫淨廄，米汁水時時飲之。戒忌：日曬雨灑。洗肝散：治馬患肝黃，眼目無光，胡跌亂撞等症。黃芩、夏枯草、蟬退、龍膽草、大川連、黑元參、銀花、川木瓜、知母、青葙子、草決明、蒲公英、梔子。各件共為末，每服二兩，燈草、竹葉煎湯調下。一服不跌，二服暈退，三服即愈。如口色赤，氣太盛者，即加大黃、朴硝，二服，痊愈。牛患此症者，徹四蹄血，胸前用蟬酥繩穿墜，藥方照前加二倍用。

馬患肝黃目暈之圖

又《馬患脾黃圖》 夫脾黃者，脾經受鬱之症也。皆因馬之膘肥肉重，乘騎奔走，喘息未定，將熱料喂之；或久餓與食，食之太飽；或飲穢濁之水，毒積於脾，壅熱瘀痰，結於胃口，以成其患也。太陰經主其病。令獸蹇唇似笑，下唇垂腫，猛然臥地，四足長伸，欲輾而不輾，猛然而起，立如撐船，牽行如醉，六脈沉滯，口色如黃土者，死在旦夕；口色紅黃者，可治。火針脾腧穴。口臭色赤者，徹鶻脈血，玉堂血，胸前用蟬酥繩穿墜，拔毒氣外出，酥繩瀝水，毒自消散也。歌曰：脾家得病下唇垂，下唇不與上唇齊。猛然倒地長伸足，欲輾不輾喘微微。忽然起立撐船站，色如黃土死不醫。色脈如常稍有救，火針白針量體施。銀花解毒頻頻灌，二七之期命無虧。形狀：頭低耳搭下唇垂，猛然倒地，忽然爬起，立如撐船，腹欲垂地。遵道曰：『六脈斷亂，色如土黃者，不治之症也。』寧庵曰：『喘氣微微者，瘀痰壅塞胃口，氣促胸中，悶亂疼痛也。故欲輾而不輾也。』王良曰：『欲輾不輾脾滿悶，喘息微微胃口疼。』寧氏曰：『撐腰腹欲塌地者，乃脾滿而不舒暢也。』治法：火針脾腧穴，白針徹鶻脈血。口臭者，徹玉堂血、四蹄血，胸前蟬酥繩穿墜，刺兩薑牙。調理：餵養清涼之處。戒忌：日曬雨淋，生熟料一切忌之。消痰流氣飲：治馬脾黃痰喘悶亂等症。陳皮、半夏、膽星、檳榔、枳實、原樸、粉草、香附、大黃、木通、烏藥。各件共為細末，每服二兩，燈草、竹葉煎湯調下。口色赤，氣臭者，加朴硝、大川連。銀花托裡敗毒散：治馬腹滿不通，毒氣不消，起臥喘微等症。金銀花、升麻、乾葛、牛蒡子、花粉、木通、貝母、夏枯草、枳實、川朴、滑石、大黃、香附、木香。各件共為細末，每服二兩，竹葉、燈草煎湯調灌。加減銀花托裡敗毒散：治馬脾黃，口臭口赤，腹滿不通，毒氣不散，起臥喘微等症。枳殼、厚朴、滑石、黃芩、黃連、大黃、銀花、升麻、甘葛、花粉、白芷、羌活、木通、夏枯草、當歸、川芎、陳皮、貝母。各件共為末，每服二兩，燈草、竹葉煎湯調灌。胸前穿墜，腫起瀝出黃水，自愈。若不能瀝水，可多灌數服。濟世消黃散：治馬三十六黃、內結大小二便不通等症；或者行動糞上帶有紅白，或有泖泄等症。大黃、芒硝、枳實、厚朴、檳榔、烏藥、神曲、香附、木通、粉草。如傷料加麥芽、山楂。各件為末，每服二兩，竹葉、燈草煎湯，加雞子清四枚，調灌。如大便不通，本方加麻子油二兩（如無麻子油，加火麻子二合），白蜜四兩。如帶紅，本方加當歸、紅花，去油蜜。加小便不通，本方加車前子、二丑。如帶白，本方加白豆蔻、烏梅。如泖泄，本方加茯苓、豬苓、澤瀉、滑石、炒鹽一大撮。各件共為末，每服二兩，竹葉、燈芯煎湯調灌。以上等症，耕牛患此，俱亦同治。

馬患脾黃唇歪之圖

又《馬患肺黃圖》　夫肺黃者，肺經之黃也。皆因膘肥肉重，乘騎奔跑，喘息未定，失於牽行，促於飲喂，將熱血瘀痰毒氣，凝結於肺，太陰經主其病。令獸或啌或喘，口內垂涎，呼吸不能大作，乃肺中疼痛，不能容氣，故呼吸不大作，此乃肺黃之症也。歌曰：肺黃得病喘息頻，低聲啌嗽肺經疼。毒鬱肺竅難收合，連抽六脈呼息停。速灌敗毒理肺散，喘定啌寧驤可生。遵道曰：『肺黃喘急休醫救，色似炲煤死必知。』形狀：頭低耳搭，嗽喘微聲。治法：徹肺脈血、玉堂血，胸前蟬酥繩穿墜，理肺敗毒散灌之。調理：拴繫清涼之處，二次米泔水時時飲之。戒忌：日曬、雨淋、水洗。理肺敗毒散：治馬肺黃喘息等症。馬兜鈴、杏仁、二花、夏枯草、白芷、花粉、桔梗、生地、木通、甘花、瓜蔞仁、貝母、天冬、陳皮、黃芩、蘇於。各件共為細末，每服二兩五錢，用竹葉、燈芯煎湯，調灌三五服，胸前墜繩，瀝血黃水，痊愈。如口中赤氣盛者，用前篇濟世消黃散，再灌一二服。

又《馬患束嗓黃圖》　夫嗓黃者，速急之症也。皆因蓄養太盛，肉重膘肥，乘騎奔跑，三焦熱極，瘀血壅積於心胸，痰涎鬱結於膈臆，咽喉閉塞，致成其患也。少陰經主其病。令獸氣喉腫合，食嗓虛浮，伸頭直頸，氣促喘粗，此謂束嗓黃之症也。歌曰：嗓內生腫氣血攻，為緣熱積在胸中。胸臆不腫稍有救，速抽鶻脈見奇功。托裡敗毒消黃散，雞子童便蜜一鐘。氣如抽鋸胸臆腫，縱施針藥枉勞功。師皇曰：『凡馬嗓內生黃，喉中氣響如抽鋸者，此謂結成囊也。不堪醫也。慎之！慎之！』王良曰：『喉內若生黃，此病實難當，饒伊能治療，唯恐結成囊。』形狀：氣喉軟腫，食嗓虛浮，精神倦怠，耳搭頭低。脈色：雙臆洪數，屬舌鮮紅，屬外嗓稍可調治。雙臆斷亂，口色青紫者，死在刻下。治法：徹鶻脈血，用蟬酥繩穿墜頦下並胸前二處，毒消水出，連用消黃散灌之，雄黃散敷之。食鹽、大蒜搗膏，腫處塗之。調理：拴繫清涼之廄，水浸青草喂之。戒忌：酷熱休拴暖廄，諸料一切忌之。消黃散：治馬熱極生黃。知母、貝母、黃芩、甘草、大黃、蔚金、黃藥、白藥、花粉、白芷、銀花、梔子、連翹。各件共為細末，每服二兩，蜜二兩，雞子四枚，童便二盞，同調灌之。雄黃散：塗馬黃腫。雄黃、白芨、白蘞、龍骨、川大黃。以上共研為末，用井花水調勻塗之。腫處如乾，再令塗之，痊愈。黃連解毒湯：治馬喉嗓墊舌箍嘴等症。黃連、黃芩、黃柏、大黃、桔梗、苦參、元參、地骨皮、喉閉草俗名癩蛤蟆草、梔子、連翹、甘草、花粉、銀花。共為末，每服半斤，燈草、竹葉煎湯和灌，即痊。食鹽大蒜搗膏：治馬牛黃腫。大蒜、食鹽、甘草、鴿子糞、川烏、草烏。各件共搗爛和泥敷腫處，乾時又敷，四圈泥住，不得外腫，內灌托裡敗毒散，方見前篇。

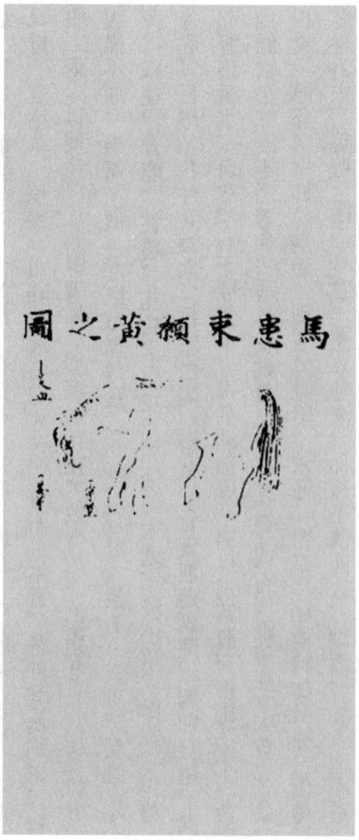

又《馬患偏次黃圖》　夫偏次黃者，乃心肺黃也。皆因餵養太盛，嬌養乍騎，奔走太過，穀料熱毒，積於腸胃，瘀血鬱痰，結在胸中，三焦熱積，營衛相攻，致令胸旁膈畔，佈滿癰疽，氣引枝苗，腫之於外，故名偏次，實為心、肺之黃也。太陰經主其病。令獸喘粗氣促，耳搭頭低，行如酒醉，此為腳發偏次黃之症也。歌曰：偏次黃腫實可憂，愚人不識病根由。膈內有黃根始肺，氣引枝苗腫出臆。胸旁有腫終無救，臆畔生癰命必休。謹請師皇休妄治，枉施針藥反為羞。董氏曰：『凡胸膊浮腫，左為偏次黃，右為膊黃是也。』寧氏曰：『凡黃之浮腫在皮者，易治；若腫在肉內者，乃五臟發苗，難治也。』趙氏曰：『胸臗左畔浮腫把膊者，命難生矣。』歧伯曰：『胸臗浮腫起，心肺最憂疑。若腫皮膚外，此症即可醫。速抽六脈血，消黃敗毒奇。二朝三服灌，驊騮得回甦。』師皇曰：『偏次黃者，心肺黃也，此黃直透心肺，醫者鑒之。』王良曰：『偏次黃腫起，皆緣熱積成，嘗聞連五臟，根在肺中生。』伯樂曰：『凡馬偏次黃腫在搶風骨上，硬而多痛者，可治；腫于左胸膊，軟而不痛者，難醫。』《瘡黃論》：『硬而多痛者，為毒；軟而不痛者，為黃。』形狀：胸旁軟痛，臗畔虛浮，精神倦怠，耳搭頭低，膊胸把住，前足不移。脈色：雙臗散亂，唇舌如煤者，死在時下。寧庵曰：『胸前臆後有腫，若在皮外者，不把腿膊，牽行如常，口色鮮明，六脈平和者，銀花敗毒散灌之。軟者，蟬酥繩穿墜；便者，火針刺之，鹽蒜泥塗之。方見前篇。若腫在肉內、膜內者，此即是肺內發苗，無治之症也。』銀花敗毒散：治馬偏次黃急慢等症。銀花、貝母、防風、黃柏、白芷、川山甲、粉草、桔梗、花粉、苦參、梔子、夏枯草、皂刺、蟬酥、連翹、黃芩、當歸、陳皮、喉閉草。各件為末，每服二兩，黃酒半斤調下，胸前蟬酥繩穿墜，以鹽蒜泥腫處塗之。方見前篇。

馬患偏次黃之圖

又《馬牛三十六黃總論》 凡馬牛生黃或腫前，或腫後，總宜穿墜於雞胸中間。此乃周身血脈流轉之道路，故在此處用芫花根皮，即俗名頭疼花，又名老鼠花根皮是也。剝取嫩皮，同人髮撚繩，長短尺餘，又入蟾酥撚，捻入毛繩中間，用鋒利穿針，捏起皮，量度深淺寸餘，將蟾酥繩穿入皮內為度，外用鐵物墜之，使針口活動，水流毒出，方藥隨症加減，即無誤矣。內有嗓黃、腮黃、墊舌、鎖口、木舌、唇角腫者，總宜在頦骨下，即下唇底下，有小凸處，捏起其皮，用蟾酥繩如前穿墜。方藥同前治之。歌曰：原來四九熱成壅，蟾酥穿墜臆骨中。唯有上焦諸處腫，能穿頦下有奇功。驢騾牛馬皆同治，藥用前方莫錯攻。此是神仙真妙訣，教君仔細使神鋒。

又《馬有十毒論》 論馬患十毒者，何也？夫毒者，亦瘡也。乃發於六腑之中，六腑俱皆屬陽，陽極受陰濕太過，以致陰陽鬱結，氣血而凝也。氣血凝結而成為瘡毒也。皆因馬之晝夜縱放於郊，盡其日曬夜露，雨淋浸濕。況六腑純陽，遇於夏天，三伏酷暑之時，暴日之候，陽之至極，忽然暴雨大作，雖在暑月炎天，陰雲暴雨涼之至極，一熱一涼，陽受陰濕，注於六腑，血凝氣滯。馬在膘肥肉壯之時，不覺其形，待至氣衰血弱之際，此疾發生，其症有十：曰陰毒、曰陽毒、曰心毒、曰肝毒、曰脾毒、曰肺毒、曰腎毒、曰筋毒、曰氣毒、曰血毒是也。各因其形，定論於後也。

又《論馬陰毒第一》 論馬之陰毒者，何也？夫陰毒者，亦馬之瘡癤也。或在胸前，或在遍身，而生瘰癧、瘡癤，硬如卵石，擦破而流膿血者，此傷於血也，為陰之毒也。寧庵曰：『此症，下江之馬即慣縱放於湖，晝夜不收，受暑濕也。故發此瘡者多，俗呼名曰鼠瘡，非老鼠瘡也。酷暑之時，受陰濕之極，陰覆陽鬱，暑濕之暑瘡也。醫者鑒之！凡治者，必以清暑散毒，六脈徹血，氣血調和，毒瘡平也。』歧伯曰：『兩胸堂及後胯，遍身而生瘰病，擦破而流膿血者，乃陰之毒也。』師皇曰：『衰騾瘦馬瘰遍身，鼻流濃涕六脈沉，口色青白縱能食，應知此症救難生。』寧氏曰：『硬核擦破流膿血者，乃陰毒也。』形狀：耳搭頭低，遍身瘰癧，精神短慢，臁吊毛焦。脈色：膘肥肉壯，口色如桃者，可治；口色青白，身體羸瘦者，難醫；六脈平順者，可治；六脈沉微者，難醫。治法：凡治者，宜從陰而引陽，活血而化核。陰毒腫硬，總以夏枯草、穿山甲、陰中陽藥攻之，效驗而痊矣，醫者臨時變通。體壯者，徹六脈血；瘦弱者，不可徹血。火針腫處刺之，消鳳敗毒散灌之。調理：草料加倍喂之。戒忌：休拴簷巷，勿令日曬雨淋。消風敗毒散：治馬陰毒瘰瘡等症。銀花、當歸、川芎、薄荷、荊芥、紫蘇、白芷、羌活、升麻、花粉、沙參、陳皮、防風、夏枯草。各件共為細末，每服二兩，黃酒一斤，童便二盞、蔥五七枝，同調灌之。如口色赤氣盛，而六脈壯者，可用消黃解毒散加減灌之。醫者可熟思之。

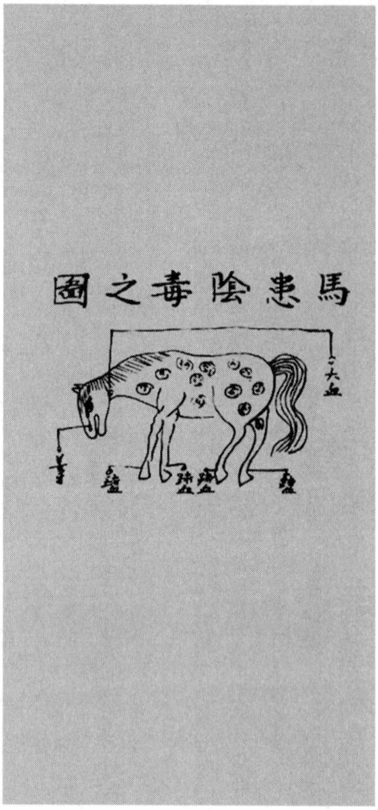

又《論馬陽毒第二》　失馬之陽毒者，何也？陽毒者，亦馬之瘡瘤也。或在遍身，或在胸膊而有瘰癧，擦破而流出黄水者，乃傷於氣也。此為陽之毒也。歧伯曰：『兩前膊及梁頭、脊背而生毒腫者，俗呼曰肥瘡，乃陽之毒也。』師皇曰：『不怕瘰癧遍身腫，只要脈正口色鮮。』形狀：遍身瘰癧，耳搭頭低，精神短慢。脈色：六脈洪壯，口色鮮赤。治法：徹鶻脈血、四蹄血、蕫牙血、三焦血，火針腫處刺之，清火敗毒散灌之。調理：草料加倍喂之。戒忌：勿令日曬、雨淋。清火敗毒散：治馬陽毒瘰癧等症。大黄、朴硝、銀花、貝母、花粉、白芷、當歸、川芎、陳皮、甘草、乳香、沒藥、生地。各件共為細末，每服二兩，水酒一斤，童便二盞，同調灌之。

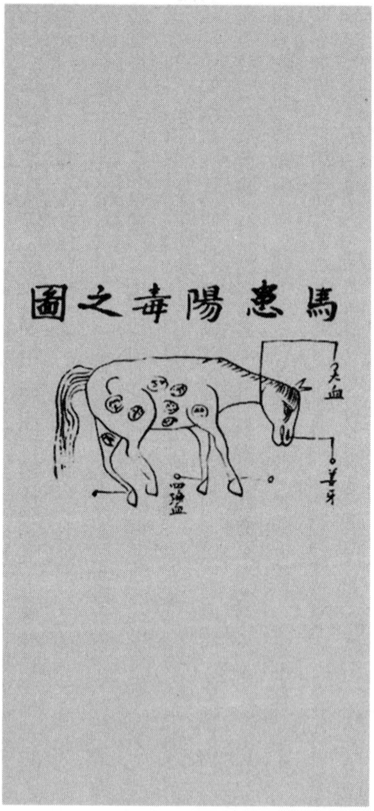

又《論馬心毒第三》　夫馬之心毒者，何也？心毒者，心經之毒也。小腸之受勝也。心為臟為陰，小腸為腑屬陽。心之餘熱，蓄於小腸，苗發於外，在兩牙關出，及舌尖上赤色而生瘡者，乃心之毒也。歧伯曰：『兩牙關及舌尖上赤色而生瘡者，乃心之毒也。』元亨曰：『心毒舌瘡口吐沫。』形狀：舌瘡口紫，耳搭頭低，精神短慢，水草遲細，小便赤澀。脈色：雙凫洪數，金關赤紫，舌瘡垂沫。治法：徹鶻脈血、四蹄門血、蕫牙血、玉堂血，口內食鹽擦之，清心敗毒散灌之，冰硼散口內吹之。調理：水浸青草喂之，米泔水時時飲之。戒忌：日曬雨淋，豆料一切忌之。清心敗毒散：治馬心熱、舌瘡等症。梔子、連翹、蔚金、川連、車前、木通、澤瀉、滑石、桔梗、花粉、瞿麥、篇蓄、銀花、當歸。各件共為細末，每服二兩，竹葉、燈草煎湯調灌。如小便赤澀，加大黄、朴硝、紅花，再灌一二服，痊愈。冰硼散：治馬口舌生瘡等症。冰片、硼砂、青黛、山豆根、兒茶、寒水石、青鹽少許、硃砂、明礬。各件共為細末，口內舌上吹之，痊愈。

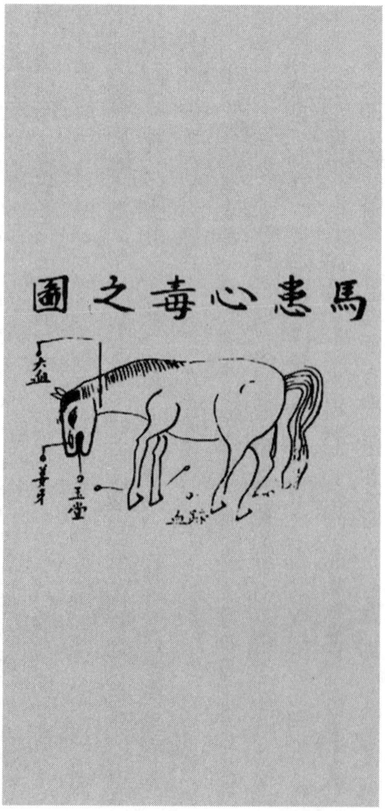

又《論馬肝毒第四》　夫馬之肝毒者，何也？肝毒者，肝經之毒也。膽腑之受勝也。肝為臟為陰，膽為腑屬陽，肝之餘熱，蓄於膽腑，苗發於外，在兩眼下，及淚堂中生赤瘡，久而不痊者，乃肝之毒也。歧伯曰：『兩眼下及淚堂而生赤瘡者，乃肝之毒也。』元亨曰：『肝毒生癰眼下瘀。』形狀：兩眼淚堂，赤瘡潰爛，翳膜睛昏，耳搭頭低。脈色：六脈洪數，金關赤紫。治法：徹眼脈血、鶻脈血，洗肝散灌之，消風敗毒散洗之，八寶珍珠散點之。

調理：拴繫清淨之廄。戒忌：豆料一切忌之。洗肝散：治馬肝毒、眼下生瘡等症。乾菊、谷精草、石決明、草決明、龍膽草、知母、當歸、川芎、銀花、蟬退、白芷、羌活、防風、清葙子。各件共為細末，每服二兩，竹葉、燈草煎湯調灌。消風敗毒散：洗馬眼下生瘡等症。羌活、白芷、荊芥、薄荷、甘草、花粉、朴硝、川柏、防風。各件不拘多少，煞煎濾去渣，用青布蘸洗眼下赤瘡，洗後捻上珍珠丹。八寶珍珠丹：治馬眼下淚堂赤瘡等症。冰片、麝香、珍珠、枯礬、爐甘石、輕粉、黃丹、雄黃、銀硃。上藥各等分，共研為極細末，磁瓶內收貯，先用藥水洗過，後上此藥，三次痊愈。

馬患肝毒之圖

又《論馬脾毒第五》

夫馬之脾毒苦，何也？脾毒者，脾經之毒也。胃腑之受勝也。脾為臟為陰，胃為腑屬陽，脾之濕邪餘熱，凝蓄於胃，苗發於兩唇角，及口中破裂出血者，乃脾之毒也。歧伯曰：『馬之兩唇角，及口中破裂而出血者，乃脾之毒也。』元亨曰：『脾毒口瘡唇角破。』形狀：唇角破裂、僵破出血。脈色：六脈平順，口色如常。治法：唇角破裂出血，如僵硬者，內受有風濕，故僵硬腫也。可著火針刺之，如火針刺不住者，可燒烙鐵烙之，以薑黃色為度，烙後用芝麻油塗之，靜養數日，落殼痊愈。如烙後火瘡發腫，以藥水洗之，末藥貼之。軟腫者生針刺之，消風敗毒散灌之。調理：草料加倍喂之。戒忌：可靜養數日，痊愈使用。消風敗毒散：治馬脾毒等症。荊芥、薄荷、銀花、當歸、川芎、桔梗、陳皮、枳殼、檳榔、木通、白芷、羌活、防風。各件共為細末，每服二兩，水一斤，白湯調灌。清涼散：洗馬腫毒瘡。錦大黃、川黃柏、金銀花、粉草。上藥熬水洗之。洗後用如意金黃散末貼之。如意金黃散：貼馬脾毒腫瘡等症。錦大黃一兩，川黃柏一兩、草烏二錢，各件共為細末，洗後將藥末貼之，頻上三次痊愈。

馬患脾毒之圖

又《論馬肺毒第六》

論馬肺毒者，何也？夫肺毒者，肺經之毒也。皮毛相搏也，大腸之受勝也。肺也臟屬陰，大腸為腑屬陽，皮毛之相感，肺臟之餘熱，鬱蓄大腸，苗發於外，在馬之兩鬐甲及遍身毛瘙，而鬃尾脫落者，乃肺之毒也。歧伯曰：『馬之兩鬐甲，及遍身毛瘙，鬃尾脫落者，乃肺之毒也。』師皇曰：『肺毒皆因熱積成。』元亨曰：『肺毒遍身毛脫落。』董仲曰：『肺經瘡者，積熱于肺，苗發於頸項、膊間，脾硬瘙癢如禿瘡者，乃肺之毒也。』形狀：鬐甲兩旁、頸膊兩畔，疙瘩破裂，脫落鬃尾，擦癢不休，皮硬如禿瘡者，亦係肺經之餘熱，風濕交感而成疾，名為肺經瘡也。脈色：六脈如常，口色鮮豔。治法：徹鶻脈血，理肺散灌之。肺經瘡如禿瘡者，亦可徹鶻脈血，理肺敗毒散灌之。外用冷氣火酒洗之。三次痊愈。調理：草料加倍餵之。戒忌：休拴簷巷風吹，勿令雨淋日曬。理肺散：治馬肺毒瘡等症。知母、貝母、升麻、天冬、麥冬、杏仁、桔梗、陳皮、銀花、梔子、連翹、蔚金。各件共為細末，每服二兩，蜜二兩，童便一大盞，同調灌之。理肺敗毒散：治馬肺經瘡如禿瘡等症。銀花、夏枯草、貝母、花粉、白芷、乳香、沒藥、升麻、乾葛、羌活、防風、當歸、川芎、甘草、木通、陳皮。各件共為細末，每服二兩，水酒一升，蔥五、七根，煎三五沸，候溫灌之。灌三五服，外用冷氣燒酒即火酒洗瘡三次痊愈。鬃尾脫落者，洗之亦美。

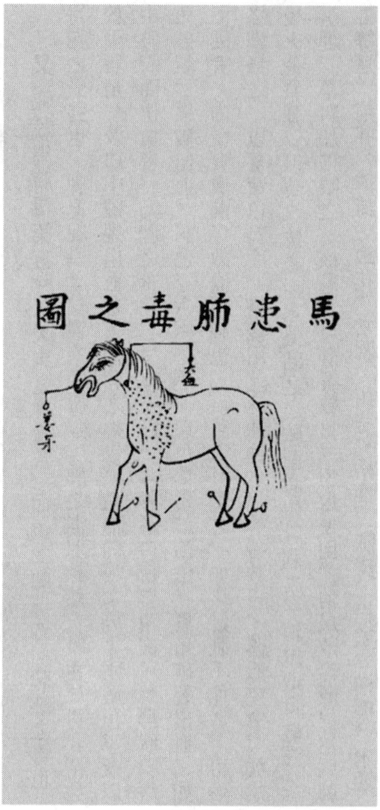

又《論馬腎毒第七》 論馬之腎毒者，何也？夫腎毒者，腎經之毒也。腎主於骨，腎與膀胱相表裏。皆因勞傷過度，濕熱凝積於腎，內滲膀胱之受症也。腎為臟，膀胱為腑；腎為陰；膀胱為陽。腎之濕熱邪郁，積於膀胱、苗發於四蹄，垂泉穴上有竅而出膿血者，乃腎之毒也。玉良曰：『因腎主於骨，是毒出於膀胱、四蹄垂泉者，乃内應於骨者是也。』歧伯曰：『四蹄垂泉穴上，有竅而出膿血者，是也。垂泉穴，在羊須之下是也。』元亨曰：『腎毒蹄頭膿血流。』寧氏曰：『腎毒者，腎家受膀胱積冷。肉肥膘壯者，可治；尫瘦者，難醫；鼻細、腰骨者，亦難也』。形狀：耳搭頭低、精神短漫、四蹄浮腫、垂泉穴內流膿血也。脈色：六脈平順，口色鮮明者可治；六脈沉遲，口色青黑者，不治之症也。治法：火針百會穴刺之。腫處硬者，火針刺之，茴香散灌之；軟者，烏金膏塗之。膘壯者，徹六脈血，可治；瘦弱者。根本虧傷，腎痿之症，難治血。調理：乾沙墊地，冬則稂草鋪地臥之。草料加倍餵之。戒忌：休拴糞坑。茴香散：治馬腎毒，蹄頭膿血流出等症。小茴香、金銀花、夏枯草、胡蘆巴、破故紙、白芷、當歸、川芎、川楝子、甘草。各件共為細末，每服二兩，水酒一斤，童便一大盞，同調灌之。如口色淡而青白者，本方加：羌活、防風、荊芥、薄荷。烏金膏糊：治馬蹄頭浮腫，腎毒流膿血等症。川烏、草烏、牙皂、馬鞭草、大黃連、百草霜即鍋煙灰。以上共研細，再入百草霜研極細末。用小麥面半斤打糊至將熟時，加藥末入內調勻，攤布上，包四蹄頭腫處，隔日再換，如此三次，腫消痊愈。

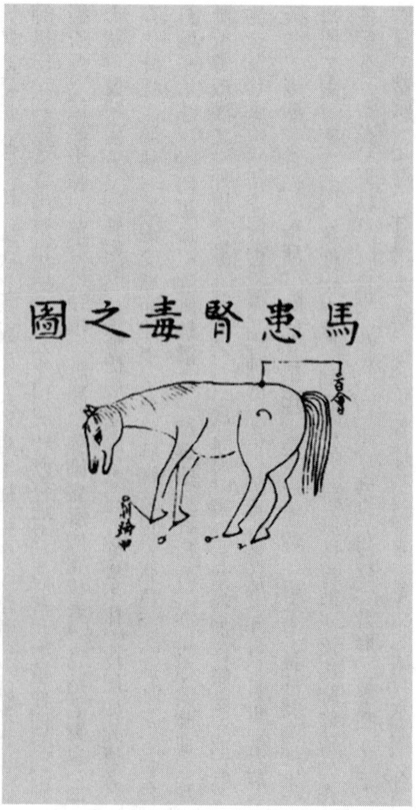

又《論馬筋毒第八》 論馬筋毒者，何也？夫筋毒者，白筋之虧傷勝也。皆因久走得之。出力太猛，勞傷過度，拴繫奮巷，失於牽行，以致賦風邪氣，乘虛而入毛竅，傳於肌膚，阻滯血氣不能周流，血不周流，白筋枯槁，則四足拘攣，牽行不動，四肢如攢。蹄甲乃筋之餘，血枯筋死，以致蹄甲焦枯，崩裂，故為筋之毒也。歧伯曰：『四蹄甲焦枯，並上寸、下腕中燥破而出膿血者，乃筋之毒也。』元亨曰：『甲乃筋之餘，筋傷甲焦枯，此之謂也。』形狀：蹄甲焦枯，蹄腕崩裂，弓腰勒脿，四足如攢。脈色：口色青紫，六脈沉細者，難醫；六脈平順，口色鮮明者，可治。治法：膘壯者，徹六脈血，火針百會穴、前搶風穴；膘瘦者，六脈微徹，活血追風調經藥治之。蹄頭修削，以舊棉絮蘸滴醋包四蹄甲，用烙鐵燒熱熨醋絮，使溫氣熨入蹄甲，如此三次，則蹄甲疏爽不痛，行步如常也。調理：稻草鋪地臥之，草料加倍餵之。戒忌：濕地休拴繫。活血追風散：治馬筋毒、蹄甲焦枯、四足如攢等症。當歸、川芎、白芷、白芍、川木瓜、秦艽、川烏製、草烏製、羌活、防風、荊芥、薄荷、天麻、木通、甘草。各件共為細末，每服二兩，黃酒一斤，老薑一塊，白湯調灌。烏金膏：治馬蹄甲崩裂焦枯等症。黃蠟、白蠟、黃丹、百草霜研末、胡椒研細末。用真芝麻油四兩，入鍋內煎滾，次入人髮不拘多少，候發化，再入前藥末，並蠟丹等攪勻，帶溫塗馬蹄甲崩裂焦枯處，三上痊愈。

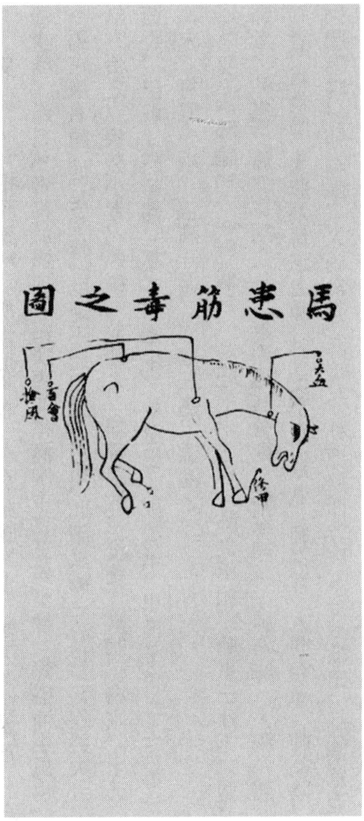

又《論馬氣毒第九》 論馬氣毒者，何也？夫馬之氣毒者，鼻息呼吸之毒也。皆因膘肥肉壯，奔走太急，鼻孔呼吸不爽，在地擂擦，又兼穀料冷熱，其新陳毒氣皆積心中，以致準頭破裂而成瘡者，乃氣之毒也。歧伯曰：『兩鼻孔中，及準頭破裂而成瘡者，乃氣之毒也。』元亨曰：『氣毒鼻癰呼吸大。』形狀：準頭破裂，鼻阻難通。脈色：口色赤紫，六脈浮洪。治法：氣海穴剖開即是劃鼻，火針腫處刺之，消風活血藥治之。靜養數日，痊愈。調理：水浸青草喂之，米泔水飲之。戒忌：熱料、日曬、雨淋。活血消風散：治馬氣毒等症。當歸、川芎、陳皮、半夏、白芷、荊芥、薄荷、蘇葉、花粉、桔梗、甘草、銀花、木通。各件共為細末，每服二兩，黃酒一斤調灌。

又《論馬血毒第十》 論馬血毒者，何也？夫馬之血毒者，血脈流注之餘毒也。皆因馬之乘騎出汗，拴繫簷巷水邊，失於牽行，邪氣賊風吹襲皮毛，使熱血凝注於肺間，不得周流肢體，故熱則宣流、寒則凝滯而疼，乃血之毒也。俗呼為漏蹄不過街，此為血漏之症也。又名血毒是也。歧伯曰：『行走如常，頃刻步行而難者，乃血之毒也。』元亨曰：『血毒步不移是也。』形狀：虛行下地、漏蹄痛也。脈色：口色如常、六脈平順。治法：削去槽蹄甲，或有黑水，或有敗血放出而疼自止矣。用布包裹蹄甲，恐瘀泥沙石蹉入蹄甲漏孔內，阻住黑水敗血，在內不乾，不得速痊，故用舊布包著，拴放清淨處所，二七之內痊愈，不必用藥。調理：白沙鋪地，萬不可用火灰捻地，灰內有鹹，更爛蹄甲，切忌。戒忌：休拴汙塵之所。

明 趙浚等《新編集成馬醫方・點痛論》 仰頭點，膊尖痛。平頭點，下欄痛。偏頭點，乘重痛。低頭點，天臼痛。難移前腳，搶風痛。蹄尖著地，掌骨痛。驀地點腳，攢筋痛。虛行下地，漏蹄痛。垂蹄點，蹄尖痛。懸蹄點，蹄心痛。直腿行，膝上痛。曲腿行，節上痛。吊頭點腳，掄頭痛。仰頭不動，蹄頭痛。下坡斜走，胸膈痛。平途竊道，蹄薄痛。向裏蹉，外跟痛；向外蹉，裏跟痛。點頭行，腳上痛。擺頭行，膊上痛。拖腳行，雁翅掠草痛。拽腳行，燕子瓦骨痛。蹩腳行，鵝鼻曲尺痛。束腳行，肺把五攢痛。并腳行，胯骨痛。

直腳行，濕氣痛。蹲腰行，雁翅痛。吊腰行，脊筋痛。收腰不起，內腎痛。難移後腳，腎經痛。咬齒低頭，心經痛。喘息不調，肺經痛。急起急卧，脾經痛。口吐清涎，膽經痛。跑胸咬臆，腸結痛。蹲腰踏地，胞轉痛。把前把後，傳經痛。腸鳴泄瀉，冷氣痛。直尾行，大腸痛。捲尾行，小腸痛。小便淋瀝，胞經痛。一卧不起，筋骨痛。四十五點有如斯，標本心肝脾肺腎。五行相克與相生，饑飽風寒勞役甚。驅馳飲喂失調和，蹩損閃傷寒熱并。嗚呼瘖瘂不能言，醫者留心仔細認。

又《薑芽論》 姜芽者，燔氣攻心也。皆因料後飲水太過，水穀相并，傷於脾胃，胃火微弱，陰氣生而傳入心經，心傳於肺，肺氣燔盛，攻之於鼻。鼻者，肺之竅也。氣血相凝，積於準頭，發生病骨，有似生薑芽萌而發也。令馬連連卧地，鼻頭拱地。治法：割雙姜穴，針三江穴，徹蹄頭血，順氣散灌之。調理：不住騎走，或溺或瀉，通利矣。順氣散：陳橘皮、青橘皮、檳榔、厚朴、桂心、細辛、當歸、茴香、白芷、木通、砂仁、甘草。右件為末，每服二兩，飛鹽三錢，細切蔥三枝，苦酒一升，同煎三沸，溫灌。

又《混睛蟲論》 混睛蟲者，疫氣化生也。皆因三秋月令，瘴疫遍發之期，新駒幼馬五更放於郊。其郊中棘刺，刺中蛛網，網中露水誤入其目，感天地之霧氣，受蜘蛛之精水，陰陽交混，變化而成蟲矣。在於五輪之內，往來不住游走，令馬睛生翳膜，黑白不分。凡治，白睛近上，黑睛近下，兩兼中心是開天穴，醫家用線纏定白針尖一分，左手睜開馬眼，右手持針，於開天穴上，輕手急針一分，蟲隨水出，便見其工。

又《胡骨把胯論》 胡骨把胯者，一名腰腿風也。皆因傷肥肉重，多喂少騎，穀料熱毒積於臟內，瘀痰壅血積滿胸中，三焦壅極，熱盛而生風也。令馬左癱右瘓，四足拳攣，卧地不起，氣促喘粗，此謂風癱之證也。其疾勢大者，無方治之；疾勢小者，麒麟竭散灌之。麒麟竭散：沒藥、當歸、白朮、木通、茴香、巴戟、麒麟竭、藁本、牽牛、胡蘆巴、破故紙、川楝子。已上各等分為末，每服一兩，苦酒一盞，同煎三沸，溫灌之。

又《肺論》 秋三個月，肺旺七十二日。肺為丞相，肺重三斤十二兩。肺者，外應於鼻，鼻則主氣，氣則通其營衛。肺家納辛。肺為臟，大腸為腑。肺者，氣為臟，大腸為傳送之腑。肺是臟中之華蓋。肺為裡，大腸為表；肺為陰，大腸為陽；肺為虛，大腸為實。肺者，外應於西方庚辛金。歌曰：肺為華蓋心上存，鼻連西方庚辛金。皮膚受病鬃毛落，大腸連腳左邊存。肷顫肉動腳又散，鼻中膿出病十分。醫工見者休辨認，此馬必定救無門。

又《心論》 夏三個月，心旺七十二日。心為第一，心重一斤十二兩，上有七竅三毛。心者，外應于舌，舌則主血，血潤其皮毛。心家納苦。心為臟，小腸為腑。心者，血為臟，小腸者，受盛之腑。心是臟中之君。心為裡，小腸為表；心為陰，小腸為陽；心為虛，小腸為實。心者，外應于南方丙丁火。歌曰：心家受病連膈痛，胃口哽氣又唇蹇，多卧少草嘴搵土，小腸尿血傷心熱。麒麟沒藥紅芍藥，不限依時童子便，用藥每日兩度灌，此馬必定得安全。

又《肝論》 春三個月，肝旺七十二日。肝為尚書。肝重三斤十二兩。肝者，外應于目，目即生淚，淚則潤其眼。肝家納酸。肝為臟，膽為腑。肝者，風為臟；膽者，精為腑。肝是臟中之佐。肝為裡，膽為表；肝為陰，膽為陽；肝為虛，膽為實。肝者，外應於東方甲乙木。歌曰：肝家受病眼睛昏，頭低耳搭少精神。閃骨生瘡多泪下，胡骨把胯病元因。飯頃之間攻左腳，青葙石決章柳根。早晨臨卧灌兩上，此病應須眼再明。

又《脾論》 四季脾旺，每季各旺一十八日，共旺七十二日。脾無正位，胃為大夫。脾重二斤二兩。脾者外應於唇，唇即生涎，涎即潤其肉。脾家納甜。脾為臟，胃為腑。脾者土為臟，胃者草穀之腑。脾是臟中之母。脾為裡，胃為表。脾為陰，胃為陽。脾為虛，胃為實。脾者外應于中央戊己土。歌曰：脾無定位號中央，雙抽兩肷連膀胱，多卧少草又哽氣，唇乾舌上口生瘡。生薑水蜜并綠豆，砂糖四兩用消黃，氣藥建脾針脾穴，此馬驗認是脾黃。

又《腎論》 冬三個月，腎旺七十二日。腎為烈女。腎有兩個，左則為腎，右則命門。腎重一斤十二兩。腎者外應于耳。腎即生津液，津液壯其骨。腎家納咸。腎為臟，膀胱為腑。腎者水為臟，膀胱為津液之腑。腎是臟中之使。腎為裡，膀胱為表；腎為陰，膀胱為陽；腎為虛，膀胱為實。腎者外應于北方壬癸水。歌曰：腎家受病切須知，後腳難抬耳又垂，心連小腸尿更澀，膀胱邪氣透入脾；限料早晨空草灌，苦楝茴香青橘皮，腳重頭垂陰又腫，此馬必定可憂疑。

清 佚名《大武經》辨證篇《二十八起卧論》 問曰：牛馬有二十八起卧者何也？答曰：二十八起卧者皆為二十八病患。問曰：何以知之？答曰：起而久立不臥者，血之旺也。臥而久睡不起者，氣之衰也。起而眼貼流淚者，肝火盛也。臥而眼閉不睜者，心神虚也。起而欲臥不臥者，氣恣住血也。臥而欲起不起者，血恣住氣也。起而兩耳張者，肺氣太沖。臥而兩耳垂地，肺氣太虚。起而喳口流涎者，心肺氣之痛也。臥而頭垂地口流涎者，五臟黄生。起而弓尾者，似欲便淋不便者，腎與膀胱火結也。臥而挾尾不擺者，膽脹太盛。臥而打嗆不出聲者，肺中有火，上焦氣盛。起而弓腰肚脹者，中焦氣滿。臥而打嗆屁出而遺糞者，肺與大腸火旺也。起而鼻瘷肚脹氣啌者茅臁發生。臥而頭悶氣哼者五臟作痛。起而打嗆小便遺溺者心與小腸火氣結住。臥而頭垂地口吐糞者，上中下三焦氣逆，胸膈不寬。起而腿探地後腳抓肚者，麻風傳蹄。臥而四蹄護肚睡者，四腳冷氣入骨。起而四蹄如柱者，冷筋傳蹄。臥而四腿伸長如癱者，則烏筋麻木。起而頭擺者，元陽有火。臥而頭伏身睡者，肚腹痛也。時起時臥毛焦肉減，乃水草不足，調養不均。臥而滚地翻天者冷痧絞腸。此病不可治也。此乃二十八般起臥患病之由，後學者必須應病行針，考癥用藥，自能有效也。

又《啌嗽論》 問曰：凡牛馬之啌嗽，多生於肺者，何也？答曰：五臟六腑皆有啌嗽，非獨肺也。曰：愿聞其詳。答曰：皮毛者，肺之合也，而皮毛內外合邪，以從其合，而又食邪入胃，胃氣上升於肺，肺與皮毛內外合邪，主氣客氣兩相繫迫，則令之啌嗽也。又且肺為五臟之華蓋，專主於氣，氣之清濁得分則無啌嗽。然清氣不分，濁氣上升於肺，則肺氣不得清爽者，亦令之啌嗽也。然則外感內傷者，則肺先受之也。肺傳肝、肝傳脾、脾傳腎、腎傳心、心傳六腑、六腑傳三焦、三焦而氣逆、氣逆而腹滿、腹滿則危矣。問曰：五臟啌嗽，何以知之？答曰：五臟啌嗽，各因形癥而定。曰：愿聞其詳。答曰：肺啌之狀，啌而喘息有音，甚則鼻流濃涕也。心啌之狀，啌而前蹄刨地，是為心疼也。肝啌之狀，啌則頭之左顧，是為左脅痛也。脾啌之狀，啌則頭之右顧，是為右脅疼也。腎啌之狀，啌則懸其後腳，此為腰中痛也。此謂五臟內傷外應之啌也。問曰：五臟之啌，予已知之，六腑之啌，其狀如何？答曰：肺啌若以大腸嗽之，啌而喘息有音，甚則屁出遺糞也；心啌若以小腸嗽之，啌則前蹄刨地，甚則咬齒、頭垂於地；肝啌若以膽腑嗽之，啌則頭如左顧，甚則口吐而有黄涎出也；脾啌若以胃嗽之，啌則頭如右顧，甚則嘔吐而有蟲出也；腎啌若以膀胱嗽之，啌則懸其後腳，甚則小便而遺溺也；久啌若以三焦嗽之，啌則毛焦草細，鼻出臭膿，身體羸瘦，四蹄虚腫，肚腹脹滿，逆氣積聚於胃關也。問曰：凡治者，何也？答曰：凡治者，當養其心、欽其肺、清其肝、健其脾、治其腎、補其陰、和其血、順其氣、調其六腑、各從其類，考正用藥而無差，可謂賢明也矣。

又《瘡黄論》 凡牛馬之瘡黄者，乃五臟發生，皆是血旺氣之衰也，恣於三十六處，故曰三十六黄。其分列名曰：墊舌黄、鎖喉黄、扦襠黄、築頸黄、偏肚黄、漫腸黄、內腎黄、外腎黄、心黄、肝黄、脾黄、肺黄，此乃十二惡黄，遲治者，不可效也。又云：牙中黄、鼻中黄、腮黄、箍嘴黄、腦中黄、兩耳黄、通肩黄、背筋黄、雨點黄、遍身黄、蛤蟆黄、老鼠黄、行視黄、雞胸黄、筲箕黄、肚黄、蹄黄、腿黄、肩胛黄、乳奶黄、尾節黄、軟腿黄、海底黄、寸子黄，此乃三十六黄，皆由五臟發生於肺腑也。初患或疼或癢，或腫硬，或腫軟，或肉色不變，各從其形癥而顯其名也。先腫後痛形傷氣，先痛後腫氣傷行，痛無膿者傷其骨，膿多甚者傷其血，痛而顫者傷其筋，腫中有水傷其氣，痛不靈活者傷其臟，痛不止者傷其腑，此謂瘡黄，內傷外應之見也。瘡黄歌：人之為物，化育成形，諸從二五，各稟靈懵。懵者為物，靈者為人，馬牛為物，與人并生。天有五運，地有五行，馬牛五臟，抱陽負陰。血恣氣痺，內傷外感。寒暑相侵，寒恣瘡腫，熱盛黄生。惡黄十二，用意觀行：墊舌鎖喉，扦襠築頸，偏頭漫腸，內腎外腎，心肝脾肺，不可黄生，十二有腫，九死一生。

又《十八般腿腳痛論》 問曰：凡牛馬有十八般腿腳痛者，何也？答曰：皆為病也。走路腳擄者，蹄尖痛也；走路摸地者，海底痛也；毛邊有腫，毛邊痛也；走路腳不下地者，八卦痛也；走路頭低者，寸子痛也；走路抬頭者，膊上痛也；走路雲頭不齊者，中拐痛也；走路蹩身偏者，內胛痛也；走路收腳不齊者，外胛痛也；走路後腳拖地者，腕筋痛或斷也，難以診治；走路趾甲括地者，襠筋痛也；走路不下地如劃船者，後八卦痛也；走路挑擔骨偏者，腿彎痛也；走路水爪落地者，後寸子痛也；走路後腳摸地向前沖者，後海底痛也；走路後腳尖翹起者，後腳尖痛也；四蹄冷而不腫者，骨髓痛也；四蹄熱而有腫者，烏筋痛也。此乃一十八般腿腳痛之因由。後學者知行針之法，則針之；如不明針法，則不可亂針，必須仔細觀察行針，無不效也。

綜述

唐 李石《司牧安驥集》卷二《看馬五臟變動形相七十二大病》 夫馬生天地之中，稟陰陽造化之氣，故蹄可以踐霜雪，毛可以禦風寒，任重致遠，行地無疆，而武所賴以閑，習者豈可後哉？昔神農皇帝創置藥草八百餘種，留傳人間，救療病馬。自後馬師皇、孫伯樂、王良、造父間世而出，為時名醫，能辨馬之寒熱，識馬之虛實，覩形骨之駑駿，別四時之受病；又能知五臟六腑之病源，察五行衰旺之氣候，有病針藥，隨療即瘳，而為萬世之師也。春三個月，肝旺七十二日，位列東方甲乙木，外一十八日旺於脾；夏三個月，心旺七十二日，位列南方丙丁火，外一十八日旺於脾；秋三個月，肺旺七十二日，位列西方庚辛金，外一十八日旺於脾；冬三個月，腎旺七十二日位列北方壬癸水，外一十八日旺於脾。脾屬中央戊己土，此是五臟各旺七十二日，為脾旺四季，是陰陽之表裡，都計一年三百六十日，土於四季各旺十八日，都計七十二日，為土旺時日也。脾無正形，分在戊己之位，乃於中央以四臟為主。腑病為陽，此病易醫；臟病為陰，此病難測。馬有四百四病，內有七十二大病，其意深，其旨遠，病相各別，醫者當用心求之矣。第一，馬患脾家病：口色多黃，鼻冷多寒，不食水草，褰唇似笑，傷冷之候，速與針熘，須灌溫脾藥。歌曰：冷傷脾病少精神，鼻冷毛焦顫不寧。薑棗厚朴能和胃，脾穴溫針更熘頻。第二，馬患傷脾並胃氣不和：水草漸退，精神減少，眼色慢，氣脈短少，須灌氣藥。草傷脾病氣不和，頻頻呵欠不奈何。水草漸退微要臥，氣滑藥灌酒相和。第三，馬患脾不磨病：草穀難消化，氣脈不和，鼻中息短，精神慢，多臥，上唇似笑，速須針，用生薑棗煎氣藥灌。脾不磨病要得時，口內青黃氣息微。鼻冷頻頻時要臥，針脾暖胃恰合宜。第四，馬患偏次黃病：從心臟起，生在肺門後。此病直透心肺，多是心臟壅毒，有失灌啖涼藥，為緣馬熱上生黃，速須針醫，灌啖涼藥塗之。偏次黃病有可醫，搶風頭上腫如梨。急須針破塗妙藥，更灌涼藥病相宜。第五，馬患急偏次黃病：亦從心臟起，為緣馬春秋不抽六脈血，及喂熱料，毒氣攻於五臟，所以病生，速灌涼藥，抽其大血。急偏次病心上得，搶風近上連食脈。若是正病治他難，些小皮膚藥醫得。第六，馬患束顙黃病：是五臟壅毒，攻於咽喉，有失灌啖。須與針烙，用藥漸次消除，及與出血，醫遲便見損傷。束顙黃病咽喉腫，草料微細熱氣沖。火烙用針涼藥灌，更須塗藥漸消融。第七，馬患搦顙黃病：肺熱攻注，連腮腫毒並起，漸漸病重，草料不食，頭低出氣不得。與灌消黃涼藥，抽胸堂血。搦顙肺毒病要知，連喉腮腫急須醫。草料漸退舌根腫，消黃涼藥用豬脂。第八，馬患肺牽把膊雙拒胸膊病：此馬行步稍難，牽動便臥，時時用力搐倒，是因傷重，氣促損肺而得疾，把定胸膊難行，食脈緊急，食槽腫硬，須烙肺門。肺牽病狀又如何，食槽下麵腫硬多。連膊把定行步慢，肺門針烙易奈何。第九，馬患草結病：是在母腹中時，穀料之毒氣攻注，初時皂子大，次如杏核，漸若連珠。硬即是風，軟即是膿，若是不取，須致命矣。草結之病用心取，硬即是風軟是母。偏損鞍馬結成膿，和根取子無復有。第十，馬患前結病：起臥喘息粗，因馬食草料之時，傷草穀，在大腸中熱氣積聚，惡糞成結。其馬負痛起臥，氣粗鼻咋，腹脹氣滿，與灌氣滑藥，並四味脂氣藥，透過；若不透過，即難治。前結起臥連胸臆，兩腳夾頭氣不通。頻灌氣藥啖四味，急走牽動即見功。第十一，馬患後結起臥病：馬因食乾草過多，在腸胃，緣馬積熱澀滯，負痛滾碾，聚糞成結，速灌氣滑油酒藥，便須入手按破，氣通即差，勿令放交氣滿。後結起臥腹脹大，回頭向腹側肋臥。人手打破氣脈通，教伊臥時也不臥。第十二，馬患中結起臥病：大腸壅熱，澀糞難行，積聚惡糞在板腸，腹痛滾碾成結。中結起臥因失飲，冷熱氣壅不降升。須知此病是中結，變成積塊致沉縈。第十三，馬患冷痛起臥病：因冷熱不調，冷傷於脾胃，多作寒熱，氣痛不止。須灌和氣藥，更針熘脾俞穴，即差。冷痛起臥因傷脾，口鼻耳冷出氣微。三熘穴上針要動，蔥酒下藥恰合宜。第十四，馬患大肚糞不轉：結聚惡糞在大肚，更連板腸。糞澀，多臥不起，時時回頭，須用脂藥一兩服，微微糞行。大肚板腸糞行澀，起臥頭低尾擺遲。起時前腳恰如坐，頻將四味啖豬脂。第十五，馬患胞轉病：欲尿蹲腰卻不尿。馬氣澀失尿，與灌氣藥，入手撥正，即差。胞轉疾病失尿時，氣悶不順勿狐疑。滑石燈芯蔥酒灌，入手撥正用心機。第十六，馬患腸入陰：痛因滾碾，腹中有一竅如錢來大，透小腸入於陰囊中，負痛時起時臥，回頭看腹。須與氣藥、治七傷藥、蔥酒灌之，手揉復原，帶子計之。腸入陰時尿不通，頻頻回頭小腸疼。以手揉過帶子繫，七傷氣藥酒和蔥。第十七，馬患水穀並：遍身汗出，鼻中有水沫出，努目鼻咋，頭平耳垂，鼻中時滴清水。水穀並病努目睛，鼻中出水冷如冰。遍身汗出鼻又咋，死生當日及初更。第十八，馬患水掠肝病：因熱困乏猛吃水、肝傷、其水又傷臟腑，漸入皮膚。水掠肝病目直視，遍身汗出喘息粗。口中黑色難治療，頭低腳散命必殂。第十九，馬患渾睛蟲病：其病因霧露水人眼，轉入睛中，號渾睛蟲，用藥點，五輪穴針，即差。渾睛蟲病本因何，露水入眼出不得。恐他點藥治療難，開天穴內針得力。第二十，馬患內障眼病：因心腎不安，腎屬水，心屬火，水火相克，二臟相傷，致令目中受病，眼目傳注，流脈入瞳，於太陽穴針治即愈。內障病眼醫莫遲，頭腦頻頻流腦脂。太陽穴內須針烙，洗肝涼藥用山梔。第二十一，馬患外障眼病：初得有似熱暈，頻頻淚出，青暈朦瞳人，有似遮欄，速與點灌醫療，即差。外障眼病肝家積，初得淚下如雨滴。撥雲膏子頻與點，更灌洗肝是仙方。第二十二，馬患筋骨風病：緣肝注筋骨，是肝臟邪氣攻於筋骨，有似風狂之狀。筋骨風病恰如狂，後腳拽胯行動忙。豆淋蔥酒風藥灌，醫人用意細消洋。第二十三，馬患腰腿風病：後腳腰胯無力，臥時筋舒，起立不得，兼是損著腎棚、簇肉俱斷，其病難差。腰腿風病初受時，後腳筋舒起不得。腰腿百會須針烙，五臟受風連胸臆。第二十四，馬患損著五攢痛病：出氣粗，精神慢，口痛，不食水草，雙拒胸膊，須針六脈出血，止痛藥灌之。損著五攢病哽氣，欲臥不臥連心肺。水草微細拒胸臆，醫者分明仔細記。第二十五，馬患筋風瘡：初得作坑，有赤水流連蹄腕，漸次轉多，急須貼之。筋風瘡病連蹄腕，赤水常流不可觀。須是就瘡敷妙藥，不過數日必能乾。第二十六，馬患肺花瘡：初得時前後腳連腿上下生出。須截烙與灌啖貼藥。肺花瘡病急須醫，初出連腳後連腿。若是赤膿須且覷，藥非應病應難退。第二十七，馬患草噎病：因困來猛食水草，吞咽不及，噎在喉咽內，致口中吐沫，遍身汗出，垂頭。便須治之。草噎病狀下咽遲，垂頭直項喘不得。口中沫出微有汗，此病多應人不識。第二十八，馬患卒心疸病：五臟各有毒氣，攻注於外，出自胸臆，下至肺門，搶風上下腫破，須針烙塗藥。心疸黃病前腳開，腫硬醫家要鏃排。針鏃火烙頻水潑，多時未效奔心來。第二十九，馬患草傷脹病：因飽後騎急，傷著咽喉，喘粗，腹脹結，喂時不食水草。起臥脹病飽太過，口乾喘粗氣不和。和水糞行無滯礙，氣滑藥灌更消磨。第三十，馬患肺孔開病：雙鼻血出，喘粗鼻咋，因五勞而得。肺為氣海，肺為華蓋，肺為五臟最嬌，不可傷之。肺孔開病雙鼻咋，頻頻血出兼肺。啌肺臟傷敗須救療，七傷理治定能痊。第三十一，馬患血海翻病：馬心主於血，役於勞氣，是心臟之敗，致令血海翻。血海翻病心肺攻，有熱因病氣脈衝。沒藥當歸用酒灌，胸堂出血有倍功。第三十二，馬患腦黃病：初得時，頭低耳垂，精神短少，身轉，口中有水沫出，因五臟熱毒傳流入腦，變作腦黃，心中悶亂，發歇不定，涼藥灌之。腦黃得病兩耳垂，左轉頭低腳數移。水草細微精神慢，心俞出血恰合宜。第三十三，馬患肺顙病：其病甚惡，兩鼻中黃膿極臭，毛焦精神少，膁筋搐，因慢肺黃所傳，其病不可治。肺顙之病惡形儀，黃膿兼瘦傳四肢。毛焦眼澀精神短，膁搐肺敗不多時。第三十四，馬患急肺黃病：初得毛焦受塵，汗流遍身，肉顫腳不住，喘粗，肺臟壅毒，致有黃生，用涼藥灌之。急肺黃病初得時，口黃毛焦汗流之。板藍大黃豬清灌，髻膊淋水急須醫。第三十五，馬患腦顙病：鼻中膿出，兼有瘡生，不覺漸瘦，不可治也。腦顙之病得多時，鼻中膿出有瘡痍。莫怪形軀漸漸瘦，倏忽之間化作泥。第三十六，馬患熱恡病：初時腰背頸項緊硬，行步不穩，形如中風，耳緊。針項、針腰，灌止痛藥。熱恡之病兩耳緊，牽著脊硬行不穩。頻灌涼藥並出血，用著風藥病必損。第三十七，馬患慢肺黃病：初得頭平耳垂，精神短少，糞緊澀，尿遲，如血汁，或似梔子黃色；若陰腫，鼻內有膿，即不可治。慢肺黃病兩耳拆，水草不食尿又赤。若是陰腫並鼻濕，檢盡名方醫不得。第三十八，馬患肺顛黃病：腳狂精神轉惡，或起或臥，或顫或搐，口色赤白，或肺門有汗，走急，與灌涼藥。肺顛黃病腳有狂，膁搐精神轉更強。或起或臥來往走，急灌涼藥莫消詳。第三十九，馬患肺痰病：口中多吐涎沫，因肺壅熱所得，此病急須灌化痰藥。肺痰膈上熱涎多，口中沫出不奈何。葶藶白礬能治肺，頻頻灌啖漸消磨。第四十，馬患肺敗：因非理走驟，飲喂失時，寒熱相逼，勞苦疲乏，鼻咋喘粗，精神短慢。與灌治肺藥。肺敗病狀又如何，飲喂失時走驟多。精神漸弱鼻又咋，清喉灌啖漸消磨。第四十一，馬患心黃病：因五臟積熱，依時不抽六脈血，並失灌啖。逢人便咬，精神轉大。與灌涼藥。心黃病體精神多，努目直視氣不和。舌如硃砂牙齒乾，移腳不動難奈何。第四十二，馬患心風黃病：兩耳卓槊，蹄不住狂走，唇口冷，左右咬人，因熱極所得。灌涼藥，烙風門穴。心風黃病因熱極，腳狂亂走一如癡。兩耳卓槊逢人咬，風門火烙切須知。第四十三，馬患肝昏病：兩眼不見物，四腳不住，身轉亂走，衝撞牆壁，此肝昏之病。與灌涼藥。肺昏之病有似醉，四蹄欲倒頭垂地。行步之時逢物撞，須將火烙病除退。第四十四，馬患木腎黄病：行多拽胯，脊梁緊硬，火針百會穴，新水潑之。木腎黄病腰脊硬，拽胯精神不欲行。百會火針須水潑，仍令頻灌去根萌。第四十五，馬患内木腎黄病：腰背緊硬，頭平耳垂，多起卻又臥，常亞腰攢蹄，頻與灌啖草前藥。内木腎黄切須知，腰背緊硬又頭低。水草微細鼻内冷，用藥攻醫不可遲。第四十六，馬患陰黄病：馬因傷重，並傷宿水不消，與熁針百會穴，淋洗灌啖。陰黄得病陰莖垂，傷冷傷重腳難移。淋洗塗藥頻頻灌，七傷空草恰合宜。第四十七，馬患急肝黄病：初得口色青，眼中淚出，兩目如癡，此肝黄之候。頻灌涼藥。急肝黄病口色青，眼中淚出少精神。草料細微兼有汗，洗肝涼藥灌須頻。第四十八，馬患單肝黄病：兩眼無光，牽行不得，時時倒坐，肝氣壅塞。耳後火絡，與灌涼藥。單肝黄病目無光，牽行倒坐腳如狂。涼藥蔥酒大糞灌，耳後須教火烙黄。第四十九，馬患蟲蝕肝黄病：初得身軀轉不定，兩眼似睡，或驚或走。與灌涼藥。蟲蝕肝黄病腳轉，似睡多驚時又喘。耳後眼前兩處烙，蔥酒大糞黄連灌。第五十，馬患肺旋黄病：馬騎來不歇，便與草料，即不知馬困疲乏，牽拽不動。宜灌治肺藥，放胸堂血。肺旋黄病腳多轉，回頭向後似呵欠。牽拽不動毛又焦，治肺涼藥用水煎。第五十一，馬患肝黄病：因肝臟壅熱，攻注於目，兩耳卓槊，東西亂走，倡狂亂撞，可灌涼藥。肝家受病人不知，兩耳卓槊眼睛癡。奔沖信腳東西走，耳後眼前火烙之。第五十二，馬患肺風黄病：初得遍身揩擦、皮膚瘙癢。可放大血，灌五參散。肺風之病疥瘙生，遍身揩搽似蟲行。大血放卻毛滋潤，五參散灌氣血榮。第五十三，馬患腎俞黄病：初得連腿腫，久不消，便有瘡生。頻與新水淋，急針，藥扶持。腎俞黄病初得時，賺搖腿腫勿疑之。若攻前腳水草慢，病重傳來入四肢。第五十四，馬患雙抽腎病：把腰胯，脊梁緊，頭平耳垂，水草慢。下止痛藥灌之。雙抽腎病因閃著，脊梁曲硬拽後腳。或上或下腎堂血，沒藥當歸用芍藥。第五十五，馬患單抽腎病：腰脊久冷，灌冷藥過多，必有後冷之病。與溫針之。單抽腎病腳難移，腰胯久冷苦傷騎。賺後一穴針三寸，七傷藥灌更無疑。第五十七，馬患項脊悋病：其病腰身硬，低頭不得。若不早治，傳在肺經，不可治。項脊悋病連腰硬，汗出損著兩胯間。用藥行針須好手，若是正病治應難。第五十八，馬患肺悋病：兩腳拒地難行，兩腳或高或低，水草慢；若加鼻濕，不可治。肺悋之病兩腳牽，鼻内膿出血相連。若加賺硬並肉瘦，灌盡涼藥救無緣。第五十九，馬患風悋病：因騎走驟，或當風卸鞍，汗猶未定，迎風而立，去鞍並不交碾，致令有此病狀，賊風透人，令五臟病生。風悋之病氣不和，因騎走驟汗出多。當風卸鞍迎風立，鼻開腰硬且奈何。第六十，馬患脾家虛病：精神短慢，毛焦受塵，鼻中息短，氣脈不和，因冷傷脾胃病。頻與溫脾藥。脾家虛病口色黄，時時起臥似尋常。毛焦鼻冷移左腳，術人三熁針最良。第六十一，馬患肚黄病：病因是臟腑内積聚，膀胱宿水不消，兼榮衛不和。須與針，用藥敷貼，以新水潑之，次用大黄氣藥灌啖了，不住牽行，此病漸減。肚黄之病又何如，榮衛不和滯氣多。須用大黄氣藥透，空草卻與灌溫藥。第六十二，馬患遍身揩擦病：因走回卸鞍早，致有歇汗風傷於皮膚，須與放大血，及用肺風藥灌，次塗藥治之。遍身揩擦歇汗風，肺門壅滯氣未通。大血出卻頻灌藥，五參於此有殊功。第六十三，馬患脾毒風氣病：唇口俱腫，毛焦受塵，氣脈不通，多注破皮膚，有失醫療則瘡生。須與針烙治之。忽然唇腫脾毒風，毛焦受塵氣不通。細針唇上連口鼻，五參散子用蓯蓉。第六十四，馬患肘黄病：原是熱毒攻注，兼榮衛氣不和。緣血為榮，氣為衛，兼肚帶勒得緊。蓄住氣脈，攻於皮膚，須與針破維藥，更頻淋之。肘黄榮衛氣不和，本是壅毒積熱多。針破用藥微消散，頻淋新水與消磨。第六十五，馬患肺毒病：忽然生瘡，狀如葡萄之顆粒，食水草慢，不著脂膘，精神短少，口色白。與開喉，放大血，用治肺藥灌啖，烙鐵烙之。肺毒之病忽生瘡，狀如豬腦膿似漿。不甘水草精神慢，此是正病肺家傷。第六十六，馬患骨眼病：初得之時，多驚，怕乘騎。本是肝家積熱，大皆裏面生骨，如指甲大，磨得眼睛碧色，多昏暗不見物色，頻淚出者。不取了，磨壞眼目。骨眼多驚怕乘騎，肝家壅熱灌失時。針線穿定刀子割，不損五輪始會醫。第六十七，馬患附骨垂病：於膝下同筋上，腫者多前，先頻與用消筋骨藥敷之，更須點烙。附骨垂之病在膝，同筋骨下腫多時。用治筋骨藥頻貼，不效還須點烙之。第六十八，馬患蹄黄病：多發生在四蹄上。病因：自來春秋不出四蹄之惡血，毒氣沖於四蹄，致有蹄黄瘡病，頻與貼藥，即差。蹄黄毒氣注多時，蹄胎上面作瘡痍。膏藥頻塗於上面，更敷瘡藥不宜遲。第六十九，馬患疳尾病：因有賊尾，癢搽多日，聚膿成蟲，在於尾月廷內，須與毒藥療之，去除蟲，住癢，醫遲退了尾。疳尾之病因賊尾，癢來搽動作疳瘡。毒藥頻搽蟲又死，勿令稍緩尾凋傷。第七十，馬患唧水病：蓋因冷熱不調，傷於脾，日漸羸瘦，兼飲宿水，傷於脾氣，須草前用藥灌之，即差。唧病本因冷傷脾，傷水漸瘦已多時。冷即難醫熱即易，針脾暖胃恰相宜。第七十一，馬患肺把膊病：因傷、氣沖於前膊，並是五勞七傷之病。速與針醫，時時失治，多傳肢膊病，食水草慢，轉難醫。肺把膊步點頭移，哽氣因之草料微。胸堂出血連針膊，亦須治肺藥扶持。第七十二，馬患傷重尿血病：此病先傷心臟，次傳於小腸，遂使榮衛氣不和，致令尿血。緣心為血海，小腸為表，至於尿血，須急與治之。傷重尿血草料微，時時展腰病在脾。紅花當歸沒藥酒，七傷連灌莫相疑。

又 卷五《黃帝八十一問》 黃帝問於師皇曰：有八十一問，所斷何也？師皇答曰：一問：肝冷者何也？歌曰：肝冷冷淚恰如珠，出氣不聞木臟虛。皆因汗出生此患，冷物傷之與上居。毛焦更兼水草慢，被風吹拍項連扶。傳送唬身爐火熁，鼻頭針破血流蘇。二問：心冷者，心臟冷，逆鼻似水者何也？歌曰：心冷頭低吐清水，口似凍淩急須治。立後肉顫攢四蹄，臥後憎寒不肯起。便用孫陽暖心散，此藥世間應無比。三問：肺冷者，鼻傳水涕，不食水草，用藥治之。歌曰：肺冷鼻中水涕出，毛焦肉顫攢蹄立。口鼻白色似冬淩，時壅憎寒膈上逆。先灌溫藥用火針，妙藥神功人不識。四問：腎冷者何也？歌曰：腎冷把腰更拖肝，後腳虛腫四蹄攢。外傳腎棚浸兩胯，臥後筋攣腳怎卷。火針八道海水穴，暖臟溫之四體安。五問：脾冷者何也？緣吃著冷物，傳於胃，毛焦草慢，用藥可治之。歌曰：頻頻唧瀉臟不調，脾冷胃氣毒來潮。大小腸中如雷吼，吃卻草料不能消。變化毒氣頻唧瀉，日焦日瘦又毛焦。六問：肝傷熱者，眼赤、眵淚、翳膜生，用藥治之。歌曰：肝熱眼赤澀難張，翳膜遮時滿目瘡。時時疼痛應難忍，朝朝開閃怕人傷。先點後灌洗肝散，兩目分明似太陽。七問：心熱者何也？歌曰：心熱舌赤似火團，生瘡滿口吐黏涎。啌時注悶水草慢，瘡痛難咽被涎纏。要效除非黑散子，更將油蜜煉白礬。八問：肺熱生瘡，壅毒外傳喉骨，鼻中膿出，啌聲喘息粗者，何以治之？歌曰：肺熱頻啌喘息忙，鼻中膿血要消詳。喉骨大時食槽腫，毛焦瘦弱病難當。九問：腎熱者何在？答曰：腎熱者，甲脊生瘡，背毛又退落，可用藥治之。歌曰：腎熱毒氣傳腰背，甲脊生瘡毛又退。皮肉膿血瘡一片，腥臭薰人實可畏。使用師皇解毒散，假饒萬病也須潰。十問：脾熱者，外傳唇口生瘡，治之。歌曰：脾熱生瘡外在唇，皆因毛退落紛紛。喘息更便黑處臥，目眩唇焦損精神。要效油蜜消黃散，不過三上即安身。十一問：肝傷水者，冷氣傷，眼目不開，毛焦肉顫，可治之。歌曰：肝家傷水口鼻青，出氣往來冷如冰。毛焦瘦弱眼不開，冷氣攻於膈上凝。上沖臟時和胃口，尋思內發外分明。此者便是肝傷水，認取根源莫亂逞。十二問：心傷水者，臟冷逆鼻似冬淩，兩膊肉肋顫，可治之。歌曰：心家傷水口鼻冷攢，蹄肉顫兩膊襟。胸前肉動又毛焦，憎寒襟森愛日影。此者本是心傷水，莫得胡猜損於內。十三問：肺傷水者，外傳鼻中，清水頻滴，毛焦肉顫，可治。歌曰：肺家傷水鼻中滴，毛焦肉顫頻瀝瀝。口鼻白色似冬淩，下唇哆呵垂頭立。本因冷氣注於胸，也是腑內冷相激。十四問：腎傷水者，冷氣吼聲，垂頭耳肉顫，可治之。歌曰：腎家傷水兩耳垂，渾身肉顫又頭低。口鼻磣澀出氣冷，臥後盤身便屈遲。此者本因腎傷水，識其形狀是明醫。十五問：脾傷水者，冷氣傳於胃口，肉顫憎寒，不食水草，可用藥治之。歌曰：脾家傷水更憎寒，肉顫渾身似一團。出氣之時口鼻冷，四蹄攝聚把身攢。病體數翻依經本，隨方用藥辨根源。此者本是脾傷水，細意搜尋辨一翻。十六問：孳畜內障眼有幾翻？內障者有一十六翻，五臟所生，可以治之。歌曰：內障從來十六翻，一點由如水上盤。陽裏著時應日月，陰中看後左邊緩。陰中一夕雲中去，朗月分明覷遠天。不是術人誇好手，東西南北盡談傳。十七問：孳畜頻頻唧泄者，胃口冷熱相沖，毒氣作聲，頻頻唧泄也。歌曰：頻頻唧泄臟不調，脾冷胃氣毒迎朝。大小腸中如雷吼，吃卻草料不能消。變化毒氣頻瀉蕩，日焦日瘦又毛焦。要效桂心豆蔻散，直饒篤病見功勞。十八問：六畜脹疫者，五臟壅毒，積熱逆氣奔腸，五翻脹疫，治之可也。歌曰：五翻脹疫病傳將，亦覺聲喚早頻啌。初得心肺生熱毒，外傳鼻內滿口瘡。眼赤肝壅多有淚，頻顫臟腑氣通腸。亦覺調治先解毒，莫隨膿泄血口口。十九問：六畜糞頭緊硬者，壅毒腸中，宿草不消化，可用藥治之。歌曰：五臟壅毒腸中難，熱盛積聚生此患。大小腸中不消化，日夜拋糞如鐵彈。毛焦瘦弱又蹤踵，慢草羸尫精神慢。要效脂硝取臟中，敗毒糞硬病消散。二十問：孳畜生駒，惡物在腹中，頻頻尿血水及子腸惡物，何以治之？歌曰：落胎惡物在子腸，腹脹在腰小便忙。痛沖胸膈時時悶，日深不取命須亡。要效早用敗毒散，地龍膩粉最為良。當歸沒藥堪可治，騏驎甘草骨碎將。二十一問：心肺黃者，病內生壅毒，腹中疼痛，兩眼胡覷，實似醉狗，何以治之？歌曰：心肺黃病集熱醫，眼前花發見東西。立地之時如醉狗，臥輥成上聚四蹄。腹中疼痛如雷吼，每度疼時汗似泥。連灌三服敗毒散，三焦閉卻為醫遲。二十二問：慢腸黃病者，宿草第四盤中聚成病，內主疼痛，不消化，糞頭緊硬，忽起忽臥，用藥治之。歌曰：起臥要識慢腸黃，宿草困水大小腸。三朝兩日頻輥顫，糞拋隨水硬光光。一陣痛時和腰脊，一回疼後卻爭張。急灌過藥令交蕩，莫教腹脹見身亡。二十三問：慢肺黃病者，宿草不消，是困水納其二臟，生其此患也。歌曰：起臥須知慢肺黃，左右周回覷膁堂。立地鎮腰拖後腳，臥輥四蹄向上蹌。展腰亞身不噍磨，糞拋脂熳硬光光。亦覺便用脂和藥，日多生脹見無常。二十四問：肝暈病者，肝家壅積，聚毒氣上沖膈前，迷悶疼痛，兩眼不見，遍身有汗，不住胡走，急起臥，以藥治之。歌曰：肝暈起臥見精神，壅毒兩眼不見人。逢牆入坑胡更撞，椿上繫定不須存。遍身毛焦瀝瀝汗，肝熱沖心灌胃門。新水淋頭涼藥解，當時七魄見三魂。二十五問：鎖腰風者，汗拍著腰胯，四肢恰如筋斷，搭眼睛，遍身肉顫，治之。歌曰：醫人要識鎖腰風，腰哆難行醉狗同。難立倒坐拖後腳，攝腰鳴處痛形容。發時肉顫頭項硬，翻睛眼露白人瞳。盲醫不識須胡道，卻言磨療鬼神風。二十六問：四柱風者，客風透入四肢，虛腫無力，難起難臥，用藥治之。歌曰：前腳拒定後腳坐，欲起不起又卻臥。喚得醫人看病源，諸家求神言是禍。醫人不識四柱風，燒錢奏馬免災禍。各依敗毒能針治，下藥克日須安可。二十七問：癱瘓風者，賊風透入四肢，內攻臟腑，四腳無力，恰如筋斷，起臥無因，此病難療，何以治之？歌曰：孽畜病腳癱瘓風，邪風敗氣鎖腰中。脾傳胃逆朝百會，腎閉筋骨四肢攻。蹄腳無力如筋斷，臥地難行救無功。似此形狀不下藥，日深必定命歸空。二十八問：臍風者，賊風透於臍，內傳五臟六腑，外傳滿身僵硬，眼目吊翻，牙關咬定，用藥治之。歌曰：臍風鎖口片時間，初時先是閉牙關。渾身僵硬兩耳直，雙睛吊起更頻翻。三日傳來鬃毛乍，五朝必定吐痰涎。亦下火針須用藥，莫教傳定命運愆。二十九問：肝氣痛者，上沖肝臟，腹中疼痛，外傳眼赤，時壅注悶，張口啌喘也。歌曰：肝家氣痛起臥懶，壅毒注悶張口喘。兩眼赤色把頭秤，開眼覷人如閃電。腹中積聚逆氣朝，內生外傳來往返。本是臟中同共得，要效早用七星散。三十問：心氣痛者，積聚壅毒注悶，內生疼痛，外傳有餘汗，喘啌急也。歌曰：心家氣痛起臥忽，口內如花舌上紅。起臥胸前微微汗，喘息注悶逆氣沖。便用王良止痛散，偏能敗毒心中松。三十一問：肺氣痛者，飽上行急，困草不消，內生疼痛，貌悶喘粗，遍身汗出，用藥治之。歌曰：肺家氣痛似刀犁，起臥肉顫汗微微。口鼻白色喘息粗，左右搖頭顫肚皮。急用妙藥針本穴，當時輕快病痊宜。三十二問：腎氣痛者，宿水草不消化，小腸疼痛起臥也。歌曰：腎家氣痛又傳腰，皆因宿水不能消。小腸疼痛中難忍，腰疼起臥受無寥。繞背毒氣如雷吼，臥後拳腳怎舒腰。交篤轉時前跑地，止痛散下有功勞。三十三問：脾氣痛者，冷傷脾胃，內生疼痛，逆氣沖心也。歌曰：脾家氣痛起臥忙，腹中疼痛似刀傷。氣者冷防脾胃逆，舒腰不動甚難當。要效桂心豆蔻散，減痛除災免禍殃。三十四問：大小腸冷痛者，腸中雷鳴，內生疼痛，逆氣相沖，治之可也。歌曰：大小腸中冷氣迎，皆因厥逆病相乘。起臥痛時頻輥顫，腸中作聲似雷鳴。使用止痛檳榔散，何愁此病不安寧。三十五問：臟腑冷者，口中吐痰水，即漸瘦弱，可治之。歌曰：久患諸臟冷來侵，口中痰水舌底沉。發時肉顫渾身動，瘦弱羸尫病轉深。桂心附子良薑散，此病灸冷要推尋。三十六問：眼中冷淚，四肢困者，冷傳於脾，四肢無力，眼中冷淚，用藥治之。歌曰：肝冷傳脾淚連連，頭垂偏愛日陽前。臥後彎頭嘴紮地，行時無力四肢癱。要效洗肝溫脾散，此般藥效值千錢。三十七問：膁顫者，脾腎冷，冷傷胃病，用藥治之。歌曰：膁顫脾腎冷來侵，起臥腸中痛轉深。因為曉水浸裏面，又為此病痛難任。厚朴官桂縮砂散，酒下之時喜不禁。三十八問：小腸秘澀，毛焦皮黃，時時疼痛，用藥治之。歌曰：小便尿澀小腸傷，瀝瀝便時金色黃。疼痛尫羸頻頻臥，遍身皮毛沒精光。芍藥桂皮二附子，一時灌下便安康。三十九問：脾風者，急水傷脾，胡走作聲，後腳踢前膊，可用藥治之。歌曰：畜患脾鳳不住走，頻頻作聲驚人吼。繫定繞椿來往轉，後腳往前踢膊口。火針脾胃用藥醫，當時立效人皆喜。四十問：心風黃者，血注沖心，哮吼不住，作聲胡走，可治。歌曰：心肺黃病走來頻，哮吼高聲驚四鄰。眼睜三角逢人撞，見者都道不曾聞。名醫使烙天門穴，當時立效似還魂。四十一問：日夜作聲，不住呼喚者，為肝膽內有黃，呼為寶，養富也。歌曰：肝膽有黃吟哦聲，百翻聲氣可人聽。臟腑之中有貴物，養牲必定家道榮。醫人不識胡亂道，休立病狀亂施呈。四十二問：五臟傷熱者，膈上壅毒，生口瘡、吐涎沫，毛焦慢草也，用藥治之。歌曰：傷熱毛焦五臟傳，口舌俱赤吐黏涎。啌聲注悶水草慢，痛瘡難咽被涎纏。要效除非黑藥子，要將油蜜煉白礬。四十三問：饒汗出，五臟積熱多饒汗，口中燥悶，用藥治之。歌曰：五臟積熱多饒汗，六腑相傳燥熱亂。臟腑不和主悶多，所以汗出生此患。不治毛焦水草微，日深成病為災難。對證涼藥解毒散，自然安樂身輕健。四十四問：肺邪牽者，客風透入，外傳膊痛者，用藥治之。歌曰：項曲頭降搐到彎，偏風成病是根元。風抽筋急轉外面，恁時呼作肺邪牽。此患肺風鎖三葉，外傳頭上病如然。用藥表時通臟腑，要效針烙項兩邊。四十五問：肺把膊，飽上沖肺頭，疼痛、慢草、難行，可治之。歌曰：肺把膊時飽上得，肺頭疼痛向前速。急行傷重肺把膊，四蹄攢時緊去撮。毛焦慢草又頻啌，滿身皮肉如繩束。用藥火針膊兩相，毒氣消散是良畜。四十六問：肝肺黃者，二臟熱盛，疼痛喘息，有汗，可治之。歌曰：肝肺黃病眼睛昏，起臥多饒辨有因。逢人便撞難攔護，繫在樁上轉來頻。鼻咋喘時粗氣出，微微須有汗渾身。此患三朝通治療，日深傳受命難存。四十七問：口鼻糞出者，飽上沖著羅膈，脾胃上逆相沖，呼為水草翻，日淺通醫。歌曰：口鼻吐糞水草翻，沖著羅膈脾胃間。眼合耳垂不吃草，日焦日瘦不能安。或脹或消吐出糞，五臟毒時逆氣轉。日淺通醫容可治，日深須是病難痊。四十八問：頻啌聲哽者，因飽上行急，前腳難移，可治之。歌曰：日夜聞啌水草慢，更添哽氣頻聲喚。飽上行急五攢痛，前腳難移臥時顫。要效甲膊火針治，消黃治膈醫斯患。四十九問：慢草瘦弱者，因傷重沖著五攢，內生疼痛，毛焦，宜治之可也。歌曰：朝朝水草似餐泥，日日皮膚瘦又羸。骨瘦如柴行路弱，四肢無力項筋垂。日久啌聲聞哽氣，肋肢肺貼病難醫。五十問：傷重咳喘者，著熱傷重沖心肺，注悶疼痛，外傳喉骨，鼻中膿出，又慢草，可以治之。歌曰：熱傷心肺又頻啌，鼻中膿出喘忙忙。毛焦瘦弱水草慢，恰如鬼狀項郎當。立時行步風吹倒，臥後合眼少精光。醫人用藥急針治，日深肺脹命須亡。五十一問：傷重沖心肺者，難以調治，壅毒，不食水草。歌曰：傷重行急損心肺，鼻內膿流時臥地。雙眼赫赤不見物，渾身肉顫應如醉。五攢疼痛草難食，榮衛之間氣須閉。此般行狀藥休醫，假饒妙手應難治。五十二問：傷重瀉膿血，沖著臟腑，壅毒，慢草瘦弱，可治。歌曰：飽上傷重更著熱，朝朝聞啌瀉膿血。慢草瘦弱漸尪羸，骨瘦如柴無力怯。起臥之時不肯休，此患為因皆是熱。奉勸主人辨藥資，胡下藥時神夭折。五十三問：腸中喞瀉膿血，壅毒，疼痛，氣脈不順，可治之。歌曰：傷熱腸中膿血沖，臟腑壅毒胃氣攻。臍下痛時如刀割，一回疼後奔心中。日漸瘦來筋骨露，耳慢頭垂脊似弓。識病先下敗毒散，然後調治氣須通。五十四問：喞瀉者，困水腸中，宿草不消，逆氣相攻，頻喞水，宜治之。歌曰：困水喞瀉不安寧，傳來胃氣若雷鳴。日深漸瘦柴相似，脊梁劍刃甚伶仃。動腳欲倒行無力，臥時難起弱儀形。只宜針治八穴，補其臟腑得安寧。五十五問：冷水傷於五臟，胃氣不和，腹中雷鳴，頻頻喞水，何以治之？歌曰：冷水朝朝似流津，腸中雷震吼聲頻。脾腎冷來胃氣逆，大小腸中漸漸疼。兩膁搐時水草慢，尪羸瘦弱沒精神。要效針熁治臟腑，腎棚針了及雲門。五十六問：敗水逆行，五臟不納透外臍，可治之。歌曰：困水荒外奔臍來，敗水逆運滿腹懷。榮衛閉塞血脈滯，頭垂肉顫腳難抬。醫人若還識此患，先調脾胃藥安排。更用解毒針本穴，莫教性命掩塵埃。五十七問：宿水荒外，宿水不納者，逆氣攻心，內生疼痛，傳於荒外也，可治之。歌曰：宿水荒外徹肚漫，腹中冷痛似刀剜。痛臥肉顫生腹脹，痛連腰脊急拳攣。識者用藥敗餘水，不會卻道脾胃寒。三日已前通治療，五朝已後命須拼。五十八問：敗水侵於橫腸，臟腑疼痛，用藥治之。歌曰：敗水荒外繞橫腸，臟腑疼痛似刀傷。或腫或消又卻下，朝朝慢草莫精光。傳來肉顫添哽氣，兩肋氣刺似心狂。名醫去毒除宿水，不知胡灌命須亡。五十九問：食槽血結者，心臟熱壅，外傳食槽，切治之。歌曰：血結食槽食裏生，毒傳撮聚長來成。上下根苗傳臟腑，食槽裏面結成精。腫破徹連喉骨大，鼻中膿出自然清。開喉用藥能醫治，後學之流莫亂呈。六十問：草結者，肺中壅毒，外傳食槽，有膿血，治之。歌曰：草結原從胎內來，腸中有結結成坯。食槽生時筋肉聚，恰似胡桃累累排。發時臟腑頻啌喘，急喚醫人取結開。手奔之時猶小可，犯著蛾眉惹禍災。六十一問：食槽壅毒，氣結，喉骨高者，用藥治之。歌曰：食槽草結有二般，就中氣結脂膜纏。夾喉食槽喉骨腫，緊硬忙醫醫豈寒。鼻中膿出頻啌喘，往來出氣欲奔肝。名醫開喉能取結，盲醫不會亂胡言。六十二問：毛焦者，五臟積熱，血脈壅乃毛焦也，可治之。歌曰：三焦不和傷他熱，五臟壅毒氣脈結。榮衛閉塞來往悶，不醫多日生瘡癩。要效油蜜消黃散，身上毛光精神悅。六十三問：口中涎水，為冷熱相，結於羅膈上，蛔蟲落架，心頭痰水也。歌曰：口中白沫吐黏涎，落架蛔蟲呼肺痰。冷熱相攻朝膈上，頻頻咳逆更心煩。要效白礬蕎麵蜜，立效除要黑神丹。六十四問：一種脾寒者，肉顫疼痛，兩眼橫照，頻頻點頭，切須以藥治之。歌曰：一種脾寒又傳肝，點頭肉顫耳雙牽。遍身疼痛如錐刺，筋骨酸疼似刀剜。發汗要效溫脾散，四肢輕快便康安。六十五問：二種脾寒者，噤森，肉顫，腸疼，口色白，可治之。歌曰：二種脾寒冷透心，咬牙噤森顫吟吟。小腸疼痛頻頻臥，口色白黃似淡金。風藥解毒先出汗，本穴應須用火針。六十六問：三種脾寒肉顫者，鼻中水出，大　腸疼痛，腹中雷鳴，多下氣也。歌曰：三種脾寒又傳肺，毛焦肉顫兼鼻涕。大腸疼痛輥顫多，腹內雷鳴多下氣。火針本穴氣自通，先須治胃方中記。六十七問：四種脾寒，肉顫舒腰，脊疼，兩肋痛，頻起臥也。歌曰：四種脾寒又傳腎，攢身顫慄多心噤。舒腰挽脊臥頻頻，痛刺脥肋如刀刃。下針本穴便須痊，妙藥三服氣脈順。六十八問：五種脾寒，肉顫，雷鳴，起臥疼痛，慢草，可治之。歌曰：五種脾寒傳胃口，肉顫雷鳴腹內吼。病時輥顫沒精神，臥後彎頭恰似狗。氣藥暖胃治腸中，火針立效方中有。六十九問：六種脾寒，肉顫噤森，槽頭引嘴，貌悶疼痛，腹中作脹。歌曰：六種脾寒傳五臟，肉顫噤森頻頻脹。腹中疼痛貌悶多，更兼逆氣攻膈上。膈下毒氣又來沖，直是妙手也須喪。七十問：七種脾寒，遍身肉顫，逆氣攻心，可以治之。歌曰：七種脾寒傳六腑，肉顫渾身來往走。逆氣疼痛抱心來，眼黑倒地陌然吼。唇口青黑似冬淩，片時身死為灰土。七十一問：八種脾寒，三焦壅滯，血脈不通，憎寒頻臥，宜用藥治之。歌曰：八種脾寒傳胃間，三焦逆氣體艱難。冷氣侵時頻臥地，疼於五臟又憎寒。要效火針十二道，表淤寒氣便身安。七十二問：九種脾寒者，肉顫毛焦，腸中吼聲，亞身頻尿，用藥治之可也。歌曰：九種脾寒大小腸，腹中冷氣吼聲狂。肉顫毛焦寒噤森，亞身頻尿淡金黃。火針五攢須得快，溫和六腑便安康。七十三問：十種脾寒，肉顫拳攣，吐水多，可治之。歌曰：十種之病號脾寒，發時肉顫怎拳攣。腹內不和下氣吼，口中痰水冷連連。更用火針針四道，是須長灌木香丸。七十四問：猝然瀉唧，困水宿草，腸中不納，冷熱相攻，內生疼痛，時時瀉也。歌曰：急水急草熱上來，腸中瀉水卒然災。成病腸中如雷吼，下來疼痛若刀開。腹內不和寒熱甚，頻頻逆氣又隨來。火針百會和溫藥，萬病消除最妙哉。七十五問：冷熱不定，又傳脾胃，疼痛起臥，腹作雷鳴，用藥治之可也。歌曰：氣痛起臥旋舒腰，左右回觀跆地跑。腹中疼痛如雷吼，倒覷時時後腳蹺。當歸芍藥能止痛，木香酒下治相調。細辛橘皮香白芷，此般好藥有功勞。七十六問：冷傷內腎，腰胯無力，難起臥，可治之。歌曰：畜患腎冷氣把腰，腎家冷病不能消。臥後起難無氣力，行時磨腳更拖腰。百會八須針烙，溫腰暖腎切能調。先放交當掐脊骨，不過半月病除消。七十七問：瘦弱者，飲著毒氣，水砂入肺中，可治也。歌曰：毒氣砂石入肺腸，不能消化腹中藏。草遲無力身沉重，即漸尪羸病莫當。朝朝合眼頭垂定，少卻精神未可當。針烙且須先治療，日深必定命無常。七十八問：傳肢肺病者，因騎急汗出，困中上槽，誤食臭草、砂土、雞糞，臟腑不消不化，可治之。歌曰：畜患傳肢困喂忙，臭草毒氣臟中傷。初得外傳和腳痛，不知早至外還相。四腳傳來頭項硬，喉骨高大鼻膿漿。慢草難臥行無力，要效針醫神效方。七十九問：項恡把腰者，內傷五臟，困中汗出，賊風掐著，項強，起臥，腳粗。歌曰：項恡把腰頭低難，汗出掐著皮膚間。皆因行急傷五臟，漸漸尪羸似刀剜。筋骨硬時難臥地，後腳粗時痛無偏。早遇良醫必須差，不識之人卻胡傳。八十問：胎駒有患者，母臥旋四蹄，弩哆，尿澀者，因傷輥，可用藥治之。歌曰：胎駒有患最難醫，母臥弩哆旋四蹄。子痛母疼不敢輥，頻頻尿澀下遲遲。安藥子腸無惡物，犯時水道血衣垂。敢取二般知端的，已日連夜辨高低。八十一問：駒子奶結者，腸中壅毒，熱結，定氣，腹脹，疼痛難忍，可用藥治之。歌曰：駒子奶結也難醫，腹脹起臥是災危。滑石油蜜同膩粉，灌時子細用心機。玄妙風藥筆管中，溫水同將穀道吹。取之隨行三二里，通關氣道病方移。

明　楊時喬《新刻馬書》卷八《天王置三十六黃病源歌》　急心黃第一：急心黃病多饒驚，擺尾搖頭不暫停，水草不食頻起臥，咬物傷人兩眼瞪。硃砂雄黃并甘草，人參茯苓分兩停，灌之三服不輕可，此時命盡掩幽冥。急肺黃第二：急肺黃病患不輕，醫工初見早心驚，打尾瞪目身有汗，喘粗舌紫口唇青。火急調藥速灌咱，看其脈氣便沉沉，唯有神仙能治療，爭奈神仙不易尋。急肝黃第三：急肝黃病要審詳，忽覺得時脈不強，動腳之時似醉狗，目暗昏昏亂撞墻。眼脈胸堂須出血，洗肝解毒最為良。急腸黃第四：急腸黃病看其真，回頭覷腹又褰唇，水草不食頻起臥，喘粗喘急猛倒身。甘草大黃山梔子，吳藍黃藥大青珍，豬脂炒鹽并豆豉，灌之不減救無因。慢肺黃第五：慢肺黃病最分明，前探哽氣喘啌頻。水料不食須啌草，鼻中膿出病十分。陰硬帶黃腫其腳，試拈鬃尾落紛紛，此病見時休治療，多應命盡在逡巡。慢心黃第六：慢心黃病強精神，墜韁無力睡昏昏，驀然覺來多驚恐，行行咬物亦傷人。甘草大黃并梔子，黃連黃藥用蔚金，川硝白礬白沙蜜，三灌難痊病已深。慢肝黃第七：慢肝黃病似急黃，形狀相同脈稍強，眼目昏昏兼慢草，用何醫療最為良？防風甘草川羌活，黃連黃藥用青葙，沙糖綠豆同為汁，灌之三服自安康。慢腸黃第八：慢腸黃病起臥頻，時時看腹又褰唇，三朝五日不食草，氣道時時奔後行。甘草大黃黃藥子、黃連四味分兩停，豬脂炒鹽并豆豉，灌之三服定安寧。遍身黃第九：遍身黃病世間稀，啃咬渾身揩破皮，揩擦皮膚如血色，唇紫舌赤又病蹄。三堂六脈須出血，消黃治肺共扶持，三朝灌啗不輕可，直饒妙手也難醫。胸黃第十：馬患胸黃最不宜，夏月炎天多有脂，馬嫩馬肥失灌啗，更緣走驟惡乘騎。白針豁皮黃水出，大黃何首朴消宜，豬脂豬腦頻頻擦，消黃治肺共扶危。心疸黃第十一：心疸黃次胸黃病，胸堂近上柱槽中，心疸近下雙腳裏，能腫能硬及有紅。白針旋破黃水出，大黃為末油鹽同，沙糖蜜水消黃藥，灌啗斯須速有功。肚黃第十二：馬患肚黃速須醫，騍大二馬各須知，大馬患時連肚腫，小馬侵奶亦侵臍。臍畔三分元是穴，宿水三升不可遲，溫熱更須投氣藥，自然痊差不須疑。內腎黃第十三：內腎黃病初得時，抽搐後腳水草稀，時時腹脹回頭覷，仰瓦胯瘦抽其蹄。茴香益智香白芷，苦楝官桂青桔皮。溫酒小便并鹽灌，未喂之時與灌之。木腎黃第十四：木腎黃病腳難移，陰囊腫痛硬如錘，回頭舒展頻哽氣，喘粗頭低耳亦垂。下針之時看分寸，騏驎沒藥用當歸。茴香益智香白芷，鹽湯通草可同醫。偏次黃第十五：偏次黃病要看詳，忽覺醫家心早忙，或在胸前或在膊，項邊脊畔出非常。微微似腫即漸大，急下神針及妙方，名師用藥兼醫療，大命方知得久長。搊嗓黃第十六：搊嗓黃病速須醫，醫工忽見早生疑，馬嫩馬肥失灌啗，致令毒氣在心彌，毒氣發來喉鼻塞，抬頭不得腫又低，早期得病黃昏死，夜後還生信是奇。膝黃第十七：馬患膝黃病不任，水草如常腳步沉，膝上有腫生膿血，白針未可用陽針。大黃何首同為末，豬腦豬脂效最深，油單濕布頻封裹，治肺消黃直萬金。蹄黃第十八：馬患蹄黃貴速醫，如石似鐵用針非，白針針時未輕可，轉加疼痛要須知。用火燒鐵鉆蹄烙。真酥豬腦數抹蹄，腳下磧石須灑水，放令頻臥是良醫。腕黃第十九：馬患腕黃要看詳，後腳屬陰前屬陽，前腳患時熱又腫，後腳節骨冷如霜。前腳大黃脂腦裹，後腳木鱉用為封。前腳定應春夏有，後腳多是向秋冬。單嗓黃第二十：單嗓黃病甚分明，一邊嗓腫一邊輕，白針出血轉加硬，火針旋了卻還平。豬脂并酥勤勤潤，消黃治肺啗宜頻，放入欄中令自在，自然病可有精神。舌黃第二十一：馬患舌黃用心窺，精神依舊水草稀，腹中害饑頻索草，及至上料卻不饑。但須開口舌上覷，舌腫舌硬有瘡痍。酥蜜生油甘草末，每日頻頻與啗之。鼻黃第二十二：馬患鼻黃出氣粗，鼻腫鼻硬藥難敷，白針旋時無膿血，火針刺療得消除。豬脂豆豉川硝末，消黃治肺亦相須，麝香瓜蒂并雞子，頻與塗鼻免教殂。頰黃第二十三：馬患頰黃有雙單，耳鼻眼頰腫如山，一邊患時元輕可，雙鼻牽連食槽間。火針勻旋毒氣散，口服消黃不暫閑，酥蜜生油川硝末，沙糖漿水共白礬。背黃第二十四：馬患背黃子細看，脊梁兩畔鞍貼間，有腫似鐵針不可，直須火烙斷根源。蛇黃第二十五：馬患蛇黃要知因，牽連肺臟是其根，傷重遠行及傷熱，傷飽奔馳損庚辛，有腫似蛇皮膚底，隱隱相連似紅津。火針不可須燒烙，治肺仍敷藥有神。耳黃第二十六：馬患耳黃有單雙，雙少單多是尋常，耳腫耳硬生膿血，內有膿囊似宿腸。下針之時綿塞耳，勿令膿血向裡傷。病若差時不依舊，一耳低垂一耳張。脾黃第二十七：馬患脾黃要審詳，外連肷唇號中央，脾冷口乾多飲水，脾熱脾毒口褰張，冷氣傷著脾肋顫，冷草傷脾口色黃。帶黃第二十八：馬患帶黃用心看，為侵羅膈近肺間，傷重傷飽緊鞍帶，致令血脈不通連。白針出血不輕可，直須火烙斷根源。腦嗓黃第二十九：腦嗓黃病得多時，鼻中膿出有瘡痍，水草不食漸漸瘦，不覺身軀化為泥。肺嗓黃第三十：肺嗓黃病惡形狀，黃病初出連四肢，毛焦眼赤精神慢，搖肷腳散不多時。腦黃第三十一：馬患腦黃兩耳垂，四腳頻移頭又低，腳狂亂走不見物，風門火烙不宜遲。慢偏次黃第三十二：慢偏次黃有何醫，搶風頭上腫如梨。急須針破塗大糞，更灌涼藥病相宜。胞黃第三十三：馬患胞黃病可知，秘注後糞草料稀，回頭向腹頻頻盼，小便淋瀝似血垂。燈芯通草鹽湯灌，便泉清利是安時。單肝黃第三十四：單肝黃病目無光，搖著倒坐腳又狂。涼藥蒽漿大糞灌，取出腦涎火烙強。尿黄第三十五：尿黄因冷聚其熱，變為腫氣兼有血。臨时用藥使大黄，塗時醋面調鹽末。鎖口黄第三十六：鎖口黄病少人知，識會之人方可醫，一名心風噤卻口，時人見者亂猜疑，人參茯苓并遠志，黄連甘草共山梔，羌活川消并雞子，須知灌咱速為宜。

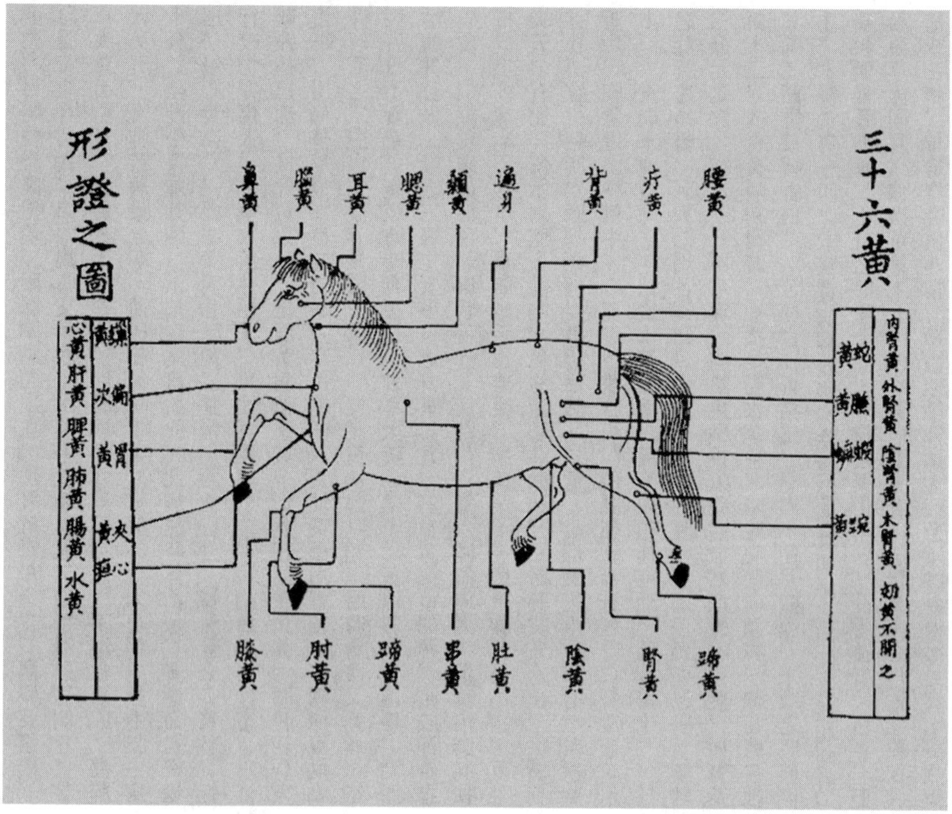

又《治一十六般蹄痛病》 此關邊馬奔走、馳逐戰陣，多患此，各地并同。

乾漏痛第一：蹄主乾漏本因風，血脈衰時不變膿，若被敗泥填塞滿，行時覺痛步移慵。利刀割開多眼竅，藥攻火烙銲蹄中，免教筋骨時多病，依法行時自有功。濕漏痛第二：痛極無過濕漏時，只因毒氣注於蹄，不經旬日成膿後，遂致蹺腳徙步移，此病常人多不識，切須詳審使良醫，削開出卻蹄中痛，立交奔走疾如飛。蹄胎痛第三：蹄胎疼痛不尋常，只因出血被針傷，世人不辨蹄中痛，到處求醫更揀方，此病若還全不療，前程中路實難防，但依藥法勤勤理，除卻根源命自長。擘掌酸第四：血注蹄頭擘掌酸，一面牽動似刀剜，直須掌內淋漿洗，用藥塗瘡莫小看，若見盲醫休著見，恐將心肺亂猜傳，更宜子細分明驗，此法無過貼便安。護乾痛第五：熱生六腑掌中乾，入轡驚狂不自安，不是駿駒心性劣，卻因騎動滿蹄酸，利刀割的浮皮破，藥潤能乘千里鞍，從此便同馴善馬，世人不信但騎看。土旋痛第六：良驥蹄中多土旋，驟行愛蹶痛難任，行時正值途中暑，為過山溪入水深，冷熱不勻生旋裂，藥填火烙銲蹄心，不經旬日生新甲，削見依元喜自生。穿漏痛第七：馬患穿漏大忌空，內無毒血亦無膿，痛多即漸傷筋脈，鎮日無聲臥廄中，但用靈膏塗數上，別生新甲見有功，更將黄藥頻頻擦，退下元初舊一重。蹄薄痛第八：本是生駒形不全，四蹄輕薄痛無偏，只因胎氣生時怯，走驟惟憂踏硬田，馳騁若從砂磧過，算來騎也不如牽，不須過削常教長，任使它人笑不圓。水蹄痛第九：良驥無奈水蹄痛，踏濕沾泥軟似綿，硬地驟時連腕腫，沙石行處似刀剜，但將人髮為灰末，黄蠟松脂一處煎，淨洗四蹄塗此藥，任交騎壓過山川。蹄裂痛第十：畜有天然性格高，不甘群類共同槽，幾回跳躑因傷甲，數度咆哮痛自遭，進損四蹄如此狀，宜塗止痛潤蹄膏，若還連堂兼蹄痛，針烙臨時用藥消。蹄隱痛第十一：馬因過水踐途泥，砂石因而隱在蹄，自後入深人不見，卻於諸處覓良醫，但將尖物輕挑出，挑出之時用藥彌，從此不疼須記著，再經砂石請防之。蹄口痛第十二：駿驥時時掌內疼，只因多立少人乘，乍傷筋脈行長路，血注蹄中出未能，擘掌兩邊針一刺，更將黄藥傳三層，腫毒自消能健步，峻嶺高山自在行。蹄疼痛第十三：四蹄風盛注成瘕，踏雪名高血污殘，連腕腫時無奈痛，此蹄疼處去何難，先針出血後塗藥，不過旬朝定好安，退盡白痂重淨洗，縱行千里豈為難。掌爛疼第十四：掌爛疼時亦可憂，凝血蹄中不放流，雖是一般輕可病，常人爭會辨因由，本因踏硬連胎捐，烙鐵醫之疾便瘳，今後分明須記取，免於藥內亂披求。子骨痛第十五：子骨連蹄痛徹心，愚人不曉怎生尋，只因險徑曾經失，骨縫開時敗血侵，微燒烙鐵輕輕熨，蹄門出血莫令深，仍將妙藥依方使，痛去如拈直萬金。掌蹄痛第十六：馬因行遠太難加，更被人騎過浪沙，蹶著掌蹄連骨痛，十朝半月尚頑麻，其中毒血雖然出，藥裹無痛定不差，卻便依元筋骨健，播揚高術滿城夸。

又卷一〇《天王七十二大病形候》 夫馬生天地之中，稟陰陽造化之氣，故蹄可以踐霜雪，毛可以御風寒，任重致遠，行地無疆，而武所賴以閑習者，豈可後哉！昔神農皇帝創置藥草八百餘種留傳人間，救療病馬。自後馬師皇、孫伯樂、王良、造父間世而出，為時名醫，能辨馬之寒熱，識馬之虛實，觀形骨之駑駿，別四時之受病，又能知五臟六腑之病源，察五行衰旺之氣候，有病，針藥隨療即瘳，而為萬世之師也。春，三個月，肝旺七十二日，位列東方甲乙木，外一十八日，旺於脾。夏，三個月，心旺七十二日，位列南方丙丁火，外一十八日，旺於脾。秋，三個月，肺旺七十二日，位列西方庚辛金，外一十八日，旺於脾。冬，三個月，腎旺七十二日，位列北方壬癸水，外一十八日，旺於脾。脾屬中央戊巳土，此是五臟各旺七十二日。為脾旺四季，是陰陽之表裡，都計一年三百六十日，土、於四季各旺一十八日，都計七十二日為土旺時日也。脾無正形，分在戊巳之位，乃於中央，以四臟為主。腑病為陽，此病易醫；臟病為陰，此病難測。馬有四百四病，內有七十二大病，其意深，其旨遠，病相各別，醫者當用心求之矣！第一，馬患脾家病。口色多黄，鼻冷多寒，不食水草，褰唇似笑，傷冷之候。速與針熁，須灌溫脾藥。歌曰：冷傷脾病少精神，鼻冷毛焦顫不寧，薑棗厚朴能和胃，脾穴溫針更熁頻。第二，馬患傷脾。胃氣不和，水草漸退，精神減少，眼色慢，色脈短少。須灌氣藥。草傷脾病氣不和，頻頻呵欠不奈何，水草進退微要臥，氣滑藥灌酒相和。第三，馬患脾不磨病。草穀難消化，脈氣不和，鼻中息短，精神慢，多臥，上唇似笑。速須針脾，用生薑棗煎氣藥灌。脾不磨病要得時，口中青黄氣力微，鼻冷頻頻時要臥，針脾暖胃恰合宜。第四，馬患偏次黄病。從心臟起，生在肺門後。此病直透心肺，多是心臟壅毒，有失灌啗涼藥，為緣馬熱上生黄。速須針醫、灌啗涼藥、塗之。偏次黄病有可醫，搶風頭上腫如梨，急須針破塗妙藥，更灌涼藥病相宜。第五，馬患急偏次黄病。亦從心臟起，為緣馬春秋不抽六脈血及喂熱料，毒氣攻於五臟，所以病生。速灌涼藥，抽其大血。急偏次黄心上得，搶風近上連食脈，若是正病治他難，些小皮膚要醫得。第六，馬患束嗓黄病。是五臟壅毒攻於咽喉，有失灌啗。須與：針烙、用藥，漸次消除；及與出血。醫遲，便見損傷。束嗓黄病咽喉腫，草料微細熱氣沖，火烙用針涼藥灌，更須塗藥漸消融。第七，馬患搦嗓黄病。肺注連腮腫毒并起，漸漸病重，草料不食，頭低，出氣不得。與灌消黄涼藥，抽胸膛血。搦嗓肺毒病要知，連喉腮腫急須醫，草料進退舌根腫，消黄涼藥用豬脂。第八，馬患肺牽把膊、雙拒胸膊病。此馬行步稍難，牽動便臥，時時用力牽倒。是因傷重，氣促損肺而得疾。把定胸膊難行，食脈緊急，食槽腫硬。須烙肺門。肺牽病狀又如何，食槽下面腫硬多，連膊把定行步慢，肺門針烙易奈何。第九，馬患草結病。在母腹中時，穀料之毒氣攻注。初時皂子大，次如杏核，漸若連珠。硬即是風，軟即是膿。若是不取，須致命矣！草結之病用心取，硬即是風軟是膿，偏損鞍馬結成膿，和根取了無復有。第十，馬患前結病。起臥喘息粗。因馬食草料之時，傷草穀在大肚中，熱氣積聚，惡糞成結，其馬負痛起臥，氣粗鼻咋，腹脹氣病。與灌：氣滑藥并四味脂氣藥透過，若不透過，即難治。前結起臥連胸臆，兩腳夾頭氣不通，頻灌氣藥啗四味，急走牽行即見功。第十一，馬患後結起臥病。馬因食乾草過多在腸胃，緣馬積熱，澀滯負痛，滾輾，聚糞成結。速灌氣滑油酒藥，使須入手按破，氣通即瘥。勿令放交氣滿。後結起臥腹脹大，回頭向腸測肋臥，入手打被氣脈通，交伊臥時也不臥。第十二，馬患中結起臥病。大腸壅熱，澀糞難行，積聚惡糞在板腸，腹痛滾輾，成結。中結起臥因失飲，冷熱氣壅不降升，須知此病是中結，變成和塊致沉縈。第十三，馬患冷痛起臥病。因冷熱不調，冷傷於脾胃，多作寒熱，氣痛不止。須灌和氣藥，更針熁脾腧穴，即差。冷痛起臥因傷脾，口鼻自冷出氣微，三熁穴上針要動，蔥酒下藥恰合宜。第十四，馬患大肚糞不轉結聚惡糞在大腸，更連板腸糞澀，多臥不起，時時回頭。須用脂藥一兩服，微微糞行。大肚板腸糞行澀，起臥頭低尾擺遲，起時前腳恰如坐，頻將四味啗豬脂。第十五，馬患胞轉病。欲待蹲腰卻不尿，馬氣澀失尿。與灌氣藥，入手撥正，即差。胞轉疾病失尿時，氣悶不順勿狐疑，滑石燈芯蔥酒灌，入手撥正用心機。第十六，馬患腸入陰痛。因滾輾，腸中有一竅穴，如錢來大，透入小腸於陰囊中，負痛，時時起臥、回頭看腹。須與氣藥治——『七傷』藥、蔥酒灌之，手揉，以圓帶子繫之。腸入陰時尿不通，頻頻回頭小腸中，以手揉過帶子繫，『七傷』氣藥酒和蔥。第十七，馬患水穀并。遍身汗出，鼻中有水沫出，努目，鼻咋，頭平，耳垂，鼻中時滴清水。水穀并病努目睛，鼻中水出冷如冰，遍身汗出鼻又咋，死生當日及更初。第十八，馬患水掠肝病。因熱困乏猛吃水，肝傷其水，又傷臟腑，漸入皮膚。水掠肝病目直視，遍身汗出喘息粗，口中黑色難治療，頭垂腳散命必殂。第十九，馬患渾睛蟲病。其病，因霧露水入眼，轉入睛中，號渾睛蟲。用藥點五輪、穴針，即差。渾睛蟲病本何因，露水入眼出不得，恐他點藥治療難，開天穴內針得力。第二十，馬患內障眼病。因心腎不安。腎屬水，心屬火，水火相克，二臟相傷，致令目中受病，眼目傳注，流脈入腦，於太陽穴針烙即愈。內障眼病醫莫遲，頭熱頻頻流腦脂，太陽穴內須針烙，『洗肝』涼藥用山梔。第二十一，馬患外障眼病。初得，有似熱暈，頻頻淚出，青暈蒙瞳人有似遮欄。速與：點、灌醫療，即差。外障眼病肝家積，初得淚下如雨滴，『撥云膏子』頻與點，更灌『洗肝』是仙方。第二十二，馬患筋骨風病。緣肝注肌骨，是肝臟邪氣攻於筋骨，有似風狂之狀。筋骨風病恰如狂，後腳拽胯行動忙，豆淋蔥酒鳳藥灌，醫人用意細消詳。第二十三，馬患腰腿風病。後腿腰胯無力，臥時筋舒，起止不得，兼是損著腎棚，簇肉俱斷。其病難差。腰腿風病初受時，後腳筋舒起不得，腰腿百會須針烙，五臟受風連胸臆。第二十四，馬患損著五攢痛病。出氣粗，精神慢，口痛不食水草，雙拒胸膊。須針六脈出血，止痛藥灌之。損著五攢并哽氣，欲臥不臥連心肺，水草微細拒胸臆，醫者分明子細記。第二十五，馬患筋風瘡。初得，作坑，有赤水流連蹄腕，漸次轉多。急須貼之。筋風瘡病連蹄腕，赤水常流不可觀，須是就瘡敷妙藥，不過數日必能乾。第二十六，馬患肺風瘡。初得時，前後腳連腿上下生出。須截烙與灌、貼藥。肺花瘡病急須醫，初出連腳後連腿，若是赤膿須且覷，藥非應病應難退。第二十七，馬患草噎病。因困來猛食水草，所咽不及，噎在喉咽內，至口中吐沫，遍身汗出，垂頭，便須治之。草噎病狀下咽遲，垂頭直項喘不得，口中沫出微有汗，此病多應人不識。第二十八，馬患卒心疸病。五臟各有毒氣，攻注於外，出自胸臆下至肺門，搶風上下，腫破。須針烙、塗藥。心疸黃病前腳開，腫硬醫家要安排，針鏃火烙頻水潑，多時未效奔心來。第二十九，馬患草傷脹病。因飽後騎，傷著咽喉，喘粗，腹脹結，喂時不食水草。起臥脹病飽太過，口乾喘粗氣不和，和水糞行無滯礙，氣滑藥灌便消磨。第三十，馬患肺孔開病。雙鼻血出，喘粗，鼻咋。因五勞而得，肺注於氣海，肺為華蓋，肺是五臟最嬌，不可傷之。肺孔開病雙鼻咋，頻頻血出兼喘啌，肺臟傷敗須救療，『七傷』理治定能痊。第三十一，馬患血海翻病。馬，心主於血，役於勞氣，是心臟之敗，致令血海翻。血海翻病心肺攻，有熱因病氣脈沖，沒藥當歸用酒灌，胸膛出血有奇功。第三十二，馬患腦黃病。初得時，頭低耳垂，精神短少，身轉，口中有水沫出。因五臟熱毒傳流入腦，變作腦黃。心中悶亂，發歇不定。涼藥灌之。腦黃得病兩耳垂，左轉頭低腳數移，水草細微精神慢，心腧出血恰合宜。第三十三，馬患肺嗓黃病。其病甚惡，兩鼻中黃膿極臭，毛焦，精神少，肷肋搐，因慢肺黃所傳。其病不可治。肺嗓之病惡形儀，黃膿兼瘦傳四肢，毛焦眼澀精神短，肷搐肺散不多時。第三十四　馬患急肺黃病。初得，毛焦受尖，汗流，遍身肉顫，腳不住，喘粗。肺臟壅毒，致有黃生。用涼藥灌之。急肺黃病初得時，口黃毛焦汗流之，板藍大糞豬清灌，鬃膊淋水急須醫。第三十五，馬患腦顙病。鼻中膿出，兼有瘡生，不覺漸瘦。不可治也。腦顙之病得多時，鼻中膿出有瘡痍，莫怪形軀漸漸瘦，倏忽之間化作泥。第三十六，馬患熱吝病。初時，腰、背、項緊硬，行步不穩形如風，耳緊。針項、針腰，灌止痛藥。熱吝之病兩耳緊，牽著脊硬行不穩，頻灌油藥并出血，用著風藥病必損。第三十七，馬患慢肺黃病。病初得，頭平，耳垂，精神短少，糞緊澀，尿遲如血汁，或似梔子黃色。若陰腫，鼻內有膿，即不可治。慢肺黃病兩耳折，水草不食糞又赤，若是陰腫并鼻濕，檢盡名方醫不得。第三十八　馬患肺顛黃病。腳狂，精神轉惡，或起、或臥、或顫、或驚，口色赤、白，或肺門有汗，走急。與灌涼藥。肺顛黃病腳又狂，肷搐精神轉更強，或起或臥來往走，急灌涼藥莫消詳。第三十九，馬患肺痰病。口中多吐涎沫，因肺壅熱所得此病。急須灌化痰藥。肺痰膈上熱涎多，口中沫出不奈何，葶藶白礬能治肺，頻頻灌咱能消磨。第四十，馬患肺敗。因非理走驟，飲喂失時，寒熱相通，勞苦疲乏。鼻咋、喘粗，精神短慢。與灌治肺藥。肺敗病狀又如何，飲喂失時走驟多，精神漸弱鼻又咋，開喉灌咱漸消磨。第四十一，馬患心黃病。因五臟積熱，依時不抽六脈血，并失灌咱，逢人便咬，精神轉大。與灌涼藥。心黃病體精神多，努目直視氣不和，舌如硃砂牙齒乾，移腳不動難奈何。第四十二，馬患心風黃病。兩耳卓槊，蹄不住，狂走，唇口冷，左右咬人。因熱極所得。灌涼藥、烙風門穴。心風黃病因熱極，腳狂亂走一如癡，兩耳卓槊逢人咬，風門火烙切須知。第四十三，馬患肝昏病。兩眼不見物，四腳不住，身轉，亂走，沖撞墻壁，此肝昏之病。與灌涼藥。肝昏之病有似醉，四蹄欲倒頭垂地，行步之時逢物撞，須將火烙病除退。第四十四，馬患木腎黃病。行多拽胯，脊梁緊硬。火針百會穴，新水潑之。木腎黃病腰脊硬，拽胯精神不欲行，百會火針須水潑，仍令頻灌去根萌。第四十五，馬患內木腎黃病。腰背緊硬，頭平，耳垂，多起，卻不臥，常亞腰、攢蹄。頻與灌啗草前藥。內木腎黃切須知，腰背緊硬又頭低，水草微細鼻內冷，用藥攻醫不可遲。第四十六，馬患陰黃病。馬因傷重，并傷宿水不消。與溫熁、針百會穴、淋洗、灌啗。陰黃得病陰又垂，傷冷傷重腳難移，淋洗塗藥頻頻灌，『七傷』空草恰合宜。第四十七，馬患急肝黃病。初得，口色青，眼中淚出，兩目如癡，此肝黃之候。頻灌涼藥。急肝黃病口色青，眼中淚出少精神，草料細微兼有汗，『洗肝』涼藥灌須頻。第四十八，馬患單肝黃病。兩眼無光，牽行不得，時時倒坐。肝臟壅塞。耳後火烙、與灌涼藥。單肝黃病目無光，牽行倒坐腳如狂，涼藥蔥酒大糞啗，耳後須教火烙黃。第四十九，馬患蟲蝕肝黃病。初得，身軀轉不定，兩眼似睡，或驚、或走。與灌涼藥。蟲蝕肝黃病腳轉，似睡多驚時又喘，耳後眼前兩處烙，蔥酒大糞黃連灌。第五十，馬患肺旋黃病。馬騎來不歇便與草料，即不知馬困疲乏，牽拽不動。宜灌治肺藥，放胸膛血。肺旋黃病腳多轉，回頭向後似呵欠，牽拽不動毛又焦，治肺涼藥用水煎。第五十一，馬患肝黃病。因肺臟壅熱，攻注於目，兩耳卓槊，東西亂走，獐狂亂撞。可灌涼藥。肝家受病人不知，兩耳卓槊眼睛癡，奔沖信腳東西走，耳後眼前火烙之。第五十二，馬患肺風黃病。初得，遍身揩擦，皮膚瘙癢。可放大血、灌『五參散』。肺風之病疥還生，遍身揩擦似蟲行，大血放卻毛滋潤，『五參散』灌氣血榮。第五十三，馬患腎腧黃病。初得，連腿腫，久不消便有瘡生。頻與新水淋，急針，藥扶持。腎腧黃病初得時，肷搖腿腫勿疑之，若攻前腳水草慢，病重傳來入四肢。第五十四，馬患雙抽腎病。把腰胯，脊梁緊，頭平，耳垂，水草慢。下止痛藥灌之。雙抽腎病因閃著，脊梁抽硬拽後腳，或上或下腎堂血，沒藥當歸用芍藥。第五十五，馬患單項瘺病。因困來未定便飲水及客風吹著，令項緊急。用涼藥灌之。單項瘺病因何得，腦熱氣攻連項急，走來未定即飲水，用藥行針效頃刻。第五十六，馬患單抽腎病。腰脊久冷，灌冷藥過多，必有後冷之病。與溫針之。單抽腎病腳難移，腰胯久冷苦傷騎，肷後一穴針三寸，『七傷』藥灌更無疑。第五十七，馬患項脊吝病。其馬渾身硬，低頭不得。若不早治，傳在肺經，不可治。項脊吝病連腰硬，汗出損著兩膝間，用藥行針須好手，若是正痛治難應。第五十八，馬患肺吝病。兩腳拒地難行，兩腳或高或低，水草慢；若加鼻濕，不可治。肺吝之病兩腳牽，鼻內膿出血相連，若加肷硬并肉瘦，灌盡良藥救無緣。第五十九，馬患風吝病。因騎走驟，或當風卸鞍，汗猶未定，迎風而立、去鞍，并不交輾，致令有此病狀。賊風透入，令五藏病生。風吝之病氣不和，因騎走驟汗出多，當風卸鞍迎風立，鼻開腰硬且奈何。第六十，馬患脾家虛病。精神短慢，毛焦受塵，鼻中息短，氣脈不和。因冷傷脾胃病。頻與溫脾藥。脾家虛病口色黃，時時起臥似尋常，毛焦鼻冷移左腳，術人三熁針最良。第六十一，馬患肚黃病。病因，是臟腑內積聚，膀胱宿水不消，兼榮衛不和。須與針，用藥敷貼，以新水潑之；次用大黃——氣藥灌啗了，不住牽行，此病漸減。肚黃之病又如何，榮衛不和滯氣多，須用大黃氣藥透，空草卻與灌溫和。第六十二，馬患遍身揩擦病。因走回卸鞍早，致有歇汗風，傷於皮膚。須與放大血及用肺風藥灌，次塗藥治之。遍身揩擦歇汗風，肺門壅滯氣未通，大血出卻頻灌藥，『五參』於此有殊功。第六十三，馬患脾毒風氣病。唇口俱腫，毛焦受塵，氣脈不通，多注破皮膚，有失醫療則瘡生。須與針烙之。忽然唇腫脾毒風，毛焦受塵氣不通，細針唇上連口鼻，『五參散』子用蓯蓉。第六十四，馬患肘黃病。元是熱毒攻注，兼榮衛氣不和。緣血為榮，氣為衛，兼肚帶勒得緊，搖住氣脈，攻子皮膚。須與針破，用藥，更頻淋之。肘黃榮衛氣不和，本是壅毒積熱多，針破用藥微消散，頻淋新水與消磨。第六十五，馬患肺毒病。忽然生瘡，狀如葡萄顆、色，食水草慢，不著脂膘，精神短少，口色白。與開喉、放大血，用治肺藥灌啗，烙鐵烙之。肺毒之病忽生瘡，狀如豬腦膿似漿，不甘水草精神慢，此是正病肺家傷。第六十六，馬患骨眼病。初得之時，多驚，怕乘騎。本是肝家積熱。大眥裏面生骨，如指甲大，磨得眼睛碧色，多昏暗不見物色。頻淚出者，不取了，磨壞眼目。骨眼多驚怕乘騎，肝家壅熱灌失時，針線穿定刀子割，不損五輪始會醫。第六十七，馬患附骨垂病。於膝下同筋上腫者多。前先頻與用消筋骨藥敷之，更須點烙。附骨垂之病在膝，同筋骨下腫多時，用治筋骨藥頻貼，不效還須點烙之。第六十八，馬患蹄黄病。多生在四蹄上。病因：自來春秋不出四蹄之惡血，毒氣沖於四蹄，致有蹄黄瘡病。頻與貼藥，即差。蹄黄毒氣注多時，蹄胎上面作瘡痍，膏藥頻塗於上面，更敷瘡藥不宜遲。第六十九，馬患疳尾病。因有賊尾，癢擦多日，聚膿成蟲，在於尾鋌內。須與毒藥療之，除蟲、住癢。醫遲，退了尾。疳尾之病因賊尾，癢來擦動作疳瘡，毒藥頻擦蟲又死，勿令稍緩尾凋傷。第七十，馬患溉水病。蓋因冷熱不調傷于脾，日漸羸瘦，兼飲著宿水，傷於脾氣。須草前用藥灌之即差。溉病本因冷傷脾，傷水漸瘦已多時，冷即難醫熱即易，針脾暖胃恰合宜。第七十一，馬患肺把膊病。因傷氣，沖於前膊，并是五勞、七傷之病。速與針醫。時時失治，多傳肢膊病，食水草慢，轉難醫。肺把膊病點頭移，哽氣因茲草料微，胸堂出血連針膊，亦須治肺藥扶持。第七十二，馬患傷重尿血病。此病先傷心臟，次傳小腸，遂使榮衛氣不和，致令尿血。緣心為血海，小腸為表，至於尿血。須急與治之。傷重尿血草料微，時時輾腰病連脾，紅花當歸沒藥酒，『七傷』連灌莫相疑。

清 佚名《校正駒病集・肝經部》 駒兒臍帶風，出《馬騾駒子論》。夫臍帶風者，外感風也。皆因駒子産下，人不知，跌落在地，臍帶墮斷，臍口受風也。又在腹中成形長大，未見諸物；故得驚風也。又忽出馬腹，皮毛交骨孔俱開，亦傷風也。又過六七日為滿月，馬引駒子出外，猛見天空，或被犬咬聲不斷，令駒懼而急跑，嗽急汗出，故傷風也。其形：四蹄如柱，腰背俱硬，耳硬似兔，時久喉中作聲，眼目翻吊，口流涎水，俱係風症也。宜早治之。歌曰：駒患駒子臍帶風，麝香全蟲與川芎，硃砂羌活地龍草，獨活天麻與明雄，附子川烏俱炮製，藁本僵蠶髮灰同，滚水潑湯同和灌，各等分用有奇功。又曰：駒子初患臍帶風，醫工仔細在心中，醋炒麩子塗背上，汗出病癒有奇功，倘遇臍風分别治，大小風門艾洗工，麫窩和在臍孔上，以艾灸之患離躬。千金散，《出駒兒病問答》：蔓荆子四克、首烏四克、天麻五克、南星四克、桑蛸四克、全蟲四克、防風五克、沙參四克、川芎四克、細辛五克、僵蠶五克、藿香四克、綠豆五十克，黄酒一盅引。喂養靜室，毡屜背上搭之。

臍帶風病形圖

又 治駒兒肝經火動，出《駒兒編全卷》。駒兒肝經火動，眼仁無光，口色火燥，謂之邪火動。方用加味解毒散治之。黄芩、防風、甘草、當歸、川連、黄柏。引用猪肝汁、蜜、童便。治駒兒肝經火動，左轉似昏，口色赤青方，出《駒兒編全卷》。白芷、大黄、川芎、白芍、山梔、黄連、黄柏、黄芩、生草、花粉、知母、貝母。引用漿水、蜂蜜。

又 治駒兒磨兒風，出《駒兒編全卷》。駒兒磨兒風，濕寒得之，臥下嘴揾地，起來左轉左斜，轉的緊跌倒，肝經火動，燒得看不見，用下方：黄芩、生草、生軍。引用蜂蜜、童便。

磨兒風症形圖

又 治駒兒搭腦風方，出《駒兒編全卷》。川烏、草烏、桔梗、白芷、川芎、防風、麻黄、天麻、百合、硃砂、細辛、藁本、烏蛇、全蟲、葛根、兩頭尖、荆芥、柴胡、金石斛，引用黄酒。又方：天麻散、白附、天麻、烏蛇、僵蟲、荆芥、蒼朮、川芎。引用黄酒。

又 治駒兒風症牙關緊閉，出《駒兒編全卷》。吹鼻方：生南星、生半夏、皂角各等分。共研細末，吹鼻孔中，有噴嚏可治，無噴嚏難醫。

又 治駒兒邪火動，出《駒兒編全卷》。駒兒邪火動，名曰邪風症，形狀賊賊狂妄，用下方：黄芩、黄柏、大黄、甘草。引用漿水。病不退加硃砂。病重加遠志、荆芥、防風。

又 治駒兒身上强直症，出《駒兒編全卷》。駒兒身上强直名曰陰風，口色赤帶起陰暗色，一時病重了邪風入裏。用下方：當歸、川芎、黄芩、甘草、貝母、生軍、没藥、枇杷霜。引用生薑、大葱、黄酒。

又《**心經部**》 小腸病。治駒兒血滾毒症，出《馬騾駒子論》。夫血滾毒者，精神强壯，行立如初，形無倦怠，令駒兒起臥無力，便血腹痛，狀如醉犬。宜用三黄散二三劑，即能救其急。如尿起臥，再用雄黄敗毒散。如勞發尿血者，則無治也。醫者分别治之。歌曰：駒患血滾起臥遲，便血腹痛步難移，糞澀便濁宜速治，雄黄敗毒散相宜，雄黄芩草礬二兩，三七一兩莫相疑，共為細末一錢用，車前湯灌用心機。加味五黄散，出《駒兒病問答》。黄連五克、黄柏四克、山梔四克、當歸四克、防風四克、犀角四克、生草二克、芥穗一蛊、韭汁一蛊。大薊六克為引。

又 治駒兒初產便血滾毒症，出《馬騾駒子論》。夫駒子初產有便血、尿血之患，起臥頻滾，迴頭觀腹之症。致令虧其元氣、損其精神，而駒不能發育矣。宜用鬱金散治之。歌曰：駒子初產病患侵，大小便血用意尋，起臥顧腹頻頻滾，藥用連梔並鬱金，生地貝母與甘草，車前湯灌加黄芩，薊汁童便蜂蜜引，每付三錢喜不盡。犀角黄連散，出《馬騾駒兒編全卷》。防風、荆芥、犀角、黄連、黄芩、黄柏、當歸、生草、大黄、山梔、知母。引用大薊汁，如糞澀加蜂蜜、綠豆。

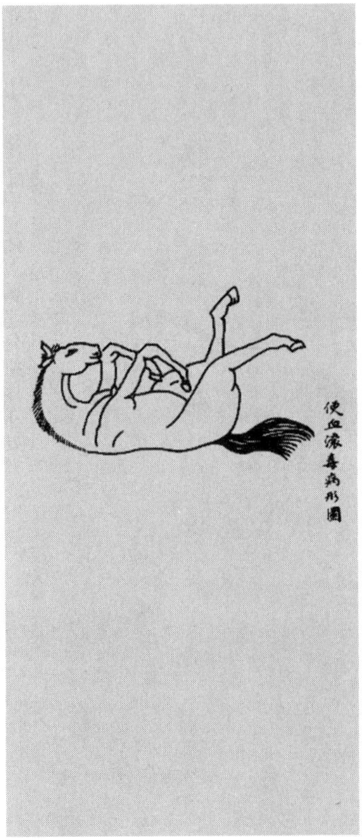

又 治駒兒木舌症，出《馬騾駒子論》。夫木舌者，心經之火也，本係胎熱故。古者心之苗也。心為帝王，心有火則小便不通。脾經有火，唇舌生瘡。肝經有火，目有熱，眼角亦紅。肺經有火，鼻氣不通，喘息不定。腎經有火，耳内蟬鳴。此係心經之症，宜速治之。歌曰：駒患木舌用骨皮，黄連遠志麥門奇，鬱金茯苓米殼炙，已戟滾水潑灌宜，貼藥連雄硃砂用，硼片人中用無疑，米泔水洗油蜜潤，竹刀刮甲擦貼之。

又　治駒兒心虛風邪，出《駒兒病問答》。問曰：今有駒兒忽然渾身肉顫、搖頭、跌絆、眼急驚狂者何也？答曰：乃三焦積熱，痰迷心竅，心血不足，此乃心虛風邪之症也。急灌硃砂散或鎮心散、吹鼻散，放大血、烙風門、灸百會穴。硃砂散：硃砂四克、黨參六克、茯神九克、黃連五克、猪膽一個。童便一盅為引。鎮心散：黨參六克、桔梗三克、白芷六克、茯苓六克、蜂蜜一百克。童便一盅為引。吹鼻散：麝香少許、瓜蒂三克、硃砂三克、雄黃三克、青黛二克、牙皂三克。以上共研為細末，鼻孔吹之。

心虛風邪形圖

又　治駒兒熱心風症，出《駒兒編全卷》。駒兒熱心風，口舌赤燥，燒得心裏恍惚，沿高上低胡撞。用黃芩散治之。黃芩、黃柏、大黃、甘草、黃連、引用漿水、蜂蜜。外用麪醬抹舌上治之。

又　治駒兒初下口舌赤燥症，出《駒兒編全卷》。駒子初生口色赤燥，賊賊的狂妄，方用鎮心散。硃砂、茯神、黨參、防風、甘草、遠志、山梔、鬱金、黃芩、麻黃去節。引用蜂蜜、猪膽汁、鷄清、井花水。

又　治駒兒心經積熱，出《駒兒編全卷》。駒兒心經積熱，舌上生瘡，青黛散口內噙之。再用柳樹毛子、黃香、茶葉，共為細末，和香油或菜油擦口上。青黛散：青黛、黃連、黃柏、兒茶、薄荷、桔梗，為末裝絹袋內噙之。

又　治駒兒腸結五淋病，出《馬騾駒子論》。夫諸邪者，內外受其邪也。皆因諸邪積於內外。而生熱毒，癰腫瘡疽；筋脈拘攣，咬齒驚悸，便血尿血，大小腸結；或起而不臥，臥而不起，並一切血滾便濁五淋之症。宜用三黃解毒散治之。歌曰：黑丑黃芩並大黃，滑石黃連梔子方，清油薊汁通大便，尿血不便車前良，喘粗糞澀使油蜜，每付三錢必安康，便濁血滾並五淋，疏通再用竹葉湯。

腸結五淋病形圖

又　治駒兒胎黃便溺如梔子汁，出《馬騾駒子論》。夫駒子胎黃便溺如梔子汁者，口色眼睛狀如金色，或大便不通，腹痛起臥。皆因牝馬娠而受熱，傳注經絡及子宮。或暑熱而喂草，或受黃毒而傳於胎，致令駒子產下給奶不食，精神短少，耳搭頭低，宜用地黃散治之。歌曰：赤芍當歸生地黃，川芎猪苓澤瀉良，花粉茵陳與甘草，赤苓蜜水灌入腸，大便燥滯薊汁灌，小便澀濁車前湯，共為細末五分用，醫者仔細用不妨。

胎黃便溺症形圖

又　治駒兒小腸結，受四時寒熱之患，出《馬騾駒子論》。夫駒子生後，身體羸弱，有四時寒熱不均之患，致令大小腸結閉而不通，使腹脹疼痛，頻頻顧腹，小便清，給乳不食，起臥腹顫，或擺尾搖頭之症。宜用加味滑石散治之。歌曰：加味滑石散相攻，滑石甘草並木通，黑白二丑車前子，研末一錢灌腹中。大便滯澀加鼠糞，清油蜂蜜有神功，小便不通竹葉用，醫者仔細用不窮。

又 治駒兒小腸漬住水方，出《駒兒編全卷》。茵陳、滑石、黄柏、燈芯、車前草。又方：口色陰而帶燥用此方。知母、貝母、木通、滑石、官桂、車前。引用生薑、黄酒。

又 治駒兒尿血方，出《駒兒編全卷》。八正散：木通、車前、萹蓄、大黄、滑石、瞿麥、山梔、燈芯。如若不效，加木香。

又 **《脾經部》** 治駒兒胎陰食乳作瀉病，出《馬騾駒子論》。夫駒子胎陰作瀉，臟陰不克者，皆因牝馬乘騎太過，被烈日暴曬，駒食熱乳，以致作瀉。宜用豆蔻止瀉餅治之。歌曰：駒患胎陰作瀉忙，皆因熱乳飲入腸，專用豆蔻止瀉餅，每付五錢最為良，柯子茯苓小麥麪，肉蔻胡椒并乾薑，醋調煨熱作成餅，脾寒内陰用相當。

又 治駒兒胎寒腹痛起臥，出《馬騾駒子論》。夫駒子產而受症，胎寒腹痛，起臥顫慄，四肢厥冷者。皆因牝馬娠駒勞傷羸弱；或繫拴之際被烈日暴曬；或牧塲之地，被陰雨苦淋，致令駒子產而受邪風邪雨飄之。口色青白，鼻寒耳冷，久日不乳，臥而不起。宜用當歸散治之。歌曰：駒產受症用心醫，當歸散用不須疑，炙草黄蓍當歸妙，赤苓黄芩細辛宜，桂心龍骨同為末，每付一錢莫相欺，看駒大小加減用，乳汁同和便可醫。

又 治駒兒敗脾風症，出《駒兒病問答》。問曰：今有駒子四肢僵硬，渾身肉顫，神志昏迷者何也？答曰：乃脾虛風邪也，實為脾風之症。夫脾氣虛則肝邪侮之。脾不能禦肝之侮，是以肝風而脾病也。又名敗脾風。不時摇頭，動則津液化為涎沫，是風也，由脾虛而生肝風。故謂脾虛風邪。脾主肌肉，故有四肢僵硬。渾身肉顫，神志昏迷等狀。治宜養脾祛風活血，用加減天麻散治之。天麻散：天麻三克、南星三克、荆芥三克、防風三克、白芷三克、細辛三克、藿香三克、荆子三克、僵蟲三克、生薑三克、黄酒一盅，綠豆十粒。葱白一枝為引。

又 治駒兒脾虛風邪症，出《駒兒病問答》。問曰：今有駒兒不食奶乳，神昏似醉，扭項歪頭，旋轉咬牙，口吐白沫，此病者何也？答曰：是乃脾虛風敗，肝象風動，故名脾虛風邪。又名轉磨風。急灌白糖飲，後灌天麻散一二劑，不效再灌南星散，烙風門，烙百會，吹鼻散吹之。若不效者，無法治之。白糖飲：白糖三十克，蚯蚓二條，將蚯蚓放入糖内片刻，蚯蚓自化成水，灌之即癒。天麻散：土茯苓三克、天麻五克、黨參五克、川芎三克、防風三克、何首烏三克、荆芥三克、薄荷三克、石菖蒲六克、蟬蛻三克、硃砂二克、遠志筒六克、茯神六克。引用猪膽一個、生地汁一盅。南星散：南星三克、當歸六克、防風五克、蟬蜕五克、羌活三克、焦梔五克、僵蟲五克、全蟲三克、茯神六克、麥門冬六克、遠志六克、硃砂二克、明雄三克、赤金二張、製半夏二克、酒黄連五克、甘草二克。若咬牙心迷者加菖蒲二克、薄荷三克、燈芯二克、猪膽汁一個。吹鼻散：見前心虚風邪方。

又 治駒兒脾寒起臥，出《駒兒編全卷》。駒兒脾寒起臥，口色青黄，用平胃散：香附、砂仁、當歸、麥芽、神粬、陳皮、枳殼、甘草。引用生薑湯。如若滚糞便澀滯，用將軍散灌之。大黄、二丑、千金子、黄芩、赤芍、玄胡、香附、五靈脂、滑石、木通、甘草、車前子、朴硝、麻仁。引用菜油、鼠糞。如淌稀糞用補藥：黨參、甘草、當歸、身陳皮、升麻、柴胡、白朮、寸冬。引用生薑、大棗。

又 治駒兒常臥症，出《駒兒編全卷》。駒子常臥，立而歇蹄，癡而無神，脾困燥脾。用平胃散，引用薑湯、粽子、大棗去核。若不喫奶，灌黄芩散。平胃散，見前治駒兒脾寒起臥症。黄芩散，見前治駒兒邪火動。

又 治駒兒瘙癢症，出《駒兒編全卷》。駒兒瘙癢，口色如綿，患處擦癢、一乍一乍落毛，內裏陰而脾寒，與外皮不合，發熱發冷，用平胃散、解毒散混合灌之。引用蜜、綠豆。平胃散，見前治駒兒脾寒起臥症。解毒散：防風、當歸、黄芩、甘草。

又 治駒兒脾虚作瀉症，出《駒兒編全卷》。駒兒瀉症因日久失治，遂成脾虚，口現燥火，色成陰暗。一陣項彎跌倒，搓彈擰掙，如羊羔風，名曰陰風，用黄芩散，引用生薑、地膚子煎湯。如不擰掙，去地膚子，用黄芩散灌之。麪醬抹口裏，幾日可好。黄芩散，見前治駒兒邪火動。

又 治駒兒脾虚火動，出《駒兒編全卷》。駒兒脾虚火動，心經煩燥，風癇搐倒，扭項歪頭斜眼，如磨兒風。天麻、黨參、川芎、防風、荆芥、薄荷、蟬蜕、首烏、雲苓、硃砂、茯神、遠志、菖蒲。引用蜂蜜、膽汁、生地汁。又方：當歸安神散：當歸、膽南星、防風、蟬蜕、羌活、焦梔、寸麥冬、僵蟲、全蟲、茯神、遠志、明雄黄、赤金、製半夏、生草、酒黄連。若咬牙心迷加菖蒲，引用燈芯、薄荷、牙猪膽一個，分作三次灌之。

又 治駒兒竄皮疳，出《駒兒編全卷》。駒子竄皮疳，因瀉得之。內脾傳外皮，用藥水煎洗，黄米粉末鷄清貼之。濕熱症須降火，解毒散灌之。引用生薑、黑糖。解毒散，見前治駒兒瘙癢症。

又《胃經病》 治駒兒方産後惡血下咽症，出《騾馬駒子論》。夫駒兒産後不乳，或夜産而不知者，皆因牝馬養於不平之處，或横或逆，久日不下，虧傷其駒，或方産之際，口中血餅未拭，令惡血穢氣下咽，致令駒子腹滿氣短，不能吮乳。宜用茯苓散治之。歌曰：初産駒兒人不知，惡血下咽有災危，腹滿氣短不能乳，茯苓散灌最相宜，枳殼去穰用麩炒，黄連去毛赤茯苓，生薑蜜湯同和灌，調和醬抹法更奇。

又 治駒兒食乳嘔吐作瀉症，出《騾馬駒子論》。夫駒食乳而嘔吐作瀉以成大患者。皆因牝馬食穀料太多，粟毒傳注經絡；或被烈日暴曬，熱毒積於腸內。致令駒子大小腸不通，食乳作瀉，虧氣損神。先令牝馬服藥，駒食母乳，即消其毒。絶不可灌凉藥，灌之則無效矣，慎之！戒之！歌曰：駒患作瀉穰乳奇，生地澤瀉用無疑，茵陳甘草各一兩，猪苓赤苓皆去皮，共為細末五錢用，牝馬服藥莫差遲，捏去宿乳却服藥，少頃乳駒患即離。

又 治駒兒口吐清涎，出《駒兒編全卷》。駒兒口吐清涎，口色黄，胃寒的用暖藥暖胃達腎家，用小香桂心散。小茴香、桂心、青皮、白朮、厚朴、益智仁、乾薑、當歸、陳皮、砂仁、甘草、五味、肉荳蔻。引用葱、酒。

又 治駒兒一時受濕寒而滚，出《駒兒編全卷》。駒兒一時受濕寒而滚，口色陰，用暖藥，引用薑湯。口色燥，用瀉藥。引用薑湯或清油、飛醋。瀉開後用平胃散加青皮。引用薑、葱、黑糖。平胃散，見前治駒兒脾寒起臥症。

又《肺經部》 治駒兒胎毒病，出《馬騾駒子論》。夫胎毒者，胎駒受其毒也。皆因母馬羸弱太甚，勞傷過度，或被烈日暴曬，或被陰雨苦淋，致令瘀血毒氣傳於經絡，虧傷其駒，必受其毒也。醫者仔細詳之。歌曰：駒患胎毒不尋常，醫者仔細勿倉皇，藥用黄連與訶子，連翹肉蔻并大黄，禿子花與綠豆粉，甘草二丑最為良，毒甚地骨宜加用，滚水潑灌必安康。五黄散：出《駒兒病問答》。大黄六克，山梔六克，川連四克，黄芩四克。引用大薊六克、韭汁一盅。

又 治駒兒胎毒傳於四肢病，出《馬騾駒子論》。夫駒子腿腫者，落地三日受風濕也。兩腿俱冷，無一毫之熱也。此症係蹄腿嬌嫩，立臥於濕地，受其風寒也。並非胎中所得，雖係小症，日久難治。用針針破腫處，俱流清水，又非黄水，又非血水，方算得認病之妙。倘若見血水，非濕也；見黄水非風也。

血黄二水已成形之症，以瘡黄論之，是胎之毒，發於四肢。二者宜分别治之。歌曰：駒患後腿腫遲遲，立脚不動步難移，針破腫處現流水，血黄清水要辨之，血黄二水川芎治，蒲黄丹皮用黄芩，草烏去尖綠豆粉，甘草滚水潑灌宜。又曰：血水非濕黄非風，清水風寒内相攻，兩後腿腫宜速治，蒼朮黄連厚朴用，紫蘇肉蔻并甘草，乾薑血餘有神功，滚水潑湯同調灌，醫工仔細存心中。

胎毒病形圖

又　治駒兒胎喉肺熱病，出《馬騾駒子論》。夫胎喉肺熱者，母馬肺熱之症也。新駒在馬腹内，同氣同血，而受肺熱之症，此乃肺熱之喉也。其初生見風遇熱，新駒之喉，俱皆有之，並非母馬俱患肺熱。大抵母馬肺熱與不肺熱，而新駒均有胎喉。喉有内外之分；内喉見風即大，食乳氣噎難出，致令駒食而不得食，日久精神必短少矣。外喉見風不長大，而食水草急之，大都是肺中受熱，發腫成形，鼻流濃涕，名曰馬擺喉。擺喉者，是胎中生就之毒，非新生之喉也，宜早治之。歌曰：馬患胎喉要費心，肺中受熱莫外尋，藥用黄連桔梗治，白礬貝母共鬱金，火針刺破胎喉症，再加板藍與黄芩，蜜水潑灌調養治，十數半月病除根。

又　治駒兒奶肺受毒病，出《馬騾駒子論》。夫奶肺者，食奶乳肺受其毒也。令駒子精神短少，頭低耳搭，遲久肚脹，喘息不定，時時發起臥，宜早治之。歌曰：駒患奶肺用升麻，黄藥蓮葉實可誇，黄連鬱金并生地，蘇芥子與紫蘇加，桑根白皮共枇杷，各等分用莫較差，共為細末同調灌，滚水潑之不須嗟。

奶肺受毒病形圖

又　治駒兒胎顙黄鼻孔乳出病，出《馬騾駒子論》。夫駒子落地三日内食乳難進，俱從鼻孔流出，乃是胎顙黄也。皆因馬母肺熱，母子同氣同血，故發生此病，名曰癰結喉骨脹。宜速治之。歌曰：駒子初生奶難進，落地三日食乳遲，乳從鼻孔皆流出，胎顙黄病不須疑，藥用板藍射干梗，黄連鬱金定無遺，白礬飛用猪油蜜，滚水潑藥最相宜。

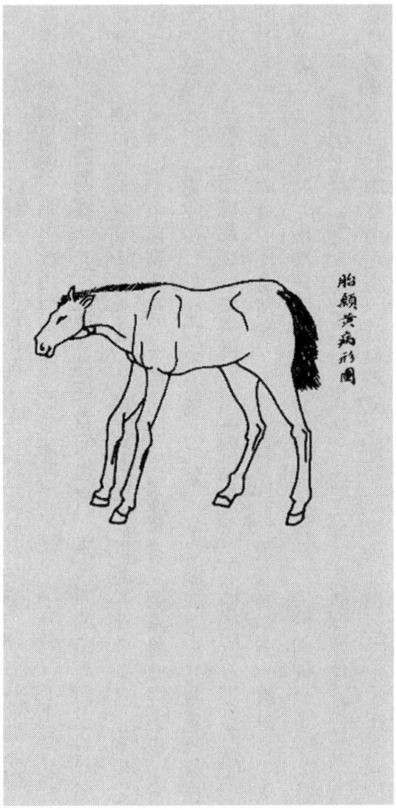

胎顙黄病形圖

又　治駒兒喉骨脹症，出《駒兒病問答》。問曰：今有駒兒槽口腫满，或腮邊腫大者此病何也？答曰：乃時令不合，心肺熱極，故槽口腮邊發腫，名曰喉骨脹。急灌雪花散，或黄蓍散。外用拔毒散敷之。雪花散：朴硝九克、廣丹三克、寒水石六克。引用蜜六十克，猪油三十克。黄蓍散：黄蓍十二克、當歸九克、二花九克、知母九克、貝母九克、大黄九克、黄藥六克、白藥三克、生草三克、桔梗六克、山梔六克、連翹六克、鬱金六克、黄芩六克、黄柏六克、黄連三克。共為細末，涼水麥麩，調貼腫處。

紀事

明 喻仁、喻傑《新刊纂圖元亨療馬集》卷五《論馬臟腑中有玉女關者何也》 東溪問於曲川曰：『余聞馬臟腑中有玉女關者，何也？』曲川答曰：『玉女關者，在穀道之前，蟠腸之內，臟腑交接之所，有橫弦一道，一尺二寸之長，橫於大腸九樍之中，直抵內腎腰窩之下，名為玉女關津，又名橫弦腸也。』東溪曰：『玉女稱者何也？』曲川曰：『玉女者，深閨內禁之女也。深閨內禁，人莫犯之，凡入手者，慎之鑒之，故此稱也。』有歌於後：深宮內禁號為關，玉女從來住此間，愚民莫把宮庭犯，犯者須教命不痊。

又《論馬卒死者何也》 東溪問於曲川曰：『凡馬卒症，忽然倒地而死者，何也？』曲川答曰：『心肺絶也。』東溪曰：『何以見之。』曲川曰：『心者，一身之主宰，肺者，五臟之華蓋也。血居於氣上，血氣從之。又且心為帝王，肺為丞相。心主於血，肺主於氣。心為血海，肺為氣海。心絶者，血絶也。肺絶者，氣絶也。血氣絶者，諸經絶也。故云，心肺絶者，死之卒也。』有歌存證：馬患卒死為何因，只緣榮衛絶於胸，心血痞虧肺氣絶，不離時下命歸陰。

又《論馬起卧驀然而住起卧者何也》 東溪曲川問答。問曰：『凡馬起卧驀然如住起卧者，何也？』答曰：『馬之起卧驀然而住者，内傷臟腑也。』又問曰：『何以見之？』答曰：『起卧者，腹中疼痛也。住卧者，臟腑死絶也。是故五臟虧傷，六腑敗絶，不知疼痛，故起卧而住也。卞氏經云：凡馬起卧驀然而住起卧者，十死無一生也，難以治之。』有歌於後：起卧頻頻不住停，驀然住卧少精神，喘粗肉顫渾身汗，目瞪看人不轉睛，見此病源休治療，醫人妙手亦無能，縱然得效無多會，不離時下命歸陰。

又《論馬起卧忽然卧地不起者何也》 東溪曲川問答。問曰：『凡馬起卧忽然卧地不起者，何也？』答曰：『木水絶也。』又曰：『何以見之？』曰：『肝者木也，腎者水也。肝為木部，腎為水海。肝主於筋，腎主於骨。肝絶者，筋攣力敗。腎絶者，骨痿腿癱。筋骨絶者，卧地而不能復起也。卞氏經云：凡馬起卧，卧地而不起者，木水虧傷，根本絶也。其症難治。』有歌曰：起卧連連不住停，忽然倒地腿稍空。四肢癱軟渾如醉，兩目昏沈閉不睜，鼻中血水如泉湧，胸前汗出似油津，此般形狀從來死，縱有靈方命不存。

又《論馬傳經絡四足輪流疼痛者何也》 東溪問於曲川曰：『凡馬傳經絡，四足輪流疼痛者，何也？』曲川答曰：『四足輪流疼痛者，痛風之症也。』東溪曰：『何謂痛風？』曲川曰：『痛風者，濕風凝於經絡也。皆因外感風寒，内傷陰冷，外感内傷，傷之血氣，氣之凝血，血之凝氣，氣血相凝，經絡鬱結而成痛也。』東溪曰：『何以見之？』曲川曰：『心者血也，肺者氣也。氣血流行，周身運轉，以應四時，多一遭為盛，減一遭為衰。氣血盛者，妄行經絡，溢於膚腠；氣血衰者，凝於經絡，滯於肉理。是故妄行經絡者，發瘡發黄；凝於經絡者，作疼作痛；流之於下，胯拽腰拖。傳之於上，胸疼膊痛也。此謂傳經走絡，凝血滯氣，把前把後之症也。』東溪曰：『何以治之？』曲川曰：『凡治者，調經理氣，止痛祛疼，追風和血，壯髓強筋，六脈停止刺之。』歌列於後：且論醫家說痛風，只緣氣血兩相凝，氣凝血處渾如火，血凝氣處冷如冰，或前或後難移步，醫工按典細推尋，調經理氣從君治，六脈須當禁止針。

又《馬寒癥灌暖藥、熱疾施涼劑不效者何也》 東溪問於曲川曰：『凡馬寒症灌暖藥，而寒之轉盛，熱疾施涼劑，而熱不退者，何也？』曲川答曰：『寒症灌暖藥而不效者，心血不足也。熱疾施涼劑而不效者，腎水不足也。』東溪曰：『何以治之？』曲川曰：『心血不足者，養心生血。腎水不足者，降火滋陰。以製藥而治之可也。』歌列於後：寒熱兩屙療不愈，為緣氣血不周齊，除寒先令生心血，去熱須將腎水滋，陰症陽治陽方療，陽症陰醫陰藥施，此謂陰陽兩治法，炮檻灸博要精微。

清 郭懷西《新刻注釋馬牛駝經大全集·馬經大全》卷二《論馬少火生陰、陰黄、水黄、木腎黄法》 東溪問於曲川曰：『余聞馬之三十六黄，内布陰黄、水黄、陰腎、木腎黄，與諸黄受授不同者，何也？』曲川答曰：『凡馬瘡黄者，熱之所致也。陰腎、水黄者，少火生陰也。』東溪曰：『何謂少火生陰？』曲川曰：『少火者，太陰、少陽相合，乃陰盛陽微之象，氣血凝寒之症也。』東溪曰：『何以見之？』曲川曰：『心者，火也；腎者，水也。水得火而生熱，火得水而生氣，水火合而生少陰，此謂少火也。《太極經》云：天為陽而左旋，地為陰而不動，是故動則陽生，靜則陰生，理自然也。或令飲水太過，停立不動，陰氣生而傳之於腎，腎水相合，水盛而火滅，雖有氣而無熱也。凝於臍下，腫為水黃。凝於袖口，腫為陰黃。凝於外腎，腫為陰腎、木腎黃也。令獸精神倦怠，耳搭頭低，毛焦膁吊，胯拽腰拖，此謂前熱後寒，少火生陰之症也。』東溪曰：『何以治之？』曲川曰：『凡治者，滋陰降火，暖腹溫中，調和血氣，乃為清上補下之法也。有歌存證。』歌曰：少火生陰腎部寒，膀胱積冷致如然。濕停臍下為陰腫，寒凝外腎若冰堅。毛焦膁吊精神少，胯拽腰拖行步難。滋陰降火溫中治，寒夜休將冷處拴。

又《論馬傳經絡、四足輪流疼痛》 東溪問於曲川曰：『凡馬傳經絡，四足輪流疼痛者，何也？』曲川答曰：『四足輪流疼痛者，痛風之症也。』東溪曰：『何謂痛風？』曲川曰：『痛風者，濕氣凝於經絡也。皆因外感風寒，內傷陰冷，外感內傷，傷之血氣，氣之凝血，血之凝氣，氣血相凝，經絡鬱結而成痛也。』東溪曰：『何以見之？』曲川曰：『心者血也，肺者氣也。氣血流行，周身流轉，以應四時，多一遭為盛，少一遭為衰，氣血盛者，妄行經絡，溢於膚腠。氣血衰者，凝於經絡，滯於肉理。是故妄行經絡者，發瘡發黃，凝於經絡者，作疼作痛。流之於下，胯拽腰拖。傳之於上，胸疼膊痛。此謂傳經走絡、凝血滯氣、把前把後之症也。』東溪曰：『何以治之？』曲川曰：『凡治者，調經理氣，止疼祛痛，追風和血，壯髓強筋，六脈停止刺之。歌列於後。』歌曰：且論醫家說痛風，只緣氣血兩相凝。氣凝血處渾如火，血凝氣處冷如冰。或前或後難移步，醫工按典細推尋。調經理氣從君治，六脈須當禁止針。

又《論馬寒癥灌暖藥、熱疾施涼劑不效》 東溪問於曲川曰：『凡馬寒症灌暖藥，而寒之轉盛。熱疾施涼劑，而熱不退者，何也？』曲川答曰：『寒症灌暖藥而不效者，心血不足也。熱疾施涼劑而不效者，腎水不足也。』東溪曰：『何以治之？』曲川曰：『心血不足者，養心生血；腎水不足者，降火滋陰。以製藥而治之可也。歌列於後。』歌曰：寒熱兩痾療不愈，為緣血氣不周齊。除寒先令生心血，去熱須將腎水滋。陰痾陽治陽方療，陽症陰醫陰藥施。此謂陰陽兩治法，炮熾灸煿要精微。

又《論馬一十六般蹄頭痛》 東溪問於曲川曰：『余聞點痛中有一十六般蹄頭痛者，何也？』曲川答曰：『十六般蹄痛，各有部位分之。』東溪曰：『願聞其詳。』曲川曰：『蹄胎脹痛、蹄骨臚痛、蹄甲薄痛、蹄甲裂痛、蹄甲枯痛、蹄尖腫痛、蹄掌腫痛、裡跟腫痛、外跟腫痛、乾竅漏痛、濕竅漏痛、穿心漏痛、穿掌漏痛、羅圈漏痛、旋蹄瘡痛、瘙蹄瘡痛，此謂馬十六般蹄頭之痛也。有歌於後。』歌曰：馬患蹄痛十六般，說與醫人用意觀。蹄尖著地掌中痛，蹩步難行痛在尖。外蹉裡痛側向內，裡側外痛外跟翻。蹄薄蹄裂蹄枯硬，行步拘然亦似攢。乾濕漏蹄懸足點，虛行下地向前難。旋瘙蹄瘡黃與毒，昂頭不動把蹄懸。唯有蹄胎骨脹硬，擺尾搖頭步步顛。詠此蹄頭點痛歌，囑君著意莫差看。

又《論馬起卧忽然停住》 東溪問於曲川曰：『凡馬起卧驀然停住者，何也？』曲川答曰：『馬之起卧驀然而住者，內傷臟腑也。』東溪曰：『何以見之？』曲川曰：『起卧者，腹中疼痛也。住卧者，臟腑死絶也。是故五臟虧傷，六腑敗絶，不知疼痛，故起卧而住也。《卞氏經》云：凡馬起卧，驀然而住者，十死無一生也。難以治之。有歌於後。』歌曰：起卧頻頻不住停，驀然住卧少精神。喘粗肉顫渾身汗，目瞪看人不轉睛。見此病源休治療，醫人妙手亦無能。縱然得效無多會，不離時下命歸陰。

又《論馬起卧忽然卧地不起》 東溪問於曲川曰：『凡馬起卧，忽然卧地不起者，何也？』曲川答曰：『木水絶也。』東溪曰：『何以見之？』曲川曰：『肝者木也，腎者水也。肝為木部，腎為水海。肝主於筋，腎主於骨。肝絶者，筋攣力敗。腎絶者，骨痿腿癱。筋骨絶者，卧地而不能復起也。《卞氏經》云：凡馬起卧，卧地而不起者，木水虧傷，根本絶也。其症難醫。有歌於後。』歌曰：起卧連連不住停，忽然倒地腿難撐。四肢癱軟如渾醉，兩目昏沉閉不睜。鼻中血水如泉湧，胸前汗出似油津。此般形狀從來死，縱有靈方命不存。

又卷三《趙氏直講歧伯瘡黄論》 大元延祐間，晉甯一醫士，姓趙氏，諱嶧中，表字端甫，號曰遵道，乃大賢之醫也。晉甯一翁，曰康莊老人。康莊者，元中書省平章政事，姓王，字子通，王子通也。康莊問於遵道曰：『馬於春夏以來，不時而生腫毒者，何也？』遵道答曰：『馬者，火畜也。乃受氣於丙，生於寅，旺於午，伏於戌。然丙者，陽火也。火生寅，火旺午，火庫戌，與其馬者，亦然也。蓋春者木也，夏者火也。木火相生也。又因牧養太盛，膘肥肉重，多喂少騎，穀料熱毒積於腸内，敗血瘀汗隱注肌膚，春不放六脈之血，夏失灌清凉之藥，以致氣血太盛，熱注三焦，致令周身發生癰腫，皆緣久積熱毒於内也。夫内者，腹内也。寒熱不可偏勝也。寒勝六腑俱凝，熱勝遍體俱逆，衛氣不調，逆氣凝結，此之謂也。凝結者，氣血之沉滯也。氣滯而血凝，血凝而氣腫故也。凝滯於肌肉者，瘡也。凝滯於經絡者，黄也。瘡黄者，有傷於血氣，有傷於筋骨，有傷於臟腑也。』康莊曰：『何以見之？』遵道曰：『先腫而後痛者，乃形傷氣也。先痛而後腫者，乃氣傷形也。是故氣凝於血則痛，血凝于氣則麻。有膿而不痛者為陰，有頭而腫赤者為陽。硬而要痛者為毒，軟而不痛者為黄。痛無膿者傷其骨，膿消腫盛傷其肉，痛而顫者傷其筋，破而有水傷其氣，膿多盛者傷其血。痛不寧者傷其臟，痛不止者傷其腑。此謂内傷外應之見也。』康莊曰：『善。』又曰：『且夫人之腫毒，俱號為瘡；馬之腫毒，一名為瘡，又名為黄者，何也？』遵道答曰：『馬之腫毒，瘡黄二症者，俱從五臟發生，榮衛往來，受感之不同也。』康莊曰：『何以分之？』遵道曰：『昔黄帝問於天師歧伯曰：馬之腫毒、瘡黄二症者何也？歧伯答曰：馬之瘡黄者，皆因氣血流行太過、不及發之而殊也。帝曰：何謂發瘡？何謂發黄？歧伯答曰：瘡者，氣之衰也。氣衰而血澀，血澀而侵於肉理，肉理淹留而肉腐。肉腐者，乃化為膿。故曰瘡也。黄者，氣之壯也。氣壯使血而離經絡，血離經絡溢於膚腠，膚腠鬱而血瘀。血瘀者而化為黄水。故曰黄也。此謂發瘡、發黄，氣血衰盛之别也。帝曰：治則同否？曰：不同。何謂不同？歧伯答曰：瘡者，形傷氣也。先治瘡而後理氣。黄者，氣傷形也。先導氣而後治黄。此謂拔本塞源也。帝曰：善。又曰：余聞少火生氣，氣凝而腫，陰黄、水黄、陰腎、木腎者，何也？歧伯答曰：心者火也。腎者水也。水得火而生熱，火得水而生氣，水火合而為少陰。此為少火也。《内經》云：天為陽而左旋，地為陰而不動，是故動則陽生，静則陰生，理自然也。或令飲水太過，停立不動，陰氣生而侵於腎，腎水相合，水勝而火滅，雖有氣而無熱也。侵於臍者，而為水黄。侵於袖口，而為陰黄。侵於外腎，而為陰腎、木腎黄也。或曰：腫者何也？答曰：寒勝則浮，此之謂也。帝曰：腎部生黄，有陽症乎？曰：有。何以分别？歧伯答曰：陰者硬而多痛；陽者軟而不痛。且陰腎、木腎腫者，如石如冰，行者腰拖胯拽。但羸驢瘦馬，氣血衰者，患之甚多。凡察此症，醫家先令觀其外形，辨其寒熱，或硬或軟，或陰或陽，然後施加針藥。此謂醫家之明鑒也。帝曰：何以治之？歧伯答曰：凡治者，滋陰降火，暖腹溫中以補腎，茴香散、蔥、酒灌之，三服瘥矣。帝曰：瘡黄余已知之。但疔毒而未聞其道。歧伯答曰：疔毒者，瘡黄之異名，雖形殊名異，其理一也。帝曰：何謂為疔？歧伯答曰：疔者疽也。為因乘騎，地裡窎遠，日久鞍屜失於解卸，瘀汗沉於毛竅，敗血凝注皮膚，以致鬐甲梁頭、排鞍脊膜兩邊發生而腫者。又或汗結鞍氈，擦磨打破而傷者，故曰疔也。其狀有五：曰黑疔、筋疔、氣疔、水疔、血疔是也。帝曰：何以辨之？歧伯答曰：乾殼而不腫者傷其皮，曰黑疔也。脊肉潰而有黄膜者傷其筋，曰筋疔也。破而有黄水出者傷其氣，曰氣疔也。浮而洪大無頭者，傷其膜，曰水疔也。破而赤色多膿者傷其血，曰血疔也。此謂五疔之别也。何以治之？凡治者，必在晴明，勿近簷巷，以鋒利針刀刺破，割去死皮潰肉，再以防風散煎湯，候溫於瘡口内，將黄水血膿洗淨。黑疔者，用醋麵糊調續斷散塗之。筋疔、氣疔者，以草烏散為末，乾貼之。水疔者，以烏金膏貼之。血疔者，以葶藶散為末，貼之。以前五疔治法，俱用藥水煎洗，以各方貼之。隔日再洗貼之。凡三上者瘥矣。帝曰：其疔者如斯，而毒者何也？歧伯答曰：夫毒者，亦瘡也。乃六腑之中毒，氣血而凝也。其症有十：曰陰毒、陽毒、心毒、肝毒、脾毒、肺毒、腎毒、筋毒、氣毒、血毒是也。帝曰：願聞其道。歧伯答曰：兩胸堂及後胯遍身而生瘰疬者，乃陰之毒也。兩前膊及脊背而生毒腫者，俗呼曰肥瘡，乃陽之毒也。兩牙關中及舌尖上有赤色而生瘡者，乃心之毒也。兩眼下及淚堂中有赤瘡，久而不瘥者，乃肝之毒也。兩唇角及口中破裂而血出者，乃脾之毒也。兩耆甲及遍身毛蝨而尾鬃脫落者，乃肺之毒也。四蹄下，於垂泉穴上有竅而出膿血者，乃腎之毒也。四足間，蹄上寸下踠中，燥破而出膿血者，乃筋之毒也。兩鼻孔中及準頭破裂而成瘡者，乃氣之毒也。四蹄甲，焦枯堅硬，步行而難者，乃血之毒也。此謂十毒之症也。帝曰：治則幾何？歧伯答曰：凡治者，以方藥而灌之，湯藥而洗之，膏藥而貼之，末藥而塗之，火針而刺之。從陰而引陽，從陽而引陰，此謂攻毒之治也。帝曰：諾。於此一言而終。乃黃帝、歧伯問答之至論也。』康莊曰：『善。』趙子又曰：『腫毒者，實症也。凡在醫者，必須審其輕重，察其虛實，觀其盛衰，辨其寒熱，或臟或腑，或氣或血，或陰或陽，或內或外，的於何經所發，治之而無不效矣。』

藝文

唐　李石《司牧安驥集》卷三《天主置三十六黃病源歌》　急心黃第一：急心黃病多饒驚，擺尾搖頭不暫停；夫急心黃者，少陰主其病。春不抽鶻脈血，並放胸堂血，積邪熱在膈上心臟之間，久被風寒、暑濕、饑飽、勞役八邪而所傷，衝擊成疾也。水草不食頻起臥，咬物傷人兩眼瞪。又曰：因騎驟，毒氣結變為黃也。心主神，心病，故驚也。擺尾者，心連小腸，小腸連腎，腎臟主悶，使搖頭；心絡上主於胸，心有悶，使胸中疼痛也。咬物傷人者，為心氣逆傳於肝，肝家受邪，故傷於膽；膽主於脾，故咬人也。瞪目乃直視也。主於目極也，以死難治。硃砂、雄黃並甘草，人參、茯苓分兩停；灌之三服不轉可，此時命盡掩幽冥。急肺黃第二：急肺黃病患不輕，醫工初見早心驚；打尾瞪目身有汗，喘粗舌紫口唇青。夫急肺黃者，為春不抽大血，夏月不以涼藥灌，積敗血邪熱在肺臟之間，又復傷於暑熱，故發作黃也。打尾瞪目者，以大腸屬肺，尾屬腸也。肺臟有滯傳於道，故作痛，乃打尾也。肺有病順傳腎，腎經熱極，傳於肝也，亦瞪目。身汗者，為腎汗，此病不可治也。火急調藥須灌啖，看其脈氣便沉沉；惟有神仙能治療，爭奈神仙不易尋。急肝黃第三：急肝黃病要審詳，忽覺得時脈不強，動腳之時似醉狗，目暗昏昏亂撞牆；夫急肝黃者，因馳驟太急，或傷太走，已傷於筋，又傷於臟，肝主筋，筋病肝病也。目不見物，筋損則行如醉狗，牽行亂撞難行，此病難治，死也。眼脈胸堂須出血，洗肝解毒最為良。急腸黃第四：急腸黃病看其真，回頭覷腹又蹇唇；水草不食頻起臥，喘粗喘急猛倒身。夫急腸黃者，陽明主其病。因暑月乘騎太過，氣透隨呼吸而感寒熱，在於肺臟之間；大腸之傳遍，邪入於大腸間，積聚而為病，所有積聚腸中，發痛回頭，兩腳腸間中痛；蹇唇者，為腸胃連故也。甘草、大黃、山梔子，吳藍、黃藥、大青珍，豬脂、炒鹽並豆豉，灌之不減救無因。慢肺黃第五：慢肺黃病最分明，前探哽氣喘啌頻；水料不食須啌草，鼻中膿出病十分。慢肺黃者，陽明受病，因乘騎急走，喘不能出，疊損肺，胃氣與相搏，其病肺氣衰，日漸瘦也，鼻中黃水出也。陰硬帶黃腫其腳，試拈鬃尾落紛紛；此病見時休治療，多應命盡在逡巡。皮毛屬於肺，肺病多日，鬃尾自落也。慢心黃第六：慢心黃病強精神，墜韁無力睡昏昏；猛然覺來多驚恐，行行咬物又傷人。慢心黃者，因久渴失飲，藥不灌啖，乘騎傷重，致令隨呼吸感邪熱在於臟腑。肝經積熱邪，病多狂行之證，隨後傳之於心經也。若狂奔，咬人物，此慢心黃之病也。甘草、大黃並梔子，黃連、黃藥用蔚金，川硝、白礬、白沙蜜，三灌難痊病已深。慢肝黃第七：慢肝黃病似急黃，形狀相同脈稍強；眼目昏昏兼慢草，用何醫療最為良？慢肝黃者，厥陰主其病。因熱乘騎，走太過，多傷於筋。肝主筋脈，故走傷母也。肝受邪，則目不明，故肝經受邪氣，與臟中發其病也。則不美草，正肝病也。防風、甘草、川羌活，黃連、黃藥用青葙，砂糖綠豆同為汁，灌之三服自安康。慢腸黃第八：慢腸黃病起臥頻，時時看腹又蹇唇；三朝五日不食草，氣道時時奔後行。慢腸黃者，陽明主其病。因暑月乘騎，久傷於肺，積邪毒於肺間，為肺通大腸，通於脾，故蹇唇，脾胃間邪氣與真氣爭也。爭所以腸胃作痛，故回頭看腹也。甘草、大黃、黃藥子、黃連四味分兩停，豬脂炒鹽並豆豉，灌之三服定安寧。遍身黃第九：遍身黃病世間稀，啃咬渾身揩破皮；揩擦皮膚如血色，唇紫舌赤又病蹄。夫遍身黃者，病因膘大，逾歲不抽上六脈血得之。緣血氣盛，邪客之則熱，陽明受病。虛於心肺，風血氣散於皮膚，使遍身瘙癢，悶亂搽揩，用口啃咬，渾身四蹄揩破如血色也。三堂六脈須出血，消黃治肺共扶持，灌啖三朝不輕可，直饒妙手也難醫。胸黃第十：馬患胸黃最不宜，夏月炎天多有脂；馬嫩馬肥失灌啖，更緣走聚惡乘騎。夫胸黃者，少陰主其病，因暑月乘騎，驅馳無節；又春季不抽鶻脈血，夏月更失灌涼藥，積熱蘊毒於胸間，乃變為黃病，皮膚腫也。白針豁破黃水出，大黃、何首、朴硝宜，硬如石切，用白針豁破，搽妙藥撮盡黃水，然後灌涼藥消黃散，方可得差也。豬脂、豬腦頻頻搽，消黃治肺共扶危。心疽黃第十一：心疽黃次胸黃病，胸堂近上柱槽中，心疽近下雙腳裏，能腫能硬及有紅。夫心疸黃者，少陰主其病。因極飽而便走驟，喘息未定，遂發，出在胸堂皮膚，或上或下，腫硬用白針，又白針刺後宜服消黃散也。須塗其藥，即可病瘉。砂糖、蜜水、消黃藥，灌啖斯須速有功。

肚黃第十二：馬患肚黃速須醫，驟大二馬。各須知，大馬患時連肚腫，小馬侵奶亦侵臍。夫肚黃者，太陰受病。因為傷熱，承饑而飲；或乘困而使，露宿過多；水吃太緊，其水能依胃而散，水氣出於腸，落路而行，此呼為敗水也。宿久也，在腹中多日不能轉散，其敗水邪氣逆行經絡，不順榮衛，血氣不通，結成大病，積於肚下，使肚下垂如覆箕，此名肚黃，腫痢侵臍，以火針烙，塗藥，黃水出，愈。臍畔三分原是穴，宿水三升不可遲；濕熱更須投氣藥，自然痊差不須疑。

內腎黃第十三：內腎黃病初得時，抽搐後腳水草稀；時時腹脹回頭覷，仰瓦胯瘦抽起蹄。夫內腎黃者，少陰受其病。因遠行馳騁，股腎無力，頻又壓身，致腎棚中血氣不通，多日經絡凝閉，血不榮於股腎，仰瓦胯瘦也。腹中不順，常有敗水積腎中，故乃腫黃也。茴香、益智、香白芷，如後股腎中悶痛，此內腎黃證也。苦楝、官桂、青橘皮，溫酒小便並鹽灌，未喂之時與灌之。

木腎黃第十四：木腎黃病腳難移，陰囊腫痛硬如碰；回頭舒展頻哽氣，喘粗頭伭耳亦垂。夫木腎黃者，病因乘饑飲冷水太多，乃為木腎黃。腎屬水，北方生寒，寒冷相，極寒太過，滯陰氣入於腎經，令馬外腎見硬證，致腳重，頻頻舒展哽氣也。下針之時看分寸，麒麟、沒藥用當歸，茴香、益智、香白芷，鹽湯通草可同醫。

偏次黃第十五：偏次黃病要看詳，忽覺醫家心早忙；或在胸前或在膊，項邊脊畔出非常。夫偏次黃者，因為久飲濁水，並夏不灌啖，多日積邪熱在於心肺之間，故邪毒散出為黃也。黃者水也，其病難得痊也。微微似腫即漸大，急下金針及妙方；名師用藥兼醫療，大命方知得久長。

搦嗓黃第十六：搦嗓黃病須速醫，醫工忽見早生疑；馬嫩馬肥失灌啖，致令毒氣在心彌。夫搦嗓黃者，因為馬膘肥太過，氣盛，春夏不放大血，更久失灌啖，令毒熱積心肺，在膈上之間，久而發作，上攻注於咽喉閉塞，故作搦嗓黃，出氣難。此病不痊，即死也。毒氣發來喉閉塞，抬頭不得腫又伭。早朝得病黃昏死，夜後還生信有奇。

膝黃第十七：馬患膝黃病不任，水草如常腳步沉；膝上有腫生膿血，白針未可用陽針。夫膝黃者，因傷久走，損著筋脈，骨傷無力，不能拘管，或左或右，閃擘損膝蓋骨，日多氣血解榮，致筋危骨痛也。大黃、何首同為末，豬腦、豬脂效最深；油單濕布頻封裹，治肺消黃值萬金。

蹄黃第十八：馬患蹄黃貴速醫，如石似鐵用針非；白針針時未輕可，轉加疼痛要須知。夫蹄黃者，因久不修蹄，敗血邪毒積聚，下注於蹄乃痛也。用火燒針攢蹄烙，火烙時，以熱治於筋，通節也。真酥豬腦數摩蹄。腳下磧石須灑水，放令頻臥是良醫。

腕黃第十九：馬患腕黃要看詳，後腳屬陰前屬陽；前腳患時熱又腫，後腳節骨冷如霜。夫腕黃病者，前腳是屬心膈，熱沖前腳腕為黃也。後腳屬陰者，脾邪熱，太陰受病，熱盛也。前腳大黃脂腦裹，陰氣下沖以注後為黃也。故使前熱，後腳冷注傳下腫。後腳木鱉用為封；前腳定應春夏有，後腳多是向秋冬。

單嗓黃第二十：單嗓黃病甚分明，一邊嗓腫一邊輕；白針出血轉加硬，火針鏃了卻還平。夫單嗓黃者，病因：或傷料；或繫於炎日間，積熱於臟腑，久而發作為黃。白針出血，引瘀、邪氣而出可也。豬脂並酥勤勤潤，消黃治肺啖宜頻，放入欄中令自在，自然病可有精神。

舌黃第二十一：馬患舌黃用心窺，精神依舊水草稀；腹中害饑頻索草，及至上料卻不饑。夫舌黃者，病因心家熱毒上發，出於口舌為瘡，精神依舊也。但須開口舌上覷，舌腫舌硬有瘡痍；然口內有瘡，故難食，腹中散出，害饑，故甚瘦也。酥蜜、生油、甘草末，每日頻頻與啖之。

鼻黃第二十二：馬患鼻黃出氣粗，鼻腫鼻硬藥難敷；白針鏃時無膿血，火針刺療得消除。夫鼻黃者，因肺積熱，毒氣塞滯於鼻。為肺氣不足，為陰，故陽針引之即愈。豬脂、豆豉、川硝末，消黃治肺亦相須，麝香、瓜蒂並雞子，頻與塗鼻免教殂。

頰黃第二十三：馬患頰黃有雙單，耳鼻眼頰腫如山；夫頰黃者，陽明受其病，因而傳於肺臟，即生毒氣，傷肺間，發作變為黃病，出於上焦，腮一邊，患頰之上腫為疾。一邊患時尤輕可，雙頰牽連食槽間。火針鏃開出血，黃水即出。火針勻鏃毒氣散，口服消黃不暫閑，酥蜜、生油、川硝末，砂糖漿水共白礬。

背黃第二十四：馬患背黃仔細看，脊梁兩畔鞍貼間；夫背黃者，因夏月遠行，邪氣入經絡，氣衰腰背痛也。背屬於心，心火盛也。有腫似鐵針不可，火盛內熏，上燎於肺，肺金也，主皮毛，金多火少，邪正相拒，故生背黃也。直須火烙斷根源。

蛇黃第二十五：馬患蛇黃要知因，牽連肺臟是其根；傷重遠行及傷熱，傷飽賓士損庚辛。夫蛇黃者，病因失饑，飽後重騎，走隨呼吸太緊，邪氣傳於肺，肺主聲，又主皮膚，故其病乃發於皮底也。有腫似蛇皮膚底，隱隱相連似紅津，火針不可須燒烙，治肺仍敷藥有神。

耳黃第二十六：馬患耳黃有雙單，雙少單多是尋常；耳腫耳硬生膿血，內有膿囊似宿腸。夫耳黃者，病因暑月乘騎，遠行過多，不歇，腰間無力，傷於臟，積邪熱於腎經，腎通於耳，因熱而發為耳黃也。下針之時綿塞耳，勿令膿血向裏侵；治則針之，針時以綿紙緊塞其耳，勿令膿血流入耳中，此治耳黃法也。病若差時不依舊，一耳低垂一耳張。

脾黃第二十七：馬患脾黃要審詳，外連膁唇號中央；脾冷口乾多飲水，脾熱脾毒口蹇張。夫脾黃者，因飲其水，或日中傷熱，或喂予熱料，傷於脾臟，邪熱於脾胃，饒身血氣至於脾，陽虛陰盛內寒，脾受寒而唇口蹇喎笑笑之狀。脾經積熱，見於唇口常焦也。冷氣傷著脾肋顫，又冷物令脾凍，冷氣太過，故身顫毛焦，口變白色，可治。冷草傷脾口色黃。

帶黃第二十八：

馬患帶黃用心看，為侵羅隔近肺間；夫帶黃者，少陰主其病，因傷飽乘騎，鞍太緊，前後氣不能通泄，鬱其毒在帶間，不能散則為黃。故用燒烙，即差也。傷重傷飽緊鞍帶，致令血脈不通連；宜用慢火熨烙，放帶脈血。白針出血不輕可，直須火烙斷根源。腦嗓黃第二十九：腦嗓黃病得多時，鼻中膿出有瘡痍；夫腦嗓黃者，病因心臟積熱，邪毒在於膈上，日久不治，熱聚或再傷熱，兼騎急，使著緊，則其病轉甚，病大盛，複逆難也。水草不食漸漸瘦，又曰：失飲失水，水極攻之，名為腦枯，在於腦上，內外成瘡也。不免身軀化為泥。肺嗓黃第三十：肺嗓黃病惡形狀，黃病初出連四肢；夫肺嗓黃者，病因肺傷於重力，或暑月炎天而大走，積邪氣於心肺之間，又或再遠行損於肺，為秋夏傷於濕暑，因此傳之與肺相合，肺主聲音，浮腫而出膿，兼肺氣不足，故發嗓黃，形狀是毛焦目赤，搐膁腳散也。毛焦目赤精神慢，搐膁腳散不多時。腦黃第三十一：馬患腦黃兩耳垂，四腳頻移頭又低；夫腦黃者，病因心傷，邪熱積而不散，發作上攻，其腦有黃。病有二絡通於肝，主目不見物也；是秋傷於溫，至冬發，蓋因秋間飲飽勞役損於五臟，腦勞髓黃病也。腳狂亂走不見物，風門火烙不宜遲。慢偏次黃第三十二：慢偏次黃有何醫？搶風頭上腫如梨；夫慢偏次黃者，因心肺久積熱在膈上不散也。急需針破塗大糞，發時在胸膊間，須用針而差，灌涼藥，解之可也。更灌涼藥病相宜。胞黃第三十三：馬患胞黃病可知，秘注後糞草料稀；夫胞黃者，病因積熱甚，或傷心故也。心連小腸，致小便中熱，熱閉於胞中，即為淋瀝。熱生風，所以尿血，黃病也。回頭向腹頻頻盼，小便淋瀝似血垂。又曰：受熱於膀胱與小腸也。小腸回腸也，其水液自回，小腸別汁滲入膀胱之中，胞氣化之，以溺泄出也。今小腸與膀胱受熱，故不能遺溺於小便，乃胞脬之閉也，以辛涼藥去熱也。燈芯通草鹽湯灌，便泉清利是安時。單肝黃第三十四：單肝黃病目無光，搐著倒坐腳又狂；夫單肝黃者，病承汗立於簷下，腹上有汗，乘騎太過，病因傷肝，即眼目不見。涼藥蔥漿大糞灌，諸疾蓋厥風生於目，則眼絕於內，榮衛絡於外。目者馬之穴，為三陰有衰於下，五陽逆厥於上，一水不能勝五火，目所不見也。牽行倒坐為眼不見物，發攻於上便盲也。陰氣漸衰，陽氣濁故也。取出腦涎火烙強。鎖口黃第三十六：鎖口黃病少人知，識會之人方可醫；夫鎖口黃者，病因上焦熱，在膈前，傷於心肺，久熱生風，心熱而口澀，此名鎖口也。一名心風噤卻口，秋傷於濕，冬生喧嗆。蓋因秋間饑飽勞役，傷於心肺的形狀，急治鎖口穴，火烙差也。時人見者亂猜疑。人參、茯苓並遠志，黃連、甘草共山梔，羌活、川硝並雞子，須知灌啖速為宜。

又《治二十四黃》 心黃歌第一：心黃起臥何頻數，汗從頭出次遍身。起臥急時逢物咬，回頭亂咬及身顫。口眼赤色兼有驗，便知死命在逡巡。肺黃歌第二：肺黃起臥慢騰騰，喘粗垂耳少精神。口眼鼻黃皆有驗，黃膿噴出死之因。噴出白膿方可治，切須仔細認根源。肝黃歌第三：肝黃不臥口眼青，牽行兩眼似雙盲。逢物逢牆便沖抵，時時亂走或嘶鳴。舌青勁立蹄不動，其中十死無一生。腎黃歌第四：腎黃不展後雙蹄，後乃拳腰不展施。雙足難抬時哽氣，喘粗搐膁頭危危。糞口黑漉不可治，若無身顫可通醫。脾黃歌第五：脾黃起臥雖非急，忽蹲腰坐上唇褰。舉頭如笑唇頻動，耳尾時時似扇扇。穩腰便臥脾家驗，口眼兼黃自曉然。急腸黃第六：急腸黃馬病連連，抬頭緊耳向後攢。忽作難禁形狀體，陌然引頸似雞咽。遍身汗出頻加驗，汗出須知自首先。若汗臭黏治不得，便調灰糞及黃連。慢腸黃第七：慢腸黃馬慢騰騰，耳垂貪水步難行。引項打尾頻覷膁，穩腰便臥口黃生。口若色黃腸必燥，藥鹽同炒與脂停。腦黃歌第八：腦黃起臥不忙然，口中沫出尾如鞭。頭上有汗逢牆抵，行如醉客恰一般。口緊頭低狀可驗，始知黃在腦中患。風黃歌第九：初見風黃捉四肢，早已膨腰血脈癡。腹中如火腰背硬，腳直耳緊項難低。蓋因熱料牙關急，退毛貼下卸鞍時。偏次黃歌第十：偏次生腫膊上連，蓋因熱積五臟間。粟麥壅滯時多聚，血氣不流閉卻關。連肉不連皮用藥，連皮粘肉火針鑽。流黃歌第十一：胸浮流等是三般，皆是陰陽氣不全。為少騎習乘熱聚，久停壅滯在心間。藥用消黃漿水下，急須針治便平安。束口黃第十三：束口黃時馬減膘，不能張口脈浮高。頰中筋急難開口，任加麩料亦焦毛。烙斷頰中筋兩股，紫蘇紫苑密礬消。訶子黃連同等效，隨時忌水至來朝。舌黃歌第十四：舌黃舌擺似垂刀，涎沫流時脈又高。舌色紫時脈氣閉，三堂放血不分饒。兼有四蹄何用惜，茯苓紫苑小油調。頰黃歌第十五：頰黃肋腫通食槽，內外如石硬不消。陰脈衝陽氣不順，壅聚而生似拳高。陽結陰頑成腫患，鈹開血出類櫻桃。鹽醋若塗揩一上，莫教飲水應時消。丁黃第十六：丁黃初沉緊拳腰，背上生瘡向八。膿似黃膠猶可治，血連黑水命難逃。白礬四兩人中物，杜仲菜子入瓶燒。封口不令煙火出，炭攢伏火便須炮。每要灌時蜜水下，秋冬毯被覆其腰。搦顙黃歌第十七：忽逢搦顙病難醫，藝如造父也攢眉。頰骨腫時心肺腫，料毒穀氣滯頰頤。多為乘騎不出汗，血極不散貴須知。索勒須抽鶻脈血，黃赤臨時要辨之。赤黑色時猶可治，血連黃水不通醫。藥用消黃漿水下，開喉便是一般奇。外腎黃第十八：外腎黃馬有三般，致令陰腫一邊偏。硬似鐵石如冰冷，恐疑腸潰在陰間。腫處熱時黃藥灌，薑研爛更加礬。須用火針流膿水，勤勤水潑便平安。陰黃歌第十九：陰黃有腫走臍饒，漸漸流來為肚黃。肚多立少騎冷氣聚，久停壅滯在膀胱。忽然心間脹悶起，病名遂喚作流黃。肚邊生腫從後發，此乃流黃不易當。蹄黃歌第二十：蹄黃破移水浸傷，忽因口咬破針瘡。二毒相競蹄胎熱，瘡中出水號為黃。油蠍白礬鹽少許，汗椒暦青治瘡傷。更灌七傷三五上，休教入水便安康。肘瘡黃第二十一：肘間乘鐙忽為黃，心頭熱氣注生瘡。前腳肘黃元是熱，鍼開漸漸病消亡。更有硇砂去爛肉，乾薑等分入砒霜。糯米飯丸綠豆大，似鼠逢貓虎趁羊。瘡黃歌第二十二：瘡黃不住隨筋流，久停熱在五攢頭。磨搽破時毒氣蠹，瘡痕脹引水無休。白芨白蘞無心草，斑蝥巴豆據方修。乾薑硇砂相和用，此瘡即差不須憂。雙蹼黃歌第二十三：雙腮連顙似含瓜，通身奔脅號蝦蟆。此病覺早方可治，鍼開血水似槐花。消黃二兩分三灌，但忌奔泉不用他。心疸黃歌第二十四：心疸黃腫出黃津，若有膿時水一盆。鹽醋調塗須先淨，熟磨揩擦隔煙薰。更灌七傷三五次，便須痊差不須論。

又 卷四《三十六起臥病源圖歌》

第一，前結起臥病源歌：病中前結莫言無，起臥時時喘氣粗，黃帝問師皇曰：前結者何？答曰：前結者，冷熱相擊，因飲失時，結在大腸四尺前，結也，是陽明經受其病。又云：大腸一丈二尺，前四尺，中四尺，後四尺，名三般結也。又云：大腸與肺為表裏，主其氣海，緣馬糞塞定，氣下不通，倒入肺，令喘息也。咬臆頻頻人不識，切須用藥免教殂，訣曰：咬臆者，病在前四尺，屬心肺，悶絕而咬臆，為人不曉，其馬仰天著嘴咬其胸中，痛之甚也。滑石、膩粉並通草，灰汁、生油、一合酥，苦酒都將和合了，灌下之時病自甦。第二，後結起臥病源歌：後結起臥切須知，回頭覷腹糞又遲；黃帝問師皇曰：後結病者何？答曰：後結者，乘困而吃草太急而成結，又在大腸四尺後，名為後結也，皆為冷熱不和而腸結也。又曰：陽明主其病。又云：令馬回頭覷腹中也。因熱而失飲，故大腸結也。又云：饑困而吃草，結在大腸四尺後也。韭汁、生油於穀道，手取急須用藥醫，灌了牽行三二里，恰似從前不患時。滑石牽牛朴硝，右為末，用豬脂、油一處灌。第三，中結起臥病源歌曰：病中中結要言論，滾碾時時起臥頻；黃帝問師皇曰：『中結者何？』答曰：『中結者，冷熱相交，因飲失時，冷熱不和而中結也；結在大腸四尺中，名中結也，陽明主其病。』又云：『既飽後失水，多成中結；又喂不依時，陽盛陰衰，故結之也。』又曰：『冷熱不和故也。』要將雙腳跑胸臆，看腹回頭意欲伸。訣曰：令馬氣下不通，其氣倒入胸中，氣痛而跑胸也。續隨、膩粉、並通草，鬱李、瞿麥共調勻，以酒相和藥一處，學取從前妙手人。第四，冷痛起臥病源歌：冷痛頻頻顫臥憂，四蹄長展或難收；黃帝問曰：冷痛者何？師皇答曰：冷痛者，因久渴而飲，又冷水太多，冷傷於胃，四蹄重，發起臥也。陽明經主其病。又云：四蹄蜷者，冷氣傷腎，冷下攻之，四蹄重也。又曰：胃連脾，脾生肉，肉寒而顫，故發起臥也。往往雷鳴聲在腹，時時蜷腳更回頭。脾者土也，病先傳肺，肺傳胃，胃中冷熱不和而作聲，腹中痛甚而回頭起臥也。藥用細辛並陳皮，用水三升煎沸休。又方：皂角、艾、蔥、鹽水灌，火熨、湯淋病自瘳。第五，小腸結起臥病源歌：馬病須看向小腸，不通大腸越尋常；黃帝問曰：小腸結者何？師皇答曰：小腸結者，乘困而吃水太多，兼冷熱不和，傳於小腸中，水盛而成逆氣，相交結也，乃太陽主其病。又云：小腸屬火，大腸屬金，二臟不和，太痛而雷鳴不尋常。每度顫采多仰臥，不收四足鎮舒張。訣曰：肉顫者，小腸痛；四蹄直上者，腎胞痛。又曰：急氣痛之，而氣入四肢，不能收也。續隨、膩粉並通草，姹女、生油、滑石方，灌了牽行三二里，自然痛可得安寧。第六，水穀並起臥病源歌：第六須看水穀並，汗出頭低起臥輕；黃帝問師皇曰：水穀並者何？答曰：水穀並者，因饑渴飲飼失時，吃水太急，又飽走太過，水穀並也。太陽主其病又云：汗出心傷也，氣不通下，而氣入腦中，頭低也；起臥輕者，二臟不和，痛極難臥也。左右頻頻看腹肋，用藥如前灌一行。左右觀其腹，為腹中痛也。大腸屬金，小腸屬火，冷熱相沖，故令水穀並結也。又方：還將麻子湯為藥，疾遂消除似虎獰。第七，吃著生料起臥病源歌曰：穀豆全生喂駿駒，脹因生硬不舒蘇；黃帝問師皇曰：『穀豆脹者何？』答曰：『料豆脹者，馬因失喂，元氣虛而五臟受邪氣，又走太過，令馬腹中不能回轉，冷熱不和，故腹脹起臥也。陽明主其病。』又云：『因為失飲，而腹中熱也；冷氣不和，而水傷穀，不消者也，故此為病也。』滑石、膩粉並通草，灰汁、生油、一合酥，六味將采同共使，當時馳驟向長途。第八，板腸糞不轉病源歌：板腸不轉非難治，起臥時時臁腹高。黃帝問師皇曰：板腸不轉者何？答曰：板腸不轉者，乘困而吃草太過多，更久渴，飲而不息又走，飽上走急，冷熱不和，陽明主其病。又云：氣上下不通而腸結，乘困而吃草，草成結也。結在腹，腸中結，冷熱不和，胃中是也。五朝七日未痊差，氣道從而奔後腰。脾有病，先傳胃，胃傳入腎，腎者水腎也；上氣不和，注於腰間，氣上干相攻也。草灰、鼠糞、豬油熱，續隨、膩粉合為膏，五味將來同共使，直饒銅鐵也須消。第九，大肚結起臥病源歌曰：馬患須看大肚結，喘急肚高時時歇。黃帝問師皇曰：大肚結者何？答曰：大肚結者，因久熱傷肝，傳在胃中，冷熱不和，故結也。陽明主其病。又云：脾不磨而草不消，更遠行不飲，盛濃而結也。又曰：喘者氣上不通下，氣相並而肚結起臥也。小便打尾且耐何？訣曰：小便多虛，一臟不行，二臟不通，多結也。蜣螂、通草、豬油熱，螻蛄、鼠糞共相和、五味將來沖斷結。

第十，大肚傷起臥病源歌曰：馬患須看大肚傷，臥時不起汗淋浪；黄帝問師皇曰：大肚傷者何？答曰：大肚傷者，因太飽而走太過，傷其大肚；又馬水穀不能回轉，痛而不起臥也。陽明主其病。又曰：汗出心傷，痛急也。喘粗鼻咋兼肉顫，鼻內時流糞氣漿。鼻氣喘而傷肺，鼻咋而氣壅也。又云：血奔心而子奔母，土火也，心痛顫也。哽氣之時胃必損，便有靈方病也妨；胃屬土，土生金，氣傳於子，故肺氣痛，哽氣也。為報醫人休治療，此時大會見無常。第十一，氣痛起臥病源歌：馬患氣痛不調和，腹脹時時碾臥多；黄帝問師皇曰：氣痛者何？答曰：氣痛者，因太饑而乘困吃草太急，又飽而走太過，氣傷肺也。太陰主其病。腹脹者，氣不通下也，冷熱不和，傷飽而攻之，兼走氣不出。又云：心悶而起臥多也。口白更乾毛逆燥，肺家壅滯不奈何。又云：白者肺之苗，毛者肺之氣也。白朮、曲末、當歸散，酒煎連灌更無屙，每上灌時生薑蜜，三服必定見消磨。第十二，脾氣起臥病源歌：第十脾家起臥難，擺頭打尾上唇褰。黄帝問師皇曰：脾氣痛者何？答曰：脾氣痛者，因困而飲水太過，寒氣傷脾，乃起臥也，太陰主病。又云：脾土其色黄，受氣於己，生於子，病於黄，死於卯，墓在辰。又云：上唇褰者，脾痛也，唇通脾；擺尾者，胃痛也。心者火也，火生土，見水相刑，水火不和也；冷熱不解，故有此病起臥也。顫臥有時立即倒，垂腰無力似風癱。又云：肉者屬脾，脾痛肉痛，肉痛而顫，倒者脾性急也；垂腰，胃病無力也，不食水草，弱者似風癱也。先針脅上兼針鼻，氣藥生薑便安。第十三，冷水傷起臥病源歌：馬因吃水傷腸胃，玄妙方中看臥蠶；舌下赤時傷腸胃，臥蠶白者別觀占。黄帝問師皇曰：冷水傷者何？答曰：冷水傷者，久渴而不飲，飲水太過，水盛傷於大小腸，冷也。太陽主其病。又云：小腸屬心，通於舌，舌下赤者，傷心；舌下如白者，傷肺，肺傷冷，大腸乃不和，故發起臥也。芎藭、白芷、當歸藥，細辛、陳皮共相兼，好酒同調灌窮口，便是神醫用手拈。又方豆叩並肉桂，生薑酒下聖經言。第十四，熱痛起臥病源歌：良馬雖然千里程，忽縈熱病不惺惺。黄帝問師皇曰：熱病者何？答曰：熱病痛者，良馬千里路程，久熱而注其骨髓，兼春秋不放六脈之血，不依四時灌啖，積熱傷於臟腑，並魂魄也，所以精神不遂，為不惺惺也。為是少陰主其病，起臥也。口中似火多頻臥，眼內如砂不轉睛。不轉睛者，肝受其熱，眼中澀也。口中似火者，心火上傳故也。又云：心急悶而熱多臥之也。朴硝、甘草各一兩，漿水相和要半升，雞子共同灌下口，更須針鼻四蹄輕。第十五，羅膈損起臥病源歌：損著羅膈切須知，出氣頻多起臥遲；黄帝問師皇曰：損著羅膈者何？答曰：損羅膈者，飽上走急，鼻氣壅，而傷羅膈也。太陰主其病。又云：氣屬陽，臟屬陰，羅膈屬心。心為火，肺為金。又曰：氣壅而氣拒，二臟不和，乃傷於氣，故胸中痛。酥蜜半升並白芷，更添沒藥用當歸；甘草、麒麟、骨碎補，三服必定去乘騎。香白芷、麒麟竭、沒藥、骨碎補、當歸、甘草各等分為末，用酥蜜各半升，灌之，差也。第十六，羅膈傷起臥病源歌曰：馬患難醫羅膈傷，精神漸減越尋常；黄帝問師皇曰：羅膈傷者何？答曰：羅膈傷者，因飽食走急，氣不及出，沖損羅膈也。太陰主其病。又云：心傷肝肺傷，魂神魄傷而精神短慢也。又曰：外主心肺，魂傷於裏。經云：羅膈不可犯也。膈損更兼肉又顫，鼻內時流血水漿，眼目昏昏兼腹脹，血奔心時喘息忙；又曰：眼目漫漫者，肝傷也。喘而傷肺，氣不通上下則腹脹，血奔心時羅膈損也。為報醫工休治療，大都此病必難讓。第十七，水掠肝起臥病源歌曰：馬因吃水損其肝，兩眼如癡似淚漫；黄帝問師皇曰：水掠肝者何？答曰：水掠肝者，因久渴而不飲水，飲而復太過，水盛也。厥陰主其病。又云：肝者其色青，受氣於亥，旺於卯，病於巳，死於午，墓在酉。又曰：水掠而傷魂，水木而傷於眼，眼中淚出也。經曰：肝死也，其味酸，其性太也。行動之時如醉狗，此時病狀救無緣，後代之人習此理，君還不信試醫看。第十八，腸入陰起臥病源歌曰：馬患難醫腸入陰，回頭看腹示醫人；黄帝問師皇曰：腸入陰者何？答曰：腸入陰者，因饑困而走太急，更因渴而不飲，飲水太過，冷氣注入陰間，冷氣盛，入腸入陰也。太陽主其病。又曰：回頭者，腸中痛也，急痛而牽小腸亦痛顫也。腎囊一冷一邊硬，如此疑其有鬼神；又曰：一邊硬者屬心火攻之，冷者屬腎水傷也；似鬼神者，相刑衰也。又曰：水火木三刑相反，故發寒熱，攻其心肝不定。後代欲除根本者，良醫妙術所當親。第十九，腸斷起臥病源歌：馬患腸斷不堪醫，渾身肉顫攢四蹄；拋糞之時須起臥，黄帝問師皇曰：腸斷者何？答曰：腸斷者，因太飽而走太急也，鼻氣不及出，損其腸也，乃陽明主其病。肉者脾之候也，脾痛肉痛，肉痛顫也。又曰：四蹄者，氣上下通，氣攻入四蹄重也。又云：傷腸斷也。經云：大腸連肺，以主氣，致下氣不通，故糞痛也。良醫見後也心疑；良醫者，善治馬之人也，知其馬難治也。饒君妙手能治療，任教名士亦何施。第二十，腸黄起臥病源歌：第八腸黄喘氣粗，回頭望腹脈徐徐；黄帝問師皇曰：腸黄者何？答曰：腸黄者積熱傷其肺，肺受熱，傳入大腸，乃變為黄，陽明主其病。又曰：上氣不通，下氣到肺經，乃出氣粗也。又云：其脈徐徐者，形證衰也；陽盛陰衰，傷氣也。又曰：回頭者，腸中痛而起臥也。欲得病瘳帶脈血，大黄、梔子、朴硝居。又云：脾連胃，胃連脾，帶脈屬脾，乃是太陰之經絡也。又方：黄連、黄柏同為散，蜜共豬脂灌即除。第二十一，心黄起臥病源歌：十一心黄不轉睛，咬身用力痛無聲；黄帝問師皇曰：心黄者何？答曰：心黄者，五臟積熱，注於心肺，久而不治，乃變為黄，少陰主其病。又云：心者火也，其色赤，受氣於亥，生子寅，旺於午，病於申，死於酉，墓在子。又云：心傷即神傷，神傷心作黄也。又云：火返刑母，乃木火上傳於目，故不轉睛也；咬身者，心痛。

不作聲，心黃痛急甚也。麻黃、大豆並雞子，水煎連灌便惺惺。又方：蔚金黃連散，速將此藥下豬清。第二十二，腎黃起臥病源歌：十二醫家看腎黃，搐賺時時喘便忙；黃帝問師皇曰：腎黃者何？答曰：腎黃者，受熱而走太急，傷著內腎，變為黃也，少陰經主其病。又曰：喘者，困極而傷肺也；腎是水，心是火，火極炎也；搐賺者，腎痛也；火生黃，腎旺亦生也。踏地舒腰立即倒，八腿上兩傍相；又云：倒者，腎痛也；踏地者，胞痛也；兩傍者，針其穴也。更抽尾下微微血，朴硝、油、水、蜜沖腸；尾連腸，腸連心，一臟一根苗也。只用解毒消黃散，便是師皇伯樂強。第二十三，腦黃起臥病源歌：馬患醫家辨腦黃，口中沫出又沖牆；黃帝問師皇曰：腦黃者何？答曰：腦黃者，積熱傷於心；肺，久注腦中生黃也。少陰主其病。又云：肺熱而口中沫出，心熱而顛狂，狂而悶，不入。又云：乃熱極也。汗出打尾啖涼藥，腦開二孔與淋漿。又云：汗出傷心，熱極打尾，心悶燥也，用水淋之。每朝新水頻淋腦，灌藥仍須性要涼；若於六脈針流血，便是神農真藥方。第二十四，內腎損起臥病源歌：馬患難醫是腎災，脊梁著地四蹄抬；黃帝問師皇曰：內腎損者何？答曰：內腎損者，乘飽而走，困極傷著內腎及心，二臟不和，少陰主其病。又云：脊梁著地者，內腎損而痛也；四蹄抬著，筋痛也。後腳梢空如此病，方中無一免輪回。又云：內腎上有十二條筋，通在遍身，兩條通前腳，兩條通後腳。腎痛筋痛，筋痛而後腳梢空也。又曰：腎為命門，絕者死也。盲醫不會由自強，良醫看了不堪才。第二十五，肉斷起臥病源歌：肉斷起臥走不安，四蹄不舉重如山；黃帝問師皇曰：肉斷者何？答曰：肉斷者，因太肥而乘，跑走太急，蹙著心肺及五臟，並脂肉損也。太陰主其病。又曰：令氣不通上，氣下乃入於蹄，故四蹄重如山。又云：熱上攻之心肺，冷乃下注，亦四蹄重。令馬飽上走，不惜其力，故肉斷也。又曰：冷熱不和。五臟不安，為肥也。但抽尾本胸堂血，須至平和不再看。又曰：尾連腸，腸連心，瀉心之血，解肺之熱。更用消黃止痛散，便是周時八馬宛。第二十六，肉鱉起臥病源歌曰：肉鱉起臥汗微微，忽覺心狂左右窺；黃帝問師皇曰：肉鱉者何？答曰：肉鱉者，因太肥而走太過，脂肉損而汗出也。少陰主其病。又云：汗出傷心，悶而迷。又曰：心生血，血生肉，肥也信。肉動渾身顫颯颯，無令醫者亂猜疑。脾痛，肉亦痛顫也。但用針刀向後覓，腎堂尾本兩般名；心生血，血生肉，肉生脂，脂生髓，髓生血，放血瀉熱也。右方鬱金並梔子，消黃治肺共扶持。第二十七，蹙著五攢痛起臥病源歌：蹙著當時四蹄攢，為緣血脈不通連；黃帝問師皇曰：蹙著血脈者何？答曰：蹙者血脈者，因久熱而傷飽，走太急；又春秋不抽六脈，更不依四時灌啖，蹙著血脈，積聚太多，血壅滯而不和也。少陰主其病。又云：血熱上攻於腦，故血冷注於四蹄，攢蹙也。五日七朝不醫療，腰曲頭低行步難。又云：心血海也；血者熱傷於心，心傷於神；頭低傷氣，氣傷肺，肺經也。火急方中看藥餌，抽其六脈自然安。第二十八，肺痛起臥病源歌曰：肺痛起臥喘微微，口內如綿要辨之；黃帝問師皇曰：肺痛者何？答曰：肺痛者，因太飽，飽上走太急也，傷於五臟。肺氣也，太陰主其病。又云：氣屬陽，臟屬陰，其肺白。受氣於寅，生於未，旺於酉，病於巳，死於午，墓在卯。肺傷者白也；赤者心也，五色傳變，如花色也。或即胸前多有汗，此時用藥不宜遲。又曰：肺是五臟華蓋，下連心，肺病於陽，以陰而克陽也，故有此三般。又曰：汗出傷心故也。砂糖、乳汁並雞子，消黃治肺共扶持；啖之三上無痊差，必定拋亡豈復疑。第二十九，心痛起臥病源歌曰：心痛起臥有殊功，口內如花脈帶洪；黃帝問師皇曰：心痛者何？答曰：心痛者乘饑而走太急，困而吃水太急，傷心。冷熱不和，水克火，心病也，少陰主其病。又云：心者火也，心痛而汗出也；口中赤者心，白者肺，黃者脾，五臟相傳，口如花也。或即胸前多有汗，大黃、紫菀、麥門冬；生薑、甘草、並雞子，羌活、茯苓、肉蓯蓉；九味將來同共使，便是王良妙藥功。第三十，腎痛起臥病源歌曰：腎痛起臥慢微微，簇簇攢攢起臥遲；黃帝問師皇：腎痛者何？答曰：腎痛者，因饑困而走太急；又飲水太過，傷著內腎，冷氣注其陰而起臥也，少陰主其病。又曰：腎者水，其色黑，受氣於巳，生於酉，旺於申，病於午，死於丑，墓在辰。又云：腎是水，心屬火，冷熱不和，攻之腎痛也。又曰：冷氣痛而令下四蹄攢也。口鼻尾尖須出血，腎棚針焆更何疑。茱萸、厚朴、當歸藥，溫酒相和要灌之；損著腎棚難治療，應須不損壽堪期。第三十一，草噎起臥病源歌：馬患草噎病堪醫，口中沫出又遲遲；黃帝問師皇曰：草噎者何？答曰：草噎者，急困其表而氣猛，牽著未定，乘饑困而吃草太急，成氣而噎也。太陰主其病。又云：飲出相射，冷熱不和，逆氣而為之也。經曰：肺熱而口中沫出也，乃因陰陽不和而使氣噎也。更把遊韁繫後腳，急行十步莫猜疑。又訣曰：通氣之意，先隨之也。皂莢、瓜蒂、芸薹子，切須吹鼻不宜遲。又方便下順氣散，草噎時時聖手奇。第三十二，水噎起臥病源歌曰：水噎起臥少人知，縮項蹲腰汗瀝蹄；黃帝問師皇曰：水噎者何？答曰：水噎者，為騎來氣未定，乘饑困而吃水太急，冷氣兩相並，傷於心肺而水噎也。太陰主其病。水上不能散，下不能入，水噎也。縮項抬頭者，心胸痛也。又曰：汗出心傷，名水汗，陰陽不和也。口中清水涓涓滴，醫工見者亂猜疑。口中清水者，心水溢而不納，水出者也。又曰：水勝其火也。火急方中看藥餌，胸前棒擀不宜遲；又方更用五香散，三江出血病須移。第三十三，胞轉起臥病源歌：胞轉蹲腰踏地跑，時時碾臥尾彎稍；黃帝問師皇曰：胞轉者何？答曰：胞轉者，因久渴而不飲，飲水太過，水盛傷於小腸，因而反復，乃飽轉也。太陰主其病。又云：腸乾傷，陽不和也。又曰：蹲腰者，小腸中痛；踏地者，胞轉痛，拳腰腹痛，急甚而痛，乃碾臥也。水草不食更頻臥，要知病狀是尿勞。又云：水草不食者，勞急痛也，腎胞痛而心悶，乃臥；痛甚者，頻起臥者也。塗手用油於穀道，正後牽行三五遭，左右人手須撥正，小便通下見醫高。第三十四，黑汗起臥病源歌：第九醫家用妙方，渾身肉顫汗如漿；黃帝問師皇曰：黑汗者何？答曰：黑汗者，因久熱傷心肺，又為春秋不抽六脈血，又不能四時灌啖，血脈壅滯也。又云：因乘千里，熱困傷心，乃少陰君火主病。顫者熱，熱極上心，心痛而汗出，乃心為神主，生火，火生血，又傷血。先去尾尖十字劈，後須汗出用一方。又云：出血者，瀉心經熱，尾連腸，腸連心，心連腎。裙衣蒙腦淋新水，檝汁沖喉人糞嗆；水傷腦，腦是諸陽之會，臭反傷氣。眼鼻三江宜少許，五臟及章篇；草料喂時依舊吃，牽下棚來滾碾眠。黃帝問師皇曰：咬膊者何？答曰：咬膊者，馬身上有蟲，被主人繫馬在不淨之處，其馬臥，有蜱蟲走奔胸腹，或袖口上咬，其馬悶悶而摸身，而起臥也。古時人有此，故注名之。有勞醫人袖上覓，摘卻之時必見安；後代之人習此理，免教良馬受針酸。第三十六，邪病起臥病源歌曰：忽逢邪病用心看，白汗流時兩眼翻；黃帝問師皇曰：邪病者何？答曰：邪病者，饑渴飲喂失時，而五臟受其邪氣。初得時，氣先攻肝臟，次又傳眼，眼急又傳心臟，遍身汗出，五臟不和，受其邪氣，少陰主其病。又云：肝者木也，外主其目，傷魂也；心者火也，外主其舌，內主其神。又曰：汗也，汗出心傷；肝受氣而眼急；汗出心傷，困也，故病起臥也。麝香、瓜蒂吹鼻內，上唇出血當時安。

又 卷六《新添馬七十二惡汗病源歌》 渾身汗出病源歌第一：渾身汗出數般呼，內有金木水火土。五行運氣人不會，陰陽汗出有等殊。汗出如油人道死，汗出如漿命難蘇。馬有七十二翻汗，斷得生死用功夫。歇汗風病源歌第二：風喉耳下大如球，出氣吼聲汗自流。風喉頦下食槽腫，開喉連下蜜脂油。更用大黃朴硝散，滑石大戟共牽牛。都用將來蜜裏下，醫人會得不須憂。束喉汗出病源歌第三：急須病馬氣束喉，頰腮兩畔汗如油。喉咽合時難出氣，良醫見了急開喉。大喉開時須停分，三停裏面要旋周。三停取時無錯處，會得始皇不外求。腦痛汗出病源歌第四：腦痛汗出熱如湯，得病沖籬更撞牆。通天烙透如錢大，新水面上急澆涼。渾身水淋如打顫，砂糖油蜜下三黃。拌和料中須忌粟，便是先賢伯樂方。腦懈汗出病源歌第五：腦懈傷病汗如漿，得病時時腦鉦脹。汗出倡狂如醉狗，開天烙透檢名方。便將消黃蜜油下，開天穴內水淋忙。更放定魂喉脈血，此是師皇立效方。汗出病源歌第六：汗出渾身耳先緊，四腳強硬腹內忍。熱痃行時如風病，醫家辨認細消詳。頻灌涼藥油調下，新水須得用井泉。六脈抽時立便效，消黃蜜下自然休。項怯汗出病源歌第七：項怯當因汗自流，邪風吹拍是根苗。三翻怯病都一體，消黃莫忘蜜和油。更針風門並百會，三委火烙一無憂。熱抽汗出病源歌第八：熱抽騎來汗自流，道頭裏面便須收。收上道頭陰抽起，都因熱在氣心頭。涼藥解於心臟熱，下元莨菪配牽牛。飽用消黃蜜裏下，饑來蔥酒下烏頭。風痿汗出病源歌第十：風痿走來汗未休，賊風吹拍頂當頭。汗出當頭風更拍，醫人切須用功求。藥用麻黃定風草，防風附子配烏頭。六脈抽時立便效，消黃蜜下自然休。單抽汗出病源歌第十一：單抽汗病似如油，烈女抽左連腸頭。左廂烈女為津液，右為命門兩翻求。賺後火針深三寸，防風附子配烏頭。莨菪牽牛和枸杞，蔥煎入藥酒灌油。雙抽汗出病源歌第十二：雙抽腎病最難當，毛焦無力汗如漿。左抽腎堂連裏面，腎家腿上兩傍相。火針如前深三寸，瘡中頭大入硫黃。須下七傷依前用，灌時只得入乾薑。冷抽汗出病源歌第十三：大腸瀉場不曾休，上焦積熱汗如流。下元冷時饒必水，醫家切要細搜求。饑來只用茱萸散，金毛狗脊用烏頭。醋煮面丸如雞子，乾時酒下即時休。氣抽汗出病源歌第十四：汗出交簷喂不休，氣抽兩賺不抬頭。抽病五翻慢水草，蒼朮芍藥配牽牛。官桂桂心青皮子，陳皮厚朴共瓜蔞。交當六脈都與放，蔥油酒下永長休。肺牽汗出病源歌第十五：渾身汗出肺家牽，食槽下面硬如磚。把定風牽行不得，火針肺攀即為先。更放胸堂血一道，七傷麻附用蔥煎。肺把汗出病源歌第十六：肺把汗出流不休，行時站住不抬頭。把定轉來雙腳立，乘騎勒緊莫來由。下鹽按時頻更好，同筋針斷不勞憂。止痛灌時生薑下，便是醫家學到頭。肺痛行難汗出病源歌第十七：拳腳汗出肺家傷，肺痛行時細尋詳。其胸行時饒汗出，精神短慢便為傷。止痛當歸白藥散，芍藥貝母共消黃。更用火針針其膊，蔥煎麻附啖為強。蛤蟆汗出病源歌第十八：蛤蟆汗出似冬瓜，吐涎綠水似槐花。蛤蟆眼赤行步跳，跳時火烙是醫家。火烙太陽並百會，烙時不得水淋他。蛤蟆見水重相旺，蛇皮搗碎灌相和。蕁麻汗出病源歌第十九：蕁麻汗出遍身流，自把身軀口自傷。渾身麻時都咬破，連頭和項搽豬油。搽破眼眼為與藥，入河不住洗淋漿。更須急抽喉脈血，喉脈擺罷放胸堂。遍身生肉鱉汗出病源歌第二十：汗出渾身肉鱉球，發來搽破血常流。血流黃漿血似油，血似黃漿粉膩油。汗出鱉時抽大血，醫人切記在心頭。涼藥一匙蜜四兩，不過三服病常休。肺花瘡疥汗出病源歌第二十一：肺花瘡疥汗出多，心家燥病熱來過。瘡疥肺風皮膚熱，胸堂放血洗淋河。更用八味白藥子，白礬二兩細搗羅。麻子煮熟入蜜啖，便是從前聖手摩。虛腫疙瘩汗出病源歌第二十二：虛腫疙瘩大如球，腫氣通身汗自流。虛腫元來熱上得，醫人須記在心頭。疙瘩上面碎針破，瘡口立便潤脂油。更用消黃涼藥灌，從來有病便須休。胸黃腫氣汗出病源歌第二十三：胸黃腫氣上胸堂，當胸流出汗如漿。針破血水如油色，掬頭不消腳倡狂。眼慢頭低行如醉，醫人一見便慌忙。先經論定叫他死，便是龍馬也無常。疔黃汗出病源歌第二十四：疔黃汗出腫郎當，行步垂頭狂似獐。眼腫行時不見物，四腳移來又似僵。氣粗臥時唬不起，氣熱如火又似湯。觸賺喘時須見死，追風八駿也須亡。火黃汗出病源歌第二十五：火黃汗出敗舌乾，腹中五臟似湯煎。汗出火黃湯煎熱，火家見水得除痊。更用消黃蔚金散，苦參甘草配車前。藥物一匙蜜四兩，方知用藥有功夫。蹙著羅膈汗出病源歌第二十六：蹙著羅膈醫治難，胸堂汗出四蹄攢。四蹄攢時難移步，為緣脈血不通連。五日三朝不治療，移攢四腳似風癱。砂糖油蜜消黃散，胸堂血出自除痊。肉斷汗出病源歌第二十七：肉斷當因走不安，汗出渾身似湧泉。本因行急傷於肺，飽時不得急騎煎。飽後騎急多腸斷，盲醫不識這根源。急籠胸堂油蜜啖，行時獐步腳移難。牽肺瘡口痛汗出病源歌第二十八：肺瘡癬來口咽涎，瘡中血水就中先。汗出瘡如疥癬，槿皮生薑配綠礬。麝香黃丹黃柏散，白芨白斂用焦梔。豬脂油調搽一上，瘡皮退下一漫灘。急喘汗出病源歌第二十九：急喘汗出脊如弓，此病難醫不異功。汗出急喘難調治，前來死病亦和同。喘時口中白沫出，醫工千方一場空。師皇論理叫他死，主人大哭手捶胸。汗熱風汗出病源歌第三十：汗流吐沫脊如弓，五臟腸中不易通。肚脹拳腰油汗出，四蹄強硬走西東。醫人見得如此病，經書檢盡死胡同。醫著此病無不死，直饒八駿是飛龍。腦頭膿出汗病源歌第三十一：腦頭汗出鼻如膿，膿黃共血似花紅。腥臭黃膿微水出，黃膿滴下似脂油。雖然吃得些些草，下梢不免命歸空。經書註定教他死，主人年命不亨通。心俞汗出病源歌第三十二：心俞熱燥汗自流，出氣如同似鋸抽。心俞肺喘更肺敗，胸堂大血最為籌。更用消黃涼藥灌，入河淋洗自然休。肺俞汗出病源歌第三十三：汗出渾身喘不休，醫人切要細搜求。肺喘氣粗並把膊，胸堂大血急須抽。更用八味白藥子，砂糖白蜜配生油。更下白礬粥裏啖，灌時不得忘瓜蔞。肺破汗出病源歌第三十四：肺破汗出渾似油，喘粗鼻咋不抬頭。識其此病終難療，夏間不死到初秋。先經論理叫他死，醫人千方不回周。肝爛失魂汗出病源歌第三十五：肝爛失魂汗如漿，行如醉狗便沖牆。肝爛肝損難醫治，腸斷肚破更死方。教他主人難理會，師人說與定心慌。經書檢盡終無效，主人見道哭忙忙。心破肉顫汗出病源歌第三十六：汗出心破血如漿，眼目惺惺似醉獐。頰齒咬牙涎沫出，明知此病也難當。手按鼻中無換氣，方知此病沒商量。駿馬命盡叫它去，定知三日見閻王。內腎傷汗出病源歌第三十七：內腎傷病汗流洋，耳又搭垂眼沒光。鼻冷臥時掙不起，草料如常吃水漿。傷損腎棚難治療，名醫好手救無方。此馬得時緣日月，下梢不免去無常。頭腫眼腫汗出病源歌第三十九：腫腦汗出眼如桃，微步行來後腳稍。上焦只用消黃散，下元蔥酒灌牽牛。上焦太陽多出血，下元出血放腎堂。為報醫人尋方論，會盡師皇八駿高。遍連蹄汗出病源歌第四十：四十論盡汗功勞，感謝師皇仔細教。先輩古人今何在，累生相遇有功勞。遍身七十二翻汗，一一認得遍為高。師皇留下先經義，教人後面識根苗。鬥喉汗出病源歌第四十一：馬患槽結搦鬥喉，出氣如同似鋸抽。氣塞周身饒汗出，食槽裏面似瓜蔞。為報醫人抽大血，大血放罷更開喉。一日只灌消黃散，啖時不得忘脂油。心熱汗出病源歌第四十二：汗出渾身數翻黃，心家有病熱來傷。足汗熱時涼藥補，蔚金雞子共商量。甘草只用荷車散，大黃梔子配蒲黃。七味將來蜜裏下，大血抽罷放胸堂。耳上汗出病源歌第四十三：耳前汗出腎家黃，腎家有病檢名方。汗出如油人道喪，師皇檢盡卻無方。陰腎汗出病源歌第四十五：陰腎汗出是心黃，心黃腎上汗如漿。心連小腸饒眵淚，更兼賺汗腹脹狂。急灌消黃洗肝散，入河淋洗更無傷。大血兩傷須要出，醫人不在放胸堂。臆上汗出病源歌第四十六：臆前汗出肺家黃，肺家黃病喘忙忙。汗出臆前如油臭，醫人切要細搜方。藥用三黃並二硝，砂糖白蜜共生薑。一日兩服淋一上，胸堂放血甚為強。膊前汗出病源歌第四十七：膊前汗出次心黃，汗出連項胸堂。汗出如油膩似血，醫人一見便慌忙。皮肉焦黃須見死，頭垂眼慢死難當。醫人見時休下藥，經書檢盡莫名方。渾身汗出病源歌第四十八：渾身汗出似如漿，諸家黃病有評張。五臟熱時涼藥灌，六腑大血放胸堂。一灌消黃淋一上，表裏俱涼急檢方。曉夜計較尋方論，恰似從前許文郎。虛汗出遍身病源歌第五十：虛汗騎來亦是黃，每年少啖失於涼。春秋不擺三江血，何勞臟腑卻要滑。草料八分添水草，怎無白汗更流漿。黑汗出如油病源歌第五十一：黑汗渾身遍體流，喊來莫記在心頭。識其此病終難療，早晨得病日西休。主人心中難割捨，須令壁上掛籠頭。醫人休尋方共論，從他一命盡休休。血汗出渾身病源歌第五十二：血汗渾身膩似油，一年冬夏及春秋。少咳熱來黄病起，胸堂大血不曾抽。得病便作難治療，主人捶胸哭不休。醫人見道休生惱，師皇論裏用心求。胸前肺痛汗出病源歌第五十三：胸堂汗出肺家傷，口白鼻冷喘忙忙。性慢耳垂不吃草，黄連白蜜配砂糖。知母貝母當歸散，木香白芷共生薑。灌之三服無難痊，必然大命有低昂。腦上汗出病源歌第五十四：腦黄頭汗要須知，腦黄熱病本漫機。口中吐沫微微汗，通天烙透水淋之。生下十朝不得喂，半月以裏休乘騎。涼藥一服淋一上，三江大脈放為良。醫人是須尋方論，便是從前聖手依。傷飽急行汗出病源歌第五十五：傷飽急行汗如漿，頭低耳慢脹如框。七傷蔥油滑氣散，豬脂白蜜共三黄。春灌二服麻子汁，藥末三錢便為強。灌了牽行三二里，自然病可得如常。水掠肝病汗出病源歌第五十六：汗出渾身水傷時，水傷肝病有差異。水掠肝傷饒吐沫，欲步羊行腳到遲。鼻中水糞微微出，主人千萬不騎乘。跨馬乘騎如桂倒，主人怎不哭悲啼。大肚傷汗出病源歌第五十七：汗出渾身大肚傷，醫人一見便慌忙。臥地任唬不肯起，鼻中時時糞水漿。主人休要貪心望，讓他命盡見閻王。醫人休道無仙藥，肚破肺黄無保方。心邪汗出怕驚病源歌第五十八：心邪汗出恰似漿，欲行心狂去撞牆。魂魄不全生驚怕，先經論裏撿名方。茯苓定魂硃砂散，人參雄黄共牛黄。帶脈定魂多出血，麝香薰鼻即如常。陰汗風吹著木腎病源歌第五十九：陰汗騎來被風吹，腎家如鐵木軀將。木腎膁軀如腫硬，火刺針破是名方。止痛消黄鹽醋搽，七傷灌咳酒為強。灌用炒鹽蔥一把，酒煎冷下卻如常。熱汗渾身汗出病源歌第六十：熱汗渾身被風吹，遍身木硬似如僵。渾身汗出粘鞍轡，五臟湯中一似湯。腸中熱著風吹急，涼藥蔚金共三黄。苦參二硝荷車散，僵蠶白附共麻黄。干歇烏蛇都為末，漿水油下一片強。陰汗連膁汗出病源歌第六十一：陰上連膁汗如油，後連雁翅尾尻頭。都是心家並胃熱，胸堂大血不曾抽。上焦只用消黄散，下元莨菪共牽牛。君臣藥性知生死，端的眾中無處求。眼眶汗出病源歌第六十二：眼眶汗出是肝勞，肝昏眼暗怎生逃。眵淚目青不見物，洗肝黄連合為高。日進二服草後下，太陽放血是功勞。後代醫人依此法，便是王良八駿高。項上耳後汗出病源歌第六十三：項上耳後汗出多，上焦熱病細搜羅。都是心家傳熱病，胸堂大血放為過。血定急灌消黄散，灌了牽行淋洗河。急灌二升麻子汁，臨時莫忘蜜相和。渾身疙瘩汗出病源歌第六十四：汗出渾身疙瘩球，發來搽破似脂油。搽破脂油腥爛臭，醫人默記在心頭。識其此病休治療，夏天不死在初秋。先經論理知端的，叫它命盡死難收。肚底水汗出病源歌第六十五：水汗出來肚底流，醫人切要細搜求。肚底汗流榮衛熱，燥熱發在五攢頭。便是肝黄本框死，交當帶脈急須抽。下藥須用消黄散，醫人端的不勞憂。耳根汗出病源歌第六十六：耳根汗出徹耳稍，醫人切脈用功勞。便是腎家根元本，僵蠶附子一處熬。蜈蚣麻黄定風草，烏蛇乾蠍配朴硝。搗羅將來油酒下，醫人細意認根苗。汗出四蹄病源歌第六十七：四蹄汗出肺之傷，為報醫人莫謾忙。肺主四肢兼把膊，醫工立便放胸堂。消黄知母白藥子，貝母肺藥要消黄。牙硝大黄蔚金散，將來白蜜下砂糖。肺燥汗出病源歌第六十八：肺燥汗出要消詳，膊頭兩畔共胸堂。肺燥汗出如珠露，砂糖白蜜共消黄。百合瓜蔞蛤蚧散，桔梗芍藥配生薑。搗羅將來都為末，又來同下用牛黄。肝黄汗出病源歌第六十九：汗出渾身是肝黄，肝黄得病目無光。口中青色多眵淚，肝家本旺見青陽。五葉生魂通於眼，木家不奈火燒將。藥用洗肝消黄散，二硝蜜下灌三黄。心燥汗出病源歌第七十：心燥汗出口生瘡，心家燥病入於腸。熱入於腸饒汗出，口腫只被火燒將。火家見水為相克，水火相逢要辨詳。灌時蜜下消黄散，入河淋洗即為強。脾俞汗出病源歌第七十一：汗出脾俞口色黄，蹇唇直上笑忙忙。汗出脾黄多吃土，青皮陳皮共生薑。檳榔肉桂並豆蔻，桂心二硝配三黄。都用將來白蜜下，並灌三服自安康。心燥腎俞汗出病源歌第七十二：汗出心燥腎家俞，醫人切要用功夫。針罷腎堂穴一道，當歸芍藥用茱萸。桂心厚朴並肉桂，青皮陳皮共蒼朮。搗羅將來蔥酒下，灌之三服體重蘇。

又《治一十六般蹄頭痛》 乾漏痛第一：蹄生乾漏本因風，血脈衰時不變膿。若被敗泥填塞滿，行時覺痛步移慵。利刀割開多眼竅，藥攻火烙焊蹄中。免教筋骨時多病，依法行時自有功。濕漏痛第二：痛極無過濕漏時，只因毒氣注於蹄。不經旬日成膿後，遂致蹺蹄從步遲。此病常人多不識，切須詳審使良醫。削開除卻蹄中毒，立效奔走疾如飛。蹄胎痛第三：蹄胎疼痛不尋常，只因出血被針傷。世人不辨蹄中痛，到處求醫更檢方。此病若還全不療，前程中途實難醫。但依藥法勤勤理，除卻根源命自長。擘掌痛第四：血注蹄頭擘掌酸，一回牽動似刀剜。直須掌內淋漿泥，用藥塗瘡莫小看。若見盲醫休著看，恐將心肺亂猜傳。更宜仔細分明驗，此法無過貼便安。護手痛第五：熱生六腑掌中乾，入懵驚狂不自安。不是駿駒心性劣，卻因騎動滿蹄酸。利刀割的浮皮破，藥潤能乘千里鞍。從此便同馴善馬，世人不信但騎看。生旋痛第六：良驥蹄中多生旋，驟行愛蹶痛難任。行時正值途中暑，為過山溪入水深。冷熱不勻生旋裂，藥填火烙焊蹄心。不經旬日生新甲，削見依元喜自生。穿漏痛第七：馬患穿漏大忌空，內無毒血亦無膿。痛多即漸傷筋厥，嗔目無聲臥廄中。但用靈膏塗數上，別生新甲見其功。更將黃藥頻頻搽，退下元初舊一重。蹄薄痛第八：本是生駒形不全，四蹄輕薄痛無偏。只因胎氣生時怯，走驟惟憂踏硬田。馳騁若從沙磧過，算來騎也不如牽。不須過削長教長，任使他人苦不圓。水蹄痛第九：良驥無耐水蹄痛，踏濕沾泥軟似綿。硬地驟時連腕腫，沙石行處似刀剜。但將人髮為灰末，黃蠟松脂一處煎。淨洗四蹄塗此藥，任教騎壓過山川。裂蹄痛第十：畜有天然性格高，不比群類共同槽。幾回跳擲因傷甲，數度咆哮痛自遭。迸損四蹄如此狀，宜塗止痛潤蹄膏。若還連掌兼蹄痛，針烙臨時用藥消。蹄隱痛第十一：馬因過水踐途泥，沙石因而隱在蹄。自後人深入不見，卻於諸處覓良醫。但將尖物輕挑出，挑出之時用藥彌。從此不疼須記著，再經沙石請防之。蹄口痛第十二：駿驥時時掌內疼，只因多立少人乘。乍傷筋脈行長路，血注蹄中出未能。擘掌兩邊針一刺，更將黃藥敷三層。腫毒自消能健步，峻嶺高山自在行。蹄疼痛第十三：四蹄風盛注成瘸，踏雪登高血污殘。連腕腫時無奈痛，此蹄疼處去何難。先針出血後塗藥，不過旬朝安更安。退盡白痂重淨洗，縱行千里自然安。掌爛痛第十四：掌爛疼時亦可憂，凝血蹄中不放流。雖是一般輕可病，常人怎會辨因由。本因踏硬連胎損，烙鐵醫之疾便瘳。今後分明須記取，免於藥內亂搜求。子骨疼痛第十五：子骨連蹄痛徹心，愚人不曉怎生尋。只因險徑曾經失，骨縫開時敗血侵。微燒烙鐵輕輕熨，蹄門出血莫令深。仍將妙藥依方使，痛去如拈值萬金。掌蹄痛第十六：馬因行遠大難加，更被人騎過浪沙。蹶著掌蹄連骨痛，十朝半月尚須麻。其中毒血雖然出，藥裹無疼定不差。卻便依元筋骨健，播揚醫術滿城誇。

明 喻仁、喻傑《新刊纂圖元亨療馬集》卷一《十八大病論》 心肺壅極，攻成抽腎。百脈閉塞，欲作心黃。血瘀不通，欲成黑汗。風捉四蹄，入脊為屙。胞轉不正，腸必入陰。咳連喘急，變成瘡癀。傷料過度，變作腸黃。盛饑喂急，多作後結。飽後失水，遂成前結。曾吃沙石，多患木腎。頻頻錯喉，水穀自並。跑地覷腹，腸中必痛。熱盛喘粗，肝肺氣塞。傷肥肉重，變作脹腿。胸膈熱毒，顙中發瘡。久渴飲濁，膀胱積水。臟冷氣虛，腸鳴如雷。久伏積熱，腦黃病起。

又 卷二《三十六起臥圖歌》 病中前結莫言無，起臥時時喘氣粗，黃帝問師皇曰：『馬前結者何？』答曰：『前結者，冷熱相擊，因飲失時，結在大腸前四尺，前結也。是陽明經受其病。』又云：『大腸一丈二尺，前四尺，中四尺，後四尺，名三般也。』又云：『大腸與肺為表裏，主其氣海，緣馬糞塞定，氣下不通，倒入肺，令喘息也。』咬臆頻頻人不識，切須用藥免教殂。訣曰：咬臆者，病在前四尺，屬心肺；悶絕而咬臆，為人不曉，其馬仰天著嘴咬，其胸中痛之甚也。滑石膩粉並通草，灰汁生油一合酥，苦酒都將和合了，灌下之時病自蘇。

前結

又 第二後結起臥病源歌。後結起臥切須知，回頭覷腹糞又遲。黃帝問師皇曰：『後結病者何？』答曰：『後結者，乘困而吃草太急，而成結。又在大腸四尺後，名為後結也，皆為冷熱不和而腸結也。』又云：『陽明主其病。』又云：『令馬回頭覷腹中也。因熱不飲水，故大腸結也。』又云：『饑困而吃草，結大腸四尺後也。』韭汁、生油於穀道，手取急須用藥醫，灌了牽行二三里，恰似從前不患時。滑石、牽牛、朴硝各等分，右為末，用豬脂油一處灌之。

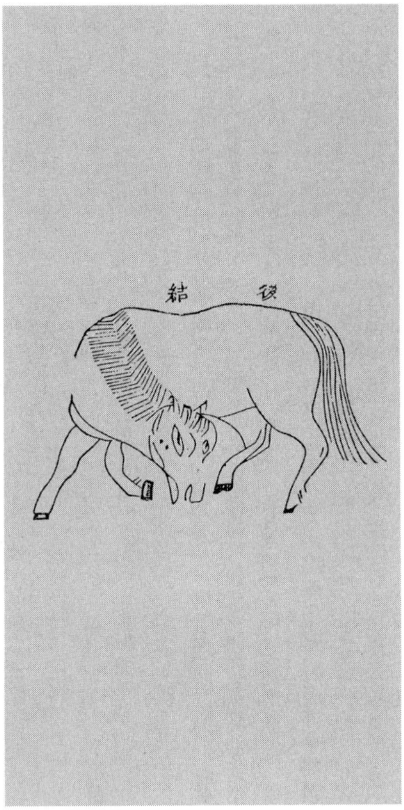

又　第三熱痛起臥病源歌。良馬雖然千里程，忽縈熱病不惺惺，黃帝問師皇曰：「熱病者何？」答曰：「熱病痛者，因良馬千里路程，久熱注其骨髓，兼春季不放六脈之血，不依四時灌啖，積熱傷於臟腑並魂魄也，所以精神不遂，為不惺惺也。為是少陰主其病，起臥也。」口中似火多頻臥，眼內如砂不轉睛。不轉睛者，肝受其熱，眼中澀也。羅口中似火者，心火上升故也。」又云：「心急悶而熱，多臥之也。」朴硝、甘草各一兩，漿水相合要半升，雞子共同灌下口，更須針鼻四蹄輕。

又　第四冷痛起臥病源歌。冷痛頻頻顫臥憂，四蹄畏展或難收，黃帝問師皇曰：「冷痛者何？」答曰：「冷痛者，因久渴而飲，又飲冷水太多，冷傷於胃，四蹄重，發起臥也。陽明經主其病。」又云：「四蹄蜷者，冷氣傷腎，冷下攻之，四蹄重也。」又曰：「胃連脾，脾生肉，肉寒而故發起臥顫也。」往往雷鳴聲在腹，時時蜷腳更回頭。脾者土也，病先傳脾，脾傳胃，胃中冷熱不和而作聲也，腹中痛甚而回頭起臥也。藥用細辛並陳皮，用水三升煎沸休，皂角、艾蔥、鹽水灌，火熨湯淋病自瘳。

又　第五小腸結起臥病源歌。馬患須看向小腸，不通二臟越尋常，黃帝問師皇曰：「小腸結者何？」答曰：「小腸結者，乘困而吃水太多，兼冷熱不和，傳於小腸中，水盛而成逆氣，相交接也。乃太陽主其病。」又云：「小腸屬火，大腸屬金，二臟不和，大痛而雷鳴，越尋常。」每度顫采多仰臥，不收四足鎮舒張。訣曰：「肉顫者，小腸痛；四蹄直上者，腎胞痛。」又曰：「急氣痛，而氣入四肢，不能收也。」續隨膩粉並通草，姹女水銀也。生油滑石方，灌了牽行三二里，自然痛可得安康。

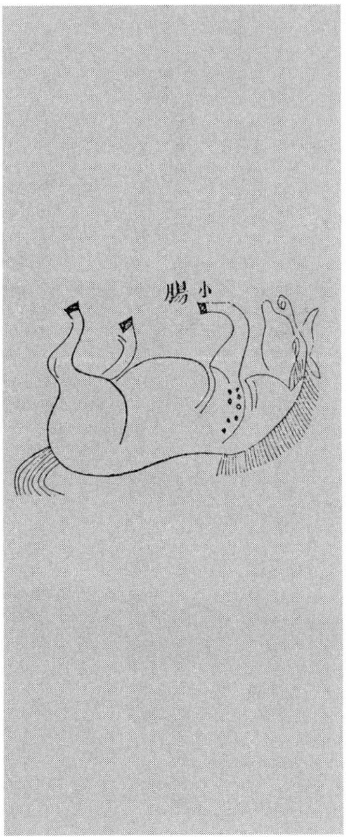

又 第六水穀並起臥病源歌。第六須看水穀並，汗出頭低起臥輕，黃帝問師皇曰：『水穀並者何？』答曰：『水穀並者，因饑渴飲飼失時，吃水料太急，又飽走太過，水穀並也。太陽主其病。』又云：『汗出心傷也，氣逆不通下，而氣入腦中，頭低也。起臥輕者，二臟不和，痛急難臥也。』左右頻頻看腹肋，用藥如前灌一行，左右覰其腹，為腹中痛也。大腸屬金，小腸屬火，冷熱又相沖，故令水穀並結也。還將麻子湯為藥，疾遂消除似虎獰。

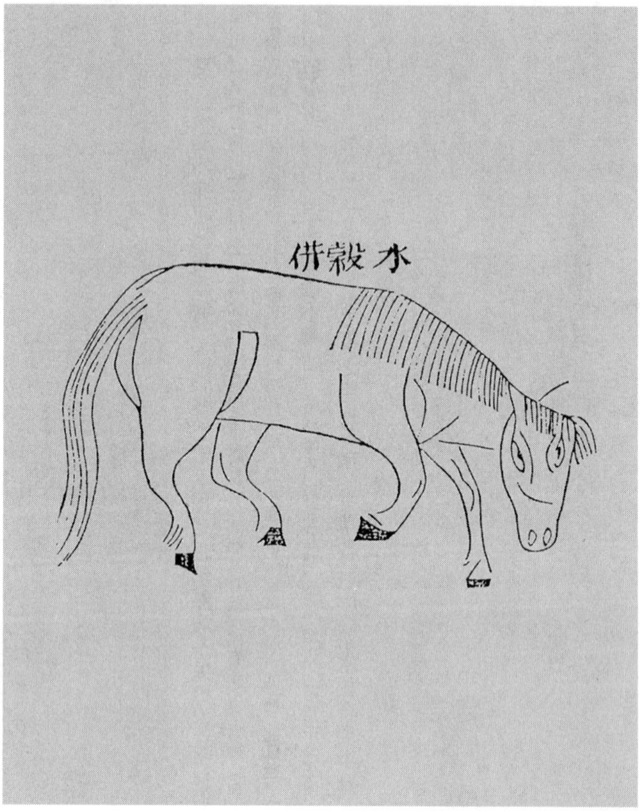

又 第七羅膈損起臥病源歌。損著羅膈切須知，出氣頻起臥遲。黃帝問師皇曰：『損著羅膈者何？』答曰：『損著羅膈者，飽後走急，鼻氣壅而損羅膈也。太陰主其病。』又云，『氣屬陽，臟屬陰，羅膈屬心。心為火，肺為金。』又曰：『氣壅而血阻，二臟不和，乃傷於氣，故胸中痛。』酥蜜半升並白芷，更添沒藥用當歸，甘草麒麟骨碎補，三服必定能乘騎。香白芷、麒麟竭、沒藥、骨碎補、當歸各等分為末，用酥蜜半升調灌之，瘥也。

又 第八腸黃起臥病源歌。第八腸黃喘氣粗，回頭望腹脈徐徐。黃帝問師皇曰：『腸黃者何？』答曰：『腸黃者，積熱傷其肺，肺受熱傳入大腸，乃變為黃。陽明主其病。』又曰：『上氣不通，下氣到肺經，乃出氣粗也。』又云：『其脈徐徐者，形證衰也。陽盛陰衰傷氣也。』又曰：『回頭者，腸中痛而起臥也。』得病瘳帶脈血，大黃梔子朴硝居，又云：『腸連胃，胃連脾，帶脈屬脾，乃是太陰之經絡也。』黃柏、黃連同為散，蜜共豬脂灌即除。

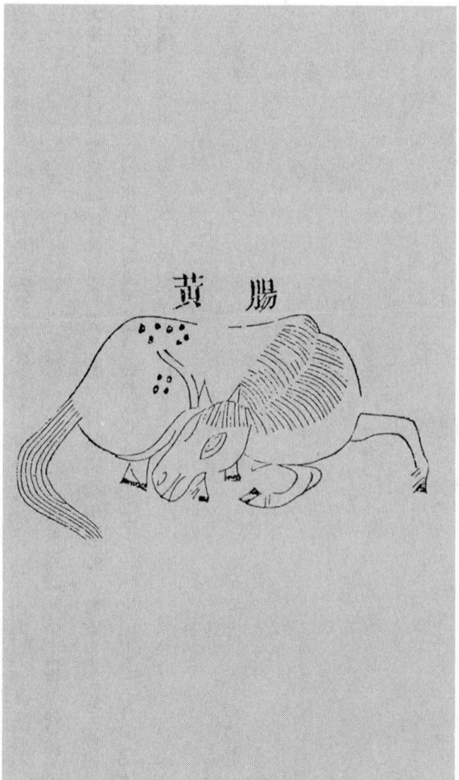

又 第九黑汗起臥病源歌。第九醫家用妙方，渾身肉顫汗如漿。黃帝問師皇曰：『黑汗者何？』答曰：『黑汗者，因久熱傷心肺，又為春季不抽六脈，又不依四時灌啖，血脈壅滯也。』又云：『因乘千里，熱困傷心。乃少陰君火主病。顫者，熱極傷心，心痛而汗出。乃心為神主，主火，火主血，又傷血。』先去尾尖十字劈，後須汗止用三方，又云：『出血者，瀉黑汗心經熱。尾連腸，腸連心，心連腎。』裙衣蒙腦淋新水，禨汗沖喉人糞嗆，水傷腦，腦是諸陽之會，臭反傷氣。眼鼻三江宜少許，是須明記返魂香。

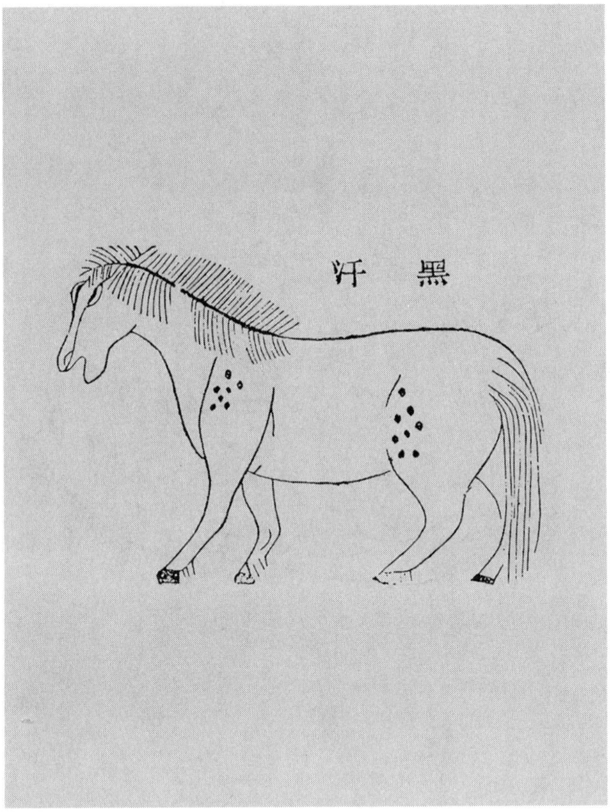

又 第十脾氣起臥病源歌。第十脾家起臥難，擺頭打尾上唇蹇，黃帝問師皇曰：『脾氣痛者何？』答曰：『脾氣痛者，乘困而飲水太過，寒氣傷脾，乃起臥也。太陰主其病。』又云：『脾土，其色黃，受氣於巳，生於子，病於寅，死於卯，墓在辰。』又云：『上唇蹇者，脾痛也，唇通脾；擺尾者，胃痛也，心者火也，火生土，見水脾氣相刑，水火不和也，冷熱不解，故有此起臥也。』顫臥有時立即倒，垂腰無力似風癱。又云：『肉者屬脾，脾痛肉痛，肉痛而顫。倒者，脾性急也，垂腰，胃痛無力也。不食水草，弱者，似風癱也。』先針脅上兼針鼻，氣藥生薑灌便安。

又 第十一心黃起臥病源歌。十一心黃不轉睛，咬身用力痛無聲。黃帝問師皇曰：『心黃者何？』答曰：『心黃者，五臟積熱，注於心肺，久而不治，乃變為黃。少陰主其病。』又云：『心者火也，其色赤，受氣於亥，生於寅，旺於午，病於申，心黃死於酉，墓在子。』又云：『心傷即神傷，神傷心作黃也。』又云：『火返刑母，乃木上傳於目，故不轉睛也。咬身者，心痛，作聲，心黃痛急甚也。』麻黃、大豆並雞子，水煎連灌便惺惺；又方蔚金黃連散，速將此藥下豬清。

又 第十二腎黃起臥病源歌。十二醫家看腎黃，搐膁時時喘便忙，黃帝問師皇曰：『腎黃者何？』答曰：『腎黃者，久熱而走太急，傷著內腎，變為黃也。少陰經主其病。』又曰：『喘者，困極而傷肺也，腎是水，心是火，火極炎也。搐膁者，腎痛也。火生黃，腎旺亦生也。』踏地舒腰立即倒，八腿上兩旁相。又曰：『倒者，腎痛也，踏地者，胞痛也，兩旁者，針其穴也。』更抽尾下微微血，朴硝油水蜜沖腸。尾連腸，腸連心，一臟一根苗也。又用解毒消黃散，便是師皇伯樂強。

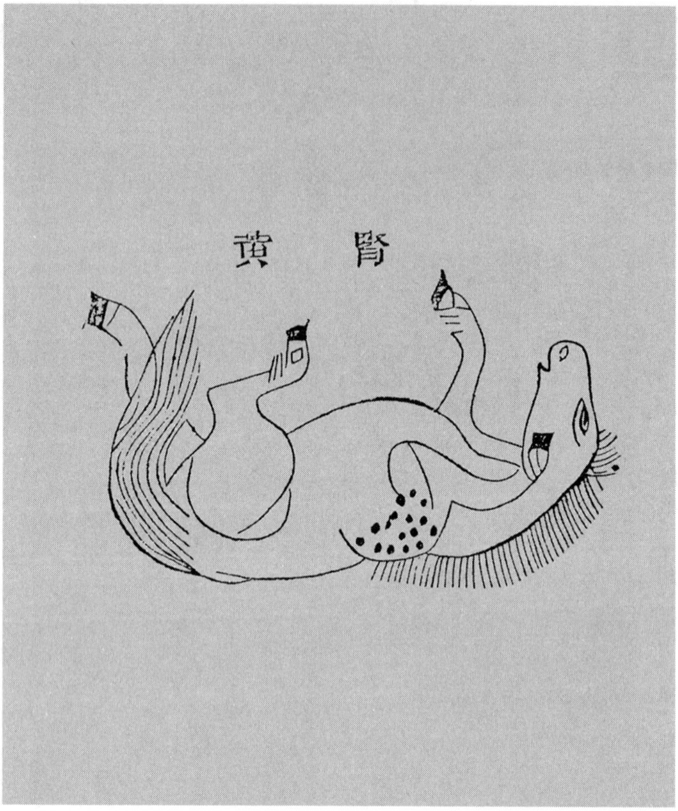

又 第十三氣痛起臥病源歌。馬患氣痛不調和，腹脹時時輾臥多，黃帝問師皇曰：『氣痛者何？』答曰：『氣痛者，因大饑而乘困吃草太急，又飽而走太過，氣傷肺也。太陰主其病。腹脹者，氣不通下也。冷熱不和，傷飽而攻之，兼走氣不出。』又云：『心悶而起臥多也。』口白更乾毛逆燥，肺家壅滯不奈何。又云：『白者，肺之苗；毛者，肺之氣也。』白朮曲末當歸散，酒煎連灌更無屙，每上灌時生薑蜜，三服必定見消磨。

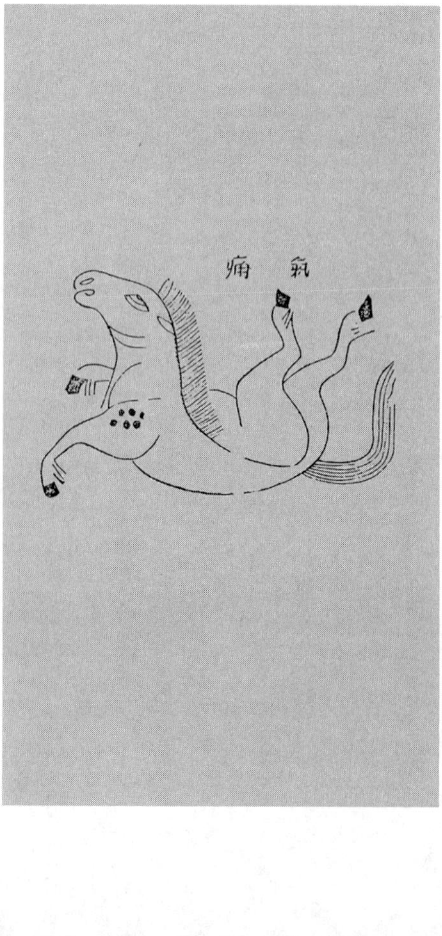

又 第十四腦黃起臥病源歌。馬患醫家辨腦黃，口中沫出又沖牆，黃帝問師皇曰：『腦黃者何？』答曰：『腦黃者，積熱於心肺，久注腦中生黃也。少陰主其病。』又云：『肺熱而口中沫出，心熱而顛狂，狂而悶沖牆。』又云：『乃熱極也。』汗出打尾啖涼藥，腦開二孔與淋漿。又云：『汗出傷心，熱極打尾，心悶燥也，用水淋之。』每朝新水頻淋腦，灌藥仍須性要涼，若於六脈針流血，便是神農真藥方。

又　第十五胞轉起臥病源歌。胞轉蹲腰踏地跑，時時輾臥尾彎梢，黃帝問師皇曰：『胞轉者何？』答曰：『胞轉者，因久渴而不飲，飲水太過，水盛傷於小腸，因而反傷，乃胞轉也。太陽主其病。』又云：『腸乾傷，陽不和也。』又曰：『蹲腰者，小腸中痛；踏地者，胞轉痛。拳腰，腹痛甚；急而痛，乃驟臥也。』水草不食更頻臥，要知病狀是尿勞。又云：『水草不食者，勞急痛也。腎胞痛而心悶，乃臥；痛甚者，頻起臥也。』塗手用油於穀道，正後牽行三五遭，左右入手須撥正，小便通下見醫高。

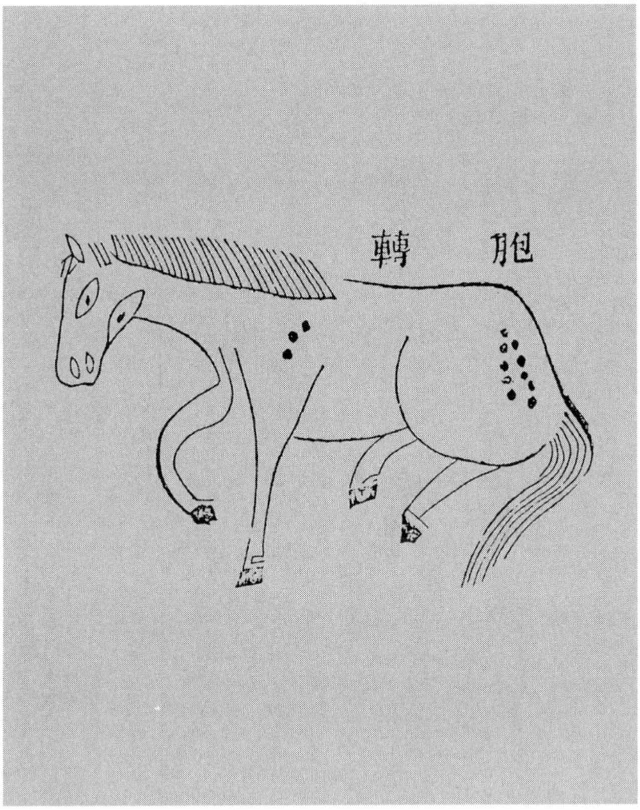

又　第十六草噎起臥病源歌。馬患草噎病堪醫，口中沫出又遲遲。黃帝問師皇曰，『草噎者何？。』答曰：『草噎者，急困其表而氣猛，牽著未定，乘饑困而吃草太急，而成氣噎也。太陰主其病。』又曰：『飲出相射，冷熱不和，逆氣而遲遲也。經曰：肺熱而口中沫出也，乃因陰陽不和，而使氣噎。』便把遊韁繫後腳，急行十步莫狐疑。又訣曰，『通氣之意，先隨之草噎也。』皂笑瓜蒂芸薹子，切須吹鼻不宜遲；又方便下順氣散，不噎時時聖手奇。

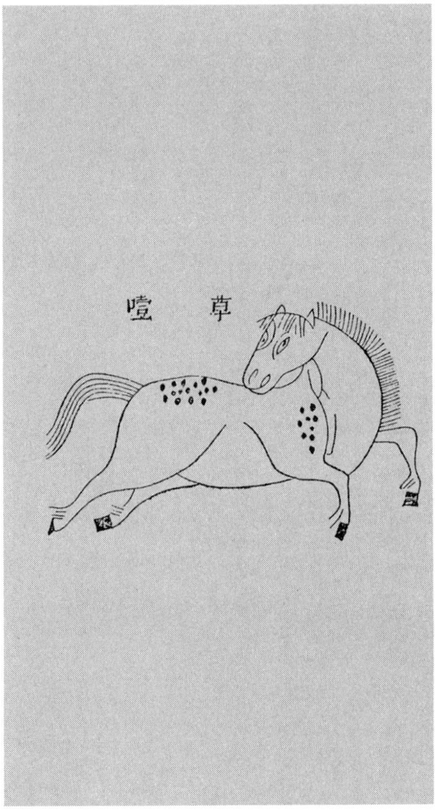

又　第十七內腎損起臥病源歌。馬患難醫是腎災，脊梁著地四蹄抬，黃帝問師皇曰：『內腎損著者何？』答曰：『內腎損者，乘飽而走，困急，傷著內腎及心，二臟不和。少陰主其病。』又云：『脊梁著地者，內腎損而痛也；四蹄抬者，筋痛也。』後腳稍空如此病，方中無一免輪回。又云：『內腎上有一十二條筋，通在遍身，兩條通腦，兩條邇眼，兩條通耳，兩條通鼻，兩條通前腳，兩條通後腳。腎痛筋痛，而後腳稍空也。』又曰：『腎為命門，絕者死也。』盲醫不會由自強，良醫看了不堪方。

又　第十八腸斷起臥病源歌。馬患腸斷不堪醫，渾身肉顫攢四蹄，拋糞之時須起臥，黄帝問師皇曰：『腸斷者何？』答曰：『腸斷者，因太飽而走太急，鼻氣不及出，損其腹也。乃陽明主其病。肉者，脾之候也，脾痛肉痛，肉痛顫也。』又云：『攢四蹄者，氣上下通，氣攻入四蹄重也。』又云：『傷腸斷也。經云：大腸連肺，又主氣，致下氣不通，故糞痛。』良醫見後也心疑。良醫者，籠善治馬之人也，知其馬難治也。饒君妙手能治療，任教名士亦何施。

又　第十九大肚結病源歌。馬患須看大肚結，喘急肚高時時歇，黄帝問師皇曰：『大肚結者何？』答曰：『大肚結者，因久寒傷脾，傳入胃中，冷熱不和，故結也。陽明主其病。』又云：『脾不磨而草不消，更遠行不飲，盛渴而結也。』又曰：『喘者，氣上不通下，相並而脹結，起臥也。』小便打尾且奈何，訣曰：『小便多虛，一臟不行，二臟不適，故結也。』蜣娘通草豬油熱，螻蛄鼠糞共相和，五味將來沖斷結。

又　第二十腸入陰病源歌。馬患難醫腸入陰，回頭看腹示醫人，黄帝問師皇曰：『腸入陰者何？』答曰：『腸入陰者，因饑困而走太急；更因渴而不飲，飲水太過，冷腸入陰氣生於陰間，冷氣盛入，腸入陰也。太陽主其病。』又曰：『回頭者，腸中痛也。急痛而牽小腸，亦痛甚也。』腎囊一冷一邊硬，如此疑其有鬼神。又曰：『一邊硬者，屬心火攻之；冷者，屬腎水傷心；似鬼神者，相刑衰也。』又曰：『水火木三刑，相反也，故發寒熱，攻其心肝不定。』後代欲除根本者，良醫妙術所當親。

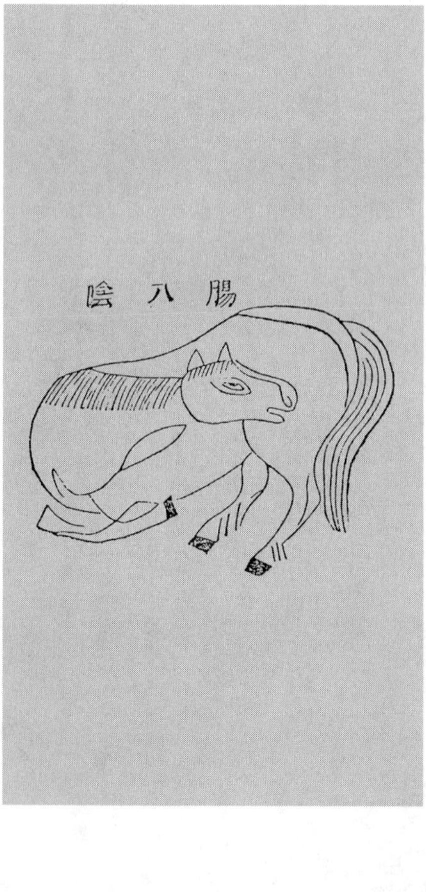

又　第二十一肉斷病源顫。肉斷元因走不安，四蹄不舉重如山。黄帝問師皇曰：『肉斷者何？』答曰：『肉斷者，因大肥而乘飽走太急，蹙著心肺及五臟，並脂肉損也。太陰主其病。』又曰：『冷氣不通，上下氣乃入於蹄，故四蹄重如山。』又云：『熱上攻之心肺，冷乃下注，亦四蹄重。令馬飽上走，不惜其力，故肉斷也。』又曰：『冷熱不和，五臟不安，為肥也。』又曰：『尾連腸，腸連心，瀉心之血，解肺之熱也。』但抽尾本胸堂血，須至平和不再看。更用消黄止痛散，便是周時八駿豌。

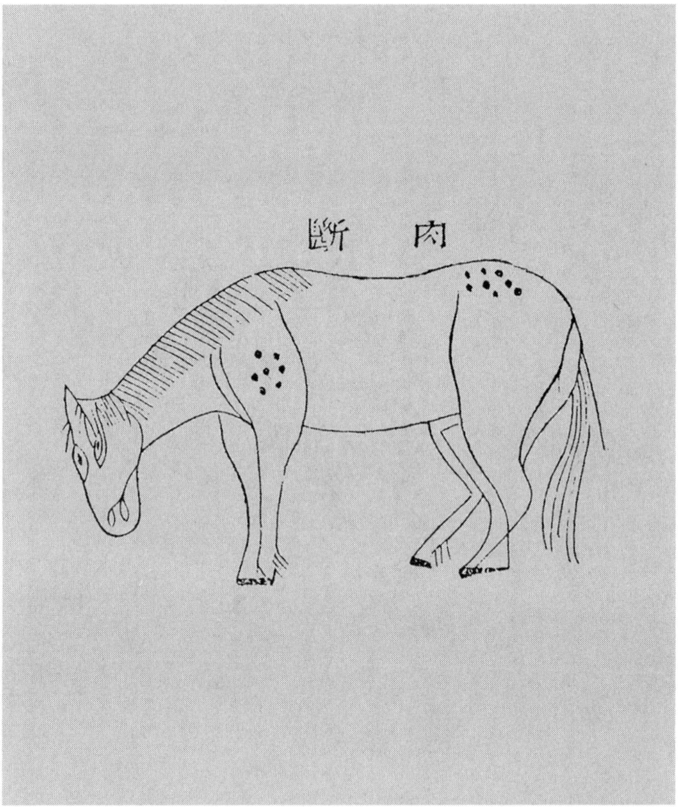

又　第二十二水掠肝病源歌。馬因吃水損其肝，兩眼如癡似淚漫，黄帝問師皇曰：『水掠肝墓者何？』答曰：『水掠肝者，因久渴而不飲，飲水複太過，水盛也。厥陰主其水掠肝病。』又云：『肝者，其色青，受氣於亥，旺於卯，病於巳，死於午，墓在酉』。又曰：『水掠而傷魂，水大而傷於眼，故眼中淚出也。經曰：肝死也，其目受其性大過也。』行動之時如醉狗，此時病狀救無緣。後代之人習此理，君還不信試醫看！

又　第二十三羅膈傷病源歌。馬患難醫羅膈傷，精神漸減越尋常，黄帝問師皇曰：『羅膈傷者何？』答曰：『羅膈傷者，因飽食走急，氣不及出，沖犯羅膈也。太陰主其病。』又云：『心傷，肝肺傷，魂魄傷而精神短慢也。』又曰：『外主心肺，魂傷於裏。經云：羅膈不可犯也。』膈損更兼肉又顫，鼻內時流血水漿，眼目昏昏兼腹脹，血奔心時喘息忙。又云：『眼目昏昏者，肝傷也。喘而傷肺，氣不通上下則腹脹，血奔心時，羅膈損也。』為報醫工休治療，大都此病必難康。

又 第二十四板腸糞不轉。板腸不轉非難治，起臥時時賺腹高。黃帝問師皇曰：『板腸不轉者何？』答曰：『板腸不轉者，乘困而吃草太過多，更久渴，飲而不息又走，飽食走急，冷熱不和。陽明主其病。』又曰：『氣上下不通而腸結。乘困而吃草，草成結，結在肚腸中，緣冷熱不和胃中是也。』五朝七日未痊差，氣逆頻頻奔後腰。脾有病，先傳胃，胃傳於腎。腎者，水腎也。上氣不和，主於腰間，氣上下相攻也。草灰鼠糞豬油熱，續隨膩粉合為膏，五味煎來同共使，直饒鋼鐵也須消。

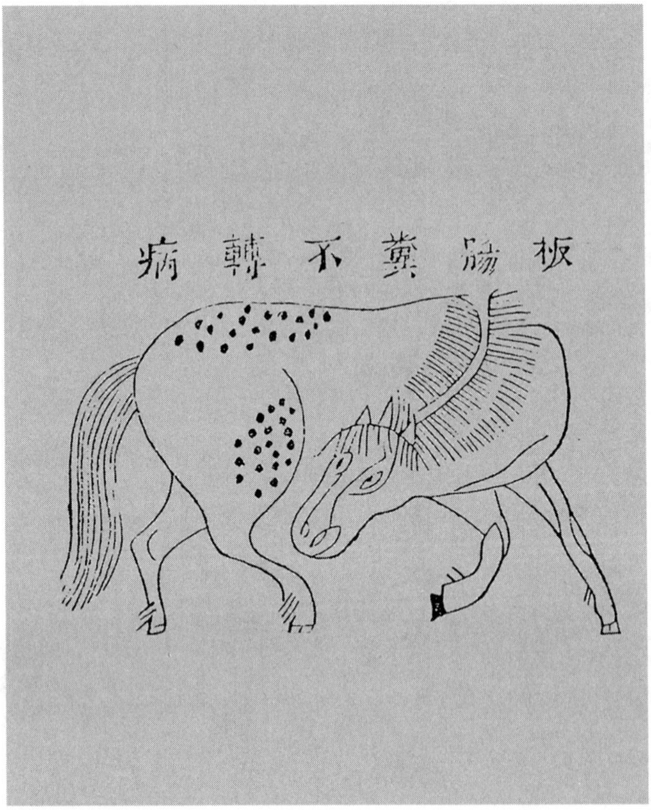

又 第二十五水噎病源歌。水噎起臥少人知，縮項蹲腰汗瀝蹄，黃帝問師皇曰：『水噎者何？』答曰：『水噎者，為騎來氣未定，乘饑困而吃水太急，冷氣而相並，傷於心肺，而水噎也。太陰主其病。水上不能散，下不能入，水噎也。縮項抬頭者，心胸痛也。』又曰：『汗出心傷，名水汗也。陰陽不和也。』口中清水涓涓滴，醫工見者亂猜疑。口中清水者，心水溢而不納，水出者也。』又曰：『水勝火也』。火急方中看藥餌，胸前棒杆不宜遲；又方更用五香散，三江出血病須移。

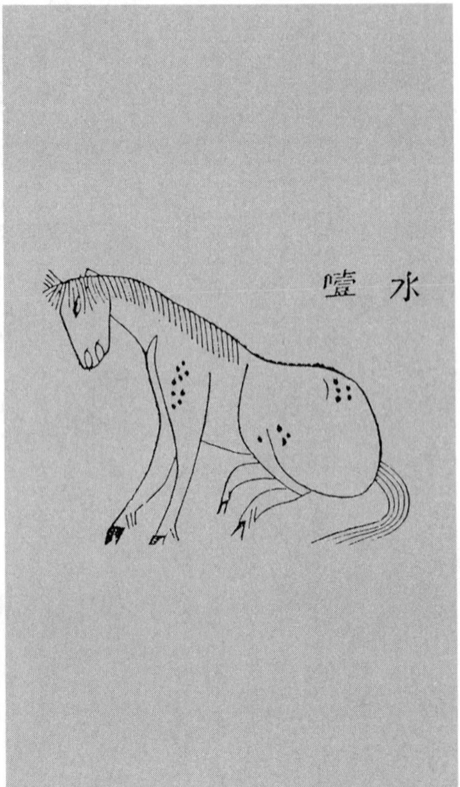

又 第二十六肉鱉起臥病源歌。肉鱉起臥汗微微，忽覺心狂左右窺，黃帝問師皇曰：『肉鱉者何？』答曰：『肉鱉者，因太肥而走太過，脂肉損而汗出也。少陰主其病。』又云：『汗出傷心，悶而迷。』又曰：『心生血，血生肉也。』肉動渾身顫颯颯，無令醫者亂猜疑。脾痛，肉亦痛顫也。但用針刀向後覓，腎堂尾本兩般治。心生血，血生肉，肉生脂，脂生髓，髓生血，放血瀉熱也。又方蔚金並梔子，消黃治肺共扶持。

又　第二十七蜱蟲咬病源歌。咬膊起臥最幽元，不在五臟各章篇，草料喂時依舊吃，牽下棚來衮輾眠。黄帝問師皇曰：『咬礙者何？』答曰：『咬月壽者，馬身上有蟲，被主人繫馬在不淨之處，其馬臥，有蜱蟲走入胸腹，或袖口上咬，其馬悶悶而横身，而起臥也。古時人有此，故注出之。』勞動醫入袖上覓，摘卻之時必見安，後代之人習此理，免教良馬受針酸。

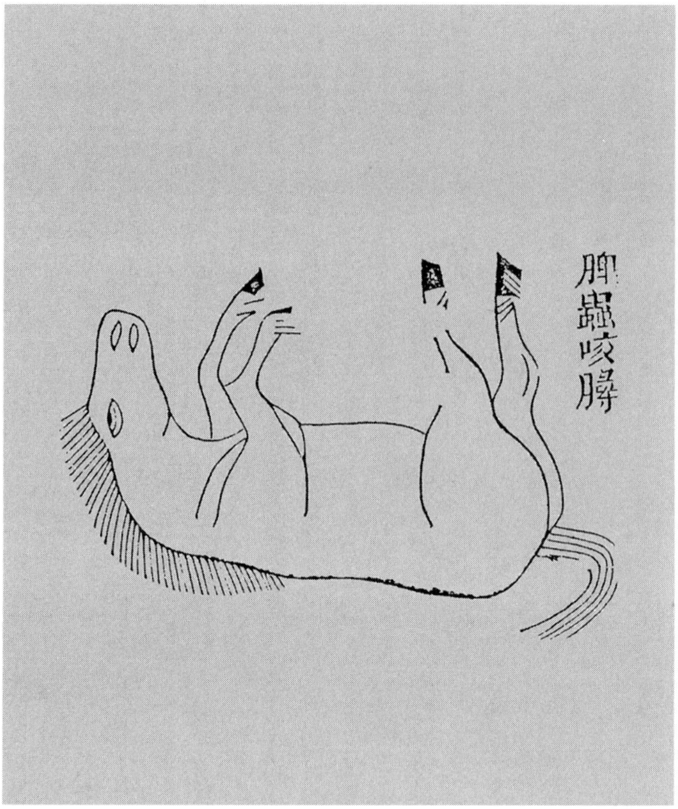

又　第二十八蹩著五攢病源歌。蹩著當時四蹄攢，為緣血脈不通連。黄帝問師皇曰：『蹩著血脈者何？』答曰：『蹩著血脈者，因久熱而飽走太急，又春季不抽六脈，又不依四時灌啖，蹩著而血積聚太多，血壅滯而不和也。少陰主其病。』又云：『熱上攻之，血冷下之，氣也，熱上攻於腦，故血冷注於四蹄，攢蹩也。』五日七朝不醫療，腰曲頭低行路難。又云：『心，血海也，血熱，大傷於心，心傷於神，頭低傷氣，氣傷肺經也。』火急方中看藥餌，抽其六脈自然安。

又　第二十九肺痛病源歌。肺痛起臥喘微微，口內如綿要辨之。黄帝問師皇曰：『肺痛者何？』答曰：『肺痛者，因太飽而走太急也，傷於五臟肺氣也。太陰主其病。』又云：『氣屬陽，臟屬陰。其肺白，受氣於寅，生於未，旺於酉，病於已，死於午，墓在卯。肺傷者赤也，赤者，心也，五色傳變如花色也。』或即胸前多有汗，此時用藥不宜遲。又曰：『肺是五臟華蓋，下連心，肺病於陽，已陰而克陽也，有此三般。』又曰：『汗出傷心，故也。』沙糖乳汁並雞子，消黄治肺共扶持。啖之三上無痊瘥，必定拋亡豈復疑。

又 第三十火肚傷病源歌。患須看大肚重傷，臥時不起汗淋浪，黃帝問師皇曰：『大肚傷者何？』答曰：『大肚傷者，因太飽而走太過，傷其大肚，又馬水穀不能回轉，大肚傷痛而生起臥也。陽明主其病。』又曰：『汗出心傷，痛急也。』喘粗鼻咋兼肉顫，鼻內時流糞氣漿，鼻氣喘而傷肺，鼻咋而氣壅也。又云：『血奔心而子奔母，土火也，心痛顫也。』哽氣之時胃必損，便有靈方病也亡。胃屬土，土生金，母傳於子，敖肺氣痛，哽氣也。為報醫人休治療，此時大命見無常。

又 第三十一心痛病源歌。心痛起臥有殊功，口內如花脈帶洪，黃帝問師皇曰：『心痛者何？』答曰：『心痛者，乘饑而走太急，困而吃水太急，傷心，冷熱不和，水克火多心病也。少陰主其病。』又云：『心者，火也，心痛而汗出也；口中赤者心，白者肺，黃者脾，五臟相傳，口如花也。』或即胸前多有汗。大黃紫苑麥門冬，生薑甘草並雞子，羌活茯苓肉蓯蓉，九味煎來同共使，便是王良妙藥功。

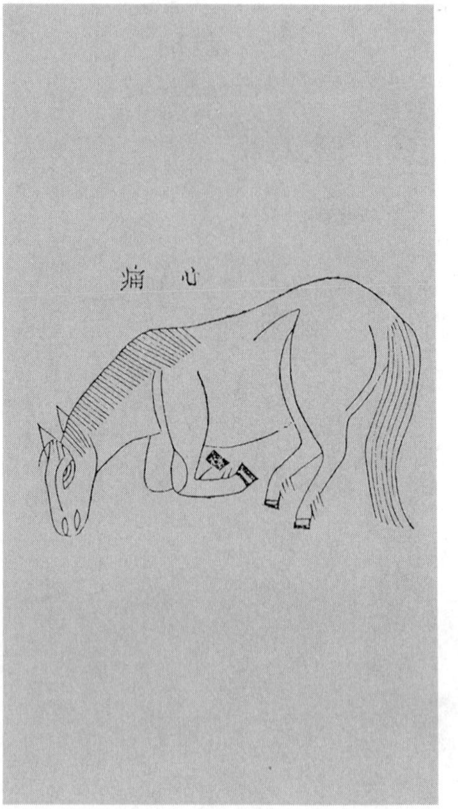

又 第三十二腎痛病源歌。腎痛起臥慢微微，簇簇攢攢起臥遲。黃帝問師皇曰：『腎痛者何？』答曰：『腎痛者，因饑困而走太急，又飲水太過，傷著內腎，冷氣注其陰而起臥也。少陰主其病。』又曰：『水腎者，其色黑，受氣於巳，生於酉，旺於申，病於午，死於丑，墓在辰。』又云：『腎是水，心是腎痛火，冷熱不和，攻之，腎痛也。』又云：『冷氣痛而冷下，四蹄攢也。』口鼻尾尖須出血，腎棚針熗更何疑，茱萸厚朴當歸藥，溫酒相和要灌之。損著腎棚難治療，應須不損壽堪期。

又　第三十三冷水傷病源歌。因吃水傷腸胃，玄妙方中看臥蠶，舌下赤時傷腸胃，臥蠶白者別觀占。黄帝問師皇曰：『冷水傷者何？』答曰：『冷水傷者，渴而不飲，飲水太過，水盛傷於大小腸。冷也。太陽主期病。』又云：『小腸屬心，冷水傷通於舌，舌下赤者，傷心；小腸如白者，傷肺。肺傷冷，大腸乃不和，故發起臥也。』芎藭白芷當歸藥，細辛陳皮共相兼，好酒同調灌入口，便是神醫用手拈；又方豆蔻並肉桂，生薑酒下聖經言。

又　第三十四中結病源歌。病中中結要言論，袞輾時時起臥頻，黄帝問師皇曰：『中結者何？』答曰：『中結者，冷熱相交，因饑失時，冷熱不和而中結也。結在大腸四尺中，名中結也。陽明主其病。』又云。『既飽後失水，多成中結。又喂不依時，陽盛陰衰，故結之也。』又曰：『冷熱不和，為是故也。』要將雙腳跑胸臆，看腹回頭意欲伸。訣曰：『令馬氣下不通，其氣倒入胸中結前，中氣痛而跑胸也。』續隨膩粉並通草，郁李瞿麥共調勻，以酒相和藥一處，學取從前妙手人。

又　第三十五吃生料病源歌。穀豆全生喂駿駒，脹因生硬不舒蘇。黄帝問師皇曰：『穀豆脹者何？』答曰：『料豆脹者，馬因失喂，本氣失而五臟受邪氣，又走太過，令馬腹中不能回轉，冷熱不和，故腹脹起臥也。陽明主其病。』又云：『因為失飲而腹中熱也。冷氣不和而水傷，穀豆不消者也，故此為病也。』滑石膩粉並通草，灰汁生油一合酥，六味煎來同共使，當時馳驟向長途。

又　第三十六邪病起臥病源歌。逢邪病用心看，白汗流時兩眼翻。黄帝問師皇曰：『邪病者何？』答曰：『邪病者，饑渴飲喂失時，而五臟受其邪。病初得時，氣先攻肝臟，次傳眼，眼急，又傳心臟，遍身汗出，五臟不和，受其邪氣。少陰主其病。』又云：『肝者木也，外主其目。傷魂也；心者火也，外主其舌，內主其神。』又云：『汗之出心傷，肝受氣而眼急。汗出心傷，困也，故病起臥也。』麝香瓜蒂吹鼻內，上唇出血當時安。

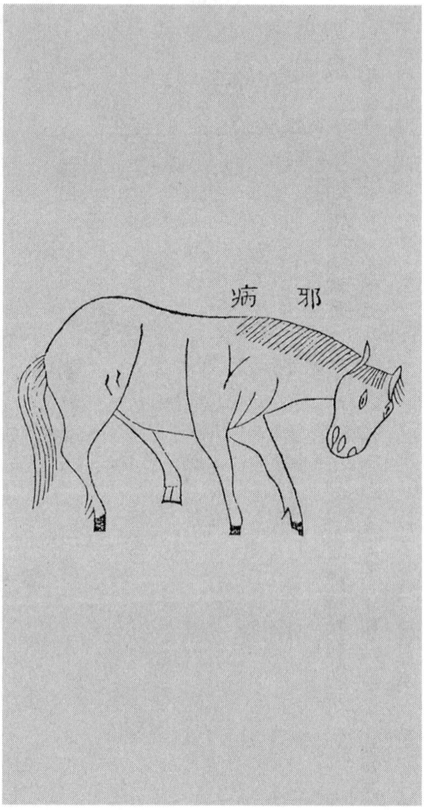

明 喻仁、喻傑《新刊纂圖元亨療馬集》卷五《啌嗽歌》 馬騾啌嗽說根源，不悟經書曉會難，八萬四千毛孔竅，肺經相合古來傳，誤餐邪物凝於胃，皮受風邪毛竅間，外感內傷寒暑致，饑飽風寒勞役兼，表裏合邪先染肺，脾腎心肝相接傳，肺壅發啌鼻湧涕，毛焦乾嗽肺經寒，草飽多喫因飽損，擺頭連嗽肺風寒。五臟損傷皆令嗽，說與醫人用意看：肝嗽之形頭左顧，腎啌之狀後蹄懸，心啌前足頻跑地，脾嗽回頭向右看，胃傷喧吐長蟲出，肺腑傷啌糞溢便，心嗽腑傷出哽氣，肝膽啌傷口吐涎，腎傷不已傳於腑，啌聲小便滴漣漣，好手醫人能治療，調和五臟自然安。氣壅三焦兼腹滿，尫羸多嗽救無緣，鼻流膿血並腦顙，氣呻如鋸死相牽，四肢虛腫啌無治，口色青黃嗽療難，血勞肺嗽休醫救，黃膿嗽臭死來傳。經書之內分明說，仙人留下古今傳。

又《起卧入手歌》 論馬起臥有多般，第一最是入手難。大腸九積應九曲，小腸八積應八蟠，五檢受結在膈後，四積受氣也相連，五蟠受水小腸旺，三蟠受精並受涎，橫弦立肚須回避，一尺二寸玉女關。入手多須用油水，莫教糞澀向前難，打結之時靠外手，兩面搜尋細意看。裏結之時入手見，徐徐按動氣通宣。靠門結時燕口取，盛將油水推向前。背手結時翻手轉，合在手裡恰一般。吊結之時須縛倒，兩頭墊起曲其彎。垂結之時靠梁打，虎口按破便能安。大肚板腸糞不轉，豬脂鹽豉七聖丸，用藥調和速灌唊，盤飯中間氣接連。內傷之時不打鼻腰背板著亦似椽，牽上糞場不起臥，臥至多時起覺難，回頭覷腹看兩肋，此馬多是損闌前。口看臥蠶帶紫色，此馬必死不能痊。經書之內分明說，聖人留下古今傳。

清 郭懷西《新刻注釋馬牛駝經大全集·馬經大全》卷三《瘡黃歌》 三十六腫號瘡黃，說與醫工仔細詳。馬因年少膘肥大，陽盛陰微榮衛強。春季不抽六脈血，夏來有失灌消黃。熱積三焦流不散，氣壯生黃衰患瘡。氣衰血衰血枯澀，侵肉淹溜漸腐傷。肉腐化膿頻腫硬，此腫為瘡莫作黃。瘡癰本是形傷氣，氣當後理預醫瘡。衛強使血離經絡，溢於膚腠結成囊。血瘀腫軟成黃水，此乃為黃非是瘡。熱積內發因而得，先須導氣後醫黃。六脈白針須出血，消黃散灌是奇方。識得陰陽知順逆，管取馳名任播揚。

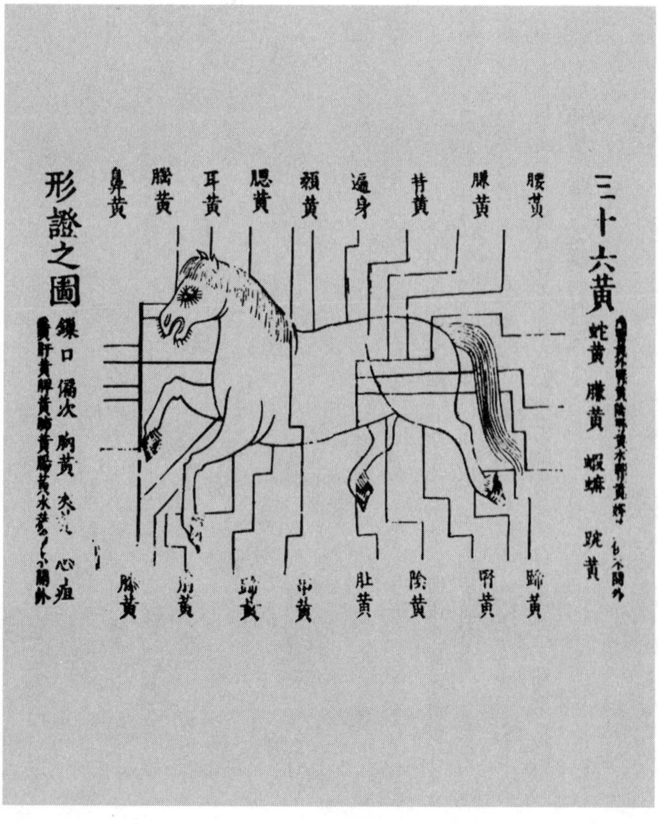

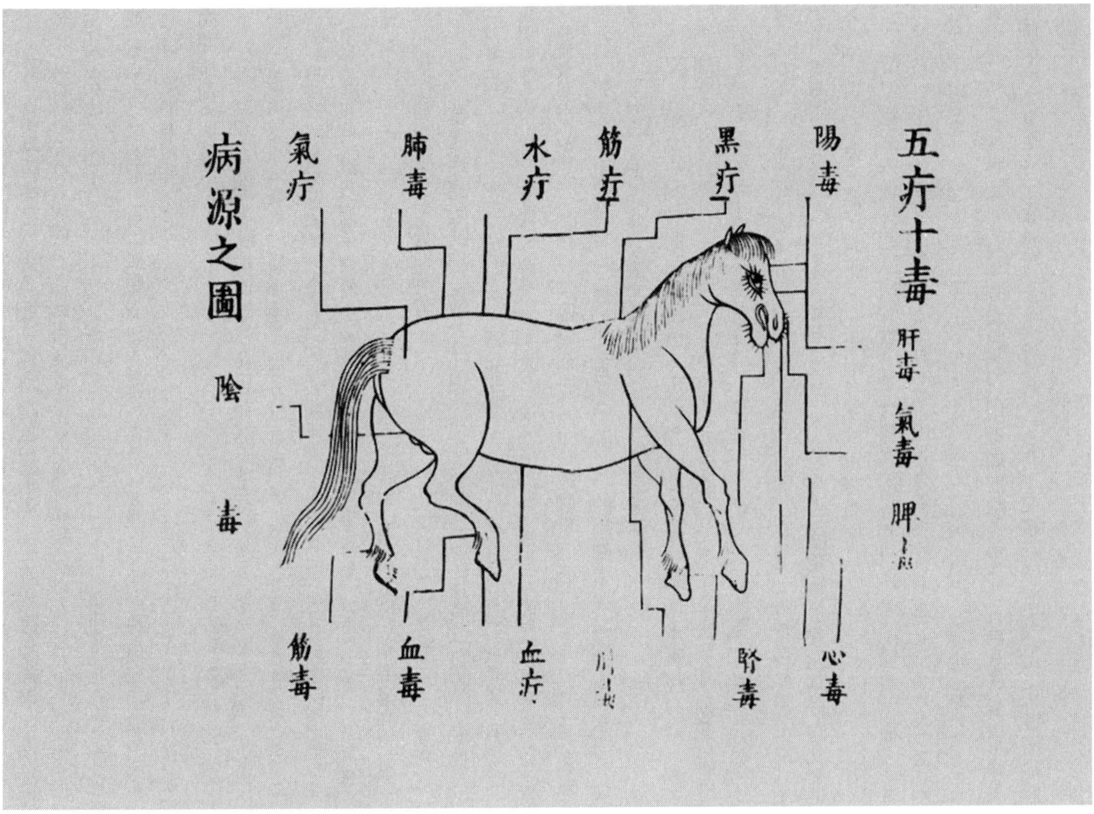

又《三喉歌》 喉內黃腫起，多是熱積壅。鶻脈須針徹，消黃灌有功。喉腧將刀割，膜皮去盡壅。脆骨剜一節，嗓肉莫教傷。竹筒安於穴，徐徐綿杖通。無血方為美，聖腎神妙功。

又《骨眼歌》 馬有三十六起臥，醫人個個都讀過。皆因寒暑失調和，為緣喂飲陰陽錯。肚腹結痛轉胞疼，偽學呼為骨眼臥。誤將閃骨令刀割，一病未除加一禍。古來骨眼翳遮睛，初患渾如粟米個。漸成長大似魚鱗，那般方許針鉤剉。腹痛何由犯眼輪，骨眼焉能有起臥。戒哉學者要參詳，五輪閃骨休傷錯。董牙骨眼驗虛真，聖典流傳千古播。

又《混睛蟲歌》 年少兒騮馬，三秋霧露中。蛛水入於目，變化遂成蟲。渾如蛟鬥水，恰似戲珠龍。日淺頻頷淚，時深翳障矇。藥點全無效，灌烙未成功。欲通神訣妙，開天穴上針。黑白睛中刺，休教犯水輪。針蟲隨水出，師皇萬代功。寧庵曰：時間有此症者，可用草紙撚繕染桐油點火，每晚照馬眼目，如此二三次，在於馬目間照之，其蟲自化矣。並不用針，又不用藥，一毫也不費事，驗過。

又《點痛歌》 七十二點有如斯，標本心肝脾肺腎。五行相剋與相生，饑飽風寒勞役甚。驅馳飲喂失調和，閃傷蹩損寒熱並。嗚呼喑啞不能言，醫生留心仔細認。

又卷七《十毒歌》 馬患十毒數般醫，逐一從頭說與知。陰毒渾身瘰核硬，陽毒遍體軟瘡痍。心毒舌瘡口吐沫，肝毒生癰眼下瘀。肺毒渾身毛退落，腎毒蹄頭膿血流。脾毒口瘡唇角破，筋毒腕腫瘙為痍。氣毒鼻癰呼吸大，血毒肉枯步不移。此謂陰陽十類毒，智者分別十種醫。陽腫陰醫涼藥灌，陰瘡陽治火針施。硬腫無膿燒鐵烙，腫盛膿多令藥拘。潰肉滿盈煎藥洗，膿消復腫用藥敷。六脈血針徹去血，消黃內耗兩相持。斂口生肌膿血盡，臟腑調和諸毒愈。

明 趙浚等《新編集成馬醫方·三十四病狀圖並藥》 第一前結起臥病源歌。病中前結莫言無，起臥時時喘氣粗，黃帝問師皇曰：『凡馬前結者何？』答曰：『前結者，冷熱相擊，因飲失時，結在大腸前四尺，前結也。是陽明經受其病。』又云：『大腸一丈二尺，前四尺，中四尺，後四尺，名三般結也。』又云：『大腸與肺為表裏，主其氣海，緣馬糞塞定，氣下不通，倒入肺，令喘息也。』咬臆頻頻人不識，切須用藥免教殂，訣曰：『咬臆者，病在前四尺，屬心肺。悶絕而咬臆，為人不曉。其馬仰天著咀咬其胸中，痛之甚也。』滑石膩粉并通草，灰汁生油一合酥，苦酒都將和合了，灌下之時病自甦。

又　第二後結起臥病源歌。後結起臥切須知，回頭顧腹糞又遲。黃帝問師皇曰：『後結病者何？』答曰：『後結者，乘困而吃草太急而成結，又在大腸四尺後，名為後結也。皆為冷熱不和，而脹結也。』又云：『陽明主其病。』又云：『令馬回頭顧腹中也。因熱不飲水，故大腸結也。』又云：『饑困而吃草，結大腸四尺後也。』虀汁生油於穀道，手取急須用藥醫。灌了牽行三二里，恰近從前不患時。牽牛、滑石、朴硝各等分。右為末，用豬脂油一處灌。

又　第三熱痛起臥病源歌。良馬雖然千里程，忽縈熱病不惺惺。黃帝問師皇曰：『熱痛者何？』答曰：『熱病痛者，因良馬千里路程，久熱注其骨髓，熏春季不放六脈之血，不依四時灌啖，積熱傷於臟腹并魂魄也，所以精神不遂，名不惺惺也。為是少陰主其病，起臥也。口中似火多頻臥，眼內如砂不轉睛。不轉睛者，肝受其熱，眼中澀也。口中似火者，心火上傳舌也。』又云：『心急悶而熱，多臥之也。』朴硝甘草各一兩，漿水相和要半升，雞子共同灌下口，更須針鼻四蹄輕。

又　第四冷痛起臥病源歌。冷痛頻頻顫臥憂，四蹄長展或難收。黃帝問曰：『冷痛者何？』師皇答曰：『冷痛者，困久渴而飲，又飲水太多，冷傷於胃，四蹄重，發起臥也，陽明經受其病。』又云：『四蹄踡者，冷氣傷腎，冷下攻之，四蹄重也。』又曰：『胃連脾，又生肉，肉寒而發起臥，故顫也。』往往雷鳴聲在腹，時時踡腳更回頭。脾者，土也。病先傳脾，脾傳胃，胃中冷熱不和而作聲也，腹中痛甚而回頭起臥也。約用細辛并陳橘，用水三升煎沸休。又方：皂角艾蔥鹽水灌，火熨湯淋病自瘳。

又　第五小腸結起臥病源歌。馬病須看向小腸，不通水臟越尋常。黃帝問師皇曰：『小腸結者何？』答曰：『小腸結者，乘困而吃水太多，兼冷熱不和，傳于小腸中，水盛即成逆氣，相交結也。乃太陽主其病。』又云：『小腸屬火，大腸屬金，二臟不和大痛而雷鳴，不尋常。』每度顫來多仰臥，不收四足鎮舒張。訣曰：『肉顫者，小腹痛。四蹄直上者，腎胞痛。』又曰：『急氣痛，而氣入四肢，不能收也。』續隨膩粉并通草，姹女水銀也。生油滑石方，灌了牽行二三里，自然痛可得安康。

又　第六水穀并起臥病源歌。第六須看水穀并，汗出頭低起臥輕。黃帝問師皇曰：『水穀并者何？』答曰：『水穀并者，因饑渴飲飼失時，吃水太急，又飽走太過，水穀并也。太陽主其病。』又云：『汗出心傷也。氣不通下，而氣入腦中，頭低也。起臥輕者，二臟不和，痛急難臥也。』左右頻頻看腹肋，用藥如前灌一行。左右觀其腹，為腹中痛也，大腸屬金，小腸屬火，冷熱相沖，故令水穀并結。又方：還將麻子湯為藥，疾遂消除似虎獰。

又　第七羅膈損起臥病源歌。損著羅膈切須知，出氣頻多起臥遲。黃帝問師皇曰：『損著羅膈者何？』答曰：『損著羅膈者，飽上走急，鼻氣壅而傷羅膈也。太陽主其病。』又云：『氣為陽，臟屬陰，羅膈屬心，心為火，肺為金。』又曰：『氣壅而氣傷，二臟不和，乃傷于氣，故胸中痛也。』酥蜜半升并白芷，更添沒藥用當歸，甘草麒麟骨碎補，三服必定能乘騎。香白芷、沒藥、麒麟竭、骨碎補、當歸。各等分為末，用酥蜜半升調灌之，差。

又　第八腸黃起臥病源歌。第八腸黃喘氣粗，回頭看腹脈徐徐。黃帝問師皇曰：『腸黃者何？』答曰：『腸黃者，積熱傷肺，肺受熱傳入大腸，乃變為黃，陽明主其病。』又曰：『上氣不通下氣，到肺經，乃出氣粗也。』又云：『其脈徐徐者，形證衰也；陽盛陰衰，傷氣也。』又曰：『回頭者，腸中痛而起臥也。』欲得病瘳帶脈血，大黃梔子朴硝居。又云：『腸連胃，胃連脾，帶脈屬脾，乃是太陰之經脈也。』又方：黃連黃柏同為散，蜜共豬脂灌即除。

又　第九黑汗起臥病源歌。第九醫家用妙方，渾身肉顫汗如漿。黃帝問師皇曰：『黑汗者何？』答曰：『黑汗者，因久熱傷心肺，又兼春季不抽六脈，又不依四時灌啖；血脈壅滯也。』又云：『因乘千里，熱困傷心。乃少陰君火主病。顫者，熱極傷心，心痛而汗出。乃心為神，主生火，火生血，又傷血。』先去尾尖十字劈、後須汗住用三方。又云：『出血者，瀉心經熱。尾連腸，腸連心，心連腎。』裙衣蒙腦淋新水，襪汁沖喉人糞嗆。水淋腦，腦是諸陽之會聚，反傷邪氣。眼鼻三江針少許，是須明記返魂香。

又　第十脾氣起臥病源歌。第十脾家起臥難，擺頭打尾上唇蹇。黃帝問師皇曰：『脾痛者何？』答曰：『脾氣痛者，乘困而飲水太過，寒氣傷脾，乃起臥也。太陰主其病。』又云：『脾主其色黃。受氣于巳，生于子，病于寅，死于卯，墓在辰。』又云：『上唇蹇者，脾痛也，唇通脾。擺尾者，胃痛也。心者，火也，火生土，見水相刑，水火不和也。冷熱不解，故有此起臥也。』顫臥有時立即倒，垂腰無力似風癱。又云：『肉者，屬脾，脾痛肉痛，肉痛而顫倒者，脾性急也。垂腰，胃痛無力也，不食水草。弱者似風癱也。』先針脅上兼針鼻，氣藥生薑灌便安。

又　第十一心黃起臥病源歌。十一心黃不轉睛，咬身用力痛無聲。黃帝問師皇曰：『心黃者何？』答曰：『心黃者，五臟積熱，注于心肺，久而不治，乃變為黃。少陰主其病。』又云：『心者火也，其色赤，受氣于亥，生于寅，旺于午，病于申，死于酉，墓在子。』又云：『心傷即神傷，神傷心作黃也。』又云：『火返刑母，而木上傳於目，故不轉睛也。咬身者，心痛。作聲，心黃痛急甚也。』麻黃大豆并雞子，火速連灌便惺惺。又方蔚金黃連散，速將此藥下豬清豬膽。

又　第十二腎黃起臥病源歌。十二醫家看腎黃，搐肷時時喘更忙。黃帝問師皇曰：『腎黃者何？』答曰：『腎黃者，久熱而走太急，傷著內腎，變為黃也。少陰經主其病。』又曰：『喘者，困極而傷肺也。腎是水，心是火，火極炎也。搐肷者，腎痛也。火生黃，腎旺亦生也。』踏地舒腰立即倒，八窌腿上兩旁相。又云：倒者，腎痛也，踏地者，胞痛也。兩旁者，針其穴也。更抽尾下微微血，朴硝油水蜜沖腸。又用解毒消黃散，便是師皇伯樂強。

又　第十三氣痛起臥病源歌。馬患氣痛不調和，腹脹時時輾臥多。黃帝問師皇曰：『氣痛者何？』答曰：『氣痛者，因天饑而乘困吃草太急，又飽而走太過，氣傷肺也。太陰主其病。腹脹者，氣不通下也，冷熱不和，傷飽而攻之，兼走氣不出。』又云：『心悶而起臥多也。』口白更乾毛逆燥，肺家壅滯不奈何。又云：『白者，肺之苗。毛者，肺之表也。』白朮曲末當歸散，酒煎連灌更無疴。每上灌時生薑蜜，三服必定卻僂儸。

又　第十四腦黃起臥病源歌。馬患醫家辨腦黃，口中沫出又沖墻。黃帝問師皇曰：『腦黃者何？』答曰：『腦黃者，積熱傷於心肺，久注於腦中生黃也。少陰主其病。』又云：『肺熱而口中沫出，心熱而顛狂，狂而悶沖墻。』又云：『乃熱極也。』汗出打尾啖涼藥，腦開二孔與淋漿。又云：『汗出傷心，熱極打尾，心悶燥也，用水淋之。』每朝新水頻淋腦，灌藥仍須性要涼。若於六脈針流血，便是神農真藥方。

又　第十五胞轉起臥病源歌。胞轉蹲腰踏地跑，時時輾臥尾彎稍。黃帝問師皇曰：『胞轉者何？』答曰：『胞轉者，因久渴而不飲，飲水太過，水盛傷於小腸，因而反復，乃胞轉也。太陽主其病。』又云：『腸陰陽不和也。』又曰：『蹲腰者，小腸中痛。踏地者，胞轉痛，拳腰，腹痛。急甚而痛，乃輾臥也。』水草不食更頻臥，要知病狀是尿勞。又云：『水草不食者，勞急痛也。腎胞痛而心悶，乃臥：痛甚者，頻頻起臥者也。』塗手用油通穀道，正後牽行三五遭。左右入手須撥正，小便通下見醫高。

又　第十六草噎起臥病源歌。馬患草噎病堪醫，口中沫出又遲遲。黃帝問師皇曰：『草噎者何？』答曰：『草噎者，急用騎乘而氣猛，牽著未定，乘饑困而吃草太急，成氣而噎也，太陰主其病。』又云：『飲出相射，冷熱不和，逆氣而遲遲也。』經曰：『肺熱而口中沫出也，乃因陰陽不和而使氣噎也。』便把游韁繫後腳，急行十步莫狐疑。又訣曰：『通氣之意，氣隨定也。』皂夾瓜蒂蕓薹子，切須吹鼻不宜遲。又方便下順氣散，不噎時時聖手奇。

又　第十七內腎損起臥病源歌。馬患難醫是腎災，脊梁著地四蹄抬。黃帝問師皇曰：『內腎損者何？』答曰：『內腎損者，乘飽而走，困急傷著內腎，腎心二臟不和。少陰主其病。』又云：『脊梁著地者，內腎損而痛也。四蹄抬者，筋痛也。』後腳稍空如此病，方中無一免輪回。又云：『內腎上有十二條筋，通在遍身，兩條通腦，兩條通眼，兩條通耳，兩條通鼻，兩條通前腳，兩條通後腳。腎痛筋痛，筋痛而後腳稍空也。』又曰：『腎為命門，絕者死也。』盲醫不會由自強，良醫看了不堪方。

又　第十八腸斷起臥病源歌。馬患腸斷不堪醫，渾身肉顫攢四蹄，拋糞之時須起臥，黃帝問師皇曰：『腸斷何者？』答曰：『腸斷者，因太飽而走太急，鼻氣不及出，損其腹也。乃陽明主其病。肉者脾之候，脾痛肉痛。肉痛顫也。』又云：『攢四蹄者，氣上下通，氣攻入四蹄，重也。』又云：『傷腸斷也。』經云：『大腸連肺，又主氣，致下氣不通，故糞痛也。』良醫見後也心疑。良醫者，善治馬之人也，知其病難治也。饒君妙手能治療，任教名士亦何施。

又　第十九腸入陰起臥病源歌。馬患難醫腸入陰，回頭看腹示醫人。黃帝問師皇曰：『腸入陰者何？』答曰：『腸入陰者，因饑困而走太急，更因渴而不飲，飲水太過，冷氣注于陰間。冷氣盛入，腸入陰也，太陽主其病。』又曰：『回頭者，腸中痛也。急痛而牽小腸亦痛，顫也。』腎囊一冷一邊硬，如此疑其有鬼神。又曰：『一邊硬者，屬心，火攻之。冷者屬腎，水傷之，似鬼神者，相刑衰也。』又曰：『水、火、木三刑，相反，故發寒熱，攻其心肝不定。』後代欲除根本者，良醫妙術所當親。

又　第二十大肚結起臥病源歌。馬患須看大肚結，喘息肚高時時歇。黃帝問師皇曰：『大肚結者何？』答曰：『大肚結者，因寒傷脾，傳注胃中，冷熱不和，故結也。陽明主其病。』又云：『脾不磨而草不消，更遠行不飲，盛渴而結也。』又曰：『喘者，氣上不通，下氣相并而脹結起臥也。』小便打尾且奈何。訣曰：『小便多虛，一臟不行，二臟不通，故結也。』蜣螂通草豬油熱，螻蛄鼠糞共相和，五味將來沖斷結。

又　第二十一肉斷起臥病源歌。肉斷原因走不安，四蹄不舉重如山。黃帝問師皇曰：『肉斷者何？』答曰：『肉斷者，因太肥而乘飽走太急，壓著心肺又五臟，并脂肉損也。太陰主其病。』又曰：『冷氣不通上，下氣乃入於蹄，故四蹄重如山。』又云：『熱上攻之心肺，冷乃下注，亦四蹄重。令馬飽上走，不惜其力，故肉斷也。』又曰：『冷熱不和，五臟不安為肥斷也。』但抽尾本胸膛血，須至平和不再看。又曰：『尾連腸，又連心，瀉心之血，解肺之熱也。』更用消黃止痛散，便是周時八駿駿。

又　第二十二水掠肝起臥病源歌。馬因吃水損其肝，兩眼如癡似淚漫。

黃帝問師皇曰：『水掠肝者何？』答曰：『水掠肝者，因久渴而不飲，飲而水復太過，水盛也，厥陰主其病。』又云：『肝者，其色青，受氣於亥，旺於卯，病於巳，死於午，墓在酉。』又曰：『水掠而傷肝水，遂專於眼中淚出也。』行動之時如醉狗，此時病狀救無緣。後代之人習此理，君還不信試醫看。

又　第二十三羅膈傷起臥病源歌。馬患難醫羅膈傷，精神漸減越尋常。黃帝問師皇曰：『羅膈傷者何？』答曰：『羅膈傷者，因飽上走急，氣不及出，沖損羅膈也。太陽主其病。』又云：『心傷、肝肺傷、魂魄傷而精神短慢也。』又曰：『外主心肺，魂傷於裡。』經云：『羅膈不可犯也。』膈損更兼肉又顫，鼻內時流血水漿，眼目昏昏兼腹脹，血奔心時喘息忙。又云：『眼目昏昏者，肝傷也。喘而傷肺，氣不通上下則腹脹也。血奔心時，羅膈損也。』為報醫工休治療，大都此病必難康。

又　第二十四板腸糞不轉病源歌。板腸不轉非難治，起臥時時肷腹高。黃帝問師皇曰：『板腸不轉者何？』答曰：『板腸不轉者，乘困而吃草太過多，更久渴飲而不息又走。飽上走急，冷熱不和，陽明主其病。』又云：『氣上下不通而腹脹。乘困而吃草成結也，結在腹腸中。緣冷熱不和胃中是也。』五朝七日未痊瘥，氣逆從而奔後腰，脾者，病先傳胃，胃傳入腎。腎者水，脾者土，氣不和，主於腰間，氣上下相攻也。草灰鼠糞豬油熱，續隨膩粉合為膏，五味將來同共使，直饒鋼鐵也須消。

又　第二十五水噎起臥病源歌。水噎起臥少人知，縮項蹲腰汗瀝蹄，黃帝問師皇曰：『水噎者何？』答曰：『水噎者，為騎來氣未定，乘饑困而吃水太急。冷氣相并，傷於心肺，而水噎也。太陰主其病。水上不能散，下不能入，水噎也。偏項抬頭者，心胸痛也。』又曰：『汗出心傷，名水汗也。陰陽不和也。』口中清水涓涓清，醫工見者亂猜疑。口中清水者，心水溢而不納，水出也。又曰：『水勝火也。』火急方中看藥餌，胸前棒捍不宜遲。又方更用五香散，三江出血病須移。

又　第二十六肉鱉起臥病源歌。肉鱉起臥汗微微，忽覺心狂左右窺。黃帝問師皇曰：『肉鱉者何？』答曰：『肉鱉者，因太肥而走太過，脂肉損而汗出也。少陰主其病。』又云：『汗出傷心，悶也。』又曰：『心生血，血生肉，肥也。』肉動渾身顫颯颯，無令醫者亂猜疑。脾痛，肉亦痛，顫也。但用針刀向後覓，腎膛尾本兩般治。心生血，血生肉，肉生脂，脂生髓，髓生血，放血瀉熱也。又方蔚金并梔子，消黃治肺共扶持。

又　第二十七蜱蟲咬膊起臥病源歌。咬膊起臥最幽玄，不在五臟各章篇。草料喂時依舊吃，牽下棚來滾驟眠。黃帝問師皇曰：『咬膊者何？』答曰：『咬膊者，馬身上有蟲，被主人繫馬在不淨之處，其馬臥，有蜱蟲走奔胸腹或袖口上咬，其馬悶悶而橫身，而起臥也。古時人有此，故注出之。』勞動醫人袖上覓，摘卻之時必見安。後代之人習此理，免教良馬受針酸。

又　第二十八蹩著五攢痛起臥病源歌。蹩著當時四蹄攢，為緣血脈不通連。黃帝問師皇曰：『蹩著血脈者何？』答曰：『蹩著血脈者，因久熱而傷，飽走太急，又春季不抽六脈，更不依四時灌啖，蹩著血積聚太多，血壅滯而不和也，少陰主其病。』又云：『熱上攻之，血冷下注之，氣也。血熱攻于腦，故血冷注于四蹄，攢蹩也。』五日七朝不醫療，腰曲頭低行步難。又云：『心，血海也。血者，熱傷於心，心傷於神，頭低傷氣，氣傷肺一經也。』火急方中看藥餌，抽其六脈自然安。

又　第二十九肺痛起臥病源歌。肺痛起臥喘微微，口內如綿要辨之。黃帝問師皇曰：『肺痛者何？』答曰：『肺痛者，因太飽而走太急也，傷於五臟肺氣也，太陰主其病。』又云：『氣屬陽，臟屬陰，其肺白，受氣於寅，生於未，旺於酉，病於巳，死於午，墓在卯。肺傷者也，赤者心也，五色傳變，如花色。』或即胸前多有汗，此時用藥不宜遲。又曰：『肺是五臟華蓋，下連心臟病於陽，從陰而克陽也。有此三般。』又曰：『汗出傷心，故也。』沙糖乳汁并雞子，消黃治肺共扶持。啖之三上無痊差，必定抛亡豈復疑。

又　第三十大肚傷起臥病源歌。馬患須看大肚傷，臥時不起汗淋浪。黃帝問馬師皇曰：『大肚傷者何？』答曰：『大肚傷者，因太飽而走太過，傷其大肚，又馬水穀不能回轉，痛而生起臥也，陽明主其病。』又曰：『汗出心傷，痛急也。』喘粗鼻咋兼肉顫，鼻內時流糞氣漿，鼻氣喘而傷肺，鼻咋而氣損也。又云：『血奔心而子奔母，土火也。痛顫也。』哽氣之時胃必損，便有靈方病也亡。胃屬土，土生金，氣傳於子，故肺氣痛，哽氣也。為報醫人休治療，此時大命見無常。

又　第三十一心痛起臥病源歌。心痛起臥有殊功，口內如花脈帶洪。黃帝問師皇曰：『心痛者何？』答曰：『心痛者，乘饑而走太急，因而吃水太急，傷心。冷熱不和，水克火，心病也。少陰主其病。』又云：『心者火也，心痛而汗出也。口中赤者心，白者肺，黃者脾，五臟相傳。口如花也。或即胸前多有汗，大黃紫菀麥門冬，生薑甘草并雞子，羌活茯苓肉蓯蓉，九味將來共同使，便是王良妙藥功。

又　第三十二腎痛起臥病源歌。腎痛起臥慢微微，簇簇攢攢起臥遲。黃帝問師皇曰：『腎痛者何？』答曰：『腎痛者，因饑因而走太急，又飲水太過，傷著內腎，冷氣注其陰，而起臥也。少陰主其病。』腎水，其色黑，受氣於巳，生於酉，旺於申，病於午，死於丑，墓在辰，又云：『腎是水，心屬火，冷熱不和，功之腎痛也。』又曰：『冷氣痛，而冷下四蹄，攢也。』

口鼻尾尖須出血，腎棚針熵更何疑。茱萸厚朴當歸藥，溫酒相和要灌之。損著腎棚難治療，應須不損壽堪期。

又　第三十三吃水傷腸胃起臥病源歌。馬因冷水傷腸胃，玄妙方中看臥蠶，舌下赤時傷腸胃，臥蠶白者別觀占。黃帝問師皇曰：『冷水傷者何？』答曰：『冷水傷者，久渴而不飲，飲水太過，水盛傷於大小腸，冷也，太陽主其病。』又云：『小腸屬心，通於舌，舌下赤者，傷心、小腸；如白者，傷肺。肺傷，令大腸乃不和，故發起臥也。』芎藭白芷當歸藥，細辛陳橘共相煎，好酒同調灌入口，便是神醫用手拈乃兼切，指取也。又方荳蔻并肉桂，生薑酒下圣經言。

又　第三十四中結起臥病源歌。病中中結要言論，滾轉時時起臥頻。黃帝問師皇曰：『中結者何？』答曰：『中結者，冷熱相交，因饑失時，冷熱不和而中結也。結在大腸四尺中，名中結也。陽明主其病。』又云：『既飽後失水，多成中結也，又喂不依時，陽盛陰衰，故結之也。』又曰：『冷熱不和，故也。』要將雙腳跑胸臆，看腹回頭意欲伸。訣曰：『令馬氣下不通，其氣倒入胸前，中氣痛而跑胸也。』續隨膩粉并通草，郁李瞿麥共調勻，以酒相和藥一處，學取從前妙手人。

明　趙浚等《新編集成馬醫方·五臟汗歌》　肺痛難行汗出病源歌：拳腳汗出肺家傷，肺痛行時審細詳，其胸行時饒汗出，精神癡慢更為陽，止痛當歸白藥子，芍藥貝母共消黃，更用火針主起膊，蔥煎麻附啖為強。

又　肺愈汗出病源歌：汗出渾身喘不休，醫人切在細搜求，肺喘氣粗并把膊，胸堂大血急需抽，更用五味白藥子，砂糖白蜜配生油，更下白礬粥裏啖，灌時不得忘瓜蔞。

又　心熱汗出病源歌：汗出渾身數番黃，心家有病熱來傷，是汗熱時涼藥補，蔚金雞子共商量，甘草又用荷車散，大黃梔子配蒲黃，七味將來蜜裹下，大血抽罷放胸堂。

又　心愈汗出病源歌：心愈熱燥汗自流，出氣如同似鋸抽，心愈肺喘饒肺敗，胸堂大血最為籌，更用消黃涼藥啖，入河淋洗自然休。

又　肝爛失魂汗出病源歌：肝爛失魂汗如漿，行如醉狗便沖墻，肝爛肺損難醫治，腸斷肚破更無方，交他死人難理會，師人說與聽行藏，經書論盡終無效，主人見道哭忙忙。

又　肝黃汗出病源歌：汗出渾身是肝黃，肝黃得病目無光，口中青色多眵淚，肝家木旺見青陽，五藥生魂通泡服，木家不奈火焚將，藥用洗肝消黃散，二消蜜下灌三黃。

又　脾脹汗出病源歌：汗出脾家脹不消，五臟六腑不和調，口黃鼻冷微欣搐，相知此病大難逃，唇又郎當精神慢，垂頭著地不能高，主人見馬如此患，醫家千方沒功勞。

又　脾即愈汗出病源歌：汗出脾愈口色黃，褰鼻直上笑忙忙，汗出脾黃多吃土，青橘陳皮共生薑，檳榔肉桂并豆蔻，桂心二消配三黃，都用將來白蜜下，併灌三服自安康。

又　陰腎汗出病源歌：陰腎汗出是心黃，心黃腎上汗如漿，心連小腸饒顛走，更兼欣汗眼顛狂，急灌消黃洗肝散，入河淋洗更無傷，大血兩針須出血，醫人不再放胸堂。

又　定陰汗出風吹著木腎病源歌：陰寒騎來被風傷，腎家如鐵木軀將，木腎腰軀如腫硬，火針刺破是名方，止痛消黃鹽酢擦，七傷灌啖酒為強，灌用炒鹽蔥一把，酒煎冷下卻如常。

牛

論説

明　喻仁、喻傑《圖像水黃牛經大全》卷上《牛患七十七癥論病形歌圖治法》　牛患拖犁力弱骨痿症第一。牛患拖犁力弱者，何也？夫弱者，乃腹內饑餓，拖犁拽耙，出力太過，肺氣耗散，血不歸心，氣血兩傷，虛弱之至；以致時出硬氣，口或虛張，水草遲細，時或鼻頭無汗，大便乾澀者，此謂饑餓勞傷力弱骨痿之症也。形狀：恹頸抬頭，腿酸腳軟。口色：紅黃者可治；青黑者難醫。歌曰：饑餓力弱肺家傷，扭頸抬頭眼淚汪。不思水草又糞緊，醫遲必定肺生瘡。久臥多時發硬氣，起來喘息口虛張。宜用補肺杏仁散，連灌數服自平康。治法：火針百會穴、搶鳳、大胯穴；白針三焦、四蹄血。戒忌：下水浸泡、簷巷風吹。補肺杏仁散：杏仁、阿膠、麥門冬、白芷、瓜蔞仁、牛蒡子、桔梗、陳皮、甘草。各件共為細末，每服四兩，水一升，加童便一大盞，黃酒為引。如口色青白，本方加：肉桂、附子、五加皮、熟地黃、當歸。

又 牛患困水傷五臟第二。夫牛患水傷五臟者，何也？水者，乃日用之要，何以而致有傷於五臟也？皆因饑渴出力太過，乘饑餓而又過飲，或因天時炕陽，久渴過飲冷水太足，拴繫陰涼之處，失於牽行，以致陰冷過啖，陽氣不調：水火相尅，五臟受傷，此謂困水傷五臟之症也。形狀：喉中哽噎，口流清水，鼻流濃涕。口色：如桃花者可治；青黑者死。歌曰：喉中哽噎困水殃，五臟六腑似刀傷。時時鼻內垂濃涕，毛焦淚落日流漿。舌胎木硬腰腹熱，日深必定救無方。急用良力五積散，用鹽擦舌徹血康。治法：徹三焦、四蹄血，五積散灌之。五積散：治牛困水傷五臟等症。白芷、陳皮、厚朴、當歸、川芎、芍藥、茯苓、桔梗、蒼朮、枳殼、半夏、麻黃、乾薑、肉桂、甘草。各件共為細末，每服四兩，以生薑五、七片，蔥一把煎汁，調和灌之。如表重者，本方去肉桂，加桂枝。

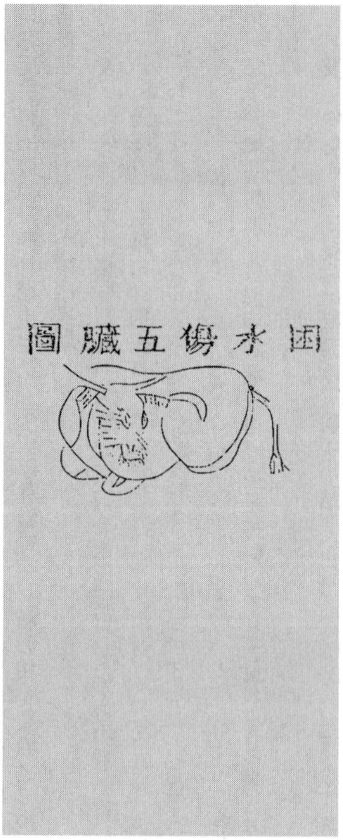

又 牛患困水膈痰症第三。夫牛患困水膈痰者，何也？膈痰者，羅膈損傷也。或因久渴失飲，過飲冷水太足，或牧童騎使急跑，或拖犁拽耙，急使出力，促損羅膈，以致頭懸膝跪、耳角俱冷之症也。形狀：頭懸跪地，耳冷身顫，淚流成行。口色：口舌鮮明，膈雖傷而無損者，可治；青紫者，難醫。歌曰：牛因困水膈中傷，頭懸跪地口中黃。耳角俱冷身又顫，眼中流淚卻成行。藥用靈通四順散，治遲必定命須亡。仙經論裏分明說，膈損從來無救方。治法：徹三焦、四蹄血，四順散灌之。鼻口流出血水，膈損者難醫。四順散小茴香、紅花、蒼朮、白朮。共為細末，每服四兩，炒鹽一大撮，生薑為引，候溫加童便一盞，調和灌之。如膈損不愈。如損傷藥方見馬經篇內。

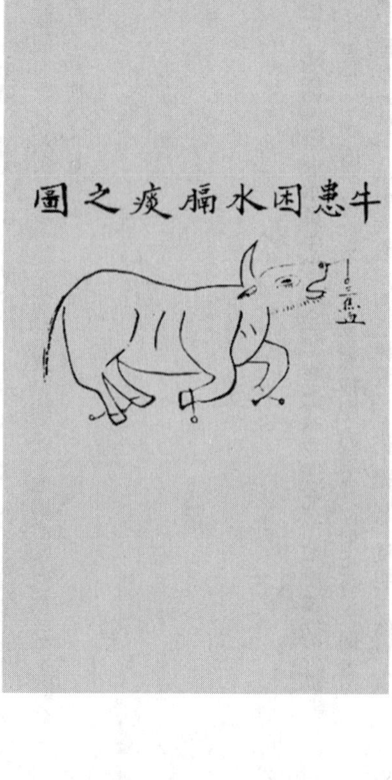

又 牛患肝黃症第四。牛患肝黃者，何也？夫肝黃者，肝經凝受鬱熱也。肝外應於目，肝家熱極，氣血凝滯之所致。令獸眼胞赤腫，翳膜睛昏，東奔西走蹄四足不停，此謂肝熱壅邪、肝黃之症也。形狀：眼腫淚下，翳膜睛昏，東奔西走，四足不停。口色：口舌鮮明者易治；青黑者難醫。歌曰：肝黃之症悶難當，眼赤頭昂尾撅張。東奔西走不停足，口青舌黑病須防。日淺醫工容易治，延深不救病難康。治法：徹四蹄血、三焦血，胸前用蟬酥繩穿墜，瀝出黃水。天竺散灌之。戒忌：日曬雨淋、下水浸泡。天竺散：治牛肝黃等症。天竺黃、黃芩、車前子、芒硝、青葙子、木賊、草決明、蟬退、錦大黃、枳殼、黑玄參、石決明、甘草。共為細末，黃酒為引。如赤氣太盛，加川連，重用朴硝。

又　牛患肺黃症第五。牛患肺黃者，何也？夫肺黃者，肺家熱極，氣血瘀痰，凝鬱於肺也。令獸喘聲連連，啌嗽不絶，此謂邪熱於肺而致肺黃之症也。形狀：連連啌嗽，喘息微微，低頭抵牆，張口涎垂。口色：鮮明者生，紅者可治，青黑者死。歌曰：肺黃得病喘忙忙，起臥抬頭又抵牆。喘氣多因心壅熱，水草難餐口虚張。肺腧穴內針一道，腦上沖天火烙強。急用消黃菖蒲散，加些礬蜜灌為良。治法：胸前用蟬酥繩穿墜，腫瀝黃水。徹四蹄血、三焦血。菖蒲黃芩散灌之。調理：餵養清涼之處。戒忌：日曬、下水浸泡。菖蒲黃芩散：治牛肺黃等症。菖蒲、白芷、知母、大黃、貝母、甘草、杏仁、瓜蔞、桔梗、陳皮、黃芩、白礬。共為細末，白蜜四兩為引，調和灌之。

又　牛患心經積熱症第六。夫心狂者，心經積熱也，皆因蓄養太盛，膘肥肉重，暑月炎天，或犁耙出力，喘息未定，下水浸泡，或拴繫酷熱之處，乍經雨淋，壅熱浸於皮膚，瘀痰塞於胸中，以致心竅迷亂，四足顛狂，此謂心經積熱，心風狂病之症也。形狀：昂頭直頸，四足獐狂，張口流涎，氣息喘粗。口色：如桃花者生，紫赤者死。歌曰：五臟積毒又生風，喘急多因肺氣攻。口中流涎眼又腫，遍身瘡疥癧癧中。耳月曼頭懸難著地，更兼哽氣不能通。皂角解毒人參散，三朝半月見其功。治法：胸前用蟬酥繩穿墜，白針徹三焦、四蹄血，喘急徹大血。效如神。調理：餵養清涼之處，水浸青草喂之。戒忌：日曬雨淋、下水浸泡。人參散：治牛心經積熱、心風狂症。人參、茯神、蔚金、連翹、升麻、運志、甘草、板藍根即大靛根。共為細末，內加童便一大盞，調和灌之。如口色赤紫，本方加：大黃、朴硝、大川連。如口色平和，昂頭直頸，不能低頭者，此乃外有感邪，用羌活湯發散之。羌活湯：治牛昂頭直頸、獐狂等症。羌活、防風、白芷、烏藥、細辛、川烏、草烏、荊芥、薄荷、蘇子、薑蠶、天麻、膽星、木通、五加皮、陳皮、粉草、桔梗。共為細末，黃酒、蔥白為引，調和灌之。

又　牛患心黃症第七。犬心黃者，心經積熱也。心為一身之主，五臟之首領，居於深宮內院，清淨之所，何以而致有黃？皆因蓄養太盛，膘肥肉重，氣血壯旺，拖犁拽耙，又兼蠢大促使出力太過，氣血沖心，瘀痰積膈。令獸四足顛狂、兩目圓睜，氣促喘粗，口內垂涎，此謂心經積熱之症也。形狀：兩目圓睜，四足顛狂，氣促喘粗，口內垂涎。口色：鮮明者可治，青黑紫者難醫。歌曰：心黃得病走顛狂，兩目圓睜尾撅張。牛有一心原屬火，火來攻火病難當。積熱久聚傳臟腑，若然遲治命須亡。治法：徹喉脈血、三焦、四蹄血。調理：餵養清涼之處，水浸青草喂之。戒忌：日曬雨淋，下水浸泡。清心散：治牛心黃等症。人參、茯神、遠志、青黛、蔚金、梔子、連翹、元參、棗仁、生地、當歸、粉草、花粉。共為細末，雞子清、竹葉、燈草為引。如口色赤紫者，本方加：大黃、芒硝、大川連、天門冬、麥門冬。如大便閉結，加蜂蜜四兩，火麻仁。如小便閉塞，加二丑、車前子、滑石、木通。二便通利，喘自止而痊矣。

又 牛患水頭風症第八。夫水頭風者，何也？水頭風，乃牛頭浮腫也。皆因瘦弱老牛，餵養失調，時或浸泡水中，整日不起，時或拴繫濕地，從不牽行，又兼老弱，氣血衰敗，陰盛陽痿，以致陰濕之氣入於頭頂，耳腮俱浮，殘流之於足，四蹄俱腫。此謂陰濕水頭風之症也。形狀：頭頂俱腫，耳腮虛浮，頸硬難抬。此症有三：水腫皮冷屬陰，氣腫手擦有陷，黃腫皮熱，隨手便起。口色：鮮明者生，青黑者死。歌曰：頭腫皆因困水傷，更因汗出發風瘡。頭又難懸眼又急，頭頂耳腮腫如囊。頸硬更兼懸不得，醫遲必定命須亡。火針連灌追風散，數日之間必安康。治法：火針腫處刺之，流出清水自消。戒忌：雨淋，下水浸泡。茴香散：治牛水頭風症。小茴香、香附、沉香、豬苓、五加皮、白芷、二丑、當歸、澤瀉、滑石、車前、木香、川芎、木通、甘草。共為細末，黃酒一升為引，調灌。流氣飲：治牛氣腫等症。木香、甘草、荊芥、薄荷、銀花、羌活、檳榔、烏藥、香附、紫蘇、防風、茵陳、木通。黃酒、連須蔥為引，調灌。如黃腫者，乃頭頂生黃也。以銀花解毒湯灌之。

又 牛患氣吼氣喘等症第九。夫吼喘者，乃肺經受傷也。吼者出氣緩而喉中有聲也；喘者，乃氣出促而連連鼻咋也。皆因犁耙出力，或受雨淋，或下水浸泡，熱痰凝於肺，陽受陰尅，積於肺竅，塞於肺管，出氣喉中有聲。，若氣促連連鼻咋大呼者，乃肺經大熱，外受邪鬱。令獸肺咋不能收合也，不能容氣也。故氣出連。連呼聲大作，肺咋鼻呼，內外相應也。此謂氣吼氣喘之症也。形狀：伸頭直頸，鼻咋喘粗。口色：口舌鮮明者，生；紫黑者，死。歌曰：喉中出氣吼頻頻，肺毒皆因熱積成。吼急須用白礬散，喘抽大血效如神。更有結喉核脹，阻塞咽喉亦吼聲。神針刺破頰下核，依方針藥得安寧。治法：徹大血、四蹄血、三焦血，頰下有核者，以水針刺破，核消痊愈。調理：拴繫清涼之處，水浸青草喂之。戒忌：雨淋，下水浸泡。白礬散：白礬、貝母、川連、白芷、蔚金、黃芩、大黃、粉草。共為細末，蜂蜜、童便為引，調和灌之。如口色赤紫者夕加芒硝、兜鈴。

又　牛患腦中黃症第十。大腦中黃者，熱毒流注於腦也。皆因蓄養太盛，膘肥肉重，犁耙出力，或下水浸泡，或拴繫陰濕之地，陽受陰氣，逼聚於頂，毒注於腦口令獸眼急頭垂，口滴涎沫，盤身旋轉，四足不停，抵牆抵壁。此謂久熱積頂，腦中黃之症也。形。狀：睛急頭垂，旋轉不停，頭抵牆壁。口色：紅黃者可治，青黑者難醫。歌曰：久熱積毒聚腦中，盤身宛轉作旋風。眼黑更兼吐滴沫，頂門火烙有神功。四蹄三焦須徹血，定風散下更除風。治法：頂門以火燒秤砣烙成黃色，用芝麻油塗之。白針徹四蹄、三焦血。調理：餵養淨處，草料加倍。定風散：治牛腦中黃症。天竺黃、防風、人參、生地、川芎、紫參、麻黃、蠶沙、天麻、白蒺藜、甘草。共為細末，生薑五片，黃酒一升為引調灌。如口色赤紫，大便閉結不通，用三黃湯，加芒硝、大黃、芝麻油四兩，調和灌之。

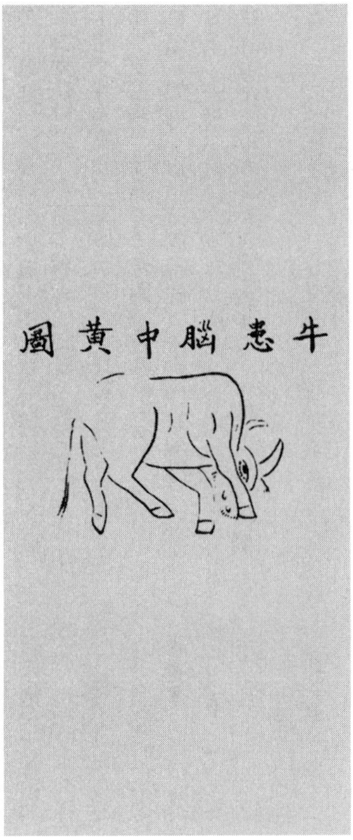

又　牛患草傷脾症第十一。夫草傷脾者，何也？草者，畜之養命之源，何以而致有傷也？皆因久饑太過，出力歸來，與之乾草，啞畜不知飽足，不意貪之太過，又加與飲，又因久渴，任意飲之太足，乾若見水，勢必發脹，令獸胃口脹滿，沖寒於脾，阻難消化，肚腹膨脹，哽氣如雷，此謂草傷脾之症也。形狀：昂頭哽氣，肚腹膨脹，出氣如雷。歌曰：草傷脾胃氣不和，出氣如雷氣又多。哽噎更兼心忽亂，毛焦糞澀又難磨。舌紫陷黃脾土病，針脾治胃更宣腸。便下大黃穿腸散，朴硝油蜜灌之良。穿腸散：治牛草傷脾症。枳實、厚朴、大黃、芒硝、香附、檳榔、神曲、甘草、滑石、木通。之麻油、生薑、蜂蜜為引，同調灌之。如口色黃傷料，本方加：麥芽，池蜜和灌。

又　牛患瀉蕩症第十二。牛患瀉蕩者，何也？夫瀉者，乃痢之症也。皆因蓄養失調，饑渴出力太過，饑渴至極，使之飲水太足，或在水中浸泡，或在濕地安眠，內停宿水，陰氣不降，陽氣不升，脾不運化。令獸清濁不分，而成瀉蕩之症也。形狀：耳搭頭低，精神短慢，大便不禁，時或瀉。口色：鮮明者生，青黑者死。歌曰：忽因困水臟中傷，瀉皆因冷滑腸。飽後傷中氣喘急，致令黃瘦病毛長。草慢更兼腹內瀉，冷氣傳來入膀胱。針脾暖胃青皮散，十朝半月始安康。治法：火針脾腧穴，百會穴。膘肥者，徹四蹄、三焦血；口臭者，洗口，徹心經血。徹此血於舌底大紫筋上，用小針刺之，出血。用井泉水沖洗，食鹽擦之，以去心火，水火既濟而氣血勻；氣血勻而百病消矣。調理：餵養清淨之處，生熟料一切忌之。戒忌：雨淋，水泡。青皮散：治牛瀉痢等症。青皮、廣皮、白芍、細辛、茴香、官桂、白朮、粉草、車前、木通。共為細末，每服四兩，加食鹽五錢，生薑五片，童便二盞，同調灌之。如小便不利，加豬苓、澤瀉、茯苓、二丑、扁蓄、瞿麥。以分利陰陽而痢自止矣。如痢不止，而色赤者，內有宿食未消，用行氣消積散灌之。消積散：大黃、芒硝、枳殼、厚朴、檳榔、烏藥、木香、香附、神曲、麥芽、生薑、炒鹽。各件共為細末，每服四兩。如腹內痛，加伏龍肝，同和灌之。

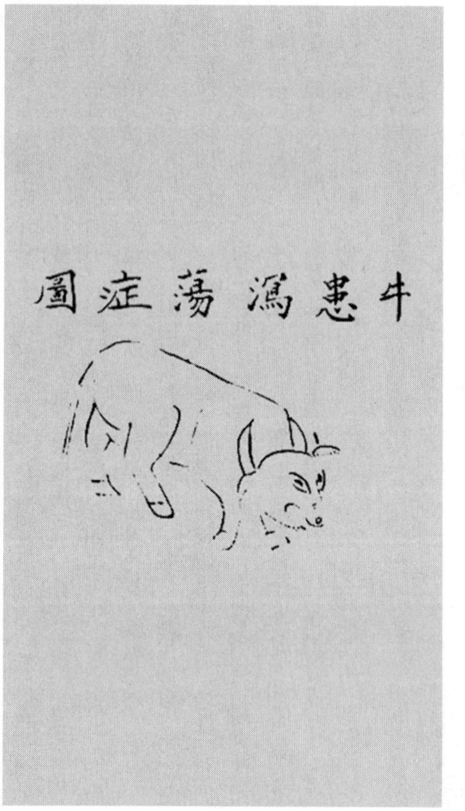

又　牛患肝脹風症第十三。夫肝脹風者，何也？肝者，筋之主也。皆因蓄養太盛，多喂少用，嬌養乍使，或犁耙出力太過，轉來拴繫才詹巷，或近池塘，陰風吹傷經絡，氣血凝鬱肝經。令獸渾身緊急，如繩捆索綁之類，起臥奔走，兩目圓睜，此謂肝脹風之症也。形狀：起臥奔走，兩目圓睜，皮緊腹細。口色：仰陷青白，舌紫唇黃者，可治；仰陷青黑者死。歌曰：肝脹之牛病不輕，或起或臥跟圓睜。奔走往來不住腳，三朝五日徹心經。耳急更兼青口色，不治之時病轉深。名方妙藥二三服，七八九日舍牛經。治法：火針肝腧穴、百會、前搶風、後大胯、曲池等處，生針徹三焦、四蹄、舌下心經等血。戒忌：日曬雨淋，下水浸泡。調經追風散：治牛肝脹風症。川木瓜、羌活、川芎、白芷、穀精草、木通、防風、薄荷、追風夕、當歸，荊芥、粉草，白菊花。各件共為細末，黃灑為引，調和灌之。如口色鮮明，筋骨不和，把前把後，本方加：川烏、草烏、天麻、細辛。如筋骨不把，兩目圓睜者，本方加：龍膽草、石決明、青葙子、木賊、黃芩。竹葉為引，調灌。

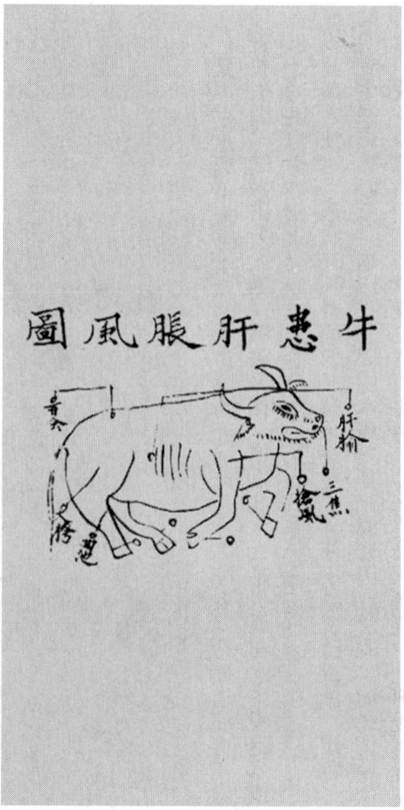

又　牛患水草脹肚症第十四。牛水草脹肚者，何也？夫水草者，乃畜之養命之源，何以而致有肚脹之症也？皆因草飽久渴，暑月炎天，酷熱之水飲之太足，或因天降黃沙，落注草上，餓牛食之，腹內草渣轉出肛腸，沙膩砌大百葉而百葉不翻，亦或過飲酷熱之水，陰陽不和，鬱凝而成中結。令獸肚腹脹大，口內流涎，出氣哽噎，鼻頭無汗，水草脹肚，中結之症也。形狀：肚腹脹滿，口中流涎。口色：仰陷紅黃，唇赤舌紫。歌曰：肚脹多因是草傷，天氣炎蒸水似湯。冷熱不和因中結，口中流涎吐舌長。醫人須要察其症，熱用涼藥陰用陽。藥有名方通腸散，一服灌之病安康。治法：火針脾腧穴，用鞋底將針孔上輕輕打之，使脾氣邪疫從針孔出來，而脹自消矣。白針徹四蹄血、三焦血，氣行血活，脹自消退。調理：不住牽行，腹上以手揉捺，使宿食轉動，從大便而出，脹自消矣。戒忌：雨淋、水泡。通腸散：治牛水草肚脹腹滿等症。滑石、木通、粉草、大黃、芒硝、神曲、白朮、當歸、麥芽、檳榔、桔梗、陳皮、生地、火麻仁。各件共為細末，每服四兩，水一升，煎三沸，溫加芝麻油，或麻子油四兩，調灌立愈。但凡結症，只可緩潤，使關竅開通，而病自痊矣。切不可用巴豆等急攻，否則腸胃損而畜命休也。醫者切切記之，萬不可急攻。《經》云：『十結之中半有虧者，皆因急攻之過耳』。予臨症數十年，凡遇結症，務要緩治，上潤下倒，十治十生，毫無損壞。予特書此志之，以示後學，萬不可愴惶，有傷生命，自損陰德矣。膽導法，方見馬經篇內，治法相同，毫無異易。唯牛有百葉。如有百葉乾燥之症者，只可以香味藥醒之，萬不可攻之下之。

明　喻仁、喻傑《圖像水黃牛經大全》卷上《牛患七十七癥論病形歌圖治法》　牛患息氣把脾症第十六。牛患息氣把脾者，何也？夫息者，呼息也。出氣為呼，入氣為息，息氣把脾疼痛，而胸肋發顫者，皆因獸之出力太猛，失於牽行，拴於篰巷之下，或眠濕地池邊，致使陰濕傷於血氣。脾乃生血之源，行氣之宗，脾受濕邪，停而不動，令獸氣滯不能行血，故血不行，而息氣痛也。以致鼻息冷氣，胸肋發顫，張口哼聲。此謂息氣把脾疼痛之症也。形狀：頭低耳搭、鼻息冷氣、胸肋發顫。口色：鮮明者，可治；青黑者，難醫。歌曰：虛耗多因血氣傷，脾寒胃冷顫忙忙。氣喘長眠頭伏地，翻睛伸舌口虛張。頭低鼻乾耳角冷，醫人急用回陽湯。治法：火針百會穴、脾腧穴、搶風、大胯、小胯等穴；生針徹三焦、四蹄等血。回陽急救湯灌之。調理：餵養淨處。戒忌：雨淋風吹、下水浸泡。回陽急救湯：治牛息氣把脾疼痛等症。檳榔、豆蔻、白朮、桂心、附子、黃芪、炮薑、細辛、蒼朮、粉草、木通、陳皮、半夏、官桂、老薑。共為細末，加黃酒半斤，童便二大盞，調和灌之。如呼息不調、本方加：香附、烏藥、木香。氣順則呼息自調。

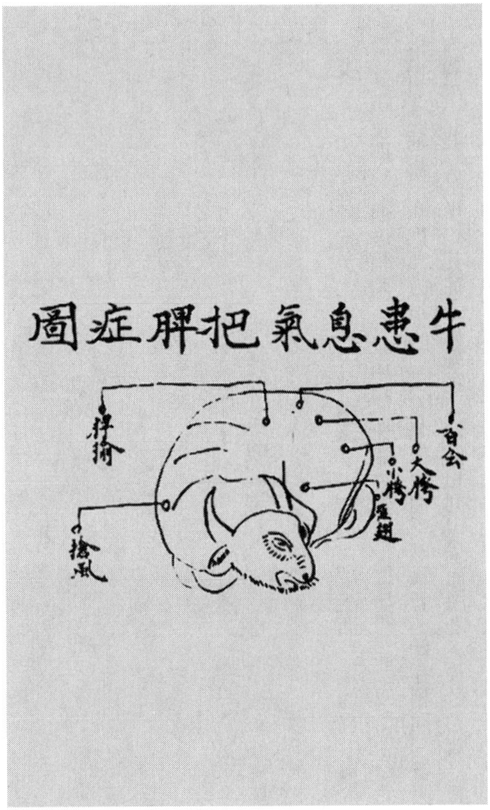

又　牛患宿草不轉症第十七。牛患宿草不轉者，何也？夫宿草者，乃胃中有停積之謂也。不轉者，不能轉於大腸，從肛門而出也。皆因餵養失調，饑渴出力太過，胃口無食，脾受虛損，以致熱痰壅於胃口，脾氣耗損，不能尅化宿食。令獸所食宿草，不能轉動，停積冒中，腹內生熱，成飽脹結食之患。此謂宿草不轉之症也。形狀：肚腹脹滿，哽氣嚼齒，鼻乾無汗。口色：唇黃舌紫，兩竅昏糊。歌曰：不轉皆因牧養非，傷饑傷飽失其宜。宿草難消肚裏脹，起臥時時悶嚼齒。胃中毒氣脾虛耗，鼻乾氣急兩由之。水草不餐聲又吼，急請良醫莫延遲。治法：生針脾腧穴，入氣針將腹內氣從氣針孔中放出，而腹脹立見消也。徹四蹄、三焦血，火針百會穴，不住牽行，肚腹時或揉捺，宿食轉而脹消，自然食也。戒忌：雨淋水浸，生熟料一切忌之。行氣散：治牛宿草不轉等症檳榔、滑石、牽牛、大戟、黃芩、黃芪、大黃、木通、厚朴、芒硝、草果去殼。各件共為細末，每服四兩，水煎三沸，溫加生豬脂四兩，搗碎和灌，立愈。如脾不磨，再加醒脾開胃之劑，脾磨則自能食。大便務宜潤，小便務宜利，可謂調治之則也。

牛患宿草不轉症引

又　牛患熱症第十八。牛患熱症者，何也？夫熱者，暑月炎天也。牛馬蠢畜，又兼炎天暑月失於調理，或牧放於郊，酷日久曬，或拴繫暖廄，熱氣薰蒸，令獸心煩意急，眼赤舌乾，渾身發顫，汗出如水，此謂熱積心胸，肺喘之症也。形狀：渾身發熱，眼赤汗流，喘粗不食。口色：鮮明者生，紅黃者可治，青黑者難醫。歌曰：渾身發熱氣通傳，眼赤舌乾汗珠連，本因熱傷心肺起，更因失飼致其然。喘急不思水與草，終日厭走只愛眠。脂油調蜜清心散，三服之後卻依原。治法：徹大血、三焦、四蹄、心經等血。清心散：治牛熱症。花粉、乾葛、茯神、遠志、蔚金、知母、黃芩、滑石、梔子、連翹、麥冬、甘草、木通飛、川連。竹葉、燈草，雞子清、童便為引。如口色赤紫，加大黃、芒硝。如大便燥結不通，加火麻仁四兩，調灌。

牛患暑傷熱症之圖

又　牛患骨漏症第十九。牛患骨漏者，何也？夫骨者，腎之主也。漏者，漏蹄也。心主於血，肺主於氣，肝主於筋，腎主子骨。蹄下生瘡，乃主於腎，名為骨漏。皆因犁耗負重，勞傷筋骨，或前或後，四蹄生瘡，乾殼腫硬，此謂腎毒生瘡，骨漏之症也。形狀：蹄頭生瘡，乾殼腫硬，腿足難移，腫而無膿也。口色：鮮明者可治；草飽者可治；青黑者，腎家虧傷難醫。歌曰：牛患蹄瘡最憂心，此病因傷骨髓間。四蹄腫硬難移步，速早醫療莫遲延。急取松脂燒烙鐵，方得病可能瘥痊。黃丹乳香合龍骨，人髮燒灰便得安。治法：瘡口火燒烙鐵烙之，以松脂膏搽之。調理：餵養淨處。戒忌：雨淋水泡。松脂膏：治牛蹄毒等症。松香，百草霜，共為細末，用芝麻油四兩，放銅鍋內火煎。先入人髮，再下乳香、黃丹、龍骨，取起令溫時，再入麝香攪勻，收貯冷定，將牛用繩縛定患處，燒烙鐵將瘡口烙之，以黃色為度，然後再塗藥。調經敗毒散：治牛勞傷腎毒症。川木瓜、金銀花、製川烏、粉甘草、五加皮、天花粉、製草烏、夏枯草、骨碎補、全當歸。各件共為細末，每服四兩，水煎三沸，溫加黃酒一斤，童便一大盞，和灌二三服，痊愈。

牛患骨漏症圖

又　牛患破傷風症第二十。夫破傷風者，何也？破皮而受風傷也。風入皮膚，其破皮即痊，四肢強硬，脊背如椽，牙關咬緊，鐵撬難開：此謂破皮入風，為破傷風之症也。無則無方治之。又有無傷，而受賊風者，此症相同，皆因出力歸來，陰受賊風，其症方見馬經，治法相同，采而用之，救之大效。師皇曰：『凡風症，口松涎少，脊背稍軟者，火烙風門、伏兔、百會等穴，追風散灌之。口緊涎多，脊背強硬，無則無方治之。又有濕氣生風，如馬之揭鞍風之類，火針風門、伏兔、百會等穴，追風活，血飲灌之，方見馬經篇內。』

又　牛患心風等症第二十一。牛患心風者，何也？夫心者，一身之主宰，居於內腑，何以受風而致生狂也。皆因蓄養太盛，膘肥肉滿，犁耙負重，出力歸來，拴繫酷熱之處，失於牽行，熱血攻心，痰壅於膈。令獸眼急驚狂，哮吼奔走，胡跌亂撞，此謂熱血攻心，迷亂心竅，心風狂之症也。形狀：眼急驚狂，哮吼奔走，胡跌亂撞。口色：臥蠶赤紫，仰陷雞冠。歌曰：牛患心風走似狂，渾身血熱似如湯。此病從來心臟起，吃土損肝眼亦黃。黃連貝母並梔子，茯苓藁本與蒲黃。八味將來同調灌，便是王良聖手方。治法：徹大血、三焦、四蹄血，舌下心經血。調理：餵養清涼之處。戒忌：日曬雨淋、下水浸泡、生熟料一切忌之。鎮心散：治牛心風症。茯神、遠志、黃芩、知母、貝母、梔子、藁本、蒲黃、蔚金、麥冬、元參。各件共為細末，每服四兩。如口色赤紫，加大黃、芒硝。水煎三沸，溫加白蜜四兩，和灌立效。如口色火氣退散，腿酸腳軟者，換羌活湯發散之，方見馬經篇內。

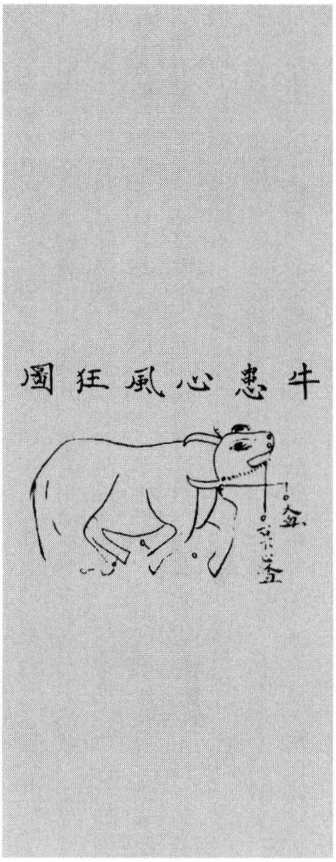

又　牛患脾痢症第二十二。牛患脾痢者，何也？夫脾者，乃中州也。為一身之主宰，一身之司命，如人有廚灶之鍋也，即如人食，定入鍋煮熟而食，脾之司命，亦如人之有鍋，故脾呼作磨也。日用飲食，如入於鍋不煮，而焉能化矣。牛食水草不磨，而焉能消化。如鍋如磨者，在於一身，晝夜時刻而不能停也，停則不能運化也，不能化而焉能食也。何以而致有痢焉？夫脾者，如鍋如磨，宜暖而不宜寒也。有火則能尅化，無火則停而不動也。一身之中，火從何來？殊不知心為君火，腎為相火，脾為中州，二火相煎，水火既濟，尅化飲食，隨食隨饑，如鍋磨更快，其為司命，一身之性命更有甚焉者矣。但患脾痢者，獸之身體必然衰弱，身體衰弱，二火俱衰，稍受寒濕，灶必無焰，鍋何能尅化，不能尅化者，則清濁不能分利也。清濁不分，故而成為脾痢之患，此謂胃寒脾痢之症也。形狀：弓腰吊膁，腹鳴如雷，瀉痢濃漿，毛焦身顫。口色：仰陷青白，兩竅紅黃者，生；青黑者，死。歌曰：冷氣攻脾胃，下痢瀉濃漿。毛焦口鼻冷，起臥顫忙忙。弓腰頻換腳，腹內如雷響。醒脾兼和胃，師皇老救方。治法：火針脾腧穴、百會穴；生針三焦血；有月表者，徹鶻脈血。通靈散：治牛脾痢等症。官桂、茵陳、青皮、厚朴、細辛、蒼朮、白芍、陳皮、桂心、小茴。共為細末，每服四兩，生薑、紅棗、黃酒為引，加童便一大盞調灌。如不進食，加建中湯，再灌二三服，方見馬經篇內。

又　牛患肺經寒熱症第二十三。夫肺經寒熱者，何也？肺與皮毛相合，肺為五臟華盖，但有寒熱，先傳肺經。肺經受寒者，口色青白，毛色焦枯，鼻流清涕：肺經受熱者，口色赤紫，氣促喘粗，鼻流濃涕。見其外，而知其內也。凡為醫者，務必分清臟腑，認定寒熱，施針用藥，應手而痊矣。形狀：氣促喘粗，鼻流濃涕者，乃肺熱也。毛焦啌嗽，鼻流清涕者，乃肺寒也。口色：仰陷赤紫者熱；仰陷青白者寒。歌曰：肺寒肺熱說原因，流傳時師細推尋。濃涕吼喘肺有熱，毛焦肺寒鼻噴清。熱用清金理肺散，寒宜捎風除患根。治法：熱者徹大血，三焦、四蹄血；寒者，火針百會穴；無膘者，生針禁止；如啌嗽者，徹三焦血。調理：寒則餵養暖處；熱則拴繫清涼之處，水浸清草喂之。戒忌：日曬雨淋，下水浸泡。清金理肺散：治牛肺熱喘粗等症。桑白皮、馬兜鈴、大黃、黃芩、梔子、連翹、桔梗、陳皮、杏仁、貝母、花粉、木通、粉草。共為細末，白蜜四兩，童便一大盞為引。如口色赤紫，火氣不退，本方加芒硝。消風散：治牛肺寒啌嗽等症。杏仁、當歸、陳皮、半夏、麻黃、白芷、羌活、防風、荊芥、薄荷、紫蘇、桔梗、甘草。各件共為細末，每服四兩，連須蔥五七枚，水煎三沸，溫加黃酒一斤，調灌二三服，痊愈。烏金膏：治牛前腿膝蓋，後腿鵝鼻骨，即萬筋包上，破皮不能收口，名前膝後崩並漏蹄等症。，用蘇蠟燭油鍋內熬化，加百草霜，要現鏇下研細，入蠟內攪勻，乘熱塗之，即愈。

又　牛患肺痛把脾症第二十四。牛患肺痛把脾者，何也？夫肺者，金也，脾者，土也。金土槍相生，何以肺痛而脾受病焉？然肺為氣海，脾摧四旁，胃潮百脈。肺痛者，肺氣必然虛弱，故不能從脾氣以灌四旁，從胃氣而潮百脈。一凝而百凝，氣凝則血不行也。故把前把後，四肢俱已疼痛。令獸鼻息冷氣，四肢拘攣，或臥而不起，起而不能行走，此謂肺受天行時疫，寒邪入肺，疼痛把脾之症也。形狀：鼻息冷氣，四肢拘攣。口色：鮮明者易治；昏糊者，難醫。歌曰：肺痛把脾最難醫，病狀深濃似風癱。四肢拘攣添乾瘦，起臥難行草難餐。良醫時師須留意，經書裏面著意翻。理肺調經先理氣，氣行血活痛自痊。治法：火針脾腧穴、百會穴、前搶風、後大胯等穴；生針徹四蹄、三焦血；口臭者，舌下徹心經血。調理：餵養清淨之處。戒忌：風吹雨淋，下水浸泡。調經理氣散：治牛肺痛把脾等症。烏藥、香附、木香、半夏、陳皮、細辛、蒼朮、當歸、白芷、枳殼、生薑、仙靈脾。各件共為細末，每服四兩，水煎三沸，加黃酒一斤和灌二三服，痊愈。如口色淡白，陰寒重者，本方加：肉桂、附子、川烏、草烏。看口色臨時變通加減，要識天時寒暖用藥，醫者慎之。健脾開胃飲：治牛大病後不能進食。陳皮、半夏、雲苓、白朮、粉草、砂仁、桔梗、枳殼、厚朴、木通、香附。各件共為細末，每服四兩，老薑萬、七片，紅棗五、七枚打碎蘿；水煎三沸，溫加童便一大盞，和灌立效。

又　牛患暑濕腳風症第二十五。牛患腳風者，何也？夫腳風者，筋骨受風濕也。皆因暑月炎天，耕牛蠢畜，喜涼畏熱，常浸於泉水深潭，或不見日陽，久陰潮濕之地拴繫臥眠，以致陰濕浸入骨髓。令獸或前膊或後胯疼痛難忍，不能行動，此謂暑傷寒濕、腳風之症也。形狀：或四肢拘攣，不腫不浮，或前膊、或後胯疼痛，不能行。口色：仰陷青白者，難醫；紅黃者，易治。歌曰：牛傷暑濕病腳風，水草不住又如常。或前或後攣拘腳，不腫不浮痛難當。此等症候宜先識，休照損傷用藥方。天麻細辛桂附子，厚朴當歸並麻黃。防風川芎二烏術，酒調數服始安康。治法：火針搶風穴、沖天穴、後大胯穴、小胯穴、百會七穴。調理：餵養暖處，稂草鋪地，聽其自臥自起。戒忌：迎風濕地、雨洗水浸。追風散：治牛暑濕脚風等症。天麻、遼細辛、肉桂、草烏、當歸、製川烏、川芎、厚朴、麻黃、白附子、防風、桂枝。各件共為細末，每服四兩，老生薑五片，水煎三沸，溫加黃酒一廳調灌。如筋不伸舒，本方加川木瓜、五加皮、杜仲、牛膝、羌活。再灌一二服，痊愈。

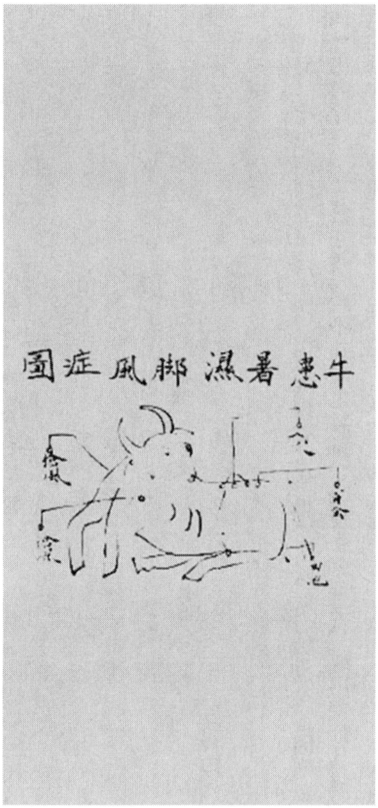

又　牛患肺風症第二十六。夫肺風者，肺受風邪也。皆因犁耙出力，摸扼卸索，或拴繫迎風之地，或下水浸泡，肺與皮毛相合，外受風邪，傳部肺經，寒滯阻塞，肺不收合，令獸喘粗鼻咋，水草不食，此謂肺受風邪、肺風之症也。形狀：鼻咋喘粗，四肢不寧。口色：仰陷青白，臥蠶赤紫紅黃者，生；青黑者，死。歌曰：肺家風病見還稀，喘息氣粗腳頻移。貝母瓜蔞並甘草，檳榔豆蔻大黃宜。青皮陳皮枇杷葉，花粉知母及當歸。蜂蜜同調連三服，喘定氣息自安愈瘳。治法：生針徹大血、三焦、四蹄血。調理：餵養淨處，水浸青草喂之。理肺散：治牛肺受風邪喘粗等症。瓜蔞仁、知母、桔梗、青皮、川貝母、檳榔、山梔、當歸、天花粉、陳皮、麻黃、甘草。各件共為細末，每服四兩，水煎三沸，溫加白蜜四兩，調灌立愈。如口赤色紫者，恐邪鬱傳於心竅，獐狂迷亂，本方加：大川連、錦大黃、芒硝、黃芩、蔚金。以竹葉、燈草煎湯調和，加雞子清四枚，同調灌之，立愈。

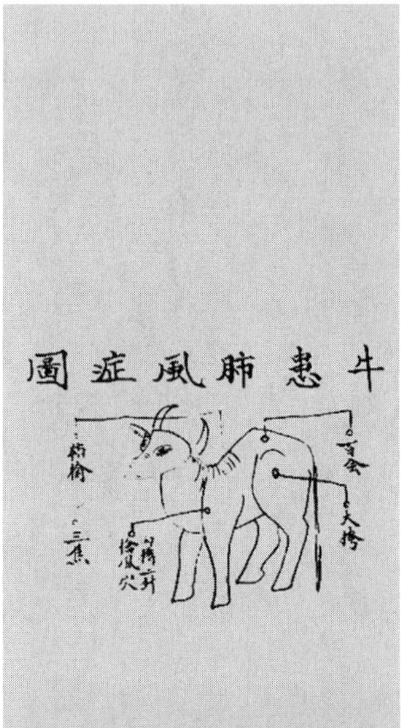

又　牛患腸胃中生蟯蟞蟲第二十七。蟯蟞蟲者，何也？夫蟯蟞蟲，皆因南畜賣往北地，北畜賣往南土，不服水土，不服料穀，久食於腸胃中自生之蟲也。叮於腸胃，耗其血脈，令獸日漸衰弱，瘦似豺狼，此謂腸胃不服水土、生蟲咬瘦之症也。形狀：精神如舊，瘦似豺狼。口色：鮮明無恙。歌曰：牛生蟲叮胃腸，不服水土致其殃。搖頭擺尾精神舊，日漸衰瘦似豺狼。青鹽百部金釵草，史君鶴虱明礬良。楮皮麻黃同為末，三服蟲消體自康。治法：用貫仲、柴皂角，同煮料熟，揀去貫仲、皂角，其料喂之，日久其蟲自消。調理：水浸青草喂之。戒忌：下水浸泡。青鹽散：治蟲叮胃等症。百部根、青鹽、柴皂角、天仙子、明礬、五味子、金釵草、草果、苦參。共為細末，鹽為引。蟲從大便出，自然長膘矣。

又　牛患肺敗症第二十八。夫肺敗者，肺經傷損也。肺為氣海，皆因蓄養失調，不時使用，犁耙負重，肚中饑渴出力太過，則脾胃空虛，脾土衰弱；不能生撫肺金，氣敗力危，氣海受傷之極矣。令獸鼻流濃涕、啌嗽連連，水草遲細，此謂出力過度，肺敗之症也。形狀：鼻流濃涕，耳搭頭低。口色：鮮明者生，紅黃者可治，昏糊者難醫。歌曰：肺敗把膊氣海傷，鼻中時刻滴濃漿。饑渴出力因負重，土不生金致其殃。補脾保肺頻頻灌，七七之内保安康。治法：火針搶風穴、沖天穴；生針三焦、四蹄血。調理：餵養清淨之處。戒忌：雨淋水浸。百合固金湯：治牛肺敗等症。百合、杏仁、知母、貝母、秦艽、香附、白芨、白蘞、陳皮、粉草、桔梗、紫蘇、阿膠、瓜蔞仁。各件共為細末，白蜜四兩，童便一大盞為引。如不進食，再灌健脾開胃之荊，二三服痊愈。

又　牛患胞轉症第三十四。夫胞轉者，何也？尿胞促而轉也。皆因拖犁拽耙出力行走，正欲尿溺，或不知事之牧童，或使牛之蠢夫，或用鞭打其身，或叱呼快走，其尿一忍，其胞促轉，尿胞不對其竅。令獸欲溺不溺，欲尿難下，搖頭擺尾，此謂促損胞轉之症也。形狀：欲溺不出，搖頭擺尾。口色：鮮豔，仰陷紅黃。歌曰：胞轉之患為何因，正欲尿溺鞭打驚。巧手醫工左右撥，撥正尿月尋自通淋。再灌滑石通淋散，服之時下得安寧。治法：後襠膁下，左右用手出力揉捺，左推右托，撥正尿，溺即通淋也。調理：不時牽行。戒忌：雨淋水浸。滑石通淋散：治牛胞轉等症。海金沙、木通、滑石、瞿麥、車前子、牽牛、扁蓄、粉草。各件共為細末，每服四兩，燈草煎湯，加童便二大盞調灌，立愈。

又　牛患浮涼氣症第三十五。夫浮涼氣者，何也？浮者，水之漂浮也。涼者，寒涼也。氣者，血氣也。皆因畜之出力後，或下水浸泡，或經雨淋，以致有寒涼也。寒涼則氣滯，氣滯則血凝。血凝四肢則行如酒醉，血凝於肺則喘，血凝於脾則口角流涎，血凝於腸胃則肚腹脹滿。令獸喘息流涎，行如醉狗，四肢無力，此謂漂浮涼水、寒涼氣怯之症也。形狀：行如醉狗、喘粗涎滴。口色：兩竅無光，仰陷昏糊。歌曰：浮涼氣怯頻臥地，喘息頭懸涎流滴。水草不餐腹脹滿，行如醉狗全無力。當歸芍藥並白芷，檳榔官桂豆蔻益。紅豆縮砂與甘草，造父仙方古今秘。治法：火針風門，伏兔、搶風、百會、大胯、小胯等穴；生針徹三焦、四蹄血。喘者，徹大血。調理：餵養暖處。戒忌：風吹雨淋，下水浸泡。檳榔行氣散：治牛浮涼氣等症。檳榔、紅豆、芍藥、豆蔻、於薑、粉草、當歸、縮砂、青皮、官桂、陳皮、益智仁。各件共為細末，每服四兩，生薑五片，葱五枚，水煎三沸，溫加黃酒一斤為引，調和灌之。

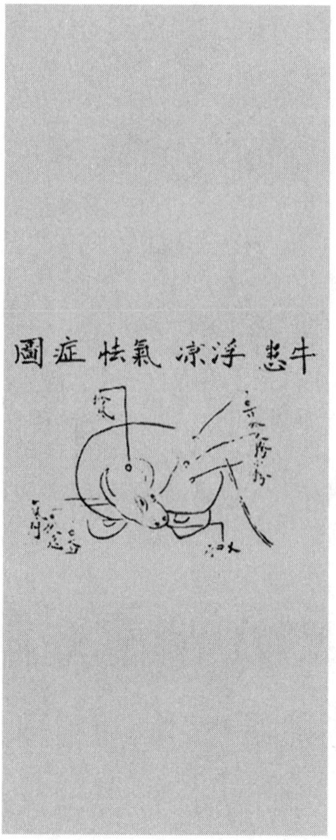

又　牛患腹勞症第三十八。夫腹勞者，何也？腹勞者，腎勞也。皆因暑月炎天，牧養失調，犁耙損傷，敗血瘀痰，流滯腎經，凝積膀胱。令獸小便淋血，四蹄難移，此謂腎傷腹勞之症也。形狀：小便淋血，四足拘攣。口色：紅黃者可治；青黑者難醫。歌曰：牛患腹勞腎家傷，四腳難移拳似獐。此症原來因熱發，凝傷二氣尿胞腸。陰陽二氣難清理，尿血胞淋用藥方。先使通腸大戟散，酒煎調和用生薑。治法：膘壯者，徹三焦、四蹄血；膘弱者，火針百會穴。調理：餵養暖處。戒忌：風吹雨灑。大戟散：治牛小便淋血等症。續隨子、太戟、二丑、瞿麥、小茴香、滑石、蒲黃、澤瀉、海金沙、厚朴、白朮、木通、川楝子、紅花。共為細末，黃酒、童便為引，調和灌之。如口色赤紫，加黑元參為君，佐黃柏、知母，再灌一二服。

又　牛患翻胃症第三十九。夫翻胃者，何也？乃食入麗反吐出也。皆因饑渴出力太過，解索摸扼喘息未定，乘熱飲水，因久渴飲之太久，繫拴陰濕之處，未便牽行，外感潮濕之邪，內外寒邪相感，將出力熱痰凝滯於胃，寒熱相攻，停而不散，則脾不能運行氣血，以致瘀痰凝阻胃口，令獸食入而翻出也。形狀：口吐糞沫，精神短慢。口色：青白者夕難醫。歌曰：牛患翻胃病根深，冷熱相沖氣不均。起臥口中多糞出，皆因脾胃氣相侵。脾腧穴內須火烙，茴香散灌則安寧。治法：火針脾腧穴、百會穴；生針徹三焦、四蹄血。茴香散：治牛翻胃吐草。官桂、川厚朴、青皮、茴香、陳皮、甘草、蒼朮、白朮、茯苓、藿香、香附、升麻、乾薑、木適、五味、枳殼，共為細末，生薑、紅棗、黃酒一斤，同和灌之。如不進食，加建中湯，方見馬經篇內。

又　牛患宿水搖膁症第四十。夫宿水搖膁者，何也？宿水者，乃久渴失飲，過飲冷水太足，未能牽行，拴繫停立積於胃口夕脾弱而不能升散，以致陰冷傳入臟腑，冷熱不和，交感作痛。令獸搖膚發顫，疵毛弓腰夕此謂宿水積胃，陰陽凝結，搖膁之症也。形狀：發顫搖膁，疵毛弓腰。口色：仰陷青白，兩竅昏糊。歌曰：蕩水鼻如冰，脾胃二氣爭。凝結搖膁顫，渾身肉不寧。溫脾散頻灌，二術防樸陳。辛芍瀉枳草，薑酒下有神。治法：火針脾腧、百會穴；有膘者，生針徹三焦、四蹄血。調理：餵養暖處。戒忌：雨淋風吹。溫脾散：治毛疵腰弓、搖膁發顫等症。蒼朮、白朮、厚朴、防風、枳殼、芍藥、陳皮、粉草、北細辛、青皮，木通、澤瀉、滑石、老生薑、小茴香。各件共為細末，每服四兩，水煎三沸，溫加黃酒一斤，調灌立愈。如不進食，再上建中湯二三服，方見馬經篇內。

又　牛患肺勞症第四十一。夫肺勞者，何也？乃肺之受損也。肺為氣海。皆因牧養失調，出力過度，損傷肺經，氣微血弱。令獸四足軟綿，鼻息氣微，此謂肺損肺勞之症也。形狀：鼻息冷氣，四足難抬，時常臥起。口色：仰陷青白，兩竅昏糊。歌曰：肺勞因氣敗，四足不能抬。五臟皆受製，更傷胃疾來。宜用清補散，兜鈴甘草偕。起臥無時限，鹽灌自除災。治法：膘壯者，徹大血、三焦、四蹄血；膘弱者，火針肺腧穴，百會穴。調理：餵養清淨之處。戒忌：風雨吹灑。清補散：治牛肺勞等症。兜鈴、杏仁、粉草、烏藥、貝母、百合、白芨、白礬、桑白皮、阿膠、元參、五味子、黄芩、紫菀。各件共為細末，每服四兩，水煎三沸，溫加童便二大盞，食鹽少許，同調灌之，立效。如口色赤紫，鼻流濃涕者，宜三黄湯灌一服清下，再用本方痊愈。加減看口色，身體有膘無膘，切不可執一已之私，醫者慎之。

牛患肺勞症圖

又　牛患腎傷症第四十二。夫腎傷者，何也？腎受虧傷也。腎為水海夕腎主於骨。皆因牧養失調，忍饑受渴，出力太過，勞傷筋骨，又兼外受風濕，內外相感尹合為虧傷。令獸弓腰吊賺，腰疼胯痛，後腳無力，此謂寒濕腎傷之症也。形狀：弓腰吊賺，後腳難移。口色：鮮明者生，紅黃者易治，昏糊者難醫。歌曰：腎傷之牛腰胯疼，行時點腳又頭平。後腳無力難移步，耳垂眼急痛難忍。沒藥骨碎香白芷，杜仲牛膝合五靈。萆木瓜五加皮，川楝茴香歸樸陳。共研為末頻頻灌，三七之後患離身。治法：火針百會、大小胯、曲池等穴；有膘、口赤者，徹三焦、四蹄血。調理：餵養暖處，草料加倍。戒忌：雨淋風吹。七補散：治牛腎傷等症。骨碎補、沒藥、萆、厚朴、小茴香、當歸、陳皁、甘草、川楝子、杜仲、故紙、五靈脂、牛膝、白芷、五加皮、木瓜、細辛。各件共為細末，每服四兩，生薑五片，水煎三沸，溫加黄酒一斤，童便二大盞調，灌。如口色淡，本方加：肉桂、附子、川烏、草烏，再上二三服，痊愈。

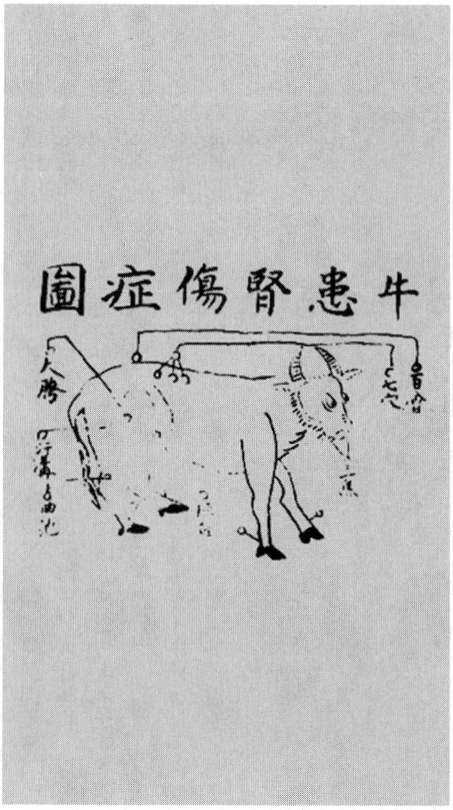
牛患腎傷症圖

又　牛患乾嗓風症第四十三。夫乾嗓風者，何也？乃咽喉乾澀，呼息猶如雞鳴聲音者，皆因犁耙出力過度，亦或二牛爭鬥，交鋒打角，力盡筋衰，損傷肺竅，及至解脫，又失牽行，或受簷巷風吹，或於濕地安眠，邪疫侵襲，以致痰涎凝鬱肺竅，阻塞咽喉。令獸呼息有聲，喧出膿血，此謂乾嗓喉風之症也。形狀：直頸呼息，聲似雞鳴。若喉下有發核骨者，必有腫處，即是核骨脹，非是喉風也。醫者鑒之。若是喉脹用火針刺之，以核化出膿，即愈。口色：仰陷赤者生，青黑者死。歌曰：出氣聲音響，連類似雞鳴。熱發喉骨脹，涎血化為膿。急救用針烙，開喉別有通。便下硼砂散，連服有神功。治法：膘壯者，徹大血、三焦、四蹄血。調理：餵養清淨之處。戒忌：日曬、風吹、雨淋。硼砂散：薄荷、川芎、桔梗、南硼砂、白礬、黄柏、甘草、青黛、人參、大黄連。各件共為細末，每服四兩，水煎三沸，溫加白密四兩，黄酒一斤，童便二盞，調灌一二服，立愈。

又 牛患水草不通症第四十四。夫水草不通者，何也？不通者，乃結症也。形狀：弓腰努掙，小便赤澀。口色：鮮明光潤者生，昏糊青黑者難醫。歌曰：水草不通大糞乾，在地打草不得安。便用土塊渾身擦，醫工將手後門搬。先灌通腸開關散，後使潤藥五臟安。仙聖留傳真妙訣，莫似時師信口傳。治法：徹三焦、四蹄血。如氣脹者，針脾腧放氣，脹自消也。調理：餵養淨處，肚底用木棍後刮，大便通利為度。戒忌：風雨吹灑。穿腸散：治牛水草不通、脹結等症。枳實、厚朴、大黃、芒硝、生地、當歸、木通、陳皮、火麻仁、郁李仁。各件共為細末，每服四兩，水煎三沸，溫加黃酒四兩，大麻油四兩。如無麻子油，即用真芝麻油四兩調灌，以通利為是。清理二便飲：治牛二便不利等症。錦大黃、芒硝、枳殼、厚朴、桔梗、陳皮、半夏、木通、車前子、滑石、扁蓄、瞿麥、當歸。各件共為細末，每服四兩，水煎三沸，溫加油蜜調灌。如口色赤氣盛者，本方加：川黃連、黃柏、黃芩，再上二三月服，痊愈。

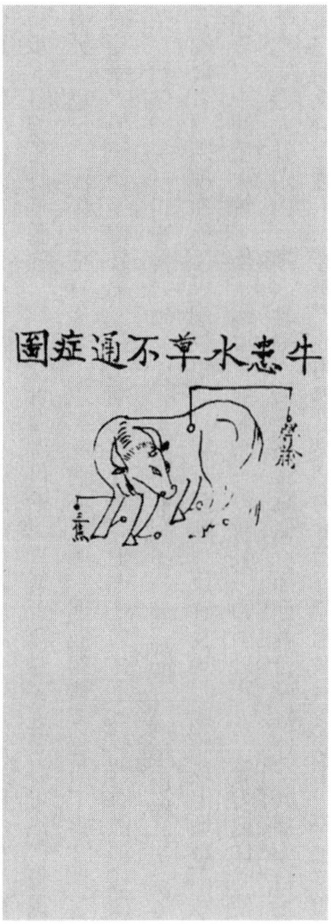

又 牛患脾寒身顫症第四十五。牛患脾寒身顫者，何也？夫脾者夕乃胃之總司，鎮守中州也。提攝十二關津，為收藏百穀之所，生化氣血之源，為一身之主宰，總在脾於胃也。無俱生熟，百般草穀，盡皆尅化，宜暖不宜涼，熱則宣流，寒則凝滯，但只受寒則不能消納。故脾為陰陽呼作磨，日夜垂磨不暫停。因何而致有停也？皆因犁耙使用出力之後，下水浸泡，或負重歸來，過飲冷水，停於胃口，濕浸總司，以致停止不磨，寒氣阻塞十二關津，脾氣不能灌四旁，胃氣不能潮百脈。令獸渾身發顫，毛疵如刺，弓腰縮頸，此謂脾寒胃冷之症也。形狀：弓腰縮頸，毛疵如刺，渾身顫慄。口色：鮮明者可治，青黑者難醫。歌曰：脾寒毛疵顫忙忙，出力歸來冷水傷。縮頸弓腰喘息冷，口白舌青濕感傷。火針脾腧兼百會，暖胃調中病自康。治法：調中暖胃，分理陰陽，升清降濁口火針脾腧穴，百會穴；生針徹三焦、四蹄血。調理：餵養暖。戒忌：簷巷風吹，雨淋水泡。調中健脾飲：治牛脾寒發顫等症。炮薑、砂仁、白朮、赤苓、枳殼、厚朴、檳榔、烏藥、木香、木通、官桂、細辛、升麻、滑石、香附、茴香。各件共為細末，每服四兩，連須葱五七根、黃酒一斤，同煎三沸，候溫灌之。如顫不止，脊背以鞋底打之。再加：麻黃、羌活、當歸灌之。如膨脹，加臭椿樹皮，再灌二三服，痊愈。

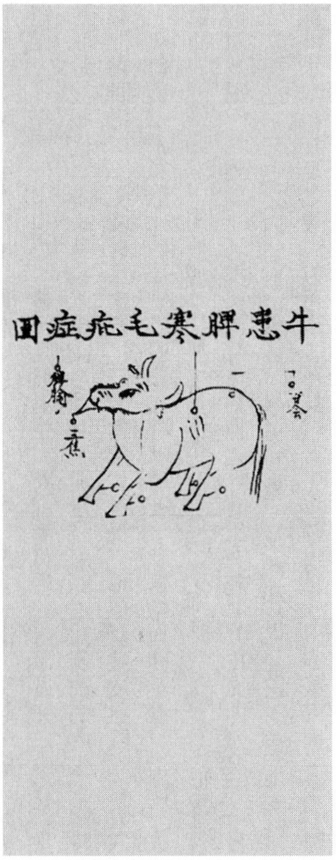

又 牛患濕傷拘攣症第四十七。夫牛四肢拘攣，不能動履者，何也？拘攣者，乃濕傷所致也。皆因獸之犁耙出力歸來，拴繫重木陰林之下，或高梁大廈之間，久不見日陽照臨，常有水出不乾，如此潮濕之處，或牝牛產後勞倦臥眠，陰寒浸入骨髓，濕氣透入經絡，令獸血凝氣滯，筋骨拘攣，把前把後，弓腰吊賺。初患時水草如常，久之水草遲細。此謂濕傷筋骨之症也。但四足拘攣，弓腰吊賺，或濕傷一足者，或濕傷半邊者，常有時師不識此症，當作塌膊、塌胯症治之，誤矣。切塌膊、塌胯者，乃損傷也。自有腫有痛。然濕傷者，不腫而痛。有此分別，醫者慎之。萬不可愴惶下針，有傷經絡成為廢物矣。形狀：四肢拘攣難移步，弓腰吊膁無腫癱。口色：青白者可治，青紫者難醫，紅黃者可治，青黑者死。歌曰：濕傷之症身無癱，也無匏瘸亦無腫。四肢拘攣難移步，定知濕傷患痛風。仙經論裏留針藥，醫工細意使神鋒。七七之內休下水，茴香散灌複康榮。治法：火針百會穴、搶風穴、大胯、曲池穴，四蹄四針，後用槐針更妙。其槐針者，用槐樹椏叉，掏紋粗的，用鋸截斷，尺許長短，或磚或土坯將兩頭擔著，中間用火燒，俟一頭冒大熱氣時，以冒氣一頭對針穴上，著力抵住，使熱槐氣透入針穴內，鑽入骨縫，使經絡得陽氣，而筋骨自能舒伸，其痛亦自止矣。但槐氣能透十二經絡，故用槐針矣。內灌茴香除濕追風散數劑，痊愈。如不痊，再以當歸活血調經湯，再灌數劑，痊愈。二方可以兼用，醫者臨時變通。調理：餵養暖處，渾身四肢每日以草把出力擦之，使血脈外行，血脈流通而筋骨自舒伸矣。戒忌：七七日內休下水，簷巷風吹濕地眠。茴香除濕追風散：治牛拘行：隸步，筋骨疼痛等症。小茴香、追風藤、川牛膝、杜仲、羌活、獨活、烏藥，製川烏、製草烏、天麻、薑蠶、麻黃、廣桂枝、北細辛、木通、甘草、追風草。各件共為細末，每服四兩，薑五片，黃酒一斤，蔥五七枝，同煎三沸，候溫灌之。速灌數劑。寒濕盛者，本方再加：肉桂、附子。當歸活血調經湯：治抄牛產後受寒濕把前把後等症。當歸、川芎、紅花、草、元胡、五靈脂、烏藥、木通、五加皮、肉桂、附子、陳皮、甘草、羌活、獨活、防風、白芷。各件共為細末，每服四兩，薑五、七片，蔥五、七根，黃酒一斤，同煎三沸，候溫灌之，數劑痊愈。

又 牛患秋慢症第四十八。夫牛患秋慢症者，何也？秋症者，秋後沾染之症也。皆因牛之耕田耙地，出力之後隨解抵索，未曾拴避風雨之處，任其風雨苦淋，或犁板田之後，縱放於郊野，秋後暴日曬暖，自滾泥膩，未經刷洗，使濕泥渾身浸於皮膚，整日不乾，以致邪浸毛竅，濕浸肌膚，血脈阻滯，不能潤於皮毛。初沾染之時，不覺其形，日久血脈漸衰，及至嚴冬毛焦偷瘦，追至春時，渾身死皮，刷去一層，又起一層，令獸精神短慢，耳搭頭低，骨瘦如豺。此謂秋時出力，失於調理，受染寒邪於毛膚，為秋慢之症也。形狀：秋染至春時，毛焦膁吊，骨瘦如豺，渾身皮虱，擦去一層，又起一層，精神短慢，耳搭頭低。口色：桃舌蓮唇者生，黃紅者可治，青黑者死。歌曰：牛患秋症說根因，多緣秋後水中浸。渾身滾泥皆是患，不知刷洗病此生。當時膘肥精神壯，不覺皮膚染病根。三春偷瘦精神慢，形似豺狼皮虱叮。百會穴上火針熨，消風散寒數服靈。春染慢症秋時死，秋病常遊四季春。治法：火針百會、脾腧穴；生針徹三焦血，愛眠徹四蹄血；草細洗口。徹舌下心經血。渾身皮虱，用乾陳土坯塊，渾身出力擦之，有土灰起，其皮虱即無矣。一日三次擦之，三七之內痊愈。調理：餵養暖處，草料加倍。戒忌：濕地安眠，雨淋水泡。立夏之後，方可出牛單鋪，若牛單鋪出早了，亦或春雨淋了，睡倒難起，不能動履，便患軟腿，或軟腳風之症也。畜家慎之！消風散寒飲：治牛秋慢等症。當歸、麻黃、羌活、防風、白芷、荊芥、薄荷、沙參、桔梗、陳皮、五加皮、桂枝、烏藥、木通、紫蘇、小茴香。各件共為細末，每服四兩，薑五、七片，蔥五、七枝，黃酒一斤，同調灌之。如寒盛者，本方加：肉桂、附子。鈔牛少牛加：紅花、元胡、靈芝。寬中健脾飲：治牛秋慢症並健脾進食。枳殼、檳榔、厚朴、茯苓、甘草、白朮、陳皮、半夏、花粉、木通、肉桂、當歸、香附、烏藥。各件共為細末，每服四兩，薑五、七片，童便為引。

又　牛患誤食蜘蛛、蛇蟲毒物第四十九。夫牛誤食蜘蛛、蛇蟲毒物，腹內疼痛而發顫者，何以識之？若發瘡黃時疫，而身發顫者，其畜四蹄、腰脊背俱皆冰冷。但食毒物之症，雖然身顫，四蹄、腰脊皆熱者，中大毒，口色皆赤紫；若受冷水傷寒，口色必然青白；右腹內火結不通時，亦或有發顫者，其口中赤色，如火之色也。各有形證分之。但誤食蜘蛛、蛇蟲毒物，腹內作痛，而身發顫者，口色赤紫，見人張口，喉中似有哼哼之聲，此謂食毒之症也。形狀：弓腰腹滿，起臥顫慄、張口流涎、喉中哼聲。口色：赤紫如湯。歌曰：食毒之症人見驚，喉中猶似哼哼聲。渾身發顫口涎滴，起臥頻加腹內疼。速用穿腸解毒湯，耕牛時下得安康。治法：徹三焦、四蹄血，穿腸解毒湯灌之。穿腸解毒湯：治牛誤食毒物等症。真芝麻油二斤、甘草一兩、老生薑一兩，共為細末，開水沖，和芝麻油灌之，即解其毒。一瀉而出也。又方：用明礬四兩，芝麻油灌之，即解。解砒霜毒方：烏柏樹，不拘枝、葉、根皮，搗碎取汁四兩，沖芝麻油灌之廠即解。解巴豆毒，痛瀉不止方：用黑料豆半升搗碎，擂豆辛水服下，即止疼痛，效應如神。今人若誤食桐油，亦用豆辛水服之，即止。解蕈子毒方：蕈子，又名雷菇，春夏時樹林內，時常發出一片白，有飯碗大小不等，人家時常揀取烹而食之。一時中毒，不但腹內疼痛，且上吐下瀉，百藥解之不效。唯在出菇子地所，將那地土上層挖開，挖下二三尺深，將底下淨土取來，用河內長流水，將此土和泥漿水飲之。立刻止痛止瀉，神效。

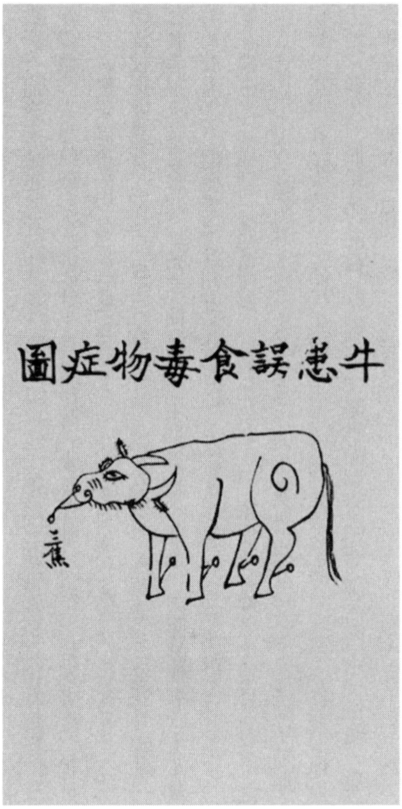

又　牛患軟腳風症第五十。牛患軟腳風者，何也？夫軟腳者，骨之軟弱也。皆因耕牛或耕田耙地，出力歸來，或經春雨灑淋，或安眠濕地，或因單鋪出早，地面潮濕，牛繫其處臥眠，受其寒邪，寒邪浸透皮膚，濕氣鑽入骨髓。令獸筋舒骨軟，臥而難起，起而不能站立者，此謂外受感寒邪，濕入於筋骨，軟腳風之症也。形狀：拳攣臥地，四足軟眠，水草如常，扛抬不起。口色：如桃花色者生，青黑者死。歌曰：耕牛忽患軟腳風，邪濕浸透骨髓中。拳攣臥地身難起，醫者針藥用神功。調筋壯骨追風散，三日之後自康榮。治法：火針風門穴、伏兔穴、搶風穴、百會穴、大胯穴、小胯穴。生針徹三焦、四蹄血。隨針即可起行。如不起行，即用槐針治法，方見前篇。調理：餵養暖處，稂草鋪地臥之。戒忌：雨淋。調經壯骨追風散：治牛軟腳風等症。五加皮、木香、川木瓜、香附、烏藥、木通、桔梗、陳皮、甘草、細辛、川牛膝、杜仲、川烏、草烏、天麻、防風、白芷、麻黃、桂枝。各件共為細末，每服四兩，連須蔥五、七枝，生薑、黃酒一斤，同調灌之。如秒牛加：紅花、當歸、元胡、靈芝。寒氣重、口色淡者，加肉掛、附子。

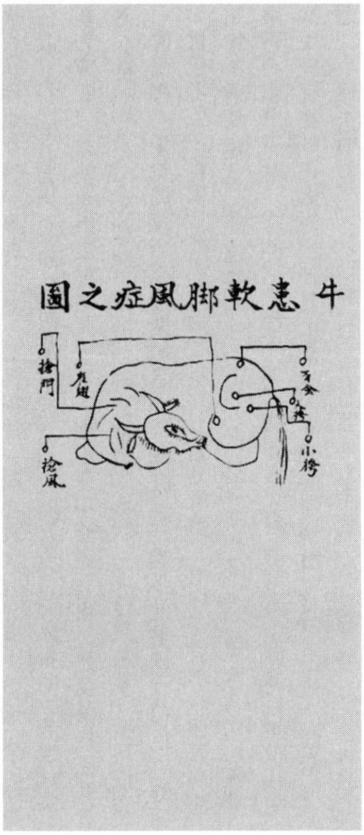

又　牛患尿血糞血症第五十一。牛患尿血、糞血者，何也？夫血者，一身養命之源也。內潤五臟，外滋皮毛。血脈壯旺，毛色光華，筋骨強健；血脈微少，毛色焦枯，五臟衰敗。血乃渾身之主宰，何以而致入於膀胱，而尿血也？何以而致入於大腸，而糞血也？皆因畜之犁耙出力太過，熱積膀胱而溺血也；熱入大腸而糞血也。二症者，皆因饑渴過度，空腸出力，卸扼之後，乘熱而喂料草，饑渴而過飲冷水，即將熱毒鬱積於膀胱，而令尿血也。積鬱於大腸，而令糞血也。此謂尿血、糞血之症也。形狀：頭低耳搭，精神短慢，大便帶血，大糞乾燥，小便尿紅，弓腰吊膁，水草遲細。口色：鮮明者生，青黑者死。紅黃者可治，紫黑者難醫。歌曰：尿血糞血說根源，饑渴過度出力千。饑渴便血兼糞紫，渴傷尿血溺紅鮮。分清臟腑分調治，遲療必定命難痊。治法：弓腰者，火針百會穴。三焦、四蹄血，生針徹之。便血、大糞結燥者，大承氣湯加減灌之；痢血者，分利五苓散灌之；尿血色鮮者，調經湯治之；紫黑者，紅花湯主之。調理：餵養淨處，草料加倍喂之，童便時時飲之。戒忌：三七之內，休使用出力，勿雨淋水浸。大承氣湯：治牛糞血、膘壯口赤，大便燥結等症。枳實、川厚朴、大黃、芒硝、生地、川白芍、甘草、木通、花粉、紅花、地榆去梢，槐角，側柏葉。各件共為細末，開水沖調，溫加芝麻油四兩，童便一盞，調和灌之。如大便通利之後，務要發散之劑，再上二三服。如血氣不和，為勞傷之症也。羌活調經湯：治牛饑傷出力便血等症。當歸、川芎、生地、防風、白芷、烏藥、香附、地榆去梢、木通、紅花、白芍、雲苓、甘草、白朮、陳皮、半夏、百草霜、熟地。各件共為細末，每服四兩，煎三沸，溫加童便一大盞，同和灌之，五苓散：治牛尿血、痢血、大便瀉痢帶血等症。翁背、四肢溫和，此非時疫同著。茯苓、豬苓、澤瀉、滑石、牽牛、車前子、木通、瞿麥、扁蓄、白朮、甘草、升麻、黃芪炙、檳榔、木香。加炒食鹽一大撮，伏龍肝一塊，老薑五、七片，調和灌之。一二服分利血止，痊愈。如腹膨脹，加臭椿皮一塊，研細入內：如口色赤紫，加大黃、芒硝、大川連；如口色青白，去川連、芒硝、大黃，加砂仁、肉果、炮薑。補中湯：治血痢不止。大川連、訶子、檳榔、茯苓、白朮、炙草、枳殼、厚朴、木香、煉皮、半夏。扁豆花為引。

牛患尿血糞血症圖

又　牛患大小便閉結不通症第五十二。牛大小便閉結不通者，何也？大小便乃一身之道路也。小便若河；大便若江，因何而致有閉塞不通也。皆因牛之蓄養太盛，膘肥肉重。膘肥壯者，血氣壯旺也。血氣壯旺，必然雄健，使用發熱，必然奔水浸泡。熱者，血也；血者，火也。血熱者，火熱也。熱極而奔水者，水火原相尅也。然血者，熱則宣流，寒則凝滯。熱極者，宣流，之至也，而一入於冷水者，寒之至極也。況水得火面生熱，火得水而生氣也。氣血受寒，必然凝滯，凝滯於大腸，則火炎燎燥，結糞枯澀，大便不通也。凝滯於膀胱者，返惹相火與君火，三火相助，煎煉精華，毓秀成石，故沙石淋之症由此而生，則小便不能通利也。此謂熱極因寒凝滯，江河閉塞，大小便閉，不能通利之症也。形狀：大便閉結者，撅尾低頭，弓腰努掙，下糞乾燥：小便閉結者，低頭夾尾，或小便淋瀝。口色：鮮明如桃色者生，青黑者死，黃白者可治，紫赤者險。歌曰：大小二便若河江，閉結不通病難當。識透陰陽知妙理，自有靈通針藥方。徹血瀉火先解鬱，解鬱通腸獸自康。治法：大便不通，腹脹者，針脾腧穴，脾氣針透放出氣，次用鞋底在針穴上輕輕打之出氣。內灌潤腸穿腸散主之。三焦、四蹄血徹之。小便不通者，火針百會穴，引寒邪外出膀胱，熱自解也。水竅疏通也。內灌通淋散之劑。無論大便結、小便結二症，俱要表裏治之。如內症急者，先治其內，內症緩者，先治其外。故云急則治其標，緩則治其本。其標本者，言內外之分也。先發散而後下之謂也。調理：餵養清淨之處，肚底時或用手出力揉之，使宿草轉動，自然通利也。小便不通，時或亦解，用手出力摸揉托棍，恐其胞轉水竅不對，亦令小便不通也。故揉托更妙。戒忌，雨淋水浸，濕地安眠。升陽解表湯：治牛鬱熱，大小便不通等症。當歸、川芎二生地、羌活、防風、白芷、烏藥、木香、香附、枳實、厚朴、甘草、桔梗、陳皮、荊芥、薄荷。蔥五、七根，黃酒一斤引。先用此方疏散解表，後用加減大承湯下之。大承氣潤腸穿腸散：治牛大便閉結不通等症。大黃、芒硝、火麻仁、生地、厚朴、枳實、木通、檳榔。各件共為細末，每服四兩，牙豬油四兩，同煎三沸，或加火麻子油四兩更妙，候溫灌之。以通痊愈。通淋散：治牛小便不通，無論胞轉、石淋等症。黑牽牛、滑石、石蓮子、車前子、澤瀉。各件共為細末，每服四兩，燈草煎湯沖和，加黃酒一大盅灌之。如口色赤紫太甚者，加大川連，再灌一二服，通利痊愈。如小便淋瀝，本方加：扁蓄、瞿麥、小茴香、炙黃芪、炒白朮、升麻、茯苓皮、老薑皮、當歸、白芍。同調灌之。

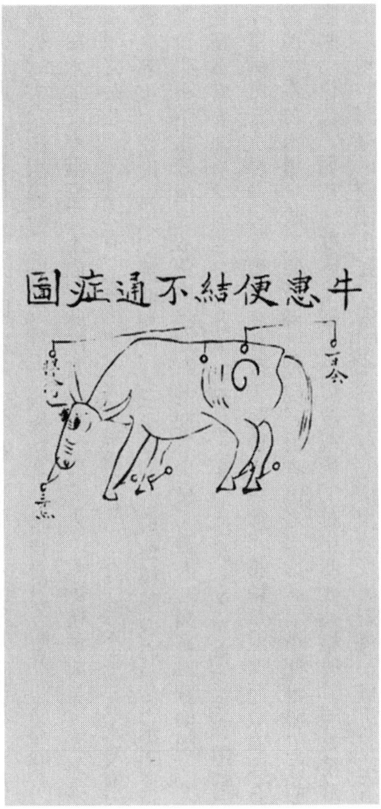

又　牛患渾身血汗膽脹症第五十三。牛渾身出血汗者，何也？膽脹之症也。膽者，乃清淨之腑，何以而致有脹也？皆因牛之蓄養太盛，膘肥肉重，使之出力太猛。肝主子筋，出力傷肝，肝於膽相連，膽有驚恐，又兼卸索摸扼之時，即拴繫酷熱之處，失於牽行，以致血氣不行，攻注於膽腑，膽受虧傷，心胸悶亂，心悶急而出血汗也。出血汗者，出力之至矣。令獸氣促喘粗，弓腰腹滿，渾身汗流若血，此謂出力傷肝膽脹血汗之症也。形狀：弓腰氣促，血汗流珠，眼急驚狂。口色：鮮明如桃色者生，赤紫者險，紫黑者死。歌曰：膽脹之牛人見驚，渾身流汗血珠淋。腰弓氣急喘聲促，醫遲必定命歸陰。急救須抽喉脈血，舌胎之下兩針神。金針徹血開心悶，喘止方知命有生。藥用鎮心硃砂散，便灌三服得安寧。治法：徹喉脈血，即大血。在頰喉下二指是血。亦如馬之徹血也。再將舌底下紫筋上用生針徹血，新汲水洗之。次與三焦、四蹄俱各徹血，內灌鎮心散。調理：餵養清涼之處，水浸青草喂之。戒忌：日曬雨淋，下水浸泡。硃砂鎮心散：治牛血汗膽脹等症。茯神、遠志、硃砂、蔚金、梔子、連翹、兜苓、麥冬、花粉、粉草、當歸、生地、元參。各件共為細末，每服四兩，燈草、竹葉煎湯沖和，加白蜜四兩，童便兩大盞調灌。如白色赤紫，加大川連。如喘不止，加錦紋大黃、天門冬，再灌一二服，痊愈。調經活血當歸散：治牛血汗膽脹等症。當歸、川芎、生地、赤芍、甘草、花粉、荊芥、薄荷、紫蘇、木通、貝母、杏仁、桔梗、陳皮、白芷、半夏。各件共為細末，每服四兩，煎三沸，候溫加白蜜二兩，童便一大盞和灌之，立愈。

又　牛患少火生陰、前熱後寒而生陰腎黃之症第五十四。夫牛少火生陰，前熱後寒而生陰腎黃者，何也？黃者，陽症也。何以而致為陰黃也？但陰黃者，少火而生陰也。皆因畜之身體瘦弱，蓄養失調，久渴失飲，飲則過度，停於腹內，失於牽行，冷水過多，體衰少火，陽不勝陰，以致陰多陽少，故為少火而生陰黃也。令獸或發於後襠，或發於臍下，或生於腎囊，如此三處浮腫，如石如冰者，此謂少火生阻，而為陰腎、木腎、水腎黃之症也。形狀：後襠、臍下、袖口、陰囊發為浮腫，冷如冰石，鞍胯拖腰。口色：鮮明如桃花色者生，青黑者死，紫赤者可治，青白者難醫。歌曰：水多火少發陰黃，為緣陰多偏勝陽。肉壯膘肥皆為熱，形衰體瘦屬陰黃。醫工識得陰陽治，啞畜無傷滿田崗。藥灌茴香消水散，火針刺腫即安康。治法：百會穴火針刺之，其腫處俱皆火針刺之。調理：餵養暖處。戒忌：雨淋、下水浸泡。夏枯茴香散：治牛少火生陰等症。夏枯草、茴香、茵陳、木瓜、澤瀉、芫花醋炙、滑石、當歸、銀花、白芷、桂枝、烏藥、宮桂、木通。各件共為細末，每服四兩，水煎三沸夕候溫加黃酒一斤，老薑，童便一盞，和灌二三服。腫消後，再灌進食之劑。調經活血散：治牛少火生陰黃，腫消進食等症。陳皮、半夏、白朮、茯苓、枳殼、甘草、厚朴、當歸、條參、桔梗、花粉、木通。各件共為細末，每服四兩，老薑五、七片，黃酒一斤，煎三拂，溫和灌之，痊愈。

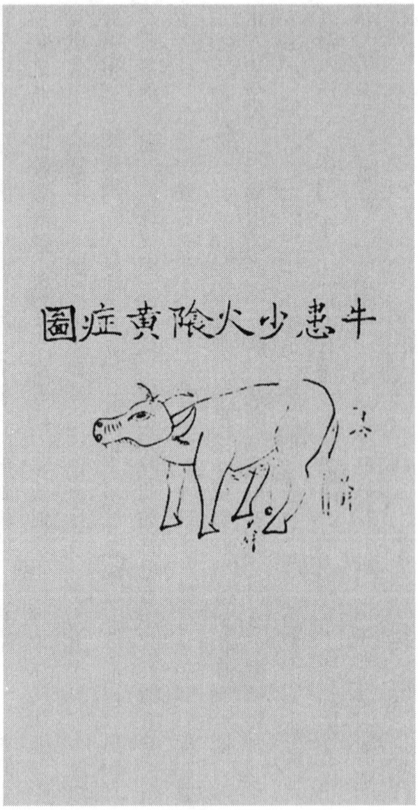
牛患少火陰黃症圖

又　牛患砂石淋症第五十五。夫牛患砂石淋者，何也？石淋者，異症也。皆因獸之膘肥肉重，精氣壯旺，使用出力之後，時或縱於池塘浸泡。其精壯者，相火旺也；膘滿者，心火旺也。二火旺相者，下水浸又起邪火，君火、相火、邪火，三火傳積於腰腎，凝鬱於丹田，煎煉精華於膀胱，日久毓秀而成為砂石，塞於水道。令獸溺尿不出，此謂君、相、邪三火，煎煉精華成石，而為砂石淋之症也。夫邪火者，風火也，火得風而更烈，火焰沖天也。入水浸泡，致生邪火，使助君火，更助相火，三火更烈，煎煉精華成石，阻塞水道。其黃牛不下水浸泡，故黃牛患此石淋症者少矣。論人之與畜二五俱同，人之精華常有泄失，而尚且有此淋漓澀結之症，況泥牛之為畜，拴繫困禁，不能縱唯泄失精華，又致邪火相攻、剋製、煎煉，將精華煎煉而成為砂石之塊，塞於水道，故為砂石淋之症也。醫者慎之！形狀：小便淋瀝、肚腹膨脹。口色：如常。歌曰：砂石淋症說根源，君相邪火共相連。毓秀精華成石塊，阻塞水道溺出難。醫工細意尿取，擠出硬塊患屙痊。病患若阻五寸後，披針剖硬急取撰。硬塊剖出尿流下，百事無憂患可痊。治法：用繩將牛縛倒臥地，將牛腎挺出手捏試之。若硬塊塞在光梢，可用芝麻油蘸手，將腎內硬塊擠捏出來，其尿即下也。若塞在四寸、五寸之間，擠捏不出來者，可用好鋒利披針，將硬處捏定一針剖開，將硬塊取出，其尿即下。其尿通利，百無一恙，即放起。以滑石黑丑散灌之，痊愈。調理：餵養清淨之處。戒忌：雨淋水浸。滑石散：治牛砂石淋等症。黑白二丑、滑石、車前子、扁蓄、瞿麥。各件共為細末，每服四兩，燈草煎湯，沖和灌之。五苓散：治牛砂石淋取後等症。當歸、川芎、升麻、茯苓皮、豬苓、澤瀉、車前子、木通。滑石、牽牛、粉草。各件共為細末，每服四兩，煎三沸，加童便一盞，食鹽一撮，同和灌之，痊愈。

牛患沙石淋之症圖

又　牛患三十六黃第五十六。夫牛患三十六黃者，何也？夫黃者，速症也。如火燎茅簷之急，茅簷火發，玉石俱焚。但有此症，宜速治而不可緩也。切黃者，名有三十六種，各有部位分之。有心、肝、脾、肺、腎之內五臟有五種，外有前束嗓與偏次，後賺腧與腎黃共有八種，乃不治之症也。然雖云不治，亦有表裏之分，再者或可以治，然在裏者，實難醫矣。若在表者，可治也。但其外二十八黃，發於何處，即是何黃名也。餘與《馬牛經》注釋，細切治法與《馬經》切略相同，醫者留心注意，不可忽視矣。形狀：各有部位，腫子何處，即名何黃是也。口色：鮮明如桃色者生，紅黃者可治，青紫黑者難醫。歌曰：耕牛戰馬總一般，陰陽運氣有多端。五行交攻分順逆，標本虛實用心觀。陽病須當陰藥治，陰病依方陽藥痊。有患便求高士察，失誤之時救活難。治法：

無論前後浮腫，總在胸前用蟬酥繩穿墜，無蟬酥可用真麝香夕撚一紙撚夾在繩內，用穿針將胸堂皮拈起穿墜。調理：拴繫清涼之處，水浸青草喂之。戒忌：日曬雨淋、下水浸泡，生熟料一切忌之。三黃解毒湯：治牛瘡黃等症。大川連、黃柏、黃芩、大黃、芒硝、金銀花、梔子、連翹、知母、貝母、枳殼、厚朴、烏藥、木通、滑石、甘草。各件共為細末，每服四兩，竹葉、燈草煎湯沖和，溫加雞子清二枚，同調灌之一二服。以穿墜處滴出黃水，毒氣外出為度。若腫處以大蒜食鹽同搗爛和泥塗之，乾時又塗，方見《馬經》篇內照用，治法無二。

牛患三十六黃症圖

又　牛患肝熱傳眼翳障症第五十七。夫牛患肝熱眼生翳障者，何也？眼乃五臟之精華，因何而致有翳障也？皆因牛之蓄養太盛，膘肥肉重，使用出力，或在炎天酷暑，拴繫日陽之下，或困因閉室之中，腹內鬱氣又盛，外受暑炎薰蒸，內鬱外薰，交感成疾。令獸睛生翳障，瞳人無光，眼腫淚下，耳搭頭低，此謂肝熱傳眼之症也。形狀：睛生翳障，瞳人無光、眼腫淚下，耳搭頭低。口色：鮮明如桃色者夕易治；口青黑者，難醫。歌曰：出力歸困暑氣薰，內鬱外感翳膜昏。眼腫淚下多因熱，太陽穴上用神針。洗肝散灌二三服，管許耕牛眼復明。治法：徹太陽、三焦、四蹄等穴；內用洗肝散灌之，撥雲八寶丹點之。調理：餵養清涼之處，水浸青草喂之。戒忌：日曬雨淋、下水浸泡。洗肝散：治牛肝熱傳眼，睛生翳障等症。龍膽草、青葙子、石決明、草決明、乾菊花、穀精草、當歸、川芎、蒙花、銀花、夏枯草、白芷、粉草、木通。各件共為細末，每服四兩，竹葉、燈芯煎湯沖和，候溫加雞子清二枚，同和灌之。如口色赤紫者，本方加：大黃、芒硝、大川連；如目紅腫者，加紅花、生地，再灌一二服，痊愈。撥雲翳八寶珍珠月：治牛眼珠紅白雲翳障膜等症。金精石煅、銀精石煅、石燕煅、珊瑚、珍珠豆腐煮、冰片、硼砂、寸香、青鹽、白下香即麻雀屎，直立者佳。各件共為細末，以舌試之。如不刺牙者，方可點眼，用磁罐收貯點之，痊愈。又方：治牛馬眼患紅腫等症。明礬、雄黃、銀珠、硃砂、青鹽、寸香、冰片。各件共為細末，舌上試之，以不刺牙者，方可入眼，點之能解，其淚即止，其腫自消矣。

牛患肝熱眼昏症圖

又　牛患目生弩絲蟲症第五十八。夫牛目中生弩絲蟲者，何也？目者眼目也。乃一身之主宰，至清至淨之處，何以而致生有弩絲蟲也？皆因牛之牧放於郊野，秋露蛛網露水，牛眼睫毛淺，不能擋除毒水，以致蛛網露水，撞入目中，其水入目，日久而變化生蟲，形若細絲，在大眼角內，戍窩亂擾，用手取蟲不能除根。其蟲在目，日久磨食目中精華，令其牛眼珠昏暗不能通明，不治則目瞽矣。此謂蜘蛛毒水入目，成為弩絲蟲之症也。形狀：兩大眼角內，一窩如絲亂擾，其形可憎惡，口色如常。歌曰：牛患弩絲病何生，秋露蛛網毒水浸。變化成蟲擾睛水，日久不治兩目昏。不用使針灌妙藥，只要靈丹一點明。治法：不用針藥，只要靈丹點之。戒忌：水草如常。一點靈丹：治牛目中弩絲蟲等症。明礬、雄黃、硃砂、青鹽、牙硝、冰片、麝香。上藥先將硃砂、雄黃研極細，舌上試之，不刺牙後，加入麝香，又研細，再入明礬研細，然後再入鹽、硝略研，入磁罐收貯，但遇此症，即令點之，一次其蟲即出，二次斷根，永不再生矣。

牛患弩絲虫圖

又 牛患百葉乾燥症第五十九。夫牛百葉乾燥者，何也？百葉者，乃牛胃中之首腑也。即首領也。其馬、騾、驢畜，只有胃口，而無百葉。所食草穀盡入於胃口，而脾胃中尅化，轉入於大腸。其牛有不同也，皆因有百葉之分也。但所納之草穀，俱皆囫圇吞入百葉之中，百葉滿而牛即飽也。或立或臥，又將百葉中之草穀，回倒口中細嚼，然後入胃，轉入大腸尅化。然因何而致有百葉乾燥也。皆因牛之饑餓，百葉空虛，乘饑而或耕田耙地，務將一遍田地耕完耙畢，方卸扼索，令其牛之百葉空虛，出力太過，或下水浸泡，或濕地安眠，不能使之就食，以致邪濕浸於胃中夕百葉空虛，停止不動，以致胃內宿食，不能轉入大腸，縱然與食，脾胃虛耗，百葉不翻。又加之以宿食生火，外有邪濕生火，二火相煎，以致牛之百葉生有乾燥之症也。然何以見知？蓋百葉乾燥，鼻頭即無汗也。《經》云：『鼻頭無汗百葉乾，更因負重力傷殘。』又云：『使飽牛，跑餓馬。』蓋使飽牛者，其牛不致傷力、傷脂，勞傷過度之症也。跑餓馬者，其馬不致有腸斷、肉斷之憂也。然中之百葉乾者，即牛之勞傷過度之症也。令牛之鼻頭乾燥無汗，日久鼻上開裂死皮，此謂勞傷過度，百葉乾燥之症也。形狀：毛焦吊膁，鼻頭無汗，燥烈受塵，水草遲細，精神短慢。口色：鮮明如桃花色者，生；紅黃者，可治。青白者，險；紫黑者，難治。歌曰：饑餓勞傷百葉乾，鼻頭無汗糞多堅。口青色白終難治，著意經書病可痊。百會火針兼脾腧，調經開冒茹誦仙。臨時加減仙方藥，救得耕牛復本源。治法：火針百會、脾腧穴。若春時三焦、四蹄徹血夕若冬時只徹三焦。少膘者，不可徹四蹄血。內灌開胃調經藥。調理：餵養暖處，草料加倍，稂草鋪地臥之。戒忌：濕地拴繫，水中浸泡。調經活血湯：治牛勞傷過度，百葉乾燥等症。當歸、川芎、紅花、白芷、桔梗、陳皮、甘草、半夏、羌活、防風、麻黃、桂枝、香附、烏藥、木通。各件共為細末，每服四兩，童便二盞，連根蔥五、七枝切碎，同煎三沸，溫加黃酒一斤，芝麻油二兩，調灌之，二三服痊愈。如不痊，再灌開胃潤腸藥，二三服痊愈。開胃潤腸散：治牛百葉不翻等症。雲苓、白朮、陳皮、甘草、菖蒲、香附、藿香、五靈芝、元胡、當歸、生地。各件共為細末，每服四兩，紅棗五七枚，老生薑五七片，同煎三沸，溫加童便二盞，同和灌之。二三服後，如大便燥結，再灌潤燥麻仁湯主之。麻仁湯：治牛臟結、百葉乾燥等症。火麻仁、大黃、郁李仁、當歸、生地。各件為末，每服四兩，煎三沸，候溫加麻油四兩，白蜜四兩，或牙豬油四兩搗碎，和灌一二服，糞潤不灌此方。如口色赤紫者，舌底徹血，新汲水洗之。食鹽撮擦之。如糞潤之後，不能進食，草細再灌建中湯。健中湯：治牛勞傷過度，水草遲細等症。陳皮、半夏、條參、白朮、雲苓、肉果、檳榔、豆蔻、山藥、丹皮、熟地、萸肉、生地、木通、澤瀉、甘草、桔梗、香附。各件共為細末，每服四兩，老薑五七片，紅棗五七個打碎，同煎三沸，溫加童便二大盞和灌。大便通利糞潤，如口色青白，加：肉桂、附子，再灌一二服，即可進食，痊愈。

牛患百葉乾燥症圖

又　牛患勞傷偷瘦症第六十。夫牛患勞傷偷瘦者，何也？勞者，有五勞也。傷者，有七傷也。何謂五勞也？曰：筋勞、骨勞、血勞、氣勞、力勞是也。但此五勞，何以識之？夫筋勞者，筋舒也；骨勞者，骨痿也；血傷者，血枯也？氣勞者，喘促也？力勞者，五經衰敗也。啌嗽頻加也。何以治之？凡治者，調其筋、壯其骨、和其血、理其氣。五經衰敗者，滋潤培補治之。其七傷之症何以見之？夫七傷者，風傷肺，寒傷脾，暑傷腑，濕傷腎，饑傷脂，飽傷臟，勞傷心，鬱傷肝是也。何以治之？凡治者，追其風，散其寒，清其暑，溫其濕，療其饑，消其臟，養其心，開其鬱，依經按典，如法調治，先不應手而痊矣。五勞七傷均已知之，偷瘦之症，何以見之？然五勞七傷之症，總由五臟六腑所染，一經不和，即一臟虧傷，一臟虧傷，五臟氣耗，氣耗血滯也。血滯而枯，不能內潤於臟腑、外潤於皮毛，日漸衰弱而為偷瘦矣。此謂五勞七傷偷瘦之症也。形狀：骨瘦豺狼，精神短慢，毛焦賺吊。口色：鮮明者，可治；紅黃者，可治；紫赤者險；青黑者難醫。歌曰：勞傷偷瘦說根緣，一臟虧傷五臟連。筋骨虧傷終難治，氣血虛損療可痊。五經五治五條列，七傷七症救有篇。針藥各依仙經論，縱有虧損壽長年。治法：五勞者，調筋、壯骨、理氣；七傷者，追風、除濕、散寒、療饑、開鬱、寧心、清暑、消食。調理：寒者溫處喂之，熱者涼處養之，沉困者牽行之。戒忌：五傷七傷等症，俱忌下水浸泡、濕地安眠。調理壯骨散：治牛筋傷骨痿等症。虎骨、川木瓜、骨碎補、川續斷、追風七、川牛膝、杜仲、羌活、獨活、筒桂、烏藥、木通、當歸。各件共為細末，每服四兩，黃酒一斤，煎三沸，候溫加童便二大盞和灌之。如氣不行，本方加：木香、沉香，再灌一二服，痊愈。和血理氣飲：治牛勞傷血氣等症。當歸、川芎、赤芍、紅花、陳皮、青皮、木香、香附、甘草、白芷、烏藥、木通、沙參。各件共為細末，每服四兩，黃酒一斤，煎三沸，候溫加童便二大盞，同和灌之。如口色青白，本方加：肉桂、附子。追風散：治牛風傷肺等症。羌活、防風、白芷、麻黃、桂枝、荊芥、薄荷、紫蘇、桔梗、陳皮、甘草、細辛、五加皮。各件共為細末，每服四兩，蔥五七根，黃酒一斤為引。如風甚者，本方加：川烏、草烏、蠶、天麻。茴香散：治牛濕傷寒邪等症。小茴香、大茴香、木通、麻黃、桂枝、官桂、烏藥、羌活、防風、牛膝、杜仲桔梗、甘草、川楝子、故紙。各件共為細末，每服四兩，薑五七片，黃酒一斤為引。加童便兩盞，同和灌之。如口色青白，本方加：肉桂、附子，再灌一二服，痊愈。醒脾散：治牛饑餓勞傷等症。白朮、雲苓、陳皮、半夏、白豆蔻、扁豆、香附、薏米、糯米一合，炒、甘草。共為細末，生薑、童便共為引。如口色青白，本方加：白條參、肉果。清心洗肝散：治牛鬱傷肝等症。茯神、遠志、蔚金、麥冬、桔梗、陳皮、梔子、連翹、穀精、元參、知母、黃芩、青葙子、香附、石菖蒲。各件共為細末，竹葉、燈草為引。如口赤紫，本方加：龍膽草、大黃。清暑飲：治牛暑傷六腑等症。藿香、香薷、銀花、梔子、連翹、元參、桔梗、陳皮、甘草、木通、花粉、白芷、滑石。共為末，竹葉、燈草為引。如口色赤加：大川連、芒硝、黃芩、大黃。消食飲：治牛飽傷臟腑。如口色淡白宿草不轉症。檳榔、厚朴、枳實飛、神曲、麥芽、山楂、官桂、草果、砂仁、豆蔻、紅豆、白朮、甘草。共為細末，薑五七片為引。如口色赤紫者加三黃湯。三黃湯：治牛飽傷臟，口乾舌紫，大便不通等症。大黃、芒硝、草果、檳榔、枳實、厚朴、粉草、白朮、陳皮、半夏、花粉、木通。各件共為細末，生薑為引。芝麻油四兩，同調灌之。

牛患勞傷偷瘦症圖

又　牛患海水倒流症第六十一。牛患海水倒流者，何也？夫牛之一身有四海：頭為髓海，心為血海，肺為氣海，腎為水海是也。其髓海者，骨中之骨髓也。以頭為之者，然頭為諸陽聚會之所，諸骨之首領，故首為髓海之稱。心為血海者，心主於血，乃一身血脈聚會之所，故心為血海之稱。

肺為氣海者，肺主於氣，乃一身呼吸出入聚會之所，故肺為氣海之稱。腎為水海者，腎主於水，乃一身之津液，注於膀胱聚會，由腎而出之，故腎為水海之稱也。因何而為倒流也？然倒流者，其水不從腎而出，反從口流出也。故為海水倒流之名也。因何而染有此患也？夫，倒流者，逆症也。逆症者，阻逆也。阻逆而不疏通，返流而上溢也。皆因牛之出力之後，或入深淵寒潭，涼水浸泡，使寒邪浸於脾肺，濕氣沖入胃口，脾灌四旁，胃潮百脈，其脾胃俱遭寒邪濕氣侵襲，凝寒砠逆脾胃，津液不能散於周身，滲於膀胱，出於腎之水道，而反從口中流出，故為海水倒流。此謂脾胃邪阻，海水倒流之症也。形狀：起臥頻頻，口內流清、涎沫涓滴，耳搭頭低。白色：鮮明如桃花色者生，紅黄者可治，青黑者死。口、角冷者，脾氣已絶矣。無則無方治之。歌曰：脾胃邪阻水倒流，時師初見兩眉愁。口中清水連綿滴，若還遲治命必休。經書裏面留方藥，醫治耕牛疾可瘳。治法：火針百會穴、脾腧穴、三焦、四蹄徹血。調理：脊背用草把出力擦之，使邪鬱外出，水即止矣。戒忌：簷巷風吹，雨淋水泡。調胃建中湯：治牛海水倒流等症。蒼朮、白朮、茯苓、檳榔、滑石、澤瀉、升麻、沉香、香附、甘草、炮薑、砂仁、肉果、菖蒲。共為細末，生薑、黄酒、童便共為引，同和灌之。口色淡白，以麻黄桂枝湯，方見前篇。又單方：治牛海水倒流。陳石灰一兩，研細，開水沖和，加醋半斤，調和灌之。立止。

牛患海水倒流之圖

又 牛患冷腸跰瀉症第六十二。夫乾患冷腸滅者，何也？瀉者，皆因牛之饑渴太過，耕田耙地，出力歸來，解索摸扼之時，渴之至極，喘息未定，乘熱極之時過飲涼水太足，未及牽行，拴繫停立，以致冷水過足，積於腸胃，陰氣不降，陽氣不升，令獸膁吊毛焦，腹鳴如雷，泄瀉水糞，此謂冷腸瀉之症也。形狀：頭低耳搭，腹鳴如雷，泄瀉水糞。口色：鮮明如桃花者生，黄者、紅者可治，青黑者死。歌曰：熱極過飲冷積腸，腹鳴如雷瀉水漿。升清降濁兼調胃，快氣寬腸瀉自康。治法：火針脾腧穴、百會穴，徹三焦、四蹄血。調理：餵養暖處，脊背以草把出力擦之。戒忌：簷巷風吹、雨淋水泡。調中湯：治牛冷腸泖瀉等症。豬苓、澤瀉、白朮、茯苓、檳榔、滑石、木通、條參、宮桂、肉果、砂仁、甘草、炮薑。共為細末，生薑為引。如腹內腸鳴如雷，加伏龍肝、炒鹽一撮為引。如口內青黄白者，加肉桂、附子、車前子。

牛患冷腸泖瀉之圖

清 李南暉《活獸慈舟》黄牛第一篇《五位總訣》 夫牛之五臟各有部位，其見證亦各分部位。諸疔黄皆屬心火，諸風證皆屬肝木，諸濕氣皆屬脾土，諸氣郁皆屬肺金，諸寒縮皆屬腎水。醫者當分經之部位而施治，如臨證時必須細心，審查得法，方可取效。

又 黄牛第二篇《心經病》 論牛病心臟法。諸疔黄皆屬心火，心之統屬甚多，心之染證不少。故疔黄之證必從心出，皆由心血枯槁，腎部虛殘所致。牛生疔如人生疔，牛生黄如人生癰。凡疔黄皆屬火證。然疔與黄治法不同，療者，火疔瘡也，黄者，突起大包是也。凡此二證，牛鼻大汗，口氣如焚，毛焦皮燥，舌底紅赤者皆是，當用治疔瘡方。

又 治牛發痧法。發痧一證，醫多曰寒，然有寒有熱，不可執一而論。凡牛得發痧證，皆因夏暑炎天，陽光酷熱所致，或耕田使用太過，或車載遠行甚急，或饑食渴飲不治乎時。倘得此證，若是急時不便，路途難防，急取葉煙三張，小便一合，用脚將煙共踩合灌，登時即免。

又 水牛第一篇《論臟腑》 夫水牛臟腑皆與人同。腎水生肝木，肝木生心火，心火生脾土，脾土生肺金，肺金生腎水，由此生化而來。俗曰：陰陽不合，則萬物無生化矣。凡治病者，當知旱牛臟腑雖受陽氣發生，亦畏陰藥，但有證者不得不用。水牛其體屬陰，更賴陽藥以扶，此皆療醫牛畜之真訣耳。

清 傅述鳳《養耕集·五臟六腑癀脹總論》 今夫牛受耕作之苦，負重任之勞，惟幸時時反芻而出嚼，日日擺尾與摇頭，不染風寒之害，不沾暑熱之殃，則一井之地，數口之家，老者得以不饑不寒，少者得以含哺鼓腹，慶盈寧而頌倉箱，皆賴牛力之所致者也。猶慮有癀生脹發之禍哉！雖然，難言之矣，天且有不測之風雲，人亦有旦夕之禍福，何獨耕牛乎。霜寒露冷，草宿沙眠，上經日暴之蒸，下受水濕之苦，甚至入息值欄舍之糜爛，出作當犁耙之鞭箠。力之竭也，猶不憐而解軛，癥之作也，尚不懼而松肩，敢保大病之不加其身也耶。即值生癀發脹之際，亦牛之常事，不爲罕然，四體之外常見，皮膚之内常形，奚足畏焉。今則不然，敢不畏耶，生於不可犯之處，發於不能容之地，一旦勃然而興，環遶心胸，揆其情，盧師不能措其手，度其理，扁鵲難以奏其功，世人猶有以爲醫之亦甚易易耳，吾不知其具何妙術而云然也。夫五臟六腑之疾，不見不聞，針不能到，藥不能通，死生皆由於造化，禍福亦聽其自然。苟或天命不絶，毒氣必日寖而日消；抑或大數將傾，邪祟必日盛而日熾。蓋癀之化生，乃瘀血之所成。脹之充周，本郁氣之所聚。一征針藥之伐，瘀血乃消，郁氣乃散。此言在外者，所以易於成功也。至論於内裏，雖然苦用心思，終是徒勞手足，縱針有拔山之力，固難拔肺腑之邪；雖藥有活命之功，亦難治膏肓之恙，無處下手之地，無處逞能之間，安得稱爲易易哉。況牛之臟腑，猶樹之根也，病之癀脹，猶木之蠹也。醫之針藥，猶根之土、蠹之敵也。人欲操針以敵蠹，原欲滅蠹以培根，今癀脹毒胎於臟腑，猶蠹蟲深入於木中，蠹未滅，而根先受其傷，反望樹生而木茂也得乎？此所以針藥而無功也。而吾之於醫，明於此道久矣，心癀不治，膽癀不治，肝癀、肺癀不治焉。心脹不療，膽脹不療，肝脹、肺脹不療，以及尿泡、百頁脹亦不療焉。不寧惟是，則見屬五臟六腑之中所發奇奇怪怪之病者，俱不療也，俱不治也。夫然後則可治者，分門既立其法，而不可治者，合敘僅著其名，庶幾令後學之人咸知利害之所關，不在尋常病癥之中也，故亦筆之於此，以俟明者而考究焉。

清 佚名《相法牛經大全》臟腑生理及病理學篇《師皇五臟論》 肝第一。春三個月，肝旺七十二日。肝為尚書。肝重三斤十二兩。肝者外應於目，目即生淚，淚即潤其眼。肝家納酸。肝為臟，膽為腑。肝者風為臟，膽者精為腑。肝是臟中之佐。肝為裏，膽為表。肝為陰，膽為陽。肝為虛，膽為實。肝乾，外應于東方甲子木。

歌曰：肝家受病眼睛昏，頭低耳搭少精神。閃骨生瘡多淚下，胡骨把胯病原因。針穴須攻前左腳，青箱石决樟柳根。早晨晚昏灌兩次，服過之後眼必明。

又 心第二。夏三個月，心旺七十二日。心為第一。心重一斤十二兩，上有七竅三毛。心者外應於舌，舌則主血，血則潤其皮毛。心家納苦。心為臟，小腸為腑。心者血為臟，小腸者受盛之腑。心是臟中之君。心為裏，小腸為表。心為陰，小腸為陽。民為虛，小腸為實。心者外應於南方丙丁火。

歌曰：民家受病膈痛連，胃口哽氣又唇塞。多臥少草嘴揾土，小腸尿血傷心煎。血竭沒藥赤芍藥，不限依然童子便。每藥每日兩度灌，牛馬必定得安然。

又 肺第三。秋三個月，肺旺七十二日。肺為丞相。肺重三斤十二兩。肺者外應於鼻，鼻則主氣，氣則通其榮衛。肺家納辛。肺為臟，大腸為腑。肺者氣為臟，大腸為傳送之腑。肺是臟中之華蓋。肺為裏，大腸為表。肺為陰，大腸為陽。肺為虛，大腸為實。肺者，外應於西方庚辛金。

歌曰：肺為華蓋心上存，鼻應西方庚辛金。皮膚受病鬃毛落，大腸連腳左邊存。肷顫肉動腳又散，鼻中流膿切莫針。醫工見者細認識，牛馬必定救無門。

又 腎第四。冬三個月，腎旺七十二日。腎為烈女。腎有兩個，左即為腎，右即為命門。腎重一斤十二兩，腎者外應於耳。腎即生津液，津液壯其骨。腎家納鹹。腎為臟，膀胱為腑。腎者水為臟，膀胱為津液之腑。腎是臟中之使。腎為裏，膀胱為表。腎為陰，膀胱為陽。腎為虛，膀胱為產。腎者，外應於北方壬癸水。

歌曰：腎家受病切須知，後腳難招耳又垂。心連小腸尿更澀，膀胱邪氣透入脾。限料早晨空草灌，苦楝茴香青橘皮。腳重頭低陰又腫，牛馬必定可憂疑。

又 脾第五。四季脾旺，每季各旺一十八日，共旺七十二日。脾無正位。脾為大夫。脾重二斤二兩。脾者，外應於唇，唇即生涎，涎即潤其肉。脾家納甜。脾為臟，胃為腑。脾者土為臟，胃者為草穀之腑，脾是臟中之母。脾為裏，胃為表。脾為陰，胃為陽。脾為虛，胃為實。脾者，外應於中央戊己土。

歌曰：脾無位號中央，雙抽兩肷連膀胱。多臥少草又哽氣，唇乾舌上口生瘡。生薑和蜜并綠豆，砂糖四兩消黃當。藥性健脾針脾穴，牛馬驗認是脾共。

又《碎金五臟論》 肝第一。肝屬東方甲子木，三斤二二似荷形。左短右長都五葉，肝垂心下若垂鈴。肝盛目赤饒眵淚，肝熱睛昏翳膜生。肝風眼暗生碧暈，肝冷流淚水泠泠。肝即善能納酸味，氣引風牽入臟盛。過得咽關皆有處，似水通流每潤經。

又 心第二。心屬南方丙下火，注于身上最偏靈。大小只如雞卵樣，一斤十二旺朱明。受其津液都五合，注潤魂魄得安寧。心有七竅通於舌，玉戶金關能潤經。心熱舌乾多吐沫，心冷吐水變唇青。心虛無事多驚恐，心痛顛狂腳不寧。心黃護繫逢人咬，心攻唇口變瘡生。心即善能納苦味，小腸同腑脈長榮。

又 肺第三。肺屬西方庚辛金，色似蓮花傘蓋形。肺壅鼻中饒清涕，正病膿如金露形。肺喘毛焦因氣敗，肺壅連啌鼻潰清。肺風搖頭多鼻咋，肺熱渾身瘡疥生。皮肉毛焦肺家管，肺納辛味體浮輕。肺合大腸為傳送，通連水臟自然惺。三斤十二分為相，本住耶尼佛國城。

又 腎第四。腎屬北方壬癸水，膀胱兩畔要勻傍。左管大腸蟠四襀，一丈二尺不交并。右管小腸蟠入襀，二丈四尺絶其形。腎壅耳聾難聽事，腎虛耳似聽蟬鳴。腎熱耳根黃腫起，腎冷拖腰靸腳行。腎傷牙齒頻咬動，一斤十二古來論。一切鹹味其中納，內注風勞亦不停。診候須先看步脈，辨別浮沉識重輕。

又 脾第五。脾屬中央戊己土，日夜垂磨不暫停。脾冷鼻乾多限料，脾熱唇蹇見料驚。脾寒身顫毛如刺，脾虛吐沫病自生。脾不磨時草不化，脾黃起臥忌使針。脾即善能納甜味，胃口相生佐土星。下得咽關皆有處，分別陰陽配五行。

又 診斷學篇《起卧入手論》 夫起卧者，三十六般也。外感暑濕風寒，內傷饑飽勞役，冷熱相干，陰陽不順，氣血不調，臟腑疼痛而不寧者，故曰起臥也。起臥者，腹中疼痛也，起而復臥，臥而復起也。因久渴不飲，飲冷水而太多，冷氣入胃也。或羸瘦過餐宿冷，或老衰久露風霜，或牧被陰雨苦淋，或繫向濕場久臥，濕氣透入肌肉，傳入脾經，脾灌四旁，胃潮百脈，以致脾胃合之陰冷，則令陰勝陽微，氣血不順，腹中作痛者，則令之起臥也。又或暑月炎天，乘騎負重，乘饑而喂熱料熱草，熱積於內，內外合邪，五心煩燥，久渴而未得飲水，遇冷水而飲之太過，陽氣不升，陰濁不降，腹中作痛者，亦令之起臥也。夫起臥者，皆緣芻水太過也。然芻水而為牛馬之養，而不能由己，全賴人之所蓄，或於飲喂失調，亦不能而無病疾矣。是故三飲三喂者，朝夕而不可缺失也。且如空腸料後飲水，遠回宿草喂急，痰裹草停塞於膈前，水充料積聚於腹內，以致脾胃不和而無化導。陽明經內受病，傳在大腸九襀之間，不能運轉左右，聚糞成法，氣脈不得通宣，腸中閉塞不利，心胸悶亂，疼痛難忍，遂成起臥之疾。此謂七結之病也。其大腸一丈二尺，內蟠九曲九襀，四襀受氣於前，五蟠受結於後；小腸二丈四尺，其形八襀八蟠，三蟠受精，五襀納水，如江河之道路，運水谷以出肛，內轉於臟腑，外應於皮毛，三十萬三千一百一十腠理，及二戶七竅，表裏無虞。此謂內通外達而運動也。《內經》云：結痙者，實痙也，停而不動也，止而不行也。水停不運，而為胞轉之痾；料塞不通，遂成臟結之病。如是者，其狀有七，故云暗藏七結也。七結之外，而又有三，曰外三結也。是故前結、中結、後結、垂結、吊結、背手結、大肚板腸結，此謂七結也。又曰：靠門結、順手結、小腸結，此謂外三結也。小腸結者，即胞轉也。然三結者，結在廣腸之內，臟腑之外，涂油入手，刻時而見效矣。

七結者，暗藏于玉女關中，臟腑之內，假如施針用藥入手者，未必便見其功。又且大腸一丈二尺，內蟠九曲九襀，且論人之手者，不過二尺之長，何以得到丈二九襀之中。不通玄妙治則，焉能起死回生。近世醫獸，不察根源深淺，又不知回避，凡遇起臥之疾，不辨真偽，未明于何所，且就入手于穀道中，進一手不見病糞，袖手無言，治法無措。但損腸胃者，十死無一生也。凡入手者，切須細意推詳，論病深淺，治法玄妙。先將右手指甲剪盡，于石上滑磨齊肉，不致縮破腸胃，以溫暖油水三升，先灌于穀道之中，然後再將油水于臂膊上下潤濕通滑，免教入手澀滯。徐徐用意向前于大腸九襀之中，左右前後，穿腸慢慢尋取。如遇橫弦立肚，玉女關津，即須回避，勿令傷縮，再于別竅搜尋。凡有滑硬如球打手者，則為病之結糞也。得見病糞，休得魯莽慌忙，看結糞于何所，順逆詳明。其大腸一丈二尺，前四尺前結，中四尺中結，後四尺後結。同涂手入肛門廣腸而有結糞者，此謂外三結也。越三結而前，于板腸中有結者，乃大肚板腸結也。手背上有懸硬而結者，乃垂結背手也。垂結之前，手伸而不到者，乃為吊結，宜縛倒臥地而取之。此謂七結之狀也。又曰：夫七結者，結于板腸之前，大腸之中，九襀之內。手指直硬，轉彎不過，抹見而不能取出者，將焉治之？則曰：須用玄機，臨時應用可也。倘遇前項病糞結在大腸九襀之內，抹見而不能得取者，醫家須當細意從容，以右手為度，就以大指虎口或以四指尖梢，於腹中摸定硬糞，應對無偏，隔腸輕輕按切，以病糞破碎為驗。但有一二破碎者，便見其效，無不通利矣。大抵秘結治法：取則徐，入則緩，燥則潤，澀則滑，秘則通，氣則順，如鼓桴相應，而無不效矣。

附《起臥入手歌》

牛馬起臥有多般，第一最是入手難。
大腸九襀應九曲，小腸八襀應八蟠。
五襀受結在膈後，四襀受氣也相連。
五蟠受水小腸旺，三蟠受精并受涎。
橫弦立肚須回避，一尺二寸玉女關。
入手多須用油水，莫教糞澀向前難。
打結之時靠外手，兩面搜尋細意看。
裏結之時入手見，徐徐按動氣通宣。
靠門結時燕口取，盛將油水推向前。
背手結時翻手轉，合在手裏恰一般。
吊結之時須縛倒，兩頭墊起曲其彎。
垂結之時靠梁打，虎口按破便能安。
大肚板腸糞不轉，豬脂鹽豉七圣丸。
用藥調和速灌啖，盤飯中間氣接連。
內傷之時不打鼻，腰背板著亦似椽。
牽上糞場不起臥，臥至多時起覺難。
回頭覷腹看兩腮，多因腹內損關前。
口看臥蠶帶紫色，此病定死必難痊。
經書之內分明說，圣人留下古今傳。

又《三喉論》 夫三喉者，額黃、槽結、喉骨脹也。三者皆咽喉才塞之痙，亦為急卒之病也。且咽喉為芻水之驛遞，臟腑之關津，氣血之道路。蓋緣馬為火畜，象稟離宮，蓄養失調，喂飲無節，春不抽六脈之血，夏失灌清涼之藥，以致氣血大盛，熱積心胸，傳之於咽喉，故成其患也。又且心為帝王，肺為丞相，心主於血，肺主於氣，氣血流傳周身，以應四時寒暑，多一遭為熱，減一遭為寒；或於氣血流行不足，則脾腎受之，而為五勞七傷之痙。倘如榮衛往來太過，心肺受之，則生三喉之疾也。或食槽脹大，或咽喉硬腫，或瘰疬結之於舌下，或硬核填塞於喉中，致令呼吸難通，水草難咽，喘粗氣逆，鼻孔流膿，啌嗽不爽，首項難低，此謂三喉之病也，醫工分別三者治之。凡欲治者，先須理氣，次令清喉。抽鶻脈瀉其肺火，放胸膛瀉徹心壅。再于喉門、通關穴，輕則火針，重則火烙。診察盛衰，詳別虛實，量力施用，此謂致治之道也。如食槽之內有瘰疬結之而脹者，就于槽結穴中，以針刀刺破，取出病核，此謂槽結也。治法另開。其額黃、喉脹者，醫家斟酌而施。倘氣喉腫合，食額無通，伸頭直項，偏次生黃，喉內有聲如抽鋸者，乃十死無一生也，不可輕用針刀，妄加攻治。如咽喉平順，呼吸小通，腫而未合，偏次無黃，方可許令刀割。其頰骨以下，氣額之中，去喉門四指，中心是喉腧一穴。凡三喉閉塞，就於喉腧穴中，先用針鈎搭起大皮，捻轉利刀，割如小錢大圓瘡口，仍有箕鈎再將膜皮搭起，復令其刀割去白膜，勿傷排額肌肉，回避食喉血管，仔細用心，慢將氣額脆骨輕剜一節，以中指尖稍先透其孔，搜尋血塊涎膿，次用指粗大小竹筒一節，開竅安於穴孔，則令胸壅解泄，呼吸通宣。可謂療驥之奇方，養牲之妙術，亦為後世之鑒矣。附《三喉歌》：喉內黃腫起，多緣熱積逢。鵲脈須針徹，消黃灌有功。喉腧將刀割，膜皮去盡壅。脆骨剜一節，竅內莫教空。竹筒安於穴，徐徐綿杖通。無血方為美，方顯神妙功。

清 佚名《大武經·辨證篇·二十八起臥論》 問曰：牛馬有二十八起臥者何也？答曰：二十八起臥者皆為二十八病患。問曰：何以知之？答曰：起而久立不臥者，血之旺也。臥而久睡不起者，氣之衰也。起而眼□流淚者肝火盛也。臥而眼閉不睜者心神虛也。起而欲臥不臥者，氣恣住血也。臥而欲起不起者，血恣住氣也。起而兩耳張者，肺氣太沖。臥而兩耳垂地，肺氣太虛。起而噎口流涎者心肺氣之痛也。臥而頭垂地口流涎者五臟黃生。起而弓尾者，似欲便淋不便者，腎與膀胱火結也。臥而挾尾不擺者膽脹太盛，臥而打嗆不出聲者肺中有火，上焦氣盛。起而弓腰肚脹者中焦氣滿。臥而打嗆屁出而遺糞者，肺與大腸火旺也。起而鼻□肚脹氣啌者茅膁發生。臥而頭悶氣哼者五臟作痛。起而打嗆小便遺溺者心與小腸火氣結住。臥而頭垂地口吐糞者上中下三焦氣逆，胸膈不寬。起而腿探地後腳抓肚者麻風傳蹄。臥而四蹄護肚睡者四腳冷氣入骨。起而四蹄如柱者冷筋傳蹄。臥而四腿伸長如癱者則烏筋麻木。起而頭擺者元陽有火。臥而頭伏身睡者肚腹痛也。時起時臥毛焦肉減，乃水草不足，調養不均。臥而滾地翻天者冷痧絞腸。此病不可治也。此乃二十八般起臥患病之由，後學者必須應病行針，考癥用藥，自能有效也。

又《啌嗽論》 問曰：凡牛馬之啌嗽，多生於肺者何也？答曰：五臟六腑皆有啌嗽，非獨肺也。曰：愿聞其詳。答曰：皮毛者肺之合也，而皮毛內外合邪，以從其合，而又食邪入胃，胃氣上升於肺，肺與皮毛內外合邪，主氣客氣兩相繫迫，則令之啌嗽也。又且肺為五臟之華蓋，專主於氣，氣之清濁得分則無啌嗽。然清氣不分，濁氣上升於肺，則肺氣不得清爽者，亦令之啌嗽也。然則外感內傷者，則肺先受之也。肺傳肝、肝傳脾、脾傳腎、腎傳心、心傳六腑、六腑傳三焦、三焦而氣逆、氣逆而腹滿、腹滿則危矣。問曰：五臟啌嗽，何以知之？答曰：五臟啌嗽，各因形癥而定。曰：愿聞其詳。答曰：肺啌之狀，啌而喘息有音，甚則鼻流濃涕也。心啌之狀，啌而前蹄刨地，是為心疼也。肝啌之狀，啌則頭之左顧，是為左脅痛也。脾啌之狀，啌則頭之右顧，是為右脅疼也。腎啌之狀，啌則懸其後腳，此為腰中痛也。此謂五臟內傷外應之啌也。問曰：五臟之啌，予已知之，六腑之啌，其狀如何？答曰：肺啌若以大腸嗽之，啌而喘息有音，甚則屁出遺糞也；心啌若以小腸嗽之，啌則前蹄刨地，甚則咬齒、頭垂於地；肝啌若以膽腑嗽之，啌則頭如左顧，甚則口吐而有黃涎出也；脾啌若以胃嗽之，啌則頭如右顧，甚則嘔吐而有蟯蟲出也；腎啌若以膀胱嗽之，啌則懸其後腳，甚則小便而遺溺也；久啌若以三焦嗽之，啌則毛焦草細，鼻出臭膿，身體羸瘦，四蹄虛腫，肚腹脹滿，逆氣積聚於胃關也。問曰：凡治者，何也？答曰：凡治者，當養其心、欽其肺、清其肝、健其脾、治其腎、補其陰、和其血、順其氣、調其六腑、各從其類，考正用藥而無差，可謂賢明也矣。

清 佚名《牛醫金鑒》篇上《師皇五臟論》 春季三月，肝旺七十二月。肝為五臟之尚書，重三斤十二兩。肝者外應於目，目則生淚，淚則潤其眼。肝家納酸。肝為臟，膽為腑；肝者風為臟，膽者精為腑。肝是臟中之佐。肝為裡，膽為表；肝為陰，膽為陽；肝為虛，膽為實。肝者外應東方甲乙木也。歌曰：肝家受病眼睛昏，低頭耳搭少精神。閃骨生瘡多淚下，胡骨把胯病原因。針穴須攻前脚左，青箱石決樟柳根。早晨晚昏嚾兩次，服過之後眼必明。夏季三月，心旺七十二日。心為五臟之君，重一斤十二兩，止有七竅三毛。心者外應於舌，舌則主血，血則潤其皮毛。心家納苦。心為臟，小腸為腑；心者血為臟，小腸者受盛之腑；心乃臟中之君，心為裏，小腸為表；心為陰，小腸為陽；心為虛，小腸為實。心者外應南方丙丁火也。歌曰：心家受病膈病連，胃口哽氣又唇塞。多臥少草欠嘴上，小腸尿血傷心煎。血竭没藥赤芍藥，不限依然童子便。每藥每日兩度嚾，牛馬必定得安然。每一季三個月，該九十日，如何肝旺春日七十二日，心旺夏日七十二日，以其季月屬土，故季月之下十八日，即土旺用事時，王者旺也，是土旺時也，乃脾所寄之日也。脾無正位，寄於三、六、九、十二月之後十八日，故脾亦旺七十二日，脾乃居五臟之中，以屬土，在中央戊己是也。春乃東方甲乙木也，屬木，故木能生火；夏乃丙丁之火，屬心，故火能生土，土能生金，金能生水是也。四季每季皆予脾季月後十八日，共七十二日脾旺，故曰：脾無正位。脾為臟中倉廩之宮，脾為臟中之母，胃居大夫之職，為水穀之腑。脾重二斤二兩，脾者土為臟，外應於唇，唇則生涎，涎則潤其肉。脾家納甘，脾為臟，胃為腑；脾為陰，胃為陽；脾為裏，胃為表；脾為虛，胃為實，脾者外應於中央戊己土也。歌曰：脾無正位號中央，雙抽兩膁連膀胱。多卧少草又哽氣，唇乾舌燥口生瘡。生薑合蜜菉豆子，砂糖四兩硝黃當。藥性健脾針脾穴，牛馬驗認是脾黃。秋季三月，肺旺七十二日。肺為丞相，重三斤十二兩。肺者金為臟，外應於鼻，鼻則主氣，氣則通於營衛。肺家納辛，肺為臟，大腸為腑；肺者氣為臟，大腸者傳送之腑。肺乃居上華盖，肺為裏，為虛，為陰；大腸者，為表，為實，為陽，肺者外應西方庚辛金也。歌曰：肺為華盖心上存，鼻連西方庚辛金。皮膚受病鬃毛落，大腸連脚右邊存。膁顫肉動足又散，鼻中流膿切莫針。醫士見者細認識，牛馬必定救無門。冬季三月，腎旺七十二日，腎者為五臟之烈女。腎有兩枚，居於腰眼左右，命門在於腎之中，前對丹田，氣海穴是也。腎重一斤十二兩，腎者水為臟，外應於耳。腎則主津液，津液則壯其骨。腎家納鹹，腎為臟，膀胱為腑，腎者水為臟，膀胱者津液之腑；腎為五臟之根本；腎為裏、為陰、為虛；膀胱為表、為陽、為實。腎者外應於北方壬癸水也。歌曰：腎家受病却湏知，後脚難抬耳又垂。心連小腸尿更澀，膀胱邪氣入胃脾。限料早晨空草嚾，苦楝茴香青桔皮。脚重頭低陰又腫，牛馬必定可憂疑。

又《碎金五臟歌》 頭高八尺似龍形，二氣陰陽造化成。四大為軀無實相，胎胞運氣不堅形。造父昔時觀外相，慧性天然有異靈。筋骨宿因皆注定，觀形察色斷平生。內説一篇五臟論，堪與醫家作證明。天有五星辰宿位，馬有五臟立身形。肝屬東方甲乙木，三斤十二似荷形。左短右長具五頁，肝在心下若垂鈴。肝盛目赤饒哆淚，肝熱睛昏翳膜生。肝風眼昏生碧暈，肝寒流淚水淋淋。肝則善能納酸味，氣引風牽入臟盛。遇得咽喉皆有處，似水通流每潤經。心屬南方丙丁火，肺華罩定最偏靈。大小則如雞子樣，一斤十二旺朱明。受其津液都五合，注潤魂魄得安寧。上有七竅通于舌，玉户金闕龍生津。心熱舌乾多吐沫，心寒吐水唇色青。心虛無事多驚悸，心痛狂顛脚不停。心黄護繫逢人咬，心枯舌乾瘡變生。心則善能納苦味，小腸合腑脈長榮。脾屬中央戊己土，日夜磨極不暫停。脾冷鼻乾多限料，脾熱唇褰見料驚。脾寒身顫毛如刺，脾虛吐沫諸症生。脾不磨時草不化，脾黄起卧忌使針。脾則善能納甘味，胃口相生佐土星。下得咽喉皆有處，分別陰陽配五行。肺屬西方庚辛金，色似蓮花傘蓋形。三斤十二為丞相，本住耶尼佛國城。肺冷鼻中饒清涕，正病膿如金露形。肺喘毛焦因氣敗，肺壅連啌鼻噴清。肺風鼻咋偏頭擺，肺熱渾身瘡疥生。皮槁毛焦肺管病，肺納辛味體浮輕。肺合大腸為傳送，通運水臟自不停。腎屬北方壬癸水，膀胱以根兩勻停。左管大腸蟠四積，一丈二尺不交并。右管小腸蟠八積，二丈四尺絶其盈。腎壅耳聾難聽事，腎虛耳鳴聽蟬聲。腎熱耳根黄腫起，腎冷拖腰靸脚行。腎傷牙齒頻咬動，一斤十二古來傳。一切鹹味其中納，內注風勞亦不平。察其形色看身體，辨別表裏識輕重。

又《王良問答咳嗽論》 且人之與獸，雖賦形與稟性不同，然資氣於陰陽，未之有異也。若夫牛馬之屬，係乎人之所蓄，句失其調，則外感風寒暑濕，而內傷飢飽勞役，亦不能而無疴瘵矣。昔周靈王問於太史王良曰：牛馬之啌嗽，多生於肺者何也？王良對曰：五臟六腑皆令啌嗽，非獨肺也。願聞其道？良曰：皮毛者肺之合也，而皮毛先受邪氣，以從其合，而又食邪入胃，胃氣上升於肺，肺與皮毛內外合邪，主氣客氣兩相繫迫，則令之啌嗽矣！又且肺為五臟之華盖，專主於氣，氣清濁得分則無啌嗽。然清濁不分，濁氣上升於肺，亦令之啌嗽，是肺氣不能清爽者。然外感內傷則肺先受之，而肺受傳於肝，肝傳於脾，脾傳於腎，腎傳於心，心傳於六腑，六腑傳於三焦，三焦而氣逆，氣逆而腹滿，腹滿而危矣。王曰：善。五臟啌嗽何以知之？對曰：五臟啌嗽，各有形狀而驗之。肺啌之狀，啌則喘息有音，鼻流濃涕；心啌之狀，啌則前蹄刨地，心胃痛也；肝啌之狀，啌則頭廻左顧，左脇疼也；脾啌之狀，啌則頭廻右顧，謂右脇痛也；腎啌之狀，啌則懸其後脚，謂腰疼也，此謂內傷五臟，外應之啌嗽也。王曰：五臟之啌，余已知之，六腑之啌，其狀何如？王良曰：肺啌不已，大腸受之，啌則喘息，鼻流膿涕，甚則屁出而遺糞矣；心啌不已，小腸受之，啌則前蹄刨地，甚則咬齒，頭垂於地矣；肝啌不已，膽腑受之，啌則頭於左顧，甚則口吐而有黄涎出矣；脾啌不已，胃腑受之，啌則頭於右顧，甚則嘔吐，內有長蟲出矣；腎啌不已，膀胱受之，啌則懸其後蹄，甚則小便而遺溺矣；久啌不已，三焦受之，啌則口噴細草，鼻噴鼻膿，身形羸瘦，四蹄作腫，肚腹脹滿，逆氣積聚于胃也。王曰：何以治之？良曰：凡治者，養其心，斂其肺，清其肝，健其脾，滋其腎，補其陰，和其血，順其氣，調其六腑，理其五臟，各從其類，攷證用藥，則無差矣。

又《牛馬啌嗽歌》　牛馬啌嗽説根基，不悟經書怎得知。八萬四千多毛孔，皮與肺合莫狐疑。誤餐邪物凝於肺，皮毛焦燥受風邪。外感風寒兼暑濕，內受飢飽役勞時。表裏合邪先入肺，心肝脾肺必須知。肺壅鼻塞流湧涕，毛焦啌嗽肺經寒。草飽之傷糞啌出，掉尾摇頭痛拘攣。五臟有傷皆令嗽，説與後人用意看。肺啌之形頭左顧，腎啌之狀後蹄懸。心啌前足頻刨地，脾啌回頭向右觀。胃啌口吐長蟲出，肺啌臟傷噴糞團。六腑啌嗽出哽氣，肝膽之啌吐涎唾。腎啌不已傳於臍，啌嗽小便滴滴出。氣壅三焦兼腹滿，尫羸多嗽瘦難醫。四肢虛腫啌無治，口色青黄色不鮮。鼻流膿涕並腦顙，出氣如鋸響似搽。血勞肺啌猶可救，黄膿啌嗽醫無緣。經書之內分明説，仙人流下古今傳。又啌嗽歌：從來啌嗽十八般，只因邪氣入於肝。胸間啌嗽多喘滿，胃嗽膈中有痰涎。肝風啌嗽喉有痞，三焦咳嗽體多汗。大腸啌嗽三焦火，小腸嗽舌上乾。傷風咳嗽喉作癢，膽嗽夜間不得安。氣咳夜間多沉重，肺嗽痰多氣不安。熱嗽多血連心痛，膀胱嗽時氣多寒。勞嗽夜間多汗出，傷寒嗽時冷痰疫。此真仙人傳妙訣，留於後人用心觀。

又《起卧入手論》　夫起卧者三十六般也。外感風寒暑濕，內傷飢飽勞役，以致冷熱相干，陰陽不調，氣血不和，臟腑疼而不安者起卧也。起卧者，腹中痛也。故起而復卧，卧而復起也。或因乆渴失飲，飲而太過，內傷正氣，故邪氣乘虛而流入胃也。或羸瘦過食宿冷，或老衰乆露風霜，或牧被陰雨苦淋，或繫拴簷巷，或久卧濕地，濕氣侵於肌肉，傳入脾經，脾灌四旁，胃潮百脈，以致脾胃不和，邪從陰寒而入，則令陰盛陽微，血氣不順，腹中作痛，則令起卧也。又或炎天暑月，乘騎負重，而喂熱料、熱草，熱積於內，內外合邪，五心煩燥。再者乆渴而未得飲，一遇冷水而飲之太過，陽氣不升，濁氣不降，腹中作痛，亦令之起卧也。起卧者，皆因芻水之太過也。然而草水為牛馬之養，而牛馬不能由己，全賴人之所蓄，或飲喂失調，亦不能無痾瘵矣。是故三飲三喂切不可缺。夫且如空腸飲水，料後遠迴，宿草喂急，痰裏草停，塞於胸前，水料聚於腹內，以致脾胃不和，而無化導，陽明經內受病，傳在大腸九禶之內，不能轉移左右，聚糞成結，氣脈不能通宣，腸中閉塞不利，心胸悶亂，痛苦難忍，遂成起卧之疾，此謂七結之病也。夫大腸一丈三尺，內蟠九曲九禶，四禶受氣於前，五蟠受結於後。小腸二丈四尺，其形八禶八蟠；三蟠受精，五禶納水，如江河之道路，運水穀以出肛門，內傳於臟腑，外合皮毛。三萬三千一百一十腠理，及二户七竅，表裏無虞，此謂內痛外達，而轉運也。《內經》云：結症者，實症也，停而不動，止而不行也。水停不運者，而為胞轉之痾；料結不動，遂成臟結之病。如是者其狀有七，故云暗藏七結。七結之外，而又有三，名曰外三結也。是故前結、中結、後結、弔結、背結、垂結、大肚結、板腸結，此謂內七結也。又曰：靠門結、順手結、小腸結，此謂外三結也。小腸結者，即胞轉也。然三結者，結在廣腸之內，臟腑之外，塗油入手，刻時見效矣。七結者暗藏玉女関中，臟腑之內，假如用針施藥，入手取者，未必便見其功。又且大腸九蟠九禶，一丈二尺，如人之手，不過二尺之長，何以得到丈二九禶之中，不得玄妙何以能治。近世獸醫，不察病源深淺，不知廻避，遇起卧之疾，不辨真偽，未明何所之治，且入手於穀道中，一摸不見病糞，袖手無言，治法無措，萬一損傷胃者，十死無一生也。凡入手者，必須仔細推詳，論病深淺，治法玄妙。先將右手指甲剪盡，必于石上磨滑齊，入內無得損傷肛門，先將溫暖油水灌入穀道，然後再將油水于膀膊之間潤抹通滑，免教入手滯澁徐徐用意，塗手入于內，大腸九禶之中，左右前後，穿腸慢慢尋取。如遇横弦立肚，乃是玉女関津，即須廻避，勿令傷綰；再於別竅搜尋，凡有滑硬如球打手者，則為病之糞結也。得見病糞，休得鹵莽慌忙，看糞結于何處，順逆詳明。其大腸一丈二尺，前四尺前結，中四尺中結，後四尺後結。凡塗手入肛門，廣腸而有結糞者，此謂外三結也。越三結而前，於板腸中有結者乃大肚板腸結也。手背上懸有結硬者，乃垂結、背手結也；垂結之前，手伸而不到者，乃為弔結，宜縛倒卧地而取之；此謂七結之狀也。又曰：夫七結者，結于廣腸之前，大腸之中，九禶之內，手指直硬，轉彎不遇抹見而不能取出者，將焉取之？則曰：須用元機，臨時應用可也。倘遇前項病糞結在於大腸九禶之內，摸見而不得取者，醫者須當仔細從容，以右手為度，以虎口大指，或以四指尖梢於腹中摸定硬糞，對應無偏，隔腸輕輕按切，以病糞破碎為驗，但一二破碎，便見其效，無不通利矣。大抵秘結治法：取則徐，入則緩，燥則潤，秘則通，澁則滑，氣則順，如鼓稃相應，而無不立效也。

又《三喉論》　夫三喉者，嗓黄、槽結、喉骨脹也。此三者皆咽喉間閉塞之症，亦為卒暴之疾。且咽喉為水草之驛遞，臟腑之関津，氣血之道路。蓋馬為火畜，象稟離宮，畜養失調。喂飲無節，春不抽六脈之血，夏失灌清涼之劑，以致氣血太盛，熱積心胸，上攻於咽喉，故成其患也。又且心為帝王，肺為丞相，心主血，肺主氣，氣血流轉周身以應四時寒暑，多一遭為熱，減一遭為寒；或因氣血流轉不足，則脾胃受之，而為五勞七傷之症；倘或營衛不和，往來太過，心肺受之，則生三喉之症也。或食槽脹大，或咽喉腫硬，或瘰癧結于於舌下；或硬核填塞於喉中，致令呼吸難通，水草難嚥，喘粗氣逆，鼻孔流膿，啌咳不爽，首項難低，此謂三喉之症，醫士分別三者治之。凡治者必先理氣，次令清喉，抽鵲脈□其肺火，放胸堂瀉徹心壅，再於喉門通関穴，輕則火針，重則火烙。診察盛衰，詳別虛實，量加施用，此謂致治之道也。如食槽之內，有瘰癧結之而脹者，就於槽結穴中以針刀割破，取出病核，此謂槽結也。治法另開，其額黃、喉骨脹者，醫家斟酌而行。倘氣喉腫合，食顙不通，伸頭直項偏次生黃，喉內有聲如抽鋸，十死一生也，不可輕用針刀，妄加攻治。如咽喉呼吸平順，腫而不合，偏次無黃，方可許令開割。其頰骨以下，氣顙之中，去喉門四指，中心是喉腧穴。凡三喉閉塞，就於喉腧穴中，先用針鈎起大皮，捻轉利刃，割如小錢大圓創口，仍用鈎子再將膜皮搭起，又令刀割去膜，勿傷排顙肌肉，迴避血管，仔細用心，慢將氣顙脆骨輕割一節。以中指尖梢先透其孔，搜尋血塊涎膿，次用指粗小竹筒一節。開竅按於穴孔，則令胸壅解泄，呼吸宣通。如此可謂療獷之奇功，養性之妙術，亦為後世之鑑矣。

又《五勞引經》 筋勞者，因久步得之。其狀：終日驅馳奔波，放而不展者是也。故血氣不能統筋，而筋無榮養，以致四肢疼痛、蹄痛、串氣等病是也。筋病無多食酸藥。血勞者，終朝寒暑用力無歇得之。其狀：或噴衄、吐啌，或大便通淋而帶血，小便淋結而不通，此謂血患之症也。又有騍馬牸牛，胎前失紅必損小犢，胎後失紅必是惡露未盡，總屬血勞之症。血病無多食苦藥。氣勞者，因耕耙之時，喘息未定，血氣不和；或飽餐草料，氣不宣通；或咳嗽連連，或汗身受寒，皮毛焦枯，或涕噴清涎；或冬天養飼失調，屢受寒氣，次年必發脾胃虛弱之症，或胸腹膨脹，此等疾患，皆為氣勞。氣病無多食辛藥。皮勞者，脾勞也，因辛苦少閑飢湯所傷；又或久汗未乾，忽遭風雨，或秋逼冷水，春來皮枯。其狀雖驟起而不振毛是也。所謂侵發病則脊熱身涼，口色黃者是，唇青體瘦，血脈敗弱。脾病無多食甘藥。骨勞者，因久立得之。或損傷腰腎，或體汗未乾之時，冷雨冰水內逼骨髓，發為痈疽，或生癱瘓、骨瘘之症。亦有牛遺精成病，又有跌打損傷筋骨，久醫不效，發為拐骨瘤，筋骨脹大，此多為肢節腫痛骨勞之症。腎病無多用鹹藥。此為五勞引經，醫者當察實用藥，無不神驗。

又《七傷引經》 寒傷者，因飲冷滿腹，或嚴冬久露風霜，或老衰陰雨苦淋，或久卧濕地，或牧放水溪，或夜涳清水，胃感邪氣，其病發時口冷身顫，肚痛腹脹，腸鳴泄瀉是也。熱傷者，因炎天日暖，勞苦用力，熱氣冲五臟，心、肝中暑暈悶煩燥，脾經受熱必生痈毒，肺經熱必生喘息，肝經熱目生翳障，心經熱必生痰火，結胸，熱傷是也。水傷者，因四時失調，耕耖傷力，汗身未乾，冒雨過河，汲水淋身，或繫栓繫陰冷水池，寒氣逼住，毛竅不通。或久渴不飲，飲冷水太過，停滯不散，水結腸胃，作疼發症，腸鳴泄瀉。或項强脊硬，身體麻木，毛焦體瘦，怯寒勞熱，骨蒸四足疼痛是也。飽傷者，因草飽太過，未及轉嚥，隨後耕耙，用力太過，在輒難以轉嚥，故此內傷腸胃，料草積聚，糞行遲滯，忽然起卧，其病為肷腹飽滿，胃氣滯痛，回草轉糞，口吐酸水，頭面着地，回頭覷腹是也。力傷者，因膘肥耕耙，無有閑暇，力乏得之，氣血兩虧也。其病為耳搭頭低，口色不鮮，関部脈細，偏體酸痛，四肢硬蹻，皮毛反溜，骨瘦如柴，口張舌赤是也。飢傷者，四時草藁，春耕苦極力乏，草口無味；夏無涼棚，熱極懶於吃草；秋夜露冷草枯，種麥秋耕無暇草飽；冬無暖厩，四壁陰冷，久卧牛溲濕地，胃寒草少，其牛病發，漸漸瘦如狗，氣血兩虧，皮枯毛焦，心虛肉顫，四肢無力是也。跑傷者，因性燥氣血未定，馳驅太過，喘息迎風併氣，遠奪力傷四肢，以致筋骨疼痛，頭低耳搭，眼皮不開，移步短促，肉斷脂消，呼吸不續，此為跑傷之症也。

又《五臟所欲》 所欲散。急食酸以散之，以酸補之，以辛瀉之。心欲軟。急食鹹以軟之，以鹹補之，以甘瀉之。脾欲緩。急食甘以緩之，以甘補之，以苦瀉之。肺欲收。急食辛以收之，以辛補之，以酸瀉之。腎欲堅。急食苦以堅之，以苦補之，以鹹瀉之。

綜述

清 李南暉《活獸慈舟・黃牛第二篇・心經病》 治牛感暑法。感暑一證，因夏日炎天，火氣熾甚，牛感暑氣，熱極入心。然暑證亦各有不同，有暑涼兼感，有蒸騰熱氣所竄，有耕載過勞，有牧養失宜，種種病情，皆由天氣炎熱，火毒攻心，致使大汗淋漓，鼻竅乾燥，心口氣粗。

又 治尿血法。心與小腸相為表裏，尿經從腎竅膀胱而來，實由小腸發出。尿血之證，多是心火奔騰，真陽發動。有言腎邪膀胱濕熱，腎雖惡燥而腎屬水，何有心火熱蒸，從此受證者。

又 治牛心黃法。醫曰：牛有心黃，此證非常，若不早醫，命必傾亡。然是證皆由心火熱毒所攻，或使用太過，渴飲涼水驚悸，必致生黃。

清 傅述鳳《養耕集・養耕針法全集》上《治牛洩瀉法》 夫洩瀉之病，四季不同，春初草乍萌芽，土氣上升，定生青草之瀉。夏天火盛，又經耕作力竭，飲水過多，致令水火相駁，亦生此癥。秋金行令，天時乍寒乍熱，久受乾燥，郁結未舒，亦有是病。冬時草枯葉落，牛以稻稈爲糧，偶牧郊外，黄沙撲鼻，兼之霜雪侵肌，此病亦不能無。立心治之，總該厚腸止洩，助脾開胃爲先，不宜令其洩極成滑也。當用後二方以治之：用早米飯炕焦存性，鋪於地上攤冷，取百草霜與陳醋調匀，共捻成塊乾服，或研末煎水灌服，連灌數次，其洩卽止。又方：用鐵棱角莖煎水灌之，效亦如神，如又不好，更用黄連湯以兼治之，則無不好也。

清 佚名《醫牛寶鑒・補牛經大全》 牛患肝黄癥。肝黄者，肝風黄也。皆因蓄養失調，負乘過力，暑月炎天，喂熱料草太過卒，熱料毒氣積於腸內，疫氣布滿三焦，痰血凝結，相掠其肝也。令獸眼赤頭昂，四腳不停，眼急驚狂。此謂肝風熱邪之癥也。宜三黄天竹散治之。

又 水牛患心風狂癥。心風狂者，心熱風邪之癥也。皆因三焦積熱，胸膈痰結，郁聚於心，逼其火邪迷亂心神也。令獸渾身發燥，驚狂走急，吃土亂跌，氣促喘粗。此謂熱極中風邪之癥也。宜鎮心散治之。

又 牛患心黄癥。心黄者，心風黄也。皆因蓄養失調，負重乘犁，暑月炎天，用力過于奔走，卒熱而喂料草太多，毒熱積於腸內，疫氣布滿胃中，痰血郁結迷亂其心。令獸渾身肉戰，咬胸嚙足，奔走顛狂，目睁尾擺。此謂心部痰迷之癥。宜清心散治之。

又 牛患腦中黄癥。腦中黄者，風熱所生也。皆因蓄養失調，拴於檐風之下，賊邪之風乘虚而入，傷於正氣，以致三焦逆阻，火毒而無去路，上沖於腦頂而凝結成其此黄。令獸渾身閉塞，眼黑吐涎，耳搭鼻開，行走失神。此謂腦中生黄之癥。宜定黄散治之。

又 牛患熱病癥。熱病者，陽氣太盛也。皆因暑月炎天，負重乘犁，奔走太急，失於解散，乘熱而喂熱草，積於胃中，胃火遍行，傷於心肺之間。令獸頭低眼閉，行直如癡，臥多立少，惡熱便陰。此謂暑傷之正也。宜三黄散治之。針連貼穴、三關穴、八卦穴、兩耳尖，渾身皆宜針之。

又 牛患渾身出血癥。渾身血出者，心肝脾熱積所致也。皆因蓄養失調，熱毒所積胸膈，郁結傳心，致心多生熱血妄施傳於肝部，以致肝部受傷，不能藏血。復傳於脾，脾氣受木邪之克，不能統血。以致血妄行經絡迫於毛竅而出。令獸毛焦肷吊，渾身血出。精神倦怠，鼻無津汗。此謂熱毒之癥也。宜蔚金散治之。

又 牛患草傷脾癥。脾病者，草所傷也。皆因乘犁負重，喘息未定，卒然而喂熱草，以致涎沫裹草相纏一塊，積於其內，脾土衰而胃火弱，不能納受而施化腐之功。令獸出氣如雷，毛焦糞硬，口澀舌紅，連連咳嗽。此謂脾傷熱草之癥。宜穿腸散治之。

又 牛患脾病癥。脾病者，脾胃感風寒之癥也。皆因蓄養失調，外感風寒，凝於經絡。内傳熱毒積於脾胃，脾胃合此邪熱，失其運化之職，所以逆聚而成其患也。令獸口黄辰青毛焦，草細肷吊，頭低耳熱，鼻燥腳軟。此謂脾受寒邪之癥也。宜白朮散治之。

又 牛患脾痢癥。瀉痢者，脾受冷傷也。皆因蓄養失調，喂飲無節。野放逢淋雨，外拴被露霜，或久渴失於飲水，空腸飲水太多。傷於脾經傳於胃，胃火微弱，氣不升降，冷氣滯濡，陰陽不分而成其痢也。令獸毛焦肷吊，口鼻俱冷，腰拳腳軟，後身顫驚。此謂脾寒冷傷之癥也。宜通靈散治之。

又 牛胃翻癥。翻胃者，返胃也，料草食之吐出也。皆因外感風寒，内傷陰傷，傷之於脾，脾傳於胃。脾胃受邪，遍傳五臟。是故脾者，土也；胃者，火也。脾冷而土衰，胃寒而火弱。土衰者，不能化導；火弱者，不能納藏。脾胃失職，致使料草下咽，胃不容納，則令嘔吐而出，故云胃翻也。令獸精神倦怠，耳搭頭低，鼻浮面腫，肷吊毛焦。此乃寒極之癥也。宜健脾散治之注：原抄本為補黄散，改正。

又 牛患水傷癥。宿水停留者，臟冷氣虚也。皆因勞傷瘦羸，空腸誤飲冷水太過，停留腸內，不能運化，宿積於臍下皮裹膜外。此脾胃先虧，致使郁結而相凝也。令獸鼻冷如冰，體瘦身戰，頭低耳搭，行立無神。此謂宿水停臍之癥也。宜溫脾散治之。

又　牛患困水膈痰癥。困水膈痰者，脾經陰氣太盛也。皆因蓄養失調，久渴失飲，空腸飲冷水太過，停立不散，傷之於脾，脾傳於胃，胃火微弱，不能傳送膀胱，積於腸內，氣不升降。令獸身熱頭懸，口黃鼻冷，角耳俱涼，眼中流淚。此謂陰冷結痰之癥也。宜四順散治之。

又　牛患宿草不轉癥。便血者，熱草積滯而成也。皆因蓄養不調，飲食飽填，胃中毒熱妄行，致血不歸經，滲於大腸，糞血結聚，此乃胃中毒熱莫能潮於百脈，關節閉塞而成其患。令獸腹內脹大，起臥不時，鼻於氣急，耳搭頭平。此謂宿草不轉之癥也。宜行氣散治之。

又　牛患水草不通癥。水草不通者，結於大腸後也。皆因空腸面喂乾料枯草，口渴急飲冷水，水草料積於大腸後面而結也。令獸肚腹飽脹，連連起臥，腰曲頭低，回頭覷腹。此謂草結不通之癥也。宜透龍散治之。

又　牛患肺嗓黃癥。肺嗓黃者，肺中積熱而成也。皆因心肺熱極盛，毒熱傳於肺部，郁結而成。氣塞咽喉，吐之不及，肺損脹烈，羅膈傾頹。令獸聲若拉鋸，喉骨作脹，鼻膿無津，口垂血沫。此謂肺嗓之癥也。宜砂砂散治之。

又　牛患肺黃癥。肺黃者，肺受熱邪也。皆因食之太飽，負重乘犁，奔走太急，壅毒蹙損肺經，滯氣凝於肺部，瘀血結在胸中。令獸鼻乾生膿，眼睛多黃，低頭亂抵，氣喘毛焦。此謂肺黃之癥。宜菖蒲散治之。

又　牛患心風狂癥。心風狂者，五臟熱積所生也。皆因蓄養失調，水草不均，熱注於五臟，邪氣流於三焦，垢塵逆塞肌膚，氣血凝結經絡而成此患。令獸口中流涎，雙眼合腫，身生瘡疥，耳搭頭低。此謂心邪生風之癥也。宜人參散治之。

又　牛患肺熱癥。肺熱者，肺中風熱之癥也。皆因蓄養失調，喂多飲少，熱毒積三焦，留於脾臟，傳於肺部。肺受其火邪所迫而成此癥也。令獸精神困倦，鼻膿無津，耳搭頭低。此為肺受熱邪之癥也。宜麝香散治之。

又　牛患肺掃癥。肺敗者，肺勞也。皆因三焦熱極，心火亢害，漸入肺部。滯氣結於肺經，淤血結在胸中。令獸涎出長流，毛焦身瘦，耳搭頭低，神氣不爽。此謂肺掃熱傷之癥也。宜治肺散治之。

又　牛患肺痛把膊癥。肺痛者，肺熱極傷也。皆因蓄養失調，以致毒熱積心胸，傳於肺部，受其邪火攻，痛復傳於經絡，遞傳膊膝也。令獸精神困倦，耳搭頭低，頻頻換趾，跪地難行。此謂肺受勞傷之癥也。宜半夏散治之。

又　牛患肺勞癥。肺勞者，肺受火毒也。皆因蓄養失調，冷熱不均，邪火積於五臟，先傳脾胃，次傳於肺，凝氣淤血，結於胸中，令獸眼閉無神，四腳難移，喘息鼻乾，此謂肺壅傷勞之癥也。白槐散治之。

又　牛患拖犁力弱熵癥。燔氣攻心肺者，食飽熱結而成也。皆因負重乘飢喂草太過，相并結於脾胃，胃火微弱，邪火相生，傳入肝經，肝傳於心，心傳於肺，肺氣燔盛，攻沖凝聚，生此患也。令獸久臥不起，抬頭張口，眼淚汪汪，烘緊難食，哽氣喘息。此謂食飽燔氣相攻而肺受其邪也。宜杏仁散治之。

又　牛患水頭風癥。水頭風者，困水所傷也。皆因蓄養不調，渴久未飲，以致飲水太過，又被風寒所傷，宿水停於腸內，胃火微弱，不能運化傳送膀胱。所以陰陽不和，風寒逆滯上沖於頭面，腫大如囊。令獸頭腫眼合，渾身麻木，項緊如椽，牙關緊閉。此謂傷水被風邪所迫而成此癥。宜三圣散治之。

又　牛患熱發退毛癥。身熱毛退者，心肺積熱而傳也。皆因蓄養失調，喂多飲少，以致熱毒積於心肺，淤汗沉於毛竅，垢塵迷塞肌膚，營衛熱極，先傳於肺，肺受其邪火，遍傳經絡也。令獸渾身發熱，皮燥毛退，眼赤舌乾，喘急鼻熱。此謂肺熱血風之癥也。宜五如散治之。

又　牛患破傷風癥。破傷風者，外感風邪也。皆因蓄養失調，勞傷太過，或負重鞭笞之傷，或他物撞腫背脊皮破血出，或拴巷道之中，或舍檐之下，賊風乘虛入於皮膚，而傷腠理，腠理傳於肌肉。令獸渾身麻痹，眼急驚狂，微喘口緊，四肢僵硬。此謂傷風之癥也。宜天麻散治之。

又　牛患腎傷癥。腎傷者，外感內傷也。皆因失其蓄養，久渴失飲，空腸飲水太過，停聚於腸內，或夜臥濕地，濕氣流入腎經，或檐下苦淋與賊風吹滲傳於腰胯。令獸後軀無力，腰靸腰拖，垂耳急眼，捽行不動。此謂腎冷拖腰之癥也。百補散治之。

又　牛患困水傷五臟癥。困水傷五臟者，陰氣太盛也。皆因蓄養不調，久渴失飲，空腸誤飲冷水太過，停立不散，傷於脾臟，脾傳於胃，胃火微弱，不能傳送膀胱，積於腹內，不升不降，以致陽氣愈衰，陰邪愈盛枉行，傷於五臟，成此冷陰之癥也。令獸毛焦肷吊，倦頭仆地，口涼鼻冷，舌硬腰曲。此謂冷傷之癥也。宜五積散治之。

又 牛患黃癲瘦癥。黃癲瘦者，內腎有傷也。皆因負重傷犁，急走無歇，卒然傷於胯腰，促損內腎。滯氣凝於腎部，痰血注於膀胱，氣血凝於經絡。令獸渾身消瘦，四蹄虛腫，筋弱骨痿，難起難臥。此謂停留氣血內傷偷瘦之癥。宜烏金散治之。

又 牛患胞虛癥。胞虛者，水傷之癥也。皆因蓄養失調，辛熱而飲，冷水停於腸內，脾胃衰弱不能運化，遞傳膀胱，以致所宿之水積胞虛之中。令獸肚腹虛脹，尿溺多澀，毛焦肷吊，精神短少。此謂胞虛之癥也。宜芍藥散治之。

又牛患服勞癥。血淋者，心移熱於小腸所致也。皆因三焦熱極，心火亢盛移於小腸，熱毒注於腎經，陰陽失序，清濁不分，氣不能化，郁結而成其癥。令獸尿癃溺血，小便瀝紅，四腳難移，毛焦頭低。此謂服勞後而生此血淋也。宜大戟散治之。

又 牛患砂石淋癥。砂石淋者，精結成此石癥也。皆因蓄養失調，以致心火亢害必移熱於小腸。日久積而不散，敗精凝結而成此病也。令獸頭平尾撒，水草細喂，精神短少，尿腑結腫。此謂砂淋之癥也。宜滑石散治之。

又 牛患前蹄癥。前蹄病者，氣血兩衰之癥也。皆因老牯瘦牸，失於蓄養，日久心脾胃皆弱，心不能生血，肺不能統氣，脾土衰微，胃火弱小。如此各臟失其稟受，以致血氣衰微，莫能營養筋骨，所以患此病也。令獸前蹄難移，虛腫無力，精神短少，頭低耳搭。此謂前蹄患此癥也。宜乳香散治之。

清 佚名《牛醫金鑒》上篇《點痛文》 倒地損着搶風骨，踏空閃着膝腕上骨，蹊道促損烏金骨，折橋度傷合子骨。昂頭點，膊尖疼；平頭點，下欄骨病；偏頭點，乘重病；低頭點，天臼痛；難移前脚，搶風痛；蹄尖着地，掌骨疼；驀地點，攢筋疼；虛行下地，漏蹄痛；垂蹄點，脚尖疼；懸蹄點，蹄心疼；直脚行，膝上疼；促步行，骨頭痛；曲頭點，膺肢疼；伸頭點，項骨疼；擺頭行，鼻序疼；平地蹻步，蹄膊上下痛；昂頭不動，兩肋痛；下坡斜走，胸膈痛；平塗竊步，蹄薄痛；向裏蹉，外跟痛；向外蹉，裏跟痛；弓腰不行，腸腹痛；點頭行步，四肢痛；擺耳斜走，膊肢痛；拖脚行，雁翅掠草痛；拽脚行，燕子瓦骨痛；蹩脚行，鵝鼻曲尺痛；喘咳束脚行，肺膊五攢痛；後脚難移，胯瓦痛；硬身直行，偏身濕氣痛；蹲腰搭耳行，胃脘痛；踟腰流淚，肝經痛；吊腰硬堅，脊筋痛；後脚難抬，腎經痛；低頭咬齒，心經痛；急起急卧，脾經痛；氣喘不息，肺經痛；口吐清水，膽經肚腹痛；吼喘氣粗，四肢痛；驀地轉繩，抱胸咬臆，腸結痛；小便滴滴，胞經痛；爬前爬後，五臟痛；肉顫兢兢，皮毛痛；時時點尾，小便秘痛；直尾行，大腸經痛；捲尾行，小腸經痛；一卧不起，遍身肢節疼痛。

又《五臟所苦》 肝苦急，急食甘以緩之；脾苦濕，急食苦以燥之；心苦緩，急食酸以収之；肺苦氣，急食苦以泄之；腎苦燥，急食辛以簡之。

紀事

清 佚名《相法牛經大全·診斷學篇·王良啌嗽論》 且人之與獸，雖賦形而稟性之不同，然資氣於陰陽，未之有異也。若夫牛馬之屬，係乎人之所蓄，苟失其調，則風寒而外感，勞役而內傷，亦不能而無疴瘵矣。昔周靈王問於太史王良曰：『牛馬之啌嗽，多生於肺者何也？』太史答曰：『五臟六腑，皆令獸啌，非獨肺也。』王曰：『愿聞其道。』良曰：『皮毛者，肺之合也。而皮毛先受邪氣以從其合，而又食邪入胃，胃氣上升於肺，肺與皮毛內外合邪，主氣客氣兩相擊迫，則令之啌嗽矣。又且肺為五臟之華蓋，專主於氣，氣之清濁得分，則無啌嗽。若清濁不分，濁氣上升於肺，則肺氣而不能清爽者，亦令之啌嗽矣。外感內傷者，則肺之先受矣。肺傳肝，肝傳脾，脾傳腎，腎傳心，心傳六腑，六腑傳三焦，三焦而氣逆，氣逆而腹滿，腹滿而危矣。』王答曰：『善。』又曰：『五臟啌嗽，何以識之？』王良曰：『五臟啌嗽，各有形狀而驗之。』王曰：『幾何？』答曰：『肺啌之狀，啌而喘息有音，鼻流膿涕也。心啌之狀，啌而前蹄刨地，謂心痛也。肝啌之狀，啌之頭則右顧，謂左脅痛也。脾啌之狀，啌之頭則右顧，謂右脅痛也。腎啌之狀，啌則懸其後腳，謂腰中痛也。此謂五臟內傷外應之啌也。』王曰：『五臟之啌，余已知之。主腑之嗽，其狀如何？』良曰：『肺啌不已，大腸受之，啌則氣喘，鼻流膿涕，甚則屁出而遺糞矣。心啌不已，小腸受之，啌則前蹄刨塵，甚則咬齒，頭垂於地矣。肝啌不已，膽腑受之，啌則頭於左顧，甚則口吐而有黃涎出矣。脾咳不已，胃腑受之，咳則頭於右顧，甚而嘔吐則有長蟲出矣。腎咳不已，膀胱受之，咳則懸其後腳，甚則小便而遺溺矣。久咳不已三焦受之，咳則毛焦草細，鼻出臭膿，身形羸瘦，四肢虛腫，肚腹脹滿，逆氣積聚於胃關於肺也。』王曰：『治則幾何？』良曰：『凡治者，當養其心，斂其肺，清其肝，健其脾，滋其腎，補其陰，和其血，順其氣，調其六腑，各從其類，考證用藥，而無差失，可為賢矣。』牛馬咳嗽歌：牛馬咳嗽說根源，不悟經書曉會難。八萬四千毛孔竅，肺經相合古來傳。誤餐邪物凝於胃，皮受風邪毛竅間。外感內傷寒暑致，饑飽風寒勞役兼。表裏合邪先染肺，脾腎心肝相接傳。肺壅發咳鼻涌涕，毛焦乾嗽肺經寒。草飽多咳用飽損，擺頭連嗽肺風寒。五臟損傷皆令嗽，說與醫人用意捍。肝嗽之形頭左顧，腎咳之狀後蹄懸。心咳前足頻刨地，脾嗽回頭向右觀。胃傷咳吐長蟲出，肺腑傷咳糞溢便。心嗽腑傷出哽氣，肝膽咳傷口吐涎。腎傷不已傳於腑，咳聲小便滴漣漣。好手醫人能治療，調和五臟自然安。氣壅三焦兼腹滿，尫羸多嗽救無緣。鼻流膿血并腦顙，氣呻如鋸死相牽。四肢虛腫咳無治，口色青黃嗽療難。血勞肺嗽休醫救，黃膿嗽臭死來傳。經書之內分明說，仙人留下古今傳。又咳嗽歌：從來咳嗽十八般，只因邪氣入於肝。胸間咳嗽多喘滿，胃嗽隔中有痰嗽。肝風咳嗽侯有痞，三焦咳嗽體多汗。大腸咳嗽三焦火，小腸咳嗽舌上乾。傷風咳嗽喉作癢，膽嗽夜間不得安。氣咳夜間多沉重，肺嗽痰多氣不安。熱嗽多血連心痛，膀胱嗽時氣多寒。勞嗽夜間多汗出，傷寒嗽時冷痰痰。此真仙人傳妙訣，留于後人用心觀。

清 佚名《牛醫金鑒》篇上《牛馬起卧論》 東溪問於曲川曰：牛馬起卧，忽然卧地不起者，何也？曲川答曰：木水絕也。問曰：何以見之？答曰：肝者，木也；腎者，水也。肝為木部，腎為水海；肝主於筋，腎主於骨。肝絕者，筋攣力敗；腎絕者，骨痿腿癱。筋骨絕者，卧地而不能復起也。《卞氏經》云：凡馬起卧，卧地不起者，木水虧傷，根本絕也，其症難醫。歌曰：起卧連連不住停，忽然倒地腿梢空。四肢癱軟渾如醉，兩目昏沉閉不睜。鼻中血水如泉湧，胸前汗出似油津。此般形狀從來死，縱有靈方命不存。

又《牛馬傳經四肢疼痛論》 東溪問於曲川曰：凡馬牛傳經絡，四足輪流疼者何也？答曰：四足輪流疼痛者，痛風之症也。問曰：何謂痛風？答曰：痛風者，濕風凝于經絡。皆因外感風寒，內傷陰冷，外感內傷，傷之血氣，氣之凝血，血之凝氣，氣血相凝，經絡鬱結而成痛也。東溪曰：何以見之？曲川曰：心者血也，肺者氣也，氣血流行，周身流轉，以應四時，多一遭為盛，減一遭為衰。氣血盛者，妄行經絡，溢於膚腠；氣血衰者，凝于經絡，滯於肉理。是故妄行經絡者，發瘡發黃；凝於經絡者，作疼作痛；流之於下，胯拽腰拖；傳之於上，胸疼膊痛。此謂傳經走絡、凝血滯氣，把前把後之症也。東溪曰：何以治之？曲川曰：凡治者調經理氣，止痛袪風，和血，壯髓強筋，六脈停止刺之。

又《馬牛心血腎水不足投藥無效說》 東溪問於曲川曰：凡馬牛寒症灌暖藥，熱疾施涼剂不效者，何也？答曰：寒症灌暖藥而不效者，心血不足也；熱疾施涼藥而不效者，腎水不足也。東溪曰：何以治之？答曰：心血不足者，養心生血；腎水不足者，滋陰降火，以製藥而治之可也。

藝文

清 佚名《牛醫金鑒》上篇《起卧入手詩》 牛馬起卧有多般，次第且是入手難。大腸九禶應九曲，小腸八禶應八蟠。五禶受結在膈後，四禶受氣也相連。五禶受水小腸旺，三禶受精並受涎。橫弦立肚須迴避，一尺二寸玉女関。入手須多用油水，莫教糞結向前難。打結之時靠外手，兩邊搜尋細意看。裡結之時入手見，徐徐按動氣通宣。靠門結時燕口取，盛將油水推向前。背手結時翻手轉，合在掌內恰亦然。吊結之時須縛倒，兩頭墊起曲其灣。垂結之時靠梁打，虎口按破便能安。大肚板腸糞不轉，猪脂鹽豉七聖丸。用藥和通陰陽氣，盤飯中間氣接連。捧上糞塌不起卧，卧至多時起覺難。內傷之時不打鼻，腰脊板着亦是椽。回頭覷腹看兩肋，多因腹內損関前。口看卧蠶帶紫色，此病定死必難痊。經書之內分明說，聖人留下古今傳。

又《三喉詩》 喉內黃腫起，多因熱積生。鶻脈須針徹，消黃灌有功。喉腧將刀割，膜皮去盡壅。脆骨剜一節，顙膜莫教空。竹筒安於穴，徐徐綿杖通。無血方為美，方顯神妙功。

又《牛馬十六般蹄頭痛歌》 牛馬蹄頭十六般，說與醫生仔細觀。蹄尖着地掌骨痛，蹩步難行病在尖。外蹉裏痛側向內，裏蹉外疼外跟翻。蹄薄蹄裂蹄枯硬，行步拘然亦似攢。乾濕漏蹄懸蹄點，虛行下地步難遷。旋搔蹄瘡黄與毒，昂頭不動把啼懸。唯有蹄胎骨脹硬，擺尾摇頭步步顛。蹄頭點痛宜詳玩，請君着意用心看。

又《五臟寒熱歌》 肝經有火，眼赤生眵；如有寒者，流淚不止。肺經有火，鼻必生瘡；如有寒者，頻流濃漿涕。心經有火，舌破生瘡；如有寒者，顫不安康。腎經有火，耳根發癀；如有寒者，腰拖脚大。脾經有火，破口唇瘡；如有寒者，泄瀉如狂。大腸有火，糞必乾礓；小腸有火，尿血忙忙；大腸有寒，久瀉踉蹌；小腸有寒，寒滯濕傷；胃腕有火，痰涎嘔吐；如有寒者，吐草成團；膽腑有火，必發狂悶；如有寒者，肉顫兢兢；三焦有火，皮膚如湯；如若有寒，肚腹氣脹；膀胱有火，熱流小腸；命門有火，壽必延長。

駝

論説

明 喻仁、喻傑《元亨療馬集附駝經大全・駝患四十八癥論病形歌圖治法》 駝患水瀉第二。夫瀉者，痢症也。皆因牧養失調，饑渴出力，遠路歸來，喘息未定，乘饑渴與飲；飲冷水太多，未能牽行，以致冷水停於胃口，熱血凝鬱心胸，又兼脾土衰弱，不能運化。水濕傷脾臟而不生脾土，土不能運化水穀之氣，又不能生金。肺主一身之氣，氣微而不能使血行於臟腑，故致令腹冷氣虚，冒火衰微而成為瀉痢，此謂水瀉之症也。形狀：瀉痢糞漿，鼻咋喘微，耳搭頭低。口色：鮮明者生，赤紫者易治，青者難醫，黑者死。歌曰：駝患水瀉切須知，緣因饑渴過飲之。宿水陰冷停胃口，血疑心肺濕傷脾。良醫速用官桂散，活血醒脾暖胃宜。莫非徹血開心竅，必定大命掩泉泥。治法：有膘者徹鶻脈血、三焦血、四蹄血；無膘者不可多徹血。調理：餵養淨處。戒忌：風雨吹灑。醒脾活血飲：治駝瀉痢等症。官桂、炮薑、烏藥、橘皮、木通、澤瀉、香附、砂仁、枳殼、厚朴、真赤茯苓、甘草炙、當歸、遠志、老生薑。上藥共為細末，每服二兩，水煎三沸，溫加黄酒一斤，童便一盞，調灌之，痊愈。如口色新鮮，精神稍壯；痢不止者，本方加：肉果、檳榔、車前、滑石；如口赤體肥，痢不止者，乃餘積未盡，前本方加：錦大黄、芒硝，灌一服痊愈。

又 駝患傷熱第三。夫駝傷熱者何也？熱者，熱極之謂也。皆因蓄養太盛，膘肥肉重，或係夏月炎天酷暑至極，又兼路遠歸來，途中少飲，汗出津乾。汗乃心之津液，脾之運化，少飲則皮氣虚耗也。脾氣虚弱則不尅化草穀，草穀不化，故而少食。脾不運津液，故大便乾澀，令獸精神短慢，耳搭頭低，此謂暑熱汗消傷熱之症也。形狀：耳搭頭低精神慢，日漸消瘦水草遲。口色：鮮明者生，紫赤者易治，青黑者難醫。歌曰：駝患傷熱不多時，水草微微吃又遲。脾耗腸中漸漸瘦，糞頭緊硬脚難移。脾不運津大便澀，頻頻咬齒漸起羸。徹血速下消黄散，三朝五日病痊瘥。治法：徹大血、三焦血、四蹄血。調理：餵養清涼之處。戒忌：日曬雨淋風吹。消黄散：治駝傷熱，方見馬經。如口色赤紫，加減功工照牛馬經前篇。

又 駝患急偏風症第五。夫偏風者何也，偏風者，乃外感風邪也。皆因

遠途出力帶汗卸載，拴繫；瞻巷之下，或近水塘池邊，陰風邪氣，吹入皮膚，瘀汗熱血，凝滯肌肉，令獸遍身浮腫，渾身僵硬，緊閉牙關，水草難下，此謂外傷風邪、急偏風之症也。形狀：渾身浮腫、遍體僵硬、牙關緊閉。口色：牙關青紫。歌曰：駝患偏風浮腫病，牙關緊閉遍身硬。五臟恩亂口難開，徹血火燒鐵烙應。藥用追風烏附子，薑酒調灌駝活命。治法：徹大血、三焦血、四蹄血，火針風門、伏兔、搶風、百會、大胯、小胯等穴，破皮有傷者是破傷風，難醫。調理：餵養淨處。戒忌：風吹雨灑。烏附散：治駝偏風等症。川烏製、草烏製、五加皮、天麻、北綱辛、麻黃、桂枝、肉桂、附子、白芷、羌活、當歸、川芎、甘草。各件共為細末，每服四兩，水煎三沸，溫加黃酒一斤，薑五片，調灌二三服，痊愈。

又　駝患肺損症第六。夫肺損者何也，肺有損傷也。皆因：負重路遙，鞭催急走，過猛出力，促損肺傷。令獸呼息喘促，咽喉哽噎，此謂負重出力太猛，促損肺傷之症也。形狀：咽喉哽噎：呼息患難通，氣促喘粗，水草遲細。口色：鮮明者生，紅黃者可治，青黑者死。曰：負重傷肺鼻流膿，日久炤尪漸喘嗆。膁吊毛焦兼草慢，咽喉哽噎氣難通。治肺損傷先宜補，羊血蛤蚧有神方。仰限青黑休下藥，定知此症命須終。治法：徹大血止氣促喘粗。呼息難通；火針百會穴，止弓腰拖胯疼痛；徹三焦血、四蹄血、開鬱調經。調理：餵養淨廄。戒忌：風吹雨灑。補肺散：治駝肺損等症山羊血、紫菀、阿膠、川貝母、白芨、白蘞、百合、山藥、熟地、澤瀉、桔梗、當歸。各件共為細末，每服二兩，水煎三沸，溫加蜂蜜四兩，童便二盞，調灌五七服，痊愈。如食細：再灌健中湯，二三服。立效。

又　駝患腎痛氣不和症第十。夫腎痛者何也？腎痛者，腎氣痛也。皆因畜之出力歸來，喘息未定，氣血未調，即與飲喂，飲之太足，未能牽行，陰氣侵入膀胱，邪濕積於脾胃。令獸腰拖胯鞁後腳難移，精神短慢。此謂濕傷腎氣不和之症也。形狀：低頭眼閉，胯極腰拖，起臥頻頻。口色：鮮明者可治，昏糊者難醫，黃紅者可治。歌曰：駝患低頭眼朦朧，鞁胯拖腰腎濕風。因餐宿水膀胱積，脾胃啾唧起臥攻。速下溫脾暖腎散，脾腧百會有神鋒。若得拳攣扛不起，仍有名醫治無功。治法：火針百會穴、脾腧穴。膘壯者徹三焦血、四蹄血。調理：餵養清淨之處。戒忌：風吹雨灑。溫脾暖腎飲：治駝腎氣不和等症。益智仁、砂仁、檳榔、草果去殼、滑石、木通、車前、白朮、雲苓、甘草、炮薑、蒼朮、小茴香、肉蓯蓉、故紙、川楝子。各件共為細末，每服四兩，薑一塊，水煎三沸，溫加黃酒一斤，童便一盞凋灌，立效。

又　駝患膁黃症第十一。夫膁黃者何也？膁黃者，乃腎經黃也。流發於膁，根出於內腎。乃五臟積熱，流毒於腰膁，此絶症也。無則無方治之。然亦有皮黃，雖腫亦在此處，根不出於腎經，其亦可治，醫者細意察之。然皮黃者，腫於皮也。內黃者，腫在於肉內也，不能醫治也。在於皮膚者可治也。照牛馬黃治之，可應手而痊也。形狀：膁腫如瓜，後腳難移。口色：鮮明者生，紅黃者可治，青黑者死。歌曰：駝患膁黃後腳拖，腰膁腫硬似冬瓜。發時疼痛耳骨痛，兩日三朝喪黃沙。仍是高人難下手，名方揀盡枉攻加。不把腰胯須可治，見是皮黃治無差。治法：用蟾繩穿墜。方見馬經篇。

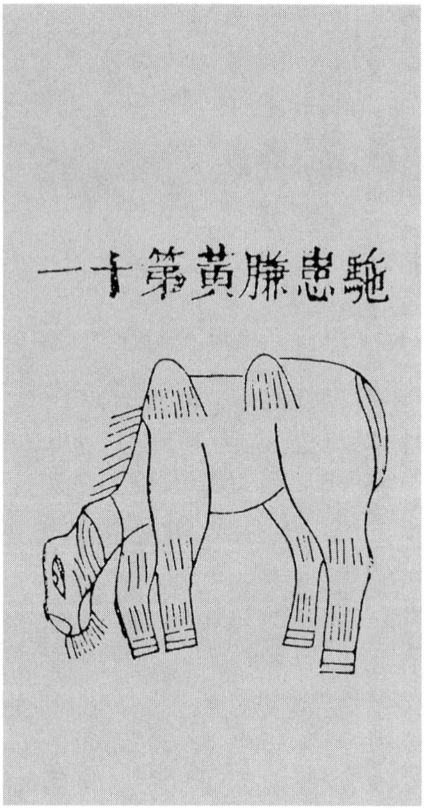

又　駝患肺熱症第十二。夫肺熱者何也？肺經積熱也。皆因畜之負重，路途遙遠，出力太過，失於牽行，或經賊風，或受潮濕，將熱血擁塞於心胸，瘀痰凝鬱於肺竅。令獸口吐白沫，喘息氣微，精神短慢，日漸瘦痿，此謂勞傷肺熱之症也。形狀：口吐涎沫，日漸瘦弱。口色：鮮明者生，紅黃者可治，青黑者死。歌曰：駝患肺熱細意看，日漸身瘦只頭低。膿涕：白沫肺家熱，清涕便是肺家寒。宜下消黃清熱藥，徹血清火臟腑安。依經按典能調治，七七之內病痊還。治法：徹煙、三焦、四蹄血，弓腰者火針百會穴。調理：餵養淨處。戒忌：風雨吹灑。消黃散：治駝肺熱，灌一二服，如口色正，火氣退下能進食者，再灌健脾調胃藥。方見牛馬經內。脾胃：壯則能納食，納食則氣行，氣行則血活，血活而生膘，生膘而痊矣。

又　駝患肺癰症第十三。夫肺癰者何也？癰者擁塞也。皆因畜之出力之後，拴繫不便之處，致風邪寒濕侵襲於毛皮，熱擁於肺竅，痰不能還膈，血不能行經。令獸鼻咋氣喘，啌嗽不寧，日久毛焦糞結，此謂熱極肺癰之症也。形狀：時時喘息，口吐涎沫。口色：鮮明者生，昏糊者難醫，紅黃者可治，青黑者死。歌曰：駝患肺癰嗽不安，喘息之時口流涎。急喘便是肺家病，認得駝經書內言。肺家得病傳於外，毛焦糞硬結根源。藥用消黃油蜜下，日進三服病自痊。治法：徹大血、三焦血、四蹄血，弓腰者火針百會穴，氣脹者針脾腧穴。調理：餵養淨廄。戒忌：日曬風吹雨灑。消黃散：治駝肺熱等症。方見馬經篇內。

又　駝患腎冷第十六。夫腎冷者何也？腎冷者，水冷也。皆因出力歸來：乘饑渴而過飲冷水太足，未及牽行，以致陰冷傳入膀胱，濕氣攻注後腰，或外受風寒，內傷陰冷，內外兩感，令獸把住腰胯，後腳難移，此謂腎冷之症也。形狀：動步腰磨，後腳難移。口色：鮮明者生，紅黃者可治，青黑者死。歌曰：駝患腎冷磨腰行，駝家得病冷氣生。腎冷不和腰後病，膀胱二臟受災因。腎屬北方壬癸水，膀胱通順病自停。厚朴桂心官桂散，蔥酒調下按醫經。治法：火針百會、大胯、小胯、腎腧等穴。調理：餵養暖處，稂草鋪地臥之。戒忌：風雨吹灑，濕地安眠。官桂散：治駝腎冷等症。官桂、厚朴、桂心、小茴香、扁蓄、瞿麥、木通、澤瀉、滑石、車前、甘草、烏藥、真熟附子、赤茯苓、老薑一塊。各件共為細末，每服四兩，水煎三沸，溫加黃酒一斤，童便二盞和灌，二三服痊愈。

又　駝患肺氣把膊第十八。夫膊把者何也？膊把者，肺氣抽把也。皆因負重遠途，出力卸載，或拴繫簷巷池邊。陰寒風濕，吹襲皮膚，邪入肺經，阻塞肺竅，氣滯血凝，經絡不和，令獸抽把前膊，繩捆索縛，舉步難移，此謂氣滯血凝，肺氣把膊之症也。形狀：兩膊直硬，寸步難移。口色：鮮明者生，紅黃者可治，白如枯骨者死。歌曰：駝患肺膊小人知，昂頭骨露頸又低。兩膊如縛如繩捆，醫者用意細思知。大血兩針先與放，七傷散灌是良醫。後學更須依章典，仙經論裏不差遲。治法：膘肥者徹大血、三焦、四蹄血，火針搶風、膊尖、乘重、大、小胯等穴。調理：餵養暖處，草料加倍。戒忌：風吹雨灑。七傷散：治駝肺氣把膊等症。當歸、川芎、製乳香、製沒藥、枇杷葉去毛用，桔梗、陳皮、製川烏、製草烏、追風藤、北細辛、烏藥、木通、羌活、防風、白芷、花粉。各作共為細末，每服四兩，水煎三沸，溫加黃灑一斤，童便一大盞調灌，三五服痊愈。如口色淡，本方加：肉桂、附子。

又　駝患肝黃第十九。夫肝黃者何也？肝黃者，肝經鬱熱也。皆因駝之負重遠途，或因夏月炎天，卸載之後，拴繫酷熱之地或拴黑屋之內，又兼勞力傷肝。肝者外應於目，肝內鬱熱薰蒸，外發於目，令獸兩目無光，睛生翳膜，淚流胞腫，此謂肝黃、肝經鬱熱之症也。形狀：眼腫淚下，翳膜睛昏。口色：鮮明者生，紅黃者可治，青者死。歌曰：駝患肝黃目漸昏，睛生翳膜淚流淋。肝經鬱熱外連目，眼不通光病已深。先灌洗肝清涼散，龍膽乾菊有功能。撥雲丹藥頻點目，除卻雲翳病自寧。治法：徹大血、眼脈血、四蹄血，胸前用瞻酥繩穿墜。調理：餵養清涼之處。戒忌：日曬、酷熱之處。洗肝清涼散：治駝肝黃等症。蒲公英、乾菊花、青葙子、石決明、草決子、木賊、蒺藜、蟬蛻、金銀花、白芷、羌活、防風、夏枯草、當歸、川芎、生地、粉草。各件共為細末，每服四兩，竹葉、燈草煎湯調灌，二三服痊愈。如口色赤，火氣壯者，本方加：龍膽草、錦大黃、芒硝、木通、澤瀉，再灌一二服痊愈。撥雲八寶丹：點駝目中雲翳，方見馬經篇。

又　駝患心黃第二十。夫心黃者何也？心者一身之主，心為身主，居於深宮內闕。黃痰血凝滯，鬱結而成也。何以而致有攻於內闕也。皆因夏月炎天，負重走急，痰血攻心，今獸迷亂驚恐，四足獐狂，眼急淚垂，此謂熱急心黃之症也。形狀：眼圓淚滴，四足獐。狂，迷亂驚恐。口色：鮮明光潤者生，赤紫者難醫，青黑者死。歌曰：駝患心黃最難醫，眼睛覷人走東西。心是君火黃是火，火上添火淚雙垂。得病便知難療治，療得心黃是名醫。駝經論裏分明說，先人留下後人知。治法：徹大血、三焦、四蹄血，迷亂驚恐，火針百會、風門、伏兔等穴，胸前穿墜。調理：餵養清涼之處。戒忌：日曬雨灑。黃連解毒湯：治駝心黃等症。黃連、錦大黃、黃芩、川黃柏、知母、貝母、花粉、粉草、桔梗、除皮、梔子、連翹、芒硝。各件共為細末，每服四兩，竹葉、燈草煎湯調灌之。

又　駝患肺黃第二十一。夫肺黃者何也？熱毒流注於肺也。令獸氣促喘粗，此謂熱毒流注於肺，乃肺黃之症也。形狀：喘粗氣急，耳搭頭低。口色：鮮明者生，赤紫者難醫，青黑者死。曰：駝患肺黃也難醫，患者皆知死必期。金見火來為一尅，火來見金也生危。此病見時難療治，喘粗氣急頭又低。有能醫人尋方論，治療如同聖手醫。治法：徹大血，胸前用蟾酥繩穿墜，徹三焦、四蹄血。調理：餵養清涼之處，水浸青草喂之。戒忌：日曬雨淋。消黃散：方見馬經篇。

又　駝患腎黃第二十二。夫腎黃者何也？腎黃者，熱毒流注於腎經也。令獸後腰軟癱腿胯難移，此謂熱毒流注於腎，為腎黃之症也。形狀：外腎浮腫，後腳軟癱，胯報難移。日色：鮮明者生，紅黃者可治，青黑者死。歌曰：駝患腎黃兩三重，腎水得病不便宜。水見土來為一尅，土來見水也災危。腎為烈女納淮海，駝經裏面說明知。治法：胸前穿墜，徹大血、三焦、四蹄等血，腎腫處火針刺之，膏泥塗之，方見馬經。調理：餵養清涼之處。戒忌：日曬、風雨吹灑。消黃散：治駝腎黃方，見馬經篇內。

又 駝患脾黃第二十三。去脾黃者何也？脾黃者，熱毒流注於脾也。令獸渾身肉顫，耳搭頭低，此謂熱毒流注於脾，為脾黃之症也。形狀：脾黃渾身肉顫，耳搭頭低，毛不疵。若脾寒，渾身發顫，毛疵如刺是也。熱顫者渾身毛不疵是也。醫者慎之，鑒之。口色：鮮明者生，紅黃者可治，青黑者難醫。歌曰：駝患脾黃顫忙忙，一似脾寒臟腑傷。脾屬中央戊巳土，土來見水又受殃。木來尅土脾家病，陰陽順逆有乖張。火針脾腧通治療，先人留下五行方。治法：胸前穿墜，徹大血、三焦、四蹄血，火針百會、脾腧穴。脾寒身顫、毛疵如刺治法，方見馬經篇內。調理：餵養清涼之處，水浸青草喂之。戒忌：日曬雨灑。黃連解毒湯主之，方見馬經篇內。消黃散：方見馬經篇內。

駝患脾黃病第二十三

又 駝患力吊風第二十四。夫力吊風者何也？力吊者，乃力盡筋舒，力之吊落，而無有一毫之力也。皆因負重遠程，出力太過，力盡筋舒，力氣敗衰之極矣！令獸精神短慢，骨軟筋舒，臥多立少，此謂勞傷力敗，風邪之症也。形狀：四肢僵硬、力敗筋衰，精神短慢，臥多立少。口色：鮮明者生，紅黃者可治，青黑者難醫。歌曰：駝患力吊病不均，原因力敗使傷筋。膈損更兼心極熱，風傷四肢僵硬疼。藥用調筋七傷散，理肺散灌有通靈。每服黃酒童便和，便是從前聖手人。治法：膘肥者徹大血、三焦、四蹄血；膘瘦者少徹血，火針百會穴，搶風穴，大、小胯穴。調理：餵養淨處。戒忌：風雨吹灑。七傷散：方見前篇馬經內，照牛一樣調治。

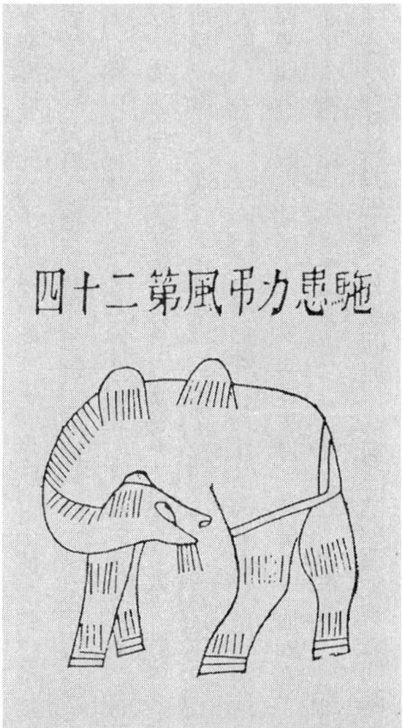

駝患力吊風第二十四

又 駝患肺損喘粗第二十五。夫肺破喘者何也？肺破者，肺管中有損也。皆因負重太過，出力急奔，氣出不及，促損肺管。肺為氣海，肺中有損，令獸氣喘忙忙，鼻流血涕，此謂負重奔急，肺損破喘之症也。形狀：鼻流血涕，氣喘忙忙，耳搭頭低。口色：鮮明者生，紅黃者可治，青黑者難醫。歌曰：駝患肺傷喘忙忙，肺損鼻口流血漿。氣喘肺破宜補肺，肺竅醫原見毛光。心受擁極喘病死，脾肺冷喘使名方。前代先賢知生死，留傳力書定主張。治法：膘壯者徹大血、三焦、四蹄血；氣脹者，針脾腧穴。調理：餵養淨處，水浸青草喂之。戒忌：日曬、風吹、雨灑。補肺散：治駝肺損等症。百合、白芨、百蘞、川貝母、陳皮、紫苑、知母、紫參、茯苓、五味、阿膠、桔梗、粉草。各件共為細末，每服四兩，水煎三沸，溫加白蜜四兩，真芝麻油四兩，鍋內煎滾，冷定，加童便一大盞，調灌。五七服痊愈。

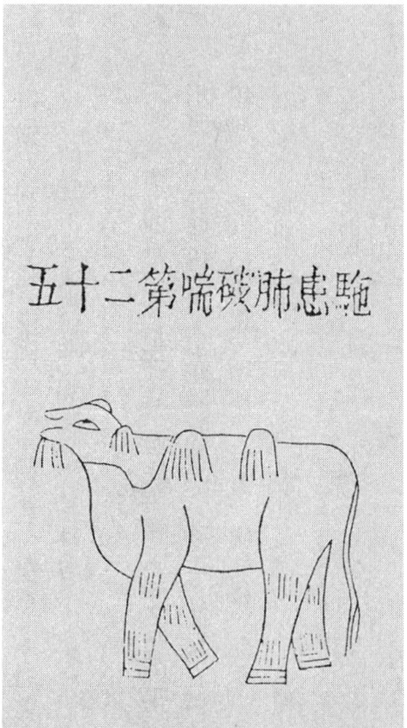

駝患肺破喘第二十五

又　駝患到哨第二十九。夫到哨吃泥者河也？到哨者，乃鳴也，叫也。平安無事，昂頭而鳴者是也。吃泥者，舌無滋味也。舌雖心之苗，乃胃之機關，脾之嚮導，嚮導不開，機關閉塞。閉塞者，脾土不能生肺金，故鼻不聞其香，不聞其香，則脾不醒，脾不醒則舌無滋味也。其吃泥者，非塘泥之泥也。乃古牆根上之泥，內有硝鹽有滷味，故而吃之，以知有味也，昂頭而鳴，乃脾氣不爽，戳氣刺肋而痛，故不時而自鳴也。亦如人之脾氣不爽，不時而有哎喲之聲音也。令獸喜吃泥土，昂頭不時而鳴者，此謂到哨吃泥之症也。形狀：喜吃泥土，不時昂頭自鳴。口色：鮮明者可治，紅黃者生，土黃者難醫。歌曰：駝患到哨又吃泥，原因冷氣損傷脾。先須火針脾腧穴，溫脾散內用陳皮。官桂桂心連厚朴，檳榔烏藥用當歸。茴香半夏加白朮，砂仁豆蔻乾薑隨。共為細末酒調下，便是先人聖手醫。治法：火針脾腧、百會等穴；白針三焦、四蹄血。調理：餵養暖處。戒忌：風吹雨灑。溫脾散：治駝脾氣刺痛等症。青皮、香附、木香、沉香、陳皮、官桂、桂心、檳榔、烏藥、當歸、小茴香、焦白朮、甘草炙、草果去殼、砂仁、益智去殼。各件共為細末，每服四兩，薑五片，水煎三沸，溫加黃酒一斤，調灌一二服，痊愈。

駝患到哨病第廿九

又　駝患脾寒第三十。夫脾寒者何也？脾寒者，脾胃宿寒也。皆因畜之饑渴出力，空腸過飲，陰冷太足，未能牽行，又兼拴繫不便，外受風邪，內停陰冷，以致宿水陰濕浸於脾經，內外感傷。令獸毛疵如刺，身顫腹鳴，此謂宿水浸脾；脾寒之症也。形狀：渾身肉顫，毛疵如刺。口色：鮮明者生，紅黃者可治，青黑者死。歌曰：駝患脾寒不難醫，不識之人莫強知。脾寒皆因胃腑病，膀胱宿水又浸皮。脾腧穴內須針烙，生薑酒下恰合宜。先賢傳下仙經論，總是師皇留下醫。治法：火針百會穴、脾腧、搶風、大小胯穴。白針三焦、四蹄血。渾身用草把擦之。肚底用繩索刮之。調理：餵養暖處。戒忌：風吹、雨灑。健脾開胃飲：治駝脾寒等症。砂仁、益智去殼、細辛、蒼朮、白朮、茯苓、枳殼、川厚朴、良薑、檳榔、麻黃、廣桂枝、蘇葉、烏藥、蘇荷、炮薑。各件共為細末，每服四兩，水煎三沸，溫加黃酒一斤，童便一大盞，調灌立愈。

駝患脾寒病第三十

又　駝患小便秘澀第三十八。夫小便秘澀者何也？小便秘澀者，膀胱積熱也。皆因牧養失調，畜之饑餓，負重出力太過，急卸載之後，乘饑與飲，飲之太足，失於牽行，以致陰冷停於膈前，鬱熱凝於膀胱，令獸小便秘澀，永竅准通，此謂小便秘澀之症也。形狀：小便不利，弓腰夾尾。口色：鮮明者生，紅黃者可治，青黑者危。歌曰：駝患重傷小便微，熱入膀胱兩由之。大小腸中皆秘澀，清火通氣不宜遲。速徹六脈開經絡，關竅開通病可醫。治法：徹大血、三焦、四蹄血。弓腰者火針百會穴、脾腧穴。調理：餵養淨處。戒忌：風雨吹灑。大承氣湯：治駝大便不通。川厚朴、枳殼、錦紋大黃、芒消、火麻仁半斤，芝麻油二兩更妙。各件共為細末，每服四兩，水煎三沸，溫加白蜜四兩，或豬油四兩，麻子油更好，和灌一二服即通，神應。通淋散：治駝牛小便不通。黑牽牛、滑石、澤瀉、茯苓、木通、知母、天花粉、香附子、陳皮。各件共為細末，每服四西，水煎三沸，溫加黃酒四兩，童便一大盞調灌。

如口色赤，本方加：錦大黃、芒消、木香、沉香，再灌一二服少痊愈。

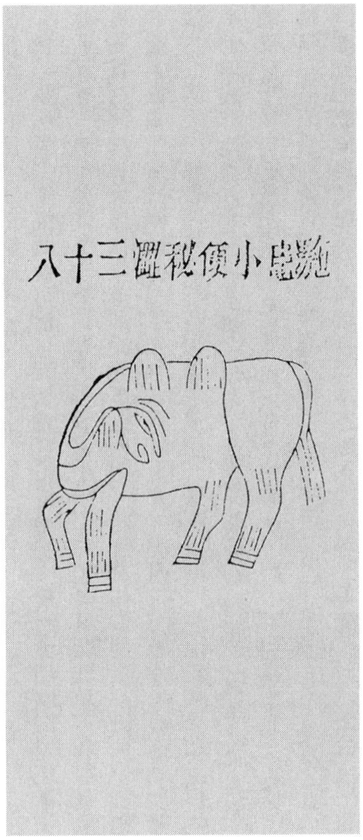

又　駝患肝膽脹第三十九。夫肝膽脹者何也？肝膽敗絶也。皆因牧養太盛，使用失調，春不抽六脈之血，夏不灌清涼之藥，血氣太壯，出力太過，氣血壅極，疑滯於肝，令獸兩目圓睜，行如酒醉，日漸消瘦，此謂力盡筋酥，肝膽敗絶之症也。形狀：兩目圓睜，行如狗醉。口色：鮮明者生，紅黃者可治，青黑者死。歌曰：駝患膽病眼睜張，猶如酒醉更沖牆。肝主於筋行無力，四肢消瘦如豺狼。說與同人真難治，仙經論裏揀名方。治法：有膘者，徹六血，舒筋活血藥灌之，火針百會穴，脾腧穴；瘦弱者，不堪醫也。調理：餵養暖處，草料加倍。戒忌：風雨吹灑。舒筋活血飲：治駝肝膽脹等症。當歸、鮮紅花、川木瓜、赤芍藥、牡丹皮、陳皮、山羊血、乳香製、沒藥製、遠志、茯神、棗仁、沉香。各件共為細末，每服四兩，水煎三沸，溫加黃酒一斤，童便二盞和灌。

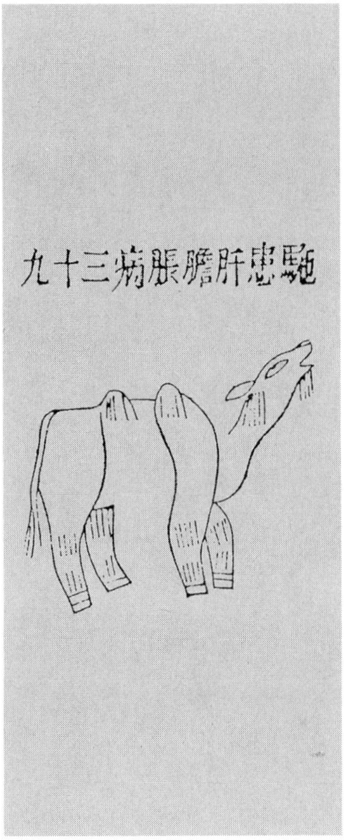

又　駝患草豆脹第四十。夫草豆脹者何也？草豆者，乃養命之源，何以而致有肚脹也。皆因牧養失調，久渴不飲，乘渴而喂草豆，食之太飽，即與之飲，飲之太足。如乾草乾豆見水，自然發脹，令獸㬹肋膨膨，腹滿氣粗，此謂久渴與飲，草料脹肚之症也。形狀：肚腹脹滿，氣粗眼急。口色：鮮明者生，紅黃者可治，青黑者五臟已損，難醫。歌曰：駝患草豆脹多時，飲熱相沖喂飲遲。草豆多時成水脹，得病時時脹肋臍。藥用大黃通腸散，須針六脈莫狐疑。治法：徹大血、三焦、四蹄血。如腹脹滿，針脾腧穴，內用氣針放出氣，其脹自消。內用通藥灌之。調理：不住牽行，肚下時時刮之。戒忌：生熱豆料一切忌之。通腸散：治駝草豆脹肚。神曲、麥芽、香附、檳榔、烏藥、木通、大黃、芒硝、積實、厚朴、生地、當歸、火麻仁半斤。各件共為細末，每服四兩，水煎三沸，溫加黃酒一斤，麻子油四兩。如無麻子油，即芝麻油也可。調灌一二服，以通利為妙。

又　駝患眼暈熱病第四十二。夫眼暈者何也？眼暈者，肝鬱熱也。皆因夏月炎天，或因負重遠途，出力奔走，及卸載下袋，拴繫黑屋，或拴繫酷熱之處，內外薰熱鬱於肝，外應於目，令獸雙目淚下，翳膜遮睛。此謂肝熱眼昏、之症也。形狀：眼腫淚流，翳膜睛昏。口色：鮮明者生，紅黃者可治，青黑者危。歌曰：駝患眼暈雙淚流，肝家積熱是根由。白膜遮睛猶可治，青盲必定病難瘥。先點珍珠撥雲散，洗肝散灌六脈抽。仙經論裏分明說，外去仙經病莫瘳。治法：徹眼脈血，大血、三焦、四蹄血。調理：餵養清淨之處，水浸青草喂之。戒忌：風雨吹灑。洗肝散、撥雲珍珠散、點駝雲翳方，俱與馬經肝熱傳眼等篇同類。

又　駝患百葉乾第四十三。夫百葉乾者何也？百葉者，乃胃中之風輪也，牛、駝有之。馬、騾皆無。但六畜之中，陰陽無二，唯此不同。然馬、騾之食，細嚼而入於胃內，則不倒草。牛、駝之食粗攬，而入於百葉，以百葉滿而飽也。故易飽易喂，喂滿百葉，口即停住，將百葉中粗攬之草料，仍又哽回口中，嚼細方轉胃內。其駝、牛百葉，如風輪之轉，何以而致有乾燥之症也。皆因饑渴負重，出力太過。饑渴者，脾胃百葉，俱皆空虛，毫無宿食宿水，又兼負重出力，力出則汗出，汗乃心之津液，脾之運化也。況汗多亡陽，汗涸而脾氣枯，脾氣枯而百葉即燥也。令獸鼻頭無汗，毛色焦枯，精神短慢，此謂負重傷力，百葉乾燥之症也。形狀：鼻上無汗，耳搭頭低，精神短慢。口色：鮮明者生，紅黃者可治，青黑者，勞傷過度，難治也。歌曰：駝患失水百葉乾，鼻上無津五七翻。原因失水臟中熱，口出硬氣悶連連。和血理氣寬腸胃，醒脾調經體自安。仙經論裏分明說，時師莫作等閒看。治法：膘肥者徹大血、三焦、四蹄血；弓腰者，火針百會、脾臟穴；膘瘦者勞傷過度難醫也。調理：餵養淨處，草料加倍。戒忌：鳳吹雨灑，濕地安眠。和血理氣小七傷散：治駝百葉乾。當歸、川芎、羌活、防風、白芷、五加皮、香附、陳皮、半夏、白朮、生地、熟地、川木瓜、川續斷、肉果、白蔻、雲苓、粉草、檳榔、老生薑。各件為末，每服四兩，水煎三沸，溫加黃酒一斤，童便一盞，調灌五七服痊愈。如側色赤紫者，本方加大承氣湯，再灌一服。如口色平和不進食，再灌健中湯一服。其用藥務要臨時變通，照口色用藥，不可執定古方，唯看口中氣色，身體衰壯，是寒是熱下藥使針庶無差矣！醫者慎之。

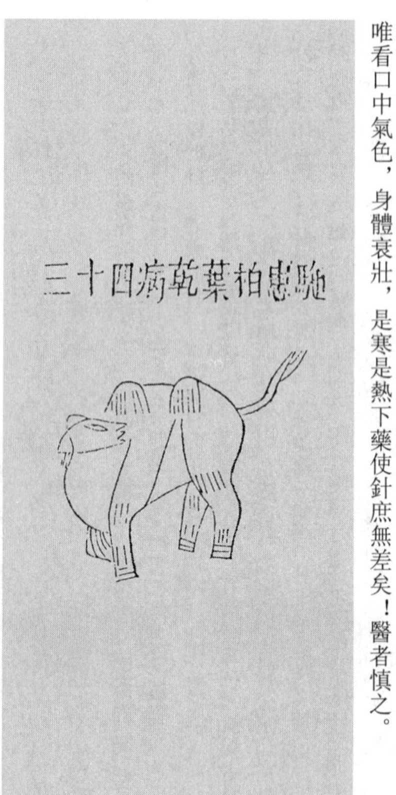

又　駝患五勞七傷症第四十七。夫五勞七傷者，何也？五勞者，氣、血、筋、骨、饑渴也。何謂勞也？勞者，出力之至極，而無以復加也。氣勞者，氣促則損肺；血勞者，血湧則攻心；筋勞者，筋急則損肝；骨勞者，骨重則損腎；饑渴，勞者，饑渴損脾也。何謂七傷也？風、寒、暑、濕、饑、飽、勞、役也。風傷肺，寒傷脾，署傷腑，濕傷腎，饑傷脂，飽傷臟，勞傷心，役傷肝是也。五勞七傷者，包括一身，而總言之也。然殊不知，一臟虧傷五臟俱損。凡為醫者，觀其標本，急則治其標，緩則治其本。標本者，盛衰也，虛實也，沉浮也，陰陽也，肥瘦也。盛實肥陽者，生針徹血以瀉之；衰虛陰瘦者，火針煨而補之。從陽而引陰，從陰而導陽，陰陽血氣也。氣行而血活，血活而氣行。若五臟有損，氣血不勻，此謂五勞七傷之症也。形狀：肺勞鼻流膿涕，時有哮吼聲音；心勞舌瘡口紫；悶亂撞牆；筋勞把前把後，腳軟風癱；腎勞胯鞍腰拖，臥而難起；饑渴則脾氣虛耗。七傷之症，何以見之？風傷肺，則多哇嗽；寒，傷脾則身顫毛疵；暑傷腑則瘡黃腫癧；濕傷腎則胯極腰拖，飽傷臟則損膈破胃，鼻流鮮血；饑傷脂則肉斷汗流，身顫難醫；役傷筋則行似風癱，胡跌亂躥。口色：鮮明者生，紅黃者可治，紫赤者難醫，青黑者死。歌曰：駝患五勞並七傷，因為負重出遠鄉。內外五臟皆傳得，觀其形症是何殃。經書之內留妙訣，針藥調治有名方。先賢傳下駝經論，後代時師按敷揚。治法：膘肥者徹大血、三焦、四蹄血。口色赤紫者三黃湯主之，紅黃者活血當歸散主之，青白者大七傷散主之。先宜發散、方見馬經篇內。瘦弱者，火針煨之，法見馬經篇內。調理：夏月則繫清涼之處，冬月則繫暖處夕草料加倍。戒忌：風雨吹灑、濕地安眠。

清　郭懷西《新刻注釋馬牛駝經大全集・駝經大全》卷一〇《駝患四十八癥論病形歌圖治法》　駝患水瀉第二。夫瀉者，痢症也。皆因牧養失調，饑渴出力，遠路歸來，喘息未定，乘饑渴與飲，飲冷水太多，未能牽行，以致冷水停於胃口，熱血凝鬱心胸，又兼脾土衰弱，不能運化。水濕傷脾臟而不生脾土，土不能運化水穀之氣，又不能生金。肺主一身之氣，氣微而不能使血行於臟腑，故致令腹冷氣虛，胃火衰微而成為瀉痢，此謂水瀉之症也。形狀：瀉痢糞漿，鼻咋喘微，耳搭頭低。口色：鮮明者生，赤紫者易治，青者難醫，黑者死。歌曰：駝患水瀉切須知，緣因饑渴過飲之。宿水陰冷停胃口，血凝心肺濕傷脾。良醫速用官桂散，活血醒脾煖胃宜。莫非徹血開心竅，必定大命掩泉泥。治法：有腰者徹鶻脈血、三焦血、四蹄血；無膘者不可多徹血。調理：喂養淨處。戒忌：風雨吹灑。醒脾活血飲：治駝瀉痢等症。官桂、炮薑、烏藥、橘皮、木通、澤瀉、香附、砂仁、枳殼、厚朴、赤茯苓、甘草炙、當歸、遠志、老生薑。上藥共為細末，每服二兩，水煎三沸，溫加黃酒一斤，童便一盞，調灌之，痊愈。如口色新鮮，精神稍壯，痢不止者，本方加：肉果、檳榔、車前、滑石；如口赤體肥，痢不止者，乃餘積未盡，前本方加：錦大黃、芒硝，灌一服痊愈。

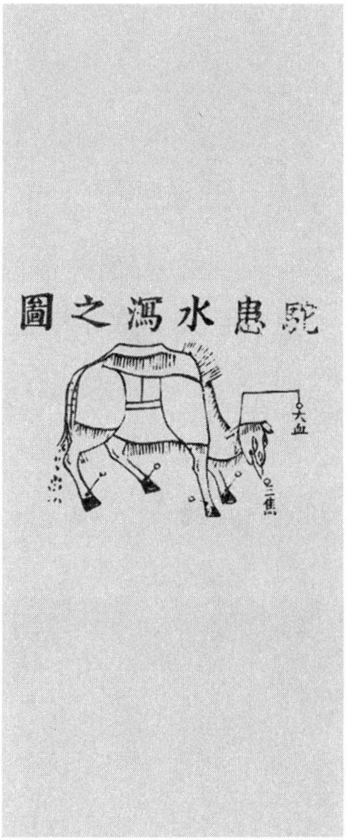

又　駝患傷熱第三。夫駝傷熱者何也？熱者，熱極之謂也。皆因蓄養太盛，膘肥肉重，或係夏月炎天酷暑至極，又兼路遠歸來，途中少飲，汗出津乾。汗乃心之津液，脾之運化，少飲則皮氣虛耗也。脾氣虛弱則不尅化草穀，草穀不化，故而少食。脾不運津液，故大便乾澀，令獸精神短慢，耳搭頭低，此謂暑熱汗消傷熱之症也。形狀：耳搭頭低精神慢，日漸消瘦水草遲。口色：鮮明者生，紫赤者易治，青黑者難醫。歌曰：駝患傷熱不多時，水草微微吃又遲。脾耗腸中漸漸瘦，糞頭緊硬腳難移。脾不運津大便澀，頻頻咬齒漸尫羸。治法：徹大血、三焦血、四蹄血。調理：喂養清涼之處。戒忌：日曬雨淋風吹。消黃散：治駝傷熱，方見馬經。如口色赤紫，加減亦照牛馬經前篇。

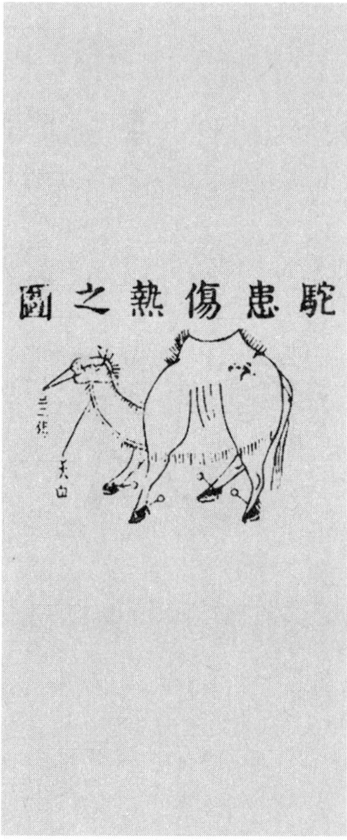

又　駝患急偏風症第五。夫偏風者何也，偏風者，乃外感風邪也。皆因

遠途出力帶汗卸載，拴繫簷巷之下，或近水塘池邊，陰風邪氣，吹入皮膚，瘀汗熱血，凝滯肌肉，令獸遍身浮腫，渾身僵硬，緊閉牙關，水草難下，此謂外傷風邪、急偏風之症也。形狀：渾身浮腫，遍體僵硬，牙關緊閉。口色：牙關青紫。歌曰：駝患偏風浮腫病，牙關緊閉遍身硬。五臟悶亂口難開，徹血火燒鐵烙應。藥用追風烏附子，薑酒調灌駝活命。治法：徹大血、三焦血、四蹄血，火針風門、伏兔、搶風、百會、大胯、小胯等穴，破皮有傷者是破傷風，難醫。調理：喂養淨處。戒忌：風吹雨灑。烏附散：治駝偏風等症。川烏製、草烏製、五加皮、天麻、北細辛、麻黃、桂枝、肉桂、附子、白芷、羌活、當歸、川芎、甘草。各件共為細末，每服四兩，水煎三沸，溫加黃酒一斤，薑五片，調灌二三服，痊愈。

駝患急偏風圖

又　駝患肺損症第六。夫肺損者何也，肺有損傷也。皆因負重路遙，鞭催急走，過猛出力，促損肺傷。令獸呼息喘促，咽喉哽噎，此謂負重出力太猛，促損肺傷之症也。形狀：咽喉哽噎，呼息難通。氣促喘粗，水草遲細。口色：鮮明者生，紅黃者可治，青黑者死。歌曰：負重傷肺鼻流膿，日久尫羸漸喘嗆。肷吊毛焦兼草慢，咽喉哽噎氣難通。治肺損傷先宜補，羊血蛤蚧有神方。仰限青黑休下藥，定知此症命須終。治法：徹大血止氣促喘粗，呼息難通；火針百會穴，止弓腰拖胯疼痛；徹三焦血、四蹄血、開鬱調經。調理：喂養淨廄。戒忌：風吹雨灑。補肺散：治駝肺損等症山羊血、紫苑、阿膠、川貝母、白芨、白蘞、百合、山藥、熟地、澤瀉、桔梗、當歸。各件共為細末，每服二兩，水煎三沸，溫加蜂蜜四兩，童便二盞，調灌五七服，痊愈。如食細，再灌健中湯，二三服立效。

駝患肺損之圖

又　駝患腸黃症第九。夫腸黃者何也？腸黃者乃腸臟鬱積熱毒也。皆因饑渴出力歸來，喘息未定，乘熱而喂料草，熱毒積於腸胃，痰血凝滯心胸。令獸耳搭頭低，精神短慢，水草難下，或下痢膿血。此謂熱積腸胃，腸黃之症也。形狀：弓腰吊肷，大便膿血。慢腸黃者不下膿血，不時起臥，精神短慢。口色：鮮明光潤者易治，赤紫者可治，青黑者不可治。歌曰：駝患腸黃肺受欺，傳入肺腑腸黃痢。臟家熱時多便血，急撿名方與藥醫。篇有黃連解毒散，三朝兩灌莫宜遲。舌黑口紫痢黑水，縱有仙方救也稀。治法：徹大血、三焦血、四蹄血。少膘者不可徹血，口色青黑者難治，看口色行事。調理：喂養淨處。戒忌：日曬風吹雨淋。黃蓮解毒湯：方見馬經篇，加減亦照口色臨時變通。

駝患腸黃症圖

又　駝患腎痛氣不和症第十。夫腎痛者何也？腎痛者腎氣痛也。皆因畜之出力歸來，喘息未定，氣血未調，即與飲喂，飲之太足，未能牽行，陰氣侵入膀胱，邪濕積於脾胃。令獸用腰拖胯靸，後腳難移，精神短慢。此謂濕傷腎氣不和之症也。形狀：低頭眼閉，胯靸腰拖，起臥頻頻。口色：鮮明者可治，昏糊者難醫，黃紅者可治。歌曰：駝患低頭眼朦朧，靸胯拖腰腎濕風。因餐宿水膀胱積，脾胃啾唧起臥攻。速下溫脾暖腎散，脾腧百會有神鋒。若得拳攣扛不起，仍有名醫治無功。治法：火針百會穴、脾腧穴。膘壯者徹三焦血、四蹄血。調理：喂養清淨之處。戒忌：風吹雨灑。溫脾暖腎飲：治駝腎氣不和等症。益智仁、砂仁、檳榔、草果去殼、滑石、木通、車前、白朮、雲苓、甘草、炮薑、蒼朮、小茴香、肉蓯蓉、故紙、川楝子。各件共為細末，每服四兩，薑一塊，水煎三沸，溫加黃酒一斤，童便一盞調灌，立效。

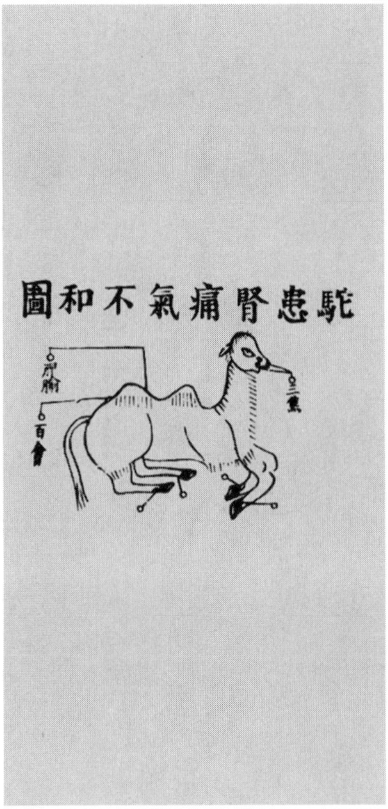

又　駝患肷黃症第十一。夫肷黃者何也？肷黃者，乃腎經黃也。流發子肷、根出於內腎。乃五臟積熱，流毒於腰肷，此絕症也，無則無方治之。然亦有皮黃，雖腫亦在此處，根不出於腎經，其亦可治，醫者細意察之。然皮黃者，腫於皮也。內黃者，腫在於肉內也，不能醫治也。在於皮膚者可治也。照牛馬黃治之，可應手而痊也。形狀：肷腫如瓜，後腳難移。口色：鮮明者生，紅黃者可治，青黑者死。歌曰：駝患肷黃後腳拖，腰肷腫硬似冬瓜。發時疼痛耳骨痛，兩日三朝喪黃沙。仍是高人難下手，名方揀盡枉攻加。不把腰胯須可治，見是皮黃治無差。治法：用蟾繩穿墜。方見馬經篇。

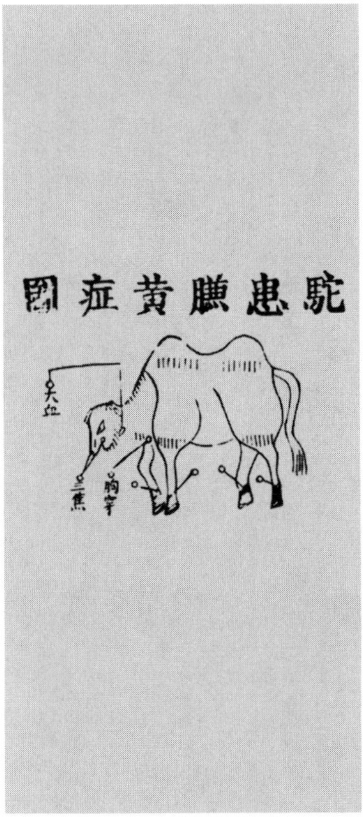

又　駝患肺熱症第十二。夫肺熱者何也？腳經積熱也。皆因畜之負重，路途遙遠，出力太過，失於牽行，或經賊風，或受潮濕，將熱血擁塞於心胸，瘀痰凝鬱於肺竅。令獸口吐白沫，喘息氣微，精神短慢，日漸瘦瘁，此謂勞傷肺熱之症也。形狀：口吐涎沫，日漸瘦弱。口色：鮮明者生，紅黃者可治，青黑者死。歌曰：駝患肺熱細意看，日漸身瘦只頭低。膿涕白沫肺家熱，清涕便是肺家寒。宜下消黃清熱藥，徹血清火臟腑安。依經按典能調治，七七之內病痊還。治法：徹大血、三焦、四蹄血，弓腰者火針百會穴。調理：喂養淨處。戒忌：風雨吹灑。消黃散：治駝肺熱，灌一二服，如口色正，火氣退下能進食者，再灌健脾調胃藥。方見牛馬經內。脾胃壯則能納食，納食則氣行，氣行則血活，血活而生膘，生膘而痊矣。

又　駝患肺癧症第十三。夫肺癧者何也？癧者擁塞也。皆因畜之出力之後，拴繫不便之處，致風邪寒濕侵襲於毛皮，熱擁於肺竅，痰不能還膈，血不能行經。令獸鼻咋氣喘，啌嗽不寧，日久毛焦糞結，此謂熱極肺癧之症也。形狀：時時喘息，口吐涎沫。口色：鮮明者生，昏糊者難醫，紅黃者可治，青黑者死。歌曰：駝患肺癧嗽不安，喘息之時口流涎。急喘便是肺家病，認得駝經書內言。肺家得病傳于外，毛焦糞硬結根源。藥用消黃油蜜下，日進三服病自痊。治法：徹大血、三焦血、四蹄血，弓腰者火針百會穴，氣脹者針脾腧穴。調理：喂養淨廒。戒忌：日曬風吹雨灑。消黃散：治駝肺熱等症。方見馬經篇內。

駝患肺癧症圖

又　駝患腎冷第十六。夫腎冷者何也？腎冷者，水冷也。皆因出力歸來，乘饑渴而過飲冷水太足，未及牽行，以致陰冷傳入膀胱，濕氣攻注後腰，或外受風寒，內傷陰冷，內外兩感，令獸把住腰胯，後腳難移，此謂腎冷之症也。形狀：動步腰磨，後腳難移。口色：鮮明者生，紅黃者可治，青黑者死。歌曰：駝患腎冷磨腰行，駝家得病冷氣生。腎冷不和腰後病，膀胱二臟受災因。腎屬北方壬癸水，膀胱通順病自停。厚朴桂心官桂散，蔥酒調下按醫經。治法：火針百會、大胯、小胯、腎腧等穴。調理：喂養暖處，稂草鋪地臥之。戒忌：風雨吹灑，濕地安眠。官桂散：治駝腎冷等症。官桂、厚朴、桂心、小茴香、扁蓄、瞿麥、木通、澤瀉、滑石、車前、甘草、烏藥、熟附子、赤茯苓、老薑一塊。各件共為細末，每服四兩，水煎三沸，溫加黃酒一斤，童便二盞和灌，二三服痊愈。

駝患腎冷症圖

又　駝患肺氣把膊第十八。夫膊把者何也？膊把者，肺氣抽把也。皆因負重遠途，出力卸載，或拴繫簷巷池邊。陰寒風濕，吹襲皮膚，邪入肺經，阻塞肺竅。氣滯血凝，經絡不和，令獸抽把前膊，繩捆索縛，舉步難移，此謂氣滯血凝，肺氣把膊之症也。形狀：兩膊直硬，寸步難移。口色：鮮明者生，紅黃者可治，白如枯骨者死。歌曰：駝思肺膊少人知，昂頭骨露頸又低。兩膊如縛如繩捆，醫者用意細思知。大血兩針先與放，七傷散灌是良醫。後學更須依章典，仙經論裡不差遲。治法：膘肥者徹大血、三焦、四蹄血，火針搶風、膊尖、乘重、大、小胯等穴。調理：喂養暖處，草料加倍。戒忌：風吹雨灑。七傷散：治駝肺氣把膊等症。當歸、川芎、製乳香、製沒藥、枇杷葉去毛用、桔梗、陳皮、製川烏、製草烏、追風藤、北細辛、烏藥、木通、羌活、防風、白芷、花粉。各件共為細末，每服四兩，水煎三沸，溫加黃酒一斤，童便一大盞調灌，三五服痊愈。如口色淡，本方加：肉桂、附子。

駝患肺氣把膊症圖

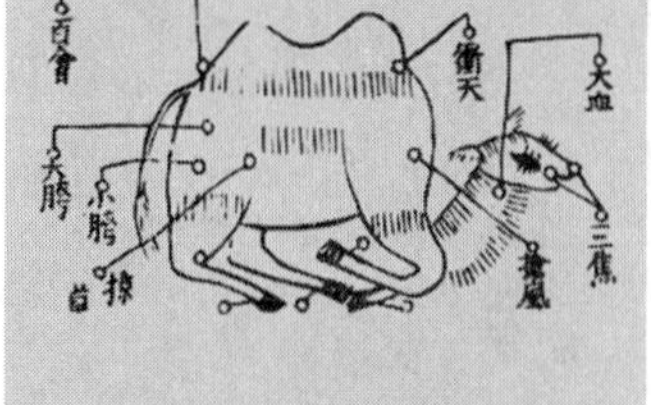

又 駝患肝黃第十九。夫肝黃者何也？肝黃者，肝經鬱熱也。皆因駝之負重遠途，或因夏月炎天，卸載之後，拴繫酷熱之地，或拴黑屋之內，又兼勞力傷肝。肝者外應於目，肝內鬱熱薰蒸，外發於目，令獸兩目無光，睛生翳膜，淚流胞腫，此謂肝黃、肝經鬱熱之症也。形狀：眼腫淚下，翳膜睛昏。口色：鮮明者生，紅黃者可治，青者死。歌曰：駝患肝黃目漸昏，睛生翳膜淚流淋。肝經鬱熱外連目，眼不通光病已深。先灌洗肝清涼散，龍膽乾菊有功能。撥雲丹藥頻點目，除卻雲翳病自寧。治法：徹大血、眼脈血、四蹄血，胸前用蟾酥繩穿墜。調理：喂養清涼之處。戒忌：日曬、酷熱之處。洗肝清涼散：治駝肝黃等症。蒲公英、乾菊花、青葙子、石決明、草決子、木賊、蒺藜、蟬蛻、金銀花、白芷、羌活、防風、夏枯草、當歸、川芎、生地、粉草。各件共為細末，每服四兩，竹葉、燈草煎湯調灌，二三服痊愈。如口色赤，火氣壯者，本方加：龍膽草、錦大黃、芒硝、木通、澤瀉，再灌一二服痊愈。撥雲八寶丹，點駝目中雲翳，方見馬經篇。

駝患肝黃症圖

又 駝患心黃第二十。夫心黃者何也？心者一身之主，心為身主，居於深宮內闕。黃者痰血凝滯，鬱結而成也。何以而致有攻於內闕也。皆因夏月炎天，負重走急，痰血攻心，令獸迷亂驚恐，四足獐狂，眼急淚垂，此謂熱急心黃之症也。形狀：眼圓淚滴，四足獐狂，迷亂驚恐。口色：鮮明光潤者生，赤紫者難醫，青黑者死。歌曰：駝患心黃最難醫，眼睛覷人走東西。心是君火黃是火，火上添火淚雙垂。得病便知難療治，療得心黃是名醫。駝經論裡分明說，先人留下後人知。治法：徹大血、三焦、四蹄血，迷亂驚恐，火針百會、風門、伏兔等穴，胸前穿墜。調理：喂養清涼之處。戒忌：日曬雨灑。黃連解毒湯：治駝心黃等症。黃連、錦大黃、黃芩、川黃柏、知母、貝母、花粉、粉草、桔梗、陳皮、梔子、連翹、芒硝。各件共為細末，每服四兩，竹葉、燈草煎湯調灌之。

駝患心黃症圖

又 駝患肺黃第二十一。夫肺黃者何也？熱毒流注於肺也。令獸氣促喘粗，此謂熱毒流注於肺，乃肺黃之症也。形狀：喘粗氣急，耳搭頭低。口色：鮮明者生，赤紫者難醫，青黑者死。歌曰：駝患肺黃也難醫，患者皆知死必期。金見火來為一尅，火來見金也生危。此病見時難療治，喘粗氣急頭又低。有能醫人尋方論，治療如同聖手醫。治法：徹大血，胸前用蟾酥繩穿墜，徹三焦、四蹄血。調理：喂養清涼之處，水浸青草喂之。戒忌：日曬雨淋。消黃散：方見馬經篇。

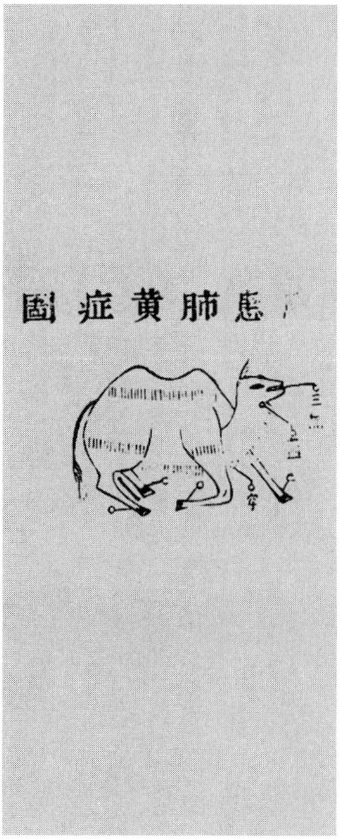
駝患肺黃症圖

又 駝患腎黃第二十二。夫腎黃者何也？腎黃者，熱毒流注於腎經也。令獸後腰軟癱，腿胯難移，此謂熱毒流注於腎，為腎黃之症也。形狀：外腎浮腫，後腳軟癱，胯轂難移。口色：鮮明者生，紅黃者可治，青黑者死。歌曰：駝患腎黃兩三重，腎水得病不便宜。水見土來為一尅，土來見水也災危。腎為烈女納淮海，駝經裡面說明知。治法：胸前穿墜，徹大血、三焦、四蹄等血，腎腫處火針刺之，膏泥塗之，方見馬經。調理：喂養清涼之處。戒忌：日曬、風雨吹灑。消黃散：治駝腎黃方，見馬經篇內。

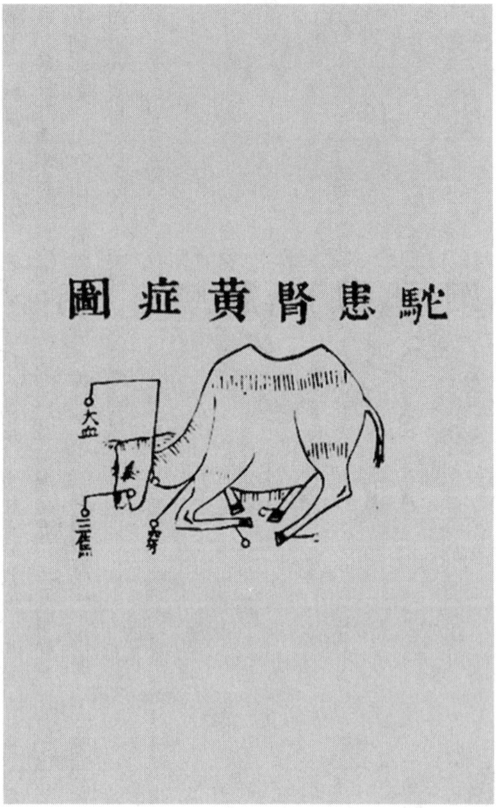

駝患腎黃症圖

又 駝患脾黃第二十三。夫脾黃者何也？脾黃者，熱毒流注於脾也。令獸渾身肉顫，耳搭頭低，此謂熱毒流注於脾，為脾黃之症也。形狀：脾黃渾身肉顫，耳搭頭低，毛不疵。若脾寒，渾身發顫，毛疵如刺是也。熱顫者渾身毛不疵是也。醫者慎之，鑒之。口色：鮮明者生，紅黃者可治，青黑者難醫。歌曰：駝患脾黃顫忙忙，一似脾寒臟腑傷。脾屬中央戊巳上，上來見水又受殃。木來尅土脾家病，陰陽順逆有乖張。火針脾腧通治療，先人留下五行方。治法：胸前穿墜，徹大血、三焦、四蹄血，火針百會、脾腧穴。脾寒身顫、毛疵如刺治法，方見馬經篇內。調理：喂養清涼之處，水浸青草喂之。戒忌：日曬雨灑。黃連解毒湯主之，方見馬經篇內。消黃散：方見馬經篇內。

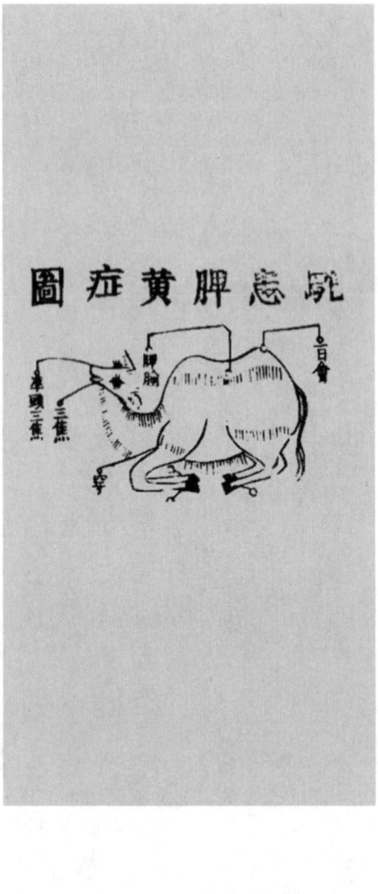

駝患脾黃症圖

又 駝患力吊風第二十四。夫力吊風者何也？力吊者，乃力盡筋舒，力之吊落，而無有一毫之力也。皆因負重遠程，出力太過，力盡筋舒，力氣敗衰之極矣！令獸精神短慢，骨軟筋舒，臥多立少，此謂勞傷力敗，風邪之症也。形狀：四肢僵硬、力敗筋衰，精伸短慢，臥多立少。口色：鮮明者生，紅黃者可治，青黑者難醫。歌曰：駝患力吊病不均，原因力敗使傷筋。膈損更兼心極熱，風傷四肢僵硬疼。藥用調筋七傷散，理肺散灌有通靈。每服黃酒童便和，便是從前聖手人。治法：膘肥者徹大血、三焦、四蹄血；膘瘦者少徹血，火針百會穴，搶風穴，大、小胯穴。調理：喂養淨處。戒忌：風雨吹灑。七傷散：方見前篇馬經內，照牛一樣調治。

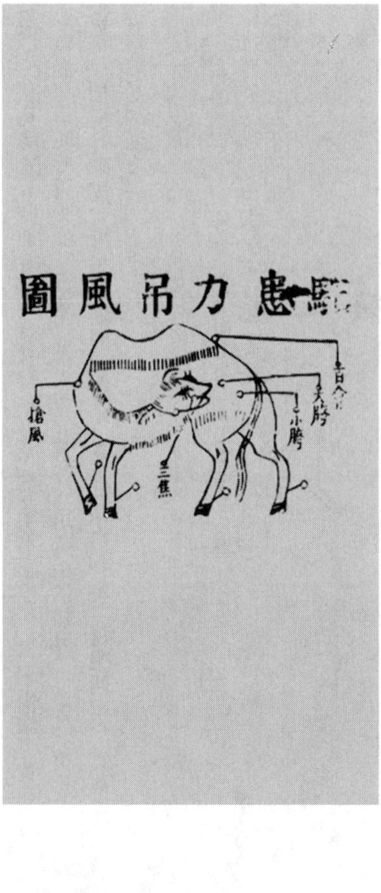

駝患力吊風圖

又 駝患肺損喘粗第二十五。夫肺破喘者何也？肺破者，肺管中有損也。皆因負重太過，出力急奔，氣出不及，促損肺管。肺為氣海，肺中有損，令獸氣喘忙忙，鼻流血涕，此謂負重奔急，肺損破喘之症也。形狀：鼻流血涕，氣喘忙忙，耳搭頭低。口色：鮮明者生，紅黃者可治，青黑者難醫。歌曰：駝患肺傷喘忙忙，肺損鼻口流血漿。氣喘肺破宜補肺，肺竅醫原見毛光。心受擁極喘病死，脾肺冷喘使名方。前代先賢知生死，留傳方書定主張。治法：膘壯者徹大血、三焦、四蹄血；氣脹者，針脾腧穴。調理：喂養淨處，水浸青草喂之。戒忌：日曬、風吹、雨灑。補肺散：治駝肺損等症。百合、白芨、百薂、川貝母、陳皮、紫苑、知母、紫參、茯苓、五味、阿膠、桔梗、粉草。各件共為細末，每服四兩，水煎三沸，溫加白蜜四兩，真芝麻油四兩，鍋內煎滾，冷定，加童便一大盞，調灌。五、七服痊愈。

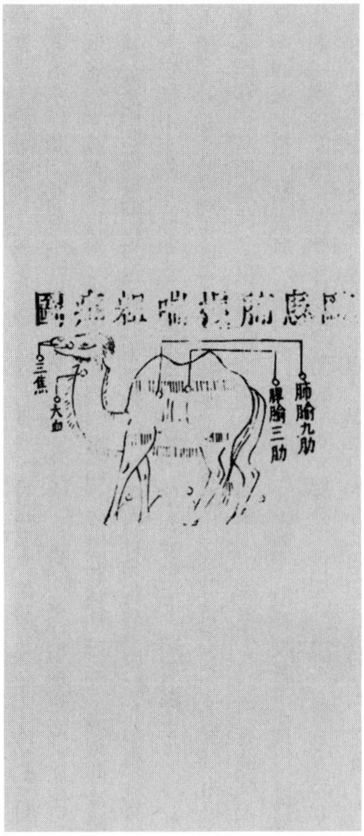

又 駝患肺痛把腳第二十六。夫肺痛把腳者何也？肺把腳者，皆因出力之後，拴繫不便，外受風邪，以致肺氣滯，而血凝也。血因氣行，氣由血活，氣血不行，凝滯筋絡，鬱阻疼痛，冷獸氣喘微微，拘把四足，此謂肺痛把腳之症也。形狀：喘氣微微，拘把腿腳，精神短慢，耳搭頭低。口色：鮮明者生，紫赤者難醫，青黑者死。歌曰：駝患肺痛是何殃，負重奔馳外感傷。喘氣微微難移步，氣滯血凝致其殃。理肺調經加味藥，三朝五日見安康。仙經論裡傳妙訣，灌下有效顯名方。治法：徹大血、三焦、四蹄血，弓腰把膊者火針搶風、百會、大小胯等穴。調理：喂養淨處。戒忌：風吹雨灑，豆料一切忌之。加味理肺散：治駝肺痛把腳等症。烏藥、香附、川木瓜、木香、當歸、五加皮、川羌活、防風、川芎、薄荷、香白芷、木通、桔梗、陳皮、半夏、甘草、麻黃、蘇葉。各件共為細末，每服四兩。連須蔥五、七枝，挫細入內，水煎三沸，溫加黃酒一斤，和灌一二服。如四腳如常，喘粗不止，口色赤紫者，本方去蔥、酒，加錦大黃、芒硝、大川黃連，再加白蜜四兩，灌二三服痊愈。如把腳難行，宜大七傷散灌之。

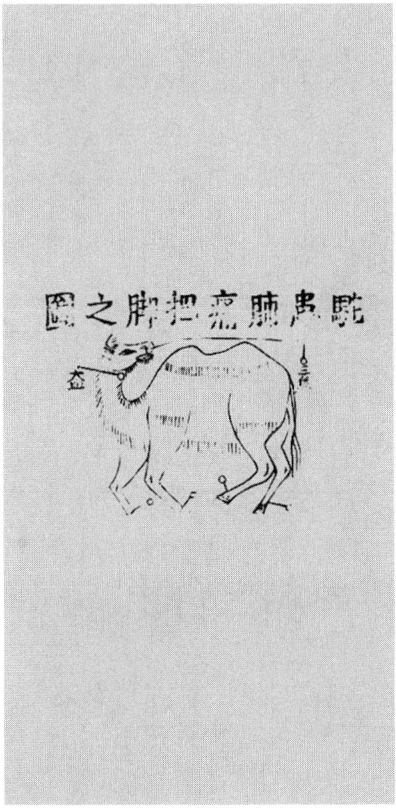

又 駝患腎氣把腰第二十七。夫腎氣把腰者何也？腎者水海也。把腰者，陰濕太過也。皆因饑渴出力，卸載之後，飲冷水太足，未及牽行。或拴繫陰濕之地，陰冷內積於膀胱，外受邪濕於腰胯。又兼腎為水海，內冰外濕，陰冷至極，氣血衰弱，陰冷不能回陽。令獸腰板腿硬，起臥艱難，此謂腎受陰冷，氣把腰之症也。形狀：弓腰吊肷，後腳難移。口色：鮮明者生，紅黃者可治，青黑者死。歌曰：駝患腰痛步難行，為因宿水冷氣侵。火針腎腧連百會，茴香散灌有通靈。三朝五日頻頻灌，三七之後複康寧。治法：火針百會、腎腧、大小胯、搶風，伏兔等穴；膘壯者徹三焦、四蹄血。調理：喂養暖處，稂草鋪地臥之。聽其自臥自起。戒忌：風雨吹灑，濕地安眠。茴香散：治駝腎冷把腰等症。小茴香、破故芷、川楝子、金毛狗、肉桂、附子、製川烏、製草烏、澤瀉、赤茯苓、滑石、木通、五加皮、木香。各件共為細末，每服四兩，水煎三沸，溫加連須蔥一握剉細，黃酒一斤調和，灌五七服痊愈。如小便通利，自然膀胱不痛，而即能行動。如筋骨不和，以七傷散，再灌三五服。方見馬經篇內。

又 駝患肚黃第二十八。夫肚黃何也？肚黃者，肚底有浮腫也。皆因膘瘦體弱，過飲宿冷，轉於膀胱，浸於臍下，浮腫皮內，停而不散，令獸浮腫，此謂宿水停臍，肚黃之症也。形狀：肚底浮腫，耳搭頭低，精神短慢。口色：鮮明者生，紅黃者可治，青黑者難醫。歌曰：駝患肚黃切須知，過飲陰冷浸於臍。榮衛虧傷難調化，浮腫肚下患黃疲。更用白針須刺破，鹽醋和藥敷合宜。厚朴官桂消水飲，三朝五日病遷移。治法：用人髮也可，用馬鬃也可，將肚下用穿針，將肚浮腫皮處穿之，其黃水從鬃繩瀝出，其腫自消矣！若榮衛壯旺，氣血調和，水能運化，自從小便而出。若氣血衰弱，榮衛不足，致有此症也。榮衛即氣血也，榮為血，衛為氣，醫者鑒之。調理：喂養暖處。戒忌：風雨吹灑，濕地安眠。厚朴官桂飲：治駝肚黃。厚朴、官桂、檳榔、滑石、二丑、白朮、赤茯苓、陳皮、澤瀉、木通、香附、木香、砂仁、車前子、老薑一塊。各件共為細末，每服四兩，水煎三沸，加炒食鹽一兩，童便一大盞，黃酒一斤調灌。如口色赤紫，本方加：錦紋大黃、芒硝，再灌一二服；如口中火氣已退，不能進食，水草遲細者，再灌健中湯。方見馬經篇內。

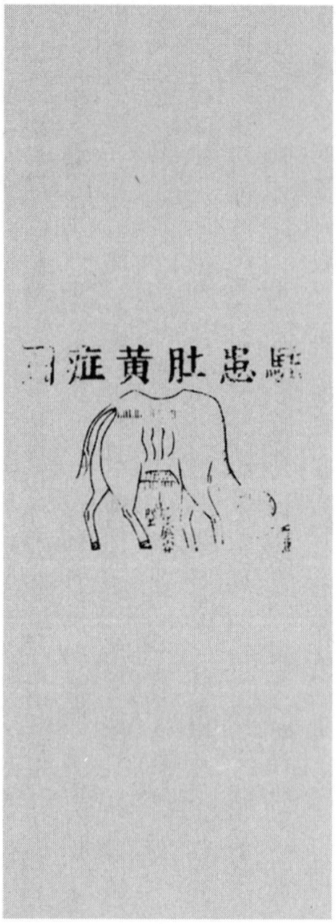

又 駝患到哨第二十九。夫到哨吃泥者何也？到哨者，乃鳴也，叫也。平安無事，昂頭而鳴者是也。吃泥者，舌無滋味也。舌雖心之苗，乃胃之機關，脾之鄉導，鄉導不開，機關閉塞。閉塞者，脾土不能生肺金，故鼻不聞其香，不聞其香，則脾不醒，脾不醒則舌無滋味也。其吃泥者，非塘泥之泥也。乃古墻根上之泥，內有硝鹽有鹵味，故而吃之，以知有味也，昂頭而鳴，乃脾氣不爽，戳氣刺肋而痛，故不時而自鳴也。亦如人之脾氣不爽，不時而有哎喲之聲音也。令獸喜吃泥土，昂頭不時而鳴者，此謂到哨吃泥之症也。形狀：喜吃泥土，不時昂頭自鳴。口色：鮮明者可治，紅黃者生，土黃者難醫。歌曰：駝患到哨又吃泥，原因冷氣損傷脾。先須火針脾腧穴，溫脾散內用陳皮。官桂桂心連厚朴，檳榔烏藥用當歸。茴香半夏加白朮，砂仁豆蔻乾薑隨。共為細末酒調下，便是先人聖手醫。治法：火針脾腧、百會等穴；白針三焦、四蹄血。調理：喂養暖處。戒忌：風吹雨灑。溫脾散：治駝脾氣刺痛等症。青皮、香附、木香、沉香、陳皮、官桂、桂心、檳榔、烏藥、當歸、小茴香、焦白朮、甘草炙、草果去殼、砂仁、益智去殼。各件共為細末，每服四兩，薑五片，水煎三沸，溫加黃酒一斤，調灌一二服，痊愈。

又 駝患脾寒第三十。夫脾寒者何也？脾寒者，脾胃宿寒也。皆因畜之饑渴出力，空腸過飲，陰冷太足，未能牽行，又兼拴繫不便，外受風邪，內停陰冷，以致宿水陰濕浸於脾經，內外感傷。令獸毛疵如刺，身顫腹鳴，此謂宿水浸脾，脾寒之症也。形狀：渾身肉顫，毛疵如刺。口色：鮮明者生，紅黃者可治，青黑者死。歌曰：駝患脾寒不難醫，不識之人莫強知。脾寒皆因胃腑病，膀胱宿水又浸皮。脾腧穴內須針烙，生薑酒下恰合宜。先賢傳下仙經論，總是師皇留下醫。治法：火針百會穴、脾腧、搶風、大小胯穴；白針三焦、四蹄血。渾身用草把擦之。肚底用繩索刮之。調理：喂養暖處。戒忌：風吹、雨灑。健脾開胃飲：治駝脾寒等症。砂仁、益智去殼、細辛、蒼朮、白朮、茯苓、枳殼、川厚朴、良薑、檳榔、麻黃、廣桂枝、蘇葉、烏藥、蘇荷、炮薑。各件共為細末，每服四兩，水煎三沸，溫加黃酒一斤，童便一大盞，調灌立愈。

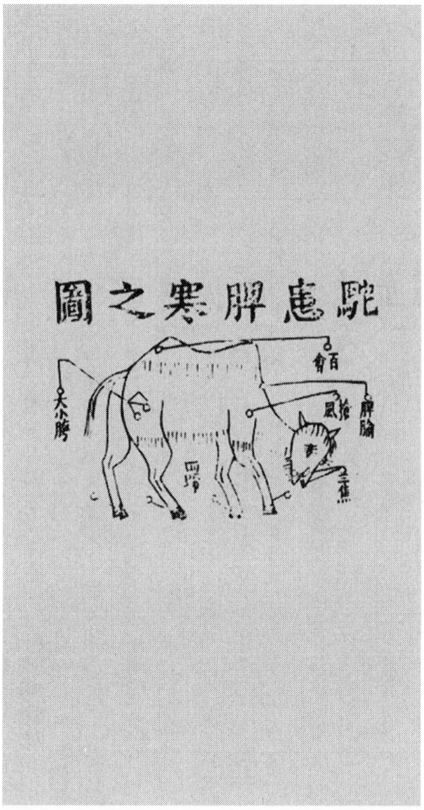

駝患脾寒之圖

又　駝患龜頸風第三十二。夫龜頸風者何也？龜頸風者，即騾馬揭鞍風症之類是也。皆因負重奔走，出汗未乾，拴繫檐巷，汗遭風襲，邪氣乘虛而入於皮膚，令獸耳緊尾直，龜頸盤轉，腰脊強硬，口緊難開，此謂龜頸風之症也。形狀：耳緊尾直，龜頸盤轉，脊似弓彎，四足難移。口色：鮮明。歌曰：龜頸盤轉臟中風，抽把頸項脊似弓。患因帶汗檐巷繫，急用火針頸上攻。水草不餐難移步，急灌靈丹病可通。若待口緊藥難下，縱有仙方也命終。治法：火針風門、伏兔、脊頸兩邊、搶風、百會等穴；白針三焦、四蹄血。口松涎少者可治；口緊涎多者難移。腰緊僵硬終無救，口緊難開治活難。若在春夏汗易出，此症可治；若在秋冬汗難出，此症難治。若得此症，總宜汗出者生也。若要出汗，法照馬經篇有治揭鞍風之法，可用。但須細意慎之。湯藥吹藥、治法針烙，毫髮無異。調理：暖處拴之，稂草鋪地臥之。戒忌：風雨吹灑。

駝患龜頸症圖

又　駝患疔喉第三十六。夫疔喉者何也？疔者，非瘰疬，即喉核也。發在咽喉二邊，初起大如雞子，日漸發大，阻塞咽喉，皆因出力，熱極所致。令獸昂頭直頸，呼息不爽，此謂熱注咽喉，疔喉之症也。形狀：喉下瘰癧，硬如雞子者是也。昂頭直頸，阻塞咽喉，呼吸難通。若浮腫皮膚，軟而不痛者，此喉黃也。口色：鮮明者生，紅黃者可治，青黑者難醫。歌曰：駝患疔喉顆兩邊，棋子瘰疬一般觀。疔喉原是心家住，三朝不看變來寬。火針刺破核化膿，消黃散灌便可痊。二日之前猶可療，五日之後不能安。治法：如硬核子，火針刺之，徹大血、三焦、四蹄血；如腫而軟者，此喉黃血。亦宜徹血穿墜，照牛瘡黃治之。方見牛經篇內。調理：喂養淨處。戒忌：日曬、風吹、雨灑。消黃散：方見前篇。

駝患疔喉症圖

又　駝患小便秘澀第三十八。夫小便秘澀者何也？小便秘澀者，膀胱積熱也。皆因牧養失調，畜之饑餓，負重出力太過，急卸載之後，乘饑與飲，飲之太足，失於牽行，以致陰冷停於膈前，鬱熱凝於膀胱，令獸小便秘澀，水竅難通，此謂小便秘澀之症也。形狀：小便不利，弓腰夾尾。口色：鮮明者生，紅黃者可治，青黑者危。歌曰：駝患重傷小便微，熱入膀胱兩由之。大小腸中皆秘澀，清火通氣不宜遲。速徹六脈開經絡，關竅開通病可醫。治法：徹大血、三焦、四蹄血。弓腰者火針百會穴、脾腧穴。調理：喂養淨處。戒忌：風雨吹灑。大承氣湯：治駝大便不通。川厚朴、枳殼、錦紋大黃、芒消、火麻仁半斤，芝麻油二兩更妙。各件共為細末，每服四兩，水煎三沸，溫加白蜜四兩，或豬油四兩，麻子油更好，和灌一二服即通，神應。通淋散：治駝牛小便不通。黑牽牛、滑石、澤瀉、茯苓、木通、知母、天花粉、香附子、陳皮。各件共為細末，每服四兩，水煎三沸，溫加黃酒四兩，童便一大盞調灌。如口色赤，本方加：錦大黃、芒消、木香、沉香，再灌一二服，痊愈。

又　駝患肝膽脹第三十九。夫肝膽脹者何也？肝膽敗絶也。皆因牧養太盛，使用失調，春不抽六脈之血，夏不灌清涼之藥，血氣太壯，出力太過，氣血壅極，凝滯於肝，令獸兩目圓睜，行如酒醉，日漸消瘦，此謂力盡筋酥，肝膽敗絶之症也。形狀：兩目圓睜，行如狗醉。口色：鮮明者生，紅黃者可治，青黑者死。歌曰：駝患膽病眼睜張，猶如酒醉更沖墻。肝主於筋行無力，四肢消瘦如豺狼。說與同人真難治，仙經論裡揀名方。治法：有膘者，徹六血，舒筋活血藥灌之，火針百會穴，脾腧穴；瘦弱者，不堪醫也。調理：喂養暖處，草料加倍。戒忌：風雨吹灑。舒筋活血飲：治駝肝膽脹等症。當歸、鮮紅花、川木瓜、赤芍藥、牡丹皮、陳皮、山羊血、乳香製、沒藥製、遠志、茯神、棗仁、沉香。各件共為細末，每服四兩，水煎三沸，溫加黃酒一斤，童便二盞和灌。

又　駝患草豆脹第四十。夫草豆脹者何也？草豆者，乃養命之源，何以而致有肚脹也。皆因牧養失調，久渴不飲，乘渴而喂草豆，食之太飽，即與之飲，飲之太足。如乾草乾豆見水，自然發脹，令獸肷肋膨膨，腹滿氣粗，此謂久渴與飲，草料脹肚之症也。形狀：肚腹脹滿，氣粗眼急。口色：鮮明者生，紅黃者可治，青黑者五臟已損，難醫。歌曰：駝患草豆脹多時，飲熱相沖喂飲遲。草豆多時成水脹，得病時時脹肋臍。藥用大黃通腸散，須針六脈莫孤疑。治法：徹大血、三焦、四蹄血。如腹脹滿，針脾腧穴，內用氣針放出氣，其脹自消。內用通藥灌之。調理：不住牽行，肚下時時刮之。戒忌：生熱豆料一切忌之。通腸散：治駝草豆脹肚。神曲、麥芽、香附、檳榔、烏藥、木通、大黃、芒硝、枳實、厚朴、生地、當歸、火麻仁半斤。各件共為細末，每服四兩，水煎三沸，溫加黃酒一斤，麻子油四兩。如無麻子油，即芝麻油也可。調灌一二服，以通利為妙。

又　駝患眼暈熱病第四十二。夫眼暈者何也？眼暈者，肝鬱熱也。皆因夏月炎天，或因負重遠途，出力奔走，及卸載下袋，拴繫黑屋，或拴繫酷熱之處，內外薰蒸，熱鬱於肝，外應於目，令獸雙目淚下，翳膜遮睛。此謂肝熱眼昏之症也。形狀：眼腫淚流，翳膜睛昏。口色：鮮明者生，紅黃者可治，青黑者危。歌曰：駝患眼暈雙淚流，肝家積熱是根由。白膜遮睛猶可治，青盲必定病難瘥。先點珍珠撥雲散，洗肝散灌六脈抽。仙經論裡分明說，外去仙經病莫瘳。治法：徹眼脈血，大血、三焦、四蹄血。調理：喂養清淨之處，水浸青草喂之。戒忌：風雨吹灑。洗肝散、撥雲珍珠散、點駝雲翳方，俱與馬經肝熱傳眼等篇。同類。

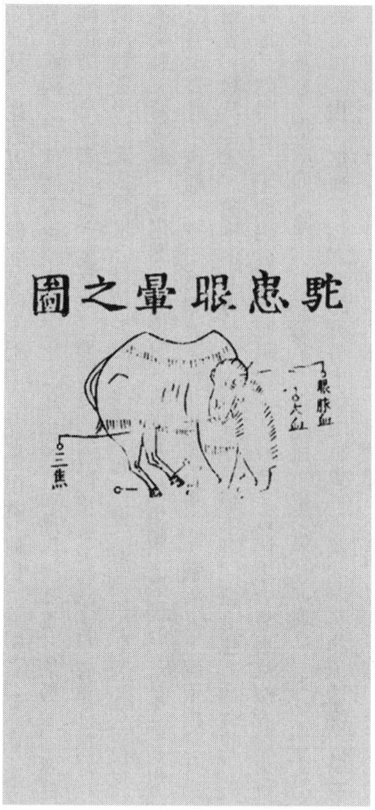

又　駝患百乾第四十三。夫百葉乾者何也？百葉者，乃胃中之風輪也，牛、駝有之。馬、騾皆無。但六畜之中，陰陽無二，唯此不同。然馬、騾之食，細嚼而入於胃內，則不倒草。牛、駝之食粗攬，而入於百葉，以百葉滿而飽也。故易飽易喂，喂滿百葉，口即停住，將百葉中粗攬之草料，仍又哽回口中，嚼細方轉胃內。其駝、牛百葉，如風輪之轉，何以而致有乾燥之症也。皆因饑渴負重，出力太過。饑渴者，脾胃百葉，俱皆空虛，毫無宿食宿水，又兼負重出力，力出則汗出，汗乃心之津液，脾之運化也。況汗多亡陽，汗涸而脾氣枯，脾氣枯而百葉即燥也。令獸鼻頭無汗，毛色焦枯，精神短慢，此謂負重傷力，百葉乾燥之症也。形狀：鼻上無汗，耳搭頭低，精神短慢。口色：鮮明者生，紅黃者可治，青黑者，勞傷過度，難治也。歌曰：駝患失水百葉乾，鼻上無津五七翻。原因失水臟中熱，口出硬氣悶連連。和血理氣寬腸胃，醒脾調經體自安。仙經論裡分明說，時師莫作等閑看。治法：膘肥者徹大血、三焦、四蹄血；弓腰者，火針百會、脾腧穴；膘瘦者勞傷過度難醫也。調理：喂養淨處，草料加倍。戒忌：風吹雨灑，濕地安眠。和血理氣小七傷散：治駝百葉乾。當歸、川芎、羌活、防風、白芷、五加皮、香附、陳皮、半夏、白朮、生地、熟地、川木瓜、川續斷、肉果、白蔻、雲苓、粉草、檳榔、老生薑。各件為末，每服四兩，水煎三沸，溫加黃酒一斤，童便一盞，調灌五七服痊愈。如口色赤紫者，本方加大承氣湯，再灌一服。如口色平和不進食，再灌健中湯一服。其用藥務要臨時變通，照口色用藥，不可執定古方，唯看口中氣色，身體衰壯，是寒是熱下藥使針庶無差矣！醫者慎之。

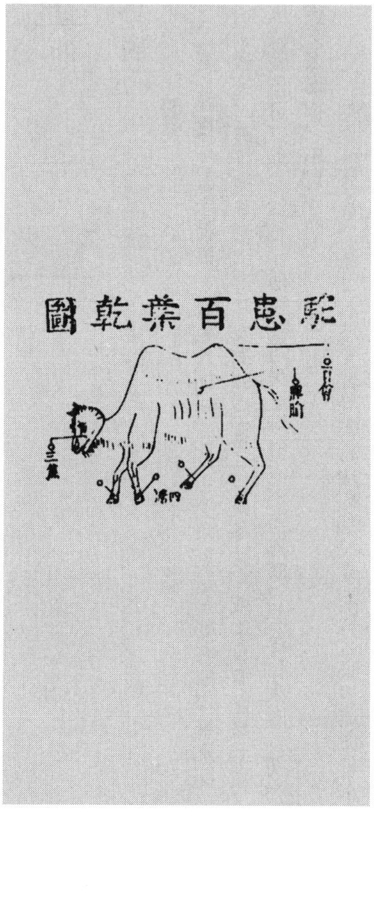

又 駝患五勞七傷症第四十七。夫五勞七傷者，何也？五勞者，氣、血、筋、骨、飢渴也。何謂勞也？勞者，出力之至極，而無以復加也。氣勞者，氣促則損肺；血勞者，血涌則攻心；筋勞者，筋急則損肝；骨勞者，骨重則損腎；飢渴勞者，飢渴損脾也。何謂七傷也？風、寒、暑、濕、飢、飽、勞、役也。風傷肺，寒傷脾，暑傷腑，濕傷腎，飢傷脂，飽傷臟，勞傷心，役傷肝是也。五勞七傷者，包括一身，而總言之也。然殊不知，一臟虧傷五臟俱損。凡為醫者，觀其標本，急則治其標，緩則治其本。標本者，盛衰也，虛實也，沉浮也，陰陽也，肥瘦也。盛實肥陽者，生針徹血以瀉之；衰虛陰瘦者，火針煨而補之。從陽而引陰，從陰而導陽，陰陽血氣也。氣行而血活，血活而氣行。若五臟有損，氣血不勻，此謂五勞七傷之症也。形狀：肺勞鼻流膿涕，時有哮吼聲音；心勞舌瘡口紫，悶亂撞墻；筋勞把前把後，腳躲風癱；腎勞胯鞍腰拖，臥而難起；饑渴則脾氣虛耗。七傷之症，何以見之？風傷肺，則多啌嗽；寒傷脾則身顫毛疵；暑傷腑則瘡黃腫瘤；濕傷腎則胯鞍腰拖；飽傷臟則損膈破胃，鼻流鮮血；飢傷脂則肉斷汗流，身顫難醫；役傷筋則行似風癱，胡跌亂竄。口色：鮮明者生，紅黃者可治，紫蘇者難醫，青黑者死。歌曰：駝患五勞並七傷，因為負重出遠鄉。內外五臟皆傳得，現其形症是何殃。經書之內留妙訣，針藥調治有名方。先賢傳下駝經論，後代時師按敷揚。治法：膘肥者徹大血、三焦、四蹄血。口色赤紫者三黃湯主之，紅黃者活血當歸散主之，青白者大七傷散主之。先宜發散、方見馬經篇內。瘦弱者，火針煨之，法見馬經篇內。調理：夏月則繫清涼之處，冬月則繫暖處，草料加倍。戒忌：風雨吹灑、濕地安眠。

駝患五勞七傷之圖

其他

論說

清 鐘鳴《蓄魚雅集·醫魚六則》 二、受寒氣。魚受寒即横躺水面，決不致死，較受溫易治，即移在向陽處曬之。嚴冬時，或用草簾圍裏其盆，屋微暖便可，最易治也。所以能可失之稍寒，不可過暖。若冬日太暖，初春後必多傷損，不可不防。

又 三、受暑氣。夏日入魚受暑，或滿盆亂轉，或頭觸盆底，尾與分水上皆有紫綫，即用抄提出，放新汲水中，看紫線退去為愈。重者亦致漂浮，或有用青鹽放入魚嘴中治者，此法總似不妥，亦未如此醫過，豈便可憑，還照受温法治之為妙。

又 四、受霧氣。霧原有毒，倘魚染受，老魚尚可支，小魚決不可活。輕者或可救治。

又 五、受煤氣。魚在屋時，如受煤毒，週身起藍色，尾與分水俱赤，受者即軟弱不食，亦用新汲水鎮之。勤換勤鎮，再將烏梅一二箇下入盆中，重者亦横漂水面。治法同受温一樣治之。所以冬日萬不宜過煖，然非陽洞無火，又不可總在人之留心體察，不使染受為妥。

又 六、尾不正。往往魚小被大風一吹，或經雨擊尾，有歪閃之病。如魚有材可取，只於尾偏可用細綫穿其偏處，墜一銅鈕圈，多日可以治好。然多年老魚，及生出便歪者，亦難治之，當年小魚則可。

藝文

清 郭懷西《新刻注釋馬牛駝經大全集·馬經大全》卷三《啌嗽歌》 馬騾啌嗽說根源，不悟經書曉會難。百萬四千毛孔竅，肺經相合古來傳。誤餐邪物凝于肺，皮受風邪毛竅間。外感內傷寒暑濕，饑飽風寒勞役兼。表裏合邪先染肺，脾腎心肝相接傳。肺壅發啌鼻涌涕，三焦乾嗽肺經寒。草飽多啌因飽損，擺頭連嗽肺風寒。五臟損傷皆令嗽，說與醫人用意看。肝嗽之形頭左顧，腎咳之狀後蹄懸。心嗽前足頻跑地，脾嗽回頭向右看。胃傷咳吐長蟲出，肺臟傷咳糞溢便。心嗽腑傷出硬氣，肝膽咳傷口吐涎。腎傷不已傳於肺，咳聲小便滴漣漣。好手醫人能治療，調和五臟自然安。氣壅三焦兼腹滿，尩羸多咳救無緣。鼻流膿血並腦顙，氣如抽鋸死相牽。四肢虛腫咳無治，口色青黃嗽療難。血勞肺嗽休醫救，鼻膿嗽臭死來傳。經書之內分明說，仙人留下古今傳。

外科部

馬

論説

唐 李石《司牧安驥集》卷三《岐伯瘡腫病源論》 黄帝問岐伯曰：『何為顯毒？』岐伯答曰：『熱氣浮，使其筋骨肉無餘，故曰為毒瘡；上皮膚薄如紙，已堅裹成腫，毒氣隨經絡而行，壅注成膿也』。黄帝又問岐伯曰：『及爾所説，未知其子細，瘡腫都有幾番？』岐伯答曰：『有膿無頭者是陽毒；其有膿血者，是肺毒；腫硬如石者，是陰毒；眼下瓜瘡，是肝毒；鼻內有瘡，是氣毒；口內發瘡，是心毒；躁蹄發有瘡，是筋毒；漏蹄有瘡，是腎毒；乾漏，是血毒；唇上有瘡，是脾毒；此是十毒之狀也』。

黄帝問岐伯曰：『一、氣毒者何以別之？』岐伯答曰：『氣毒者，是鼻受其庚辛金之氣，血瘀不行，住滯，瘡緊得腫，即氣血滯而不行，血壅住，變成漫腫也。不須針刺，用藥塗之』。木鱉子散：主治一切瘡腫。木鱉子蟲衣粉炒穿山甲黄柏各等分。右件為細末、醋打麵糊，成膏，隔日塗之，差。氣毒病源歌第一：氣毒在鼻腫低頭，不用施針刺血流。便將衣粉炒焦黑，黄柏同將木鱉瘳。又共穿山甲為末，等分燒焦在意求。醋打麵糊同調藥，隔日塗之腫自休。

黄帝問岐伯曰：『二、肺毒者何？』岐伯答曰：『肺毒者，太陰主病。經絡受其火毒，壅滯不行，毒隨經絡而行，血緊為瘡，不過五日，變成膿血；又隨血筒列處，腫毒為瘡者，榮衛氣血不能隨身流轉也。用針刺破，出尺膿囊惡血，紝藥治之。』砒黄丸治之：砒霜、硇砂、砒黄、雄黄、粉霜各等分。右為細末，麵糊為丸，紝藥一丸，便差。肺毒病源歌第二：肺毒壅滯經絡中，血緊成瘡變作膿。流轉血筒行處是，用針刺破血流空。雄黄砒霜同共用，粉霜硇砂砒黄同。等分麵糊為丸子，一丸紝上便成功。

黄帝問岐伯曰：『三、陰毒者何？』岐伯答曰：『陰毒者，因為其冷氣不順，陽氣盛，陰腫，冷如冰水者是陰毒。須得火針出膿，五日即可；若微熱者，黄柏散治之』。黄柏香、白芷、當歸、茴香、芍藥、白蘞、防風、大黄各等分。右為細末，用醋調塗之，三上可差。陰毒病源歌第三：陰毒結聚冷如冰，腫硬時高哽氣聲。更用火針出膿血，不過五日便須平。又將此藥須治療，芍藥當歸白芷停。防風白蘞同為末，醋調塗之便須寧。

黄帝問岐伯曰：『四、肝毒者何？』岐伯答曰：『肝毒者，因為肝臟受其風熱，外傳於眼目，出化為瘡也。白礬散治之』。白礬硇砂黄丹輕粉各等分。右四味為細末，藥水洗淨，便差。肝毒病源歌第四：肝毒傷熱臟如燒，淚注成瘡毛又焦。漿水洗來瘡口淨，硇砂輕粉白礬調。更用黄丹研細末，貼之三上自然消。

黄帝問岐伯曰：『五、陽毒者何？』岐伯答曰：『陽毒為陽明主其病，膿血不止，水濕不乾，化破皮肉，變為骨疳之瘡。每日清水洗，用吹鼻散治之』。麝香、乳香、黄柏、白芨各等分。右四味為細末，入麝香少許，鼻內吹之，五日可差。膿毒病源歌第五：膿毒皆因肺不乾，皮膚化破成骨疳。麝香少許並黄柏，乳香白芨用心看。搗研為末吹於鼻，不過五日便痊安。

黄帝問岐伯曰：『六、心毒者何？』岐伯答曰：『少陰主其病，因為暑月熱時，不灌啖涼藥，失放六脈之血，壅聚其血，滯毒在心，口內故生瘡。用新汲水洗淨涎沫，更用絹袋盛藥，用蜜水和膏子，口內含化之，蛾青散治之。』蛾青、黄柏、白礬、訶子各等分。右為細末，同和作膏子，口內含化，三五日差。心毒病源歌第六：心毒暑月口生瘡，不曾放血又頻啌。青黛黄柏並訶子，更使白礬蜜作漿。調膏盛於娟袋子，口中含化得安康。

黄帝問岐伯曰：『七、筋毒者何？』岐伯答曰：『筋毒者，因為久行傷筋，斫注其毒氣，傳在四蹄，足破為瘡，名曰躁蹄。前腳發時，元是肺毒注破；後腳發時，血氣筋毒也。乳香散治之。』乳香、烏魚骨、白礬、龍骨各等分。右為細末，醋調漿水洗淨，乾貼之，三五日差。筋毒病源歌第七：筋毒行急注破蹄，先傷後蹄又傷騎。乳香龍骨烏魚骨，白礬一處便合宜。共同研成漿水洗，摻於瘡上復生肌。

黄帝問於岐伯曰：『八、腎毒者何？』岐伯答曰：『腎毒因為腎臟之風熱，傷其胎甲，血脈流傳不匀，毒氣注於蹄中；又久立濕地，乃生癰腫，用刀削開蹄甲，出盡毒氣膿水，用絹綿揩乾，用藥後三日可差；若不削開，蹄上皮破，須出蹄頭血；更不差，火烙之，掌胎膏治之』。紫礦、麻黄、瀝青、黃蠟、頭髮灰各等分。右為細末，和膏子，將烙鐵燒紅搽之。腎毒病源歌第八：腎毒皆因病臟風，注於蹄甲氣難通。濕地立時蹄注破，削開膿出是良工。未較先將烙鐵點，瀝青黃蠟發灰中。麻黃紫礦同消撒，焊於蹄上速成功。

黃帝問岐伯曰：『九、血毒者何？』岐伯答曰：『血毒者，因為腎臟血毒，血脈怯弱，風氣盛，注在於蹄，血脈不能克化為臟水，蹄甲焦枯，硬不出血。取盡死胎，用火烙養其差。』血毒病源歌第九：血毒因病注於蹄，不能消化脈浮遲。蹄骨枯焦風氣盛，養於半月恰於宜。

黃帝問岐伯曰：『十、脾毒者何？』岐伯答曰：『脾毒者，肉屬脾臟，外應於唇，風熱盛，傳於唇腫，乃名脾毒風也。以白針刺破，醋調藥末敷上；若腫不消，火針刺破，出黃水即安。秦艽散治之。』秦艽、鹽豉、黃柏、炒鹽各等分。右為末，先以白針刺破，醋調塗，三兩上即差。脾毒病源歌第十：脾毒熱氣口色黃，唇腫高時不似常。秦艽鹽豉同黃柏，炒鹽等分細為良。塗之三上須安可，岐伯留下有名方。

黃帝問岐伯曰：『吾聞腸受穀氣者，不轉注五臟，發起瘡腫？』岐伯答曰：『上焦出氣，以溫分肉而養骨節，通腠理也。中焦出氣，溫注穀而登榮衛經絡；下焦出氣，微涼為和，和則通經絡。陰陽已張，因息乃行，行有經紀，周有道理，與天合同，不得休止。切而審之，從虛去實，瀉則不足，疾則氣留，補虛瀉實，則氣血已調，形神乃持。』『余已知血氣和平不瘀，未知壅毒之患所從生，成敗死生之期其有遠近，何以知之？』岐伯曰：『馬有六龍祖之尊貴，經脈流行不止，與天同度，與地合紀，故天宿失度，日月薄蝕，地經失紀，水道流溢，草木不成，五穀不植；馬經脈不通，壅腫成瘡，血脈猶然故也。夫血脈榮衛，周身流而不息，上應星宿，下應經絡，寒邪客經絡之中，則澀澀而不通，血不得復，故腫也。寒氣化為熱，熱氣盛則肉腐為膿；不瀉盡則瘡，筋骨肉不得相親；經脈敗，則漏薰於五臟，五臟有傷，故曰瘡腫也』。黃帝問岐伯曰：『癰疽瘡腫有幾？何以別之？』岐伯答曰：『外辨不破，乃一十八般瘡。發於上者速，發於下者緩；溢血者，名曰血瘡。不治則化為膿，針下莫針上；若針上，則為肉者，瘡孔出血者，活其血。治腫者，瀉已成膿者，未成膿者無令瀉，三日後方紮；冷不發，頑硬者，血候，即五日破也』。黃帝問岐伯：『夫疔瘡者，有幾？』岐伯答曰：『疔瘡者，有五般。有浮痂，瘡在皮者，是黑疔；瘡在清肉者，是筋疔；瘡在死皮者，是水疔；有赤水者，是血浸疔；瘡有膿血發腫者，是氣疔瘡，此是五般疔瘡也』。黃帝問岐伯曰：『黑疔瘡，何以別之？』岐伯答曰：『黑疔瘡以藥塗之，不得用刀子割，有風毒，腫起於心，以生薑膏治之』。生薑巴豆胡桃仁各等分。右三味，細研為末，塗瘡上即安。黑疔瘡病源歌第一：黑疔塗藥用生薑，巴豆胡桃爛銼將。便用小油調敷腫，瘡痂落盡最為良。黃帝問岐伯曰：『筋疔者何？』岐伯答曰：『筋疔瘡者，熱盛使其有汗，毒氣侵之，活肉變為筋疔瘡也，以續斷散治之』。續斷蠶屎乾薑燒灰皂角燒灰。右為細末，乾貼之，後用醋打麵糊調，塗定，三日看之。筋疔病源歌第二：筋疔有汗熱來侵，活肉青時皮底深。乾貼續斷並蠶屎，川薑皂角要推尋。麵糊布上將塗定，三日已後必安寧。黃帝問岐伯曰：『水疔瘡者何？』岐伯答曰：『為遠行飲水，聚在瘡中，積成水疔瘡也，草烏頭散治之。』草烏頭、穿山甲、虻蟲、硇砂、龍骨、葶藶子各等分。右為細末，乾貼瘡上，立差。水疔病源歌第三：水汀飲水聚瘡中，龍骨硇砂最得功。穿山甲共葶藶子，烏頭更使氣脈通。搗羅將來為細末，上其此藥絕其蹤。黃帝問岐伯曰：『血浸疔瘡者何？』岐伯對曰：『血浸疔瘡者，因為血氣毒而浸於活肉，損其好肉，名曰血浸疔，以烏金膏治之』。巴豆去油、烏金石、紅娘子、力青、血竭各等分。右為細末，乾搽於瘡上，差。血浸疔病源歌第四：血疔惡肉急要醫，血浸發時頭又低。力青血竭紅娘子，烏金巴豆又生肌。竹羅為末共同用，聖人留下後人知。黃帝問岐伯曰：『氣疔瘡者何？』岐伯答曰：『氣疔瘡者，因為賊風吹著，皮肉死，氣血不通，變成惡瘡形狀，草料不吃，用藥餌治之，草烏頭散治之。』草烏頭去尖杏仁、巴豆出油、斑蝥、葶藶子、律角蟲各等分。右為末，用溫漿水洗過，乾貼三二日，換再貼。氣疔病源歌第五：氣疔風盛冷來侵，變成惡瘡已日深。烏頭去尖葶藶子，斑蝥杏仁要停均。律角蟲生為細末，將來塗貼莫教深。不經旬日生痂子，卻見原毛喜不禁。黃帝又問岐伯曰：『諸般毒者何以知之？』岐伯答曰：『夫疔瘡者，惡者分治之，未發之，非肥渴，為古發之異，或瘡發自洗，似若小節，或侈大患，皆是微微，宜善采之。欲知是非輕重，按其此處是良馬，口貴後四肢，此是得節失，審定後即為一。第一便烙，第二用其中百個效九分。微小者，用藥塗之，不得便烙，有火毒，易化為漏瘡。補瀉全在藥。藥者在內醫五臟熱毒，所發於外有諸般瘡腫，皮膚外即冷，口已不用其熱藥，溫涼為法，開其口，泄熱而生也。

元 卞管勾《校正增補痊驥通玄論・論五疔腫》 黃帝問师皇曰：『應有毒氣瘡腫者，何也？』對曰：『是五臟傳注血脉，榮衛不行，陰陽不順，五臟于傷，致有此病，是五臟傳遍，應有毒瘡。』『腫有几？何以別疔瘡者？』『都有五般：有浮疔瘡者，有皮是黑疔瘡，有青肉者是筋疔瘡，有死肉皮者是水疔瘡，有赤者是血浸疔瘡，有膿血發腫是氣疔瘡，是此五般疔瘡也。』

明 喻仁、喻傑《新刊纂圖元亨療馬集》卷三《七十二癥病形圖論歌治法》 馬患董芽第五，出《發蒙纂要》。夫董芽者，燔氣攻心也。皆因料後飲水太過，水穀相並，傷於脾胃，胃火微弱，陰氣生而傳入心經，心經傳於肺，肺氣燔盛攻之於鼻。鼻者肺之竅也。氣血相凝，積於準頭，發生病骨，有似生董萌芽而發也。令獸腸中作痛，覷腹跑蹄，連連臥地，鼻咋喘粗。此謂燔氣攻心，肺受其邪也。宜順氣散灌之。歌曰：燔氣攻心肺受邪，鼻中發骨似董芽，連連臥地腸中痛，微微氣喘鼻頭咋。先針四足蹄頭血，次取雙董鼻畔芽，蔥酒同煎順氣散，伯樂曾醫八駿驊。師皇曰：『燔氣攻心者，腹中疼痛也。俗名董芽，正名水穀並也。凡治者，和血順氣，止痛通腸。橘皮蔥酒灌之。』王良歌曰：『起臥腸中痛，先須用橘皮，檳榔為第一，蔥酒最相宜。』卞氏曰：『董牙者，即冷痛也。鼻頭有骨，形似董芽，馬騾稟胎氣而生，個個有之。先聖諸書未載，始出纂要之章。此章未見其實也，醫者鑒之。』趙氏曰：『凡馬有董芽。有等盲醫，又稱眼中有骨，名日骨眼，妄用針刀，割去眼中閃骨。然其一病而未愈，又且加之一患，如雪上加霜，反成其害也。何異揠苗助長，緣木求魚，後學者慎之戒之。』又曰：『起臥者，脾胃寒也。骨眼者，肝經熱也。此二者，寒熱非同，受病不一。遵道先生戒語曰：「古來骨眼何曾臥，起臥休將閃骨鉤。」』形狀：前蹄跑地，覷腹回頭，連連起臥，鼻咋喘粗。脈色：臥蠶白色，雙鳧脈微遲。治法：割雙董穴，針三江血，徹蹄頭血，順氣散灌之，吹鼻散吹之。調理：不住騎走，或溺或瀉，通利愈矣。戒忌：當日勿令飲水，寒夜不可拴外，孕馬不可吹鼻。順氣散：治馬董芽腹痛起臥方。陳橘皮、青橘皮、檳榔、厚朴、桂心、細辛、當歸、茴香、白芷、木通、砂仁、甘草，右件為末，每服二兩，飛鹽三錢，細切青蔥三枝，苦酒一升，同煎三沸，候溫灌之。吹鼻散：治馬傷水起臥方。藜蘆、胡椒、半夏、白芷、瓜蒂、皂角、芸薹子、麝香，右為細末，每用一字裝竹筒，吹於鼻內，不住牽行，鼻中出水或溺之，大效。

馬患董芽之圖

又 馬患脫肛第六，出《岐伯治對症》。夫脫肛者，臟頭脫出也。皆因力敗羸騾，勞傷瘦馬，或負重而上高坡，或夜臥仰於凹處，為因努力，以致肛頭努出，風吹瘀膜，冷硬難收。令獸不時努咽，尾揭腰弓，頭低耳搭，草細毛焦。此謂臟冷氣虛，力乏努傷之症也。養臟通關散治之。歌曰：久寒積冷在腸中，臟出難收號脫肛。風吹結硬腸頭腫，耳搭頭低脊似弓。脫肛蓮花穴剪風皮膜，沸湯洗淨血和膿，炙溫履底連三熨，通關散灌有能功。履底，鞋底也。師皇曰：『脫肛者，臟冷氣虛也。凡治者，和血順氣，養臟消風，健脾暖胃治之。』觀形狀：不時揭尾，努拽弓腰，頭低耳搭，草細毛焦。脈色：雙鳧遲細，口色微黃。治法：剪蓮花穴，通關散灌之。防風散煎湯洗之。調理：增料草，減勞役，寒夜暖處拴之。戒忌：七日勿令騎驟。通關散：治馬大腸風，臟頭翻出，頻頻努拽，拋糞不下。郁李仁、麻子仁、桃仁、當歸、防風、羌活、大黃、皂角子，已上各等分為末，每服一兩五錢，生油半盞，水一升，同調，草前灌之。防風散：治馬脫肛。防風、荊芥、花椒、白礬、蒼朮、艾葉，右咀一處，水二升，共煎三五沸，去渣，帶熱洗淨血膿。先用剪刀去盡風皮膜，納以中指入肛，取出硬糞一粒，再洗去血，送入肛頭，乾履底火熱熨之。

馬患脫肛之圖

又《七十二癥病形圖論歌治法》　馬患肺風毛燥第二十九。肺風者，肺熱生風也。皆因蓄養太盛，肉滿膘肥，少騎多喂，日久失於洗浴；瘀汗沉於毛竅，垢塵迷塞肌膚，榮衛壅極，熱積心胸，傳之於肺，肺受其邪，遍傳經絡也。令獸渾身瘙癢，遍體風生，皮膚揩擦，脫落鬃毛。此謂肺風血熱之症也。五參散治之。歌曰：馬病肺熱風氣成，渾身瘙癢似蟲行，血凝氣滯塵迷竅，熱盛膿肥血未針。鶻脈兩針須索出，五參瀉肺蜜調勻，消風涼血煎湯洗，復本還元毛更生。肺風毛燥師皇曰：『肺風者，肺熱也。凡治者，涼心血，瀉肺熱。清孔竅，潤皮毛。兩針鶻脈刺之。』王良曰：『肺毒若生瘡，醫之要肺涼，塗藥先須洗，可用甘草湯。』岐伯曰：『凡羸瘦老馬，三冬月冷瘙毛者，與此寒熱不同，醫者分別治之。』形狀：渾身瘙癢，擦樹揩樁，尾鬃脫落，皮破成瘡。脈色：膿馬熱燥者，雙鳧洪大，唇舌鮮紅。老瘦冬瘙者，雙鳧沉細，口色如綿。治法：肺風熱燥者，徹鶻脈血，五參散灌之，甘草湯洗之。老瘦冬瘙者，肺風散灌之，葶藶散洗之，塗疥方搽之。調理：夏繫涼棚，冬拴暖廄，凡馬睡臥，不可用火灰地下鋪之。戒忌：夏燥不宜加料，冬瘙少令去血。五參散：治膿馬肺風熱燥。人參、苦參、元參、紫參、沙參、秦艽、何首烏，右件為末，每服兩半，蜜二兩，酸漿水一盞，皂角一挺，擂碎，取汁半盞，同調灌之。甘草湯：洗馬熱燥。甘草、藜蘆、防風、荊芥、皂角、苦參、黃伯、薄荷、臭椿皮，右咀一處，井花水三升，同煎三五沸，去渣，帶熱洗之，洗後候乾，蠟燭油搽之。肺風散：治老馬血弱瘦瘙。蔓荊子、威靈仙、何首烏、元參、苦參，已上各等分為末，每服兩半，砂糖一兩，溫水一大盞，同調，草遠灌之。葶藶散：治馬乾瘙風癢，尾鬃脫落。馬脹根臭椿皮白蕪荑苦葶藶皂角藜蘆茴茹右件為末，每用一大匙，韭汁三升，同煎三沸，入生油少許，帶熱洗之。冬月嚴寒，洗於暖廄，待乾牽出。搽疥方：搽馬乾瘙。芫花蛇床子已上二味等分，碾羅共為細末，生油調勻，洗後令乾塗之。

馬患肺風毛燥之圖

又　馬患項脊吝第三十，出《造父經》。項吝者，風吝也，一名低頭難也。皆因乘騎遠至，帶汗卸鞍，夜繫舍簷之下，斜風斜雨漂之，瘀血凝溢脊項，痞氣鬱結胸腰。令獸伸頭直項，脊板如椽，顧回不轉，首吝難低。此謂外感風寒之症也。連翹散治之。歌曰：項脊吝病說根源，脊項連腰硬似椽，卸鞍帶汗當風立，邪氣乘虛諸竅潛。風門伏兔兼九委，腎棚百會火針鑽，鶻脈兩針須出血，連翹散灌得安痊。師皇曰：『項吝者，筋吝也。凡治者，療風解表，破氣通關。火針脊項，百日成其功矣。』王良曰：『項吝難低首，脊腰硬若椽，鐃伊能善治，百日始安痊。』形狀：伸頭直項，脊吝如椽，頭回不轉，首吝難低。脈色：舌唇赤紫，髡脈沉遲。治法：項上九針，腰上七穴，火針治之；徹鶻脈血，連翹散治之。調理：餵養暖廄，晴明野放於郊，麗日曬之。戒忌：寒夜休拴冷處，提防脅巷風吹。連翹散：治馬項脊吝病，低頭不得。連翹、知母、紫蘇、當歸、桔梗、貝母、山藥、白芷、杏仁去皮、馬兜鈴、瓜蔞根、甜瓜子，右為末，每服兩半，蜜二兩，薑五片，水一升，同煎三沸，溫灌之。

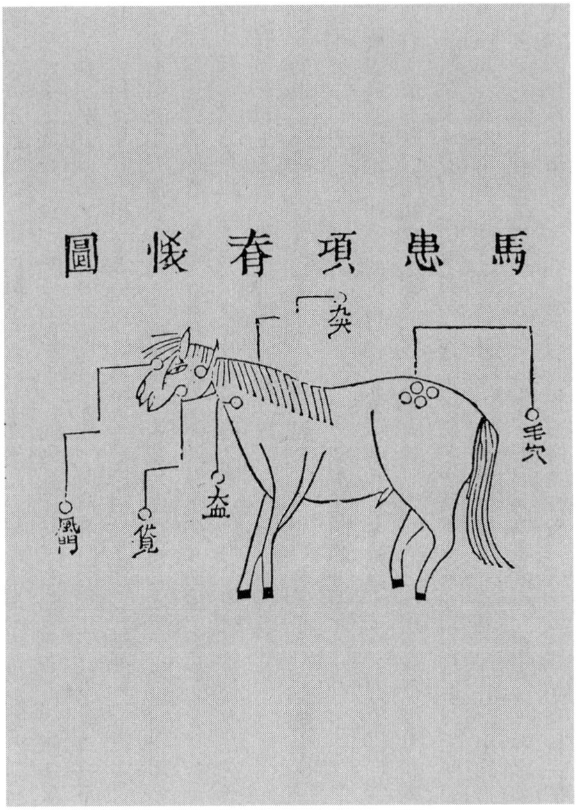

馬患項脊悏圖

又　馬患舌瘡第三十四，出《李林經》。舌上生瘡者，心經積熱也。皆因餵養太盛，肉滿膿肥，負重乘騎，地里鸞遠，乘熱而喂料草太多，熱積於胃，胃潮百脈，毒氣沖咽，唇舌發生瘡也。令獸咽喉哽噎，口內垂涎，料草難咽，耳搭頭低。此謂心熱舌瘡之症也。消黃散治之。歌曰：良馬唇中涎沫生，舌乾口腫色鮮紅，脈數唇焦脾土燥，火炎金削肺心壅。清咽絹袋噙於口，消黃散灌有奇功，鶻脈兩針徹去血，三朝之內病除根。師皇曰：『舌瘡者，心熱也。凡治者，洗心涼膈，降火清咽。鶻脈兩針徹之。』王良曰：『舌赤口垂涎，心熱致如然，有熱須用袋，裹藥口中銜。』仔細：凡馬唇角生瘡，口內垂涎者，此謂鐵磨口角五赤之症也，與此症受病不同，治者勿令錯之。形狀：頭低耳搭，唇口生瘡，水草難咽，口內垂涎。脈色：雙髡洪數，唇舌鮮紅。治法：徹鶻脈血，消黃散灌之，青黛散口內噙之。調理：餵養淨處，水浸青草喂之。禁止：諸雜生料忌之。消黃散：治馬心經積熱方。大黃知母甘草瓜蔞朴硝黃柏酒炒山梔子右件為末，每服兩半，雞子清一雙，米泔水一盞，同調，草飽灌之。青黛散：青黛、黃連、黃柏、薄荷、桔梗、孩兒茶，右為末，生絹袋內盛貯，水中浸濕，於口內噙之。

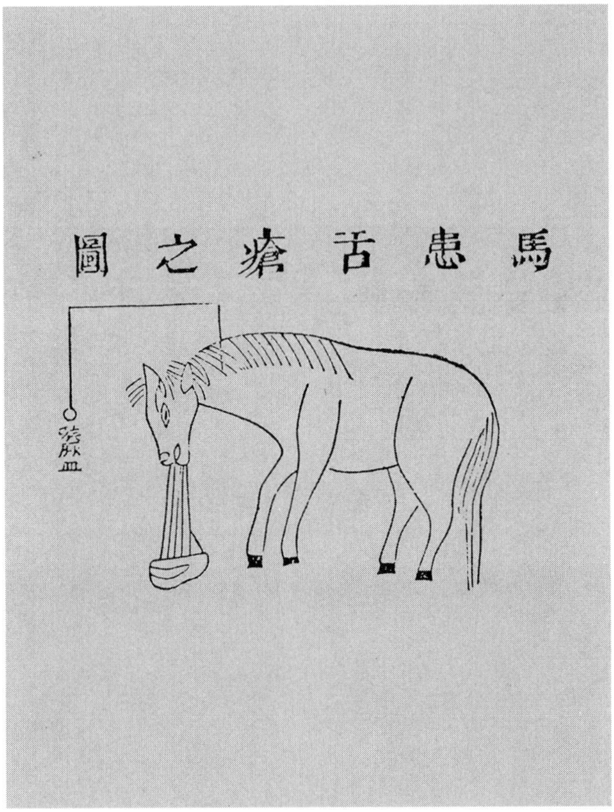

馬患舌瘡之圖

清　郭懷西《新刻注釋馬牛駝經大全集·馬經大全》卷四《馬患薑牙第五》　論馬姜牙者，何也？夫薑牙者，乃胎元之稟質，生成之病核。亦由人之初生，萌有天花、痘疹之屬也。在人有斑、麻、痘、疹；在畜有薑牙、槽結，喉核，各為三喉之症。馬畜之初生，務必割取之，針刺之。則出力使用，聽其乘騎，而不致發生速症，以斷送性命也。即如薑牙之說，旬日無事無干。若不割去，倘如出力太過、發急之時，越急越發，越發越長，猶如生薑初生之芽，在於鼻孔兩旁，氣海首關，降住口角，阻塞肺氣，不但水草不食，且氣不行，則血不活，血不活，則氣不行也。況肺為氣海，心為血海，肺不能容氣，心不能納血，氣血凝滯，令獸忽然迷亂，胡跌亂撞，汗出如油，即轉為黑汗風之症也。遲則無方無則治之。此謂薑牙發生之症也。歌曰：肺為氣海之源，鼻為氣海之門。薑牙病源是胎根，氣海鼻畔骨雙生。俗名呼為打草骨，馬無打草骨不精。卞氏曰：『薑牙者，鼻頭有碎骨，形似薑芽。馬、騾、驢稟胎氣初生，個個有之。』寧庵曰：『薑牙生在鼻孔兩旁，氣海門，即鼻孔下邊皮內有碎骨，俗名呼為打草骨。馬騾驢稟胎元而生，個個有之。若無打草骨，又非是駿馬之列，故打草骨，馬之不可無也。但此薑牙，亦在三喉之列，在初生之時，即可割去。取割一次，可管三年無病患之憂也。往往人將此病根，只說沒要緊，那知此病發作起來，急則轉為黑汗風，則難治也；緩則把住口角，不食草料，日漸瘦弱，再喂不起膘來。但此症何以識之？但見嘴鼻時常擂地，即是此病根。欲發者，將此薑牙割取去之，則嘴不擂地，草料更能加餐，則知取薑牙之功，莫此大焉。』形狀：鼻孔下邊，皮內打草骨上，生長碎骨，發時嘴鼻時或擂地。脈色：雙凫洪數、口色桃鮮。治法：用扭鼻，將嘴上唇扭住，打草骨露出，將利刀割開皮，即見白牙骨，用鉤搭住姜牙，白牙骨稍端割取，去之二分長一節，其為薑牙口，用食鹽少許，撚入穴內，再將扭住之鼻尖，放一針，恐扭傷嘴唇皮。放一針者，又名為挑卷筋。並又放開關穴，二針在板牙兩夾處，板筋空內，用細針放二針。又三焦血，在嘴叉角上，二面各放一針。此薑牙、開關、三焦共六針，時常馬騾水草遲細，僅施此針，則可進食。時或啌嗽，施此六針，亦可止啌嗽。學者鑒之，不可忽之。戒忌：徹畢休教飲之，飲畢休教徹之，醫者慎之。順氣散：治馬薑牙起臥、腹內疼痛等症。陳皮、青皮、厚朴、桂心、細辛、當歸、茴香、白芷、木通、砂仁、粉甘草、紫蘇。各件共為細末，每服二兩，蔥五枝，黃酒一斤，同和灌之。吹鼻散：治馬傷水起臥方。藜蘆、胡椒、半夏、白芷、瓜蒂、麝香、牙皂、細辛。各件共為細末，每用一字，裝竹筒內，吹入鼻內大效。又王良起臥良方：起臥腸中痛，先須用桔皮，檳榔為第一，蔥酒最相宜。

姜芽轉黑汗之圖

馬患慢姜牙之圖

又《馬患槽結喉核癥第六》 論馬槽結喉核者，何也？夫槽結喉核者，亦猶薑牙之屬，稟胎元而生成之患根也。故名為三喉之症。槽結者，在舌胎之下；有喉核者，結在耳下，牙夾骨後，喉嚨管兩邊，有核大如雞子，或長或團，胎生個個有之。亦或無槽結、喉核者少。即如初生見者，務用火針刺之，三五針，以核消化不長，則不能為患。但此症，不發則循循然。若騎急一時發動，急則渾身汗出如水洗一般；若緩發，則啌嗽頻頻，鼻流濃涕，或耽腫，或舌下、喉嗓俱腫，令獸呼吸難通，水草難咽。此謂嗓腫、喉疸，三喉之症也。歌曰：三喉病源問來因，胎元造化禀質生。陰陽毓結咽喉蹐，揭卻根源命長春。師皇曰：『槽結者，舌胎之下結核是也。有三種：有鐵硬者為筋結，可以取之；軟者為血結；腫者為膿結是也。』遵道曰：『喉核者，喉嗓兩旁有結核是也。』寧庵曰：『凡槽結、喉核於未發生之際，先用火針刺之，用化核丹灌數劑，無論筋結、血結、膿結，皆可自消，核消則無過火之症也。』形狀：槽結核發在舌胎之下，大如雞子，腫盛填滿下頦，水草不能咽。或有無槽結者，單有喉核，此核生在牙叱骨後，喉嗓管兩旁，一邊一個，形如雞子，或若發作嗓腫、喉疽，草料難下，水泄難通。此名過火之症也。或有此發急症則渾身汗出猶如水洗者，此謂過火急症也。治法：如三喉急發，渾身出汗者，先用火針將腰間百會七穴，俱以針刺，務取井底涼泥，敷在腰間火針七穴上，其汗立止；次徹鶻脈血、胸堂血、四蹄血。如口臭，徹玉堂血，然後灌黃連解毒湯數服，痊愈。調理：拴繫清涼之處，新汲水浸熟米，不時換水喂之。水浸青草喂之。戒忌：雨灑日曬，忌拴暖廄，諸料一切忌之。黃連解毒湯：治馬槽結、喉核，三喉發作，水草難下等症。大川連、金銀花、當歸、白芷、花粉、蒲公英、貝母、夏枯草、防風、陳皮、粉草、乳香、沒藥。各件共為細末，每服二兩，燈草、竹葉煎湯調灌。如口色赤紫者，加大黃、朴硝。化核丹：治馬三喉核未發之初，火針刺之，宜灌此方，核消化矣。花粉、白芷、夏枯草、蒲公英、貝母、紫花地丁、川山甲炙焦。各件共為細末，每服二兩，黃酒一斤，同和灌之，二三服核自化也。

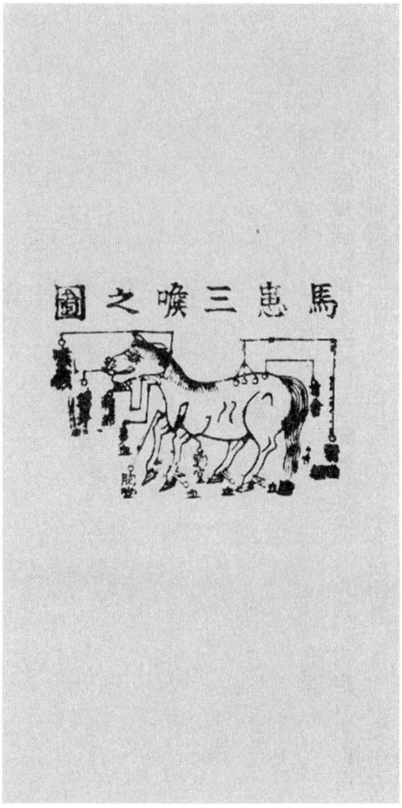

又《馬患脫肛第七》 論馬之脫肛者，何也？夫脫肛者，臟頭脫是出也。皆因馬騾勞役過度，力衰筋敗，體弱氣微。又兼宿飲冷水，腸胃受濕，陰氣不降，陽氣不升，腸內疼痛，努力下糞，臟頭乾澀，以致下糞帶脫臟頭，而難收縮，此謂臟寒脫肛之症也。歌曰：力敗筋虧臟中傷，更兼宿飲致其殃。臟頭冷硬難下糞，努力蹲腰掙脫肛。蓮花穴上金針刺，防風湯洗送入腸。炙溫鞋底連三熨，溫中通關是奇方。師皇曰：『脫肛者，臟冷氣虛也。凡治者，和血順氣，養臟消風，健脾暖胃治之。』王良曰：『勞傷過度，多飲宿水得之。』卞氏曰：『羸騾瘦馬，俱不可宿水飲之。何為宿水？但雞宿時不可飲水。』寧庵曰：『宿水者，不是不可飲。但飲水務必牽行數百步方可。若飲後不牽動，則水宿停立，亦為宿水之說。倘勞傷過度之馬，宿飲過多，脾胃受濕，陰陽不和，氣衰腸澀，努力脫肛。』形狀：不時撅尾，弓腰努糞，臟頭脫出，頭低耳搭，草細毛焦。脈色：雙凫遲細，口色微黃。治法：蓮花穴上，即是脫出臟頭，用生針刺出血，防風散洗軟，送入肛內，用鞋底炙温熨之。溫中通關散灌之。調理：倍加草料，拴繫溫暖之處。戒忌：簷巷風吹，二七之後方可乘騎。溫中通關散：治馬脫肛等症。郁李仁、火麻仁、當歸、防風、羌活、粉草、官桂、烏藥、檳榔、陳皮、枳殼、厚朴。各件共為細末，每服二兩，芝麻油二兩，水一升，同調灌之。如口色赤紫者，加大黃、芒硝。防風湯：治馬脫肛洗藥方。防風、荊芥、花椒、白礬、蒼朮、艾葉。各件等分，用水二升，共煎三五沸，去渣帶熱，洗淨血膿，先用剪刀去盡風皮，以中指入肛內，取出硬糞，再洗去血，恐有腫處，微用細針，刺出敗血，務熨軟送入肛內，再用千鞋底炙熱熨之。痊愈。

馬患過飲宿水圖

馬患脫肛之圖

又《馬患肺風毛燥第十三》 論馬肺風毛燥者，何也？夫肺者，為五臟之首，外於皮毛相合，故有風熱，先傳於肺。皆因馬之蓄養太盛，肉重膘肥，多喂少騎。或久失於洗浴，瘀汗沉於毛竅。抑或騎來帶汗卸鞍，風邪凝於肌膚，沉垢潛于毛竅，日久傳之於肺，令其啌嗽，外受其邪，令其渾身疼癢，遍體疙瘩，指擦不停，此乃肺熱風邪之症也。形狀：渾身疙搭，遍體指擦，日久脫落鬃毛。脈色：六脈如常，舌唇鮮明。久則肺脈浮洪，臥蠶赤紫。歌曰：指擦緣因肺家風，疙瘩瘙癢若蟲蹤。六脈金針先徹血，五參散灌有神通。師皇曰：『渾身指擦，疙瘩遍體。皆因肺熱受風所致。』趙氏曰：『膘滿肉肥，多喂少騎，血之太壯，凝滯皮膚，多生肺經瘡是也。五參散治之。』王良曰：『肺風毛燥多因熱，膘肥肉重即氣攻。只在皮膚、若蟲瘙癢，致令指擦。凡治者，徹血、瀉熱、解毒、消風。』治法：徹鶻脈血、四蹄血，防風湯洗之，追風散灌之。調理：喂養清淨之廄，時常洗裕，夏拴涼棚，冬拴暖廄。戒忌：日曬雨淋，休拴簷巷，水邊風濕之處。五參散：治馬肺風燥熱。人參、苦參、元參、紫參、沙參、秦艽、首烏。各件共為細末，每服二兩，蜜一兩，煎二、三沸，候溫灌之。甘草防風湯：洗馬熱燥。甘草、藜蘆、防風、荆芥、皂角、苦參黃柏、薄荷、臭椿皮。共合一處，井花水三升，同煎三五沸，去渣，帶熱洗之。候乾，蘇蠟油搽之。三灌三洗，痊愈。又方，追風活血散毒散：治馬渾身疙瘩、指擦等症。銀花、當歸、防風、荆芥、薄荷、川烏、草烏製、甘草、白芷、川山甲、川芎、生地。各件共為細末，每服二兩，黃酒一斤，同調和灌之。痊愈。肺風散：治老馬血弱瘦瘙。蔓荆子、威靈仙、何首烏、元參、苦參。以上各等分為末，每服二兩，砂糖一兩，開水一盞同調，草飽灌之。葶藶散：治馬乾燥風癢、鬃毛脫落。馬蘭根、臭椿皮、白蕪荑、苦葶藶、柴皂角、藜蘆、馬齒莧、韭菜根。各件合一處，井水三升，同煎二、三沸，帶熱洗之。倘冬月，放暖廄洗之，待乾方可牽出。搽疥方：治馬乾燥疥瘡。芫花、蛇床子、共為細末，火麻子油調，熬二、三沸，候溫搽之。

馬患肺風毛燥之圖

又《馬患頸脊强悋第十四》 論馬頸悋低頭不得者，何也？夫頸者，一身之主宰。因何而致有低頭不得，直項昂頭，不能回顧者，皆因乘騎出力，帶汗卸鞍，夜繫簷巷之下，或近池塘水邊，外受風濕，凝滯血氣，注於脊頸，令獸伸頭直頸，脊板如椽，回顧不轉，首㥶難低。此謂外感風寒，㥶頸低頭難症也。形狀：伸頭直頸，脊背如椽，回顧不轉，首㥶難低。脈色：雙凫沉遲，唇舌紫赤。歌曰：頸脊㥶病說根源，脊頸連腰硬似椽。卸鞍帶汗當風立，邪氣乘虛諸竅潛。風門伏兔兼九委，腎棚百會火針攢。鶻脈兩針須出血，追風散灌得安痊。師皇曰：『頸㥶者，筋㥶也。凡治者，療風解表，破氣通關，火針脊頸，百日成功矣。』王良曰：『頸㥶難低首，脊腰硬若椽，饒醫能善治，百日始安痊。』寧庵曰：『受傷輕者，旬日之間痊矣；受傷重者，調治得法，百日成功。若是跑馬、立等過場者，不動火針，針疤不痊，不能出力，醫者慎之。但遇此症，可用煨針，其效至速。煨針之法，將馬縛定，不得亂動，用好滴醋將腰背恙痛處所，毛皆濕透，不致火燒毛鬃，然後用上好堆花燒酒煨熱，浸入包單，將酒包單，搭馬腰背上痛患處，即點火燒之，其熱酒見火必着，又用瓶盛熱酒澆之，愈澆愈着，則馬所受陰寒風邪，一見火熱，是必汗出，其汗既出，風寒陰邪俱可驅除，而痛自止矣。其效至速。』治法：頸上九針，腰間七穴，火針刺之。徹鶻脈血，追風散灌之。調理：喂養暖廄，晴明縱於郊，日曬出汗，易痊。戒忌：寒夜休拴冷處，㥶防簷巷風吹。追風散：治馬脊強頸㥶病、低頭難症。麻黃、桂枝、川木瓜、五加皮、當歸、川烏製、草烏製、威靈仙、細辛、羌活、防風、獨活、荊芥、薄荷、紫蘇、小茴香、破故紙、烏藥、木香。各件共為細末，每服二兩，黃酒一斤，同煎二、三沸，候溫灌之。連灌三五服，痊愈。如跑馬勞傷過度者，本方倍加：人參、三七、或廣三七；亦可同上青花桂、熟附子，再進一二服，痊愈。

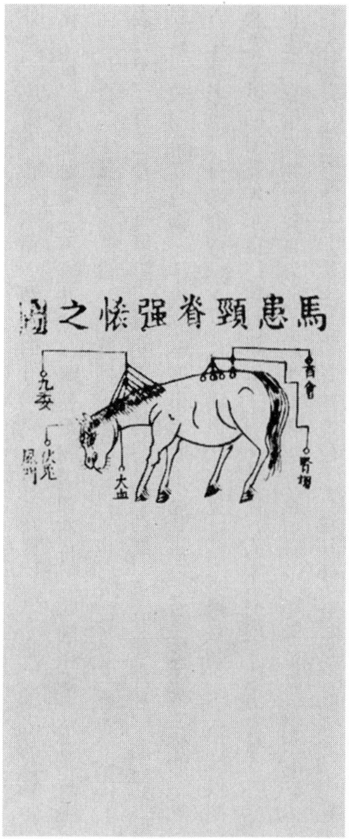

又《馬患舌瘡痛癥第十七》 論馬舌上生瘡者，何也？夫舌者，心之苗也，舌之生瘡者，乃心火上炎，心經積熱也。皆因馬之喂養太盛，負重乘騎，地裡窵遠，出力歸來，乘熱而喂料草，熱積於胃，胃潮百脈，毒氣沖咽，唇舌發生瘡也。令獸咽喉哽噎，口內垂涎、草料難咽、耳搭頭低，此謂心經積熱，舌上生瘡之症也。形狀：頭低耳搭、唇舌生瘡、水草難咽、口內垂涎。脈色：雙凫洪數，唇舌鮮紅。歌曰：良馬涎沫滴唇中，舌乾口腫色鮮紅。脈數咽乾脾土燥，火炎金削肺心壅。清咽絹袋噙於口，硝黃散灌有神功。鶻脈兩針徹去血，三朝之內病除根。師皇曰：『舌瘡者，心熱也。凡治者，洗心涼膈，降火清咽，鶻脈兩針徹之。』王良曰：『舌赤口垂涎，心熱致如然，有熱須用袋，裹藥口中銜。』遵道曰：『凡馬唇角生瘡，口內垂涎者，此謂鐵環磨破口角，五赤之症也。與此症受病不同，治者勿錯。』治法：徹鶻脈血、消黃散灌之。青黛散口內噙之。調理：喂養淨處，水浸青草喂之。二次米泔水，曉時飲之。戒忌：生料一切忌之。消黃散：治馬心經積熱，舌上生瘡。大黃、知母、朴硝、甘草、花粉、黃柏、梔子、連翹、黃連。各件共為細末，每服二兩，竹葉、燈草煎調灌，加雞子清二枚。青黛散：青黛、黃連、黃柏、薄荷、兒茶、山豆根、冰片。以上共為細末，用絹袋盛之，水中浸濕，噙於口中，痊愈。

又 卷五《馬患表癥第四十九》 論馬表癥者，何也？夫表者，一身之

外也。皮膚為表，六腑一然。但外為表，鼻外為風，鼻入者，注之於脾，而化為氣，氣引血脈，周流肢體，驅使臟腑調和筋骨，肌肉相親，滋潤皮毛，開闢一百二十萬三千一百一十腠理，皆是於風氣也。此謂表之症也。形狀：表者，一身之外，氣無影，風亦無影，入鼻內為氣，能壯體強神，助血行於周身，故為榮衛流轉，往來刻不停止，原不見其形，若一停止，疾病生焉，方見其形也。醫者細意察之。凡有疾形狀，見破傷、揭鞍圖說，治法俱同，鑒之。歌曰：乾坤宇宙，日月星辰。山川社稷，人畜蟲禽。二五之氣，皆賴育生。稟偏為物，稟正為人。馬牛為物，亦稟五行。驅馳飲喂，蓄養隨人。苟失其養，疴瘵萌生。表裏邪正，寒熱虛盈。表為其外，裏為內經。邪則生亂，正則俱榮。寒則多痹，熱能生癱。實則多結，虛則勞心。內傷外感，疫氣流行。天行正氣，日霽風清。天行邪氣，霧瘴狂風。天有善風，日月光華。地有善風，五穀豐登。水有善風，波浪均勻。馬有善風，五臟安寧。天中惡風，日月皆昏。地中惡風，播土揚塵。水中惡風，翻覆舟船。馬中惡風，諸疾相侵。肝風癱瘓，眼目昏昏。肺風毛燥，咳嗽頻頻。心風狂妄，驚悸怔忡。腎風骨痿，胯痛腰疼。脾風吐逆，涎沫多生。風症甚急，火燎茅蓬。茅簷遭火，玉石無存。馬中有此，九死一生。師皇曰：『凡馬或於外破傷損，拴繫不便，或騎來有汗，簷巷卸鞍，腠理或開，賊風乘虛而入皮膚。初患渾身擦揩，次傳肌肉，致使毛焦肷吊，遍體植麻，日久傳注於內，則令獸渾身筋急，眼吊驚狂，四肢強硬，口內垂涎，耳緊尾直，牙關緊閉，口強難開，不食水草，此謂外感風邪之症也。』趙氏曰：『風者，天地山川之氣，從微致盛，以順十二月寒、暑、溫、涼，鼓舞飛揚，因而變化皆在於風也。且風者，乃四時之氣，分布八方，善惡不等。善者，和風清氣；惡者，邪氣賊風。淺則凝於肢體，深則傷於五臟。在左即癱，在右即瘓，在頭即腫，在眼即昏，在鼻則塞，在耳則聾，在咽即乾，在喉即閉，在筋即攣，在骨即痛，在皮膚即生瘡癬，在腸胃則脫肛腸。賊風者，暗箭也，當慎之。《內經》云：天有善風，日月光明。地有善風，萬物俱豐。水有善風，波浪停勻。馬有善風，諸疾無生。天中惡風，日月皆昏。地中惡風，五穀難存。水中惡風，翻覆舟船。馬中惡風，涎沫多生。夫涎者，有一升三合，停於膈下，養其五臟，和其六腑，消其水穀，滋潤皮毛，不可偏勝也。勝於肝者，則癱；勝於脾者，則瘓；勝於肺者，則啞；勝於心者，則狂；勝於腎者，則成為五勞七傷之症也。是故風痰者，速醫而勿令其緩也。一日盛傳，二日遍傳，三日亂傳，亂傳者，難醫也。治者鑒之！

馬患表症之圖

又《馬患癲犬咬傷第六十五》論馬顛犬咬者，何也？夫顛犬者，即瘋犬也。二、八月天氣不正之時，或有人家蓄養看家之犬，即人看家之狗也。忽然而生瘋疾，拖尾吐舌，口內垂涎，此即是瘋犬也。不但馬、牛、驢、騾避忌，即人亦不可受其瘋犬之傷也。如受其毒，不早醫治，九死無一生矣。但中此毒，即臨時實難堪忍，令人不忍見之，見之實在傷心，即牛馬若中此毒者，死亦可憐，其毒入於腹內，用藥趕從小便而出，婦人易下，男子疼痛，痢出惡物為驗。所謂馬牛受其毒者，初覺時，忽然一陣發驚，日久四足跑地，哮喉不已者，此謂瘋狗咬傷之症也。形狀：初中毒時，人不知覺，平時忽然發驚，日久哮喉，嘶喊叫跳，奔跑者，難醫。脈色：六脈平順，時生驚恐，口色鮮明者，可治；六脈雀啄，口色青紫者，死。歌曰：忽然哮喉跑癲狂，此症應知瘋犬傷。初中毒時生驚恐，連忙醫救得安康。若待哮吼嘶喊日，九個中毒十個亡。仙經論裡分明說，時師見此細參詳。治法：鎮心散灌之。發汗、避風，不必動針。調理：發汗，切忌拴繫簷巷風吹。鎮心散：治馬牛六畜癲犬咬傷中毒等症。細辛、蓽撥、雄黃、白芨、良薑、半夏、砂糖、麝香。上藥共為細末，每服二兩，火酒調下發汗，痊癒。或量其身之大小，裁度藥之分兩，服之帶汗，下痢惡物，從小便而出，百物不忌。細辛蓽撥共雄黃，白芨良薑與砂糖，麝香少許火酒下，避風發汗即安康，那怕瘋犬與毒蛇，再咬千口有何妨。人畜用之大效。

馬患顛犬咬傷症圖

又《馬患跌打損傷第六十六》 論馬跌打損傷者，何也？夫跌傷者，或蹊蹺路徑，或斷折橋樑，失足墜落，跌折損傷，或縱放郊外，害人五穀，抛磚使石，誤傷筋骨，亦或刀傷皮肉，血流不止者，此謂跌打損傷之症也。歌曰：跌打損傷有幾般，折橋過渡險難言。損傷細處猶可接，踏胯折腰治難痊。砍斷萬筋真可惡，縱有仙方難還原。仙經論裏分明説，留於時師用意觀。治法：若損傷、折斷前後腿挺骨者，或在嫩口時，或對齒時，或四牙、六齒少年時分，用接骨丹藥，內服外敷，對時取效。或跌折損傷筋骨，未損而浮腫者，可在腫痛處用火針刺之，內灌調經活血湯，舒筋之劑。調理：以稂草鋪地臥之，宜暖不宜涼。故云：熱則宣流，寒則凝滯，使血氣宣通，筋疼骨痛，易於痊癒矣。但此症總宜避風。外敷接骨丹：治馬騾牛驢折腿挺骨，人畜皆效。老鼠刺又名：貓兒刺，處處有之。根皮四兩、烏柏樹根皮四兩、火蔥連鬚根四兩、黃酒酵四兩，不用兌水。上藥各四兩，入石臼內，杵碎如泥，將損傷之骨，摸捏對定損口，務必著住，將藥敷上，外用柳樹皮或樫樹皮，剝去整筒，合在外面，用繩紮住，不可動。動恐又錯了損口，內服接骨丹藥，至對朝時，即能接續，骨即長成了。若是人接腿腰，可以對時去之。若過時不去，接處即長粗了。若是牛畜，但勿去畢，縱然續接長成，恐不老乾，即如過時定長粗了些，原無妨礙，恐未老練，又有閃折，終是廢物。醫者慎之。內服接骨丹藥：專治人畜折損腿骨等症。上青花桂、續斷、澤蘭、大薊、廣桂枝、杜仲、乳香製、五加皮、沒藥、自然銅用銀罐盛之，炭火燒紅，入滴醋內淬七次，自碎成面入藥。如腫痛甚，加人參三七，抑或廣三七、麝香、川烏製、草烏製。各件共為細末，每服二兩，黃酒一升，共煎三沸，溫灌之發汗，連日再灌，痊愈。人用出汗時，即覺得損傷處回暖，骨即長成，痛即止矣，再服腫即消矣。但人用敷藥，可對朝時即將敷藥去之，過時不去，損處則長臚粗矣。醫者鑒之。如接續人之跌打損傷，將前藥共為細末，體壯者，火酒沖服一錢五分；體弱者，只服一錢二分，生薑汁沖服發汗。如惡逆，以老生薑、口內嚼之，不可吐了。

馬患跌打損傷症圖

又《馬患瘰疬暑瘡第六十七》 論馬瘰疬者，何也？夫瘰疬暑瘡者，皆因馬之昔日乘騎奔跑，勞傷過度，氣血虧損，沉困不能宣通；又加風濕浸襲，將血氣內於肺，化為膿涕，兩鼻雙流。氣血滯於肌肉者，發於皮膚，成為疙瘩，串若連珠，久之潰爛，膿血並流，故名為瘰疬，有名暑瘡也。抑或因夏日炎天，縱放郊外，瀑雨時淋，一陣日陽，一陣陰雨，以致交感成疾，久經風濕侵襲，外感內傷，血氣凝滯，發為暑瘡，結成瘰疬，此謂暑濕瘰疬之症也。形狀：遍身瘰疬，鼻流膿涕，呼息難通，頭低耳搭，精神短慢。脈色：六脈沉細，口色青白者，死；六脈洪大，口色光明者，可醫。歌曰：良馬瘰疬遍休生，勞傷過度風濕侵。鼻塞氣抽膿涕出，渾身疙瘩似流星。尪羸腿腫無方救，膘肥口鮮治有因。針徹六脈調湯治，說與醫工要細心。師皇曰：『凡馬暑瘡瘰疬，腿不腫者可治。』王良曰：『氣抽鼻膿涕，尪羸四腿浮，瘰疬皮肉綻，百驥一難扶。』董氏曰：『傷勞氣血枯，結毒若串珠，膿涕鼻息響，膘肥救可蘇。』寧氏曰：『凡馬瘦弱瘰疬，鼻息如雷流膿涕，四蹄浮腫者，不堪治也。』治法：膘肥四蹄不腫者，徹鶻脈血、玉堂血、四蹄血；其疙瘩已破者，火燒烙鐵，微微烙之；未破者，用火針刺之；小瘡者，內灌敗毒散，自然消盡。調理：冬宜暖廄，夏宜涼棚，草料加倍餵之。戒忌：休拴簷巷風吹，切忌雨淋水洗。敗毒散：治馬瘰癧暑瘡等症。銀花、白芷、夏枯草、當歸、川芎、荊芥、薄荷、羌活、防風、花粉、紫花丁、烏藥、木通、甘草、蒲公英。各件共為細末，每服二兩，黃酒一斤，煎三沸，溫加童便一大盞，調灌。如口色赤紫者，本方加大黃、芒硝、連翹。洗藥方銀花、甘草、防風、白芷、荊芥、黃柏。以上煎湯，候溫，不時洗之。洗後搽藥二、三次，痊癒。搽瘰癧藥方川黃柏、寒水石、輕粉、松香、兒茶、血竭、冰片、廣三七、熟石膏、黃丹、川烏、草烏、半夏俱生用。以上共為細末，收貯隨用，凡三上痊愈。

馬患瘰癧暑瘡症圖

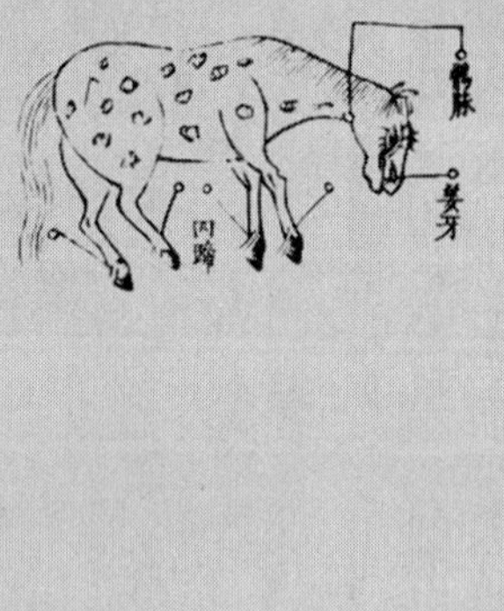

又《馬患頸膊癩瘡第六十八》

論馬頸膊癩瘡者，何也？夫癩瘡者，肺經之發苗，名曰肺經瘡也。肺之毒也。肺毒皆因熱積成也。皆因馬之出力歸來，熱極帶汗，或拴簷巷之下，或繫濕地、池邊，解卸鞍屜，以致邪氣賊風襲於皮膚，瘀汗沉于毛竅，久困皮膚，不能消散，日漸生癢，揩擦不寧，猶若蟲行，即似癩瘡。然單生於頸膊者何？其頸膊乃肺脈之道路，又因肺於皮毛相合。又單發于秋季者何？秋月乃肺家主令，故名曰肺經瘡也。又何以肺毒，皆以熱積成？然肺者金也。熱出於心，心者火也。火能剋金，故為肺毒，皆以熱積成也。凡治者，清心火，瀉肺熱，和血理氣，追風敗毒，滋潤皮膚而痊矣。此謂頸膊癩瘡之症也。形狀：頸膊癩瘡，鬃尾脫落。脈色：六脈洪大，口色常鮮。歌曰：患頸膊發癩瘡，唯因熱極致其殃。瘀汗邪侵凝毛竅，久猶蟲攢漸生癢。揩擦不寧鬃毛落，晝輕夜重又嗽哐。膘肥六脈金針徹，追風敗毒得安康。師皇曰：『凡馬癩瘡者，徹鶻脈血。膘壯者，從春季就要徹一次，夏季徹一次，秋季徹一次，徹後必以追風敗毒散灌之，痊矣。弱瘦者，不能徹血，則難治痊矣。』趙氏曰：『肺經瘡初發，徹血追風宜，揩擦鬃毛落，醫者費心機。』董氏曰：『血熱偏生癩是也。』治法：膘壯者，徹鶻脈血，追風敗毒散灌之，消風散洗之。調理：餵養淨廄，草料加倍。戒忌：簷巷風吹，雨淋水洗。追風敗毒散：治馬頸膊癩瘡等症。羌活、追風藤、獨活、薑蠶、荊芥、薄荷、紫蘇、木通、桔梗、半夏、陳皮、粉草、川烏製、草烏製、川芎、當歸、艾葉、追風草一名癩麻藤，又名攔路虎。各件共為細末，每服二兩，黃酒一升，滾水沖，調灌。四季常灌自愈。春季，本方加麻黃、五加皮；夏季加白芷、大黃、芒硝，去麻黃、五加皮；冬季倍加追風草。消風洗藥柴皂角、馬鞭草、荊芥、薄荷、防風、甘草、苦參。以上各件煎水，溫洗之。一日數次洗之，癢即止矣。將水拭乾後用擦藥。煞癢擦藥方明礬、花椒、皮硝。以上各等分，共為細末，用火酒千燒調和，將有癩瘡處處普遍擦之，癢止不揩，不揩毛生，鬃毛仍然長全矣。

馬患頸膊癩瘡症圖

又《馬患猴子瘰瘡第六十九》 論馬猴子瘰瘡者，何也？夫瘰瘡者，不拘馬之頭頸、腰腹，皮内平白而生小核，小核日漸長大，其瘰硬如脆骨，並且作癢。令獸揩擦皮破，時流膿血腥臭，不堪聞近鼻也。一名瘰瘡，又名猴子瘡。乃為馬之血壯筋餘，五臟六腑脈外而生也。此謂猴子瘰瘡之症也。形狀：先時平白，皮内生出小豆大硬核，日漸長如碗大，不用刀割治，則是團的，生出大大小小，磊磊落落，日久揩破，流膿淌血，腥臭實難近鼻，庸醫用刀割治，不割則已，越割越長，盡是脆骨，並不是肉血，其硬如石，故名曰：猴子核。治法：不用針刀，只用擦藥擦上，連根自落者，痊矣。五虎離骨丹：治馬猴子瘰瘡等症。巴豆去殼二錢、紅娘七個、青娘七個、仁信一錢。以上共為細末，要上好滴醋，量其瘡之大小，和其丹藥擦之。小者一次，連根起落，大者二次，自連根退落，其疤用甘草煎水洗之，自己長痊，不用醫治。此藥小心，不可多配，恐誤入人口，殺人無救，慎之。

又 卷六《論跌損搶風骨、閃傷膝蓋骨、歪傷蹄胎骨、內損血氣凝滯疼等癥》 夫傷損者，何也？皆因馬、騾蓄養失調，負重乘騎，失於節製，致使啞畜蒙受其傷損之害也。或蓄養太盛，多立少騎，騎則性烈，出力過猛；或羸瘦老馬，筋衰力敗，負重乘騎，奔走太急；或小馬超群，筋骨嫩筍，路過蹊蹺之徑。或攀高坎，或走斜坡，失足落空，亦或卒至卒拴，帶汗卸鞍，失於牽散，故致啞畜外傷閃觸，內損經絡，瘀血凝滯而成其患也。或跌損搶風骨、或閃傷膝蓋骨、或歪傷蹄胎骨，亦或內損經絡，氣血凝滯疼痛等諸般疾患，各顯形症，治則有別，醫者慎之。歌曰：諸般閃觸並內傷，醫工細意莫倉忙。皆緣蓄養失調理，跌撲閃觸致其殃。損傷臟腑與筋骨，血氣凝滯痛難當。外傷內損兩般治，臟腑虛實辨端詳。外傷外治內灌藥，內損內治火針相。活血散瘀兼理氣，舒筋活絡得安康。

又《馬患跌損搶風骨》 夫馬患跌損搶風骨者，何血？皆緣嬌養性烈，出力太過，攀登高坎斜坡，蹊蹺之徑，失足跌撲，或衰羸老瘦，負重超限，腿軟筋舒，久走力敗，倒地合著搶風骨，跌撲損傷，滯氣瘀血凝於肌膚，痞血注積胸中。令獸精神短慢，耳搭頭低，喘息不調，欲行不行，難移前腳，此謂跌損搶風骨之症也。治法：徹胸堂血，前蹄門血，火針搶風穴，調經活血舒筋散灌之。方見前篇。如瘀凝不散者，原方酌加：三棱、蓬莪术、薑黃、穿山甲、土鼈蟲。調理：夜拴暖廄，稂草鋪地臥之。休令簷巷風吹。

又《馬患閃傷膝蓋骨》 夫閃傷膝蓋骨者，何也？皆因馬之膘肥肉重，嬌養乍騎，或負重太過，或小馬超群，難以收韁，或遇蹊蹺之徑，失足踩空，前跌促損扭傷膝蓋骨也。令獸膝節發腫，直腿難行，護疼不讓人近手摸捏，此乃閃傷膝蓋骨之症也。治法：徹蹄頭血，火針腫處刺之，醋炒麵麩乘熱敷之。如閃傷重症，以舒筋活絡丹，加雞子清二、三枚調敷患處，二七之後瘥矣。調理：夜拴於廄，稂草鋪地臥之，避忌風寒。舒筋活絡丹：治馬閃傷膝蓋骨等症。當歸、臭椿根皮、烏柏根皮、赤芍、黃柏、威靈仙、土鼈蟲，各件共為細末，用黃酒一斤，調灌二兩。外以藥末，加雞子清二、三枚，調敷患處，腫清痊癒。

又《馬患歪傷蹄胎骨》 夫馬之歪傷蹄胎骨者，何也？皆因羸馬老瘦，筋衰力敗，或嬌養太過，多立少騎，或小馬筋骨嫩筍，乘騎負重，奔走太急，又遇路徑蹊蹺，或攀高坎、或走斜坡，歪折傷損蹄胎骨，以致損筋傷絡，血氣凝滯，蹄頭腫大，疼痛難忍。冷獸篤地點頭，垂蹄難行。此乃歪傷蹄胎骨之症也。治法：徹蹄頭血，削垂泉穴，火燒烙鐵烙之，其效如神。如腫痛甚者，以木子樹根皮，椿根皮同杵碎，入黃酒調勻敷之，用布包裹對時取去，腫消痊癒。調理：砂土鋪於廄內，軟道徐徐牽散。戒忌：休踩污泥濁水。

又 卷七《馬患腰膁黃》 夫腰膁生腫者，乃內腎黃也。皆因三焦壅極，熱積腰間，毒氣凝於內腎，痰血鬱結腰間，少陰經主其病。令獸腰旁腫合，膁上虛浮，頭低耳搭，牽行不功，此為內腎生髮腰膁之黃也。無則無方治之。歌曰：腰上生癰不等閑，三焦熱積致如然。脊弓膁吊頭垂地，胯鞦腰拖行步難。脈如解索炲煤口，兩眼如麻淚漫漫。寄語醫工休動手，縱使針藥命難痊。師皇曰：『腰黃者，即膁黃也。腫於上者，謂之腰黃；腫於下者，謂之膁黃也，此二者懼從內腎而發生也。』遵道曰：『脊弓膁腫難移步，內腎腰黃死必期。』寧氏曰：『前偏後膁休醫治，內腎腰黃死必期。』王良曰：『要膁苦生癰，此症必然凶。嘗聞連五臟，根自腎經生。』師皇曰：『耳搭雙睛閉，頭低喘息微，臥蠶青紫色，此症命必危。』《脈色論》：『脈如解索歸陰死，色似炲煤命必虧。』寧庵曰：『若六脈如常，口色紅鮮，雖有浮腫，不把後腳，水草如常者，速抽鶻脈血、腎堂血，托裡敗毒散灌之。』形狀：腰窩腫合，膁凹虛浮，頭低耳搭，胯鞦腰拖，後腳難移。脈色：脈如解索，色似炲煤。治法：銀花托裡敗毒散灌之，腫處鹽蒜泥敷之。

方見前篇。調理：水浸青草喂之，二次米泔水飲之。戒忌：休拴暖廄，不可日曬雨淋，熱料一切忌之。銀花解毒湯：治馬腰膁黄腫等症。金銀花、黑元參、青皮、當歸、粉草、沒藥、小茴香、夏枯草、防風、貝母、乳香、蒲公英、天花粉、烏藥、陳皮。各件共為細末，每服二兩，竹葉、燈草煎湯調下。如口色赤紫、大便不通者，速灌三黄湯加減治之。加減三黄湯：大黄、黄芩、木通、梔子、芒硝、連翹、黄連、花粉、白芷、桔梗、陳皮、貝母。各件共為細末，每服二兩，麻油、童便各四兩，竹葉、燈草煎湯，又加雞子清四枚，同調灌之。胸前蟬酥繩穿墜。耕牛患此等症，亦照調治。

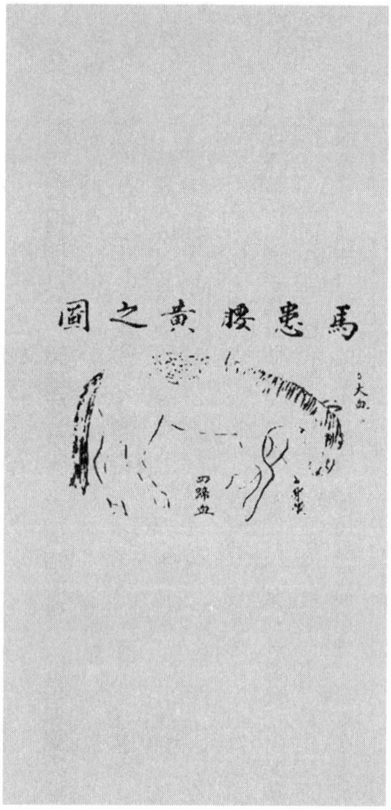

又 卷七《馬患耳黄圖》 大耳黄者，耳根後發起癰腫，軟而不痛者是也。皆因乘騎奔走太急，氣血壯旺，擁熱積於腎經，毒氣發於耳後，耳後浮腫者，因耳連於腎也。故令獸耳腫頭低，把前把後，精神短慢，水草難餐，此耳連腎之黄也。歌曰：耳黄髮在兩耳根，耳腫頭低少精神。四足難移水草遲，脈絕口紫命歸陰。口鮮脈平方可救，針藥頻攻得安寧。牛患此症唇下墜，針藥相同莫離經。師皇曰：『腎熱耳根黄腫起，腎抽拖腰報腳行。』王良曰：『耳腫頭低，後腳難移，脈絕口紫，必定難醫。』寗氏曰：『六脈沉細，口色紫赤者，死在旦夕；六脈如常，口色光潤者，可治。』遵道曰：『腎熱，耳根黄腫起者，是也。』元亨曰：『不怕浮腫大如盆，脈平口鮮有救星。』形狀：耳根浮腫，頭低耳垂，精神短慢，後腳難移。治法：抽鶻脈血，徹四蹄血，蟬酥繩穿墜，頰下腫處，火針刺之，鹽蒜泥敷之，清火敗毒消黄散灌之。調理：水浸青草喂之，二次米泔水時時飲之。戒忌：拴繫淨廄，不得日曬雨淋，生熟料一切忌之。清火敗毒消黄散：治馬腎熱耳根黄腫起等症。大黄、朴硝、花粉、黄柏、黄芩、木通、白芷、陳皮、甘草、知母、貝母、銀花、桔梗、夏枯草。各件共為細末，每服二兩，竹葉、燈草煎湯，加雞子清四枚，同和灌之。敷藥見前篇。

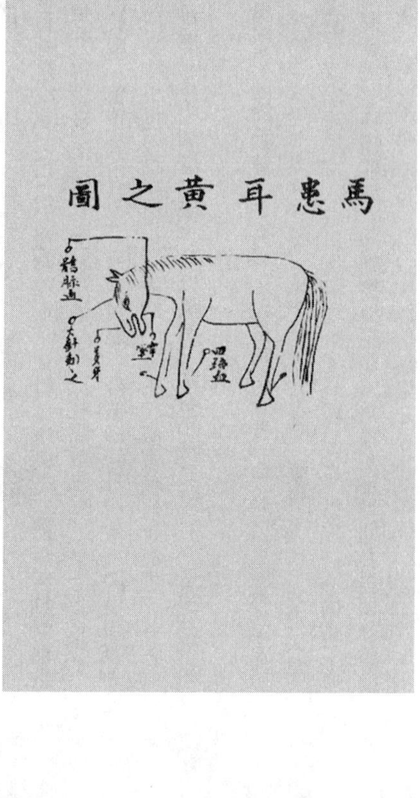

又《馬患腦黄》 夫腦黄者，腦中之黄也。皆因蓄養太盛，膘肥肉重，出力歸來，失於牽行，拴繫簷巷，賦風襲注，氣血不得周身，壅熱瘀痰，積

於腦間，腫於頂門，上至垂鬃，下至眼眶，致成其患也。令獸腦腫鼻塞，出氣如雷，呼吸唯通，頭垂於地，或抵牆抵壁，此謂腦中黃之症也。歌曰：腦黃髮腫在頂門，下至眼眶上耳根。垂睛鬃下一片腫，此名腦黃不須驚。六脈抽血下唇墜，敗毒消黃灌之寧。二日三朝不醫治，轉入喉間命歸陰。內腦黃病人難識，外無形蹤亂評論。得病之時頭垂地，抵牆抵樹腳不寧。開天穴上燒鐵烙，吹鼻抬頭灌有靈。唇冷口緊頭不起，定知此症命難生。形狀：外腦黃者，頂門浮腫，鼻塞難通。內腦黃者，頂門不腫，亦鼻塞難通，頭垂於地，抵牆抵壁。若拴繫樁上，轉之不止；若是放之，總要頭抵牆壁，方能停腳。寧氏曰：『腦中得病人不覺，頭抵牆壁方住腳。』師皇曰：『頂門黃腫起，鼻塞氣難通。火燒秤鉈烙，時下見神功。』遵道曰：『鼻塞頭抵牆，必定是腦黃。火燒丁子烙，時下得安康。』治法：火燒秤鉈，頂門心上大風門穴烙深一分，以薑黃色為度，芝麻油塗之，消風敗毒散灌之，火針腫處刺之。調理：水浸青草喂之，二次米泔水飲之。戒忌：日曬雨淋，生熟料一切忌之。

消風敗毒散：治馬腦中黃，口中色淡者，先用此方解毒。銀花、天竺黃、荊芥、天麻、薄荷、紫蘇升麻、乾葛、花粉、白芷、羌活、防風、夏枯草、當歸、川芎、生地、白芍。各件共為細末，每服二兩，黃酒半斤，同調灌之。口色火氣盛者，三黃消毒湯再服數帖，後用下方清火。大黃、朴硝、黃柏、黃芩、木通、桔梗、陳皮、甘草、花粉、滑石、知母、貝母、白芷、梔子、連翹。各件共為細末，每服二兩，竹葉、燈草煎湯，加雞子清四枚調灌。

馬患外腦黃之圖

馬患內腦黃之圖

又《馬患腮黃》 夫腮黃者，腮邊之癰腫也。上近於目，下近於鼻，發生癰腫也。腫在腮邊者，內應於脾；腫在鼻上者，內應於肺，二黃雖則相離不遠，各在一經發苗，此為腮黃、鼻黃之症也。歌曰：腮鼻二黃近有生，醫者見之細推尋。腮脾鼻肺各臟發，分清臟腑易調拯。肺鼻大腸燥結起，腮脾胃熱致有因。熱勝脈洪宜抽血，腫勝火針莫怠停。藥用敗毒加減灌，二七之後病除根。牛患頦下宜穿墜，藥味相同不二門。六脈斷亂休妄治，腫歸喉下救無能。形狀：腮邊癰腫，鼻肥如拳。歧伯曰：『腫勝者，火針刺之。腫於頰下者，蟬酥繩穿墜，拔毒氣外出，瀝水自消。』寧氏曰：『脾熱腮邊腫，肺癰鼻如拳，不治歸喉下，應知療不痊。』師皇曰：『腮腫燒鐵烙，鼻腫火針施，清肺消脾藥，服之得安宜。』遵道曰：『喉腫六脈絕，神手治無痊。』寧庵曰：『腫勝者，頦下用蟬酥繩穿墜，腫處火針刺之。』消肺敗毒散：治馬肺壅鼻黃等症，耕牛亦照此方治法。馬兜鈴、杏仁、知母、貝母、花粉、大黃、黃芩、木通、桔硬、粉草、銀花、白芷、乳香、沒藥、蒲公英。各件共為細末，每服二兩，竹葉、燈草煎湯調下。清脾敗毒散：治馬腮邊癰腫等症。荊芥、薄荷、防風、白芷、大黃、桔梗、陳皮、半夏、香附、朴硝、枳殼、厚朴、甘草、銀花、乳香、沒藥。各件共為細末，每服二兩，竹葉、燈草煎湯調下。敷腫鹽蒜膏方，見前篇照用。

馬患肥黄之圖

馬患鼻黄之圖

又《馬患鎖口黄圖》 夫鎖口黄者，鎖住口角，又名箍嘴黄也。皆因六腑受勝，熱注三焦，上應於唇，連發癰腫，鎖住口角，水草不能下嚥，此為三焦積熱，上擁於嘴，名為箍嘴黄也。歌曰：鎖口箍嘴二黄名，總因三焦熱極成。毒氣攻嘴頻頗腫，水草不進命何生。速抽六脈消黄灌，火針腫處速施行。須下蟬繩穿拔毒，毒出腫消命有生。黄水成溜毒不出，口色青紫命心傾。仙經論裡無方法，說與時師莫妄拯。形狀：嘴鼻虛浮，腫若杵頭，水草難咽，耳搭頭低。王良曰：『口色鮮明者，可治；口乾舌出、色紫者，難醫。』遵道曰：『六脈平順者，可治；六脈斷亂者，難醫。』歧伯曰：『熱注三焦六脈徹，火針腫處鹽泥擦。須下穿墜毒可除，頻灌消黄命可活。』治法：徹鶻脈血、胸堂血、四蹄血，火針腫處刺之。須下蟾酥繩穿墜，消黄敗毒散灌之。腫處鹽蒜膏塗之。方見前篇。調理：水浸青草喂之，米泔水飲之。戒忌：日曬雨淋、拴繫清涼之廄。消黄敗毒散：治馬箍嘴黄等症。銀花、夏枯草、白芷、蒲公英、大黄、黄柏、黄芩、花粉、貝母、防風、陳皮、乳香、沒藥、木通、黄連、當歸。各件共為細末，每服二兩，蔥五、七根。如大熱口紫者，加梔子、連翹、滑石、石膏，去蔥，倍用大川連，以竹葉、燈草煎湯，溫陽雞子清四枚，調和灌之。耕牛亦照此法治之。

馬患鎖口黄之圖

又《馬患墊舌黄》 夫墊舌黄者，舌下腫而墊起也。皆因馬之膘肥肉重，任遠乘騎，出力太猛，心經受症，苗發於舌，結成癰毒。腫發於舌者，名為木舌賽口黄；發之於舌下者，名為墊舌黄也。令獸張口吐舌，涎沫頻垂，水草難咽，遲治歸喉，則無治也。此謂墊舌、木舌之黄也。歌曰：馬患墊舌木舌黄，醫者見之亂參詳。為因肉重膘分大，出力太猛致其殃。心根發苗患于舌，根源傳苗舌受傷。木舌墊舌皆險症，遲治歸喉命必亡。速抽六脈消黄灌，須下蟬繩穿墜良。蟬繩墜下流黄水，腫消舌軟命延長。形狀：舌腫長伸，須下腫滿，張口流涎。脈色：雙鳧洪弦，口色如湯。王良曰：『須下腫滿，過喉無救。』伯樂曰：『舌出口紫脈斷亂，饒君妙手療難痊。』寧氏曰：『木舌塞口喘微微，應知時下命有虧。』師皇曰：『木舌塞口應有方，舌下火針通關良。』遵道曰：『徹血清臟熱，火針消癰腫。』寧庵曰：『須下高處蟬繩穿墜，毒出腫消，神手療驥。』治法：徹鶻脈血、放胸堂血。火針腫處，舌下通關穴刺之出黄水，鹽蒜泥膏敷之。須下叉處，蟬酥繩穿墜之。通關穴，即在舌根小凸是穴，入火針一寸，瀝水自消腫也。調理：水浸青草喂之，二次米泔水時時飲之。戒忌：酷熱休見日曬，宜拴清涼之廄，禁忌雨淋水浸。消黃敗毒散：治馬墊舌、木舌黃病。銀花、夏枯草、黃芩、升麻、知母、貝母、花粉、木通、甘草、桔梗、乳香、沒藥、大黃、當歸、川芎、黃柏、陳皮。各件共為細末，每服二兩，黃酒四兩，開水調灌。口色赤紫者，用三黃解毒湯下之。大黃、朴硝、枳殼、厚朴、桔梗、陳皮、花粉、白芷、木通、大川連、鬱金、梔子、連翹、檳榔。大便實者，倍加大黃、朴硝、檳榔。各件共為細末，每服二兩，竹葉、燈草煎湯調灌。

又《馬患慢腸黃》 夫急慢腸黃者，料傷過度也。皆因蓄養太盛，肉重膘肥，暑月炎天，乘騎奔走，驅馳太急，又兼穀料重多，穀氣凝於臟內，熱毒積在腸中，臟腑擁極，釀成此患也。今獸卷腰臥地，顧腹回頭，腸瀉水赤，穢兼腥臭，此謂腸黃之症也。歌曰：醫家略聽說腸黃，為緣熱積臟中傷。瀉痢赤黃多腥臭，臥地回頭顧兩旁。帶脈兩針徹去血，鬱金散灌最為良。唇青脈易厄羸蕩，任有名方療不康。師皇曰：『腸黃者，大腸中毒也。能食體牡者，可治；羸瘦草少者，難醫。』寧氏曰：『舌唇青黑者，五臟敗絕也。難以治之。』《五十四死》曰：『五臟俱盡應須死，腸黃身瘦死來催。』王良曰：『忽蕩糞如水，赤黃氣穢腥，饒伊能用藥，口色怕微青。』寧庵曰：『腸黃初發，即徹鶻脈血，不必徹帶脈血。若遲徹鶻脈血，就避了徹不出來，若徹出鶻脈血即不必徹帶脈血了。但凡腸黃症，鶻脈血就先避了。胸前用蟬酥繩穿墜，拔毒氣外出，腸內不瀉，又能進食，墜瀝出黃水，腫可自消，其繩可以聽其自落。如將繩去早，恐毒氣未盡，腫不能消也。時師嘗謂：是結不是結，先放帶脈血。其言非理，切勿胡為，慎之！』形狀：卷腰臥地，顧腹回頭，蕩瀉腥臭，痢青黑者死。脈色：脈洪、色黃者生；脈沉色紫者死；瀉如血水，臭兼腥者，難醫。治法：徹帶脈血，鬱金散灌之。若徹出鶻脈血，即不可徹帶脈血。調理：拴繫清淨之所，飲水少令飲足，綠豆、糯米相和煮粥喂之。戒忌：酷熱休拴暖處，一切生料忌之。鬱金散：治馬急慢腸黃，口色赤紫，舌上生瘡等症。鬱金、黃芩、大黃、黃連、黃柏、梔子、訶子、甘草、麥冬、黑元參。各件共為細末，每服二兩，白湯調下，口色稍退用。銀花敗毒散：治馬急慢腸黃等症。金銀花、夏枯草、防風、白芷、陳皮、粉草、貝母、花粉、升麻、牛蒡子、葛根、桔梗、羌活、當歸、紫草。各件共為細末，每服二兩，煎三沸，加伏龍肝研末，同調灌之。多服數付，毒盡墜繩自落。如久瀉痢之後，脾胃虛弱者，用快氣寬腸散，連灌二劑。炙草、條參、蓮子、枳殼、白朮、雲苓、川厚朴、陳皮。各件共為細末，每服二兩，薑三片，棗五枚調灌，痊癒。

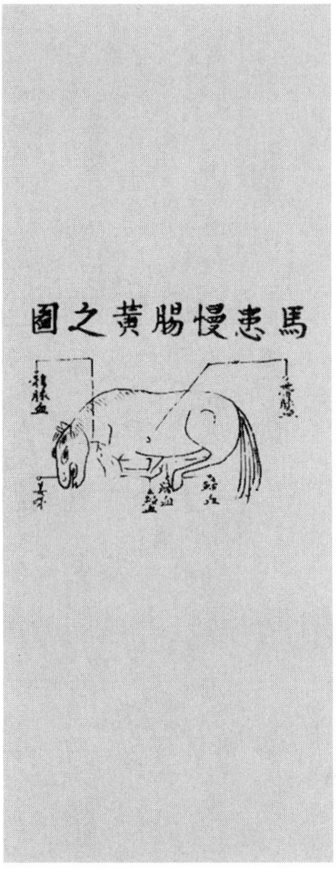

又《馬患蛇黃、蝦蟆黃、串珠黃》 夫蛇黃、串珠黃、蝦蟆黃者，有名無位也。乃為皮黃也。發之於身，不論前膊後胯生腫，其形長者，名蛇黃；

其形團者，名蝦蟆黃；或發數個如連珠者，名串珠黃也。皆因蓄養太盛，乘騎太急，氣壯使血而離經絡，血離經絡而溢於膚腠，膚腠鬱結而血瘀，血瘀而化為黃水。或形有長者，或形有閉者，或如連珠者，此名為蛇黃、蝦蟆黃、串珠黃之症也。歌曰：蛇患蝦黃說根基，五臟積熱數如之。患此急宜胸前墜，墜到胸前得痊瘥。速抽六脈消黃灌，火針腫處鹽膏敷。切忌白針不可動，白針刺腫腫更施。白針竄襠終無救，初手醫者療痊稀。形狀：腫若饅首，或大或小，或長或團，或有一連數個者，各因所而名之。遵道曰：『熱勝生針徹，腫勝火針施。生針徹者，徹六脈血也；火針施者，腫處刺之。』寧氏曰：『黃見火，無處躲。』寧庵曰：『但凡黃之腫處，只可火針圍，切不可用白針刺。若白針一刺，隨腫更凶，竄襠歸內則無救也。醫者慎之！』治法：徹鶻脈血、四蹄門血，胸前蟬酥繩穿墜，火針腫處刺之，鹽泥膏腫處敷之，乾則又敷，消黃敗毒散灌之。調理：水浸青草喂之，米泔水飲之。戒忌：一切生熟料忌之。拴繫清涼之廄，不可日曬、雨淋、水中浸洗。消黃敗毒散：治馬患蛇黃、蝦蟆黃、串珠黃等症。金銀花、夏枯草、貝母、花粉、桔梗、大黃、陳皮、朴硝、知母、升麻、葛根、當歸、川芎、乳香、沒藥、蒲公英、穿山甲。各件共為細末，每服二兩，竹葉、燈草煎湯，加白酒四兩，同調灌之。如口內色赤，六脈洪大，用三黃湯服之。方見前篇。伯樂曰：『膘肥春抽六脈血，任有賓士永無殃。』董氏曰：『凡腫浮軟在皮內者，易治；若腫在肉內而硬者，難醫。』趙氏曰：『黃腫遍體發，總因六腑熱，氣血兩相凝，軟硬有分別。軟者屬於氣，硬者屬於血，和血於理氣，腫毒自消滅。』歧伯曰：『無論蝦蟆、串珠與蛇黃，暑傷六腑致其殃，速抽六脈消黃灌，始得驊騮身健康。』

馬患蛇黃之圖

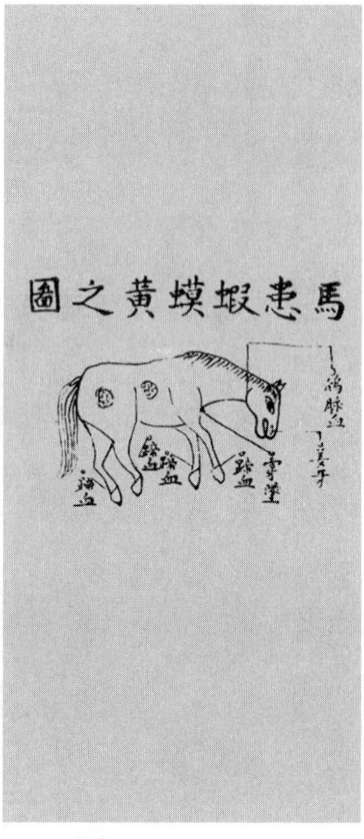
馬患蝦蟆黃之圖

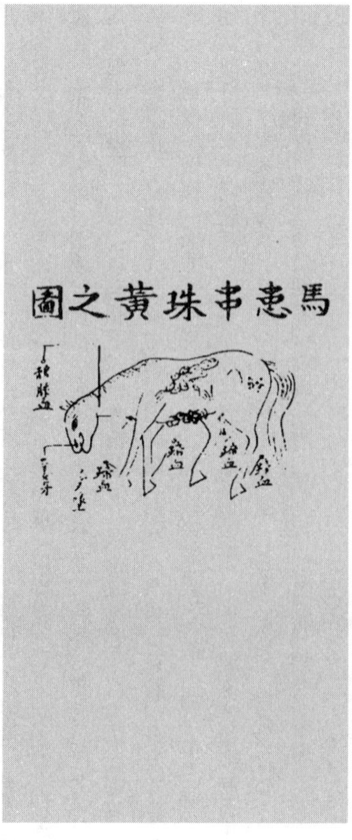
馬患串珠黃之圖

又《馬患蹄黃、踠黃、膝黃》 夫蹄黃、踠黃、膝黃者，黃腫發生於蹄間、踠間、膝間也。皆因蓄養太盛，奔走太急，迎風拴繫，熱毒壅瘀，流滯於蹄、踠、膝之間，釀成其患也。令獸膝腫、踠腫、蹄浮，此為膝黃、踠黃、蹄黃之症也。歌曰：氣壯生黃注膝蹄，雖不礙命極難醫。任君穿墜腫不動，內托外敷徐徐之。消黃解毒散頻灌，火針腫處慎重施。恐傷白筋成廢物，醫者施針用心機。王良曰：『筋多皮破肉薄處，切忌白針勿亂施，火針細意刺腫處，敷藥塗之是良醫。』寧氏曰：『輕用針刀枉加工，不但無益且有凶。慎之！施針萬不可輕功。』伯樂曰：『火針好救黃，正在此症用也。火針浮腫軟處刺之，硬處不可用生針，恐是白針筋傷為廢物也。慎之！』形狀：踠膝虛浮、蹄間發腫。脈色：六脈如常，口色鮮潤。治法：徹四蹄門血。口色赤氣重者，徹鶻脈血，火針腫處，細尋軟處刺之，以出黃水為最。外用鹽蒜泥膏敷之。乾再塗之，數次腫不消退者，內灌消黃解毒湯。調理：水草不斷。戒忌：生熟料一切忌之。拴繫清涼之廄，不可日曬雨淋、水中浸洗。水浸黃則走竄矣。消黃解毒湯：治馬患膝、踠、蹄黃等症。花粉、桔梗、陳皮、銀花、夏枯草、貝母、知母、乳香、沒藥、烏藥、升麻、防風、白芷、甘草、川山甲、木通。如口色赤者，加大黃、朴硝。各件共為細末，每服二兩，蔥五、七枝，水酒四兩，童便一盞調灌。

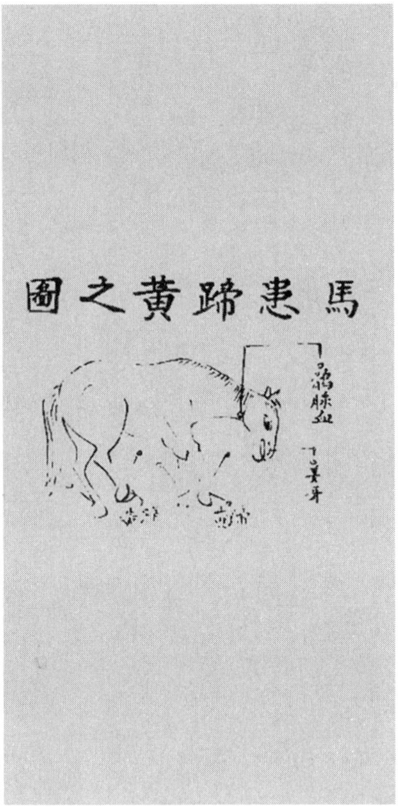
馬患蹄黃之圖

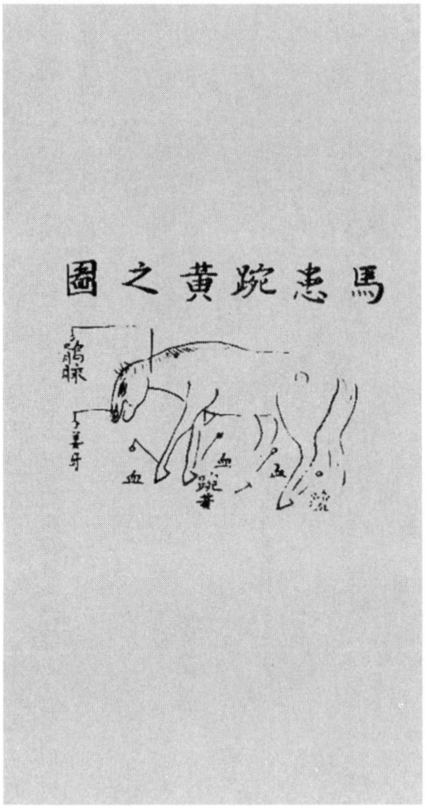
馬患踠黃之圖

馬患膝黃之圖

又《馬患肚黃、肘黃》 夫肚黃、肘黃者，肚底發腫如盆者，是也。肘黃者，在帶脈之前，乘鐙之所，小肘之間，發生癰腫，名肘黃也。然肚黃、臍黃者，有二：腫有膘肥肉重者，屬陽。因熱毒瘀痰，流注於肚底，虛浮壅腫者，名為陽肚黃也。有衰羸瘦馬，過飲宿水停立，浸於肚底者，名為陰肚黃也。方見前篇法則治之。此肚黃者，名為陽肚黃也。肘黃者，肘間浮腫也。歌曰：肚黃肘黃皆因熱，消黃散灌六脈徹。胸前穿墜毒可拔，火針腫處病可揭。王良曰：『三焦熱注黃腫肚，帶脈餘殃注肘間。凡治肚黃，藥理三焦；凡治肘黃，清理肺腑。』寧庵曰：『牛馬患肚黃時，常見不到胸間，將獸縛倒，在臍當中穿墜，拔毒外出，腫即消也。穿肚之時，醫者細意、不可穿深，恐穿破肚膜皮，損傷肚腸，有害不淺，醫者慎之！鑒之！但肚底穿黃，只用馬鬃或馬尾即可穿之。放起即瀝出黃水，並不用蟬酥，亦或不用墜也。』形狀：肚腫如盆，肘間虛浮。脈色：口中鮮潤，六脈平和者，可治；口中青紫，六脈斷亂者，難醫。治法：徹四蹄頭血、放鶻脈血。肚黃者，藥宜理三焦；肘黃者宜理肺散灌之。調理：水浸青草喂之，拴繫清涼之廄。戒忌：勿令日曬雨淋，一切生熟料忌之。解毒理肺消黃散：治馬肘黃症。黃芩、杏仁、陳皮、半夏、花粉、大黃、梔子、連翹、升麻、知母、木通、甘草、桔梗、銀花、當歸、夏枯草。各件共為細末，每服二兩，黃酒半斤，童便一盞，同調灌之。解毒清理三焦消黃散：治馬肚腫如盆如釜等症。大黃、朴硝、枳殼、厚朴、澤瀉、黃柏、黃芩、滑石、知母、檳榔、當歸、川芎、甘草、黑丑、車前子。

各件共為細末，每服二兩，竹葉、燈草煎湯，加童便一盞，同調灌之。敷藥見前篇，照用。此二症，如口色淡白，屬寒，宜用銀花解毒湯灌之。方見前篇，不可用此寒涼之劑，醫者臨時慎之！

又《馬患脊背黃、鬐夾黃》　夫背黃、夾黃者，脊背上生黃也。夾黃者，鬐夾也。皆因鞍屜不合，乘騎賓士，磨擦揉壓而成浮腫也。軟而不痛者，此為脊背黃、鬐夾黃也。硬而痛者，此謂瘡也。醫者分別治之。歌曰：脊梁浮腫患背黃，鞍屜不合致其殃。輕則火針鹽泥敷，重則徹血灌消黃。毒在胸前穿拔出，好叫驊騮體健康。日久不治傳於內，良驥必定命須亡。形狀：鬐夾生黃，脊背浮腫，腰弓頭低，水草遲細。脈色：口色如常、六脈平順者，可治。王良曰：『鞍屜磨破脊背，呼為二赤。』遵道曰：『鞍屜揉擦成黃者，至輕之症也。殊不知黃者，速症也。如火燒茅簷之狀，一日傳三焦，三日傳六腑，十日則病滿，醫療失時。於戲！喑啞之物夭喪已矣！蓄人慎之！』甯庵曰：『鞍屜磨擦而成黃腫者，先觀口色。六脈如常，口色平和，此無關緊要，用白針在腫處刺之。放出黃水，用鹽泥膏敷之，乾則又敷，以腫消盡則不敷。淨養數日，可以不必服藥。若六脈洪數，口如硃砂者，有內症也。速抽鵲脈血，放四蹄血。火針腫處，切不可用白針刺腫，恐刺走竄襠，則無救也。胸前蟬酥繩穿墜，消黃敗毒散灌之』。調理：水浸青草喂之，米泔水飲之。戒忌：勿拴簷巷，謹忌日曬雨淋，生熟料一切忌之。消黃敗毒散：治馬脊背黃、鬐夾黃等症。銀花、夏枯草、當歸、川芎、生地、防風、陳皮、粉草、貝母、花粉、乳香、沒藥、川山甲、蒲公英、木通。各件共為細末，每服二兩，水酒四兩，童便一盞，同調灌之。如口色赤，六脈洪，舌上有瘡者，為五臟伏火，宜服用三黃清火消毒飲，再進數服。痊癒。黃連、黃柏、黃芩、大黃、木通、花粉、桔梗、朴硝、甘草、知母、滑石、陳皮、半夏。各件共為細末，每服二兩，竹葉、燈草煎湯，加雞子清四枚，同調灌之。鹽蒜泥膏敷腫方見前篇，照用。

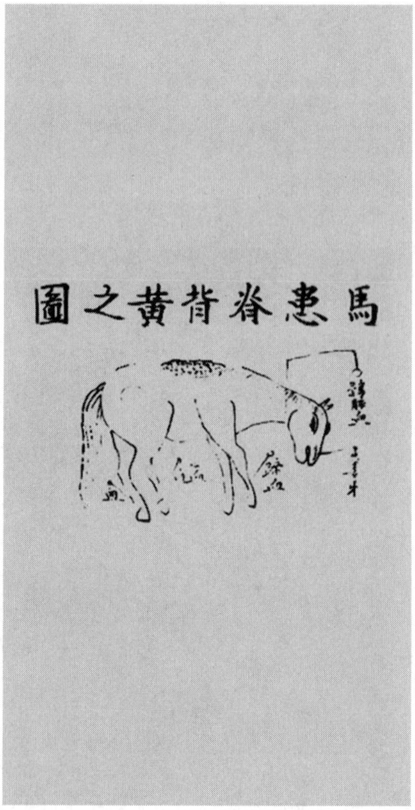

馬患耆夾黃之圖

又《馬患奶黃、水黃》　夫奶黃、水黃者，乃乳處浮腫也。水黃者臍下浮腫也；奶黃者，乳房浮腫也。此二症，醫者細意斟酌。其乳上腫者，先要察馬之有無妊娠，若腹內有駒臨產時，前三日即下乳也，後三日方產育。醫者不察情由，胡針亂灸，以致啞畜遭害，情可痛恨。若腹內無駒，先察脈色，次看喘息。若產駒牝馬，脈色如常者，二十日一次起駒，至起駒之日，乳亦浮起，萬不可輕用針刀，有致啞畜痛苦，務以察底澄清，細看果形。有病容，口有病色，脈有病脈。熱勝施涼藥，生針六脈徹；寒勝暖藥救，火針諸關節。若水黃、乳黃於腎黃者，務必認識方可下手。歌曰：奶黃水黃相近生，醫者見之要細心。奶腫恐腹有駒子，無娠起駒奶亦興。觀形察症觀色脈，陰用陽藥熱用陰。牝馬可作奶黃治，兒馬要作腎黃醫。水黃為陰衰瘦馬，不與此病一同論。形狀：乳房浮腫，相連臍腹，兒馬交襠，連腹癰腫。脈色：雙鳧沉遲，口色如綿，此謂陰黃；雙鳧洪數，口色如湯，此乃陽症陽黃。伯樂曰：『產駒下乳乳房腫，捏出乳來是產駒。不可針藥也。』董氏曰：『腎黃乳房腫，有乳是產駒。醫者慎之！』遵道曰：『臨產下乳、乳方腫勝，亦把腰胯。醫者慎之！』寧氏曰：『牝馬乳腫欲下駒，兒馬浮腫是腎黃。』趙氏曰：『產駒浮腫休妄治，兒馬乳腫腎黃醫。』治法：陰黃茴香散灌之；腎黃、浮腫銀花解毒湯灌之；產駒下乳，針藥俱忌。凡奶黃、水黃腫盛者，臍下蟬酥穿墜，黃水瀝盡，腫自消矣。其腫處仍以火針刺之，鹽蒜泥敷之，以消為止。泥藥見前篇用之。調理：陰黃增加草料，腎黃忌雨淋日曬。戒忌：宜拴繫淨廄，陰腎忌飲濁水，即泥漿穢汙之水也。銀花解毒湯：治馬乳黃等症。銀花、花粉、白芷、木通、陳皮、貝母、粉草、桔梗、川芎、生地。各件共為細末，每服二兩，水酒四兩，蔥五、七枝，同調灌之。如口色赤紫者，本方加大黃一兩，朴硝三錢，竹葉、燈草煎湯，加童便二盞調灌。三黃解毒湯：治馬腎黃，抽腰把胯，口乾舌紫，水草遲細等症。大黃、銀花、黃連、朴硝、滑石、木通、桔梗、梔子、乳香、沒藥、山甲、貝母、花粉、連翹、黃芩、蒲公英、夏枯草。各件共為細末，每服二兩，竹葉、燈草煎湯，雞子清二枚、童便二盞，調灌三五服，痊癒。

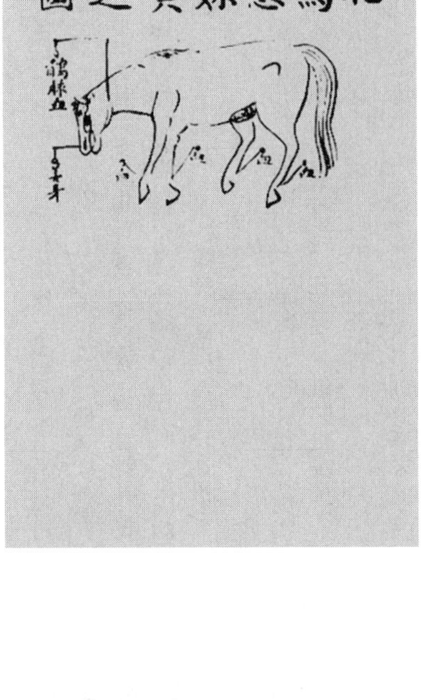

牝馬患妳黃之圖

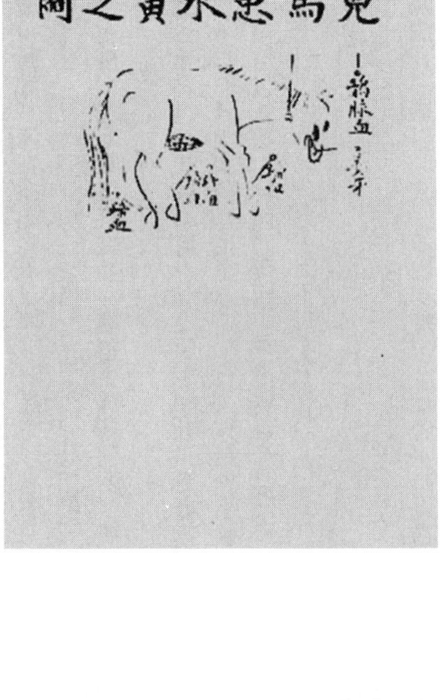

兒馬患水黃之圖

又《馬患遍身黄》　夫遍身黄者，遍身而發起癱腫也。又名為肺氣黄也。皆因心胸擁極，熱注三焦，料毒聚於腸内，垢塵凝塞肌膚，氣血相攻，鬱結而成黄也。令獸渾身疙瘩，遍體生癱，皮膚癢燥，口眼虚浮，此為肺熱生癱之症也。歌曰：變身黄病肺家風，為緣久積熱停胸。疙瘩滿身隨處腫，皮膚燥癢若蟲蹤。鶻脈二針先去血，消黄敗毒蜜調攻。雞子一雙同共使，五朝連灌卻除癱。師皇曰：『遍身黄者，邪熱凝于毛竅也。此謂血之盛極，鶻脈徹之大效。醫者鑒之！』王良曰：『一切黄腫起，皆緣積熱成，但抽鶻脈血，諸病化灰塵。』形狀：渾身疙瘩，遍體生癱，皮膚燥癢，口眼虚浮。脈色：雙凫洪數，唇舌鮮紅。治法：徹鶻脈血，消黄散灌之。胸前蟬酥繩穿墜，拔毒氣外出。調理：拴繫清涼之廄，水浸青草、綠豆喂之，米泔水飲之。戒忌：日曬雨淋，一切生熟料忌之。消黄散：治馬熱積生黄。黄藥子、白藥子、知母、貝母、梔子、連翹、大黄、蔚金、黄芩、甘草、防風、蟬蛻、黄連。各件共為細末，每服二兩，蜜二兩，朴硝二兩，雞子清四枚，竹葉、燈草煎湯調灌。

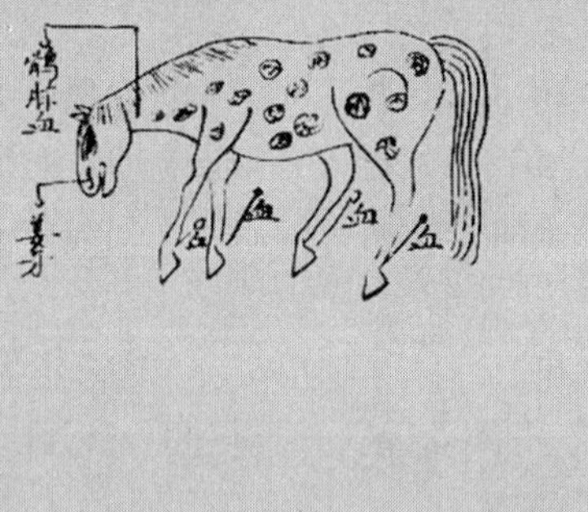

馬患遍身黄之圖

又《馬牛三十六黄總論》　凡馬牛生黄或腫前，或腫後，總宜穿墜於雞胸中間。此乃周身血脈流轉之道路，故在此處用芫花根皮，即俗名頭疼花，又名老鼠花根皮是也。剝取嫩皮，同人髮撚繩，長短尺餘，又入蟾酥撚，捻入毛繩中間，用鋒利穿針，捏起皮，量度深淺寸餘，將蟾酥繩穿入皮内為度，外用鐵物墜之，使針口活動，水流毒出，方藥隨症加減，即無誤矣。内有嗓黄、腮黄、墊舌、鎖口、木舌、唇角腫者，總宜在頦骨下，即下唇底下，有小凸處，捏起其皮，用蟾酥繩如前穿墜。方藥同前治之。歌曰：原來四九熱成壅，蟾酥穿墜臆骨中。唯有上焦諸處腫，能穿頦下有奇功。驢騾牛馬皆同治，藥用前方莫錯攻。此是神仙真妙訣，教君仔細使神鋒。

又《論馬有五疔形癥》　論馬之五疔者，何也？夫馬之疔者，乃瘡黄之異名也。雖形殊名異，其理一也。皆因乘騎，地里窵遠，日久鞍屉失于解卸，瘀汗沉于毛竅，敗血凝注皮膚，以致鬐甲梁頭、排鞍平膜兩邊，發有癱腫，又或汗結鞍屉，擦磨折破潰爛者，故名曰疔也。其名有五，各有形伏：曰黑疔，曰筋疔，曰氣疔，曰水疔，曰血疔是也。

又《馬患黑疔第一》　論馬之黑疔者，何也？夫黑疔者，在馬之鬐甲、梁頭，破裂乾殼而浮腫，又無膿血，内傷其皮，故曰黑疔。凡治者，防風湯洗之，續斷散貼之。續斷散：治馬黑疔。續斷、鼠糞、乾薑燒存性、皂角燒存性、生半夏、胡椒、明礬。各件共為細末，醋和麵糊，調勻藥末，先用防風藥水洗淨瘡口，再用此藥塗之，立痊。防風湯：洗馬五疔瘡。防風、荊芥、花椒、薄荷、苦參、黄柏、甘草。各件不拘多少煎湯，候温洗之。拭乾捻藥。

又《馬患筋疔第二》　論馬之筋疔者，何也？夫馬之筋疔者，皆因鞍屉磨擦，脊肉潰爛而有黄膜者，内傷其筋也。久之不痊，故曰筋疔。凡治者，以防風湯洗之，草烏散貼之。

又《馬患氣疔第三》　論馬之氣疔者，何也？夫氣疔者，皆因排鞍肉破而流黄水者，内傷真氣，日久不愈，故曰氣疔也。凡治者，以防風湯洗之，以草烏散貼之。草烏散：治馬筋疔、氣疔等症。生草烏、杏仁、生川烏、黄丹、胡椒、明礬、生半夏、枯帆。各件共為細末，用防風湯洗淨瘡口，以此藥末捻之，三次痊癒。

又《馬患水疔第四》　論馬之水疔者，何也？夫馬之水疔者，皆因鬐甲、梁頭、排鞍浮腫，洪大無頭者，内傷其膜，日久不痊，故曰水疔也。凡治者，以銀花湯洗之，烏金散塗之，内灌銀花解毒湯，方見三十六黄篇内。烏金散：治馬水疔。川大黄、川黄柏、生川烏、生草烏、生半夏。各件共為細末，先用銀花湯洗淨瘡腫處，然後將此藥末，用好滴醋調塗腫處，如乾再塗，其腫即消矣。如腫不消者，可將火針刺之數針，再塗痊癒。銀花湯：洗馬水疔腫處。銀花、甘草、白芷、防風、荊芥。各件不拘多少，白水煎三沸，候温洗之。

又《馬患血疔第五》 論馬患血疔者，何也？夫馬之血疔者，皆因脊肉排鞍擦破而赤紫潰爛者，內傷其血，日久不痊，故曰血疔也。凡治者，防風湯洗之，葶藶散為末捻之。葶藶散：治馬血疔。葶藶、草烏、山甲炙焦、川大黃、川黃柏。各件共為細末，先用防風湯洗淨瘡口，拭乾後上此藥末，十朝三洗三捻者，痊矣。

綜述

唐 李石《司牧安驥集》卷三《取槽結法》 凡馬取槽結，須要及時，六脈分別無病，合行開取。取日且忌大風大雨，風是禍害，雨是絕命，更要天氣晴明，及避血忌日。醫獸如辨認槽結，軟即是風結，候熟，只用白針豁破，出了膿，即消，好效。摸著滑打人手者，是槽結。如取槽結時，摸著硬者是筋膜也，澀者是肉也，軟者是血筒也。若取槽結，早辰空草取，先須要好籠頭韁索，高牢樁柱。用刀子割開大皮口子，次後左面立地，用刀子打開右面膈膜口子，從上細意取下；右面立地，用刀子打開左面口子，從上細意取下；兩面搜尋槽結都盡，次用油半盞，炒鹽二盞，鹽油都入在瘡口內。養馬人不得亂用水洗瘡口。三日內獸醫絕早用水洗瘡口，將手於瘡口內左右搜尋，積聚膿血物去盡。自當日，養馬人每日五七度淨洗瘡口，隔一日用美水草治肺及消黃藥灌啖，限半月好穀。若是板著舌胎，即舌胎腫硬，用白針簇之，便用止痛藥灌；若板著涎窩，即口內有清白涎不止，即用止痛治肺藥灌啖；若板著或刀子割著涎血，乃用乾糞或紙塞瘡口治之。大忌損著蛾眉，即咽喉腫痛，咽水草不得，如是腫氣兩日不消，須用開喉。如槽結取盡及六脈分別無病，開取十匹好效。如因有槽結，熱上鼻濕，及有槽結失取，因而生肺毒瘡，雖不鼻濕，及草料不減，此二病，十中可醫五六。或有槽結失取，兼臟腑攻注鼻濕之病，十中可醫三。歌曰：槽結元從胎裏來，臟中飲血隔不開。胃氣時時隨母出，心胸蘊毒結難挨。後代醫工細意取，莫犯涎血及血胎。涎胎犯著猶可療，犯著蛾眉惹禍災。

明 喻仁、喻傑《新刊纂圖元亨療馬集》卷五《論取槽結法則》 槽結者，胎中所受也。凡取者，先觀馬之形神，別無餘證；開取者盡效。若有槽結失取，傳之鼻膿及遍身傳注重而生肺毒瘡者，開取者十中得效二三。雖取槽結，亦認三般，軟者是風結，候熟只用白針豁破，出膿即痊。如板硬者，是筋結，難取也。摸著滑硬如球者，此謂槽結也。夫取者，避忌血支、血忌、本命刀砧。擇令晴明溫暖，清晨空草，用好頭，於高牢樁柱上，先將馬頭吊起，以利刀向槽結穴中，將大皮割破，仔細從容，勿得亂慌。軟者血管，硬者為筋，澀者是肉。從上取下，左右搜尋，痰核瘰癧，俱令割出。肌肉勿令傷綰，莫犯涎窩舌胎，回避蛾眉血管。如其血流，可用乾馬糞塞於刀口即止。再以油鹽少許，調入瘡內。次日，用新水於瘡口洗淨，搜尋積聚血膿。隔日，復令養主如前再洗，七日痊癒。以濟世消黃散灌之。歌曰：槽結元從胎裏來，臟中飲血不能開，胃氣時時隨母出，血毒流傳結在頦。食槽裏面將刀割，醫士仔細用心開，少去兩邊舌下肉，蛾眉回避躲涎出，舌胎傷綰猶可療，犯著蛾眉惹禍災。

紀事

明 喻仁、喻傑《新刊纂圖元亨療馬集》卷五《黃帝岐伯問答瘡黃論疔毒論》 昔黃帝問於天師岐伯曰：『馬之腫毒、瘡黃二症何也？』岐伯答曰：『馬之瘡黃者，皆因氣血流行太過、不及發之而殊也。』帝曰：『何謂發瘡？何謂發黃？』岐伯答曰：『瘡者，氣之衰也。氣衰而血澀，血澀而浸於肉理，肉理淹留而肉腐，肉腐者乃化為膿，故曰瘡也。黃者，氣之壯也。氣壯使血而離經絡，血離經絡，溢於膚腠，膚腠鬱結而血瘀，血瘀者而化為黃水，故曰黃也。此謂發瘡發黃，氣血盛衰之別也。』帝曰：『治則同否？』曰：『不同。』『何謂不同。』岐伯答曰：『瘡者，形傷氣也，先治瘡而後理氣。黃者，氣傷形也，先導氣而後治黃。此謂拔本塞源也。』帝曰：『善。』又曰：『余聞少火生氣，氣凝而腫。陰黃、水黃、陰腎、木腎者何也？』岐伯答曰：『心者火也。腎者水也。水得火而生熱，火得水而生氣，水火合而為少陰，此為少火也。《內經》云：天為陽而左旋，地為陰而不動。是故動則陽生，靜則陰生，理自然也。或令飲水太過，停立不動，陰氣生而侵於腎，腎水相合，水勝而火滅，雖有氣而無熱也。侵於臍者而為水黃，侵於袖口而為陰黃，侵於外腎而為陰腎、木腎黃也。或曰：腫者何也？答曰：寒勝則浮，此之謂也。』帝曰：『腎部生黃，有陽症乎？』曰：『有。』『何以分別？』岐伯答曰：『陰者硬而多痛，陽者軟而不痛。且陰腎、木腎腫者；如石如冰，行者腰拖胯拽，但羸驢瘦馬，氣血衰者，患者甚多。凡察此症，醫家先令觀其外形，辨其寒熱，或硬或軟，或陰或陽，然後施加針藥。此謂醫家之明鑒也。』帝曰：『何以治之？』岐伯答曰：『凡治者，滋陰降火，暖腹溫中以補腎，茴香散蔥酒灌之，三服瘥矣！帝曰』：『瘡黃余已知之。但疔毒而未識其道？』岐伯答曰：『疔毒者，瘡黃之異名。雖形殊而名異，其理一也。』帝曰：『何謂為疔？』岐伯答曰：『疔者，疽也。為因乘騎地里鸞遠，日久鞍屜失於解卸，瘀汗沈於毛竅，敗血凝注皮膚，以致鬐甲梁頭，排鞍脊膜，兩邊發生而腫者。又或汗結鞍氈，擦磨打破而傷者，故曰疔也。其狀有五，曰黑疔、筋疔、氣疔、水疔、血疔是也。』帝日何以辨之？』岐伯答曰：『乾殼而不腫者，傷其皮，曰黑疔也。脊肉潰而有黃膜者，傷其筋，曰筋疔也。破而有黃水出者，傷其氣，曰氣疔也。浮而洪大無頭者，傷其膜，曰水疔也。破而赤色多水者，傷其血，曰血疔也。此五疔之別也。』『何以治之？』『凡治者，必在晴明，勿近簷巷，以鋒利針刀刺破，割去死皮潰肉，再以防風散煎湯，候溫，於瘡口內將黃水血膿洗淨。黑疔者，用醋麵糊調續斷散塗之。筋疔、氣疔者，以草烏散為末，乾貼之。水疔者，以烏金膏貼之。血疔者，以葶藶散為末貼之。已前五疔治法，俱用藥水煎洗，以各方貼之。隔日再洗貼之。凡三上者瘥矣。』帝曰：『其疔者如斯，而毒者何也？』岐伯答曰：『夫毒者亦瘡也，乃六腑之中毒，氣血而凝也。其症有十，曰陰毒、陽毒、心毒、肝毒、脾毒、肺毒、腎毒、筋毒、氣毒、血毒是也。』帝曰：『願聞其道。』岐伯答曰：『兩胸膛及後胯遍身而生瘰癧者，乃陰之毒也。兩前膊及梁頭脊背而生腫毒者，俗呼曰肥瘡，乃陽之毒也。兩牙關中及舌尖上有赤色之瘡者，乃心之毒也。兩眼下及淚堂中有赤瘡，久而不瘥者，乃肝之毒也。兩唇角及口中破裂而出血者，乃脾之毒也。兩鬢甲及遍身毛蝨而尾鬃脫落者，乃肺之毒也。四蹄下，於垂泉穴上，有竅而出膿血者，乃腎之毒也。四足間，蹄上寸下腕中，燥破而出膿血者，乃筋之毒也。兩鼻孔中及準頭破裂而成瘡者，乃氣之毒也。四蹄甲焦枯堅硬，步行而難者，乃血之毒也。此謂十毒之症也。』帝曰：『治則幾何？』岐伯答曰：『凡治者，應病以方藥而灌之，湯藥而洗之，膏藥而貼之，末藥而塗之，火針而刺之。從陰而引陽，從陽而引陰，此謂攻毒之治也。』帝曰：『諾。』於此一言而終。乃黃帝、岐伯問答之至論也。

又《論馬水火二騸者何也》 東溪問於曲川曰：『騸馬之法，有烙筋、不烙筋者，何也？』曲川答曰：『烙筋者，火騸也；不烙筋者，水騸也。』東溪曰：『何可用之？』曲川曰：『氣體弱者，宜火騸也；氣體壯者，宜水也。』東溪曰：『兩騸之法始於何時？』曲川曰：『昔黃帝在位百年，朝內出一賢臣，姓董氏，諱仲先，號通微真人。侍於黃帝之側。因馬食人，帝命仲先製之。真人遂往其所，觀馬形神，察馬臟腑，用玄元天術，摘其膽，驗其性，愈矣。後蹄齧不息，帝復命製之。真人三往其廄，觀標察本，以沙性之法，更名騸馬奇法，淨其兩腎，蹄齧自息矣。帝嘉其能，以通微之號封之。彼時者，始有此法也。』又曰：『淨腎之法，有奇妙乎？』答曰：『按董氏經云：凡淨腎者，上合天時，下應地利擇令晴明日霽，禁忌風雨陰寒，莫犯血支血忌，回避本命刀砧。清晨空草，於平坦地面，將獸縛倒，臥地穩平。右手持鋒，左手按穴，仔細用心，於千金穴上輕手急剖一鋒，挺出腎子，推起皮膜，以手指擒其腎，挾板束其筋，火燒鐵器烙之，用新汲水將刀口積血洗淨，用油鹽少許傾入穴內，即令放起，徐步牽行，拴養淨室，三七痊癒。此謂董真人火之法也。傳流相繼，至於漢楚分爭時，有大元帥韓氏信將軍，因營馬多生熱症，以為不利於軍，遂易其騸法。袪其火烙，用搜筋進步之工，白筋二寸截之，血筋五寸分之，新水淨其創口，油鹽少許入之。朝夕牽行，如前餵養。此謂韓元帥水膳之法也。』東溪曰：『二者何謂上工？』曲川曰：『兩膳之法，不相上下也。火者，烙膳也，存筋存性，血憑火烙，令獸不損腰胯。水駱者，生也，淨筋淨性，血憑筋分，令獸不生熱症。凡用者，量觀盛衰行之。』東溪曰：『淨腎之法，何謂膳乎？』曲川曰：『膳者，善也。祛烈性而有淳性，化駑馬而為良馬也，豈不善乎！』有歌曰：馬圖改膳牛馬按陰陽，牛有走腎馬連腸，臨時斟酌開創口，摘下分筋按典章，白筋二寸令刀割，血筋五寸莫教長，挾板束之燒鐵烙，此乃仙家淨腎方。

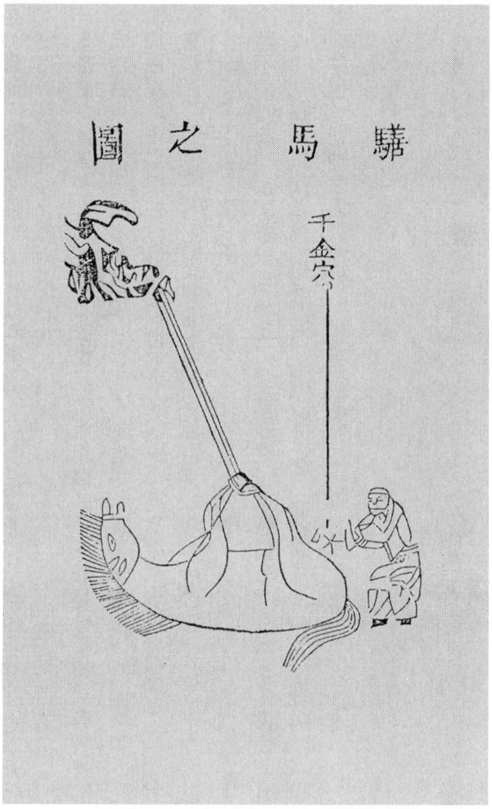

騸馬之圖

又《論馬劃鼻者何也》 東溪曲川問答。問曰：『凡馬打鼻有言如插花者何也？』答曰：『打鼻者，泄三焦之熱也，非華美而觀之。四歲、五歲有膘者，方許劃之。蓋取鼻孔寬大，呼吸通利，令獸不生熱症，又且清利咽喉，消除膈脹，瀉心肺之火，祛臟腑之熱，邪疫不相侵害矣。』曰：『何以見之？』曰：『昔春秋時，西秦穆公併吞列國，遣大元帥白起將軍伐趙，未出軍時，其都中戰馬遍染瘟疫。穆公謂文武曰：馬政失調，不利征討，奈何？當有監軍少宰孫陽出班奏曰：馬者，國之大事也。今時值仲夏，炎暑薰蒸，疫症大作，未敢輕出。且長平諸路山瘴盛多，今大軍一舉，避瘟避瘴，不可不禦也。穆公准奏。遂令停兵罷戰，以待秋成。付太僕之政，令少宰總之。公領其事，往其廄所，觀天地氣運，相諸驥形神，診其皃脈，察其口色，喟然曰：熱之所致也！以利鋒劃其鼻孔，徹針血而泄其瘴毒，施良劑而製其疫氣，其驗大效，諸疾悉愈。都門群驥，望之如雲錦。穆公嘉少宰之能，以伯樂之號封之。上應馬廄之星，更名伯樂將軍也。勑令諸路開設醫學，講師皇之道，永為經世之傳。彼時者，始有此則也。』又曰：『劃鼻之法，有奇妙乎？』妙曲川曰：『按伯樂經云：凡劃鼻者，擇令天氣晴明，清晨空草，將獸繩縛於高柱牢拴，用好籠頭先將馬首束定，立正穩平，左手執襯填於鼻孔，右手持鋒於氣海穴上，自下而上劃之。驢彎馬直，仔細從容，垂厚梁窄，右左勻停，休傷松骨，回避血管，勿損梁筋為妙。以新汲水將刀口積血洗淨，拴養淨室，勿近舍簷。七日之後，令其養主朝夕扯撥，不致卷攣生合，旬日痊癒。此謂孫少宰劃鼻之法也。請歷觀之。』有歌存證：劃鼻四歲以下受膘時，傷肥肉重少乘騎，精神恍惚多驚悸，渾身瘙癢發瘡痍，氣海穴中須令劃，勻停八字兩邊垂，三焦熱毒俱泄出，萬里長途任意馳。

劃鼻之圖

明 楊時喬《新刻馬書》卷六《論馬水火二騸》 司獸問於醫者曰：『余觀騸馬之法，有烙筋、不烙筋者，何也？』醫者答曰：『烙筋者，火騸也。不烙筋者，水騸也。』司獸問：『何用之？』醫者曰：『氣體弱者，宜火騸也。氣體壯者，宜水騸也。」司獸曰：『兩騸之法始於何時？』醫者曰：『昔，黃帝在位百年，朝內出一賢臣，姓董氏，諱仲先，號通微真人，侍於黃帝之側，因馬食人，帝命仲先製之，真人遂往其所觀焉，形神察焉。臟腑，用玄元天術，摘其膽汁，其性愈矣。』後蹄嚙不息，帝復命製之。真人三往其廄，觀標察本，以沙性之法，更名騸馬奇法，淨其兩腎，蹄嚙息矣！帝嘉其能，以通微之號封之，彼時者，始有此法也。司獸曰：『淨腎之法有奇妙乎？』醫者曰：按董氏經云：『凡淨腎者，上合天時，下應地利。擇令晴明日霽，禁忌風雨陰寒，莫犯血支、血忌，回避本命、刀砧。清明空草，於平坦地面，將獸縛倒，臥地穩平，右手持鋒，左手按穴，仔細用心，於千金穴上輕手急剖一鋒，挺出腎子，推起皮膜，以手指擒其腎，挾板束其筋，火燒鐵器烙之，用新汲水將刀口積血洗淨，油鹽少許傾入穴內。即令放起，徐步牽行，拴養淨室，三七痊愈。此謂董真人火騸之法也，傳流相繼。至於漢楚分爭時，有大將帥韓氏信將軍，因營馬多生熱癥，以謂不利於軍，遂易其騸法，祛其火烙。用搜筋進步之工，白筋二寸截之，血筋五寸分之，新水淨其瘡口，油鹽少許入之，朝夕牽行，如前喂養，此謂韓元帥水騸之法也。』司獸曰：『二者何謂上工？』醫者曰：『兩騸之法，不相上下也。火騸者，烙騸也，存筋存性，血憑火烙，令獸不損腰胯。水騸者，生騸也，淨筋淨性，血憑筋分，令獸不生熱癥。凡用者。今觀衰盛行之。』司獸曰：『淨腎之法，何謂騸乎？』，醫者曰：『騸者，善也。祛烈性而有淳性，化駑馬而為良馬也，其不善乎！』

騸馬之圖

又　卷八《**黃帝岐伯問答瘡黃論、疔毒論**》　黃帝問於岐伯曰：『馬之腫毒、瘡黃，何也？』岐伯答曰：『馬之瘡黃者，皆因氣血太過、不及，發之殊也。』帝曰：『何謂發瘡？何謂發黃？』岐伯曰：『瘡者，氣之衰，氣衰而血澀，血澀而侵於肉理，肉理淹留而肉腐，肉腐化為膿，故曰：「瘡」。黃者，氣之壯也，氣壯使血離經絡，血離經絡，溢於膚腠，膚腠瘀結而血瘀，血瘀化為黃水，故曰：「黃」。此謂發瘡、發黃，氣血盛衰之別。』帝曰：『治則同否？』曰：『不同。』『何謂不同？』岐伯曰：『瘡者，形傷氣也，先治瘡，後理氣。黃者，氣傷形也，先導氣，後治黃。此拔本塞源也。』帝曰：『善。』又曰：『余聞，少火生氣，氣凝而腫陰黃、水黃、陰腎、木腎者，何也？』岐伯曰：『心者，火也，腎者，水也，水得火生熱，火得水生氣，水火合為少陰，此為少火也。《內經》云：「天為陽、左旋，地為陰、不動。」故動，則陽生；靜，則陰生，理自然也。或飲水太過，停立不動，陰氣生而侵於腎，腎水相合，水勝火滅，雖有氣，無熱也；侵於臍，為水黃；侵於袖口，為陰黃；侵於外腎而為陰腎、木腎黃也。』曰：『腫者何？』答曰：『寒勝，則浮也。』帝曰：『腎部生黃，有陽癥乎？』曰：『有。』『何以分別？』岐伯曰：『陰者，硬、多痛。陽者，軟、不疼。陰腎、木腎腫者：如石、如水，行者、腰拖胯拽，羸驢瘦馬患者甚多。察此癥，醫家先觀外形，辨其寒熱，或硬、或軟、或陰、或陽，然後施加針藥也。』帝曰：『何以治之？』岐伯答曰：『滋陰、降火、暖後、溫中，以「補腎茴香散」蔥酒灌之，三服，瘥。』帝曰：『瘡黃余已知之，疔毒，未聞其道。』岐伯曰：『疔毒者，瘡黃異名形殊，名異，其理一也。』帝曰：『何為疔？』岐伯曰：『疔者，疽也。為因乘騎奪遠，鞍屜失卸，瘀汗沉毛竅，敗血凝皮膚，致鬐甲、梁頭、排鞍、平膜兩邊發腫者，或汗結鞍氈，擦磨打破，傷者，故曰疔也。其狀有五，曰：黑疔、筋疔、氣疔、水疔、血疔也。』帝曰：『何以辨之？』岐伯曰：『乾殼而不腫者，傷皮，曰黑疔。脊關潰，有黃膜者，傷筋，曰筋疔。破，有黃水出者，傷氣，曰氣疔。浮洪大、無頭者，傷膜，曰水疔。破而赤色多者，傷血，曰血疔。此五疔之別。』『何以治之？』『必在晴明，勿近檐巷，以鋒利針刀刺破，割去死皮潰肉，以「防風散」煎湯，候溫，於瘡口內將血膿洗淨。黑疔者，用醋面糊調「續斷散」塗之。筋疔、氣疔者，以「草烏散」乾貼之。水疔者，以「烏金膏」貼之。血疔者以「葶藶散」貼之。以前治法，俱用藥水煎洗。各方貼之，隔日再洗、貼之，三上，瘥矣。』

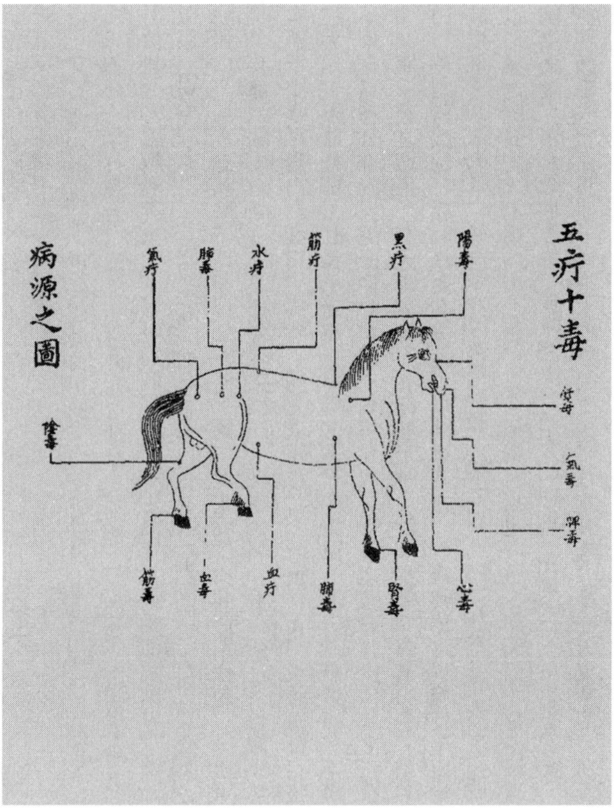

清　郭懷西《新刻注釋馬牛駝經大全集·馬經大全》卷二《論水火三騸法》　東溪問於曲川曰：『余觀騸馬之法，有烙筋、不烙筋者何也？』曲川答曰：『烙筋者，火騸也。不烙筋者，水騸也。』東溪曰：『何以用之？』曲川曰：『氣體弱者，宜火騸也。氣體壯者，宜水騸也。』東溪曰：『兩騸法，始於何時？』曲川曰：『昔黃帝在位百年，朝內出一賢臣，姓董，諱仲先，封號通微真人，侍於黃帝之側，因馬食人，帝命仲先製之。真人遂往其所，觀馬形神，察馬臟腑，用玄天道術，摘其膽汁，其性愈矣。後蹄齧不息，帝覆命製之，真人三往其廐，觀標察本，以沙性之法，更名騸馬奇法，淨其兩腎，蹄齧息矣。帝嘉其能，以通微之號封之。彼時者，始有此法也。』東溪曰：『淨腎之法，有奇妙乎？』曲川曰：『按《董氏經》云：凡淨腎者，上合天時，下應地利，擇令晴明日霽，禁忌風雨陰寒，莫犯血支、血忌，回避本命刀砧，清晨空草，於平坦地面，將獸縛倒臥地穩平，右手持鋒，左手按穴，仔細用心，于千金穴上，輕手即剖一鋒，挺出腎子，推起皮膜，以手指擒其腎，挾板束其筋，火燒鐵器烙之，用新汲水，將刀口積血洗淨，油鹽少許傾入穴內，即令放起，徐步牽行，栓養淨室，三七痊癒，此謂董真人火騸之法也。傳流相繼，至於漢楚分爭時，有大元帥姓韓，名信，因營馬多生熱症，以為不利於軍，遂易其騸法，祛其火烙，用搜筋進步之工，白筋二寸截之，血筋五寸分之，新水淨其瘡口，油鹽少許入之，朝夕牽行，如前餵養。此謂韓元帥水騸之法也。』東溪曰：『二者何謂上工？』曲川曰：『兩騸之法，不相上下也。火騸者，烙騸也。存筋存性，血憑火烙，令獸不損腰胯。水騸者，生騸也。淨筋淨性，血憑筋分，令獸不生熱症。凡用者，量觀衰盛行之。』東溪曰：『淨腎之法，何謂騸乎？』曲川曰：『騸者，善也。祛烈性而有淳性，化駑馬而為良馬也。不亦善乎？』注云：『割耕牛、騸戰馬，千金穴開刀口，務令在毛稀處下刀，不在血筋上，少出血為妙。其血筋五寸分之，宜往上送至細筋處，以焦鹽撩斷，故不出血也。

又《論騸馬分筋法》　寧庵曰：『分筋用食鹽一盞，炒焦令乾，擦斷血筋，其白筋以刀截之，其胞內另用炒鹽、百草霜即鍋底煙灰少許，共研細末，入真芝麻油半盞調勻，灌入刀口胞內，即令放起，不住牽行，至午後時喂草料，晚時聽其乘騎，可以不必禁忌。如過溝缺時，從容緩步。如平路任其馳驅，草使停歇，刀口二七即可痊癒。只忌刀口，賊風吹入。賊風吹入刀口，即為破傷風，難以醫治。除此風之外，隨意乘騎，總無忌憚，即驢、騾亦用此法。若騸牛，只用炒鹽，不用麻油、百草霜。有歌列後。歌曰：改騸牛馬按陰陽，牛有走腎馬連腸。臨時斟酌開瘡口，細意分筋按典章。白筋二寸令刀割，血筋五寸莫教長。夾板夾定燒烙鐵，此乃工家淨腎方。

又《論馬瘡黃兩癥治法不同》 東溪問於曲川曰：『人之腫毒為瘡，馬之腫毒為黃者何也？』曲川答曰：『馬之腫毒大半為瘡，非獨為黃也。』東溪曰：『何以分別？』曲川曰：『硬而痛者為瘡，軟而不痛者為黃？』東溪曰：『余聞兩症俱從熱之所發，腫之為瘡，何以又腫為黃乎？』曲川曰：『黃者，熱之極也。瘡者緩也。有形傷於氣，有氣傷於形，有太過，有不及，凝溢兩感不同也。』東溪曰：『何以發瘡？何以發黃？』曲川曰：『瘡者，氣之衰也。氣衰者，血澀也。血澀者，血凝經絡也。是故血凝經絡浸於肉理，肉理淹溜而肉腐，腐者化之為膿，故曰瘡也。黃者，氣之壯也，氣壯者，血洪也，血洪者，血離經絡也。是故血離經絡，溢於膚腠，膚腠鬱結，而成瘀血。瘀血者，化為黃水，故曰黃也。此謂兩感瘡黃之症也。』東溪曰：『何以治之？』『瘡者，形傷氣也，先治瘡而後理氣；黃者，氣傷形也，先理氣而後治黃。此謂拔本塞源也。歌列於後。』歌曰：三十六腫發瘡黃，氣衰氣壯致形傷。氣若傷形生黃腫，形來傷氣腫為瘡。瘡早醫瘡遲理氣，黃先導氣後醫黃。形氣兩傷分兩治，此乃醫家療驥方。

又《論馬劃鼻》 東溪問於曲川曰：『凡馬打鼻，有言如插花者何也？』曲川答曰：『打鼻者，泄三焦之熱也。非華美而觀之。四歲、五歲有膘者，方許劃之。盍取鼻孔寬大、呼吸通利，令獸不生熱症。又且清利咽喉，消除膈脹，泄心肺之火，祛臟腑之熱，邪疫不相侵害矣。』東溪曰：『何以見之？』曲川曰：『昔春秋時，西秦穆公併吞列國，遣大元帥白起將軍伐趙，未出軍時，其都中戰馬遍染瘟疫，穆公謂文武曰：馬政失調，不利征討，奈何？當有監軍少宰孫陽出班奏曰：馬者，國之大事也。今時值仲夏，炎暑薰蒸，疫症大作，未敢輕出。且長平諸路，山瘴甚多，今大軍一舉，避瘟避瘴，不可不禦也。穆公准奏。遂令停兵罷戰，以待秋成付太僕之政命。少宰總之，公領其事，徑之廄所，觀天地氣運，相諸驥形神，診其皃脈，察其口色。喟然曰：熱之所致也。以利鋒劃其鼻孔，以金徹其血，而泄其瘴毒，施良劑而治其疫氣，其法大效，諸疾悉愈。都門群驥，望之如雲錦。穆公遂嘉少宰之能，以伯樂之號封之。上應馬廄之星，更名伯樂將軍也。敕令諸路開設醫學講習師皇之道，永為繼世之傳。彼時之際，始有此則也。』東溪曰：『劃鼻之法，有奇妙乎？』曲川曰：『按《伯樂經》云，凡劃鼻者，擇令天氣晴明，清晨空草，將獸繩縛於高牢拴柱，用好韆革頭先將馬頭束定，立正穩平；左手執襯木填於鼻孔，右手持鋒於氣海穴上，自下而上劃之。驢彎馬直，仔細從容，垂厚梁窄，左右勻停，休傷松骨，回避血管，勿損梁筋為妙。以新汲水將刀口積血洗淨，栓養淨室，勿近舍簷，七日之後，令其養主朝夕扯撥，不致卷攣生合。旬日痊癒。此謂孫少宰劃鼻之法也。請曆觀之，有歌存證。』歌曰：四歲以下受膘時，傷肥肉重少乘騎。精神恍惚多驚悸，渾身瘙癢發瘡痍。氣海穴中須令劃，勻停八字兩邊垂。三焦熱毒俱泄出，萬裡長途任意騎。

又《近時易古便宜劃鼻法》 甯庵先生曰：『針劃馬騾之鼻，唯貴利便，不使馬騾苦於受傷，方為名乎。吾於古之劃鼻者，稍更其法，以便從事。此時劃鼻不用襯木填塞鼻孔，只用好快剪刀，將獸縛定，相其左右均勻，驢彎馬直，從下而上剪開就是。可以不用水洗，只用小麥夫一把擦之，即可放手。餵養如常。若凡劃鼻醫者，准於立夏後劃之，無不順利。

劃鼻之圖

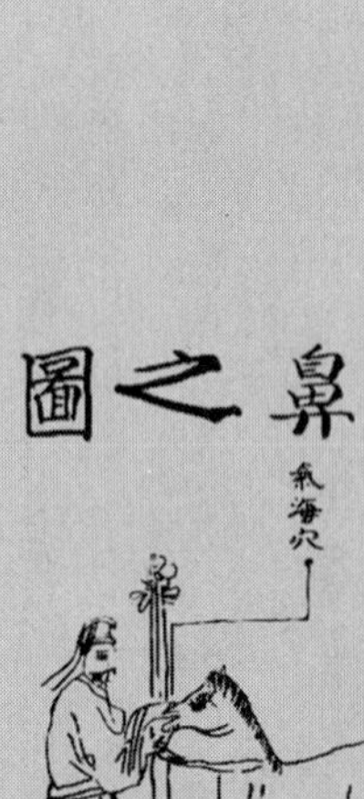

又《論馬一十六般蹄頭痛》 東溪問於曲川曰：『余聞點痛中有一十六般蹄頭痛者，何也？』曲川答曰：『十六般蹄痛，各有部位分之。』東溪曰：『願聞其詳。』曲川曰：『蹄胎脹痛、蹄骨朧痛、蹄甲薄痛、蹄甲裂痛、蹄甲枯痛、蹄尖腫痛、蹄掌腫痛、裡跟腫痛、外跟腫痛、乾竅漏痛、濕竅漏痛、穿心漏痛、穿掌漏痛、羅圈漏痛、旋蹄瘡痛、瘙蹄瘡痛，此謂馬十六般蹄頭之痛也。有歌於後。』歌曰：馬患蹄痛十六般，說與醫人用意觀。蹄尖著地掌中痛，蹩步難行痛在尖。外蹉裡痛側向內，裡側外痛外跟翻。薄蹄裂蹄枯硬，行步拘然亦似攢。乾濕漏蹄懸足點，虛行下地向前難。旋瘙蹄瘡黃與毒，昂頭不動把蹄懸。唯有蹄胎骨脹硬，擺尾搖頭步步顛。詠此蹄頭點痛歌，囑君著意莫差看。

又《論馬取槽結法則》 東溪問於曲川曰：『余聞馬之槽結開取有法則者何也？』曲川答曰：『槽結者，胎中所受也。凡取者，先觀馬之形神，別無餘證，開取者盡效。若有槽結失取，傳之鼻膿及遍身傳注而生肺毒瘡者，開取者十中得效二三。雖取槽結，亦認三般。軟者是風結，候熟只用白針刺破，出瘀膿即瘥。如板硬者，是筋結，難取也。摸著滑硬如球者，此謂槽結也。夫取者，避忌血支、血忌、本命刀砧，擇晴明溫暖清晨、空草，用好韁頭于高牢樁柱上，先將馬頭吊起，以利刀向槽結穴中，將大皮割破，仔細從容，勿得亂慌。軟者血筒，硬者為筋，澀者是肉。從上取下，左右搜尋，痰核瘰癧，俱令割出，肌肉勿令傷綰，莫犯涎窩舌胎，回避蛾眉血管。如其血流不止，可用乾馬糞塞於刀口即止，再以油鹽少許，調入瘡內。次日用新汲水於瘡口洗淨，搜尋積聚血膿。隔日復令養主如前再洗，七日痊癒。以濟世消黃散灌之。有歌存證。』歌曰：槽結元從胎裡來，臟中飲血不能開。胃氣時時隨母出，血毒流傳結在頦。食槽裡面將刀割，醫工開取莫疑猜。少去兩邊舌下肉，蛾眉回避躲涎出。舌胎傷綰猶可療，犯著蛾眉惹禍災。

取槽結之圖

又《論割牛騸馬，行針徹血，回避刀砧》 東溪問於曲川曰：『余聞巧治中，回避刀砧者何也？』曲川答曰：『刀砧者，日之惡煞也。唐太史呂氏所著。一年四季分之。是故春亥子、夏寅卯、秋巳午、冬申酉，此謂四時日煞之刀砧、陰陽凶神之大忌。凡割牛、騸馬、鑿腦、開喉、打鼻、穿卷、徹血、行針、割痿瘤、取槽結、瘡科外表金刀，一切忌之。歌列於後。』歌曰：春日行針防亥子，夏月行針忌卯寅。九秋巳午針非吉，三冬申酉犯刀砧。

刀砧之圖

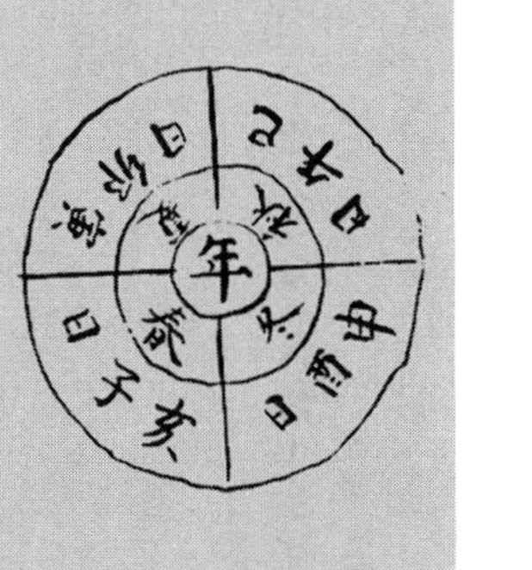

又《論馬臟結入手取法》 東溪問於曲川曰：『余聞馬之臟結有前後遠近之分，入手有玄妙者何也？』曲川答曰：『按《卞氏經》云，凡馬臟結，醫家入手取者，先將右手指甲剪盡，於石上滑磨齊肉，用溫暖油水一、二升，灌入糓道之中。然後再將油水於臂膊上下潤濕通滑，免教入手澀滯。徐宜用意，塗手于大腸曲禬之中慢慢尋取。如遇橫弦立肚，即須回避，勿令傷綰。凡有滑硬如球打手者，則為病之結糞也。事見病糞，休得慌忙，必須實驗。倘有靠門、順手、後結及胞轉者，隨手救出為妙。如前、中、垂、吊、背手等結，結在九禬之內，玉女關前，入手短促，轉彎不過，抹見而不得取者，醫家必須仔細從容。先將左手托於腹外，後令右手大指虎口，或四指尖稍，在於曲禬之中，應對病糞，隔腸輕輕按切，以硬糞破碎為驗。但破一二塊者，氣脈通宜，便見其效，無不通刮矣。大抵秘結，有起死回生之效，十全大補之功，入手者大矣哉！難矣哉！有歌存證。』歌曰：入手須知第一難，回生起死用心看。且論大腸聽仔細，一丈二尺九禬蟠。人手長不過二尺，如何得到九蟠間。不通玄妙聖手訣，九曲如何得轉彎。入手搜腸不見糞，無法尋思救療難。會者須臾通如神，愚者騰騰曉會難。入手須先磨指甲，盛將油水推向前。穿腸左右搜尋病，滑硬如球是病源。得見病糞隔腸打，慢慢將手推向先。分破病糞三兩塊，氣脈通宜便得安。奉勸後人須細意，莫教綰抹是醫官。更有橫腸分兩面，但損之時命過關。靈機妙術都說盡，記取叮嚀莫等閑。

藝文

明 喻仁、喻傑《新刊纂圖元亨療馬集》卷五《瘡黃歌》 三十六腫號瘡黃，說與醫工仔細詳，馬因年少膘分大，陽盛陰微榮衛強。春季不抽六脈血，夏來有失灌消黃，熱積三焦流不散，氣壯生黃衰患瘡。氣衰血澀侵於肉，肉理淹留漸腐傷，肉腐化膿頻腫硬，此腫為瘡莫作黃，瘡癰本是形傷氣，氣當後理先醫瘡。衛強使血離經絡，溢於膚腠結成囊，血瘀腫軟成黃水，此乃為黃非是瘡，熱從內發因而得，先須導氣後醫黃，六脈有針須出血，消黃散灌是奇方，識得陰陽知順逆，管取馳名任播揚。

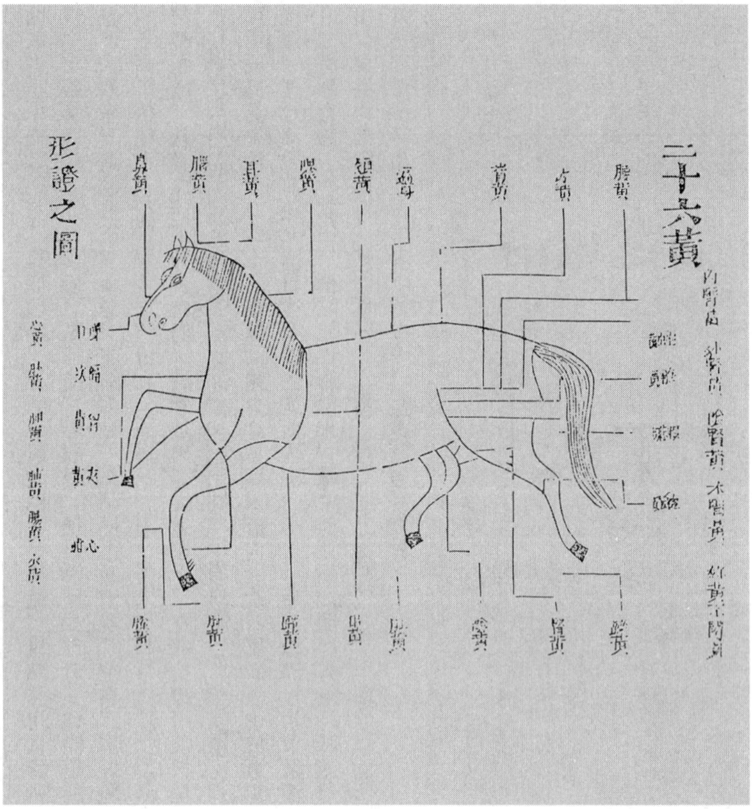

又《五疔歌》 鞍屜磨傷患黑疔，五疔五治說分明：黑疔續斷和酸醋，草烏散貼氣筋疔，血疔必敷葶藶末，水疔洗淨貼烏金，十朝三洗三番貼，復本還元毛更生。

又《十毒歌》 馬患十毒數般醫，逐一從頭說與知：陰毒渾身生瘰癧，陽毒遍體發瘡痍，心毒舌瘡口吐沫，肝毒生癰眼下瘀，肺毒滿身毛退落，腎毒蹄頭膿血流，脾毒口瘡唇角破，筋毒腕腫瘙為痍，氣毒鼻癰呼吸大，血毒蹄枯步不移。此謂陰陽十類毒，智者分調十種醫：陽毒陰醫涼藥灌，陰瘡陽治火針施，硬腫無膿燒鐵烙，腫盛膿多令藥拘，潰肉滿盈煎藥洗，膿消復腫用藥敷，六脈該針徹去血，消黃內托兩相持，斂口生肌膿血盡，臟腑調和諸毒愈。

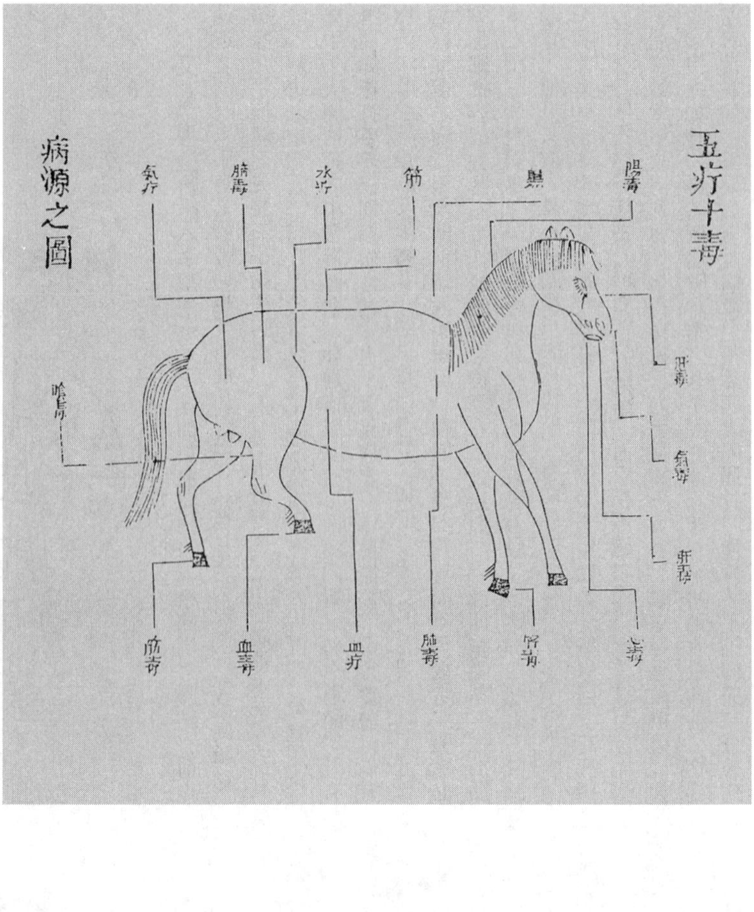

清 郭懷西《新刻注釋馬牛駝經大全集·馬經大全》卷七《五疔總歌》 歌曰：論馬罹患黑汗疔，五瘡五治說分明。黑疔續斷和酸醋，草烏散貼筋氣疔。血疔必敷葶藶末，水疔洗淨貼烏金。十朝三洗三番貼，復本還原毛更生。

牛

論説

明　喻仁、喻傑《圖像水黃牛經大全》卷上《牛患七十七癥論病形歌圖治法》　牛患癈內生瘡第十五。牛皮內生瘡者，何也？夫瘡者，乃血氣之所致也。氣血者，乃周身之雨露，內潤五臟，外滋皮毛，氣不行則麻，血不行則痛，氣血稍不能足，令獸衰弱少膘。《經》云：氣血壯而精神爽；氣血衰而身體弱。然瘡者，氣血之凝滯也。皆因暑月炎天，出力歸來，喘息未定，氣血未調，或經雨淋，致將熱血迫注於皮膚，熱則宣流，寒則凝滯，血凝皮膚，不能流轉經絡，而成為瘡也。令獸渾身疙瘩，遍詠癤癰，皮毛退落，膿血並流，此謂熱成肺毒、遍體生疥之症也。形狀：渾身疙瘩，遍體瘡痍，低頭喘粗，時或尿血。口色：口乾舌紫，仰陷紅黃者生；青黑者死。歌曰：渾身瘡疥退毛衣，暑月炎天熱注之。氣凝血鬱成瘡癤，血凝氣滯發瘡痍。低頭亂喘尿流血，藥用穿腸瀉下宜。大血兩針先須放，靈方篇內細查之。治法：徹大血、三焦、四蹄等血。穿腸散灌之。調理：餵養清涼之處。戒忌：下水浸泡。穿腸散：治牛皮膚生瘡等症。銀花、夏枯草、白芷、當歸、紅花、芒硝、陳皮、連翹、錦大黃、花粉、荊芥、薄荷、防風。各件共為細末，每服四兩，水煎三沸，溫加黃酒一斤，和灌一二服，痊癒。

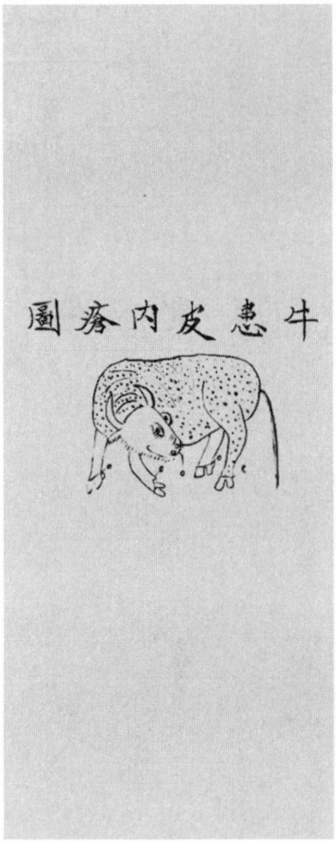

又《牛患七十七癥論病形歌圖治法》　牛患木舌症第二十九。夫木舌者，舌腫硬如木故也。舌乃心之苗，心經有熱，發之於舌。皆因蓄養失調，水草不均，饑渴出力，心火上炎，發腫於舌。令獸舌腫口塞，其硬如木，水草難咽，此謂心火上炎，舌腫塞口，木舌之症也。形狀：舌腫塞口，張口流涎。口色：仰陷赤紫者，可治；青黑者難醫。歌曰：木舌塞口似鐵條，肚中饑餓如水漂。黃芩蔚金並甘草，黃連大黃共牙硝。揭羅一處宜少許，火針通關舌自消。豬脂芒硝頻頻灌，不過十日有功勞。治法：火針舌底通關穴，牙硝散灌之。調理：拴繫淨處。戒忌：日曬。雨淋、下水浸泡。牙硝散：治牛木舌等症。牙硝、大黃、黃芩、黃連、蔚金、粉草、木通。共為細末，蜂蜜四兩，豬脂四兩為引。吹瘡口藥，方見馬經篇內。

又　牛患喉風症第三十夫喉風者，何也？喉中不通也。皆因膘肥肉重，出力太過，痰壅氣滯，阻塞咽喉，結在氣喉管內，以致呼吸難通。令獸喘息雷鳴。口流涎沫，此謂痰壅氣急，結喉之症也。形狀：直頸吼喘，口內流涎，乃結喉也。其症可治。若嗓黃，喉下有浮腫也。直頸流涎者，難治。口色：鮮明者生，紅黃者可治，紫黑者死。歌曰：結喉之牛人見驚，喘息如同抽鋸聲。口中長流涎沫出，徹去大血便見輕。口赤喘吼消黃散，知母貝母共黃芩。粉草荊芥山梔子，三服連上效如神。治法：徹喉脈血，三焦、四蹄血。調理：餵養清淨之處，水浸青草喂之。戒忌：日曬雨淋、下水浸泡。消黃散：治牛結喉等症。知母、貝母、大黃、黃芩、甘草、荊芥、梔子、瓜蔞、川芎、牙硝、蟬退、白礬。共為細末，白蜜四兩，雞子清四枚，調和灌之。如口色赤紫，本方加：川黃連，同調灌。

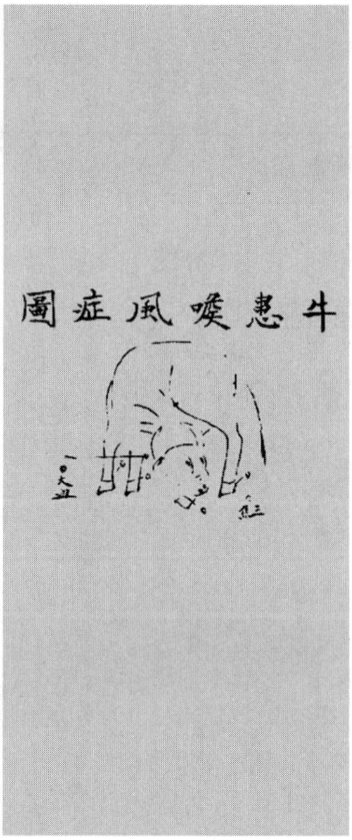
牛患喉風症圖

又　牛患交腳風症第三十一夫交腳風者，四肢交錯不能行也。皆因夏月炎天，出力之後血氣未調，或受陰寒、或受風濕，凝滯血氣，流注蹄腳，令獸四足准行，交錯亂跌，多臥少立，此謂陰寒交腳風之症也。形狀：四足難行，交腳亂跌。口色：鮮明者生，紫赤者可治，青、黑者難醫。歌曰：交腳風病身體強，頭懸喉喘不如常。水草難餐脹又急，醫人撿點用功詳。半夏川芎紅芍藥，當歸牛膝共茴香。白附木通天仙子，天麻細辛灌之良。治法：喉喘者，徹大血，三焦、四蹄血；火針百會穴、大胯穴、小胯穴。不喘者禁徹大血。調理：拴繫清淨之處。天麻散：治牛交腳風等症。天麻、細辛、川牛膝、川芎、茴香、當歸、白附子、半夏、白芷、天仙子、木通、赤芍。共為細末，生薑、蔥白、黃酒為引，調和灌之。

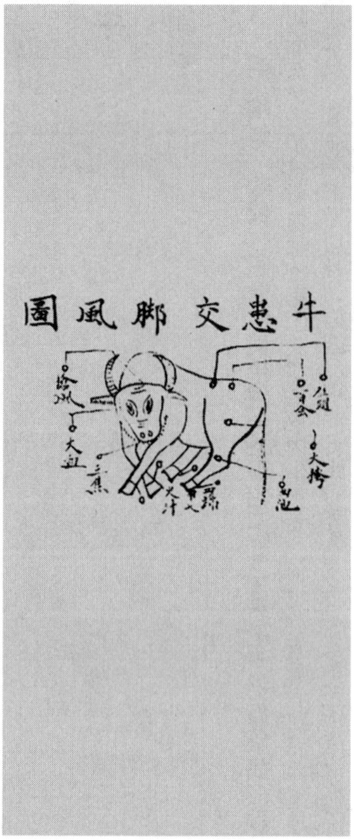
牛患交腳風圖

又　牛患膊肢風症第三十二。夫膊肢風者，何也？膊肢受風濕之傷也。皆因出力歸來，喘息未定，血氣未和，拴繫簷巷之下、或近水塘池邊，以致血凝氣滯，風邪鬱於膊肢，渾身皮緊腿硬。令獸把胯把膊、四肢僵硬，此謂寒濕所傷，膊肢風之症也。形狀：把前把後，四肢僵硬。口色：鮮明者生，昏糊者難醫。歌曰：膊肢風病審其詳，先須前腳似繩綁。疾發之先行不得，渾身木硬似柴樁。當歸桂心香白芷，川芎半夏小茴香。白附烏藥麻黃末，蔥酒調和灌便康。治法：火針百會穴、大胯、小胯穴、曲池穴。生針三焦、四蹄血。調理：餵養暖處，糧草鋪地臥之。戒忌：雨淋風吹、濕地安眠。麻黃散：治牛膊肢風等症。麻黃、當歸、掛心、白芷、白附、烏藥、細辛、甘草、小茴香、川芎、半夏、五加皮。各件共為細末，每服四兩，水煎三沸，溫加黃酒一斤，蔥五、七枝，和灌二三服，痊癒。如木硬不痊，本方加：製川烏、製草烏、天麻；如口流痰涎，本方加：膽南星、香附；再灌一二服，痊癒。

牛患膊肢風之症圖

又　牛患脫肛症第三十三夫脫肛者，何也？肛腸脫出也。皆因餵養失調，饑渴負重，出力太過，久渴失飲，飲之太過，拴繫陰濕之地，血氣衰弱，內不能運化宿食，又兼外受陰濕，以致內外兩感，陰濕凝注於肛腸，令獸便後即脫出肛腸，此謂臟冷脫肛之症也。形狀：弓腰吊賺，肛門脫出。口色：仰陷青白、兩竅昏糊。歌曰：蓮花穴上應尾本，患因傷重關外冷。忽然便後脫肛腸，時師度量寒熱極。仙經論裏名方在，不可愴惶喪啞生。藥水洗淨先送入，寬腸暖胃灌之平。治法：火針百會、脾腧等穴。調理：餵養哮處，稂草鋪地臥之，背上氈屜搭之。背暖腰仲：其肛自收矣。戒忌：休令雨淋水浸，勿拴濕地安眠。白陀散：治牛脫肛方。蜜陀僧、白礬、川椒、縮砂、五倍子、木鱉子、白龍骨。上共為細末，其肛頭用溫水洗淨，次將此藥末撚上，外用紙托住，送入腹內，次灌快氣寬腸、暖後溫中藥。快氣調中飲：治牛脫肛等症。香附、烏藥、木香、小茴香、厚朴、枳殼、砂仁、白豆蔻、肉蔻、官桂、炮薑、木通、甘草。共為細末，每服四兩，薑五片，水煎三沸，溫加黃酒一斤、伏龍肝一兩調灌，立愈。

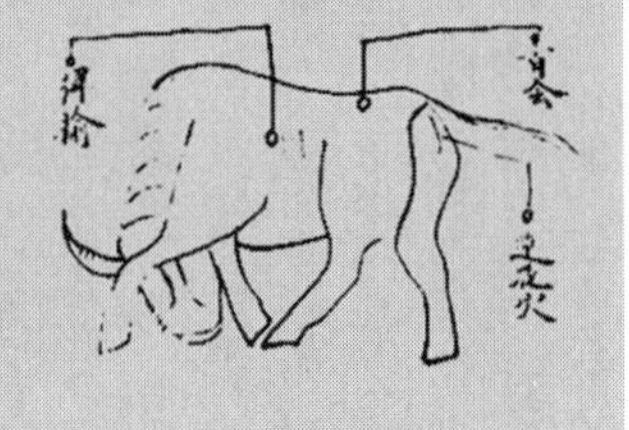

牛患脫肛症圖

明　喻仁、喻傑《圖像水黃牛經大全》卷上《牛患七十七癥論病形歌圖治法》　牛患雙膊腫痛症第三十六。夫腫膊痛者，何也？腫膊痛者，氣血凝滯也。是瘡黃則腫在皮膚，有尖有形。若是膊痛，則腫在肌肉之內，或在前膊，或在後胯，其腫痛之患，非瘡黃同治。但凡腫痛，或是瘡黃，或是氣血凝滯，凡治者，分別道路腫處。如石如冰，乃是陰腫也。如湯如火，乃是陽，腫也。陰腫以陽藥治之，陽腫則以涼藥治之。萬不可一概治之也。形狀：雙膊腫痛，四肢難移。口色：青白屬陰，赤紫屬陽。歌曰：胸腫膊痛氣血凝，瘡黃腫毒說分明。瘡黃腫毒瘡黃治，筋骨疼痛另有因。陽毒腫痛如湯火，陰毒腫痛冷如冰。風寒濕痛原無腫，筋骨拘攣究淺深。勞傷濕傷虧筋骨，不腫疼痛俱屬陰。骨虧除濕先壯骨，筋寒追風後涸經。等閒識得陰陽理，莫待臨時亂猜尋。治法：陽症，生針徹三焦、四蹄血；陰症，火針痛處刺之；膊尖、膊攔、乘鐙、搶風等穴針之。調理：餵養淨處，草料加倍。定痛活血散：治牛雙膊腫痛寒熱症。乳香、沒藥、當歸、川芎、穿山甲、川烏、草烏、粉草、香附、金銀花、木香、羌活、紅花、薄荷、夏枯草、白芷、陳皮、烏藥。各件共為細末，每服四兩，黃酒為引。如陰腫，加附子、肉桂、麻黃、桂枝，調和灌之。

牛患雙膊腫痛症圖

又　牛患蟲子入耳第三十七。夫蟲子入耳者，何也？乃蟲誤入於耳孔也。若耳孔中，蟲子鑽攪，令獸立臥無常，拭身揩腦，挨牆抵壁，打籬觸藩，走投無路，此謂蟲子入耳之症也。形狀：打籬抵壁，走投無路，擺尾擦耳。口色：鮮明光潤，乃蟲子入耳也。如腦黃頭風，形亦相似，其口色赤紫如雞冠。歌曰：蟲子入耳最難知，起臥無常腦又抵。或是渾身多汗出，挨牆擦壁藩籬觸。不用造父黃雀糞，兩日磨向直東西。龍腦雄黃生油下，耳蟲立出是明醫。治法：徹三焦、四蹄血，恐急起心風則難醫。調理：不住牽行。黃雀糞方：治牛蟲子入耳。黃雀糞、細辛、雄黃、冰片、麝香。共為細末，真芝麻油調滴耳中，蟲即出矣。若僻處鄉野，藥味不便，即用真芝麻油滴之亦痊。

牛患虫子入耳圖

又 牛患急皮疾症第四十六。牛患急皮疾者，何也？夫皮者，皮膚也。乃一身之外也。因何而致有疾，以害命乎？皆因膘肥肉壯，犁田耙地出力太過，喘息未定，毛竅俱開，受之極熱，忽然而奔，鑽入泉水，盡其深淵浸泡，邪透皮膚，寒凝毛竅，諸關閉塞，氣滯不通，傾刻之間，令獸四肢強硬，腹脹如鼓，張口流涎，鼻喘冷氣，此謂熱極奔水，急皮疾之症也。形狀：弓腰縮頸，腹膨如鼓，四肢強硬，張口流涎。口色：青白微紫者生，青黑者死。歌曰：急皮疾症不尋常，畜家一見無主張。吼喘腹脹膨如鼓，縮頭弓腰四肢強。脾腧放氣針先救，升陽散灌是良方。四蹄三焦須徹血，遲治無救命必亡。治法：生針徹三焦、四蹄血。如氣脹者，針脾、腧放氣，氣出則腹脹自消矣。速以升陽散灌之。調理：餵養乾燥處，宜暖不宜涼。戒忌：休令濕地安眠、下水浸泡。升陽散：治牛患急皮疾等症。蒼朮、升麻、柴胡、羌活、防風、半夏、澤瀉、豬苓、陳皮、厚朴、神曲、麥芽、炙甘草。各件共為細末，每服四兩，黃酒調和灌之。如寒；氣盛者，本方加：麻黃、桂枝、當歸，再灌二三服。

又 牛患癩瘡遍身症第六十六。夫牛患癩瘡者，何也？癩瘡者，疥癩也。亦若人之疥癢之瘡，其瘡內有蟲，乃是歹物，遇有同伴之牛，傳染之令人可惡。雖是疥癬之疾無足憂，然牛之身體瘦弱，其瘡就欺住了，常有癩斃者，又或有用毒藥擦斃者更多。但此等症，雖然不是大病，有害於小犢子者多，更為可惡多，予特表證之。今之牛有癩瘡者，先灌表藥，務使毒氣外發，然後擦之，使毒氣不往內陷，不致夭喪橫死矣。但擦此瘡，務在八月初間，其瘡即歸後襠，或歸肘後，其瘡若發之時，方可擦之。若在春月之間，其瘡症發作之時，不灌表散之藥，突然擦之，令牛弓腰吊𦡀，水草遲細，鼻乾糞結。此謂癩毒攻內之症也。形狀：春間發作、遍身皮綻，弓腰縮頸，𦡀吊毛枯，鼻乾糞結，水草遲細。口色：如桃花色者生，紅黃者可治，青黑者難醫。毒藥塗搽，毒氣內攻，速宜表散，遲則休矣。歌曰：疥癢之疾無足憂，常把耕牛性命丟。疥患初染全無恙，春間發作治不周。痊好總待七月盡，八月初間更好瘳。瘡痊移欄更換屋，不惹瘡根禍患休。治法：膘壯者，徹三焦、四蹄血；膘弱者，徹三焦血；弓腰者，百會穴火針刺之，內灌銀花敗毒散主之。口色赤紫者，舌下刺之，汲新水洗口，使清心火，毒氣不能攻心也。調理：餵養溫暖之處，稂草鋪地臥之。戒忌：簷巷風吹、日曬雨淋、下水浸泡。銀花敗毒散：治牛癩瘡攻內等症。銀花、木通、夏枯草、茵陳、花粉、甘草、桔梗、陳皮、白芷、羌活、紡風、紫蘇、當歸、川芎。共為細末，每服四兩，連須蔥五、七根，煎三沸，溫加黃酒一斤，調灌二三服，毒氣外發，痊癒。春間搽癩瘡方：明礬、花椒、雄黃、大楓子、木別、大黃。共為細末，用麻子油入鍋內熬滾，冷定調和搽之。即愈。又方：在七月盡、八月初間，搽癩瘡等症。人言、花椒、硫黃、海螵蛸、冬瓜皮。各件共為細末，即入棉油也可，香麻油亦可，用鐵勺子熬滾，冷定，將瘡刮去老殼，將藥搽上，只用一次，其瘡要去二指厚一層殼。但此藥方只可秋間搽之。若在春月瘡發遍身，其瘡或在後襠，或在肘後若干之處，可許搽之，即可斷根不發。如痊癒之後，要移換牛欄，恐牆壁揩有遺積瘡根，若拴原處，恐惹瘡根復又發作。戒之！慎之！又方：不用藥、不費事，總在七、八月間，其癩自歸後襠，或歸肘後，只用長棍子，將舊布或棉絮一塊，紮在棍頭上，將陳大糞底蘸在絮上，先將瘡上硬殼刮去，然後將陳大糞搽上，不過二、三次痊癒。併入不用藥，又不費錢，其極便宜之妙方。搽後務必要移換拴處。慎之！戒之！

牛患癩瘡症圖

清 李南暉《活獸慈舟·黃牛第二篇·心經病》 治舌部法。舌乃心之苗竅所通，心有災，則舌有厄。有木舌之證，有舌黃之證，有舌爛之證，有舌癬之證，有舌瘡之證，舌分數樣，病情殊多。凡此數證，皆心火上沖，而水不濟火，故舌有病。凡牛舌病，當從心病治之，故用清火敗毒藥，自能奏效。若使火燥辛熱之藥，終斃牛命。故認證用藥，宜分明陰陽，觀形察色，詳審虛實。

又《水牛第三篇・論穿鼻法》　凡穿鼻用苧麻棕索，以鐵針引之，常以麻油滲鼻，隨時換索，不至傷鼻損牛。

清　佚名《相法牛經大全・診斷學篇・骨眼論》　夫獸之兩目，如天之兩曜，識崎嶇，知深淺，何所不賴；察千般，視萬物，無所不賃。且天之日月有晦，謂雷雨風雲所致；牛馬眼目失明，因風寒暑濕而傷。大抵眼目乃五臟之門戶，一身之珍寶，內通五臟六腑，外應五輪八廓；五輪應之五行，八廓合之八卦，亦按金、木、水、火、土。故云：五輪者，其黑睛內應於肝，屬木，號曰風輪；白睛內應於肺，屬金，號曰氣輪；三眥內應於心，屬火，號曰血輪；二胞內應於脾，屬土，號曰肉輪；瞳神內應於腎，屬水，號曰水輪。此謂目中五輪，內應五臟，外合五行也。然八廓者，有名而無位也。是故清淨之腑而為天廓，膀胱之腑而為地廓，命門之腑而為水廓，受盛腑而為火廓，津液之腑而為風廓，草穀之腑而為雷廓，傳送之腑而為山廓，三焦之腑而為澤廓，此謂八廓合之八卦也。然五輪八廓總之於目，內應五臟，先應於肝也。肝者，眼目之源也，或於外感風寒，風傷勞役，榮衛往來太過不及，傷於五臟，傳之於肝，肝受其邪，外傳於眼也。夫眼者，乃五臟之精華，應肝屬木，故水火而不可偏勝也。故云：肝者木也，心者火也，腎者水也，且臟腑調和，腎受其邪，水之勝也。水之勝者，火滅而木則飄也。令獸下元虛冷，腰胯疼痛。若血氣大盛，先攻於心，心受其邪，火之勝也。火之勝者，水煎而木則焚也。令獸上焦壅熱，眼目昏矇。是故心血攻而神倦，則睛澀而羞明難視；腎水煎而骨痿，其目腫而閃骨生瘀，致使精神恍惚，耳搭頭低，睛生翳障，眵盛難睜，正謂骨眼之病也。骨眼者，皆緣積熱於五臟也。然五臟熱極，外傳於目，以致眼眥潰爛，閃骨生壅。其初顯出，渾如粟米，日漸長大，恰似魚鱗，頻頻目下，日久磨得睛生白膜，遮蔽瞳人，醫工分別真偽治之。凡欲治者，擇令睛明日霽，禁忌風雨陰寒，莫犯血支、血忌與夫本命刀砧。將獸繩縛，立正穩平，仔細于眼角大眥，先將閃骨用針線度過，分下膜皮，以鋒利針刀割去病骨，不損血輪為妙，合用青葙散灌之，克日成功，而無不效矣。右具前項之說，眼中閃骨，乃腎水之精華，血輪之外應，牛馬稟胎氣而生，個個有之，只于眼角生壅，有骨挺出似魚鱗者，方為骨眼，許令剜割。近世醫人，不察標本淵源，虛實真偽，亂行針刀，妄加攻治。且如空腸過飲，宿草停餐，水停膈間而不運，料塞腸內而不行，陰陽錯亂，冷熱相攻，臟結胞轉，肚腹疼痛，而成起臥之疾。愚人不曉根源，不通義理，一概誤正，稱為骨眼之病，妄用針刀，誤將火輪閃骨割去。然其一病未痊，又且添加之患，如雪上加霜，轉加沉重。其瘖症者，屈忍無伸，自得其瘥，出處僥倖，倘有不愈，亦為痼疾之害也。噫，可嘆哉！可戒哉！且於《安驥全集》《淵源塞要》《通玄至論》《療驥難》，先圣諸書搜尋詳察，并無起臥骨眼之說。後之學者，講究經書，窮推義理，觀其外形，察其內受，風則驅散，熱則清涼，氣則調順，不可輕用針刀。此謂致治之道矣哉。附《骨眼歌》：牛馬三十主起臥，醫人個個都讀過。多因寒暑失調和，為緣喂養陰陽錯。肚腹結痛轉胞疼，偽學呼為骨眼臥。誤將閃骨令刀剜，一病未除加一禍。古來骨眼翳遮睛，初患渾如粟米個。漸成長大似魚鱗，那般方許針鈎剉。腹痛何由犯眼輪，骨眼焉能有起臥。戒哉學者要診詳，五輪閃骨休傷錯。姜芽骨眼驗虛真，圣典統傳千古播。

又《點痛論》　竊見古人有立功德於當時，有垂法于後世。是故君子動而世為天下道，行而世為天下法，言而世為天下則，愚固非敢望也。履踐當行之蹊，可辟苞茅之路，詳略效驗，請歷證察。故云：攢筋大，板筋粗，卑骨垂，附骨腫，膊骨卷，膊骨脫，蹄骨大，大搭膊埋沒，三山骨隱藏，大胯骨空虛，接脊骨脫落，弓子骨脹大，蹄胎骨臚糊，天臼骨木硬，鵝鼻骨腫粗，乘重骨筋脹勞，踠脹勞，膝脹勞，曲池勞，雁骨痛，瓦骨痛，胡骨痛，掠草痛，以上隔月皆難治，治之無功。倒地合著搶風骨　踏空閃著膝蓋骨　蹊道蹩損烏筋骨　折橋渡傷合子骨昂頭點，膊尖痛。平頭點，下欄痛。偏頭點，乘重痛。低頭點，天臼痛。難移前腳，搶風痛。蹄尖著地，掌骨痛。驀地點腳，攢筋痛。虛行下地，漏蹄痛。垂蹄點，蹄尖痛。懸蹄點，蹄心痛。直腿行，膝上痛。曲腿行，節上痛。昂頭點腳，搶頭痛。昂頭不動，蹄頭痛。下坡斜走，胸膈痛。平途竊道，蹄薄痛。向裏蹉，外跟痛；向外蹉，裏跟痛。點頭行，腳上痛。擺頭行，膊上痛。拖腳行，雁翅、掠草痛。拽腳行，燕子、瓦骨痛。蹩腳行，鵝鼻、曲池痛。束腳行，肺把五攢痛。并腳行，胯瓦痛。直腳行，濕氣痛。蹲腰行，雁翅痛。吊腰行，脊筋痛。收腰不起，內腎痛。難移後腳，腎經痛。咬齒低頭，心經痛。喘息不調，肺經痛。急起急臥，脾經痛。口吐清涎，膽經痛。跑胸咬臆，腸結痛。蹲腰踏地，胞轉痛。把前把後，傳經痛。腸鳴泄瀉，冷氣痛。直尾行，大腸痛。卷尾行，小腸痛。小便淋瀝，胞經痛。一臥不起，筋骨痛。點痛歌：七十二點有如斯，標本心肝脾肺腎。五行相克與相生，饑飽風寒勞役甚。馳驅飲喂失調和，蹷損閃傷寒熱并。嗚呼瘖啞不能言，醫獸留心仔細認。

又 牛馬十六般蹄頭痛。十六蹄痛，各有部位分之。蹄胎脹痛，蹄骨臚痛，蹄甲薄痛，蹄甲裂痛，蹄甲枯痛，蹄尖腫痛，蹄掌腫痛，裏跟腫痛，外跟腫痛，乾竅漏痛，濕竅漏痛，穿心漏痛，穿掌漏痛，羅圈漏痛，旋蹄瘡痛，瘙蹄瘡痛，此謂一十六般蹄頭之痛也。有歌曰：牛也蹄痛十六般，説與醫人用意觀。蹄尖著地掌中痛，蹩步難行病在尖。外蹉裏疼側向內，裏蹉外痛外跟翻。蹄薄蹄裂蹄枯硬，行步拘然亦似攢。乾濕漏蹄懸足點，虛行下地步難遷。旋瘙蹄瘡黃與毒，昂頭不動把蹄懸。惟有蹄胎骨脹硬，擺尾搖頭步步顛。蹄頭點痛宜詳玩，請君仔細莫錯看。

清 佚名《大武經》辨證篇《瘡黃論》 凡牛馬之瘡黃者，乃五臟發生，皆是血旺氣之衰也，恣於三十六處，故曰三十六黃。其分列名曰：墊舌黃、鎖喉黃、扞襠黃、築頸黃、偏肚黃、漫腸黃、內腎黃、外腎黃 心黃、肝黃、脾黃、肺黃，此乃十二惡黃，遲治者，不可效也。又云：牙中黃、鼻中黃、腮黃、箍嘴黃、腦中黃、兩耳黃、通肩黃、背筋黃、雨點黃、遍身黃、蛤蟆黃、老鼠黃、行視黃、雞胸黃、筲箕黃、肚黃、蹄黃、腿黃、肩胛黃、乳奶黃、尾節黃、軟腿黃、海底黃、寸子黃，此乃三十六黃，皆由五臟發生於肺腑也。初患或疼或癢，或腫硬或腫軟，或肉色不變，各從其形癥而顯其名也。先腫後痛形傷氣，先痛後腫氣傷行，痛無膿者傷其骨，膿多甚者傷其血，痛而顫者傷其筋，腫中有水傷其氣，痛不靈活者傷其臟，痛不止者傷其腑，此謂瘡黃，內傷外應之見也。瘡黃歌：人之為物，化育成形，諸從二五，各稟靈懵。懵者為物，靈者為人，馬牛為物，與人并生。天有五運，地有五行，馬牛五臟，抱陽負陰。血恣氣痺，內傷外感。寒暑相侵，寒恣瘡腫，熱盛黃生。惡黃十二，用意觀行：墊舌鎖喉，扞襠築頸，偏頭漫腸，內腎外腎，心肝脾肺，不可黃生，十二有腫，九死一生。

又《十八般腿腳痛論》 問曰：凡牛馬有十八般腿腳痛者，何也？答曰：皆為病也。走路腳擿者，蹄尖痛也；走路摸地者，海底痛也；毛邊有腫，毛邊痛也；走路腳不下地者，八卦痛也；走路頭低者，寸子痛也；走路抬頭者，膊上痛也；走路雲頭不齊者，中拐痛也；走路蹩身偏者，內胛痛也；走路收腳不齊者，外胛痛也；走路後腳拖地者，腕筋痛或斷也，難以診治；走路趾甲括地者，襠筋痛也；走路不下地如劃船者，後八卦痛也；走路挑擔骨偏者，腿彎痛也；走路水爪落地者，後寸子痛也；走路後腳摸地向前沖者，後海底痛也；走路後腳尖翹起者，後腳尖痛也；四蹄冷而不腫者，骨髓痛也；四蹄熱而有腫者，烏筋痛也。此乃一十八般腿腳痛之因由。後學者知行針之法，則針之；如不明針法，則不可亂針，必須仔細觀察行針，無不效也。

综述

清 傅述鳳《養耕集・治牛遍身生癩法》 此病多生於冬天。蓋冬天之時，黃沙脹氣既多，青草果腹又少，日夕所食者，僅只稻草而已。況稈之性又燥熱，致令入腹，口渴氣凝，皮枯毛落，血不流通，頓生此癥。宜用鐵耙，將癩遍處細刮，刮淨後，用芝麻稿燒灰存性，又用淡醋調勻，麻稿灰通身細細擦之，每日刮一回，即搽一次，搽至十餘次，則牛漸漸生毛，而癩自然全好矣。

又《治牛遍身生虱法》 凡牛生虱，不論牯牛、黃牛，當用煙油半斤，遍身有虱之處分期分片搽之，虱見煙油，未有不自斃其命者，若搽二次，再無遺累矣。苟或住於窮鄉僻壤，寫遠於市鎮，難覓此油，則自家所食清油，亦可用之，但不及煙油之毒能致虱於必死耳。此方雖不矜貴，然百試百驗，故亦筆之於書，以備後人異日畜牛之用也。

又《治牛破肩法》 大凡牛肩之破，禍起於人，皆因遇一蠻蠢之夫，實昧善馭之法，必欲一日而兼數日之功，不顧牛肩之疲敝，啞忍強爲，全無片時歇息，即暫時解軛，又不極力挪散其血，致令血積肩中，痿痺不仁，日積月累，血漸成膿，及至肩破膿出，方始知覺，遂悔使役太過，亦已晚矣。至此當用細茶洗淨其毒，後用消風拔毒散以敷之，敷之一七、二七，見其腫漸消，患口漸收，再用生肌藥逐日敷之，調養一月、二月，俟其交口痊愈，方保無虞。萬一收功之後，仍不可驟然令其耕田，何也，縱其毒雖好，恐皮膚嫩而未堅，一負重任，血必復凝，再欲治之，尤費力矣。自今以後，凡農圃之家，全靠牛力以取衣食者，其留心而珍寶之可也，勿謂予言無益而忽諸。

又《治牛磨蹄法》 此患根源，其病有四，一肇於走路之多而然，一肇於碾禾之多而然，一肇於絞水之多而然，一肇於挽磨之多而然。由此觀之，都緣世人不知體惜物情，深於保護，以留餘力，所以本欲速完其事，而反生事也；致令蹄日寖薄，寸步難移，非急治之，則牛必多受斯苦。可用桐油一碗，放在炭火燒滚，又用陀僧一兩，置於滚油之内，熬濃攤冷，將已磨之蹄，仔細燙之，每間一日仍燙一回，燙到二十餘天，令蹄依舊堅硬，如前行走，不畏石路者，斯爲痊愈。蓋此等癥，水牛患者固多，而黄牛患者本少也。何則，黄牛之蹄，中心不飽，四圍有弦，即路滑亦不塌，故磨蹄少。若水牛身體又重，蹄心又飽，四圍又無弦，若一吃虧，蹄必傷矣。要知凡事必須賴牛以出力而收利者，還當於用力之時愛惜之也。

清　傅述鳳《養耕集・養耕針法全集》上《治咽喉蛾子法》　此癥生在喉下，初起微腫，結成堅核，逐漸增大，或在喉管一邊，或兩邊俱有。牛沾此癥，口必流涎，喉内聲喘，挨至半天，其核大如鷄卵，呼吸之間，氣不能伸，喉管逐漸擠塞，不久自成危癥。急宜將牛放倒，用刀割開皮，探定其核，將鈎鈎出，把刀緩緩割去，不須用針，自然逐漸安好。然此乃是生在喉嚨外者，有迹可尋，故一割而遂愈。不幸而有生於喉嚨内者，無形可覓，名爲内蛾，雖有妙術，亦艱於所施，牛若犯此，命必盡矣。

又《治脱前膊法》　此病在前膀，或因挫跌而脱，或因兩牛相鬭而脱，不拘左右，設若其縛膊一脱，則行走之間，覺靠脊之骨，每步較低於彼，欲行必跛。速宜把牛放倒，將兩腳一比，脱膊者必長一、二寸，醫者當用極厚袜片兩只，綁在自己膝上，兩頭用帶緊紮，將牛膀按定，用力把膝連撞數十下，又將兩腳一比，如腳不齊，仍用膝再撞，以腳齊爲度而止。夫然後膊歸原位，理應盡心善調數日，可漸好矣。切不可縱放歸山，令牛自便，使其又脱二次也。須再加針以膊之，前後記之，方保無虞。倘有脱後膊者，世俗之人，乃曰能醫，而吾則不治矣，何也？後膊有腕，若骨出腕外，永不能復原，雖號神醫，亦必束手以待斃耳。

清　黄穀《畜産叢書》第一編《養牛法・閹牛法》　閹牛之目的，為其體軀壯大，生命延長者也。以普通未閹之牛與已閹之牛相較，則未閹者常促四五年之生命，可知閹牛為得利益之事，牧畜家愛行之。不過人皆施用此法，恐牛將絶種；若盡不行此法，則滔滔者又恐皆牛，然則應時而變亦可矣。我國閹牛之法向有二種，一稱乳閹，一稱草閹。乳閹者，在食乳之末期而行。草閹者，在食草之初期而行。大約草閹為普通，其法將犢牛睾丸割去，牝牛則去其卵巢。又浙江台州喜用騸牛之法，其法將牛之睾丸用鎚擊破之，并不割去。法雖不同，其理則一。

紀事

清　佚名《相法牛經大全・臟腑生理及病理學篇・黄帝岐伯問答瘡黄論疔毒論》　昔黄帝問於天師岐伯曰：『馬之腫毒、瘡黄二症何也？』岐伯答曰：『馬之瘡黄者，皆因氣血流行太過、不及發之而殊也。』帝曰：『何謂發瘡？何謂發黄？』岐伯答曰：『瘡者，氣之衰也。氣衰而血澀，血澀而浸於肉理，肉理淹留而肉腐，肉腐者乃化為膿，故曰瘡也。黄者，氣之壯也。氣壯使血而離經絡，血離經絡，溢於膚腠，膚腠郁結而血瘀，血瘀者而化為黄水，故曰黄也。此謂發瘡發黄、氣血盛衰之別也。』帝曰：『治則同否？』曰：『不同。』『何謂不同。』岐伯答曰：『瘡者，形傷氣也，先治瘡而後理氣。黄者，氣傷形也，先導氣而後治黄。此謂拔本塞源也。』帝曰：『善。』又曰：『余聞少火生氣，氣凝而腫。陰黄、水黄、陰腎、木腎者何也？』岐伯答曰：『心者火也。腎者水也。水得火而生熱，火得水而生氣，水火合而為少陰，此為少火也。《内經》云：天為陽而左旋，地為陰而不動。是故動則陽生，靜則陰生，理自然也。或令飲水太過，停合不動，陰氣生而侵於腎，腎水相合，水勝而火滅，雖有氣而無熱也。侵於臍者而為水黄，侵於袖口而為陰黄，侵於外腎而為陰腎、木腎黄也。或曰：『腫者何也？答曰：塞勝則浮，此之謂也。』帝曰：『腎部生黄，有陽症乎？』曰：『有。』『何以分別？』岐伯答曰：『陰者硬而多痛，陽者軟而不痛。且陰腎、木腎腫者，如石如冰，行者腰拖胯拽，但羸驢瘦馬，氣血衰者，患者甚多。凡察此症，醫家先令觀其外形，辨其寒熱，或硬或軟，或陰或陽，然後施加針藥。此謂醫家之明鑒也。』帝曰：『何以治之？』岐伯答曰：『凡治者，滋陰降火，暖腹溫中以補腎，茴香散蔥酒灌之，三服瘥矣！』帝曰：『瘡黄余已知之。但疔毒而未識其道？』岐伯答曰：『疔毒者，瘡黄之異名。雖形殊而名異，其理一也。』帝曰：『何謂為疔？』岐伯答曰：『疔者，疽也。為因乘騎地里寫遠，日久鞍屜失於解卸，瘀汗浞於毛竅，敗血凝注皮膚，以致鬐甲梁頭，排鞍脊膜，兩邊發生而腫者。又或汗結鞍氈，擦磨打破而傷者，故曰疔也。其狀有五，曰黑疔、筋疔、氣疔、水疔、血疔是也。』帝曰：『何以辨之？』岐伯答曰：『乾殼而不腫者，傷其皮，曰黑疔也。脊肉潰而有黃膜者，傷其筋，曰筋疔也。破而有黃水出者，傷其氣，曰氣疔也。浮而洪大無頭者，傷其膜，曰水疔也。破而赤色多水者，傷其血，曰血疔也。此五疔之別也。』『何以治之？』『凡治者，必在晴明，勿近檐巷，以鋒利針刀刺破，割去死皮潰肉，再以防風散煎湯，候溫，于瘡口內將黃水血膿洗淨。黑疔者，用本草面糊調續斷散塗之。筋疔、氣疔者，以草烏散為末，乾貼之。水疔者，以烏金膏貼之。血疔者，以葶藶散為末貼之。以前五疔治法，俱用藥水煎洗，以各方貼之。隔日再洗貼之。凡三上者瘥矣。』帝曰：『其疔者如斯，而毒者何也？』岐伯答曰：『夫毒者亦瘡也，乃六腑之中毒，氣血而凝也。其症有十，曰陰毒、陽毒、心毒、肝毒、脾毒、腎毒、筋毒、氣毒、血毒是也。』帝曰：『願聞其道。』岐伯答曰：『兩胸膛及後胯遍身而生瘰癧者，乃陰之毒也。兩前膊及梁頭脊背而生腫毒者，俗呼曰肥瘡，乃陽之毒也。兩牙關中及舌尖上有赤色之瘡者，乃心之毒也。兩眼下及淚堂中有赤瘡，久而不瘥者，乃肝之毒也。兩唇角及口中破裂而出血者，乃脾之毒也。兩髻甲及遍身毛瘇而尾鬃脫落者，乃肺之毒也。四蹄下，于垂泉穴上，有竅而出膿血者，乃腎之毒也。四足間，蹄上寸下腕中，燥破而出膿血者，乃筋之毒也。兩鼻孔中及準頭破裂而成瘡者，乃氣之毒也。四蹄甲焦枯堅硬，步行而難者，乃血之毒也。此謂十毒之症也。』帝曰：『治則幾何？』岐伯答曰：『凡治者，應病以方藥而灌之，湯藥而洗之，膏藥而貼之，末藥而塗之，火針而刺之。從陰而引陽，從陽而引陰，此謂攻毒之治也。』帝曰：『諾。』于此一言而終。乃黃帝岐、伯問答之至論也。瘡黃歌：三十六腫號瘡黃，說與醫工仔細詳。馬因年少膘分大，陽盛陰微榮衛強。春季不抽六脈血，夏來有失灌消黃。熱積三焦流不散，氣壯偟黃衰患瘡。氣衰血澀侵於肉，肉理淹留漸腐傷。肉腐化膿頻腫硬，此腫為瘡莫作黃。瘡癧本是形傷氣，氣當後理先醫瘡。衛強使血離經絡，溢於膚腠結成束。血瘀腫軟成黃水，此乃為黃非是瘡。熱從內發因而得，先須導氣後醫黃。六脈有針須出血，消黃散灌是奇方。識得陰陽知順逆，管取馳名任播揚。五疔歌：鞍屜磨傷患黑疔，五疔五治說分明。黑疔續斷和酸醋，草烏散貼氣筋疔。血疔必敷葶藶末，水疔洗淨貼烏金。十毒歌：馬患十毒數般醫，逐一從頭說與知。陰毒混身生瘰癧，陽毒遍體發瘡痍。心毒舌瘡口吐沫，肝毒生癰眼下瘀。肺毒滿身毛退落，腎毒蹄頭膿血流。脾毒口瘡唇角破，筋毒腕腫瘇為痍。氣毒鼻癰呼吸大，血毒蹄枯步不移。此謂陰陽十類毒，知者分調十種醫。陽毒陰醫涼藥灌，陰瘡陽治火針施。硬腫無膿燒鐵烙，腫盛膿多令藥拘。潰肉滿盈煎藥洗，膿消復腫用藥敷。六脈該針徹去血，消黃內托兩相持。斂口生肌膿血盡，臟腑調和諸毒愈。

清　佚名《牛醫金鑒》上篇《黃帝問答瘡黃疔毒論》　昔黃帝問天師岐伯曰：馬之瘡黃腫毒二症何也？岐伯答曰：馬之瘡黃者，皆因氣血流行太過不及，發之而殊也。帝曰：何謂發瘡？何謂發黃？岐伯答曰：瘡者氣之衰也，氣衰而血濇，血濇而侵於肉理，肉理淹留而肉腐，肉腐者迺化為膿，故曰瘡也。黃者，氣之壯也，氣壯使血離經絡，血離經絡溢於膚腠，膚腠鬱結而血瘀，血瘀者而化為黃水，故曰黃也。此謂發瘡發黃，氣血盛衰之別也。帝曰：治則同否？曰：不同。何謂不同？岐伯答曰：瘡者，形傷氣也，先治瘡而後理氣。黃者，氣傷形也，先導氣而後治黃，此謂拔本塞源也。帝曰：善。又曰：余聞少火生氣，氣凝而腫陰黃、水黃、陰腎、木腎者何也？岐伯答曰：心者火也，腎者水也，水得火而生熱，火得水而生氣，水火合而為少陰，此謂少火也。內經云：天為陽而生左旋，地為陰而不動，是故動則陽生，靜則陰生，理自然也。或令飲水太過，停立不動，陰氣生而侵於腎，腎水相合，水勝而火滅，雖有氣而無熱也。侵於臍者而為水黃，侵於袖口而為陰黃，侵於外腎而為陰腎、木腎黃也。或曰：腫者何也？寒甚則浮，此之謂也。問曰：腎部生黃，有陽症乎？曰：有。何以分別？答曰：陰者硬而多痛，陽者軟而不疼。且陰腎、木腎腫者如石如冰，行者腰拖胯拽，但驢馬羸瘦，氣血衰者患者甚多，凡察此症，醫家先令觀其外形、辨其寒熱，或硬或軟，或陰或陽，然後施加針藥，此謂醫家之明鑑也。帝曰：何以治之？岐伯答曰：凡治者滋陰降火，暖後溫中，以補腎茴香散葱酒灌之，三服瘥矣。帝曰：瘡黃余已知之，但疔毒而未識其道？岐伯答曰：疔毒者瘡黃之異名，雖形殊而名異，其理一也。帝曰：何謂為疔？岐伯答曰：疔者疽也。為因乘騎地里遙遠，日久鞍屜失於解卸，瘀汗沉於毛竅，敗血凝注皮膚，以致耆甲樑頭，排鞍平膜兩邊發脹而腫者；又或汗結鞍氈，擦磨打破而傷者，故曰疔也。其狀有五，曰：黑疔、筋疔、氣疔、血疔、水疔是也。帝曰：何以辨之？岐伯答曰：乾殼而不腫者傷其皮，曰黑疔也；脊関潰而有黃膜者傷其筋，曰筋疔也；破而有黃水出者傷其氣，曰氣疔也；浮而洪大無頭者傷其膜，曰水疔也；破而赤色多水者傷其血，曰血疔也，此謂五疔之別也。何以治之？

凡治者必在晴明，勿近簷巷，以鋒利刀針刺破，割去死膜潰肉，再以防風散煎湯，候温敷於瘡口，將黄水、血、膿洗浄，黑疔用醋麵糊調續斷散塗之，筋疔、氣疔者以草烏散為末乾貼之，水疔者以烏金膏貼之，血疔者以葶藶為末貼之，以前五疔難治，法俱用藥水煎洗，各方貼之，隔日再洗貼之，凡三次者瘥矣。帝曰：其疔如斯，而毒者何也？岐伯答曰：夫毒者，亦瘡也。乃六腑之毒中，氣血而凝也。其症有十，曰：陰毒、陽毒、心毒、肝毒、脾毒、肺毒、腎毒、筋毒、氣毒、血毒是也。帝曰：願聞其道？岐伯答曰：兩胸膛及後胯遍身而生瘰瘑者，乃陰之毒也；兩前膊及梁頭脊背而生毒腫者，俗呼曰肥瘡，乃陽之毒也；兩牙関中及舌尖上有赤色而瘡者，乃心之毒也；兩眼下及淚堂中有赤色瘡久而不瘥者，乃肝之毒也；兩唇角及口中破裂而血出者，乃脾之毒也；兩耆甲及遍身毛瘙而尾鬃脱落者，乃肺之毒也；四蹄下於垂泉穴上有竅而出膿血者，乃腎之毒也；四足間蹄上寸下踠中燥破而出膿血者，乃筋之毒也；兩鼻孔及準頭破裂而成瘡者，乃氣之毒也；四蹄甲焦枯堅硬，步而行難者，乃血之毒也，此謂十毒之症也。帝曰：治則幾何？岐伯答曰：凡治者應病，以方藥而灌之，湯藥洗之，膏藥貼之，末藥塗之，火針而刺之，從陰而引陽，從陽而引陰，此謂攻毒之治也。帝曰：諾。於此一言而終，乃黄帝問岐伯答曰之至論也。

藝文

清　佚名《醫牛寶書・理論篇・跌打損傷診治須知》　出《安義縣抄本》。

歸尾與生地，檳榔赤芍宜。四味看為主，加減任遷移。頭上加羌活，防風白芷隨。結胸加枳殼，菖蒲款冬宜。更有良姜在，四味可兼施。兩脅柴胡進，膽草與青皮。腰間加杜仲，故紙與大茴。背上加烏藥，靈仙效不虚。前肢桂枝進，後枝五加皮。肚角如有患，青皮白芍宜。若還傷下體，牛膝木瓜皮。倘若頭又腫，桃仁七粒宜。燒灰存性用，童便取一杯。生酒一杯汁，熱服不須宜。若要通大便，大黄正相宜。小便若不通，車前不可違。若還傷糞門，木香即便醫。主方皆用盡，妙用不須宜。古云：有疾病者，必有藥醫。自身立方，若助起元神，五臟六腑俱以安泰，倘有或寒或熱，因此成病。醫者必要還其書頭，依方用藥，不可相反。用君臣相配，方可安康。其餘者有傷看眼珠。黑眼珠屬肝，白眼珠屬肺，瞳人屬腎，眼皮屬脾，眼角屬心。跌打損傷面皮青，任是神仙難救命。面上若加紅筋黑，當月之内命歸陰。若加氣喘眼又斜，當七之内必命亡。其餘看青藍紅緑白。面紅必有火，面青必有痰，面黄必有濕。舌上中紅，心經之火；舌上中黄，肝經之火；舌上滯黄，氣粗無治。

清　佚名《牛醫金鑒》篇上《瘡黄歌》　三十六腫號瘡黄，説與醫工仔細詳。馬因年少膘分大，陽盛陰微營衛强。春季不抽六脈血，夏來又失灌硝黄。熱極三焦流不散，氣壯生黄衰患瘡。氣衰血濇侵於肉，肉理淹留漸腐傷。肉腐化膿頻硬腫，此腫為瘡莫作黄。瘡痈本是形傷氣，氣當後理首醫瘡。衛強使血離經絡，溢於膚腠結成囊。血瘀腫軟成黄水，此乃為黄非為瘡。熱從内發因而得，先要導氣後醫黄。六脈有針須出血，消黄散灌是奇方。識得陰陽知順逆，管取馳名任播揚。

又《五疔歌》　鞍屜磨傷患黑疔，五疔五治説分明。黑疔續斷和酸醋，草烏散貼氣筋疔。血疔必敷葶藶末，水疔洗浄貼烏金。十朝三洗三番貼，復本還原毛更生。

又《十毒歌》　馬患十毒數般醫，逐一從頭説與知。陰毒渾身生瘰瘑，陽毒遍體發瘡痍。心毒舌瘡口吐沫，肝毒生痈眼下瘀。肺毒滿身毛退落，腎毒蹄頭膿血流。脾毒口瘡唇角破，筋毒踠腫瘙為痍。氣毒鼻痈呼吸大，血毒肉枯步不移。此謂陰陽十類毒，智者分調十種醫。陽毒陰醫涼藥灌，陰毒陽治火針施。硬腫去膿燒烙鐵，腫盛膿多令藥拘。潰肉滿盈洗藥洗，膿消腹腫用藥敷。六脈該針徹出血，消黄内托兩相持。斂口生肌膿血盡，臟腑調和諸毒愈。

又《改騸牛馬歌》　改騸牛馬按陰陽，牛有走子馬通腸。輕手割開出兩子，摘膜扮筋莫損傷。白筋二寸將刀割，血筋五寸莫教長。夾板速速燒錢烙，搜筋水騸浄腎方。割騸牛馬畜牲，其名各別，故曰：騸馬、宦牛、羯羊、閹豬、鐓雞、劁狗、浄貓，孫真人留火騸之法，韓元帥傳水騸之功。

駝

論説

明　喻仁、喻傑《元亨療馬集附駝經大全・駝患四十八癥論病形歌圖》

治法》 駝患黑瘡第一。黑瘡者生在遍身，不拘前後，發腫開口，不流膿血，或大如盆，或小如碗，大小不一，即如豬花瘡之類，如初發一、二顆易治，如發多者，把住膀膊不能行動，則難治矣！但此瘡因熱傷五胚，血氣凝於皮膚，風濕感傷，故不流膿出血，此謂黑瘡之症也。形狀：發腫破口、硬如石頭，不流膿血、多則難走。口色：鮮明者可治，紫黑者難醫。歌曰：駝患黑瘡傷食遲，熱在皮膚是根基。曾因熱極傷五臟，多時不療步難移。黑瘡原是肺家管，火烙瘡口藥敷之。大血兩針須要放，消黃散灌實相宜。治法：將駝縛倒，火燒烙鐵將瘡口烙之，以薑黃色為度，以末藥塗之。調理：餵養淨處。戒忌：風吹雨灑。消黃散：治駝黑瘡方見馬經五療篇。防風湯洗之，斷續散末塗之。

又 駝患傷重症第四。夫駝傷重者何也？傷重者乃重載壓損也。皆因蓄養太盛，膘肥肉重，見其雄壯，又見食之太飽，不論輕重與之駝負，又兼路途遙遠，出力太過，以致損傷肺胃。況肺為氣海，胃為水穀之府，食飽損胃，氣急損肺，血壅傷心，心肺有損，令獸時或汗流氣促喘粗，此謂食抱負重載壓損傷之症也。形狀：氣促喘粗，時或汗流。口色：鮮明者生，紅黃者可治，青黑者難醫。歌曰：駝患傷重又尪羸，難起難臥汗流蹄。吼聲更兼又喘氣，原因傷飽損胃脾。傷重原因飽後得，醫人切要用心機。更要治肺補脾散，食後灌之始相宜。治法：徹大血、三焦血、四蹄血。調理：餵養淨處。戒忌：日曬風吹雨淋。百合金固金湯：治駝肺損傷重。百合、紫苑、白芨、川貝母、五味子、阿膠、甘草、桔梗、陳皮、條參、白朮、雲苓、當歸、烏藥、香附、神曲。各件共為細末，每服四兩，水煎三沸，溫加白蜜二兩，童便二盞，調灌二三服痊癒。

又 駝患奪黃症第七。夫奪黃者，何也？奪黃者，乃大腸頭上，即肛門生有瘡也。皆因畜之出力，受冷受熱，或飲水食草，穀料熱極。乃致傷冷脫肛，則氣血凝滯於肛腸，發生於肛內，而成為瘡黃。熱傷肛腸，令獸時或便下膿血，毛焦草細，四足難移。此謂便毒奪黃之症也。形狀：時脫肛腸，便下膿血，毛焦草慢，四足難移。口色：鮮明者，生；紅黃者，可治；青黑者，死。歌曰：駝患奪黃病多時，大腸頭上有瘡痍。三般奪黃因冷熱，醫人切要用心機。傷冷脫肛關外病，熱傷肛腸腳難移。腸裏脫肛關外得，藥用名方療還痊。治法：火針蓮花穴上刺之，藥水洗之。關內患者只見流出膿血，不見瘡患，即徹三焦血、四蹄血，膘壯者徹大血更妙。調理：餵養潔淨之廄。戒忌：風吹水津。銀花敗毒散：治駝臟頭瘡等症。銀花、蒲公英、白芷、花粉、連翹、防風、茵陳、夏枯草、貝母、乳香、沒藥、錦大黃、芒硝。各件共為細末，每服二兩，水煎三沸，溫加黃酒一斤調灌，二三服痊癒。脫肛洗藥方，見馬經篇內。

又　駝患裹草症第八。夫裹草者何也？裹草者，舌裹草於口內也。皆因口內糟牙，或長或短，有長牙齒者，名為賊牙，以致食草用舌裹進，有長牙齒掛住，不能下咽，故塞在腮邊，使腮邊長寬，而不能食也。令獸腮邊脹大，不能進食，此謂裹草脹腮之症也。歌曰：駝患裹草又腮寬，賊牙長大是根源。腮寬更兼賊牙長，取去賊牙自然安。不須用藥使針烙，先賢留下聖經篇。形狀：腮胖腮寬。治法：將獸縛倒，撥開口用鐵器將賊牙取出，不掛草則無病患，不用使針服藥。如小馬、騾駒子奶口初換牙齒亦吐草，為醫者務必細意斟酌，看定有長牙齒者方可下手鑒之。

又　駝患腸黃症第九。夫腸黃者何也？腸黃者乃腸臟鬱積熱毒也。皆因饑渴出力歸來，喘息未定：乘熱而喂料草，熱毒積於腸胃，痰血凝滯心胸。令獸耳搭頭低，精神短慢，水草難下，或下痢膿血。此謂熱積腸胃，腸、黃之症也。形狀：弓腰吊膁，大便膿血。慢腸黃者不下膿血，不時起臥，精神短慢。口色：鮮明光潤者易治，赤紫者可治，青黑者不可治。歌曰：駝患腸黃肺受欺，傳入肺腑腸黃痢。臟家熱寸多便血，急撿名方與藥醫。篇有黃連解毒散，三朝兩灌莫宜遲。舌黑口紫痢黑水，縱有仙方救也稀。治法：徹大血、三焦血、四蹄血。少膘者不可徹血，口色青黑者難治，看口色行事。調理：餵養淨處。戒忌：日曬風吹雨淋。黃蓮解毒湯：方見馬經篇，加減亦照口色臨時變通。

又　駝患百掌瘵症第十四。夫百掌瘵者何也？疔者筋毒也。駝腳乃是軟板，無硬殼怯石路，故北方地土無石路，所蓄者多；南方近山路多石，此畜怯石路，置畜者少。但此瘡患，或途中有釘石磁瓦墊了腳板筋，日久即成方疔刺，即人之足長雞眼，又名肉刺之類是也。獸長此瘵，則疼痛准行，此謂筋毒百掌瘵之症也。形狀：蹄掌中有腫硬者，加針如刺。口色：無恙、鮮明、光潤。歌曰：駝患百掌痛難行，蹄底筋刺恰如針。快磨鋒刀割取了，瘡口火烙按醫經。豬油熬藥頻與潤，鞋底盛蹄便具輕。先賢留傳真方訣，後學遵從莫胡行。治法：將獸用繩縛束平正地面，捉住穩當，輕手細心，以鋒利針刀，務將此刺，用鉤搭住，或用小鐵鉗，搜根取起，其瘡口以火燒烙鐵烙之。以薑黃色為度，再用烏金膏藥塗之。外以鞋穿上墊之，不致有泥糞填塞瘡口，可便速痊矣。凡治此症者，預先務必照駝蹄製鞋一只，或草鞋、或布鞋，塗膏畢，定要此方，才可醫治。調理：餵養乾地土，草料加倍。戒忌：拴繫潮濕糞坑地面。烏金膏：人髮一大握、百草霜二兩、黃丹一兩、松香二兩、真香油四兩。真香油放鐵鍋內用炭火煎滾，將亂人髮一大握，撕開入一油內煎化，再入松香、黃蠟，以化取起，加百草霜、黃丹攪勻，冷定。臨時將此膏撥取。如若不化，即用熱烙鐵煨化，使膏浸入瘡內，塗膏數次痊癒。

駞患百掌病第十四

又 駞患痔瘻症第十五。夫痔尾者何也，痔尾者，即尾生痔瘡也。乃如人之走馬痔瘡之類是也。其瘡中有痔蟲，內鑽食骨，不治日久，令獸尾日漸上爛，故為痔瘡之症也。形狀：尾尖流出清水，日漸上爛，揩擦不停。口色：鮮明光潤。歌曰：駞患瘤瘡骨中鑽，瘡中毒水流清涎。瘡口洗用鹽與醋，砒霜麝香與黃丹。更用綠礬硇砂合，不過七日患須安。仙經論裏分明載，留傳後學用心觀。治法：用食鹽四兩，滴醋半斤，入鐵鍋煎，以鹽化取起，令溫將尾患處洗之，日洗一次，藥撚一次。砒霜丹：治駞痔尾等症。麝香、黃丹、砒霜、硇砂、綠礬。備件共為細末，以鹽醋湯洗後，擦上此藥，日洗日撚，三次痊癒。

駞患痔尾病第十五

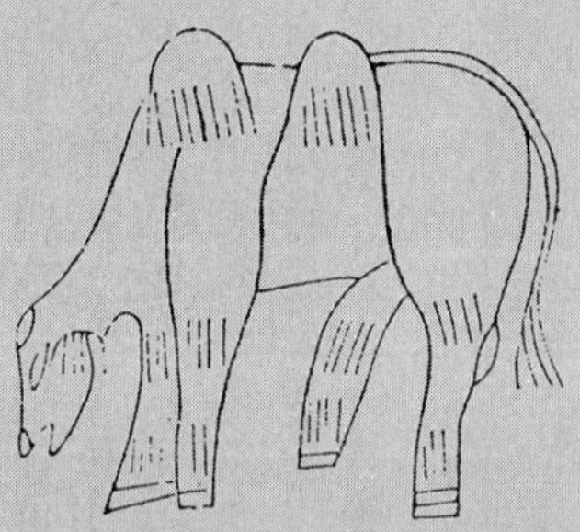

又 駞患口瘡第十七。夫口瘡者何也？口瘡者，熱之所致也。皆因蓄養失調，水草不均，饑渴太過，又受天時炕陽，陽燥之極，口內生瘡。或因出力之後，拴繫酷暖之處，心火上炎，陽極生瘡。令獸唇裂舌爛，氣味難聞，此謂心火上炎、口瘡之症也。形狀：唇裂舌爛，臭難經鼻。口色：色似硃砂者可治，紫黑者難醫。歌曰：駞患口瘡心家熱，舌上生瘡唇破裂。心屬帝王火上炎，必定口內如火鐵。先用黃連洗心散，加減玉金川黃柏。每日灌時蜜調和，不過三朝除卻熱。治法：徹大血、三焦、四蹄血，米泔口內洗之，冰硼散吹之。調理：餵養清涼之處，水浸青草喂之。戒忌：日曬、豆料一切忌之。黃連洗心散：治駞口舌生瘡等症。黃連、黃柏、大黃、玉金、玄明粉、梔子、連翹、花粉、甘葛、桔梗、黑元參、知母。各件共為細末，每服四兩，竹葉、燈草煎湯調和灌之，二三服立愈。舌瘡火氣不退，本方倍加：錦大黃、石亡硝，再一二服愈。冰硼散：治駞口瘡。硼砂、冰片、青黛、井泉石、山豆根、青鹽、牙硝。以上各等分，共研細末，口用米泔水洗後，以此藥吹之，三次痊癒。

駞患口瘡病第十七

又 駞患肺瘸把腳第二十六。夫肺痛把腳者何也？肺把腳者，皆因出力之後，拴繫不便，外受風邪，以致肺氣滯，而血凝也。血因氣行，氣由血活，氣血不行，凝滯筋絡，鬱阻疼痛，令獸氣喘微微，拘把四足，此謂肺痛把腳之症也。形狀：喘氣微微，拘把腿腳，精神短慢，耳搭頭低。口色：鮮明者生，紫赤者難醫，青黑者死。歌曰：駞患肺痛是何殃，負重賓士外感傷。喘氣微微難移步，氣滯血凝致其殃。理肺調經加味藥，三朝五日見安康。仙經論裏傳妙訣，灌下有效顯名方。治法：徹大血、三焦、四蹄血，弓腰把膊者火針搶風、百會、大小胯等穴。調理：餵養淨處。戒忌：風吹雨灑，豆料一切忌之。

加味理肺散：治駝肺痛把腳等症。烏藥、香附、川木瓜、木香、當歸、五加皮、川羌活、防風、川芎、薄荷、香白芷、木通、桔梗、陳皮、半夏、甘草、麻黃、蘇葉。各件共為細末，每服四兩。連須葱五、七枝，挫細入內，水煎三沸，溫加黃酒一斤，和灌一二服。如四腳如常，喘粗不止，口色赤紫者，本方去葱、酒，加棉大黃、芒消、大川黃連，再加白蜜四兩，灌二三服痊癒。如把腳難行，宜大七傷散灌之。

駝患肺痛蹄腳二十六

又　駝患腎氣把腰第二十七。夫腎氣把腰者何也？腎者水海也。把腰者，陰濕太過也。皆因饑渴出力，卸載之後，飲冷水太足，未及牽行。可拴繫陰濕之地，陰冷內積於膀胱，外受邪濕於腰胯。又兼腎為水海，內冰外濕，陰冷至極，氣血衰弱，陰冷不能加陽。令獸腰板腿硬，起臥艱難，此謂腎受陰冷，氣把腰之症也。開狀：弓腰吊脿，後腳難移。口色：鮮明者生，紅黃者可治，青黑者死。歌曰：駝患腰痛步難行，為因宿水冷氣侵。火針腎腧連百會，茴香散灌有通靈。三朝五日頻頻灌，三七之後復康寧。治法：火針百會、腎腧、大小胯、搶風，伏兔等穴；膘壯者徹三焦、四蹄血。調理：餵養暖處，稂草鋪地臥之。聽其自臥自起。戒忌：風雨吹灑，濕地安眠。茴香散：治駝腎冷把腰等症。小茴香、破故芷、川楝子、金毛狗、肉桂、附子、製川烏、製草烏、澤瀉、赤茯苓、活石、木通、五加皮、木香。各件共為細末，每服四兩，水煎三沸，溫加連須葱一握細，剉黃酒一斤調和，灌五七服痊癒。如小便通利，自然膀胱不痛，而即能行動。如筋骨不和，以七傷散，再灌三五服。方見馬經篇內。

駝患腎氣把腰二十七

又　駝患肚黃第二十八。夫肚黃何也？肚黃者，肚底有浮腫也。皆因膘瘦體弱，過飲宿冷，轉於膀胱，浸於臍下，浮腫皮內，停而不散，令獸浮腫，此謂宿水停臍，肚黃之症也。形狀：肚底浮腫，耳搭頭低，精神短慢。口色：鮮明者生，紅黃者可治，青黑者難醫。歌曰：駝患肚黃切須知，過飲陰冷浸於臍。榮衛虧傷難調化，浮腫肚下患黃疲。更用白針須刺破，鹽醋和藥敷合宜。厚朴宮桂消水飲，三朝五日病遷移。治法：用人髮也可，用馬鬃也可，將肚下用穿針，將肚浮腫皮處穿之，其黃水從鬃繩瀝出，其腫自消矣！若榮衛壯旺，氣血調和，水能運化，自從小便而出。若氣血衰弱榮衛不足，致有此症也。榮衛即氣血也，榮為血，衛為氣，醫者鑒之。調理：餵養暖處。戒忌：風雨吹灑，濕地安眠。厚朴官桂飲：治駝肚黃。厚朴、官桂、檳榔、滑石、二丑、白朮、赤茯苓、陳皮、澤瀉、木通、香附、木香、砂仁、車前子、老薑一塊。各件共為細末，每服四兩，水煎三沸，加炒食鹽一兩，童便一大盞，黃酒一斤調灌。如口色赤紫，本方加：錦紋大黃、芒硝，再灌一二服；如口中火氣已退，不能進食，水草遲細者，再灌健中湯。方見馬經篇內。

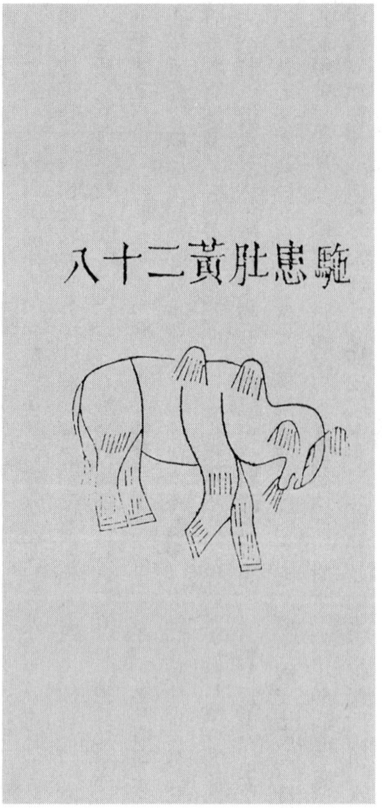

又　駝患本舌第三十一。夫木舌者何也？木舌者，口中之舌腫硬如木也。皆因畜之負重出力，熱積心胸，心火上炎，上腫子舌。或口內生瘡，令獸舌腫口瘡。此謂心火上炎，木舌之症也。形狀：舌腫如木，口內生瘡。口色：紅黃者可治，青黑者難醫。歌曰：駝患木舌說根基，熱極心火上炎施。口臭更兼涎流滴，舌下青筋速刺之。更灌消黃洗心散，三服即可令乘騎。治法：舌下青筋用針刺之出血，以清心火；徹大血以瀉肺火；徹三焦、四蹄血，以清五臟伏火。須下高處相對舌根底下，即名通關穴，用火針刺之，出清水立消。調理：餵養清涼之處，水浸青草喂之，米泔水飲之。戒忌：日曬、風吹、雨灑。黃連解毒湯：方見馬經篇內。

又　駝患龜頸風第三十二。夫龜頸風者何也？龜頸風者，即騾馬揭鞍風症之類是也。皆因負重奔走，出汗未乾，拴繫簷巷，汗遭風襲，邪氣乘虛而入於皮膚，令獸耳緊尾直，龜頸盤轉，腰脊強硬，口緊難開，此謂龜頸風之症也。形狀：耳緊尾直，龜頸盤轉，脊似弓彎，四足難移。口色：鮮明。歌曰：龜頸盤轉臟中鳳，抽把頸項脊似弓。患因帶汗簷巷繫，急用火針頸上攻。水草不餐難移步，急灌靈丹病可通。若待口緊藥難下，縱有仙方也命終。治法：火針風門、伏兔、脊頸兩邊、搶風、百會等穴；白針三焦、四蹄血。口松涎少者可治；口緊涎多者難醫。腰緊僵硬終無救，口緊難開治活難。若在春夏汗易出，此症可治；若在秋冬汗難出，此症難治。若得此症，總宜汗出者生也。若要出汗，法照馬經篇有治揭鞍風之法，可用。但須細意慎之。湯藥吹藥、治法針烙，毫髮無異。調理：暖處拴之，稂草鋪地臥之。戒忌：風雨吹灑。

又　駝患胸膊黃第三十四。夫胸膊黃者，胸膊問之浮腫也。皆因熱極，氣血凝滯而生也。令獸胸膊浮腫，軟而不痛，此謂胸膊之黃也。形狀：胸膊浮腫。口色：鮮明者生，紅黃者易治，青黑者，危。歌曰：駝患胸黃急要醫，胸前浮腫大如雞。胸上痛時連膊腫，醫人急治莫挨遲。大血四蹄三焦徹，消黃散灌正合宜。治法：胸前以蟬酥繩穿墜，流出毒水其腫處自消，餘腫處以火針刺之，敷藥塗之。膘壯者徹大血。方見馬經篇內。

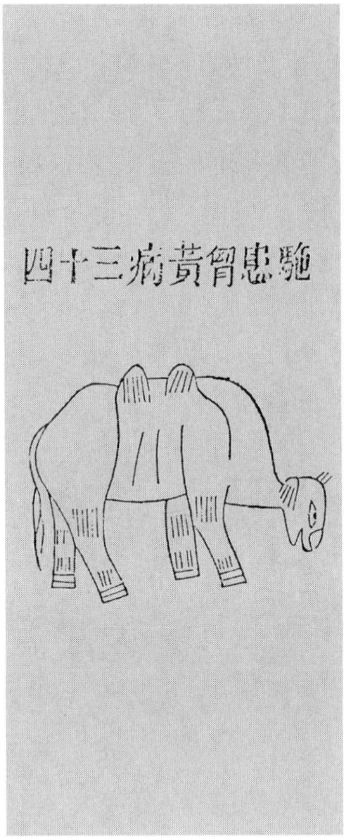

又　駝患赤瘡第三十五。夫赤瘡者何也？赤瘡者，乃心經發苗也。皆因負重出力，或經濕邪，將血氣凝於遍身，不能周流於臟腑。令獸渾身結成瘡癰，遍體疙瘩，出血流膿，此謂熱極、赤瘡之症也。形狀：遍體瘡癰，破口流膿。口色：鮮明者生，紅黄者可治，紫赤者難醫。歌曰：駝患赤瘡遍身生，傳來似鐵亦難行。撥破血流黄赤色，日久不治化為坑。先放大血後用藥，消黄散下是奇經。末藥更兼先了洗，瘡口無血必須亨。治法：徹大血、三焦、四蹄血。調理：餵養清涼之處。戒忌：日曬、風吹、雨灑。消黄散、治駝赤瘡。銀花解毒湯：洗瘡末藥。以上俱照馬經五療十毒方內血毒瘡，敷洗治之。

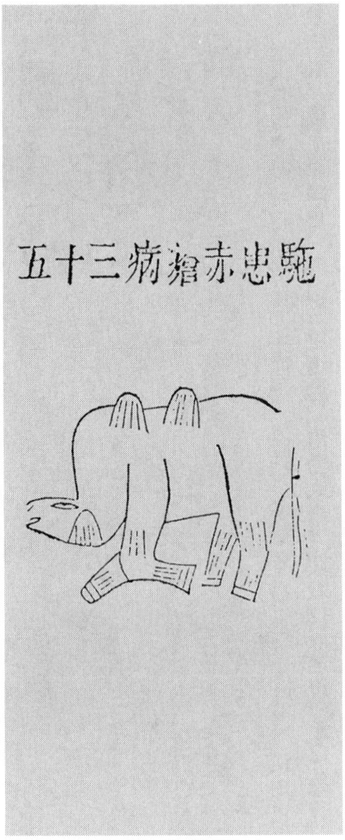

又　駝患瘰喉第三十六。夫瘰喉者何也？疔者，非瘰癧，即喉核也。發在咽喉二邊，初起大如雞子，日漸發大，阻塞咽喉，皆因出力，熱極所致。令獸昂頭直頸，呼息不爽，此謂熱注咽喉，瘰喉之症也。形狀：喉下瘰癧，硬如雞子者是也。昂頭直頸，阻塞咽喉，呼吸。難通。若浮腫皮膚，軟而不痛者，此喉黄也。口色：鮮明者生，紅黄者可治，青黑者難醫。歌曰：駝患瘰喉顆兩邊，棋子瘰癧一般觀。瘰喉原是心家住，三朝不看變來寬。火針刺破核化膿，消黄散灌便可痊。二日之前猶可療，五日之後不能安。治法：如硬核子，火針刺之，徹大血、三焦、四蹄血；如腫而軟者，此喉黄也。亦宜徹血穿墜，照牛瘡黄治之。方見牛經篇內。調理：餵養淨處。戒忌：日曬、風吹、雨灑。消黄散：方見前篇。

又　駝患遍身花瘡第四十一。夫遍身之花瘡者，何也？瘡者癰癤也。癰癤者，氣血之凝滯也。皆因犁耙負重，出力太過，熱極出汗，卸載之時，拴繫簷巷之下，或近水塘池邊，外受陰邪，乘虛而入於皮膚，瘀汗凝滯於肌肉，氣血凝滯，不得行於周身，口久而發為瘡痍。肺與皮毛相合，故發肺花瘡。令獸遍體疙瘩，渾身癰癤，此謂熱極滯汗，花瘡之症也。形狀：遍體瘡癤，出血流膿。口色：鮮明者生，紅黄者可治，赤紫者難醫，黑者死。歌曰：駝患遍身肺花瘡，肺風熱盛達皮將。發遍肺風原是熱，疙瘩僵硬肺家傷。可灌消黄解毒飲，徹去大血始為強。更燒烙鐵煨瘡口，豬脂膏潤是名方。治法：徹大血、三焦、四蹄血，瘡口火燒鐵烙之，以豬脂膏塗之。調理：餵養清涼之處。戒忌：風吹雨灑。消黄解毒飲：方見馬經篇內。豬脂膏散：貼塗花瘡。明礬半生半熟、黄丹、黄蠟、膩粉、胡椒研細末。各件共細末，牙豬脂半斤鍋內熬去渣，再入黄蠟，以蠟化取起，乘熱再入丹粉椒末，攪塗之，一二次痊癒。如流水以防風湯洗之。方見馬經五疔十毒篇內。

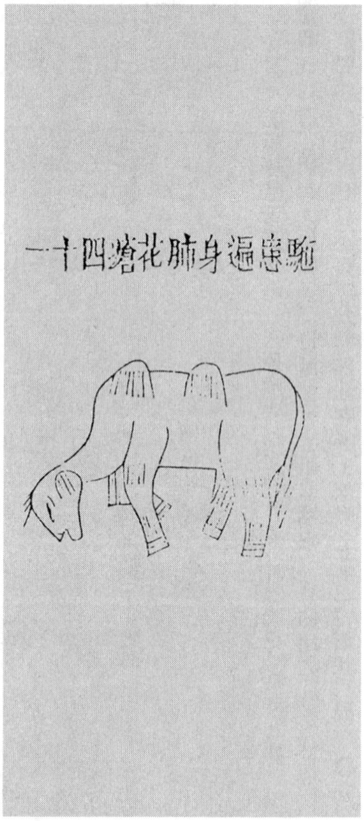

又　駝患燥蹄百掌瘡第四十四。大燥蹄百掌瘡者，何也？燥蹄者，蹄枯也。掌瘡者，敗血凝蹄也。皆因負重遠途，出力太過，卸載揭袋之後，失於牽行，拴繫陰濕之處，風濕浸於蹄頭，敗血滯於掌腳，令獸四足或腫或硬，行步艱難，此謂敗血凝蹄，百掌瘡之症也。形狀：腳掌硬腫，或瘡或裂。口色：鮮明者生，紅黃者可治，青黑者勞傷過度，最難醫也。歌曰：駝患燥蹄百掌瘡，因為負重過沙灘。軟處立時猶可蹲，路行沙石更難前。宜用豬膏塗腳上，蹄門徹血不宜緩。三七之後方可使，拴繫於地痛自安。治法：針去蹄頭血，腫硬以火燒烙鐵烙之，以豬脂膏塗之，一日換貼一次。調理：餵養淨處，拴繫乾燥地面，草料加倍，三、七之後使用可痊。戒忌：休拴污穢之地，陰濕之所。豬脂膏：治駝百掌瘡，方見前篇。

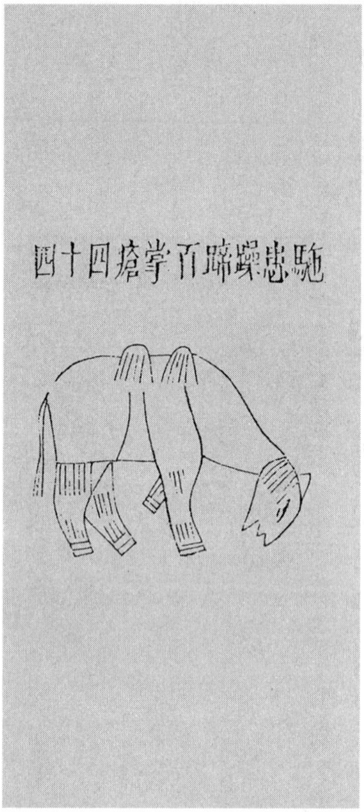

又　駝患失節病第四十五。夫失節者何也？節者，骨節也。乃腳踠骨節，促而損傷也。皆因負重出力，崎嶇道路，偶有失足，歪跌而有損傷骨節，令獸疼痛難行，舉步艱辛，此謂失節之症也。形狀：寸腕腫大，行步艱難。口色：鮮明如常。歌曰：駝患失節牛一般，踠頭腫大細意觀。四肢節裏傷筋骨，白針徹血最為先。烏金膏藥頻頻裹，三七之後痛安全。治法：徹蹄頭血，烏金膏日換一次塗之。三七之後痊癒。調理：餵養淨處。戒忌：濕地安眠，崎嶇處所。烏金膏：治駝腳痛失節症，方見前篇。

又　駝患膝黃病第四十六。夫膝黃者何也？膝者，膝蓋也。膝蓋有傷而成為膝黃也。皆因駝之上載，兩腿跪地，後腿拳攣，聽其裝載，載足而起行。或因跪於崎嶇之地，石塊之中，出力起身，損傷膝蓋，氣血流注於膝間，黃水凝滯於筋骨，浮腫不消，疼痛難行，此謂損傷膝蓋，日久成為膝黃之症。形狀：膝蓋軟腫，移步艱難。口色：如常者生，白如枯骨者死。歌曰：駝患膝黃要參詳，為因負重膝墊傷。毒氣日久不行散，注成浮腫害骨梁。火針刺腫流黃水，丹藥調塗旬日康。仙經論裏分明說，便是先賢聖手方。治法：火針膝上，軟處刺之，以膏塗之，流出黃水自消。加減敷藥，方見馬經疔毒篇內。調理：餵養淨處。戒忌：濕地安眠，泥糞遭踏。敷藥方：治駝膝黃。食鹽、大黃、黃柏、生草烏、生半夏、生薑。以上見瘡黃之大小，用藥之多寡，共研為細末，用面半斤打糊，將前藥末入糊內和勻如膏，塗敷膝上腫處，乾又塗之，一二次即痊癒。

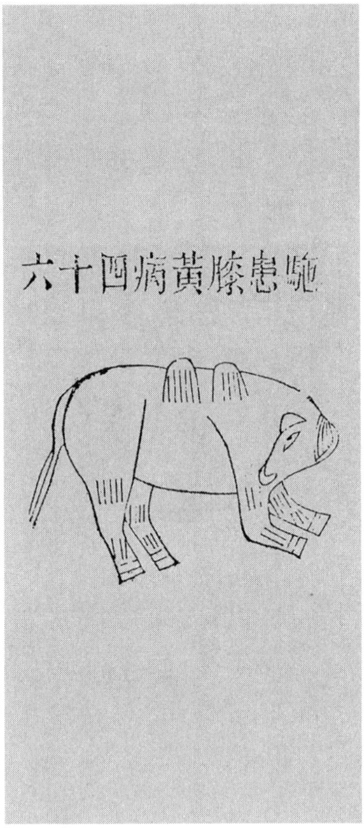

清 郭懷西《新刻注釋馬牛駝經大全集・駝經大全》卷一〇《駝患四十八癥論病形歌圖治法》 駝患黑瘡第一。黑瘡者生在遍身，不拘前後，發腫開口，不流膿血，或大如盆，或小如碗，大小不一，即如豬花瘡之類，如初發一、二顆易治，如發多者，把住胯膊不能行動，則難治矣！但此瘡因熱傷五臟，血氣凝於皮膚，風濕感傷，故不流膿出血，此謂黑瘡之症也。形狀：發腫破口，硬如石頭，不流膿血，多則難走。口色：鮮明者可治，紫黑者難醫。歌曰：駝患黑瘡傷食遲，熱在皮膚是根基。曾因熱極傷五臟，多時不療步難移。黑瘡原是肺家管，火烙瘡口藥敷之。大血兩針須要放，消黃散灌實相宜。治法：將駝縛倒，火燒烙鐵將瘡口烙之，以薑黃色為度，以末藥塗之。調理：喂養淨處。戒忌：風吹雨灑。消黃散：治駝黑瘡方見馬經五疔篇。防風湯洗之，斷續散末塗之。

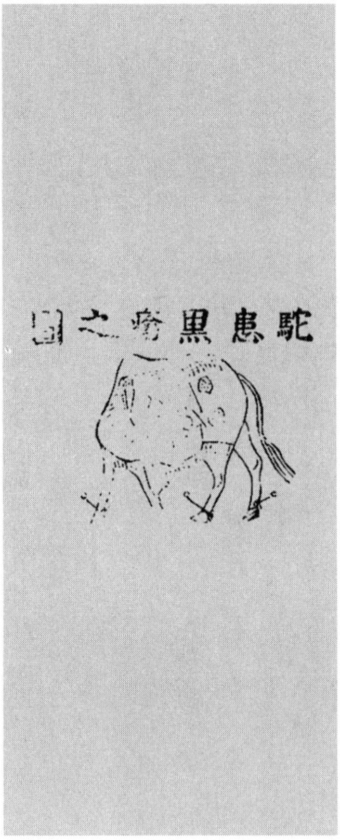

又 駝患傷重症第四。夫駝傷重者何也？傷重者乃重載壓損也。皆因蓄養太盛，膘肥肉重，見其雄壯，又見食之太飽，不論輕重與之駝負，又兼路途遙遠，出力太過，以致損傷肺胃。況肺為氣海，胃為水穀之府，食飽損胃，氣急損肺，血壅傷心，心肺有損，令獸時或汗流氣促喘粗，此謂食飽負重載壓損傷之症也。形狀：氣促喘粗，時或汗流。口色：鮮明者生，紅黃者可治，青黑者難醫。歌曰：駝患傷重又尪羸，難起難臥汗流蹄。吼聲更兼又喘氣，原因傷飽損胃脾。傷重原因飽後得，醫人切要用心機。更要治肺補脾散，食後灌之始相宜。治法：徹大血、三焦血、四蹄血。調理：喂養淨處。戒忌：日曬風吹雨淋。百合固金湯：治駝肺損傷重。百合、紫苑、白芨、川貝母、五味子、阿膠、甘草、桔梗、陳皮、條參、白朮、雲苓、當歸、烏藥、香附、神曲。各件共為細末，每服四兩，水煎三沸，溫加白蜜二兩，童便二盞，調灌二三服痊愈。

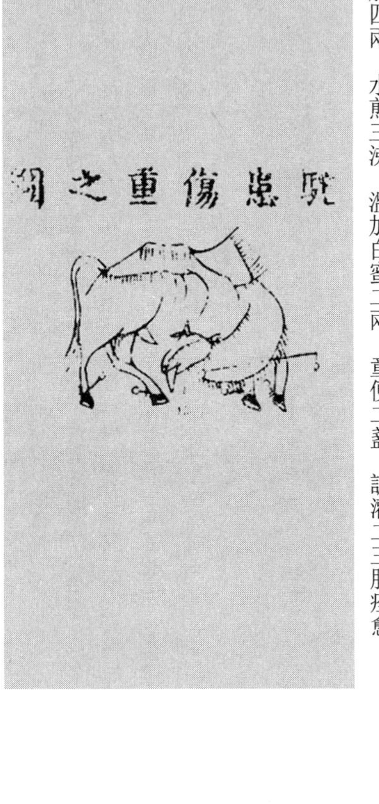

又 駝患奪黃症第七。夫奪黃者，何也？奪黃者，乃大腸頭上，即肛門生有瘡也。皆因畜之出力，受冷受熱，或飲水食草，穀料熱極。乃致傷冷脫肛，則氣血凝滯於肛腸，發生於肛內，而成為瘡黃。熱傷肛腸，令獸時或便下膿血，毛焦草細，四足難移。此謂便毒奪黃之症也。形狀：時脫肛腸，便下膿血，毛焦草慢，四足難移。口色：鮮明者，生；紅黃者，可治；青黑者，死。歌曰：駝患奪黃病多時，大腸頭上有瘡痍。三般奪黃因冷熱，醫人切要用心機。傷冷脫肛關外病，熱傷肛腸腳難移。腸裡脫肛關外得，藥用名方療還痊。治法：火針蓮花穴上刺之，藥水洗之。關內患者只見流出膿血，不見瘡患，即徹三焦血、四蹄血，膘壯者徹大血更妙。調理：喂養清淨之廄。戒忌：風吹水津。銀花敗毒散：治駝臟頭瘡等症。銀花、蒲公英、白芷、花粉、連翹、防風、茵陳、夏枯草、貝母、乳香、沒藥、錦大黄、芒硝。各件共為細末，每服二兩，水煎三沸，溫加黄酒一斤調灌，二三服痊愈。脫肛洗藥方，見馬經篇內。

駝患奔黄之圖

又 駝患裹草症第八。夫裹草者何也？裹草者，舌裹草於口內也。皆因口內糟牙，或長或短，有長牙齒者，名為賊牙，以致食草用舌裹進，有長牙齒掛住，不能下嚥，故塞在腮邊，使腮邊長寬，而不能食也。令獸腮邊脹大，不能進食，此謂裹草脹腮之症也。歌曰：駝患裹草又腮寬，賊牙長大是根源。腮寬更兼賊牙長，取去賊牙自然安。不須用藥使針烙，先賢留下聖經篇。形狀：腮胖腮寬。治法：將獸縛倒，撥開口用鐵器將賊牙取出，不掛草則無病患，不用使針服藥。如小馬、騾駒子奶口初換牙齒亦吐草，為醫者務必細意斟酌，看定有長牙齒者方可下手。鑒之。

駝患裹草腮寬之圖

又 駝患百掌疔症第十四。夫百掌疔者何也？疔者筋毒也。駝腳乃是軟板，無硬殼怯石路，故北方地土無石路，所蓄者多；南方近山路多石，此畜怯石路，置畜者少。但此瘡患，或途中有釘石磁瓦墊了腳板筋，日久即成為疔刺，即人之足長雞眼，又名肉刺之類是也。獸長此疔，則疼痛難行，此謂筋毒百掌疔之症也。形狀：蹄掌中有腫硬者，如針如刺。口色：無恙、鮮明、光潤。歌曰：駝患百掌痛難行，蹄底筋刺恰如針。快磨鋒刀割取了，瘡口火烙按醫經。豬油熬藥頻與潤，鞋底盛蹄便且輕。先賢留傳真方訣，後學遵從莫胡行。治法：將獸用繩縛束平正地面，捉住穩當，輕手細心，以鋒利針刀，務將此刺，用鉤搭住，或用小鐵鉗，搜根取起，其瘡口以火燒烙鐵烙之。以薑黄色為度，再用烏金膏藥塗之。外以鞋穿上墊之，不致有泥糞填塞瘡口，可便速痊矣。凡治此症者，預先務必照駝蹄製鞋一隻，或草鞋、或布鞋，塗膏畢，定要此方，才可醫治。調理：喂養乾地土，草料加倍。戒忌：拴繫潮濕糞坑地面。烏金膏：人髮一大握、百草霜二兩、黄丹一兩、松香二兩、真香油四兩。真香油放鐵鍋內用炭火煎滾，將亂人髮一大握，撕開入油內煎化，再入松香、黄蠟，以化取起，加百草霜、黄丹攪勻，冷定。臨時將此膏撥取。如若不化，即用熱烙鐵煨化，使膏浸入瘡內，塗膏數次痊愈。

駝患百掌疔症之圖

又 駝患痔尾症第十五。夫痔尾者何也，痔尾者，即尾生痔瘡也。乃如人之走馬痔瘡之類是也。其瘡中有痔蟲，內鉆食骨，不治日久，令獸尾日漸上爛，故為疥瘡之症也。形狀：尾尖流出清水，日漸上爛，揩擦不停。口色：鮮明光潤。歌曰：駝患疥瘡骨中鉆，瘡中毒水流清涎。瘡口洗用鹽與醋，砒霜麝香與黃丹。更用綠矾硇砂合，不過七日患須安。仙經論裡分明載，留傳後學用心觀。治法：用食鹽四兩，滴醋半斤，入鐵鍋煎，以鹽化取起，令溫將尾患處洗之，日洗一次，藥捻一次。砒霜丹：治駝疥尾等症。麝香、黃丹、砒霜、硇砂、綠矾。各件共為細末，以鹽醋湯洗後，擦上此藥，日洗日撚，三次痊愈。

駝患疥尾症圖

又　駝患口瘡第十七。夫口瘡者何也？口瘡者，熱之所致也。皆因蓄養失調，水草不均，饑渴太過，又受天時炕陽，陽燥之極，口內生瘡。或因出力之後，拴繫酷暖之處，心火上炎，陽極生瘡。令獸唇裂舌爛，氣味難聞，此謂心火上炎、口瘡之症也。形狀：唇裂舌爛，臭難經鼻。口色：色似硃砂者可治，紫黑者難醫。歌曰：駝患口瘡心家熱，舌上生瘡唇破裂。心屬帝王火上炎，必定口內如火鐵。先用黃連洗心散，加減玉金川黃柏。每日灌時蜜調和，不過三朝除卻熱。治法：徹大血、三焦、四蹄血，米泔口內洗之，冰硼散吹之。調理：喂養清涼之處，水浸青草喂之。戒忌：日曬、豆料一切忌之。黃連洗心散：治駝口舌生瘡等症。黃連、黃柏、大黃、玉金、玄明粉、梔子、連翹、花粉、甘葛、桔梗、黑元參、知母。各件共為細末，每服四兩，竹葉、燈草煎湯調和灌之，二三服立愈。舌瘡火氣不退，本方倍加：錦大黃、芒硝，再一二服愈。冰硼散：治駝口瘡。硼砂、冰片、青黛、井泉石、山豆根、青鹽、牙硝。以上各等分，共研細末，口用米泔水洗後，以此藥吹之，三次痊愈。

駝患口瘡症圖

又　駝患木舌第三十一。夫木舌者何也？木舌者，口中之舌腫硬如木也。皆因畜之負重出力，熱積心胸，心火上炎，上腫於舌。或口內生瘡，令獸舌腫口瘡。此謂心火上炎，木舌之症也。形狀：舌腫如木，口內生瘡。口色：紅黃者可治，青黑者難醫。歌曰：駝患木舌說根基，熱極心火上炎施。口臭更兼涎流滴，舌下青筋速刺之。更灌消黃洗心散，三服即可令乘騎。治法：舌下青筋用針刺之出血，以清心火；徹大血以瀉肺火；徹三焦、四蹄血，以清五臟伏火。頦下高處相對舌根底下，即名通關穴，用火針刺之，出清水立消。調理：喂養清涼之處，水浸青草喂之，米泔水飲之。戒忌：日曬、風吹、雨灑。黃連解毒湯：方見馬經篇內。

駝患木舌之圖

又　駝患胸膊黃第三十四。夫胸膊黃者，胸膊間之浮腫也。皆因熱極，氣血凝滯而生也。令獸胸膊浮腫，軟而不痛，此謂胸膊之黃也。形狀：胸膊浮腫。口色：鮮明者生，紅黃者易治，青黑者，危。歌曰：駝患胸黃急要醫，胸前浮腫大如雞。胸上痛時連膊腫，醫人急治莫挨遲。大血四蹄三焦徹，消黃散灌正合宜。治法：胸前以蟬酥繩穿墜，流出毒水其腫處自消，餘腫處以火針刺之，敷藥塗之。膘壯者徹大血。方見馬經篇內。

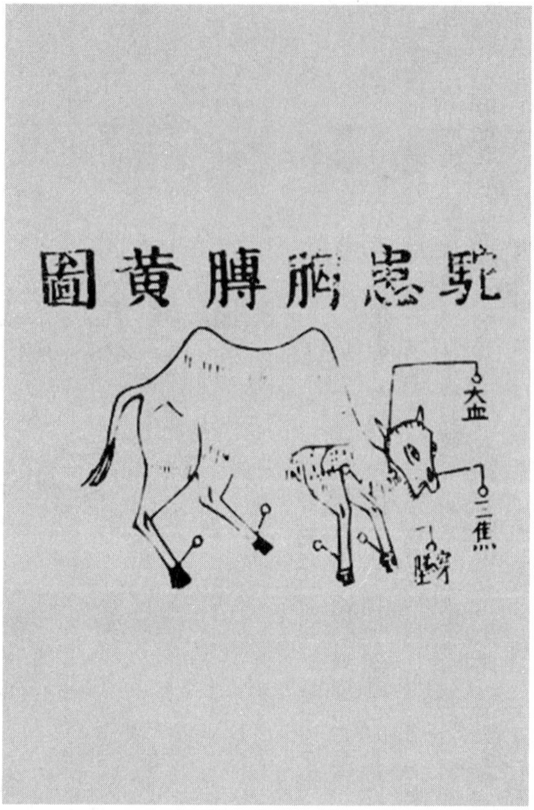

又　駝患赤瘡第三十五。夫赤瘡者何也？赤瘡者，乃心經發苗也。皆因負重出力，或經濕邪，將血氣凝於遍身，不能周流於臟腑。令獸渾身結成瘡癤，遍體疙瘩，出血流膿，此謂熱極、赤瘡之症也。形狀：遍體瘡癤，破口流膿。口色：鮮明者生，紅黃者可治，紫赤者難醫。歌曰：駝患赤瘡遍身生，傳來似鐵亦難行。撥破血流黃赤色，日久不治化為坑。先放天血後用藥，消黃散下是奇經。末藥更兼先於洗，瘡口無血必須亨。治法：徹大血、三焦、四蹄血。調理：喂養清涼之處。戒忌：日曬、風吹、雨灑。消黃散、治駝赤瘡。銀花解毒湯：洗瘡末藥。以上俱照馬經五疔十毒方內血毒瘡，敷洗治之。

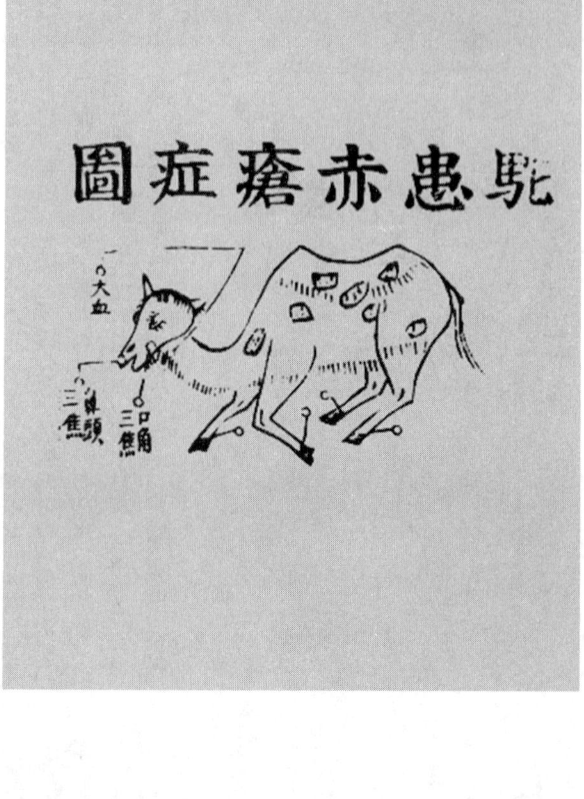

又　駝患遍身花瘡第四十一。夫遍身之花瘡者，何也？瘡者癰瘤也。癰瘤者，氣血之凝滯也。皆因犁耙負重，出力太過，熱極出汗，卸載之時，拴繫檐巷之下，或近水塘池邊，外受陰邪，乘虛而入於皮膚，瘀汗凝滯於肌肉，氣血凝滯，不得行於周身，日久而發為瘡痍。肺與皮毛相合，故發肺花瘡。令獸遍體疙瘩，渾身癰瘤，此謂熱極滯汗，花瘡之症也。形狀：遍體瘡癤，出血流膿。口色：鮮明者生，紅黃者可治，赤紫者難醫，黑者死。歌曰：駝患遍身肺花瘡，肺風熱盛達皮將。發遍肺風原是熱，疙瘩僵硬肺家傷。可灌消黃解毒飲，徹去大血始為強。更燒烙鐵煨瘡口，豬脂膏潤是名方。治法：徹大血、三焦、四蹄血，瘡口火燒烙鐵烙之，以豬脂膏塗之。調理：喂養清涼之處。戒忌：風吹雨灑。消黃解毒飲：方見馬經篇內。豬脂膏散：貼塗花瘡。明礬半生半熟、黃丹、黃蠟、膩粉、胡椒研細末。各件共為細末，牙豬脂半斤鍋內熬去渣，再入黃蠟，以蠟化取起，乘熱再入丹粉椒末，攪勻冷定。瘡口以烙鐵將腫硬處烙之，以黃色為度，再將此膏塗之，一二次痊愈。如流水以防風湯洗之。方見馬經五疔十毒篇內。

駝患花瘡之圖

又　駝患燥蹄百掌瘡第四十四。夫燥蹄百掌瘡者，何也？燥蹄者，蹄枯也。掌瘡者，敗血凝蹄也。皆因負重遠途，出力太過，卸載揭袋之後，失於牽行，拴繫陰濕之處，風濕浸於蹄頭，敗血滯於掌腳，令獸四足或腫或硬，行步艱難，此謂敗血凝蹄，百掌瘡之症也。形狀：腳掌硬腫，或瘡或裂。口色：鮮明者生，紅黄者可治，青黑者勞傷過度，最難醫也。歌曰：駝患燥蹄百掌瘡，因為負重過沙灘。軟處立時猶可踐，路行沙石更難前。宜用豬膏塗腳上，蹄門徹血不宜緩。三七之後方可使，拴繫乾地痛自安。治法：針去蹄頭血，腫硬以火燒烙鐵烙之，以豬脂膏塗之，一日换貼一次。調理：喂養淨處，拴繫乾燥地面，草料加倍，三、七之後使用可痊。戒忌：休拴污穢之地，陰濕之所。豬脂膏：治駝百掌瘡，方見前篇。

駝患燥蹄百掌瘡圖

又　駝患失節病第四十五。夫失節者何也？節者，骨節也。乃腳豌骨節，促而損傷也。皆因負重出力，崎嶇道路，偶有失足，歪跌而有損傷骨節，令獸疼痛難行，舉步艱辛，此謂失節之症也。形狀：寸豌腫大，行步艱難。口色：鮮明如常。歌曰：駝患失節牛一般，豌頭腫大細意觀。四肢節裡傷筋骨，白針徹血最為先。烏金膏藥頻頻裹，三七之後痛安全。治法：徹蹄頭血，烏金膏日换一次塗之。三七之後痊愈。調理：喂養淨處。戒忌：濕地安眠，崎嶇處所。烏金膏：治駝腳痛失節症，方見前篇。

駝患失節症圖

又　駝患膝黄病第四十六。夫膝黄者何也？膝者，膝蓋也。膝蓋有傷而成為膝黄也。皆因駝之上載，兩腿跪地，後腿拳攣，聽其裝載，載足而起行。或因跪於崎嶇之地，石塊之中，出力起身，損傷膝蓋，氣血流注於膝間，黄水凝滯於筋骨，浮腫不消，疼痛難行，此謂損傷膝蓋，日久成為膝黄之症也。形狀：膝蓋軟腫，移步艱難。口色：如常者生，白如枯骨者死。歌曰：駝患膝黄要參詳，為因負重膝墊傷。毒氣日久不行散，注成浮腫害骨梁。針膝上，軟處刺之，以膏塗之，流出黄水自消。加減敷藥，方見馬經疔毒篇腫流黄水，丹藥調塗旬日康。仙經論裡分明說，便是先賢聖手方。治法：火內。調理：喂養淨處。戒忌：濕地安眠，泥糞遭踏。敷藥方：治駝膝黄。食鹽、大黄、黄柏、生草烏、生半夏、生薑。以上見瘡黄之大小，用藥之多寡，共研為細末，用麥面半斤打糊，將前藥末入糊內和勻如膏，塗敷膝上腫處，乾又塗之，一二次即痊愈。

羊

綜述

明 徐光啓《農政全書》卷四一《六畜》 羊有疥者，間別之。不別，相染汙，或能合群致死。羊疥先著口者，難治多死。

清 楊屾《豳風廣義》卷三《治羊病法》 羊有疥者，另置一處，否則相染，以致合羣俱病，不可不知。治羊疥方：疥先著口者，難治，多死。用藜蘆根搗碎，以米泔水浸入瓶內，塞其口，置於竈邊，常令溫暖。數日，瓶內泔發變酸，便可用。先以甎瓦片刮疥，令赤，再用葱白湯刮洗，令淨，拭乾，以藥汁塗之，再上卽愈。若多者，不可通身盡塗，須節節治。若通身盡塗，羊皮不堪藥力，則死矣。又方：用臘月猪脂調熏黄末塗之，即愈。熏黄，即雄黄色黑氣臭者。

清 黄毅《畜産叢書》第三編《養羊法・羊病療治法》 凡羊經疥得瘥者，至夏後肥時便賣。不然，來年再發，必死。羊身生疥者，須間別之，不可使與羣羊相處，恐傳染一羣。療法：以藜蘆根咬破出汁，入於瓶中，置於竈側數日，醋香即可應用。先將磚瓦刮疥令赤，去痂拭燥，以藥汁塗之，即愈。或用葵根燒灰煑醋，澱塗之，或用臘月豬油加雄黄塗之，均可。

其他

論說

清 郭懷西《新刻注釋馬牛駝經大全集・馬經大全》卷二《近時易古便宜劃鼻法》 甯庵先生曰：『針劃馬騾之鼻，唯貴利便，不使馬騾苦於受傷，方為名乎。吾於古之劃鼻者，稍更其法，以便從事。此時劃鼻不用襯木填塞鼻孔，只用好快剪刀，將獸縛定，相其左右均勻，驢彎馬直，從下而上剪開就是。可以不用水洗，只用小麥夫一把擦之，即可放手。餵養如常。若凡劃鼻醫者，准於立夏後劃之，無不順利。

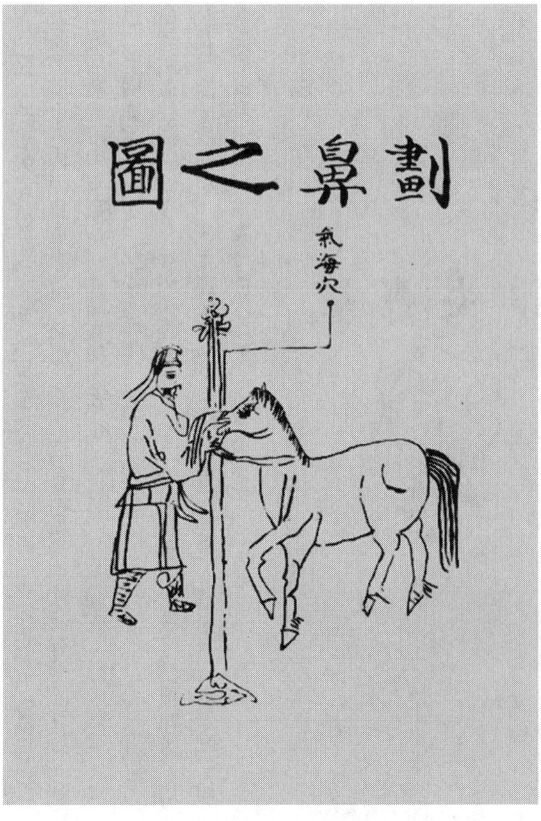

又 卷六《論跌損搶風骨、閃傷膝蓋骨、歪傷蹄胎骨、內損血氣凝滯疼等癥並附治法。》 夫傷損者，何也？皆因馬、騾蓄養失調，負重乘騎，失於節製，致使啞畜蒙受其傷損之害也。或蓄養太盛，多立少騎，騎則性烈，出力過猛；或羸瘦老馬，筋衰力敗，負重乘騎，奔走太急；或小馬超群，筋骨嫩簡，路過蹊蹺之徑。或攀高坎，或走斜坡，失足落空，亦或卒至卒拴，帶汗卸鞍，失於牽散，故致啞畜外傷閃觸，內損經絡，瘀血凝滯而成其患也。或跌損搶風骨、或閃傷膝蓋骨、或歪傷蹄胎骨，亦或內損經絡，氣血凝滯疼痛等諸般疾患，各顯形症，治則有別，醫者慎之。歌曰：諸般閃觸並內傷，醫工細意莫倉忙。皆緣蓄養失調理，跌撲閃觸致其殃。損傷臟腑與筋骨，血氣凝滯痛難當。外傷內損兩般治，臟腑虛實辨端詳。外傷外治內灌藥，內損內治火針相。活血散瘀兼理氣，舒筋活絡得安康。

綜述

晉 葛洪《肘後備急方》卷八《治牛馬六畜水穀疫癘諸病方第七十三》 六畜瘡焦痂，以面膠封之，即落。

又 驢馬脬轉欲死：搗蒜，納小便孔中，深五寸，立瘥。又用小兒屎，和水，灌口，立瘥。又方，騎馬走上用木，腹下來去擦，以手納大孔，探卻糞，大效。探法剪卻指甲，以油塗手，恐損破馬腸。

又 脊瘡，以黃丹敷之，避風，立瘥。

又 疥，以大豆熬焦，和生油麻搗，敷，醋，泔，淨洗。

又 目暈：以霜後楮葉，細末，一日兩度，管吹眼中，即瘥。

又 疥，以樗根末和油麻塗，先以皂莢或米泔淨洗之，洗了塗。令中間空少許，放蟲出下得，多塗恐瘡大，秘療疥，以巴豆，膩粉，研油麻塗定，洗之。塗數日後，看更驗。

清 郭懷西《新刻注釋馬牛駝經大全集・馬經大全》卷六《膽導法注前篇》 導糞法：治驢、馬、騾腹痛起臥，藏結不下糞之症。牙皂五個、去皮、細辛、草烏、甘遂、海金砂各三錢，麝香少許。各件共為細末，先用芝麻油一兩，和溫水送入肛門內，然後用蔥白一根搗爛，仍送穀道內廣腸裡面，牽行百餘步，糞即下矣，取後結症，注前篇。鑒之！

產科部

馬

論說

明 喻仁、喻傑《新刊纂圖元亨療馬集》卷三《七十二癥病形圖論歌治法》 馬患胎氣胎風第二，出《伯樂遺書》。夫胎氣者，胎中氣不順也。皆因妊娠太重，外感內傷，傷勞太甚，清氣不升，濁氣不降，清濁不分，以致子宮煩燥，胎臟不寧，日久遍行經絡。令獸四肢虛腫，抽搐難行，把前把後，耳搭頭低。此謂胎氣流行經絡也。當歸散治之。胎風者，產後外感風也。皆因產育之初，臨簷傍巷，近道沖門，賊風乘虛而入皮膚，皮膚而入肌肉，肌肉而入經絡矣。令獸前行後拽，胯痛胸疼。日久傳於筋骨，致使腰癱腿瘓，四足拳攣，起而不起，臥地昂頭。此謂產後胎風之症也。麒麟竭散治之。歌曰：牝馬妊娠懸後蹄，頭低腰曲步行遲，腹囊細小精神慢，水草須餐肉漸輸。內傷濕氣凝於腎，外感風寒經絡虛，血凝氣滯諸關閉，子宮煩躁莫能舒，安胎補益當歸散，調和氣血自然愈。胎氣胎風產後胎風筋骨痛，拖腰級胯步難移。掠草穴中須用烙，脊間百會穴中施，麒麟竭散頻頻灌，十朝半月效徐徐。臥癱草少危羸瘦，縱有靈方莫令醫。馬妊娠未及十餘日者，如其腿痛，勿令胎氣治之。師皇曰：『胎前腿痛者，謂之胎氣。產後腿痛，謂之胎風。醫者分別治之。』胎氣者，駒煩所致也。凡治者，調經理氣，養血安胎。疾勢小者，少令用藥，候胎月足，產後自然愈矣。胎風者，產後風也。凡治者，強筋壯髓，止痛消風。臥癱不起，羸瘦草少者，不堪治也。《五十四死》曰：『產後胎風筋骨痛，瘦癱草少命須虧。』王良歌曰：『產後胎風痛，癱臥腿拳攣，草少旭羸瘦，能醫療不痊。』胎氣形狀：拘行束步，胯報腰拖，後蹄虛腫，耳搭頭低。胎風形狀：腰癱腿瘓，四足拳攣，起而難起，氣喘昂頭。脈色：胎氣者，雙鳧洪數，唇舌鮮紅。胎風者，腎脈遲澀，口色如綿。治法：胎氣者，當歸散灌之。胎風者，火針百會穴、掠草穴、搶風穴，麒麟竭散灌之。餵養：增加草料，麩料喂之。調理：散縱於廄，聽其自臥自起，幹馬糞地上鋪之。戒忌：戒飲空腸水，忌拴濕地眠。補益當歸散：治馬胎氣。全當歸、破故紙、麒麟竭、白芍藥、自然銅醋煅、紅花、連翹、甜瓜子、骨碎補、益母草、胡蘆巴、荷葉、沒藥、海帶、龜板酥炙、虎骨酥炙、漏蘆。已上各等分為末，每服兩半，苦酒一升，煎三五沸，待溫灌之。當歸散：治馬胎氣。全當歸、熟地黃、白芍藥、川芎、枳實、青皮。右等分為末，每服一兩半，紅花一錢，水一盞，同煎三沸，候溫灌之。麒麟散：治馬產後胎風，把前把後病。麒麟竭、胡蘆巴、當歸、沒藥、白朮、木通、川楝子、巴戟、牽牛、破故紙、茴香、藁本。已上各等分為末，每服一兩半，苦酒一升，同煎三五沸，候溫灌之。

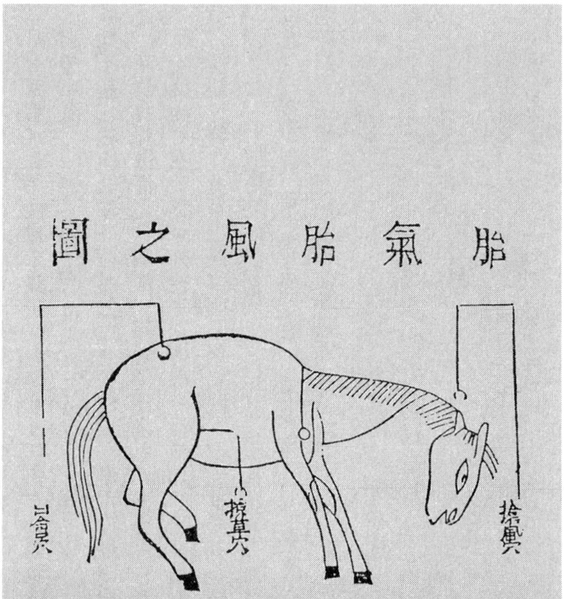

又 馬患胎病第三。夫胎病者，胎駒患病也。皆因大馬妊娠太重，肉滿肥壯，起行不便，睡臥失調，仰凹處起之太急，過狹道猛轉回身，以致虧傷孕馬，閃損胎駒。令獸肚腹脹滿。弩咽蹲腰，駒胞溺濁，氣促喘粗。此謂動胎之症也。醫工入手驗之，駒活者，養血安胎藥灌之；駒亡者，水道即與取之，休令損傷腸胃，回避臟腑膀胱，補益當歸散灌之。歌曰：馬患胎病最難醫，弩咽蹲腰捉四蹄，腹脹本因數有病，胎傷痛悶澀淋漓。菜汁生油塗手內，水門輕入即須知，駒活即噬安胎藥，駒亡水道取包衣。速煎補益當歸散，辟惡須用酒調之，灌後宜當拴暖處，冷水三朝忌要知。師皇曰：『凡馬妊娠，不足周年，未布奶乳者：不生胎病。醫者慎之。』觀形狀：肚腹飽脹，弩咽蹲腰，駒胞溺濁，氣促喘粗。脈色：雙凫浮滑，口色青黃。治法：駒活者，灌安胎白朮散、腹皮散。亡者，取出駒，補益當歸散灌之。餵養：增加料草，熟米湯溫水飲之。調理：散縱於廄，穰草鋪地臥之。戒忌：寒來休拴外喂，三朝冷水忌之。白朮散：治馬胎動安胎。白朮、當歸、川芎、人參、甘草、砂仁、熟地黃，各三錢，陳皮一錢，紫蘇、黃芩各二錢，白芍、阿膠各六分。右為細末，每服一兩五錢，生薑五片，水一升，同煎五沸，候溫灌之。腹皮散：治孕馬腹痛不寧。大腹皮、人參、川芎、白芍藥、熟地黃、陳皮、甘草、桔梗、半夏、紫蘇。已上共為細末，每服兩半，細切青蔥三枝，水一升，調煎三沸，候溫灌之。當歸散：治孕馬駒死胎中，取出駒灌此藥。西江月：當歸沒藥海帶，漏蘆荷葉紅花，自銅破紙及胡巴，虎骨敗龜酥化，骨補連翹益母，麒麟芍藥甜瓜，胎前產後足頑麻，升酒調煎灌下。

馬患胎病之圖

又　馬患新駒奶瀉第二十五，出《元朝集》。新駒奶瀉者，熱乳所傷也。皆因大馬喂拴暴日之中，又或遠驟歸來，喘息未定，幼駒乘饑誤食熱乳，停之於腸，清濁不分，釀成其瀉也。令駒腹肚脹疼，瀉糞如漿，臥地不起，顧腹回頭。此謂大馬血熱，新駒奶瀉之症也。烏梅散治之。歌曰：新駒奶瀉糞如漿，臥地回頭顧兩相。乘熱渴饑食熱奶，三陽相引到空腸。烏梅幹柿同為末，黃連訶子共薑黃，溫水調和同共灌，便是師皇真藥方。師皇曰：『新駒未及滿月泄瀉者，大馬產血未盡也，血熱致使奶熱，奶熱致成其患。用藥者，大馬調和血氣，幼馬分理陰陽，母子各各治之。』駒形狀：肚腹飽脹，瀉糞如漿，臥地不起，顧腹回頭。駒脈色：雙凫洪大，唇舌赤紅。治法：大馬當歸散灌之。新駒烏梅散灌之。調理：餵養清淨之所。大馬生料減半喂之。戒忌：酷熱休拴廄內，寒夜莫令外拴。烏梅散：治新駒奶瀉。烏梅一個，去核幹柿半個、黃連二錢、薑黃二錢、訶子肉二錢，已上擂羅共為細末，白湯半盞，同調灌之後，移時喂乳。當歸散：治母馬產後瘀血未盡，血熱病。當歸、全荷葉、紅花炒、海帶、芍藥、青皮、連翹、天花粉，右件為末，每服一兩，水一盞，調煎二、三沸，帶熱入童便半盞灌之。

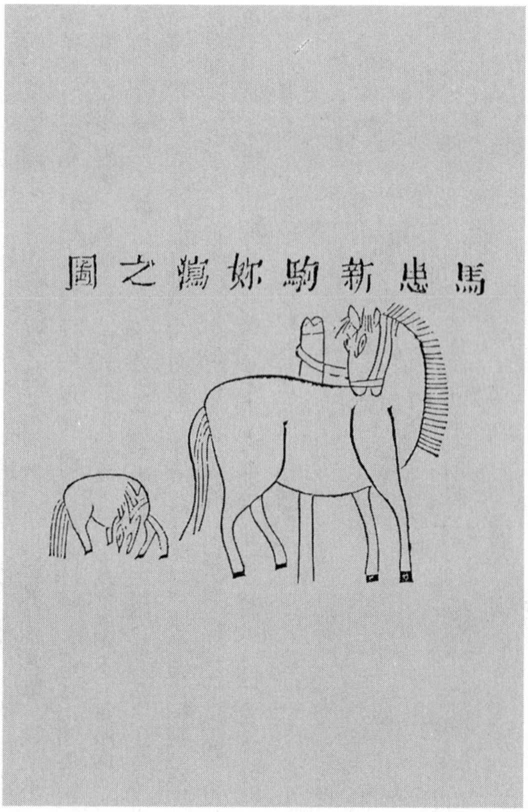
馬患新駒奶瀉之圖

清 郭懷西《新刻注釋馬牛駝經大全集・馬經大全》卷四《馬患胎氣胎風第二》 論馬胎氣者，何也？夫胎者，牝馬妊娠也。皆因蓄養太過，膘肥肉重，從不牽動，又不乘騎，胎在腹中，聽其舒展掙差，略自牽行，驚動胎娠，子宮煩燥，胎臟不寧，掙差。牝馬腹臟疼痛，氣血不行，令其牝馬，不食水草，甚則四肢虛浮，抽搐難行，把前把後，耳搭頭低，精神短慢，此謂妊娠動胎之症也。形狀：胎氣者，四肢虛腫，抽搐難行，精神短慢。口色：唇舌鮮明、臥蠶光潤者，易治；青黑者，難醫。胎氣治法：補益當歸散灌之，或以安胎和氣治之。歌曰：牝馬妊娠懸後腳，頭低腰曲步難行。腹脹細小精神慢，水草雖餐肉漸輸。內傷濕氣凝於腎，外感風寒經絡虛。血凝氣滯諸關閉，子宮煩燥莫能舒。安胎補益當歸散，調和血氣自然安。論馬胎風者，何也？夫胎風者，產後外感風邪也。皆因牡馬產育之初，臨簷傍巷，近道沖門，賊風乘虛而襲於經絡，故血凝氣滯，但產後宜暖、不宜涼。凡血脈熱則宜流，寒則凝滯。令獸前行後拽，胯痛腰疼，日久傳於筋骨，致使腰癱腿瘓，四足拳攣，起而不起，臥地昂頭，此謂產後胎風之症也。歌曰：外感胎風筋骨痛，拖腰報胯步難移。掠草穴中火針熨，腰間百會火針施。麒麟竭散頻頻灌，十朝半月效徐徐。臥多食少尫羸瘦，縱有靈方莫令醫。胎風形狀：腰癱腿瘓、拘形束步、耳搭頭低。元亨曰：『斟酌。凡馬妊娠未及十餘月者，如其腿痛，勿令胎氣治之。』師皇曰：『胎前腿腫者，謂之胎氣；產後腿腫者，謂之胎風。醫者分別治之』。胎氣者，駒煩所致也。凡治者，調經理氣，養血安胎。疾勢小者，少令用藥，候胎月足，產後自然愈矣。胎風者，產後風也。凡治者，溫中活血，強筋壯骨。臥癱不起，羸瘦草少者，不堪醫也。五十四死曰：『產後胎風筋骨痛，瘦癱草少命須虧。』王良曰：『產後胎風痛，癱瘓腿拳攣，草少尫羸瘦，能醫療不痊。』胎氣脈色：腎雙鳧洪數，唇舌鮮紅。治法：當歸散灌之，或安胎和氣散灌之。胎風脈色：腎脈遲澀，口色如棉。胎風治法：胎前禁止火針百會穴，只針掠草穴，大胯、小胯穴，麒麟竭散灌之。痊愈。產後方可火針百會穴。調理：喂養暖廄，稂草鋪地臥之，穀料倍加。戒忌：休拴簷巷濕地，空腸勿飲冷水。補益當歸散：治牝馬妊娠動胎等症。當歸、白芍、白朮、條芩、益母草、紫蘇、粉草。上藥共為細末，每服二兩，黃酒一斤，童便一盞，同調灌之，立效。安胎和氣當歸散：治馬胎氣動胎。全當歸、大熟地、白芍藥、川芎、枳實、青皮、紫蘇、白朮、粉草、蕲艾。如口色赤紫，加條黃芩三錢。上藥各等分，共為細末，每服三兩，同煎二、三沸，後溫加童便半盞調灌。立效。麒麟竭散：治馬產後胎風，把前把後等症。麒麟竭、胡蘆芭、當歸、沒藥、白朮、麻黃、桂枝、炒紅花、炒蒲黃、烏藥、五加皮、玄胡、芍藥、小茴香、炮姜、官桂、香附。上藥共為細末，每服二兩，黃酒一斤，童便一盞，同調灌之。

馬患產後胎風之圖

又《馬患胎病第三》 論馬胎病者，何也？元亨曰：『胎病者，胎駒患病也。皆因妊娠、牝馬膘肥肉重，起行不便，拴繫失調，仰睡凹處，起之太急，或過峽道，猛轉回身，以致虧傷，孕馬閃損胎駒。令獸肚腹脹滿，努咽蹲腰，駒胞溺濁，氣促喘粗，此謂動胎之症也。』形狀：肚腹脹滿，蹲腹溺濁、氣促喘粗。脈色：雙鳧浮滑，口色青黃。歌曰：馬患胎病最難醫，努咽蹲腰把四蹄。腹脹皆因子有病，胎傷痛悶汗淋漓。駒活灌啗安胎藥，駒亡水道取包衣。速煎補益當歸散，辟惡須用酒調之。灌後宜當拴暖處，冷水三朝忌飲之。師皇曰：『凡牝馬妊娠，已足月分，未有下乳者，不生胎病。』治法：駒活者，灌安胎和氣藥；駒亡者，取出駒，用補益當陽散，亦或茴香散灌之。但取駒之法，必先用催生藥灌之，然後可將指甲剪淨，石上磨光，用芝麻油溫水蘸手，入水門內，細意從容，摸着駒子頭，並前雙足齊順出水道門，自然而下也。萬不可粗忙，有損子脟腸。倘有損傷，則不能生也，醫者慎之，萬不可輕易入手。即如入手，務必注意濟世之道，莫大於斯。戒忌：往來休拴簷巷，三朝冷水忌之。催生散：治馬胎駒損傷死於腹中等症。五靈脂、元胡、官桂、紅花、炮薑、澤瀉、車前、二丑、大黃。各件共為細末，每服二兩，黃酒一斤，柘刺條一握，煎湯和藥灌之即下，可以不用手取；倘如胎死久發腫，難下者，其胎頭足，亦必然轉順於水門間，也可入手摸着順順；倘再不下者，即用鉤子，鉤着下頦骨，又用繩拴着兩前蹄子，同着力取下。催生散：治馬難產等症。西江月：靈脂玄胡官桂，紅花澤瀉炮薑。車前二丑共大黃，黃酒一斤尤良。柘條一握煎水，前藥調和柘湯。那怕死胎似鐵樁，服之頃刻離娘。白朮散：治馬胎動安胎等症。：白朮、當歸、川芎、人參、甘草、砂仁、熟地、陳皮、紫蘇、黃芩、白芍、阿膠、枳殼。各件共為細末，每服二兩，薑五片，水一斤，同煎三五沸，候溫灌之。立效。腹皮散：治馬孕腹痛。大腹皮、人參、川芎、白芍、熟地、陳皮、枳殼、甘草、桔梗、半夏、紫蘇。以上共為細末，每服二兩，細切青蔥三五枝，同煎三五沸，候溫灌之。當歸散：治孕馬胎死腹中，取出駒，灌此方。西江月：當歸沒藥海帶，漏蘆荷葉紅花。自銅破紙及胡巴，虎骨敗龜酥化。骨補連翹益母，麒麟芍藥甜瓜。胎前產後足頑麻，斤酒調煎灌下。

馬患妊娠胎損之圖

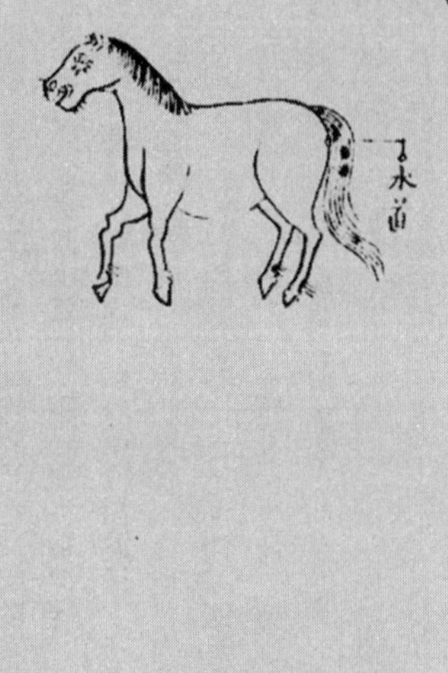

又《馬患新駒奶瀉第十二》 論馬小駒奶瀉者，何也？夫小駒奶瀉者，有大有小，分別識之。產下之後，在七日之內瀉者，乃是胎中之疾也。在二七日之後奶瀉者，是自生之症也。醫者鑒之。歌曰：奶駒初生一七間，瀉痢胎稟正恐難。二七後瀉方可效，說與時師仔細觀。痢無寒症皆屬熱，清升濁降瀉可痊。形狀：肚腹膨脹，瀉痢如漿。脈色：六脈平順，口色鮮明如桃花者，生；六脈遲細，口色紫赤者，死。師皇曰：『小駒七日之中病痢，乃胎疾也。恐其難養。』寧氏曰：『奶瀉卻無妨，恐瀉白奶漿。食乳是白的，痢下是白者，難醫。』王良曰：『下地能食乳者，生；不能食乳者，死。』治法：取割薑牙，用六一散，生薑、烏梅煎湯調灌之。再灌，加伏龍肝即鍋心紅土，又加食鹽一撮炒研，照前調灌，立愈。調理：喂養暖廄，草料加倍。戒忌：拴繫清涼之廄，生料一切忌之。升清降濁飲：治馬駒痢瀉等症。豬苓、澤瀉、車前、甘草、扁豆、白朮、赤茯苓、升麻、木通、滑石、熟軍、陳皮、半夏。各件共為細末，每服一兩，煎一沸，加伏龍肝一塊，食鹽一撮炒，研碎調和，候溫灌之。連灌一二服，痊愈。

馬患新駒奶瀉之圖

又 卷六《馬患胎氣痛第十九》 論馬胎氣痛者，何也？夫胎者，混元造化之所，名曰子宮。在人為丹田，乃臍下一寸三分，男子藏精之處，女子結胎之所。以馬而論，人畜皆然。亦受陽精於內，陰血相交，孕育而成胎。始則為胎，成形為駒，腹內以血成駒，以血養駒，駒十二月之期，轉胎臨產之時。駒在腹內不食血，血即化為乳，而發之於外，歸落乳房，即下乳之時，駒即將產也。務必小心，細意照應，有等愚莽之人，不知好歹，不識母馬有孕胎駒之事，仍然乘騎馳驅，奔驟轉折不論。嗚乎！喑啞不能言語之畜，豈能自惜其胎，以致閃損傷，有礙胎元而成痛，此謂胎氣痛之症也。形狀：蹲腰鞁胯，濁白尿下溺，是也。脈色：雙凫洪大，口色鮮明者，佳也。歌曰：胎元孕育在命門，腰眼百會另有根。混元造化無傷損，足月十二產龍麟。稍有損動溺尿濁，務向經書裏面尋。安胎聖藥二三服，不用施針驥安寧。師皇曰：『胎動蹲腰，後脚查胯後步遲。』康莊曰：『溺濁因胎動，後足定難移。』曲川曰：『蹲腰尿溺者，胎氣之痛也。』寧庵曰：『三、四個月間胎動，或下紅白；五、六個月間胎動，則下溺濁。只牽行後脚遲鞁，或有胎氣痛，把前把後，拘行束步，務必斟酌，以調經養血，安胎和氣之劑調理，不可以生針徹血，有傷牝馬元氣。醫者慎之。』調理：調經養血湯，以未產之時用之，安胎和氣散灌之；已產駒之後，把前把後疼痛之患，以調經養血散灌之，自痊。火針百會刺之。戒忌：勿令生針徹血，恐傷元氣，務必惜血養駒。調經養血湯：治牝馬前把胸膊，後把腰胯，拘行束步等症。當歸、川芎、生地、白芍、雲苓、甘草、陳皮、烏藥、香附、白朮、澤瀉。各件共為細末，每服二兩，黃酒一斤，童便二盞，開水調灌。產後方，于本方加：麻黃、桂枝、肉桂、五加皮、羌活、紅花炒、元胡、靈芝。再灌三五服痊愈。安胎和氣散：黃芩、白朮、紫蘇、烏藥、香附、益母草、蘄艾、粉甘草、當歸、白芍、陳皮。各件共為細末，每服二兩，童便二盞，黃酒半斤，同調灌之。

藝文

明 喻仁、喻傑《新刊纂圖元亨療馬集》卷六《胎娠服忌》 蚖斑水蛭及虻蟲，乌頭附子及天雄，野葛水银并巴豆，牛膝薏苡與蜈蚣，三棱代赭芫花麝，大戟蛇蜕黄雌雄，牙硝芒硝牡丹桂，槐花牵牛皂角同，半夏南星與通草，瞿麥乾薑桃仁通，硇砂乾漆蟹甲爪，地膽茅根都不中。

明 楊時喬《新刻馬書》卷八《馬母孕病此南北并同》 駒胞漓濁最難醫，努咽起臥攢四蹄，腹脹本因子有病，胎偏痛悶澀淋尿，菜汁生油搽手內，穿腸安詳與理醫，駒活宜灌安胎藥，駒亡水道取胞衣，速用補益當歸散，辟惡更用酒調之，灌了藥時緩緩喂，冷水三朝忌要知。

牛

論說

明 喻仁、喻傑《圖像水黃牛經大全》卷下《牛患七十七癥論病形歌圖治法》 牛患難產症第六十三。夫牛難產者，何也？產者，乃天地生成，自然之造化，順而易也。因何而致有難產？然產母之中，有變化多端，逐一分條列述有橫產、有逆產、有順產。順產者，臨月而產，順而易也。而無可擦也。然逆產、橫產者，雖然產畜臨月，或因耕田耙地使用出力，轉折胎元，促損犢子，腹中作痛，母子弩掙，將犢子弩掙水門，或橫或倒，不能轉動，而不能產下矣。令獸或起或臥，弓腰弩掙，此謂難產之症也。形狀：弓腰弩掙，水門了流紅，或起或臥。口色：如常者生，青黑者死。歌曰：臨月難產是何殃，使用轉折致損傷。橫逆水道難產下，仙經論裏尋救方。速用益元轉胎劑，氣順胎轉犢離娘。最忌慌忙亂折捉，損傷兒腸子母亡。妙藥通靈分時刻，催產犢子母子康。治法：如臨產足月時，用益元轉胎通靈散灌之。如未足月時，動胎腹痛起臥，而水道不流紅者，可用安胎之劑，切不可用催產之藥，醫者慎之。調理：散縱欄內，不用拴繫，聽其自臥自起。戒忌：休拴池邊簷巷，風吹雨淋。益元轉胎通靈散：治牛馬難產。香附、當歸、川芎、紅花、烏藥、黃芩、白朮、紫蘇、元胡、小茴香、條參、伏龍肝。共為細末，黃酒半斤為引。論胎中犢子橫生逆產，至對時自然轉動，順流而產下也。如漿泡久破，膊腸乾枯，胎雖轉動，母牛無力，不能弩掙，即難產下矣。醫者至此不得不動手矣。若動手時，務將指甲剪盡，石上磨光。如不磨光，恐入手損傷月尋腸，母牛亦難生活也。其入手之法，務必先將犢子之頭、嘴、鼻撥在水門，次將前兩足，亦撥在犢子嘴旁，若犢子是活的，母牛弩力，犢子亦知弩力，一湧而產下也。

若是死胎，母牛或臥或站，亦務將犢子頭足撥正，用鐵鉤子鉤著犢子下牙夾骨，用繩拴著犢子兩前足，母牛不能出力，要人仔細從容，輕輕撈出死胎，其母牛用調經活血藥灌之。方見前篇。

牛患難產症圖

又 牛患懷胎渾身浮腫症第六十四。夫牛懷胎渾身浮腫者，何也？胎者，母之餘血也。得精氣而成為胎元，稟母牛之元氣務育成胎。一二三個月之際，氣血升降，出入呼吸，皆由子母未能分經，即有閃損挫傷，兩無相礙。及至四五個月之時，胎犢長全，母手已能分經，最忌損折挫動，倘有挫動，則致子在腹中，不續母之元氣，而受其鬱悶。母之餘氣浮於絡中，亦不能接子之生氣而交會升降，暢快周流於肢體，以致凝瘀鬱氣而不行也。血而不活也，胎氣不和也，憋死腹中矣。致令母牛四蹄浮虛，渾身皮腫，時或水道流出血水也。此謂懷胎動損，浮腫之症也。形狀：四蹄浮腫，渾身皮浮，水道流紅，時或起臥，腹內疼痛。口色：鮮明如桃色者生，紅黃者可治，青黑者難治。歌曰：母牛妊娠肢體腫，水道流紅胎損傷。初覺挫動先和氣，氣和胎安犢子康。時師不知安胎法，若待浮腫胎必亡。治法：初覺動胎，未曾腫浮之時，以安胎和氣之劑灌之。調理：餵養暖處。戒忌：雨淋水泡，簷巷風吹。安胎和氣飲：治牛動胎未浮症。生黃芪、茯苓、阿膠珠、杜仲、黃芩、白朮、甘草、續斷、紫蘇、陳皮、蘄艾。各件共為細末，每服四兩，黃酒一斤，煎三沸，候溫加童便二大盞，同調灌之。一二服後，如母牛不起臥之時，方為安泰。如胎死腹內，則母牛四肢、渾身浮腫而下乳者，則可用催產之劑。若母牛雖然四肢浮腫，不下乳者，胎在腹中活，未必用催生之藥。此乃陰功，千萬不可輕動。鑒之！方見前篇。安胎方：全當歸、川貝母、羌活、粉甘草、荊芥穗厚朴薑汁炒、蘄艾醋炒、兔絲餅酒泡、生黃芪蜜水炒、枳殼、川芎、白芍。各件共為細末，生薑、童便為引。如懷胎之母牛，時或灌此妙藥，臨月容易產生矣。如有慣於小產婦人，妊娠之時，或常服之，安胎和氣，到臨盆有慶，萬不可忽視此方矣。加味川芎當歸湯。治牛難產或子死腹中催生等症。全當歸、川芎、敗龜板醋炙、婦人頭髮一大握，瓦上焙之存性，黑料豆炒，共為細末。黃酒一斤，童便一盞為引和灌之。腹脹痛甚，本方加平胃散：蒼朮米泔炒、厚朴薑汁炒、陳皮、甘草，共為細末。黃酒、童便一盞，同調灌之。如不下，即加芒硝，其胎自化而下矣。其骨或另取之。

牛患懷胎浮腫之圖

又 牛患受胎朋實難產症第六十五。夫牛患受胎而有陰實者，何也？胎元孕育造化，自然之理，生育之道，聽其自然奇異。今世忽有不同者，有母牛胎孕臨產之時，永道不通而難產者，令人一見，心驚著忙。但此等症，古來未聞篇論，又未注說，予臨此症，現已守半日，見實難產，只得將水道外皮，略割開些，其犢子豁然而產下矣。母子平安無恙。予臨內實之症，孕胎在內臨產，交骨不開，則其未至臨產之時。若將產時，豈有交骨不開之理！以催生藥灌之，其交骨開，即割開外水道皮，不難產下矣。令母牛弓腰努掙，起臥頻加，此謂受胎陰實難産之症也。形狀：弓腰努掙，或起或臥。口色：如常。歌曰：天地造化受胎元，臨産初生説根緣。交骨已開皮未破，致使犢子亦難鑽。醫工産門輕刀割，胎犢豁然刻分娩。交骨不開無方法，縱有巧手難上難。藥用靈丹催交骨，交骨催開産不難。治法：以加味芎歸散催之。調理：餵養淨處，草料加倍喂之。戒忌：簷巷風吹，雨淋水泡。加味芎歸湯：治牛交骨不開難産症。全當歸二兩，川芎二兩，龜板二兩，醋炙研末，婦人髮一兩：瓦焙。如犢子死於腹中，加黑料豆半升炒。各件共為細末，每服四兩，煎三沸，溫加一便二盞灌之，稍刻再灌平胃散：蒼朮米泔水炒，厚朴薑汁炒，陳皮、甘草炒。前三味，各三兩，甘草一兩二錢，共為細末，煎三沸，溫加童便灌之，交骨即開，而産下矣。如犢子死於腹中，再加芒硝四兩和灌之。使犢子月久自然化下，其骨從容取之。再灌調經活血湯。調經活血湯：治牛難産，犢子死於腹中自化等症。當歸、川芎、熟地、元胡、紅花、靈芝、桃仁、烏藥、炮薑、甘草、白芍、木通。各件共為細末，每服四兩，煎三沸，溫加童便一大盞，調灌二服痊癒。又馬經篇柘刺催生，可以通用。生脈湯：治牛少乳或乳房不通等症。生黄芪、全當歸、通草、王不流、川山甲、紅花、陳皮、甘草、桂枝，共為細末。黄酒為引，調和灌之。使犢子食之，其乳即下矣。又安胎催生方：當歸一兩，貝母、黄芪、紫蘇、枳殼、黄芩、白芍、甘草、厚朴、藿香、蘄艾、兔絲子。各件共為細末，每服四兩，候溫灌之，一二服神應。

牛患受胎難産之圖

清 佚名《醫牛寶書·治療篇·母牛經水不調歌訣》 經水不調者，為之錯前錯後也。白帶月分者，熱矢虛體也。調經活血也，生地、當歸、白芍、塊苓、枸杞、杜仲、淮山、蔚金、玄胡，補血調元，牛得安胎。破血桃仁加紅花、土鱉，用之不差。

又《胎前爲病》 牛有胎病者，體虛也。用藥治也，和血安胎也。赤脈旺者，胎可安也，以為好也。醫不治者，病重也，當治者見之。胎死者，母牛亡也；胎活者，牛娘大生也。不用針者，乃用藥也，補生十全其美也。

清 佚名《醫牛寶書·治療篇·催生歌類》 生子者，子胎為滿也。母牛病者，無有氣血也。十月以為之胎滿也。在于生時，分之死生胎也。請醫者，藥方，冰螺，鱉魚頭燒灰，催下胎衣，用雞頭、菱子葉。全下一個，分一個；下一邊，分一邊；下一角，分一角。必下也。

又《産後血氣》 若牛病産後者，血為下也。未滿月者，風雨水冰也。六月生子者，受乾暑熱也。熱以血失者，破血治也。靈脂蒲黄川蔚金，紅花桃仁白藥行，淮山阿膠玄胡索，肉桂麻黄發汗靈，若還加入木香等，通氣活血最可平。

又《母子傳癥》 母子二牛共欄關，、母傳子病不能輕。子傳母病氣後傷，二虎相斗有損傷。若還救得母子好，山崗會上請牛王。神藥兩付保牛好，養主欽賜謝牛王。多謝先生好妙方，救得母子保安康。母子相傳之病，名為子傳母，母傳子之瘟癥。母子相傳藥單：蘇葉、防風、荊芥、薄荷葉、陳皮、半夏、梔子、連翹、黄柏、黄芩、硼砂、大黄、蓮子、乾葛、川朴、山楂、麥芽、神曲子，用米湯為引，母用食鹽洗口。若要開胃，加砂仁　五味子。

又《奶痛奶巖歌》 奶痛奶巖歌曰：此病奶毒者，亦有內吹也。內吹者，子牛開口傷於母也。外吹者，吃奶吹也。病有三癥也，奶毒、奶癰、奶巖、奶脹也。脹者，用手推奶也。癰者，巖毒之藥也。爛者，消風解毒湯。火奶者，涼藥加燈芯引也。

清 黄毅《畜産叢書》第一編《養牛法·生育之情形》 牝牛受胎以後，須與以滋養食料，以使胎兒發達。至四箇月即可見胎兒運動於腹部，於是乳量漸減，五箇月乳即停止矣。美牛雖於分娩期至乳尚不止，然前二月即當停止搾取，留以養胎牛。懷胎五六月之際，宜防小産。考小産之原因有四：一氣候激變，二過於勞役，三傾跌，四鞭撲。故預防之法宜調和氣候，毋使勞役，且不宜使孕牛渡過寒水，此皆最宜注意者也。若一經流産，不但小牛失去，母牛亦受傷不淺，故宜善防之。交尾後二百三十日以内生産者，其小牛必不能生活，必以二百八十五日為平均姙娠期，最長者亦不過三百三十日。懷胎日滿，分娩期臨，腹部下垂，生殖器及乳房膨脹，舉止不安，食糧減少，呻吟之間，子牛産出矣。頭與前腳先出者為通常産法，臀部先出者為逆産。逆産者，母牛、子牛均受困難，而最危險之事也。當以手助之，方保無虞。通常於子牛産後，須於其臍之二三寸處切斷。所用之刀剪須用明礬液塗之，以為消毒之劑。分娩以後，母牛疲勞，當飼以碎穀、油粕及食鹽之混合質，以滋養之。犢牛生下，就乳房求食之先，須先將其乳搾去若干，然後使犢牛食取。因胎内污物於分娩後隨乳而下，故所搾之乳多帶黄色，子牛不可食也。犢牛放置牛舍之内，必致吸乳無序，甚為有害，要當使與母牛離，一日可會四次，則似有節製，而不致有害。俟犢牛稍大，習慣性成，則可任其自然，亦無妨矣。犢牛斷乳時有不同，大約以五箇月適宜，至少亦須三箇月也。斷乳之先，須間飼以乳油殘液，或油粕豆粉等，然後漸漸間斷之。犢牛之時，將鼻之中隔穿斷，入以横棍或鞨索，以便牽引。

综述

清　李南暉《活獸慈舟・水牛》第二篇《疾病・外産科病》　治箍嘴黄法。牛醫皆云：牛患箍嘴黄者，如犢子上籠箍相符，究未知其病從何來，醫向何治？蓋此證實由脾火上攻，熱毒結成，若弗急療，頃刻斃命。此證多由飲露水毒草，或白露時飲蜘蛛、野貓尿所來。法當用消毒藥：玄參、石膏、黄連、黄柏、黄芩、甘草、芒硝、貝母、銀花、甲珠、蟲蛻、豆根、僵蟲、射干、荊芥、防風、升麻、薄荷、牛蒡子、桔梗、蜈蚣、連翹、梔子。煎濃，入蜜、羊膽啖服。又：石膏、牙硝、梔子、連翹、升麻、夏枯草、豨薟草、扁竹根、蒲公英、魚鰍串、鐵燈臺、蛇泡草、牛舌徧。煎濃，入羊膽汁啖服。又：廣灰、牙硝。同末，再入芭蕉油、入桐油一勺，將前二味藥共合調勻敷之。

又　治竄皮黄法。醫曰：竄皮黄者，由風熱火毒熱燥結成，久則發為滿身腫脹。此證若不早治，遲則休矣。若遇此證，急用針先從四膊放針，後從四膝放針，又放天門穴、地戶穴，再放腰脊中，又放對眼正中處，再刺眼上約寸許正中處。然此所針之處，皆從大概，業是醫者，如穴道不明，則免刺之，方不誤事。隨用消黄解毒藥：當歸、紅花、大黄、芒硝、荊芥、薄荷、石膏、牛蒡子、升麻、蒼朮、銀花、甲珠、蟲蛻、腹毛、連翹、玄參、梔子、甘草、木香、桂枝、柴胡、生芍、黄柏、知母、黄芩、桑皮。煎濃，入蜂蜜、雞蛋、常酒、淘米水合啖。又：當歸、紅花、柴胡、茵陳、牛蒡子、牙硝、知母、黄芩、大黄、荊芥、車前、桑寄生、扁竹根、凍綠條、蒲公英、夏枯草、鐵燈臺、過山龍、天磨芋、一枝蒿、一枝箭、牛舌徧、蛇泡草、血皮菜、金銀花、芭蕉根。煎濃，入雞蛋合啖。

又　治諸黄證法。《青囊經》云：牛之外證最險，惟黄證所發更兇，其名固多，各處不同，然治法總歸一理。心與小腸臓腑發者，當從心治；肝膽所法，務從肝醫；脾胃發來，又當脾胃醫治；肺家發來，宜向肺裏主療；腎宮發黄，須從腎臓醫治。前已著明，黄證各家皆有，不過言其大概。總之，牛生皮黄與人生疔瘡同情，此證皆由熱毒結成，亦由風熱所積。用藥宜清熱瀉火解毒為主。此藥統治諸黄方：荊芥、薄荷、牛蒡子、黄連、銀花、黄芩、蟲蛻、升麻、梔子、連翹、蜈蚣、甲珠、銀花、大黄、生地、川芎、白芍、明雄、羌活、白芷、甘草。搗爛，煎濃，入雞蛋、淘米水灌之。如雞心黄、舌黄、箍嘴黄、腮包黄以及上部生黄者，俱加：玄參、桔梗、僵蟲、石膏、射干、膽草、防風、黄連。如下部生黄者，加：牛膝、知母、黄柏、全蟲、木通、滑石。照證加減，方能見效。又：夏枯草、苛草、銀花、見腫消、扁竹根、茯苓、荔枝草、棕櫚子、薄荷、膽草、野菊根、豨薟草、知母、貝母、升麻、滿身竄、白面風、花粉、豆根。搗煎，入雞蛋、淘米水、常酒，灌之二三劑。業是醫者，毋得固執病在上部者以上行之藥為主，病在下部者以下行之藥為君。如此照法加減服之。

又　治舌黄、箍嘴黄、腮包黄方：甲珠、梔子、僵蟲、蟲蛻、牛蒡子、桔梗、玄參、豆根、射干、尖貝、枯礬、明雄、石膏、細辛、黄連、生地、川芎、大黄、銀花、荊芥、薄荷、花粉、連翹、夏枯草。搗煎，入雞蛋、淘米水啖之。又：甲珠、蟲蛻、僵蟲、明雄、射干、豆根、桔梗、細辛、黄連、玄參、全蟲、石膏。合搗，煎濃，入淘米水，蜂蜜灌之。又：夏枯草半斤、青木香二兩、扁竹根半斤、開喉箭二兩、豆根四兩、薄荷四兩、牛膝四兩。搗煎，入雞蛋、淘米水合啖。又：夏枯草、蒲公英、青木香、扁竹根、開喉箭、一枝箭、荔枝根、水茴香、牛蒡子、銀花、黄連、大黄、豆根、薄荷、牛膝。搗煎，入麻油、雞蛋灌之。噙藥方：豆根、火硝、射干、明雄、青木香。共為粗末，放於舌間噙之。外用，用草索繫其嘴唇，將牛懸吊如掛掌。然口中之藥，勿使嚥下，其毒自不攻喉，則保無虞矣。治腎經黄敷藥方：大黄、黄柏、梔子、芒硝、細辛、南星、半夏、白芷、姜黄。共研細末，調老酒、靛腳子沖清油敷之。

又 治氣夾黄法。夫氣者，牛之本力也。氣夾黄者，染自外來，由於停寒飲冷，濕熱暑涼凝積腹中。亦或世醫多用寒涼藥，終成此疾。其證鼻口氣粗，睡臥不寧，肚大翻脊。舌底青黑者陰盛，宜溫中理氣。舌底滿紅帶紫色者陽也，法當用黄連疏氣飲：黄連、枳殼、陳皮、木香、大黄、芒硝、梔子、丑牛、萊菔、檳榔、草果、姜黄、牙皂、白礬、滑石、連翹、青皮、細辛、蒼朮、黄芩、桔梗。搗煎，入麻油、汗膩水啖服。又：青木香、水茴香、搜山虎、硃砂蓮、黄連、大黄、麥冬、木香。搗煎，入葉煙、麻油啖之。治舌底青黑方：吳萸、小茴、砂仁、菖蒲、草果、木香、枳殼、陳皮、白芷、均姜、丑牛、萊菔、桔梗、梔子、蒼朮、牙皂、白礬、黄連、蔚金、官桂、連翹。搗煎，入葉煙、常酒啖之。又：青木香、四楞香、水茴香、巴茅香、倒水蓮、硃砂蓮、皂角根、大茴根、藿香、菖蒲、莪朮、木香。搗煎，入常酒、葉煙啖之。

又 治疔證法。牛生疔者，乃牛之險證也。其病起於風火熱毒結成。亦或節候寒溫不一，而致染肅殺之氣，瞬息則畜類尸忤，性情激變，一時發生，頃刻則必危亡。人生火疔瘡結，猶能分辨何臟所主何疔，如牛染證受毒，難觀其形色，雖看青、紅、赤、白、黑，此中不過從大概而言。總之，發於五臟者重，發於六腑者輕。其證初起之時，皮膚作激，浮腫平鋪，或者心慌性亂。醫人難以考察，不如以針考之，無血者肉不合者是也。法當用攻毒祛風藥：荊芥、薄荷、牛蒡子、黄柏、銀花、升麻、川芎、白芍、生地、當歸、連翹、梔子、玄參、甲珠、蟲蛻、腹皮、茵陳、防風、菊花、蒼朮、生芪、蜈蚣、明雄、麻黄、桂枝、甘草。搗煎，入常酒、蔥子灌之。又：夏枯草、菊花根、牛蒡子、排風藤、鐵掃把、豨薟草、野煙根、蒲公英、魚鰍串、桑根皮、蛇泡草、當歸、薄荷、銀花、茯苓、天丁。搗煎，入常酒、火蔥灌服。治諸般疔證方：黄連、黄柏、石膏、黄芩、知母、貝母、甘草、玄參、連翹、梔子、生芪、生芍、柴胡、酒軍。煎濃，入雞蛋、豆漿啖服。又：當歸、黄連、黄芩、桑皮、石膏、知母、貝母、地丁、黄柏、夏枯草、觀音草、老蛇頭、凍綠條、芭蕉根、扁竹根、臭牡丹、車前草、薄荷葉。煎濃，入雞蛋啖服。又：指甲花、芙蓉花、金銀花連葉莖根搗煎，入雞蛋、清油啖服。又：豨薟草、夏枯草、燈籠草、蛇泡草、大苛草、車前草。煎濃，入芭蕉油、雞蛋合啖。又：芒硝、大黄、連翹、車前、夏枯草、血皮菜、觀音草、蒲公英、鐵燈臺。煎濃，入雞蛋清合啖。敷藥方：寒水石、芒硝、甘草、黄柏、黄連玄參、生地。共搗極爛，入姜、蔥汁、蜂蜜，調敷患處。又：夏枯草、蒲公英、豨薟草、水莧菜、山慈菇、地膚子、苧麻根、側耳根、芒硝、當歸。搗絨，入芭蕉油、雞蛋清，調敷患處。

又 治皮裂法。《青囊經》云：皮肉開裂，乃傷力血虛火燥之故。由使用勞苦太過，傷肺損腎，肺傷腎弱，則水不能製火，使心火克肺金，故火盛則血虛。此證當用補血清火湯：當歸、川芎、生地、紅花、天冬、百合、黨參、黄芪、苦參、丹參、玄參、白芍、連翹、梔子、白芷、甘草。煎濃，入雞蛋、蜂蜜、淡鹽湯啖服。又：當歸、川芎、生地、紅花、生芍、甘草、百合、百部、麥冬、白芷、山蘿卜、五加皮、夏枯草、蒲公英、豨薟草。搗煎，入蜂蜜、雞蛋啖服。洗藥方：夏枯草、蒲公英、血皮菜、豨薟草、地膚子、當歸、川芎、生芍、黄連、法夏。煎濃，俟冷，入芭蕉油搽洗。

又 治蹄蟥法。青峰曰：蹄間起蟥者，受自何來？因腳踩涴濁肥泥，致沙蟲相侵，或夏熱炎天，踩糞內肥泥，惡毒侵竄蹄間，久則成蟥蹄之證。亦或牢內未能打掃，足踩牛尿，亦能蟥蹄。凡此證先將牛綁捆於地下，如掛馬掌，將爛肉泥沙拔盡，用陳艾水洗之，後用廣石灰調涼水澄清，入生豬油或桐油、清油調敷蹄間，使蹄常潤，則熱毒自解。或牛臥時，將此藥常敷，如蹄內有石沙泥木等物，當即取出。內服殺蟲退熱藥：貫眾、檳榔、枳殼、玄參、梔子、木通、芒硝、石膏、松節、防己、木瓜、牛膝。煎濃，啖服。又：當歸、黄芩、牙硝、貫眾、檳榔、榧子、秦艽、牛膝、木瓜、木通、前仁、蕪荑、鶴虱、豨薟草、蒲公英、夏枯草。煎濃，入雞蛋合啖。治蹄蟥方：龍骨、象皮、明雄、麝香、石腦油、黄丹、爐甘石。共末蟥之，外用葉煙或水煙將瘡眼塞定，再用牛草鞋穿上，庶免糞泥沙石入內。

又、治尾痔法。夫牛尾生痔蟲、皮膚癢者，當用洗藥常換常敷自愈。洗藥方：臁頭雞兒、地苦膽、山慈菇、陳艾、貫眾、甘草、黄柏。煎水，洗患處。敷藥方：王不留行。入油合煎，待泡散，退火去渣，再用乾狗糞或羊屎火煅存性，研末，入桐油調敷。

又 治四肢寒法。醫曰：牛患四肢寒者，因外感風邪，內侵寒涼，或水濕侵於皮膚，或軀使太過，陡感外邪，則牛四肢作寒。此證舌底青黑，鼻乾無汗，頭垂眼昏，四肢顫戰，多畏風寒，總宜分經治病。有濕氣則用散寒除濕藥：當歸、川芎、木通、甘遂、丑牛、白朮、茯苓、桂枝、麻黃、加皮、蒼朮、菖蒲、牛膝、續斷、車前。煎濃，入酒合啖。又：茯苓、蒼朮、木通、酒芍、牛膝、車前、兔耳風、茅香根、吳萸根、黃荊根、椿根皮。搗煎，入甜酒服。如牛四肢橫身無水濕者風寒凝滯，當用散寒祛風藥：當歸、川芎、酒芍、桂枝、麻黃、杏仁、甘草、粉葛、草果、均姜、製附片、吳萸、木香、通草、蒼朮、檳榔、陳皮、法夏、蔥頭。搗煎，入酒曲、甜酒服。又：當歸、川芎、柴胡、升麻、麻黃、桂枝、茯苓、吳萸、木香、法夏、南星、炮姜、兔耳風、茅香根、大楓藤、石鳳丹、椿根皮、伸筋草、火蔥頭、熟附片。搗煎，入酒合啖。

又 治肩處皮爛流血法。夫肩處皮爛流血，多因耕犁過用枷擔磨擦所致。宜用：蕎麥燒灰，煎水洗之。或用：陳艾、桑葉，煎水洗之。隨用：爛棉絮、白狗糞、紙傘葉。俱燒灰，調雞蛋清、香油搽敷。又：芭蕉油，調廣石灰敷。

又 治蝣肛門法。牛患蝣肛門者，多屬蟲火惡毒積熱所致。又或蚊虻叮咬而成。內當服清火藥：玄參、黃連、連翹、黃柏、地榆、麻仁、生地、石膏、桑皮、吳萸、香附、大黃酒炒當歸、白芍、紅花。煎濃，入雞蛋啖服。又：豨薟草、五穀根、大黃、當歸、川芎、生芍、柴胡、木通、牛膝。煎濃，入雞蛋清合啖。又：用肶頭雞兒煎水，入偷油婆搗碎，再入生半夏同搽患處。又：川椒、檳榔、雪膽、硫磺、雄黃。共為末，香油調敷。又：廣石灰、肶頭雞兒、花椒、硫磺、貫眾。共搗煎濃，俟冷調敷。

又 治脫肛法。牛患脫肛者，必當先觀其有外證無外證，有內證無內證；或有火毒熱結大腸，下血糞稀，或中氣不足，不能收斂，久則必成脫肛。總之，有火無火，先用大承氣湯一劑，或用三消飲一劑，隨用補中湯二三劑。或用：升麻、苦參、茯苓。又：蓖麻子和葉，搗爛作餅，覆於腰脊中。洗藥方：陳艾、蒼朮、菖蒲、峨茶、苦楝根。煎水，常洗。

又 治白帶法。青峰曰：白帶證乃牝牛所得，然此證須細心審的方確。凡牛每月如人行動周天，不知者誤認為帶則謬矣。或曰：周天行動如帶，何能辨別真確？答曰：凡周天行動，每月或前一二日，或後一二日，瀉出涎絲，此乃周天行動，如人月信相符。帶則無論何時，或常時流行不息，其色多是青白。此證皆由內中寒凉風邪侵竄，久則發為白帶等證。法當溫經益腎散寒藥：川芎、黑姜、生地、當歸、赤石脂、白芷、木香、官桂、麻絨、杏仁、甘草、柴胡、酒芍、枸杞、故紙、吳萸、香附、蒼朮、升麻。煎濃，入常酒、淡鹽湯啖服。又：當歸、川芎、柴胡、吳萸、續斷、牛膝、菖蒲、枸杞、巴戟、蒼朮、澤蘭、生薑、臭牡丹、淫羊藿根、大茴根、地胡椒、魚鰍串、五加皮、臭藤根、茜草根、映山紅、胡桃、茅香根。同煎極濃，入常酒、淡鹽湯啖服。

又 治產犢不下方。當歸、川芎、木通、龜板、廣香、陳皮、牛膝、前仁。煎濃，啖服。又：車前子一合，當歸二兩，川芎三兩。煎啖。此證既愈，隨後當用藥補之。

又 治胎衣不下方。夫牛胎衣不下者，讓牛約睡片時，以香油納入腹內，頃刻即出。又：蓖麻葉，搗爛作餅覆。又：用草履吊墜立下。牛既生犢子，打掃牢中，熏消穢濁，勿使臭污，用乾絨草墊臥，將胎衣埋藏淨土，切勿置高樹吊曬。

又 治牛失奶方。黨參、條芩、茯苓、通草、川芎、當歸、酒芍、續斷、牛膝、陳皮。搗煎，入無灰酒調啖。又：人參、黃芪、當歸、川芎、木香、菖蒲、木通、續斷、吳萸、奶漿藤、茜草根。煎濃，啖服。又：奶漿藤、過山龍。啖服。又：豬脂、羊脂、酒醋炒。合奶漿藤啖服。又：常以胡豆、蕎、麥、米等料慢啖，則牛奶亦多，而能大健脾胃。

又 治牛腸出不收法。或曰：牛腸何有流出不收之說？不知牛有內證亦能腸出不收。又或產犢子用力太過，亦能腸出不收。亦或氣虛不能收斂，腸亦流出。又或跌仆致傷，亦能流出。凡牛患此證者，無論有外證無外證，即將溫水用錫瓶淋灌，以手清洗一二柱香久，使脹氣瘀血淨，以陳艾煎水俟冷洗之，後暫用香油輕納入內，用針將肛門暫縺縫片時。又或用生薑、側耳根、魚鰍串搗爛用醋炒，作餅敷肛門處，使牛臟腑和緩，則去藥。內當服收斂藥補之。當歸、川芎、白芍、升麻合食鹽煎啖。又：當歸、川芎、酒芍、升麻、陳皮。煎濃，入酒醋合啖。又：當歸、升麻。搗煎，入酒醋合啖。

清 佚名《醫牛寶書·治療篇·十全大補》 牛病毛松瘦者，多無有肉也，十全大補也。生地、當歸、黃芪、黨參、貝母、法夏、茯神、遠志、棗皮、苡米、粉葛、川朴、故紙、杜仲、玄參。

又《又補湯十全》 熟地、苡米、杜仲、故紙、全歸、黨參、貝母、茯神、楝冬、紅花、白芍、砂仁、粉草。

又《吃藥解毒單》 解毒、敗毒、散毒、消毒、化毒、拔毒、托毒、洗毒，吃藥、搽藥、洗藥、合口藥，生肌散。消風、拔毒、淨膿、散血，三黃鐵箍散。用芙蓉花、灰面頭，捶爛敷之。

又《一巡風》 平安散治之，太平針。子用龜板、鱉甲、山甲，平咳。母牛藥敗毒散：貫眾、銀花、蟬蛻、薄荷、蘇子法鬬夏、茯神、生地、黨參、貝母、粉葛、川芎、當歸、茵陳、蒼朮、甘草，酒為引。

又《一巡風歌藥方》 此牛得病一巡風，針脈穴法要精通。上下遍身八卦針，春夏秋冬分四季。防風解毒病有功，若凡寒邪暑濕癥。發表麻黃附子功，陰陽紛雜在變通。

藝文

清 傅述鳳《養耕集》新録療牛傷感針藥全集《治牛產血攻心歌附方》 產血攻心有幾般，或寒或熱軟還酸。疏風解熱爲上策，氣血調和子母安。香連散：香附一兩、白朮六錢、當歸六錢、地黃六錢、防風六錢、地榆四錢、荆芥四錢、梔子四錢、黃連三錢、黃柏四錢、蘇梗四錢、陳皮四錢、桔梗四錢、薄荷四錢、白茯苓六錢。引用水酒温服，即愈。

清 佚名《醫牛寶書・治療篇・胎產部》 新生牛婆閉汗。母牛生發之時，長旺身月起欄，多受風雨，閉經之時，鼻無汗矣。農戶初養亦不知，牛閉汗，不吃水草心作慌，連忙放去走忙忙，到了醫家無別事，特請先生快下鄉，治好我牛病，後謝你先生。

又《打胎歌藥類》 母牛娠胎若不生，醫人用區最當先。有血成塊破血塊，子在肚內不能生。先用開骨散，川芎當歸破生路。子胎強，用斑蝥配紅娘。紅花桃仁加麝香，五倍子同馬錢子。頭發燒灰效應驗，地射封門子出現。

駝

論說

明 喻仁、喻傑《元亨療馬集附駝經大全・駝患四十八癥論病形歌圖治法》 駝患水衣不下第三十七。夫水衣不下者何也？水衣不下者，乃產後胎衣不下也。皆因腹中冷熱不和，逆氣阻塞，以致水衣不下，令獸弓腰努掙，耳搭頭低，精神短慢，臨產之時，外受風寒，內飲冷水，寒熱不和，氣血滯澀，以致胎衣不下，此謂胎衣不下之症也。形狀：弓腰努掙，時或起臥。口色：鮮明者生，紅黃者可治，青黑者難醫。歌曰：水衣不下日久深，冷熱不順致其因。活血當歸湯調下，暖後催衣藥通靈。治法：火針百會穴。調理：餵養暖處，草料加倍。戒忌：風雨吹灑，濕地安眠。當歸活血散：治駝水衣不下等症。當歸、川芎、紅花、炮薑、官桂、元胡、附子、烏藥、車前、滑石、靈脂、木通。各件共為細末，每服四兩，水煎三沸，溫加黃酒一斤，伏龍肝研末一大盅，調灌二三服，痊癒。又化胎衣方：治牛、駝等畜胎衣不下。芒消一兩，水煎三沸，溫加：伏龍肝二兩、百草霜一兩，共研為極細末，入清水調灌一二次，其胎衣自化而下也。下後再灌四物湯一二服，使血氣調和可生育矣！

綜述

明 趙浚等《新編集成馬醫方・温疫門》 治牛馬時疫：白朮、藜蘆、芎藭、細辛、鬼臼、菖蒲。右等分粗末，燒熏兩鼻，令煙入腹即愈。

又 五木瀝：治馬疫氣，已發未發。梧桐木、白楊木、白榆木、紫柞木、梓木鄉名牙木。右為刮取等分，束如炬，取油塗病馬牛滿身至蹄甲，垂死即活。又方：獺肉、肝、肚，以水煮汁灌之。不用屎。又方：始發，羊蹄汁二、三升，滿口。未發者，預灌。又方：有氣，則千金木斫取擁罨。又水煮木與葉，待冷灌口。又菜剉和草飼之。

又 灸法：牛馬疫通用。初發時，身體中有小腫，仔細審之，腫則以燒鐵條烙之，又冷水漫，豎毛體寒為度。又以艾炷如小指大灸神闕穴臍中三十壯。

其他科部

瘟病分部

馬

綜述

明　趙浚等《新編集成馬醫方·瘟疫門》　治牛馬時疫：白朮、藜蘆、芎藭、細辛、鬼臼、菖蒲。右等分粗末，燒熏兩鼻，令煙入腹即愈。

又　五木瀝：治馬疫氣，已發未發。梧桐木、白楊木、白榆木、紫柞木、梓木鄉名牙木。右為刮取等分，束如炬，取油塗病馬牛滿身至蹄甲，垂死即活。又方：獺肉、肝、肚，以水煮汁灌之。不用屎。又方：始發，羊蹄汁二、三升，滿口。未發者，預灌。又方：有氣，則千金木斫取擁廄。又水煮木與葉，待冷灌口。又菜剉和草飼之。

又　灸法：牛馬疫通用。初發時，身體中有小腫，仔細審之，腫則以燒鐵條烙之，又冷水漫，竪毛體寒為度。又以艾炷如小指大灸神闕穴臍中三十壯。

牛

論説

明　喻仁、喻傑《圖像水黄牛經大全》卷上《元亨古本牛病治療三十三圖方》　吐涎吐糞牛圖方。牛有瘟疫吐涎者，蓋牛之病疫，必先吐涎。若吐涎不止，是瘟疫無疑也。宜用：黄檗研汁、石灰。二味以酒為、引調灌。牛有吐糞者，用鬼木板多年者燒灰，以酒為引調和灌之。

吐涎吐糞牛圖

又　食疫紫疫牛圖方。牛病食疫，喘聲不定者，宜用：硇砂、硼砂、縮砂、寒水石，各少許，以酒為引，調和灌之。牛有紫疫吐血者，用：水銀、訶子、白芷、肉蓯蓉。各味等分搗爛為末，以酒為引，相和灌之。

食役紫役牛圖

又　乾疫肚脹牛蹈方。牛有吐白、口鼻乾者，宜用：硼砂、縮砂、麝香、阿魏，共搗為末，以赤石脂、豆蔻煎酒，相和灌之。牛有吃著生豆肚脹者，宜用：舊手巾一條燒灰，以酒一升同和灌之。

乾役肚脹牛圖

又　時有瘴疫牛圖方療牛瘴疫者，用：臘月糟一升、茯苓四兩、大黃三兩、菖蒲二兩、地黃半兩。共為細末，以醋半升，童便一升，總煎和灌之。仍取針牛鼻毛際深一分，血出即痊。又方：藜蘆一分，菖蒲、蔥白各一斤，細辛、白朮、川芎各二兩，共為剉，瓦瓶中燒，以煙薰牛鼻，津出即愈。

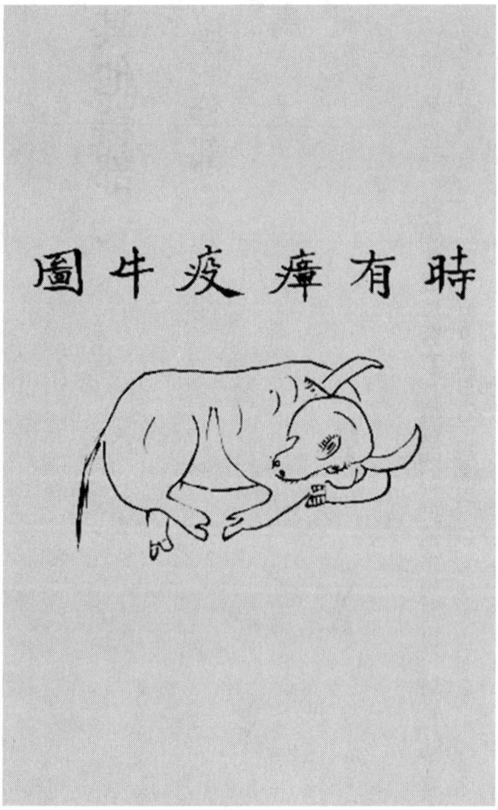

時有瘴疫牛圖

又　治牛瘴疫之圖方論治養疫諸方凡治牛瘴，等開時用皂角數斤，放糞汁中浸。夏秋三日，春冬二日，取出；又於地下埋一日，再出淨洗。到臨用時去子。每一兩入甘草半兩研爛，井花水和合灌之。又方：石菖蒲、葛根、綠豆、淡竹葉、蔚金、蒼朮，各等分，碾爛為末，每服一兩，芭蕉自然汁三升，蜂蜜二合，黃蠟二錢，調勻灌之。未解，再服。如熱極，加大黃；鼻頭無汗，加麻黃；鼻日出血，加蒲黃。此藥用蒼朮、石菖蒲之義，盍以他藥太冷，欲以此二味，開眾藥而又通氣也。又方：用真香末二兩，和水五升灌之。又方：收十二月兔頭，燒灰，和水五升灌之。又方：取安息香於牛欄中燒，如燒香法。初覺有一頭兩頭病疫，即牽出，以鼻吸真香立止。更燒蒼朮尤好。

治牛瘴疫之圖

又《牛患七十七癥論病形歌圖治法》　牛患天行時疫第六十七。夫時疫者，四時之傳染也。無論春夏秋冬四季，隨時而發者，故為時疫也。疫者，鬱也。氣血凝鬱而不宣通，鬱疫成病，因疾相類而傳染，故為疫之名也。在人為時疫之症，在畜為溫疫之症也。因受天時不正之氣，陰陽感邪而發為時疫，亦若人傷寒時疫，傳經之謂也。傳於表，凝之於肌肉，為瘡黃癧瘍；傳於皮膚，為癍麻痘疹；傳於經絡，則把前把後，筋骨拘攣；傳之於肺，則喉嗽頻頻。傳之於肝，則兩目無光，眼腫淚下；傳之於脾，則渾身顫慄，毛疵如刺；傳之於腎，則後腳難移，弓腰吊賺；傳之於心，則舌瘡煩燥，四蹄厥冷；傳之子腸胃，則痢膿血。天行初發，人不知覺，時或牛有喉嗽之聲，即摸其脊背，若脊背冷，即發傳染時疫之症也。亦如人之時症，傷寒厥逆，瘢麻痘疹之類相似，外寒內熱，大燒大渴，四肢厥，冷，腰脊強硬，無二色也。即可照人之傷寒，初發一二日當發散，三、四日當和解，五、六日當汗之，七、八日當下之。散之、和之、汗之、下之，一一如法，萬不可慌惶亂治，胡針亂灸，有誤蒼生性命。醫者慎之！

又　牛患時傳痢症第六十八。夫牛食草飲水，何而致有患時痢之症也？皆因天時不正之氣，流行四時，或晴明數日而不雨，或陰雨數日而不晴，或冬時久炕而燥暖，或夏月陰雨而寒涼，陰陽不調，將牛或困於欄中，受酷暖之薰蒸，或繫於郊野，烈日曬極，又受暴雨苦淋，或因冬日炕陽；天降黃丹，不知禁忌，牧放郊野，誤食山丹灰草，吞入腹中。令獸外受天時不正之感邪，內食天丹灰毒積注腸胃，鬱疫成患：遍行傳染。即此症初發，其獸喉中即有喉嗽之聲，疫即凝於肺也，其牛脊背骨，並四肢蹄腳，俱皆冰冷。待至三、四日之間，兩目生糞：其疫即傳於肝也。至五六日之間，大便通痢，其疫即傳於大腸，大便瀉痢而喉嗽自止矣。至七、八日之間，鼻流濃涕，口舌生瘡，其疫漸傳於心也。心主於血，令獸下痢膿血。但此等症，上古時未聞其說，古篇亦未注有此論，切此症之初發，在於乾隆四、五年間，遍傳其疫，水、黃，牛二種已將死盡矣。醫者無不遑遑亂治，百中難得活一。皆因不識陰陽，未度造化，氣疫交感，天行其疫。只因乾隆三年，春夏大旱，天降黃沙，數月不雨，牛乃受天時不正之薰疫，故有傳染之患時。予之推察陰陽，窮究造化，格度物性，然畜之生者，皆稟天地之氣，無非血與氣也。今受時疫者，乃天地之交感，邪疫之所至矣。夫邪者，不正之謂也。何謂不正也？即如當暖之時，即又忽然生涼；即如當涼之時，即又忽然生暖。一暖太過，則或汗出而毛竅俱開；一涼太過，則毛竅俱閉。或在夏月正當酷暖之時，又連陰雨，忽然而太涼，如一陣太陽烈日暴曬而毛竅俱開，忽然而風雲暴雨，淋逼太過。凡畜者，皆血氣之生成也。其為血氣，熱則宣流，寒則凝滯矣。夫邪者，即寒熱也，寒熱促感，則血凝氣滯不行者，故為邪疫之症也。邪凝於毛竅，次傳於肺，肺傳於肝，肝傳於脾，脾傳於腎，腎傳於心，心傳於三焦，三焦而遍傳，遍傳而腹滿，腹滿而危矣。切疫症者，速症也。宜速治，不可緩也。初見之時，切不可用寒涼之藥。於一二日之間，當散之；三、四日之闊，當和解之；五、六日之間，當汗之；七、八日之間，當下之。當散之時用和解則無防。當和解之時而下之，則引賊入內，誤已甚矣。醫者慎之。

又　牛患時疫凝鬱五臟第六十九。夫疫者，乃天時之感鬱也？一陣日曬，一陣雨淋，陰陽交感，凝鬱血氣而不通流於肢體也。令獸血凝氣滯，諸關閉塞，氣血不能宣通，四肢厥冷，腰脊如冰，此謂氣血凝鬱之症也。若凝之於肺者，則令喉嗽頻頻，鼻流清涕；若凝鬱子肝者，則令兩目生糞，赤腫淚下，頭低耳搭；若凝鬱於脾者，則吐草吐涎，腹內疼痛，水草不能下也；若凝鬱於腎者，則弓腰吊膁，後腳難移；若凝鬱於心者，則發驚狂，舌如硃砂，甚則口內生瘡，水草不能食也。凡治者，開鬱調經，和血理氣，春夏時徹三焦、四蹄血；秋冬百會穴，以火針刺之。開鬱調經當歸散：治牛天時不調，腰脊四蹄厥冷等症。當歸、升麻、羌活、柴胡、川芎、葛根、獨活、桔梗、銀花、薄荷、紫蘇、陳皮、荊芥、甘草。各件共為細末，每服四兩，黃酒一大盞，蔥五、七枝，煎三沸，候溫灌之。四蹄甲內、並脊上百會穴火針刺之。倘脊背、四蹄不回陽，本方加：麻黃、桂枝、小茴香、細辛少許，再灌二三服，以脊背溫，不可用此方。若口色赤紫，大小便不通，即可清理，以理中湯灌之。理中湯：治牛時疫之後，大小便赤澀，口內生瘡等症。黃連、大黃、芒硝、厚朴、黃柏、滑石、枳殼、二花、花粉、烏藥、香附、木通、甘草。各件共為細末，每服四兩，白水煎三沸，候溫加童便一大盞和灌，痊癒。如口內生瘡，用吹藥吹之。冰硼散：治牛口內生瘡。冰片、硼砂、青黛、山豆根、寒水石、牙硝、明礬。各件共為細末。如牛口內生瘡，淘米水洗過，將此藥末撚上，二三次痊癒。人口瘡方：治牛時疫口內生瘡舌爛等症。冰片、雄黃、麝香、青黛。幹狗糞要白的，放僻靜處，火燒存性，入前藥內。各件共為細末，吹入口內治口瘡，並能避瘟疫也。

又　牛患時疫初發傳於肌表第七十。夫牛時疫初發，傳之於表，凝之於肌肉，發為瘡黃癧瘸者，則令獸渾身疙瘩，遍體皰瘸。若人之瘢麻痘疹之類，即可用銀花解毒湯散之，不可用寒涼之藥。銀花解毒湯：治牛患時疫初發，遍身疙瘩。銀花、花粉、升麻、葛根、羌活、牛蒡、紫蘇、粉草、桔梗、白芷、夏枯草、當歸、蒲公英、柴胡、甘草。共為細末，竹葉為引。如脊不回暖，本方加：小茴香、麻黃、防風、薄荷。

又　牛患時疫初傳肺腑症第七十一。夫牛患時疫感邪，氣血凝滯，傳之於皮膚，亦若人之傷寒，四肢厥冷，腰脊強硬之類，則令獸四蹄冰冷，不食水草，喉中如有哼哼之聲，此乃邪疫毒氣，流注皮膚，氣血凝滯於肺之症也。用加減銀花解毒湯灌之。銀花解毒湯：治牛時疫脊骨硬冷肺哼等症。銀花、白芷、當歸、牛子、升麻、葛根、羌活、防風、陳皮、甘草、花粉、獨活、柴胡、前胡，共為細末，同調灌之。如不轉症，再灌一二服，以腰脊回陽為定。如不回暖，加小茴香、麻黃、紫蘇、生黃芪、薄荷。銀花敗毒散：治牛時疫凝滯血氣時發黃症。銀花、夏枯草、茵陳、蒲公英、天花粉、白芷、當歸、生地、陳皮、甘草、貝母、防風、沒藥、乳香。黃酒一斤為引和灌之。其中胸前蟬酥繩穿墜之處，必然發腫；其後襠腫處，必然消散。倘穿墜不出來，本方內加：小茴香、川山甲、皂角刺，黃酒一斤為引夕同調灌之。如蟬繩瀝出黃水，疫即解，其毒即敗矣。

又 牛患時疫流傳經絡、脊骨四肢俱冷症第七十二。夫牛患時疫流傳經絡，腰脊骨冷，四肢強硬，血凝氣滯瘀鬱而把前把後。令獸臥而不起飛起而不能動履者夕此即疫毒流注經絡，宜調經活血當歸散主之。腰上百會穴火針刺之，引陰以回陽。火針有返本回陽之功。當歸活血散：治牛時疫流傳經絡，把前把後等症。當歸、升麻、羌活、防風、牛蒡子、紫蘇、木瓜、細辛、陳皮、甘草、白芷、香附、小茴香、麻黃、薄荷。備件共為細末，每服四兩，開水沖和，候溫加黃酒一斤灌之。如口色光明，脊骨四肢不回暖，倍加廣桂枝。如口色赤紫者，不可用。照加減銀花湯，再灌一二服，倍加小茴香。其脊骨回暖，水草如常者，不用藥。如四肢脊骨俱回陽水草遲細者，用健脾開胃散灌之。調中健脾平胃散：治牛病後水草遲細等症。陳皮、半夏、雲苓、白朮、甘草、條參、枳殼、厚朴、木通、香附、檳榔。各件共為細末，每服四兩，老薑五片，開水沖和，候溫灌之。如口色赤氣不退，白針三焦血徹之，舌下紫筋徹血，用新汲水洗之，食鹽擦之。

又 牛患時疫發黃在內五臟第七十三。牛患時疫症，發內黃在五臟之間，人何以識之？但傳染此症者，其牛總在膘肥肉壯，精神雄健之時，水草如常，忽然倒地，臥而不起，起而發顫。凡為醫者，必須仔細搜尋，渾身上下，有無種處；更要精心，靜聽喘息，察其口色，相其行步。若顫後襠，即是內腎黃；若顫在胸前，即是肺黃。若顫在右脅，眼腫淚下，即是肝黃；若口色赤紫，顫而汗出者，即是心黃；若顫栗而喉中有哼哼之聲者，即是脾黃。醫者慎之！形狀若此論症，又要觀其牛之肥瘦，度其天時，不可執一見之私，而誤啞畜之性命矣。但其發顫之症者，甚多。然各有分別識之。有脾寒身顫者、有誤食蜘蛛毒物、腹痛身顫者，定要分清形狀，認定症侯。若時疫染黃者，其腰脊骨與四，蹄，俱皆厥冷。若脾寒、食毒、腹痛之症，渾身雖然發顫，脊骨蹄頭不致厥冷，此其辨矣。若遇此症，無論渾身前後發顫者，即可用蟬酥繩穿墜胸前乙若無蟬酥，即可用麝香撚一撚子，夾在繩內穿墜，內灌銀花敗毒散。方見前篇。以此方灌之，至一二日之間，穿墜處發腫？瀝出黃水、疫毒外出，則無礙矣。若外面雖腫，繩不瀝水，則毒氣未化，照本方加：升麻、牛蒡子、紫草。若在心經，即用本方加：茯苷、遠志、大川連。若在肝經，本方加：龍膽草。若在肺經，本方加：自芨條黃芩。若在脾經，本方加：黃芩、白朮。若在腎經，本方加小茴香、茵陳。如口色赤紫者，至七、八日之間，脊骨蹄腳俱皆溫和，即當下之。黃連解毒湯：治牛時疫內五臟生黃，口色赤紫，大便下痢膿血。俗呼為：爛腸瘟，即腸黃之症。黃連、大黃、黃芩、梔子、連翹、蔚金、知母、貝母、天花粉、甘草、木通、銀花、當歸、芒硝、木香、沉香。燈草、竹葉引。調灌二三服之後，如口色火氣稍退，其痢不止，即可用分利陰陽之藥，則不可遽止，若止澀住，返轉膨脹，則更費事矣。必以健脾開胃，分利陰陽之劑為妙。五苓健中湯：治牛大便瀉痢、小便不通等症。赤茯苓、豬苓、升麻、甘草、滑石、扁蓄、瞿麥、小茴香、二丑。各件共為細末，每服四兩，煎三沸，溫加童便二大盞，再灌一二服，小、便通而大便痢自止矣。如小便通，而大便痢紅白不止者，用建蓬子四兩，百草霜二兩，白砂糖四兩，大川連一兩薑汁製，伏龍肝四兩。各件共為細末，老薑、黃酒引，同調灌之。稍愈。次用大健中湯灌之。大健中湯：治牛大病後，脾胃虛耗，不能進食等症。雲苓、白朮、炙草、白扁豆、枳殼、厚朴、條參飛香附，各件共為細末。薑五、七片、童便為引，同和灌之琼瑚。

又 牛患時疫初覺一、二朝症第七十四。夫牛患時疫一二日，初覺脊背冷、四蹄涼者，喉中略有啌嗽之聲。一聲嗽時，牛即弓腰低頭者，乃腰脊骨、內腎窩有疼痛之患是也。令獸一啌時，即便弓起腰來，此謂時疫初染之症也。形狀：弓腰低頭，啌嗽微微，腰脊四肢，厥冷如冰。口色：仰陷青白，唇舌赤紫者，難治；紅黃者，可治。歌曰：初覺時疫未見音，喉中略有啌嗽聲。外觀形狀全無恙，四肢脊骨冷如冰。口色赤紫宜穿墜，穿腫瀝水病減輕。速灌升麻葛根飲，脊骨回陽救可生。治法：火針百會穴、四蹄夾叉內夕升麻葛根飲灌之。口色赤紫者，胸前蟬酥繩穿墜。調理：餵養清淨之所，蒼朮燒煙時或薰之。蟬繩瀝水，四肢回援，則不下痢矣。戒忌：日曬雨淋，下水浸泡。升麻葛根飲：治牛時疫初覺等症。升麻、葛根、羌活、防風、白芷、牛蒡子、紫蘇、柴胡、銀花、薄荷、紫草、甘草、小茴香。若到二、三日之間，四肢腰脊溫和，則無恙矣。若口色火氣不退，胸前穿墜不腫，則毒氣拔不出來，毒傳於內則下痢矣。若下痢對，啌自止矣，即用黃連解毒湯灌之。

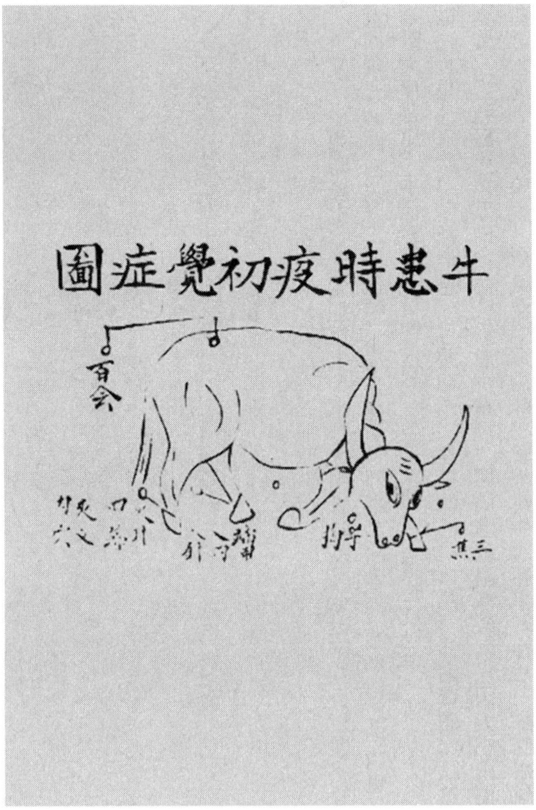

又　牛患時疫三、四朝症第七十五。論牛患時疫，至三、四日之間，四肢、脊骨俱有溫和，喉中仍有啌嗽者，邪鬱未退，氣血未活，不能進食。令獸精神短慢，耳搭頭低，此謂邪鬱凝滯於皮膚，將傳肺之症也。若傳肺，即入於大腸而下痢也。胸前用蟬酥繩穿墜，可拔毒氣外出，而不下痢，則不啌也。而四肢亦可回陽矣。形狀：頭低耳搭，精神短慢。口色：仰陷紅黃者生，唇舌赤紫者死。如口色赤紫，唇瘡舌爛者，難治。歌曰：時染病患三、四天，精神短慢不堪言。兩目清明口無臭，急欲和解病可安。銀花開鬱消毒散，服之時下即安痊。治法：銀花消毒飲灌之。脊背以草把出力擦之，使血脈外行，脊背溫和，則毒氣不入內矣。若毒氣入內，即下痢膿血。若口色火氣稍退，即用黃連解毒湯灌之。二三服後，如口色平和、痢止，再灌健中湯，痊癒。戒忌：日曬雨淋，下水浸泡。銀花消毒飲：治牛時疫三四日，氣血不和等症。銀花、當歸、小茴香、蒲公英、香附、夏枯草、桔梗、麻黃、白芷、川芎、牛蒡子、升麻飛、甘草、陳皮、花粉、生黃芪。黃酒一斤為引，同調灌之。

又　牛患時疫五、六日症第七十六。牛患時疫，至五、六日之間，四肢、脊背稍有溫和，邪疫未能除退，血氣未周肢體。令獸頭低耳搭，行步無力，弓腰吊賺。此謂邪鬱漸傳肺腑也，宜速汗之。若至此日，四肢、脊骨不回暖蔔、即傳於肺，病入於大腸則下痢，而啌嗽自止矣。急宜汗之，或轉陽者，可治。形狀：耳搭頭低，弓腰吊賺，行步無力。口色：仰陷紅黃者生，唇舌青紫者死。口中臭爛者，難治。歌曰：病患時疫五六天，低頭弓腰行步難。日漸衰微陽不轉，汗之方得休健康。當歸麻茴同共使，連服耕牛病可安。治法：連服當歸麻茴湯，脊背用草把時時出力擦之，使血脈外。行，毒氣外發，穿墜腫瀝毒水，則不下痢，其啌自止矣。調理：餵養淨欄，水浸青草喂之。米泔水時時飲之，蒼朮燒煙；時或薰之。當歸麻茴湯：治牛五、六日時疫。當歸、麻黃、小茴香、天麻、薄荷、川芎、羌活、細辛、獨活、烏藥、木香、木通、甘草。

黄酒一斤為引，同和灌之。如口色赤紫，大小便赤澀者，本方加：大黄、芒硝，一二服痊癒。

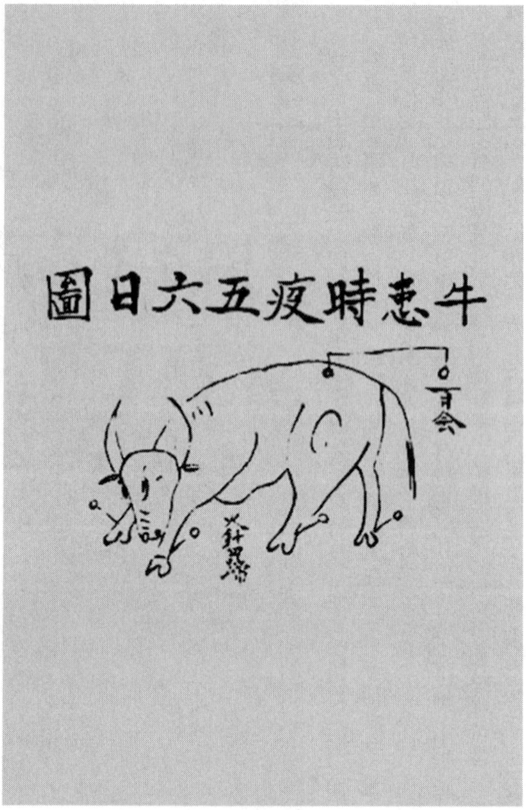
牛患時疫五六日圖

又 牛患時疫七、八朝症第七十七。夫牛患時疫，至七、八日之間，脊背回暖，四蹄回陽，大便秘結，小便赤澀者，邪鬱已除去矣。溫熱傳之於內也。令獸大便秘結，小便赤澀，精神倦怠，水草遲細。此謂時疫已退，速當下之，以進食也。形狀：精神倦怠，弓腰縮頸，耳搭頭低。口色：仰陷黄潤，臥蠶赤紫，舌乾唇焦。歌曰：病後倦怠少精神，四肢溫和漸減輕。只因大小兩便澀，當速下之病除根。承氣湯中添兩味，管教耕牛臟腑寧。治法：加味承氣湯灌之。如口色赤紫者；將牛舌捉住，撈出舌下紫筋，用納鞋底大針刺之出血，新汲水洗之，食鹽擦之。調理：水浸青草喂之。加味承氣湯：治牛病後七、八日，大小便秘結、赤澀等症。枳實、厚朴、大黄、芒硝、檳榔、烏藥、木通、香附、滑石、甘草。生薑為引和灌之。健中湯：治牛消食理氣等症。陳皮、半夏、白朮、雲苓、粉草、條參、山藥、丹皮飛香附、木通，各件共為細末，每服四兩。老生薑五、七片，紅棗五、七枚打碎，同煎三沸，候溫加童便二盞，同調灌之。痊癒。

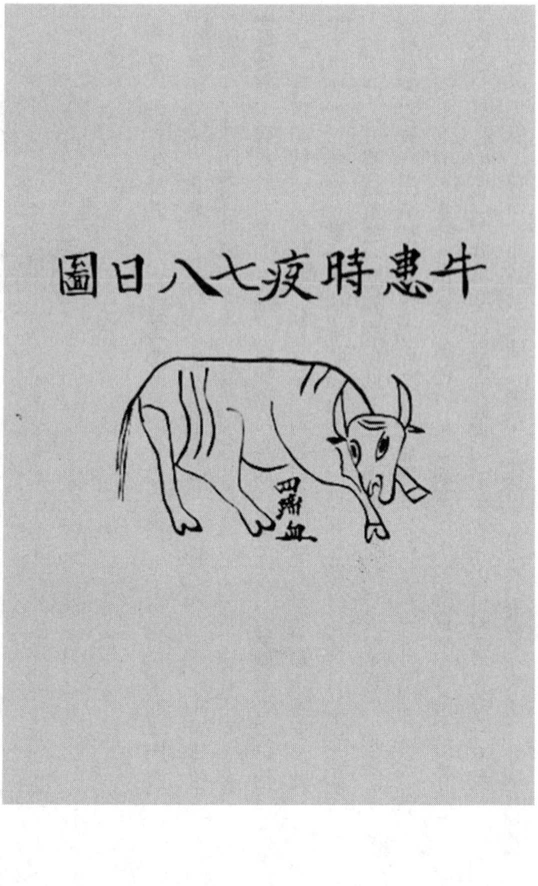
牛患時疫七八日圖

清 佚名《抱犢集·牛病癥候篇·瘟疫時癥》 牛患瘟疫遍流傳，火毒相攻不可當，多發三春秋夏候，冬天亦會染瘟。此係危症，急者絶症，無治症。炒早米煎水，砂糖對水沖服，如有白砂糖更好。吃藥方：川厚朴、砂仁、雲苓、苦參、青皮、葛根、銀花、豬苓、津瀉，寒加附子、乾薑，熱加黄連、木香、氣加柴胡、升麻，裏急血實腸者，加歸尾、紅花、槐花、木香，噤口流沫者，加川朴花、石蓮肉、煨訶子、肥烏梅，共研末，陳早來煎水沖服。

綜述

明 喻仁、喻傑《圖像水黄牛經大全》卷下《四時牛瘴十三方並雜方》 第一方：或冷或熱者，進此。春月瘴急，宜用地龍散，寒熱皆可用。蒼朮三錢、川芎三錢、川烏二錢、草烏二錢、生用、當歸一錢、甘草一錢、藿香一錢、地龍一條、白茯苓二錢、白朮二錢、薄荷半錢、荊芥錢半、大黄二錢、山梔半錢、陳皮半錢、青皮五分、麻黄二錢、紫蘇五分、芍藥五分、羌活二兩、滑石一錢、薑蠶二錢、炒、黄芩一錢五分，共為細末，水煎灌。

更加川蔚金少許尤妙。第二方：唇冷及涎多者，或微熱交耳倒尾不動者，急進此劑。耳動可治；不動不可治。川附子，用冷水浸半日，要酒、醋各一盞，入瓶內伴火煮少時，勿令烤幹夕為末。次入雄黃一兩、梅花腦少許，別研，共為末，酒一升半，溫暖調灌之。第三方：止瀉。好紅椒一兩、胡椒五錢、山藥五錢、生地黃不拘多少、黃蠟。共為末，入麝香少許，用白米煮粥，調藥灌下。第四方：進食瘴吐倒草，急宜用之。木通三兩、山梔二錢、晚蠶沙二兩、青皮二錢、山藥二錢、陳皮二錢、瓜蔞根五錢、香附子一錢、南星一錢、蒼朮二兩。共焙幹為末，用酒灌下。第五方：去涎理瀉。生硫黃、天南星各二兩，共為末，新汲井水調灌。如煎盛，加半夏、蓖麻子二味炒。春用米泔，夏用車前子，秋用泉水，冬用薄荷水，調灌下。第六方：進食，亦專治夏瘴。青皮、陳皮飛白茯苓、製厚朴、藿香、蒼朮、肉桂、人參、檳榔。共為末，用烏梅七個，煎湯調灌之，立痊。第七方：治牛遍身皮顫，百藥煎。蒼朮、荊芥、白僵蠶、晚蠶沙、大黃、滑石、半夏薑汁炒。共為末，用蜀葵根煎湯調灌下。一方用：毛桃汁二錢，麻油一兩，灌下。治夏瘴進食。第八方：專治結草。通可治，不通難治。大黃、滑石。共為末，用蜀葵根煎湯，調灌下。第九方：進食。半夏、雄黃、蒼朮、滑石、南星、硃砂、茯苓、桂皮、香附子，共為末，用酒三升，煎灌。如見口內生瘡爛，去桂皮、香附子二味，加荊芥、朴硝、青黛、黃連，水調灌下。第十方：初有瘴，宜用：蒼朮五分夕辰砂五錢，好茶末二兩。共為末，用銅錢一聲，浸泉水，調灌之。第十一方：白芍藥、藿香、半夏、蒼朮、製厚朴、甘草、白薑。共為粗散尹水煎灌之。第十二方：治重舌，重舌退者始治。山豆根、貫眾、硇砂、滑石、寒水石、麝香、海螺蛸、白茯苓。共為末，芭蕉自然汁，調抹口瘡。第十三方：專治牛青瘴。香附子炒、陳皮、甘草、山梔子、南星、肉桂、柴胡、大腹皮、檳榔。共為末，用泉水同煎灌之。如渾身顫慄者，更加川當歸一兩，煎服。柴胡草果散：治泉江下路瘴。柴胡一兩、烏梅五錢、南木香五錢、檳榔五錢、常山二合、知母一五錢，草果五個、細辛三錢。共為劍散，入鹽少許，生地火炮，聞香氣取出，用好酒一大碗，煎至半碗灌之。又方：治四時牛瘴。人參輕骨散一兩、五苓散二兩、八正散二兩、蜜糖四兩、洗心散二兩、寒水石四兩、大葉薄荷一把、車前子一把、龍腦薄荷一把，共九味，交和為末，用冷泉水調灌，立效。水牛用水四斗，黃牛用水三斗。治牛瘴渴消及倒草者，吃此藥後，五日見水

下。青皮、丁香、茯苓、甘草、厚朴、陳皮各一兩，麥芽炒、神曲各一兩五錢、半夏、白薑煨、桂心、蒼朮、良薑、藿香、白朮各五錢。共為末，用好酒四升，煎至三升，調灌之。治胎散：牛有胎患瘴者，先灌此藥，後用治瘴藥。白芍藥、地黃、肉桂、荊芥、川芎、當歸、柴胡、防風、人參、茅根、甘草。共為細末，用酒煎灌之。治胎散：瘴後宜用。權殼炒、木香、香附子炒、甘草炙。共為末，酒調灌之。內補散：生下牛子後補藥。當歸酒浸、川續斷酒浸、牡丹皮、蒼朮、赤芍藥、五加皮、白芍藥、蒲黃各五錢、烏豆一合炒。共為末，溫酒調下。治四時膽瘴硃砂、乳香、腦香、麝香、朴硝、山梔子、胡黃連、菊花、荊芥、滑石、羌活、獨活、防風、川芎、甘草。共為末，臨時加胡五味□瑸瑢入藥內，分作四次，薄荷水調灌之。治雜病諸方解牛毒：綠豆粉十兩，真鉛粉一兩，泥礬五兩。共為細末，冷水調灌之。又方：川蔚金、青黛、川朴硝五兩。共為末，水調灌之。治十口生瘡：南星、朴硝、黃檗皮、蔚金、雄黃、滑石、寒水石、半夏。共為細末，蜜水調刷口內。又方：滑石、川硝、青黛、白礬、黃檗皮、山豆根、寒水石炒。共為細末，用蜜調抹。治喉熱口內生瘡及眼赤：川蔚金、滑石各一兩，甘草五錢。共為細末，麥門冬飲調灌之，立效。治兩眼生屎：銅青、滑石、黃連、杏仁、青皮，蒺藜炒。共為細末，薄荷水調灌□瑸瑣兩服，即效。治兩眼赤濁：防風、荊芥、滑石、黃連、山梔子、黃菊花。共為細末，用白湯洗後，薄荷葉擂水，調灌下。治兩眼青濁：黃檗皮、黃連、羌活、當歸。共為細末，白湯點洗。治瀉血：桑白皮、蜀葵根、生葛。共三味，取汁一升，灌下。治尿血：川當歸、絮花。共為細末，以酒二升半，煎取二升，候冷灌下。治吃渴：榆白皮二兩，以水煮，極滑熟，取三升灌。又以豉汁調食鹽灌蘆亦效。治生風：生土當歸。搗，浸醋一宿，塗之愈。又胡麻油調塗，亦可。治沙疥：蕎麥，隨多少燒次。以灰淋汁，入綠礬一合和塗，即愈。治肩爛：舊棉絮二兩，燒灰，以麻油調抹：忌水五日，愈。治糞門爛瘡：雞卵殼煨、茄葉、布瓜葉。共為細末，膩粉、麻油調。又方：明礬、雄黃、黃連、連殼、穿山甲。共為細末，以黃丹、輕粉和丸，先用鹽湯洗患處，卻以藥末幹抹瘡上，即痊。仙傳海上方：芍藥、牡丹、黃連、重折、花折珠、雄黃、斑蝥炮、麝香、硃砂、豬牙皂角、雞屎藤、均龍七條、牛蒡子根、朝東野椒根、黑蜂、八爪、金龍。共為末，吹入鼻孔中，用好酒灌之，倒吊，取出涎，即安。軟腳瘟方：大細辛、五加皮、八月瓜根、槐條二根、地骨皮、柏條七根、

火炙過，雞卵、乳香一錢、麝香一錢、芍藥、茴香。共為末，入酒灌之，即愈。喉風海上方：雄黃一錢，擂水，桑根絞汁去渣，和灌。再針舌頭下邊青筋，針暇二處。疥瘡海上方：硫黃五錢、花椒二兩、三奈子一兩。洗了皮，鍋焙幹。共搗研細末，豬油調搽好。發汗散方：升麻、當歸、川芎、甘葛、麻黃、芍藥肉、人參、紫荊皮、香附子、葱三根、薑三片，好酒一升灌之。尿血海上方：雄黃、硃砂、海金沙、馬鞭梢、柏木葉、紅花、當歸、甘草梢、麻子、風鬼草、甜水藤、五加皮。共為末，用酒灌之大好。瘦皮海上方：心紅、硃砂、海肥子四兩，烏雞一只、當歸、豬脂一斤、鹽一兩，擦之。補藥方：紅豆一升，白礬五兩飛過。共為末，開水調灌。春季藥方：大黃、黃連、甘草、防風、梔子、瓜蔞根、黃藥子、知母、貝母。共為末灌之。夏季藥方：黃芩、黃連、大黃、蔚金、黃檗、黃藥子、白藥子、甘草、知母、貝母、薄荷、兜鈴、桔梗、地黃。共為末灌之。秋季藥方：枇杷葉、知母、貝母、甘草、兜鈴、杏仁、地黃、木通、款冬花、瓜蔞根、紫蘇、麥門冬、秦艽、芍藥、黃連、白藥子、黃藥子。用酒灌之效也。冬季藥方：芍藥、厚朴、青皮、陳皮、細辛、益智仁、山藥、牽牛、何首烏、玄胡索、甘草、青葙子。用酒灌之。鳳瘡藥方：燕石、豬牙皂角、人言炮、蒼子根束芝麻油搽之。尿血方：瞿麥子根、黃藥根、紅茨藤根、厚子根、山茱萸。上藥煎水灌，藥引地膚子根；水火不通，五加皮煎入，同灌之。肚腹痛：用好細辛煎水一碗，李子藥三分煎，茶炮吃，即痊。咳嗽藥方：細茶一兩、蜜一兩、椒子半兩、清油半兩、生薑半兩，細切，將薑並水和搗，蒸熱。又酒、薑汁蒸，著油潤鍋炒。每日早晚常服。

明 趙浚等《新編集成牛醫方·瘟疫門》 治瘴疫方：石菖蒲、淡竹葉、葛根、蔚金、菉豆、蒼朮。右各等分，碾為細末。每服一兩，芭蕉自然汁三升，入蜂蜜一兩，并黃蠟二錢重，調灌之。未解再服。如熱極，加大黃；鼻無汗，加麻黃；鼻口出血，加蒲黃。此藥用蒼朮、石菖蒲之義，恐他藥大冷，欲此二藥以製眾藥而又通氣也。又方：用真茶二兩末，以水五升和調灌口。又方：人參細末二兩，水五升煮，候溫灌之。又方：于欄中燒安息香及蒼朮，以病牛鼻吸其香，立止。又方：十二月內收兔頭，燒灰和水灌之。又方：臘月糟一大升、茯苓四兩，末、菖蒲二兩末、地黃汁一升、醋半斤、大黃末三兩。右和小便一大升灌之。隔日一灌，五度即止。仍針鼻毛際，深一分許，血出差。又方：牛有溫疫病先吐涎不止。取香墨研汁及藍汁各三合，石灰一合，以酒半升相和灌之。又方：療牛病後腸結。白米二升浸一宿，研汁入生油半升，相合灌之差。又方治馬牛時疫薰法。白朮、藜蘆、芎䓖、細辛、鬼臼、菖蒲各二兩。右藥六味，等分粗搗，以火燒，薰兩鼻，令煙入即差。又方：治牛有卒疫，動頭打肋。巴豆兩個，去皮，如無用大黃五錢搗為末，以生油一兩，淡醬水半升灌，立可。又方：治鬼氣，身戰出汗，口鼻冷方。桃柳心皮各一握，以水煎，候冷灌之即差。又方：瘟疫初發時。兩角內陷中，以針割皮，灸三七壯。

清 郭懷西《新刻注釋牛經大全集》卷二《四時牛瘴十三方並雜方》 第一方：或冷或熱者，進此。春月瘴急，宜用地龍散，寒熱皆可用。蒼朮三錢、川芎三錢、川烏二錢、草烏二錢，生用、當歸一錢、甘草一錢、藿香一錢、地龍一條、白茯苓二錢、白朮二錢、薄荷半錢、荊芥錢半、大黃二錢、山梔半錢、陳皮半錢、青皮五分、麻黃二錢、紫蘇五分、芍藥五分、羌活二兩、滑石一錢、薑蠶二錢，炒、黃芩一錢五分，共為細末，水煎灌。更加川蔚金少許尤妙。

又第二方：唇冷及涎多者，或微熱交耳，倒尾不動者，急進此劑。耳動可治；不動不可治。川附子，用冷水浸半日，要酒、醋各一盞，入瓶內伴火煮少時，勿令烤幹，為末。次入雄黃一兩、梅花腦少許別研，共為末，酒一升半，溫暖調灌之。

又 第三方：止瀉。好紅椒一兩、胡椒五錢、山藥五錢、生地黃不拘多少、黃蠟。共為末，入麝香少許，用白米煮粥，調藥灌下。

又 第四方：進食瘴吐倒草，急宜用之。木通三兩、山梔二錢、晚蠶沙二兩、青皮二錢、山藥二錢、陳皮二錢、瓜蔞根五錢、香附子一錢、南星一錢、蒼朮二兩。共焙乾為末，用酒灌下。

又 第五方：去涎理瀉。生硫黃、天南星各二兩，共為末，新汲井水調灌。如煎盛，加半夏、蓖麻子二味炒。春用米泔，夏用車前子，秋用泉水，冬用薄荷水，調灌下。

又 第六方：進食，亦專治夏瘴。青皮、陳皮、白茯苓、製厚朴、藿香、蒼朮、肉桂、人參、檳榔。共為末，用烏梅七個，煎湯調灌之，立痊。

又 第七方：治牛遍身皮顫，百藥煎。蒼朮、荊芥、白僵蠶、晚蠶沙、大黃、滑石、半夏薑汁炒。共為末，用蜀葵根煎湯調灌下。一方用：毛桃汁二錢，麻油一兩，灌下。治夏瘴進食。

又 第八方：專治結草。通可治，不通難治。大黃、滑石。共為末，用蜀葵根煎湯，調灌下。

又 第九方：進食。半夏、雄黃、蒼朮、滑石、南星、硃砂、茯苓、桂皮、香附子。共為末，用酒三升，煎灌。如見口內生瘡爛，去桂皮、香附子二味，加荊芥、朴硝、青黛、黃連，水調灌下。

又 第十方：初有瘴，宜用：蒼朮五分，辰砂五錢，好茶末二兩。共為末，用銅錢一串，浸泉水，調灌之。

又 第十一方：白芍藥、藿香、半夏、蒼朮、製厚朴、甘草、白薑。共為粗散，水煎灌之。

又 第十二方：治重舌，重舌退者始治。山豆根、貫眾、硇砂、滑石、寒水石、麝香、海螵蛸、白茯苓。共為末，芭蕉自然汁，調抹口瘡。

又 第十三方：專治牛青瘴。香附子炒、陳皮、甘草、山梔子、南星、肉桂、柴胡、大腹皮、檳榔。共為末，用泉水同煎灌之。如渾身顫慄者，更加川當歸一兩，煎服。柴胡草果散：治泉江下路瘴。柴胡一兩、烏梅五錢、南木香五錢、檳榔五錢、常山二合、知母五錢、草果五個、細辛三錢。共為剉散，入鹽少許，生地火炮，聞香氣取出，用好酒一大碗。煎至半碗灌之。又方：治四時牛瘴。人參輕骨散一兩、五苓散二兩、八正散二兩、蜜糖四兩、洗心散二兩、寒水石四兩、大葉薄荷一把、車前子一把、龍腦薄荷一把，共九味，交和為末，用冷泉水調灌，立效。水牛用水四斗，黃牛用水三斗。治牛瘴渴消及倒草者，吃此藥後，五日見水下。青皮、丁香、茯苓、甘草、厚朴、陳皮各一兩，麥芽炒，神曲各一兩五錢，半夏、白薑煨、桂心、蒼朮、良薑、藿香、白朮各五錢。共為末，用好酒四升，煎至三升，調灌之。治胎散：牛有胎患瘴者，先灌此藥，後用治瘴藥。白芍藥、地黃、肉桂、荊芥、川芎、當歸、柴胡、防風、人參、茅根、甘草。共為細末，用酒煎灌之。治胎散：瘴後宜用。枳殼炒、木香、香附子炒、甘草炙。共為末，酒調灌之。內補散：生下牛子後補藥。當歸酒浸、川續斷酒浸、牡丹皮、蒼朮、赤芍藥、五加皮、白芍藥、蒲黃各五錢，烏豆一合炒。共為末，溫酒調下。治四時膽瘴。硃砂、乳香、腦香、麝香、朴硝、山梔子、胡黃連、菊花、荊芥、滑石、羌活、獨活、防風、川芎、甘草。共為末，臨時加胡五味入藥內，分作四次，薄荷水調灌之。

清 李南暉《活獸慈舟・水牛》第二篇《疾病・治瘟疫證法》 青峰曰：夫瘟疫流行，乃天地之雜氣相剝，陰陽不分，寒熱不一，故有此瘟疫之說。亦有感山嵐瘴氣，亦能作證為殃。總之，凡豢牲畜，當知天時，務曉序令，或疫癘流行，傳染鄉市，不宜將牛驅使遠行，恐染時證。又或天氣酷熱，陽光炎暑，或陡致涼寒，必當將息，免惹風寒疫癘等證。又或天地昏暗，日月不明，霧昏籠罩，切忌早夜牧放於山林，違者亦染疫證。總之，凡有疫癘流行，傳染市鎮鄉村者，當用：貫眾、菖蒲、桃柳葉無葉取皮、木香。常泡小便灌之，能避瘟災。又：菖蒲、蒼朮、貫眾、甘松、土細辛、檳榔、青果、甘草、附子、吳萸、當歸、川芎。同搗，煎濃，入老酒、水煙、小便啖服，不染時證。熏藥方：雄黃四錢、甘松五錢、細辛三錢、菖蒲五錢、蒼朮四錢、檳榔四錢、青皮三錢、前仁三錢、降真香三錢無降真香用沉香或檀香亦可、牙皂四錢、藿香五錢、丁香三錢、硃辰砂二錢、川芎四錢。共為極末，用黃紙將藥裹撚成條，早夜時熏，或午間，或夜晚，或更深焚熏。此方無論疫癘時證可避。或夏冬春秋焚熏，亦無外邪雜證。即牢內蚊虻涴濁腥臭，毒蟲蛇蝎等亦能解。若果時熏，不但不染外證，縱染證者亦能熏解。

又 治瘟證感風法。夫瘟疫相傳，乃疫氣作證。何有瘟疫兼風之說？不知耕鑿勤勞，致感風邪，又兼時證。染侵此證，先觀舌底，多屬青黑，口鼻氣粗，鼻上流汗，頭眩眼昏，水草難進。當用排風逐疫湯：麻黃、桂枝、防風、羌活、細辛、當歸、川芎、蒼朮、檳榔、厚朴、吳萸、草果、青果、菖蒲、牛膝、車前。煎濃，入酒曲合啖。又：當歸、川芎、柴胡、木香、厚朴、菖蒲、貫眾、蒼朮、甘松、前仁、牛膝、兔耳風、茅香根、淫羊藿、大楓藤。煎濃，入常酒啖服。

又 治瘟疫傷寒法。《青囊經》云：疫證流行，多屬春夏秋三季。凡牛口鼻或嗆雜氣，陡染疫風而致傷寒者，皆由疫證遍行，牧養少知避忌，內已染疫，外又寒侵。此證當從外五行觀之，凡牛四肢全身畏寒冷戰，鼻無汗涕、頭垂眼昏，口舌色黑是也。當用解疫散寒藥：當歸、川芎、升麻、麻黃、桂枝、砂仁、半夏、南星、防風、蒼朮、菖蒲、檳榔、枳殼、厚朴、乾薑、粉葛、吳萸、陳皮、甘草、火蔥。搗煎，入熱酒合啖。又：當歸、川芎、柴胡、麻黃、升麻、澤蘭、蒼朮、貫眾、菖蒲、續斷、牛膝、花粉、側耳根、魚鰍串、椿樹皮、兔耳風、淫羊藿、茅香根、臭籐根、火蔥頭、甜粉葛。煎濃，入酒曲啖服。

又 治瘟疫感暑法。醫曰：天時告變，地氣升騰，故疫證多從暑熱太過，傳入肺腑，久則發為暑疫等證。亦由牧養之人，未能將息，凡炎熱暑蒸，牧者宜置陰涼，使者宜知愛惜，切勿催急，致牛受暑熱而心肺大張，或思水草而饑未食，渴未飲，故染暑證。或被疫氣相傳臟腑。此證先觀其二便，審其虛實。眼目紅赤，鼻汗長流，口舌黃紫者，法當用清暑解疫湯：苦參、苦蒿、香薷、荊芥、石膏、黃芩、黃連、柴胡、當歸、生地、甘草、檳榔、大黃、蒼朮、菖蒲、甘松、細辛、車前、燈芯、牛膝。煎濃，入綠豆一升，磨漿合啖。又：人參、苦參、青蒿、香薷、黃連、當歸、生芍、川芎、石膏、大黃、生地、蒼朮、貫眾、菖蒲、木通、車前、牛膝、甘草、鐵馬鞭、酸巴根。擣煎，入豌豆一合，綠豆一合，磨漿合啖。又：香薷、青蒿、薄荷、荊芥、車前、黃連、黃荊葉、苦藟子。擣煎，合啖。

又 治瘟疫濕證法。青峰曰：牛染疫受濕者，久成大患。或曰：疫證既染，何有濕侵？不知未病之前感濕，藏伏於內，或既染疫癧，而牛多睡臥，或牢內濕地臥久，則濕氣竄入皮膚，久則疫濕相兼。凡牛牢內務宜打掃潔淨，臥處必以乾草墊睡，牛雖有證，亦少外邪相侵。此證宜解疫消濕藥：蒼朮、茯苓、川芎、檳榔、青果、升麻、麻黃、桂枝、貫眾、菖蒲、芍藥、當歸、柴胡、甘草、陳皮、木通、滑石、牛膝。擣煎，啖服。又：當歸、川芎、柴胡、茯苓、菖蒲、麻黃、官桂、升麻、豬苓皮、生薑皮、椿根皮、火蔥頭、側耳根。擣爛，煎服。

又 治疫證火燥法。醫家皆曰：暑者燥也，燥者火也。暑、燥、火三字，皆從陽證而言，由感暑而致燥，由燥而致火攻。總之，火燥毒熱，或染疫氣，此證宜清燥治疫藥：黃連、梔子、黃芩、石膏、玄參、知母、甘草、蒼朮、大黃、枳殼、檳榔、香薷、青果、菖蒲、甘松、芒硝、蔚金、陳皮、法夏、木香、前仁、燈芯。擣煎，人雞蛋、綠豆漿啖服。凡治疫證，先當察其陰陽、虛實、表裏。風、寒、暑、濕、燥、火，乃天地之六淫。然六淫當分內外，如牛五行俱弱，乃受胎不足，而內六淫必先受之；如牛身強力壯，多有外六淫相侵。如能療醫得法，何有牛證無治？凡醫疫證，若無風寒暑濕者外證，宜用治諸般瘟疫神效方：當歸、川芎、柴胡、白芍、防風、蒼朮、貫眾、升麻、細辛、甘松、菖蒲、法夏、廣香、檳榔、青果、前仁、藿香。擣煎，入酒醋、淡鹽湯啖服。又：蒼朮半斤、檀香二兩、北辛一兩、青果三兩。煎濃，啖服。

清 傳述鳳《養耕集·治牛瘟疫法》 大凡瘟疫流行，固不限於地，亦不拘於時，惟愿鄉中太平，不遭此禍，亦是農家之福。不幸近地生災，流傳遍布，則濡染一及，難望安全，乃今得一策，而思保全之，實要道焉。或將牛透放於效原舍內，或寄寓於親戚家中，萬一無有可避之地者，當於未病之先，用銀朱一兩或五錢，和好醋研濃，將兩角涂滿，并鼻上、頭頂、尾上、兩耳、四蹄，一齊盡塗之，每日再用硃砂、雄黃，和好燒酒調勻，遍身搽之，連搽一七，縱有時氣盛行，而斯牛可保無虞。又牛欄門口，晝夜宜用安息香點之，欄中用蒼朮、沉香、丁香、楓子，和糠艾以焚之，是驅疫之法，既以備至，而不測之災，猶可寢消。此製瘟之訣，係乾隆三十八年，予在河南劉僧家所得來者也，故詳記之，以為後日辟瘟之程式。似此法，只可施於未病之前，倘既經傳染，病已臨身，又當各由天命，聽其自然，不必再信醫師，希圖寧謐，此愚者之見，非智者所當動聽也。

清 佚名《醫牛藥書》第一篇《疾病篇》 第四十八瘟痘。主痘：此痘驟發多變，宜早看。外治：用發汗，放痧或吊黃。服藥：山藍根、大青、小青、何首烏、地膽、地黃、野雞尾、車前草、左纏藤、金銀花、黃花母、青涼傘、九重甲，用麻油為引。

清 佚名《相法牛經大全·治療篇·專治四時牛瘴加減十三方并雜方》 第一方：或冷或熱者，進此。春月瘴急。宜用地龍散，寒熱皆可用。蒼朮三錢，川芎三錢，川烏二錢，草烏二錢生用，當歸一錢，甘草一錢，藿香一錢，地龍一條，白茯苓二錢，白朮二錢，薄荷半錢，荊芥半錢，大黃二錢，山梔半錢，陳皮半錢，青皮五分，香附子五分，麻黃二錢，紫蘇五分，芍藥五分，羌活二兩，滑石一錢，姜蠶二錢炒，黃芩一錢五分。為細末，水煎灌。更加川蔚金少許尤好。

又 第二方：純冷及涎多者，或微熱交耳、倒尾不動者，急進此劑。耳動可動；不動不可治。川附子用冷水浸半日，要酒醋各一盞，入瓶內伴火焙少時，勿令焙乾，為末吹入。雄黃一兩，梅花腦少許別研，上藥為末，酒一升半，溫暖調灌之。

又 第三方：止瀉。好紅椒一兩，胡椒五錢，山藥五錢，生地黃下拘多少，黃蠟，上藥為末，入麝香少許，用白米煮粥，調藥灌下。

又 第四方：進食瘴，吐倒草，急宜用之。木通三兩，山梔二錢，晚蠶沙二兩，青皮二錢，山藥二錢，陳皮二錢，瓜蔞根五錢，香附子一錢，南星一錢，蒼朮二兩，共焙乾為末，用酒調下。

又　第五方：去涎理瀉。生硫黃少許製，天南星二兩，共為末，用汲井水調灌。如涎盛加半夏、草麻子二味，炒。春用米泔，夏用車前子，秋用泉水，冬用薄荷水，調灌下。

又　第六方：進食，亦專治夏瘴。青皮，陳皮，白茯苓，製樸，藿香，蒼朮，肉桂去皮，人參，檳榔，上為末，用烏梅七個，煎湯調灌之，立痊。

又　第七方：治牛遍身皮戰。百藥煎，蒼朮，荊芥，白僵蠶，晚蠶沙，大黃，滑石，半夏姜汁炒，上藥為末，用蜀葵根煎湯調灌下一方：用毛桃汁二錢，麻油一兩，灌下，治夏瘴進食。

又　第八方：專治結草通可治，不通難治。大黃，滑石，上為末，用蜀葵根煎湯，調灌下。

又　第九方：進食。半夏，雄黃，蒼朮，滑石，南星，硃砂，茯苓，桂皮，香附子，上藥為末，用酒三升，煎灌。如見口內生瘡潰爛，去桂皮、香附子二味，加荊芥、朴硝、青黛、黃連，水調灌下。

又　第十方：初有瘴宜用。蒼朮五錢，辰砂五錢，好茶末二兩，上藥為末，用銅錢一串，浸泉水，調灌之。

又　第十一方：白芍藥，藿香，半夏，蒼朮，製樸，甘草，白僵蠶，上藥為粗散，水煎灌之。

又　第十二方：治重舌重舌退者始治。山豆根，貫眾，硼砂，滑石，寒石，寒水石，麝香，海螵蛸，白茯苓，上藥為末，芭蕉自然汁，調抹口瘡。

又　第十三方：專治牛青瘴。香附子炒，陳皮，甘草，山梔子，南星，肉桂，柴胡，大腹皮，檳榔，上藥為末，用泉水同煎灌之。如渾身顫粟者，須加川當歸一兩，煎服。

又　柴胡草果散：治泉江下路瘴。柴胡一兩，烏梅五錢，南木香五錢，檳榔五錢，常山二合，知母五錢，草果五個，細辛三錢，上藥為剉散，入鹽少許，生地火炮，聞香氣取出，用好酒一大碗，煎至半碗灌之。又方：治四時牛瘴。人參地骨散一兩，五苓散一兩，八正散二兩，蜜糖四兩，洗心散二兩，寒水石四兩，大薄荷一把，車前子一把，龍腦薄荷一把，上藥九味，交和為末，用冰泉水調灌立效。水牛用水四斗，黃牛用水三斗。

又　治牛瘴渴消及倒草者，吃此藥後，五日見水下。青皮、丁香、茯苓、甘厚、厚朴、陳皮各一兩，麥蘖炒、神曲各一兩五錢，半夏、白薑煨、桂心、蒼朮、良姜、藿香、白朮各五錢，共為末，用好酒四升，煎至三升，調灌之。

又　治胎散：牛有胎患瘴者，先灌此藥，後用治瘴藥。白芍藥、地黃、肉桂、荊芥、川芎、當歸、柴胡、防風、人參、茅根、甘草，共為細末，用酒煎灌之。

又　治胎散：瘴後宜用。枳殼炒、木香、香附子炒、甘草炙，上藥共為末，酒調灌之。

又　內補散：生下牛子後補藥。當歸酒浸、川續斷酒浸、牡丹皮、蒼朮、赤芍藥、五加皮、白芍藥、蒲黃各五錢，烏豆一合炒，上藥共為末，溫酒調下。

又　治四時膽瘴：硃砂、乳香、腦香、麝香、朴硝、山梔子、胡黃連、菊花、荊芥、滑石、羌活、獨活、防風、川芎、甘草，上藥共為末，臨服時加前五味入藥內，分作四次，薄荷水調灌之。

藝文

清　傅述鳳《養耕集・新録療牛傷感針藥全集・治牛時疫流行歌附方》　時行疫癘氣相傳，夏熱冬寒兩受傷。急用荊防散一劑，疏風退熱病方痊。荊防散：荊芥六錢、防風六錢、柴胡四錢、前胡五錢、桔梗五錢、苦參四錢、蘇葉四錢、薄荷四錢、玄參七錢、川芎七錢、青蒿四錢、瓜蔞六錢、獨活四錢、良姜四錢、炒柏葉四錢。引用生薑三片、蔥三根，和水擂服，取汗即效。

又《治牛時疫寒冷歌附方》　寒疫之癘膽傷風，渾身作冷足伶仃。先將禾草渾身搭，後針前穴腳能伸。補元湯：白茯苓一兩、黃芪八錢、花粉四錢、白芷五錢、川芎六錢、僵蠶五錢。引用早糯米一撮，水酒擂服，必要渾身發熱，肚鳴脹消，鼻有汗，方效。

又《治牛時疫攻心歌附方》　久積毒氣在心間，一時作熱便發斑。身作煩躁無定息，急針前穴退心煩。清凉退疫湯：黃連一兩、南星四錢、瓜蔞四錢、獨活七錢、黃柏四錢、苦參四錢、良姜四錢、薄荷三錢、升麻三錢、屋游三錢、白礬四錢、大黃七錢、石菖蒲四錢　梔子仁七錢。用水擂服，不加引。

清　佚名《牛醫金鑒》篇下《五疫癘》　肝疫丁壬眼目光，戊癸心疫舌上瘡。乙庚肺疫鼻膿出，甲己脾疫胃虛忙。丙辛腎疫耳齒病，五臟隨疫用五香。

五香沉木藿麝乳，龍腦没藥硃砂當。五香散：藿香、沉香、麝香、當歸、硃砂、木香、乳香、没藥、阿膠、冰片。引白蘿蔔汁，無汁用子，共研細末。

又《**瘟疫時毒癥**》 瘟疫時毒五臟寒，毛焦腹脹肚不安。腸疼心熱難醫治，鬱金和解散安痊。升麻甘桔能解毒，知芩烏藥治來源。軍桔防風木薑米，分化陰陽硃砂丸。鬱金和解散：升麻、鬱金、甘草、桔梗、黄芩、烏藥、橘紅、木通、硃砂、知母、生軍、防風。引用生薑、陳倉米。

其他

論說

清 鐘鳴《**蓄魚雅集·醫魚六則**》 一，受溫氣。四時皆可染之。魚即軟而無力，鱗上起有浮黏，或頭尾露紫班。重者甚至漂起，或横沉水底，儼如死魚。趕緊起出，入新汲井水內。若不能立，不可任其横浮，仰臥龍睛，在脊刺上穿綫，上横葦棍。文魚無脊刺，可用絲子或綢條圍腰拴綫，上横葦棍，看有生機，再换新水，可愈。

綜述

晉 葛洪《**肘後備急方**》**卷八**《**治牛馬六畜水穀疫癘諸病方第七十三**》 蟲纇十年者：醬清如膽者半合，分兩度灌鼻，每灌，一兩日將息。不得多，多即損馬也。

又 蟲纇重者：葶藶子一合，熬令紫色，搗如泥，桑根白皮一大握，大棗二十枚，擘，水二升，煮藥取一升，去滓。入葶藶搗，令調勻。適寒溫，灌口中，隔一日又灌，重者不過再，瘥。蟲纇馬鼻，沫出梁腫起者，不可治也。

清 趙學敏《**串雅獸醫方**》**卷四**《**猪證**》 猪瘟：牙皂、細辛、川烏、雄黃、狗天靈蓋燒灰各等分，為末，吹入鼻中，用五分即可，牛、馬亦可治，加麝香五厘更妙。

又 中水：先以水洗眼鼻中膿污，令淨，次用鹽一大湯碗，撮就將沸湯研化，候冷，澄取清汁，注少許于兩鼻內，五日即愈。

又 瘴疫：蘿卜或葉，食之，不食，則難救。又方：牙皂二錢火煨、細辛三錢、牙硝九錢共為末，竹管味三分，入鼻內。

又 卷六《**六畜舌脹**》 舌脹出血：蓖麻取油、蘸紙拈，燒煙熏之，即腫脹皆消。并治牛馬六畜舌脹。

清 佚名《**猪經大全**》 猪瘟疫火熱內實、猪瘟疫火熱內實治法：生大黄四兩，芒硝三合，小枳實五合，厚朴一兩，四味共煎，三灌得痊。

又 猪病疟症。猪病疟症治法：附片、乾薑、上桂、白朮、茯苓、半夏、陳皮，五味，生薑為引煎汤調下。又方：附子、乾薑、炙草力末，調喂。

又 猪欲避瘟症。猪欲避瘟症治法：以貫眾泡食桶內，舀汁出及料食喂，留藥在內。千叫千應，萬试萬靈。

又 猪发瘟症。猪发瘟症治法：北细辛一钱，牙皂一钱，雄黄一钱，花椒一钱，為末灌下。公猪以吹左鼻，母猪以吹右鼻。

又 猪瘟仙方。猪瘟仙方治法：北细辛、牙皂、生川乌、草乌、雄黄、狗天靈盖，燒灰為末，吹鼻。

又 猪時行感冒。猪時行感冒治法：乾葛，绿升麻、陳皮、大草、川芎、紫蘇、白芷、赤芍、麻黄、香附、姜葱煎水之灌下。

又 猪受疫不食症。猪受疫不食症治法：苍术五钱米泔水浸，厚朴一钱，陳皮二钱，炙草一钱，生薑三片，大枣三枚，煮喂。

其他分部

論說

元 卞管勾《**校正增補痊驥通玄論·重刻痊驥通玄論序**》 天無私覆，地無私載，曰仁而已，聖人仁覆天下，即天地之無私覆載也。洪惟我太宗文皇帝，永樂四年，開設陝西苑馬寺，統監統苑任，專蕃牧，正欲閑厩蕃息，以資邊用，以省民財，仁覆天下，與天地相為悠久矣。承平之餘，日漸頽廢，我孝宗敬皇帝，因邊方多事，銳意修复，博采廷議，簡命今總製三邊邃菴楊先生，為副都御史，以理其事，付以便宜之权。先生大展所藴，于凡馬政一切事务毫分縷晰，巨細不遺，閱三歲，廢兴弊補，赫然改觀，三邊賴焉。先生以近時多疫癘，醫療無方，前歲命霆延請醫师龔錦，以專訓迪。博选各苑俊秀堪訓子弟，會集於平凉，建舍數間，以教以学，取《安驥》舊集，親加訂閱，命工鋟梓，以偏給之，命霆時加督責。勤惰多所成就間，又出《痊驥通玄論》示霆。其書内有三十九論、四十六説，方術畢備，馬之病源治訣，明白簡易，雖中醫按而用之，如青錢之选，穿楊之射，百發百中。仍命鋟梓，以廣其傳云。夫醫，仁術也，先生济物之仁，融盖充溢，已滿其量，推而行之，澤及三邊，此犹有限也；雄功偉績，霖雨蒼生，天下之民，若物咸被其澤，奚啻馬政而已哉。霆故樂為之序。大明正德元年四月朔旦，陝西苑馬寺卿、前陝西布政司、左參政太原車霆序。

又《通玄論後序》　余為諸生時，常至大市肆中購藥，見其賤品，狼籍於地者，輒扫置屋角中，不复顧，頃之有村醫來，以粟易之而去。余曰：『彼用此弃藥者何哉？』主人曰：『末而售之，調以葱酒，以嚾牛馬，療百病。』余曰：『此出何書？』主人曰：『耳口相傳安有書也？』余曰：『效乎？』主人曰：『彼苟且升合子粟為糊口計，尔惡問其效與不效也。』嗚呼，馬牛醫之陋一至此哉！余初至苑馬，首問《安驥集》一書，則已有刻。又有極稱《通玄論》之善，而惜其板之坏者，且促余重刻之。即召工問其板，亦以坏爛對，固使君檢之，乃出之塵室弃板中，稽其數尚存者十之九，及洗刷而摹視之可辨者，亦尚十之七八，遂力求善本，得之於滄洲子之家，於是完好者因之，亡失者補之，残缺者易之，漶漫者搜剔之，盖所費無几，而《通玄論》复為全書矣。使畜馬者，能與《安驥集》而并究心焉，豈惟足救之於既病，亦足以保之於未然；豈惟得療馬之方，亦足以諳相馬之法，將不為圉人之一助乎邇。余考牧試叩一二馬醫，亦有尚知用《安驥集》者，若《通玄論》則懵然無闻矣，豈不可為太甚乎！二書辞不甚深，而恆人為便，先總製邃菴楊先生實刻之，前序已詳，無庸再贅。余恐苑之醫师，未免陰效村醫者之為，則其害物妨政也不淺，故特附著以為戒。且以告夫吾屬，俾擇其聪慧子弟，朝夕而訓誨之，則肄習之久，當必有精者出，雖神聖工巧之妙，可几及也。豈直不害物妨政已哉，是在吾屬加之焉耳！大明正德元年四月，醫师龔錦序。

又《重修痊驥通玄論跋》　夫西北之政，莫急於馬，痊馬之要，莫切於藥。予历任近年，見彼地人病尚乏醫術，其馬之病夭，束手待斃可知之矣。且塞北風寒，塞戍昏魯，率多調養戾節，便無醫藥以完其真，以济其夭死，尚安望其雲錦成群乎。因公余取《通玄論》而閱之。見其理明义精，殊為簡要，但板鋟諸寺已經四十餘年，其缺失者，或連篇無存，字蒙昧者，或成段而莫識，承舛听訛，浸至廢滅，殊為此慮，乃廣詢於人，因得舊本焉。遂捐梓人，補其缺略，正其差謬，脩其蒙昧，使前人牧爱之意不泯，而圉人得覩其全經，亦借此以廣援济之術矣。故紀諸篇末以識歲月云。嘉靖二十六年孟春中元，陝西苑馬寺丞楚西陵台楊時中識。

明　趙浚等《新編集成馬醫方·序》　馬之於天地間，其用大矣。《周禮》不掌於獸人目，夏官大司馬以總焉，重其用也。蓋國之大事，戎政也。戎非馬無以製敵挫變，奮武威而安邦國也。豈徒曰任重致遠、置郵傳命而已哉！是以甲天下曰萬乘，貳天下曰千乘。乘，乘馬也。天下國家之大小強弱，皆以是第之，其重也為何如！驂服廢矣，自上達下直便於鞍馬之歸，其有功於天下也尤為重。夫良駿之蹄，世所同欲，戎武之備，國不可弛，人之求之也，饑渴不足喻也。噫！亦血氣耳，或勞逸之不中其體，或水草之不適其宜，一有病萌，遂委於無知賤隸之手，其愈也幸耳，非其巧也，便稱之曰獸醫。彼不知經孫絡，敢望其明，竅穴，審藥性，以適其病也耶！嗚呼！誣針妄藥，幾喪奇毛，非徒害命，抑亦傷財。古人譏其不智，有曰，如庸醫之治良馬，信乎！其不智，且不仁也。左政丞平壤伯趙公浚、右政丞上洛伯金公士衡體上至仁，當醫國壽民之餘，推廣是心，以及於物，乃與醴泉伯權公仲和、西原君韓公尚敬等撰集馬醫方。於是，經以伯樂之經，緯以元朝之訣，撮諸書可效之方，采東人已試之術，以成是編，鏤梓周流，樂與三韓，廣開耳目。庶幾隨病得方，因方下手，使有性無言之類，獲免札瘥，以保其生；費錢豢養之家，不失其利，以期其用。始於一時，終之百世，豈不萬萬有利於大東家國也哉！子孟氏云：『仁民而愛物』，於我公幸親見之。建文元年蒼龍己卯仲呂既望奉列大夫典醫少監知濟生院事南陽房士良序。

清　趙學敏《串雅獸醫方·序》　《周禮》分醫為四，有食醫、疾醫、瘍醫、獸醫；後乃有十三科，而未聞有走方醫之名也。《物原》記歧黄以來有針灸，厥後巫彭製藥丸，伊尹創煎藥，而未聞有禁截諸法也。晉王叔和纂《脈經》，敘陰陽、内外、辨部候、經絡、臟腑之病為最詳；金、張子和以吐、汗、下三法，風、寒、暑、濕、火、燥六門，為醫之關鍵，終未聞有頂串諸名也。

有之，自草澤醫始，世所謂走方是也。人每賤薄之，謂其游食江湖，貨藥呪詆，跡類丐；挾枝劫病，貪利恣睢，心又類盜；剽竊醫緒倡為詭異；敗草毒劑，悉曰仙遺；刳滌魘迷，詫為神授。輕淺之癥，或可貪天，沉痼之疾，烏能起廢？雖然，誠有是焉，亦不可概論也。為問今之乘華軒，繁徒衛者，胥能識癥、知脈、辨藥，通其元妙者乎？儼然峨高冠竊虛譽矣！今之游權門、食厚奉者胥能決死生、達內外、定方劑，十全無失者乎？儼然踞高座、侈功德矣！是知笑之為笑，而不知非笑之為笑也。予幼嗜岐黃家言，讀書自《靈》《素》《難經》而下，旁及《道藏》《石室》；考穴自《銅人內景圖》而下，更及《太素》《奇經》；傷寒則仲景之外，遍及《金鞞》《木索》，本草則《綱目》之外，遠及《海錄》《丹房》。有得，輒鏟撮忘倦，不自知結習至此，老而靡倦。然聞走方醫中，有頂串諸術，操技最神，而奏效甚捷。其徒侶多動色相戒，秘不輕授。詰其所習，大率知其所以，而不知其所以然，鮮有通貫者。以故欲宏覽而無由，嘗引以為憾。有宗子柏雲者，挾是術徧遊南北，遠近震其名，今且老矣。戊寅航海歸，過於譚藝，質其道，頗有奧理，不悖於古，而利於今，與尋常搖鈴求售者迥異。顧其方，旁涉元禁，瑣及游戲，不免誇新斗異，為國醫所不道。因錄其所授，重加芟訂，存其可濟於世者，部居別白，者成一編，名之曰《串雅》。使後之習是術者，不致為庸俗所詆譭，殆赤柏云所心許焉。昔歐陽子暴痢幾絕，乞藥於牛醫；牽防禦治嗽得官，傳方於下走。誰謂小道不有可觀者歟？亦視其人善用斯術否也。乾隆己卯十月既望，錢塘趙學敏恕軒譔。

清 李南暉《活獸慈舟·叙》 嘗聞天地之性人為貴，萬物之生人最靈。貴可以治賤，靈可以馭蠢，此六畜之所以效用於人，而人亦未嘗以其賤且蠢而竟棄之也。故牛、馬、豕、羊、貓、犬，為家国所必需，而蓄牧豢養滋生，亦黎庶所有事。然天時之順逆不常，病患每生於倉猝；畜類之安危靡定，調劑必借乎人為。倘非預備其方，束手何能有策？若果先利其器，曲藝自克稱良。此《活獸慈舟》繼《活命慈舟》垂示以傳於無窮者，皆仁民愛物之至意也。愚捧讀是書，深加敬服，浣手鈔存，視同秘寶。偶晤曉堂劉君、汝沛陳君、岐術夏君、國寶胡君暨仁術朱君、雲山孟君、清溪倪君、復初李君、慄齋田君等，僉謂：『私之一己，不若公之眾人；存之一時，不若傳之百世。敬托先生再加釐訂，正其錯訛』。愚曰：『是何言歟？愚本孤陋，漫云釐訂，亦即所見及者而勉為校讎可耳』。事竣，因綴數語於簡端，以請正高明焉，是敘。

龍飛癸酉年季夏月初伏日，會稽西原氏敬志。

清 佚名《大武經·序》 夫牛馬六畜，兼天地之正氣而生，而發育繁殖甚速，但具有四肢五臟六腑骨尾皮毛，靈敏各異，寒熱侵襲，是以癥候時生。至於對人類有功，雖賦性不同，而治療一書，是以相傳也。蓋歷年已久，積累精華，處方針灸，不少奇經驗方，施診用藥，尤有巧妙之術。且夫牛馬駝，犁田效力，任重致遠，賦役先焉，財用足焉，誠富國之良材，治國之杆桿也。為畜醫者，致其病理，察其病源，不可粗糙妄試，幸勿忽視也。然而，善牧者亦宜潔其水草，慎其寒熱，節其足力，則疾病少生；若調養不慎，使多受風霜寒熱，病根已深，縱使岐伯伯樂寧戚復生，亦難為力也。總之，服牛馬醫務者，責大任重，善於養者，亦必調養有方，牛馬之癥候自防耳，畜類繁殖自盛矣。是為序。

清 佚名《大武經·辨證篇·牛有五十四死癥歌》 牛有五十四死癥，逐一從頭說與君。唇如靛染春難治，舌似硃砂夏不醫。秋天口白醫無救，三冬黑昧難救回。三關解索歸陰死，九喉雀啄入幽冥。檐前屋漏休醫救，項下蝦游勿會醫。眼有五色分明說，青如靛染絕腎經。黃似蟹腹脾經死，紅如硃砂死心經。黑如炲煤肝經絕，白似枯骨敗肺經。扯斷腕筋真可惡，烏筋一斷無藥醫。氣冷三關終自死，兩耳齊倒絕肺經。口冷鼻敗終無救，眼神虧虛死了心。墊舌生黃無醫救，鎖喉生黃命歸陰。扦襠生黃死之急，筑頸生黃見閻君。漫腸生黃壽不齊，內腎生黃無藥浸。心肝脾肺腎黃起，五患妙手難回春。傷天空生梅爛穿死，久吼肺痿鼻難聞。頭悶腦涕元暘亂，糞蟲打眼枉勞神。傷肝眼腫頭低死，軟胞如油不可診。冷痧絞腸滾地死，產後癱瘓多難醫。蓄水盤腸仆地死，冷氣茅臁莫開針。牮牛本身腫破死，臊牯怕患砂石淋。吃米肚脹無妙藥，狗咬心風怕叫聲。海底爛穿自少救，小牛怕得籠頭瘋。紅黑寒熱冷痧癥，五患有死無一生。血汗渾身無長壽，汗出無休不能醫。中風木舌真少救，破傷口緊定難醫。此乃五十四死癥，後學必須用心精。先賢垂訓良言語，必須精益更求精。

清 佚名《大武經·辨證篇·牛有雜癥》 凡牛有一切雜癥數種，醫者須要理會病源。處方雖易，其理大矣。過細觀之，究其理、端其情，方可稱為醫人。但牛有大小，病有難易，黃牛、水牛各有分別不同，慎矣哉！夫六畜乃屬五行而生，要看五臟六腑之根源，尤須辨別癥候。外則口、齒、鼻、眼、耳、角、皮、毛、骨、尾之癥；內則心、肝、脾、肺、腎、胃之病；再則應時看病，春屬肝目，夏屬心火，秋屬肺金，冬屬腎水，長夏屬脾土。要看清節氣之本色：春肝木其色宜青；夏心火其色宜紅；季夏屬土其色宜黃；秋屬肺金其色宜白；冬屬腎水其為米湯之色。此為五色之分，亦無病也。肺黃紅黃色；心黃帶紅，暗紅暗白，都是黃癥。頭黃出於脾家；束頸黃出於肝家；墊舌黃出於心家；箍嘴黃出於胃家；蹄黃乃是肝膽而起；雞胸黃出於心家；筲箕黃出於六腑。凡牛一身黃癥，各有名稱，各臟所受熱毒生黃者，必黃紅硬熱；風毒生黃者，必腫灼熱；冷氣黃，只腫不熱。扳開牛口看舌，舌乃心經之苗，有白泡乾涎，又出火氣，乃是心黃也。舌底名海底，有黃水者，乃是心黃。有清水者，乃水克火也。肺病者，鼻主肺，鼻色紅乾是火也。流清涕是寒也。又嗆出火氣者，乃肺火入心肝。眼主肝膽，眼紅，肝火也。半紅半黃膽火，又紅帶嗆時，出聲又不出聲者，膽脹也。耳主腎，耳冷是寒也，耳如火燎者熱也。耳角有溫，皮冷尾冷，乃是有溫也。凡牛發臁一癥，口流涎，肚又飽，尾不擺，又出火氣，乃是發茅臁也。口、角有溫，喉內出火氣，肚脹，大小便不通，眼帶紅黃，乃是脹膽也。腰虧尾不擺，小便不通，乃腎腫，乃腎黃也。又有牛皮黃一癥，遍身起硬它，破穿流血水者，乃是皮黃也。凡牛生黃，各有名稱：生在頭上名腦黃。肩背上名巴擔黃。耳上名金耳黃。角根上名箍角黃。後大襠內名腎囊黃。四腳上，名蹄爪黃。腿上名纏腿黃。四膝上名竹節黃。紅色者火瘡，白色者寒瘡，黃色者黃瘡，黑色者乃是風毒也。凡牛一身皮毛不活，四肢瘦弱，乃寒入骨也。又有毛焦稀，眼又紅，乃為肺中有火。或受風寒，或受暑濕，或過勞損力，水草不食，臥而不起，乃勞力傷寒也。凡牛有火熱癥，滿口紅色，眼睛赤紅，鼻中又出火氣，乃五臟六腑火熱。看四季有青、白、紫、黑，或吉或兇之色，紅肝火，黃紫色亦肝火也。青紅色屬膽火。兼皮或紅或是紅黃色，乃肝火克火，兇。

清　黃穀《畜產叢書》第一編《養牛法・牛病療治法》　牛，動物也。苟放牧違時，飲喂失度，則必多傷損，或承饑致瘻，或病患衝風，因此暴病常生而又不知，察病揀方，研究獸醫之學，反信巫言鬼祟，買紙燒錢，或禱鬼乞星，或書符壓禳，不獨瘴疫增加，而且益傷頭足我國鄉愚現象，其有不如是者幾何。噫！殆矣！牛之療病方法，我國本有之，不過人皆眇視，而不過問，是以未興耳。且其中療法雖多，迷信亦甚，今取其足以應用者，各採輯之。

清　李南暉《活獸慈舟・叙》　嘗聞天地之性人為貴，萬物之生人最靈。貴可以治賤，靈可以馭蠢，此六畜之所以效用於人，而人亦未嘗以其賤且蠢而竟棄之也。故牛、馬、豕、羊、貓、犬，為家国所必需，而畜牧豢養滋生，亦黎庶所有事。然天時之順逆不常，病患每生於倉猝；畜類之安危靡定，調劑必借乎人為。倘非預備其方，束手何能有策？若果先利其器，曲藝自克稱良。此《活獸慈舟》繼《活命慈舟》垂示以傳於無窮者，皆仁民愛物之至意也。愚捧讀是書，深加敬服，浣手鈔存，視同秘寶。偶晤曉堂劉君、汝沛陳君、歧術夏君、國寶胡君暨仁術朱君、雲山孟君、清溪倪君、復初李君、慄齋田君等，僉謂：『私之一己，不若公之眾人；存之一時，不若傳之百世。敬托先生再加釐訂，正其錯訛。』愚曰：『是何言歟？愚本孤陋，漫云釐訂，亦即所見及者而勉為校讎可耳。』事竣，因綴數語於簡端，以請正高明焉，是敘。龍飛癸酉年季夏月初伏日，會稽西原氏敬志。

清　傅述鳳《養耕集・源流自序》　《養耕集》一書，余奉家君之命而作者也。家君素有良醫之譽，鄉鄰常稱彥焉。夫非種田之廣，蓄牛之多，精通療治之術，而能有此令聞乎。第人既借牛力以廣其收藏，牛亦當資人力以深其保護，二者相需甚切，安敢等於尋常，坐視寒熱之作，癀脹之生，而不救也，可乎哉！我觀家君，無慮此矣，假販牛以爲名，過都越國，戴月披星，不避風霜之苦，不辭跋涉之勞，凡屬執鞭之士，牙儈之人，聞有一善其術者，雖千里之遥，猶親往焉，造廬受教，必盡其道而後已。況乎千里而生一聖，百里而生一賢，有出類拔萃之名者，敢畏其道之阻，路之險，而裹足不前也哉！然而世之務虛名而鮮實者盈天下，彼曰神手，此曰名師，皆自夸曽醫之良，及觀其所試，亦僅投一古方以塞責耳；而於針法何有哉，是此道之不明於天下也久矣。公乃審所尚而正所趨，知恃藥之效難見，不若恃針之功易成，兼收并蓄，變化無窮，展獨出之心裁，隨機應變，又得聖賢之師以爲依歸，受眞傳之秘訣，另開捷徑。辛丑仲夏，公年六十有餘，心怀公直，從不索人毫發之利，而求者愈多，不勝晉接之煩，欲卻其請而不能，思得一徒，以代其勞，實難其人，輾轉忧思，深爲扼腕。一旦晝寐自思，此技來非容易，求師訪友，歷遍天涯，何以至命秘而不宣，而不筆之於書，以壽斯世，乃蹉跎歲月若此哉。維時公以未嘗學問，不能擅操著作之任，惜諸兒未得眞傳，此道將來不明不行矣。設有牛圖四十餘穴，雜癥四十餘條，屢見奇功者，久未注明指趣，殊堪歎惜。於是呼予而告曰：奈予素不聞孔孟之書，未能淹貫，故雖抱此底藴，口能言，而筆不能宣，亦無如之何也。念汝讀書有年，深通經史，出言自然有章，固可代余草創之任，卽醫牛之術，汝亦麤知大義，倘專心致志，入室何難。是在有志者事竟成耳。其因癥認穴，因穴下針，因針立法，因法成書，彻始彻終，吾當按穴教之，汝當依言釋之，兄終弟及之任，正可望於今日之汝也。斯時余聞尊命，乃避席對曰：葨不才，奚當大任，蒙受趨庭之訓，嘗聞大略，究未深領淵微，恐執筆悠悠，難中肯綮，今聆是言，如夢方覺，如醉初醒，不啻聞所未聞，見所未見也。因慨然受命曰，今夫牛之有功於人也，亦大矣哉。自漢趙過用耕牛之後，賦稅於是乎出，衣食於是乎生，上應天星，下關國運，功同戰馬，澤及生靈。君無牛，無以供粢盛之祭祠；民無牛，無以給父母之饔飧。進行建乘田之官，草野設芻牧之豎，牛顧不重乎哉。倘一旦寒熱乍生，病疾頓作，奄奄觳觫，抑亦立而視其死歟，是必伏針砭之力以救拯之也。爰竭數載之深心，以成一家之世法，父作之於前，子述之於後，日臨一癥，夜解一題，愁遵家君所言之綱目，順其意而體其情，詳加辨論，某穴綱目之下，針之淺深有度；某病綱目之下，針之多寡有節。必如是，則頃刻而生；不如是，則瞬息而死。講解分明，注釋清晰，毫發不差，效驗亦確，斯爲得耳。又嘗溯厥古人治牛之方，若漢之薛公，晉之高祖，以及六安喻本元所著諸書，當時盛稱詈醫之最，然觀其命意立言，亦只僅載方藥，并未立一針法，傳於後世。則比較相形之下，而是書一出，千古不傳之秘，得此傳之，不已遠逸前人，來超後代，有識之士見之，當必奉爲至寶也。故因顏之曰《養耕集》，分爲上下二集，上集詳著針法，下集備錄方藥；針不能到者，有藥以至之，藥不能及者，有針以挽之。以時製宜，運行不悖，則凡農圃之家，庶幾有茁壯之歡，無夭折之慮耳。而家君之教，自長兄去世之後，幸賴余不肖之葨，復接其傳，不亦長留天壤也哉。由是觀之，公今蕴此妙術。鳴於當代，利己利人，宜乎登遐齡之上壽，應冠帶之寵榮，恭迓『盛典』，享此褒封，皆能一一親食其報，亦分所應耳。余故殫精竭神，依題闡發，非敢自稱著作之善，針法之高，不過襲公已驗之陳迹，作後學之津梁，使庸夫俗子，俱了然於心目之間，卽遇險癥而掣肘，逢怪病而愁眉，當亦見之恍然而悟者耳。是歲庚申，公年已臻八十有六，目击此書之告成，公生平之愿足矣，余之職亦盡矣。余又恐傳授淵源之自此而湮没，不能詳鑒而此之苦衷，故一一序而明之，弁諸卷首，以俟剞劂費足，付梓就鐫，令彼後學時時珍重，以爲後日子孫世守之法，是爲序。嘉慶五年歲次庚申七夕前一日吉旦，江西新建縣雙港傅善葨春翹氏，題於家塾之素行堂。

明 趙浚等《新編集成牛醫方·序》 嘗觀《周禮》，至牛圉人所掌。有曰：供祭祀則享牛，軍旅則犒牛，以至宴享、射禮皆用牛；而農無及焉。且遂人之治野則有千夫澮、萬夫川，而亦不及牛。是遺其重，而不之書，以示天下與萬世，信周公未成書也。以今觀之，其菑其畬，縱横其畝，一牛之力奚啻十夫之力也哉！噫！一牛也，而何其用之博耶？以之祭天則天神格，以之祀廟則人鬼享。斯民朝夕之命，軍國經費之資，皆其力也。其有感於天地，有功於民社大矣！左政丞平壤伯趙公浚，右政丞上洛伯金公士衡體上至懷，已於國初，痛禁私宰，不忍之心，著之甲令，可謂仁之至，義之盡也！且念血氣之類，焉能常保，陰陽徭伏，流為疾疫，饑飽勞逸等為病源，苟失醫治，徒善何裨。乃與醴泉伯權公仲和、西原君韓公尚敬等撰集醫方。於是采古摭今，鉤神摘驗，以成是篇，繡梓印頒，以惠中外。噫！我公一念之仁，横被於時，登民春臺，措國泰華，旁及於牛馬，無知之類，咸浴其好生之澤，如此之曲且盡也。吾知其仁聲仁聞，直與天地相始終云。建文元年，蒼龍己卯，仲呂既望，奉列大夫典醫少監知院濟生院事，南陽房士良序。

清 佚名《牛經切要·序》 嘗聞自古流傳以來，人生在世，耕種爲本。皇王國土，與民勤耕而食；故所「國以民爲本，民以食爲先。」焉有不耕之理。其耕種者，人之最苦也；故世人藉養牛畜，用力而且耕。其牛者，自天生之，耕種爲首，生相其形不一，有貴有賤，能主兇吉之形，堪者宜防，其人多有不識，能識之者易，不識者難，恐悮入其中，受害而已。註明方知，以免受屈耳。

清 佚名《大武經·序》 夫牛馬六畜，兼天地之正氣而生，而發育繁殖甚速，但具有四肢五臟六腑骨尾皮毛，靈敏各異，寒熱侵襲，是以癥候時生。至於對人類有功，雖賦性不同，而治療一書，是以相傳也。蓋歷年已久，積累精華，處方針灸，不少奇經驗方，施診用藥，尤有巧妙之術。且夫牛馬駝，犁田效力，任重致遠，賦役先焉，財用足焉，誠富國之良材，治國之杠桿也。為畜醫者，致其病理，察其病源，不可粗糙妄試，幸勿忽視也。然而，善牧者亦宜潔其水草，慎其寒熱，節其足力，則疾病少生；若調養不慎，使多受風霜寒熱，病根已深，縱使歧伯、伯樂、寧戚復生，亦難為力也。總之，服牛馬醫務者，責大任重，善於養者，亦必調養有方，牛馬之癥候自防耳，畜類繁殖自盛矣。是為序。

清 佚名《相法牛經大全·序》 六畜皆借人以飼者也，于牛為亟何也？民為國本，食乃民天，牛非療無以壽，民非牛無以耕，不耕而食，雖許子不能。力本者牛可忽乎哉！蓋牛之為物，上列天星，下關國運，即墨齊城可復，桃林武事能成，飼之者豈特喂養這有其術，而調攝亦不可無其方也。予不敏，學古之餘，從事學稼。當盛暑嚴寒，必安其處所，適以水草，節其饑飽。冬則溫廄，夏則涼廡，間僅微故，必誠求以療之。然目未睹獸醫之書，身未隸乘田之職，無以獲其奧旨，往往為之扼腕。已未有事金陵，得覯六安長喻少喻療牛全集，針砭按穴，藥治有方，不覺喟然嘆曰：牛固有重於人，而人亦不忽於牛也。自有此書，牛則可無殞沒之患矣；天下之力農者，亦可長食牛之力矣。有國有家者，牛可忽乎哉！爰序之以弁其端。

綜述

晉 葛洪《肘後備急方》卷八《治牛馬六畜水穀疫癘諸病方第七十三》 蟲顙十年者：醬清如膽者半合，分兩度灌鼻，每灌，一兩日將息。不得多，多即損馬也。

又 蟲顙重者：葶藶子一合，熬令紫色，搗如泥，桑根白皮一大握，大棗二十枚，擘，水二升，煮藥取一升，去滓。入葶藶搗，令調勻。適寒溫，灌口中，隔一日又灌，重者不過再，瘥。蟲顙馬鼻，沫出梁腫起者，不可治也。

清 李南暉《活獸慈舟·水牛》第二篇《疾病·寄生蟲病》 治皮瘙法。青峰曰：牛患皮瘙，乃肺經邪火熱毒，熱極生濕，熱脫皮毛，或心火熱毒結成，或血虛皮燥，不能滋潤，故致皮燥生疔等證。總之，先以殺蟲解毒清火藥洗之。甘松、皂角、貫眾、硫磺、黃連、黃柏、玄參、芒硝、石膏、甘草、黃芩、檳榔、陳艾、苦蒿、香薷。煎水，俟冷掃洗。又：陳艾葉、地膚子、蒲公英、芒硝、雪膽、貫眾、皂角。煎水掃洗。又：寒水石、廣石灰。調桐油敷。又：廣石灰、芭蕉花燒灰、青鹽。調桐油掃塗。又：雄黃、硫磺、粉草、蘇荷、芒硝、榧子、秦艽、雷丸、鶴虱、檳榔、黃連、黃柏。共研細末，入芭蕉油調敷患處。又：明雄、硫磺、陀僧、蛇床子、花椒、白芷、大楓子、黃柏、木鱉、梔子、大黃、芒硝、銅綠、青礬、爐底。共搗極細，用井油或桐油煎滾，乘熱合藥擦之。又：芭蕉油。搽掃。服藥方：黃芩、桑皮、黃柏、黃連、貫眾、檳榔、當歸、生地、玄參、芒硝、梔子、白芷、牛膝、車前。煎濃，入雞蛋灌服。又：當歸、川芎、黃芩、黃連、生芍、貫眾、升麻、白芷、川椒根、牙硝、車前、薄荷、夏枯草、燈籠草、蛇泡草。煎濃，入雞蛋啖服。

又 牛口吐雜蟲法。青峰曰：牛或時口吐雜蟲，或內有蟲積，或脾虛生螬蟲。總之，先用殺蟲藥，然後量證用藥，分經治病方可。殺蟲方：貫眾、檳榔、雷丸、榧子、石膏、秦艽、夜明砂、望月砂、宿蠶沙、使君子、蕎麥灰。煎濃，啖服。又：貫眾、野煙、蟲草、鶴虱、榧子、花椒根、王不留行、使君子根、吳萸根。煎濃，啖服。又：川椒、吳萸、貫眾、硫磺。同搗，煎濃，入豬、羊膽汁服。

又《生蟲病》 治牛吃螞蝗方。貫眾、野煙、水煙、皂角、川椒、葉煙。煎濃，入童便合啖。又：葉煙骨。煎水，入枯礬合啖。又：滾茶洗葉煙桿內煙油啖之。

又治牛生蝣蟲方。觀音草搗爛，濾渣取汁、雄黃、硫磺、川椒共為末，用豬膽汁調敷患處。

又《其他病》 治雷頭風法。青峰曰：雷頭風者，多是風邪痰壅而成。此證當用：當歸、川芎、白芷、細辛、柴胡、白芍、防風、羌活、川烏、粉葛、藁本、南星、半夏、菖蒲、石膏、吳萸、生薑。搗煎，入竹瀝、火酒啖服。又：當歸、川芎、柴胡、升麻、麻黃、官桂、細辛、南星、半夏、附片、黑姜、木通、木香、蔥頭、兔耳風、淫羊藿、威靈仙、鉤藤爪、羊爪風。搗煎，入酒曲、竹瀝合啖。

又 治口癬法。青峰曰：口為胃之苗。醫曰：脾華在唇，此證皆由脾熱火毒所致；又或食水草有毒為殃。此證若弗早療，久成大患，則牛命休矣。當用清熱殺蟲湯：石膏、桔梗、玄參、榧子、雷丸、秦艽、貫眾、檳榔、白芷、牙硝、甘草、銀花。煎濃，入雞蛋、清油啖服。又：茯苓、當歸、楝皮、紅花、京竹瀝、豆根、連翹、梔子、牛膝。煎濃，入綠豆漿、清油啖服。又：煅石膏、榧子、牙硝、蟲草。煎濃，入白狗糞微煅細末，同啖。又：黃連、石膏、黃芩。煎極濃，入豌豆粉一合，調勻啖服。隨用淡鹽湯入川椒煎洗。再用治癬神效方：明雄三錢、硫磺二錢、牙硝四錢、川椒五錢去仁、寒水石三錢、甘石三錢、檳榔四錢、胡椒三錢、姜皮三錢、生半夏四錢、使君子根四錢去皮焙乾、榧子四枚去殼。共為細末，入麝香、冰片、酥油等調敷患處。亦如治舌癬法，免致膗藥誤事。又：川椒四錢去殼、藤黃二錢、榧子二枚去殼、檳榔三錢、雄黃三錢、硫磺二錢。同末，入豬羊二膽汁調敷。但凡口中有蟲瘡蟲癬，敷藥切忌混入口中，以免誤事。

又 治鼻癬法。《青囊經》云：牛鼻患癬者，由肺火熾盛，致鼻燥熱，即能生疔生癬。又或吃夏日毒草、蜘蛛、毒物亦能作癬。總之，內當清肺火解肺熱，外用殺蟲消毒藥，敷換數次。清肺除熱湯：天冬、寸冬、貫眾、檳榔、黃芩、桑皮、柴胡、白芍、當歸、川芎、甘草、黃芪、百部、黃柏。煎濃，啖服。又：銀花、茯苓、天冬、寸冬、百部、當歸、川芎、苦參、連翹、黃花草、夏枯草、天磨芋、山慈菇。煎濃，啖服。敷藥方：明雄、川椒、枯礬、石脂、膽礬、龍骨、冰片、黃丹、甘石、青黛、海螵蛸。共末，入麝香搽上。又：廣石灰化水澄清用一勺，入桐油或清油、香油、蓖麻油調勻，再入明雄、硫磺、川椒調敷。又：臘頭雞兒、明雄、川椒。為末搽上。

清 寶奎《金魚飼育法・魚病第六》 魚無故浮水面，口出水上，空吸吐泡者，乃受熱之故，速添新汲涼水以解之。若魚沈缸底懶動，是受寒之故，速撈入淺水內曬之。（魚熱則浮，冷則沈，然春秋朝日每亦停水面曝陽，則非熱也。）魚疲暗不歡，乃病也。即以鹽擦其偏身，另盆養之，使吐黑涎即愈。納鹽入兩腮，亦佳。魚或歪倒浮游，或如死水中，及動之腮，仍能張翕，急取出以鹽擦之，另貧養之，猶可得活。俟其吐浄涎沫，方可入原缸內。魚偏身起泡，如水晶，乃天熱水壞，以新涼水激之，不然，即潰爛死矣。魚蝨如臭蟲，而白色，透如蝦蝨，一着身斷不可落，能令魚死，必須撈出，以鹽擦之亦佳。

藝文

清 佚名《牛醫金鑒》篇上《療牛馬歌》 戰馬耕牛體兩般，陰陽氣運有多端。五行生克分順逆，標本虛實用心看。陽病須當陰藥治，陰病依方陽藥拴。有疾速來高士診，失誤之時救活難。夫表裏者亦見于陰陽，表為陽，裏為陰。五臟之病為裏，屬陰；六腑之病為表，屬陽。五臟連屬：舌連於心，眼連於肝，唇連於脾，鼻連於肺，耳連於腎。五臟者，精藏於腎，神藏於心，魂藏於肝，魄藏於肺，志藏於脾。五臭湊五臟：臊氣入肝，腥氣入肺，香氣入脾，焦氣入心，腐氣入腎。

中華大典·農業典

畜牧獸醫分典　引用書目

説　明

一、本引用書目包括本分典所使用的主要書籍。

二、本引用書目的各書著録順序依次爲書名、作者及其朝代、版本。

三、本引用書目的各書版本爲通行善本、新整理點校本或較具影響之版本，本分典有些書籍實際使用的版本并不限于本書目所列，爲避免繁冗，本引用書目不一一開列。

四、爲便于查閲，本書目按音序排列。

愛日堂詩文集	清・孫宗彝	清乾隆三十五年孫仝邵刻本
安般簃集	清・袁　昶	清光緒袁氏小漚巢刻本
安分先生集	明・鄭本忠	民國鈔本
安驥藥方	宋・王　愈	江蘇人民出版社一九八五年點校本
安雅堂稿	明・陳子龍	明末刻本
安雅堂集	元・陳　旅	清文淵閣四庫全書補配清文津閣四庫全書本
安雅堂未刻稿	清・宋　琬	上海古籍出版社二〇一〇年版
安陽集	宋・韓　琦	明正德九年張士隆刻本
鶴鶉論	清・金文錦	上海古籍出版社一九九三年版
鶴鶉譜	清・程石鄰	上海古籍出版社一九九三年版
鶴鶉譜全集	清・浣花逸士	清道光和遜堂刻本
按遼疏稿	明・熊廷弼	明刻本
八旗通志		清文淵閣四庫全書本
八宅四書	明・一壑居士	明萬曆吴勉學刻本
白蒓詩集	清・張開東	上海古籍出版社二〇一〇年版
白耷山人詩文集	清・閻爾梅	清康熙刻本
白谷集	明・孫傳庭	清文淵閣四庫全書補配清文津閣四庫全書本

白虎通疏證	清・陳　立	中華書局一九九四年版
白華前稿	清・吴省欽	清乾隆刻本
白茅堂集	清・顧景星	清康熙刻本
白氏長慶集	唐・白居易	上海古籍出版社一九九四年版
白氏六帖事類集	唐・白居易	民國景宋本
白松草堂詩鈔	清・朱玉蛟	清乾隆刻本
白雪遺音	清・華廣生	清道光八年玉慶堂刻本
白榆集	明・屠　隆	明萬曆二十二年程元方刻本
白雲巢集	明・邢大道	明萬曆四十五年刻補修本
白雲集	元・許　謙	中華書局一九八五年版
白雲樵唱集	明・王　恭	清文淵閣四庫全書本
百僚金鑑	清・牛天宿	清忠愛堂刻本
百名家詩選	清・魏　憲	清康熙魏氏枕江堂刻本
百一山房詩集	清・孫士毅	清嘉慶二十一年孫均刻本
百正集	宋・連文鳳	中華書局一九八五年版
柏梘山房全集	清・梅曾亮	清咸豐六年刻民國補修本
拜經樓詩集	清・吴　騫	上海古籍出版社二〇一〇年版
半處士詩集	清・馬惟敏	清康熙四十八年郎廷槐刻本
半行庵詩存稿	清・貝青喬	清同治五年葉廷琯等刻本
半蕪園集	清・黄石麟	清康熙六十一年黄承炅等刻本
保嬰撮要	明・薛　鎧	清文淵閣四庫全書本
寶晋英光集	宋・米　芾	清文淵閣四庫全書本
寶祐重修琴川志	宋・孫應時	清道光景元鈔本
抱冲齋詩集	清・斌　良	清光緒五年崇福湖南刻本
抱犢集校注	清・佚　名	農業出版社一九八二年點校本
抱犢山房集	清・嵇永仁	清文淵閣四庫全書本

抱珠軒詩存	清・薛　雪	上海古籍出版社二〇一〇年版
北海經學七録	清・孔廣林	清乾隆五十三年古俊樓刻本
北湖集	宋・吴則禮	涵芬樓秘笈本
北磵詩集	宋・釋居簡	清鈔本
北磵文集	宋・釋居簡	清文淵閣四庫全書本
北虜風俗	明・蕭大亨	明萬曆二十二年自刻本
北山集	宋・鄭剛中	清文淵閣四庫全書補配清文津閣四庫全書本
北山酒經	宋・朱翼中	上海書店出版社二〇一六年校點本
北堂書鈔	唐・虞世南	明萬曆二十八年陳禹謨刻本
北溪大全集	宋・陳　淳	清文淵閣四庫全書本
北遊記	明・余象鬥	明刻本
北虞遺文	明・邵圭潔	明萬曆刻本
本兵疏議	明・楊　博	明萬曆十四年師貞堂刻本
本草綱目	明・李時珍	山西科學技術出版社二〇一四年版
本草綱目拾遺	清・趙學敏	人民衛生出版社一九八三年版
本草衍義	宋・寇宗奭	中華書局一九八五年版
本經逢原	清・張　璐	中國中醫藥出版社一九九六年版
筆精	明・徐𤊹	清文淵閣四庫全書本
裨農最要	清・陳開沚	中華書局一九五六年點校本
碧山學士集	明・黄洪憲	明萬曆刻本
汴京遺蹟志	明・李　濂	中華書局一九九九年點校本
便民圖纂	明・鄺　璠	明嘉靖二十三年刻藍印本
偏行堂集	清・金　堡	清乾隆五年刻本
徧行堂續集	清・金　堡	清乾隆五年刻本
賓萌集	清・俞　樾	清光緒二十五年刻春在堂全書本
豳風廣義	清・楊　屾	農業出版社一九六二年版

兵機類纂	明・張龍翼	明崇禎刻本
兵學新書	清・徐建寅	清光緒刻本
炳燭編	清・李賡芸	中華書局一九八五年版
炳燭齋稿	明・顧大韶	清康熙十年顧晶顧淼刻本
博趣齋稿	明・王雲鳳	明刻本
博物典彙	明・黄道周	明崇禎八年刻清初印本
駁四書改錯	清・戴大昌	清道光二年刻本
逋齋詩	清・劉正宗	清順治刻本
哺記	清・黄百家	清昭代叢書本
補農書	清・張履祥	清乾隆四十七年楊園先生全集本
補瓢存稿	清・韓　騏	清乾隆刻本
補勤詩存	清・陳　錦	上海古籍出版社二〇一〇年版
不繫舟漁集	元・陳　高	清文淵閣四庫全書本
不視草	清・高　璪	清鈔本
布水臺集	清・釋道忞	清康熙刻本
蠶桑輯要	清・沈秉成	農業出版社一九六〇年點校本
蒼谷全集	明・王尚絅	清乾隆純密止堂刻本
蒼梧詞	清・董元愷	清康熙刻本
蒼峴山人集	清・秦松齡	清嘉慶四年秦瀛刻本
蒼雪和尚南來堂詩集	清・釋讀徹	民國雲南叢書本
滄湄詩鈔	清・尤　珍	清康熙刻本
滄溟集	明・李攀龍	清文淵閣四庫全書補配清文津閣四庫全書本
藏春集	元・劉秉忠	花山文藝出版社一九九三年版
藏山閣集	清・錢澄之	黄山書社二〇〇四年版
操齋集	清・蔡衍鎤	清康熙刻本
曹文貞詩集	元・曹伯啓	清文淵閣四庫全書本

曹子建集　三國魏・曹植　鳳凰出版社二〇一五年點校本
草窗集　明・劉溥　明成化十六年劉氏刻本
草亭先生集　清・周篆　清嘉慶二十五年晚香亭刻本
草澤狂歌　明・王恭　清文淵閣四庫全書本
册府元龜　宋・王欽若　明刻初印本
曾庭聞詩　清・曾畹　清康熙刻本
茶山集　宋・曾幾　清武英殿聚珍版叢書本
茶香室叢鈔　清・俞樾　中華書局一九九五年版
茶香室經説　清・俞樾　清春在堂全書本
查浦詩鈔　清・查嗣瑮　清刻本
槎翁詩集　明・劉嵩　清文淵閣四庫全書補配清文津閣四庫全書本
柴墟文集　明・儲巏　明嘉靖四年刻本
禪月集　唐・釋貫休　巴蜀書社二〇〇六年版
昌穀集　宋・曹彦約　清文淵閣四庫全書本
昌黎先生文集　唐・韓愈　宋蜀本
常評事集　明・常倫　三晋出版社二〇〇八年點校本
晁具茨詩集　宋・晁冲之　中華書局一九八五年版
巢經巢詩文集　清・鄭珍　上海古籍出版社二〇一六年版
掣鯨堂詩集　清・費錫璜　清康熙刻本
宸垣識略　清・吴長元　清乾隆池北草堂刻本
陳旉農書　宋・陳旉　農業出版社一九六五年點校本
陳學士先生初集　明・陳懿典　明萬曆刻本
稱謂録　清・梁章鉅　清光緒刻本
檉華館詩集　清・路德　清光緒七年解梁刻本
成都文類　宋・袁説友　明刻本
程侍郎遺集　清・程恩澤　中華書局一九八五年版

程文恭公遺稿	明·程文德	明萬曆十二年程光裕刻本
誠意伯集	明·劉　基	明隆慶六年謝廷傑、陳烈刻本
誠意伯文集	明·劉　基	商務印書館一九三六年版
誠齋集	宋·楊萬里	四部叢刊本
澄秋閣集	清·閔　華	清乾隆十七年刻本
摛文堂集	宋·慕容彦逢	清常州先哲遺書本
癡山集	明·陳孝逸	清初刻本
池北偶談	清·王士禎	中華書局一九八二年版
遲庵先生集	明·王　臯	明刻本
崇百藥齋文集	清·陸繼輅	清嘉慶二十五年刻本
崇素堂詩稿	清·張廷樞	清乾隆三十九年吉大泰等刻本
崇相集	明·董應舉	明崇禎刻本
崇雅堂詩鈔	清·胡　敬	清道光二十六年刻本
崇禎廉州府志	明·張國經	明崇禎十年刻本
窸湫子	清·王繩祖	清光緒二十二年刻本
蟲薈	清·方　旭	清光緒十六年刻本
仇池筆記	宋·蘇　軾	清文淵閣四庫全書本
初潭集	明·李　贄	明萬曆刻本
初學記	唐·徐　堅	中華書局一九六二年版
芻牧要訣	清·葉景葵	上海古籍出版社一九八六年點校本
芻蕘集	明·周是修	清文淵閣四庫全書補配清文津閣四庫全書本
楚辭		中州古籍出版社二〇〇五年版
楚南苗志	清·段汝霖	嶽麓書社二〇〇八年版
褚亮集	唐·褚　亮	清武林往哲遺著本
儲遯庵文集	清·儲方慶	清康熙四十年儲右文等刻本
儲光羲詩集	唐·儲光羲	四部叢刊本

畜産叢書　清·黄　毅　清宣統元年上海新學會社刻印本
處實堂集　明·張鳳翼　明萬曆刻本
船山詩草　清·張問陶　中華書局一九八六年版
船政新書　明·倪　涷　明萬曆刻本
傳恭堂詩集　清·張廷瓚　清康熙刻本
傳經堂詩鈔　清·韋謙恒　清乾隆刻本
串雅獸醫方　清·趙學敏　農業出版社一九八二年點校本
垂楊館集　明·郭孔建　清光緒七年刻本
春草堂集　清·謝　堃　清道光春草堂叢書本
春浮園集　明·蕭士瑋　清光緒刻本
春暉閣詩選　清·蔣湘南　民國十年陝西教育圖書社本
春明夢餘録　清·孫承澤　清乾隆内府刻欽定古香齋袖珍十種本
春秋比事　宋·沈　棐　清文淵閣四庫全書本
春秋傳説例　宋·劉　敞　中華書局一九八五年版
春秋分記　宋·程公説　清文淵閣四庫全書本
春秋集傳辨疑　唐·陸　淳　清文淵閣四庫全書本
春秋集傳纂例　唐·陸　淳　清武英殿聚珍版叢書本
春秋名字解詁補義　清·俞　樾　清光緒二十五年刻本
春秋識小録　清·程廷祚　清文淵閣四庫全書本
春秋釋例　晋·杜　預　中華書局一九八五年版
春秋提綱　宋·陳則通　清文淵閣四庫全書本
春秋通論　清·方　苞　中央研究院中國文哲研究所二〇〇四年版
春秋通説　宋·黄仲炎　清康熙通志堂刻通志堂經解一百四十種本
春秋正辭　清·莊存與　上海古籍出版社二〇一四年版
春秋左傳要義　宋·魏了翁　清文淵閣四庫全書本
春秋左傳正義　晋·杜　預　北京大學出版社一九九九年版

春秋左氏傳續説	宋・吕祖謙	清文淵閣四庫全書本
春融堂集	清・王昶	清嘉慶十二年塾南書舍刻本
春在堂詩編	清・俞樾	清光緒二十五年刻春在堂全書本
春渚紀聞	宋・何薳	中華書局一九八三年點校本
純白齋類稿	元・胡助	中華書局一九八五年版
純常子枝語	清・文廷式	民國三十二年刻本
淳熙稿	宋・趙蕃	中華書局一九八五年版
淳熙新安志	宋・趙不悔等	宋元方志叢刊本
祠山事要指掌集	宋・周秉秀	清文淵閣四庫全書本
詞林海錯	明・夏樹芳	明萬曆刻本
此木軒四書説	清・焦袁熹	清文淵閣四庫全書本
此山詩集	元・周權	清文淵閣四庫全書本
賜誠堂文集	明・管紹寧	清道光十一年讀雪山房刻本
賜綺堂集	清・詹應甲	清道光止園刻本
賜書堂詩鈔	清・周長發	清乾隆刻本
賜閑堂集	明・申時行	明萬曆刻本
從容庵録	元・釋行秀	大正新修大藏經本
徂徠石先生全集	宋・石介	清康熙五十六年刻本
翠寒集	元・宋無	清文淵閣四庫全書本
翠屏集	明・張以寧	廣陵書局二〇一六年版
翠巖雜稿	清・魯九臯	清乾隆刻本
存復齋文集	元・朱德潤	明刻本
存家詩稿	明・楊巍	清文淵閣四庫全書本
存笥小草	明・昌日乾	清康熙六十年冒春溶刻本
大復集	明・何景明	明嘉靖刻本
大谷山堂集	清・夢麟	民國九年劉氏嘉業堂刻本

大觀堂文集	清・余　縉	清康熙三十八年刻後印本
大金國志	宋・宇文懋昭	中華書局二〇一一年點校本
大茂山房合稿	清・宋起鳳	清康熙刻本
大明會典	明・申時行	明天啓元年張京元等刻本
大明集禮	明・徐一夔	明嘉靖九年内府刻本
大明律	明・劉惟謙	明萬曆三十七年董漢儒等刻本
大明律附例	明・舒　化	明嘉靖刻本
大明律釋義	明・應　檟	明嘉靖三十一年廣東布政司刻本
大明一統志	明・李　賢	三秦出版社一九九〇年版
大毗盧遮那成佛經疏	唐・釋一行	日本慶安二年刻本
大清會典	清・允　祹	清文淵閣四庫全書本
大清會典圖	清・劉啓端	清光緒石印本
大清會典則例		清文淵閣四庫全書本
大清律集解附例	清・朱　軾	清雍正内府刻本
大清現行新律例	清・沈家本	清宣統元年排印本
大清會典	清・張廷玉	清乾隆二十九年武英殿刻本
大清會典則例	清・三　泰	清乾隆内府抄本
大清律集解附例	清・沈之秀	清乾隆二年刻本
大清律例	清・三　泰	清乾隆刻本
大清刪除新律例		清光緒上海書局刊本
大清現行新律例	清・沈家本	清宣統元年法律館鉛印本
大事記講義	宋・呂　中	上海人民出版社二〇一四年
大唐郊祀録	唐・王　涇	清道光十六年至二十二年錢氏守山閣本
大唐開元禮	唐・蕭　嵩	清嘉慶十六年朱邦衡抄本
大唐秦王詞話	明・澹圃主人	中州古籍出版社一九八六年版
大武經校注	清・佚　名	農業出版社一九八四年點校本

大學衍義補	明・丘濬	中州古籍出版社一九九五年版
大隱樓集	明・方逢時	清乾隆四十二年滋元堂刻本
大愚集	清・王鑨	清康熙四年王允明刻本
大元馬政記	元・佚名	廣倉學窘叢書本
待制集	元・柳貫	四部叢刊本
帶經堂集	清・王士禎	清康熙五十年程哲七略書堂刻本
戴簡恪公遺集	清・戴敦元	上海古籍出版社二〇一〇年版
丹鉛總録	明・楊慎	清文淵閣四庫全書本
丹邱生集	元・柯九思	清光緒三十四年刻本
丹淵集	宋・文同	商務印書館一九三六年版
但吟草	清・蕭惟豫	清康熙五十年刻本
澹齋集	宋・李流謙	清文淵閣四庫全書本
甔甀洞稿	明・吴國倫	明萬曆刻本
讜論集	宋・陳次升	清文淵閣四庫全書本
道典論	明・佚名	明正統道藏本
道古堂全集	清・杭世駿	清乾隆四十一年刻光緒十四年汪曾唯修本
道光壽州志	清・朱士達	清道光九年刻本
道光萬州志	清・胡端書	清道光八年刻本
道光新城縣志	清・李廷棨	清道光十八年刻本
道光修武縣志	清・馮繼照	清道光二十年刻本
道光重修平度州志	清・保忠	清道光二十九年刻本
道咸同光四朝詩史	清・孫雄	清宣統二年刻本
道園學古録	元・虞集	四部叢刊本
道園遺稿	元・虞集	清文淵閣四庫全書補配清文津閣四庫全書本
得月稿	元・吕不用	清鈔本
德隅齋畫品	宋・李廌	中華書局一九八五年版

登壇必究　明・王鳴鶴　明萬曆刻本
笛漁小稿　清・朱昆田　清康熙刊本
滇海虞衡志　清・檀　萃　雲南人民出版社一九九〇年版
滇南聞見録　清・吴大勛　雲南大學歷史系民族歷史研究室一九七九年油印本
滇游日記　清・包家吉　清光緒十七年上海著易堂本
調燮類編　宋・趙希鵠　中華書局一九八五年版
丁文遠集　明・丁紹軾　明天啓三年刻本
定山堂古文小品　清・龔鼎孳　清康熙刻本
定香亭筆談　清・阮　元　中華書局一九八五年版
定宇集　元・陳　櫟　清文淵閣四庫全書補配清文津閣四庫全書本
定齋集　宋・蔡　戡　清文淵閣四庫全書本
訂訛類編　清・杭世駿　中華書局一九九七年版
冬心先生集　清・金　農　清雍正十一年廣陵般若庵刻本
東川劉文簡公集　明・劉　春　明嘉靖三十三年刻本
東岡集　明・柯　暹　明柯株林等刻本
東漢文紀　明・梅鼎祚　清文淵閣四庫全書本
東漢文鑒　宋・陳　鑒　清嘉慶宛委別藏本
東萊詩集　宋・吕本中　四部叢刊本
東里集　明・楊士奇　清文淵閣四庫全書補配清文津閣四庫全書本
東坡書傳　宋・蘇　軾　明淩濛初刻朱墨套印本
東田漫稿　明・馬中錫　明嘉靖十七年文三畏刻本
東巖詩文集　明・夏尚樸　明嘉靖四十五年刻本
東園叢説　宋・李如篪　中華書局一九八五年版
東洲草堂文鈔　清・何紹基　清光緒刻本
洞冥記　漢・郭　憲　中華書局一九九一年版
都官集　宋・陳舜俞　清文淵閣四庫全書本

斗南老人集	明・胡　奎	清文淵閣四庫全書本
獨漉堂詩文集	清・陳恭尹	清道光五年陳量平刻本
獨學廬稿	清・石韞玉	清寫刻獨學廬全稿本
獨醉亭集	明・史　謹	清文淵閣四庫全書補配清文津閣四庫全書本
讀白華草堂詩初集	清・黄　釗	清道光刻本
讀禮通考	清・徐乾學	清文淵閣四庫全書本
讀例存疑	清・薛允升	清光緒刊本
讀律琯朗	清・梁他山	清嘯園叢書本
讀律佩觿	清・王明德	清康熙王氏冷然閣重刻本
讀律瑣言	明・雷夢麟	明嘉靖三十六年汪克用刻本
讀詩札記	清・夏　炘	清咸豐三年刻本
讀詩質疑	清・嚴虞惇	清乾隆甲子刻後印本繩武堂藏板
讀史方輿紀要	清・顧祖禹	中華書局二〇〇五年點校本
讀史亭詩集	清・彭而述	清康熙四十八年彭始搏刻本
讀史亭詩文集	清・彭而述	清康熙四十七年彭始搏刻本
讀書叢録	清・洪頤煊	清道光二年富文齋刻本
讀書記數略	清・宮夢仁	清康熙刻本
讀書雜釋	清・徐　鼒	中華書局一九九七年版
讀書雜志	清・王念孫	清道光十二年刻本
杜工部集	唐・杜　甫	中州古籍出版社二〇〇八年版
杜詩闡	唐・杜　甫	清康熙二十一年刻本
杜詩鏡銓	唐・杜　甫	中華書局一九五七年版
杜詩詳注	清・仇兆鰲	中華書局二〇一五年點校本
杜荀鶴文集	唐・杜荀鶴	上海古籍出版社二〇一三年版
度支奏議	明・畢自嚴	上海古籍出版社二〇〇七年點校本
蠹齋鉛刀編	宋・周　孚	清文淵閣四庫全書本

端明集	宋·蔡 襄	清文淵閣四庫全書本
對山集	明·康 海	明萬曆十年刻本
多能鄙事	明·劉 基	明嘉靖四十二年范惟一刻本
多歲堂詩集	清·成 書	上海古籍出版社一九八六年版
鵝湖集	明·龔 斆	清文淵閣四庫全書本
恩餘堂輯稿	清·彭元瑞	清道光七年刻本
耳談類增	明·王同軌	上海古籍出版社一九九六年版
爾爾書屋文鈔	清·史夢蘭	清光緒十七年止園刻本
爾雅	晉·郭 璞	上海古籍出版社二〇〇四年版
爾雅郭註義疏	清·郝懿行	清同治四年郝聯薇刻本
爾雅疏	晉·郭 璞	清嘉慶二十年刊本
爾雅義疏	清·郝懿行	清同治五年刻本
爾雅翼	宋·羅 願	中華書局一九八五年版
爾雅正義	清·邵晉涵	清乾隆刻本
二初齋讀書記	清·倪思寬	清涵和堂刻本
二妙集	金·段克己	清文淵閣四庫全書本
二丸居集選	清·黎景義	舊鈔本
二知軒詩續鈔	清·方濬頤	清同治刻本
伐檀集	宋·黃 庶	吉林出版集團二〇〇五年版
伐檀齋集	明·張元凱	清文淵閣四庫全書本
法苑珠林	唐·釋道世	中華書局二〇〇三年版
蕃牧纂驗方	宋·王 愈	江蘇人民出版社一九五八年點校本
樊川集	唐·杜 牧	四部叢刊本
樊山集	清·樊增祥	清光緒十九年刻本
樊山續集	清·樊增祥	清光緒二十八年西安臬署刻本
樊榭山房集	清·厲 鶚	四部叢刊本

范德機詩集	元·范梈	四部叢刊本
范蠡養魚經		北京農業出版社一九八六年點校本
范文正公文集	宋·范仲淹	中華書局一九八五年版
范文忠公集	明·范景文	清康熙四十年刻本
范忠宣公文集	宋·范純仁	清文淵閣四庫全書本
方言箋疏	清·錢繹	清光緒十六年紅蝠山房刻民國十八年補刻本
方舟集	宋·李石	清文淵閣四庫全書本
方洲集	明·張寧	清文淵閣四庫全書本
芳洲詩集	明·陳循	明萬曆二十一年刻本
非水舟遺集	清·梁錫珩	清乾隆四年梁濬劍虹齋刻本
霏雪録	明·劉績	明嘉靖二十三年刻古今説海本
斐然集	宋·胡寅	中華書局一九九三年版
分類補注李太白詩	唐·李白	四部叢刊本
封泥考略	清·吴式芬	清光緒三十年石印本
風俗通義	漢·應劭	中華書局一九八五年版
豐暇筆談	清·孟瑢	清光緒鈐印本
鳳池園詩文集	清·顧汧	清康熙刻本
浮溪集	宋·汪藻	中華書局一九八五年版
浮溪文粹	宋·汪藻	明嘉靖九年汪栻刻本
福惠全書	清·黄六鴻	清康熙三十八年刊本
甫里集	唐·陸龜蒙	上海古籍出版社二〇一〇年版
滏水集	金·趙秉文	四部叢刊本
撫江集	清·蔡士英	清順治刻本
撫吴疏草	明·張國維	明崇禎刻本
撫吴疏草	清·韓世琦	清康熙五年刻本
傅與礪詩集	元·傅若金	雲南大學出版社二〇一五年版

復初齋詩集	清・翁方綱	清刻本
復莊詩問	清・姚　燮	上海古籍出版社一九八八年版
富山遺稿	宋・方　夔	清文淵閣四庫全書補配清文津閣四庫全書本
覆瓿集	宋・趙必𤩽	清粤十三家集本
陔餘叢考	清・趙　翼	河北人民出版社二〇〇七年點校本
漑堂集	清・孫枝蔚	清康熙刻本
高常侍集	唐・高　适	中華書局一九八五年版
高峰文集	宋・廖　剛	清文淵閣四庫全書本
高麗史	明・鄭麟趾	西南師範大學出版社二〇一四年點校本
高士奇集	清・高士奇	清康熙刻本
高太史大全集	明・高　啓	四部叢刊本
高文襄公集	明・高　拱	明萬曆刻本
高陽集	明・孫承宗	清順治十二年孫之澇刻本
高雲堂詩集	清・釋曉青	清康熙刻本
鴿經	清・張萬鍾	清檀几叢書本
格物粗談	宋・蘇　軾	中華書局一九八五年版
格物通	明・湛若水	清同治五年資政堂本
格致鏡原	清・陳元龍	清文淵閣四庫全書本
葛震甫詩集	明・葛一龍	明崇禎刻本
葛中翰遺集	明・葛　麟	清光緒十六年敦本堂刻本
艮齋詩集	元・侯克中	清文淵閣四庫全書本
庚巳編	明・陸　粲	中華書局一九八五年版
畊心農話	清・奚　誠	清鈔本
耕學齋詩集	明・袁　華	清文淵閣四庫全書本
耕餘居士詩集	清・鄭世元	清康熙江相書帶草堂刻本
工部廠庫須知	明・何士晋	明萬曆刻本
公是集	宋・劉　敞	中華書局一九八五年版

攻媿集	宋·樓　鑰	清武英殿聚珍版叢書本
宫詹遺稿	明·李　齡	明萬曆刻本
姑溪居士集	宋·李之儀	商務印書館一九三五年版
古處齋詩集	清·陳祖法	清康熙刻本
古歡堂集	清·田　雯	清文淵閣四庫全書本
古今禪藻集	明·正　勉	清文淵閣四庫全書補配清文津閣四庫全書本
古今玫	宋·魏了翁	明崇禎九年謝三賓刻本
古今秘苑	清·墨磨主人	江蘇廣陵古籍刻印社一九九五年版
古今名扇録	清·陸紹曾	清鈔本
古今詩話探奇	清·蔣鳴珂	廣文書局一九八二年版
古今説海	明·陸　楫	清文淵閣四庫全書本
古今譚概	明·馮夢龍	江蘇古籍出版社一九九三年版
古今小品	明·陳天定	清道光九年刻本
古今姓氏書辨證	宋·鄧名世	清文淵閣四庫全書本
古今醫史	清·王宏翰	清抄本
古今治平彙要	清·楊潮觀	清雍正七年文聚樓刻本
古經解鈎沉	清·余蕭客	清乾隆刻本
古儷府	明·王志慶	清文淵閣四庫全書本
古穰集	明·李　賢	清文淵閣四庫全書補配清文津閣四庫全書本
古詩紀	明·馮惟訥	清文淵閣四庫全書本
古文辭類纂	清·姚　鼐	嶽麓書社一九八八年版
古文苑	宋·章　樵	四部叢刊本
古謡諺	清·杜文瀾	清咸豐十一年曼陀羅華閣刻本
古樂府	元·左克明	明嘉靖刻本
谷響集	元·釋善住	清文淵閣四庫全書本
詁訓柳先生文集	唐·柳宗元	清文淵閣四庫全書本
穀庵集選	明·姚　綬	明嘉靖刻本

穀城山館詩集	明・于慎行	清文淵閣四庫全書本
顧璘詩文全集	明・顧　璘	清文淵閣四庫全書補配清文津閣四庫全書本
官爵志	明・徐石麒	清道光十一年晁氏活字印本
關中奏議	明・楊一清	明嘉靖二十九年刻本
觀象玩占	唐・李淳風	明鈔本
管蠡匯占	清・周人甲	清道光刻本
管子		上海古籍出版社二〇一五年版
光緒保定府志	清・李培祜	清光緒十二年刻本
光緒川沙廳志	清・陈方瀛	清光緒五年刊本
光緒東平州志	清・左宜似	清光緒七年刻本
光緒撫寧縣志	清・张上龢	清光緒三年刻本
光緒江陰縣志	清・盧思誠	清光緒四年刻本
光緒壽州志	清・曾道唯	清光緒十六年刊民國七年重印本
光緒順天府志	清・張之洞	北京古籍出版社一九八七年版
光緒永平府志	清・遊智開	上海古籍出版社二〇〇六年版
光緒鄆城縣志	清・趙翰鑾	清光緒十九年刻本
光緒趙州屬邑	清・佚　名	清光緒間刻本
廣博物志	明・董斯張	清文淵閣四庫全書本
廣川畫跋	宋・董　逌	清十萬卷樓叢書本
廣東文選	清・屈大均	清康熙二十六年三間書院刻本
廣東新語	清・屈大均	中華書局一九八五年版
廣陵集	宋・王　令	民國嘉業堂叢書本
廣事類賦	清・華希閔	清乾隆二十九年華希閔刻本
廣雅疏證	清・王念孫	清嘉慶元年刻本
廣輿記	明・陸應陽	清康熙刻本
圭峰集	元・盧　琦	清文淵閣四庫全書補配清文津閣四庫全書本
圭峰文集	明・羅　玘	明崇禎七年羅氏代文堂刻本

圭塘小稿	元·許有壬	清文淵閣四庫全書補配清文津閣四庫全書本
龜巢稿	元·謝應芳	四部叢刊本
龜山集	宋·楊　時	清文淵閣四庫全書補配清文津閣四庫全書本
歸愚詩鈔	清·沈德潛	清刻本
癸巳存稿	清·俞正燮	清道光二十八年楊墨林刻連筠簃叢書本
癸巳類稿	清·俞正燮	清道光日益齋刻本
癸辛雜識	宋·周　密	中華書局一九九七年點校本
桂留山房詩集	清·沈學淵	清道光二十四年郁松年刻本
桂山堂詩文選	清·王嗣槐	清康熙青筠閣刻本
桂軒續稿	明·江　源	明弘治刻本
桂隱詩集	元·劉　詵	清文淵閣四庫全書本
國朝典彙	明·徐學聚	明天啓四年徐與參刻本
國朝列卿紀	明·雷　禮	明徐鑑刻本
國朝名世宏文	清·平漢英	清康熙刻本
國朝文録	清·李祖陶	清道光十九年瑞州府鳳儀書院刻本
國朝文録續編	清·李祖陶	清同治刻本
國朝獻徵録	明·焦　竑	明萬曆四十四年徐象橒曼山館刻本
國語韋氏解	三國吴·韋　昭	世界書局二〇〇九年版
過夏雜録	清·周廣業	清種松書塾鈔本
還山遺稿	元·楊　奂	民國適園叢書本
海槎餘録	明·顧　岕	中華書局一九九一年版
海岱會集	明·馮　琦	清文淵閣四庫全書本
海峰詩集	清·劉大櫆	清刻本
海壑吟稿	明·趙完璧	清文淵閣四庫全書補配清文津閣四庫全書本
海録碎事	宋·葉廷珪	清文淵閣四庫全書本
海秋詩集	清·湯　鵬	清道光十八年刻本
海山存稿	清·周　煌	清乾隆五十八年周氏葆素家塾刻後印本

海叟集	明·袁　凱	明萬曆刻本
海愚詩鈔	清·朱孝純	清乾隆年刻本
含經堂集	清·徐元文	清康熙刻本
寒松堂全集	清·魏象樞	中華書局一九九六年版
寒支集	清·李世熊	清初檀河精舍刻本
韓非子		中華書局二〇一五年版校注本
韓門綴學	清·汪師韓	上海古籍出版社一九九六年版
韓山人詩集	明·韓　奕	清鈔本
韓詩點勘	清·陳景雲	清乾隆刻本
韓詩外傳	漢·韓　嬰	巴蜀書社一九九六年版
漢濱集	宋·王之望	清文淵閣四庫全書本
漢書	漢·班　固	中華書局一九六二年版
漢書疏證	清·沈欽韓	清光緒二十六年浙江官書局刻本
漢唐事箋	元·朱　禮	清道光二年李澐刻本
漢魏六朝一百三家集	明·張　溥	清文淵閣四庫全書本
翰林集	唐·韓　偓	清嘉慶十五年王遐春麟後山房刻本
翰林記	明·黃　佐	中華書局一九八五年版
翰苑新書	元·朱　禮	明抄本
蒿庵閒話	清·張爾岐	清乾隆三十二年李文藻家抄本
蒿庵集	清·張爾岐	濟南齊魯書社一九九一年版
合併黃離草	明·郭正域	明萬曆刻本
何文簡疏議	明·何孟春	清文淵閣四庫全書本
河汾諸老詩集	元·房　祺	四部叢刊本
河上楮談	明·朱孟震	明萬曆刻本
荷塘詩集	清·張五典	上海古籍出版社二〇一〇年版
壑雲篇文集	清·李伍漢	清康熙刻本
鶴關詩集	清·吳邦治	清康熙刻本

鶴林集	宋·吴　泳	清文淵閣四庫全書補配清文津閣四庫全書本
鶴林玉露	宋·羅大經	中華書局一九八三年版
鶴鳴集	明·劉伯燮	明萬曆十年刻本
鶴山先生大全集	宋·魏了翁	明嘉靖三十年刻本
黑龍江外記	清·西　清	清光緒廣雅書局刻本
横浦集	宋·張九成	宋刻本
横雲山人集	清·王鴻緒	清康熙刻增修本
横塘集	宋·許景衡	清文淵閣四庫全書本
衡廬精舍藏稿	明·胡　直	清文淵閣四庫全書本
弘治句容縣志	明·王僖徵	明弘治刻本
弘治宿州志	明·曾　顯	明弘治增補刻本
弘治永州府志	明·姚　昺	明弘治刻本
虹暎堂詩集	明·郭　濬	清順治刻本
紅豆樹館書畫記	清·陶　樑	清光緒刻本
紅雪軒稿	清·高景芳	清康熙五十八年刻本
厚齋易學	宋·馮　椅	清文淵閣四庫全書本
後村先生大全集	宋·劉克莊	四川大學出版社二〇〇八年校點本
後漢書	南朝宋·范　曄	中華書局一九六五年版
後圃黄先生存集	元·黄　樞	北京圖書館古籍珍本叢刊本
後山居士文集	宋·陳師道	清文淵閣四庫全書本
後山談叢	宋·陳師道	中華書局二〇〇七年點校本
後湘詩集	清·姚　瑩	清同治六年姚濬昌安福縣署刻中復堂全集本
胡維霖集	明·胡維霖	明崇禎刻本
胡文穆公文集	明·胡　廣	清乾隆十五年刻本
壺園賦鈔	清·徐寶善	清道光刻本
湖壖雜紀	清·陸次雲	清陸雲士雜著本
湖山類稿	宋·汪元量	清文淵閣四庫全書本

虎鈐經	宋·許　洞	中華書局一九八五年版
虎苑	明·王穉登	明萬曆十二年吴氏蕭疏齋刻本
花當閣叢談	明·徐復祚	中華書局一九九一年版
花鏡	清·陳淏子	中華書局一九五六年版
花木鳥獸集類	清·吴寶芝	上海古籍出版社一九八七年版
花妥樓詩	清·葛祖亮	清乾隆刻本
花溪集	元·沈夢麟	民國枕碧樓叢書本
花宜館詩鈔	清·吴振棫	清同治四年刻本
華泉集	明·邊　貢	清文淵閣四庫全書本
華陽集	宋·張　綱	四部叢刊本
華陽集	唐·顧　况	清文淵閣四庫全書本
華夷花木鳥獸珍玩考	明·慎懋官	明萬曆九年刻本
畫墁集	宋·張舜民	學苑出版社二〇一七年版
畫亭詩草	清·朱　黼	清乾隆四十三年太岳山房刻增修本
淮海集	宋·秦　觀	上海古籍出版社一九九四年版
淮陽集	元·張弘範	清文淵閣四庫全書本
槐野先生存笥稿	明·王維楨	明萬曆三十四年刻本
懷麓堂集	明·李東陽	清文淵閣四庫全書本
懷清堂集	清·湯右曾	清文淵閣四庫全書本
懷星堂集	明·祝允明	清文淵閣四庫全書本
浣花集	唐·韋　莊	四部叢刊本
浣月山房詩集	清·龍啓瑞	清光緒四年龍繼棟京師刻本
皇朝馬政記	明·楊時喬	民國七十八年玄覽堂叢書本
皇甫少玄集	明·皇甫涍	清文淵閣四庫全書補配清文津閣四庫全書本
皇極篇	明·文翔鳳	明萬曆刻本
皇明經濟文録	明·萬　表	明嘉靖刻本
皇明經世文編	明·陳子龍	明崇禎平露堂刻本

皇明兩朝疏抄	明・賈三近	明萬曆刻本
皇明名臣經濟録	明・陳九德	明嘉靖二十八年羅鴻刻本
皇明疏鈔	明・孫　旬	明萬曆十二年自刻本
皇明疏議輯略	明・張　瀚	明嘉靖刻本
皇明肅皇外史	明・范守己	清宣統津寄廬鈔本
皇清文穎	清・張廷玉	清文淵閣四庫全書本
皇清文穎續編	清・董　誥	清嘉慶武英殿刻本
皇清奏議	清・佚　名	民國影印本
皇元風雅	元・戴祖禹	四部叢刊本
黄山詩留	清・法若真	清康熙刻本
黄氏日鈔	宋・黄　震	元後至元刻本
黄御史集	唐・黄　滔	四部叢刊本
黄忠端公集	明・黄尊素	清康熙十五年許三禮刻本
黄氏日鈔	宋・黄　震	宋紹定二年積德堂刻元至元重修本
篁村集	清・陸錫熊	清道光二十九年陸成沅刻本
篁墩集	明・程敏政	明正德二年刻本
篁墩文集	明・程敏政	明正德二年何歆刻
悔翁詩鈔	清・汪士鐸	清光緒刻本
晦庵先生朱文公文集	宋・朱　熹	四部叢刊本
活獸慈舟	清・李南暉	四川人民出版社一九八〇年點校本
稽古緒論	明・趙時春	明嘉靖刻本
稽古齋全集	清・弘　晝	清乾隆十一年内府刻本
稽神録	宋・徐　鉉	清文淵閣四庫全書本
緝齋詩稿	清・蔡　新	清乾隆刻本
畿輔人物志	清・孫承澤	清初刻本
積翠軒詩集	清・高述明	清乾隆三年高晉刻本
擊壤集	宋・邵　雍	四部叢刊本

擊鐵集	清・薛敬孟	清康熙刻本
雞肋集	宋・晁補之	明崇禎八年顧凝遠詩瘦閣刻本
雞譜	清・佚　名	清乾隆鈔本
鷄肋編	宋・莊　綽	中華書局一九八三年點校本
鷄譜	清・佚　名	農業出版社一九八五年版
吉林外記	清・薩英額	中華書局一九八五年版
汲古堂集	明・何　白	明萬曆刻本
戢思堂詩鈔	清・李　宏	清乾隆五十七年刻本
集古官印考	清・瞿中溶	清同治十三年刻本
輯古農書九種	清・馬國翰	清光緒間江南農學會石印農學叢書本
紀文達公遺集	清・紀　昀	清嘉慶十七年紀樹馨刻本
寄庵詩文鈔	清・劉大紳	民國雲南叢書本
寄蝸殘贅	清・汪　堃	清同治刻本
冀越集記	元・熊太古	清乾隆四十七年鈔本
濟南集	宋・李　廌	清文淵閣四庫全書本
家藏集	明・吴　寬	清文淵閣四庫全書本
家範	宋・司馬光	明萬曆七年莫與齊刻本
嘉定赤城志	宋・陳耆卿撰	宋元方志叢刊本
嘉禾徵獻録	清・盛　楓	清鈔本
嘉靖霸州志	明・唐　交	明嘉靖刻本
嘉靖廣平府志	明・翁　相	明嘉靖刻藍印本
嘉靖河間府志	明・郜　相、樊　深	明嘉靖刻本
嘉靖蘭陽縣志	明・褚　宦	中華書局一九六五年版
嘉靖蠡縣志	明・李復初	明嘉靖刻本
嘉靖遼東志	明・任　洛	明嘉靖刻本
嘉靖内黄縣志	明・董　弦纂修	明嘉靖刻本
嘉靖寧夏新志	明・楊守禮	明嘉靖十九年刻本

嘉靖沛縣志	明・王　治修，馬　偉纂	明嘉靖刻本
嘉靖蘄州志	明・甘　澤纂修	明嘉靖刻本
嘉靖清苑縣志	明・李廷寶纂修	明嘉靖刻本
嘉靖石埭縣志	明・黄　瑩	清康熙十四年本
嘉靖事例	明・范　欽	明鈔本
嘉靖夏津縣志	明・易時中	上海古籍出版社一九六二年版
嘉靖徐州志	明・梅守德	明嘉靖間刊本
嘉靖宣府鎮志	明・欒尚約	明嘉靖四十年刻本
嘉靖裕州志	明・牛孟耕	明嘉靖刻本
嘉靖淄川縣志	明・王　琮	明嘉靖刻本
嘉慶大清一統志	清・穆章阿	清稿本
嘉慶定邊縣志	清・黄　沛	嘉慶二十五年刻本
嘉慶介休縣志	清・徐品山	清嘉慶二十四年刊本
嘉慶三州輯略	清・和　寧	清嘉慶十年修舊鈔本
嘉慶黟縣志	清・吴甸華	清道光五年刻本
嘉慶棗强縣志	清・任　銜	清嘉靖九年刻本
嘉慶增城縣志	清・趙　俊	清嘉慶二十五年刊本
嘉泰吴興志	宋・談　鑰纂修	宋元方志叢刊本
甲秀園集	明・費元禄	明萬曆刻本
甲乙集	唐・羅　隱	明崇禎十二年毛氏汲古閣刻本
駱兩溪集	明・駱文盛	明萬曆刻武康四先生集本
駱駝經	清・童　華	清乾隆童氏雜著本
兼明書	五代・丘光庭	中華書局一九八五年版
堅瓠集	清・褚人穫	清康熙刻本
儉重堂詩	清・紀邁宜	清乾隆刻本
儉重堂詩餘	清・紀邁宜	清乾隆刻本
謇齋瑣綴録	明・尹　直	明鈔國朝典故本

簡齋集	宋・陳與義	清武英殿聚珍版叢書本
簡齋先生集	明・劉榮嗣	清康熙元年刻本
咸平集	宋・田錫	民國宋人集本
見聞録	清・徐岳	清刻本
見聞隨筆	清・齊學裘	上海古籍出版社一九九六年版
見物	明・李蘇	中華書局一九九一年版
建炎以來朝野雜記	宋・李心傳	中華書局二〇〇〇年點校本
建炎以來繫年要録	宋・李心傳	中華書局二〇一三年版
健餘先生撫豫條教	清・尹會一	清光緒畿輔叢書本
漸西村人初集	清・袁昶	中華書局一九八五年版
漸齋詩草	明・趙漢	明嘉靖三十四年刻本
劍南詩稿	宋・陸游	浙江教育出版社二〇一一年版
澗于集	清・張佩綸	民國七年澗于草堂刻本
劍筴	明・錢希言	明陳訏謨翠幄草堂刻本
江湖長翁集	宋・陳造	明萬曆刻本
江湖小集	宋・陳起	清文淵閣四庫全書補配清文津閣四庫全書本
江汝社稿	清・耿汝愚	明萬曆四十六年刻本
江月松風集	元・錢惟善	當代中國出版社二〇一四年版
匠門書屋文集	清・張大受	清雍正七年顧詒禄刻本
椒邱文集	明・何喬新	清文淵閣四庫全書本
焦氏類林	明・焦竑	明萬曆十五年王元貞刻本
街南文集	清・吴肅公	上海古籍出版社二〇一〇年版
節孝集	宋・徐積	明嘉靖四十四年刻本
節庵集	明・高得暘	清鈔本
結埼亭集	清・全祖望	上海古籍出版社二〇〇〇年點校本
解春集詩文鈔	清・馮景	清乾隆盧氏刻抱經堂叢書本
解愠編	明・樂天大笑生	明逍遥道人刻本

戒庵老人漫筆	明・李詡	中華書局一九八二年版
芥浦詩删	清・胡蘇雲	清乾隆刻本
今白華堂詩録補	清・童槐	清光緒三年童華刻本
金匱懸解	清・黄元御	清同治刻本
金石録	宋・趙明誠	宋淳熙龍舒郡齋刻本
金史	元・脱脱	中華書局一九七五年點校本
金雙巖中丞集	明・金光辰	清初抄本
金臺集	元・納新	明末汲古閣刻本
金文靖集	明・金幼孜	清文淵閣四庫全書本
金文通公集	清・金之俊	清康熙二十五年刻本
金魚品	明・屠隆	上海古籍出版社一九九三年點校本
金魚飼育法	清・寶奎	上海古籍出版社一九九三年點校本
金魚飼育法	清・姚元之	清江南總農會農學叢書石印本
金魚圖譜	清・句曲山農	續修四庫全書本
槿園集	清・趙維藩	清康熙刻本
錦繡萬花谷	宋・佚名	清文淵閣四庫全書本
錦繡萬花谷别集	宋・佚名	宋刻本
近光集	元・周伯琦	清文淵閣四庫全書本
近事會元	宋・李上交	中華書局一九九一年版
晋書	唐・房玄齡	中華書局一九九七年版
晋宋書故	清・郝懿行	中華書局一九九一年版
晋溪本兵敷奏	明・王瓊	明嘉靖二十三年廖希顔江濬刻本
靳兩城先生集	明・靳學顔	明萬曆十七年刻本
涇野先生文集	明・吕柟	明萬曆二十年李楨刻本
經典釋文	唐・陸德明	清抱經堂叢書本
經濟類編	明・馮琦	清文淵閣四庫全書本
經濟類考約編	清・顧九錫	清康熙刻本

經禮補逸	元・汪克寬	清通志堂經解本
經義述聞	清・王引之	上海古籍出版社二〇一六年版
經義雜記	清・臧　琳	清嘉慶四年拜經堂刻本
景文集	宋・宋　祁	商務印書館一九三六年版
景文堂詩集	清・戚學標	上海古籍出版社二〇一〇年版
浄德集	宋・呂　陶	中華書局一九八五年版
敬事草	明・沈一貫	明刻本
敬亭集	明・姜　埰	清康熙刻本
敬亭詩文	清・沈起元	清乾隆刻增修本
敬軒文集	明・薛　瑄	明弘治十六年李越刻遞修本
敬業堂詩集	清・査慎行	四部叢刊本
敬業堂詩續集	清・査慎行	清乾隆刻本
敬齋文集	清・吴高增	清乾隆沈儀庭等刻本
静遠齋詩集	清・允　禮	清刻本
静觀堂集	明・顧　潛	清雍正十年桂雲堂刻本
静居集	明・張　羽	四部叢刊本
静思集	元・郭　鈺	清文淵閣四庫全書本
静修先生文集	元・劉　因	中華書局一九八五年版
静軒先生文集	明・汪舜民	明正德六年張鵬刻本
静學文集	明・王叔英	清文淵閣四庫全書本
静厓詩稿	清・汪學金	清乾隆刻嘉慶增修本
鏡山庵集	明・高　出	明天啓刻本
九朝編年綱目備要	宋・陳　均	宋紹定刻元修本
九華集	宋・員興宗	清文淵閣四庫全書本
九經今義	清・成本璞	清末長沙刻本
九靈山房集	元・戴　良	四部叢刊本
九梅村詩集	清・魏夔均	清光緒元年紅杏山莊刻本

九籥集	明・宋懋澄	明萬曆刻本
救貧捷法	清・馮祖繩	北京古籍出版社二〇〇四年版
舊唐書	後晋・劉昫	中華書局一九七五年點校本
舊唐書校勘記	清・羅士琳	清道光二十六年揚州岑氏懼盈齋刻本
舊雨草堂詩	清・董元度	清乾隆四十三年刻本
居官寡过録	清・盤嶠野人輯	清青照堂叢書本
居家必用事類全集	元・佚　名	明刻本
居竹軒詩集	元・成廷珪	清乾隆三十四年鮑氏知不足齋抄本
矩庵詩質	清・高一麟	上海古籍出版社二〇一〇年版
榘庵集	元・同　恕	清文淵閣四庫全書補配清文津閣四庫全書本
句溪雜箸	清・陳　立	清同治刻本
句注山房集	明・張鳳翼	明刻本
劇談録	唐・康　駢	明鈕氏世學樓抄説郛本
卷施閣集	清・洪亮吉	清光緒三年刻本
潏水集	宋・李　復	清文淵閣四庫全書本
筠溪集	宋・李彌遜	清文淵閣四庫全書本
筠軒文鈔	清・洪頤煊	民國二十三年邃雅齋叢書本
郡縣農政	清・包世臣	農業出版社一九六二年點校本
浚谷集	明・趙時春	明萬曆八年周鑑刻本
刊誤	唐・李　涪	明刻百川學海本
顑頷集	清・吴　騏	清康熙刻本
康濟譜	明・潘游龍	明崇禎十三年王期昇刻本
康熙曹州志	清・佟企聖修	清康熙十三年刻本
康熙朝邑縣後志	清・王鵬翼	清康熙五十一年刻本
康熙澄邁縣志	清・佚　名修	清康熙四十九年刻本
康熙豐潤縣志	清・羅景泐	清康熙三十一年刻本
康熙錦州府志	清・劉源溥	民國遼海叢書本

康熙龍門縣志	清・章　惇	清康熙刻本
康熙瑞金縣志	清・朱維高	北京書目文獻出版社一九九二年版
康熙通州志	清・吴存礼	清康熙三十六年刻本
康熙文昌縣誌	清・馬日炳	海南出版社二〇〇三年版
康熙延慶州志	清・遲日豫修	清順治康熙增刻本
考古編	宋・程大昌	中華書局二〇〇八年點校本
客座新聞	明・沈　周	明刻類編古今名賢彙語本
空同集	明・李夢陽	清文淵閣四庫全書補配清文津閣四庫全書本
跨鼇集	宋・李　新	清文淵閣四庫全書本
壺園詩外集	清・徐寶善	清道光二十三年徐志導等刻本
來鶴亭詩	元・吕　誠	清文淵閣四庫全書本
瀨園詩文集	清・嚴首昇	清順治十四年刻增修本
藍山集	明・藍　仁	清乾隆翰林院抄本
蘭庭集	明・謝　晋	清文淵閣四庫全書
蘭軒集	元・王　旭	清文淵閣四庫全書補配清文津閣四庫全書本
閬風集	宋・舒岳祥	清文淵閣四庫全書本
浪跡三談	清・梁章鉅	清咸豐七年刻本
浪跡續談	清・梁章鉅	清道光二十八年刻本
浪跡叢談	清・梁章鉅	中華書局一九八一年版
浪語集	宋・薛季宣	清文淵閣四庫全書補配清文津閣四庫全書本
老圃良言	明・巢鳴盛	清道光學海類編本
了庵詩文集	清・王　岱	清乾隆刻本
類雋	明・鄭若庸	明萬曆六年汪珙刻本
類説	宋・曾　慥	福建人民出版社一九九六年版
冷廬雜識	清・陸以湉	清咸豐劉年刻本
冷齋夜話	宋・釋惠洪	上海古籍出版社二〇一二年版
離垢集	清・華　喦	福建美術出版社二〇〇九年版

蠡勺編	清・凌揚藻	中華書局一九八五年版
李群玉詩集	唐・李群玉	四部叢刊本
李尚書詩集	唐・李　益	叢書集成初編本
李詩選注	唐・李　白	明隆慶刻本
李太白集	唐・李　白	嶽麓書社一九八七年版
李太白詩集注	清・王　琦	清文淵閣四庫全書本
李文公集	唐・李　翺	上海古籍出版社一九九三年版
李文饒集	唐・李德裕	四部叢刊本
李文饒文集	唐・李德裕	明刻本
李文襄公別録	清・李之芳	清康熙四十一年彤錫堂刻本
李文忠公奏稿	清・李鴻章	民國十年上海商務印書館影印本
李相國論事集	唐・李　絳	中華書局一九八五年版
李元賓文編	唐・李　觀	清文淵閣四庫全書本
李中麓閑居集	明・李開先	明嘉靖隆慶間刻本
李忠定公奏議	宋・李　綱	明正德十一年重修本
李忠肅先生集	明・李邦華	四庫禁毀書叢刊本
里乘	清・許奉恩	齊魯書社二〇〇四年版
理學逢源	清・汪　紱	清道光十八年俞氏敬業堂刻本
禮部集	元・吳師道	吉林出版社二〇〇五年版
禮部志稿	明・俞汝楫	清文淵閣四庫全書本
禮記集説	宋・衛　湜	清通志堂經解本
禮記疏	漢・鄭　玄	清嘉慶二十年南昌府學重刊宋本十三經注疏本
禮經會元	宋・葉　時	明刻本
禮經學	清・曹元弼	清宣統元年刻本
禮書	宋・陳祥道	元至正七年福州路儒學刻明修本
禮書綱目	清・江　永	清嘉慶刻本
禮書通故	清・黄以周	清光緒十九年刻黄氏試館本

禮説	清・惠士奇	清乾隆間紅豆齋刻本
禮説	清・黄以周	清光緒二十年刻本
歷朝賦格	清・錫　珍	清光緒十二年刻本
吏部銓選則例	清・陸棻評	清康熙間刻本
歷代賦彙	清・陳元龍	清文淵閣四庫全書本
歷代馬政志	清・蔡方炳	續修四庫全書本
歷代名臣奏疏	明・王錫爵	明萬曆刻本
歷代名臣奏議	明・黄　淮、楊士奇	明崇禎刻本
歷代刑法考	清・沈家本	中華書局一九八五年版
歷代職源撮要	宋・王益之	民國三年張氏刻適園叢書本
歷代制度詳説	宋・吕祖謙	清文淵閣四庫全書本
麗崎軒詩	明・查應光	明崇禎十二年刻本
楝亭詩文鈔	清・曹　寅	清康熙刻本
練中丞集	明・練子寧	明刻本
梁文紀	明・梅鼎祚	清文淵閣四庫全書補配清文津閣四庫全書本
梁溪集	宋・李　綱	清文淵閣四庫全書本
梁溪先生文集	宋・李　綱	清刻本
梁谿漫志	宋・費　衮	上海古籍出版社一九八五年版
梁園風雅	明・趙彦復	清康熙四十三年陸廷燦刻本
梁園寓稿	明・王　翰	清文淵閣四庫全書本
兩般秋雨盦隨筆	清・梁紹壬	清道光十七年汪氏振綺堂刻本
兩孤存	清・俞　聃	清康熙刻本
兩漢博聞	宋・楊　侃	中華書局一九八五年版
兩谿文集	明・劉　球	明成化六年劉鉞等刻本
兩宋名賢小集	宋・陳　思	清文淵閣四庫全書本
遼詩話	清・周　春	清嘉慶藏修書屋刻本
遼史	元・脱　脱	中華書局二〇一六年點校本

療馬集	清・周海蓬	農業出版社一九五九年點校本
列朝詩集	清・錢謙益	中華書局二〇〇七年版
列仙傳	漢・劉　向	上海古籍出版社一九九〇年版
列子		中華書局一九八五年版
林蕙堂全集	清・吴　綺	清文淵閣四庫全書本
林外野言	元・郭　翼	民國刻又滿樓叢書本
林屋山人漫稿	宋・俞　琰	清鈔本
林屋詩文稿	清・宋徵輿	清康熙九籥樓刻本
林屋文稿	清・宋徵輿	清康熙九籥樓刻本
臨安集	明・錢　宰	清文淵閣四庫全書本
臨川集	宋・王安石	四部叢刊本
臨川先生文集	宋・王安石	復旦大學出版社二〇一六年點校本
臨汀考言	清・王廷掄	清康熙刻本
臨野堂詩文集	清・鈕　琇	清康熙刻本
麟角集	唐・王　棨	清知不足齋叢書本
麟原文集	元・王　禮	清文淵閣四庫全書本
冷然齋詩集	宋・蘇　泂	清文淵閣四庫全書本
陵川集	元・郝　經	山西古籍出版社二〇〇六年版
陵陽集	宋・韓　駒	清宣統二年刊本
陵陽集	宋・牟　巘	民國吴興叢書本
靈臺秘苑	南北朝・庾季才	清文淵閣四庫全書本
嶺南詩集	清・李文藻	清乾隆刻本
嶺南雜記	清・吴震方	中華書局一九八五年版
嶺南雜事詩鈔	清・陳　坤	廣東人民出版社二〇一四年版
嶺外代答	宋・周去非	中華書局一九九九年版
留劍山莊初稿	清・石卓槐	清乾隆四十年石卓椿刻本
留青日札	明・田藝蘅	明萬曆三十七年徐懋升刻本

留素堂詩删	清・蔣　薰	清康熙刻本
留溪外傳	清・陳　鼎	清康熙三十七年自刻本
劉禮部集	清・劉逢禄	清道光十年思誤齋刻本
劉夢得文集	唐・劉禹錫	四部叢刊本
劉隨州集	唐・劉長卿	商務印書館一九四一年版
劉文烈公全集	明・劉理順	清順治刻康熙重修本
劉文清公遺集	清・劉　墉	清道光六年劉氏味經書屋刻本
劉西陂集	明・劉儲秀	明嘉靖刻本
劉向説苑	漢・劉　向	明刻劉氏二書本
劉彦昺集	明・劉　炳	清文淵閣四庫全書本
劉忠宣公遺集	明・劉大夏	清光緒元年劉乙燃刻本
劉仲修先生詩文集	明・劉永之	清鈔本
柳河東集	唐・柳宗元	上海古籍出版社二〇〇八年版
柳亭詩話	清・宋長白	清康熙四十六年天茁園刻本
六朝詩集	明・佚　名	明嘉靖刻本
六臣注文選	南朝梁・蕭　統	四部叢刊本
六典通考	清・閻鎮珩	清光緒刻本
六家詩名物疏	明・馮復京	明萬曆刻本
六經奥論	宋・鄭　樵	清文淵閣四庫全書本
六書故	宋・戴　侗	中華書局二〇一二年版
隆平集	宋・曾　鞏	中華書局二〇一二年點校本
隆慶豐潤縣志	明・王納言	明隆慶四年刻本
隆慶海州志	明・陳復亨	燕山出版社一九九二年版
隆慶儀真縣志	明・申嘉瑞	明隆慶刻本
隆慶趙州志	明・蔡懋昭	明隆慶刻本
蘆川歸來集	宋・張元幹	清文淵閣四庫全書本
盧公奏議	明・盧象昇	清道光九年刻本

盧書畫補録續録別録	清・葛嗣浵	民國二年葛氏刻本
魯班經	明・午　榮	中州古籍出版社二〇一四年版
魯齋集	宋・王　柏	民國續金華叢書本
陸堂詩學	清・陸奎勳	清康熙五十三年刻本
陸子餘集	明・陸　粲	清文津閣四庫全書本
鹿裘石室集	明・梅鼎祚	明天啓三年刻本
鹿忠節公集	明・鹿善繼	清刻本
潞公集	宋・文彦博	上海古籍出版社一九八七年版
露書	明・姚　旅	明天啓刻本
欒城稿	明・周復元	明萬曆刻本
欒城集	宋・蘇　轍	上海古籍出版社二〇〇九年點校本
欒城應詔集	宋・蘇　轍	四部叢刊本
綸扉奏草	明・葉向高	明刻本
論語全解	宋・陳祥道	清文淵閣四庫全書本
論語詳解	明・郝　敬	明萬曆四十六年京山郝氏刻本
論語註疏解經	三國魏・何　晏	元刻明修十三經註疏本
羅紋山全集	明・羅明祖	清初古處齋刻本
絡緯吟	明・徐　媛	明末鈔本
濼函	清・葉承宗	清順治十七年葉氏友聲堂刻本
呂氏春秋		元至正嘉興路儒學刻明修本
呂氏家塾讀詩記	宋・呂祖謙	宋淳熙九年江西漕臺刻本
履園叢話	清・錢　泳	清道光十八年述德堂刻本
律例指南	清・凌銘麟	清康熙二十七年刻本
緑筠書屋詩鈔	清・葉觀國	清乾隆五十七年刻本
緑漪草堂集	清・羅汝懷	清光緒九年羅式常刻本
馬首農言	清・祁寯藻	農業出版社一九九一年點校本
馬戲圖譜	宋・李清照	中華書局一九九一年版

馬政紀	明·楊時喬	清文淵閣四庫全書本
馬政志	明·陳　講	續修四庫全書本
埋憂集	清·朱翊清	清同治刻本
滿洲祭神祭天典禮	清·允　祿	清文淵閣四庫全書本
𥜽欿亭集	清·祁寯藻	清咸豐刻本
漫塘文集	宋·劉　宰	民國嘉業堂叢書本
猫乘	清·王初桐	續修四庫全書本
毛詩集解	宋·李　樗	清文淵閣四庫全書本
毛詩類釋	清·顧棟高	清文淵閣四庫全書本
毛詩禮徵	清·包世榮	清道光刻本
毛詩名物解	宋·蔡　卞	清通志堂經解本
毛詩名物圖説	清·徐　鼎	清華大學出版社二〇〇六年版
毛詩要義	宋·魏了翁	宋淳祐十二年徽州刻本
茅鹿門文集	明·茅　坤	明萬曆刻本
梅庵詩鈔	清·鐵　保	清道光二年石經堂刻梅庵全集本
梅村家藏稿	清·吴偉業	四部叢刊本
梅東草堂詩集	清·顧永年	清康熙刻增修本
梅會詩選	清·李稻塍	清乾隆三十二年寸碧山堂刻本
梅季豹居諸二集	明·梅守箕	明崇禎十五年楊昌祚等刻本
梅山續稿	宋·薑特立	傅增湘家藏鈔本
梅溪文集	宋·王十朋	明正統五年劉謙何潢刻天順六年重修本
梅溪先生後集	宋·王十朋	清文淵閣四庫全書本
梅中丞遺稿	明·梅之焕	清順治衛貞元刻本
湄湖吟	清·杜　濛	清康熙刻道光九年杜堮增修本
媚幽閣文娱	明·鄭元勳	明崇禎刻本
蒙鞋備録	宋·孟　珙	清光緒二十七年刻箋經室叢書本
孟鄰堂文鈔	清·楊　椿	清嘉慶二十四年楊魯生刻本

孟龍川文集	明・孟　思	明萬曆十七年金繼震刻本
夢林玄解	宋・邵　雍	上海古籍出版社一九九六年版
夢樓詩集	清・王文治	清乾隆刻道光補修本
夢學全書	明・佚　名	明書林熊建山刻本
夢澤堂詩文集	清・黄師憲	清刻本
峚陽草堂詩文集	明・鄭　鄤	民國二十一年活字本
密庵詩文藁	明・謝　肅	四部叢刊本
密齋筆記	宋・謝采伯	清文淵閣四庫全書本
勉行堂詩集	清・程晋芳	清嘉慶二十三年鄧廷楨刻本
勉齋集	宋・黄　榦	元刻延祐二年重修本
邈雲樓集六種	清・楊　鸞	清乾隆道光間刻本
蠛蠓集	明・盧　柟	清文淵閣四庫全書本
閩中十子詩	明・袁　表	清文淵閣四庫全書本
名臣經濟録	明・黄　訓編	清文淵閣四庫全書本
名公書判清明集	明・張四維	中華書局一九八七年版
名馬記	明・郭子章	明李承勛刻本
名山藏	明・何喬遠	明崇禎刻本
名義考	明・周　祈	明萬曆刻本
明朝小史	明・吕　毖	舊鈔本
明臣奏議		清武英殿聚珍版叢書本
明會要	清・龍文彬	中華書局一九五六年版
明紀編遺	清・葉　鈐	清康熙二十九年事天閣刻本
明經世文編	明・陳子龍等	明崇禎平露堂刻本
明善堂詩文集	清・弘　曉	清乾隆四十二年刻本
明詩紀事	清・陳　田輯	上海古籍出版社一九九三年版
明詩綜	清・朱彝尊	中華書局二〇〇六年版
明史	清・萬斯同	中華書局一九七四年點校本

明書	清·傅維鱗	商務印書館一九三八年版
明太祖文集	明·朱元璋	清文淵閣四庫全書本
明文衡	明·程敏政	四部叢刊本
明文在	清·薛　熙	清康熙三十二年古渌水園刻本
明政統宗	明·涂　山	明萬曆刻本
茗齋集	清·彭孫貽	四部叢刊本
鳴秋集	明·趙　迪	清乾隆三年陳作楫鈔本
鳴盛集	明·林　鴻	清文淵閣四庫全書補配清文津閣四庫全書本
墨池編	宋·朱長文	清文淵閣四庫全書本
墨卿談乘	明·張懋修	明刻本
默堂集	宋·陳　淵	四部叢刊本
木厓集	清·潘　江	上海古籍出版社二〇一〇年版
木厓續集	清·潘　江	清康熙河墅名山堂刻本
目連救母勸善戲文	明·鄭之珍	黄山書社二零零五年版
牧庵集	元·姚　燧	清武英殿聚珍版叢書本
牧萊脞語	宋·陳仁子	清初景元鈔本
穆堂類稿	清·李　紱	清道光十一年奉國堂刻本
那文毅公奏議	清·那彦成	清道光十四年刻本
南村輟耕録	元·陶宗儀	中華書局一九五九年點校本
南村詩稿	清·潘　高	清康熙鶴江草堂刻本
南村詩稿乙集	清·潘　高	清康熙鶴江草堂刻本
南村隨筆	清·陸廷燦	清雍正十三年陸氏壽椿堂刻本
南海百詠	宋·方信孺	清嘉慶宛委别藏本
南湖集	宋·張　鎡	中華書局一九八五年版
南湖集	元·貢性之	清文淵閣四庫全書本
南澗甲乙稿	宋·韓元吉	清武英殿聚珍版叢書本
南京太僕寺志	明·雷　禮	明嘉靖刻本

南屏山房集	清・陳昌圖	清乾隆五十六年陳寶元刻本
南屏山人集	清・任端書	清乾隆刻本
南齊書	南朝梁・蕭子顯	中華書局一九九六年點校本
南齊文紀	明・梅鼎祚	清文淵閣四庫全書本
南山堂自訂詩	清・吴景旭	清康熙刻本
南軒集	宋・張 栻	清文淵閣四庫全書本
南崖集	清・陶元淳	清詒清堂刻本
南陽集	宋・韓維	明祁氏淡生堂抄本
内閣奏題稿	明・趙志皋	清順治七年刻本
内省齋文集	清・湯來賀	上海古籍出版社二〇一〇年版
能改齋漫録	宋・吴 曾	清文淵閣四庫全書本
泥版試印初編	清・翟金生	清道光刻本
倪文僖集	明・倪 謙	清武林往哲遺著本
倪小野先生全集	明・倪宗正	清康熙四十九年倪繼宗清暉樓刻本
逆旅集	明・焦源溥	清道光十九年宏道書院刻本
廿二史札記	清・趙 翼	中華書局一九八四年版
鳥譜	清・佚 名	清鈔本
鳥鼠山人小集	明・胡纘宗	明嘉靖刻本
寧極齋稿	宋・陳 深	清乾隆三十年鮑廷博家抄本
牛經備要醫方	清・沈蓮舫	農業出版社一九六〇年點校本
牛經大全	明・喻本元、喻本亨	錦章書局一九五四年點校本
牛經切要	清・佚 名	農業出版社一九六二年點校本
牛乳新書	[日]・河相大三述，清・沈 紘譯	清光緒江南農學會石印本
牛醫金鑒	明・佚 名	農業出版社一九八一年點校本
拗堂詩集	清・景星杓	清乾隆蘭陔堂刻本
農圃便覽	清・丁宜曾	清乾隆原刻本
農桑輯要	元・司農司	農業出版社一九八二年版

農桑衣食撮要	元・魯明善	中華書局一九八五年版
農書	元・王禎	清光緒二十五年廣雅書局刻武英殿聚珍版叢書本
農學合編	清・楊鞏	農業出版社一九六三年點校本
農政全書	明・徐光啓	中華書局一九五六年版
甌北集	清・趙翼	上海古籍出版社一九九七年版
歐陽行周文集	唐・歐陽詹	四部叢刊本
歐陽文忠公集	宋・歐陽修	四部叢刊本
歐虞部集十五種	明・歐大任	清刻本
偶存軒稿	清・釋等安	清康熙鄭性等刻本
偶然吟	清・尹嘉銓	清乾隆二十九年六有齋刻本
偶齋詩草	清・寶廷	上海古籍出版社二〇〇五年版
盤洲集	宋・洪适	四部叢刊本
盤洲文集	宋・洪適	四部叢刊本
佩韋齋集	宋・俞德隣	清天禄琳琅叢書景元本
佩文齋書畫譜	清・孫岳頒	清文淵閣四庫全書本
佩文齋咏物詩選	清・汪霦	清文淵閣四庫全書本
彭城集	宋・劉攽	中華書局一九八五年版
蓬窗日録	明・陳全之	明嘉靖四十四年刻本
捧腹編	明・許自昌	明萬曆刻本
毘陵集	宋・張守	中華書局一九八五年版
埤雅	宋・陸佃	中華書局一九八五年版
甓湖草堂集	清・吴世杰	上海古籍出版社二〇一〇年版
駢字類編	清・吴士玉	清文淵閣四庫全書本
瓢泉吟稿	元・朱晞顔	清文淵閣四庫全書本
瞥記	清・梁玉繩	清嘉慶刻清白士集六種附一種本
頻羅庵遺集	清・梁同書	清嘉慶二十二年陸貞一刻本
平播全書	明・李化龍	明萬曆刻本

平閩紀	清·楊　捷	中華書局一九九四年版
平橋稿	明·鄭文康	清文淵閣四庫全書補配清文津閣四庫全書本
平冤録	明·佚　名	清嘉慶十七年宋元檢驗三録本
平園續稿	宋·周必大	清文淵閣四庫全書本
平齋文集	宋·洪咨夔	四部叢刊本
屏山集	宋·劉子翬	明刻本
鉼水齋詩集	清·舒　位	清光緒十二年邊保樞刻十七年增修本
坡門酬唱集	宋·邵　浩	清文淵閣四庫全書本
鄱陽集	宋·彭汝礪	清文淵閣四庫全書本
鄱陽五家集	清·史　簡	清文淵閣四庫全書本
蒲室集	元·釋大訢	清文淵閣四庫全書本
普濟方	明·朱　橚	清文淵閣四庫全書本
樸巢詩集	明·祝　祺	清初刻本
樸村詩集	清·張雲章	清康熙華希閔等刻本
樸學齋詩稿	清·林　佶	清乾隆九年家刻本
曝書亭集	清·朱彝尊	商務印書館一九三五年版
七國考	明·董　説	清文淵閣四庫全書本
七經小傳	宋·劉　敞	清文淵閣四庫全書本
七録齋詩鈔	清·阮葵生	清刻本
七修類稿	明·郎　瑛	明刻本
七修續稿	明·郎　瑛	明刻本
齊東野語	宋·周　密	中華書局一九八三年版
齊民要術	北魏·賈思勰	農業出版社一九八二年版
齊丘子	五代·譚　峭	明嘉靖刻本
芑山詩文集	明·張自烈	清初刻本
契丹國志	宋·葉隆禮	上海古籍出版社一九八五年版
千家詩選	宋·劉克莊	清嘉慶宛委別藏本

千金寶要　唐・孫思邈　清嘉慶宛委別藏本
千金翼方　唐・孫思邈　元大德梅溪書院本
乾初先生遺集　清・陳　確　清陳敬璋餐霞軒抄本
乾坤清氣集　明・偶　桓　清文淵閣四庫全書本
乾隆滄州志　清・莊日榮　清乾隆八年刊本
乾隆長沙府志　清・吕肅高　清乾隆十二年刻本
乾隆淳化縣志　清・萬廷樹　清乾隆四十九年刻本
乾隆福州府志　清・徐景熹　清乾隆十九年刻本
乾隆貴州通志　清・鄂爾泰　清乾隆六年刻嘉慶修補本
乾隆河南府志　清・施　誠修　清同治六年刻本
乾隆衡州府志　清・饒　佺　清乾隆二十八年刊刻清光緒元年補刻本
乾隆開化縣志　清・范玉衡　清乾隆六十年刊本
乾隆夔州府志　清・崔邑俊　中華書局二〇一五年版
乾隆柳州府志　清・王　錦　清乾隆二十九年刻本
乾隆滿城縣志　清・皮殿選　清乾隆道光遞增本
乾隆寧夏府志　清・楊浣雨　清嘉慶刊本
乾隆沁州志　清・葉世寬　清乾隆三十六年增補雍正九年刻本
乾隆瓊州府志　清・蕭應植　清乾隆刻本
乾隆任邱縣志　清・劉　統　清乾隆二十七年刊本
乾隆太平府志　清・朱肇基　清乾隆二十三年刻本
乾隆望都縣新志　清・陳洪書　清乾隆三十六年刻本
乾隆西安府志　清・嚴長明　清乾隆刊本
乾隆新鄭縣志　清・黄本誠　清乾隆四十一年刻本
乾隆續河南通志　清・阿思哈　清乾隆三十二年刻本
乾隆宣化縣志　清・陳　坦　清乾隆元年增刻本
乾隆樂平縣志　清・李早榮　清乾隆四十二年刻本
乾隆贊皇縣志　清・黄岡竹　清乾隆十六年刻本

乾隆震澤縣志	清·陳和志	清光緒重刊本
潛研堂集	清·錢大昕	上海古籍出版社一九八九年版
潛齋集	宋·何夢桂	清文淵閣四庫全書本
錢考功集	唐·錢起	四部叢刊本
錢文敏公全集	清·錢維城	清乾隆四十一年眉壽堂刻本
灊山集	宋·朱翌	中華書局一九八五年版
强齋集	明·殷奎	清文淵閣四庫全書本
牆東類稿	元·陸文圭	清文淵閣四庫全書本
樵雲獨唱	元·葉顒	清文淵閣四庫全書補配清文津閣四庫全書本
切問齋集	清·陸燿	清乾隆五十七年暉吉堂刻本
秦川焚餘草	清·董平章	清光緒二十七年容齋刻本
秦漢書疏	明·吳國倫	明嘉靖三十七年刻本
琴隱園詩集	清·湯貽汾	清同治十三年曹士虎刻本
禽經	周·詩曠	中華書局一九九一年版
禽星易見	明·池本理	清文淵閣四庫全書本
青城山人集	明·王璲	清文淵閣四庫全書補配清文津閣四庫全書本
青蓮閣集	明·李言恭	明萬曆十八年刻本
青泥蓮花記	明·梅鼎祚	上海古籍出版社一九九六年版
青山集	宋·郭祥正	清文淵閣四庫全書本
青山集	元·趙文	清文淵閣四庫全書本
青瑣高議	宋·劉斧	清紅藥山房鈔本
青溪漫稿	明·倪岳	清武林往哲遺著本
青霞集	明·沈鍊	清文淵閣四庫全書補配清文津閣四庫全書本
青崖集	元·魏初	清文淵閣四庫全書本
青巖集	清·許楚	清康熙五十四年許象縉刻本
青芝山館詩集	清·樂鈞	清嘉慶二十二年刻後印本
清風堂文集	清·曾王孫	清康熙四十五年曾安世刻本

清風亭稿	明·童　軒	清文淵閣四庫全書本
清江三孔集	宋·王　遽	清文淵閣四庫全書補配清文津閣四庫全書本
清江詩集	明·貝　瓊	四部叢刊本
清經世文編	清·賀長齡	清光緒十二年思補樓重校本
清經世文續編	清·葛士濬	清光緒石印本
清涼山志	清·佚　名	清乾隆武英殿刻本
清容居士集	元·袁　桷	四部叢刊本
清通典		清乾隆武英殿刻本
清文獻通考		清文淵閣四庫全書本
清經世文編	清·賀長齡	清光緒十二年思補樓重校本
晴江閣集	清·何　絜	清康熙刻增修本
慶元條法事類	宋·謝深甫	黑龍江人民出版社二〇〇二年點校本
瓊臺會稿	明·邱　濬	清文淵閣四庫全書補配清文津閣四庫全書本
秋蟬吟草	清·朱　穎	清初刻本
秋蟲譜	宋·賈似道	明嘉靖刻本
秋笳集	清·吳兆騫	上海古籍出版社二〇〇九年版
秋澗集	元·王　惲	四部叢刊本
秋江集	清·黃　任	清乾隆刻本
秋泉居士集	清·汪士鋐	清乾隆刻本
秋聲集	元·黃鎮成	清文淵閣四庫全書本
秋室集	清·楊鳳苞	清光緒十一年陸心源刻本
秋水閣詩文集	清·許兆椿	清道光二十五年刻本
秋水集	清·嚴繩孫	清康熙雨青草堂刻本
秋崖集	宋·方　岳	清文淵閣四庫全書補配清文津閣四庫全書本
秋影樓詩集	清·汪　繹	清康熙五十二年刻本
求是堂詩集	清·胡承珙	清道光十三年刻本
求聞過齋詩集	清·朱方增	清光緒十九年朱丙壽刻本

虬峰文集	清・李　驎	清康熙刻本
裘文達公詩集	清・裘曰修	清嘉慶刻本
瞿文懿公集	明・瞿景淳	明嘉靖瞿氏刻本
蘧廬稿選	明・韓上桂	明天啓間刻本
臞仙神隱	明・朱　權	明格致叢書本
臞軒集	宋・王　邁	清文淵閣四庫全書補配清文津閣四庫全書本
全室外集	明・釋宗泐	清文淵閣四庫全書本
全蜀藝文志	明・楊　慎	綫裝書局二〇〇三年版
全唐詩	清・曹　寅	清文淵閣四庫全書本
泉厓詩集	明・邵經濟	明嘉靖張景賢王詢等刻本
權制	清・陳濬然	清光緒二十六年徐崇立刻本
却掃編	宋・徐　度	明崇禎毛氏汲古閣刻津逮秘書本
確庵文稿	清・陳　瑚	清康熙毛氏汲古閣刻本
群經平議	清・俞　樾	清稿本
群書會元截江網	明・黄道周	清丁氏嘉惠堂抄本
群書類編故事	明・王　罃	書目文獻出版社一九九三年版
群書通要	元・佚　名	清嘉慶宛委别藏本
群書札記	清・朱亦棟	上海古籍出版社一九九六年版
人海記	清・查慎行	清光緒正覺樓叢刻本
人譜類記	明・劉宗周	清文淵閣四庫全書本
壬寅銷夏録	清・端　方	文物出版社二〇〇四年版
日涉園集	宋・李　彭	民國豫章叢書本
日下舊聞考	清・于敏中	清文淵閣四庫全書本
日知録	清・顧炎武	浙江古籍出版社二〇一三年點校本
容安詩草	清・胡　榮	清康熙刻三色套印本
容春堂集	明・邵　寶	清文淵閣四庫全書本
容齋隨筆	宋・洪　邁	中華書局二〇〇七年版

榕村集	清・李光地	清文淵閣四庫全書本
榕陰新檢	明・徐𤊹	明萬曆三十四年刻本
榮進集	明・吳伯宗	清文淵閣四庫全書本
榮木堂合集	明・陶汝鼐	清康熙刻世綵堂匯印本
榮木堂集	清・陶汝鼐	清順治康熙遞刻本
榮性堂集	清・吳俊	清嘉慶刻本
儒門事親	金・張從正	中華書局一九九一年版
蠕範	清・李元	清湖北叢書本
弱水集	清・屈復	清乾隆七年賀克章刻本
薩天錫詩集	元・薩都拉	四部叢刊本
三長物齋詩略	清・黄本驥	清三長物齋叢書本
三朝北盟會編	宋・徐夢莘	上海古籍出版社一九八七年版
三傳折諸	清・張尚瑗	清文淵閣四庫全書本
三關志	明・廖希顔	明嘉靖刻本
三國文類	宋・佚名	清文淵閣四庫全書補配清文津閣四庫全書本
三國志	晉・陳壽	中華書局二〇一六年版
三華集	明・錢子正	清文淵閣四庫全書本
三禮義證	清・武億	清道光二十三年刻本
三劉家集	宋・劉渙	清文淵閣四庫全書本
三農紀	清・張宗法	清刻本
三松堂集	清・潘奕雋	清嘉慶刻本
三易集	明・唐時升	明崇禎二年謝三賓刻嘉定四先生集本
三餘雜志	清・張定鋆	清道光刻本
三元延壽參贊書	元・李鵬飛	上海古籍出版社一九九〇年版
三雲籌俎考	明・王士琦	明萬曆刻本
桑蠶提要	清・方大湜	清光緒刻本
掃紅亭吟稿	清・馮雲鵬	上海古籍出版社二〇一〇年版

曬書堂集	清・郝懿行	清光緒十年東路廳署刻本
山帶閣集	明・朱曰藩	明萬曆刻本
山谷内集詩注	宋・黄庭堅	清文淵閣四庫全書本
山谷全書	宋・黄庭堅	清乾隆三十四年缉香堂刻本
山堂考索	宋・章如愚	元延祐七年圓沙書院刻明修本
山堂肆考	明・彭大翼	清文淵閣四庫全書本
山齋客譚	清・景星杓	上海古籍出版社一九九六年版
删後文集	清・陳　梓	清嘉慶二十年胡氏敬義堂刻本
珊瑚舌雕談初筆	清・許　起	清光緒十一年印本
珊瑚網	明・汪砢玉	商務印書館一九三六年版
傷科彙纂	清・胡廷光	清鈔本
賞雨茅屋詩集	清・曾　燠	清嘉慶刻增修本
尚絅堂集	清・劉嗣綰	清道光大樹園刻本
尚絅齋集	明・童　冀	清文淵閣四庫全書本
尚論持平	清・陸次雲	清刻芙蓉城四種書本
尚書故實	唐・李　綽	明萬曆刻寶顔堂續祕笈五十種本
尚書要義	宋・魏了翁	清嘉慶宛委别藏補配文淵閣四庫全書本
尚志館文述	清・盧錫晋	清康熙刻雍正增修本
少谷集	明・鄭善夫	清文淵閣四庫全書補配清文津閣四庫全書本
少室山房集	明・胡應麟	清文淵閣四庫全書補配清文津閣四庫全書本
邵子湘全集	清・邵長蘅	清康熙刻本
紹定吴郡志	宋・范成大	北京圖書館出版社二〇〇三年版
射書	明・顧　煜	明崇禎十年刻本
涉異志	明・閔文振	明萬曆刻本
涉齋集	宋・許　綸	民國敬鄉樓叢書本
沈佺期集	唐・沈佺期	明嘉靖本
沈氏學弢	明・沈堯中	明萬曆刻本

慎齋集	明·蔣主忠	清嘉慶宛委別藏本
升庵集	明·楊　慎	清文淵閣四庫全書補配清文津閣四庫全書本
聲畫集	宋·孫紹遠	清文淵閣四庫全書本
剩語	元·艾性夫	清文淵閣四庫全書本
聖濟總録纂要	清·程　林	清文淵閣四庫全書本
聖雨齋集	清·周拱辰	清初刻本
施氏七書講義	宋·施子美	日本文久刻本
師竹堂集	明·王祖嫡	明天啓刻本
詩本義	宋·歐陽修	四部叢刊本
詩傳名物集覽	清·陳大章	中華書局一九八五年版
詩傳旁通	元·梁　益	清文淵閣四庫全書本
詩地理考	宋·王應麟	明津逮秘書本
詩繹	清·張應昌	中華書局一九六〇年版
詩法易簡録	清·李　鍈	清道光二年刻本
詩緝	宋·嚴　粲	明味經堂刻本
詩紀匡謬	清·馮　舒	清知不足齋叢書本
詩經疑問	明·姚舜牧	清文淵閣四庫全書本
詩林廣記	宋·蔡正孫	明正德十三年刻本
詩毛氏傳疏	清·陳　奐	清道光二十七年陳氏掃葉山莊刻本
詩瀋	清·范家相	清乾隆三十九年古趣亭刻本
詩識名解	清·姚　炳	清文淵閣四庫全書本
詩説解頤	明·季　本	清文淵閣四庫全書本
詩譚	明·葉廷秀	明崇禎胡正言十竹齋刻本
詩通	明·陸化熙	明書林李少泉刻本
詩童子問	宋·輔　廣	清文淵閣四庫全書本
詩序	周·卜　商	明津逮秘書本
詩學女爲	清·汪梧鳳	清乾隆不疎園刻本

十三經義疑	清·吴　浩	清文淵閣四庫全書本
十三經注疏正字	清·沈廷芳	清文淵閣四庫全書本
十一經問對	元·何異孫	清康熙成德刻通志堂經解本
石初集	元·周霆震	清文淵閣四庫全書補配清文津閣四庫全書本
石帆軒詩集	清·徐　駿	清康熙刻本
石湖詩集	宋·范成大	中華書局一九八五年版
石臼集	清·邢　昉	清康熙刻本
石匱書	清·張　岱	清抄本
石蓮闇詩	清·吴重憙	民國五年刻本
石林居士建康集	宋·葉夢得	清宣統三年刻本
石林奏議	宋·葉夢得	清光緒陸心源皕宋樓景宋刻本
石龍庵詩草	明·徐學詩	清乾隆刻本
石門集	元·梁　寅	清文淵閣四庫全書本
石門集	明·高　瀔	清道光二十一年刻本
石門文字禪	宋·釋惠洪	四部叢刊本
石屏詩集	宋·戴復古	四部叢刊本
石渠寶笈三編	清·張　照	清文淵閣四庫全書本
石渠餘紀	清·王慶雲	清光緒十六年龍璋刻本
石笥山房集	清·胡天游	清咸豐二年刻本
石堂先生遺集	宋·陳普明	萬曆三年薛孔洵刻本
石田法薰禪師語録	宋·釋法薰	上海商務印書館一九二三年版
石田詩選	明·沈　周	清文淵閣四庫全書補配清文津閣四庫全書本
石田文集	元·馬祖常	元至元五年揚州路儒學刻本
石谿讀周官	清·官獻瑶	清道光二十五年刊本
食物本草	明·盧　和	明錢唐胡文焕校刻本
實政録	明·吕　坤	明萬曆二十六年趙文炳刻本
識匡齋全集	明·劉康祉	清順治刻本

識小録	明・徐樹丕	涵芬樓秘笈景稿本
識遺	宋・羅璧	清文淵閣四庫全書本
始青閣稿	明・鄒迪光	明天啓刻本
示兒編	宋・孫奕	元劉氏學禮堂刻本
世德堂集	清・王鉞	清康熙四十年刻本
世經堂初集	清・徐旭旦	上海古籍出版社二〇一〇年版
世經堂集	明・徐階	明萬曆徐氏刻本
事類備要	宋・謝維新	清文淵閣四庫全書本
事類賦	宋・吴淑	宋紹興十六年刻本
事文類聚	宋・祝穆	清文淵閣四庫全書本
事物紺珠	明・黄一正	齊魯書社一九九五年版
事物紀原	宋・高承	中華書局一九八九年版
事物考	明・王三聘	明嘉靖四十二年何起鳴刻本
事物異名録	清・厲荃	清乾隆五十三年刻本
是程堂二集	清・屠倬	清道光元年潛園刻本
適可軒詩集	清・胡文學	清康熙十二年李文胤刻本
釋文紀	明・梅鼎祚	清文淵閣四庫全書本
守官漫録	明・劉萬春	明萬曆刻本
守意龕詩集	清・百齡	中國文聯出版社二〇一二年版
受祜堂集	清・張泰交	清康熙高熊徵刻本
授時通考	清・鄂爾泰	清文淵閣四庫全書本
獸經	清・張綱孫	續修四庫全書本
書畫跋跋	明・孫鑛	清乾隆五年刻本
書畫記	清・吴其貞	清乾隆寫四庫全書本
書畫鑒影	清・李佐賢	清同治十年利津李氏刻本
書林外集	元・袁士元	明正統刻本
書隱叢説	清・袁棟	清乾隆鋤經樓自刻本

菽園雜記	明·陸容	中華書局一九八五年版
菽園贅談	清·邱煒萲	清光緒二十三年刻本
秫坡先生集	明·黎貞	清光緒元年重刻本
蜀中廣記	明·曹學佺	清文淵閣四庫全書本
數馬集	明·黄克纘	明天啓刻本
霜紅龕集	清·傅山	清宣統三年刻本
雙槐歲鈔	明·黄瑜	中華書局一九九九年版
雙溪類稿	宋·王炎	清文淵閣四庫全書本
雙溪醉隱集	元·耶律鑄	清文淵閣四庫全書本
雙硯齋詩鈔	清·鄧廷楨	清末刻本
水黄牛經大全	清·喻仁	清乾隆李玉書刻本
水經注	北魏·酈道元	中華書局二〇〇七年點校本
水田居文集	清·賀貽孫	清道光至同治間水田居全集本
水西全集	明·李培	明天啓元年刻本
水雲村稿	元·劉壎	清文淵閣四庫全書本
順治息縣志	清·邵光胤	清順治十五年刻本
説文解字義證	清·桂馥	清道光至咸豐刻連筠簃叢書本
説文解字句讀	清·王筠	商務印書館一九三六年版
説文解字注	清·段玉裁	中華書局二〇一三年點校本
説文通訓定聲	清·朱駿聲	清道光二十八年刻本
碩園詩稿	清·王昊	清乾隆十二年刻本
司馬温公文集	宋·司馬光	明崇禎元年吴時亮刻本
司牧安驥集	唐·佚名	明萬曆二十一年張世則刻本
司農奏議	明·趙世卿	明崇禎七年趙濬初刻本
司業詩集	清·陳祖范	清乾隆二十九年刻本
司業文集	清·陳祖范	清乾隆二十九年刻本
思益堂集	清·周壽昌	清光緒十四年王先謙等刻本

四百三十二峰草堂詩鈔	清・趙希璜	清乾隆五十八年安陽縣署刻增修本
四溟集	明・謝　榛	清文淵閣四庫全書本
四時纂要	唐・韓　鄂	農業出版社一九八一年版
四書典故辨正	清・周炳中	清嘉慶刻本
四書改錯	清・毛奇齡	清嘉慶十六年金孝柏學圃刻本
四書經註集證	清・吴昌宗	清嘉慶三年汪廷機刻本
四書偶談	清・戚學標	清乾隆五十四年景文堂刻本
四書説苑	清・孫應科	清道光刻本
四書緯	清・常　增	清道光刻本
四書文	清・方　苞	清文淵閣四庫全書本
四書續談	清・戚學標	清嘉慶刻本
四思堂文集	清・傅維鱗	清康熙十七年刻本
四素山房集	明・劉鴻訓	明崇禎刻清雍正印本
四照堂詩集	清・盧　紘	清康熙汲古閣刻本
四照堂詩文集	清・王猷定	清康熙二十二年刻本
松風閣詩鈔	清・彭蘊章	清同治刻彭文敬公全集本
松鶴山房詩文集	清・陳夢雷	清康熙銅活字印本
松夢寮詩稿	清・丁　丙	清光緒二十五年刻本
松泉集	清・汪由敦	清文淵閣四庫全書本
松梧閣詩集	清・李　暾	清雍正乾隆間刻本
松鄉集	元・任士林	清文淵閣四庫全書本
松雪齋集	元・趙孟頫	四部叢刊本
松隱集	宋・曹　勛	民國嘉業堂叢書本
松雨軒詩集	明・平　顯	清嘉慶宛委別藏本
嵩山居士文集	宋・晁公遡	清抄本
嵩書	明・傅　梅	明萬曆刻本
嵩陽集	明・劉　繪	明嘉靖三十七年方顯刻本

嵩渚文集	明・李濂	明嘉靖刻本
宋百家詩存	清・曹庭棟	上海古籍出版社一九九三年版
宋布衣集	明・宋登春	清文淵閣四庫全書本
宋朝大詔令集	宋・佚名	中華書局一九六二年點校本
宋朝諸臣奏議	宋・趙汝愚	上海古籍出版社一九九九年點校本
宋大詔令集	宋・司義祖	中華書局一九六二年版
宋會要輯稿	清・徐松輯	上海古籍出版社二〇一四年版
宋史	元・脱脱	中華書局一九八五年點校本
宋史全文	元・佚名	中華書局二〇一六年點校本
宋史新編	明・柯維騏	明嘉靖刻本
宋書	南朝梁・沈約	中華書局一九七四年點校本
宋通鑒長編紀事本末	宋・楊仲良	清嘉慶宛委別藏本
宋文紀	明・梅鼎祚	清文淵閣四庫全書補配清文津閣四庫全書本
宋文鑒	宋・吕祖謙	商務印書館一九三七年版
宋刑統	宋・竇儀	中華書局一九八四年版
宋貞士羅滄洲先生集	宋・羅公升	清鈔本
蘇門六君子文粹	宋・陳亮	清文淵閣四庫全書本
蘇門山人詩鈔	清・張符升	清乾隆寄雲書屋刻本
蘇魏公文集	宋・蘇頌	中華書局一九八八年點校本
蘇文忠公全集	宋・蘇軾	明成化本
蘇學士集	宋・蘇舜欽	四部叢刊本
素軒集	明・沐昂	明刻本
粟香隨筆	清・金武祥	清光緒刻本
隋書	唐・魏徵	中華書局一九七三年點校本
隨山館稿	清・汪瑔	清光緒刻隨山館全集本
隨園隨筆	清・袁枚	清嘉慶十三年刻本
歲寒集	明・孫瑀	明嘉靖七年刻本

歲時廣記	宋・陳元靚	中華書局一九八五年版
歲時雜咏	宋・蒲積中	清文淵閣四庫全書補配清文津閣四庫全書本
邃雅堂集	清・姚文田	清道光元年江陰學使署刻本
孫宇台集	清・孫　治	清康熙二十三年孫孝楨刻本
孫淵如先生全集	清・孫星衍	四部叢刊本
所安遺集	元・陳　泰	涵芬樓秘笈景舊鈔本
瑣碎録	宋・温　革	巴蜀書社二〇〇九年版
臺中疏略	明・毛　堪	明萬曆四十二年刻本
太白陰經	唐・李　筌	清初虞山毛氏汲古閣鈔本
太倉稊米集	宋・周紫芝	清文淵閣四庫全書補配清文津閣四庫全書本
太常因革禮	宋・歐陽修	清廣雅書局叢書本
太函集	明・汪道昆	明萬曆刻本
太平廣記	宋・李　昉	中華書局一九六一年點校本
太平經國之書	宋・鄭伯謙	明嘉靖十七年孔天胤刻本
太平御覽	宋・李　昉	四部叢刊本
太平治迹統類	宋・彭百川	清文淵閣四庫全書本
太僕奏議	明・張輔之	明天啓張灝張洪等刻本
泰泉集	明・黄　佐	清文淵閣四庫全書本
曇雲閣集	清・曹楙堅	清光緒三年曼陀羅館刻本
譚襄敏公遺集	明・譚　綸	清嘉慶二十四年鄒庭芳活字本
譚襄敏奏議	明・譚　綸	清文淵閣四庫全書本
坦齋文集	明・劉三吾	明萬曆六年賈緣刻本
唐伯虎先生集	明・唐　寅	明萬曆刻本
唐大詔令集	宋・宋敏求	中華書局二〇〇八年版
唐會要	宋・王　溥	中華書局一九五五年點校本
唐開元占經	唐・瞿曇悉達	清文淵閣四庫全書本
唐六典	唐・李林甫	中華書局二〇一四年點校本

唐闕史	唐・高彦休	明萬曆十六年談長公鈔本
唐僧宏秀集	宋・李龏	明末毛氏汲古閣刻本
唐氏三先生集	明・程敏政	明正德十三年張芹刻本
唐書合鈔補正	清・丁子復	清嘉慶十八年海寧查世倓刻本
唐文粹	宋・姚鉉	四部叢刊本
唐文拾遺	清・陸心源	清光緒十四年陸心源刻潛園總集本
唐先生集	宋・唐庚	四部叢刊本
唐愚士詩	明・唐之淳	清文淵閣四庫全書本
棠陰比事	宋・桂萬榮	四部叢刊本
倘湖樵書	清・來集之	清康熙倘湖小築刻本
弢甫集	清・桑調元	清乾隆刻本
逃蓊詩草	清・徐豫貞	清康熙楊崑思誠堂刻本
逃虚子集	明・姚廣孝	清鈔本
陶山詩録	清・唐仲冕	清嘉慶十六年刻道光增修本
陶文毅公全集	清・陶澍	清道光刻本
陶庵夢憶	清・張岱	清乾隆五十九年王文誥刻本
陶庵全集	明・黄淳耀	清文淵閣四庫全書補配清文津閣四庫全書本
陶莊敏公文集	明・陶諧	明天啓四年陶崇道重刻本
藤香館詞	清・蔣時雨	清同治五年刻本
題畫詩		清文淵閣四庫全書本
天府廣記	清・孫承澤	清鈔本
天馬山房遺稿	明・朱淛	中華書局一九九一年版
天下郡國利病書	清・顧炎武	上海古籍出版社二〇一二年點校本
天涯詩鈔	清・蔣楷	清康熙三十三年丘如升刻本
天一閣集	明・范欽	明萬曆刻本
天元玉曆祥異賦	明・佚名	舊鈔本
天真閣集	清・孫原湘	清嘉慶五年刻增修本

天中記	明・陳耀文	清文淵閣四庫全書本
田間詩文集	清・錢澄之	清康熙刻本
苕溪集	宋・劉一止	清宣統三年沈耀勳刻本
鐵庵集	宋・方大琮	明正德八年方良節刻本
鐵崖古樂府	元・楊維楨	四部叢刊本
鐵崖樂府注	元・楊維楨撰，清・樓卜瀍注	清乾隆聯桂堂刻本
通典	唐・杜佑	中華書局一九九六年點校本
通甫類稿	清・魯一同	清道光八年刻本
通鑑答問	宋・王應麟	清文淵閣四庫全書本
通鑑札記	清・劉體仁	民國年間石印本
通介堂經説	清・徐灝	清咸豐四年刻本
通雅	清・方以智	清文淵閣四庫全書本
通志	宋・鄭樵	元大德三山郡庠刻元修本
同治房縣志	清・楊廷烈	清同治四年刊本
同治高安縣志	清・孫家鐸	清同治十年刻本
同治高縣志	清・敖立榜	清同治五年刊本
同治江山縣志	清・王彬	清同治刊本
同治綏寧縣志	清・方傳質	清同治六年刻本
同治太湖縣志	清・符兆鵬	清同治十一年刊本
同治新喻縣志	清・文聚奎	清同治十二年刻本
桐江續集	元・方回	清文淵閣四庫全書本
童山集	清・李調元	清乾隆刻函海道光五年增修本
童子問	宋・輔廣	明末毛氏汲古閣刻本
銅梁山人詩集	清・王汝璧	清光緒二十年京師刻本
銅熨斗齋隨筆	清・沈濤	清光緒會稽章氏刻本
嵞山集	清・方文	清康熙二十八年刻本
圖書編	明・章潢	明萬曆四十一年刻天啓三年岳氏修補重校本

圖像水黄牛經合併大全	明·喻　仁	清乾隆李玉書刻本
蜕庵詩	元·張　翥	四部叢刊本
吞松閣集	清·鄭虎文	清嘉慶刻本
駝經	明·喻　仁、喻　傑	清乾隆李玉書刻本
襪線集	明·史　傑	明弘治四年史誠刻本
外科精義	元·齊德之	中華書局一九八五年版
外科正宗	明·陳實功	明萬曆刻本
外臺秘要	唐·王　燾	清文淵閣四庫全書本
玩齋集	元·貢師泰	明嘉靖刻本
宛陵集	宋·梅堯臣	四部叢刊本
萬曆野獲	明·沈德符	清抄本
萬曆寶應縣志	明·吴敏道	明萬曆二十二年刻本
萬曆滁陽志	明·戴瑞卿	明萬曆四十二年刊本
萬曆杭州府志	明·劉伯縉	中華書局二〇〇五年版
萬曆河間府志	明·杜應芳	明萬曆刻本
萬曆會計録	明·張學顔	明萬曆刻本
萬曆嘉興府志	明·劉應鈳	明萬曆二十八年刊本
萬曆江都縣志	明·張　寧	明萬曆刻本
萬曆旌德縣志	明·蘇宇庶	萬曆二十七年刻本
萬曆六安州志	明·劉懋桧	明萬曆十二年刻本
萬曆馬邑縣志	明·宋子質	民國二十五年鉛印本
萬曆疏鈔	明·吴　亮	明萬曆三十七年刻本
萬曆宿遷縣志	明·喻文偉	明萬曆刻本
萬曆延綏鎮志	明·鄭汝璧	明萬曆刻本
萬曆兖州府志	明·朱　秦	明萬曆刻本
萬首唐人絶句詩	宋·洪　邁	明嘉靖刻本
萬一樓集	明·駱問禮	清嘉慶活字本

汪梅村先生集	清・汪士鐸	清光緒七年刻本
王端毅公奏議	明・王　恕	明正德十六年王成章刻本
王奉常集	明・王世懋	明萬曆刻本
王氏家藏集	明・王廷相	明嘉靖刻清順治十二年修補本
王世周先生詩集	明・王伯稠	明萬曆刻本
王侍禦類稿	明・王　圻	明萬曆四十八年王思義刻本
王司馬集	唐・王　建	清文淵閣四庫全書本
王文安公詩文集	明・王　英	清樸學齋鈔本
王無功文集	唐・王　績	上海古籍出版社一九八七年版
王右丞集箋注	唐・王　維	上海古籍出版社一九六一年版
王忠端公文集	明・王家彦	清順治十六年王賡恭等刻本
王忠文公集	明・王　禕	清文淵閣四庫全書補配清文津閣四庫全書本
望溪集	清・方　苞	清咸豐元年戴均衡刻本
威鳳堂文集	清・陸　圻	清康熙刻本
韋刺史詩集	唐・韋應物	四部叢刊本
唯室集	宋・陳長方	清文淵閣四庫全書本
惟實集	元・劉　鶚	清文淵閣四庫全書補配清文津閣四庫全書本
緯略	宋・高似孫	清守山閣叢書本
未谷詩集	清・桂　馥	清道光二十一年刻本
味和堂詩集	清・高其倬	清乾隆五年高恪等刻三十一年重修本
畏壘筆記	清・徐昂發	清康熙刻本
畏齋周禮客難	清・龔元玠	清道光二十六年刻十三經客難本
渭南文集	宋・陸　遊	四部叢刊本
魏書	北齊・魏　收	中華書局一九七四年版
魏鄭公諫録	唐・王方慶	明正德二年曾大有刻本
温飛卿詩集箋注	唐・温庭筠	上海古籍出版社一九九八年版
温國文正公文集	宋・司馬光	四部叢刊本

温庭筠詩集	唐・温庭筠	四部叢刊本
文安集	元・揭傒斯	四部叢刊本
文標集	唐・盧　肇	民國豫章叢書本
文定公集	宋・汪應辰	明嘉靖二十五年夏浚刻本
文端集	清・張　英	清文淵閣四庫全書本
文館詞林	唐・許敬宗	中華書局一九八五年版
文簡集	明・孫承恩	清文淵閣四庫全書本
文靖公詩鈔	清・寶　鋆	清光緒三十四年刻本
文靖公遺集	清・寶　鋆	清光緒三十四年羊城刻本
文潞公文集	宋・文彦博	明嘉靖五年王溱刻本
文敏集	明・楊　榮	清文淵閣四庫全書本
文嘻堂詩集	明・朱芾煌	清康熙三十七年紫陽書院刻本
文獻通考	元・馬端臨	中華書局二〇一一年點校本
文選補遺	宋・陳仁子	清文淵閣四庫全書本
文苑英華	宋・李　昉	中華書局二〇一四年版
文章辨體彙選	明・賀復徵	清文淵閣四庫全書補配清文津閣四庫全書本
文直行書詩文	明・熊明遇	清順治十七年熊人霖刻本
文忠集	宋・周必大	清文淵閣四庫全書本
文莊集	宋・夏　竦	清文淵閣四庫全書本
聞雁齋筆談	明・張大復	明萬曆三十三年顧孟兆等刻本
聞一齋詩稿	明・鄭　賜	明崇禎六年閩縣徐氏鈔本
問亭詩集	清・博爾都	清康熙三十五年刻本
翁山詩外	清・屈大均	清康熙刻淩鳳翔補修本
吾汶稿	宋・王炎午	四部叢刊本
吾學編餘	明・鄭　曉	明天啓三年樊維城刻鹽邑志林四十種本
吴都文粹	宋・鄭虎臣	清文淵閣四庫全書補配清文津閣四庫全書本
吴都文粹續集	明・錢　穀	清文淵閣四庫全書補配清文津閣四庫全書本

吴詩集覽	清・吴偉業	清乾隆四十年凌雲亭刻本
吴文正集	元・吴　澄	清文淵閣四庫全書本
吴下諺聯	清・王有光	中華書局一九八二年版
吴興藝文補	明・董斯張	明崇禎六年刻本
吴歈小草	明・婁　堅	清康熙刻本
吴竹坡先生詩集	明・吴　節	清雍正三年吴琦刻本
梧溪集	元・王　逢	清知不足齋叢書本
無功文集	唐・王　績	清鈔本
無夢園初集	明・陳仁錫	明崇禎六年張一鳴刻本
無腔村笛	清・吴振棫	清同治四年錢塘吴氏刻本
無爲集	宋・楊　傑	中華書局一九九一年版
無聞集	清・崔　述	上海古籍出版社二〇一〇年版
無準師範禪師語録	宋・釋師範	上海商務印書館一九二三年版
五百四峰堂詩鈔	清・黎　簡	中山大學出版社二〇〇〇年版
五代會要	宋・王　溥	上海古籍出版社二〇〇六年點校本
五峰集	元・李孝光	清文淵閣四庫全書補配清文津閣四庫全書本
五禮通考	清・秦蕙田	清文淵閣四庫全書本
五山志林	清・羅天尺	順德縣志辦公室一九八六年版
五研齋詩文鈔	清・沈赤然	清嘉慶刻增修本
午風堂集	清・鄒炳泰	清嘉慶刻本
午亭文編	清・陳廷敬	三晋出版社二〇一〇年版
武功集	明・徐有貞	清文淵閣四庫全書本
物類相感志	宋・蘇　軾	中華書局一九八五年版
物理小識	清・方以智	商務印書館一九三七年版
西漢會要	宋・徐天麟	中華書局一九九五年版
西河集	清・毛奇齡	清文淵閣四庫全書本
西事珥	明・魏　濬	明萬曆刻本

西臺漫紀	明・蔣以化	上海古籍出版社一九九六年版
西堂雜組	清・尤 侗	清康熙刻本
西巖集	元・張之翰	清文淵閣四庫全書本
西庵集	明・孫 蕡	清文淵閣四庫全書補配清文津閣四庫全書本
西園前稿	明・彭堯諭	明刻本
西園聞見録	明・張 萱	明陳氏居敬堂抄本
西齋集	清・王仲儒	清康熙夢華山房刻本
西莊始存稿	清・王鳴盛	清乾隆三十年自刻本
晞髮集	宋・謝 翺	明萬曆刻本
惜抱軒九經説	清・姚 鼐	清同治刻惜抱軒全集本
惜抱軒詩文集	清・姚 鼐	清嘉慶十二年刻本
溪蠻叢笑	宋・朱 輔	清文淵閣四庫全書本
習苦齋集	清・戴 熙	清同治五年張曜刻本
隰西草堂詩文集	清・萬壽祺	民國八年明季三孝廉集本
隙光亭雜識	清・揆 敍	清三惜齋抄本
戲瑕	明・錢希言	上海古籍出版社一九九六年版
霞外詩集	元・馬 臻	清文淵閣四庫全書本
夏忠靖集	明・夏原吉	清文淵閣四庫全書本
仙傳外科集驗方	明・楊清叟	明正統道藏本
仙苑編珠	唐・王松年	明正統道藏本
咸淳臨安志	宋・譖説友	宋元方志叢刊本
閑居編	宋・釋智圓	清文淵閣四庫全書本
閑居叢稿	元・蒲道源	元至正刻本
閑青堂詩集	清・朱倫瀚	清乾隆刻本
獻醜集	宋・許棐集	中華書局一九八五年版
相法牛經大全	清・佚 名	湖南科學技術出版社一九九三年點校本
相鶴經	明・周履靖	中華書局一九九一年版

相馬書	明・徐　咸	清文淵閣四庫全書本
相牛心鏡要覽	清・黃繡穀	農業出版社一九八七年點校本
相山集	宋・王之道	清文淵閣四庫全書補配清文津閣四庫全書本
香樹齋詩文集	清・錢陳群	清乾隆刻本
香蘇山館詩集	清・吳嵩梁	清木犀軒刻本
香宇集	明・田藝蘅	明嘉靖刻本
香祖筆記	清・王士禛	上海古籍出版社一九八二年版
鄉黨圖考	清・江　永	清文淵閣四庫全書本
湘帆堂集	清・傅占衡	清康熙六十一年活字本
湘綺樓全集	清・王闓運	清光緒刻本
襄毅文集	明・韓　雍	清文淵閣四庫全書本
響泉集	清・顧光旭	清宣統刻本
向湖村舍詩初集	清・趙　藩	清光緒十四年長沙刻本
肖巖詩鈔	清・趙良澍	清嘉慶五年涇城雙桂齋刻本
蕭冰崖詩集拾遺	宋・蕭立之	明弘治蕭敏刻本
小倉山房集	清・袁　枚	清乾隆刻增修本
小草齋集	明・謝肇淛	福建人民出版社二〇〇九年版
小畜集	宋・王禹偁	四部叢刊本
小寒山子集	明・陳函煇	明崇禎刻本
小亨集	元・楊宏道	清文淵閣四庫全書本
小鳴稿	明・朱誠泳	清文淵閣四庫全書本
小匏庵詩存	清・吳仰賢	清光緒刻本
曉亭詩鈔	清・塞爾赫	清乾隆十四年鄂洛順刻本
校經廎文稿	清・李富孫	清道光刻本
校禮堂文集	清・凌廷堪	清嘉慶十八年刻本
校正駒病集	清・佚　名	農業出版社一九八〇年點校本
校正增補痊驥通玄論	元・卞管勾	農業出版社一九九一年點校本

笑笑録	清・獨逸窩退士	清光緒五年鉛印申報館叢書本
嘯古堂詩集	清・蔣敦復	清光緒十一年王韜淞隱廬刻本
嘯亭雜録	清・昭槤	清鈔本
協紀辨方書	清・張照	廣西人民出版社一九九三年版
斜川集	宋・蘇過	巴蜀書社一九九六年版
諧鐸	清・沈起鳳	清乾隆五十七年刊本
擷芙蓉集	清・周韓瑞	清初刻本
瀣陸詩鈔	清・顧于觀	清乾隆四年汪頎刻本
謝宣城詩集	南朝齊・謝朓	中華書局一九八五年版
謝幼槃文集	宋・謝薖	清續古逸叢書景宋刊本
心泉學詩稿	宋・蒲壽宬	清文淵閣四庫全書本
心孺詩選	清・傅仲辰	清樹滋堂刻本
心史	宋・鄭思肖	清文淵閣四庫全書本
心知堂詩稿	清・汪仲洋	清道光七年刻本
新安文獻志	明・程敏政	黄山書社二〇〇四年版
新編集成馬醫方牛醫方校釋	清・佚名	農業出版社一九八五年點校本
新刊纂圖類方馬經	明・周繡梓	明抄本
新刻馬書	明・楊時喬	農業出版社一九八四年點校本
新刻注釋馬牛駝經大全集	清・郭懷西	農業出版社一九八八年點校本
新齊諧	清・袁枚	人民文學出版社一九九六年版
新唐書	宋・歐陽修	中華書局一九七五年點校本
新序	漢・劉向	中華書局一九八五年版
新增刑案彙覽	清・潘文舫	清光緒十六年紫英山房刻本
鐔墟堂摘稿	明・雷禮	明刻本
星歷考原		清文淵閣四庫全書本
刑案匯覽	清・祝慶祺	清道光棠樾慎思堂刻本
刑部比照加減成案	清・許槤	清道光十四年刻本

刑統	宋・竇儀	北京大學出版社二〇一五年點校本
醒園録	清・李化楠	清函海本
性情集	元・周巽	清文淵閣四庫全書本
雄乘	明・王齊	明嘉靖刻本
熊峰集	明・石珤	清文淵閣四庫全書本
繡虎軒尺牘	清・曹煜	清康熙刻本
胥石詩文存	清・吴蘭庭	民國吴興叢書本
虚白齋存稿	清・吴壽昌	清乾隆五十五年刻本
虚白齋詩集	清・欽璉	清乾隆刻本
虚舟集	明・王偁	清文淵閣四庫全書補配清文津閣四庫全書本
虚舟集	明・陳堯	明嘉靖刻本
徐文長文集	明・徐渭	明萬曆四十二年刻本
徐文長逸稿	明・徐渭	上海雜誌公司一九三六年版
徐霞客游記	明・徐霞客	雲南人民出版社一九八五年版
徐孝穆集	南朝梁・徐陵	四部叢刊本
蓄魚雅集	清・鍾鳴	四庫未刊叢書本
蓄齋二集	清・黄中堅	清乾隆刻本
續禮記集説	清・杭世駿	清光緒三十年浙江書局刻本
續墨客揮犀	宋・彭乘	中華書局二〇〇二年版
續耆舊	清・全祖望	清槎湖草堂鈔本
續黔書	清・張澍	清嘉慶刻本
續通典	清・嵇璜	清文淵閣四庫全書本
續通志	清・嵇璜	清文淵閣四庫全書本
續文獻通考	明・王圻	明萬曆三十年松江府刻本
續文獻通考	清・嵇璜	清文淵閣四庫全書本
續文獻通考補	清・朱奇齡	清鈔本
續軒渠集	元・洪希文	清文淵閣四庫全書補配清文津閣四庫全書本

續夷堅志	金・元好問	中華書局一九八五年版
續資治通鑑長編	宋・李燾	中華書局二〇〇四年版
續纂淮關統志	明・馬麟	清乾隆刻嘉慶光緒間遞修本
玄蓋副草	明・吴稼竳	明萬曆家刻本
玄中記	清・茆泮林	上海古籍出版社一九九六年版
懸榻編	清・徐芳	清康熙刻本
學禮管釋	清・夏炘	上海古籍出版社一九九六年版
學林	宋・王觀國	清乾隆武英殿活字印本
學詩詳説	清・顧廣譽	清光緒三年刻本
學餘堂集	清・施閏章	清文淵閣四庫全書本
雪樓集	元・程鉅夫	清文淵閣四庫全書補配清文津閣四庫全書本
雪坡舍人集	宋・姚勉	民國豫章叢書本
雪堂先生文集	清・熊文舉	清初刻本
雪翁詩集	明・魏畊	民國四明叢書本
雪園詩賦	清・單隆周	清康熙刻本
雪杖山人詩集	清・鄭炎	清嘉慶五年鄭師尚刻本
雪作鬚眉詩鈔	清・劉謙吉	清康熙刻本
尋古齋詩文集	清・李繼聖	清乾隆刻本
巽齋文集	宋・歐陽守道	清文淵閣四庫全書本
遜志齋集	明・方孝孺	清文淵閣四庫全書補配清文津閣四庫全書本
煙嶼樓讀書志	清・徐時棟	民國十七年本
言行龜鑑	宋・范純仁	清文淵閣四庫全書本
研寶齋遺稿	明・劉世教	明天啓六年劉祖鐸等刻本
揅經室集	清・阮元	中華書局一九九三年版
嚴白雲詩集	清・嚴熊	清乾隆十九年嚴有禧刻本
嚴東有詩集	清・嚴長明	民國元年郎園刻本
嚴石谿詩稿	明・嚴怡	明萬曆五年劉效祖刻本

簷曝雜記	清・趙　翼	中華書局一九八二年版
弇州山人四部續稿	明・王世貞	清文淵閣四庫全書本
弇州四部稿	明・王世貞	明萬曆刻本
剡録	宋・高似孫	清道光八年刻本
剡源逸稿	元・戴表元	清文淵閣四庫全書本
演繁露	宋・程大昌	清學津討原本
演禽通纂	明・佚　名	清文淵閣四庫全書本
演山集	宋・黄　裳	清文淵閣四庫全書補配清文津閣四庫全書本
儼山集	明・陸　深	清文淵閣四庫全書補配清文津閣四庫全書本
晏子春秋		中華書局一九八五年版
燕日堂録七種	清・廖志灝	清康熙刻本
燕山草堂集	清・陳　僖	清康熙刻本
燕在閣知新録	清・王　棠	清康熙五十六年刻本
揚子雲集	漢・揚　雄	清文淵閣四庫全書本
楊文恪公集	明・楊　廉	明刻本
楊文弱先生集	明・楊嗣昌	清初刻本
楊文懿公文集	明・楊守陳	明萬曆十六年楊德政刻二十八年增修本
養耕集	清・傅述鳳、傅善萇	農業出版社一九六六年點校本
養浩齋詩稿	清・桂超萬	上海古籍出版社二〇一〇年版
養吉齋叢録	清・吴振棫	清光緒刻本
養蒙文集	元・張伯淳	清文淵閣四庫全書本
養默山房詩稿	清・謝元淮	清光緒元年刻本
養素堂詩集	清・張　澍	清道光二十二年刻本
養素堂文集	清・張　澍	清道光刻本
養羊法	漢・卜　式	清光緒九年長沙琅嬛館刻本
養一齋集	清・潘德輿	清道光刻本
養魚法	清・姚元之	清光緒通學齋刻本

養魚經	明・黄省曾	明百陵學山本
姚少監詩集	唐・姚　合	强華文化事業有限公司一九九五年版
姚文敏公遺稿	明・姚　夔	明弘治三年姚璽刻本
瑶石山人稿	明・黎民表	清文淵閣四庫全書補配清文津閣四庫全書本
藥性通考	清・太醫院	清道光刻本
野古集	明・龔　詡	清文淵閣四庫全書本
野客齋詩集	清・毛　曙	清乾隆二十二年敦厚堂刻本
夜譚隨録	清・和邦額	上海古籍出版社一九八八年版
一切經音義	唐・釋慧琳	日本元文三年至延亨三年獅穀蓮社刻本
一山文集	元・李繼本	清康熙鈔本
伊濱集	元・王　沂	清文淵閣四庫全書本
衣讔山房詩集	清・林昌彝	清同治二年廣州刻本
壹齋集	清・黄　鉞	黄山書社一九九九年版
醫牛寶書	清・佚　名	農業出版社一九九三年點校本
醫牛藥書	清・佚　名	中國農業出版社一九九六點校本
醫説	宋・張　杲	中國中醫藥出版社二〇〇九年點校本
醫學源流論	清・徐大椿	人民衛生出版社二〇〇七年點校本
夷白齋稿	元・陳　基	四部叢刊本
夷堅志	宋・洪　邁	重慶出版社一九九六年版
貽安堂集	明・李春芳	明萬曆十七年李戴刻本
詒安堂詩稿	清・王慶勛	清咸豐三年刻五年增修本
詒晋齋集	清・永　瑆	清道光二十八年刻本
疑獄集	五代・和　凝	清文淵閣四庫全書本
遺山集	金・元好問	四部叢刊本
儀禮經傳	清・姜兆錫	清乾隆元年寅清樓刻本
儀禮要義	宋・魏了翁	清文淵閣四庫全書本
儀禮註疏	唐・賈公彦	清嘉慶二十年南昌府學刻本

頤庵文選	明・胡　儼	清文淵閣四庫全書本
頤道堂集	清・陳文述	清嘉慶十二年刻道光增修本
頤堂先生文集	宋・王　灼	宋乾道王撫幹宅刻本
彝齋文編	宋・趙孟堅	清文淵閣四庫全書本
亦有生齋集	清・趙懷玉	清道光元年刻本
亦園全集	明・姚孫業	清初刻本
抑庵文後集	明・王　直	清文淵閣四庫全書本
抑庵文集	明・王　直	清文淵閣四庫全書補配清文津閣四庫全書本
易簡齋詩鈔	清・和　瑛	清道光刻本
易通釋	清・焦　循	清刻雕菰樓易學本
易學管窺	清・俞　檀	上海古籍出版社一九九六年版
易齋稿	明・劉　璟	清鈔本
秇林伐山	明・楊　慎	明嘉靖三十五年刻本
益戒堂詩集	清・揆　叙	清雍正刻本
異魚圖贊	明・楊　慎	清文淵閣四庫全書本
異魚圖贊補	清・胡世安	清文淵閣四庫全書本
逸德軒詩文集	清・田蘭芳	清康熙二十六年劉榛等刻本
意苕山館詩稿	清・陸　嵩	清光緒十八年陸潤庠刻本
義豐集	宋・王　阮	宋淳祐三年刻本
嶧桐文集	明・劉　城	清光緒十九年養雲山莊刻本
藝文類聚	唐・歐陽詢	中華書局一九六五年版
因園集	清・趙執信	清文淵閣四庫全書本
蟫精雋	明・徐伯齡	清文淵閣四庫全書本
尹訥庵先生遺稿	明・尹昌隆	明萬曆刻本
蚓竅集	明・管時敏	四部叢刊本
盈川集	唐・楊　炯	四部叢刊本
桯史	宋・岳　珂	四部叢刊本

滎陽外史集	明・鄭　真	清文淵閣四庫全書補配清文津閣四庫全書本
螢窗異草	清・浩歌子	清光緒申報館叢書本
庸庵集	元・宋　禧	清文淵閣四庫全書本
雍録	宋・程大昌	中華書局二〇〇二年點校本
雍熙樂府	明・郭　勛	四部叢刊本
雍正鳳翔縣志	清・韓　鏞	清雍正十一年刻本
雍正廣西通志	清・金　鉷修	清文淵閣四庫全書本
雍正南匯縣志	清・欽　璉	清雍正刻本
雍正陝西通志	清・劉於義、沈青崖	清文淵閣四庫全書本
永樂大典	明・解　縉	中華書局一九八六年版
湧幢小品	明・朱國禎	明天啓二年刻本
幽憂子集	唐・盧照鄰	四部叢刊本
優古堂詩話	宋・吴　幵	清讀畫齋叢書本
由拳集	明・屠　隆	明萬曆刻本
友聲集	清・王　相	清咸豐八年信芳閣刻本
有正味齋集	清・吴錫麒	清嘉慶十三年刻有正味齋全集增修本
右編	明・唐順之	明萬曆三十三年南京國子監刻本
幼學堂詩文稿	清・沈欽韓	清嘉慶十八年刻道光八年增修本
幼幼新書	宋・劉　昉	明萬曆陳履端刻本
柚堂筆談	清・盛百二	清乾隆三十四年刻本
于湖集	宋・張孝祥	四部叢刊本
于湘遺稿	清・樓　錡	清乾隆二十年陳章刻本
魚談	清・郭欽華	清昭代叢書本
虞初新志	清・張　潮	清康熙三十九年刻本
愚慮録	清・陳　偉	清光緒二十二年刻耐安類稿本
漁石集	明・唐　龍	明嘉靖十一年王惟賢刻本
餘慶堂詩文集	清・陳美訓	清餘慶堂刻本

輿地志	南朝梁·顧野王	上海古籍出版社二〇一一年版
庾開府集箋注	北周·庾信	清文淵閣四庫全書本
庾子山集	北周·庾信	商務印書館一九三五年版
庾子山集注	北周·庾信	中華書局一九八〇年版
與稽齋叢稿	清·吴翌鳳	清嘉慶刻本
玉管照神局	五代·宋齊邱	中華書局一九九一年版
玉海	宋·王應麟	清文淵閣四庫全書本
玉鑒堂詩集	清·汪曰楨	民國吴興叢書本
玉山璞稿	元·顧瑛	清嘉慶宛委別藏本文淵閣四庫補
玉山詩鈔	清·項樟	清乾隆二十六年項成龍等刻本
玉笙樓詩録	清·沈壽榕	清光緒九年刻增修本
玉亭集	清·吴高增	清乾隆刻本
玉照亭詩鈔	清·陳大章	清乾隆九年陳師晋刻本
玉芝堂談薈	明·徐應秋	清文淵閣四庫全書本
寓庵集	元·李庭	清宣統刻藕香零拾本
寓蜀草	清·王培荀	清道光二十七年刻本
豫章黄先生文集	宋·黄庭堅	四部叢刊本
鬱岡齋筆塵	明·王肯堂	明萬曆三十年王懋錕刻本
淵鑑類函	清·張英等	清康熙四十九年内府刻本
淵雅堂全集	清·王芑孫	清嘉慶刻本
淵穎集	元·吴萊	清嘉慶二年姑蘇刻本
元朝典故編年考	清·孫承澤	清抄本
元典章	元·佚名	元刻本
元豐類稿	宋·曾鞏	清康熙四十九年長嶺西爽堂刻本
元賦青雲梯	元·佚名	清嘉慶宛委別藏本
元和姓纂	唐·林寶	清光緒六年金陵書局刻本
元亨療馬集	清·喻仁	清嘉慶宛委別藏本

元懶翁詩集	元・董壽民	清嘉慶董占魁克念堂木活字印本
元明事類鈔	清・姚之駰	上海古籍出版社一九九三年版
元詩體要	明・宋緒	清文淵閣四庫全書補配清文津閣四庫全書本
元詩選	清・顧嗣立	中華書局一九八七年版
元史	明・宋濂	中華書局一九八六年點校本
元史本證	清・汪輝祖	清光緒十七年徐氏鑄學齋重刻本
元氏長慶集	唐・元稹	明華堅蘭雪堂銅活字印本
元文類	元・蘇天爵	商務印書館一九三六年版
元憲集	宋・宋庠	中華書局一九八五年版
元遺山詩集箋注	金・元好問	人民文學出版社一九五八年版
元音遺響	明・佚名	清文淵閣四庫全書本
袁中郎全集	明・袁宏道	明崇禎刊本
約章成案匯覽	清・顏世清	清光緒三十一年上海點石齋石印本
月令纂言	元・吴澄	清抄本
月滿樓詩文集	清・顧宗泰	清嘉慶八年刻本
月泉吟社	宋・吴渭	清文淵閣四庫全書本
月山詩集	清・恒仁	中華書局一九八五年版
越絶書	漢・袁康	四部叢刊本
越縵堂文集	清・李慈銘	上海古籍出版社二〇一〇年版
粵西叢載	清・汪森	清文淵閣四庫全書本
粵西詩文載	清・汪森	清康熙四十三年汪氏梅雪堂刻本
樂府補	元・楊維楨	清文淵閣四庫全書補配清文津閣四庫全書本
樂府遏雲編	明・槐鼎	明末刻本
樂静集	宋・李昭玘	清文淵閣四庫全書本
樂書	宋・陳暘	清文淵閣四庫全書本
樂賢堂詩鈔	清・德保	清乾隆五十六年英和刻本
樂志堂文集	清・譚瑩	清咸豐十年吏隱園刻本

嶽雪樓書畫録	清・孔廣陶	清咸豐十一年刻本
雲峰集	元・胡炳文	清文淵閣四庫全書本
雲林集	元・貢　奎	明弘治三年范吉刻本
雲麓漫鈔	宋・趙彦衛	中華書局一九八五年版
雲溪集	宋・郭　印	清文淵閣四庫全書本
雲仙雜記	唐・馮　贄	中華書局一九八五年版
雲莊禮記集説	元・陳　澔	清文淵閣四庫全書本
雲左山房詩鈔	清・林則徐	清光緒十二年刻本
篔穀詩文鈔	清・查　揆	清道光刻本
運甓漫稿	明・李昌祺	清文淵閣四庫全書補配清文津閣四庫全書本
藴愫閣詩集	清・盛大士	清道光元年刻本
韻府群玉	元・陰時夫	清文淵閣四庫全書本
雜著述	宋・周必大	清文淵閣四庫全書本
造命宗鏡集	明・吴國仕	明崇禎三年吴氏搜玄齋刻本
則例便覽	清・沈書城	清乾隆五十六年刻本
則堂集	宋・家鉉翁	清道光二十八年劉氏嘉蔭簃抄本
澤雅堂詩二集	清・施補華	清光緒十六年兩研齋刻本
增訂王昌齡詩集	唐・王昌齡	和刻本
札樸	清・桂　馥	中華書局一九九二年版
湛甘泉先生文集	明・湛若水	清康熙二十黄楷刻本
湛然居士集	元・耶律楚材	中華書局一九八五年版
湛淵集	元・白　珽	清文淵閣四庫全書本
湛園札記	清・姜宸英	清文淵閣四庫全書本
戰守全書	明・范景文	明崇禎三年吴氏搜玄齋刻本
張承吉文集	唐・張　祜	宋刻本
張東海詩文集	明・張　弼	明正德十三年周文儀福建刻本
張光弼詩集	元・張　昱	四部叢刊本

張季子詩録	清・張謇	民國三年本
張耒集	宋・張耒	中華書局一九九〇年標點本
張秦亭詩集	清・張丹	清康熙石甑山房刻本
張氏醫通	清・張璐	清康熙寶翰樓刻本
張氏拙軒集	宋・張侃	清文淵閣四庫全書本
張水南文集	明・張袞	明隆慶刻本
張司業詩集	唐・張籍	四部叢刊本
張太岳先生文集	明・張居正	明萬曆四十年唐國達刻本
張魏公集	宋・張浚	民國十九年刻本
張燕公集	唐・張説	中華書局一九八五年版
張子宜詩文集	明・張適	清王氏十萬卷樓鈔本
掌中宇宙	明・盧翰	明嘉靖十八年穎州刻本
昭代典則	明・黃光昇	明萬曆二十八年周曰校萬卷樓刻本
昭明太子集	南朝梁・蕭統	清文淵閣四庫全書本
趙氏鐵網珊瑚	明・趙琦美	中州古籍出版社二〇〇一年版
趙忠毅公集	明・趙南星	明崇禎十一年刻本
趙忠毅公詩文集	明・趙南星	明崇禎十一年范景文等刻本
折獄便覽	清・佚名	清咸豐宦海指南本
折獄龜鑒補	清・胡文炳	北京大學出版社二〇〇六年版
柘軒集	明・凌雲翰	清武林往哲遺著本
貞白遺稿	明・程通	清文淵閣四庫全書補配清文津閣四庫全書本
貞觀政要	唐・吴兢	嶽麓書社一九九一年版
貞一稿	元・朱思本	清嘉慶宛委別藏本
貞一齋集	清・李重華	清乾隆刻本
針灸資生經	宋・王執中	清文淵閣四庫全書本
真山民集	宋・真山民	民國刻邈園叢書本
枕江堂集	清・魏憲	清康熙十二年有恒書屋刻本

賑紀　清・方觀承　清乾隆刻本
震川集　明・歸有光　上海古籍出版社一九九三年點校本
震澤長話　明・王　鏊　明萬曆刻本
震澤集　明・王　鏊　上海古籍出版社一九九一年版
正德大名府志　明・石　禄　明正德刻本
正德莘縣志　明・吴宗器　明正德刻嘉靖間增刻本
正德新鄉縣志　明・储　珊　明藍絲闌鈔本
正楊　明・陳耀文　清文淵閣四庫全書本
正誼堂詩文集　清・董以寧　清康熙書林蘭蓀堂刻本
政府奏議　宋・范仲淹　元元統二年范氏褒賢世家歲寒堂刻本
政和五禮新儀　宋・鄭居中　清文淵閣四庫全書本
鄭端簡公奏議　明・鄭　曉　明隆慶四年項氏萬卷堂刻本
鄭侯升集　明・鄭明選　明萬曆三十一年鄭文震刻本
鄭所南詩文集　宋・鄭思肖　四部叢刊本
鄭志　三國魏・鄭小同　清嘉慶三年刻汗筠齋叢書本
證類本草　宋・唐慎微　華夏出版社一九九三年校點本
證俗文　清・郝懿行　清光緒刻本
之溪老生集　清・先　著　清刻本
芝園集　明・張時徹　明嘉靖刻本
知非堂稿　元・何　中　清文淵閣四庫全書本
知稼翁集　宋・黄公度　明天啓刻本
知止齋詩集　清・翁心存　清光緒三年常熟毛文彬刻本
織簾書屋詩鈔　清・沈兆澐　清咸豐二年刻本
直講李先生文集　宋・李　覯　四部叢刊景明成化本
職官分紀　宋・孫逢吉　清文淵閣四庫全書本
止止堂集　明・戚繼光　中華書局二〇〇一年版
咫聞録　清・慵訥居士　清道光二十三年刻本

至正集	元・許有壬	清文淵閣四庫全書補配清文津閣四庫全書本
治蝗傳習録	清・陳世元	清乾隆四十一年刊本
治蝗全法	清・顧　彦	清光緒十四年刊本
治平言	明・曾大奇	明刻本
致富奇書	明・陳繼儒	清乾隆刻本
致堂讀史管見	宋・胡　寅	宋嘉定十一年刻本
智囊補	明・馮夢龍	明積秀堂刻本
隲言	明・徐日久	明崇禎刻本
中華古今注	五代・馬　縞	中華書局一九八五年版
中山集詩鈔	清・郝　浴	清康熙刻本
中外農學合編	清・楊　鞏	清光緒三十四年刻本
中庵集	元・劉敏中	清鈔本
中庸衍義	明・夏良勝	清文淵閣四庫全書本
中州人物考	清・孫奇逢	清文淵閣四庫全書本
中州雜俎	清・汪　价	民國十年安陽三怡堂排印本
忠惠集	宋・翟汝文	清文淵閣四庫全書本
忠穆集	宋・吕頤浩	浙江古籍出版社二〇一二年點校本
忠肅集	宋・劉　摯	中華書局二〇〇二年版
忠雅堂文集	清・蔣士銓	清嘉慶刻本
忠貞集	清・范承謨	清文淵閣四庫全書本
仲蔚集	明・俞允文	明萬曆十年程善定刻本
重編校正元亨療馬牛駝經全集	明・喻本元、喻本亨	農業出版社一九六三年點校本
重修玉篇	宋・陳彭年	清文淵閣四庫全書本
重修昭覺寺志	清・羅用霖	清光緒二十二年刻本
周官辨非	清・萬斯大	清乾隆二十六年四明萬氏刻本
周官故書考	清・徐養原	清光緒陸氏刻湖州叢書本
周官集注	清・方　苞	清文淵閣四庫全書本

周官析疑	清・方　苞	清康熙至嘉慶間刻抗希堂十六種本
周官心解	清・蔣載康	清嘉慶十一年經雘堂刻本
周官新義	宋・王安石	復旦大學出版社二〇一六年點校本
周官臆測	清・孔廣林	清光緒十六年山東書局刻孔叢伯説經五稿本
周官指掌	清・莊有可	清道光刻本
周官總義	宋・易　祓	清文淵閣四庫全書本
周禮補註	清・吕飛鵬	清道光二十九年吕氏立誠軒刻本
周禮傳	明・王應電	明嘉靖四十二年吴鳳瑞刻本
周禮撮要	清・潘　相	清乾隆汲古閣刻本
周禮訂義	宋・王與之	清文淵閣四庫全書本
周禮集説	元・陳友仁	明成化十年張瑄刻本
周禮句解	宋・朱　申	明嘉靖三十五年蔡揚金刻本
周禮全經釋原	明・柯尚遷	明隆慶四年張大忠刻本
周禮疏	漢・鄭　玄	清嘉慶二十年南昌府學重刊宋本十三經注疏本
周禮述註	清・李光坡	清乾隆八年清白堂刻本
周禮説	宋・黄　度	清道光十年陳氏五馬山樓刻本
周禮完解	明・郝　敬	明萬曆四十三年至四十七年刻郝氏九經解本
周禮問	清・毛奇齡	清康熙刻西河合集本
周禮詳解	宋・王昭禹	清文淵閣四庫全書本
周禮正義	清・孫詒讓	中華書局二〇一三年點校本
周禮質疑	清・劉青芝	清乾隆二十一年刻本
周禮註疏删翼	明・王志長	明崇禎刻清初函三堂印本
周禮纂訓	清・李鍾倫	清乾隆成雲山房刻本
周文忠公奏議	宋・周必大	清文淵閣四庫全書本
周易玩辭	宋・項安世	清文淵閣四庫全書本
周易要義	宋・魏了翁	清文淵閣四庫全書本
肘後備急方	晉・葛　洪	明正統道藏本

籀經堂類稿	清·陳慶鏞	清光緒九年刻本
硃砂魚譜	明·張謙德	民國美術叢書本
豬經大全	清·佚名	貴州人民出版社一九七九年點校本
諸病源候總論	隋·巢元方	清文淵閣四庫全書本
諸史夷語解義	明·陳士元	清光緒十三年應城王氏刻本
諸司職掌	元·朱禮	明刻本
竹初詩文鈔	清·錢維喬	清嘉慶刻本
竹澗集	明·潘希曾	民國續金華叢書本
竹澗奏議	明·潘希曾	明嘉靖二十年黃省曾刻本
竹居詩集	明·王珙	清嘉慶六年王氏十萬卷樓鈔本
竹坡類稿	宋·吕午	北京圖書館古籍珍本叢刊本
竹巖集	明·柯潛	清雍正十一年柯潮刻本
竹隱畸士集	宋·趙鼎臣	清文淵閣四庫全書本
竹嶼山房雜部	明·宋詡	清文淵閣四庫全書本
竹齋集	元·王冕	清光緒邵武徐氏叢書本
竹洲集	宋·吴儆	明弘治刻本
竹莊詩話	宋·何溪汶	清文淵閣四庫全書本
祝子志怪録	明·祝允明	明刻本
著老書堂集	清·張世進	清乾隆刻本
莊簡集	宋·李光	清文淵閣四庫全書本
莊靖集	金·李俊民	山西古籍出版社二〇〇六年版
莊子		中華書局二〇一〇年版
壯懷堂詩初稿	清·林直	清咸豐六年福州刻本
壯懷堂詩	清·林直	清光緒三十一年羊城刻本
拙軒集	金·王寂清	清文淵閣四庫全書本
滋溪文稿	元·蘇天爵	中華書局一九九七年版
子良詩存	清·馮詢	清刻本

子夏易傳	元・胡祇遹	清通志堂經解本
紫山大全集	清・張九鉞	清文淵閣四庫全書補配清文津閣四庫全書本
紫峴山人全集	清・陳兆崙	清咸豐元年張氏賜錦樓刻本
紫竹山房詩文集	清・文　昭	清嘉慶刻本
紫幢軒詩集	宋・章　甫	清雍正刻本
自鳴集	清・桑霨直	民國豫章叢書本
字觿補	宋・陽　枋	清光緒刻本
字溪集	明・凌義渠	清文淵閣四庫全書本
奏牘	宋・釋重顯	明崇禎刻本
祖英集	清・查繼佐	宋刻本
罪惟録	宋・虞　儔	四部叢刊本
尊白堂集	宋・程　洵	清文淵閣四庫全書本
尊德性齋小集	明・高　濂	清知不足齋叢書本
遵生八牋	明・王慎中	明萬曆刻本
遵巖集	清・劉熙載	明隆慶五年嚴鎡刻本
昨非集	明・王道焜	上海古籍出版社二〇一〇年版
左傳杜林合注	清・張聰咸	清文淵閣四庫全書本
左傳杜註辨證	清・高士奇	清光緒貴池劉世珩刻聚學軒叢書本
左傳紀事本末	清・馬　驌	中華書局一九七九年版
左傳事緯	明・張光孝	中華書局一九九一年版
左華丙子集	清・梁履繩	明刻本
左通補釋	清・應祖錫	清道光九年汪氏振綺堂刻光緒元年補修本
佐治芻言		清末江南製造總局刻本

《中華大典》辦公室

主　　任：于永湛
副 主 任：伍　傑
　　　　　姜學中
編　　審：趙含坤
　　　　　崔望雲
　　　　　馮寶志
　　　　　宋志英
　　　　　谷笑鵬
裝幀設計：章耀達

《中華大典·農業典》編輯組

負 責 人：陳廣勝　靳宇峰
編輯人員：袁喜生　劉小敏
　　　　　王　慧　龍玉明
　　　　　何　新　胡玲霞
　　　　　孫增科　解遠文
　　　　　展文婕　范　昕
技術指導：李玉玲　葛　强
　　　　　劉　春
技術編輯：李雪艷　郭　林
　　　　　馬　龍　陳盛傑
　　　　　李艷潔

圖書在版編目（CIP）數據

中華大典．農業典．畜牧獸醫分典／祁琛雲主編．-- 鄭州：河南大學出版社，2017.12
ISBN 978-7-5649-3130-8

Ⅰ．①中…　Ⅱ．①祁…　Ⅲ．①百科全書－中國②畜牧學③獸醫學　Ⅳ．①Z227②S8

中國版本圖書館 CIP 數據核字（2017）第 326302 號

中華大典·農業典·畜牧獸醫分典

編　　纂	《中華大典》工作委員會
	《中華大典》編纂委員會
出版發行	河南大學出版社有限責任公司
出版社地址	鄭州市鄭東新區商務外環中華大厦 2401 號
	郵編：450046
出版社網址	www.hupress.com
排　　版	書翰設計
印　　刷	河南瑞之光印刷股份有限公司
開　　本	787×1092　1/16
印　　張	184.25
字　　數	6032 千字
版　　次	2017 年 12 月第 1 版　2017 年 12 月第 1 次印刷
標準書號	ISBN 978-7-5649-3130-8
定　　價	2050.00 圓（全三册）

ISBN 978-7-5649-3130-8
9 787564 931308 >
定價：2050.00 圓
（全三册）